D1688195

Assmann/Schütze
Handbuch des Kapitalanlagerechts

# Handbuch des Kapitalanlagerechts

Herausgegeben von

**Prof. Dr. Heinz-Dieter Assmann, LL. M.**
Universität Tübingen

**Prof. Dr. Dr. h. c. Rolf A. Schütze**
Rechtsanwalt in Stuttgart

Bearbeitet von

*Prof. Dr. Heinz-Dieter Assmann, LL. M.*, Universität Tübingen; *Dr. Peter Balzer*, Rechtsanwalt in Düsseldorf; *Dr. Thomas Eckhold, LL. M.*, Rechtsanwalt in Düsseldorf; *Dr. Hervé Edelmann*, Rechtsanwalt in Stuttgart; *Prof. Dr. Holger Fleischer, LL. M.*, Direktor des Max-Planck-Instituts in Hamburg; *Dr. Fabian Reuschle*, Richter am LG Stuttgart; *Dr. Bernd Sagasser*, Rechtsanwalt und Steuerberater in Paris; *Prof. Dr. Frank Schäfer, LL. M.*, Rechtsanwalt in Düsseldorf; *Dr. Ulrike Schäfer, LL. M.*, Rechtsanwältin in Düsseldorf; *Prof. Dr. Dr. h. c. Rolf A. Schütze*, Rechtsanwalt in Stuttgart; *Prof. Dr. Rolf Sethe, LL. M.*, Universität Zürich; *Rainer Süßmann*, Rechtsanwalt in Frankfurt a. M.; *Dr. Klaus-R. Wagner*, Rechtsanwalt, Notar und Fachanwalt für Steuerrecht in Wiesbaden; *Dr. Alexander Worms*, Rechtsanwalt in München

4., neubearbeitete Auflage 2015

C. H. BECK

Zitiervorschlag:
*Bearbeiter* in Assmann/Schütze, HdB KapitalanlageR, § … Rn. …

www.beck.de

ISBN 978 3 406 64791 8

© 2015 Verlag C. H. Beck oHG
Wilhelmstraße 9, 80801 München
Satz, Druck und Bindung: Druckerei C. H. Beck, Nördlingen
(Adresse wie Verlag)

Gedruckt auf säurefreiem, alterungsbeständigem Papier
(hergestellt aus chlorfrei gebleichtem Zellstoff)

# Vorwort zur 4. Auflage

Im Vorwort zur 1. Auflage des Handbuchs des Kapitalanlagerechts wird angeführt, eine systematische Darstellung des Kapitalanlagerechts sei geboten, um die unterschiedlichen Rechtsquellen entstammenden Rechtsnormen zusammenzuführen, die die Schaffung, der Ausgestaltung, den Vertrieb und die Verwaltung von Kapitalanlagen zum Gegenstand haben, und die Betroffenen nicht auf ein in Spezialliteratur zersplittertes Schrifttum zu verweisen. Daran hat sich auch nach dem Erscheinen der Vorauflage des Werks im Jahre 2007 nichts geändert. Im Gegenteil: Die Regeln, die für einzelne Kapitalanlageformen gelten, sind zersplitterter denn je. Auch soweit sie in Gesetzen oder Rechtsverordnungen niedergelegt sind, ist ihre Halbwertzeit gering. Das gilt indes nicht nur für einzelne Gesetzesvorschriften, sondern auch für die Gesetze selbst. So sind kapitalanlagerechtliche Meilenstein-Gesetze wie das Gesetz über Kapitalanlagegesellschaften und Auslandsinvestmentgesetz, das Investmentgesetz sowie das Verkaufsprospektgesetz längst Vergangenheit und von anderen Gesetzen abgelöst worden. Des Weiteren ist der Bestand des nichtgesetzlichen, durch die Rechtsprechung geschaffenen Kapitalanlagerechts beständig weiter gewachsen. Darüber hinaus ist das Kapitalanlagerecht mehr denn je in zivilrechtliche und aufsichtsrechtliche Normen gespalten. Schließlich, und die Entwicklung des Kapitalanlagerechts seit der Vorauflage vielleicht am folgenreichsten beeinflussend, ist der bei weitem überwiegende Teil nationaler Normen nicht nur angeglichenes Recht und durch seine europarechtlichen Grundlagen überlagert, sondern beruht auf unmittelbar geltendem, in bislang unvorstellbarer Weise in die Details gehendem EU-Verordnungsrecht.

Ist schon solchen Veränderungen in einer systematischen Darstellung nur mit einiger Mühe gerecht zu werden, so sind die kapitalmarktrechtliche Normflut und die beständige Änderung sowohl ganzer Regelungskomplexe als auch von Detailregelungen weitere Hindernisse, die einer stetigeren Aktualisierung dieses Handbuchs als dies bisher möglich war, entgegenstehen. Doch nicht nur die schon seit dem erstmaligen Erscheinen dieses Handbuchs beklagte Normenflut und Normänderungsfrequenz stellen vor Schwierigkeiten. Vielmehr ist dem deutschen und europäischen Kapitalmarktrecht, in seiner Dramatik vielleicht nur noch von der Entwicklung des Sozialrechts übertroffen, jegliches Leitbild verloren gegangen, welches eine Einheit in die Normentwicklung bringen und eine systematische Darstellung erleichtern könnte. Mag dafür die europäische Staatshaushalts- und Finanzkrise eine nicht unerhebliche Rolle gespielt haben, so kann diese auch für ein ordnungspolitisch planloses Abdriften des Anlegerschutzrechts in das Verbraucherrecht verantwortlich gemacht werden.

Über diese und andere Entwicklungen des Kapitalmarkt- und Kapitalanlagerechts informiert § 1 des Handbuchs, der – wie schon in den früheren Auflagen – das Kapitalanlagerecht in das Regelungsgefüge des Kapitalmarkt- und Finanzmarktrechts einordnet. Hiervon abgesehen, war es unumgänglich, in die Gliederung des Handbuchs einzugreifen, um den Veränderungen des Kapitalmarkt- und Kapitalanlagerechts gerecht zu werden. Dazu gehört unter anderem auch, dass angesichts der Entfaltung des Kapitalmarkts seit den neunzehnhundertsiebziger Jahren und der Ausweitung des geregelten Kapitalmarkts über den Wertpapierhandel hinaus eine Darstellung des institutionellen Rahmens desselben, namentlich des Börsenwesens, für entbehrlich angesehen wurde. Dabei hat sich die Ausweitung des geregelten („organisierten") Kapitalmarkts und die Zurückdrängung des grauen Kapitalmarkts weitgehend über die Ausweitung der Prospektpflichten, der an diese anknüpfenden Prospekthaftung und der damit verbundenen Beaufsichtigung durch die BaFin vollzogen. Vielfach ist – wie etwa in Bezug auf den Abschnitt „Kapitalanlagerecht in internationalen

# Vorwort

Sachverhalten" – auch nur die Überschrift eines Abschnitts geändert worden, um den in diesem behandelten Gegenstand deutlicher hervorzuheben und stärker auf das Kapitalanlagerecht zu beziehen.

Nur mäßig, weil noch nicht durchgängig zu beobachten, spiegelt sich in dieser Auflage der Umstand wieder, dass spezielle Regulierungen bestimmter Finanzinstrumente wie etwa die der Derivate, zunehmend in Aufklärungspflichten beim Vertrieb solcher Anlagen aufgehen. Das Derivate behandelnde bisherige Kapitel über „Termingeschäfte und Financial Futures" teilt sich nunmehr unter dem Titel „Termingeschäfte" in die die Darstellung von Finanztermingeschäften und Leerverkäufe und Geschäfte in bestimmten Kreditderivaten. Das vormalige Kapitel „Effektengeschäfte" wurde erweitert, um hierunter weiter die Meldepflichten beim Erwerb einer bedeutenden Beteiligung als das Effektengeschäft begleitende kapitalmarktrechtliche Pflichten sowie die Regelung öffentlicher Wertpapiererwerbsangebote fassen zu können. Im Übrigen haben sich im Kernkapitel über zivilrechtliche Pflichten und die Haftung bei Anbahnung, Abschluss und Abwicklung von Kapitalanlagegeschäften – mit Ausnahme der Überführung der Ausführungen zur Haftung von Informationsintermediären in andere Abschnitte – keine hervorzuhebenden Veränderungen ergeben.

Die Darstellung des Insiderhandelsrechts ist – nicht zuletzt wegen seiner straf- und ordnungswidrigkeitsrechtlichen Sanktionierung – in das Kapitel über Kapitalanlagegeschäfte als Gegenstand des Strafrechts und des Rechts der Ordnungswidrigkeiten überführt worden. Das zum Insiderrecht zählende Recht der Ad-hoc-Publizität ist im Hinblick auf die für den Kapitalanleger in erster Linie bedeutsame Haftung des Emittenten für fehlerhafte Ad-hoc-Meldungen im Abschnitt über die Haftung vor Emittenten und ihren Organen für fehlerhafte Kapitalmarktkommunikation verblieben. Der in der Vorauflage entfallene Abschnitt über Kapitalanlagebetrug wird – nicht zuletzt, weil § 264a StGB Schutzgesetz i. S. des § 823 Abs. 2 BGB ist – in dieser Auflage wieder behandelt.

Aufgrund der Neuordnung des Investmentrechts in Gestalt des neuen und äußerst sperrigen Kapitalanlagegesetzbuchs gänzlich neu zu gestalten war das Kapitel über Investmentgeschäfte. Im Interesse der Konzentration des Handbuchs auf finanzmarktbezogene Kapitalanlagen wurde in dieser Auflage auf die Kapitel über Immobilienanlagen im Inland und Ausland verzichtet. Unter dem Obertitel der Delegation von Anlagegeschäften wurde der Darstellung der Vermögensverwaltung eine solche über die Anlageverwaltung (i. S. von § 1 Abs. 1a Satz 2 Nr. 11 KWG) beigefügt. Im Abschnitt über die Prozessführung bei Anlagegeschäften ist der Bedeutung des Kapitalanleger-Musterverfahrensgesetzes stärker Rechnung getragen worden.

Auch unter den Autoren des Handbuchs haben sich wiederum einige Veränderungen ergeben: Ausgeschieden sind aus dem Kreis der Bearbeiter *Dr. Jürgen Bauer, Prof. Dr. Günter H. Roth* und *Dr. Hans Gottfried Strohm* – allesamt Autoren „der ersten Stunde" und mit diesem Handbuch über alle Vorauflagen verbunden. Neu hinzugekommen sind Rechtsanwalt *Dr. Peter Balzer*, Rechtsanwalt *Dr. Thomas Eckhold*, Richter am LG Stuttgart und ehemaliger Referent im Bundesministerium der Justiz *Dr. Fabian Reuschle* sowie Rechtsanwältin *Dr. Ulrike Schäfer*. Verschiebungen in der Bearbeitung der einzelnen Abschnitte des Handbuchs lassen sich dem Verzeichnis der Bearbeiter entnehmen.

Anregung und Kritik seitens der Leserschaft ist willkommen und erreicht uns am einfachsten über die Adresse des Verlags. Das gilt namentlich für Hinweise auf eventuelle Lücken in der Darstellung des Kapitalanlagerechts.

Ohne den Elan, die Übersicht und die Beharrlichkeit von Frau Rechtsanwältin *Astrid Stanke* vom Verlag C. H. Beck wäre die Neuauflage dieses Handbuch nicht zustande gekommen. Ihr sei hierfür auch an dieser Stelle im Namen aller Autoren vielmals gedankt.

Tübingen/Stuttgart, im August 2014
                        Heinz-Dieter Assmann
                        Rolf A. Schütze

## Verzeichnis der Bearbeiter

| | |
|---|---|
| Prof. Dr. Heinz-Dieter Assmann | §§ 1, 5 |
| Dr. Peter Balzer | § 22 |
| Dr. Thomas Eckhold | § 22 |
| Dr. Hervé Edelmann | §§ 2, 3, 4 |
| Prof. Dr. Holger Fleischer | § 6 |
| Dr. Fabian Reuschle | § 25 |
| Dr. Bernd Sagasser | § 27 |
| Prof. Dr. Frank Schäfer | §§ 12, 13, 20, 21, 24 |
| Dr. Ulrike Schäfer | § 23 |
| Prof. Dr. Rolf A. Schütze | §§ 7, 25 |
| Prof. Dr. Rolf Sethe | §§ 8, 26 |
| Rainer Süßmann | §§ 14, 15 |
| Dr. Klaus-R. Wagner | §§ 16–19 |
| Dr. Alexander Worms | §§ 9–11 |

# Inhaltsübersicht

|  | Seite |
|---|---|
| Inhaltsverzeichnis | XI |
| Literaturverzeichnis | XLV |
| Abkürzungsverzeichnis | XLIX |

## 1. Teil. Die rechtlichen Rahmenbedingungen von Kapitalanlagegesellschaften

### 1. Kapitel. Kapitalmarkt- und Kapitalanlagerecht

| | |
|---|---|
| § 1 Kapitalanlagerecht im Regelungsgefüge des Kapitalmarkt- und Finanzmarktrechts | 1 |
| § 2 Der Schutz des Kapitalanlegers als „Verbraucher" | 59 |

### 2. Kapitel. Zivilrechtliche Pflichten und Haftung bei Anbahnung, Abschluss und Abwicklung von Kapitalanlagegeschäften

| | |
|---|---|
| § 3 Anlageberatung und Anlagevermittlung | 68 |
| § 4 Finanzierung von Kapitalanlagegeschäften | 138 |
| § 5 Prospekthaftung | 258 |
| § 6 Haftung für fehlerhafte Kapitalmarktkommunikation | 398 |
| § 7 Internationales Privatrecht | 425 |

### 3. Kapitel. Kapitalanlagegeschäfte als Gegenstand des Strafrechts und des Rechts der Ordnungswidrigkeiten

| | |
|---|---|
| § 8 Insiderrecht | 453 |
| § 9 Verleitung zu Börsenspekulationsgeschäften | 532 |
| § 10 Verbot der Marktmanipulation | 551 |
| § 11 Kapitalanlagebetrug | 605 |

## 2. Teil. Die einzelnen Kapitalanlagegeschäfte

### 4. Kapitel. Geschäfte in Finanzinstrumenten – Pflichten im Zusammenhang mit dem Erwerb von Anteilen an börsennotierten Unternehmen – Öffentliche Wertpapiererwerbsangebote

| | |
|---|---|
| § 12 Effektengeschäft: Rechtliche Strukturen der Geschäfte in Finanzinstrumenten durch Kreditinstitute und Wertpapierhandelsbanken | 629 |
| § 13 Rechte und Pflichten von Bank und Kunde bei Eingehung und Abwicklung von Geschäften in Finanzinstrumenten | 640 |
| § 14 Meldepflichten beim Erwerb einer bedeutenden Beteiligung an börsennotierten Gesellschaften | 670 |
| § 15 Der Anlegeraktionär als Adressat von Wertpapiererwerbs-, Übernahme- und Pflichtangeboten | 687 |

### 5. Kapitel. Unverbriefte Kapitalanlagen, insbes. Beteiligungen an Gesellschaften

| | |
|---|---|
| § 16 Entwicklungen am Markt für unverbriefte Kapitalanlagen | 708 |
| § 17 Die Beteiligung an Publikums-Kommanditgesellschaften | 835 |
| § 18 Die Beteiligung als stiller Gesellschafter | 912 |

# Inhaltsübersicht

| | Seite |
|---|---|
| § 19 Sonstige Beteiligungen an Gesellschaften | 936 |
| § 20 Derivate | 982 |
| § 21 Leerverkäufe und Geschäfte in bestimmten Kreditderivaten | 993 |
| § 22 Investmentgeschäft und -vertrieb | 1003 |

### 8. Kapitel. Delegation von Anlagegeschäften

| | |
|---|---|
| § 23 Vermögensverwaltung | 1069 |
| § 24 Anlageverwaltung | 1116 |

## 3. Teil. Anlegerprozesse

| | |
|---|---|
| § 25 Prozessführung bei Anlagegeschäften | 1125 |

## 4. Teil. Schutz der Anleger bei der Insolvenz von Finanzdienstleister

| | |
|---|---|
| § 26 Einlagensicherung und Anlegerentschädigung | 1159 |

## 5. Teil. Steuern

| | |
|---|---|
| § 27 Die Besteuerung von Kapitalanlagevermögen | 1231 |
| Sachverzeichnis | 1419 |

# Inhaltsverzeichnis

## 1. Teil. Die rechtlichen Rahmenbedingungen von Kapitalanlagegesellschaften

### 1. Kapitel. Kapitalmarkt- und Kapitalanlagerecht

| | Seite |
|---|---|
| **§ 1 Kapitalanlagerecht im Regelungsgefüge des Kapitalmarkt- und Finanzmarktrechts** | 1 |
| I. Einleitung: Gegenstand und Dynamik des Kapitalanlagerechts | 3 |
| II. Entwicklungslinien des Kapitalmarkt- und Finanzmarktrechts | 8 |
|    1. Ausgangspunkte: Aktiengesellschaft und Börse als Institutionen des Kapitalmarkts | 8 |
|    2. Vom Aktien- und Börsenrecht zum Kapitalmarktrecht | 9 |
|       a) Vorreiterrolle des so genannten grauen Kapitalmarkts | 9 |
|       b) Maßnahmen in Bezug auf den organisierten Kapitalmarkt | 13 |
|       c) Zwischenbilanz | 14 |
|    3. Großbaustelle Kapitalmarktrecht ab der zweiten Hälfte der 1990er Jahre | 15 |
|       a) Ausweitung des Kapitalmarkts in Breite und Tiefe | 15 |
|       b) Ausbau des Kapitalmarktrechts bis zum Ende der 1990er Jahre | 17 |
|       c) Umbau des Kapitalmarktrechts im neuen Jahrtausend | 20 |
|       d) Perfektionierung des Kapitalmarktrechts unter europäischem Einfluss | 26 |
|    4. Finanzmarktregulierung nach Entstehung der Finanzmarktkrise 2007 | 28 |
|       a) Europäisierung des Finanzmarktrechts und Finanzdienstleistungsrechts zwischen „guter Gesetzgebung" und Finanzmarktkrise | 28 |
|       b) Die Regelungsfelder der europäischen Rechtsakte nach der Finanzkrise | 29 |
|          aa) Schaffung eines europäischen Finanzaufsichtssystems und Verbesserung der Aufsicht im Finanzsektor | 30 |
|          bb) Schaffung einer Bankenunion | 32 |
|          cc) Modifikation der EU-Rahmenrichtlinien | 33 |
|          dd) Einzelmaßnahmen | 37 |
|       c) Eckpunkte der Entwicklung des nationalen Kapitalmarktrechts | 45 |
|          aa) Grauer Kapitalmarkt | 45 |
|          bb) Publizität und Transparenz | 46 |
|          cc) Anlageprodukte, Transaktionen und Handelsformen | 49 |
|          dd) Marktorganisation und Märkte | 52 |
|          ee) Marktbezogene Verhaltenspflichten | 53 |
|          ff) Verhaltenspflichten bei der Erbringung von Wertpapierdienstleistungen und Anlageempfehlungen | 54 |
|          gg) Intermediäre und Finanzinstitutionen | 56 |
|          hh) Stärkung der deutschen Finanzaufsicht | 57 |
|          ii) Marktinformationshaftung | 57 |
|          jj) Kapitalanleger-Musterverfahren | 59 |
|          kk) Emittentenleitfaden | 59 |
| **§ 2 Der Schutz des Kapitalanlegers als „Verbraucher"** | 59 |
| I. Einleitung | 60 |
| II. Maßgebliche Gründe für die Einschränkung des Verbraucherschutzes bei Kapitalanlegern | 61 |
|    1. Normative Gesichtspunkte | 61 |
|    2. Wertende allgemeine Gesichtspunkte | 61 |
|    3. Gesichtspunkte zum Beitritt zu geschlossenen Immobilienfonds | 62 |
| III. Grundlagen des Verbraucherbegriffs | 64 |
|    1. Zur Norm des § 13 BGB | 64 |
|    2. Zur Auslegung des Verbraucherbegriffs durch die Rechtsprechung | 64 |
|       a) Zum geschäftsführenden Gesellschafter als Verbraucher | 64 |

# Inhaltsverzeichnis

|  | Seite |
|---|---|
| b) Zur Gesellschaft bürgerlichen Rechts als Verbraucher ........................... | 65 |
| c) Verbraucher trotz dauerhafter Gewinnerzielungsabsicht sowie trotz des erheblichen Umfangs des investierten Kapitals ..................................... | 65 |
| IV. Stellungnahme................................................................................................. | 66 |

**2. Kapitel. Zivilrechtliche Pflichten und Haftung bei Anbahnung, Abschluss und Abwicklung von Kapitalanlagegeschäften**

| § 3 Anlageberatung und Anlagevermittlung ............................................................... | 68 |
|---|---|
| I. Abgrenzung: Anlageberatung – Anlagevermittlung – Auskunft...................... | 71 |
| 1. Anlageberatung ..................................................................................... | 71 |
| 2. Anlagevermittlung ................................................................................. | 72 |
| 3. Auskunft ................................................................................................ | 73 |
| II. Pflichtenumfang ............................................................................................. | 74 |
| 1. Allgemeine Pflichten des Anlageberaters .............................................. | 74 |
| 2. Allgemeine Pflichten des Anlagevermittlers .......................................... | 85 |
| 3. Nachforschungspflicht .......................................................................... | 87 |
| 4. Offenbarungspflicht .............................................................................. | 90 |
| 5. Besondere Pflichten .............................................................................. | 90 |
| 6. Nachwirkende Informationspflicht ...................................................... | 91 |
| III. Einzelfälle der Anlageberatung...................................................................... | 91 |
| 1. Immobilienanlagen ............................................................................... | 92 |
| 2. Steuerorientierte Anlageformen ........................................................... | 94 |
| 3. Wertpapiere .......................................................................................... | 95 |
| 4. Unternehmerische Beteiligungen ......................................................... | 101 |
| 5. Ausländische Investmentanteile/Anleihen ........................................... | 102 |
| 6. Vermögensbildung in Arbeitnehmerhand ........................................... | 103 |
| IV. Einzelfälle der Anlagevermittlung.................................................................. | 103 |
| 1. Beteiligung an Abschreibungsgesellschaften ........................................ | 103 |
| a) Kapitalmäßige und personelle Verflechtungen ............................... | 103 |
| b) Wirtschaftliche Verhältnisse ........................................................... | 104 |
| c) Interessenkonflikt bei Finanzierung ............................................... | 104 |
| 2. Grundstücksbelastung bei Immobilien ................................................ | 104 |
| 3. Wohnfläche bei Immobilienanlagen .................................................... | 104 |
| 4. Immobilienfonds-Anteile ..................................................................... | 104 |
| 5. Wirtschaftlichkeit bei Auslandsimmobilien ......................................... | 105 |
| 6. Öffentliche Mittel ................................................................................. | 105 |
| 7. Warenterminoptionen .......................................................................... | 105 |
| V. Einzelfälle der Vermögensverwaltung ........................................................... | 107 |
| VI. Haftungsgrundlagen bei Anlageberatung und -vermittlerlung....................... | 108 |
| 1. Haftung aus Vertrag .............................................................................. | 108 |
| 2. Warn- und Nebenpflichten gemäß §§ 241 Abs. 2 iVm 311 Abs. 2 BGB ........ | 108 |
| 3. Haftung des Vertretenen/Vertreters ..................................................... | 109 |
| a) Haftung des Vertretenen/Repräsentantenhaftung §§ 30, 31 BGB ...... | 109 |
| b) Haftung des Vertreters persönlich ................................................... | 110 |
| 4. Unerlaubte Handlung, insbesondere § 823 II BGB iVm Schutzgesetzverletzungen ......................................................................................... | 111 |
| 5. Haftung gegenüber Dritten .................................................................. | 112 |
| a) Auskunfts-/Beratungsvertrag (Bankauskunft) ................................. | 112 |
| b) Vertrag mit Schutzwirkung für den Dritten .................................... | 113 |
| aa) Sachverständigen-Gutachten .................................................... | 113 |
| bb) GmbH & Co. KG ...................................................................... | 114 |
| cc) Ratingagenturen ....................................................................... | 114 |
| VII. Beweislast ...................................................................................................... | 114 |
| VIII. Haftungsumfang ............................................................................................ | 117 |
| 1. Kausalität .............................................................................................. | 118 |
| 2. Verschulden .......................................................................................... | 119 |
| 3. Mitverschulden ..................................................................................... | 121 |

# Inhaltsverzeichnis

|  | Seite |
|---|---|
| 4. Schaden | 122 |
| 5. Vorteilsausgleich | 125 |
| 6. Freizeichnung | 128 |
| 7. Verjährung | 128 |
|    a) § 37a WpHG aF | 128 |
|    b) Regelverjährung | 130 |
| 8. Verwirkung | 137 |
| 9. Rechtskraft | 137 |
| **§ 4 Finanzierung von Kapitalanlagegeschäften** | **138** |
| I. Finanzierung von Kapitalanlagen | 143 |
|   1. Wertpapiere | 143 |
|   2. Gesellschaftsbeteiligungen | 143 |
|   3. Immobilien | 144 |
| II. Finanzierung von Immobilienanlagen | 144 |
|   1. Initiatoren-/Bauträgerfinanzierung | 144 |
|     a) Bilanz | 144 |
|     b) Objektbezogene Leistungsbilanz | 144 |
|     c) Neue Bauvorhaben | 144 |
|     d) Vermarktung/Vertrieb | 145 |
|   2. Immobilie/Bauprojekt | 145 |
|     a) Grundstück und Baurecht | 145 |
|     b) Standort und Marktfähigkeit | 145 |
|     c) Investitionsrechnung und ausführende Firmen | 145 |
|   3. Anlegerfinanzierung | 146 |
|     a) Kreditprüfung | 146 |
|     b) Steuerliche Auswirkungen | 146 |
|     c) Eigenkapitalfinanzierung | 147 |
|   4. Beleihungswert | 147 |
|     a) Sachwert | 147 |
|     b) Ertragswert | 147 |
|   5. Verkehrswert | 148 |
|   6. Bewertung und Finanzierung | 148 |
| III. Finanzierung und Haftung | 149 |
|   1. Die Bank als Kreditgeber | 149 |
|   2. Die Beteiligung der Bank am finanzierten Geschäft | 149 |
|   3. Die Beteiligung des Anlegers | 149 |
| IV. Haftung und Risiken des Anlegers | 149 |
|   1. Vertragswerk bei Immobilienanlagen | 150 |
|   2. Risiken aus Einzelverträgen | 150 |
|     a) Eigenkapitalzahlung | 150 |
|     b) Leistung an Generalunternehmer | 150 |
|     c) Verwaltervergütung | 151 |
|   3. Immobilienfonds und Anlagegesellschaften | 151 |
|   4. Wirtschaftlichkeit und steuerliche Auswirkungen | 152 |
|   5. Anlagerisiken und deren Begrenzung | 152 |
| V. Risiken der finanzierenden Bank | 152 |
|   1. Widerruf von Haustürgeschäften | 152 |
|     a) Zum Gerichtsstand | 152 |
|     b) Zur Unzulässigkeit der Feststellungsklage | 153 |
|     c) Zum Nachweis der Haustürsituation sowie deren Kausalität für den Erwerbsvertragsabschluss | 153 |
|     d) Haustürgeschäft und Gesellschaftsbeitritt | 154 |
|     e) Haustürgeschäft und Sicherheitenbestellungen | 155 |
|     f) Haustürgeschäftewiderruf und Vollmacht | 155 |
|     g) Haustürgeschäft und Aufhebungsvertrag | 157 |
|     h) Haustürgeschäft und Bauvertrag | 157 |

# Inhaltsverzeichnis

Seite

 i) Zum Verhältnis der Vorschriften über Haustürgeschäfte und Verbraucherkreditverträge ..... 157
  aa) Aktuelle Rechtslage ..... 157
  bb) Alte Rechtslage ..... 157
 j) Zur Maßgeblichkeit des Vertreters ..... 159
 k) Situationsbedingte Erfordernisse ..... 159
 l) Zur Ursächlichkeit ..... 161
 m) Zur Zurechenbarkeit ..... 162
 n) Vorhergehende Bestellung ..... 163
 o) Zum Ausschlusstatbestand der notariellen Beurkundung gemäß § 312 Abs. 3 Nr. 3 BGB bzw. § 1 Abs. 2 Nr. 3 HWiG aF ..... 164
 p) Alte Rechtslage: Zu den Ausschlusstatbeständen der vollständigen Leistungserbringung gemäß § 2 Abs. 1 Satz 4 HWiG aF sowie der Sechs-Monats-Frist nach Vertragsabschluss gemäß § 355 Abs. 3 Satz 1 BGB aF ..... 164
 q) Rechtslage ab 13.6.2014/Ausschlussfrist zwölf Monate ..... 167
 r) Zum Ausschluss des Widerrufsrechts durch ordnungsgemäße Belehrung ..... 167
  aa) Alte Rechtslage ..... 167
  bb) Zwischen-Rechtslage ..... 171
  cc) Aktuelle Rechtslage ..... 172
  dd) Zukünftige Rechtslage ..... 173
  ee) Schutzwirkung der Musterwiderrufsbelehrung ..... 173
 s) Zum Ausschluss des Widerrufsrechts durch Verfristung und Verwirkung ..... 175
  aa) Zur Verfristung ..... 175
  bb) Zur Verwirkung/unzulässigen Rechtsausübung ..... 175
 t) Zu den Rechtsfolgen des Widerrufs ..... 177
  aa) Bei Widerruf ausschießlich der Beitrittserklärung ..... 177
  bb) Bei Widerruf des Darlehensvertrages ..... 178
 u) Zum Empfang des Darlehens ..... 182
 v) Realkreditvertrag gem. § 3 Abs. 2 Nr. 2 VerbrKrG aF ..... 183
 w) Realkreditvertrag und § 358 Abs. 3 Satz 3 BGB ..... 186
 x) Verbundene Geschäfte gem. § 9 Abs. 1 VerbrKrG aF ..... 186
 y) Verbundgeschäfte nach § 358 Abs. 3 Satz 1, 2 u. 3 BGB ..... 188
 z) Grundschuld und Widerruf ..... 190
2. Verbraucherkreditgesetz/Verbraucherdarlehensvertragsrecht ..... 190
 a) Einhaltung des Deutlichkeitsgebots gemäß § 360 BGB bei „neuer" Widerrufsinformation ..... 190
 b) Vorfälligkeitsentschädigung im Falle der bankseitigen Kündigung wegen Schuldnerverzugs bei Immobiliardarlehensverträgen ..... 191
 c) Pflichtangaben und Vergleichsabschlüsse ..... 192
 d) Pflichtangaben und Vollmachten ..... 192
 e) Gesamtbetragsangabeverpflichtung ..... 193
 f) Finanzierungsvermittlungsprovision ..... 195
 g) Effektiver Jahreszins und Lebensversicherungsprämien ..... 195
 h) Versicherungskosten ..... 195
 i) Sicherheiten ..... 196
 j) Zustandekommen/Schriftform des Dalehensvertrages ..... 196
  aa) Zustandekommen ..... 196
  bb) Zur Schriftform ..... 196
 k) Nichtigkeit wegen des Fehlens von Angaben ..... 196
 l) Heilung durch Auszahlung ..... 197
 m) Rechtsfolge ..... 198
 n) Unterdeckungsrisiko und Kapitallebensversicherung ..... 199
3. Rechtsberatungsgesetz (RBerG) ..... 199
 a) Problemdarstellung ..... 199
 b) Zur Anwendbarkeit der §§ 171, 172 BGB ..... 202
 c) Kein Ausschluss nach § 173 BGB ..... 204
 d) Anwendbarkeit der Grundsätze über die Anscheins- und Duldungsvollmacht ..... 205

# Inhaltsverzeichnis

Seite

| | |
|---|---|
| e) Genehmigung | 206 |
| f) § 242 BGB/Verwirkung | 207 |
| g) Rechtsfolgen | 208 |
| 4. Weitere Problempunkte bei Bevollmächtigung | 209 |
| a) Vollmachtsmissbrauch | 209 |
| b) Beschränkung der Vollmacht | 210 |
| c) Widerruf der Vollmacht | 210 |
| d) Anscheinsvollmacht | 210 |
| 5. Fehlerhafte Beurkundung | 211 |
| a) Beurkundung des Treuhand-/Baubetreuungsvertrages | 211 |
| b) Treuhandvertrag und Darlehensvertrag | 211 |
| c) Einheitliches Vertragswerk | 211 |
| d) Beurkundung einer Beschaffungsverpflichtung | 212 |
| 6. Auszahlung des Darlehens an Dritte | 212 |
| a) Weisung des Kreditnehmers | 212 |
| b) Sicherungsinteresse der Bank | 212 |
| c) Gutschrift auf ein Conto pro Diverse | 213 |
| d) Forderungsbegründung durch Auszahlung | 213 |
| e) Auszahlung ohne Auftrag/Vollmacht | 213 |
| 7. Anfechtung nach § 123 BGB | 213 |
| a) Anfechtung nach § 123 Abs. 1 BGB | 214 |
| b) Anfechtung nach § 123 Abs. 2 BGB | 214 |
| c) Projektbeteiligte als Dritte nach § 123 Abs. 2 BGB | 214 |
| VI. Haftung der lediglich kreditgebenden Bank | 215 |
| 1. Allgemeine Pflichten der Bank als Kreditgeber | 215 |
| a) Prüfungspflichten | 215 |
| b) Aufklärungspflichten | 217 |
| c) Überwachungspflichten | 219 |
| d) Hinweispflichten beim Abzahlungskauf | 219 |
| e) Hinweispflichten bei sonstigen Geschäften | 220 |
| f) Immobilienservice | 220 |
| 2. Prüfungspflicht bei Immobilienanlagen | 220 |
| 3. Aufklärungspflicht bei Immobilienanlagen | 221 |
| a) Projektrisiken | 221 |
| b) Projektbeteiligte | 224 |
| c) Finanzierungsabwicklung | 224 |
| 4. Abgrenzung der Risikosphären | 224 |
| 5. Pflichtenkreis bei einzelnen Anlageformen | 225 |
| a) Kauf vom Bauträger | 225 |
| b) Finanzierung von Abschreibungsgesellschaften | 225 |
| c) Finanzierung von Bauherren-/Erwerber-Modellen | 225 |
| 6. Aufklärungspflicht in Sonderfällen | 226 |
| a) Bank als Projektbeteiligte | 226 |
| b) Spezielle Gefährdung des Anlegers | 228 |
| c) Wissensvorsprung über spezielle Risiken des Projekts | 229 |
| d) Schwerwiegender Interessenkonflikt | 232 |
| 7. Kein neuer Haftungstatbestand aufgrund der Urteile des EuGH vom 25.10.2005 | 233 |
| 8. Beweiserleichterungen bei institutionalisiertem Zusammenwirken | 236 |
| 9. Bank als Erfüllungsgehilfe von Projektbeteiligten | 240 |
| VII. Einwendungsdurchgriff | 242 |
| 1. Einwendungen aus dem Grundgeschäft | 242 |
| 2. Risikoverteilung und Schutzbedürftigkeit | 242 |
| 3. Einwendungsdurchgriff bei Immobilien | 242 |
| VIII. Haftung der Bank aus Treuhandschaft | 247 |
| 1. Treuhandformen | 247 |
| a) Gesellschaftstreuhänder | 247 |
| b) Zahlungstreuhänder | 247 |

# Inhaltsverzeichnis

|  | Seite |
|---|---|
| c) Vertragstreuhänder | 247 |
| 2. Treuhandpflichten | 247 |
| 3. Prüfungspflichten des Treuhänders | 247 |
| 4. Aufklärungspflichten gegenüber Treugeber | 248 |
|    a) Vertragsgrundlagen | 248 |
|    b) Steuerliche Grundlagen | 248 |
|    c) Prospekt | 249 |
| 5. Wahrung allgemeiner Treugeberinteressen | 249 |
|    a) Übertragung der Treuhandschaft | 250 |
|    b) Dauer der Geschäftsführung | 250 |
|    c) Übernahme der KG-Anteile | 250 |
|    d) Interessenkollision | 250 |
|    e) Interessenausgleich zwischen Bauherren | 250 |
|    f) Nachwirkende Treuepflichten | 250 |
| 6. Wahrung der finanziellen Treugeberinteressen | 251 |
|    a) Vertragsgestaltung | 251 |
|    b) Vertragsdurchführung | 251 |
|    c) Mittelverwendung | 251 |
|    d) Rechnungslegung und Auskunft | 252 |
|    e) Garantien | 253 |
| 7. Wahrung der steuerlichen Treugeberinteressen | 253 |
|    a) Prospektierte Steuervorteile | 253 |
|    b) Mehrwertsteueroption | 253 |
|    c) Vermeidung von steuerlichen Nachteilen | 253 |
| 8. Vertragspflichten gegenüber Bank | 253 |
|    a) Bürgschaft und Pfandrecht | 253 |
|    b) Treuhandkonto | 253 |
| 9. Fehlende Vollmacht | 253 |
| 10. Pfandrecht am Treuhandkonto | 254 |
| IX. Prospekthaftung der finanzierenden Bank | 254 |
| 1. Steuersparende Kapitalanlagen | 254 |
| 2. Börsenprospekt | 256 |
| 3. Immobilienanlagen | 257 |
| **§ 5 Prospekthaftung** | **258** |
| I. Konzeptionelle Grundlagen der Prospekthaftung | 265 |
| 1. Gegenstand und Zweigleisigkeit der Prospekthaftung | 265 |
| 2. Entwicklung der Prospekthaftung und Einebnung der Zweigleisigkeit | 266 |
| 3. Prospekthaftung im engeren und im weiteren Sinne | 273 |
| II. Allgemein-zivilrechtliche (bürgerlichrechtliche) Prospekthaftung | 274 |
| 1. Sachlicher und zeitlicher Anwendungsbereich | 274 |
| 2. Elemente der allgemein-zivilrechtlichen Prospekthaftung | 276 |
|    a) Prospekt als Bezugspunkt der Haftung (Prospektbegriff) | 276 |
|    b) Prospektmangel: Unrichtigkeit oder Unvollständigkeit der Prospektangaben | 279 |
|       aa) Grundlagen | 279 |
|       bb) Beurteilungszeitpunkt und Aktualisierungspflicht | 279 |
|       cc) Beurteilungsmaßstab | 280 |
|       dd) Angaben von wesentlicher Bedeutung | 282 |
|       ee) Unrichtigkeit und Unvollständigkeit | 283 |
|    c) Anspruchsgegner | 290 |
|       aa) Prospekthaftung im engeren Sinne | 290 |
|       bb) Prospekthaftung im weiteren Sinne | 296 |
|    d) Anspruchsberechtigte | 296 |
|    e) Kausalität | 297 |
|       aa) Haftungsbegründende Kausalität | 297 |
|       bb) Haftungsausfüllende Kausalität | 299 |

# Inhaltsverzeichnis

Seite

| | |
|---|---|
| f) Verschulden und Mitverschulden | 299 |
| g) Inhalt des Anspruchs | 300 |
| h) Haftungsfreizeichnung | 303 |
| i) Verjährung | 304 |
| j) Gerichtsstand | 305 |
| III. Prospekthaftung nach dem Wertpapierprospektgesetz | 305 |
|   1. Übersicht und Übergangsregelungen | 305 |
|   2. Anwendungsbereich | 307 |
|   3. Haftung bei fehlerhaftem Prospekt oder schriftlicher Darstellung | 310 |
|     a) Unrichtigkeit oder Unvollständigkeit | 310 |
|       aa) Beurteilungszeitpunkt und Nachtragspflicht | 310 |
|       bb) Beurteilungsmaßstab | 312 |
|       cc) Angaben von wesentlicher Bedeutung | 314 |
|       dd) Unrichtigkeit | 316 |
|       ee) Unvollständigkeit | 317 |
|     b) Anspruchsgegner | 318 |
|       aa) Verantwortungsübernahme (Prospekterlasser) | 319 |
|       bb) Personen, von denen der Erlass des Prospekts ausgeht (Prospektveranlasser) | 321 |
|       cc) Gesamtschuldnerische Haftung | 322 |
|     c) Anspruchsberechtigte | 323 |
|       aa) Übersicht | 323 |
|       bb) Erwerbszeitraum | 323 |
|       cc) Gegenstand des Erwerbs (erfasste Wertpapiere) | 324 |
|       dd) Erwerb | 325 |
|     d) Kausalität | 326 |
|       aa) Haftungsbegründende Kausalität | 326 |
|       bb) Haftungsausfüllende Kausalität | 327 |
|     e) Verschulden und Mitverschulden | 329 |
|       aa) Übersicht | 329 |
|       bb) Vorsatz und grobe Fahrlässigkeit | 330 |
|       cc) Mitverschulden | 333 |
|     f) Inhalt des Prospekthaftungsanspruchs | 333 |
|       aa) Übersicht | 333 |
|       bb) Erwerber ist noch Inhaber der Wertpapiere | 334 |
|       cc) Erwerber ist nicht mehr Inhaber der Wertpapiere | 335 |
|     g) Haftungsfreizeichnung | 336 |
|     h) Verjährung | 337 |
|     i) Gerichtsstand | 338 |
|     j) Konkurrenzen | 339 |
|     k) Rechtsschutz | 340 |
|   4. Haftung bei fehlendem Prospekt | 340 |
|     a) Übersicht | 340 |
|     b) Verstoß gegen die Pflicht zur Veröffentlichung eines Prospekts | 341 |
|     c) Anspruchsberechtigte | 342 |
|     d) Anspruchsgegner | 342 |
|     e) Kausalität | 344 |
|     f) Verschulden | 345 |
|     g) Mitverschulden | 347 |
|     h) Inhalt des Anspruchs | 347 |
|     i) Verjährung | 347 |
|     j) Haftungsfreizeichnung, Konkurrenzen | 348 |
|     k) Gerichtliche Zuständigkeit | 348 |
| IV. Prospekthaftung nach dem Vermögensanlagengesetz und Haftung bei unrichtigem Vermögensanlagen-Informationsblatt | 348 |
|   1. Übersicht und Übergangsregelungen | 348 |
|   2. Haftung bei fehlerhaftem Verkaufsprospekt | 349 |
|     a) Übersicht | 349 |

# Inhaltsverzeichnis

| | Seite |
|---|---|
| b) Anwendungsbereich | 350 |
| c) Unrichtiger oder unvollständiger Verkaufsprospekt | 351 |
| d) Anspruchsgegner | 353 |
| e) Anspruchsberechtigte | 354 |
| f) Kausalität | 355 |
| g) Verschulden und Mitverschulden | 356 |
| h) Inhalt des Prospekthaftungsanspruchs | 356 |
| i) Haftungsfreizeichnung | 357 |
| j) Verjährung | 357 |
| k) Gerichtsstand | 358 |
| l) Konkurrenzen | 358 |
| m) Rechtsschutz | 358 |
| 3. Haftung bei fehlendem Verkaufsprospekt | 358 |
| a) Übersicht | 358 |
| b) Verstoß gegen die Pflicht zur Veröffentlichung eines Prospekts | 359 |
| c) Anspruchsberechtigte | 359 |
| d) Anspruchsgegner | 360 |
| e) Kausalität | 360 |
| f) Verschulden und Mitverschulden | 360 |
| g) Anspruchsinhalt | 361 |
| h) Verjährung | 361 |
| i) Haftungsfreizeichnung, Konkurrenzen | 361 |
| j) Gerichtliche Zuständigkeit | 362 |
| 4. Haftung bei unrichtigem Vermögensanlagen-Informationsblatt | 362 |
| a) Übersicht | 362 |
| b) Haftung | 363 |
| aa) Fehlerhaftes Vermögensanlagen-Informationsblatt | 363 |
| bb) Anspruchsberechtigte und haftungsbegründende Kausalität | 364 |
| cc) Anspruchsgegner | 365 |
| dd) Haftungsausfüllende Kausalität | 365 |
| ee) Verschulden und Mitverschulden | 365 |
| ff) Inhalt des Anspruchs | 365 |
| gg) Haftungsfreizeichnung | 366 |
| hh) Verjährung | 366 |
| ii) Gerichtsstand | 366 |
| jj) Konkurrenzen | 366 |
| V. Haftung für den Verkaufsprospekt und andere Haftungstatbestände für fehlerhafte vertriebsbezogene Anlegerinformation nach dem KAGB | 366 |
| 1. Übersicht | 366 |
| a) Normentwicklung – Übergangsvorschriften | 366 |
| b) Haftungstatbestände | 367 |
| aa) Haftung bei fehlerhaftem Verkaufsprospekt (§ 306 Abs. 1, 3, 4 und 6 KAGB) | 367 |
| bb) Haftung bei fehlendem Verkaufsprospekt (§ 306 Abs. 5 KAGB) | 368 |
| cc) Haftung bei fehlerhaften Angaben in den wesentlichen Anlegerinformationen (§ 306 Abs. 2 Satz 1 KAGB) | 368 |
| dd) Haftung bei fehlerhaften Informationen beim Vertrieb von AIF in Bezug auf semiprofessionelle und professionelle Anleger (§ 307 Abs. 3 KAGB) | 368 |
| c) Rechtsquellen – Rechtsanwendung | 369 |
| 2. Haftung für fehlerhafte Verkaufsprospekte nach § 306 Abs. 1 KAGB | 370 |
| a) Verkaufsprospekte | 370 |
| aa) Verkaufsprospekte für offene Publikumsinvestmentvermögen und geschlossene Publikums-AIF | 371 |
| bb) Beim Vertrieb von anzeigepflichtigen EU-OGAW oder von Anteilen oder Aktien an EU-AIF oder ausländischen AIF zu veröffentlichenden Verkaufsprospekte | 380 |

# Inhaltsverzeichnis

|  | Seite |
|---|---|
| b) Angaben im Verkaufsprospekt | 380 |
| c) Zeitpunkt und Maßstab der Beurteilung der Unrichtigkeit oder Unvollständigkeit von Angaben | 381 |
| aa) Beurteilungszeitpunkt | 381 |
| bb) Beurteilungsmaßstab | 381 |
| d) Angaben von wesentlicher Bedeutung | 382 |
| e) Unrichtige oder unvollständige Angaben | 384 |
| f) Anspruchsberechtigte | 384 |
| g) Anspruchsgegner | 384 |
| h) Kausalität | 386 |
| i) Verschulden, Mitverschulden, Haftungsausschluss | 388 |
| j) Inhalt des Anspruchs und gesamtschuldnerische Haftung | 389 |
| k) Vereinbarung eines Haftungsausschlusses | 390 |
| l) Verjährung | 390 |
| m) Konkurrenzen | 391 |
| n) Gerichtliche Zuständigkeit | 391 |
| 3. Haftung für wesentliche Anlegerinformationen (§ 306 Abs. 2 Satz 1 KAGB) | 391 |
| a) Übersicht | 391 |
| b) Wesentliche Anlegerinformationen | 392 |
| c) Fehlerhafte Informationen | 393 |
| aa) Irreführend | 393 |
| bb) Unrichtig | 394 |
| cc) Nicht mit den einschlägigen Stellen des Verkaufsprospekts vereinbar | 394 |
| d) Anspruchsberechtigte und Anspruchsgegner | 395 |
| e) Kausalität und Verschulden | 395 |
| f) Inhalt des Anspruchs | 396 |
| g) Haftungsmodalitäten und gerichtliche Zuständigkeit | 396 |
| 4. Haftung bei fehlendem Verkaufsprospekt (§ 306 Abs. 5 KAGB) | 396 |
| **§ 6 Haftung für fehlerhafte Kapitalmarktkommunikation** | **398** |
| I. Grundlagen | 402 |
| 1. Entwicklungsstand in Rechtsprechung und Gesetzgebung | 402 |
| 2. Koordinaten der kapitalmarktrechtlichen Informationshaftung | 403 |
| a) Haftung für Fehlinformation des Primär- und Sekundärmarktes | 403 |
| b) Haftung für fehlerhafte Ad-hoc-Publizität und sonstige Fehlinformationen | 404 |
| c) Haftung des Emittenten und der Vorstandsmitglieder | 404 |
| d) Haftung der Vorstandsmitglieder im Innen- und Außenverhältnis | 404 |
| II. Haftung für fehlerhafte Ad-hoc-Publizität | 406 |
| 1. Persönliche Haftung der Organmitglieder | 406 |
| a) Anspruchsgrundlagen | 406 |
| aa) Haftung wegen Schutzgesetzverletzung (§ 823 Abs. 2 BGB) | 406 |
| bb) Haftung wegen vorsätzlicher sittenwidriger Schädigung (§ 826 BGB) | 408 |
| cc) Bürgerlichrechtliche Prospekthaftung? | 415 |
| b) Verantwortlichkeit innerhalb des Vorstands | 415 |
| 2. Haftung des Emittenten | 415 |
| a) Haftung nach §§ 37b, c WpHG | 415 |
| aa) Anspruchsverpflichtete | 416 |
| bb) Unterlassene unverzügliche oder unwahre Veröffentlichung von Insiderinformationen | 416 |
| cc) Haftungsbegründete Kausalität | 417 |
| dd) Verschulden | 417 |
| ee) Anspruchsberechtigte | 418 |
| ff) Transaktionserfordernis | 419 |
| gg) Schaden | 419 |
| hh) Anspruchsausschluss und Anspruchskürzung | 421 |
| ii) Verjährung | 421 |

# Inhaltsverzeichnis

|  | Seite |
|---|---|
| b) Deliktische Verantwortlichkeit iVm § 31 BGB | 421 |
| aa) Allgemeines | 421 |
| bb) Verhältnis zur aktienrechtlichen Kapitalerhaltung | 421 |
| III. Haftung für fehlerhafte Regelpublizität | 422 |
| 1. Persönliche Haftung der Organmitglieder | 422 |
| a) Fehlerhafter Jahresabschluss | 422 |
| b) Fehlerhafte Finanzberichte | 423 |
| c) Fehlerhafte Entsprechenserklärung (§ 161 AktG) | 423 |
| aa) Deliktsrechtliche Ansprüche | 423 |
| bb) Prospekt- und Vertrauenshaftung | 424 |
| 2. Haftung des Emittenten | 424 |
| IV. Haftung für fehlerhafte freiwillige Kapitalmarktinformation | 424 |
| 1. Persönliche Haftung der Organmitglieder | 424 |
| 2. Haftung des Emittenten | 425 |
| **§ 7 Internationales Privatrecht** | **425** |
| I. Kollisionsrechtliche Fragen der Anbahnung von Verträgen über Kapitalanlagen | 426 |
| 1. Internationales Wettbewerbsrecht, insbesondere im Hinblick auf die Werbung für Kapitalanlagen | 426 |
| a) Werbung in Presseerzeugnissen | 427 |
| b) Werbung durch persönliche Kontakte aus dem Ausland | 427 |
| c) Werbung durch inländische Repräsentanten oder Zweigniederlassungen | 427 |
| d) Werbung durch e-commerce | 428 |
| e) Gewinnzusagen | 428 |
| 2. Anlageberatung und Anlagevermittlung | 429 |
| a) Objektive Anknüpfung | 429 |
| b) Anlagenvermittlungs- und -beratungsverträge als Verbraucherverträge | 429 |
| c) Die Verpflichtungen im Einzelnen | 429 |
| 3. Prospekthaftung | 430 |
| a) Bürgerlichrechtliche Prospekthaftung | 430 |
| b) Gesetzliche Prospekthaftung | 431 |
| c) Kapitalanlagebetrug | 431 |
| II. Internationales Kapitalanlagerecht | 431 |
| 1. Maßgeblichkeit des Parteiwillens | 431 |
| a) Rechtswahl in AGB | 432 |
| b) Kapitalanlagegeschäfte als Verbraucherverträge | 433 |
| c) Grenzen der Rechtswahlfreiheit | 433 |
| aa) Inlandsgeschäfte | 433 |
| bb) Devisenvorschriften | 434 |
| 2. Form von Kapitalanlagegeschäften | 435 |
| a) Immobilienanlagen | 435 |
| b) Beteiligung an Gesellschaften | 436 |
| III. Kollisionsrechtliche Fragen einzelner Kapitalanlagegeschäfte | 436 |
| 1. Festverzinsliche Anlagen | 436 |
| 2. Effektengeschäfte | 437 |
| a) Qualifikation des Wertpapiers | 438 |
| b) Übertragung von Wertpapieren und Berechtigung aus Wertpapieren | 438 |
| c) Insiderregeln | 439 |
| d) Verwahrung von Wertpapieren | 439 |
| e) Treuhandverhältnis | 440 |
| f) Wertpapierleihe | 440 |
| 3. Investmentgeschäfte | 440 |
| 4. Immobilienanlagen | 440 |
| 5. Beteiligung an Gesellschaften | 441 |
| a) Gesellschaftsstatut | 442 |
| b) Die durch das Gesellschaftsstatut bestimmten Rechtsverhältnisse | 444 |
| aa) Rechts- und Geschäftsfähigkeit | 444 |

# Inhaltsverzeichnis

Seite

| | |
|---|---|
| bb) Fähigkeit zur Begebung von Anleihen, Wechseln und Schecks | 445 |
| cc) Vertretung | 445 |
| dd) Haftung von Organen, Vertretern und Sachwaltern | 445 |
| ee) Erwerb und Verlust von Mitgliedschaftsrechten | 446 |
| c) Die stille Gesellschaft | 447 |
| 6. Finanztermingeschäfte | 447 |
| a) Schutz von Kapitalanlagen | 447 |
| b) Vertragsstatut | 448 |
| 7. Zinstermingeschäfte und -swaps als Form der Financial Futures | 448 |
| 8. Devisenhandelsgeschäfte | 449 |
| 9. Sicherung von Kapitalanlagegeschäften | 449 |
| a) Garantie | 450 |
| b) Dokumentenakkreditiv | 451 |
| aa) Verhältnis Akkreditivauftraggeber/Akkreditivbank | 451 |
| bb) Verhältnis Akkreditivbank/Begünstigter | 451 |
| cc) Verhältnis Zweitbank/Begünstigter | 452 |
| dd) Verhältnis Akkreditivband/Zweitbank | 452 |

### 3. Kapitel. Kapitalanlagegeschäfte als Gegenstand des Strafrechts und des Rechts der Ordnungswidrigkeiten

| | |
|---|---|
| § 8 Insiderrecht | 453 |
| I. Entstehungsgeschichte und europarechtliche Grundlagen | 460 |
| II. Schutzzweck und Regelungsansatz | 463 |
| 1. Anlegerschutz | 463 |
| 2. Funktionenschutz | 464 |
| III. Überblick über das Insider(straf)recht | 466 |
| IV. Insiderpapiere (§ 12 WpHG) | 468 |
| 1. Erfasste Märkte | 468 |
| a) Inländische Märkte | 468 |
| b) Märkte in der EU/dem EWR | 468 |
| c) Derivate | 469 |
| d) Bevorstehende Zulassung | 469 |
| e) Art der Ausführung des Geschäfts | 470 |
| 2. Erfasste Finanzinstrumente | 470 |
| a) Wertpapiere | 470 |
| b) Geldmarktinstrumente | 471 |
| c) Derivate | 472 |
| d) Rechte auf Zeichnung von Wertpapieren | 472 |
| e) Vermögensanlagen | 472 |
| V. Insiderinformation (§ 13 WpHG) | 473 |
| 1. Information | 473 |
| a) Überblick | 473 |
| b) Konkrete Information | 473 |
| c) Drittbezug? | 476 |
| d) Einzelfragen | 478 |
| 2. Nicht öffentlich bekannt | 481 |
| 3. Emittenten- oder Insiderpapierbezug der Information | 483 |
| a) Überblick | 483 |
| b) Emittentenbezug | 484 |
| c) Insiderpapierbezug | 484 |
| 4. Eignung zur erheblichen Kursbeeinflussung | 485 |
| a) Überblick | 485 |
| b) Abstrakter Maßstab für die Erheblichkeit | 486 |
| c) Konkrete Feststellung der Erheblichkeit | 487 |
| 5. Regelbeispiele | 488 |
| 6. Weitere Beispiele | 489 |

# Inhaltsverzeichnis

|  | Seite |
|---|---|
| VI. Insidergeschäfte (§ 14 WpHG) | 490 |
|    1. Überblick | 490 |
|    2. Verwendungsverbot | 490 |
|       a) Erwerb oder Veräußerung | 490 |
|       b) Strafbarkeit des Unterlassens | 493 |
|       c) Eigen- oder Fremdgeschäft | 498 |
|       d) Verwenden | 499 |
|       e) Subjektiver Tatbestand | 504 |
|       f) Versuch | 505 |
|    3. Weitergabeverbot | 506 |
|       a) Zweck des Weitergabeverbots | 506 |
|       b) Mitteilen und Zugänglichmachen | 508 |
|       c) Unbefugt | 511 |
|       d) Subjektiver Tatbestand | 517 |
|       e) Versuch | 518 |
|    4. Empfehlungs- und Verleitungsverbot | 518 |
|       a) Überblick | 518 |
|       b) Empfehlungsverbot | 518 |
|       c) Verleitungsverbot | 520 |
|       d) Subjektiver Tatbestand | 520 |
|       e) Versuch | 520 |
| VII. Sanktionen | 521 |
|    1. Strafrechtliche Sanktionen | 521 |
|    2. Verwaltungsrechtliche Sanktionen | 521 |
|    3. Zivilrechtliche Folgen | 522 |
| VIII. Die Verfolgung von Insiderstraftaten | 524 |
|    1. Aufgaben der BaFin | 524 |
|    2. Meldepflichten | 525 |
|       a) Überblick | 525 |
|       b) Erfasste Finanzinstrumente | 525 |
|       c) Erfasste Institute und Unternehmen | 525 |
|       d) Sanktionen | 525 |
|    3. Anzeigepflicht | 525 |
|    4. Auskunfts-, Vorlage-, Duldungs- und Aufzeichnungspflichten | 526 |
|    5. Aufbewahrung von Verbindungsdaten | 526 |
|    6. Internationale Zusammenarbeit | 526 |
| IX. Vorbeugung vor Insiderstraftaten | 527 |
|    1. Ad-hoc-Publizität | 527 |
|    2. Directors' Dealings | 527 |
|    3. Insiderverzeichnisse | 528 |
|    4. Verhaltenspflichten | 529 |
|    5. Organisationspflichten | 529 |
|       a) Organisationspflichten der Unternehmen im Allgemeinen | 529 |
|       b) Organisationspflichten der Wertpapierdienstleistungsunternehmen | 529 |
|       c) Organisationspflichten der BaFin | 531 |
| **§ 9 Verleitung zu Börsenspekulationsgeschäften** | **532** |
| I. Vorbemerkung | 532 |
| II. Verleitung zu Börsenspekulationsgeschäften (§ 26 BörsG) | 533 |
|    1. Gründe für die Neuregelung | 533 |
|    2. Begriff des Börsenspekulationsgeschäftes (§ 26 Abs. 2 BörsG) | 534 |
|    3. Bestimmung der Unerfahrenheit | 537 |
|    4. Ausnutzen und Verleiten | 546 |
|    5. Gewerbsmäßigkeit | 548 |
|    6. Vorsatz | 548 |
|    7. Täterschaft und Teilnahme | 549 |
|    8. Geschütztes Rechtsgut | 549 |

# Inhaltsverzeichnis

|  | Seite |
|---|---|
| 9. Konkurrenzen und Verfahren | 550 |
| 10. Zivilrechtliche Auswirkungen | 550 |

**§ 10 Verbot der Marktmanipulation** .................................................. 551

A) Entstehungsgeschichte .................................................. 553
    I. § 20a WpHG aF .................................................. 553
    II. Europarechtliche Vorgaben .................................................. 555
        1. EU-Richtlinie über Insider-Geschäfte und Marktmanipulation (Marktmissbrauchsrichtlinie) 2003/6/EG .................................................. 555
        2. Durchführungsrichtlinien und -verordnung der Kommission zur Marktmissbrauchsrichtlinie .................................................. 556
            a) Richtlinie 2003/124/EG .................................................. 557
            b) Richtlinie 2003/125/EG .................................................. 558
            c) Verordnung 2273/2003/EG .................................................. 558
            d) Richtlinie 2004/72/EG .................................................. 561
    III. Verordnung zur Konkretisierung des Verbots der Kurs- und Marktpreismanipulation (KuMaKV) sowie Verordnung zur Konkretisierung des Verbots der Marktmanipulation (MaKonV) .................................................. 561
        1. KuMaKV .................................................. 562
        2. MaKonV .................................................. 565

B) § 20a WpHG nF .................................................. 566
    I. Entstehungsgeschichte und Änderungen gegenüber § 20a WpHG aF .................................................. 566
    II. Verfassungsrechtliche Bedenken .................................................. 570
    III. Schutzzweck .................................................. 571
    IV. Anwendungsbereich .................................................. 573
    V. Täterkreis .................................................. 575
    VI. Arten der Kurs- und Marktpreismanipulation .................................................. 575
        1. Unrichtige oder irreführende Angaben gem. § 20a Abs. 1 Satz 1 Nr. 1 WpHG .................................................. 576
            a) Machen unrichtiger oder irreführender Angaben .................................................. 576
                aa) Angabe .................................................. 576
                bb) unrichtig .................................................. 578
                cc) irreführend .................................................. 578
            b) Verschweigen bewertungserheblicher Umstände .................................................. 578
            c) Umstände, die für die Bewertung erheblich sind .................................................. 580
            d) Eignung, auf den Börsen- oder Marktpreis einzuwirken .................................................. 583
            e) Einwirkung auf den Börsen-oder Marktpreis .................................................. 584
        2. falsche oder irreführende Signale durch Geschäftsabschlüsse sowie Kauf- oder Verkaufsaufträge gem. § 20a Abs. 1 Satz 1 Nr. 2 WpHG .................................................. 584
        3. sonstige Täuschungshandlungen gem. § 20a Abs. 1 Satz 1 Nr. 3 WpHG .................................................. 592
        4. Sonderregelung für Journalisten in § 20a Abs. 6 WpHG .................................................. 597
    VII. Handlungen, die in keinem Fall einen Verstoß gegen das Verbot der Marktmanipulation darstellen (Safe-Harbour-Regeln) .................................................. 597
    VIII. Verfahren zur Anerkennung einer zulässigen Marktpraxis nach § 20a Abs. 2 WpHG .................................................. 598
    IX. Subjektiver Tatbestand .................................................. 599
    X. Konkurrenzen .................................................. 599
    XI. Anzeigepflicht nach § 10 WpHG .................................................. 599
    XII. Reformvorhaben der EU .................................................. 601

**§ 11 Kapitalanlagebetrug** .................................................. 605
    I. Die Bedeutung des Strafrechts für den Anlegerschutz .................................................. 606
    II. Unzulänglichkeiten des vor Inkrafttretens von § 264a StGB geltenden Strafrechtsschutzes .................................................. 607
    III. Praktische Bedeutung von § 264a StGB .................................................. 607
    IV. Entstehungsgeschichte von § 264a StGB .................................................. 608

# Inhaltsverzeichnis

|   | Seite |
|---|---|
| V. Die Regelung des § 264a StGB im Einzelnen | 610 |
|    1. Gegen § 264a StGB erhobene Bedenken | 610 |
|    2. Tatbestandsstruktur – Ausgestaltung als abstraktes Gefährdungsdelikt | 611 |
|    3. Geschütztes Rechtsgut | 612 |
|    4. Erfasste Anlageformen | 613 |
|       a) Wertpapiere | 613 |
|       b) Bezugsrechte | 614 |
|       c) Anteile, die eine Beteiligung an dem Ergebnis eines Unternehmens gewähren sollen | 615 |
|       d) Treuhandbeteiligungen gem. Abs. 2 | 617 |
|    5. Tathandlung | 617 |
|       a) Unrichtige vorteilhafte Angaben | 618 |
|       b) Verschweigen nachteiliger Tatsachen | 619 |
|       c) Erheblichkeit der Angaben bzw. Tatsachen | 620 |
|    6. Täuschung einer Vielzahl von Anlegern | 623 |
|       a) Prospekte, Darstellungen oder Übersichten über den Vermögensstand | 624 |
|       b) Zusammenhang mit dem Vertrieb oder Kapitalerhöhungsangeboten | 624 |
|       c) Größerer Kreis von Personen | 625 |
|    7. Täterkreis | 625 |
|    8. Vorsatz | 626 |
|    9. Tätige Reue | 626 |
|   10. Konkurrenzen und Verjährung | 627 |
|   11. Auslandstaten | 627 |
|   12. Strafprozessuale Auswirkungen | 627 |
|   13. Zivilrechtliche Auswirkungen | 628 |

## 2. Teil. Die einzelnen Kapitalanlagegeschäfte

### 4. Kapitel. Geschäfte in Finanzinstrumenten – Pflichten im Zusammenhang mit dem Erwerb von Anteilen an börsennotierten Unternehmen – Öffentliche Wertpapiererwerbsangebote

|   | Seite |
|---|---|
| § 12 Effektengeschäft: Rechtliche Strukturen der Geschäfte in Finanzinstrumenten durch Kreditinstitute und Wertpapierhandelsbanken | 629 |
|    I. Phänomenologie des Geschäfts | 630 |
|   II. Überblick über zivilrechtliche Grundstrukturen | 631 |
|  III. Aufsichtsrechtliche Qualifizierung der zivilrechtlichen Erscheinungsformen | 634 |
|      1. Entwicklung der aufsichtsrechtlichen Begrifflichkeiten | 634 |
|      2. Aufsichtsrechtliche Qualifizierungen | 634 |
|      3. Rechtsfolgen der Qualifizierung als Bankgeschäft bzw. Finanzdienstleistung und Wertpapierdienstleistung | 636 |
|   IV. Abgrenzung zwischen Kommissions- und Festpreisgeschäft | 637 |
|      1. Bedeutung der Abgrenzung | 637 |
|      2. Abgrenzung von Kommissions- und Festpreisgeschäft | 638 |
|         a) Vertragliche Vereinbarung | 638 |
|         b) Auslegungskriterien der Literatur | 638 |
|         c) Abgrenzung in der Rechtsprechng | 639 |
| § 13 Rechte und Pflichten von Bank und Kunde bei Eingehung und Abwicklung von Geschäften in Finanzinstrumenten | 640 |
|    I. Kommissionsgeschäft | 643 |
|      1. Geschäftsabschluss | 643 |
|         a) Informations-, Explorations- und Aufzeichnungspflichten der Banken | 643 |
|           aa) Überblick über aufsichtsrechtliche Informationspflichten | 643 |
|           bb) Zivilrechtliche Informationspflichten bei Abschluss eines Kommissionsgeschäfts | 647 |

# Inhaltsverzeichnis

Seite

    b) Fernabsatz und Vertragsabschlüsse außerhalb von Geschäftsräumen .................. 650
        aa) Aufsichtsrechtliche Pflichten beim Fernabsatz ............................ 650
        bb) Zivilrechtliche Pflichten bei Verbraucherverträgen ab 13. Juni 2014 ........... 650
  2. Widerruf und Unwirksamkeit des Geschäfts ................................. 653
    a) Widerruf des Kommissionauftrages vor Ausführung ........................ 653
    b) Unwirksamkeit des Geschäfts und vertragliches Rücktrittsrecht ................. 653
        aa) Unwirksamkeit wegen Anfechtung, Gesetzesverstoß oder Sittenwidrigkeit ........................................................... 653
        bb) Die Behandlung von Mistrades ..................................... 655
        cc) Rücktritt ...................................................... 657
  3. Durchführung des Geschäfts ............................................. 657
    a) Einschaltung eines Zwischenkommissionärs ................................ 657
    b) Selbsteintritt und Delkrederehaftung ..................................... 657
    c) Ausführung des Kommissionsauftrages ................................... 658
        aa) Aufsichtsrechtliche Anforderungen an die Ausführung von Kundenaufträgen ....................................................... 658
        bb) Zivilrechtliche Anforderungen an die Ausführung von Kundenaufträgen .... 662
    d) Benachrichtigungs- und Rechnungslegungspflichten ......................... 666
    e) Reklamationspflichten des Kommittenten ................................. 666
    f) Erfüllung ......................................................... 667
    g) Beendigung des Kommissionvertrages .................................... 669
 II. Festpreisgeschäft ........................................................ 669
  1. Zivilrechtlicher Begriff .................................................. 669
  2. Aufsichtsrechtliche Anforderungen ........................................ 670

**§ 14 Meldepflichten beim Erwerb einer bedeutenden Beteiligung an börsennotierten Gesellschaften** ............................................... 670
 I. Überblick ............................................................. 671
  1. Entstehungsgeschichte .................................................. 671
  2. Zweck ............................................................... 671
  3. Anwendungsbereich .................................................... 672
  4. Voraussetzungen ....................................................... 672
  5. Inhalt und Verfahren ................................................... 674
 II. Zurechnung von Stimmrechten ............................................ 675
  1. Zurechnung der von Tochtergesellschaften gehaltenen Aktien .................. 675
  2. Acting in Concert ..................................................... 676
  3. Für Rechnung Dritter .................................................. 678
  4. Kreditsicherheiten, Nießbrauch ........................................... 679
  5. Erwerb aufgrund einseitiger Willenserklärung ............................... 679
  6. Stimmrechtsausübungsbefugnis ........................................... 679
  7. Weitere ungeschriebene Tatbestände? ...................................... 680
  8. WpÜG ............................................................... 680
  9. Veränderungen des Grundkapitals ........................................ 680
 III. Instrumente zum Erwerb von Stimmrechten ................................. 681
  1. Rechte zum Aktienerwerb ............................................... 682
  2. Instrumente, welche den Erwerb ermöglichen können ........................ 682
 IV. Nichtberücksichtigung von Stimmrechten und Instrumenten .................... 684
 V. Sanktionen ............................................................ 684
  1. Wegfall der Rechte aus den Aktien ....................................... 684
  2. Verwaltungsrechtliche Sanktion .......................................... 686
  3. Zivilrechtliche Folgen .................................................. 686
 VI. Bekanntgabe der Erwerbsabsichten ........................................ 686

**§ 15 Der Anlegeraktionär als Adressat von Wertpapiererwerbs-, Übernahme- und Pflichtangeboten** ..................................................... 687
 I. Überblick über das Wertpapiererwerbs- und Übernahmegesetz ................... 688
  1. Ablauf des Verfahrens .................................................. 688
  2. Pflichtangebot und Befreiungen .......................................... 689

XXV

# Inhaltsverzeichnis

Seite

    3. Inhalt der Angebotsunterlage .................... 689
    4. Gegenleistung .................... 689
    5. Stellungnahme der Zielgesellschaft .................... 690
  II. Interessen der Aktionäre .................... 691
    1. Ziele des WpÜG .................... 691
    2. Tatsächliche Interessen der Aktionäre .................... 691
    3. Rechte der Aktionäre .................... 691
  III. Angemessener Preis .................... 692
    1. Stamm- und Vorzugsaktien .................... 692
    2. Creeping in .................... 693
    3. Erhöhung der Gegenleistung .................... 694
      a) Parallel- oder Nacherwerb .................... 694
      b) Unangemessen niedrige Gegenleistung .................... 694
  IV. Angebotsbedingungen .................... 695
    1. Voraussetzungen .................... 695
    2. Beeinträchtigung des Bedingungseintritts .................... 695
    3. Folgen .................... 696
  V. Sicherstellung der Gegenleistung .................... 696
    1. Maßnahmen des Bieters .................... 696
    2. Finanzierungsbestätigung .................... 697
    3. Inhalt der Finanzierungsbestätigung und Haftung .................... 697
      a) Inhalt und rechtliche Einordnung .................... 697
      b) Haftung .................... 698
    4. Aktientauschangebote .................... 698
  VI. Durchsetzen eines Pflichtangebots .................... 699
    1. Gegen die BaFin .................... 699
    2. Gegen den Bieter .................... 700
      a) Deliktsrechtliche Ansprüche .................... 700
      b) Gesellschaftsrechtliche Treupflicht .................... 700
      c) Aus § 38 WpÜG .................... 700
  VII. Rechtsschutz gegen Verfügungen der BaFin .................... 701
    1. Gestattung der Angebotsunterlage .................... 701
    2. Befreiungsfälle .................... 703
  VIII. Ansprüche der das Angebot annehmenden Aktionäre .................... 704
    1. Barangebote .................... 704
    2. Aktientauschangebot .................... 704
    3. Verjährung .................... 705
  IX. Ansprüche der in der Zielgesellschaft verbleibenden Aktionäre .................... 705
  X. Ansprüche gegen die Zielgesellschaft .................... 705
  XI. Abwehrmaßnahmen der Zielgesellschaft .................... 706
    1. Unterlassen von Abwehrmaßnahmen .................... 706
    2. Suche nach konkurrierendem Bieter oder andere Maßnahmen zur Erhöhung der Gegenleistung .................... 706

**5. Kapitel. Unverbriefte Kapitalanlagen, insbes. Beteiligungen an Gesellschaften**

**§ 16 Entwicklungen am Markt für unverbriefte Kapitalanlagen** .................... 708
  I. Die Entwicklung der steuerbegünstigten Kapitalanlage .................... 716
    1. Die steuerliche Entwicklung bis 1980 .................... 717
      a) Konzeptionen .................... 717
        aa) Gewerbliche Verlustzuweisungsmodelle .................... 717
        bb) Private Verlustzuweisungsmodelle .................... 719
      b) Maßnahmen der Finanzverwaltung und des Gesetzgebers .................... 720
      c) Der Beschluss des Großen Senats des BFH vom 10.11.1980 .................... 722
    2. Die steuerliche Entwicklung nach 1980 .................... 723
      a) Marktreaktionen .................... 723
      b) Weitere Entwicklungen in der Rechtsprechung und durch die Finanzverwaltung bis 1984 .................... 724

# Inhaltsverzeichnis

| | Seite |
|---|---|
| 3. Die steuerliche Situation ab 1984 | 725 |
|    a) Der Beschluss des Großen Senats des BFH vom 25.6.1984 | 725 |
|       aa) Publikums-Personengesellschaften | 725 |
|       bb) Mitunternehmerschaft bei mittelbaren Beteiligungen | 726 |
|       cc) Aufgabe der Baupatenrechtsprechung | 726 |
|       dd) Befristete Beteiligungen an Personengesellschaften | 728 |
|       ee) Aufgabe der Geprägerechtsprechung | 728 |
|    b) Bericht der Bundesregierung | 729 |
|    c) Das Gepräge-Gesetz vom 19.12.1985 | 730 |
|    d) Stand der steuerbegünstigten Kapitalanlage bei Beteiligungen an Gesellschaften bis 1990 | 730 |
| 4. Die steuerliche Entwicklung ab 1990 | 731 |
|    a) Geschlossene Immobilienfonds und neue Bundesländer | 731 |
|    b) Anzahlungs-/Konservierungs-Fonds | 731 |
| 5. Die steuerliche Entwicklung ab 1997 | 732 |
|    a) § 1 Abs. 2 GrEStG | 732 |
|    b) § 1 Abs. 2a GrEStG | 733 |
|    c) § 6 Abs. 3 GrEStG | 734 |
|    d) § 2 Abs. 3 EStG | 734 |
|    e) § 2b EStG | 734 |
|    f) § 10d EStG | 735 |
|    g) § 24 UmwStG | 735 |
|    h) UStG | 735 |
|    i) Das Ende der Steuerorientierung geschlossener Immobilienfonds | 735 |
| II. Neuere Entwicklungen | 737 |
| 1. Ansparfonds | 737 |
| 2. Arbeitnehmervermögensbeteiligungen | 739 |
| 3. Fördergebietsgesetz | 741 |
| 4. Geschlossene Immobilienfonds | 742 |
|    a) Wohnimmobilien-Fonds als Hamburger Modell | 743 |
|    b) Unklarheiten bei Gewinnerzielungsabsicht | 745 |
|    c) Übertragung der steuerlichen Bauherrenmodell-Rechtsprechung auf geschlossene Immobilien-Fonds | 750 |
|    d) Unklarheiten iVm § 15a EStG | 752 |
|    e) Unsicherheiten bei mittelbaren Beteiligungen | 753 |
|    f) Fazit | 754 |
|    g) Weitere Entwicklungen | 754 |
| 5. Senioren-Fonds | 754 |
| 6. Leasing-Fonds | 755 |
|    a) Mobilien-Leasingfonds | 755 |
|    b) Immobilien-Leasingfonds | 755 |
| 7. GbR-Modelle mit geringer Gesellschafterzahl | 756 |
| 8. Allgemeine Entwicklungen | 756 |
|    a) Angeblich überhöhte Preise und Finanzierungen | 757 |
|    b) Innenprovision | 760 |
|       aa) Zur Aufklärungspflicht | 762 |
|       bb) Prospektive Ausweispflicht der Innenprovision | 766 |
|       cc) Fazit | 769 |
|    c) Prospekthaftung bei geschlossenen Fonds | 769 |
|       aa) Prospekthaftung vor dem 1.7.2005 | 769 |
|       bb) Prospekthaftung ab dem 1.7.2005 | 773 |
|       cc) Prospekthaftung auf Grund Delikt | 775 |
|       dd) Prospekthaftung ab dem 1.11.2012 | 775 |
|    d) Folgen der Verfassungsrechtsprechung zur Rückwirkungsthematik | 777 |
|    e) Insolvenzfähigkeit geschlossener (Immobilien-)Fonds? | 780 |
|    f) Krisenmanagement bei geschlossenen Immobilien-Fonds | 781 |
|    g) Immobilien-Fonds und Aufklärungspflichten von Banken | 784 |

# Inhaltsverzeichnis

| | Seite |
|---|---|
| h) Immobilienfonds und allgemeine Prüfungs- und Aufklärungspflichten | 787 |
| i) Aufklärungspflichten betreffend Negativberichterstattungen? | 792 |
| j) Folgen von Aufklärungspflichtverletzungen | 793 |
| 9. KWG | 793 |
| 10. Geschlossene Immobilienfonds und Verbraucherschutz | 794 |
| a) Verbraucherschutz | 796 |
| b) Verbraucherkredit | 799 |
| c) Haustürgeschäft | 803 |
| 11. Schiedsgerichtsverfahren | 808 |
| III. Geschlossene Immobilienfonds im Umbruch | 809 |
| 1. Abschied von der GbR-mbH | 809 |
| 2. Schein-KG und Handelsrechts-Reform-Gesetz | 810 |
| 3. Gesellschafterliche Aufklärungspflichten | 810 |
| 4. Pflichtenveränderung bei Fonds-Treuhändern | 811 |
| a) Publikums-KG | 815 |
| aa) Unmittelbare Beteiligung | 815 |
| bb) Mittelbare Beteiligung | 817 |
| b) Publikums-GbR | 818 |
| aa) Unmittelbare Beteiligung | 818 |
| bb) Von organschaftlich vertretungsberechtigten Gesellschaftern für GbR abgeschlossene Verträge | 819 |
| cc) Von organschaftlich vertretungsberechtigten Gesellschaftern für Gesellschafter abgeschlossene Verträge | 819 |
| dd) Von rechtsgeschäftlich vertretungsberechtigten Treuhändern/Geschäftsbesorgern für Kapitalanleger abgegebene Beitrittserklärungen zur GbR und für Gesellschafter abgeschlossene Anteilsfinanzierungsverträge | 819 |
| ee) Fazit | 821 |
| ff) Mittelbare Beteiligung | 822 |
| c) RBerG - RDG | 822 |
| 5. Anlageberater- und Vermittlerhaftung bei geschlossenen Immobilienfonds | 822 |
| 6. Geschlossene Fonds und EU-Gemeinschaftsrecht | 825 |
| IV. Anlegerinteressengemeinschaften | 826 |
| V. Kapitalanleger-Musterverfahrensgesetz | 827 |
| VI. Anlegerschutzverbesserung im Grauen Kapitalmarkt | 829 |
| 1. Einleitung | 829 |
| 2. Gesetz betr. Finanzanlagenvermittler und Vermögensanlagen | 829 |
| VII. Immobilien-Anleihen | 832 |
| VIII. AIFM | 832 |
| 1. Die AIFM-Richtlinie | 832 |
| 2. KAGB | 833 |
| **§ 17 Die Beteiligung an Publikums-Kommanditgesellschaften** | **835** |
| I. Die gesellschaftsrechtliche und steuerrechtliche Einordnung der Publikums- und Massen-KG | 839 |
| 1. Rechtsnatur von Publikums- und Massen-KG | 841 |
| 2. Publikums- und Massen-KG im Steuerrecht | 842 |
| 3. Publikums-KG als Handelsgesellschaft ohne Gewerbe und Gewinnerzielungsabsicht? | 842 |
| 4. Publikums-KG und Handelsrechtsreform-Gesetz | 845 |
| II. Das Sonderrecht der Publikums-KG | 846 |
| 1. Gründungsrechtliche Publizität | 846 |
| 2. Der Gesellschaftsvertrag | 847 |
| a) Form | 847 |
| b) Auslegung und Inhaltskontrolle | 849 |
| aa) Auslegung | 850 |
| bb) Inhaltskontrolle | 851 |
| c) Beitritt | 852 |

# Inhaltsverzeichnis

|   | Seite |
|---|---|
| d) Ausscheiden | 854 |
| aa) Ausscheiden wegen fehlerhaften Beitrittes und aus sonstigem wichtigem Grund | 855 |
| bb) Hinauskündigungsklauseln | 858 |
| cc) Das Ausscheiden des nur mittelbar beteiligten Anlegers | 858 |
| dd) Die Abwicklung des Ausscheidens | 860 |
| ee) Nachhaftung des ausgeschiedenen Gesellschafters und Verjährung | 861 |
| 3. Informationen | 861 |
| 4. „Organe" der Gesellschaft | 864 |
| a) Komplementäre | 864 |
| b) Beirat | 866 |
| c) Treuhandkommanditist | 868 |
| aa) Das Treuhandverhältnis | 869 |
| bb) Treuhänderpflichten | 871 |
| d) Gesellschafter- und Anlegerversammlung | 874 |
| aa) Stimmrechte | 874 |
| bb) Bestimmtheitsgrundsatz | 875 |
| cc) Inhaltskontrolle | 877 |
| dd) Wirksamkeit von Beschlüssen | 878 |
| e) Geschäftsführender Kommanditist | 879 |
| 5. Kapitalsicherung | 879 |
| a) Beitragssplitting | 879 |
| b) Ausschüttungen | 879 |
| c) Gesellschafterdarlehen | 881 |
| d) Haftung | 881 |
| e) Nachschüsse | 882 |
| f) Actio pro socio | 887 |
| 6. Mittelbare Beteiligung | 887 |
| a) Art der Beteiligung – Treuhand oder Unterbeteiligung | 890 |
| b) Unterschiedliche Arten der Treuhandbeteiligung | 891 |
| aa) Vermögensmäßige Beteiligung | 891 |
| bb) Einlage | 892 |
| cc) Stimm-, Informations- und Kontrollrechte | 892 |
| dd) Haftung | 893 |
| ee) Schadensersatzrechtliche Rückabwicklung einer mittelbaren Beteiligung | 895 |
| ff) Fehlerhafte Beteiligung bei einer mittelbaren Beteiligung | 896 |
| c) „Zusammenschlüsse" | 896 |
| aa) Rechtliche Relevanz von „Zusammenschlüssen" | 896 |
| bb) Gesellschaft bürgerlichen Rechts als Innen- oder Außengesellschaft | 896 |
| cc) Gemeinschaftsverhältnisse | 897 |
| dd) Unterbeteiligungen | 897 |
| ee) Einheitlich stille Gesellschaft | 897 |
| 7. KWG-rechtliche Einordnung des Treuhandkommanditisten | 897 |
| 8. Fazit | 898 |
| 9. Künftige Kommanditgesellschaften | 898 |
| III. Steuerliche Besonderheiten | 899 |
| 1. Einkommensteuer oder Körperschaftssteuer bei der Publikums-(GmbH & Co.) KG | 899 |
| 2. Einkünfte und Betätigungen | 899 |
| a) Allgemeines | 899 |
| b) Änderung der Einkunftsart bei Anzahlungs-/Konservierungsfonds | 901 |
| c) Treuhandschaft im Steuerrecht | 902 |
| d) Eigenkapitalvermittlungsprovisionen bei geschlossenen Immobilien-Fonds | 904 |
| 3. Unternehmereigenschaft der Publikums-KG | 904 |
| 4. Mitunternehmerschaft | 905 |
| 5. Verlustzurechnung | 906 |
| a) Anwendungsbereich des § 15a EStG | 906 |

# Inhaltsverzeichnis

Seite

|     |     |
| --- | --- |
| b) Erweiterter Verlustausgleich | 908 |
| c) Saldierung von Ergebnissen | 908 |
| d) Verlustabschichtung | 909 |
| aa) Keine Beteiligung an vor dem Beitritt entstandenen Gewinnen und Verlusten | 909 |
| bb) Zulässige Änderung des Gewinn- und Verlustverteilungsschlüssels | 909 |
| 6. Verlustverwendung | 910 |
| 7. Ende der Beteiligung | 910 |
| a) Auflösung der Publikums-KG | 910 |
| b) Ausscheiden aus der Publikums-KG | 910 |
| c) Veräußerung der Beteiligung | 910 |
| 8. Weitere steuerliche Besonderheiten | 911 |
| a) Schein-Renditen | 911 |
| b) Kapitalkonto II oder Darlehenskonto? | 911 |

## § 18 Die Beteiligung als stiller Gesellschafter ... 912

|     |     |
| --- | --- |
| I. Darstellung | 913 |
| 1. Die Abgrenzung der typischen von der atypischen stillen Gesellschaft | 914 |
| a) Handelsrecht | 914 |
| b) Steuerrecht | 916 |
| 2. Abgrenzung zu anderen Rechtsformen | 917 |
| a) Stille Gesellschaft und partiarisches Darlehen | 917 |
| b) Stille Gesellschaft und Genussrecht | 918 |
| c) Stille Gesellschaft und Unterbeteiligung | 919 |
| 3. Stille Gesellschaft als Publikums-Gesellschaft | 919 |
| 4. KWG | 921 |
| II. Beteiligungsmöglichkeiten | 922 |
| 1. Kombination von Kommandit- und stiller Beteiligung bei der Publikums-KG | 922 |
| 2. Unternehmensbeteiligungen | 924 |
| 3. GmbH & Still | 924 |
| a) Immobiliendevelopment & Still mit Projektbeteiligung | 926 |
| b) Immobiliendevelopment & Still mit Beteiligung an Projekt-GmbH | 926 |
| 4. AG & Still | 926 |
| 5. Die fehlerhafte Beteiligung | 928 |
| a) Rechtsfolgen | 929 |
| b) Schadensersatz | 931 |
| III. Steuerliche Besonderheiten der atypisch stillen Gesellschaft | 932 |
| 1. Steuerliche Voraussetzungen der atypisch stillen Gesellschaft | 932 |
| 2. Steuerliche Behandlung der atypisch stillen Gesellschaft | 934 |
| a) Steuersubjekteigenschaft | 934 |
| b) Stille Projekt-/Objektbeteiligung | 934 |
| c) Vermögensverwaltende atypisch stille Gesellschaft | 935 |
| 3. Rendite – Scheinrendite | 936 |

## § 19 Sonstige Beteiligungen an Gesellschaften ... 936

|     |     |
| --- | --- |
| I. Die Publikums-GbR | 941 |
| 1. Organisationsformen | 941 |
| a) Die direkte Publikums-GbR | 943 |
| b) Die GbR mit vorgeschaltetem Treuhänder | 943 |
| 2. Grundlagen | 948 |
| a) Der Gesellschaftsvertrag | 948 |
| b) Der gemeinsame Zweck | 949 |
| c) „Gesamthand" und „Gesamthandsvermögen" | 951 |
| d) Schulden - Haften | 952 |
| e) Beitragspflichten | 960 |
| f) Beteiligung am Gewinn und Verlust | 964 |
| g) Beitritt zur Gesellschaft | 964 |

# Inhaltsverzeichnis

|   | Seite |
|---|---|
| h) Kündigung, Ausscheiden und Auflösung | 966 |
| i) Geschäftsführung und Vertretung | 970 |
| j) Gesellschafterversammlung | 973 |
| k) Beurkundungsbedürftigkeit von Gesellschaftsverträgen und Anteilsübertragungen | 973 |
| l) Beendigung der GbR/Beteiligung | 974 |
| m) Grundbuchrechtliche Fragen | 975 |
| n) Informationen | 977 |

II. Steuerliche Besonderheiten der Publikums-GbR ... 977
   1. Der Beschluss des Großen Senats des BFH vom 25.6.1984 ... 977
   2. Das Gepräbegesetz ... 978
   3. § 15a EStG ... 980
   4. Ist die GbR Steuerrechtssubjekt? ... 980
   5. Zurechnung von Einkünften bei Treuhandverhältnissen ... 980

## 6. Kapitel. Termingeschäfte und Detivate

**§ 20 Derivate** ... 982

I. Konzeptionelle Behandlung von Termingeschäften durch den Gesetzgeber seit 1896 ... 983
   1. Einführung ... 983
   2. Konzept des Börsengesetzes 1896 ... 983
   3. Konzept des Börsengesetzes 1908 ... 984
   4. Konzept des Börsengesetzes 1989 ... 985
   5. Konzept des Vierten Finanzmarktförderungsgesetzes 2002 ... 986
   6. Aufgabe der standardisierten Risikoaufklärung durch das Finanzmarktrichtlinie-Umsetzungsgesetz 2007 ... 987

II. Der Begriff des Finanztermingeschäfts ... 988
   1. Nach dem Vierten FinanzmarktförderungsG 2002 ... 988
   2. Nach dem Finanzmarktrichtlinie-UmsetzungsG 2007 ... 990
   3. Bedeutung des Begriffs des Derivats ... 990
   4. Neuer Regulierungsfokus für Derivate durch EU ... 991

III. Verhältnis des Finanztermingeschäfts zum Spiel- und Wetteinwand ... 991

IV. Verbot von Finanztermingeschäften und Schiedsvereinbarungen ... 992
   1. Verbotene Finanztermingeschäfte ... 992
   2. Schiedsvereinbarungen ... 992

**§ 21 Leerverkäufe und Geschäfte in bestimmten Kreditderivaten** ... 993

I. Begriff, Einsatzmöglichkeiten und Abgrenzung zu Termingeschäften ... 994

II. Das Zivilrecht der Leerverkäufe ... 996

III. Das Aufsichtsrecht der Leerverkäufe ... 996
   1. Geschichtliche Entwicklung ... 996
   2. Geltende Rechtslage ... 998
      a) Überblick ... 998
      b) Verbotstatbestände ... 999
      c) Transparenzpflichten ... 1001
      d) Sanktionen ... 1002

## 7. Kapitel. Investmentgeschäfte

**§ 22 Investmentgeschäft und -vertrieb** ... 1003

I. Definition des Investmentgeschäfts unter dem KAGB ... 1007

II. Anwendungsbereich des KAGB: Das Investmentvermögen ... 1011
   1. Organismus für gemeinsame Anlagen ... 1012
   2. Anzahl von Anlegern ... 1016
   3. Einsammeln von Kapital ... 1018
   4. Festgelegte Anlagestrategie ... 1021
   5. Investition zum Nutzen der Anleger ... 1023
   6. Kein operativ tätiges Unternehmen außerhalb des Finanzsektors (Negativkriterium) ... 1025

# Inhaltsverzeichnis

| | Seite |
|---|---|
| III. Bereichsausnahmen und Anwendungsbeschränkungen | 1028 |
|   1. Bereichsausnahmen | 1029 |
|     a) Holdinggesellschaften | 1029 |
|     b) Verbriefungszweckgesellschaften | 1029 |
|     c) Arbeitnehmerbeteiligungssysteme oder Arbeitnehmersparpläne | 1030 |
|     d) Konzernunternehmen | 1030 |
|   2. Anwendungsbeschränkungen | 1031 |
|     a) Kleine AIF (De-minimis-Regelungen) | 1031 |
|     b) Europäische Risikokapitalfonds – Venture Capital | 1032 |
|     c) Europäische Fonds für soziales Unternehmertum | 1032 |
| IV. Arten von Investmentvermögen | 1033 |
|   1. Publikumsinvestmentvermögen und Spezial-AIF | 1033 |
|   2. Offene und geschlossene Investmentvermögen | 1033 |
|   3. Organisationsformen | 1034 |
|   4. Typen von Investmentvermögen | 1035 |
|     a) OGAW | 1035 |
|     b) Publikums-AIF | 1036 |
|     c) Spezial-AIF | 1039 |
|     d) Feeder- und Master-Investmentvermögen | 1040 |
|     e) Unterscheidung nach dem Herkunftsstaat des Investmentvermögens | 1041 |
|   5. Kategorien von Investmentvermögen | 1041 |
|     a) Verbot der Irreführung – Fondskategorien im engeren Sinn | 1041 |
|     b) Unterscheidung nach der Anlagestrategie | 1042 |
|     c) Unterscheidung nach dem Anlagehorizont | 1042 |
|     d) Unterscheidung nach der Ertragsverwendung | 1043 |
| V. Arten von Anlegern | 1043 |
|   1. Professionelle Anleger | 1044 |
|   2. Semiprofessionelle Anleger | 1045 |
|   3. Privatanleger | 1045 |
| VI. Kapitalverwaltungsgesellschaft und Verwahrstelle | 1046 |
|   1. Kapitalverwaltungsgesellschaft | 1046 |
|     a) Begriff | 1046 |
|     b) Erlaubnispflicht | 1049 |
|     c) Haftung der KVG | 1050 |
|       aa) Haftungsgrundlagen | 1050 |
|       bb) Geltendmachung von Ansprüchen der Anleger | 1051 |
|   2. Verwahrstelle | 1052 |
|     a) OGAW-Verwahrstelle | 1052 |
|     b) AIF-Verwahrstelle | 1053 |
|     c) Haftung der Verwahrstelle | 1054 |
| VII. Vertrieb von Investmentvermögen | 1055 |
|   1. Vertriebswege | 1055 |
|   2. Rechtliche Rahmenbedingungen des Vertriebs | 1055 |
|     a) Vertriebsbegriff | 1055 |
|     b) Negativkatalog | 1057 |
|     c) Einschränkung des Vertriebsbegriffes | 1058 |
|   3. Vertriebsanzeigen und Anzeigeverfahren | 1058 |
|     a) Vertrieb von OGAW | 1058 |
|     b) Vertrieb von AIF | 1059 |
|       aa) Zulässigkeit des Vertriebs | 1059 |
|       bb) Anzeigepflicht und -verfahren | 1059 |
| VIII. Anlegerschutz im Investmentrecht | 1061 |
|   1. Verkaufsunterlagen | 1061 |
|     a) Verkaufsunterlagen bei OGAW | 1062 |
|     b) Verkaufsunterlagen bei AIF | 1062 |
|     c) Besonderheiten bei Dach-Hedgefonds | 1063 |
|   2. Widerrufsrecht des Anlegers | 1063 |

# Inhaltsverzeichnis

Seite

| | |
|---|---|
| a) Voraussetzungen | 1064 |
| b) Ausschluss des Widerrufsrechts | 1064 |
| c) Ausübung des Widerrufsrechts | 1064 |
| d) Rechtsfolgen | 1065 |
| e) Besonderheiten bei geschlossenen Investmentvermögen | 1065 |
| 3. Prospekthaftung und Haftung für wesentliche Anlegerinformationen | 1066 |
| a) Fehlerhafter Verkaufsprospekt | 1066 |
| b) Fehlerhafte wesentliche Anlegerinformationen | 1067 |
| c) Rechtsfolgen | 1067 |
| 4. Aufsichts- und zivilrechtliche Vorgaben für die Anlageberatung in Bezug auf Investmentvermögen | 1068 |

## 8. Kapitel. Delegation von Anlagegeschäften

| | |
|---|---|
| § 23 Vermögensverwaltung | 1069 |
| I. Begriff und Bedeutung der Vermögensverwaltung | 1072 |
| 1. Geldvermögen und seine Verwaltung in Deutschland | 1072 |
| 2. Der Begriff der individuellen Vermögensverwaltung | 1073 |
| 3. Abgrenzung zu anderen Wertpapierdienstleistungen | 1074 |
| a) Anlageberatung | 1074 |
| b) Anlageverwaltung | 1075 |
| c) Anlage- und Abschlussvermittlung | 1075 |
| d) Depotverwaltung | 1076 |
| e) Financial Planning | 1076 |
| II. Zivilrechtliche Erscheinungsformen der Vermögensverwaltung | 1076 |
| 1. Eigentumsrechtliche Ausprägungen der Vermögensverwaltung | 1076 |
| a) Vertretermodell | 1076 |
| b) Treuhandmodell | 1077 |
| 2. Schuldrechtliche Qualifikation der Vermögensverwaltung | 1077 |
| a) Vertretermodell | 1077 |
| b) Treuhandmodell | 1077 |
| III. Aufsichtsrecht der Vermögensverwaltung | 1078 |
| 1. Aufsichtsregime | 1078 |
| 2. Aufsichtsrechtliche Qualifizierung der Vermögensverwaltung | 1078 |
| a) Vertretermodell | 1078 |
| b) Treuhandmodell | 1078 |
| aa) Bank- und Finanzdienstleistung nach KWG | 1078 |
| bb) Wertpapierdienstleistung nach WpHG | 1079 |
| 3. Internationaler Anwendungsbereich des deutschen Aufsichtsrechts | 1079 |
| IV. Pflichten des Vermögensverwalters bei Abschluss des Vermögensverwaltungsvertrags | 1081 |
| 1. Zivilrechtliche Pflichten | 1081 |
| a) Grundlage | 1081 |
| b) Exploration des Kunden (know your customer) | 1081 |
| c) Informations- und Beratungspflichten | 1082 |
| 2. Aufsichtsrechtliche Pflichten | 1083 |
| a) Exploration des Kunden | 1083 |
| b) Allgemeine Informationen zur Vermögensverwaltung | 1085 |
| c) Conflict-of-Interest-Policy | 1086 |
| d) Best-Execution-Policy | 1087 |
| e) Kein Anlageberatungsprotokoll | 1087 |
| V. Der Vermögensverwaltungsvertrag | 1088 |
| 1. Vertragsabschluss | 1088 |
| a) Formvorschriften | 1088 |
| b) Stellvertretung | 1088 |
| c) Verbraucherverträge | 1089 |

# Inhaltsverzeichnis

|  | Seite |
|---|---|
| 2. Vertragsinhalt | 1090 |
| a) Regelungsgegenstände | 1090 |
| b) Vermögensverwaltungsvertrag und AGB-Recht | 1091 |
| 3. Beendigung des Vermögensverwaltungsvertrags | 1093 |
| VI. Pflichten der Vertragsparteien bei Durchführung des Vermögensverwaltungsvertrages ... | 1094 |
| 1. Zivilrechtliche Pflichten des Vermögensverwalters | 1094 |
| a) Anlagerichtlinien und Weisungen | 1094 |
| b) Grundsätze ordnungsgemäßer Vermögensverwaltung | 1096 |
| aa) Produktive Verwaltung | 1096 |
| bb) Spekulationsverbot | 1098 |
| cc) Risikostreuung durch Diversifikation | 1098 |
| c) Interessenwahrungspflicht | 1099 |
| aa) Unzulässige Verhaltensweisen | 1099 |
| bb) Umgang mit Interessenkonflikten | 1100 |
| d) Informations- und Rechenschaftspflichten | 1102 |
| e) Herausgabepflicht | 1103 |
| 2. Aufsichtsrechtliche Pflichten des Vermögensverwalters | 1103 |
| a) Leistungserbringung | 1103 |
| b) Umgang mit Interessenkonflikten | 1103 |
| c) Zuwendungen | 1104 |
| d) Rechenschaftspflichten nach § 31 Abs. 8 WpHG | 1104 |
| e) Dokumentationspflichten | 1105 |
| 3. Pflichten des Vermögensinhabers | 1105 |
| VII. Haftung des Vermögensverwalters für Pflichtverletzungen | 1106 |
| 1. Anspruchsgrundlagen und Anspruchsgegner | 1106 |
| a) Anspruchsgrundlagen | 1106 |
| b) Anspruchsgegner | 1107 |
| 2. Pflichtverletzung | 1107 |
| 3. Verschulden und Mitverschulden des Anlegers | 1109 |
| a) Verschulden | 1109 |
| b) Mitverschulden | 1109 |
| 4. Schaden | 1110 |
| a) Verletztes Interesse | 1110 |
| b) Saldierung von Vor- und Nachteilen | 1112 |
| c) Entgangener Gewinn | 1113 |
| d) Sonstige Schadenspositionen | 1114 |
| 5. Verjährung | 1114 |
| a) Sonderverjährung gemäß § 37a WpHG aF | 1114 |
| b) Regelverjährung | 1114 |
| **§ 24 Anlageverwaltung** | **1116** |
| I. Begriff, Bedeutung und zivilrechtliche Erscheinungsformen | 1116 |
| II. Tatbestand der Anlageverwaltung | 1118 |
| 1. Aufsichtsrechtliche Tatbestandsmerkmale | 1118 |
| 2. Anwendung der Aufsichtsnormen auf zivilrechtliche Strukturen | 1121 |
| 3. Ausnahme und Übergangsregelungen | 1122 |

## 3. Teil. Anlegerprozesse

|  |  |
|---|---|
| **§ 25 Prozessführung bei Anlagegeschäften** | **1125** |
| I. Besonderheiten des Anlegerprozesses | 1126 |
| 1. Mehrheit gleichermaßen Berechtigter | 1126 |
| 2. Unterschiedliche rechtliche Beurteilung verschiedener Anlageformen in kollisionsrechtlicher Hinsicht | 1127 |
| II. Schieds- und Gerichtsstandsvereinbarungen in Kapitalanlageverträgen | 1127 |
| 1. Vor- und Nachteile der Schiedsvereinbarung bei Kapitalanlagegeschäften | 1127 |
| a) Faires Verfahren | 1128 |

# Inhaltsverzeichnis

Seite

      b) Spezielle Sachkunde .................................................................... 1128
      c) Verfahrensdauer ......................................................................... 1128
      d) Kosten ........................................................................................ 1128
      e) Verfahrensgestaltung ................................................................ 1128
      f) Vertraulichkeit ............................................................................ 1128
      g) Präzedenzwirkung ..................................................................... 1128
      h) Durchsetzbarkeit des Schiedsspruchs ...................................... 1129
    2. Die Schiedsvereinbarung ................................................................ 1129
      a) Objektive Schiedsfähigkeit ........................................................ 1129
      b) Subjektive Schiedsfähigkeit ...................................................... 1129
      c) Das Zustandekommen der Schiedsvereinbarung ..................... 1130
      d) Wegfall der Schiedsvereinbarung .............................................. 1131
      e) Kompetenz-Kompetenz ............................................................. 1132
    3. Die Gerichtsstandsvereinbarung .................................................... 1132
      a) Kollisionsrechtliche Beurteilung ................................................ 1133
      b) Zulässigkeit und Wirkungen ...................................................... 1133
      c) Abschluss ................................................................................... 1134
III. Klägermehrheit ....................................................................................... 1134
    1. Prozessführung vor ordentlichen Gerichten ................................... 1134
      a) Musterprozess ........................................................................... 1134
      b) Abtretung ................................................................................... 1135
      c) Gewillkürte Prozessstandschaft ................................................ 1135
      d) Keine class action ..................................................................... 1136
      e) KapMuG ..................................................................................... 1136
    2. Prozessführung vor Schiedsgerichten ............................................ 1139
      a) Mehrparteienschiedsverfahren ................................................. 1140
      b) Einbeziehung Dritter in das Schiedsverfahren ......................... 1140
      c) Musterschiedsverfahren und Abtretung ................................... 1141
IV. Besonderheiten des Verfahrens vor den ordentlichen Gerichten ........ 1141
    1. Zuständigkeit ................................................................................... 1141
      a) Internationale und örtliche Zuständigkeit ................................. 1141
      b) Gerichtsstände .......................................................................... 1142
          aa) Gerichtsstand der Zweigniederlassung ............................. 1142
          bb) Gerichtsstand der unerlaubten Handlung ......................... 1142
          cc) Vermögensgerichtsstand .................................................... 1143
          dd) Verbrauchergerichtsstände ................................................. 1144
          ee) Kapitalmarktrechtlicher Gerichtsstand .............................. 1144
      c) Verfahrenskonkurrenzen ........................................................... 1145
          aa) Parallelverfahren bei Parteienidentität ............................... 1145
          bb) Parallelverfahren ohne Parteienidentität ........................... 1145
    2. Zustellungen .................................................................................... 1145
    3. Beweislast und Beweismaß ............................................................ 1147
      a) Aufklärung im Rahmen der Prospekthaftung ........................... 1147
      b) Aufklärung im Rahmen allgemeiner Anlageberatung .............. 1147
    4. Beweiserhebung .............................................................................. 1147
V. Arrest zur vorläufigen Sicherung der Ansprüche von Anlegern ........... 1148
    1. Arrestgrund ...................................................................................... 1148
    2. Arrestanspruch ................................................................................ 1149
    3. Arrestverfahren und Schiedsvereinbarung .................................... 1149
VI. Besonderheiten des Verfahrens vor Schiedsgerichten ........................ 1149
    1. Bestellung des Schiedsgerichts ...................................................... 1149
    2. Auswahl der Schiedsrichter ............................................................ 1150
    3. Anwendbares Recht ........................................................................ 1151
      a) Schiedsverfahrensrecht ............................................................. 1151
      b) Materielles Recht ....................................................................... 1152
    4. Das Verfahren im Einzelnen ............................................................ 1153
      a) Zustellungen .............................................................................. 1153

# Inhaltsverzeichnis

Seite

| | |
|---|---|
| b) Beweiserhebung | 1153 |
| c) Kosten und Kostenerstattung | 1154 |
| VII. Anerkennung und Vollstreckbarerklärung ausländischer Zivilurteile | 1155 |
|   1. Internationale Zuständigkeit | 1155 |
|     a) Transient Jurisdiction | 1155 |
|     b) Long Arm Statutes | 1155 |
|     c) Security Class Actions | 1155 |
|   2. Ordre public Klausel | 1156 |
|     a) Verstoß gegen den materiellrechtlichen ordre public | 1156 |
|     b) Verstoß gegen den prozessualen ordre public | 1156 |
| VIII. Anerkennung und Vollstreckbarerklärung ausländischer Schiedssprüche | 1156 |
|   1. Rechtswirksamkeit des Schiedsspruchs | 1156 |
|   2. Ordre public Klausel | 1157 |
|   3. Die Doppelexequierung ausländischer Schiedssprüche | 1158 |

## 4. Teil. Schutz der Anleger bei der Insolvenz von Finanzdienstleister

| | |
|---|---|
| **§ 26 Einlagensicherung und Anlegerentschädigung** | 1159 |
| I. Konzeptionelle Grundlagen der Einlagensicherung und Anlegerentschädigung | 1163 |
|   1. Die Risiken von Kapitalanlagen und ihre rechtliche Erfassung | 1163 |
|     a) Das unternehmerische Risiko | 1163 |
|     b) Das Risiko der Insolvenz des Finanzintermediärs | 1164 |
|     c) Schutzmechanismen | 1165 |
|   2. Ökonomischer Hintergrund der Einlagensicherung und Anlegerentschädigung | 1168 |
|     a) Mikro- und makroprudentielle Ebene und systemisches Risiko | 1168 |
|     b) Einlagensicherung und Anlegerentschädigung als Faktor des Wettbewerbs | 1168 |
|   3. Historische Entwicklung der Einlagensicherung und Anlegerentschädigung | 1170 |
|   4. Überlegungen zur Ausgestaltung der Sicherung | 1175 |
|   5. Internationale Entwicklungen | 1179 |
| II. Europarechtlicher Hintergrund der Einlagensicherung und Anlegerentschädigung | 1181 |
|   1. Die Richtlinien | 1181 |
|   2. Die Umsetzung der Richtlinien in deutsches Recht | 1182 |
|   3. Die Schutzrichtung der Richtlinien | 1183 |
|   4. Die Fortentwicklung der Richtlinien | 1184 |
|     a) Notwendigkeit einer Reform | 1184 |
|     b) Richtlinie 2009/14/EG | 1185 |
|     c) Richtlinie 2014/49/EG | 1186 |
|     d) Vorschlag zur Änderung der Anlegerentschädigungsrichtlinie | 1187 |
| III. Das deutsche System der Einlagensicherung und Anlegerentschädigung im Überblick | 1187 |
|   1. Kreditgenossenschaften | 1188 |
|   2. Sparkassen, Landesbanken/Girozentralen und Landesbausparkassen | 1188 |
|   3. Private Banken | 1188 |
|   4. Öffentliche Banken | 1188 |
|   5. Private Bausparkassen | 1188 |
|   6. Sonstige Institute | 1189 |
| IV. Die Entschädigungseinrichtungen | 1189 |
|   1. Anschlusszwang | 1189 |
|     a) Erfasste Institute | 1189 |
|     b) Verfahren | 1191 |
|     c) Ausnahmen vom Anschlusszwang | 1192 |
|   2. Die Basisdeckung durch die gesetzlichen Entschädigungseinrichtungen | 1193 |
|     a) Sondervermögen | 1193 |
|     b) Beliehene Entschädigungseinrichtungen | 1194 |
|     c) Entschädigungseinrichtung der Wertpapierhandelsunternehmen | 1194 |
|     d) Änderung der Zuordnung | 1194 |

# Inhaltsverzeichnis

| | Seite |
|---|---|
| 3. Die Anschlussdeckung durch freiwillige Einlagensicherungsfonds | 1195 |
| 4. Aufgaben und Pflichten der gesetzlichen Entschädigungseinrichtungen | 1199 |
| 5. Finanzierung der gesetzlichen Entschädigungseinrichtungen | 1200 |
|    a) Beitragspflicht | 1200 |
|    b) Höhe der Beiträge | 1201 |
|    c) Haftung für Verbindlichkeiten | 1202 |
|    d) Anlage des Vermögens | 1202 |
| 6. Aufsicht über die gesetzlichen Entschädigungseinrichtungen und die institutssichernden Einrichtungen | 1203 |
| 7. Pflichten der angeschlossenen Institute | 1204 |
|    a) Pflichten gegenüber den Kunden | 1204 |
|    b) Pflichten gegenüber der Entschädigungseinrichtung | 1207 |
|    c) Unzulässigkeit der Werbung mit Einlagensicherung und Anlegerentschädigung | 1207 |
| 8. Die Sicherung von Kunden ausländischer Zweigstellen im Inland | 1209 |
|    a) Zweigstellen von Instituten aus einem anderen EU-Mitgliedstaat oder EWR-Staat | 1209 |
|    b) Zweigstellen von Instituten aus Drittstaaten | 1213 |
| 9. Ausschluss eines Instituts/einer Zweigstelle aus einer gesetzlichen Entschädigungseinrichtung | 1214 |
|    a) Ausschluss eines inländischen Instituts | 1214 |
|    b) Ausschluss einer Zweigstelle aus einem anderen EU-Mitgliedstaat oder EWR-Staat | 1215 |
|    c) Ausschluss einer Zweigstelle aus einem Drittstaat | 1215 |
|    d) Folgen des Ausschlusses | 1215 |
| V. Der Entschädigungsfall und -anspruch | 1216 |
| 1. Entschädigungsfall | 1216 |
| 2. Anspruchsberechtigte | 1216 |
|    a) Kontoinhaber, wirtschaftlich Berechtigte und Treuhänder | 1216 |
|    b) Ausgenommene Gläubigergruppen | 1217 |
| 3. Entschädigungsanspruch | 1217 |
|    a) Einlagen | 1217 |
|    b) Verbindlichkeiten aus Wertpapiergeschäften | 1218 |
|    c) Nicht gesicherte Ansprüche | 1221 |
| 4. Umfang des Entschädigungsanspruchs | 1224 |
|    a) Umfang des Entschädigungsanspruchs bei inländischen Instituten | 1224 |
|    b) Umfang des Entschädigungsanspruchs bei Zweigstellen deutscher Institute in EU- und EWR-Staaten | 1226 |
|    c) Umfang des Entschädigungsanspruchs bei Zweigstellen aus EU-Staaten | 1226 |
|    d) Umfang des Entschädigungsanspruchs bei Zweigstellen aus Drittstaaten | 1226 |
| 5. Geltendmachung des Entschädigungsanspruchs, Verjährung, Ausschlussfrist und cessio legis | 1226 |
|    a) Subjektives Recht | 1226 |
|    b) Verfahren | 1227 |
|    c) Verjährung | 1228 |
|    d) Cessio legis | 1229 |
| VI. Pflicht der Finanzintermediäre, Treuhänder und Angehörigen freier Berufe zur bestmöglichen Sicherung | 1229 |

## 5. Teil. Steuern

| | |
|---|---|
| **§ 27 Die Besteuerung von Kapitalanlagevermögen** | 1231 |
| A. Einführung | 1236 |
| B. Anteile an Kapitalgesellschaften | 1238 |
|    I. Überblick | 1240 |
|    II. Anteile an Kapitalgesellschaften im Betriebsvermögen von Körperschaften | 1241 |

# Inhaltsverzeichnis

|  | Seite |
|---|---|
| 1. Gewinnanteile und ähnliche Bezüge | 1241 |
| a) Körperschaftsteuer | 1241 |
| b) Gewerbesteuer | 1245 |
| 2. Veräußerung von Anteilen an Kapitalgesellschaften | 1246 |
| a) Veräußerung und andere Entstrickungstatbestände | 1246 |
| b) Körperschaftsteuer | 1246 |
| c) Gewerbesteuer | 1249 |
| 3. Versagung der Anwendung des § 8b Abs. 1 bis 6 KStG | 1249 |
| a) Kreditinstitute, Finanzdienstleistungsinstitute und Finanzunternehmen gemäß § 8b Abs. 7 KStG | 1249 |
| b) Kapitalanlagen bei Lebens- und Krankenversicherungsunternehmen | 1250 |
| c) Kompensationszahlungen bei Wertpapierleihe und Wertpapierpensionsgeschäften | 1250 |
| d) Anteile an G-REIT | 1250 |
| III. Anteile an Kapitalgesellschaften im Betriebsvermögen natürlicher Personen | 1251 |
| 1. Gewinnanteile und ähnliche Bezüge | 1251 |
| a) Einkommensteuer | 1251 |
| b) Gewerbesteuer | 1252 |
| 2. Veräußerung von Anteilen an Kapitalgesellschaften | 1252 |
| a) Einkommensteuer | 1252 |
| b) Gewerbesteuer | 1254 |
| IV. Anteile an Kapitalgesellschaften im Privatvermögen natürlicher Personen | 1254 |
| 1. Gewinnanteile und ähnliche Bezüge | 1254 |
| a) Sachliche Steuerpflicht | 1254 |
| b) Ermittlung der steuerpflichtigen Einkünfte | 1255 |
| c) Kapitalertragsteuer | 1255 |
| 2. Veräußerung von Anteilen an Kapitalgesellschaften | 1255 |
| a) Einkünfte gemäß § 20 Abs. 2 Nr. 1 EStG (private Kapitaleinkünfte) | 1256 |
| b) Einkünfte gemäß § 17 EStG („Wesentliche Beteiligung") | 1256 |
| c) Veräußerungsverlust | 1261 |
| d) Einbringungsgeborene Anteile gemäß § 21 UmwStG aF | 1262 |
| e) Wegzugsbesteuerung gemäß § 6 AStG | 1266 |
| V. Anteile an ausländischen Zwischengesellschaften iSv §§ 7 ff. AStG | 1268 |
| 1. Überblick | 1268 |
| 2. Anwendungsvoraussetzungen | 1268 |
| a) Persönliche Voraussetzungen | 1268 |
| b) Sachliche Voraussetzungen | 1269 |
| 3. Besteuerung der Anteilseigner | 1270 |
| C. Investmentanteile | 1270 |
| I. Überblick | 1271 |
| II. Überblick über die Besteuerung von Investmentvermögen nach dem InvStG und dessen sachlicher Anwendungsbereich für Investmentfonds | 1272 |
| 1. Sachlicher Anwendungsbereich des InvStG in Abhängigkeit des KAGB | 1272 |
| 2. Ausnahmen zum sachlichen Anwendungsbereich des InvStG | 1272 |
| 3. Differenzierung der Rechtsfolgen des InvStG nach Art der Investmentvermögens | 1273 |
| 4. Selbständiger steuerlicher Begriff des „Investmentfonds" | 1274 |
| a) Investmentaufsicht | 1274 |
| b) Rückgaberecht | 1274 |
| c) Passive Vermögensverwaltung | 1275 |
| d) Risikomischung | 1275 |
| e) Anlage in taugliche Vermögensgegenstände | 1276 |
| f) Liquiditätsbezogene Beteiligungsgrenzen | 1276 |
| g) Begrenzung auf Streubesitzbeteiligungen | 1277 |
| h) Kreditaufnahme | 1277 |
| i) Dokumentation in den Anlagebedingungen | 1277 |

# Inhaltsverzeichnis

| | Seite |
|---|---|
| 4. Anerkennung und Änderung der Besteuerung als „Investmentfonds" | 1277 |
|    a) Kein steuerliches Verfahren zur Feststellung der Erfüllung der Voraussetzungen als Investmentfonds | 1277 |
|    b) Folgen der Änderung der Anlagebedingungen oder Verstoß gegen die Voraussetzungen eines Investmentfonds | 1278 |
|    c) Umwandlung einer Investitionsgesellschaft in einen Investmentfonds | 1279 |
|    d) Anerkennung als „offene Investmentkommanditgesellschaft" („Pension-Asset-Pooling") | 1279 |
| 5. Zeitlicher Anwendungsbereich | 1280 |
| III. Steuerliche Behandlung des Investmentfonds bei ordnungsmäßiger Bekanntgabe von Besteuerungsgrundlagen | 1281 |
| 1. Steuerliche Behandlung des Investmentfonds | 1281 |
|    a) Steuerbefreites Zweckvermögen | 1281 |
|    b) Ermittlungen der Einkünfte des Investmentfonds | 1281 |
|    c) Behandlung von Verlusten | 1283 |
|    d) Ausschüttungsreihenfolge | 1283 |
| 2. Steuerliche Behandlung der Anleger | 1284 |
|    a) Überblick | 1284 |
|    b) Laufende Besteuerung der Anleger | 1284 |
|    c) Steuerabzug vom Kapitalertrag | 1290 |
|    d) Behandlung ausländischer Einkünfte | 1292 |
|    e) Besteuerung der Veräußerung von Investmentanteilen | 1293 |
|    f) Bekanntmachungspflichten | 1297 |
| IV. Steuerliche Behandlung bei Bekanntmachungsmängeln | 1300 |
| 1. Besteuerung bei fehlender Bekanntgabe steuerbelastender Tatsachen | 1300 |
| 2. Besteuerung bei lediglich fehlender Bekanntgabe steuerentlastender Tatsachen | 1300 |
| V. Dach-Investmentfonds | 1301 |
| 1. Begriff | 1301 |
| 2. Pauschalbesteuerung nach § 6 InvStG | 1301 |
| 3. Keine Anwendung von Teileinkünfteverfahren (§ 3 Nr. 40 EStG) bzw. Beteiligungsprivileg (§ 8b KStG) | 1302 |
| 4. Aktiengewinn | 1302 |
| 5. Verlustverrechnung | 1302 |
| D. Personen-Investitionsgesellschaften und andere geschlossene Fonds | 1303 |
| I. Einführung | 1304 |
| 1. Geschlossene Fonds – Anlagekonzept | 1304 |
| 2. Steuerliche Aspekte geschlossener Fonds | 1305 |
| 3. Personen-Investitionsgesellschaften – Steuerliche Behandlung nach dem AIFM-StAnpG | 1305 |
| II. Immobilienfonds | 1306 |
| 1. Steuerliche Behandlung des Fonds | 1306 |
|    a) Rechtsform | 1306 |
|    b) Steuerliche Transparenz | 1306 |
|    c) Steuerliche Qualifikation des Fonds: Abgrenzung Vermögensverwaltung – Gewerbebetrieb | 1306 |
|    d) Abgrenzung Anschaffungs-/Herstellungskosten – Werbungskosten/Betriebsausgaben | 1309 |
|    e) Gewerbesteuer | 1312 |
| 2. Steuerliche Behandlung der Anleger | 1312 |
|    a) Überblick | 1312 |
|    b) Steuerliche Behandlung von Überschüssen/Gewinnen des Immobilienfonds | 1313 |
|    c) Steuerliche Behandlung von Verlusten des Immobilienfonds | 1314 |
|    d) Veräußerung von Fondsanteilen | 1318 |
| 3. Grunderwerbsteuer | 1320 |
|    a) Grunderwerbsteuerpflichtige Tatbestände | 1320 |
|    b) Ausnahmen | 1320 |
| 4. Erbschaftsteuer | 1321 |

# Inhaltsverzeichnis

|  | Seite |
|---|---|
| III. Medienfonds | 1321 |
|     1. Konzeption des Medienfonds | 1321 |
|     2. Steuerliche Behandlung des Fonds | 1322 |
|         a) Überblick | 1322 |
|         b) Qualifikation des Medienfonds | 1322 |
|         c) Wirtschaftliches Eigentum | 1323 |
|         d) Rechtsfolgen | 1323 |
|     3. Steuerliche Behandlung des Anlegers | 1324 |
|     4. Ausländische Betriebsstätte | 1324 |
| IV. Schiffsfonds | 1325 |
|     1. Konzeption | 1325 |
|     2. Steuerliche Behandlung | 1325 |
|         a) Überblick | 1325 |
|         b) Voraussetzungen für die Anwendung des § 5a EStG | 1325 |
|         c) Antrag auf Anwendung des § 5a EStG | 1326 |
|     3. Rechtsfolgen | 1327 |
|         a) Schiffsfonds | 1327 |
|         b) Anleger | 1327 |
| V. Private Equity – Venture Capital | 1328 |
|     1. Überblick | 1328 |
|     2. Struktur eines inländischen Private Equity-/Venture Capital-Fonds | 1330 |
|     3. Steuerliche Behandlung des Fonds | 1331 |
|         a) Anwendbarkeit des Investmentsteuergesetzes | 1331 |
|         b) Anwendung des KAGB | 1331 |
|         c) Abgrenzung privater Vermögensverwaltung von gewerblicher Tätigkeit | 1331 |
|         d) Wagniskapitalbeteiligungsgesellschaften | 1336 |
|         e) Steuerliche Konsequenzen | 1337 |
|     4. Steuerliche Behandlung der Anleger | 1339 |
|         a) Anteile im Privatvermögen | 1339 |
|         b) Anteile im Betriebsvermögen | 1341 |
|         c) Ausländischer Anleger | 1342 |
|     5. Besteuerung des Carried Interest | 1343 |
| E. Kapital-Investitionsgesellschaft | 1344 |
|   I. Überblick | 1344 |
|   II. Besteuerung | 1345 |
|     1. Steuerliche Behandlung der Kapital-Investitionsgesellschaft | 1345 |
|         a) Betroffene Investmentvermögen | 1345 |
|         b) Rechtsfolgen | 1346 |
|     2. Steuerliche Behandlung des Anlegers | 1346 |
|         a) Ausschüttungen | 1346 |
|         b) Veräußerung von Anteilen | 1348 |
|         c) Kapitalertragsteuer | 1348 |
|   III. Fragen des Überganges | 1348 |
| F. Deutsche Immobilienaktiengesellschaft mit börsennotierten Anteilen – German Real Estate Investment Trust (G-REIT) | 1349 |
|   I. Überblick | 1349 |
|   II. Regulatorische Rahmenbedingungen | 1350 |
|   III. Besteuerung | 1351 |
|     1. Anwendbarkeit des InvStG | 1351 |
|     2. Steuerliche Behandlung des G-REIT | 1351 |
|     3. Steuerliche Behandlung des Anlegers | 1352 |
|         a) Ausschüttungen | 1352 |
|         b) Veräußerung von Anteilen | 1352 |
|     4. Exit Tex | 1352 |
| G. Stille Beteiligung | 1353 |
|   I. Überblick und zivilrechtliche Grundlagen | 1354 |
|   II. Steuerliche Behandlung der typisch stillen Gesellschaft | 1355 |

# Inhaltsverzeichnis

|  | Seite |
|---|---|
| 1. Abgrenzung der typisch stillen Gesellschaft | 1355 |
|    a) Abgrenzung der typisch stillen Gesellschaft von der atypisch stillen Gesellschaft | 1355 |
|    b) Abgrenzung der typisch stillen Gesellschaft vom partiarischen Darlehen | 1356 |
| 2. Steuerliche Behandlung | 1357 |
|    a) Steuersubjekt | 1357 |
|    b) Besteuerung des Geschäftsinhabers | 1357 |
|    c) Besteuerung des typisch stillen Gesellschafters | 1357 |
| III. Steuerliche Behandlung der atypisch stillen Gesellschaft | 1362 |
|   1. Einkommensteuer/Körperschaftsteuer | 1362 |
|    a) Steuersubjekt | 1362 |
|    b) Steuerliche Gewinnermittlung der stillen Gesellschaft | 1362 |
|    c) Einkünfte des atypisch stillen Gesellschafters | 1363 |
|   2. Gewerbesteuer | 1365 |
|    a) Sachliche und persönliche Steuerpflicht | 1365 |
|    b) Besteuerungsgrundlage | 1365 |
|    c) Gewerbeverlust | 1366 |
| IV. Stille Gesellschaft mit Auslandsbezug | 1366 |
|   1. Typische stille Beteiligung | 1366 |
|   2. Atypische stille Beteiligung | 1366 |
| V. Die GmbH & Still | 1367 |
|   1. Anforderungen an die Gestaltung und steuerliche Motivation | 1367 |
|   2. Ertragsteuerliche Besonderheiten bei der GmbH & typisch Still | 1367 |
|    a) Verdeckte Gewinnausschüttungen/Verdeckte Einlagen | 1367 |
|    b) Anwendungsfälle | 1368 |
|    c) Gesellschafterfremdfinanzierung (§ 8a KStG aF) | 1369 |
|    d) Zinsschranke | 1369 |
|   3. Ertragsteuerliche Besonderheiten bei der GmbH & atypisch Still | 1370 |
|    a) Mitunternehmerschaft | 1370 |
|    b) Verdeckte Gewinnausschüttungen | 1370 |
|    c) Sonderbetriebsvermögen des Stillen | 1371 |
|    d) Zinsschranke | 1371 |
| H. Wandelschuldverschreibungen, Gewinnschuldverschreibungen und andere obligationsähnliche Genussrechte | 1371 |
| I. Überblick und zivilrechtliche Grundlagen | 1372 |
| II. Rechtsformen hybrider Anleiheformen | 1373 |
|   1. Überblick | 1373 |
|   2. Wandelschuldverschreibung | 1373 |
|    a) Wandelanleihe | 1373 |
|    b) Optionsanleihe | 1373 |
|    c) Umtauschanleihe | 1374 |
|    d) Pflichtwandelanleihe | 1374 |
|   3. Gewinnschuldverschreibung | 1374 |
| III. Genussrechte – Abgrenzungen | 1374 |
|   1. Genussrechte – Abgrenzungen | 1374 |
|   2. Abgrenzung zwischen Eigenkapital und Fremdkapital | 1375 |
|    a) Überblick – Anforderungen an die Qualifizierung als Eigenkapital | 1375 |
|    b) Beteiligung am Gewinn | 1376 |
|    c) Beteiligung am Liquidationserlös | 1376 |
|   3. Abgrenzung zur stillen Beteiligung | 1377 |
| IV. Steuerliche Behandlung beim Emittenten | 1378 |
|   1. Ausgabe | 1378 |
|    a) Wandelanleihe/Optionsanleihe | 1378 |
|    b) Umtauschanleihen | 1378 |
|    c) Gewinnschuldverschreibungen und andere obligationsähnliche Genussrechte | 1379 |
|   2. Laufende Vergütungen | 1379 |
|    a) Betriebsausgaben | 1379 |

# Inhaltsverzeichnis

|  | Seite |
|---|---|
| b) Gewerbesteuer | 1380 |
| c) Kapitalertragsteuer | 1380 |
| 3. Ausübung von Wandlungs- und Optionsrechten | 1380 |
| a) Wandelanleihe/Optionsanleihe | 1380 |
| b) Umtauschanleihe | 1381 |
| V. Steuerliche Behandlung beim Anleger | 1381 |
| 1. Betriebliche Anleger | 1381 |
| a) Anschaffung | 1381 |
| b) Laufende Einkünfte | 1382 |
| c) Ausübung von Wandlungs-, Options- und Umtauschrechten | 1382 |
| d) Veräußerung von Wandelschuldverschreibungen, Gewinnschuldverschreibungen und anderen obligationsähnlichen Genussrechten | 1383 |
| e) Veräußerung der Basiswerte | 1383 |
| 2. Privatanleger | 1383 |
| a) Abgeltungsteuer | 1383 |
| b) Laufende Vergütungen | 1384 |
| c) Ausübung von Wandelungs-, Options- und Umtauschrechten | 1384 |
| d) Zwischenveräußerung | 1386 |
| e) Veräußerung der Basiswerte | 1389 |
| 3. Ausländischer Anleger | 1391 |
| a) Laufende Vergütungen | 1391 |
| b) Veräußerungsgewinne | 1392 |
| VI. Mitarbeiterbeteiligung | 1392 |
| 1. Konzeption | 1392 |
| 2. Lohnsteuerlicher Zuflusszeitpunkt | 1392 |
| 3. Ermittlung des geldwerten Vorteils | 1393 |
| 4. Steuerliche Förderung | 1393 |
| I. Termingeschäfte | 1393 |
| I. Überblick | 1394 |
| 1. Begriffsbestimmung außerhalb des Steuerrechts | 1394 |
| 2. Der Begriff des „Termingeschäfts" im Steuerrecht | 1396 |
| 3. Folge der Darstellung | 1396 |
| II. Besteuerung von Termingeschäften im Privatvermögen | 1397 |
| 1. Rechtslage vor 2009 | 1397 |
| 2. Optionsgeschäfte | 1397 |
| a) Begriff | 1397 |
| b) Kaufoption | 1398 |
| c) Verkaufoption | 1400 |
| d) Besonderheiten bei range warrants | 1400 |
| 3. Unbedingte Termingeschäfte (Forwards and Futures) | 1400 |
| a) Begriff | 1400 |
| b) Besteuerung | 1401 |
| c) Besonderheiten bei Devisentermingeschäften | 1401 |
| 4. Swapgeschäfte | 1402 |
| 5. Termingeschäfte als Sicherungsgeschäfte | 1402 |
| 6. Besteuerung von Aktienoptionen an Mitarbeiter | 1403 |
| a) Grundkonzeption von Aktienoptionen | 1403 |
| b) Steuerliche Behandlung von Aktienoptionen | 1403 |
| III. Besteuerung von Termingeschäften im Betriebsvermögen | 1405 |
| 1. Zugehörigkeit zum Betriebsvermögen | 1405 |
| 2. Steuerbilanzielle Behandlung von Termingeschäften | 1405 |
| a) Offene Positionen | 1405 |
| b) Geschlossene Positionen (Bewertungseinheiten) | 1406 |
| 3. Steuerliche Verlustabzugsbeschränkung gemäß § 15 Abs. 4 EStG | 1407 |
| a) Grundsatz | 1407 |
| b) Ausnahme von der Verlustbeschränkung | 1407 |
| c) Rückausnahme des § 15 Abs. 4 Satz 5 EStG beim Hedging von Aktiengeschäften | 1408 |

# Inhaltsverzeichnis

| | Seite |
|---|---|
| J. Sonstige Kapitalforderungen | 1408 |
|     I. Überblick | 1409 |
|     II. Steuerliche Behandlung beim unbeschränkt steuerpflichtigen Privatanleger | 1410 |
|         1. Begriff der Kapitalforderung | 1410 |
|             a) Abgrenzung | 1410 |
|             b) Einzelfälle von sonstigen Kapitalforderungen jeder Art | 1410 |
|         2. Erträge aus sonstigen Kapitalanforderungen jeder Art iSd § 20 Abs. 1 Nr. 7 EStG | 1413 |
|         3. Gewinne aus der Veräußerung von sonstigen Kapitalforderungen jeder Art iSd § 20 Abs. 2 Nr. 7 EStG | 1414 |
|         4. Kapitalertragsteuer (Zinsabschlag) | 1415 |
|     III. Steuerliche Behandlung beim beschränkt steuerpflichtigen Privatanleger | 1415 |
| K. Steuerliche Abzugsfähigkeit von Aufwendungen im Zusammenhang mit der Kapitalanlage | 1415 |
|     I. Überblick | 1415 |
|         1. Einkünfte aus Kapitalvermögen | 1415 |
|         2. Einkünfte aus Investmentvermögen | 1416 |
|         3. Gewinneinkünfte | 1416 |
|     II. Ausschluss des Werbungskostenabzuges und Pauschbetrag | 1416 |
|     III. Aufwand im Rahmen der Gewinnermittlung nach § 20 Abs. 4 EStG | 1416 |
|     IV. Werbungskostenabzug im Rahmen des Veranlagungsverfahrens | 1417 |
| Sachverzeichnis | 1419 |

# Literaturverzeichnis

*Achenbach/Ransiek,* Handbuch Wirtschaftsstrafrecht, 3. Aufl. 2012
*Adler/Düring/Schmaltz,* Rechnungslegung und Prüfung der Unternehmen, 6. Aufl. 1995 ff.
*Assmann/Pötzsch/Uwe H. Schneider* (Hrsg.), Wertpapiererwerbs- und Übernahmegesetz, 2. Aufl. 2013
*Assmann/Schlitt/von Kopp-Colomb* (Hrsg.), Wertpapierprospektgesetz/Verkaufsprospektgesetz, 2. Aufl. 2010
*Assmann/Uwe H. Schneider* (Hrsg.), Wertpapierhandelsgesetz, 6. Aufl. 2012
*BaFin,* Emittentenleitfaden der Bundesanstalt für Finanzdienstleistungsaufsicht, Stand 22.7.2013
*Bankrecht und Bankpraxis,* hrsg. von Gößmann/Schröter/Weber, Bd. 1–6 (Loseblatt), 2002 ff.
*Baumbach/Hopt,* Handelsgesetzbuch, 36. Aufl. 2013
*Baums/Thoma* (Hrsg.), Kommentar zum Wertpapiererwerbs- und Übernahmegesetz, Loseblatt, 2004 ff.
*Baur,* Investmentgesetze, 2. Aufl. 1997
*Bechtold,* GWB (Kartellgesetz), 7. Aufl. 2013
*Beck/Samm/Kokemoor,* Gesetz über das Kreditwesen, Bd. 1–4 (Loseblatt), Stand 2012
*Beck'scher Bilanz-Kommentar,* hrsg. von Ellrott/Förschle/Kozikowski/Winkeljohann, 8. Aufl. 2012
*Beckmann/Scholtz/Vollmer,* Investment, Ergänzbares Handbuch für das Investmentwesen (Loseblatt), Stand 2012
*Berger/Steck/Lübbehüsen,* Investmentgesetz/Investmentsteuergesetz, 2010
*Berrar/Meyer/Müller/Schnorbus/Singhof/Wolf,* Frankfurter Kommentar zum WpPG und zur EU-ProspektVO, 2011
*Boos/Fischer/Schulte-Mattler* (Hrsg.), Kreditwesengesetz, 4. Aufl. 2012
*Brinkhaus/Scherer,* Gesetz über Kapitalanlagegesellschaften/Auslandinvestment-Gesetz, 2003
*Buck-Heeb,* Kapitalmarktrecht, 6. Aufl. 2013
*Canaris,* Bankvertragsrecht, 2. Bearb. 1981 (zugleich Bd. III/1 der 3. Aufl. des Großkommentars zum HGB)
*Canaris,* Bankvertragsrecht, 1. Teil, 1988 (zugleich Bd. 5 der 4. Aufl. des Großkommentars zum HGB)
*Dornseifer/Jesch/Klebeck/Tollmann,* AIFM-Richtlinie – Richtlinie 2011/61/EU über die Verwalter alternativer Investmentfonds mit Bezügen zum KAGB-E, 2013
*Ebenroth/Boujong/Joost/Strohn,* Handelsgesetzbuch, 2. Aufl. 2008
*Ehricke/Ekkenga/Oechsler,* Wertpapiererwerbs- und Übernahmegesetz, Kommentar, 2003
*Ellenberger/Schäfer/Clouth/Lang,* Praktikerhandbuch Wertpapier- und Derivategeschäft, 4. Aufl., 2011
*Emde/Dornseifer/Dreibus/Hölscher* (Hrsg.), Investmentgesetz, 2013
*Emmerich/Habersack,* Aktien- und GmbH-Konzernrecht, 7. Aufl. 2013
*Erbs/Kohlhaas,* Strafrechtliche Nebengesetze (Loseblatt), Stand 2014
*Erichsen/Ehlers* (Hrsg.), Allgemeines Verwaltungsrecht, 14. Aufl. 2010
*Erman/Westermann,* BGB, 13. Aufl. 2011
*Eyermann,* Verwaltungsgerichtsordnung, 14. Aufl. 2014
*Fischer/Klanten,* Bankrecht, 4. Aufl. 2010
*Fuchs* (Hrsg.), Wertpapierhandelsgesetz, 2009
*Geibel/Süßmann* (Hrsg.), Wertpapiererwerbs- und Übernahmegesetz, 2. Aufl. 2008
*Gesetz gegen den unlauteren Wettbewerb,* kommentiert von Köhler/Bornkamm, begründet von Baumbach, 32. Aufl. 2014
*Göhler,* Ordnungswidrigkeitengesetz, 16. Aufl. 2012
*Groeben, von der/Schwarze* (Hrsg.), Kommentar zum Vertrag über die Europäische Union und zur Gründung der Europäischen Gemeinschaft, 6. Aufl. 2003
*Groß,* Kapitalmarktrecht, 5. Aufl. 2012
*Großkommentar Aktiengesetz,* hrsg. von Hopt/Wiedemann, 4. Aufl. 1992 ff.
*Grunewald/Schlitt,* Einführung in das Kapitalmarktrecht, 3. Aufl. 2014
*Haarmann/Schüppen* (Hrsg.), Frankfurter Kommentar zum WpÜG, 4. Aufl. 2012
*Habersack/Mülbert/Schlitt* (Hrsg.), Handbuch der Kapitalmarktinformation, 2. Aufl. 2013
*Habersack/Mülbert/Schlitt* (Hrsg.), Unternehmensfinanzierung am Kapitalmarkt, 3. Aufl. 2013

# Literaturverzeichnis

*Heidel* (Hrsg.), Aktienrecht und Kapitalmarktrecht, 4. Aufl. 2014
*Henssler/Strohn,* Gesellschaftsrecht, 2. Aufl. 2014
*Holzborn* (Hrsg.), Wertpapierprospektgesetz, 2. Aufl. 2014
*Hopt/Voigt* (Hrsg.), Prospekt- und Kapitalmarktinformationshaftung, 2004
*Hüffer,* Aktiengesetz, 11. Aufl. 2014
*Immenga/Mestmäcker* (Hrsg.), Wettbewerbsrecht, 5. Aufl. 2012
*Jesch/Klebeck/Dobrauz* (Hrsg.), Investmentrecht – Handbuch zum Investmentrecht in Deutschland, Österreich, Schweiz, Luxemburg und Liechtenstein, 2014
*Just/Voß/Ritz/Zeising* (Hrsg.), Wertpapierprospektgesetz, 2009
*Karlsruher Kommentar zum Gesetz über Ordnungswidrigkeiten,* hrsg. von Senge, 3. Aufl. 2006
*Kölner Kommentar zum Aktiengesetz,* hrsg. von Zöllner/Noack, 3. Aufl. 2004 ff.
*Kölner Kommentar zum KapMuG,* hrsg. von Hess/Reuschle/Rimmelspacher, 2. Aufl. 2014
*Kölner Kommentar zum WpHG,* hrsg. von Hirte/Möllers, 1. Aufl. 2007, 2. Aufl. 2014
*Kölner Kommentar zum WpÜG,* hrsg. von Hirte/v. Bülow, 2. Aufl. 2010
*Kopp/Ramsauer,* Verwaltungsverfahrensgesetz, 14. Aufl. 2013
*Kropholler,* Internationales Privatrecht, 6. Aufl. 2006
*Kübler/Assmann,* Gesellschaftsrecht, 6. Aufl. 2006
*Kümpel/Wittig,* Bank- und Kapitalmarktrecht, 4. Aufl. 2011
*Kümpel/Hammen/Ekkenga,* Kapitalmarktrecht (Loseblatt), Stand 2014
*Kümpel/Veil,* Wertpapierhandelsgesetz, 2. Aufl. 2005
*Kuthe/Rückert/Sickinger* (Hrsg.), Compliance-Handbuch Kapitalmarktrecht, 2. Aufl. 2008
*Lackner/Kühl,* Strafgesetzbuch, 28. Aufl. 2014
*Langenbucher,* Aktien- und Kapitalmarktrecht, 2. Aufl. 2011
*Leipziger Kommentar zum StGB,* 12. Aufl. 2006 ff.
*Lenenbach,* Kapitalmarktrecht, 2. Aufl. 2010
*Marsch-Barner/Schäfer* (Hrsg.), Handbuch börsennotierte AG, 3. Aufl. 2014
*Maurer,* Allgemeines Verwaltungsrecht, 18. Aufl. 2011
*Meyer-Goßner/Schmitt,* Strafprozessordnung, 57. Aufl. 2014
*Müller-Gugenberger/Bieneck* (Hrsg.), Wirtschaftsstrafrecht, 5. Aufl. 2011
*Münchener Handbuch des Gesellschaftsrechts,* 3. Aufl. 2007 ff., 4. Aufl. 2014
*Münchener Kommentar zum AktG,* hrsg. von Goette/Habersack/Kalss, 3. Aufl. 2008 ff.
*Münchener Kommentar zum BGB,* hrsg. von Säcker/Rixecker, 6. Aufl. 2012 ff.
*Münchener Kommentar zum HGB,* hrsg. von Karsten Schmidt, 3. Aufl. 2010 ff.
*Münchener Kommentar zum StGB,* hrsg. von Joecks/Miebach, 1. Aufl. 2003 ff., 2. Aufl. 2011 ff.
*Münchener Kommentar zur ZPO,* hrsg. von Rauscher/Wax/Wenzel, 4. Aufl. 2013
*Nomos-Kommentar Strafgesetzbuch* (NK-StGB), hrsg. von Kindhäuser/Neumann/Paeffgen, 4. Aufl. 2013
*Oppermann/Classen/Nettesheim,* Europarecht, 5. Aufl. 2011
*Palandt,* Bürgerliches Gesetzbuch, 73. Aufl. 2014
*Park* (Hrsg.), Kapitalmarktstrafrecht, 3. Aufl. 2013
*Pöhlmann/Fandrich,* Genossenschaftsgesetz, 4. Aufl. 2012
*Prütting/Wegen/Weinreich* (Hrsg.), BGB, 8. Aufl. 2013
*Raiser/Veil,* Recht der Kapitalgesellschaften, 5. Aufl. 2010
*Reischauer/Kleinhans,* Kreditwesengesetz, Bd. 1–3 (Loseblatt), Stand 2014
*Ringleb/Kremer/Lutter/v. Werder,* Kommentar zum Deutschen Corporate Governance Kodex, 5. Aufl. 2014
*Schäfer* (Hrsg.), WpHG/BörsG/VerkProspG, 1999
*Schäfer/Hamann* (Hrsg.), Kapitalmarktgesetze, 2. Aufl. (Loseblatt), Stand 2013
*Schäfer/Sethe/Lang,* Handbuch der Vermögensverwaltung, 2012
*Schanz,* Börseneinführung, 4. Aufl. 2012
*Schimansky/Bunte/Lwowski,* Bankrechtshandbuch, 4. Aufl. 2011
*Schmidt/Lutter* (Hrsg.), Aktiengesetz, 2. Aufl. 2010
*Schönke/Schröder,* Strafgesetzbuch, 29. Aufl. 2014
*Schröder,* Handbuch Kapitalmarktstrafrecht, 2. Aufl. 2010
*Schulze/Zuleeg/Kadelbach* (Hrsg.), Europarecht, 2. Aufl. 2010
*Schwark/Zimmer* (Hrsg.), Kapitalmarktrechtskommentar, 4. Aufl. 2010
*Schwintowski,* Bankrecht, 4. Aufl. 2014
*Senge* (Hrsg.), Karlsruher Kommentar zum Gesetz über Ordnungswidrigkeiten, 3. Aufl. 2006

# Literaturverzeichnis

*Staub,* Handelsgesetzbuch, hrsg. von Canaris/Schilling/Ulmer, 5. Aufl. 2008 ff.
*Staudinger,* Kommentar zum Bürgerlichen Gesetzbuch, 13. Bearbeitung 1994 ff.
*Steinmeyer/Häger* (Hrsg.), WpÜG, Wertpapiererwerbs- und Übernahmegesetz, 2. Aufl. 2007
*Stelkens/Bonk/Sachs,* Verwaltungsverfahrensgesetz, 7. Aufl. 2007
*Systematischer Kommentar zum Strafgesetzbuch* (SK-StGB), hrsg. von Wolter, Loseblatt, Stand Dezember 2013
*Veil* (Hrsg.), Europäisches Kapitalmarktrecht, 2. Aufl. 2014
*Veranneman* (Hrsg.), Schuldverschreibungsgesetz, 2010
*Weitnauer/Boxberger/Anders,* KAGB – Kommentar zum Kapitalanlagegesetzbuch und zur Verordnung über Europäische Risikokapitalfonds mit Bezügen zum AIFM-StAnpG, 2014
*Wolff/Bachof/Stober/Kluth,* Verwaltungsrecht, Bd. I: 13. Aufl. 2014, Bd. II: 7. Aufl. 2010
*Zöller,* Zivilprozessordnung, 30. Aufl. 2014

# Abkürzungsverzeichnis

| | |
|---|---|
| AAA | American Arbitration Association |
| aA | anderer Ansicht |
| aaO | am angegebenen Ort |
| ABl. | Amtsblatt |
| ABl. EG | Amtsblatt der Europäischen Gemeinschaften |
| Abschn. | Abschnitt |
| AcP | Archiv für die civilistische Praxis (Bank, Jahr und Seite) |
| ACS | Grupo Actividades de construccion y Servicios, ein börsennotierter spanischer Baukonzern |
| AE | Alternativentwurf |
| AEUV | Vertrag über die Arbeitsweise der Europäischen Union |
| aE | am Ende |
| ÄndG | Änderungsgesetz |
| aF | alte Fassung |
| AfA | Absetzungen für Abnutzung |
| AFG | Anlagefondsgesetz (Schweiz) |
| AG | Aktiengesellschaft, Die Aktiengesellschaft (Jahr und Seite) |
| AGB | Allgemeine Geschäftsbedingungen |
| AGV | Außerhalb von Geschäftsräumen geschlossene Verträge |
| AGBG | Gesetz zur Regelung des Rechts der Allgemeinen Geschäftsbedingungen |
| AIF | Alternative Investmentfonds |
| AIFM-UmsG | Gesetz zur Umsetzung der Richtlinie 2011/61/EU über die Verwalter alternativer Investmentfonds (AIFM-Umsetzungsgesetz – AIFM-UmsG) |
| AIFM-StAnpG | AIFM-Steuer-Anpassungsgesetz |
| AIZ | Allgemeine Immobilien-Zeitung (Jahr und Seite) |
| AJP/PJA | Aktuelle Juristische Praxis (Jahr und Seite) |
| AktG | Aktiengesetz |
| AKV | Deutscher Auslandskassenverein |
| Alt. | Alternative |
| amtl. Begr. | amtliche Begründung |
| Anh. | Anhang |
| Anm. | Anmerkung, |
| AnSVG | Anlegerschutzverbesserungsgesetz |
| AnwBl. | Anwaltsblatt (Jahr und Seite) |
| AnzV | Anzeigenverordnung |
| AO | Abgabenordnung |
| Art. | Artikel |
| ASTG | Gesetz über die Besteuerung bei Auslandsbeziehungen |
| ATS | Alternative Trading System |
| aufgeh. | aufgehobene(n) |
| Aufl. | Auflage |
| AuslInvestmG | Gesetz über den Vertrieb ausländischer Investmentanteile und über die Besteuerung der Erträge aus ausländischen Investmentanteilen |
| AWD BB | Außenwirtschaftsdienst des Betriebs-Beraters (Jahr und Seite), ab 1975 RIW |
| AWG | Außenwirtschaftsgesetz |
| AWV | Außenwirtschaftsverordnung |
| AVB | Allgemeine Versicherungsbedingungen |
| Az. | Aktenzeichen |
| BaFin | Bundesaufsicht für Finanzdienstleistungen |
| BAG | Bundesarbeitsgericht |

# Abkürzungsverzeichnis

| | |
|---|---|
| BAK | Bundesaufsichtsamt für das Kreditwesen |
| BankArch. | Bankarchiv (Band, Jahr und Seite) |
| BAnz. | Bundesanzeiger |
| BAR | Bankaufsichtsrecht, Entscheidungssammlung, hrsg. v. Beckmann/Bauer |
| BauGB | Baugesetzbuch |
| BauR | Baurecht (Jahr und Seite) |
| BAV | Bundesaufsichtsamt für das Versicherungswesen |
| BayObLG | Bayerisches Oberstes Landesgericht |
| BB | Betriebs-Berater (Jahr und Seite) |
| BBk | Deutsche Bundesbank |
| BBG | Bundesbeamtengesetz |
| BBkG | Gesetz über die Deutsche Bundesbank |
| Bd. | Band, Bände |
| BdF | Bundesminister der Finanzen |
| BGB-InfoV | BGB Informationspflichten-Verordnung |
| BeckRS | Beck-Rechtsprechung, in beck-online (Jahrgang, Nummer, Rn.) |
| Begr. | Begründung |
| BerlinFG | Berlinförderungsgesetz |
| betr. | betreffend |
| BeurkG | Beurkundungsgesetz |
| BewG | Bewertungsgesetz |
| BewG | Bundesgesetz über den Erwerb von Grundstücken durch Personen im Ausland (Schweiz) |
| BewVO | Europäische Beweisverordnung |
| BFG | Beteiligungsfondgesetz (Österreich) |
| BFH | Bundesfinanzhof |
| BFM, BMF | Bundesminister(ium) der Finanzen |
| BFH/NV | Entscheidung des Bundesfinanzhofs, die nicht in der amtlichen Sammlung veröffentlicht ist |
| BFuP | Betriebswirtschaftliche Forschung und Praxis (Jahr und Seite) |
| BGB | Bürgerliches Gesetzbuch |
| BGBl. | Bundesgesetzblatt |
| BGH | Bundesgerichtshof |
| BGHZ | Entscheidungen des Bundesgerichtshofs in Zivilsachen (amtliche Sammlung) |
| BHG | Berlinförderungsgesetz |
| BKR | Zeitschrift für Bank und Kapitalmarktrecht |
| BlGBW | Blätter für Grundstücks-, Bau- und Wohnungswesen (Jahr und Seite) |
| BMWF | Bundesminister für Wirtschaft und Finanzen |
| BNotO | Bundesnotarordnung |
| BörsG | Börsengesetz |
| BörsO | Börsenordnung |
| BörsZulG | Börsenzulassungsgesetz |
| BörsZulVO | Börsenzulassungsverordnung |
| BRAGO | Bundesgebührenordnung für Rechtsanwälte |
| BRAK-Mitt. | Mitteilung der Bundesrechtsanwaltskammer |
| BRAO | Bundesrechtsanwaltsordnung |
| BR-Drucks. | Bundesratsdrucksache |
| BRRG | Beamtenrechtsrahmengesetz |
| BSpKG | Gesetz über Bausparkassen |
| bspw. | beispielsweise |
| BStBl. | Bundessteuerblatt |
| BT-Drucks. | Bundestagsdrucksache |
| BTR | Der Bauträger (Jahr und Seite) |
| BuB | Bankrecht und Bankpraxis, früher: Bankgeschäftliches Formularbuch (Loseblattwerk) |
| Bundesaufsichtsamt | Bundesaufsichtsamt für den Wertpapierhandel |
| BV | Bewilligungsverordnung |

# Abkürzungsverzeichnis

| | |
|---|---|
| BVA | Bundesversicherungsamt |
| BVerfG | Bundesverfassungsgericht |
| BVerfGE | Entscheidungen des Bundesverfassungsgerichts (amtliche Sammlung) |
| BVerwG | Bundesverwaltungsgericht |
| BVI | Bundesverband Deutscher Investment-Gesellschaften e. V. |
| BWGBl. | Gesetzblatt für Baden-Württemberg |
| bzw. | beziehungsweise |
| | |
| CCP | Central Counterparty |
| CHF | Schweizer Franken |
| c. i. c. | culpa in contrahendo |
| City Code | City Code on Takeovers and Mergers |
| CpD | Contro pro Diverse |
| CRIM-MAD | RL 2014/57/EU des Europ. Parlaments und des Rates vom 16. April 2014 über strafrechtliche Sanktionen bei Marktmanipulation (Marktmissbrauchsrichtlinie) |
| CRR | Capital Requirements Regulation |
| | |
| DAX | Deutscher Aktienindex |
| DB | Der Betrieb (Jahr und Seite) |
| DBA | Doppelbesteuerungsabkommen |
| DepG | Gesetz über die Verwahrung und Anschaffung von Wertpapieren |
| DepotG | Depotgesetz |
| ders. | derselbe |
| dh | das heißt |
| DIS | Deutsche Institution für Schiedsgerichtsbarkeit |
| DIS SchiO | Deutsche Institution für Schiedsgerichtsbarkeit, Schiedsordnung |
| Diss. | Dissertation |
| div. | diverse |
| dies. | dieselbe(n) |
| DJT | Deutscher Juristentag |
| DJZ | Deutsche Juristenzeitung (Jahr und Seite) |
| DNotZ | Deutsche Notar-Zeitschrift (Jahr und Seite) |
| DNU | Das neue Unternehmen, Zeitschrift für Partnerschaft in der Wirtschaft (Jahr, Heft und Seite) |
| DStR | Deutsches Steuerrecht (Jahr und Seite) |
| DStZ | Deutsche Steuerzeitung (Jahr und Seite) |
| DStZ/A | Deutsche Steuerzeitung, Ausgabe A (bis 1979), (Jahr und Seite) |
| DTB | Deutsche Terminbörse |
| DÜG | Diskontsatz Überleitungsgesetz |
| DVO | Durchführungsverordnung |
| DZWir | Deutsche Zeitschrift für Wirtschafts- und Insolvenzrecht (Jahr und Seite) |
| | |
| EAEG | Einlagensicherungs- und Anlegerentschädigungsgesetz |
| ebd. | ebenda |
| ECU | European Currency Unit |
| EEA | Einheitliche Europäische Akte |
| EEC | European Economic Community |
| EFG | Entscheidungen der Finanzgerichte |
| EG | Europäische Gemeinschaft(en) |
| EGBGB | Einführungsgesetz zum BGB |
| Einf. | Einführung |
| Einl. | Einleitung |
| einschl. | einschließlich |
| EL | Ergänzungslieferung |
| EMRK | Europäische Menschenrechtskonvention |
| ERA | Einheitliche Richtlinien und Gebräuche für Dokumenten-Akkreditive |
| ErbStG | Erbschaftsteuergesetz |

# Abkürzungsverzeichnis

| | |
|---|---|
| ESMA | European Securities and Markets Authority (Europäische Wertpapier- und Marktaufsichtsbehörde) |
| ESt-Ref-Bespr. | Einkommensteuer-Referenten-Besprechung |
| EStDV | Einkommensteuer-Durchführungsverordnung |
| EStG | Einkommensteuergesetz |
| EStR | Einkommensteuer-Richtlinien |
| etc. | et cetera |
| EU | Europäische Union |
| EuGHE | Entscheidungen des Gerichtshofs der Europäischen Gemeinschaften (amtliche Sammlung) |
| EuGRZ | Europäische Grundrechte – Zeitschrift (Jahr und Seite) |
| EuGVÜ | Übereinkommen der Europäischen Gemeinschaft über die gerichtliche Zuständigkeit und die Vollstreckung gerichtlicher Entscheidungen in Zivil- und Handelssachen |
| EuR | Europarecht (Jahr und Seite) |
| e.V. | eingetragener Verein |
| evtl. | eventuell |
| EWG | Europäische Wirtschaftsgemeinschaft |
| EWGV | Vertrag zur Gründung der Europäischen Wirtschaftsgemeinschaft |
| EWIR | Entscheidungen zum Wirtschaftsrecht – Zeitschrift (Jahr und Seite) |
| EWR | Europäischer Wirtschaftsraum |
| | |
| f. | folgende |
| Fass. | Fassung |
| FAZ | Frankfurter Allgemeine Zeitung |
| FD | Finanzdirektion |
| ff. | fortfolgende |
| FG | Finanzgericht |
| FFG | Finanzmarktförderungsgesetz |
| FGG | Gesetz über die Angelegenheiten der freiwilligen Gerichtsbarkeit |
| FIBOR | Frankfurt Interbank Offered Rate |
| FinArch | Finanzarchiv (Band, Jahr und Seite) |
| FinMA | Eidgenössische Finanzmarktaufsicht |
| FM | Finanzministerium |
| Fn. | Fußnote(n) |
| Form. | Formular |
| FördG | Gesetz über Sonderabschreibungen und Abzugsbeträge im Fördergebiet |
| FR | Finanz-Rundschau (Jahr und Seite) |
| FRUG | Finanzmarktrichtlinie-Umsetzungsgesetz |
| FS | Festschrift |
| FVG | Gesetz über die Finanzverwaltung |
| FWB | Frankfurter Wertpapierbörse |
| | |
| GA | Goltdammers Archiv für Strafrecht (Jahr und Seite) |
| GBO | Grundbuchordnung |
| GbR | Gesellschaft bürgerlichen Rechts |
| gem. | gemäß |
| GemO | Gemeindeordnung |
| GenG | Gesetz betreffen die Erwerbs- und Wirtschaftsgenossenschaften |
| GewO | Gewerbeordnung |
| GewStG | Gewerbesteuergesetz |
| GG | Grundgesetz |
| ggf. | gegebenenfalls |
| GmbH | Gesellschaft mit beschränkter Haftung |
| GmbHG | Gesetz betreffen die Gesellschaften mit beschränkter Haftung |
| GmbHR | GmbH-Rundschau (Jahr und Seite) |
| GoA | Geschäftsführung ohne Auftrag |
| GPR | Zeitschrift für das Privatrecht der Europäischen Union (Jahr und Seite) |

# Abkürzungsverzeichnis

| | |
|---|---|
| G-REIT | German Real Estate Investment Trust |
| grds. | grundsätzlich |
| GrESt | Grunderwerbsteuer |
| GrEStG | Grunderwerbsteuergesetz |
| GrS | Großer Senat |
| GRUR | Gewerblicher Rechtsschutz und Urheberrecht (Jahr und Seite) |
| GRUR-Int. | Gewerblicher Rechtsschutz und Urheberrecht, Internationaler Teil (Jahr und Seite) |
| GS- | Girosammel- |
| GVBl. | Gesetz- und Verordnungsblatt |
| GVG | Gerichtsverfassungsgesetz |
| GWB. | Gesetz gegen Wettbewerbsbeschränkungen |
| GWR | Gesellschafts- und Wirtschaftsrecht (Jahr und Seite) |
| | |
| Halbs. | Halbsatz |
| HBG | Hypothekenbankgesetz |
| HBR | Händler- und Beraterregeln |
| Hdb | Handbuch |
| HdWW | Handwörterbuch der Wirtschaftswissenschaft |
| Hervorh. | Hervorhebung |
| HGB | Handelsgesetzbuch |
| hL | herrschende Lehre |
| hM | herrschende Meinung |
| HOAI | Honorarordnung für Architekten und Ingenieure |
| HRefG | Handelsrechtsreformgesetz |
| HRR | Höchstrichterliche Rechtsprechung |
| Hrsg. | Herausgeber |
| hrsg. | herausgegeben |
| HWIG | Haustürwiderrufsgesetz |
| | |
| IBR | Immobilien- & Baurecht (Jahr und Seite) |
| ICA | Investment Company Act |
| ICC | International Chamber of Commerce |
| id | in der |
| idF | in der Fassung |
| idR | in der Regel |
| idS | in diesem Sinne |
| IdW | Institut für Wirtschaftsprüfer |
| iE | im Ergebnis |
| ie | im einzelnen |
| ieS | im engeren Sinne |
| IHK | Industrie- und Handelskammer |
| IML | Institut Monetaire Luxemburgeois |
| incl. | inclusive |
| insbes. | insbesondere |
| insges. | insgesamt |
| InsO | Insolvenzordnung |
| InvAG | Investmentaktiengesellschaft |
| InvG | Investmentgesetz |
| InvMG | Investmentmodernisierungsgesetz |
| InvStG | Investmentsteuergesetz |
| IOSCO | International Organisation of Securities Commissions |
| IPR | Internationales Privatrecht |
| IPRax | Praxis des Internationalen Privat- und Verfahrensrechts (Jahr und Seite) |
| IPRG | Gesetz zur Neuregelung des IPR |
| IPRspr. | Die deutsche Rechtsprechung auf dem Gebiete des IPR (Jahr und Nummer) |
| iS | im Sinne |

LIII

# Abkürzungsverzeichnis

| | |
|---|---|
| iVm | in Verbindung mit |
| IWB | Internationale Wirtschaftsbriefe |
| IWF | Internationales Währungsfonds |
| JA | Juristische Arbeitsblätter (Jahr und Seite) |
| JbFfSt | Jahrbuch der Fachanwälte für Steuerrecht |
| JbPdS | Jahrbuch für die Praxis der Schiedsgerichtsbarkeit (Band, Jahr und Seite) |
| JR | Juristische Rundschau (Jahr und Seite) |
| JURA | Juristische Ausbildung (Jahr und Seite) |
| JuS | Juristische Schulung (Jahr und Seite) |
| JW | Juristische Wochenschrift (Jahr und Seite) |
| JZ | Juristen Zeitung (Jahr und Seite) |
| KAG | Kapitalanlagegesellschaft |
| KAGB | Kapitalanlagegesetzbuch |
| KAGG | Gesetz über Kapitalanlagegesellschaften |
| KapErhGG | Gesetz über die Kapitalerhöhung aus Gesellschaftsmitteln und über die Verschmelzung von Gesellschaften mit beschränkter Haftung |
| KapMuG | Kapitalanleger-Musterverfahrensgesetz |
| KaRS | Kapitalanlagen Recht und Steuern (Jahr und Seite) |
| KG | Kammergericht, Kommanditgesellschaft |
| KGaA | Kommanditgesellschaft auf Aktien |
| KMRK | Schwark/Zimmer (Hrsg.), Kapitalmarktrechtskommentar, 4. Auflage 2010 |
| KO | Konkursordnung |
| KuMaKV | Verordnung zur Konkretisierung des Verbots der Kurs- und Marktpreismanipulation |
| königl. | königliche(e, er, es) |
| KStG | Körperschaftsteuergesetz |
| KTS | Konkurs-, Treuhand und Schiedsgerichtswesen (Jahr und Seite) |
| KVStG | Kapitalverkehrsteuergesetz |
| KWG | Gesetz über das Kreditwesen |
| Kza. | Kennzahl |
| LBO | Leveraged Buy-Out |
| LfK | Der Langfristige Kredit (Jahr und Seite) |
| LG | Landgericht |
| LIBOR | London Interbank Offered Rate |
| Ls. | Leitsatz |
| LStDVO | Lohnsteuerdurchführungsverordnung |
| lt. | laut |
| LugÜ | Lugano-Übereinkommen (Europäisches Übereinkommen über die gerichtliche Zuständigkeit und Vollstreckung gerichtlicher Entscheidungen in Zivil- und Handelssachen vom 16.9.1988) |
| LugÜ II | Übereinkommen von Lugano über die gerichtliche Zuständigkeit und die Anerkennung und Vollstreckung von Entscheidungen in Zivil- und Handelssachen vom 30.10.2007, ABl. EU Nr. L 339, S. 3 |
| LZ | Leipziger Zeitschrift für Deutsches Recht (Jahr und Seite) |
| LZB | Landeszentralbank |
| MAB | Mitarbeiter-Beteiligung, hrsg. v. Guski/Schneider |
| MaBV | Makler- und Bauträgerverordnung |
| MaComp | Mindestanforderungen an die Compliance-Funktion und die weiteren Verhaltens-, Organisations- und Transparenzpflichten nach §§ 31 ff. WpHG für Wertpapierdienstleistungsunternehmen (Rundschreiben der BaFin) |
| MaKonV | Verordnung zur Konkretisierung des Verbots der Marktmanipulation |
| Marktmissbrauchsrichtlinie 2003/6/EG | RL 2003/6/EG des Europ. Parlaments und des Rates v. 28.1.2003 über Insider-Geschäfte und Marktmanipulationen (Marktmissbrauch) |

# Abkürzungsverzeichnis

| | |
|---|---|
| MAR | Verordnung (EU) Nr. 596/2014 des Europ. Parlaments und des Rates vom 16. April 2014 über Marktmissbrauch (Marktmissbrauchsverordnung) |
| maW | mit anderen Worten |
| MBO | Management Buy-Out |
| MDR | Monatsschrift für Deutsches Recht (Jahr und Seite) |
| mE | meines Erachtens |
| m. Hinw. | mit Hinweisen |
| MHRG | Gesetz zur Regelung der Miethöhe |
| MiFID | Markets in Financial Instruments Directive (Richtlinie über Märkte für Finanzinstrumente, Richtlinie 2004/39/EG) |
| MiFID II | Richtlinie 2014/65/EU über Märkte für Finanzinstrumente |
| Mio. | Millionen |
| MittBayNot. | Mitteilung des Bayerischen Notarvereins |
| MittRheinNotK | Mitteilung der Rheinischen Notar-Kammer |
| MLBO | Management Leveraged Buy-Out |
| Mrd. | Milliarden |
| mtl. | Monatlich |
| MünchKomm. | Münchener Kommentar |
| mwN | mit weiteren Nachweisen |
| MwSt. | Mehrwertsteuer |
| | |
| Nachw. | Nachweis(e, en) |
| NASD | National Association of Securities Dealers |
| Nds. | Niedersachsen |
| nF | neue Fassung |
| NJOZ | Neue Juristische Online-Zeitschrift (Jahr und Seite) |
| NJW | Neue Juristische Wochenschrift (Jahr und Seite) |
| NJW-RR | Neue Juristische Wochenschrift-Rechtsprechungs-Report |
| NK-StGB | Nomos-Kommentar-Strafgesetzbuch/Autor |
| Nr. | Nummer(n) |
| NRW | Nordrhein-Westfalen |
| NStZ | Neue Zeitschrift für Strafrecht (Jahr und Seite) |
| NV | Sammlung amtlich nicht veröffentlichter Entscheidungen des BFH (Jahr und Seite) |
| nv | nicht veröffentlicht |
| NWB | Neue Wirtschafts-Briefe |
| NZG | Neue Zeitschrift für Gesellschaftsrecht (Jahr und Seite) |
| NZI | Neue Zeitschrift für das Recht der Insolvenz und Sanierung (Jahr und Seite) |
| | |
| öBA | Österreichisches Bank-Archiv (Jahr und Seite) |
| öRdW | Österreichisches Recht der Wirtschaft (Jahr und Seite) |
| ÖPP | Öffentlich Private Partnerschaften |
| o.J. | ohne Jahr |
| OECD | Organization for Ecconomic Co-operation and Development (Organisation für wirtschaftliche Zusammenarbeit und Entwicklung) |
| OFD | Oberfinanzdirektion |
| og | oben genannte(r, s) |
| OGA | Organismen für gemeinsame Anlagen |
| OGAW | Organismen für gemeinschaftliche Anlagen in Wertpapieren |
| OGAW-IV-UmsG | Gesetz zur Umsetzung der Richtlinie 2009/65/EG zur Koordinierung der Rechts- und Verwaltungsvorschriften betreffend bestimmte Organismen für gemeinsame Anlagen in Wertpapieren (OGAW-IV-Umsetzungsgesetz – OGAW-IV-UmsG) |
| OGH | Österreichischer Oberster Gerichtshof |
| OGHZ | Entscheidungen des Österreichischen Obersten Gerichtshofes in Zivilsachen (amtliche Sammlung) |
| OHG | Offene Handelsgesellschaft |

# Abkürzungsverzeichnis

| | |
|---|---|
| OLG | Oberlandesgericht |
| OLGR | Oberlandesgerichtsreport (Jahr und Seite) |
| OVG | Oberverwaltungsgericht |
| OTC | Over-the-Counter |
| OTF | Organized Trading Facilities |
| p. a. | per annum/pro Jahr |
| PIB | Produktinformationsblatt |
| Praktikerhdb. | Ellenberger u. a., Praktikerhandbuch Wertpapier- und Derivategeschäft, 4. Aufl. 2011 |
| PROVGE | Entscheidungen des Preußischen Oberverwaltungsgerichts |
| RabelsZ | Rabels Zeitschrift für ausländisches und internationales Privatrecht (Band, Jahr und Seite) |
| RatingVO | Verordnung der Kommission (EG) Nr. 1060/2009 über Ratingagenturen vom 12.7.2012, zuletzt geändert durch Verordnung (EU) Nr. 462/2013 vom 21.5.2013 |
| RBerG | Rechtsberatungsgesetz |
| rd. | rund |
| RdA | Recht der Arbeit (Jahr und Seite) |
| RdF | Recht der Finanzinstrumente (Jahr und Seite) |
| RDG | Rechtsdienstleistungsgesetz |
| RegBegr. | Regierungsbegründung |
| RegE | Regierungsentwurf |
| REIT | Real Estate Investment Trust |
| REITG | Gesetz über deutsche Immobilien-Aktiengesellschaften mit börsennotierten Anteilen (REIT-Gesetz – REITG) |
| RG | Reichsgericht |
| RGBl. | Reichsgesetzblatt |
| RGZ | Entscheidungen des Reichsgerichts in Zivilsachen (amtliche Sammlung) |
| RiLi | Richtlinie |
| RisikoBegrG | Risikobegrenzungsgesetz |
| RIW | Recht der internationalen Wirtschaft (Jahr und Seite), bis 1974 AWD BB |
| Rn. | Randnummer(n) |
| RNotZ | Rheinische Notar-Zeitschrift (Jahr und Seite) |
| RPK | Recht und Praxis der Kapitalanlage (Jahr und Heftnummer) |
| RPK U | Recht und Praxis der Kapitalanlage (Urteils- und Dokumentationsdienst) |
| Rspr. | Rechtsprechung |
| RT | Reichstag |
| S. | Seite(n) |
| s. | siehe |
| sa | siehe auch |
| SB | Sonderbedingungen für Wertpapiergeschäfte |
| SAE | Sammlung arbeitsrechtlicher Entscheidungen |
| ScheckG | Scheckgesetz |
| SchVerschG | Gesetz betreffend die gemeinsamen Rechte der Besitzer von Schuldverschreibungen |
| SEC | Securities and Exchange Commission |
| SEStEG | Gesetz über steuerliche Begleitmaßnahmen zur Einführung der Europäischen Gesellschaft und zur Änderung weiterer steuerrechtlicher Vorschriften |
| SeuffArch. | Seuffert's Archiv (Band und Nr.) |
| Sfr | Schweizer Franken |
| SGB | Sozialgesetzbuch |
| SICAV | Société(s) d'Investissement à Capital Variable |
| SK-StGB | Systematischer Kommentar zum Strafgesetzbuch/Autor |
| Slg. | Amtliche Sammlung von Gerichtsentscheidungen des EuGH (Teil I) und des Gerichts Erster Instanz (Teil II), hrsg. vom EuGH |

# Abkürzungsverzeichnis

| | |
|---|---|
| s. o. | siehe oben |
| sog | so genannte(r, s, n) |
| Sp. | Spalte(n) |
| SparPG | Spar-Prämiengesetz |
| StAnpG | Steueranpassungsgesetz |
| StBerG | Steuerberatergesetz |
| Stbg | Die Steuerberatung (Jahr und Seite) |
| StBJb. | Steuerberaterjahrbuch (Jahr und Seite |
| StGB | Strafgesetzbuch |
| StiG | Stille Gesellschaft |
| str. | streitig |
| StRK | Steuerrechtsprechung in Karteiform |
| StSenkG | Gesetz zur Senkung der Steuersätze und zur Reform der Unternehmensbesteuerung |
| st. Rspr. | ständige Rechtsprechung |
| StuW | Steuer und Wirtschaft (Jahr und Seite) |
| s. u. | siehe unten |
| SZW | Schweizerische Zeitschrift für Wirtschafts- und Finanzmarktrecht |
| | |
| Tsd. | Tausend |
| | |
| u. | und |
| ua | und andere, unter anderem |
| UBG | Unternehmensbeteiligungsgesellschaft |
| UBGG | Gesetz über Unternehmensbeteiligungsgesellschaften |
| UFITA | Schriftenreihe des Archivs für Urheber-, Film-, Funk- und Theaterrecht |
| UmwG | Umwandlungsgesetz |
| UmwStG | Umwandlungssteuergesetz |
| UNCITRAL | United National Commission on International Trade Law |
| unstr. | unstreitig, unstrittig |
| UntStRefG | Unternehmensteuerreformgesetz |
| UR | Umsatzsteuer-Rundschau (Jahr und Seite) |
| U. S. C. | United States Code |
| usf. | und sofort |
| Urt. | Urteil |
| UStG | Umsatzsteuergesetz |
| UStR | Umsatzsteuerrecht |
| usw. | und so weiter |
| uU | unter Umständen |
| uvam | und viele anderen mehr |
| UWG | Gesetz gegen den unlauteren Wettbewerb |
| | |
| v. | vom, von |
| VAG | Versicherungsaufsichtsgesetz; auch: Gesetz über die Beaufsichtigung der Versicherungsunternehmen |
| VC | Venture Capital |
| VerBAV | Veröffentlichungen des Bundesaufsichtsamtes für das Versicherungs- und Bausparwesen (Jahr und Seite) |
| VerbrKG | Verbraucherkreditgesetz |
| VerbrKRL | Verbraucherkreditrichtlinie |
| VerfO | Verfahrensordnung für die bei den Wertpapierbörsen auf der Grundlage der Insiderhandels-Richtlinien und der Händler- und Beraterregeln vom 1. Juli 1979 zu bildenden Prüfungskommissionen |
| VerglO | Vergleichsordnung |
| Verh. | Verhandlungen |
| VerkProspG | Verkaufsprospektgesetz |
| VerkProspV | Verkaufsprospekt-Verordnung |
| VermAnlG | Vermögensanlagengesetz |

# Abkürzungsverzeichnis

| | |
|---|---|
| VermBDV | Durchführungsverordnung zum VermBG |
| VermBG | Gesetz zur Förderung der Vermögensbildung der Arbeitnehmer |
| VermVerkProspV | Vermögensanlagen-Verkaufsprospektverordnung |
| VersR | Versicherungsrecht (Jahr und Seite) |
| VerwArch. | Verwaltungsarchiv (Band, Jahr und Seite) |
| vgl. | vergleiche |
| vH | vom Hundert |
| VIZ | Zeitschrift für Vermögens- und Immobilienrecht (Jahr und Seite) |
| VO | Verordnung |
| VOB | Verdingungsordnung für Bauleistungen |
| Voraufl. | Vorauflage |
| Vorbem. | Vorbemerkung |
| vs. | versus |
| VStG | Vermögensteuergesetz |
| vT | vom Tausend |
| VuV | Vermietung und Verpachtung |
| VuR | Verbraucher und Recht (Jahr und Seite) |
| VwGO | Verwaltungsgerichtsordnung |
| VwVfG | Verwaltungsverfahrensgesetz |
| Vzbv | Verbraucherzentrale Bundesverband |
| WBK | Wohnungsbaukreditanstalt, Berlin |
| WEG | Gesetz über das Wohnungseigentum und das Dauerwohnrecht |
| WertR | Wertermittlungs-Richtlinien 2006 |
| WertV | Wertermittlungsverordnung |
| WFA | Wohnungswirtschaftlicher Fachausschuss im Institut der Wirtschaftsprüfer in Deutschland e. V. |
| WG | Wechselgesetz |
| WiJ | Journal der Wirtschaftsstrafrechtlichen Vereinigung e. V. (Jahr und Seite) |
| WiKG | Gesetz zur Bekämpfung der Wirtschaftskriminalität |
| WiSt | Wirtschaftswissenschaftliches Studium (Jahr und Seite) |
| Wistra | Zeitschrift für Wirtschafts- und Steuerstrafrecht (Jahr und Seite) |
| WISU | Das Wirtschaftsstudium (Jahr und Seite) |
| WiWo | Wirtschaftswoche |
| WM | Wertpapier-Mitteilungen (Jahr und Seite) |
| WoBauG | Wohnungsbaugesetz |
| WP | Das Wertpapier (Jahr und Seite) |
| WPAIV | Verordnung zur Konkretisierung von Anzeige-, Mitteilungs- und Veröffentlichungspflichten sowie der Pflicht zur Führung von Insiderverzeichnissen nach dem Wertpapierhandelsgesetz |
| WpDL | Wertpapierdienstleistungen |
| WpDVerOV | Verordnung zur Konkretisierung der Verhaltensregeln und Organisationsanforderungen für Wertpapierdienstleistungsunternehmen (Wertpapierdienstleistungs-Verhaltens- und Organisationsverordnung – WpDVerOV) |
| WpDu | Wertpapierdienstleistungsunternehmen |
| WPg | Die Wirtschaftsprüfung (Jahr und Seite) |
| WpHG | Wertpapierhandelsgesetz |
| WPO | Wirtschaftsprüferordnung |
| WpPG | Wertpapierprospektgesetz |
| WpÜG | Wertpapiererwerbs- und Übernahmegesetz |
| WpÜG-AngVO | Verordnung über den Inhalt der Angebotsunterlage, die Gegenleistung bei Übernahmeangeboten und Pflichtangeboten und die Befreiung von der Verpflichtung zur Veröffentlichung und zur Abgabe eines Angebots |
| WR | Wertpapierrechnung |
| WRP | Wettbewerb in Recht und Praxis (Jahr und Seite) |
| WSB | Wertpapiersammelbank |
| WuB | Entscheidungssammlung zum Wirtschafts- und Bankrecht |

# Abkürzungsverzeichnis

| | |
|---|---|
| zB | zum Beispiel |
| ZBB | Zeitschrift für Bankrecht und Bankwirtschaft (Jahr und Seite) |
| ZBH | Zentralblatt für Handelsrecht (Jahr und Seite) |
| ZEV | Zeitschrift für Erbrecht und Vermögensnachfolge (Jahr und Seite) |
| ZfbF | Zeitschrift für betriebswirtschaftliche Forschung (Band, Jahr und Seite) |
| ZfBR | Zeitschrift für deutsches und internationales Baurecht (Jahr und Seite) |
| ZfK | Zeitschrift für das gesamte Kreditwesen (Jahr und Seite) |
| ZFIR | Zeitschrift für Immobilienrecht (Jahr und Seite) |
| ZfR | Zeitschrift für Finanzmarktrecht (Jahr und Seite) |
| ZGR | Zeitschrift für Unternehmens- und Gesellschaftsrecht (Jahr und Seite) |
| ZHR | Zeitschrift für das gesamte Handelsrecht und Wirtschaftsrecht (Band, Jahr und Seite) |
| Ziff. | Ziffer |
| ZIP | Zeitschrift für Wirtschaftsrecht (Jahr und Seite) |
| zit. | zitiert |
| ZNotP | Zeitschrift für die Notarpraxis (Jahr und Seite) |
| ZPO | Zivilprozeßordnung |
| ZRP | Zeitschrift für Rechtspolitik (Jahr und Seite) |
| ZSteu | Zeitschrift für Steuern und Recht (Jahr und Seite) |
| zT | zum Teil |
| ZulB | Bekanntmachung betreffend die Zulassung von Wertpapieren zum Börsenhandel |
| ZVglRWiss | Zeitschrift für Vergleichende Rechtswissenschaft (Band, Jahr und Seite) |
| ZWH | Zeitschrift für Wirtschaftsstrafrecht und Haftung im Unternehmen (Jahr und Seite) |
| zzgl. | zuzüglich |

# 1. Teil. Die rechtlichen Rahmenbedingungen von Kapitalanlagegesellschaften

## 1. Kapitel. Kapitalmarkt- und Kapitalanlagerecht

### § 1 Kapitalanlagerecht im Regelungsgefüge des Kapitalmarkt- und Finanzmarktrechts

#### Übersicht

|  | Rn. |
|---|---|
| I. Einleitung: Gegenstand und Dynamik des Kapitalanlagerechts | 1–4 |
| II. Entwicklungslinien des Kapitalmarkt- und Finanzmarktrechts | 5 |
| 1. Ausgangspunkte: Aktiengesellschaft und Börse als Institutionen des Kapitalmarkts | 5 |
| 2. Vom Aktien- und Börsenrecht zum Kapitalmarktrecht | 8 |
| a) Vorreiterrolle des so genannten grauen Kapitalmarkts | 8 |
| b) Maßnahmen in Bezug auf den organisierten Kapitalmarkt | 16 |
| c) Zwischenbilanz | 19 |
| 3. Großbaustelle Kapitalmarktrecht ab der zweiten Hälfte der 1990er Jahre | 21 |
| a) Ausweitung des Kapitalmarkts in Breite und Tiefe | 22 |
| b) Ausbau des Kapitalmarktrechts bis zum Ende der 1990er Jahre | 29 |
| c) Umbau des Kapitalmarktrechts im neuen Jahrtausend | 37 |
| d) Perfektionierung des Kapitalmarktrechts unter europäischem Einfluss | 51 |
| 4. Finanzmarktregulierung nach Entstehung der Finanzmarktkrise 2007 | 55 |
| a) Europäisierung des Finanzmarktrechts und Finanzdienstleistungsrechts zwischen „guter Gesetzgebung" und Finanzmarktkrise | 55 |
| b) Die Regelungsfelder der europäischen Rechtsakte nach der Finanzkrise | 59 |
| aa) Schaffung eines europäischen Finanzaufsichtssystems und Verbesserung der Aufsicht im Finanzsektor | 60 |
| bb) Schaffung einer Bankenunion | 66 |
| cc) Modifikation der EU-Rahmenrichtlinien | 69 |
| (1) Prospektrichtlinie | 70 |
| (2) Marktmissbrauchsrichtlinie | 73 |
| (3) Richtlinie über Märkte für Finanzinstrumente (MiFID) | 75 |
| (4) Transparenzrichtlinie | 77 |
| dd) Einzelmaßnahmen | 79 |
| (1) Ratingagenturen | 79 |
| (2) Leerverkäufe | 85 |
| (3) Markt für OTC-Derivate | 86 |
| (4) Investmentfonds | 88 |
| (5) Schutz von Kleinanlegern | 90a |
| c) Eckpunkte der Entwicklung des nationalen Kapitalmarktrechts | 91 |
| aa) Grauer Kapitalmarkt | 92 |
| bb) Publizität und Transparenz | 95 |
| (1) Prospektpublizität und Prospekthaftung | 95 |
| (2) Kurzinformationen und Informationsblätter | 100 |
| (3) Beteiligungstransparenz | 104 |
| cc) Anlageprodukte, Transaktionen und Handelsformen | 105 |
| (1) Anteile an Investmentvermögen – Investmentrecht | 105 |
| (2) Wertpapier- und Derivategeschäfte | 107 |
| (3) Schuldverschreibungen | 109 |
| (4) Hochfrequenzhandel | 111 |
| dd) Marktorganisation und Märkte | 112 |
| (1) Funktionsfähigkeit des Kapitalmarkts | 112 |
| (2) Förderung der Bereitstellung von Wagniskapital | 113 |
| (3) Begrenzung der mit Finanzinvestitionen verbundenen Risiken | 114 |

|  | Rn. |
|---|---|
| ee) Marktbezogene Verhaltenspflichten | 116 |
| (1) Insiderrecht und Ad-hoc-Publizität | 116 |
| (2) Marktmanipulation und Geschäfte von Führungskräften | 119 |
| ff) Verhaltenspflichten bei der Erbringung von Wertpapierdienstleistungen und Anlageempfehlungen | 120 |
| (1) Anlageberatung | 120 |
| (2) Anlageempfehlungen | 124 |
| gg) Intermediäre und Finanzinstitutionen | 125 |
| (1) Rating | 125 |
| (2) Einlagensicherung und Anlegerentschädigung | 126 |
| hh) Stärkung der deutschen Finanzaufsicht | 127 |
| ii) Marktinformationshaftung | 128 |
| jj) Kapitalanleger-Musterverfahren | 131 |
| kk) Emittentenleitfaden | 132 |

**Schrifttum:** *Assmann,* Prospekthaftung, 1985; *ders.,* Konzeptionelle Grundlagen des Anlegerschutzes, ZBB 1989, 49 ff.; *ders.,* Kapitalmarktrecht – Zur Formation eines Rechtsgebiets in der vierzigjährigen Rechtsentwicklung der Bundesrepublik Deutschland, in: *K. W. Nörr* (Hrsg.), 40 Jahre Bundesrepublik Deutschland – 40 Jahre Rechtsentwicklung, 1990, S. 251 ff.; *ders.,* Einleitung, in: Großkomm. AktG; *ders.,* Die rechtliche Ordnung des europäischen Kapitalmarkts, ORDO 44 (1993) 87 ff.; *ders.,* Die Regelung der Primärmärkte für Kapitalanlagen mittels Publizität im Recht der Europäischen Gemeinschaft, AG 1993, 549 ff.; *ders.,* Harmonisierung des Kapitalmarkt- und Börsenrechts in der EG, in: Deutsches und europäisches Bank- und Börsenrecht – Bankrechtstag 1993 (Schriftenreihe der Bankrechtlichen Vereinigung, Bd. 5), 1994; *ders.,* Deregulierung im Verbands- und Kapitalmarktrecht – Vom banken- zum kapitalmarktdominierten Unternehmensfinanzierungsmarkt, in: *Kitagawa/Murakami/Nörr/Oppermann/Shiono* (Hrsg.), Regulierung – Deregulierung – Liberalisierung. Tendenzen der Rechtsentwicklung in Deutschland und Japan zur Jahrhundertwende, 2001, S. 37 ff.; *ders.,* Referat, Verhandlungen des Vierundsechzigsten Deutschen Juristentages, Berlin 2002, Bd. II/1, S. P 11 ff.; *ders.,* Bank- und Kapitalmarktrecht, in: *Gebauer/Wiedmann* (Hrsg.), Zivilrecht unter europäischem Einfluss, 2005, § 19, S. 821 ff.; *ders.,* Das Verhältnis von Aufsichtsrecht und Zivilrecht im Kapitalmarktrecht, FS für Uwe H. Schneider, 2011, S. 37 ff.; *Assmann/Buck,* Europäisches Kapitalmarktrecht, EWS 1990, 110 ff. (I.), 190 ff. (II.), 220 ff. (III.); *Assmann/Uwe H. Schneider* (Hrsg.), Wertpapierhandelsgesetz, 6. Aufl. 2012; *Brahms,* Die Kapitalmarktentwicklung in der Bundesrepublik Deutschland und ihr Einfluß auf die Finanzierung der Unternehmen, Diss. Münster 1969; *Bruns/Häuser* (Hrsg.), Der nicht-organisierte Kapitalmarkt, 1983; *Buck-Heeb,* Kapitalmarktrecht, 6. Aufl. 2013; *dies.,* Vom Kapitalanleger- zum Verbraucherschutz, ZHR 176 (2012) 66 ff.; *Crezelius,* Grauer Kapitalmarkt und Rechtsordnung, BB 1985, 209 ff.; *Ernst/Seibert/Stuckert,* KonTraG, KapAEG, StückAG, EuroEG (Gesellschafts- und Bilanzrecht), 1998; *Europäische Wirtschaftsgemeinschaft,* Kommission, Der Aufbau eines Europäischen Kapitalmarkts: Bericht einer von der EWG-Kommission eingesetzten Sachverständigengruppe, (Brüssel) 1966; *Fleischer,* Empfiehlt es sich, im Interesse des Anlegerschutzes und zur Förderung des Finanzplatzes Deutschland das Kapitalmarkt- und Börsenrecht neu zu regeln?, Gutachten F zum 64. Deutschen Juristentag, 2002; *Forschner,* Wechselwirkungen von Aufsichtsrecht und Zivilrecht, 2013; *Habersack/Mülbert/Nobbe/Wittig* (Hrsg.), Stärkung des Anlegerschutzes – Neuer Rechtsrahmen für Sanierungen, Bankrechtstag 2011, 2012; *dies.* (Hrsg.), Anlegerschutz im Wertpapiergeschäft – Verantwortlichkeit der Organmitglieder von Kreditinstituten, Bankrechtstag 2012, 2013; *Heinze,* Europäisches Kapitalmarktrecht – Recht des Primärmarktes, 1999; *Hoffmann,* Banken- und Börsenrecht der EWG, 1990; *Hopt,* Der Kapitalanlegerschutz im Recht der Banken, 1975; *ders.,* Inwieweit empfiehlt sich eine allgemeine gesetzliche Regelung des Anlegerschutzes?, Gutachten G zum 51. Deutschen Juristentag, 1976; *ders.,* Vom Aktien- und Börsenrecht zum Kapitalmarktrecht?, ZHR 140 (1976) 201 ff. (Teil 1), ZHR 141 (1977) 389 ff. (Teil 2); *ders.,* Berufshaftung und Berufsrecht der Börsendienste, Anlageberater und Vermögensverwalter, FS für Fischer, 1979, S. 237 ff.; *ders.,* Ideelle und wirtschaftliche Grundlagen der Aktien-, Bank- und Börsenrechtsentwicklung im 19. Jahrhundert, in: *Coing/Wilhelm* (Hrsg.), Wissenschaft und Kodifikation des Privatrechts im 19. Jahrhundert, Bd. V: Geld und Banken, 1980, S. 128 ff.; *ders.,* Die Verantwortlichkeit der Banken bei Emissionen, 1991; *ders.,* Kapitalmarktrecht (mit Prospekthaftung) in der Rechtsprechung des Bundesgerichtshofs, in: 50 Jahre Bundesgerichtshof, Festgabe aus der Wissenschaft, Bd. II, 2000, Bd. II, S. 497 ff.; *ders.,* 50 Jahre Anlegerschutz und Kapitalmarktrecht: Rückblick und Ausblick, WM 2009, 1873 ff.; *Hopt/Wymeersch,* European Company and Financial Law, 1991; *Horn,* Europäisches Finanzmarktrecht, 2003; *Jung,* § 20 Finanzdienstleistungsrecht, in: *Schulze/Zuleeg/Kadelbach*

§ 1 Kapitalanlagerecht und Kapitalmarktrecht

(Hrsg.), Europarecht, 2. Aufl. 2010; *von Keussler*, Vom Grauen zum Weißen Kapitalmarkt, 2001; *Klöhn*, Der Beitrag der Verhaltensökonomik zum Kapitalmarktrecht, in: Fleischer/Zimmer (Hrsg.), Beitrag der Verhaltensökonomie (Behavioral Economics) zum Handels- und Wirtschaftsrecht, 2011, S. 83 ff.; *Koch*, Konzeptionelle Grundlagen der Diskussion über Kapitalanlegerschutz unter besonderer Berücksichtigung des Nebenkapitalmarktes, 1981; *Kohl/Kübler/Walz/Wüstrich*, Abschreibungsgesellschaften, Kapitalmarkteffizienz und Publizitätszwang – Plädoyer für ein Vermögensanlagegesetz, ZHR 136 (1974) 1 ff.; *Kohl/Walz*, Kapitalmarktrecht als Aufgabe, AG 1977, 29 ff.; *Kommission der Europäischen Gemeinschaften*, Vollendung des Binnenmarkts: Weißbuch der Kommission an den Europäischen Rat, Dokument, (Luxemburg) 1985; *Kübler*, Transparenz am Kapitalmarkt, AG 1977, 85 ff.; *ders.*, Aktie, Unternehmensfinanzierung und Kapitalmarkt, 1989; *Kübler/Assmann*, Gesellschaftsrecht, 6. Aufl. 2006; *Kümpel*, Bank- und Kapitalmarktrecht, 3. Aufl. 2004; *ders.*, Kapitalmarktrecht, 3. Aufl. 2004; *Kümpel/Wittig* (Hrsg.), Bank- und Kapitalmarktrecht, 4. Aufl. 2011; *Langenbucher*, Aktien- und Kapitalmarktrecht, 2. Aufl. 2011; *Lenenbach*, Kapitalmarkt- und Börsenrecht, 2. Aufl. 2010; *Loistl*, Zur Regulierung des grauen Kapitalmarktes, ZfbF 30 (1978) 815 ff.; *Merkt*, Empfiehlt es sich, im Interesse des Anlegerschutzes und zur Förderung des Finanzplatzes Deutschland das Kapitalmarkt- und Börsenrecht neu zu regeln?, Gutachten G zum 64. Deutschen Juristentag, 2002; *Mülbert*, Anlegerschutz und Finanzmarktregulierung, ZHR 177 (2013) 160 ff.; *Oechsler*, 4. Kapitel: Der kapitalmarkt- und börsenrechtliche Regelungsrahmen, in: Bayer/Habersack, Aktienrecht im Wandel, Bd. II, Tübingen 2007, S. 150 ff.; *Reuschle*, Viertes Finanzmarktförderungsgesetz, 2002; *Reuter*, Welche Maßnahmen empfehlen sich, insbesondere im Gesellschafts- und Kapitalmarktrecht, um die Eigenkapitalausstattung der Unternehmen langfristig zu verbessern, Gutachten B zum 55. Deutschen Juristentag, 1984; *Riesenhuber*, Anleger und Verbraucher, ZBB 2014, 134 ff.; *Schimmöller*, Kapitalmarktstrukturen im internationalen Vergleich, Diss. Münster 1974; *Schwark*, Anlegerschutz durch Wirtschaftsrecht, 1979; *ders.*, Gesellschaftsrecht und Kapitalmarktrecht, FS für Stimpel, 1985, S. 1087 ff.; *ders.* (Hrsg.), Kapitalmarktrechts-Kommentar, 2004; *Schwark/Zimmer* (Hrsg.), Kapitalmarktrechts-Kommentar, 4. Aufl. 2010; *Schwintek*, Das Anlegerschutzverbesserungsgesetz, 2003; *Siller*, Kapitalmarktrecht, 2006; *Veil* (Hrsg.), Europäisches Kapitalmarktrecht, 2. Aufl. 2014; *Klaus-R. Wagner*, Sind Kapitalanleger Verbraucher?, BKR 2003, 649; *Wiedemann*, Gesellschaftsrecht, Bd. I, 1980; *Wymeersch/Hopt/Ferrarini* (eds.), Financial Regulation and Supervision – A Post-Crisis Analysis, 2012.

## I. Einleitung: Gegenstand und Dynamik des Kapitalanlagerechts

**Kapitalanlagerecht** ist weder ein eigenständiges Rechtsgebiet noch ist es als ein Segment des Kapitalmarktrechts oder des noch umfassenderen Finanzmarktrechts zu begreifen. Vielmehr ist es nicht mehr und nicht weniger als eine **Sammelbezeichnung** für diejenigen gesetzlichen Bestimmungen und rechtlichen Grundsätze, die das marktvermittelte Zustandekommen, die Durchführung und Beendigung von Vertragsbeziehungen zwischen den Anbietern und den Nachfragern von Kapitalanlagemöglichkeiten sowie die sich daraus für die Beteiligten jeweils ergebenden Rechte, Pflichten und Ansprüche betreffen. Daran ändert sich auch dann nichts, wenn man die Anbieter von Kapitalanlagemöglichkeiten als Nachfrager und die Anleger als Anbieter von Finanzmitteln betrachtet. Darüber hinaus enthält der Begriff der Kapitalanlagemöglichkeiten auch keine Festlegung auf solche Vertragsbeziehungen, die Finanzierungsbeziehungen im verbandsrechtlichen Sinne darstellen und den Anleger als Eigenkapitalgeber oder Fremdkapitalgeber erscheinen lassen. Vielmehr werden unter dem Begriff der Kapitalanlagemöglichkeiten alle Vertragsverhältnisse über den Transfer von Finanzmitteln vom Anleger zu einem Unternehmen oder einer Kapitalsammelstelle erfasst, bei denen die Gegenleistung, die der Anleger für die Hingabe der Finanzmittel erhält, vom unternehmerischen Erfolg des Empfängers der Finanzmittel oder der Entwicklung der Geld- und Finanzmärkte abhängt.

Kapitalanlagerecht hat es aber nicht nur mit dieser vertraglichen Zweierbeziehung von Anleger und Kapitalnehmer und der Verbindung solcher Zweierbeziehungen etwa in verbandsrechtlicher Hinsicht oder zur kollektiven Kapitalanlage in Gestalt entsprechender Organismen zu tun, sondern erfasst auch die Rechtsbeziehungen der Anbieter oder Nachfrager von Kapitalanlagemöglichkeiten zu **Marktintermediären,** dh zu denjenigen, die im Rahmen der Anbahnung, Abwicklung und Beendigung der Vertragsbeziehungen zwischen den Anbietern und Nachfragern für die Beteiligten oder einen derselben tätig werden. In einem weiteren Sinne gehören zum Kapitalanlagerecht auch die übrigen institutionellen und rechtlichen Arrangements, die für das Funktionieren der Allokation von knappen Mitteln wie Anlagekapital durch Märkte erforderlich sind. Deshalb wäre es – systematisch betrachtet – zu kurz gegriffen, Kapitalanlagerecht allein aus der Perspektive des Anlegers zu bestimmen, und erst recht verfehlt wäre es, es mit Anlegerschutz und Anlegerschutzrecht gleich zu setzen. Das schließt es freilich nicht aus, Kapitalanlagerecht **aus der Perspektive des Anlegers darzustellen,** wie dies über weite Strecken dieses Handbuchs auch geschieht.

2 Die das Kapitalanlagerecht ausmachenden **rechtlichen Grundsätze und Bestimmungen** stammen aus allen Bereichen des Rechts. In erster Linie aber sind sie zivilrechtlicher, das Vertrags- und Rechtsverhältnis der Beteiligten – der Anbieter und Nachfrager von Kapitalanlagemöglichkeiten sowie der Marktintermediäre – betreffender Natur. Dabei wird der Inhalt der vertraglichen, deliktischen sowie quasivertraglichen oder quasideliktischen Rechte und Pflichten der Beteiligten in erheblichem Maße von Bestimmungen des öffentlichen Rechts und des Strafrechts beeinflusst. Ohne dass sich dies in Rechten und Pflichten von Anbietern gegenüber den Nachfragern von Kapitalanlagemöglichkeiten und Marktintermediären niederschlagen muss, erfassen und prägen aber auch zivilrechtsfremde – öffentlichrechtliche (namentlich aufsichtsrechtliche), strafrechtliche und ordnungswidrigkeitsrechtliche – Vorschriften das Marktverhalten der Anbieter und Marktintermediäre. Vor allem aber tragen solche außerzivilrechtlichen Bestimmungen dazu bei, das Spielfeld und die Regeln zu bestimmen, unter denen Angebot und Nachfrage nach Kapitalanlagemöglichkeiten zustande kommen.

Die Gesamtheit dieser Regeln macht das **Kapitalmarktrecht** aus, das als die Gesamtheit der Normen und Standards zu verstehen ist, die Rechtsverhältnisse betreffen, die bereits als solche Finanzierungsverhältnisse zwischen Anleger und Unternehmen darstellen (man denke an den Erwerb von Aktien im Rahmen des Börsengangs eines Unternehmens oder an den Erwerb von Schuldverschreibungen eines Unternehmens über die Börse), die die Bündelung und die gemeinsame Anlage von Kapital in Unternehmen oder andere Anlagegebote zum Nutzen der Anleger zum Gegenstand haben, oder die auf die Herbeiführung solcher Finanzierungsbeziehungen (man denke etwa an den Vertrag mit einem Vermögensverwalter oder mit einem Anlageberater) gerichtet sind und entsprechende Rechte und Pflichten der Parteien generieren. Das Kapitalmarktrecht wiederum ist Teil des **Finanzmarktrechts,** das die Allokation nicht nur von Kapital (Eigen- und Fremdkapital), sondern auch solcher Finanzmittel zum Gegenstand hat, die (wie Geld und Devisen) nicht auf das Zustandekommen einer Finanzierungsbeziehung des Anlegers mit einem Unternehmen oder Intermediärs gerichtet sind, bei der der Ertrag des angelegten Kapitals vom Erfolg des Unternehmens oder ggf. des Intermediärs abhängig ist.

3 Um den Gegenstand dieses Handbuchs zu beschreiben, bedarf es im Übrigen keiner scharfen Abgrenzung zwischen Kapitalanlagerecht und Kapitalmarktrecht bzw. Finanzmarktrecht. Entscheidend ist allein, dass die unter dem Sammelbegriff des Kapitalanlagerechts dargestellten Regelungsfelder **Ausschnitte des Kapitalmarktrechts und des Finanzmarktrechts** behandeln, die aus der **Anlegerperspektive** und im Hinblick auf das Zustandekommen und die Durchführung von vertraglichen Anlagebeziehungen gebildet werden: einer Perspektive, die auch der Anbieter von Kapitalanlagen einnehmen muss, wenn er – um den Platzierungserfolg zu gewährleisten und rechtliche Auseinandersetzungen zu vermeiden – seine Anlageangebote konzipiert und offeriert. Je mehr man diese Perspektive verlässt und die übrigen institutionellen und rechtlichen Rahmenbedingungen des Zustandekommens von Anlage- und Finanzierungsbeziehung in Betracht zieht, umso mehr deckt sich das Kapitalanlagerecht mit dem Kapitalmarktrecht bzw. Finanzmarktrecht.

Das in den Abschnitten des Handbuchs behandelte Recht ist – funktional betrachtet – zu einem erheblichen Teil **Anlegerschutzrecht.** In dieser Ausrichtung hatte es anfänglich vor allem die Funktion, Marktunvollkommenheiten und der Unmöglichkeit vollkommener, dh alle zukünftigen Eventualitäten regelnder Verträge, Rechnung zu tragen und so die Bedingungen der Möglichkeit einer durch Märkte und Wettbewerb vermittelten Allokation von Finanzmitteln beizutragen. Zwischenzeitlich ist das Anlegerschutzrecht allerdings auf dem Weg, **Verbraucherschutzrecht** zu werden, das Kapitalanlagen als Konsumgüter wahrnimmt und den Anleger als Konsument betrachtet.[1] Das hängt zum einen damit zusammen, dass Sparer mit fallenden Zinsen zunehmend auf Anlageprodukte wechseln, und zum anderen damit, dass Anlageangebote mehr und mehr den Charakter von Produkten für die Befriedigung der Lebensbedürfnisse von Personen erhalten, die zu den gebotenen Selbstschutzmaßnahmen im Hinblick auf die Beurteilung der Produktqualität („merchandise"), des Gefahrenpotentials („risk") und der Eignung zur Deckung des jeweiligen Bedarfs („suitability") – teils objektiv (Informationsasymmetrien), teils subjektiv (mangels Erfahrung und entsprechenden Sekundärwissens) – nicht in der Lage oder befähigt sind. Die Entwicklung des Anlegerschutzrechts zum Verbraucherrecht spiegelt damit zugleich eine Politik der Eröffnung gleicher Chancen bei der Teilhabe am Kapitalmarkt als Instrument der Teilhabe Aller an Prosperität der Wirtschaft und namentlich ihres speziellen Segments der Finanzwirtschaft wider. Das zeigt sich zuletzt in dem im Mai 2014 vom Bundesministerium der Justiz und für Verbraucherschutz und vom Bundesministerium der Finanzen vorgelegten **„Aktionsplan Verbraucherschutz im Finanzmarkt".**[2] Die in diesem vorgesehenen Maßnahmen sind ganz von den Vorgängen um den *Prokon*-Skandal (dh der Insolvenz der gleichnamigen, im Bereich erneuerbarer Energien tätigen Unternehmens und der Frage nach dem Schicksal der Investition der mit hohen Renditeversprechen geworbenen Genussrechteinhaber) geprägt. Sie verkaufen als neues verbraucherorientiertes Schutzkonzept, was als Anlegerschutzkonzept längst an seine Grenzen gekommen ist: Verbraucherinformation, die es dem „Privatanleger" ermöglichen soll, „die Erfolgsaussichten einer Anlage besser einschätzen zu können", flankiert durch einige punktuelle produkt- und vertriebsbezogene regulatorische Maßnahmen.

Die Vorstellung, die Ordnung der Finanzmärkte aus dem Interessengegensatz von Kapitalsuchenden und Finanzmarktindustrie einerseits und den als Verbrauchern verstandenen Anlegern andererseits sowie aus dem Kampf der Verbraucher gegen die Anbieter und Vermittler von Anlageangeboten hervorgehen zu lassen, liegt einem im Juli 2011 von der *Fraktion Bündnis90/Die Grünen* unterbreiteten Beschlussantrag an den Deutschen Bundestag „Finanzmarktwächter im Verbraucherinteresse einrichten" zugrunde.[3] Auch wenn keine Einführung eines **Finanzmarktwächters** im Sinne dieses Antrags beschlossen wurde, ist die Initiative doch nicht folgenlos geblieben und wird – dem Koalitionsvertrag vom Herbst 2013 entsprechend – zur Einrichtung eines Finanzmarktwächters als „Verbrauchervertretung gegenüber der Finanzwirtschaft"[4] bei den Verbraucherzentralen führen[5] und diesen

---

[1] Kritisch zu solchen Tendenzen etwa *Buck-Heeb* ZHR 176 (2012) 66 ff. Zum Thema auch *Riesenhuber* ZBB 2014, 134 ff. Zur Frage, ob Anleger, die eine Beteiligung erwerben, Verbraucher sind und von daher am Verbraucherschutz teilhaben, s. *Wagner* BKR 2003, 649 ff.

[2] Abzurufen über die Websites der beteiligten Ministerien, etwa www.bundesfinanzministerium.de und Eingabe des Suchbegriffs: Aktionsplan. Zur Umsetzung des Aktionsplans ist zwischenzeitlich der Referentenentwurf eines Kleinanlegerschutzgesetzes vom 28.7.2014 vorgelegt worden, abrufbar über die über die Webseite des BMF http://www.bundesfinanzministerium.de/Content/DE/Gesetzestexte/Referentenentwuerfe/2014-07-28-kleinanlegerschutzgesetz.html.

[3] BT-Drucks. 17/6503 vom 6.7.2011. Dort ist zur Begründung S. 1 bzw. S. 2 oben zu lesen: „Die bisherigen Maßnahmen zur verbraucherfreundlichen Regulierung der Finanzmärkte konnten das Ungleichgewicht zwischen Anbieterseite und den Kundinnen und Kunden nicht beheben ... Ziel des Finanzmarktwächters ist ein besserer und gerechterer Interessenausgleich auf den Finanzmärkten. Die Verbraucherinnen und Verbraucher benötigen in größerem Umfang professionelle Unterstützung, um ihre Interessen gegenüber den Anbietern von Finanzprodukten wirksam durchsetzen zu können. Der Staat muss seine Schutzfunktion gegenüber den Verbraucherinnen und Verbrauchern wahrnehmen".

[4] Klaus Müller, Verbraucherzentrale Bundesverband (vzbv), nach http://www.finanzen.net/nachricht/fonds/Berater-Pranger-oder-Finanzmarktwaechter-3544290.

[5] Verbraucherzentrale Bundesverband e.V., Berlin: Finanzmarktwächter: Verbraucherbezogene Fehlentwicklungen und Missstände am Finanzmarkt systematisch und frühzeitig erkennen, 1.3.2012,

die Tür zur Mitwirkung bei der Finanzmarktaufsicht öffnen.[6] Nach den Verlautbarungen aus dem Bundesministerium der Justiz und für Verbraucherschutz ist Aufgabe des Finanzwächters die „Beobachtung und Analyse des Finanzmarktes und die frühzeitige Identifizierung von Fehlentwicklungen". Seine „Erkenntnisse sollen an die zuständigen Behörden weitergeleitet ... und so verarbeitet werden, dass die Verbraucherinnen und Verbraucher daraus verlässliche und nützliche Informationen ziehen können".[7]

Dass Anlegerschutz und Verbraucherschutz – trotz der der vorstehend geschilderten Entwicklungen und trotz der Errichtung eines **Verbraucherbeirats bei der BaFin** im Jahre 2012 (§ 8a Finanzdienstleistungsaufsichtsgesetz, → Rn. 127) – noch **nicht deckungsgleich** sind und so schnell auch nicht werden, zeigt sich an zweierlei: zum einen daran, dass bei der Bestimmung von Standards, wie etwa in Bezug auf Form und Inhalt von Informationen gegenüber Anlegern, auf die Fähigkeiten des durchschnittlichen Anlegers (und nicht etwa des letzten noch erreichten Anlegers) abgestellt wird; und zum anderen daran, dass den meisten kapitalanlage- und kapitalmarktrechtlichen Schutzmaßnahmen, zum Teil vom Gesetzgeber selbst, die individualschützende Funktion abgesprochen wird.

**4** Der Bedarf für eine Umschreibung der Begriffe des Kapitalanlagerechts und des Kapitalmarktrechts bzw. des Finanzmarktrechts sowie einer Bestimmung ihres Verhältnisses ist im Übrigen seit der Erstauflage des Handbuchs beständig zurückgegangen. Bei deren Vorbereitung Mitte der neunziger Jahre erschienen beide Begriffe noch als Kunstbegriffe sowohl der Umgangs- wie der Fachsprache fremd. Mit dem Wachstum des Kapitalmarkts einerseits und der Ausbildung eines beständig und exponential zunehmenden Kapitalmarktrechts bzw. Finanzmarktrechts zu einem (ehemals isolierte Rechtsbereiche wie das Börsenrecht einbeziehenden) System andererseits haben auch die Begriffe des Kapitalanlagerechts und des Kapitalmarktrechts bzw. Finanzmarktrechts Verbreitung gefunden und viel von ihrer ehemaligen Erklärungsbedürftigkeit verloren. Gewachsen und weiter in ständigem Wachstum begriffen ist dagegen der Bedarf für die **systematische Erfassung und Darstellung** des teilweise noch immer überaus zersplitterten Normenbestands des Kapitalanlagerechts. Wie nirgendwo sonst im deutschen Recht verlangt dies die Berücksichtigung der Rechtsentwicklung und Gesetzgebung auf dem noch immer jungen und alles andere als konsolidierten Regelungsfeld. Mehrfach seit den bescheidenen Anfängen zu Beginn der 1990er Jahre wurde das Kapitalmarkt- und Kapitalanlagerecht umgebaut und seine im allgemeinen Zivilrecht fußenden Grundlagen zugunsten spezieller Regelungen zurückgedrängt und von aufsichtsrechtlichen Regulierungen überlagert. Wie in keinem anderen Segment des Wirtschaftsrechts vermischen sich im Kapitalmarkt- und Kapitalanlagerecht die Rechtsgebiete Zivilrecht, Öffentliches Rechts (insbesondere in Gestalt von Aufsichtsrecht) und Straf- und Ordnungswidrigkeitenrecht zu einem teilweise widersprüchlichen, teilweise zumindest unkoordinierten Regelungsmischmasch. Lange Zeit unklar war insbesondere, wie mit sich widersprechenden zivilrechtlichen und aufsichtsrechtlichen Verhal-

---

http://www.fundresearch.de/sites/default/files/Nachrichten/Top-Themen/2014/Finanzmarktwaechter-Hintergrundpapier-2012.pdf. Zur Vorstellung des Finanzmarktwächters als Instanz der Finanzmarktaufsicht *Keßler*, Finanzaufsicht und Finanzmarktwächter – Verbraucherpolitische Reformpotenziale im Finanzmarkt, Gutachten im Auftrag der Abteilung Wirtschafts- und Sozialpolitik der Friedrich-Ebert-Stiftung, WISO Diskurs – Expertisen und Dokumentationen zur Wirtschafts- und Sozialpolitik, Juni 2013, http://library.fes.de/pdf-files/wiso/10088.pdf.

[6] Im Aktionsplan Verbraucherschutz im Finanzmarkt (Fn. 2) finden sich keine Ausführungen zu seiner Einführung, doch verkündet Staatssekretär Gerd Billen am 6.6.2014 die für „Verbraucherinnen und Verbraucher ... gute Nachricht, dass die notwendige Anschubfinanzierung für den Finanzmarktwächter schon für das Jahr 2014 bereitgestellt wird", Bundesministerium der Justiz und für Verbraucherschutz, „Anschubfinanzierung für Finanzmarktwächter steht schon 2014" vom 6.6.2014, http://www.bmjv.de/SharedDocs/Kurzmeldungen/DE/2014/20140606_Finanzmarktw%C3%A4chter.html.

[7] Bundesministerium der Justiz und für Verbraucherschutz, Fn. 6.

tensforderungen umzugehen ist.[8] Nunmehr hat sich aber der BGH immerhin dahingehend ausgesprochen, aufsichtsrechtlichen – dh öffentlich-rechtlichen – Bestimmungen, wie etwa §§ 31 ff. WpHG und namentlich § 31d WpHG, kämen weder eine Bindungs- noch eine Ausstrahlungswirkung im Hinblick auf zivilrechtliche Verhaltenpflichten zu.[8a]

Und wie in keinem anderen Rechtsgebiet ist die Entwicklung des Kapitalmarkt- und Kapitalanlagerecht **von der europäischen Rechtsentwicklung und Krisenentfaltung getrieben:** Angestoßen durch europäisches Primär- und Sekundärrecht von bescheidenem Umfang, ist die Entwicklung des deutschen Kapital- und Finanzmarktrechts und des deutschen Kapitalanlagerechts zwischenzeitlich fast völlig unter die Regie europäischer Rechtsakte geraten, die ein – in der Finanzmarkt- und Staatsfinanzkrise – gänzlich entfesselter europäischer Prometheus in ungeahnter Menge und Taktung erlässt. Dabei vermischen sich in Kürzesttaktung geänderte Richtlinien, delegierte Verordnungen zur Konkretisierung der Richtlinien, im ausgeweiteten Komitologieverfahren erlassene so genannte Level 2-Verordnungen zur Ergänzung von Richtlinien und Verordnungen sowie mehr oder weniger selbstständige Verordnungen, auf bislang nicht gekannte Weise – fast allesamt geprägt und durchsetzt (oder als delegierte Verordnungen ergangen auf der Grundlage) von Kompromissformeln, die kein widerspruchsfreies Regelungsleitbild erkennen lassen, es sei denn dasjenige einer durch umfassende technische Regulierung und Kontrolle beherrschbaren Welt. Als neuer Akteur im Bereich des Kapitalmarktrechts und Kapitalanlagerechts ist darüber hinaus der **Europäische Gerichtshof** aus dem Hintergrund in den Vordergrund gerückt. Die nationalen Gerichte beziehen ihn verstärkt in die Auslegung angeglichenen Rechts ein. Seine Urteile springen zumeist aus den Augen des Zeus und widersprechen einem Rechtsbindungs- und Rechtsanwendungsverständnis, wie es die europäische und deutsche Rechtsentwicklung auf dem Weg zur EU prägte.

Die **nationalen Gesetzgeber** zwingt der Umgang mit dieser Rechtsquellenmeische zu Hochdrahtseilakten der Rechtssetzung, die – jedenfalls was die deutschen Darbietungen angeht – immer weniger gelingen (wer einen Beleg sucht, schaue in das neue Kapitalanlagegesetzbuch) und auch dessen ungeachtet nur geringe Halbwertzeiten aufweisen: Gesetze werden erlassen, bis ins Unleserliche und Unverständliche aufgebläht, zurückgeschnitten und im Rückschnitt durch EU-Verordnungen ersetzt, aufgehoben oder in ihrem Regelungsgehalt teils unverändert teils verändert in andere teils alte teils neue Gesetze transferiert. Niemand kennt mehr wirklich den aktuellen Gesetzesstand, wobei die Gesetzessammlungen, die diesen widerzuspiegeln versuchen und dazu mindestens im Halbjahresturnus neu erscheinen müssten, durchweg darin versagen, dass sie die europäischen Verordnungen als eine zentrale Quelle des europäischen und nationalen Rechts nicht einmal aufführen geschweige denn abdrucken. Jeder weiß, dass sich in Kürze alles wieder ändern kann und wird, aber niemand weiß genau wann und wie, weil Rechtsakte, die sich im Wege der Einleitung eines Konsultationsverfahrens ankündigten, noch im Räderwerk des Lobbyismus befinden. Unter diesen Rechtsakten finden sich nicht nur solche, die einer Fortentwicklung grundlegender Richtlinien oder Verordnungen dienen, sondern auch solche, mit denen ein veritabler Systemwechsel einhergeht.

Ein Blick auf die **Herkunft des Kapitalanlage- und Kapitalmarktrechts und seine Entwicklung** ist deshalb für den Versuch einer systematischen und über die Kommentierung von Einzelnomen hinausgehenden Darstellung des Kapitalanlagerechts unumgänglich. Dabei ist die **Geschichte** des noch jungen Rechtsgebiets lang und kurz zugleich. Die Wurzeln des Kapitalmarktrechts gehen zurück ins Zeitalter der Industrialisierung, Sein Stamm hat sich aber erst Anfang der 1990er Jahre zu entwickeln und zu verzweigen begonnen. Die Erstauflage des Handbuchs spiegelte die Phase des „take off" des deutschen

---

[8] S. dazu *Assmann*, FS für Uwe H. Schneider, 2011, S. 37 ff.; *Forschner*, S. 98 ff.
[8a] BGH vom 17.9.2013 – XI ZR 332/12, AG 2013, 2385 = ZIP 2013, 2001. Hierzu *Koch*, Das Nebeneinander aufsichts- und zivilrechtlicher Beratungsvorgaben im Anlegerschutz – Handlungsbedarf für den Gesetzgeber?, ZBB/JBB 2014, 211.

Kapitalmarkts, die Zweitauflage die Phase der Transformation singulärer Regelungsbereiche in ein kapitalmarktrechtliches Regelungssystem und die dritte Auflage dokumentierte den Umbau und die Erweiterung des Kapitalmarktrechts unter dem weiterhin dominanten Einfluss europäischer Rechtsakte. Die vorliegende **vierte Auflage dieses Handbuchs** spiegelt eine von den Erfahrungen der Banken- und Finanzmarktkrise einerseits und der Staatsfinanzkrisen von Mitgliedsstaaten andererseits geprägte Änderung des Kapitalmarktrechts, die eher einen sich als Ausbau darstellenden Umbau als eine Anpassung des bisherigen Rechts darstellt. Erstmals finden sich stärkere und deutlichere Eingriffe in die Anlageprodukte, drastisch vermehrte Anforderungen an die Solidität von Marktinstitutionen (namentlich von Marktintermediären) und den Vertrieb von Kapitalanlagen, eine – im Gesamten betrachtet – zunehmende Zurückdrängung des Publizitätsinstruments zugunsten von aufsichtsrechtlichen Maßnahmen in Bezug auf Institutionen und Vertrieb bei – das ist nur auf den ersten Blick paradox – gleichzeitiger Perfektionierung, Spezialisierung und Ausweitung der Publizitätsinstrumente. Nur am Rande spiegelt sich in dieser vierten Auflage der Umstand wider, dass es im Kapitalanlage- und Kapitalmarktrecht auch **Bereiche der Konsolidierung** gibt. Das gilt namentlich in Bezug auf die Kapitalanlage in börsengehandelte Wertpapiere und das – hier nicht vertieft zu behandelnde – Komplementärverhältnis von Verbandsrecht (namentlich Aktienrecht) und Kapitalmarktrecht.

**II. Entwicklungslinien des Kapitalmarkt- und Finanzmarktrechts**

5    **1. Ausgangspunkte: Aktiengesellschaft und Börse als Institutionen des Kapitalmarkts.** Die **rechtliche Erfassung und Ordnung des Kapitalmarkts** entstand als Bedingung und Folge der Industrialisierung im 19. Jahrhundert und orientierte sich vornehmlich an den Institutionen der Aktiengesellschaften, Banken und Börsen[9]. Ausgangspunkt aller staatlicher Maßnahmen war indes die AG, die sich, in der Nachfolge der Handelskompanien, im Verlaufe des 19. Jahrhunderts aus einem Instrument der staatlichen Interessenverfolgung und der Spekulation zur Kapitalsammelstelle für größere Projekte jeder Art und zum Träger des wirtschaftlichen Aufschwungs herausbildete.

6    Diese Entwicklung wurde nicht nur von der Umorientierung der Banken als Lieferanten von Staatskrediten für die notorische Geldknappheit Preußens zu nunmehr selbst in Form von Aktiengesellschaften organisierten Finanziers der privaten Wirtschaft, von der Verlagerung der Aktienerwerber aus ständisch organisierten Kreisen zum breiten Publikum und von der zunehmenden Auflösung des Konzessionssystems als zunächst vorherrschendem Modus der staatlichen Reaktion auf die AG, sondern zugleich von spektakulären Zusammenbrüchen der in der neuen Organisationsform gegründeten Unternehmen begleitet. Die Forderung nach verstärktem Schutz des Publikums und der Gesellschaftsgläubiger gegen Schwindel und Unsolidität als Staatspflicht zur Sicherung des allgemeinen Wohlstandes und der Landesindustrie gegen die Geldmacht der Aktiengesellschaften[10] bildete dementsprechend den Ausgangspunkt einer an der **Regulierung seiner zentralen Institution der Aktiengesellschaft** ausgerichteten Ordnung des Kapitalmarkts. Sie wurde nicht in der Rückwendung zum Konzessionssystem gesucht, dem der Nachteil zugeschrieben wurde, das Publikum in falscher Sicherheit zu wiegen und das die staatlichen Instanzen zunehmend überforderte; vielmehr wurde sie im Wege des Ausbaus des Aktienrechts (im Anschluss an die Einführung des Systems von gründungsbezogenen Normativbestimmungen),

---

[9] Zu einzelnen Aspekten der historischen Entwicklung des Kapitalmarktrechts s. *Assmann*, Prospekthaftung, S. 39 ff.; *Hopt*, Kapitalanlegerschutz, S. 15 ff.; *Hopt*, Grundlagen; *Hopt* ZHR 140 (1976) 201 ff.; *Hopt* WM 2009, 1873 ff.; *Koch*, Grundlagen, S. 12 ff. Im Zusammenhang mit der Entwicklung des Aktienrechts *Assmann*, Einleitung, Rn. 13 ff. Speziell zur Entwicklung des Europäischen Kapitalmarktrechts *Veil* in Veil, Europäisches Kapitalmarktrecht, S. 1 ff.

[10] Entwurf eines Handelsgesetzbuchs für die preußischen Staaten, 1857, S. 89 ff. Diese Forderung nach Anlegerschutz findet sich schon 1836 im Sächsischen Entwurf eines Aktiengesetzes; s. dazu *Assmann*, Prospekthaftung, S. 43 und *Hopt*, Grundlagen, S. 141 f.

der Regelung der mit der Emission und dem Handel von Aktien befassten Institutionen (insbesondere der Börse) und schließlich in Gestalt der Verschärfung von Publizitätsbestimmungen angegangen. Der Schutz des Publikums – der Anleger – spielte bei der Entwicklung der an Problemen der Kapitalaufbringung und -verwendung im privaten Sektor orientierten hoheitlichen Maßnahmen eine gewichtige Rolle, stand indes mitsamt dem Bank- und Börsenrecht „im Bannkreis des Aktienrechts".[11]

Ganz in diesem Sinne wurden die **Aktiengesellschaft und die Börse** über die Mitte des 20. Jahrhunderts hinaus als die **zentralen Institutionen des Kapitalmarkts** betrachtet und zum Orientierungspunkt gesetzgeberischen Handelns in diesem Bereich gewählt. Die rechtliche Ordnung des Kapitalmarkts vollzog sich über die Perfektionierung der Ordnung des Gesellschaftsverbandes der Kapitalsammelstelle AG einerseits und über die Regulierung der Börse als Platz der Emission und des Handels der verbrieften verbandsrechtlichen Beteiligungen in Gestalt der Aktie andererseits. Kapitalmarktrecht blieb an der AG ausgerichtete Verbandsordnung und an der Börse orientierte Marktordnung. Noch die Reform des AktG von 1965 sah den Aktionär nicht als Kapitalanleger und Finanzier, sondern in einer verbandsrechtlichen Sicht als „wirtschaftlichen Eigentümer" des Unternehmens.[12]

**2. Vom Aktien- und Börsenrecht zum Kapitalmarktrecht. a) Vorreiterrolle des so genannten grauen Kapitalmarkts.** Dieser pointierenden Beschreibung der noch in die 1960er Jahre hineinragenden Sicht kapitalmarktrechtlicher Regelungsaufgaben steht nicht entgegen, dass es im Übrigen nie an staatlichen Maßnahmen gemangelt hat, in die Entwicklung und das institutionelle Umfeld des vom Aktien- und Börsenwesen beherrschten Kapitalmarkts zu intervenieren. Solche Maßnahmen galten sowohl neuen, durch ihre **Massenhaftigkeit gekennzeichneten Anlage- und Finanzierungsformen** – wie etwa der Inhaberschuldverschreibung, deren Ausgabe bis Ende 1990 staatlicher Genehmigung unterstellt war[13] – als auch den Institutionen, die kurzfristige Sparanlagen in langfristiges Anlagekapital verwandelten, als Kapitalmarktintermediäre mit diversifiziertem Dienstleistungsangebot fungierten oder sich sonst auf dem Gebiet der Vermögensanlage betätigten.[14]

Soweit aus diesem Ansatz im Nachkriegsdeutschland ein **Kapitalmarktrecht entstand,** entwickelte es sich als „Mischsystem, das nicht ohne Wildwuchs Elemente der verschiedensten Regelungsphilosophien"[15] in sich aufnahm. Anlass zur Fortbildung des geltenden Rechts und zur Einführung neuer Bestimmungen zur Regelung von Vorgängen des Kapitalmarkts einerseits und zur Neubesinnung auf die konzeptionellen Grundlagen entsprechender Maßnahmen andererseits bestand bis zur Mitte der sechziger Jahre allerdings nur in geringem Maße. Der **wirtschaftliche Wiederaufbau Deutschlands** vollzog sich, begleitet von verschiedenen dirigistischen Maßnahmen[16] und der Dominanz der unternehmerischen Selbst-[17] und Fremdfinanzierung,[18] ohne größere Inanspruchnahme des nur sehr zurückhaltend und ohne durchgreifende Erfolge stimulierten organisierten Kapitalmarkts.[19]

---

[11] *Hopt,* Grundlagen, S. 166.
[12] *Wiedemann,* Gesellschaftsrecht, Bd. I, S. 478.
[13] Die insoweit einschlägigen §§ 795, 808a BGB wurden mit dem Gesetz zur Vereinfachung der Ausgabe von Schuldverschreibungen vom 17.12.1990 (BGBl. I 1990, 2839) mit Wirkung vom 1.1.1991 aufgehoben.
[14] Beispiele bilden das Hypothekenbankengesetz von 1899, das Gesetz über die privaten Versicherungsunternehmen von 1901, das Gesetz über Depot- und Depositengeschäfte von 1925, das Gesetz über die Beaufsichtigung der privaten Versicherungsunternehmen und Bausparkassen von 1931 oder das Reichsgesetz über das Kreditwesen von 1934. Vgl. im Einzelnen *Schwark,* Anlegerschutz, S. 239 ff.
[15] *Hopt* ZHR 141 (1977) 431.
[16] *Brahms,* Kapitalmarktentwicklung, S. 24 f.
[17] *Harms,* Forderung eines konstanten Staatsanteils am Bruttosozialprodukt, S. 211 f.; *Schimmöller,* Kapitalmarktstrukturen, S. 104 ff.; *Brahms,* Kapitalmarktentwicklung, S. 26, 33, 106 ff.
[18] *Schimmöller,* Kapitalmarktstrukturen, S. 115 ff.; *Brahms,* Kapitalmarktentwicklung, S. 123 ff.
[19] Zur Ausschaltung des Kapitalmarkts *Schmölders,* Volkswirtschaftliche Probleme der sog Selbstfinanzierung, in Schmölders/Rittershausen, Moderne Investitionsfinanzierung, 1959, S. 26. Zur steuer-

Bei Industrieobligationen fanden die Unternehmen die scharfe Konkurrenz anderer Emittenten vor,[20] und die Aktie blieb trotz verschiedener begünstigender steuerlicher Maßnahmen[21] ein relativ teures Finanzierungsinstrument.[22] Hinzu kam, dass das Sparverhalten Privater[23] sich weniger auf Vermögensbildung, Alterssicherung oder Sozialvorsorge als auf den Erwerb langfristiger Konsumgüter richtete und nur ein geringes Vertrauen in die Wertpapieranlage vorhanden war.

10 Unter den bevorzugten „Geldanlagen ohne Risiko" konnte lediglich das **Investmentsparen** mit seinen gemilderten Risikoformen das Interesse der Anleger auf sich ziehen. Diese Anlageform machte sich in den sechziger Jahren vor allem Bernie Cornfeld und seine Organisation der „International Overseas Services" (IOS) zunutze, mit der ein vor allem in den USA praktiziertes aggressives Vertriebssystem mit direkter Ansprache der Sparer nach Europa importiert wurde.[24] Der Zusammenbruch von IOS verdeutlichte alsbald die mit der gewählten Vertriebsweise angesichts offenbar gestiegener Investitionsbereitschaft und -fähigkeit Privater verbundenen Gefahren. Die Gesetzgebung reagierte durch den Erlass des AuslInvestmG und die Ergänzung des KAGG. Beide sind zunächst unter dem Dach des InvG zusammengeführt worden; dieses wiederum wurde zwischenzeitlich in das KAGB überführt (→ Rn. 32, 90 und 105).

11 Das von IOS praktizierte Vertriebssystem überlebte deren Ende und begann sich auszubreiten und zu differenzieren: Es entstanden eine Vielfalt und Vielzahl von Unternehmen der **Anlageberatung und Anlagevermittlung,** die in unterschiedlicher Organisation und rechtlicher Einkleidung agierten,[25] etwa als Handelsvertreter, Makler oder selbständige Anbieter. Dem kam die Entwicklung **neuer Handelsware** in Gestalt von Anteilen an Immobilienfonds, ausländischen Warentermingeschäften, Bauherrenmodellen und vor allem Beteiligungen an „Abschreibungsgesellschaften" zugute.[26] Dabei handelte es sich um meist als Publikumsgesellschaft in der Form der GmbH & Co. KG organisierte Projekte, durch die den Anlegern steuerliche Vergünstigungen verschafft werden sollten, die den (Mit-)Unternehmern von Einzelfirmen und Personengesellschaften eingeräumt worden sind:[27] Angeboten wurden Kommanditanteile, die nicht (wie Aktien oder Investmentzertifikate) verbrieft werden können und für die ein börsenartig organisierter Sekundärmarkt nicht zu bilden war.

12 Große Mengen anlagefähigen Kapitals, das die sich bereits andeutenden Lücken in der Eigenkapitalausstattung deutscher Unternehmen (insbesondere der Aktiengesellschaften) hätte mildern können, wanderten – an den klassischen Institutionen zur Transformation von Spareinlagen in Mittel der Unternehmensfinanzierung vorbei[28] – in den neuen undurchsichtigen so genannten **grauen Kapitalmarkt,** dem es an einer auf einem Gestaltungswillen des Gesetzgebers beruhenden Ordnung fehlte. Dem (börsenrechtlich) geregelten (Effekten-)

---

lichen Einflussnahme auf Selbst- und Fremdfinanzierung etwa *Hartwich*, Sozialstaatspostulat und gesellschaftlicher status quo, 1970, S. 230 ff., 237 ff. Zur Entwicklung der Unternehmensfinanzierung von 1950 bis 1966 auch Jahresgutachten des Sachverständigenrates zur Begutachtung der gesamtwirtschaftlichen Entwicklung 1967 (BT-Drucks. V/2310), S. 188 ff.; weitere Hinweise bei *Assmann*, Einleitung, Rn. 298 ff.

[20] *Brahms*, Kapitalmarktentwicklung, S. 188.
[21] *Brahms*, Kapitalmarktentwicklung, S. 32 ff.
[22] *Giersch*, Investitionsfinanzierung und Besteuerung, 1961, S. 27 ff., 50 ff.
[23] S. *Brahms*, Kapitalmarktentwicklung, S. 45 ff.; *Schimmöller*, Kapitalmarktstrukturen, S. 24 ff.
[24] Zu Aufstieg und Fall der IOS s. *Raw/Page/Hodgson*, Do You Sincerely Want to be Rich?, 1971. Zum Wirken von IOS in Deutschland ebd., S. 244 ff.
[25] Instruktiv *Melcher* BB 1981, 2101 ff.; sa *Lutter*, Zur Haftung des Emissionsgehilfen im grauen Kapitalmarkt, FS für Bärmann, 1975, S. 605 ff.
[26] Zum Aufkommen dieser neuen Anlageformen s. *Hopt*, Gutachten, S. G 27 ff. Zu den seinerzeitigen Entwicklungen des grauen Kapitalmarkts s. *Kohl/Kübler/Walz/Wüstrich* ZHR 138 (1974) 3 ff.
[27] S. dazu *Kübler/Assmann*, S. 342 ff.
[28] „Kapitalanlagen – an den Banken vorbei?" *Spannagel* ZfK 1981, 1080 ff.

§ 1 Kapitalanlagerecht und Kapitalmarktrecht

Markt erwuchs in dem ungeregelten (synonym: freien oder grauen) Kapitalmarkt[29] ein mit verschiedenen Wettbewerbsvorteilen ausgestatteter Konkurrent,[30] dem das Publikum selbst dann noch seine Gunst bewahrte, als es auf diesem Markt zur Aufdeckung unsolider bis betrügerischer Investitionsangebote und Vertriebsmethoden und spektakulärer Zusammenbrüche kam. Die daraus resultierenden Schäden für Anleger und Volkswirtschaft – das Wort vom „Wegwerfkapital"[31] machte die Runde – veranlasste die Bundesregierung, basierend auf vorausgegangenen Vorschlägen in der juristischen Diskussion, den Entwurf eines Vermögensanlagegesetzes[32] einzubringen. Dieser wurde jedoch im Bundestag nicht weiterbehandelt und konnte bald als gescheitert angesehen werden. Grundlage des Entwurfs war, inspiriert vom U.S.-amerikanischen Kapitalmarktrecht, eine am Vertrieb der Anlagen orientierte und das Instrument der Publizität einsetzende Regelung.[33]

Während der Gesetzgeber diese **Verwerfungen der Kapitalmarktlandschaft** nicht regelnd zu erfassen und in ordnende Bahnen zu lenken vermochte, wurden die Gerichte mit einer Vielzahl von Klagen geschädigter Anleger konfrontiert. Im Gegensatz zum Gesetzgeber stellte sich die Rechtsprechung im Rahmen der ihr zur Verfügung stehenden Mittel den aufgetretenen Problemen: Zunächst mittels Herausbildung eines bis in die Inhaltskontrolle von Gesellschaftsverträgen[34] hineinreichenden **„Sonderrechts"[35] für Publikumspersonengesellschaften,**[36] sodann durch die Statuierung von Verhaltenspflichten für die Emittenten und Emissionshelfer[37] auf der einen und die mehr oder minder auf die Investitionsentscheidung von Anlegern Einfluss gewinnenden „vermögenssorgenden Berufe"[38] auf der anderen Seite. Insbesondere die Herausbildung der zunächst am Vertrieb von Anteilen an einer Publikumskommanditgesellschaft ausgerichteten, aber auf andere Anlageformen des grauen Kapitalmarkts übertragenen Prospekthaftung[39] war dem Versuch geschuldet,

---

[29] Zum Begriff insbes. *Bremer* ZGR 1973, 410 ff.; *Hopt*, Gutachten, S. G 26, 27 f.; *von Keussler*, S. 38 f.; *Kohl/Kübler/Walz/Wüstrich* ZHR 138 (1974) 3 f. Vgl. auch *Assmann*, Referat, S. P 14 ff. mwN.

[30] Zu dem Konkurrenzverhältnis von organisiertem und grauem Kapitalmarkt näher *Assmann*, Einleitung, Rn. 417 ff.

[31] Der Spiegel 1980, Heft 51, S. 55. Im Rahmen der Erörterung der Auswirkungen der Abschreibungsgesellschaften auf den Kapitalmarkt spricht *Kellerer* ZfK 1976, 942, vom „Keim der Kapitalverschwendung".

[32] BT-Drucks. 8/1405 vom 2.1.1978.

[33] Zum seinerzeitigen Hintergrund und zu der Erörterung des Entwurfs im juristischen und ökonomischen Schrifttum s. die Nachw. bei *Assmann*, Prospekthaftung, S. 77 f.

[34] Von *Hopt* ZHR 141 (1977) 404, als kapitalmarktorientierte Vertragsauslegung bezeichnet. Zur Inhaltskontrolle sa *Uwe H. Schneider* ZGR 1978, 1 ff.

[35] So *Uwe H. Schneider* ZHR 142 (1978) 228 ff.

[36] Aus der Fülle des seinerzeitigen Schrifttums hierzu insbes. *Stimpel*, Anlegerschutz durch Gesellschaftsrecht in der Publikums-Kommanditgesellschaft, FS für Fischer, 1979, S. 771 ff.; *Kellermann*, Zur Anwendung körperschaftsrechtlicher Grundsätze und Vorschriften auf die Publikums-Kommanditgesellschaft, FS für Stimpel, 1985, S. 295 ff.; *Krieger*, Empfiehlt sich eine gesetzliche Regelung der Publikums-KG, FS für Stimpel, 1985, S. 307 ff. S. ferner *Hüffer* ZHR 151 (1987) 417 ff.; *Kellermann*, Die Publikums-KG in der Rechtsprechung des Bundesgerichtshofes, 1980; *Kraft*, Die Rechtsprechung des Bundesgerichtshofs zur Publikums-KG zwischen Vertragsauslegung und Rechtsfortbildung, FS für Fischer 1979, S. 321 ff. Systematisch: *Kübler/Assmann*, S. 342 ff. mwN.

[37] Aus dem seinerzeitigen Schrifttum dazu – neben den oben in Fn. 25 Genannten – etwa *Garz-Holzmann/Gurke* DB 1983, 29 ff.; *Hoegen*, FS für Stimpel, 1985, S. 247 ff.; *Hopt*, FS für Fischer, 1979, S. 237 ff.; *Hopt*, Aktuelle Rechtsfragen der Haftung für Anlage- und Vermögensberatung, 2. Aufl. 1985; *Hopt*, Verantwortlichkeit.

[38] Hierzu *Damm* JZ 1991, 373 ff.; *Grunewald* JZ 1982, 627 ff.; *Herrmann* JZ 1983, 422 ff.; *Hopt* AcP 183 (1983) 608 ff.; *Köndgen*, Selbstbindung ohne Vertrag, 1981, S. 352 ff., 403 ff. Speziell zur Dritthaftung des Wirtschaftsprüfers *Ebke*, Wirtschaftsprüfer und Dritthaftung, 1983 und *Ebke/Scheel* WM 1991, 389 ff.

[39] Dazu ausführlich Handbuch 1. Aufl. 1990 und 2. Aufl. 1997, jeweils § 7, und → § 6 Rn. 1 ff. (Systematik der heutigen Prospekthaftung) und → 13 ff. (Herkunft). Auch → § 5 Rn. 7.

diesen Markt einer dem organisierten Kapitalmarkt vergleichbaren Vertriebsregelung zu unterziehen.

**14** Gewichtiger als die offene Frage, ob die von der **Rechtsprechung** zur Bewältigung der aufgeworfenen Probleme herangezogenen rechtsdogmatischen Anknüpfungspunkte[40] glücklich gewählt waren, ist der Umstand, dass sich die Gerichte willens und in der Lage gezeigt haben, fehlendes Kapitalmarktrecht durch **Fortbildung des Gesellschaftsrechts und des Zivilrechts** zu substituieren.[41] Die solchermaßen etablierten Normen und Rechtsgrundsätze reichten hinsichtlich ihres Anwendungsbereichs jedenfalls über den grauen Kapitalmarkt hinaus in weite Gebiete des organisierten Marktes hinein. Dies galt nicht nur in Bezug auf die Fortentwicklung des Aktienrechts, in welcher der Aktionär verstärkt als Finanzier und Kapitalanleger statt als „wirtschaftlicher Eigentümer" gesehen wurde,[42] oder für die Ansätze eines kapitalmarktbezogenen Unternehmensverhaltensrechts,[43] sondern auch für den dem Erwerb von Effekten oder Investmentanteilen vorgelagerten Vermittlungs- und Informationsmarkt.

Unter dem Einfluss der Harmonisierungsmaßnahmen der EG zum Zwecke der Schaffung eines einheitlichen europäischen Kapitalmarkts[44] waren darüber hinaus Gesetzgebungsakte zu vermelden, die über individualschützende Maßnahmen hinaus gingen und auf strukturelle Reformen des deutschen Kapitalmarkt- und Kapitalanlagerechts gerichtet waren: So war zwar auch **Anlegerschutz** das Ziel einer Reihe kapitalmarktrechtlicher Regelungskomplexe des 2. Finanzmarktförderungsgesetzes vom 26.7.1994 (2. FFG),[45] namentlich des mit dessen Art. 1 eingeführten **Wertpapierhandelsgesetzes** (WpHG).[46] Gleichwohl lag den einschlägigen Bestimmungen, etwa denen des Insiderrechts und den damit zusammenhängenden Mitteilungspflichten, weniger die individualschützende, Rechte und Ansprüche des einzelnen Anlegers begründende Perspektive zu Grunde als vielmehr diejenige des lediglich mittelbaren Anlegerschutzes in Gestalt gesetzlicher Verhaltenspflichten, welche auf die Herstellung funktionsfähiger Kapitalmärkte gerichtet waren. Direkter und indirekter Anlegerschutz fanden sich dagegen noch gleichermaßen im Gesetz über **Wertpapier-Verkaufsprospekte** und zur Änderung von Vorschriften über Wertpapiere vom 13.12.1990.[47] Soweit man in dieser Entwicklung eine neue Ausrichtung deutscher Kapitalmarktgesetzgebung erkennen mochte, beschränkte sie sich doch ganz auf den organisierten Kapitalmarkt und ließ den grauen Kapitalmarkt unberührt. Dessen rechtliche Ordnung erfolgte weiterhin ganz aus der Perspektive des geschädigten Anlegers und des diesbezüglichen präventiven und nachträglichen Anlegerschutzes. Diese Perspektive war die maßgebliche auch als der Gesetzgeber endlich daran ging, wesentliche Teile des grauen

---

[40] Siehe dazu Voraufl. § 6 Rn. 14 ff. und die wenigen verbliebenen diesbezüglichen Hinweise in § 5 Rn. 8.
[41] *Schwark*, FS für Stimpel, 1985, S. 1111.
[42] *Wiedemann*, Gesellschaftsrecht, Bd. I, S. 495 ff.; *Schwark*, FS für Stimpel, 1985, S. 1087 ff.; *Kübler* AG 1981, 5 ff.; *Albach/Corte/Friedewald/Lutter/Richter*, Deregulierung des Aktienrechts: Das Drei-Stufen-Modell, 1988; *Assmann*, Einleitung, Rn. 443 ff.
[43] *Hopt*, Kapitalanlegerschutz, S. 219 ff.; *Horn* AG 1977, 297 ff., 341 ff.
[44] Zu den Anfängen *Assmann/Buck* EWS 1990, 110 ff. (I.), 190 ff. (II.), 220 ff. (III.); *Assmann* ORDO 44 (1993) 87 ff.; *Assmann*, Harmonisierung. Zum gegenwärtigen Einfluss *Assmann*, Bank- und Kapitalmarktrecht, S. 821 ff. mwN.
[45] Gesetz über den Wertpapierhandel und zur Änderung börsenrechtlicher und wertpapierrechtlicher Vorschriften (Zweites Finanzmarktförderungsgesetz) vom 26.7.1994, BGBl. I 1994, 1749. Übersichten über dessen verschiedene Regelungsbereiche etwa bei *Breuer* Die Bank 1994, 444 ff.; *Jütten* Die Bank 1994, 34; *Krimphove* JZ 1994, 23 ff.; *Scharrenberg* Sparkasse 1993, 484 ff.
[46] Gesetz über den Wertpapierhandel (Wertpapierhandelsgesetz), BGBl. I 1994, 1749. Dazu *Becker*, Das neue Wertpapierhandelsgesetz, 1995; *Happ* JZ 1994, 240 ff.; *Hopt*, WM-Festgabe für Hellner vom 9.5.1994, S. 29 ff.; *Assmann/Uwe H. Schneider* (Hrsg.), Wertpapierhandelsgesetz, 1995.
[47] BGBl. I 1990, 2749. Direkter Anlegerschutz findet sich hier in Gestalt eines Prospekthaftungsanspruchs. Zum Gesetz insgesamt *Assmann* NJW 1991, 528 ff.; *Schäfer* ZIP 1991, 1557 ff.

Kapitalmarkts gesetzlich zu regeln. Das geschah in erster Linie durch die auf das Anlegerschutzverbesserungsgesetz vom 28.10.2004 (AnSVG)[48] zurückgehende Unterwerfung der Mehrzahl der Anlagen des grauen Kapitalmarkts unter die Prospektpflicht und die Prospektkontrolle durch die BaFin.

Die Herausbildung eines **kapitalmarktbezogenen Verbands- und Vertriebsrechts** vollzog sich aufgrund der geschilderten Randbedingungen vor allem durch die Einräumung von Schutzpositionen zugunsten der Anleger und damit aus der Anlegerperspektive. Das hieraus erwachsene (richterrechtlich begründete) Kapitalmarktrecht entwickelte sich auf diese Weise ganz überwiegend als Anlegerschutzrecht. In diesem Sinne versteht sich noch der 1986 in das StGB eingefügte Straftatbestand des Kapitalanlagebetrugs (§ 264a StGB), zu dessen Begründung es heißt, er bezwecke die Ergänzung des zivilrechtlichen Schutzes des zumeist unerfahrenen Anlegers in Bezug auf seine Investitionsentscheidung.[49]

**b) Maßnahmen in Bezug auf den organisierten Kapitalmarkt.** Die Konkurrenzwirkung eines sich ausweitenden grauen Kapitalmarkts, die Eigenkapitalknappheit deutscher Unternehmen und weitere Faktoren, die dazu geführt haben, dass Anfang der achtziger Jahre die Rede von der „Krise der AG"[50] aufkam, dürfen – neben der zunehmenden Internationalisierung und Liberalisierung der Kapitalmärkte und den EG-Rechtsangleichungsmaßnahmen – als wesentliche Ursache dafür angesehen werden, dass der **Regelung des organisierten Kapitalmarkts** bzw. seiner Institutionen ab Mitte der achtziger Jahre wieder verstärkte Aufmerksamkeit zuteil wurde.

Zu den vom Gesetzgeber ergriffenen **Maßnahmen** gehören ua: partielle Korrekturen der steuerlichen Rahmenbedingungen;[51] die Schaffung einer neuen Form von „Kapitalanlagegesellschaften mit Beteiligungs-Sondervermögen" im Zusammenhang mit dem 2. Vermögensbeteiligungsgesetz;[52] das in erster Linie als Möglichkeit zur Verbesserung der Eigenkapitalausstattung nicht börsennotierter Unternehmen verstandene[53] Gesetz über Unternehmensbeteiligungsgesellschaften (UBGG);[54] die Erweiterung von Anlagemöglichkeiten der institutionellen Investoren;[55] das zugleich der Umsetzung verschiedener EG-Richtlinien zur Harmonisierung des Börsenrechts der Mitgliedstaaten[56] dienende Börsenzulassungs-Gesetz,[57] mit dem die Wertpapiermärkte neu segmentiert und geordnet wurden;[58]

---

[48] BGBl. I 2004, 2630; modifiziert durch Prospektrichtlinie-Umsetzungsgesetz vom 22.6.2005, BGBl. I 2005, 1698.
[49] BT-Drucks. 10/318 vom 26.8.1983, S. 21.
[50] *Kübler* AG 1981, 5; *Assmann,* Einleitung, Rn. 291 ff., 343 ff.
[51] Zu den Maßnahmen bis 1987 s. etwa die Hinweise bei *Hesse* DB Beil. 1/1987. Von besonderer Bedeutung ist die Abschaffung der Börsenumsatzsteuer (mit Wirkung vom 1.1.1992) als Bestandteil der Aufhebung des Kapitalverkehrsteuergesetzes, aufgrund des (1.) FFG vom 22.2.1990, BGBl. I 1990, 266 = BStBl. I 1990, 152; sa RegE BT-Drucks. 11/5411 vom 19.10.1989.
[52] BGBl. I 1986, 2595.
[53] BT-Drucks. 10/4551 vom 12.12.1985, S. 12.
[54] UBGG vom 17.12.1986, BGBl. I 1986, 2488.
[55] Durch Änderungen des VAG und des KAGG; s. BT-Drucks. 10/4671 vom 16.1.1986, S. 4. Hierzu *Schwark* NJW 1987, 2047. Eine neuerliche Erweiterung des Anlagekatalogs von Kapitalanlagegesellschaften brachte Art. 3 Nr. 4 ff. 2. FFG. Zu den Möglichkeiten der Mobilisierung der institutionellen Anleger etwa *Reuter,* Gutachten, S. B 88; zu den damit verbundenen Gefahren *Uwe H. Schneider* AG 1990, 317. Vgl. ferner die Hinweise bei *Assmann,* Einleitung, Rn. 307 ff., 394, 514 ff.
[56] S. die Hinweise in BT-Drucks. 10/4296 vom 22.11.1985, S. 12 f.
[57] BGBl. I 1986, 2478; sa BT-Drucks. 10/4296 vom 22.11.1985, S. 1.
[58] Wichtigster Inhalt des Gesetzes war die Einführung des neuen Marktsegments des geregelten Markts. Dazu (und zugleich zur Übersicht über die einzelnen Regelungsmaterien des BörsZulG) *Schäfer* ZIP 1987, 953, 954 ff.; *Schwark* NJW 1987, 2041, 2042 ff. Zu börsenrechtlichen Fragen bei Schaffung des geregelten Markts auch *Kümpel,* FS für Pleyer, 1986, S. 59 ff.

die Börsengesetznovelle von 1989,[59] mit der vor allem die rechtlichen Voraussetzungen zur Errichtung der Deutschen Terminbörse in Form einer Neuregelung der börsengesetzlichen Bestimmungen über Börsentermingeschäfte geschaffen wurde;[60] das mit Wirkung vom 1.6.2012 aufgehobene[61] Gesetz über Wertpapier-Verkaufsprospekte und zur Änderung von Vorschriften über Wertpapiere vom 13.12.1990 (VerkProspG),[62] in dessen Mittelpunkt die Begründung einer Prospektpflicht des Emittenten von Wertpapieren für den Zeitpunkt des erstmaligen öffentlichen Angebots der Effekten stand; und schließlich das 2. Finanzmarktförderungsgesetz,[63] als dessen Kernbereiche die Einführung einer (wenngleich hinsichtlich ihrer Aufgaben noch begrenzten) Kapitalmarktaufsicht in Gestalt des seinerzeitigen Bundesaufsichtsamts für den Wertpapierhandel (BAWe, heute Bundesanstalt für Finanzdienstleistungsaufsicht – BaFin), die damit einhergehende Umstrukturierung der Börsenaufsicht sowie die erstmalige gesetzliche Regelung des Insiderhandels gelten dürfen.

**18** Während die angeführten Aktivitäten des Gesetzgebers unmittelbar auf die institutionellen Voraussetzungen des Kapitalmarkts einwirkten und sich vor allem unter dem Gesichtspunkt des Anlegerschutzes legitimierten, haben eine Fülle weiterer gesetzlicher Aktivitäten mehr oder weniger direkt die Randbedingungen von Transaktionen auf dem Kapitalmarkt und damit die Voraussetzungen für die **Bereitstellung von Risikokapital** im Rahmen unterschiedlicher Finanzierungsbeziehungen beeinflusst. Die insoweit einschlägigen Maßnahmen auf den Gebieten etwa des Bürgerlichen Rechts, des Handels- und Gesellschaftsrechts, des Bankrechts, des Investmentrechts, des Wettbewerbsrechts oder des Steuerrechts bedürfen indes in einer auf die Entwicklung des Kapitalmarktrechts ausgerichteten Darstellung keiner näheren Behandlung.[64] Das gilt auch für die zahlreichen Regelungsvorschläge, die von rechts- und wirtschaftswissenschaftlicher Seite unterbreitet wurden, um einem erweiterten Kreis von Unternehmen den Zugang zum (organisierten) Kapitalmarkt und die Verbesserung ihrer Eigenkapitalausstattung zu ermöglichen.[65] Umfassende Reformen haben sie nicht auszulösen vermocht. Gleichwohl sind einzelne Anregungen aufgegriffen und im Gesetz für kleine Aktiengesellschaften und zur **Deregulierung des Aktienrechts** vom 2.8.1994 umgesetzt worden.[66] Wie immer man den Ertrag von dessen Deregulierungsmaßnahmen heute beurteilen mag, so kann es doch nicht hoch genug veranschlagt werden, dass der Gesetzgeber mit der Aktienrechtsnovelle eine Differenzierung des Aktienrechts für Gesellschaften mit und ohne Börsennotierung eingeleitet hat (näher Voraufl. § 1 Rn. 18).

**19** c) **Zwischenbilanz.** Obwohl die ausländischen und internationalen Kapitalmärkte im Verlaufe der 1970er Jahre in Breite und Tiefe einen rasanten Aufschwung erlebten, **entwickelte sich der deutsche Kapitalmarkt** und ein über die Regulierung von Aktien- und Börsenrecht hinausgehendes deutsches Kapitalmarktrecht nur zögernd, fallweise und ohne den inneren Zusammenhang eines einheitlichen Regelungsansatzes.

---

[59] BGBl. I 1989, 1412; sa RegE BT-Drucks. 11/4177 vom 13.3.1989, S. 1. Zu den einzelnen Regelungsbereichen der Novelle s. *Kümpel* WM 1989, 1313 ff. (I.), 1485 ff. (II.); *Schäfer* ZIP 1989, 1103 ff.; *Schwark* NJW 1989, 2675 ff.

[60] Etwa *Kindermann* WM 1989, Beilage 2.

[61] Art. 2 des Gesetzes zur Novellierung des Finanzanlagenvermittler- und Vermögensanlagenrechts vom 6.12.2011, BGBl. I 2011, 2481.

[62] S. o. Fn. 47.

[63] S. o. Fn. 45.

[64] Zu einigen Aspekten *Assmann*, Einleitung, Rn. 227 ff., 234 ff., 243 ff.; *Assmann*, Bank- und Kapitalmarktrecht, Rn. 29 ff.; *Kübler/Assmann*, § 32 I, S. 460 ff.

[65] Etwa *Reuter*, Gutachten. Ausführliche Übersicht und Diskussion bei *Assmann*, Einleitung, Rn. 400 ff. Hinweise zum wirtschaftswissenschaftlichen Schrifttum auch bei *Schalek*, Eigenkapitalbeschaffung mittelständischer Unternehmen über den Kapitalmarkt, 1988.

[66] BGBl. I 1994, 1961. Gesetzesbegründung BT-Drucks. 12/6721 vom 1.2.1994, S. 5 ff.; auch ZIP 1994, 249 ff. (mit Einführung von *Seibert*, ebd., 247 ff.). Übersichten über die einzelnen Maßnahmen etwa bei *Blanke* BB 1994, 1505; *Hahn* DB 1994, 1659 ff.; *Lutter* AG 1994, 429 ff.; *Seibert*, Die kleine AG, 1994.

Waren es auf der einen Seite **manipulative Vorgänge auf dem grauen Kapitalmarkt** und daraus resultierende Schäden für Anleger und Gesamtwirtschaft, so waren es auf der anderen Seite **Wettbewerbsverzerrungen zu Lasten der Kapitalnehmerseite auf dem organisierten Kapitalmarkt,** daraus resultierende Eigenkapitallücken und die hohen Zugangsschwellen zu diesem Markt, die – verstärkt durch den Konkurrenzdruck von Veränderungen auf internationaler und EG-Ebene – **regulatorische Eingriffe** nach sich zogen. 20

Während die Segmentierung der Märkte des organisierten Kapitalmarkts den Interessen sowohl der Kapitalsuchenden als auch der Anleger gerecht wurde und mithin als effiziente Maßnahme der Marktstrukturierung angesehen werden konnte, war die **Spaltung des Kapitalmarkts** in einen organisierten und einen ungeregelten grauen Markt nach wie vor ein verkanntes und unbewältigtes Problem. Die auf diesen Märkten vorhandenen unterschiedlichen Wettbewerbsbedingungen bei der Nachfrage nach Risikokapital sowie die nach Art, Ansatzpunkten und Ausmaß differierenden Regelungsinstrumente waren in weitem Umfang den verschiedenen Trägern der Rechtsentwicklung und der Rechtsquellen geschuldet: Auf dem **grauen Kapitalmarkt** dominierte die Rechtsprechung, deren Spielraum sich allerdings auch dabei auf die kapitalmarktrechtlich orientierte Fortbildung des Zivil- und Gesellschaftsrechts beschränkte, dem Gesetzgeber aber gleichwohl den Grund lieferte, sich von jeder Ordnung des grauen Kapitalmarkts fernzuhalten.

Zur **Weiterbildung des organisierten Kapitalmarkts** war die Rechtsprechung nicht aufgerufen und auch weder willens noch in der Lage, obwohl sie mit ihren Entscheidungen zu den Verhaltenspflichten von Vertriebsintermediären (wie Anlagevermittlern und -beratern) immerhin mittelbar auch entsprechende Defizite im Primär- und Sekundärhandel von Wertpapieren zu beseitigen vermochte. Die Maßnahmen des Gesetzgebers zur Modernisierung des organisierten Kapitalmarkts blieben spärlich und erfolgten nur nach Maßgabe äußeren Problemanfalls und Problemdrucks, welche allerdings beide in erster Linie von der Entwicklung des grauen Kapitalmarkts als Konkurrent des organisierten Markts ausgingen. Das Schisma zwischen grauem und organisiertem Kapitalmarkt, dessen Aufhebung erst nach 2010 in Angriff genommen wurde, hat sich unter dem Einfluss der EG-Maßnahmen zur Schaffung eines integrierten europäischen Kapitalmarkts mittels Rechtsangleichung noch verstärkt.

**3. Großbaustelle Kapitalmarktrecht ab der zweiten Hälfte der 1990er Jahre.** 21
Vor dem Hintergrund eines in der zweiten Hälfte der 1990er Jahre einsetzenden beträchtlichen Aufschwungs namentlich des organisierten Kapitalmarkts wurde das Kapitalmarktrecht Ende der neunziger Jahre und Anfang der des neuen Jahrtausends zu einer **Großbaustelle** ungeahnten Ausmaßes.

**a) Ausweitung des Kapitalmarkts in Breite und Tiefe.** Die Ausweitung des organisierten Kapitalmarkts spiegelt sich etwa im **Wachstum der kapitalmarktangebundenen Rechtsformen** der AG und der KGaA wider. Zwischen 1995 und 1999 hat sich die Zahl dieser Gesellschaften (von 3527 Ende 1994 auf 7375 Ende 1999) verdoppelt; ein Vorgang, der sich zwischen 2000 und 2004 – Ende 2004 betrug die Zahl dieser Gesellschaften 16 002 – noch einmal wiederholte,[67] bevor die Zahl der Aktiengesellschaften sich von 2005 an kontinuierlich (auf weniger als 12 Tsd. im Jahr 2012)[68] zurückentwickelte. Allerdings fanden auch während des Anstiegs der Zahl der Aktiengesellschaften nur die wenigsten den Weg an die Börse. 22

Im Wesentlichen ist das 1999 einsetzende starke Wachstum der Zahl der Aktiengesellschaften auf den Umstand der Einführung und der explosionsartigen Entwicklung des seinerzeitigen Marktsegments des **Neuen Marktes** und der auf ihm gehandelten Werte von Unternehmen der seinerzeit so genannten **New Economy** zurückzuführen. Die Erfolgsstory des Neuen Marktes und der an ihm notierten Unternehmen war vor allem von der 23

---

[67] DAI Factbook 2005, Tab. 01-1 und 01-5. Im August wurden 16 114 AG und KGaA gezählt; ebd. Tab. 01-1.
[68] DAI Factbook 2013, Tab. 01-1. Im September 2012 wurden nach dessen Angaben (Stand 5.4.2013) 11.938 Aktiengesellschaften gezählt.

Erwartung der Unternehmensgründer getragen, die von ihnen übernommenen Aktien an diesem Markt schnell mit horrenden Gewinnmargen versilbern zu können. Das spiegelt sich etwa in der Zahl der Neuemissionen deutscher Aktiengesellschaften wider, die von 14 im Jahre 1996, 36 im Jahre 1997 und 76 im Jahre 1998 anschwoll, dann pilzartig auf 175 im Boomjahr 1999 und immerhin noch 144 im Jahre 2000 anwuchs, um mit dem Niedergang des Neuen Marktes im Jahre 2001 auf 26 zurückzugehen und im Jahr 2003, in dem nicht eine Neuemission zu verzeichnen war, völlig zum Erliegen zu kommen.

**24** Das Wachstum von Kapitalmärkten kann jedoch nicht nur auf Veränderungen auf der Nachfrageseite (nach Kapital) zurückgeführt werden, sondern setzt auch solcher auf der Angebotsseite (von Kapital) voraus. Dass das geschilderte Wachstum des deutschen organisierten Kapitalmarkts nicht möglich gewesen wäre, ohne **neue Anlegerkreise** an den Markt zu führen, liegt auf der Hand und wird etwa durch die Veränderung des Anteils der Aktien am Geldvermögen der privaten Haushalte belegt. Betrug dieser im Jahre 1991 noch bescheidene 6,5 %, so wuchs er von 7,3 % im Jahre 1995 kontinuierlich auf den Höhepunkt von 13,4 % im Jahre 1999, um dann zunächst leicht zurückzugehen und nach dem Zusammenbruch des Neuen Marktes unter den Stand von 1991 abzusinken.[69] Noch eindrucksvoller fallen die eine parallele Entwicklung aufweisenden Beträge des Netto-Erwerbs von Aktien durch private Haushalte und Organisationen ohne Erwerbszweck in den Jahren 1991 bis 2003 aus: Betrug der Nettoerwerb 1991 nur 0,3 Mrd., erreichte er 1999 und 2000 Werte von 21,4 bzw. 20,4 Mrd., um mit dem Zusammenbruch des Neuen Marktes Negativwerte größten Ausmaßes zu erreichen.[70]

**25** Jenseits von und parallel zu solch kurzfristigen Einflussfaktoren wie der Aufstieg und der Fall des Neuen Marktes und der New Economy haben sich allerdings auch **strukturelle Veränderungen der Kapitalmarktlandschaft** ereignet, die für Jahre das Gesicht des deutschen Kapitalmarkts prägten und für dessen mittelfristig stabile Ausweitung sorgten. Neben dem gewachsenen europäischen und internationalen Wettbewerb der Kapitalmärkte einerseits und Faktoren der wirtschaftlichen Entwicklung Deutschlands andererseits, sind hier vor allem die Wandlung des deutschen Kapitalmarkts **von einem ehemals bankendominierten zu einem marktdominierten Finanzmarkt**[71] und die Veränderung der **Aktionärsstruktur** hervorzuheben. Während im Rahmen der Debatte, die 1998 zum Erlass des KonTraG (→ Rn. 34) führte, noch über die durch wechselseitige Beteiligungen unter Einschluss der Banken getragene „Deutschland AG" und die Macht der Banken in den Aktiengesellschaften diskutiert wurde, waren bereits die Weichen für einen Rückzug der Banken aus ihrer über Jahrzehnte unangefochtenen Rolle als zentrale Unternehmensfinanziers gestellt. Die Zuwachsrate von Bankkrediten an Unternehmen und Privaten fiel 2002 auf den tiefsten Stand seit 20 Jahren.[72] Als maßgeblich für diese Entwicklung dürfen vor allem die nicht unwesentlich auf verschärftes Aufsichtsrecht (nationalen, europäischen und internationalen Ursprungs) zurückgehenden gesteigerten Kosten der Unternehmensfinanzierung durch Kreditinstitute, den Bankeneinfluss zurückdrängende aktienrechtliche Änderungen (etwa im Bereich des Depotstimmrechts) sowie veränderte nationale und internationale Wettbewerbsverhältnisse für die Kreditinstitute und ihre Tätigkeitsbereiche selbst gelten. Mit dem Rückzug der Banken als Unternehmensfinanziers verband sich allerdings auch ein entsprechender Ausfall der Funktion der Banken, an der Kontrolle der Unternehmensleitung mitzuwirken.

---

[69] 2000: 12,1 %; 2001: 9,4 %; 2002: 5,2 %; 2003: 6,3 %; 2004: 6,4 %. DAI-Factbook 2005, Tab. 07.1-7-a.

[70] 2001: – 28,7 Mrd.; 2002: – 71,0 Mrd.; 2003: – 20,0 Mrd.; 2004: – 6,5 Mrd. DAI-Factbook 2005, Tab. 07.1-3-a.

[71] Zur Unterscheidung der Unternehmensfinanzierungssysteme in bankendominierte und kapitalmarktdominierte Systeme siehe *Assmann*, Deregulierung, S. 62 f. mwN; *ders.*, Referat, S. P 11.

[72] S. FAZ Nr. 115 vom 21.5.2002, S. 15 („Banken vergeben in Deutschland kaum noch neue Kredite"). Sa FAZ Nr. 197 vom 26.8.2002, S. 11 („Der Mittelstand kommt kaum noch an Kredit").

In diese Lücke stießen mehr und mehr die **institutionellen Investoren,** dh Unternehmen, die als Kapitalsammelstellen über hohe Summen anlagesuchender Gelder verfügen. Unbestreitbar ist, dass sie gerade in Publikumsgesellschaften über die Ausweitung ihrer Beteiligungen an Bedeutung gewonnen haben, doch ist die Art und Weise, in der sich dies vollzog, geeignet, die Unternehmensverfassung der AG nachhaltig und keineswegs nur zum Vorteil des Aktionärs- und Anlegerpublikums zu verändern. Zum einen sind – auch wenn man sich davor hüten muss, institutionelle Investoren mit „Heuschrecken"-Investoren gleichzusetzen – die Interessen von institutionellen Großaktionären und Privataktionären sowie ihre jeweiligen Vorstellungen von der Unternehmensentwicklung noch weitaus weniger deckungsgleich als es die Interessen von Banken als Fremd- und von Anlegern als Eigenkapitalgebern waren. Zum anderen findet der fragliche Einfluss nicht auf aktienrechtlich kanalisierten Wegen – etwa über den Aufsichtsrat – statt und ist damit wenig transparent und nur schwer zu kontrollieren.[73]

Ungeachtet des Fehlens verlässlicher statistischer Daten lässt sich feststellen, dass der Aufschwung des organisierten Kapitalmarkts keineswegs zu Lasten des **grauen Kapitalmarkts** ging. Vielmehr scheint der „Aktienhype" auch die Bereitschaft zum Erwerb nicht wertpapiermäßig verbriefter Kapitalanlagen gesteigert zu haben. Wer Belege für diese Annahme sucht, wird diese auf wunderliche Weise in der „Schadensstatistik" dieses Marktsegments finden. Einer 2002 vom Bundeskriminalamt vorgestellten Studie[74] zufolge ist der Betrug mit Kapitalanlagen des grauen Kapitalmarkts „geradezu dramatisch gewachsen". Berichtet wird von einem Anstieg einschlägiger Straftaten von 1190 Fällen im Jahre 1991 auf 36 025 Delikten im Jahre 2000. Das ist ein Wachstum um das 36-fache. Der mit diesen Straftaten verbundene Schaden wird allein für das Jahr 2000 auf 20 Mrd. EUR geschätzt.

Der Gesetzgeber hat dem nicht ganz tatenlos zugesehen und ist dem auf dem 64. DJT vorgetragenen Appell[75] gefolgt, für mehr **Transparenz** bei diesen Anlageangeboten zu sorgen. Mit dem AnSVG vom 28.10.2004[76] und den auf diesem beruhenden Änderungen des VerkProspG unterwarf er den Vertrieb des größten Teils nicht wertpapiermäßig verbriefter Kapitalanlagen der aufsichtsrechtlich kontrollierten Prospektpflicht und der Prospekthaftung nach Maßgabe des VerkProspG.[77] Dabei waren die den grauen Kapitalmarkt über Jahre beherrschenden **steuerbegünstigten Kapitalanlagen** weitgehend vom Markt verschwunden und durch **renditeorientierte Kapitalanlagen** ersetzt worden. Auch wegen ihrer Fungibilität dem organisierten Markt zuzurechnende, aber nicht unmittelbar Finanzierungszwecken von Unternehmen, sondern weitaus eher noch Refinanzierungsinteressen der emittierenden Banken dienende Kapitalanlagen in Gestalt von **Zertifikaten** (strukturierte **Schuldverschreibungen**) erlebten in den Jahren nach 1997 einen ungeahnten Boom und absorbierten große Mengen anlagefähigen Kapitals.

**b) Ausbau des Kapitalmarktrechts bis zum Ende der 1990er Jahre.** Die **Entwicklung des Kapitalmarktrechts** in den letzten Jahren vor der Jahrtausendwende war vor allem durch eine Fülle gesetzgeberischer Aktivitäten geprägt, die sich auf einen Ausbau des Kapitalmarkts richteten. Zwar versiegte auch die **Rechtsprechung** zu kapitalmarktrechtlichen Fragen nicht, doch wirkte sie nicht mehr so strukturbildend wie zuvor. Wiederum war die Mehrzahl der Maßnahmen des **Gesetzgebers** auf europarechtliche Vorgaben zur Schaffung eines einheitlichen europäischen Binnenmarkts zurückzuführen, doch offenbarte sich zunehmend auch ein eigenständiger kapitalmarktrechtlicher Gestaltungswille. Er deutete sich bereits im „Aktionsprogramm für Investitionen und Arbeitsplätze" der Bundesregierung aus dem Jahre 1996 an und kam sodann vor allem im 10-Punkte-Pro-

---

[73] Zu Einzelheiten Voraufl. Rn. 26 aE.
[74] FAZ Nr. 189 vom 16.8.2002, S. 19 („Betrug mit Kapitalanlagen auf dem Vormarsch").
[75] Vgl. insbes. *Assmann,* Referat, S. P 14 ff.
[76] S. o. Fn. 48 und → Rn. 14.
[77] Zu Einzelheiten Voraufl. § 6 Rn. 2.

gramm der seinerzeitigen Bundesregierung vom August 2002 zur Stärkung der Unternehmensintegrität und des Anlegerschutzes[78] zum Ausdruck.

**30** Weitreichende Änderungen des Kapitalmarkt- und Kapitalanlagerechts verbanden sich mit dem **3. FFG** vom 24.3.1998.[79] Die Zielsetzung des Artikelgesetzes bestand vor allem in der Umsetzung der die Finanzmärkte betreffenden Punkte des schon erwähnten „Aktionsprogramms für Investitionen und Arbeitsplätze" der Bundesregierung aus dem Jahre 1996, der Ausweitung des Risikokapitalangebots für kleine und mittlere Unternehmen, der Schaffung von Erleichterungen für börsennotierte Gesellschaften bei der Kapitalaufnahme über die Börse, dem Ausbau des Investmentfondsplatzes Deutschland durch umfangreiche Deregulierungsmaßnahmen sowie der Stärkung der Konkurrenzfähigkeit des Finanzplatzes Deutschlands im Wettbewerb der internationalen Finanzmärkte.[80]

**31** Der **Schwerpunkt der Reformen** lag in den Bereichen des Börsenrechts und des Wertpapierhandels, des Investmentwesens und der Regelung der Unternehmensbeteiligung nach dem UBGG: Die Maßnahmen zur Reform des **Börsenrechts** und des **Wertpapierhandels** bezweckten vor allem die Förderung der Aktie als Finanzierungs- und Kapitalanlageinstrument, die Erleichterung des Börsenzugangs für Emittenten[81] und die Stärkung der Wettbewerbsposition der Börsen. Von den seinerzeitigen, bis heute fortwirkenden Reformschritten[82] ist unter dem Gesichtspunkt des Kapitalanlagerechts vor allem die Modernisierung der Haftung für fehlerhafte Börsenzulassungs- und Verkaufsprospekte (§§ 45–49 BörsG aF, § 13 VerkProspG aF) erwähnenswert, auch wenn die Vorschriften zwischenzeitlich in das WpPG bzw. das VermAnlG überführt wurden.

**32** Die mit Art. 4 des 3. FFG eingeleitete Reform des **Investmentrechts** in Gestalt einer Novelle zum seinerzeitigen – danach zunächst in das InvG und nunmehr in das KAGB überführte – KAGG[83] diente gleichermaßen der Optimierung der Kapitalaufbringungsfunktion von Kapitalanlagegesellschaften, der Stärkung der Wettbewerbsfähigkeit derselben im nationalen und internationalen Wettbewerb sowie der Anpassung des Anlegerschutzes an den erweiterten Handlungsrahmen der Investmentfonds.[84] Im Bereich der **Unternehmensbeteiligungen** sollte durch die Deregulierung des UBGG bei gleichzeitigem Abbau steuerlicher Hemmnisse die Funktion von den Beteiligungsgesellschaften gestärkt werden, Kapital privater Investoren und institutioneller Anleger zur Verbesserung der Eigenkapitalversorgung technologieorientierter und mittelständischer Unternehmen zu mobilisieren.[85]

**33** Nicht minder weit reichend waren die Änderungen, die das Kapitalmarkt- und Kapitalanlagerecht durch das Gesetz zur Umsetzung von EG-Richtlinien zur **Harmonisierung bank- und wertpapieraufsichtsrechtlicher Vorschriften** vom 22.10.1997 (im Folgenden: Umsetzungsgesetz) nebst Begleitgesetz vom gleichen Tag erfahren haben.[86] Vorrangig

---

[78] 10-Punkte-Programm vom 28.8.2002 idF vom 25.2.2003. S. Pressemitteilung des Bundesministeriums der Justiz und des Bundesministeriums der Finanzen Nr. 10/03 vom 25.2.2003. Abdruck und Erläuterungen bei *Seibert* BB 2003, 693 ff.

[79] Gesetz zur weiteren Fortentwicklung des Finanzplatzes Deutschland (Drittes Finanzmarktförderungsgesetz), BGBl. I 1998, 529. Aus dem Schrifttum hierzu etwa *Meixner* NJW 1998, 1896 ff.; *Pötzsch* WM 1998, 949 ff.; *Weisgerber* Die Bank 1998, 200 ff.

[80] RegE 3. FFG BT-Drucks. 13/8933 vom 6.11.1997, S. 1, 54 f.

[81] Zu den einschlägigen Maßnahmen s. *Pötzsch* WM 1998, 951 f.

[82] Zu weiteren, zwischenzeitlich erheblich modifizierten bzw. obsoleten Maßnahmen s. Voraufl. Rn. 31.

[83] Zur komplementären Änderung des AuslInvestmG s. Art. 5 des 3. FFG.

[84] RegE 3. FFG BT-Drucks. 13/8933 vom 6.11.1997, S. 2, 60 f.

[85] RegE 3. FFG BT-Drucks. 13/8933 vom 6.11.1997, S. 3, 65 f.

[86] Gesetz zur Umsetzung von EG-Richtlinien zur Harmonisierung bank- und wertpapieraufsichtsrechtlicher Vorschriften vom 22.10.1997, BGBl. I 1997, 2518, nebst Begleitgesetz, BGBl. I 1997, 2567. S. dazu auch: RegE BR-Drucks. 963/96 und 964/96 vom 20.12.1996; Bundestags-Entschließung zu diesen Gesetzen vom 5.6.1997, BR-Drucks. 417/97 und 418/97 vom 13.6.1997; Beschlussempfehlung und Bericht des Finanzausschusses, BT-Drucks. 13/7627 vom 13.5.1997.

dienten diese Gesetze der Restumsetzung der Wertpapierdienstleistungsrichtlinie vom 10.5.1993[87] sowie der Umsetzung der Kapitaladäquanzrichtlinie vom 15.3.1993[88] und der BCCI-Folgerichtlinie vom 29.6.1995[89]. Darüber hinaus enthielt namentlich das Umsetzungsgesetz in Gestalt seiner in Art. 1 enthaltenen 6. KWG-Novelle sowie der in Art. 2 statuierten Änderungen des WpHG eine Reihe weiterer Maßnahmen zur Modernisierung und Stärkung des Finanzplatzes Deutschland.[90] Diese schlossen ua eine Effektivierung der Insiderüberwachung (§ 16 Abs. 2, 8 WpHG aF) und der Einhaltung der (in einigen Punkten erweiterten) Verhaltenspflichten nach §§ 31 ff. WpHG sowie eine Ausdehnung der Aufsicht über die Kapitalausstattung und das Marktverhalten von Wertpapierdienstleistungsunternehmen auf andere Finanzdienstleister ein. Damit wurden neben der Vermögensverwaltung auch Teile des grauen Kapitalmarkts der staatlichen Beaufsichtigung unterworfen.[91]

Eine Reihe weiterer Reformgesetze hatten zwar in erster Linie gesellschafts- und bilanzrechtliche Maßnahmen zum Gegenstand, betrafen jedoch durchweg Regelungsfelder im Schnittfeld zwischen Gesellschafts- und Kapitalmarktrecht und zielten allesamt auf die Anpassung des deutschen Unternehmens- und Rechnungslegungsrechts an die Anforderungen und Erwartungen der nationalen und internationalen Finanzmärkte. Das gilt insbesondere für die Aktienrechtsreform 1997,[92] das Gesetz zur Kontrolle und Transparenz im Unternehmensbereich (**KonTraG**) vom 27.4.1998,[93] welches – wie die zuvor angeführten Reformgesetze – als Artikelgesetz verfasst war. Zahlreiche der Änderungen des Aktiengesetzes und der die Abschlussprüfung betreffenden Teile des Handelsgesetzbuchs,[94] die von dem KonTraG ausgingen, dienten vor allem der Stärkung der kapitalmarktrechtlichen Anbindung und Wettbewerbsfähigkeit der Aktiengesellschaft. 34

Auch das Gesetz zur Verbesserung der Wettbewerbsfähigkeit deutscher Konzerne an Kapitalmärkten und zur Erleichterung der Aufnahme von Gesellschafterdarlehen (**KapAEG**) vom 20.4.1998[95] war eine Maßnahme, mit welcher der Gesetzgeber auf die Internationalisierung der Kapitalmärkte reagierte.[96] Seine wesentliche Neuerung bestand darin, einer börsennotierten Konzernmuttergesellschaft die Möglichkeit zu eröffnen, anstelle eines Konzernabschlusses nach deutschem Recht einen Konzernabschluss und einen Konzernlagebericht nach international anerkannten Rechnungslegungsstandards anzufertigen und offen zu legen (§ 292a HGB aF). 35

Eine Ausdehnung des Anlegerschutzes für den Fall, dass ein Kredit- oder ein Finanzdienstleistungsinstitut insolvenzbedingt nicht in der Lage ist, Einlagen zurückzuzahlen oder Verbindlichkeiten aus Wertpapiergeschäften zu erfüllen, brachte das **Einlagensicherungs- und Anlegerentschädigungsgesetz** (EsAeG) vom 16.7.1998[97] zur Umsetzung der EG-Einlagensicherungsrichtlinie[98] und der EG-Anlegerentschädigungsrichtlinie.[99] 36

---

[87] Richtlinie 93/22/EWG, ABl. EG Nr. L 141 vom 11.6.1993, S. 27.
[88] Richtlinie 93/6/EWG, ABl. EG Nr. L 141 vom 11.6.1993, S. 1.
[89] Richtlinie 95/26/EG, ABl. EG Nr. L 168 vom 18.7.1995, S. 7.
[90] S. RegE BR-Drucks. 963/96 vom 20.12.1996, Begründung S. 57 f.
[91] Näher *Zimmer*, Neue Vorschriften für den nicht organisierten Kapitalmarkt, DB 1998, 969.
[92] So der Titel des AG-Sonderhefts August 1997 mit Beiträgen zu den einzelnen Reformfeldern.
[93] BGBl. I 1998, 786. S. dazu auch RefE ZIP 1997, 163; RegE BR-Drucks. 872/97 vom 7.11.1997 und BT-Drucks. 13/9712 vom 28.1.1998; Beschlussempfehlung und Bericht des Rechtsausschusses, BT-Drucks. 13/10038 vom 4.3.1998. Text und Materialien zum Gesetz sind zusammengestellt bei *Ernst/Seibert/Stuckert*.
[94] S. dazu etwa die Zusammenstellung der Reformfelder bei *Ernst/Seibert/Stuckert*, Einleitung, S. 3 ff.
[95] BGBl. I 1998, 707. Text und Materialien finden sich in: *Ernst/Seibert/Stuckert*, S. 125 ff.
[96] RegE KapAEG BR-Drucks. 967/96, S. 1; *Ernst/Seibert/Stuckert*, Einleitung, S. 6.
[97] BGBl. I 1998, 1842.
[98] Richtlinie 94/19/EG vom 30.5.1994 über Einlagensicherungssysteme, ABl. EG Nr. L 135 vom 31.5.1994, S. 5. Zur Neufassung der Richtlinie durch Richtlinie 2014/49/EU vom 16.4.2014 → Rn. 67.
[99] Richtlinie 97/9/EG vom 3.3.1997 über Systeme für die Entschädigung der Anleger, ABl. EG Nr. L 84 vom 26.3.1997, S. 22.

**37** **c) Umbau des Kapitalmarktrechts im neuen Jahrtausend.** Zur wirklichen Großbaustelle wurde das Kapitalmarktrecht aber erst im neuen Jahrtausend. Der Reigen neuer kapitalmarktrechtlicher Regelungen wurde durch die erstmalige Regelung von öffentlichen Angeboten zum Erwerb von Wertpapieren und Unternehmensübernahmen im **Wertpapiererwerbs- und Übernahmegesetz** vom 20.12.2001 (WpÜG)[100] eröffnet. Bemerkenswert an diesem Gesetz, das einen speziellen kapitalmarktrechtlichen Transaktionsvorgang regelt, ist, dass es lange vor dem Zeitpunkt zustande kam, in dem sich die Mitliedstaaten der EU auf eine Übernahmeangebotsrichtlinie[101] einigen konnten. Die Umsetzung der Richtlinie in deutsches Recht erfolgte durch das Gesetz zur Umsetzung der Richtlinie 2004/25/EG vom 21.4.2004 betreffend Übernahmeangebote (Übernahmerichtlinie-Umsetzungsgesetz) vom 8.7.2006.[102]

**38** Ein weiterer Meilenstein in der rechtlichen Ordnung des deutschen Kapitalmarkts war die Zusammenführung der verschiedenen, den Finanzmarkt und seine Institutionen überwachenden Behörden zu einer die Finanzmarktsektoren übergreifenden Aufsichtsbehörde[103] durch das Gesetz über die **integrierte Finanzdienstleistungsaufsicht** vom 22.4.2002.[104] In diesem Zusammenhang sind die bislang vom Bundesaufsichtsamt für den Wertpapierhandel (BAWe) nach den Vorschriften des WpHG wahrgenommenen Überwachungsaufgaben mit dem 1.5.2002 auf die **Bundesanstalt für Finanzdienstleistungsaufsicht (BaFin)** übergegangen. Diese war zu dem gleichen Zeitpunkt im Geschäftsbereich des Bundesministeriums der Finanzen durch Zusammenlegung des Bundesaufsichtsamts für das Kreditwesen (BAKred), des Bundesaufsichtsamts für das Versicherungswesen und des Bundesaufsichtsamts für den Wertpapierhandel (BAWe) als bundesunmittelbare, rechtsfähige Anstalt des öffentlichen Rechts errichtet worden.[105] Die BaFin hat ihren Sitz seither in Bonn und in Frankfurt am Main (§ 1 Abs. 2 FinDAG). Für Klagen gegen die BaFin und in Verfahren nach dem OWiG gilt bis heute Frankfurt am Main als Sitz der Behörde (§ 1 Abs. 3 FinDAG).

**39** Eingebettet in eine Reihe gesetzlicher Maßnahmen, die dem Ziel dienen, die rechtlichen Rahmenbedingungen für den Finanzplatz Deutschland zu modernisieren und dem raschen Strukturwandel an den deutschen und internationalen Kapitalmärkten anzupassen,[106] brachte Art. 2 des **Vierten Finanzmarktförderungsgesetzes** (4. FFG) vom 21.6.2002[107] nicht nur eine Vielzahl – teils weit reichender – Änderungen des WpHG, sondern ergänzte das Gesetz darüber hinaus um weitere Regelungsbereiche. Erklärtes Ziel des 4. FFG war die Verbesserung der Transparenz an den Kapitalmärkten.[108] Zu den durch das 4. FFG geänderten Vorschriften des WpHG gehörten diejenigen über die Ad-hoc-Publizität.[109] Zu den neu in das WpHG eingefügten Regelungsbereichen gehörte **§ 15a WpHG** über „Directors' Dealings", dh die Pflicht zur **Offenlegung von Geschäften,** welche die Mitglieder des Geschäftsführungs- oder Aufsichtsorgans (bzw. der persönlich

---

[100] BGBl. I 2001, 3822.
[101] Richtlinie 2004/25/EG vom 21.4.2004 betreffend Übernahmeangebote, ABl. EG Nr. L 142 vom 30.4.2004, S. 12 ff.
[102] BGBl. I 2006, 1426.
[103] Vgl. RegE Gesetz über die integrierte Finanzdienstleistungsaufsicht, BR-Drucks. 636/01 vom 17.8.2001, S. 1 = BT-Drucks. 14/7033 vom 5.10.2001.
[104] BGBl. I 2002, 1310.
[105] § 1 des Gesetzes über die Bundesanstalt für Finanzdienstleistungsaufsicht (Finanzdienstleistungsaufsichtsgesetz – FinDAG), welches als Art. 1 des Gesetzes über die integrierte Finanzdienstleistungsaufsicht vom 22.4.2002 (Fn. 104) erging.
[106] RegE 4. FFG, BR-Drucks. 936/01 (neu) vom 14.11.2001, S. 172.
[107] BGBl. I 2002, S. 2010. Zur Übersicht über das 4. FFG und seiner Regelungsbereiche *Baur/Wagner* Die Bank 2002, 530; *Großmann* DB 2002, 2031; *Fleischer* NJW 2002, 2977; *Möller* WM 2001, 2405; *Reuschle,* Einf. Rn. 1 ff., insbes. 40 ff.
[108] RegE 4. FFG, BR-Drucks. 936/01 (neu) vom 14.11.2001, S. 175.
[109] S. im Einzelnen die in Art. 2 Ziff. 7 des 4. FFG angeführten Änderungen des § 15.

haftenden Gesellschafter) börsennotierter Gesellschaften oder diesen nahe stehende Personen in Wertpapieren des fraglichen Unternehmens tätigen. Neu in das WpHG gelangten auch die bisher in § 88 BörsG (aF) geregelten und mit §§ 20a, 20b WpHG auf eine ganz neue Grundlage gestellten **Verbote der Kurs- und Marktpreismanipulation** sowie die in §§ 37b und 37c WpHG eröffneten Ansprüche auf **Schadensersatz** wegen unterlassener oder verspäteter Ad-hoc-Mitteilungen oder wegen der Ad-hoc-Veröffentlichung unwahrer Tatsachen. Darüber hinaus wurden die bislang in ihrem Schwerpunkt im BörsG (§§ 50–70 BörsG aF), zum Teil aber auch im BGB (§ 764 BGB) enthaltenen Vorschriften des **Rechts der Termingeschäfte** in §§ 37d–37g neu geregelt und vollständig in das WpHG überführt. Erwähnenswert ist schließlich, dass mit dem neuen § 34b WpHG die sog Wohlverhaltenspflichten (iSd §§ 31 ff. WpHG) auf die **Wertpapieranalyse** eines Wertpapierdienstleistungsunternehmens oder eines mit einem solchen verbundenen Unternehmens ausgedehnt wurden.[110]

Als „Big Bang" des **Investmentrechts** durfte die Neuregelung des Investmentrechts **40** durch das **Investmentmodernisierungsgesetz** vom 15.12.2003[111] gelten, das darüber hinaus über Jahrzehnte in zwei getrennten Kodifikationen – nämlich dem KAGG und dem AuslInvestmG – enthaltene Regelungen von Investmentfonds zusammenführte. Auch wenn das InvG der Umsetzung zweier Richtlinien[112] zur Änderung der sog OGAW-Richtlinie von 1985[113] diente, offenbarte es doch einen lange Zeit vermissten eigenständigen Gestaltungswillen des deutschen Gesetzgebers in Bezug auf das Kapitalmarktrecht im Allgemeinen und das Investmentwesen im Besonderen.

Noch weitergehende Änderungen des Kapitalmarktrechts als sie das 4. FFG (→ Rn. 39) **41** enthielt brachte das **Anlegerschutzverbesserungsgesetz (AnSVG)** vom 28.10.2004[114] mit sich. Bei dem AnSVG handelt es sich wiederum um ein Gesetz, das in seinen wesentlichen (in Art. 1 enthaltenen) Teilen der Umsetzung von EG-Richtlinien – nämlich der **Marktmissbrauchsrichtlinie** vom 28.1.2003[115] sowie den zu dieser von der Kommission erlassenen Durchführungsmaßnahmen[116] – diente, doch enthielt es mit der (in Art. 2 geregelten) Einführung einer Prospektpflicht für nicht wertpapiermäßig verbriefte Anlagen des **grauen Kapitalmarkts** einen nicht von EG-Rechtsakten veranlassten ersten Schritt zur gesetzlichen Erfassung dieses Kapitalmarktsegments. Fast routinemäßig wurde als Zielsetzung des Reformpakets die Stärkung des Kapitalmarkts und der Wettbewerbsfähigkeit des Finanzplatzes Deutschland angeführt, doch wurde auch nicht verschwiegen, dass zahlreiche Neuregelungen des AnSVG der Wiederherstellung des Vertrauens der Anleger in einen integren Finanzmarkt dienen sollte, welches durch eine Reihe von Unternehmenskrisen und -zusammenbrüchen infolge von Missmanagement erschüttert worden war.[117]

Unter den zahlreichen Änderungen des WpHG, die vom AnSVG veranlasst wurden, **42** sind vor allem diejenigen des **Insiderrechts** und des Rechts der **Ad hoc-Publizität** zu

---

[110] Das brachte vom a. die Verpflichtung der Betroffenen mit sich, eine Wertpapieranalyse mit der erforderlichen Sorgfalt und Gewissenhaftigkeit zu erbringen und mögliche Interessenkonflikte offen zu legen (§ 34b Abs. 1 Satz 1 WpHG).

[111] BGBl. I 2003, 2676; Art. 1 des Gesetzes enthält die Einführung des InvG.

[112] Nämlich der sog Verwaltungsrichtlinie (Richtlinie 2001/107/EG vom 21.1.2002, ABl. EG Nr. L 41 vom 13.2.2002, S. 20) und der sog Produktrichtlinie (Richtlinie 2001/108/EG vom 21.1.2002, ABl. EG Nr. L 41 vom 13.2.2002, S. 35).

[113] Richtlinie 85/611/EWG vom 20.12.1985, ABl. EG 1985 Nr. L 375 vom 31.12.1985, S. 3. Diese war durch das 1. FFG von 1990 mit Wirkung zum 1.3.1990 in deutsches Recht umgesetzt worden.

[114] BGBl. I 2004, 2630. Zu diesem etwa *Bürgers* BKR 2004, 424; *Diekmann/Sustmann* NZG 2004, 929 ff.; *Kuthe* ZIP 2004, 883 ff.; *Schwintek/Spindler* NJW 2004, 3449 ff.

[115] Richtlinie 2003/6/EG vom 28.1.2003 über Insider-Geschäfte und Marktmanipulation, ABl. EG Nr. L 96 vom 12.4.2003, S. 16 ff.

[116] S. Voraufl. Rn. 41 Fn. 119.

[117] RegE AnSVG BT-Drucks. 15/3174 vom 24.5.2004, S. 1, 26.

nennen, die stark in das bisherige Regelungsgefüge eingriffen. Zum einen führten sie dazu, dass sämtliche der Insiderhandelsverbote sowohl für Primär- wie Sekundärinsider gelten und eine Unterscheidung zwischen diesen Tätergruppen nur noch im Hinblick auf die Sanktionierung des jeweiligen Verstoßes (als Straftat oder als Ordnungswidrigkeit) erforderlich wurde; und zum anderen bewirkten sie, dass nunmehr alle einen Emittenten unmittelbar betreffenden Insiderinformationen Gegenstand der Ad hoc-Publizität sind und damit die Unterscheidung zwischen Insidertatsachen und ad hoc-publizitätspflichtigen Tatsachen entfallen ist. Darüber hinaus wurde auch der **Versuch** des verbotswidrigen Ausnutzens von Insiderinformationen erfasst und für strafbar erklärt (§ 38 Abs. 3 WpHG) und eine Reihe weiterer Regelungen zur Prävention von Insiderhandel[118] eingeführt. In Bezug auf das Recht der Ad hoc-Publizität bestand eine weitere Neuerung darin, dass der Emittent eigenverantwortlich zu entscheiden hat, ob die Voraussetzungen eines **Aufschubs einer Ad hoc-Veröffentlichung** gegeben sind.

Das Recht der Ad hoc-Publizität wurde im Übrigen um die auf der Grundlage von § 15 Abs. 7 Satz 1 WpHG ergangene **WpAIV**[119] ergänzt: Die Verordnung führte va Vorschriften über den Inhalt und die Art der Veröffentlichung ein, die eine verzögerte Veröffentlichung rechtfertigenden „berechtigten Interessen" sowie den Inhalt und die Form der an die BaFin zu richtenden Mitteilungen. Weiterhin hat das AnSVG das **Verbot der Marktmanipulation** nach § 20a WpHG – unter erheblichen Änderungen der bisherigen Regelung – an die Vorgaben der Art. 1 Nr. 2 und 5 der Marktmissbrauchsrichtlinie (→ Rn. 41) angepasst[120] und den Anwendungsbereich des § 34b WpHG über **Finanzanalysen** nach den Vorgaben von Art. 6 Abs. 5 der Marktmissbrauchsrichtlinie ausgedehnt.

**43** Das alles ging einher mit einer nicht unerheblichen **Erweiterung der Befugnisse der BaFin** zur Durchsetzung der Gebote und Verbote des WpHG. Dabei wurde in erster Linie Art. 12 der Marktmissbrauchsrichtlinie (→ Rn. 41) umgesetzt. Darüber hinaus wurden aber auch schon die Anforderungen berücksichtigt, die sich aus den zur Umsetzung ins nationale Recht der Mitgliedstaaten anstehenden Richtlinie über Märkte für Finanzinstrumente (MiFID)[121] und der Transparenzrichtlinie II[122] der EG ergaben: Die an verschiedenen Stellen des Gesetzes geregelten Aufgaben und Befugnisse der Behörde wurden in einer Norm – § 4 WpHG – zusammengefasst, was zu einer erheblichen Veränderung des Erscheinungsbildes des WpHG geführt hat. Ergänzend hierzu wurde, zur Umsetzung von Art. 16 der Marktmissbrauchsrichtlinie, in dem neu gefassten § 7 WpHG die Grundlage für eine verbesserte Zusammenarbeit der europäischen Aufsichtsbehörden bei der grenzüberschreitenden Verfolgung von Marktmanipulation und Insiderhandel gelegt.

**44** Schon kurz nach Beginn des neuen Jahrtausends erschütterten **Bilanzskandale** in den USA, Europa und auch in Deutschland das Vertrauen der Anleger und des Kapitalmarkts in die Richtigkeit der Rechnungslegung sowie die Integrität und Solidität der Abschlussprüfung und damit auch die „Glaubwürdigkeit des Finanzplatzes Deutschland"[123]. Die USA reagierten mit dem rigiden *Sarbanes Oxley Act,*[124] dessen Verabschiedung auch in Deutschland

---

[118] Zu diesen Regelungen s. Voraufl. Rn. 42 Fn. 121.
[119] Verordnung zur Konkretisierung von Anzeige-, Mitteilungs- und Veröffentlichungspflichten sowie der Pflicht zur Führung von Insiderverzeichnissen nach dem Wertpapierhandelsgesetz vom 13.12.2004, BGBl. I 2004, 3376.
[120] S. dazu näher Voraufl. Rn. 42 Fn. 129.
[121] Richtlinie 2004/39/EG vom 21.4.2004 über Märkte für Finanzinstrumente, zur Änderung der Richtlinie 85/611/EWG und 93/6/EWG des Rates und der Richtlinie 2000/12/EG und zur Aufhebung der Richtlinie 93/22/EWG des Rates, ABl. EG Nr. L 145 vom 30.4.2004, S. 1.
[122] Richtlinie 2004/109/EG zur Harmonisierung der Transparenzanforderungen in Bezug auf Informationen über Emittenten, deren Wertpapiere zum Handel auf einem geregelten Markt zugelassen sind, und zur Änderung der Richtlinie 2001/35/EG vom 15.12.2004, ABl. EG Nr. L 390 vom 31.12.2004, S. 38.
[123] S. etwa *Kübler/Assmann,* S. 303.
[124] Zu diesem insbes. *Gruson/Kubicek* AG 2003, 337 ff. (I), 393 ff. (II).

den Stimmen nach einer Verbesserung der Rechnungslegung, der Wirtschaftsprüfung sowie der Kontrolle der Kontrolleure der Rechnungslegung von Unternehmen Gehör verschaffte. Unter dem Bündel von Maßnahmen, die der deutsche Gesetzgeber schließlich zur **Reform des Bilanzrechts und der Abschlussprüfung** ergriff,[125] ist vor allem das mit dem **Bilanzkontrollgesetz** vom 15.12.2004[126] eingeführte Verfahren zur „Enforcement der Rechnungslegung" hervorzuheben, welche Teil eines im Bilanzrechtsreformgesetz (BilReG) vom 4.12.2004[127] und im Abschlussprüferaufsichtsgesetz (APAG) vom 27.12.2004[128] enthaltenen Bündels von Maßnahmen zur Reform des Bilanzrechts und der Abschlussprüfung war. Ziel des Enforcementverfahrens war es, „Unregelmäßigkeiten bei der Erstellung von Unternehmensabschlüssen und -berichten präventiv entgegenzuwirken und, sofern Unregelmäßigkeiten dennoch auftreten, diese aufzudecken und den Kapitalmarkt darüber zu informieren"[129].

Das **Enforcementverfahren** wurde zweistufig angelegt: Auf der *ersten Stufe* prüft ein 45 von staatlicher Seite beauftragtes privatrechtlich organisiertes Gremium, die „Prüfstelle" (§ 342b Abs. 1 Satz 1 HGB), ob der zuletzt festgestellte Jahresabschluss nebst Lagebericht bzw. der zuletzt gebilligte Konzernabschluss nebst Konzernlagebericht eines Unternehmens den gesetzlichen Vorschriften einschließlich der Grundsätze ordnungsmäßiger Buchführung entsprechen (§ 342b Abs. 2 Satz 1 HGB, § 37n WpHG). Die Überprüfung durch die Prüfstelle erfolgt auf der Basis der freiwilligen Mitwirkung des Unternehmens mit dem Ziel, eine einvernehmliche Lösung zur Fehlerbeseitigung herbeizuführen. Verweigert ein Unternehmen die Kooperation mit der Prüfstelle oder ist es mit dem Ergebnis der Prüfung nicht einverstanden, kann die BaFin auf der *zweiten Stufe* des Kontrollsystems die Prüfung und die Berichtigung der Rechnungslegung mit öffentlichrechtlichen Maßnahmen durchsetzen (§ 37p Abs. 1 Satz 2 WpHG). Sie kann insbesondere anordnen, dass das Unternehmen, dessen Abschluss geprüft wurde, einen festgestellten Fehler nach Maßgabe von § 37q Abs. 2 Satz 4 WpHG bekannt zu machen hat (§ 37q Abs. 2 Satz 1 WpHG). Zu weiteren Einzelheiten der Neuregelung s. Voraufl. Rn. 45.

Schließlich hat der Gesetzgeber auch dem Umstand Rechnung getragen, dass die **pro-** 46 **zessuale Durchsetzung von Schadensersatzansprüchen geschädigter Kapitalanleger** ein Problem sowohl für die Justiz als auch für die Anleger darstellt. So hatten rund 15 Tsd. Anleger, die im Zuge der 2. und 3. Tranche der Emission von Aktien der Deutschen Telekom AG in den Jahren 1999 und 2000 Wertpapiere dieser Gesellschaft erworben haben, beim LG Frankfurt am Main eine va auf Ansprüche aus Prospekthaftung gestützte Klage gegen die Deutsche Telekom AG eingereicht. Weitere etwa 17 Tsd. Kläger, die zum Zwecke der Verjährungshemmung ein Güteverfahren bei der Öffentlichen Rechtsauskunfts- und Vergleichsstelle (ÖRA) eingeleitet haben, könnten zum Kreis der Kläger hinzukommen. Über diese Klagen hätte der Vorsitzende der 7. Kammer für Handelssachen nach einer auf die Geltendmachung von Einzelansprüchen in Einzelverfahren zugeschnittenen ZPO entscheiden müssen. Ihm kam zwischenzeitlich aber das **Gesetz zur Einführung von Kapitalanleger-Musterverfahren** vom 16.8.2005 (KapMuG) zu Hilfe.[130] Das seinerzeit nur für eine befristete Zeit, dh gleichsam zur Probe eingeführte Gesetz eröffnete die Möglichkeit der Bündelung gleichgerichteter Ansprüche geschädigter Kapitalanleger

---

[125] Zur Übersicht *Kübler/Assmann*, S. 302 ff.
[126] Gesetz zur Kontrolle von Unternehmensabschlüssen (BilKoG), BGBl. I 2004, 3408. Zu diesem etwa *Großfeld* NZG 2004, 105 ff.; *Meyer* DStR 2005, 41 ff.; *Wolf* DStR 2004, 244 ff.
[127] Gesetz zur Einführung internationaler Rechnungslegungsstandards und zur Sicherung der Qualität der Abschlussprüfung (Bilanzrechtsreformgesetz – BilReG), BGBl. I 2004, 3166. Dazu RegE BilReG BT-Drucks. 15/3419 vom 24.6.2004, S. 1.
[128] Gesetz zur Fortentwicklung der Berufsaufsicht über Abschlussprüfer in der Wirtschaftsprüferordnung, BGBl. I 2004, 3846.
[129] RegE BilKoG, BR-Drucks. 325/04 vom 21.4.2004, S. 1, 18 (= BT-Drucks. 15/3421 vom 24.6.2004, 1).
[130] BGBl. I 2005, 2437. Zum Gesetz *Hess* ZIP 2005, 1713 ff.; *Möllers/Weichert* NJW 2005, 2737 ff.; *Plaßmeier* NZG 2005, 609 ff.

und die Einführung eines **Kapitalanlage-Musterverfahrens**. Ziel ist es, eine in verschiedenen Prozessen aufgetretene gleichartige und entscheidungserhebliche Frage („Musterfrage") – etwa die Unrichtigkeit eines Prospekts in einem wesentlichen Punkt – in einem von den eingereichten Klagen losgelösten Musterverfahren, aber mit Bindungswirkung für diese, klären zu lassen.

**47** Wie bereits an früherer Stelle (→ Rn. 14) ausgeführt, hat das AnSVG (→ Rn. 14) mit seinen Änderungen des VerkProspG den Vertrieb des größten Teils nicht wertpapiermäßig verbriefter Kapitalanlagen der Prospektpflicht und der Prospekthaftung nach Maßgabe des VerkProspG unterworfen. Es hob damit die Zweiteilung der **Prospektpublizität und Prospekthaftung** für Anlageangebote des organisierten Kapitalmarkts und für solche des grauen Kapitalmarkts zwar nicht auf, reduzierte aber den Anwendungsbereich der durch richterliche Rechtsfortbildung geschaffenen allgemein-zivilrechtlichen Prospekthaftung erheblich, indem es die Mehrzahl der Angebote des grauen Kapitalmarkts der Prospektpflicht und der Prospekthaftung nach dem VerkProspG unterwarf. Das **Prospektrichtlinie-Umsetzungsgesetz** vom 22.6.2005,[131] mit dem die Prospektrichtlinie vom 4.11.2003[132] in nationales Recht umgesetzt und das durch die unmittelbar als nationales Recht geltende Verordnung EG Nr. 809/2004[133] ergänzt wurde, führte sodann zu noch weiter gehenden Grenzverschiebungen in Bezug auf die Zweiteilung der Prospektpflicht und Prospekthaftung: Die Prospektpflicht für Wertpapiere, die zum Handel am amtlichen oder am geregelten Markt zugelassen oder ohne eine solche im Inland öffentlich angeboten werden sollen sowie die Haftung für die zu erstellenden Prospekte richtete sich nunmehr ausschließlich nach dem durch Art. 1 des Prospektrichtlinie-Umsetzungsgesetzes eingeführten, Teile des BörsG und Teile des VerkProspG zusammenführenden **Wertpapierprospektgesetz** (WpPG). Aber auch dies war nur ein Zwischenschritt auf dem Weg zur gesetzlichen Regelung der Prospekthaftung, über deren letzte Schritte die Ausführungen → Rn. 70 ff. und → 95 ff. informieren.

**48** Verschiedene der vorstehend behandelten Rechtsakte bewirkten eine stärkere **Verzahnung von Kapitalmarktrecht und Gesellschaftsrecht**. Unter den einschlägigen **gesetzlichen Maßnahmen** kam vor allem dem KonTraG von 27.4.1998 einer herausragende Bedeutung zu (→ Rn. 34). Die Kapitalmarktanbindung der Aktiengesellschaft, insbesondere durch die Stärkung der Aktionärs- und Minderheitenrechte,[134] war auch Gegenstand verschiedener Maßnahmen des Gesetzes zur Unternehmensintegrität und der Modernisierung des Anfechtungsrechts **(UMAG)** vom 22.9.2005.[135] Eine auf die Informa-

---

[131] BGBl. I 2005, 1698.

[132] Richtlinie 2003/71/EG vom 4.11.2003 betreffend Prospekte, die beim öffentlichen Angebot von Wertpapieren oder bei deren Zulassung zum Handel zu veröffentlichen sind, und zur Änderung von Richtlinie 2001/54/EG, ABl. EG Nr. L 345/64 vom 31.12.2003, S. 64.

[133] VO vom 29.4.2004 zur Umsetzung der Richtlinie 2003/71/EG betreffend die in Prospekten enthaltenen Informationen sowie das Format, die Aufnahme von Informationen mittels Verweis und die Veröffentlichung solcher Prospekte und die Verbreitung von Werbung, ABl. EG Nr. L 215 vom 16.6.2004, S. 3 (berichtigte Fassung).

[134] Anzuführen sind die sich aus der Neufassung des § 148 Abs. 1 AktG ergebenden Erleichterungen bei der Geltendmachung von Ersatzansprüchen der Gesellschaft nach § 93 Abs. 2 AktG im eigenen Namen (s. dazu *Kübler/Assmann*, S. 209 f.), die Einführung eines Freigabeverfahrens nach Maßgabe von §§ 249 Abs. 1 Satz 1, 246a AktG nF zur Vermeidung der Blockadewirkung und damit auch des Erpressungspotentials von Beschlussanfechtungsklagen (s. dazu *Kübler/Assmann*, S. 236 f.), die Änderungen im System der Anmeldung und Legitimation von Aktionären im Hinblick auf die Teilnahme an Hauptversammlungen und zur Stimmrechtsausübung (zur Neuregelung *Kübler/Assmann*, S. 199) sowie das sich aus § 127a Abs. 1 AktG nF ergebende Recht, in einem Aktionärsforum des elektronischen Bundesanzeigers zur gemeinsamen Rechtsausübung aufzufordern (dazu *Kübler/Assmann*, S. 199).

[135] BGBl. I 2005, 2802. Zum UMAG und den vorausgegangenen Gesetzentwürfen s. *Holzborn/Bunnemann* BKR 2005, 51 ff.; *Jahn* BB 2005, 5 ff.; *Schütz* NZG 2005, 5 ff.; *Seibert* BB 2005, 1457 ff.; *Seibert*. WM 2005, 157 ff.; *Seibert/Schütz* ZIP 2004, 252 ff.; *Weiss/Buchner* WM 2005, 162 ff.; *Weißhaupt* WM 2004, 705 ff.

tion von Aktionären und Marktpublikum gerichtete Publizitätsmaßnahme enthielt die auf das **Vorstandsvergütungs-Offenlegungsgesetz** vom 3.8.2005[136] zurückgehende Regelung in § 285 Nr. 9 lit. a Satz 5 HGB, demzufolge bei einer börsennotierten AG die Bezüge jedes einzelnen Vorstandsmitglieds im Anhang zum Jahresabschluss, aufgeteilt nach erfolgsunabhängigen und erfolgsbezogenen Komponenten sowie Komponenten mit langfristiger Anreizwirkung, gesondert anzugeben sind. Was die Maßnahmen der Verzahnung von Gesellschaftsrecht und Kapitalmarktrecht angeht, die nicht auf Gesetz beruhten, ist in erster Linie die **Einführung des Corporate Governance Kodex'** zu erwähnen, dessen gesetzlicher Ordnungsrahmen durch das **Transparenz- und Publizitätsgesetz** (TransPuG) vom 19.7.2002[137] geschaffen wurde. Tatsächlich sind die meisten der Maßnahmen zur Verzahnung von Gesellschaftsrecht und Kapitalmarktrecht solche, die dem neuen Regelungs- und Ordnungsbereich der **Corporate Governance** zuzurechnen sind. Unter diesem Stichwort ging und geht es vor allem um eine an den Anlegerinteressen ausgerichtete, die Anreiz- und Kontrollfunktionen des Kapitalmarkts nutzende[138] Maßnahmen in Bezug auf eine gute Unternehmensleitung und -kontrolle.[139] Wenig verwunderlich trug auch der die weitere Entwicklung der Gesellschaftsrechtsangleichung in der EG bestimmende Aktionsplan der EU-Kommission vom 21.5.2003 den Titel „Modernisierung des Gesellschaftsrechts und Verbesserung der Corporate Governance".[140]

Erst einige Zeit nach der Schaffung einer gesetzlichen Regelung von **Übernahmeangeboten** in Deutschland in Gestalt des WpÜG (→ Rn. 37) konnte die Richtlinie 2004/25/EG v. 21.4.2004 betreffend Übernahmeangebote[141] verabschiedet werden. Größere Einschnitte in das WpÜG hat die Umsetzung der Übernahmerichtlinie durch das Übernahmerichtlinie-Umsetzungsgesetz vom 8.7.2006[142] nicht mit sich gebracht.[143] Unter den Änderungen und Ergänzungen des WpÜG durch das Umsetzungsgesetz sind aber die Erweiterung der Stimmrechtszurechnung (in § 30 WpÜG nF)[144] und die Einführung eines übernahmerechtlichen *Squeeze Out*-Verfahrens (§ 39a–39c WpÜG, welche in ihrem Anwendungsbereich die aktienrechtliche *Squeeze Out*-Regelung in §§ 327a–327f AktG verdrängen) hervorzuheben.

Die Schilderung der Entwicklung des Kapitalmarktrechts nach der Jahrtausendwende wäre unvollständig, würde nicht auch ein gescheitertes Regelungsvorhaben Erwähnung finden. Auf der Grundlage des 10-Punkte-Programms der seinerzeitigen Bundesregierung[145] und vor dem Hintergrund entsprechender Vorschläge durch die Regierungskommission Corporate Governance[146] sowie eines für den Arbeitskreis Abschlussprüfung und Corporate Governance entwickelten und von diesem protegierten[147] Regulierungsvor-

---

[136] BGBl. I 2005, 2267. Näher dazu *Thüsing* ZIP 2005, 1389 ff.
[137] BGBl. I 2002, 2681. Materialien bei *Seibert,* Das Transparenz- und Publizitätsgesetz (TransPuG), 2003. Zum Gesetz *Ihrig/Wagner* BB 2002, 789 ff.; *Knigge* WM 2002, 1729 ff.; *Schüppen* ZIP 2002, 1269 ff.
[138] *Schüppen* ZIP 2002, 1269, spricht von „kapitalmarktorientierter Unternehmensführung".
[139] Zu Begriff und Bedeutung etwa *Hopt,* Die rechtlichen Rahmenbedingungen der Corporate Governance, in Hommelhoff/Hopt/vom Werder, Handbuch Corporate Governance, 2003, S. 29 ff.
[140] Mitteilung der Kommission an Rat und Parlament KOM (2003) 284, abgedruckt in: WM 2003, 1591. Zu dem Aktionsplan *Wiesner* ZIP 2003, 977 ff.; *Habersack* NZG 2004, 1 ff.; *Hopt* (Fn. 148) S. 41 ff.
[141] S. o. Fn. 101.
[142] S. o. Fn. 102. S. dazu auch den Regierungsentwurf des Umsetzungsgesetzes vom 21.4.2004, BT-Drucks. 16/1003 vom 17.3.2006, 1. Aus dem Schrifttum *Hopt/Mülbert/Kumpan* AG 2005, 109 ff.; *Seibt/Heiser* AG 2006, 301 ff.
[143] Zu den Änderungen ausführlich *Pötzsch* in Assmann/Pötzsch/Uwe H. Schneider (Hrsg.), WpÜG, 2. Aufl. 2013, Rn. 133 ff.
[144] Dazu insbes. *Nelle* ZIP 2006, 2057 ff.
[145] S. o. Fn. 78.
[146] *Baums,* Bericht der Regierungskommission Corporate Governance, 2001, Rn. 186 f.
[147] S. *Baetge/Lutter,* Abschlussprüfung und Corporate Governance, 2003, S. 23 ff.

schlags wurde am 7.10.2004 der Diskussionsentwurf „eines Gesetzes zur Verbesserung der Haftung für falsche Kapitalmarktinformationen (**Kapitalmarktinformationshaftungsgesetz – KapInHaG)**"[148] vorgelegt, in dessen Mittelpunkt die Einführung einer Schadensersatzhaftung von Emittenten sowie von Mitgliedern eines Leitungs-, Verwaltungs- oder Aufsichtsorgans eines Emittenten für fehlerhafte schriftliche oder mündliche Kapitalmarktinformationen stand.[149] Der Versuch der Schaffung eines allgemeinen Tatbestands der Haftung für fehlerhafte – auch mündliche und vor allem nicht obligatorische – Kapitalmarktinformationen ist zwar auch im Grundsatz, in erster Linie aber wegen seiner Details und der vorgesehenen Rechtsfolgen, namentlich der persönlichen Außenhaftung von Organmitgliedern,[150] kritisiert worden. Mit dem Ende der Legislaturperiode und der Ablösung der seinerzeitigen Bundesregierung durch die Große Koalition ist der **Entwurf nicht weiter verfolgt** worden. Das Regelungsproblem, das jedenfalls im Hinblick auf die Haftung für nicht obligatorische Kapitalmarktinformationen[151] bislang nicht Gegenstand von EG-Initiativen war, ist geblieben.[152]

**51**   **d) Perfektionierung des Kapitalmarktrechts unter europäischem Einfluss.** Kaum war der Umbau und die Erweiterung des Kapitalmarktrechts vor allem aufgrund des 4. FFG und des AnSVG (→ Rn. 39 bzw. → Rn. 14) vollzogen, konfrontierte die Europäische Gemeinschaft – auf der Grundlage des „Financial Services Action Plan" der Kommission von 1999[153] zur Verwirklichung eines Binnenmarkts für Finanzdienstleistungen und des nicht zuletzt zu dessen effizienter Umsetzung in entsprechende Rechtsakte geschaffenen so genannten Lamfalussy-Verfahrens[154] – den Gesetzgeber mit neuen, in nationales Recht umzusetzenden kapitalmarktrechtlichen Richtlinien. Deren Aufgabe war es, die **Integration der europäischen Finanzmärkte** weiter voranzutreiben. Gleichzeitig bewirkten sie aber auch eine Perfektionierung des Kapitalmarktrechts der Mitgliedstaaten. Die wichtigsten dieser Richtlinien, die Transparenzrichtlinie II[155] und die Richtlinie über Finanzmärkte (MiFID),[156] bezwecken in erster Linie die Modernisierung von Regelungen, die bereits Gegenstand der Rechtsangleichung waren.

**52**   Mit der **Transparenzrichtlinie II** wurde zum einen ein neues System zur Publikation von Kapitalmarktinformationen eingeführt und zum anderen eine Erweiterung kapitalmarktrechtlicher Publizitätspflichten vorgenommen. Das **neue Publikationsregime** sah vor, dass obligatorische Kapitalmarktinformationen[157] im europäischen Wirtschaftsraum (EU und EWR) über bestimmte Medien verbreitet und auf nationaler Ebene in einem

---

[148] Abgedruckt in NZG 2004, 1042 ff.

[149] § 37a des KapInHaG-Entwurfs.

[150] Dazu insbes. *Casper* BKR 2005, 83 ff.; *Fleischer* BKR 2003, 608 ff.; *Semler/Gittermann* NZG 2004, 1081 ff.

[151] Zur Reform der Haftung für obligatorische Kapitalmarktinformationen in der EU und in den EU-Mitgliedstaaten s. *Hopt/Voigt,* Prospekt- und Kapitalmarktinformationshaftung, 2005, und *Hopt/Voigt* WM 2004, 1801 ff. Zum Problem Haftung für fehlerhafte Kapitalmarktinformation am Beispiel der Regelpublizität *Mülbert/Steup* WM 2005, 1633 ff.

[152] Zu diesem etwa *Casper* Der Konzern 2006, 32 ff.; *Schwark,* Kapitalmarktbezogene Informationshaftung, FS für Hadding, 2004, S. 1117 ff.; *Veil* BKR 2005, 91 ff.; *Zimmer* WM 2004, 9 ff.

[153] Financial Services: Implementing the Framework for Financial Markets: Action Plan, 11.5.1999, KOM (1999) 232. Zu diesem *Dier/Fürhoff* AG 2002, 604 ff.

[154] Näher *Schmolke* NZG 2005, 912 ff.

[155] S. o. Fn. 122.

[156] S. o. Fn. 121. Zur MiFID bzw. zur Vorschlagsfassung derselben etwa *Balzer* ZBB 2003, 177 ff.; *Duve/Keller* BB 2006, 2477 ff.; *Gomber/Hirschberg* AG 2006, 777 ff.; *Hirschberg* AG 2006, 398 ff.; *Kühne* BKR 2005, 275 ff.; *Kumpan/Hellgardt* DB 2006, 1714 ff.; *Seyfried* WM 2006, 1375 ff.; *Spindler/Kasten* WM 2006, 1749 ff. (I), 1797 ff. (II); *Spindler/Kasten* AG 2006, 785 ff.

[157] Dazu gehören Insiderinformationen, Mitteilungen über Geschäfte von Personen mit Führungsaufgaben und von Personen, die mit diesen in enger Beziehung stehen („Directors' Dealings"), Stimmrechtsanteilsänderungen, Finanzberichte und Angaben über jede Änderung der mit den Wertpapieren verbundenen Rechte.

§ 1 Kapitalanlagerecht und Kapitalmarktrecht

amtlich bestellten System zentral gespeichert werden, um durch die zukünftige Vernetzung nationaler Speicherungsmedien den Aufbau eines europäischen Datennetzwerks zu ermöglichen. Die von der Transparenzrichtlinie II ausgehende **Erweiterung von Publizitätspflichten** beruht vor allem auf der Einführung von Jahres- und Halbjahresfinanzberichten und von Zwischenmitteilungen der Geschäftsführung börsennotierter Unternehmen, der Erweiterung und teilweise Neugestaltung der bereits angeglichenen nationalen Vorschriften über die Änderungen bedeutender Beteiligungen an Emittenten, der Schaffung neuer Publikationspflichten der Emittenten bei Änderungen der Rechte von Wertpapieren sowie der Verpflichtung von Emittenten, Anteilseigner über die Wahrnehmung von Rechten aus Wertpapieren zu informieren. Die Bestimmungen der Transparenzrichtlinie II über amtlich bestellte nationale Systeme zur zentralen Speicherung obligatorischer Informationen wurde mit dem **Gesetz über elektronische Handelsregister und Genossenschaftsregister sowie das Unternehmensregister** vom 10.11.2006 (EHUG)[158] und die Errichtung eines für jedermann aus aller Welt über die Website www.unternehmensregister.de zugänglichen Unternehmensregisters umgesetzt.[159] Im Übrigen ist die Transparenzrichtlinie II durch das **Transparenzrichtlinie-Umsetzungsgesetz**[160] in nationales Recht umgesetzt worden.

Das Kernstück des „Financial Services Action Plan", die **Richtlinie über Finanzmärkte (MiFID)**, trat nach Konsultationsvorgängen, die nach Art und Umfang ihresgleichen suchen, an die Stelle der Wertpapierdienstleistungsrichtlinie von 1993.[161] Den Bedarf für eine neue Wertpapierdienstleistungsrichtlinie begründet die MiFID in ihrem Erwägungsgrund 2. „In den letzten Jahren", heißt es dort, „wurden immer mehr Anleger auf den Finanzmärkten aktiv; ihnen wird ein immer komplexeres und umfangreicheres Spektrum an Dienstleistungen und Finanzinstrumenten angeboten. Angesichts dieser Entwicklungen sollte der Rechtsrahmen der Gemeinschaft das volle Angebot der anlegerorientierten Tätigkeiten abdecken. Folglich ist es erforderlich, eine Harmonisierung in dem Umfang vorzunehmen, der notwendig ist, um Anlegern ein hohes Schutzniveau zu bieten und Wertpapierfirmen das Erbringen von Dienstleistungen in der gesamten Gemeinschaft im Rahmen des Binnenmarkts auf der Grundlage der Herkunftslandaufsicht zu gestatten."[162]

Die von der MiFID vorgenommene **Ausweitung des Anlegerschutzes** schlug sich vor allem in der Erweiterung des Anwendungsbereichs der so genannten Wohlverhaltensregeln bei der Erbringung von Wertpapierdienstleistungen (in Deutschland in §§ 31 ff. WpHG umgesetzt) und in der Erweiterung der Verhaltens- und Organisationspflichten von Wertpapierdienstleistungsunternehmen nieder. Auch wenn sich hierbei Regelungen finden, die – wie die Unterscheidung nach Anlegerklassen[163] – der Feinregulierung und damit auch Steigerung der Effizienz der „Wohlverhaltensregeln" dienen, so verbindet sich mit den meisten der neuen Vorschriften doch eine Wandlung des Anlegerschutzes zum Verbraucherschutz (dazu schon → Rn. 3, dh eine Entwicklung, welche publizitätsbezogene, auf den Ausgleich von Informationsasymmetrien zwischen Anbietern und Nachfragern von Kapitalanlagen gerichtete Vorschriften durch zwingende Verhaltens- und Organisations-

---

[158] BGBl. I 2006, 2553. Zu diesem etwa *Noack* NZG 2006, 801 ff.
[159] Zur Umsetzung der Transparenzrichtlinie s. *Rodewald/Unger* BB 2006, 1917 ff.
[160] Gesetz zur Umsetzung der Richtlinie 2004/109/EG vom 15.12.2004 zur Harmonisierung der Transparenzanforderungen in Bezug auf Informationen über Emittenten, deren Wertpapiere zum Handel auf einem geregelten Markt zugelassen sind, und zur Änderung der Richtlinie 2001/34/EG (Transparenzrichtlinie-Umsetzungsgesetz – TUG) vom 5.1.2007, BGBl. I 2007, 10. RegE Transparenzrichtlinie-Umsetzungsgesetz BT-Drucks. 16/2498 vom 4.9.2006, S. 1.
[161] Richtlinie 93/22/EWG vom 10.5.1993, ABl. EG Nr. L 141 vom 11.6.1993, S. 27.
[162] ABl. EG Nr. L 145 vom 30.4.2004, S. 1.
[163] Die MiFID unterscheidet insoweit zwischen professionellen Kunden und Kleinanlegern. Zu den Begriffen s. Art. 4 Abs. 1 Ziff. 10 und 11 iVm Anhang II der MiFID. Die Unterscheidung hat das Ziel, „die Vorkehrungen zum Schutz der Anleger ... den Eigenheiten jeder Anlegerkategorie (Kleinanleger, professionelle Kunden, Gegenparteien)" anzupassen (so Erwägungsgrund 31 der MiFID).

pflichten[164] ersetzt, die sich am Schutzbedürfnis unkundiger, eher affektiv als rational handelnder und gänzlich risikoaverser Marktteilnehmer orientieren (und im Hinblick auf Anleger mit mehr Erfahrung lediglich abgeschwächt werden).[165] Die Richtlinie über Finanzmärkte (→ Rn. 53) und die Durchführungsrichtlinie[166] zu derselben wurde durch das Gesetz zur Umsetzung der Richtlinie über Märkte für Finanzinstrumente und der Durchführungsrichtlinie der Kommission (Finanzmarkt-Richtlinie-Umsetzungsgesetz) – FRUG – in deutsches Recht umgesetzt.[167]

**55** **4. Finanzmarktregulierung nach Entstehung der Finanzmarktkrise 2007.
a) Europäisierung des Finanzmarktrechts und Finanzdienstleistungsrechts zwischen „guter Gesetzgebung" und Finanzmarktkrise.** Mit dem Jahrtausendwechsel war das Tempo und die Richtung der Entwicklung des deutschen Kapitalmarkt- und des Kapitalanlagerechts endgültig von europäischen Rechtsakten und dem im „Financial Services Action Plan" (→ Rn. 51) dargelegten Konzept und dem diesem entsprechenden beständigen Ausbau der Regulierung der Finanzmärkte bestimmt. Das Erreichte zusammenfassend, kündigte das **Grünbuch** von 2005 zur Finanzdienstleistungspolitik 2005–2010[168] eine Phase der „besseren Regulierung" an: Die Normsetzungsverfahren sollten transparenter werden, auf einer Bewertung des „bestehenden Rechtsrahmens" aufbauen, die wirtschaftlichen Folgen möglicher Maßnahmen Regulierungen berücksichtigen und die betroffenen Kreise einbeziehen. Die Erwartung des Eintritts der der Finanz(dienstleistungs)-marktregulierung in eine Phase der **Konsolidierung** schien sich mit dem kurz darauf vorgelegten **Weißbuch von 2005 zur Finanzdienstleistungspolitik**[169] und dem von diesem vorgestellten Plan einer „guten Gesetzgebungspraxis" zu bestätigen. In dem Weißbuch kündigte die Kommission an, sie werde „eine in höchstem Maße offene, transparente und nachweisgestützte Politik auf der Grundlage der doppelten Verpflichtung von öffentlichen Konsultationen und Folgenabschätzungen betreiben, um die Ausarbeitung solider Vorschriften sicherzustellen, die für den EU-Finanzdienstleistungssektor und die Verbraucher einen Mehrwert" darstellten.[170] Dazu gehöre namentlich die Überwachung der Umsetzung des Gemeinschaftsrechts in den Mitgliedstaaten, eine „Ex-post-Bewertung" der Ziele, die mit den Legislativmaßnahmen verfolgt werden sollten, und die Prüfung der Kohärenz und Konsistenz des europäischen „Rechtskorpus".[171] Statt einer Ausdehnung der Regulierung auf neue Bereiche wird vor allem eine Anpassung der Regulierungs- und Aufsichtsstrukturen an die Europäisierung der Finanzgeschäfte unter konsequenter Anwendung des vierstufigen Lamfalussy-Prozesses gesehen.[172]

**56** Die 2007 einsetzende **Finanzmarktkrise** sowie die dieser nachfolgende Staatsverschuldungs- und Eurokrise haben indes nicht nur Mängel der (rechtlichen) Ordnung der internationalen Finanzmärkte, sondern auch solche der europäischen Währungs- und Finanz-

---

[164] Speziell zu den Organisationspflichten *Spindler/Kasten* AG 2006, 785 ff.

[165] Zu dieser Entwicklung am Beispiel der Regelung von Interessenkonflikten und unter diesen namentlich von sog „Anreizen" („Inducements") *Assmann* ÖBA 2007, 1 ff.

[166] Richtlinie 2006/73/EG vom 10.8.2006 zur Durchführung der Richtlinie 2004/39/EG in Bezug auf die organisatorischen Anforderungen an Wertpapierfirmen und die Bedingungen für die Ausübung ihrer Tätigkeit sowie in Bezug auf die Definition bestimmter Begriffe für die Zwecke der genannten Richtlinie, ABl. EU Nr. L 241 vom 2.9.2006, S. 26.

[167] BGBl. I 2007, 1330.

[168] Kommission, Grünbuch zur Finanzdienstleistungspolitik (2005–2010), KOM (2005) 177.

[169] Kommission, Weißbuch zur Finanzdienstleistungspolitik für die Jahre 2005–2010, KOM (2005) 629.

[170] Kommission, Weißbuch zur Finanzdienstleistungspolitik für die Jahre 2005–2010, KOM (2005) 629, zu „2. Gute Gesetzgebungspraxis", S. 5/6.

[171] Kommission, Weißbuch zur Finanzdienstleistungspolitik für die Jahre 2005–2010, KOM (2005) 629, 2.3 (S. 6 f.), 2.4 (S. 7 f.) bzw. 2.5 (S. 8 f.).

[172] Kommission, Weißbuch zur Finanzdienstleistungspolitik für die Jahre 2005–2010, KOM (2005) 629, 3. (S. 11 ff.) i. V. m. 4. (S. 14 ff.).

§ 1 Kapitalanlagerecht und Kapitalmarktrecht

marktregulierung zutage gefördert und die in dem Weißbuch zur Finanzdienstleistungspolitik (→ Rn. 55) niedergelegte Planung gründlich durcheinander gebracht. Die Modifikation des Handlungsplans der Kommission und die Reaktion der EU auf die Finanzmarktkrise beruhte vor allem auf dem im Oktober 2008 vom Präsidenten der Europäischen Kommission, José Manuel Barroso, in Auftrag gegebenen und 2009 vorgelegten Bericht einer hochrangigen Expertengruppe unter der Leitung des früheren Direktors des IWF sowie ehemaligen Chefs der französischen Zentralbank und der Europäischen Bank für Wiederaufbau und Entwicklung Jacques de Larosière.[173] Unter den 36 Empfehlungen des so genannten Larosière-Berichts sind vor allem diejenigen zur Einrichtung eines Europäischen Finanzaufsichtssystems folgenreich geworden; dazu → Rn. 60 ff.

57 Davon unabhängig und ohne die Pfeiler des Konzepts einer „guten Gesetzgebungspraxis" (→ Rn. 55) gänzlich aufzugeben hat die Kommission auf nahezu sämtlichen ihrer bisherigen **Handlungsfelder der Regulierung** der Finanzmärkte und Finanzdienstleistungen **Überprüfungen und Modifikationen** vorgenommen, die nicht unwesentlich der Finanzkrise und deren Analyse geschuldet sind. Wenig verwunderlich hatte die hierbei praktizierte stärkere Beteiligung der betroffenen Kreise mit den in der Krise besonders deutlich zutage getretenen Interessengegensätzen der Beteiligten zu kämpfen. Das hat – ohne dass diesbezüglich mit einer Änderung zu rechnen wäre – nahezu zwangsläufig kompromissverzerrte Regelungen hervorgebracht, die weder für sich noch im Zusammenhang mit anderen Maßnahmen betrachtet, zu einen kohärenten und konsistenten Regelungsrahmen geführt haben. Dieser wurde zudem dadurch aufgebläht, dass sich die Kommission durch die Finanzmarktkrise nicht gefordert sah, ihre Vorstellung einer guten Ordnung der Finanzmärkte zu überprüfen oder gar zu revidieren, sondern ihr Konzept der Regulierung und Beaufsichtigung auf die Spitze trieb.

58 Dem liegt die vom Larosière-Bericht genährte Vorstellung zugrunde, die Finanzmarktkrise sei im Kern Defiziten bei der **Beaufsichtigung** von Finanzmarktinstitutionen **und** der **Kontrolle** der Einhaltung von Vorschriften geschuldet. Ihr entspricht auch die Zunahme eines nach dem Lamfalussy-Verfahren mehrfach gestuften Verordnungsrechts als in den Mitgliedstaaten unmittelbar geltendes Recht sowie die zunehmende Komplexität und Kompliziertheit der Vorschriften. Des Weiteren erwächst der Regulierungsschub, wie er sich im Verlauf der Finanzkrise aufbaute, einem Verfahren, das zwar einer Beteiligung der betroffenen Kreise Raum gibt, diese aber hinsichtlich des Inhalts und des Zeitpunkts der Regelung im Dunkeln lässt und damit dem mit diesem Prozedere verbundenen Ziel der Transparenzförderung entgegenläuft.

59 **b) Die Regelungsfelder der europäischen Rechtsakte nach der Finanzkrise. Systematisch betrachtet,** lassen sich die nach der Entstehung der Finanzkrise von der EU ergriffenen rechtlichen **Maßnahmen zur Regulierung und Überwachung der Finanzmärkte** vier großen Regelungsfeldern des Kapitalmarkt- und Finanzmarktrechts zuordnen:
1. der Schaffung eines europäischen Finanzaufsichtssystems,
2. der Schaffung einer Bankenunion,
3. der Modifikation der vier großen Rahmenrichtlinien der europäischen Finanzmarktregulierung in Gestalt der Prospektrichtlinie, der Marktmissbrauchsrichtlinie, der Richtlinie über Märkte für Finanzinstrumente (MiFID) und der Transparenzrichtlinie mit ihren jeweils vielfältigen und durchaus heterogenen Regelungsfeldern sowie
4. Einzelmaßnahmen wie der Regulierung der Ratingagenturen, von Leerverkäufen, des Marktes für OTC-Derivaten und der Investmentfonds.

Nicht näher behandelt werden die einzelnen europäischen und mitgliedstaatlichen Maßnahmen zur Beseitigung der Staatsschuldenkrise und zur Rettung des EUR in Gestalt des

---

[173] The High-Level Group on Financial Supervision in the EU chaired by Jacques de Larosière, Report, Brussels, 25. February 2009, http://ec.europa.eu/internal_market/finances/docs/de_larosiere_report_en.pdf.

**Europäischen Stabilitätsmechanismus'** (ESM) und seiner Vorgängerrechtsakte. Sie erhalten zwar die staatlichen und institutionellen Grundlagen, auf denen Kapitalanlagerecht aufbaut, tangieren dieses im Anlagegeschäft aber nicht unmittelbar oder nur sehr indirekt.

60   aa) Schaffung eines europäischen Finanzaufsichtssystems und Verbesserung der Aufsicht im Finanzsektor. In der 2007 einsetzenden Finanzkrise sind nicht nur Schwächen des nationalen, sondern auch des europäischen Aufsichtssystems zutage getreten.[174] Diese zu identifizieren und Empfehlungen zur Schaffung eines effizienten, integrierten und nachhaltigen Aufsichtsrahmens zu erarbeiten, war Aufgabe der hochrangigen Expertengruppe unter dem Vorsitz von Jacques de Larosière (→ Rn. 56). Deren, im so genannten Larosière-Report (→ Rn. 56) niedergelegte Empfehlungen wurden im März 2009 von der Kommission und dem Europäischen Rat gebilligt. Aus ihnen sind vier in den Mitgliedstaaten der EU unmittelbar geltende **Verordnungen** hervorgegangen.

61   Eine dieser Verordnungen – die VO (EU) Nr. 1092/2010 vom 24.11.2010 über die Finanzaufsicht der Europäischen Union auf Makroebene und zur Errichtung eines Europäischen Ausschusses für Systemrisiken – hat die Schaffung des **Europäischen Ausschusses für Systemrisiken** (ESRB) zum Gegenstand[175]. Der Ausschuss soll „die potenziellen Risiken für die Finanzmarktstabilität, die sich aus makroökonomischen Entwicklungen und aus Entwicklungen innerhalb des Finanzsystems insgesamt ergeben, überwachen und bewerten", um „frühzeitig vor sich abzeichnenden systemweiten Risiken warnen und erforderlichenfalls Empfehlungen für Maßnahmen zur Eindämmung dieser Risiken aussprechen" zu können.[176]

62   Drei weitere Verordnungen haben die **Einrichtung eines Europäischen Finanzaufsichtssystems** (ESFS) zum Gegenstand, das sich aus einem Netz nationaler Finanzaufsichtsbehörden zusammensetzt, die mit den neuen **Europäischen Aufsichtsbehörden** („European Supervisory Authorities"/ESA) kooperieren. Ankerpunkte dieses neuen Aufsichtssystems sind **drei neue europäische Aufsichtsbehörden,** die durch die Zusammenführung und Umbildung der vorhandenen europäischen Aufsichtsausschüsse in eine Europäische Bankaufsichtsbehörde („European Banking Authority"/EBA mit Sitz in London),[177] eine Europäische Aufsichtsbehörde für das Versicherungswesen und die betriebliche Altersversorgung („European Insurance and Occupational Pensions Authority"/EIOPA mit Sitz in Frankfurt am Main)[178] und eine Europäische Wertpapieraufsichtsbehörde („European Securities and Markets Authority"/ESMA mit Sitz in Paris)[179] geschaffen wurden.

---

[174] So heißt es etwa in Erwägungsgrund 1 der Verordnung (EU) Nr. 1092/2010 vom 24.11.2010 über die Finanzaufsicht der Europäischen Union auf Makroebene und zur Errichtung eines Europäischen Ausschusses für Systemrisiken, ABl. EU Nr. L 331 vom 15.12.2010, S. 1: „Die Aufsichtsmodelle auf nationaler Ebene konnten mit der Globalisierung des Finanzsektors und mit der Realität der Integration und Verknüpfung der europäischen Finanzmärkte mit vielen grenzüberschreitend tätigen Finanzinstituten nicht Schritt halten. Die Krise brachte Mängel bei der Zusammenarbeit, bei der Koordinierung, bei der kohärenten Anwendung des Unionsrechts und einen Mangel an Vertrauen zwischen den nationalen Aufsichtsbehörden zutage."

[175] ABl. EU Nr. L 331 vom 15.12.2010, S. 1.

[176] Vorschlag für eine Verordnung zur Einrichtung einer Europäischen Wertpapieraufsichtsbehörde, KOM (2009) 503 vom 23.9.2009, S. 2.

[177] Verordnung (EU) Nr. 1093/2010 vom 24.11.2010 zur Errichtung einer Europäischen Aufsichtsbehörde (Europäische Bankenaufsichtsbehörde), zur Änderung des Beschlusses Nr. 716/2009/EG und zur Aufhebung des Beschlusses 2009/78/EG der Kommission, ABl. EU Nr. L 331 vom 15.12.2010, S. 12. Zur Änderung der Verordnung im Zuge der Schaffung einer Europäischen Bankenunion und zur Übertragung unmittelbarer Aufsichtsbefugnisse über Banken des Euroraums auf die Europäische Zentralbank → Rn. 66 ff.

[178] Verordnung (EU) Nr. 1094/2010 vom 24.11.2010 zur Errichtung einer Europäischen Aufsichtsbehörde (Europäische Aufsichtsbehörde für das Versicherungswesen und die betriebliche Altersversorgung), zur Änderung des Beschlusses Nr. 716/2009/EG und zur Aufhebung des Beschlusses 2009/79/EG der Kommission, ABl. EU Nr. L 331 vom 15.12.2010, S. 48.

[179] Verordnung (EU) Nr. 1095/2010 vom 24.11.2010 zur Errichtung einer Europäischen Aufsichtsbehörde (Europäische Wertpapier- und Marktaufsichtsbehörde), zur Änderung des Beschlusses

Um ein reibungsloses **Funktionieren des Europäischen Finanzaufsichtssystems** zu **63** gewährleisten, waren Änderungen der Rechtsakte der Union im Tätigkeitsbereich der drei neuen europäischen Aufsichtsbehörden notwendig. Sie betreffen die Festlegung des Umfangs bestimmter Befugnisse der Behörden, die Integration bestimmter Befugnisse, die durch bestehende Rechtsakte der Union festgelegt sind, sowie Änderungen, die eine reibungslose und wirksame Funktionsweise der Behörden im Rahmen des Europäischen Finanzaufsichtssystems ermöglichen sollen, und wurden durch Richtlinie 2010/78/EU vom 24.11.2010[180] in die Wege geleitet. Die Richtlinie wurde durch das Gesetz vom 4.12.2011 zur Umsetzung der Richtlinie 2010/78/EU vom 24.11.2010 im Hinblick auf die Errichtung des Europäischen Finanzaufsichtssystems in deutsches Recht umgesetzt.[181]

Das neue Europäische Finanzaufsichtssystem soll die **Qualität und Kohärenz der na-** **64** **tionalen Aufsicht verbessern** und es damit nicht mehr dem Zufall überlassen, ob die nationalen Aufsichtsbehörden bei Aufsichtsentscheidungen für grenzübergreifend tätige Finanzmarktteilnehmer effektiv zusammenarbeiten und zur bestmöglichen Lösung gelangen. Ziel der Maßnahmen ist der Aufbau eines integrierten Netzes nationaler Aufsichtsbehörden und der Aufsichtsbehörden der Union, in dem die laufende Beaufsichtigung auf nationaler Ebene verbleibt, aber eine kohärente Anwendung und Weiterentwicklung der europäischen Aufsichtsregeln gewährleistet wird. Nur in wenigen Fällen übernehmen die neuen europäischen Aufsichtsbehörden direkte Aufsichtsfunktionen, wie etwa die **ESMA** in Gestalt von Aufsichtsbefugnissen über Ratingagenturen.[182] Im Mai 2014 hat die Kommission einen ersten umfassenden Überblick der als Reaktion auf die Finanzkrise vorgenommenen Neugestaltung des Regulierungs- und Aufsichtsrahmens des Finanzsektors in Gestalt der Mitteilung „A reformed financial sector for Europe" („Ein reformierter Finanzsektor für Europa")[183] nebst einem dazugehörigen Arbeitspapier[184] gegeben.

Der Verbesserung der Aufsicht im Finanzmarktbereich dient vor allem die Richtlinie **65** 2011/89/EU vom 16.11.2011 zur Änderung der Richtlinien 98/78/EG, 2002/87/EG, 2006/48/EG und 2009/138/EG hinsichtlich der zusätzlichen Beaufsichtigung der Finanzunternehmen eines **Finanzkonglomerats**[185] im Hinblick auf eine angemessene zusätzliche Beaufsichtigung von Versicherungs- und Bankengruppen auch für den Fall, dass sie Teil einer gemischten Finanzholdinggesellschaft sind. Die Richtlinie wurde mit dem Gesetz vom 27.6.2013 zur Umsetzung der Richtlinie 2011/89/EU vom 16.11.2011 zur Änderung der Richtlinien 98/78/EG, 2002/87/EG, 2006/48/EG und 2009/138/EG hinsicht-

---

Nr. 716/2009/EG und zur Aufhebung des Beschlusses 2009/77/EG der Kommission, ABl. EU Nr. L 331 vom 15.12.2010, S. 84.

[180] Richtlinie 2010/78/EU vom 24.11.2010 zur Änderung der Richtlinien 98/26/EG, 2002/87/EG, 2003/6/EG, 2003/41/EG, 2003/71/EG, 2004/39/EG, 2004/109/EG, 2005/60/EG, 2006/48/EG, 2006/49/EG und 2009/65/EG im Hinblick auf die Befugnisse der Europäischen Aufsichtsbehörde (Europäische Bankenaufsichtsbehörde), der Europäischen Aufsichtsbehörde (Europäische Aufsichtsbehörde für das Versicherungswesen und die betriebliche Altersversorgung) und der Europäischen Aufsichtsbehörde (Europäische Wertpapier- und Marktaufsichtsbehörde), ABl. EU Nr. L 331 vom 15.12.2010, S. 120.

[181] BGBl. I 2011, 2427. RegE BT-Drucks. 17/6255 vom 22.6.2011.

[182] S. dazu *Assmann* in Assmann/Uwe H. Schneider, WpHG, § 17 Rn. 10. Zu den Aufgaben der ESMA und zu den Befugnissen der Behörde bei der Durchsetzung derselben ist auf Art. 8 Abs. 1 bzw. Abs. 2 der Verordnung (EU) Nr. 1095/2010 vom 24.11.2010 zur Errichtung einer Europäischen Aufsichtsbehörde (Europäische Wertpapier- und Marktaufsichtsbehörde), zur Änderung des Beschlusses Nr. 716/2009/EG und zur Aufhebung des Beschlusses 2009/77/EG der Kommission, ABl. EU Nr. L 331 vom 15.12.2010, S. 84 (95 f.), zu verweisen.

[183] Communication from the Commission to the European Parliament, the Council, the European Economic and Social Committee of the Regions, A reformed financial sector for Europe, Brüssel 15.5.2014, COM (2014) 279 final.

[184] Commission Staff Working Document, Economic Review of the Financial Regulation Agenda, Brüssel 15.5.2014, SWD (2014) 158 final.

[185] ABl. EU Nr. L 326 vom 8.12.2011, S. 113.

lich der zusätzlichen Beaufsichtigung der Finanzunternehmen eines Finanzkonglomerats in deutsches Recht umgesetzt.[186]

66  bb) Schaffung einer Bankenunion. Eng mit der Schaffung eines europäischen Finanzaufsichtssystems zusammen hängt die Schaffung einer Bankenunion. Sie ist vor allem der Finanzkrise als Bankenkrise und der **Ausweitung der Finanzkrise in eine Staatsschuldenkrise** innerhalb des Euroraums geschuldet: Vorgänge, die die gegenseitige Abhängigkeit der Euro-Staaten haben zutage treten lassen. Aus dieser wiederum wurde die Notwendigkeit einer vertieften Integration des Bankensystems gefolgert. Das hat, auf der Grundlage des Fahrplans der Kommission zur Bankenunion[187] und dem neuen Finanzaufsichtssystem (→ Rn. 60ff.), zur Schaffung einer **Bankenunion** in Gestalt der Einrichtung sowohl eines sog Einheitlichen Aufsichtsmechanismus' als auch eines sog Einheitlichen Abwicklungsmechanismus' für Banken geführt, die für die Staaten der Eurozone gilt, dem aber auch Nicht-Euro-Staaten beitreten können.

67  Kernstück der Bankenunion ist ein Rechtsrahmen, der als **einheitliches Regelwerk** („single rulebook") ausgelegt ist und in allen EU-Mitgliedstaaten gilt. Er erwächst aus der Harmonisierung der europäischen Bankenregulierung, namentlich den Maßnahmen zur Harmonisierung von Kapitalanforderungen an Kreditinstitute (→ Rn. 68). Dabei gewährleistet die Bankenunion zunächst nicht mehr als eine einheitliche Anwendung dieser Vorschriften in der Eurozone durch einen **„Einheitlichen Aufsichtsmechanismus"**. Herbeigeführt wird Letztere durch die ab November 2014 wirksam werdende Übertragung der **Beaufsichtigung von Kreditinstituten des Euroraums** auf die **Europäische Zentralbank** (EZB) nach Maßgabe der VO (EU) 1024/2013 vom 15.10.2013 zur Übertragung besonderer Aufgaben im Zusammenhang mit der Aufsicht über Kreditinstitute auf die Europäische Zentralbank[188] und der VO (EU) 1022/2013 vom 22.10.2013 zur Änderung der Verordnung (EU) Nr. 1093/2010 zur Errichtung einer Europäischen Aufsichtsbehörde (Europäische Bankenaufsichtsbehörde) hinsichtlich der Übertragung besonderer Aufgaben auf die Europäische Zentralbank gemäß der Verordnung (EU) Nr. 1024/2013.[189] Durch die Übertragung von Aufsichtsaufgaben in Bezug auf Kreditinstitute des Euroraums auf die EZB sollen weder die Funktionsweise des Finanzdienstleistungsbinnenmarkts noch die Aufgaben der Europäischen Bankenaufsichtsbehörde (EBA, → Rn. 62) beeinträchtigt werden. Die EBA soll vielmehr „weiterhin das einheitliche Regelwerk für alle Mitgliedstaaten entwickeln, zu dessen einheitlicher Anwendung beitragen und die Konvergenz der Aufsichtspraktiken unionsweit verbessern".[190]

68  Neben dem Einheitlichen Aufsichtsmechanismus bildet die Einrichtung eines **einheitlichen Abwicklungsmechanismus' für Kreditinstitute des Euroraums** die zweite Säule der Bankenunion.[191] Sie beruht auf der in der Finanzkrise gemachten Erfahrung, dass

---

[186] BGBl. I 2013, 1862.
[187] Mitteilung der Kommission an das Europäische Parlament und den Rat, Fahrplan für eine Bankenunion, 12.9.2012, COM (2012) 510 final.
[188] ABl. EU Nr. L 287 vom 29.10.2013, S. 63.
[189] ABl. EU Nr. L 287 vom 29.10.2013, S. 5.
[190] VO (EU) 1022/2013 vom 22.10.2013, ABl. EU Nr. L 287 vom 29.10.2013, S. 5, Erwägungsgrund 4.
[191] VO (EU) Nr: 806/2014 vom 15.7.2014 zur Festlegung einheitlicher Vorschriften und eines einheitlichen Verfahrens für die Abwicklung von Kreditinstituten und bestimmten Wertpapierfirmen im Rahmen eines einheitlichen Abwicklungsmechanismus und eines einheitlichen Bankenabwicklungsfonds sowie zur Änderung der Verordnung (EU) Nr. 1093/2010, ABl. EU Nr. L 225 vom 30.7.2014, S. 1; Richtlinie 2014/59/EU vom 15.5.2014 zur Festlegung eines Rahmens für die Sanierung und Abwicklung von Kreditinstituten und Wertpapierfirmen und zur Änderung der Richtlinie 82/891/EWG des Rates, der Richtlinien 2001/24/EG, 2002/47/EG, 2004/25/EG, 2005/56/EG, 2007/36/EG, 2011/35/EU, 2012/30/EU und 2013/36/EU sowie der Verordnungen (EU) Nr. 1093/2010 und (EU) Nr. 648/2012 des Europäischen Parlaments und des Rates, ABl. EU Nr. 173 vom 12.6.2014, S. 90.

§ 1 Kapitalanlagerecht und Kapitalmarktrecht

es auf Gemeinschaftsebene an angemessenen Instrumenten für den wirksamen Umgang mit unsoliden, kriselnden oder insolventen Kreditinstituten und Wertpapierfirmen mangelt. Mit ihr soll verhindert werden, dass – wie in der Finanzkrise verschiedentlich der Fall – Mitgliedstaaten Institute unter Rückgriff auf Steuergelder retten müssen. Eine dritte Säule der Bankenunion kann in der Schaffung eines **einheitlichen Einlagensicherungssystems** gesehen werden. Dazu wurde die Richtlinie 94/19/EG vom 30.5.1994 (→ Rn. 36) durch Richtlinie 2014/49/EU vom 16.4.2014 über Einlagensicherungssysteme neu gefasst.[192] Mit der Neufassung werden unterschiedliche Vorschriften der Mitgliedstaaten über Einlagensicherungssysteme beseitigt und ein einheitliches Schutzniveau für Einleger mit einem einheitlichen Maß an Stabilität geschaffen. Flankiert werden die Maßnahmen zur Schaffung einer Bankenunion und zur Sicherung der Solidität aller europäischen Banken von einem im Kern aus einer Verordnung[193] und einer Richtlinie[194] bestehenden und am 28.6.2013 hinsichtlich der Verordnung und am 17.7.2013 hinsichtlich der Richtlinie in Kraft getretenen so genannten **CRD IV-Regelungspaket.** Dieses setzt die Maßnahmen von Basel III zur qualitativen und quantitativen Verbesserung der **Eigenmittelausstattung** samt der damit einhergehenden Anforderungen an die Liquidität von Banken in europäisches Recht um und ist damit Teil des „single rulebook" für die Bankenregulierung und Bankenaufsicht (→ Rn. 67).

cc) Modifikation der EU-Rahmenrichtlinien. Das europäische Finanzmarktrecht basiert 69 auf vier großen Rahmenrichtlinien nebst den zu diesen ergangenen, der Durchführung und/oder der Konkretisierung derselben dienenden Rechtsakten. Diese Rahmenrichtlinien haben teils aufgrund der planmäßigen Überprüfungen teils aufgrund der Erfordernisse der Finanzmarktkrise teils beiden Anlässen geschuldet verschiedene Änderungen erfahren.

(1) Prospektrichtlinie. Eher der von der **Prospektrichtlinie** 2003/71/EU vom 70 4.11.2003[195] verlangten Überprüfung derselben als in der Finanzkrise zutage getretenen Defiziten ist die Änderung der Prospektrichtlinie durch die Richtlinie 2010/73/EU vom 24.11.2010[196] geschuldet. Dementsprechend konzentriert sich die Änderungsrichtlinie auf (schon in dem auf das Jahr 2007 zurückgehenden Aktionsprogramm zur Verringerung der Verwaltungslasten[197] verlangten) Maßnahmen zur Verringerung der Kosten der auf das Prospektierungsrecht zurückgehenden Kosten bei der Aufnahme von Finanzmitteln und die **Verbesserung des Anlegerschutzes.** Bei Letzterem gingen allerdings fraglos Erfah-

---

[192] ABl. EU Nr. L 173 vom 12.6.2014, S. 149.
[193] Verordnung (EU) Nr. 575/2013 vom 26.6.2013 über Aufsichtsanforderungen an Kreditinstitute und Wertpapierfirmen und zur Änderung der Verordnung (EU) Nr. 646/2012, ABl. EU Nr. L 176 vom 27.6.2013, S. 1. Berichtigte Fassung ABl. EU Nr. L 208 vom 2.8.2013, S. 68. Eine Durchführungsverordnung zur Festlegung technischer Durchführungsstandards für die aufsichtlichen Meldungen der Institute gemäß der Verordnung (EU) Nr. 575/2013 ist bereits von der Kommission verabschiedet worden.
[194] Richtlinie 2013/36/EU vom 26.6.2013 über den Zugang zur Tätigkeit von Kreditinstituten und die Beaufsichtigung von Kreditinstituten und Wertpapierfirmen, zur Änderung der Richtlinie 2002/87/EG und zur Aufhebung der Richtlinien 2006/48/EG und 2006/49/EG, ABl. EU Nr. L 176 vom 27.6.2013, S. 338. Berichtigte Fassung ABl. EU Nr. L 208 vom 2.8.2013, S. 73. Umgesetzt durch Gesetz zur Umsetzung der Richtlinie 2013/36/EU über den Zugang zur Tätigkeit von Kreditinstituten und die Beaufsichtigung von Kreditinstituten und Wertpapierfirmen und zur Anpassung des Aufsichtsrechts an die Verordnung (EU) Nr. 575/2013 über Aufsichtsanforderungen an Kreditinstitute und Wertpapierfirmen (CRD IV-Umsetzungsgesetz) vom 28.8.2013, BGBl. I 2013, 3395.
[195] ABl. EU Nr. L 345 vom 31.12.2003, S. 64.
[196] Richtlinie 2010/73/EU vom 24.11.2010 zur Änderung der Richtlinie 2003/71/EG betreffend den Prospekt, der beim öffentlichen Angebot von Wertpapieren oder bei deren Zulassung zum Handel zu veröffentlichen ist, und der Richtlinie 2004/109/EG zur Harmonisierung der Transparenzanforderungen in Bezug auf Informationen über Emittenten, deren Wertpapiere zum Handel auf einem geregelten Markt zugelassen sind, ABl. EU Nr. L 327 vom 11.12.2010, S. 1.
[197] S. Europäische Kommission, Aktionsprogramm zur Verringerung der Verwaltungslasten in der EU – Die Versprechen einlösen, Luxemburg 2010.

rungen aus der Finanzkrise mit ein, wie etwa in Bezug auf die Schritte zur Verbesserung des Informationsgehalts von Prospektzusammenfassungen.

71 Durch das Gesetz zur Umsetzung der Richtlinie 2010/73/EU und zur Änderung des Börsengesetzes vom 26.6.2012[198] hat die Änderungsrichtlinie ua folgende **Änderungen des WpPG** mit sich gebracht: Die Erhöhung der Schwellenwerte für Ausnahmen von der Prospektpflicht, die Erweiterung des Anwendungsbereichs der Prospektfreiheit von Mitarbeiterbeteiligungsprogrammen, die Herstellung eines Gleichlaufs zwischen dem Begriff des qualifizierten Anlegers nach dem WpPG und des professionellen Kunden nach dem WpHG, die Zulässigkeit des dreiteiligen Prospekts auch bei Basisprospekten, die Pflicht zur Aktualisierung des Registrierungsformulars durch Nachträge, die ersatzlose Abschaffung des jährlichen Dokuments und die Aufnahme von Schlüsselinformationen in die Zusammenfassung.

72 Die Prospektrichtlinie 2003/71/EU vom 4.11.2003[199] verlangt von den Mitgliedstaaten, die **Veröffentlichungen von Nachträgen** zum Prospekt vorzusehen, wenn zwischen der Billigung des Prospekts und dem endgültigen Schluss des öffentlichen Angebots bzw. der Eröffnung des Handels an einem geregelten Markt wichtige neue Umstände auftreten oder wesentliche Unrichtigkeiten oder Ungenauigkeiten festgestellt werden, die die Beurteilung der Wertpapiere beeinflussen können. Hierauf bezogen hat die Kommission, aufgrund der ihr durch Art. 16 Abs. 3 Unterabsatz 2 der Prospektrichtlinie eingeräumten Befugnisse, die Delegierte Verordnung (EU) Nr. 382/2014 vom 7.3.2014 zur Ergänzung der Richtlinie 2003/71/EG im Hinblick auf technische Regulierungsstandards für die Veröffentlichung eines Prospektnachtrags[200] erlassen. In Art. 2 der Delegierten Verordnung werden die **Ereignisse** („Situationen") benannt, bei deren Eintritt die Veröffentlichung eines Nachtrags zu einem Prospekt erfolgen muss. Die Verordnung gilt seit dem 5.5.2014 unmittelbar und in allen ihren Teilen in jedem Mitgliedstaat (Art. 3 der Verordnung) und damit auch für Wertpapierprospekte nach dem WpPG (dazu → Rn. 99).

73 (2) Marktmissbrauchsrichtlinie. Zurückgehend auf einen Bericht über die den Mitgliedstaaten unter der Marktmissbrauchsrichtlinie zur Verfügung stehenden Verwaltungsmaßnahmen und strafrechtlichen Sanktionen durch CESR vom November 2007 (CESR/07–693), eine von der Kommission einberufene Konferenz über die Marktmissbrauchsrichtlinie im November 2008, die 2009 eingeleitete Konsultation zur Überprüfung der Richtlinie, eine öffentliche Anhörung zu derselben im Mai 2010 und eine im Juni 2010 gestartete Konsultation zur Revision der Richtlinie hat die Kommission im Oktober 2011 einen **Vorschlag** zur Modernisierung und Stärkung des durch die Marktmissbrauchsrichtlinie (2003/6/EG) geschaffenen Rahmens zur Gewährleistung der Marktintegrität und des Anlegerschutzes angenommen.[201] Dieser sah eine weitgehende Veränderung der Marktmissbrauchsregelung in Gestalt einer an die Stelle der Richtlinie tretenden **Verordnung über Insiderhandel und Marktmanipulationen (Marktmissbrauch),**[202] ergänzt um eine **Richtlinie über strafrechtliche Sanktionen für Insiderhandel und Marktmanipulationen**[203] vor. Beide wurden später einer Änderung[204] unterzogen. Dabei ist die Änderung des Verordnungsvorschlags im Wesentlichen der Erweiterung von dessen Geltungsbereich um die Einbeziehung von Benchmarks auf den LIBOR-Skandal geschuldet, in dem Ban-

---

[198] BGBl. I 2012, 1375. RegE BR-Drucks. 846/11 vom 30.12.2011, S. 1.
[199] S. o. Fn. 195.
[200] ABl. EU Nr. L 111 vom 15.4.2014, S. 36.
[201] Dazu etwa *Veil/Koch*, Auf dem Weg zu einem europäischen Kapitalmarktrecht: die Vorschläge der Kommission zur Neuregelung des Marktmissbrauchs, WM 2011, 2297.
[202] Verordnung (EU) Nr. 596/2014 vom 16.4.2014 über Marktmissbrauch (Marktmissbrauchsverordnung) und zur Aufhebung der Richtlinie 2003/6/EG und der Richtlinien 2003/124/EG, 2003/125/EG und 2004/72/EG, ABl. EU Nr. L 173 vom 12.6.2014, S. 173.
[203] Richtlinie vom 16.4.2014 über strafrechtliche Sanktionen bei Marktmanipulation (Marktmissbrauchsrichtlinie), ABl. EU Nr. L 173 vom 12.6.2014, S. 179.
[204] Geänderter Vorschlag einer Verordnung vom 25.7.2012, COM(2012) 421 final; geänderter Vorschlag einer Richtlinie vom 25.7.2012, COM(2012) 420 final.

ken die von ihnen für das Interbankengeschäft geschätzten Zinssätze nicht korrekt angegeben haben. Am 4.2.2014 hat das Europäische Parlament den Kommissionsvorschlag zu einer Richtlinie zu strafrechtlichen Sanktionen für Marktmissbrauch **angenommen,** worauf der ESMA am 2.6.2014 ein Mandat mit dem Ersuchen um Rat hinsichtlich eines Durchführungsrechtsakts bezüglich der Marktmissbrauchsverordnung erteilt wurde.

Während die **Verordnung** über Insiderhandel und Marktmanipulationen den Rechtsrahmen für die Bekämpfung von Marktmissbrauch mitsamt der Umschreibung der erfassten Missbrauchstatbestände schafft, werden mit der **Richtlinie** über strafrechtliche Sanktionen für Insiderhandel und Marktmanipulationen Mindestvorgaben für strafrechtliche Sanktionen in Bezug auf Insider-Geschäfte und Marktmanipulation vorgesehen. **74**

– Mit der **Verordnung** wird das in den Mitgliedstaaten geltende Insiderhandelsrecht, das Recht der Veröffentlichung von Insiderinformationen (Ad-hoc-Publizität), die Pflicht zur Führung von Insiderverzeichnissen, das Recht betreffend Eigengeschäfte von Führungskräften („Directors' Dealings"), das Recht der Marktmanipulation und das Recht betreffend Anlageempfehlungen – im Wesentlichen ab dem 3.7.2016 (Art. 39 Abs. 2 der Verordnung) unmittelbar durch einen nicht weiter umzusetzenden europäischen Rechtsakt geregelt. Divergenzen bei der Umsetzung des bisherigen Richtlinienrechts und bei der Anwendung angeglichenen Rechts scheiden damit aus. Dem WpHG, einst als Grundgesetz des Kapitalmarkrechts bezeichnet, werden damit wesentliche Teile der in ihm enthaltenen Regelungen genommen. Wenig verwunderlich, sind das Insiderhandelsrecht und das Recht der Marktmanipulation durch die Verordnungsregelung um ein Vielfaches komplexer und komplizierter geworden. Das ist nur zum Teil dem Umstand der Erweiterung der Insiderhandels- und Marktmanipulationsverbote auf Finanzinstrumente geschuldet, die nur auf neuen Handelsplattformen und außerbörslich („over the counter") gehandelt und derzeit noch nicht von den EU Rechtsvorschriften erfasst werden.

– Mit der **Richtlinie** wird vor allem darauf reagiert, dass Insiderhandel und Marktmanipulation auf der Grundlage der bisherigen Marktmissbrauchsrichtlinie in der EU – bis hin zur Sanktionsfreiheit – auf höchst unterschiedliche Weise sanktioniert waren. Um dies zu ändern enthält die Richtlinie Mindestvorgaben für strafrechtliche Sanktionen in Bezug auf Insider-Geschäfte und Marktmanipulation. Mit der Richtlinie werden die Mitgliedstaaten verpflichtet, durch geeignete Maßnahmen sicherzustellen, dass Rechtsverstöße gegen die Insiderhandels- und Marktmanipulationsverbote strafrechtlich verfolgt werden. Zudem müssen die Mitgliedstaaten strafrechtliche Sanktionen für Anstiftung und Beihilfe zum Marktmissbrauch sowie für den Versuch desselben vorsehen. Für das deutsche Kapitalmarkrecht wird dies im Wesentlichen nur rechtstechnische Änderungen nach sich ziehen.

(3) Richtlinie über Märkte für Finanzinstrumente (MiFID). Ebenso wie die Marktmissbrauchsrichtlinie[205] ist auch die erst im November 2007 in Kraft getretene Richtlinie 2004/39/EG über Märkte für Finanzinstrumente – **MiFID** – vom 30.4.2004,[206] welche die 1993 verabschiedete Wertpapierdienstleistungsrichtlinie (ISD) ersetzte und zu der zwei Durchführungsmaßnahmen ergingen,[207] einer weitreichenden Überprüfung und Revision **75**

---

[205] → Rn. 72 ff. und Fn. 115.

[206] Richtlinie über Märkte für Finanzinstrumente, zur Änderung der Richtlinien 85/611/EWG und 93/6/EWG des Rates und der Richtlinie 2000/12/EG und zur Aufhebung der Richtlinie 93/22/EWG des Rates, ABl. Nr. L 145 vom 30.4.2004, S. 1. Berichtigung ABl. EU Nr. L 45 vom 16.2.2005, S. 18.

[207] Richtlinie 2006/73/EG vom 10.8.2006 zur Durchführung der Richtlinie 2004/39/EG in Bezug auf die organisatorischen Anforderungen an Wertpapierfirmen und die Bedingungen für die Ausübung ihrer Tätigkeit sowie in Bezug auf die Definition bestimmter Begriffe für die Zwecke der genannten Richtlinie, ABl. EU Nr. 241 vom 2.9.2006, S. 26; Verordnung (EG) Nr. 1287/2006 vom 10.8.2006 zur Durchführung der Richtlinie 2004/39/EG betreffend die Aufzeichnungspflichten für Wertpapierfirmen, die Meldung von Geschäften, die Markttransparenz, die Zulassung von Finanzinstrumenten zum Handel und bestimmte Begriffe im Sinne dieser Richtlinie, ABl. EU Nr. L 241 vom 2.9.2006, S. 1.

unterzogen worden, welche zur **Ersetzung der MiFID** durch eine Richtlinie und eine Verordnung führte. Mehr noch als bei den Rechtsakten der Marktmissbrauchsregelung gingen in diejenigen der Regulierung der Märkte für Finanzinstrumente Erfahrungen der Finanzkrise ein. Ziel der Richtlinie 2004/39/EG (MiFID) war es, durch Schaffung eines hohen Schutzniveaus für Anleger von Finanzinstrumenten einen Binnenmarkt für Wertpapierdienstleistungen und Anlagetätigkeiten zu schaffen. Nach öffentlicher Anhörung zur Überarbeitung der Richtlinie und der Durchführung einer Konsultation im Jahre 2010, nahm die Kommission 2011 den Vorschlag für eine Richtlinie über Märkte für Finanzinstrumente zur Aufhebung der Richtlinie 2004/39/EC, und eine Verordnung über Märkte für Finanzinstrumente und zur Änderung der Verordnung (EMIR) über OTC-Derivate, zentrale Gegenparteien und Transaktionsregister[208] – zusammen als **MiFID II** bezeichnet – an.[209] Am 15.4.2014 hat das Europäische Parlament den aktualisierten Vorschlägen zugestimmt. Doch erst am 15.4.2014 hat das Europäische Parlament den aktualisierten Vorschlägen in Gestalt der Richtlinie 2014/65/EU und der Verordnung (EU) Nr. 600/2014 zugestimmt.[210]

**76** Die MiFID-Richtlinie von 2004 – heute zu Unterscheidungszwecken als MiFID I zu bezeichnen – regelt die Erbringung von Wertpapierdienstleistungen durch Banken und Wertpapierfirmen im Zusammenhang mit Finanzinstrumenten wie die Anlagevermittlung, die Anlageberatung, den Handel mit Finanzinstrumenten, die Portfolioverwaltung oder die Übernahme von Emissionen sowie den Betrieb multilateraler Handelssysteme in Gestalt von herkömmlichen Börsen und alternativen Handelsplätzen. **MiFID II** erweitert den sachlichen und adressatenbezogenen Anwendungsbereich der Rahmenrichtlinie von 2004 (etwa in Gestalt der Einbeziehung sog organisierter Handelssysteme – OTF – oder der Erweiterung der Aufsicht über Warenderivate), erstreckt den Anlegerschutz auf neue technologische Innovationen (wie etwa in Gestalt der Einführung von Schutzvorkehrungen für den algorithmischen Handel und den Hochfrequenzhandel), erweitert die Aufsichtsbefugnisse der Regulierungsbehörden, verschärft die Anforderungen an die Erbringung von Finanzdienstleistungen (wie etwa die Portfolioverwaltung, die Anlageberatung und das Anbieten komplexer Finanzprodukte), etabliert transparentere Verfahrensregeln für alle Handelstätigkeiten (etwa durch den Handel auf OTF-Plattformen oder durch die Einführung eines neuen Transparenzregimes für Märkte, an denen andere Finanzinstrumente als Aktien gehandelt werden) und unterwirft Wertpapierfirmen den geltenden Regeln zur Corporate Governance und Verantwortung des Managements.

**77** (4) Transparenzrichtlinie. Nach einer Konferenz zur Anwendung und **Überarbeitung** der Transparenzrichtlinie 2004/109/EG (Transparenzrichtlinie II)[211] im Juni 2010 und der Durchführung eines Konsultationsverfahrens zur Modernisierung der Richtlinie von Mai-August 2010 wurde im August 2011 ein Vorschlag zur Änderung der Richtlinie 2004/109/EG[212] vorgelegt, der 2013 als Richtlinie 2013/50/EU vom 22.10.2013[213] (Transparenzrichtlinie III) angenommen wurde.

---

[208] Vorschläge vom 20.10.2011, KOM (2011) 656 endgültig bzw. 652 endgültig.
[209] Dazu *Veil/Lerch*, Auf dem Weg zu einem europäischen Kapitalmarktrecht: die Vorschläge der Kommission zur Neuregelung der Märkte für Finanzinstrumente, WM 2012, 1557 (I), 1605 (II).
[210] Richtlinie 2014/65/EU vom 15.4.2014 über Märkte für Finanzinstrumente sowie zur Änderung der Richtlinien 2002/92/EG und 2011/61/EU, ABl. EU Nr. L 173 vom 12.6.2014, S. 349; Verordnung (EU) Nr. 600/2014 vom 15.4.2014 über Märkte für Finanzinstrumente und zur Änderung der Verordnung (EU) Nr. 648/2012, ABl. EU Nr. L 173 vom 12.6.2014, S. 84.
[211] S. o. Fn. 122.
[212] Vorschlag vom 25.10.2011 KOM (2011) 683 endgültig.
[213] Richtlinie 2013/50/EU vom 22.10.2013 zur Änderung der Richtlinie 2004/109/EG zur Harmonisierung der Transparenzanforderungen in Bezug auf Informationen über Emittenten, deren Wertpapiere zum Handel auf einem geregelten Markt zugelassen sind, der Richtlinie 2003/71/EG betreffend den Prospekt, der beim öffentlichen Angebot von Wertpapieren oder bei deren Zulassung zum Handel zu veröffentlichen ist, sowie der Richtlinie 2007/14/EG mit Durchführungsbestimmun-

Die Transparenzrichtlinie II führte die Pflicht zur Offenlegung der Beteiligung an bör- **78** sennotierten Unternehmen ein und wurde gemeinschaftsweit als für das ordnungsgemäße und wirksame Funktionieren des Binnenmarkts nützlich betrachtet. Dementsprechend konzentriert sich die bis November 2015 umzusetzende Änderungsrichtlinie **(Transparenzrichtlinie III)** vor allem auf die Schließung von Lücken der bisherigen Rahmenregelung. An vorderster Stelle stand dabei die Ausweitung und gemeinschaftsweite Harmonisierung von Meldepflichten auf alle Finanzinstrumente, die den Erwerb des wirtschaftlichen Eigentums an börsennotierten Unternehmen erlauben, um bislang keiner Meldepflicht unterfallende Transaktionen zu erfassen, die ein von den Marktteilnehmern und Aktionären der Zielgesellschaft nicht erkennbares „Anschleichen" ermöglichten.[214] Weiter wurden die gemeinschaftsrechtliche Verpflichtung börsennotierter Unternehmen, vierteljährlich Finanzinformationen zur Verfügung zu stellen, abgeschafft, Verwaltungsvereinfachungen für kleine und mittlere Unternehmen eingeführt, ein zentraler Zugang zu Finanzinformationen etabliert und die Aufsichts- und Sanktionsbefugnisse der mitgliedstaatlichen Aufsichtsbehörden ausgedehnt. Die Richtlinie verlangt, „dass in Fällen, in denen juristische Personen gegen ihre Pflichten verstoßen, gegen die Mitglieder des Verwaltungs-, Leitungs- oder Aufsichtsorgans der betreffenden juristischen Person und andere natürliche Personen, die nach nationalem Recht für den Verstoß verantwortlich sind, nach Maßgabe des nationalen Rechts Sanktionen verhängt" (Art. 28 Abs. 2 der Richtlinie) und öffentlich bekannt gemacht werden können (Art. 28a der Richtlinie).

dd) Einzelmaßnahmen. (1) Ratingagenturen. Zu den Regelungsfeldern der EU, die nicht **79** einer der vier Rahmenrichtlinien zuzuordnen ist, gehört vor allem die Regulierung der **Ratingagenturen als Informationsintermediäre** auf den Finanzmärkten. Überlegungen, die Arbeit von Ratingagenturen einer europäischen Regelung zu unterziehen, gehen bis auf die Jahrtausendwende zurück, doch noch 2006 wurde eine Notwendigkeit unter Hinweis auf das Subsidiaritätsprinzip und die Anwendbarkeit von drei bereits ergangenen Finanzdienstleistungsrichtlinien auf Ratingagenturen zurückgewiesen.[215] Die fehlerhafte Beurteilung der Risiken von Subprime-Krediten, die in Wertpapieren verbrieft und zusammengefasst wurden, und die auf den Erwerb solcher Papiere durch Kreditinstitute zurückzuführende, als Subprime-Krise bezeichnete Finanzkrise von 2007, haben zum Umdenken geführt. Dabei hat man sich dem Urteil *der Financial Crisis Inquiry Commission*[216] angeschlossen, Ratingagenturen hätten einen entscheidenden Beitrag zu der Finanzkrise geleistet, da die verbrieften Subprime-Kredite ohne ihre Top-Ratings nicht verkauft worden wären.[217]

Dementsprechend beruht die daraufhin ergangene **Verordnung (EG) Nr. 1060/2009** **80** **vom 16.9.2009 über Ratingagenturen**[218] auf der Wahrnehmung, die Ratingagenturen

---

gen zu bestimmten Vorschriften der Richtlinie 2004/109/EG, ABl. EU Nr. L 294 vom 6.11.2013, S. 13.

[214] Zu den bereits im deutschen Recht ergriffenen Maßnahmen zur Verhinderung des „Anschleichens" → Rn. 103.

[215] Mitteilung der Kommission über Rating-Agenturen, 2006/C 59/02, ABl. EU Nr. C 59 vom 11.3.2006, S. 2.

[216] Financial Crisis Inquiry Commission, The Financial Crisis Inquiry Report – Final Report of the National Commission on the Causes of the Financial and Economic Crisis in the United States, Official Government Edition, January 2011, p. xxv. Abrufbar unter www.gpo.gov/fdsys/pkg/GPO-FCIC/pdf/GPO-FCIC.pdf.

[217] S. den von der Kommission begrüßten (Pressemeldung vom 10.1.2007 – IP/07/28) CESR-Bericht über Ratingagenturen: CESR's Report to the European Commission on the compliance of Credit Rating Agencies with the IOSCO Code, CESR/06–545, December 2006.

[218] ABl. EU Nr. L 302 vom 17.11.2009, S. 1; Berichtigung ABl. EU Nr. L 350 vom 29.12.2009, S. 59. Zur Verordnung dieser ausführlich *Stemper*, Rechtliche Rahmenbedingungen des Ratings, 2010, S. 211 ff. Ferner *Cortez/Schön*, Die neue EU-Verordnung über Ratingagenturen, ZfW 2010, 226; *Deipenbrock*, Das Europäische Modell einer Regulierung von Ratingagenturen – aktuelle praxisrelevante Rechtsfragen und Entwicklungen, RIW 2010, 612.

hätten einerseits die verschlechterte Marktlage nicht früh genug in ihren Ratings zum Ausdruck gebracht und es sei ihnen andererseits nicht gelungen, ihre Ratings rechtzeitig anzupassen, als sich die Krise auf dem Markt schon zugespitzt hatte.[219] Dieses Versagen, so wird gefolgert, lasse sich am besten durch Maßnahmen in den Bereichen Interessenkonflikte, Ratingqualität, Transparenz und interne Führungsstruktur der Ratingagenturen und Beaufsichtigung der Tätigkeit von Ratingagenturen korrigieren.[220] Vor diesem Hintergrund sei in Europa die Auffassung einer allgemeinen Regulierungsbedürftigkeit von Ratingagenturen gewachsen, was Erwägungsgrund 1 der Verordnung (EG) Nr. 1060/2009 wie folgt umschreibt: „Ratingagenturen spielen auf den globalen Wertpapier- und Bankenmärkten eine wichtige Rolle, da Anleger, Kreditnehmer, Emittenten und Regierungen unter anderem die Ratings dieser Agenturen nutzen, um fundierte Anlage-und Finanzentscheidungen zu treffen. Kreditinstitute, Wertpapierfirmen, Lebens- und Nichtlebensversicherungsunternehmen, Rückversicherungsgesellschaften, Organismen für gemeinsame Anlagen in Wertpapieren (OGAW) und Einrichtungen der betrieblichen Altersversorgung können sich bei der Berechnung ihrer gesetzlichen Eigenkapitalanforderungen oder der Berechnung der Risiken ihres Anlagegeschäfts auf diese Ratings stützen. Damit wirken sich Ratings erheblich auf das Funktionieren der Märkte sowie das Vertrauen von Anlegern und Verbrauchern aus. Es muss deshalb sichergestellt werden, dass Ratingaktivitäten im Einklang mit den Grundsätzen der Integrität, Transparenz, Rechenschaftspflicht und guten Unternehmensführung durchgeführt werden, damit die in der Gemeinschaft verwendeten Ratings unabhängig, objektiv und von angemessener Qualität sind."[221]

**81** **Eckpunkte der Verordnung** (EG) Nr. 1060/2009 (→ Rn. 80) sind Regelungen über die Zulässigkeit der Verwendung von Ratings durch Kreditinstitute, Wertpapierfirmen, Versicherungsunternehmen und Organismen für gemeinsame Anlagen in Wertpapieren (die Vorgenannten dürfen gemäß Art. 4 Abs. 1 der Verordnung für aufsichtsrechtliche Zwecke nur Ratings von Ratingagenturen verwenden, die ihren Sitz in der Gemeinschaft haben und gemäß dieser Verordnung registriert sind), über die Abgabe (Erstellung und Bekanntgabe) von Ratings, über die auf einer Registrierungspflicht beruhenden Registrierung von Ratingagenturen sowie über die Beaufsichtigung der Ratingagenturen. Die **Beaufsichtigung** der Erfüllung der sich aus der Rating-Verordnung ergebenden Pflichten überantwortete diese zunächst den hierfür von den Mitgliedstaaten als „zuständig" benannten Behörden, dh faktisch den nationalen Aufsichtsbehörden. In Bezug auf die Registrierung von Ratingagenturen, sah die Verordnung ein Zusammenspiel des *Committee for European Securities Regulators* (CESR) und der „zuständigen", von jedem Mitgliedstaat nach Art. 22 Abs. 1 der Verordnung zu benennenden Behörden vor. Der Pflicht zur Benennung der zuständigen Behörde sowie derjenigen zur Festlegung wirksamer, verhältnismäßiger und abschreckender Sanktionen zur Ahndung von Verstößen gegen die Vorgaben der Rating-Verordnung (Art. 33 der Verordnung) ist Deutschland durch den Erlass des **Ausführungsgesetzes zur Verordnung** (EG) Nr. 1060/2009 vom 16.9.2009[222] nachgekommen, das ua in das WpHG einen neuen Abschnitt 3a über Ratingagenturen und als einzige Vorschrift dieses Abschnitts den neuen „§ 17 Überwachung von Ratingagenturen" einfügte.

---

[219] Erwägungsgrund 10 der Verordnung (EG) Nr. 1060/2009, ABl. EU Nr. L 302 vom 17.11.2009, S. 2. Vgl. RegE Ausführungsgesetz zur EU-Ratingverordnung, BT-Drucks. 17/716 vom 15.2.2010, S. 1.

[220] Erwägungsgrund 10 der Verordnung (EG) Nr. 1060/2009, ABl. EU Nr. L 302 vom 17.11.2009, S. 2.

[221] Erwägungsgrund 1 der Verordnung (EG) Nr. 1060/2009, ABl. EU Nr. L 302 vom 17.11.2009, S. 1.

[222] BGBl. I 2010, 786. Ausführlich zum Ausführungsgesetz *Haar,* Das deutsche Ausführungsgesetz zur EU-Ratingverordnung – Zwischenetappe auf dem Weg zu einer europäischen Finanzmarktarchitektur, ZBB 2010, 185; *Stemper,* Rechtliche Rahmenbedingungen des Ratings, 2010, S. 408 ff. Zur Entwicklung der europäischen Regulierung von Ratingagenturen und zur deutschen Regelung *Assmann* in Assmann/Uwe H. Schneider, WpHG, § 17 Rn. 4 ff. bzw. 7 ff.

Dabei war von vornherein klar, dass es sich bei diesem Regelungsregime um ein vorläufiges handeln würde, welches nur solange als **Übergangslösung**[223] dienen sollte, bis die – als Bestandteil der Einrichtung eines Europäischen Finanzaufsichtssystems (ESFS), → Rn. 62 – neu zu gründende Europäische Wertpapieraufsichtsbehörde **ESMA** (→ Rn. 62) die sich aus der Rating-Verordnung (EG) Nr. 1060/2009 ergebenden Aufgaben würde wahrnehmen können.[224] Damit wurde ursprünglich für den 1.1.2011 gerechnet, doch hat die erst mit der Verordnung (EU) Nr. 1095/2010 vom 24.11.2010[225] auf den Weg gebrachte ESMA die ihr zugedachte Aufgabe erst zum 1.7.2011 übernehmen können. Dies wiederum geschah auf der Grundlage der ua hierfür ergangenen Verordnung (EU) Nr. 513/2011 vom 11.5.2011 zur Änderung der Verordnung (EG) Nr. 1060/2009 über Ratingagenturen.[226] Damit ist die ausschließliche Zuständigkeit für die Registrierung und Beaufsichtigung von Ratingagenturen in der EU auf die **Europäische Wertpapieraufsichtsbehörde ESMA** übergegangen. Die nationalen Aufsichtsbehörden sind nunmehr nur noch insoweit zuständig, als die ESMA einer der „zuständigen Behörden", das ist für Deutschland nach § 17 Abs. 1 Satz 1 WpHG auch weiterhin die BaFin, spezifische Aufgaben überträgt. Für das in § 17 Abs. 3 bis 5 und 7 WpHG enthaltene Aufsichtsrecht war indes kein Bedarf mehr. Es wurde mit dem Gesetz zur Novellierung des Finanzanlagenvermittler- und Vermögensanlagenrechts vom 6.12.2011[227] aufgehoben.

Die europäische Regulierung von Ratingagenturen nach der Verordnung (EG) Nr. 1060/2009 wird heute von einer Reihe weiterer Rechtsakte konkretisiert und bestimmt:
– der schon (oben Rn. 82) erwähnten Verordnung (EU) Nr. 513/2011 vom 11.5.2011 zur Änderung der Verordnung (EG) Nr. 1060/2009 über Ratingagenturen,[228] mit der neben der Installierung der ESMA als Aufsichtsbehörde für Ratingagenturen Erfahrungen aus der Euro-Schuldenkrise umgesetzt werden;
– der Delegierten Verordnung (EU) Nr. 272/2012 der Kommission vom 7.2.2012 zur Ergänzung der Verordnung (EG) Nr. 1060/2009 in Bezug auf die Gebühren, die den Ratingagenturen von der Europäischen Wertpapier- und Marktaufsichtsbehörde in Rechnung gestellt werden;[229]
– vier Delegierten Verordnungen der Kommission zu technischen Regulierungsstandards:[230] diese regeln (1) die Informationen, die Ratingagenturen im Registrierungsverfahren der Europäischen Wertpapier- und Marktaufsichtsbehörde (ESMA) zur Verfügung stellen müssen, (2) die Präsentation der Informationen, die Ratingagenturen in einem von der ESMA eingerichteten zentralen Datenspeicher (CEREP) einstellen, sodass Investoren die Leistung verschiedener Ratingagenturen miteinander vergleichen können (3) wie ESMA Ratingmethoden bewerten soll und (4) Inhalt, Format und Zeitintervalle für die Übermittlung von Ratingdaten an ESMA;
– der Delegierten Verordnung der Kommission (EG) Nr. 1060/2009 über Ratingagenturen vom 12.7.2012 (RatingVO)[231] betreffend Verfahrensvorschriften für von der ESMA

---

[223] Bedarf für die Übergangslösung bestand, weil nach der Verordnung (EG) Nr. 1060/2009 Ratingagenturen bereits ab dem 7.6.2010 bei den zuständigen Behörden Anträge auf Registrierung sollten stellen können (Art. 40 Satz 2 der Verordnung). S. dazu auch RegE Ausführungsgesetz zur EU-Ratingverordnung, BT-Drucks. 17/716 vom 15.2.2010, S. 8.
[224] RegE Ausführungsgesetz zur EU-Ratingverordnung, BT-Drucks. 17/716 vom 15.2.2010, S. 8.
[225] ABl. EU Nr. L 331 vom 15.12.2010, S. 84.
[226] ABl. EU Nr. L 145 vom 31.5.2011, S. 30.
[227] BGBl. I 2011, 2481.
[228] ABl. EU Nr. L 145 vom 31.5.2011, S. 30.
[229] ABl. EU Nr. L 90 vom 7.2.2012, S. 6.
[230] Delegierten Verordnungen 446/2012 bis 449/2012, jeweils vom 21.3.2012, ABl. EU Nr. L 140 vom 30.5.2012, S. 2, 14, 17 bzw. 32.
[231] ABl. EU Nr. L 282 vom 16.10.2012, S. 23.

den Ratingagenturen auferlegte Geldbußen, einschließlich der Vorschriften über das Recht auf Verteidigung und Fristen.

**84** Schließlich traten am 20.6.2013 die bereits im November 2011 von der Kommission unterbreiteten Vorschläge zur **Verbesserung des Rechtsrahmens für Ratingagenturen** in Gestalt einer **Verordnung** und einer **Richtlinie**[232] in Kraft.[233]

Die **Verordnung** – Verordnung (EU) Nr. 462/2013 vom 21.5.2013 – ergänzt den vorhandenen Regulierungsrahmen für Ratingagenturen vor allem im Hinblick auf Interessenkonflikte zwischen Ratingagentur und für das Rating zahlendem Emittenten. Der Staatsschuldenkrise geschuldet sind Regelungen im Hinblick auf die Erforderlichkeit, die Transparenz, das Verfahren und den Zeitpunkt der Veröffentlichung insbesondere für Länderratings. Die Finanzkrise wiederum, die verbreitet auf unsorgfältig erstellte fehlerhafte Ratings und das bisweilen blinde Vertrauen der Anleger auf dieselben zurückgeführt wird, mag die Grundlage für die **Einführung einer zivilrechtlichen Haftung von Ratingagenturen** sowohl gegenüber dem Emittenten als auch gegenüber Anlegern in Gestalt des neuen § 35a RatingVO (→ Rn. 83, Spiegelstrich 4) abgegeben haben. Das ist vor allem im Hinblick auf die Haftung gegenüber Anlegern von Bedeutung, die nach deutschem Recht – mangels vertraglicher Verbindung von Anlegern und Ratingagenturen – bisher auf deliktische Anspruchsgrundlagen gestützt werden musste, die nur im Ausnahmefall vorsätzlich sittenwidriger Anlegerschädigung durch fehlerhafte Ratings der Ratingagenturen weiterhalfen. Allerdings greift auch die Haftung nach § 35a Abs. 1 Unterabs. 1 RatingVO nur ein, wenn eine Ratingagentur vorsätzlich oder fahrlässig eine der im (nach Maßgabe der VO Nr. 462/2013 modifizierten) Anhang III der RatingVO aufgeführten Zuwiderhandlungen begangen, diese sich auf ein Rating ausgewirkt hat und dem Anleger aufgrund der Zuwiderhandlungen ein Schaden entstanden ist. Dazu reicht es nach § 35a Abs. 1 Unterabs. 2 RatingVO allerdings aus, dass der Anleger nachweist, sich bei seiner Entscheidung, in ein Finanzinstrument, auf das sich das fragliche Rating bezieht, zu investieren, dieses Instrument weiter zu halten oder zu veräußern, in vertretbarer Weise im Einklang mit dem neuen Art. 5a Abs. 1 der RatingVO oder in sonstiger Weise mit gebührender Sorgfalt auf das Rating verlassen zu haben. Einschränkend verlangt § 35a Abs. 2 RatingVO jedoch, dass der Anleger dazu genaue und detaillierte Informationen vorlegt, aus denen hervorgeht, die Ratingagentur habe gegen die RatingVO verstoßen und diese Zuwiderhandlung habe sich auf das abgegebene Rating ausgewirkt. Nach § 35a Abs. 5 RatingVO schließt die neue europäische Haftungsregelung weitere zivilrechtliche Haftungsansprüche nach nationalem Recht nicht aus.

Mit der **Richtlinie** – Richtlinie 2013/14/EU vom 21.5.2013 – soll vor allem sichergestellt werden, dass namentlich Organismen für gemeinsame Anlage in Wertpapiere (OGAW) und Alternative Investmentfonds (AIF) – anders als in der Finanzkrise zutage getreten – die Risikobewertung der Investitionen in Schuldtiteln nicht ausschließlich oder übermäßig unter Rückgriff auf Ratings und ohne eigene Bonitätsprüfung der Emittenten solcher Instrumente vornehmen.

---

[232] Vorschlag für eine Verordnung zur Änderung der Verordnung (EG) Nr. 1060/2009 über Ratingagenturen vom 15.11.2011, KOM (2011) 747 endgültig, und Vorschlag für eine Richtlinie vom 15.11.2011 zur Änderung der Richtlinie 2009/65/EG zur Koordinierung des Rechts- und Verwaltungsvorschriften betreffend bestimmte Organismen für gemeinsame Anlagen in Wertpapieren (OGAW) und der Richtlinie 2011/61/EU über die Verwalter alternativer Investmentfonds im Hinblick auf den übermäßigen Rückgriff auf Ratings, KOM (2011) 360 endgültig.

[233] Verordnung (EU) Nr. 462/2013 vom 21.5.2013 zur Änderung der Verordnung (EG) Nr. 1060/2009 über Ratingagenturen, ABl. EU Nr. L 146 vom 31.5.2012, S. 1, und Richtlinie 2013/14/EU vom 21.5.2013 zur Änderung der Richtlinie 2003/41/EG über die Tätigkeiten und die Beaufsichtigung von Einrichtungen der betrieblichen Altersvorsorge, der Richtlinie 2009/65/EG zur Koordinierung der Rechts- und Verwaltungsvorschriften betreffend bestimmte Organismen für gemeinsame Anlagen in Wertpapieren (OGAW) und der Richtlinie 2011/61/EU über die Verwalter alternativer Investmentfonds im Hinblick auf übermäßigen Rückgriff auf Ratings, ABl. EU Nr. L 145 vom 31.5.2013, S. 1.

(2) **Leerverkäufe.** Leerverkäufe, dh der Verkauf eines Wertpapiers, das sich im Zeitpunkt 85 des Abschlusses nicht im Eigentum des Verkäufers befindet, und Credit Default Swaps, dh außerbörslich gehandelte Verträge zwischen Parteien, die – unabhängig von bestehenden Kreditbeziehungen – einen Referenzschuldner und Ausfallrisiken der Gläubiger dieses Schuldners zum Gegenstand haben, gelten als Instrumente der Spekulation und verbreitet als Mitverursacher, jedenfalls aber als Verstärker von Kursbewegungen (namentlich nach unten) und Katalysatoren der Finanz- und Staatsschuldenkrise. Da ihnen auch positive Funktionen für die Liquidität der Märkte, die Kursbildung und für die Absicherung von Kreditausfallrisiken nicht abzusprechen sind, ist nicht ihre Eindämmung, sondern Transparenz das Mittel ihrer Regulierung auf europäischer Ebene. Diese ist durch die **Verordnung (EU) Nr. 236/2012 vom 14.3.2012 über Leerverkäufe und bestimmte Aspekte von Credit Default Swaps**[234] erfolgt. Die Verordnung enthält überwiegend Transparenzregelungen, gibt den mitgliedstaatlichen Aufsichtsbehörden aber auch Befugnisse, um in Ausnahmesituationen Leerverkäufe in Abstimmung mit der ESMA untersagen oder beschränken zu können, und soll so einen weiteren Schritt hin zu einer größeren Finanzstabilität in Europa darstellen (Art. 20ff., → Rn. 107).

(3) **Markt für OTC-Derivate. Derivate** sind für die Marktliquidität und die Absicherung 86 von Risiken aus der zukünftigen Entwicklung von Finanz- und Produktmärkten wichtige Instrumente, bergen aber auch für die Vertragsparteien und die Märkte beträchtliche Risiken. Da der bei weitem größte Anteil an Derivaten (die Kommission geht von 80 % aus) auf außerbörslich – „over the counter (OTC)" – gehandelten Kontrakten unterschiedlicher Ausgestaltung beruht, sind die sich aus solchen Instrumenten ergebenden Risiken schon wegen der schieren Größe der hier gehandelten Volumina (die Kommission schätzt den Nominalwert von OTC-Derivaten für Ende Dezember 2009 auf 615 Billionen Euro) eine für die Stabilität von Finanzmärkten und die Volkswirtschaft nicht zu übersehende Größe. Auch den sich daraus ergebenden und vor allem in der Finanz- und Staatsschuldenkrise zutage getretenen Regulierungsproblemen nähert sich die EU mit der Verordnung (EU) Nr. 648/2012 vom 4.7.2012 über OTC-Derivate, zentrale Gegenparteien und Transaktionsregister[235] – auch als **European Market Infrastructure Regulation (EMIR)** und EMIR-Verordnung bekannt – über Transparenzregelungen, Vorschriften zur Reduzierung der mit solchen Derivaten verbundenen systemischen Risiken sowie durch Maßnahmen zum Schutz von Marktmissbrauch.[236]

---

[234] ABl. EU Nr. L 86 vom 24.3.2012, S. 1, basierend auf dem Vorschlag der Kommission vom 15.9.2010, KOM (2010) 482 endgültig. Dazu ergangen sind (1) die Durchführungsverordnung (EU) Nr. 827/2012 vom 29.6.2012 zur Festlegung technischer Durchführungsstandards in Bezug auf die Verfahren für die Offenlegung von Nettopositionen in Aktien gegenüber der Öffentlichkeit, das Format, in dem der Europäischen Wertpapier- und Marktaufsichtsbehörde Informationen zu Netto-Leerverkaufspositionen zu übermitteln sind, die Arten von Vereinbarungen, Zusagen und Maßnahmen, die angemessen gewährleisten, dass Aktien oder öffentliche Schuldtitel für die Abwicklung des Geschäfts verfügbar sind, und die Daten, zu denen die Ermittlung des Haupthandelsplatzes einer Aktie erfolgt, sowie den Zeitraum, auf den sich die betreffende Berechnung bezieht, gemäß der Verordnung (EU) Nr. 236/2012 über Leerverkäufe und bestimmte Aspekte von Credit Default Swaps, ABl. EU Nr. L 251 vom 18.9.2012, S. 11, sowie (2) die Delegierte Verordnung (EU) Nr. 918/2012 vom 5.7.2012 zur Ergänzung der Verordnung (EU) Nr. 236/2012 über Leerverkäufe und bestimmte Aspekte von Credit Default Swaps im Hinblick auf Begriffsbestimmungen, die Berechnung von Netto-Leerverkaufspositionen, gedeckte Credit Default Swaps auf öffentliche Schuldtitel, Meldeschwellen, Liquiditätsschwellen für die vorübergehende Aufhebung von Beschränkungen, signifikante Wertminderungen bei Finanzinstrumenten und ungünstige Ereignisse, ABl. EU Nr. L 274 vom 9.10.2012, S. 1.
[235] ABl. EU Nr. L 201 vom 27.7.2012, S. 1. Dazu: Ausführungsgesetz zur Verordnung (EU) Nr. 648/2012 über OTC-Derivate, zentrale Gegenparteien und Transaktionsregister (EMIR-Ausführungsgesetz) vom 13.2.2013, BGBl. I 2013, 174.
[236] *Schuster/Ruschkowski,* EMIR – Überblick und ausgewählte Aspekte, ZBB/JBB 2014, 123.

§ 1 87

**87** Dazu stellt die Verordnung ua sicher, dass Informationen zu allen europäischen Derivate-Transaktion an ein **Transaktionsregister** gemeldet werden, welches den nationalen Aufsichtsbehörden und ESMA zugänglich ist, um sowohl politischen Entscheidungsträgern als auch Aufsichtsorganen einen Überblick über die Aktivitäten auf den Märkten zu verschaffen. Des Weiteren verlangt die Verordnung die **Abwicklung standardisierter OTC-Derivate-Geschäfte über eine Zentrale Gegenpartei** („Central Counterparty – CCP") und setzt Grenzwerte für OTC-Geschäfte, die aufgrund ihrer Struktur nicht für das zentrale Clearing geeignet sind. Sie enthält ferner der Aufsicht unterliegende Auflagen an Zentrale Gegenparteien in Bezug auf deren Organisation und Geschäftsgebaren. **Zwischen 2012 und 2014** wurden verschiedene **Verordnungen verabschiedet,** die die Verordnung Nr. 648/2012 vom 4.7.2012 im Hinblick auf technische Regulierungsstandards[237] komplettieren, technische Durchführungsstandards[238] festlegen und partiell ändern[239] oder ergänzen.[240] Sie haben so ein komplexes und kompliziertes Regelungsgefüge für OTC-Derivate geschaffen, das in den Mitgliedstaaten unmittelbar geltendes Recht darstellt.

---

[237] Delegierte Verordnungen (EU) (1) Nr. 148/2013 bezüglich technischer Regulierungsstandards für die Mindestangaben der Meldungen an Transaktionsregister, ABl. EU Nr. L 52 vom 23.2.2013, S. 1, (2) Nr. 149/2013 vom 19.12.2012 Hinblick auf technische Regulierungsstandards für indirekte Clearingvereinbarungen, die Clearingpflicht, das öffentliche Register, den Zugang zu einem Handelsplatz, nichtfinanzielle Gegenparteien und Risikominderungstechniken für nicht durch eine CCP geclearte OTC-Derivatekontrakte, ABl. EU Nr. L 52 vom 23.2.2013, S. 11, (3) Nr. 150/2013 vom 19.12.2012 in Bezug auf technische Regulierungsstandards, in denen die Einzelheiten eines Antrags auf Registrierung als Transaktionsregister festgelegt werden, ABl. EU Nr. L 52 vom 23.2.2013, S. 25, (4) Nr. 151/2013 vom 19.12.2012 im Hinblick auf Regulierungsstandards für die von Transaktionsregistern zu veröffentlichenden und zugänglich zu machenden Daten sowie operationelle Standards für die Zusammenstellung und den Vergleich von Daten sowie den Datenzugang, ABl. EU Nr. L 52 vom 23.2.2013, S. 33 (5) Nr. 152/2013 vom 19.12.2012 im Hinblick auf technische Regulierungsstandards für die Eigenkapitalanforderungen an zentrale Gegenparteien, ABl. EU Nr. L 52 vom 23.2.2013, S. 37, und (6) Nr. 153/2012 in Bezug auf technische Regulierungsstandards für Anforderungen an zentrale Gegenparteien, ABl. EU Nr. L 52 vom 23.2.2013, S. 41, (7) Nr. 285/2014 vom 13.2.2014 im Hinblick auf technische Regulierungsstandards in Bezug auf unmittelbare, wesentliche und vorhersehbare Auswirkungen von Kontrakten innerhalb der Union und die Verhinderung der Umgehung von Vorschriften und Pflichten, ABl. EU Nr. L 85 vom 21.3.2014, S. 1.

[238] Durchführungsverordnungen (EU) (1) Nr. 1247/2012 vom 19.12.2012 zur Festlegung technischer Durchführungsstandards im Hinblick auf das Format und die Häufigkeit von Transaktionsmeldungen an Transaktionsregister gemäß der Verordnung (EU) Nr. 648/2012 über OTC-Derivate, zentrale Gegenparteien und Transaktionsregister, ABl. EU Nr. L 352 vom 21.12.2012, S. 20 (2) Nr. 1248/2012 vom 19.12.2012 zur Festlegung technischer Durchführungsstandards für das Format von Anträgen auf Registrierung von Transaktionsregistern gemäß der Verordnung (EU) Nr. 648/2012 über OTC-Derivate, zentrale Gegenparteien und Transaktionsregister, ABl. EU Nr. L 352 vom 21.12.2012, S. 30, (3) Nr. 1249/2012 vom 19.12.2012 zur Festlegung technischer Durchführungsstandards im Hinblick auf das Format der gemäß der Verordnung (EU) Nr. 648/2012 über OTC-Derivate, zentrale Gegenparteien und Transaktionsregister von zentralen Gegenparteien aufzubewahrenden Aufzeichnungen, ABl. EU Nr. L 352 vom 21.12.2012, S. 32.

[239] Delegierte Verordnung (EU) Nr. 1002/2013 vom 12.7.2013 zur Änderung der Verordnung (EU) Nr. 648/2012 über OTC-Derivate, zentrale Gegenparteien und Transaktionsregister in Bezug auf die Liste der von ihrem Anwendungsbereich ausgenommenen Stelle, ABl. EU Nr. L 279 vom 19.10.2013, S. 2.

[240] Delegierte Verordnung (EU) (1) Nr. 1003/2013 vom 12.7.2013 zur Ergänzung der Verordnung (EU) Nr. 648/2012 in Bezug auf die Gebühren, die den Transaktionsregistern von der Europäischen Wertpapier- und Marktaufsichtsbehörde in Rechnung gestellt werden, ABl. EU Nr. L 279 vom 19.10.2013, S. 4; (2) Nr. 876/2013 vom 28.5.2013 zur Ergänzung der Verordnung (EU) Nr. 648/2012 im Hinblick auf technische Regulierungsstandards bezüglich Kollegien für zentrale Gegenparteien, ABl. EU Nr. L 244 vom 13.9.2013, S. 19; (3) zur Ergänzung der Verordnung (EU) Nr. 648/2012 im Hinblick auf Verfahrensvorschriften für von der Europäischen Wertpapier- und Marktaufsichtsbehörde (ESMA) Transaktionsregistern auferlegte Sanktionen, einschließlich Vorschriften über

(4) **Investmentfonds.** Die Kommission sieht es als ihre Aufgabe, innerhalb der EU die Entwicklung eines Binnenmarkts für Vermögensverwaltung zu fördern und meint damit sowohl die kollektive Vermögensanlage als auch die individuelle Portfolioverwaltung. Letztere ist Teil der verschiedenen Legislativmaßnahmen für Finanzdienstleistungen (→ Rn. 33). Erstere ist Gegenstand einer ganzen Reihe von speziellen Rechtsakten. Dabei unterscheidet die Kommission im Hinblick auf **kollektive Vermögensanlagen** grundsätzlich **vier Fondstypen:** Organismen für gemeinsame Anlagen in Wertpapieren (OGAW), Alternative Investmentfonds (AIFM), Europäische Risikokapital Fonds (EuVECA) und Fonds für soziales Unternehmertum (EuSEF). Diese Fondstypen sind jeweils Gegenstand unterschiedlicher Legislativmaßnahmen (näher zu OGAW und AIFM → Rn. 89 ff.). Im Juni und September 2013 hat die Kommission Regelungsvorschläge unterbreitet, die zwei **neue Fondstypen** vor Augen haben: den Europäischen langfristigen Investmentfonds (ELTIF) und den Geldmarktfonds (MMF). Darüber hinaus hat die Kommission im Juli 2012 einen Vorschlag für eine Verordnung über Basisinformationsblätter für Anlageprodukte vorgelegt,[241] mit dem Anlagekunden im so genannten Retailgeschäft – dazu gehören auch Investoren, die sich an kollektiven Anlagemodellen beteiligen – wesentliche Informationen über das jeweilige Anlageprodukt gegeben werden soll. Die vorgeschlagene Verordnung wird, weil sie sich auf so genannte *Packaged Retail Investment Products* (PRIPS) bezieht, auch als **PRIPS-Verordnung** bezeichnet.

**Organismen für gemeinsame Anlagen in Wertpapieren (OGAW,** englisch: **UCITS)** – dh Wertpapierfonds, die in die von der Richtlinie definierten Wertpapiere investieren (Wertpapierfonds) – stehen im Mittelpunkt des in der Nachkriegszeit beständig gewachsenen Anlegerinteresses an kollektiven, risikodiversifizierten Anlagen. Die Kommission gibt den Anteil von Investments von Kleinanlegern in OGAW an kollektiven Anlageformen mit rund 75 % an. Die letztlich Anlegerschutzgesichtspunkten geschuldete europarechtliche Regelung der OGAW geht zurück auf die Richtlinie 85/611/EWG vom 20.12.1985 zur Koordinierung der Rechts- und Verwaltungsvorschriften betreffend bestimmte Organismen für gemeinsame Anlagen in Wertpapieren (OGAW).[242] Sie wurde durch die Richtlinie 2009/65/EG vom 13.7.2009 (sog OGAW-IV-Richtlinie) neu gefasst,[243] nachdem sie bis dahin neun, teils gründlichen Änderungen unterzogen worden war.[244] Zur Richtlinie 2009/65/EG wiederum sind im Juli 2010 vier Durchführungsmaßnahmen ergangen: zwei Richtlinien[245] und zwei Verordnungen.[246] Richtlinie und Durch-

---

das Verteidigungsrecht und Fristen, bei Drucklegung noch nicht im Amtsblatt veröffentlicht, Vorschlag vom 13.3.2014 – C (2014) 1537 final.

[241] Vorschlag vom 3.7.2012, COM (2012) 352 final.

[242] ABl. EG Nr. L 375 vom 31.12.1985, S. 3.

[243] ABl. EU Nr. L 302 vom 17.11.2009, S. 32.

[244] Die Änderungen sind in Anhang III Teil A der Richtlinie 2009/65/EG vom 13.7.2009, ABl. EU Nr. L 302 vom 17.11.2009, S. 32, aufgeführt.

[245] Richtlinie 2010/43/EU vom 1.7.2010 zur Durchführung der Richtlinie 2009/65/EG im Hinblick auf organisatorische Anforderungen, Interessenkonflikte, Wohlverhalten, Risikomanagement und den Inhalt der Vereinbarung zwischen Verwahrstelle und Verwaltungsgesellschaft, ABl. EU Nr. L 176 vom 10.7.2010, S. 42; Richtlinie 2010/44/EU vom 1.7.2010 zur Durchführung der Richtlinie 2009/65/EG in Bezug auf Bestimmungen über Fondsverschmelzungen, Master-Feeder-Strukturen und das Anzeigeverfahren, ABl. EU Nr. L 176 vom 10.7.2010, S. 28 und ABl. EG Nr. L 179, 14.7.2010, S. 16.

[246] Verordnung (EU) Nr. 583/2010 vom 1.7.2010 zur Durchführung der Richtlinie 2009/65/EG im Hinblick auf die wesentlichen Informationen für den Anleger und die Bedingungen, die einzuhalten sind, wenn die wesentlichen Informationen für den Anleger oder der Prospekt auf einem anderen dauerhaften Datenträger als Papier oder auf einer Website zur Verfügung gestellt werden, ABl. EU Nr. L 176 vom 10.7.2010, S. 1; Verordnung (EU) Nr. 584/2010 vom 1.7.2010 zur Durchführung der Richtlinie 2009/65/EG im Hinblick auf Form und Inhalt des Standardmodells für das Anzeigeschreiben und die OGAW-Bescheinigung, die Nutzung elektronischer Kommunikationsmittel durch die zuständigen Behörden für die Anzeige und die Verfahren für Überprüfungen vor Ort und Ermittlungen sowie für den Informationsaustausch zwischen zuständigen Behörden, ABl. EU Nr. L 176 vom 10.7.2010, S. 16.

führungsrichtlinie wurden durch das Gesetz zur Umsetzung der Richtlinie 2009/65/EG zur Koordinierung der Rechts- und Verwaltungsvorschriften betreffend bestimmte Organismen für gemeinsame Anlagen in Wertpapieren (OGAW-IV-Umsetzungsgesetz – OGAW-IV-UmsG) vom 22.6.2011[247] in deutsches Recht umgesetzt und führten zu erheblichen Änderungen des seinerzeitigen Investmentgesetzes (näher dazu→ § 5 Rn. 17f.), das 2013 in das Kapitalanlagegesetzbuch (KAGB) überführt wurde. Schon im Juli 2012 wurde eine Richtlinie zur Änderung der OGAW-IV-Richtlinie 2009/65/EG vorgeschlagen[248] und eine entsprechende Konsultation eingeleitet.

90  **Alternative Investmentfonds (AIF),** in die ein erheblicher Teil aller investierten Vermögenswerte in der Union fließt, sind Fonds, die von einer Anzahl von Anlegern Kapital einsammeln, um es gemäß einer festgelegten Anlagestrategie zum Nutzen dieser Anleger zu investieren und keine Wertpapierfonds – OGAW – sind, also keine Genehmigung nach Art. 5 der Richtlinie 2009/65/EG benötigen. Sie wurden mit Richtlinie 2011/61/EU vom 8.6.2011 über die Verwalter alternativer Investmentfonds und zur Änderung der Richtlinien 2003/41/EG und 2009/65/EG und der Verordnungen (EG) Nr. 1060/2009 und (EU) Nr. 1095/2010 (sog **AIF-Richtlinie**),[249] der einige Durchführungsmaßnahmen folgten,[250] erst vergleichsweise spät einer europarechtlichen Regelung unterworfen. Auch hierfür dürften Erfahrungen aus der Finanzkrise ausschlaggebend geworden sein, denn AIF sind, wie es in Erwägungsgrund 1 der AIF-Richtlinie heißt, in beträchtlichem Umfang am Handel auf den Märkten für Finanzinstrumente beteiligt[251] und können die Märkte und Unternehmen, in die sie investieren, erheblich beeinflussen. Die AIF-Richtlinie setzt bei den Verwaltern alternativer Investmentfonds ein und unterwirft diese Vorschriften für die Zulassung, die laufende Tätigkeit und die Transparenz der AIF. Die Richtlinie und die zu ihr ergangenen Rechtsakte wurden durch das Gesetz zur Umsetzung der Richtlinie 2011/61/EU über die Verwalter alternativer Investmentfonds vom 4.7.2013 umgesetzt.[252] Die Umsetzung vollzog sich im Wesentlichen durch die Einführung des KAGB, in welches das mit dem Umsetzungsgesetz aufgehobene InvG überführt wurde (näher dazu → § 5 Rn. 19ff.).

---

[247] BGBl. I 2011, 1126.
[248] Vorschlag einer Richtlinie zur Änderung der Richtlinie 2009/65/EWG zur Koordinierung der Rechts- und Verwaltungsvorschriften betreffend bestimmte Organismen für gemeinsame Anlagen in Wertpapieren (OGAW) im Hinblick auf die Aufgaben der Verwahrstelle, die Vergütungspolitik und Sanktionen vom 3.7.2012, COM (2012) 350 final.
[249] ABl. EU Nr. L 174 vom 1.7.2011, S. 1.
[250] Delegierte Verordnung (EU) Nr. 231/2013 vom 19.12.2012 zur Ergänzung der Richtlinie 2011/61/EU im Hinblick auf Ausnahmen, die Bedingungen für die Ausübung der Tätigkeit, Verwahrstellen, Hebelfinanzierung, Transparenz und Beaufsichtigung, ABl. EU Nr. L 83 vom 22.3.2013, S. 1; Durchführungsverordnung (EU) Nr. 447/2013 vom 15.5.2013 zur Festlegung des Verfahrens für AIFM, die beschließt, sich der Richtlinie 2011/61/EU zu unterwerfen, ABl. EU Nr. 132 vom 16.5.2013, S. 1; Durchführungsverordnung (EU) Nr. 448/2013 vom 15.5.2013 zur Festlegung eines Verfahrens für die Bestimmung des Referenzmitgliedstaats eines Nicht-EU-AIFM, gemäß der Richtlinie 2011/61/EU des Europäischen Parlaments und des Rates, ABl. EU Nr. L 132 vom 16.5.2013, S. 3; Delegierte Verordnung vom 17.12.2013 zur Ergänzung der Richtlinie 2011/61/EU im Hinblick auf technische Regulierungsstandards zur Bestimmung der Arten von Verwaltern alternativer Investmentfonds, C (2013) 9098 final (Veröffentlichung im ABl. bei Drucklegung noch nicht erfolgt).
[251] Entsprechend heißt es in Erwägungsgrund 2 der AIF-Richtlinie, ABl. EU Nr. L 174 vom 1.7.2011, S. 1: „Auch wenn die Märkte, auf denen AIFM operieren, zumeist von deren Tätigkeit profitieren, haben die jüngsten Schwierigkeiten auf den Finanzmärkten doch gezeigt, wie die Geschäfte von AIFM auch dazu beitragen können, Risiken über das Finanzsystem zu verbreiten oder zu verstärken. Unkoordinierte nationale Maßnahmen erschweren ein wirksames Management dieser Risiken. Diese Richtlinie zielt daher darauf ab, gemeinsame Anforderungen für die Zulassung von und Aufsicht über AIFM festzulegen, um für die damit zusammenhängenden Risiken und deren Folgen für Anleger und Märkte in der Union ein kohärentes Vorgehen zu gewährleisten."
[252] BGBl. I 2013, S. 1981.

(5) Schutz von Kleinanlegern. Ein weiteres Handlungsfeld der EU ist der **Schutz von** 90a
**Kleinanlegern.** Sie hätten, so die Wahrnehmung der Kommission, weitgehend unbeschränkten Zugang zu den Finanzmärkten, doch seien die auf diesen angebotenen Produkte komplex und nur schwer zu verstehen. Zwar unterlägen diese Anlageprodukte einem komplexen Regelwerk teils europäischer, teils nationaler Regelungen, doch seien diese Bestimmungen oft unzusammenhängend und lückenhaft. Die darin zum Ausdruck kommenden Zweifel an der Effektivität des einschlägigen Regelwerks im Hinblick sowohl auf den Anlegerschutz als auch die Effizienz des Marktes, sind durch die Finanzkrise fraglich nicht geringer geworden. Bereits im November 2010 wurde deshalb mit einer Konsultation zu legislativen Schritten für die Umsetzung der Initiative der Kommission zu Anlageprodukten für Kleinanleger begonnen. Als erster Schritt wurde zwischenzeitlich die Verordnung über Basisinformationsblätter für Anlageprodukte verabschiedet (→ Rn. 103 aE).

c) **Eckpunkte der Entwicklung des nationalen Kapitalmarktrechts.** Die Änderungen des deutschen Finanzmarktrechts – namentlich des deutschen Kapitalmarkt- und Kapitalanlagerechts seit dem Erscheinen der Vorauflage und im Gefolge der Finanzmarktkrise in den Jahren 2007 ff. aufgrund europäischer Vorgaben (zu denen nicht nur die zahlreichen Richtlinien, Richtlinienänderungen und Durchführungsrichtlinien zu zählen sind, sondern auch die unzähligen im Inland direkt geltenden Verordnungen, Durchführungsverordnungen und Delegierte Verordnungen) und autonomer gesetzgeberischer Maßnahmen – sind so unzählig, dass der Versuch ihrer Darstellung jeglichen Blick auf die Entwicklung dieses Rechtsgebiets verstellen würde. Deshalb werden, statt einer chronologischen Behandlung der Gesetzgebung und der Rechtsetzung durch Verordnungen, die Schwerpunkte der gesetzgeberischen Eingriffe in das engere Kapitalmarkt- und Kapitalanlagerecht dargestellt. Nur in wenigen Ausnahmen wird auf die Rechtsentwicklung in Gestalt der Rechtsprechung eingegangen. Bei allem ist zu berücksichtigen, dass Einzelheiten der schwerpunktmäßig darzustellenden Änderungen Gegenstand der einzelnen Abschnitte dieses Handbuchs sind, und zudem die europäische wie nationale Rechtsprechung zu einem immer gewichtigeren Faktor der Entwicklung des Kapitalmarkt- und Kapitalanlagerechts geworden ist. 91

aa) Grauer Kapitalmarkt. Der graue Kapitalmarkt ist durch die jüngsten Entwicklungen 92
bei der gesetzlichen Regelung von Prospektpflicht und zur Prospekthaftung beim öffentlichen Angebot von Kapitalanlagen (→ Rn. 95 ff., insbes. → Rn. 98), die nahezu alle bisher auf dem grauen Markt vertriebenen Kapitalanlageformen umfassen, zumindest in prospektrechtlicher Hinsicht aufgehellt und **in den gesetzlich geregelten organisierten Kapitalmarkt überführt** worden. Durch den breiten Anwendungsbereich des KAGB (→ § 5 Rn. 345 ff.) und dessen, auf einem materiellen Fondsbegriff (→ § 5 Rn. 20, 345) aufbauendes Regelungskonzept, unterfallen nun aber zahlreiche Anlageformen, die – wie etwa geschlossene Immobilienfonds in Gestalt von Gesellschaften bürgerlichen Rechts oder Kommanditgesellschaften – bis dahin dem grauen Kapitalmarkt zuzuordnen waren, den Organisations-, Verhaltens- und Erlaubnispflichten des KAGB und damit auch der diesbezüglichen Beaufsichtigung durch die BaFin.

Wesentliche Maßnahmen zur Neugestaltung des Prospektrechts gehen auf das **Gesetz zur** 93
**Novellierung des Finanzanlagenvermittler- und Vermögensanlagenrechts** vom 6.12.2011[253] zurück (→ Rn. 96). Dieses der Verbesserung des Anlegerschutzes im Bereich des grauen Kapitalmarkts gewidmete Gesetz regelt über das Prospektrecht hinaus Maßnahmen zur Verbreiterung der Informationsbasis für Anlageentscheidungen, eine „schärfere Produktregulierung" sowie erhöhte Anforderungen an den Vertrieb von Kapitalanlagen. Zu Letzterem trägt etwa eine auf den ersten Blick unscheinbare Änderung bei: Durch eine Modifikation des § 2 Abs. 2a WpHG werden die von dem neu eingeführten Vermögensanlagengesetz erfassten Vermögensanlagen dem Katalog der Finanzinstrumente hinzugefügt, was zur Folge hat, dass (nicht durch die neuen Ausnahmeregelungen in § 2a Nr. 7 WpHG ausge-

---

[253] BGBl. I 2011, 2481. RegE BR-Drucks. 209/11 vom 15.4.11, S. 1.

nommene) Unternehmen, die Wertpapierdienstleistungen im Zusammenhang mit diesen Vermögensanlagen erbringen, als Wertpapierdienstleistungsunternehmen zu qualifizieren sind und die in §§ 31 ff. WpHG statuierten Organisations- und Verhaltenspflichten zu beachten haben. Zu Letzteren gehören die Pflichten der anlegergerechten Beratung, der Offenlegung von Provisionen und der Führung eines Beratungsprotokolls.[254]

**94** Auch in dem im Mai 2014 vorgestellten **Aktionsplan der Bundesregierung zum Verbraucherschutz im Finanzmarkt**[255] steht – maßgeblich beeinflusst durch die Erfahrungen aus dem *Prokon*-Skandal – die Verbesserung des **Schutzes der Kleinanleger auf dem grauen Kapitalmarkt** im Vordergrund. So sollen etwa die bislang keiner Prospektpflicht unterliegenden partiarischen Darlehen oder Nachrangdarlehen, unter Berücksichtigung der Probleme und Interessen bei so genannten *Crowd*-Finanzierungen, in den Anwendungsbereich des VermAnlG überführt werden. Darüber hinaus ist etwa geplant, die Aussagefähigkeit von Verkaufsprospekten so zu verbessern, dass das angebotene Anlageprodukt transparenter wird, die Gültigkeit von Prospekten zu begrenzen und neue Vertriebspflichten – bis hin zur Möglichkeit der Verhängung von Vertriebsverboten oder Vertriebsbeschränkungen für bestimmte Produkte oder Produktgruppen – einzuführen. Flankierend sollen Wertpapierfirmen bereits bei der Entwicklung eines Finanzprodukts verpflichtet werden, im Informationsblatt für Wertpapiere und im Vermögensanlagen-Informationsblatt den Kreis der „Endkunden" zu bestimmen, auf die ein Anlageangebot abzielt, und alle relevanten Risiken für die betroffenen Anlegergruppen zu bewerten (sog *Product-Governance*). Über die Orientierung am grauen Kapitalmarkt hinaus sind Maßnahmen vorgesehen, die der Verbesserung des Zugangs der Anleger zu Informationen über Finanzprodukte insbesondere per „Internettransparenz" dienen und die Bekanntgabe bestimmter Informationen per Ad-hoc-Meldung verlangen.

**95** bb) Publizität und Transparenz. (1) Prospektpublizität und Prospekthaftung. Publizität als kapitalmarktrechtlichem Regelungsinstrument und als Mittel des Anlegerschutzes kommt sowohl im europäischen wie im nationalen Kontext eine nach wie vor hohe Bedeutung zu, auch wenn es im Zuge der Finanzkrise durch marktstrukturelle, produktbezogene und institutionenorientierte Regelungen in den Hintergrund gedrängt wurde. Das **Spektrum publizitätsbezogener Normkomplexe** ist weit und umfasst neben der Vertriebspublizität die anlassbezogene Publizität (etwa die Ad-hoc-Publizität), die hier nicht zu vertiefende laufende Berichts- und Rechnungslegungspublizität sowie die jeweiligen aufsichtsrechtlichen, straf- und bußgeldrechtlichen sowie zivilrechtlichen Sanktionen von Pflichtverletzungen. Entsprechend vielfältig sind die Änderungen, die diesbezüglich zu verzeichnen sind. Unter ihnen dominieren, wenn man die direkt anwendbaren einschlägigen europarechtlichen Akte mit einbezieht, Maßnahmen zur **Perfektionierung der Publizitätsinstrumente,** etwa der Prospekte, namentlich in Gestalt einer bis ins Extreme gesteigerten Formularisierung der jeweiligen Dokumente. Gleichzeitig wird weiter versucht, die Publizitätsinstrumente als **Instrumente des individuellen Anlegerschutzes** auszubauen, indem auch für den Kleinanleger lesbare Formate – wie etwa die Zusammenfassung nach § 5 Abs. 2 Satz 1 WpPG in einem nach dem WpPG zu erstellenden Prospekt – verlangt werden. Die diesbezüglichen Versuche haben durchaus experimentellen Charakter, experimentell in dem Sinne, dass diesbezüglich nicht zielführende Formate (etwa der durch das Investmentmodernisierungsgesetz in das InvG eingeführte einfache Verkaufsprospekt, → § 5 Rn. 17) durch andere (im Falle des einfachen Verkaufsprospekts etwa die als Teil des Prospekt zu gebenden „wesentlichen Anlegerinformationen", → § 5 Rn. 18) ausgetauscht oder neue ergänzende Formate (etwa das Vermögensanlagen-Informationsblatt nach § 13 VermAnlG als Instrument der Kurzinformation von Anlegern über die angebotenen Vermögensanlagen, → § 5 Rn. 16) geschaffen werden.

---

[254] RegE. RegE BR-Drucks. 209/11 vom 15.4.11, S. 67.
[255] → Rn. 71 und Fn. 200. Zur gesetzgeberischen Umsetzung des Aktionsplans s. den Referentenentwurf eines Kleinanlegerschutzgesetzes vom 28.7.2014, oben Fn. 2.

Für die Prospektpublizität und Prospekthaftung ist vor allem eine Neusystematisierung **96** der Prospektpflichten und der Haftung für fehlerhafte Prospekte sowie eine flächendeckende Regelung der Haftung für fehlende Prospekte zu vermelden. Mit dem **Gesetz zur Novellierung des Finanzanlagenvermittler- und Vermögensanlagenrechts** vom 6.12.2011[256] wurde die bisher im Börsengesetz §§ 44 ff. BörsG aF geregelte Prospekthaftung für Börsenzulassungsprospekte und die bislang im Verkaufsprospektgesetz geregelte Haftung für Prospekte, die beim Angebot von Wertpapieren zu erstellen sind, die nicht zum Handel an einer inländischen Börse zugelassen werden sollen, in §§ 21–26 WpPG zusammengeführt. Darüber hinaus wurde mit Art. 1 bzw. 2 des vorgenannten Gesetzes zur Novellierung des Finanzanlagenvermittler- und Vermögensanlagenrechts das **Gesetz über Vermögensanlagen** (VermAnlG) eingeführt bzw. das **Verkaufsprospektgesetz** aufgehoben (dazu näher → § 5 Rn. 16, 116 ff.). Weiterhin separat geregelt und Besonderheiten der Vertriebspublizität des Investmentrechts geschuldet ist die **investmentrechtliche Prospekthaftung,** die sich nach der Einführung des KAGB und der Überführung des InvG in das KAGB in §§ 306, 307 Abs. 3 KAGB findet (näher → § 5 Rn. 17 ff., 321 f., 322 ff.).

Auch die neuen Publizitätsinstrumente, die neben oder im Prospekt der besseren Information **97** der Anleger (namentlich der Kleinanleger) dienen sollen, sind einer der Prospekthaftung angepassten Haftung unterworfen worden. So wird für die Fehlerhaftigkeit des **Vermögensanlagen-Informationsblatts,** das nach § 13 Abs. 1 VermAnlG vor dem Beginn des öffentlichen Angebots neben dem Verkaufsprospekt zu erstellen ist (→ § 5 Rn. 300 ff.), nach § 22 VermAnlG gehaftet (→ § 5 Rn. 302, 303 ff.).[257] Entsprechend verhält es sich im Hinblick auf fehlerhafte Angaben in den nach dem KAGB in den Verkaufsprospekt aufzunehmenden **wesentlichen Anlegerinformationen:** sind sie irreführend, unrichtig oder nicht mit den einschlägigen Stellen des Verkaufsprospekts vereinbar, löst dies eine Haftung nach § 306 Abs. 2 Satz 1 KAGB aus (→ § 5 Rn. 327, 418 ff.).

Zusammengenommen haben die Änderungen des Prospektpublizität und der Prospekt- **98** haftung einerseits und der weite Anwendungsbereich des KAGB dazu geführt, dass der **allgemein-zivilrechtlichen Prospekthaftung** weitgehend der Boden entzogen wurde (näher → § 5 Rn. 20 ff.) und die Zweigleisigkeit der Prospekthaftung in Gestalt gesetzlicher Prospekthaftungstatbestände und der auf richterlicher Rechtsfortbildung beruhenden allgemein-zivilrechtlichen Prospekthaftung (→ § 5 Rn. 3) zumindest für die Zukunft aufgehoben ist. Sieht man von den vielfältigen Ausnahmen ab, welche das WpPG, das VermAnlG und das KAGB im Hinblick auf die von ihnen statuierte Pflicht zur Erstellung eines Prospekts eröffnen, lässt sich sagen, dass heute nahezu alle der in Deutschland angebotenen und zu erwerbenden Anlageinstrumente einer Prospektpflicht unterliegen, sodass ein **grauer Kapitalmarkt** damit praktisch nicht mehr existiert.

Seit dem 5.5.2014 (→ Rn. 72) ist für die Frage, unter welchen Voraussetzungen ein **99** **Nachtrag** nach § 16 Abs. 1 WpPG zu einem Prospekt zu veröffentlichen ist, die **Delegierte Verordnung (EU) Nr. 382/2014** vom 7.3.2014 zur Ergänzung der Richtlinie 2003/71/EG im Hinblick auf technische Regulierungsstandards für die Veröffentlichung eines Prospektnachtrags[258] zu beachten. In ihrem Art. 2 benennt sie die Ereignisse, bei deren Eintritt die Veröffentlichung eines Nachtrags zu einem Prospekt erfolgen muss.

(2) Kurzinformationen und Informationsblätter. Weitgehend unabhängig von europäi- **100** schen Vorgaben verfolgt der Gesetzgeber das Ziel, vertriebsbezogene **Publizitätsinstrumente** anlegergerechter auszugestalten und stärker für den **individuellen Anlegerschutz** nutzbar zu machen:

– Ein Weg zur Erreichung dieses Ziels besteht darin, perfektionierte Publizitätsinstrumente **101** wie Prospekte mit einer Art **Zusammenfassung** zu versehen. Er ist beschritten wor-

---

[256] BGBl. I 2011, 2481.
[257] Eine Haftung für ein fehlendes Vermögensanlagen-Informationsblatt kennt das VermAnlG dagegen nicht, → § 5 Rn. 302 aE.
[258] → Rn. 71 und Fn. 200.

den, indem ein nach dem KAGB zu erstellender Verkaufsprospekt einen Prospektteil mit **wesentlichen Informationen** enthalten muss (→ Rn. 97).

102 – Ein anderer Weg kann darin bestehen, komplementär zu einem komplexen Publizitätsinstrument zu erstellende **Kurzinformationen** vorzusehen: Das ist geschehen, indem der auf Gesetz zur Novellierung des Finanzanlagenvermittler- und Vermögensanlagenrechts vom 6.12.2011[259] zurückgehende § 13 Abs. 1 VermAnlG einen Anbieter, der im Inland Vermögensanlagen öffentlich anbietet, verpflichtet, vor dem Beginn des öffentlichen Angebots, neben dem Verkaufsprospekt ein **Vermögensanlagen-Informationsblatt** zu erstellen. Ist dieses irreführend, unrichtig oder nicht mit den einschlägigen Teilen des Verkaufsprospekts vereinbar, so haftet der Anbieter nach Maßgabe von § 22 VermAnlG.

103 – Und schließlich besteht ein Weg darin, die klassischen Informationsinstrumente wie Prospekte, Jahresabschlüsse und Zwischeninformationen um **andere Publizitätsformate** zu ergänzen, um in diesen Angaben zu verlangen, die dem Anleger eine informierte Anlageentscheidung und die Kontrolle von Anlageempfehlungen erlauben. Dieser Weg wurde mit der in § 31 Abs. 3a WpHG statuierten Pflicht eines Wertpapierdienstleistungsunternehmens eingeschlagen, im Falle einer Anlageberatung dem Kunden rechtzeitig vor dem Abschluss eines Geschäfts über Finanzinstrumente ein **kurzes und leicht verständliches Informationsblatt** über jedes Finanzinstrument zur Verfügung zu stellen, auf das sich eine Kaufempfehlung bezieht.[260] Diese Verpflichtung des Anlageberaters zur Aushändigung eines so genannten **Produktinformationsblatts** – auch als „Beipackzettel" bezeichnet – wird als Konzession an den bereits mit § 31 Abs. 3 WpHG umgesetzten, weniger weit gehenden Art. 31 der Richtlinie 2006/73/EG vom 10.8.2006 zur Durchführung der Richtlinie 2004/39/EG (MiFID)[261] gesehen,[262] stellt also eine zur ordnungsgemäßen Umsetzung nicht gebotene Entscheidung des deutschen Gesetzgebers dar. Zum Zwecke des Schutzes der Anleger hat die BaFin Ende September 2013 ein Rundschreiben zu den Anforderungen an Produktinformationsblätter (PIBs) zu Finanzinstrumenten veröffentlicht.[263] Am 15.4.2014 hat das Europäische Parlament die EU-Verordnung über Basisinformationsblätter für Anlageprodukte angenommen,[263a] welche an die Stelle der Regelung des § 31 Abs. 3a WpHG treten wird.

104 (3) Beteiligungstransparenz. Zu den mit dem **Gesetz zur Stärkung des Anlegerschutzes und Verbesserung der Funktionsfähigkeit des Kapitalmarkts** (Anlegerschutz- und Funktionsverbesserungsgesetz) vom 5.4.2011[264] ergriffenen Maßnahmen, das mit der 2007 aufgekommenen Finanzkrise verlorene Vertrauen der Anleger in die Finanzmärkte zurückzugewinnen und damit den Finanzplatz Deutschland zu stärken (→ Rn. 112), wurden zur Verbesserung der Beteiligungstransparenz auch **Mitteilungs- und Veröffentlichungspflich-**

---

[259] BGBl. I 2011, 2481.
[260] Dazu *Koller* in Assmann/Uwe H. Schneider (Hrsg.), WpHG, 6. Aufl. 2012, § 31 Rn. 122 ff.; *Podewils*, Beipackzettel für Finanzprodukte – verbesserte Anlegerinformation durch Informationsblätter und Key Investor Information, ZBB 2011, 169; *Preuße/Schmidt*, Anforderungen an Informationsblätter nach § 31 Abs. 3a WpHG, BKR 2011, 265; *Vollmuth/Evenkamp*, Beipackzettel für Finanzinstrumente – Patentrezept für mehr Anlegerschutz?, RdF 2011, 8.
[261] S. o. Fn. 207.
[262] *Koller* in Assmann/Uwe H. Schneider (Hrsg.), WpHG, 6. Aufl. 2012, § 31 Rn. 122.
[263] Rundschreiben 4/2013 (WA) – Auslegung gesetzlicher Anforderungen an die Erstellung von Informationsblättern gemäß § 31 Abs. 3a WpHG / § 5a WpDVerOV, Geschäftszeichen WA 36 – Wp 2002 – 2012/0003. Dazu *Wölk/Uphoff*, BaFin Produktinformationsblätter: BaFin-Rundschreiben zu den Anforderungen an Informationen über Finanzinstrumente, auf der Website der BaFIN http://www.bafin.de/SharedDocs/Veroeffentlichungen/DE/Fachartikel/2014/fa_bj_1402_produktinformationsblaetter.html.
[263a] Die Verordnung, die auf den Verordnungsvorschlag vom 3.7.2012, COM(2012) 352 final, zurückgeht, soll im Spetember 2014 veröffentlicht werden.
[264] BGBl. I 2011, 538. Dazu ergangen: Erste Verordnung zur Änderung der Wertpapierhandelsanzeige- und Insiderverzeichnisverordnung, BGBl. I 2012, 121.

ten für bislang nicht erfasste Transaktionen eingeführt. Mit diesen soll vor allem verhindert werden, dass – wie in der Vergangenheit mehrfach zu beobachten – bis dahin nicht meldepflichtige Transaktionen und Finanzinstrumente zum unbemerkten „Anschleichen" an ein Unternehmen, insbesondere an die Zielgesellschaft einer möglichen Übernahmetransaktion, genutzt werden.[265] Dementsprechend wollen die Änderungen des § 25 WpHG und die Einfügung eines neuen § 25a WpHG über „Mitteilungspflichten beim Halten von weiteren Finanzinstrumenten und sonstigen Instrumenten"[266] verhindern, dass weiterhin in intransparenter Weise große Stimmrechtspositionen aufgebaut werden können, ohne dass die BaFin, der Markt oder die Emittenten darüber frühzeitig in Kenntnis gesetzt werden. Die neuen Meldevorschriften haben insbesondere Finanzinstrumente zum Gegenstand, die lediglich einen Zahlungsausgleich, jedoch kein Recht auf den Erwerb von Aktien vorsehen. Erfasst werden aber auch Stillhalterpositionen von Verkaufsoptionen, Rückforderungsansprüche des Darlehensgebers eines Wertpapierdarlehens und Rückkaufvereinbarungen bei Pensionsgeschäften darstellende so genannte Repo-Geschäfte *(Sale and Repurchase Agreements)*.

cc) Anlageprodukte, Transaktionen und Handelsformen. (1) Anteile an Investmentvermögen – Investmentrecht. Mit dem 2013 durch Art. 1 des Gesetzes vom 4.7.2013 zur Umsetzung der Richtlinie 2011/61/EU über die Verwalter alternativer Investmentfonds (AIFM-Umsetzungsgesetz – AIFM-UmsG)[267] eingeführten, am 22.7.2013 in Kraft getretenen **Kapitalanlagegesetzgesetzbuch (KAGB)** und den zahlreichen zu diesem ergangenen Verordnungen[268] ist ein in sich geschlossenes Regelwerk sowohl für die Regulierung der Manager von Investmentvermögen in Gestalt von Organismen für gemeinsame Anlagen in Wertpapieren (OGAW) und von Alternativen Investmentfonds (AIF) als auch für die Regulierung und Beaufsichtigung von offenen und geschlossenen Investmentfonds einschließlich der von ihnen angebotenen Produkte geschaffen worden.[269] Auch wenn es schon aufgrund seines Titels, erst recht aber aufgrund seines Umfangs her den Eindruck einer Kodifikation des Kapitalanlagerechts hervorruft, erfasst es in der Sache aber nur einen (allerdings erheblichen) Teil von Anlageformen. Mit dem KAGB wird in erster Linie die AIF-Richtlinie 2011/61/EU vom 8.6.2011[270] in deutsches Recht umgesetzt.[271] Indem es die Regelungen des InvG in sich aufnimmt,[272] das seinerseits der Umsetzung der investmentrechtlichen Harmonisierungsvorgaben der EU dient,[273] ist es in der Sache das Umsetzungsgesetz für die europäischen Richtlinien über Investmentfonds.

---

[265] Zur gemeinschaftsweiten Harmonisierung von Meldepflichten auf alle Finanzinstrumente, die den Erwerb des wirtschaftlichen Eigentums an börsennotierten Unternehmen erlauben und zum „Anschleichen" an ein Unternehmen genutzt werden konnten, durch die Transparenzrichtlinie III → Rn. 77.

[266] Dazu ergangen: Erste Verordnung zur Änderung der Wertpapierhandelsanzeige- und Insiderverzeichnisverordnung, BGBl. I 2012, 121.

[267] BGBl. I 2013, 1981.

[268] Derivateverordnung (DerivateV) vom 16.7.2013 BGBl. I 2013, 2463; Kapitalanlage-Rechnungslegungs- und -Bewertungsverordnung (KARBV) vom 16.7.2013 BGBl. I 2013, 2483; Verordnung zu dem Gesetz zur Umsetzung der Richtlinie 2011/89/EU vom 16. November 2011 zur Änderung der Richtlinien 98/78/EG, 2002/87/EG, 2006/48/EG und 2009/138/EG hinsichtlich der zusätzlichen Beaufsichtigung der Finanzunternehmen eines Finanzkonglomerats vom 20.9.2013 BGBl. I 2013, 3672; Kapitalanlage-Verhaltens- und -Organisationsverordnung (KAVerOV) vom 16.7.2013, BGBl. I 2013, 2460; Kapitalanlage-Prüfungsberichte-Verordnung (KAPrüfbV) vom 24.7.2013, BGBl. I 2013, 2777; Verordnung zum elektronischen Anzeigeverfahren für inländische Investmentvermögen und EU-Investmentvermögen nach dem Kapitalanlagegesetzbuch (EAKAV) vom 16.7.2013, BGBl. I 2013, 2477; Kapitalanlageschlichtungsstellenverordnung (KASchlichtV) vom 16.7.2013, BGBl. I 2013, 2479.

[269] Siehe RegE AIFM-Umsetzungsgesetz, BT-Drucks. 17/12994 vom 6.2.2013, S. 2 und 187.

[270] → Rn. 89 und Fn. 249.

[271] Der Umsetzung diente das AIFM-UmsG, Fn. 267.

[272] Das InvG wurde durch Art. 2a des AIFM-UmsG, Fn. 267, aufgehoben.

[273] Hier wiederum vor allem der OGAW-IV-Richtlinie (→ Rn. 88 und → 87 und Fn. 242), umgesetzt durch das OGAW-IV-Umsetzungsgesetz vom 22.6.2011, BGBl. I 2011, 1126.

**106** Der für den Anwendungsbereich des KAGB entscheidende Begriff des **Investmentvermögens** enthält eine denkbar weite Umschreibung von gemeinsamen („kollektiven") Anlagen, die, wenn sie nur diese Voraussetzung erfüllen, entweder Organismen für gemeinsame Anlagen in Wertpapieren (OGAW) oder alternative Investmentfonds (AIF) in ihren vielfältigen Ausgestaltungsmöglichkeiten sein müssen. Investmentvermögen ist nach § 1 Abs. 1 Satz 1 KAGB „jeder Organismus für gemeinsame Anlagen, der von einer Anzahl von Anlegern Kapital einsammelt, um es gemäß einer festgelegten Anlagestrategie zum Nutzen dieser Anleger zu investieren und der kein operativ tätiges Unternehmen außerhalb des Finanzsektors ist". Der Begriff des Organismus' für gemeinsame Anlagen wiederum ist der Überbegriff für alle „Vehikel" der Bündelung der von Dritten eingesammelten „externen" Vermögenswerte (Geld oder Sachen) als „Kapital" zum Zwecke der Erzielung einer „Gemeinschaftsrendite".[274] Unerheblich ist, ob es sich um offene oder geschlossene Investmentvermögen (Fonds) handelt. Schon diese Begrifflichkeiten belegen, dass die Bestimmung des Anwendungsbereichs des Gesetzes[275] nicht ohne Schwierigkeiten ist.

**107** (2) Wertpapier- und Derivategeschäfte. Als Teil des Versuchs der Bewältigung der Folgen der 2008 einsetzenden globalen Finanzkrise ist am 21.7.2010 das **Gesetz zur Vorbeugung gegen missbräuchliche Wertpapier- und Derivategeschäfte (WpMiVoG)**[276] ergangen. In dem neu in das WpHG eingeführten Abschnitt 5b verbot es ungedeckte Leerverkäufe (§ 30h WpHG aF) sowie den Abschluss von bestimmten ungedeckten Kreditausfallversicherungen auf Verbindlichkeiten von EU-Mitgliedstaaten (sog Credit Default Swaps, CDS), die nicht der Absicherung eines entsprechenden Kredits (etwa in Gestalt von Ansprüchen aus Anleihen) dienen (§ 30h WpHG aF). Damit reagierte es vor allem auf den Umstand, dass die Finanzkrise „mit der Ausweitung der Turbulenzen auf die Märkte für Staatsanleihen von Mitgliedstaaten der EU und die Volatilität des EUR noch einmal eine neue Dimension" erreichte, um durch „das gesetzliche Verbot bestimmter potenziell krisenverstärkender Transaktionen und eine verbesserte Transparenz" den negativen Marktentwicklungen entgegenzutreten".[277] Dem Gesetz und dem gesetzlichen Verbot ungedeckter Leerkäufe vorausgegangen und nach dessen Erlass mit Wirkung vom 27.7.2010 widerrufen waren Allgemeinverfügungen der BaFin vom 18.5.2010 zum „Verbot ungedeckter Leerverkäufe in gewisse Aktien", zum „Verbot ungedeckter Leerverkäufe in Schuldtiteln von Mitgliedstaaten der EU, deren gesetzliche Währung der EUR ist, sowie in Aktien von zehn deutschen Unternehmen der Finanzbranche" und zum „Verbot der Begründung oder des rechtsgeschäftlichen Eintritts in ein Kreditderivat, soweit keine nicht nur unwesentliche Risikoreduktion beim Sicherungsnehmer gegeben ist".[278]

**108** Damit waren die deutsche Aufsichtsbehörde und der deutsche Gesetzgeber der späteren EU-Regelung des Verbots von Leerverkäufen vorausgeeilt, die in der **Verordnung (EU)**

---

[274] ESMA (European Securities and Markets Authority), Leitlinien zu Schlüsselbegriffen der Richtlinie über die Verwalter alternativer Investmentfonds (AIFMD) – Berichtigte Fassung vom 30.1.2014 der am 13.8.2013 veröffentlichten Leitlinien zu Schlüsselbegriffen der Richtlinie über die Verwalter alternativer Investmentfonds (ESMA/2013/611), www.esma.europa.eu/system/files/esma_2013_00600000_de_cor-_revised_for_publication.pdf., Nr. 12 S. 6: „der Organismus bündelt das bei seinen Anlegern zum Zweck der Anlage beschaffte Kapital im Hinblick auf die Erzielung einer *Gemeinschaftsrendite* für diese Anleger" (Hervorhebung im Original).

[275] Zu dessen Bestimmung siehe im Übrigen *BaFin*, Auslegungsschreiben zum Anwendungsbereich des KAGB und zum Begriff des „Investmentvermögens", Geschäftszeichen WA 41-Wp 2137-2013/0001, www.bafin.de/SharedDocs/Veroeffentlichungen/DE/Auslegungsentscheidung/WA/ae_130614_Anwendungsber_KAGB_begriff_invvermoegen.htm. Zu Einzelheiten auch § 5 Rn. 344 ff.

[276] BGBl. I 2010, 945.

[277] Gesetzentwurf der Fraktionen der CDU/CSU und FDP BT-Drucks. 17/1952 vom 8.6.2010, S. 1.

[278] Sämtliche abzurufen über die Website der BaFin unter den Rubriken Aufsichtsrechtssuche > Verfügungen > Wertpapieraufsicht oder über Google unter Eingabe der Stichworte: BaFin Allgemeinverfügung Leerverkäufe.

**Nr. 236/2012 vom 14.3.2012 über Leerverkäufe und bestimmte Aspekte von Credit Default Swaps**[279] eine gemeinschaftseinheitliche Regelung von Melde- und Offenlegungspflichten im Zusammenhang mit Leerverkäufen und Credit Default Swaps einerseits und Möglichkeiten der zuständigen mitgliedstaatlichen Aufsichtsbehörden in Zusammenarbeit mit der ESMA zur Untersagung oder Beschränkung von Leerverkäufen und vergleichbaren Transaktionen andererseits vorgenommen hat. Die dadurch erforderlichen **Anpassungen des WpHG** und insbesondere der §§ 30h, 30j WpHG an die Verordnung wurden durch das Gesetz vom 6.11.2012 zur Ausführung der Verordnung (EU) Nr. 236/2012 vom 14.3.2012 über Leerverkäufe und bestimmte Aspekte von Credit Default Swaps (EU-Leerverkaufs-Ausführungsgesetz)[280] vorgenommen. Sie haben zur Aufhebung des § 30i WpHG und zur Bestimmung der BAFin als zuständige Behörde iSd Verordnung sowie zur Regelung der Befugnisse der BaFin zur Überwachung von Leerverkäufen in dem neuen § 30h WpHG geführt.

(3) Schuldverschreibungen. Das Gesetz zur Neuregelung der Rechtsverhältnisse bei Schuldverschreibungen aus Gesamtemissionen und zur verbesserten Durchsetzbarkeit von Ansprüchen von Anlegern aus Falschberatung (SchVGEG) vom 31.7.2009[281] ändert das Schuldverschreibungsgesetz (SchVG) im Wesentlichen dahingehend, dass die Gläubiger einer Schuldverschreibung über die Gläubigerversammlung – effektiver als nach der bisherigen, auf das Jahr 1899 zurückgehenden Regelung und internationalen Standards entsprechend – Änderungen der Anleihebedingungen herbeiführen können, um so auf eine Krise oder drohende Insolvenz des Schuldners zu reagieren.[282] Dazu werden nicht nur ihre Befugnisse erweitert, mit Mehrheit über die Änderung der Anleihebedingungen zu entscheiden, vielmehr wird auch das **Verfahren,** hierüber zu befinden, durch Anpassung an das Recht der Hauptversammlung modernisiert.

Darüber hinaus muss aufgrund des neu in das Schuldverschreibungsgesetz aufgenommenen **Transparenzgebots** die vom Schuldner versprochene Leistung durch einen Anleger, der hinsichtlich der jeweiligen Art von Schuldverschreibungen sachkundig ist, ermittelt werden können (§ 3 SchVG). Diese Vorschrift bringt zum Ausdruck, dass hochkomplexe und kompliziert strukturierte Schuldverschreibungen nicht bereits aus diesem Grunde gegen das Transparenzgebot verstoßen, soweit sie nur „erkennbar an einen Anlegerkreis gerichtet sind, der über entsprechende Kenntnisse verfügt, weil er sich zB auf bestimmte Investitionen in risikoreiche Schuldtitel spezialisiert hat".[283] Je nach Schwere des Verstoßes gegen das Transparenzgebot soll als Rechtsfolge eine Auslegung der Anleihebedingungen, ein Anspruch aus § 311 Abs. 2 iVm § 241 Abs. 2 BGB oder eine Nichtigkeit wegen Verstoßes gegen ein gesetzliches Verbot (§ 134 BGB) in Betracht kommen.[284]

(4) Hochfrequenzhandel. Die technologische Entwicklung, der Wettbewerb zwischen Investoren und Finanzplätzen und die Schaffung neuer Handelsplattformen hat zum Aufkommen und der rapiden Verbreitung des **Hochgeschwindigkeitshandels unter Einsatz algorithmischer Handelsprogramme** geführt. Abgesehen von der damit einhergehenden Überlastung der Handelssysteme durch sehr hohes Orderaufkommen, besteht „das Risiko, dass algorithmische Handelsstrategien auf andere Marktereignisse überreagieren", die Volatilität verschärfen und Formen missbräuchlichen Verhaltens hervorbringen.[285] Mit dem Gesetz zur Vermeidung von Gefahren und Missbräuchen im Hochfrequenzhandel

---

[279] → Rn. 111 und Fn. 234.
[280] BGBl. I 2012, 2286.
[281] BGBl. I 2009, 2512.
[282] Dazu näher *Hopt,* Neues Schuldverschreibungsrecht – Bemerkungen und Anregungen aus Theorie und Praxis, FS für Schwark, 2009, S. 441 ff.; *Leuering/Zetzsche,* Die Reform des Schuldverschreibungs- und Anlageberatungsrechts – (Mehr) Verbraucherschutz im Finanzmarktrecht. NJW 2009, 2856 ff.
[283] RegE BT-Drucks. 16/12814 vom 20.4.2009, S. 17.
[284] RegE BT-Drucks. 16/12814 vom 20.4.2009, S. 17.
[285] RegE BT-Drucks. 17/11631 vom 26.11.2012, S. 1.

(Hochfrequenzhandelsgesetz) vom 7.5.2013[286] wurden Maßnahmen ergriffen, um diese Risiken zu begrenzen, ohne dabei den Handel mittels algorithmischer Programme ganz zu verbieten. Diese bestehen vor allem darin, durch Änderung des Börsengesetzes sowohl den Börsenträgern als auch den Handelsteilnehmern hochfrequenzhandelsbezogene Pflichten aufzuerlegen und durch Änderungen des Kreditwesengesetzes und einer Erweiterung der Definition des Eigenhandels um den Hochfrequenzhandel eine Aufsichtslücke zu schließen, indem die Hochfrequenzhändler einer Erlaubnispflicht unterworfen und der Beaufsichtigung durch die BaFin unterstellt werden. Dem dienen auch Änderungen des WpHG, die darüber hinaus organisatorische Anforderungen an die den algorithmischen Handel betreibenden Wertpapierdienstleistungsunternehmen einführen.

**112** dd) Marktorganisation und Märkte. (1) Funktionsfähigkeit des Kapitalmarkts. „Integre, effiziente und transparente Kapitalmärkte", heißt es im Regierungsentwurf eines Gesetzes zur Stärkung des Anlegerschutzes und Verbesserung der Funktionsfähigkeit des Kapitalmarkts **(Anlegerschutz- und Funktionsverbesserungsgesetz)** vom 8.11.2010,[287] „sind entscheidende Voraussetzungen dafür, dass die Finanzdienstleistungsindustrie ihrer dienenden Funktion gegenüber der Volkswirtschaft als Ganzes nachkommen kann. Im Rahmen der Finanzmarktkrise wurde an verschiedenen Stellen jedoch deutlich, dass Defizite an den Kapitalmärkten bestehen. Diese Defizite drohen das Vertrauen der Marktteilnehmer und insbesondere der Gesamtbevölkerung in funktionsfähige Märkte und ein faires, kundenorientiertes Finanzdienstleistungsangebot zu unterhöhlen." Das daraufhin verabschiedete Gesetz zur Stärkung des Anlegerschutzes und Verbesserung der Funktionsfähigkeit des Kapitalmarkts (Anlegerschutz- und Funktionsverbesserungsgesetz) vom 5.4.2011[288] ist mithin von dem Bestreben getragen, das mit der Finanzkrise verlorene Vertrauen der Anleger in die Finanzmärkte zurückzugewinnen und damit den Finanzplatz Deutschland zu stärken. Die damit angestrebte Verbesserung des Anlegerschutzes wird weniger durch eine Ausweitung und Durchsetzung individueller Ansprüche zu erreichen versucht als durch eine an „öffentlichen Interessen" ausgerichtete Stärkung des „öffentlichen Anlegerschutzes" in Gestalt der Effektivierung der Aufsicht über den Markt und insbesondere die Marktteilnehmer und deren Verhalten[289]. Die diesbezüglichen, an anderer Stelle behandelten Maßnahmen betreffen im Schwerpunkt den Schutz von Privatanlegern vor Falschberatung (→ Rn. 121) und die wertpapierhandelsrechtlichen Vorschriften zur Beteiligungstransparenz (→ Rn. 104).

**113** (2) Förderung der Bereitstellung von Wagniskapital. Um die gesetzlichen Rahmenbedingungen für Wagniskapital- und Unternehmensbeteiligungsgesellschaften so zu verbessern, dass sie vermehrt Beteiligungskapital für junge Unternehmen und den Mittelstand zur Verfügung stellen, wurde das Gesetz zur Modernisierung der Rahmenbedingungen für Kapitalbeteiligungen (MoRaK) vom 12.8.2008[290] erlassen. Es besteht im Wesentlichen aus der Einführung des **Wagniskapitalbeteiligungsgesetzes** (WKBK) sowie einer Reform des **Gesetzes über Unternehmensbeteiligungsgesellschaften** (UBGG). Mit Ersterem soll ein attraktiver Regelungsrahmen für Wagniskapitalbeteiligungsgesellschaften in Gestalt von steuerlichen Vergünstigungen und der von diesen Gesellschaften zu beachtenden Anforderungen hinsichtlich ihrer Geschäftstätigkeit sowie die Ausgestaltung der Aufsicht geschaffen werden; die Änderungen des UBGG sollen die zahlreichen praktischen Erfahrungen, die in der Anwendung des Gesetzes gemacht wurden, für weitere Verbesserungen nutzbar machen.[291]

**114** (3) Begrenzung der mit Finanzinvestitionen verbundenen Risiken. Die Arbeit am Gesetz zur Modernisierung der Rahmenbedingungen für Kapitalbeteiligungen (MoRaK) vom

---

[286] BGBl. I 2013, 1162.
[287] RegE BT-Drucks. 17/3628 vom 8.11.2010, S. 1.
[288] BGBl. I 2011, 538.
[289] RegE BT-Drucks 17/3628 vom 8.11.2010, S. 17.
[290] BGBl. I 2008, 1672.
[291] RegE BT-Drucks. 16/6311 vom 7.9.2007, S. 1, 14 f.

12.8.2008 (→ Rn. 113), das Maßnahmen zur Förderung des Zugangs junger und innovativer Unternehmen zum Kapitalmarkt über Wagniskapitalbeteiligungsgesellschaften enthält, wurde zum Anlass genommen, die mit der Tätigkeit von Finanzinvestoren, wie sie auch das MoRaK aktivieren soll, potentiell verbundenen negativen Auswirkungen auf Wirtschaft und Finanzmärkte zu begrenzen. Dazu erging zeitgleich mit dem MoRaK das **Gesetz zur Begrenzung der mit Finanzinvestitionen verbundenen Risiken (Risikobegrenzungsgesetz)** vom 12.8.2008.[292] Dem Gesetz liegt das **Regelungskonzept** zugrunde, „die Rahmenbedingungen so zu gestalten, dass gesamtwirtschaftlich unerwünschte Aktivitäten von Finanzinvestoren erschwert oder möglicherweise sogar verhindert werden, ohne zugleich Finanz- und Unternehmenstransaktionen, die effizienzfördernd wirken, zu beeinträchtigen".[293] Hierzu sollen die an den Finanzmärkten und in den Unternehmen tätigen Akteure – durch die Herstellung von Transparenz, mit der eine ausreichende Informationsbasis für alle Akteure hergestellt wird – selbst in die Lage versetzt werden, auf die bestmöglichen Ergebnisse hinzuwirken. Damit werden gleichzeitig Vorstellungen zurückgewiesen, Finanzmarktrisiken aus dem Verhalten von Investoren durch Einschränkungen von deren Handlungsmöglichkeiten zu mindern, um stattdessen auf das indirekte Regelungsinstrument der Publizität und Herstellung von Transparenz zu setzen. Die Entscheidung dafür war aber auch dem Umstand geschuldet, dass nationale Alleingänge im Hinblick auf die Regulierung der Investitionstätigkeit von Finanzinvestoren ineffektiv und nicht ohne Schaden der nationalen Finanzmärkte und der heimischen Wirtschaft möglich wären.

Die von dem Risikobegrenzungsgesetz umgesetzten **Maßnahmen** bestehen im Wesentlichen in

– einer Regelung der wechselseitigen Zurechnung von Stimmrechten bei abgestimmtem Investorenverhalten im Zusammenhang mit Unternehmensübernahmen („acting in concert", §§ 22 Abs. 2, 30 Abs. 2 WpÜG),
– der Herbeiführung aussagekräftiger Meldungen zur Erfüllung der Mitteilungspflichten beim Halten von Finanzinstrumenten und sonstigen Instrumenten nach § 25 WpHG (insbesondere bei Mitteilungen über wesentliche Beteiligungen, § 27a WpHG),
– der Verschärfung der Rechtsfolgen bei der Verletzung von gesetzlichen Mitteilungspflichten (Änderung von § 28 WpHG in Gestalt der Verlängerung der Stimmrechtsausübungssperre um sechs Monate),
– der Änderung des § 67 AktG zum Zwecke einer verbesserten Identifizierung der Inhaber von Namensaktien und
– einer Verbesserung der Transparenz bei Verkäufen von Kreditforderungen.

ee) Marktbezogene Verhaltenspflichten. (1) Insiderrecht und Ad-hoc-Publizität. Änderungen des im WpHG geregelten Insiderhandelsverbots mitsamt der Verpflichtung zur Veröffentlichung von Insiderinformationen im Wege der Ad-hoc-Publizität (§§ 12 ff., 38 f. WpHG) und der Pflicht zur Führung von Insiderverzeichnissen (§ 15b WpHG) sowie des Marktmanipulationsverbots (§§ 20a, 39 Abs. 1 WpHG), sind erst für die Zukunft zu erwarten, aber vorhersehbar. Das gilt allemal für Änderungen aufgrund der bis zum 3.7.2016 umzusetzenden Richtlinie über strafrechtliche Sanktionen für Insiderhandel und Marktmanipulationen[294], gilt aber auch für Änderungen infolge der ohne Umsetzung direkt als mitgliedstaatliches Recht geltenden Marktmissbrauchsverordnung vom 12.6.2014,[295] die nach ihrem Art. 39 Abs. 1 zwar am 2.7.2014 in Kraft getreten ist, in ihren wesentlichen Teilen (mit den in Art. 39 Abs. 2 angeführten Ausnahmen) aber erst ab 3.7.2016 gilt.

Im Bereich des **Insiderrechts** und des **Rechts der Ad-hoc-Publizität,** namentlich der Haftung für verspätete Ad-hoc-Meldungen nach § 37b Abs. 1 WpHG, sind indes einige **Entscheidungen des EuGH** ergangen, die auch für das zukünftige Recht Bedeutung

---

[292] BGBl. I 2008, 1666.
[293] RegE BT-Drucks. 16/7438 vom 7.12.2007, 1.
[294] S. o. Fn. 203.
[295] S. o. Fn. 202.

behalten werden und sich teils – wie etwa die Rechtsprechung zur insider- und ad-hoc-publizitätsrechtlichen Behandlung mehrstufiger Entscheidungsvorgänge (dazu sogleich) – sogar schon in der Marktmissbrauchsverordnung (vgl. deren Erwägungsgrund 16) widerspiegeln. Von besonderer Bedeutung ist dabei die **Geltl-Entscheidung des EuGH**,[296] der ein Vorlagebeschluss des BGH und zahlreiche andere Entscheidungen des OLG Stuttgart und des BGH[297] vorausgegangen waren. In der *Geltl*-Entscheidung hat der EuGH dargelegt, dass jeder Zwischenschritt eines mehrstufigen Entscheidungsvorgangs ein für sich genommen konkretes Ereignis und damit eine potentielle Insiderinformation darstellt. Das war indes nie ernsthaft bestritten. Neu ist dagegen die Aussage, ein solcher Zwischenschritt sei eine konkrete Information nicht nur dann, wenn er den Eintritt des letzten Schritts und damit des mit der Entscheidung angestrebten Ziels hinreichend wahrscheinlich werden lasse, sondern auch dann, wenn er als solcher und aus welchen Gründen auch immer kurserheblich sei.

**118** Schon vor der *Geltl*-Entscheidung hatte sich der **EuGH** in drei Verfahren mit dem **Insiderrecht** zu beschäftigen: In der **Georgakis-Entscheidung**[298] war die Frage zu beantworten, inwieweit eine Person im Hinblick auf von ihr selbst geschaffene Insiderinformationen Insider sein kann, und in der **Grøngaard und Bang-Entscheidung**[299] war zu beurteilen, unter welchen Voraussetzungen die Weitergabe einer Insiderinformation als befugt anzusehen ist. Im Mittelpunkt der umstrittenen **Spector Photo Group-Entscheidung**[300] stand die Auslegung des Begriffs der „Nutzung" einer Insiderinformation, dem im deutschen angeglichenen Recht der der „Verwendung" einer solchen entspricht.[301]

**119** (2) Marktmanipulation und Geschäfte von Führungskräften. Wie das Insiderhandelsverbot, die Pflicht zur Ad-hoc-Publizität und diejenige zur Führung von Insiderverzeichnissen (§§ 12 ff., 38 f. WpHG) wird auch das **Marktmanipulationsverbot** (§§ 20a, 39 Abs. 1 WpHG) und die Meldepflichten betreffend **Eigengeschäfte von Personen mit Führungsaufgaben** sowie von Personen, die mit Letzteren in einer engen Beziehung stehen („**Directors' Dealings**", § 15a WpHG) in ihrer wertpapierhandelsgesetzlichen Regelung von der Marktmissbrauchsverordnung vom 12.6.2014[302] erfasst und durch das direkt geltende Verordnungsrecht verdrängt (→ Rn. 18). Das ist aber nicht vor dem 3.7.2016 der Fall (Art. 39 Abs. 2 der Marktmissbrauchsverordnung, → Rn. 74 aE).

**120** ff) Verhaltenspflichten bei der Erbringung von Wertpapierdienstleistungen und Anlageempfehlungen. (1) Anlageberatung. Das Gesetz zur Neuregelung der Rechtsverhältnisse bei Schuldverschreibungen aus Gesamtemissionen und zur verbesserten Durchsetzbarkeit von Ansprüchen von Anlegern aus Falschberatung (SchVGEG) vom 31.7.2009[303] brachte eine Reihe von Veränderungen im Zusammenhang mit der Anlageberatung mit sich.[304] Die vielleicht weitreichendste Änderung ist der **Wegfall der Sonderverjährungsregel des § 37a WpHG** für Ansprüche des Kunden gegen ein Wertpapierdienstleistungsunternehmen auf Schadensersatz wegen Verletzung der Pflicht zur Information und wegen fehler-

---

[296] EuGH (2. Kammer), Urt. vom 28.6.2012 – C-19/11 *(Markus Geltl/Daimler AG),* NJW 2012, 2787.
[297] BGH, Beschluss vom 22.11.2010 – II ZB 7/09 (OLG Stuttgart), NJW 2011, 309 = AG 2011, 84 (Rn. 18 ff., Ls. 2).
[298] EuGH vom 10.5.2007 – Rs. C-391/04, AG 2007, 542 = WM 2007, 572 *(Georgakis).*
[299] EuGH vom 22.11.2005 – Rs. C-384/02, WM 2006, 612 *(Grøngaard und Bang).* Zu dieser Entscheidung näher § 14 Rn. 74 a f.
[300] EuGH vom 23.12.2009 – Rs C-45/08, AG 2010, 78 = ZIP 2010, 78 *(Spector Photo Group);* Schlussanträge der Generalanwältin Kokott vom 10.9.2009, Slg. 2009, I-12073.
[301] S. näher *Assmann* in Assmann/Uwe H. Schneider (Hrsg.), WpHG, 6. Aufl. 2012, § 14 Rn. 26, 61a.
[302] S. o. Fn. 202.
[303] S. o. Fn. 281.
[304] Dazu näher *Leuering/Zetzsche,* Die Reform des Schuldverschreibungs- und Anlageberatungsrechts – (Mehr) Verbraucherschutz im Finanzmarktrecht. NJW 2009, 2856, 2858 ff.

hafter Beratung im Zusammenhang mit einer Wertpapierdienstleistung. Sie hat zur Folge, dass solche Ansprüche wieder den allgemeinen bürgerlichrechtlichen Verjährungsregeln (§§ 194 ff. BGB) unterliegen. Nicht minder bedeutsam ist die Ergänzung des § 34 WpHG um die Absätze 2a und 2b. Sie hat zur Folge, dass ein Wertpapierdienstleistungsunternehmen, über jede Anlageberatung bei einem Privatkunden ein **schriftliches Protokoll** nach näherer Maßgabe der Bestimmung anfertigen muss (§ 34 Abs. 2a WpHG). Die Verletzung der Pflichten aus § 34 Abs. 2a WpHG stellt eine bußgeldbewehrte Ordnungswidrigkeit dar (aufgrund der Einfügung der in § 39 Abs. 2 Nrn. 19a, 19b und 19c WpHG). Eine Ausfertigung des Protokolls ist dem Kunden nach dem neuen § 34 Abs. 2b WpHG auf dessen Verlangen herauszugeben.

Zu den im Zuge der Finanzkrise der Jahre 2007 ff. wahrgenommenen Defiziten an den Kapitalmärkten gehört die **Falschberatung** der Anleger in Gestalt namentlich einer in der Beratungspraxis nicht hinreichenden Beachtung des Gebots der anlegergerechten Beratung.[305] Um zu vermeiden, dass sich in der öffentlichen Diskussion der Eindruck verfestige, die Beratungsleistung der Institute werde wesentlich durch Vertriebsvorgaben und Provisionsinteressen beeinflusst, während Kundeninteressen nur eine untergeordnete Rolle spielten,[306] wurden mit dem **Gesetz zur Stärkung des Anlegerschutzes und Verbesserung der Funktionsfähigkeit des Kapitalmarkts** (Anlegerschutz- und Funktionsverbesserungsgesetz) vom 5.4.2011[307] unter anderem (→ Rn. 112) Maßnahmen zur **Sicherstellung einer anlegergerechten Beratung** ergriffen, die sich drei Schwerpunkten zuordnen lassen: Zum einen ist der Anleger, um ihn besser über Finanzprodukte zu informieren, zukünftig anhand eines kurzen und leicht verständlichen **Informationsblatts** über die wesentlichen Merkmale eines Finanzinstruments zu informieren (§ 31 Abs. 3a WpHG, § 5a WpDVerOV). Zum anderen werden der BaFin zusätzliche Möglichkeiten eingeräumt, um **Verstöße gegen die Gebote der anlegergerechten Beratung** und der Offenlegung von Provisionen als Ordnungswidrigkeiten **zu ahnden.** Dazu gehört etwa die Möglichkeit, bei Verstößen gegen anlegerschützende Vorschriften, Wertpapierdienstleistungsunternehmen den Einsatz bestimmter Personen in der Anlageberatung für einen bestimmten Zeitraum untersagen zu können (§ 34d Abs. 2 Satz 1, Abs. 4 Satz 1 Nr. 1 WpHG). Schließlich sollen Berater, Verantwortliche für Vertriebsvorgaben und die sog Compliance-Funktion **bei der BaFin registriert** (§ 34d Abs. 1 Sätze 2–4, Abs. 2 Sätze 2 und 3, Abs. 3 Sätze 2 und 3 WpHG) und ihre **angemessene Qualifikation** (§ 34d Abs. 1 Satz 1, Abs. 2 Satz 1, Abs. 3 Satz 1 WpHG) nachgewiesen werden, um auch in diesem Falle nach § 34d Abs. Abs. 4 Satz 1 Nr. 1 WpHG bei mangelnder Qualifikation der Mitarbeiter deren Einsatz untersagen zu können.

Anlageberatung erfolgt in Deutschland fast ausnahmslos als eine Leistung, für die der Berater durch Zuwendungen seitens der Anbieter oder Emittenten der empfohlenen Anlagen (**„Provisionen"**) vergütet wird. Das birgt für den Kunden des Beraters das Risiko, dass dessen Empfehlungen von Provisionsinteressen oder von Interessen am Erhalt sog **Rückvergütungen** („Kick-backs") geleitet sind. Ein Risiko, dessen sich der Kunde, bei dem sich die Ansicht verfestigt hat, Anlageberatung sei eine kostenlose Dienstleistung im Zusammenhang mit Anlagegeschäften, vielfach nicht einmal bewusst ist. Die daraus entstehenden Konflikte, die die Gerichte in der Vergangenheit wie keine andere Frage der Anlageberatung beschäftigten (→ § 3 Rn. 26), haben zu Überlegungen geführt, die Provisionsberatung ganz oder teilweise in eine Honorar-Anlageberatung zu überführen. Orientiert am Vorschlag der MiFID II-Richtlinie vom 20.10.2011[308] und dem von ihr verfolgten

---

[305] RegE Anlegerschutz- und Funktionsverbesserungsgesetz BT-Drucks. 17/3628 vom 8.11.2010, S. 1.

[306] RegE Anlegerschutz- und Funktionsverbesserungsgesetz BT-Drucks. 17/3628 vom 8.11.2010, S. 1.

[307] BGBl. I 2011, 538.

[308] KOM (2011) 656 endgültig. Zur MiFID II → Rn. 75 f.

Konzept einer „unabhängigen Beratung" hat sich der Gesetzgeber in dem Gesetz zur Förderung und Regulierung einer Honorarberatung über Finanzinstrumente (Honoraranlageberatungsgesetz) vom 15.7.2013[309] dazu entschieden, beide Konzepte der Anlageberatung nebeneinander zuzulassen. Dies allerdings mit der Maßgabe, dass nach dem Inkrafttreten dieser Bestimmung zum 1.8.2014 (s. Art. 5 Abs. 2 des Honoraranlageberatungsgesetzes) ein Wertpapierdienstleistungsunternehmen, das Anlageberatung erbringt, verpflichtet ist, Kunden vor Beginn der Beratung und vor Abschluss des Beratungsvertrages rechtzeitig und in verständlicher Form darüber zu **informieren, ob die Anlageberatung als Honorar-Anlageberatung erbracht wird oder nicht.** Wird die Anlageberatung nicht als Honorar-Anlageberatung erbracht, ist der Kunde darüber zu informieren, ob im Zusammenhang mit der Anlageberatung Zuwendungen von Dritten angenommen und behalten werden dürfen. Darüber hinaus bestimmt § 33 Abs. 3a WpHG, dass ein Wertpapierdienstleistungsunternehmen die Anlageberatung nur dann als Honorar-Anlageberatung erbringen darf, wenn es ausschließlich Honorar-Anlageberatung erbringt oder wenn es die Honorar-Anlageberatung organisatorisch, funktional und personell von der übrigen Anlageberatung trennt. Über die Wertpapierdienstleistungsunternehmen, die die Anlageberatung als Honorar-Anlageberatung erbringen wollen, wird ein nach Maßgabe von § 36c WpHG auf der Website der BaFin geführtes **Honorar-Anlageberaterregister** informieren.

**123** Gleichzeitig wurde mit der **Honorar-Anlageberatung** eine Form der Anlageberatung geschaffen, die über die **Anforderungen an die bisherige provisionsbasierte Anlageberatung hinausgeht** (s. § 31 Abs. 4c Satz 2 WpHG), indem das bereits geltende Zuwendungsverbot des WpHG ausgeweitet wird, die Honorar-Anlageberatung nur gegen ein vom Kunden zu zahlendes Honorar erbracht werden darf (§ 31 Abs. 4c Satz 1 Nr. 2 WpHG), der Anlageberater seiner Empfehlung eine hinreichende Anzahl von auf dem Markt angebotenen Finanzinstrumenten zu Grunde legen muss (§ 31 Abs. 4c Satz 1 Nr. 1 WpHG mit weiteren Anforderungen gemäß lit. a und b der Vorschrift), Interessenkonflikte iSd § 31 Abs. 4d Satz 1 WpHG nach dieser Bestimmung offen zu legen sind und Festpreisgeschäfte des Beraters mit dem Kunden in Ausführung einer Empfehlung zu unterbleiben haben (§ 31 Abs. 4d Satz 2 WpHG).

**124** (2) Anlageempfehlungen. Ab dem 3.7.2016 wird an die Stelle der Vorschriften über die **Analyse von Finanzinstrumenten** in § 34b WpHG die in den Mitgliedstaaten der EU unmittelbar verbindliche Regelung in Art. 20 f. der Marktmissbrauchsverordnung vom 12.6.2014[310] über **Anlageempfehlungen und die Empfehlung von Anlagestrategien** (→ Rn. 74 aE) treten. Dabei enthält die Verordnung selbst nur wenige Vorgaben im Hinblick auf Anlageempfehlungen (etwa durch Analysten, Wertpapierfirmen, Kreditinstitute, Börsendienste und Presse), ermächtigt jedoch in ihrem bereits geltenden Art. 20 Abs. 3 (s. Art. 39 Abs. 2) die ESMA, Entwürfe technischer Durchführungsstandards auszuarbeiten, um die technischen Modalitäten für die in Art. 20 Abs. 1 der Verordnung genannten Personengruppen, im Hinblick auf die objektive Darstellung von Anlageempfehlungen oder anderen Informationen mit Empfehlungen oder Vorschlägen zu Anlagestrategien sowie für die Offenlegung bestimmter Interessen oder Anzeichen für Interessenkonflikte festzulegen.

**125** gg) Intermediäre und Finanzinstitutionen. (1) Rating. Wie bereits im Zusammenhang mit europäischen finanzmarktpolitischen Rechtsakten ausgeführt, ist mit der Verordnung (EU) Nr. 513/2011 vom 11.5.2011[311] die lang vorgesehene ausschließliche Zuständigkeit für die Registrierung und Beaufsichtigung von Ratingagenturen in der EU auf die **Europäische Wertpapieraufsichtsbehörde ESMA** übergegangen. Die BaFin ist damit nur noch insoweit zuständig, als die ESMA der BaFin als national zuständigen Behörde (§ 17 Abs. 1 Satz 1 WpHG) spezifische Aufgaben überträgt. Das in § 17 Abs. 3 bis 5 und 7 WpHG (aF) enthaltene Aufsichtsrecht ist dementsprechend mit dem Gesetz zur Novellie-

---

[309] BGBl. I 2013, 2390.
[310] S. o. Fn. 202.
[311] S. o. Fn. 226.

rung des Finanzanlagenvermittler- und Vermögensanlagenrechts vom 6.12.2011[312] aufgehoben worden.

(2) Einlagensicherung und Anlegerentschädigung. Der Umsetzung der Richtlinie 2009/14/EG vom 11.3.2009 zur Änderung der Richtlinie 94/19/EG über Einlagensicherungssysteme im Hinblick auf die Deckungssumme und die Auszahlungsfrist[313] einerseits und der Verbesserung der Einlagensicherung andererseits dient das **Gesetz zur Änderung des Einlagensicherungs- und Anlegerentschädigungsgesetzes** und anderer Gesetze vom 25.6.2009.[314] Der Richtlinienumsetzung geschuldet, hebt es die Mindestdeckung auf 100 Tsd. EUR und verkürzt die Auszahlungsfrist auf regelmäßig 20, höchstens 30 Arbeitstage nach Feststellung des Entschädigungsfalls. Allein den Erfahrungen aus den Schieflagen und Insolvenzen von Finanzinstituten im Gefolge der 2007 einsetzenden Finanzkrise geschuldet sind dagegen einige weitere Maßnahmen zur Effektivierung der Einlagensicherung. Dementsprechend enthält das Änderungsgesetz Maßnahmen zur frühzeitigen Erkennung von Risiken und zur Schadensprävention. So werden die Entschädigungseinrichtungen verpflichtet, ihre Systeme im Hinblick auf ihre Funktionstüchtigkeit zu überprüfen und zur Einschätzung der Gefahr des Eintritts eines Entschädigungsfalls regelmäßig und bei gegebenem Anlass Prüfungen der ihr zugeordneten Institute vorzunehmen, deren Intensität und die Häufigkeit sich an der Wahrscheinlichkeit des Eintritts eines Entschädigungsfalls bei einem Institut und an der Höhe der in diesem Fall zu erwartenden Gesamtentschädigung auszurichten haben. Die **neuerliche Änderung** der Richtlinie 94/19/EG vom 30.5.1994 (→ Rn. 36) durch Richtlinie 2014/49/EU vom 16.4.2014 über Einlagensicherungssysteme[315] wird weitere Änderungen des Einlagensicherungs- und Anlegerentschädigungsgesetzes mit sich bringen.

hh) Stärkung der deutschen Finanzaufsicht. Mit dem Ziel, die im Jahr 2002 mit dem Gesetz über die integrierte Finanzdienstleistungsaufsicht[316] neu strukturierte **Finanzaufsicht zu stärken** und dabei auch den europäischen Entwicklungen Rechnung (→ Rn. 60 ff.) zu tragen,[317] erging das Gesetz vom 28.11.2012 zur Stärkung der deutschen Finanzaufsicht.[318] Zur Verbesserung der Aufsichtsstruktur sowie der Früherkennung und Abwehr von Gefahren für die Stabilität des Finanzsystems wendet sich das Gesetz ua der Stärkung der Zusammenarbeit der im Bereich der Finanzstabilität maßgeblichen Institutionen zu und führt einen **Ausschuss für Finanzstabilität** ein, dem Vertreter der Deutschen Bundesbank, des Bundesministeriums der Finanzen, der Bundesanstalt sowie – ohne Stimmrecht – ein Vertreter der Bundesanstalt für Finanzmarktstabilisierung (FMSA) angehören. Darüber hinaus führt das Gesetz einen **Verbraucherbeirat bei der BaFin** ein (§ 8a Finanzdienstleistungsaufsichtsgesetz), der die Aufsichtsbehörde aus Verbrauchersicht bei der Erfüllung ihrer Aufsichtsaufgaben beraten soll.

ii) Marktinformationshaftung. In nahezu allen Bereichen des Kapitalanlagerechts und ausweislich der Ausführungen in den einzelnen Abschnitten dieses Handbuchs ist eine lebhafte – auch höchstrichterliche – Rechtsprechung zu verzeichnen, die die Entwicklungsli-

---

[312] BGBl. I 2011, 2481.
[313] ABl. EU Nr. L 68 vom 13.3.2009, S. 3. Zur Richtlinie 94/19/EG über Einlagensicherungssysteme → Rn. 36.
[314] BGBl. I 2009, 1528. RegE BT-Drucks. 16/12255 vom 16.3.2009. Dazu ist ergangen die Fünfte Verordnung zur Änderung der Verordnung über die Beiträge zu der Entschädigungseinrichtung der Wertpapierhandelsunternehmen bei der Kreditanstalt für Wiederaufbau vom 11.7.2013, BGBl. I 2013, 2435. Sie verbessert die Risikoorientierung des zu Beginn der Zuordnung zu leistenden Einmalbeitrags und führte zu einer breiteren Verteilung der Sonderbeitrags- und Sonderzahlungslast auf die Institute.
[315] → Rn. 67 und Fn. 192.
[316] → Rn. 38 und Fn. 104.
[317] RegE eines Gesetzes zur Stärkung der deutschen Finanzaufsicht, BT-Drucks. 17/10040 vom 19.6.2012, S. 1.
[318] BGBl. I 2012, 2369.

nien dieses Rechtsgebiets maßgeblich beeinflusst hat, ohne hier im Einzelnen dargestellt werden zu können. Besondere Bedeutung kommt dabei der an anderer Stelle (→ § 3 Rn. 26) behandelten Rechtsprechung zu den so genannten Rückvergütungen („Kickbacks") zu, die maßgeblich zum Erlass des Gesetzes zur Förderung und Regulierung einer Honorberatung über Finanzinstrumente (Honoraranlageberatungsgesetz) vom 15.7.2013 beigetragen hat. Herausgestellt und hier näher behandelt zu werden verdient aber die Rechtsprechung zur **Haftung für freiwillige fehlerhafte Kapitalmarktkommunikation** auf Primär- und Sekundärmärkten jenseits der gesetzlich geregelten Fälle wie etwa dem der Prospekthaftung oder der Haftung für fehlerhafte oder unterlassene Ad-hoc-Meldungen[319] oder Entsprechenserklärungen. Sie ist herauszustellen, weil sie – wie bei der allgemein-zivilrechtlichen Prospekthaftung wiederum unter Verwendung von allgemeinem Zivilrecht – zur Schließung einer vielfach als lückenhaft empfundenen **Marktinformationshaftung** von Personen führt, die eine Schlüsselstellung im Hinblick auf die anlagerelevante Information von Marktpublikum und Anlegern einnehmen, ohne als Emittenten oder Anbieter von Anlagen zu haften. Darüber hinaus verweist sie Anleger nicht auf die Geltendmachung von Rechten, die sie – wie etwa eine mitgliedschaftliche Stellung in einer Aktiengesellschaft oder einer Kommanditgesellschaft – erst durch den Erwerb der Anlage erlangt haben.

**129** Besonderer Erwähnung verdient diesbezüglich die Rechtsprechung des BGH zur **Haftung nach § 826 BGB für fehlerhafte Ad-hoc-Mitteilungen.** In den einschlägigen Entscheidungen dient § 826 BGB zur Statuierung kapitalmarktrechtlicher Informationsverkehrspflichten und damit als Instrument zum „Durchgriff" durch den Emittenten als juristische Person auf die für die Meldung Verantwortlichen.[320] Aufgrund des Umstands, dass bedingter Vorsatz als Schuldform ausreicht[321] und die Rechtsprechung als sittenwidrig bereits die Verbreitung grob unrichtiger Informationen zum Zwecke der Irreführung des Publikums betrachtet,[322] lässt sich erwarten, dass § 826 BGB – über die Haftung für irreführende Ad-hoc-Meldungen hinaus – für die Haftung für fehlerhafte Kapitalmarktinformationen nutzbar gemacht werden wird.

**130** Weniger Aufmerksamkeit als diese Fälle hat eine für die Marktinformationshaftung der Organe und anderer Verantwortlicher von Emittenten nicht minder folgenreiche Entscheidung des BGH gefunden, in der dieser **organschaftliche Vertreter eines Emittenten aus *culpa in contrahendo*** für Äußerungen haften ließ, welche diese auf einer **Präsentationsveranstaltung** abgaben, die zwecks Werbung von bis dahin unbekannten Investoren für eine Kapitalerhöhung der Gesellschaft organisiert wurde.[323] Die Bedeutung der Entscheidung liegt darin, dass sie die von ihr begründete Haftung für unrichtige Informationen gegenüber Anlegern zwar auf Situationen der Werbung von Investoren bezieht, in denen sich die Beteiligten „persönlich gegenübertreten und etwa einen Prospekt oder sonstige Unterlagen mit der Autorität ihres Amtes und ihrer besonderen Sachkunde des Anlageobjekts erläutern oder dazu ergänzende Angaben machen",[324] durch die vertrauensbasierte Begründung der Entscheidung aber nicht notwendigerweise auf „organschaftliche Vertreter" beschränkt, sie vielmehr für alle Personen eröffnet, die auf Werbeveranstaltungen

---

[319] Dazu zuletzt BGHZ 291, 90 = NJW 2012, 1800 *(IKB)*.

[320] In Sachen *Infomatec*: BGHZ 160, 134 = NJW 2004, 2664; BGHZ 160, 149 = NJW 2004, 2971; BGH NJW 2004, 2668. In Sachen *EM.TV*: BGH NJW 2005, 2450. In Sachen *ComROAD*: BGH NZG 2007, 345 = ZIP 2007, 681; BGH ZIP 2007, 679; BGH NZG 2007, 269 = ZIP 2007, 326; BGH NJW 2009, 76 = ZIP 2007, 1560; BGH NZG 2007, 711 = ZIP 2007, 1564; BGH NZG 2008, 382 = ZIP 2008, 407; BGH NZG 2008, 385 = ZIP 2008, 410; BGH NZG 2008, 386 = ZIP 2008, 829.

[321] Etwa BGHZ 160, 149, 156 = NJW 2004, 2971, 2973 *(Infomatec)*.

[322] Etwa BGHZ 160, 149, 157 = NJW 2004, 2971, 2974 *(Infomatec)*.

[323] BGHZ 177, 25 = NZG 2008, 661 = AG 2008. 662. Speziell zu der Entscheidung aber *Kersting*, Kapitalmarktrechtliche Informationseigenhaftung von Organmitgliedern, JR 2009, 221.

[324] BGHZ 177, 25, 30 Rn. 13 = NZG 2008, 661, 662 Rn. 13 = AG 2008. 662, 664.

("Roadshows") „durch Sachkunde des Anlageobjekts" Vertrauen in Anspruch nehmen. Darüber hinaus kann die Entscheidung durchaus als Grundlage einer über Äußerungen auf Werbeveranstaltungen hinausgehenden Haftung auch für solche Informationen nutzbar gemacht werden, die nicht in Prospekten enthalten sind.

jj) Kapitalanleger-Musterverfahren. Die Geltungsdauer des 2005 verabschiedeten **Kapitalanleger-Musterverfahrensgesetz** (KapMuG) vom 16.8.2005[325] war aus verschiedenen Gründen begrenzt und sollte vor seinem Ablauf oder einer Verlängerung seiner Geltungsdauer darauf überprüft werden, ob es sich in der Praxis bewährt hat. Nach Verlängerung um zwei Jahre wäre das Gesetz ohne weitere Verlängerung zum 31.10.2012 außer Kraft getreten. Die gebotene Evaluation des Gesetzes hat nach Darstellung der Bundesregierung ergeben, „dass das Musterfeststellungsverfahren ein taugliches Instrument zur Bewältigung von Massenklagen im Bereich des Kapitalmarktrechts ist, jedoch in einigen Punkten der Überarbeitung bedarf."[326] Mit dem Gesetz zur Reform des Kapitalanleger-Musterverfahrensgesetzes und zur Änderung anderer Vorschriften vom 19.10.2012[327] wurde das KapMuG mit Änderungen im Hinblick auf seinen Anwendungsbereich, die Vereinfachung von Vergleichsabschlüssen und die Beschleunigung der Eröffnung und der Erledigung des Musterverfahrens dergestalt **neu beschlossen** und verkündet, dass es nach § 28 KapMuG am 1.11.2020 außer Kraft tritt.

131

kk) Emittentenleitfaden. Die BaFin hat am 8.11.2013 die vierte Fassung ihres Emittentenleitfadens veröffentlicht.[328] Die Neufassung enthält vor allem eine Überarbeitung der Abschnitte über die Beteiligungstransparenz nach §§ 21 ff. WpHG (Abschnitt „VIII Informationen über bedeutende Stimmrechtsanteile") und über notwendige Informationen für die Wahrnehmung von Rechten aus Wertpapieren nach §§ 30a–30e WpHG (Abschnitt IX). Anlass zur Überarbeitung des Leitfadens waren zwei neue Gesetze in Gestalt des Anlegerschutz- und Funktionsverbesserungsgesetzes (→ Rn. 104) und des Risikobegrenzungsgesetzes (RisikoBegrG) sowie eine Entscheidung des Bundesgerichtshofs vom 16.3.2009[329], aufgrund dessen die BaFin ihre Zurechnungspraxis bei Wertpapierdarlehen angepasst[330] hat. Die übrigen Abschnitte des Emittentenleitfadens sind teilweise noch auf dem Stand Juli 2005 und April 2009.

132

## § 2 Der Schutz des Kapitalanlegers als „Verbraucher"

### Übersicht

|  | Rn. |
|---|---|
| I. Einleitung | 1/2 |
| II. Maßgebliche Gründe für die Einschränkung des Verbraucherschutzes bei Kapitalanlegern | 3–13 |
| 1. Normative Gesichtspunkte | 3 |
| 2. Wertende allgemeine Gesichtspunkte | 5 |
| 3. Gesichtspunkte zum Beitritt zu geschlossenen Immobilienfonds | 10 |
| III. Grundlagen des Verbraucherbegriffs | 14–22 |
| 1. Zur Norm des § 13 BGB | 14 |

---

[325] BGBl. I 2005, 2437. RegE BT-Drucks. 15/5695 vom 15.6.2005.
[326] RegE eines Gesetzes zur Reform des Kapitalanleger-Musterverfahrensgesetzes, BT-Drucks. 17/8799 vom 29.2.2012, S. 1.
[327] BGBl. I 2012, 2182.
[328] BaFin, Emittentenleitfaden, 4. Aufl. 2013, abrufbar von der Website der BaFin www.bafin.de unter Eingabe des Suchbegriffs Emittentenleitfaden. Dazu *Gieschen*, Emittentenleitfaden der BaFin, http://www.bafin.de/SharedDocs/Veroeffentlichungen/DE/Fachartikel/2013/fa_bj_2013_09_emittentenleitfaden.html?nn=2819248.
[329] BGH vom 16.3.2009 – II ZR 302/06, BGHZ 180, 154 = AG 2009, 1004 = NJW-RR 2009, 828.
[330] S. dazu BaFin, Emittentenleitfaden, 4. Aufl. 2013, VIII.2.5.2.2., S. 116.

|  | Rn. |
|---|---|
| 2. Zur Auslegung des Verbraucherbegriffs durch die Rechtsprechung ...................................... | 16 |
|    a) Zum geschäftsführenden Gesellschafter als Verbraucher ......................................... | 16 |
|    b) Zur Gesellschaft bürgerlichen Rechts als Verbraucher ........................................... | 18 |
|    c) Verbraucher trotz dauerhafter Gewinnerzielungsabsicht sowie trotz des erheblichen Umfangs des investierten Kapitals ................................................................................. | 20 |
| IV. Stellungnahme ........................................................................................................... | 23/24 |

**Schrifttum:** *Aden,* Rechtswahl und Schiedsklausel im Verbraucherschutz, RIW 1997, 723 ff.; *Armbrüster,* Kapitalanleger als Verbraucher?, ZIP 2006, 406 ff.; *Bülow,* Verbraucherkreditrichtlinie, Verbraucherbegriff und Bürgschaft, ZIP 1999, 1613 ff.; *Bungeroth,* Schutz vor dem Verbraucherschutz?, in FS für Schimansky, 1999, S. 279 ff.; *Dreher,* Der Verbraucher – Das Phantom in den opera des europäischen und deutschen Rechts?, JZ 1997, 167 ff.; *Drexl,* Der Bürger als deutscher und europäischer Verbraucher, JZ 1998, 1046 ff.; *Hoffmann,* Der Verbraucherbegriff des BGB nach Umsetzung der Finanz-Fernabsatzrichtlinie, WM 2006, 560 ff.; *Kappus,* Verbraucherschutz am Nadelöhr, NJW 1997, 2653 ff.; *Kowalke,* Die Zulassung von internationalen Gerichtsstands-, Schiedsgerichts- und Rechtswahlklauseln bei Börsentermingeschäften, 2002; *Kümpel,* Verbraucherschutz im Bank- und Kapitalmarktrecht, WM 2005, 1 ff.; *Lenenbach,* Verbraucherschutzrechtliche Rückabwicklung eines kreditfinanzierten, fehlerhaften Beitritts zu einer Publikumspersonengesellschaft, WM 2004, 501 ff.; *Mielz/Sneck,* Die begrenzte Freizügigkeit einstweiliger Maßnahmen im Binnenmarkt II, IPRax 2000, 370; *Mülbert,* Außengesellschaften – manchmal ein Verbraucher, WM 2004, 905 ff.; *Schlosser,* Sonderanknüpfungen von zwingendem Verbraucherschutzrecht und europäisches Prozessrecht, in FS für Steindorff, 1990, S. 1379 ff.; *Wagner,* Sind Kapitalanleger Verbraucher?, BKR 2003, 649 ff.

## I. Einleitung

1 Die Frage, ob eine natürliche Person, welche sich zur Vermehrung ihres eigenen Vermögens und/oder zur Erlangung von Steuervorteilen an risikobehafteten Kapitalanlagen beteiligt, denselben Schutz genießt wie ein „normaler" Verbraucher, welcher sein Geld zum Erwerb von üblichen Konsumgütern ausgibt, wird in der Literatur schon seit längerem, insbesondere im Zusammenhang mit der Beteiligung von natürlichen Personen an geschlossenen Immobilienfonds, problematisiert[1].

2 Die Beantwortung der Frage, ob der ein Spekulationsgeschäft abwickelnde Kapitalanleger stets und in jeder Hinsicht als Verbraucher geschützt werden muss, ist von ganz erheblicher Bedeutung, da nicht nur x-fache europäische Richtlinien wie die Klauselrichtlinie[2], die Verbraucherkreditrichtlinie[3], sowie die Richtlinie über Haustürgeschäfte[4], den Verbraucher schützen, sondern auch vielfache deutsche Verbraucherschutzvorschriften, wie zB das Widerrufsrecht bei Haustürgeschäften gemäß § 312 BGB, das Widerrufsrecht bei Fernabsatzverträgen gemäß § 312d BGB sowie das Widerrufsrecht bei Teilzeitwohnrechten gemäß § 485 BGB. Darüber hinaus werden an den Grad der Aufklärungs-, Informations-

---

[1] Vgl. *Wagner* BKR 2003, 642; *ders.* NZG 2000, 169; *Armbrüster* ZIP 2006, 406; vgl. aber auch *Aden* RIW 1997, 723, welcher darauf hinweist, dass es auch Teil der christlichen Ethik ist, Verantwortung zu fordern, weswegen der Verbraucherschutz für erwachsene Menschen als sittlich bedenklich angesehen wird, wenn er neue Unmündigkeiten oder Teilgeschäftsfähigkeiten kreiert; ähnlich *Dreher* JZ 1997, 167, 169, welcher darauf hinweist, dass sich der Verbraucherschutz zu einer legislativen Hydra entwickelt hat, wobei der entscheidende Unterschied zur griechischen Sage darin besteht, dass der moderne Herkules, nämlich der Gesetzgeber, der Hydra auf der Ebene des einfachen Gesetzesrechts selbständig neue Köpfe nachwachsen lässt, anstatt vorhandene abzuschlagen; so auch *Kappus* NJW 1997, 2653; zur Inhaltslosigkeit des Verbraucherbegriffs vgl. *Preis* ZHR 158 (1994), 567, 593 ff.

[2] Vgl. RL 93/13/EWG des Rates v. 5.4.1993 über missbräuchliche Klauseln in Verbraucherverträgen, ABl. EG Nr. L 95, S. 29 v. 21.4.1993; zur Frage, ob der Beitrittsvertrag zu einer Fondsgesellschaft der AGB-rechtlichen Klauselkontrolle unterliegt, vgl. *Armbrüster* ZIP 2006, 406, 413 mwN.

[3] Vgl. RL 87/102/EWG des Rates v. 22.12.1986 zur Angleichung der Rechts- und Verwaltungsvorschriften der Mitgliedstaaten über den Verbraucherkredit, ABl EG Nr. L 42 S. 48 v. 12.2.1987.

[4] Vgl. RL 85/577/EWG des Rates v. 20.12.1985 betreffend den Verbraucherschutz im Fall von außerhalb von Geschäftsräumen geschlossenen Verträgen, ABl. EG Nr. L 372 S. 31 v. 31.12.1985.

und/oder Beratungspflichten bei einem Verbraucher höhere Anforderungen gestellt als bei einem Kapitalanleger[5].

## II. Maßgebliche Gründe für die Einschränkung des Verbraucherschutzes bei Kapitalanlegern

**1. Normative Gesichtspunkte.** Dass eine natürliche Person bereits nach dem Willen des Gesetzgebers mangels Schutzbedürftigkeit nicht stets und in jeder Hinsicht als Verbraucher zu schützen ist, lässt sich bereits den Ausnahmetatbeständen des § 491 Abs. 2 u. 3 BGB entnehmen, insbesondere der Norm des § 491 Abs. 3 Nr. 2 BGB, wonach der Verbraucher bei der Finanzierung des Erwerbs von Wertpapieren, Devisen, Derivaten und Edelmetallen – so genannte Spekulationsgeschäfte – weniger schutzbedürftig ist als ein Verbraucher, welcher mit seinem Darlehen ein Konsumgut erwirbt[6].

Dass auch das europäische Recht den Kapitalanleger bei risikobehafteten Geschäften nicht in gleicher Weise zu schützen bereit ist wie einen „normalen" Verbraucher, ergibt sich daraus, dass zB Wertpapiergeschäfte gemäß Art. 3 Abs. 2 lit. e der Haustürwiderrufsrichtlinie vom Schutzbereich dieser Richtlinie ausgenommen wurden. Darüber hinaus spricht auch der Europäische Gerichtshof davon, dass nur solche Verträge, die eine Einzelperson zur Deckung ihres Eigenbedarfs beim privaten Verbrauch abschließt, unter die Vorschriften zum Schutz des Verbrauchers fallen[7].

**2. Wertende allgemeine Gesichtspunkte.** Für die Einschränkung des Verbraucherschutzes für Kapitalanleger im Allgemeinen spricht zudem, dass durch das Verbraucherkreditgesetz im Wesentlichen ein Sonderprivatrecht nur für so genannte Konsumentenkredite geschaffen werden sollte und nicht auch für Kredite, mit denen ein Verbraucher risikobehaftete Kapitalanlagen finanziert[8].

Gestützt darauf, dass Verbraucherkredite grundsätzlich nur aufgenommen werden, um Geschäfte zur Abdeckung des täglichen Bedarfs des Verbrauchers zu finanzieren, wird in der Literatur darüber hinaus teilweise die Rechtsauffassung vertreten, das Verbraucherkreditgesetz dürfe nicht, weil nicht zum „Verbrauch" bestimmt, auf solche Kredite angewendet werden, die für den Erwerb besonders hochwertiger Güter, für eine Baufinanzierung, für die Beteiligung an Vermögensanlagen oder für private spekulative Zwecke aufgenommen werden[9].

Zudem werden ganz erhebliche Bedenken dahingehend angemeldet, ob einem Kapitalanleger, der vorhandenes und nicht aktuell benötigtes Vermögen „aus Gewinnsucht" mehren will, wirklich derselbe Schutz gebührt wie demjenigen, der sein Geld für verlockende, aber flüchtige Konsumgüter ausgibt[10]. Begründet werden diese Zweifel damit, dass derjenige, der Kapital zur Gewinnerzielung anlegt, weder etwas im verbraucherschutzrechtlichen Sinne verbrauche noch Konsumgüter erwerbe. Er investiere vielmehr einem Spekulanten ähnlich sein Geld zur Gewinnmaximierung in risikobehaftete Kapitalanlagen, weswegen er

---

[5] So *Wagner* BKR 2003, 649.
[6] So schon *Schütze*, Jahrbuch für die Praxis der Schiedsgerichtsbarkeit, Band 1 (1987), S. 94, 100 zu den §§ 52, 53 BörsG; ähnlich *Bungeroth*, FS Schimansky, S. 279, 284, welcher vom Schutz vor dem Verbraucherschutz schreibt; vgl. hierzu aber auch *Armbrüster* ZIP 2006, 406, 407, welcher schlussfolgert, dass eine solche Ausnahme nicht notwendig gewesen wäre, wenn Kapitalanleger nicht schon unter den Verbraucherbegriff fallen; so auch *Schwab* ZGR 2004, 861, 871; *Lenenbach* WM 2004, 501, 504.
[7] Zitiert aus *Wagner* BKR 2003, 649, 650.
[8] So wohl auch *Möller/Wendehorst* in Bamberger/Roth, BGB-Komm., Vor § 491 Rn. 5; ähnlich *Früh* ZIP 1999, 701, 703, welcher die Auffassung vertritt, dass die Anwendung des VerbrKrG auf die Beteiligung an geschlossenen Immobilienfonds ausgeschlossen ist, weil es sich hierbei nicht um den Kauf von Konsumgütern handelt, der Kapitalanleger vielmehr durch seine Beteiligung zum Mitunternehmer wird.
[9] *Wagner* NZG 2000, 169, 173; aA *Schwab* ZGR 2004, 861, 871.
[10] So *Armbrüster* ZIP 2006, 406, 408, welcher darauf hinweist, dass auch im spanischen Recht Bedenken gegen die Qualifizierung eines Kapitalanlegers als Verbraucher bestehen.

des Verbraucherschutzes nicht bedürfe[11]. Im Übrigen bewege sich ein solcher Spekulant, geht man vorliegend vom Leitbild des eigenverantwortlichen, autonomen und mündigen Durchschnittsverbrauchers und nicht vom „dummen" Verbraucher aus[12], in einem anderen sachlich-rechtlichen Umfeld als ein normaler Verbraucher, der sein Geld lediglich für Konsumgüter ausgibt. Demgemäß sei auch dessen situative Schutzbedürftigkeit eine andere als die eines Konsumgüter erwerbenden Verbrauchers; der Kapitalanleger entscheide sich nämlich, anders als der „Normal"verbraucher, bewusst für eine Kapitalanlage mit Chancen und Risiken[13].

8  Insofern könne gerade dieses bei einem Kapitalanleger offensichtlich anders gestaltete situative Element im Wege einer teleologischen Auslegung es zwingend erscheinen lassen, bei einem Kapitalanleger danach zu fragen, ob Sinn und Zweck der jeweils betroffenen Verbraucherschutznorm die Einbeziehung des Kapitalanlegers als Verbraucher unter Schutzbedürftigkeitserwägungen überhaupt erlaubt[14].

9  Ausgelöst durch einen Beschluss des IX. Zivilsenats des Bundesgerichtshofs vom 29.2.1996, Az. IX ZB 40/95, in welchem der Bundesgerichtshof ausgeführt hat, es sei schon fraglich, ob jemand des Verbraucherschutzes bedarf, der eine Sache zum Preise von 250 000,00 DM für seine Freizeitgestaltung erwirbt[15], wird schließlich darüber diskutiert, ob die Verbraucherschutzvorschriften von ihrem Sinn und Zweck her auch für „Millionäre"[16] sowie im Zusammenhang mit dem Erwerb von Luxusgütern[17] überhaupt zur Anwendung gelangen können oder, ob nicht eher nur diejenige Person im verbraucherschutzrechtlichen Sinne Verbraucher ist, die „allgemeintypische" Verbrauchergeschäfte tätigt[18].

10  **3. Gesichtspunkte zum Beitritt zu geschlossenen Immobilienfonds.** Was wiederum den Schutz des Kapitalanlegers als Verbraucher bei einer Beteiligung an einem geschlossenen Immobilienfonds anbelangt, so zeigen darüber hinaus sowohl die in Art. 3 Abs. 2 der Haustürgeschäfterichtlinie[19] als auch die in Art. 2 (b) der Verbraucherkreditrichtlinie[20] aufgenommenen Ausnahmetatbestände, dass ein solcher Kapitalanleger nicht ohne Weiteres gleich einem normalen Verbraucher zu schützen ist[21].

---

[11] So *Wagner* BKR 2003, 649, 651; *Wagner* NZG 2000, 169, 171; *Schlosser,* FS Steindorff, S. 1379, 1383, welcher eine teleologische Reduktion des Verbraucherbegriffs in Erwägung zieht, weil Börsenspekulanten nicht gerade die Prototypen schutzwürdiger Verbraucher sind; *Schütze* EWiR § 61 BörsG 1/89, 681 in Bezug auf Börsenspekulanten; *Lousanoff,* GS Arens, S. 251, 264 sowie *ders.,* FS Nirk, S. 607, 629; *Thorn* IPRax 1997, 98, 106; *Triebel/Peglow* ZIP 1987, 1613, 1616 in Bezug auf Börsenspekulanten und Käufern von Aktien; so für das österreichische Recht *Armbrüster* ZIP 2006, 406, 409 u. H. auf OGH JBl 1988, 723, 724 f.; *Bydlinski* JBl 1988, 205, 213.
[12] Für die Zugrundelegung dieses „europäischen" Verbraucherleitbildes auch in Deutschland *Armbrüster* ZIP 2006, 406, 414; *Wagner* BKR 2003, 649, 652; *Wagner* DStR 2004, 1836, 1837; *Staudinger/ Weik* BGB 2004, Vorbem. zu §§ 13, 14 Rn. 6 und § 13 Rn. 8 ff., welcher die Auffassung vertritt, der Verbraucherbegriff müsse unabhängig von einem bestimmten Leitbild oder Modell bestimmt werden.
[13] Zur situativen Schutzbedürftigkeit vgl. *Wagner* BKR 2003, 649, 652 ff.
[14] Zur Berücksichtigung dieses situativen Elements bei der Auslegung des Verbraucherbegriffs vgl. *Ulmer* in MüKoBGB, 4. Aufl., § 491 Rn. 20.
[15] Vgl. BGH-Urt. v. 29.2.1996, Az. IX ZB 40/95, NJW 1997, 2685, 2686, dort hatte ein Bauunternehmer zu Privatzwecken eine Yacht erworben; entsprechende Bedenken in Bezug auf einen ähnlich gelagerten Fall äußert auch *Ebbing* WM 1999, 1264, 1269.
[16] Vgl. *Heß* IPrax 2000, 370.
[17] Vgl. hierzu *Kappus* NJW 1997, 2653.
[18] Vgl. *Mankowski* EWiR, Art. 13 EuGVÜ 1/99, 743, 744.
[19] Unanwendbarkeit der Richtlinie für Verträge über den Bau, den Verkauf und die Miete von Immobilien sowie Verträge über andere Rechte an Immobilien.
[20] ZB Unanwendbarkeit der Richtlinie bei Kreditverträgen oder -versprechen, die hauptsächlich zum Erwerb oder zur Beibehaltung von Eigentumsrechten an dem Grundstück oder einem vorhandenen oder noch zu errichtenden Gebäude, die zur Renovierung oder Verbesserung eines Gebäudes bestimmt oder die durch Grundpfandrechte gesichert sind.
[21] So *Wagner* NZG 2000, 169, 171; aA *Armbrüster* ZIP 2006, 406, 410 mwN.

§ 2 Der Schutz des Kapitalanlegers als „Verbraucher"

Dafür, dass Kapitalanleger, welche sich an geschlossenen Immobilienfonds oder ähnlich gestalteten Fonds beteiligen, nicht als „Normal"verbraucher anzusehen und zu schützen sind, spricht auch, dass die solchen Fonds beitretenden Gesellschafter bei manchen Fondsmodellen als Mitunternehmer iSv § 15 Abs. 1 Nr. 2 EStG angesehen werden und es wenig überzeugend erscheint, den Kapitalanleger in verbraucherschutzrechtlicher Hinsicht als Verbraucher anzusehen und in steuerrechtlicher Hinsicht als Unternehmer[22]. Ebenso wenig überzeugt es, die Einkünfte des Kapitalanlegers in diesen Fällen steuerlich als Einkünfte aus Gewerbebetrieb anzusehen, im Zusammenhang mit der Heranziehung von Verbraucherschutzvorschriften wiederum nicht[23].

Gegen die Qualifizierung von Beteiligungen von Kapitalanlegern an geschlossenen Immobilienfonds als Verbrauchergeschäfte spricht darüber hinaus, dass diesen Personen in Sondervorschriften (zB Prospekthaftung) bereits ausreichender Schutz gewährt wird[24].

Weiter problematisch bei der Qualifizierung der Beteiligten an geschlossenen Immobilienfonds als Verbraucher ist der Umstand, dass der Beitrittsvertrag nicht mit einem Unternehmer, sondern in der Regel mit sämtlichen bisherigen Gesellschaftern einer Gesellschaft bürgerlichen Rechts abgeschlossen wird, zu denen auch Verbraucher zählen und welche auch selbst Verbraucher sein können, es somit an einem Vertrag zwischen einem Verbraucher und einem Unternehmer fehlt[25].

Bei der Beteiligung eines Kapitalanlegers an einem geschlossenen Immobilienfonds fällt dessen Qualifizierung als Verbraucher schließlich auch deswegen besonders schwer, weil es sich in rechtlicher Hinsicht bei der Beteiligung an einem geschlossenen Immobilienfonds nicht um den klassischen, in § 312 BGB aufgenommenen „Vertrag zwischen einem Unternehmer und einem Verbraucher, der eine entgeltliche Leistung zum Gegenstand hat" handelt, sondern um ein auf den Erwerb der Mitgliedschaft gerichtetes organisationsrechtliches Rechtsgeschäft, auf welches die Verbraucherschutzvorschriften keine Anwendung finden. Insofern verwundert es nicht, dass ein Teil der Rechtsprechung und Literatur dem einem Fonds Beitretenden den für Verbraucher geltenden Schutz verweigert[26]. Letzterer Auffassung ist der Bundesgerichtshof entgegengetreten und hat aus Schutzzweckerwägungen heraus den Beitritt zu einer Fondsgesellschaft als im verbraucherschutzrechtlichen Sinne für schützenswert erachtet[27]; dies, obwohl in dem[28] vergleichbaren Fall der Time-Sharing-Beteiligung an einer Genossenschaft der Verbraucherschutz eingeschränkt wurde[29], und dies, obwohl sich aus den Materialien zum Haustürwiderrufsgesetz ergibt[30], dass

---

[22] AA *Armbrüster* ZIP 2006, 406, 407.
[23] Vgl. *Früh* ZIP 1999, 701, 703, welcher zu Recht darauf hinweist, dass die Beteiligung an einem Immobilienfonds nur wegen ihres Wagniskapital-Charakters steuerlich begünstigt wird, weswegen der Kapitalanleger in verbraucherschutzrechtlicher Hinsicht nicht wie ein Normalverbraucher, welcher Konsumgüter kauft, schützenswert ist.
[24] So *Wagner* BKR 2003, 649, 651; aA *Armbrüster* ZIP 2006, 406, 407.
[25] Vgl. *Wagner* BKR 2003, 649; *Armbrüster* ZIP 2006, 406, 407, welcher allerdings die Auffassung vertritt, es komme entscheidend darauf an, dass jedenfalls ein Beteiligter, nämlich der Initiator des Fonds oder ein mit ihm verbundenes Unternehmen, bei der Gründung der Gesellschaft als Unternehmer iSv § 14 BGB gehandelt hat.
[26] Vgl. OLG Karlsruhe, Urt. v. 28.8.2002, Az. 6 U 14/02, ZIP 2003, 202, 205; *Habersack* ZIP 2001, 327, 328; *Edelmann* DB 2001, 2434, 2435; zu weiteren Hinweisen vgl. *Armbrüster* ZIP 2006, 406, 407 Fn. 18, welcher der Auffassung ist, dass eine teleologische Auslegung des § 312 BGB die Einbeziehung auch einer Beteiligung an geschlossenen Immobilienfonds unter diese Norm rechtfertigt.
[27] Vgl. BGH-Urt. v. 4.3.1977, Az. I ZR 83/75, WM 1977, 533 m. Anm. *van Look* WuB IV D § 5 HWiG 1.97.
[28] Zum Arbeitnehmer als Verbraucher vgl. BAG Urt. v. 25.5.2005, Az. 5 A ZR 572/04 NZA 2005, 1111, 1115.
[29] Vgl. BGH-Urt. v. 20.1.1997, Az. II ZR 105/96, WM 1997, 533 m. Anm. *van Look* WuB IV D § 5 HWiG 1.97.
[30] BT-Drucks. 10/2876, S. 9 und BT-Drucks. 10/584.

auch der ähnlich gelagerte Fall des Vereinsbeitritts nicht dem Haustürwiderrufsgesetz unterfällt[31].

### III. Grundlagen des Verbraucherbegriffs

**1. Zur Norm des § 13 BGB.** Gem. § 13 BGB „ist jede natürliche Person, die ein Rechtsgeschäft zu einem Zwecke abschließt, der weder ihrer gewerblichen noch ihrer selbständigen beruflichen Tätigkeit zugerechnet werden kann", Verbraucher. Insofern ist der Verbraucherbegriff des § 13 BGB weiter gefasst als der europäische Verbraucherbegriff, wo durchgehend von Zwecken der beruflichen Tätigkeit ohne Anknüpfung an die Selbständigkeit die Rede ist und wo bereits ein geringer beruflicher Zweck die Bejahung der Verbrauchereigenschaft verhindert[32].

Erforderlich zur Bejahung der Verbrauchereigenschaft ist somit nach deutschem Recht alleine, dass es sich bei dem handelnden Subjekt um eine natürliche Person handelt,
– welche nicht zum Zwecke (§ 13 BGB) und nicht in Ausübung (§ 14 BGB) ihrer gewerblichen oder selbständigen beruflichen Tätigkeit Rechtsgeschäfte abschließt[33].

Damit steht fest, dass jedenfalls der Wortlaut des § 13 BGB das Vorliegen eines Verbrauchergeschäfts nicht davon abhängig macht, ob die natürliche Person mit dem ihr zur Verfügung stehenden Geld Spekulationsgeschäfte tätigt oder Konsumgüter kauft. Entscheidend ist nur, dass das Geschäft von seinem objektiv verfolgten Zweck her[34] privater Natur ist[35]. Etwas anderes gilt nur dann, wenn die dem Vertragspartner erkennbaren Umstände eindeutig und zweifelsfrei darauf hinweisen, dass die natürliche Person in Verfolgung ihrer gewerblichen oder selbständigen beruflichen Tätigkeit handelt.[36]

**2. Zur Auslegung des Verbraucherbegriffs durch die Rechtsprechung. a) Zum geschäftsführenden Gesellschafter als Verbraucher.** Was die Qualifikation einer natürlichen Person als Verbraucher[37] anbelangt, so spielt im hiesigen Zusammenhang eine Rolle, dass der Bundesgerichtshof entgegen gewichtiger Stimmen in der Literatur[38] die Verbrauchereigenschaft bei einem Schuldbeitritt nicht nur dann bejaht, wenn der Beitretende Mehrheitsgesellschafter und Alleingeschäftsführer oder Hauptgesellschafter und Mitgeschäftsführer der kreditnehmenden Hauptschuldnerin ist, sondern auch dann, wenn es sich um den geschäftsführenden Alleingesellschafter handelt[39]. Dies ist insofern bedenklich, als bei wertender Betrachtung dieser Personenkreis ebenso wenig wie der Kaufmann iSv §§ 1 ff. HGB oder der Unternehmer gem. § 14 BGB des Schutzes des Verbraucherkreditgesetzes bedarf.[40]

Obwohl auch der Bundesgerichtshof diese Bedenken teilt, meint er, dass der Verbraucherbegriff aufgrund der Entstehungsgeschichte der Norm sowie aufgrund des Schutz-

---

[31] Vgl. kritisch hierzu *Lenenbach* WM 2004, 501, 504.
[32] So *Hoffmann* WM 2006, 560, 561 f.
[33] Vgl. zum ab dem 13.6.2014 geltenden neuen Wortlaut des § 13 BGB „die ein Rechtsgeschäft zu Zwecken abschließt, die überwiegend weder ihrer gewerblichen noch selbständigen beruflichen Tätigkeit zugerechnet werden können".
[34] Vgl. BGH-Urt. v. 30.9.2009, Az. VIII ZR 7/09, NJW 2009, 3780, 3781.
[35] So *Armbrüster* ZIP 2006, 406, 409.
[36] Vgl. BGH-Urt. v. 30.9.2009, Az. VIII ZR 7/09, NJW 2009, 3780, 3781.
[37] Zur Unmaßgeblichkeit des inneren Willens des Handelnden sowie des zugrunde zu liegenden objektivierenden Maßstabs bei der Abgrenzung des Verbraucher- und Unternehmerbegriffs vgl. BGH Beschluss v. 24.2.2011, Az. 5 StR 514/09, NJW 2011, 1236.
[38] Vgl. hierzu *Ulmer* in MüKoBGB, 4. Aufl., § 491, Rn. 40 f.
[39] Vgl. BGH-Urt. v. 24.7.2007, Az. XI ZR 208/06, WM 2007, 1833 m. Anm. *Bülow* WuB I E 2. § 1 VerbrKrG 1.08; BGH-Urt. v. 8.11.2005, Az. XI ZR 34/05, WM 2006, 81 mwN, m. kritischer Anm. *Bydlinski* WuB I F1 d.-1.06.
[40] So auch *Bydlinski* WuB I F 1 d.-1.06, 216 mwN, welcher zu Recht darauf hinweist, dass zB dem 100% der Gesellschaftsanteile haltenden Geschäftsführer jegliche Schutzbedürftigkeit fehlt, weswegen ihm analog der österreichischen Rechtsprechung die Berufung auf spezifisch verbraucherrechtliche Schutzvorschriften zu verwehren ist.

zwecks der Verbraucherschutzvorschriften nicht teleologisch dahingehend reduziert werden kann, dass das Verbraucherkreditgesetz auf die Mithaftungsübernahme des geschäftsführenden Allein- oder Mehrheitsgesellschafters keine Anwendung findet; eine solche Auslegung würde nämlich die Grenzen zulässiger Rechtsfortbildung überschreiten[41].

**b) Zur Gesellschaft bürgerlichen Rechts als Verbraucher.** Für die Frage, ob ein Kapitalanleger grundsätzlich als Verbraucher angesehen werden kann, spielt weiterhin eine Rolle, dass, anders als im europäischen Recht, wo nur eine einzelne natürliche Person Verbraucher sein kann[42], nach der Rechtsprechung des Bundesgerichtshofs zum Verbraucherkreditgesetz auch eine Gesellschaft bürgerlichen Rechts Verbraucher sein kann, wenn sie ein Rechtsgeschäft mit dem in § 13 BGB vorgesehenen Zweck abschließt[43].

Diese vom Bundesgerichtshof vertretene Rechtsauffassung ist, jedenfalls was die Neuregelung des Verbraucherbegriffs im BGB anbelangt, insofern bedenklich, als § 14 BGB ausdrücklich zwischen „rechtsfähigen Personengesellschaften" und „natürlichen Personen" differenziert und es zweifelhaft erscheint, ob der Gesetzgeber in § 13 BGB den Begriff der natürlichen Personen tatsächlich anders, dh unter Einbeziehung rechtsfähiger Personengesellschaften, als in § 14 BGB definieren wollte, wo die natürliche Person ausdrücklich neben Personengesellschaften und juristischen Personen angesprochen wird[44]. Auch ist fraglich, ob die vom Bundesgerichtshof diesbezüglich vertretene Rechtsauffassung unter Berücksichtigung der europäischen Vorgaben zu überzeugen vermag. Zudem erscheint es inkonsequent, die Gesellschaft bürgerlichen Rechts einerseits im Rechtsverkehr, ähnlich der OHG und KG, als teil-rechtsfähig anzusehen und ihr durch die Möglichkeit der Begründung von Rechten und Pflichten die Teilnahme am Rechtsverkehr zu erlauben, sie somit als Unternehmer iSv § 14 BGB zu behandeln, auf der anderen Seite aber der GbR, anders als der KG und OHG, die Berufung auf Verbraucherschutzvorschriften zu erlauben[45]. Schließlich erscheint es bedenklich, den Beitritt zu einem als Gesellschaft bürgerlichen Rechts ausgestalteten geschlossenen Immobilienfonds den Verbraucherschutzvorschriften der §§ 312 und 312d BGB zu unterwerfen. Denn der Beitritt zu einem geschlossenen Immobilienfonds ist, wie bereits oben ausgeführt, in mehrfacher Hinsicht kein klassisches Verbrauchergeschäft iS dieser Vorschriften[46].

**c) Verbraucher trotz dauerhafter Gewinnerzielungsabsicht sowie trotz des erheblichen Umfangs des investierten Kapitals.** Von Bedeutung bei der Auslegung des Verbraucherbegriffs ist in diesem Zusammenhang auch, dass der Bundesgerichtshof der Auffassung ist, allein das Vorhandensein einer Gewinnerzielungsabsicht lasse den Verbraucher nicht zu einem Gewerbetreibenden iSd §§ 13, 14 BGB werden[47].

---

[41] Vgl. kritisch hierzu *Bydlinski* WuB I F 1 d.-1.06.
[42] Vgl. hierzu *Hoffmann* WM 2006, 560, 561; *Mülbert* WM 2004, 905, 906 ff.
[43] So BGH-Urt. v. 23.10.2001, Az. XI ZR 63/01, BGHZ 149, 80, 82 ff. = NJW 2002, 368 = WM 2001, 2379 = BKR 2002, 26; aA *Fehrenbacher/Herr* BB 2002, 1006; *Dauner-Lieb/Dötsch* DB 2003, 1666; *Mülbert* WM 2004, 905 zum Meinungsstand vgl. *Ermann/Saenger*, 11. Aufl., § 13 Rn. 6; dazu, dass GbR nach europäischem Recht nicht dem Verbraucherbegriff unterfallen können, vgl. *Hoffmann* WM 2006, 560, 561.
[44] So auch *Mülbert* WM 2004, 905, 910; *Fehrenbacher/Herr* BB 2002, 1006, 1009.
[45] So auch *Wagner* BKR 2003, 649, 651.
[46] Zu den durch die unterschiedliche rechtliche Handhabe der GbR entstehenden Ungereimtheiten vgl. *Wagner* BKR 2003, 649, 651 f.
[47] Vgl. BGH-Beschl. v. 29.6.1991, Az. XI ZR 17/90, WM 1991, 360, wo der Teilnehmer an Devisen-, Wertpapier- und Warentermingeschäften trotz Gewinnerzielungsabsicht als Verbraucher angesehen wird; bestätigt durch BGH-Beschl. v. 23.5.1993, Az. XI ZR 45 u. 59/91, WM 1993, 1215, 1216; so auch OLG Düsseldorf, Urt. v. 8.3.1996, Az. 17 U 179/95, IPRax 1997, 118, 120 u. *Armbrüster* ZIP 2006, 406, 407 mwN; aA *Schütze* EWiR, § 61 BörsG 1/89, 681, 682, welcher aufgrund der dauerhaften Gewinnerzielungsabsicht eine gewerbliche Tätigkeit bejaht; ähnlich *Kowalke*, Die Zulässigkeit von internationalen Gerichtsstands-, Schiedsgerichts- und Rechtswahlklauseln bei Börsentermingeschäften, S. 68 ff., welcher den an ausländischen Börsen planmäßig und nachhaltig agierenden Börsenspekulanten ebenfalls nicht als Verbraucher ansieht.

**21** Für die Auslegung des Verbraucherbegriffs spielt darüber hinaus eine Rolle, dass der Bundesgerichtshof entschieden hat, dass allein die Höhe des investierten oder verwalteten Kapitals nicht geeignet ist, den Kapitalanleger aus dem Schutzbereich des Verbraucherkreditgesetzes herauszunehmen; dies selbst dann nicht, wenn es sich bei dem Kapitalanleger um eine weniger schutzbedürftige markterfahrene und rechtskundige Person, wie zB um einen Rechtsanwalt, handelt[48].

**22** Bei der Auslegung des Verbraucherbegriffs ist zudem zu berücksichtigen, dass der Bundesgerichtshof bei einem Börsenspekulanten bereits entschieden hat, dass eine außerhalb des Berufs ausgeübte dauerhafte gewohnheitsmäßige Spekulation mit Wertpapieren nicht ausreicht, um die Schutzbedürftigkeit des Spekulanten einzuschränken. Vielmehr müssten noch weitere Umstände, wie etwa die Unterhaltung eines Büros oder einer Organisation zur Durchführung der Börsentermingeschäfte hinzukommen, welche aufgrund ihres Umfangs und Komplexität die Annahme einer berufsmäßigen Spekulation rechtfertigen[49].

Schließlich spielt für die Auslegung des Verbraucherbegriffs im Zusammenhang mit Kapitalanlegergeschäften eine Rolle, dass der Bundesgerichtshof klargestellt hat, dass auch die Absicht des Anlegers, mit seiner Kapitalanlage Steuervorteile zu erlangen, seine Schutzbedürftigkeit als Verbraucher nicht einschränkt[50].

### IV. Stellungnahme

**23** So sehr insbesondere die oben wiedergegebenen wertenden Gesichtspunkte dafür sprechen, denjenigen Kapitalanleger, welcher zur Erzielung von Gewinnen und Steuervorteilen einmalig in größerem Umfang oder dauerhaft erkennbar risikobehaftete Geschäfte tätigt, nicht als Verbraucher iSd § 13 BGB anzusehen, so sehr spricht die derzeitige gesetzliche Normierung des Verbraucherbegriffs in § 13 BGB sowie dessen Auslegung durch die Rechtsprechung des Bundesgerichtshofs dafür, jeglichen Kapitalanleger, und zwar unabhängig davon, ob es sich hierbei um einen Millionär oder einen Bettler handelt sowie unabhängig von dem Volumen der Kapitalanlage, welche getätigt wird, dann als Verbraucher anzusehen, wenn der Kapitalanleger das Kapitalanlagegeschäft zu einem Zweck abschließt, der privat ist und weder einer gewerblichen noch einer (selbständigen) beruflichen Tätigkeit zugerechnet werden kann[51]. Denn so sehr die Rechtsprechung derzeit dazu neigt, insbesondere aus nicht näher konkretisierten Verbraucherschutzerwägungen heraus, Gesetzesvorschriften entgegen jeglicher Auslegungskriterien teleologisch entsprechend dem gewünschten Ergebnis auszulegen[52], so sehr sollte man bemüht sein, sich an den vom Gesetzgeber durch den Erlass von Gesetzen vorgesehenen Normeninhalt zu halten. Tut man dies aber bei der Frage, ob der private Kapitalanleger Verbraucher iSv § 13 BGB ist, so kommt

---

[48] Vgl. BGH-Urt. v. 23.10.2001, Az. XI ZR 63/01, BGHZ 149, 80/86 f., wo darauf hingewiesen wird, dass allein entscheidend für die Bejahung der gewerblichen Tätigkeit Umfang, Komplexität und Anzahl der mit der Kapitalanlage verbundenen Tätigkeit ist; so auch *Hopt* in Baumbach/Hopt, HGB, 32. Auflage, § 1 Rn. 17; *Kindler* in EBJS, HGB, § 1 Rn. 19 und 24.

[49] BGH-Urt. v. 25.4.1988, Az. II ZR 185/87, BGHZ 104, 205, 207 f.

[50] BGH-Urt. v. 17.9.1996, Az. XI ZR 164/95, BGHZ 133, 254, 262.

[51] So auch *Quinke*, Börsenschiedsvereinbarungen und prozessualer Anlegerschutz, S. 185, 187, welcher auf die Schlussanträge des GA Marc Darmon in der Rs. C-89/91 (zum EuGH-Urt. v. 19.1.1993 vgl. IPRax 1995, 92) hinweist, welcher empfiehlt, auch den Börsenspekulanten als Verbraucher zu betrachten; vgl. auch *Drygala* ZIP 1997, 968, 969; *Berger* ZBB 2003, 77, 79 f.

[52] Vgl. zur Rechtsprechung des Bundesgerichtshofs zu der nach hiesiger Auffassung nicht mehr vertretbaren, jedoch vom BVerfG im Beschluss v. 26.9.2011, Az. 2 BvR 2216/06, 469/07, WM 2012, 1179 bestätigten Auslegung des § 5 Abs. 2 HWiG bei Personalkrediten *Herdegen* WM 2005, 1921 ff.; *Münscher* WuB IV D. § 5 HWiG 2.05; *Krümmel/Edelmann* BKR 2003, 99 ff.; *Thume/Edelmann* WuB IV D. § 1 HWiG 1.06; zu der zugunsten der Verbraucher vorgenommenen Rechtsfortbildung beim sog Rückforderungsdurchgriff des II. Zivilsenats des Bundesgerichtshofs, welche vom OLG Schleswig für mit der Verfassung unvereinbar angesehen wurde, vgl. OLG Schleswig Urt. v. 2.6.2005, Az. 5 U 162/01, WM 2005, 1173 m. Anm. *Edelmann* BKR 2005, 394.

man nicht umhin festzustellen, dass die gesetzliche Definition in § 13 BGB nicht auf ein bestimmtes Verbraucherleitbild oder Schutzmodell ausgerichtet ist und sich auch zur spezifischen Schutzbedürftigkeit und/oder Unterlegenheit des Verbrauchers sowie zum Umfang des Geschäfts neutral verhält, die Definition des Verbraucherbegriffs in § 13 BGB vielmehr ausschließlich auf die objektiv ausgeübte Tätigkeit und ihre Zurechnung zum privaten im Gegensatz zum gewerblichen und beruflichen Bereich abstellt. Solange daher der Verbraucher die Grenze zur gewerblichen Tätigkeit nicht überschreitet und die Kapitalanlagegeschäfte nicht zum Zwecke und/oder in Ausübung seiner beruflichen Tätigkeit durchführt, wird man diesen stets als Verbraucher ansehen müssen. Allenfalls beim Beitritt zu einem geschlossenen Immobilienfonds besteht aufgrund vorstehend dargestellter Gesichtspunkte Anlass zu prüfen, ob der von der Rechtsprechung den Gesellschaftern/Kapitalanlegern gewährte Verbraucherschutz mit den gesetzlichen Vorgaben noch vereinbar ist und ob ein solcher in steuerlicher Hinsicht teilweise als Unternehmer und Gewerbetreibender anzusehender, allein die Erlangung von Steuervorteilen sowie die Erzielung von Gewinnen bezweckender Kapitalanleger aus Schutzzweckgesichtspunkten heraus des Verbraucherschutzes tatsächlich bedarf.

Unabhängig von vorstehenden Ausführungen sollte jedoch stets sorgfältig geprüft werden, ob dem als Verbraucher zu qualifizierenden Kapitalanleger nicht doch aufgrund der Besonderheiten des Einzelfalles die Berufung auf die jeweilige Verbraucherschutznorm, weil dies gegen die Grundsätze von Treu und Glauben iSv § 242 BGB verstoßen würde, verwehrt werden sollte. Denn wie vorstehende Ausführungen zeigen, ist nicht jeder Kapitalanleger gleich einem Verbraucher schutzbedürftig.

## 2. Kapitel. Zivilrechtliche Pflichten und Haftung bei Anbahnung, Abschluss und Abwicklung von Kapitalanlagegeschäften

### § 3 Anlageberatung und Anlagevermittlung

#### Übersicht

| | Rn. |
|---|---|
| I. Abgrenzung: Anlageberatung – Anlagevermittlung – Auskunft | 2–13 |
|    1. Anlageberatung | 3 |
|    2. Anlagevermittlung | 7 |
|    3. Auskunft | 11 |
| II. Pflichtenumfang | 14–43 |
|    1. Allgemeine Pflichten des Anlageberaters | 15 |
|    2. Allgemeine Pflichten des Anlagevermittlers | 30 |
|    3. Nachforschungspflicht | 34 |
|    4. Offenbarungspflicht | 38 |
|    5. Besondere Pflichten | 40 |
|    6. Nachwirkende Informationspflicht | 43 |
| III. Einzelfälle der Anlageberatung | 44–66 |
|    1. Immobilienanlagen | 45 |
|    2. Steuerorientierte Anlageformen | 48 |
|    3. Wertpapiere | 51 |
|    4. Unternehmerische Beteiligungen | 57 |
|    5. Ausländische Investmentanteile/Anleihen | 62 |
|    6. Vermögensbildung in Arbeitnehmerhand | 64 |
| IV. Einzelfälle der Anlagevermittlung | 67–83 |
|    1. Beteiligung an Abschreibungsgesellschaften | 68 |
|      a) Kapitalmäßige und personelle Verflechtungen | 68 |
|      b) Wirtschaftliche Verhältnisse | 69 |
|      c) Interessenkonflikt bei Finanzierung | 70 |
|    2. Grundstücksbelastung bei Immobilien | 71 |
|    3. Wohnfläche bei Immobilienanlagen | 72 |
|    4. Immobilienfonds-Anteile | 73 |
|    5. Wirtschaftlichkeit bei Auslandsimmobilien | 74 |
|    6. Öffentliche Mittel | 77 |
|    7. Warenterminoptionen | 78 |
| V. Einzelfälle der Vermögensverwaltung | 84 |
| VI. Haftungsgrundlagen bei Anlageberatung und -vermittlung | 85–106 |
|    1. Haftung aus Vertrag | 86 |
|    2. Warn- und Nebenpflichten gemäß §§ 241 Abs. 2 iVm 311 Abs. 2 BGB | 87 |
|    3. Haftung des Vertretenen/Vertreters | 90 |
|      a) Haftung des Vertretenen/Repräsentantenhaftung §§ 30, 31 BGB | 90 |
|      b) Haftung des Vertreters persönlich | 93 |
|    4. Unerlaubte Handlung, insbesondere § 823 II BGB iVm Schutzgesetzverletzungen | 97 |
|    5. Haftung gegenüber Dritten | 99 |
|      a) Auskunfts-/Beratungsvertrag (Bankauskunft) | 100 |
|      b) Vertrag mit Schutzwirkung für den Dritten | 102 |
|         aa) Sachverständigen-Gutachten | 103 |
|         bb) GmbH & Co. KG | 105 |
|         cc) Ratingagenturen | 106 |
| VII. Beweislast | 107–111 |
| VIII. Haftungsumfang | 112–156 |
|    1. Kausalität | 113 |
|    2. Verschulden | 116 |
|    3. Mitverschulden | 119 |
|    4. Schaden | 123 |
|    5. Vorteilsausgleich | 133 |
|    6. Freizeichnung | 136 |

§ 3 Anlageberatung und Anlagevermittlung § 3

| | Rn. |
|---|---|
| 7. Verjährung | 137 |
|    a) § 37a WpHG aF | 137 |
|    b) Regelverjährung | 141 |
| 8. Verwirkung | 153 |
| 9. Rechtskraft | 156 |

**Schrifttum:** *Assmann/Uwe H. Schneider,* Wertpapierhandelsgesetz, 4. Aufl., Köln 2006; *Andres,* Die Kausalitätsvermutung im Kapitalanlagerecht – Eine kritische Würdigung der aktuellen Rechtsprechung, BKR 2011, 277; *Bassler,* Die Vermutung aufklärungsrichtigen Verhaltens – kritische Würdigung der richterlichen Beweislastumkehr im Kapitalanlageberatungsrecht, WM 2013, 544 ff.; *Bausch,* Beratung und Beratungshaftung von Banken im Lichte der Pilotentscheidungen zu Lehmann-Zertifikaten, NJW 2012, 354 ff.; *Benedict,* Die Haftung des Anlagevermittlers, ZIP 2005, 2129 ff.; *Bitter/Alles,* Die Rechtsprechung zum Aufschub des Verjährungsrechts bei unklarer Rechtslage, NJW 2011, 2081; *Brand,* Zwischen fundierter Anlageberatung und Informationsüberflutung, JURIS (JM) 2014, 2 ff.; *Brennecke,* Die Rechtsprechung des BGH zur Präsentation von Risiken bei der Anlageberatung, WM 2014, 1749 ff.; *Brocker,* Haftung der Bank bei Innenprovisionsgestaltungen, BKR 2007, 368; *Buck-Heeb,* Aufklärung über Innenprovisionen, unvermeidbarer Rechtsirrtum und die Überlagerung durch Aufsichtsrecht, WM 2014, 1601 ff.; dies., Kreditberatung, Finanzierungsberatung, BKR 2014, 221 ff.; dies., Vertrieb von Finanzmarktprodukten: Zwischen Outsourcing und beratungsfreiem Geschäft, WM 2014, 385 ff.; dies., Verhaltenspflichten beim Vertrieb – Zwischen Paternalismus und Schutzlosigkeit der Anleger, ZHR 177 (2013), 310 ff.; dies., Die Haftung von Mitgliedern des Leistungsorgans bei unklarer Rechtslage, BB 2013, 2247 ff.; dies., Der Anlageberatungsvertrag, WM 2012, 625; dies., Vertrauen auf den Rechtsrat Dritter und Wissenszurechnung bei der Anlageberatung, BKR 2011, 441 ff.; dies., Aufklärungspflichten beim Vertrieb von Zertifikaten, DB 2011, 2825; dies., Aufklärung über Rückvergütungen – wie Haftung von Banken und freien Anlageberatern BKR 2010, 309 ff.; *Bundschuh,* Die Haftung für die Verletzung der Aufklärungspflicht beim Vertrieb von Warenterminoptionen, WM 1985, 249; *Canaris,* Bankvertragsrecht, 2. Aufl., Berlin 1981; *Dieckmann,* Die Vermutung aufklärungsrichtigen Verhaltens bei Beratungsfehlern von Banken, WM 2011, 1153; *Duchstein,* Die Bestimmtheit des Güteantrags zur Verjährungshemmung, NJW 2014, 342; *Edelmann,* Die Kick-Back-Rechtsprechung – ein Irrweg?, BB 2010, 1163 ff.; ders., Gibt es eine Hinweispflicht des Anlagevermittlers/-beraters auf negative Presseberichterstattung?, BKR 2003, 438 ff.; ders., Wider den Kick-Back-Joker, CRP 2014, 30 ff.; *Eiben/Boesenberg,* Plausibilitätsprüfungspflicht von Anlagevermittler und Anlageberater, NJW 2013, 1398 ff.; *Einsiedler,* Rückvergütungen und verdeckte Innenprovisionen, WM 2013, 1109 ff.; *Ellenberger/Schäfer,* Fehlgeschlagene Wertpapieranlagen, Heidelberg 2006; *Ellenberger,* Die neuere Rechtsprechung des Bundesgerichtshofes zu Aufklärungs- und Beratungspflichten bei der Anlageberatung, WM 2001, Sonderbeilage 1; ders., Die neuere Rechtsprechung des Bundesgerichtshofes zum Börsenterminhandel, WM 1999, Sonderbeilage 2; *Fest,* Der Entlastungsbeweis im Rahmen der Sonderverjährung nach § 37a WpHG bei fehlerhafter Anlageberatung, ZIP 2012, 1373; *Frisch/Münscher,* Haftung bei Immobilienanlagen, Köln 2002; *Fischer,* Neue Entwicklungen in der Haftung für Rat und Auskunft, in Köndgen, Neue Entwicklungen im Bankhaftungsrecht, 1987, S. 95 ff.; *Grüneberg,* Zur Verjährung und Rechtskrafterstreckung bei mehreren Aufklärungs- und Beratungsfehlern in demselben Kapitalanlagegespräch, WM 2014, 1109 ff.; *Haar,* Neues zur Haftung von Ratingagenturen im Zuge der zweiten Novelle der Rating-Verordnung (CRA III), DB 2013, 2489 ff.; *Hanke,* Der offenkundige Interessenkonflikt in der Anlageberatung, BKR 2012, 493 ff.; *Harnos,* Rechtsirrtum über Aufklärungspflichten beim Vertrieb von Finanzinstrumenten, BKR 2012, 316; ders., Das vorsätzliche Organisationsverschulden bei der Anlageberatung, BKR 2012, 185; ders., Die Reichweite und zivilrechtliche Bedeutung des § 31d WpHG, BKR 2014, 1 ff.; *Heinsius,* Anlageberatung durch Kreditinstitute, ZHR 145 (1981), 177 ff.; *Herresthal,* Die Weiterentwicklung des informationsbasierten Anlegerschutzes in der Swap-Entscheidung des BGH als unzulässige Rechtsfortbildung, ZIP 2013, 1049 ff.; ders., Die Rechtsprechung zu Aufklärungspflichten bei Rückvergütungen auf dem Prüfstand des Europarechts, WM 2012, 2261 ff.; ders., Die Grundlage und Reichweite von Aufklärungspflichten beim Eigenhandel mit Zertifikaten, ZBB 2012, 89; *Heusel,* Der Anwendungsbereich der Vermutung aufklärungsrichtigen Verhaltens bei der Anlageberatung, ZBB 2012, 461 ff.; *v. Heymann/Merz,* Bankenhaftung bei Immobilienanlagen, 16. Aufl., Frankfurt 2005; *Hoegen,* Einzelfragen zur Haftung bei Anlagevermittlung und Anlageberatung unter besonderer Berücksichtigung der Rechtsprechung des Bundesgerichtshofes, in FS für Stimpel, 1985, S. 247 ff.; *Hölldampf,* Der Vorwurf fehlerhafter „Plausibilitätsprüfung" im Anlageprozess, Banken-Times Dez. 2013/Januar 2014, S. 3 f.; *Hopt,* Der Kapitalanlegerschutz im Recht der Banken, 1975; ders., Berufshaftung und Berufsrecht der Börsendienste, Anlageberater und Vermögensverwalter, in FS für Fischer, 1979, S. 237 ff.; *ders.*, Aktuelle Rechtsfragen der Haftung für Anlage- und Vermögensberatung, 2. Aufl., Köln, 1985; *ders.*, Funktion, Dogmatik und Reichweite der Aufklärungs-, Warn- und Beratungspflichten der Kreditinstitute, in Aufklärungs- und Beratungspflichten der Kreditinstitute – Der moderne Schuldturm?, Bankrechtstag 1992, Berlin/New York 1993; *Jäger/Meuschke/Hartlieb*, Aufklärungspflicht über den anfänglichen negativen Marktwert bei anderen Finanzinstrumenten als Swaps?, BKR 2013, 456 ff.; *Jost*, Vertragslose Auskunfts- und Beratungshaftung, Baden-Baden 1991; *Kiel*, Internationales Kapitalanlageschutzrecht, Berlin 1994; *Kotte*, Keine Aufklärungspflicht der Banken über Rückvergütungen beim Vertrieb konzerneigener Produkte, BB 2014, 1353 ff.; *Kropf*, Keine zivilrechtliche Haftung der Banken im beratungsfreien Anlagegeschäft, WM 2014, 640 ff.; *Krüger*, Aufklärung und Beratung bei Kapitalanlagen – Nebenpflicht statt Beratungsvertrag, NJW 2013, 1845 ff.; *Kühne-Büning/Heuer*, Grundlagen der Wohnungs- und Immobilienwirtschaft, 3. Aufl., Frankfurt 1994; *Kübler*, Anlageberatung durch Kreditinstitute, ZHR 145 (1981), 204 ff.; *ders.*, Müssen Anlageempfehlungen anlagegerecht sein?, FS für Coing, 1982, S. 193 ff.; *Lang/Balzer*, Handeln auf angemessener Informationsgrundlage – zum Haftungsregime von Vorstand und Aufsichtsrat von Kreditinstituten, WM 2012, 1167; *Lehmann*, Die zivilrechtliche Haftung der Banken für informative Angaben im deutschen und europäischen Recht, WM 1985, 181 ff.; *Neumann*, Die Verschuldensvermutung nach § 280 Abs. 1 S. 2 BGB und ihre Auswirkungen auf die Verjährung des § 37a WpHG in Altfällen, WM 2014, 346; *Nobbe*, Verjährung von Forderungen im Bank- und Kapitalmarktrecht in der Praxis, WM 2009, 93; *Oelkers/Wendt*, Höchstrichterliche Rechtsprechung zur Vermittlung von Bank- und Versicherungsprodukten, BKR 2014, 89 ff.; *Otto*, Strafrechtliche Aspekte der Anlageberatung, WM 1988, 729; *Pielsticker*, Verschärfte Haftung für Versicherungen und Banken?, BKR 2013, 368 ff.; *Potthoff*, Aufklärungs- und Beratungspflichten bei Optionsscheingeschäften, WM 1993, 1319; *Raeschke-Kessler*, Bankenhaftung bei der Anlageberatung über neue Finanzprodukte, WM 1993, 1830; *Reiter/Methner*, Die Interessenkollision beim Anlageberater, WM 2013, 2053 ff.; *Reul*, Informationspflicht und Informationsrisiko der Banken im Kapitalanlagegeschäft, Anlagepraxis 1983, 315 ff., 351 ff.; *Richrath*, Aufklärungs- und Beratungspflichten – Grundlagen und Grenzen, WM 2004, 653 ff.; *Riehm*, Kein fernabsatzrechtliches Widerrufsrecht beim Kauf von Lehman-Zertifikaten, ZBB 2013, 93 ff.; *Roth*, Die „Lehman-Zertifikate"-Entscheidung des BGH im Lichte des Unionsrechts, ZBB 2012, 429 ff.; *Rümker*, Aufklärungs- und Beratungspflichten der Kreditinstitute aus der Sicht der Praxis, in Aufklärungs- und Beratungspflichten der Kreditinstitute – Der moderne Schuldturm?, Bankrechtstag, 1992, Berlin/New York 1993; *Ruland/Wetzig*, Aufklärungs- und Beratungspflichten bei Cross-Currency-Swaps, BKR 2013, 56 ff.; *Schäfer*, Haftung für fehlerhafte Anlageberatung und Vermögensverwaltung, 2. Aufl., Köln 1994; *ders.*, Vorsatz bei unterlassener Aufklärung über den Erhalt von Rückvergütungen, WM 2012, 1022; *ders.*, zivilrechtliche Kosequenzen der Urteile des BGH zu Gewinnmargen bei Festpreisgeschäften, WM 2012, 197 ff.; *Schäfer/Lang*, Wider die Kriminalisierung der Banken, BKR 2011, 239 ff.; *Schlick*, Die aktuelle Rechtsprechung des III. Zivilsenats des BGH zum Kapitalanlagerecht Teil I u. II, WM 2014, 581 ff. u. 633 ff.; *ders.*, Die aktuelle Rechtsprechung des III. Zivilsenats des BGH zum Kapitalanlagerecht, WM 2011, 154 ff.; *Schlösser*, Verdeckte Kick-Back-Zahlungen von Fondsgesellschaften an Banken als strafbares Verhalten gegenüber den Bankkunden?, BKR 2011, 465 ff.; *Schnauder*, Auskunfts- und Beratungsvertrag beim Vertrieb von Kapitalanlagen, JZ 2013, 120 ff.; *Stumpf/Hettenbach*, Zur (fehlenden) Kausalität unterlassener Aufklärung über Rückvergütungen, BB 2012, 2582 ff.; *Stumpf/Kotte*, Offene Immobilienfonds als Adressat von Anlegerklagen – Resümee und Ausblick, BB 2013, 1613 ff.; *Schultz*, Missbrauch des Mahnverfahrens durch Kapitalanleger?, NJW 2014, 827 ff.; *Schwab*, Provisionen, Rückvergütungen und der legitime Erwartungshorizont des Anlagekunden, BKR 2011, 450 ff.; *Schwennicke*, Die neuere Rechtsprechung zur Börsentermingeschäftsfähigkeit und zu den Aufklärungs- und Beratungspflichten bei Börsentermingeschäften, WM 1997, 1265 ff.; *Thume/Schenk zu Schweinsberg-Zügel*, Verjährungshemmung durch Güteanträge: Schnell, einfach, wirkungslos? CRP 2014, 212 ff.; *Vortmann*, Aufklärungs- und Beratungspflichten der Banken, 7. Aufl., Köln 2002; *ders.*, Aufklärungs- und Beratungspflichten bei grenzüberschreitenden Bankdienstleistungen, WM 1993, 581; *Wagner*, Zweifelhafte Verjährungshemmung bei Einschaltung von Gütestellen, BKR 2013, 108 ff.; *Weisgerber/Jütten*, Das Zweite Finanzmarktförderungsgesetz, Köln 1995; *Welter/Lang*, Handbuch der Informationspflichten im Bankverkehr, Köln 2004; *Wiechers*, Aktuelle Rechtsprechung des XI. Zivilsenats des Bundesgerichtshofs, WM 2014, 145 ff.; WM 2013, 341 ff.; WM 2012, 477 ff.; WM 2011, 145 ff.; *Winter*, Die Prinzipien der höchstrichterlichen Rechtsprechung zu Innenprovisionen, Rückvergütungen und Gewinnmargen, WM 2014, 1606 ff.; *Zetzsche*, Objektbezogene Informationspflichten des Anlageintermediärs, WM 2009, 1020.

## I. Abgrenzung: Anlageberatung – Anlagevermittlung – Auskunft

Kapitalanlagen werden meist über Anlageberater oder Anlagevermittler vertrieben. Diese haben weitreichende Aufklärungs- und Beratungspflichten zu erfüllen. Davon abzugrenzen ist die Auskunftserteilung im Rahmen einer laufenden Geschäftsverbindung. 1

Anlageberatung[1], Anlagevermittlung und Auskunftserteilung begründen unterschiedliche Rechte und Pflichten, wobei die Grenzen zwischen Anlageberatung und Anlagevermittlung fließend sind.[2] 2

**1. Anlageberatung.** § 1 Abs. 1a Satz 2 Nr. 1a KWG definiert die Anlageberatung als „die **Abgabe von persönlichen Empfehlungen** an den Kunden ..., sofern die Empfehlung auf eine Prüfung der persönlichen Umstände des Anlegers gestützt oder als für ihn geeignet dargestellt wird ...". 3
Eine nahezu identische Definition der Anlageberatung enthält **§ 2 Abs. 3 Nr. 9 WpHG.**

Maßgeblich für die Anlageberatung ist daher die Abgabe einer die persönlichen Verhältnisse berücksichtigenden Empfehlung. Kennzeichnend für das Vorliegen einer Anlageberatung ist neben der die persönlichen Umstände berücksichtigenden Empfehlung die Mitteilung von Tatsachen und insbesondere deren fachkundige Bewertung und Beurteilung.[3] Demgemäß zieht der Kapitalanleger bei der Anlageberatung einen unabhängigen individuellen Berater nur deswegen hinzu, weil er selbst keine ausreichenden wirtschaftlichen Kenntnisse und erst recht keinen genügenden Überblick über die wirtschaftlichen Verhältnisse hat.[4] Tritt ein Anlageinteressent an eine Bank oder der Anlageberater einer Bank an einen Kunden heran, um über die Anlage eines Geldbetrages beraten zu werden bzw. zu beraten, so wird das darin liegende Angebot zum Abschluss eines **Beratungsvertrages**[5] **stillschweigend** durch Aufnahme des Beratungsgesprächs angenommen.[6] Insofern geht die Rechtsprechung bei einer eine Kapitalanlage vermittelnden Bank davon aus, dass in der Regel ein Anlageberatungs- und kein Anlagevermittlungsvertrag zustandekommt. Ein Beratungsvertrag kommt auch dann zustande, wenn der Kunde sich zum Bankberater begibt, um sich über die Wiederanlage fällig gewordener Sparsummen zu informieren.[7] Findet zwischen Bank und Kunde tatsächlich eine Beratung im Zusammenhang mit einer Anlageentscheidung statt, dann kommt ebenfalls ein Beratungsvertrag zustande.[8] Wird im Zusammenhang mit einer steuerorientierten Immobilienkapitalanlage ein **persönliches Berechnungsbeispiel** verwendet, in welchem dem Anleger dessen Belastungen unter Berücksichtigung von Mieteinnahmen und Steuervorteilen dargestellt werden, dann kann darin ebenfalls der Abschluss eines Beratungsvertrages gesehen werden.[9] Ein **neuer Beratungsvertrag** kommt aber konkludent zustande, wenn der Bankkunde sich nach einer 4

---

[1] Zur Kredit- und Finanzierungsberatung vgl. *Buck-Heeb* BKR 2014, 221 ff.
[2] *Hoegen,* FS Stimpel, S. 247 ff.; Bejahung eines Anlageberatungsvertrages bei Erläuterung von Berechnungsbeispielen oder bei der Erteilung von Zusicherungen, vgl. hierzu *Reinelt* NJW 2009, 1, 5.
[3] BGH-Urteil v. 15.5.2012, Az.: VI ZR 166/11, WM 2012, 1333, 1335 mwN.
[4] *Einsiedler* WM 2013, 1109 f.
[5] Gegen die Annahme eines Beratungsvertrages und für die Bejahung der Verletzung einer Nebenpflicht aus §§ 241 Abs. 2, 311 Abs. 2 BGB vgl. *Krüger* NJW 2013, 1845 u. H. a. *Buck-Heeb* WM 2012, 625; *Gringoleit,* Bankrechtstag 2012, S. 25, 31 ff.; *Herresthal* ZBB 2012, 89, 92 ff.; *Canaris,* Bankvertragsrecht, 3. Aufl. 1988, Rn. 88; *Roth* in MüKoBGB, 6. Aufl. 2012, § 241 Rn. 133.
[6] BGHZ 100, 117 = WM 1987, 495 = NJW 1987, 1815 = BB 1987, 850 = DB 1987, 980 = ZIP 1987, 500 = WuB I G 4.–5.87 *Assmann*.
[7] BGH Urt. v. 6.7.1993 Az. XI ZR 12/93, BGHZ 123, 126 = WM 1993 m. Anm. *Schwark* WuB I G 4.–9.9.3.
[8] BGH Urt. v. 28.1.1997 Az. XI ZR 22/96, WM 1997, 662; BGH Urt. v. 24.9.2002 Az. XI ZR 345/01, BGHZ 152/114 = WM 2002, 2281 m. Anm. *Claussen* WuB I B 6-1.03.
[9] BGH Urt. v. 27.11.1998 Az. V ZR 344/97, WM 1999, 137m Anm. *v. Heymann* WuB I G 5.2.99; BGH Urt. v. 15.6.2000 Az. III ZR 305/98, WM 2000, 1548.

getroffenen Anlageentscheidung danach informiert, wie er sich angesichts fallender Kurse verhalten soll und die Bank sich darauf einlässt.[10]

5   Nimmt demgegenüber der Anleger ein Darlehen auf und/oder erteilt dieser der Bank den **gezielten Auftrag** zum Kauf bestimmter Wertpapiere, dann kommt grundsätzlich kein Beratungsvertrag zustande.[11] Entsprechendes gilt, wenn die Bank einem langjährigen Kunden im Rahmen einer Execution-only Order lediglich einen Zeichnungsschein zum Beitritt zu einem geschlossenen Immobilienfonds übersendet.[12] Ein stillschweigend geschlossener Beratungsvertrag kommt auch dann nicht in Betracht, wenn die Bank – wie es **Discount-Broker** bzw. **Direktbanken** üblicherweise tun – bereits bei Aufnahme der Geschäftsbeziehung erklärt, sich nur an gut informierte und erfahrene Anleger zu wenden und zur Aufklärung nur durch Übersendung von Informationsbroschüren, nicht aber durch individuelle Hinweise bereit zu sein. Ein Anleger, der der Bank in Kenntnis dessen ohne ein Aufklärungsbegehren eine **gezielte Order erteilt,** erklärt damit konkludent, dass er weitere Informationen durch die Bank nicht benötigt, also nicht aufklärungsbedürftig sei (sog **Execution-only-Dienstleistungen**).[13]

6   Ein Beratungsvertrag wird auch dann nicht abgeschlossen, wenn der Kunde **anderweitig** (zB durch einen Vermögensverwalter oder durch ein Wertpapierdienstleistungsunternehmen[14]) **beraten wird.**[15] In einem solchen Fall scheidet in der Regel auch eine Zurechnung etwaiger Beratungsfehler des mit der Beratung beauftragten Unternehmens über § 278 BGB oder über andere Normen aus.[16] Schließlich kommt ein Beratungsvertrag auch dann nicht in Betracht, wenn die Bank aufgrund mangelnder Kenntnis die Beratung ablehnt und der Kunde ungeachtet dessen das Anlagegeschäft tätigt.[17] Die **Vereinbarung eines Entgeltes** ist für die Annahme eines Beratungsvertrages ebenso wenig notwendig[18] wie das Vorliegen einer **Honorarvereinbarung.**[19]

7   **2. Anlagevermittlung.** Die Anlagevermittlung wird sowohl in **§ 2 Abs. 3 Nr. 4 WpHG** als auch in § 1 Abs. 1a Satz 2 Nr. 1 KWG als „die **Vermittlung von Geschäften** über die Anschaffung und Veräußerung von Finanzinstrumenten" definiert.

8   Von einem Anlagevermittler werden regelmäßig **nur Auskünfte** erwartet, wobei der **werbende** und **anpreisende** Charakter der **Informationen** sowie der geringere Erwar-

---

[10] BGH Urt. v. 21.3.2006 Az. XI ZR 63/05, ZIP 2006, 891, 892; LG Essen NJW-RR 1993, 1392, 1394.
[11] BGH Urt. v. 12.3.1996 Az. XI ZR 232/95, WM 1996, 906 m. Anm. *Schäfer* WuB I G 1–9.9.6.; BGH Urt. v. 21.4.1998 Az. XI ZR 216/97, BGHZ 139, 36 = WM 1998, 1441.
[12] OLG Frankfurt, Beschluss v. 17.1.2014, Az. 19 U 160/13, ZIP 2013, 612.
[13] BGH Urt. v. 4.3.2014 Az. XI ZR 313/12, BKR 2014, 203; BGH Urt. v. 12.11.2013 Az. XI ZR 312/12, WM 2014, 24 m. Anm. *Thume,* WuB I G 1.-6.14=ZIP 2013, 2451, 2452 m. H. a. *Balzer* EWiR 2013, 365; *Brocker* EWiR 2013, 252 u. *Freitag* LMK 2013, 347897; BGH Urt. v. 19.3.2013, Az. XI ZR 431/11, Rn. 17, WM 2013, 789 = BGHZ 196, 370 u. H. a. BGH Urt. 5.10.1999, Az. XI ZR 296/88, BGHZ 142, 345/355 m. Anm. *Bracht* ZBB 2013, 252 u. *Thume/Schenck zu Schweinsberg-Zügel* WuB I G 1.-11.13; zur rasanten Zunahme des beratungsfreien Geschäfts iSv § 31 Abs. 5 WpHG sowie dem reinen Ausführungsgeschäft iSv § 31 Abs. 7 WpHG und dem hiermit verbundenen Pflichtenumfang vgl. *Buck-Heeb* WM 2014, 385, 389 ff.; zur zivilrechtlichen Haftung der Bank im beratungsfreien Anlagegeschäft vgl. *Kropf* WM 2014, 640 ff.
[14] Vgl. hierzu BGH Urt. v. 12.11.2013, aaO u. v. 19.3.2013, aaO m. Anm. *Thume* WuB I G 1.-6.14 u. *Thume/Schenck zu Schweinsberg-Zügel* WuB I G 1.-11.13; vgl. auch *Wiechers* WM 2014, 145, 148 f.
[15] BGH Urt. v. 27.2.1996, Az. XI ZR 133/95, WM 1996, 664.
[16] Vgl. hierzu *Thume* WuB I G 1.-6.14; *Wiecher,* WM 2014, 145, 149 mwN; *Edelmann* WuB I G 1.-9.13.
[17] BGH Urt. v. 19.5.1998, Az. XI ZR 286/97, WM 1998, 1391.
[18] BGH WM 1983, 263 = NJW 1983, 1730 = DB 1983, 984 = ZIP 1983, 433 = VersR 1983, 445; BGH WM 1984, 1075 = NJW 1984, 2524 = BB 1984, 1577 = DB 1984, 1920 = VersR 1984, 891; BGH WM 1985, 450 = DB 1985, 1464 = ZIP 1985, 398.
[19] *Einsiedler* WM 2013, 1109, 1110.

tungshorizont des Anlageinteressenten zu berücksichtigen sind.[20] Von einer Vermittlung ist daher grundsätzlich dann auszugehen, wenn sich der Interessent nicht mit der reinen Reklame begnügt, sondern ausdrücklich oder konkludent zu erkennen gibt, dass er eine verbindliche Auskunft erwartet und sich der Anlagevermittler hierauf einlässt.[21] Insofern zielt der im Rahmen einer Anlagevermittlung zustande kommende Auskunftsvertrag auf die Erteilung einer verbindlichen, richtigen und vollständigen Auskunft, nicht jedoch zu deren Bewertung.[22]

Rechtsgrundlage einer jeden Anlagenvermittlung ist daher stets der Auskunftsvertrag, bei welchem es sich je nach Fallgestaltung um einen Dienstvertrag mit Geschäftsbesorgungscharakter oder aber bei einmaliger Auskunftserteilung um einen Werkvertrag handelt.

Bei Börsendiensten besteht regelmäßig ein gemischter Vertrag mit dienst- und kaufvertraglichen Elementen (Beratung – Verkauf des Druckwerkes)[23], beim Erwerb eines Wirtschaftsmagazins mit Börsenhandbüchern oder allgemeinen Anleitungsbüchern für Vermögensanlage dürften die kaufvertraglichen Elemente regelmäßig überwiegen. Der Vermittlungsvertrag ist idR Maklervertrag, wenn eine Vermittlungsprovision vereinbart wird.[24]

**3. Auskunft.** Die Auskunftserteilung erfolgt regelmäßig im Rahmen einer **laufenden Geschäftsverbindung,** wie dies bei Kreditinstituten allgemein üblich ist.[25] Die Pflicht zu fehlerfreier Auskunftserteilung wird dann meist als Haupt- oder Nebenpflicht aus dieser Geschäftsverbindung abgeleitet.[26]

Außerhalb bestehender Geschäftsverbindungen wird – wie bei der Anlagevermittlung – allgemein auf den meist stillschweigend abgeschlossenen Vertrag auf Auskunftserteilung zurückgegriffen, der den Auskunftsgeber zu vollständiger und richtiger Information verpflichtet.[27] Demgemäß ist Grundlage jeder Anlagevermittlung der Auskunftsvertrag, Grundlage der Anlageberatung der Beratungsvertrag. Der gesetzlichen Regelung in § 676 BGB, wonach die Erteilung einer Auskunft generell keine Verpflichtung zum Schadensersatz auslöst, kommt kaum praktische Bedeutung zu.[28]

Ist eine Bankauskunft von keinem der Gesprächspartner gewollt, so entfaltet der Inhalt eines privaten Gesprächs auf einem Erntedankfest auch bei Weitergabe an Dritte keine rechtsgeschäftlichen Wirkungen.[29] Die Erklärung, die Auskunft sei unverbindlich („ohne unser Obligo"), schließt in der Regel die Annahme eines Beratungsvertrages nicht aus, sondern bedeutet – sofern überhaupt zulässig – allenfalls eine Freizeichnung von der Haftung.[30]

---

[20] *Einsiedler* WM 2013, 1109, 1110.
[21] *Einsiedler* WM 2013, 1109, 1110 u. H. a. BGH in BGH Report 2003, 1399 Rn. 13.
[22] BGH WM 1982, 90 = NJW 1982, 1095 = BB 1982, 329 = DB 1982, 482 = ZIP 1982, 169; BGHZ 74, 103 = WM 1979, 530 = NJW 1979, 1449 = BB 1980, 800 = DB 1979, 1219; OLG Oldenburg WM 1987, 169 = WuB IV A. § 276 BGB – 2.87 *Assmann*. Zu den Rechtsgrundlagen der Haftung des Anlagevermittlers vgl. *Benedict* ZIP 2005, 2129.
[23] BGHZ 70, 356 = WM 1978, 306 = NJW 1978, 997 = BB 1978, 980 = DB 1978, 1170; *Hopt,* FS Fischer, 1979, S. 237, 240 f.; aA *Schröder* NJW 1980, 2279, 2281.
[24] Vgl. *Hopt,* Haftung für Anlage- und Vermögensberatung, S. 11; BGH WM 1977, 334.
[25] Nr. 2 AGB-Banken und Nr. 3 AGB-Sparkassen idF v. 1.1.1993; vgl. auch die Grundsätze über die Erteilung von Bankauskünften, BAnz. Nr. 22 v. 2.2.1983 = ZIP 1983, 379; hierzu: *Weber* Die Bank 1983, 162 f.; *Weber,* Gemeinsames Kommuniqué über das Bankauskunftsverfahren, ZIP 1984, 1412, hierzu eingehend: *Weber* Die Bank 1984, 530 und *Steuer* Die Bank 1985, 564; ferner *Bruchner/ Stützle,* Leitfaden zu Bankgeheimnis und Bankauskunft, 1986, S. 112 ff. mwN.
[26] *Fischer,* Haftung für Rat und Auskunft, S. 96; zur Bankauskunft vgl. auch *Baumbach/Hopt,* HGB, 29. Aufl., VI. (7) Bankgeschäfte, A 14 f.
[27] BGH Urt. v. 25.10.2007, Az. III ZR 100/06 DB 2007, 2591, 2592; vgl. auch *Sichtermann/ Feuerborn/Kirchherr/Terdenge,* Bankgeheimnis und Bankauskunft, 1984, S. 398 f.
[28] *Musielak,* Haftung für Rat, Auskunft und Gutachten, 1974, passim.
[29] BGH WM 1990, 1990 = NJW 1991, 352 = BB 1990, 2291 = DB 1990, 2516 = WuB I B 4.–1.91 *v. Heymann.*
[30] BGH WM 1970, 1021 = NJW 1970, 1737; BGH WM 1972, 583 = NJW 1972, 1200; BGH WM 1973, 635.

**II. Pflichtenumfang**

**14** Im Rahmen der Anlageberatung obliegen dem Anlageberater mehr oder weniger umfassende **Auskunfts- und Beratungspflichten** in Bezug auf die Richtigkeit und Vollständigkeit der gegebenen Informationen, unter besonderen Umständen auch **Nachforschungs- und Offenbarungspflichten.** Wertpapierdienstleistungsunternehmen iS des WpHG sind dabei nach § 31 Abs. 4 WpHG verpflichtet, von ihren Kunden **Angaben über ihre Erfahrungen oder Kenntnisse,** über ihre mit den Geschäften verfolgten Ziele und über ihre finanziellen Verhältnisse zu verlangen, soweit dies zur Wahrung der Kundeninteressen und im Hinblick auf Art und Umfang der Geschäfte erforderlich ist (sog **Explorations-Pflicht**). Dabei kann sich das Unternehmen grundsätzlich auf die Angaben ihres Kunden verlassen und braucht diese auf ihren Wahrheitsgehalt hin nicht zu überprüfen, es sei denn, es bestehen begründete **Zweifel an deren Richtigkeit.**[31] Allein aus dem **Unterlassen der Exploration** kann der Anleger aber keinen Anspruch auf Schadensersatz herleiten. Die Pflicht zur Exploration ist nämlich als solche nicht drittschützend. Entscheidend ist daher allein, ob das empfohlene Produkt für den Anleger geeignet war.[32] Zudem sind Wertpapierdienstleistungsunternehmen gemäß § 34 Abs. 2a WpHG verpflichtet, über jede Anlageberatung ein **Beratungsprotokoll** zu erstellen und dem Kunden unverzüglich nach Abschluss der Beratung eine Ausfertigung zur Verfügung zu stellen. In Bezug auf das Produkt ist das Unternehmen wiederum gemäß § 31 Abs. 3a WpHG verpflichtet, ihrem Kunden rechtzeitig ein **Produktinformationsblatt** zur Verfügung zu stellen, wobei auch aus der Verletzung dieser aufsichtsrechtlichen Pflichten keine unmittelbaren Schadensersatzansprüche folgen.[33]

**15** **1. Allgemeine Pflichten des Anlageberaters.**[34] Dem Anlageberater obliegt zunächst eine **umfassende Informationspflicht,** dh dem Anleger müssen, damit dieser seine Anlageentscheidung eigenverantwortlich treffen kann[35], alle diejenigen Informationen geliefert werden, die für die jeweilige Anlageentscheidung wesentliche Bedeutung haben oder haben können.[36] Insbesondere muss der Anleger über die mit der angebotenen speziellen Beteiligungsform verbundenen Nachteile und Risiken aufgeklärt werden.[37] Diese Informationen müssen **verständlich, wahrheitsgemäß** und **sorgfältig,** insbesondere **richtig** und **vollständig** erteilt werden[38], wobei bei typisierender Betrachtungsweise auf den durchschnittlichen, vernünftigen und **verständigen Anleger** abzustellen ist.[39] Diese Informationserteilungspflicht gilt auch beim Vertrieb von **Versicherungsprodukten;** dies jedenfalls dann, wenn das Versicherungsprodukt Teil eines Kapitalanlagemodells ist.[40] Ein Anlageberater ist – anders als der Anlagevermittler – zu mehr als nur zu einer **Plausibili-**

---

[31] LG Potsdam Urt. v. 3.12.2008, Az. 8 O 142/08, BKR 2009, 204 mwN.
[32] OLG Stuttgart Urt. v. 27.6.2012, Az. 9 U 140/11 WM 2012, 1829, 1830.
[33] Zur zivilrechtlichen Wirkung des Aufsichtsrechts vgl. *Buck-Heeb* ZHR 177 (2013), 310, 318 ff. → § 3 Rn. 26, 51 u. 98.
[34] Zu den Anlageberatungsgrundsätzen im erweiterten Familienkreis vgl. BGH Urt. v. 19.4.2007 Az. III ZR 75/06 WM 2007, 1020.
[35] Zur Eigenverantwortlichkeit des Anlegers, auch irrationale und unvernünftige Entscheidungen treffen zu dürfen vgl. *Buck-Heeb* WM 2014, 385.
[36] Zur „Überinformation" (information overload) vgl. *Buck-Heeb* WM 2014, 385 f. sowie *Brand,* JURIS (JM) 2014, 2 ff.
[37] BGH Urt. v. 23.4.2012, Az. II ZR 75/10, BB 2012, 1679, 1680 Rn. 13.
[38] BGH Urt. v. 21.3.2005, Az. II ZR 140/03, WM 2005, 833; BGH Urt. v. 21.3.2005, Az. II ZR 149/03, WM 2005, 838, 839.
[39] *Buck-Heeb* WM 2014, 385, 388 mwN; zur Anlageberatung unter Berücksichtigung verhaltenswissenschaftlicher Forderungsergebnisse vgl. *Brennecke* WM 2014, 1749 ff.
[40] BGH Urt. v. 11.7.2012, Az. IV ZR 164/11, BGHZ 194, 39, 122/11, 151/11, 271/10 u. 286/10, WM 2012, 1577 ff.; vgl. hierzu auch *Oelkers/Wendt* BKR 2014, 89 ff. sowie *Pielsticker* BKR 2013, 368 ff.

tätsprüfung[41] verpflichtet. Er ist darüber hinaus bei entsprechendem Auftrag verpflichtet, die ihm vom Anleger gegebenen Informationen und Unterlagen unter Berücksichtigung der Anlageziele und Risikobereitschaft des Anlegers **fachkundig** zu **bewerten** und zu **beurteilen**.[42] Dabei muss die Bewertung und Empfehlung des Anlageobjekts lediglich **ex ante** betrachtet vertretbar sein. Das Risiko, dass eine aufgrund anleger- und objektgerechter Beratung getroffene Anlageentscheidung sich im Nachhinein als falsch erweist, trägt der Anleger.[43] Eine Kapitalanlage, welche er empfiehlt, muss er mit **banküblichem kritischen Sachverstand** prüfen oder den Anleger auf ein diesbezügliches Unterlassen hinweisen.[44] Eine unterlassene Prüfung kann jedoch nach dem **Schutzzweck der verletzten Pflicht** nur dann zur Haftung führen, wenn bei der Prüfung Risiken erkennbar geworden wären, über welche der Anleger hätte aufgeklärt werden müssen oder aber wenn erkennbar geworden wäre, dass eine Empfehlung der Kapitalanlage nicht anleger- und/oder objektgerecht ist.[45]

Bei der Anlageberatung sind zum einen **personenbezogene** und zum anderen **objektbezogene** Kriterien zu beachten. Diese durch das sog **Bond-Urteil** (BGHZ 123, 126 ff.) vom Bundesgerichtshof entwickelten Grundsätze gelten nach wie vor und haben sich durch das Inkrafttreten des Finanzmarktrichtlinie-Umsetzungsgesetzes **(FRUG)** vom 16.7.2007 (BGBe.I; S. 1330) nicht verringert.[46]

**16**

Zu den Umständen in der **Person des Anlegers** gehören dabei insbesondere dessen **Wissensstand** über Anlagegeschäfte der vorgesehenen Art und dessen **Risikobereitschaft**; zu berücksichtigen ist also vor allem, ob es sich bei dem Kunden um **einen erfahrenen Anleger** mit einschlägigem Fachwissen handelt und welches Anlageziel der Kunde verfolgt. Hat der Kunde daher **deutliche Vorstellungen** von dem gewünschten Anlagegeschäft, darf die Bank davon ausgehen, dass er nur insoweit noch der Beratung bedarf, als er dies ausdrücklich verlangt oder als dies aus sonstigen Umständen für sie erkennbar wird.[47] Hat der Anleger wiederum durch sein **früheres Anlageverhalten** bereits **Erfahrungen** mit der jeweiligen Anlageform gesammelt, darf die beratende Bank davon ausgehen, dass ihm die mit der Anlage verbundenen Risiken bekannt sind.[48] Allein der Umstand, dass es sich beim Anleger um eine rechtlich bewanderte Person oder eine Person mit überdurchschnittlichen Einkommens- und Vermögensverhältnissen handelt, vermag die Pflichten des

**17**

---

[41] Zur Plausibilitätsprüfung vgl. *Hölldampf*, Banken-Times Dez. 2013/Jan. 2014, S. 3 f. *Eiben/Boesenberg* NJW 2013, 1398; sowie → § 3 Rn. 30.

[42] BGH WM 1982, 90 = NJW 1982, 1095 = BB 1982, 329 = DB 1982, 482; BGH WM 1985, 381; BGH WM 1987, 531 = WuB IV G 4.–6.87 *Assmann*; OLG Oldenburg WM 1987, 169 = WuB IV A. § 276 BGB–2.87 *Assmann*; *Hoegen*, FS Stimpel, S. 247, 250 f.; *Lehmann* WM 1985, 181 ff.; OLG Köln WM 1989, 402 = ZIP 2013, 465; zur fachkundigen Prüfung mit banküblichem kritischen Sachverstand vgl. § 3 Rn. 51.

[43] BGH Urt. v. 24.9.2013, Az. XI ZR 204/12, WM 2013, 2065, 2067 Rn. 20 u. H. a.; BGH Urt. v. 27.9.2011 WM 2011, 2261 Rn. 23 u. WM 2011, 2268 Rn. 22; OLG Frankfurt, Beschluss v. 14.6.2013, Az. 19 U 60/13, ZIP 2013, 1710 u. H. a. BGH Urt. v. 16.10.2012, Az. XI ZR 368/11 Rn. 21; vgl. auch BGH Urt. v. 21.3.2006, Az. XI ZR 63/05, WM 2006, 851 m. Anm.; *Puszkajler/Weber* ZIP 2007, 401; BGH WM 2009, 2303, 2305; OLG Celle, Beschluss v. 4.3.2010, Az. 349/10, ZIP 2010, 876, 877; vgl. zur ex-ante Betrachtung auch → § 3 Rn. 25.

[44] BGH Urt. v. 15.11.2012, Az. III ZR 55/12, WM 2012, 2375 Rn. 6; BGH Urt. v. 1.12.2011, Az. III ZR 56/11 WM 2012, 24 Rn. 10; BGH Urt. v. 16.9.2011, Az. III ZR 14/10, WM 2010, 1932, 1933 Rn. 10; BGH Urt. v. 5.3.2009, Az. III ZR 302/07 Rn. 13, WM 2009, 739.

[45] BGH Urt. v. 15.11.2012, aaO, Rn. 6; BGH Urt. v. 27.9.2011, Az. XI ZR 182/10, ZIP 2011, 2237, 2239 Rn. 24; BGH Urt. v. 5.3.2009, Az. III ZR 302/07 Rn. 13, WM 2009, 739=NJW-RR 2009, 687; BGH Urt. v. 7.10.2008, Az. XI ZR 89/07, NJW 2008, 3700, 3701 Rn. 12 u. 14.

[46] OLG Düsseldorf Urt. v. 16.12.2010, Az. I-6 U 200/09, WM 2011, 399, 400 m. H. auf die vereinzelt gebliebene Gegenauffassung von *Mülbert* WM 2007, 1149, 1155 ff.

[47] OLG Nürnberg Urt. v. 18.6.2012, Az. 4 U 2312/11, WM 2013, 2219, 2222 u. H. a. BGH WM 1996, 906.

[48] OLG Nürnberg, aaO, u. H. a. OLG Schleswig MDR 2012, 534.

Anlageberaters-/vermittlers unter dem Gesichtspunkt der **mangelnden Schutzbedürftigkeit/Aufklärungsbedürftigkeit** nicht herabzusetzen.[49] Ebensowenig kann allein aus der Art des abzuschließenden Anlagegeschäfts nicht auf die mangelnde Schutzbedürftigkeit des Anlegers geschlossen werden.[50]

**18** Sind die persönlichen Umstände nicht bekannt, müssen Informationsstand und Anlageziel des Kunden erfragt werden.[51] Dabei muss insbesondere festgestellt werden, ob das beabsichtigte Anlagegeschäft der sicheren Geldanlage dienen soll oder spekulativen Charakter hat. Unter Berücksichtigung des festgestellten Anlageziels muss die empfohlene Anlage dann auf die **persönlichen Verhältnisse** des Anlegers zugeschnitten, dh „anlegergerecht" sein[52] und darf dessen **Einkommens- und Vermögensverhältnisse** nicht vollständig missachten.[53] Werden Anlagegeschäfte durch **einen rechtsgeschäftlichen oder gesetzlichen Vertreter** für einen Dritten abgeschlossen, dann bestimmt sich gemäß **§ 166 Abs. 1 BGB** Inhalt und Umfang der vom Kredit isoliert in diesem Zusammenhang geschuldeten Aufklärung und Beratung nach den Vorkenntnissen, der Risikobereitschaft und dem Anlagehorizont des Vertreters.[54]

**19** Da die empfohlene Kapitalanlage anlegergerecht sein muss, darf einem in Sachen Kapitalanlagen erkennbar **unerfahrenen Normalverdiener,** der neben der gesetzlichen Rente eine weitere Altersvorsorge erwerben will, keine Beteiligung als atypischer Gesellschafter an einem Unternehmen empfohlen und vermittelt werden. Etwas anderes gilt nur dann, wenn ein Kunde von sich aus eine bestimmte Kapitalanlage erwerben will und diese Entscheidung trotz umfassender und richtiger Aufklärung über deren Risiken aufrechterhält.[55] Unter dem Gesichtspunkt der anlagegerechten Beratung wird es auch als pflichtwidrig angesehen, wenn einer 60-jährigen selbständigen Unternehmerin mit geringen Rentenansprüchen empfohlen wird, einen zur Altersversorgung bestimmten größeren Geldbetrag aus einer Lebensversicherung ausschließlich in mehreren Aktienfonds mittlerer bis hoher Risikostufe anzulegen.[56] Ein Kreditinstitut verletzt seine Pflicht zur anlage- und anlegerrechten Beratung, wenn es vor Vereinbarung eines **Währungs-Swap** mit einer Stadtwerke-Kommunen-GmbH nicht auf mögliche öffentlich-rechtliche Beschränkungen der Kommune hinweist und nicht mit Nachdruck auf eine Prüfung der Zulässigkeit des Geschäfts dringt.[57]

---

[49] LG München II Urt. v. 17.8.2006, Az. 9 BO 3493/05, S. 11; zur Aufklärungsbedürftigkeit eines Versicherungs- und Immobilienfinanzierungskmaklers bzw. eines Wirtschaftsprüfers BGH WM 1997, 309, 311 u. BGH ZIP 2003, 2242, 2244 f., eines Rechtsanwalts BGH WM 1990, 145, 147; BGH WM 2004, 2205, 2207 sowie eines Kapitalanlegers, der mit seiner eigenen Firma an der Gestaltung eines Konzepts zur Sanierung notleidender Immobilien verantwortlich mitgewirkt hat, vgl. OLG Koblenz Urt. v. 9.3.2010, 1496 m. Anm. zust. *Vortmann* WuB I G 1.-5.11, welcher unter Bezugnahme auf OLG Düsseldorf WM 1990, 1959 m. Anm. *Heymann* WuB I G 7.-1.91 auf die mangelnde Schutzbedürftigkeit eines auf Seiten des Prospektherausgebers mitwirkenden Anlegers hinweist.

[50] *Vortmann* WuB I G 1.-5.11, welcher unter Bezugnahme auf BGH WM 1992, 1355 m. Anm. *Eckert* WuB I E 1.-13.92 die mangelnde Schutzbedürftigkeit bei einem Anleger ablehnt, welcher aus steuerlichen Erwägungen heraus handelt.

[51] BGHZ 123, 126 = WM 1993, 1455 = NJW 1993, 2433 = BB 1993, 1903 = DB 1993, 1869 = ZIP 1993, 1148 = WuB I G 4.-9.93 *Schwark;* zur Explorationspflicht vgl. → § 3 Rn. 14.

[52] BGH WM 1982, 90 = NJW 1982, 1095 = BB 1982, 329 = DB 1982, 428 = ZIP 1982, 169.

[53] Vgl. hierzu OLG Brandenburg Urt. v. 8.2.2012, Az. 7 U 46/11, NJW 2012, 2449, wo die Empfehlung zum Beitritt zu einem in der Form des Publikums KG organisierten Immobilienfonds bei einem Kapitalanleger mit kleinem Einkommen und nur geringem Vermögen als nicht anlagegerecht angesehen wurde.

[54] OLG Nürnberg Urt. v. 18.6.2012, Az. 4 U 2312/11, WM 2012, 2219.

[55] OLG München Urt. v. 29.5.2006, Az. 1 S 4 5914/05, OLGR 2006, 630.

[56] OLG Jena Urt. v. 17.5.2005, Az. 5 U 693/04, WM 2005, 1946, 1947.

[57] OLG Naumburg Urt. v. 24.3.2005, Az. 2 U 111/04, ZIP 2005, 1546; vgl. zu Swap-Geschäften auch § 3 Rn. 55.

In Bezug auf das **Anlageobjekt** hat sich die Beratung auf diejenigen Eigenschaften und **20** Risiken zu beziehen, die für die jeweilige Anlageentscheidung **wesentliche Bedeutung** haben oder haben können (sog „anlage"- bzw. produktbezogene Beratung).[58] Zudem muss nicht über jegliches Risiko aufgeklärt werden, sondern nur über ein solches, mit dessen Verwirklichung **ernsthaft zu rechnen ist** oder welches jedenfalls **nicht ganz fernliegend** ist.[59] Dabei ist zwischen den **allgemeinen Risiken** wie Konjunktur, Inflation, Entwicklung des Marktes und den **speziellen Risiken** zu unterscheiden, die sich aus den individuellen Gegebenheiten des Anlageobjektes ergeben, insbesondere Kurs-, Zins- und Währungsrisiko bei Wertpapieren oder Objektrisiken bei Immobilien.

Die Pflicht des Anlageberaters betrifft allerdings nicht nur Umstände, die sich auf das **21** Anlageobjekt selbst beziehen, sondern auch solche, die für die **Seriosität und Zuverlässigkeit** der Fondsverantwortlichen wichtig sind oder sein können.[60] Hierzu gehört ein **strafbares Verhalten** jedenfalls dann, wenn es um Taten geht, die aus der Sicht eines vernünftigen Anlegers geeignet sind, die Vertrauenswürdigkeit der Fondsverwantwortlichen in Frage zu stellen.[61] Die Aufklärungspflicht setzt dabei nicht erst ein, wenn es zu einer (rechtskräftigen) Verurteilung oder auch nur zur Erhebung der öffentlichen Klage gekommen ist. Vielmehr kann eine solche Pflicht bereits bei Bestehen eines strafrechtlichen **Ermittlungsverfahrens**[62] oder eines **Verfahrens der Bundesanstalt** für Finanzdienstleistungsaufsicht gegen einen Gründungsgesellschafter[63] bestehen. Auch über **Gesetzesänderungen** muss ein Anlageberater grundsätzlich aufklären, sofern sie für die empfohlene Kapitalanlage erhebliche Auswirkungen haben können. Allerdings muss der Anlageberater infolge einer Gesetzesänderung nicht ohne besondere Anhaltspunkte auftretenden Schwierigkeiten und ungeklärten Rechtsfragen nachgehen, die er regelmäßig nur unter Inanspruchnahme sachkundiger Hilfe abklären könnte.[64] Ein Anleger muss auch über bankrechtliche Bedenken gegen eine bestimmte Anlageform aufgeklärt werden. Denn er hat ein berechtigtes Interesse zu wissen, ob das Anlagemodell rechtlich abgesichert ist oder ob mit bankaufsichtsrechtlichen Maßnahmen und damit verbundenen Prozessrisiken zu rechnen ist.[65]

---

[58] BGH Urt. v. 22.5.2012, Az. II ZR 14/10, WM 2012, 1474, 1477 Rn. 27; BGH Urt. v. 5.3.2009, Az. III ZR 302/07 Rn. 13; BGH WM 1987, 531 = NJW-RR 1987, 936 = WuB I G 4.–6.87 *Assmann*.

[59] BGH Urt. v. 23.7.2013, Az. II ZR 143/12, WM 2013, 1742; **aA** wohl BGH Urt. v. 29.4.2014, Az. XI ZR 477/12 u. 130/13, welcher der Auffassung ist, dass auch über fernliegende, lediglich theoretisch bestehende Risiken aufzuklären ist, wenn die Risiken dem jeweiligen Produkt immanent sind – so zB das Aussetzungsrisiko zu offenen Immobilienfonds – und für die Kapitalanlageentscheidung von wesentlicher Bedeutung sein könnten.

[60] BGH Urt. v. 27.5.2012, aaO, BGH Urt. v. 10.11.2011, Az. III ZR 81/11, WM 2011, 2353 Rn. 9 u. H. a. BGH Urt. v. 18.1.2007, WM 2007, 542 Rn. 10 u. BGH Urt. v. 19.11.2009, BKR 2010, 118 Rn. 19.

[61] BGH Urt. v. 9.7.2013, Az. II ZR 9/12, DB 2013, 1902, 1904 Rn. 34; WM 2013, 1597; vgl. hierzu auch BGH Urt. v. 14.3.2013, Az. III ZR 296/11, NJW 2013, 3366, 3368 Rn. 24 ff. = BGHZ 196, 340, wo der BGH die Pflicht zur Einstellung eines selbständigen Handelsvertreters als Anlagevermittler unter Hinweis auf § 34d WpHG davon abhängig macht, dass man sich durch Einblick in dessen polizeiliches Führungszeugnis von seiner Zuverlässigkeit überzeugt hat; vgl. hierzu auch *Schlick* WM 2014, 582, 585 ff.

[62] BGH Urt. v. 10.11.2011, Az. III ZR 81/11, WM 2011, 2353 Rn. 9 ff. m. Anm. *Stöhr* WuB I G 1.–5.12.

[63] Vgl. BGH Urt. v. 22.5.2012, aaO, Rn. 26, wo im konkreten Fall eine dahingehende Pflicht abgelehnt wurde; vgl. hierzu auch BGH Urt. v. 19.10.2010, Az. VI ZR 124/09 wo die Nichterteilung der Info durch den Treugeber über ein aufsichtsrechtliches Vorgehen der BaFin jedenfalls nicht als vorsätzliche sittenwidrige Schädigung angesehen wurde.

[64] BGH Urt. v. 1.12.2011, Az. III ZR 56/11, WM 2012, 24, 25 Rn. 17 m. Anm. *Hauptmann/Lang* WuB I G 1.-7.12.

[65] BGH Urt. v. 23.7.2013, Az. II ZR 143/12, WM 2013, 1742.

**22** Wird dem Anlageinteressenten[66] statt einer mündlichen Aufklärung im Rahmen des Vertragsanbahnungsgesprächs ein **Prospekt** über die Kapitalanlage überreicht, kann das als Mittel der Aufklärung genügen.[67] Dies gilt auch hinsichtlich der Broschüre „Basisinformationen über Vermögensanlagen in Wertpapieren", wenn die Aushändigung im Zusammenhang mit der konkreten Zeichnung eines Anlageprodukts erfolgt.[68] Einem offenkundig (nur) als **Produktbroschüre** bezeichneten Dokument mit erkennbar werbendem Charakter kommt demgegenüber keine Prospektqualität zu.[69] Etwas anderes gilt allerdings dann, wenn die Werbebroschüre zur Beratungsgrundlage und zum Inhalt des Beratungsgesprächs gemacht wird.[70] Die Aushändigung von Prospekten ist allerdings nicht eine isoliert geschuldete Leistungspflicht des Anlageberaters, sondern nur ein Element im Rahmen der geschuldeten Unterrichtung des Interessenten, weswegen allein in der Nichtaushändigung des Prospektes keine Pflichtverletzung liegt.[71]

**23** Wird aber ein Prospekt zum Inhalt des Beratungsgesprächs gemacht, dann muss dieser nach Form und Inhalt geeignet sein, die **nötigen Informationen** wahrheitsgemäß, sachlich **richtig, vollständig und verständlich** zu vermitteln[72], wobei bei der Beurteilung der Frage, ob ein Prospekt richtig oder „vollständig" ist, nicht isoliert auf eine bestimmte Formulierung, sondern auf das **Gesamtbild** abzustellen ist.[73] Insbesondere muss der Prospekt über die Umstände, die von **wesentlicher Bedeutung** sind oder sein können, sachlich richtig und vollständig unterrichten. Hierbei sind solche Angaben als wesentlich anzusehen, die ein Anleger „eher als nicht" bei seiner Anlageentscheidung berücksichtigen würde.[74] So müssen beispielsweise Erläuterungen zu der **sog IRR-Rendite** (Internal rate of return) auch für einen betriebswirtschaftlich und/oder mathematisch nicht vorgebildeten Anleger klar und verständlich sein.[75] Der Prospekt muss darüber hinaus die wesentlichen kapitalmäßigen und **personellen Verflechtungen** zB zwischen einerseits der Komplementär-GmbH, ihren Geschäftsführern und beherrschenden Gesellschaftern und andererseits den Unternehmen sowie deren Geschäftsführern und beherrschenden Gesellschaftern, in deren Hand die Beteiligungsgesellschaft die nach dem Emissionsprospekt durchzuführenden Vorhaben ganz oder wesentlich gelegt hat und der diesem Personenkreis gewährten **Sonderzuwendungen oder Sondervorteile** enthalten.[76] Über eine **sog loan-to-value-Klausel** muss nicht gesondert aufgeklärt werden. Diese enthält nämlich nichts anderes, als den in § 490 BGB festgelegten Grundsatz, dass der Darlehensgeber von einer Verschlechte-

---

[66] Eine frühzeitige Aushändigung des Prospekts an den Lebensgefährten reicht nicht aus; so jedenfalls LG Essen Urt. v. 11.1.2011, Az. 19 O 190/10, BKR 2011, 123 = WM 2011, 1226.
[67] BGH Urt. v. 12.12.2013, Az. III ZR 404/12 u. H. a. BGH Urt. v. 5.3.2009, Az. III ZR 17/08, WM 2009, 739 Rn. 12 mwN; OLG Karlsruhe Urt. v. 8.11.2006 Az. 7 U 247/05; OLGR 2007, 222, 223; OLG Stuttgart OLGR 2006, 233, 235 m. U. a.; OLG München Urt. v. 28.4.2004, Az. 15 U 3503/03; OLG Hamm Urt. v. 20.7.2004, Az. 4 437/04; OLG Frankfurt Urt. v. 8.10.2004, Az. 13 U 243/03; OLG Karlsruhe Urt. v. 4.11.2004, Az. 3 45/04; zur Erfüllung der Aufklärungspflicht des Verkäufers durch Übergabe von Unterlagen vgl. BGH Urt. v. 11.11.2011, Az. V ZR 245/10, ZIP 2012, 332; zur Kausalität vgl. → Rn. 113.
[68] OLG Düsseldorf Urt. v. 10.4.2014 Az. I-6 U 129/13 BKR 2014, 297.
[69] BGH Urt. v. 21.3.2013, Az. III ZR 182/12 Rn. 22, WM 2013, 838.
[70] OLG Frankfurt, Beschluss v. 9.1.2013, Az. 3 U 187/12.
[71] OLG Frankfurt, Beschluss v. 14.6.2013, Az. 19 U 60/13, ZIP 2013, 1710, 1711 u. H. a. BGH ZIP 2006, 1449.
[72] BGH Urt. v. 27.9.2011, Az. VI ZR 135/10 NJW 2011, 3573, 3574 Rn. 11; BGH Urt. v. 5.3.2009, Az. III ZR 302/07 Rn. 17; BGH Urt. v. 15.7.2010, Az. III ZR 336/08, WM 2010, 1641 = ZIP 2010, 1646, 1647 Rn. 10.
[73] BGH Urt. v. 5.3.2013, Az. II ZR 252/11, Rn. 14, DB 2013, 991, 992 = WM 2013, 734.
[74] BGH Urt. v. 18.9.2012, Az. XI ZR 344/11, BB 2012, 2906, 2907 Rn. 22 ff.
[75] LG München I Urt. v. 17.12.1998, Az. 4 HKO 18605/98 und v. 19.8.1998, Az. 1 HKO 4683/98; OLG Koblenz Urt. v. 21.11.2000, Az. 4 U 737/00; OLG Celle Urt. v. 29.7.1998, Az. 13 U 80/98; OLG Oldenburg Urt. v. 24.6.1999, Az. 1 U 44/99.
[76] BGH Urt. v. 15.7.2010, Az. III ZR 336/08, WM 2010, 1641 = ZIP 2010, 1644, 1647 Rn. 10.

rung des Werts von Sicherheiten geschützt wird.[77] Im Übrigen ist vor dem Hintergrund von Sinn und Zweck der loan-to-value Klausel nicht ersichtlich, inwieweit diese einen für die Anlageentscheidung wesentlichen Umstand begründen könnte.[78] Werden im Rahmen eines Kapitalanlageprodukts die Zinsen einer von der Fondsgesellschaft aufgenommenen Fremdfinanzierung durch Abschluss von **Swap-Geschäften** abgesichert, so genügt es, wenn im Prospekt hinreichend auf diesen Umstand hingewiesen wird. Insbesondere muss der Prospekt in einem solchen Fall, in welchem der Kapitalanleger nicht selbst das Swap-Geschäft tätigt, nicht entsprechend den Anlageberatungsgrundsätzen[79] aufklären.[80]

Der Prospekt muss dem Anlageinteressenten so **rechtzeitig** vor dem Vertragsschluss überlassen werden, dass sein Inhalt noch zur Kenntnis genommen werden kann.[81] Wird einem Kapitalanleger beim Beratungsgespräch der **Prospekt** übergeben, dann muss dieser konkret vortragen, warum die Zeichnung der Kapitalanlage nicht bis zur Durchsicht des Prospekts hätte aufgeschoben werden können.[82] Aufklärende Angaben im **mündlichen Gespräch** sind grundsätzlich in einem solchen Fall nur geschuldet, wenn zutage getretene Fehlvorstellungen des Anlegers einer Korrektur bedürfen. Jedoch dürfen die schriftlichen Risikomitteilungen nicht schön geredet[83] oder verharmlost[84] werden. Insofern stellt die **rechtzeitige Aushändigung** eines Prospekts **keinen Freibrief** für den Vermittler dar[85], Risiken abweichend vom Prospekt darzustellen und mit Erklärungen ein Bild zu zeichnen, das die Hinweise im Prospekt für die Entscheidung des Anlegers entwertet oder mindert.[86] Wird im Rahmen der Vermittlungsgespräche ein **Werbeschreiben** verwendet, in welchem die Risikohinweise im rechtzeitig vor Zeichnung ausgehändigten Prospekt entwertet oder relativiert werden, dann muss der Berater/Vermittler darlegen und beweisen, dass eine entsprechende mündliche Richtigstellung erfolgte. Die Bezugnahme auf den Prospekt reicht nicht aus.[87] Erklärt der Anleger seinem Anlageberater, dass er es aus **zeitlichen Gründen** nicht geschafft hat, den rechtzeitig übergebenen Prospekt zu lesen, dann kann die Bank nicht darauf vertrauen, dass es in Gestalt des Prospektes einen Ausgleich für die Angaben in dem Beratungsgespräch gab. In einem solchen Fall muss der Berater, wenn er sich weiterhin auf die Beratung seines Kunden einlässt, die von ihm geschuldete Aufklärung mündlich nachholen bzw. vornehmen.[88] Allerdings ist der Kapitalanleger grundsätzlich ver-

---

[77] LG Frankfurt a. M. Urt. v. 3.1.2014, Az. 2–12 O 424/11, S. 14.
[78] LG Frankfurt Urt. v. 25.10.2013, Az. 2–05 0 56/13, S. 22 f.
[79] Vgl. hierzu → § 3 Rn. 55.
[80] OLG Celle Beschl. v. 5.6.2014, Az. 3 U 57/14 S. 13 f.; LG Frankfurt Urt. v. 18.3.2014, Az. 10 O 72/13, S. 10; LG Frankfurt Urt. v. 25.10.2013, Az. 2–05 056/13, S. 21 f.; LG Frankfurt Urt. v. 27.9.2013, Az. 2–07 O 282/12, S. 15 ff.; alle zu CFB-Fonds.
[81] BGH Urt. v. 5.3.2009, Az. III ZR 302/07 Rn. 17; BGH Urt. v. 19.6.2008, Az. III ZR 159/07 Rn. 7; BGH Urt. v. 12.7.2007, Az. III ZR 145/06, WM 2007, 1608; BGH Urt. v. 21.3.2005, Az. II ZR 140/03, WM 2005, 833, 837; OLG Karlsruhe Urt. v. 28.6.2006, Az. 7 U 225/06.
[82] OLG Frankfurt Urt. v. 19.8.2009, Az. 17 U 98/09, DB 2009, 2334 m. Anm. *Dieckmann* DB 2009, 2336.
[83] OLG Celle WM 2005, 737; OLG Karlsruhe, aaO, OLGR 2007, 222, 223; vgl. auch BGH Urt. v. 22.3.2007 Az. III ZR 98/06, ZIP 2007, 873 wo festgehalten wird, dass einen Mittelanwendungskontrolleur keine Aufklärungspflicht über Reichweite und Risiken des Vertrages trifft, wenn der Anleger vor seinem Beitritt einen Prospekt ua mit den allgemeinverständlichen Mittelverwendungskontrolleurs erhalten hat.
[84] OLG Stuttgart Urt. v. 23.4.2007, Az. 5 U 157/06, OLGR 2007, 909.
[85] BGH Urt. v. 12.7.2007, Az. III ZR 83/06, WM 2007, 1606.
[86] BGH Urt. v. 14.5.2012, Az. II ZR 69/12, BB 2012, 1565, 1566 Rn. 12 u. H. a. BGH Urt. v. 12.7.2007, Az. III ZR 83/06, ZIP 2007, 1866 Rn. 10 für Anlagevermittler u. BGH Urt. v. 19.6.2008, Az. III ZR 159/07 Rn. 7 für Anlageberater.
[87] OLG München Urt. v. 13.12.2010, Az. 19 U 1594/08, WM 2012, 446 m. Anm. *Hanowski* WuB I G 1.–8.12.
[88] OLG Brandenburg Urt. v. 14.7.2010, Az. 4 U 152/09, WM 2010, 2075 m. Anm. *Nassale* WuB I G 1.–3.11.

pflichtet, einen ihm rechtzeitig übergebenen **Prospekt sorgfältig** und eingehend zu **prüfen**.[89]

25 Ein **Prospektherausgeber** übernimmt grundsätzlich keine Gewähr dafür, dass die von ihm **prognostizierte Entwicklung** tatsächlich eintritt. Das Risiko, dass sich eine aufgrund anleger- und objektgerechter Beratung getroffene Anlageentscheidung im Nachhinein als falsch herausstellt, trägt vielmehr der Anleger. Die Interessen des Anlegers sind demgemäß bereits dann hinreichend gewahrt, wenn die **Prognosen** im Prospekt durch sorgfältig ermittelte Tatsachen gestützt und aus **ex ante** Sicht **vertretbar** sind.[90] Wird in dem Emissionsprospekt eines geschlossenen Immobilienfonds erklärt, die dort enthaltenen **Prognosen** beruhten auf Erfahrungswerten der Vergangenheit, obwohl solche Erkenntnisse nicht vorhanden waren, dann begründet dies eine Haftung wegen Prospektfehler.[91]

26 Empfiehlt eine Bank einem Kapitalanleger den Erwerb von **Wertpapieren, Fondsanteilen** oder **sonstigen Anlageprodukten** (zB geschlossene Beteiligungen[92]), dann muss sie diesen auch zu **Rückvergütungen**[93], welche sie aus offen ausgewiesenen Ausgabeaufschlägen, Verwaltungsgebühren, Vertriebsprosivionen[94] oder aus **sonstigen offen ausgewiesenen Positionen** erhält, aufklären[95] und zwar auch über die **Größenordnung**; dies jedenfalls dann, wenn die Empfängerin der Rückvergütung nicht **namentlich** im Prospekt aufgeführt ist.[96] Dabei ist es, anders als bei der Frage der **Innenprovision**[97], welche für den Kapitalanleger „versteckt" aus dem Anlagebetrag gezahlt wird[98], nicht ausreichend, wenn solche Vergütungen im Prospekt als **Eigenkapitalbeschaffungskosten** ausgewiesen sind.[99] Denn anders als der Hinweis auf die Innenprovision, welche den Anleger über die „werthaltigen" Kosten bzw. über die **Werthaltigkeit** der Kapitalanlage aufklären soll, ist Sinn und Zweck des Hinweises auf die „Rückvergütung", den Kapitalanleger über das Vorliegen eines etwaigen **Interessenkonfliktes** seines Beraters zu informieren.[100] Unerheblich für die Qualifizierung als Rückvergütung ist, ob die Zahlung des Anlegers über die Bank oder direkt an die Fondsgesellschaft erfolgt.[101] Die Hinweisverpflichtung auf Rückvergütungen gilt für **alle Bereiche der Anlageberatung** und zwar auch außerhalb des Anwen-

---

[89] BGH Urt. v. 28.2.2013, Az. XI ZR 345/10 Rn. 3; BGH Urt. v. 5.3.2013, Az. II ZR 252/11 Rn. 14, WM 2013, 734.
[90] BGH Urt. v. 23.4.2012, Az. II ZR 75/10, DB 2012, 1679, 1680 Rn. 17 u. H. a. BGH Urt. v. 27.10.2009, Az. XI ZR 337/08, ZIP 2009, 2377 Rn. 19 u. BGH Urt. v. 18.7.2008, Az. V ZR 71/07, WM 2008, 1798 Rn. 11; vgl. auch → § 3 Rn. 15 Fn. 42.
[91] BGH Urt. v. 31.5.2010, Az. II ZR 30/09, WM 2010, 1310f. Rn. 10ff.
[92] Vgl. hierzu *Wiechers* WM 2011, 145, 152.
[93] Zur Herausgabepflicht der Vertriebsvergütung an den Kunden vgl. *Hadding* ZIP 2008, 529; ablehnend LG Kiel Urt. v. 17.6.2010, Az. 18 O 266/10, WM 2011, 1228.
[94] BGH Urt. v. 15.4.2014 Az. XI ZR 513/11 ZIP 2014, 1165f., wo der BGH festhält, dass es sich auch bei der Zahlung aus offen ausgewiesenen Eigenkapitalbeschaffungskosten um Rückvergütungen handelt.
[95] BGH Urt. v. 9.3.2011, Az. XI ZR 191/10 Rn. 20ff.; WM 2011, 925 m. Anm. *Edelmann* WuB I G 1.-20.11; BGH Urt. v. 27.9.2011, Az. XI ZR 182/10, ZIP 2011, 2237, 2241 Rn. 39 u. 40; BGH, aaO, WM 2007, 487, 490.
[96] BGH Beschlüsse v. 9.3.2011, v. 19.7.2011, WM 2011, 1506 u. v. 24.8.2011, WM 2011, 1804; Az. XI ZR 191/10, WM 2011, 925, bestätigt durch BVerfG WM 2012, 68; *Wiechers* WM 2012, 477, 481ff.
[97] Zur Aufklärungspflicht (auch) des Anlageberaters über sog Innenprovisionen vgl. → § 3 Rn. 33.
[98] Vgl. hierzu *Wiechers* WM 2011, 145, 153 sowie BGH Urt. v. 27.10.2009, Az. XI ZR 338/08, WM 2009, 2306 m. Anm. *Edelmann* WuB I G 1.-6.10.
[99] Vgl. zur Innenprovision aber die neue Rechtsprechung des XI. Zivilsenats des BGH im Urteil v. 30.6.2014 Az. XI ZR 147/12; vgl. hierzu § 3 Rn. 26 am Ende.
[100] Zur Interessenkollision beim Anlageberater vgl. *Reiter/Methner* WM 2013, 2053ff.
[101] BGH Urt. v. 15.4.2014 Az. XI ZR 513/11, ZIP 2014, 1165, 1166 Rn. 12 u. U. a. BGH Urt. v. 8.5.2012 Az. XI ZR 262/10 BGHZ 193, 159 Rn. 18; aA noch BGH Urt. v. 27.10.2009 Az. XI ZR 338/08 WM 2009, 2306 Rn. 31 u. BGH Beschl. v. 9.3.2011 Az. XI ZR 191/10 Rn. 23.

dungsbereichs des WpHG.[102] Da die Pflicht zur Aufklärung über Rückvergütungen nur bei Vorliegen eines Anlageberatungsvertrages eingreift, gilt die Pflicht zur Aufklärung über Rückvergütungen weder bei einem **Auskunfts- oder Vermittlungsvertrag** noch dann, wenn die Bank **ohne Beratung** ein Anlageprodukt vertreibt.[103] Sie gilt auch nicht bei **Swap-Geschäften**.[104] Sie gilt auch nicht für **sog Festpreisgeschäfte**[105], weswegen der Anlageberater bei solchen Geschäften nicht verpflichtet ist, seine **Gewinnmarge** offenzulegen.[106] Dies schon deshalb nicht, weil allein das generelle, für jeden Anbieter wirtschaftlicher Leistungen am Markt typische Gewinnerzielungsinteresse wegen **Offenkundigkeit** dieses Interesses selbst in der Anlageberatung keine Verpflichtung zur Aufklärung hierüber zu begründen vermag.[107] Der Anlageberater ist aufgrund des Beratungsvertrages auch nicht verpflichtet, den Kapitalanleger darüber zu informieren, dass der Erwerb des Anlageprodukts im Wege des **Eigengeschäfts** (Festpreisgeschäft) erfolgt.[108] Liegt wiederum dem Produkterwerb ein **Kommissionsvertrag** zugrunde, so besteht jedenfalls dann keine Rückvergütungsaufklärungspflicht, wenn die Vergütung allein von der Emittentin gezahlt wird und die Wertpapierabrechnung neben dem zu zahlenden Kaufpreis pro Zertifikat keine an die Emittentin zu entrichtenden, offen ausgewiesenen Positionen ausweist.[109] Aller-

---

[102] BGH-Beschluss v. 3.3.2008, Az. 20 U 46/06, WM 2008, 1445, 1448 m. Anm. *Arnold* WuB I G1.-1.09; **aA** LG Wiesbaden Urt. v. 2.10.2008, Az. 10 O 295/07, S. 10 „DG 30"; LG Karlsruhe Urt. v. 11.4.2008, Az. 10 O 434/07, S. 8 „DG 30"; zum Rechtsirrtum in diesem Zusammenhang vgl. *Harnos* BKR 2009, 316; OLG Frankfurt Urt. v. 2.3.2011, Az. 19 U 248/10, WM 2011, 880; OLG Karlsruhe Urt. v. 30.3.2011, Az. 17 U 133/10, WM 2011, 883, beide m. Anm. *Vortmann* WuB I G 1.-19.11.

[103] BGH Beschluss v. 11.9.2012, Az. XI ZR 476/11 Rn. 9; vgl. auch BGH Urt. v. 29.11.2011, Az. XI ZR 220/10, WM 2012, 30, 36 Rn. 39, wo der BGH im Zusammenhang mit dem Erhalt von Vermittlungsprovisionen bei Restschuldversicherungen festhält, dass die Rückvergütungsrechtsprechung nur „in Fällen einer Kapitalanlageberatung" zum Tragen kommt.

[104] OLG Frankfurt a. M. Urt. v. 27.12.2010, Az. 16 U 96/10 WM 2012, 1826.

[105] BGH Urt. v. 26.6.2012, Az. XI ZR 259/11 u. 316/11, WM 2012, 1520 m. Anm. *Edelmann* WuB I G 1.-13.12.

[106] BGH Urt. v. 17.9.2013, Az. XI ZR 332/13 Rn. 11, DB 2013, 2385 u. H. a. BVerfG Beschluss v. 31.7.2013, Az. 1 BvR 130/12, ZIP 2013, 2049, welches die Verfassungsgemäßheit dieser Rechtsprechung bestätigt; vgl. auch BGH Urt. v. 16.10.2012, Az. XI ZR 367/11, BB 2012, 3036 Rn. 26 Anm. *Voß*; BGH Urt. v. 27.9.2011, Az. XI ZR 182/10 ZIP 2011, 2237, 2241 f. Rn. 35 ff., wo der BGH in → Rn. 37 von fremden Anlageprodukten spricht, die im Wege des Eigengeschäfts iSv § 2 Abs. 3 S. 2 WpHG oder des Eigenhandels iSv § 2 Abs. 3 S. 1 Nr. 2 WpHG zu einem über dem Einkaufspreis liegenden Preis veräußert werden; so auch OLG Frankfurt Urt. v. 16.3.2011, Az. 23 U 55/10; OLG Celle Beschluss v. 4.3.2010, Az. 3 U 9/10, ZIP 2010, 876; OLG Frankfurt Urt. v. 23.4.2010, Az. 13 U 117/09, BKR 2010, 250; OLG Dresden Urt. v. 11.5.2010, Az. 5 U 1178/09, S. 12, ZIP 2010, 1230; OLG Bamberg Urt. v. 17.5.2010, Az. 4 U 241/09, ZIP 2010, 1225, 1229; OLG Frankfurt Urt. v. 29.7.2009, Az. 23 U 76/08, WM 2009, 1563; OLG Düsseldorf Urt. v. 29.6.2009, Az. I-9 U 187/08, WM 2009, 1410, 1412; LG Chemnitz Urt. v. 23.6.2009, Az. 7 O 359/09, WM 2009, 1505; *Spindler* WM 2009, 1821, 1825; *Schäfer* WM 2012, 197; *Buck-Heeb* DB 2011, 2825, 2827 ff. m. H. a. die weiteren BGH-Entscheidungen v. 22.3.2011, Az. XI ZR 33/10 Rn. 38 u. v. 3.3.2011, Az. III ZR 170/10; kritisch *Schwab* BKR 2011, 450, 451 f. **aA** LG Hamburg Urt. v. 23.6.2009, Az. 31 O 04/09, WM 2009, 1282, 1285 ff. und v. 1.7.2009, Az. 325 O 22/09, WM 2009, 1363, beide aufgehoben durch OLG Hamburg; LG Frankfurt Urt. v. 10.3.2008, Az. 2–04 O 388/06, WM 2008, 1061, 1067 f., aufgehoben durch OLG Frankfurt.

[107] BGH Urt. v. 24.9.2013, Az. XI ZR 204/12, WM 2013, 2065, 2067 Rn. 23.

[108] BGH Urt. v. 16.10.2012 aaO, Rn. 45 f.; BGH Urt. v. 27.9.2011, Az. XI ZR 182/10, ZIP 2011, 2237, 2242 f. Rn. 48 ff.; vgl. auch BVerfG Beschluss v. 31.7.2013, Az. 1 BvR 130/12, WM 2013, 1640, wo sowohl diese typisierende Sichtweise bestätigt wird als auch die Nichtvorlage an den EuGH bei noch nicht abgelaufener Umsetzungsfrist, **aA** OLG Frankfurt ZIP 2011, 1462, 1463 u. OLG Köln ZIP 2011, 1092, 1093.

[109] BGH Urt. v. 16.10.2012, Az. XI ZR 367/11, BB 2012, 3036 Rn. 32 ff.; *Wiechers* WM 2014, 145, 147.

dings muss eine Bank, die als Kaufkommissionärin dem Kunden für die Beschaffung eines empfohlenen Wertpapiers eine Provision in Rechnung stellt, den Kunden über eine Vertriebsvergütung, die zusätzlich von der Emittentin des Wertpapiers anfällt, aufklären (sog **Doppelprovision**).[110] Eine Pflicht zur Offenlegung von Provisionen und sonstigen Vergütungen lässt sich in solchen Fällen weder aus der **Auskunftpflicht des Geschäftsbesorgers** oder Kommisionärs gemäß den §§ 383 ff. HGB oder den §§ 675, 666, 667 BGB herleiten noch aus einer etwaigen auftrags- oder kommissionsrechtlichen Herausgabe und Rechenschaftspflicht.[111] Etwas anderes folgt auch nicht aus den Bestimmungen des **europäischen Rechts,** insbesondere nicht aus der RL 2004/39/EG – Finanzmarktrichtlinie des europäischen Parlaments und des Rates vom 21.4.2004 (BBl L 145/1) sowie aus der hierzu ergangenen RL 2006/73/EG der Kommission vom 10.8.2006 – Durchführungsrichtlinie (ABl L 241/26).[112] Denn weder die **MiFID**-Richtlinie noch der Europäische Gerichtshof geben den Mitgliedsstaaten vor, dass an Verstöße gegen die gemäß der Richtlinie erlassenen Vorschriften eine zivilrechtliche Haftung geknüpft wird. Vielmehr ist es ausreichend, dass bei solchen Verstößen Verwaltungsmaßnahmen ergriffen oder Verwaltungssanktionen verhängt werden.[113] Demgemäß war der Bundesgerichtshof auch nicht verpflichtet, dem EuGH die Lehman-Zertifikate-Entscheidung zur Vorabentscheidung vorzulegen.[114] Zudem kann in dem der Bank bei Festpreisgeschäften von der Emittentin auf den Emissionspreis (Nominalwert) eingeräumten Nachlass (**Einkaufsrabatt** der Bank) keine aufklärungspflichtige Zuwendung iSv **§ 31d Abs. 2 WpHG** in der ab dem 1.11.2007 geltenden Fassung gesehen werden.[115] Hiervon unabhängig können aus der **rein aufsichtsrechtlichen Vorschrift** des § 31d Abs. 2 WpHG keine zivilrechtlichen Aufklärungspflichten hergeleitet werden.[116] Die Rückvergütungsrechtsprechung des Bundesgerichtshofs gilt darüber hinaus auch nicht bei der Empfehlung von **hauseigenen Produkten**[117] oder bei der Vermittlung von sog **Konzernprodukten.**[118] Ob sich eine Bank ihrer Verpflichtung zur Hinweispflicht in Bezug auf Rückvergütungen dadurch entziehen kann,

---

[110] BGH Urt. v. 24.9.2013, Az. XI ZR 204/12, WM 2013, 2065, 2067 Rn. 25; *Wiechers* WM 2014, 145, 147.
[111] BGH Urt. v. 16.10.2012, Az. XI ZR 367/11, BB 2012, 3036 Rn. 36 ff.
[112] BGH Urt. v. 27.9.2011, aaO Rn. 45 ff. mit kritischer Anm. hierzu v. *Klöhn* ZIP 2011, 2244, 2246.
[113] BGH Urt. v. 17.9.2013, Az. XI ZR 332/12, DB 2013 2385, 2388 Rn. 26 ff.; vgl. kritisch hierzu *Herresthal* WM 2012, 2261 ff. u. *Roth* ZBB 2012, 429 ff.
[114] BVerG Beschluss v. 31.7.2013, Az. 1 BvR 130/12, ZIP 2013, 2049.
[115] OLG Karlsruhe Urt. v. 17.7.2012, Az. 17 U 148/11, ZIP 2012, 1852, 1854; zweifelnd auch *Wiechers* WM 2014, 145, 146.
[116] BGH Urt. v. 17.9.2013, Az. XI ZR 332/12, DB 2013, 2385, 2387 Rn. 17 ff., wo in Rn. 20 darauf hingewiesen wird, dass den §§ 31 ff. WpHG keine eigenständige, über die zivilrechtlichen Aufklärungs- und Beratungspflichten hinausgehende schadensersatzrechtliche Bedeutung zukommt; OLG Karlsruhe Urt. v. 17.7.2012, aaO; so wohl auch EuGH Urt. v. 30.5.2013, RS C-604/11, ZIP 2013, 1417; *Wiechers* WM 2014, 145, 146; zur zivilrechtlichen Bedeutung des § 31d WpHG vgl. ausführlich *Harnos* BKR 2014, 1 ff.; vgl. hierzu auch → § 3 Rn. 51 u. 98.
[117] BGH Urt. v. 17.9.2013, Az. XI ZR 332/12 Rn. 11, DB 2013, 2385; BGH Urt. v. 22.3.2011, Az. XI ZR 33/10 „Swap-Urteil", WM 2011, 682, 687 Rn. 38 = BB 2011, 1674 m. Anm. *Lange;* BGH Urt. v. 26.6.2012, Az. XI ZR 316/11, WM 2012, 1520, 1522 Rn. 19; vgl. auch *Bausch* NJW 2012, 354, 356 u. H. a. BGH Urt. v. 15.4.2010, BGHZ 185, 186.
[118] OLG Frankfurt Hinweisbeschluss v. 28.5.2013, Az. 19 U 53/13; OLG Dresden Urt. v. 3.4.2012, Az. 5 U 376/11, ZIP 2012, 1952; OLG Frankfurt Urt. v. 28.3.2012, Az. 9 U 104/10, S. 13 f.; LG Halle Urt. v. 15.2.2013, Az. 601970/11, S. 5 f.; LG Berlin Urteile v. 4.9.2013, Az. 10 O 267/12, BKR 2013, 474, 476 f. u. v. 27.3.2012, Az. 37 O 479/10; LG Düsseldorf Urt. v. 4.12.2012, Az. 10 O 536/11, S. 8 f.; LG Frankfurt a. M. Urt. v. 25.10.2013, Az. 2–05 O 56/13, S. 13; LG Frankfurt a. M. Urt. v. 1.2.2013, Az. 2–05 O 626/11, S. 7; Urt. v. 5.10.2012, Az. 2–25 O 590/11 sowie Urt. v. 10.8.2012, Az. 2–25 O 521/11, S. 6; LG Verden Urt. v. 25.10.2012, Az. 4 O 442/11 S. 7. **aA** OLG Frankfurt Beschluss v. 16.4.2013, Az. 9 U 135/11, ZIP 2013, 1658, 1659; eine Rückvergütungsaufklärungspflicht bei Konzernprodukten ablehnend auch *Kotte* BB 2014, 1353 ff.

§ 3 Anlageberatung und Anlagevermittlung

dass sie ihre Beratung auf selbständige freie Vermittlungsunternehmen **outsourct,** ist fraglich, dürfte aber möglich sein[119], was vom III. Zivilsenat des Bundesgerichtshofs bereits mehrfach bestätigt wurde.[120] Erfolgt die Vermittlung der Kapitalanlage nicht durch die **Hausbank** des Kunden, sondern durch ein **„neutrales" Kreditinstitut,** zu welchem der Anleger keine beständige Geschäftsbeziehung pflegt, dann bedarf es ebenfalls nicht einer Aufklärung über etwaige Rückvergütungen, da deren Anfall offenkundig ist.[121] Gleiches dürfte bei Kunden mit **nachweislicher Geschäftserfahrung** im Bereich des Vertriebs gelten sowie bei **(ehemaligen) Bankmitarbeitern,** da diesen unterstellt werden kann, Kenntnis von einem auf Provisionen beruhenden Absatzsystem in Bezug auf die Vermittlung von Kapitalanlagen zu haben.[122] Fraglich ist weiter, ob die Rückvergütungsrechtsprechung auch auf die **Vermittlung von Versicherungsprodukten** (zB Lebens- oder Restschuldversicherungen) übertragbar ist, was bereits im Hinblick darauf abzulehnen ist, dass in der Regel kein Beratungsvertrag im Zusammenhang mit der Vermittlung einer Kapitalanlage vorliegt.[123] Zudem dürften die spezialgesetzlichen Regelungen im Versicherungsvertragsgesetz nebst den dazugehörigen Verordnungen, welche Vorgaben zu den Provisionsangaben enthalten, vorrangig sein. Jedenfalls dürfte die Rückvergütungsrechtsprechung mangels Vorliegens eines die dahingehende Hinweispflicht begründenden Anlageberatungsvertrages auf Anlagevermittlungsgeschäfte nicht übertragbar sein.[124] Schließlich ist unter normativ-objektiver Sicht davon auszugehen, dass dem Verbraucher das durch den Erhalt von Provisionen bestehende Gewinnerzielungsinteresse bei der Vermittlung von Versicherungsprodukten offenkundig und daher nicht aufklärungsbedürftig ist.[125]

Was den **nicht bankmäßig gebundenen freien Anlageberater** anbelangt, so ist dieser, jedenfalls was sog **Altfälle** bis zum **1.1.2013** anbelangt[126], dann nicht zur Aufklärung über Rückvergütungen verpflichtet, wenn der Anleger selbst keine Prosivion an den Berater zahlt und ein Agio oder Kosten für die Eigenkapitalbeschaffung offen ausgewiesen sind. Dabei gilt als solch freier Anlageberater auch eine ausgelagerte hundertprozentige Tochtergesellschaft der Sparkassen-Finanzgruppe, welche unter dem Firmenlogo der Sparkassengruppe, somit unter der als „Private Banking" bezeichneten Tätigkeit, im Wesentlichen Anlageberatungen durchführt.[127] Denn bei diesem Berater liegt es – bei gebotener **typisie-** 27

---

[119] Vgl. hierzu *Edelmann,* Recht der Finanzinstrumente 2011, 429 f.; aA OLG München BB 2011, 2708; OLG München BKR 2011, 215; OLG Hamm ZIP 2011, 1949.
[120] BGH Urt. v. 18.4.2013, Az. III ZR 225/12, BKR 2013, 282; BGH Urt. v. 6.12.2012, Az. III ZR 307/11; BGH Urt. v. 19.7.2012, Az. III ZR 308/11; vgl. hierzu *Schlick* WM 2014, 581 f.
[121] LG Düsseldorf, Urt. v. 29.5.2012, Az. 8 O 654/10, S. 5; *Hanke* BKR 2012, 493, 498.
[122] *Hanke* BKR 2012, 493, 498.
[123] So ausdrücklich BGH Urt. v. 1.7.2014 Az. XI ZR 247/12; in diesem Sinne auch schon BGH Urt. v. 29.11.2011, Az. XI ZR 220/10, WM 2012, 30, 36, Rn. 39; gegen Übertragbarkeit auch *Assmann* ZIP 2009, 2125, 2134; *Lang/Balzer* ZIP 2009, 456, 458; für Übertragbarkeit wohl *Zingel/Rieck* BKR 2009, 353, 356, für Übertragbarkeit auf Restschuldversicherung *Maier* VuR 2010, 25, 30; *Geßner* VuR 2009, 243 f.; OLG Hamm VuR 2008, 104, 106; LG Bochum VuR 2008, 428.
[124] Vgl. die Hinweise bei *Edelmann* BB 2010, 1163 Fn. 3; so auch OLG Stuttgart, Urt. v. 14.11.2013, Az. 7 U 198/13, S. 28 u. H. darauf, dass angesichts der völlig unterschiedlichen Zielrichtung der Aufklärungspflichten der Versicherer über ihre Produkte sowie ihrer unterschiedlichen Interessenlage im Vergleich zu freien Anlageberatern nicht alle Beratungspflichten aus einem Anlageberatungsvertrag auch auf den Abschluss von Versicherungsverträgen übertragbar sind und im Übrigen in diesem Bereich nach dem Grundsatz der umfassenden Eigeninformationspflicht des Versicherungsnehmers Hinweis- und Informationspflichten nur auf Nachfrage oder nur dann bestehen, wenn ein weiterer Informationsbedarf besteht und erkennbar ist.
[125] BGH Urt. v. 1.7.2014 Az. XI ZR 247/12 Rn. 27 ff.
[126] Seit dem 1.1.2013 unterliegen freie Anlageberater gemäß § 34g GewO iVm der FinVermV ähnlichen Pflichten wie Anlageberater gemäß § 31 WpHG.
[127] BGH Urt. v. 18.4.2013, Az. III ZR 225/12, BKR 2013, 288; BGH Urt. v. 6.12.2012, Az. III ZR 307/11, WM 2013, 119 ff.; **aA** OLG München Urt. v. 27.11.2012, Az. 5 U 1345/12, WM 2013, 122.

**render,** nach Berufsgruppen differenzierender **normativ-objektiven** Betrachtungsweise –[128] für den Anleger auf der Hand, dass der Anlageberater von der kapitalsuchenden Anlagegesellschaft Vertriebsprovisionen erhält.[129] Bei gebotener Interessenabwägung zwischen dem **Informationsinteresse** des Anlegers sowie dem **Betriebs- und Geschäftsgeheimnisses** des Anlageberaters ist es in diesen Fällen auch Sache des Anlegers, dem das generelle Provisionsinteresse bekannt ist, den Anlageberater bei entsprechendem Interesse nach der Höhe der von ihm erzielten Provision zu fragen **(sog Nachfragepflicht).**[130] Hat der Kunde jedoch bereits an den sog freien Anlageberater für die Beratung eine Vergütung bezahlt mit der Folge, dass ein Fall der sog Doppelvergütung vorliegt, dann muss auch der freie Anlageberater auf den Erhalt weitergehender Vertriebsprovisionen hinweisen.[131]

28 Die Rechtsprechung des Bundesgerichtshofs zur Aufbürdung unterschiedlicher Verpflichtungen hinsichtlich der Aufklärung über sog Rückvergütungen nach den Kriterien, ob die Bank **eigene Anlageprodukte** verkauft, ob die Bank **fremde Anlageprodukte** im Wege des **Festpreis- oder Kommissionsgeschäfts** verkauft, ob die Bank den Erwerb von Anlageprodukten im Rahmen eines Beratungsgeschäfts empfiehlt oder ob diese Empfehlung von einem freien nicht bankgebundenen Berater erfolgt - wobei bei letzterer Fallgruppe noch danach unterschieden werden soll, ob es sich bei dem freien Anlagerberater um einen von der Bank **outgesourcten Berater** handelt –, ist weder überzeugend noch nachvollziehbar.[132] So stellt sich bereits die Frage, aus welchen Gründen die Interessen des Kapitalanlegers ausschließlich bei Verkauf von fremden Produkten im Wege des Festpreisgeschäfts durch die Pflichten zur anleger- und anlagegerechten Beratung hinreichend geschützt sein sollen und weswegen es gerade bei Festpreisgeschäften an einem offenzulegenden Interessenkonflikt der beratenden Bank fehlen soll[133]; dies insbesondere, wenn man bedenkt, dass für einen durchschnittlichen Kapitalanleger in der Regel in keinster Weise erkennbar ist, ob der Verkauf im Wege des Festpreis- oder Kommissionsgeschäfts erfolgt, für den Kapitalanleger insofern bei beiden Geschäften in gleicher Weise offenkundig ist (oder nicht), dass die Bank am Geschäft Geld verdient. Die Rückvergütungsrechtsprechung ist auch deswegen nicht überzeugend, weil nicht erschließbar ist, warum allein der **bankgebundene Berater** bei grundsätzlicher Kenntnis des Kapitalanlegers vom Provisionsfluss diesen über die **konkrete Höhe** aufklären muss, der **freie bankungebundene** Berater hingegen nicht. Darüber hinaus verkennt der Bundesgerichtshof, dass die ausdrückliche namentliche Benennung des letztendlichen Provisionsempfängers sowie die an diesen zu zahlende Teil-Provision in der Regel bei Auflegung der Prospekte nicht bekannt ist, es somit ausreichend sein muss, wenn zB der Hauptvertriebspartner namentlich im Prospekt erwähnt ist mit dem Hinweis, dass dieser Untervermittler beauftragen kann, welche einen Teil der im Prospekt korrekt ausgewiesenen Gesamtprovision erhalten. Dies gilt umso mehr, als für einen „normalen" Kapitalanleger in einem solchen Fall offenkundig ist, dass „sein" ihm gegenüber handelnder Berater/Vermittler höchstens die im Prospekt korrekt ausgewiesene Gesamtprovision erhält.[134] Interessiert ihn also die genaue Höhe der Provisi-

---

[128] Zur Kritik an der Fiktion der objektiv-normativen Betrachungsweise vgl. *Winter* WM 2014, 1606, 1606 u. U. a. *Edelmann* WuB I G1.–19.10.

[129] BGH Urt. v. 6.12.2012, Az. III ZR 307/11 Rn. 14, WM 2013, 119/120; BGH Urt. v. 19.7.2012, Az. III ZR 308/11 Rn. 12 ff.; BGH Urt. v. 19.1.2012, Az. III ZR 48/11 Rn. 10 u. 11 u. H. a. BVerfG WM 2012, 68, 69; BGH Urt. v. 3.3.2011, Az. III ZR 170/10, WM 2011, 640, 641 Rn. 20 m. Anm. *Buck-Heeb* WuB I G 1.–15.11.

[130] BGH Urt. v. 3.3.2011, aaO, Rn. 21 (S. 642).

[131] OLG München Urt. v. 12.1.2011, Az. 7 U 4798/09, WM 2011, 784 m. Anm. *Hanowski* WuB I G1–17.11.

[132] Kritisch zur Kick-Back-Rechtsprechung *Edelmann* BB 2010, 1163 ff.; *ders.* in CompRechtsPraktiker 2014, 30 ff. sowie in Recht der Finanzinstrumente 2011, 429.

[133] BGH Urt. v. 27.9.2011, Az. XI ZR 182/10, ZIP 2011, 2237, 2241 f. Rn. 43 u. 44.

[134] So auch OLG Bamberg Urt. v. 20.10.2010, Az. 3 U 41/10, WM 2011, 112; so auch LG Karlsruhe, Urt. v. 29.11.2013, Az. 8 O 457/12, S. 14.

on, so kann er diesbezüglich nachfragen. Schließlich ist die Kick-back Rechtsprechung des Bundesgerichtshofs auch deswegen wenig überzeugend, weil der Kapitalanleger bei im Kapitalanlagebetrag versteckten Innenprovisionen im Hinblick auf den vermeintlich bestehenden Interessenkonflikt viel aufklärungsbedürftiger ist als derjenige Kapitalanleger, welchem bereits durch die offene Ausweisung von Vertriebsprovisionen positiv bekannt ist, dass ein Teil seiner Investition zur Finanzierung des Vertriebs verwendet wird.

All diese kritischen Erwägungen haben den Bundesgerichtshof dazu bewogen, im Zusammenhang mit der Interessenkonfliktsproblematik seine über viele Jahre hinweg festgezurrte Differenzierung zwischen Innenprovision und Rückvergütung aufzugeben[135] und jedenfalls bei einer Anlageberatung durch einen bankgebundenen Mitarbeiter eine neue, erst ab dem 1.8.2014 geltende Interessenkonfliktsaufklärungspflicht zu statuieren, den Kapitalanleger unabhängig von deren Höhe über den Empfang (auch) von Innenprovisionen vonseiten Dritter aufzuklären. Um nicht seine eigene „Vergangenheitsrechtsprechung" zu Rückvergütungen und Innenprovisionen in Frage zu stellen, hat der Bundesgerichtshof eine „geniale" Argumentation entwickelt. Unter Bezugnahme auf unterschiedliche neue Regelungen des Aufsichtsrechts hat der Bundesgerichtshof „ein tragendes Grundprinzip des Aufsichtsrechts" dahingehend entwickelt, dass jedenfalls Bankberater ab dem 1.8.2014 bei entsprechender Auslegung des Beratungsvertrages grundsätzlich über den Erhalt von Provisionen vonseiten Dritter unabhängig von deren Höhe aufklären müssen.[136] Ob diese Aufklärungspflicht – was konsequent und logisch wäre – auch auf freie, bankgebundene Berater übertragbar ist[137] und ob diese Pflicht auch bei Festpreisgeschäften gilt und/oder beim Vertrieb hauseigener Produkte und Konzernprodukte etc. bleibt abzuwarten.[138]

Im Zusammenhang mit der Kick-Back- bzw. Rückvergütungsproblematik versuchen vielfach Kapitalanleger in gerichtlichen Auseinandersetzungen durch Erhebung eines **Auskunftsanspruchs** von der Bank zu erfahren, ob und wenn ja, in welcher Höhe Vergütungen jedweder Art vereinnahmt wurden. Unter Hinweis darauf, dass ein solcher Auskunftsanspruch auf eine unzulässige Aufhebung der grundsätzlich zulasten des Kapitalanlegers bestehenden Darlegungs- und Beweislastregel abzielt und eine etwaig von der Bank erlangte Vertriebsvergütung nicht aus der Geschäftsbesorgung iSv §§ 675, 667 BGB stammt, wird das Bestehen eines solchen Auskunftsanspruchs abgelehnt.[139]

**2. Allgemeine Pflichten des Anlagevermittlers.** Auch der Anlagevermittler ist regelmäßig zu **richtiger und vollständiger Information** über die für den Anlageentschluss wesentlichen tatsächlichen Umstände verpflichtet, nicht jedoch zu einer **Bewertung** dieser Umstände.[140] Hierbei muss ein Vermittler das Anlagekonzept, bezüglich dessen er Auskunft erteilt, wenigstens auf **Plausibilität** hin überprüfen, da er ansonsten keine sachgerechten Auskünfte erteilen kann. Vertreibt er die Anlage anhand eines **Prospektes,** muss er im Rahmen der geschuldeten Plausibilitätsprüfung den Prospekt jedenfalls darauf überprüfen, ob er ein in sich schlüssiges Gesamtbild über das Beteiligungsobjekt gibt und ob die darin enthaltenen Informationen, soweit er dies mit **zumutbarem Aufwand** fest-

---

[135] Zur Inkonsequenz dieser Abgrenzung vgl. schon *Buck-Heeb* BKR 2010, 209, 211 f.
[136] BGH-Urteil v. 3.6.2014, Az.: XI ZR 147/12, WM 2014, 1382 m. Anm. *Edelmann* CRP 2014, 196 ff., *Weck* BKR 2014, 374 f.; *Balzer/Lang* BKR 2014, 377 ff.
[137] Bejahend *Buck-Heeb* WM 2014, 1601, 1605.
[138] Zu den sich in diesem Zusammenhang stellenden Problemen vgl. *Buck-Heeb* WM 2014, 1601 ff.; *Balzer/Lang* BKR 2014, 377 ff.; *Weck* BKR 2014, 374 ff.; *Edelmann* CRP 2014, 196 ff.
[139] LG Stuttgart Urt. v. 17.7.2009, Az. 8 O 129/09, WM 2009, 1697, 1700; LG Frankfurt Urt. v. 23.9.2011, Az. 2–25 O 95/11, u. H. a. *Hadding* ZIP 2008, 529, 537; LG Frankfurt Urt. v. 12.8.2011, Az. 2–21 O 143/10; Urt. des OLG Frankfurt a. M. v. 14.6.2011, Az. 23 U 397/09; Urt. des LG Frankfurt v. 12.10.2010, Az. 2–12 O 207/10; **aA** LG Karlsruhe 22.10.2010, Az. 5 O 229/10 u. AG Heidelberg Urt. v. 28.7.2010, Az. 29 C 139/10.
[140] BGH Urt. v. 1.12.2011, Az. III ZR 56/11, WM 2012, 24 Rn. 9; BGH Urt. v. 17.2.2011, Az. III ZR 144/10, WM 2011, 505 m. Anm. *Nassall* WuB I G 1.-12.11, welcher noch auf BGH WM 2009, 739, 741 m. Anm. *Wulff* WuB I G 1.-5.09 hinweist.

zustellen in der Lage ist, sachlich und vollständig richtig sind.[141] Unterlässt er diese Prüfung, hat er den Interessenten hierauf hinzuweisen.[142] Er muss erkennbare **Fehlinformationen** richtig stellen. Insbesondere muss der Anlagevermittler bei der Vermittlung eines Beitritts zu einer Biogasanlagen-Publikumsgesellschaft darauf hinweisen, dass die Objektfinanzierung mit der kreditgebenden Bank bisher nicht verbindlich ausgehandelt wurde; dies jedenfalls dann, wenn dies im als Werbegrundlage verwendeten Prospekt nicht klargestellt ist.[143] Damit wird dem Anleger das wirtschaftliche Risiko der Anlage nicht abgenommen; er soll aber die Möglichkeit erhalten, das Risiko seiner Kapitalinvestition zu erkennen.[144]

31  Der Anlagevermittler genügt nicht schon dadurch seiner Aufklärungspflicht, wenn er seinem Kunden **schriftliche Unterlagen** überlässt, aus denen dieser dann die erforderlichen Erkenntnisse entnehmen kann. Ein Kapitalanleger, der einen Vermittler wegen einer umfassenden Aufklärung aufsucht, erwartet mehr als Material zur eigenen Durchsicht. Er will dieses Material in Einzelheiten und **erschöpfend erläutert** bekommen, um das Anlagerisiko weitgehend einschätzen zu können. Demgemäß muss der Anlagevermittler dann, wenn das **schriftliche Material** widersprüchlich ist, die vorhandenen **Widersprüche** aufdecken und erklären, also falsche Angaben eines Prospektes oder einer Stellungnahme ausdrücklich richtigstellen, wenn diese nicht offensichtlich unwesentlich für den Beitrittsentschluss sind.[145] Demgegenüber ist der Anlagevermittler – anders als der Anlageberater[146] – mangels Vorliegens eines Beratungsvertrages nicht verpflichtet, seinen Kunden über **sog Rückvergütungen** aufzuklären.[147]

32  Die Informationspflicht entfällt bei mangelnder **Aufklärungsbedürftigkeit**[148] des Anlegers, bei Wertpapiergeschäften gemäß § 31 Abs. 2 WpHG insoweit, als dies zur Wahrung des Kundeninteresses und im Hinblick auf Art und Umfang der Geschäfte erforderlich ist.[149] Der Aufklärungspflichtige muss dabei keine positive Kenntnis davon haben, dass der Anleger die Risiken des Objekts tatsächlich erkannt hat. Dem Aufklärungspflichtigen muss nur erkennbar gewesen sein, dass der Anleger die Risiken aufgrund ihm zur Verfügung stehender Unterlagen hat erkennen können.[150] Ist der Anleger zB selbst in den Vertrieb des von ihm erworbenen Objekts eingeschaltet gewesen, dann muss er auch sich selbst gegenüber diejenigen Sorgfaltspflichten gelten lassen, die ihn als Anlagevermittler gegenüber Dritten trafen.[151] Im

---

[141] BGH Urt. v. 1.12.2011, Az. III ZR 56/11, WM 2012, 24 Rn. 9.
[142] BGH Urt. v. 17.2.2011, Az. III ZR 144/10, WM 2011, 505 m. Anm. *Nassall* WuB I G 1.-12.11, welcher unter Hinweis auf BGH WM 2005, 1219 m. Anm. *Voit* WuB IV A. § 675 BGB 3.05 festhält, dass bei der Plausibilitätsprüfung dem Vermittler wenigstens evidente Fehler auffallen müssen; zur Plausibilitätsprüfung vgl. → § 3 Rn. 15.
[143] LG Berlin Urt. v. 17.2.2011, Az. 12 O 587/09, BKR 2011, 254.
[144] BGHZ 80, 80 = WM 1981, 374 = NJW 1981, 1266 = BB 1981, 695 = DB 1981, 1132; BGH WM 1985, 81 = NJW 1986, 123 = BB 1985, 886 = DB 1985, 331 = ZIP 1985, 272; BGH WM 1986, 734; BGH WM 1987, 531 = WuB I G 4.–6.87 *Assmann*.
[145] BGH WM 1983, 263 = NJW 1983, 1730 = DB 1983, 984 = ZIP 1983, 433 = VersR 1983, 445.
[146] Vgl. hierzu → § 3 Rn. 15.
[147] In diesem Sinne auch BGH Urt. v. 29.11.2011, Az. XI ZR 220/10, WM 2012, 30, 36 Rn. 29; BGH Beschluss v. 11.9.2012, Az. XI ZR 476/11 Rn. 9; vgl. zum Rückvergütungsthema auch → § 3 Rn. 28.
[148] Vgl. hierzu auch → § 3 Rn. 17.
[149] BGH WM 1980, 284; BGH WM 1981, 876; BGH WM 1988, 41 = WuB I E 1.–6.88 *Kessler*; BGHZ 123, 126 = WM 1993, 1455 = NJW 1993, 2433 = BB 1993, 1903 = DB 1993, 1869 = ZiP 1993, 1148 = WuB I G 4.–9.93 *Schwark*.
[150] BGH WM 1989, 1368 = NJW 1989, 2881 = BB 1989, 1713 = DB 1989, 2374 = ZIP 1989, 1184 = WuB IV A. § 166 BGB 1.89 *Obermüller*.
[151] BGH WM 1988, 1685 = NJW-RR 1989, 150 = BB 1988, 2270 = DB 1988, 2629 = ZIP 1988, 1464 = WuB I B 7.–1.89 *v. Heymann*; BGH WM 1992, 432 = NJW-RR 1992, 531 = DB 1992, 1084 = WuB I G 7.–4.92 *v. Heymann*.

§ 3 Anlageberatung und Anlagevermittlung

Allgemeinen sind wirtschaftlich wenig erfahrene Kunden aufklärungsbedürftig, insbesondere, wenn es sich um neue Finanzprodukte handelt.[152]

Der **Anlagevermittler** ist - ebenso wie der **Anlageberater** - verpflichtet, den Anleger **33** über eine im Anlageprospekt nicht ausgewiesene, an ihn gezahlte **Innenprovisison** zu informieren, soweit diese eine **Größenordnung von 15 %** erreicht oder höher ist.[153] Dabei spielt es keine Rolle, wenn die Provision nicht aus Mitteln der Fondsgesellschaft, sondern aus Mitteln der Initiatoren gezahlt wird.[154] Ausreichend ist allerdings, wenn die Innenprovision bzw. die Kosten des Vertriebs als **Eigenkapitalbeschaffungskosten** dargelegt und/oder ausgewiesen sind.[155] Bei der Berechnung dieses **Schwellenwertes** iHv 15 % kommt es auf die **Relation zwischen** der Höhe der **Vertriebskosten** und dem **einzuwerbenden Kommanditkapital** bzw. der Beteiligungssumme an und nicht auf das Verhältnis Vertriebskosten zu Gesamtinvestitionskosten. Diese Grundsätze gelten auch für ein sog Entgelt (Prospektentwicklungsentgelt).[156] Demgegenüber ist der Anlagevermittler ebenso wie der Anlageberater nicht verpflichtet, die Eigenkapitalvermittlungskosten gesondert auszuweisen. Es genügt vielmehr die Darstellung dieser Provisionen gemeinsam mit den anderen, ebenfalls den Vertrieb im weiteren Sinne betreffenden Weichkostenpositionen „Vertriebsvorbereitung", „Platzierungsgarantie" und „Prospektherstellung"[157].

**3. Nachforschungspflicht.** In welchem Umfang Anlageberater und Anlagevermittler **34** Nachforschungen über die Verlässlichkeit der erteilten Informationen anstellen müssen, hängt im Wesentlichen von den Umständen des Einzelfalles ab, insbesondere davon, ob die Bank das Anlageprodukt in ihr **Anlageprogramm aufgenommen** hat. Dies gilt vor allem dafür, in welchem Umfang Nachforschungen über die Verlässlichkeit der erteilten Informationen angestellt werden müssen. Insofern ist maßgebend, wie weit im konkreten Fall das schutzwürdige Vertrauen des Informationsempfängers auf die Richtigkeit der ihm erteilten Angaben reicht. Danach richtet sich, welche Nachforschungen redlicherweise verlangt werden können.[158]

Begründet wird diese umfassende Aufklärungs- und ggf. Nachforschungspflicht von der **35** Rechtsprechung mit der wirtschaftlichen Bedeutung und den Risiken einer Anlageentscheidung und dem Hinweis, dass der Interessent im Gegensatz zum Anlageberater bzw. Anlagevermittler zumeist selbst keine oder nur **geringe Überprüfungsmöglichkeiten**

---

[152] BGH WM 1992, 1355 = NJW 1992, 2560 = DB 1992, 2543 = ZIP 1992, 1220 = WuB I E 1.-13.92 *Eckert;* BGH WM 1981, 552 = NJW 1981, 1440; BGH WM 1991, 127 = NJW 1991, 1106 = BB 1991, 644 = DB 1991, 380 = ZIP 1991, 87 = WuB I G 4.-3.91 *Nassall.*
[153] BGH Urt. v. 3.3.2011, Az. III ZR 170/10, WM 2011, 640, 641 Rn. 16 m. Anm. *Buck-Heeb* WuB I G 1.-15.11; BGH Urt. v. 12.2.2004, Az. III ZR 359/02, WM 2004, 631, 633; BGH Urt. v. 28.7.2005, Az. III ZR 290/04, WM 2005, 1998, 2001; zur Innenprovision vgl. auch → § 3 Rn. 45, beachte hierzu auch die Aufgabe der Differenzierung Innenprovision und Rückvergütung im Rahmen der Anlageberatung → § 3 Rn. 28.
[154] BGH Urt. v. 22.3.2007, Az. III ZR 218/06 Rn. 9, ZIP 2007, 871; BGH Urt. v. 12.2.2004 Az. III ZR 359/02; BGHZ 158, 110, 118 f.
[155] BGH Urt. v. 25.9.2007, Az. XI ZR 320/06 Rn. 15 f., BKR 2008, 199, 200 f. m. Anm. *Brocker/Langen* BKR 2008, 201, LG Wiesbaden Urt. v. 2.10.2008, Az. 10 O 295/07, S. 10 „DGA 30"; LG Karlsruhe Urt. v. 11.4.2008, Az. 10 O 434/07, S. 8.
[156] BGH Urt. v. 8.10.2004, Az. V ZR 18/04, WM 2004, 2349, 2351; weitergehend OLG Düsseldorf Urt. v. 15.7.2004, Az. I – 6 U 158/03, ZIP 2004, 1745, Aufklärung unabhängig von Provisionshöhe.
[157] BGH Urt. v. 12.12.2013, Az. III ZR 404/12, DB 2014, 112, 113 Rn. 15; OLG Schleswig, Beschluss v. 28.8.2013, Az. 5 U 76/13, ZIP 2013, 2303, 2304 u. H. a. BGH Urt. v. 3.3.2011, Az. III ZR 170/10, WM 2011, 640 Rn. 2; vgl. hierzu auch *Wiechers* WM 2013, 341 f., wo u. H. a. BGH Urt. v. 5.6.2012, Az. XI ZR 175/11, WM 2012, 1389 klargestellt wird, dass die Darstellung des Gesamtaufwandes als „Grundstück, Gebäude incl. Vertrieb und Marketing" keine arglistige Täuschung darstellt.
[158] BGHZ 70, 356 = WM 1978, 306 = NJW 1978, 997 = BB 1978, 980 = DB 1978, 1170; BGH WM 1984, 34 = NJW 1984, 355 = ZIP 1984, 70.

hat. Die Aufklärung nimmt dem Interessenten das Risiko des Anlagegeschäftes nicht ab, sondern gibt ihm vielmehr erst die Möglichkeit, das wirkliche und ohnehin bestehende Risiko der Kapitalanlage zu erkennen.[159] Eine Bank muss bei einer als **„bankgeprüft"** vermittelten Beteiligung an einer Abschreibungsgesellschaft für die Richtigkeit der im Prospekt gemachten Angaben einstehen und kann sich insoweit **nicht auf die Prüfung Dritter berufen.**[160]

**36** Soweit einem Anlagevermittler oder Anlageberater nicht die erforderlichen Angaben und Unterlagen für die von ihm zu vertreibende Kapitalanlage zur Verfügung stehen, ist er verpflichtet, sich diese zu beschaffen und davon ggf. seine Vertriebs- und Beratungstätigkeit abhängig zu machen **(Informationsbeschaffungspflicht).**[161] Liegt dem Anlageberater ein **Prospekt** nicht vor, hat er sich diesen zur Vorlage an den Kunden zu beschaffen.[162] Eine Sparkasse darf die ihr zu Beratungszwecken überlassenen Prospekte nicht ungeprüft übernehmen, sondern muss sie durch eigene sachverständige und kritische Durchsicht auf Plausibilität prüfen.[163] Dabei reicht es nicht aus, wenn die Überprüfung des Prospekts einem Dritten überlassen wird.[164] Ist die Anlage hochspekulativ, ist er gehalten, die **Seriosität der Initiatoren** zu prüfen.[165] Der Kunde, der über das Angebot Auskünfte wünscht, kann andererseits davon ausgehen, dass das ihm überlassene Informationsmaterial zumindest auf **Plausibilität** überprüft worden ist.[166] Ein Anlageberater, der sich in Bezug auf eine bestimmte Anlageentscheidung als **kompetent geriert,** hat sich aktuelle Informationen über das Anlageobjekt zu verschaffen, das er empfehlen will. Dazu gehört neben der Verfolgung der **Einwertungen** der Kapitalanlage duch **Rating-Agenturen**[167] auch die Auswertung vorhandener Veröffentlichungen in der **Wirtschaftspresse.**[168] Bei einer privaten Anleihe muss daher über **zeitnahe**[169] und **gehäufte**[170] negative Berichte in der **Börsenzeitung,** der **Financial Times Deutschland,** dem **Handelsblatt** und der **FAZ** unterrichtet werden[171], wobei die

---

[159] BGHZ 70, 356 = WM 1978, 306 = NJW 1978, 997 = BB 1978, 980 = DB 1978, 1170; BGH WM 1984, 34 = NJW 1984, 355 = ZIP 1984, 70; BGH WM 1988, 1685 = NJW-RR 1989, 150 = BB 1988, 2270 = DB 1988, 2629 = ZIP 1988, 1464 = WuB I G 7.–1.89 *v. Heymann.*

[160] BGHZ 79, 337 = WM 1981, 483 = NJW 1981, 1449 = BB 1981, 865 = DB 1981, 1274 = ZIP 1981, 518; BGH WM 1984, 889 = NJW 1984, 2523 = BB 1984, 1254 = DB 1984, 1671 = ZIP 1984, 1086; BGH WM 1986, 517 = ZIP 1986, 562 = WuB I G 8.–5.86 *v. Heymann.*

[161] BGHZ 74, 103 = WM 1979, 530 = NJW 1979, 1449 = BB 1980, 800 = DB 1979, 1219.

[162] LG Rottweil Urt. v. 7.5.2009, Az. 3 O 345/08, BKR 2009, 482,483.

[163] Vgl. *Schlick* WM 2011, 154, 155; vgl. hierzu auch → § 4 Rn. 18 u. 33.

[164] OLG Frankfurt Urt. v. 19.8.2009, Az. 17 U 98/09, BB 2009, 2334, 2335 „Prüfung nach IDW-Standard"; zur Plausibilitätsprüfung vgl. noch → § 3 Rn. 15 u. 30.

[165] OLG Köln Urt. v. 18.6.1999, Az. 3 U 106/98, MDR 2000, 99.

[166] BGHZ 100, 117 = WM 1987, 495 = NJW 1987, 1815 = BB 1987, 850 = DB 1987, 980 = ZIP 1987, 500 = WuB I G 4.–5.87 *Assmann;* Zur Plausibilitätsprüfung vgl. *Hölldampf* Banken-Times Dez. 2013/Jan. 2014, S. 3 f.

[167] Vgl. hierzu → § 3 Rn. 106.

[168] BGH Urt. v. 1.12.2011, Az. III ZR 56/11, WM 2012, 24 Rn. 10 mwN; vgl. auch BGH Urt. v. 16.9.2010, Az. III ZR 14/10, WM 2010, 1932, 1933 Rn. 10; m. Anm. *Hanowski* WuB I G 1.-2.11; *Schlick* WM 2011, 154, 155; *Geist* BB 2010, 1307; *Tyzak/Stieglitz* BKR 2010, 249; *Koch* BKR 2010, 333; BGH Urt. v. 5.3.2009, Az. III ZR 302/07 Rn. 14; BGH Urt. v. 21.3.2006, Az. XI ZR 63/05, ZIP 2006, 891, 892; zur Wirtschaftspresse vgl. noch → § 3 Rn. 51.

[169] BGH Urt. v. 16.3.2010, Az. III ZR 14/10, WM 2010, 1932, 1933 Rn. 12, wonach eine ca. vier Jahre alte Information nicht mehr präsent sein muss.

[170] BGH Urt. v. 22.2.2012, Az. II ZR 14/10, WM 2012, 1474, 1476 Rn. 25 u. H. a. BGH Urt. v. 7.10.2008, BGHZ 178, 149 = WM 2008, 2166 Rn. 26 f., wonach eine einzelne Berichterstattung die sich noch nicht in der Fachöffentlichkeit durchgesetzt hat, nicht aufklärungspflichtig ist; kritisch *Buck-Heeb* DB 2011, 2825, 2826, welche danach differenzieren will, wie überzeugend eine Einzelmitteilung auf den auswertenden Anlageberater ist.

[171] BGH Urt. v. 5.3.2009, Az. III ZR 302/07 Rn. 14, WM 2009, 688 m. Anm. *Balzer/Eberhardt* BKR 2009, 201; BGH Urt. v. 19.4.2007, Az. III ZR 75/06, NJW-RR 2007, 1271, 1272 Rn. 9; BGH Urt. v. 6.7.1993, Az. XI ZR 12/93, NJW 1993, 2433, 2434.

## § 3 Anlageberatung und Anlagevermittlung

Berichte eine gewisse Aktualität haben müssen.[172] Bei einer Anlage mit Auslandsbezug kann es angebracht sein, sich auch anhand **ausländischer Quellen** zu informieren.[173] Ein Anlagevermittler/-berater ist allerdings grundsätzlich nicht verpflichtet, den Kapitalanleger auf **negative Pressestimmen** in sog Branchendiensten hinzuweisen oder ihm solche Berichte weiterzugeben.[174] Auch besteht keine Pflicht, sämtliche Publikationsorgane vorzuhalten, in denen Artikel über die angebotene Kapitalanlage erscheinen können. Vielmehr kann der Anlageberater selbst entscheiden, welche Auswahl er trifft, solange er nur über **ausreichende Informationsquellen** verfügt.[175] Allerdings dürften die FAZ, die Financial Times Deutschland, das Handelsblatt sowie die Börsenzeitung zum minimalen Pflichtenprogramm gehören. Denn bei diesen handelt es sich um die von der Rechtsprechung besonders hervorgehobenen vier führenden Organe der Wirtschaftspresse.[176] Etwas anderes könnte gelten, wenn der Berater auf positive Beurteilungen hinweist, negative Berichterstattungen jedoch unterschlägt.[177] Eine Aufklärungspflicht besteht wiederum nur dann, wenn und soweit der Berichterstattung konkretisierende und substanzhaltige **Verdachtsmomente** einer negativen Entwicklung enthält. Eine Rechtsfolge löst ein etwaiger diesbezüglicher Informationsmangel jedoch nur aus, wenn sich die anfänglichen Indizien nachträglich bewahrheiten.[178] Grundsätzlich besteht auch keine Verpflichtung des Anlageberaters, sich in Bezug auf eine ausländische **Erlösausfallversicherung** durch direkte Anfrage beim **Bundesaufsichtsamt** zu informieren. Er kann vielmehr davon ausgehen, dass für die Öffentlichkeit bestimmte Informationen in der Wirtschaftspresse ihren Niederschlag finden.[179]

Stellt der Vermittler eine Kapitalanlage als sicher hin, obwohl seine Informationsgrundlagen hierfür erkennbar nicht ausreichen, dann verletzt er seine Aufklärungspflicht. Anlagevermittler haben über die für ihre Betätigung nötigen und erwarteten Kenntnisse zu verfügen oder offenzulegen, dass dies nicht der Fall ist. Der Vermittler muss sich also selber sehr genau über die **Wirtschaftlichkeit** der von ihm vermittelten Anlage informieren oder aber dem Anleger klar und deutlich erklären, dass ihm gesicherte Informationen hierüber nicht zur Verfügung stehen.[180] Notfalls muss der Berater darauf hinweisen, dass ihm keine näheren Angaben vorliegen.

---

[172] OLG Frankfurt WM 2002, 1275, 1280 m. Anm. *van Look* WuB I G 5.-5.03.
[173] BGH Urt. v. 16.9.2010, Az. III ZR 14/10, WM 2010, 193, 1933 Rn. 16.
[174] OLG Koblenz Beschluss v. 21.11.2006, Az. 6 U 1028/06, BKR 2007, 428; OLG Stuttgart OLGR 2006, 233, 236 mwN; OLG Hamm Urt. v. 20.7.2004, Az. 4 U 37/04, S. 20 unter Hinweis auf die behauptete mangelnde Seriosität von Brancheninformationsdiensten; ähnlich OLG München Urt. v. 28.4.2004, Az. 15 U 3503/03, S. 13; u.H. auf OLG München OLGR 2003, 254; OLG Frankfurt Urt. v. 18.2.2005, Az. 8 U 87/04, S. 15; LG Tübingen WM 2004, 641 m. Anm. *Loritz* WuB I G 1–2.04; aA wohl OLG Stuttgart Urt. v. 22.1.2007, Az. 10 U 189/06, S 8 ff. welches eine Nachforschungsauswertungs- und Offenlegungspflicht im Rahmen der Plausibilitätsprüfung auch in Bezug auf negative Berichte in „Kapitalmarkt intern" bejaht; zur Hinweispflicht auf negative Presseberichterstattungen vgl. allg. *Edelmann* BKR 2003, 438 ff.; *Loritz* NZG 2002, 889 ff.; *Wagner* WM 2002, 1037 ff. u. WM 2003, 1158 ff.; *Assmann* ZIP 2002, 637 ff.
[175] BGH Urt. v. 5.3.2009, Az. III ZR 302/07 Rn. 15, WM 2009, 688; BGH Urt. v. 7.10.2008, Az. XI ZR 89/07, NJW 2008, 3700 Rn. 28; OLG Köln Urt. v. 23.6.2010, Az. 13 U 222/09, WM 2010, 2035 m. zust. Anm. *Vortmann* WuB I G 1.-7.11.
[176] BGH Urt. v. 5.11.2009, Az. III ZR 302/08 Rn. 17, WM 2009, 2360 = DB 2009, 2711, 2712 mwN m. Anm. *Edelmann* WuB I G 1.-7.10.
[177] Vgl. *Zetzsche* WM 2009, 1020, 1025.
[178] OLG Celle Urt. v. 16.7.2004, Az. 9 U 15/04, WM 2005, 737.
[179] BGH Urt. v. 16.9.2010, Az. III ZR 14/10, WM 2010, 1932, 1933 Rn. 13 ff.; vgl. auch *Schlick* WM 2011, 154, 157.
[180] BGH WM 1993, 1238 = NJW-RR 1993, 1144 = BB 1993, 1317 = DB 1993, 1966 = ZIP 1993, 997 = WuB I G 4.-7.93 *v. Heymann*; OLG Hamm WM 1993, 241 = WuB I G 4.–3.93 *Medicus*.

**38** **4. Offenbarungspflicht.** Auch das **Unterlassen gebotener Informationen** kann Schlechterfüllung sein.[181] Eine Beratung kann dadurch falsch sein, dass dem Anleger Tatsachen nicht offenbart werden, die den erteilten Rat als bedenklich erscheinen lassen würden. Diese müssen dem Interessenten mitgeteilt werden, damit er Risiko und Tragweite seiner Entscheidung selbst ausreichend beurteilen oder, falls er dazu nicht in der Lage ist, sich ein solches Urteil durch weitere Rückfragen und die Bitte um nähere Erläuterung der Verhältnisse verschaffen kann.[182] Erteilt ein Anlagevermittler Auskunft zu der Sicherheit der Kapitalanlage, indem er ohne Einschränkung auf die Angaben des Kapitalsuchenden verweist, macht er sich dessen Aussagen bei der Auskunft zu Eigen. Hat er in einem solchen Fall die Sicherheit der Kapitalanlage nicht geprüft, so muss er dies dem Kunden gegenüber auch ungefragt deutlich machen.[183]

**39** Der Berater/Vermittler darf ihm bekannte **beachtliche Bedenken** gegen die Sicherheit einer empfohlenen Anlage nicht zurückhalten, auch wenn er persönlich der Auffassung sein mag, dass das Unternehmen die gegenwärtigen Schwierigkeiten überwinden wird. Eine Pflicht, auch die **ungünstigen Tatsachen** offenzulegen, muss insbesondere dann angenommen werden, wenn die beratende Bank Hauptgläubigerin des zur Anlage empfohlenen Unternehmens ist, der auch sämtliche erreichbaren Werte zur Sicherung eines erheblichen Debets übertragen worden sind, und deshalb Zweifel bestehen können, ob ihre pauschale Beurteilung der künftigen Unternehmensentwicklung unbefangen und in keiner Weise interessenbestimmt ist.[184] Bei der Vermittlung nicht börsennotierter Aktien hat der Anlageberater den Käufer insbesondere über die **erschwerte Handelbarkeit** solcher Papiere zu belehren und gegebenenfalls vom Kauf abzuraten.[185] Hat der Anlageberater mit der Fonds- oder Vertriebsgesellschaft eine Vertriebsvereinbarung getroffen, nach welcher er verpflichtet ist, bei der Beratung nur die ihm von der jeweiligen Gesellschaft zur Verfügung gestellten Informationsmaterialien zu verwenden, dann muss er den Anleger hierüber auch unter Berücksichtigung der zur Interessenkollision entwickelten Grundsätze nicht aufklären.[186]

**40** **5. Besondere Pflichten.** Den Anlageberater/Anlagevermittler trifft eine erhöhte Sorgfaltspflicht, wenn er in besonderem Maße **persönliches Vertrauen** in Anspruch nimmt, das sich auf seine vielfältige Berufserfahrung und Sachkunde oder auf seine besondere persönliche Zuverlässigkeit gründet, sodass er eine zusätzliche Gewähr für die Richtigkeit der gemachten Angaben bietet. Er muss **eigene Ermittlungen** anstellen und darf die Angaben Dritter nicht ungeprüft übernehmen und weitergeben.[187]

**41** Dem Kapitalanleger dürfen danach grundsätzlich nur solche **Auskünfte** gegeben werden, von deren Richtigkeit, Vollständigkeit und Zuverlässigkeit sich der Berater oder Auskunftserteilende aufgrund eigener sorgfältiger Prüfung überzeugt hat. Insofern sind Kapitalanlagevermittler unabhängig davon, ob sie Vertrauen genießen, verpflichtet, das Anlagekonzept, bezüglich dessen sie Auskunft erteilen sollen, (wenigstens) einer **Plausibilitätsprüfung** zu unterziehen, dies insbesondere auf die **wirtschaftliche Tragfähigkeit** hin.[188] Dabei muss sich der Anleger darauf verlassen können, dass die in einem Prospekt oder in einer für ihn erstellten Modell-Berechnung enthaltenen **Prognosen** bzw. angenommenen Wertsteigerungen nicht aus der Luft gegriffen, sondern ex ante betrachtet

---

[181] BGHZ 72, 382 = WM 1979, 141 = NJW 1979, 718 = BB 1979, 239 = DB 1979, 396; BGH WM 1988, 48 = BB 1988, 163 = DB 1988, 176 = ZIP 1988, 316 = WuB IV A. § 463 BGB – 1.88 *Emmerich*.
[182] BGH WM 1973, 164 = NJW 1973, 456.
[183] BGH Urt. v. 11.9.2003, Az. III ZR 381/02, WM 2003, 2064.
[184] BGH WM 1973, 164 = NJW 1973, 456.
[185] OLG Oldenburg Urt. v. 6.9.2002, Az. 6 U 66/02, ZIP 2002, 2252.
[186] BGH Urt. v. 6.12.2012, Az. III ZR 307/11 Rn. 19, WM 2013, 119, 121.
[187] BGHZ 74, 103 = WM 1979, 530 = NJW 1979, 1449 = BB 1980, 800 = DB 1979, 1219.
[188] BGH Urt. v. 13.1.2000, Az. III ZR 62/99, ZIP 2000, 355, 356; zur darüber hinaus gehenden fachkundigen Prüfung des Anlageberaters vgl. → § 3 Rn. 15, zur Plausibilitätsprüfung vgl. *Hölldampf* Banken-Times Dez. 2013/Jan. 2014, S. 3f. und → § 3 Rn. 15, 30, 36.

„vertretbar" sind.[189] Dies gilt insbesondere für eine Sparkasse, die ein Anlageobjekt (zB Immobilienfonds) in ihre Angebotspalette aufgenommen hat; sie darf die ihr überlassenen Prospekte nicht ungeprüft übernehmen, sondern muss sie durch eigene sachverständige und kritische Durchsicht auf Plausibilität prüfen.[190] Dies gilt auch für einen Anlagevermittler, der eine Anlage anhand eines Prospekts vertreibt, welcher den Zutritt zu einer Gesellschaft mit einer Vielzahl von rein kapitalmäßig beteiligten Gesellschaftern zum Gegenstand hat, die untereinander in keiner persönlichen oder sonstigen Beziehung stehen.[191] Eine solche Plausibilitätsprüfung kann nicht durch den Verweis auf einen positiven **Prüfbericht einer Wirtschaftsprüfungsgesellschaft** ersetzt werden.[192] Bei **gestaffelter Einschaltung** mehrerer Wertpapierdienstleistungs-unternehmen ist grundsätzlich nur das kundennähere Unternehmen zur Beratung verpflichtet. Eine **Pflicht zur Überwachung des** vorgeschalteten Beratungsinstituts besteht nicht. Letzteres wird bestätigt durch § 31a Nr. 2 WpHG.[193] Auch die Grundsätze des institutionalisierten Zusammenwirkens sind nicht auf die Zusammenarbeit zwischen Depotbank und anlageberatendem Institut übertragbar.[194]

Nimmt der auf der Anbieterseite stehende Anlagevermittler für sich in Anspruch, er verfüge über eingehende Informationen, wie sie ein Anlageberater üblicherweise nicht habe und lässt er sich seine Vermittlungstätigkeit mit einer **„Beratungsgebühr"** entlohnen, dann kann der Anleger von ihm die besondere Sorgfalt eines unabhängigen individuellen Beraters erwarten, dem weitreichendes persönliches Vertrauen entgegengebracht wird und der deshalb besonders differenziert und fundiert beraten muss.[195] **42**

**6. Nachwirkende Informationspflicht.** Grundsätzlich gilt, dass den Anlageberater/ **43** Anlagevermittler nach getroffener Anlageentscheidung keine nachwirkende Informationspflicht trifft.[196] Aus einem Beratungsvertrag ergeben sich grundsätzlich auch keine **fortdauernden Überwachungs- und Beratungspflichten** hinsichtlich der erworbenen Anlagen.[197] Derartige Pflichten resultieren auch nicht aus einem **Depotvertrag**.[198]

### III. Einzelfälle der Anlageberatung

Über die allgemeinen Grundsätze hinaus hat die Rechtsprechung in Einzelfällen Inhalt **44** und Umfang der Auskunfts- und Informationspflichten bei der Anlageberatung konkretisiert.

---

[189] BGH Urt. v. 17.2.2011, Az. III ZR 144/10, WM 2011, 505, 506 Rn. 13 m. H. a. BGH Urt. v. 27.10.2009, Az. XI ZR 337/08 Rn. 19 u. 22.
[190] BGH Urt. v. 22.3.2007, Az. III ZR 218/06 Rn. 4f.; BGH Urt. v. 12.2.2004, Az. III ZR 359/02; BGHZ 158, 110, 116; BGHZ 100, 117 = WM 1987, 495 = BB 1987, 850 = DB 1987, 980 = ZIP 1987, 500 = WuB I G 4.–5.87 *Assmann*.
[191] BGH Urt. v. 17.3.2005, Az. III ZR 359/02, WM 2004, 631, 633.
[192] OLG München Urt. v. 8.2.2010, Az. 17 U 2893/09, WM 2010, 836, 839 u. H. a. BGH NJW-RR 2000, 998, 999.
[193] BGH Urt. v. 19.3.2013, Az. XI ZR 431/11 Rn. 26.
[194] BGH Urt. v. 19.3.2013, aaO, Rn. 31.
[195] BGHZ 111, 314 = WM 1990, 1276 = NJW 1990, 2461 = BB 1990, 1437 = DB 1990, 1913 = ZIP 1990, 928 = WuB I G 9.–1.90 *v. Heymann*; BGH WM 1990, 1658 = WuB I G 4.–12.90 *v. Heymann*.
[196] OLG Koblenz Beschluss v. 21.11.2006, Az. 6 U 1028/06, BKR 2007, 428; zur Verpflichtung zur Erteilung eines Warnhinweises bei Veränderung der Umstände nach Herausgabe des Prospekts bis zur Beitrittserklärung vgl. KG Urt. v. 14.1.2009, Az. 24 U 99/07, S. 7f. u. H. a. BGH WM 1982, 862, 865; BGH WM 1994, 2192, 2193; BGH WM 2002, 813, 814; BGH ZIP 2007, 1255, 1256; BGH WM 2004, 379, 381; BGH WM 2007, 1503 Rn. 9.
[197] BGH Urt. v. 21.3.2006, Az. XI ZR 63/05, ZIP 2006, 891 uU a OLG Karlsruhe WM 1992, 577; OLG Düsseldorf WM 1994, 1468, 1469 m. Anm. *Hegmanns* EWiR 1994, 1083; OLG Düsseldorf ZIP 2003, 471, 473 m. Anm. *Allmendinger* EWiR 2003, 457; *Balzer* in Welter/Lang, Handbuch der Informationspflichten im Bankrecht, Rn. 780; *Wille/Mehrbrey* ZIP 2009, 744, 747.
[198] BGH Urt. v. 23.11.2004, Az. XI ZR 137/03, WM 2005, 270, 271 m. Anm. *Balzer* EWiR 2005, 245.

**45  1. Immobilienanlagen.** Bei der Anlageberatung im Zusammenhang mit Immobilien ist über die Risiken dieser Vermögensanlage aufzuklären. Dazu zählt zB die Wahrscheinlichkeit, dass der Erfüllung bzw. der nicht fristgerechten Erfüllung eines in Aussicht genommenen Vertrages (Herstellung eines Gebäudes) Hindernisse entgegenstehen.[199] Darüber hinaus muss der **monatliche Eigenaufwand** zutreffend ermittelt werden.[200] Der beratende Verkäufer einer **Eigentumswohnung** im Rahmen eines Erwerbermodells genügt seinen Pflichten nicht schon dadurch, dass er die **Erwerbskosten** zutreffend offenlegt und auf die **steuerlichen Abzugsmöglichkeiten** hinweist, vielmehr müssen auch seine sonstigen Tatsachenangaben, die für den Kaufentschluss von Bedeutung sein können, richtig sein, und zwar auch dann, wenn er insoweit zu einer Auskunft nicht verpflichtet ist.[201] Wer als Verkäufer für eine Immobilie wirbt und dabei **Steuervorteile** einer Anlage- oder Kaufentscheidung herausstellt oder in konkrete Finanzierungsvorschläge einbezieht, muss Voraussetzungen, Hinderungsgründe und Ausmaß der Steuervorteile richtig und so vollständig darstellen, dass bei dem Käufer über keinen für seine Entscheidung möglicherweise wesentlichen Umstand eine Fehlvorstellung erweckt wird.[202] Empfiehlt eine Bank ihrem Kunden eine **Beteiligung an einem Bauherrenmodell,** so muss sie ihn ungefragt informieren, wenn die erzielten Mieterträge der in einem steuersparenden Bauherrenmodell bereits erstellten Eigentumswohnungen nicht den im Anlageprospekt prognostizierten Mieten entsprechen und die Vermietung der Wohnungen Schwierigkeiten bereitet.[203] Der auf der Anbieterseite tätige Berater muss bei einem **Bauherrenmodell** zudem auf das Anlagerisiko hinweisen, das sich aus dem Stammkapital der Initiatoren und gleichzeitigen Garanten (TDM 500) und dem Volumen ihrer bereits in Angriff genommenen Vorhaben (300 Mio DM) ergibt. Keinesfalls darf sich dieser Anlageberater mit dem durch den Prospekt und dem dazugehörigen Prüfungsbericht vermittelten Kenntnisstand begnügen.[204] Ein Berater genügt nicht schon dann seinen Pflichten, wenn er dem Käufer die Funktionsweise und Risiken eines **Mietpoolvertrages** darlegt. Er muss vielmehr auch darüber aufklären, dass im vorgerechneten Mietertrag ein angemessenes **Mietausfallrisiko** nicht einkalkuliert ist.[205] Ein Verkäufer, der den **Beitritt zu einem Mietpool** empfiehlt, muss den Käufer aber nicht über die generelle Möglichkeit einer defizitären Entwicklung des Mietpools aufklären.[206] Die nach Vertragsschluss einsetzende defizitäre Entwicklung eines Mietpools lässt für sich allein nicht den Schluss auf einen Beratungsfehler des Verkäufers zu.[207] Ein Berater, der dem Käufer einer Immobilie gegenüber erklärt, die empfohlene Immobilie sei **absolut sicher** und nach fünf Jahren mit Gewinn zu veräußern, verletzt seine Beratungspflichten dann, wenn schon im Zeitpunkt der Beratung aufgrund des überhöhten Kaufpreises feststeht, dass ein gewinnbringender Verkauf zum genannten Zeitpunkt trotz günstiger Entwicklung auf dem Immobilienmarkt unwahrscheinlich ist.[208] Umfasst die Beratung des Käufers auch die Finanzierung des Immobilienkaufs, dann kann eine Beratungspflicht vorliegen, wenn die empfohlene Finanzierung von **Festkredit und Kapitallebensversiche-**

---

[199] BGHZ 56, 81 = WM 1971, 592 = DB 1971, 1006.
[200] BGH Urt. v. 13.6.2008, Az. V ZR 114/07, WM 2008, 1590.
[201] BGH WM 1988, 95 = NJW-RR 1988, 458 = WuB I G 7.–16.88 *v. Heymann.*
[202] BGH Urt. v. 1.3.2013, Az. V ZR 279/11, WM 2013, 839, 840, Rn. 17 u. H. a. BGH Urt. v. 26.4.1991, BGHZ 114, 263, 268; zu steuerorientierten Kapitalanlagen vgl. auch → § 3 Rn. 48.
[203] BGH Urt. v. 13.1.2004, Az. XI ZR 355/02, WM 2004, 422, m. Anm. *Münscher* WuB I G 5.–8.04.
[204] BGHZ 111, 314 = WM 1990, 1276 = NJW 1990, 2461 = BB 1990, 1437 = DB 1990, 1913 = ZIP 1990, 928 = WuB I G 9.–1.90 *v. Heymann;* BGH WM 1990, 1658 = WuB I G 4.–12.90 *v. Heymann.*
[205] BGH Urt. v. 30.11.2007, Az. V ZR 284/06, WM 2008, 350 m. Anm. *Edelmann/Glemser* WuB IV A. § 249 BGB 1.08.
[206] BGH Urt. v. 18.7.2008, Az. V ZR 71/07, WM 2008, 1798.
[207] BGH Urt. v. 18.7.2008, Az. V ZR 70/07, WM 2008, 1837.
[208] BGH Urt. v. 15.10.2004, Az. V ZR 223/03, WM 2005, 69.

§ 3 Anlageberatung und Anlagevermittlung

rung als Tilgungsersatz sich ungünstiger darstellt als ein Annuitätendarlehen.[209] Bei einem auf Steuerersparnis angelegten Immobilienkauf müssen **persönliche Berechnungsbeispiele** auf die beim Käufer/Anleger auftretenden steuerlichen Auswirkungen zutreffen und können bei Angeboten von Unternehmensgruppen jedem Mitglied der Gruppe zugerechnet werden, wenn nicht ausdrücklich die Beschränkung auf ein Mitglied der Gruppe erfolgt.[210] Eine Haftung des Immobilienverkäufers kommt dann in Betracht, wenn der Erwerber nicht auf eine **Laufzeit der Finanzierung** von 30–34 Jahre und/oder auf die mit einem **Disagio** verbundenen Gefahren bei einer nur kurzzeitigen Zinsbindung hingewiesen wird, dies jedenfalls bei einem für die **Altersvorsorge** bestimmten Objekt.[211] Demgegenüber ist ein Verkäufer einer gebrauchten Immobilie dann nicht verpflichtet, den Käufer auf sog **Innenprovisionen** hinzuweisen, wenn das Objekt durch mündliche Beratung anhand eines konkreten **Berechnungsbeispiels** vertrieben wird.[212] Schließt wiederum der Käufer einer Eigentumswohnung auf Empfehlung des ihn beratenden Verkäufers einen **Mietpoolvertrag**, treffen den Verkäufer besondere Aufklärungspflichten.[213]

Empfiehlt ein Anlageberater einem Interessenten den Erwerb von Kommanditanteilen an einem **geschlossenen Immobilienfonds**, dann muss er diesen auf die **beschränkte Weiterveräußerbarkeit/Fungibilität** hinweisen.[214] Dabei muss der Berater bzw. der vom Berater herangezogene Prospekt den Anleger darauf hinweisen, dass die Anteile an einem geschlossenen Immobilienfonds praktisch nicht verkäuflich sind; dies jedenfalls nicht zu für den Anleger angemessenen Konditionen.[215] Beruht der wirtschaftliche Anlageerfolg eines geschlossenen Immobilienfonds allein auf der nachhaltigen Erzielung von Einnahmen aus der Vermietung oder Verpachtung von Anlageobjekten, so ist (im Prospekt) deutlich auf mögliche, der Erreichbarkeit dieser Einnahmen entgegenstehende Umstände und die sich hieraus für den Anleger ergebenden Risiken hinzuweisen.[216] Bei einem **geschlossenen Immobilienfonds** muss nicht gesondert auf das **Totalverlustrisiko** hingewiesen werden. Etwas anderes kann sich allerdings dann ergeben, wenn **besondere gefahrerhöhende Umstände** hinzukommen.[217] Nimmt eine Sparkasse einen **Immobilienfonds** in ein von ihr zusammengestelltes Anlageprogramm auf und macht sie dieses Anlageprogramm zur Grundlage ihrer Beratung, dann muss sie im Rahmen ihrer Beratungstätigkeit auf die **wirtschaftlichen Risiken** hinweisen, die für den Anleger mit der Zeichnung des Fonds verbunden sein können. Dem Vorwurf der Pflichtwidrigkeit kann sie nicht dadurch begegnen, dass der **Prospekt** einen Hinweis enthielt, eine **Wirtschaftsprüfungsgesellschaft** habe den Prospekt geprüft und einen „**Bestätigungsvermerk**" über Art und Umfang der Prüfungshandlungen entsprechend dem Entwurf eines Gesetzes über den Vertrieb von Anteilen an Vermögensanlagen[218] oder entsprechend den Grundsätzen ordnungsgemäßer Durchführung von Prospektprüfungen erteilt.[219] Mit der Beratung soll dem Anleger das

---

[209] BGH Urt. v. 15.10.2004, Az. V ZR 223/03, WM 2005, 69.
[210] BGH Urt. v. 15.6.2000, Az. III ZR 305/98, WM 2000, 1548.
[211] OLG Celle ZIP 2005, 199, 204.
[212] BGH Urt. v. 13.10.2006, Az. V ZR 66/06, WM 2007, 174, 175.
[213] BGH, aaO, WM 2007, 174.
[214] BGH Urt. v. 18.1.2007, Az. III ZR 44/06 Rn. 16, WM 2007, 542; OLG Bamberg Beschl. v. 24.2.2014 Az. 3 U 205/13 S. 14.
[215] OLG Karlsruhe Urt. v. 30.1.2014 Az. 9 U 159/11 BKR 2014, 212, 214f. u.U. a. BGH Urt. v. 18.1.2007 aaO; BGH Urt. v. 19.11.2009 Az. III ZR 169/08 Rn. 20 u. OLG Köln Urt. v. 19.7.2011 Az. 24 U 172/10 Rn. 23; wo Hinweise „es sei ein öffentlicher Markt für derartige Anleger zur Zeit nicht vorhanden" iVm „der Gesellschaftsanteil ist jederzeit ... veräußerlich", für nicht ausreichend angesehen wurden.
[216] BGH Urt. v. 23.4.2012, Az. II ZR 211/09, WM 2012, 1184 = DB 2012, 1436, 1437 Rn. 13.
[217] BGH Urt. v. 11.9.2012, Az. XI ZR 363/10 Rn. 13; BGH Urt. v. 27.10.2009, Az. XI ZR 337/08, WM 2009, 2303 Rn. 25; OLG Bamberg Beschl. v. 24.2.2014 Az. 3 U 205/13 S. 11.
[218] BT-Drucks. 8/1405 v. 2.1.1978.
[219] JDW-Richtlinien, Fassung 1/1987, HdB, Fach 7011.

wirtschaftliche Risiko der Anlage nicht abgenommen werden. Dieses muss er stets selber tragen.²²⁰ Dies gilt entsprechend bei einem kostenlosen Immobilienservice.²²¹ Die Empfehlung eines **geschlossenen Immobilienfonds** als **zur Altersvorsorge geeignet** stellt nicht ohne Weiteres eine Pflichtverletzung dar. Vielmehr kommt es diesbezüglich auf die konkrete persönliche sowie finanzielle Situation des Kapitalanlegers an.²²² Entsprechendes gilt bei der Empfehlung sonstiger geschlossener Beteiligungen als zur Altersvorsorge geeignet.²²³

**47** Empfiehlt eine Bank einem Kapitalanleger, welcher eine relativ **sichere Anlage** mit dem Ziel der **Altersvorsorge** wünscht, die Beteiligung an einem **offenen Immobilienfonds,** so ist hierin keine Pflichtverletzung zu sehen.²²⁴ Die Bank ist bei einem offenen Immobilienfonds verpflichtet, den Anleger über das Risiko der **vorübergehenden Aussetzung** der Anteilsrücknahme aufzuklären.²²⁵ Dies, obwohl bis ins Jahr 2010 offene Immobilienfonds als **wertstabile und risikoarme** Kapitalanlagen vermittelt wurden und die Bezeichnung als **mündelsichere Anlage** aus der allein maßgeblichen ex ante-Sicht nicht pflichtwidrig war.²²⁶ Schließlich musste bei offenen Immobilienfonds auch nicht über die **Einwerbung von Großinvestoren** aufgeklärt werden.²²⁷

**48** **2. Steuerorientierte Anlageformen.** Zur Beratungspflicht einer Bank gegenüber dem Kunden gehört der Hinweis auf rechtliche Tatsachen, zB **steuerliche Auswirkungen,** wenn sich dies aus dem Zweck des Vertrages (steuerbegünstigter Sparvertrag) ergibt.²²⁸

Wenn für den Kunden der Zweck des (Spar-)Vertrages auch darin liegt, Steuern zu sparen, dann muss die Bank dem Rechnung tragen und ihr Augenmerk vor allem darauf richten, dass dieser Zweck nicht vereitelt wird.

---

²²⁰ BGHZ 100, 117 = WM 1987, 495 = NJW 1987, 1815 = BB 1987, 850 = DB 1987, 980 = ZIP 1987, 500 = WuB I G 4.–5.87 *Assmann.*
²²¹ OLG Düsseldorf WM 1986, 253 = WuB I G 7.–1.86 *v. Heymann.*
²²² OLG Frankfurt Urt. v. 23.6.2014 Az. 23 U 134/13 – CFB Fonds 130 –, OLG Celle Beschl. v. 8.6.2014 Az. 3 U 57/14 S. 8; OLG Frankfurt Urt. v. 12.7.2013, Az. 19 U 263/12, WM 2013, 1857, 1859, wo die Beteiligung an einem geschlossenen ImmoFonds als Baustein zur Altersvorsorge geeignet angesehen wird. Die Empfehlung eines geschlossenen ImmoFonds als zur Altersvorsorge geeignet nicht kritisierend OLG Frankfurt Urt. v. 18.11.2011, Az. 19 U 68/11; LG Düsseldorf Urt. v. 9.5.2014 Az. 8 O 115/13 – CFB-Fonds 130 –; LG Halle Urt. v. 15.2.2013, Az. 6 O 1970/11, S. 8, – CFB 130-; LG Frankfurt Urt. v. 25.10.2013, Az. 2–05 O 56/13, S. 11 – CFB 130 –; LG Frankfurt Urt. v. 1.2.2013, Az. 2–05 O 626/11 – CFB 130 –; LG Frankfurt a.M. Urt. v. 5.10.2012, Az. 2–25 O 590/11, – CFB-Fonds 130 –; LG Berlin Urt. v. 27.3.2012, Az. 37 O 479/10, – CFB 117 –.
²²³ Vgl. BGH Urt. v. 6.12.2012, Az. III ZR 66/12, WM 2013, 68, 69, Rn. 22, wo der BGH festhält, dass eine unternehmerische Beteiligung mit Totalverlustrisiko für eine ergänzende Altersvorsorge nicht schlechthin oder generell ungeeignet ist, dass dies jedoch beim Wunsch nach einer sicheren Anlage für Zwecke der Altersvorsorge durchaus so sein kann, sowie BGH Urt. v. 8.7.2010, Az. III ZR 249/09, NJW 2010, 3292, welcher die Beteiligung an einer unternehmerischen Beteiligung (nur) dann als fehlerhaft bezeichnet, wenn der Anleger eine „risikofreie" und „sichere", zur Altersvorsorge geeignete Anlage wünscht; so auch LG Berlin Urt. v. 27.3.2012, Az. 37 O 479/10; OLG Celle Urt. v. 16.7.2004, Az. 9 U 15/04, WM 2005, 737, 741.
²²⁴ Wie hier OLG Frankfurt a.M. Beschluss v. 16.1.2013, Az. 17 U 59/12, S. 6 u. H.a. §§ 87, 88 InvG.
²²⁵ BGH Urt. v. 29.4.2014, Az. XI ZR 477/12 u. 130/13 sowie OLG Frankfurt a.M. Urt. v. 13.2.2013, Az. 9 U 131/11, ZIP 2013, 1214; aA OLG Dresden Urt. v. 15.11.2012, Az. 8 U 512/12, WM 2013, 363 m. Anm. *Thume/Edelmann* WuB I G 5.-3.13; *Stumpf/Kotte* BB 2013, 1613, 1616 f. mwN; so auch OLG München Beschluss v. 27.9.2013, Az. 5 U 2929/13; OLG Schleswig Urt. v. 19.9.2013, Az. 5 U 34/13, WM 2013, 2258, 2262 ff.; LG Nürnberg-Fürth Urt. v. 19.1.2011, Az. 10 O 6490/10, WM 2011, 695 m. zust. Anm. *Blankenheim* WuB I G 1.-16.11.
²²⁶ *Stumpf/Kotte* BB 2013, 1613, 1614, 1615 mwN.
²²⁷ *Stumpf/Kotte* BB 2013, 1613, 1617 f.
²²⁸ BGH WM 1964, 609 = NJW 1964, 2058.

Auch bei Darlehensverträgen in **Kombination mit Lebensversicherungen** können sich für die Bank im Hinblick auf die von ihren Kunden erstrebten Steuervorteile intensive Beratungs- und Aufklärungspflichten ergeben.[229]

Ein steuerlicher Berater hat bei einer Anlageempfehlung die steuerliche Belastung seines Mandanten und Anlegers zu berücksichtigen, wenn für diesen unter steuerlichen Gesichtspunkten (Fehlen einer entsprechenden Steuerprogression) kein Grund besteht, sich an der vom steuerlichen Berater vorgeschlagenen steuersparenden Vermögensanlage zu beteiligen. Wenn der Berater erklärt, er habe die Vermögensanlage geprüft, dann muss dies dem Kapitalanleger als eine auf sorgfältiger Tatsachenermittlung beruhende sachverständige Würdigung und nicht als bloße Anpreisung ohne greifbaren Tatsachengehalt erscheinen.[230] Zur **steuerlichen Beratung** gehört eine umfassende Aufklärung über die Arten und Möglichkeiten der bei Steuersparmodellen zu erzielenden Verlustzuweisungen und über deren Vorteile, Nachteile und Risiken in steuerlicher – nicht in wirtschaftlicher - Hinsicht. Vor unternehmerischen Fehlentscheidungen, zB hinsichtlich der zukünftigen Belastung durch Zins und Tilgung bei Steuermodellen, muss der steuerliche Berater seinen Mandanten grundsätzlich nicht bewahren.[231]

49

Empfiehlt ein Rechtsanwalt (Fachanwalt für Steuerrecht) aus steuerlichen Gründen einen bestimmten Vermögenserwerb, so hat er den Mandanten in der durch die Sachlage gebotenen Weise auch umfassend über die mit dem Geschäft zusammenhängenden **zivilrechtlichen Fragen** zu belehren und vor Risiken zu bewahren, die sich erkennbar aus diesem Rechtsbereich ergeben.[232] Zur steuerlichen Beratung gehört es, bei der Wahl der Geschäftsform (OHG oder GmbH & Co KG) diejenige zu empfehlen, die nach der höchstrichterlichen Rechtsprechung („Geprägerechtsprechung") günstiger ist, auch wenn diese Rechtsprechung im Schrifttum bekämpft wird und nicht auszuschließen ist, dass sie sich ändert.[233] Der steuerliche Berater muss bei Abschluss eines **Lebensversicherungsvertrags** über die verschiedenen infrage kommenden rechtlichen Gestaltungsmöglichkeiten und deren Folge gegebenenfalls von sich aus aufklären, wenn mit dem Vertrag bestimmte steuerliche Vorteile, wie zB die Anerkennung der Prämien als Betriebsausgaben, erzielt werden sollen.[234] Zu den Pflichten eines steuerlichen Beraters gehört es auch, den Steuerpflichtigen auf eine ständige für diesen günstige Verwaltungspraxis der Finanzbehörden hinzuweisen, auch wenn die Auffassung der Finanzbehörden mit der objektiven Sach- und Rechtslage nicht im Einklang steht.[235]

50

**3. Wertpapiere.** Zunächst ist darauf hinzuweisen, dass **Wertpapierdienstleistungsunternehmen** iSd Wertpapierhandelsgesetzes (WpHG) **aufsichtsrechtlich** gemäß den §§ 31 ff. WpHG im Zusammenhang mit der Durchführung von Wertpapiergeschäften Verhaltenspflichten, Organisationspflichten und Transparenzpflichten unterliegen, welche detailliert geregelt sind. Nachdem diesen aufsichtsrechtlichen Normen jedoch keine eigenständige, über die zivilrechtlichen Aufklärungs- und Beratungspflichten hinausgehende schadensersatzrechtliche Bedeutung zukommt[236], soll an dieser Stelle auf diese aufsichts-

51

---

[229] OLG Hamburg WM 1986, 1431.
[230] BGH WM 1987, 1557 = NJW 1988, 556 = DB 1987, 2560 = ZIP 1988, 108 = WuB II E, § 124 HGB 1.88 *Welter.*
[231] BGH WM 1987, 661 = NJW-RR 1987, 1375 = BB 1987, 1204 = DB 1987, 1293.
[232] BGH WM 1987, 1516 = NJW 1988, 563 = DB 1988, 549 = ZIP 1988, 103 = WuB VIII A. § 24 BNotO 1.88 *Deuchler;* Abgrenzung zu BGH WM 1985, 1274 = NJW 1986, 1050 = WuB IV A. § 675 BGB 2.85 *Messer.*
[233] BGH WM 1993, 1677 = NJW 1993, 2799 = BB 1993, 1687 = DB 1993, 1818; vgl. hierzu im Einzelnen → § 20 Rn. 291, → § 22 Rn. 72 ff.
[234] BGH Urt. v. 9.11.1995, Az. IX ZR 161/94, WM 1996, 71; BGH Urt. v. 26.1.1995, Az. IX ZR 10/94, BGHZ 128, 358 = WM 1995, 721.
[235] BGH Urt. v. 28.9.1995, Az. IX ZR 158/94, WM 1995, 2075.
[236] BGH Urt. v. 17.9.2013, Az. XI ZR 332/12, DB 2013, 2385, 2387 Rn. 17 ff. (20); BGH Urt. v. 19.3.2013, Az. XI ZR 431/11 Rn. 26; BGH Urt. v. 19.12.2006, Az. XI ZR 56/05, WM 2007, 487, 489 = BGHZ 170, 226.

rechtlichen Pflichten nicht gesondert eingegangen werden. Sodann ist festzuhalten, dass Ratschläge beim Kauf oder Verkauf von Wertpapieren generell als Börsentipp einzustufen sind. Es handelt sich hierbei um typische Risikogeschäfte, die nicht mehr im Rahmen einer vertraglichen Haftung für Rat und Auskunft liegen.[237] Etwas anderes gilt dagegen, wenn ein Kapitalanleger aufgrund der Beratung einer Bank ihm empfohlene Wertpapiere kauft. In diesem Fall ist die Bank verpflichtet, vor dem Ausspruch der Empfehlung eine **bankübliche Überprüfung** der Anlage vorzunehmen. Zu einer solchen, mit **banküblichem kritischen Sachverstand** vorzunehmenden Überprüfung ist die Bank im Übrigen stets dann verpflichtet, wenn sie Wertpapiere in ihr Anlageprogramm aufnimmt und deren Erwerb empfiehlt.[238] Bei einer **australischen Bond-Anleihe** hat der Bundesgerichtshof die beratende Bank, die diese Anleihe in ihre Angebotspalette aufgenommen hatte, für verpflichtet gehalten, sich anhand der **Wirtschaftspresse** zeitnahe Informationen zu beschaffen und besonders bei ausländischen Emissionen die aktuellen Ratings durch anerkannte **Rating-Agenturen**[239] wie Standard & Poor's oder Moody's zu verfolgen[240], weswegen auch über eine Verschlechterung in den Einstufungen des Ratings aufzuklären ist.[241] Maßgeblich für Kapitalanlageempfehlungen im gewöhnlichen Geschäftsverkehr einer Bank ist grundsätzlich das von ihr zusammengestellte Anlageprogramm. Daher ist es grundsätzlich nicht zu beanstanden, wenn die Bank nur **hauseigene Produkte** empfiehlt. Dies gilt grundsätzlich auch dann, wenn andere vergleichbare Produkte besser oder günstiger sind.[242] Erteilt die Bank wiederum eine Empfehlung, so muss diese lediglich ex ante betrachtet vertretbar sein.[243] Bei der eigenen banküblichen Überprüfung einer Anlageempfehlung wird die Bank nach Ansicht des Bundesgerichtshofs durch eine **Börsenzulassung** oder einen **Zulassungsprospekt** nicht entlastet.[244] Die Prüfung der Zulassungsstelle ist keine Bonitätsprüfung des Emittenten, sie beschränkt sich im Wesentlichen nur auf die formale Vollständigkeit der von der antragstellenden Bank vorgelegten Unterlagen.[245]

**52** Im Hinblick auf die große Bandbreite möglicher Anlagemotive – von sicheren Geldanlagen mit geringer Rendite bis zu hoch spekulativen Anlagen – hat eine Bank nach der **Bond-Entscheidung** des BGH das **Anlageziel des Kunden**, seine **Risikobereitschaft** und seinen **Wissensstand** über Anlagegeschäfte der vorgesehenen Art zu ermitteln[246] und den Kunden über die **allgemeinen** (zB Konjunkturlage, Entwicklung des Börsenmarktes) sowie die **produktbezogenen Risiken** aufzuklären, insbesondere über Kurs-, Zins- und

---

[237] BGH WM 1971, 987 = NJW 1971, 2126 = DB 1971, 1904.
[238] BGH Urt. v. 27.9.2011, Az. XI ZR 182/10, ZIP 2011, 2237, 2238 Rn. 24 u. H. a. BGHZ 123, 126, 129 u. BGHZ 178, 149; vgl. auch BGH Urt. v. 27.9.2011, Az. XI zR 178/10, ZIP 2011, 2246 mit nahezu identischen Entscheidungsgründen; vgl. hierzu auch → § 3 Rn. 15.
[239] Zur zivilrechtlichen Haftung von Rating-Agenturen vgl. → § 3 Rn. 106.
[240] BGHZ 123, 126 = WM 1993, 1455 = NJW 1993, 2433 = BB 1993, 1903 = DB 1993, 1869 = ZIP 1993, 1148 = WuB I G 4.–9.93 *Schwark; Amendts* WM 1993, 229; zur Wirtschaftspresse vgl. auch → § 3 Rn. 36.
[241] *Buck-Heeb* DB 2011, 2825, 2826 u. H. a. OLG Hamburg Urt. v. 27.6.2011, Az. 6 U 110/10, VuR 2011, 387 f.
[242] BGH Urt. v. 19.12.2006, Az. X I ZR 56/05, WM 2007, 487, 489 m. Anm. *Lang/Balzer*; ZIP 2007, 521; *Ellenberger* BankPraktiker 2007, 190; *Eligmann* BB 2007, 904; vgl. auch LG Düsseldorf ZIP 2004, 2089.
[243] OLG Schleswig Urt. v. 19.9.2013, Az. 5 U 34/13, WM 2013, 2258.
[244] BGHZ 123, 126 = WM 1993, 1455 = NJW 1993, 2433 = BB 1993, 1903 = DB 1993, 1869 = ZIP 1993, 1148 = WuB I G 4.–9.93 *Schwark; Amendts* WM 1993, 229; zur Wirtschaftspresse vgl. auch → § 3 Rn. 36.
[245] *Schwark* WuB I G 4.–9.93 zu BGHZ 123, 126 = WM 1993, 1455 = NJW 1993, 2433 = BB 1993, 1903 = DB 1993, 1869 = ZIP 1993, 1148.
[246] BGHZ 123, 126 = WM 1993, 1455 = NJW 1993, 2433 = BB 1993, 1903 = DB 1993, 1869 = ZIP 1993, 1148 = WuB I G 4.–9.93 *Schwark; Amendts* WM 1993, 229; zur Explorationspflicht vgl. auch → § 3 Rn. 14.

Währungsrisiken sowie gegebenenfalls über die Bonität des Emittenten.[247] Ohne eine vertragliche Regelung trifft Wertpapierdienstleistungsunternehmen gegenüber ihren Kunden keine Pflicht, die Ausführung von Werpapieraufträgen von ausreichenden Sicherheitsleistungen abhängig zu machen. Insofern besteht keine **sog Marginmindestdeckungspflicht.**[248] Die Ausführung von Wertpapiergeschäften unter Duldung von Kontoüberziehungen über die Beleihungsgrenze hinaus stellt auch bei finanzieller Überforderung des Anlegers keine Pflichtverletzung dar.[249] Es ist auch nicht Aufgabe eines Wertpapierdienstleistungsunternehmens, seine Kunden durch Begrenzung ihrer Entscheidungsfreiheit vor sich selbst zu schützen[250]. Es darf daher grundsätzlich auch **objektiv unvernünftige Aufträge** eines hinreichend aufgeklärten und gewarnten Kunden ausführen.[251] Eine Bank ist aber dann zur Aufklärung verpflichtet, wenn die telefonisch erteilten Aktienkauforders erheblich vom bisherigen Risikoprofil des Kunden abweichen.[252] Eine Bank, die einen tagesgültigen Wertpapierkaufauftrag nach Ablauf seiner Geltungsdauer ausführt, handelt wiederum pflichtwidrig.[253] Eine Direktbank handelt demgegenüber pflichtgemäß, wenn sie ihren Kunden über die Risiken **kreditfinanzierter Wertpapiergeschäfte** durch standardisierte Informationen bei Aufnahme der Geschäftsbeziehung hinweist[254], das gilt jedenfalls solange die Kreditinanspruchnahme kein unvernünftiges Ausmaß erreicht.[255] Empfiehlt die Bank einem Kapitalanleger den Erwerb eines **Zertifikats,** dann muss diese den Kapitalanleger ohne Hinzutreten besonderer Umstände nicht gesondert auf den **„Wett- bzw. Optionscharakter"** des Zertifikats hinweisen. Denn bei einem Zertifikat ist für jeden Kapitalanleger offensichtlich, dass die Erwartungen der Emittentin auf der einen und des Anlegers auf der anderen Seite gegenläufig sind.[256] Empfiehlt eine Bank die Zeichnung einer festverzinslichen Anleihe mit integriertem Kreditderivat **(Cobold-Anleihe),** dann besteht ein erheblicher Beratungs- und Aufklärungsbedarf über die komplexe Struktur der Anleihe.[257] Bei der Vermittlung von **Optionsgeschäften,** bei denen hohe Aufschläge auf die Börsenpreise eine realistische Gewinnchance des Anlegers von vornherein ausschließen, bedarf es einer gesteigerten **schriftlichen Aufklärung.**[258] Eine solche gesteigerte Aufklärungspflicht vermag die Empfehlung zu einer Depotumschichtung nicht zu begründen. Ausreichend ist vielmehr, dass die hiermit verbundenen Kauf- und Verkaufsempfehlungen für sich betrachtet anleger- und anlagegerecht erfolgen[259]. Bezeichnet der Anlageberater den Erwerb von Fondsanteilen als **„sicher",** obwohl diese nach der Zuordnung durch die Kapitalanlagegesellschaft dem Risikoprofil **„gewinnorientiert" und „risikobewusst"**

---

[247] BGH Urt. v. 9.5.2000, Az. XI ZR 159/99, MDR 2000, 1021 = NJW-RR 2000, 1497; BGHZ 123, 126 = WM 1993, 1455 = NJW 1993, 2433 = BB 1993, 1903 = DB 1993, 1869 = ZIP 1993, 1148 = WuB I G 4.–9.93; OLG Stuttgart Urt. v. 23.4.2007, Az. 5 U 157/06, OLGR 2007, 909, *Schwark; Amendts* WM 1993, 229.
[248] BGH Urt. v. 8.5.2001, Az. XI ZR 192/00, ZIP 2001, 1580 m. Anm. *Tilp* EWiR § 31 WpHG 1/01, S. 837.
[249] OLG Stuttgart Urt. v. 18.12.2002, Az. 9 U 58/02 m. Anm. *Balzer* EWiR § 31 WpHG 1/03 S. 549.
[250] Zum Grundsatz der Eigenverantwortlichkeit vgl. *Buck-Heeb* WM 2014, 385.
[251] BGH Urt. v. 11.11.2003, Az. XI ZR 21/03, ZIP 2004, 111.
[252] OLG Saarbrücken Urt. v. 7.12.2006, Az. 8 U 563/05–161, ZIP 2007, 763.
[253] BGH Urt. v. 24.7.2001, Az. XI ZR 164/00, WM 2001, 1716.
[254] OLG Stuttgart Urt. v. 18.12.2002, Az. 9 U 58/02.
[255] BGH Urt. v. 11.11.2003, Az. XI ZR 21/03, ZIP 2004, 111.
[256] BGH Urt. v. 27.9.2011, Az. XI ZR 182/10, ZIP 2011, 2237, 2243 Rn. 54.
[257] OLG Karlsruhe Urt. v. 29.8.2013 Az. 9 U 24/11, BKR 2014, 205 u. U. a. LG Tübingen Urt. v. 23.2.2010 Az. 5 O 165/09, welches im konkreten Fall offen lässt, ob und inwieweit es möglich ist, die komplexe Struktur einer Cobold-Anleihe in einem „kurzen und leichtverständlichem Informationsblatt" iSv § 31 Abs. 3 S. 1 WpHG wiederzugeben.
[258] BGH Urt. v. 22.11.2005, Az. XI ZR 76/05, BKR 2006, 71.
[259] OLG Schleswig Urt. v. 19.9.2013, Az. 5 U 34/13, WM 2013, 2258, 2261.

unterfallen, dann stellt dies eine Pflichtverletzung dar.²⁶⁰ Eine Haftung des Anlageberaters kommt auch dann in Betracht, wenn er es zulässt, dass der Anleger im Kaufauftrag an die Kapitalanlagegesellschaft unter allen in Betracht kommenden **Anlagetypen** (sicherheitsorientiert, konservativ, gewinnorientiert, risikobewusst) eingeordnet wird.²⁶¹ Empfiehlt ein Anlageberater einem als **konservativ** zu bezeichnenden Anleger die Zeichnung von Aktienfonds, welche als gewinnorientiert einzustufen sind, so stellt dies eine Pflichtverletzung dar.²⁶². Bei einem Kunden, der eine **konservative Anlagestrategie** fordert, aber zunächst in einen Aktienfonds investieren will, stellt die Empfehlung zur Investition in ein **Bonus-Zertifikat** allerdings keine Pflichtverletzung dar.²⁶³ Äußert der Anleger jedoch gegenüber der ihm beratenden Bank die Anlageerwartung, er wolle **Ertrag generieren,** dann darf ihm die Bank ein Zertifikat ohne hundertprozentigen Kapitalschutz nicht anbieten.²⁶⁴ Bietet eine Bank eine mit Risiken behaftete Kapitalanlage **(Genussscheine)** an, dann muss diese entsprechend dem in § 31 Abs. 2 WpHG iVm § 4 WpDVerVO normierten Anforderungen der Rechtlichkeit und Eindeutigkeit sowie des Unterlassens von Irreführungen der mit der Anlage verbundenen Risiken ebenso deutlich hervorheben wie die Vorteile.²⁶⁵

**53** Werden Geldmittel für die Investition in ein dem **Einlagesicherungsfonds** nicht unterfallendes Produkt verwendet, dann kann darin eine Pflichtverletzung liegen, wenn die Mittel einer Kapitalanlage entnommen wurden, welche ihrerseits dem Einlagesicherungsfonds unterfiel, dh wenn dem Kunden empfohlen wurde, von einer „gesicherten" in eine „ungesicherte" Kapitalanlage zu wechseln.²⁶⁶ Legt der Kapitalanleger besonderen Wert auf den **Kapitalerhalt,** dann kann die Empfehlung eines Sparbriefs eine Pflichtverletzung darstellen, wenn hierfür eine über die gesetzliche Einlagesicherung hinausgehende Absicherung nicht besteht.²⁶⁷ Erfolgte wiederum ein Hinweis auf das allgemeine bzw. **generelle Emittentenrisiko,** dann bedarf es keines weitergehenden Hinweises darauf, dass das Anlageprodukt keinem (deutschen) **Einlagesicherungssystem** unterliegt.²⁶⁸ Diesem Ergebnis steht auch nicht die für Kreditinstitute in **§ 23a Abs. 1 S. 3 u. 4 KWG** normierte aufsichtsrechtliche Hinweispflicht entgegen.²⁶⁹ Was wiederum dieses **allgemeine Emittentenrisiko,** dh die generelle Abhängigkeit der Rückzahlung des empfohlenen Produkts von der Bonität des Emittenten, anbelangt, so muss im Rahmen eines Beratungsgesprächs stets hierüber aufgeklärt werden und zwar selbst dann, wenn man unterstellt, dass dem durchschnittlichen Anleger allgemein bewusst ist, dass Unternehmen zahlungsunfähig werden können.²⁷⁰ Eine Pflicht zur Aufklärung über ein **konkret bestehendes Insolvenz-/Emittentenrisiko** besteht hingegen nur dann, wenn **konkrete Hinweise** und Anhaltspunkte für eine mögliche Insolvenz der Emittentin vorliegen.²⁷¹ Solche konkreten Anhalts-

---

²⁶⁰ BGH Urt. v. 19.10.2006, Az. III ZR 122/05, WM 2006, 2301, 2303.
²⁶¹ BGH Urt. v. 25.10.2007, Az. III ZR 100/06, DB 2007, 2591.
²⁶² OLG Frankfurt Urt. v. 7.3.2007, Az. 19 U 141/06, WM 2007, 1215.
²⁶³ OLG Hamburg Urt. v. 25.10.2010, Az. 6 U 114/09, WM 2010, 351 m. Anm. *Nassall* WuB I G 1.-14.11.
²⁶⁴ OLG München Urt. v. 5.7.2011, Az. 5 U 1843/11, WM 2011, 1897 m. Anm. *Fink* WuB I G 1.-4.12.
²⁶⁵ OLG Naumburg Urt. v. 18.4.2014, Az. 3 U 2124/13, ZIP 2014, 1219.
²⁶⁶ So OLG Dresden Urt. v. 11.5.2010, Az. 5 U 1178/09, S. 12 u. H. a. LG Hamburg ZIP 2009, 1311.
²⁶⁷ BGH Urt. v. 14.7.2009, Az. XI ZR 152/08, WM 2009, 1647 m. Anm. *Faßbender* WuB I G 1.-1.10.
²⁶⁸ *Wiechers* WM 2012, 477, u. H. a. BGH WM 2011, 2261 Rn. 33 ff. m. Anm. *Nobbe* WuB I G 1.-2.12; OLG Hamburg Urt. v. 23.4.2010, Az. 13 U 117/09, BKR 2010, 250 m. Anm. *Bausch* u. *Harnos/Rudzio;* so auch OLG Bamberg Urt. v. 17.5.2010, Az. 4 U 241/09, ZIP 2010, 1225, 1228.
²⁶⁹ BGH Urt. v. 27.9.2011, Az. XI ZR 182/10, ZIP 2011, 2237, 2240 Rn. 34.
²⁷⁰ BGH Urt. v. 27.9.2011, Az. XI ZR 182/10, ZIP 2011, 2237, 2239 f. Rn. 27; so auch OLG Frankfurt Urt. v. 21.9.2010, Az. 9 U 151/09, WM 2010, 2111 m. Anm. *Podewils* WuB I G 1.-4.11 u. *Wiechers* WM 2012, 477, 484; vgl. hierzu auch *Podewils/Reisich* NJW 2009, 116, 118.
²⁷¹ BGH Urt. v. 27.9.2011, Az. XI ZR 182/10, ZIP 2011, 2237, 2239 Rn. 23 ff.

punkte werden hinsichtlich des Bonitätsrisikos der Investmentbank **Lehman Brothers** für die Zeit bis **Oktober 2007** als nicht gegeben bzw. erkennbar angesehen.[272]

Macht der Anleger einen Schaden aus angeblicher Pflichtverletzung bei **Options-** **54** **scheingeschäften** geltend, so muss er im Einzelnen konkret darlegen, aus welchen Geschäften er Zahlungsansprüche in welcher Höhe ableitet.[273] Zur Belehrung über **Transaktionskosten** von Börsenunternehmensgeschäften gehört nicht die Aufklärung über Kreditzinsen.[274] Ein erfahrener Geschäftsmann muss nicht darüber belehrt werden, dass Kreditkosten bei Spekulationsgeschäften zurückverdient werden müssen.[275] Auch besteht keine **generelle Pflicht** zur Aufklärung über die Möglichkeit eines **Totalverlustes**[276]. Wann ein solcher Hinweis zu erteilen ist, richtet sich im Übrigen nach den Umständen des Einzelfalles, wobei der Hinweis umso deutlicher und unmissverständlicher sein muss, umso realer die Gefahr eines tatsächlich eintretenden Totalverlustes ist.[277]

Bei der Vermittlung eines sog **CMS-Ladder Swap** muss die beratende Bank den Kun- **55** den eindeutig darüber aufklären, dass das **Chancen-Risiko-Profil** zwischen den Teilnehmern der Zinswette gänzlich unausgewogen ist.[278] Darüber hinaus muss bei diesem Produkt aufgrund des hierdurch entstehenden **schwerwiegenden Interessenkonfliktes** auf den für den Kapitalanleger bei Vertragsabschluss bestehenden **negativen Marktwert**[279] hingewiesen werden.[280] Der diesbezügliche aufklärungspflichtige Interessenkonflikt besteht dabei weder in der generellen Gewinnerzielungsabsicht des das Swap-Produkt vermittelnden Instituts, noch in der konkreten Höhe der vom Institut einkalkulierten Gewinnmarge. Zu einer Aufklärungspflicht führt vielmehr allein die **Besonderheit des konkret empfohlenen Produkts,** dessen Risikostruktur vom Institut bewusst zu Lasten des Kunden gestaltet wurde, um unmittelbar im Zusammenhang mit dem Vertragsschluss das Risiko „verkaufen" zu können, das der Kunde aufgrund der Beratungsleistung übernommen hat.[281] Bei zu **Spekulationszwecken** abgeschlossenen **Zinswährungsswap-Geschäften** muss der Anleger sowohl über das **Chancen-Risiko-Profil** des Vertrages als auch über den **Vermögenswert der ausgetauschten Leistungsverpflichtungen** aufgeklärt werden, wenn er deren Wert nicht selbst ermitteln kann.[282] Ferner muss der Berater vor der

---

[272] BGH, aaO, Urt. v. 27.9.2011, Rn. 24; vgl. auch *Vortmann* WuB I G 1.-19.11 u. H. a. OLG Bamberg WM 2010, 1354 m. Anm. *Edelmann* WuB I G 1.-26.10 u. OLG Dresden WM 2010, 1403 m. Anm. *Edelmann* WuB I G 1.-26.10; vgl. auch OLG Köln Urt. v. 23.5.2010, Az. 13 U 222/09, WM 2010, 2035, 2036 „April 2008" m. Anm. *Vortmann* WuB I G 1.-7.11; OLG Frankfurt a. M. Urt. v. 2.3.2011, Az. 19 U 248/10, WM 2011, 880, 882 „Februar 2007"; vgl. *Buck-Heeb* DB 2011, 2825 f.
[273] OLG Frankfurt Urt. v. 18.1.1996, Az. 16 U 24/95, WM 1997, 2164.
[274] OLG Frankfurt, aaO.
[275] OLG Frankfurt, aaO.
[276] BGH Urt. v. 27.9.2011, Az. XI ZR 182/10, ZIP 2011, 2237, 2240 Rn. 30 u. 32 m. kritischer Anm. *Klöhn* ZIP 2011, 2244 welcher aufgrund des Swap-Urt.s die Hoffnung schöpfte, der BGH könne die Erkenntnisse der Kognitions- und Sozialpsychologie zum Anlegerverhalten in seine Urt.e einfließen lassen; wie der BGH auch; OLG Hamburg Urt. v. 23.4.2010, Az. 13 U 117/09, BKR 2010, 250 m. Anm. *Bausch* BKR 2010, 257, 259; OLG Frankfurt Urt. v. 13.5.2009, Az. 23 U 62/07, S. 7 – DG-Fonds 26 –; OLG Frankfurt Urt. v. 15.10.2008, Az. 23 U 348/05; *Reinelt* NJW 2009, 1,4; KG Urt. v. 14.1.2009, Az. 24 U 99/07, S. 15 bei einem Betriebswirt; LG Berlin Urt. v. 4.3.2009, Az. 4 O 498/08, S. 9 f. – DG-Fonds 30 –; LG München I Urt. v. 27.3.2009, Az. 27 O 5392/08, S. 8 „Medienfonds". Zum Hinweis auf Totalverlustrisiko bei ImmoFonds vgl. → § 3 Rn. 46.
[277] LG Frankfurt Urt. v. 28.11.2008, Az. 2–19 O 62/08, WM 2009, 17, 18.
[278] *Wiechers* WM 2012, 477, 479 u. H. a. die CMS Grundsatzentscheidung des BGH v. 22.3.2011, Az. XI ZR 33/10, BGHZ 189, 13 = WM 2011, 682 Rn. 29 m. Anm. *Reiner* WuB I G1.-21.11.
[279] Zur Übertragung der Rechtsprechung zum negativen Marktwert auf andere Finanzinstrumente vgl. *Jäger/Meuschke/Hartlieb* BKR 2013, 456 ff.
[280] *Wiechers* WM 2012, 477, 479.
[281] Vgl. hierzu umfassend OLG Düsseldorf Urt. v. 7.10.2013, Az. I-9 U 101/12, WM 2013, 2026, 2027 ff.; LG Düsseldorf Urt. v. 11.5.2012, Az. 8 O 77/11, BKR 2013, 166, 173 Rn. 138.
[282] OLG Stuttgart Urt. v. 14.12.2011, Az. 9 U 11/11, WM 2012, 890.

Empfehlung eines solchen Geschäfts sorgfältig die Risikobereitschaft des Kunden ermitteln. Dabei kann er nicht davon ausgehen, dass der Anleger das theoretische Maximalrisiko tragen will und muss die **konkrete Verlustbereitschaft erfragen.**[283] Bei solchen **spekulativen Swap-Geschäften** ist der Anleger darüberhinaus über die Möglichkeiten, die Risikopositionen zu schließen sowie über das Erfordernis eines **effizienten Risikomanagements** durch Überwachung des Marktwertes aufzuklären. Dabei ist sicherzustellen, dass der Anleger in der Lage ist, den Marktwert während der Laufzeit **eigenverantwortlich zu beobachten** oder durch Dritte ermitteln zu lassen.[284] Diese Grundsätze gelten auch gegenüber **Nicht-Privatpersonen.**[285] Beim Abschluss von **Cross Currency Swaps (CCS)**-Verträgen[286] ist der Kunde detailliert über die Entwicklungspotentiale, also über Prognosen hinsichtlich der beiden Volkswirtschaften, also auch hinsichtlich drohender, wirtschaftlich eigentlich nicht fundierter Einflussnahmen (freies Spiel der Finanzmärkte) aufzuklären. Dies gilt allerdings nicht bei einfachen Cross-Currency-Swaps, bei welchen ein Darlehen in einer Währung aufgenommen und die Darlehensvaluta in einer anderen Währung bei ansonsten fester Zinsvereinbarung angelegt wird.[287] Der Kunde muss darüber aufgeklärt werden, dass er die **Erfolgsaussichten des Geschäfts** nicht allein auf der Grundlage seiner eigenen Erkenntnisse einschätzen kann, sondern dass er hierfür die Ergebnisse von anerkannten Bewertungsmodellen benötigt. Die Bank muss dem Kunden den **im Wesentlichen identischen Kenntnisstand** vermitteln, der auch bei ihr vorhanden ist.[288] Ist eine solche Aufklärung nicht möglich, hat eine unmissverständliche Aufklärung des Kunden darüber zu erfolgen, dass er **sich an einem Glücksspiel beteiligt.**[289] Die zu CMS-Ladder-Swap sowie zu anderweitigen Spekulations-Swap-Geschäften entwickelten strengen, einem faktischen Verbot gleichkommenden Grundsätze[290] sind nicht ohne Weiteres auf **andere, einfach strukturierte oder zu Absicherungszwecken getätigte Swap-Geschäfte** übertragbar.[291] So muss beispielsweise bei einem **reinen Zinsabsicherungsgeschäft,** bei welchem nur die darlehensvertragliche Verpflichtung zur Zahlung eines variablen Zinses gegen die Zahlung eines Festzinssatzes getauscht wird, nicht über den negativen Marktwert aufgeklärt werden.[292] Bei einem **einfach strukturierten Cross-Currency-Swap** ist die beratende Bank weder verpflichtet, den Anleger nach der von ihm noch zu tolerierenden Verlustgrenze zu fragen, noch über den **negativen Marktwert** aufzuklären oder über das Erfordernis eines notwendigen effektiven Risikomanagements zu informieren.[293] Aus dem allgemeinen, für **Kommunen geltenden Spekulationsverbot** folgt kei-

---

[283] OLG Stuttgart, aaO.

[284] OLG Stuttgart, aaO; ähnlich OLG München, Hinweis v. 29.3.2012, Az. 5 U 216/12, WM 2012, 1716.

[285] OLG Stuttgart Urt. v. 1.2.2012, Az. 9 U 57/11, BKR 2012, 300.

[286] Zu Aufklärungs- und Beratungspflichten bei CSS vgl. *Ruland/Wetzig* BKR 2013, 56 ff.

[287] OLG Nürnberg Urt. v. 19.8.2013, Az. 4 U 2138/12, WM 2013, 1897.

[288] OLG München, Hinweis v. 29.3.2012, Az. 5 U 216/12, BKR 2012, 245 = WM 2012, 1716; kritisch hierzu *Buck-Heeb* WM 2014, 385, 387 mwN.

[289] OLG München, Hinweis v. 29.3.2012, aaO.

[290] So *Herresthal* ZIP 2013, 1049, 1051, welcher in der CMS-Rechtsprechung des BGH einen unzulässigen Wechsel vom System des informationsbasierten Anlegerschutzes zu einem verständnisbasierten System sieht.

[291] OLG Köln Urt. v. 18.1.2012, Az. 13 U 37/11, WM 2012, 888 u. Az. 13 U 232/10, BKR 2012, 203, 206; OLG München Beschluss v. 9.8.2012, Az. 17 U 1392/12, BKR 2012, 468, offen gelassen in OLG München Urt. v. 22.10.2012, Az. 19 U 672/12, ZIP 2013, 511, 512; **aA** OLG Düsseldorf, Urt. v. 7.10.2013, Az. I-9 U 101/12, WM 2013, 2026, 2028, welches darauf hinweist, dass sich die Pflichten bei Swap-Geschäften nicht nach der konkreten Struktur und dem Schwierigkeitsgrad richten.

[292] OLG Stuttgart Urt. v. 27.6.2012, Az. 9 U 140/11, WM 2012, 1829, 1833 mwN auf den erheblich reduzierten Pflichtenumfang bei solchen Geschäften, **aA** OLG Düsseldorf Urt. v. 7.10.2013, Az. I-9 U 101/12, WM 2013, 2026, 2028, wonach über den negativen Marktwert unabhängig von der Struktur des Swap-Geschäfts aufzuklären ist.

[293] OLG Nürnberg Urt. v. 19.8.2013, Az. 4 U 2138/12, WM 2013, 1897, 1899, 1901 u. 1902.

ne Nichtigkeit der Swap-Geschäfte. Dies gilt schon allein deswegen, weil das Spekulationsverbot kein **Verbotsgesetz iSv § 134 BGB** ist.[294] Zudem richtet sich das Spekulationsverbot nur an die Kommunen. Ein Rechtsgeschäft, das nur für einen Vertragspartner verboten ist, ist jedoch regelmäßig gültig.[295] Der Abschluss von Swap-Geschäften stellt sich grundsätzlich auch nicht als **sittenwidrig iSd § 138 Abs. 1 Satz 2 BGB** dar. Denn zum einen erlaubt der Grundsatz der Privatautonomie auch den Abschluss risikoreicher Geschäfte. Zum anderen führt allein das Bestehen eines Ungleichgewichts der wechselseitigen Chancen und Risiken nicht zur Sittenwidrigkeit iSd § 138 BGB.[296]

Im Zusammenhang mit Wertpapiergeschäften wurde in der Vergangenheit die Frage problematisiert, ob Käufern von Zertifikaten, die ihre Anlageentscheidung telefonisch getroffen haben, ein **Widerrufsrecht** nach **fernabsatzrechtlichen Regeln** zusteht[297]. Während das Landgericht Krefeld[298] in diesen Fällen ein Widerrufsrecht bejahte, wurde ein solches von mehreren Oberlandesgerichten abgelehnt.[299] Zur Begründung wurde zum einen ausgeführt, dass es sich – jedenfalls bei lokalen Sparkassen[300] – nicht um Fernabsatzgeschäfte iSv § 312b Abs. 1 S. 1 BGB handle, weil der Vertragsabschluss nicht im Rahmen eines für den Fernabsatz organisierten Vertriebs oder Dienstleistungsvertriebs erfolge. Zum anderen wurde das Widerrufsrecht nach § 312d Abs. 4 Nr. 6 BGB für ausgeschlossen erachtet, weil es sich bei den Zertifikategeschäften um Fernabsatzverträgen handelte, die die Erbringung von Finanzdienstleistungen zum Gegenstand haben, deren Preis auf dem Finanzmarkt Schwankungen unterliegt, auf die der Unternehmer keinen Einfluss hat und die innerhalb der Widerrufsfrist auftreten können.[301] In zwei Entscheidungen vom 27.11.2012 hat der Bundesgerichtshof die Frage dahingehend entschieden, dass ein solcher Widerruf nach § 312d Abs. 4 Nr. 6 BGB ausgeschlossen ist[302]. **56**

**4. Unternehmerische Beteiligungen.**[303] Bei unternehmerischen Beteiligungen besteht für einen Berater generell die Verpflichtung, sich einen Überblick über die **finanzielle Situation** eines Unternehmens zu verschaffen, wenn sich der Anleger an einem Unternehmen beteiligen will und hierzu fachkundigen Rat bei dem Anlageberater (Steuerberater) sucht.[304] Hat der Vermittler einer Beteiligung an einer ausländischen Anlagegesellschaft für bestimmte Mindestausschüttungen die Garantie übernommen, so muss in der Regel auch eine einfache und schnelle Durchsetzung dieses Anspruchs sichergestellt sein.[305] Wer **geschäftlich unerfahrenen Personen** eine **stille Beteiligung** anbietet, muss ausdrücklich über die Folgen der Beteiligung aufklären, wenn es sich in Wahrheit um ein Spekulationsgeschäft handelt und zudem mit hoher Wahrscheinlichkeit ein Totalverlust der Anlage droht.[306] **57**

---

[294] LG Düsseldorf Urt. v. 11.5.2012, Az. 8 O 77/11, BKR 2013, 166, 171 Rn. 113 u. H. a. OLG Naumburg Urt. v. 24.3.2005, Az. 2 U 111/04, ZIP 2005, 1546; LG Würzburg Urt. v. 31.3.2008, Az. 62 O 661/07, ZIP 2008, 1059; LG Wuppertal, Urt. v. 16.7.2008, Az. 3 O 33/08, ZIP 2008, 2014.
[295] LG Düsseldorf Urt. v. 11.5.2012, aaO, Rn. 113 u. H. a. *Ellenberger* in Palandt, BGB-Komm., 70. Aufl., § 134 Rn. 9.
[296] LG Düsseldorf Urt. v. 11.5.2012, aaO, Rn. 115.
[297] Vgl. hierzu *Riehm* ZBB 2013, 93.
[298] LG Krefeld BKR 2011, 32 ff. u. H. a. *Winneke* BKR 2010, 321 ff.
[299] OLG Hamm Urt. v. 14.3.2011, Az. 31 U 162/10, WM 2011, 1412.
[300] *Blankenheim* WuB IV D. § 312d BGB 2.11 will dies auch auf Geschäftsbanken mit einem deutschlandweiten Filialnetz ausdehnen.
[301] Vgl. hierzu ausführlich *Blankenheim* WuB IV D. § 312d BGB 2.11.
[302] BGH Urt. v. 27.11.2012, Az. XI ZR 439/11 u. 384/11, ZBB 2013, 137 u. 140.
[303] Zu geschlossenen Immobilienfonds vgl. → § 3 Rn. 46.
[304] BGH WM 1990, 414 = NJW-RR 1990, 479 = BB 1990, 372 = ZIP 1990, 266 = WuB V B § 1 UWG 1.90 *Thode*.
[305] OLG Düsseldorf WM 1996, 1059, m. Anm. *Grün* WuB I G 1.-2.97; BGH Urt. v. 13.6.1996, Az. IX ZR 172/95, WM 1996, 1467, m. Anm. *Rehbein* WuB B Art. 220 EGBGB 1.97.
[306] OlG Köln WM 1996, 345 m. Anm. *Zivonius* WuB I G 1.-6.96.

58 Wenn dem Berater aufgrund eigener Prüfung bekannt wird, dass in einem Unternehmen **keine ordnungsgemäße Buchhaltung** vorhanden ist, dann ist er verpflichtet, den Anleger auf die sich hieraus ergebenden Bedenken hinzuweisen und ihn darüber zu belehren, dass die Beteiligung an einem solchen Unternehmen – und zwar sowohl in der Form eines Darlehens, als auch in der Form einer Kommanditeinlage – ein außergewöhnlich riskantes Unterfangen ist, von dem dringend abgeraten werden muss.[307]

59 Ist einer Bank erkennbar, dass ein Anleger fachliche Kenntnisse und Erfahrungen für seinen Entschluss über eine Geldanlage benötigt und seine Entscheidung von der Beurteilung der Bank abhängig macht, dann obliegt der Bank eine umfassende und sorgfältige Beratungspflicht. Dies gilt insbesondere dann, wenn die Bank dem Anleger eine stille (ungesicherte) Beteiligung an einem Unternehmen (Spielwarenbranche) vermittelt, das ebenfalls Kunde der Bank ist. In diesem Fall ist die Bank für verpflichtet gehalten worden, den Anleger über die ihr bekannte finanzielle Situation des Unternehmens aufzuklären.[308]

60 Zur sachgemäßen Beratung gehört es auch, dass die Bank den **Umfang der Fremdgelder** offenlegt, die nach ihrer Kenntnis bereits in ein Unternehmen geflossen sind. Dabei ist nach Ansicht des Bundesgerichtshofs mit dem Anleger zu erörtern, ob seine Einlage und ihre Verzinsung bei dem Verhältnis von Eigenkapital und Fremdkapital sowie dem zu erwartenden Umsatz und der Kostenstruktur bei der Wettbewerbslage des Unternehmens eine ausreichende Sicherheit finden würde, so dass die Anlage empfehlenswert bleibt. Ein allgemeines Gespräch über die geschäftliche Situation des Unternehmens soll dabei nicht genügen, vielmehr muss klar gesagt werden, welches Risiko der Anleger eingeht und ob er es dennoch wegen der jüngsten Verzinsung eingehen wolle.[309] Der Verkaufsprospekt einer Kapitalanlagegesellschaft muss dann nicht ausdrücklich einen Anlageschwerpunkt im Neuen Markt benennen, wenn der Prospekt einem durchschnittlichen Anleger den Eindruck vermittelt, dass es sich bei dem Fonds um eine sehr riskante Anlage handelt, die erheblichen Spekulationen unterliegt und der Prospekt ferner zum Ausdruck bringt, dass die Anlagepolitik auch den Erwerb am Neuen Markt gehandelter Aktien umfasst.[310]

61 Ein Fondskonzept, das darauf angelegt ist, eine Rendite dadurch zu erzielen, dass Lebensversicherungen in der Erwartung eingekauft werden, dass die Versicherungsleistung infolge des Todes des Versicherten so frühzeitig ausgezahlt wird, dass sie die Aufwendungen für den Ankauf der Versicherung und die noch fällig werdenden Versicherungsraten übersteigt, könnte ethisch angreifbar und deshalb gemäß § 138 BGB sittenwidrig sein.[311]

62 **5. Ausländische Investmentanteile/Anleihen.** Bei einem auf mehrere Jahre vorgesehenen Kreditverhältnis kann sich schon vom Beginn der Geschäftsbeziehung an gemäß § 242 BGB als Nebenleistung die Pflicht zur **Auskunftserteilung** ergeben. Die Verpflichtung der Bank, die den Erwerb ausländischer Investmentanteile finanziert, kann sich – wenn der Kunde danach fragt – auch darauf erstrecken, mit der Sorgfalt eines ordentlichen Kaufmanns Erkundigungen über die Qualität des Investmentfonds einzuziehen und hierüber ihren Kreditkunden vollständige und richtige Auskünfte zu erteilen.[312] Grundsätzlich gilt bei einer Auslandsanleihe, dass der Beratungsbedarf des Kunden wegen der erschwerten Zugänglichkeit der Quellen höher ist.[313]

63 Der kreditfinanzierte Kauf einer auf **kanadische Dollar** lautenden Anleihe kann als Spekulationsgeschäft angesehen werden, dessen Risiken auch nicht nachträglich auf die

---

[307] BGH WM 1984, 465 = BB 1984, 653 = DB 1984, 1138.
[308] BGH WM 1973, 164 = NJW 1973, 456.
[309] BGH WM 1973, 164 = NJW 1973, 456.
[310] BGH Urt. v. 22.2.2005, Az. XI ZR 359/03.
[311] OLG Frankfurt a. M. Urt. v. 19.7.2012, Az. 3 U 24/12, NJW 2012, 2975.
[312] BGH WM 1976, 630.
[313] OLG Köln Urt. v. 23.6.2010, Az. 13 U 222/09, WM 2010, 2035 m. Anm. *Vortmann* WuB I G 1.-7.11.

finanzierende Bank verlagert werden dürfen.[314] Allerdings kann eine Bank gegenüber einem Anleger schadensersatzpflichtig werden, wenn sie beim Verkauf einer DM-Auslandsanleihe (**„Polly Peck"**) die Frage nach der Sicherheit der Rückzahlung zum Fälligkeitstag unvollständig oder missverständlich beantwortet und die Ungewissheiten zur Beurteilung der Solvenz der ausländischen Schuldnerin nicht offenlegt.[315] Ähnliches gilt bei der Empfehlung von **Argentinien-Anleihen**.[316] Denn auch hier muss nicht nur ein Hinweis auf das Rating der Anleihe und den bei der Anlage grundsätzlich möglichen Totalverlust erfolgen, sondern auch ein Hinweis auf die allgemeine schwierige politische und wirtschaftliche Lage der Emittentin.[317] Wenn der Anleger auf das Risiko des neuen Geschäfts (Argentinien-Anleihen) knapp, aber prägnant hingewiesen wurde, dann steht dies einer Pflichtverletzung auch dann entgegen, wenn das entsprechende Beratungs- und Aufklärungsgespräch Jahre zurückliegt.[318]

**6. Vermögensbildung in Arbeitnehmerhand.** Eine besondere Aufklärungspflicht obliegt der Bank dann, wenn sie im Zusammenwirken mit einem Arbeitgeber Beteiligungen seiner Arbeitnehmer an der Arbeitgeberfirma finanziert („Modell der Vermögensbildung in Arbeitnehmerhand") und sie es dem Arbeitgeber überlässt, die Kreditverhandlungen mit den Arbeitnehmern zu führen. In diesem Fall muss sie sich etwaige – durch den Arbeitgeber bei den Arbeitnehmern hervorgerufene – Fehlvorstellungen über die Risiken des Geschäftes zurechnen lassen. Es ist dann ihre Sache, diese Fehlvorstellungen durch geeignete Aufklärung zu berichtigen.[319]

Inhalt und Umfang der Aufklärungspflicht bestimmen sich dann nach den Gefahren, die dem einzelnen Kreditnehmer aus dem Vertragswerk typischerweise drohen. Dieses Risiko bestand im konkreten Fall in der Verpflichtung der Arbeitnehmer, trotz ihres niedrigen monatlichen Nettoeinkommens die persönliche Haftung für die Rückzahlung des Darlehens innerhalb der nächsten 10 Jahre zu übernehmen.

Die Bank muss bei einer Beteiligung am finanzierten Geschäft den Darlehensnehmer unmissverständlich darauf hinweisen, dass er selbst und nicht etwa nur das Unternehmen für die Rückzahlung des Darlehensbetrages haftet. Die Bank muss also klarstellen, dass die Unterzeichnung des Darlehensantrages nicht eine bloße Formalität bildet, sondern bei Zustandekommen des Vertrages eine Eigenverpflichtung des Darlehensnehmers begründet.[320]

**IV. Einzelfälle der Anlagevermittlung**

Auch im Bereich der Anlagevermittlung hat die Rechtsprechung in Einzelfällen Inhalt und Umfang der Auskunfts- und Beratungspflichten konkretisiert.

**1. Beteiligung an Abschreibungsgesellschaften. a) Kapitalmäßige und personelle Verflechtungen.** Bei Abschreibungsgesellschaften gehören zu den nach Treu und Glauben zu offenbarenden Tatsachen auch kapitalmäßige und personelle Verflechtungen zwischen Vermittler, Anlagegesellschaft und Treuhänder.

---

[314] OLG Karlsruhe WM 1988, 411 = WuB I G 4.–4.88 *Assmann*.
[315] OLG Braunschweig WM 1994, 59 = WuB I G 4.–2.94 *Herrmann;* Zur Berufung der Republik Argentinien auf Staatsnotstand möglich vgl. OLG Frankfurt NJW 2006, 2931 m. Beitrag *Sester* NJW 2006, 2851; Zu der DM-Fogger-Anleihe vgl. BGH Urt. v. 9.5.2000, Az. XI 159/99, WM 2000, 1441; OLG Nürnberg Urt. v. 28.1.1998, Az. 12 U 2131/97, ZIP 1998, 380.
[316] Vgl. hierzu *Kolling* BKR 2007, 481 ff.
[317] LG Frankfurt Urt. v. 1.7.2003, Az. 140 17/03 m. Anm. *Schwennicke* EWiR § 31 WpHG 1/04, 41, zu Argentinien-Anleihen vgl. noch OLG Nürnberg ZIP 2002, 611; OLG Frankfurt EWiR § 823; BGB 3/02, 615; LG Münster BKR 2003, 765.
[318] OLG Koblenz Urt. v. 22.4.2004, Az. 5 U 1384/03, NJW-RR 2004, 1689; keine Berufung (mehr) auf Staatsnotstand möglich; OLG Frankfurt Urt. v. 13.6.2006, Az. 8 U 107/03, WM 2007, 929; LG Frankfurt Urt. v. 18.3.2008, Az. 2–21 O 495/06, WM 2008, 2062.
[319] BGHZ 72, 93 = WM 1978, 1038 = NJW 1978, 2145 = BB 1978, 1280 = DB 1978, 1923.
[320] BGHZ 72, 93 = WM 1978, 1038 = NJW 1978, 2145 = BB 1978, 1280 = DB 1978, 1923.

Derartige Verflechtungen begründen die Gefahr einer **Interessenkollision** zum Nachteil der Gesellschaft und der beitretenden Gesellschafter. Der einzelne Beitretende kann deshalb erwarten, dass er über diesen Sachverhalt aufgeklärt wird, damit er in Kenntnis des Risikos seine Entscheidung treffen kann.[321]

69     b) **Wirtschaftliche Verhältnisse.** Darüber hinaus sind die wesentlichen, für den Zeitpunkt des Beitritts geltenden wirtschaftlichen Daten derjenigen Gesellschaften offenzulegen, die bei der gebotenen wirtschaftlichen Betrachtungsweise dem Anlageobjekt zuzurechnen sind.[322]

70     c) **Interessenkonflikt bei Finanzierung.** Bei der Vermittlung von Kapitalanlagen kann sich für die finanzierende Bank ein **Interessenkonflikt** ergeben, und zwar dann, wenn sie auf der einen Seite die Anlagegesellschaft (Publikumsgesellschaft) finanziert und gleichzeitig auch dem Kapitalanleger Kredit für einen übernommenen Kapitalanteil an dieser Gesellschaft gewährt.

Hat die Bank Einsicht in die wirtschaftlichen Verhältnisse der Beteiligten, gehört es nach Ansicht des BGH zu den Pflichten der Bank, auf die Interessen ihrer Kunden als Darlehensgeberin der Gesellschaft mehr als üblich Rücksicht zu nehmen und diese auf das ihnen drohende und der Bank ohne weiteres erkennbare Risiko hinzuweisen.[323]

71     **2. Grundstücksbelastung bei Immobilien.** Die dingliche Belastung von Grundstücken muss in einer **Kreditauskunft** angegeben werden, mit der sich eine Bank an unbekannte Personen wendet, die als Darlehensgeber für einen ihrer Kunden in Betracht kommen.

Wenn die Bank in einer Auskunft über ein Anlageobjekt ihres Kunden zwei Sanatorien erwähnt, ohne mitzuteilen, dass diese Objekte bis an die Grenze des Möglichen dinglich belastet sind, dann kann hierdurch der falsche Eindruck entstehen, die Sanatorien seien unbelastet und stünden als Haftungsgrundlage zur Verfügung.[324]

72     **3. Wohnfläche bei Immobilienanlagen.** Ist für einen Anleger die Größe einer Wohnung von Bedeutung, dann muss diese auf entsprechende Rückfrage zutreffend angegeben werden.[325]

73     **4. Immobilienfonds-Anteile.** Legt ein Zeichner bei der Beteiligung an einem Immobilienfonds besonderen Wert auf die **Wiederverkäuflichkeit** der Anteile nach Ablauf von zwei Jahren, dann ist der Anlagevermittler zur Aufklärung darüber verpflichtet, dass ein entsprechender Wiederverkauf wirtschaftlich nicht abgesichert ist.[326] Ein Anlagevermittler muss unabhängig von der Gesamthöhe der Provision auf die nicht im Prospekt aufgeführte **Innenprovision** von sich aus hinweisen, wenn im Prospekt bereits Vertriebskosten ausgewiesen und der Eindruck erweckt wird, es würden keine anderweitigen Provisionen gezahlt.[327] Erläutert ein Anlagevermittler gegenüber seinem Kunden die Wirtschaftlichkeit eines **Immobilienfonds** anhand seiner ihm vom Fondsinitiator zur Verfügung gestellten persönlichen Modellrechnung, dann muss er diese einer **Plausibilitätsprüfung** unterziehen und den Kunden auf erkennbare Fehler hinweisen.[328]

---

[321] BGHZ 79, 337 = WM 1981, 483 = NJW 1981, 1449 = BB 1981, 865 = DB 1981, 1274 = ZIP 1981, 518; BGHZ 100, 117 = WM 1987, 495 = NJW 1987, 1815 = BB 1987, 850 = DB 1987, 980 = ZIP 1987, 500 = WuB I G 4.–5.87 *Assmann*.
[322] BGH WM 1982, 90 = NJW 1982, 1095 = BB 1982, 329 = DB 1982, 482 = ZIP 1982, 169.
[323] BGH WM 1978, 896 = NJW 1978, 2547.
[324] BGH WM 1979, 548 = NJW 1979, 1595 = BB 1979, 960 = DB 1979, 1268.
[325] BGH WM 1991, 13 = NJW-RR 1991, 217 = BB 1990, 2436 = DB 1991, 276 = ZIP 1990, 1580 = WuB I G 7.–2.91 *v. Heymann*.
[326] BGH WM 1990, 145 = NJW-RR 1990, 229 = BB 1990, 12 = DB 1990, 321 = WuB I G 8.–1.90 *v. Heymann*.
[327] BGH Urt. v. 22.3.2007 Az. III ZR 218/06, ZIP 2007, 871; zur Aufklärung über Innenprovisionen vgl. → § 3 Rn. 28 u. 33.
[328] BGH Urt. v. 17.2.2011, Az. III ZR 144/10, WM 2011, 505 m. Anm. *Nassall* WuB I G 1.–12.11; zur Plausibilitätsprüfung vgl. auch → § 3 Rn. 15, 30, 36, 41.

**5. Wirtschaftlichkeit bei Auslandsimmobilien.** Bei Immobilienanlagen im Ausland 74 ist die Vollständigkeit der Informationen über das Grundstück und dessen Belastung für den Geschäftswillen eines Anlageinteressenten von entscheidender Bedeutung. Demgemäß dürfen ihm **wesentliche Grundstücksdaten** redlicherweise nicht vorenthalten werden. Wenn ohne Angabe der Grundstücksbelastung mit Wertzuwachs geworben wird, entsteht dadurch der unzutreffende Eindruck, es handele sich um eine ebenso sichere wie ertragskräftige Geldanlage.

Im Zusammenhang mit dem Vertrieb von Anteilen an einem ausländischen Immobilien- 75 fonds hat der Bundesgerichtshof festgestellt, dass zu den von einer Anlagevermittlungsgesellschaft zu offenbarenden Tatsachen auch eine besonders hohe dingliche Belastung der Fondsgrundstücke (75%) gehört.[329] Eine so hohe Belastung beeinträchtige sowohl die Sicherheit als auch die Rentabilität einer Geldanlage und bedeute für den Anleger allgemein ein hohes Risiko. Unerheblich sei dabei, ob es bei einem Grundstücksfonds durchaus „wirtschaftlich" sein kann, mit der verhältnismäßig hohen Fremdfinanzierung besonders wertvolle und gewinnträchtige Renditeobjekte zu erstellen, und ob diese Form der Finanzierung im Ausland stärker als in Deutschland verbreitet sei.

Bei Auslandsimmobilien muss der Anlagevermittler den Anleger insbesondere auch über 76 die veränderte, das Anlageobjekt betreffende wirtschaftliche Situation informieren. Wenn sich die Vermietbarkeit verschlechtert hat und die für die Rentabilität maßgeblichen Belegungsraten hinter den ursprünglichen Erwartungen zurückbleiben, so hat der Vermittler diese ihm bekannten Tatsachen zu offenbaren.[330] Auf offenkundige und selbstverständliche Risiken wie Dollarkurs braucht nicht hingewiesen zu werden.[331]

**6. Öffentliche Mittel.** Bei der Bewertung eines Hausgrundstückes muss überprüft 77 werden, ob sich in dem Haus frei finanzierte Wohnungen oder solche des sozialen Wohnungsbaus befinden, weil dies für die Ermittlung des Ertragswertes und damit auch für die Entscheidung des Kapitalanlegers von wesentlicher Bedeutung ist.[332]

**7. Warenterminoptionen.** Warenterminoptionen zählen zu jenen Anlageformen, die 78 hoch spekulativ und dementsprechend risikoreich sind.[333] Deshalb treffen den Vermittler von Warenterminoptionen unabhängig vom Vertragsinhalt besondere Beratungs- und Aufklärungspflichten als **vorvertragliche Schutzpflichten** zu Gunsten der Anleger.[334]

Der Vermittler muss den Anleger generell über die wirtschaftlichen Zusammenhänge des 79 Warentermingeschäfts (Spekulation an der Börse, Börsentechnik, Optionsprämie, Risiko des Totalverlustes ua) informieren, insbesondere dann, wenn der Vermittler mit umfassenden Beratungsleistungen geworben hat.[335] Der Geschäftsführer einer GmbH, die Londoner Warenterminoptionen vermittelt, haftet persönlich, wenn er die Aufklärung der Anleger durch die Gesellschaft, zB durch einen irreführenden Prospekt, verhindert hat oder sich leichtfertig für eine Schwindelfirma einsetzt.[336] Der gewerbliche Vermittler von Warenterminoptionsgeschäften kommt seiner Aufklärungspflicht trotz einer an sich zutreffenden Darstellung der mit Rücksicht auf die geforderten Prämienaufschläge erhöhten Risiken der Geschäfte dann nicht nach, wenn er durch Gestaltung, Aufmachung und Inhalt des Werbeprospekts den Eindruck vermittelt, bei einer Betreuung und Beratung durch diesen Ver-

---

[329] BGH WM 1978, 611 = BB 1978, 1031 = DB 1978, 1398.
[330] OLG Köln BB 1988, 92.
[331] OLG Hamm WM 1989, 598 = WuB I G 8.–89 *v. Heymann*.
[332] BGH WM 1984, 34 = NJW 1984, 355 = ZIP 1984, 70; BGH WM 1985, 699.
[333] Vgl. hierzu grundlegend *Wach*, Der Terminhandel in Recht und Praxis, 1986, passim.
[334] Hierzu im Einzelnen *Bundschuh* WM 1985, 249 ff.
[335] BGHZ 80, 80 = WM 1981, 374 = NJW 1981, 1266 = BB 1981, 695 = DB 1981, 1132; BGH WM 1988, 1255 = NJW 1988, 2882 = BB 1988, 1779 = DB 1988, 2144 = WuB I G 4.–6.88 *Wandt*.
[336] BGH WM 1988, 291 = NJW 1988, 1583 = DB 1988, 1158 = ZIP 1988, 635 = WuB I G 4.–2.88 *Assmann*; BGH WM 1989, 1047 = ZIP 1989, 830.

mittler könne der Kunde die aufgezeigten Risiken weitgehend vermeiden und werde im Endergebnis Erfolg haben.[337]

80 Die Aufklärung bei Warentermingeschäften kann grundsätzlich nur schriftlich erfolgen; bei Finanztermingeschäften ergibt sich dies seit dem 1.7.2002 aus § 37d WpHG, welches an die Stelle der §§ 53, 61 BörsG trat.[338] Sie muss zutreffend, vollständig, gedanklich geordnet und auch von der Gestaltung her geeignet sein, einem unbefangenen, mit Warentermindirektgeschäften nicht vertrauten Anleger einen realistischen Eindruck von den Eigenarten und Risiken solcher Geschäfte zu vermitteln.[339] Dazu gehört neben der Bekanntgabe der Höhe der Optionsprämie auch die Aufklärung über die wirtschaftlichen Zusammenhänge des Optionsgeschäfts und die Bedeutung der Prämie sowie ihren Einfluss auf das mit dem Geschäft verbundene Risiko. So muss darauf hingewiesen werden, dass die Prämie den Rahmen eines vom Markt nach als vertretbar angesehenen Risikobereichs kennzeichnet und ihre Höhe den noch als realistisch angesehen, wenn auch weitgehend spekulativen Kurserwartungen des Börsenhandels entspricht.[340]

81 Terminoptionsvermittler haben optionsunerfahrene Kunden darüber hinaus unmissverständlich und in auffälliger Form darauf hinzuweisen, dass Aufschläge auf die Börsenoptionsprämie das Chancen-Risiko-Verhältnis aus dem Gleichgewicht bringen und dazu führen, dass die verbliebene, bei höheren Aufschlägen geringe Chance, insgesamt einen Gewinn zu erzielen, mit jedem Optionsgeschäft abnimmt.[341]

82 Die Aufklärungspflichten der Vermittler bestehen auch gegenüber eingetragenen Kaufleuten und zwar selbst dann, wenn sich der Anleger die erforderlichen Informationen selbst besorgen könnte. Dabei spielt es keine Rolle, ob der Vermittler das Geschäft als Kommissionär oder als Eigenhändler abwickelt.[342] In jedem Fall muss er den Anleger über den Preis der Warenterminoptionen und dessen wirtschaftliche Bedeutung informieren.[343] Die Grundsätze zur Aufklärungspflicht des Vermittlers von Warenterminoptionen gelten im Wesentlichen entsprechend auch für Aktien-[344] und Aktienindex-Optionen sowie für Stillhalteroptionsgeschäfte, Penny-Stocks.[345] Bei selbständigen Optionsscheinen ist jedoch eine schriftliche Aufklärung über die Risiken grundsätzlich nicht erforderlich.[346]

---

[337] BGH WM 1991, 1410 = NJW-RR 1991, 1243 = DB 1991, 2234 = ZIP 1991, 1207 = WuB I G 4.–5.91 *Rössner*; BGH WM 1990, 61 = ZIP 1989, 1448 = WuB I G 4.–6.90 *Jütten*.
[338] Vgl. hierzu *Mülbert* in Assmann/Schneider, WpHG-Komm, 4. Aufl., S. 37d WpHG S. 1532; *Heinrichs* in Palandt § 280 Rn. 53.
[339] BGH WM 1992, 770 = NJW 1992, 1879 = DB 1992, 1406 = BB 1992, 1446 = ZIP 1992, 612 = WuB I G 5.–3.93 *Wolter*; BGH WM 1993, 1457 = NJW 1993, 2434 = BB 1993, 1755 = DB 1993, 1967 = ZIP 1993, 152 = WuB I G 4.–10.93 *Rössner*.
[340] BGH Urt. v. 21.10.2003, Az. XI ZR 453/02, NJW-RR 2004, 203, 204.
[341] BGHZ 124, 151 = WM 1994, 149 = NJW 1994, 512 = BB 1994, 305 = DB 1994, 1079 = ZIP 1994, 116 = WuB I G 4.–3.94 *Wach*; BGH WM 1994, 453 = NJW 1994, 997 = BB 1994, 1099 = DB 1994, 1513 = ZIP 1994, 447 = WuB I G 4.–5.94 *Koller*; BGH WM 1994, 1746 = WuB I G 4.–9.94 *Wach*; BGH Urt. v. 21.10.2003, Az. XI ZR 453/02, NJW-RR 2004, 203, 204.
[342] BGH WM 1981, 552 = NJW 1981, 1440; BGH WM 1984, 961; BGH WM 1987, 103 = WuB I G 4.–2.87 *Schwark*.
[343] BGH WM 1985, 81 = NJW 1986, 123 = BB 1985, 886 = DB 1985, 331 = ZIP 1985, 272 = WuB I G 4.–1.85 *Kümpel*; BGH WM 1986, 734 = WuB IV A. § 826 BGb – 7.86 *Kindermann*; BGH WM 1986, 1383 = WuB I G 4.–4.87 *Rössner/Worms*; BGH WM 1987, 7 = WuB I G 4.–1.87 *Hammen*; BGH WM 1988, 291.
[344] Zur Prüfungspflicht des Kapitalanlegers vgl. *Wagner* WStR 2004, 1449, 1452 f.
[345] BGH WM 1991, 127 = NJW 1991, 1106 = BB 1991, 644 = DB 1991, 380 = ZIP 1991, 87 = WuB I G 4.–3.91 *Nassall*; BGH WM 1992, 1935 = NJW 1993, 257 = BB 1992, 2462 = DB 1992, 2541 = ZIP 1992, 1614 = WuB I G 4.–1.94 *Pohle*; BGH WM 1991, 315 = NJW 1991, 1108 = BB 1991, 929 = DB 1991, 1768 = ZIP 1991, 297 = WuB I G 4.–4.91 *Graf*; BGH WM 1991, 667 = NJW 1991, 1947 = WuB I G 4.–4.91 *Graf*; BGH WM 1994, 2231.
[346] BGH WM 1994, 2231 = WuB I G 7.–1.95 *Gesang*.

Eine Bank, die einem Anleger einen Effektenlombardkredit zur Finanzierung von Aktienoptionen eingeräumt hat, ist grundsätzlich nicht verpflichtet, den Erwerb von Kaufoptionen ungefragt auf die Absicht der Aktiengesellschaft zur Ausgabe von Gratisaktien hinzuweisen, wenn es sich um einen erfahrenen Anleger handelt, der bereits seit längerer Zeit in erheblichem Umfang erfolgreich Aktienoptionsgeschäfte getätigt hatte.[347]

### V. Einzelfälle der Vermögensverwaltung

Bezieht sich die Anlageberatung auf eine Vermögensverwaltung, die auf den An- und Verkauf von Wertpapieren gerichtet ist, ist der Vermögensverwalter verpflichtet, dem Anleger **ein zutreffendes Bild** von den **Chancen und Risiken** des auszuführenden Geschäfts zu vermitteln.[348] Dabei muss sich die Beratung aber nicht auf jedes mögliche Anlageobjekt, sondern nur auf die **allgemeine Anlagestrategie** und deren Risiken beziehen.[349] Im Rahmen einer **Vermögensverwaltung** muss der Verwalter den Kunden von dem Erwerb von Regulations-S-Aktien schriftlich über die besonderen Risiken der Geschäfte aufklären.[350] Ein Vermögensverwalter muss ferner über den bloßen Höchstgebührensatz pro Geschäft hinaus darüber aufklären, inwieweit allein durch die durch die Häufigkeit der Geschäfte anfallenden Gebühren die Gefahr besteht, binnen relativ kurzer Zeit das eingesetzte Kapital zu verlieren.[351] Hat eine Bank mit dem Vermögensverwalter des Kunden eine Vereinbarung über die Beteiligung des Verwalters an ihren Provisionen und Depotgebühren geschlossen **(Kick-Back-Vereinbarung)**, so ist sie verpflichtet, dies gegenüber dem Kunden offenzulegen[352] und zwar auch der konkreten Höhe nach.[353] Im Rahmen einer Vermögensverwaltung besteht gegenüber dem Anleger auch ein **Auskunftsanspruch** in Bezug auf erhaltene Provisionen, Rückvergütungen und sonstige geldwerten Vorteile.[354] Die vom Vermögensverwalter getroffenen Anlageentscheidungen müssen sich im Rahmen der **vereinbarten Anlagerichtlinien** halten.[355] Ist die Vermögensverwaltung auf Substanzsicherung und kontinuierlichen Vermögenszuwachs ausgerichtet, dann stellt die Anlage des anvertrauten Geldes in mehr als 30% an Standartaktien eine Pflichtverletzung dar.[356] Ein Vermögensverwalter ist bei den von ihm getroffenen An- und Verkaufsentscheidungen grundsätzlich frei und muss sich für die jeweiligen Geschäfte **keine Einzelweisungen** des Vermögensinhabers einholen, solange seine Anlageentscheidungen durch die vereinbarten Anlagerichtlinien gedeckt sind. Ein Pflichtverstoß in Bezug auf eine **unterlassene Wiederveräußerung** von Papieren liegt dementsprechend nur dann vor, wenn ein Verkauf **ex ante** betrachtet die einzige sinnvolle Maßnahme dargestellt hätte.[357] Im Rahmen einer laufenden Vermögensverwaltung ist der Verwalter grundsätzlich nicht verpflichtet, vor oder nach den von ihm getroffenen einzelnen Anlageentscheidungen Weisungen vom Vermögensinhaber einzuholen oder diesen über die

---

[347] BGHZ 117, 135 = WM 1992, 479 = NJW 1992, 1630 = BB 1992, 1232 = DB 1992, 2436 = ZIP 1992, 314 = WuB I G 4.–6.92 *Häuser*.
[348] OLG Frankfurt, Beschluss v. 14.6.2013, Az. 19 U 60/13, WM 2013, 2070 u. H. a. BGH Urt. v. 4.4.2002, WM 2002, 913 Rn. 13.
[349] OLG Frankfurt, Urt. v. 14.6.2013, Az. 19 U 60/13, ZIP 2013, 1710.
[350] LG Frankfurt BKR 2004, 242 m. kritischer Anm. *Balzer* EWiR § 276 BGB aF 7/04.
[351] KG BKR 2006, 504.
[352] BGH Urt. v. 19.12.2000 Az. XI ZR 349/99, BGHZ 146, 235, 239 f. m. Anm. *Meder* WuB I 69.-1.01 u. *Balzer* ZIP 2006, 232; OLG Köln Urt. v. 20.2.2002, Az. 13 U 28/01, WM 2003, 338 m. Anm. *Zeller* WuB I 69.-1.04; LG Stuttgart Urt. v. 12.9.2003, Az. 8 O 128/03, BKR 2003, 842; vgl. § 4 Rn. 59 u. 24.
[353] LG Heidelberg Urt. v. 31.7.2008, Az. 3 O 98/08, BKR 2008, 435, 436 m. kritischer Anm. *F. Bröker* BKR 2008, 438 mwN; vgl. auch → § 3 Rn. 28 u. 33.
[354] LG Karlsruhe Urt. v. 22.10.2010, Az. 5 O 229/10, ZIP 2011, 611.
[355] BGH Urt. v. 28.10.1997, Az. XI ZR 260/96, BGHZ 137, 69 m. Anm. *Schwennicke* WuB I G 9.-1.98.
[356] OLG Düsseldorf WM 1991, 94.
[357] OLG Hamm Urt. v. 2.2.2012, Az. 34 U 122/10, BKR 2013, 159 Rn. 56.

jeweiligen Geschäfte zu informieren. Eine Ausnahme besteht jedoch dann, wenn während des Laufs einer Rechenschaftsperiode erhebliche Verluste im Bestand des verwalteten Vermögens auftreten.[358] Werden keine Anlagerichtlinien vereinbart, dann ist der Vermögensverwalter an den **Grundsatz der produktiven Vermögensverwaltung** gebunden und muss daher für eine angemessene Mischung von konservativen und risikobehafteten Anlageformen sorgen.[359] Ergibt bei der Vermögensverwaltung eine **Saldierung der Gewinne und Verluste** aus den unter Verstoß gegen die Anlagerichtlinien vorgenommenen Geschäften ein positives Ergebnis, dann fehlt es an einem Schaden.[360]

### VI. Haftungsgrundlagen bei Anlageberatung und -vermittlerlung[361]

85    Eine Haftung des Anlageberaters/Anlagevermittlers für unvollständige oder unrichtige Informationen oder wegen Verletzung einer gebotenen Nachforschungs- oder sonstigen Pflicht kann sich aus Vertrag, Quasi-Vertrag, Verletzung von Schutzgesetzen oder aus unerlaubter Handlung ergeben.

86    **1. Haftung aus Vertrag.** Liegt ein Anlageberatungs- oder -vermittlungsvertrag vor, dann begründet dieser Vertrag vorstehend angesprochene Ausklärungs- und Hinweispflichten, deren Verletzung dann zu einer Schadensersatzpflicht gemäß § 280 Abs. 1 BGB führen.[362] Dabei können sich entsprechende zivilrechtliche Pflichten im Rahmen der Auslegung der entsprechenden Verträge auch austragenden Grundprinzipien des Aufsichtsrechts ergeben.[363]

87    **2. Warn- und Nebenpflichten gem. §§ 241 Abs. 2 iVm 311 Abs. 2 BGB.** Auch wenn zwischen Anleger und Anlageberater kein Anlageberatungs- oder Vermittlungsvertrag vorliegt, können sich gleichwohl quasi-vertragliche Rechte bzw. Pflichten in Form von Nebenpflichten gemäß §§ 241 Abs. 2 iVm 311 Abs. 2 BGB ergeben. Dabei kann ein Schuldverhältnis iSv §§ 241 Abs. 2 iVm 311 Abs. 2 BGB bereits durch die Anbahnung eines Vertrags entstehen, bei welcher der eine Teil im Hinblick auf eine etwaige rechtsgeschäftliche Beziehung dem anderen Teil die Möglichkeit zur Einwirkung auf seine Rechte, Rechtsgüter und Interessen gewährt oder ihm diese anvertraut.[364] Ein klassischer Fall der Haftung bei **Verschulden bei Vertragsabschluss** iSv §§ 241 Abs. 2 iVm 311 Abs. 2 BGB ist auch die **Prospekthaftung im weiteren Sinne,** die durch die spezialgesetzlichen Formen der Prospekthaftung nicht außer Kraft gesetzt wird.[365] Inbesondere bei Haftungsfragen kann der Geschäftsverbindung zwischen Anlageberater (zB Bank) und Wertpapieranleger im Hinblick auf das bestehende Vertrauensverhältnis besondere Bedeutung zukommen. Das Vertrauensverhältnis besteht unabhängig von der Dauer der Geschäftsverbindung schon beim ersten Kontakt, selbst wenn die Geschäftsverbindung danach abbricht.[366]

---

[358] OLG Hamm, aaO, Rn. 72.
[359] OLG Düsseldorf Urt. v. 30.3.2006, Az. I 6 U 15/05, WM 2006, 1576 m. Anm. *Edelmann* WuB I G 9.-1.06.
[360] OLG Köln Urt. v. 18.10.2006, Az. 13 U 216/05, WM 2007, 1067 m. Anm. *J. U. Fink* WuB I G 9.-1.07 mit ausführlichen Hinweisen auf die Schadensberechnung bei der Vermögensverwaltung.
[361] Schadensersatzansprüche gegen Anlageberater- oder vermittler wegen Verletzung der Pflichten aus einem Anlageberatungs- oder Auskunftsvertrag können nicht Gegenstand eines Musterfeststellungsantrags nach KapMuG sein, so BGH Beschluss v. 30.10.2008, Az. III ZB 92/07 Rn. 11 u. H. a. BGB WM 2008, 1326, 1327 Rn. 15; zur Aussetzung eines solchen Verfahrens nach § 7 KapMuG vgl. OLG München Beschluss v. 30.9.2008, Az. 19 U 3510/08 WM 2009, 113.
[362] Zur Doppelrolle der Bank beim Anlageberatungsvertrag zwischen Fremd- und Eigeninteresse vgl. grundlegend *Buck-Heeb* WM 2012, 625 ff.; vgl. zum Beratungsvertrag auch *Schnauder* JZ 2013, 120 ff.
[363] BGH Urt. v. 3.6.2014, Az. XI ZR 147/12 Rn. 36 ff., WM 2014, 1382, 1385 f.
[364] BGH Urt. v. 14.3.2013, Az. III ZR 296/11, NJW 2013, 3366, 3367 f. Rn. 2.
[365] Vgl. BGH Urt. v. 9.7.2013, Az. II ZR 9/12, DB 2013, 1902, 1903 Rn. 26.
[366] *Hopt,* Haftung für Anlage- und Vermögensberatung, S. 13; *Heinsius* ZHR 145 (1981), 177 ff.; *Kübler* ZHR 145 (1981), 204 ff.; vgl. auch OLG Frankfurt WM 1985, 253 = WuB I B 4. Bankauskunft 1.85 *Weber.*

So kann beispielsweise nach den Umständen des Einzelfalles ein **Discount-Broker** dann 88 zu einer Warnung der Kunden verpflichtet sein **(Warnpflicht als Nebenpflicht gemäß § 241 Abs. 2 BGB),** wenn dessen Aufträge von den zuvor erklärten Zielvorstellungen deutlich abweichen oder wenn erkennbar ist, dass Tragweite und Risiko eines Auftrages falsch eingeschätzt wurden.[367] Eine Aufklärungspflicht kommt ferner dann in Betracht, wenn der Discount-Broker eine tatsächlich bestehende Aufklärungsbedürftigkeit des Kunden erkannt oder infolge grober Fahrlässigkeit nicht erkannt hat.[368] Eine **Warnpflicht** kann auch dann bestehen, wenn der Discount-Broker die tatsächliche Fehlberatung des Kunden bei dem in Auftrag gegebenen Wertpapiergeschäft durch das **kundennähere** Wertpapierdienstleistungsunternehmen entweder positiv kennt oder wenn diese Fehlberatung aufgrund massiver Verdachtsmomente evident ist.[369]

Vor Inkrafttreten der §§ 241 Abs. 2 iVm 311 Abs. 2 BGB, also **vor dem 1.1.2002,** 89 wurde eine solche Haftung auf das von der Rechtsprechung entwickelte Rechtsinstitut der **culpa in contrahendo** (Verschulden bei Vertragsschluss) gestützt. Danach ergaben sich für alle an einer Kapitalanlage Beteiligten aufgrund entgegengebrachten Vertrauens vorvertragliche Aufklärungs-, Beratungs- und Prüfungspflichten über Risiken und sonstige wesentliche Umstände, wenn der Vertrauenstatbestand in zurechenbarer Weise geschaffen wurde und sich der Vertragspartner berechtigterweise darauf verlassen durfte.[370]

**3. Haftung des Vertretenen/Vertreters. a) Haftung des Vertretenen/Repräsen-** 90 **tantenhaftung §§ 30, 31 BGB.** Werden Vertragsverhandlungen von einem Vertreter geführt, so richten sich Schadensersatzansprüche des Kapitalanlegers grundsätzlich nach **§ 278 BGB** gegen den Vertretenen und nicht gegen den Vertreter.[371] Für die Haftung des Vertretenen genügt es, dass er an den Verhandlungen mittelbar beteiligt war und dabei Vertrauen für sich in Anspruch genommen hat.[372] Der **Personenkreis,** für den der Vertretene im Zusammenhang mit Schadensersatzansprüchen aus Anlageberatung- und -vermittlung einzustehen hat, ist dergleiche wie bei § 123 Abs. 2 BGB, weil diese Vorschrift für den Fall arglistiger Täuschung im Rahmen von Vertragsverhandlungen als eine gesetzliche Sonderregelung der Haftung für c. i. c. anzusehen ist.[373]

Die **Initiatoren eines Bauherrenmodells,** die einen Prospekt mit irreführenden An- 91 gaben über die Wohnfläche herausgegeben haben, haften auf Schadensersatz, wenn ein für sie auftretender Sachwalter in ihrem Namen eine Rückfrage des Bauherrn zur Größe der Wohnfläche falsch beantwortet.[374] Auch der **Gründungsgesellschafter,** der sich zu den vertraglichen Verhandlungen über einen Beitritt eines **Vertriebs bedient** und diesem oder von diesem eingeschalteten Untervermittlern die von ihm geschuldete Aufklärung der Bei-

---

[367] BGH Urt. v. 19.3.2013, Az. XI ZR 431/11 Rn. 25, BGHZ 196, 370 = WM 2013, 789 u. H. a. BGH Urt. v. 11.11.2003, Az. XI ZR 21/03, WM 2004, 24, 27 u. v. 13.7.2004, Az. XI ZR 178/03, WM 2004, 1774, 1776 f.
[368] BGH Urt. v. 19.3.2013, aaO, u. H. a. BGH Urt. v. 5.10.1999, Az. XI ZR 296/98, BGHZ 142, 345, 358.
[369] BGHG Urt. v. 12.11.2013, Az. XI ZR 312/12 Rn. 25, ZIP 2013, 2451, 2453; BGH Urt. v. 19.3.2013, aaO, Rn. 27 u. H. a. BGH Urt. v. 6.5.2008, Az. XI ZR 56/07, BGHZ 176, 281 Rn. 14 ff.
[370] BGHZ 79, 337 = WM 1981, 483 = NJW 1981, 1449 = BB 1981, 865 = DB 1981, 1274 = ZIP 1981, 518; BGH WM 1989, 685 = NJW-RR 1989, 627 = BB 1989, 729 = DB 1989, 1022 = ZIP 1989, 514 = WuB IV A. § 276 BGB 3.89 *Emmerich*.
[371] BGH WM 1990, 966 = NJW 1990, 1907 = BB 1990, 1220 = DB 1990, 1128 = ZIP 1990, 659 = WuB IV A. § 276 BGB 4.90 *Moritz*; zur Haftung unter dem Gesichtspunkt der Firmenfortführung nach § 25 HGB und der Rechtsscheinshaftung vgl. BGH Urt. v. 5.7.2012, Az III ZR 116/11.
[372] BGH WM 1984, 889 = NJW 1984, 2523 = BB 1984, 1254 = DB 1984, 1671 = ZIP 1984, 1086; BGHZ 114, 263 = WM 1991, 1171 = NJW 1991, 2556 = BB 1991, 1371 = DB 1991, 1617.
[373] BGH WM 1990, 479 = NJW 1990, 1661.
[374] BGH WM 1991, 13 = NJW-RR 1991, 217 = BB 1990, 2436 = DB 1991, 276 = ZIP 1990, 1580 = WuB I G 7.–2.91 *v. Heymann*.

trittsinteressenten überlässt, haftet über § 278 BGB für deren unrichtige oder unzureichende Angaben.[375] Entsprechendes gilt, wenn **(englische) Kapitallebensversicherungen** im Rahmen eines Anlagegeschäfts unter Verzicht auf ein eigenes Vertriebssystem vertrieben werden.[376]

92  Neben der grundsätzlichen Haftung des Vertretenen über § 278 BGB kommt eine sog **Repräsentantenhaftung gemäß §§ 30, 31 BGB** in Betracht. Nach diesen Normen ist die juristische Person für den Schaden verantwortlich, den ein Organ oder ein anderer verfassungsmäßig berufener Vertreter durch seine in Ausführung der ihm zustehenden Verpflichtungen begangene, zum Schadensersatz verpflichtende Handlung einem Dritten zufügt. Über den Wortlaut der §§ 30, 31 BGB hinaus hat die Rechtsprechung eine Repräsentantenhaftung für solche Personen entwickelt, denen durch die allgemeine Betriebsregelung und Handhabung bedeutsame, wesensmäßige Funktionen der juristischen Person zur selbständigen, eigenverantwortlichen Erfüllung angewiesen sind, sodass sie die juristische Person im Rechtsverkehr repräsentieren.[377] **Bei selbständigen Handelsvertretern** ist dabei entscheidend, ob der Vertreter Abschlussvollmachten und Inkassobefugnisse besitzt oder sonst eine in der Hierarchie des Unternehmens herausgehobene Position als Führungskraft innehat.[378]

93  **b) Haftung des Vertreters persönlich.** Nach ständiger Rechtsprechung des Bundesgerichtshofs kann ausnahmsweise auch ein **Vertreter** aus Verschulden bei Vertragsverhandlungen **persönlich haften**. Grundvoraussetzung für eine solche persönliche Haftung des Anlageberaters oder -vermittlers ist jedoch, dass dieser in **besonderem Maße persönliches Vertrauen** in Anspruch genommen hat und dadurch dem anderen Verhandlungspartner eine zusätzliche, gerade von ihm persönlich ausgehende Gewähr für Bestand und Erfüllung des in Aussicht genommenen Rechtsgeschäfts bietet oder der Vertreter dem Verhandlungsgegenstand besonders nahesteht, weil er wirtschaftlich selbst stark an dem Vertragsabschluss interessiert ist, wirtschaftlich gleichsam in eigener Sache beteiligt ist und aus dem Geschäft eigenen Nutzen erstrebt.[379] Dabei ist anerkannt, dass für die Annahme einer Vertreterhaftung das **Provisionsinteresse** nicht ausreicht.[380] Eine die persönliche Haftung des Vertreters begründende Inanspruchnahme besonderen persönlichen Vertrauens liegt auch dann noch nicht vor, wenn dieser über die für seine Tätigkeit **erforderliche Sachkunde** verfügt und darauf hinweist.[381] Erforderlich ist vielmehr ein **sachbezogenes Vertrauensverhältnis,** dh der Vertreter muss dem Anleger zusätzlich in zurechenbarer Weise den Eindruck vermitteln, er werde persönlich mit seiner Sachkunde die ordnungsgemäße Abwicklung des Geschäfts selbst dann gewährleisten, wenn der Anleger dem Geschäftsherrn nicht oder nur wenig vertraut.[382] In einer viel beachteten Entscheidung des BGH aus dem Jahre 1971[383] hatte ein Bauherr einen Finanz- und Grundstücksmakler mit der finan-

---

[375] BGH Urt. v. 14.5.2012, Az. II ZR 69/12, DB 2012, 1565 Rn. 11 mwN.
[376] BGH Urt. v. 11.7.2012, Az. IV ZR 164/11 Rn. 51 u. 151/11 Rn. 48.
[377] Vgl. hierzu BGH Urt. v. 14.3.2013, Az. III ZR 296/11, NJW 2013, 3366, 3367 Rn. 12.
[378] BGH Urt. v. 14.3.2013, aaO.
[379] BGHZ 87, 27 = WM 1983, 413 = NJW 1983, 1607; BGH WM 1985, 1526 = NJW 1986, 588 = BB 1986, 1042 = DB 1186, 163 = ZIP 1986, 26; BGH WM 1986, 854 = NJW 1986, 3193 = DB 1986, 1328; BGH WM 1987, 1222 = DB 1987, 2561 = ZIP 1987, 995; BGH WM 1988, 1535 = NJW 1989, 293 = BB 1988, 1992 = DB 1988, 2398 = ZIP 1988, 1581 = WuB IV A. § 276 BGB 1.88 *Huff*; BGH WM 1990, 2039 = NJW-RR 1991, 289 = BB 1990, 2212 = DB 1990, 2313 = ZIP 1990, 1402; BGH WM 1994, 1428 = NJW 1994, 2220 = BB 1994, 1657 = DB 1994, 1608 = ZIP 1994, 1103.
[380] BGH Urt. v. 19.10.2006, Az. III ZR 122/05, WM 2006, 2301, 2303.
[381] BGH WM 1989, 1923 = NJW 1990, 506 = BB 1989, 2431 = ZIP 1990, 43 = WuB IV A. § 276 BGB 3.90 *Assmann*.
[382] BGH WM 1989, 1715 = NJW 1990, 389 = BB 1990, 2210 = DB 1989, 2320 = ZIP 1989, 1455 WuB II C. § 43 GmbHG 2.90 *Koller*; BGH WM 1992, 699 = NJW-RR 1992, 605 = WuB IV A. § 278 BGB 1.92 *v. Heymann*.
[383] BGHZ 56, 81 = WM 1971, 592 = NJW 1971, 1309 = DB 1971, 1006.

ziellen Betreuung seines Bauvorhabens sowie mit dem Verkauf der Geschäftsräume und Wohnungen beauftragt. Nachdem der Bauherr zahlungsunfähig geworden war, wurde der Finanz- und Grundstücksmakler von dem Bauhandwerker wegen noch offener Rechnungen in Anspruch genommen. In einer weiteren Entscheidung hat der BGH eine Eigenhaftung des Geschäftsführers einer Vermittlungs-GmbH nach § 826 BGB angenommen, weil dieser es unterlassen hatte, einen Interessenten über negative Presseberichte über die zu vermittelnden Immobilienfonds zu informieren.[384]

Nach Ansicht des Bundesgerichtshofs muss ein von einer Vertragspartei bestellter Sachwalter, der in besonderem Maße das **persönliche Vertrauen** des Vertragsgegners in Anspruch nimmt und von dessen Entscheidung nach den gegebenen Umständen der Abschluss des beabsichtigten Rechtsgeschäfts maßgeblich abhängt, für die Verletzung von Pflichten aus dem durch die Anbahnung von Vertragsverhandlungen begründeten gesetzlichen Schuldverhältnis auch dann selbst einstehen, wenn er bei den Vertragsverhandlungen nicht als Vertreter der einen Partei aufgetreten ist, sondern wenn er lediglich seine dem Verhandlungsgegner mitgeteilte Zustimmung zu dem Vertragsschluss gegeben und dadurch den Entschluss des anderen Teils, sich auf das Geschäft einzulassen, entscheidend beeinflußt hat.[385]

Eine Haftung wegen Verschuldens bei Vertragsverhandlungen kann wiederum dann entfallen, wenn beide Verhandlungspartner über **dieselben Erkenntnismöglichkeiten** verfügen und der eine deshalb nicht darauf angewiesen ist, dem anderen besonderes Vertrauen entgegenzubringen; wer Erkenntnismöglichkeiten innerhalb der eigenen Sphäre außer Acht lässt, kann redlicherweise nicht darauf vertrauen, von seinem Verhandlungspartner über wesentliche Umstände aufgeklärt zu werden.[386]

Für die **Publikums-KG** hat der BGH den Grundsatz aufgestellt, dass im Regelfall nicht der Vertretene (der Kommanditist) für das Verhalten seines Vertreters (der persönlich haftende Gesellschafter) haftbar gemacht werden kann.[387] Wenn jedoch der später beigetretene Kommanditist die Publikums-KG durch Bürgschaften am Leben erhält, haftet der später beitretende Mitgesellschafter für das Verschulden von Anlagevermittlern anlässlich der Beitrittsverhandlungen.[388]

**4. Unerlaubte Handlung, insbesondere § 823 II BGB iVm Schutzgesetzverletzungen.** Das Deliktsrecht erfasst Fehler in der Anlageberatung nur **lückenhaft**. § 823 Abs. 1 BGB scheidet in aller Regel aus, weil bei der Beratung regelmäßig keines der dort aufgeführten Schutzgüter verletzt ist und primäre Vermögensschäden nicht ersetzt werden. Bei **§ 823 Abs. 2 BGB** iVm strafrechtlichen Schutzgesetzen wie § 263 StGB (Betrug), § 266 StGB (Untreue), § 264a StGB (Kapitalanlagebetrug) oder bei **§ 826 BGB** gibt es Probleme wegen der engen Fassung der Tatbestände sowie beim Nachweis der subjektiven Voraussetzungen (Vorsatz, Schädigungsabsicht).[389] So genügt die **bloße objektive Mitwirkung** der finanzierenden Bank an einer Verletzung vertraglicher Treuepflichten durch einen Dritten ohne Kenntnis von der Existenz dieser Pflichten ebenso wenig zur Feststellung der vorsätzlichen sittenwidrigen Schädigung wie das bloße Unterlassen, dem begründeten

---

[384] BGH Beschl. v. 27.5.2003, Az. VI ZR 431/02, m. Anm. *Lange* EWiR § 826 BGB 5/03, 1185.
[385] BGH Urt. v. 11.1.2007, Az. III ZR 193/05, WM 2007, 585, 586; BGHZ 56, 81 = WM 1971, 592 = NJW 1971, 1309 = DB 1971, 1006.
[386] BGH WM 1981, 876; BGH WM 1988, 41 = WuB I E 1.–6.88 *Kessler*.
[387] BGHZ 71, 284 = WM 1978, 705 = NJW 1978, 1625 = BB 1978, 979 = DB 1978, 1490.
[388] BGH WM 1991, 637 = NJW 1991, 1608 = BB 1991, 715 = DB 1991, 961 = ZIP 1991, 441 = WuB I G 9.–3.91 *Koller*; BGH WM 1992, 482 = NJW-RR 1992, 542 = BB 1992, 452 = DB 1992, 673 = ZIP 1992, 322 = WuB II F. § 161 HGB 1.92 *Wagner*.
[389] Zu den Nachweisschwierigkeiten der vorsätzlichen sittenwidrigen Schädigung vgl. BGH Urt. v. 20.11.2012, Az. VI ZR 268/11, WM 2012, 2377 Rn. 24 ff. u. 32 ff.; vgl. hierzu auch BGH WM 1991, 1548 = NJW-RR 1991, 1312 = BB 1991, 1587 = DB 1991, 1765 = ZIP 1991, 1140 = WuB IV A. § 276 BGB 2.91 *Emmerich*; BGH WM 1992, 735 = NJW-RR 1992, 1061 = BB 1992, 872 = DB 1992, 932 = ZIP 1992, 694 = WuB II C. § 43 GmbHG 3.92 *Groß*.

Verdacht einer kriminellen Handlung nachzugehen, obwohl die finanzierende Bank Anlass zur Nachfrage gehabt „hatte und hellhörig hätte werden müssen".[390] Hinzu kommt die **Exculpationsmöglichkeit** des § 831 BGB und die kurze Verjährung des § 852 BGB. Demgemäß ist eine deliktische Haftung des Anlageberaters in der Praxis selten. Allerdings hat der Bundesgerichtshof entschieden, dass dann, wenn ein Anlageberater und -vermittler das Kapital eines Anlegers nutzt, um Provisionen zu „schinden" **(churning)**, eine deliktische Haftung des Beraters wegen Beteiligung an dem sittenwidrigen Verhalten des Anlageberaters und -vermittlers in Betracht kommt.[391] Eine Haftung der finanzierenden Bank iSv § 826 BGB wurde darüber hinaus auch bei der Begründung eines Pfandrechts an treuhänderisch gebundenen Kontoguthaben dann für möglich angesehen, wenn die Bank Kenntnis von der Treuhandbindung hatte und diese missachtete, um ihre eigenen Interessen durchzusetzen.[392]

**98** Was die Haftung nach **§ 823 Abs. 2 BGB** iVm den Normen des **WpHG** anbelangt, so ist bereits zweifelhaft, ob diese Normen überhaupt **Schutzgesetzcharakter** iSv § 823 Abs. 2 BGB haben.[393] Selbst wenn dem aber so wäre, dann käme diesen Normen jedenfalls keine eigenständige, über die zivilrechtlichen Aufklärungs- und Beratungspflichten hinausgehende schadensersatzrechtliche Bedeutung zu.[394] Insofern vermag ein Verstoß gegen das Aufsichtsrecht für sich allein eine zivilrechtliche Haftung nicht ohne Weiteres zu begründen.[395] Etwas anderes gilt allerdings, wenn sich aufsichtsrechtliche Vorgaben zu „**tragenden Prinzipien des Aufsichtsrechts**", fortentwickelt haben. In einem solchen Fall sind nämlich diese Prinzipien bei der Auslegung der (konkludenten) Vertragserklärungen insofern zu berücksichtigen, als diese dann zivilrechtliche Aufklärungs- und Hinweispflichten zu begründen vermögen.[396] Als Schutzgesetz iSv § 823 Abs. 2 BGB wird wiederum **§ 8 Ausl-InvestmentG** angesehen, wobei diese Vorschrift nur bei einer diversifizierten Anlagestruktur anwendbar ist.[397] Auch **§ 32 Abs. 1 Satz 1 KWG** wird als Schutzgesetz iSd § 823 Abs. 2 BGB zu Gunsten des einzelnen Kapitalanlegers angesehen.[398] Gleiches gilt für die Norm des **§ 23a Abs. 1 S. 2 KWG**.[399] Demgegenüber kann in **§ 20a WpHG** kein Schutzgesetz iSv § 823 Abs. 2 BGB gesehen werden.[400]

**99** **5. Haftung gegenüber Dritten.** Bei der hier interessierenden Haftung gegenüber Dritten aus Rat, Empfehlung, Auskunft usw. geht es nicht um die Haftung gegenüber dem Dritten, über den in der Auskunft etwas Nachteiliges offenbart wird, zB aus § 823, 824 BGB[401], sondern gegenüber dem Dritten, der auf die Auskunft vertraut.

**100** **a) Auskunfts-/Beratungsvertrag (Bankauskunft).** Soweit ein selbständiger Auskunfts- oder Beratungsvertrag mit dem Dritten besteht, lassen sich Haftungsfragen relativ

---

[390] BGH Urt. v. 15.10.2013, Az. VI ZR 124/12, DB 2013, 2737, 2738 Rn. 9 u. 12.
[391] BGH Urt. v. 13.7.2004, Az. VI ZR 136/03, ZIP 2004, 1699 m. Anm. *Tilp* EWiR § 826 BGB 4/04, 963.
[392] BGH Urt. v. 15.10.2013, Az. VI ZR 124/12, DB 2013, 2737, 2738, Rn. 8 u. H. a. BGH Urt. v. 25.9.1990, Az. XI ZR 94/89, NJW 1991, 101, 102.
[393] Offengelassen in BGH Urt. v. 19.12.2006, Az. XI ZR 56/05, WM 2007, 487, 489 = BGHZ 170, 226; m. Anm. *Lang/Balzer* ZIP 2007, 521.
[394] BGH Urt. v. 17.9.2013, Az. XI ZR 332/12, DB 2013, 2385, 2387 Rn. 17 ff. (20); BGH Urt. v. 19.3.2013, Az. XI ZR 431/11 Rn. 26.; BGH, aaO, WM 2007, 487, 489.
[395] OLG Karlsruhe Urt. v. 17.7.2012, Az. 17 U 148/11, WM 2012, 2333, 2336.
[396] BGH Urt. v. 3.6.2014, Az. XI ZR 147/12 Rn. 37, WM 2014, 1382, 1385.
[397] OLG Koblenz Urt. v. 15.2.2007, Az. 5 U 1248/06, WM 2007, 742; vgl. OLG Frankfurt Urt. v. 20.8.2008, Az. 17 U 86/08, WM 2008, 2208 wonach es für die Erfüllung des Begriffs Investmentanteile genügt, dass der Anleger mitgliedschaftliche Rechte an der Investmentgesellschaft erlangt.
[398] Vgl. BGH Urt. v. 15.5.2012, Az. VI ZR 166/11, WM 2012, 1333, 1334 Rn. 11 mwN zur Haftung als Gehilfe einer unerlaubten Anlagevermittlung nach § 830 Abs. 2 BGB.
[399] BGH Urt. v. 14.7.2009, Az. XI ZR 152/08, WM 2009, 1647 Rn. 21 ff.
[400] BGH Urt. v. 13.12.2011, Az. XI ZR 51/10, WM 2012, 303, 305 f. Rn. 19 ff. = ZIP 2012, 318.
[401] Vgl. hierzu zB BGH NJW 1978, 2151.

einfach lösen. In dem bekannten „Luxushotel"-Fall⁴⁰² hatte ein Finanzmakler Anlegern eine auf dem Briefbogen einer Bank ohne Anschrift und Datum geschriebene Auskunft vorgelegt, ohne dass die Bank selbst mit den Anlegern verhandelte oder sie auch nur kannte. Der BGH hat in diesem Fall als entscheidend angesehen, dass die Bank sich an einen ganz **bestimmt umgrenzten Interessentenkreis,** nämlich die privaten Darlehensgeber für das Luxushotel, gewendet hatte. Die Auskunft richtete sich an eine Gruppe, an deren Gewinnung die Bank ein Interesse hatte und von der sie wusste, dass die Auskunft Grundlage wesentlicher vermögensrechtlicher Entscheidungen ist. Dementsprechend hat der BGH eine Haftung der Bank bejaht und den die Auskunft übermittelnden Finanzmakler nur als Erklärungsboten angesehen.⁴⁰³

Dagegen lehnt die Rechtsprechung eine vertragliche **„Auskunft an den, den es angeht"** regelmäßig ab. Denn bei Auskünften kann grundsätzlich nicht angenommen werden, dass sich der Auskunftsgeber einer unbestimmten, unübersehbaren Vielzahl von Personen verpflichten wolle.⁴⁰⁴ **101**

**b) Vertrag mit Schutzwirkung für den Dritten.** Bei unrichtigen Auskünften können auch Dritte nach dem allgemein anerkannten Rechtsinstitut des Vertrages mit Schutzwirkung zu Gunsten Dritter Ansprüche gegen den Auskunftsgeber geltend machen, wenn der Vertrag nach seinem Sinn und Zweck und mit Rücksicht auf Treu und Glauben den **Einschluss des Dritten in seinen Schutzbereich** erfordern und der Gläubiger die ihm geschuldete Sorge erkennbar auch auf den Dritten bezieht, für den er seinerseits Verantwortung trägt.⁴⁰⁵ Dies gilt zB für eine **unrichtige Kreditauskunft,** mit der sich eine Bank an Personen wendet, die ihrem Kunden zur Restfinanzierung eines Bauvorhabens (Luxushotel) Darlehen gewähren sollen⁴⁰⁶ oder für Wirtschaftsprüfertestate.⁴⁰⁷ Das Unterlassen, der SCHUFA eine meldepflichtige Tatsache mitzuteilen, lässt demgegenüber mangels Drittschutz keine Schadensersatzansprüche anderer, der Schutzgemeinschaft angeschlossener Unternehmen aus.⁴⁰⁸ **102**

aa) Sachverständigen-Gutachten. Ansprüche unter dem Gesichtspunkt des Vertrages mit Schutzwirkung für Dritte ergeben sich häufig bei Sachverständigengutachten. Wer bei einer Person, die über eine besondere, vom Staat anerkannte **Sachkunde** verfügt (zB bei öffentlich bestellten Sachverständigen, Wirtschaftsprüfern, Steuerberatern), ein Gutachten oder eine gutachtliche Äußerung (Wertgutachten, Wirtschaftsprüfer- oder Steuerberatertestat oä) bestellt, um davon gegenüber einem Dritten Gebrauch zu machen, ist idR daran interessiert, dass die Ausarbeitung die entsprechende Beweiskraft besitzt. **103**

Im Hinblick auf die mögliche Verwendung gegenüber Dritten muss der Sachverständige sein Gutachten stets objektiv nach bestem Wissen und Gewissen richtig und vollständig erstellen und auch dem Dritten dafür einstehen. Dabei muss ihm nicht bekannt sein, dass das Gutachten einem Dritten vorgelegt werden soll; es genügt vielmehr, wenn dem Verfasser erkennbar ist, dass die Ausarbeitung (auch) für einen Dritten bestimmt ist.⁴⁰⁹ Eine sol- **104**

---

⁴⁰² BGH WM 1979, 548 = NJW 1979, 1595 = BB 1979, 960 = DB 1979, 1268.
⁴⁰³ Vgl. auch BGH NJW 1983, 276 = ZIP 1982, 930; BGH WM 1982, 1251 = NJW 1983, 276.
⁴⁰⁴ BGH WM 1970, 1021 = NJW 1970, 1737; BGH NJW 1979, 1595.
⁴⁰⁵ BGHZ 75, 321 = WM 1980, 30 = NJW 1980, 589 = BB 1980, 120 = DB 1980, 295; BGH WM 1993, 897 = NJW-RR 1993, 944 = WuB IV A. § 328 BGB – 1.93 *Bayer; Altenburger* WM 1994, 1587; *Lang* WM 1988, 1001; *Schulze* JuS 1983, 81 ff.
⁴⁰⁶ BGH WM 1982, 1251 = NJW 1983, 276.
⁴⁰⁷ BGH WM 1993, 897= NJW-RR 1993, 944 = WuB IV A. § 328 BGB – 1.93 *Bayer.*
⁴⁰⁸ OLG Dresden Urt. v. 18.10.2006, Az. 8 U 767/06, WM 2007, 251 m. Anm. *T. Thöne* WuB I B 3.–1.07.
⁴⁰⁹ BGH Urt. v. 14.6.2007, Az. III ZR 125/06, ZIP 2007, 1993 (Wirtschaftsprüfer); BGH Urt. v. 14.11.2000, Az. X ZR 203/98, WM 2001, 529 (Bodengutachten); BGH Urt. v. 26.9.2000, Az. X ZR 94/98, WM 2000, 2447 (Wirtschaftsprüfer); BGH Urt. v. 2.4.1998, Az. III ZR 245/96, WM 1998, 1032 = BGHZ 138, 257 (Wirtschaftsprüfer); BGH Urt. v. 13.11.1997, Az. X ZR 144/94, WM 1998, 440, m. Anm. *Medicus* WuB IV A. § 328 BGB 1.98 (Bausachverständiger) BGH Urt. v.

che **„Expertenhaftung"** kommt allerdings nur dann in Betracht, wenn zB der Anleger von dem Gutachten Gebrauch gemacht hat und hierdurch ein konkretes Vertrauen des Anlegers erzeugt und auf seinen Willensentschluss Einfluss genommen wurde. Die Anknüpfung an ein **typisiertes Vertrauen** genügt nicht.[410]

105 bb) GmbH & Co. KG. In Anwendung der Grundsätze über den Vertrag mit Schutzwirkung für Dritte hat die Rechtsprechung den Schutzbereich des zwischen der GmbH und ihrem Geschäftsführer bestehenden Dienstverhältnisses hinsichtlich einer Haftung des letzteren aus § 43 GmbHG auch auf die KG erstreckt, zunächst unter Einschränkung auf eine Publikumsgesellschaft, kurz danach allgemein auf eine GmbH & Co. KG, in der die wesentliche Aufgabe der Komplementär-GmbH in der Geschäftsführung für die KG besteht. Ob die betreffenden Pflichten Nebenpflichten oder Hauptpflichten des Vertrages sind, spielt keine Rolle.[411]

106 cc) Ratingagenturen. Bei Ratingverträgen zwischen Ratingagentur und Emittent wird diskutiert, ob hierin ein Vertrag mit Schutzwirkung zu Gunsten Dritter gesehen werden kann mit der Folge, dass geschädigte Anleger Schadensersatzansprüche gegen die Ratingagentur geltend machen können[412], was allerdings mit erheblichen Zweifeln verbunden ist.[413]

### VII. Beweislast

107 Nach ständiger Rechtsprechung muss der geschädigte Anleger die Pflichtverletzung beweisen.[414] Dem kommt der Anleger nicht schon durch die nicht näher ausgeführte Behauptung, Anlagezweck sei Alterssicherung, nach oder dadurch, dass er lediglich pauschal behauptet, nicht auf Risiken der Beteiligung hingewiesen worden zu sein. Erforderlich ist vielmehr **konkreter Vortrag** zu Wissensstand, Risikobereitschaft und Anlageziel.[415] Die mit dem Nachweis einer **negativen Tatsachen** verbundenen Schwierigkeiten werden

---

19.12.1996, Az. IX ZR 327/95, WM 1997, 359, m. Anm. *Laude* WuB IV A. § 328 BGB 1.97 (Steuerberatertestat); BGH Urt. v. 10.11.1994, Az. III ZR 50/94, BGHZ 127, 378 = WM 1995, 204, m. Anm. *Ott* WuB IV A. § 328 BGB – 1.95 (Bausachverständiger); BGH WM 1984, 34 = BB 1984, 662; BGH WM 1985, 450 = DB 1985, 1464 = ZIP 1985, 398; BGH WM 1985, 450 = NJW-RR 1986, 484 = DB 1985, 398 = WuB IV A. § 305 BGB 1.85 *Wehrhahn* (Sachverständigengutachten); BGH WM 1986, 711 = BB 1986, 1179; BGH WM 1993, 897 = NJW-RR 1993, 944 = WuB IV A. § 328 BGB 1.93 *Bayer* (Wirtschaftsprüfertestat); BGH WM 1987, 257 = BB 1987, 371 = DB 1987, 828 = ZIP 1987, 376 = WuB IV A. § 328 BGB 1.87 *Johlke;* BGH WM 1989, 375 = NJW-RR 1989, 696 = WuB IV A. § 676 BGB 1.89 *Sturmhoebel* (Steuerberatertestat); OLG Hamm WM 1987, 851 (Bautenstandsbericht eines Architekten); BGH WM 1991, 2034 = NJW 1991, 3282 = BB 1991, 2401 = DB 1992, 37 = WuB IV A. § 826 BGB 2.92 *Broß* (Grundstückssachverständiger).

[410] BGH Urt. v. 14.6.2007, Az. III ZR 125/06, ZIP 2007, 1993, 1997.

[411] BGHZ 75, 321 = WM 1980, 30 = NJW 1980, 589 = BB 1980, 120 = DB 1980, 295; BGH NJW 1980, 1524.

[412] Vgl. hierzu *Berger/Stemper* WM 2010, 2289; Haar NZG 2010, 1281; *Lerch* BKR 2010, 402; zur örtlichen und internationalen Zuständigkeit deutscher Gerichte in solchen Fällen vgl. BGH Beschl. v. 13.12.2012, Az. III ZR 282/11, NJW 2013, 386; OLG Frankfurt Urt. v. 28.11.2011, Az. 21 U 23/11, BB 2012, 215 = WM 2011, 2360; vgl. hierzu auch *Schlick* WM 2014, 633, 638.

[413] So auch *Haar* DB 2013, 2489 ff.

[414] BGH Urt. v. 14.7.2009, Az. XI ZR 152/08, WM 2009, 1647, 1650 Rn. 38 u. H. a. BGHZ 126, 217, 225; 166, 56 Rn. 15 u. BGH Urt. v. 11.10.2007, Az. XI ZR 105/06, WM 2007, 2351 Rn. 11 f.; OLG München Beschluss v. 9.8.2012, Az. 17 U 1392/12, BKR 2012, 468 u. H. a. BGH Urt. v. 11.5.2006, Az. III ZR 205/05.

[415] Vgl. hierzu die erhellenden Ausführungen des LG Lüneburg Urt. v. 25.3.2014, Az. 5 O 58/14 S. 12 u. U. a. BGH NJW-RR 2013, 296, welches das Vorgehen der Verbraucher-Anwälte zu Einreichung von Massenklagen massiv angreift und selbst eine Sittenwidrigkeit deren Bevollmächtigung in Betracht zieht, weil die Einreichung der Massenklagen allein der Generierung von Millionenumsätzen geschuldet ist, ohne dabei die Interessen der Mandanten zu berücksichtigen; ähnlich LG Bückeburg, Urt. v. 24.6.2014, Az. 2 O 117/13; OLG München Urt. v. 23.8.2011, Az. 17 U 2577/11; OLG Karlsruhe Urt. v. 28.6.2006, Az. 7 U 225/05; OLG Frankfurt a. M. Urt. v. 8.5.2007, Az. 10 U 105/06; LG Frankfurt a. M. Urt. v. 11.11.2011, Az. 2–07 O 514/10 u. H. a. BGH NJW 2000, 3558.

dadurch ausgeglichen, dass die andere Partei im Wege der **sekundären Darlegungslast**[416] die behauptete Fehlberatung **substantiiert bestreiten** und darlegen muss, wie im Einzelnen beraten bzw. aufgeklärt worden sein soll. Ist ihr ein entsprechendes substantiiertes Bestreiten zB aufgrund **Ablaufs der Aufbewahrungsfristen** sowie aufgrund **Versterbens des Anlageberaters** nicht möglich, so kann sie den Vortrag des Anlegers schlicht bestreiten.[417] Dem Geschädigten obliegt dann der Nachweis, dass die Gegendarstellung nicht zutrifft.[418] Insofern bedarf es keiner **Beweiserleichterung** oder gar einer **Beweislastumkehr** zu Gunsten des Geschädigten. Eine solche ergibt sich auch nicht aus der **Nichtdokumentation** der Gespräche. Denn es besteht grundsätzlich keine Obliegenheit und erst recht keine Verpflichtung zur schriftlichen Dokumentation gegenüber dem Kapitalanleger.[419] Hat der Kapitalanleger allerdings ein **Beratungsprotokoll** oder sonstige auf die Anlageziele und -wünsche hinweisenden Dokumente unterschrieben, dann kommt diesen Dokumenten eine besondere Beweis-Aussagekraft zu. Dies gilt insbesondere bei den **Dokumentationsbögen,** zu deren Erstellung die dem WpHG unterfallenden Berater seit dem 1.1.2010 verpflichtet sind, ohne dass jedoch eine Verpflichtung zur Unterzeichnung durch den Anleger besteht.[420] Nimmt der Zeichner einer Vermögensanlage den Anlagevermittler auf Schadensersatz in Anspruch, dann muss er beweisen, vom Vermittler keine die Risikohinweise enthaltenden **Anlageprospekte** rechtzeitig vor Zeichnung erhalten zu haben.[421] Gleiches gilt im Zusammenhang mit § 23a Abs. 1 S. 2 KWG. Denn auch hier trägt der Anleger die Darlegungs- und Beweislast für die nicht rechtzeitig erteilte ordnungsgemäße Information.[422] Eine Änderung oder **Umkehr der Beweislast** kann ferner weder auf die **Vermutung der Vollständigkeit und Richtigkeit** des Inhalts vertraglicher Urkunden gestützt werden noch auf die Verletzung einer (nicht bestehenden) vermeintlichen **Dokumentationspflicht**. Auch kommt die Übertragung der Beweiserleichterungen zum Schutz der Anleger bei fehlerhaften Angaben in dem zum Vertrieb von Kapitalanlagen herausgegebenen **Prospekt** nicht in Betracht.[423] Erfolgt allerdings eine Beratung unter Verwendung eines Prospekts, dann wird bei Vorliegen von Prospektfehlern vermutet, dass die Prospektfehler sich auch auf die mündliche Beratung auswirkten und sich in dieser festgesetzt haben.[424] Bei **Änderung der Anlagestrategie** muss das anlageberatende Institut darlegen und beweisen, dass die außerhalb des „normalen" Anlageprofils erfolgte Anlageempfehlung anlegergerecht war.[425]

Hinsichtlich des **Nachweises der Kausalität** gilt der Grundsatz, dass derjenige, der eine vertragliche Aufklärungs- oder Beratungspflicht verletzt, die Beweislast dafür trägt, dass der Schaden auch bei pflichtgemäßem Verhalten eingetreten wäre, der Geschädigte also den Rat oder Hinweis trotz Aufklärung nicht befolgt hätte.[426] Diese sog **Vermutung**

---

[416] Vgl. hierzu *Prütting* in MüKoZPO, 3. Aufl., § 286 ZPO Rn. 103.
[417] OLG Hamm Urt. v. 21.3.2014, Az. 5 U 158/10, ZIP 2014, 911; OLG Köln Urt. v. 7.11.2012, Az. 13 U 234/11, WM 2013, 367.
[418] BGH Urt. v. 14.7.2009, Az. XI ZR 152/08, WM 2009, 1647, 1650 Rn. 38.
[419] BGH Urt. v. 24.1.2006, Az. XI ZR 320/04, WM 2006, 567, 568.
[420] OLG Düsseldorf Urt. v. 16.12.2010, Az. I-6 U 200/09, WM 2011, 399 m. Anm. *Reinhart* WuB I G 1.-11.11.
[421] BGH Urt. v. 6.12.2012, Az. III ZR 66/12 Rn. 16, WM 2013, 68, 69; BGH Urt. v. 11.5.2006, Az. III ZR 205/05, WM 2006, 1288, m. Anm. *Diefenhardt* WuB I G 1.–6.06. u. *Wolters* EWiR § 675 BGB 2/06, 493.
[422] BGH Urt. v. 14.7.2009, Az. XI ZR 152/08, aaO, Rn. 43.
[423] BGH Urt. v. 13.6.2008, Az. V ZR 114/07, WM 2008, 1590, 1591 in Bezug auf den Käufer einer Immobilie.
[424] OLG Karlsruhe Urt. v. 30.1.2014, Az. 9 U 159/11, BKR 2014, 212, 214 u. U. a. BGH Urt. v. 3.12.2007, Az. II ZR 21/06 Rn. 15 ff. u. BGH Urt. v. 6.11.2008, Az. III ZR 290/07 Rn. 17 ff.
[425] OLG Frankfurt Beschluss v. 9.1.2013, Az. 3 U 187/12.
[426] BGH Urt. v. 28.5.2013, Az. XI ZR 421/10 Rn. 17; BGH WM 1984, 221 = NJW 1984, 1688 = DB 1984, 770 = ZIP 1984, 547; BGHZ 115, 214 = WM 1991, 2092 = NJW 1992, 228 = BB

**aufklärungsrichtigen Verhaltens** gilt für alle Aufklärungs- und Beratungsfehler eines Anlageberaters, insbesondere auch dann, wenn **Rückvergütungen** pflichtwidrig nicht offengelegt wurden.[427] Sie gilt auch, wenn die Bank bei Rückvergütungen der Beweis rechtmäßigen Alternativverhaltens durch Parteivernehmung wegen zwischenzeitlichen **Versterbens des Kapitalanlegers** nicht möglich ist, der Testamentsvollstrecker oder Erbe wiederum „ins Blaue hinein" nur Rückvergütung rufen.[428] Dabei begegnet die Übertragung der Grundsätze der Vermutung aufklärungspflichtigen Verhaltens auch auf den Fall von Rückvergütungen schon deswegen erheblichen Bedenken, weil die Aufklärung über Rückvergütungen weder die Werthaltigkeit der Kapitalanlage betrifft noch die Produktqualität. Insofern ist es schlicht nicht nachvollziehbar, weswegen ein in Bezug auf das Produkt anleger- und objektgerecht beratener Anleger das Produkt nicht erwerben soll, nur weil der Berater mit seiner Dienstleistung Geld verdient.[429]

**109** Bei der Vermutung aufklärungsrichtigen Verhaltens handelt es sich (nur) im Bereich der Anlageberatung[430] nicht nur um eine Beweiserleichterung im Sinne eines Anscheinsbeweises, sondern um eine zur **Beweislastumkehr** führende widerlegliche Vermutung.[431] Diese Beweislastumkehr gilt wiederum – anders als vom BGH früher vertreten – nicht nur dann, wenn der Anleger bei gehöriger Aufklärung vernünftigerweise nur eine Handlungsalternative gehabt hätte, sondern unter Berücksichtigung des **Schutzzwecks der Beweislastumkehr** bereits bei feststehender Aufklärungspflichtverletzung.[432]

**110** Diese Vermutung aufklärungsrichtigen Verhaltens kann der die Aufklärungspflicht verletzende Berater durch den Vortrag von **Hilfstatsachen** und **Indizien** widerlegen.[433] Relevante Indizien können sich dabei sowohl aus dem **vorangegangenen** als auch aus dem **nachfolgenden Anlageverhalten** des Anlegers ergeben.[434] Insbesondere die Kenntnis des Anlegers von Provisionen oder Rückvergütungen, die die beratende Bank bei vergleichba-

---

1992, 228 = BB 1992, 10 = DB 1992, 135 = ZIP 1992, 552 = WuB I G 9.–2.92 v. *Heymann;* BGH Urt. v. 16.11.1993, Az. XI ZR 214/92, BGHZ 124, 15, 159 ff. = WM 1994, 149 = NJW 1994, 512 = BB 1994, 305 = DB 1994, 1079 = ZIP 1994, 116 = WuB I G 4.–3.94 *Wach;* BGH WM 1994, 1076 = NJW 1994, 1864 = DB 1994, 1081 = WuB I G 7.–2.94 v. *Heymann.*

[427] BGH Urt. v. 23.9.2013, Az. XI ZR 204/12, WM 2013, 2065 Rn. 38; BGH Urt. v. 8.5.2012, Az. XI ZR 262/10, BGHZ 193, 159 = WM 2012, 1337, 1340 Rn. 28 u. H. a. BGH Urt. v. 16.11.1993, BGHZ 124, 151, 159 f. = WM 1994, 149 u. BGH Urt. v. 12.5.2009, WM 2009, 1274 Rn. 22; vgl. hierzu auch die Anm. v. *Buck-Heeb* WuB I G 1.-11.12.

[428] So LG Köln Urt. v. 14.2.2013, Az. 15 O 155/12 u. H. a. LG Berlin Urt. v. 7.8.2009, Az. 4 O 404/08 u. LG Köln Urt. v. 12.1.2012, Az. 30 O 524/10; aA OLG Frankfurt Urt. v. 18.11.2011, Az. 19 U 68/11 Rn. 29.

[429] So auch *Stumpf/Kallenbach* BB 2012, 2582, 2583 u. H. a. *Edelmann* BB 2010, 1163 u. BB 2009, 1718.

[430] Vgl. hierzu BGH Beschl. v. 15.5.2014, Az. IX ZR 267/12, WM 2014, 1379, welcher nach wie vor davon ausgeht, dass in Fällen der Rechts- und Steuerberatung die Grundsätze des Anscheinsbeweises gelten.

[431] BGH Urt. v. 8.5.2012, aaO, Rn. 29 u. H. a. BVerfG WM 2012, 68 u. BGH Beschluss v. 9.2.2011, WM 2011, 925 Rn. 33 offen gelassen in BGH Urt. v. 11.2.2014, Az. II ZR 273/12, WM 2014, 661, 662 Rn. 11; aA *Bassler* WM 2013, 544 ff., welcher mit umfassender Argumentation die Beweislastumkehr verwirft; so wohl auch *Heusel* ZBB 2012, 461 ff.

[432] BGH Urt. v. 11.2.2014, Az. II ZR 273/12, WM 2014, 661, 662 in Bezug auf die Ursächlichkeit von Prospektfehlern; BGH Urt. v. 28.5.2013, Az. XI ZR 113/11, BKR 2013, 388, 390 Rn. 19; BGH Urt. v. 8.5.2012, aaO, Rn. 30 ff.; vgl. zur früheren Rspr. BGH Urt. v. 22.3.2010, Az. II ZR 66/08, WM 2010, 972, 974 Rn. 20 u. BGH Urt. v. 31.5.2010, Az. II ZR 30/09, WM 2010, 1310, 1311 f. Rn. 17 ff.

[433] Vgl. hierzu *Stumpf/Kallenbach* BB 2012, 2582, 2583 ff. unter Auflistung von 5 Fallgruppen.

[434] OLG Düsseldorf Urt. v. 10.4.2014, Az. I-6 U 129/13, BKR 2014, 297, 302 Rn. 31, welches u. U. a. BGH Urt. v. 8.5.2011, Az. XI ZR 262/10 Rn. 50 festhält, dass ein Indiz für die Widerlegung der Kausalität auch darin gesehen werden kann, dass sich der Anleger von einem anderen vergleichbaren Produkt trotz Kenntnis von den Risiken nicht trennt; so auch OLG Celle Beschl. v. 5.6.2014, Az. 3 U 57/14 S. 16.

ren früheren Anlagegeschäften erhalten hat, kann ein Indiz dafür sein, dass der Anleger die empfohlene Kapitalanlage auch in Kenntnis der Rückvergütungen erworben hätte.[435] Demgegenüber kann aus dem Einverständnis des Anlegers mit Provisionszahlungen bei Wertpapiergeschäften nicht auf sein Einverständnis mit Rückvergütungen bei Fondsprodukten geschlossen werden.[436] Dem Eingreifen der Vermutung aufklärungspflichtigen Verhaltens steht auch nicht entgegen, dass die Rückvergütung im Verhältnis zur Anlagesumme **geringfügig** ausfällt.[437] Als gegen die Kausalität sprechendes Indiz kommt wiederum das **Anlageziel** bzw. das **Motiv des Kapitalanlegers** in Frage (Steuerersparnis alleiniges Motiv bzw. allenfalls noch Renditechancen und Sicherheitskonzept).[438] Zwar steht der Umstand, dass ein Anleger eine steueroptimierte Anlage wünscht, für sich gesehen der Kausalitätsvermutung nicht entgegen. Ist die vom Anleger gewünschte Steuerersparnis aber nur mit dem empfohlenen Produkt oder anderen Kapitalanlagen mit vergleichbaren Rückvergütungen zu erzielen, kann das den Schluss darauf zulassen, dass an die Bank geflossene Rückvergütungen für die Anlageentscheidung unmaßgeblich waren.[439] Hat wiederum der Anleger Kenntnis vom **generellen Provisionsinteresse** der Bank, ohne die genaue Höhe der Rückvergütung zu, so lässt dies den Schluss zu, der Anleger hätte die Beteiligung auch im Falle der Unterrichtung über den Umfang der Rückvergütung gezeichnet.[440] Dies gilt selbst dann, wenn der Anleger die von ihm vermutete Größenordnung der Rückvergütung als abschließend angesehen haben sollte.[441]

Legt der Vermittler einer prospektierten Kapitalanlage **sog Innenprovisionen** nicht genügend offen oder stellt er sonstige Unrichtigkeiten im Prospekt nicht richtig, dann ist es grundsätzlich seine Sache, die durch die Lebenserfahrung begründete tatsächliche Vermutung, dass der Anleger bei richtiger Aufklärung von der Zeichnung der Anlage abgesehen hätte, durch konkreten Vortrag zu entkräften.[442] Ein **Kausalzusammenhang** wird auch zwischen einem prospektierten Unternehmensbericht und dem Kaufentschluss des Anlegers vermutet, wenn die Aktien nach Veröffentlichung des **Unternehmensberichts** erworben worden sind. Dabei kommt es nicht darauf an, ob der Anleger den Bericht gelesen oder gekannt hat. Ausschlaggebend ist, dass der Bericht die Einschätzung eines Wertpapiers in Fachkreisen mitbestimmt und damit eine Anlegerstimmung erzeugt.[443] Im Rahmen der Informationsdelikthaftung gemäß § 826 BGB muss jedoch der Nachweis des Kausalzusammenhangs zwischen einer fehlerhaften **Ad-hoc-Mitteilung** und der individuellen Anlageentscheidung auch dann geführt werden, wenn die Kapitalmarktinformation extrem unseriös gewesen ist.[444] 111

## VIII. Haftungsumfang

Ansprüche aus fehlgeschlagenen Kapitalanlagen können auf das **negative Interesse** bei Verschulden bei Vertragsschluss (c. i. c.) oder – bei Festhalten am Vertrag – auf Erfüllung 112

---

[435] BGH Urt. v. 8.5.2012, Az. XI ZR 262/10, aaO, Rn. 50; BGH Urt. v. 19.7.2011, Az. XI ZR 191/10 Rn. 9.

[436] BGH Urt. v. 28.5.2013, Az. XI ZR 421/10 Rn. 24; BGH Urt. v. 8.5.2012, aaO, Rn. 48.

[437] OLG Braunschweig Urt. v. 15.12.2011, Az. 8 U 125/10, S. 12 u. H. a. OLG Köln WM 2003, 338, 340 f.

[438] BGH Urt. v. 8.5.2012, aaO, Rn. 52; BGH-Beschluss v. 26.3.2013, Az. XI ZR 228/11, BKR 2013, 467, 468 f. Rn. 13 f.; BGH-Beschluss v. 26.3.2013, Az. XI ZR 228/11, BKR 2013, 467, 468 f. Rn. 13 f.; BGH Urt. v. 28.5.2013, Az. XI ZR 421/10 Rn. 22.

[439] BGH Urt. v. 8.5.2012, aaO, Rn. 53; BGH Urt. v. 28.5.2013, aaO, Rn. 26.

[440] BGH Urt. v. 4.2.2014, Az. XI ZR 398/12, BKR 2014, 200, 202 Rn. 19 u. U. a. BGH Beschl. v. 15.1.2013, Az. XI ZR 8/12, BKR 2013, 203 Rn. 22.

[441] BGH Urt. v. 8.4.2014, Az. XI ZR 341/12, WM 2014, 1036, 1039 Rn. 28, 30.

[442] BGH Urt. v. 9.2.2006, Az. III ZR 20/05, ZIP 2006, 568.

[443] BGH Urt. v. 9.2.2006, Az. III ZR 20/05, ZIP 2006, 568, 572 mwN.

[444] BGH Beschluss v. 15.2.2006, Az. II ZR 246/04, ZIP 2007, 679 u. Beschluss v. 28.11.2005, Az. II ZR 80/04, ZIP 2007, 681.

oder auf Schadensersatz wegen Nichterfüllung gerichtet sein. Dabei muss sich der Anleger – je nach Anspruchsgegner und Anspruchsinhalt – entscheiden, ob er Ansprüche wegen Unrichtigkeit der Unvollständigkeit der Beratung Zug-um-Zug gegen Übertragung der Kapitalanlage (Gesellschafterstellung, Immobilie, Wertpapier) geltend machen oder ob er diese behalten und den wirtschaftlichen Schaden ersetzt verlangen will.[445]

**113** **1. Kausalität.** Haftungsansprüche wegen unrichtiger oder unvollständiger Auskünfte und Beratung setzen Kausalität voraus. Die falschen Angaben müssen den Anleger zu seiner Entscheidung bestimmt haben und die Verletzung der Offenbarungspflicht muss ursächlich für den konkret geltend gemachten Schaden des Anlegers sein.[446] Bei der Prüfung des ursächlichen Zusammenhangs zwischen der Schlechterfüllung der Aufklärungspflicht und dem Schaden des Anlegers kommt es nicht auf die **Wertentwicklung der Beteiligung** an; entscheidend ist vielmehr die Ursächlichkeit des Aufklärungsmangels für den **Beteiligungsentschluss** des Anlegers. Im Wesentlichen unrichtige oder unvollständige **Prospektangaben** stellen eine rechtswidrige Verletzung der Aufklärungspflicht dar, welche nach der Lebenserfahrung grundsätzlich für die Anlageentscheidung ursächlich geworden sind.[447] Ein Anleger, der mit einem in erheblichen Punkten unrichtigen oder unvollständigen **Prospekt** geworben worden ist, kann im Wege des Schadensersatzes Rückgängigmachung seiner Beteiligung verlangen, auch wenn die im Prospekt unrichtig dargestellten Risiken nicht mit denjenigen identisch sind, die zu dem späteren Werteverfall der Anlage geführt haben.[448] Ein **Prospektfehler** kann auch dann für die Anlageentscheidung **ursächlich** sein, wenn der Verkaufsprospekt dem Anlageinteressierten nicht oder nicht rechtzeitig vor der Entscheidungsfassung über die Tätigung der Anlage übergeben wird. Dieser muss aber vom Vermittler entsprechend dem Vertriebskonzept als **Grundlage des konkreten Vermittlungsgesprächs** gemacht worden sein, was allerdings vom Kapitalanleger durch einen konkreten, dem Beweis zugänglichen Vortrag substantiiert darzulegen ist.[449]

**114** Kommt ein Kreditvertrag erst nach dem Beitritt eines Anlegers zur Bauherrengemeinschaft und nach dem Kauf seines Anteils am Grundstück zustande, dann schließt diese zeitliche Abfolge die Annahme aus, der Anleger hätte noch vom Abschluss der seiner Beteiligung zugrundeliegenden Verträge absehen können, wenn er von der finanzierenden Bank über die besonderen Nachteile und Risiken des Vorhabens hingewiesen worden wäre. Damit steht jedoch nicht fest, dass die unterlassene Aufklärung für den Schaden des Anlegers nicht ursächlich war. Vielmehr kommt es darauf an, ob sich der Anleger bei erfolgter Aufklärung noch aus den abgeschlossenen Verträgen mit Erfolg hätte lösen können.[450]

**115** Der eingetretene Schaden muss im **Schutzbereich der verletzten Pflicht** liegen.[451] Bei Kapitalanlagen folgt daraus, dass jemand, der nicht Partner des Anlagegeschäfts ist und

---

[445] BGH WM 1991, 695 = NJW-RR 1991, 599 = BB 1991, 935 = DB 1991, 964 = WuB I G 7.–6.91 v. *Heymann*; BGH WM 1992, 143 = NJW 1992, 1223 = BB 1992, 231 = DB 1992, 517 = ZIP 1992, 324 = WuB I G 9.–4.92 *Medicus*.

[446] BGHZ 71, 284 = WM 1978, 705 = NJW 1978, 1625 = BB 1978, 979 = DB 1978, 1490; BGHZ 79, 337 = WM 1981, 483 = NJW 1981, 1449 = BB 1981, 865 = DB 1981, 1274 = ZIP 1981, 518; BGH WM 1982, 760 = NJW 1982, 2303 = BB 1982, 1196 = DB 1982, 1866; BGH WM 1990, 681 = NJW-RR 1990, 918 = BB 1990, 515 = WuB I G 7.–5.90 v. *Heymann*; BGHZ 115, 214 = WM 1991, 2092 = NJW 1992, 228 = BB 1992, 10 = DB 1992, 135 = ZIP 1992, 552 = WuB I G 9.–2.92 v. *Heymann*.

[447] BGH Urt. v. 23.4.2012, Az. II ZR 211/09, WM 2012, 1188 = DB 2012, 1436, 1438 Rn. 30.

[448] BGHZ 123, 106 = WM 1993, 1787 = NJW 1993, 2865 = BB 1993, 2108 = DB 1993, 2017 = ZIP 1993, 1467 = WuB I G 9.–1.94 *Assmann*.

[449] BGH Urt. v. 23.4.2013, Az. XI ZR 405/11 Rn. 24 u. 27.

[450] BGH WM 1990, 120 = NJW-RR 1990, 876 = DB 1990, 1181 = WuB I G 7.–7.90 *Assmann*.

[451] BGH Urt. v. 19.12.2000, Az. XI ZR 349/99, BGHZ 146, 235, 240 u. H.a. BGHZ 116, 209, 212 f., vgl. auch BGH WM 1990, 808 = NJW 1990, 2057 = BB 1990, 586 = DB 1990, 1232 = ZIP 1990, 593 = WuB IV A. § 249 BGB 1.90 v. *Heymann*; BGH WM 1990, 1276 = NJW 1990, 2461 = BB 1990, 1437 = DB 1990, 1913 = ZIP 1990, 928 = WuB I G 9.–1.90 v. *Heymann*.

dem Interessenten nur hinsichtlich eines bestimmten, für das Vorhaben bedeutsamen **Einzelpunkts** Aufklärung schuldet, lediglich für die Risiken einzustehen hat, für deren Einschätzung die Auskunft maßgebend war.[452] Betrifft allerdings die Aufklärungspflichtverletzung nicht nur einen Aspekt, sondern die gesamte Rentabilität und Finanzierbarkeit des Anlagegeschäfts, was bei Anlagegeschäften grundsätzlich der Fall ist[453], dann ist wiederum ein umfassender Rückabwicklungsanspruch begründet.[454] Demgemäß führt die Verletzung der **Rückvergütungs-Aufklärungspflicht** auch unter Berücksichtigung des Schutzzwecks der verletzten Pflicht nicht nur zu einem begrenzten Schadensersatz, sondern zu einer vollständigen Rückabwicklung der Kapitalanlage.[455]

Der Schutzzweck eines Beratungsvertrages über den **Erwerb einer Wohnung** ist wiederum nicht darauf ausgerichtet, den Vertragspartner vor **psychisch vermittelten Gesundheitsstörungen** zu bewahren, welche eine Falschberatung nach sich zieht. Bei solchen Störungen genügt für den **Haftungszusammenhang** nicht die bloße äquivalente Ursächlichkeit. Denn zur Abgrenzung von Störungen, deren Eintritt dem allgemeinen Lebensrisiko zuzurechnen ist, bedarf es vielmehr einer **wertenden Betrachtung.**[456] Ist ein **Prospekt** unrichtig oder unvollständig und hätte der Anleger die Beteiligung bei Kenntnis aller für die Beurteilung des Angebots maßgeblichen Verhältnisse nicht getroffen, dann fällt der von ihm erlittene Schaden in den Schutzbereich der Verhaltensnorm (Aufklärungspflicht), ohne dass es ausschlaggebend darauf ankommt, ob sich später gerade die im Prospekt verschwiegene Gefahr als solche verwirklicht hat oder auf welchen Umständen ein eventueller Wertverlust beruht.[457]

**2. Verschulden.** Die Haftung für unrichtige oder unvollständige Auskünfte, Beratung usw. setzt Verschulden voraus. Regelmäßig genügt hierbei einfache Fahrlässigkeit. Was das Verschulden im Rahmen einer Aufklärungspflichtverletzung anbelangt, so muss, da das **Verschulden** gemäß § 282 BGB aF bzw. § 280 Abs. 1 S. 2 BGB nF **vermutet** wird[458], der Aufklärungspflichtige **darlegen und beweisen,** dass er eine Pflichtverletzung nicht zu vertreten hat.[459] Dies gilt auch für den die Anwendbarkeit des **§ 37a WpHG aF** ausschließenden Vorsatz.[460] Allerdings kann bei **einfachen Aufklärungs- und Beratungsfehlern** bereits ohne Beweisaufnahme ein fehlender Vorsatz festgestellt werden, wenn keine Anhaltspunkte für einen Vorsatz vorliegen bzw. der Anspruchsteller Entsprechendes nicht substantiiert behauptet.[461] Denn allein ein objektiver Beratungsfehler begründet für sich allein noch nicht die Vermutung eines vorsätzlichen Verhaltens.[462] Etwas anderes gilt dann, wenn kein einfacher, sondern ein **grober Aufklärungs- und Beratungsfehler** vorliegt, weil

---

[452] BGH Beschluss v. 5.4.2011, Az. XI ZR 365/09, WM 2011, 876, 879 Rn. 17 u. H. a. BGH Urt. v. 20.3.2007, WM 2007, 876 Rn. 21.
[453] BGH Urt. v. 19.12.2000, Az. XI ZR 349/99, BGHZ 146, 235, 240.
[454] BGH Beschluss v. 5.4.2011, aaO.
[455] BGH Urt. v. 19.12.2000, Az. XI ZR 349/99, BGHZ 146, 235, 240 f.; zur Kausalitätsvermutung bei Rückvergütungen vgl. → § 3 Rn. 108.
[456] OLG Nürnberg Hinweis v. 21.1.2011, Az. 13 U 2081/10, WM 2011, 1073 f.
[457] BGHZ 123, 106 = WM 1993, 1787 = NJW 1993, 2865 = BB 1993, 2108 = DB 1993, 2017 = ZIP 1993, 1467 = WuB I G 9.–1.94 *Assmann*; BGH WM 1992, 133 = NJW 1992, 555 = BB 1992, 454 = DB 1992, 885 = ZIP 1992, 166 = WuB IV A. § 249 BGB 1.92 *Sundermann*.
[458] Vgl. BGH Urt. v. 1.3.2013, Az. V ZR 279/11, WM 2013, 839, 841 Rn. 19.
[459] BGH Beschluss v. 29.6.2010, Az. XI ZR 308/09, WM 2010, 1694 u. H. a. BGH WM 2007, 542 Rn. 18 u. BGH WM 2009, 1274 Rn. 17.
[460] BGH Beschluss v. 29.6.2010, aaO; OLG Stuttgart Urt. v. 10.10.2012, Az. 9 U 87/12; zur Verschuldensvermutung bei § 37a WpHG vgl. *Neumann* WM 2014, 346 ff.; kritisch *Edelmann* BB 2009, 1718; vgl. hierzu auch → § 3 Rn. 138.
[461] OLG Stuttgart Urt. v. 10.10.2012, Az. 9 U 87/12, BeckRS 2012, 22643; vgl. auch die Hinweise bei → § 3 Rn. 138.
[462] OLG Hamm Urt. v. 17.6.2013, Az. 31 U 49/13 S. 7 Rn. 36 u. U.a. OLG Stuttgart, aaO u. OLG Frankfurt Beschl. v. 30.3.2011, Az. 23 U 69/10.

sich beispielsweise die beratende Bank über Gesetzesvorschriften oder Richtlinien hinwegsetzt, das Produkt abweichend zu wesentlichen Angaben im Kurzprospekt oder der Produktinformation darstellt oder sonstige offensichtliche Fehler begeht.[463] Zu **offenen Immobilienfonds** wird nun ein Verschulden in Form des Vorsatzes wegen der Nichtaufklärung über das Aussetzungsrisiko nicht bejahen können.[464]

**117** Die Anforderungen an die **Sorgfaltspflichten** sind weitgehend vom Einzelfall abhängig. Generell wird bei Kenntnis falscher Angaben oder Nichtweitergabe angabepflichtiger Tatsachen Fahrlässigkeit angenommen.[465] Soweit die betroffenen Personen größere Kenntnisse und Erfahrungen besitzen, sind die Sorgfaltsanforderungen entsprechend höher. Demgemäß werden für Anlage- und Vermögensberater, Rechtsanwälte, Steuerberater, Wirtschaftsprüfer und auch Banken strenge Fahrlässigkeitsmaßstäbe angelegt.[466] Hat eine Bank Kenntnis davon, dass Zweifel an der Zuverlässigkeit eines Anlageangebotes bestehen, reicht dies für die Annahme eines Verschuldens aus.[467] Wird bei der Anwerbung von Anlegern im Prospekt mit unrichtigen Angaben geworben, ergibt sich hieraus im Regelfall nicht nur die Verletzung von Aufklärungspflichten, sondern auch das Verschulden der handelnden Personen.[468]

**118** Während die **vorsätzliche Haftung** bereits bei einem **bloßen Rechtsirrtum** entfällt, ist die Haftung wegen **Fahrlässigkeit** nur bei einem **unvermeidbaren Rechtsirrtum** ausgeschlossen. An das Vorliegen eines **unverschuldeten Rechtsirrtums** sind wiederum strenge Maßstäbe anzulegen, wobei der Schuldner die Rechtslage sorgfältig prüfen und, soweit erforderlich, Rechtsrat einholen und die höchstrichterliche Rechtsprechung sorgfältig beachten muss. Dabei trifft den Schuldner grundsätzlich das Risiko, die Rechtslage zu verkennen.[469] Unter Berücksichtigung dieser Maßstäbe hat es der XI. Zivilsenat des Bundesgerichtshofs im Zusammenhang mit der **Rückvergütungsthematik** einer Bank, die einen Kunden im Rahmen der Anlageberatung nicht über an sie zurückgeflossene Rückvergütungen aufgeklärt hat, im Rahmen des **Fahrlässigkeitsvorwurfs**[470] verwehrt, sich auf einen **unvermeidbaren Rechtsirrtum** jedenfalls für die Zeit **nach 1990** zu berufen[471]; dies deshalb, weil für die Bank angeblich aufgrund von BGH-Gerichtsurteilen sowie anhand von Äußerungen in der Literatur seit diesem Zeitpunkt hätte erkennbar sein müssen, dass der Bundesgerichtshof im Jahr 2009[472] eine auf einen allgemeinen zivilrechtlichen Grundsatz gestützte Aufklärungspflicht wegen eines dem Kapitalanleger vermeintlich nicht erkennbaren Interessenkonflikts erschaffen hat.[473] Diese Rechtsprechung des Bundesgerichtshofs ist vielfach auf Kritik gestoßen. So wurde aufgezeigt, dass die beiden Entschei-

---

[463] OLG Stuttgart Urt. v. 10.10.2012, aaO.

[464] OLG Hamburg Urt. v. 14.5.2014, Az. 13 U 32/13.

[465] BGHZ 71, 284 = WM 1978, 705 = NJW 1978, 1625 = BB 1978, 979 = DB 1978, 1490; BGHZ 74, 103 = WM 1979, 530 = NJW 1979, 1449 = BB 1980, 800 = DB 1979, 1219.

[466] BGHZ 79, 337 = WM 1981, 483 = NJW 1981, 1449 = BB 1981, 865 = DB 1981, 1274 = ZIP 1981, 518.

[467] BGH WM 1987, 495 = BB 1987, 850 = DB 1987, 980 = ZIP 1987, 500 = WuB I G 4.–5.87 *Assmann*.

[468] BGHZ 84, 141 = WM 1982, 758 = NJW 1982, 2493 = BB 1982, 1323 = DB 1982, 1817; BGH WM 1992, 1892 = NJW 1992, 3296 = BB 1992, 2310 = DB 1992, 2340 = ZIP 1992, 1561 = WuB I G 9.–2.93 *Vortmann*.

[469] BGH Beschluss v. 29.6.2011, Az. XI ZR 308/09, WM 2010, 1694 m. Anm. *Meder/Flick* WuB I G 1.–6.11; *Lang/Müller-Felsch* BB 2010, 2329; *Koch* BKR 2010, 333.

[470] Zum Vorsatzvorwurf zur Aushebelung der Verjährung nach § 37a WpHG vgl. die wenig überzeugende Entscheidung des OLG Stuttgart v. 16.3.2011, Az. 9 U 129/10, ZIP 2011, 803 m. kritischen Beiträgen hierzu von *Schäfer/Lang* BKR 2011, 239 ff.; *Buck-Heeb* BKR 2011, 441 ff. u. *Schlösser* BKR 2011, 465 ff.

[471] Zur Innenhaftung des Leistungsorgans vgl. *Buck-Heeb* BB 2013, 2247.

[472] BGH Urt. v. 20.1.2009, Az. XI ZR 510/07, WM 2009, 405 m. Anm. *Lenenbach* WuB I G 7.1.09.

[473] Vgl. hierzu BGH Beschluss v. 29.6.2010, aaO.

dungen des Bundesgerichtshofs aus den Jahren 1989 und 1990, auf welche der XI. Zivilsenat seine dahingehende Rechtsprechung gestützt hat, in keinster Weise irgendeinen Bezug zur aktuellen Rückvergütungsthematik haben und insbesondere auch keinerlei Aussagen enthalten, aus welchen irgend jemand auch nur eine Ahnung hätte dahingehend entwickeln können, dass der Bundesgerichtshof im Jahre 2009 einen noch nie erwähnten oder angedachten allgemeinen zivilrechtlichen Grundsatz zur Vermeidung von für den Anleger nicht erkennbarer Interessenkonflikte erschafft.[474] Ungeachtet dessen hat es der Bundesgerichtshof in einem weiteren Urteil der Bank verwehrt, sich jedenfalls für die Zeit **nach 1984** auf einen unvermeidbaren Rechtsirrtum zu berufen. Gleichzeitig hat er angedeutet, dass die Bank bei Nichtaufklärung über Rückvergütungen bereits **ab dem Jahr 1904** ein Verschulden treffen könnte.[475] Demgegenüber hat der Bundesgerichtshof das Verschulden der Bank bei Verletzung der erst ab dem 1.8.2014 geltenden Interessenkonfliktsaufklärungspflicht bei Vorliegen von **Innenprovisionen** für die Vergangenheit abgelehnt.[476]

**3. Mitverschulden.** Inwieweit im Rahmen der Anlageberatung oder Anlageempfehlung der Einwand des Mitverschuldens gebracht werden kann, hängt im Wesentlichen von den Umständen des Einzelfalles ab.[477] Grundsätzlich kann sich der Berater nach Treu und Glauben nicht darauf berufen, dass der Beratene seinem Rat ohne eigene Nachprüfung folgt. Dementsprechend wird von der Rechtsprechung der Einwand des Mitverschuldens **nur in Ausnahmefällen** zugelassen.[478] Wird gegenüber einem Anlageinteressenten beispielsweise mit **ungewöhnlich hohen Renditen** geworben, welche auf den hochspekulativen Charakter des Geschäfts schließen lassen, dann obliegt es dem Anleger, sich aufdrängende Unklarheiten zumindest durch Rückfragen, wenn nicht sogar durch eigene Nachforschungen, zu beseitigen. Tut er dies nicht, trifft ihn ein Mitverschulden.[479] Den Anlageinteressenten kann ein Mitverschulden bei der Entstehung eines Schadens auch dann treffen, wenn er die ihm angebotene Kapitalanlage anhand der ihm vorgelegten **Prospekte nicht auf Klarheit und Schlüssigkeit hin prüft**.[480] Ein Mitverschulden kann den Kapitalanleger auch dann treffen, wenn er die ausgesuchte Wohnung vor deren Erwerb nicht besichtigt[481], wenn der Anleger bei einer hochspekulativen Anlage unzuverlässige Angaben als solche erkennen kann[482] oder wenn dem Anleger rechtzeitig vor Vertragsschluss ein Prospekt übergeben wird, aus dem sich die Risiken der Anlageform einschließlich eines eventuellen vollständigen Verlustes der geleisteten Einlage ohne Weiteres ergeben.[483]

Derjenige, der einen **Sachkundigen** hinzuzieht, gibt damit zu erkennen, dass er auf dem betreffenden Fachgebiet nicht die erforderlichen Fachkenntnisse hat und auf fremde

---

[474] Zur Kritik vgl. grundsätzlich *Edelmann* CRP 2014, 30 ff.; *Meder/Flick* WuB I G 1.-6.11; *Veil* WM 2009, 2193 ff.; *Casper* ZIP 2009, 2409 ff.; *Harnos* BKR 2009, 316 ff.

[475] BGH-Urt. v. 15.7.2014, Az. XI ZR 418/13, Rn. 23.

[476] BGH-Urt. v. 3.6.2014, Az. XI ZR 147/12 m. Anm. *Buck-Heeb* WM 2014, 1601 ff.; *Weck* BKR 2014, 374 ff.; *Balzer/Lang* BKR 2014, 377 u. *Edelmann* CRP 2014, 196 ff.

[477] BGH WM 1987, 1546 = WuB I E 2c.-1.88 *Assmann*.

[478] BGH WM 1965, 287; BGH WM 1982, 90 = NJW 1982, 1095 = BB 1982, 329 = DB 1982, 482 = ZIP 1982, 169; BGH WM 1984, 126 = BB 1984, 432 = DB 1984, 977 = ZIP 1984, 160; OLG Jena Urt. v. 17.5.2005, Az. 5 U 693/04, WM 2005, 1946, 1947; OLG Naumburg Urt. v. 24.3.2005, Az. 2 U 111/04, ZIP 2005, 1546, 1549.

[479] OLG Köln Urt. v. 18.6.1999, Az. 3 U 106/98, MDR 2000, § 9, Quote 50%; vgl. auch OLG Frankfurt Urt. v. 23.3.2007, Az. 3 U 141/06, BKR 2007, 379, 20%, weil schriftliche Hinweise auf Anlagerisiken ignoriert wurden.

[480] OLG Karlsruhe Urt. v. 24.10.2002, Az. 9 U 49/02, BKR 2003, 382, Quote 20%.

[481] OLG Köln Urt. v. 9.4.2003, Az. 2 U 5/0, VersR 2004, 111, Quote 25%.

[482] OLG Köln MDR 2000, 99.

[483] OLG Karlsruhe v. 8.11.2006, Az. 7 U 247/05, OLGR 2007, 222; vgl. auch OLG Stuttgart Urt. v. 23.4.2007, Az. 5 U 157/06, OLGR 2007, 909, 912, Quote 33%.

Hilfe angewiesen ist. Sein Vertrauen verdient besonderen Schutz.[484] Demgemäß kann ein Sachkundiger dem Anleger nur bei Vorliegen besonderer Umstände den Einwand des Mitverschuldens entgegenhalten, wenn zB Warnungen von dritter Seite oder differenzierende Hinweise des Beraters nicht genügend beachtet wurden oder wenn der Anleger falsche, unvollständige oder missverständliche Angaben macht.[485]

**121** Bei der Kapitalanlageberatung kann für den Interessenten uU erkennbar sein, dass der Berater für die andere Seite handelt, nämlich für die kapitalsuchende Gesellschaft, und vornehmlich deren wirtschaftliches Interesse und sein eigenes wirtschaftliches Interesse im Auge hat. Die Art und Weise, in der ein Anlagevermittler oder Anlageberater werbend auftritt, kann Vorsicht nahelegen. Das Vertrauen in einen solchen Vermittler reicht nicht so weit wie gegenüber dem Berater, der vom Kapitalanleger in dessen individuellem Beratungsinteresse als Sachkundiger hinzugezogen wird. Unter diesen Umständen kann es nach Ansicht des Bundesgerichtshofs gerechtfertigt sein, ein Mitverschulden des Anlegers entsprechend zu berücksichtigen.[486]

**122** Ein Mitverschulden kann auch dann ins Gewicht fallen, wenn der Anleger einen Bankkaufmann als eigenen Berater hinzuzieht, dieser die Beteiligung negativ beurteilt und auf das durch eine höhere Verzinsung auch höhere Risiko hinweist. Entschließt sich der Anleger dann gleichwohl zur Beteiligung, ohne die Bedenken des eigenen Beraters nachzuprüfen, so kann hierin ein erhebliches Mitverschulden (50%) gesehen werden.[487] Ein Mitverschulden ($1/3$) trifft den Kapitalanleger auch dann, wenn er es unterlässt, einen umfassende Risikohinweise enthaltenden Prospekt zu lesen.[488]

**123** **4. Schaden.** Bei Schadensersatzansprüchen aus **positiver Forderungsverletzung** gelten die allgemeinen Grundsätze, dh der Schädiger hat den Zustand herzustellen, der bestehen würde, wenn der zum Ersatz verpflichtende Umstand nicht eingetreten wäre (§ 249 BGB).

Bei **culpa in contrahendo** (Verschulden bei Vertragsschluss) ist der **Vertrauensschaden** zu ersetzen, dh der Schaden, den der Anleger dadurch erlitten hat, dass er auf die Richtigkeit und Vollständigkeit der Angaben vertraut hat.[489] Da Grund für die Haftung des Schädigers der Eingriff in das Recht des Geschädigten ist, zutreffend informiert über die Verwendung seines Vermögens selbst zu bestimmen und sich für oder gegen die Anlage zu entscheiden, kommt es auf einen Schaden iS fehlender Werthaltigkeit zB der Beteiligung nicht an.[490] Insofern kann der auf **einer fehlerhaften Beratung beruhende Erwerb** einer für den Anlageinteressenten nachteiligen, seinen konkreten Anlagezielen und Vermögensinteressen nicht entsprechenden Kapitalanlage bereits für sich genommen einen Schaden darstellen und ihn deshalb – **unabhängig von der Werthaltigkeit** der Anlage – dazu berechtigen, im Wege des Schadensersatzes eine Rückabwicklung des Erwerbs der Anlage

---

[484] BGH WM 1987, 495 = NJW 1987, 1815 = BB 1987, 850 = DB 1987, 980 = ZIP 1987, 500 = WuB I G 4.–5.87 *Assmann*; BGH WM 1993, 238 = NWJ-RR 1993, 1144 = BB 1993, 1317 = DB 1993, 1966 = ZIP 1993, 997 = WuB I G 4.–7.93 *v. Heymann*.
[485] BGH WM 1979, 548 = NJW 1979, 1595 = BB 1979, 960 = DB 1979, 1268.
[486] BGH WM 1982, 90 = NJW 1982, 1095 = BB 1982, 329 = DB 1982, 482 = ZIP 1982, 169; vgl. hierzu ferner *Lutter*, FS Bärmann, 1975, S. 605, 615f.; *Assmann* NJW 1982, 1083.
[487] BGH WM 1993, 1238 = NJW-RR 1993, 1144 = BB 1993, 1317 = DB 1993, 1966 = ZIP 1993, 997 = WuB I G 4.–7.93 *v. Heymann*.
[488] OLG Karlsruhe v. 8.11.2006, Az. 7 U 247/05, OLGR 2007, 222, 223.
[489] BGH WM 1978, 611 = BB 1978, 1031 = DB 1978, 1398; BGH WM 1980, 953; BGHZ 77, 172 = WM 1980, 794 = NJW 1980, 1840 = BB 1980, 1067 = DB 1980, 1591 = ZIP 1980, 532; BGH WM 1983, 1387 = ZIP 1984, 73 = BB 1984, 93 = DB 1984, 338; BGH WM 1991, 1303 = NJW-RR 1991, 1125 = BB 1991, 1374 = DB 1991, 2029 = WuB VIII D. § 68 StBerG 1.91 *Thode*.
[490] BGH Urt. v. 11.7.2012, Az. IV ZR 286/10 Rn. 32, ZR 151/10 Rn. 59 und ZR 164/11 Rn. 64 u. H. a. BGH Urt. v. 8.3.2005, Az. XI ZR 170/04, BGHZ 162, 306, 309f. ua Entscheidungen; BGH Urt. v. 31.5.2010, Az. II ZR 30/09, WM 2010, 1310, 1312 Rn. 19.

zu verlangen. Dabei entsteht der Schadensersatzanspruch schon mit dem unwiderruflichen und vollzogenen Erwerb der Kapitalanlage.[491] Ungeachtet dessen steht der Geltendmachung eines Schadensersatzanspruchs nicht der Umstand entgegen, dass dem Kapitalanleger bei einem verbundenen Geschäft, zB aufgrund Erteilung einer fehlerhaften Belehrung, ein Widerrufsrecht nach den Regelungen für Haustürgeschäfte zusteht und er somit die Rückabwicklung der Geschäfte bewirken könnte.[492] Etwas anderes gilt nur, wenn der Kapitalanleger von seinem **Widerrufsrecht** bereits Gebrauch gemacht hat.[493]

Der „Schädiger" hat den Zustand herzustellen, der bestehen würde, wenn der Haftende seiner Aufklärungspflicht nachgekommen wäre, dh der Geschädigte kann verlangen, so gestellt zu werden, wie er ohne das schuldhafte Verhalten des Verhandlungspartners – also ohne Zustandekommen des Vertrages – stehen würde (**negatives Interesse**).[494] Er hat somit Anspruch auf Befreiung von dem abgeschlossenen Vertrag und auf Ersatz seiner nutzlos erbrachten Aufwendungen (zB Rückgewähr der gezahlten Einlage).[495] Der Geschädigte ist so zu stellen, dass ihm die Zahlung zum Ausgleich seines **Vertrauensschadens** in voller Höhe verbleibt; deshalb ist ihm ein Betrag zuzusprechen, der auch die auf den Schadensbetrag zu entrichtenden Steuern abdeckt.

**124** Die Verpflichtung, einen Anleger von seinen Darlehensverbindlichkeiten freizustellen, wandelt sich in einen **Zahlungsanspruch** um, wenn der Anleger seine Darlehensschuld durch Zahlung ablöst oder die zur Freistellung verpflichtete Person die Freistellung ernsthaft und endgültig ablehnt und der Anleger Geldersatz fordert.[496] Bei der **Schadensberechnung** sind nicht nur die nutzlosen Aufwendungen des Anlegers zu berücksichtigen, sondern auch die vermögensmäßigen Auswirkungen des Grunderwerbs. Zu diesen Auswirkungen zählen insbesondere die Wertentwicklung des Hausgrundstücks, ersparte Mietaufwendungen und erzielte Steuervorteile.[497]

**125** Das negative Interesse wird durch das **positive Interesse** nicht begrenzt, dh der Anleger kann neben dem Ersatz seiner Einlage auch den Schaden geltend machen, der ihm durch das Nichtabschließen einer günstigeren Investition entstanden ist. Dieser als **entgangener Gewinn** zu bezeichnende Schaden ist grundsätzlich gemäß § 252 BGB zu ersetzen. Wird daher ein Kapitalanleger durch schuldhaft unrichtige Angaben bewogen, einer **Publikumsgesellschaft** beizutreten, so ist ihm nicht nur seine Einlage, sondern auch der Schaden zu ersetzen, der sich typischerweise daraus ergibt, dass Eigenkapital in solcher Höhe erfahrungsgemäß nicht ungenutzt geblieben, sondern zu einem allgemein üblichen Zinssatz angelegt worden wäre.[498]

---

[491] BGH Urt. v. 8.7.2010, Az. III ZR 249/09, NJW 2010, 3292, 3294 Rn. 24 u. H. a. BGH NJW 1994, 1405, 1407, wonach der Schadensersatzanspruch entsteht, wenn der Kapitalanleger an das Beteiligungsobjekt rechtlich unwiderruflich gebunden ist, sodass er eine Vermögenseinbuße auch tatsächlich nicht mehr vermeiden kann; ähnlich BGH NJW-RR 1991, 1125, 1127.

[492] OLG Celle Urt. v. 21.10.2009, Az. 3 U 86/09, WM 2009, 609, 613; OLG Hamm Urt. v. 16.12.2009, Az. 31 U 80/09 Rn. 87 f. u. 104; OLG Hamm Urt. v. 3.3.2010, Az. 31 U 106/08, Beck RS 2010, 08982.

[493] OLG Celle Urt. v. 30.10.2003, Az. 11 U 61/03, Beck RS 2003, 3033, 2000.

[494] BGH Urt. v. 13.11.2012, Az. XI ZR 334/11 Rn. 16, BKR 2013, 154, 155.

[495] BGHZ 72, 382 = WM 1979, 141 = NJW 1979, 718 = BB 1979, 239 = DB 1979, 396; BGHZ 79, 337 = WM 1981, 483 = NJW 1981, 1449 = DB 1981, 1274 = BB 1981, 1181, 865 = ZIP 1981, 518; BGH WM 1990, 145 = NJW-RR 1990, 229 = BB 1990, 12 = DB 1990, 321 = WuB I G 8.–1.90 v. Heymann; BGHZ 115, 214 = WM 1991, 2092 = NJW 1992, 228 = BB 1992, 228 = BB 1992, 10 = DB 1992, 135 = ZIP 1992, 552 = WuB I G 9.–2.92 v. Heymann; BGH WM 1993, 1277 = NJW 1993, 2107 = BB 1993, 1393 = DB 1993, 1968 = ZIP 1993, 1089 = WuB I G 4.–8.93 Zeller.

[496] BGH WM 1991, 1002 = NJW 1991, 2014 = DB 1992, 89 = WuB I G 7.–8.91 v. Heymann; BGH WM 1992, 1074 = NJW 1992, 2221 = ZIP 1992, 910 = WuB I G 7.–10.92 Reithmann.

[497] BGH WM 1991, 890 = NJW 1991, 1881 = DB 1991, 1621 = ZIP 1991, 644 = WuB I E 4.–8.91 v. Heymann.

[498] BGH WM 1992, 143, 144 = NJW 1992, 1223 = BB 1992, 231 = DB 1992, 517 = ZIP 1992, 324 = WuB I G 9.–4.92 Medicus.

**126** Allerdings obliegt dem Kapitalanleger als Geschädigter die **Darlegungs- und Beweislast** dafür, dass und in welcher Höhe ihm durch das schädigende Ereignis ein solcher Gewinn entgangen ist, weswegen der Kapitalanleger auch die **Wahrscheinlichkeit einer Gewinnerzielung** nach dem gewöhnlichen Lauf der Dinge iSv § 252 BGB durch entsprechenden Tatsachenvortrag darlegen und beweisen muss.[499] Insofern reicht die **pauschale Behauptung** des Kapitalanlegers, er hätte sein Geld bei gehöriger Aufklärung gewinnbringend und sicher, zB auf Spar- oder Festgeldkonten, angelegt, für die Gewährung entgangenen Gewinns, insbesondere bei Zeichnung einer steueroptimierten Kapitalanlage, nicht aus. Denn bei Zeichnung solcher Beteiligungen liegt es nahe, dass der Anleger auch ohne die Pflichtverletzung als **Alternativanlage** eine Anlageform gewählt hätte, mit welcher er die von ihm gewünschten und gewollten Steuervorteile (zB Verlustzuweisungen) ebenfalls hätte erzielen können.[500] Im Übrigen entspricht es nicht dem gewöhnlichen Lauf der Dinge, dass eine Geldanlage überhaupt Gewinn abwirft.[501]

**127** Der Geschädigte seinerseits ist wiederum verpflichtet, **Zug-um-Zug** gegen Ausgleich seines Schadens dem Schädiger die Rechte zu überlassen, die er aus dem Abschluss des Beteiligungsvertrags erlangt hat.[502] Allerdings kommt dann, wenn ein Käufer am Vertrag festhält, als ersatzfähiger Schaden auch derjenige Betrag in Betracht, um den der Erwerber im Vertrauen auf die Richtigkeit der Angaben des Verkäufers den Gegenstand zu teuer erworben hat. In einem solchen Fall bemisst sich der Schaden grundsätzlich danach, welche Aufwendungen der Geschädigte – unter beiderseitiger Rückabwicklung des Vertrages – nutzlos erbracht hat, dh der Geschädigte erhält dann den Minderwert.[503]

**128** Enthält der vom Anlageberater benutzte **Prospekt** für ein Bauherrenmodell unrichtige Angaben über den Umfang der steuerlichen Absetzbarkeit der vom Erwerber zu zahlenden Vergütungen, so kann der Erwerber nicht als negatives Interesse die durch die Nichtabsetzbarkeit dieser Vergütung **entgangenen Steuervorteile** ersetzt verlangen. Dagegen können beim Festhalten am Vertrag solche Mehraufwendungen als Schadensersatz verlangt werden, um welche das Gesamtobjekt unter Berücksichtigung der nicht als Werbungskosten absetzbaren Baubetreuungs- und Treuhandvergütungen zu teuer geworden ist.[504] Entgangene Steuervorteile sind grundsätzlich auszugleichen.

**129** Bei **Festhalten am Vertrag** ist dem Anleger auch der Schaden zu ersetzen, den er dadurch erlitten hat, dass er auf die Richtigkeit und Vollständigkeit der Angaben vertraut hat. Dabei kommen als ersatzfähige Schäden diejenigen Beträge in Betracht, die der Anleger für seine Beteiligung an der Bauherrengemeinschaft im enttäuschten Vertrauen auf die Angaben zu viel aufgewendet hat. Für die Vertragshaftung (des Anlagevermittlers) kann insoweit nicht anderes gelten als für die Haftung, die den Vertragspartner eines Anlegers selbst oder dessen Vertreter trifft, wenn der Schaden durch Verschulden bei Vertragsschluss oder unerlaubter Handlung entstanden ist.[505] Der geschädigte Vertragspartner muss so behandelt werden, als wäre es ihm bei Kenntnis der wahren Sachlage gelungen, den Vertrag zu einem günstigeren Preis abzuschließen. Dabei kommt es nicht auf den – hypothetischen und ohnehin kaum zu führenden – Nachweis an, ob auch der andere Teil sich damals mit einem

---

[499] BGH Urt. v. 24.4.2012, Az. XI ZR 360/11, WM 2012, 1188, 1189 Rn. 13 = ZIP 2012, 1230; BGH Urt. v. 8.5.2012, Az. XI ZR 262/10 Rn. 64, WM 2012, 1337, 1343 = ZIP 2012, 1335; OLG Frankfurt Urt. v. 11.10.2013, Az. 10 U 113/12, WM 2014, 1177, 1178.
[500] OLG Brandenburg Urt. v. 14.7.2011, Az. 4 U 152/09, WM 2010, 2075.
[501] BGH Urt. v. 24.4.2012, Az. XI ZR 360/11 Rn. 18.
[502] BGH BB 1969, 696; BGHZ 57, 191 = WM 1971, 1543 = NJW 1972, 95 = BB 1971, 1531 = DB 1971, 2357; BGH WM 1988, 781 = NJW 1988, 2234 = BB 1988, 929 = DB 1988, 1060 = ZIP 1988, 505.
[503] BGHZ 69, 53 = WM 1977, 999 = NJW 1977, 1536 = BB 1977, 965 = DB 1977, 1451; BGH WM 1980, 1006 = NJW 1980, 2408; BGH WM 1981, 689 = NJW 1981, 2051; BGH WM 1987, 1466.
[504] OLG Hamburg WM 1986, 13; OLG Köln WM 1987, 1292 = BB 1988, 92.
[505] BGH WM 1988, 1685 = NJW-RR 1989, 150 = BB 1988, 2270 = DB 1988, 2629 = ZIP 1988, 1464 = WuB I G 7.–1.89 v. Heymann.

Vertragsschluss unter diesen Bedingungen einverstanden erklärt hätte. Entscheidend ist vielmehr, wie sich der geschädigte Vertragspartner bei Kenntnis der ihm verschwiegenen Umstände verhalten hätte; dieser hätte, wäre er entsprechend aufgeklärt worden, weniger aufgewendet, als er im Vertrauen auf die Richtigkeit der Angaben letztlich bezahlt hat. Er kann dementsprechend eine Herabsetzung des vereinbarten Preises und Rückzahlung des Mehrbetrages verlangen.[506]

Beansprucht der einer Bauherrengemeinschaft beigetretene Bauherr unter Festhalten an seiner Beteiligung vom Treuhänder Schadensersatz, weil ihn dieser vor Vertragsschluss nicht über Verflechtungen mit dem in Aussicht genommenen Baubetreuer aufgeklärt hat, so besteht sein möglicher Schaden nur in den Aufwendungen, die ihm bei Abwicklung des Bauvorhabens durch einen unabhängigen Treuhänder nicht entstanden wären.[507] Die Täuschung der Anleger über den tatsächlichen Inhalt eines **Fondsmodells** begründet einen Schaden im Umfang der gesamten vertraglichen Bindung und Leistung, wenn das tatsächliche Konzept des Fondsmodells von dem in den Anlageprospekten dargestellten und von den Anlegern verfolgten Zweck derart abweicht, dass die Anleger hieraus keinen Nutzen ziehen können.[508]

Ist bei einer Immobilienanlage die Nutzfläche einer Gewerbe- oder Wohneinheit nicht unerheblich geringer ausgeführt worden als vertraglich vorgesehen war, dann besteht der Schaden darin, dass der Anleger für seine Einheit einen überhöhten Preis gezahlt hat und die Überzahlung bei der Schlussabrechnung nicht berücksichtigt worden ist. Dieser Schaden besteht unabhängig davon, dass der Anleger wegen dieser Flächenminderung auch gegen den Eigentümer der Nachbareinheit einen Ausgleichsanspruch hat, weil insoweit der eine Treuhandpflicht verletzende Treuhänder und der Eigentümer der Nachbareinheit als Gesamtschuldner haften.[509]

Der Geschädigte ist gemäß **§ 254 Abs. 2 S. 1 Fall 2 BGB** im Interesse des Schädigers gehalten, den entstandenen Schaden zu mindern (sog **Schadensminderungspflicht**). Ihm kann jedoch nach Treu und Glauben nicht zugemutet werden, dazu – weiterhin – spekulative Risiken einzugehen. Die Unsicherheit, ob sich Versuche des Geschädigten, weitere Vermögenseinbußen zu vermeiden, als erfolgreich erweisen, geht zu Lasten des Schädigers, wenn die Vorgehensweise des Geschädigten im konkreten Fall vernünftig und zweckmäßig erscheint.[510]

**5. Vorteilsausgleich.** Vorteile des Geschädigten sind bei der Schadensberechnung generell dann zu berücksichtigen, wenn
– das schädigende Ereignis den Vorteil adäquat verursacht hat,[511]
– die Anrechnung zumutbar ist und dem Zweck des Schadensersatzes entspricht und
– der Schädiger nicht unbillig entlastet wird.[512]
Demzufolge sind Vor- und Nachteile aus ersatzpflichtigen Ereignissen auszugleichen. So fehlt es an einem Schaden eines Anlegers im Rahmen der **Vermögensverwaltung**, wenn

---

[506] BGHZ 69, 53 = WM 1977, 999 = NJW 1977, 1536 = BB 1977, 965 = DB 1977, 1451; BGH WM 1989, 416 = NJW 1989, 1793 = DB 1989, 1406; BGHZ 114, 87 = WM 1991, 1086 = NJW 1991, 1819 = BB 1991, 933 = DB 1991, 1322.
[507] BGH WM 1991, 695 = NJW-RR 1991, 599 = BB 1991, 935 = DB 1991, 964 = WuB I G 7.–6.91 v. *Heymann*.
[508] BGH Urt. v. 1.9.2006, Az. III ZR 105/05, ZIP 2006, 382.
[509] BGH WM 1991, 769 = NJW-RR 1991, 662 = BB 1991, 574 = DB 1991, 1513.
[510] BGH Urt. v. 13.11.2012, Az. XI ZR 334/11 Rn. 26, BKR 2013, 154, 156.
[511] BGH WM 2005, 189 = NJW 2004, 2526, 2528; BGH Urt. v. 15.7.2010, Az. III ZR 336/08, WM 2010, 1641 = ZIP 2010, 1646, 1652 Rn. 35.
[512] BGHZ 8, 325 = NJW 1953, 618; BGHZ 30, 29 = NJW 1959, 1078 = BB 1959, 463 = DB 1959, 540; BGHZ 49, 56 = WM 1967, 1252 = NJW 1968, 691 = BB 1967, 1452 = DB 1967, 2160; BGH WM 1977, 763 = NJW 1977, 1819 = DB 1977, 1457; BGH NJW 1978, 536 = BB 1978, 1119; BGHZ 91, 206 = WM 1984, 1187 = NJW 1984, 2457 = BB 1984, 2021 = DB 1981, 2553; BGH NJW-RR 2004, 79, 80; BGH Urt. v. 15.7.2010, aaO, Rn. 35.

eine **Saldierung der Gewinne und Verluste** aus den unter Verstoß gegen die Anlagerichtlinien vorgenommenen Geschäften ein positives Ergebnis ergibt.[513] Der Schaden reduziert sich auch um die aus der Kapitalanlage erhaltenen **Ausschüttungen.** Behauptet daher der Schädiger, der Geschädigte habe aus der von ihm erworbenen Kapitalanlage Ausschüttungen erzielt, dann obliegt es dem Geschädigten, sowohl im Rahmen seiner **sekundären Darlegungslast** als auch entsprechend seiner sich aus § 138 Abs. 1 u. 2 ZPO ergebenden **Mitwirkungspflicht,** Angaben zu der Höhe der erlangten Ausschüttungen zu machen.[514] Ähnliches gilt im Rahmen der **Anlageberatung.** Haben daher verschiedene Anlagen eines Anlagevorschlags teilweise Gewinne erbracht, sind diese, auch wenn eine Falschberatung nur bezüglich einzelner Anlagen behauptet wird, grundsätzlich schadensmindernd zu berücksichtigten.[515]

**134** **Steuern,** die der Geschädigte infolge der Schädigung erspart hat, gehören zwar grundsätzlich zu den Vorteilen, die sich der Geschädigte auf seinen Schadensersatzanspruch anrechnen lassen muss.[516] Allerdings sind nur solche Steuervorteile zu berücksichtigen, die in einem **adäquat-ursächlichen Zusammenhang** mit dem Schadensereignis stehen und deren Anrechnung dem **Zweck des Schadensersatzes** entspricht sowie weder den Geschädigten unzumutbar belasten noch den Schädiger unbillig entlasten.[517] Haben daher Steuervorteile ihre Ursache in einer aus besonderem Anlass gewährten Tarifermäßigung nach § 34 Abs. 1 oder Abs. 3 EStGB, in einer allgemeinen Absenkung des allgemeinen persönlichen Spitzensteuersatzes, in einem gesunkenen persönlichen Steuertarif aufgrund einer veränderten Einkommensteuersituation oder in einer Anwendung des § 16 Abs. 4 EStG, dann findet eine Anrechnung nicht statt.[518]

Die **Darlegungs- und Beweislast** für Umstände, die einen Vorteilsausgleich begründen können, trägt allerdings derjenige, der sich darauf beruft, also grundsätzlich der Schädiger.[519] Somit ist das bloße **Berufen auf Steuervorteile** nicht ausreichend. Derjenige, der sich auf Steuervorteile beruft, muss zunächst die Umstände hierzu vortragen und gegebenenfalls beweisen, die er aufgrund seiner Kenntnisse vortragen kann. Dies gilt auch für das Vorliegen **außergewöhnlicher Steuervorteile.**[520] Erst dann ist dessen Gegner im Rahmen der **sekundären Darlegungslast** gefordert, sich zu diesem Thema zu äußern.[521]

---

[513] OLG Köln Urt. v. 18.10.2006, Az. 13 U 216/05, WM 2007, 1067 m. Anm. *J. U. Fink* WuB I G 9.-1.07 mwN zur Einzel- bzw. Gesamtbetrachtung.

[514] OLG Karlsruhe Urt. v. 12.11.2013, Az. 17 U 114/12, WM 2014, 313.

[515] LG Traunstein Urt. v. 20.2.2013, Az. 5 O 2599/12, BKR 2013, 479.

[516] BGH WM 1967, 718 = NJW 1967, 1462 = BB 1967, 561 = DB 1967, 987; BGHZ 53, 132 = WM 1970, 369 = NJW 1970, 461; BGH WM 1984, 1075 = NJW 1984, 2524 = BB 1984, 1577 = DB 1984, 1920 = ZIP 1984, 1080; BGH NJW-RR 1988, 470 = DB 1988, 960; BGH WM 1989, 1436 = NJW-RR 1990, 32.

[517] BGH Urt. v. 28.1.2014, Az. XI ZR 42/13, BKR 2014, 247, 249 Rn. 15.

[518] BGH Urt. v. 28.1.2014, Az. XI ZR 495/12 Rn. 12, BKR 2014, 247, 249.

[519] BGH Urt. v. 28.1.2014, Az. XI ZR 42/13 Rn. 14, BKR 2014, 247, 249; BGH Urt. v. 31.5.2010, Az. II ZR 30/09, WM 2010, 1310, 1312 Rn. 26; BGH Urt. v. 15.7.2010, Az. III ZR 336/08, WM 2010, 1641 = ZIP 2010, 1646, 1654 Rn. 45 ff.

[520] BGH Urt. v. 28.1.2014, aaO; BGH Urt. v. 31.5.2010, Az. II ZR 30/09, WM 2010, 1310, 1312 Rn. 26.

[521] BGH Urt. v. 15.7.2010, Az. III ZR 336/08, WM 2010, 1641 = ZIP 2010, 1646, 1654 Rn. 45; BGH Urt. v. 31.5.2010, Az. II ZR 30/09, WM 2010, 1310 Rn. 26 ff.; BGH Urt. v. 3.12.2007, Az. II ZR 21/06, BB 2008, 575; OLG München Urt. v. 29.5.2006, Az. 19 U 59 14/05, OLGR 2006, 630 aA wohl OLG Karlsruhe Urt. v. 8.11.2006, Az. 7 U 247/06, OLGR 2007, 222, 224 f., wonach der Geschädigte zunächst seine Steuervorteile vortragen und mitteilen muss, ob aus sonstigen steuerlichen Gründen aus der Zuerkennung des Schadensersatzanspruchs steuerliche Nachteile erwachsen, die den Vorteil aufwiegen; vgl. auch OLG Karlsruhe Urt. v. 30.12.2008, Az. 17 U 197/08, WM 2009, 691, 696 f. u. H. a. OLG München Urt. v. 7.2.2008, Az. 19 U 3041/07, wonach die Berücksichtigung erst künftiger Nachteile wie etwa der zukünftigen Besteuerung einer Ersatzleistung im Ausgangspunkt nicht der auf den Zeitpunkt der letzten mündlichen Verhandlung beschränkten tatrichterlichen Scha-

§ 3 Anlageberatung und Anlagevermittlung

So muss der Geschädigte darlegen, dass und inwieweit steuermindernde Umstände zu einer den Steuervorteil neutralisierenden **Nachversteuerung** führen könnten.[522]

Ist der als Schadensersatz geleistete Betrag allerdings **wieder zu versteuern**[523], dann entfällt eine Anrechnung, weil andernfalls der Schädiger unbillig entlastet wird.[524] Eine Berechnung, in welcher genauen Höhe sich die Versteuerung der Ersatzleistung auswirkt, hat nicht zu erfolgen[525], und zwar auch dann nicht, wenn zB die Auflösung eines negativen Kapitalkontos nur mit dem halben Steuersatz zu versteuern ist (§§ 16, 34 EStG).[526] Allerdings liegt ein Vorteil erst dann vor, wenn der Geschädigte nach der Wiederversteuerung per Saldo eine Steuerminderung übrig behält.[527]

Von einem Vorteil im schadensrechtlichen Sinne kann also dann nicht ausgegangen werden, wenn die **Wiederversteuerung** der ursprünglich abgezogenen Beträge noch aussteht. Dementsprechend hat der BGH in einer Entscheidung aus dem Jahre 1986 den Grundsatz bestätigt, dass mögliche Steuervorteile des geschädigten Kapitalanlegers generell außer Ansatz bleiben.[528] Diese Rechtsprechung hat der Bundesgerichtshof in einem neueren Urteil nochmals bestätigt, indem er ausführte, dass eine schadensmindernde Anrechnung von Steuervorteilen, die sich im Zusammenhang mit dem darlehensfinanzierten Erwerb einer Eigentumswohnung zu Steuersparzwecken ergeben, im Schadensersatzprozess des Anlegers grundsätzlich nicht in Betracht kommt, wenn die Rückabwicklung des Erwerbs zu einer Besteuerung führt, die dem Geschädigten die erzielten Steuervorteile wieder nimmt.[529] Demgemäß sind Steuervorteile des Kapitalanlegers, die sich aus der Berücksichtigung von Werbungskosten oder aus Sonderabschreibungen ergeben, grundsätzlich nicht anzurechnen, weil die Ersatzleistung in nahezu demselben Umfang zu versteuern ist.[530] Eine Anrechnung von Steuervorteilen kommt auch dann nicht in Betracht, wenn der Kapitalanleger sich in Kenntnis des Prospektfehlers an einem anderen Steuersparmodell beteiligt hätte[531].

Eine **Anrechnung** kann ausnahmsweise trotz Versteuerung der Ersatzleistung wiederum dann in Betracht kommen, wenn der Kapitalanleger durch seine Beteiligung **außerge-**

---

densfeststellung entspricht und wonach es keine Grundlage für eine Vermutung oder Schätzung dahingehend gibt, dass sich frühere Steuervorteile und spätere Steuernachteile bei Zufluss der Ersatzleistung auch nur annähernd entsprechen. Auch wird festgehalten, dass die Berücksichtigung hypothetischer zukünftiger Steuernachteile den Anleger besser stellen würden als wenn er überhaupt eine Anlage nicht gezeichnet hätte, so auch OLG München Urt. v. 7.2.2008, Az. 19 U 3592/07, WM 2008, 581, 589, Az. 19 U 3041/07 – Medienfonds –, zur Steuerproblematik vgl. *Wagner* GWR 2009, 364; *Podewils* ZfJR 2008, 461; *Loritz/Wagner* ZfJR 2003, 753.
[522] OLG Brandenburg Urt. v. 7.11.2007, Az. 3 U 100/06, ZIP 2008, 402, 406.
[523] Vgl. hierzu BGH Urt. v. 15.7.2010, Az. III ZR 336/08, WM 2010, 1641 = ZIP 2010, 1646, 1652 Rn. 36; vgl. auch BFH BStBl. II 1977, 220 = BB 1977, 327; BFH GrS BStBl. II 1981, 164 = BB 1981, 411.
[524] BGH Urt. v. 1.3.2011, Az. XI ZR 96/09, WM 2011, 740, wonach die Durchsetzung des Schadensersatzanspruchs des Geschädigten unzumutbar erschwert würde, wenn ihm wegen eines rechtlich nicht gesicherten möglichen Vorteils über einen weiteren Zeitraum das Risiko auferlegt würde, ob der Schädiger die noch ausstehende Ersatzleistung erbringt; BGH Urt. v. 31.5.2010, Az. II ZR 30/09, WM 2010, 1310, 1312 Rn. 25.
[525] BGH Urt. v. 30.11.2007, Az. V ZR 284/06.
[526] BGHZ 74, 103 = WM 1979, 530 = NJW 1979, 1449 = BB 1980, 800 = DB 1979, 1219; BGH NJW 1980, 1788 = VersR 1980, 529; BGH WM 1988, 586 = NJW-RR 1988, 788 = BB 1988, 743 = DB 1988, 1212 = WuB I G 7.–9.88 v. *Heymann;* BGH WM 1989, 1286 = NJW-RR 1989, 1102 = BB 1989, 1999 = DB 1989, 1818 = WuB I G 7.–7.89 v. *Heymann;* BGH WM 1994, 1076 = NJW 1994, 1864 = DB 1994, 1081 = WuB I G 7.–2.94 v. *Heymann.*
[527] BGHZ 84, 141 = WM 1982, 758 = NJW 1982, 2493 = BB 1982, 1323 = DB 1982, 1817.
[528] BGH WM 1986, 517 = ZIP 1986, 562 = WUB I G 8.–5.86 v. *Heymann.*
[529] BGH Urt. v. 1.3.2011, Az. XI ZR 96/99, WM 2011, 740 m. kritischer Anm. *Loritz* WuB IV A. § 249 BGB 1.11.
[530] BGH Urt. v. 11.2.2014, Az. II ZR 276/12, DB 2014, 476.
[531] BGH Urt. v. 23.4.2012, Az. II ZR 211/09, WM 2012, 1184 = DB 2012, 1436, 1438 Rn. 34.

wöhnliche Steuervorteile auf eine solche Weise oder in einer solchen Höhe erlangt, dass ihm diese abweichend von der Regel billigerweise angerechnet werden müssen.[532] Zu berücksichtigen sind insoweit nicht lediglich die erstmalige Verlustzuweisung einerseits und die Besteuerung der Rückabwicklung andererseits, sondern darüber hinaus auch sämtliche weiteren steuerwirksamen Gewinn- und Verlustanteile des Anlegers während der Dauer seiner Beteiligung. Dazu gehören auch steuerliche Nachteile, der den geschädigten Anleger im Zusammenhang mit der Zug um Zug gegen die Schadensersatzleistung vorgesehene Übertragung der Kapitalanlage entstehen.[533] Dabei rechtfertigen die sukzessive Absenkung des Einkommens-spitzensteuersatzes von 53% im Jahr der Zeichnung auf 45% zum Zeitpunkt des Schadensersatzverlangens für sich genommen ebenso wenig wie eine allgemeine Absenkung der Steuersätze die Annahme solcher außergewöhnlicher Steuervorteile.[534] Bei der Rückabwicklung eines Grundstücksgeschäfts nach Ablauf der zweijährigen Spekulationsfrist sind erlangte Steuervorteile anzurechnen, da in diesem Fall der Veräußerungsgewinn nicht wieder versteuert werden muss.[535]

**136**  **6. Freizeichnung.** Die Freizeichnung von der Haftung für Auskünfte und Beratungen ist nur begrenzt möglich. Dabei ist entscheidend, ob überhaupt eine Freizeichnung vorliegt und inwieweit die Freizeichnung zulässig ist.

Keine Freizeichnung liegt vor, wenn bei der Vertrauenshaftung (c. i. c.) von vornherein das in Anspruch genommene Vertrauen ab- und eingegrenzt wird. Dies muss jedoch deutlich erfolgen.[536] Durch die Zwischenschaltung einer juristischen Person (Vertriebs-GmbH) erfolgt regelmäßig eine Haftungsbeschränkung durch **Inkorporierung**. Ein Durchgriff auf Geschäftsführer oder Gesellschafter ist generell nicht möglich.[537] Bei der Freizeichnung ist im Übrigen das AGB-Gesetz zu beachten. Nach § 11 Nr. 7 AGBG ist eine formularmäßige Freizeichnung für grobfahrlässige Vertragsverletzungen unzulässig.[538] Auch eine Freizeichnung von wesentlichen Vertragspflichten ist nach § 9 Abs. 2 Nr. 2 AGBG unwirksam.[539] Für zugesicherte Eigenschaften (Steuervorteile, Wirtschaftlichkeit) ist ein Haftungsausschluss nach § 11 Nr. 11 AGBG generell nicht zulässig.[540]

Im Übrigen dürfen Freizeichnungsklauseln die Pflichten aus einem Vertrag nicht in der Weise einschränken, dass dadurch der Vertragszweck von vornherein gefährdet wird oder nicht erreicht werden kann.[541]

**137**  **7. Verjährung.**[542] **a) § 37a WpHG aF**[543]**.** Soweit ein Anspruch des Kunden gegen ein Wertpapierdienstleistungsunternehmen gemäß § 2 Abs. 4 WpHG wegen Verletzung der

---

[532] BGH Urt. v. 1.3.2011, Az. XI ZR 96/09, WM 2011, 470; BGH Urt. v. 31.5.2010, Az. II ZR 30/09, WM 2010, 1310, 1312 Rn. 25; BGH Urt. v. 15.7.2010, Az. III ZR 336/08, WM 2010, 1641 = ZIP 2010, 1646, 1653 Rn. 36 ff.; BGH WM 1984, 1075 = NJW 1984, 2524 = BB 1984, 1577 = DB 1984, 1920 = ZIP 1984, 1080; vgl. auch *Trüter* BB 1986, 269.

[533] BGH Urt. v. 28.1.2014, Az. XI ZR 42/13, BKR 2014, 247, 249 Rn. 17, wonach solche Nachteile vorliegen, wenn mit der Übertragung ein negatives Kapitalkonto übernommen wird.

[534] BGH Urt. v. 15.7.2010, Az. III ZR 336/08, WM 2010, 1641 = ZIP 2010, 1646, 1655 Rn. 53; BGH Urt. v. 31.5.2010, Az. II ZR 30/09, WM 2010, 1310, 1313 Rn. 28 ff.

[535] BGH WM 1989, 1925 = NJW 1990, 571 = BB 1990, 21 = DB 1990, 38 = WuB I G 7.-4.90 *v. Heymann.*

[536] BGH WM 1970, 1021 = NJW 1970, 1737 (Bankauskunft); BGH WM 1984, 1075 = NJW 1984, 2524 = BB 1984, 1577 = DB 1984, 1920 = ZIP 1984, 1080 (Prospekthaftung bei Anlagevermittlung).

[537] BGH WM 1981, 1021 = NWJ 1981, 2810 = DB 1981, 2017 = ZIP 1981, 1076; BGH WM 1983, 554 = ZIP 1983, 663.

[538] *Löwe/Graf von Westphalen/Trinkner*, AGB-Gesetz, § 11 Nr. 7, Rn. 5 ff.

[539] *Schlosser* in Staudinger AGBG, § 309 Rn. 24 ff.

[540] *Löwe/Graf von Westphalen/Trinkner*, AGB-Gesetz, § 11 Nr. 11, Rn. 1 ff. mwN.

[541] BGH BB 1980, 129.

[542] Zur Verjährung im Bank- und Kapitalmarktrecht vgl. *Nobbe* ZBB 2009, 93 ff.

[543] Aufgehoben durch Art. 4 G v. 31.7.2009 (BGBl. I, S. 2512).

§ 3 Anlageberatung und Anlagevermittlung

Pflicht zur Information und wegen fehlerhafter Beratung im Zusammenhang mit einer Wertpapierdienstleistung oder Wertpapiernebendienstleistung betroffen ist, welcher in der Zeit vom **1.4.1998** bis zum Ablauf des **4.8.2009**[544] entstanden ist, dann gilt hinsichtlich der Verjährung § 37a WpHG. Danach verjähren Ansprüche in drei Jahren von dem Zeitpunkt, in dem der Anspruch entstanden ist.[545] Die Verjährungsregelung des § 37a WpHG gilt in gleicher Weise für **vertragliche Ansprüche** wie für **konkurrierende Deliktsansprüche**, soweit diese nicht auf **Vorsatz** beruhen.[546] Dies gilt auch für etwaige auf § 823 Abs. 2 BGB iVm § 19 Abs. 1 S. 1 KAGG gestützte Ansprüche.[547] § 37a WpHG gilt allerdings nicht für Schadensersatzansprüche aus Beratungsverschulden im Falle der Vermittlung eines „Premiumdepots" bei einer Offshore-Gesellschaft, welche nach ihren Bedingungen damit beauftragt ist, die auf den Depots eingehenden Kundengelder für gemeinsame Rechnung ihrer Kunden in US-Aktien anzulegen, weil eine solche Tätigkeit nicht unter das Wertpapierhandelsgesetz fällt.[548] § 37a WpHG gilt auch nicht für ein Unternehmen, welches ohne die nach § 32 Abs. 1 KWG erforderliche Erlaubnis tätig wird.[549]

**Vorsatz** erfordert dabei im Zivilrecht das Bewusstsein der Rechtswidrigkeit des Verhaltens; auch ein vermeidbarer Rechtsirrtum schließt daher den Vorsatz aus. Aus diesem Grunde setzt zB ein vorsätzliches Verschweigen einer Rückvergütung aus Provisionen[550] – sog **Kick-Backs** – die Kenntnis der Rechtspflicht zur Aufklärung in dem Zeitpunkt voraus, in dem die Aufklärung unterlassen wurde[551], wobei der Vorsatz nach § 280 Abs. 1 S. 2 BGB vermutet wird[552], weswegen der Aufklärungspflichtige darlegen und beweisen muss, dass er eine Pflichtverletzung nicht zu vertreten hat.[553] Diese **Vorsatzvermutung** soll allerdings nur bei Nichtaufklärung über Rückvergütungen gelten. Denn grundsätzlich indiziert das Vorliegen einer objektiven Pflichtverletzung kein vorsätzliches Handeln der die Pflicht verletzenden Person.[554] § 37a WpHG ist mit dem **Gemeinschaftsrecht** vereinbar.[555]

**138**

---

[544] § 37a WpHG aF iVm § 43 WpHG.
[545] Vgl. hierzu *Heinrichs* in Palandt § 199 BGB, Rn. 3 ff.
[546] BGH Urt. v. 8.3.2005, Az. XI ZR 170/04, ZIP 2005, 802, 804 = WM 2005, 929 = NJW 2005, 1579, m. Anm. *Nietsch* WuB I G 6. § 37a WpHG 1.03 u. *Schäfer* BKR 2005, 238.
[547] BGH Urt. v. 19.12.2006, Az. XI ZR 56/05, WM 2007, 487, 489.
[548] KG Beschl. v. 24.3.2006, Az. 6 U 145/05, WM 2006, 1013.
[549] BGH Urt. v. 19.1.2006, Az. 3 ZR 105/05, ZIP 2006, 382.
[550] Den Vorsatz bejahend OLG Stuttgart Urt. v. 16.3.2011, Az. 9 U 129/10, WM 2011, 976; *zu Schwabedissen* EWiR § 280 BGB 11/11, 405; *Zoller* GWR 2011, 168; so auch LG München I Urt. v. 15.12.2011, Az. 28 O 26515/10, BKR 2012, 26; aA OLG Frankfurt a. M. Urt. v. 3.11.2010, Az. 19 U 70/10, Beck RS 2010, 28912; den Vorsatz bei Festpreisgeschäft ablehnend OLG Karlsruhe Urt. v. 8.5.2012, Az. 17 U 82/11, WM 2012, 1860, 1861; zu diesem Thema vgl. auch *Buck-Heeb* BKR 2011, 441; *Fest* ZIP 2012, 1373; *Harnos* BKR 2012, 185; *Lang/Balzer* WM 2012, 1167; *Schäfer* WM 2012, 1022; *Schäfer/Lang* BKR 2011, 239; *Schlösser* BKR 2011, 465.
[551] *Nobbe* ZBB 2009, 93, 104; BGHZ 170, 226, 235 Rn. 25; OLG München ZIP 2008, 66, 67 = WM 2008, 351; zu den materiellen Voraussetzungen des bedingten Vorsatzes vgl. BGH Urt. v. 20.12.2011, Az. VI ZR 309/10, WM 2012, 260, 261 Rn. 10 ff.
[552] *Nobbe* ZBB 2009, 93, 104; **aA** OLG München ZIP 2008, 66, 68; **aA** bei Schadensersatzanspruch nach § 823 II BGB iVm § 264a StGB sowie § 826 BGB BGH Urt. v. 20.12.2011, Az. VI ZR 309/10, WM 2012, 260, 261 Rn. 8.
[553] BGH Beschluss v. 29.6.2010, Az. XI ZR 308/09 Rn. 5, WM 2010, 1694 m. Anm. *Meder/Flick* WuB I G 1.-6.11; *Koch* BKR 2010, 333; *Lang/Müller-Felsch* BB 2010, 2329; *Koller* EWiR § 276 BGB 1/10, 519; vgl. hierzu auch → § 3 Rn. 116.
[554] OLG Hamm Urt. v. 17.6.2013, Az. 31 U 49/13 S. 7 Rn. 36; OLG Frankfurt a. M. Urt. v. 4.3.2011, Az. 19 U 210/10, BKR 2013, 126, 127; OLG Frankfurt a. M. Beschluss v. 15.4.2013, Az. 23 U 69/12; OLG Stuttgart Urt. v. 10.10.2012, Az. 9 U 87/12, BeckRS 2012, 22643.
[555] BGH Urt. v. 19.12.2006, Az. XI ZR 56/05, WM 2007, 487, 488; OLG München ZIP 2005, 656; LG Nürnberg WM 2006, 571; LG Düsseldorf WM 2006, 1386, m. Anm. *Stiller* WuB I G 6. § 37a WpHG 4.06; zweifelnd *Koller* in Assmann/Schneider, WpHGKomm., 4. Aufl., § 37a Rn. 19, welcher der Auffassung ist, die Frage der Richtlinienkonformität müsse dem EuGH vorgelegt werden.

Beruft sich ein Unternehmen auf die Verjährungsregelung des § 37a WpHG, dann muss es beweisen, dass es sich beim Unternehmen um ein Wertpapierdienstleistungsunternehmen iSv § 2 Abs. 4 WpHG handelt.[556]

**139** Die kurze dreijährige Verjährung des § 37a WpHG kann nicht durch die für Rechtsanwälte entwickelten Grundsätze der **sog Sekundärverjährung** verlängert werden, da diese Grundsätze im Rahmen des § 37a WpHG keine Rolle spielen.[557] Im Übrigen unterliegen zwischenzeitlich auch Ansprüche gegen Rechtsanwälte der regelmäßigen Verjährung nach den §§ 195, 199 BGB.[558]

§ 37a WpHG findet sowohl bei Pflichtverletzungen im Rahmen eines **Vermögensverwaltungsvertrages**[559] als auch bei der Verletzung der **Verkaufsprospektüberlassungspflicht**[560] oder eines **Anlageberatungsvertrages**[561] Anwendung.

**140** Was den **Beginn der Verjährung** anbelangt, so ist bei der Anlageberatung der Zeitpunkt des **Abschlusses des nachteiligen Geschäfts** maßgeblich und nicht die Kenntniserlangung bzw. das Kennenmüssen des Schadens.[562] Demgemäß kommt es für den Verjährungsbeginn iSv § 37a WpHG auf den Zeitpunkt des unwiderruflichen und vollzogenen Erwerbs der Anlage an.[563] Bei Erwerb von Wertpapieren kommt es dabei ausschließlich auf den **schuldrechtlichen Abschluss** des Erwerbsgeschäfts an. Der Zeitpunkt der dinglichen Übertragung der Papiere ist daher ebenso wenig maßgeblich wie der Zeitpunkt der Wertpapierabrechnung.[564] Auch bei einem **Fondssparplan** ist für den Beginn der Verjährungsfrist des § 37a WpHG der Zeitpunkt des Abschlusses des Sparplans und des ersten Erwerbs von Fondsanteilen maßgeblich.[565] Soweit es sich bei der Vermögensverwaltung um die Verletzung von Pflichten handelt, die zum Abschluss des **Vermögensverwaltungsvertrages** geführt haben, so beginnt auch hier die Verjährung mit dem Zeitpunkt des Abschlusses des Vermögensverwaltungsvertrages zu laufen.[566] Werden allerdings im Laufe der **Vermögensverwaltung** Pflichten verletzt (zB Verstoß gegen Anlagerichtlinien), dann dürfte es für den Beginn der Verjährung auf den Zeitpunkt der konkreten Pflichtverletzung ankommen und nicht auf den Zeitpunkt des Schadenseintrittes oder des Abschlusses des Vermögensverwaltungsvertrages.[567] Beim Depotgeschäft dürfte Entsprechendes gelten.[568]

**141** **b) Regelverjährung.**[569] Für anderweitige Schadensersatzansprüche außerhalb des Anwendungsbereichs des § 37a WpHG gilt, gleichgültig, ob sie auf Vertrag, cic oder Delikt beruhen, grundsätzlich die regelmäßige dreijährige Verjährungsfrist gemäß § 195 BGB.

---

[556] BGH Urt. v. 19.1.2006, Az. 3 ZR 105/05, ZIP 2006, 382.
[557] BGH Urt. v. 8.3.2005, Az. XI ZR 170/04, ZIP 2005, 802, 804; OLG München ZIP 2005, 656, 658.
[558] Vgl. hierzu *Heinrichs* in Palandt, Überbl. v. § 194 Rn. 21.
[559] So *Edelmann* WuB I G 9.–1.06 S. 783 mwN; zweifelnd bei Vorliegen einer vertragswidrigen Verwaltung OLG Düsseldorf WM 2006, 1576; *Balzer* EWiR § 276 BGB aF 1/06, 297; *ders.* in Haftung des Vermögensverwalters bei Pflichtverstößen, S. 173.
[560] LG Frankfurt WM 2006, 1103.
[561] OLG München Urt. v. 19.12.2007, Az. 7 U 3009/07, WM 2008, 351 = ZIP 2008, GG zu Rückvergütungen aus Ausgabeaufschlägen und Verwaltungskosten, wobei Vorsatz abgelehnt wurde; vgl. auch OLG München Urt. v. 19.12.2006, Az. XI ZR 56, 05, BGHZ 170, 226 = WM 2007, 487.
[562] BGH Urt. v. 8.3.2005, Az. XI ZR 170/04, ZIP 2005, 802, 803.
[563] OLG München Urt. v. 22.5.2012, Az. 5 U 1725/11, BKR 2012, 462, 466.
[564] OLG Frankfurt a.M. Urt. v. 4.3.2011, Az 19 U 210/10, BKR 2013, 126, 127 u. H. a. OLG Frankfurt a.M. Hinweisbeschluss v. 18.2.2011, Az. 23 U 69/10 u. Beschluss v. 10.9.2010, Az. 19 U 87/10.
[565] OLG München WM 2006, 523, m. Anm. *Balzer* EWiR § 55 BörsG aF 1/06, 495.
[566] OLG Köln WM 2006, 2130; *Balzer* EWiR § 2 76 BGB aF 7/04, 787; aA OLG Frankfurt BRR 2006, 501 „mit dem ersten Erwerb eines Wertpapiers".
[567] *Koller* in Assmann/Schneider, WpHGKomm., § 37a Rn. 13; *Kritter* BKR 2004, 261, 262.
[568] *Koller* in Assmann/Schneider, WpHG, § 37a Rn. 14.
[569] Zur Verjährung von Rückzahlungsansprüchen hinsichtlich in der Vergangenheit erbrachter Zins- und Tilgungsleistungen vgl. → § 3 Rn. 150; zur Verjährung von Prospekthaftungsansprüchen

§ 3 Anlageberatung und Anlagevermittlung

Entsprechend der Norm des § 199 BGB beginnt die regelmäßige Verjährung mit dem Schluss des Jahres an zu laufen, in dem der **Anspruch entstanden ist**[570] und der Gläubiger von den **den Anspruch begündenden Umständen** und **der Person des Schuldners Kenntnis** erlangt oder ohne grobe Fahrlässigkeit erlangen musste. Dabei ist die erforderliche Kenntnis bzw. grob fahrlässige Unkenntnis grundsätzlich dann schon vorhanden, wenn der Geschädigte aufgrund der ihm bekannten Tatsachen gegen eine bestimmte Person eine Schadensersatzklage, sei es auch nur eine Feststellungsklage, erheben kann, die bei verständiger Würdigung so viel Erfolgsaussicht hat, dass sie zumutbar ist.[571]

Dabei gilt der **Anspruch** im Zusammenhang mit der Verletzung einer Aufklärungspflicht oder einer fehlerhaften Beratung für eine dem Anleger nachteilige Kapitalanlage bereits mit dem **Erwerb der Kapitalanlage** als **entstanden**.[572] Der Gläubiger[573] hat wiederum regelmäßig schon dann die für den Beginn der Verjährung erforderliche **Kenntnis** von den anspruchsbegründenden Umständen, wenn er die Tatsachen kennt, die die Voraussetzungen der Anspruchsgrundlage ausmachen oder wenn die dem Geschädigten bekannten Tatsachen ausreichen, um den Schluss auf ein schuldhaftes Fehlverhalten des Anspruchsgegners als naheliegend erscheinen zu lassen.[574] Auf eine **zutreffende rechtliche Würdigung** kommt es grundsätzlich ebenso wenig an wie auf etwaige Beweisschwierigkeiten.[575] Auch kommt es nicht darauf an, dass der Geschädigte die **Rechtspflicht** des Schädigers zur Aufklärung, die **Rechtswidrigkeit** des Geschehens, das Verschulden des Schädigers und den in Betracht kommenden **Kausalverlauf** richtig einschätzt.[576] Bei einer **unübersichtlichen und verwickelten Rechtslage** beginnt die Frist jedoch erst mit einer Beratung über die entsprechenden Tatsachen an zu laufen[577], dies allerdings nur bis zur objektiven Klärung der Rechtslage.[578] Diese den Verjährungsbeginn hinausschiebende Ausnahme dürfte allerdings nur auf den Sonderfall der Amts- und Notarhaftungsansprüche beschränkt und daher grundsätzlich nicht auf

**142**

---

vgl. *Heinrichs* in Palandt, § 280 Rn. 55a; zur Frage der (Nicht-)Kondizierbarkeit des abstrakten Schuldversprechens bei Verjährung des Darlehensrückzahlungsanspruchs vgl. BGH Urt. v. 17.11.2009, Az. XI ZR 36/09; OLG Frankfurt Urt. v. 11.7.2007, Az. 23 U 7/07, WM 2007, 2196 u. H. a. die analoge Anwendung des § 216 Abs. 2 BGB; *Cartano/Edelmann* WM 2004, 775, 779; *Hohmann* WM 2004, 757, 763 f.; offen gelassen in BGH Urt. v. 19.12.2006, Az. 113/06, WM 2007, 588, 589; vgl. auch OLG Frankfurt WM 2006, 858.

[570] Zur Entstehung des Schadensersatzanspruchs bei einer Beteiligung an einem geschlossenen Immobilienfonds schon mit dem unwiderruflichen und vollzogenen Erwerb der Kapitalanlage vgl. BGH Urt. v. 8.7.2010, Az. III ZR 249/09, NJW 2010, 3292, 3294 Rn. 24 u. H. a. BGHZ 162, 306, 309 f.; BGH Urteile v. 7.5.1991, Az. XI ZR 188/90, NJW-RR 1991, 1125, 1127; BGH Urt. v. 27.1.1994, 1405, 1407; BGH Urt. v. 26.9.1997, Az. V ZR 29/96, NJW 1998, 302, 304 u. BGH Urt. v. 19.7.2004, Az. II ZR 354/02, NJW-RR 2004, 1407; zur Maßgeblichkeit des Erwerbszeitpunkts bei § 37a WpHG vgl. → § 3 Rn. 140.

[571] BGH-Beschluss v. 31.1.2014, Az. III ZR 84/13 Rn. 6.

[572] BGH Urt. v. 26.2.2013, Az. XI ZR 498/11 Rn. 25.

[573] Zur Zurechnung der Kenntnis des Rechtsanwalts des Kapitalanlegers nach § 166 BGB vgl. OLG Karlsruhe Urt. v. 24.9.2014, Az. 17 U 281/12, WM 2014, 1039, 1042.

[574] BGH Urt. v. 27.5.2008, Az. XI ZR 132/07 Rn. 36.

[575] BGH Urt. v. 3.6.2008, Az. XI ZR 319/06 Rn. 27 f.; BGH Urt. v. 27.5.2008, Az. XI ZR 132/07 Rn. 32 u. 36; BGH Beschluss v. 19.3.2008, AZ. III ZR 220/07 Rn. 7.

[576] BGH Urt. v. 26.2.2013, Az. XI ZR 498/11 Rn. 27.

[577] OLG Frankfurt a. M. Urt. v. 22.5.2007, Az. 9 U 51/06 für Rückforderungsansprüche aus ImmoFondsbeteiligung; OLG Karlsruhe Urt. v. 17.4.2007, Az. 17 U 1/07, OLGR 2007, 668 Verjährungsbeginn bei Rückabwicklung wegen Verstoßes gegen RBerG jedenfalls am 31.12.2002; OLG Karlsruhe Urt. v. 23.2.2007, Az. 17 U 65/06, OLGR 2007, 392 bei Verstoß gegen RBerG nicht vor 1.1.2002; BGH Hinweisverfügung v. 9.5.2007, Az. XI ZR 285/06, bei Verstoß gegen RBerG frühestens September/Oktober 2001; BGH Urt. v. 19.3.2008, Az. III ZR 220/07 Verjährungsbeginn bei Verstoß gegen RBerG am 1.1.2002 ist nicht zu beanstanden; OLG Stuttgart Urt. v. 1.10.2007, Az. 6 U 132/07 Rn. 104, keine verwickelte Rechtslage bei Fehlen d. Gesamtbetragsangabe.

[578] BGH Urt. v. 23.9.2008, Az. XI ZR 263/07 Rn. 18 u. XI ZR 262/07 Rn. 19.

andere Bereiche übertragbar sein.[579] Denn jede andere Sichtweise würde dazu führen, dass der Verjährungsbeginn allein schon dann hinausgeschoben werden könnte, wenn eine konkrete Rechtsfrage in Literatur und Rechtsprechung streitig wird, was zu einer unzumutbaren Verlängerung der vom Gesetzgeber vorgesehenen dreijährigen Verjährungsfrist führen würde.[580] Hat sich wiederum bei einer Anlageberatung **das Verlustrisiko** ersichtlich **verwirklicht,** dann ist Verjährungsbeginn spätestens dieser Zeitpunkt.[581] Bei einem komplexen Betrugsfall liegt der für den Verjährungsbeginn maßgebliche Zeitpunkt (iSv § 852 Abs. 1 BGB aF) erst bei Kenntnis des wesentlichen Ermittlungsergebnisses vor.[582]

**143** In Fällen **unzureichender Aufklärung** ist von einer **Kenntnis** oder **grob fahrlässigen Unkenntnis** iSv § 199 Abs. 2 Nr. 2 BGB erst dann auszugehen, wenn dem Gläubiger die Umstände bekannt oder infolge grober Fahrlässigkeit unbekannt sind, aus denen sich die Rechtspflicht zur Aufklärung ergibt. Demgemäß setzt der Verjährungsbeginn gegen eine **nur die Kapitalanlage finanzierende Bank** sowohl die Kenntnis von Umständen voraus, die in Bezug auf das finanzierte Geschäft einen Ersatzanspruch begründen, als auch die Umstände, aus denen sich ergibt, dass insoweit gerade auch die finanzierende Bank, obwohl sie nicht unmittelbar Geschäftspartner des finanzierten Geschäftsmodells war, als mögliche Haftende in Betracht kommt.[583] Insofern setzt der Verjährungsbeginn in einem solchen Fall zusätzlich zu der Kenntnis von Umständen, die den Schluss auf eine arglistige Täuschung zulassen, die Kenntnis oder grob fahrlässige Unkenntnis von Umständen voraus, aus denen sich die Kenntnis der Bank von der **arglistigen Täuschung** sowie von Umständen, welche den Schluss auf einen etwaig bestehenden **Wissensvorsprung** zuließen[584], hätte ergeben können.[585] Insofern reicht allein die Kenntnis davon, dass die zugesagten Mieten nie erzielt wurden, für den Verjährungsbeginn nicht aus.[586] Bei Vorliegen eines **Anlageberatungsfehlers** bei der Vermittlung einer Beteiligung an einem **geschlossenen Immobilienfonds** kann nicht schon dann von einer grob fahrlässigen Unkenntnis des Beratungsfehlers ausgegangen werden, wenn es der Anleger unterlässt, den ihm überreichten **Emissionsprospekt** durchzulesen; dies jedenfalls dann, wenn er auf die mündlichen Angaben seines Beraters oder Vermittlers vertraut und daher davon absieht, den ihm übergebenen Prospekt durchzusehen und auszuwerten.[587] Entsprechendes gilt, wenn der Kapitalanleger Kenntnis von einer bestimm-

---

[579] LG Mönchengladbach Urt. v. 20.11.2013, Az. 2 S 77/13 i. Z. m. dem Bearbeitungsentgelt; so auch *Bitter/Alles* NJW 2011, 2081 ff.

[580] So wohl auch *Bitter/Alles,* NJW 2011, 2081 ff.

[581] OLG Frankfurt, Urt. v. 6.9.2013, Az. 19 U 8/13, S. 12 f. zur Kenntnis hinsichtlich des Wegfalls der Anschlussförderung beim GEWOBA 63 Fonds „Verdacht einer möglichen Schädigung genügt"; OLG Stuttgart Urt. v. 30.4.2007, Az. 5 U 188/06, OLGR 2007, 715; zB bei eklatantem Abweichen des Ausschüttungsverhaltens von Prospektvorgaben oder von gemachten Versprechungen, so zB LG Frankfurt Urt. v. 7.1.2009, Az. 2–12 O 411/07 – DG-Fonds 35, S. 4 f. u. H. a. OLG Frankfurt Urt. v. 30.4.2007, Az. 5 U 188/06; so auch OLG Celle Urt. v. 7.5.2008, Az. 3 U 6/08, BKR 2008, 429, 434 – DG-Fonds 30 –; ähnlich OLG München Beschluss v. 19.2.2008, Az. 5 U 5536/07, S. 4 ff.; KG Urt. v. 14.1.2009, Az. 24 U 99/07, S. 17 – DG-Fonds 30 –; LG Berlin Urt. v. 4.3.2009, Az. 4 O 498/08, S. 14 ff. – DG-Fonds 30 –.

[582] OLG Nürnberg Urt. v. 30.1.2007, Az. 1 U 2691/05, OLGR 2008, 175; zum Beginn der Verjährung bei § 852 BGB vgl. auch BGH Urt. v. 6.11.2007, Az. VI ZR 182/06, WM 2008, 202.

[583] BGH Urt. v. 11.7.2012, Az. IV ZR 286/10 Rn. 33 u. ZR 164/11 Rn. 71; BGH Urt. v. 3.6.2008, Az. XI ZR 319/06 Rn. 30, WM 2008, 1346; so auch BGH Urt. v. 23.6.2009, Az. XI ZR 171/08, BKR 2009, 372, 374 Rn. 20 ff.

[584] BGH Urt. v. 23.6.2009, Az. XI ZR 171/08, BKR 2009, 372, 374 Rn. 25.

[585] BGH Urt. v. 3.6.2008, Az. XI ZR 319/06 Rn. 32.

[586] BGH Urt. v. 3.6.2008, Az. XI ZR 319/06 Rn. 26 u. 31.

[587] BGH Urt. v. 27.9.2011, Az. VI ZR 135/10, NJW 2011, 3573, 3574 Rn. 11 mwN; BGH Urt. v. 8.7.2010, Az. III ZR 249/09, NJW 2010, 3292, 3295 Rn. 29 ff. u. H. a. d. starke Gegenauffassung; vgl. hierzu auch *Schlick* WM 2011, 154, 162 sowie die Anm. v. *Nassall* WuB I G 1.-25.10; *Derleder* EWiR § 199 BGB 1/10, 665; *Haas* LMK 2010, 309873; *Kirchhartz* GWR 2010, 403; *Lang/Müller/Felsch* BB 2010, 2005.

ten Pflichtverletzung des Anlageberaters erlangt und es dennoch unterlässt, den Prospekt daraufhin zu überprüfen, ob etwaige weitere Pflichtverletzungen vorliegen.[588]

**Grob fahrlässige Unkenntnis** iSv § 199 Abs. 1 Nr. 2 BGB liegt vielmehr nur dann **144** vor, wenn dem Gläubiger die Kenntnis deshalb fehlt, weil er ganz **naheliegende Überlegungen** nicht anstellt und nicht beachtet hat, was im gegebenen Fall jedem hätte einleuchten müssen. Hierbei trifft den Gläubiger allerdings generell **keine Obliegenheit,** im Interesse des Schuldners an einem möglichst frühzeitigen Beginn der Verjährungsfrist mitzuwirken und **Nachforschungen** zu betreiben; vielmehr muss das Unterlassen von Ermittlungen nach Lage des Falles als geradezu unverständlich erscheinen, weswegen in dem Unterlassen der Lektüre des **Prospekts** grundsätzlich keine grob fahrlässige Unkenntnis iSv § 199 Abs. 1 Nr. 2 BGB gesehen werden kann.[589]

Bei einem auf die **Rückvergütungsthematik** gestützten Anspruch setzt der Beginn der **145** Verjährung ua auch die Kenntnis oder grob fahrlässige Unkenntnis von der Rückvergütung voraus.[590] Dabei hat der Kapitalanleger bereits dann Kenntnis von den anspruchsbegründenden Umständen, wenn ihm das **generelle Provisionsinteresse** – zB durch Verhandeln über einen Teil des Agios sowie dessen Auszahlenlassen – des Beraters bekannt ist, nicht jedoch die Gesamthöhe der erlangten Provisionen.[591] Etwas anderes könnte allerdings dann gelten, wenn die beratende Bank konkrete, jedoch fehlerhafte Angaben zur Höhe der Rückvergütung macht.[592] Allein der Umstand, dass der Anleger davon ausgeht, die vermittelnde Bank erhalte maximal das Agio als Provision, genügt allerdings zur Erzeugung einer solchen Fehlvorstellung nicht, da der Anleger aufgrund dieser Kenntnis wusste, dass die Bank ihm die Kapitalanlage vermittelt hat, ohne auf den für sie bestehenden Interessenkonflikt hinzuweisen.[593] Bei einem **Bereicherungsanspruch** muss der fordernde Anleger Kenntnis von den anspruchsbegründenden Tatsachen haben. Dazu gehört die Kenntnis von den tatsächlichen Voraussetzungen des Mangels des rechtlichen Grundes[594], insbesondere

---

[588] BGH Urt. v. 22.7.2010, Az. III ZR 203/09, WM 2010, 1690, 1692 Rn. 16 ff. m. kritischer Anm. *Reinhart* WuB I G 1.-28.10; vgl. hierzu auch *Schlick* WM 2011, 154, 163.

[589] So BGH Urt. v. 27.9.2011, Az. VI ZR 135/10, NJW 2011, 3573, 3574 Rn. 10 f. = WM 2011, 2118 in einem Fall, in welchem der Kapitalanleger aus der Lektüre eines die Kapitalanlage eines Dritten betreffenden Prospekts Erkenntnisse ob der Fehlerhaftigkeit seines Prospektes hätte herleiten müssen; BGH Urt. v. 22.7.2010, Az. III ZR 203/09, WM 2010, 1690.

[590] OLG München Urt. v. 29.3.2011, Az. 5 U 4680/10, BKR 2011, 338, 343 = NJW 2011, 2814; OLG Stuttgart Urt. v. 15.7.2009, Az. 9 U 164/07, S. 12; OLG Frankfurt Urt. v. 22.12.2010, Az. 19 U 150/10 S. 11.

[591] BGH Urt. v. 26.2.2013, Az. XI ZR 498/11 Rn. 29 ff.; BGH Urt. v. 15.1.2013, Az. XI ZR 8/12 Rn. 23; offengelassen noch in BGH Urt. v. 11.9.2012, Az. XI ZR 363/10 Rn. 21, dies jedoch bestätigend unter Verweis auf OLG Düsseldorf Urt. v. 9.12.2010, Az. I-6 U 30/10, BeckRS 2011, 02541, S. 7; bestätigt durch BGH Beschluss v. 26.1.2012, Az. III ZR 8/11; OLG Karlsruhe Urt. v. 9.8.2011, Az. 17 U 4/11, BeckRS 2012, 14662, S. 3 f.; bestätigt durch BGH Beschluss v. 3.4.2012, Az. XI ZR 383/11; vgl. auch OLG Frankfurt Urt. v. 5.9.2013, Az. 19 U 8/13, S. 7, welches darauf hinweist, dass es ausreichend ist, wenn der Anleger (nur) das Bewusstsein davon hatte, dass die Bank das Agio für die Vermittlung erhält, so auch OLG Frankfurt Urt. v. 2.8.2013, Az. 19 U 298/12; LG Tübingen Urt. v. 4.4.2014, Az. 7 O 444/12 S. 16; LG Frankfurt Urt. v. 27.11.2012, Az. 2–07 O 341/11, S. 9. AA LG Kassel Urt. v. 16.12.2014, Az. 9 O 978/13, BKR 2014, 218, welches im Verhandeln über das Agio eine fehlerhafte Angabe zur Höhe der Provision zu erkennen meint.

[592] BGH Urt. v. 4.2.2014, Az. XI ZR 398/12, BKR 2014, 200, 202 Rn. 20; BGH Urt. v. 26.2.2013, Az. XI ZR 498/11 Rn. 30.

[593] BGH Urt. v. 8.4.2014, Az. XI ZR 341/12 Rn. 30 m. Anm. *Lang/Pfisterer-Junkert* BKR 2014, 293, 294; OLG Frankfurt, Urt. v. 5.9.2013, aaO; so auch *Wiechers* WM 2014, 145, 147, welcher für den Verjährungsbeginn die Kenntnis davon ausreichen lässt, dass die Bank einen Teil des Agios erhält; **aA** OLG Frankfurt, Beschluss v. 16.4.2013, Az. 9 U 135/11, ZIP 2013, 1658, welcher von einer falschen Teilaufklärung spricht.

[594] BGH Urt. v. 15.6.2010, Az. XI ZR 309/09, WM 2010, 1399, 1400 Rn. 12 „wenn er von der Leistung und den Tatsachen weiß, aus denen sich das Fehlen des Rechtsgrundes ergibt".

die Kenntnis der Umstände, welche die Unwirksamkeit einer Vollmacht begründen, einschließlich des Fehlens der Voraussetzungen einer Rechtsscheinsvollmacht gemäß §§ 171, 172 BGB.[595] Betrifft der **Bereicherungsanspruch** die Rückforderung einseitig bestimmter **unbilliger Entgelte** (§ 315 BGB), dann beginnt die dreijährige Verjährungsfrist mit dem Schluss des Jahres an zu laufen, in dem die Zahlung geleistet wurde und die Schuldnerin Kenntnis von der Unbilligkeit hatte und nicht erst mit Rechtskraft des die gebilligte Leistung festsetzenden Urteils.[596] Geht es wiederum um **Rückforderungsansprüche** wegen fehlender bzw. unzureichender **Gesamtbetragsangabe,** hat der Darlehensnehmer bereits **mit Vertragsabschluss Kenntnis** aller anspruchsbegründenden Tatsachen. Denn der Darlehensnehmer kennt bereits zu diesem Zeitpunkt den konkreten Inhalt des Vertrages und insbesondere auch den Umstand, dass dort nicht sämtliche Teilleistungen, die er während der gesamten Vertragslaufzeit würde erbringen müssen, ausgewiesen sind. Auf die Frage, ob der Darlehensnehmer aus dieser ihm bekannten Tatsache die zutreffenden juristischen Schlüsse ziehen konnte, kommt es demgegenüber bei der subjektiven Kenntnis nicht an.[597] Entsprechendes gilt bei der Rückforderung **unzulässig vereinbarter Entgelte**.[598] Bei der Geltendmachung eines **Bürgschaftsanspruchs** bedarf es nicht auch der Kenntnis von Namen und Anschrift des Schuldners.[599] Hat der Gläubiger vor dem Stichtag des 1.1.2002 gemäß Art. 229 § 6 2.IV 1 EGB 6 **Kenntnis von der Anschrift** des Schuldners, verliert er diese Kenntnis jedoch vor diesem Stichtag, beginnt die nach § 199 I Nr. 2 BGB kenntnisabhängige dreijährige Verjährungsfrist nach § 195 BGB erst dann, wenn der Gläubiger nach dem genannten Stichtag erstmals wieder Kenntnis von der Anschrift des Schuldners erlangt oder grob fahrlässig nicht erlangt.[600]

**146** Wird ein Schadensersatzanspruch auf **mehrere Aufklärungsfehler** gestützt, beginnt **für jeden Aufklärungsfehler** die Verjährungsfrist **gesondert** zu laufen.[601] Dies gilt auch dann, wenn die unterschiedlichen Pflichtverletzungen nicht jeweils unterschiedliche **eigenständige Schadensfolgen** verursachen, sondern denselben Schaden.[602]

**147** Was wiederum die **Entstehung des Anspruchs** iSv § 199 BGB anbelangt, so entsteht dieser bereits mit dem (unwiderruflichen und vollzogenen) **Erwerb der Kapitalanlage** und nicht erst dann, wenn es zu einer konkreten Verschlechterung der Vermögenslage des Gläubigers gekommen oder eine risikobehaftete Situation eingetreten ist. Denn grundsätzlich stellt bei solchen Kapitalanlagegeschäften der Erwerb der Kapitalanlage für sich genommen bereits einen Schaden dar.[603]

---

[595] BGH Urt. v. 23.9.2008, Az. XI ZR 263/07 Rn. 20 u. XI ZR 253/07, WM 2008, 2158 Rn. 36 sowie XI ZR 262/07 Rn. 21.

[596] OLG Brandenburg Urt. v. 22.3.2008, Az. Kart U 2/07, S. 17 ff.; bestätigt durch BGH-Beschluss v. 27.1.2009, Az. KZR 26/08; OLG Dresden Urt. v. 8.7.2008, Az. U 1646/07 Kart., S. 4 ff. u. H. a. OLG Jena ZNER 2008, 83 u. OLG Düsseldorf Beschluss v. 25.4.2007, Az. VI-2 U (Kart) 9/06; LG Mainz NJW-RR 2008, 132; LG Aachen Urt. v. 26.7.2006, Az. 11 O 112/06; LG Chemnitz Urt. v. 22.12.2006, Az. 2 HKO 3203/05; LG Erfurt Urt. v. 15.12.2006, Az. 10 O 473/06; LG Potsdam Urt. v. 30.7.2006, Az. 2 O 488/06.

[597] BGH Urt. v. 15.6.2010, Az. XI ZR 309/09, WM 2010, 1399, 1401 Rn. 16 f. m. Anm. *Bülow* WuB I G 5.-6.10.

[598] LG Mönchengladbach Urt. v. 20.11.2013, Az. 2 S 77/13; LG Bonn Urt. v. 11.7.2013, Az. 8 S 91/13, WM 2013, 1942, 1943.

[599] BGH Urt. v. 23.9.2008, Az. XI ZR 395/07, WM 2008, 2165, 2166 Rn. 12, wo auch festgehalten wird, dass es eine entsprechende Benachrichtigungspflicht des Bürgers über dessen aktuelle Anschrift nicht gibt (Rn. 14).

[600] BGH Urt. v. 28.2.2012, Az. XI ZR 192/11, NJW 2012, 1645.

[601] BGH Urt. v. 22.7.2010, Az. III ZR 203/09, WM 2010, 1060; BGH Urt. v. 23.6.2003, Az. XI ZR 171/08, BKR 2009, 372, 373 Rn. 14; vgl. hierzu auch *Grüneberg* WM 2014, 1109 ff.

[602] BGH Urt. v. 24.3.2011, Az. III ZR 81/10, WM 2011, 874, 875 Rn. 14.

[603] BGH Urt. v. 11.7.2012, Az. IV ZR 286/10 Rn. 32; BGH Urt. v. 24.3.2011, Az. III ZR 81/10, WM 2011, 874, 875 Rn. 9.

Mit der neuen regelmäßigen Verjährungsfrist von drei Jahren wurde die bei Verletzung **148** von Pflichten im Zusammenhang mit der Anlageberatung und -vermittlung geltende **30-jährige Frist** erheblich verkürzt. Insofern stellt sich die für viele Anlageberater und -vermittler spannende Frage, wann sog **„Altschadensersatzansprüche"** verjähren. Diesbezüglich enthält Art. 229 § 6 EGBGB entsprechende Regelungen. Ausweislich des Art. 229 § 6 Abs. 1 Satz 1 EGBGB findet diese Norm auf solche am **1.1.2002** bestehenden und noch nicht verjährten Ansprüche Anwendung. Was wiederum den Verjährungsbeginn anbelangt, so gilt hierfür das **sog Stichtagsprinzip**. Soweit daher, wie in den Fällen eines Schadensersatzanspruches wegen Verletzung von Anlageberatungs- und Anlagevermittlungspflichten, die Verjährungsfrist (von 30 Jahren auf 3 Jahre) abgekürzt wurde, wird in Art. 229 § 6 Abs. 4 Satz 1 geregelt, dass die neue Frist **erst am 1.1.2002** zu laufen beginnt. Dort ist nämlich geregelt, dass in diesen Fällen „die kürzere Frist vom 1.1.2002 an berechnet wird".

Diese in Art. 229 § 6 Abs. 4 Satz 1 gewählte Formulierung hat in der Rechtsprechung **149** und Literatur zu einer heftigen Diskussion darüber geführt, ob über den Wortlaut des Art. 229 § 6 Abs. 4 Satz 1 EGBGB hinaus für den Verjährungsbeginn zusätzlich auf die subjektiven Voraussetzungen des § 199 Abs. 1 BGB abzustellen ist. Da das alleinige Abstellen auf den Wortlaut des Art. 229 § 6 Abs. 4 Satz 1 EGBGB bei sog „Altschadensersatzansprüchen" dazu führen würde, dass diese **unabhängig von der Kenntnis** des Kapitalanlegers von den den Anspruch begründenden Umständen und der Person des Schädigers iSv § 199 Abs. 1 Nr. 2 BGB am 31.12.2004 verjähren, der Kapitalanleger somit bei dieser Sichtweise schlechter gestellt wäre als nach neuem und altem Verjährungsrecht, hat der Bundesgerichtshof den Meinungsstreit dahingehend entschieden, dass der **Fristbeginn** auch **bei sog Altansprüchen** von der subjektiven Kenntnis des Gläubigers von den anspruchsbegründenden Tatsachen zu berechnen ist, wobei dem Kapitalanleger/Treugeber das Wissen des Treuhänders dann nicht nach § 166 BGB zugerechnet wird[604], wenn der Treuhandvertrag und die erteilte Vollmacht nach dem Rechtsberatungsgesetz nichtig sind; dies selbst dann nicht, wenn sich die Bank in Bezug auf die Vollmacht auf die §§ 171 ff. BGB berufen kann.[605] Hatte der Kapitalanleger wiederum **vor dem 1.1.2002** Kenntnis iSv § 199 Abs. 1 Nr. 2 BGB, so fängt die kurze Verjährung bereits am 1.1.2002 zu laufen an.[606]

Was die Verjährung von Ansprüchen auf Rückzahlung **rechtsgrundlos erbrachter** **150** **Zinsen** und Tilgungsleistungen anbelangt, so galt hierfür früher die dreijährige kurze kenntnisunabhängige Verjährung des **§ 197 BGB aF**[607] Selbst Schadensersatzansprüche – auch solche aus Verschulden bei Vertragsabschluss – unterlagen der kurzen Verjährung nach § 197 BGB aF; dies jedenfalls dann, wenn diese auf wiederkehrende Leistungen gerichtet waren.[608] Demgemäß hat der Bundesgerichtshof entschieden, dass ein auf einen **entgangenen Gewinn** gerichteter Schadensersatzanspruch, der auf eine vor **dem 1.1.2012** erfolgte Verletzung eines Anlageberatungsvertrages gestützt wird, der vierjährigen Verjährung nach § 197 BGB aF unterliegt.[609] Diese kurze Verjährungsfrist greift jedoch mangels wie-

---

[604] Zur grundsätzlichen Anwendung von § 166 Abs. 1 BGB vgl. BGH Urt. v. 27.5.2008, Az. XI ZR 132/07 Rn. 40 zur Zurechnung d. Kenntnis des Anwalts.

[605] BGH Urt. v. 3.6.2008, Az. XI ZR 319/06 Rn. 23; BGH Urt. v. 23.1.2007, Az. XI ZR 44/06, ZIP 2007, 624 m. Anm. *Krepold* BKR 2007, 151; OLG Karlsruhe WM 2007, 355, 359; OLG Karlsruhe OLGR 2007, 103 u. 229; OLG Karlsruhe ZIP 2006, 1855, 1857; OLG Stuttgart ZIP 2005, 2152, 2156; OLG Bamberg NJW 2006, 304; OLG Braunschweig ZIP 2006, 180, 183.

[606] OLG Karlsruhe OLGR 2007, 229.

[607] BGH Urt. v. 27.5.2008, Az. XI ZR 409/06 Rn. 12 mwN; zur Hemmung eines Anspruchs des Darlehensgebers gegen den Darlehensnehmer gem. § 497 Abs. 3 S. 3 BGB auf Zahlung der vertragsgemäß geschuldeten Raten (Tilgungsanteile, Vertragszinsen u. Bearbeitungsentgelt) sowie der Verzugszinsen aus einem Verbraucherdarlehensvertrag, die vor dem 31.12.2011 entstanden sind und noch nicht verjährt waren vgl. BGH Urt. v. 5.4.2011, Az. XI ZR 201/09, WM 2011, 973.

[608] BGH Urt. v. 10.11.2009, Az. XI ZR 252/08 Rn. 44 ff.

[609] BGH Urt. v. 15.7.2014, Az. XI ZR 418/13.

derkehrender Leistungen nicht ein, wenn Schadensersatzansprüche im Raum stehen, bei denen zunächst eine wirksame vertragliche Verpflichtung des getäuschten Kreditnehmers zur Erbringung von Zahlungen bestand.[610] Sie gilt auch dann nicht, wenn die Rückzahlung des Kapitals in selbständig abzuzahlenden Teilbeträgen erfolgt oder wenn die rechtsgrundlos erbrachten Zins- und Tilgungsleistungen in einer Summe am Ende der Vertragslaufzeit zu zahlen sind.[611] Die Heranziehung der kurzen Verjährungsfrist wurde auch bei einem Rückzahlungsanspruch nach vorzeitiger Ablösung eines Annuitätendarlehens im Falle der Berechnung zu hoher Zinsen aufgrund einer nichtigen AGB-Klausel und der Verwendung des Differenzbetrages zur Tilgung, bei einem Anspruch auf anteilige Rückerstattung des Disagios und bei einem Anspruch des Darlehensnehmers auf Rückzahlung der Geldbeschaffungs- und Bearbeitungskosten abgelehnt, und zwar auch dann, wenn die Kapitalbeschaffungskosten in zwei Teilbeträgen gezahlt wurden.[612]

**151** Macht ein Gläubiger im **Mahnbescheid** nur einen "Schadensersatzanspruch wegen Beratungsverschuldens Immobilienfonds" geltend, dann wird im Hinblick auf etwaige Ansprüche wegen Verstoßes gegen das Rechtsberatungsgesetzes die Verjährung nicht **gehemmt**.[613] Soll daher ein einheitlicher Antrag **auf unterschiedliche Lebenssachverhalte** und damit verschiedene Streitgegenstände gestützt werden, muss dies im Mahnantrag hinreichend zum Ausdruck kommen.[614] Ähnliches gilt im Zusammenhang mit der Einreichung von sog **Güteanträgen**.[615] Denn auch wenn für diese nicht die strengen Anforderungen des § 253 Abs. 2 ZPO an eine Klageschrift gelten, muss zur **Hemmung der Verjährung** auch bei diesen verlangt werden, dass der Anspruch so gegenüber anderen Ansprüchen abgegrenzt wird, dass er Grundlage eines der materiellen Rechtskraft fähigen Vollstreckungstitels sein und der Schuldner erkennen kann, welcher Anspruch oder welche Ansprüche gegen ihn geltend gemacht werden, damit er beurteilen kann, ob und in welchem Umfang er sich zur Wehr setzen will.[616] Ist daher der Güteantrag nicht in diesem Sinne **hinreichend individualisiert,** erfolgt keine Hemmung der Verjährung.[617] Die Verjährungshemmende Wirkung des Güteantrages kann auch nicht rückwirkend durch spätere, eine Individualisierung nachholende Schreiben oder Dokumente bewirkt werden, die in rechtsverjährter Zeit eingehen.[618] Ähnliches gilt bei **sog erschlichenen Mahnbeschei-**

---

[610] BGH Urt. v. 10.11.2009, Az. XI ZR 252/08 Rn. 46.
[611] BGH Urt. v. 27.5.2008, Az. XI ZR 409/06 Rn. 13 mwN.
[612] BGH Urt. v. 27.5.2008, Az. XI ZR 409/06 Rn. 13 mwN.
[613] BGH Urt. v. 23.9.2008, Az. XI ZR 253/07 WM 2008, 2158, 2160 Rn. 21.
[614] BGH, aaO, Rn. 19; zur hinreichenden Individualisierung vgl. auch BGH Urt. v. 17.11.2010, Az. VIII ZR 211/09, WM 2011, 333; zur hinreichenden Individualisierung, wenn ein einheitlicher Anspruch geltend gemacht wird, der sich aus mehreren Rechnungsposten zusammensetzt vgl. BGH Urt. v. 10.10.2013, Az. VII ZK 155/11, NJW 2013, 3509.
[615] Vgl. hierzu umfassend *Thume/Schenk zu Schweinsberg-Zügel*, CRP 2014, 212 ff.; vgl. auch *Wagner* BKR 2013, 108 ff. welcher die Verjährungshemmung solcher Anträge anzweifelt.
[616] So BGH-Beschlüsse v. 31.1.2014, Az. III 84/13 Rn. 11 u. v. 16.1.2014, Az. IX ZB 64/12 Rn. 10 zum Mahnbescheid.
[617] So zu Güteanträgen OLG Frankfurt Beschl. v. 9.5.2014, Az. 23 U 205/13 S. 10 ff., wo das OLG offenlässt, ob zur Verjährungshemmung auch eine hinreichende Bezeichnung des jeweiligen materiellrechtlichen Anspruchs notwendig ist; letzteres bejahend OLG Bamberg Beschl. v. 24.2.2014, Az. 3 U 205/13; vgl. auch OLG München Urt. v. 18.3.2014, Az. 13 U 4100/13; OLG Dresden Beschl. v. 8.4.2014, Az. 5 U 1320/13; OLG Dresden Beschluss v. 6.2.2014, Az. 5 U 1320/13; LG Frankfurt a. M. Urt. v. 30.12.2013, Az. 2–19 O 117/13; LG Ellwangen Urt. v. 11.11.2013, Az. 2 O 16/13, S. 11; LG Frankfurt Urt. v. 8.11.2013, Az. 2–25 O 235/13, S. 6; LG Bonn Urt. v. 26.11.2013, Az. 20 O 62/13, welches für eine ausreichende Individualisierung verlangt, dass jeder einzelne Beratungsfehler inhaltlich grob umrissen wird; LG Frankfurt Urt. v. 30.8.2013, Az. 2–28 O 21/13, S. 6 f. u. H. a. BGH NJW-RR 2006, 275, 276; so auch LG Rottweil Urt. v. 14.6.2013, Az. 2 O 22/13; LG Bamberg Urt. v. 17.7.2013, Az. 1 O 422/12; LG Frankfurt Urt. v. 6.8.2013, Az. 2–25 O 68/13; LG Frankfurt Urt. v. 13.9.2013, Az. 10 O 38/13.
[618] OLG Frankfurt Urt. v. 9.7.2014, Az. 17 U 172/13 S. 13.

§ 3 Anlageberatung und Anlagevermittlung

**den,** in welchen der Anleger wahrheitswidrig sowie entgegen den gesetzlichen Vorgaben in § 688 Abs. 2 Ziff. 2 ZPO im Mahnbescheid angibt, die Leistung hänge nicht von einer Gegenleistung ab.[619] Im Übrigen kann die Einlegung **massenhaft wortgleicher Güteanträge** zur Verjährungshemmung in Kenntnis deren mangelnder Erfolgsaussichten auch rechtsmissbräuchlich iSv § 242 BGB sein und auch deswegen die Hemmung verhindern.[620] Macht der Geschädigte wiederum aus mehreren Einzelforderungen nur einen Teilbetrag geltend, dann muss zur ausreichenden Individualisierung der Forderung eine genaue Aufteilung des geforderten (Teil-)betrages aus jeder Einzelforderung erfolgen[621]

Eine erstmals im **Berufungsrechtzug** erhobene **Verjährungseinrede** ist unabhängig von den Voraussetzungen des § 531 Abs. 2 S. 1 Nr. 1–3 ZPO zuzulassen; dies allerdings nur dann, wenn die Erhebung der Verjährungseinrede und die den Verjährungseintritt begründenden tatsächlichen Umstände unstreitig sind.[622] Zur **Hemmung** der Verjährung muss ein Kapitalanleger schon dann **Feststellungsklage** erheben, wenn der Verdacht einer möglichen Schädigung besteht. Auf die tatsächliche Entstehung eines Schadens kommt es nicht an.[623] **152**

**8. Verwirkung.** Für die Verwirkung von Schadensersatzansprüchen aus culpa in contrahendo gelten die allgemeinen Grundsätze.[624] In Bezug auf eine als „**bankgeprüft**" bezeichnete Beteiligung hat der Bundesgerichtshof festgestellt, dass ein Zeitraum von 8 Jahren bis zur Klageerhebung und die Möglichkeit spekulativer Überlegungen beim Kläger eine Verwirkung nicht begründen können.[625] **153**

Für eine Verwirkung ist außer dem Zeitmoment weiter erforderlich, dass sich der Schadensersatzpflichtige mit Rücksicht auf das Verhalten des Geschädigten darauf eingerichtet hat, dieser werde das ihm zustehende Recht nicht mehr geltend machen.[626] Der bloße Irrtum des Verpflichteten, ein Anspruch werde nicht mehr geltend gemacht, reicht nicht aus. Erforderlich ist vielmehr eine Vermögensdisposition, die der Schädiger gerade im Hinblick auf das bei ihm erweckte Vertrauen vorgenommen hat und die sich im Hinblick auf seinen Irrtum als nachteilig erweist.[627] **154**

Eine Verwirkung kann jedoch angenommen werden, wenn sich der Anleger über Jahre hinaus mit einer geringeren Rendite als der im Prospekt aufgrund fehlerhafter Kalkulation errechneten zufrieden gibt, ohne den Versuch unternommen zu haben, die Rücknahme der Beteiligung zu verlangen.[628] Eine Verwirkung kommt auch dann in Betracht, wenn die sechsjährige handelsrechtliche Aufbewahrungsfrist nach § 257 Abs. 1 u. 4 HGB abgelaufen ist.[629] **155**

**9. Rechtskraft.** Der von der Rechtskraft erfasste Streitgegenstand wird durch den Klageantrag, in dem sich die vom Kläger in Anspruch genommene Rechtsfolge konkretisiert, **156**

---

[619] LG Würzburg Urt. v. 26.3.2014, Az. 72 O 793/12 S. 9 u. U.a. *Wagener* ZfJR 2005, 286 f.; LG Frankfurt Urt. v. 14.6.2013, Az. 2–25 O 203/12; LG Nürnberg Urt. v. 25.2.2013, Az. 10 O 6393/12; vgl. hierzu auch *Schultz* NJW 2014, 827.
[620] LG Verden Urt. v. 14.2.2014 Az. 4 O 351/12 S. 11; LG Ellwangen Urt. v. 11.11.2013, Az. 2 O 16/13, S. 11 ff.; LG Frankfurt Urt. v. 8.11.2013, Az. 2–25 O 235/13, S. 6 f.; LG Frankfurt Urt. v. 30.8.2013, aaO.
[621] BGH Beschluss v. 31.1.2014, Az. III ZR 84/13 Rn. 16.
[622] BGH Beschluss v. 23.6.2008, Az. GSZ 1/08, WM 2008, 2131.
[623] OLG Frankfurt Urt. v. 12.7.2013, Az. 19 U 263/12, WM 2013, 1857.
[624] BGHZ 43, 292; BGH NJW 1982, 1999; BGHZ 97, 212 = WM 1986, 580 = NJW 1986, 1803 = DB 1986, 1272 = ZIP 1986, 517 = ZIP 1986, 698 = WuB I E 1.–13.86 *Stützle*.
[625] BGH WM 1986, 517 = ZIP 1986, 562.
[626] BGHZ 25, 47 = WM 1957, 976 = NJW 1957, 1358.
[627] BGHZ 25, 47 = WM 1957, 976 = NJW 1957, 1358; BGH WM 1984, 818 = NJW 1984, 1684 = DB 1984, 2034; BGH WM 1989, 534 = NJW-RR 1989, 818.
[628] OLG Frankfurt WM 1985, 383 = WuB IV A. § 242 BGB 2.85 *Assmann*.
[629] OLG München Urt. v. 17.11.2005, Az. 19 U 2487/05, WM 2006, 523, m. Anm. *Balzer*, EWiR § 55 BörsG aF 1/06; OLG München Urt. v. 27.3.2006, Az. 19 U 5845/05, WM 2006, 1292.

und den Lebenssachverhalt (Anspruchsgrund), aus dem der Kläger die begehrte Rechtsfolge herleitet, bestimmt (§ 253 Abs. 2 Nr. 2 ZPO).[630] Vom Streitgegenstand werden damit alle **materiell-rechtlichen Ansprüche** erfasst, die sich im Rahmen des gestellten Antrags aus dem zur Entscheidung unterbreiteten Lebenssachverhalt herleiten lassen. Das gilt unabhängig davon, ob die einzelnen Tatsachen des Lebenssachverhalts von den Parteien vorgetragen worden sind oder nicht, und auch unabhängig davon, ob die Parteien die im Vorprozess nicht vorgetragenen Tatsachen des Lebensvorgangs damals bereits kannten und hätten vortragen können.[631] Daher ändert allein die Ergänzung des aus dem Vorprozess bekannten Tatsachenvortrags durch den Umstand, dass – auch – die Rückvergütung nicht oder nur unzureichend offenbart wurde, den bereits im Vorprozess zur Entscheidung gestellten Sachverhalt nicht in seinem Kerngehalt und begründet daher keinen neuen Streitgegenstand.[632] Daher steht die Rechtskraft einer Entscheidung über einen Schadensersatzanspruch gegen eine Bank wegen Fehlers bei der Kapitalanlageberatung einer Klage auf Ersatz desselben Schadens wegen eines anderen Beratungsfehlers in demselben Beratungsgespräch entgegen.[633] Entsprechendes gilt bei Schadensersatzansprüchen wegen Prospektfehler. Denn auch hier steht die Rechtskraft eines klageabweisenden Urteils über einen Schadensersatzanspruch wegen Prospektfehlern einer erneuten Klage auf Ersatz desselben Schadens wegen anderer Prospektfehler in demselben Prospekt entgegen.[634]

## § 4 Finanzierung von Kapitalanlagegeschäften

### Übersicht

| | Rn. |
|---|---|
| I. Finanzierung von Kapitalanlagen | 1–5 |
|   1. Wertpapiere | 3 |
|   2. Gesellschaftsbeteiligungen | 4 |
|   3. Immobilien | 5 |
| II. Finanzierung von Immobilienanlagen | 6–34 |
|   1. Initiatoren-/Bauträgerfinanzierung | 7 |
|     a) Bilanz | 8 |
|     b) Objektbezogene Leistungsbilanz | 9 |
|     c) Neue Bauvorhaben | 10 |
|     d) Vermarktung/Vertrieb | 11 |
|   2. Immobilie/Bauprojekt | 12 |
|     a) Grundstück und Baurecht | 13 |
|     b) Standort und Marktfähigkeit | 14 |
|     c) Investitionsrechnung und ausführende Firmen | 16 |
|   3. Anlegerfinanzierung | 18 |
|     a) Kreditprüfung | 20 |
|     b) Steuerliche Auswirkungen | 22 |
|     c) Eigenkapitalfinanzierung | 24 |
|   4. Beleihungswert | 26 |
|     a) Sachwert | 27 |
|     b) Ertragswert | 28 |
|   5. Verkehrswert | 29 |
|   6. Bewertung und Finanzierung | 31 |
| III. Finanzierung und Haftung | 35–40 |
|   1. Die Bank als Kreditgeber | 36 |
|   2. Die Beteiligung der Bank am finanzierten Geschäft | 37 |
|   3. Die Beteiligung des Anlegers | 38 |

---

[630] BGH Urt. v. 22.10.2013, Az. XI ZR 42/12 Rn. 15, WM 2013, 2216; OLG München Beschluss v. 13.2.2014, Az. 19 U 4042/13, WM 2014, 743.
[631] BGH Urt. v. 22.10.2013, aaO.
[632] BGH Urt. v. 22.10.2013, aaO Rn. 16; *Wiechers* WM 2014, 145, 147f.
[633] BGH Urt. v. 22.10.2013, aaO; *Grüneberg* WM 2014, 1109, 1110f.
[634] OLG München, Beschluss v. 13.2.2014, Az. 19 U 4042/13, WM 2014, 743.

§ 4 Finanzierung von Kapitalanlagegeschäften § 4

| | Rn. |
|---|---|
| IV. Haftung und Risiken des Anlegers | 41–68 |
|   1. Vertragswerk bei Immobilienanlagen | 51 |
|   2. Risiken aus Einzelverträgen | 53 |
|     a) Eigenkapitalzahlung | 54 |
|     b) Leistung an Generalunternehmer | 55 |
|     c) Verwaltervergütung | 61 |
|   3. Immobilienfonds und Anlagegesellschaften | 63 |
|   4. Wirtschaftlichkeit und steuerliche Auswirkungen | 65 |
|   5. Anlagerisiken und deren Begrenzung | 66 |
| V. Risiken der finanzierenden Bank | 69–265 |
|   1. Widerruf von Haustürgeschäften | 70 |
|     a) Zum Gerichtsstand | 70 |
|     b) Zur Unzulässigkeit der Feststellungsklage | 76 |
|     c) Zum Nachweis der Haustürsituation sowie deren Kausalität für den Erwerbsvertragsabschluss | 77 |
|     d) Haustürgeschäft und Gesellschaftsbeitritt | 79 |
|     e) Haustürgeschäft und Sicherheitenbestellungen | 81 |
|     f) Haustürgeschäftewiderruf und Vollmacht | 82 |
|     g) Haustürgeschäft und Aufhebungsvertrag | 87 |
|     h) Haustürgeschäft und Bauvertrag | 87a |
|     i) Zum Verhältnis der Vorschriften über Haustürgeschäfte und Verbraucherkreditverträge | 88 |
|       aa) Aktuelle Rechtslage | 88 |
|       bb) Alte Rechtslage | 90 |
|     j) Zur Maßgeblichkeit des Vertreters | 94 |
|     k) Situationsbedingte Erfordernisse | 95 |
|     l) Zur Ursächlichkeit | 98 |
|     m) Zur Zurechenbarkeit | 100 |
|     n) Vorhergehende Bestellung | 102 |
|     o) Zum Ausschlusstatbestand der notariellen Beurkundung gemäß § 312 Abs. 3 Nr. 3 BGB bzw. § 1 Abs. 2 Nr. 3 HWiG aF | 103 |
|     p) Alte Rechtslage: Zu den Ausschlusstatbeständen der vollständigen Leistungserbringung gemäß § 2 Abs. 1 Satz 4 HWiG aF sowie der Sechs-Monats-Frist nach Vertragsabschluss gemäß § 355 Abs. 3 Satz 1 BGB aF | 104 |
|     q) Rechtslage ab 13.6.2014/Ausschlussfrist zwölf Monate | 111 |
|     r) Zum Ausschluss des Widerrufsrechts durch ordnungsgemäße Belehrung | 112 |
|       aa) Alte Rechtslage | 112 |
|       bb) Zwischen-Rechtslage | 118 |
|       cc) Aktuelle Rechtslage | 124 |
|       dd) Zukünftige Rechtslage | 125 |
|       ee) Schutzwirkung der Musterwiderrufsbelehrung | 126 |
|     s) Zum Ausschluss des Widerrufsrechts durch Verfristung und Verwirkung | 128 |
|       aa) Zur Verfristung | 129 |
|       bb) Zur Verwirkung/unzulässigen Rechtsausübung | 130 |
|     t) Zu den Rechtsfolgen des Widerrufs | 132 |
|       aa) Bei Widerruf ausschießlich der Beitrittserklärung | 133 |
|       bb) Bei Widerruf des Darlehensvertrages | 136 |
|     u) Zum Empfang des Darlehens | 152 |
|     v) Realkreditvertrag gem. § 3 Abs. 2 Nr. 2 VerbrKrG aF | 153 |
|     w) Realkreditvertrag und § 358 Abs. 3 Satz 3 BGB | 158 |
|     x) Verbundene Geschäfte gem. § 9 Abs. 1 VerbrKrG aF | 159 |
|     y) Verbundgeschäfte nach § 358 Abs. 3 Satz 1, 2 u. 3 BGB | 163 |
|     z) Grundschuld und Widerruf | 170 |
|   2. Verbraucherkreditgesetz/Verbraucherdarlehensvertragsrecht | 171 |
|     a) Einhaltung des Deutlichkeitsgebots gemäß § 360 BGB bei „neuer" Widerrufsinformation | 171a |
|     b) Vorfälligkeitsentschädigung im Falle der bankseitigen Kündigung wegen Schuldnerverzugs bei Immobiliardarlehensverträgen | 171b |
|     c) Pflichtangaben und Vergleichsabschlüsse | 172 |
|     d) Pflichtangaben und Vollmachten | 174 |
|     e) Gesamtbetragsangabeverpflichtung | 177 |
|     f) Finanzierungsvermittlungsprovision | 184 |
|     g) Effektiver Jahreszins und Lebensversicherungsprämien | 186 |
|     h) Versicherungskosten | 187 |
|     i) Sicherheiten | 189 |

|  | Rn. |
|---|---|
| j) Zustandekommen/Schriftform des Dalehensvertrages | 190 |
| aa) Zustandekommen | 191 |
| bb) Zur Schriftform | 193 |
| k) Nichtigkeit wegen des Fehlens von Angaben | 194 |
| l) Heilung durch Auszahlung | 198 |
| m) Rechtsfolge | 202 |
| n) Unterdeckungsrisiko und Kapitallebensversicherung | 207 |
| 3. Rechtsberatungsgesetz (RBerG) | 209 |
| a) Problemdarstellung | 209 |
| b) Zur Anwendbarkeit der §§ 171, 172 BGB | 212 |
| c) Kein Ausschluss nach § 173 BGB | 215 |
| d) Anwendbarkeit der Grundsätze über die Anscheins- und Duldungsvollmacht | 217 |
| e) Genehmigung | 218 |
| f) § 242 BGB/Verwirkung | 219 |
| g) Rechtsfolgen | 221 |
| 4. Weitere Problempunkte bei Bevollmächtigung | 222–229 |
| a) Vollmachtsmissbrauch | 230 |
| b) Beschränkung der Vollmacht | 232 |
| c) Widerruf der Vollmacht | 235 |
| d) Anscheinsvollmacht | 237 |
| 5. Fehlerhafte Beurkundung | 241 |
| a) Beurkundung des Treuhand-/Baubetreuungsvertrages | 242 |
| b) Treuhandvertrag und Darlehensvertrag | 243 |
| c) Einheitliches Vertragswerk | 244 |
| d) Beurkundung einer Beschaffungsverpflichtung | 247 |
| 6. Auszahlung des Darlehens an Dritte | 249 |
| a) Weisung des Kreditnehmers | 250 |
| b) Sicherungsinteresse der Bank | 251 |
| c) Gutschrift auf ein Conto pro Diverse | 252 |
| d) Forderungsbegründung durch Auszahlung | 253 |
| e) Auszahlung ohne Auftrag/Vollmacht | 256 |
| 7. Anfechtung nach § 123 BGB | 258 |
| a) Anfechtung nach § 123 Abs. 1 BGB | 259 |
| b) Anfechtung nach § 123 Abs. 2 BGB | 261 |
| c) Projektbeteiligte als Dritte nach § 123 Abs. 2 BGB | 263 |
| VI. Haftung der lediglich kreditgebenden Bank | 266–343 |
| 1. Allgemeine Pflichten der Bank als Kreditgeber | 267 |
| a) Prüfungspflichten | 268 |
| b) Aufklärungspflichten | 275 |
| c) Überwachungspflichten | 280 |
| d) Hinweispflichten beim Abzahlungskauf | 283 |
| e) Hinweispflichten bei sonstigen Geschäften | 284 |
| f) Immobilienservice | 286 |
| 2. Prüfungspflicht bei Immobilienanlagen | 287 |
| 3. Aufklärungspflicht bei Immobilienanlagen | 290 |
| a) Projektrisiken | 291 |
| b) Projektbeteiligte | 296 |
| c) Finanzierungsabwicklung | 297 |
| 4. Abgrenzung der Risikosphären | 299 |
| 5. Pflichtenkreis bei einzelnen Anlageformen | 304 |
| a) Kauf vom Bauträger | 305 |
| b) Finanzierung von Abschreibungsgesellschaften | 306 |
| c) Finanzierung von Bauherren-/Erwerber-Modellen | 307 |
| 6. Aufklärungspflicht in Sonderfällen | 308 |
| a) Bank als Projektbeteiligte | 309 |
| b) Spezielle Gefährdung des Anlegers | 315 |
| c) Wissensvorsprung über spezielle Risiken des Projekts | 317 |
| d) Schwerwiegender Interessenkonflikt | 326 |
| 7. Kein neuer Haftungstatbestand aufgrund der Urteile des EuGH vom 25.10.2005 | 328 |
| 8. Beweiserleichterungen bei institutionalisiertem Zusammenwirken | 331 |
| 9. Bank als Erfüllungsgehilfe von Projektbeteiligten | 341 |
| VII. Einwendungsdurchgriff | 344–365 |
| 1. Einwendungen aus dem Grundgeschäft | 345 |
| 2. Risikoverteilung und Schutzbedürftigkeit | 346 |
| 3. Einwendungsdurchgriff bei Immobilien | 349 |

§ 4 Finanzierung von Kapitalanlagegeschäften § 4

|  | Rn. |
|---|---|
| VIII. Haftung der Bank aus Treuhandschaft | 366–424 |
| 1. Treuhandformen | 369 |
| a) Gesellschaftstreuhänder | 370 |
| b) Zahlungstreuhänder | 371 |
| c) Vertragstreuhänder | 372 |
| 2. Treuhandpflichten | 373 |
| 3. Prüfungspflichten des Treuhänders | 374 |
| 4. Aufklärungspflichten gegenüber Treugeber | 376 |
| a) Vertragsgrundlagen | 377 |
| b) Steuerliche Grundlagen | 379 |
| c) Prospekt | 383 |
| 5. Wahrung allgemeiner Treugeberinteressen | 388 |
| a) Übertragung der Treuhandschaft | 389 |
| b) Dauer der Geschäftsführung | 390 |
| c) Übernahme der KG-Anteile | 391 |
| d) Interessenkollision | 392 |
| e) Interessenausgleich zwischen Bauherren | 393 |
| f) Nachwirkende Treuepflichten | 395 |
| 6. Wahrung der finanziellen Treugeberinteressen | 396 |
| a) Vertragsgestaltung | 397 |
| b) Vertragsdurchführung | 400 |
| c) Mittelverwendung | 404 |
| d) Rechnungslegung und Auskunft | 410 |
| e) Garantien | 412 |
| 7. Wahrung der steuerlichen Treugeberinteressen | 413 |
| a) Prospektierte Steuervorteile | 414 |
| b) Mehrwertsteueroption | 415 |
| c) Vermeidung von steuerlichen Nachteilen | 416 |
| 8. Vertragspflichten gegenüber Bank | 417 |
| a) Bürgschaft und Pfandrecht | 417 |
| b) Treuhandkonto | 418 |
| 9. Fehlende Vollmacht | 419 |
| 10. Pfandrecht am Treuhandkonto | 423 |
| IX. Prospekthaftung der finanzierenden Bank | 425–441 |
| 1. Steuersparende Kapitalanlagen | 426 |
| 2. Börsenprospekt | 437 |
| 3. Immobilienanlagen | 439 |

**Schrifttum:** *Altmeppen,* Die Publikums-Fonds-Gesellschaft und das Rechtsberatungsgesetz, ZIP 2006, 1 ff.; *Artzt/Weber,* Rechtsfolgen bei unzureichendem Tilgungsersatz durch Kapitallebensversicherungen bei endfälligen Darlehen, BKR 2005, 264 ff.; *Baudenbacher,* Einwendungsdurchgriff beim finanzierten Immobilienerwerb, JZ 1985, 661 ff.; *Bartels,* Grenzen der Rechtsfortbildung im verbundenen Geschäft, WM 2007, 237; *Benedict,* Überrumpelung beim Realkredit – Ideologie und Wirklichkeit im deutsch-europäischen Privatrecht, AcP 206 (2006), 56 ff.; *ders.,* Die rechtliche Einordnung des Anlagevermittlers, AcP 204 (2004), 697 ff.; *Borowski,* Der Widerruf des Verbraucherkredites – Gestaltungsmöglichkeiten des Verbrauchers im Kredit- und Kapitalanlagerecht, BKR 2014, 361 ff.; *Bruhn,* Vorfälligkeitsentschädigung bei Verbraucherdarlehen, CRP 2014, 42 ff.; *Christians,* Finanzierungshandbuch, 2. Aufl. 1988; *Derleder,* Der Verbraucherschutz für Schrottimmobilienerwerber und die Umsetzung der europarechtlichen Widerrufsregelungen, BKR 2006, 375 ff.; *Derleder/Knops/Bamberger,* Handbuch zum deutschen und europäischen Bankrecht, Heidelberg 2004; *Döring,* Rechtliche Aspekte des Bauherrenmodells und Haftung der kreditierenden Bank, LfK 1981, 570 ff.; *Edelmann,* Grenzen der Rechtsfortbildung und des Verbraucherschutzes bei Immobilienkapitalanlagen, BKR 2005, 394; *ders.,* Das Rechtsberatungsgesetz und der (missverstandene) Verbraucherschutz bei den Treuhandimmobilienfällen, BKR 2004, 337; *ders.,* Zur Rückzahlungspflicht des Darlehensnehmers trotz Widerrufs des Darlehens bei Fondsbeteiligungen, BKR 2002, 801; *Edelmann/Mackenroth,* Unwiderruflichkeit von „Zeichnungsschein-" Vollmachten bei Immobilienfinanzierungsfällen, DB 2007, 730; *Edelmann/Suchowerskyj,* Festkredit mit Tilgungsaussetzung bei Kombi-Verträgen; Erfordernis der Gesamtbetragsangabe, DB 2003, 2475; *Edelmann/Krümmel,* Zum Erfordernis einer doppelten Widerrufsbelehrung bei Personalkreditverträgen, BKR 2003, 99; *Edelmann/Hertel,* Grenzen des Verbraucherschutzes und die Haftung der Banken bei Immobilienfinanzierung, DStR 2000, 331 ff.; *Fischer,* Ende der Rechtsprechungsdivergenz? Entwicklung der jüngsten

BGH-Judikatur zur Rückabwicklung von „Schrottimmobilien"-Geschäften, DB 2006, 1415; *Fleischmann/Bellinger/Kern,* Kommentar zum Hypothekenbankgesetz, 3. Aufl. München 1979; *Freckmann/ Rösler,* Tilgungsaussetzung bei der Immobilienfinanzierung, ZBB 2007, 23; *Frisch/Münscher,* Haftung bei Immobilienanlagen, Köln 2002; *Gansel/Huth/Knorr,* Zur Verwirkung von Verbraucherschutzrechten am Beispiel des Widerrufs von Immobiliendarlehensverträgen, BKR 2014, 353 ff.; *Gansel/ Gängel/Huth,* Widerrufsbelehrungen in Verbraucherimmobiliendarlehensverträgen, NJ 2014, 230 ff.; *Gerhards/Keller,* Lexikon der Baufinanzierung, 6. Aufl. Wiesbaden 1998; *Habersack,* Effektiver Jahreszins und Prämien für eine Kapitallebensversicherung, WM 2006, 353 ff.; *ders.,* Finanzierter Grundstücks- und Anteilserwerb im Wandel, BKR 2006, 305 ff.; *Habersack/Schürnbrand,* Verwirkung des Widerrufrechts aus einem Verbraucherdarlehensvertrag bei fehlerhafter Widerrufsbelehrung, ZIP 2014, 749 ff.; *Häfner,* Fehlgeschlagene Immobilienkapitalanlagen, 2. Aufl. Heidelberg 2006; *Hertel/ Edelmann,* Immobilienfinanzierung und Verbraucherschutz, Heidelberg 2007; *Herdegen,* Richtlinienkonforme Auslegung im Bankrecht: Schranken nach Europa- und Verfassungsrecht, WM 2005, 1921 ff.; *Heyers,* Unbegrenzter Widerruf von Lebensversicherungsverträgen? NJW 2014, 2619 ff.; *Hofmann,* Die Belehrungspflichten bei kreditfinanzierten Anlagemodellen: Die neue BGH-Rechtsprechung zu institutionalisiertem Zusammenwirken, WM 2006, 1847; *Hölldampf,* Rechtsmissbräuchliche Ausübung des Verbraucherwiderrufsrechts durch den Darlehensnehmer, WM 2014, 1659 ff.; *Hopt,* Haftung der Banken bei der Finanzierung von Publikumsgesellschaften und Bauherrenmodellen, FS für Stimpel, Berlin 1985, S. 265 ff.; *Immenga,* Bankenhaftung bei der Finanzierung steuerbegünstigter Anlagen, ZHR 151 (1987), 148 ff.; *Jork/Engel,* Konsequenzen der Rechtsprechung des II. Zivilsenats des BGH zu darlehensfinanzierten Kapitalanlagen in geschlossenem Immobilienfonds, BKR 2005, 3 ff.; *Kahlk/Essig,* Staatshaftung der Bundesrepublik Deutschland in den sog Schrottimmobilien, WM 2007, 525; *Käseberg,* Haustürwiderrufsrichtlinie und „Schrottimmobilien", EuZW 2006, 46 ff.; *Käseberg/Kerl,* Bewertung und Krediturteil im Realkredit, LfK 1981, 36; *Kleiber/ Simon/Weyers,* Verkehrswertermittlung von Grundstücken, 2. Aufl. Köln 1994; *Kleine-Cosack,* Rechtsberatungsgesetz und Treuhandauftrag – Fragwürdige Rechtsprechung zu Bauherrenmodellen, BB 2003, 1737; *ders.,* Restriktive Auslegung des Rechtsberatungsgesetzes, NJW 2003, 3009; *Kondert/ Schirp,* Anlegerschaden im Zusammenhang mit dem Beitritt zu geschlossenen Fonds: Ermittlung in der gerichtlichen Auseinandersetzung, BKR 2007, 357; *Kropf,* Widerrufsbelehrungen in Verbraucherdarlehensverträgen – eine Absage an den „Widerrufs-Joker", WM 2013, 2250 ff.; *Lang,* Institutionalisiertes Zusammenwirken zwischen Bank und Vermittler/Verkäufer bei finanzierten Immobilienanlagen, WM 2007, 1728; *Lang/Rösler,* Schadensersatz nach fehlerhafter Widerrufsbelehrung?, WM 2006, 513 ff.; *Liebich/Mathews,* Treuhand und Treuhänder in Recht und Wirtschaft, 2. Aufl. Berlin 1983; *Limbach,* Schulte und Crailsheimer Volksbank: Die Haftung des Unternehmens bei Nichtbeachtung der Widerrufsbelehrungspflicht, ZGS 2006, 66; *ders.,* Die Umsetzung der Schrottimmobilienurteile des EuGH durch das OLG Bremen, ZGS 2006, 216; *Loewenich,* Einbeziehung von Finanzdienstleistungen in das Gesetz zur Umsetzung der Verbraucherrechterichtlinie, NJW 2014, 1409 ff.; *Lwowski/Wunderlich,* Ausgewählte Rechtsfragen bei Immobilienfinanzierungen Teil I u. II, ZInsO 2005, 5 ff. u. 57 ff.; *Musielak,* Haftung für Rat, Auskunft und Gutachten, Berlin 1974; *Münscher/Rösler/Lang,* Praktikerhandbuch Baufinanzierung, Finanz Colloquium Heidelberg, 2004; *Münscher,* Ausstiegsmöglichkeiten enttäuschter Immobilienkäufer?, BKR 2003, 86 ff.; *Nettesheim,* Ersatzansprüche nach „Heininger"? Die Aufarbeitung mitgliedstaatlicher Vertragsverstöße im EU-Privatrecht, WM 2006, 457 ff.; *Nittel,* Am Anfang war das verbundene Geschäft, NJW 2004, 2712 ff.; *Nobbe,* Rechtsprechung des Bundesgerichtshofs zu fehlgeschlagenen Immobilienfinanzierungen, Sonderbeilage Nr. 1/2007 zu WM-Heft Nr. 47 v. 24.11.2007; *Nobbe,* Verjährung von Forderungen im Bank- u. Kapitalmarktrecht in der Praxis, ZBB 2009, 93; *Nobbe,* Kommentar zum Kreditrecht, 2. Aufl. Heidelberg 2012; *Oechsler,* Schadensersatzanspruch des Immobilienanlegers wegen „institutionlisierten Zusammenwirkens" von Bank und Verkäufer beim Vertrieb, NJW 2006, 2451; *Oelkers/Wendt,* Höchstrichterliche Rechtsprechung zur Vermittlung von Bank- und Versicherungsprodukten – Zur Zurechnung bei selbständigen Vermittlern, BKR 2014, 89 ff.; *Otto,* Stellung der Bank bei der Finanzierung von Immobilienanlagen, Berlin 1988; *Peters,* Zwei unterschiedliche Widerrufsbelehrungen für ein und denselben Personalkreditvertrag?, WM 2005, 456; *Peters/Bräuninger,* Immobilienkapitalanlagen, Darlehensvollmachten und das Rechtsberatungsgesetz, WM 2004, 2294 ff.; *Piekenbrock/Ludwig,* Formalismus bei der Widerrufsinformation in Verbraucherdarlehensverträgen, WM 2012, 1409 ff.; *Piekenbrock,* Haustürwiderruf und Vertragsreue, WM 2006, 466 ff.; *Pielsticker,* Verschäfte Haftung für Versicherungen und Banken?, BKR 2013, 368 ff.; *Rehmke/Tiffe,* Widerruf von Immobiliendarlehen, VuR 2014, 135 ff.; *Reithmann/Meichssner/v. Heymann,* Kauf vom Bauträger, 7. Aufl. Köln 1995; *Rösler/Mockenthun/Pohl,* Handbuch Kreditgeschäft, 6. Aufl. Wiesbaden 2002; *Rösler/*

§ 4 Finanzierung von Kapitalanlagegeschäften

*Sauer*, Vertrieb von Immobilienkapitalanlagen: Zurechnung einer Haustürsituation bei Mitwirkung Dritter, ZfIR 2006, 666; *Rösler/Wimmer/Lang*, Vorzeitige Beendigung von Darlehensverträgen, Stuttgart 2003; *Rüchardt*, Objektwert und Dauerertrag begrenzen den Realkredit, LfK 1981, 41; *Rüchardt*, Zur Prüfung und Bewertung von Bauherren-Modellen für den Realkredit, LfK 1981, 498; *Rümker*, Haftung bei dem Erwerb und der Finanzierung von Vermögensanlagen, in Köndgen, Neue Entwicklungen im Bankhaftungrecht, Köln 1987, S. 71 ff.; *ders.*, Haftung der Bank aus der Finanzierung von Bauherrenmodellen und geschlossenen Immobilienfondsmodellen, ZHR 151 (1987), 162 ff.; *Sauer*, Bundesgerichtshof bestätigt Rechtsprechung zum Haustürwiderruf bei finanzierten Immobilienkäufen, BB 2006, 1581 ff.; *ders.*, Die Rechtsprechung nach den EuGH-Entscheidungen vom 25.10.2005, BKR 2006, 96; *Sauer/Wallner*, Die Verpflichtung zur Angabe des Gesamtbetrages in Verbraucherkreditverträgen, BKR 2003, 959 ff.; *ders.*, Schadensersatzanspruch wegen nicht ordnungsgemäßer Widerrufsbelehrung, NZM 2006, 333 ff.; *Schaffelhuber*, Das Schicksal des Haustürwiderrufsrechts bei von dem 1.1.2002 entstandenen Schuldverhältnissen – intertemporale und materiellrechtliche Anwendungsprobleme des § 355 Abs. 3 BGB, WM 2005, 765.; *Schimansky/Bunte/Lwowski*, BankR Hdb, Band I-III, 2. Auflage München 2001; *Schmidt-Kessel/Schäfer*, Wie flexibel ist die Musterwiderrufsbelehrung, WM 2013, 2241 ff.; *Schubert*, Die Lehre von der fehlerhaften Gesellschaft und das Haustürwiderrufsrecht, WM 2006, 1328 ff.; *Schünnbrand*, Anwendbarkeit des Rechts der außerhalb von Geschäftsräumen geschlossenen Verträgen und des Fernabsatzrechts auf Kreditsicherheiten; *Seidel*, Aktuelle Probleme der Treuhändervollmacht beim Immobilien-Strukturvertrieb, WM 2006, 1614 ff.; *Stannigel/Kremer/Weyers*, Beleihungsgrundsätze für Sparkassen, Stuttgart 1984; *Steffan*, Handbuch des Realkredits, 2. Aufl. Frankfurt a.M. 1977; *Thume/Edelmann*, Keine Pflicht zur systemwidrigen richtlinienkonformen Rechtsfortbildung, BKR 2005, 477 ff.; *Tonner*, Zu den Konsequenzen der EuGH-Urteile „Schulte" und „Crailsheimer Volksbank" für das nationale Recht, WM 2006, 505; *Usinger*, Immobilien, Recht und Steuern, 3. Aufl. Köln 2004; *v. Heymann/Merz*, Bankenhaftung bei Immobilienanlagen, 16. Auflage Frankfurt a.M., 2005; *Vortmann*, Aufklärungs- und Beratungspflichten der Banken, 7. Aufl. Köln 2002; *Wegmann*, Tilgungsersatz durch Kapitallebensversicherung, BKR 2007, 268; *Wallner*, Die Rückabwicklung von kreditfinanzierten Immobilienanlagen, BKR 2003, 92; *Welter/Lang*, Handbuch der Informationspflichten im Bankverkehr, Köln 2005; *Weiland*, Bewertungsfragen beim Bauherren-Modell, LfK 1981, 132; 2004, 917 ff.; *Westermann*, Gesellschaftsbeitritt als Verbraucherkreditgeschäft, ZIP 2002, 189 ff. u. 240 ff.; *Werner/Machunsky*, Einwendungsdurchgriff und Schadensersatzansprüche gegen Kreditinstitue bei der Finanzierung von Bauherrengemeinschaften, DB 1982, 2229 ff.; *Wiechers*, Aktuelle Rechtsprechung des XI. Zivilsenats des Bundesgerichtshofs, WM 2012, 341 ff., WM 2011, 145 ff.; *Wolf/Großerichter*, Rückabwicklung fehlgeschlagener Immobilien-Anlagegeschäfte nach neuester Rechtsprechung Teil 1 u. 2, ZfIR 2005, 1 ff. u. 41 ff.; *Wolf/Großerichter*, Ergebnis als Methode in der Bankenhaftung, Zur Entscheidungsserie des II. Zivilsenats des BGH vom 14.6.2004 und ihre Folgen für das finanzierte Anlagegeschäft, WM 2004, 1993.

## I. Finanzierung von Kapitalanlagen

Kapitalanlagen werden unter Renditegesichtspunkten meist mit Eigenkapital erworben. Sofern sie kreditfinanziert werden, ergibt sich häufig die Frage, welche Auswirkungen die Finanzierung auf den Erwerb der Anlage hat. **1**

Bei der Finanzierung von Kapitalanlagen sind die einzelnen Anlageformen zu unterscheiden. **2**

**1. Wertpapiere.** Für die Finanzierung von Wertpapieren[1] wird meist ein Kredit in laufender Rechnung mit variablen Konditionen[2] gewährt. Die Wertpapiere dienen als **Sicherheit**.[3] Je nach Wertentwicklung und Volumen sind Zusatzsicherheiten zu stellen, um eine jederzeitige Kreditrückführung zu gewährleisten. **3**

**2. Gesellschaftsbeteiligungen.** Die Finanzierung von Gesellschaftsbeteiligungen war in der Vergangenheit häufig im Zusammenhang mit Abschreibungsgesellschaften (Kom- **4**

---

[1] Vgl. hierzu *Hagenmüller*, Der Bankbetrieb, 4. Aufl., Bd. III S. 105; zum Effektengeschäft allgemein s.o. §§ 11–13.

[2] Sog. Kontokorrentkredite, vgl. *Hagenmüller*, Der Bankbetrieb, S. 44 ff.; zu den Anpassungsklauseln vgl. *Schmidt* in Staudinger, BGB, 12. Aufl., § 246 Anm. 63 ff.

[3] Hierzu *Kohler* in BuB 4 (Kreditsicherung), Rn. 1277 ff.; *Scholz/Lwowski*, Das Recht der Kreditsicherung, 6. Aufl., Rn. 505.

manditeinlagen) anzutreffen.[4] Heute werden mehr Beteiligungen an **BGB-Gesellschaften** im Zusammenhang mit geschlossenen Beteiligungen jeglicher Art finanziert.

5   **3. Immobilien.** Steuerorientierte Immobilienanlagen[5] werden meist mit Kredit finanziert.[6] Von besonderer Bedeutung sind in diesem Zusammenhang die Finanzierungsgrundsätze, die Wechselwirkungen von Immobilienerwerb und Finanzierung sowie die Haftung der finanzierenden Bank.

### II. Finanzierung von Immobilienanlagen

6   Bei der Finanzierung von Immobilienanlagen beurteilt die finanzierende Bank unter Kredit- und Risikogesichtspunkten im Wesentlichen drei Bereiche:
– die Finanzierung der Immobilienerrichtung (Initiatoren-/Bauträgerfinanzierung)[7]
– die zu finanzierende Immobilie/Bauprojekt
– die Finanzierung des Anlegers.[8]

7   **1. Initiatoren-/Bauträgerfinanzierung.** Für die Beurteilung des Initiators/Bauträgers sind Seriosität, Erfahrung, Fachkunde und Bonität besonders wichtig.[9] Neben den üblichen Unterlagen wie Büro- und Bankauskünfte, Bilanz der letzten drei Jahre, aktuelle betriebswirtschaftliche Auswertungen und Handelsregisterauszug werden aktuelle Aufstellungen der laufenden Bauvorhaben, objektbezogene Leistungsbilanzen sowie bisherige Vertriebserfolge zur Beurteilung der wirtschaftlichen Verhältnisse des Bauträgers herangezogen.

8   **a) Bilanz.** Die Bilanzverhältnisse sollen Transparenz bieten hinsichtlich Bestandsveränderungen, noch nicht abgerechneter Leistungen, unfertiger Erzeugnisse/Leistungen, Abschlagszahlungen, Anzahlungen und Eventualverbindlichkeiten.[10] Besonders zu beurteilen ist das Verhältnis von haftendem Eigenkapital zu Verschuldung sowie die Bonität der Gesellschafter.

9   **b) Objektbezogene Leistungsbilanz.** Entscheidend für die Bonitätsbeurteilung des Initiators/Bauträgers ist eine objektbezogene Leistungsbilanz. Dort werden in einer Nachbetrachtung die abgewickelten Objekte hinsichtlich kalkulierter Ansätze und tatsächlicher Baukosten sowie erzielter Ergebnisse umfassend dargestellt. Dabei sind folgende Fragen von Wichtigkeit:
– Regionale oder überregionale Bautätigkeit
– Kontinuierliches überschaubares Wachstum oder stark expansiv
– Relation zwischen Anzahl der im Bau/Verkauf befindlichen Objekte und Personalausstattung/Betriebs-/Vertriebsorganisation
– Verhältnis von Standardobjekten zu Renommier- und Liebhaberobjekten mit außergewöhnlichen Preisen
– Kontinuität der Partner (Bauunternehmer, Handwerker, Architekten usw.) bei den einzelnen Bauvorhaben
– Dauer erfolgreicher Tätigkeit am Markt mit entsprechender Eigenbeteiligung.[11]

10  **c) Neue Bauvorhaben.** Bei geplanten und laufenden Bauvorhaben sind schlüssige und nachvollziehbare Konzepte für die Durchführbarkeit der Maßnahmen von besonderer

---

[4] Zu den Abschreibungsgesellschaften allgemein vgl. § 22.
[5] Finanzierungs- und Finanzierungsnebenkosten wie Bauzinsen (auch Erbbauzinsen), Damnum, Disagio, Bereitstellungszinsen und Geldbeschaffungskosten sind als Werbungskosten voll abzugsfähig: Abschn. 33 Abs. 7 EStR; BFH DB 1980, 1669 = BB 1980, 1137; BFH BStBl. II 1979, 178 = DB 1979, 291.
[6] Zur Bau- und Immobilienfinanzierung eingehend: *Rösler/Mackenthun/Pohl*, S. 251 ff.
[7] *Rösler/Mackenthun/Pohl*, S. 275 ff.
[8] *Rösler/Mackenthun/Pohl*, S. 253 ff.
[9] *Rösler/Mackenthun/Pohl*, S. 275 ff.
[10] *Rösler/Mackenthun/Pohl*, S. 433 ff., 458 ff.
[11] Die Eigenbeteiligung des Initiators wird meist als unerlässlich angesehen, *Rösler/Mackenthun/Pohl*, S. 280.

Wichtigkeit. Die Kosten und Ertragsansätze sind aufzuschlüsseln; die Gesamt-verschuldung kann anhand von § 14 KWG-Rückmeldungen (Meldegrenzen, Volumen, Anzahl der Institute) auf Plausibilität überprüft werden.[12] Schließlich spielen Fertigstellungs- und Vermarktungsrisiken für die Beurteilung ebenso eine Rolle wie die Nachvollziehbarkeit von Wertansätzen und Angaben zum Haftungsumfang aus Bürgschaften und Garantien.

**d) Vermarktung/Vertrieb.** Die Vermarktung kann durch ortsansässige Makler oder (bei Steuermodellen) durch Einschaltung eines überregionalen Vertriebs erfolgen. Der Erfolg von in der Vergangenheit durchgeführten Vertriebsaktivitäten lässt keinen unmittelbaren Rückschluss auf die Absatzmöglichkeiten eines neuen Objektes zu. Vertriebsstärke und Effizienz des Vertriebsapparates ergeben sich aus der Relation zwischen Anzahl der verkauften Objekte und des dafür benötigten Vertriebszeitraums (Absatzgeschwindigkeit). Die Finanzierungsübernahme wird meist von einem Mindestverkaufsstand (30%–60%), gegebenenfalls von weiteren werthaltigen Zusatzsicherheiten oder Eigenmitteln abhängig gemacht. Die auf nicht verkaufte Einheiten entfallenden Finanzierungskosten müssen gegebenenfalls aus den nachhaltig erzielbaren Mieten dieser Einheiten bedient werden können.

**2. Immobilie/Bauprojekt.** Für die Beurteilung der Baumaßnahme sind insbesondere Standort, Kosten, Marktfähigkeit und Partner von Bedeutung.

**a) Grundstück und Baurecht.** Für den Grundstücksankaufskredit werden im Wesentlichen folgende Unterlagen und Angaben benötigt: Grundbuchauszug, Kaufvertrag, Lageplan, Angaben zum Grundstück (Größe, Zuschnitt, Bodenbeschaffenheit, insbesondere umweltgefährdende Altlasten, Grundwasser, Standsicherheit, historische Fundstätten), zum Baurecht (§§ 34, 35 BauGB, GFZ, GRZ, BMZ,[13] Baulasten, Bauvorbescheid etc.) und gegebenenfalls zur aufstehenden Bausubstanz (Baujahr, Bauqualität/-zustand, Nutzungsart, Flächen, Mieter, Mietkonditionen, insbesondere Höhe, Laufzeit, Kündigungsfristen). Für Aufbau-/Renovierungs- und Modernisierungs-Finanzierungen sind darüber hinaus erforderlich: Baubeschreibung, Bauzeichnung, Zahlungs- und Bauzeitenplan, Finanzierungsplan, Verkaufspreise, Verträge, insbesondere mit Bauhandwerkern, Architekten, Käufern, Bauantrag, bestandskräftige Baugenehmigung; bei der Bildung von Wohnungs-/Teileigentum zusätzlich: Teilungserklärung und – bei nachträglicher Aufteilung – Abgeschlossenheitsbescheinigung.

**b) Standort und Marktfähigkeit.** Die Marktfähigkeit eines Objekts beurteilt sich zunächst und vor allem nach seiner Lage. Dabei sind insbesondere von Bedeutung: Demographische Faktoren (Einwohnerzahl, Bevölkerungsdichte, Altersverteilung), Beschäftigtenstruktur (Anzahl der Erwerbstätigen, Arbeitslosenquote, Pro-Kopf-Einkommen), Wirtschaftsstruktur (Hauptarbeitgeber, Abhängigkeiten), Stadtentwicklung, Infrastruktur, Lage im Stadtgebiet, Umfeld, Verkehrsanbindung und die besonderen Verhältnisse des regionalen und gegebenenfalls überregionalen Immobilienmarktes.

Für die Marktfähigkeit sind weiterhin wichtig: Architektur, Grundrisse, Bauqualität, Ausstattung und Wohnungsgrößen, marktübliche Verkaufspreise; bei Mietobjekten müssen die projektierten Mieten den tatsächlichen Marktverhältnissen entsprechen.[14] Insgesamt kann die Marktfähigkeit eines Objektes am ehesten durch den Verkaufsstand in Verbindung mit der Vertriebsdauer nachgewiesen werden (Absatzgeschwindigkeit).

**c) Investitionsrechnung und ausführende Firmen.** Die kalkulierten Investitionskosten werden regelmäßig anhand der Herstellungskosten pro qm Wohn-/Nutzfläche bzw. cbm umbauter Raum unter Berücksichtigung der ortsüblichen Erfahrungswerte – auch für die jeweiligen Einzelpositionen (vom Grundstückspreis bis hin zu den Bewirtschaftungskosten) – beurteilt. Eine sichere Kalkulationsbasis ergibt sich bei der Vergabe der Arbeiten an namhafte und bonitätsmäßig einwandfreie General-unternehmer/Generalübernehmer (GU/GÜ) mit entsprechender Fertigstellungsgarantie. Einzelvergaben bedingen ein höhe-

---

[12] *Rösler/Mackenthun/Pohl*, S. 86 ff., 287.
[13] *Gerhards/Keller*, S. 241, 255.
[14] *Rösler/Mackenthun/Pohl*, S. 288.

res Fertigstellungsrisiko. Preissicherheit ist nur über Festpreisabsprachen und detaillierte Leistungsbeschreibungen zu erreichen.

17 Insgesamt gesehen ist für eine gesicherte und termingerechte Fertigstellung von Bauträgermaßnahmen die Bonität und Seriosität der eingeschalteten Baufirmen und Funktionsträger ebenso von Bedeutung wie deren Leistungsfähigkeit und Erfahrung. Dies gilt insbesondere auch für eingeschaltete Treuhänder, die den Zahlungsverkehr abwickeln sollen.

18 **3. Anlegerfinanzierung.** Für die Beurteilung der Anlegerfinanzierung (= Endfinanzierung) sind zum einen die Geschlossenheit der Gesamtfinanzierung des Initiators/Bauträgers und zum anderen der Umfang der Beleihung des Objekts sowie die Einkommens- und Vermögensverhältnisse des Anlegers (Bonität/Kreditwürdigkeit) von Bedeutung.[15] Dabei ist die Bank bei Realkrediten[16] nicht verpflichtet, sich gemäß § 18 KWG die wirtschaftlichen Verhältnisse des Kreditnehmers laufend offenlegen zu lassen.[17]

19 Soweit die **Realkreditgrenze**[18] überschritten wird, erfolgt die Prüfung der Einkommens- und Vermögensverhältnisse ausschließlich unter kreditmäßigen Gesichtspunkten, dh die Bank prüft den nachhaltigen Wert des Objektes und die Einkommens- und Vermögensverhältnisse des Kreditnehmers, um das Kreditrisiko gering zu halten und einen Ausfall möglichst zu vermeiden.

20 **a) Kreditprüfung.** Aus der **bankinternen Kreditprüfung** ergibt sich für die Bank keine Verpflichtung gegenüber dem Darlehensnehmer, ihm das Ergebnis der Kreditbeurteilung mitzuteilen und gegebenenfalls vom Vertragsschluss abzusehen, wenn sich bei der Prüfung ein Missverhältnis zwischen den finanziellen Möglichkeiten des Darlehensnehmers und den Darlehensbelastungen ergibt.[19] Etwas anderes gilt bei einer **Finanzierungsberatung.**[20]

21 Unter Kreditgesichtspunkten soll der Kapitalanleger regelmäßig in der Lage sein, bei Änderung wirtschaftlicher und steuerlicher Rahmenbedingungen etwaige Fehlbeträge aus seinem Einkommen oder Vermögen aufzubringen; es muss zB soviel Eigenkapital nachgeschossen werden können, dass die Fremdfinanzierung unter Berücksichtigung der Kapitaldienstgrenze zurückgeführt werden kann. Unter Kapitaldienstgrenze versteht man dabei die Grenze, bis zu der aus den laufenden Erträgen des Objekts nach Abzug von Bewirtschaftungskosten die Fremdmittel verzinst und zurückgeführt werden können.

22 **b) Steuerliche Auswirkungen.** Aus dem Objekt ergeben sich zwar je nach Einzelfall steuerliche Auswirkungen, die den Kapitaldienst erleichtern können. Bei der Kreditbeurteilung können derartige Vorteile jedoch nur insoweit berücksichtigt werden, als sie der Kreditnehmer und Erwerber nachhaltig beanspruchen kann.

23 Im Übrigen darf bei der Ermittlung der Kapitaldienstgrenze die persönliche Leistungsfähigkeit/Bonität des Darlehensnehmers nicht einbezogen werden.

---

[15] Vgl. statt aller *Kleiber/Simon/Weyers,* Beleihungsgrundsätze für Sparkassen, S. 25, 332; *Christians,* Finanzierungshandbuch, S. 230 ff.; *Kerl,* LfK 1981, 36 f.; *Rüchardt,* LfK 1981, 498, 502.
[16] Realkredite sind nur solche Darlehen, die durch Grundpfandrechte gesichert sind und deren Verzinsung und Rückzahlung jederzeit unabhängig von der Person des Kreditnehmers durch das beliehene Grundstück gewährleistet ist; *Steffan,* Handbuch des Realkredits, LfK 1981, 36; vgl. ferner Schreiben des Bundesaufsichtsamtes für das Kreditwesen vom 25.10.1963, 27.8.1974 und 18.3.1977, abgedruckt bei: *Consbruch/Möller/Bähre/Schneider,* KWG, Stand 1987, Ziffer 4.32, 4.116 und 9.25.
[17] Vgl. § 20 Abs. 2 Nr. 2 und 4 KWG; *Bähre/Schneider,* KWG, 3. Aufl. 1986, § 20 Anm. 8 ff.
[18] Die Realkreditgrenze beträgt 60% des Beleihungswertes (§§ 11, 12 HGB), vgl. hierzu *Rösler/Mackenthun/Pohl,* S. 254, 264 ff.
[19] BGH WM 1982, 480 = NJW 1982, 1520 = DB 1982, 1214 = ZIP 1982, 545; BGH WM 1988, 1085; BGH 27.2.1986, III ZR 95/85 (nicht veröffentlicht); BGH 17.3.1988, III ZR 122/87 (nicht veröffentlicht); OLG Celle WM 1988, 1082; OLG Bamberg WM 1988, 1225; OLG Hamm WM 1988, 1226; zur Prüfung der Kreditwürdigkeit vgl. ua *Rösler/Mackenthun/Pohl,* S. 427 ff.; vgl. hierzu auch → § 4 Rn. 268 ff. u. Rn. 275.
[20] OLG Celle, Urt. v. 4.10.1989, Az. 3 U 298/88, NJW-RR 1990, 878, 879; vgl. auch → § 4 Rn. 268 ff. u. 275.

**c) Eigenkapitalfinanzierung.** Bei vielen am Markt angebotenen **geschlossenen Immobilienfondsmodellen** gewährt die Bank nicht nur der Fondsgesellschaft einen Kredit für den Erwerb des Fondsobjekts, sondern sie finanziert dem einzelnen Anleger auch oder nur den Erwerb der Beteiligung (= Eigenkapital des Anlegers). Die Höhe der Eigenkapitalfinanzierung und die Einbindung der Bank hängen weitgehend von der Modellkonzeption ab: 24

– KG-Fonds sind eher rendite-orientiert; die Eigenkapitalfinanzierung tritt regelmäßig hinter die Objektfinanzierung zurück.
– BGB-Fonds sind meist steuer-orientiert; zur Erreichung möglichst hoher Verlustzuweisungen wird häufig eine weitgehende, bis zu 100% reichende Eigenkapital-(anteils)finanzierung vorgesehen.
– Anspar- und Lebensversicherungsfonds (in der Rechtsform der KG oder BGB-Gesellschaft) sehen ebenfalls eine bis zu 100% reichende Eigenkapital(anteils)finanzierung vor. Die Zeichnungsbeträge bewegen sich idR zwischen EUR 10 000,00 und EUR 50 000,00, die aufzubringenden Spar-/Versicherungsbeträge liegen im Allgemeinen zwischen EUR 100,00 und EUR 200,00 monatlich.

Bei vielen Fondsmodellen ist die Finanzierung des Eigenkapitals notwendiger Bestandteil des Anlageangebotes, dh der Anleger muss die Finanzierung zusammen mit der Beteiligung und gegebenenfalls mit der Lebensversicherung als einheitliches Paket abnehmen. Sie wenden sich häufig an Anleger, die aufgrund ihrer Einkommens- und Vermögensverhältnisse wegen ihrer niedrigen Steuerprogression aus der Eigenkapitalfinanzierung keine besonderen Vorteile erlangen und bei mangelnder Wirtschaftlichkeit Zuzahlungen über einen längeren Zeitraum regelmäßig nicht aufbringen können. 25

**4. Beleihungswert.** Für die Finanzierung von Immobilienanlagen spielt der Beleihungswert eine wesentliche Rolle. Das seit 2005 geltende **Pfandbriefgesetz** einschließlich der in diesem Zusammenhang erlassenen **Beleihungswertermittlungsverordnung** vom 12.5.2006 befassen sich eingehend mit dieser Materie. So wird der Beleihungswert in § 3 Abs. 1 der BelWertV als der Wert einer Immobilie definiert, der erfahrungsgemäß unabhängig von vorübergehenden, etwa konjunkturell bedingten Wertschwankungen am maßgeblichen Grundstücksmarkt und unter Ausschaltung von spekulativen Elementen während der gesamten Dauer der Beleihung bei einer Veräußerung voraussichtlich erzielt werden kann. Im **Unterschied zum Markt- bzw. Verkehrswert,** der den aktuellen, am Markt unter normalen Umständen erzielbaren Preis der Immobilie wiedergibt, soll der Beleihungswert die möglichen Wertschwankungen der Kreditsicherheit während der Kreditlaufzeit berücksichtigen. 26

**a) Sachwert.** Der Sachwert bezeichnet den von Wirtschaftsgütern (Immobilien) verkörperte Gebrauchswert, der unabhängig von Geldwertschwankungen (Inflation) ist. Ermittelt wird der Sachwert entsprechend der Immobilienwertermittlungsverordnung (ImmoWertV) nebst Sachwertrichtlinie sowie § 194 BauGB (Verkehrswert). Dabei ist nach § 8 Abs. 1 S. 3 ImmoWertV der Verkehrswert aus dem Ergebnis des oder der herangezogenen Verfahren unter Würdigung seines oder ihrer Aussagefähigkeit zu ermitteln. In der Regel wird das Sachwertverfahren bei eigengenutzten, nicht am Mietmarkt gehandelten Immobilien angewandt. 27

**b) Ertragswert.** Bei dem Ertragswert handelt es sich grundsätzlich um den Wert einer Kapitalanlage, welcher auf deren zukünftigen Erträgnissen basiert. Im Immobilienbereich kommt dieses Verfahren bei Grundstücken in Betracht, bei denen der dauerhaft erzielbare Ertrag für die Werteinschätzung am Markt im Vordergrund steht. Die Ermittlung des Ertragswertes erfolgt im Allgemeinen nach §§ 15–20 ImmoWertV nebst Wertermittlungsrichtlinien durch **Kapitalisierung** der um die Bewirtschaftungskosten verringerten Erträge, soweit sie nachhaltig und unabhängig vom jeweiligen Besitzer erzielbar sind.[21] 28

---

[21] Zum Ertragswertverfahren vgl. ua *Stannigel/Kremer/Weyers,* Beleihungsgrundsätze für Sparkassen, S. 43 ff.

**29** **5. Verkehrswert.** Der Verkehrswert **(Marktwert)** wird gemäß § 194 BauGB durch den Preis bestimmt, der in dem Zeitpunkt, auf den sich die Ermittlung bezieht, im gewöhnlichen Geschäftsverkehr nach den rechtlichen Gegebenheiten und tatsächlichen Eigenschaften, der sonstigen Beschaffenheit und Lage des Grundstücks oder des sonstigen Gegenstands der Wertermittlung ohne Rücksicht auf ungewöhnliche oder persönliche Verhältnisse zu erzielen wäre.[22] Während der für Beleihungszwecke zu ermittelnde Beleihungswert mit Blick in die Zukunft nur aus den nachhaltigen Eigenschaften des jeweiligen Beleihungsobjektes und aus dessen voraussichtlichem, für jeden in Frage kommenden Interessenten erzielbaren Dauerertrag zu ermitteln ist **(Dauerwert)**[23], stellt der Verkehrswert einen **Stichtagswert** dar.[24] Er soll nach Ausklammerung gewisser individueller Extrempreise dem Durchschnitt der Kaufpreise gleichwertiger Objekte am Bewertungsstichtag entsprechen und stellt insoweit einen marktorientierten Wert dar.[25]

**30** Ein Unterfall des Verkehrswertverfahrens ist das sog **Vergleichswertverfahren** (vgl. § 15 ImmoWertV). Nach diesem Verfahren wird der Marktwert des Grundstücks aus tatsächlich realisierten Kaufpreisen von anderen Grundstücken abgeleitet, die in Lage, Nutzung, Bodenbeschaffenheit, Zuschnitt und sonstiger Beschaffenheit hinreichend mit dem zu vergleichenden Grundstück übereinstimmen. Dabei stützt sich das Vergleichswertverfahren auf die Kaufpreissammlung der Gutachterausschüsse. Das Vergleichswertverfahren wird bei der Feststellung des Verkehrswerts/Marktwerts einer Immobilie vom Bundesgerichtshof als vorrangiges Verfahren favorisiert.[26]

**31** **6. Bewertung und Finanzierung.** Bei der Finanzierung von Immobilienanlagen ist die individuelle Kredithöhe aus der Bewertung des Objektes und der Bonität des Darlehensnehmers zu ermitteln.[27] Dabei verdienen drei Gesichtspunkte besondere Beachtung:

**32** **Realkredite** dürfen nur bis zu 60% des Beleihungswertes gewährt werden[28], dh nur bis zu dieser Grenze dürfen im sog erststelligen Beleihungsraum Darlehen von Hypotheken- und Landesbanken sowie einigen öffentlich-rechtlichen Grundkreditanstalten gegeben werden, da diese Darlehen zu einer aufgrund gesetzlicher Vorschriften gebildeten Deckungsmasse für Schuldverschreibungen gehören.[29] Da Immobilienanlagen aus steuerlichen Gesichtspunkten meist als Mietobjekte vermarktet werden, bedeutet dies für die Realkreditinstitute, dass erstrangige Hypothekendarlehen unter Berücksichtigung der Kapitaldienstgrenze 60% des nach Ertragswert-gesichtspunkten zu ermittelnden Beleihungswertes generell nicht übersteigen dürfen.[30]

**33** **Nachrangige Finanzierungen,** die über 60% des Beleihungswertes hinausgehen, werden zwar im Rahmen von Wohnungsbaufinanzierungen im Allgemeinen bis zu 80% des Beleihungswertes dinglich gesichert.[31] Bei Immobilienanlagen ist allerdings die Kapitaldienstgrenze zu beachten, wenn es zB notwendig werden sollte, die Zins- und Tilgungsleistungen durch Zwangsverwaltung aufzubringen.

---

[22] Zur weiteren Definition des Marktwerts vgl. § 16 PfandBG.
[23] *Weiland* LfK 1981, 42.
[24] *Weyers* LfK 1981, 44.
[25] Zu den Methoden der Ermittlung des Verkehrswertes (Vergleichsverfahren, Sachwert- und Ertragswertverfahren) vgl. *Froelich* Allgemeine Immobilien-Zeitung 1979, 267, und *Stannigel/Kremer/Weyers*, Beleihungsgrundsätze für Sparkassen, S. 37 f.; *Rösler/Mackenthun/Pohl*, S. 264 ff.
[26] Vgl. hierzu → § 4 Rn. 293 u. 321.
[27] → § 4 Rn. 18.
[28] Vgl. § 11 HBG.
[29] Soweit die 3/5-Grenze des § 11 HBG überschritten wird, können Darlehen gem. § 1 Nr. 2 HBG durch Bürgschaft eines öffentlich-rechtlichen Instituts als kommunalverbürgte Darlehen deckungsfähig werden, vgl. *Franke*, Börsenzeitung v. 27.9.1980: Das Bauherren-Modell aus der Sicht des Realkredits.
[30] So iE auch *Kerl* LfK 1981, 40.
[31] Vgl. zB § 7 BSpKG; § 24 der Beleihungsgrundsätze für Sparkassen v. 5.2.1970.

Soweit nach diesen Beleihungsgrundsätzen eine dingliche Besicherung nicht als werthaltig angesehen werden kann, ist ein Kredit ausschließlich auf die persönliche Leistungsfähigkeit und die Bonität des Darlehensnehmers und gegebenenfalls auf Zusatzsicherheiten abzustellen, dh die Belastungen des Darlehensnehmers müssen in angemessener und vertretbarer Relation zu dem nachgewiesenen und voraussichtlich nachhaltig zu erwartenden Einkommen/Gewinn stehen.

### III. Finanzierung und Haftung

Aus der Finanzierung von Immobilienanlagen sowie sonstigen geschlossenen Beteiligungen und sonstigen Kapitalanlagegeschäften ergeben sich Haftungsfragen, wenn das finanzierte Objekt nicht mehr den erhofften Ertrag bringt, die angestrebten steuerlichen Auswirkungen ausbleiben oder der Anleger nicht mehr in der Lage ist, die aufgenommenen Fremdmittel zu bedienen. Für die Beurteilung derartiger Haftungsfragen sind deshalb die wesentlichen Haftungsbereiche und Beteiligungsformen der finanzierenden Bank sowie die Rolle des Anlegers und Bankkunden von Bedeutung.

**1. Die Bank als Kreditgeber.** Bei Immobilienanlagen beschränkt sich die Bank in der Regel ausschließlich auf ihre Rolle als Kreditgeber. Für die Haftung gilt dementsprechend der – auch im übrigen Wirtschaftsleben sowie bei der Finanzierung anderweitiger Kapitalanlagen – allgemein anerkannte **Grundsatz der arbeitsteiligen Wirtschaft**, dh für die Frage der Haftung sind die übernommenen Rollen und Funktionen der Beteiligten sowie die unterschiedlichen Interessenlagen und Risikosphären zu berücksichtigen (**„rollenbedingte Verantwortlichkeit"**):[32]

**2. Die Beteiligung der Bank am finanzierten Geschäft.** Wenn die Bank nicht nur Kreditgeber ist, sondern sich darüber hinaus am finanzierten Geschäft beteiligt, indem sie in **nach außen in erkennbarer Weise Funktionen oder Rollen** anderer Projektbeteiligter übernimmt und damit einen zusätzlichen, auf die übernommene Funktion bezogenen Vertrauenstatbestand schafft, können sich vertragliche und außervertragliche Ansprüche aus Anlageberatung, Vertrieb, Treuhandschaft ergeben. Darüber hinaus kommen in Betracht: Verschulden bei Vertragsschluss (c. i. c.) und Prospekthaftung.

**3. Die Beteiligung des Anlegers.** Die Entscheidung über private Vermögensanlagen wird vielfach mit Wirtschaftsprüfern, Steuerberatern, Rechtsanwälten und Notaren erörtert. Im Vordergrund der Beratung stehen dabei meist steuerliche Aspekte („Wie kann ich in diesem Jahr noch möglichst viel Steuern sparen?").

Bei der Beurteilung von Immobilienanlagen hinsichtlich Konzeption, Wirtschaftlichkeit und Durchführungsrisiken kommt dem Prospekt, den Verträgen und den Gesamtverhältnissen der Initiatoren aus Sicht des Anlegers eine entscheidende Bedeutung zu. Für die Anlageentscheidung ist insbesondere eine Beurteilung des Objektes hinsichtlich Standort, Planung, Kosten und Finanzierung wichtig sowie eine Prüfung der Wirtschaftlichkeit auf Grund der nachhaltig erzielbaren Mieten und der langfristig anfallenden Finanzierungs- und Bewirtschaftungskosten.

Bei den übrigen Formen privater Kapitalanlagen (zB Effekten) hängt die Anlageentscheidung meist von der persönlichen Einschätzung des Anlegers hinsichtlich Sicherheit und Risiken sowie Rendite und Fungibilität ab.

### IV. Haftung und Risiken des Anlegers

Die Haftung und Risiken des Anlegers hängen weitgehend von den **Besonderheiten der jeweiligen Kapitalanlage** ab. Die Risiken bei Wertpapieren sind weitgehend markt-

---

[32] Vgl. zu diesem Grundsatz → § 4 Rn. 299; zur „Rolle" und „Funktion" als Haftungsgrundlage vgl. zB *Hopt* in FS Stimpel, 1985, S. 265 ff. und *ders.* AcP 183 (1983), 608 ff.; *Rümker* ZHR 151 (1987), 162; *Köndgen* AG 1983, 85 ff.; *Otto,* Stellung der Bank bei der Finanzierung von Immobilienanlagen, 1988, passim; *Schwintowski* NJW 1989, 2087.

abhängig. Bei Immobilienanlagen und Gesellschaftsbeteiligungen ergeben sich die Risiken zum einen aus der bei diesen Anlageformen typischen Vertragskonstruktion, zum anderen aus den einzelnen Verträgen. Hinzu kommen die mit jeder Kapitalanlage verbundenen wirtschaftlichen Risiken, denen jedoch Steuervorteile und mögliche Wertsteigerungen gegenüberstehen. Es gibt allerdings kaum eine Kapitalanlage, die gleichzeitig hohen Ertrag und Wertzuwachs erzielt, extrem sicher ist und aufgrund großer Steuervorteile nahezu ohne effektives Eigenkapital erworben werden kann. Die Anlageentscheidung ist deshalb immer ein Kompromiss, den jeder Anleger aufgrund **eigener Risikoeinschätzung** eingeht.

51    **1. Vertragswerk bei Immobilienanlagen.** Um von allen bei der Errichtung bzw. beim Erwerb einer Immobilie anfallenden Arbeiten befreit zu sein und um gleichzeitig alle Möglichkeiten der Steuerersparnis auszuschöpfen, erteilt der Kapitalanleger regelmäßig einem Treuhänder einen **Treuhandauftrag** und eine **umfassende Vollmacht** zum Abschluss aller erforderlichen Verträge sowie zur Abwicklung des Gesamtobjektes. Je nach Art der Stellvertretung wird der Bauherr aus den vom Treuhänder abgeschlossenen Verträgen unmittelbar oder aber mittelbar über den Treuhänder der Immobilienanlage beteiligt. Dementsprechend trägt der Kapitalanleger auch alle Gefahren und Risiken, die sich aus der Form der Errichtung bzw. dem Erwerb von Immobilien ergeben.[33]

52    Diese Haftungsregelung wird von der Rechtsprechung ua damit begründet, dass derjenige, der zum Zwecke der Steuerersparnis eine bestimmte zivilrechtliche Vertragskonstruktion wählt, sich auch an dieser Vertragskonstruktion festhalten lassen muss. Der eindeutige Wortlaut der Verträge sei nur dann nicht maßgebend, wenn ihm der gegenteilige übereinstimmende Wille der Vertragsparteien entgegenstünde. Dies sei regelmäßig nicht der Fall.[34]

53    **2. Risiken aus Einzelverträgen.** Bei Immobilienanlagen wird der Anleger regelmäßig von einem Baubetreuer oder Treuhänder in offener Stellvertretung („im fremden Namen und für fremde Rechnung") vertreten. Dementsprechend hat er die sich aus den Einzelverträgen ergebenden Risiken zu tragen, insbesondere bei **Insolvenz** des Baubetreuers oder Treuhänders.[35]

54    **a) Eigenkapitalzahlung.** Bei Bauherrenmodellen zählt zu den Bauherrenpflichten, welche die Gesellschafter einer Bauherrengemeinschaft untereinander haben und deren Erfüllung für die Errichtung des Bauvorhabens unerlässlich ist, auch die Leistung des übernommenen Eigenkapitals. Demgemäß können die Bauherren einen anderen Bauherrn auch dann auf Leistung seines Kapitalanteils in Anspruch nehmen, wenn nach dem Baubetreuungs-/Treuhandvertrag das geschuldete Eigenkapital an den Baubetreuer/Treuhänder zu zahlen ist.[36]

55    **b) Leistung an Generalunternehmer.** Durch den vom Treuhänder im Namen und für Rechnung des Bauherrn abgeschlossenen Generalunternehmervertrag wird der Bauherr unmittelbar Vertragspartner des Unternehmers. Etwas anderes gilt nur, wenn der Wortlaut des Vertrages nicht eindeutig ist und ein übereinstimmender Wille der Vertragsschließenden entgegensteht.[37]

---

[33] BGHZ 67, 334 = WM 1977, 57 = NJW 1977, 294 = BB 1977, 119 = DB 1977, 396; *Maser* NJW 1980, 961, 966.
[34] BGHZ 76, 86 = WM 1980, 439 = NJW 1980, 992 = BB 1980, 1298 = DB 1980, 2127; BGH WM 1980, 1446 = NJW 1981, 389 = BB 1981, 80 = DB 1981, 313; BGH WM 1988, 1891 = ZIP 1988, 1573.
[35] BGH WM 1977, 481 = NJW 1977, 947 = BB 1977, 620 = DB 1977, 906; BGH WM 1988, 1196 = NJW 1988, 1982 = WuB I G 7.–15.88 *v. Heymann*; BGH WM 1988, 1891 = ZIP 1988, 1573.
[36] BGH WM 1987, 1515 = WuB I G 7.–4.88 *v. Heymann*.
[37] BGHZ 76, 86 = WM 1980, 439 = NJW 1980, 992 = BB 1980, 1298 = DB 1980, 2127; BGH WM 1988, 1196; BGH WM 1989, 377.

Im Hinblick auf die mit den Verträgen, insbesondere Darlehens- und Dienstleistungsverträgen, verfolgte steuerliche Anerkennung von Verlustzuweisungen ist die bürgerlich rechtliche Gestaltung ernsthaft gewollt; ein gegenteiliger übereinstimmender Wille kann den Vertragsparteien demgemäß nicht unterstellt werden.[38]

Der Anleger ist zur Zahlung eines Restwerklohnes an den Werkunternehmer selbst dann verpflichtet, wenn er zwar fällige Zahlungen an den Treuhänder oder Architekten als Betreuer geleistet, dieser die Gelder jedoch nicht an den Werkunternehmer weitergeleitet hat.[39]

Bei **Bauherrenmodellen** ist es auch nicht erforderlich, dass alle Mitglieder der Bauherrengemeinschaft bei Abschluss des Bauvertrages schon feststehen. Einer noch nicht geschlossenen Bauherrengemeinschaft können auch später noch weitere Bauherren beitreten. Durch Unterzeichnung des Baubetreuungsvertrages genehmigen die später eintretenden Bauherren die dem Baubetreuer bereits erteilten Aufträge.[40]

Dem Bauunternehmer, der mit dem Treuhänder einer Bauherrengemeinschaft einen Generalunternehmervertrag abgeschlossen hat, haftet auch das erst später in die Bauherrengemeinschaft eintretende Mitglied, das den Betreuer ausdrücklich zum Abschluss eines Generalunternehmervertrages ermächtigt hat.[41]

Wenn dagegen ein Anleger im Wege der Anteilsübertragung in eine Bauherrengemeinschaft eintritt, haftet er für deren vorher begründete Verbindlichkeiten, zB gegenüber Bauunternehmern, nur dann, wenn er entsprechende vertragliche Verpflichtungen ausdrücklich übernommen hat.[42]

c) **Verwaltervergütung.** Wird die Geschäftsführung einer Bauherrengemeinschaft durch den gleichzeitig bestellten Verwalter ausgeübt, so haften für dessen Vergütung nicht die einzelnen Gesellschafter, sondern die Gesellschaft mit ihrem Gesamthandsvermögen.[43]

Die steuerliche Anerkennung der Werbungskosten ist in Frage gestellt, wenn der Anleger nicht die typischen mit der Errichtung bzw. mit dem Erwerb einer Immobilienanlage verbundenen Risiken wie Bau- und Baukostenrisiken, Vertrags- und Finanzierungsrisiken trägt.[44]

3. **Immobilienfonds und Anlagegesellschaften.** Jede Beteiligung an Immobilienfonds oder Anlagegesellschaften bedeutet im Ergebnis eine unternehmerische Betätigung, die sowohl mit (wirtschaftlichem) Erfolg als auch mit Verlusten verbunden sein kann. Ein Anleger wird sich zwar bei seiner Anlageentscheidung generell von dem Streben nach einer möglichst hohen **Rendite** leiten lassen.[45] Wenn er aber einmal eine Anlageentscheidung getroffen hat, dann muss er auch die wirtschaftlichen Risiken tragen, die sich aus seiner Beteiligung ergeben.[46]

Der Kommanditist einer Publikums-KG hat auch dann seine Einlageverpflichtungen zu erfüllen, wenn trotz positiver Beurteilung des steuerlichen Abschreibungskonzepts durch einen Wirtschaftsprüfer später das Finanzamt die Feststellung gewerblicher Beteiligungsver-

---

[38] BGHZ 67, 334 = WM 1977, 57 = NJW 1977, 294 = BB 1977, 119 = DB 1977, 396.
[39] BGH WM 1988, 1196 = NJW 1988, 1982 = WuB I G 7.–15.88 *v. Heymann*; BGH WM 1988, 1891 = ZIP 1988, 1573.
[40] BGH BauR 1983, 457.
[41] BGH WM 1987, 1078 = NJW-RR 1987, 1233 = WuB I G 7.–9.87 *v. Heymann*; BGH WM 1988, 1196.
[42] BGHZ 74, 240 = WM 1979, 774 = NJW 1979, 1821 = BB 1979, 999 = DB 1979, 1550.
[43] BGH WM 1987, 691 = WuB I G 7.–7.87 *v. Heymann*.
[44] BFH BStBl. 1980 II, 441 = DB 1980, 1669 = BB 1980, 1137.
[45] BGH WM 1985, 1530 = WuB I G 8.–1.86 *v. Heymann*.
[46] BGHZ 79, 337 = WM 1981, 483 = NJW 1981, 1449 = BB 1981, 865 = DB 1981, 1274 = ZIP 1981, 518; BGHZ 102, 60 = WM 1987, 1426 = NJW 1988, 697 = DB 1988, 174 = ZIP 1987, 1454 = WuB I G 7.–2.88 *v. Heymann*.

luste ablehnt.[47] Hat sich im Falle einer notwendigen Nachfinanzierung ein Gesellschafter zur Zahlung eines Liquiditätszuschusses verpflichtet, dann können die Mitgesellschafter die Zahlung verlangen, wenn sich die übrigen Gesellschafter mindestens in einer für die Änderung des Gesellschaftsvertrages erforderlichen Mehrheit (zB 75%) ebenfalls dazu verpflichtet haben.[48] Im Übrigen zählt bei einer Insolvenz der Abschreibungsgesellschaft zu den zu tragenden Risiken nicht nur der Verlust der Beteiligung, sondern gegebenenfalls auch die Verpflichtung zu Nachschüssen bzw. Steuernachzahlungen.

65 **4. Wirtschaftlichkeit und steuerliche Auswirkungen.** Bei Immobilienanlagen ist in den Verträgen regelmäßig die Haftung für die Wirtschaftlichkeit des Objektes und die erstrebten steuerlichen Auswirkungen ausgeschlossen oder ausdrücklich klargestellt, dass die Prüfung dieser Bereiche nicht Vertragsgegenstand ist. Wird zur Finanzierung der Vermögensanlage ein Kredit aufgenommen, muss dieser grundsätzlich auch dann zurückgezahlt werden, wenn zB das Bauvorhaben mit Mängeln behaftet ist, Baubetreuer oder Handwerker leistungs- bzw. zahlungsunfähig werden, die Mieteinnahmen aus dem Objekt die Finanzierungskosten nicht decken oder die veranschlagten Werbungskosten von der Finanzverwaltung nicht anerkannt werden.

66 **5. Anlagerisiken und deren Begrenzung.** Kapitalanlagen garantieren nicht immer eine Rendite, sondern sind gleichermaßen mit Risiken verbunden. Um diese zu begrenzen, empfiehlt sich generell eine **fachkundige Beratung**, sofern keine eigenen ausreichenden Kenntnisse vorhanden sind.

67 Bei Immobilienanlagen ist die Situation auf dem Immobilienmarkt zu berücksichtigen. In den letzten Jahren hat sich die Schere zwischen Kostenmiete und Marktmiete immer weiter geöffnet; gestiegene Bau- und Finanzierungskosten und im Verhältnis dazu weniger stark steigende Mieterträge haben sich negativ auf die Rendite bei Immobilienanlagen ausgewirkt, sodass sich hieraus Anlagerisiken ergeben können.

68 Es gibt keinen allgemeinen Erfahrungssatz, dass die Beteiligung an einer Immobilienanlage auch unter Berücksichtigung von Steuervorteilen letztlich immer gewinnbringend ist.[49] Um die mit einem Immobilienerwerb verbundenen Risiken zu begrenzen, muss der Anleger das Angebot hinsichtlich **Konzeption und Wirtschaftlichkeit** anhand des Prospektes, der Verträge und der Gesamtverhältnisse der Initiatoren – gegebenenfalls unter Einschaltung von Beratern – eingehend prüfen.[50]

## V. Risiken der finanzierenden Bank

69 Wenn eine finanzierte Kapitalanlage gescheitert oder der Anleger in Vermögensverfall geraten ist, sieht sich die finanzierende Bank häufig einer Vielzahl von Einwendungen des Anlegers aus dem Darlehensvertrag gegenüber. Die Einwendungen reichen von der **Nichtigkeit des Vertrages** zB wegen Verstoßes gegen das RBerG, dem Widerruf des Darlehens oder des finanzierten Geschäfts, über fehlerhafte Vollmacht und Beurkundung bis hin zur Anfechtung des Darlehensvertrages nach § 123 BGB.

70 **1. Widerruf von Haustürgeschäften.**[51] **a) Zum Gerichtsstand.** Während § 7 HWiG aF für Klagen aus Geschäften iSd Haustürwiderrufsgesetzes einen ausschließlichen Ge-

---

[47] BGH WM 1986, 255 = NJW-RR 1986, 708 = WuB I G 8.–4.86 *v. Heymann*; BGH WM 1992, 685 = NJW-RR 1992, 930 = DB 1992, 1283 = ZIP 1992, 836 = WuB I G 8.–3.92 *Bälz*; OLG Düsseldorf WM 1991, 1029 = WuB I G 8.–1.91 *v. Heymann*.
[48] BGH WM 1986, 1001 = WuB I G 7.–4.86 *v. Heymann*.
[49] BGH WM 1983, 1387 = NJW 1984, 863 = BB 1984, 93 = DB 1984, 338 = ZIP 1984, 73.
[50] Zur eigenverantwortlichen Prüfung und sachgerechten Entscheidung durch den Anleger vgl. *Wagner* BB 2002, 172 ff. Zu den Prüfungskriterien vgl. *v. Heymann* BB 1980, Beilage 12, S. 13 ff.; *ders.* in Reithmann/Meichssner/v. Heymann, J Rn. 1 ff.
[51] Vgl. hierzu auch *Münscher* in Häfner, Fehlgeschlagene Immobilienkapitalanlagen S. 101 ff.

richtsstand am Wohnsitz des Kunden oder dessen gewöhnlichen Aufenthaltsorts zur Zeit der Klageerhebung begründete, eröffnet die diese Norm ablösende Vorschrift des **§ 29c ZPO**, welche auch für bis zum Zeitpunkt ihres Erlasses (1.1.2002) abgeschlossene Haustürgeschäfte gilt, dem Verbraucher die Möglichkeit, den Unternehmer auch am allgemeinen oder am besonderen Gerichtsstand zu verklagen; durch dieses Wahlrecht wird die prozessuale Situation des Verbrauchers verbessert.[52] Für Klagen des Unternehmers gegen den Verbraucher begründet § 29c Abs. 1 Satz 2 ZPO hingegen einen **ausschließlichen Gerichtsstand.** An diesen ausschließlichen Gerichtsstand am Wohnsitz des Verbrauchers ist der Unternehmer nach § 29c Abs. 2 ZPO iVm §§ 33 Abs. 1 und 2, 40 Abs. 2 Nr. 2 ZPO nur bei Erhebung einer Widerklage nicht gebunden.[53]

§ 29c ZPO ist weit auszulegen. Daher erfasst diese Norm ohne Rücksicht auf die Anspruchsgrundlage alle Klagen, mit denen Ansprüche geltend gemacht werden, die auf ein Haustürgeschäft iSd §§ 1 Abs. 1 HWiG aF, 312 BGB zurückgeführt werden können. Demgemäß erstreckt sich die Anwendung des § 29c Abs. 1 ZPO auch auf alle Folgeansprüche aus Haustürgeschäften, insbesondere auf Ansprüche, die sich aus der Schlechterfüllung solcher Geschäfte, aus Verschulden bei Vertragsschluss oder aus Delikt ergeben.[54]

Trotz dieses weiten Anwendungsbereiches des § 29c ZPO bleibt der Verbraucher verpflichtet, substantiiert darzulegen, dass er Ansprüche geltend macht, die sich auf ein Haustürgeschäft zurückführen lassen. Liegt ein solcher **schlüssiger Vortrag** des Verbrauchers nicht vor, kann eine Zuständigkeit nach § 29c ZPO nicht begründet werden.[55]

**b) Zur Unzulässigkeit der Feststellungsklage.** Da für eine Feststellungsklage im Allgemeinen dann kein Raum ist, wenn eine Leistungsklage möglich ist, die das Rechtsschutzinteresse des Klägers ebenso wahren würde, müssen Ansprüche, die sich aus einem Widerruf nach dem Haustürwiderrufsgesetz ergeben, im Wege der **Leistungsklage** geltend gemacht werden. Eine Feststellungsklage ist in diesem Zusammenhang auch dann unzulässig, wenn sich Unsicherheiten über die Reichweite der Folgen eines Widerrufs ergeben.[56]

**c) Zum Nachweis der Haustürsituation sowie deren Kausalität für den Erwerbsvertragsabschluss.** Dem Verbraucher obliegt die **Beweislast** sowohl für die Vertragsanbahnung in einer der in § 1 Abs. 1 Nr. 1 bis 3 HWiG aF, § 312 Abs. 1 Nr. 1 bis 3 BGB bzw. § 312b BGB nF[57] genannten Situationen als auch für die Kausalität zwischen Haustürsituation und Vertragsabschluss.[58] Liegt zwischen Haustürsituation und Vertragsabschluss nur eine kurze Zeitspanne, ist im Regelfall zu Gunsten des Verbrauchers nach den Grundsätzen des **Beweises des ersten Anscheins** vom Vorliegen der Kausalität auszugehen.[59] Überschreitet allerdings diese Zeitspanne die Einwochenfrist, dürfte angesichts des Umstandes, dass die europäische Richtlinie selbst die Bedenkfrist für

---

[52] *Fischer* in Bülow/Artz, Handbuch Verbraucherprivatrecht, 17. Kapitel Rn. 9 ff., S. 506.
[53] *Vollkommer* in Zöller, ZPOKomm, 25. Auflage, § 29c Nr. 7 u. 10.
[54] BGH WM 2003, 605, 606 f.
[55] So auch LG Berlin Beschluss v. 28.11.2005, Az. 21a O 431/05; LG Berlin Beschluss v. 15.6.2005, Az. 21a O 308/05; LG Hagen Beschluss v. 20.12.2005, Az. 8 O 442/04; LG Koblenz Beschluss v. 13.10.2005, Az. 15.O.420/04; LG Detmold Beschluss v. 14.11.2005, Az. 1 O 390/04; LG München I Beschluss v. 11.3.2005, Az. 4 O 18 039/04.
[56] LG Stuttgart Urt. v. 30.8.2002, Az. 7 O 267/02, BKR 2002, 954, 955 f.
[57] Die neue, das frühere Haustürgeschäft geringfügig erweiternde Norm des § 312b BGB gilt gemäß Art. 229 § 32 EGBGB ab dem 13.6.2014.
[58] Zur Beweislast vgl. BGH Urt. v. 22.5.2012, Az. II ZR 14/10, WM 2012, 1474, 1476 Rn. 19 = ZIP 2012, 1504; BGH Beschluss v. 22.9.2008, Az. II ZR 257/07 Rn. 5; BGH Urt. v. 16.1.1996, Az. XI ZR 116/95, BGHZ 131, 385, 392 = NJW 1996, 926, 928; *Ulmer* in MüKoBGB, 4. Aufl., § 312 Rn. 31 und 89; *Werner* in Staudinger, 2001, § 1 HWiG Rn. 71, 117 u. 151 ff.; *Münscher* in Finanz Colloquium Heidelberg, Fehlgeschlagene Immobilienkapitalanlagen, S. 19;
[59] BGH Urt. v. 22.5.2012, aaO, *Ulmer* in MüKoBGB, 4. Aufl., § 312, Rn. 89; *Werner* in Staudinger, 2001, § 1 HWiG, Rn. 71.

den Widerruf auf einen Zeitraum von sieben Tagen begrenzt[60], der **Anscheinsbeweis** dem Verbraucher nicht mehr zugute kommen.[61] Jedenfalls nimmt die **Indizwirkung** bei zunehmendem zeitlichem Abstand ab und damit auch der Beweisvorteil für den Anleger.[62]

**78** Obliegt aber die Darlegungs- und Beweislast für das Vorliegen einer Haustürsituation sowie für deren Kausalität für den späteren Vertragsabschluss dem Verbraucher und handelt es sich dabei wie üblich um Ereignisse aus dem eigenen Wahrnehmungsbereich des Verbrauchers, dann hat die finanzierende Bank das Recht, das behauptete Vorliegen der Haustürsituation mit **Nichtwissen zu bestreiten.**[63] Denn ein substantiiertes Bestreiten kann vom Prozessgegner nur dann gefordert werden, wenn der Beweis dem Behauptenden nicht möglich oder nicht zumutbar ist, während der Bestreitende alle wesentlichen Tatsachen kennt und es ihm zumutbar ist, nähere Angaben zu machen.[64] Um eine solche, die Auferlegung eines substantiierten Bestreitens rechtfertigende Ausnahmesituation geht es aber denknotwendig in den vorliegenden Fällen gerade nicht, da Vorliegen und Kausalität einer Haustürsituation in der Regel ausschließlich dem eigenen Wahrnehmungsbereich des Verbrauchers zuzuordnen sind.

**79** **d) Haustürgeschäft und Gesellschaftsbeitritt.** Zur Eröffnung der Anwendungsbereiche setzen sowohl § 1 Abs. 1 HWiG aF als auch § 312 Abs. 1 BGB das Vorliegen einer auf den Abschluss eines Vertrages, welcher eine **entgeltliche Leistung** zum Gegenstand hat, gerichteten Willenserklärung des Verbrauchers voraus.

**80** Obwohl im Grundsatz anerkannt ist, dass Beitrittserklärungen zu Gesellschaften oder Vereinen nicht den Abschluss eines Vertrags über eine entgeltliche Leistung, sondern ein auf den Erwerb der Mitgliedschaft gerichtetes organisationsrechtliches Rechtsgeschäft darstellen[65] und obwohl der Bundesgerichtshof in seiner Timesharing-Entscheidung im Genossenschaftsmodell die Anwendbarkeit des Haustürwiderrufsgesetzes verneint hat[66], ist zwischenzeitlich in der Rechtsprechung des Bundesgerichtshofs anerkannt, dass das Haustürwiderrufsgesetz bzw. § 312 BGB auf die unmittelbare und mittelbare Beteiligung eines Anlegers an einem geschlossenen Immobilienfonds Anwendung findet.[67] Allerdings führt

---

[60] Vgl. Art. 5 Abs. 1 der Richtlinie 85/577/EWG des Rates v. 20.12.1995 betreffend den Verbraucherschutz im Falle von außerhalb von Geschäftsräumen geschlossenen Verträgen („Haustürgeschäfte-Richtlinie").

[61] *Ulmer* in MüKoBGB, 4. Aufl., § 312, Rn. 32; offen gelassen in BGH Urt. v. 9.5.2006, Az. XI ZR 119/05, ZIP 2006, 1238, 1239; ähnlich auch BGH Urt.e v. 9.5.2006, Az. XI ZR 2/05, 31/05, 114/05, 120/05, 158/05, 377/04.

[62] BGH, aaO, ZIP 2006, 1238, 1239; BGH, aaO BGHZ 131, 385, 392; OLG Stuttgart Urt. v. 28.3.2007 Az. 94 125/06 S. 6 ff. *Werner* in Staudinger, 2001, § 1 HWiG, Rn. 71.

[63] KG Urt. v. 9.11.2007, Az. 13 U 27/07, ZIP 2008, 401, 402.

[64] So BGH Beschluss v. 7.11.2006, Az. XI ZR 438/04, ZIP 2007, 762; BGH Urt. v. 18.11.2003, Az. XI ZR 332/02, WM 2004, 27, 31 m. Anm. *Roth* WuB I G 5.–6.04 u. *Joswig* EWiR § 794 ZPO 1/04, 151; **aA** BGH Urt. v. 14.3.2005, Az. II ZR 405/02 S. 5, welcher in dem konkreten Fall (allerdings) der finanzierenden Bank eine Erkundigungspflicht in Bezug auf die Umstände, unter denen der Darlehensvertrag der Parteien angebahnt wurde, aufbürdet, weil die Bank sich bei Abschluss dieses Vertrages die Tätigkeit des Vermittlers zunutze gemacht hat; so wohl auch BGH Urt. v. 25.10.2004, Az. II ZR 395/02, S. 4 f.; vgl. *Münscher* in Häfner (Hrsg.), Fehlgeschlagene Kapitalanlagen, S. 19, welcher die Beweislast analog der Frage der Zurechenbarkeit der Haustürsituation nach § 123 BGB lösen will.

[65] Vgl. *Edelmann* DB 2001, 2434, 2435 Fn. 2 mwN.

[66] BGH WM 1997, 533 m. Anm. *van Look* WuB IV D § 5 HWiG § 1.97.

[67] BGH Urt. v. 2.7.2001, Az. II ZR 304/00, WM 2001, 1464 = BGHZ 148, 201 m. Anm. *Littbarsky* LM H. 10/201, HWiG Nr. 38; *Louven* BB 2001, 1807; *Renner* DStR 2001, 1988; *Edelmann* DB 2001, 2434; *Schäfer* JZ 2002, 249; *Mankowski* WuB IV D. § 1 HWiG 1.01; *Allmendinger* EWiR § 3 HWiG 1/01, 919; BGH Urt. v. 18.10.2004, Az. II ZR 352/02, WM 2004, 2491 m. Anm. *Münscher* WuB IV D. § 2 HWiG 1.05; so auch *Kindler* ZGR 2006, 167, 171 f. mwN; **aA** noch der II. Zivilsenat des BGH in seinem Nichtannahmebeschluss v. 10.12.2001, Az. II ZR 255/01 zu OLG Karlsruhe

der Widerruf lediglich dazu, dass der längst vollzogene Beitritt für die Zukunft beendet werden kann[68], weswegen der Gesellschaftsanteil bzw. die Höhe des Auseinandersetzungsguthabens des fehlerhaft beigetretenen Gesellschafters im Zeitpunkt seines Ausscheidens gegebenenfalls mit sachverständiger Hilfe zu ermitteln ist.[69]

**e) Haustürgeschäft und Sicherheitenbestellungen.** Das Haustürwiderrufsgesetz sowie § 312 BGB sind sowohl auf Sicherungsabreden, die auf die **Bestellung einer Grundschuld** gerichtet sind[70], als auch auf **Sicherungsabreden,** die die Bestellung eines Pfandrechts oder eines anderen akzessorischen Sicherungsrechts zum Inhalt haben, anwendbar.[71] Dass die Hauptschuld dabei dem Verbraucherdarlehensrecht unterliegt oder in einer Haustürsituation begründet wurde, ist unerheblich.[72] Auch auf die **Bürgschaft** findet das Haustürwiderrufsgesetz bzw. § 312 BGB Anwendung, wobei es, anders als früher[73], nicht mehr darauf ankommt, ob die verbürgte Hauptforderung ein Verbraucherdarlehen ist oder in einer Haustürsituation begründet wurde.[74] Allein maßgeblich ist vielmehr, ob es sich beim Bürgen selbst um einen Verbraucher handelt und der Bürgschaftsvertrag in einer Haustürsituation abgeschlossen wurde.[75] Darin liegt eine zulässige überschießende Umsetzung der HausTWRL.8 vor.[76] Schließlich kann auch eine **Sicherungszweckerklärung** als Haustürgeschäft widerrufen werden.[77]

Nach der ab **dem 13.6.2014** geltenden Rechtslage bestehen im Hinblick auf den eindeutigen Wortlaut des § 312 Abs. 1 BGB nF, wonach die Vorschriften der §§ 312–312h BGB nur auf Verbraucherverträge Anwendung finden, die eine entgeltliche Leistung des Unternehmers zum Gegenstand haben, ganz erhebliche Zweifel daran, ob Verbraucherverträge über die Stellung von Drittsicherheiten mangels entgeltlicher Leistung des Unternehmers überhaupt nach § 312g BGB nF widerrufbar sind.[77a]

**f) Haustürgeschäftewiderruf und Vollmacht.** Da die Vollmacht als einseitige Willenserklärung weder einen „Vertrag" iSv § 312 BGB noch eine „auf Abschluss eines Vertrages" gerichtete Willenserklärung iSv § 1 HWiG aF darstellt, und da die Vollmachtserteilung darüber hinaus auch nicht eine „entgeltliche Leistung" iSv § 312 BGB und § 1 HWiG aF zum Inhalt hat, kann sie entgegen einer zum Teil in der Literatur vertretenen Rechtsauffassung[78] nicht als Haustürgeschäft iSv § 312 BGB bzw. § 1 HWiG aF angesehen werden.[79] Nichts

---

WM 2003, 182 u. WM 2003, 1218, wo noch der Entgeltcharakter der Einlageleistung und damit die Gleichstellung des Fondsbeitritts mit einem Vertrag über eine entgeltliche Leistung abgelehnt wurde; so auch *Habersack* ZIP 2001, 327, 328; *Habersack* ZIP 2001, 353, 355; *Wagner* NZG 2000, 169 ff.

[68] So EuGH Urt. v. 15.4.2010, Az. Rs C-215/08, ZIP 2010, 772 m. Anm. *Habersack* ZIP 2010, 775 f. zu BGH ZIP 2008, 1018 u. GA-Schlussanträge *Trstenjak* ZIP 2009, 1902; BGH Urt. v. 26.6.2007, Az. XI ZR 287/05 Rn. 23; BGH Urt. v. 2.7.2001, Az. II ZR 304/00, BGHZ 148, 201 m. Anm. *Edelmann* DB 2001, 2434.

[69] BGH Urt. v. 22.5.2012, Az. II ZR 14/10, WM 2012, 1474, 1479 Rn. 46.

[70] BGH Urt. v. 26.9.1995, Az. XI ZR 199/94, BGHZ 131, 1, 4 = WM 1995, 2027; OLG Naumburg Urt. v. 23.8.2007, Az. 2 U 49/07, BKR 2009, 124.

[71] BGH Urt. v. 10.1.2006, Az. XI ZR 196/05, ZIP 2006, 363, 364 m. Anm. *Zahn* ZIP 2006, 1069 u. *Derleder* EWiR 2006, 195.

[72] BGH aaO, ZIP 2006, 363, 364.

[73] BGH Urt. v. 14.5.1998, Az. XI ZR 56/95, NJW 1998, 2356.

[74] BGH aaO, ZIP 2006, 363, 364; BGH Urt. v. 27.2.2007, Az. XI ZR 195/05, ZIP 2007, 619, 623.

[75] So BGH-Urteile v. 10.1.2006 u. v. 27.2.2007, aaO.

[76] Vgl. hierzu *Grüneberg* in Palandt, BGB-Komm., 73. Aufl., § 312 Rn. 8.

[77] OLG Hamm WM 2005, 2370, 2379; OLG Dresden BKR 2003, 114, 116.

[77a] Ablehnend *Loewenisch* NJW 2014, 1409, 1411; vgl. zu diesem Problem auch *Schürnbrand* WM 2014, 1157, 1159 m. H. o. *Hilbig-Lugani* ZJS 2013, 441, 444.

[78] *Ulmer* in MüKoBGB, 4. Auflage, § 312 Rn. 27; *Thüsing* in Staudinger, 2005, § 312 Rn. 42; *Hoffmann* ZIP 1999, 1586, 1588; offen in *Grüneberg* in Palandt, § 312 Rn. 5.

[79] Wie hier: OLG Frankfurt Urt. v. 22.1.2007 Az. 23 U 75/06, S. 8; OLG München Urt. v. 1.2.2007 Az. 19 U 3919/06, S. 7 f.; LG Frankfurt Urt. v. 23.2.2007, Az. 2-31 0460/05, S. 9; LG Frankfurt Urt. v. 5.10.2006, Az. 2-27 O 155/05, S. 10; LG Frankfurt Urt. v. 29.9.2006, Az. 2-27 O

anderes gilt für die ab dem 13.6.2014 geltende Norm (Art. 229 § 32 EGBGB) des § 312b BGB.[80]

83 Etwas anderes ergibt sich auch nicht aus der **Haustürgeschäfte-Richtlinie** 85/577/EWG des Rates vom 20.12.1985 betreffend den Verbraucherschutz im Falle von außerhalb von Geschäftsräumen geschlossenen Verträgen. Denn bereits die Erwägungsgründe 3 und 5 dieser Richtlinie zeigen, dass diese lediglich für Verträge und für einseitige Verpflichtungserklärungen des Verbrauchers Anwendung findet; hierunter fällt die Vollmacht nicht, da sie keine Verpflichtung des Verbrauchers begründet, an ein Unternehmen eine bestimmte Leistung zu erbringen. Entsprechendes lässt sich auch aus Art. 1 Nr. 4 der Richtlinie entnehmen, wonach diese auch für Vertragsangebote des Verbrauchers gilt, sofern der Verbraucher gegenüber dem Gewerbetreibenden durch sein Angebot gebunden ist. Denn die einseitige Vollmachtserteilung stellt weder ein Angebot an einen Dritten dar, noch vermag die Vollmacht irgendeine Bindung des Verbrauchers an ein Angebot zu begründen.

84 **Verbraucherschutzerwägungen** rechtfertigen keine andere Sichtweise. Denn der Vollmachtgeber ist durch die Norm des § 168 BGB weitergehend geschützt als der Verbraucher, der in einer Haustürsituation einen Vertrag abschließt. Nach § 168 Satz 2 BGB kann der Vollmachtgeber nämlich die Erteilung der Vollmacht jederzeit frei widerrufen, ohne dass es auf das Vorliegen weiterer Voraussetzungen wie zB eine Haustürsituation ankommt.

85 Bei **sog Altverträgen**, für welche die Vorschrift des § 2 Abs. 1 Satz 4 HWiG nach wie vor Geltung entfaltet[81], kommt hinzu, dass von der erteilten Vollmacht längst durch den Abschluss des Vertrages für den Vollmachtgeber Gebrauch gemacht wurde mit der Folge, dass das Widerrufsrecht gemäß § 2 Abs. 1 Satz 4 HWiG aF einen Monat nach Abschluss des Vertrages durch den Vertreter erloschen ist.[82]

86 Selbst wenn die Regelungen über Haustürgeschäfte auf die Vollmacht Anwendung finden sollten, würde der Vertragspartner des Vertretenen bei Vorliegen der Vollmachtsurkunde oder einer Ausfertigung hiervon Gutglaubensschutz nach §§ 171, 172 BGB genießen. Der Widerruf einer Vollmachtserklärung hätte folglich nur Wirkung für die Zukunft, eine Rückwirkung käme hingegen nicht in Betracht. Dessen ungeachtet kann die Bank bei Vorlage einer **notariell beurkundeten Vollmacht** aufgrund § 1 Abs. 2 Nr. 3 HWiG aF, des § 312 Abs. 3 Nr. 3 BGB bzw. des § 312g BGB nF davon ausgehen, dass ein Widerrufsrecht nicht besteht.[83] Im Übrigen müsste sich der Verbraucher den von ihm durch die Erteilung der Vollmacht gesetzten Anschein nach den bei Anweisungsfällen im Bereicherungsrecht geltenden Grundsätzen zurechnen lassen.[84]

---

356/05, S. 8; LG Frankfurt Urt. v. 22.9.2006, Az. 2–20 O 355/05, S. 5; LG Frankfurt Urt. v. 29.6.2006, Az. 2–14 O 105/06, S. 8; LG Frankfurt Urt. v. 2.6.2006, Az. 2–05 O 480/05, S. 11; *Edelmann/Mackenroth* DB 2007, 730; *Werner* in Staudinger, 2001, § 1 HWiG Rn. 6 ff.; *Masuch* ZIP 2001, 143, 146; offen gelassen in BGH WM 2000, 1247, 1249 f. m. Anm. *Sänger* WuB IV D. § 1 HWiG 5.00 und *Klaas* EWiR § 1 HWiG 3/00, 871; BGH WM 2000, 1250, 1252 m. Anm. *Büchler* EWiR § 166 BGB 3/00, 1027 und *Edelmann* BB 2000 1594; *Möller* ZIP 2002, 333, 336 u. 341; offen gelassen auch in OLG Karlsruhe WM 2001, 2002, 2003.

[80] Vgl. hierzu *Grüneberg* in Palandt, BGB-Komm., 73. Aufl. 2014, § 312b Rn. 8 mwN.

[81] Gemäß Art. 229 § 9 Abs. 1 Satz 2 iVm Art. 229 § 5 Satz 1 EGBGB handelt es sich hierbei um alle Haustürgeschäfte, die vor dem 31.12.2001 abgeschlossen wurden; so auch BGH Urt. v. 13.6.2006, Az. XI ZR 94/05, WM 2006, 1995, 1996; bei Dauerschuldverhältnissen gilt bei diesen Verträgen wegen Art. 229 § 5 Satz 2 EGBGB § 355 Abs. 3 BGB aF; so auch *Ulmer* in MüKoBGB, 4. Auflage, § 355 Rn. 56 aE; entsprechend BGH Urt. v. 23.1.2003, Az. III ZR 54/02, S. 7 f.

[82] So wohl BGH Urt. v. 14.10.2003, Az. XI ZR 134/02, NJW 2004, 154, 156 = WM 2003, 2328 m. Anm. *Bülow* WuB I G 2 § 6 VerbrKrG 1.04; *Mues* EWiR § 6 VerbrKrG 1/04, 255; ähnlich OLG Hamm WM 2005, 2378, 2379 f. für die Verpflichtung zur Bestellung einer Sicherungsgrundschuld.

[83] BGH Urt. v. 2.5.2000, Az. XI ZR 150/99, WM 2000, 1250, 1252 = BGHZ 144, 223 m. Anm. *Edelmann* BB 2000, 1594, *Büchler* EWiR § 166 BGB 3/2000; *Saenger* WuB IV D. § 1 HWiG 5.00; BGH Urt. v. 2.5.2000, Az. XI ZR 108/99, WM 2000, 1247, 1249.

[84] Ähnlich BGH WM 2006, 1194, 1197 f. mwN.

**g) Haustürgeschäft und Aufhebungsvertrag.** In der Rechtsprechung ist anerkannt, 87 dass der das Arbeitsverhältnis beendende Aufhebungsvertrag, auch wenn dieser am Arbeitsplatz abgeschlossen wurde, kein Haustürgeschäft iSv § 312 BGB, § 312b BGB nF bzw. § 1 HWiG aF ist.[85] Entsprechendes dürfte für jegliche Beendigungs-vereinbarung und ähnlich gelagerte Vergleichsabschlüsse gelten.[86]

**h) Haustürgeschäft und Bauvertrag.** Auch wenn die EG-Richtlinie 85/577 EWG Ver- 87a träge über den Bau von Immobilien ausdrücklich aus dem Anwendungsbereich der „HWiG-Richtlinie" ausschließt, unterfällt der Bauvertrag nach nationalem Recht dem § 312 BGB.[87]

**i) Zum Verhältnis der Vorschriften über Haustürgeschäfte und Verbraucher-** 88 **kreditverträge. aa) Aktuelle Rechtslage.** Aufgrund der Vorgaben des Europäischen Gerichtshofs in seinem sog Heininger-Urteil vom 13.12.2001[88], wonach der nationale Gesetzgeber gehindert ist, das Widerrufsrecht bei Fehlen einer ordnungsgemäßen Belehrung nach sechs Monaten (§ 355 Abs. 3 BGB aF) bzw. nach einem Jahr (§ 7 Abs. 2 Satz 3 VerbrKrG aF) nach Vertragsabschluss erlöschen zu lassen, musste der Gesetzgeber die Vorschriften über das Widerrufsrecht neu fassen.

Nach der nunmehr geltenden Gesetzeslage ist das Widerrufsrecht bei Haustürgeschäften 89 gemäß **§ 312a BGB** ausgeschlossen, wenn dem Verbraucher nach anderen Vorschriften, insbesondere nach § 355 BGB iVm § 495 BGB das Widerrufsrecht bei **Verbraucherdarlehensverträgen** tatsächlich zusteht und demgemäß auch wirklich besteht.[89] Entsprechendes gilt für die ab dem 13.6.2014 geltende Norm (Art. 229 § 32 EGBGB) des § 312g Abs. 3 BGB nF **Anders** als nach den alten gesetzlichen Regelungen der § 3 Abs. 2 Nr. 2 VerbrKrG aF bzw. § 491 Abs. 3 Nr. 1 BGB aF iVm § 5 Abs. 2 HWiG aF bzw. 312a BGB aF, wonach ein Widerrufsrecht bei grundpfandrechtlich abgesicherten Verbraucherkrediten gänzlich ausgeschlossen war, besteht ein Widerrufsrecht nach § 355 BGB grundsätzlich **sowohl** für grundpfandrechtlich abgesicherte Kredite **(sog Realkredite)** als auch für nicht grundpfandrechtlich abgesicherte Kredite **(sog Personalkredite).** Damit kann sich nach aktueller Gesetzeslage das sich bei sog Altverträgen aufgrund des Ausschlusses des Widerrufsrechts bei Realkrediten stellende Problem der richtlinienkonformen Auslegung des § 5 Abs. 2 HWiG aF bzw. des § 312a BGB aF nicht mehr stellen.

**bb) Alte Rechtslage.** Nachdem der Europäische Gerichtshof in seinem vorstehend er- 90 wähnten Heininger-Urteil vom 13.12.2001[90] entschieden hatte, dass der Ausschluss des Widerrufsrechts für grundpfandrechtlich abgesicherte Kredite mit der europäischen Haustürgeschäfte-Richtlinie unvereinbar und dass eine Befristung des Widerrufsrechts im Falle einer unterbliebenen oder nach Art. 4 der Richtlinie nicht ordnungsgemäßen Belehrung unzulässig ist, sah sich der Bundesgerichtshof entgegen seiner zuvor vertretenen eigenen Auffassung[91]

---

[85] BAG Urt. v. 27.11.2003, Az. 2 AZR 135/03, NJW 2004, 2401, 2404 f.
[86] Streitig; offen gelassen in BGH-Urteil v. 18.12.2007, Az. XI ZR 76/06 „Vergleichsabschluss HAT-Fonds 48", NJW-RR 2008, 643, 644 Rn. 19 f.; aA OLG Stuttgart Urt. v. 20.11.2006, Az. 6 U 23/06, OLGR 2007, 576, wonach eine Aufhebungsvereinbarung in Bezug auf einen Kredit dem Widerruf wegen § 5 HWiG aF trotz Umfinanzierung nicht entgegensteht; *Riesenhuber/Vogel* NJW 2005, 345 ff.; *Grüneberg* in Palandt, BGB-Komm., 73. Aufl. 2014, § 312 Rn. 7.
[87] BGH Urt. v. 22.3.2007, Az. VII ZR 268/05, WM 2007, 1760, 1761 u. H. a. BGH Urt. v. 19.11.1998, Az. VII ZR 424/97, WM 1999, 31 = ZIP 1999, 70.
[88] EuGH Urt. v. 13.12.2001, Rs. C-481/99, WM 2001, 2434 m. Anm. *Hoffmann* ZIP 2002, 145; *Fischer* ZflR 2002, 19; *Frisch* BKR 2002, 84; *Edelmann* BKR 2002, 80; *Kulke* ZBB 2002, 33; *Staudinger* NJW 2002, 653; *Reich/Rörig* EuZW 2002, 87; *Sauer* BB 2002, 431; *Wagner* BKR 2002, 194; *Schlüter* DZWiR 2002, 96; *Hochleitner/Wolf/Großerichter* WM 2002, 529; *Pieckenbrock/Schulze* WM 2002, 521; *Roth* WuB IV D. § 5 HWiG 1.02; *Pfeiffer* EWiR Art. 1 RL 85/577/EWG 1/02, 261; *Fischer* DB 2002, 727; *Habersack/Mayer* WM 2002, 253; *Felke* MDR 2002, 225; *Reiter/Methner* VuR 2002, 90; *Rott* VuR 2002, 49; *Strube* VuR 2002, 55.
[89] *Grüneberg* in Palandt, 73. Aufl. 2014, § 312a Rn. 2.
[90] EuGH WM 2001, 2434.
[91] BGH Beschluss v. 29.11.1999, Az. XI ZR 91/99, WM 2000, 26, 27.

sowie entgegen zahlreicher Stimmen in Literatur[92] und Rechtsprechung[93] verpflichtet, **§ 5 Abs. 2 HWiG aF** richtlinienkonform dahingehend auszulegen, dass Kreditverträge dann nicht zu den die Anwendbarkeit des Haustürwiderrufsgesetzes ausschließenden Geschäften nach dem Verbraucherkreditgesetz gehören, wenn das Verbraucherkreditgesetz dem Kunden kein gleich weit reichendes Widerrufsrecht einräumt wie das Haustürwiderrufsgesetz.[94] Diese Rechtsprechung soll entgegen einer nicht unberechtigt geäußerten Kritik in der Literatur[95] und Rechtsprechung[96] selbst auf **Personalkredite,** bei denen die Banken in der Vergangenheit zwar den Verbraucher nicht nach dem Haustürwiderrufsgesetz, jedoch gesetzestreu nach dem Verbraucherkreditgesetz belehrt haben, Anwendung finden[97]; dies, obwohl das europäische Recht eine solche Auslegung weder fordert noch gebietet.[98]

**91** Da das Verbraucherkreditgesetz für grundpfandrechtlich abgesicherte Kredite kein Widerrufsrecht vorsah und die für Personalkredite im Verbraucherkreditgesetz vorgesehene Widerrufsbelehrung nicht derjenigen nach dem Haustürwiderrufsgesetz entsprach, kann der Kreditnehmer aufgrund der richtlinienkonformen Auslegung nunmehr bei **sog Altverträgen** seine auf Abschluss des Kreditvertrages gerichtete Willenserklärung sowohl bei Personal- als auch bei Realkrediten vorbehaltlich einer etwaig eingreifenden Verwirkung oder Verfristung[99] nach dem Haustürwiderrufsgesetz widerrufen, soweit die weiteren Voraussetzungen für einen solchen Widerruf vorliegen.

**92** Diese insbesondere bei Personalkrediten durch den Bundesgerichtshof erfolgte und mit dem Wortlaut der gesetzgeberischen Intention sowie dem Sinn und Zweck der Vorschrift des § 5 Abs. 2 HWiG aF nicht zu vereinbarende richtlinienkonforme Auslegung des § 5 Abs. 2 HWiG aF stellt keinen Verstoß gegen das verfassungsrechtliche Rückwirkungsverbot dar.[100] Den finanzierenden Banken kann insoweit auch kein Vertrauensschutz für die Vergangenheit gewährt werden.[101]

---

[92] *von Heymann/Annertzok* BKR 2002, 234; *Habersack/Mayer* WM 2002, 253; *Edelmann* BKR 2002, 82; *Hochleitner/Wolf/Großerichter* WM 2002, 529; *Sauer* BB 2002, 431; *Roth* WuB IV D. § 5 HWiG 1.02.

[93] LG München BKR 2002, 230 sowie WM 2002, 285; OLG Bamberg WM 2002, 537.

[94] BGH Urt. v. 9.4.2002, Az. XI ZR 91/99, WM 2002, 1181 = BGHZ 150, 248 m. Anm. *Bülow/Artz* WuB IV D. § 5 HWiG 2.02; *Fischer* DB 2002, 1266; *Ulmer* ZIP 2002, 1080; *Wilhelm* DB 2002, 1307; *Rothe* BKR 2002, 575; *Rörig* MDR 2002, 894; *Pap/Sauer* ZfIR 2002, 523; *Derleder* ZBB 2002, 202; *Lange* EWiR § 1 HWiG aF 1/02; *Koch* WM 2002, 1593; *Edelmann* BKR 2003, 99; bestätigt durch BGH WM 2005, 1408; BGH WM 2005, 295; BGH Urt. v. 13.9.2004, Az. II ZR 372/02, 373/02, 383/02, 384/02, 392/02 sowie 393/01; BGH WM 2005, 1579 m. Anm. *Allmendinger* EWiR § 1 HWiG aF 1/05, 79; BGH WM 2004, 172; BGH WM 2003, 64; BGH WM 2002, 2501 = BGHZ 152, 331 m. Anm. *Edelmann* WuB IV D. § 3 HWiG 1.03; BGH WM 2003, 61; BGH WM 2002, 2409 sowie BGH WM 2002, 1218 = BGHZ 150, 264; OLG Stuttgart WM 2005, 972, 973 und WM 2005, 981, 984.

[95] *Herdegen* WM 2005, 1921 ff.; *Münscher* BKR 2005, 86, 88; *ders.* WuB IV D. § 5 HWiG 2.05; *ders.* in Finanz Colloquium, Fehlgeschlagene Immobilienkapitalanlagen, S. 9; *Lwowski/Wunderlich* ZInsO 2005, 57, 63; *Peters* WM 2005, 456; *ders.* WuB IV.D § 5 HWiG 1.05; *Peters/Ivanova* WM 2003, 55, 57; *Wolf* BKR 2002, 614, 615; *Pap/Sauer* ZfIR 2002, 523, 524 f.; *Thume/Edelmann* BKR 2005, 477, 482; *Edelmann/Krümmel* BKR 2003, 99; *Hochleitner/Wolf/Großerichter* WM 2002, 529.

[96] OLG Schleswig Holstein WM 2005, 1173, 1178 m. Anm. *Edelmann* BKR 2005, 394; OLG Schleswig WM 2004, 1959, 1963 f.; LG Ravensburg WM 2004, 1033 m. Anm. *Buck* WuB IV D. § 5 HWiG 1.04; OLG Hamburg WM 2002, 1289, 1294 f.

[97] Diese Rechtsprechung des BGH wurde vom BVerfG im Beschluss v. 26.9.2011, Az. 2 BvR 2216/06, 463/07 WM 2012, 1179 bestätigt.

[98] OLG Schleswig WM 2005, 1173, 1178; OLG Schleswig WM 2004, 1959, 1963 f.; LG Ravensburg WM 2004, 1033; *Peters* WM 2005, 456; *Edelmann* BKR 2005, 394.

[99] Zur Anwendbarkeit der Sechs-Monats-Frist des § 355 Abs. 3 BGB aF vgl. → Rn. 105 ff.

[100] So BVerG, Beschluss v. 26.9.2011, Az. 2 BvR 2216/06 u. 469/07, WM 2012, 1179; OLG Stuttgart WM 2005, 972, 974; OLG Stuttgart WM 2005, 981, 985; OLG Stuttgart, Urt. v. 14.3.2005, Az. 6 U 203/04, S. 21 f.

[101] So BGH WM 2005, 1408; BGH WM 2004, 1579, 1581; BGH BKR 2002, 570, 573 = WM 2002, 1181; **aA** *Münscher* WuB IV D. § 5 HWiG 2.05.

Trotz vorstehend dargestellter richtlinienkonformer Auslegung des § 5 Abs. 2 HWiG aF 93
hat der Bundesgerichtshof klargestellt, dass in den Fällen, in denen ein Realkreditvertrag
iSd § 3 Abs. 2 Nr. 2 VerbrKrG aF zugleich die Voraussetzungen eines Geschäfts iSd § 1
Abs. 1 HWiG aF erfüllt, eine Anwendung der Gerichtsstandsregelung des § 7 Abs. 1
HWiG nicht in Betracht kommt.[102]

**j) Zur Maßgeblichkeit des Vertreters.** Hat der Anleger einem Treuhänder eine 94
Vollmacht erteilt, ihn bei Abschluss der für den Erwerb der Immobilie oder der für die
Beteiligung am Immobilienfonds erforderlichen Verträge zu vertreten, kommt es nach
zwischenzeitlich anerkannter Rechtsprechung des Bundesgerichtshofs allein darauf an, ob
sich der Vertreter/Treuhänder bei Abschluss des Darlehensvertrages oder der anderweitigen Verträge in einer Haustürsituation befand. Nicht entscheidend ist hingegen, ob sich
der Vertretene bei Vollmachtserteilung in einer Haustürsituation befunden hat.[103] Diese
Rechtsauffassung ist sowohl unter verfassungsrechtlichen Gesichtspunkten[104] als auch unter europarechtlichen Gesichtspunkten[105] unbedenklich.

**k) Situationsbedingte Erfordernisse.** Der Anleger muss durch die Haustürsituation 95
gemäß § 1 HWiG aF, § 312 BGB sowie § 312b BGB nF[106] in eine Lage gebracht worden
sein, in der er in seiner Entschließungsfreiheit beeinträchtigt war, den ihm später angebotenen Vertrag zu schließen oder davon Abstand zu nehmen.[107] Dabei muss die Haustürsituation nicht die einzige, nicht einmal die entscheidende Ursache für den späteren Vertragsabschluss darstellen. Es genügt vielmehr **Mitursächlichkeit**. Insofern ist ausreichend,
dass die Kontaktaufnahme in der Haustürsituation einen unter mehreren Beweggründen
für den Vertragsabschluss bildet und ohne sie der spätere Vertrag nicht oder nicht so, wie
geschehen, zustande gekommen wäre.[108] Die Feststellung, dass ein Verbraucher eine Vertragserklärung in seiner Privatwohnung abgegeben hat, reicht demgegenüber für die Bejahung einer Haustürsituation nicht aus.[109]

Für die Annahme von Verhandlungen im Sinne des Haustürwiderrufsgesetzes bzw. des 96
§ 312 BGB[110] genügt jedes werbemäßige Ansprechen eines Kunden sowie jede anbieterinitiierte Kontaktaufnahme, die auf einen späteren Vertragsschluss zielt.[111] So ist ausreichend,
dass ein Mitbewohner des Kunden bei diesem eine Finanzanalyse vorgenommen, zugleich
einen Termin in den Räumen des Unternehmens vereinbart und nach dessen Durchfüh-

---

[102] BGH Urt. v. 9.4.2002, Az. XI ZR 32/99, WM 2002, 1218 = BGHZ 150, 264 m. Anm. *Bülow/Artz* WuB IV D. § 7 HWiG 1.02.

[103] BGH WM 2006, 853 m. Anm. *von Sethe* BKR 2006, 248; BGH WM 2005, 127 m. Anm. *Medicus* EWiR § 3 VerbrKrG 1/05, 231; *Jungmann* WuB IV A. § 172 BGB 1.05; *Schmidt-Lademann* LMK 2005, 33; BGH WM 2004, 417, 420 m. Anm. *Loritz* WuB IV A. § 172 BGB 2.04; BGH WM 2003, 2328 m. Anm. *Bülow* WuB I G 2 § 6 VerbrKrG 1.04; *Mues* EWiR § 6 VerbrKrG 1/04, 255; BGH WM 2003, 1064, 1065 m. Anm. *Wolf* LMK 2003, 138; *Heussen* EWiR Art. 1 § 1 RBerG 8/03, 1103; *van Look* WuB VIII D. Art. 1 § 1 RBerG 3.04.

[104] BVerfG WM 2003, 2370, 2371.

[105] BGH Urt. v. 5.12.2006, Az. XI ZR 341/05, ZIP 2007, 414, 417 = WM 2007, 440; BGH WM 2006, 853, 854.

[106] Diese Norm gilt nach Art. 229 § 32 EGBGB erst ab dem 13.6.2014.

[107] BGH Urt. v. 22.5.2012, Az. II ZR 14/10, WM 2012, 1474, 1476 Rn. 18 mwN.

[108] BGH Urt. v. 15.4.2004, Az. II ZR 410/02, S. 7; BGH WM 2004, 2491 m. Anm. *Münscher* WuB IV D. § 2 HWiG 1.05; BGH WM 2004, 1579 m. Anm. *Allmendinger* EWiR § 1 HWiG aF 1/05, 79 u. *Peters* WuB IV D. § 5 HWiG 1.05; BGH WM 2004, 521, 523 m. Anm. *Medicus* EWiR § 1 HWiG aF 1/04, 389 u. *Mankowski* WuB IV D. § 1 HWiG 2.04.

[109] BGH Beschluss v. 22.9.2008, Az. II ZR 257/07.

[110] Anders als § 312 BGB spricht der ab dem 13.6.2014 geltende § 312 BGB nF nicht mehr von „durch mündliche Verhandlungen", sondern allein von der Abgabe eines Angebots durch den Verbraucher § 312b Abs. 1 Nr. 2 BGB nF.

[111] BGH NJW 1996, 926, 928 = BGHZ 131, 385 „Securenta I" m. Anm. *Sonnenhohl* WuB I F. 1 a. – 13.96; OLG Stuttgart Urt. v. 22.5.2006, Az. 6 U 208/05, S. 10.

rung die Antragsformulare zum Kunden gebracht hat[112], wo dieser sie dann unterzeichnete. Auch genügt es, wenn die Vermittlerin die wirtschaftliche Situation der Kunden mit dem Ziel einer Verbesserung ihrer finanziellen Verhältnisse erforscht und einen Ordner Unterlagen der Kunden mitnimmt.[113] Ein allgemeines, auf kein bestimmtes Geschäft bezogenes Beratungsgespräch ist demgegenüber nicht ausreichend.[114] Es kommt nicht darauf an, ob die mündlichen Verhandlungen überraschend und/oder anbieterinitiiert erfolgen.[115] Der Annahme, der Verbraucher sei zum Abschluss eines Vertrags durch eine sog Haustürsituation nach § 312 Abs. 1 S. 1 Nr. 1 BGB[116] bestimmt worden, steht auch nicht entgegen, dass der Besuch des Vermittlers in der **Privatwohnung** des Verbrauchers aufgrund eines kurze Zeit vorher bereits erklärten Beitritts des Verbrauchers zu einer anderen Gesellschaft erfolgt ist, da es grundsätzlich auf den Anlass des Besuchs nicht ankommt.[117] Das Überlassen eines Bürgschaftsformulars an die Mutter des Bürgen genügt ebenso wenig zur Bejahung einer Haustürsituation wie der Umstand, dass die Mutter dem Bürgen an seinem Arbeitsplatz die Bürgschaft zur Unterzeichnung vorlegt; dies jedenfalls dann, wenn es sich bei beiden um Gesellschafter handelt.[118]

**97** Das Merkmal der Privatwohnung erfasst auch Fallgestaltungen, in denen eine von dem Direktvertreiber gewonnene Privatperson ihre Wohnung als Verhandlungsort zur Verfügung stellt.[119] Auch die **Privatwohnung des Unternehmers** oder der für ihn handelnden Personen kann in den Anwendungsbereich des Haustürwiderrufsgesetzes bzw. des § 312 BGB fallen, wenn der Verbraucher sie zu einem Privatbesuch aufsucht.[120] Dies gilt selbst dann, wenn dem Verbraucher das Bewusstsein, geschäftlichen Kontakt aufzunehmen, fehlt.[121] Sucht der Kunde die Privatwohnung seines Vertragspartners hingegen zum Zwecke von Vertragsverhandlungen auf, ist eine Haustürsituation ausgeschlossen.[122] Trotz Verabredung des Besuchs in einer **Gaststätte** ist eine Haustürsituation dann nicht gegeben, wenn Vermittler und Verbraucher sich kennen und die Verabredung in der gemeinsamen Stammkneipe stattfindet.[123] Eine Haustürsituation ist auch dann zu verneinen, wenn ein Ehegatte dem anderen Partner in der **ehelichen Wohnung** auf Veranlassung des Vertragsgegners eine Vertragserklärung zur Unterschrift vorlegt; dies deshalb, weil ein solcher Ehegatte nicht als Verhandlungsgehilfe des anderen Teils unbestellt in die häusliche Sphäre eindringt.[124] Etwas anderes gilt aber, wenn der nahe Verwandte allgemein werbend für den Vertragsgegner tätig ist und den nahen Angehörigen in dessen Privatwohnung deshalb mit dem Vorschlag zum Vertragsabschluss überrascht.[125] Eine **telefonische Kontaktaufnahme** ohne nachfolgenden Hausbesuch genügt nicht zur Begründung einer Haustürsituation.[126]

---

[112] BGH ZIP 1996, 1943, 1944; OLG Stuttgart Urt. v. 22.5.2006, Az. 6 U 208/05, S. 10.
[113] BGH NJW-RR 2005, 180, 181; OLG Stuttgart Urt. v. 22.5.2006, Az. 6 U 208/05, S. 10.
[114] OLG Stuttgart Urt. v. 22.5.2006, Az. 6 U 208/05, S. 10.
[115] OLG Stuttgart WM 2005, 972.
[116] Anders als der bisherige § 312 Abs. 1 Nr. 1 BGB stellt der ab dem 13.6.2014 geltende § 312b Abs. 1 Nr. 1 BGB nF allein darauf ab, dass das Angebot des Verbrauchers iSv § 312 Abs. 1 Nr. 2 BGB nF an einem Ort abgegeben wird, der kein Geschäftsraum des Unternehmers ist, wobei was Geschäftsraum ist, in § 312 Abs. 2 BGB nF definiert wird.
[117] BGH Urt. v. 22.5.2012, Az. II ZR 14/10, WM 2012, 1474, 1476 Rn. 21.
[118] OLG Koblenz Urt. v. 14.2.2007, Az. 1 U 295/06, ZIP 2007, 2022, 2024.
[119] BGH ZIP 2005, 67, 68 = WM 2005, 124 m. Anm. *Roth* WuB IV D. § 1 HWiG 1.05.
[120] OLG Stuttgart ZIP 2004, 891, 895.
[121] BGH Urt. v. 13.6.2006, Az. XI ZR 432/04, ZIP 2006, 1626, 1627 f. mwN.
[122] BGH ZIP 2006, 1626, 1627; BGH NJW 2000, 3498 f. = WM 2000, 1260.
[123] OLG Schleswig WM 2005, 607, 609; aA OLG Dresden Beschluss v. 23.2.2007, Az. 8 U 63/07 WM 2007, 1065 bei Fortsetzungsverhandlung zur Ansprache im Hotel u. Café vgl. LG Mannheim NJW-RR 1990, 1359 u. AG Freising NJW-RR 88, 1326; zur Ansprache in der Hotelhalle OLG Frankfurt WM 1994, 1730.
[124] BGH NJW 1996, 191.
[125] BGH NJW 1996, 3414.
[126] BGH WM 2004, 1579.

§ 4 Finanzierung von Kapitalanlagegeschäften                              98, 99  § 4

Was wiederum das Merkmal „an seinem **Arbeitsplatz**" iSv § 1 Abs. 1 Nr. 1 HWiG aF bzw. § 312 Abs. 1 S. 1 BGB anbelangt, so fällt hierunter grundsätzlich nur der Arbeitsplatz des Verbrauchers und nicht auch der eines Dritten. Eine erweiternde Auslegung ergibt sich auch nicht aus der entsprechenden EG-Richtlinie.[127]

**1) Zur Ursächlichkeit.** Ein Widerrufsrecht nach § 312 Abs. 1 BGB nach § 312b BGB   98
nF bzw. nach § 1 HWiG aF setzt grundsätzlich voraus, dass der Verbraucher durch eine Haustürsituation zu dem Vertragsabschluss bestimmt worden ist. Entscheidend hierbei ist, ob nach den Umständen des Einzelfalles bei Abgabe der Erklärung das Überraschungsmoment noch fortwirkt und der Verbraucher in seiner Entschließungsfreiheit beeinträchtigt ist. Ein **enger zeitlicher Zusammenhang** zwischen Vertragsverhandlung und Abgabe der Willenserklärung ist nicht erforderlich. Bei zunehmendem zeitlichem Abstand entfällt jedoch die Indizwirkung für die Kausalität.[128] Ob sich der Darlehensnehmer daher auch bei einem größeren zeitlichen Abstand zwischen mündlicher Verhandlung und Vertragsabschluss noch in einer Haustürsituation befindet, ist eine Frage der Würdigung des Einzelfalles.[129] Dabei ist jedoch zu beachten, dass es keinen Rechtssatz gibt, nach dem mit Ablauf einer bestimmten Frist die Kausalität ohne Rücksicht auf die Umstände des Einzelfalles entfällt.[130] Streitig ist wiederum, ab welcher konkreten Zeitspanne zwischen Haustürsituation und Darlehensvertragsabschluss eine Unterbrechung der Kausalität naheliegt.[131]

Darüber hinaus ist anerkannt, dass die Kausalität zwischen Haustürsituation und Darle-   99
hensvertragsabschluss dann unterbrochen wird, wenn dazwischen die notarielle Beurkundung des Erwerbsgeschäfts erfolgt.[132] Von einem Fortwirken der Haustürsituation bei Dar-

---

[127] BGH-Urt. v. 27.2.2007, Az. XI ZR 195/05, ZIP 2007, 619, 623.
[128] BGH Urt. v. 13.6.2006, Az. XI ZR 94/05 Rn. 15; BGH ZIP 2006, 1238, 1239; vgl. auch die BGH-Urt.e v. 9.5.2006 in Fn. 8; OLG Thüringen ZIP 2006, 946, 947.
[129] BGH Urt. v. 13.6.2006, Az. XI ZR 94/05 Rn. 15; BGH WM 2003, 483, 484 m. Anm. *Medicus* EWiR § 1 HWiG aF 3/03, 481 u. *Mankowski* WuB IV D. § 1 HWiG 6.03; BGH WM 2003, 918, 921 m. Anm. *Schönfelder* WuB VIII D. Art. 1 § 1 RBerG 6.03 u. *Frisch* EWiR Art. 1 § 1 RBerG 6/03, 1049; BGH WM 2003, 1370, 1372 m. Anm. *Nassall* WuB IV D. § 1 HWiG 7.03 u. *Wagner* EWiR § 280 BGB 4/03, 899.
[130] BGH Urt. v. 26.10.2010, Az. XI ZR 367/07, WM 2011, 23, 24 Rn. 18; BGH Urt. v. 24.3.2009, Az. XI ZR 456/07, WM 2009, 1028, 1030 Rn. 19 für 3 Wochen; BGH Urt. v. 18.12.2007, Az. XI ZR 76/05 Rn. 20.
[131] Vgl. hierzu BGH Urt. v. 22.1.2008, Az. XI ZR 6/06 Rn. 31, BKR 2008, 254, 257 – 3 Wochen u. notarielle Beurkundung –; BGH-Urt. v. 9.5.2006, Az. XI ZR 119/05, ZIP 2006, 1238, 1239, wo offen gelassen wird, ob der Anscheinsbeweis schon nach **einer Woche** entfällt; BGH-Urt. v. 20.5.2003, Az. XI ZR 248/02, WM 2003, 1370/1371 f. – **3 Wochen** –; BGH-Urt. v. 18.3.2003, Az. XI ZR 188/02, WM 2003, 918/920 – **3½ Monate** –; BGH-Urt. v. 22.10.2003, Az. IV ZR 398/02, WM 2003, 2372 – **21 Tage** –; OLG Karlsruhe Urt. v. 30.6.2006, Az. 17 U 261/05 S. 8; Wegfall der Indizwirkung bei **mehr als 3 Wochen;** dies insbesondere dann, wenn vor Abschluss des DV not. Beurkundungstermin; OLG Frankfurt Urt. v. 24.1.2007, Az. 9 U 13/06, WM 2007, 778 – **12 Wochen** –; OLG Frankfurt Urt. v. 21.10.2003, Az. 9 U 121/01, ZIP 2004, 260/262 – **ca. 8 Monate** –; KG Urt. v. 3.5.2005, Az. 4 U 128/04, S. 8 – **6 Wochen** –; OLG Schleswig, Urt. v. 2.12.2004, Az. 5 U 108/03, WM 2005, 607/608 f. – **4 Wochen** –; OLG Stuttgart Urt. v. 28.3.2007 – Az. 9 U 125/06 S. 5 ff. – **4 Wochen** –; OLG Stuttgart Urt. v. 14.11.2006, Az. 6 U 22/06, WM 2007, 203, 210 – **64 Tage** –; OLG Stuttgart Urt. v. 21.12.2005, Az. 9 U 65/05, S. 17 – **3 Wochen** –; OLG Hamburg Urt. v. 28.6.2005, Az. 8 U 67/04, S. 14 – **5 Wochen** u. notarielle Beurkundung des KV –; OLG Thüringen Urt. v. 28.3.2006, Az. 5 U 742/05, ZIP 2006, 946, 947 – **2,5 Monate** –; LG Heilbronn Urt. v. 6.4.2006, Az. 6 O 387/05, Ha S. 14 ff. – **5 Wochen** –, wo darauf hingewiesen wird, dass nach einer Auffassung der Anscheinsbeweis bei einem Zeitraum von **3–4 Tagen** als unterbrochen angesehen wird (*Löwe* BB 86, 821/824) und dass andere hierfür einen Abstand von mehr als **1 Woche** ausreichen lassen (MünchKomm. 3. Aufl. § 1 HWiG Rn. 17 u. 4. Aufl. § 312 Rn. 32); LG Berlin Urt. v. 8.3.2006, Az. 21a O 145/05 – **6 Wochen** –; LG Passau Urt. v. 19.5.2006, Az. 4 O 1229/05, S. 6 – **1 Monat** –; LG Deggendorf Urt. v. 18.1.2006, Az. 2 O 82/04, WM 2006, 770.
[132] So wohl auch BGH Urt. v. 13.6.2006, Az. XI ZR 94/05 Rn. 15, WM 2006, 1995; BGH Urt. v. 20.5.2003, Az. XI ZR 248/02, WM 2003, 1370, 1372; so jedenfalls OLG München Hinweis v.

lehensvertragsabschluss kann auch dann nicht die Rede sein, wenn dem Anleger vor Darlehensvertragsabschluss hinsichtlich des Erwerbsgeschäfts eine ordnungsgemäße Widerrufsbelehrung erteilt wurde und er von seinem Widerrufsrecht keinen Gebrauch macht.[133]

**100** **m) Zur Zurechenbarkeit.** Die Frage, ob die durch einen Dritten herbeigeführte Haustürsituation der finanzierenden Bank zugerechnet werden kann, wurde früher vom Bundesgerichtshof unter Heranziehung der für die Zurechnung einer arglistigen Täuschung nach **§ 123 Abs. 2 BGB** entwickelten Grundsätze beantwortet.[134] Das Handeln des Vermittlers wurde der Bank nur dann zugerechnet, wenn diese es kannte oder kennen musste. Dabei war es für das Vorliegen einer fahrlässigen Unkenntnis ausreichend, dass die Umstände des Falles den Erklärungsempfänger veranlassen mussten sich zu erkundigen, auf welchen Umständen die ihm übermittelte Willenserklärung beruht.[135] Eine solche fahrlässige Unkenntnis konnte allerdings nicht schon dann angenommen werden, wenn die Bank Kenntnis davon hatte, dass die Eigentumswohnung nicht von einer Privatperson, sondern von einer gewerblich tätigen Bauträgergesellschaft über einen Vermittler verkauft und der Darlehensvertrag über ihn vermittelt wurde.[136] Eine Haustürsituation wurde unter Heranziehung der Grundsätze gemäß § 123 Abs. 2 BGB der Bank allerdings dann zugerechnet, wenn die Unterzeichnung des Kreditnehmers unter der Privatanschrift erfolgte und das Vertriebsunternehmen keine Filiale am Wohnort des Kreditnehmers hatte.[137] Eine Zurechenbarkeit wurde auch dann angenommen, wenn das Kreditinstitut in das Vertriebssystem, zB durch Überlassung der Darlehensvertragsformulare, eingebunden war.[138] Streitig war unter der Heranziehung der zu § 123 Abs. 2 BGB entwickelten Grundsätze die Frage, ob die Bank sich selbst dann die Haustürsituation zurechnen lassen musste, wenn sie sich aufgrund der damals bestehenden Gesetzeslage, insbesondere bei Personalkrediten, keine Gedanken über eine Belehrung nach dem Haustürwiderrufsgesetz machen musste, weil sie selbst bei Kenntnis der Haustürsituation eine Widerrufsbelehrung für Haustürgeschäfte nicht zu erteilen hatte.[139] Streitig war auch, ob eine

---

29.5.2007 u. Beschluss v. 29.6.2007, Az. 19 U 2543/07, WM 2007, 1736 m. zust. Anm. *Schönfelder* WuB IV D. § 1 HWiG 2.08; OLG Thüringen Urt. v. 28.3.2006, Az. 5 U 742/05, ZIP 2006, 946/947; OLG Thüringen Urt. v. 13.1.2004, Az. 5 U 1713/02 u. 5 U 250/03, OLGR 2005, 238; bestätigt durch BGH-Beschluss v. 23.11.2004, Az. XI ZR 27/04, BKR 2005, 82; so schon OLG Thüringen Urt. v. 18.5.2004, Az. 5 U 893/03; OLG Stuttgart Urt. v. 21.12.2005, Az. 9 U 65/05, S. 18; OLG Braunschweig Urt. v. 26.5.2005, Az. 8 U 3/04 u. H. a. Beschluss v. 26.4.2005, Az. 8 W 11/05; OLG Schleswig Urt. v. 2.12.2004, Az. 5 U 108/03, WM 2005, 607/609; LG Heilbronn Urt. v. 6.4.2006, Az. 6 O 387/05 Ha, S. 17 f.; LG Berlin Urt. v. 8.3.2006, Az. 21a O 145/05, S. 6 LG Deggendorf Urt. v. 18.1.2006, Az. 2 O 823/04, WM 2006, 770; offen gelassen KG Urt. v. 3.5.2005, Az. 4 U 128/04, S. 11; **aA** KG Beschluss v. 6.1.2005, Az. 4 W 43/04, S. 4; OLG Stuttgart Urt. v. 29.6.1999, Az. 6 U 169/98, ZIP 99, 2005/2007.

[133] So BGH Urt. v. 26.10.2010, Az. XI ZR 367/07, WM 2011, 23, 25 Rn. 20 f.; BGH ZIP 2006, 1238, 1239; KG Urt. v. 3.5.2005, Az. 4 U 128/04, S. 8 f.; KG WM 2005, 2218, 2221; *Oechsler* NJW 2006, 1399, 1400.

[134] BGH ZIP 2005, 67, 68 f.; WM 2005, 124 m. Anm. *Reiff* EWiR § 312 BGB 2/05, 381 u. *Roth* WuB IV D. § 1 HWiG 1.05; BGH WM 2005, 295 m. Anm. *Münscher* WuB IV D. § 5 HWiG 2.05; BGH WM 2004, 521 m. Anm. *Medicus* EWiR § 1 HWiG aF 1/04, 389 u. *Mankowski* WuB IV D. § 1 HWiG 2.04; BGH WM 2003, 61 m. Anm. *Frisch* EWiR § 1 HWiG aF 1/03, 167; *Rörig* ZIP 2003, 26 u. *Roth* WuB IV D. § 1 HWiG 3.03.

[135] BGH ZIP 2005, 67, 69 m. Anm. *Reiff* EWiR § 312 BGB 2/05, 381 u. *Roth* WuB IV D. § 1 HWiG 1.05.

[136] BGH WM 2004, 521; BGH WM 2004, 27, 32; BGH ZIP 2003, 22, 25 = WM 2003, 61.

[137] BGH Urt. v. 15.11.2004, Az. II ZR 410/02, S. 7; **aA** OLG Bamberg WM 2005, 593, nur wenn die Geschäftspraktiken des Vermittlers zuverlässig erkennbar sind.

[138] BGH Urt. v. 15.11.2004, Az. II ZR 410/02, S. 7; BGH WM 2005, 124; BGH Urt. v. 13.9.2004, Az. II ZR 393/01, S. 6; BGH WM 2004, 1521.

[139] Gegen die Zurechenbarkeit in solchen Fällen *Lwowski/Wunderlich* ZInsO 2005, 57, welche die Zurechnung der Haustürsituation in einem solchen Fall für „mehr als abwegig" halten; *Edelmann* BB 2004, 1648, 1649; OLG Köln Urt. v. 23.3.2005, Az. 13 U 126/04, S. 12; KG WM 2005, 596, 601 f.;

Zurechnung der Haustürsituation allein wegen Vorliegens eines verbundenen Geschäfts erfolgen kann.[140]

Nachdem der Europäische Gerichtshof in seinem Urteil vom 25.10.2005 „Crailsheimer Volksbank"[141] festgehalten hat, dass die Zurechenbarkeit der Haustürsituation nicht davon abhängig gemacht werden kann, dass der Gewerbetreibende wusste oder hätte wissen müssen, dass der Vertrag in einer Haustürsituation iSv Art. 1 der Haustürgeschäfte-Richtlinie geschlossen wurde, scheint der Bundesgerichtshof die Zurechenbarkeit der Haustürsituation bereits dann bejahen zu wollen, wenn eine Haustürsituation objektiv besteht.[142] Allerdings hat der Bundesgerichtshof in seinem Urteil vom 20.6.2006 Zweifel dahingehend geäußert, ob der kreditgebenden Bank eine Haustürsituation auch dann nach **rein objektiven Kriterien** zugerechnet werden kann, wenn der Vermittler das Kreditgeschäft ausschließlich im Auftrag des von ihm in einer Haustürsituation geworbenen Anlegers vermittelt hat.[143] In seinem Urteil vom 10.6.2008 hat der Bundesgerichtshof weiter ausgeführt, dass eine Zurechnung des Verhaltens des Dritten nicht in Betracht kommt, wenn er keine Empfehlung zu Verhandlungen mit der finanzierenden Bank ausgesprochen hat, sondern deren Auswahl auf einer eigenständigen, selbstbestimmten Weisung des Anlegers beruht. Solange hingegen der in den Vertrieb der Kapitalanlage eingebundene Dritte zwar im Auftrag des Anlegers die Finanzierung der vermittelten Kapitalanlage besorgt, die konkrete Bank jedoch nach Empfehlungen, bestehenden geschäftlichen Verbindungen oder freiem Ermessen des Dritten bestimmt wird, ist eine auf sein Handeln beruhende Haustürsituation der Bank zurechenbar.[144] Besteht wiederum zwischen Bank und Vermittler kein Näheverhältnis, steht der Vermittler vielmehr ausschließlich im Lager des Anlegers/Verbrauchers und wird der Vermittler auch wirtschaftlich nicht im entferntesten Sinne im Namen und für Rechnung der Bank tätig, dann kommt eine Zurechnung nicht in Betracht.[145]

**n) Vorhergehende Bestellung.** Ausweislich des § 312 Abs. 3 Nr. 1 BGB, des ab dem 13.6.2014 geltenden § 312g Abs. 2 BGB nF sowie des § 1 Abs. 2 Nr. 1 HWiG aF steht dem Anleger ein Widerrufsrecht bei vorhergehender Bestellung nicht zu. Von einer das Widerrufsrecht ausschließenden Bestellung kann dann nicht ausgegangen werden, wenn sich der Kunde im Verlauf eines nicht von ihm veranlassten Telefonanrufs des Anbieters mit einem Hausbesuch einverstanden erklärt. Das gilt auch dann, wenn der Kunde vorher auf einer Werbeantwortkarte um Zusendung von Prospekten gebeten und dabei seine Telefonnummer zwecks Rückrufs angegeben hat.[146] Eine vorhergehende Bestellung kann nicht schon alleine durch den Umstand begründet werden, dass der Kunde sich bei einem nicht

---

für Zurechenbarkeit BGH WM 2005, 1408, 1409 m. kritischer Anm. *Medicus* EWiR § 5 HWiG aF 1/05, 893.

[140] So OLG Stuttgart ZIP 2004, 891; OLG Stuttgart WM 2005, 972, 975 f.; OLG Stuttgart WM 2005, 982, 984.

[141] EuGH Rs. C-229/04 WM 2005, 2086.

[142] BGH Urt.e v. 19.9.2006, Az. XI ZR 204/04 Rn. 27 u. Az. XI ZR 242/05 Rn. 10 ff.; ZIP 2006, 2210 f.; BGH Urt. v. 20.6.2006, Az. XI ZR 224/05 Rn. 13 f.; BGH WM 2006, 1003, 1008; BGH WM 2006, 220; BGH WM 2006, 674, 675.

[143] BGH Urt. v. 20.6.2006, Az. XI ZR 224/05 Rn. 15.

[144] BGH Urt. v. 10.6.2008, Az. XI ZR 348/07 Rn. 23; WM 2008, 1593 m. Anm. *Münscher* WuB IV D. § 1 HWiG 1.09; so auch BGH Urt. v. 23.9.2008, Az. XI ZR 266/07 Rn. 22 f.; WM 2009, 2162 m. Anm. *Loritz* WuB IV D. § 1 HWiG 2.09.

[145] BGH, aaO, Rn. 24 u. 26; gegen das alleinige Abstellen auf das Vorliegen einer objektiven Haustürsituation *Rösler/Sauer* ZfIR 2006, 666, 669, welche meinen, dass für die Zurechnung nach wie vor eine besondere Nähebeziehung zwischen Bank und Darlehensvermittler insofern erfroderlich ist, dass der Vermittler von der Bank im Rahmen einer ihr gegebenen Weisungsbefugnis zur Vertragsanbahnung eingeschaltet wurde und seine Vermittlungstätigkeit auch zweckgerichtet für diese entfaltete; ein besonderes Näheverhältnis fordern auch *Thume/Edelmann* WuB IV D. § 1 HWiG 1.6. S. 320; vgl. auch *Thume/Edelmann* BKR 2005, 477, 479; *Müller-Ibold/Käseberg* WM 2005, 1592, 1593; *Hofmann* BKR 2005, 487, 490; *Münscher* WuB IV D. § 1 HWiG 1.08.

[146] BGH Urt. v. 25.10.1989, Az. VIII ZR 345/88, BGHZ 109, 127.

von ihm veranlassten Telefongespräch mit einem Hausbesuch auf Nachfrage des Vertreters einverstanden erklärt oder eine Einladung von sich aus ausspricht.¹⁴⁷ Die Bestellung zu einer allgemeinen Informationserteilung oder zur Werbepräsentation erfüllt ebenfalls nicht den Tatbestand der vohergehenden Bestellung. Die Vorschrift setzt vielmehr eine Einladung zu einem Hausbesuch zur Führung von Vertragsverhandlungen über eine bestimmte Art von Leistungen voraus.¹⁴⁸ Von einer Bestellung ist auch dann nicht auszugehen, wenn der Gewerbetreibende den Kunden in seiner Wohnung aufsucht, um einen bereits geschlossenen Vertrag abzuwickeln und es dabei zu erneuten Vertragsverhandlungen kommt.¹⁴⁹ Bezieht sich die vorangegangene Bestellung auf ein konkretes Geschäft, kann eine Haustürsituation nicht vorliegen; der Wunsch nach Beratung über Kapitalanlagen im Allgemeinen soll hierfür allerdings nicht ausreichen.¹⁵⁰ Von einer solchen Bestellung ist jedoch dann auszugehen, wenn einem der eigene Steuerberater die Kapitalanlage empfiehlt.¹⁵¹ Von einer ein Widerrufsrecht ausschließenden Bestellung ist trotz Verabredung des Besuchs in einer Gaststätte dann auszugehen, wenn Vermittler und Verbraucher sich kennen und die Verabredung in der gemeinsamen Stammkneipe getroffen wurde.¹⁵²

**103**  o) **Zum Ausschlusstatbestand der notariellen Beurkundung gemäß § 312 Abs. 3 Nr. 3 BGB**¹⁵³ **bzw. § 1 Abs. 2 Nr. 3 HWiG aF.** Der Ausschlusstatbestand des § 312 Abs. 3 Nr. 3 BGB bzw. § 1 Abs. 2 Nr. 3 HWiG aF greift nur bei **notarieller Beurkundung** und nicht auch bei notarieller Beglaubigung ein.¹⁵⁴ § 1 Abs. 2 Nr. 3 HWiG aF bzw. § 312 Abs. 3 Nr. 3 BGB ist wegen des klaren Wortlauts nicht richtlinienkonform auslegungsfähig und verstößt auch nicht gegen europäisches Recht.¹⁵⁵ Daher ist der notariell beurkundete Beitritt zu einem geschlossenen Immobilienfonds nicht wegen eines etwaig gegebenen Fortwirkungszusammenhangs zwischen Haustürsituation und notarieller Beurkundung widerruflich.¹⁵⁶ Gleiches gilt für eine notariell beurkundete Vollmacht.¹⁵⁷

**104**  p) **Alte Rechtslage: Zu den Ausschlusstatbeständen der vollständigen Leistungserbringung gemäß § 2 Abs. 1 Satz 4 HWiG aF sowie der Sechs-Monats-Frist nach Vertragsabschluss gemäß § 355 Abs. 3 Satz 1 BGB aF.** aa) Nach der früher geltenden Norm des § 2 Abs. 1 Satz 4 HWiG aF bzw. des § 2 HWiG iVm § 361a BGB aF erlosch das Widerrufsrecht des Kunden bei unterbliebener Belehrung „erst einen

---

¹⁴⁷ BGH aaO, BGHZ 109, 127, 128.
¹⁴⁸ BGH Urt. v. 10.6.2008, Az. XI ZR 348/07 Rn. 19 f.; BGH, aaO, BGHZ 109, 127, 128.
¹⁴⁹ BGH Urt. v. 19.11.1998, Az. VII ZR 424/97 NJW 1999, 575, 576.
¹⁵⁰ *Münscher* in Finanz Colloquium, Fehlgeschlagene Immobilienkapitalanlagen, S. 18 u. H. a. LG München BKR 2003, 806, 807 sowie OLG Karlsruhe BKR 2003, 26 zur provozierten Bestellung.
¹⁵¹ OLG Bamberg Urt. v. 31.5.2007, Az. 1 U 172/06, OLGR 2007, 763 = WM 2007, 1836.
¹⁵² OLG Schleswig WM 2005, 607, 609 f. u. H. a. OLG Frankfurt WM 2004, 1730 – Hotelhalle – sowie auf LG Mannheim NJW-RR 1990 1359 f. u. AG Freising NJW-RR 1988, 1326 – Hotel oder Café –.
¹⁵³ Zu den ab dem 13.6.2014 geltenden Normen vgl. § 312 Abs. 2 Nr. 1 sowie § 312g Abs. 2 S. 1 Nr. 13 BGB nF.
¹⁵⁴ BGH Urt. v. 18.10.2004, Az. II ZR 352/02, WM 2004, 2491, 2492.
¹⁵⁵ BGH WM 2005, 1520 m. Anm. *Münscher* BKR 2005, 500; BGH ZIP 2005, 1361, 1364 = WM 2005, 1698 m. Anm. *Aigner* EWiR § 242 BGB 3/05, 417; BGH WM 2004, 372, 376 m. Anm. *Mues* EWiR § 172 BGB 1/04, 421; *Basty* LMK 2004, 106; BGH WM 2004, 417, 420 m. Anm. *Loritz* WuB IV A. § 172 BGB 2.04; BGH BKR 2003, 636, 638 m. Anm. *Münscher* WuB VIII D. Art. 1. § 1 RBerG 2.04 u. *Lange* EWiR Art. 1 § 1 RBerG 2/04, 133.
¹⁵⁶ So OLG Thüringen (OLG Jena) ZIP 2006, 1526, 1527; OLG Karlsruhe ZIP 2004, 946, 950 = OLGR 2004, 60; *Edelmann* BKR 2002, 801, 805; **aA** OLG Stuttgart Urt. v. 30.3.1999, Az. 6 U 141/98, WM 1999, 2306, 2308 m. Anm. *Hertel* EWiR § 1 HWiG 2/99, 565; *Edelmann* BB 1999, 1455; *Frings* BB 99, 2366; OLG Karlsruhe OLGR 2002, 272; *Grüneberg* in Palandt, 65. Auflage, § 312 Rn. 31 mwN.
¹⁵⁷ BGH Urt. v. 21.6.2005, Az. XI ZR 88/04, WM 2005, 1520 m. Anm. *Münscher* BKR 2005, 500; BGH Urt. v. 29.4.2003, Az. XI ZR 201/02 m. Anm. *Münscher* WuB VIII D. Art. 1 § 1 RBerG 2.04.

Monat nach beiderseits **vollständiger Erbringung** der Leistung".[158] Diese Norm wurde zunächst im Zuge der Schuldrechtsmodernisierung durch Gesetz vom **26.11.2001** (SMG) durch die Norm des **§ 355 Abs. 3 Satz 1 BGB aF** dahingehend neu gefasst, dass **alle Verbraucherwiderrufsrechte** spätestens **sechs Monate** nach Vertragsabschluss erlöschen.[159] Aufgrund der durch das Heininger-Urteil des Europäischen Gerichtshofs vom 13.12.2001[160] aufgezeigten europarechtlichen Bedenken gegen diese Ausschlussfrist wurde § 355 Abs. 3 BGB im Zuge des OLG-Vertretungsänderungsgesetzes vom **23.7.2002** (OLG-VertrÄndG) durch einen neuen Satz 3 ergänzt, wonach das Widerrufsrecht dann nicht innerhalb der Sechs-Monats-Frist gemäß § 355 Abs. 3 Satz 1 BGB erlischt, wenn der Verbraucher nicht ordnungsgemäß belehrt wurde.[161] Diese Regelung ist nunmehr in **§ 355 Abs. 4 S. 3 BGB** enthalten, wobei in § 355 Abs. 2 S. 3 BGB dem Darlehensgeber die Möglichkeit der **Nachbelehrung** eingeräumt wird, bei welcher die Widerrufsfrist dann einen Monat beträgt.

bb) Der EuGH hat in seinem Urteil vom 10.4.2008, Az. Rs C-412/06, „Hamilton" **§ 2 HWiG aF mit den europarechtlichen Vorgaben** für vereinbar angesehen.[162] Der Bundesgerichtshof hat schon seit jeher in ständiger Rechtsprechung die Rechtsauffassung vertreten, der Ausschluss des Widerrufsrechts in § 2 Abs. 1 Satz 4 HWiG aF sei angesichts des eindeutigen Gesetzeswortlauts einer richtlinienkonformen Auslegung nicht zugänglich.[163] Zudem hat der Bundesgerichtshof entschieden, dass § 2 Abs. 1 Satz 4 HWiG aF aufgrund seines eindeutigen Gesetzeswortlautes auch nicht in der Weise richtlinienkonform ausgelegt werden kann, dass unter „beiderseits vollständiger Erbringung der Leistung" im Falle des Vorliegens eines Verbundgeschäfts zwischen Darlehens- und Erwerbsvertrag die vollständige Leistungserbringung beider Verträge zu verstehen ist.[164] Erfolgt wiederum die vollständige Ablösung des Darlehens **erst ab dem 1.1.2003,** dann beurteilt sich die Rechtslage nicht mehr nach § 2 Abs. 1 S. 4 HWiG aF, sondern **nach neuem Recht,** nach welchem nur noch ein unbefristetes Widerrufsrecht besteht.[165]

Streitig im Zusammenhang mit **§ 2 Abs. 1 Satz 4 HWiG** aF war darüber hinaus die Frage, wann bei einem Fondsbeitritt von einer beiderseits vollständigen Erbringung der

---

[158] Zur Frage, wann von einer vollständigen Leistungserbringung durch Umschuldung oder Novation auszugehen ist vgl. BGH Urt. v. 26.10.2010, Az. XI ZR 367/07, WM 2011, 23, 26 Rn. 28.

[159] Zur Übergangsregelung vgl. Art. 229 § 5 EGBGB.

[160] WM 2001, 2434.

[161] Zur Übergangsregelung vgl. Art. 229 § 9 EGBGB; vgl. auch BGH WM 2006, 1995, wo noch die durch dieses Gesetz eingeführten Widerrufsregelungen für Verbraucherverträge nur auf Haustürgeschäfte anwendbar sind, die nach dem 1.8.2002 abgeschlossen worden sind.

[162] EuGH WM 2008, 869 = BB 2008, 967 m. Anm. *Edelmann* BB 2008, 969 f.

[163] BGH Urt. v. 14.10.2003, Az. XI ZR 134/02, WM 2003, 2328, 2331; BGH Beschluss v. 18.1.2005, Az. XI ZR 54/04 S. 4 – so auch die Vorinstanz KG Urt. v. 20.1.2004, Az. 4 U 126/03, S. 4 ff.; BGH Beschluss v. 18.1.2005, Az. XI ZR 66/04, S. 4 – so auch die Vorinstanz KG Urt. v. 20.1.2004, Az. 4 U 40/03, S. 4 ff. –; so auch OLG Dresden Urt. v. 29.5.2008, Az. 1 U 209/08, S. 6 ff.; OLG Thüringen Urt. v. 30.5.2006, Az. 5 U 823/05, bestätigt d. NA-Beschluss v. 27.5.2008, Az. XI ZR 228/06, ZIP 2006, 1526; LG Bonn ZIP 2002, 981, 983; *Siegmann* WuB I E 1.-7.07; *Pap/Sauer* ZfIR 2002, 523, 525; *Edelmann* BKR 2002, 801, 805 mwN auf die Rechtsprechung in Fn. 34; *Edelmann* BB 2008, 969.

[164] BGH Urt. v. 26.10.2010, Az. XI ZR 367/07, WM 2011, 23, 27 Rn. 34; BGH Urt. v. 10.11.2009, Az. XI ZR 232/08 Rn. 10 ff.; BGH Urt. v. 10.11.2009, Az. XI ZR 252/08 Rn. 15 ff.; wie hier auch OLG Stuttgart Urt. v. 8.7.2008, Az. 6 U 274/06; OLG München Beschlüsse v. 29. 5. u. 29.6.2007, Az. 19 U 2543/07, WM 2007, 1736, 1737 f. u. *Siegmann* WuB I E 1.-7.07; **aA** OLG Stuttgart, Vorlagebeschluss an den Europäischen Gerichtshof v. 2.10.2006, Az. 6 U 8/06, WM 2006, 1997 m. kritischer Anm. *Edelmann* WuB IV D. Art. 5 RL 85/577 Ew 61.07; ebenso LG Koblenz Urt. v. 26.1.2006, Az. 3 O 348/05, S. 11 f. u. LG Stuttgart Urt. v. 27.3.2007, Az. 21 O 359/06 ohne jegliche Begründung.

[165] BGH Urt. v. 26.10.2010, aaO, Rn. 35; BGH Urt. v. 24.11.2009, Az. XI ZR 260/08 Rn. 16 f.

Leistung gesprochen werden kann. Entgegen einer in der Literatur[166] und Rechtsprechung[167] vertretenen Rechtsauffassung, welche die Erbringung der Gesellschaftereinlage einerseits und die Verschaffung des Gesellschaftsanteils andererseits als beiderseitige Leistungserbringung iSv § 2 HWiG aF angesehen hatte, entschied der für das Gesellschaftsrecht zuständige II. Zivilsenat des Bundesgerichtshofs, dass der erfolgte Beitritt zur Fondsgesellschaft sowie die Erbringung der Gesellschafterleistung für eine vollständige Leistungserbringung nicht ausreicht, dass hierzu vielmehr auch die Erlangung der mit der Beteiligung angestrebten wirtschaftlichen Vorteile gehöre, wie zB die Auszahlung von Gewinnanteilen sowie die Zuweisung der steuerlich relevanten Verluste.[168]

**107** Auf vorstehende, soeben dargestellte Probleme im Zusammenhang mit § 2 Abs. 1 Satz 4 HWiG aF bzw. § 2 HWiG iVm § 361a Abs. 1 BGB aF dürfte es jedenfalls für Darlehensverträge, die **vor dem 1.1.2002** abgeschlossen und nicht vor diesem Zeitpunkt vollständig zurückgeführt wurden **(sog Altdauerschuldverhältnisse)** und bei denen die Parteien nicht rechtzeitig eine Rechtswahlvereinbarung getroffen haben[169], nicht mehr ankommen. Denn bei diesen besteht für den Verbraucher die Möglichkeit des Widerrufs spätestens mit Ablauf des 30.6.2003 nicht mehr.[170] Dies beruht auf Folgendem:

**108** cc) Mit Gesetz zur Modernisierung des Schuldrechts vom 26.11.2001 (SMG) wurde § 2 HWiG iVm § 361a Abs. 1 BGB aF bzw. § 2 Abs. 1 Satz 4 BGB aF durch die Norm des § 355 Abs. 3 Satz 1 BGB aF ersetzt. Danach erlosch das Widerrufsrecht auch bei unterbliebener oder fehlerhafter Belehrung nach sechs Monaten. Ausweislich der Übergangsregelung zum SMG, der Norm des Art. 229 § 5 Satz 2 EGBGB, gilt für alle Dauerschuldverhältnisse, die vor dem 1.1.2002 entstanden sind, in Abweichung zu Art. 229 § 5 Satz 1 EGBGB ab dem 1.1.2003 nur noch das neue Recht des BGB und damit auch § 355 Abs. 3 Satz 1 BGB aF in der Fassung des SMG.[171]

**109** Nachdem der Europäische Gerichtshof in seiner Heininger-Entscheidung vom 13.12.2001[172] klargestellt hatte, dass eine Befristung des Widerrufsrechts im Falle einer unterbliebenen oder fehlerhaften Belehrung europarechtswidrig ist, wurde dem § 355 Abs. 3 Satz 1 BGB aF durch das OLG-Vertretungsänderungsgesetz vom **23.7.2002** ein Satz 3 beigefügt, wonach die Sechsmonats-Ausschlussfrist des § 355 Abs. 3 Satz 1 BGB **bei nicht ordnungsgemäßer Widerrufsbelehrung nicht gilt.** Ausweislich der Übergangsregelung zum OLG-Vertretungsänderungsgesetz, der Norm des Art. 229 § 9 Abs. 1 Satz 2 EGBGB, soll dieser neue Satz 3 **rückwirkend** nur für solche Haustürgeschäfte gelten, welche **nach dem 31.12.2001** abgeschlossen wurden. Für alle früheren Haustürgeschäfte bleibt es somit bei der Anwendbarkeit des § 355 Abs. 3 Satz 1 BGB in der Fassung des SMG mit der Folge des Fortbestehens der Sechsmonats-Ausschlussfrist.[173] Da wiederum, wie oben ausgeführt, nach der Überleitungsvorschrift zum SMG § 355 Abs. 3 Satz 1 BGB aF für Altverträge, welche **vor dem 31.12.2001** abgeschlossen wurden, ab dem 1.1.2003 galt, wäre die Sechsmonats-Ausschlussfrist des § 355 Abs. 3 Satz 1 BGB aF am 30.6.2003 abgelaufen mit der Folge, dass ein bis dahin bestehendes und nicht ausgeübtes Widerrufsrecht nicht mehr besteht.

---

[166] *Pap/Sauer* ZfIR 2002, 523, 525; *Edelmann* BKR 2002, 801, 805.

[167] OLG München ZIP 2003, 338, 341; OLG Schleswig Urt. v. 6.6.2002, Az. 5 U 193/00, S. 15; OLG Schleswig Urt. v. 21.2.2002, Az. 5 U 196/00, S. 16 f.

[168] BGH Urt. v. 18.10.2004, Az. II ZR 352/02, WM 2004, 2491, 2492 m. Anm. *Müncher* WuB IV D. § 2 HWiG 1.05.

[169] Zur Rechtswahlvereinbarung vgl. *Schaffelhuber* WM 2005, 765, 771.

[170] So *Schaffelhuber* WM 2005, 765, 771; so wohl auch *Ulmer* in MüKoBGB 4. Auflage § 355 Rn. 56 aE.

[171] So auch BAG Urt. v. 27.11.2003, Az. II AZR 135/03, NJW 2004, 2401, 2403; BGH Urt. v. 23.1.2003, Az. III ZR 54/02, S. 8; *Fuchs* URL: http://delegibus.com/2004, 6 pdf. S. 6 f.; *Schaffelhuber* WM 2005, 765, 767.

[172] EuGH WM 2001, 2434.

[173] *Ulmer* in MüKoBGB, 4. Auflage, § 355 Rn. 56 aE; *Schaffelhuber* WM 2005, 765, 767.

Entgegen einer zum Teil in der Literatur ohne[174] bzw. mit einer auf ein unzutreffendes **110** Zitat hinweisenden[175] Begründung vertretenen Auffassung kann dieses Ergebnis auch nicht mit einer richtlinienkonformen Auslegung korrigiert werden, da § 355 Abs. 3 Satz 1 BGB aF nicht richtlinienkonform auslegungsfähig ist[176] und der Gesetzgeber zudem in Kenntnis einer etwaigen Europarechtswidrigkeit der aufgenommenen Befristung bei Haustürgeschäften § 355 Abs. 3 Satz 1 BGB aF erlassen hat.[177] Dies gilt umso mehr, als der Gesetzgeber bei Erlass des OLG-Vertretungsänderungsgesetz am 23.7.2002 bewusst nur eine Rückwirkung der Anwendbarkeit des neu eingefügten Satzes 3 in § 355 Abs. 3 BGB auf Verträge beschränkt hat, die nach dem 31.12.2001 abgeschlossen wurden.

**q) Rechtslage ab 13.6.2014/Ausschlussfrist zwölf Monate.** Für außerhalb von Ge- **111** schäftsräumen abgeschlossenen Verträgen iSv § 312b BGB nF (Haustürgeschäfte) und Fernabsatzgeschäfte regelt ab dem 13.6.2014 § 356 Abs. 3 S. 2 BGB nF, dass das Widerrufsrecht **auch bei unterbliebener** oder **nicht ordnungsgemäßer** Widerrufsbelehrung spätestens **zwölf Monate** nach Ablauf der vierzehntägigen Widerrufsfrist erlischt. Diese Ausschlussfrist gilt gemäß § 356 Abs. 3 S. 3 BGB nF **nicht** für **Verträge über Finanzdienstleistungen** und gemäß §§ 312g Abs. 3, 355, 356b BGB **auch nicht** für **Verbraucherdarlehensverträge,** bei welchen die Widerrufsfrist erst zu laufen beginnt, wenn der Verbraucher über sein Widerrufsrecht ordnungsgemäß belehrt wurde. § 356 Abs. 4 BGB nF, welcher **ebenfalls nicht** für Verbraucherdarlehensverträge gilt, regelt ähnlich dem § 2 Abs. 1 S. 4 HWiG aF das Erlöschen des Widerrufsrechts durch **vollständige Leistungserbringung.**

**r) Zum Ausschluss des Widerrufsrechts durch ordnungsgemäße Belehrung.** **112** aa) Alte Rechtslage. Nach § 2 Abs. 1 Satz 2 HWiG aF musste der Verbraucher durch eine **drucktechnisch deutlich gestaltete** und von ihm unterschriebene **schriftliche Belehrung** über sein Recht zum Widerruf belehrt werden, wobei die Belehrung Angaben über Namen und Anschrift des Widerrufsempfängers sowie über den **Fristbeginn** enthalten und den Verbraucher vollständig, zutreffend und unmissverständlich über die Voraussetzungen seines Widerrufsrechts informieren musste.[178] Für die Beurteilung der Frage, ob eine Widerrufsbelehrung deutlich gestaltet ist, kommt es dabei allein auf den Zeitpunkt an, zu dem der Verbraucher von der Belehrung anlässlich ihrer Aushändigung und gegebenenfalls Unterzeichnung Kenntnis nehmen kann.[179] Maßgeblich ist zudem die Sicht des üblicherweise angesprochenen Kundenkreises **(durchschnittlicher Kunde)** unter Abwägung der beiderseitigen Interessen.[180] Um dem Deutlichkeitsgebot Genüge zu tun, muss sich die Widerrufsbelehrung in ihrer **Gesamtwirkung** so deutlich vom übrigen Vertragstext abheben, dass sie dem Verbraucher die Rechtslage **unübersehbar zur Kenntnis bringt.** Die drucktechnisch deutliche Absetzung der Widerrufsbelehrung kann dabei durch eine andere Drucktype, durch Fett- oder Farbdruck, durch Sperrschrift, durch eine größere Schriftgrö-

---

[174] *Heinrichs* in Palandt, Art. 229 § 9 Rn. 2 EGBGB; *Staudinger* NJW 2002, 653, 655, welcher zu Unrecht meint, es könne dem Gesetzgeber nicht unterstellt werden, er habe bewusst einen Richtlinienverstoß in Kauf genommen; wie hier auch *Schaffelhuber* WM 2005, 765, 769 u. 770.

[175] *Grüneberg* in Palandt, § 355 Rn. 21 u. H. a. nicht die Norm des § 355 Abs. 1 Satz 1 BGB aF betreffende Fundstellen.

[176] *Habersack* in MüKoBGB, Art. 229 § 9 Rn. 3 EGBGB 4. Aufl. Art. 50–245 EGBGB; *Ulmer* in MüKoBGB 4. Auflage, § 355 Rn. 56; *Schaffelhuber* WM 2005, 765, 770.

[177] Vgl. hierzu *Edelmann* BKR 2002, 801 f.; *Münscher* in Münscher/Rösler/Lang, Praktiker-Handbuch Baufinanzierung, S. 246 ff.

[178] Vgl. hierzu BGH Urt. v. 17.12.1992, Az. I ZR 73/91, BGHZ 121, 52 = WM 1993, 589; BGH Urt. v. 25.4.1996, Az. X ZR 139/94, NJW 1996, 1964, 1965; BGH Urt. v. 11.4.2002, Az. I ZR 306/99, WM 2002, 1352, wonach die Postfachadresse ausreichend ist; BGH Urt. v. 18.10.2004, Az. II ZR 352/02, WM 2004, 2491, 2492 m. Anm. *Münscher* WuB IV D. § 2 HWiG 1.05.

[179] BGH Urt. v. 31.10.2002, Az. I ZR 132/00, WM 2003, 204 = NJW-RR 2003, 1481.

[180] BGH Urt. v. 10.3.2009, Az. XI ZR 33/08 Rn. 16; BGH Urt. v. 13.1.2009, Az. XI ZR 47/08 Rn. 16, BKR 2009, 167, 168.

ße, durch eine Umrahmung oder durch einen farblich abgesetzten Hintergrund (zB graue Unterlegung) erfolgen.[181] Das Deutlichkeitsgebot verlangt jedoch nicht, dass der Widerrufsbelehrung **Alleinstellungscharakter** insofern zukommt, als die Hervorhebung in einer Form geschieht, wie sie bei keiner anderen Regelung des Vertragstextes erfolgt.[182] Soweit dem Deutlichkeitsgebot Genüge getan ist, kann in Format und Schriftgröße von der Musterbelehrung gem. **§ 14 BGB-InfoV** abgewichen werden.[182a]

**113** Von einer **„drucktechnisch deutlichen Gestaltung"** iSd Deutlichkeitsgebots kann dann nicht die Rede sein, wenn die Belehrung sich nur durch Verwendung größerer Absätze und eines etwas geringeren Randabstandes bei im Übrigen gleichem Schriftbild abhebt.[183] Das Erfordernis der Aushändigung einer drucktechnisch deutlich gestalteten Widerrufsbelehrung wurde auch dann nicht als erfüllt angesehen, wenn die Belehrung in der dem Kunden überlassenen Vertragsdurchschrift zwar mit grauer Farbe unterlegt, die sonstige Gestaltung aber gegen eine Hervorhebung gerichtet ist.[184]

**114** Die **Unterschrift** des Verbrauchers unter die schriftliche Widerrufsbelehrung muss nicht auf dem ihm zum dauerhaften Verbleib ausgehändigten Exemplar der Belehrung erfolgen, sondern kann auch auf ein anderes Exemplar gesetzt werden, welches der Kreditgeber behält.[185] Die Widerrufsbelehrung muss auch nicht **datiert** werden.[186]

**115** Was den Hinweis auf den **Fristbeginn**[187] anbelangt, so wurde die Formulierung „Fristbeginn mit Aushändigung dieser Urkunde" für zulässig erachtet.[188] **Unzulässig** ist eine solche Belehrung jedoch dann, wenn mit ihr aus Sicht eines unbefangenen durchschnittlichen Kunden der Eindruck erweckt wird, die Widerrufsfrist beginne ohne Rücksicht auf eine **Vertragserklärung des Verbrauchers** bereits am Tag des Zugangs des Angebots der Bank an zu laufen[189] oder aber am Tag des Zugangs der unterzeichneten Vertragsurkunde bei der Bank.[190] Auch die Verwendung der Formulierung „ab Übergabe der Belehrung"[191] als auch die Formulierung „frühestens"[192] wurde als unzulässig angesehen. Als unzulässig wurde zudem die Verwendung des Zusatzes „Datum des Poststempels" angesehen.[193] Ent-

---

[181] *Kaiser* in Staudinger, Neubearb. 2012 § 360 Rn. 11; *Masuch* in MüKoBGB, 6. Aufl. 2012, § 360 Rn. 27 f.

[182] OLG Stuttgart Urt. v. 24.4.2014, Az. 2 U 98/13, S. 13, WM 2014, 995.

[182a] BGH Urt. v. 1.12.2010, Az. VIII ZR 82/10, DB 2011, 295 Rn. 17.

[183] BGH Urt. v. 27.4.1994, Az. VIII ZR 223/93, NJW 1994, 1800, 1801, wo ergänzend darauf hingewiesen ist, dass eine Hervorhebung durch Sperrschrift, Unterstreichung, Einrahmung, Verwendung einer anderen Drucktype, durchgezogene Linie nicht erfolgt ist; vgl. zur drucktechnischen Hervorhebung auch BGH Urt. v. 28.1.2004, Az. IV ZR 58/03, NJW-RR 2004, 751, 752 f u. LG Kassel Urt. v. 2.2.2007, Az. 1 S 395/06, NJW 2007, 3136.

[184] LG Gießen MDR 2000, 693, 694.

[185] BGH Urt. v. 5.11.1997, Az. VIII ZR 351/96, NJW 1998, 540.

[186] OLG Frankfurt Beschluss v. 11.6.2007, Az. 9 U 109/06, WM 2007, 2151, 2152.

[187] Zur Frage, ob der Beginn der Widerrufsfrist stets vom Zustandekommen des Vertrages abhängt vgl. *Hönn* WuB IV D. § 312 BGB 1.07.

[188] OLG Rostock Urt. v. 25.6.1997, Az. 6 U 541/96, OLGR 1997, 277.

[189] BGH Urt. v. 10.3.2009, Az. XI ZR 33/08 Rn. 14 ff., BGHZ 180, 123, 128 ff.; bestätigt durch BGH Beschluss v. 15.2.2011, Az. XI ZR 148/10, WM 2011, 655, 656 Rn. 13; vgl. zu dieser Problematik *Kropf* WM 2013, 2250, 2252, welcher darauf hinweist, dass eine undifferenzierte Übertragung dieser BGH-Grundsätze nicht möglich ist.

[190] BGH Urt. v. 24.3.2009, Az. XI ZR 456/07, WM 2009, 1028, 1029 f. Rn. 14.

[191] LG Frankfurt Urt. v. 19.2.2007, Az. 2–04 O 159/06, S. 11.

[192] BGH Urt. v. 28.6.2011, Az. XI ZR 349/10, WM 2011, 1799 m. Anm. *Lerch* WuB IV D. § 355 BGB 1.12; BGH Urt. v. 1.12.2010, Az. VIII ZR 82/10, DB 2011, 295, 296 Rn. 12, bestätigt durch BGH Urt. v. 2.2.2011, Az. VIII ZR 103/10, WM 2011, 474; so auch BGH Urt. v. 13.1.2009, Az. XI ZR 118/08 Rn. 19; WM 2009, 350; KG Berlin Urt. v. 22.9.2009, Az. 13 U 17/08, ZIP 2010, 767, 768; LG Stuttgart Urt. v. 12.4.2011, Az. 8 O 381/10, S. 10 f.; LG Potsdam Urt. v. 13.4.2011, Az. 8 O 283/10.

[193] OLG Oldenburg Urt. v. 9.3.2006, Az 1 U 134/05, BB 2006, 1077.

sprechendes gilt für die Formulierung Fristbeginn „ab heute".[194] Als unzureichend wurde auch die Verwendung der Formulierung „ab Unterzeichnung" angesehen.[195] Demgegenüber wurde eine Formulierung, die Frist beginne „einen Tag, nachdem mir ein Exemplar dieser Widerrufsbelehrung und eine Vertragsurkunde, mein schriftlicher Vertragsantrag oder eine Abschrift ... meines Vertragsantrags zur Verfügung gestellt" wurde, für zulässig angesehen.[195a] Eine Datumsangabe, die nicht in der Reihenfolge Tag/Monat/Jahr, sondern ohne Trenninterpunktion genau umgekehrt in der Folge Jahr/Monat/Tag gehalten ist, wurde ebenfalls als nicht ordnungsgemäß angesehen.[196] Dem **Deutlichkeitsgebot** entspricht eine Belehrung auch dann nicht, wenn ausgeführt ist, der Lauf der Frist beginne „nicht jedoch, bevor die auf Abschluss des Vertrags gerichtete Willenserklärung vom Auftraggeber abgegeben wurde".[197] Ob der Beginn der Frist stets von der **Annahme des Angebots**, also vom **Zustandekommen des Vertrages** abhängt, oder aber ob der Fristbeginn auch schon vor der Annahme des Angebots liegen kann, war früher unklar.[198] Der Bundesgerichtshof hat diese Frage dahingehend überzeugend beantwortet, dass der Beginn der Widerrufsfrist nicht die Annahme des Angebots des Verbrauchers durch den Unternehmer voraussetzt, eine zusammen mit der Abgabe der Vertragserklärung des Verbrauchers erteilte Belehrung daher ausreichend ist.[199]

Was den **Inhalt der Belehrung** nach dem Haustürwiderrufsgesetz anbelangt, so war in § 2 Abs. 1 Satz 1 HWiG aF vorgegeben, dass die Belehrung **keine anderen Erklärungen** enthalten darf und dass diese vom Kunden zu unterschreiben ist. Demgemäß wird vertreten, dass in die Widerrufsbelehrung nur Zusätze aufgenommen werden dürfen, die den Inhalt weiter verdeutlichen, nicht aber Erklärungen, die einen eigenen Inhalt aufweisen und weder für das Verständnis noch für die Wirksamkeit der Belehrung von Bedeutung sind.[200] Eine zusammen mit der Widerrufsbelehrung unterschriebene, von dieser räumlich abgesetzte Bestätigung über ihre Aushändigung wurde als unzulässige „andere Erklärung" iSd § 2 I 3 HWiG angesehen[201], eine gesondert unterzeichnete und abgesetzte **Empfangsbestätigung**[202] ebenso wie ein **Kenntnisnahmevermerk**[203] als zulässig. Als zulässig

116

---

[194] BGH Urt. v. 27.4.1994, Az. VIII ZR 223/93, NJW 1994, 1800.
[195] BGH Urt. v. 18.4.2005, Az. II ZR 224/04, wo darauf hingewiesen wird, dass eine Belehrung dann fehlerhaft ist, wenn aufgrund der Anordnung der Unterschrift auf dem Vertragsformular, das zugleich die Belehrung enthält, unklar ist, ob die Widerrufsfrist mit der Unterzeichnung durch den Verbraucher, mit der Gegenzeichnung durch den Unternehmer oder mit der Aushändigung der Urkunde an den Verbraucher zu laufen beginnt; vgl. auch BGH Urt. v. 18.10.2004, Az. II ZR 352/02, WM 2004, 2491 = NJW-RR 2005, 180, 181; NJW-RR 2005, 1217, 1218.
[195a] OLG Celle Beschl. v. 14.7.2014, Az. 3 W 34/14, WM 2014, 1421 f.; Vorinstanz LG Bückenburg Beschl. v. 26.5.2014, Az. 1 O 197/13; LG Frankfurt Urt. v. 22.11.2013, Az. 2-25 O 192/13 S. 8; *Kropf* WM 2013, 2250, 2252.
[196] OLG Koblenz NJW 1994, 2099.
[197] BGH Urt. v. 4.7.2002, Az. I ZR 55/00, NJW 2002, 3396.
[198] Vgl. hierzu *Hönn* WuB IV D. § 312 BGB 1.07; vgl. auch BGH Urt. v. 13.1.2009, Az. XI ZR 118/08 Rn. 18, wo angeregt wird, den Fristbeginn von der Aushändigung der Vertragsurkunden abhängig zu machen.
[199] BGH Urt. v. 23.9.2010, Az. VII ZR 6/10, WM 2010, 2047, wo zugleich unter Rn. 14 darauf hingewiesen wird, dass eine verfrühte, vor Abgabe der Erklärung des Verbrauchers erteilte Belehrung unwirksam ist, so jetzt auch für § 355 BGB, vgl. BGH Urt. v. 23.9.2010, Az. VII ZR 6/10, WM 2010, 2047 m. Anm. *Peters* WuB IV D. § 312 BGB 1.11; vgl. auch → § 4 Rn. 120.
[200] BGH Urt. v. 13.1.2009, Az. XI ZR 118/08 Rn. 14; *Lwowski/Wunderlich* ZInsO 2005, 57, 58 mwN zum Inhalt der Belehrung.
[201] BGH Urt. v. 26.10.2010, Az. XI ZR 367/07, WM 2011, 23, 25 Rn. 20; BGH Urt. v. 8.7.1993, Az. I ZR 202/91, NJW 1993, 2868.
[202] BGH Urt. v. 13.1.2009, Az. XI ZR 47/08 Rn. 22 f., BKR 2009, 167, 169; BGH Urt. v. 13.1.2009, Az. XI ZR 118/08 Rn. 23 ff.; KG Berlin Urt. v. 22.9.2010, Az. 13 U 17/08, ZIP 2010, 767, 768.
[203] BGH Urt. v. 10.3.2009, Az. XI ZR 33/08 Rn. 18; KG, aaO.

wurde auch die Verwendung einer Widerrufsbelehrung in Form eines sog **Baukastenformulars mit Ankreuzoption** angesehen.[204] Eine Widerrufsbelehrung mit der **vorangestellten Überschrift** „Verbraucher haben das folgende Widerrufsrecht" vestößt nicht gegen das Deutlichkeitsgebot iSv § 312c Abs. 1 BGB iVm Art. 246 § 1 Abs. 1 Nr. 10 EGBGB.[205] Eine Belehrung, welche keinen **Hinweis auf die Widerrufsfolgen** enthält, ist nur bei Haustürgeschäften und nicht auch bei Verbraucherdarlehensverträgen, welche vor dem 11.6.2010 abgeschlossen wurden, unwirksam.[205a]

**117** Wurde der Verbraucher bei einem Kredit iSd VerbrKrG aF durch das Kreditinstitut entsprechend der Regelung des § 5 Abs. 2 HWiG aF ausschließlich entsprechend den **Vorgaben des § 7 Abs. 3 VerbrKrG aF** belehrt, so ist anerkannt, dass diese Belehrung im Hinblick auf die Vorgaben in § 2 Abs. 1 Satz 3 HWiG aF nicht den Anforderungen an eine Widerrufsbelehrung nach dem Haustürwiderrufsgesetz genügt. Denn die Belehrung nach dem Verbraucherkreditgesetz enthält „andere Erklärungen" als in § 2 HWiG aF vorgegeben.[206] Demgegenüber genügt eine **„Verbundbelehrung"**[207] iSv § 7 Abs. 3 VerbrKrG aF, welche einen in § 2 HWiG aF nicht vorgesehenen Hinweis darauf enthält, dass im Falle des Widerrufs des Darlehensvertrages auch der Beitrittsvertrag nicht wirksam zustande kommt, den Anforderungen gem. § 2 Abs. 1 Satz 3 HWiG aF[208] Dies gilt auch dann, wenn das finanzierte Geschäft nicht konkret bezeichnet ist[209], sich aber im Zusammenhang mit den weiteren Urkunden ohne weiteres erschließen lässt, um welches Geschäft es sich handelt.[210] Eine „Pflichtenteilung" der Unternehmer, nach welcher der Darlehensgeber über den Ausschluss des § 495 BGB wegen eines vorrangigen Widerrufsrechts in Bezug auf das Verbundgeschäft zu belehren habe und allein der Vertragspartner des finanzierten Geschäfts über die Erstreckungswirkung des § 358 Abs. 1 BGB, kommt nicht in Betracht.[211]

---

[204] OLG Stuttgart, Urt. v. 24.4.2014 Az. 2 U 98/13, S. 17f.; **aA** die Vorinstanz LG Ulm, Urt. v. 17.7.2013, Az. 10 O 33/13 KfH.

[205] BGH Urt. v. 9.11.2011, Az. I ZR 123/10, ZIP 2012, 981.

[205a] OLG Celle Beschl. v. 14.7.2014, Az. 3 W 34/13; *Kropf* WM 2013, 2250, 2253; *Grüneberg* in Palandt, BGB-Komm. 68. Auflage, § 14 BGB-InfoV Rn. 5.

[206] BGH Urt. v. 14.6.2004, Az. II ZR 385/02, WM 2004, 1527, 1528 m. Anm. *Frisch* EWiR § 1 HWiG aF 2/04, 857; BGH Urt. v. 14.6.2004, Az. II ZR 395/01, WM 2004, 1521 = ZIP 2004, 1402, 1404; BGH Urt. v. 31.1.2005, Az. II ZR 200/03, ZIP 2005, 565; BGH Urt. v. 8.6.2004, Az. XI ZR 167/02, WM 2004, 1579; BGH Urt. v. 18.11.2003, Az. XI ZR 322/01, ZIP 2004, 209, 214 = WM 2004, 172; BGH Urt. v. 12.11.2002, Az. XI ZR 3/01, WM 2003, 61, 63 m. Anm. *Frisch* EWiR § 1 HWiG aF 1/03, 167; *Roth* WuB IV D. § 1 HWiG 3.03; *Rörig* ZIP 2003, 26; OLG Stuttgart WM 2005, 972; OLG Karlsruhe WM 2003, 109, 111; OLG Hamburg WM 2002, 1289, 1294; **aA** noch BGH Urt. v. 27.6.2000, Az. XI ZR 201/99, WM 2002, 1876; OLG Oldenburg BKR 2002, 731, 736; *Lwowski/Wunderlich* ZinsO 2005, 57, 61 u. 63; *Münscher* BKR 2003, 86, 88; *Peters* WM 2005, 456.

[207] Zur Frage, ob aufgrund einer solchen Belehrung von einem Verbundgeschäft auszugehen ist, vgl. BGH Urt. v. 23.9.2003, Az. XI 135/02, WM 2003, 2232, 2234 – wohl verneinend – und LG München BKR 2003, 806, 807 – bejahend –.

[208] BGH Urt. v. 7.12.2010, Az. XI ZR 53/08, ZIP 2011, 319 betreffend den Zusatz, dass im Fall des Widerrufs „auch der verbundene Kaufvertrag nicht wirksam zustande kommt"; BGH Urt. v. 13.1.2009, Az. XI ZR 47/08 Rn. 25, BKR 2009, 167, 169f.; so BGH Urt. v. 24.4.2007, Az. XI ZR 191/06 WM 2007, 1117, 1118; BGH Urt. v. 25.4.2006, Az. XI ZR 193/04, WM 2006, 1003, 1005; so auch OLG Frankfurt Beschluss v. 11.6.2007, Az. 9 U 109/06, WM 2007, 2151; OLG Stuttgart OLGR 2004, 202; OLG Stuttgart WM 2005, 972; OLG Bremen Urt. v. 11.5.2006, Az. 2 U 8/06, S. 7 ff.; **aA** BGH Urt. v. 14.6.2004, Az. II ZR 385/02, WM 2004, 1527, 1528.

[209] BGH Urt. v. 11.11.2008, Az. XI ZR 269/06, WM 2009, 65, 66 Rn. 12, wonach die Bezeichnung als finanziertes verbundenes Geschäft ausreichend ist; so auch BGH Urt. v. 13.1.2009, Az. XI ZR 118/08 Rn. 26.

[210] KG Urt. v. 9.11.2007, Az. 13 U 27/07, ZIP 2008, 401, 404 f.; so im Ergebnis auch BGH Urt. v. 11.3.2008, Az. XI ZR 68/07 Rn. 12 ff. u. XI ZR 317/06 Rn. 12, 16, wo bei einer Fondsbeteiligung der Hinweis auf den „verbundenen Kaufvertrag" für unschädlich angesehen wurde.

[211] BGH Urt. v. 23.6.2009, Az. XI ZR 156/08 Rn. 23 ff.

bb) **Zwischen-Rechtslage.** Nach der **bis zum 10.6.2010** geltenden Norm des § 355 **118**
Abs. 2 BGB aF musste dem Verbraucher - wie bei jedem Verbrauchervertrag – eine **deutlich gestaltete Belehrung** über sein Widerrufsrecht in **Textform** mitgeteilt werden. Dies bedeutet, dass die dem Verbraucher zu erteilenden Informationen nicht nur vom Unternehmer in einer zur dauerhaften Wiedergabe geeigneten Weise abgegeben werden, sondern darüber hinaus auch dem Verbraucher in einer zur dauerhaften Wiedergabe geeigneten Weise zugehen müssen **(Zugangserfordernis in Textform)**.[212] Diese Belehrung muss enthalten:
— Das **Bestehen** des Widerrufsrechts als solches,
— den **Beginn der Widerrufsfrist,**
— die **Dauer der Widerrufsfrist** (grundsätzlich zwei Wochen, bei nachträglicher Belehrung einen Monat),
— den Hinweis, dass die Frist durch **rechtzeitige Absendung** des Widerrufs gewahrt wird (§ 355 Abs. 1 Satz 2 2. HS BGB),
— die **Form des Widerrufs,** also den Hinweis, dass für den Widerruf keine Begründung erforderlich ist und dieser in Textform gem. § 126b BGB ausgeübt werden kann (§ 355 Abs. 1 Satz 2 1. HS BGB),
— Name und Anschrift des Widerrufsempfängers, wobei die Angabe der Postanschrift auch als ladungsfähige Anschrift iSv § 14 Abs. 4 BGB-InfoV genügt.[213]

Darüber hinaus muss die Belehrung einen **Hinweis auf Besonderheiten** enthalten, die **119** für den Fristbeginn gelten, also beispielsweise darauf, dass nach § 355 Abs. 2 Satz 3 BGB bei einem schriftlich abzuschließenden Vertrag die Widerrufsfrist nicht zu laufen beginnt, bis dem Verbraucher auch die Vertragsunterlagen zur Verfügung gestellt wurden. Wird daher der Verbraucher bei einer **Verbundbelehrung** nicht darauf hingewiesen, dass die Vorlage der von der Bank gegengezeichneten Vertragsurkunde Voraussetzung für den Beginn des Fristablaufs ist, dann genügt diese nicht den Anforderungen gem. § 355 Abs. 2 S. 3 BGB aF.[214] Weiterhin muss die Belehrung für Haustürgeschäfte über die Vorgaben des § 355 BGB aF hinaus gemäß § 312 Abs. 2 BGB auch auf die Rechtsfolgen des Widerrufs gemäß § 357 Abs. 1 u. 3 BGB aF hinweisen. Eine Widerrufsbelehrung, die den Verbraucher bei einem Haustürgeschäft nicht über die gegenseitige Pflicht zur Herausgabe gezogener Nutzung belehrt, genügt insofern nicht diesen Anforderungen. Eine Belehrung genügt auch dann nicht den gesetzlichen Anforderungen, wenn sie lediglich aus den Widerruf folgenden Pflichten des Anlegers hinweist, nicht jedoch darauf, wie sich der Widerruf auf etwaige Rechte des Anlegers im Hinblick auf von ihm bereits geleistete Zahlungen an den Unternehmer auswirkt.[215] Entbehrlich ist eine Belehrung über die Rechtsfolgen gem. § 357 Abs. 1 u. 3 BGB nur dann, wenn der Eintritt dieser Rechtsfolgen nach der konkreten Vertragsgestaltung tatsächlich ausgeschlossen ist.[216]

Die Widerrufsbelehrung ist dem Verbraucher zeitgleich oder jedenfalls im Zusammen- **120** hang mit der auf den Abschluss des betreffenden Vertrages gerichteten **Willenserklärung des Verbrauchers** zu erteilen. Der Beginn der Widerrufsfrist setzt bei Haustürgeschäften demgemäß nicht die **Annahme des Angebots** des Verbrauchers durch den Unternehmer voraus.[217]

Die Widerrufsbelehrung gilt dem Verbraucher gegenüber nur dann als mitgeteilt iSv **121** § 355 Abs. 2 Satz 1 BGB aF, wenn die Belehrung diesem für die Dauer der Widerrufsfrist

---

[212] BGH Urt. v. 29.4.2010, Az. I ZR 66/08, WM 2010, 2126 m. Anm. *Schmidt-Räntsch* WuB IV D. § 312c BGB 111; vgl. auch → § 4 Rn. 112 ff.
[213] LG Kassel Urt. v. 10.11.2006, Az. 8 O 1859/06, WM 2007, 499.
[214] OLG Köln Urt. v. 25.1.2012, Az. 13 U 30/11, WM 2012, 1532.
[215] BGH Urt. v. 22.5.2012, Az. II, ZR 1/11, WM 2012, 1623, 1625 Rn. 20.
[216] BGH Urt. v. 2.2.2011, Az. VIII ZR 103/10, WM 2011, 474 m. Anm. *Hönn* WuB IV D. § 312 BGB 2.11.
[217] BGH Urt. v. 23.9.2010 R, Az. VII ZR 6/10, WM 2010, 2047 m. Anm. *Peters* WuB IVD. § 312.

verbleibt. Fehlt es daran, beginnt die Frist erst zu laufen, wenn der Verbraucher die Vertragsunterlagen mit der Belehrung dauerhaft zurück erhält.[218]

**122** Was die **inhaltliche Gestaltung** sowie die Einhaltung des **Deutlichkeitsgebots** anbelangt, so gelten die vorstehend zur alten Rechtslage erfolgten Ausführungen entsprechend.[219]

**123** Bei der Neuregelung des § 355 BGB aF ist zu beachten, dass eine Unterschrift des Verbrauchers nicht mehr erforderlich ist.[220] Allerdings empfiehlt es sich nach wie vor zu Beweiszwecken die Unterschrift des Verbrauchers einzuholen.

Neu an der Regelung des § 355 BGB ist weiter, dass der Verbraucher bei nicht erteilter oder nicht ordnungsgemäß erteilter Belehrung nach § 355 Abs. 2 Satz 2 BGB aF **nachbelehrt** werden kann[221], wobei eine in einer **späteren Prolongationsvereinbarung** aufgenommene Belehrung nur dann als **Nachbelehrung**[222] in Betracht kommt, wenn sie für den Darlehensnehmer erkennbaren Bezug zu dem früheren Vertrag aufweist, dessen Belehrungsmangel geheilt werden soll.[223] Dies gilt sowohl für **Altverträge**[224], bei denen ursprünglich der Verbraucher die Widerrufsbelehrung unterzeichnen musste, als auch für **Neuverträge**. Dabei gilt abweichend von der in § 355 Abs. 1 Satz 2 BGB enthaltenen Zwei-Wochen-Frist eine Ein-Monats-Frist (§ 355 Abs. 2 Satz 2 BGB aF).[225]

**124** cc) Aktuelle Rechtslage. Im Zuge der Umsetzung der VerbrKrRL wurden ua die §§ 355–357 BGB aF abgeändert und ua § 360 BGB eingefügt. Abweichend von § 355 Abs. 2 BGB aF muss dem Verbraucher nach **§ 355 Abs. 3 S. 1 BGB** spätestens bei Vertragsabschluss eine den Anforderungen des § 360 Abs. 1 BGB entsprechende Widerrufsbelehrung in Textform mitgeteilt werden. Nach **§ 360 Abs. 1 S. 1 BGB** muss die Widerrufsbelehrung **deutlich gestaltet sein** und dem Verbraucher entsprechend den Erfordernissen des eingesetzten Kommunikationsmittels seine wesentlichen Rechte deutlich machen. **§ 360 Abs. 1 S. 2 BGB** regelt wiederum, welchen **Inhalt** die Widerrufsbelehrung enthalten muss. Was wiederum die Einhaltung des **Deutlichkeitsgebots** sowie die Anforderungen an die **Nachbelehrung** anbelangt, so gilt das vorstehend Gesagte. Schließlich wird in **§ 360 Abs. 3 S. 1 BGB** festgehalten, dass die dem Verbraucher nach § 355 Abs. 3 S. 1 BGB mitzuteilende Widerrufsbelehrung dann den Anforderungen des § 360

---

[218] OLG Koblenz ZIP 2002, 1979.

[219] Zu Problemen, wie genau die Widerrufsbelehrung im Falle des Widerrufs einer Beteiligung an einer Anlagegesellschaft formuliert werden muss, vgl. BGH Urt. v. 22.5.2012, Az. II ZR 14/10, WM 2012, 1474, 1487 Rn. 45 u. H. a. *Podewils* MDR 2010, 117 u. *Guggenberger* ZGS 2011, 397 ff.

[220] Vgl. *Grüneberg* in Palandt, BGB-Kommentar, 65. Aufl. 2006, § 355 Rn. 19; *Martis/Meinhof*, MDR 2004, 4, 6 und 4, 11; LG Kassel Urt. v. 2.2.2007, Az. 1 S 395/06, NJW 2007, 3136.

[221] Zu einer etwaigen Aufklärungspflicht bei Nachbelehrung vgl. *Stumpf/Rothe* MDR 2005, 549.

[222] Zur Frage, ob die Erteilung einer objektiv nicht erforderlichen nachträglichen Widerrufsbelehrung als Einräumung eines voraussetzungslosen vertraglichen Widerrufsrechts verstanden werden kann; vgl. BGH Urt. v. 6.12.2011, Az. XI ZR 401/10, WM 2012, 263, 264 Rn. 19 ff.; Zur Einräumung eines vertraglichen Widerrufsrechts und zur Frage, ob die Widerrufsbelehrung hierbei den gesetzlichen Anforderungen genügen muss vgl. BGH Urt. v. 22.5.2012, aaO, WM 2012, 1474, 1477 f. Rn. 31 ff., wo in Rn. 36 festgehalten wird, dass die Widerrufsbelehrung bei einem vertraglich eingeräumten Widerruf nur unter besonderen Umständen die gesetzlichen Anforderungen erfüllen muss; BGH Urt. v. 22.5.2012, Az. II ZR 233/10, WM 2012, 1620, 1621 f., Rn. 17 ff.; vgl. OLG Nürnberg Urt. v. 10.1.2012, Az. 14 U 1314/11, WM 2012, 650.

[223] BGH Urt. v. 26.10.2010, Az. XI ZR 367/07, WM 2011, 23, 26 Rn. 16 m. Anm. *Peters* WuB IV D. § 2 HWiG 1.11; bestätigt durch BGH-Beschluss v. 15.2.2011, Az. XI ZR 148/10, WM 2011, 655 Rn. 14 ff. m. Anm. *Peters* WuB IV D. § 355 BGB 1.11.

[224] Vgl. BGH Beschluss v. 15.2.2011, Az. XI ZR 148/10, WM 2011, 655 m. Anm. *Peters* WuB IV D. § 355 BGB 1.11; LG Berlin Urt. v. 8.11.2006, Az. 21 O 862/05 „kein Widerruf wegen Nachbelehrung".

[225] Zu europarechtlichen Bedenken hinsichtlich der Nachbelehrung vgl. *Tonner* BKR 2002, 856, 858.

§ 4 Finanzierung von Kapitalanlagegeschäften 125–127 § 4

Abs. 1 BGB genügt, wenn das Muster der Anlage 1 zum EGBGB in Textform verwendet wird (**sog Schutzwirkung der Musterbelehrung**).

dd) Zukünftige Rechtslage. Ab dem 13.6.2014 muss, damit die Widerrufsfrist zu laufen **125** beginnt, der Unternehmer den Verbraucher gemäß § 356 Abs. 3 S. 1 BGB nF, gemäß den Anforderungen des Art. 246a § 1 Abs. 2 S. 1 Nr. 1 oder nach Art. 246b § 2 Abs. 1 EGBGB nF unterrichten. Ferner regelt § 356 Abs. 2 BGB nF, welche Anforderungen für den Fristbeginn bei bestimmten Geschäften noch erfüllt werden müssen. Hinsichtlich des Deutlichkeitsgebots gilt Vorstehendes. Wie vorstehend ebenfalls dargelegt, wurde bei Haustürgeschäften in § 356 Abs. 3 S. 2 BGB nF geregelt, dass das Widerrufsrecht trotz nicht ordnungsgemäßer oder unterbliebener Belehrung nach zwölf Monaten erlischt und bei vollständiger Leistungserbringung iSv § 356 Abs. 4 BGB nF.

ee) Schutzwirkung der Musterwiderrufsbelehrung. Im Zusammenhang mit der Neure- **126** gelung des § 355 BGB aF ist zu beachten, dass bereits das Bundesministerium der Justiz von der ihm in Art. 245 EGBGB eingeräumten Ermächtigung durch Erlass der **BGB-Informationspflichten-Verordnung** (BGB-InfoV) Gebrauch gemacht und in § 14 Abs. 1 BGB-InfoV aufgenommen hat, dass die Belehrung über das Widerrufsrecht dann den Anforderungen des § 355 Abs. 2 BGB aF nebst den diese Norm ergänzenden Vorschriften des BGB genügt, wenn das Muster der Anlage 2 unter Berücksichtigung der Gestaltungshinweise[225a] in Textform verwendet wird.[226] Dabei ist festzuhalten, dass die (frühere) Anlage 2 keine Vorschriften zur Gestaltung der Widerrufsbelehrung enthält, sondern nur ein Muster, dessen sich der Unternehmer bedienen kann, nicht aber bedienen muss.[227]

Auch wenn durch Art. 3 Abs. 2 des **am 8.12.2004** in Kraft getretenen Gesetzes zur Än- **127** derung der Vorschriften über Fernabsatzverträge bei Finanzdienstleistungen[228] das **Muster für die Widerrufsbelehrung** neu gefasst wurde und hierzu die Auffassung vertreten wird, dass durch die Neubekanntmachung des Belehrungsmusters **§ 14 BGB-InfoV**[229] nunmehr selbst **Gesetzesrang** hat und die Musterbelehrung für Haustürgeschäfte durch die §§ 312 Abs. 2 S. 1, 360 Abs. 3 S. 1 BGB sowie für Verbraucherdarlehen durch § 491a BGB iVm Art. 247 § 6 Abs. 2 S. 3 EGBGB in formelles Recht überführt wurde[230], bestanden lange rechtliche Bedenken hinsichtlich der Wirksamkeit der Musterbelehrung nach der BGB-InfoV[231], weswegen auch empfohlen wurde, bis zur endgültigen Klärung der Frage

---

[225a] OLG Hamburg Beschl. v. 24.3. u. 15.4.2014, Az. 13 U 52/14, WM 2014, 994.
[226] Ob eine solche Belehrung ausreichend ist, hat der BGH offengelassen; BGH Urt. v. 12.4.2007, Az. VII ZR 122/06, WM 2007, 1115 = ZIP 2007, 1067, 1068 m. Anm. *Gödde* BB 2007, 1298.
[227] OLG Düsseldorf Beschluss v. 2.3.2010, Az. I-24 U 136/09, WM 2010, 2258 m. Anm. *Peters* WuB I E 2. § 495 BGB 1.11.
[228] Gesetz v. 2.12.2004, BGBl. I, 3102; Regierungsentwurf, BT-Drucksache 15/2946; Beschlussempfehlung u. Bericht des Rechtsausschusses BT-Drucksache 15/3483.
[229] Zur Wirksamkeit der Musterwiderrufsbelehrung nach BGB-InfoV vgl. umfassend *Schmidt-Kessel* WM 2014, 965 ff.; zur (Nicht-)Wirksamkeit der BGB-InfoV im Internet vgl. KG Beschluss v. 5.12.2006, Az. 5 W 295/06, ZIP 2007, 825 u. OLG Hamm Beschluss v. 15.3.2007, Az. 4 W 1/07, ZIP 2007, 824.
[230] Vgl. hierzu *Piepenbrock/Ludwig* WM 2012, 1409, 1410; OLG Bamberg Urt. v. 25.6.2012, Az. 4 U 262/11, WM 2013, 927, 929.
[231] Vgl. hierzu BGH Urt. v. 1.12.2010, Az. VIII ZR 82/10, DB 2011, 295, 296 Rn. 14 f., wo offen gelassen wurde, ob die Widerrufsbelehrung nach BGB-InfoV wirksam ist; die Wirksamkeit der Belehrung nach BGB-InfoV wurde sowohl im BGH_Urt. v. 2.2.2011, Az. VIII ZR 103/10, WM 2011, 474 m. Anm. *Hönn* WuB IV D. § 312 BGB 2.11 als auch im BGH-Urt. v. 28.6.2011, Az. XI ZR 349/10, WM 2011, 1799 m. Anm. *Lerch* WuB IV D. § 355 BGB 1.12 offen gelassen, weil die verwendete Belehrung nicht vollständig dem Muster der BGB-InfoV entsprochen hat; so auch OLG Jena Urt. v. 28.9.2010, Az. 5 U 57/10, ZIP 2011, 1063; vgl. auch OLG Schleswig OLGR 2007, 929; OLG Hamm CR 2007, 387; LG Kassel Urt. v. 2.2.2007, Az. 1 S 395/06, NJW 2007, 3136, 3137 mwN LG Halle BB 2006, 1817 = WM 2007, 119 m. Anm. *G. Hönn* WuB IV. F. S. 14 BGB – InfoV 1.07, in welchem die Musterbelehrung nach der BGB-InfoV als nichtig angesehen und wegen der grundsätzlichen Bedeutung der Frage der Wirksamkeit des § 14 Abs. 1 BGB-InfoV und seiner Anla-

der Wirksamkeit der Musterbelehrung nach der BGB-InfoV kritisch mit den dort enthaltenen Vorgaben an die Widerrufsbelehrung umzugehen.[232] Ungeachtet des Umstandes, dass nunmehr in § 360 Abs. 3 S. 1 BGB sowie für Verbraucherdarlehensverträge in § 495 BGB iVm Art. 247 § 6 Abs. 2 S. 3 EGBGB die **Gesetzlichkeitsfiktion** der Verwendung der Musterbelehrung geregelt ist, hat der Bundesgerichtshof mit Urteil v. 15.8.2012 entschieden, dass derjenige, welcher das als Anlage 2 zu § 14 Abs. 1 BGB-InfoV geregelte Muster für die Widerrufsbelehrung in der **bis zum 31.3.2008** geltenden Fassung sowohl **inhaltlich** als auch in der **äußeren Gestaltung vollständig** verwendet, sich auf die **Schutzwirkungen des § 14 Abs. 1 BGB**-InfoV berufen kann.[233] Entsprechendes dürfte für die **ab dem 1.4.2008** geltende Musterbelehrung gelten, auch wenn diesbezüglich bei verbundenen Geschäften vor der Entscheidung des Bundesgerichtshofs vom 15.8.2012 Bedenken angemeldet wurden.[234] In diesem Zusammenhang ist zwischenzeitlich streitig[235], ob bei jeglicher von der Musterbelehrung und deren Gestaltungshinweise inhaltlich sowie gestalterisch abweichenden Widerrufsbelehrungen die Schutzwirkung verloren geht oder dies nur bei **inhaltlichen und beurteilungserheblichen Abweichungen** gilt.[236] Der Bundesgerichtshof vertritt diesbezüglich die Auffassung, dass man sich dann nicht mehr auf die Musterbelehrung berufen kann, wenn das Institut die Musterbelehrung ersichtlich einer **eigenen inhaltlichen Bearbeitung** unterzogen hat. Ob die Abweichungen von der Musterbelehrung nur in der Aufnahme von insoweit zutreffenden Zusatzinformationen zu Gunsten des Belehrungsempfängers bestehen, ist unerheblich.[237]

---

ge 2 die Revision zugelassen wurde, LG Konstanz ZIP 2007, 638, wo die Musterbelehrung nach BGB-InfoV als unwirksam angesehen wurde, weil diese keinen Hinweis auf die Rechtsgewährpflichten auch bei Leistungsaustausch erst nach Ablauf der Widerrufsfrist vorsieht; vgl. dagegen LG Münster WM 2007, 121, wo die BGB-Info-Belehrung als wirksam angesehen wird; vgl. auch LG Bonn Urt. v. 29.3.2011, Az. 3 O 395/10, wo eine vollständig dem Muster entsprechende Belehrung als wirksam angesehen wurde.

[232] So im Grundsatz auch *Piekenbrock/Ludwig* WM 2012, 1409, 1410; vgl. zu den kritischen Stimmen *Grüneberg* in Palandt, BGB-InfoV, 14 Rn. 5 u. 6 mwN; vgl. hierzu auch BGH Urt. v. 12.4.2007, Az. VII ZR 122/06, wo ausgeführt wird, dass eine Widerrufsbelehrung, soweit sie nicht genau einem gesetzlichen Muster entspricht (Anlage 2 zu § 14 Abs. 1 BGB-InfoV), den Anforderungen genügen muss, die das Gesetz an verschiedenen Stellen formuliert.

[233] BGH Urt. v. 15.8.2012, Az. VIII ZR 378/11, WM 2012, 1886, für die bis zum 31.3.2008 geltende Fassung der BGB-INfoV; OLG Bamberg Urt. v. 25.6.2012, Az. 4 U 262/11, WM 2013, 927, 928 ff., welches zudem darauf hinweist, dass punktuelle Abweichungen von der Musterbelehrung unerheblich sind, wenn die Unternehmensseite den Mustertext des Verordnungsgebers keiner inhaltlichen Bearbeitung unterzogen hat; vgl. auch BGH Urt. v. 28.6.2011, Az. XI ZR 349/10, WM 2011, 1799, 1803 Rn. 37 u. 39 mwN.

[234] *Masuch* NJW 2008, 1700.

[235] Vgl. zur Problematik *Schmidt-Kessel/Schäfer* WM 2013, 2241 ff. mwN.

[236] So BGH Beschl. v. 20.11.2012, Az. II ZR 264/10, wo der BGH die Anpassung der fehlerhaft wiedergegebenen Frist für unschädlich gehalten hat; OLG Frankfurt Urt. v. 7.7.2014 Az. 23 U 172/13, WM 2014, 1860, wo die Verwendung des Wortes „Widerrufsfrist" statt „Frist" für unschädlich gehalten wurde; LG Frankfurt Urt. v. 6.6.2014, Az. 2-25 O 489/13, wo sowohl ein Schreibfehler – Nutzen statt Nutzungen – als auch die Aufnahme des Zusatzes in der Überschrift der Belehrung „Nach Muster gem. § 14 BGB – Informationspflichten-Verordnung" (zustimmend diesbezüglich auch LG Düsseldorf Urt. v. 14.3.2013, Az. 8 O 93/13) sowie die Angabe einer Großkundenpostleitzahl (zustimmend diesbezüglich auch LG Frankfurt Urt. v. 10.4.2014, Az. 2-05 O 493/13) als unschädlich eingesehen wurde; BGH Urt. v. 25.1.2012, Az. VIII ZR 95/11 zur Zulässigkeit einer Postfachadresse, wie hier auch OLG Bamberg Urt. v. 25.6.2012, Az. 4 U 262/11, WM 2013, 927; OLG Düsseldorf Urt. v. 7.12.2012, Az. I-17 U 139/11, BeckRS 2013, 06101; **aA** OLG Köln Urt. v. 23.1.2013, Az. 13 U 69/12 u. 218/11, BeckRS 2013, 04235; OLG Brandenburg Urt. v. 17.10.2012, Az. 4 U 194/11; OLG Stuttgart Urt. v. 29.12.2011, Az. 6 U 79/11; einschränkend OLG Stuttgart Urt. v. 20.5.2014, Az. 6 U 182/13 bei zusätzlichen räumlich abgetrennten Hinweisen.

[237] BGH Urt. v. 18.3.2014, Az. II ZR 109/13, WM 2014, 887; BGH Urt. v. 28.6.2011, Az. XI ZR 349/10, WM 2011, 1799, 1803, Rn. 39

### s) Zum Ausschluss des Widerrufsrechts durch Verfristung und Verwirkung[238]   128

aa) Zur Verfristung. Während ursprünglich eine analoge Anwendung der Einjahresfrist   129
des § 7 Abs. 2 Satz 3 VerbrKrG aF auch für die Befristung des Widerrufsrechts nach dem
Haustürwiderrufsgesetz in Betracht gezogen wurde[239], hat dies der Bundesgerichtshof im
Anschluss an die Heininger-Entscheidung des Europäischen Gerichtshofs[240] im Hinblick
darauf, dass eine Verfristung des Widerrufsrechts unter europarechtlichen Gesichtspunkten
nicht mehr möglich ist, abgelehnt.[241] Nach dem nunmehr auch in § 355 Abs. 4 S. 3 BGB
geregelt ist, dass das Widerrufsrecht nicht erlischt, wenn der Verbraucher nicht entsprechend den Anforderungen des § 360 BGB in Textform belehrt wird, kommt eine Verfristung ohnehin nicht in Betracht, weswegen bei Nicht- oder fehlerhafter Beratung ein
**Ewigkeitswiderrufsrecht** besteht. Für den Lauf der Widerrufsfrist spielt auch eine etwaige Kausalität der Fehlerhaftigkeit keine Rolle.[242] Wie vorstehend bereits dargelegt, besteht
ab dem 13.6.2014 in § 356 Abs. 3 S. 2 BGB nF – jedenfalls für Haustürgeschäfte und
Fernabsatzgeschäfte – eine **neue Frist**. Danach erlischt das Widerrufsrecht nach **zwölf
Monaten und vierzehn Tagen**; dies selbst dann, wenn **nicht** oder **nicht ordnungsgemäß** belehrt wurde.

bb) Zur Verwirkung/unzulässigen Rechtsausübung. In diesem Zusammenhang hat der   130
Bundesgerichtshof in einem Fall, in dem es allein um den Widerruf einer Gesellschaftsbeteiligung nach dem Haustürwiderrufsgesetz ging, festgehalten, dass dann, wenn eine ordnungsgemäße Belehrung über den Fristbeginn nicht erfolgt ist, der Verbraucher seine Beitrittserklärung auch noch nach Ablauf von zehn Jahren widerrufen kann.[243] In einer
weiteren Entscheidung, in welcher es ebenfalls um den Widerruf der Gesellschaftsbeteiligung ging, hat der Bundesgerichtshof unter Hinweis auf vorstehendes Urteil ausgeführt,
dass die bloße Dauer zwischen Gesellschaftsbeitritt und dessen Widerruf (ca. 3½ Jahre)
weder die Erhebung des Einwandes der **unzulässigen Rechtsausübung** noch die Erhebung des Einwandes der **Verwirkung** rechtfertigt.[244] Darüber hinaus hat der Bundesgerichtshof in einem die Rückabwicklung eines Realkreditvertrages betreffenden Urteil, in
welchem dem Verbraucher keine ordnungsgemäße Belehrung nach dem Haustürwiderrufsgesetz erteilt wurde, entschieden, dass dem vom Verbraucher erklärten Widerruf weder
der Einwand der Verwirkung noch der Einwand der unzulässigen Rechtsausübung entgegensteht.[245] Ferner hat der Bundesgerichtshof in einem Fall, in welchem es um den nach
**zwölf Jahren** nach Darlehensvertragsabschluss erfolgten Widerruf eines Personalkredits
ging und in welchem der Verbraucher in der Zwischenzeit unter gleichzeitiger Unterzeichnung einer Widerrufsbelehrung nach dem Verbraucherkreditgesetz sein **Darlehen
umgeschuldet** hatte, festgehalten, dass eine Verwirkung oder Verfristung des Widerrufsrechts nach dem Haustürwiderrufsgesetz schon deswegen nicht in Betracht kommt, weil
der betroffene Darlehensnehmer erst durch die Heininger-Entscheidung des Europäischen

---

[238] Zur Verjährung von Zins- und Rückforderungsansprüchen vgl. → § 4 Rn. 221 u. → § 3 Rn. 150; zur Verjährung vgl. auch → § 4 Rn. 141 ff.

[239] Vgl. die Hinweise bei *Frisch/Münscher*, Haftung bei Immobilienanlagen, Rn. 660.

[240] EuGH WM 2001, 2434.

[241] BGH Urt. v. 18.10.2004, Az. II ZR 352/02, WM 2004, 2491, 2492 m. Anm. *Münscher* WuB IV D. § 2 HWiG 1.05; BGH Urt. v. 2.7.2001, Az. II ZR 304/00, WM 2001, 1464 m. Anm. *Mankowski* WuB IV D. § 1 HWiG 1.01; *Allmendinger* EWiR § 3 HWiG 1/01, 919; *Littbarski* LM H.10/2001 HWiG Nr. 38; *Renner* DStR 2001, 1988; *Edelmann* DB 2001, 2434.

[242] BGH, Urt. v. 23.6.2009, Az. XI ZR 156/08, NJW 2009, 3020, 3022.

[243] BGH Urt. v. 2.7.2001, Az. II ZR 304/00, WM 2001, 1464 = BGHZ 148, 201 m. Anm. *Edelmann* DB 2001, 2434.

[244] BGH Urt. v. 18.10.2004, Az. II ZR 352/02, WM 2004, 2491, 2494 m. Anm. *Münscher* WuB IV D. § 2 HWiG 1.05.

[245] BGH Urt. v. 20.5.2003, Az. XI ZR 448/02, WM 2003, 1370, 1371 m. Anm. *Wagner* EWiR § 280 BGB 4/03, 899 u. *Nassall* WuB IV D. § 1 HWiG 7.03; bestätigend in Bezug auf Verwirkung BGH Urt. v. 26.10.2010, Az. XI ZR 367/07, WM 2011, 23, 27 Rn. 36.

Gerichtshofs vom 13.12.2001[246] von seiner Berechtigung zum Widerruf nach dem Haustürwiderrufsgesetz erfuhr.[247] In einem weiteren Fall, in welchem es um den Widerruf eines Versicherungsvertrages ging, hat der Bundesgerichtshof schließlich entschieden, dass eine Verwirkung oder ein Rechtsmissbrauch bereits deswegen nicht bejaht werden könne, weil der Unternehmer schon deswegen kein vorrangiges schutzwürdiges Vertrauen beanspruchen könne, weil er es versäumt habe, dem Verbraucher eine ordnungsgemäße Widerrufsbelehrung zu erteilen.[247a] Auch in der **Literatur** wird insbesondere im Hinblick auf das Bestehen der Nachbelehrungsmöglichkeit die Auffassung vertreten, bei nicht ordnungsgemäß erteilter sowie gar nicht erteilter Widerrufsbelehrung könne weder der Rechtsmissbrauchseinwand erhoben werden, noch eine Verwirkung in Betracht kommen.[247b]

**131** Auf der anderen Seite wird sowohl in der Literatur[248] als auch in der Rechtsprechung[249] vielfach die Rechtsauffassung vertreten, dass insbesondere in den Fällen, in denen der Verbraucher eine Widerrufsbelehrung nach dem Verbraucherkreditgesetz unterzeichnet hat und in welchen er seinen Darlehensverpflichtungen über einen längeren Zeitraum anstandslos nachgekommen ist, von einer Verwirkung des Widerrufsrechts des Verbrauchers ausgegangen werden muss. Verwirkung wird auch vielfach in den Fällen bejaht, in denen der Darlehensnehmer sein Darlehen schon **seit längerem vollständig und vorbehaltlos abgelöst hat**.[250] Der Ausübung des Widerrufsrechts kann der Einwand der Verwirkung und damit der **unzulässigen Rechtsausübung** nach § 242 BGB dann entgegenstehen, wenn die beiderseitigen Verpflichtungen aus dem Vertrag vollständig erfüllt sind und der Kapitalanleger **sieben Jahre** nach Erteilung einer fehlerhaften Widerrufsbelehrung und nach Ablösung des Darlehens von dieser keinen Gebrauch macht.[251] Dies gilt jedenfalls

---

[246] WM 2001, 2434.

[247] BGH Urt. v. 15.11.2004, Az. II ZR 375/02, ZIP 2005, 67, 69 = WM 2005, 124 m. Anm. *Reiff* EWiR § 312 BGB 2/05, 381 u. *Roth* WuB IV D. § 1 HWiG 1.05.

[247a] BGH-Urt. v. 7.5.2014, Az. IV ZR 76/11, Rn. 39 f. in einem Fall, in dem allerdings überhaupt keinerlei Widerrufsbelehrung erteilt wurde.

[247b] *Gansel/Huth/Knorr* BKR 2014, 353 ff.; *Borowski* BKR 2014, 361 ff.; *Rehmke/Tiffe* VuR 2014, 135 ff.; *Gansel/Gängel/Huth* NJ 2014, 230 ff.

[248] Vgl. *Hölldampf* WM 2014, 1659 ff.; *Habersack/Schürnbrand* ZIP 2014, 749 ff.; *Lwowski/Wunderlich* ZinsO 2005, 57, 61; *Münscher* in Finanz Colloquium Heidelberg, Fehlgeschlagene Immobilienkapitalanlagen, S. 22 sowie in *Frisch/Münscher*, Haftung bei Immobilienanlagen, Rn. 661 ff.; *Westermann* ZIP 2002, 189, 198; *Felke* MDR 2002, 225, 227.

[249] OLG Karlsruhe OLGR 2003, 60, 62; OLG Karlsruhe ZIP 2003, 202, 207 = WM 2003, 1218; OLG Stuttgart BKR 2002, 828, 833; OLG Stuttgart OLGR 2002, 317, 322; OLG Stuttgart ZIP 2002, 1885, 1888; OLG Bamberg Beschluss v. 27.9.2004, Az. 4 U 148/04, WM 2005, 593, 596; OLG Bamberg Urt. v. 28.11.2000, Az. 5 U 39/00, EWiR § 1 HWiG 1/01, 79 (*Jork*), rechtskräftig durch Nichtannahmebeschluss des Bundesgerichtshofs v. 16.10.2001, Az. XI ZR 68/01; OLG München WM 2001, 680, 682 f.; OLG Hamm WM 1999, 1057, 1059; OLG Braunschweig NJW-RR 2000, 63, 65 sowie die Hinweise bei *Frisch/Münscher*, Haftung bei Immobilienanlagen, Rn. 660.

[250] Vgl. hierzu LG Ellwangen Urt. v. 11.11.2013, Az. 2 O 16/13 u. H. a. OLG Köln WM 2012, 1532; OLG München Urt. v. 27.3.2006, Az. 19 U 5845/05, WM 2006, 1292; OLG Bamberg Beschluss v. 21.9.2006, Az. 4 U 145/06; LG Dortmund Urt. v. 6.1.2006, Az. 3 O 176/04, ZIP 2006, 385 – nur Leitsatz –.

[251] OLG Düsseldorf Urt. v. 9.1.2014, Az. I-14 U 55/13, NJW 2014, 1599; LG Mannheim Urt. v. 8.5.2014, Az. 9 O 24/14 „neun/zehn Jahre nach Vertragsabschluss u. neun/acht Jahre nach vollst. Ablösung"; LG Frankfurt Urt. v. 21.3.2014, Az. 2-21 O 389/13 uv 1.8.2014, Az. 2-21 O 419/13 „sechs Jahre nach Vertragsabschluss u. vollst. Ablösung"; LG Bonn Urt. v. 18.6.2014, Az. 2 O 268/13 „acht Jahre nach Vertragsabschluss u. vollst. Ablösung"; LG Ellwangen, Urt. v. 11.11.2013, Az. 2 O 16/13, S. 14 f. u. H. a. KG Berlin Urt. v. 16.8.2012, Az. 8 U 101/12; so auch OLG Köln Urt. v. 25.1.2012, Az. 13 U 30/11, WM 2012, 1532, rechtskräftig gem. BGH Beschl. v. 16.4.2013, Az. XI ZR 52/12, unter ausführlicher Auseinandersetzung mit der anderslautenden BGH-Rspr. sowie unter Hinweis darauf, dass bei einem Schadensersatzanspruch wegen fehlerhafter Belehrung die Vermutung aufklärungsrichtigen Verhaltens nicht greift; so auch LG Frankfurt Urt. v. 22.11.2013,

dann, wenn es nicht um eine vollständig fehlende, sondern um eine formal missverständliche und allein deshalb nicht ordnungsgemäße Belehrung geht.[251a] Dabei spielt es keine Rolle, dass dem Darlehensnehmer die Fehlerhaftigkeit seiner Belehrung und das daraus folgende Fortbestehen seines Widerrufsrecht unbekannt war.[251b] Auch ist unerhblich, dass das Kreditinstitut die Möglichkeit der Nachbelehrung hatte.[251c] Eine Verwirkung oder zumindest eine unzulässige Rechtsausübung wird man auch dann in Erwägung ziehen müssen, wenn der Verbraucher aus **offenkundig zweckfremden Erwägungen** heraus (zB allein zur Erlangung besserer Zinskonditionen) seinen Vertrag widerruft, obwohl dieser bei Vertragsabschluss – wenn auch fehlerhaft – beraten wurde.[252]

**t) Zu den Rechtsfolgen des Widerrufs** 132

aa) Bei Widerruf ausschließlich der Beitrittserklärung. Widerruft der Kreditnehmer lediglich seine Beitrittserklärung zu einem geschlossenen Immobilienfonds, so ist anerkannt, dass dies zur Anwendbarkeit der **Grundsätze über die fehlerhafte Gesellschaft** führt, mit der Folge, dass der Widerrufende lediglich einen Anspruch auf Zahlung eines etwaigen Abfindungs-/Auseinandersetzungsguthaben hat, Zug-um-Zug gegen Übertragung der Gesellschaftsbeteiligung; ihm steht jedoch kein Anspruch auf Rückgewähr der gezahlten Einlagen zu.[253] Ebenso wenig entfällt eine noch nicht erfüllte **Einlageschuld.**[254] Vielmehr ist der Kapitalanleger gegebenenfalls zur **Verlustdeckung** nach § 739 BGB verpflichtet.[255] Dies gilt unabhängig davon, ob der Fonds in der Form einer GbR oder einer OHG oder KG errichtet ist.[256] Die zu diesen Rechtsfolgen führenden Grundsätze der fehlerhaften Gesellschaft sind auch mit der Richtlinie 85/577/EWG vereinbar.[257] 133

In diesem Zusammenhang ist darauf hinzuweisen, dass Anspruchsgegner bei einer Rückabwicklung iSv § 3 Abs. 1 HWiG auch im Falle einer lediglich **mittelbaren Beteiligung** eines Anlegers an einer Publikums-BGB-Gesellschaft die BGB-Gesellschaft selbst ist und dass ein etwaiger Rückgewähranspruch gegenüber der Gesellschaft auch gegenüber den einzelnen Gesellschaftern geltend gemacht werden kann.[258] 134

Darüber hinaus ist festzuhalten, dass aufgrund vorstehender Ausführungen derjenige Kreditnehmer, der allein seinen Gesellschaftsbeitritt gemäß § 1 Abs. 1 HWiG aF widerruft, dem Kreditgeber bei Vorliegen eines **verbundenen Geschäfts** zwischen Beitritts- und Darlehensgeschäft lediglich seinen Abfindungs- bzw. **Auseinandersetzungsanspruch** 135

---

Az. 2–25 O 192/13; **aA** LG Stuttgart Urt. v. 20.12.2013, Az. 12 O 547/13, welches die Auffassung vertritt, dass eine Verwirkung bzw. unzulässige Rechtsausübung schon deswegen nicht in Betracht kommt, weil der Darlehensgeber auf seine Möglichkeit zur Nachbelehrung gemäß § 355 Abs. 2 S. 3 BGB verzichtet habe.

[251a] OLG Frankfurt Beschl. v. 10.3.2014, Az. 17 W 11/14; OLG Düsseldorf Urt. v. 9.1.2014, Az. 5-14 U 55/13, NJW 2014, 1599; OLG Köln Urt. v. 25.1.2012, Az. 13 U 30/11, WM 2012, 1532, 1533 f.; LG Mannheim Urt. v. 8.5.2014, Az. 9 O 24/14; LG Frankfurt Urt. v. 21.3.2014, Az. 2-21 O 383/13 S. 5.

[251b] OLG Frankfurt, Düsseldorf u. Köln, aaO, sowie LG Mannheim, aaO.

[251c] OLG Düsseldorf u. Köln sowie LG Mannheim, aaO.

[252] In diesem Sinne *Hölldampf* WM 2014, 1659 ff.; *Habersack/Schürnbrand* ZIP 2014, 749 ff.; *Kropf* WM 2013, 2250, 2254; vgl. auch *Heyers* NJW 2014, 2619, 2621 zur rechtsmissbräuchlichen Umsetzung des Widerspruchsrechts bei LV-Verträgen.

[253] BGH Beschluss v. 27.6.2006, Az. II ZR 218/04, ZIP 2006, 1388; BGH Urt. v. 15.2.2005, Az. XI ZR 396/03, WM 2005, 1698, 1701 = ZIP 2005, 1361; BGH Urt. v. 31.1.2005, Az. II ZR 200/03, ZIP 2005, 565, 567; BGH Urt. v. 21.7.2003, Az. II ZR 387/02, BGHZ 156, 46, 53 = ZIP 2003, 1592, 1595; BGH Urt. v. 2.7.2001, Az. II ZR 304/00, ZIP 2001, 1464, 1465 f. = BGHZ 148, 201.

[254] BGH Urt. v. 31.1.2005, aaO, ZIP 2005, 565, 567; BGH Urt. v. 21.7.2003, aaO, BGHZ 156, 46, 53.

[255] BGH Urt. v. 12.7.2010, Az. II ZR 292/06, WM 2010, 1492.

[256] BGH Hinweisbeschluss v. 12.7.2010, Az. II ZR 160/09, ZIP 2010, 2497.

[257] BGH Urt. v. 12.7.2010, aaO.

[258] BGH Urt. v. 2.7.2001, Az. II ZR 304/00, WM 2001, 1464, 1465 = BGHZ 148, 201.

entgegen halten kann, ihm weitergehenden Rechte somit nicht zustehen.[259] Insbesondere steht dem Kreditnehmer gegenüber der Bank kein **Rückforderungsdurchgriff** zu und zwar weder gemäß § 813 Abs. 1 S. 1 BGB iVm § 812 Abs. 1 S. 1 Alt. 1 BGB noch analog § 9 Abs. 2 S. 4 VerbrKrG aF.

136  bb) Bei Widerruf des Darlehensvertrages. Wird der Darlehensvertrag widerrufen, dann sind die Parteien des Darlehensvertrages grundsätzlich verpflichtet, dem anderen Teil die empfangenen Leistungen zurück zu gewähren, wobei die Verpflichtungen Zug um Zug zu erfüllen sind.[260]

137  Der Kreditnehmer ist daher verpflichtet, der Kredit gebenden Bank den **Nettokreditbetrag** zuzüglich marktüblicher Zinsen zurück zu bezahlen.[261] Die Berufung auf den **Wegfall der Bereicherung** ist dem Darlehensnehmer verwehrt.[262] Ein Anspruch auf **Bearbeitungskosten, Provisionen** oder auf das von der Darlehenssumme in Abzug gebrachte **Disagio** besteht nicht.[263]

138  In welcher konkreten Höhe der Rückzahlungsanspruch des Kreditgebers zu verzinsen ist, ist streitig. Teilweise wird dem Kreditgeber ein Anspruch in Höhe des im Darlehensvertrag vereinbarten **Vertragszinses** zugebilligt[264], wofür nunmehr die in § 346 Abs. 2 S. 2 BGB vorgesehene Regelung spricht. Andere wiederum räumen dem Kreditinstitut einen Anspruch auf **marktübliche Verzinsung** ein[265]; dabei soll sich die marktübliche Verzinsung nach den in den Monatsberichten der Deutschen Bundesbank zu Hypothekarkrediten ausgewiesenen Zinssätzen sowie den entsprechenden Sätzen der EWU-Zinsstatistik der Deutschen Bundesbank richten[266]. In diesem Zusammenhang wird schließlich die Auffas-

---

[259] BGH Urt. v. 31.1.2005, Az. II ZR 200/03, ZIP 2005, 565, 567.
[260] BGH Urt. v. 16.5.2006, Az. XI ZR 6/04, WM 2006, 1194, 1196 m. Anm. *Rösler* EWiR § 1 HWiG aF 2/06 u. *Kern* BKR 2006, 345; BGH Urt. v. 21.3.2006, Az. XI ZR 204/03, ZIP 2006, 846, 847; BGH Urt.e v. 18.11.2003, Az. XI ZR 322/01, WM 2004, 171, 176 u. Az. XI ZR 332/02, WM 2004, 27, 31; BGH Urt. v. 28.10.2003, Az. XI ZR 263/02, WM 2003, 2410; BGH Urt. v. 15.7.2003, Az. XI ZR 162/00, ZIP 2003, 1741, 1744; Urt. v. 26.11.2002, Az. XI ZR 10/00, WM 2003, 64, 66; BGH Urt. v. 12.11.2002, Az. XI ZR 47/01, BGHZ 152, 331, 336, 338 = WM 2002, 2501 m. Anm. *Edelmann* WuB IV D. § 3 HWiG 1.03 u. *Lindner* ZIP 2003, 67.
[261] BGH Urt. v. 4.3.2008, Az. XI ZR 288/06 Rn. 16; BGH Urt. v. 26.9.2006, Az. XI ZR 283/03 Rn. 12; BGH Urt.e v. 19.9.2006, Az. XI ZR 204/04 Rn. 38 u. Az. XI ZR 242/04 Rn. 14, ZIP 2006, 2210, 2211; BGH Urt. v. 20.6.2006, Az. XI ZR 224/05 Rn. 20; OLG Dresden Urt. v. 15.11.2002, Az. 8 U 2987/01, BKR 2003, 114, 121 f.; *Edelmann* WuB IV D. § 3 HWiG 1.03 sowie die in der vorangegangenen Fußnote erwähnten BGH-Urt.e.
[262] BGH Urt. v. 26.9.2006, Az. XI ZR 283/03 Rn. 21; *Münscher* in Frisch/Münscher, Haftung bei Immobilienanlagen, Rn. 665.
[263] *Maihold* in Nobbe, Kommentar zum Kreditrecht, 2012, S. 69 Fn. 5. BGH Urt. v. 20.6.2006, Az. XI ZR 224/05 Rn. 20; BGH Urt. v. 12.11.2002, Az. XI ZR 47/01, WM 2002, 2501, 2503; *Münscher* BKR 2003, 86, 90.
[264] *Pap/Sauer* ZfIR 2002, 523, 526 u. H. a. § 346 Abs. 2 BGB; *Edelmann* WuB IV D. § 3 HWiG 1.03, welcher im Hinblick darauf, dass die Finanzierung von Immobilien und Immobilienfondsanteilen nicht ohne Weiteres einer bestimmten in der Bundesbankstatistik aufgeführten Kreditart zugeordnet werden können, den Vertragszins als marktüblichen Zinssatz zugrunde legt; ähnlich OLG Dresden, Urt. v. 15.11.2002, Az. 8 U 2987/01, BKR 2003, 114, 122, wenn der Vertragszins dem marktüblichen Zinssatz entspricht; zur Differenzierung für die zugrunde zu legende Verzinsung zwischen dem Zeitraum von Valutierung bis Widerruf und dem Zeitraum vom Widerruf bis zur Rückzahlung vgl. *Meinhardt/Klein* BKR 2003, 234, 236.
[265] Nach *Maihold* in Nobbe, Kommentar zum Kreditrecht, 2. Aufl. 2012, S. 71 soll dies der früheren BGH-Rechtsprechung entsprochen haben u. H. a. BGHZ 168, 1, 8 f.; BGHZ 169, 109, 119, Rn. 38 u. BGH WM 2008, 683, 684, Rn. 14. *Meinhardt/Klein* BKR 2003, 234, 236; *Knott* WM 2003, 49, 54; *Edelmann* BKR 2002, 80, 83; *Münscher* in Finanz Colloquium Heidelberg, Fehlgeschlagene Immobilienkapitalanlagen, S. 27 f., welcher darauf hinweist, dass die marktübliche Verzinsung des Darlehensnettobetrages auf Basis des Effektivzinssatzes erfolgen müsse, weil ansonsten eine doppelte Benachteiligung der Bank erfolgt.
[266] *Lwowski/Wunderlich* ZInsO 2005, 57, 61; *Knott* WM 2003, 49, 54; *Münscher* BKR 2003, 86, 90.

§ 4 Finanzierung von Kapitalanlagegeschäften

sung vertreten, der marktübliche Zinssatz müsse aus Verbraucherschutzerwägungen heraus durch den vereinbarten Vertragszins begrenzt werden.[267] Nach der **ab dem 13.6.2014** geltenden Rechtslage ist der Rückzahlungsanspruch gem. § 357a Abs. 3 S. 1 BGB nF mit dem vereinbarten Sollzins **(Vertragszins)** zu verzinsen.

Der Kreditnehmer kann wiederum sämtliche in der Vergangenheit aus eigenen Mitteln erbrachte **Zins- und Tilgungsleistungen** vom Kreditinstitut zurück verlangen. Zudem steht dem Kreditnehmer ein Anspruch auf **marktübliche Verzinsung** der von ihm auf das Darlehen gezahlten und dem Kreditinstitut zur Nutzung zur Verfügung gestellten Raten zu.[268]

Welcher Zinssatz dem Kreditnehmer hinsichtlich seines Rückzahlungsanspruchs einzuräumen ist, ist ebenfalls streitig. Teilweise wird derjenige Zinssatz zugrunde gelegt, den der Kreditnehmer bei einer allgemein üblichen Geldanlage ansonsten erlangt hätte.[269] Andere wiederum wollen den Zinssatz nach demjenigen Zinssatz bemessen, zu dem die Bank die eingehenden Gelder wieder anlegen kann bzw. genutzt hat.[270] Wiederum andere wollen aus Gleichbehandlungserwägungen heraus dem Kreditnehmer die selbe Verzinsung einräumen wie dem Darlehensgeber, weswegen auch hier auf die durchschnittlichen Monatszinssätze für Hypothekarkredite auf Wohnungsgrundstücke ohne Laufzeit abgestellt wird.[271] Der Bundesgerichtshof ist jedenfalls bei Zahlungen des Darlehensnehmers an eine Bank der Meinung, dass hier die tatsächliche Vermutung besteht, dass die Bank Nutzungen im Wert des üblichen Vertragszinses in Höhe von fünf Prozentpunkten über dem Basiszinssatz gezogen hat, weswegen die Bank grundsätzlich den Verzugszins als Nutzungsersatz herausgeben muss.[272] Nach der **ab dem 13.6.2014** geltenden Rechtslage steht dem Darlehensnehmer – anders als früher – kein Anspruch auf Ersatz von Nutzungen zu. Ein solcher steht nur dem Unternehmer nach § 357a Abs. 3 S. 1 BGB nF zu.[272a]

Grundsätzlich ist eine **Verrechnung** zwischen dem Rückzahlungsanspruch des Kreditnehmers in Bezug auf die bereits erbrachten Zinsleistungen mit dem Anspruch des Kreditgebers auf Zahlung des Nutzungsentgelts möglich. Demgemäß steht dem Anspruch des Darlehensnehmers auf Rückzahlung erbrachter Zinsen die **dolo-agit-Einrede** gem. § 242 BGB entgegen.[273] Jedenfalls kann das Kreditinstitut gegenüber dem Zins- und Tilgungsrückzahlungsanspruch des Darlehensnehmers mit seinem Gegenanspruch aufrechnen.[274] Das Oberlandesgericht Dresden ist sogar der Auffassung, dass im Hinblick auf die bestehende **Verrechnungslage** dem Darlehensnehmer ein Anspruch auf Verzinsung der gezahlten Raten nur dann zusteht, wenn dem Rückzahlungsanspruch des Darlehensnehmers entweder gar kein oder nur ein geringerer Anspruch der Bank auf Nutzungsentschädigung

---

[267] *Meinhardt/Klein* BKR 2003, 234, 236.
[268] BGH Urt. v. 24.4.2007, Az. XI ZR 17/06 Rn. 35 iHv 5 Prozentpunkten über Basiszinssatz; so auch BGH Urt. v. 10.3.2009, Az. XI ZR 33/08 Rn. 29 u. H. darauf, dass diesbezüglich eine tatsächliche Vermutung besteht; BGH Urt. v. 19.9.2006, Az. XI ZR 242/05 Rn. 14, ZIP 2006, 2210, 2211; BGH Urt. v. 12.11.2002, Az. XI ZR 47/01, WM 2002, 2501, 2502 = BGHZ 152, 331; BGH Urt. v. 15.7.2003, Az. XI ZR 162/00, ZIP 2003, 1741, 1744; **aA** noch BGH Urt. v. 2.7.2001, Az. XI ZR 304/00, WM 2001, 1464, 1466 = BGHZ 148, 201 m. Anm. *Edelmann* DB 2001, 2434, wo eine Verzinsung abgelehnt wurde; kritisch auch *Münscher* BKR 2003, 86, 91 u. *Edelmann* WuB IV D. § 3 HWiG 1.03.
[269] *Staudinger/Werner*, BGB, 1998, § 3 HWiG Rn. 53; *Edelmann* WuB IV D. § 3 HWiG 1.03.
[270] *Lindner* ZIP 2003, 67.
[271] *Lwowski/Wunderlich* ZinsO 2005, 57, 63; OLG Karlsruhe Urt. v. 23.12.2005, Az.13 U 56/02, WM 2006, 676, 681; *Knott* WM 2003, 49, 50.
[272] BGH Urt. v. 10.3.2009, Az. XI ZR 33/08, WM 2009, 932, 935 Rn. 29 u. H. a. BGH-Urt. v. 24.4.2007, Az. XI ZR 17/06, BGHZ 172, 147, 157 Rn. 35 zu § 818 Abs. 1 BGB.
[272a] So auch *Grüneberg* in Palandt, BGB-Komm., 73. Aufl. § 357 BGB nF Rn. 4.
[273] So auch *Staudinger/Werner*, 1998, § 3 HWiG Rn. 8; *Edelmann* BKR 2002, 801, 802.
[274] So auch *Münscher* in Finanz Colloquium Heidelberg, Fehlgeschlagene Immobilienkapitalanlagen, S. 27; *Pap/Sauer* ZfIR 2002, 523, 526; *Kern* WM 2002, 1593, 1595; so auch *Maihold* in Nobbe, Kommentar zum Kreditrecht, 2. Aufl. 2012, S. 71 Rn. 11.

gegenüber steht, etwa wegen entfallender Tilgungsanteile oder weil der Vertragszins höher als der nun geschuldete marktübliche Zins ist.[275]

**142** Widerruft somit der Darlehensnehmer seine auf Abschluss des Darlehensvertrages gerichtete Willenserklärung nach den Grundsätzen für Haustürgeschäfte, dann berührt dies grundsätzlich nicht die Wirksamkeit des finanzierten Immobilien- oder Immobilienanteilserwerbs. Vielmehr bleibt der Darlehensnehmer auch bei **verlustreichen Geschäften** verpflichtet, das an ihn ausbezahlte Darlehen zuzüglich Nutzungsentgelt an das Kreditinstitut zurückzuzahlen.[276]

**143** Dies ist mit dem **Schutzzweck** des Haustürwiderrufsgesetzes vereinbar. Denn das Widerrufsrecht dient dem Zweck, die rechtsgeschäftliche Entscheidungsfreiheit des Kunden zu gewährleisten, indem es ihm die Möglichkeit einräumt, sich von einem aufgrund einer – mit einem Überraschungsmoment verbundenen – Haustürsituation geschlossenen Vertrag zu lösen. Bei einem Darlehensvertrag dient das Widerrufsrecht jedoch nicht dem Ziel, das **wirtschaftliche Risiko** der Verwendung des Darlehens vom Darlehensnehmer auf den Darlehensgeber abzuwälzen. Dieses **Verwendungsrisiko** bleibt vielmehr beim Darlehensnehmer; andernfalls würde er besser stehen als ein Anleger, der den Immobilien- oder Immobilienanteilserwerb aus eigenen Mitteln finanziert hat.[277]

**144** Diese vom Bundesgerichtshof in ständiger Rechtsprechung anerkannte Rechtsfolge ist mit den europarechtlichen Vorgaben, insbesondere bei grundpfandrechtlich abgesicherten Krediten **(Realkrediten)**, vereinbar.[278] Es besteht auch kein **Staatshaftungsanspruch** des Anlegers wegen nicht ordnungsgemäßer Umsetzung der Richtlinie.[279]

**145** Eine andere Beurteilung der Rechtsfolgen eines Haustürgeschäftewiderrufs ist nach anerkannter Rechtsprechung des Bundesgerichtshofs dann geboten, wenn der Darlehensnehmer den Kredit nicht empfangen hat[280] oder der Darlehensvertrag und das finanzierte Geschäft[281] ein verbundenes Geschäft bilden.[282]

**146** Stellen der Darlehensvertrag und das finanzierte Geschäft ein **verbundenes Geschäft** dar, dann hat dies zur Folge, dass der Widerruf des Darlehensvertrages zugleich auch der Wirksamkeit des finanzierten Geschäfts entgegensteht. In diesem Fall erfordert der Zweck

---

[275] OLG Dresden Urt. v. 15.11.2002, Az. 8 U 2987/01, BKR 2003, 114, 121; so wohl auch *Wallner* BKR 2003, 92, 97.
[276] BGH Urt. v. 12.11.2002, Az. XI ZR 3/01, WM 2003, 61 m. Anm. *Frisch* EWiR § 1 HWiG aF 1/03, 167; BGH Urt. v. 10.9.2002, Az. XI ZR 151/99, WM 2002, 2409 m. Anm. *Sauer* BB 2003, 227; BGH Urt. v. 9.4.2002, Az. XI ZR 91/99, WM 2002, 1181, 1186 m. Anm. *Pap/Sauer* ZfIR 2002, 523 u. *Edelmann* BKR 2003, 99.
[277] BGH Urt. v. 27.1.2004, Az. XI ZR 37/03, WM 2004, 620, 623; BGH Urt. v. 13.6.2006, Az. XI ZR 432/04, ZIP 2006, 1626, 1628.
[278] BGH Urt. v. 16.5.2006, Az. XI ZR 6/04, WM 2006, 1194 m. Anm. *Rösler* EWiR § 1 HWiG aF 2/06 u. *Kern* BKR 2006, 345 unter Berücksichtigung der Urt.e des Gerichtshofs der Europäischen Gemeinschaften vom 25.10.2005, Az. Rs. C-350/03 (WM 2005, 2079) und Rs. C-229/04 (WM 2005, 2086) m. Anm. *Thume/Edelmann* BKR 2005, 477; vgl. auch die weiteren Urt.e des BGH v. 16.5.2006, Az. XI ZR 15/04, XI ZR 26/04, XI ZR 48/04, XI ZR 63/04, XI ZR 92/04; XI ZR 104/04, XI ZR 111/04 sowie XI ZR 400/03.
[279] LG Berlin Urt. v. 3.12.2008, Az. 23 O 503/07, ZIP 2009, 657.
[280] Vgl. hierzu weiter unten Punkt s).
[281] Vgl. hierzu die Punkte t), u) und v).
[282] BGH Urt. v. 13.6.2006, Az. XI ZR 432/04, ZIP 2006, 1626, 1628; BGH Urt. v. 25. 4.2006, Az. XI ZR 193/04, WM 2006, 1003, 1005; BGH Urt. v. 14.6.2004, Az. II ZR 385/02, WM 2004, 1527 m. Anm. *Frisch* EWiR § 1 HWiG aF 2/04, 857 u. *Peters* WuB IV D. § 5 HWiG 1.05; BGH Urt. v. 23.9.2003, Az. XI ZR 135/02, WM 2003, 2132; BGH Beschluss v. 23. 9.2003, Az. XI ZR 325/02, WM 2003, 2186 m. Anm. *Frisch* EWiR § 3 HWiG aF 4.03, 1195 u. *Schmidt-Kessel* WuB IV D. § 3 HWiG 1.04; BGH Beschluss v. 16.9.2003, Az. XI ZR 447/02, WM 2003, 2184; BGH Urt. v. 26.11.2002, Az. XI ZR 10/00, WM 2003, 64, 66; BGH Urt. v. 12.11.2002, Az. XI ZR 47/01, WM 2002, 2501 = BGHZ 152, 331 m. Anm. *Lindner* ZIP 2003, 67 u. *Edelmann* WuB IV D. § 3 HWiG 1.03.

der gesetzlichen Widerrufsregelungen, dem Kunden innerhalb einer angemessenen Überlegungsfrist frei und ohne Furcht vor finanziellen Nachteilen die Entscheidung zu ermöglichen, ob er an seinen Verpflichtungserklärungen festhalten will oder nicht, eine Auslegung des § 3 HWiG dahin, dass dem Darlehensgeber nach dem Widerruf kein Zahlungsanspruch gegen den Darlehensnehmer in Höhe des Darlehenskapitals zusteht.[283] Die Rückabwicklung hat in diesem Falle vielmehr unmittelbar zwischen dem Kreditgeber und dem Partner des finanzierten Geschäfts zu erfolgen.[284]

Für das Verhältnis zwischen Kreditgeber und Kreditnehmer hat dies zur Folge, dass das finanzierende Kreditinstitut dem Kreditnehmer alle von ihm aufgrund des Darlehensvertrages erbrachten **Zins- und Tilgungsleistungen** zurück zu erstatten hat, soweit diese aus seinem eigenen Vermögen und nicht aus den Erträgen der Immobilienanlage stammen[285] einschließlich einer etwaigen Anzahlung, die der Verbraucher aus eigenen Mitteln an den Unternehmer geleistet hat.[286] Darüber hinaus hat das finanzierende Kreditinstitut etwaige ihm abgetretene Rechte aus **Kapitallebensversicherungen** sowie anderweitige Sicherheiten an den Kreditnehmer zurück zu übertragen.[287] Unverfallbare und nicht anderweitig erzielbare **Steuervorteile** muss sich der Kreditnehmer anrechnen lassen.[288] Ob neben Zins- und Tilgungsleistungen auch Lebensversicherungsprämien als aufgrund der Darlehensverträge gezahlt zu gelten haben und daher von der Bank ebenfalls zurückzuzahlen sind, soll davon abhängig sein, ob der Abschluss der zur Tilgung des Festkredits bestimmten und dem Kreditinstitut als Sicherheit abgetretenen Kapitallebensversicherung eine Voraussetzung für die Darlehensgewährung gewesen ist.[289] Im Gegenzug hat der Kreditnehmer dem Kreditinstitut lediglich den mit dem Darlehen **finanzierten Fondsanteil** bzw. die mit dem Darlehen erworbene Immobilie zur Verfügung zu stellen.[290]

Da das Kreditinstitut vom Kreditnehmer die Rückzahlung der Darlehensvaluta nebst marktüblicher Verzinsung nicht mehr verlangen kann, sich vielmehr wegen dieses Anspruchs mit den damit verbundenen Ausfallrisiken an die Fondsgesellschaft halten muss, steht dem Kreditnehmer gegenüber dem Kreditinstitut kein Anspruch auf Verzinsung der von ihm an das Kreditinstitut erbrachten Zahlungen zu. Andernfalls wäre der Kreditnehmer zu Unrecht bevorteilt.[291] Beim **Verbundgeschäft** wird der Verbraucher von der Zahlung von Zinsen und Kosten nur insoweit befreit, als das Darlehen zur Finanzierung des verbundenen Geschäfts gedient hat. Soweit es hingegen auch für andere Zwecke verwendet worden ist, besteht insoweit eine Pflicht des Verbrauchers zur Zahlung.[292]

---

[283] BGH Urt. v. 10.3.2009, Az. XI ZR 33/08 Rn. 26.
[284] BGH Urt. v. 13.6.2006, Az. XI ZR 432/04, ZIP 2006, 1626, 1628 f.; BGH Urt. v. 25.4.2006, Az. XI ZR 193/04, WM 2006, 1003, 1005 sowie die weiteren in der vorangegangenen Fußnote aufgeführten BGH-Urt.e.
[285] BGH Urt. v. 15.11.2004, Az. II ZR 375/02, ZIP 2005, 67, 69; Urt. v. 15.11.2004, Az. II ZR 386/02, S. 8; BGH Urt. v. 14.6.2004, Az. II ZR 395/01, ZIP 2004, 1402, 1404 = WM 2004, 1521 m. Anm. *Peters* WuB IV D. § 5 HWiG 1.05.
[286] BGH Urt. v. 10.3.2009, Az. XI ZR 33/08 Rn. 27.
[287] BGH Urt. v. 15.11.2004, Az. II ZR 375/02, ZIP 2005, 67, 69; BGH Urt. v. 14.6.2004, Az. II ZR 395/01, ZIP 2004, 1402, 1404.
[288] So BGH Urt. v. 24.4.2007, Az. XI ZR 340/05 Rn. 28; BGH Urt. v. 24.4.2007, Az. XI ZR 17/06 Rn. 28 ff., wo darauf hingewiesen wird, dass es mit Sinn und Zweck des § 3 HWiG nicht zu vereinbaren ist, wenn der Anleger nach Widerruf besser da stünde, als er ohne seine Anlageentscheidung stünde; zu den Steuervorteilen vgl. auch OLG München Urt. v. 17.1.2012, Az. 5 U 2167/11, WM 2012, 1536, 1538, § 4 Rn. 134; aA noch BGH Urt. v. 18.10.2004, Az. II ZR 352/02, WM 2004, 2491, 2494 m. Anm. *Münscher* WuB IV D. § 2 HWiG 1.05; BGH Urt. v. 14.6.2004, Az. II ZR 385/02, WM 2004, 1527, 1529.
[289] Für diesen Fall bejahend BGH Urt. v. 15.11.2004, Az. II ZR 386/02, S. 8, allerdings nur für den Rückforderungsdurchgriff.
[290] BGH Urt. v. 15.11.2004, Az. II ZR 375/02, ZIP 2005l, 67, 69.
[291] OLG Stuttgart Urt. v. 14.3.2005, Az. 6 U 203/04, S. 28 ff., rechtskräftig.
[292] BGH Urt. v. 18.1.2011, Az. XI ZR 356/09 Rn. 27, WM 2011, 451, 453.

**149** Die von der Rechtsprechung entwickelten Grundsätze zur **fehlerhaften Gesellschaft** stehen vorstehender Rechtsfolge auch bei der Finanzierung von Immobilienfondsanteilen nicht entgegen. Denn Zweck der Grundsätze der fehlerhaften Gesellschaft ist es, im Interesse des Rechtsverkehrs an der Erhaltung einer Haftungsgrundlage und im Interesse der Gesellschafter an der Bewahrung der geschaffenen Werte der Gesellschaft für die Vergangenheit Bestandsschutz zu gewähren. Dieser Zweck wird nicht tangiert, wenn der Gesellschafter nicht den Gesellschaftsbeitritt, sondern den zu seiner Finanzierung geschlossenen Darlehensvertrag widerruft.[293]

**150** Der Vollständigkeit halber ist nochmals darauf hinzuweisen, dass dann, wenn der Kreditnehmer ausschließlich den Widerruf seiner Beitrittserklärung erklärt, die Rechtsfolgen eines solchen Widerrufs auch bei Vorliegen eines Verbundgeschäfts zwischen Darlehensvertrag und finanziertem Geschäft allein darin bestehen bleibt, dass der Widerrufende einen Anspruch auf Zahlung des Abfindungsguthabens hat.[294]

**151** Auch bei Vorliegen eines verbundenen Geschäfts steht die bisherige Rechtsprechung des Bundesgerichtshofs im Einklang mit den europäischen Vorgaben sowie den bisher ergangenen Urteilen des Gerichtshofs der Europäischen Gemeinschaften.[295]

**152** **u) Zum Empfang des Darlehens.** Wann ein Darlehen iSv § 3 HWiG aF bzw. iSd §§ 312, 355, 346 BGB als empfangen gilt, richtet sich nach der zu § 607 Abs. 1 BGB aF ergangenen Rechtsprechung. Danach hat der Darlehensnehmer den Darlehensbetrag jedenfalls dann empfangen, wenn dieser auf ein Girokonto des Darlehensnehmers ausbezahlt wird. In einem solchen Fall ist es für den Empfang des Darlehens unerheblich, ob die Auszahlungsanweisung des Darlehensnehmers widerrufen wurde oder ob ein Treuhänder aufgrund nichtiger Vollmacht die Auszahlungen vom Girokonto vorgenommen hat. In letzteren beiden Fällen stünde dem Darlehensnehmer allenfalls ein Anspruch auf Wiedergutschrift der ausbezahlten Beträge zu.[296] Das Darlehen gilt auch dann als empfangen, wenn der vom Darlehensnehmer als Empfänger namhaft gemachte Dritte das Geld vom Darlehensgeber erhalten hat, es sei denn, der Dritte ist nicht überwiegend im Interesse des Darlehensnehmers, sondern sozusagen als „verlängerter Arm" des Darlehensgebers tätig geworden.[297] Dementsprechend gilt ein Darlehen auch dann als empfangen, wenn der Kreditgeber es vereinbarungsgemäß an einen Dritten ausbezahlt.[298] Entgegen einer früher vertretenen Rechtsauffassung steht dem Empfang des Darlehens die Verbundenheit von Darlehensvertrag und finanziertem Geschäft nicht entgegen.[299] Auch der Europäische Gerichtshof ist in seinem Urteil vom 25.10.2005 ausdrücklich davon ausgegangen, dass von einem Empfang der Darlehensvaluta durch den Kreditnehmer auch dann auszugehen ist,

---

[293] BGH Urt. v. 13.6.2006, Az. XI ZR 432/04, ZIP 2006, 1626, 1629f.; BGH Urt. v. 25.4.2006, Az. XI ZR 193/04, WM 2006, 1003, 1006.

[294] BGH Beschluss v. 27.6.2006, Az. II ZR 218/04, ZIP 2006, 1388; BGH Urt. v. 13.6.2006, Az. XI ZR 432/04, ZIP 2006, 1626, 1630; BGH Urt. v. 25.4.2006, Az. XI ZR 193/04, WM 2006, 1003, 1006; BGH Urt. v. 31.1.2005, Az. II ZR 200/03, WM 2005, 547, 549; vgl. auch oben Punkt 3r)aa).

[295] BGH Urt. v. 13.6.2006, Az. XI ZR 432/04, ZIP 2006, 1626, 1630.

[296] BGH Urt. v. 22.1.2008, Az. XI ZR 6/06 Rn. 34–37, BKR 2008, 254, 257f.; BGH Urt. v. 4.3.2008, Az. XI ZR 288/06 Rn. 24 u. H. a. BGHZ 121, 98, 106.

[297] BGH Urt. v. 16.5.2006, Az. XI ZR 6/04, WM 2006, 1194, 1198; BGH Urt. v. 25.4.2006, Az. XI ZR 29/05, WM 2006, 1008, 1012; BGH Urt. v. 25.4.2006, Az. XI ZR 219/04, WM 2006, 1060, 1064; BGH Urt. v. 21.3.2006, Az. XI ZR 304/03, ZIP 2006, 846, 847.

[298] So schon BGH Urt. v. 12.11.2002, Az. XI ZR 47/01, BGHZ 152, 331, 337 = WM 2002, 2501 m. Anm. *Edelmann* WuB IV D. § 3 HWiG 1.03; BGH Urt. v. 12.6.1997, Az. IX ZR 110/96, WM 1997, 1658, 1659; BGH Urt. v. 25.4.1985, Az. III ZR 27/84, WM 1985, 993, 994 m. Anm. *von Heymann* WuB I E 1.–24.85; BGH Urt. v. 17.1.1985, Az. III ZR 135/83, WM 1985, 221, 223 = BGHZ 93, 264.

[299] BGH Urt. v. 16.5.2006, Az. XI ZR 6/04, WM 2006, 1194, 1198; BGH Urt. e v. 25.4.2006, Az. XI ZR 29/05, WM 2006, 1008, 1012f.; Az. XI ZR 219/04, WM 2006, 1060, 1064; Az. XI ZR 193/04, WM 2006, 1003, 1007; Az. XI ZR 106/05, WM 2006, 1067, 1068f.

§ 4 Finanzierung von Kapitalanlagegeschäften      153–155  § 4

wenn das Kreditinstitut auf Weisung des Verbrauchers die Darlehensvaluta unmittelbar an den Verkäufer der Immobilie bezahlt.[300]

**v) Realkreditvertrag gem. § 3 Abs. 2 Nr. 2 VerbrKrG aF.** Nach § 3 Abs. 2 Nr. 2 VerbrKrG aF fand ua auch die Vorschrift über Verbundgeschäfte gem. § 9 VerbrKrG aF auf Realkredite, dh auf Kreditverträge, nach denen der Kredit **von der Sicherung** durch ein Grundpfandrecht **abhängig** gemacht und zu für grundpfandrechtlich abgesicherte Kredite und deren Zwischenfinanzierung **üblichen Bedingungen** gewährt wurde, keine Anwendung. Ein Rückgriff auf die Grundsätze des Einwendungsdurchgriffs ist in einem solchen Fall auch nicht über § 242 BGB möglich.[301]    **153**

Liegt somit ein Realkreditvertrag iSv § 3 Abs. 2 Nr. 2 VerbrKrG aF vor mit der Folge, dass die Grundsätze über das Verbundgeschäft keine Anwendung finden, dann bleibt nach vorstehenden Ausführungen zu den Rechtsfolgen des Widerrufs bei Haustürgeschäften der Kreditnehmer, da er selbst grundsätzlich das Verwendungs- sowie das wirtschaftliche Risiko seiner Kapitalanlageentscheidung trägt, gegenüber dem das Kapitalanlagegeschäft finanzierenden Kreditinstitut zur Rückzahlung der Darlehensvaluta einschließlich des Nutzungsentgelts verpflichtet.[302] Der Umstand, dass der Verbraucher bei Realkrediten ohne Rücksicht auf sein finanzielles Leistungsvermögen „auf einen Schlag" das Darlehen zurückzahlen muss und ein Widerruf des Darlehensvertrages deshalb für ihn im Allgemeinen wirtschaftlich wenig oder gar nicht interessant ist, ist mit den **europarechtlichen Vorgaben** vereinbar und entspricht auch der Rechtsauffassung des Gerichtshofs der Europäischen Gemeinschaften.[303] Insofern kommt es für die Rechtsfolgen bei einem Widerruf nach den Grundsätzen für Haustürgeschäfte ganz entscheidend darauf an, ob von einem Realkredit iSv § 3 Abs. 2 Nr. 2 VerbrKrG aF auszugehen ist.    **154**

Diesbezüglich ist zunächst festzuhalten, dass entgegen der vom II. Zivilsenat des Bundesgerichtshofs in seinen Urteilen vom 14.6.2004[304] sowie vom 21.3.2005[305] vertretenen Rechtsauffassung die Norm des § 3 Abs. 2 Nr. 2 VerbrKrG aF gleichermaßen sowohl für die **Finanzierung** eines **Immobilienfondsbeitritts** als auch für die Finanzierung eines **Grundstückserwerbs** gilt; denn nach Wortlaut, Begründung und Zweck des § 3 Abs. 2 Nr. 2 VerbrKRG aF ist ohne Belang, welchem Zweck der Kredit dienen soll.[306] Nach dem klaren Wortlaut des § 3 Abs. 2 Nr. 2 VerbrKrG aF kommt es für dessen Anwendbarkeit nur darauf an, ob die Kreditgewährung nach dem Inhalt des Darlehensvertrages von der Sicherung durch ein **Grundpfandrecht abhängig** gemacht wurde. Ob der Kreditnehmer selbst Sicherungsgeber ist, ist daher ebenso ohne Belang wie der Zeitpunkt der Bestellung    **155**

---

[300] EuGH Urt. v. 25.10.2005, Rs. C-350/03, WM 2005, 2079, 2085; so auch BGH Urt. v. 16.5.2006, Az. XI ZR 6/04, WM 2006, 1194, 1198.

[301] BGH Urt. v. 4.3.2008, Az. XI ZR 288/06 Rn. 23; BGH Urt. v. 6.11.2007, Az. XI ZR 322/03 Rn. 23; BGH Urt. v. 26.9.2006, Az. XI ZR 283/03 Rn. 14; BGH Urt. v. 16.5.2006, Az. XI ZR 6/04, WM 2006, 1194, 1196 m.j.w.N.

[302] BGH Urt. v. 26.9.2006, Az. XI ZR 283/03 Rn. 15 ff.; BGH Urt. v. 16.5.2006, Az. XI ZR 6/04, WM 2006, 1194, 1196 u. H. a. EuGH, Urt. v. 25.10.2005, Rs. C-350/03, WM 2005, 2079 – Schulte – und EuGH, Urt. v. 25.10.2005, Rs. C-229/04, WM 2005, 2086 – Crailsheimer Volksbank –; BGH Urt. v. 21.3.2006, Az. XI ZR 204/03, ZIP 2006, 846, 847; Urt. v. 18.11.2003, Az. XI ZR 322/01, WM 2004, 172, 176; BGH Urt. v. 26.11.2002, Az. XI ZR 10/00, WM 2003, 64, 66; BGH Urt. v. 12.11.2002, Az. XI ZR 47/01 BGHZ 152, 331, 336 ff. = WM 2002, 2501 m. Anm. Edelmann WuB IV D. § 3 HWiG 1.03.

[303] BGH Urt. v. 6.11.2007, Az. XI ZR 322/03 Rn. 26; BGH Urt. v. 16.5.2006, Az. XI ZR 6/04, WM 2006, 1194, 1196; BGH Urt. v. 21.3.2006, Az. XI ZR 204/03, ZIP 2006, 846, 847.

[304] BGH Urt. v. 14.6.2004, Az. II ZR 393/02, BGHZ 159, 294, 307 f. = WM 2004, 1529; Az. II ZR 407/02, WM 2004, 1536, 1540.

[305] BGH Urt. v. 21.3.2005, Az. II ZR 411/02, WM 2005, 843, 844.

[306] BGH Urt. v. 19.9.2006, Az. XI ZR 204/04 Rn. 15; BGH Urt. v. 20.6.2006, Az. XI ZR 224/05 Rn. 18; BGH Urt. v. 25.4.2006, Az. XI ZR 29/05, WM 2006, 1008, 1011; BGH Urt. v. 25.4.2006, Az. XI ZR 219/04, WM 2006, 1060, 1066.

der Sicherheit. Demnach liegt eine grundpfandrechtliche Absicherung des Kredits auch dann vor, wenn der Darlehensnehmer das Grundpfandrecht nicht selbst bestellt, sondern ein bereits bestehendes Grundpfandrecht (teilweise) übernimmt oder revalutiert.[307] Darüber hinaus stellt der eindeutige Wortlaut des § 3 Abs. 2 Nr. 2 VerbrKrG aF nicht auf die tatsächliche Bestellung des Grundpfandrechts, sondern auf die schuldrechtliche Verpflichtung dazu ab.[308] Insofern ist für die Anwendbarkeit von § 3 Abs. 2 Nr. 2 VerbrKrG aF irrelevant, ob das Grundpfandrecht tatsächlich bestellt wurde.[309] Dass der Gesetzgeber in § 358 Abs. 3 S. 3 BGB für die Zukunft eine abweichende Regelung getroffen hat, vermag an der Auslegung sowie dem Verständnis des § 3 Abs. 2 Nr. 2 VerbrKRG aF nichts zu ändern.[310] Demgemäß kommt auch weder eine einschränkende Auslegung des § 3 Abs. 2 Nr. 2 VerbrKrG aF in Betracht noch eine analoge Anwendung von § 9 VerbrKrG aF auf Realkredite.[311]

**156**   Von einer grundpfandrechtlichen Absicherung ist auch dann auszugehen, wenn der Wert der Immobilie niedriger ist als der Betrag der bestellten Grundschuld. Der Kredit muss **nicht vollständig grundpfandrechtlich** abgesichert sein. Es muss auch nicht der **Beleihungsrahmen** der §§ 11, 12 HypBG eingehalten sein. Von einer grundpfandrechtlichen Absicherung kann vielmehr nur dann nicht mehr gesprochen werden, wenn die Voraussetzungen des § 18 Abs. 2 VerbrKrG aF vorliegen **(Umgehungsverbot),** etwa weil nur ein nicht wesentlicher Teil des Kredits grundpfandrechtlich abgesichert ist.[312] Die Anwendbarkeit des § 3 Abs. 2 Nr. 2 VerbrKrG aF setzt nicht voraus, dass das Grundpfandrecht den Kreditbetrag allein voll absichert. Insofern steht beispielsweise die zusätzliche Absicherung von Ansprüchen aus anzusparenden Bausparverträgen oder Kapitallebensversicherungen der Anwendbarkeit des § 3 Abs. 2 Nr. 2 VerbrKrG aF nicht entgegen.[313] § 3 Abs. 2 Nr. 2 VerbrKrG aF greift auch dann ein, wenn nicht bereits der Abschluss des Kreditvertrages, sondern erst die tatsächliche Gewährung des Kredits von der Sicherung durch ein Grundpfandrecht abhängig gemacht ist.[314]

**157**   Für die Beantwortung der Frage, wann ein Kredit zu für grundpfandrechtlich abgesicherte Darlehen **üblichen Bedingungen** vergeben ist, kommt es maßgeblich auf die

---

[307] BGH Urt. v. 20.6.2006, Az. XI ZR 224/05 Rn. 17; BGH Urt. e v. 25.4.2006, Az. XI ZR 29/05, WM 2006, 1008, 1010f. u. XI ZR 219/04, WM 2006, 1060, 1065 f.; BGH Urt. v. 18.1.2005, Az. XI ZR 201/03, WM 2005, 375, 376; BGH Urt. v. 9.11.2004, Az. XI ZR 315/03, WM 2005, 72, 74; BGH Urt. v. 26.10.2004, Az. XI ZR 255/03, BGHZ 161, 15, 26f. = WM 2005, 127; KG WM 2005, 596, 604; OLG Schleswig WM 2005, 607, 608; OLG Düsseldorf WM 2005, 881, 886; OLG Köln WM 2005, 792; *Lwowski/Wunderlich* ZInsO 2005, 11; *Wolf/Großerichter* ZfIR 2005, 1, 4 f.

[308] BGH Urt. v. 24.4.2007, Az. XI ZR 340/05 Rn. 25, WM 2007, 1257; BGH Urt. v. 20.6.2006, Az. XI ZR 224/05 Rn. 17; BGH Urt. e v. 25.4.2006, Az. XI ZR 29/05, WM 2006, 1008, 1011 u. Az. XI ZR 219/04, WM 2006, 1060, 1065.

[309] BGH Urt. v. 18.1.2005, Az. XI ZR 201/03, WM 2005, 375; BGH Urt. v. 9.11.2004, Az. XI ZR 315/03, WM 2005, 72, 74; BGH Urt. v. 26.10.2004, Az. XI ZR 255/03, ZIP 2005, 69, 73 = WM 2005, 127 = BGHZ 161, 15.

[310] BGH Urt. v. 4.3.2008, Az. XI ZR 288/06 Rn. 22; BGH Urt. v. 6.11.2007, Az. XI ZR 322/03 Rn. 22; BGH Urt. v. 26.2.2008, Az. XI ZR 74/06 Rn. 16, WM 2008, 683.

[311] BGH Urt. v. 4.3.2008, Az XI ZR 288/06 Rn. 22; BGH Urt. v. 26.2.2008, Az. XI ZR 74/06 Rn. 16, WM 2008, 683.

[312] BGH Urt. v. 4.3.2008, Az. XI ZR 288/06 Rn. 20; BGH Urt. v. 6.11.2007, Az. XI ZR 322/03 Rn. 20, WM 2008, 115, 116f.; BGH Urt. v. 18.11.2003, Az. XI ZR 322/01, ZIP 2004, 209, 212 = WM 2004, 172; BGH Urt. v. 15.7.2003, Az. XI ZR 162/00, ZIP 2003, 1741, 1743; BGH Urt. v. 18.3.2003, Az. XI ZR 422/01, WM 2003, 916; BGH Beschluss v. 5.2.2002, Az. XI ZR 327/01, WM 2002, 588, 589; BGH Urt. v. 18.4.2000, Az. XI ZR 193/99, WM 2000, 1245 m. Anm. *Frisch* EWiR § 3 VerbrKrG 1/2000, 699; *Bruchner* WuB I G 5.-14.00 sowie *Edelmann* DB 2000, 1400; OLG Karlsruhe Urt. v. 12. 10.2006, Az. 19 U 143/05, WM 2007, 16, 18.

[313] BGH Beschluss v. 5.2.2002, Az. XI ZR 327/01, WM 2002, 588, 589; BGH Urt. v. 18.3.2003, Az. XI ZR 422/01, WM 2003, 916; BGH Urt. v. 18.11.2003, Az. XI ZR 322/01, WM 2004, 172.

[314] BGH Urt. v. 22.1.2002, Az. XI ZR 31/01, WM 2002, 536 = ZIP 2002, 476; **aA** KG WM 2001, 2204 wenn das Grundpfandrecht erst für die Auszahlung des Kredits zu bestellen ist.

§ 4 Finanzierung von Kapitalanlagegeschäften

Zinshöhe und die sonstigen Darlehenskonditionen an.[315] Als Vergleichsmaßstab werden dabei die Monatsberichte der Deutschen Bundesbank herangezogen[316]. In diesem Zusammenhang ist in Rechtsprechung und Literatur anerkannt, dass das Darlehen dann zu für grundpfandrechtlich abgesicherte Kredite üblichen Bedingungen gewährt ist, wenn sich die vereinbarten Zinssätze innerhalb der in den Bundesbankstatistiken angeführten Streubreiten bewegen.[317] Auf der anderen Seite ist ebenso anerkannt, dass nicht jeder Kredit, bei welchem die vereinbarten Zinssätze die in den Monatsberichten der Deutschen Bundesbank ausgewiesenen Zinssätze überschreiten, aus der Privilegierung des § 3 Abs. 2 Nr. 2 VerbrKrG aF herausfällt.[318] In einem solchen Fall ist vielmehr unter Berücksichtigung des Gesamtbildes der Kreditbedingungen sowie unter Einholung eines Sachverständigengutachtens[319] besonders zu prüfen, ob es sich ungeachtet der Überschreitung der Bundesbankstatistik nach wie vor um ein zu für grundpfandrechtlich abgesicherte Kredite üblichen Bedingungen gewährtes Darlehen handelt.[320] Ein Kredit soll daher nur aus der Privilegierung herausfallen, wenn der vereinbarte Effektivzinssatz wesentlich von der Streubreite der maßgeblichen Monatsberichte der Bundesbank abweicht[321] oder die Zinssätze des Realkredits denjenigen für Personalkredite entsprechen oder gar darüber liegen.[322] Aber selbst dann, wenn der Zinssatz innerhalb der Streubreite von Personalkrediten liegt, kann der Zinssatz im Rahmen des „Üblichen" iSv § 3 Abs. 2 Nr. 2 VerbrKrG aF liegen.[323] Wie die Zinsbedingungen intern durch den Kreditgeber kalkuliert werden, ist irrelevant.[324]

---

[315] BGH Urt. v. 18.4.2000, Az. XI ZR 193/99, WM 2000, 1245 m. Anm. *Bruckner* WuB I G 5.-14.00; *Frisch* EWiR § 3 VerbrKRG 1/2000, 699 u. *Edelmann* DB 2000, 1400; BGH Urt. v. 25.4.2006, Az. XI ZR 219/04, WM 2006, 1060, 1066; BGH Urt. v. 18.3.2003, Az. XI ZR 422/01, WM 2003, 916, 917 = ZIP 2003, 894, 896; BGH Urt. v. 7.11.2000, Az. XI ZR 27/00, WM 2001, 20, 21 f. = BGHZ 146, 5.

[316] *Kessal-Wulf* in Staudinger, 2004, § 358 Rn. 50 sowie die BGH-Urt.e aus der vorangehenden Fußnote.

[317] BGH Urt. v. 22.6.1999, Az. XI ZR 316/98, WM 1999, 1555; OLG Karlsruhe WM 2001, 245, 251; OLG Stuttgart WM 2000, 292, 300.

[318] So schon OLG Stuttgart OLGR 1999, 300, 303 f.; OLG Stuttgart WM 2000, 1190, 1191; OLG Köln WM 2000, 2139, 2145; OLG München WM 2000, 130, 133; LG Stuttgart WM 2000, 1103, 1105.

[319] BGH Urt. v. 18.1.2011, Az. XI ZR 356/09 Rn. 21, WM 2011, 451, 452; BGH Urt. v. 18.12.2007, Az. XI ZR 324/06 Rn. 29; BGH Urt. v. 18.3.2003, Az. XI ZR 422/01, WM 2003, 916, 918; OLG Karlsruhe ZIP 2004, 2423, 2426.

[320] Die grundpfandrechtliche Absicherung bejahend BGH Urt. v. 23.10.2007, Az. XI ZR 167/05 Rn. 9, 0,18 Prozentpunkte über oberer Streubreitengrenze; BGH Urt. v. 18.11.2003, Az. XI ZR 322/01, ZIP 2004, 209, 213, Überschreitung um 0,4 Prozentpunkte; zweifelnd BGH Urt. v. 25.4.2006, Az. XI ZR 219/04, WM 2006, 1060, 1066 bei einem Effektivzinssatz, welcher um 1,67 % bzw. 2,36 % über den Durchschnittszinssätzen und um 1,93 % bzw. 1,23 % höher lag als der jeweils höchste Wert der Streubreite; ebenso BGH Urt. v. 18.3.2003, Az. XI ZR 422/01, WM 2003, 916, 918 bei Überschreitung v. 0,86 % bzw. 1,8 %; § 3 Abs. 2 Nr. 2 bejahend OLG Karlsruhe ZIP 2004, 2423, 2425; OLG Celle WM 2005, 691, 692, Überschreitung um 0,18 Prozentpunkte; KG WM 2005, 596, 604, Überschreitung um 0,21 Prozentpunkte; OLG Schleswig WM 2005, 607, 608, Überschreitung um 0,6 Prozentpunkte.

[321] BGH Urt. v. 18.12.2007, Az. XI ZR 324/06 Rn. 29; BGH Urt. v. 18.3.2003, Az. XI ZR 422/01, WM 2003, 916, 917; OLG Stuttgart OLGR 1999, 300, 303 f.; LG Stuttgart WM 2000, 1103, 1105.

[322] Urt. des OLG Karlsruhe v. 17.12.1998, Az. 12 U 198/98, ähnlich OLG München WM 2000, 130, 133.

[323] BGH Urt. v. 18.12.2007, Az. XI ZR 324/06 Rn. 30; vgl. hierzu auch OLG Stuttgart OLGR 1999, 300, 303 f.; OLG Stuttgart WM 2000, 1190, 1191; LG Stuttgart WM 2000, 1388, 1392; *Rössler* DB 1999, 2297, 2299.

[324] BGH Urt. v. 23.10.2007, Az. XI ZR 167/05 Rn. 9, ob versteckte Zinssubventionen enthalten sind, ist daher irrelevant.

**158** w) **Realkreditvertrag und § 358 Abs. 3 Satz 3 BGB.** Anders als in § 3 Abs. 2 Nr. 2 VerbrKrG aF noch geregelt, gelten die in § 358 BGB alter sowie neuer, ab dem 13.6.2014 geltender Fassung geregelten Grundsätze über das Verbundgeschäft auch bei sog Realkrediten. Immobiliendarlehensverträge (Realkredite) unterliegen damit nur noch den in § 503 BGB bzw. § 492 Abs. 1a BGB aF aufgenommenen Besonder-heiten/Ausnahmen. Für die Anwendbarkeit der Verbundregelung des § 358 Abs. 3 S. 3 BGB kommt es daher nur noch darauf an, ob der Kredit dem Erwerb „eines Grundstücks- oder eines grundstücksgleichen Rechts" dient. Damit kommt es für die Frage der Widerrufsfolgen eines Haustürgeschäfts bei neuen, der Vorschrift des § 358 BGB unterfallenden Darlehensverträgen nur noch darauf an, ob diese entsprechend den Vorgaben in § 358 Abs. 3 BGB als mit dem Erwerbgeschäft verbunden anzusehen sind.

**159** x) **Verbundene Geschäfte gemäß § 9 Abs. 1 VerbrKrG aF (alte Rechtslage bis 1.8.2002).** Wann von einem verbundenen Geschäft bei Immobilienfinanzierungsverträgen bei Anwendung des früheren Rechts auszugehen ist, orientiert sich an der Norm des **§ 9 Abs. 1 VerbrKrG aF** (§ 358 Abs. 1 S. 2 BGB). Zu dieser Norm hat der Bundesgerichtshof in seinem Urteil v. 25.4.2006 festgehalten, dass eine wirtschaftliche Einheit im Sinne der Verbundregelung des § 9 Abs. 1 Satz 2 VerbrKrG aF dann **unwiderleglich vermutet** wird, wenn der Kreditvertrag **nicht aufgrund eigener Initiative** des Kreditnehmers zustande kommt, sondern deshalb, weil der Vertriebsbeauftragte des Anlagevertreibers dem Interessenten **zugleich mit den Anlageunterlagen** einen Kreditantrag des Finanzierungsinstituts vorgelegt hat, welches sich **zuvor** dem Anlagevertreiber gegenüber **zur Finanzierung bereit erklärt** hatte.[325] Schließlich ist Voraussetzung für das Eingreifen der unwiderlegbaren Vermutung, dass der finanzierenden Bank das Zusammenwirken des für sie tätigen Vermittlers mit dem Verkäufer **positiv bekannt** ist oder die Bank die Augen vor dieser Tatsache verschließt.[326]

Fehlt es an einer dieser Voraussetzungen für das Eingreifen der unwiderlegbaren Vermutung, so kann ungeachtet dessen eine **wirtschaftliche Einheit im Einzelfall** gemäß § 9 Abs. 1 S. 1 VerbrKrG (358 Abs. 1 S. 1 BGB aF) angenommen werden. Diesbezüglich verweist der XI. Zivilsenat des Bundesgerichtshofs in vorstehend angesprochener Entscheidung vom 25.4.2006 auf folgende, für die Bejahung eines verbundenen Geschäfts **maßgeblichen Kriterien:**
– Bestehen einer **ständigen Geschäftsbeziehung** zwischen Bank und Anlagevertreiber
– Abgabe einer **allgemeinen Finanzierungszusage** im Vorfeld des Vertriebs der Anlage
– **Aushandlung** der Darlehensbedingungen **im Vorfeld** der Einleitung des Vertriebs
– Einverständnis mit dem Vertriebssystem des Fondsbetreibers
– **Anbahnung** und **Vorbereitung** des Darlehensvertragsabschlusses bis zur Unterschriftsreife durch den Fondsinitiator bzw. den Vertrieb
– **Überlassung von Darlehensvertragsformularen** an den Vertrieb

In seiner Entscheidung v. 18.12.2007 stellt der Bundesgerichtshof ergänzend fest, dass eine die Verbundenheit beider Geschäfte begründende **wirtschaftliche Einheit** sich aus nachfolgenden **Indizien** ergeben kann:[327]
– **Zweckbindung** des Darlehens
– **zeitgleicher Abschluss** beider Verträge
– **Verwenden einheitlicher Formulare** mit konkreten **wechselseitigen Hinweisen**
– Einschaltung derselben Vertriebsorganisation

---

[325] BGH Urt. v. 18.12.2007, Az. XI ZR 324/06 Rn. 22 u. 23, WM 2008, 967 m. Anm. *M. Volmer* WuB I G 2. § 9 VerbrKrG 2.08, wonach eine solche Feststellung unverzichtbar ist; BGH Urt. v. 25.4.2006, Az. XI ZR 193/04, WM 2006, 1003; OLG Frankfurt Urt. v. 22.5.2007, Az. 9 U 51/06, WM 2007, 1970, 1971.

[326] BGH Urt. v. 19.6.2007, Az. XI ZR 142/05, WM 2007, 1456, 1457 f.

[327] BGH Urt. v. 18.12.2007, Az. XI ZR 324/06 Rn. 26.

— Abhängigmachung des Erwerbsvertrages vom Zustandekommen des Darlehens-vertrages mit einer von Verkäuferseite vorgegebenen Bank.

Auf der anderen Seite ist schon seit jeher anerkannt, dass die Bejahung eines verbundenen Geschäfts mehr voraussetzt als die reine Zweckbindung des Darlehens und dass eine wirtschaftliche Einheit im Sinne eines verbundenen Geschäfts nur dann angenommen werden kann, wenn sich der Darlehensgeber **nicht mit seiner Finanzierungsrolle** begnügt, sondern Funktionen des Verkäufers im Zusammenwirken mit diesem in einer Art und Weise sowie in einem Umfang wahrnimmt, dass die Berufung auf die rechtliche Selbständigkeit des Darlehensvertrages gegen Treu und Glauben verstößt.[328]

160

Darüber hinaus entspricht es der ständigen Rechtsprechung des Bundesgerichtshofs, dass ein Realkreditvertrag und das finanzierte Grundstücksgeschäft grundsätzlich nicht als zu einer wirtschaftlichen Einheit verbundene Geschäfte anzusehen sind. Denn bei einem Immobilienkauf weiß auch der rechtsunkundige und geschäftsunerfahrene Laie, dass Kreditgeber und Immobilienverkäufer in der Regel verschiedene Personen sind.[329]

161

Da die Annahme bzw. Ablehnung des Vorliegens eines Verbundgeschäfts vielfach von den jeweiligen **Besonderheiten des Einzelfalls** abhängig ist, werden nachfolgend Beispiele aufgelistet, in denen das Verbundgeschäft bejaht bzw. verneint wurde:

162

– Ein verbundenes Geschäft liegt in der Regel vor, wenn sich die Fondsgesellschaft und die finanzierende Bank **derselben Vertriebsorganisation bedienen,** zB durch Überlassung der Vertragsformulare der Bank an den Vertrieb oder durch Verwendung der Selbstauskunftsformulare oder der Bonitätsunterlagen des Vertriebsunternehmens.[330] Diese Sichtweise ist insofern problematisch, als anerkannt ist, dass die Bank allein durch die Überlassung von Darlehensvertragsunterlagen ihre ausschließliche Kreditgeberrolle nicht überschreitet.[331]
– Ein Sichbedienen in vorstehendem Sinne ist auch dann anzunehmen, wenn die Vermittlung der Finanzierung nicht durch den Anlagevermittler selbst, sondern durch einen in seinem Auftrag tätigen Finanzierungsvermittler erfolgt.[332]
– Sind Kredit- und Kaufvertrag nicht zeitgleich abgeschlossen, werden beide Verträge nicht einheitlich formularmäßig ausgestaltet und enthält der Kreditvertrag keine Zweckbindung, dann stehen diese Umstände der Annahme der Verbundenheit entgegen.[333]
– Der Umstand, dass der Erwerb der Immobilie sowohl durch einen Real- als auch durch einen Personalkredit finanziert wird, schließt die Annahme der Verbundenheit letzteren Darlehens mit dem Erwerbsvertrag nicht aus.[334]

---

[328] BGH Urt. v. 19.5.2000, Az. V ZR 322/98, ZIP 2000, 1098, 1099 = WM 2000, 1287.

[329] BGH Urt. v. 18.1.2005, Az. XI ZR 201/03, WM 2005, 375, 376; BGH Urt. v. 9.11.2004, Az. XI ZR 315/03, WM 2005, 72, 73 f.; BGH Urt. v. 26.10.2004, Az. XI ZR 255/03, ZIP 2005, 69, 73 = WM 2005, 127; BGH Urt. v. 9.4.2002, Az. XI ZR 91/99, WM 2002, 1181 = BGHZ 150, 248 m.j.w.N. auf weitere Entscheidungen seit BGH Urt. v. 18.9.1970, Az. V ZR 174, 67, WM 1970, 1362, 1363.

[330] BGH Urt. v. 31.1.2005, Az. II ZR 200/03, ZIP 2005, 565, 566; BGH Urt. v. 14.6.2004, Az. II ZR 393/02, WM 2004, 1529 = ZIP 2004, 1394, 1396; BGH Urt. v. 14.6.2004, Az. II ZR 395/01, ZIP 2004, 1402, 1405; BGH Urt.e v. 15.11.2004, Az. II ZR 386/02, S. 6 u. Az. II ZR 410/02, S. 9; BGH Urt. v. 21.7.2003, Az. II ZR 387/02, WM 2003, 1762 = ZIP 2003, 1592, 1594 m. Anm. *Fischer* DB 2003, 2062; *Tonner* WuB I E 2. § 9 VerbrKrG 2.03; *Tiedtke* DB § 705 BGB 1/04, 172; *Schäfer* JZ 2004, 258 ff.; *Bülow* LMK 2003, 221.

[331] Vgl. hierzu § 5 Rn. 312; vgl. auch OLG Stuttgart Urt. v. 8.1.2001, Az. 6 U 57/00, ZIP 2001, 692, 694; zweifelnd auch OLG Bamberg Beschluss v. 27.9.2005, Az. 4 U 148/04, WM 2005, 593, 596, welches ein Verbundgeschäft nur bei planmäßigem und arbeitsteiligem Zusammenwirken annehmen möchte.

[332] BGH Urt. v. 31.1.2005, Az. II ZR 200/03, ZIP 2005, 565, 566 = WM 2005, 547; BGH Urt. v. 28.6.2004, Az. II ZR 373/00, ZIP 2004, 1543, 1544 = WM 2004, 1675.

[333] BGH Urt. v. 23.9.2003, Az. XI ZR 135/02, NJW 2003, 3703, WM 2003, 2232 m. Anm. *Arnold* BKR 2003, 895 u. *Schirp* BKR 2003, 897.

[334] BGH, aaO, WM 2003, 2232.

– Der Verbundenheit der Geschäfte steht nicht entgegen, dass das **ursprüngliche Darlehen** hausintern durch Abschluss eines neuen Darlehensvertrages **abgelöst** wurde oder eine Umschuldung nach Ablauf der Zinsfestschreibungszeit erfolgte.[335]
– Der Umstand, dass die in einem Kreditvertrag enthaltene Widerrufsbelehrung eine **Belehrung über verbundene Geschäfte** enthält, genügt für sich allein für die Bejahung der Verbundenheit von Darlehensvertrag und Erwerbsgeschäft nicht.[336]
– Ein verbundenes Geschäft liegt nicht vor, wenn die Kredit gebende Bank dem Darlehensnehmer vor Abschluss des Kreditvertrages einen **unmissverständlichen Hinweis** dahingehend erteilt, dass das Darlehen unabhängig vom Erwerbsakt gewährt wird.[337]
– Darlehens- und **Treuhandvertrag** bilden keine wirtschaftliche Einheit und sind somit in der Regel keine verbundenen Geschäfte.[338]
– Darlehen und hiermit finanzierte **Restschuldversicherung** bilden ebenfalls kein verbundenes Geschäft.[339]
– Der Umstand, dass eine Bank ihre Kreditformulare für jedermann zum **Herunterladen im Internet** zur Verfügung stellt, reicht für die Annahme der Verbundenheit nicht aus.[340]
– Die Voraussetzungen eines verbundenen Geschäfts sind nicht bereits dadurch erfüllt, dass der Anlagevermittler zugleich den Kreditvertrag eingefädelt und sich dabei der **Abschlussformulare** des Kreditinstituts bedient hat. Vielmehr bedarf es in einem solchen Fall eines irgendwie gearteten strukturierten Zusammenwirkens von Vertriebsorganisation und Bank.[341]
– Ob die Grundsätze über das Verbundgeschäft auch vor Erlass des Verbraucherkreditgesetzes allein im Anwendungsbereich des Haustürwiderrufsgesetzes Anwendung finden, ist fraglich, weil das Haustürwiderrufsgesetz im Gegensatz zum Verbraucherkreditgesetz kein Verbundgeschäft kannte und die Haustürgeschäfterichtlinie an keiner Stelle auf Verbundgeschäfte hindeutet.[342]

**163** y) **Verbundgeschäfte nach § 358 Abs. 3 Satz 1, 2 u. 3 BGB (aktuelle Rechtslage).** Nach dem auf Immobiliardarlehensverträge, die **nach** dem **1.8.2002** abgeschlossen wurden, anwendbaren § 358 Abs. 3 Satz 1 BGB sind ein Vertrag über die Lieferung einer Ware oder die Erbringung einer anderen Leistung und ein Verbraucherdarlehensvertrag dann verbunden, wenn das Darlehen ganz oder teilweise der Finanzierung des anderen

---

[335] BGH Urt. v. 15.11.2004, Az. II ZR 375/02, ZIP 2005, 67, 68 = WM 2005, 124; ähnlich bereits BGH Urt. v. 27.9.2004, Az. II ZR 321/03, S. 6, wonach der Annahme eines verbundenen Geschäfts der Abschluss eines Anschlussfinanzierungsvertrags nicht entgegensteht; vgl. auch BGH Urt. v. 18.11.2003, Az. XI ZR 322/01, ZIP 2004, 209, 214 = WM 2004, 172; so wohl auch OLG Stuttgart Urt. v. 20.11.2006, Az. 6 U 23/06, OLGR 2007, 576.
[336] BGH Urt. v. 23.9.2003, Az. XI ZR 135/02, WM 2003, 2232, 2234; **aA** wohl *Habersack* in MüKoBGB, 4. Auflage, § 358 Rn. 71.
[337] BGH WM 2002, 2501, 2503; BGH NJW 1992, 2560; vgl. zur sog Trennungsklausel Rn. 356.
[338] BGH Urt. v. 24.4.2007, Az. XI ZR 340/05 Rn. 31, WM 2007, 1257; BGH Urt. v. 2.5.2000, Az. XI ZR 108/99, WM 2000, 1247, 1250.
[339] OLG Oldenburg Urt. v. 15.1.2009, Az. 8 U 122/08, BKR 2009 = WM 2009, 796, 115 m.Anm. *Schmidt* BKR 2009, 119; OLG Köln Urt. v. 14.1.2009, Az. 13 U 103/08, WM 2009, 793; OLG Celle Urt. v. 17.6.2009, Az. 3 U 53/09, WM 2009, 1600, 1601 wo ausgeführt wird, dass selbst bei Annahme eines Verbundgeschäfts kein Anspruch auf Auszahlung der Versicherungsprämie besteht; so auch OLG Stuttgart WM 2009, 1361 u. OLG Schleswig WM 2009, 1606; **aA** BGH Urt. v. 15.12.2009, Az. XI ZR 45/09, BKR 2010, 193, 195 Rn. 16ff. mwN, welcher die Verbundenheit jedenfalls dann bejaht, wenn die Restschuldversicherung nicht zwingend als Bedingung für die Gewährung des Kredits vorgeschrieben war und die Prämie der Restschuldversicherung mit einem Teil des Darlehensbetrages bezahlt wird.
[340] LG Hamburg WM 2005, 1026.
[341] OLG Bamberg WM 2005, 593, 596.
[342] *Lwowski/Wunderlich* ZInsO 2005, 5, 12.

Vertrages dient und beide Verträge eine wirtschaftliche Einheit bilden (**Finanzierungszusammenhang**).

Eine wirtschaftliche Einheit in diesem Sinne ist wiederum nach § 358 Abs. 3 Satz 2 BGB im Wege einer **unwiderleglichen gesetzlichen Vermutung** dann anzunehmen, wenn der Unternehmer selbst die Gegenleistung des Verbrauchers finanziert oder im Falle der Finanzierung durch einen Dritten, wenn sich der Darlehensgeber bei der Vorbereitung oder dem Abschluss des Verbraucherdarlehensvertrages der **Mitwirkung des Unternehmers** bedient. Von einer solchen Mitwirkung ist in der Regel dann auszugehen, wenn die zum Eingreifen der unwiderleglichen Vermutung iSv § 9 Abs. 1 S. 2 VerbrKrG erforderlichen Voraussetzungen erfüllt sind.[343]

Bei einem **finanzierten Erwerb eines Grundstücks** oder eines grundstücksgleichen Rechts ist demgegenüber **gemäß § 358 Abs. 3 S. 3 BGB** eine wirtschaftliche Einheit nur dann anzunehmen,
– wenn der Darlehensgeber selbst das Grundstück oder das grundstücksgleiche Recht verschafft oder
– wenn er über die Zurverfügungstellung von Darlehen hinaus **den Erwerb** des Grundstücks oder grundstücksgleichen Rechts durch Zusammenwirken mit dem Unternehmer **fördert,** indem er sich dessen Veräußerungsinteressen ganz oder teilweise zu eigen macht, bei der Planung, Werbung oder Durchführung des Projekts Funktionen des Veräußerers übernimmt oder den Veräußerer einseitig begünstigt.

Im Hinblick darauf, dass § 358 Abs. 3 Satz 3 BGB ausdrücklich von einem finanzierten Erwerb eines Grundstücks oder eines grundstücksgleichen Rechts spricht, wird man den Beitritt zu einer Immobilienfondsgesellschaft, auch wenn das Gesellschaftsvermögen im Wesentlichen aus Grundstücken besteht, nicht hierunter fassen können[344]. Wurden jedoch mit dem durch einen Kredit finanzierten Erwerb von Genossenschaftsanteilen oder durch den Kredit finanzierten Beitritt in eine Personengesellschaft, zB einem Imoiblienfonds, vorrangig Kapitalanlage- und/oder Steuerzwecke verfolgt, ist der Beitrittsvertrag mit Rücksicht auf den mit der Beteiligung verfolgten Zweck und die Schutzbedürftigkeit des Anlegers einem Vertrag im Sinne von § 358 Abs. 3 BGB gleichzustellen.[345]

Da § 358 Abs. 3 Satz 3 BGB nicht nach der Art des Darlehensvertrages (Personal- oder Realkredit), sondern nach dem Zweck des Darlehens differenziert, gilt § 358 Abs. 3 Satz 3 BGB in gleicher Weise für **Personal- und für Realkredite.**[346]

Durch die Verwendung der Worte „ist eine wirtschaftliche Einheit **nur** anzunehmen" in § 358 Abs. 3 Satz 3 BGB steht fest, dass es sich hierbei um eine abschließende Aufzählung der Tatbestände handelt, in denen bei der Finanzierung des Erwerbs eines Grundstücks oder eines grundstücksgleichen Rechts von einer wirtschaftlichen Einheit auszugehen ist.[347]

Was die beiden in § 358 Abs. 3 Satz 3 BGB geregelten Grundtatbestände des „**Verschaffens**" und der „**Rollenüberschreitung**" anbelangt, so wird man, was letzteren Tatbestand anbelangt, an die Rechtsprechung des Bundesgerichtshofs zur Rollenüberschreitung im Zusammenhang mit der Beurteilung des Vorliegens von Schadensersatzansprüchen anknüpfen können. Beim Tatbestand des „Verschaffens" wird man im Hinblick auf die Anknüpfung an die in § 433 Abs. 1 Satz 1 BGB geregelte Verschaffungspflicht des Verkäufers davon ausgehen müssen, dass der Tatbestand nur dann erfüllt ist, wenn die fi-

---

[343] Vgl. hierzu → § 4 Rn. 159.
[344] Wie hier *Kessal-Wulff* in Staudinger, 2004, § 358 BGB Rn. 51; *Habersack* in MüKoBGB, 4. Auflage, § 358 Rn. 51; *Bülow/Artz,* Heidelberger Kommentar zum Verbraucherkreditrecht, § 495 Rn. 246.
[345] BGH Urt. v. 1.3.2011, Az. II ZR 297/08, WM 2011, 829 m. Anm. *van Lock* WuB I G 5.-6.11.
[346] *Grüneberg* in Palandt, 65. Auflage, § 358 Rn. 14; *Bülow/Artz,* aaO, § 495 Rn. 245; **aA** wohl *Habersack* in MüKoBGB, 4. Auflage, § 358 Rn. 51.
[347] So auch *Kessal-Wulff* in Staudinger, § 358 Rn. 52; *Habersack* in MüKoBGB, § 358 Rn. 54.

nanzierende Bank selbst Eigentümerin des Grundstücks oder des grundstücksgleichen Rechts ist.[348] Denn nur dann kann von einem Verschaffen iSv § 433 Abs. 1 Satz 1 BGB gesprochen werden. Jegliche andere erweiternde Auslegung würde zu erheblichen Abgrenzungsschwierigkeiten führen. Insbesondere dürfte es schwierig werden zu bestimmen, ab welcher Intensität einer initiierenden oder vermittelnden Tätigkeit der Bank von einem Verschaffen iSd § 358 Abs. 3 Satz 3 BGB gesprochen werden kann.

**170** **z) Grundschuld und Widerruf.** Die einer Grundschuld mit persönlicher Haftungsübernahme und Unterwerfung unter die sofortige Zwangsvollstreckung zugrunde liegende Sicherungsabrede erfasst bei einer weiten Sicherungszweckerklärung auch Rückgewähransprüche des Kreditgebers aus § 3 HWiG aF.[349]

**171** **2. Verbraucherkreditgesetz/Verbraucherdarlehensvertragsrecht.** Im Zusammenhang mit dem **am 1.1.1991** in Kraft getretenen **Verbraucherkreditgesetz,** dessen Regelungen im Zuge der Modernisierung des Schuldrechts durch Gesetz vom 26.11.2001[350] ganz oder teilweise in das Bürgerliche Gesetzbuch integriert wurden (vgl. §§ 488ff. BGB), hat sich eine ganz erhebliche Anzahl von Rechtsproblemen gestellt, welche nach wie vor sowohl für so genannte Altdarlehensverträge als auch für solche Darlehensverträge, welche in den Anwendungsbereich der neuen Regelungen des Bürgerlichen Gesetzbuchs über Verbraucherdarlehensverträge fallen, von erheblicher Bedeutung sind. Dabei gelten nachfolgend aufgeführte Problempunkte auch für die unter Berücksichtigung der im Zuge der Umsetzung der Verbraucherkreditrichtlinie 2008 neu geschaffenen und im Grundsatz für **ab dem 11.6.2010** abgeschlossenen Verbraucherdarlehensverträge geltenden[351] neuen Normen sowie für die erst ab dem **13.6.2014** geltenden Regelungen[352], teilweise aber auch nur in Bezug auf die neuen Regelungen, was zB für die ersten beiden nachfolgend aufgeführten Punkte gilt.

**171a** **a) Einhaltung des Deutlichkeitsgebots gemäß § 360 BGB bei „neuer" Widerrufsinformation.** Im Zuge der Umsetzung der Europäischen Richtlinien wurden ua die **vorvertraglichen Informationspflichten** gemäß § 491a BGB iVm Art. 247 EGBGB geregelt sowie eine neue Erläuterungspflicht des Darlehensgebers in § 451a Abs. 2 S. 1 BGB aufgenommen, welche den Darlehensnehmer in die Lage versetzen soll, selbst zu beurteilen, ob der Vertrag dem von ihm verfolgten Zweck und seinen Vermögensverhältnissen gerecht wird. Zudem wurden **„neue Definitionen"** des Sollzinssatzes (489 Abs. 5 BGB), des Gesamtbetrages, des effektiven Jahreszinses sowie des Nettodarlehensbetrages (Art. 247 § 3 Abs. 3 EGBGB) in das Gesetz aufgenommen, die **Vorgaben an den Inhalt** des Verbraucherdarlehensvertrages iSv § 492 BGB iVm Art. 247 §§ 6–13 EGBGB neu gestaltet sowie das Widerrufsrecht bei Verbraucherdarlehensverträgen insofern in § 495 BGB neu geregelt, als in § 495 Abs. 2 Nr. 1 BGB geregelt wurde, dass an die Stelle der Widerrufsbelehrung die **Pflichtangaben** nach Art. 247 § 6 Abs. 2 EGBGB treten, weswegen auch die das Deutlichkeitsgebot für „übliche" Widerrufsbelehrungen enthaltende Norm des § 360 BGB ausweislich des § 495 Abs. 2 S. 1 BGB für Verbraucherdarlehensverträge keine Anwendung findet. Zudem wurde in Art. 247 § 6 Abs. 2 S. 3 EGBGB die **sog Gesetzlichkeitsfiktion** geregelt, wonach den Anforderungen iSv § 495 Abs. 2 Nr. 1 BGB iVm Art. 247 § 6 Abs. 2 EGBGB Genüge getan ist, wenn die als Anlage 6 zu Art. 247 § 6

---

[348] AA *Grüneberg* in Palandt, 65. Aufl., § 358 Rn. 15 u. *Bülow/Artz,* Verbraucherkreditrecht, Rn. 251, S. 273, welche der Auffassung sind, dass der Verschaffenstatbestand auch dann erfüllt ist, wenn Veräußerer eine Tochtergesellschaft ist oder wenn der Darlehensgeber den Erwerb vom Eigentümer initiiert und gleichsam als dessen Anbieter auftritt.

[349] BGH Urt. v. 16.5.2006, Az: XI ZR 6/04, WM 2006, 1194, 1996; BGH Urt. v. 28.10.2003, Az: XI ZR 263/02, WM 2003, 2410, 2411; BGH Urt. v. 26.11.2002, XI ZR 10/00, WM 2003, 64, 66.

[350] Zur Übergangsregelung zu diesem Gesetz vgl. Art. 229 § 5 EGBGB.

[351] Zur Übergangsregelung vgl. Art. 229 § 22 EGBG.

[352] Zur diesbezüglichen Übergangsvorschrift vgl. Art. 229 § 32 EGBGB.

§ 4 Finanzierung von Kapitalanlagegeschäften     171b § 4

Abs. 2 EGBGB beigefügte Musterwiderrufsinformation unter Berücksichtigung der Gestaltungshinweise verwendet wird.
  Ganz abgesehen davon, dass sich auch nach dieser neuen gesetzlichen Lage die Frage stellt, ob bei jeglicher von der Musterinformation inhaltlich sowie gestalterisch abweichende Widerrufsinformation oder aber nur bei einer eigenen inhaltlichen Bearbeitung die Gesetzlichkeitsfiktion verloren geht[353], wird in der Literatur und Rechtsprechung problematisiert, ob das Deutlichkeitsgebot des § 360 BGB auch dann für die Widerrufsinformation einschließlich der Pflichtangaben gemäß Art. 247 § 6 Abs. 2 EGBGB gilt, wenn von der Musterwiderrufsinformation im Sinne der Anlage 6 kein Gebrauch gemacht wird.[354] Bedenkt man, dass nach dem ausdrücklichen Wortlaut des § 495 Abs. 2 S. 1 das Deutlichkeitsgebot iSv § 360 BGB für die Widerrufsinformation nach Art. 247 § 6 Abs. 2 EGBGB nicht gilt und berücksichtigt man darüber hinaus, dass das in Art. 247 § 6 Abs. 2 S. 3 EGBGB enthaltene „Deutlichkeitsgebot" lediglich für den Fall gilt, dass sich der Darlehensgeber auf die in Art. 247 § 6 Abs. 2 S. 3 EGBGB geregelte Gesetzlichkeitsvermutung beruft und müssen die in Art. 247 § 6 EGBGB enthaltenen Pflichtangaben lediglich „klar und verständlich" im Darlehensvertrag enthalten sein, dann sprechen die besseren Gründe für die Nichtanwendbarkeit des Deutlichkeitsgebots iSv § 360 BGB auf die die Widerrufsbelehrung gemäß § 495 Abs. 2 Nr. 1 BGB ersetzenden Pflichtangaben; dies jedenfalls dann, wenn der Darlehensgeber sich nicht an die zur Gesetzlichkeitsfiktion führende Musterwiderrufsinformation hält.
  **b) Vorfälligkeitsentschädigung im Falle der bankseitigen Kündigung wegen** 171b
**Schuldnerverzugs bei Immobiliardarlehensverträgen?** Aufgrund eines beim Bundesgerichtshof am 25.1.2013 unter dem Az. XI ZR 512/11 lediglich verhandelten und dann durch Anerkenntnisurteil der Bank beendeten Verfahrens wird seitdem in der Literatur die Frage streitig diskutiert, ob der Bank bei einer vorzeitigen Kündigung des Immobiliardarlehensvertrages wegen Schuldnerverzuges des Darlehensnehmers zusätzlich zum Verzugschaden iHv 2,5 Prozentpunkten über dem jeweiligen Basiszinssatz gemäß §§ 497 Abs. 1, 503 Abs. 2 BGB auch eine Vorfälligkeitsentschädigung zusteht.[355]
  Bedenkt man, dass es seit jeher der anerkannten Rechtsprechung und Literatur entspricht, dass die ein Immobiliardarlehensvertrag vorzeitig wegen Schuldnerverzuges kündigende Bank **neben ihrem** durch das Ausbleiben der fehlenden Zahlungen durch den Darlehensnehmer entstandenen **Verzugschaden auch** ihren **Nichterfüllungsschaden in Form der Vorfälligkeitsentschädigung** verlangen kann und berücksichtigt man weiterhin, dass das allgemeine Schuldrecht in unterschiedlichen Normen wie zB § 314 Abs. 4 BGB, § 325 BGB und § 628 Abs. 2 BGB Regelungen vorsieht, wonach der Kündigungsgegner dann, wenn er durch sein vertragswidriges Verhalten den anderen Teil zur Kündigung veranlasst hat, dem Kündigenden zum Schadensersatz verpflichtet ist, dann wird man aus § 497 Abs. 1 BGB, welcher anders als die Vorgängernorm des § 11 Abs. 1 VerbrKrG aF entsprechend der Norm des § 503 Abs. 1 BGB auf Immobiliardarlehensverträge anwendbar ist, nicht herleiten können, dass der „Schadensersatzanspruch" der Bank bei eigener vorzeitiger Kündigung wegen Schuldnerverzuges nur noch den in § 497 Abs. 1 BGB geregelte Verzugschaden umfasst. Dies gilt erst recht, wenn man bedenkt, dass § 497 BGB bereits seinem Wortlaut nach ausdrücklich nur regelt, wie der geschuldete Betrag zu verzinsen ist

---
[353] Zu diesem Problem vgl. → § 4 Rn. 127.
[354] Bejahend OLG Stuttgart, Urt. v. 24.4.2014, Az. 2 U 98/13; LG Ulm Urt. v. 17.3.2013, Az. 10 O 33/13 KfH; ablehnend *Bülow/Artz*, Verbraucherkreditrecht, 2011, § 495 BGB Rn. 89n; *Mairose* RNotZ 2012, 467, 480; *Schürnbrand* in MüKoBGB, 6. Aufl., § 495 Rn. 7.
[355] Vgl. zur Problematik *Bruhn* CRP 2014, 42 ff.; *Edelmann/Hölldampf* BB 2014, 202 ff.; *Freckmann/Rösler/Wimmer* Bankpraktiker 2013, 308 ff.; *Knepold* in Langenbucher/Berescher/Spindler, Bankrechts-Kommentar, 2013 §§ 489, 490 BGB Rn. 147 u. 149; *Welter* WuB I E 3.-1.13; *Merz* Bankpraktiker 2013, 344, 346 f.; OLG München Urt. v. 31.3.2014, Az. 17 U 4313/13; OLG Stuttgart Urt. v. 26.3.2014, Az. 9 U 193/13; OLG München Urt. v. 3.4.2009, Az. 5 U 5240/08.

und darüber hinaus weder der Gesetzesbegründung noch sonstigen Umständen entnommen werden kann, dass der Gesetzgeber beabsichtigt hat, durch die Einbeziehung von Immobiliardarlehensverträgen in den Anwendungsbereich des § 497 Abs. 1 BGB der einen Immobiliarsdarlehensvertrag vorzeitig wegen Schuldnerverzuges des Darlehensnehmers kündigenden Bank die Vorfälligkeitsentschädigung zu entziehen.[356]

**172**  c) **Pflichtangaben und Vergleichsabschlüsse.** Die Pflichtangabenregelungen des § 4 VerbrKrG aF bzw. § 492 BGB finden auf einen **Vergleichsabschluss** über einen bereits bestehenden Darlehensvertrag grundsätzlich keine Anwendung. Denn einigen sich Darlehensnehmer und Darlehensgeber über Meinungsverschiedenheiten im Zusammenhang mit einem bereits bestehenden Darlehensvertrag in einem Vergleich, dann liegt darin noch kein Abschluss eines Verbraucherdarlehensvertrags iSv § 4 VerbrKrG aF bzw. § 491 BGB.[357]

**173**  Ausweislich des § 3 Abs. 2 Nr. 3 VerbrKrG aF bzw. des § 491 Abs. 3 Nr. 1 BGB bedarf ein in **der Form eines Vergleichs abgeschlossener Darlehensvertrag** der Aufnahme der Pflichtangaben dann nicht, wenn der Kreditvertrag gerichtlich protokolliert oder notariell beurkundet wurde; dies allerdings nur dann, wenn das Protokoll oder die notarielle Urkunde den Sollzins (früherer Jahreszins), die bei Abschluss des Vertrages in Rechnung gestellten Kosten des Darlehens sowie die Voraussetzungen enthält, unter denen der Sollzins oder die Kosten angepasst werden können.

**174**  d) **Pflichtangaben und Vollmachten.** Ausgelöst durch die Entscheidung des Landgerichts Potsdam vom 9.2.1998[358], war unter dem Anwendungsbereich des § 4 VerbrKrG aF umstritten, ob auch eine Vollmacht die Pflichtangaben nach § 4 VerbrKrG aF enthalten muss.[359] Diesen Streit hat der Bundesgerichtshof zwischenzeitlich in mehreren Urteilen dahingehend geklärt, dass eine Vollmacht, die zum Abschluss von Darlehensverträgen erteilt wird, grundsätzlich nicht die Mindestangaben nach § 4 VerbrKrG aF enthalten muss.[360] Eine Vorlage an den Europäischen Gerichtshof bedurfte es in diesem Zusammenhang nicht, weil die entsprechende Verbraucherkreditrichtlinie keine Vorgaben und Regelungen über Form und Inhalt einer Vollmacht zum Abschluss eines Verbraucherkreditvertrages enthält.[361]

---

[356] So *Edelmann/Hölldampf* BB 2014, 202 ff. mit ausführlicher Begründung.
[357] So Urt.e OLG Karlsruhe v. 25.4.2006, Az. 17 U 188/05, S. 12 f. und Az. 17 U 213/05, WM 2007, 590, letztere Entscheidung rechtskräftig durch NA-Beschluss v. 16.1.2007, Az. XI ZR 178, 06; OLG Karlsruhe Urt. v. 6.12.2005, Az. 17 U 169/05, WM 2006, 397, 399; OLG Schleswig Urt. v. 9.2.2006, Az. 5 U 162/05, BKR 2006, 158; OLG Frankfurt Beschluss v. 14.2.2007, Az. 9 U 79/06, S. 7; OLG Frankfurt Beschluss v. 17.11.2005, Az. 23 U 106/05; OLG München Beschluss v. 6.7.2006, Az. 19 U 3208/06; Urt. des LG Frankfurt v. 12.5.2006, Az. 2/27 O 21/06, S. 5; Urt. des LG Nürnberg-Fürth v. 9.3.2006, Az. 10 O 5844/05, S. 7 ff.; Urt. des LG Flensburg v. 21.3.2006, Az. 8 O 57/05, S. 8 ff.; Urt. LG Hildesheim v. 10.5.2006, Az. 6 O 69/06, S. 5 ff.; Urt. LG München v. 28.3.2006, Az. 28 O 24 621/05; Urt. des LG Stuttgart v. 21.2.2006, Az. 7 O 237/05, S. 10 ff.; Urt. des LG München v. 2.2.2006, Az. 22 O 18 579/05; Az. 22 O 17 444/05; Az. 22 O 9928/05; Az. 22 O 11 632/05, S. 9 ff.
[358] LG Potsdam Urt. v. 9.2.1998, Az. 32 O 472/97, WM 1998, 1235 m. Anm. *Peters/Scharnewski* WuB I E 2. § 4 VerbrKrG 4.98. u. *Vortmann* EWiR § 4 VerbrKrG 2/98, 763.
[359] Zum damaligen Meinungsstand vgl. *Frisch/Münscher*, Haftung bei Immobilienanlagen, RWS-Skript 322 Rn. 629 ff. sowie *Edelmann* DB 2000, 319 u. BB 1999, 2050 f.
[360] BGH Urt. v. 26.10.2004, Az. XI ZR 255/03, ZIP 2005, 69, 75 = WM 2005, 127 m. Anm. *Jungmann* WuB IV A. § 172 BGB 1.05; *Medicus* EWiR § 3 VerbrKrG 1/05, 231 u. *Vollmer* ZfIR 2005, 145; BGH Urt. v. 23.3.2004, Az. XI ZR 194/02, WM 2004, 1221, 1223 = ZIP 2004, 1188 m. Anm. *Münscher* WuB I G 5.-9.04; BGH Urt. v. 2.12.2003, Az. XI ZR 53/02, WM 2004, 417, 420; BGH Urt. v. 22.10.2003, Az. IV ZR 33/03, WM 2003, 2375 m. Anm. *Hertel* WuB VIII D. Art. 1 § 1 RBerG 1.04; BGH Urt. v. 14.10.2003, Az. XI ZR 134/04, WM 2003, 2328 BGH Urt. v. 3.6.2003, Az. XI ZR 289/02, WM 2003, 1710; BGH Urt. v. 18.9.2001, XI ZR 321/00, WM 2001, 2113; BGH Urt. v. 10.7.2001, Az. XI ZR 200/00, WM 2001, BGH Urt. v. 10.7.2001, Az. XI ZR 199/00, NJW 2001, 3479, 3480; BGH Urt. v. 10.7.2001, Az. XI ZR 198/00, WM 2001, 1663, 1665; BGH Urt. v. 24.4.2001, Az. XI ZR 40/00, BGHZ 147, 262, 266 ff. = WM 2001, 1024.
[361] BGH Urt. v. 23.3.2004, Az. XI ZR 194/02, WM 2004, 1221, 1223; BGH Urt. v. 10.7.2001, Az. XI ZR 198/00, WM 2001, 1663.

§ 4 Finanzierung von Kapitalanlagegeschäften

Was die aktuelle Rechtslage anbelangt, so kommt es auf diesen Streit nicht mehr an. Denn nach **§ 492 Abs. 4 Satz 1 BGB** gilt die in den Absätzen 1 und 2 aufgenommene Mindestangabeverpflichtung auch für die Vollmacht, die ein Darlehensnehmer zum Abschluss eines Verbraucherdarlehensvertrages erteilt. Ausweislich des § 492 Abs. 4 Satz 2 BGB gilt dies allerdings nicht für die Prozessvollmacht und für eine Vollmacht, die notariell beurkundet wurde. 175

Da § 492 Abs. 4 BGB gem. Art. 229 § 5 EGBGB nur für solche Vollmachten gilt, die **nach dem 31.12.2001** erteilt wurden, kommt es auf vorstehend dargestellte BGH-Rechtsprechung nur für solche Vollmachten an, die vor diesem Zeitpunkt erteilt wurden; dies gilt auch dann, wenn der Vertreter nach dem 31.12.2001 von der Vollmacht Gebrauch gemacht hat.[362] 176

e) **Gesamtbetragsangabeverpflichtung.**[363] Sowohl nach § 4 Abs. 1 Satz 4 Nr. 1b VerbrKrG aF als auch nach § 492 Abs. 1 Satz 5 Nr. 2 BGB aF sowie nach der nunmehr geltenden Norm des § 492 Abs. 2 BGB iVm Art. 247 § 6 Abs. 1 Nr. 1, § 3 Abs. 1 Nr. 8, § 3 Abs. 2 S. 1 u. § 6 Abs. 3 EGBGB muss die vom Darlehensnehmer zu unterzeichnende **Vertragserklärung** den Gesamtbetrag aller vom Darlehensnehmer zur Tilgung des Darlehens sowie zur Zahlung der Zinsen und sonstigen Kosten zu entrichtenden Teilzahlungen angeben, wenn der Gesamtbetrag bei Abschluss des Darlehensvertrages für die gesamte Laufzeit der Höhe nach feststeht. 177

Was die Gesamtbetragsangabeverpflichtung anbelangt, so gilt diese **anders als früher**, wo sowohl nach § 3 Abs. 2 Nr. 2 VerbrKrG aF als auch nach § 492 Abs. 1a BGB diese Verpflichtung nicht für **Realkreditverträge** iSv § 3 Abs. 2 Nr. 2 VerbrKrG aF bzw. für nunmehr als **Immobiliardarlehensverträge** bezeichnete Realkreditverträge iSv § 492 Abs. 1a Satz 2 BGB[364] galt, gemäß §§ 503, 492, 491 BGB auch für Immobiliardarlehensverträge iSv § 503 BGB. 178

§ 3 Abs. 2 Nr. 2 VerbrKrG aF ist (auch) hinsichtlich der Bereichsausnahme zu § 4 Abs. 1 Satz 4 Nr. 1b VerbrKrG aF nicht **teleologisch reduzierbar** oder auslegungsfähig.[365] 179

Im Zusammenhang mit der Anwendbarkeit der Norm des § 4 VerbrKrG aF muss danach differenziert werden, ob in Bezug auf den konkreten Fall die bis zum 30.4.1993 oder aber **die ab dem 1.5.1993** geltende Fassung heranzuziehen ist. Denn nach der **bis zum 30.4.1993** gültigen Fassung des § 4 VerbrKrG aF bestand bei einer sog unechten Abschnittsfinanzierung keine Pflicht zur Angabe des Gesamtbetrages aller vom Verbraucher zu erbringenden Leistungen.[366] Demgegenüber bedarf es bei denjenigen sog **unechten Abschnittsfinanzierungen,** welche entweder unter die ab dem 1.5.1993 geltende Fassung des § 4 Abs. 1 Satz 4 Nr. 1b VerbrKrG aF oder unter die frühere Norm des § 492 Abs. 1 S. 5 Nr. 2 BGB sowie der aktuellen Norm des § 492 Abs. 2 BGB iVm Art. 247 §§ 6 Abs. 1 Nr. 1, 3 Abs. 1 EGBGB fallen, der Aufnahme der entsprechenden Pflichtangaben. Denn auch solche Finanzierungen stellen Darlehen mit **„veränderlichen Bedingungen"** iS dieser Vorschriften dar.[367] Dabei sollen auch dann veränderliche Bedingungen vorliegen, wenn die Fortsetzung des auf 15 Jahre gewährten Darlehens nach Ablauf der Zinsbindungsfrist von 10 Jahren davon abhängig ist, dass die Parteien eine schriftliche Vereinbarung über die neuen Konditionen schließen und wenn die Bank bei der Angabe des Gesamtbetrages bei Abschluss des Darlehensvertrages für den Darlehensnehmer erkennbar unterstellt hat, dass eine solche Vereinbarung vor Ablauf der Zinsbindungsfrist nicht zustande 180

---

[362] So *Peters/Gröpper* WM 2001, 2199, 2203; *Bülow* NJW 2002, 1145, 1147; *Martens* WuB I E 2. § 4 VerbrKrG 8.01; zweifelnd *Wittig/Wittig* WM 2002, 145, 152.
[363] Vgl. hierzu *Sauer/Wallner* BKR 2003, 959 ff. u. *Edelmann/Suchowerskyj* DB 2001, 2475 ff.
[364] Vgl. hierzu auch BGH Urt. v. 9.5.2006, Az. XI ZR 114/05, BKR 2006, 405.
[365] So OLG München Urt. v. 7.7.2005, Az. 19 U 2039/05, WM 2005, 1986, 1987.
[366] BGH Urt. v. 25.4.2006, Az. XI ZR 193/04, WM 2006, 1003, 1006 f.; BGH Urt. v. 11.1.2005, Az. XI ZR 272/03, WM 2005, 327, 330; LG Heilbronn Urt. v. 24.7.2003, Az. 6 O 82/03 Sc, S. 9, bestätigt durch OLG Stuttgart Urt. v. 13.4.2004, Az. 6 U 165/03; *Edelmann/Suchowerskyj* DB 2003, 2475 f.
[367] BGH Urt. v. 8.6.2004, Az. XI ZR 150/03, WM 2004, 1542, 1543.

kommt³⁶⁸, was unter Schutzzweckerwägungen mehr als zweifelhaft ist. Denn eine bessere Vergleichbarkeit unterschiedlicher Darlehensangebote als durch die von der Bank vorgenommene Gesamtbetragsangabe war für einen Kreditnehmer im Zeitpunkt der für ihn maßgeblichen Darlehensaufnahme im damals zu entscheidenden konkreten Fall nicht möglich.

**181** Maßgeblich dafür, welche Fassung des § 4 VerbrKrG aF anzuwenden ist, ist nach Auffassung des Bundesgerichtshofs der **Zeitpunkt des Vertragsabschlusses,** auch wenn die jeweilige Vertragserklärung des Darlehensnehmers/Verbrauchers entsprechend der Vorschriften des § 492 Abs. 2 BGB iVm Art. 247 §§ 6 Abs. 1 Nr. 1, 3 Abs. 1 EGBGB des § 492 Abs. 1 Satz 5 BGB aF bzw. § 4 Abs. 1 Satz 4 VerbrKrG aF vor dem 1.5.1993 von diesem unterzeichnet wurde.³⁶⁹

**182** Der Gesamtbetrag aller vom Verbraucher zu erbringenden Leistungen ist auch bei sog endfälligen Darlehensverträgen mit **Tilgungsaussetzung,** bei welchen in der Regel am Ende der Darlehenslaufzeit das Darlehen mit einer bei Darlehensaufnahme bereits abgeschlossenen **Kapitallebensversicherung,** einem Bausparvertrag oder einem sonstigen Ansparvertrag zurückgeführt wird, anzugeben, wenn nach den getroffenen Vereinbarungen der Festkredit mit dem Ansparvertrag derart verbunden ist, dass die Tilgung des Kredits für die Laufzeit ganz oder teilweise ausgesetzt wird und dafür parallel Zahlungen auf den Ansparvertrag geleistet werden, die nach den übereinstimmenden Vorstellungen der Parteien bei Abschluss des Darlehensvertrages **mindestens zur teilweisen Rückzahlung** des Kredits verwendet werden sollen.³⁷⁰ Darauf, ob eine bereits bestehende oder eine neu abzuschließende Lebensversicherung hierfür verwendet wird, kommt es nicht an.³⁷¹ Allerdings muss die Versicherung **im zeitlichen Zusammenhang** mit dem Darlehensvertrag abgeschlossen worden sein.³⁷² Der Umstand, ob es sich lediglich um eine zur Absicherung des Todesfalls abgetretene Lebensversicherung handelt, ist ebenfalls bedeutungslos.³⁷³ Der Umstand, dass das **Darlehen abgelöst** oder getilgt wurde, soll im Zusammenhang mit der Gesamtbetragsangabeverpflichtung ebenfalls ohne Relevanz sein.³⁷⁴ Wird allerdings zur Tilgung des Darlehens eine Kapitallebensversicherung eingesetzt, die nicht in Raten, sondern durch einen kreditfinanzierten **Einmalbetrag** angespart wird, so unterfällt diese nicht der Gesamtbetragsangabepflicht.³⁷⁵ Eine Gesamtbetragsangabepflicht besteht jedoch dann, wenn eine anfänglich mit einem sehr hohen Einmalbetrag (zB DM 55 750,00) eröffnete Investmentfondsbeteiligung mit weiteren monatlichen geringen Beiträgen (zB DM 630,00) angespart wird; dies jedenfalls dann, wenn die Fondsbeteiligung von Vornherein als „intelligentes Tilgungsinstrument" für das Darlehen konzipiert wurde. Der spekulative Charakter des Investmentfonds steht dem nicht entgegen.³⁷⁶

**183** § 4 Abs. 1 Satz 4 Nr. 1b VerbrKrG aF sowie § 492 Abs. 1 Satz 5 Nr. 2 BGB verpflichten das Kreditinstitut nur zur Angabe des Gesamtbetrages aller vom Verbraucher zu erbringenden Leistungen, nicht hingegen zur Auflistung sämtlicher Einzelpositionen und insbeson-

---

³⁶⁸ so jedenfalls BGH Urt. v. 1.3.2011, Az. XI ZR 135/10, WM 2011, 656, 658 Rn. 17 f.
³⁶⁹ BGH Urt. v. 25.4.2006, Az. XI ZR 193/04, WM 2006, 1003, 1006 f.; **aA** *Edelmann/Suchowerskyj* DB 2003, 2475, 2476; LG Landau id Pfalz Urt. v. 23.6.2005, Az. 4 O 824/02, S. 13; **aA** wohl auch *Heinrichs* in Palandt, 65. Auflage, Art. 229 § 5 EGBGB Rn. 3.
³⁷⁰ BGH Urt. v. 11.3.2008, Az. XI ZR 68/07 Rn. 32.
³⁷¹ BGH Urt. v. 25.4.2006, Az. XI ZR 106/05, WM 2006, 1066, 1068; BGH Urt. v. 8.6.2004, Az. XI ZR 150/03, WM 2004, 1542, 1544 f.; BGH Urt. v. 14.9.2004, Az. XI ZR 12/04, S. 7 f.; ähnlich die weiteren Urt.e des BGH v. 14.9.2004, Az. XI ZR 10/04 u. XI ZR 11/04, WM 2004, 2306, 2307; BGH Urt. v. 18.12.2001, Az. XI ZR 156/01, BGHZ 149, 302 = WM 2002, 380.
³⁷² BGH Urt. v. 5.12.2006 Az. XI ZR 341/05, ZIP 2007, 414, wo die Lebensversicherung ein Jahr vor dem Darlehensvertrag abgeschlossen wurde.
³⁷³ BGH Urt. v. 19.10.2004, Az. XI ZR 337/03, WM 2004, 2436, 2437; BGH Urt. v. 8.6.2004, Az. XI ZR 150/03, WM 2004, 1542, 1545.
³⁷⁴ LG Stuttgart Urt. v. 18.5.2005, Az. 14 O 69/05, S. 9.
³⁷⁵ BGH Urt. v. 19.2.2008, Az. XI ZR 23/07, WM 2008, 681.
³⁷⁶ BGH Urt. v. 1.3.2011, Az. XI ZR 135/10, WM 2011, 656, 658 Rn. 21 f. „Euro-Plan".

dere nicht zur **Aufschlüsselung** in die monatlich zu entrichtenden Zins- und Tilgungsleistungen. Der eindeutige Wortlaut der Norm lässt eine erweiternde richtlinienkonforme Auslegung nicht zu.[377] Dies dürfte auch für die aktuell geltenden Regelungen gemäß § 492 Abs. 2 BGB iVm Art. 247 §§ 6 Abs. 1 Nr. 1, 3 Abs. 1 EGBGB gelten.

**f) Finanzierungsvermittlungsprovision.** Die vom Darlehensnehmer an den Kreditvermittler zu zahlende Finanzierungsvermittlungsprovision war als Teil der Kreditkosten iSv § 4 Abs. 1 Satz 4 Nr. 1d VerbrKrG aF dann als **Teil der Kreditkosten** nicht anzugeben, wenn die Tätigkeit des Vermittlers nicht im Interesse der Bank, sondern des Kreditnehmers selbst liegt oder dem Kreditnehmer besondere Vorteile bringt. Dies ist bei der Finanzierungsvermittlung im Rahmen eines Steuersparmodells regelmäßig anzunehmen, weswegen Finanzierungsvermittlungs-provisionen bei steuerorientierten Kapitalanlagen grundsätzlich nicht gem. § 4 Abs. 1 Satz 4 Nr. 1d VerbrKrG aF anzugeben sind.[378] **184**

Bereits nach der früheren Norm des § 492 Abs. 1 Satz 5 Nr. 4 BGB galt, dass etwaige vom Darlehensnehmer zu tragende Vermittlungskosten anzugeben sind. Dies gilt auch entsprechend der aktuellen Norm des § 492 Abs. 2 BGB iVm Art. 247 §§ 6 Abs. 1 Nr. 1, 3 Abs. 1 Nr. 8, 3 Abs. 3 S. 1 u. 2 EGBGB iVm § 6 Abs. 3 PAngV, wonach etwaige Vermittlungskosten ebenfalls einzuberechnen sind. **185**

**g) Effektiver Jahreszins und Lebensversicherungsprämien.**[379] Sowohl nach § 4 Abs. 1 Satz 4 Nr. 1e VerbrKrG aF als auch nach der früheren Norm des § 492 Abs. 1 Satz 5 Nr. 5 BGB sowie der aktuellen Norm des § 492 Abs. 2 BGB iVm Art. 247 §§ 6 Abs. 1, 3 Abs. 1 Nr. 3, 6 Abs. 3, 3 Abs. 2 S. 3, 3 Abs. 3 EGBGB iVm § 6 PAngV ist im Darlehensvertrag auch der effektive Jahreszins anzugeben. Diesbezüglich ist zwischenzeitlich anerkannt, dass Prämien für eine als Tilgungsersatz vorgesehene Kapitallebensversicherung nicht in die Berechnung des effektiven Jahreszinses einzubeziehen sind.[380] **186**

**h) Versicherungskosten.**[381] Sowohl nach § 4 Abs. 1 Satz 4 Nr. 1f. VerbrKrG aF als auch nach § 492 Abs. 1 Satz 5 Nr. 6 BGB waren die Kosten einer Restschuld- oder sonstigen Versicherung, die im Zusammenhang mit dem Darlehensvertrag abgeschlossen wird, im Darlehensvertrag anzugeben. Dies gilt auch für die neue Regelung des § 492 Abs. 2 BGB iVm Art. 247 §§ 6 Abs. 1 Nr. 3, 3 Abs. 3 EGBGB iVm § 6 Abs. 3 PAngV, wonach nur solche Kosten für Versicherungen nicht anzugeben sind, die keine Voraussetzung für die Kreditvergabe oder für die Kreditvergabe zu den vorgesehenen Vertragsbedingungen sind. **187**

Gegen diese Verpflichtung verstößt der Darlehensgeber nicht nur dann, wenn die vom Kreditnehmer zu entrichtenden Versicherungsprämien nicht angegeben werden[382], sondern auch dann, wenn zwar die Kosten der Versicherungen angegeben werden, ohne jedoch auf künftige Erhöhungen von Beiträgen und Versicherungssummen infolge einer vereinbarten Dynamisierung hinzuweisen.[383] **188**

---

[377] BGH Urt. v. 19.10.2004, Az. XI ZR 337/03, WM 2004, 2436, 2438.
[378] BGH Urt. v. 2.12.2003, Az. XI ZR 53/02, WM 2004, 417, 420; BGH Urt. v. 18.11.2003, Az. XI ZR 322/01, ZIP 2004, 209, 213 = WM 2004, 172.
[379] Vgl. hierzu *Habersack* WM 2006, 353 ff.
[380] BGH Urt. v. 18.1.2005, Az. XI ZR 17/04, WM 2005, 415 m. Anm. *Sauer* BKR 2005, 154 u. *Büchel/Günther* WuB I E 2. § 4 VerbrKrG 3.05; LG Stuttgart Urt. v. 8.6.2004, Az. 12 O 61/04, bestätigt durch OLG Stuttgart Urt. v. 10.11.2004, Az. 9 U 124/04, OLGR 2005, 56; OLG Frankfurt Urt. v. 19.12.2001, Az. 9 U 90/01, BKR 2002, 271; LG Bonn Urt. v. 12.11.2004, Az. 3 O 190/04, ZIP 2004, 2276; LG Leipzig Urt. v. 16.6.2004, Az. 4 O 6464/03, BKR 2004, 372; LG Nürnberg-Fürth Urt. v. 15.4.2004, Az. 10 O 8270/03, WM 2004, 2438; **aA** Hanseatisches OLG Urt. v. 3.8.1998, Az. 8 U 53/89, OLGR 1999, 48; LG Leipzig Urt. v. 22.6.2004, Az. 4 O 956/04; LG Essen Urt. v. 12.2.2004, Az. 6 O 526/03; *Reiffner* VuR 2002, 367 u. WM 2005, 1825.
[381] Vgl. hierzu *Bohner* WM 2001, 227 ff.
[382] BGH Urt. v. 25.4.2006, Az. XI ZR 106/05, WM 2006, 1066, 1069; BGH Urt. v. 16.12.2004, Az. II ZR 401/02.
[383] BGH Urt. v. 6.12.2004, Az. II ZR 379/02, S. 7; LG Stuttgart Urt. v. 18.5.2005, Az. 14 O 69/05, S. 6 f.

**189** **i) Sicherheiten.** Sicherheiten, die entgegen § 4 Abs. 1 Satz 4 Nr. 1 lit. g VerbrKrG aF, der früheren Norm des § 492 Abs. 1 Satz 5 Nr. 7 BGB bzw. der aktuellen Norm des § 492 Abs. 2 BGB iVm Art. 247 § 7 EGBGB nicht in der auf Abschluss eines Verbraucherkreditvertrages gerichteten Erklärung des Verbrauchers angegeben sind und daher gem. § 6 Abs. 2 Satz 6 VerbrKrG aF, der früheren Norm des § 494 Abs. 2 Satz 6 BGB bzw. nach der neuen Norm des § 494 Abs. 6 S. 2 u. 3 BGB bei Nettodarlehensbeträgen unter EUR 75 000,00 vom Kreditgeber nicht verlangt werden dürfen, ihm vom Verbraucher aber gleichwohl bestellt wurden, können nicht nach bereicherungsrechtlichen Vorschriften herausverlangt werden.[384]

**190** **j) Zustandekommen/Schriftform des Darlehensvertrages.** Zunächst ist festzuhalten, dass die Frage, ob überhaupt eine vertragliche Einigung zustande gekommen ist, von der Frage eines Formverstoßes der vertraglichen Vereinbarung strikt zu trennen ist.[385]

**191** **aa) Zum Zustandekommen.** Liegt beispielsweise eine mit Darlehensvertrag überschriebene Vereinbarung vor, aus welcher ausdrücklich hervorgeht, dass Zinssatz und anfänglicher Zinsbindungszeitraum noch vereinbart werden sollen, dann stellt dies noch keinen verbindlichen Darlehensvertrag dar, der von den Vorschriften für Verbraucherdarlehensverträge bereits erfasst wäre. Eine solche Vereinbarung ist vielmehr dahingehend auszulegen, dass die Vertragsparteien sich einen Vertragsabschluss bis zur schriftlichen Festlegung der noch offenen Punkte vorbehalten haben.[386]

**192** Ein Verbraucherdarlehensvertrag kommt auch dann wirksam zustande, wenn zwischen Angebot und Annahme des Darlehensvertrages im Zusammenhang mit der Finanzierung von steuerorientierten Immobilienkapitalanlagen ein **längerer zeitlicher Abstand** (zB von ca. zwei Monaten) liegt.[387] Im Übrigen wäre in einer nach § 147 Abs. 2 BGB verspäteten Annahme des Kreditantrags durch die Darlehensgeberin gem. § 150 Abs. 1 BGB ein neuer Antrag an den Darlehensnehmer zu sehen, den dieser mit Aufnahme seiner Zahlungen fristgerecht annimmt[388], wobei es dieser konkludenten Annahmeerklärung an der nach § 4 Abs. 1 S. 2 VerbrKrG aF erforderlichen Schriftlichkeit fehlt.[389]

**193** **bb) Zur Schriftform.**[390] Liegt eine formgültige Annahmeerklärung nicht vor, so führt dies als Fehler der Schriftform insgesamt zur Nichtigkeit der Kreditvereinbarung gem. § 6 Abs. 1 VerbrKrG aF bzw. § 494 Abs. 1 BGB.[391] Dabei ist zu beachten, dass ein mit einer Blankounterschrift versehenes Dokument dem Schriftformerfordernis des § 4 Abs. 1 Satz 1 VerbrKrG aF nicht genügt.[392]

**194** **k) Nichtigkeit wegen des Fehlens von Angaben.** Gemäß § 6 Abs. 1 VerbrKrG aF ist ein Kreditvertrag ua auch dann nichtig, wenn bestimmte dort näher aufgeführte Angabeerfordernisse fehlen. Eine nahezu identische Regelung enthält § 494 Abs. 1 BGB.

---

[384] BGH Urt. v. 22.7.2008, Az. XI ZR 389/07, NJW 2008, 3208; OLG Dresden Urt. v. 23.3.2001, Az. 8 U 2844/00, ZIP 2001, 1531, 1534 = WM 2001, 1854; **aA** OLG Hamm Urt. v. 4.6.2007, Az. 5 U 42/07, WM 2007, 1839.

[385] BGH Urt. v. 6.12.2005, Az. XI ZR 139/05, ZIP 2006, 224 = WM 2006, 217; OLG Karlsruhe Urt. v. 23.3.2006, Az. 17 U 106/05, BKR 2006, 378.

[386] OLG Karlsruhe Urt. v. 21.3.2006, Az. 17 U 106/05, BKR 2006, 378.

[387] BGH Urt. v. 15.11.2004, Az. II ZR 410/02, S. 5; ähnlich OLG Köln Urt. v. 6.9.2006, Az. 13 U 193/03, S. 8; so auch OLG Karlsruhe WM 2003, 182, rechtskräftig durch Nichtannahmebeschluss des BGH v. 12.12.2001, Az. II ZR 255/00; OLG Thüringen Urt. v. 14.8.2001, Az. 5 U 1351/00; LG Memmingen Urt. v. 30.1.2002, Az. 3 O 372/01; vgl. auch OLG München VersR 1976, 745, allerdings nicht Immobilienkapitalanlagen betreffend.

[388] BGH Urt. v. 15.11.2004, Az. II ZR 410/02; OLG Karlsruhe WM 2003, 182.

[389] BGH Urt. v. 18.12.2007, Az. XI ZR 324/06 Rn. 39, 40; OLG München ZIP 2005, 160, 162.

[390] Zur (Nicht-)Anwendbarkeit der Schriftform für Verbraucherdarlehen auf Bürgschaften vgl. OLG Düsseldorf Urt. v. 12.9.2007, Az. I-3 U 31/07, WM 2007, 2009.

[391] BGH Urt. v. 6.12.2005, Az. XI ZR 139/05, ZIP 2006, 224 = WM 2006, 217.

[392] BGH Urt. v. 25.4.2006, Az. XI ZR 106/05, WM 2006, 1066, 1070 u. H. a. BGHZ 132, 119, 126 = WM 1996, 762 sowie BGH Urt. v. 19.5.2005, WM 2005, 1330, 1332.

Wegen der Verwendung des Wortes „fehlen" in den entsprechenden Normen ist anerkannt, dass die Nichtigkeit vom Tatbestand her bereits dann nicht eingreift, wenn eine fehlerhafte Angabe, zB ein fehlerhafter Gesamtbetrag, im Darlehensvertrag aufgenommen ist.[393]

Trotz der Angabe eines fehlerhaften Gesamtbetrags liegt allerdings dann keine unrichtige, sondern eine fehlende Angabe vor, wenn der Gesamtbetrag lediglich bis zum Ablauf der Zinsfestschreibungszeit angegeben und der dann noch verbleibende Darlehensrestbetrag aufgeführt ist.[394]

Hat wiederum eine Bank einen Betrag in Höhe von 0,5 % bis 1,0 % des Gesamtaufwandes, welcher als Bearbeitungskosten getarnt ist, in Wahrheit als Vermittlungsprovision gezahlt, so liegt mangels Fehlens der Angaben keine Nichtigkeit nach § 6 VerbrKrG aF bzw. gem. § 494 Abs. 1 BGB vor. Die unzutreffende Bezeichnung des Bestimmungszwecks ist dem Fehlen iSd Vorschriften nicht gleichzustellen.[395]

**l) Heilung durch Auszahlung.** Sowohl gemäß § 6 Abs. 2 Satz 1 VerbrKrG aF als auch gemäß § 494 Abs. 2 Satz 1 BGB wird die Nichtigkeit des Kreditvertrags gemäß § 6 Abs. 1 VerbrKrG aF bzw. § 494 Abs. 1 BGB geheilt, wenn der Darlehensnehmer das Darlehen empfangen oder in Anspruch genommen hat.

Diesbezüglich ist anerkannt, dass bei vereinbarungsgemäßer Auszahlung der Darlehensvaluta an einen Dritten eine Heilung eintritt.[396] Dass die Darlehensvaluta bereits ausbezahlt wurde, steht einer Heilung durch Inanspruchnahme des Darlehens nicht entgegen. Die Inanspruchnahme liegt nämlich in einem solchen Fall in der Fortsetzung der Darlehensnutzung.[397]

Entgegen einer früher vom II. Zivilsenat des Bundesgerichtshofs vertretenen Rechtsauffassung[398] tritt eine Heilung bei weisungsgemäßer Auszahlung der Darlehensvaluta auch dann ein, wenn Darlehensvertrag und Erwerbsgeschäft verbundene Geschäfte iSv § 9 VerbrKrG aF bzw. § 358 BGB sind.[399] Diese Sichtweise verstößt nicht gegen europäisches Recht.[400]

---

[393] BGH Urt. v. 11.3.2008, Az. XI ZR 68/07 Rn. 30, nur „völliges Fehlen" führt zur Nichtigkeit; vgl. auch BGH Urt. v. 25.4.2006, Az. XI ZR 106/05, WM 2006, 1066, 1068; BGH Urt. v. 14.10.2003, Az. XI ZR 134/02, WM 2003, 2328, 2330; BGH Urt. v. 18.11.2003, Az. XI ZR 322/01, ZIP 2004, 209, 213 = WM 2004, 172; BGH Urt. v. 2.12.2003, Az. XI ZR 53/02, WM 2004, 417, 420; OLG Brandenburg WM 2006, 2168, 2169.

[394] BGH Urt. v. 9.5.2006, Az. XI ZR 119/05, ZIP 2006, 1238, 1241; OLG Brandenburg Beschluss v. 5.7.2006, Az. 3 W 39/06, ZIP 2006, 1719, 1721.

[395] BGH Urt. v. 2.12.2003, Az. XI ZR 53/02, WM 2004, 417, 420; BGH Urt. v. 18.11.2003, Az. XI ZR 322/01, ZIP 2004, 209, 213 = WM 2004, 172; BGH Urt. v. 14.10.2003, Az. XI ZR 134/02, ZIP 2003, 2149 = WM 2003, 2328.

[396] BGH Urt. v. 10.10.2006, Az. XI ZR 265/05 Rn. 22; BGH Urt. v. 9.5.2006, Az. XI ZR 119/05, ZIP 2006, 1238, 1240; BGH Urt. v. 14.9.2004, Az. XI ZR 12/04, S. 9.

[397] BGH Urt. v. 6.12.2005, Az. XI ZR 139/05, ZIP 2006, 224, 225 = WM 2006, 217; so auch BGH Urt. v. 18.12.2007, Az. XI ZR 76/06 Rn. 26, wenn die an den Fonds geflossene Darlehensvaluta dem Fonds vereinbarungsgemäß belassen und der Gesellschafter von seiner Einlageverpflichtung aus dem Fondsbeitritt befreit wird.

[398] BGH Urt.e v. 6.12.2004, Az. II ZR 379/02 u. II ZR 401/02; BGH Urt. v. 14.6.2004, Az. II ZR 393/02, WM 2004, 1529.

[399] BGH Urt. v. 9.5.2006, Az. XI ZR 119/05, ZIP 2006, 1238, 1240; BGH Urt.e v. 25.4.2006, Az. XI ZR 193/04, WM 2006, 1003, 1007 f.; Az. XI ZR 29/05, BGH WM 2006, 1008, 1012 f.; XI ZR 219/04, WM 2006, 1060, 1068 f.; OLG Bamberg Urt. v. 20.10.2005, Az. 1 U 140/04, S. 20; OLG Dresden Urt. v. 23.3.2005, Az. 8 U 2262/04, WM 2005, 1792 m. zustimmender Anm. *Assies* WuB I E 2. § 6 VerbrKrG 1.05; KG-Urt. v. 28.6.2005, Az. 4 U 77/03, S. 13 ff. u. Urt. v. 3.5.2005, Az. 4 U 128/04, S. 16 ff.; LG Landau in der Pfalz, Urt. v. 23.6.2005, Az. 4 O 824/02, S. 14; LG Köln Urt. v. 30.8.2005, Az. 3 O 595/04, S. 17; *Schäfer* DStR 2004, 1611/1618; *Artz/Balzer* WM 2005, 1451/1454; *Hadding* WuB I E 2.99 VerbrKrG 1.05.

[400] BGH Urt.e v. 9.5.2006, Az. XI ZR 119/05, ZIP 2006, 1238, 1240 f. u. ZR 114/05 BKR 2006, 405, 407.

**201** Eine Heilung nach § 6 Abs. 2 Satz 1 VerbrKrG aF bzw. § 494 Abs. 2 Satz 1 BGB tritt auch bei Verletzung der Schriftform ein, zB bei einer Blankounterzeichnung.[401]

**202** **m) Rechtsfolge.** Tritt Heilung ein, dann ermäßigt sich in bestimmten in § 6 Abs. 2 VerbrKrG aF bzw. § 494 Abs. 2 S. 1 BGB aufgeführten Fallkonstellationen der dem Kreditvertrag zugrunde liegende Zinssatz auf den gesetzlichen Zinssatz. Dabei erstreckt sich bei der sog unechten Abschnittsfinanzierung die Ermäßigung auf die gesamte Vertragslaufzeit und nicht nur auf die vereinbarte Zinsbindungszeit[402]. Von der Ermäßigung des Zinssatzes ist auch das Disagio sowie die Bearbeitungsgebühr erfasst.[403]

**203** Eine Ermäßigung des Zinssatzes tritt allerdings dann nicht ein, wenn eine formgültige, alle nach dem Verbraucherdarlehensrecht erforderliche Angaben enthaltende Vertragserklärung des Kreditnehmers vorliegt, durch die der Kreditnehmer iSd Verbraucherdarlehensrecht auch ohne förmlichen Zugang der Annahmeerklärung des Kreditgebers hinreichend informiert ist.[404]

**204** Darüber hinaus steht dem Kreditnehmer ein Anspruch auf Neuberechnung der Höhe der Teilzahlungen unter Berücksichtigung der auf den gesetzlichen Zinssatz iHv 4% herab gemilderten Zinsen zu[405], nicht jedoch ein **Anspruch auf Neuberechnung** der geleisteten Teilzahlungen unter Aufschlüsselung der jeweiligen Zins- und Tilgungsanteile.[406]

**205** Verweigert die Bank die Neuberechnung, dann steht dem Kreditnehmer ein **Zurückbehaltungsrecht** nach § 273 BGB zu.[407]

**206** Dem Kreditnehmer steht schließlich ein Anspruch auf Rückzahlung überzahlter Zinsen gegenüber dem Kreditgeber zu.[408] Was diesen Rückzahlungsanspruch des Kreditnehmers anbelangt, so verjährte dieser nach § 197 BGB aF in vier Jahren[409], nach neuem Recht in drei Jahren gemäß §§ 195, 199 BGB, wobei streitig ist, ob für den Verjährungsbeginn auf den Darlehensvertragsabschluss oder aber auf die Klärung der Gesamtbetragsproblematik durch die BGH-Rechtsprechung abzustellen ist.[410] Dies gilt nicht für Einmalentgelte wie Geldbeschaffungskosten und Bearbeitungsgebühren.[411] Der Anspruch auf Neuberechnung, welcher dem Darlehensnehmer selbständig neben einem etwaigen Bereicherungsanspruch zusteht, verjährt gesondert hiervon frühestens drei Jahre nach Beendigung des Darlehensverhältnisses.[412] Dem Verbraucher steht auch bei Tilgungsdarlehen kein Wahlrecht zu, welches ihm erlauben würde, anstelle der Rückforderung der bisher erfolgten Überzahlungen auf die Darlehensraten von der Bank zu verlangen, dass seine bisher erbrachten und zu-

---

[401] BGH Urt. v. 25.4.2006, Az. XI ZR 106/05, WM 2006, 1066, 1070; BGH Urt. v. 6.4.2005, Az. XI ZR 139/05, ZIP 2006, 224, 225 = WM 2006, 217; ähnlich BGH Urt. v. 19.5.2003, Az. III ZR 240/04, WM 2005, 1330 für Maklerverträge.

[402] BGH Urt. v. 13.1.2009, Az. XI ZR 118/08 Rn. 30; BGH Urt. v. 14.9.2004, Az. XI ZR 11/04, WM 2004, 2306; KG v. 3.5.2005, Az. 4 U 128/04, S. 20; **aA** *Edelmann/Suchowerskyj* DB 2003, 2475, 2480; *Sauer/Wallner* BKR 2003, 959, 966.

[403] BGH Urt. v. 14.9.2004, Az. XI ZR 12/04, S. 9f.

[404] BGH Urt. v. 6.12.2005, Az. XI ZR 139/05, ZIP 2006, 224, 226 = WM 2006, 217.

[405] BGH Urt. v. 20.1.2009, Az. XI ZR 504/07 Rn. 11, BKR 2009, 194 m. Anm. *Wolters* BKR 2009, 197.

[406] BGH Urt. v. 9.5.2006, Az. XI ZR 119/05, ZIP 2006, 1238, 1241 f.; BGH Urt. v. 9.5.2006, Az. XI ZR 114/05, BKR 2006, 405; zur Zinsneuberechnung vgl. *Schmitz* NJW 2007, 332 ff.

[407] BGH Urt. v. 18.12.2001, Az. XI ZR 156/01, BGHZ 149, 302, 311 = WM 2002, 380; OLG Brandenburg Beschluss v. 5.7.2006, Az. 3 W 39/06, ZIP 2006, 1719, 1721.

[408] BGH Urt. v. 8.6.2004, Az. XI ZR 150/03, WM 2004, 1542, 1545.

[409] Vgl. hierzu → § 5 Rn. 221; OLG Stuttgart Urt. v. 1.10.2007, Az. 6 U 132/07 Rn. 81, ZIP 2007, 2406.

[410] So KG Berlin Urt. v. 22.9.2009, Az. 13 U 17/08, ZIP 2010, 767, 769 ff. mwN.

[411] BGH Urt. v. 14.9.2004, Az. XI ZR 11/04, WM 2004, 2306; KG Urt. v. 3.5.2005, Az. 4 U 128/04, S. 20; LG Stuttgart Urt. v. 18.5.2005, Az. 14 O 69/05, S. 8.

[412] BGH Urt. v. 20.1.2009, Az. XI ZR 487/07 Rn. 27 ff.

§ 4 Finanzierung von Kapitalanlagegeschäften

künftig von ihm freiwillig zu erbringenden Überzahlungen auf die Darlehenshauptforderung verrechnet wird.⁴¹³

**n) Unterdeckungsrisiko und Kapitallebensversicherung.**⁴¹⁴ Wird bei Abschluss eines endfälligen Darlehens eine Kapitallebensversicherung als Tilgungsersatz vereinbart und reicht die Ablaufleistung der Lebensversicherung zur vollständigen Rückführung des Darlehens nicht aus, dann versuchen Kreditnehmer vielfach, das Risiko der Unterdeckung auf die finanzierende Bank abzuwälzen.

Diesbezüglich ist anerkannt, dass grundsätzlich der Darlehensnehmer dieses Unterdeckungsrisiko zu tragen hat.⁴¹⁵ Etwas anderes gilt nur dann, wenn die Auslegung ergibt, dass zwischen den Darlehensvertragsparteien vereinbart ist, dass die Auszahlung des Versicherungserlöses an Erfüllung statt erfolgt. Dies kann wiederum nur dann angenommen werden, wenn die Parteien ausdrücklich vereinbaren, dass der Kreditnehmer bei Unterdeckung der Darlehenssumme nichts nachzahlen muss, der Kreditgeber umgekehrt aber bei einer Überdeckung den überschießenden Betrag vereinnahmen darf.⁴¹⁶

**3. Rechtsberatungsgesetz (RBerG).**⁴¹⁷ **a) Problemdarstellung.** Im Zusammenhang mit der Finanzierung von Immobilienkapitalanlagen haben im Zusammenhang mit dem bis zum 30.6.2008 geltenden Rechtsberatungsgesetz, welches ab dem 1.7.2008 durch das Rechtsdienstleistungsgesetz ersetzt wurde⁴¹⁸, mehrere Senate des Bundesgerichtshofs festgehalten, dass anders als bei **gewerblichen Baubetreuern** im engeren Sinne, welche im Namen, in Vollmacht und für Rechnung des Betreuten das Bauvorhaben durchführen und die Verträge mit den am Bau Beteiligten abschließen – so genannte **Vollbetreuung**⁴¹⁹ – derjenige Treuhänder, der im Rahmen eines **Bauträgermodells** oder im Zusammenhang mit dem Beitritt zu einem **geschlossenen Immobilienfonds** die wirtschaftlichen, rechtlichen, steuerlichen und sonstigen Belange für den Kapitalanleger besorgt, der Genehmigung nach Art. 1 § 1 RBerG bedarf.⁴²⁰ Da im Hinblick auf die „Neuartigkeit" dieser

---

⁴¹³ BGH Urt. v. 20.1.2009, Az. XI ZR 504/07 Rn. 12 ff.; so schon die Vorinstanz OLG Stuttgart Urt. v. 1.10.2007, Az. 6 U 132/07 Rn. 46 ff.
⁴¹⁴ Vgl. hierzu *Arzt/Weber* BKR 2005, 264 ff.
⁴¹⁵ so BGH Beschluss v. 20.11.2007, Az. XI ZR 259/06; zu den Rechtsproblemen im Zusammenhang mit der Tilgungsaussetzung bei der Immobilienfinanzierung vgl. umfassend *Freckmann/Rösler* ZBB 2007, 23.
⁴¹⁶ So OLG Nürnberg Beschluss v. 25.4.2007, Az. 6 U 2558/06, WM 2007, 1787, 1789; OLG Hamm Urt. v. 3.7.2006, Az. 31 U 6/06, BKR 2007, 423; OLG Karlsruhe Urt. v. 21.2.2006, Az. 17 U 151/05, OLGR 2006, 759, wo ua darauf hingewiesen wird, dass gem. § 364 Abs. 2 BGB im Zweifel eine Vereinbarung an Erfüllung statt anzunehmen ist; so auch OLG Koblenz Urt. v. 7.12.2006, Az. 5 U 735/06, WM 2007, 497; LG Weiden Urt. v. 26.9.2006, Az. 1 O 227/06, WM 2007, 20; LG Oldenburg Urteil v. 15.2.2006, Az. 9 O 3868/05, WM 2006, 1250; LG Hannover Urt. v. 4.8.2005, Az. 3 O 455/04, WM 2006, 89; LG Freiburg Urt. v. 4.8.2005, Az. 1 O 232/05, WM 2005, 2090; LG Göttingen Beschluss v. 8.6.2005, Az. 2 O 422/05, WM 2005, 2092; LG Mainz Beschluss v. 20.5.2005, Az. 6 S 30/05, WM 2005, 2093 m. Anm. *van Geldern* WuB I E I.-1.06; aA OLG Karlsruhe Urt. v. 4.4.2003, Az. 15 U 8/02, BKR 2003, 752, dies allerdings in einem besonders gelagerten Fall.
⁴¹⁷ Vgl. zu diesem Problemkreis *Hertel/Edelmann*, Immobilienfinanzierung und Verbraucherschutz, S. 69 ff. u. Häfner, Fehlgeschlagene Immobilienkapitalanlagen, S. 197 ff.
⁴¹⁸ Ungeachtet dessen, dass das RBerG aktuell keine Geltung mehr entfaltet, kommt den von der Rechtsprechung in diesem Zusammenhang aufgestellten Rechtsgrundsätzen nach wie vor Bedeutung zu.
⁴¹⁹ Vgl. hierzu BGH WM 2004, 372, 374; *Edelmann* DB 2001, 787, 688; v. *Heymann/Merz*, Bankenhaftung bei Immobilienanlagen, 16. Aufl., S. 104 ff.
⁴²⁰ BGH Beschluss v. 22.4.2008, Az. XI ZR 272/06 mwN; BGH WM 2005, 1520 m. Anm. *Münscher* BKR 2005, 500; BGH WM 2005, 1598; BGH WM 2004, 1230 m. Anm. *Hertel* WuB VIII D. Art. § 1 RBerG 4.04; BGH WM 2004, 1529; BGH WM 2004, 1536; zur Wirksamkeit einer dem Verkäufer erteilten Abwicklungs- und Darlehensvertragsabschlussvollmacht; OLG München WM 2005, 2089; *Sauer/Wittemann* EWiR Art. 1 RBerG 7/03, 1051; zur früheren, einen Verstoß gegen das RBerG ablehnenden Rechtsprechung vgl. OLG München WM 2000, 130, 132, rechtskräftig

Rechtsprechung[421] so gut wie keiner der eingeschalteten damaligen Treuhänder über eine solche Genehmigung nach dem Rechtsberatungsgesetz verfügte, führte dies zur Nichtigkeit der betroffenen Treuhandverträge wegen Verstoßes gegen das Rechtsberatungsgesetz.[422]

**210** Diese neue Rechtsprechung wäre für sich allein nicht so einschneidend gewesen. Gravierende Auswirkungen entfaltete diese neue Rechtsprechung nämlich erst dadurch, dass der Bundesgerichtshof unter Berufung auf den **Schutzzweck** des Rechtsberatungsgesetzes weiter entschied, dass die Nichtigkeit des Treuhandvertrages auf die einseitig dem Treuhänder erteilte **Vollmacht durchschlägt,** ohne dass es darauf ankommt, ob die Vollmacht **nach dem erkennbaren Willen** der Parteien gemäß **§ 139 BGB** mit dem Treuhandvertrag zu einem einheitlichen Geschäft verbunden sein sollte oder nicht[423], sowie unabhängig davon, ob die Vollmacht dem Treuhänder in einem vom Treuhandvertrag isolierten Dokument erteilt wurde.[424] Denn erst diese Rechtsfolge führte dazu, dass plötzlich jegliche dem Treuhänder erteilten Vollmachten nichtig wurden.[425] Diese **Nichtigkeitsfolge** erstreckt sich auch auf die dem Treuhänder erteilte **Prozessvollmacht**.[426] Ist allerdings nur der Beitritt zur Fondsgesellschaft wegen Verstoßes gegen das Rechtsberatungsgesetz angreifbar, dann führt dies nach den **Grundsätzen zur fehlerhaften Gesellschaft** nicht zur Nichtigkeit des Gesellschaftsbeitritts.[427] Auch der Darlehensvertrag selbst ist grundsätzlich nicht wegen Verstoßes gegen das Rechtberatungsgesetz nichtig.[428] Etwas anderes gilt nur dann, wenn sich der Darlehensvertrag als wirtschaftliches Teilstück zur Erreichung eines verbotenen Gesamtzwecks darstellt[429], was in der Regel nicht der Fall ist.

---

durch NA-Beschluss v. 1. 8. 2000, Az. XI ZR 310/99; OLG Karlsruhe WM 2000, 1996, 2001; OLG Koblenz OLGR 2001, 205; kritisch zum Verstoß gegen das RBerG *Altmeppen* ZIP 2006, 1 ff.; *Lang/ Korsten* ZfIR 2004, 932; *Kleine-Cosack* BB 2005, 513; *ders.* BB 2003, 1737; *ders.* NJW 2003, 3009; *Sauer/Wittemann* BKR 2003, 656; *Münscher* WuB VIII. D. Art. § 1 RBerG, 3.02; *ders.* BKR 2005, 500; *ders.* in Münscher/Rösler/Lang, Praktikerhandbuch Baufinanzierung, S. 266 ff.; *Sauer/Wittemann* BKR 2003, 656; vgl. zur Nichtigkeit der im Gesellschaftsvertrag einer GbR enthaltenen Ermächtigung zur Einziehung von Forderungen der Gesellschafter wegen Verstoßes geegn das RBerG BGH Urt. v. 12.4.2011, Az. II ZR 197/09, DB 2011, 1269.

[421] Erstmals entschieden in BGH Urt. v. 28.9.2000, Az. X ZR 94, 58, WM 2000, 2443 = BGHZ 145, 265 m. Anm. *Lwowski/Tetzlaff* WuB VIII A. § 14 BNotO 1.01; *Bruchner* ZfIR 2001, 128 u. *Hermanns* DNotZ 2001, 6 ff.

[422] Zur Rückwirkungsproblematik vgl. BGH WM 2004, 1203, 1232; BGH WM 2001, 2260 m. Anm. *Reithmann* DNotZ 2002, 54 u. *Reich* EWiR Art. 1 § 1 RBerG 3/02, 259; *Wagner/Loritz* WM 2005, 1249 f.; *Sauer/Wittemann* BKR 2003, 656, 663; zum Schutz des Vertrauens vgl. BGH Urt. v. 1.2.2007 Az. III ZR 281/05, WM 2007, 543 m. Anm. *Kleine-Cosack* BB 2007, 517; BGH NJW 2004, 841, 843; OLG München ZIP 2004, 1903, 1905 = WM 2005, 800; OLG Karlsruhe WM 2004, 1135; OLG Stuttgart Urt. v. 30.12.2005, Az. 6 U 107/05, S. 19; LAG Köln ZIP 2005, 1524 u. 1153 sowie *Frisch/Münscher*, Haftung bei Immobilienanlagen, Rn. 727 mwN.

[423] Urt. v. 20.7.2012, Az. V ZR 217/11, WM 2013, 1473, 1474, Rn. 12. u. H. a. BGH Urt. v. 16.12.2002 BGHZ 153, 214, 220.

[424] BGH WM 2005, 1520; BGH WM 2005, 72; BGH WM 2005, 127 m. Anm. *Medicus* EWiR § 3 VerbrKrG 1/05, 231; *Jungmann* WuB IV A. § 172 BGB 1.05; *Schmidt-Lademann* LMK 2005, 33; BGH WM 2003, 918; BGH WM 2001, 2262; **aA** noch BGH WM 2002, 1273; BGH NA-Beschluss v. 15.5.2001, Az. XI ZR 312/00 zu OLG Karlsruhe WM 2001, 356; BGH WM 2001, 2113, 2115; OLG Karlsruhe WM 2001, 1210, 1212; OLG Bamberg WM 2002, 537, 543 f.; OLG Naumburg WM 2002, 2200 m. Anm. *Edelmann* WuB I E 2. § 4 VerbrKrG 1.03; *Edelmann* DB 2001, 687, 688.

[425] BGH Urt. v. 20.7.2012, Az. V ZR 217/11, NJW 2012, 3424 f. Rn. 9 ff.

[426] BGH WM 2004, 372 m. Anm. *Mues* EWiR § 172 BGB 1/04, 421 u. *Basty* LMK 2004, 106; BGH NJW 2004, 841 m. Anm. *Dittke* EWiR Art. 1 § 1 RBerG 5/04, 821; BGH WM 2003, 2375 m. Anm. *Hertel* WuB III D. Art. 1 § 1 RBerG 1.04; *Kulke* EWiR § 2242 BGB 2/04, 423.

[427] BGH WM 2003, 247 m. Anm. *Wertenbruch* WuB VIII D. Art. 1 § 1 RBerG 4.03.

[428] BGH WM 2004, 1127, 1129; BGH WM 2003, 2375, 2378 f.; BGH BKR 2003, 623, 625 f.; BGH WM 1998, 923.

[429] BGH WM 2005, 72, 76; BGH WM 2005, 127; BGH WM 2003, 1710, 1712; BGH WM 2004, 1127, 1129; BGH WM 2004, 1221, 1224.

§ 4 Finanzierung von Kapitalanlagegeschäften

Der Annahme eines Verstoßes gegen das Rechtsberatungsgesetz steht weder der Umstand entgegen, dass die Treuhandgesellschaft intern durch einen **Rechtsanwalt** vertreten wird[430] noch der Umstand, dass der Treuhänder keinen inhaltlichen **Gestaltungsspielraum** hat oder, ob er von dritter Seite bereits geprüfte und vorformulierte Vertragsformulare verwendet.[431] Auch der Umstand, dass es sich bei dem betroffenen Anleger selbst um einen **Rechtsanwalt** handelt, steht einem Verstoß gegen das RBerG nicht entgegen.[432] Ein Verstoß gegen das Rechtsberatungsgesetz kommt demgegenüber von vornherein dann nicht in Betracht, wenn der Treuhänder im Rahmen der ihm von der Immobilienfonds GbR oder KG übertragenen Befugnis umfassend tätig wird; dies selbst dann nicht, wenn der Treuhänder nicht Gesellschafter der GbR oder KG ist.[433] Ein Verstoß gegen das Rechtsberatungsgesetz scheidet auch dann aus, wenn dem Treuhänder in einem so genannten **Zeichnungsschein** eine **eingeschränkte Finanzierungsvollmacht,** welche in der Regel nicht auch die Befugnis zur Bestellung von kreditüblichen Sicherheiten umfasst,[434] und welche sich in der Regel auf vergleichbare Objekte bezieht[435], eingeräumt wird.[436] Schließlich scheidet ein Verstoß gegen das Rechtsberatungsgesetz dann aus, wenn nach dem **Schwerpunkt der Tätigkeit** die Tätigkeit für den Treugeber überwiegend auf **wirtschaftlichem Gebiet** liegt und die Wahrnehmung wirtschaftlicher Belange bezweckt.[437] Eine **zeitlich später** in einer vom Zeichnungsschein unabhängigen Urkunde erteilte vollumfängliche und daher nach dem Rechtsberatungsgesetz unwirksame weitere Voll-

---

[430] BGH Urt. v. 20.7.2012, Az. V ZR 217/11, WM 2013, 1473, 1474 Rn. 11; BGH Urt. v. 3.7.2008, Az. III ZR 260/07 Rn. 19 ff., WM 2008, 1609, 1611, wo ergänzend auf die Vereinbarkeit dieser Rechtspr. mit der Verfassung hingewiesen wird; BGH NJW 2005, 1488 m. Anm. *Kleine-Cosack* EWiR Art. 1 § 1 RBerG 4/05, 515; BGH WM 2004, 2349 m. Anm. *Allmendinger* EWiR Art. 1 § 1 RBerG 5/05, 517; LG Braunschweig BKR 2003, 984; **aA** OLG Stuttgart Beschluss v. 17.4.2002, Az. 6 U 164/01 sowie Beschluss v. 18.9.2002, Az. 6 U 21/02; LG Aschaffenburg Beschluss v. 26.10.2002, Az. 3 O 2722/01; LG Augsburg Urt. v. 16.9.2002, Az. 3 O 2722/01; LG Saarbrücken Urt. v. 8.12.2005, Az. 3 O 375/04; LG Oldenburg Beschluss v. 14.5.2004, Az. 9 S 145/04; LG Chemnitz Urt. v. 22.2.2004, Az. 4 O 3042/03.

[431] BGH WM 2001, 2113 m. Anm. *Rüthmann* DNotZ 2002, 54; *Allmendinger* EWiR Art. 1 § 1 RBerG 1/02, 121; *Balzer* WuB VIII D. Art. 1 § 1 RBerG 5.02; OLG Stuttgart Urt. v. 30.12.2005, Az. 6 U 107/05; **aA** OLG Frankfurt WM 2003, 332, 334 u. H. a. OLG Karlsruhe WM 2001, 356; *Lang/Korsten* ZfIR 2004, 932, 934; *Kleine-Cosack* BB 2003, 1737, 1740.

[432] KG Urt. v. 2.5.2007, Az. 26 U 184/06, S. 4.

[433] BGH Urt. v. 17.10.2006, Az. XI ZR 19/05, WM 2007, 62 mwN; vgl. auch BGH ZIP 2006, 1622; BGH NZG 2006, 540; BGH WM 2005, 1698 m. Anm. *Aigner* EWiR § 242 BGB 3/05, 417; BGH WM 2006, 177; OLG Schleswig BKR 2006, 158; OLG Brandenburg WM 2005, 463, 468, bestätigt durch BGH-Beschluss WM 2005, 470, 471; OLG Celle WM 2005, 877, 880.

[434] BGH Urt. v. 11.11.2008, Az. XI ZR 468/07 Rn. 34 ff.; **aA** OLG Bamberg Urt. v. 27.3.2007, Az. 4 U 95/06, WM 2007, 1211.

[435] BGH Beschluss v. 23.10.2007, Az. XI ZR 30/07, Vorinstanz OLG Bamberg Urt. v. 14.12.2006, Az. 1 U 102/06 „Umsetzungsvollmacht"; BGH NA-Beschluss v. 12.2.2008, Az. XI ZR 237/07, Vorinstanz OLG Frankfurt Urt. v. 7.3.2007, Az. 17 U 301/06.

[436] BGH Urt. v. 20.1.2009, Az. XI ZR 487/07 Rn. 19; BGH Urt. v. 10.10.2006, Az. XI ZR 265/05 Rn. 19 ff.; BGH WM 2006, 1008 m. Anm. *Paal* JZ 2006, 802; BGH WM 2006, 1060 m. Anm. *Aigner* EWiR § 3 VerbrKrG 5/06; OLG München Urt. v. 27.3.2006, Az. 19 U 5845/05, WM 2006, 1292 = BKR 2006, 413, 414; OLG München WM 2005, 1986 m. Anm. *Hadding* WuB I E 2. § 3 VerbrKrG 3.05; OLG Düsseldorf Beschluss v. 15.9.2006, Az. I-16 U 159/05; OLG Hamm Beschluss v. 28.6.2006, Az. 31 U 188/05; OLG Bamberg Urt. v. 20.10.2005, Az. 1 U 140/04; OLG Karlsruhe Urt. v. 22.7.2004, Az. 9 U 207/04; OLG Naumburg Urt. v. 29.4.2004, Az. 2 U 45/03; LG Köln Urt. v. 30.8.2005, Az. 3 O 595/04; LG Frankfurt Urt. v. 13.7.2006, Az. 2/25 O 479/05; LG Frankfurt Beschluss v. 29.6.2006, Az. 2–14 O 105/06; LG Frankfurt Urt. v. 29.6.2006, Az. 2–27 O 475/05; LG Frankfurt Urt. v. 12.6.2006, Az. 2–26 O 346/04; LG Frankfurt Urt. v. 2.6.2006, Az. 2–05 O 480/05; LG Frankfurt Urt. v. 11.5.2006, Az. 2/7 O 328/05; **aA** BGH WM 2004, 1529; OLG Stuttgart Urt. v. 30.12.2005, Az. 6 U 107/05.

[437] BGH Urt. v. 11.10.2011, Az. XI ZR 415/10, WM 2011, 2218, 2219 Rn. 14 ff.

macht **infiziert** nicht die frühere wirksame Zeichnungsscheinvollmacht.[438] Insofern kommt es nicht darauf an, ob und wann diese Zeichnungsvollmacht der Bank vorgelegen hat.[439]

**212** **b) Zur Anwendbarkeit der §§ 171, 172 BGB.** Ungeachtet der Nichtigkeit der Vollmacht wegen Verstoßes gegen das Rechtsberatungsgesetz können die vom Treuhänder vorgenommenen Rechtshandlungen dennoch wirksam sein, wenn der Bank vor oder **bei Abschluss**[440] des Darlehensvertrages das Original oder eine **Ausfertigung der Vollmachtsurkunde** vorgelegt wurde.[441] Dabei kommt es im Falle einer Vertragsannahme durch die Bank für die Anwendung der §§ 171, 172 BGB nicht darauf an, ob ihr bereits bei Unterzeichnung ihrer Annahmeerklärung die Vollmacht im Original oder in notarieller Ausfertigung vorgelegen hat sondern darauf, ob dies bei Vertragsschluss, dh **bis zum Zeitpunkt des Zugangs der Annahmeerklärung, der Fall gewesen ist.**[442] Auch die Vorlage einer vom Vollmachtgeber mittels eines Durchschreibesatzes erstellten **Vollmachtsdurchschrift** reicht aus[443]. Der Vorlage einer Ausfertigung der notariell beurkundeten Annahmeerklärung bedarf es demgegenüber nicht[444]; dies selbst dann, wenn nach der Angebotsurkunde die Vollmacht erst mit der Annahme wirksam werden sollte.[445] Da der

---

[438] So auch BGH Hinweisverfügung v. 22.1.2008 sowie Beschluss v. 11.3.2008, Az. XI ZR 1/07, S. 3; Bestätigung OLG Hamm Urt. v. 6.11.2006, Az. 31 U 188/05; BGH NA-Beschluss v. 15.1.2008, Az. XI ZR 244/07; Bestätigung OLG Frankfurt Urt. v. 7.3.2007, Az. 17 U 221/06, S. 12 ff. mit „Umsetzungsvollmacht" BGH Urt. v. 24.10.2006, Az. XI ZR 216/05 Rn. 17 ff., WM 2007, 116, 118; offen gelassen in BGH Urt. v. 10.10.2006, Az. XI ZR 265/05 Rn. 24, WM 2007, 108; OLG Karlsruhe Urt. v. 5.6.2007, Az. 17 U 70/06, OLGR 2007, 857, 859 f.; OLG Frankfurt Urt. v. 7.2.2007, Az. 23 U 14/05, S. 9 f. u. Az. 23 U 227/04, S. 7 f.; OLG Frankfurt Urt. v. 22.1.2007, Az. 23 U 75/06, S. 9; OLG Frankfurt Verfügung v. 3.1.2007, Az. 17 U 227/06; OLG München Urt. v. 1.2.2007, Az. 19 U 2202/06, S. 7 ff. u. Az. 19 U 3919/06, S. 9 ff. u. Az. 19 U 2615/06; OLG München ZIP 2005, 1591, 1592; OLG Düsseldorf Urt. v. 12.1.2007, Az. I-16 U 159/05, S. 23 ff.; OLG Hamm Urt. v. 6.11.2006, Az. 31 U 188/05, S. 9 ff.; OLG Bamberg Urt. v. 14.12.2006, Az. 14 U 102/06 S. 5, bestätigt d. BGH-Beschluss v. 23.11.2007, Az. XI ZR 30/07; LG Saarbrücken Urt. v. 23.3.2007, Az. 1 O 432/05 zur sog Umsetzungsvollmacht; OLG Frankfurt Beschlüsse v. 25.4.2007, Az. 23 U 200/06 u. 23 U 237/06; OLG Frankfurt Urt. v. 9.5.2007, Az. 9 U 21/06, S. 5 ff.; OLG Hamburg Urt. v. 25.2.2007, Az. 9 U 169/06, S. 3 f.; LG Frankfurt Urt. v. 22.12.2006, Az. 2–20 O 132/06, S. 8; LG Frankfurt Urt. v. 5.10.2006, Az. 2–27 O 155/05, S. 9; LG Frankfurt Urt. v. 22.9.2006, Az. 2–20 O 355/05, S. 5; LG Frankfurt Beschluss v. 29.6.2006, Az. 2–14 O 105/06, S. 7 f.; LG Frankfurt Urt. v. 12.6.2006, Az. 2–26 O 346/04, S. 7 f.; LG Frankfurt Urt. v. 2.6.2006, Az. 2–05 O 480/05, S. 10; *Jork/Engel* BKR 2005, 3, 10; *Wolf/Großerichter* WM 2004, 1993, 2001; *Lorenz* LMK 2004, 153; **aA** OLG Stuttgart Urt. v. 9.7.2007, Az. 6 U 236/06, S. 11; OLG Dresden Urt. v. 18.4.2007, Az. 12 U 83/06, S. 20 f.; OLG Celle Urt. v. 25.4.2007, Az. 3 U 38/05, ZIP 2007, 1801.

[439] *Hertel/Edelmann,* Immobilienfinanzierung u. Verbraucherschutz, S. 76 f.; *Hertel* WuB VIII D. Art. 1 § 1 RBerG 3.07.

[440] Vgl. hierzu *Lechner* NZM 2007, 145, 147 f.

[441] BGH WM 2003, 2375 m. Anm. *Hertel* WuB VIII D. Art. 1 § 1 RBerG 1/04 u. *Kulke* EWiR § 242 BGB 2/04, 423; BGH WM 2005, 127; BGH WM 2005, 72 m. Anm. *Jungmann* WuB IV A. § 172 BGB 1.05; *Tiedtke* EWiR 171 BGB 1/05, 415; BGH WM 2005, 1598; BGH WM 2005, 1520 m. Anm. *Münscher* BKR 2005, 500; BGH WM 2006, 853 m. Anm. *von Sethe* BKR 2006, 248 u. *Arnold* WuB I G 5.-4.06; BGH Urt. v. 11.7.2006, Az. XI ZR 12/05 Rn. 13 ff., BKR 2006, 451; zu den Anforderungen an die Beweislast vgl. OLG Frankfurt Urt. v. 25.1.2006, Az. 23 U 159/00 „keine unbilligen und übertriebenen Anforderungen".

[442] BGH Urt. v. 17.1.2012, Az. XI ZR 457/10, WM 2012, 312.

[443] BGH Urt. v. 25.4.2006, Az. XI ZR 219/04, WM 2006, 1060, 1062 u. H. a. BGHZ 47, 68 „Blaupause".

[444] BGH WM 2004, 1127; BGH WM 2005, 127; BGH WM 2005, 72; OLG Stuttgart Urt. v. 11.4.2007, Az. 9 U 224/07, WM 2007, 1121; OLG Düsseldorf Urt. v. 17.2.2006, Az. I-16 U 134/04; OLG Düsseldorf WM 2005, 881, 883.

[445] OLG Karlsruhe WM 2006, 676, 682.

§ 4 Finanzierung von Kapitalanlagegeschäften   213   § 4

Darlehensnehmer den Vorteil aus dem Darlehensvertrag erst mit der **Auszahlung der Darlehensvaluta** erlangt und der Rückzahlungsanspruch der Bank gegenüber dem Darlehensnehmer erst durch die Auszahlung begründet wird, muss es für die Heranziehung der §§ 171, 172 BGB auch ausreichend sein, wenn der Bank zwar nach Vertragsabschluss, jedoch **vor Darlehensauszahlung,** Original oder Ausfertigung der Vollmacht vorgelegen hat[446]. Ausreichend für die Anwendbarkeit der §§ 171, 172 BGB ist weiterhin, wenn der Bank vor Abschluss des Darlehensvertrages eine **Ausfertigung einer notariellen Grundschuldbestellungsurkunde,** in der das Vorliegen einer Ausfertigung der Vollmacht vermerkt ist, zusammen mit einer Abschrift der Vollmacht zugeleitet wird.[447] Für die Anwendbarkeit der §§ 171, 172 BGB dürfte auch als ausreichend angesehen werden, wenn die finanzierende Bank, welche über eine Kopie der Vollmacht verfügt, die jederzeitige frei zugängliche Möglichkeit hat, Einsicht in die Originalvollmachten zu nehmen.[448] Was die **Beweislast** anbelangt, so gilt grundsätzlich, dass der eine erbrachte Leistung zurückfordernde Bereicherungsgläubiger den fehlenden Rechtsgrund darlegen und beweisen muss. Macht daher der Kapitalanleger einen auf einen Verstoß gegen das Rechtsberatungsgesetz gestützten Anspruch nach § 812 BGB geltend, dann hat er sowohl die tatsächlichen Voraussetzungen des Fehlens der Vertretungsmacht darzulegen und zu beweisen als auch das Fehlen der Voraussetzungen einer Rechtsscheinvollmacht gem. §§ 171 ff. BGB.[449] Demgegenüber muss der eine vertragliche Leistung fordernde Gläubiger die Wirksamkeit des Vertrages darlegen und beweisen.[450] Ob wiederum im Zusammenhang mit §§ 171, 172 BGB zu Gunsten der Bank die **Grundsätze des Anscheinsbeweises** oder gar eine **Beweislastumkehr** unter bestimmten Voraussetzungen eingreifen, ist fraglich.[451]

Entgegen einer zum Teil in der Literatur und Rechtsprechung vertretenen Auffassung stehen die Grundsätze über das **Verbundgeschäft** gemäß § 9 VerbrKrG der Heranziehung der §§ 171, 172 BGB nicht entgegen.[452] Die Anwendbarkeit der §§ 171, 172 BGB setzten auch kein irgendwie geartetes persönliches Vertrauensverhältnis zwischen dem Vertretenen und dem Vertreter voraus. Deswegen scheitert deren Anwendbarkeit auch nicht daran, dass die Einschaltung des Treuhänders als Vertreter des Anlegers in der Regel nicht von diesem, sondern von dem Initiatoren und/oder den Gründungsgesellschaftern des Fonds in Kennt-

213

---

[446] OLG Frankfurt Urt. v. 25.1.2006, Az. 23 U 247/04, S. 10; LG Frankfurt Urt. v. 7.4.2006, Az. 2–27 O 516/04; LG Konstanz Urt. v. 27.2.2004, Az. 3 O 291/03; **aA** BGH Urt. v. 27.5.2008, Az. XI ZR 149/07 Rn. 18 f., wobei der Bank allerdings in einem solchen Fall dann ein Anspruch nach § 812 Abs. 1 S. 1 Alt. 1 BGB i. H. d. Nettokreditbetrages eingeräumt wird, vgl. Rn. 35; so auch BGH Urt. v. 17.7.2012, Az. XI ZR 198/11, NJW 2012, 3294, 3298 Rn. 42 u. H. a. BGH WM 2012, 312 Rn. 26, wobei es nach BGH für die Zurechenbarkeit der Zahlungsanweisung auf die Vorlage der Vollmacht im Zeitpunkt der „Ausführung" der Zahlungsanweisung ankommt, während der Zeitpunkt der „Erteilung" der Zahlungsanweisung oder der Zeitpunkt der Errichtung des Kreditkontos unerheblich sind; vgl. auch OLG München Urt. v. 19.7.2009, Az. 19 U 5500/07, WM 2009, 217 wonach spätestens mit Auszahlung der DV zustande kommt.

[447] BGH WM 2006, 853 m. Anm. von *Sethe* BKR 2006, 248.

[448] So LG Frankfurt Urt. v. 2.6.2006, Az. 2–05, O 480/05 S. 10 f. und LG Frankfurt Urt. v. 13.3.2006, Az. 2–14 O 213/04, S. 7 u. H. a. BGH NJW 1988, 697 u. BGH NJW 1980, 698.

[449] BGH Urt. v. 21.10.2008, Az. XI ZR 256/07, ZIP 2008, 2405, 2408 Rn. 20; BGH Urt.e v. 23.9.2008, Az. XI ZR 263/07 Rn. 20, Az. XI ZR 262/07 Rn. 21 u. Az. I ZR 253/07, WM 2008, 2158 Rn. 36; **aA** OLG Köln WM 2007, 119, 120.

[450] BGH, aaO.

[451] Offen gelassen in BGH Urt. v. 10.10.2006, Az. XI ZR 265/05 Rn. 15 f., WM 2007, 108; bejahend *Hertel* WuB VIII D. Art. 1 § 1 RBerG 3.03; zur generellen Handhabung vgl. BGH aaO, Rn. 16; zur Beweislast des Bauträgers im Verhältnis zur Bank vgl. OLG Köln Beschluss v. 5.2.2007, Az. 13 U 200/06, ZIP 2007, 1005 = WM 2007, 1119.

[452] BGH Urt. v. 11.7.2006, Az. XI ZR 12/05 Rn. 13 ff., BKR 2006, 451; BGH WM 2006, 1008; BGH WM 2006, 1060; BGH WM 2005, 72; BGH WM 2005, 127; OLG Karlsruhe OLGR 2005, 886, 891; OLG Köln WM 2005, 792; OLG Bamberg Urt. v. 20.10.2005, Az. 1 U 140/04; **aA** WM 2004, 1529, 1531; BGH WM 2004, 1536, 1538.

nis und mit Billigung der finanzierenden Bank erfolgt.[453] Selbst wenn der Bauträger und Verkäufer das Erwerbsmodell initiiert und konzipiert sowie den Treuhänder ausgesucht hat, kann er sich gegenüber dem Käufer auf §§ 171, 172 BGB berufen.[454] Schließlich stehen auch **Billigkeitserwägungen** der Anwendbarkeit der §§ 171, 172 BGB nicht entgegen, da der Anleger hinreichend nach den Regeln über den Vollmachtsmissbrauch geschützt ist.[455] Eine Ausnahme vom Grundsatz der Anwendbarkeit der §§ 171, 172 BGB könnte sich allenfalls dann ergeben, wenn konkrete Feststellungen zu kollusiven Absprachen zwischen Bank, Initiator und Treuhänder vorhanden sind.[456]

**214** Die Grundsätze gemäß §§ 171, 172 BGB finden auf die dem Treuhänder erteilte **prozessuale Vollmacht** keine Anwendung, weil die auf die materiellrechtliche Vollmacht zugeschnittenen, dem Schutz des Geschäftsgegners und des Rechtsverkehrs dienenden Vorschriften der §§ 171, 172 BGB auf die prozessuale Vollmacht nicht passen. Die Wirksamkeit einer solchen prozessualen Vollmacht orientiert sich vielmehr ausschließlich nach den abschließenden spezialgesetzlichen Regelungen der §§ 80, 88 u. 89 ZPO.[457] Demgemäß sind die prozessualen Vollmachten in der Regel nichtig. Der Darlehensnehmer kann sich jedoch gegenüber der Bank dann nicht auf die Nichtigkeit der aufgrund der prozessualen Vollmacht vorgenommenen notariellen Vollstreckungsunterwerfung berufen, wenn er sich im Darlehensvertrag zu deren Abgabe verpflichtet hat[458] oder wenn der zwischen Fondsgesellschaft und Bank geschlossene Darlehensvertrag die Abgabe vollstreckbarer Schuldanerkenntnisse seitens der Gesellschafter vorsieht und die Kreditaufnahme auf einem entsprechenden Gesellschafterbeschluss beruht.[459]

**215** **c) Kein Ausschluss nach § 173 BGB.** Der gemäß §§ 171, 172 BGB an die Vorlage des Originals oder einer Ausfertigung der Vollmachtsurkunde anknüpfende **Rechtsschein** ist in den Fällen der vorliegenden Art grundsätzlich nicht durch § 173 BGB ausgeschlossen. Nach dem eindeutigen Wortlaut des Gesetzes kommt es nämlich insoweit nicht auf die Kenntnis oder das Kennenmüssen der den Mangel der Vertretungsmacht begründenden Umstände, sondern auf die Kenntnis oder das Kennenmüssen des Mangels der Vertretungsmacht selbst an.[460] Insofern kann der finanzierenden Bank, welche keiner **Überprüfungs- oder Nachforschungspflicht** unterliegt[461], ein Vorwurf nur dann gemacht werden, wenn sie aus den ihr vorgelegten Unterlagen oder Umständen den rechtlichen Schluss ziehen musste, dass die dem Treuhänder erteilte Vollmacht unwirksam ist. Davon kann aber vor dem ersten, das Rechtsberatungsgesetz betreffenden Urteil des Bundesgerichtshof vom 28.9.2000, Az.: IX 279/99 (WM 2000, 2443) nicht die Rede sein[462]. Dies gilt selbst in solchen Fällen, in denen die Vollmacht eine Ermächtigung zur Vertretung gegenüber Ge-

---

[453] BGH WM 2005, 1520 m. Anm. *Münscher* BKR 2005, 500; BGH NJW 2005, 2983; BGH WM 2005, 72; BGH WM 2005, 127; OLG Düsseldorf, Urt. v. 17.2.2006, Az. 16 U 134/04; aA BGH WM 2004, 1529; BGH WM 2004, 1536 bei der Finanzierung des Erwerbs von Fondsanteilen.

[454] BGH Urt. v. 26.2.2008, Az. XI ZR 74/06 Rn. 29 ff., WM 2008, 683.

[455] BGH WM 2005, 1520.

[456] BGH WM 2005, 127, 131; BGH WM 2005, 72, 74; BGH WM 2005, 1520.

[457] BGH WM 2004, 27 m. Anm. *Joswig* EWiR § 794 ZPO 1/04, 151; BGH WM 2004, 372, 375; BGH WM 2003, 914; BGH WM 2005, 1698; BGH WM 2005, 828, 830; BGH WM 2005, 1520, aA OLG Bamberg WM 2002, 537, 544; *Edelmann* WuB I E 2. § 4 VerbrKrG 1.03.

[458] BGH WM 2004, 372, 375; BGH WM 2003, 2372; BGH WM 2005, 1520.

[459] BGH Urt. v. 26.6.2007, Az. XI ZR 287/05.

[460] BGH WM 2006, 1008, 1012; WM 2006, 1060, 1063; BGH WM 2005, 72, 75; BGH WM 2005, 127; BGH WM 2004, 1221, 1224; BGH WM 2004, 417, 421; OLG Düsseldorf WM 2005, 881, 883.

[461] BGH WM 2005, 828, 832; BGH WM 2005, 72, 76; BGH WM 2001, 2113; BGH WM 2000, 1247, 1250; BGH WM 2000, 1250, 1252.

[462] BGH Urt. v. 11.7.2006, Az. XI ZR 12/05 Rn. 17 f.; BGH WM 2006, 1008, 1012; BGH WM 2006, 1060, 1063; BGH WM 2005, 327.

richten und Behörden enthält[463] und insbesondere auch für Steuerberatungsgesellschaften.[464]

Entgegen der zum Teil ins Blaue hinein aufgestellten Behauptung entsprach der Abschluss von Treuhandverträgen mit umfassenden Vollmachten bei der Finanzierung von Immobilienkapitalanlagen lange Jahre auch einer weit verbreiteten und nicht angezweifelten Geschäftspraxis.[465] Demgemäß kann auch von einem evidenten **Rechtsverstoß** nicht die Rede sein.[466]

**d) Anwendbarkeit der Grundsätze über die Anscheins- und Duldungsvollmacht.** Kommt eine Anknüpfung an die Vorschriften der §§ 171, 172 BGB nicht in Betracht, weil der Bank vor oder bei Abschluss des Darlehensvertrages sowie vor Auszahlung der Darlehensvaluta weder ein Original noch eine Ausfertigung der Vollmacht vorgelegt wurde, dann könnten die Rechtshandlungen des Treuhänders dennoch als wirksam zu behandeln sein und zwar dann, wenn das Vertrauen des Dritten auf den Bestand der Vollmacht **vor oder bei Vertragsabschluss** an andere Umstände als an die Vollmachtsurkunde anknüpft, **dieses Vertrauen** nach den Grundsätzen über die Anscheins- und Duldungsvollmacht **schutzwürdig** erscheint und der Vertretene es – in der Regel über einen längeren Zeitraum – wissentlich geschehen lässt, dass ein Anderer für ihn als Vertreter auftritt und der Vertragspartner dieses Dulden dahin versteht und nach Treu und Glauben auch verstehen darf, dass der als Vertreter Handelnde bevollmächtigt ist.[467] Dabei ist, auch wenn diese Rechtsauffassung vor dem Hintergrund, dass entsprechende Dokumente ausschließlich zum Zwecke der Erlangung einer Finanzierung vom Kreditnehmer der Bank zugeleitet werden, nicht frei von Bedenken ist, **zwischenzeitlich** in der Rechtsprechung des Bundesgerichtshofs anerkannt, dass die Vorlage einer Selbstauskunft, einer Schufa-Auskunft, einer Einzugsermächtigung sowie einer Notarbestätigung[468] ebenso wenig zur Begründung eines Rechtsscheins nach den Grundsätzen der Duldungs- und Anscheinsvollmacht ausreicht, wie ein **bloßes Schweigen** des Kreditnehmers auf die Mitteilung über die Errichtung eines Kontos zur Finanzierung des Kaufpreises.[469] Ob, wie vom Bundesgerichtshof im Urteil vom 21.6.2005 vertreten[470], die Heranziehung der Rechtsscheinsgrundsätze der Duldungsvollmacht in Fällen eines Verstoßes gegen das Rechtsberatungsgesetz schon deswegen ausscheidet, weil der Kreditnehmer nicht gewusst hat oder hätte wissen müssen, dass der Geschäftsbesorger für ihn als Vertreter ohne Vollmacht auftritt und weil die Anwendbarkeit dieser Grundsätze voraussetzt, das der Vertretene das Verhalten des nicht von ihm bevollmächtigten Vertreters kannte und nicht dagegen eingeschritten ist, obwohl ihm das möglich gewesen wäre, ist zweifelhaft.[471] Dies gilt umso mehr, als der Bundesgerichtshof bis zu seiner Entscheidung vom 21.6.2005 immer wieder betont und hervorgehoben hatte, dass insbesondere und gerade in Fällen der vorliegenden Art die Grundsätze über die Duldungsvollmacht zur Anwendung gelangen können.[472]

---

[463] BGH WM 2005, 327; BGH WM 2005, 828, 832; OLG Düsseldorf Urt. v. 17.2.2006, Az. I-16 U 134/04, S. 15 u. 17.
[464] BGH WM 2005, 828, 832; OLG Düsseldorf Urt. v. 17.2.2006, Az. I-16 U 134/04, S. 17f.
[465] BGH WM 2005, 828, 832; BGH NJW 2005, 2983, 2985; BGH WM 2004, 2349, 2353.
[466] OLG Karlsruhe OLGR 2003, 494, 498.
[467] BGH WM 2005, 1520 m. Anm. *Münscher* BKR 2005, 500; BGH WM 2004, 922.
[468] BGH WM 2005, 327; BGH WM 2004, 1230, 1232; BGH WM 2004, 1227 m. Anm. *Hertel* WuB VIII D. Art. 1 § 1 RBerG 4.04.
[469] BGH WM 2005, 1520; BGH WM 2003, 1064, 1066.
[470] BGH WM 2005, 1520.
[471] Kritisch zu dieser Rechtsprechung auch *Münscher* BKR 2005, 500 u. OLG München NJW 2006, 1811, 1813; vgl. auch OLG Frankfurt WM 2006, 2207, wonach es bei der Duldungsvollmacht anders als bei der stillschweigend erteilten Vollmacht weder des bewussten Willens zur Erteilung der Vollmacht noch auch nur eines entsprechenden Erklärungsbewusstseins bedarf.
[472] Vgl. BGH WM 2005, 1520; BGH WM 2004, 1230, 1232f. m. Anm. *Hertel* WuB VIII D. Art. 1 § 1 RBerG 4.04; BGH WM 2004, 922.

**218** **e) Genehmigung.** Unabhängig von der Frage der Heranziehung der Grundsätze über die Duldungsvollmacht als Rechtsscheinsgrundsätze stellt sich in den Fällen der nichtigen Vollmacht nach dem Rechtsberatungsgesetz die Frage nach der Genehmigung der schwebend unwirksamen Darlehensverträge. Da wiederum die Genehmigung schwebend unwirksamer Verträge regelmäßig voraussetzt, dass der Genehmigende die **Unwirksamkeit kennt** oder zumindest mit ihr rechnet und demgemäß in seinem Verhalten sein Wille zum Ausdruck kommen muss, das bisher als unverbindlich angesehene Geschäft verbindlich zu machen[473], wird eine Genehmigung bei Verstößen gegen das Rechtsberatungsgesetz durch **konkludentes Tun** grundsätzlich abzulehnen sein. So hat der Bundesgerichtshof allein die Entgegennahme der Darlehensvaluta sowie die langjährige Erbringung der Zins- und Kapitaldienste für die Bejahung einer Genehmigung nicht ausreichen lassen.[474] Das Oberlandesgericht Jena wies selbst den Umstand für die Bejahung einer Genehmigung als nicht ausreichend zurück, dass der Darlehensnehmer nach Vertragsabschluss eine Widerrufsbelehrung unterzeichnete, diese Belehrung an die Bank zurücksandte und seine auf Abschluss des Darlehensvertrages gerichtete Willenserklärung nicht widerrief[475], was bedenklich erscheint. Demgegenüber war das Oberlandesgericht Frankfurt der Auffassung, dass sich der Darlehensnehmer nach § 242 BGB dann nicht auf eine Nichtigkeit des Darlehensvertrages berufen kann, wenn er im unmittelbaren Anschluss an den Vertragsabschluss durch den Treuhänder eine **Widerrufsbelehrung** unterzeichnet.[476] Eine Genehmigung des schwebend unwirksamen Darlehensvertrages wurde wiederum vom Oberlandesgericht Frankfurt in einem Fall angenommen, in welchem der Darlehensnehmer, nachdem er den Darlehensvertrag angefochten und widerrufen hatte, persönlich eine neue Vereinbarung mit der Bank abschloss, in welcher der offene Darlehenssaldo festgestellt wurde und in welcher sich der Darlehensnehmer zur Aufnahme weiterer Ratenzahlungen verpflichtete und dieser Verpflichtung auch nachkam.[477] Das Landgericht Berlin hat ferner in der **vorzeitigen vorbehaltlosen Ablösung** des Kredits eine Genehmigung gesehen.[478] Jedenfalls hat das Gericht in dem konkreten Fall dem Kreditnehmer die Berufung auf die Nichtigkeit der Vollmacht gem. § 242 BGB verwehrt.[479] Dieser Rechtsauffassung ist der Bundesgerichtshof nicht gefolgt.[480] Zur Bejahung der Genehmigung des schwebend unwirksamen Darlehensvertrages wurde es darüber hinaus als ausreichend angesehen, dass der Darlehensnehmer das Zustandekommen des Darlehensvertrages aktiv unterstützte, zB durch die Festlegung der Zinskonditionen sowie der Tilgungsart.[481] Entgegen der vom Bundesgerichtshof sowie

---

[473] BGH WM 2004, 1529; BGH WM 2004, 1536; BGH WM 2004, 1230 m. Anm. *Hertel* WuB VIII D. Art. 1 § 1 RBerG; BGH WM 2004, 1221, 1226 m. Anm. *Münscher* WuB I G 5.–9.04; BGH WM 2003, 2372 u. WM 2003, 2375; BGH BKR 2003, 942, 944.
[474] BGH WM 2004, 922; BGH WM 2003, 2375, 2376.
[475] OLG Jena ZIP 2004, 1097.
[476] OLG Frankfurt Beschluss v. 5.4.2006, Az. 23 U 302/05, S. 6.
[477] OLG Frankfurt BKR 2003, 831.
[478] **AA** wohl BGH Beschluss v. 3.6.2008, Az. XI ZR 239/07, wo ausgeführt wurde, dass die bloße Ablösung eines Darlehens grundsätzlich kein kausales Anerkenntnis der Darlehensschuld darstellt.
[479] LG Berlin WM 2006, 2214 u. H. a. KG Urt. v. 1.9.2004, Az. 23 U 226/01, rechtskräftig durch BGH-Beschluss v. 25.4.2006, Az. XI ZR 326/04; ähnlich BGH Urt. v. 1.2.2007, Az. III ZR 281/05, WM 2007, 543, 545; DB 2007, 513 m. Anm. *Kleine-Cosack* BB 2007, 517, wo die Berufung auf den Verstoß gegen das RBerG bei beanstandungsloser Leistungserbringung sowie ansonsten existenzgefährdender Auswirkungen für den Treuhänder als unzulässige Rechtsausübung angesehen wurde; so auch OLG Nürnberg Hinweisbeschluss v. 20.5.2008, Az. 6 U 167/08, OLGR 2008, 686, 688, welches zudem der Bank wegen der nicht erkennbaren Änderung der Rechtsprechung Vertrauensschutz gewährt.
[480] BGH Urt. v. 21.10.2008, Az. XI ZR 256/07, ZIP 2008, 2405, 2407 Rn. 15 ff., wo klargestellt wird, dass allein in der Ablösung des Darlehens und Übertragung der Sicherheit kein die Erhebung von Einwendungen ausschließendes Schuldanerkenntnis zu sehen ist; BGH Urt. v. 29.7.2008, Az. XI ZR 387/06 Rn. 18.
[481] OLG Frankfurt Urt. v. 13.4.2005, Az. 23 U 143/04 Rn. 23.

§ 4 Finanzierung von Kapitalanlagegeschäften    219  § 4

einem Teil der Rechtsprechung vertretenen Rechtsauffassung[482] wird man von einer Genehmigung bzw. Bestätigung des schwebend unwirksamen Darlehensvertrages auch dann ausgehen müssen, wenn der Darlehensnehmer zu einem späteren Zeitpunkt eine neue **Konditionen- und Prolongationsvereinbarung** selbst unterzeichnet[483], dies jedenfalls dann, wenn der Darlehensnehmer eine so genannte **Nachtragsvereinbarung** unterzeichnet, in welcher ausdrücklich festgehalten wird, dass im Übrigen alle sonstigen Bestimmungen und Vereinbarungen aus dem früheren Darlehensvertrag unverändert weiterhin gelten sollen.[484] Denn durch diese bewusste aktive Rechtshandlung des Darlehensnehmers zeigt dieser, dass er zu den durch seinen Bevollmächtigten abgeschlossenen Darlehensverträgen steht und die Aufrechterhaltung dieser Darlehen zu den ursprünglichen Bedingungen ausdrücklich wünscht. Im Übrigen anerkennt er die Wirksamkeit der früheren Darlehensverträge und beseitigt damit die schwebende Unwirksamkeit. Wegen der veröffentlichten BGH-Entscheidungen zum RBerG ist jedenfalls eine im Jahr 2002 unterzeichnete Konditionenanpassung als Genehmigung anzusehen.[485]

**f) § 242 BGB/Verwirkung.** Ungeachtet der Rechtsscheinsgesichtspunkte sowie der 219 Genehmigung der schwebend unwirksamen Darlehensverträge kann es dem Darlehensnehmer auch nach § 242 BGB verwehrt sein, sich auf die Unwirksamkeit des Darlehensvertrages zu berufen.[486] So hat der Bundesgerichtshof in einem Fall, in welchem der Darlehensnehmer das Angebot der Bank auf Abschluss des Zwischenfinanzierungsdarlehensvertrags neben dem Treuhänder selbst noch einmal angenommen hat, dem Anleger gemäß § 242 BGB verwehrt, sich auf die Nichtigkeit des allein vom Treuhänder später unterzeichneten Endfinanzierungs-Darlehensvertrages zu berufen.[487] Auch im umgekehrten Fall, in welchem der Darlehensnehmer den Endfinanzierungsvertrag selbst unterzeichnet hatte, wurde diesem die Berufung auf etwaige Unwirksamkeit des Zwischenfinanzierungsvertrages nach § 242 BGB verwehrt.[488] In einem weiteren Fall, in welchem die beiderseitigen Leistungen in vollem Umfang beanstandungsfrei erbracht wurden, wurde dem Vertretenen die Berufung auf die Nichtigkeit des Treuhandvertrages wegen Verstoßes gegen das RBerG gegenüber dem Treuhänder gem. § 242 BGB ebenfalls verwehrt.[489] Auch wenn dieser Fall der Rückzahlung der Treuhändervergütung betraf, können die dort aufgestellten Grundsätze auch auf das Verhältnis Bank/Kunde übertragen werden.[490] In einem Fall, in welchem

---

[482] BGH Urt. v. 27.5.2008, Az. XI ZR 149/07 Rn. 32 ff.; BGH BKR 2005, 501, 503 m. Anm. *Arnold* BKR 2005, 505; OLG Karlsruhe Urt. v. 4.8.2005, Az. 11 U 59/04; LG Braunschweig WM 2006, 319.

[483] So auch *Jork/Engel* BKR 2005, 3, 10; OLG München Urt. v. 10.5.2005, Az. 5 U 4975/04 (Genehmigung); Hanseatisches Oberlandesgericht Hamburg Urt. v. 25.4.2003, Az. 11 U 140/02, rechtskräftig durch Beschluss des BGH v. 4.5.2004, Az. XI ZR 214/03 (Genehmigung); OLG Frankfurt Urt. v. 13.4.2005, Az. 23 U 143/04 (Genehmigung u. § 242 BGB); OLG Frankfurt Urt. v. 2.3.2005, Az. 23 U 83/04 (Genehmigung, Bestätigung u. § 242 BGB); OLG Frankfurt Urt. v. 8.9.2004, Az. 23 U 231/03 (Bestätigung sowie Verstoß gegen § 242 BGB); KG Berlin Urt. v. 1.9.2004, Az. 23 U 226/01 (Genehmigung); LG Berlin Urt. v. 15.7.2004, Az. 21 O 719/03 (Bestätigung).

[484] So OLG Dresden BKR 2006, 122; OLG Karlsruhe OLGR 2006, 865, 866 f. bei Zinsneuvereinbarung im Jahr 2004; **aA** OLG Stuttgart ZIP 2006, 2364.

[485] KG Beschluss v. 6.1.2009, Az. 17 U 26/08 BKR 2009, 340.

[486] BGH Urt. v. 20.7.2012, Az. V ZR 217/11, WM 2013, 1473, 1475 Rn. 16 ff.

[487] BGH ZIP 2003, 1692 m. Anm. *Münscher* WuB III D. Art. 1 § 1 RBerG 2.04; OLG Karlsruhe ZIP 2004, 2423, 2424 m. Anm. *Barnert* EWiR § 242 BGB 4/05, 457; OLG Frankfurt Urt. v. 21.11.2006, Az. 9 U 43/06, S. 5; OLG Frankfurt Hinweisbeschluss v. 11.6.2007, Az. 9 U 24/06, S. 2 u. H. a. KG Urt. v. 11.7.2006, Az. 9 U 184/05, wobei hier von einer ausdrücklichen Genehmigung ausgegangen wurde.

[488] BGH Urt. v. 28.4.2009, Az. XI ZR 227/08, WM 2009, 1271 m. Anm. *Hertel* WuB VIII D. Art. 1 § 1 RBerG 2.09.

[489] BGH Urt. v. 20.7.2012, Az. V ZR 217/11, NJW 2012, 3424, 3425 f.; vgl. auch BGH Urt. v. 1.2.2007, Az. III ZR 281/05, DB 2007, 513 = WM 2007, 543, 545, Rn. 16.

[490] So OLG Nürnberg Hinweisbeschluss v. 20.5.2008, Az. 6 U 167/08, DLGR 2008, 686, 687 f.

der Darlehensnehmer auf Bitte der Bank zeitgleich einen Kontoeröffnungsantrag unterzeichnete, wurde der Bank die Berufung auf § 242 BGB verwehrt.[491] Das KG hat wiederum bei einem kreditfinanzierten Immobilienerwerb aus Gründen des **Vertrauensschutzes** sowie im Hinblick auf die Änderung der Rechtsprechung dem Darlehensnehmer die Berufung auf die Nichtigkeit des Darlehensvertrages wegen Verstoßes gegen das RBerG ebenfalls nach § 242 BGB verwehrt.[492] Allerdings ist der Darlehensnehmer bei einem Verstoß gegen das Rechtsberatungsgesetz nicht gem. § 242 BGB daran gehindert, sich auf die Nichtigkeit zu berufen, nur weil er auf die Bitte der Bank hin einen eigenen Kontoeröffnungsantrag gestellt hat.[493]

**220** Schließlich kommt auch die **Verwirkung** der Ansprüche des Darlehensnehmers in Betracht.[494]

**221** g) **Rechtsfolgen**.[495] Verbleibt es bei der Unwirksamkeit des Darlehensvertrages, dann hat dies zur Rechtsfolge, dass die Bank **keinen Anspruch auf Rückzahlung der Darlehensvaluta** hat, sofern diese vom Treuhänder abgerufen wurde, da dann die Auszahlung ohne wirksame Anweisung erfolgte. **Anspruchsgegner** der Bank für die Rückzahlung der Darlehensvaluta ist dann der tatsächliche **Zuwendungsempfänger**[496]. Eine Haftung des Anlegers kann in einem solchen Fall auch nicht über **§§ 128, 130 HGB analog** konstruiert werden.[497] Jedenfalls ist es der Bank mit Rücksicht auf den Schutzzweck des Rechtsberatungsgesetzes gem. § 242 BGB verwehrt, sich auf einen solchen Anspruch zu berufen.[498] Eine (doppelte) analoge Anwendung der §§ 128, 130 HGB kommt auch dann nicht in Betracht, wenn die Fondsgesellschaft Darlehensnehmer ist und der Anleger lediglich mittelbar an der Gesellschaft beteiligt sind.[499] Ob diese Rechtsfolge auch dann gilt, wenn im **notariellen Kaufvertrag** eine **wirksame Zahlungsanweisung** enthalten ist, hat der Bundesgerichtshof bisher offen gelassen.[500] Allerdings spricht der Umstand, dass auch die Zahlungsanweisung im Kaufvertrag für die finanzierende Bank von maßgeblicher Bedeutung ist, dafür, dass diese im Kaufvertrag erteilte wirksame Zahlungsanweisung als ausreichend anzusehen ist, mit der Folge, dass der Darlehensnehmer in einem solchen Fall verpflichtet bleibt, die Darlehensvaluta zurück zu zahlen.[501] Nachdem darüber hinaus die Zins- und Tilgungsleistungen ohne Rechtsgrund an die Bank erfolgten, ist die Bank zur Rückzahlung dieser Leistungen ebenfalls verpflichtet, wobei zu beachten ist, dass Zins- und Tilgungs-Rückzahlungsansprüche innerhalb der kurzen vierjährigen **Verjährungsfrist**

---

[491] BGH Urt. v. 29.7.2008, Az. XI ZR 387/06, WM 2008, 1782 m. Anm. *Weber* WuB I G 5.–4.09.

[492] KG Urt. v. 13.12.2006, Az. 24 U 73/06; so auch OLG Nürnberg, aaO, so schon OLG München Urt. v. 3.8.2004, Az. 18 U 4178/02, WM 2005, 800, 801, rechtskräftig a. NA-Beschluss v. 12.7.2005, Az. XI ZR 312/04; im Ansatz ähnlich BGH Urt. v. 11.10.2001, Az. III ZR 182/00, WM 2001, 2260.

[493] BGH Urt. v. 29.7.2008, Az. XI ZR 387/06 Rn. 17.

[494] Zur Verwirkung von Ansprüchen bei Verstoß gegen das Rechtsberatungsgesetz sowie beim Haustürwiderrufsgesetz OLG München WM 2006, 1292 u. OLG München WM 2006, 523 u. H. auf die handelsrechtlichen Aufbewahrungsfristen analog § 257 Abs. 1 Nr. 2 u. 3, Abs. 4 HGB.

[495] Zum Rechtsschutzbedürfnis an der gerichtlichen Geltendmachung der persönlichen Forderung im Wege der Leistungsschutzklage trotz vollstreckbarem Schuldanerkenntnis bei Gefahr der Verjährung vgl. BGH Urt. v. 19.12.2006, Az. XI ZR 113/06, WM 2007, 588, 589 u. OLG Frankfurt WM 2006, 856.

[496] BGH WM 2005, 327; BGH-Urt. v. 27.9.2005, Az. XI ZR 79/04.

[497] OLG Karlsruhe Urt. v. 13.3.2007, Az. 17 U 289/06, ZIP 2007, 1049; zur Haftung eines lediglich über einen Treuhänder an der GbR mittelbar beteiligten Gesellschafters analog §§ 128, 130 HGB vgl. OLG Schleswig Urt. v. 24.5.2007, Az. 5 U 38/06, BKR 2007, 415.

[498] BGH Urt. v. 17.6.2008, Az. XI ZR 112/07 Rn. 18 ff.; BGH Urt. e. v. 23.9.2008, Az. XI ZR 263/07 Rn. 30 u. XI ZR 262/07 Rn. 34.

[499] BGH Urt. v. 11.11.2008, Az. XI ZR 468/07 Rn. 18 ff.

[500] BGH WM 2004, 1230, 1233.

[501] So wohl auch *Wolff/Großerichter* ZfIR 2005, 1, 11 ff.

§ 4 Finanzierung von Kapitalanlagegeschäften

nach § 197 BGB aF verjähren⁵⁰², nach neuem Recht innerhalb von drei Jahren gem. § 195 BGB, allerdings abhängig von subjektiven Momenten.⁵⁰³ Der finanzierenden Bank steht gegenüber dem Kreditnehmer bei einer Rückabwicklung des wegen RBerG-Verstoßes unwirksamen Darlehensvertrages weder ein Anspruch auf Übereignung der Eigentumswohnung noch auf Berücksichtigung/Anrechnung der vom Kreditnehmer aus seiner Kapitalanlage erzielten Mieteinnahmen zu.⁵⁰⁴ Ein Anspruch auf Abtretung der Fondsbeteiligung besteht selbst dann nicht, wenn auch der Fondsbeitritt wegen Verstoßes gegen das Rechtsberatungsgesetz unwirksam wäre.⁵⁰⁵ Auch Steuervorteile muss sich der Anleger nicht anrechnen lassen.⁵⁰⁶

**4. Weitere Problempunkte bei Bevollmächtigung**

**a) Vollmachtsmissbrauch.** Das Risiko eines Missbrauchs der Vollmacht ist grundsätzlich vom Vertretenen zu tragen. Dem Vertragspartner obliegt **keine besondere Prüfungspflicht,** ob und inwieweit der Vertreter im Innenverhältnis gebunden ist, von einer nach außen unbeschränkten Vertretungsmacht nur begrenzt Gebrauch zu machen.⁵⁰⁷

Der Vertretene ist aber dann geschützt, wenn der Vertreter von seiner Vertretungsmacht in **ersichtlich verdächtiger Weise** Gebrauch gemacht hat und der **Geschäftsgegner dies erkennt.** Notwendig ist dabei eine massive Verdachtsmomente voraussetzende objektive Evidenz des Vollmachtsmissbrauchs; dem Vertragspartner müssen sich die für den Missbrauch der Vollmacht sprechenden Umstände „geradezu aufdrängen".⁵⁰⁸ Bei Untreueverdacht ist eine Hinweispflicht der Bank auf Fälle beschränkt, in denen der Verdacht so stark ist, dass er der Gewissheit fast gleichkommt.⁵⁰⁹ Kennt der Geschäftsgegner den Missbrauch der Vertretungsmacht, dann wird sein Vertrauen auf die Vertretungsmacht nicht als schutzwürdig angesehen.⁵¹⁰ Die Rechtsfolgen des Missbrauchs einer Vertretungsmacht

---

⁵⁰² Zur Verjährung vgl. OLG Stuttgart WM 2007, 203, 208; OLG Celle ZIP 2006, 2163, 2166; OLG Karlsruhe OLGR 2006, 526; OLG Karlsruhe Urt. v. 22.6.2006, Az. 19 U 41/05, S. 6; OLG Karlsruhe OLGR 2005, 886, 888; OLG Karlsruhe OLGR 2004, 405; vgl. hierzu auch BGH Urt. v. 7.12.1989, Az. III ZR 270/88, NJW 1990, 1036, wonach § 197 BGB aF auch auf eine zur Ablösung gezahlte Darlehensschuld Anwendung findet; BGH NJW 2001, 2711, 2712 u. BGH BKR 2007, 200, 201 Rn. 20 = ZIP 2007, 718 wo ausdrücklich die Verjährung nach § 197 BGB aF auf Rückzahlung von Zins- und Tilgungsbeträge angewandt wurde; so auch OLG Stuttgart Urt. v. 1.10.2007, Az. 6 U 132/07 R 81, BGHZ 98, 174, 179, wo § 197 BGB aF auf Kreditkosten eines Annuitätendarlehens angewandt wurde; **aA** BGH Urt. v. 4.12.2007, Az. XI ZR 227/06 Rn. 33, WM 2007, 244, 247 wenn die Darlehenssumme und Zinsen in einem Betrag gezahlt werden und BGH Urt. v. 27.5.2008, Az. XI ZR 409/06 Rn. 13, WM 2008, 1258 m. Anm. *Münscher* WuB I G 5.-1.09, wenn die Rückzahlung des Kapitals in selbständig abzuzahlenden Teilbeträgen erfolgt; zur Verjährung vgl. noch *Hertel/Edelmann,* Immobilienfinanzierung und Verbraucherschutz, S. 163 ff. sowie → § 3 Rn. 150.

⁵⁰³ So BGH Urt. v. 17.1.2012, Az. XI ZR 457/10, WM 2012, 312, 313 u. 315 Rn. 12 u. 31; BGH Urt. v. 23.1.2007, Az. XI ZR 44/06, ZIP 2007, 624; OLG Stuttgart ZIP 2005, 2152, 2156; OLG Karlsruhe WM 2007, 355, 359; OLG Braunschweig ZIP 2006, 180, 183; OLG Bamberg NJW 2006, 304; **aA** OLG Celle ZIP 2006, 2163, 2166; OLG Celle Urt. v. 24. 5.2006, Az. 3 U 246/05; OLG Hamm WM 2006, 1477, 1480; OLG Karlsruhe Beschluss v. 19.12.2005, Az. 1 U 206/05, S. 2; LG Frankfurt Urt. v. 3.11.2006, Az. 2/12 O 98/96; LG Dortmund ZIP 2006, 385 „Leitsatz"; *Assmann/Wagner* NJW 2005, 3169; *Wagner* ZfIR 2006, 321, 324.

⁵⁰⁴ BGH Urt. v. 17.6.2008, Az. XI ZR 112/07 Rn. 13 f.; BGH Urt. v. 27.2.2007, Az. XI ZR 56/06, WM 2007, 731 = ZIP 2007, 718.

⁵⁰⁵ BGH Urt. v. 17.6.2008, Az. XI ZR 112/07 Rn. 14.

⁵⁰⁶ BGH Urt. v. 11.11.2008, Az. XI ZR 468/07 Rn. 31; BGH Urt.e v. 23.9.2008, Az. XI ZR 263/07, S. 16 f. u. XI ZR 262/07 Rn. 33.

⁵⁰⁷ BGH WM 1986, 1061 = NJW-RR 1987, 307 = WuB IV A. § 164 BGB 1.87 *Bruchner.*

⁵⁰⁸ BGH WM 1992, 1362 = NJW-RR 1992, 1135 = WuB IV A. § 166 BGB 1.92 *Leptien.* BGH WM 1994, 2190 m. Anm. *Blaschezok* WuB I B 2.-1.95, BGH WM 1999, 1617 m. Anm. *H. Lange* WuB IV s. § 164 BGB 1.99.

⁵⁰⁹ BGH WM 1983, 41.

⁵¹⁰ BGH WM 1990, 98 = NJW-RR 1990, 484 = BB 1990, 94 = DB 1990, 523 = ZIP 1990, 918 = WuB I B 5.-1.90 *Koller;* BGH WM 1994, 1204 = NJW 1994, 2082 = ZIP 1994, 859 = WuB I D 3.-4.94 *Koller.*

können auch denn eintreten, wenn der Vertreter seinerseits nicht vorsätzlich gehandelt hat (§ 164 BGB).[511]

232  **b) Beschränkung der Vollmacht.** Eine Beschränkung der Vollmacht mit Wirkung für Dritte ist generell **zulässig.**[512] Ermächtigt die Vollmacht auch zur Kreditaufnahme, so ist dieser Teil der Vollmacht nicht wirksam, soweit in mündlichen Verhandlungen der gegenteilige Wille des Vollmachtgebers zum Ausdruck gekommen ist.[513]

233  Sieht eine Vollmachtsklausel vor, dass der Treuhänder über die Darlehensvaluta nur mit Zustimmung der finanzierenden Bank verfügen darf, so ergibt sich daraus noch keine Verpflichtung der Bank, die im Innenverhältnis zwischen Darlehensnehmer und Treuhänder getroffenen Abreden im Einzelnen zu überprüfen und ihre Erfüllung durch den Treuhänder zu überwachen; dazu wären entsprechend klare Vereinbarungen erforderlich.[514]

234  Die finanzierende Bank muss eine auf bestimmte, vom Anleger gezeichnete Einheiten und betragsmäßig auf einen bestimmten Gesamtaufwand beschränkte Vollmacht beachten und darf Verfügungen des Bevollmächtigten (Treuhänder/Baubetreuer) nur im Rahmen des betragsmäßig festgelegten Gesamtaufwandes zulassen. Führt die Bank unter Verletzung der betragsmäßigen Beschränkung gleichwohl Zahlungsanweisungen des Treuhänders aus, ist sie gegenüber dem Vollmachtgeber (Kunde/Anleger) schadensersatzpflichtig.

235  **c) Widerruf der Vollmacht.** Eine unwiderruflich erteilte Vollmacht, der keine Kausalvereinbarung zugrunde liegt, ist **frei widerruflich.** Die vom Treuhandeigentümer dem Treugeber unwiderruflich erteilte Vollmacht zur Verwaltung, Veräußerung und Belastung des Treueguts (Teileigentum) kann in der Regel dann widerrufen werden, wenn die der Vollmacht zu Grunde liegende Abrede nur Belastungen erlaubt, der Treugeber aber die Sache verkauft.[515]

236  Entgegen der teilweise vertretenen Rechtsauffassung ist eine Vollmacht nicht entsprechend den Regelungen über das Haustürgeschäft widerrufbar.[516]

237  **d) Anscheinsvollmacht.** Das Risiko vorhandener Vertretungsmacht trägt nach dem Gesetz grundsätzlich nicht derjenige, in dessen Namen jemand als Vertreter auftritt, sondern das Risiko trifft den Geschäftsgegner.[517]

238  Der Vertretene kann sich auf den Mangel der Vollmacht seines angeblichen Vertreters dann nicht berufen,
– wenn er dessen Verhalten zwar nicht kannte, es aber bei pflichtgemäßer Sorgfalt hätte kennen und verhindern können und
– wenn der Geschäftsgegner das Verhalten des Vertreters nach Treu und Glauben dahin auffassen durfte, dass es dem Vertretenen bei verkehrsmäßiger Sorgfalt nicht habe verborgen bleiben können und dass dieser es also geduldet hat.

239  Nur wenn diese **beiden Voraussetzungen** erfüllt sind, verdient der – vom „Vertretenen" möglicherweise schuldhaft mitverursachte – Rechtsschein Schutz im Rechtsverkehr in der Weise, dass das Handeln des „Vertreters" dem „Vertretenen" zugerechnet wird.[518] Die Rechtsscheinhaftung ist nicht davon abhängig, dass der „Vertreter" sich im Rahmen der gewerblichen Betätigung des „Vertretenen" bewegt.[519] Es darf sich nur nicht um einen für den Geschäftsbereich des „Vertretenen" ungewöhnlichen oder einmaligen Vorgang handeln.[520]

---

[511] BGH WM 1988, 1199.
[512] BGH WM 1985, 56 = NJW 1985, 519 = BB 1985, 84 = DB 1985, 432 = ZIP 1985, 98 = JuS 1985, 643 = WuB IV A. §§ 164, 171 BGB = 1/2.85 *Möschel;* BGH WM 1988, 1199.
[513] BGH WM 1987, 646 = BB 1987, 1063 = DB 1987, 1678 = ZIP 1987, 836.
[514] BGH WM 1987, 341.
[515] BGH WM 1988, 714 m. Anm. *Krämer* WuB IV A § 168 BGB 1.88.
[516] Vgl. hierzu § 4 Rn. 82 ff.
[517] BGH WM 1977, 1169.
[518] BGH NJW 1981, 1727; BGH NJW 1982, 1513.
[519] BGH WM 1977, 1169.
[520] BGH WM 1986, 1094 = WuB IV A. §§ 164, 173 BGB – 1.86 *v. Heymann.*

Wer eine aus materiellen Gründen unwirksame notarielle Vollmacht erteilt, von der bei **240** der notariellen Beurkundung eines Rechtsgeschäfts Gebrauch gemacht wird, kann dem im Beurkundungstermin nicht anwesenden oder vertretenen Geschäftsgegner gegenüber aus Gründen der Rechtsscheinhaftung an die beurkundete Erklärung gebunden sein, wenn der Notar das Vorliegen der Vollmacht ausdrücklich in die Verhandlungsniederschrift aufnimmt und deren Ausfertigung zusammen mit einer Abschrift der Vollmacht dem Geschäftsgegner zustellt.[521]

**5. Fehlerhafte Beurkundung.** Bei der Beurkundung von Verträgen sind die von der **241** Rechtsprechung zu § 313 BGB (nunmehr § 311b BGB) aufgestellten Grundsätze zu beachten.[522]

**a) Beurkundung des Treuhand-/Baubetreuungsvertrages.** Wird der Betreuer im **242** Rahmen eines Bauherrenmodells beauftragt, im Namen und in Vollmacht des Auftraggebers ein Grundstück zu erwerben, so bedarf der Betreuungsvertrag der notariellen Beurkundung.[523] Auch der Treuhandvertrag und die einem Treuhänder/Baubetreuer erteilte Vollmacht bedürfen in aller Regel der notariellen Beurkundung.[524] Ein wegen Formmangels (§ 313 BGB bzw. § 311b BGB) nichtiger Treuhand- und Betreuungsvertrag kann unter den Voraussetzungen des § 139 BGB auch zur Nichtigkeit einer notariellen Vollmacht führen.[525] In diesem Fall gelten jedoch die Grundsätze über die Anscheins- und Duldungsvollmacht.

**b) Treuhandvertrag und Darlehensvertrag.** Ist ein Treuhandvertrag wegen man- **243** gelnder Beurkundung (§ 313 BGB bzw. § 311b BGB) nichtig, dann kann dies nur dann die Nichtigkeit des Darlehensvertrages zur Folge haben, wenn beide Verträge als einheitliches Geschäft nach § 139 BGB anzusehen sind. Hierzu ist jedoch der gemeinsame Wille (auch verschiedener Personen) erforderlich, die Vereinbarungen rechtlich und nicht nur wirtschaftlich als Gesamtgeschäft zu behandeln.[526] Bei Immobilienanlagen führt ein unter Verletzung des § 313 Satz 1 BGB bzw. des § 311b BGB geschlossener Geschäftsbesorgungsvertrag generell nicht auch zur Nichtigkeit des Darlehensvertrages nach § 139 BGB.[527]

**c) Einheitliches Vertragswerk.** Eine für sich allein nicht formbedürftige Vereinbarung **244** ist dann notariell zu beurkunden, wenn sie mit einem Grundstückskaufvertrag rechtlich zusammenhängt, wenn also die Vereinbarungen nach dem Willen der Parteien derart voneinander abhängig sind, dass sie „miteinander stehen und fallen" sollen. Dass an jedem der Rechtsgeschäfte jeweils dieselben Parteien beteiligt sind, ist dazu nicht erforderlich.[528]

Die Niederlegung mehrerer selbstständiger Verträge in verschiedenen Urkunden be- **245** gründet zwar eine Vermutung dafür, dass die Verträge nicht in rechtlichem Zusammenhang

---

[521] BGHZ 102, 60 = WM 1987, 1426 = NJW 1988, 697 = DB 1988, 174 = ZIP 1987, 1454 = WuB I G 7.–2.88 v. *Heymann*.
[522] BGHZ 85, 245 = WM 1983, 15 = BB 1983, 1630 = DB 1983, 823; BGHZ 93, 264 = WM 1985, 221 = NJW 1985, 1020 = BB 1985, 749 = DB 1985, 543 = ZIP 1985, 203; BGHZ 103, 235 = WM 1988, 830 = NJW 1988, 1716 = BB 1988, 1068 = DB 1988, 1213.
[523] BHG WM 1985, 10 = NJW 1985, 730 = BB 1985, 82 = DB 1985, 1224 = ZIP 1985, 16 = WuB IV A. § 164 BGB 1./2.85 *Möschel*; BGH WM 1992, 1662 = NJW 1992, 3237 = DB 1992, 1925 = WuB VIII A. § 19 BNotO 1.92 *Frenz*.
[524] BGHZ 101, 393 = WM 1987, 1369 = BB 1987, 2185 = DB 1987, 2455 = ZIP 1987, 1578 = WuB I G 7.–1.88 v. *Heymann*; BGH WM 1990, 764 = NJW-RR 1990, 340 = WuB I G 7.–6.90 *Reithmann*; BGH WM 1990, 1543 = BB 1990, 1997 = WuB I G 7.–9.90 *Reithmann*.
[525] BGH WM 1985, 596 = WuB IV A. §§ 164, 171 BGB – 5.85 v. *Heymann*; BGH WM 102, 60 = WM 1987, 1426 = ZIP 1986, 1454 = WuB I G 7.–2.88 v. *Heymann*; BGH WM 1994, 1637.
[526] BGH NJW 1976, 1931.
[527] BGH WM 1986, 1561 = NJW-RR 1987, 523 = DB 1987, 629 = WuB I G 7.–5.87 v. *Heymann*.
[528] BGHZ 76, 43 = NJW 1980, 829 = WM 1980, 405 = BB 1980, 341 = DB 1980, 825; BGH WM 1990, 769 = NJW-RR 1990, 340 = WuB I G 7.–6.90 *Reithmann*.

stehen sollen. Entscheidend bleibt aber immer der **„Verknüpfungswille"**: Auch wenn nur einer der Vertragspartner einen solchen Willen zeigt und der andere ihn anerkennt oder zumindest hinnimmt, kann ein einheitliches Vertragswerk vorliegen und damit insgesamt nach § 313 BGB bzw. § 311b BGB beurkundungsbedürftig sein.[529]

246 Wenn der Kreditvertrag eine ausdrückliche sog **Trennungsklausel** enthält, fehlt der Einheitlichkeitswille.[530] Anders als beim finanzierten Abzahlungskauf verstößt eine solche Klausel bei steuersparenden Kapitalanlagen nicht gegen § 9 AGBG.[531]

247 **d) Beurkundung einer Beschaffungsverpflichtung.** Ein auf die Beschaffung eines Grundstücks gerichteter Auftrag, bei dessen Ausführung der Beauftragte im eigenen Namen, aber für Rechnung des Auftraggebers handeln soll, bedarf unter dem Gesichtspunkt der Begründung einer Erwerbsverpflichtung – des Beauftragten oder des Auftraggebers oder beider – nach § 313 Satz 1 BGB bzw. nach § 311b BGB der notariellen Beurkundung.[532] Entsprechendes gilt für die Beurkundung von Anlage-Vermittlungsverträgen.[533]

248 Dagegen unterliegt ein Geschäftsbesorgungsvertrag, durch den der Auftraggeber den Treuhänder beauftragt, Grundstücke zu erwerben, zu parzellieren und nach Bebauung an von ihm zu benennende Dritte zu veräußern, nicht deshalb dem Formzwang, weil der Auftraggeber bei einem Scheitern des Projekts in die Lage kommen kann, die Grundstücke selbst zu erwerben.[534] Auch die Verpflichtung zur Abtretung eines Auflassungsanspruchs bedarf nicht der Form des § 313 Satz 1 BGB bzw. des § 311b BGB.[535]

249 **6. Auszahlung des Darlehens an Dritte.** Bei der Finanzierung von Kapitalanlagen kommt es häufig vor, dass die Darlehensvaluta nicht unmittelbar an den Anleger, sondern an einen Dritten ausgezahlt wird. Daraus ergibt sich die Frage, ob der Darlehensnehmer das Darlehen gem. § 607 BGB empfangen hat.

250 **a) Weisung des Kreditnehmers.** Überweist die Bank die Darlehensvaluta auf Weisung des Darlehensnehmers an einen Dritten auf dessen Konto bei der darlehensgebenden Bank, dann gilt das Darlehen iS § 607 BGB als ausgezahlt, und zwar selbst dann, wenn der überwiesene Betrag dort sofort Sicherungsrechten der Bank unterliegt oder sogar nur zur Minderung eines vorhandenen Debetsaldos führt.[536] Wichtig ist jedoch, dass die Darlehensvaluta dem Dritten (zB Treuhänder) zugeflossen ist. Wie der Dritte weiterverfügt, spielt dabei keine Rolle.[537]

251 **b) Sicherungsinteresse der Bank.** Allerdings wird die Überweisung auf das Konto eines Dritten dann nicht als Auszahlung angesehen, wenn die Darlehensvaluta in erster

---

[529] BGH WM 1985, 10 = NJW 1985, 730 = BB 1985, 82 = DB 1985, 1224; BGH WM 1987, 1224 = DB 1987, 2456 = ZIP 1987, 1464; BGH WM 1988, 825; BGH WM 1988, 905 = WM 1988, 2880; BGH WM 1988, 1702; BGH WM 1992, 1662 = NJW 1992, 3237 = DB 1992, 1925 = WuB VIII A. § 19 BNotO 1.92 *Frenz*.

[530] BGH WM 2002, 2501, 2503; BGH NJW 1992, 2560.

[531] BGH WM 1986, 995 = WuB I G 8.–8.86 *v. Heymann*.

[532] BGH WM 1981, 361 = BB 1981, 2032 = DB 1981, 1229.

[533] BGHZ 103, 235 = WM 1988, 830 = NJW 1988, 1716 = BB 1988, 1068 = DB 1988, 1213; BGH WM 1989, 1692 = NJW 1990, 390 = DB 1990, 523 = WuB I G 7.–1.90 *Thode*.

[534] BGH WM 1987, 693.

[535] BGHZ 89, 41 = WM 1984, 337; BGH WM 1988, 1064 = NJW 1988, 2237 = BB 1988, 1553 = DB 1988, 1353 = ZIP 1988, 919 = WuB IV A. § 313 BGB 2.88 *Moritz*.

[536] BGH ZiP 2006, 1238, 1240; BGH WM 2006, 1008, 1012; BGH WM 1978, 878 = NWJ 1978, 2294 = DB 1978, 1829; BGH WM 1983, 484; BGH WM 1985, 596 = WuB IV A. § 164 BGB 5.85 *v. Heymann*.

[537] BGH WM 1985, 10 = NJW 1985, 730 = BB 1985, 82 = DB 1985, 1224 = ZIP 1985, 16 = MDR 1985, 298; BGHZ 93, 264 = WM 1985, 221 = NJW 1985, 1020 = BB 1985, 749 = DB 1985, 543 = ZIP 1985, 203; BGH WM 1986, 6; BGH WM 1986, 8 = BB 1986, 220 = DB 1986, 424 = ZIP 1986, 21; BGH WM 1988, 1225 = NJW-RR 1988, 1450 = WuB I E 1.–15.88 *Emmerich*; BGH WM 1989, 1718 = NJW-RR 1990, 246 = WuB I G 7.–3.90 *v. Heymann*; BGH WM 1997, 1658 = BGH WM 1999, 11 m. Anm. *Hadding* WuB I D 1–2.99.

§ 4 Finanzierung von Kapitalanlagegeschäften

Linie im Sicherungsinteresse der kreditgebenden Bank dem eingeschalteten Dritten zwar überwiesen wird, der Betrag jedoch ihrer Verfügung unterworfen bleibt (wenn zB der Dritte erst noch Sicherheiten beschaffen soll). Dann erhält der Dritte die Valuta als Beauftragter der kreditgebenden Bank (meist Treuhandauftrag); insoweit hat dann der Darlehensnehmer die Valuta nicht erhalten.[538] Dieser Grundsatz kann durch AGB nicht abbedungen werden.

**c) Gutschrift auf ein Conto pro Diverse.** Allein in der Gutschrift auf ein Conto pro Diverse (CpD) liegt noch kein Darlehensempfang iS des § 607 BGB. Notwendig ist vielmehr, dass sich im Einzelfall Bank und Überweisungsempfänger über einen Anspruch des Empfängers gegen die Bank geeinigt haben und dass der Darlehensbetrag dem Empfänger tatsächlich zugeflossen ist.[539]

**d) Forderungsbegründung durch Auszahlung.** Ein Bankdarlehen kann auch in der Weise gewährt werden, dass durch Gutschrift eine Forderung des Darlehensnehmers gegen die Bank begründet wird, wenn nur die Parteien darüber einig sind, dass diese Forderungsbegründung so behandelt werden soll, als sei der Forderungsbetrag dem Darlehensnehmer ausbezahlt worden.[540]

Hat ein Dritter (zB der Baubetreuer) im Rahmen der „Gesamtkosten" eines Bauherren-Modells auch die Zwischenfinanzierungskosten übernommen, dann hat er gegen den Bauherren keinen Anspruch auf Erstattung des ihm von der Bank berechneten Disagios und etwaiger Bereitstellungszinsen.[541]

Verpflichtet sich der Darlehensnehmer in einem Kontokorrentkreditvertrag zur Verpfändung eines Festgeldguthabens und überweist er danach einen Teil des Kreditbetrages vom Kontokorrentkonto auf das Festgeldkonto, so hat er das Darlehen auch in Höhe der Gutschrift auf dem Festgeldkonto erhalten.[542]

**e) Auszahlung ohne Auftrag/Vollmacht.** Im Rahmen von Immobilienanlagen stellt die Gutschrift auf ein Konto des Treuhänders auch dann keinen Darlehensempfang iS von § 607 BGB dar, wenn die Bank eine Zahlungsanweisung des Treuhänders ausführt, ohne dass ihr eine entsprechende Vollmacht vorliegt und darüber hinaus eine Zahlungsverpflichtung des Anlegers gegenüber dem Treuhänder nicht besteht. Dies gilt insbesondere dann, wenn die Bank die Überweisung zur Rettung ihrer eigenen Forderungen vornimmt und dadurch ein Schuldneraustausch erfolgt, für den eine entsprechende Vereinbarung fehlt.

Führt eine Bank eine Überweisung ohne einen entsprechenden Auftrag des Kunden aus, dann kann die Zahlung der Bank an den Empfänger nicht dem Kunden der Bank als eigene Leistung an den Empfänger zugerechnet werden. Die Zahlung der Bank an den Empfänger ist in diesem Fall auch keine Leistung der Bank an ihren Kunden. Dessen Vermögen wird durch die ihm nicht zurechenbare Zahlung der Bank nicht berührt. Der Kunde der Bank muss dagegen geschützt werden, dass er durch Zahlungen seiner Bank an Dritte beeinträchtigt wird, wenn er keine entsprechende Anweisung gegeben hat. Das Risiko, das sich aus einem so schwerwiegenden Fehler ergibt, hat die Bank zu tragen. Sie hat lediglich einen Bereicherungsanspruch gegen den Dritten als Empfänger der Leistung.[543]

**7. Anfechtung nach § 123 BGB.** Werden Kapitalanlagen von Vertriebsfirmen am Markt plaziert und hat die Bank dem Anleger für seine Beteiligung Kredit gewährt, dann

---

[538] BGH WM 1985, 686 = NJW 1985, 1831 = DB 1985, 1462 = ZIP 1985, 673 = DNotZ 1985, 637; BGH WM 1985, 653 = BB 1985, 1290 = DB 1985, 1690 = ZIP 1985, 596; BGH WM 1985, 910 = ZIP 1985, 667; BGH WM 1986, 933 = BB 1986, 1946 = DB 1986, 2173 = ZIP 1986, 1105 = WuB IV A. § 607 BGB – 2.86 *Pohle*. BGH WM 1998, 1869 m. Anm. *Bülow* WuB I E 1.–8.98.
[539] BGH WM 1986, 1182 = DB 1986, 326 = WuB I E 1.–14.86 *Sturm*; BGH NJW-RR 1987, 38.
[540] BGH WM 1956, 217; BGH WM 1957, 635.
[541] BGH WM 1985, 809 m. Anm. *v. Heymann* WuB IV A § 675 BGB 1.85.
[542] BGH WM 1987, 1125 = ZIP 1987, 1102.
[543] BGH WM 1976, 707 = BB 1976, 904 = DB 1976, 1420; BGHZ 66, 372 = WM 1976, 708 = BB 1976, 905 = DB 1976, 1421.

kommt es beim Scheitern des Projektes häufig vor, dass der Anleger sowohl seine Beteiligung, als auch den Finanzierungsvertrag anficht.

259 **a) Anfechtung nach § 123 Abs. 1 BGB.** Als Anfechtungsgrund kommt insbesondere eine Täuschung iS von § 123 BGB in Betracht, wenn die für den Beitritt maßgeblichen Angaben zur Steuerersparnis oder zur Wirtschaftlichkeit des Objektes nicht zutreffen oder wenn die Bank Vereinbarungen zwischen ihr und einem Dritten (zB Treuhänder) verschwiegen hat.

260 Ob mit diesen Begründungen auch der Kreditvertrag mit der finanzierenden Bank angefochten werden kann, erscheint zweifelhaft, weil die Bank insoweit regelmäßig keine Erklärungen gegenüber dem Anleger abgibt.

261 **b) Anfechtung nach § 123 Abs. 2 BGB.** Hat ein Dritter die Täuschung verübt und war die Täuschung der Bank bekannt bzw. hätte sie diese kennen müssen, so kommt es darauf an, ob ihr gegenüber der Anlagevermittler als Beteiligter oder als Dritter iS von § 123 Abs. 2 BGB anzusehen ist.

262 Der Begriff des Dritten wurde von der Rechtsprechung zu verschiedenen Zeiten sehr unterschiedlich ausgelegt. Dritte sind nicht: der Stellvertreter[544] oder der Erfüllungs- und Verhandlungsgehilfe, wenn ihnen (auch ohne eigene Abschlussvollmacht) die Vertragsverhandlungen tatsächlich übertragen sind.[545] Auch sonstige Hilfspersonen, insbesondere Vermittlungsgehilfen des Erklärungsempfängers[546] und Vertrauenspersonen des Erklärungsempfängers, wie sie beim finanzierten Abzahlungskauf häufig anzutreffen sind, sind nicht Dritte iS von § 123 Abs. 2 BGB.[547] Schließlich werden auch sonstige Personen nicht als Dritte gem. § 123 Abs. 2 BGB angesehen, wenn deren Eigenschaft als Dritte nach Billigkeitsgesichtspunkten (Schutzbedürftigkeit des Schuldners/Verbrauchers) unter Berücksichtigung der Interessenlage und auf Grund besonderer Umstände zu verneinen ist.[548]

263 **c) Projektbeteiligte als Dritte nach § 123 Abs. 2 BGB.** Im Rahmen finanzierter Immobilienanlagen kann das Verhalten von Vermittlern der finanzierenden Bank regelmäßig nicht zugerechnet werden. Dies ergibt sich aus der Funktion der Beteiligten im Rahmen der Umstände des Einzelfalles: Der Anlagevermittler wird regelmäßig nicht für die Bank als Kreditvermittler tätig; vielmehr ist er in der Regel Makler für die Initiatoren, um Interessenten für die Immobilienanlage zu werben und zu vermitteln.

264 Darüber hinaus ist die Finanzierung generell nicht Gegenstand des vermittelten Immobilienangebots, sondern erfolgt regelmäßig erst nach Zeichnung bzw. Erwerb der Anlage. Soweit der Anlagevermittler – wenn überhaupt – auf die Möglichkeit der Finanzierung hinweist, dann erfolgt dies regelmäßig ohne Auftrag der Bank, ohne Provision, ohne Begründung eines vorvertraglichen Pflichtenverhältnisses und ohne Auskunftsauftrag und ohne Beratungsermächtigung der Bank hinsichtlich des Kreditvertrages, schon gar nicht hinsichtlich der Immobilienanlage.

265 Die Bank ist generell **nur Finanzierungsinstitut,** unabhängig von den Projektbeteiligten und Anlagevermittlern, die deshalb Dritte iS von § 123 Abs. 2 BGB sind. Bei Immobi-

---

[544] BGHZ 20, 36 = WM 1956, 358 = NJW 1956, 705.

[545] BGHZ 72, 92 = WM 1978, 1038 = NJW 1978, 2145 = BB 1978, 1280 = DB 1978, 1923; BGH WM 1978, 1155 = NJW 1978, 2144; BGH WM 1979, 429 = NJW 1979, 1593; BGH WM 1992, 1016 = NJW-RR 1992, 1005 = BB 1992, 1456 = DB 1992, 1721 = ZIP 1992, 755 = WuB F 1 a.–14.92 *Rimmelspacher*. BGH WM 1996, 2105 m.Anm. *Thode* WuB IV A. § 278 BGB 1.97; BGH WM 2000, 2539.

[546] BGHZ 47, 224 = NJW 1967, 1026; BGHZ 62, 119 = WM 1974, 377.

[547] BGHZ 33, 302 = NJW 1961, 164; BGH WM 1979, 429 = NJW 1979, 1593 = DB 1979, 1127; BGH WM 1988, 1669 = NJW 1989, 287 = BB 1988, 2273 = DB 1988, 2508 = ZIP 1988, 1578 = WuB I J 2.–1.89 *Emmerich*.

[548] BGH WM 1980, 1452 = NJW 1981, 1267; BGH WM 1983, 1156; BGH WM 1986, 1032 = NJW-RR 1987, 59 = WuB VII A. § 767 ZPO 2.86 *Johlke/Fialski*; vgl. hierzu auch *Immenga* BB 1984, 5 ff.

§ 4 Finanzierung von Kapitalanlagegeschäften

lienanlagen gilt – wie auch sonst im Wirtschaftsleben – der Grundsatz der arbeitsteiligen Wirtschaft mit entsprechenden Risikosphären und Verantwortlichkeiten. Solange die Bank an dem finanzierten Projekt nicht selbst beteiligt ist, kann ihr gegenüber der Darlehensvertrag nicht mit dem Hinweis angefochten werden, der von ihr unabhängige Anlagevermittler habe den Kapitalanleger arglistig getäuscht.[549]

### VI. Haftung der lediglich kreditgebenden Bank[550]

Nach dem zwischenzeitlich in den §§ 311 Abs. 2 iVm 241 Abs. 2, 280 BGB gesetzlich geregelten Institut der **culpa in contrahendo,** den Grundsätzen des Verschuldens bei Vertragsschluss können sich auch für die finanzierende Bank auf Grund entgegengebrachten Vertrauens vorvertragliche Aufklärungs-, Beratungs- und Prüfungspflichten über Risiken und sonstige wesentliche Umstände ergeben, wenn der Vertrauenstatbestand in zurechenbarer Weise geschaffen wurde und sich der Vertragspartner berechtigterweise darauf verlassen durfte.[551]  **266**

**1. Allgemeine Pflichten der Bank als Kreditgeber.** Hinsichtlich Aufklärungs-, Beratungs- und Prüfungspflicht der finanzierenden Bank gelten nach der Rechtsprechung folgende allgemeine Grundsätze:  **267**

a) **Prüfungspflichten.** Bei der **Gewährung von Krediten** werden zwar regelmäßig die Einkommens- und Vermögensverhältnisse des Darlehensnehmers geprüft (**§ 18 KWG**), um die sich aus der Kreditgewährung ergebenden und von der Bank zu tragenden Risiken (Zahlungsunfähigkeit, Ausfall) zu begrenzen. Daraus ergibt sich aber keine Verpflichtung gegenüber dem Darlehensnehmer, seine **Einkommens- und Vermögensverhältnisse** mit Blick auf das zu finanzierende Geschäft zu prüfen und ihn aufzuklären, wenn sich ein Missverhältnis zwischen seinen finanziellen Möglichkeiten und den Darlehensbelastungen ergibt.[552] Insofern muss der Darlehensnehmer sein **eigenes Leistungsvermögen** selbst und eigenverantwortlich prüfen.[553] Die Vorschrift des § 18 KWG hat lediglich eine **ordnungspolitische Funktion** im Verhältnis zwischen den Kreditinstituten und dem Bundesaufsichtsamt und dient im Wesentlichen – wie die übrigen Regelungen des KWG – dem Schutz der Geldeinleger. § 18 KWG legt dagegen **keine Obliegenheiten** im Verhältnis zwischen Bank und Kunden fest und hat demgemäß auch nicht den Charakter eines **Schutzgesetzes** zugunsten von Darlehensnehmern.[554] Jeder Kreditnehmer hat demgemäß **selbst** zu entscheiden, bis zu welchem Grad er sich verschulden will und welche Rückzahlungsverpflichtungen er auf sich nehmen will und kann (§ 305 BGB).[555] Das Unvermögen,  **268**

---

[549] BGH WM 1987, 921 = BB 1987, 1701 = DB 1987, 1931 = ZIP 1987, 1105 = WuB I E 4.–7.87 *Weber; Hopt,* FS Stimpel, S. 265 ff.; *Rümker* ZHR 151 (1987), 162 ff.
[550] Vgl. hierzu *Hertel/Edelmann,* Immobilienfinanzierung und Vertrauensschutz, S. 105 ff. u. Häfner, Fehlgeschlagene Immobilienkapitalanlagen, S. 45 ff.
[551] BGHZ 79, 337 = WM 1981, 483 = NJW 1981, 1449 = BB 1981, 865 = DB 1981, 1274 = ZIP 1981, 518; BGH WM 1989, 685 = WuB IV A. § 276 BGB 3.89 *Emmerich.*
[552] BGH WM 1988, 1085; BGH, 27.2.1986, III ZR 95/85 (nicht veröffentlicht); BGH, 17.3.1988, III ZR 122/87 (nicht veröffentlicht); OLG Celle WM 1988, 1082; OLG Bamberg WM 1988, 1225; OLG Hamm WM 1988, 1226.
[553] *Fraga-Novelle* in Praktikerhandbuch Verbraucherdarlehen, S. 18.
[554] BGH WM 1973, 141 = NJW 1973, 321 = DB 1973, 716; BGH BGHZ 74, 144 = WM 1979, 482 = NJW 1979, 1354 = BB 1979, 752 = DB 1979, 1222; BGH WM 1984, 131; BGH WM 1990, 54 = NJW 1990, 1356 = WuB I L 1.–1.90 *Sonnenhol;* OLG München WM 1984, 128; OLG München WM 1986, 586 = WuB I G 5.–2.86 *Häuser;* OLG Celle WM 1988, 1082 = WuB I E 1.–16.88 *A. Weber;* OLG Hamm WM 1988, 191 = WuB I E 2 b.–7.88 *Münstermann,* OLG Dresden WM 2003, 1802.
[555] Grundsatz der Privatautonomie, vgl. statt aller *Staudinger/Löwisch,* BGB, 12. Aufl., § 305 Anm. 1; *v. Heymann,* Das Kündigungsrecht nach § 247 BGB, 1986, S. 83 ff.; ferner BGH WM 1988, 1085; BGH WM 1989, 165; BGH WM 1989, 665.

Rückzahlungsverpflichtungen erfüllen zu können, berührt nicht die Wirksamkeit des Vertrages.[556]

**269** Von diesem Grundsatz macht das Gesetz bei **Verbraucherdarlehensverträgen in § 491a Abs. 2 BGB** insofern eine **Ausnahme,** als der Darlehensgeber bei Erteilung der vorvertraglichen Informationen hier verpflichtet wird, dem Darlehensnehmer vor Abschluss des Vertrages Erläuterungen zu geben, damit der Darlehensnehmer in die Lage versetzt wird, selbst zu beurteilen, ob der Vertrag dem von ihm verfolgten Zweck und seinen Vermögensverhältnissen gerecht wird. Denn die Verletzung dieser Pflicht führt zum Schadensersatz gemäß § 280 BGB.

**270** Eine Bank ist grundsätzlich bei einer **externen Umschuldung** auch nicht verpflichtet zu prüfen, ob der frühere Kredit sittenwidrig war[557] oder ob ihrem Kunden beim früheren Kreditgeber bauliche Subventionen gewährt worden sind.[558] Etwas anderes könnte allerdings dann gelten, wenn die Umschuldung für den Kunden mit wirtschaftlich unvertretbaren Nachteilen verbunden ist[559] oder wenn sich die Benachteiligung durch den neuen Kreditvertrag oder die Sittenwidrigkeit des früheren Vertrages der Bank auf den ersten Blick hätten **aufdrängen müssen.**[560] Die kreditgebende Bank ist darüberhinaus auch verpflichtet, den Kreditnehmer auf die **besonderen Gefahren** hinzuweisen, die sich daraus ergeben, dass die Ablösung der über eine andere Bank aufgenommenen Kredite insgesamt noch nicht geklärt ist.[561] Demgegenüber ist die abzulösende Bank regelmäßig nicht verpflichtet, die ablösende Bank ungefragt über bedeutsame Umstände des Kreditengagement (Kündigung u. Einleitung d. Zwangsversteigerung) aufzuklären.[562]

**271** Eine Bank prüft auch ihr angebotene **Sicherheiten** – gleichgültig, ob sie vom Kunden selbst oder von einem Dritten gestellt werden – grundsätzlich nur unter kreditmäßigen Gesichtspunkten **im eigenen Interesse** sowie im Interesse der Sicherheit der Bankensysteme, nicht dagegen im Kundeninteresse.[563] Demgemäß kann aus einer lediglich zu bankinternen Zwecken erfolgten **Beleihungswertermittlung**[564] grundsätzlich keine Pflichtverletzung der Bank begründet werden.[565] Ob die Bank mit der überhöhten Verkehrswertfestsetzung eigene wirtschaftliche Vorteile erstrebt, ist daher ebenso irrelevant wie die Frage, ob das finanzierende Kreditinstitut es dem Verkäufer durch die überhöhte Wertermittlung und Finanzierung ermöglicht, das Objekt zu einem übertreuerten Kaufpreis zu veräußern.[566] Der Umstand, dass die Beleihungswertermittlung nicht (auch) im Kundeninteresse erfolgt, führt wiederum dazu, dass die Bank die damit anfallenden Kosten nicht im Wege von AGB auf die Kunden abwälzen kann.[567] Sie ist generell nicht verpflichtet, die ihr

---

[556] BGH WM 1988, 1085 = WuB I E 1.–16.88 *A. Weber;* BGH WM 1989, 245 = NJW 1989, 830 = BB 1989, 580 = DB 1989, 720 = ZIP 1989, 219 = WuB I F 1 a.–12.89 *Schröter;* BGH BGHZ 107, 92 = WM 1989, 480 = NJW 1989, 1276 = BB 1989, 731 = DB 1989, 1018 = ZIP 1989, 427 = WuB I F 1a.–12.89 *Schröter;* BGH WM 1989, 595 = NJW-RR 1989, 815 = BB 1989, 799 = DB 1989, 1231 = ZIP 1989, 487 = WuB I E 2b.–1189 *v. Rottenburg;* BGH WM 1990, 59 = NJW 1990, 1034 = BB 1990, 96 = DB 1990, 1031 = ZIP 1990, 443 = WuB I E 1.–5.90 *Emmerich.*
[557] BGH NJW 1990, 1597, 1598f.; vgl. auch *Canaris* WM 1986, 1453, 1457.
[558] BGH WM 1990, 584.
[559] BGH NJW-RR 1991, 501, 502.
[560] BHH NJW 1990, 1597.
[561] OLG Naumburg WM 2004, 782 m. Anm. *van Look* WuB I E 1.–2.04.
[562] OLG Dresden Urt. v. 18.10.2006, Az. 8 U 767/06, WM 2007, 251 m. Anm. *Thöne* WuB I B 3.–1.07.
[563] BGH Urt. v. 3.6.2008, Az. XI ZR 131/07 Rn. 24; BGH WM 2006, 1194; 1200, BGHZ 147, 343, 349.
[564] Vgl. hierzu auch → § 4 Rn. 288 ff.
[565] BGH Urt. v. 3.6.2008, Az. XI ZR 131/07 Rn. 24; OLG Karlsruhe Beschluss v. 10.2.2012, Az. 17 U 182/10, S. 4.
[566] BGH Urt. v. 3.6.2008, Az. XI ZR 131/07 Rn. 24.
[567] LG Stuttgart Urt. v. 24.4.2007, Az. 20 O 9/07, WM 2007, 1930 = BKR 2007, 377; *Nobbe* WM 2008, 185, 194 mwN.

angebotenen Sicherheiten und die Folgen einer Sicherheitenbestellung im Kundeninteresse zu prüfen (Sperrfrist nach § 3 Vermögensbildungsgesetz).[568] Die Bank ist auch nicht zur **Offenlegung von Wertermittlungsgutachten** verpflichtet.[569] Eine Gesetzesänderung, die sich steuerschädlich auf eingeräumte Sicherheiten auswirken kann (StÄndG 1992 auf KapitalLV), löst grundsätzlich keine Aufklärungspflicht der kreditgebenden Bank aus.[570]

Die lediglich kreditgebende Bank ist auch nicht verpflichtet, dem Kreditnehmer die Gründe für die Bewilligung eines Kredits offenzulegen. Deshalb kann dieser allein aus dem Umstand der Kreditgewährung nicht den Schluss ziehen, diese beruhe darauf, dass die Bank die ihr angebotenen Sicherheiten geprüft und für in Ordnung befunden habe.[571] Die zu Sicherungszwecken erfolgte Abtretung von kreditfinanzierten Gesellschaftsanteilen ist generell nicht sittenwidrig.[572]

Ob der Kunde das von ihm geplante Geschäft abschließen will, ist seine Angelegenheit.[573] Es ist grundsätzlich auch nicht Sache der Bank, einen Bankkunden, der mit einem anderen ein Geschäft abschließen will, auf Grund der zwischen ihnen bestehenden vertraglichen Beziehungen über die **Vermögensverhältnisse des Geschäftspartners** aufzuklären.[574] Sie ist noch nicht einmal verpflichtet, ihren Kunden auf die Tatsache hinzuweisen, dass sie selbst nicht bereit ist, dem in Aussicht genommenen Geschäftspartner weiterhin Kredit zu gewähren.[575]

Eine Bank ist grundsätzlich auch nicht verpflichtet, eine andere Bank, die bei ihr einen Kredit ablösen möchte, über die **Vermögensverhältnisse des Kreditnehmers** aufzuklären, und ihr von sich aus mitzuteilen, dass sie massiv auf die Rückzahlung gedrängt hat. Bei Ablösung eines Großkredits darf der bisherige Kreditgeber davon ausgehen, dass das zur Ablösung bereite Konkurrenzinstitut seiner gesetzlichen Pflicht (§ 18 KWG), sich die wirtschaftlichen Verhältnisse des Kreditnehmers offenlegen zu lassen, nachkommt und deshalb nicht aufklärungsbedürftig ist.[576] Die Bank braucht auch nicht den Sicherungsgeber über die **Kreditwürdigkeit des Darlehensnehmers** aufzuklären.[577] Auch die Prüfung der **wirtschaftlichen Zweckmäßigkeit** des zu finanzierenden Geschäfts gehört nicht zu den vorvertraglichen Pflichten der finanzierenden Bank.[578] Sie ist daher nicht verpflichtet, sich um den **Verwendungszweck** des Darlehens zu kümmern und den Kreditnehmer vor diesbezüglichen Risiken zu warnen.[579]

**b) Aufklärungspflichten.** Aufklärungspflichten der Bank bestehen nur **in Bezug auf den Kreditvertrag** und dessen Bedingungen. Darüber hinaus besteht keine generelle Aufklärungspflicht, insbesondere auch keine **allgemeine** Beratungs-, Warn- oder Aufklärungs**pflicht** der Bank.[580] Die Bank braucht den Kunden vorbehaltlich vorstehend erwähnter Ausnahme in § 491a Abs. 2 BGB grundsätzlich nicht auf die **Zweckmäßigkeit einer**

---

[568] BGH WM 1992, 977 m. Anm. *v. Heymann* WuB I E 1.-9.92.
[569] *Jungmann* WuB IV C. § 307 BGB 1.08 mwN.
[570] BGH WM 1997, 2301.
[571] BGH WM 1982, 480 = NJW 1982, 1520 = DB 1982, 1214 = ZIP 1982, 545; BGH WM 1992, 977 = NJW 1992, 1820 = ZIP 1992, 757 = WuB I E 1.-9.92 *v. Heymann*.
[572] BGH WM 1986, 6; BGH WM 1986, 8 = BB 1986, 220 = DB 1986, 424 = ZIP 1986, 21.
[573] BGH WM 1985, 866 = ZIP 1985, 921 = WuB IV A. § 419 BGB 2.85 *A. Weber*; BGH WM 1989, 1409 = NJW 1989, 2882 = BB 1989, 1714 = DB 1989, 2016 = ZIP 1989, 1250 = WuB I B 4.-2.89 *Peterhoff*.
[574] BGH WM 1978, 1038.
[575] BGH WM 1969, 561.
[576] BGH WM 1989, 1409 m. Anm. *Petershoff* WuB I B 4.-2.89.
[577] BGH WM 1985, 866 m. Anm. *A. Weber* WuB IV A. § 419 BGB 2.85.
[578] BGH WM 2003, 1762 m. Anm. *Tonner* WuB I E 2. § 9 VerbrKrG 2.03; BGH WM 2000, 1685 u. 1689 m. Anm. *Westermann* WuB I G 5.-17.00.
[579] BGH Urt. v. 20.5.2003, Az. XI ZR 50/02, NJW 2003, 2674, 2676.
[580] BGH Urt. v. 7.4.1992, Az. VI ZR 200/91, WM 1992, 977; LG Nürnberg-Fürth Urt. v. 27.5.2009, Az. 10 O 9611/08.

**Kreditaufnahme** und die **Zweckmäßigkeit der gewählten Kreditart** hinzuweisen.[581] Die Bank ist darüberhinaus generell nicht verpflichtet, den Darlehensnehmer vor Geschäften zu warnen, die mit einem Risiko verbunden sind. Vor- und Nachteile des finanzierten Geschäfts muss der Darlehensnehmer vor Kreditaufnahme grundsätzlich selbst abwägen, dh er muss insbesondere die **Wirtschaftlichkeit der Kapitalanlage,** die nachhaltig erzielbaren Mieten sowie die steuerlichen Auswirkungen prüfen.[582] Es ist daher grundsätzlich Sache des Kreditbewerbers, selbst darüber zu befinden, welche der in Betracht kommenden Gestaltungsformen (Kreditarten) seinen wirtschaftlichen Verhältnissen am besten entspricht. Diese Entscheidung betrifft den Bereich der **wirtschaftlichen Dispositionen,** für welche er im Verhältnis zum Kreditgeber im Allgemeinen das alleinige Risiko trägt.[583]

**276, 277** Etwas anderes gilt aber, wenn die Bank statt des gewünschten Ratenkredits ohne sachlichen Grund ein endfälliges **Darlehen mit Lebensversicherung** anbietet.[584] Etwas anderes gilt auch dann, wenn die Bank eine **Finanzierungsberatung** durchführt. In einem solchen Fall muss die Bank, wenn die mit der Finanzierung verbundenen Belastungen für den Kunden untragbar sind, von der Finanzierung abraten und diese gegebenenfalls ablehnen.[585] Die Auswahl eines **Vorausdarlehens** mit Tilgungsaussetzung begründet wiederum für sich allein keine besonderen Aufklärungspflichten.[586] Für das Modell der **Bausparfinanzierungen** werden teilweise Aufklärungspflichten angenommen, weil der Kreditnehmer sein Geld statt zur Tilgung des teureren Zwischenkredits zur Einzahlung des wesentlich geringer verzinslichen Bausparguthabens einsetzt und ein Tilgungseffekt erst nach Zuteilung des Bausparvertrages erfolgt.[587] Insbesondere bei der **komplexen Kombination von Vorausdarlehen und Bausparvertrag** werden dem das Produkt vermittelnden Institut verschärfte Aufklärungspflichten aufgebürdet.[588] Demgegenüber kommt bei **gezielter Anfrage** des Darlehensnehmers nach einer konkreteren Finanzierung eine Haftung der Bank nicht in Betracht.[589] Eine Haftung der Bank kommt auch nicht wegen der Vereinbarung eines **Disagios**[590] in Betracht, weil Bedeutung und wirtschaftliche Funktion eines Disagios im Vergleich zur Vollauszahlung eines Darlehens mit höherer Verzinsung für den Darlehensnehmer, insbesondere auch wegen der hiermit verbundenen steuerlichen Vorteile, weder von vornherein nachteilig noch in interessierten Kreisen wirklich unbekannt ist.[591] Im Übrigen müsste die Bank sowohl beim Lebensversicherungsdarlehen als auch beim Disagio bei unterstelltem Pflichtverstoß aus **Schutzzweck-Gesichtspunkten** lediglich für den **sog Differenzschaden** haften.[592]

---

[581] BGH WM 2004, 521, 524.
[582] BGH WM 1978, 896 = NJW 1978, 2547 = DB 1978, 1923; BGH WM 1987, 1546 = WuB I E 2 c.–1.88 *Assmann*; BGH WM 1988, 895 = NJW 1988, 1071 = WuB I E 1.–14.88 *Hein*; BGH WM 1992, 602 = BB 1992, 1520 = WuB G 7.–5.92 *v. Heymann*.
[583] BGH WM 1989, 165 m. Anm. *Münstermann* WuB I E 2 b.–5.89.
[584] *Freckmann/Rösler* ZBB 2007, 23, 34; BGH Urt. v. 3.4.1990, Az. XI ZR 261/89, BGHZ 111, 117, 120; BGH WM 2004, 417, 419; BGH WM 2004, 521.
[585] OLG Celle Urt. v. 4.10.1989, Az. 3 U 298/88, NJW-RR 1990, 878, 879.
[586] KG Urt. v. 19.3.2008, Az. 24 U 91/07, WM 2008, 1123, 1126.
[587] *Mayer* WM 1995, 913, 915 f.; aA OLG Köln Urt. v. 23.3.2005, Az. 13 U 126/04, 314.
[588] *Freckmann/Rösler* ZBB 2007, 23, 34 f. u. H. a. die Bausparkassenentscheidungen I u. II BGH Urt. v. 24.9.1996, Az. XI ZR 318/95, WM 1996, 2105 u. BGH Urt. v. 14.11.2000, Az. XI ZR 336/99, WM 2000, 2539.
[589] BGH ZIP 2004, 209, 212; BGH WM 2003, 2328.
[590] Im Zweifel ist das Disagio Ausgleich für einen verringerten Nominalzins und somit laufzeitabhängig; OLG Düsseldorf Urt. v. 26.4.2007, Az. I-6 U 97/06, ZIP 2007, 1748.
[591] OLG Schleswig WM 2004, 1959, 1964; OLG Karlsruhe WM 2006, 676, 682.
[592] Für das Disagio vgl. OLG Karlsruhe WM 2006, 676, 682; OLG Schleswig WM 2004, 1959, 1964; OLG Köln WM 2000, 2139, 2142; Für LV-Versicherung BGH Urt. v. 24.4.2007, Az. XI ZR 340/05 Rn. 34 ff.; BGH WM 2006, 1194, 1200; BGH WM 2004, 521, 524; BGH WM 2004, 417, 419; für Bausparvertrag BGH Urt. v. 23.10.2007, Az. XI ZR 167/05 Rn. 10.

Dem Darlehensnehmer obliegt auch zu prüfen, ob eine Kreditaufnahme zur Finanzierung 278
seiner Kapitalanlage überhaupt, in der konkreten Höhe sowie zu den angegebenen Bedingungen sinnvoll ist. Gleichermaßen muss er eigenständig sein **Leistungsvermögen** beurteilen, dh überprüfen, ob die sich aus dem Darlehensvertrag ergebenden Belastungen tragbar sind.[593] Insofern kommt eine Haftung der Bank allein wegen **geschäftlicher Unerfahrenheit**[594] oder wegen des **Alters des Darlehensnehmers** sowie des Umstandes, dass dessen Zahlungsverpflichtung weit über seinen Renteneintritt hinausgeht[595], nicht in Betracht.

Eine Bank, die für die Endfinanzierung der Beteiligung an einem Bauherren-Modell die 279
**Schuldmitübernahme** durch die Lebensgefährtin des Darlehensnehmers verlangt, ist generell nicht verpflichtet, diese auf die allgemeinen Risiken hinzuweisen, die sich aus Veränderungen in der eigenen Sphäre des Schuldners ergeben (zB Trennung, Tod eines Partners, Krankheit, Einkommensverlust, Wertverlust des Grundstücks).[596] Eine Pflicht zur Aufklärung kann ausnahmsweise dann bestehen, wenn die Bank erkennt, dass der **Mithaftende** sich über die Tragweite einer Erklärung irrt, insbesondere wenn er davon ausgehen muss, dass der zur Mithaft bereite Dritte nicht hinreichend informiert ist und die Verhaltensweise nicht durchschaut.[597] Die Bank ist zudem nicht verpflichtet, einen Vollkaufmann auf die Möglichkeit der Zinskompensation aufmerksam zu machen.

c) **Überwachungspflichten.** Eine Bank, die **gegen Sicherheiten** Kreditmittel für ein 280
Bauherren-Modell gewährt, ist grundsätzlich nicht verpflichtet, im Interesse des Anlegers/Sicherungsgebers den Baufortschritt und die zweckentsprechende Verwendung der Gelder im Rahmen des Bauvorhabens zu überwachen. Risiken, die sich in diesen Bereichen für die Anleger verwirklichen, fallen primär in deren Verhältnis zu Dritten, insbesondere zum Treuhänder.[598]

Die allein zu Finanzierungszwecken eingeschaltete Bank treffen grundsätzlich nur dann 281
Überwachungspflichten zum Schutz von Anlegerinteressen, wenn dies **besonders vereinbart** ist. Der Umstand, dass die Bank zB beim Erwerb der Sicherheiten die Einstellung der Bautätigkeit kennt, ist für diese Beurteilung unerheblich. Davon kann die Entstehung solcher Überwachungspflichten nicht abhängen. Die Einstellung der Bautätigkeit kann nicht ohne weiteres mit dem Scheitern des Projekts gleichgesetzt werden.

Wird bei einem Bauvorhaben die Bautätigkeit eingestellt, kommt es darauf an, ob es sich 282
lediglich um eine vorübergehende Einstellung handelt, die im Interesse der Erwerber durch Auszahlung der Kreditmittel wieder bereinigt werden kann oder, ob das Bauvorhaben endgültig undurchführbar geworden ist. Im letzteren Fall muss die finanzierende Bank von einer Kreditauszahlung absehen, wenn sie weiß, dass auch hierdurch ein Scheitern des Projekts nicht verhindert wird.

d) **Hinweispflichten beim Abzahlungskauf.** Eine Ausnahme von den oben aufge- 283
stellten Grundsätzen macht die Rechtsprechung beim zwischenzeitlich in §§ 506 ff. BGB geregelten Teilzahlungskauf[599] und gleichartigen Geschäften. Danach besteht für die Bank

---

[593] *Edelmann/Hertel* DStR 2000, 331, 332.
[594] OLG Celle WM 2005, 877, 879; OLG Frankfurt Urt. v. 21.11.2006, Az. 9 U 43/06, S. 15; OLG Frankfurt WM 2002, 1281, 1286, OLG Köln WM 2000, 2139, 2144 u. ZIP 2001, 1808; OLG Stuttgart WM 2000, 292, 298; *Edelmann* BB 1999, 1727; *Lang/Rösler*, Praktikerhandbuch Baufinanzierung, S. 106 mwN.
[595] BGH WM 2005, 828, 830.
[596] BGH WM 1994, 1064 m. Anm. *Tiedke* WuB I F 1a – 8.94; BGH WM 1990, 59 m. Anm. *Emmerich* WuB I E 1–590.
[597] BGH WM 1996, 475 m. Anm. *Balereau* WuB I F c–2.96.
[598] BGH WM 1987, 1416 = NJW 1988, 1468 = BB 1988, 18 = DB 1988, 545 = ZIP 1988, 16 = WuB I G 7.-3.88 *Nielsen*; BGH WM 1988, 1196 = NJW 1988, 1982 = WuB I G 7.-15.88 *v. Heymann*; BGH WM 1990, 98 = NJW-RR 1990, 484 = BB 1990, 94 = DB 1990, 523 = ZIP 1990, 918 = WuB I B 5.-1.90 *Koller*.
[599] Das den Abzahlungskauf regelnde Abzahlungsgesetz wurde durch das Verbraucherkreditgesetz ersetzt und ist jetzt in §§ 506 ff. BGB geregelt.

beim finanzierten Teilzahlungskauf die Verpflichtung, den Darlehensnehmer beim Abschluss des Darlehensvertrages auf die rechtliche Trennung der Verträge und die Rechtsfolge der selbstständigen, vom Grundverhältnis unabhängigen Darlehensrückzahlungspflicht hinzuweisen.[600] Nicht eingeschlossen in den Aufklärungspflichtenkreis der Bank sind die Ertragsaussichten eines solchen Geschäfts; das wirtschaftliche Risiko eines wirksam zustande gekommenen und ordnungsgemäß abgewickelten finanzierten Kaufs muss der Darlehensnehmer selbst tragen.[601]

284 **e) Hinweispflichten bei sonstigen Geschäften.** Die für den Teilzahlungskauf entwickelten Grundsätze hat die Rechtsprechung nach und nach auf Kreditverhältnisse mit gleicher Interessenlage übertragen. Ob und inwieweit dabei der Bank Beratungs-, Aufklärungs- und Prüfungspflichten obliegen, ist weitgehend abhängig von den **Umständen des Einzelfalles,** insbesondere von Art und Umfang des Darlehens sowie von der Aufklärungs- und Schutzbedürftigkeit des Darlehensnehmers.

285 Eine Verpflichtung zur Aufklärung hat die Rechtsprechung in folgenden Fällen angenommen: Finanzierung von Kommanditeinlagen für sanierungsbedürftige Publikumsgesellschaft[602], Finanzierung einer „Vermögensbildung in Arbeitnehmerhand",[603] Finanzierung eines Waschmittelvertretervertrages[604], Einschaltung von Kreditvermittlern bei Finanzierung eines „Organisationsleitervertrages"[605], Finanzierung eines Privatschulbetriebes[606], Finanzierung eines Anlagemodells zur Altersversorgung[607], Finanzierung einer außerbetrieblichen stillen Beteiligung[608] und Finanzierung einer Eigentumswohnung zur Erlangung eines Verbraucherkredits.[609]

286 **f) Immobilienservice.** Aufklärungs- und Beratungspflichten können sich auch bei einem kostenlosen Immobilienservice ergeben. Sind die mit der Finanzierung des beabsichtigten Erwerbs eines Eigenheimes verbundenen Belastungen für den Interessenten untragbar, dann muss dringend vom Erwerb des zu finanzierenden Objekts abgeraten werden.[610]

287 **2. Prüfungspflicht bei Immobilienanlagen.** Bei **steuersparenden Immobilienanlagen** wird von der Rechtsprechung eine Prüfungspflicht der Bank hinsichtlich des Anlageobjektes generell verneint. Bei diesen Anlageformen wird nicht eine Gesamtbaumaßnahme der Initiatoren finanziert, sondern nur die jeweilige Eigentumswohnung bzw. die entsprechende Kapitalbeteiligung des Anlegers unter Berücksichtigung von Beleihungswert und Bonität des Anlegers.[611] Dementsprechend obliegt der Bank auch keine über das einzelne Kreditverhältnis hinausgehende Prüfung des Gesamtobjektes und dessen Wirtschaftlichkeit.[612]

288 Die Bank prüft eine Immobilienanlage nur unter **kreditmäßigen Gesichtspunkten** mit dem Ziel, den **Beleihungswert**[613] zu ermitteln, um danach die Anforderungen an die

---

[600] BGH WM 1980, 620 = NJW 1980, 1398 = DB 1980, 1687; BGHZ 77, 172 = WM 1980, 794 = NJW 1980, 1840 = BB 1980, 1067 = DB 1980, 1591 = ZIP 1980, 532.
[601] BGHZ 83, 301 = WM 1982, 658 = NJW 1982, 1694 = ZIP 1982, 667.
[602] WM 1978, 896 = NJW 1978, 2547 = DB 1978, 1923.
[603] BGHZ 72, 92 = WM 1978, 1038 = NJW 1978, 2145 = BB 1978, 1280 = DB 1978, 1923.
[604] BGH WM 1979, 1035 = NJW 1979, 2092 = DB 1979, 2129.
[605] BGH WM 1980, 620 = NJW 1980, 1398 = DB 1980, 1687.
[606] BGH WM 1987, 401 = WuB I E 2 c.–3.87 *Emmerich.*
[607] BGH WM 1992, 1355 = NJW 1992, 2560 = DB 1992, 2543 = ZIP 1992, 1220 = WuB I E 1.–13.92 *Eckert.*
[608] BGH WM 1993, 1277 = NJW 1993, 2107 = BB 1993, 1393 = DB 1993, 1968 = ZIP 1993, 1089 = WuB I G 4.–8.93 *Eckert.*
[609] OLG Düsseldorf WM 1993, 2207 = WuB I E 2 c.–1.94 *v. Heymann.*
[610] OLG Düsseldorf WM 1986, 253.
[611] → Rn. 7ff.
[612] BGH WM 1982, 480 = NJW 1982, 1520 = DB 1982, 1214 = ZIP 1982, 545; BGH WM 1987, 1426 = ZIP 1987, 1454 = WuB I G 7.–2.88 *v. Heymann.*
[613] Vgl. hierzu auch → § 4 Rn. 271.

§ 4 Finanzierung von Kapitalanlagegeschäften

Bonität des Anlegers bestimmen zu können. Insofern erfolgt die **Prüfung des Werts der Sicherheit** (Immobilie) nur **im eigenen Interesse** sowie im Interesse der Sicherheit des Bankensystems und nicht im Kundeninteresse.[614] Die Annahme einer weitergehenden Prüfungspflicht, insbesondere auch im Interesse des Anlegers oder der Anlagevermittler hinsichtlich Wirtschaftlichkeit und steuerlicher Auswirkungen auf den Zeichner würde den typischen Risiko- und Verantwortungsbereich der finanzierenden Bank im Rahmen einer Immobilienfinanzierung außer acht lasen. Die Bank hat lediglich das **Risiko einer Zahlungsunfähigkeit** des Kreditnehmers zu tragen, nicht jedoch das **wirtschaftliche Risiko** der Kapitalinvestition.[615]

289 Der Anleger, der die Vorteile einer Kapitalanlage in Anspruch nehmen will, muss auch die damit verbundenen Risiken in Kauf nehmen und kann diese nicht nachträglich auf die finanzierende Bank verlagern. Die Bank kann damit rechnen, dass der Anleger entweder selbst über die nötigen Kenntnisse und Erfahrungen verfügt oder sich der Hilfe von Fachberatern bedient.

290 **3. Aufklärungspflicht bei Immobilienanlagen.**[616] Bei Immobilienanlagen ist die Bank generell nicht verpflichtet, den Anleger über **Projektrisiken, Projektbeteiligte** oder über Risiken aus der Finanzierungsabwicklung aufzuklären, wenn sie sich auf ihre Rolle als Kreditgeberin beschränkt.

291 **a) Projektrisiken.** Bei Immobilienanlagen ist die Bank generell nicht verpflichtet, den Anleger über die **für eine Objektbeurteilung wesentlichen Umstände** (Zustand und Wert des Objekts, Mieten, Kosten) aufzuklären, selbst wenn die Bank im Zusammenhang mit der für die Kreditbeurteilung notwendigen Objektprüfung hierüber Informationen erhält.[617]

292 Der Anleger muss sich in seinem eigenen Interesse insbesondere darüber unterrichten, ob die „Gesamtkosten" in angemessenem Verhältnis zum Wert des zu erwerbenden Objekts stehen.[618] Entsprechendes gilt für die **Wirtschaftlichkeit des Objekts,** dh inwieweit die nachhaltig erzielbaren Mieten die Belastungen aus Finanzierung und objektbezogenen Kosten decken. Ob und in welchem Umfang sich zB erhoffte Mietsteigerungen realisieren, gehört zum allgemeinen wirtschaftlichen Risiko der Kapitalinvestition, das der Anleger nicht auf die finanzierende Bank abwälzen kann.[619] Darüber hinaus muss der Anleger prüfen, in welchem baulichen Zustand sich das Objekt befindet und inwieweit die baurechtlichen Voraussetzungen des Bauprojekts erfüllt werden können.[620] Die allein zu Finanzierungszwecken eingeschaltete Bank ist auch nicht verpflichtet, im Interesse des Anlegers den Baufortschritt zu überwachen und die zweckentsprechende Verwendung der Gelder im Rahmen des Bauvorhabens zu überwachen.[621]

---

[614] BGH Urt. v. 29.4.2008, Az. XI ZR 221/07 Rn. 19; BGH Urt. v. 23.10.2007, Az. XI ZR 167/05 Rn. 15.

[615] BGH WM 1986, 1561 = NJW 1987, 523 = DB 1987, 629 = WuB I G 7.–2.87 *v. Heymann;* BGHZ 102, 60 = WM 1987, 1426 = NJW 1988, 697 = DB 1988, 174 = ZIP 1987, 1454 = WuB I G 7.–2.88 *v. Heymann;* OLG Stuttgart WM 1989, 755 = WuB I G 7.–6.89 *v. Heymann.*

[616] Zur Verfassungsmäßigkeit der Rechtsprechung des BGH zu den Aufklärungspflichten vgl. BVerfG WM 2004, 521 m. Anm. *Mankowski* WuB IV D. § 1 HWiG G 2.04.

[617] BGH WM 1988, 561 = NJW 1988, 1583 = BB 1988, 794 = DB 1988, 1541 = ZIP 1988, 562 = WuB I G 7.–8.88 *Assmann.*

[618] BGH WM 1988, 561 = NJW 1988, 1583 = BB 1988, 794 = DB 1988, 1541 = ZIP 1988, 562 = WuB I G 7.–8.88 *Assmann.*

[619] BGH WM 1992, 216 = NJW-RR 1992, 373 = BB 1992, 309 = DB 1992, 674 = ZIP 1992, 163 = WuB I G 7.–3.92 *v. Heymann.*

[620] BGH WM 1986, 156 = NJW-RR 1986, 467 = DB 1986, 467 = DB 9186, 1010 = ZIP 1986, 359 = WuB I E 1.–10.86 *Emmerich.*

[621] BGH WM 1986, 1561 = NJW-RR 1987, 523 = DB 1987, 629 = WuB I G 7.–2.87 *v. Heymann;* BGH WM 1987, 1416 = NJW 1988, 1468 = BB 1988, 18 = DB 1988, 545 = ZIP 1988, 16 = WuB I G 7.–3.88 *Nielsen.*

**293** Demgemäß kommt eine Haftung der Bank bei Kenntnis darüber, dass der **Kaufpreis in keinem angemessenen Verhältnis zum Wert** des zu erwerbenden Objekts steht, nicht in Betracht.[622] Eine Ausnahme gilt nur dann, wenn die Bank von einer **sittenwidrigen Überteuerung** der Immobilie Kenntnis hat. Ein solches grobes, sittenwidriges Missverhältnis[623] ist grundsätzlich nur dann anzunehmen, wenn der **Wert der Leistung** knapp **doppelt so hoch** ist wie der Wert der Gegenleistung,[624] wobei die in den Gesamtaufwand für den Erwerb enthaltenen **Nebenkosten** nicht zu berücksichtigen sind.[625] Anders als beim unmittelbaren Geschäftspartner kann bei Vorliegen eines solchen groben, sittenwidrigen Missverhältnisses nicht ohne weiteres die **Kenntnis der Bank** hiervon vermutet werden. Vielmehr bedarf es eines entsprechenden Nachweises durch den Darlehensnehmer[626], wobei es auch dann eines entsprechenden ausreichend substantiierten Vortrags des Darlehensnehmers[627] zur Kenntnis der Bank bedarf, wenn ein sog **institutionalisiertes Zusammenwirken** vorliegt. Denn auch ein solches Zusammenwirken zwischen finanzierender Bank und Verkäufer oder Vertreiber des Objekts führt nicht zu einer **widerlegbaren Vermutung,** die finanzierende Bank habe von der sittenwidrigen Überteuerung Kenntnis gehabt.[628] Denn anders als der unmittelbare Geschäftspartner muss sich die Bank grundsätzlich keine Gedanken über die Rentabilität des Geschäfts machen und braucht daher auch keinen Vergleich des Werts von Leistung und Gegenleistung anstellen.[629] Von einer Kenntnis der Bank wird man grundsätzlich dann nicht ausgehen können, wenn diese auf ein **Verkehrswertgutachten** vertraut hat, selbst wenn sich dieses später als fehlerhaft erweist.[630] Was das **grobe Missverhältnis** zwischen Leistung und Gegenleistung anbelangt, so kann dieses nicht schon deshalb verneint werden, weil mehrere hundert Erwerber im Rahmen eines Steuersparmodells denselben oder einen annähernd gleichen Preis für ihre

---

[622] BGH Urt. v. 17.7.2012, Az. XI ZR 198/11, NJW 2012, 3294, 3295 Rn. 18 im Zusammenhang mit einer versteckten Innenprovision sowie u. H. a. BGH WM 2012, 1389; BGH WM 2000, 1245 m. Anm. *Bruckner* WuB I 65.–14.00; *Frisch* EWiR § 3 VerbrKrG 1/2000, 699; *Edelmann* DB 2000, 1400.

[623] Zur Darlegungslast des Käufers vgl. OLG Dresden Beschluss v. 19.2.2007, Az. 8 U 2137/06, BKR 2007, 373 f.

[624] BGH Urt. v. 24.1.2014, Az. V ZR 249/12, WM 2014, 1440 f. Rn. 8 u. U. a. BGHZ 146, 298, 302 wonach ein solches besonderes grobes Missverhältnis bei Grundstückskaufverträgen grundsätzlich erst ab einer Verkehrswertüber- oder -unterschreitung von 90 % vorliegt; BGH WM 2004, 417, 418; BGH WM 2004, 27; BGH BKR 2003, 942, 942.

[625] BGH Urt. v. 4.3.2008, Az. XI ZR 288/06 Rn. 41; *Einsiedler* WM 2013, 1109, 1111.

[626] BGH Urt. v. 23.10.2007, Az. XI ZR 167/05 Rn. 16; BGH Beschluss v. 19.6.2007, Az. XI ZR 402/06; BGH Urt. v. 19.9.2006, Az. XI ZR 204/04 Rn. 19 ff.; OLG Stuttgart Urt. v. 11.4.2007, Az. 9 U 224/06, WM 2007, 1121, 1123.

[627] Zur Substantiierungslast beim Verkäufer in Bezug auf einen etwaigen sittenwidrigen Kaufpreis vgl. BGH Urt. v. 24.1.2014, Az. V ZR 249/12, WM 2014, 1440 f. Rn. 6; BGH Urt. v. 2.4.2009, Az. V ZR 177/08 Rn. 11.

[628] BGH Urt. v. 4.3.2008, Az. XI ZR 288/06 Rn. 43 u. BGH Urt. v. 23.10.2007, Az. XI ZR 167/05 Rn. 16, WM 2008, 154, 156; vgl. hierzu auch → § 5 R. 334.

[629] OLG Frankfurt Urt. v. 22.2.2006, Az. 9 U 37/05, S. 2; OLG Frankfurt Beschluss v. 10.5.2005, Az. 9 U 73/04, S. 2, WM 2006, 2207, 2209; OLG Frankfurt Urt. v. 16.8.2006, Az. 9 U 78/04; OLG Frankfurt Urt. v. 19.12.2006, Az. 9 U 35/05, wo auch darauf hingewiesen wird, dass dem Anleger kein Anspruch auf Herausgabe der Kreditakte zusteht; so auch OLG Frankfurt Hinweisverfügung v. 19.6.2007, Az. 9 U 72/06, S. 6; OLG Stuttgart Urt. v. 28.3.2007, Az. 9 U 125/06, S. 8f.; LG Augsburg Urt. v. 20.12.2006, Az. 1 O 5731/05, S. 10f.; zur Möglichkeit der Anordnung der Urkundenvorlegung nach § 142 ZPO vgl. BGH Urt. v. 26.6.2007, Az. XI ZR 277/05, ZIP 2007, 1543.

[630] So BGH Urt. v. 18.12.2007, Az. XI ZR 324/06 Rn. 36 hinsichtlich der Kenntnis des Verkäufers; zur Beihilfe der allein das Fondsobjekt finanzierenden Bank an der vorsätzlichen sittenwidrigen Schädigung des Kapitalanlegers durch den Initiator durch Verschweigen des Zwischengewinns durch An- und Verkauf der Immobilie iHv EUR 5 Mio. bzw. 28 % des ursprünglichen Kaufpreises vgl. BGH Urt. v. 3.12.2013, Az. XI ZR 295/12, WM 2014, 71.

Immobilie bezahlt haben.[631] Konnte wiederum auf Grund des **Vergleichswertverfahrens**[632] eine Sittenwidrigkeit nicht festgestellt werden, dann kann eine solche nicht daraus hergeleitet werden, dass ein anders ermittelter Wert (zB Ertragswertverfahren) zu einem sittenwidrigen Kaufpreis führt.[633] Ergibt sich das grobe Missverhältnis allein aus einer Wertermittlung nach der **Ertragswertmethode,** dann bedarf es für die Feststellung der Kenntnis besonderer Anhaltspunkte. Denn eine Kontrolle der Marktergebnisse anhand prognostizierter Erträge ist nicht geschuldet.[634]

Die Bank trifft auch keine Verpflichtung zur Aufklärung über eine angeblich an den Vertreter gezahlte **versteckte Innenprovision**.[635] Dies gilt auch für ein etwaiges **externes Entgelt** (Projektentwicklungsentgelt).[636] Etwas anderes gilt nur dann, wenn die Innenprovision zu einer so **wesentlichen Verschiebung** des Verhältnisses zwischen Kaufpreis und Verkehrswert der Kapitalanlage beiträgt, dass eine **sittenwidrige Übervorteilung** in vorstehendem Sinne angenommen werden muss und die Bank hiervon Kenntnis hat.[637] Eine Aufklärungspflicht der Bank besteht auch dann, wenn sie positiv davon Kenntnis hat, dass aus der Einlage des Anlegers solche nicht im Prospekt ausgewiesenen Provisionen gezahlt werden.[638] Die Bank haftet auch dann nicht, wenn ihr bekannt ist, dass die **prospektierte Miete** am Markt nicht nachhaltig erzielbar ist.[639] Sie haftet jedoch, wenn ihr bereits zu Beginn die **Überschuldung des Mietgaranten** bekannt ist[640], wobei aus Schutzzweckgesichtspunkten nur auf den Ausfall der Mietgarantie zu haften wäre.

294

Die Bank ist auch nicht verpflichtet, den Anleger bei Abschluss des Darlehensvertrages über die **Sanierungsbedürftigkeit** eines Objekts aufzuklären. Es ist grundsätzlich Sache des Anlegers/Darlehensnehmers, sich über den **Zustand und den Wert eines Anlageobjekts** zu unterrichten.[641] Auch auf etwaige **Bedenken gegen die Durchführbarkeit** von geplanten Renovierungs- und Sanierungsmaßnahmen (zB wegen ungünstiger finanzieller Verhältnisse des Verkäufers oder anderer Beteiligter) braucht die finanzierende Bank den Darlehensnehmer generell nicht hinzuweisen.[642] Sie darf bei Abschluss des Darlehensvertrages und Entgegennahme eines notariellen Schuldanerkenntnisses ohne Sorgfaltsver-

295

---

[631] BGH WM 2005, 1598.
[632] Zur Maßgeblichkeit dieses Verfahrens bei der Bestimmung des Verkehrswerts einer Immobilie vgl. BGH Urt. v. 18.12.2007, Az. XI ZR 324/06 Rn. 32, WM 2008, 967 m. Anm. *Volmer* WuB I E 2. § 9 VerbrKrG 2.08; OLG Dresden Beschluss v. 19.2.2007, Az. 8 U 2137/06, BKR 2007, 372, 374; vgl. hierzu auch → § 4 Rn. 321.
[633] BGH Urt. v. 2.7.2004, Az. V ZR 213/03, DB 2005, 279 = NJW 2004, 2671, 2673 für das Verhältnis Käufer/Verkäufer; BGH Urt. v. 14.1.2005, Az. VI ZR 260/03, BeckRS 2005, 01669, wo der BGH festhält, dass die Vermutung verwerflicher Gesinnung nicht eingreift, wenn verschiedene geeignete Wertermittlungsmethoden in rechtlich nicht zu beanstandender Weise zu sich bei der Beurteilung der Sittenwidrigkeit unterschiedlich auswirkenden abweichenden Ergebnissen gelangen; ähnlich OLG Karlsruhe ZIP 2004, 2423, 2427 u. KG Urt. v. 19.3.2008, Az. 24 U 91/07, S. 14; vgl. auch → § 4 Rn. 321.
[634] BGH Urt. v. 18.12.2007, Az. XI ZR 324/06 Rn. 35.
[635] BGH WM 2005, 127; BGH WM 2004, 1221, 1225; BGH WM 2003, 2149, 2153; BGH ZIP 2003, 1355.
[636] BGH WM 2004, 2349, 2351.
[637] BGH Urt. v. 23.4.2013, Az. XI ZR 405/11 Rn. 20; BGH Urt. v. 11.1.2011, Az. XI ZR 220/08, WM 2011, 309, 310; BGH Urt. v. 10.7.2007, Az. XI ZR 243/05, WM 2007, 1831; BGH WM 2004, 1221, 1225; BGH WM 2004, 417, 418f. BGH WM 2004, 521, 524; OLG München WM 2001, 252.
[638] BGH Urt. v. 10.7.2007, Az. XI ZR 243/05, WM 2007, 1831.
[639] BGH WM 2005, 72; BGH WM 2004, 1221.
[640] BGH WM 2004, 1529.
[641] BGHZ 102, 60 = WM 1987, 1426 = NJW 1988, 697 = DB 1988, 174 = ZIP 1987, 1454 = WuB I G 7.–2.88 *v. Heymann*; BGH WM 1988, 561 = NJW 1988, 1583 = BB 1988, 794 = DB 1988, 1541 = ZIP 1988, 562 = WuB I G 7.–8.88 *Assmann*.
[642] BGH WM 1988, 1225 = NJW-RR 1988, 1450 = WuB I E 1.–15.88 *Emmerich*.

stoß davon ausgehen, dass der Anleger all diese Prüfungen in seinem eigenen Interesse ggf. unter Hinzuziehung eines Fachberaters selbst vorgenommen hat.[643]

**296** **b) Projektbeteiligte.** Die finanzierende Bank ist generell nicht verpflichtet, den Darlehensnehmer auf die Risiken hinzuweisen, die sich aus der Einschaltung eines **Treuhänders** und der ordnungsgemäßen Verwendung der Kreditmittel ergeben.[644] Auch auf Risiken, die sich aus der **Bonität von Vertragspartnern** des Anlegers ergeben, braucht die Bank nicht hinzuweisen.[645]

**297** **c) Finanzierungsabwicklung.** Hat die Bank bei einem Immobilienprojekt nicht nur den Ankauf finanziert **(Objektfinanzierung),** sondern auch den Erwerbern die **Endfinanzierung** zur Verfügung gestellt, dann ergeben sich allein hieraus noch keine Aufklärungspflichten gegenüber dem Anleger. Mit dem Versuch, ein notleidendes Darlehen durch mehrere sichere Kredite zu ersetzen, überschreitet die finanzierende Bank regelmäßig noch nicht die ihr zugewiesene Rolle als Kreditgeberin.[646]

**298** Eine Bank, die im Rahmen einer Gesamtfinanzierung nur einen Teilkredit gewährt, ist im Allgemeinen auch nicht zu einer Aufklärung über die Gesamtfinanzierung verpflichtet, und zwar selbst dann nicht, wenn ein Kreditvermittler die Gesamtfinanzierung besorgt hat, dieser aber für die Bank nur bezüglich des Teilkredits tätig geworden ist.[647]

**299** **4. Abgrenzung der Risikosphären.** Im Bereich der Kapitalanlagen gilt der Grundsatz der arbeitsteiligen Wirtschaft **(„rollenbedingte Verantwortlichkeit").**[648] Dementsprechend sind auch die unterschiedlichen Interessenlagen und Risikosphären zu berücksichtigen:

**300** – Der **Darlehensgeber** überlässt dem Darlehensnehmer gegen Entgelt das Kapital zur zeitweiligen Nutzung und trägt das Risiko der Zahlungsunfähigkeit des Kreditnehmers.

**301** – Der **Darlehensnehmer** verwendet das Kapital für eine Vermögensanlage und trägt damit auch das **wirtschaftliche und unternehmerische Risiko** der Kapitalinvestition.[649] Die Vermögensanlage bietet dem Kapitalanleger – neben beachtlichen Steuervorteilen – langfristig die Möglichkeit von Wertzuwachs mit Aussicht auf Rendite; sie kann aber auch mit Verlustrisiken bis hin zum Fehlschlagen der geplanten Unternehmung verbunden sein.

**302** **Spezielle Risiken,** die sich aus den persönlichen Verhältnissen, insbesondere aus seiner **individuellen Einkommensentwicklung** ergeben, muss der Darlehensnehmer grundsätzlich selbst tragen und bewältigen,[650] ohne dass die finanzierende Bank gegenüber dem Darlehensnehmer verpflichtet ist, die Einkommens- und Vermögensverhältnisse bei Kredit-

---

[643] BGHZ 102, 60 = WM 1987, 1426 = NJW 1988, 697 = DB 1988, 174 = ZIP 1987, 1454 = WuB I G 7.–2.88 v. Heymann; BGH WM 1988, 561 = NJW 1988, 1583 = BB 1988, 1583 = BB 1988, 794 = DB 1988, 1541 = ZIP 1988, 562 = WuB I G 7.–8.88 Assmann; BGH WM 1992, 901 = NJW-RR 1992, 879 = BB 1992, 1520 = DB 1992, 1287 = ZIP 1992, 912 = WuB I G 7.–9.92 v. Heymann.
[644] BGH WM 1986, 1561 = NJW-RR 1987, 523 = DB 1987, 629 = WuB I G 7.–2.87 v. Heymann.
[645] BGH WM 1982, 480 = NJW 1982, 1520 = DB 1982, 1214 = ZIP 1982, 545; BGH WM 1988, 1225 = NJW-RR 1988, 1450 = WuB I E 1.–15.88 Emmerich; BGH WM 1989, 1409 = NJW 1989, 2882 = WuB I B 4.–2.89 Peterhoff.
[646] BGH WM 1988, 561 = NJW 1988, 1583 = BB 1988, 794 = DB 1988, 1541 = ZIP 1988, 562 = WuB I G 7.–8.88 Assmann; OLG München WM 1991, 447 = WuB I G 7.–4.91 v. Heymann.
[647] BGH WM 1987, 1331 = WuB I E 2 b.–2.88 Kessler.
[648] Zur „Rolle" und „Funktion" als Haftungsgrundlage vgl. zB Hopt in FS Stimpel, 1985, S. 265 ff. und ders. AcP 183 (1983), 608 ff.; Rümker ZHR 151 (1987), 162; Köndgen AG 1983, 85 ff.; Otto, Stellung der Bank bei der Finanzierung von Immobilienanlagen, 1988, passim; Schwintowski NJW 1989, 2087.
[649] Vgl. hierzu grundlegend schon Larenz DB 1952, 116 und Lutter, FS Bärmann, 1975, S. 605 ff., 615 f.
[650] BGH Urt. v. 27.2.1986, III ZR 95/85 (nicht veröffentlicht); BGH Urt. v. 17.3.1988, III ZR 122/87 (nicht veröffentlicht); BGH WM 1988, 1085; BGH WM 1989, 245 = NJW 1989, 830.

vergabe zu berücksichtigen.[651] Dies gilt selbst dann, wenn die Bank – was keinesfalls die Regel ist – allen Bauherren bzw. Erwerbern eines Objektes Darlehen zur Finanzierung ihrer Eigentumswohnung bzw. ihres Eigenheims gewährt. Andernfalls würde sich keine Bank mehr an der Finanzierung von Großbaumaßnahmen beteiligen können.[652]

Auf dieser Risikoverteilung beruht die Konzeption von Immobilienanlagen, deren steuerliche Anerkennung in Frage gestellt wäre, wenn dem Anleger die wirtschaftlichen Risiken der Kapitalanlagen abgenommen und auf Dritte verlagert würden.[653]

**5. Pflichtenkreis bei einzelnen Anlageformen.** Bei einzelnen Anlageformen hängen Aufklärungs- und Prüfungspflichten weitgehend von der jeweiligen Konzeption und Vertragsgestaltung ab.

**a) Kauf vom Bauträger.** Zur Frage der Aufklärungspflicht der Bank hatte der BGH erstmals bei einem Kauf vom Bauträger Stellung zu nehmen, bei dem die Bank dem Bauträger als Globalkreditgeber und dem Käufer der Eigentumswohnung mit einer Einzelfinanzierung und Verbürgung des Eigenkapitals zur Verfügung stand.[654] Danach können bei einer durch die Einschaltung eines Globalkreditgebers zu Lasten des Eigentumserwerbers/Darlehensnehmers verschobenen Risikolage Aufklärungspflichten des Globalkreditgebers, der zugleich Kreditgeber des Eigentumserwerbers ist, in Betracht kommen, wenn die Bank durch ihr Verhalten oder durch ein ihr zurechenbares Verhalten des Bauträgers einen falschen Eindruck über die rechtlichen Risiken des Geschäfts erweckt hat. Der BGH hat diese Frage jedoch wegen fehlender Feststellungen des Berufungsgerichts nicht abschließend entscheiden können.

**b) Finanzierung von Abschreibungsgesellschaften.** In späteren Entscheidungen hat der BGH eine Aufklärungspflicht der Bank bei steuersparenden Kapitalanlagen unter Hinweis auf die mangelnde Schutzbedürftigkeit des Anlegers ausdrücklich verneint.[655] Die Bank ist zB bei der Finanzierung einer Abschreibungsgesellschaft nicht verpflichtet, den Darlehensnehmer darauf hinzuweisen, dass der Treuhänder gegenüber der Bank eine Einstandspflicht für die Darlehensrückzahlung übernommen hat und sich verpflichtet hat, als Sicherheit einen bestimmten Teil des auf Treuhandkonto überwiesenen Darlehens auf ein zugunsten der Bank gesperrtes Sonderkonto des Treuhänders zu buchen.[656] Auch auf Risiken, die sich aus der Bonität eines Dritten (zB Baubetreuers/Treuhänders) ergeben, braucht die Bank nicht hinzuweisen.[657]

**c) Finanzierung von Bauherren- und Erwerber-Modellen.** Bei Bauherren- und Erwerbermodellen sowie Immobilienfonds hat die Rechtsprechung eine Aufklärungspflicht der finanzierenden Bank generell verneint.[658] Selbst wenn die Bank bei einem Bauherren-Modell neben der Zwischenfinanzierung auch die Finanzierungsvermittlung für die Endfinanzierung übernommen hat, braucht sie den Kunden ungefragt über die Risiken und Gefahren des Bauherren-Modells im Allgemeinen nicht aufzuklären.[659] Auch bei der Finan-

---

[651] OLG Celle WM 1988, 1082; BGH WM 1988, 561; BGH WM 1989, 480 = NJW 1989, 1276.
[652] OLG Köln DB 1981, 574; OLG Hamm WM 1987, 343; BGH WM 1988, 561 = NJW 1988, 1583 = BB 1988, 794 = DB 1988, 1541 = ZIP 1988, 562 = WuB I G 7.–8.88 *Assmann*.
[653] Bauherrenerlass v. 13.8.1981, BStBl. 1981 I 604; BFH BStBl. 1980 II 441 = DB 1980, 1669 = BB 1980, 1137.
[654] BGH WM 1979, 1054 = NJW 1980, 41 = BB 1979, 1371 = DB 1979, 2026.
[655] BGH WM 1980, 1446 = NJW 1981, 389 = BB 1981, 80 = DB 1981, 313; BGH WM 1986, 98 und 700.
[656] BGH WM 1985, 1287.
[657] BGH WM 1988, 1225; OLG Köln DB 1981, 574.
[658] BGH WM 2005, 72 (Erwerber-Modell); BGH WM 2004, 1529 (Immobilienfonds); BGH WM 2004, 1221 (Erwerbsmodell); BGHZ 93, 264 = WM 1985, 221 = NJW 1985, 1020 = BB 1985, 749 = DB 1985, 543 = ZIP 1985, 203 (Bauherren-Modell); BGH WM 1986, 1561; BGH WM 1988, 561 (Erwerber-Modell); BGH WM 1986, 8 = BB 1986, 220 = DB 1986, 424 = ZIP 1986, 21 (Immobilienfonds).
[659] OLG Hamburg WM 1985, 1260.

zierung von Erwerber-Modellen ist die Bank generell nicht verpflichtet, den Darlehensnehmer auf die Risiken hinzuweisen, die sich aus der Einschaltung eines Treuhänders und die ordnungsgemäße Verwendung der Kreditmittel ergeben. Vielmehr ist der Anleger verpflichtet, der Bank entsprechende Weisungen zu erteilen, wenn diese nur bei Vorliegen bestimmter Voraussetzungen die Darlehensvaluta an einen der Projektbeteiligten auszahlen soll.[660]

**308**  **6. Aufklärungspflicht in Sonderfällen.** In Ausnahmefällen kann die Bank verpflichtet sein, den Darlehensnehmer über die **Risiken des finanzierten Geschäfts** aufzuklären. Nach der Rechtsprechung[661] sind im Wesentlichen **vier Fallgruppen** zu unterscheiden:

die Bank als Projektbeteiligte – **Überschreiten der Kreditgeberrolle** –,
**spezielle Gefährdung** des Anlegers durch die Bank,
**Wissensvorsprung** der Bank über spezielle Risiken und
**Interessenkollision.**

**309**  **a) Bank als Projektbeteiligte.** Eine Aufklärungspflicht kann dann bestehen, wenn die Bank ihre neutrale Rolle als Kreditgeberin überschreitet und sich aktiv in die Planung und/oder Durchführung des Projekts einschaltet, so dass sie gleichsam als Partei des finanzierten Geschäfts erscheint.[662]

**310**  Bei der Finanzierung von Bauträgermaßnahmen ist für die Annahme einer **Überschreitung der Kreditgeberrolle** entscheidend, ob die kreditgebende Bank Funktionen von anderen Projektbeteiligten übernimmt, indem sie etwa Anlageinteressenten wirbt, sich sonst auf Seiten des Vertreibers aktiv in die Veräußerung einschaltet oder ihr die gesamte rechtliche Ausgestaltung des Dreiecksverhältnisses zuzurechnen ist. Hierfür kommt es auf das Verhältnis zwischen Bank und Veräußerer und ihr (gemeinsames) Auftreten gegenüber dem Darlehensnehmer an.[663]

**311**  Bei der Finanzierung von Abschreibungsgesellschaften hängt eine erweiterte Haftung der Bank wegen Überschreitung der Kreditgeberrolle nicht allein davon ab, ob das Maß der Zusammenarbeit zwischen der Bank und dem Vertreiber einer Kapitalanlage die Grenzen dessen überschreitet, was bei der Finanzierung eines derartigen Projekts für eine Bank üblich ist. Insoweit reicht weder die **einvernehmliche Erstellung des Werbeprospektes** noch die Finanzierungsabwicklung zwischen Bank und Vertreiberin für eine Haftung der Bank aus.[664]

**312**  Auch die **zur Verfügungstellung von Formularen** an den Treuhänder für die den Anlegern zu gewährenden Darlehen reicht zur Begründung der Haftung nicht aus.[665] Ebenso gilt dies bei Kenntnis der Bank von der angeblichen „Doppelrolle" der Treuhänderin als Beauftragte des Kreditnehmers, Initiatorin des Bauherrenmodells und Finanzierungsvermittlerin der Bank.[666] Die Bank haftet auch dann nicht, wenn sie mit der Vertriebsfirma in einer **dauerhaften Geschäftsbeziehung** steht oder einen erheblichen Anteil von Erwerbern eines Projekts finanziert hat.[667] Eine Haftung der Bank kommt auch dann nicht in Betracht,

---

[660] BGH WM 1986, 1561.
[661] Vgl. hierzu BGH Urt. v. 3.6.2008, Az. XI ZR 131/07 Rn. 12; BGH Urt. v. 19.12.2006, Az. XI ZR 374/04, BKR 2007, 152, 154 Rn. 28.
[662] BGH NJW 1988, 561 = WM 1988, 1583 = BB 1988, 794 = DB 1988, 1541 = ZIP 1988, 562 = WuB I G 7.–8.88 *Assmann;* BGH WM 1990, 920 = NJW-RR 1990, 876 = DB 1990, 1181 = WuB I G 7.–7.90 *Assmann;* BGH Urt. v. 17.12.1991, XI ZR 8/91, WM 1992, 216 = NJW 1992, 373 = BB 1992, 309 = DB 1992, 674 = ZIP 1992, 163 = WuB I G 7.–3.92 *v. Heymann;* BGH WM 1992, 133 = NJW 1992, 555 = BB 1992, 454 = DB 1992, 885 = ZIP 1992, 166 = WuB IV A. § 249 BGB 1.92 *Sundermann.*
[663] BGH ZiP 2004, 209, 211; BGH WM 1979, 1054 = NJW 1980, 41 = BB 1979, 1371 = DB 1979, 2026; OLG Köln WM 2005, 557, 558.
[664] BGH WM 1980, 1446 = NJW 1981, 389 = BB 1981, 80 = DB 1981, 313.
[665] OLG Köln WM 2005, 792; OLG Köln Urt. v. 23.3.2005, Az. 134 U 126/04, S. 13; OLG Stuttgart WM 2000, 133; OLG München WM 1999, 1416, 1417.
[666] BGH WM 2005, 127.
[667] BGH ZiP 2004, 209, 211; OLG Düsseldorf Urt. v. 17.2.2006, Az. I-16 U 134/04, S. 37.

wenn sie vor Abschluss des Darlehensvertrages Kontakt mit dem Initiator des Fonds hatte und sich von diesem eine **Sicherheit** iHv 3% des von ihr ausgelgten Finanzierungsvolumen stellen lässt.[668] Verpflichtet die Bank den Kreditnehmer dazu, einer Mieteinnahme-Gemeinschaft **(Mietpool)** beizutreten, dann begründet dies für sich allein ebenfalls keine Haftung der Bank. Denn ein solcher Mietpool ist erfahrungsgemäß in besonderem Maße in der Lage, Ansprüche gegen den Mieter professionell wirksam durchzusetzen, wodurch die Interessen des Kreditnehmers und der Bank gewahrt werden, dem Kunden die Mieteinnahmen zu sichern, damit er in der Lage ist, seinen Kreditverpflichtungen nachzukommen.[669] Selbst bei Annahme einer Aufklärungspflichtverletzung stünde dem Anleger lediglich ein Anspruch auf Ersatz der Mehrkosten oder Mindereinnahmen zu, die sich durch die Mietpoolbeteiligung gegenüber einer eigenständigen Verwaltung ergeben **(Zurechnungszusammenhang)**.[670] Im Zusammenhang mit dem Beitritt zu einem Mietpool können allerdings die finanzierenden Banken bei Hinzutreten **spezifischer Risiken** des konkreten Mietpools Aufklärungspflichten wegen durch sie bewusst geschaffenen oder begünstigten besonderen Gefährdungstatbestand treffen, deren Verletzung einen umfassenden Rückabwicklungsanspruch zur Folge haben können.[671] Dies ist zB dann der Fall, wenn die Bank den Beitritt verlangt, obwohl sie weiß, dass die Ausschüttungen des Pools konstant überhöht sind, dh nicht auf nachhaltig erzielbaren Einnahmen berufen, so dass der Anleger nicht nur einen falschen Eindruck von der Rentabilität und Finanzierbarkeit des Vorhabens erhält, sondern darüber hinaus seine gesamte Finanzierung Gefahr läuft, wegen ständig erforderlichen Nachzahlungen zu scheitern.[672] Dies gilt aber auch dann, wenn die Bank den Beitritt in Kenntnis einer bereits bestehenden Üerschuldung des konkreten Mietpools oder in Kenntnis des Umstandes verlangt, dass dem konkreten Mietpool Darlehen gewährt wurden, für die der Anleger als Poolmitglied mithaften muss.[673] Ein zum Schadensersatz verpflichtender Umstand kann wiederum nicht darin gesehen werden, dass die Bank dem Kunden einen ihm grundsätzlich nicht zustehenden **Förderkredit** aus öffentlichen Mitteln verschafft und damit erst die Finanzierung eines möglicherweise unwirtschaftlichen Vorhabens eröffnet.[674]

Erforderlich ist vielmehr **eine erkennbar nach außen** in Erscheinung tretende Übernahme von Funktionen anderer Projektbeteiligter, dh die Bank muss einen zusätzlichen, auf die übernommene Funktion bezogenen Vertrauenstatbestand schaffen. Nur wenn die finanzierende Bank erkennbar Funktionen übernimmt, die typischerweise von anderen Projektbeteiligten wahrgenommen werden, muss sie auch den im jeweiligen Funktionsbereich geltenden Prüfungs- und Aufklärungspflichten nachkommen.[675]

Für die Annahme einer Aufklärungspflicht reicht es also nicht aus, dass die Bank im Interesse einer weitgehenden Absicherung ihres Kreditengagements und zur Sicherung der Rentabilität des Projekts auf die bauliche Gestaltung des Objekts Einfluss nimmt, kon-

---

[668] BGH BKR 2005, 73; BGH WM 1995, 221, 223.
[669] BGH Urt. v. 3.6.2008, Az. XI ZR 131/07 Rn. 15; BGH Urt. v. 20.3.2007, Az. XI ZR 414/04 Rn. 20, WM 2007, 876, 878; BGH Urt. v. 19.12.2006, Az. XI ZR 374/04, BKR 2007, 152, 155 Rn. 30; BGH WM 2006, 1194, 1199; KG ZiP 2006, 605; OLG Celle BKR 2005, 323 (Leitsatz); OLG Köln Urt. v. 23.3.05, Az. 13 U 126/04, S. 20; OLG Hamburg Urt. v. 28.6.05, Az. 8 U 67/04, S. 15; aA OLG Karlsruhe Beschluss v. 16.11.2006, Az. 15 W 43/06, OLGR 2007, 103 u. Beschluss v. 27.11.2006, Az. 15 W 45/06, WM 2007, 355.
[670] BGH Urt. v. 3.6.2008, Az. XI ZR 131/07 Rn. 16.
[671] BGH Urt. v. 3.6.2008, Az. XI ZR 131/07 Rn. 29.
[672] BGH Urt. v. 27.5.2008, Az. XI ZR 132/07 Rn. 42; BGH Urt. v. 20.3.2007, Az. XI ZR 414, 04 Rn. 27, WM 2007, 876, 879; BGH Urt. v. 18.3.2008, Az. XI ZR 246/06 Rn. 19, WM 2008, 971, 972.
[673] BGH Urt. v. 3.6.2008, Az. XI ZR 131/07 Rn. 29; Urt. v. 18.3.2008, Az. XI ZR 241/06 Rn. 18, BKR 2008, 249, 251; zu Mietpools und Haftung des Verkäufers vgl. BGH WM 2008, 1798 u. 1837.
[674] OLG Frankfurt Urt. v. 6.10.2006 Az. 24 U 51/06, WM 2006, 2170.
[675] BGH ZiP 2004, 209, 211; OLG Köln WM 2005, 557, 558; BGH WM 1992, 901 = NJW-RR 1992, 879 = BB 1992, 1520 = DB 1992, 1287 = ZIP 1992, 912 = WuB I G 7.–9.92 v. *Heymann*.

zeptionelle und vertragliche Änderungen des Modells durchsetzt und im Übrigen eine „laufende Abstimmung" in der Planungsphase verlangt und dabei möglicherweise über ihre Rolle/Funktion als Kreditgeber hinausgegangen ist. Eine Aufklärungspflicht kommt nur in Betracht, wenn die Bank mit ihrer unternehmerischen Konzeption in irgendeiner Form **nach außen hervorgetreten** ist und damit **einen Vertrauenstatbestand** geschaffen hat, indem sie zB im Prospekt auf ihre Mitwirkung an der Projektplanung, der Prospektgestaltung oder an dem Vertrieb hingewiesen hat. Allein eine globale **Finanzierungszusage**[676] und ihre **Erwähnung in den Prospektunterlagen** als finanzierende Bank begründet keinen Vertrauenstatbestand im Hinblick auf die Solidität des Anlagemodells oder das Nichtvorhandensein wirtschaftlicher oder rechtlicher Risiken.[677] Für die Bejahung einer Haftung der Bank wegen „Überschreiten der Kreditgeberrolle" reicht auch die **allgemeine**, auf die Baufinanzierung bezogene **Referenzerklärung** im Prospekt, die die Führung der Treuhandkonten für die Käufer sowie die Ankündigung, eine Mittelverwendungskontrolle durchzuführen, nicht aus.[678] Auch ein **institutionalisiertes Zusammenwirken** genügt für sich allein nicht, um eine Überschreitung der Kreditgeberrolle zu bejahen.[679] Eine Aufklärungspflicht kann nach diesen Grundsätzen zB dann bestehen, wenn die Bank als Treuhandkommanditistin Mitherausgeberin eines Fondsprospektes ist und dem Fonds zur Finanzierung der Immobilienanlage Darlehen gewährt.[680]

**315 b) Spezielle Gefährdung des Anlegers.** Eine Aufklärungspflicht wird auch dann angenommen, wenn die Bank einen zu den allgemeinen wirtschaftlichen Risiken des Projekts hinzutretenden speziellen Gefährdungstatbestand für den Anleger schafft oder dessen Entstehung jedenfalls begünstigt. Die Rechtsprechung hat eine Gefährdung des Anlegers zB in folgenden Fällen angenommen:

– Nichtübernahme der Zahlungsadresse in der Darlehenszusage und Kenntnis, dass die Verwirklichung des zu finanzierenden Unternehmens bei Valutierung des Darlehens schon nicht mehr möglich war.[681]
– Überweisungen auf das Privatkonto eines Angestellten für Effektengeschäfte „im Hause" („Investmentclub").[682]
– Zwischenfinanzierung einer Immobilienanlage „korrespondierend mit der Stellungnahme zur Übernahme der Endfinanzierung" durch eine andere Bank ohne den ausdrücklichen und unmißverständlichen Hinweis, dass mit der Zusage der Zwischenfinanzierung eine Endfinanzierung selbst dann nicht sicher sei, wenn die „Selbstauskunft" zutreffend ist und sich die Einkommens- und Vermögensverhältnisse nicht ändern.[683]
– Hereinnahme einer Globalgrundschuld als Sicherheit nicht nur für den Objektkredit, sondern auch für Altschulden des Initiators mit entsprechender Erhöhung des Ausfallrisikos für den Bauherrn im Falle der Zwangsversteigerung.[684]

---

[676] BGH Urt. v. 18.3.2008, Az. XI ZR 241/06 Rn. 37, BKR 2008, 249, 253.
[677] BGH WM 1992, 901 = NJW-RR 1992, 879 = BB 1992, 1520 = DB 1992, 1287 = ZIP 1992, 912 = WuB I G 7.–9.92 *v. Heymann*. OLG Bamberg BKR 2005, 108; OLG Köln WM 2005, 792; OLG Köln Urt. v. 23.3.2005, Az. 13 U 126/04, S. 19.
[678] BGH Urt. v. 4.3.2008, Az. XI ZR 288/06 Rn. 34.
[679] BGH Urt. v. 4.3.2008, Az. XI ZR 288/06 Rn. 35.
[680] BGH WM 1985, 533 = NJW-RR 1992, 879 = BB 1992, 1520 = DB 1992, 1287 = ZIP 1992, 912 = WuB IV A. § 195 BGB 1.85 *Menk*.
[681] BGH WM 1985, 993 = ZIP 1985, 670 = WuB I E 1.–24.85 *v. Heymann*; BGH WM 1986, 98 = WuB I G 8.–3.86 *Emmerich*; BGH WM 1986, 671 = NJW-RR 1986, 1167 = BB 1986, 1177 = WuB I G 8.–6.86 *v. Heymann*; BGH WM 1986, 735 = WuB I G 8.–6.86 *v. Heymann*; BGH WM 1987, 1546 = WuB I E 2 c.–1.88 *Assmann*.
[682] BGH WM 1988, 895 = NJW-RR 1988, 1071 = WuB I E 1.–14.88 *Hein*.
[683] OLG Düsseldorf WM 1991, 500 = NJW-RR 1991, 367 = BB 1990, 2220 = WuB I G 7.–5.91 *v. Heymann*.
[684] BGH WM 1992, 216 = NJW-RR 1992, 373 = BB 1992, 309 = DB 1992, 674 = ZIP 1992, 163 = WuB I G 7.–3.92 *v. Heymann*.

– bei Sicherung der den Gesellschaftern eines **geschlossenen Immobilienfonds** zur Finanzierung ihrer Einlagen gewährten Darlehen mittels einer bereits von den Gründungsgesellschaftern zulasten des Fondsgrundstücks bestellten **Globalgrundschuld.** Dabei wurde allerdings als ausreichend hinsichtlich der Aufklärungspflicht angesehen, dass der Anleger im Fondsprospekt hinreichend deutlich auf die **dingliche Mithaftung** des gemeinsamen Vermögens aller Gesellschafter für die Privatverbindlichkeiten der einzelnen Gesellschafter hingewiesen wurde. Eine darüber hinaus gehende Verpflichtung, den Darlehensnehmer auch auf den aus wirtschaftlichen Erwägungen der Gesellschafter folgenden Druck hinzuweisen, sich mit ihrem persönlichen Vermögen für eine Ablösung notleidender Kredite anderer Mitgesellschafter einsetzen zu müssen, wurde hingegen abgelehnt.[685]

– Beschränkung der finanziellen Bewegungsfreiheit des Verkäufers durch Vorausabtretung von Kaufpreisen und dadurch Gefährdung des Anlegers, bei Rückabwicklung des Kaufvertrages den gezahlten Kaufpreis zu verlieren.[686]

Dagegen wird für den Anleger kein besonderer Gefährdungstatbestand geschaffen, wenn sich eine Bank bei Beginn des Vertriebs verpflichtet, im Falle des Scheiterns des Projekts sowie bei Insolvenz des Initiators den Anlegern die an die Initiatoren geleisteten Zahlungen wieder gutzubringen, und zwar auch dann, wenn der Initiator Monate später nicht verkaufte Einheiten in den eigenen Bestand nimmt. Eine drohende oder eingetretene Insolvenz des Initiators muss der Anleger im Einzelnen darlegen und beweisen.[687]

**c) Wissensvorsprung über spezielle Risiken des Projekts.** Eine Aufklärungspflicht kann für die Bank auch dann bestehen, wenn sie einen konkreten Wissensvorsprung über die speziellen Risiken des Projekts hat und dies auch erkennen kann.[688] Dabei kann ein Wissensvorsprung bei der Bank auch über eine **Wissensberechnung** nach **§ 166 Abs. 1 BGB** erfolgen. Denn die Zurechnung nach § 166 Abs. 1 BGB umfasst grundsätzlich auch Wissen, durch das Hinweis- und Warnpflichten des Geschäftsherrn gegenüber dem Vertragspartner begründet werden.[689] Allerdings handelt eine Vertragspartei treuwidrig, die sich auf die Zurechnung von Vertreterwissen beruft, obwohl sie damit rechnen musste, dass der Vertreter sein Wissen dem Geschäftsherrn vorenthalten würde.[690]

Von einem **Wissensvorsprung** kann in nachfolgend aufgeführten Fällen gesprochen werden:

– Die finanzierende Bank hat ein konkretes **positives Wissen** über spezielle Risiken des zu finanzierenden Projekts. Der Bank obliegt insoweit **keine Nachforschungspflicht**[691]; dh die Bank muss im Allgemeinen nur vorhandenes, von ihr als wesentlich erkanntes Wissen offenbaren; sie ist jedoch nicht verpflichtet, sich durch gezielte Auswertungen ihr zugänglicher Unterlagen oder gar durch weitere Nachforschungen einen Wissensvorsprung zu verschaffen; auch fahrlässige Unkenntnis reicht nicht aus.[692] Der positiven Kenntnis ist die **bloße Erkennbarkeit** nur dann gleichzustellen, wenn sich die für den Anleger bedeutsamen Tatsachen einem zuständigen Bankmitarbeiter[693] nach den

---

[685] OLG Karlsruhe Urt. v. 30.3.2011, Az. 17 U 51/10, WM 2011, 1219 m. Anm. *Schulz/Otto* WuB I G 5.-7.11.
[686] BGH WM 1992, 1310 = NJW 1992, 2146 = BB 1992, 1453 = ZIP 1992, 990 = WuB I G 7.-10.92 *v. Heymann*.
[687] BGH WM 1992, 901 = NJW-RR 1992, 879 = BB 1992, 1520 = DB 1992, 1287 = ZIP 1992, 912 = WuB I G 7.-9.92 *v. Heymann*.
[688] BGH WM 2004, 1221, 1225; BGH WM 2004, 417, 418; BGH WM 2004, 521, 523.
[689] BGH Urt. v. 19.3.2013, Az. XI ZR 46/11, WM 2013, 924, 926 Rn. 25 f.
[690] BGH Urt. v. 19.3.2013, aaO, Rn. 27.
[691] BGH Urt. v. 29.4.2008, Az. XI ZR 221/07 Rn. 19.
[692] BGH WM 2004, 620; BGH WM 2004, 172; BGH WM 1992, 602.
[693] Zur Zurechenbarkeit der Kenntnis eines an der Kreditvergabe nicht beteiligten Bankmitarbeiters vgl. BGH NJW-RR 2005, 634.

Umständen des Einzelfalles aufdrängen mussten[694]; er darf dann nach Treu und Glauben seine Augen vor solchen Tatsachen nicht verschließen.

319 – Der Anleger hat keine Kenntnis über diejenigen speziellen Risiken, von denen die Bank ein konkretes positives Wissen besitzt. Die Unkenntnis darf jedoch nicht auf Fahrlässigkeit beruhen, dh dem **Anleger obliegt eine allgemeine Prüfungspflicht** in Bezug auf typische Risiken des Projekts (zB Wirtschaftlichkeit, steuerliche Auswirkungen, Objektrisiken). Insoweit darf die Bank regelmäßig ohne Sorgfaltsverstoß davon ausgehen, dass sich der Anleger in seinem eigenen Interesse – ggf. unter Beiziehung eines Fachberaters – über die Risiken des Projekts unterrichtet hat.

320 Der Wissensvorsprung muss für die Bank erkennbar gewesen sein, dh der Bank muss die Unkenntnis bzw. das fehlende Wissen des Anlegers erkennbar gewesen sein.

321 – Die Bank weiß im Zeitpunkt der Darlehensgewährung, dass der Initiator oder andere seiner Gesellschafter vor der Zahlungsunfähigkeit stehen.[695]
– Die Bank weiß, dass das zu finanzierende **Objekt mit Mängeln** behaftet ist, die der Erwerber trotz eigener Prüfung nicht kennt. Das kann insbesondere der Fall sein, wenn die Bank, anders als ihr Kunde, einen Wissensvorsprung hinsichtlich einer das zu erwerbende Grundstück betreffenden **Altlastproblematik** hat[696] oder wenn die Bank im Besitz eines dem Kunden nicht zugänglichen Gutachtens ist, aus dem sich das Vorhandensein versteckter Mängel ergibt. Ansonsten muss sich der Erwerber im eigenen Interesse, ggf. unter Zuziehung von Fachberatern selbst über den baulichen Zustand des Objekts unterrichten. Die Bank ist grundsätzlich nicht gehalten, Ermittlungen darüber anzustellen, ob der Erwerber seiner Prüfungspflicht nachgekommen ist.[697]
– Die Bank hat im Zeitpunkt der Kreditgewährung Kenntnis[698] von einer sittenwidrigen Übervorteilung des Kunden auf Grund des groben, **sittenwidrigen Missverhältnisses** von Objektwert und Kaufpreis.[699] Von einem solchen, die Annahme der Sittenwidrigkeit rechtfertigenden Missverhältnis ist dabei in der Regel dann auszugehen, wenn der **Wert der Leistung (Kaufpreis)** knapp doppelt so hoch ist wie der **Wert der Gegenleistung (Objektwert)**[700], wobei bei letzterem Wert etwaige Kosten für Nebenleistungen (zB Provisionen, Garantiegebühren, Notarkosten, etc.) nicht mit in die Kalkulation einzubeziehen sind.[701] Ähnliches gilt hinsichtlich sittenwidrig hoher Innenprovisionen.[702] Was die Auswahl der geeigneten **Wertermittlungsmethode** anbelangt, so steht diese vorbehaltlich einer anderweitigen gesetzlichen Anordnung, grundsätzlich zwar im pflichtgemäßen Ermessen des Tatrichters. Bei Wohnungseigentum dürfte jedoch die **Vergleichswertmethode** als die einfachste und zuverlässigste Methode im Vordergrund stehen.[703] Wird dem Käufer ein steuersparmotiviertes Kapitalanlagemodell als einheitliches Paket zu einem Gesamterwerbspreis dargeboten, kommt es auf ein besonders krasses

---

[694] BGH Urt. v. 29.4.2008, Az. XI ZR 221/07 Rn. 20.
[695] BGH WM 1978, 896 = NJW 1978, 2547 = DB 1978, 1923; BGH WM 1986, 700 = WuB I G 8.-7.86 v. *Heymann;* BGH WM 1991, 85 = NJW 1991, 693 = NJW-RR 1991, 117 = BB 1991, 155 = DB 1991, 436 = ZIP 1991, 90 = WuB I B 3.-1.91 *Obermüller;* BGH WM 1992, 1310 = NJW 1992, 2146 = BB 1992, 1453 = ZIP 1992, 990 = WuB I G 7.-10.92 v. *Heymann.*
[696] OLG Karlsruhe Urt. v. 15.7.2008, Az. 17 U 4/07, OLGR 2008, 917 = WM 2008, 1870.
[697] BGH WM 1988, 561 = NJW 1988, 1583 = BB 1988, 794 = DB 1988, 1541 = ZIP 1988, 562 = WuB I G 7.-8.88 *Assmann.*
[698] Zum Nachweis der Kenntnis der Bank vgl. → § 4 Rn. 293.
[699] BGH WM 2000, 1245 m. Anm. *Edelmann* BB 2000, 1399; vgl auch BGH WM 2004, 521; BGH WM 2004, 417; BGH WM 2004, 172.
[700] BGH Urt. v. 17.7.2012, Az. XI ZR 198/11, NJW 2012, 3294, 3295 Rn. 18 u. H.a. BGH WM 2012, 1389; BGH WM 2004, 417, 418; BGH ZiP 2004, 209, 211; BGH BKR 2003, 942, 943.
[701] BGH Urt. v. 6.11.2007, Az. XI ZR 322/03 Rn. 34.
[702] Vgl. hierzu → § 4 Rn. 294.
[703] BGH Urt. v. 18.12.2007, Az. XI ZR 324/06 Rn. 32, WM 2008, 967; OLG Dresden Urt. v. 9.4.2008, Az. 8 U 1819/07, BKR 2008, 424, 427; vgl. hierzu auch → § 4 Rn. 293.

Missverhältnis zwischen dem Gesamtaufwand des Käufers und dem Wert des gesamten Leistungspakets an einschließlich der erzielbaren Steuervorteile.[704]
- Die Bank hat bereits bei Kreditgewährung Kenntnis von der **Überschuldung des Mietgaranten**.[705]
- Die Bank hat bei Vertragsabschluss Kenntnis davon, dass für die Bewertung des Kaufobjekts wesentliche Umstände durch **Manipulationen verschleiert** wurden oder, dass der Vertragsschluss ihres Kunden auf einer **arglistigen Täuschung** des Vermittlers oder Verkäufers iSv § 123 BGB bzw. auf einer vorsätzlichen c.i.c. beruht.[706]
- Der Bank ist bekannt oder zumindest erkennbar, dass die in den **Werbeunterlagen** gemachten Angaben über die Mieteinnahmen und die Rentabilität des Objektes falsch sind und, dass die falschen Angaben (allein) dem Zweck dienten, die Erwerber durch **Täuschung zum Kauf** zu bewegen.[707]
- Veranlasst die Bank einen Kunden, von einem Sparbuch abgehobene Geldbeträge zu einem bestimmten Zweck zu verwenden und kennt sie die **besonderen Gefahren** dieser Verwendung auf Grund eines konkreten Wissensvorsprungs besser als der Kunde, dann ist die Bank zur Aufklärung und Warnung selbst dann verpflichtet, wenn es sich bei dem Sparguthaben um Schwarzgeld des Kunden handelt.[708]
- Besteht zwischen **Initiator und finanzierender Bank** eine außerordentlich **enge Verbindung** (ungewöhnlich hohe Beteiligung, hohe zT ungesicherte Kredite) und kennt die Bank spezielle Nachteile und Risiken des Vorhabens (ua Verkleinerung des Baugrundstücks auf ein Drittel der ursprünglichen Fläche, vorzeitiger Baubeginn trotz nicht geschlossener Bauherrengemeinschaft, ungesicherte Fertigstellung) und sind diese Umstände dem Anleger nicht oder zumindest nicht ohne weiteres erkennbar, dann besteht für die Bank eine entsprechende Aufklärungspflicht.[709]
- Der Bank sind **Kick-back-Vereinbarungen** hinsichtlich des Grundstückskaufpreises und über die Verkleinerung des Baugrundstücks auf ein Drittel der ursprünglichen Fläche mit gleichzeitiger Abtrennung und Übertragung auf Angehörige des Initiators bekannt.[710]

Sind einer Bank im Rahmen der **Globalfinanzierung** eines Erwerber-Modells vom Initiator Objektunterlagen (Pläne, Mieterlisten etc.) übergeben worden, dann ist die Bank nicht verpflichtet, diese Unterlagen im Interesse des von ihr ebenfalls finanzierten Anlegers hinsichtlich der Richtigkeit der im Prospekt genannten Mieten auszuwerten, um sich insoweit einen Wissensvorsprung zu verschaffen.[711]

Eine Haftung der Bank unter dem Gesichtspunkt des Wissensvorsprungs kommt dann nicht in Betracht, wenn ein Rechtsanwalt, der sich auf Seiten des Projektinitiators und

---

[704] OLG Dresden Urt. v. 9.4.2008, Az. 8 U 1819/07, BKR 2008, 424, 427 u. H. a. BGH WM 2004, 2349 u. BGH WM 2005, 1598.
[705] BGH WM 2004, 1529.
[706] BGH Urt. v. 23.4.2013, Az. XI ZR 405/11 Rn. 21 u. H. a. BGH Urt. v. 16.5.2006, Az. XI ZR 6/04, BGHZ 168, 1 Rn. 46 f. in Bezug auf arglistige Täuschung über Innenprovision; BGH Urt. v. 17.10.2006, Az. XI ZR 205/05 R 16, WM 2007, 114; zur „unterstellten" Kenntnis von einer arglistigen Täuschung mittels eines sog „Objekt- und Finanzierungsvermittlungsauftrags" vgl. BGH Urt. v. 11.1.2011, Az. XI ZR 220/08, WM 2011, 309 u. BGH Urt. v. 29.6.2010, Az. XI ZR 104/08, WM 2010, 1451 m. Anm. *Edelmann* WuB I G 1.–27.10; *Bausch* BB 2010, 2138 u. *Michel* EWiR § 276 BGB aF 1/10, 667.
[707] BGH WM 1989, 1368 = NJW 1989, 2881 = BB 1989, 1713 = DB 1989, 2374 = ZIP 1989, 1184 = WuB IV A. § 166 BGB 1.89 *Obermüller*.
[708] BGH WM 1990, 98 = NJW-RR 1990, 484 = BB 1990, 94 = DB 1990, 523 = ZIP 1990, 918 = WuB I B 5.–1.90 *Koller*.
[709] BGH WM 1990, 920 = NJW-RR 1990, 876 = DB 1990, 1181 = WuB I G 7.–7.90 *Assmann*.
[710] BGH WM 1992, 216 = NJW-RR 1992, 373 = BB 1992, 309 = DB 1992, 674 = ZIP 1992, 163 = WuB I G 7.–3.92 *v. Heymann*.
[711] BGH WM 1992, 602 = BB 1992, 1520 = WuB I G 7.–5.92 *v. Heymann*.

Anlageprospektherausgebers an dessen Verhandlungen mit der finanzierenden Bank beteiligt und Aufgaben der Projektdurchführung übernimmt, sowie selbst eines der Anlageobjekte erwirbt.[712] Für die Bejahung der Haftung reicht die allgemeine, auf die Baufinanzierung bezogene **Referenzerklärung** im Verkaufsprospekt, die Führung eines Treuhandkontos für die Käufer sowie die Ankündigung, eine Mittelverwendungskontrolle durchzuführen, nicht aus.[713] Auch ein **institutionalisiertes Zusammenwirken** genügt nicht.[714]

324  Kann eine Bank davon ausgehen, dass der Kreditnehmer über die nachteiligen Folgen einer Abtretung von Lebensversicherungen innerhalb der 12-jährigen Sperrfrist nach dem 3. Vermögensbildungsgesetz aufgeklärt ist, dann hat sie keinen zur Aufklärung verpflichtenden Wissensvorsprung, wenn ihr Vermerk über die Sperrfirst bei einer der abgetretenen Lebensversicherungen nicht aufgefallen war.[715]

325  Ist die Bildung von Teileigentum von der Zustimmung Dritter abhängig, dann kommt eine Aufklärungspflicht unter dem Gesichtspunkt des Wissensvorsprungs nur dann in Betracht, wenn die Bank im Zeitpunkt des Erwerbs positiv weiß, dass die Zustimmung nicht zu erhalten ist; sie ist jedoch nicht verpflichtet, sich ein solches Wissen zu verschaffen.[716]

326  **d) Schwerwiegender Interessenkonflikt.** Schließlich wird von der Rechtsprechung eine Aufklärungspflicht angenommen, wenn sich die Bank in einen Interessenkonflikt verwickelt. Entscheidender Anknüpfungspunkt für die Aufklärungspflicht der Finanzierungsbank wegen eines schwerwiegenden Interessenkonflikts ist dabei, dass die finanzierende Bank das Risiko eines eigenen notleidenden Kreditengagements im Rahmen des finanzierten Geschäfts auf den Erwerber abwälzt.[717]

327  Beispiele:
– Die Bank ist Hauptgläubigerin einer **insolvenzreifen Publikumsgesellschaft** und gewährt Kommanditisten zusätzlichen Kredit, mit dem der Kreditsaldo der insolvenzreifen Publikumsgesellschaft verringert wird (Verlagerung des eigenen Ausfallrisikos auf den Kunden).[718]
– Die Bank erkennt die **kritische wirtschaftliche Situation des Bauträgers** und steht vor der Frage, ob sie im eigenen Interesse das wirtschaftliche Risiko, dass sie mit der Vorfinanzierung eines Projekts eingegangen ist, auf die Anlageinteressenten verlagern soll.[719]
– Die Bank ist **Globalfinanzierer** des Bauträgers und gleichzeitiger Finanzierer der Erwerber und verwickelt sich in einen schwerwiegenden Interessenkonflikt zu Lasten des Anlegers.[720] Allein mit dem Versuch, ein notleidendes Darlehen (Grundstücksankaufsfinanzierung) durch mehrere sichere Kredite (Erwerber-Modell) zu ersetzen, überschreitet eine Bank noch nicht die ihr als Kreditgeberin zugewiesene Rolle. Wenn sich die Bank dabei in einen Interessenkonflikt verwickelt, ist sie lediglich zur Aufklärung über die den Konflikt begründenden Umstände verpflichtet, nicht aber über Mängel des finanzierten

---

[712] OLG Düsseldorf WM 1990, 1959.
[713] BGH Urt. v. 6.11.2007, Az. XI ZR 322/03 Rn. 38.
[714] BGH Urt. v. 6.11.2007, Az. XI ZR 322/03 Rn. 39.
[715] BGH WM 1992, 977 = NJW 1992, 1820 = ZIP 1992, 757 = WuB I E 1.–9.92 *v. Heymann*.
[716] BGH WM 1992, 901 = NJW-RR 1992, 879 = BB 1992, 1520 = DB 1992, 1287 = ZIP 1992, 912 = WuB I G 7.–9.92 *v. Heymann*.
[717] BGH Beschluss v. 5.4.2011, Az. XI ZR 365/09, WM 2011, 876 u. H. a. BGH WM 2004, 620, 624; BGH WM 2007, 876 Rn. 50 u. BGH WM 2008, 971 Rn. 41; vgl. hierzu auch die Anm. *Bülow* WuB I G 1.–18.11.
[718] BGH WM 1978, 896 = NJW 1978, 2547 = DB 1978, 1923.
[719] OLG Köln WM 2005, 792.
[720] BGH WM 2004, 620; BGH WM 2003, 918; BGH WM 1995, 1306; BGH WM 1979, 1054 = NJW 1980, 41 = BB 1979, 1371 = DB 1979, 2026; BGH WM 1988, 561 = NJW 1988, 1583 = BB 1988, 794 = DB 1988, 1541 = ZIP 1988, 562 = WuB I G 7.–8.88 *Assmann*.

Objekts.[721] Ein schwerwiegender Interessenskonflikt liegt jedoch nicht schon deswegen vor, weil eine finanzierende Bank zugleich Kreditgeberin des Bauträgers oder Verkäufers und des Erwerbers der Immobilie ist (sog **Doppelfinanzierung**) oder dem Verkäufer eine **globale Finanzierungszusage** erteilt hat.[722]
- Die Bank ist alleiniger Kreditgeber bei einer Anlage und erkennt bzw. muss erkennen, dass der prospektierte Gesamtaufwand durch entsprechende Zeichnungen und Zahlungen weit überschritten ist; bei erheblicher Überzeichnung fallen die prospektierten Verlustzuweisungen entweder niedriger aus oder die Ausgaben müssten erhöht werden, damit die Rentabilität des Objekts nicht beeinträchtigt wird.[723]
- Die Bank gewährt den Bauherren Kredite, um damit auch Altkredite des Initiators zurückzuführen, obwohl der Bank das Scheitern eines früheren Projekts sowie die hohen Vermarktungsrisiken des neuen Projekts, die Wertlosigkeit des Festpreis-, Miet- und Zinsgarantien und die mangelnde Bonität des Initiators bekannt ist.[724]
- Ein Interessenkonflikt besteht auch dann, wenn die Bank durch die Kreditgewährung an die Erwerber ihr finanzielles Engagement gegenüber der Initiatorengruppe zurückführen will, auf diese Weise ihr **eigenes wirtschaftliches Wagnis** auf die Kunden verlagert und diese mit einem Risiko belastet werden, das über die mit der Beteiligung an einem solchen Projekt normalerweise verbundenen Gefahren deutlich hinausgeht.[725]
- Eine Interessenkollision kann sich schließlich dann ergeben, wenn die Bank vor der Frage steht, ob sie die unausweichliche **Insolvenz einer Firmengruppe** alsbald herbeiführen bzw. zulassen soll oder ob sie ihr Kreditengagement verringert, indem sie den Bauherren Kredit für ein Objekt gewährt, das von dem Initiator des Bauherren-Modells nicht mehr zu realisieren ist und bei dem es zumindest naheliegt, dass die Bauherren mit den Kreditmitteln auch weitgehend wertlose Verpflichtungen honorieren werden.[726]
Wird das Bauvorhaben planmäßig fertig gestellt, dann liegt in der Regel kein Fall der schwerwiegenden Interessenkollision vor.[727]

**7. Kein neuer Haftungstatbestand aufgrund der Urteile des EuGH vom 25.10. 2005.**[728] Der Europäische Gerichtshof hat in seinen Urteilen vom 25.10.2005[729] ausgeführt:

---

[721] BGH WM 1988, 561 = NJW 1988, 1583 = BB 1988, 794 = DB 1988, 1541 = ZIP 1988, 562 = WuB I G 7.–8.88 *Assmann*.

[722] BGH Urt. v. 18.3.2008, Az. XI ZR 241/06 Rn. 37, BKR 2008, 249, 253; BGH Urt. v. 6.11.2007, Az. XI ZR 322/03 Rn. 40; BGH Urt. v. 22.1.2008, Az. XI ZR 6/06 Rn. 22, BKR 2008, 254, 256.

[723] BGH WM 1986, 995 = WuB I G 8.–8.86 *v. Heymann*.

[724] BGH WM 1992, 216 = NJW-RR 1992, 373 = BB 1992, 309 = DB 1992, 674 = ZIP 1992, 163 = WuB I G 7.–3.92 *v. Heymann*.

[725] BGH Beschluss v. 5.4.2011, Az. XI ZR 365/09, WM 2011, 876 m.Anm. *Bülow* WuB I G 1.18.11; BGH WM 1992, 1310 = NJW 1992, 2146 = BB 1992, 1453 = ZIP 1992, 990 = WuB I G 7.–10.92 *v. Heymann*.

[726] BGH WM 1991, 85 = NJW 1991, 693 = BB 1991, 155 = DB 1991, 436 = ZIP 1991, 90 = WuB I B 3.–1.91 *Obermüller*.

[727] BGH Urt. v. 4.3.2008, Az. XI ZR 288/06 Rn. 36.

[728] Vgl. hierzu *Hertel/Edelmann*, Immobilienfinanzierung und Verbraucherschutz, S. 135 ff. u. *Häfner*, Fehlgeschlagene Immobilienkapitalanlagen, S. 131 ff.

[729] EuGH WM 2005, 2079; EuGH WM 2005, 2086; zu den Schlussanträgen des GA Léger vgl. ZIP 2004, 1946; vgl. zu Anm. u. Beiträgen *Derleder* BKR 2005, 442; *Ehricke* ZBB 2005, 443; *Fischer* DB 2005, 2507; *Freitag* WM 2006, 61; *Habersack* JZ 2006, 91; *Hoffmann* ZIP 2005, 1985; *Hofmann* BKR 2005, 487; *Hoppe/Lang* ZfIR 2005, 800, 487; *Jordans* EWS 2005, 513; *Jungmann* WuB IV D. § 3 HWiG 1.06; *Käseberg/Richter* EuZW 2006, 46; *Kern* Banken-Times 2005, 39; *Knops* WM 2006, 70; *Knops/Kuhlke* VuR 2006, 127; *Kuhlke* WM 2006, 70; *Lang/Rösler* WM 2006, 513; *Lechner* NZM 2005, 921; *Meschede* ZfIR 2006, 141; *Piekenbrock* WM 2006, 466; *Reich/Rörig* VuR 2005, 452; *Sauer* BKR 2006, 96; *Sauer* BankPraktiker 2005, 56; *Schwintowski* EuZW 2006, 724; *ders.* VuR 2006, 5; *Schneider/Hellmann* BB 2005, 2714; *Staudinger* NJW 2005, 3521; *Thume/Edelmann* BKR 2005, 477; *Tonner/Tonner* WM 2006, 505; *Woitkewitsch* MDR 2006, 241; *Wolter/Fuchs* ZfIR 2005, 806.

In einem Fall, in dem der Verbraucher, wenn das Kreditinstitut seiner Verpflichtung, ihn über sein Widerrufsrecht zu belehren, nachgekommen wäre, es hätte vermeiden können, sich den Risiken auszusetzen, die mit Kapitalanlagen der in den Ausgangsverfahren in Rede stehenden Art verbunden sind, verpflichtet Art. 4 der Richtlinie jedoch die Mitgliedstaaten, dafür zu sorgen, dass ihre Rechtsvorschriften die Verbraucher schützen, die es nicht vermeiden konnten, sich solchen Risiken auszusetzen, indem sie Maßnahmen treffen, die verhindern, dass die Verbraucher die Folgen der Verwirklichung dieser Risiken tragen.

**329** Entgegen einer zum Teil in Literatur[730] und Rechtsprechung[731] vertretenen Rechtsauffassung kann aufgrund dieser Ausführungen des EuGH im deutschen Recht **kein neuer Haftungstatbestand** im Sinne einer Schadenersatzverpflichtung der Bank **wegen mangelnder Belehrung** begründet werden.[732]

**330** Zunächst ist zweifelhaft, ob das deutsche Recht zur Umsetzung dieser Vorgaben des EuGH überhaupt gesetzliche Anspruchsgrundlagen zur Verfügung stellt[733]. Zudem ist fraglich, ob diese Vorgaben des EuGH überhaupt die Gerichte und nicht nur den Gesetzgeber betreffen und verpflichten.[734] Darüber hinaus bestehen, insbesondere auch im Hinblick auf die in den EuGH-Urteilen selbst enthaltenen erheblichen **Wertungswidersprüche** starke Bedenken, ob die in diesen Urteilen enthaltenen Vorgaben überhaupt geeignet sind, eine **richtlinienkonforme Auslegung** nationaler Regelungen zu rechtfertigen.[735] Problematisch ist weiterhin, ob im Sinne der EuGH-Urteile von einer Pflichtverletzung der Bank nur dann auszugehen ist, wenn eine Widerrufsbelehrung überhaupt nicht erteilt wurde oder auch dann, wenn eine zwar nach nationalem Recht entsprechend den Regelungen des Verbraucherkreditgesetzes ordnungsgemäße aber im Nachhinein aufgrund richtlinienkonformer Auslegung für fehlerhaft erachtete Widerrufsbelehrung erteilt wurde, was wenig überzeugend wäre. Denn eine fehlende Widerrufsbelehrung iSd EuGH kann einer wohl nur nach nationalem Recht fehlerhaften Belehrung sowohl vom Wortlaut als auch vom Sinn und Zweck her nicht gleich gestellt werden.[736] Bedenken gegen die Schaffung eines Schadenersatzanspruches wegen fehlender Belehrung bestehen auch insofern, als die Bejahung eines solchen das Vorliegen eines Pflichtverstoßes der Bank voraussetzen würde, das Belehrungserfordernis jedoch bisher stets nur als **Obliegenheit** angesehen wurde und erhebliche Zweifel bestehen, eine bisher nach ganz überwiegender Auffassung als reine Obliegenheitsverletzung angesehene Handlung bzw. Nichthandlung als echte Pflichtverletzung zu qualifizieren[737], was der Bundesgerichtshof allerdings über eine richtlinienkonforme Auslegung gemacht hat.[738] Da die Banken wiederum bei Realkrediten aufgrund der nach damaligem Verständnis nicht auslegungsfähigen Normen der § 5 Abs. 2 HWiG iVm § 3 Abs. 2 Nr. 2 VerbrKrG den Kreditnehmern keine Widerrufsbelehrung erteilten und bei Personalkrediten entsprechend der eindeutigen Vorgaben in § 5 Abs. 2 HWiG iVm § 7 VerbrKrG den Kreditnehmern gesetzestreu eine Belehrung nach dem Verbraucherkreditge-

---

[730] *Hoffmann* ZIP 2005, 1985, 1991 ff.; *Fischer* VuR 2006, 53; *Knops/Kuhlke* VuR 2006, 127 ff.; *Reich/Rörig* VuR 2005, 452; *Schwintowski* EuZW 2005, 724 ff.; *Derleder* BKR 2005, 442.
[731] OLG Bremen WM 2006, 758.
[732] Zu einer eventuell in Betracht kommenden Staatshaftung vgl. *Kahe/Essig* WM 2007, 525 u. Häfner, Fehlgeschlagene Immobilienkapitalanlagen, S. 154 ff.
[733] Zweifelnd *Sauer* BKR 2006, 96, 99 u. H. a. zahlreiche unterinstanzliche GerichtsUrt.e.
[734] So LG Deggendorf WM 2006, 770, 773, wonach in den Vorgaben des EuGH lediglich ein Handlungsauftrag an den nationalen Gesetzgeber gesehen werden kann.
[735] Dagegen *Lang/Rösler* WM 2006, 513, 516; *Sauer* BKR 2006, 96, 100; *Thume/Edelmann* BKR 2005, 477, 478.
[736] Zur Problematik der Gleichstellung von fehlender und fehlerhafter Belehrung vgl. *Rösler/Lang* WM 2006, 513, 515; *Hoffmann* ZIP 2005, 1985, 1988.
[737] So der BGH Urt. v. 26.2.2008, Az. XI ZR 74/06 Rn. 18, WM 2008, 683; gegen eine Umqualifizierung in echte Pflicht *Lang/Rösler* WM 2006, 513, 516 f.; *Sauer* BKR 2006, 96, 100; *Thume/Edelmann* BKR 2005, 477, 481; zweifelnd BGH WM 2006, 1194, 1198.
[738] BGH Urt. v. 19.9.2006, Az. XI ZR 204/04 Rn. 41, WM 2006, 2343.

setz erteilten, wird man darüber hinaus auch ein **Verschulden** der Bank hinsichtlich einer etwaigen unterstellten Pflichtverletzung wegen fehlender bzw. fehlerhafter Belehrung nicht annehmen können.[739] Insbesondere wird man allein wegen des gewünschten Ergebnisses das dem deutschen Recht immanente Verschuldensprinzip nicht in eine **Garantiehaftung** umfunktionieren können.[740] Selbst wenn man sowohl eine Pflichtverletzung als auch ein Verschulden der Bank als gegeben unterstellen würde, würde die Bejahung eines Schadensersatzes in der überwiegenden Anzahl der Fälle letztlich an der mangelnden **Kausalität** zwischen unterlassener Widerrufsbelehrung und behauptetem Schaden (Realisierung der Anlagerisiken) scheitern. Zum einen wäre nämlich in allen Fällen, in denen das Anlagegeschäft (Kaufvertrag oder Gesellschaftsbeitritt) oder die zum Abschluss des Anlagegeschäfts dem Bevollmächtigten erteilte Vollmacht vor Abschluss des Darlehensvertrages getätigt wurde, die Kausalität von Vorneherein nicht gegeben. Denn in diesen Fällen hätte es der Verbraucher auch bei Belehrung über sein Recht zum Widerruf des Darlehensvertrages nicht vermeiden können, sich den Anlagenrisiken auszusetzen.[741] Dies gilt auch dann, wenn der Kaufvertrag/Erwerbsvertrag nicht wirksam zustande gekommen sein sollte.[742] Aber auch dann, wenn der Darlehensvertrag vor dem Anlagegeschäft abgeschlossen wurde, wird man insbesondere dann, wenn der Kreditnehmer eine ordnungsgemäße Belehrung nach dem Verbraucherkreditgesetz erhalten hat, eine Kausalität verneinen müssen.[743] Dies gilt umso mehr, als der Kreditnehmer nach den allgemein geltenden Beweislastgrundsätzen das Vorliegen der Kausalität beweisen müsste und ihm mangels eines eindeutig „**belehrungsrichtigen Verhaltens**" die von der Rechtsprechung entwickelten Grundsätze zum aufklärungsgerechten Verhalten nicht zugute kommen.[744] Gegen die Gewährung eines sämtliche Anlagerisiken auf die Bank abwälzenden Schadensersatzanspruchs wegen fehlender bzw. fehlerhafter Belehrung sprechen schließlich auch **Schutzzweckerwägungen.** Denn es

---

[739] Zweifelnd auch BGH Urt. v. 19.9.2006, Az. XI ZR 204/04 Rn. 42, WM 2006, 2343; wie hier OLG Karlsruhe Urt. v. 12.6.2006, Az. 19 U 143/05, WM 2007, 16, 19.

[740] Gegen Bejahung eines Verschuldens *Freitag* WM 2006, 61, 69; *Habersack* JZ 2006, 91, 93; *Lang/Rösler* WM 2006, 513, 517; *Piekenbrock* WM 2006, 466, 475; *Sauer* BKR 2006, 96, 101; *Thume/Edelmann* BKR 2005, 477, 482; dagegen wohl auch BGH Urt. v. 19.9.2006, Az. XI ZR 204/04 Rn. 42; BGH WM 2006, 1194, 1199; OLG München NJW 2006, 1811, 1815 für DV 1999; vgl. aber BGH Urt. v. 26.2.2008, Az. XI ZR 74/06 Rn. 22, WM 2008, 683 u. H. a. OLG Karlsruhe WM 2007, 16, 19 für DV 1994; OLG Celle NJW 2006, 1817, 1818 für DV 1997.

[741] BGH Urt. v. 26.9.2006, Az. XI ZR 283/03 Rn. 24, WM 2006, 2347; BGH Urt. v. 19.9.2006, Az. XI ZR 242/05 Rn. 15 f., ZIP 2006, 2210, 2212; BGH Urt. v. 16.5.2006, Az. XI ZR 6/01, WM 2006, 1194, 1199; OLG Saarbrücken Urt. v. 14.6.2007, Az. 8 U 333/06–87, WM 2007, 1924, 1926; OLG Karlsruhe WM 2006, 676, 680; OLG Frankfurt BKR 2006, 156, 157; OLG Frankfurt Urt. v. 16.8.2006, Az. 9 U 78/04, S. 12; KG ZIP 2006, 605, 609 f.; OLG Celle NJW 2006, 1817; OLG München NJW 2006, 1811; *Sauer* NZM 2006, 333, 336; *ders.* BB 2006, 1581, 1582; BKR 2006, 96, 101 mwN zu untergerichtlichen Entscheidungen; *Ehricke* ZBB 2005, 443, 449; *Habersack* JZ 2006, 91, 93; *Hoppe/Lang* ZfIR 2005, 800, 804; *Jordans* EWS 2005, 513, 515; *Lang/Rösler* WM 2006, 513, 518; *Lechner* NZM 2005, 921, 926; *Meschede* ZfIR 2006, 141; *Piekenbrock* WM 2006, 466, 472; *Tonner/Tonner* WM 2006, 505, 509; *Thume/Edelmann* BKR 2005, 477, 483.

[742] BGH Urt. v. 4.3.2008, Az. XI ZR 288/06 Rn. 27; BGH Urt. v. 6.11.2007, Az. XI ZR 322/03 Rn. 55.

[743] BGH Urt. v. 4.3.2008, Az. XI ZR 288/06 Rn. 29; so auch *Sauer* BKR 2006, 96, 102; *Lang/Rösler* WM 2006, 513, 519; *Thume/Edelmann* BKR 2005, 477, 483 f.; vgl. auch *Benedict* AcP 2006, 56, 81 f., wo dargelegt wird, dass in der Vergangenheit Verbraucher so gut wie nie von dem ihnen eingeräumten Widerrufsrecht Gebrauch gemacht haben, was zukünftig von der Instanzrechtsprechung zu berücksichtigen sein wird.

[744] So auch BGH Urt. v. 4.3.2008, Az. XI ZR 288/06 Rn. 27; BGH Urt. v. 6.11.2007, Az. XI ZR 322/03 Rn. 55; BGH Urt. v. 26.2.2008, Az. XI ZR 74/06 Rn. 34, WM 2008, 683; BGH Urt. v. 19.9.2006, Az. XI ZR 204/04 Rn. 43, WM 2006, 2343; OLG Celle NJW 2006, 1817 f.; OLG München NJW 2006, 1811, 1815; OLG Karlsruhe Urt. v. 12.10.2006, Az. 19 U 143/05, WM 2007, 16, 19; *Sauer* BKR 2006, 96, 102; *Lang/Rösler* WM 2006, 513, 518 f.; *Thume/Edelmann* BKR 2005, 477, 483 f.

dürfte offensichtlich sein, dass die wirtschaftlichen Risiken des Anlagegeschäfts nicht vom Schutzbereich der Belehrungspflicht umfasst sind.[745] Im Übrigen ist zu berücksichtigen, dass eine richtlinienkonforme Auslegung im Sinne der Vorgaben des EuGH in dessen Urteilen vom 25.10.2005 nur in den wenigen Fällen in Betracht kommt und auch notwendig ist, in denen der Kreditvertrag iSd Art. 1 Abs. 1 der Haustürgeschäfterichtlinie am Arbeitsplatz, in einer Privatwohnung oder während eines vom Unternehmer außerhalb der Geschäftsräume organisierten Ausflugs abgeschlossen wurde bzw. der Verbraucher eine auf Abschluss eines Kreditvertrages gerichtete bindende Willenserklärung abgab und nicht auch in den Fällen, in denen die Haustürsituation erst einen späteren Abschluss des Darlehensvertrags nach sich zog. Denn von den EuGH-Urteilen vom 25.10.2005 können bereits vom Sinnzusammenhang her nur solche Fälle erfasst werden, welche ausdrücklich unter die Haustürgeschäftsrichtlinie fallen.[746]

331   **8. Beweiserleichterungen bei institutionalisiertem Zusammenwirken.** In seinen Entscheidungen vom 16.5.2006 hat der BGH seine Rechtsprechung zum Bestehen von Aufklärungspflichten der Kredit gebenden Bank ergänzt.[747] Als Begründung hierzu wurde ausgeführt:

> Im Interesse der **Effektivierung des Verbraucherschutzes** bei **Realkredit finanzierten** Wohnungskäufen und Immobilienfondsbeteiligungen, die **nicht** als **verbundene Geschäfte** behandelt werden können ..., und um dem in den Entscheidungen des Gerichtshofs der europäischen Gemeinschaften vom 25.10.2005 ... zum Ausdruck kommenden Gedanken des **Verbraucherschutzes** vor Risiken von Kapitalanlagemodellen im nationalen Recht Rechnung zu tragen, ergänzt der Senat seine Rechtsprechung zum Bestehen von Aufklärungspflichten der Kredit gebenden Bank in diesen Fällen ...[748]

332   Die vom Bundesgerichtshof vorgenommene Ergänzung seiner Rechtsprechung besteht dabei darin, dass dieser unter bestimmten, nachfolgend noch aufzuzeigenden Voraussetzungen eine **widerlegbare Vermutung** zugunsten des Kapitalanlegers für das Vorliegen einer Aufklärungspflichtverletzung der finanzierenden Bank unter dem Gesichtspunkt des konkreten Wissensvorsprungs bejaht, was zu einer vereinfachten Inanspruchnahme der Bank durch den Kreditnehmer führt. Welche Anforderungen an die Widerlegung der Vermutung zu stellen sind, ist derzeit unklar. Zu weitgehend erscheint der Bank aufzuerlegen nachzuweisen, dass alle Personen, deren Wissen sich die Bank zurechnen lassen muss, keine Kenntnis hatten.[749]

333   Bevor auf die jeweiligen einzelnen Voraussetzungen eingegangen wird, welche das Eingreifen einer solchen Vermutung rechtfertigen, ist **hervorzuheben,** dass aufgrund des Hinweises im Urteil des Bundesgerichtshofs, wonach seine Ergänzung **nur für Realkredi-**

---

[745] BGH Urt. v. 19.9.2006, Az. XI ZR 242/05 Rn. 16, ZIP 2006, 2210, 2212, wo ausgeführt wird, dass der Schutzzweck der Belehrung nicht darin besteht, den über sein Widerrufsrecht nicht belehrten Darlehensnehmer mit Hilfe des Schadensersatzanspruchs so zu stellen, als wenn das Darlehen sofort widerrufen und eine Eigenfinanzierung vorgenommen worden wäre; BGH WM 2004, 620; *Oechsler* NJW 2006, 2451, 2453; *Thume/Edelmann* BKR 2005, 477, 484; *Lang/Rösler* WM 2006, 513, 517 f.; OLG Celle NJW 2006, 1817, wo darauf hingewiesen wird, dass eine Verletzung der Widerrufsbelehrung keinen Anspruch auf Ersatz gerade durch die gewählte Finanzierung entstandenen Mehrkosten gewährt; ähnlich OLG München NJW 2006, 1811, 1818, wo klargestellt wird, dass der Anleger in der Regel nach einem Widerruf des Darlehensvertrages eine andere Finanzierungsmöglichkeit für den Erwerbsvorgang gesucht und gefunden hätte.

[746] So *Thume/Edelmann* BKR 2005, 477, 479 und 486; *Hoffmann* ZIP 2005, 1985, 1988; so wohl auch BGH WM 2006, 1194, 1197; dies erkennt auch *Hofmann* WM 2006, 1847, 1850.

[747] Zum institutionalisierten Zusammenwirken vgl. auch BGH Urt. v. 19.12.2006, Az. XI ZR 374/04, BKR 2007, 152, 155, Rn. 31 ff.; BGH Urt. v. 26.9.2006, Az. XI ZR 283/03 Rn. 28 ff.; WM 2006, 2347; BGH Urt. v. 19.9.2006, Az. XI ZR 204/04 Rn. 22 ff., WM 2006, 2343.

[748] BGH WM 2006, 1194, 1200.

[749] So aber OLG Brandenburg Urt. v. 16.1.2008, Az. 4 U 145/06 u. OLG Brandenburg Urt. v. 19.12.2007, Az. 3 U 50/06 „alle Vorstandsmitglieder und sachbearbeitenden Mitarbeiter".

§ 4 Finanzierung von Kapitalanlagegeschäften

te gilt, bei denen die Grundsätze des Verbundgeschäfts keine Anwendung finden sowie aufgrund des Umstandes, dass bei Personalkrediten über die sich bei Bejahung des Verbundgeschäfts ergebenden Durchgriffsmöglichkeiten davon auszugehen sein dürfte, dass der Bundesgerichtshof seine Rechtsprechungsergänzung nur bei Realkrediten und nicht auch bei Personalkrediten angewendet wissen will. Demgemäß können sich solche Anleger, die ihre Immobilienbeteiligung oder ihren Wohnungskauf durch einen Personalkredit finanziert haben, auf diese Rechtsprechungsergänzung nicht berufen. Allerdings hat der Bundesgerichtshof in einer neueren Entscheidung ausgeführt, dass seine neuen Grundsätze auch bei **verbundenen Geschäften** gelten, wenn die außerhalb des Verbundes stehenden Fondsinitiatoren oder Gründungsgesellschaftern die arglistige Täuschung begangen haben und die Bank mit diesen in institutionalisierter Art und Weise zusammengewirkt hat.[750]

Voraussetzung für das Eingreifen der **Beweiserleichterung** ist zunächst, dass der Anleger substantiiert darlegt, dass ihm gegenüber unrichtige Angaben seitens der Vermittler, Verkäufer oder Fondsinitiatoren bzw. im Fondsprospekt über das Anlageobjekt gemacht wurden, die geeignet sind, eine **arglistige Täuschung** des Anlegers zu begründen.[751] Dies wiederum setzt konkrete, dem Beweis zugängliche **unrichtige Angaben** des Vermittlers oder Verkäufers über das Anlageobjekt voraus. Dabei hat sich die Unrichtigkeit der Angaben an den konkret das Objekt betreffenden Zahlen zu orientieren und nicht an etwaigen Vergleichswerten, weswegen es auf einen **Mietspiegel** dann nicht ohne weiteres ankommen kann, wenn die Anlage die in Aussicht gestellte Miete letztlich tatsächlich erzielt hat.[752] Attribute und unbestimmte Formulierungen wie etwa „risikolose" Immobilie, die ihren Wert „mit großer Wahrscheinlichkeit sogar noch steigere" und „hervorragend" zur Altersvorsorge und Steuerersparnis „geeignet", die Möglichkeit eines verlustfreien Verkaufs bei „üblicher" Wertentwicklung sowie weitere lediglich **subjektive Werturteile** oder **marktschreierische Anpreisungen** enthaltende Angaben reichen hierfür wegen des ersichtlich werbenden Charakters solcher Aussagen nicht aus.[753] Äußerungen, die eine **Prognose** enthalten, reichen ebenfalls nicht aus.[754] Allein die **sittenwidrige Übertreuerung** führt für sich genommen nicht zu einer widerlegbaren Vermutung. Erforderlich ist vielmehr ein **substantiierter Vortrag** für eine arglistige Täuschung[755], insbesondere der Nachweis der **positiven Kenntnis der Bank** von der sittenwidrigen Übertreuerung.[756] Die eine **subjektive Komponente** umfassende Arglist liegt jedoch vor, wenn der Geschädigte darlegt, dass die Angaben zur Höhe des erzielbaren Mietzinses entgegen den Angaben im

---

[750] BGH Urt. v. 21.11.2006, Az. XI ZR 347/05, WM 2007, 200 m. Anm. *Schmitt* BB 2007, 290.

[751] BGH Urt. v. 3.6.2008, Az. XI ZR 319/06 Rn. 20; so auch *Sauer* BB 2006, 1581, 1583; zur arglistigen Täuschung durch einen „Objekt- u. Finanzierungsvermittlungsauftrag" vgl. BGH Urt. v. 29.6.2010, Az. XI ZR 104/08, BGHZ 186, S. 6 = WM 2010, 1451 m. Anm. *Edelmann* WuB I G 1.-27.10 u. BGH Urt. 11.1.2011, Az. XI ZR 220/08, WM 2011, 309; vgl. hierzu auch BGH Urt. v. 5.6.2012, Az. XI ZR 175/11, ZIP 2012, 1496 – Abgrenzung zum Urteil v. 29.6.2010; zur Darlegungs- und Substantiierungslast des Anlegers vgl. auch OLG Karlsruhe Beschluss v. 27.11.2012, Az. 17 U 180/11, WM 2003, 641 f.

[752] So auch *Münscher* WuB I G 5.-3.08; dagegen OLG Frankfurt Urt. v. 28.8.2008, Az. 9 U 20/07, S. 8.

[753] BGH Urt. v. 5.12.2006, Az. XI ZR 341/05, ZIP 2007, 414, 418 = WM 2007, 440; BGH Urt. v. 19.9.2006, Az. XI ZR 204/04 Rn. 24 ff., WM 2006, 2343.

[754] KG Urt. v. 19.3.2008, Az. 24 U 91/07, WM 2008, 1123, 1130.

[755] BGH Urt. v. 29.4.2008, Az. XI ZR 221/07 Rn. 17; BGH Urt. v. 21.10.2008, Az. XI 256/07, ZIP 2008, 2405, 2406 Rn. 12; BGH Urt. v. 4.3.2008, Az. XI ZR 288/06 Rn. 43; BGH Urt. v. 23.10.2007, Az. XI ZR 167/05 Rn. 16, WM 2008, 154, 156. vgl. auch → § 5 Rn. 293 u. 318.

[756] BGH Beschluss v. 15.6.2010, Az. XI ZR 318/09, WM 2010, 1448, 1450 Rn. 11 „Die Kenntnis der Bank … ist vielmehr vom Bankkunden darzulegen und zu beweisen" vgl. auch BGH Urt. v. 29.4.2008, Az. XI ZR 221/07 Rn. 17, ZIP 2008, 1421 = WM 2008, 1121; OLG Karlsruhe Beschluss v. 10.2.2012, Az. 17 U 182/10, S. 4 u. H. a. BGH WM 2008, 154, 156 Rn. 16.

Prospekt **ohne betriebswirtschaftliche Untersuchung** zur Rentabilität und Vermietbarkeit des Objekts und damit „ins Blaue hinein" erfolgten.[757]

335    Weitere Voraussetzung für das Eingreifen der widerlegbaren Vermutung ist darüber hinaus, dass Verkäufer oder Fondsinitiatoren, die von ihnen beauftragten Vermittler und die finanzierende Bank „in **institutionalisierter** Art und Weise **zusammenwirken**".[758] Hierfür soll es nach Auffassung des BGH nicht genügen, dass die Bank den übrigen am Vertrieb des Kapitalanlagemodells Beteiligten bereits vorab eine **Finanzierungszusage** gibt.[759] Nicht ausreichend ist auch, wenn die Bank mit dem Verkäufer lediglich von Zeit zu Zeit auf dessen Initiative Finanzierungswünsche geprüft und gegebenenfalls entsprechende Finanzierungen übernommen hat[760] oder der Umstand, dass sich eine Filiale des Kreditinstituts in unmittelbarer Nähe der Geschäftsräume der Vertriebsbeauftragten befindet.[761] Erforderlich ist vielmehr, dass zwischen Verkäufer und Fondsinitiator, den von ihnen beauftragten Vermittlern und der finanzierenden Bank **„ständige Geschäftsbeziehungen"** bestanden. Hiervon geht der Bundesgerichtshof beispielsweise in folgenden Fällen aus.[762]:
- Es bestanden eine Vertriebsvereinbarung, ein Rahmenvertrag oder eine konkrete Vertriebsabsprache.
- Den vom Verkäufer oder Fondsinitiator eingeschalteten Vermittlern wurden von der Bank Büroräume überlassen.
- Von den vom Verkäufer oder Fondsinitiator eingeschalteten Vermittlern wurden – von der Bank unbeanstandet – Formulare des Kreditgebers benutzt.[763]
- Der Verkäufer oder die Vermittler haben dem finanzierenden Institut wiederholt Finanzierungen von Eigentumswohnungen oder Fondsbeteiligungen desselben Objekts vermittelt.

336    Was letzteres Kriterium anbelangt, so dürfte zweifelhaft sein, ob allein der **objektive Umstand,** dass der Verkäufer oder der Vermittler dem finanzierenden Kreditinstitut **„wiederholt"** Finanzierungen „desselben Objektes" angeboten hat, ein institutionalisiertes Zusammenwirken zu begründen vermag.[764] Hiergegen spricht zum einen, dass in dem in diesem Zusammenhang vom BGH in Bezug genommenen Urteil des Oberlandesgerichts Bamberg (WM 2005, 593, 596) für die „vorwerfbare" Zusammenarbeit zwischen Bank und Vertrieb **„ein irgendwie geartetes strukturiertes Zusammenwirken"** verlangt wurde und zum anderen in dem vom Bundesgerichtshof am 16.5.2006 zu entscheidenden Fall ebenfalls eine planmäßige und arbeitsteilige Zusammenarbeit sowie ein gemeinsames Vertriebskonzept für die Bejahung des institutionalisierten Zusammenwirkens verlangt wurde, im Rahmen welchen die finanzierende Bank dem Vertrieb konkrete Vorgaben und Anweisungen gab. Für die hier vertretene Sichtweise spricht schließlich, dass andernfalls nicht erklärbar wäre, weswegen der Bundesgerichtshof das Vorliegen einer generellen Finanzierungszusage, die das wiederholte Anbieten von Finanzierungen desselben Objekts nach sich zieht, für die Bejahung eines institutionalisierten Zusammenwirkens nicht ausreichen lässt.

337    Weitere Voraussetzung für das Eingreifen der widerlegbaren Vermutung ist darüber hinaus, dass „**die Finanzierung** der Kapitalanlage vom **Verkäufer oder Vermittler,** sei es

---

[757] BGH Urt. v. 4.3.2008, Az. XI ZR 288/06 Rn. 49; BGH Urt. v. 6.11.2007, Az. XI ZR 322/03 Rn. 49, WM 2008, 115, 120.
[758] BGH WM 2006, 1194, 1200 Rn. 52.
[759] OLG Karlsruhe Beschluss v. 27.11.2012, Az. 17 U 180/11, WM 2013, 641, 642.
[760] BGH Urt. v. 26.9.2006, Az. XI ZR 283/03 Rn. 31; WM 2006, 2347.
[761] OLG Karlsruhe Beschluss v. 27.11.2012, aaO.
[762] Vgl. hierzu BGH Urt. v. 24.4.2007, Az. XI ZR 340/05 Rn. 40 ff.; BGH Urt. v. 26.9.1993, Az. XI ZR 283/03 Rn. 29 f.; BGH WM 2006, 1194, 1200 f. Rn. 53.
[763] BGH Urt. v. 17.10.2006, Az. XI ZR 205/05 Rn. 21, WM 2007, 114.
[764] So auch *Münscher* WuB I G 5.-3.08.; zu den Anforderungen vgl. auch OLG Karlsruhe Beschluss v. 27.11.2012, Az. 17 U 180/11, WM 2013, 641, 642.

§ 4 Finanzierung von Kapitalanlagegeschäften

auch nur über einen von ihm benannten besonderen Finanzierungsvermittler, **angeboten wurde**".[765] Hiervon geht der Bundesgerichtshof aus, „wenn der Kreditvertrag nicht aufgrund eigener Initiative des Kreditnehmers zustande kommt, der von sich aus eine Bank zur Finanzierung eines Erwerbsgeschäfts sucht, sondern deshalb, weil der Vertriebsbeauftragte des Verkäufers oder Fondsinitiators dem Interessenten im Zusammenhang mit den Anlage- oder Verkaufsunterlagen, sei es auch nur über einen von ihm bekannten besonderen Finanzierungsvermittler, einen Kreditantrag des Finanzierungsinstituts vorgelegt hat, das sich zuvor dem Verkäufer oder dem Fondsinitiator gegenüber zur Finanzierung bereit erklärt hatte."[766]

Schließlich ist für die vom Bundesgerichtshof vorgesehene Beweiserleichterung erforderlich, dass die Angaben des Verkäufers, Fondsinitiators oder der für sie tätigen Vermittler bzw. des Verkaufs- oder Fondsprospekts nach den Umständen des Falles **evident unrichtig** sind.[767] Von einer solchen evidenten Unrichtigkeit soll wiederum nach Auffassung des Bundesgerichtshofs dann auszugehen sein, wenn sich die Angaben „**objektiv als grob falsch** dargestellt haben, so dass sich aufdrängt, die kreditgebende Bank habe sich der Kenntnis der Unrichtigkeit und der arglistigen Täuschung geradezu verschlossen".[768] Dabei ist die Frage der **Evidenz** objektiv zu bestimmen. Insofern kommt es nicht darauf an, ob die Bank die Unrichtigkeit erkennen konnte. Denn die Frage nach der **Kenntnis der Bank** stellt sich erst im Zusammenhang mit der ihr obliegenden Widerlegung der Vermutung.[769] Von einer **evidenten Unrichtigkeit** ist auch dann auszugehen, wenn sich die **Fehlinformation** zB über die **Höhe der Vertriebsprovision** erst unter Berücksichtigung der Unklarheitenregel des § 5 AGB aF bzw. § 305c Abs. 2 BGB nF ergibt, was sehr fragwürdig ist.[770]

In einem weiteren vom Bundesgerichtshof zu entscheidenden Fall wurde die Evidenz der Unrichtigkeit damit begründet, dass den Anlegern ein monatlicher **Mietertrag** „verkauft" wurde, welcher den erzielten Mieterlös um 46% überstieg, was die finanzierende Bank nach dem in der Revision zugrunde zu legenden Vortrag der Anleger auch wusste.[771] In einem weiteren vom Bundesgerichtshof entschiedenen Fall wurde eine Evidenz angenommen, weil nach dem revisionsrechtlichen Vortrag den Mitarbeitern der Bank die Diskrepanz zwischen dem tatsächlichen **Baujahr** des Gebäudes einerseits und dem von der Vermittlerin im Prospekt genannten Baujahr 1991 andererseits ins Auge springen musste.[772] In der Regel wird es dem Anleger allerdings schwer fallen, eine solche evidente Unrichtig-

---

[765] BGH WM 2006, 1194, 1200 Rn. 52.
[766] BGH WM 2006, 1194, 1201 Rn. 54.
[767] BGH WM 2006, 1194, 1200 Rn. 52.
[768] BGH WM 2006, 1194, 1201 Rn. 55.
[769] BGH Urt. v. 21.9.2010, Az. XI ZR 232/09, WM 2010, 2069, 2070 Rn. 18. u. 31 (S. 2072) m. Anm. *Koch* WuB I G 5.-2.11.
[770] So BGH Urt. v. 29.6.2010, Az. XI ZR 104/08, WM 2010, 1451 zur arglistigen Täuschung des Anlegers über die Höhe der „Gesamt"-Vertriebsprovision mittels eines sog „Objekt- und Finanzierungsvermittlungsauftrages", bestätigt d. BGH Urt. v. 11.1.2011, Az. XI ZR 220/08, WM 2011, 309 m. krit. Anm. *Edelmann* WuB I G 1.-27.10; vgl. hierzu von *Wiechers* WM 2011, 145, 150 sowie BGH Urt. v. 5.6.2012, Az. XI ZR 175/11, WM 2012, 1389, wo die Klausel „Grundstück, Gebäude incl. Vertrieb und Marketing iHv 76,70%" nicht als arglistige Täuschung über die Höhe der Provision angesehen wurde; so im Ergebnis auch BGH Urt. v. 17.7.2012, Az. XI ZR 198/11, NJW 2012, 3294.
[771] BGH WM 2006, 1194, 1201 Rn. 57; ähnlich BGH Urt. v. 19.12.2006, Az. XI ZR 374/04, BKR 2007, 152, 155 Rn. 34 ff.; OLG Nürnberg Urt. v. 29.12.2006, Az. 12 U 104/05, OLGR 2007, 276; vgl. auch KG Urt. v. 7.11.2007, Az. 3 U 100/06, ZIP 2008, 402, wo bei der Frage der evidenten Unrichtigkeit (unzulässigerweise) auf die Mietpoolausschüttung statt auf den konkret zu erzielenden Mietzins abgestellt wird; zur evident arglistigen Täuschung bei versprochenen Mietpoolausschüttungen vgl. OLG Karlsruhe Urt. v. 30.12.2008, Az. 17 U 197/08, WM 2009, 691.
[772] BGH Urt. v. 17.10.2006, Az. XI ZR 205/05 Rn. 19, WM 2007, 114.

keit darzulegen und nachzuweisen.⁷⁷³ So ist beispielsweise die Frage nach der objektiven Unrichtigkeit des **Verkehrs- bzw. Beleihungswertes** einer Immobilie bereits aufgrund der unterschiedlichen Bewertungsansätze sehr problematisch feststellbar.⁷⁷⁴ Allerdings können aus der lediglich zu bankinternen Zwecken erfolgten **Beleihungswertermittlung** Rückschlüsse auf die Kenntnis der Bank gezogen werden.⁷⁷⁵ Auch die Frage, wann sich die Erkenntnis aufdrängt, die Bank habe sich der Kenntnis der arglistigen Täuschung geradezu verschlossen, ist nur schwer zu beantworten.⁷⁷⁶

**340**  Abschließend ist noch darauf hinzuweisen, dass vorstehend aufgeführte Voraussetzungen **kumulativ,** nicht dagegen alternativ, vorliegen müssen, damit von einem institutionalisierten Zusammenwirken auszugehen ist.⁷⁷⁷ Zum einen ergibt sich dies aus den vom Bundesgerichtshof bei Auflistung der Voraussetzungen verwendeten Begriff „und".⁷⁷⁸ Zum anderen führt der Bundesgerichtshof selbst in seinem Urteil aus, dass die Kenntnis der finanzierenden Bank nur deswegen widerlegbar vermutet wird, „weil auch die für die Annahme dieser Beweiserleichterung vorausgesetzten **weiteren** Indizien ... gegeben sind".⁷⁷⁹

**341**  **9. Bank als Erfüllungsgehilfe von Projektbeteiligten.** Wenn Immobilienanlagen scheitern, wird häufig versucht, eine Haftung der finanzierenden Bank für Verschulden nicht bankangehöriger Projektbeteiligter zu begründen. Hier ist jedoch zwischen Verbraucherkredit und Immobilienfinanzierungen zu differenzieren.

**342**  Die Bank muss sich das Verhalten eines Dritten zurechnen lassen, wenn dieser ihr „**Erfüllungsgehilfe**" ist. Erfüllungsgehilfe iS von § 278 BGB ist, wer nach den tatsächlichen Verhältnissen des gegebenen Falles mit dem Willen des Schuldners bei der Erfüllung der ihm obliegenden Verbindlichkeiten als seine Hilfsperson tätig wird.⁷⁸⁰ Damit setzt die Zurechnung einer Pflichtverletzung nach § 278 BGB voraus, dass der Erfüllungsgehilfe **objektiv** zur Erfüllung einer den Schuldner treffenden Haupt- oder Nebenpflicht tätig wird. Maßgeblich hierfür ist dabei der **konkrete Pflichtenkreis,** der durch Art und Inhalt des zwischen Schuldner und Gläubiger bestehenden Schuldverhältnisses bestimmt wird.⁷⁸¹ Nach der Rechtsprechung bedeutet dies, dass der Schuldner für schuldhaftes Fehlverhalten einer Hilfsperson einzustehen hat, soweit dieses Fehlverhalten in einem **unmittelbaren sachlichen Zusammenhang** mit den Aufgaben steht, die der Hilfsperson im Hinblick auf die Vertragserfüllung zugewiesen waren.⁷⁸² Der rfüllungsgehilfe braucht allerdings keine **Abschlussvollmacht** zu haben.⁷⁸³ Erfüllungsgehilfe kann auch derjenige sein, der in seinem Verhalten keinem Weisungsrecht des Schuldners unterliegt.⁷⁸⁴ Die Art der zwischen dem Schuldner und der Hilfsperson bestehenden rechtlichen Bezeichnung ist gleichgültig. Auch die **Maklereigenschaft** der jeweiligen Vermittler steht einer Qualifizierung als Erfüllungsgehilfe nicht von vornherein entgegen.⁷⁸⁵ Die Hilfsperson darf **nicht nur bei Gelegenheit** der Erfüllung einer Verbindlichkeit des Schuldners gehandelt haben, sondern ihr

---

⁷⁷³ So *Hofmann* WM 2006, 1847, 1854.
⁷⁷⁴ So *Kern* BKR 2006, 345, 347.
⁷⁷⁵ BGH Urt. v. 27.5.2008, Az. XI ZR 132/07 Rn. 28.
⁷⁷⁶ So *Kern* BKR 2006, 345, 347.
⁷⁷⁷ Wie hier *Kern* BKR 2006, 345, 347; **aA** *Hofmann* WM 2006, 1847, 1854.
⁷⁷⁸ BGH WM 2006, 1194, 1200 Rn. 52.
⁷⁷⁹ BGH WM 2006, 1194, 1201 Rn. 58.
⁷⁸⁰ KG Urt. v. 13.4.2012, Az. 6 U 52/11, WM 2012, 2326, 2329 u. H. a. BGH Urt. v. 24.11.1995, WM 1996, 315 Rn. 12, 17; BGH WM 1978, 946; OLG Frankfurt WM 2002, 1281.
⁷⁸¹ BGH Urt. v. 19.3.2013, Az. XI ZR 46/11, WM 2013, 924, 925 Rn. 17.
⁷⁸² BGH Urt. v. 19.3.2013, Az. XI ZR 46/11, WM 2013, 924, 925 Rn. 15.
⁷⁸³ BGH Urt. v. 9.7.2013, Az. II ZR 9/12, DB 2013, 1902, 1904 Rn. 37.
⁷⁸⁴ BGH Urt. v. 19.3.2013, aaO.
⁷⁸⁵ KG Urt. v. 13.4.2012, Az. 6 U 52/11, WM 2012, 2326, 2329 u. H. a. BGH, aaO, Rn. 17 f.; OLG Karlsruhe Urt. v. 2.8.2011, Az. 12 U 173/10, WM 2012, 2095 – beide Entscheidungen betreffen die Haftung eines Versicherers für Pflichtverletzungen des Versicherungsmaklers i. Z. m. d. Europplan.

schuldhaftes Fehlverhalten muss **in Ausübung der ihr insoweit übertragenen Hilfstätigkeit** erfolgt sein. In diesem Rahmen hat der Schuldner auch für strafbares Verhalten seiner Hilfsperson einzustehen. Das gilt selbst dann, wenn diese seinen Weisungen oder Interessen vorsätzlich zuwiderhandeln, um eigene Vorteile zu erzielen.[786] Eine Einstandspflicht ist erst dann zu verneinen, wenn dessen Verfehlung sich von dem ihm übertragenen Aufgabenbereich so weit entfernt, dass aus Sicht eines Außenstehenden ein innerer Zusammenhang zwischen dem Handeln der Hilfsperson und dem allgemeinen Rahmen der ihr übertragenen Aufgaben nicht mehr zu erkennen ist.[787]

**Der Personenkreis,** für den ein Verhandlungspartner wegen Verschuldens bei Vertragsschluss nach § 278 BGB einzustehen hat, ist der gleiche wie im Rahmen des § 123 BGB; denn bei der Anfechtung nach § 123 BGB handelt es sich nur um einen Sonderfall der Haftung für culpa in contrahendo.[788] Dementsprechend muss sich die Bank das Verhalten von Projektbeteiligten zurechnen lassen, wenn sie nicht Dritte iS von § 123 Abs. 2 BGB sind.[789] Für das Verhalten sowie für Erklärungen der die Immobilie oder den Fondsanteil vermittelnden Person braucht die Bank grundsätzlich nicht nach § 278 BGB einzustehen. Denn entsprechend dem Grundsatz der **rollenbedingten Verantwortlichkeit,** welcher teilweise auch als **Pflichtenkreis – oder Trennungstheorie** bezeichnet wird, braucht die weder in den Verkauf noch in den Vertrieb der Kapitalanlage eingeschaltete Bank für den Kapitalanlageverkäufer/vermittler nach § 278 BGB nur einzustehen, wenn sein Verhalten und seine Erklärungen den Bereich der **Anbahnung des Kreditvertrages** betreffen.[790] Demgemäß muss die allein die Kapitalanlage finanzierende Bank **nicht für Erklärungen des Objektvermittlers** einstehen, welche den Wert des Objekts, die monatlichen Belastungen des Darlehensnehmers unter Berücksichtigung von Mieteinnahmen, Steuervorteilen sowie Zins- und Tilgungsaufwendungen oder die sonstige Rentabilität des Objekt betreffen.[791] Entsprechendes gilt in Bezug auf Pflichtverletzungen des Kreditvermittlers wegen unterbliebener Erkundigungen und fehlender Hinweise zu **Risiken der finanzierten Kapitalanlage.**[792] Entgegen der zum Teil vertretenen Rechtsauffassung ergibt sich eine weitergehende Zurechnung weder aus dem Bausparkassenurteil I[793], noch aus dem Bausparkassenurteil II[794] noch aus der sog Lebensversicherungsentscheidung.[795] Die entsprechenden Urteile hatten nämlich stets Fallkonstellationen zum Inhalt, die eine entsprechende Zurechnung nach § 278 BGB rechtfertigten.[796] Allein der Umstand, dass der Vermittler die Legitimationsprüfung des Darlehensnehmers für die Bank durchführt und

---

[786] OLG Karlsruhe Urt. v. 30.3.2011, Az. 17 U 186/10, WM 2011, 1171 f. u. H. a. BGH WM 1991, 1912 u. BGH WM 1977, 994.
[787] Vgl. OLG Karlsruhe, aaO, S. 1172 u. H. a. BGH NJW-RR 1989, 723 u. OLG Düsseldorf OLGR 2006, 462.
[788] BGH WM 1986, 1032 = NJW-RR 1987, 59 = WuB VII A. § 767 ZPO 2.86 *Johlke/Fialski.*
[789] Vgl. hierzu → Rn. 238 ff.
[790] BGH Urt. v. 19.3.2013, Az. XI ZR 46/11, WM 2013, 924, 925 Rn. 15 u. H. a. BGH Urt. v. 27.6.2000, WM 2000, 1685, 1686 u. v. 12.11.2002, BGHZ 152, 331, 333 sowie Rn. 21 u. H. a. BGH Urt. v. 16.5.2006, BGHZ 168, 1 = WM 2006, 1194, 1840 Rn. 63; BGH Urt. v. 22.1.2008, Az. XI ZR 6/06 Rn. 26, BKR 2008, 254, 256 f.; BGH WM 2006, 1194, 1202; BGH WM 2005, 828, 829; BGH WM 2004, 1221, 1225.
[791] BGH Urt. v. 6.11.2007, Az. XI ZR 322/03 Rn. 28; BGH WM 2004, 1221, 1225; BGH WM 2004, 620; BGH WM 2004, 417, 419; BGH WM 2003, 918, 920; *Edelmann/Hertel* DStR 2000, 231, 334; *Edelmann* BB 1999, 1727, 1728; *Frisch/Münscher,* Haftung bei Immobilienanlagen, Rn. 416 ff. m. j. w. N.
[792] BGH Urt. v. 19.3.2013, Az. XI ZR 46/11, WM 2013, 924, 926 Rn. 21.
[793] BGH WM 1996, 2105 m. Anm. *Thode* WuB IV A. § 278 BGB 1.97; *Reif* EWiR § 278 BGB 1/97, 13 m. *Streit* ZiP 1999, 477.
[794] BGH WM 2000, 2539 m. Anm. *Frisch* EWiR S 123 BGB 1/01, 151.
[795] BGH WM 1989, 1673 f.
[796] BGH WM 2004, 417, 420; BGH WM 2004, 21; BGH WM 2000, 1685, 1686 m. Anm. *Edelmann* BB 2000, 1853; *Westermann* WuB I G 5.–17.00 u. *Schwintowski* EWiR § 9 VerbrKrG 2/01, 87.

einen entsprechenden Vermerk auf dem Darlehensvertragsformular aufnimmt, rechtfertigt für sich allein ebenfalls noch keine Zurechnung nach § 278 BGB.[797]

### VII. Einwendungsdurchgriff

344   Bei gescheiterten Kapitalanlagen wird häufig versucht, dem Darlehensrückzahlungsanspruch der Bank mit dem von der Rechtsprechung entwickelten sog Einwendungsdurchgriff zu begegnen.[798]

345   **1. Einwendungen aus dem Grundgeschäft.** Kauf und Finanzierung sind nach heute fast einhelliger Ansicht trotz ihrer engen wirtschaftlichen Verbindung zwei rechtlich **selbständige** Verträge.[799] Gleichwohl kann der Käufer unter besonderen Umständen nach Treu und Glauben dem Darlehensrückzahlungsanspruch der Bank begründete Einwendungen aus dem Kaufvertrag entgegensetzen, wenn sonst die Risiken eines – jedenfalls wirtschaftlich – einheitlichen Geschäfts nicht angemessen verteilt wären.[800]

346   **2. Risikoverteilung und Schutzbedürftigkeit.** Die Aufspaltung eines wirtschaftlich einheitlichen Geschäftes in zwei rechtliche selbstständige Verträge darf grundsätzlich nicht zu Lasten des Käufers/Kreditnehmers gehen, der im Allgemeinen kein Interesse an dieser Aufspaltung hat und dem die Einschaltung einer Bank auch keinen Vorteil bringt.[801]

347   Eine sog **Trennungsklausel,** wonach bei wirtschaftlicher Einheitlichkeit des Geschäfts die Verpflichtungen aus dem Darlehensvertrag unabhängig vom Grundgeschäft bestehen sollen, benachteiligt den Darlehensnehmer in unangemessener Weise und ist deshalb nach § 9 AGBG generell unwirksam.[802]

348   Die für den finanzierten Abzahlungskauf entwickelten Grundsätze hat die Rechtsprechung auch für andere Geschäfte mit vergleichbarer Interessenlage angewendet, insbesondere beim finanzierten Teilzahlungskauf eines Waschsalons durch einen Nichtkaufmann[803], beim finanzierten Mitarbeitervertrag[804], bei der Finanzierung eines Waschmittelvertretervertrages[805], bei der Finanzierung eines Briefmarken-automatenvertrages[806], bei der Finanzierung eines Fertighausvertrages[807], Finanzierung eines Privatschulbetriebes[808], Finanzierung eines Anlagemodells zur Altersversorgung,[809] Finanzierung einer außerbetrieblichen stillen Beteiligung[810] und Finanzierung einer Eigentumswohnung zur Erlangung eines Verbraucherkredits.[811]

349   **3. Einwendungsdurchgriff bei Immobilien.** Bei der Finanzierung von Immobilien wird der Einwendungsdurchgriff von der Rechtsprechung **generell nicht zugelassen,** so

---

[797] BGH Urt. v. 11.10.2004, Az. II ZR 322/03, S. 5.
[798] Hierzu allgemein *Baudenbacher* JZ 1985, 661.
[799] BGH WM 1978, 459 = NJW 1978, 1427 = DB 1978, 1026; BGH WM 1990, 1234 = NJW-RR 1990, 1072 = BB 1990, 1513 = DB 1990, 2117 = ZIP 1990, 851 = WuB I E 2 c.–3.10 *Emmerich* mwN.
[800] BGH WM 1980, 327 = BB 1980, 653 = DB 1980, 969; BGH WM 1980, 620 = BB 1980, 1016 = DB 1980, 1678.
[801] BGHZ 22, 90 = WM 1956, 1542 = NJW 1957, 17; BGH WM 1971, 1265 = BB 1971, 1302 = DB 1971, 2012.
[802] BGHZ 95, 350 = WM 1985, 1307 = NJW 1986, 43 = WuB I E 2 c.–1.86 *Schröter;* vgl. aber → Rn. 361.
[803] BGH WM 1978, 459 = NJW 1978, 1427 = DB 1978, 1026.
[804] BGH WM 1979, 299 = BB 1979, 341 = DB 1979, 743.
[805] BGH WM 1979, 1035 = NJW 1979, 2092 = DB 1979, 2129.
[806] BGHZ 83, 301 = WM 1982, 658 = NJW 1982, 1694.
[807] BGH WM 1984, 986 = NJW 1984, 2816 = DB 1984, 1872.
[808] BGH WM 1987, 401 = WuB I E 2 c.–3.87 *Emmerich*.
[809] BGH WM 1992, 1355 = NJW 1992, 2560 = DB 1992, 2543 = ZIP 1992, 1220 = WuB I E 1.–13.92 *Eckert*.
[810] BGH WM 1993, 1277 = NJW 1993, 2107 = BB 1993, 1393 = DB 1993, 1968 = ZIP 1993, 1089 = WuB I G 4.–8.93 *Eckert*.
[811] OLG Düsseldorf WM 1993, 2207 = WuB I E 2 c.–1.94 *v. Heymann*.

insbesondere beim Grundstückskaufvertrag,[812] beim Kauf vom Bauträger,[813] bei der Beteiligung an Abschreibungsgesellschaften,[814] bei der Finanzierung von Bauherren-Modellen[815] sowie bei der Beteiligung an Erwerber-Modellen.[816]

Der Einwendungsdurchgriff kommt grundsätzlich auch dann nicht in Betracht, wenn **350** nach dem zwischen Treuhänder und Erwerber geschlossenen Geschäftsbesorgungsvertrag, der auf den Erwerb einer sog NATO-Wohnung gerichtet ist (Erwerber-Modell), der Mehrwertsteueranteil des Kaufpreises durch ein Bankdarlehen vorfinanziert ist.[817] Schließlich wird der Einwendungsdurchgriff auch dann abgelehnt, wenn nicht der einzelne Anleger, sondern bei einer Abschreibungsgesellschaft die Gesellschafter in ihrer Gesamtheit den zur Durchführung des Bauprojektes notwendigen Kredit aufnehmen.[818]

Die Ablehnung des Einwendungsdurchgriffs bei Kapital- und Immobilienanlagen wird **351** vom BGH im Wesentlichen wie folgt begründet:

– Die Beteiligung an einer Immobiliengesellschaft oder der Kauf einer Immobilie zu **352** Anlagezwecken und Finanzierung dieser Anlage ist kein wirtschaftlich einheitliches Geschäft. Der getrennte Abschluss der verschiedenen Verträge mit entsprechender Risikoverteilung liegt im Interesse des Anlegers, der deshalb das **„Aufspaltungsrisiko"** tragen muss. Eine entsprechende **Trennungsklausel** kann auch im Hinblick auf § 9 AGBG wirksam vereinbart werden.[819]

– Es besteht generell **keine Dreiecksverbindung** Anleger – Bank – Unternehmen; die **353** Bank ist am „Geschäft" nicht beteiligt, sondern ist nur Kreditgeber.

– Die Einschaltung der Bank liegt **im Interesse des Anlgers;** nur eine hohe Fremdfinan- **354** zierung ermöglicht steuerliche Auswirkungen für den Anleger.

Soweit Darlehen betroffen sind, welche von der Sicherung durch ein Grundpfandrecht **355** abhängig gemacht und zu für **grundpfandrechtlich** abgesicherte Kredite üblichen Bedingungen gewährt wurden[820], ist die Heranziehung der Grundsätze über den Einwendungsdurchgriff gem. § 3 Abs. 2 Nr. 2 VerbrKrG aF ausgeschlossen[821]. Ob dies auch zukünftig unter Berücksichtigung der das Verbundgeschäft neu regelnden Vorschriften der **§§ 358, 359 BGB** uneingeschränkt Geltung entfalten wird, bleibt abzuwarten, ist jedoch zweifelhaft. Denn § 358 Abs. 3 BGB differenziert, anders als noch bei § 3 Abs. 2 Nr. 2 VerbrKrG aF nicht nach der Art des Darlehensvertrages (Personal- oder Realkredit).[822] Damit ist jedenfalls nicht von vorneherein ausgeschlossen, dass bei einem **Realkredit** stets die Verbun-

---

[812] BGH WM 1970, 1362 = DB 1970, 2427.
[813] BGH WM 1979, 1054 = NJW 1980, 41 = BB 1979, 1371 = DB 1979, 2026.
[814] BGH WM 1980, 1446 = NJW 1981, 389 = BB 1981, 80 = DB 1981, 313; BGH WM 1986, 6; BGH WM 1986, 671 = BB 1986, 1177; BGH WM 1986, 700 und 735 = WuB I G 8.–6.86 und 7.86 *v. Heymann.*
[815] BGHZ 93, 264 = WM 1985, 221 = NJW 1985, 1020 = BB 1985, 749 = DB 1985, 543 = ZIP 1985, 203; BGH WM 1985, 910 = ZIP 1985, 667; BGH WM 1988, 1891.
[816] BGH WM 1988, 561 = NJW 1988, 1583 = BB 1988, 794 = DB 1988, 1541 = ZIP 1988, 562 = WuB I G 7.–8.88 *Assmann;* BGH WM 1992, 901 = NJW-RR 1992, 879 = BB 1992, 1520 = DB 1992, 1287 = ZIP 1992, 912 = WuB I G 7.–9.92 *v. Heymann.*
[817] BGH WM 1986, 1561 = DB 1987, 629 = NJW-RR 1987, 523 = WuB I G 7.–2.87 *v. Heymann.*
[818] BGH WM 1985, 1287 = WuB I E 1.–32.85 *v. Heymann.*
[819] BGH WM 1986, 995 = WuB G 8.–8.86 *v. Heymann;* BGH WM 1992, 1355 = NJW 1992, 2560 = DB 1992, 2543 = ZIP 1992, 1220 = WuB I E 1.–13.92 *Eckert;* BGH Urt. v. 12.11.2002, Az. XI ZR 45/01, BGHZ 152, 331 = WM 2002, 2501, 2503 m. Anm. *Lindner* ZiP 2003, 67; *Schimmel/Buhlmann* LMK 2003, 88; *Edelmann* WuB IV D. § 3 HWiG 1.03.
[820] Vgl. hierzu → Rn. 153 ff.
[821] BGH Urt. v. 9.4.2002, Az. XI ZR 91/99 BGHZ 150, 248 = NJW 2002, 1881, 1884 = WM 2002, 1181 m. Anm. *Pap/Sauer* ZflR 2002, 523 und *Edelmann* BKR 2003, 99; vgl. auch BGH Urt. v. 19.5.2000, Az. V ZR 322/98, ZIP 2000, 1098, 1099 = WM 2000, 1287 m. Anm. *Münscher* WuB I E 2. § 9 VerbrKrG 4.01.
[822] Vgl. hierzu → Rn. 163 ff.

denheit mit dem Erwerbsgeschäft abgelehnt wird. Auf der anderen Seite entspricht es aber einer jahrzehntelangen Rechtsprechung unterschiedlicher Senate des Bundesgerichtshofs, dass Realkredit und finanziertes Geschäft keine verbundenen Geschäfte sind.[823] Dies hat auch dazu geführt, dass sich der Gesetzgeber bei der Bestimmung, wann beim Erwerb einer Immobilie ein verbundenes Geschäft iSv § 358 Abs. 3 S. 3 BGB vorliegt, an vorstehend wiedergegebener Fallgruppenrechtsprechung des Bundesgerichtshofs orientiert hat.

356 Liegt ein Realkreditvertrag vor, dann kommt ein **Rückgriff** auf die Grundsätze des Einwendungsdurchgriffs auch nicht über den „Umweg" **des § 242 BGB in Betracht.**[824]

357 Europarechtliche Erwägungen, insbesondere auch die Verbraucherkreditrichtlinie 87/100/EWG des Rates vom 22.12.1986, rechtfertigen keine andere Sichtweise.[825]

358 Etwas anderes kann sich nur dann ergeben, wenn Darlehensvertrag und Erwerbsgeschäft verbundene Geschäfte sind. Liegt nämlich ein **Verbundgeschäft** vor[826] und wurde der Darlehensnehmer durch eine **arglistige Täuschung** oder auch **vorsätzlich falsche Angaben** des **Anlagevermittlers** zum Erwerb einer Fondsbeteiligung oder einer Immobilie bewogen, dann kann der Darlehensnehmer auch der die Fondsbeteiligung finanzierenden Bank seine Ansprüche gegen die Fondsgesellschaft entgegen halten und die Rückzahlung des Kredits verweigern, soweit ihm gegen die Fondsgesellschaft ein **Abfindungsanspruch** zusteht.[827]

359 Bei nur **fahrlässig** durch den Anlagevermittler **verursachten Pflichtverletzungen** steht dem Kapitalanleger ein Einwendungsdurchgriff nicht zu.[828] Auch weitergehende Rechte und Ansprüche stehen dem Darlehensnehmer selbst bei Annahme **eines Verbundgeschäfts** nicht zu. Insbesondere kann der Darlehensnehmer etwaige ihm gegen Gründungsgesellschafter, Fondsinitiatoren, maßgebliche Betreiber, Manager und Prospektherausgeber zustehenden Ansprüche dem Rückzahlungsverlangen der finanzierenden Bank **nicht entgegenhalten.**[829]

360 Ob damit dem Kreditnehmer zugleich die vom II. Zivilsenat des Bundesgerichtshofs in den Urteilen vom 14.6.2004[830] sowie in späteren Urteilen[831] eingeräumten weitergehenden

---

[823] Vgl. → Rn. 159 ff.
[824] BGH Urt.e v. 16.5.2006, Az. XI ZR 6/04, WM 2006, 1194, 1196 f. sowie *Kern* BKR 2006, 345; Az. XI ZR 48/04 Rn. 24; BGH Urt. v. 27.1.2004, Az. XI ZR 37/03, WM 2004, 620, 622.
[825] BGH Urt. v. 16.5.2006, Az. XI ZR 6/04, WM 2006, 1194, 1197 u. H. a. die Urt.e des EuGH v. 25.10.2005, Az. Rs C-350/03, WM 2005, 2079 u. Rs C-229/04, WM 2005, 2086; zu diesen Urt.en des EuGH vgl. *Sauer* BKR 2006, 26; *Lang/Rösler* WM 2006, 513; *Piekenbrock* WM 2006, 466; *Freitag* WM 2006, 61; *Thume/Edelmann* BKR 2005, 477 mwN.
[826] Vgl. hierzu → Rn. 159 ff.
[827] BGH Urt. v. 25.4.2006, Az. XI ZR 106/05, WM 2006, 1066, 1070; BGH Urt. v. 21.7.2003, Az. II ZR 387/02, BGHZ 156, 46, 50, 51 = WM 2003, 1762; BGH Urt. v. 23.9.2003, Az. XI ZR 135/02, WM 2003, 2232.
[828] BGH Urt. v. 19.10.2010, Az. XI ZR 376/09, WM 2010, 2304 m. Anm. *Bartels* WuB I G 5.-3.11.
[829] BGH Urt. v. 24.4.2007, Az. XI ZR 340/05 Rn. 27 mwN WM 2007, 1257 m. Anm. *Häublein* ZfIR 2007, 680 u. *Bülow* WuB I G 5.-9.07; BGH Urt. v. 5.6.2007, Az. XI ZR 348/05 Rn. 12; BGH Beschluss v. 7.11.2006, Az. XI ZR 438/04, ZIP 2007, 762, 763; BGH Urt. v. 25.4.2006, Az. XI ZR 106/05, WM 2006, 1066, 1070; **aA** BGH Urt. v. 14.6.2004, Az. II ZR 395/01, BGHZ 159, 280, 291 f. = WM 2004, 1521; BGH Urt. v. 14.6.2004, Az. II ZR 393/02, BGHZ 159, 294, 312 f. = WM 2004, 1529; BGH Urt. v. 14.6.2004, Az. II ZR 374/02, WM 2004, 1525, 1526; BGH Urt. v. 28.6.2004, Az. II ZR 373/00, WM 2004, 1675; BGH Urt. v. 25.10.2004, Az. II ZR 373/01, BKR 2005, 73, 74; BGH Urt. v. 6.12.2004, Az. II ZR 394/02, WM 2005, 295, 297 m. Anm. *Münscher* WuB IV D. § 5 HWiG 2.05, wobei der II. Zivilsenat des BGH gegenüber dem XI. Zivilsenat des BGH erklärt hat, an seiner diesbezüglichen abweichenden Rechtsauffassung nicht mehr festzuhalten, vgl. hierzu BGH Urt. v. 25.4.2006, Az. XI ZR 106/05, WM 2006, 1066, 1070.
[830] Zu diesen Urt.en vgl. WM 2004, 1518 ff.
[831] Vgl. hierzu die im BGH Urt. v. 25.4.2006, Az. XI ZR 106/05, WM 2006, 1066, 1070 Rn. 28 aufgeführten Urt.

§ 4 Finanzierung von Kapitalanlagegeschäften　　　　　　361, 362　§ 4

**Rückforderungsdurchgriffsrechte** bei **Fondsbeteiligungen** ebenfalls abgeschnitten sind, bleibt unklar. Hierfür spricht, dass der XI. Zivilsenat des Bundesgerichtshofs in seinem Urteil v. 25.4.2006[832] ausdrücklich festhielt, dass dem Kreditnehmer unter Berufung auf die Grundsätze über den Einwendungsdurchgriff nur die in dem Urteil des II. Zivilsenats des Bundesgerichtshofs vom 21.7.2003[833] eingeräumten Rechte zustehen. In diesem Urteil wurde durch den II. Zivilsenat des Bundesgerichtshofs gerade klargestellt, dass die Grundsätze über den **Einwendungs- und Rückforderungsdurchgriff** lediglich dazu führen, dass der Kreditnehmer nur in Höhe seines Abfindungsanspruchs gegenüber der Fondsgesellschaft von seiner Darlehensrückzahlungspflicht der finanzierenden Bank gegenüber befreit wird.[834] Für den Erwerb eines ideelen Anteils an einer Eigentumswohnung hat der XI. Zivilsenat des Bundesgerichtshofs, obwohl er zuvor angezweifelt hatte, ob das Verbraucherkreditgesetz überhaupt einen Rückforderungsdurchgriff zulässt, weil in § 9 Abs. 3 VerbrKrG nur von „kann verweigern" und nicht von „kann zurückfordern" die Rede ist[835] einen **Rückforderungsdurchgriff** nach § 813 Abs. 1 S. 1 BGB iVm § 812 Abs. 1 S. 1 BGB bejaht.[836] In einem weiteren Urteil stellte der Bundesgerichtshof klar, dass ein Rückforderungsdurchgriff auch beim Verbundgeschäft nur beim Bestehen **rechtshindernder Einwendungen** aus dem finanzierten Vertragsverhältnis in Betracht kommt und dass sich etwas anderes auch nicht aus § 9 Abs. 2 S. 4 VerbrKrG aF ergibt.[837] Insofern setzt ein Rückforderungsdurchgriff gemäß § 813 Abs. 1 S. 1 BGB iVm § 812 Abs. 1 S 1 BGB das Bestehen einer die Geltendmachung des Anspruchs dauernd ausschließende Einrede des Schuldners voraus. Der Schuldner muss daher bereits zum Zeitpunkt der Leistung dauerhaft berechtigt sein, diese endgültig zu verweigern.[838]

Die Rechte des Kapitalanlegers und Darlehensnehmers erschöpfen sich indes bei dessen **arglistiger Täuschung** durch einen Vermittler über die Fondsbeteiligung und einem **verbundenen Geschäft** nicht in den genannten Rechten gegen die Fondsgesellschaft, die der Darlehensnehmer der Kredit gebenden Bank entgegen halten kann. Der Kreditnehmer kann vielmehr in einem solchen Fall darüber hinaus den mit dem Anlagevertrag (Erwerbsgeschäft) verbundenen Darlehensvertrag als solchen nach § 123 BGB **anfechten,** wenn die Täuschung auch für dessen Abschluss kausal war; von einer solchen **Kausalität** wird man wegen der wirtschaftlichen Einheit von Anlagegeschäft und Kreditvertrag regelmäßig ausgehen müssen[839]. Dasselbe gilt, wenn ein **arglistiges Verhalten** der eingeschalteten Vertriebsgesellschaft vorliegt, die über das geschäftsrelevante Wissen verfügt (sog Organisationsverschulden).[840]

Anstelle der Anfechtung auch des Darlehensvertrages kann der über die Fondsbeteiligung getäuschte Kapitalanleger und Darlehensnehmer, etwa wenn die Anfechtungsfrist des § 124 Abs. 1 BGB verstrichen ist oder wenn es ausnahmsweise an der notwendigen Arglist fehlt, bei einem verbundenen Vertrag im Falle eines Vermögensschadens weiter einen **Schadensersatzanspruch** aus Verschulden bei Vertragsschluss gegen die Kredit gebende Bank geltend machen. Zur Vermeidung eines **unvertretbaren Wertungswiderspruchs** ist es bei einem verbundenen Geschäft dabei geboten, der Kredit gebenden Bank nicht nur

---

[832] BGH WM 2006, 1060, 1070 Rn. 28.
[833] BGHZ 156, 46, 50, 51 = WM 2003, 1762.
[834] Vgl. hierzu noch OLG Köln Urt. v. 24.3.2004, Az. 13 U 123/03, WM 2005, 557/559 und Kindler ZGR 2006, 167, 174.
[835] BGH Urt. v. 5.6.2007, Az. XI ZR 348/05 Rn. 12; BGH Urt. v. 13.2.2007, Az. XI ZR 145/06 Rn. 24; BGH Urt. v. 24.4.2007, Az. XI ZR 340/05 Rn. 24.
[836] BGH Urt. v. 4.12.2007, Az. XI ZR 227/06 Rn. 25 ff., WM 2008, 244, 246 = BGHZ 174, 334.
[837] BGH Urt. v. 10.11.2009, Az. XI ZR 252/08 Rn. 49, BGHZ 183, 112, 128 ff.
[838] BGH Urt. v. 7.12.2010 Az. XI ZR 53/08, WM 2011, 261, 262 Rn. 20.
[839] BGH Urt. v. 25.4.2006, Az. XI ZR 106/05, WM 2006, 1066, 1070.
[840] BGH Urt. v. 10.11.2009, Az. XI ZR 212/08 Rn. 30; BGH Urt. v. 24.3.2009, Az. XI ZR 456/07 Rn. 38, WM 2009, 1028.

die arglistige Täuschung des Fondskreditvermittlers über die Fondsbeteiligung, sondern auch ein darin liegendes **vorsätzliches Verschulden** bei Vertragsschluss zuzurechnen[841]; die fahrlässige Aufklärungspflichtverletzung reicht nicht aus[842]. Dabei ist zu berücksichtigen, dass ein Rechtsirrtum Vorsatz ausschließt[843] und dass die Grundsätze des § 282 BGB aF (jetzt 280 BGB) in diesem Zusammenhang keine Anwendung finden.[844]

363 Der Darlehensnehmer kann der finanzierenden Bank seine Ansprüche gegenüber der Fondsgesellschaft allerdings nur dann entgegenhalten, wenn er seine **Fondsbeteiligung kündigt**.[845] Das **Kündigungsrecht** kann der Darlehensnehmer im Falle eines verbundenen Geschäfts bereits dadurch ausüben, dass er als getäuschter Anleger dem Finanzierungsinstitut lediglich mitteilt, er sei durch Täuschung zum Erwerb der Beteiligung veranlasst worden und dem Kreditinstitut dabei zugleich die Übernahme seines Gesellschaftsanteils anbietet. Eine rechtsgestaltende Erklärung gegenüber dem Partner des Hauptgeschäfts ist somit nicht mehr erforderlich.[846]

364 Das Recht des Kapitalanlegers und Darlehensnehmers zur **fristlosen Kündigung** der Beteiligung unterliegt nicht der Verjährung, sondern nur der Verwirkung. Insofern braucht der Darlehensnehmer die Kündigung nicht innerhalb einer bestimmten Frist nach Kenntniserlangung von dem Mangel geltend zu machen. Das Kündigungsrecht ist vielmehr erst dann verwirkt, wenn sich die Gesellschaft wegen der Untätigkeit des getäuschten Anlegers über einen gewissen Zeitraum hinweg (Zeitmoment) bei objektiver Beurteilung darauf einrichten durfte und eingerichtet hat, dass dieser von seinem Recht keinen Gebrauch macht (Umstandsmoment) und die verspätete Geltendmachung daher gegen den Grundsatz von Treu und Glauben verstieße.[847]

365 Der Kapitalanleger und Darlehensnehmer kann der finanzierenden Bank Ansprüche aus seiner Anlagebeteiligung darüber hinaus nur dann entgegen halten, wenn die jeweiligen Ansprüche **nicht bereits verjährt** sind. Insofern ist der Darlehensnehmer grundsätzlich verpflichtet, verjährungsunterbrechende bzw. -hemmende Maßnahmen gegenüber dem Dritten zu ergreifen.[848]

---

[841] BGH Urt. v. 10.11.2009, Az. XI ZR 252/08 Rn. 24; BGH Urt. v. 1.7.2008, Az. 15 ZR 411/06 Rn. 19, WM 2008, 1596; BGH Urt. v. 19.6.2007, Az. XI ZR 142/05 Rn. 25, WM 2007, 1456; BGH Urt. v. 5.6.2007, Az. XI ZR 348/05 Rn. 14, WM 2007, 1367; BGH Urt. v. 25. 4. 2006, Az. XI ZR 106/05, WM 2006, 1066, 1070; OLG Dresden Urt. v. 31.1.2007 Az. 12 U 1137/06, S. 60, wo darauf hingewiesen wird, dass Grundvoraussetzung eine vorsätzliche und nicht auch eine fahrlässige Begehungsweise ist und dass die Vermutung des § 282 BGB aF bzw. § 280 BGB z. G. d. Anlegers nicht greift.

[842] BGH Urt. v. 19.10.2010, Az. XI ZR 376/09, DB 2011, 529 = WM 2010, 2304 m. Anm. *Bartels* WuB I G 5.-3.11.

[843] BGH Urt. v. 1.7.2008, Az. XI ZR 411/06 Rn. 24 „im Bewusstsein einer bestehenden Aufklärungspflicht"; BGH Urt. v. 5.6.2007, Az. XI ZR 348/05 Rn. 21 in Bezug auf die frühere Rechtsprechung zur Innenprovision.

[844] BGH Urt. v. 1.7.2008, Az. XI ZR 411/06 Rn. 23.

[845] BGH Urt. v. 25.4.2006, Az. XI ZR 106/05, WM 2006, 1066, 1070.

[846] BGH Urt. v. 14.6.2004, Az. II ZR 392/01, WM 2004, 1518, 1520; BGH Urt. v. 21.7.2003, Az. II ZR 387/02, BGHZ 156, 46 = WM 2003, 1762, 1784; **aA** noch BGH Urt.e v. 27.6.2000, Az. XI ZR 174/99, NJW 2000, 3358, 3360 = WM 2000, 1685 u. Az. XI ZR 210/99, NJW-RR 2000, 1576, 1577 = WM 2000, 1687, wobei der XI. Zivilsenat auf Anfrage des II. Zivilsenats erklärt hat, an dieser abweichenden Rechtsauffassung nicht mehr festzuhalten, vgl. hierzu BGH Urt. v. 21.7.2003, Az. II ZR 387/02, BGHZ 156, 46 = ZIP 2003, 1592, 1595 = WM 2003, 1762.

[847] BGH Urt. v. 21.7.2003, Az. II ZR 387/02, BGHZ 156, 46, 53 = ZIP 2003, 1592, 1594 f. = WM 2003, 1762.

[848] OLG Schleswig Urt. v. 2.6.2005, Az. 5 U 162/01, WM 2005, 1173, 1177 f. LG Heilbronn Urt. v. 6.4.2006, Az. 6 O 387/05 Ha, S. 23; LG Köln Urt. v. 30.8.2005, Az. 3 O 595/04, S. 23; **aA** KG Urt. v. 28.6.2005, Az. 4 U 77/03, WM 2005, 2218 = ZIP 2006, 366; LG Stuttgart Urt. v. 27.7.2005, Az. 8 O 619/04, S. 8; so wohl auch OLG Stuttgart Urt. v. 26.9.2005, Az. 6 U 52/05, ZIP 2005, 2152, 2156.

### VIII. Haftung der Bank aus Treuhandschaft

Übernimmt die Bank im Rahmen von Kapitalanlagen Treuhandaufgaben, dann kann der Anleger Ansprüche gegen die Bank aus Treuhandschaft geltend machen, wenn die Bank Treuhandpflichten verletzt hat.

Gesetzlich ist der Begriff der Treuhandschaft nicht definiert. Bei der Begründung eines Treuhandverhältnisses werden einer Person Vermögensrechte übertragen, von denen nicht im eigenen, sondern nur im fremden Interesse oder für objektive Zwecke Gebrauch gemacht werden darf. Der Treuhänder besitzt nach außen eine Rechtsmacht, die im Innenverhältnis gebunden ist.[849]

Zu unterscheiden sind die **uneigennützige** (sog Verwaltungs-)Treuhand und die **eigennützige** (sog Sicherungs-)Treuhand.[850] Weiterhin werden Treuhandverhältnisse noch danach unterschieden, ob sie **offen** oder **verdeckt** sind, und, ob sie durch **Rechtsgeschäft** oder **kraft Gesetzes** zustande kommen.[851] Die Treuhandschaft ist also eine von verschiedenen Erscheinungsformen des Handelns im Interesse und mit Wirkung für dritte Personen. Der häufigste Anwendungsfall ist die sog Vollmachtstreuhand, bei der der Treuhänder als Vertreter nach §§ 164 ff. BGB auftritt.[852]

**1. Treuhandformen.** Bei Kapitalanlagen sind im Wesentlichen drei Arten von Treuhandschaften zu unterscheiden:

**a) Gesellschaftstreuhänder.** Der Gesellschaftstreuhänder (Treuhandkommanditist) wird im eigenen Namen, aber für fremde Rechnung tätig und nimmt überwiegend nur gesellschaftsrechtliche Funktionen wahr.

**b) Zahlungstreuhänder.** Der Zahlungstreuhänder wird auch im eigenen Namen und für fremde Rechnung tätig; er kontrolliert im Wesentlichen nur den Zahlungsverkehr bei der Abwicklung von Immobilienanlagen.

**c) Vertragstreuhänder.** Der Vertragstreuhänder wird im fremden Namen und für fremde Rechnung tätig; seine Hauptaufgabe ist es, für den Anleger (Treugeber) im Zusammenhang mit der Durchführung von Immobilienanlagen die notwendigen Verträge mit den Objektbeteiligten abzuschließen.

**2. Treuhandpflichten.** Die Pflichten eines Treuhänders ergeben sich aus dem Gesetz (§§ 675, 664–667 BGB), aus der jeweiligen Vertragsbeziehung und aus den allgemeinen Grundsätzen ordnungsgemäßer Treuhandschaft ua
– Grundsatz der Unabhängigkeit (rechtlich, wirtschaftlich, persönlich),
– Grundsatz der Interessenwahrung bei der Konzeption, Plazierung, Durchführung, Abrechnung, Kontrolle,
– Aufklärungs-, Auskunfts- und Mitwirkungspflichten,
– Standesrichtlinien (Rechtsanwalt, Steuerberater, Wirtschaftsprüfer).[853]

**3. Prüfungspflichten des Treuhänders.** Ein Treuhänder, der im Rahmen eines Bauherren-Modells Erklärungen zur Bildung und zum Erwerb von Eigentumswohnungen als Vertreter des Bauherrn abgibt, muss prüfen, ob die Wohnung vom Veräußerungsvertrag abweichende öffentlich-rechtliche Nutzungsbeschränkungen aufweist.[854]

Hat ein Treuhänder/Baubetreuer im Rahmen eines Bauherren-Modells die Betreuung des Bauherrn übernommen, dann ist er grundsätzlich auch verpflichtet zu prüfen, ob die Bauausführung mit den Flächenangaben im Prospekt und in den von den Bauherren abge-

---

[849] *Heinrichs* in Palandt, BGB, 55. Aufl., Einf. vor § 164 Rn. 7; vgl. ferner *Liebich/Mathews*, Treuhand und Treuhänder, passim.
[850] Vgl. *Bassenge* in Palandt, BGB, 55. Aufl., § 903 Rn. 35.
[851] Vgl. *Liebich/Mathews*, Treuhand und Treuhänder, S. 327 ff.
[852] Vgl. BGH WM 1964, 318; *Brox* in Erman, BGB, 7. Aufl., Rn. 16 vor § 164 BGB.
[853] BGH WM 1986, 1320 = BB 1986, 1807 = DB 1986, 2124 = ZIP 1986, 1124.
[854] BGH WM 1990, 1623 = NJW 1990, 2464 = BB 1990, 1582 = DB 1990, 1912 = WuB I G 7.–10.90 *v. Heymann*.

schlossenen Verträgen übereinstimmt.⁸⁵⁵ Das Vorhandensein einer bestimmten Wohnfläche kann Beschaffenheitsangabe (§ 459 Abs. 1 BGB aF) oder zugesicherte Eigenschaft (§ 459 Abs. 2 BGB aF) sein. Die Gewährleistung für eine bestimmte Wohnfläche ist, anders als für eine bestimmte Grundstücksgröße (§ 468 BGB aF) nicht auf den Fall der Zusicherung beschränkt.⁸⁵⁶

**376** **4. Aufklärungspflichten gegenüber Treugeber.** Dem Treuhänder obliegen gegenüber dem Treugeber je nach Ausgestaltung des Treuhandvertrages verschiedene Aufklärungspflichten.

**377** **a) Vertragsgrundlagen.** Im Zusammenhang mit der Durchführung von Immobilienanlagen obliegen dem Treuhänder weitgehende Aufklärungs- und Nachforschungspflichten. Der Kapitalanleger ist über sämtliche wesentliche Punkte aufzuklären, die für die Kapitalanlage von Bedeutung oder geeignet sind, den Vertragszweck zu gefährden. Insbesondere muss sich der Treuhänder über die rechtlichen, wirtschaftlichen und finanziellen Grundlagen der Gesellschaft unterrichten. Wenn dies unmöglich ist, ist der Treuhänder gegebenfalls verpflichtet, die Treuhandschaft abzulehnen oder zumindest den Anleger entsprechend zu unterrichten.⁸⁵⁷

**378** Der Treuhänder, der eine Beitrittserklärung entworfen hat, haftet für Täuschungshandlungen des mit der Akquirierung von Kapitalanlagen beauftragten Gründungsgesellschafters, wenn die Beitrittserklärung neben der Anerkennung des Gesellschaftsvertrages zugleich die Anerkennung eines Treuhandvertrages vorsieht, nach welchem die Beiträge der Gesellschafter an den Treuhänder zu entrichten sind.⁸⁵⁸

**379** **b) Steuerliche Grundlagen.** Weiterhin ist der Treuhänder generell verpflichtet, den Anleger über die Verlustzuweisungen aufzuklären. In diesem Zusammenhang hat der BGH ausgesprochen, es gebe keinen allgemeinen Erfahrungssatz des Inhalts, dass die Beteiligung eines Anlegers an einem Bauherrenmodell für ihn letztlich immer gewinnbringend sei.⁸⁵⁹

**380** Allerdings ist ein bei einem Ersterwerbermodell eingeschalteter Zahlungstreuhänder generell nicht verpflichtet, vor Weiterleitung des Eigenkapitals den Anleger darauf hinzuweisen, dass der von ihm angestrebte Zweck mit einem aus dem „Bauherrenerlass" (OFD Hannover, Rundverfügung vom 2. Oktober 1978, DB 1978, 2047) sich ergebenden Risiko behaftet ist.⁸⁶⁰

**381** Ein Treuhänder, der im Jahre 1981 gegenüber der in einem Prospekt angekündigten Grunderwerbsteuerfreiheit für den Erwerb einer Eigentumswohnung im Hinblick auf die Praxis der Finanzverwaltung keine Zweifel zum Ausdruck brachte, musste einen Anleger nicht über die Frage der Verwirklichung des steuerlichen Konzepts des Bauherrenmodells aufklären und haftet demgemäß nicht aus Verschulden bei Vertragsschluss, wenn das Finanzamt im Jahre 1985 auf Grund der fortentwickelten Rechtsprechung des Bundesfinanzhofes Grunderwerbsteuer für den gesamten Herstellungsaufwand der Eigentumswohnung verlangt.⁸⁶¹

**382** Ein Gesellschaftertreuhänder, der lediglich Beitrittserklärungen der Treuhandgesellschafter (Anleger) entgegennimmt, ist grundsätzlich nicht verpflichtet, Erkundigungen und

---

⁸⁵⁵ BGH WM 1991, 10 = NJW-RR 1991, 218 = BB 1991, 1005 = DB 1991, 275 = ZIP 1990, 1578.
⁸⁵⁶ BGH WM 1991, 519 = NJW 1991, 912 = DB 1991, 695.
⁸⁵⁷ BGHZ 84, 141 = WM 1982, 758 = NJW 1982, 2493 = BB 1982, 1323 = DB 1982, 1817; BGH WM 1995, 344 m. Anm. *Schwark* WuB I 68.–1.95 Schwank; OLG Stuttgart WM 1987, 1260 = WuB I G 7.–13.87 *v. Heymann*; OLG Karlsruhe WM 1997, 1476.
⁸⁵⁸ BGH WM 1987, 1336 = NJW-RR 1988, 161 = WuB II J. § 705 BGB 1.88 *Werner*.
⁸⁵⁹ BGH WM 1983, 1387 = NJW 1984, 863 = BB 1984, 93 = DB 1984, 338 = ZIP 1984, 73.
⁸⁶⁰ BGH WM 1987, 212 = NJW-RR 1987, 273 = DB 1987, 427 = ZIP 1987, 109 = WuB I G 7.–4.87 *Assmann*.
⁸⁶¹ OLG Frankfurt WM 1988, 632 = NJW-RR 1988, 618 = DB 1988, 437 = ZIP 1988, 632 = WuB I G 7.–11.88 *v. Heymann*.

§ 4 Finanzierung von Kapitalanlagegeschäften

Nachforschungen über die Auswirkungen der zivilrechtlichen Gestaltung des Anlagemodells auf die steuerliche Beurteilung anzustellen und einen positiven Bescheid der Finanzverwaltung über die einheitliche und gesonderte Feststellung der Einkünfte aus Vermietung und Verpachtung herbeizuführen.[862]

**c) Prospekt.** Zur Wahrung der Interessen des Anlegers kann es im Einzelfall gehören, einen vorhanden Prospekt auf seinen Wahrheitsgehalt zu überprüfen.[863]  **383**

Ist der Treuhänder als Treuhandkommanditist Miterausgeber eines Prospektes, dann haftet er wegen Verletzung vorvertraglicher Aufklärungspflichten, wenn und soweit er in Kenntnis oder schuldhafter Unkenntnis der wahren Verhältnisse einen in wesentlichen Punkten unrichtigen, unvollständigen oder irreführenden Emissionsprospekt herausgegeben hat. Fehlerhaft waren die zu hoch kalkulierten Mieten, die nicht realisierbar waren und stark überhöhte Baupreise, weil hierin Provisionen für die Bank und Ausschüttungsgarantien aufgeschlagen wurden.[864]  **384**

Ein Wirtschaftsprüfer, der es im Rahmen eines Kapitalanlagemodells übernimmt, die Einzahlungen zu überprüfen, diese Kontrolle tatsächlich jedoch nicht in dem den Anlegern im Prospekt versprochenen Umfang durchführt, in seinen Prüftestaten aber gleichwohl die Ordnungsmäßigkeit des Geldflusses und der Mittelverwendung bestätigt, haftet späteren Anlegern auf Schadensersatz aus c. i. c.[865]  **385**

Hat der Treuhänder eines Bauherrenmodells die umfassende Interessenvertretung der Anleger übernommen, dann ist er verpflichtet, die Anleger darauf hinzuweisen, dass die kalkulierten Zwischenfinanzierungszinsen in jedem Fall erheblich überschritten und zusätzlich aufgebracht werden müssen, wenn zum Zeitpunkt des Abschlusses des Treuhandvertrages damit zu rechnen war, dass die tatsächlich nötigen Zwischenfinanzierungszinsen den 2- bis 3-fachen Betrag erreichen würden und dies dem Anleger auf Grund der gesamten Vertragsgestaltung in Verbindung mit den Prospektangaben nicht erkennbar war.[866]  **386**

Der Treuhänder eines Erwerbermodells ist verpflichtet, den Anleger über die sich aus einem Prospektprüfungsbericht ergebenden Renditerisiken aufzuklären, wenn im Prospekt auf einen solchen Prüfungsbericht hingewiesen wurde. Dies gilt insbesondere dann, wenn die Wirtschaftlichkeit des Objekts ganz wesentlich auf Zahlungen und Garantien Dritter beruht, deren Bonität aus dem Prospekt nicht ohne weiteres erkennbar war.[867] Einen **Treuhandkommanditisten,** der die Beteiligung des Anlegers aufgrund des mit ihm geschlossenen Treuhandvertrages treuhänderisch für ihn hält, trifft die Verpflichtung, diesen über alle wesentlichen Umstände der Anlage aufzuklären, die ihm bekannt waren oder sein mussten, und unrichtige Prospektangaben von sich aus richtig zu stellen.[868]  **387**

**5. Wahrung allgemeiner Treugeberinteressen.** Der Treuhänder ist verpflichtet, ausschließlich die Interessen seines Treugebers zu wahren. Dabei hängt der Umfang des für den Treuhänder verbindlichen Pflichtenkreises von den Umständen des Einzelfalles, insbesondere von der Vertragsgestaltung ab.[869]  **388**

---

[862] BGHZ 120, 157 = WM 1992, 2132 = NJW 1993, 199 = BB 1992, 2454 = DB 1993, 87 = ZIP 1992, 1744 = WuB I G 7.–2.93 *Bälz.*
[863] OLG Stuttgart WM 1987, 1260 = WuB I G 7.–13.87 *v. Heymann.*
[864] BGH WM 1985, 533 = WuB IV A. § 195 BGB 2.85 *Erlinghagen.* BGH WM 1994, 2192 m. Anm. *Westermann* WuB I 68.–1.96.
[865] BGH WM 2000, 2447.
[866] OLG München WM 1991, 447 = WuB I G 7.–4.91 *v. Heymann.*
[867] BGH WM 1992, 432 = NJW-RR 1992, 531 = DB 1992, 1084 = WuB I G 7.–4.92 *v. Heymann.*
[868] BGH Urt. v. 8.10.2009, Az. III ZR 207/07, WM 2009, 2358 m. Anm. *Joskulla* WuB I G 1.–9.10; KG Urt. v. 5.9.2007, Az. 24 U 4/07, WM 2007, 2142, 2143 u. H. a. BGH WM 2006, 1621, 1622 u. WM 2002, 813, 814.
[869] BGHZ 102, 220 = WM 1988, 54 = NJW 1988, 1663 = BB 1988, 165 = DB 1988, 330 = WuB I G 7.–7.88 *v. Heymann*; BGH WM 1988, 986 = NJW-RR 1988, 1299 = WuB IV A. § 611 BGB 1.88 *Huff.*

389 **a) Übertragung der Treuhandschaft.** Generell ist der Treuhänder verpflichtet, alles zu unterlassen, was den Interessen des Treugebers entgegenstehen könnte. Insbesondere ist die Übertragung der Treuhandschaft für rd. 75% der Treugeber treuwidrig, wenn sich der Treuhänder damit der Möglichkeit begibt, hinsichtlich der restlichen ihm verbliebenen Beteiligungen seine Verpflichtungen als Treuhänder vertragsgemäß zu erfüllen.[870]

390 **b) Dauer der Geschäftsführung.** Der Treuhänder einer BGB-Gesellschaft, der im Wesentlichen die Geschäfte der Gesellschaft führt, hat kein Recht, in diesem Amt zu verbleiben, wenn er für die Gesellschaft untragbar geworden ist und deshalb in seiner Person ein wichtiger Grund vorliegt, der seine Abberufung rechtfertigt. In diesem Fall hat auch kein (Mehrheits-)Gesellschafter das Recht, den untragbaren Geschäftsführer im Amt zu halten. Ein im Gesellschaftsvertrag verankertes Einstimmigkeitserfordernis bei der Abberufung des Treuhänders ist unwirksam.[871]

391 **c) Übernahme der KG-Anteile.** Auch die gesellschaftsvertragliche Bestimmung, die den persönlich haftenden Gesellschaftern einseitig das Recht einräumt, die treuhänderisch gehaltenen Kommanditbeteiligungen nach freiem Ermessen zu einem bestimmten Zeitpunkt zu übernehmen, ist unwirksam.[872]

392 **d) Interessenkollision.** Soweit der Treuhänder zB im Rahmen von Publikumsgesellschaften eine Doppelfunktion einnimmt, ist er zu deren Offenlegung verpflichtet.[873] Auch beim Bauherrenmodell ist der Treuhänder verpflichtet, die Anleger schon im Vorfeld ihrer Anlageentscheidung über Verflechtungen mit anderen Beteiligten (zB Baubetreuer) aufzuklären.[874]

393 **e) Interessenausgleich zwischen Bauherren.** Der Treuhänder, dem bekannt ist, dass die Nutzfläche einer Gewerbe- und Wohneinheit nicht unerheblich geringer ausgeführt worden ist als vertraglich vorgesehen, ist verpflichtet, einen Ausgleich zwischen dem betroffenen und den durch die Flächenveränderung begünstigten Bauherren herbeizuführen und der Teilungserklärung sowie der Schlussabrechnung die tatsächlich ausgeführten Flächen zugrunde zu legen. Verstößt der Treuhänder schuldhaft gegen die Betreuungspflicht, dann haftet er als Gesamtschuldner für den Schaden, der dem Bauherren dadurch entstanden ist, dass er für die verminderte Fläche einen überhöhten Preis bezahlt hat.[875]

394 Ist bei einem Bauherrenmodell der Anteil an den Gesamtkosten falsch berechnet oder hat sich die Berechnungsgrundlage nachträglich zugunsten eines Bauherrn verändert, dann ist der Treuhänder verpflichtet, im Rahmen des Möglichen für eine entsprechende Herabsetzung des auf den Bauherrn entfallenden Anteils zu sorgen. Das Interesse der übrigen Bauherren, nicht zu höheren Kosten als ursprünglich vorgesehen herangezogen zu werden, hat hinter dem Interesse des benachteiligten Bauherrn an einer „gerechten" Ermittlung seines Kostenanteils zurückzustehen.[876]

395 **f) Nachwirkende Treuepflichten.** Der Treuhänder, der die für den Erwerb einer Eigentumswohnung notwendigen Verträge abgeschlossen und die Finanzierung durch Übernahme der Mithaftung sichergestellt hatte, ist nicht gehindert, die Wohnung im späteren Zwangsversteigerungsverfahren gegen den Treugeber zu einem den Verkehrswert wesentlich unterschreitenden Preis zu ersteigern. Er braucht sich auch die Differenz zwischen

---

[870] BGHZ 73, 294 = WM 1979, 642 = NJW 1979, 1503 = BB 1979, 802 = DB 1979, 1350.
[871] BGH WM 1988, 23 = NJW 1988, 969 = BB 1988, 159 = DB 1988, 221 = ZIP 1988, 22 = WuB II J. § 712 BGB 1.88 *Hüffer*.
[872] BGHZ 104, 50 = WM 1988, 939 = NJW 1988, 1903 = BB 1988, 1270 = DB 1988, 1375 = ZIP 1988, 906 = WuB II F. § 161 HGB 2.88 *Baums*.
[873] BGH WM 1980, 401 = NJW 1980, 1162 = BB 1980, 549 = DB 1980, 872 = ZIP 1980, 277.
[874] BGH WM 1991, 695 = NJW-RR 1991, 599 = BB 1991, 935 = DB 1991, 964 = WuB I G 7.- 6.91 *v. Heymann*.
[875] BGH WM 1991, 769 = NJW-RR 1991, 662 = BB 1991, 574 = DB 1991, 1513.
[876] BGH WM 1991, 1266 = NJW-RR 1991, 1120 = BB 1991, 2032 = DB 1991, 2075 = WuB I G 7.-12.91 *v. Heymann*.

dem von ihm gezahlten Preis und dem Verkehrswert der Wohnung nicht auf seine Rückgriffsforderung gegen den Treugeber anrechnen zu lassen.[877]

**6. Wahrung der finanziellen Treugeberinteressen.** Der Treuhänder hat auch die finanziellen Interessen des Treugebers zu wahren. 396

**a) Vertragsgestaltung.** Der Treuhänder verletzt die finanziellen Interessen des Anlegers, wenn er mit einem Unternehmen vergütungspflichtige Dienstleistungen vereinbart, die zur Erreichung des erstrebten steuerlichen Erfolgs nicht erforderlich sind und an denen der Treugeber auch sonst kein vernünftiges Interesse haben kann.[878] 397

Wird ein Treuhänder beauftragt, einen Finanzierungsvermittlungsvertrag abzuschließen und wird die Gebühr bereits bei Nachweis der Finanzierung fällig, dann ist der Treuhänder zur Rückzahlung der Gebühr verpflichtet, insbesondere dann, wenn der Anleger die Finanzierung nicht in Anspruch nimmt.[879] 398

Der Treuhänder ist jedoch generell nicht verpflichtet, bei der Darlehensaufnahme zu besten Konditionen abzuschließen; die Bedingungen müssen nur marktüblich sein.[880] 399

**b) Vertragsdurchführung.** Ist bei einem Erwerber-Modell (zB Nato-Wohnungen) ein Treuhänder damit beauftragt, die eingehenden Gelder im Interesse des Anlegers für dessen Rechnung anzuweisen (sog Zahlungstreuhänder), dann ist dieser Treuhänder generell nicht verpflichtet, eigene Feststellungen über eine gesicherte Realisierbarkeit des Wohnungserwerbs zu den erwarteten Konditionen zu treffen.[881] 400

Beim Bauherren-Modell ist ein Treuhänder gegenüber dem Bauherrn zur regelmäßigen Unterrichtung und Beratung verpflichtet. Versäumt er den rechtzeitigen Hinweis, dass Forderungen geltend gemacht werden müssen, kann bei späterer Insolvenz des Schuldners eine Haftung des Treuhänders in Betracht kommen.[882] 401

Will der Treuhänder von einer Regelung im Treuhandvertrag abweichen, wonach er den Baubeginn erst nach Vorliegen bestimmter Voraussetzungen veranlassen darf (zB Mindestzahl beigetretener Bauherren und gesicherte Finanzierung der restlichen Wohnungen), dann ist er verpflichtet, die Bauherren vorher auf die damit verbundenen Risiken hinzuweisen, auch wenn eine Mehrheit der Bauherren eine schnellstmögliche Durchführung der Baumaßnahme beschlossen hat.[883] 402

Beim Bauherren-Modell ist der Treuhänder verpflichtet, die Vermögensinteressen der Bauherren ua dadurch zu wahren, dass er sich vor Abschluss des Generalunternehmervertrages über die fachlichen und finanziellen Fähigkeiten des Generalunternehmers unterrichtet. Hat er dies versäumt, dann ist er bei nicht fristgerechter Fertigstellung hinsichtlich des Mehraufwandes für die Zwischen- und Endfinanzierung schadensersatzpflichtig.[884] 403

**c) Mittelverwendung.** Der Treuhänder einer Anlagegesellschaft ist den Anlegern gegenüber verpflichtet, für eine Sicherstellung der finanziellen Interessen des Anlegers zu sorgen, eine vertragswidrige Verwendung der Einlagen und der Darlehen zu verhindern und dabei auch die Gefahren einer möglichen Zahlungsschwierigkeit der beteiligten Vertragspartner des Anlegers zu beachten und zu verfolgen. Ihm anvertraute Gelder darf der Treuhänder erst nach Sicherstellung der Gesamtfinanzierung auszahlen.[885] 404

---

[877] BGH WM 1989, 1940 = NJW-RR 1990, 141 = ZIP 1989, 1579 = WuB IV A. § 276 BGB 1.90 *Emmerich*.
[878] BGH WM 1984, 240 = BB 1984, 564; OLG Karlsruhe DB 1990, 580.
[879] BGH WM 1988, 586 = NJW-RR 1988, 788 = BB 1988, 713 = DB 1988, 1212 = WuB I G 7.–9.88 *v. Heymann*.
[880] OLG Hamburg WM 1984, 1400 = DB 1984, 2398.
[881] BGH WM 1987, 179 = NJW-RR 1987, 274 = DB 1987, 479 = WuB I G 7.–3.87 *Assmann*.
[882] BGH NJW-RR 1988, 915.
[883] BGH WM 1994, 1076 = NJW 1994, 1864 = DB 1994, 1081 = WuB I G 7.–2.94 *v. Heymann*.
[884] BGH WM 1994, 1720 m. Anm. *Rommel* WuB IV A. § 249 BGB 1.95.
[885] BGH WM 1986, 904 = WuB I G 9.–4.86 *v. Heymann*; OLG Karlsruhe WM 1988, 1068 = ZIP 1988, 1258 = WuB I G 7.–12.88 *v. Heymann*.

**405** Der Treuhänder eines geschlossenen Immobilienfonds darf Beträge des Eigenkapitals sowie des Agios erst dann zur Zahlung freigeben, wenn die dafür festgelegten Voraussetzungen erfüllt sind.[886]

**406** Im Rahmen von Bauherren-Modellen darf ein Treuhänder ihm anvertraute Gelder erst dann an die Begünstigten weiterleiten, wenn die ordnungsgemäße Verwendung der Gelder nachgewiesen oder sichergestellt ist. Bei erkennbaren Risiken muss der Treuhänder für die Sicherstellung der Mittel sorgen und die Treugeber vor der Überweisung über die Risiken aufklären und beraten. Bei Fehlen einer Baugenehmigung ist eine ordnungsgemäße Verwendung weder nachgewiesen noch sichergestellt.[887]

**407** Der Treuhänder ist verpflichtet, ihm anvertraute Gelder nicht an den Zessionar des Verkäufers, sondern an den Grundpfandrechtsgläubiger zur Löschung des Grundpfandrechts weiterzuleiten, um den Treugeber vor der Gefahr dinglicher und damit – nach Zahlung an den Zessionar – möglicherweise doppelter Inanspruchnahme zu schützen.[888]

**408** Ist für den als Mittelverwendungstreuhänder tätigen Rechtsanwalt erkennbar, dass er mit Überweisungen an einen Generalunternehmer das Prozessrisiko einer etwaigen Auseinandersetzung über die Wirksamkeit nachträglich abgeschlossener Verträge und das Risiko der Insolvenz des Generalunternehmers auf seine Treugeber verlagert, dann ist er verpflichtet, die Treugeber vor einer Überweisung über die Sach- und Rechtslage sowie die Risiken zu unterrichten und zu beraten, damit sie selbst entscheiden können, ob die Überweisung ausgeführt werden soll oder nicht. Von einer vorherigen Aufklärung und Beratung darf der Treuhänder nur absehen, wenn zweifelsfrei feststeht, dass die Treugeber auf Grund der ihnen bekannten Verträge verpflichtet sind, das Honorar an den Generalunternehmer zu zahlen.[889] Den in ein Anlagemodell als Mittelverwendungskontrolleur eingehenden Wirtschaftsprüfer trifft bezüglich Risiken und Reichweite eines vom Anleger allgemein ausländischen Mittelverwendungs-kontrollvertrag keine Aufklärungspflicht.[890]

**409** Wenn einem Spekulationsfonds (IPC, Nevada) Gelder zum Handeln mit Devisen- und Warenterminkontrakten anvertraut werden, hat der Treuhänder die von ihm übernommene Mittelverwendungskontrolle durchzuführen und über das Anlagerisiko und über solche Umstände aufzuklären, die den Vertragszweck – für ihn erkennbar – gefährden könnten.[891]

**410** **d) Rechnungslegung und Auskunft.** Der Treuhänder ist generell zu umfassender Auskunft und Rechnungslegung verpflichtet.[892] Zu einer ordnungsgemäßen Rechnungslegung bei Bauherren-Modellen gehört, dass der Treuhänder eine Gesamtabrechnung des Vorhabens vorlegt und sich nicht auf die die erworbene Wohnung betreffenden Angaben beschränkt. Aus dieser aus sich heraus verständlichen Gesamtabrechnung muss hervorgehen, welche Leistungspflichten für den Treugeber begründet worden sind, ob, wann und in welcher Weise sie erfüllt wurden und, ob aus dem jeweiligen Vertrag noch nicht erfüllte Verbindlichkeiten bestehen, wie der Verteilungsschlüssel ermittelt worden ist, ob die anderen Bauherren ihren Verpflichtungen nachgekommen oder, ob mit den Mitteln des Treugebers etwa deren Verbindlichkeiten (mit-)erfüllt worden sind. Abzuschließen ist die Darstellung mit einer übersichtlichen Aufrechnung der Einnahmen und Ausgaben.[893]

---

[886] BGH WM 2001, 2262.
[887] BGH WM 1986, 1320 = NJW-RR 1987, 20 = BB 1986, 1807 = DB 1986, 2124 = ZIP 1986, 1124 = WuB I G 7.–1.87 *Wolfsteiner*.
[888] BGH WM 1992, 1074 = NJW 1992, 221 = ZIP 1992, 910 = WuB I G 7.–10.92 *Reithmann*.
[889] BGH WM 1989, 1286 = NJW-RR 1989, 1102 = BB 1989, 1999 = DB 1989, 1818 = WuB I G 7.–7.89 *v. Heymann;* BGH WM 1994, 1076 = NJW 1994, 1864 = DB 1994, 1081 = WuB I G 7.–2.94 *v. Heymann.*
[890] BGH Urt. v. 22.3.2007, Az. III ZR 98/06, ZIP 2007, 873.
[891] BGH WM 1995, 344.
[892] OLG München DB 1986, 1970.
[893] OLG Köln DB 1989, 773.

Bei einem Bauherrenmodell ist der Treuhänder grundsätzlich zur Abführung der vollen **411** von ihm aus der Untervermietung erzielten Mieteinkünfte verpflichtet.[894] Sind einem Treuhänder Gelder zu treuen Händen anvertraut, dann hat er entgegen seiner Verpflichtung, sich streng an die Hinterlegungsanweisungen zu halten, ausnahmsweise von der Auszahlung abzusehen, sobald ihm erkennbar wird, dass der Treugeber durch die Auszahlung geschädigt werden kann.[895]

**e) Garantien.** Ein Treuhänder hat in seiner Eigenschaft als Baubetreuer auf Grund ei- **412** ner übernommenen Garantie grundsätzlich dafür einzustehen, dass der garantierte Preis auch eingehalten wird. Die eingeräumte Überschreitung von bis zu 5 % des garantierten Preises ist jedoch nur zulässig, wenn die Überschreitung vom Treuhänder nicht zu vertreten und für ihn nicht vorhersehbar war.[896]

**7. Wahrung der steuerlichen Treugeberinteressen.** Zu den Pflichten des Treuhän- **413** ders gehört auch die Wahrung der steuerlichen Interessen des Treugebers.

**a) Prospektierte Steuervorteile.** Ist bei einem Erwerbermodell ein Treuhänder damit **414** beauftragt, die eingehenden Gelder im Interesse des Anlegers für dessen Rechnung anzuweisen (sog Zahlungstreuhänder), dann ist dieser Treuhänder generell nicht verpflichtet, auch die steuerlichen Interessen der Anleger wahrzunehmen und Maßnahmen zu ergreifen, die auf die Sicherung der im Prospekt in Aussicht gestellten Steuervorteile abzielen.[897]

**b) Mehrwertsteueroption.** Für den Zahlungstreuhänder besteht generell auch keine **415** Pflicht, Maßnahmen zu ergreifen, die zur Option und zur Beantragung der MwSt.-Rückvergütung notwendig sind.[898]

**c) Vermeidung von steuerlichen Nachteilen.** Der Treuhänder eines Bauherrenmo- **416** dells muss die Abwicklung eines Bauvorhabens daraufhin überwachen, dass sie der Anerkennung der Anleger als Bauherren und der Gewährung der damit verbundenen Steuervorteile nicht entgegensteht. Diese Pflicht trifft ihn unabhängig davon, ob daneben ein gesondert beauftragter Steuerberater oder der Baubetreuer zur Überwachung verpflichtet ist. Für entgangene Steuervorteile haftet der Treuhänder nicht, wenn die tatsächliche Abwicklung des Bauvorhabens der seinerzeitigen maßgeblichen Verwaltungspraxis entsprach.[899]

**8. Vertragspflichten gegenüber Bank. a) Bürgschaft und Pfandrecht.** Über- **417** nimmt der Treuhänder eines Erwerber-Modells gegenüber der Bank eine selbstschuldnerische Bürgschaft und unterhält er gleichzeitig ein Festgeldkonto, an dem der Bank nach ihren AGB ein Pfandrecht zusteht, dann sind an das Zustandekommen einer Vereinbarung, durch die die Bank auf ihr Pfandrecht verzichtet, strenge Anforderungen zu stellen.[900]

**b) Treuhandkonto.** Eröffnet der Treuhänder einer Bauherrengemeinschaft ein Treu- **418** handkonto (Anderkonto), dann haftet für das Debet im Verhältnis zur Bank der Treuhänder und nicht die von ihm vertretene Bauherrengemeinschaft (AGB-Anderkonten Nr. 1).[901]

**9. Fehlende Vollmacht.** Schließt der Treuhänder eines im Bauherrenmodell zu errich- **419** tenden Bauvorhabens Verträge namens und im Auftrag der Bauherrengemeinschaft, ohne dass eine solche Bauherrengemeinschaft besteht, haftet er grundsätzlich selbst als Vertreter ohne Vertretungsmacht nach § 179 Abs. 1 BGB. Die Haftung des vollmachtslosen Treu-

---

[894] OLG Düsseldorf DB 1986, 2020.
[895] BGH WM 1978, 190; BGH WM 1986, 583 = VersR 1986, 699 = WuB I G 9.–3.86 *Assmann*.
[896] BGH WM 1987, 179 = NJW-RR 1987, 274 = DB 1987, 479 = WuB I G 7.–3.87 *Assmann*.
[897] BGH WM 1987, 212 = NJW-RR 1987, 273 = DB 1987, 427 = ZIP 1987, 109 = WuB I G 7.–4.87 *Assmann*.
[898] BGH WM 1987, 1221 = WuB I G 7.–12.87 *v. Heymann*.
[899] BGH WM 1991, 765 = NJW-RR 1991, 660 = BB 1991, 572 = DB 1991, 1319 = WuB I G 7.–7.91 *v. Heymann*.
[900] BGH WM 1973, 894 = BGHZ 61, 72.
[901] OLG Düsseldorf, WM 1989, 211 m. Anm. *Sonnenohl* WuB I C 3.–2.89.

händers ist nach § 179 Abs. 3 Satz 1 BGB nur dann ausgeschlossen, wenn der Vertragspartner den Mangel der Vertretungsmacht kennt oder infolge Fahrlässigkeit nicht kennt.[902]

420 Die Haftung des Treuhänders ist nach § 179 Abs. 3 Satz 1 BGB auch dann ausgeschlossen, wenn der Auftragnehmer (Bauunternehmer) weiß, dass die Bauherren noch nicht geworben sind und, dass die Bauherrengemeinschaft in absehbarer Zeit nicht zustande kommen wird. Durfte dagegen der Auftragnehmer nach den vom Treuhänder sonst abgegebenen Erklärungen darauf vertrauen, dass die Bauherrengemeinschaft noch entstehen wird, haftet der Treuhänder als Vertreter ohne Vertretungsmacht. § 179 Abs. 3 BGB ist nicht – auch nicht entsprechend – anwendbar. Will der Treuhänder dieses Haftungsrisiko vermeiden, muss er den Auftrag an eine entsprechende Bedingung knüpfen.[903]

421 Der Treuhänder einer Bauherrengemeinschaft, die als BGB-Gesellschaft unter einem Gesamtnamen auftritt, haftet wie ein Vertreter ohne Vertretungsmacht, wenn er nach dem Abschluss von Rechtsgeschäften für die Bauherrengemeinschaft die Namen der Bauherren nicht bekannt gibt.

422 Gibt der Treuhänder für den Interessenten die Beitrittserklärung zum Fonds ab und ist die Bevollmächtigen des Treuhänders wegen Verstoßes gegen Art. 1 S. 1 RBerG nichtig, so finden die Grundsätze über den fehlerhaften Beitritt zu einer Gesellschaft Anwendung, es sei denn, der Zweck des Fonds besteht in der Besorgung fremder Rechtsangelegenheiten und verstößt gegen Art. 1 § 1 RBerG.[904]

423 **10. Pfandrecht am Treuhandkonto.** Das Vertragspfandrecht nach Art 14 Abs. 1 AGB-Banken (alt) an einem sogenannten Treuhandkonto wird allein durch spätere Offenlegung der Treuhandbindung nicht aufgehoben; hierzu bedarf es einer Vereinbarung zwischen Bank und Kunden. Jedoch kommt ein Schadensersatzanspruch des Treugebers aus § 826 BGB in Betracht, wenn die Bank an später eingehenden Geldern trotz Kenntnis der Treuhandbindung ein Pfandrecht für ihre Ansprüche gegen den Treuhänder persönlich entstehen lässt.[905]

424 Das Pfandrecht der Bank nach Nr. 14 Abs. 1 AGB-Banken bzw. Nr. 21 Abs 1 AGB-Sparkassen (alt) unterliegt nicht Baugeld im Sinne von § 1 Abs. 3 des Gesetzes über die Sicherung von Bauforderungen (GSB), wenn und soweit dem Kreditinstitut die Baugeldeigenschaft bekannt ist.[906]

### IX. Prospekthaftung der finanzierenden Bank

425 Ansprüche des Anlegers gegen die finanzierende Bank können sich auch aus dem Rechtsinstitut der sog Prospekthaftung ergeben.[907] Dabei ist zu unterscheiden zwischen steuersparenden Kapitalanlagen und Börsenprospekten.

426 **1. Steuersparende Kapitalanlagen.** Zur Prospekthaftung der Bank im Zusammenhang mit steuersparenden Kapitalanlagen sind bisher einige höchstrichterliche Entscheidungen ergangen.[908]

---

[902] BGHZ 63, 45 = WM 1974, 973 = NJW 1974, 1905 = BB 1974, 1178 = DB 1974, 1808; OLG Köln WM 1987, 1081 = WuB I G 7.–10.87 *v. Heymann*.
[903] BGHZ 105, 283 = WM 1988, 1831 = NJW 1989, 894 = BB 1989, 171 = DB 1989, 99 = ZIP 1988, 1573 = WuB I G 7.–3.89 *v. Heymann*; OLG Frankfurt BB 1984, 692; OLG Hamm BauR 1987, 592; OLG Frankfurt NJW-RR 1987, 914.
[904] BGH WM 2003, 247 m. Anm. *Wertenbruch* WuB VIII D. Art. 1 § 1 RBerG.
[905] BGH WM 1990, 1954 m. Anm *Gößmann* WuB I C 3–4.91.
[906] BGH WM 1987, 1457 m. Anm. *Fischer* WuB I A Nr. 19 AGB-Banken 1.88.
[907] S. hierzu → Rn. 353 ff.
[908] Zur Darlegungs- und Beweislast bezüglich des Sachzusammenhangs zwischen Pflichtverletzung und Schaden bei Propekthaftungsansprüchen vgl. BGH WM 2006, 688 m. Anm. *Jashulla* WuB I 68.–7.06; zur Verjährung von Prospekthaftungsansprüchen vgl. *Frisch/Münscher*, Haftung bei Immobilienanlagen, Rn. 448 sowie *Heinrichs* in Palandt, § 280 Rn 55a; zur Prospekthaftung der Anlagegesellschaft, wenn Prospekt zwar nicht übergeben aber als Arbeitsgrundlage verwendet wurde: BGH Urt. v. 3.12.2007, Az. II ZR 21/06, BB 2008, 578.

In *einer* Entscheidung des BGH war die Bank bei einer Abschreibungs-KG **Treuhand-** 427
**kommanditistin und** zugleich **Mitherausgeberin** des Prospektes.[909] Der Prospekt enthielt unrichtige und unvollständige Angaben über die Mittelverwendung, die Rendite und den Wertzuwachs (die Mieten waren zu hoch kalkuliert und deshalb nicht realisierbar; die Baupreise waren überhöht, weil hierin Provisionen für die Bank und Ausschüttungsgarantien eingerechnet waren).

Nach Auffassung des BGH haftet die Bank als Treuhandkommanditistin und Mitherausgeberin des Prospektes wegen der **Verletzung vorvertraglicher Aufklärungspflichten,** 428
wenn und soweit sie in Kenntnis oder schuldhafter Unkenntnis der wahren Verhältnisse einen in wesentlichen Punkten unrichtigen, unvollständigen oder irreführenden Emissionsprospekt herausgegeben hat.[910]

Insbesondere die Höhe der tatsächlichen Baukosten gegenüber den vereinbarten Bau- 429
preisen sowie die Sachzuwendungen an die Gründungsgesellschafter und die Bank können für den Beitrittsentschluss von wesentlicher Bedeutung sein, über sie muss der Prospekt deshalb wahrheitsgemäße und vollständige Auskunft geben.

Die Auskunftspflicht erstreckt sich auch auf die Darlehenskonditionen. In dem entschie- 430
denen Fall hatte der Prospekt nicht erkennen lassen, dass die Bank die Kredite gewähren sollte und, dass dabei schlechtere als marktübliche Bedingungen vorgesehen gewesen waren; die Bank hatte auch die Laufzeit der Kredite, die im Prospekt mit 33 Jahren angegeben war, auf 23 Jahre verkürzt; dadurch sind die jährlichen Tilgungs-lasten erhöht und die Mittel für die Barausschüttung verkürzt worden. Diese Tatsache ist nach Ansicht des BGH für eine Anlageentscheidung von wesentlicher Bedeutung.[911]

In einer weiteren Entscheidung des BGH hat die Bank den Prospekt nicht selbst herausge- 431
bracht, aber eine von ihr als **„bankgeprüft"** bezeichnete Beteiligung an einer Abschreibungsgesellschaft mit unzutreffenden Prospektangaben vermittelt.[912] Die Bank war im entschiedenen Fall zwar nicht selbst Beteiligte des angestrebten Vertrages.[913] Vorvertragliche Pflichten könnten aber auch denjenigen treffen, der als Vertreter oder Vertragsmittler in besonderem Maße **persönliches Vertrauen** in Anspruch nimmt und dem solches von seinem Verhandlungsgegner auch entgegengebracht wird. Ein derartiger Sachverhalt ist regelmäßig dann gegeben, wenn der Verhandlungspartner mit Hinweis auf seine außergewöhnliche Sachkunde oder seine persönliche Zuverlässigkeit dem Verhandlungsgegner eine zusätzliche, von ihm persönlich ausgehende Gewähr für das Gelingen des Geschäfts bietet.[914]

Die Bank haftet allerdings nicht für jede Prospektunrichtigkeit. Sie hat vielmehr nur für 432
solche Fehler, Ungenauigkeiten und irreführende Darstellungen einzustehen, deren Richtigstellung oder Fehlen gerade auf Grund der besonderen Vertrauensstellung vom Anleger erwartet werden darf. Die Bank hatte insoweit den Standart selbst gesetzt, als sie die Beteiligung als „bankgeprüft" anpries. Indem sich die Bank als Vermittler die Prospektangaben zu Eigen gemacht hat, muss sie auch für die Richtigkeit der gemachten Angaben einstehen und kann sich insoweit nicht auf die Prüfung durch Dritte berufen, selbst wenn diese über die notwendige Sachkunde verfügen.[915]

In einer *anderen* Entscheidung hat der BGH den Grundsatz aufgestellt, bei einer Sparkas- 433
se entstehe ein zusätzlicher Vertrauenstatbestand bereits dadurch, dass sie die Kapitalanlage

---

[909] BGH WM 1985, 533 = WuB IV A. § 195 BGB 1.85 *Menk*.
[910] KG Urt. v. 5.9.2007, Az. 24 U 4/07, WM 2007, 2142, 2143 allg. zum Treuhandkommanditisten.
[911] BGH WM 1985, 533 = WuB IV A. § 195 BGB 1.85 *Menk*.
[912] BGH WM 1986, 517 = ZIP 1986, 562 = WuB I G 8.–5.86 *v. Heymann*.
[913] Vgl. hierzu BGHZ 56, 81 = WM 1971, 592 = NJW 1971, 1309 = DB 1971, 1006.
[914] BGHZ 74, 103 = WM 1979, 530 = NJW 1979, 1449 = BB 1980, 800 = DB 1980, 1219; BGHZ 79, 337 = WM 1981, 483 = NJW 1981, 1449 = BB 1981, 865 = DB 1981, 1274 = ZIP 1981, 518; BGHZ 84, 141 = WM 1982, 758 = NJW 1982, 2493 = BB 1982, 1323 = DB 1982, 1817; BGH WM 1985, 1520 = WuB IV A. § 676 BGB 1.86 *Assmann*.
[915] BGH WM 1981, 483 – BGHZ 79, 337.

in ihr Beratungsprogramm aufgenommen und vermittelt hat und damit der Kapitalanlage (über die verwendeten Prospekte) den **Anschein einer Seriosität** verlieh, die Sparkassengeschäften eigentümlich ist. Die Sparkasse müsse den ihr überlassenen Prospekt zumindest auf Plausibilität prüfen.[916]

434 In einem anderen Fall hat der Bundesgerichtshof den Grundsatz aufgestellt, dass eine Bank verpflichtet ist, die Richtigkeit von Prospektangaben und die Bonität der Initiatoren in banküblicher Weise zu überprüfen und die Anleger über bestehende Risiken aufzuklären, wenn sie sich im Prospekt eines Bauherrenmodells nicht nur als Vertragspartner für die Finanzierung, sondern auch als Referenz benennen lässt.[917]

435 Die in seiner Entscheidung vom 14.1.1985 (WM 1985, 533) aufgestellten Grundsätze hat der Bundesgerichtshof in einer weiteren Entscheidung nochmals bestätigt und darüberhinaus klarstellt, dass Sondervorteile, die den Gründungsgesellschaftern gewährt werden, im Prospekt offengelegt werden müssen. Die Bank als Treuhandkommanditistin verletzt ihre Aufklärungspflicht, wenn sie im Prospekt nicht darauf hinweist, dass die ausgewiesenen Bankkosten erhöht wurden, um eine Mietausfallgarantie anbieten zu können.[918]

436 Darüber hinaus hat der BGH in einem weiteren Fall nochmals klargestellt, dass eine Prospekthaftung der finanzierenden Bank nur in Betracht kommt, wenn ihre Mitwirkung an der Prospektgestaltung nach außen erkennbar hervorgetreten ist. Dazu reicht jedoch weder die **namentliche Nennung** der Bank im Prospekt als Objektfinanzierer noch der Umstand, dass mit ihrem Einverständnis ein Schreiben von ihr im Verkaufprospekt abgedruckt wurde, in dem sie sich als „bauzwischenfinanzierende Bank" zur Zwischenfinanzierung geäußert hat.[919] Ebenso wenig reicht es für die Prospekthaftung der Bank aus, wenn sie in dem Prospekt als in Aussicht genommene Darlehensgeberin, als Hausbank oder als diejenige genannt ist, bei der das Teuhandkonto geführt wird.[920] Denn ein durch ihre Nennung hervorgerufenes Vertrauen der Anleger kann sich allein auf die prospekt- und vertragsgemäße Durchführung ihrer Aufgaben als Zahlungstreuhänderin beziehen[921]. Auch die bloße **konzernmäßige Verbundenheit** der Bank mit weiteren im Prospekt erwähnten Gesellschaftern reicht für sich allein nicht aus.[922]

437 **2. Börsenprospekt.** Im Zusammenhang mit der Herausgabe eines Börsenprospektes hat der BGH entschieden, dass unter bestimmten Voraussetzungen eine Haftung der Emissionsbank gem. §§ 45, 46 BörsG in Betracht kommen kann, wenn die wirtschaftliche Lage und die Zukunftsaussichten des Emittenten zu günstig dargestellt sind.[923] Ein Börsenzulassungsprospekt muss eine zutreffende zeitnahe Darstellung aller für die Beurteilung von Wertpapieren wichtigen tatsächlichen Verhältnissen geben. Enthält der von einer Bank herausgegebene Prospekt über DM-Auslandsanleihen („Bond-Anleihen") unrichtige Angaben oder ist der Prospekt infolge Weglassung wesentlicher Tatsachen unvollständig, dann haftet die Bank gemäß §§ 45, 46 BörsG.[924]

---

[916] BGH WM 1987, 495 = NJW 1987, 1815 = BB 1987, 850 = DB 1987, 980 = ZIP 1987, 500 = WuB I G 4.–5.87 *Assmann*.

[917] BGH WM 1992, 1269 = NJW 1992, 2148 = BB 1992, 1454 = DB 1992, 2131 = ZIP 1992, 987 = WuB I G 4.–8.92 *Assmann*.

[918] BGH WM 1994, 2192 m. Anm. *Westermann* WuB I 68.–1.96.

[919] BGH WM 2004, 620 m. Anm. *Bülow* WuB I 65-7.04; ähnlich OLG Bamberg BKR 2005, 108; OLG Köln WM 2005, 792; OLG Köln Urt. v. 23.3.2005, Az. 13 U 126/04, S. 19.

[920] KG Urt. v. 5.9.2007, Az. 2444/07, WM 2007, 2142; KG WM 2003, 1066.

[921] KG Urt. v. 5.9.2007, Az. 24 U 4/07, WM 2007, 2142, 2149 u. H.a. BGH WM 2007, 1503, 1505 Rn. 26.

[922] KG, aaO.

[923] BGH WM 1982, 862 = NJW 1982, 2823 = BB 1982, 1626 = DB 1982, 1861 (BuM I); BGHZ 96, 231 = WM 1986, 2 = NJW 1986, 837 = BB 1986, 417 = DB 1986, 160 = ZIP 1986, 14 (BuM II); zum „Kapitalerhöhungsschwindel" vgl. BGH ZIP 1988, 1112.

[924] OLG Frankfurt WM 1994, 291.

Neben dieser Haftung der Bank nach dem BörsG kommt noch eine Haftung aus anderweitigen spezialgesetzlichen Regelungen wie das VerkProspG, das KAGG sowie das InvG in Betracht.[925]

**3. Immobilienanlagen.** Nach den bisher von der Rechtsprechung entwickelten Grundsätzen kann auch die finanzierende Bank bei Immobilienanlagen unter bestimmten Voraussetzungen eine Garantenstellung einnehmen. Eine mögliche Inanspruchnahme wegen unrichtiger oder unvollständiger Prospekte oder Verkaufsunterlagen wäre dabei insbesondere von folgenden Voraussetzungen abhängig:
– Inanspruchnahme **persönlichen Vertrauens** oder Verletzung typischer „Berufspflichten";
– Übernahme einer **Garantenstellung** durch nach außen in Erscheinung tretendes Mitwirken am Prospekt oder an der steuerlichen, rechtlichen und wirtschaftlichen Konzeption;
– Schaffung eines besonderen zusätzlichen **Vertrauenstatbestandes** zB durch Zustimmung zur Nennung im Prospekt als „sachverständig" und Abgabe bzw. Wiedergabe von entsprechenden Erklärungen.[926]

Bei der Beurteilung der Frage, inwieweit die finanzierende Bank Prospekthaftungsansprüchen ausgesetzt sein kann, ist die im Zusammenhang mit der Immobilienanlage übernommene **Funktion** der Bank entscheidend: Hat sich die Bank ausschließlich auf ihre Rolle als Kreditgeber beschränkt oder ist sie darüber hinaus auch an dem Projekt beteiligt. Die Beantwortung dieser Frage wird weitgehend von den Umständen des Einzelfalles abhängen. Da es sich bei der Prospekthaftung um eine Erklärungshaftung handelt, kann ein Vertrauenstatbestand allerdings nur in dem Umfang entstehen, wie entsprechende Erklärungen im Prospekt oder sonstigen Verkaufsunterlagen abgegeben worden sind.

Wenn die Bank – ohne Initiatorin, Prospektherausgeberin, Vertreiberin oder sonst Beteiligte zu sein – im Interesse einer weitgehenden Absicherung des Kreditengagements und zur Verbesserung der Rentabilität Einfluss auf die bauliche Gestaltung des Objekts nimmt, konzeptionelle und vertragliche Änderungen des Modells durchsetzt und im Übrigen eine „laufende Abstimmung" in der Planungsphase verlangt, dann wird sie damit nicht zur beherrschenden Figur des Anlagemodells und rückt auch haftungsmäßig nicht an die Seite der Initiatoren. Ein gewisses Maß an Einflussnahme auf die Projektkonzeption ist für eine Finanzierungsbank unumgänglich. Keine Bank wird zur Übernahme einer Finanzierung bereit sein, wenn sie eine ihr unter dem Blickwinkel der Rentabilität und des Finanzierungsrisikos nicht genehme Konzeption des Initiators hinnehmen müsste, um einer etwaigen Prospekthaftung zu entgehen. Etwas anderes könnte nur dann gelten, wenn der Initiator mit seinen Firmen keine selbstständigen Entscheidungen treffen kann und sämtliche Funktionen als Initiator, Vertreiber und Prospektherausgeber nur als Strohmann der Bank wahrnimmt, während in Wahrheit die Durchführung des Projektes im Wesentlichen von der Bank beherrscht wird.[927]

---

[925] Vgl hierzu *Frisch/Münscher,* Haftung bei Immobilienanlagen Rn. 436 ff. m. *Heinreichs* in Palandt S. 280 Rn. 54.
[926] BGHZ 79, 337 = WM 1981, 483 = NJW 1981, 1449 = BB 1981, 865 = DB 1981, 1274 = ZIP 1981, 518; BGH WM 1985, 533; BGHZ 93, 264 = WM 1985, 221 = NJW 1985, 1020 = BB 1985, 749 = DB 1985, 543 = ZIP 1985, 203 = WuB I E 1.–7.85 *Wolff* BGH WM 1994, 2194 m. Anm. *Westermann* WuB I 68.–1.96.
[927] BGH WM 1992, 901 = NJW-RR 1992, 879 = BB 1992, 1520 = DB 1992, 1287 = ZIP 1992, 912 = WuB I G 7.–9.92 v. *Heymann.*

# § 5 Prospekthaftung

## Übersicht

| | Rn. |
|---|---|
| I. Konzeptionelle Grundlagen der Prospekthaftung | 1–25 |
|   1. Gegenstand und Zweigleisigkeit der Prospekthaftung | 1 |
|   2. Entwicklung der Prospekthaftung und Einebnung der Zweigleisigkeit | 5 |
|   3. Prospekthaftung im engeren und im weiteren Sinne | 23 |
| II. Allgemein-zivilrechtliche (bürgerlichrechtliche) Prospekthaftung | 26–115 |
|   1. Sachlicher und zeitlicher Anwendungsbereich | 26 |
|   2. Elemente der allgemein-zivilrechtlichen Prospekthaftung | 35 |
|     a) Prospekt als Bezugspunkt der Haftung (Prospektbegriff) | 35 |
|     b) Prospektmangel: Unrichtigkeit oder Unvollständigkeit der Prospektangaben | 39 |
|       aa) Grundlagen | 39 |
|       bb) Beurteilungszeitpunkt und Aktualisierungspflicht | 42 |
|       cc) Beurteilungsmaßstab | 45 |
|       dd) Angaben von wesentlicher Bedeutung | 47 |
|       ee) Unrichtigkeit und Unvollständigkeit | 50 |
|         (1) Unrichtige Angaben | 50 |
|         (2) Unvollständige Angaben | 54 |
|         (3) Unzutreffender Gesamteindruck | 61 |
|         (4) Geheimhaltungsinteressen und Nichtaufnahme von Informationen | 63 |
|     c) Anspruchsgegner | 67 |
|       aa) Prospekthaftung im engeren Sinne | 67 |
|         (1) Übersicht | 67 |
|         (2) Prospektherausgeber und für die Prospekterstellung Verantwortliche | 70 |
|         (3) Hintermänner | 76 |
|         (4) Garantenstellung kraft beruflicher und wirtschaftlicher Stellung oder als berufsmäßige Sachkenner | 79 |
|       bb) Prospekthaftung im weiteren Sinne | 86 |
|     d) Anspruchsberechtigte | 87 |
|     e) Kausalität | 90 |
|       aa) Haftungsbegründende Kausalität | 91 |
|       bb) Haftungsausfüllende Kausalität | 95 |
|     f) Verschulden und Mitverschulden | 96 |
|     g) Inhalt des Anspruchs | 99 |
|     h) Haftungsfreizeichnung | 109 |
|     i) Verjährung | 110 |
|     j) Gerichtsstand | 114 |
| III. Prospekthaftung nach dem Wertpapierprospektgesetz | 116–237 |
|   1. Übersicht und Übergangsregelungen | 116 |
|   2. Anwendungsbereich | 121 |
|   3. Haftung bei fehlerhaftem Prospekt oder schriftlicher Darstellung | 131 |
|     a) Unrichtigkeit oder Unvollständigkeit | 131 |
|       aa) Beurteilungszeitpunkt und Nachtragspflicht | 132 |
|       bb) Beurteilungsmaßstab | 136 |
|       cc) Angaben von wesentlicher Bedeutung | 140 |
|       dd) Unrichtigkeit | 144 |
|       ee) Unvollständigkeit | 148 |
|     b) Anspruchsgegner | 152 |
|       aa) Verantwortungsübernahme (Prospekterlasser) | 153 |
|       bb) Personen, von denen der Erlass des Prospekts ausgeht (Prospektveranlasser) | 157 |
|       cc) Gesamtschuldnerische Haftung | 159 |
|     c) Anspruchsberechtigte | 161 |
|       aa) Übersicht | 161 |
|       bb) Erwerbszeitraum | 162 |
|       cc) Gegenstand des Erwerbs (erfasste Wertpapiere) | 165 |
|       dd) Erwerb | 169 |
|     d) Kausalität | 171 |
|       aa) Haftungsbegründende Kausalität | 171 |
|       bb) Haftungsausfüllende Kausalität | 174 |
|     e) Verschulden und Mitverschulden | 178 |
|       aa) Übersicht | 178 |

|  | Rn. |
|---|---|
| bb) Vorsatz und grobe Fahrlässigkeit | 180 |
| cc) Mitverschulden | 185 |
| f) Inhalt des Prospekthaftungsanspruchs | 187 |
| aa) Übersicht | 187 |
| bb) Erwerber ist noch Inhaber der Wertpapiere | 189 |
| cc) Erwerber ist nicht mehr Inhaber der Wertpapiere | 194 |
| g) Haftungsfreizeichnung | 197 |
| h) Verjährung | 200 |
| i) Gerichtsstand | 203 |
| j) Konkurrenzen | 206 |
| k) Rechtsschutz | 209 |
| 4. Haftung bei fehlendem Prospekt | 210 |
| a) Übersicht | 210 |
| b) Verstoß gegen die Pflicht zur Veröffentlichung eines Prospekts | 212 |
| c) Anspruchsberechtigte | 214 |
| d) Anspruchsgegner | 219 |
| e) Kausalität | 223 |
| f) Verschulden | 225 |
| g) Mitverschulden | 229 |
| h) Inhalt des Anspruchs | 230 |
| i) Verjährung | 233 |
| j) Haftungsfreizeichnung, Konkurrenzen | 235 |
| k) Gerichtliche Zuständigkeit | 237 |
| IV. Prospekthaftung nach dem Vermögensanlagengesetz und Haftung bei unrichtigem Vermögensanlagen-Informationsblatt | 238–319 |
| 1. Übersicht und Übergangsregelungen | 238 |
| 2. Haftung bei fehlerhaftem Verkaufsprospekt | 242 |
| a) Übersicht | 242 |
| b) Anwendungsbereich | 243 |
| c) Unrichtiger oder unvollständiger Verkaufsprospekt | 246 |
| d) Anspruchsgegner | 256 |
| e) Anspruchsberechtigte | 258 |
| f) Kausalität | 264 |
| g) Verschulden und Mitverschulden | 266 |
| h) Inhalt des Prospekthaftungsanspruchs | 269 |
| i) Haftungsfreizeichnung | 273 |
| j) Verjährung | 274 |
| k) Gerichtsstand | 277 |
| l) Konkurrenzen | 279 |
| m) Rechtsschutz | 280 |
| 3. Haftung bei fehlendem Verkaufsprospekt | 281 |
| a) Übersicht | 281 |
| b) Verstoß gegen die Pflicht zur Veröffentlichung eines Prospekts | 282 |
| c) Anspruchsberechtigte | 285 |
| d) Anspruchsgegner | 288 |
| e) Kausalität | 290 |
| f) Verschulden und Mitverschulden | 292 |
| g) Anspruchsinhalt | 294 |
| h) Verjährung | 295 |
| i) Haftungsfreizeichnung, Konkurrenzen | 297 |
| j) Gerichtliche Zuständigkeit | 299 |
| 4. Haftung bei unrichtigem Vermögensanlagen-Informationsblatt | 300 |
| a) Übersicht | 300 |
| b) Haftung | 303 |
| aa) Fehlerhaftes Vermögensanlagen-Informationsblatt | 303 |
| bb) Anspruchsberechtigte und haftungsbegründende Kausalität | 305 |
| cc) Anspruchsgegner | 309 |
| dd) Haftungsausfüllende Kausalität | 310 |
| ee) Verschulden und Mitverschulden | 311 |
| ff) Inhalt des Anspruchs | 313 |
| gg) Haftungsfreizeichnung | 315 |
| hh) Verjährung | 316 |
| ii) Gerichtsstand | 317 |
| jj) Konkurrenzen | 318 |

## § 5  2. Kapitel. Zivilrechtliche Pflichten und Haftung

Rn.

V. Haftung für den Verkaufsprospekt und andere Haftungstatbestände für fehlerhafte vertriebsbezogene Anlegerinformation nach dem KAGB .................................................................. 320–451
  1. Übersicht .................................................................................................................... 320
    a) Normentwicklung – Übergangsvorschriften ......................................................... 320
    b) Haftungstatbestände .............................................................................................. 322
      aa) Haftung bei fehlerhaftem Verkaufsprospekt (§ 306 Abs. 1, 3, 4 und 6 KAGB) ........... 322
      bb) Haftung bei fehlendem Verkaufsprospekt (§ 306 Abs. 5 KAGB) ..................... 325
      cc) Haftung bei fehlerhaften Angaben in den wesentlichen Anlegerinformationen (§ 306 Abs. 2 Satz 1 KAGB) ............................................................................... 327
      dd) Haftung bei fehlerhaften Informationen beim Vertrieb von AIF in Bezug auf semi-professionelle und professionelle Anleger (§ 307 Abs. 3 KAGB) ........................ 328
    c) Rechtsquellen – Rechtsanwendung ....................................................................... 332
  2. Haftung für fehlerhafte Verkaufsprospekte nach § 306 Abs. 1 KAGB ..................... 336
    a) Verkaufsprospekte .................................................................................................. 336
      aa) Verkaufsprospekte für offene Publikumsinvestmentvermögen und geschlossene Publikums-AIF ............................................................................................. 338
        (1) Übersicht ....................................................................................................... 338
        (2) Investmentvermögen ..................................................................................... 344
          (a) Grundbegriff zur Bestimmung der Prospektpflicht und des Anwendungsbereichs des KAGB ............................................................................................. 344
          (b) Merkmale des Investmentvermögensbegriffs ...................................................... 347
          (c) Ausnahmen ............................................................................................................ 368
          (d) Folgerungen für den Anwendungsbereich ............................................................ 372
      bb) Beim Vertrieb von anzeigepflichtigen EU-OGAW oder von Anteilen oder Aktien an EU-AIF oder ausländischen AIF zu veröffentlichenden Verkaufsprospekte ......... 373
    b) Angaben im Verkaufsprospekt .............................................................................. 375
    c) Zeitpunkt und Maßstab der Beurteilung der Unrichtigkeit oder Unvollständigkeit von Angaben ........................................................................................................................ 378
      aa) Beurteilungszeitpunkt ......................................................................................... 379
      bb) Beurteilungsmaßstab .......................................................................................... 382
    d) Angaben von wesentlicher Bedeutung ................................................................... 384
    e) Unrichtige oder unvollständige Angaben .............................................................. 390
    f) Anspruchsberechtigte ............................................................................................. 391
    g) Anspruchsgegner .................................................................................................... 394
    h) Kausalität ................................................................................................................ 401
    i) Verschulden, Mitverschulden, Haftungsausschluss ............................................... 405
    j) Inhalt des Anspruchs und gesamtschuldnerische Haftung .................................... 408
    k) Vereinbarung eines Haftungsausschlusses ............................................................. 413
    l) Verjährung .............................................................................................................. 414
    m) Konkurrenzen ........................................................................................................ 416
    n) Gerichtliche Zuständigkeit ..................................................................................... 417
  3. Haftung für wesentliche Anlegerinformationen (§ 306 Abs. 2 Satz 1 KAGB) ......... 418
    a) Übersicht ................................................................................................................. 418
    b) Wesentliche Anlegerinformationen ....................................................................... 421
    c) Fehlerhafte Informationen ..................................................................................... 425
      aa) Irreführend .......................................................................................................... 426
      bb) Unrichtig ............................................................................................................. 430
      cc) Nicht mit den einschlägigen Stellen des Verkaufsprospekts vereinbar .............. 431
    d) Anspruchsberechtigte und Anspruchsgegner ........................................................ 433
    e) Kausalität und Verschulden ................................................................................... 435
    f) Inhalt des Anspruchs .............................................................................................. 437
    g) Haftungsmodalitäten und gerichtliche Zuständigkeit ........................................... 438
  4. Haftung bei fehlendem Verkaufsprospekt (§ 306 Abs. 5 KAGB) ............................. 442

**Schrifttum:** *Arndt/Voß* (Hrsg.), Verkaufsprospektgesetz, 2008; *Arnold/Aubel,* Einlagenrückgewähr, Prospekthaftung und Konzernrecht bei öffentlichen Angeboten von Aktien, ZGR 2012, 113 ff.; *Assmann,* Informationspflicht des Anlagevermittlers und Mitverschulden des Anlegers, NJW 1982, 1083 ff.; *ders.,* Entwicklungstendenzen der Prospekthaftung, WM 1983, 138 ff.; *ders.,* Prospekthaftung, 1985; *ders.,* Prospekthaftung als unerlaubter Haftungsdurchgriff?, Festschrift der Juristischen Fakultät zur 600-Jahr-Feier der Ruprecht-Karls-Universität Heidelberg (Richterliche Rechtsfortbildung), 1986, S. 299 ff.; *ders.,* Haftung gegenüber dem Anleger (I) – Prospekthaftung, in Köndgen, Neue Entwicklungen im Bankhaftungsrecht, 1987, S. 55; *ders.,* Neues Recht für den Wertpapiervertrieb, die Förderung der Vermögensbildung durch Wertpapieranlage und die Geschäftstätigkeit von Hypo-

§ 5 Prospekthaftung                                                                                                     § 5

thekenbanken, NJW 1991, 528 ff.; *ders.*, Der Inhalt des Schadensersatzanspruchs fehlerhaft informierter Kapitalanleger, Festschrift für Hermann Lange, 1992, S. 345 ff.; *ders.*, Die Befreiung von der Pflicht zur Veröffentlichung eines Börsenzulassungsprospekts nach § 45 Nr. 1 BörsZulVO und die Prospekthaftung: Eine Lücke im Anlegerschutz?, AG 1996, 508 ff.; *ders.*, Entwicklungslinien und Entwicklungsperspektiven der Prospekthaftung, Freundesgabe für Friedrich Kübler, 1997, S. 317 ff.; *ders.*, Negativberichterstattung als Gegenstand der Nachforschungs- und Hinweispflichten von Anlageberatern und Anlagevermittlern, ZIP 2002, 637 ff.; *ders.*, Prospektaktualisierungspflichten, Festschrift für Ulmer, 2003, S. 757 ff.; *ders.*, Die Prospekthaftung beruflicher Sachkenner, AG 2004, 435 ff.; *Assmann/Lenz/Ritz,* Verkaufsprospektgesetz, VerkProspVO und VerkProspGebVO, 2001; *Assmann/Pötzsch/Uwe H. Schneider,* Wertpapiererwerbs- und Übernahmegesetz, 2. Aufl. 2013; *Assmann/Schlitt/v. Kopp-Colomb* (Hrsg.), Wertpapierprospektgesetz/Verkaufsprospektgesetz, 2. Aufl. 2010; *Assmann/Uwe H. Schneider* (Hrsg.), Wertpapierhandelsgesetz, 6. Aufl. 2012; *Assmann/Wagner,* Die Verjährung sog. Altansprüche der Erwerber von Anlagen des freien Kapitalanlagemarkts, NJW 2005, 3169 ff.; *v. Bar,* Vertrauenshaftung ohne Vertrauen, ZGR 1983, 476 ff.; *Barta,* Der Prospektbegriff in der neuen Verkaufsprospekthaftung, NZG 2005, 305 ff.; *Baums/Fischer,* Haftung des Prospekt- und des Abschlussprüfers gegenüber den Anlegern, Festschrift für Drukarczyk, 2003, S. 39 ff.; *Baur,* Investmentgesetze, 2. Aufl. 1997; *Beck/Maier,* Die neuen Mindestangaben der Vermögensanlagen-Verkaufsprospektverordnung, WM 2012, 1898 ff.; *Beckmann/Scholtz/Vollmer,* Investment – Ergänzbares Handbuch für das gesamte Investmentwesen, Loseblatt 2014; *Benecke,* Haftung für Inanspruchnahme von Vertrauen – Aktuelle Fragen zum neuen Verkaufsprospektgesetz, BB 2006, 2597 ff.; *Berger/Steck/Lübbehüsen* (Hrsg.), InvG, InvStG, 2010; *Bischoff,* Internationale Börsenprospekthaftung, AG 2002, 489 ff.; *Bödeker,* Anlegerschutz und „Grauer Kapitalmarkt" – Ein Überblick über die jüngsten Aktivitäten des Gesetzgebers, GWR 2011, 278 ff.; *Bohlken/Lange,* Die Prospekthaftung im Bereich geschlossener Fonds nach §§ 13 Abs. 1 Nr. 3, 13a Verkaufsprospektgesetz nF, DB 2005, 1259 ff.; *Bongertz,* Verschuldensunabhängige Haftung bei fehlendem Prospekt trotz Abstimmung mit der BaFin?, BB 2012, 470 ff.; *Braun/Rotter,* Können Ad-hoc-Mitteilungen Schadensersatzansprüche im Sinne der allgemeinen zivilrechtlichen Prospekthaftung auslösen?, BKR 2003, 918 ff.; *Brawenz,* Die Prospekthaftung nach allgemeinem Zivilrecht, 1991; *Brinkhaus/Scherer* (Hrsg.), KAGG AuslInvestmG, 2003; *Brocker/Lohmann,* Die Aufsicht über den Vertrieb von Vermögensanlagen nach dem Vermögensanlagengesetz und der Gewerbeordnung, GWR 2012, 335 ff.; *Brocker/Wohlfarter,* Die Auswirkungen der neuen Prospektpflicht für Bezugsrechtsemissionen auf die Eigenkapitalbeschaffung mittelständischer Unternehmen, BB 2013, 393 ff.; *Brondics/Mark,* Die Verletzung von Informationspflichten im amtlichen Markt nach der Reform des Börsengesetzes, AG 1989, 339 ff.; *Bruchwitz/Voß,* Der Regierungsentwurf für ein Gesetz zur Novellierung des Finanzanlagenvermittler- und Vermögensanlagenrechts, BB 2011, 1226 ff.; *Buck-Heeb,* Kapitalmarktrecht, 6. Aufl. 2013; *Bußalb/Vogel,* Das Gesetz über Vermögensanlagen – neue Regeln für geschlossene Fonds, WM 2012, 1416 ff.; *Coing,* Haftung aus Prospektwerbung für Kapitalanlagen in der neueren Rechtsprechung des Bundesgerichtshofes, WM 1980, 206 ff.; *Canaris,* Bankvertragsrecht, 2. Aufl. 1981; *Crezelius,* Grauer Kapitalmarkt und Rechtsordnung, BB 1985, 209 ff.; *Dittrich,* Die Privatplazierung im deutschen Kapitalmarktrecht, 1998; *Dornseifer/Jesch/Klebeck/Tollmann,* AIFM-Richtlinie, 2013; *Dühn,* Schadensersatzhaftung börsennotierter Aktiengesellschaften für fehlerhafte Kapitalmarktinformation, 2003; *Ehricke,* Prospekt- und Kapitalmarktinformationshaftung in Deutschland, in *Hopt/Voigt* (Hrsg.), Prospekt- und Kapitalmarktinformationshaftung, 2005, S. 187 ff.; *Einsele,* Gesetzliche Prospekthaftung von Aktien- und Personengesellschaften – Anlegerschutz versus Gläubigerschutz?, Festschrift für Kreutz, 2010, S. 569 ff.; *Ellenberger,* Die Börsenprospekthaftung nach dem Dritten Finanzmarktförderungsgesetz, Festschrift für Schimansky, 1999, S. 591 ff.; *ders.*, Prospekthaftung im Wertpapierhandel, 2001; *Elsen/Jäger,* Revision der Prospektrichtlinie – Überblick über wesentliche Neuerungen, BKR 2010, 97 ff.; *Emde/Dornseifer/Dreibus/Hölscher* (Hrsg.), InvG – Investmentgesetz, 2013; *Engelhardt,* Börsenprospekthaftung der Leitungsorgane von Emittenten in Deutschland und Schweden, 2010; *Erman,* Zur Prospekthaftung aus § 45 Börsen-Gesetz, AG 1964, 327 ff.; *Fischer/Friedrich,* Investmentaktiengesellschaft und Investmentkommanditgesellschaft unter dem Kapitalanlagegesetzbuch, ZBB 2013, 153 ff.; *Fleischer,* Empfiehlt es sich, im Interesse des Anlegerschutzes und zur Förderung des Finanzplatzes Deutschland das Kapitalmarkt- und Börsenrecht neu zu regeln?, Gutachten F für den 64. Deutschen Juristentag, 2002; *ders.*, Zur Haftung bei fehlendem Verkaufsprospekt im deutschen und US-amerikanischen Kapitalmarktrecht, WM 2004, 1897 ff.; *ders.*, Prospektpflicht und Prospekthaftung für Vermögensanlagen des Grauen Kapitalmarkts nach dem Anlegerschutzverbesserungsgesetz, BKR 2004, 339 ff.; *ders.*, Zur zivilrechtlichen Teilnehmerhaftung für fehlerhafte Kapitalmarktinformation nach deutschem und US-amerikanischem Recht, AG 2008, 265 ff.; *Fleischer/Thaten,*

Einlagenrückgewähr und Übernahme des Prospekthaftungsrisikos durch die Gesellschaft bei der Platzierung von Altaktien, NZG 2011, 1081 ff.; *Förster,* Die Prospekthaftung der organisierten und grauen Kapitalmärkte, 2002; *Friedrichsen/Weisner,* Das Gesetz zur Novellierung des Finanzanlagenvermittler- und Vermögensanlagenrechts – Wesentliche Neuerungen im Bereich geschlossener Fonds, ZIP 2012, 756 ff.; *Frohne,* Prospektpflicht und Prospekthaftung in Deutschland, Frankreich und den USA, 1974; *Gebauer,* Börsenprospekthaftung und Kapitalerhaltungsgrundsatz in der Aktiengesellschaft, 1999; *Gebauer/Wiedmann* (Hrsg.), Zivilrecht unter Europäischem Einfluss, 2. Aufl. 2010; *Geibel,* Der Kapitalanlegerschaden, 2002; *Gerber,* Die Prospekthaftung bei Wertpapieremissionen nach dem Dritten Finanzmarktförderungsgesetz, 2001; *Giesler,* Die Prospekthaftung des Franchisegebers, ZIP 1999, 2131 ff.; *Goller/Hartrott,* Immobilienfonds nach dem Kapitalanlagegesetzbuch, BB 2013, 1603; *v. Grießenbeck,* Zur Anwendbarkeit des § 98 HGB auf Emissionsgehilfen beim Vertrieb von Anteilen einer Publikums-KG, BB 1988, 2188 ff.; *Groß,* Kapitalmarktrecht – Kommentar zum Börsengesetz, zur Börsenzulassungs-Verordnung und zum Wertpapierprospektgesetz, 5. Aufl. 2012; *Grumann,* Prospektbegriff, -pflicht und -verantwortlichkeit im Rahmen der allgemeinen bürgerlich-rechtlichen Prospekthaftung im engeren Sinne, BKR 2002, 310 ff.; *Haas/Hanowski,* Keine Prospekthaftung für Werbeaussagen?, NZG 2010, 254 ff.; *Habersack/Mülbert/Schlitt* (Hrsg.), Handbuch der Kapitalmarktinformation, 2. Aufl. 2013; *Habersack/Mülbert/Schlitt* (Hrsg.), Unternehmensfinanzierung am Kapitalmarkt, 3. Aufl. 2013; *Haertlein,* Prospektverantwortlichkeit infolge werbender Äußerungen über Kapitalanlagen – Zugleich Besprechung LG Mosbach v. 15.8.2007 – 1 O 135/06, ZIP 2008, 745 ff.; *Hahn,* Die Versicherbarkeit von Prospekthaftungsansprüchen bei der Emission von geschlossenen Fonds, VersR 2012, 393 ff.; *Hammer,* Grundsätze ordnungsmäßiger Durchführung von Prospektprüfungen, WPg 1987, 676 ff.; *Hanten/Reinholz,* Das Vermögensanlagengesetz, ZBB 2012, 36 ff.; *Hebrant,* Schadensersatzhaftung für mangelhafte Wertpapier-Produktflyer außerhalb einer vertraglichen Sonderverbindung, ZBB 2011, 451 ff.; *Heidel,* Aktienrecht und Kapitalmarktrecht, 3. Aufl. 2011; *Heidelbach/Preuße,* Einzelfragen in der praktischen Arbeit mit dem neuen Wertpapierprospektregime, BKR 2006, 316 ff.; *Helkenberg,* Anlegerschutz am Grauen Kapitalmarkt – Prognosegrundsätze für Emissionsprospekte, 1989; *Hellgaardt,* Von der bürgerlich-rechtlichen Prospekthaftung zur Informationshaftung beim Vertrieb von Vermögensanlagen – Eine Nachlese zum „Rupert Scholz"-Urteil des BGH vor dem Hintergrund des neuen Vermögensanlagengesetzes, ZBB 2012, 73 ff.; *v. Heymann/Merz,* Bankenhaftung bei Immobilienanlagen, 2010; *Hoegen,* Einzelfragen zur Haftung bei Anlagevermittlung und Anlageberatung unter besonderer Berücksichtigung der Rechtsprechung des Bundesgerichtshofes, Festschrift für Stimpel, 1985, S. 247 ff.; *Holzborn* (Hrsg.), Wertpapierprospektgesetz, 2008; *Holzborn/Israel,* Das neue Wertpapierprospektrecht, ZIP 2005, 1668 ff.; *Hoppe/Riedel,* Der Begriff „weiche Kosten" in der Prospekthaftung, DB 2007, 1125 ff.; *Hopt,* Der Kapitalanlegerschutz im Recht der Banken, 1975; *ders.,* Inwieweit empfiehlt sich eine allgemeine gesetzliche Regelung des Anlegerschutzes?, Gutachten G zum 51. Deutschen Juristentag, 1976; *ders.,* Risikokapital, Nebenbörsen und Anlegerschutz, WM 1985, 793 ff.; *ders.,* Die Verantwortlichkeit der Banken bei Emissionen, 1991; *ders.,* Emission, Prospekthaftung und Anleihetreuhand im internationalen Recht, Festschrift für Lorenz, 1991, S. 413 ff.; *ders.,* Kapitalmarktrecht (mit Prospekthaftung) in der Rechtsprechung des Bundesgerichtshofs, in: 50 Jahre Bundesgerichtshof, Festgabe aus der Wissenschaft, Bd. II, 2000, S. 497 ff.; *ders.,* 50 Jahre Anlegerschutz und Kapitalmarktrecht: Rückblick und Ausblick, WM 2009, 1873 ff.; *ders.,* Die Haftung für Kapitalmarktinformationen – Rechtsvergleichende, rechtsdogmatische und rechtspolitische Überlegungen, WM 2013, 101; *Hopt/Voigt* (Hrsg.), Prospekt- und Kapitalmarktinformationshaftung, 2005; *dies.,* Prospekt- und Kapitalmarktinformationshaftung, WM 2004, 1801 ff.; *Hüffer,* Das Wertpapier-Verkaufsprospektgesetz, 1996; *Jansen/Pfeifle,* Rechtliche Probleme des Crowdfundings, ZIP 2012, 1842 ff.; *Just/Voß/Ritz/Zeising,* WpPG, 2009; *Keuneke,* Prospekte im Kapitalmarkt, 2005; *Keusch/Wankerl,* Die Haftung der Aktiengesellschaft für fehlerhafte Kapitalmarktinformationen im Spannungsfeld zum Gebot der Kapitalerhaltung, BKR 2003, 744 ff.; *Kiel,* Internationales Kapitalanlegerschutzrecht, 1994; *Kiethe,* Gesellschaftsrechtliche Einflussnahme und Initiatorenstellung – Aspekte der Haftung Dritter aus Prospekt bei Kapitalanlagegesellschaften, NZG 1999, 858 ff.; *ders.,* Prospekthaftung und grauer Kapitalmarkt, ZIP 2000, 216 ff.; *Kind/Bruchwitz,* Die Verjährung von Prospekthaftungsansprüchen bei geschlossenen Fonds und Bauherrenmodellen, BKR 2011, 10 ff.; *Kind/Oertel,* Prospekthaftung geschäftsführender Kommanditisten eines Publikumsfonds, BKR 2009, 329 ff.; *Kind/Schmidt-Modrow,* Prospekthaftung bei Berlin-Fonds – Anschlussförderung und quotale Haftung in der Prospektdarstellung, NZG 2010, 249 ff.; *Kirchner,* Zur Prospektpublizität bei der Zulassung von Wertpapieren zur amtlichen Notierung, in *Claussen/Hübl/Schneider* (Hrsg.), Zweihundert Jahre Geld und Brief, 1987, S. 301 ff.; *Klöhn,* Die Ausweitung der bürgerlich-rechtlichen Prospekthaftung durch das „Rupert Scholz"-Urteil des BGH –

§ 5 Prospekthaftung    § 5

Zugleich Besprechung von BGH WM 2012, 19, WM 2012, 97 ff.; *ders.*, Optimistische Prognosen in der bürgerlich-rechtlichen Prospekthaftung – Zugleich Besprechung von BGH WM 2009, 2303, WM 2010, 289 ff.; *ders.*, Grund und Grenzen der Haftung wegen unterlassener Prospektveröffentlichung gem. § 24 WpPG, § 21 VermAnlG, DB 2012, 1854 ff.; *ders.*, Prospekthaftung bei (scheinbarer) Ausnahme von der Prospekthaftung gem. §§ 3 Abs. 1 WpPG, 6 VermAnlG, Festschrift für Hoffmann-Becking, 2013, S. 679 ff.; *ders.*, Treuhandkonstruktionen bei Publikumspersonengesellschaften – Das Aufrechnungsverbot nach BGHZ 189, 45 und BGH NZG 2012, 1024, in: Gesellschaftsrecht in der Diskussion 2012, 2013, 143 ff.; *Klöhn/Hornuf*, Crowdinvesting in Deutschland, ZBB 2012, 237 ff.; *Klühs*, Die Börsenprospekthaftung für „alte" Stücke gemäß § 44 Abs. 1 S. 3 BörsG, BKR 2008, 154 ff.; *Koch*, Die Haftung des Mittelverwendungskontrolleurs, WM 2010, 1057 ff.; *Köndgen*, Selbstbindung ohne Vertrag, 1981; *ders.*, Zur Theorie der Prospekthaftung, AG 1983, 85 ff. (I), 120 ff. (II); *Kollmorgen/Feldhaus*, Neues von der Prospektpflicht für Mitarbeiterbeteiligungsprogramme, BB 2007, 2756 ff.; *dies.*, Zur Prospektpflicht bei aktienbasierten Mitarbeiterbeteiligungsprogrammen, BB 2007, 225 ff.; *Kondorosky*, Die Prospekthaftung im internationalen Privatrecht: unter Berücksichtigung des US-amerikanischen, englischen und deutschen Rechts, Zürich 1999; *v. Kopp-Colomb/Seitz*, Das neue Prospektregime – Auswirkungen der Änderungen der Prospektverordnung auf Basisprospekte für die Emission von Anleihen und verbrieften Derivaten, WM 2012, 1220 ff.; *Kort*, Neuere Entwicklungen im Recht der Börsenprospekthaftung (§§ 45 ff. BörsG) und der Unternehmensberichtshaftung (§ 77 BörsG), AG 1999, 9 ff.; *Kouba*, Die Rechtsprechung zur bürgerlich-rechtlichen Prospekthaftung – eine Bestandsaufnahme, VersR 2004, 570 ff.; *Krause*, Ad hoc-Publizität und haftungsrechtlicher Anlegerschutz, ZGR 2002, 799 ff.; *Kübler/Assmann*, Gesellschaftsrecht, 6. Aufl. 2006; *Kümpel/Wittig*, Bank- und Kapitalmarktrecht, 4. Aufl. 20101; *Kümpel/Hammen/Ekkenga* (Hrsg.), Kapitalmarktrecht, Loseblatt 2013; *Kullmann/Sester*, Das Wertpapierprospektgesetz, WM 2005, 1068 ff.; *Kunold/Schlitt*, Die neue EU-Prospektrichtlinie, BB 2004, 501 ff.; *Kuntz*, Internationale Prospekthaftung nach Inkrafttreten des Wertpapierprospektgesetzes, WM 2007, 432 ff.; *Kunz*, Die Börsenprospekthaftung nach Umsetzung der EG-Richtlinien in innerstaatliches Recht, 1992; *Langen*, Die kenntnisabhängige Verjährung bei Anlageberatung und Prospekthaftung, NZG 2011, 94 ff.; *Langenkamp*, Wertpapierprospekte für REIT-Aktiengesellschaften, BaFin-Journal 9 (2007), 7 ff.; *Lehmann*, Vertragsanbahnung durch Werbung, 1981; *Lenbach*, Kapitalmarktrecht und kapitalmarktrelevantes Gesellschaftsrecht, 2. Aufl. 2010; *Leuering*, Prospektpflichtige Anlässe im WpPG, Der Konzern 2006, 4 ff.; *ders.*, Die Neuordnung der gesetzlichen Prospekthaftung, NJW 2012, 1905; *Leuering/Rubner*, Prospektpflicht des Crowdfunding, NJW-Spezial 2012, 463 f.; *Leuschner*, Öffentliche Umplatzierung, Prospekthaftung und Innenregress, NJW 2011, 3275; *Liappis*, Das System der Haftung der Banken bei Aktienemissionen über die Börse, 2003; *Lorenz/Schönemann/Wolf*, Geplante Neuregelung zur Prospekthaftung – Verjährung, Anspruchskonkurrenz und Prospektzusammenfassung, Corporate Finance law 2011, 346 ff.; *Loritz/Uffmann*, Der Geltungsbereich des Kapitalanlagegesetzbuches (KAGB) und Investmentformen außerhalb desselben, WM 2013, 2193 ff.; *Loritz/Wagner*, Geschlossene Fonds: Prospektdarstellung von „weichen" Kosten und Anlageberatungspflichten in der Rechtsprechung des BGH vor dem 1.7.2005 und danach, NZG 2013, 367; *Lutter*, Zur Haftung des Emissionsgehilfen im grauen Kapitalmarkt, Festschrift für Bärmann, 1975, S. 605 ff.; *Lux*, Beschränkung der Prospekthaftung im Prospekt?, ZfBR 2003, 633 ff.; *ders.*, Verjährung von Prospekthaftungsansprüchen, NJW 2003, 2966 ff.; *Maas/Voß*, Nachträge bei Vermögensanlagen-Verkaufsprospekten, BB 2008, 2302 ff.; *Maaß/Troidl*, Haftung des Großaktionärs bei Einlagenrückgewähr – Folgen aus dem Telekom-KfW-Urteil, BB 2011, 2563 ff.; *Manzei*, Einzelne Aspekte der Prospektpflicht am Grauen Kapitalmarkt, WM 2006, 845 ff.; *Markwardt/Kracke*, Auf dem Prüfstand: Das Widerrufsrecht nach § 11 Abs. 2 VermAnlG, ZBB 2012, 149 ff.; *Merkt*, Fallen REIT-Aktiengesellschaften unter das KAGB?, BB 2013, 1986 ff.; *Meyer*, Aspekte einer Reform der Prospekthaftung, WM 2003, 1301 ff. (I), 1349 ff. (II); *Meyer-Cording*, Die Börsenprospekthaftung heute?, BB 1984, 2092 ff.; *Möllers*, Das Haftungssystem des KAGB, in *Möllers/Kleye* (Hrsg.), S. 247 ff.; *Möllers/Kleye* (Hrsg.), Das neue Kapitalanlagegesetzbuch, 2013; *Moll*, Anlegerschutz und Gläubigerschutz, BB 1982, Beil. 3; *Moritz/Grimm*, Licht im Dunkel des „Grauen Marktes"?, Aktuelle Bestrebungen zur Novellierung des Verkaufsprospektgesetzes, BB 2004, 1352 ff.; *Müchler*, Die neuen Kurzinformationsblätter – Haftungsrisiken im Rahmen der Anlageberatung, WM 2012, 974 ff.; *Müller-Gugenberger/Bieneck* (Hrsg.), Wirtschaftsstrafrecht, 5. Aufl. 2011; *Niewerth/Rybarz*, Änderung der Rahmenbedingungen für Immobilienfonds – das AIFM-Umsetzungsgesetz und seine Folgen, WM 2013, 1154; *Nobbe*, Prospekthaftung bei geschlossenen Fonds, WM 2013, 193 ff.; *Ochs*, Die einheitliche kapitalmarktrechtliche Prospekthaftungstheorie, 2005; *Oulds*, Prospekthaftung bei grenzüberschreitenden Kapitalmarkttransaktionen, WM 2008, 1573 ff.; *ders.*, Die Nachtragspflicht gemäß § 16 WpPG, WM 2011, 1452 ff.; *Panetta/Zessel*, Prospekthaftung oder Haftung für fehlenden Prospekt?, NJOZ 2010, 418 ff.; *Paskert,* Informations- und Prüfungspflichten bei Wertpapieremissionen, 1991; *Piekenbrock,* Der Kausalitätsbeweis im Kapitalanlegerprozess: ein Beitrag zur Dogmatik der „ungesetzlichen" tatsächlichen Vermutungen, WM 2012, 429 ff.; *Pleyer,* Zur Grundlage des Schadensersatzanspruches wegen fehlerhafter Prospekte beim Vertrieb von Anteilen an einer Publikums-KG in der Rechtsprechung des BGH, Festschrift für Stimpel, 1985, S. 335 ff.; *Pleyer/Hegel,* Zur Grundlage der Prospekthaftung bei der Publikums-KG in der Literatur, ZIP 1986, 681 ff.; *Reinelt,* Haftung aus Prospekt und Anlageberatung bei Kapitalanlagefonds, NJW 2009, 1 ff.; *Ressos,* Prospekthaftung von Lebensversicherungsunternehmen, 2003; *Rinas/Pobortscha,* Das Vermögensanlagen-Informationsblatt: neue Dokumentationsanforderungen im Bereich geschlossener Fonds, BB 2012, 1615 ff.; *Rothenhöfer,* Mitverschulden des unrichtig informierten Anlegers?, WM 2003, 2032 ff.; *Carsten Schäfer,* Prospekthaftung bei öffentlicher Umplatzierung von Aktien – Zur richtigen Verteilung von Risiken, ZIP 2010, 1877 ff.; *Frank A. Schäfer,* Stand und Entwicklungstendenzen der spezialgesetzlichen Prospekthaftung, ZGR 2006, 40 ff.; *ders.* (Hrsg.), Wertpapierhandelsgesetz, Börsengesetz mit BörsZulV, Verkaufsprospektgesetz mit VerkProspV, 1999; *Frank A. Schäfer/Hamann* (Hrsg.), Kapitalmarktgesetze, Loseblatt; *Frank A. Schäfer/Ulrike Schäfer,* Anforderungen und Haftungsfragen bei PIBs, VIBs und KIIDs, ZBB 2013, 23 ff.; *Schimanski/Bunte/Lwowski* (Hrsg.), Bankrechts-Handbuch, 4. Aufl. 2011; *Schlee/Maywald,* PIB: Ein neues Risiko im Rahmen der Prospekthaftung?, BKR 2012, 320 ff.; *Schmitt,* Die kollisionsrechtliche Anknüpfung der Prospekthaftung im System der Rom II-Verordnung, BKR 2010, 366; *Schnauder,* Regimewechsel im Prospekthaftungsrecht bei geschlossenen Publikumsfonds, NJW 2013, 3207; *Schwark,* Anlegerschutz durch Wirtschaftsrecht, 1979; *ders.,* Gesellschaftsrecht und Kapitalmarktrecht, Festschrift Stimpel, 1985, S. 1087 ff.; *ders.,* Börsengesetz, 2. Aufl. 1994; *ders.,* Prospekthaftung und Kapitalerhaltung in der AG, Festschrift für Raisch, 1995, S. 269 ff.; *Schwark/Zimmer* (Hrsg.), Kapitalmarktrechts-Kommentar, 4. Aufl. 2010; *Seibt/Jander-McAlister,* Club Deals mit Family Offices nach der AIFM-Regulierung, DB 2013, 2374 ff. und 2433 ff.; *Siebel/Gebauer,* Prognosen im Aktien- und Kapitalmarktrecht, WM 2001, 118 ff. (I), 173 ff. (II); *Siol,* Die bürgerlich-rechtliche Prospekthaftung im engeren Sinn, DRiZ 2003, 204; *Sittmann,* Modernisierung der börsengesetzlichen Prospekthaftung, NJW 1998, 3761 ff.; *ders.,* Die Prospekthaftung nach dem Dritten Finanzmarktförderungsgesetz, NZG 1998, 490 ff.; *Spindler,* Kapitalmarktreform in Permanenz – Das Anlegerschutzverbesserungsgesetz, NJW 2004, 3449; *Stephan,* Prospektaktualisierung, AG 2002, 3 ff.; *Stumpf/Lamberti/Schmidt,* Hinweispflicht auf Straf- und Ermittlungsverfahren im Prospekt geschlossener Fonds, BB 2008, 1635 ff.; *Suchomel,* Konkurrenz von § 20 VermAnlG und bürgerlich-rechtlicher Prospekthaftung bei fehlerhaftem Prospekt, NJW 2013, 1126 ff.; *Tschäpe/Glück,* Die ROM II-Verordnung – Endlich ein einheitliches Kollisionsrecht für die gesetzliche Prospekthaftung?, RiW 2008, 657 ff.; *Viciano-Gofferje,* Neue Transparenzanforderungen für Private Equity Fonds nach dem Kapitalanlagegesetzbuch, BB 2013, 2506; *Volhard/Jang,* Der Vertrieb alternativer Investmentfonds – Regelungsrahmen für den Vertrieb an professionelle und semiprofessionelle Anleger in Deutschland nach dem RegE zur Umsetzung der AIFM-RL, DB 2013, 273 ff.; *Vortmann* (Hrsg.), Prospekthaftung und Anlageberatung, 2000; *Wackerbarth,* Prospektveranlassung durch Altaktionäre und Einlagenrückgewähr, WM 2011, 193 ff.; *K.-R. Wagner,* Vermeidung von Prospekthaftungsrisiken bei Bauträgern, Der Bauträger 2003, 79 ff.; *ders.,* Die Mahnbescheid-Falle, ZdR 2005, 856 ff.; *ders.,* Prospekthaftung bei Berlin-Fonds, NZG 2010, 696 ff.; *ders.,* Prospekthaftung bei fehlerhaften Prognosen?, NZG 2010, 857 ff.; *Wahl,* Primärmarkthaftung und Vermögensbindung der Aktiengesellschaft, 2013; *Chr. A. Weber,* Internationale Prospekthaftung nach der Rom II-Verordnung, WM 2008, 1581 ff.; *ders.,* Kapitalmarktinformationshaftung und gesellschaftsrechtliche Kapitalbindung – ein einheitliches Problem mit rechtsformübergreifender Lösung?, ZHR 176 (2012), 184; *Westermann/Paefgen,* Kritische Überlegungen zum Telekom III-Urteil des BGH und seinen Folgen, in Festschrift für Hoffmann-Becking, 2013, S. 1363 ff.; *Wieneke,* Emissionspublizität, NZG 2005, 109 ff.; *ders.,* Haftung der Konzernspitze für die (unrichtige) Darstellung des Unternehmensvertrags im Wertpapierprospekt der Konzerntochter, NZG 2012, 1420 ff.; *Wild,* Prospekthaftung einer Aktiengesellschaft unter deutschem und europäischem Kapitalschutz, 2007; *Wink,* Übernahme des Prospekthaftungsrisikos durch die Gesellschaft bei der Umplatzierung von Aktien und Verbot der Einlagenrückgewähr nach § 57 AktG, AG 2011, 569 ff.; *Wittmann,* Zivilrechtliche Prospekthaftung beim Vertrieb von steuerbegünstigten Kapitalanlagen, DB 1980, 1579 ff.; *Wollenhaupt/Beck,* Das neue Kapitalanlagegesetzbuch, DB 2013, 1950; *Zacher/Stöcker,* Die Haftung von Wirtschaftsprüfern bei steuerorientierten Kapitalanlagen – Überblick und aktuelle Tendenzen, DStR 2004, 1494 ff. (I), 1537 ff. (II); *Zech/Hanowski,* Haftung für fehlerhaften Prospekt aus § 13 VerkProspG aF – Maßgeblicher Empfängerhorizont bei der Beurteilung der Unrichtigkeit eines Prospekts, NJW 2013, 510 ff.; *Zetzsche/Preiner,* Was ist ein AIF?, WM 2013, 2101 ff.; *Ziegler,* Die Prospekthaftung am nicht-organisierten Kapitalmarkt im Spannungsverhältnis zu personengesellschaftsrechtlichen Grundsätzen, DStR 2005, 30; *ders.*, Die Rechtsfolge der §§ 13, 13a VerkProspG nF und der Kapitalerhaltungsgrundsatz, NZG 2005, 301 ff.; *Ziemons,* Die Übernahme von Transaktionskosten und Prospektrisiken durch die Aktiengesellschaft nach der BGH-Entscheidung „Dritter Börsengang" der Telekom, GWR 2011, 404 ff.; *Zimmer/Binder,* Prospekthaftung von Experten? Kritik eines Gesetzesentwurfs, WM 2005, 577 ff.; *Zimmer/Cloppenburg,* Haftung für falsche Information des Sekundärmarktes auch bei Kapitalanlagen des nicht geregelten Kapitalmarktes?, ZHR 171 (2007), 519 ff.; *Zingel/Varadinek,* Vertrieb von Vermögensanlagen nach dem Gesetz zur Novellierung des Finanzanlagenvermittler- und Vermögensanlagenrechts, BKR 2012, 177 ff.; *Zoller,* Die Haftung bei Kapitalanlagen, 2012.

## I. Konzeptionelle Grundlagen der Prospekthaftung

**1. Gegenstand und Zweigleisigkeit der Prospekthaftung.** Prospekthaftung ist das **1** **Kürzel** für die Haftung von Prospektverantwortlichen für die Richtigkeit und Vollständigkeit eines Prospekts, der aufgrund einer gesetzlichen Verpflichtung veröffentlicht oder, ohne dass eine solche Prospektpflicht bestand, freiwillig zur Unterstützung der Platzierung von Aktien erstellt und verbreitet wurde (Prospekthaftung im engeren Sinne, dazu auch → Rn. 2, 23). Unter dem Begriff der Prospekthaftung wird aber auch die Haftung solcher Personen erfasst, die gegenüber Anlageinteressenten auskunfts- und beratungspflichtig sind und sich zur Erfüllung dieser Pflicht eines von Dritten erstellten fehlerhaften Prospekts bedienen (Prospekthaftung im weiteren Sinne, dazu auch → Rn. 24).

Die **Prospekthaftung im engeren Sinne** trägt dem Umstand Rechnung, dass „der **2** Prospekt in der Regel für den Anlageinteressenten die wichtigste und häufigste Informationsquelle" darstellt[1] und insoweit „an die Stelle einer individuellen Aufklärung" durch Emittenten, Anbieter oder Vertriebshelfer tritt.[2] Indem die Prospekthaftung dem Anlageinteressenten, der die Prospektangaben zur „Grundlage für seine Anlageentscheidung" macht,[3] im Falle eines Prospektmangels einen individuellen Anspruch gegen die Prospektverantwortlichen gewährt (Individualschutz), dient sie zugleich der Bewährung des Prospekts als Instrument der Kapitalmarktinformation und damit der Funktion des Kapitalmarkts zur Herstellung von Finanzierungsbeziehungen und zur effizienten Allokation von Kapital (Funktionenschutz).

Diese individual- und funktionenschützende Funktion kam der Prospekthaftung jedoch **3** erst mit der **Ausbreitung des so genannten grauen Kapitalmarkts** in den 1970er Jahren und seiner damit verbundenen Herausbildung zu einem kapitalmarktrechtlichen Regelungsinstitut zu. Zwar kannte bereits das Börsengesetz von 1896 (mit seinem seinerzeitigen § 43) eine Haftung für fehlerhafte Börsenzulassungsprospekte, doch blieb dieser Haftungstatbestand bis in die 1980er Jahre obsolet.[4] Seit mit dem Aufkommen eines – gesetzlich ungeregelten, deshalb als „grau" bezeichneten – Markts für nicht wertpapiermäßig verbriefte Kapitalanlagen der Haftungstatbestand der Prospekthaftung kapitalmarktrechtliche Bedeutung erlangte, verbargen sich hinter dem Kürzel der Prospekthaftung im engeren Sinne **zwei voneinander zu trennende Gruppen von Haftungstatbeständen:** einerseits die spezialgesetzlich geregelte, dh seinerzeit börsengesetzliche, investmentrechtliche und später verkaufsprospektrechtliche Prospekthaftung, und andererseits die von der höchstrichterlichen Rechtsprechung im Wesentlichen in Weiterführung des Gedankens einer Vertrauenshaftung aus *culpa in contrahendo* entwickelte und deshalb auch allgemeinzivilrechtlich (oder – synonym – bürgerlichrechtlich) genannte Prospekthaftung.

Diese **Zweiteilung der Prospekthaftung** war weiter dadurch gekennzeichnet, dass **4** den gesetzlich geregelten Fällen der Prospekthaftung eine **Prospektpflicht** zu Grunde lag, während die allgemein-zivilrechtliche Prospekthaftung sich auf den Vertrieb von Kapitalan-

---

[1] BGH NJW 2011, 2719, 2720. Sa BGHZ 160, 134, 138 = NJW 2004, 2664.
[2] BGH NJW 2011, 2719, 2721.
[3] BGH NJW 2011, 2719, 2721.
[4] S. *Assmann,* Prospekthaftung, 1985, S. 61 ff.

lagen bezog, für den keine Prospektpflicht bestand, der aber durch freiwillig erstellte und die Funktion eines Prospekts in den gesetzlich geregelten Fällen erfüllende Vertriebsunterlagen unterstützt wurde. Und schließlich entsprach der Zweiteilung der Prospekthaftung der Umstand, dass sich die gesetzlich geregelten Prospekthaftungstatbestände anfänglich ausschließlich auf den Vertrieb von **Wertpapieren** und **Investmentanteilen** bezogen, während die allgemein-zivilrechtliche Prospekthaftung es nur mit wertpapiermäßig **unverbrieften Kapitalanlagen** oder mit Papieren zu tun hatte, deren öffentliches Angebot keiner gesetzlichen Prospektpflicht unterlag.

5    **2. Entwicklung der Prospekthaftung und Einebnung der Zweigleisigkeit.** Mit der Ausweitung der gesetzlichen Regelung der Prospekthaftung, die mit dem Erlass des Verkaufsprospektgesetzes (VerkProspG) vom 13.12.1990[5] einsetzte, hat diese Zweiteilung der Prospekthaftung jedoch zunehmend ihre **Bedeutung verloren.** Sie ist heute – nach der Aufteilung und Überführung der Prospekthaftung nach dem VerkProspG in das Wertpapierprospektgesetz (WpPG) und das Vermögensanlagegesetz (VermAnlG) einerseits (→ Rn. 16) und dem Erlass des Kapitalanlagegesetzbuchs (KAGB), das wesentliche Teile der Anlagen des früheren grauen Kapitalmarkts einer Regelung unterwirft, die auch das Investmentrecht nach dem aufgehobenen Investmentgesetz (InvG) einbezieht, andererseits (→ Rn. 19) – **praktisch aufgehoben.**

6    Das 2013 eingeführte **Kapitalanlagegesetzbuch (KAGB),**[6] welches schon vom Titel, aber erst recht von seinem Umfang her den Eindruck einer Kodifikation des Kapitalanlagerechts hervorruft, in der Sache aber nur einen (allerdings erheblichen) Teil von Anlageformen erfasst, stellt die vorläufig letzte Etappe in der **Entwicklung der Prospektpublizität** dar.[7] Diese erschöpfte sich zunächst in der Börsenzulassungspublizität, dh der Pflicht, bei Einführung eines Wertpapiers zum Handel an einer Börse, einen von der Börsenzulassungsstelle gebilligten Prospekt – den Börsenzulassungsprospekt – zu veröffentlichen. Für die Richtigkeit und Vollständigkeit des Börsenzulassungsprospekts wurde nach den **seinerzeitigen §§ 45 ff. BörsG** (aF) gehaftet. Die Prospektpublizität war damit anfänglich reine Primärmarktpublizität, und nicht zuletzt aufgrund des Umstands, dass die an der Börse zuzulassenden Wertpapiere bei Veröffentlichung des Zulassungsprospekts zumeist bereits platziert waren und der deutsche Kapitalmarkt bis in die siebziger Jahre weitgehend im börslichen Markt für Aktien aufging, blieb die schon 1896 in das BörsG eingefügte börsengesetzliche Prospekthaftung eine weitgehend unbekannte und bedeutungslose Haftungsnorm.

7    Erst das Aufkommen anderer als wertpapiermäßig verbriefter Anlageinstrumente brachte eine zunächst **moderate Erweiterung der Prospektpublizität.** Die Verbreitung von **Investmentanteilen** als Anlageform ging mit einem Prospektzwang nach § 19 Abs. 1 KAGG[8] einher, der unter dem Eindruck der Invasion ausländischer Anbieter in Gestalt und im Gefolge von *Bernie Cornfelds* IOS („Investment Overseas Services"),[9] durch § 3 AuslInvestmG[10] auf ausländische Investmentanteile erstreckt wurde. Eine veritable Vertriebspublizität mittels Prospekten entwickelte sich daraus erst in dem Moment, in dem sich in den 1970er Jahren ein so genannter **grauer Kapitalmarkt** nicht wertpapiermäßig verbriefter Kapitalanlagen herausbildete, auf dem zunächst in erster Linie Anteile an Publi-

---

[5] BGBl. I 1990, 2749. Zur Bedeutung des VerkProspG in der Entwicklung des deutschen Kapitalmarktrechts s. *Assmann* in Assmann/Lenz/Ritz, Einl. Rn. 1 ff.

[6] → Rn. 19 ff. und 322 ff.

[7] Eine ausführliche Darstellung der Entwicklung der Prospekthaftung bis ins Jahr 2007 findet sich in der Voraufl. § 6 Rn. 8 ff.

[8] Aufgehoben mit Wirkung vom 1.1.2004 durch das Investmentmodernisierungsgesetz vom 15.12.2003, BGBl. I 2003, 2676.

[9] S. Voraufl. § 6 Rn. 10.

[10] Aufgehoben mit Wirkung vom 1.1.2004 durch das Investmentmodernisierungsgesetz vom 15.12.2003, BGBl. I 2003, 2676.

kumskommanditgesellschaften und so genannte Bauherrenmodelle vertrieben wurden. Vertriebsgrundlage waren zunächst als Werbematerial konzipierte Broschüren. Zu Prospekten wurden diese erst dadurch, dass die höchstrichterliche Rechtsprechung sie zu solchen erklärte und einer neu entwickelten Haftung für Prospekte – später **allgemein-zivilrechtliche** oder bürgerlichrechtliche **Prospekthaftung** genannt – unterwarf.[11]

Die **Schaffung des Haftungstatbestands der allgemein-zivilrechtlichen Prospekthaftung** beruhte auf der richterrechtlichen Fortbildung der Grundsätze der Verletzung vorvertraglicher Aufklärungspflichten *(culpa in contrahendo)* und orientierte sich an den gesetzlichen Prospekthaftungstatbeständen, namentlich der börsengesetzlichen Prospekthaftung. Ihr lag die Vorstellung zugrunde, Grundlage einer Vertrauenshaftung – etwa in Gestalt der Haftung von Vertretern oder Sachwaltern aus *culpa in contrahendo* – könne nicht nur das von einem bestimmten Menschen ausgehende persönliche, sondern auch ein **typisiertes Vertrauen** sein, das sich aus einer **Garantenstellung** der für die Geschicke der kapitalsuchenden Gesellschaft und damit gegebenenfalls auch für die Herausgabe eines Anlageprospekts verantwortlichen Personen herleite.[12] Von diesen soll der Anlageinteressent erwarten dürfen, dass sie den Prospekt mit der erforderlichen Sorgfalt prüfen und seine Adressaten über alle Umstände informieren, die für seine Anlageentscheidung von wesentlicher Bedeutung sind.[13] Für die damit begründete Haftung war es unerheblich, ob die solchermaßen zu Informationsgaranten und Vertrauensadressaten erhobenen Personen – was bei den Projektierungs- und Vertriebsmethoden auf dem grauen Kapitalmarkt weitgehend vermieden wurde – bei der Vertragsanbahnung mit dem Anlageinteressenten in sozialen Kontakt traten oder ihm gar namentlich bekannt wurden.[14]

Ungeachtet dessen entwickelten sich „auf der Grundlage des allgemeinen Rechts" weiter Anlageformen, „bei denen es zum Schaden der Anleger zu Mißständen" kam, „die nicht zuletzt auf Fehlinformation der Anleger beruhten".[15] Hier sollte nach dem **Entwurf eines Gesetzes über den Vertrieb von Anteilen an Vermögensanlagen** die Verankerung des Anlegerschutzes durch Einführung unter anderem eines rechtsformunabhängigen Prospektzwangs Abhilfe schaffen.[16] Die Gesetzesinitiative jedoch scheiterte und es bedurfte einiger Zeit, bis der Gesetzgeber auf die besagten Missstände reagierte. Er tat dies zumindest mit der Einfügung des Straftatbestands des Kapitalanlagebetrugs – dem inzwischen mehrfach geänderten § 264a StGB[17] – in das Strafgesetzbuch im Rahmen des Zweiten Gesetzes zur Bekämpfung der Wirtschaftskriminalität (2. WiKG) vom 15.5.1986.[18] Damit war, gewollt oder ungewollt, ein weiterer – zwischen allgemein-zivilrechtlichen Prospekthaftung und spezialgesetzlicher Prospekthaftung anzusiedelnder – Prospekthaftungstatbestand in Gestalt einer Haftung für fehlerhafte Prospekte nach **§ 823 Abs. 2 BGB iVm § 264a StGB** geschaffen worden. Während vielfach die Verfassungswidrigkeit des § 264a StGB

---

[11] Zur dogmatischen Herleitung und Ausgestaltung der allgemein-zivilrechtlichen Prospekthaftung siehe ausführlich Voraufl. § 6 Rn. 14 ff., 25 ff. Zur Kritik an der Herausbildung und Ausgestaltung der allgemein-zivilrechtlichen Prospekthaftung mittels richterlicher Rechtsfortbildung siehe ebd. Rn. 29 ff.

[12] Grundlegend BGHZ 71, 284, 287 ff. = NJW 1978, 1625; BGHZ 72, 284, 287 = NJW 1979, 430; BGHZ 79, 337, 341 f. = NJW 1981, 1449; BGHZ 83, 222, 223 f. = NJW 1982, 1514. Sa BGHZ 123, 106, 109 f. = NJW 1993, 2865; BGH NZG 2008, 661, 662 Rn. 12; BGH NZG 2010, 188, 189 Rn. 13; BGH NJW 2010, 1077, 1079 Rn. 21.

[13] BGHZ 71, 284, 287 ff. = NJW 1978, 1625.

[14] BGHZ 79, 337, 342 = NJW 1981, 1449; BGHZ 83, 222, 224 = NJW 1982, 1514; BGHZ 123, 106 = NJW 1993, 2865; BGH NZG 2008, 661, 662 Rn. 12.

[15] RegE Gesetzes über den Vertrieb von Anteilen an Vermögensanlagen, BT-Drucks. 8/1405 vom 2.1.1978, S. 1.

[16] S. o. Fn. 15.

[17] Zur Normentwicklung s. etwa *Perron* in Schönke/Schröder, StGB, 29. Aufl. 2014, § 264a Rn. 1.

[18] BGBl. I 1986, 721.

unter dem Gesichtspunkt des Bestimmtheitsgebots nach Art. 103 Abs. 2 GG geltend gemacht wurde,[19] wurden an der **Schutzgesetzeigenschaft** dieser Vorschrift[20] nie ernsthaft Zweifel erhoben.

**10** Die **auf § 264a StGB gestützte Prospekthaftung** blieb indes hinter dem seinerzeitigen Stand der allgemein-zivilrechtlichen Prospekthaftung schon deshalb zurück, weil sie lediglich vorsätzlich falsche oder irreführende Angaben erfasste und damit den praktisch bedeutsameren Bereich fahrlässig unrichtiger oder unvollständiger Prospektinformationen aussparte. Doch war es auch nicht die Absicht des Gesetzgebers, durch die Schaffung des § 264a StGB das Schadensersatzrecht zu bereichern. Anlass für den Erlass der Vorschrift war vielmehr die Beobachtung, dass auf der einen Seite die gesetzlich statuierten und von der Rechtsprechung im Rahmen der Prospekthaftung „entwickelten Aufklärungspflichten und die bei ihrer Nichtbeachtung entstehenden Schadensersatzansprüche ... in der Regel ... erst nach der getroffenen Anlageentscheidung zum Tragen" kommen und „bei Firmenzusammenbrüchen wirtschaftlich wertlos sein" können[21] und auf der anderen Seite der nach geltendem Recht gewährte strafrechtliche Schutz nicht hinreichend präventiv zu wirken vermag. Diese Lücke sollte durch § 264a StGB, „der die Strafbarkeit nicht mehr an die Verursachung eines Vermögensschadens knüpft, sondern den Strafschutz in den Bereich der Gefährdung vorverlegt",[22] geschlossen werden. Einzelheiten zur Prospekthaftung auf strafrechtlicher Grundlage werden in diesem Handbuch deshalb im Zusammenhang mit dem Straftatbestand des Kapitalanlagebetrugs behandelt. Als eigenständiger Prospekthaftungstatbestand hat der Anspruch aus § 823 Abs. 2 BGB iVm § 264a StGB jedenfalls zu keiner Zeit eine nennenswerte Rolle gespielt. Anders dagegen bei der Geltendmachung von Ansprüchen wegen fehlerhafter Prospektangaben für den Fall der Verjährung von Prospekthaftungsansprüchen im engeren Sinne.[23]

**11** Es gehörte zu den nicht wenigen **Folgewirkungen** der Prospektpublizität am grauen Kapitalmarkt und der allgemein-zivilrechtlichen Prospekthaftung **auf die Prospektpublizität am organisierten Kapitalmarkt,** dass deren überkommenes System im Hinblick auf die rechtzeitige und haftungsbewehrte Information des Markts als unbefriedigend empfunden wurde. Als ein Meilenstein der Fortbildung der Prospektpublizität hin zur Vertriebspublizität darf deshalb die Einführung einer **Prospektpflicht für das erstmalige öffentliche Angebot von Wertpapieren** durch das mit dem „Gesetz über Wertpapier-Verkaufsprospekte und zur Änderung von Vorschriften über Wertpapiere" vom 13.12.1990[24] eingeführten **Verkaufsprospektgesetzes** (VerkProspG) und die auf den solchermaßen zu veröffentlichenden Verkaufsprospekt bezogene Prospekthaftung (§ 13 VerkProspG) angesehen werden. Da ein Verkaufsprospekt allerdings nur für den Fall des erstmaligen öffentlichen Angebots von Wertpapieren zu veröffentlichen war (§ 1 VerkProspG in seiner ursprünglichen Fassung), war der Vertrieb nicht wertpapiermäßig verbriefter und nicht fungibler Anlageformen, mithin sämtlicher Anlageformen des so genannten grauen Kapitalmarkts, allerdings aus dem Anwendungsbereich des VerkProspG und seiner Prospekthaftungsbestimmung ausgeschlossen.

**12** Dessen ungeachtet brachte die der Umsetzung der EG-Emissionsprospektrichtlinie 2003/71/EG vom 4.11.2003[25] dienende Neuregelung der Kapitalmarktpublizität in Gestalt

---

[19] S. die Nachweise bei *Perron* in Schönke/Schröder, StGB, § 264a Rn. 1. Zur Verfassungsmäßigkeit einer bestimmten Auslegung des § 264a StGB im Hinblick auf das Verschweigen nachteiliger Tatsachen (in Gestalt von Verflechtungen) s. BVerfG NJW 2008, 1726, 1727.

[20] BGH NJW 1992, 241, 242 f.; BGH NJW 2000, 3346; BGH NJW 2004, 2664, 2665 und 2666; BGH NZG 2010, 585, 587; BGH ZIP 2013, 580; BGH ZIP 2014, 1635, 1636.

[21] RegE 2. WiKG BT-Drucks. 10/318, S. 21.

[22] RegE 2. WiKG BT-Drucks. 10/318, S. 22.

[23] Zuletzt BGH ZIP 2014, 1635, 1636 ff. S. auch BVerfG NJW 2008, 1726; KG WM 2011, 1938.

[24] BGBl. I 1990, 2749. RegE BT-Drucks. 11/6340. Zum Hintergrund und Regelungsgehalt des Gesetzes bei seiner Einführung s. etwa *Assmann* NJW 1991, 528 ff. und *Schäfer* ZIP 1991, 1557 ff.

[25] ABl. EU Nr. L 345 vom 31.12.2003, S. 64.

des Prospektrichtlinie-Umsetzungsgesetzes vom 22.6.2005[26] eine erhebliche **Verbesserung des Anlegerschutzes** in Gestalt der haftungsbewehrten Prospektpublizität mit sich: Im Hinblick auf die börsengesetzliche Prospektpublizität bewirkte sie deren Vorverlagerung auf das erstmalige öffentliche Angebot von Effekten; in Bezug auf öffentlich angebotene Wertpapiere, die nicht zum Handel an den seinerzeitigen Börsensegmenten zugelassen werden sollten, begründete die Neuregelung sogar erstmals eine Prospektpflicht. Für die Richtigkeit und Vollständigkeit des Verkaufsprospekts wurde gem. § 13 VerkProspG aF entsprechend §§ 45–48 BörsG aF gehaftet. Der Anbindung der **verkaufsprospektgesetzlichen Prospekthaftung** an die börsengesetzliche entsprach der Verzicht auf eine von dieser abweichenden und – entsprechend der allgemein-zivilrechtlichen Prospekthaftung – anlegerfreundlicheren Prospekthaftungsregelung. Entsprechende Vorschläge einer eigenständigen verkaufsprospektgesetzlichen Prospekthaftungsregelung waren mit dem Hinweis auf eine „in der nächsten Legislaturperiode" vorzunehmende Reform der als „nicht befriedigend" empfundenen börsengesetzlichen Prospekthaftung zurückgewiesen worden.[27]

Doch ließ die Neugestaltung der börsengesetzliche Prospekthaftung auf sich warten und wurde erst mit dem **Dritten Finanzmarktförderungsgesetz** (3. FFG) vom 24.3.1998[28] ins Werk gesetzt. Teils ausgesprochen, teils unausgesprochen galten als Reformziele die **Modernisierung der börsengesetzlichen Prospekthaftung,** die Angleichung des auf dem grauen und dem organisierten Kapitalmarkt mit der Prospekthaftung angestrebten Anlegerschutzes und, damit einhergehend, die Verbesserung des Anlegerschutzes auf dem Markt für Wertpapieranlagen, die Beseitigung der mit der bisherigen Regelung verbundenen rechtlichen Unsicherheit für Emittenten und Emissionshelfer, sowie – insgesamt – die Schaffung einer Regelung, welche die Interessen der Prospektverantwortlichen und diejenigen der Anleger in angemessener Weise zum Ausgleich bringt.[29]

Die Reform der börsengesetzlichen Prospekthaftung, die sich kraft des Verweises des § 13 VerkProspG aF auf §§ 45 ff. BörsG aF auch auf die verkaufsprospektgesetzliche Prospekthaftung auswirkte, betraf die Ausgestaltung des börsengesetzlichen Prospekthaftungsanspruchs. Dagegen erweiterte ein nächster Reformschritt den **Anwendungsbereich der verkaufsprospektgesetzlichen Prospekthaftungsregelung.** Erfasste das VerkProspG bislang nur den Vertrieb von Wertpapieren, so wurde dessen Anwendungsbereich durch die auf das **Anlegerschutzverbesserungsgesetz (AnSVG)** vom 28.10.2004[30] zurückgehende **Novellierung des VerkProspG** auf bestimmte Kapitalanlagen erweitert, die keine wertpapiermäßige Verbriefung aufweisen. Mit dem neu in das VerkProspG eingefügten § 8f (aF) erstreckte sich das Gesetz nunmehr auch auf Anteile, die eine Beteiligung am Ergebnis eines Unternehmens gewähren, Anteile an einem Vermögen, das der Emittent oder ein Dritter in eigenem Namen für fremde Rechnung hält oder verwaltet (Treuhandvermögen), Anteile an sonstigen geschlossenen Fonds, sofern nicht bereits nach anderen Vorschriften eine Prospektpflicht besteht oder ein Prospekt nach dem VerkProspG veröffentlicht worden ist, sowie Namensschuldverschreibungen (§ 8f Abs. 1 VerkProspG aF). Das bedeutete zugleich eine wesentliche Einengung des Anwendungsbereichs der allgemein-zivilrechtlichen Prospekthaftung. Zu den Änderungen, die das AnSVG für das VerkProspG mit sich gebracht hat, gehört darüber hinaus auch die Einführung einer **Haftung bei fehlendem Verkaufsprospekt** nach § 13a VerkProspG (aF).[31]

---

[26] BGBl. I 2005, 1698.
[27] BT-Drucks. 11/8232, S. 26. Zum Reformbedarf s. Voraufl. § 6 Rn. 20.
[28] Gesetz zur weiteren Fortentwicklung des Finanzplatzes Deutschland (Drittes Finanzmarktförderungsgesetz – 3. FFG), BGBl. I 1998, 529.
[29] S. dazu RegE 3. FFG BT-Drucks. 13/8933 vom 6.11.1997, S. 55 f.
[30] Gesetz zur Verbesserung des Anlegerschutzes (Anlegerschutzverbesserungsgesetz – AnSVG), BGBl. I 2004, 2630.
[31] Vgl. RegE AnSVG, BT-Drucks. 15/3174 vom 24.5.2004, S. 27.

**15** Kurz danach führte das **Prospektrichtlinie-Umsetzungsgesetz** vom 22.6.2005[32], das die EG-Emissionsprospektrichtlinie 2003/71/EG vom 4.11.2003[33] in deutsches Recht transformierte, dazu, dass die Regelung der **Prospektpublizität für wertpapiermäßig verbriefte Kapitalanlagen** im Sinne des bisherigen § 1 VerkProspG (aF) aus dem VerkProspG herausgenommen und in das nach Maßgabe von Art. 1 Prospektrichtlinie-Umsetzungsgesetz **neu geschaffene Wertpapierprospektgesetz** (WpPG) transferiert wurde. Zugleich war damit eine **Neuordnung der Prospektinhaltsanforderungen** für den Vertrieb von Wertpapieren verbunden, die öffentlich angeboten oder zum Handel an einem organisierten Markt zugelassen werden sollen (§ 1 Abs. 1 WpPG). Das WpPG regelt seitdem die Erstellung, Billigung und Veröffentlichung von Prospekten sowohl für den Fall des öffentliche Angebots von Wertpapieren als auch für den bisher im BörsG und der BörsZulV geregelten Fall, dass die Wertpapiere zum Handel an einem organisierten Markt zugelassen werden sollen. Damit zusammenhängend wurde (durch Art. 9 des Prospektrichtlinie-Umsetzungsgesetzes) die den Inhalt von Verkaufsprospekten nach dem VerkProspG konkretisierende **Verkaufsprospekt-Verordnung** idF der Bekanntmachung vom 9.9.1998[34] aufgehoben. Die Mindestangaben in Wertpapierprospekten nach dem WpPG waren danach der **Verordnung (EG) Nr. 809/2004 vom 29.4.2004** zur Umsetzung der Richtlinie 2003/71/EG des Europäischen Parlaments und des Rates betreffend die in Prospekten enthaltenen Informationen sowie das Format, die Aufnahme von Informationen mittels Verweis und die Veröffentlichung solcher Prospekte und die Verbreitung von Werbung[35] zu entnehmen, auf die § 7 WpPG bis heute verweist.[36] Bis zu seiner mit dem Erlass des Vermögensanlagegesetzes verbundenen Aufhebung mit Wirkung vom 1.6.2012 (→ Rn. 16) erfasste das **VerkProspG,** ergänzt durch die auf der Ermächtigungsgrundlage des § 8g Abs. 2 und 3 VerkProspG ergangene **Vermögensanlagen-Verkaufsprospektverordnung** (VermVerkProspV) vom 16.12.2004,[37] nur noch „im Inland öffentlich angebotene nicht in Wertpapieren im Sinne des Wertpapierprospektgesetzes verbriefte Anteile, die eine Beteiligung am Ergebnis eines Unternehmens gewähren" (§ 8f Abs. 1 Satz 1 VerkProspG).

**16** Wenig glücklich, weil dem unterschiedlichen Anwendungsbereich von WpPG und VerkProspG gegenläufig, war allerdings, dass die **Haftung** für die nunmehr nach dem WpPG zu erstellenden Wertpapierprospekte sowie die Haftung für nach diesem Gesetz pflichtwidrig nicht erstellte Prospekte der Prospekthaftung nach § 13 bzw. § 13a VerkProspG aF unterstellt blieben. Die diesbezüglich schon im Gesetzgebungsverfahren erhobene Rüge[38] fand zunächst keinen Widerhall,[39] hat aber zwischenzeitlich zu Abhilfe ge-

---

[32] S. o. Fn. 26.
[33] S. o. Fn. 25.
[34] BGBl. I 1998, 2853.
[35] ABl. EU Nr. L 149 vom 30.4.2004, S. 1; berichtigte Fassung ABl. EU Nr. L 154 vom 16.6.2004, S. 3.
[36] Die Verordnung ist durch Art. 1 der Delegierten Verordnung (EU) Nr. 486/2012 vom 30.3.2012 zur Änderung der Verordnung (EG) Nr. 809/2004 in Bezug auf Aufmachung und Inhalt des Prospekts, des Basisprospekts, der Zusammenfassung und der endgültigen Bedingungen und in Bezug auf die Angabepflichten, ABl. EU Nr. L 150 vom 9.6.2012, S. 1, 2 ff., in wesentlichen Punkten geändert worden.
[37] BGBl. I 2004, 3464. Aufgabe der Verordnung war es, die sich aus § 8g VerkProspG ergebenden Anforderungen an den Verkaufsprospekt, wie er im Falle des öffentlichen Angebots einer nicht wertpapiermäßig verbrieften Beteiligung am Ergebnis eines Unternehmens zu veröffentlichen war, zu konkretisieren.
[38] Der Bundesrat bat in seiner Stellungnahme zum Gesetzesentwurf, „im weiteren Gesetzgebungsverfahren eine Regelung der Prospekthaftung im Wertpapierprospektgesetz zu prüfen", Stellungnahme des Bundesrates und Gegenäußerung der Bundesregierung zum RegE Prospektrichtlinie-Umsetzungsgesetz, BT-Drucks. 15/5219 vom 7.4.2005, S. 1.
[39] Eine solche Prüfung sagte die Bundesregierung zwar zu, erklärte aber, die Prüfung werde „allerdings nicht im vorliegenden Gesetzgebungsverfahren" erfolgen können, sondern erst „im Rahmen eines weiteren Gesetzgebungsvorhabens, dass sich ua mit der Prospekthaftung befassen" werde; eine

führt: Mit dem **Gesetz zur Novellierung des Finanzanlagenvermittler- und Vermögensanlagenrechts** vom 6.12.2011[40] wurde dem WpPG mit Wirkung ab 1.6.2012 eine derjenigen des Verkaufsprospektgesetzes ähnliche Regelung der Haftung für fehlerhafte oder fehlende Wertpapierprospekte hinzugefügt. Gleichzeitig wurde mit Art. 1 des Novellierungsgesetzes vom 6.12.2011 das **Gesetz über Vermögensanlagen** (Vermögensanlagengesetz – VermAnlG) eingeführt, das an die Stelle des durch Art. 2 des Novellierungsgesetzes vom 6.12.2011 **aufgehobenen Verkaufsprospektgesetzes** trat. Die den Inhalt von Verkaufsprospekten konkretisierende und Mindestangaben vorschreibende **Vermögensanlagen-Verkaufsprospektverordnung** (→ Rn. 15) wurde durch Art. 15 des Novellierungsgesetzes vom 6.12.2011 dem neuen Regelungsrahmen angepasst.[41] Das neue VermAnlG führte ein Vermögensanlagen-Informationsblatt (§ 13 VermAnlG) als nach § 22 VermAnlG haftungsbewehrtes Instrument der Kurzinformation von Anlegern über die angebotenen Vermögensanlagen sowie strengere Anforderungen an Inhalt und Prüfung von Verkaufsprospekten für Vermögensanlagen ein, übernahm in §§ 20, 21 VermAnlG die verkaufsprospektgesetzliche Prospekthaftungsregelung aber inhaltlich weitgehend unverändert. Zu den **Übergangsregelungen** betreffend die wertpapierprospektgesetzliche Prospekthaftung → Rn. 120 und zu denjenigen betreffend die vermögensanlagengesetzliche → Rn. 241.

Über Jahrzehnte war das **Investmentrecht** durch zwei Kodifikationen geprägt: das KAGG von 1957 und das AuslInvestmG von 1969. Das am 1.1.2004 als Art. 1 des Investmentmodernisierungsgesetzes vom 15.12.2003[42] in Kraft getretene InvG hat diese Trennung aufgehoben und die Gesetze in das neu geschaffene Investmentgesetz überführt. Damit ging auch die dem börsengesetzlichen Regelungsvorbild folgende **Zusammenführung der investmentrechtlichen Prospekthaftungsbestimmungen** in § 127 InvG (aF) einher. Das Investmentmodernisierungsgesetz führte unter anderem einen so genannten **vereinfachten Verkaufsprospekt** in das InvG ein. Von der Hypothese ausgehend, dass der ausführliche Verkaufsprospekt von Anlegern vielfach nicht gelesen werde, sollte er die für eine Anlageentscheidung erforderlichen Informationen in zusammengefasster Form bereithalten.[43] Eine dem entsprechende Änderung des § 127 InvG (aF) führte zur Haftung für die Unrichtigkeit und Unvollständigkeit sowohl des ausführlichen als auch des vereinfachten Verkaufsprospekts.

Mit der Richtlinie 2009/65/EG vom 13.7.2009 zur Koordinierung der Rechts- und Verwaltungsvorschriften betreffend bestimmte Organismen für gemeinsame Anlagen in Wertpapieren (OGAW-IV-Richtlinie) vom 13.7.2009[44], der Umsetzung derselben durch das **OGAW-IV-Umsetzungsgesetz** vom 22.6.2011[45] und der von diesem veranlassten Änderung von § 127 InvG aF wurde das Konzept eines verbesserten Anlegerschutzes durch einen zusätzlich zum ausführlichen Verkaufsprospekt vereinfachten Prospekt aufgegeben.

---

„Berücksichtigung im laufenden Verfahren würde die Verabschiedung des Gesetzes unnötig verzögern". Stellungnahme des Bundesrates und Gegenäußerung der Bundesregierung zum RegE Prospektrichtlinie-Umsetzungsgesetz, BT-Drucks. 15/5219 vom 7.4.2005, S. 7.

[40] BGBl. I 2011, 2481.
[41] Zu den neuen Mindestanforderungen *Beck/Maier* WM 2012, 1898 ff.
[42] BGBl. I 2003, 2676. Das Gesetz diente der Umsetzung der Richtlinie 2001/107/EG und der Richtlinie 2001/108/EG des Europäischen Parlaments und des Rates vom 21.1.2002 (ABl. EG Nr. L 41 vom 13.2.2002, S. 20 ff. bzw. 35 ff.) zur Änderung der Richtlinie 85/611/EWG des Rates zur Koordinierung der Rechts- und Verwaltungsvorschriften betreffend bestimmte Organismen für gemeinsame Anlagen in Wertpapieren vom 20.12.1985 (so genannte OGAW-Richtlinie, ABl. EG Nr. L 375 vom 31.12.1985, S. 3 ff.).
[43] RegE Investmentmodernisierungsgesetz, BT-Drucks. 15/1553 vom 19.9.2003, S. 1, 66.
[44] ABl. EU Nr. L 302 vom 17.11.2009, S. 32, 71.
[45] Gesetz zur Umsetzung der Richtlinie 2009/65/EG zur Koordinierung der Rechts- und Verwaltungsvorschriften betreffend bestimmte Organismen für gemeinsame Anlagen in Wertpapieren (OGAW-IV-Umsetzungsgesetz – OGAW-IV-UmsG) vom 22.6.2011, BGBl. I 2011, 1126.

An die Stelle des Prospektformats des vereinfachten Verkaufsprospekts traten die **wesentlichen Anlegerinformationen** sowie die **Haftung** für dieselben nach § 127 Abs. 2 InvG aF: eine Haftung dafür, dass die in den wesentlichen Anlegerinformationen enthaltenen „Angaben irreführend, unrichtig oder nicht mit den einschlägigen Stellen des Verkaufsprospekts vereinbar" waren.

**19** Durch Art. 2a des AIFM-Umsetzungsgesetzes vom 4.7.2013[46] wurde das **Investmentgesetz aufgehoben.** Seine Bestimmungen wurden mit denjenigen zur Umsetzung der Richtlinie 2011/61/EU vom 8.6.2011 über die Verwalter alternativer Investmentfonds und zur Änderung der Richtlinie 2003/41/EG und 2009/65/EG und der Verordnung (EG) Nr. 1060/2009 und (EU) Nr. 1095/2010 (AIFM-Richtlinie)[47] und deren Regelung alternativer Investmentfonds in dem neuen **Kapitalanlagegesetzbuch (KAGB)** zusammengeführt, das mit seinen Prospekthaftungsbestimmungen gem. Art. 28 Abs. 2 AIF-UmsG **am 22.7.2013 in Kraft trat.** Zu den **Übergangsregelungen** betreffend Prospekthaftungsansprüche nach § 127 InvG → Rn. 321. Die in diesem enthaltenen Vorschriften des § 306 KAGB über die **Haftung bei fehlerhaften bzw. fehlenden Verkaufsprospekten** und die **Haftung für fehlerhafte wesentliche Anlegerinformationen** stimmen weitgehend mit der nur redaktionellen Änderungen unterzogenen Prospekthaftungsbestimmung des § 127 InvG aF überein. Ziel des KAGB ist es, in Umsetzung sowohl der OGAW-IV-Richtlinie[48] als auch der AIFM-Richtlinie[49] ein in sich geschlossenes Regelwerk für Investmentfonds und ihre Manager zu schaffen, das den Aufsichts- und Regulierungsrahmen für Investmentfonds fortentwickelt und an die geänderten europäischen Vorgaben anpasst und einen einheitlich hohen Anlegerschutzstandard gewährleistet.[50]

**20** Nicht auf den ersten Blick erkennbar ist, dass das **Kapitalanlagegesetzbuch** einen **Anwendungsbereich** aufweist, der – neben der klassischen Investmentanlage – den größten Teil der Anlagen umfasst, die früher auf dem grauen Kapitalmarkt vertrieben wurden: Anlagen, die zunächst durch das VerkProspG und nachfolgend durch das VermAnlG zumindest einer publizitätsbezogenen gesetzlichen Regelung unterworfen wurden oder, soweit auch von diesen Regelungen noch nicht erfasst, der allgemein-zivilrechtlichen Prospekthaftung unterfielen. Regelungstechnisch erfolgt diese über einen weiten materiellen Begriff des Investmentvermögens, der jeden Organismus für gemeinsame Anlagen einbezieht, der von einer Anzahl von Anlegern Kapital einsammelt, um es gemäß einer festgelegten Anlagestrategie zum Nutzen dieser Anleger zu investieren und der kein operativ tätiges Unternehmen außerhalb des Finanzsektors ist (§ 1 Abs. 1 Satz 1 KAGB).

**21** Spätestens mit dem KAGB sind der **allgemein-zivilrechtlichen Prospekthaftung** die letzten **Anwendungsfelder entzogen** worden und es ist schwer vorstellbar, dass Anlageformen öffentlich mittels Prospekt angeboten werden, die nicht von der Regelungstrias aus WpPG, VermAnlG und KAGB erfasst werden. Eine Ausnahme bilden **partiarische Darlehen,** die keiner Prospektpflicht nach den vorgenannten Gesetzen unterfallen (→ Rn. 243 und 351) und damit, sofern sie unter Verwendung von Dokumenten vertrieben werden, den Begriff des Prospekts iS der allgemein-zivilrechtlichen Prospekthaftung (→ Rn. 36) erfüllen, der diesbezüglichen Prospekthaftung ausgesetzt sind (→ Rn. 31).[50a] Der weite

---

[46] Gesetz zur Umsetzung der Richtlinie 2011/61/EU über die Verwalter alternativer Investmentfonds (AIFM-Umsetzungsgesetz – AIFM-UmsG) vom 4.7.2013, BGBl. I 2013, 1981; zuletzt geändert durch Art. 6 des Gesetzes vom 20.9.2013, BGBl. I 2013, 3642.

[47] ABl. EU Nr. L 174 vom 1.7.2011, S. 1.

[48] S. o. Fn. 44.

[49] S. o. Fn. 47.

[50] RegE AIFM-Umsetzungsgesetz BR-Drucks. 17/12294, S. 1, 2.

[50a] Durch Änderung von § 1 Abs. 2 VermAnlG sollen nach Art. 2 Nr. 2 lit. a des Referentenentwurfs eines Kleinanlegerschutzgesetzes vom 28.7.2014 (siehe § 1 Fn. 2) erstmals auch partiarische Darlehen, Nachrangdarlehen sowie sämtliche wirtschaftlich vergleichbare Vermögensanlagen in den Anwendungsbereich des Gesetzes einbezogen werden, sofern sie nicht als Einlagengeschäft im Sinne des Kreditwesengesetzes anzusehen sind.

Anwendungs- und Regelungsbereich der spezialgesetzlichen Bestimmungen hat darüber hinaus auch die Bedeutung der allgemein-zivilrechtlichen Prospekthaftung als **Auffangtatbestand** für Dokumente, die anstatt, vor und neben Prospekten, die kraft entsprechender Prospektpflicht zu veröffentlichen gewesen wären oder veröffentlicht wurden, entfallen lassen. Davon abgesehen war die höchstrichterliche Rechtsprechung nie der Versuchung erlegen, etwa durch extensive Auslegung des Prospektbegriffs – wie etwa seine Ausdehnung auf mündliche Kapitalmarktinformationen (dazu Vorauf. § 6 Rn. 74) – die allgemein-zivilrechtliche Prospekthaftung zu einer Haftung für Erklärungen an die Öffentlichkeit beim Vertrieb von Kapitalanlagen zu entwickeln. Ehemals Katalysator der Prospekthaftung als Regelungselement des Kapitalmarkts und Instrument des haftungsbewehrten Anlegerschutzes, ist die allgemein-zivilrechtliche Prospekthaftung damit als Haftungstatbestand weitgehend obsolet geworden. Dass sie nachfolgend gleichwohl in ihren Eckpunkten dargestellt wird – Näheres dazu im Folgenden (→ Rn. 26 ff.) – hängt mit ihrer Anwendbarkeit auf Altfälle und dem Umstand zusammen, dass noch heute fast alle gerichtlichen Entscheidungen zur Prospekthaftung die allgemein-zivilrechtlichen Prospekthaftung betreffen und diese damit für noch einige Zeit als **Angelpunkt und Speicher einer Rechtsdogmatik der Prospekthaftung** gelten darf.

Dessen ungeachtet ist die **Zweigleisigkeit** der Prospekthaftung, wenn nicht aufgehoben, so doch *de facto* ganz erheblich **eingeebnet** worden. Darüber hinaus hat die Entwicklung der spezialgesetzlichen Regelung der Haftung für fehlerhafte oder fehlende Prospekte im WpPG, im VermAnlG und dem KAGB zu einer erheblichen **Vereinheitlichung** der ehemals zweigleisig angelegten und auch im Gleis der spezialgesetzlichen Prospekthaftungsvorschriften uneinheitlichen Grundsätze der Prospekthaftung beigetragen. Das nährt die Hoffnung, dass die im WpPG, VermAnlG und KAGB separat geregelte Prospekthaftung sich so entwickelt, dass sie – ungeachtet ihres Bezugs auf unterschiedliche Anlageinstrumente und damit einhergehende Markt- und Emissionsbesonderheiten – als einheitlicher Haftungstatbestand dargestellt werden kann. Hier wird einstweilen noch die getrennte Darstellung gewählt, obwohl auch diese bereits dabei auf eine Vielzahl vereinheitlichter Elemente zurückgreifen kann.

**3. Prospekthaftung im engeren und im weiteren Sinne.** Die auf die 1970er Jahre zurückgehende Entwicklung des grauen Kapitalmarkts und die Herausbildung der allgemein-zivilrechtlichen Prospekthaftung haben zu einer Unterscheidung zwischen der Prospekthaftung im engeren und im weiteren Sinne geführt (→ Rn. 1). Dabei wird unter der **Prospekthaftung im engeren Sinne** die Haftung für die Vollständigkeit und Richtigkeit der in den Verkehr gebrachten Werbeprospekte verstanden, für die jeder einstehen müsse, der durch von ihm in Anspruch genommenes und ihm auch entgegengebrachtes Vertrauen auf den Willensentschluss des Kapitalanlegers Einfluss genommen habe.[51] Der Kreis der Prospektverantwortlichen, der sich hieraus im Laufe der Zeit herausbildete ist im Zusammenhang mit der Darstellung der allgemein-zivilrechtlichen Prospekthaftung (unten II.) beschrieben. Zur Kennzeichnung der rechtsdogmatische Grundlage der allgemein-zivilrechtlichen Prospekthaftung hat der BGH diese „als Weiterführung der Grundgedanken einer Vertrauenshaftung, wie sie für die Grundfälle eines Verschuldens bei Vertragsverhandlungen entwickelt worden ist, in einem bestimmten, vom Gesetzgeber als regelungsbedürftig nicht vorhergesehenen, aber ausfüllungsbedürftigen Bereich"[52] bezeichnet. Dementsprechend wird unter Prospekthaftung im engeren Sinne vielfach allein und zu eng die Haftung von Prospektverantwortlichen im Sinne von und nach der allgemein-zivilrechtlichen Prospekthaftung verstanden (dazu → 68 ff.), obwohl hierunter – wie schon in → Rn. 1 f. zum Ausdruck gebracht – auch jede Haftung nach den spezialgesetzlichen Prospekthaftungstatbeständen zu verstehen ist.

---

[51] BGHZ 74, 103, 109; BGHZ 77, 172, 175. Zur Entwicklung der Rechtsprechung zur Prospekthaftung im weiteren Sinne *Nobbe* WM 2013, 202 ff.; *Reinelt* NJW 2009, 2 ff.
[52] BGHZ 79, 337, 341.

**24**   Von **Prospekthaftung im weiteren Sinne** wird dagegen gesprochen, wenn eine nicht zum Kreis der Prospektverantwortlichen iS der Prospekthaftung im engeren Sinne gehörende Person als Vertreter oder Sachwalter aufgrund persönlich in Anspruch genommenen Vertrauens aus der seinerzeit noch nicht gesetzliche geregelten *culpa in contrahendo* einer selbständigen Aufklärungspflicht nachzukommen hat, bei deren Erfüllung er sich inhaltlich zu beanstandender Prospekte bediente, sich diese also „zu eigen" macht[53] (→ Rn. 86). Hierzu gehören auch die Fälle, in denen der Kontakt zwischen einem Emissionshelfer und einem Kunden zu einem (ggf. auch konkludent zustande gekommenen) auf Auskunft oder Beratung gerichteten Vertragsverhältnis erstarkt und der Auskunfts- oder Beratungspflichtige sich hierbei mangelhafter Prospekte bedient.[54] Gleiches gilt für die Erfüllung von Aufklärungspflichten einer Finanzierungsbank wegen der Inanspruchnahme besonderen persönlichen Vertrauens durch die Verwendung eines Prospekts.[55] Schließlich zählt hierzu auch der Fall, dass jemand einen aus seiner Person hergeleiteten zusätzlichen Vertrauenstatbestand in dem Sinne schafft, dass er dem Anleger gegenüber als Garant für die Richtigkeit der Prospektangaben erscheint.[56] Macht sich eine Person einen Prospekt zur Erfüllung ihrer Informations-, Auskunfts- oder Beratungspflichten zu eigen,[57] so geht es dabei nicht immer nur um die Haftung für einen Prospektmangel, sondern auch um die – hier nicht näher zu behandelnde – tatsächliche Pflichterfüllung: Nimmt etwa ein Anleger einen Anlagevermittler auf Schadensersatz wegen einer unzureichenden Risikoaufklärung in Anspruch, so soll er für die Behauptung, entgegen den Darlegungen des Vermittlers keinen Risikohinweise enthaltenden Anlageprospekt erhalten zu haben, die Beweislast tragen.[58]

**25**   Der **Unterscheidung** zwischen der Prospekthaftung im engeren und derjenigen im weiteren Sinne kommt auch nach dem Bedeutungsverlust der allgemein-zivilrechtlichen Prospekthaftung und der Dominanz spezialgesetzlicher Prospekthaftungsbestimmungen noch Gewicht zu, weil sie unterschiedliche Haftungstatbestände und Verantwortlichkeiten für die Vollständigkeit und Richtigkeit des Prospekts betrifft, der in der Prospekthaftung im weiteren Sinne nur als Vehikel der Erfüllung anderweitig begründeter Aufklärungspflichten ins Spiel kommt. Ehemals spielte die Unterscheidung vor allem auch im Hinblick auf die unterschiedliche Verjährung der Prospekthaftung im engeren und im weiteren Sinne eine Rolle,[59] doch ist diese durch die Unterstellung der Prospekthaftungstatbestände unter die allgemeinen zivilrechtlichen Verjährungsregeln (→ Rn. 200, 275, 414 f.) entfallen.

## II. Allgemein-zivilrechtliche (bürgerlichrechtliche) Prospekthaftung

**26**   **1. Sachlicher und zeitlicher Anwendungsbereich.** Die im Wege der richterlichen Rechtsfortbildung entwickelte allgemein-zivilrechtliche Prospekthaftung (→ Rn. 8) war die **Keimzelle der Prospekthaftung** als publizitätsbezogenes Regelungsinstrument des

---

[53] BGHZ 74, 103, 108 f. Zur Prospekthaftung im weiteren Sinne zuletzt, jeweils mwN, BGH NZG 2009, 430, 431 Rn. 8; BGH WM 2011, 792; OLG München WM 2008, 22 Rn. 42 f.; OLG Oldenburg BKR 2009, 477; KG WM 2011, 1938; KG WM 2012, 127.

[54] BGH ZIP 2004, 452, 455. Hier hatte die beratungspflichtige Bank die Zusendung eines Prospekts an den Kunden veranlasst, dessen Angaben über Vermietungssituation und Ertragslage des Beteiligungsobjekts im Zeitpunkt der vertraglich geschuldeten Information nicht mehr zutreffend waren. Vgl. auch BGH WM 1998, 1527, 1528; BGH WM 2003, 1086, 1087; BGH WM 2003, 1718, 1719. Sa Voraufl. 1. EL (März 1999), § 1 Rn. 12.

[55] Etwa OLG Karlsruhe WM 1999, 1059, 1063.

[56] Grundlegend BGHZ 74, 103, 109. Ferner BGHZ 77, 172, 175; BGHZ 111, 314, 319 ff.; BGH WM 1992, 901, 906.

[57] Gegenstand höchstrichterlicher Entscheidung war zuletzt die Verwendung eines Prospekts durch Handelsvertreter zum Zwecke der Gewinnung von Anlegern in den sogenannten Dreiländerfonds; s. BGH WM 2006, 522 f.

[58] BGH WM 2006, 1288. Überholt die abweichende Entscheidung des OLG Stuttgart WM 2006, 1100, 1101.

[59] Dazu insbesondere Voraufl. § 6 Rn. 208 f.

Kapitalmarkts. Ihre Entstehung ist der Herausbildung und schnellen Ausweitung des so genannten grauen Kapitalmarkts in den 1970er Jahren geschuldet (→ Rn. 3) und diente der „Weiterführung der Grundgedanken einer Vertrauenshaftung, wie sie für die Grundfälle eines Verschuldens bei Vertragsverhandlungen entwickelt worden ist, in einem bestimmten, vom Gesetzgeber als regelungsbedürftig nicht vorhergesehenen, aber ausfüllungsbedürftigen Bereich".[60] Bei der Ausgestaltung des neuen Rechtsinstituts orientierte sich die Rechtsprechung an der schon im Börsengesetz von 1896 geregelten börsengesetzlichen Prospekthaftung,[61] ging aber schnell über deren Restriktionen und Besonderheiten hinweg, um ihrerseits zum Maßstab für eine Reform der börsengesetzlichen Prospekthaftung zu werden, welche die börsengesetzliche Prospekthaftungsregelung zum Referenztatbestand für weitere spezialgesetzliche Regelungen machte.

Die Entwicklung der gesetzlichen Regelung der Prospekthaftung, die auch eine Haftung für pflichtwidrig nicht erstellte und veröffentlichte Prospekte umfasst, sowie die sukzessive Unterwerfung von Angeboten des grauen Kapitalmarkts unter eine Prospektpflicht, die 2013 in der Einführung des Kapitalanlagegesetzbuchs mit der seit dem 22.7.2013 geltenden Prospekthaftungsregelung des § 306 KAGB und der Überführung der Prospekthaftungsbestimmungen des VerkProspG in das VermAnlG und das WpPG kulminierte, haben den **Anwendungsbereich** der allgemein-zivilrechtlichen Prospekthaftung (siehe dazu Vorauflage § 6 Rn. 129 ff.) **praktisch auf null** reduziert:[62] 27

– In Bezug auf die **durch das WpPG, das VermAnlG und das KAGB erfassten Anlagen** ist kraft der spezialgesetzlichen Regelung der Prospekthaftung die Anwendung der Grundsätze der allgemein-zivilrechtlichen Prospekthaftung ausgeschlossen.[63] 28

– Gleiches gilt für **Dokumente und Werbematerialien, die anstatt, vor oder neben dem** zu erstellenden und zu veröffentlichenden **Prospekt** verwandt werden. In den beiden erstgenannten Fällen greift die Haftung wegen eines fehlenden Prospekts, im letzteren Falle greifen anderweitige Sanktionen (etwa für fehlerhafte Werbung) als diejenige der im Regelungsbereich des jeweiligen Spezialgesetzes verdrängten allgemein-zivilrechtlichen Prospekthaftung. Damit sind die Sachverhalte entfallen, die ehemals den Einsatz der allgemein-zivilrechtlichen Prospekthaftung als **Auffangtatbestand** rechtfertigten. 29

– Eine solche Verdrängung ist auch in Bezug auf die zahlreichen **Ausnahmeregelungen des WpPG, des VermAnlG und des KAGB** anzunehmen. Bei diesen handelt es sich um Vorschriften, welche die Anwendung des jeweiligen Gesetzes und damit auch der jeweiligen Prospekthaftungsvorschriften auf bestimmte grundsätzlich erfasste Emittenten, Anlageinstrumente oder Anlageangebote ausschlossen. Es ist nicht anzunehmen, dass der Gesetzgeber die in den Ausnahmen erfassten Fälle zwar von der jeweiligen spezialgesetzlichen Regelung einschließlich der jeweils einschlägigen Prospekthaftungsbestimmungen ausnehmen, sie dafür aber der allgemein-zivilrechtlichen Prospekthaftung unterwerfen wollte. 30

– Schließlich sind heute **kaum mehr Anlageformen denkbar,** deren prospektvermitteltes Angebot das Publikum nicht den Regelungsregimes der spezialgesetzlichen Regelung 31

---

[60] BGHZ 79, 337, 341 = NJW 1981, 1449, 1450.
[61] So hat sich der 2. Senat des BGH bei der Ausgestaltung einzelner Elemente der allgemein-zivilrechtlichen Prospekthaftung explizit an der Herbeiführung einer „Übereinstimmung mit der gesetzlich geregelten Haftung" für unrichtige Prospekte orientiert; etwa BGHZ 79, 337, 342; BGH WM 1981, 1021, 1022; BGHZ 83, 222, 224.
[62] *Habersack* in Habersack/Mülbert/Schlitt, Handbuch der Kapitalmarktinformation, § 29 Rn. 2 („weitgehend verdrängt"); *Mülbert/Steup* in Habersack/Mülbert/Schlitt, Unternehmensfinanzierung, § 41 Rn. 14 („verbleiben ... allenfalls Randbereiche"); *Schnauder* NJW 2013, 3212 („endgültig abgeschafft"). Unbestritten ist, dass der Bestand des Rechtsinstituts der allgemein-zivilrechtlichen Prospekthaftung davon unberührt bleibt, vgl. *Nobbe* WM 2013, 201.
[63] Dem Grundsatz noch Vorauflage § 6 § 6 Rn. 135; *Habersack* in Habersack/Mülbert/Schlitt, Handbuch der Kapitalmarktinformation, § 29 Rn. 73; *Klöhn* WM 2012, 106; *Nobbe* WM 2013, 202.

durch das WpPG, das VermAnlG und das KAGB unterfallen. Das gilt zumal für die Mehrzahl der Risikokapitalanlagen ausmachenden Fälle, in denen es um die kollektive oder individuelle Anlage in Gestalt einer mittelbaren oder unmittelbaren **Beteiligung am Ergebnis eines Unternehmens** oder um Anteile eines (typischerweise in der Rechtsform einer Publikums-KG oder einer Gesellschaft bürgerlichen Rechts organisierten) **geschlossenen Immobilienfonds** als dem zuletzt auf dem grauen Kapitalmarkt dominierenden (und jetzt in das KAGB überführten) Anlageangebot geht.[64] Eine Ausnahme unter gängigen Anlageprodukten bildet nur das durchaus als solches angebotene **partiarische Darlehen** (→ Rn. 21 und → Rn. 243).

32  Sieht man von den vorerwähnten partiarischen Darlehen ab, so ist der Anwendungsbereich der allgemein-zivilrechtlichen Prospekthaftung damit praktisch auf so genannte **Altfälle** reduziert, dh auf Fälle, in welchen die geltend gemachten Prospekthaftungsansprüche vor dem Inkrafttreten der derzeit gültigen prospekthaftungsrechtlichen Bestimmungen des WpPG, des VermAnlG und des KAGB entstanden und nach den Grundsätze der allgemein-zivilrechtlichen Prospekthaftung zu beurteilen sind.

33  Es sind diese noch anhängigen oder noch nicht verjährten, nach der allgemein-zivilrechtlichen Prospekthaftung zu beurteilenden Altfälle und die seit dem Erscheinen der Vorauflage zu dieser ergangenen Rechtsprechung, die eine Darstellung der Grundsätze der allgemein-zivilrechtlichen Prospekthaftung als angezeigt erscheinen lassen. Wie bereits an früherer Stelle (→ Rn. 21) betont, hat die Rechtsprechung zur allgemein-zivilrechtlichen Prospekthaftung maßgeblich zur **Entwicklung allgemeiner Grundsätze der Prospekthaftung** beigetragen und dient auch im Hinblick auf gemeinsame Versatzstücke der unterschiedlichen Prospekthaftungsregimes gleichsam als Angelpunkt und Speicher einer Rechtsdogmatik der Prospekthaftung.

34  Auch wenn die allgemein-zivilrechtliche Prospekthaftung die Grundlage der modernen Entwicklung der Prospekthaftung und ihrer heute umfassenden spezialgesetzlichen Regelung bildet und von daher eine nicht unbedeutende Rolle in der Auslegung der spezialgesetzlichen Bestimmungen spielt, beschränkt sich die nachfolgende Erörterung angesichts der sehr ausführlichen Darstellung der allgemein-zivilrechtlichen Prospekthaftung in den früheren Auflagen auf deren **Grundzüge** sowie auf Hinweise zu der seit der Vorauflage ergangen **Rechtsprechung**.

35  **2. Elemente der allgemein-zivilrechtlichen Prospekthaftung. a) Prospekt als Bezugspunkt der Haftung (Prospektbegriff).** Der Anwendungsbereich der allgemein-zivilrechtlichen Prospekthaftung war angesichts seines Bezugs zu den Anlageprodukten des grauen Kapitalmarkts und anfänglich nur weniger und enger spezialgesetzlicher Prospekthaftungsregelungen geraume Zeit im Wesentlichen durch den Begriff des Prospekts als Bezugspunkt der Haftung bestimmt. Gleichwohl vermochte die höchstrichterliche **Rechtsprechung** lange davon abzusehen, eine den Anwendungsbereich der allgemein-zivilrechtlichen Prospekthaftung eingrenzende Definition des Prospektbegriffs vorzunehmen. Nachdem sie sich zunächst auf einige *obiter dicta*[65] beschränken konnte, sah sie sich in den *Infomatec*-Urteilen gezwungen, zumindest zu einem Element des Prospektbegriffs Stellung zu nehmen und entschied, in einer Ad-hoc-Mitteilung sei kein Prospekt iS der allgemein-zivilrechtlichen Prospekthaftung zu sehen, weil es sich bei der Mitteilung nach § 15 WpHG um eine „anlassbezogene" Information des Sekundärmarkts handele, die erkennbar

---

[64] Zur Entwicklung der Prospekthaftung bis zur Aufhebung des VerkProspG und der Einführung des VermAnlG s. *Nobbe* WM 2012, 193 ff., 202. Zum damit verbundenen „Regimewechsel" bei der Prospekthaftung *Schnauder* NJW 2013, 3207 ff.

[65] Zu diesen gehört etwa die Aussage, lediglich der Förderung des Abschlusses einzelner noch auszuhandelnder Verträge zwischen einzelnen Privatpersonen dienende Werbeschreiben könnten, auch wenn sie gleichlautend an eine Mehrzahl von Personen gerichtet seien, nicht als Prospekt iS der allgemein-zivilrechtlichen Prospekthaftung angesehen werden. BGH WM 1989, 1715, 1717 = NJW 1990, 389, 390.

nicht den Anspruch habe, „eine das Publikum des Sekundärmarktes umfassend informierende Beschreibung zu sein".[66]

In der *Rupert Scholz*-Entscheidung des 3. Zivilsenats des BGH vom 17.11.2011[67] jedoch kommt es zu einer späten **höchstrichterlichen Definition des Prospektbegriffs**: Prospekt im Sinne der allgemein-zivilrechtlichen Prospekthaftung, so das Gericht, „ist eine marktbezogene schriftliche Erklärung, die für die Beurteilung der angebotenen Anlage erhebliche Angaben enthält oder den Anschein eines solchen Inhalts erweckt"[68] und „dabei tatsächlich oder zumindest dem von ihr vermittelten Eindruck nach den Anspruch" erhebt, „eine das Publikum umfassend informierende Beschreibung der Anlage zu sein".[69] Diese Definition entspricht weitgehend der Begriffsbestimmung in der Vorauflage (§ 6 Rn. 67). Deshalb kann auch zu den einzelnen Elementen des Prospektbegriffs auf die Ausführungen in der Vorauflage (§ 6 Rn. 68 ff.) verwiesen werden. Das gilt vor allem im Hinblick auf die Ausführungen zur **Schriftform**, welche der BGH (wie die Voraufl. § 6 Rn. 73) zu den Prospektmerkmalen zählt. Schon aufgrund der Festlegung auf schriftliche Erklärungen fallen damit alle Werbemaßnahmen mittels Film und Rundfunk aus dem Prospektbegriff der allgemein-zivilrechtlichen Prospekthaftung heraus.[70] Der Schriftform im Sinne einer verlässlichen Dokumentation von Anlageinformationen wird allerdings heute auch dann Genüge getan sein, wenn sich die entsprechenden Angaben auf **elektronischen Datenträgern oder Medien** wie dem **Internet** finden und als solche noch dokumentiert sind oder vom Anleger dokumentiert wurden.[71] Eine Erweiterung des bisherigen Prospektbegriffs mag die *Rupert Scholz*-Entscheidung aber insofern mit sich gebracht haben, als sie eine Erweiterung desselben auf **mehrere separate Dokumente** nach sich zieht, die miteinander verknüpft und deshalb bei der gebotenen Gesamtbetrachtung als einheitlicher Prospekt zu betrachten sind (→ Rn. 37 aE).[72] Der Versuch, auch mündliche (gegebenenfalls durch schriftliche Unterlagen unterstützte) Äußerungen über Kapitalanlagen der allgemein-zivilrechtlichen Prospekthaftung zu unterwerfen, war durch die Erfahrung so genannter Road Shows unter Beteiligung von Führungskräften der Anlagegesellschaft geprägt. Dieser Bedarf ist nunmehr weitgehend dadurch gedeckt (und, wenn man so will, eine Schutzlücke geschlossen), dass der BGH organschaftliche Vertreter einer kapitalsuchenden Gesellschaft, die Anlageinteressenten persönlich mit dem Anspruch gegenübertreten, sie über die für eine Anlageentscheidung wesentlichen Umstände zu informieren, einer Haftung für die Unrichtigkeit oder Unvollständigkeit ihrer Angaben nach den Grundsätzen des Verschuldens bei Vertragsschluss unterwirft.[73]

**Werbebroschüren und andere Dokumente,** die ihrer Art und/oder ihrem Umfang nach „erkennbar werblichen und weniger informativen Charakter" haben[74] und (wie Ad-

---

[66] BGH NJW 2004, 2664, 2665. Ähnlich OLG München ZIP 2002, 1727, 1728.

[67] BGH NJW 2012, 758, 759 Rn. 21. Zu dieser Entscheidung etwa *Hellgardt* ZBB 2012, 73; *Klöhn* WM 2012, 97.

[68] Zum Beleg werden zitiert: „*Assmann*, in Assmann/Schütze, § 6 Rn. 67; *Ehricke*, in Hopt/Voigt, Prospekt- und Kapitalmarktinformationshaftung, S. 195 f.; *Lenenbach*, Kapitalmarkt- und BörsenR, Rn. 9.27; zu § 264a StGB: Regierungsbegründung des Entwurfs eines Zweiten Gesetzes zur Bekämpfung der Wirtschaftskriminalität, BT-Drucks. 10/318, 23". Ebenso aber auch *Groß*, § 25 WpPG Rn. 5.

[69] Zum Beleg hierfür wird zitiert: „BGHZ 160, 134, 138 = NJW 2004, 2664 = ZIP 2004, 1593, 1595, insoweit nicht in BGHZ 160, 149, abgedruckt".

[70] Daneben würden diese Werbemaßnahmen auch nicht den Anschein erwecken, alle zur Beurteilung der angebotenen Anlage erheblichen Angaben zu enthalten. Darauf (noch) abstellend *Groß*, § 25 WpPG Rn. 6. Sa *Nobbe* WM 2013, 196 („Mündliche Äußerungen von Prospektverantwortlichen reichen ... weiterhin nicht aus").

[71] *Nobbe* WM 2013, 198, verlangt allerdings im letzteren Sinne ein „Download" des Anlegers vor Erwerb.

[72] So *Nobbe* WM 2013, 198.

[73] BGH NZG 2008, 661, 662.

[74] BGH NJW 2013, 2343, 2344 Rn. 22.

hoc-Mitteilungen, Geschäftsberichte oder Rechnungslegungswerke) nicht den Anschein erwecken, alle für die Beurteilung der angebotenen Anlage erheblichen Angaben zu enthalten, stellen weder als solche einen Prospekt dar noch sind sie, neben einem Prospekt verwandt, damit bereits als Bestandteil desselben zu betrachten.[75] Andererseits sollen auch körperlich **von einem Prospekt getrennte Schriftstücke,** die – wie im entschiedenen Fall eine als „Produktinformation" bezeichnete, 80 Seiten umfassende Broschüre und Sonderdrucke von Presseartikeln – zusammen mit dem Prospekt vertrieben werden, Bestandteil eines Anlageprospekts iS der allgemein-zivilrechtlichen Prospekthaftung sein, wenn die **gebotene Gesamtbetrachtung** einen solchen Eindruck vermittelt.[76] Ein **Produktinformationsblatt,** das nach § 31 Abs. 3 WpHG iVm § 5a WpDVerOV im Falle einer Anlageberatung dem Kunden rechtzeitig vor dem Abschluss eines Geschäfts über Finanzinstrumente zur Verfügung zu stellen ist, ist weder als solches Prospekt iS der allgemein-zivilrechtlichen Prospekthaftung noch wird es im Wege der Gesamtbetrachtung mit einem nach spezialgesetzlichen Bestimmungen zu erstellenden Prospekt zu einem solchen. Vielmehr ist es ein selbständiges, im Zusammenhang mit der Anlageberatung durch ein Wertpapierdienstleistungsunternehmen von diesem anzufertigendes, dem Kunden zur Verfügung zu stellendes Instrument des Kundenschutzes, das sich nicht an das Publikum richtet, sondern allein im Rahmen der Anlageberatung auf der Grundlage eines entsprechenden individuellen Anlageberatungsvertrags Anwendung findet.[77] Gegen die Annahme eines Prospekts spricht auch, dass § 31 Abs. 3a WpPG bestimmt, die Angaben des Produktinformationsblatts müssten mit denen des Prospekts vereinbar sein, also Informationsblatt und Prospekt trennt. Hinzu kommt, dass neben den durch das WpPG, das VermAnlG und das KAGB erfassten Anlagen und den für diese vorgesehenen Prospekten die Anwendung der Grundsätze der allgemein-zivilrechtlichen Prospekthaftung ausgeschlossen ist, auch wenn es sich um Dokumente handelt, die nicht als Prospekte nach diesen Gesetzen zu betrachten sind (→ Rn. 28).[78] Darüber hinaus besteht keine Schutzlücke: Die Pflicht zur Erstellung eines ordnungsgemäßen, dh weder unrichtigen noch irreführenden Informationsblatts ist nach § 39 Abs. 2 Nr. 15a WpHG bußgeldrechtlich sanktioniert und im Übrigen hinreichend durch vertragliche und deliktische Ansprüche[79] haftungsbewehrt.

**38** Von Bedeutung für die **Konkurrenz** der allgemein-zivilrechtlichen Prospekthaftung mit der spezialgesetzlich geregelten Prospekthaftung und für die **Auffangfunktion,** welche der ersteren vor allem im Schrifttum in Bezug auf **Broschüren** zugemessen wird, die neben oder anstatt einem kraft spezialgesetzlicher Regelung zu erstellenden Prospekt verbreitet werden, stellt wiederum der 3. Senat des BGH[80] fest, der Hinweis darauf, dass die Broschüre keinen Prospekt im Sinne des WpPG darstelle und diesen nicht ersetze, die wesentlichen Informationen über die Anlage sich vielmehr aus dem Prospekt ergäben, mache dem Anleger hinreichend deutlich, dass es sich um eine bloße, den Anforderungen des § 15 Abs. 2 und 3 WpPG genügende **Werbeschrift** handele. Die Konkurrenzlage der allgemein-zivilrechtlichen Prospekthaftung zu anderen informationsbezogenen Haftungstatbeständen ist betroffen, wenn das OLG Frankfurt/Main in einer Entscheidung vom 18.4.2007 urteilt, weder die **Angebotsunterlage nach § 11 WpÜG** noch später veröffentlichte **zusätzliche Informationen** könnten als Prospekt iS der allgemein-zivilrechtlichen Prospekthaftung angesehen werden, könnten aber Gegenstand einer Haftung aus *culpa in contrahendo* sein oder einen Schadensersatzanspruch nach den Grundsätzen der Haftung für nicht un-

---

[75] BGH ZIP 2013, 921, 923 Rn. 22 = WM 2013, 838. *Groß,* § 25 WpPG Rn. 6.
[76] BGH NJW 2012, 758 Ls. 1, 759 f. Rn. 23, 25 f. (*Rupert Scholz*). *Nobbe* WM 2013, 195.
[77] Ebenso *Müchler* WM 2012, 980; *Hebrant* ZBB 2011, 454 f.
[78] *Hebrant* ZBB 2011, 453 f. IE auch *Schäfer/Schäfer* ZBB 2013, 28 f. **AA,** aber mit unschlüssiger Argumentation, *Schlee/Maywald* BKR 2012, 323.
[79] S. dazu *Müchler* WM 2012, 980 ff.; *Schäfer/Schäfer* ZBB 2013, 27 ff.
[80] BGH NJW 2013, 2343, 2344 Rn. 22.

verzügliche, unrichtige oder unvollständige Ad-hoc-Mitteilungen nach §§ 37b und 37c WpHG, jeweils iVm § 15 WpHG auslösen.[81]

**b) Prospektmangel: Unrichtigkeit oder Unvollständigkeit der Prospektangaben. aa) Grundlagen.** Ein der allgemein-zivilrechtlichen Prospekthaftung unterliegender Prospekt, dh ein „im sog. grauen Kapitalmarkt herausgegebener Emissionsprospekt", muss „nach den von der Rechtsprechung im Wege der Rechtsfortbildung entwickelten Grundsätzen der Prospekthaftung dem Anlageinteressenten ein **zutreffendes Bild von der angebotenen Kapitalbeteiligung** vermitteln. Dazu gehört, dass sämtliche Umstände, die für die Anlageentscheidung von Bedeutung sind oder sein können, richtig und vollständig dargestellt werden".[82]

Dementsprechend liegt ein haftungsbegründender **Prospektmangel** vor, wenn für die Beurteilung der Kapitalanlage wesentliche Angaben in einem Prospekt **unrichtig oder unvollständig** sind. Das gilt für die allgemein-zivilrechtliche Prospekthaftung nicht anders als für die spezialgesetzlichen Bestimmungen der Haftung für Anlageinformationen in Prospekten. Unterschiede und davon abweichende Kriterien von Informationsmängeln finden sich nur, soweit einzelne Gesetze – wie etwa das KAGB in Gestalt der wesentlichen Anlegerinformationen (→ Rn. 418 ff.) oder VermAnlG mit dem Vermögensanlagen-Informationsblatt (→ Rn. 300 ff.) – neben den Angaben des Verkaufsprospekts spezielle Dokumente und Informationen verlangen oder spezielle in sich geschlossene Prospektbestandteile – wie bei Wertpapierprospekten die **Zusammenfassung** nach § 5 Abs. 2 Satz 1 WpPG (→ Rn. 146) – vorschreiben. Differenzen zwischen den Prospekthaftungstatbeständen können sich heute allenfalls im Hinblick auf den Prospektmangel der Unvollständigkeit der Prospektangaben ergeben, denn während die ungeschriebene allgemein-zivilrechtliche Prospekthaftung keine Mindestangaben kennt, sind solche bei den spezialgesetzlichen Prospektregelungen vorgeschrieben. Jedoch ist anerkannt, dass sich die Vollständigkeit von Prospekten, die nach einer spezialgesetzlichen Bestimmung zu erstellen sind, nicht daran orientiert, ob sie alle Mindestangaben enthalten, als vielmehr daran, ob für eine Anlageentscheidung in Bezug auf das jeweilige Anlageangebot **wesentliche Angaben** fehlen.

Die Beurteilung der Unrichtigkeit oder Unvollständigkeit von Prospektangaben folgt deshalb **Maßstäben, die gleichermaßen für alle Prospekthaftungstatbestände gelten.** Dazu gehören etwa die Grundsätze, dass die Beurteilung der Richtigkeit und Vollständigkeit eines Prospekts aus einer *Ex-ante*-**Perspektive** erfolgen muss, aus dem **Empfängerhorizont** der jeweiligen Prospektadressaten vorzunehmen ist und objektiv im Hinblick auf das angebotene Anlageobjekt zu bestimmen hat, welche Angaben für eine informierte Anlegerentscheidung erforderlich und damit **wesentlich** sind. Darüber besteht, soweit erkennbar, weder in der Rechtsprechung noch im Schrifttum Dissens.

**bb) Beurteilungszeitpunkt und Aktualisierungspflicht.** Die Beurteilung der Richtigkeit und Vollständigkeit eines Prospekts und namentlich die Beantwortung der Frage, ob die unrichtigen oder unterlassenen Angaben für eine Anlageentscheidung wesentlich sind, ist aus einer **Ex-ante-Sichtweise** vorzunehmen. Deshalb ist von Erkenntnissen zu abstrahieren, die erst nach dem Zeitpunkt eingetreten sind, der für die Beurteilung der Richtigkeit und Vollständigkeit des Prospekts maßgeblich ist. Vor allem ist darauf zu achten, dass Prospektangaben nicht im Lichte des eingetretenen Schadens und des Schadensverlaufs sowie der daraus erwachsenen Erkenntnisse auf ihre Richtigkeit und Vollständigkeit beurteilt werden.

Bei der Beantwortung der Frage, welcher der für die Beurteilung der Richtigkeit und Vollständigkeit eines Prospekts **maßgebliche Zeitpunkt** ist, ist nach einzelnen Anlageangeboten und den an diesen ausgerichteten Prospektarten zu unterscheiden. Gleiches gilt auch im Hinblick auf die damit zusammenhängende **Pflicht zur Aktualisierung** sowie der **Art und Dauer** derselben. Im Hinblick auf die allgemein-zivilrechtliche Prospekthaf-

---

[81] OLG Frankfurt/Main AG 2007, 749 Rn. 83 f. bzw. Rn. 75 ff.
[82] BGH BKR 2008, 163 Rn. 7 *(Securenta)*.

tung ist grundsätzlich der Zeitpunkt maßgeblich, zu dem der Prospekt in den Verkehr gebracht wurde, doch hat die Rechtsprechung schon in der Anfangsphase der Herausbildung des Rechtsinstituts verlangt, dass „der Prospektverantwortliche auf nachträglich eingetretene Änderungen durch Prospektberichtigung oder durch entsprechende Hinweise bei Abschluß des Vertrages aufmerksam machen muß".[83] Damit unterliegen die nach der bürgerlichrechtlichen Prospekthaftung zu beurteilenden Prospekte während der Dauer ihres Gebrauchs im Hinblick auf den Abschluss des Erwerbgeschäfts über die jeweilige Anlage einer **„permanenten Aktualisierungspflicht",** sei es durch die Prospektverantwortlichen im Falle der allgemein-zivilrechtlichen Prospekthaftung im engeren Sinne oder sei es durch die Aufklärungs- oder Beratungspflichtigen im Falle der allgemein-zivilrechtlichen Prospekthaftung im weiteren Sinne. Der maßgebliche Zeitpunkt für die Beurteilung der Richtigkeit und Vollständigkeit eines Prospekts ist mit der Aktualisierungspflicht *de facto* auf den Zeitpunkt der Verwendung des Prospekts gegenüber dem einzelnen Anlageinteressenten verschoben worden.

**44**  Nach einer Entscheidung des OLG München vom 4.10.2007 stellen **nach der Herausgabe des Prospekts begangene Sorgfaltspflichtverletzungen** (im entschiedenen Fall eine solche der Komplementärin einer Fonds-Kommanditgesellschaft bei der Auswahl des Sicherungsgebers) weder einen Prospektfehler dar noch lösen sie eine **Aktualisierungspflicht** aus, denn wäre den Prospektverantwortlichen die mangelnde Seriosität des Sicherungsgebers „rechtzeitig bekannt geworden, hätte sie dies nicht zur Aufnahme eines Warnhinweises in dem Emissionsprospekt, sondern vielmehr zur Auswahl eines anderen Sicherungsgebers veranlassen müssen".[84] Die Argumentation ist anfechtbar, denn die nachträglichen Veränderungen, die nicht zur Auswahl eines anderen Sicherungsgebers führen können, machen den Prospekt in wesentlichen Aspekten unvollständig. Dass die Aktualisierungsangabe in diesem Fall nicht leicht zu formulieren ist, ändert daran nichts.

**45**  **cc) Beurteilungsmaßstab.** Die an den Prospekt im Hinblick auf Richtigkeit und Vollständigkeit zu stellenden Anforderungen lassen sich nicht unabhängig vom **Empfängerhorizont der Prospektadressaten** beurteilen,[85] dh derjenigen Anlegerkreise, an die sich das Anlageangebot richtet.[86] Dabei wird der Adressatenkreis der Prospekte, die der allgemein-zivilrechtlichen Prospekthaftung unterfallen, je nach der Aufgabe, die der Prospekthaftung zugeschrieben wird, unterschiedlich bestimmt. Das Spektrum der im Schrifttum namentlich zur allgemein-zivilrechtlichen Prospekthaftung vertretenen Auffassungen reicht dementsprechend vom „Fachmann"[87] bis zum „unbewanderten Laien"[88] als Adressaten des Prospekts. In einer einen Börsenzulassungsprospekt betreffenden Entscheidung hat der BGH als Maßstab auf die Verständnismöglichkeiten eines **„durchschnittlichen Anlegers"** abgestellt, der mit der in eingeweihten Kreisen gebräuchlichen Schlüsselsprache nicht vertraut ist.[89] Diesem hat er – in Bezug auf eine Anlage in Aktien und die Unrichtig-

---

[83] So die Formulierung in BGHZ 139, 225, 232 *(Elsflether Werft)*. Grundlegend BGHZ 71, 284, 291 *(Gastronomie)*. Ferner: BGHZ 72, 382, 387 *(Schiffahrt KG);* BGH NJW 1981, 114, 1451 unter I. 3. a. *(Ferienhotels),* insoweit in BGHZ 79, 337, nicht abgedruckt; BGHZ 123, 106, 110; BGHZ 139, 225 ff.; BGH WM 2002, 813, 814; BGH ZIP 2004, 121, 122 m. Anm. *Lang;* OLG Stuttgart WM 2005, 2382. Zuletzt BGH BKR 2008, 163 Rn. 7 *(Securenta);* BGH NZG 2010, 585, 586 Rn. 13 mwN („Ändern sich diese Umstände nach der Herausgabe des Emissionsprospekts, so haben die Verantwortlichen die durch Prospektberichtigung oder gesonderte Mitteilung offenzulegen"). Sa *Nobbe* WM 2013, 195.
[84] OLG München WM 2008, 22 Ls. 2 und Rn. 54.
[85] Zuletzt BGH NZG 2012, 1262, 1265 Rn. 25 („Zur Beantwortung der Frage, ob ein Prospekt unrichtig oder unvollständig ist, ist auf den Empfängerhorizont abzustellen").
[86] BGHZ 123, 106, 110 = NJW 1993, 2865; BGH NZG 2012, 1262, 1265 Rn. 25.
[87] Etwa *Wittmann* DB 1980, 1583; LG Düsseldorf WM 1980, 102, 106.
[88] Etwa *Wunderlich* DStR 1975, 690.
[89] BGH WM 1982, 862, 863. Anders noch die Vorinstanz OLG Düsseldorf WM 1981, 960, 964 f. („aufmerksamer und kundiger Prospektleser"). In Anlehnung an § 265b StGB soll nach den Darle-

keit eines Börsenzulassungsprospekts – allerdings schon damals in konsequenterweise unterstellt, eine Bilanz lesen zu können.[90] Dass die höchstrichterliche Rechtsprechung, sollte es darauf ankommen, an der letzteren Annahme festhalten wird, darf – da dies weder in der Linie des von dieser später verfolgten Anlegerschutzes noch in derjenigen der zumindest für Wertpapierprospekte maßgeblichen EG-Richtlinien[91] läge – als in höchstem Maße unwahrscheinlich gelten. Dessen ungeachtet hat der BGH einen Prospektadressaten vor Augen, der Prospekt und diesem gegebenenfalls beigefügte Anlagen (wie etwa eine dem Prospekt beigegebene „Dokumentationsmappe") **„sorgfältig und eingehend"** liest.[92] Zusammenfassend stellt die Rechtsprechung „grundsätzlich auf den aufmerksamen durchschnittlichen Anleger ohne überdurchschnittliches Fachwissen und ohne Kenntnis der in eingeweihten Kreisen gebräuchlichen Fach- und Schlüsselsprache ab".[93] Dem ist das Schrifttum – von der Annahme des zum Verständnis einer Bilanz begabten Durchschnittsanlegers abgesehen[94] und als Maßstab den Erkenntnishorizont eines durchschnittlichen, den Prospekt aufmerksam lesenden Anlegers heranziehend – weitgehend gefolgt.[95]

Völlig haltlos und ohne jeden Widerhall geblieben ist die von interessierten Kreisen im „grauen Schrifttum"[96] aufgestellte Behauptung eines bevorstehenden letzten „Quantensprungs" in den Prospektierungsregeln, der darin bestehen soll, dass sowohl der spezialgesetzlichen als auch der allgemein-zivilrechtlichen Prospekthaftung unterworfene Prospekte zukünftig **„anlegergerecht"** in dem Sinne auszugestalten seien, dass sie auch vom **„typischen Kunden"** – und das soll heißen: hinsichtlich der mit ihnen verbunden Risiken vom „unerfahrene Kapitalanleger nach schneller Durchsicht" des Prospekts – verstanden werden könnten.[97] Solche Versuche sind auch in der Sache verfehlt, weil sie praktisch Unmögliches

**46**

---

gungen im RegE 2. WiKG (BT-Drucks. 10/318, S. 24) in Bezug auf § 264a StGB vom „verständigen, durchschnittlich vorsichtigen" Anleger auszugehen sein. BGH WM 2005, 782, 784: Angaben müssen „einem durchschnittlichen Anleger, nicht einem flüchtigen Leser" verständlich sein. Zuletzt BGH WM 2005, 782, 784; BGH WM 2012, 115 Rn. 25; BGH NZG 2012, 1262, 1265 Rn. 25.

[90] BGH WM 1982, 862, 863. Ausdrücklich folgend (die nicht rechtskräftig gewordene Entscheidung des) OLG Frankfurt/M. ZIP 2004, 1411, 1414. Kritisch hierzu *Schwark* ZGR 1983, 168; *ders.* in Schwark/Zimmer, §§ 44, 45 BörsG Rn. 21 f.; *ders.* WuB I G 9. – 2.94 (Anm. zum Urt. OLG Frankfurt/M. WM 1994, 291) zu 2.; *Assmann*, Prospekthaftung, S. 317; *Hamann* in Schäfer/Hamann, §§ 44, 45 BörsG Rn. 191 f. Ähnlich *Canaris*, Bankvertragsrecht, Rn. 2279; *Brondics/Mark* AG 1989, 341.

[91] Namentlich der EG-Emissionsprospektrichtlinie 2003/71/EG vom 4.11.2003 (s. o. Fn. 25), die ausweislich den Ausführungen in Erwägungsgrund 41 den Schutz des Vertrauens des Kleinanlegers einfordert.

[92] BGH WM 1992, 901, 904. Vgl. auch den Beschluss BGH WM 2006, 522, 523, in welchem der BGH es nicht als Prospektmangel erachtet, wenn dem Anleger kein „schneller Überblick" über die Risiken der Anlage geboten wird und er stattdessen auf die Lektüre „umfangreiche(r) Ausführungen" zu den Einzelinvestitionen angewiesen ist. Zuletzt BGH NJW-RR 2008, 1365, 1366; BGH NJOZ 2008, 2685, 2687 Rn. 8 *(Filmfonds)*: „Dabei dürfen die Prospektverantwortlichen allerdings eine sorgfältige und eingehende Lektüre des Prospekts bei den Anlegern voraussetzen"; BGH NZG 2013, 344, 345 Rn. 12.

[93] *Nobbe* WM 2013, 194.

[94] S. die Nachweise oben in Fn. 90.

[95] Etwa *Canaris*, Bankvertragsrecht, Rn. 2294; *Ehricke*, Prospekt- und Kapitalmarktinformationshaftung, S. 220 f.; *Ellenberger*, Prospekthaftung, S. 34. Kritisch etwa *Hamann* in Schäfer/Hamann, §§ 44, 45 BörsG Rn. 191 f.; *Schwark* in Schwark/Zimmer, §§ 44, 45 BörsG Rn. 21 (nur auf den ersten Blick tragfähiger Kompromiss). Nur vordergründig in eine ähnliche Richtung geht *Fleischer* BKR 2004, 343, der auf den „typischerweise angesprochenen Anlegerkreis und dessen zu erwartenden Informations- und Wissensstand" abstellen will. Auch *Siol* in Schimanski/Bunte/Lwowski, § 45 Rn. 52, der zwar auch auf einen „aufmerksamen" Leser abstellt, aber abweichend einen „nicht besonders fachkundigen" Leser genügen lässt.

[96] S. dazu ausführlich 2. Aufl. Ergänzungsband, 1. EL (März 1999), § 7 Rn. 8 Fn. 19–26.

[97] Direkter Anlegerschutz, herausgegeben und dokumentiert von *Heinz Gerlach* in Zusammenarbeit mit *Sylvia Hotz* und *Maria Lattka*, 16. Jg., Nr. 8–9/1995 vom 31.12.1995, S. 224.

verlangen und dem Prospekt Aufgaben der Anlageberatung aufbürden, welche er nicht zu erfüllen imstande sein kann.[98]

**47** dd) **Angaben von wesentlicher Bedeutung.** Ein Prospektmangel ist nur dann gegeben, wenn der Prospekt in den für die Beurteilung der Kapitalanlage **wesentlichen Angaben** unrichtig oder unvollständig ist.[99]

**48** **Angaben** in diesem Sinne sind fraglos alle in einem Prospekt wiedergegebene **Tatsachen,** dh alle der äußeren Wahrnehmung und damit des Beweises zugängliche Geschehnisse oder Zustände[100] der Außenwelt (so genannte äußere Tatsachen) und des menschlichen Innenlebens (so genannte innere Tatsachen).[101] Zu den der Prospekthaftung unterfallenden Angaben gehören darüber hinaus auch **Meinungen, Werturteile und Prognosen**[102] wie sie etwa in Gestalt von Rendite- und Wirtschaftlichkeitsberechnungen[103] im Prospekt enthalten sein können. Dem Begriff der Angaben kommt damit heute[104] keine Selektionsfunktion im Hinblick auf mögliche Prospektmängel mehr zu.

**49** Um einen Prospektmangel iS der allgemein-zivilrechtlichen Prospekthaftung zu begründen, muss es sich bei den fraglichen Angaben um solche handeln, die für die Beurteilung der angebotenen Anlage **wesentlich** sind. Unter Berücksichtigung der Zielsetzung der Prospekthaftung, dem Anlageinteressenten ein zutreffendes Bild von der angebotenen Kapitalbeteiligung,[105] namentlich den ihre Chancen und Risiken begründenden Umstände zu vermitteln,[106] lassen sich solche Angaben als wesentlich (oder synonym als notwendig oder erheblich) bezeichnen, welche Umstände betreffen, die **objektiv zu den wertbildenden Faktoren** einer Anlage gehören und die ein durchschnittlicher, verständiger Anleger „eher als nicht" bei seiner Anlageentscheidung berücksichtigen würde.[107] Dazu gehören die mit

---

[98] *Assmann,* Freundesgabe für Kübler, S. 345 ff. Ablehnend im Hinblick auf die Forderung „anlegergerechter" Prospekte wie hier auch *Hamann* in Schäfer/Hamann, §§ 44, 45 BörsG Rn. 191.

[99] Für die bürgerlichrechtliche Prospekthaftung etwa BGHZ 79, 337, 344; BGH WM 1991, 2092, 2094 (insoweit nicht in BGHZ 115, 214 abgedruckt).

[100] Hess. VGH AG 1998, 436, mit Anm. *Assmann.*

[101] *Assmann* in Assmann/Uwe H. Schneider, § 13 WpHG Rn. 12 (zum insiderrechtlichen Tatsachenbegriff); *ders.* in Assmann/Schlitt/v. Kopp-Colomb, § 13 VerkProspG Rn. 37; *Burgard* ZHR 162 (1998), 63; *Gehrt,* S. 120/121; *Pananis* WM 1997, 461/462; *Soesters,* S. 141.

[102] BGH WM 1982, 862, 863 *(BuM);* BGH NJW-RR 2010, 115. Ferner etwa OLG Düsseldorf WM 1984, 586, 592; OLG Frankfurt/M. WM 1994, 291, 295; OLG Frankfurt/M. AG 2011, 920; LG Frankfurt/M. WM 1998, 1181, 1184. Zwischenzeitlich unstreitig. Aus dem Schrifttum etwa Voraufl. § 6 Rn. 8; *Assmann* in Assmann/Schlitt/v. Kopp-Colomb, § 13 VerkProspG Rn. 37, 40, 55; *Ellenberger,* Prospekthaftung, S. 32; *Groß,* § 21 WpPG Rn. 40; *Habersack* in Habersack/Mülbert/Schlitt, Handbuch der Kapitalmarktinformation, § 29 Rn. 16; *Hamann* in Schäfer/Hamann, §§ 44, 45 BörsG Rn. 140; *Mülbert/Steup* in Habersack/Mülbert/Schlitt, Unternehmensfinanzierung, § 41 Rn. 36; *Nobbe* WM 2013, 194; *Oulds* in Kümpel/Wittig, Rn. 15.196 f.; *Schwark* in Schwark/Zimmer, §§ 44, 45 BörsG Rn. 24.

[103] Etwa BGH WM 1985, 482, 483; BGH WM 1991, 1543 f.; OLG Bremen ZIP 1983, 423, 424 f.; OLG Koblenz ZIP 1981, 668.

[104] Anders noch nach § 45 Abs. 1 BörsG in seiner bis zur Reform der börsengesetzlichen Prospekthaftung durch das 3. FFG vom 24.3.1998 (s. o. Fn. 28) geltenden Fassung, welche zwischen einem Prospektmangel aufgrund unrichtiger Angaben und einem solchen aufgrund der Unvollständigkeit wegen der „Fortlassung wesentlicher Tatsachen" unterschied.

[105] BGH BKR 2008, 163 Rn. 7 *(Securenta).*

[106] S. etwa, mwN, Voraufl. § 6 Rn. 71; *Pleyer/Hegel* ZIP 1985, 1371 mwN in Fn. 6. Zur Angewiesenheit des Anlegers auf die Prospektinformation als Grundlage der Prospekthaftung s. insbes. BGH NJW 1995, 130 und oben zu Fn. 177.

[107] BGH NZG 2012, 1262, 1264. *Assmann,* Prospekthaftung, S. 319; *ders.* in Assmann/Schlitt/v. Kopp-Colomb, § 13 VerkProspG Rn. 38. Ebenso etwa *Ellenberger,* Prospekthaftung, S. 33; *Förster,* S. 55; *Groß,* § 21 WpPG Rn. 68; *Habersack* in Habersack/Mülbert/Schlitt, Handbuch der Kapitalmarktinformation, § 29 Rn. 17; *Hamann* in Schäfer/Hamann, §§ 44, 45 BörsG Rn. 148; *Mülbert/Steup* in Habersack/Mülbert/Schlitt, Unternehmensfinanzierung, § 41 Rn. 48; *Nobbe* WM 2012, 194; *Oulds* in Kümpel/Wittig, Rn. 15.291; *Pfüller* in Brinkhaus/Scherer, § 12 AuslInvestmG Rn. 10; *Schödermeier/Baltzer* in Brinkhaus/Scherer, § 20 KAGG Rn. 5.

§ 5 Prospekthaftung

der Anlage verbundenen Nachteile und Risiken,[108] vor allem aber Umstände, die den Vertragszweck vereiteln können.[109] Ebenso kann ein für die Anlageentscheidung wesentlicher Umstand der Erfolg oder Misserfolg zuvor aufgelegter vergleichbarer Anlagen (hier: Vorgängerfonds) sein.[110] Siehe im Übrigen → Rn. 141.

ee) Unrichtigkeit und Unvollständigkeit. (1) Unrichtige Angaben. Ein Anspruch nach der allgemein-zivilrechtlichen Prospekthaftung setzt voraus, dass für die Beurteilung der Kapitalanlage wesentliche Angaben in einem Prospekt **unrichtig oder unvollständig** sind. **Tatsachenangaben** als dem Beweise zugängliche Angaben sind unrichtig, wenn sie nachweislich unwahr sind, dh von den wirklichen Verhältnissen (im Zeitpunkt der Prospekterstellung) abweichen.[111] **Prognosen**,[112] **Meinungen** oder **Werturteile** sind unrichtig, wenn sie nicht ausreichend durch Tatsachen gestützt und kaufmännisch nicht vertretbar sind[113] (→ Rn. 52). Im Hinblick auf Prognosen ist eine *Ex-ante* Betrachtung geboten,[114] wohingegen es unerheblich ist, ob sich die Prognose im Nachhinein als zutreffend oder unzutreffend dargestellt hat. 50

Zu Angaben, die die Rechtsprechung **im Einzelfall** als **unrichtig** beurteilte, gehörten zuletzt[115] 51
– die Bezeichnung einer Mieterin von Grundstücken eines geschlossenen Immobilienfonds als stabile und ertragsstarke Gesellschaft, wenn im Zeitpunkt der Prospektherausgabe bereits Zweifel an ihrer Bonität aufgrund bei anderen Fonds bestehender Mietrückstände bestanden;[116]
– die unrichtige Beschreibung eines bestimmten Risikos, auch wenn an anderer Stelle des Prospekts für den Fall des Eintritts anderer oder ferner liegender Risiken auf die Möglichkeit des Totalverlusts hingewiesen wird;[117]
– die unrichtige Darstellung, die Anschlussförderung, dh die Gewährung staatlicher Mittel nach Ablauf der ersten Periode, sei „rechtlich gesichert"[118] oder die fehlerhafte Hervorrufung des Eindrucks, auf die Anschlussförderung bestehe ein Rechtsanspruch;[119]

---

[108] BGHZ 79, 337, 344; BGH WM 2003, 1086, 1088; BGH WM 2010, 262, 263 f. Rn. 18; BGH WM 2010, 796, 797 Rn. 13; BGH WM 2010, 972, 973 Rn. 9; BGH WM 2012, 1184 Rn. 13; BGH WM 2012, 1298 Rn. 10. *Nobbe* WM 2013, 194, 198.
[109] BGHZ 79, 337, 344; BGH NJW 2000, 3346; BGHZ 116, 7, 12 = NJW 1992, 241, 242; BGH WM 2003, 1086, 1088; BGH WM 2012, 1184, Rn. 13. *Nobbe* WM 2013, 194, 198; *Oulds* in Kümpel/Wittig, Rn. 15.202; *Siol* in Schimanski/Bunte/Lwowski, § 45 Rn. 54.
[110] BGH NZG 2010, 585, 586 Rn. 14.
[111] Etwa *Assmann* in Assmann/Schlitt/v. Kopp-Colomb, § 13 VerkProspG Rn. 40; *Ellenberger,* Prospekthaftung, S. 33; *Groß,* § 21 WpPG Rn. 44; *Habersack* in Habersack/Mülbert/Schlitt, Handbuch der Kapitalmarktinformation, § 29 Rn. 18; *Hamann* in Schäfer/Hamann, §§ 44, 45 BörsG Rn. 149; *Nobbe* WM 2013, 194; *Schödermeier/Baltzer* in Brinkhaus/Scherer, § 20 KAGG Rn. 6.
[112] Zu diesen noch näher unten Rn. 52.
[113] BGH WM 1982, 862, 863 *(BuM)*; BGH NJW-RR 2010, 115, 117; BGH NJW 2012, 2506, 2507; BGH WM 2012, 1293, 1295. Auch schon OLG Düsseldorf WM 1984, 586, 592; OLG Frankfurt/M. WM 1994, 291, 295. RegE 3. FFG, BT-Drucks. 13/8933, S. 76; *Assmann* in Assmann/Schlitt/v. Kopp-Colomb, § 13 VerkProspG Rn. 40; *Ellenberger,* Prospekthaftung, S. 31 f.; *Eyles* bzw. *Hauptmann* in Vortmann, § 2 Rn. 73 bzw. § 3 Rn. 65; *Gerber,* S. 119; *Groß,* § 21 WpPG Rn. 44, 52; *Habersack* in Habersack/Mülbert/Schlitt, Handbuch der Kapitalmarktinformation, § 29 Rn. 16, 18; *Hamann* in Schäfer/Hamann, §§ 44, 45 BörsG Rn. 149; *Mülbert/Steup* in Habersack/Mülbert/Schlitt, Unternehmensfinanzierung, § 41 Rn. 36; *Nobbe* WM 2013, 195; *Pfüller* in Brinkhaus/Scherer, § 12 AuslInvestmG Rn. 15; *Schödermeier/Baltzer* in Brinkhaus/Scherer, § 20 KAGG Rn. 6; *Schwark* in Schwark/Zimmer, §§ 44, 45 BörsG Rn. 26; *Siebel/Gebauer* WM 2001, 175; *Wagner* NZG 201, 857.
[114] BGH NJW-RR 2010, 115, 117.
[115] Zu Beispielen aus der älteren Rechtsprechung s. Voraufl. § 6 Rn. 90. Sa die Darstellung der Rechtsprechung zur Prospekthaftung bei geschlossenen Fonds bei *Nobbe* WM 2013, 194 f.
[116] KG WM 2007, 2142.
[117] OLG Oldenburg BKR 2009, 477.
[118] BGH DStR 2009, 2610; BGH NZG 2010, 709 (Ls.).
[119] BGH NZG 2010, 709, 710 Rn. 12.

– die Angabe, die für die Rentabilität des Fonds maßgebliche künftige Entwicklung der Mieten beruhe „auf Erfahrungswerten der Vergangenheit", obwohl den Prospektverantwortlichen keine Erkenntnisse darüber vorlagen, dass in der Vergangenheit bei vergleichbaren Objekten unter entsprechenden äußeren Umständen Mietzuwächse in der prognostizierten Höhe erzielt werden konnten.[120]

**52** Ob ein Prospekt **zukunftsbezogene Informationen** – etwa Prognosen oder Angaben über Planungen und Vorhaben oder Aussagen über Erwartungen und die zukünftige Entwicklung der Anlagegesellschaft – enthalten muss, ist eine Frage der Vollständigkeit des Prospekts (→ Rn. 58 ff.). Unbestritten ist, dass ein Prospekt zukunftsbezogene Informationen aufweisen darf.[121] Ist dies der Fall, stellt sich die Frage, unter welchen Voraussetzungen zukunftsbezogene Informationen im prospekthaftungsrechtlichen Sinne als richtig oder unrichtig anzusehen sind. Wie im Hinblick auf die Beurteilung von Werturteilen (→ Rn. 50) sind zukunftsbezogene Informationen nicht zu beanstanden, wenn sie „ausreichend durch Tatsachen gestützt und kaufmännisch vertretbar sind".[122] Dabei darf auch eine optimistische Erwartung der Entwicklung einer Kapitalanlage zugrunde gelegt werden, wenn die diese Erwartung stützenden Tatsachen sorgfältig ermittelt sind und die darauf gestützte Prognose der künftigen Entwicklung aus seinerzeitiger Sicht vertretbar ist.[123]

**53** Ein Prospekt ist nicht bereits deshalb unrichtig, weil er formale oder stilistische **Gestaltungsmängel** aufweist, etwa unübersichtlich gegliedert und für den durchschnittlichen Anleger nicht leicht verständlich abgefasst ist.[124] Unrichtig wird ein solcher Prospekt erst, wenn sich aus diesem Defizit ein für den durchschnittlichen Anleger unzutreffender Gesamteindruck (→ Rn. 61 f.) ergibt.[125] Das wird regelmäßig nicht bereits dann der Fall sein, wenn ein Prospekt einzelne Mängel in der Klarheit der Darstellung und der Übersichtlichkeit der Präsentation aufweist, doch können solche Mängel ein solches Gewicht annehmen oder sich dergestalt anhäufen, dass das Urteil gerechtfertigt sein kann, es liege ein im Ganzen unrichtiger Prospekt vor.[126] Als bedenklich erscheint es insoweit, wenn es der BGH nicht beanstandet, dass eine für die Beurteilung der Anlage erhebliche Tatsache nur in einer dem Prospekt beigefügten „Dokumentationsmappe", nicht aber im eigentlichen Prospekt enthalten ist.[127]

**54** (2) Unvollständige Angaben. Nach ständiger höchstrichterlicher Rechtsprechung muss einem Anleger für seine Beitrittsentscheidung ein **richtiges Bild über das Beteiligungsobjekt** vermittelt werden, dh er muss über alle Umstände, die für einen durchschnittlichen, verständigen Anlageinteressenten von wesentlicher Bedeutung sind oder sein können (→ Rn. 45, 49), insbesondere über die mit der angebotenen speziellen Beteiligungsform verbundenen Nachteile und Risiken zutreffend, verständlich und vollständig aufgeklärt werden. Fehlen solche Angaben im Prospekt, so ist er unvollständig.[128] Unvollständig ist ein Prospekt insbesondere, wenn er keine Angaben über Umstände enthält, die den **Vertrags-**

---

[120] BGH NJW 2010, 2506.
[121] Zur Richtigkeitskontrolle von Prognosen s. bereits → Rn. 50.
[122] S. o. Fn. 113.
[123] BGH NJW-RR 2010, 115 (Ls. 1), 117. Kritisch *Klöhn* WM 2010, 289 ff.
[124] Ebenso *Ellenberger*, Prospekthaftung, S. 37; *Groß* AG 1999, 204; *ders.*, Kapitalmarktrecht, §§ 44, 45 BörsG Rn. 67; *Hamann* in Schäfer/Hamann, §§ 44, 45 BörsG Rn. 189.
[125] Ebenso etwa *Förster*, S. 59; *Habersack* in Habersack/Mülbert/Schlitt, Handbuch der Kapitalmarktinformation, § 29 Rn. 22; *Siol* DRiZ 2003, 206.
[126] Ähnlich *Hopt*, Verantwortlichkeit; Rn. 153; *Groß*, § 21 WpPG Rn. 67; *Hamann* in Schäfer/Hamann, §§ 44, 45 BörsG Rn. 194.
[127] BGH WM 1992, 901, 904. Kritisch auch *Förster*, S. 59.
[128] Zuletzt, jeweils mit umfangreichen Nachweisen, BGH NZG 2008, 661, 662 Rn. 12; BGH NZG 2010, 709 Rn. 9; BGH NZG 2010, 585, 586 Rn. 13; BGH NJW 2010, 2506 Rn. 9; BGH NZG 2012, 789, 790 Rn. 13; BGH NZG 2012, 1262, 1264 Rn. 23; BGH NZG 2013, 344 f. Rn. 10.

§ 5 Prospekthaftung

**zweck vereiteln** können[129] und geeignet sind, potentielle Anleger von dem Erwerb der Anlage abzuhalten.[130] Gleiches gilt für Umstände, von denen zwar noch nicht sicher, jedoch schon mit einiger Wahrscheinlichkeit gesagt werden kann, dass sie den vom Anleger verfolgten Zweck gefährden werden.[131]

Im **Einzelfall** wurde **Unvollständigkeit** von Prospekten von der Rechtsprechung zuletzt[132] angenommen, wenn 55
– in dem Prospekt verschwiegen wird, dass in den Gutachten über die im Prospekt dargestellten prognostizierten Winderträge jeweils ein Sicherheitsabschlag empfohlen worden ist;[133]
– der Umfang der Pflichten eines Mietgaranten nicht so eindeutig festgelegt ist, dass darüber kein Streit entstehen kann, und die Anleger auf das Risiko einer für den Fonds ungünstigen Auslegung nicht hingewiesen werden;[134]
– Angaben zu **Verflechtungen und Interessenkonflikten** fehlen, etwa (i) weil wesentliche kapitalmäßige und personelle Verflechtungen zwischen einerseits der Komplementär-GmbH, ihren Geschäftsführern und beherrschenden Gesellschaftern und andererseits den Unternehmen sowie deren Geschäftsführern und beherrschenden Gesellschaftern, in deren Hand die Beteiligungsgesellschaft die nach dem Emissionsprospekt durchzuführenden Vorhaben ganz oder wesentlich gelegt hat, nicht hinreichend offen gelegt wurden,[135] (ii) weil es an einem Hinweis fehlt, dass zwischen den Gesellschaftern der Komplementärin besondere Vereinbarungen über die Gewährung von Vertriebsprovisionen an ein Unternehmen getroffen wurden, an dem einer der Gesellschafter der Komplementärin maßgeblich beteiligt ist und das von der Komplementärin in beachtlichem Umfang mit dem Eigenkapitalvertrieb betraut wird,[136] (iii) weil nicht auf kapitalmäßige und personelle Verflechtungen zwischen dem Unternehmen, an dem sich der Anlageinteressent beteiligen soll, und einem Unternehmen, in dessen Hand das durchzuführende Vorhaben ganz oder teilweise gelegt wird, hingewiesen wird,[137] oder (iv) weil es an Angaben über Verflechtung des Anlageunternehmens mit einem Kreditinstitut, das an der Finanzierung von Beteiligungen mitwirkt, mangelt.[138]
– auch bei sorgfältiger und eingehender Lektüre des Prospekts nicht erkennbar wird, dass ein Beteiligter aufgrund eines ihm eingeräumten Weisungsrechts unabhängig von deren Ertragslage zu seinem Vorteil und zum Nachteil der Anlagegesellschaft Kapital entziehen und so die Einlagen der Anleger zweckentfremden kann;[139]

---

[129] BGHZ 79, 337, 344, BGHZ 116, 7, 12; BGH WM 1994, 2192, 2193; BGH WM 1998, 1772, 1774; BGH WM 2000, 1503, 1504; BGH WM 2004, 928, 930 (Erzielbarkeit der angesetzten Mieterlöse). *Nobbe* WM 2013, 194, 198,
[130] BGH AG 1998, 520, 521 = WM 1998, 1772, 1774.
[131] BGHZ 72, 382, 388; BGHZ 79, 337, 344; BGH WM 1988, 48, 50; BGH WM 1991, 2092, 2094 (insoweit nicht in BGHZ 115, 214 abgedruckt); BGHZ 116, 7, 12 = NJW 1992, 241, 242; BGH NJW-RR 2008, 1365, 1366; BGH NJW 2000, 3346; BGH WM 2000, 1503, 1504; BGH WM 2003, 1086, 1088; BGH NJW 2006, 2042, 2043; BGH NJOZ 2008, 2685, 2687 Rn. 8; BGH NZG 2012, 789, 790 Rn. 13; BGH NZG 2012, 1262, 1264; BGH NZG 2013, 344 Rn. 10.
[132] Zu Beispielen aus der älteren Rechtsprechung s. Voraufl. § 6 Rn. 94 ff. und *Assmann* in Assmann/Schlitt/v. Kopp-Colomb, § 13 VerkProspG Rn. 44 ff. In Bezug auf Prospekte für geschlossene Fonds *Nobbe* WM 2013, 195.
[133] BGH NJW-RR 2008, 1119, 1121 Rn. 9.
[134] BGH NZG 2013, 344.
[135] BGH BKR 2009, 380, 383 f.
[136] BGH BKR 2008, 301.
[137] BGH BKR 2008, 163, 164 Rn. 12.
[138] BGH BKR 2008, 163, 164 Rn. 12.
[139] BGH NZG 2012, 1262, 1265 Rn. 29.

– es verabsäumt wurde, auf bankrechtliche Bedenken gegen die in zahlreichen Anlageverträgen der Anlage-AG vereinbarte ratierliche Auszahlung der Auseinandersetzungsguthaben hinzuweisen;[140]
– das Bestehen eines Verlustübernahmevertrages verschwiegen wird, der nicht nur die Gefahr des Verlustes der Anlage heraufbeschwört, sondern zusätzliche Zahlungspflichten auslösen kann;[141]
– nicht hinreichend auf **Risiken** hingewiesen wird, etwa indem eine „Restrisiko-Betrachtung" den Anleger nicht deutlich genug darauf hinweist, dass seine Beteiligung dem Risiko eines Totalverlustes und nicht lediglich eines begrenzten Verlustes unterliegt,[142] oder Risiken aus Altverträgen unerwähnt bleiben, die dazu führen können, dass Anlagegesellschaft in wirtschaftliche Schwierigkeiten gerät;[143]
– die Gesellschaft die Anlagegelder in erster Linie für den Aufbau eines dritten Unternehmens verwendet und es verabsäumt, im Emissionsprospekt das Geschäftsmodell dieses Unternehmens, seine Chancen und Risiken zutreffend darzustellen;[144]
– die zahlreichen, zumindest zum Teil einschlägigen Vorstrafen desjenigen, der auf das Geschäftsgebaren und die Gestaltung des Anlagemodells entscheidenden Einfluss ausübt, in dem bei den Beitrittsverhandlungen verwandten Prospekt nicht angegeben sind;[145]
– nicht darauf hingewiesen wurde, dass das Wertpapierdepot, das nach den Prospektangaben die Liquiditätsrücklage bilden sollte, an die darlehensgebende Bank verpfändet werden sollte.[146]

56  Die Frage, ob auch **Negativratings, Downratings** oder **Negativkritik**[147] zu recherchieren und in Prospekte aufzunehmen sind, darf zwischenzeitlich als geklärt gelten. Sie ist zu verneinen.[148] Weder der höchstrichterlichen Rechtsprechung noch der Rechtsprechung der Oberlandesgerichte[149] lassen sich einschlägige Anforderungen entnehmen. Soweit sich diese Gerichte mit Recherche- und Informationspflichten über *Downratings* oder Negativkritik zu befassen hatten, waren nicht Prospektierungs-, sondern Aufklärungspflichten von Anlageberatern und Anlagevermittlern Entscheidungsgegenstand.[150] Allein das LG Frank-

---

[140] BGH BKR 2008, 163, 164 Rn. 8 ff.
[141] BGH BKR 2008, 163 Ls. 1.
[142] BGH NZG 2009, 430 Rn. 5 mwN.
[143] BGH BKR 2008, 163 Ls. 1.
[144] BGH NJW 2010, 1077 Ls. 2.
[145] KG WM 2011, 1938 Ls. 1 und Rn. 18.
[146] BGH NZG 2012, 789, 791 Rn. 17 ff.
[147] Der pleonastisch anmutende Begriff wird gewählt, weil bloß kommentierende und im Ganzen nicht abwertende *Kritiken* von vornherein keinen wie auch immer gearteten Recherche- und Prospektierungspflichten unterliegen sollten.
[148] *Assmann,* Freundesgabe für Kübler, 1997, S. 350 f.; *Assmann* in Assmann/Schlitt/v. Kopp-Colomb, § 13 VerkProspG Rn. 46; *Fleischer,* Gutachten, S. F 50 f.; *Groß,* § 21 WpPG Rn. 51; *Habersack* in Habersack/Mülbert/Schlitt, Handbuch der Kapitalmarktinformation, § 29 Rn. 21; *Mülbert/Steup* in Habersack/Mülbert/Schlitt, Unternehmensfinanzierung, § 41 Rn. 44; *Schwark* in Schwark/Zimmer, §§ 44, 45 BörsG Rn. 36. Im Kern zustimmend, im Detail aber ohne triftige Gründe differenzierend *Ehricke,* Prospekt- und Kapitalmarktinformationshaftung, S. 218.
[149] Das OLG Frankfurt/M. WM 1994, 291, 297, kontrolliert die Vollständigkeit des Prospekts, ohne eine Prospektierungspflicht von Negativkritiken oder *Downratings* zu begründen, allein unter dem Gesichtspunkt des erzeugten Gesamteindrucks, wobei Negativkritiken oder *Downratings* nur zur Beurteilung des Verschuldens der Anspruchsgegner, dh der Beantwortung der Frage herangezogen werden sollen, ob die jeweiligen Prospektverantwortlichen einzelne Unrichtigkeiten, eventuelle Unvollständigkeiten oder den unzutreffenden Gesamteindruck des Prospekts durch das Vorhandensein solcher Kritik und der hierfür angegebenen Gründe hätten erkennen können. Zustimmend insoweit *Schwark* WuB I G 9. – 2.94 zu 1. (aE); *Groß,* § 21 WpPG Rn. 51. Gegen eine Prospektierungspflicht auch OLG Stuttgart WM 2006, 1100.
[150] S. dazu ausführlich und mit umfassenden Nachweisen zur Rechtsprechung *Assmann* ZIP 2002, 637 ff.; *Buhk,* Die Haftung eines Wertpapierdienstleistungsunternehmens bei der Anlagevermittlung

furt/M.[151] vertrat in einer Entscheidung aus dem Jahre 1992 noch die Ansicht, ein Prospekt habe über Negativkritik der angebotenen Anlage und ein *Downrating* des Emittenten zu berichten, ist damit aber auf einhellige Ablehnung gestoßen.[152] Gegen die Annahme einer Pflicht zur Recherche und Mitteilung von *Downratings* und Negativberichten über den Emittenten oder seine bereits emittierten Anlageprodukte ist anzuführen, dass ein Prospektverantwortlicher nur Angaben über Umstände zu machen hat, welche die Anlage selbst und unmittelbar betreffen, wohingegen die Aussagen und Wertungen Dritter – soweit sie nicht, wie das Testat von Wirtschaftsprüfern, von Gesetz wegen in den Prospekt gehörten[153] – kein notwendiger Prospektinhalt sind. Wären die Prospektpflichtigen gehalten, *Downratings* und Negativberichterstattungen in den Prospekt aufzunehmen, würden ihnen und den Prospekten Aufgaben zugeschoben, die allein von der Anlageberatung wahrgenommen werden können und wahrzunehmen sind.[154] Vom Prospekt kann nicht mehr verlangt werden, als dass er die Umstände wiedergibt, die andere zu den fraglichen negativen Urteilen veranlasst haben mögen und die den durchschnittlichen Anleger befähigen, auf vergleichbare Weise zu einem eigenen Urteil über Chancen und Risiken der Anlage zu gelangen. Werden im Prospekt **positive Urteile Dritter** angeführt, ist allerdings auch auf negative Stimmen hinzuweisen.[155]

Von Anfang an stand außer Frage, dass der Anlageinteressent durch den Prospekt zutreffend und vollständig über die **Nachteile und Risiken** eines angebotenen Kapitalanlagemodells aufgeklärt werden muss.[156] Fraglich war allein, ob sich die mit dem Erwerb der Anlage verbundenen Risiken aus der Gesamtheit der Angaben ermitteln lassen müssen, oder ob es **spezieller Risikohinweise** in einer entsprechend bezeichneten **selbständigen Rubrik** bedarf. Für die letztere Annahme findet sich jedoch in der Rechtsprechung nach wie vor keinerlei Grundlage. Andererseits war aber auch nicht zu verkennen, dass es das Kontrollkriterium des Gesamteindrucks (→ Rn. 61) erforderlich machen konnte, die Risiken der Anlage in einem gesonderten Abschnitt des Prospekts zusammenzufassen. Dass die Darstellung der Risiken einer Anlage in dem Prospektabschnitt „Chancen und Risiken" mit einer umfassenden Schilderung der zahlreichen Einzelinvestitionen eines Fonds einhergeht und nicht in eine **zusammenfassende Risikodarstellung** („Überblick") mündet, hat der BGH allerdings nicht als Verschleierung der Risiken der Anlage betrachtet.[157] Die damit verbundene Erschwernis für den Anleger hat das Gericht mit dem Hinweis unbeanstandet gelassen, diese Darstellung diene umgekehrt auch dem gebührend Rechnung zu tragenden Informationsinteresse des Anlegers.

Fraglich ist, inwieweit **zukunftsbezogene Aussagen in einen Prospekt** aufzunehmen sind, um ihn nicht unvollständig werden zu lassen. Schon früh hat die Rechtsprechung anerkannt, dass sich Informationen über die „voraussichtliche künftige Entwicklung" oder die „künftige Lage des Unternehmens" auf Umstände beziehen, die „den

---

und der Anlageberatung, 1999, 121 ff.; *Edelmann* BKR 2003, 438 ff., *Loritz* NZG 2002, 889 ff.; *Klaus-R. Wagner* WM 2003, 1158; *ders.* WM 2002, 1037; *ders.* BKR 2005, 436 ff. Dabei handelt es sich um Stimmen, die auch eine allgemeine Pflicht von Anlageberatern zur Erkundung und Mitteilung von Negativberichten über die Anlage, welche der Berater zu empfehlen gedenkt, ablehnen. **AA** *Arendts* DStR 1997, 1649 ff. (mit allerdings eklatanten Fehlern bei der Wiedergabe der einschlägigen Rechtsprechung. S. 1651 f.); *Renner* DStR 2001, 1706 ff.

[151] LG Frankfurt/M. WM 1992, 1768, 1770.
[152] *Assmann* in Assmann/Schlitt/v. Kopp-Colomb, § 13 VerkProspG Rn. 46; *Assmann*, Freundesgabe für Kübler, 1997, S. 351; *ders.* ZIP 2002, 637, 649; *Förster*, S. 58; *Schwark* EWiR § 45 BörsG 1/93, S. 143. IE auch *Köndgen* WuB I G 9.–1.93 (S. 28).
[153] *Schwark* EWiR § 45 BörsG 1/93, S. 143.
[154] So namentlich *Schwark* EWiR § 45 BörsG 1/93, S. 143. Kritisch zu diesem Argument, aber diffus *v. Westphalen* BB 1994, 86 f.
[155] *Habersack* in Habersack/Mülbert/Schlitt, Handbuch der Kapitalmarktinformation, § 29 Rn. 21.
[156] Zuletzt BGH BKR 2008, 163 *(Securenta)*.
[157] BGH WM 2006, 522, 523 *(Dreiländerfonds)*.

inneren Wert einer Beteiligung wesentlich mitbestimmen" und deshalb für den Anlageentschluss des Investors von Bedeutung sind.[158] Das allein reicht indes nicht aus, um beim Fehlen entsprechender Angaben die Unvollständigkeit eines Prospekts zu begründen. Ein Prospektmangel kann in diesen Fällen vielmehr nur dann angenommen werden, wenn fehlende zukunftsbezogene Informationen aus der gebotenen *Ex-ante*-Betrachtung heraus für den Einzelfall als wesentliche Informationen zu betrachten sind. Die Befürwortung einer allgemeinen **Pflicht zur Aufnahme zukunftsbezogener Informationen** in den jeweiligen Prospekt in der Vorauflage (§ 6 Rn. 124) war deshalb zu pauschal. Tatsächlich sind in der reichlichen Rechtsprechung zur allgemein-zivilrechtlichen Prospekthaftung nach dem vorstehend zitierten grundlegenden Urteil des BGH vom 12.7.1982[159] auch keine Entscheidungen bekannt geworden, welche den Schluss rechtfertigen könnten, ein Prospekt müsse zukunftsbezogene Informationen im Sinne eigener Aussagen etwa über die Zukunft der Anlagegesellschaft enthalten.

**59** An diesem Befund ändert auch der Umstand nichts, dass das WpPG schon bei seiner Einführung durch das Prospektrichtlinie-Umsetzungsgesetz vom 22.6.2005[160] und der damit verbundenen Reform des Prospektierungsrechts in § 5 Abs. 1 Satz 1 WpPG bestimmte, der Prospekt habe sämtliche Angaben zu enthalten, die im Hinblick auf den Emittenten und die öffentlich angebotenen oder zum Handel an einem organisierten Markt zugelassenen Wertpapiere notwendig sind, um dem Publikum ein zutreffendes Urteil über die Vermögenswerte und Verbindlichkeiten, die Finanzlage, die Gewinne und Verluste, die mit diesen Wertpapieren verbundenen Rechte sowie, nicht zuletzt, auch über die **Zukunftsaussichten** des Emittenten und jedes Garantiegebers zu ermöglichen. Damit werden jedoch nur Angaben verlangt, die dem Anleger eine Beurteilung der Zukunftsaussichten ermöglichen sollen, ohne dass die Prospektverantwortlichen verpflichtet werden, selbst Aussagen über die Zukunft etwa der Anlagegesellschaft zu machen.[161] Darüber hinaus ist nicht jede der von der fraglichen Vorschrift verlangte Angabe auch *per se* eine für die Beurteilung der Anlage wesentliche.

**60** **Unternehmensplandaten,** etwa in Gestalt einer Ertrags- und Liquiditätsvorschau oder eines Geschäftsplans, sind zwar keine beschlossenen Investitionsvorhaben, stellen aber wie diese die Leitung und die Mitarbeiter des Unternehmens beeinflussende Daten dar. Für die Anlageentscheidung eines durchschnittlichen Anlegers erscheinen sie deshalb durchaus von Interesse. Gleichwohl ist im Hinblick darauf, sie als Tatsachen zu behandeln, deren Nichtaufnahme in den Prospekt zu dessen Unvollständigkeit führen könnte, Vorsicht geboten: Unternehmensplandaten finden ihren Niederschlag in idR umfangreichen und nicht leicht zu lesenden Dokumenten und bringen schon so die Gefahr der Irreführung des Anlegers mit sich. Des Weiteren handelt es sich bei solchen Plandaten um unternehmenspolitische Daten, die Realitäten und Erwartungen auf eine vielfach strategische und anreizorientierte Weise verarbeiten. Darüber hinaus verneint die ganz hM selbst eine Pflicht zur Veröffentlichung von Planbilanzen, Planerfolgsrechnungen oder Finanzplanungen im Rahmen eines Lageberichts. Schließlich werden regelmäßig schutzwürdige Belange ihre Geheimhaltung insgesamt, in Teilen oder im Hinblick auf bestimmte Aufschlüsselungen rechtfertigen. Anders als in der Vorauf. § 6 Rn. 125 befürwortet, stellen Unternehmensplandaten deshalb keine Informationen dar, deren Nichtaufnahme in den Prospekt diesen unvollständig machen würde.

**61** (3) Unzutreffender Gesamteindruck. Die Rechtsprechung hat einen Prospekt nicht nur dann als unrichtig oder unvollständig angesehen, wenn einzelne seiner Angaben fehlerhaft sind oder der Prospekt lückenhaft ist, sondern hat einen Prospektmangel auch für den Fall angenommen, dass der Prospekt im Hinblick auf die Vermögens-, Ertrags- und Liquiditäts-

---

[158] BGH WM 1982, 862, 865 *(BuM)*.
[159] BGH WM 1982, 862, 865 *(BuM)*.
[160] S. o. Fn. 26.
[161] S. *Assmann* in Assmann/Schlitt/v. Kopp-Colomb, § 13 VerkProspG Rn. 58.

lage des Unternehmens einen **unzutreffenden Gesamteindruck** erzeugt[162] oder, nach neuerem Sprachgebrauch, ein unzutreffendes **Gesamtbild** vermittelt.[163] Da der von einem Prospekt erweckte Gesamteindruck sowohl aufgrund einer Anhäufung positiver, je für sich noch vertretbarer Werturteile als auch aufgrund unterlassener Angaben unrichtig sein kann, ist damit die scharfe Trennung zwischen Unrichtigkeit und Unvollständigkeit einzelner Aussagen oder des Prospekts insgesamt weitgehend aufgehoben worden.[164] Für die Praxis hatte dies zur Folge, dass jeder Prospekt einer Endkontrolle im Sinne einer „Stimmigkeitskontrolle"[165] des Prospekts unterzogen werden musste.

Auch die Beantwortung der Frage, ob ein Prospekt ein unzutreffendes Gesamtbild von Chancen und Risiken der Anlage zeichnet, ist unter Berücksichtigung des **Empfängerhorizonts,** dh auf die Kenntnisse und Erfahrungen eines durchschnittlichen Anlegers, abzustellen (→ Rn. 45).

(4) Geheimhaltungsinteressen und Nichtaufnahme von Informationen. **Interessen an der Unterbringung der Emission** entbinden nicht von der Pflicht, im Prospekt eine wahrheitsgetreue, vollständige und realistische Darstellung der entscheidungsrelevanten Umstände zu geben. Das diesbezügliche Absatzrisiko darf nicht dadurch auf den Anleger abgewälzt werden, dass in ihm Erwartungen geweckt werden, die sachlich nicht genügend fundiert sind.[166]

Die Frage, inwieweit **Geheimhaltungsinteressen** der Veröffentlichung von Informationen entgegenstehen können, ist im Schrifttum eher abschlägig beantwortet worden[167] und war bislang nicht Gegenstand gerichtlicher Entscheidungen. Allerdings gab es *obiter dicta,* aus denen gefolgert werden konnte, Geheimhaltungsinteressen seien auch im Hinblick auf Prospektierungspflichten nicht generell unbeachtlich.[168]

Heute darf davon ausgegangen werden, dass die Rechtsprechung den diesbezüglichen Regelungen folgen wird, die der Gesetzgeber für Wertpapierprospekte in § 8 Abs. 2 Satz 2 Nr. 2 WpPG und für Verkaufsprospekte über Vermögensanlagen in § 7 Abs. 3 Satz 2 VermAnlG iVm § 15 VermVerkProspV für die **Nichtaufnahme von Angaben** vorsieht. Im Hinblick auf Geheimhaltungsinteressen ist dabei die Regelung einschlägig, die es gestattet, von der Aufnahme von Angaben in den Prospekt abzusehen, wenn sonst ein erheblicher Schaden beim Emittenten der Vermögensanlagen zu befürchten wäre.

Auch diesbezüglich gilt die allgemeine Regel, dass Interessenkonflikte zwischen Offenbarungs- und Geheimhaltungspflichten durch **Güterabwägung** zu entscheiden sind.[169] Darüber hinaus darf der Prospekt auch für den Fall, dass von der Veröffentlichung einer Angabe aufgrund eines berechtigten Interesses des Emittenten abgesehen werden kann, keinen Eindruck erwecken, der sich in Ansehung und **im Lichte der fraglichen Tatsache** als unrichtig oder **irreführend** darstellt.[170] So darf der Prospekt bspw. nicht den Ein-

---

[162] Grundlegend BGH WM 1982, 862, 863. Weiter BGH WM 2005, 782, 784; BGH ZIP 2007, 1993 Rn. 9; OLG Frankfurt/M. WM 1994, 291, 295. Siehe mwN *Assmann* in Assmann/Schlitt/v. Kopp-Colomb, § 13 VerkProspG Rn. 47 f.; *Ehricke,* Prospekt- und Kapitalmarktinformationshaftung, S. 224; *Ellenberger,* Prospekthaftung, S. 38; *Groß,* § 21 WpPG Rn. 40, 44; *Lenenbach,* Kapitalmarktrecht, Rn. 11.460; *Mülbert/Steup* in Habersack/Mülbert/Schlitt, Unternehmensfinanzierung, § 41 Rn. 43.

[163] Siehe, jeweils mwN, BGH NJW-RR 2008, 1365, 1366; BGH NJOZ 2008, 2685, 2687; BGH NJW 2010, 2506, 2507; BGH NJW 2010, 2506, 2507; BGH NJW 2012, 758, 761; BGH NZG 2012, 789, 790; BGH NZG 2012, 1262, 1264; BGH WM 2013, 734. Siehe auch *Nobbe* WM 2013, 194; *Schwark* in Schwark/Zimmer, §§ 44, 45 BörsG Rn. 29.

[164] Vgl. dazu näher *Assmann* WM 1983, 140.

[165] Vgl. dazu *Schwark* ZGR 1983, 176.

[166] BGH WM 1982, 862, 865.

[167] S. Voraufl. § 6 Rn. 126 mit Fn. 301.

[168] Anklingend in BGH WM 1982, 862, 864; OLG Düsseldorf WM 1981, 960, 965.

[169] BGH WM 1991, 85, 86.

[170] Vgl. *Assmann* AG 1994, 251; *Hopt,* Verantwortlichkeit, S. 84. Der Prospektmangel dürfte dann allerdings nur dem Prospektverantwortlichen zurechenbar sein, in dessen Person sie (unter Berücksichtigung vertretungsrechtlicher Gesichtspunkte) vorliegen.

druck erwecken, die Gesellschaft sei „jahrelang ertragreich gewesen" und werde dies deshalb auch zukünftig sein oder gegenwärtige Einbrüche stellten eine bloße Ausnahme von der bisherigen Geschäftsentwicklung dar.[171] Auch das hat seinen Widerhall im gesetzlich geregelten Prospektierungsrecht gefunden. So bestimmt § 15 VermVerkProspV, dass von einer dem Emittenten erheblichen Schaden zufügenden Veröffentlichung nur dann abgesehen werden darf, wenn die Nichtveröffentlichung das Publikum nicht über die für die Beurteilung der Vermögensanlagen wesentlichen Tatsachen und Umstände täuscht. Diese Abwägung ist auch im Hinblick auf eventuelle Hinweispflichten betreffend **Straf- und Ermittlungsverfahren** in Bezug auf Führungspersönlichkeiten der Anlagegesellschaft erforderlich.[172]

**67** c) **Anspruchsgegner.** aa) Prospekthaftung im engeren Sinne. (1) Übersicht. Die Haftung für Prospektmängel setzt Prospektverantwortlichkeit voraus. Bei der Bestimmung des **Kreises der Prospektverantwortlichen** und des **Umfangs ihrer Verantwortlichkeit** bedient sich die Rechtsprechung weitgehend abstrakter Einteilungsgesichtspunkte und differenziert – einer bereits oben (Rn. 23 ff.) dargestellten Unterscheidung folgend – zwischen der allgemein-zivilrechtlichen Prospekthaftung im engeren und im weiteren Sinne.

**68** Dabei unterliegen der **Prospekthaftung im engeren Sinne** diejenigen, die
(1) den **Prospekt herausgeben** oder als das Management bildende oder beherrschende Initiatoren, Gestalter, Gründer für die **Prospekterstellung verantwortlich** sind,[173]
(2) hinter der Anlagegesellschaft stehen, besonderen Einfluss in der Gesellschaft ausüben und Mitverantwortung tragen und zwar unabhängig davon, ob sie nach außen in Erscheinung getreten sind oder nicht (**„maßgebliche Hintermänner"** und **„eigentliche Leitungsgruppe"**);[174]
(3) mit Rücksicht auf ihre besondere **berufliche oder wirtschaftliche Position** oder als **berufliche Sachkenner** eine Garantenstellung einnehmen, sofern sie durch ihr nach außen in Erscheinung tretendes Mitwirken am Emissionsprospekt einen besonderen Vertrauenstatbestand schaffen (nicht ausreichend: bloße namentliche Nennung im Prospekt), allerdings nur in dem Umfange, in dem das so geschaffene Vertrauen in Bezug auf den Prospektinhalt reicht (etwa Rechtsanwälte, Wirtschaftsprüfer, Steuerberater, Gutachter, Sachverständige, Kreditinstitute usf.).[175]

**69** Zu den zahlreichen Einzelheiten, welche die **Bestimmung des Adressatenkreises** der allgemein-zivilrechtlichen Prospekthaftung aufgeworfen hat, ist angesichts der schwinden-

---

[171] BGH WM 1982, 862, 864.
[172] S. dazu *Stumpf/Lamberti/Schmidt* BB 2008, 1635.
[173] BGHZ 71, 284, 287; 72, 382, 384 f.; BGHZ 74, 103, 108 f.; BGHZ 77, 172, 175; BGHZ 79, 337, 340 f.; BGHZ 83, 222, 223; BGH WM 1984, 19; BGH WM 1986, 583, 584; BGH WM 1987, 811 f.; BGHZ 111, 314, 317 f.; BGH WM 1990, 1658, 1659; BGH WM 1991, 637, 638; BGH WM 1991, 1543; BGHZ 115, 214, 218; BGH WM 1992, 901, 906 f.; BGH WM 1993, 1787, 1788; BGH WM 1994, 1371, 1372; BGH NJW 1995, 1025; BGH WM 2004, 631, 633; BGH NJW 2013, 1877, 1878 Rn. 12.
[174] BGHZ 72, 382, 386 f.; 74, 103, 109; BGHZ 77, 172, 175; BGHZ 79, 337, 340 ff.; BGHZ 83, 222, 224; BGH WM 1984, 19; BGH WM 1986, 583, 584; BGHZ 111, 314, 319 f.; 115, 213, 217 f.; BGH WM 1992, 901, 906 f.; BGH WM 1994, 1371, 1373; BGH NJW 1995, 1025; BGH ZIP 2000, 2114, 2118; BGHZ 145, 121, 127; BGH WM 2004, 631, 633; BGH NJW 2004, 1376, 1379; BGH WM 2006, 427, 428; BGH NJW-RR 2007, 1332, 1333 Rn. 19; BGH NJW-RR 2008, 1119, 1121 Rn. 14 ff.; BGH NJW-RR 2008, 1365, 1367 Rn. 15; BGH NJW 2010, 1077, 1079 Rn. 21; BGH NZG 2010, 1395, 1396 Rn. 4; BGH NJW 2012, 758, 759 f. Rn. 17, 19; BGH NJW 2013, 1877, 1878 Rn. 12. OLG Stuttgart WM 2005, 2382, 2383; KG WM 2007, 2142 Rn. 142 ff.
[175] BGHZ 77, 172, 176 ff.; BGH WM 1984, 19 f.; BGH WM 1986, 904, 906; BGHZ 111, 314, 319 f.; BGH WM 1992, 901, 906; BGH WM 1992, 1269, 1270; BGH NJW 1995, 1025; BGH ZIP 2000, 2114, 2118; BGH WM 2004, 631, 633; BGH NJW 2004, 1376, 1379; BGH NJW-RR 2006, 611, 613 Rn. 15, 19; BGH NJW-RR 2007, 1332, 1334 Rn. 26; BGH NJOZ 2008, 2685, 2688 f. Rn. 15; BGH NZG 2010, 188, 189 Rn. 12; BGH NJW 2012, 758, 759 f. Rn. 17, 28; BGH NJW 2013, 1877, 1878 Rn. 12.

den Bedeutung der allgemein-zivilrechtlichen Prospekthaftung auf die ausführliche Darstellung in der Voraufl. § 6 Rn. 139 ff. zu verweisen. Die nachfolgende Darstellung beschränkt sich deshalb auf Merkposten und Schwerpunkte sowie neuere, nach der Vorauflage veröffentlichte Rechtsprechung bei der Bestimmung des Haftendenkreises. Da dieser in Anlehnung an die frühere börsengesetzliche Prospekthaftung entwickelt wurde und diese wiederum **für die gesetzliche Regelung von Prospekthaftungsansprüchen** maßgeblich wurde, ist die Rechtsprechung zum Adressatenkreis der allgemein-zivilrechtlichen Prospekthaftung auch für diese **von Bedeutung**.

(2) Prospektherausgeber und für die Prospekterstellung Verantwortliche. Im Hinblick auf die **Haftung der Prospektherausgeber** und der **für die Prospekterstellung Verantwortlichen** hat vor allem die Frage nach der Haftung der Anlagegesellschaft Bedeutung erlangt. Dabei wird die Inanspruchnahme einer **Publikumskommanditgesellschaft** durch die mit mangelhaftem Prospekt zur Beteiligung an der Gesellschaft geworbenen Anlegerkommanditisten als ausgeschlossen betrachtet: Dafür sprechen die bereits gegen eine diesbezügliche Bestimmung im Entwurf eines Vermögensanlagegesetzes unter dem Gesichtspunkt des Verbots der Einlagenrückgewähr (§ 172 Abs. 4 iVm § 171 Abs. 1 HGB) und der Grundsätze der Behandlung fehlerhafter Gesellschaften[176] vorgebrachten Argumente,[177] insbesondere aber der gebotene Gläubigerschutz[178] gegen die Inanspruchnahme der Gesellschaft[179] (näher Vorauf1. § 6 Rn. 140). Die Rechtsprechung hat bereits das Argument genügen lassen, die Anlagegesellschaft sei weder Vertragspartner der Anleger noch sei sie es, dem der Investor – anders als den Initiatoren oder Gründungsgesellschaftern – sein Vertrauen schenke.[180]

70

Grundsätzlich ausgeschlossen ist auch die Prospekthaftung der **Gesellschafter einer Publikumskommanditgesellschaft,** sofern sie allein auf diesen verbandsrechtlichen Status der Betroffenen gestützt werden soll und kein darüber hinausgehender, in ihrer Person begründeter Haftungsgrund vorliegt (zu solchen Sachverhalten s. Vorauf1. § 6 Rn. 141 ff.). Dies gilt nach der in ihren dogmatischen Argumenten beanstandeten, in der Sache aber weitgehend gebilligten Rechtsprechung sowohl für die bereits beigetretenen **Anlegerkommanditisten**[181] als auch für die **Komplementär-GmbH.**[182]

71

Die Frage, ob eine Person allein aufgrund ihrer Stellung als Gründungskommanditistin und **Treuhandkommanditistin** prospektverantwortlich ist (s. Vorauf1. § 6 Rn. 147, 150), hat der BGH auch in einer Entscheidung vom 29.5.2008 offenlassen können: Konnte in früheren Entscheidungen auf die Haftung der betreffenden Person als Prospektherausgeber zurückgegriffen werden,[183] so waren es zuletzt Aufklärungspflichten der Person als Treuhandkommanditistin und ihre Verletzung, die eine abschließende Entscheidung entbehrlich machten.[184] Eine Bank, die im Prospekt lediglich als **Treuhandbank** benannt und mit der Führung des Treuhandkontos (in Gestalt der Auszahlung der Anlagebeträge nach Maßgabe

72

---

[176] Mit der Folge, dass der getäuschte Kommanditist die Zahlung seiner Einlage – außer in „unerträglichen" Fällen (BGH NJW 1973, 1604, 1605) – nicht verweigern (BGHZ 26, 330, 335 f.; BGH NJW 1973, 1604, 1605), sondern nur auf ein außerordentliches Kündigungsrecht zurückgreifen kann (BGHZ 63, 338).

[177] Ausführlich *Ulmer/Dopfer* BB 1984, 461 ff.

[178] BGH WM 1973, 863, 865; zuletzt BGH NJW-RR 2011, 192. Sa *Schnauder* NJW 2013, 3207 f., 3209.

[179] Ebenso *Ziegler* DStR 2005, 32. **AA** *Benecke* BB 2006, 2600; *Schäfer* ZGR 2006, 75; *Suchomel* NJW 2013, 1129.

[180] BGHZ 71, 284, 286; BGH WM 2008, 1026, 1029 f.; *Nobbe* WM 2013, 200.

[181] Erstmals BGH WM 1973, 863, 865. Im Zusammenhang mit der Prospekthaftung BGHZ 71, 284, 286 f.; BGH WM 1984, 1529 ff.; BGH WM 1985, 533, 534; BGH WM 1987, 811, 812; BGH WM 1991, 637, 638; BGH WM 1992, 482, 483.

[182] BGHZ 71, 284, 286 f.

[183] BGH WM 1985, 533; BGH NJW 1995, 130.

[184] BGH BKR 2008, 301, 302 Rn. 7 f.

mit den Anlegern geschlossener Treuhandvereinbarungen) betraut ist, gehört weder zu den Herausgebern des Prospekts noch zu den für diesen als Initiatoren, Gründer oder maßgebliche Hintermänner Verantwortlichen noch ist sie allein durch ihre Namensnennung ein Garant für die Richtigkeit und Vollständigkeit des Prospekts (→ Rn. 81). Vielmehr kann sich das durch ihre Nennung im Prospekt hervorgerufene Vertrauen der Anleger allein auf die prospekt- und vertragsgemäße Durchführung ihrer Aufgaben als Zahlungstreuhänderin beziehen.[185] Ein **Mittelverwendungskontrolleur,** der es unterlässt, vor Aufnahme der Tätigkeit der Fondsgesellschaft sicherzustellen, dass die Voraussetzungen für eine ordnungsgemäße Verwendungskontrolle vorliegen, handelt im Hinblick auf den Vertrag über die Mittelverwendungskontrolle pflichtwidrig, gehört allein dadurch und ohne das Hinzutreten weitere Umstände Prospektverantwortlichkeiten begründende Umständen aber noch nicht zu den Prospektherausgebern oder zu einer anderen Gruppe Prospektverantwortlicher iS der allgemein-zivilrechtlichen Prospekthaftung.[186]

73 Zum Kreis derer, die den Prospekt herausgeben oder für die Prospekterstellung verantwortlich sind, gehört, wer **lediglich bei der Anfertigung** des Prospekts **mitgewirkt** hat: Dies gilt etwa für Angestellte der Anlagegesellschaft[187] oder sonst unbekannt und ohne Einfluss auf die Anlagegesellschaft gebliebene Hilfspersonen.[188]

74 Allein der Umstand, dass ein **Kreditinstitut als Finanzier des Anlageprojekts oder des Anlageerwerbs**[189] auftritt und fungiert, begründet keinen Vertrauenstatbestand im Hinblick auf die Solidität des Vorhabens oder die Richtigkeit eines darauf bezogenen Prospekts.[190] Dies ist auch dann nicht der Fall, wenn das Kreditinstitut in dieser Funktion im Prospekt aufgeführt wird, aber keine weiteren Aspekte vorliegen, die seine Prospekthaftung im engeren Sinne herbeiführen können,[191] wie etwa der Umstand, dass es sich in die Prospekterstellung und Werbung eingeschaltet hat.[192] Entsprechendes gilt auch für die Hinweise im Prospekt, ein bestimmtes Kreditinstitut habe die Finanzierung des Anlageerwerbs in Aussicht gestellt, führe das Treuhandkonto oder sei die Hausbank des Anlageprojekts.[193] Ebenso wenig begründet die Bezeichnung der Finanzierungsbank als „Referenz" eine Garantenstellung des Instituts für die Prospektangaben. Nicht einmal das ein Erwerbermodell finanzierende Kreditinstitut, das auf die Konzeption und die bauliche Gestaltung eines Ob-

---

[185] BGH NJW 1995, 1025; BGH NJW 2001, 360, 363; BGH WM 2007, 1503, 1505 Rn. 26; KG WM 2007, 2142 Rn. 142 ff.

[186] BGH NZG 2010, 188, 189 f. Rn. 13 ff. Kritisch dazu *Koch* WM 2010, 1058.

[187] Vgl. BGHZ 88, 67.

[188] Etwa BGH WM 1986, 904, 906 (mangels mittelbarer oder unmittelbarer Beteiligung an der Anlagegesellschaft keine Prospekthaftung des unbekannt gebliebenen Verfassers eines dem Prospekt zu Grunde liegenden Gutachtens trotz weitgehender auch anderweitiger Einschaltung in die Projektierung und späterer Tätigkeit als Treuhänder). Dies gilt auch für Anwälte, Wirtschaftsprüfer usf.; s. *Assmann*, Prospekthaftung, S. 345.

[189] *Hopt*, FS Stimpel, S. 288 ff.; *Siol* in Schimanski/Bunte/Lwowski, § 45 Rn. 34; *Rümker* ZHR 151 (1987), 173 f.

[190] So in einem *dictum* schon BGH WM 1988, 561, 562, mit Anm. *Assmann* WuB I G 7.–8.88; BGH NJW 2004, 1376, 1379; KG WM 2003, 1066, 1068; OLG München WM 1991, 447 und Anm. *v. Heymann* WuB I G 7.–4.91; OLG Frankfurt/M. WM 1997, 27, 30, mit Anm. *v. Heymann* I G 8.–1.97. Vgl. auch 2. Aufl., 1. EL (März 1999), § 7 Rn. 11. Siehe näher Vorauf. § 6 Rn. 170 f.

[191] BGH NJW 2004, 1376, 1379 (im Hinblick auf eine Bank, die im Prospekt als diejenige benannt wird, welche die Objektfinanzierung und eine zusätzliche Mittelverwendungskontrolle übernommen habe). S. schon *Rümker* ZHR 151 (1987), 174. Vgl. aber *Canaris*, Bankvertragsrecht, Rn. 2295: Besonderer Vertrauenstatbestand durch die Bezeichnung des Kreditinstituts als „Hausbank" im Prospekt; ebenso bei der Nennung einer Bank als Zahlstelle und Bezeichnung des Kontos als „Treuhandkonto"; zu Recht ablehnend etwa *Siol* in Schimanski/Bunte/Lwowski, § 45 Rn. 38.

[192] *Nobbe* WM 2013, 195 mwN.

[193] BGH NJW 2004, 1376, 1379; KG WM 2003, 1066, 1068. Vgl. *Nobbe* WM 2013, 199; *Siol* in Schimanski/Bunte/Lwowski, § 45 Rn. 38 f.

jekts Einfluss genommen hat und eigene Vorstellungen über die Vertragsgestaltung durchsetzte, rückt allein deshalb an die Seite der Initiatoren und Prospektherausgeber.[194]

Nicht anders ist die **bloße namentliche Nennung** von Personen oder Gesellschaften im Prospekt zu beurteilen (→ Rn. 81).[195] Soweit sie allerdings zu verantworten haben, dass sie dort mit einer eigenen Aussage vertreten sind, ist stets zu prüfen, inwieweit sie als Richtigkeitsgaranten einzelner Angaben oder gar des gesamten Prospekts anzusehen sind.

(3) Hintermänner. Nach ständiger Rechtsprechung haften neben den das Management bildenden oder beherrschenden Gründern, Initiatoren und Gestaltern einer Gesellschaft auch die so genannten Hintermänner. Das sind all diejenigen, „die hinter der Gesellschaft stehen und auf ihr Geschäftsgebaren oder die Gestaltung des konkreten Modells besonderen Einfluss ausüben und deshalb Mitverantwortung tragen".[196] Dabei ist es unerheblich, ob ihre Einflussnahme nach außen **in Erscheinung getreten** ist.[197] Da vertragliche oder vorvertragliche Beziehungen zur Anbahnung eines Vertragsverhältnisses zwischen dem Anleger und diesem Personenkreis nicht zu Stande kommen, kommt es für ihre Prospektverantwortlichkeit allein auf dessen **Einfluss auf die Gesellschaft** bei der Initiierung des in Frage stehenden Projekts an.[198] Deshalb ist auch nicht die gesellschaftsrechtliche Ausgestaltung der wahrgenommenen Funktion, sondern der ausgeübte Einfluss ausschlaggebend.[199] Diesen festzustellen, „ist eine im Wesentlichen tatrichterliche Aufgabe".[200]

Als **Hintermänner** in diesem Sinne hat die Rechtsprechung etwa betrachtet: einen mit entsprechendem Einfluss versehenen Generalbevollmächtigten[201], den Leiter einer für die Baubetreuung zuständigen „Planungsgemeinschaft",[202] die Geschicke der Initiatorengesellschaft bestimmende Geschäftsführer und Mehrheitsgesellschafter,[203] die alleinige Gründungskommanditistin der Beteiligungsgesellschaft und alleinige Gesellschafterin der persönlich haftenden Gesellschaft, die bei der Initiierung und Fremdfinanzierung des Projekts maßgeblichen Einfluss ausübte,[204] die sich in einem Grußwort als Initiatorin „ihres Projekts" darstellende Mehrheitsaktionärin einer anderen für den Prospekt verantwortlichen Gesellschaft, welche ihrerseits sämtliche Geschäftsanteile der Komplementärin der Beteiligungsgesellschaft hielt und deren alleinige Gründungskommanditistin war,[205] oder eine Person, die Grund ihrer Beteiligung an den hinter der Anlagegesellschaft stehenden Gesellschaften auf das Geschäftsgebaren der ersteren einen solchen Einfluss ausüben konnte, dass gegen seinen Willen keine Entscheidungen getroffen werden konnten.[206]

Dagegen lässt allein die Position eines **Beiratsmitglieds oder -vorsitzenden** regelmäßig nicht *per se* den Schluss auf einen solchen maßgeblichen Einfluss zu,[207] doch können besondere Umstände hinzutreten, welche dem Beirat eine Schlüsselposition oder sonst einen Einfluss gewähren, der über seine rechtliche Funktion hinausgeht und eine Prospekt-

---

[194] BGH WM 1992, 901, 906 f.
[195] BGHZ 72, 382, 385 ff.; BGHZ 79, 337, 348 f.
[196] So zuletzt gleichlautend, jeweils mit umfangreichen weiteren Nachweisen, BGH NJW-RR 2007, 1332, 1333 Rn. 19; BGH NJW-RR 2008, 1119, 1121 Rn. 14; BGH NJW-RR 2008, 1365, 1367 Rn. 15; BGH NJW 2012, 758, 759 Rn. 17. Sa die Nachw. oben Fn. 174.
[197] Jeweils mwN BGH NJW-RR 2007, 1332, 1333 Rn. 19; BGH NJW 2010, 1077, 1079 Rn. 21. *Nobbe* WM 2013, 199; *Siol* in Schimanski/Bunte/Lwowski, § 45 Rn. 11.
[198] Jeweils mwN: BGH NJW-RR 2007, 1332, 1333 Rn. 19; BGH NJW 2012, 758, 759 Rn. 17.
[199] BGHZ 79, 337, 341 = NJW 1981, 1449; BGH NJW-RR 2007, 1332, 1333 Rn. 19; BGH NJW-RR 2008, 1119, 1121 Rn. 14; BGH NZG 2010, 1395, 1396 Rn. 4.
[200] BGH NJW-RR 2007, 1332, 1333 Rn. 19; BGH NZG 2010, 1395, 1396 Rn. 4.
[201] BGHZ 79, 337, 343 = NJW 1981, 1449.
[202] BGHZ 76, 231, 233 f. = NJW 1980, 1470.
[203] BGHZ 111, 314, 318 f. = NJW 1990, 2461.
[204] BGH NJW-RR 2008, 1119, 1121 Rn. 16.
[205] BGH NJW-RR 2008, 1119, 1121 Rn. 17.
[206] BGH NJW 2010, 1077, 1079 Rn. 21.
[207] BGH NJW 2012, 758, 759 Rn. 17 mwN Voraufl. § 6 Rn. 145.

verantwortlichkeit als Hintermann begründen. Dies hat der BGH in einem Fall angenommen, in dem das „Beiratsmitglied gleichzeitig Gesellschafter der Komplementärin war, an den Sitzungen der Geschäftsführung teilnahm, dort faktisch alle wichtigen Fragen erörterte und alle wesentlichen Entscheidungen traf, wobei sich die Geschäftsführer tatsächlich an die Beschlüsse des Beirats hielten, der damit die Geschäfte der Gesellschaft entscheidend mitbestimmte sowie die Geschicke der Gesellschaft weitgehend leitete".[208]

**79** (4) Garantenstellung kraft beruflicher und wirtschaftlicher Stellung oder als berufsmäßige Sachkenner. Es entspricht ständiger Rechtsprechung, dass der allgemein-zivilrechtlichen Prospekthaftung auch diejenigen unterliegen, die mit Rücksicht auf ihre allgemein anerkannte und hervorgehobene **berufliche und wirtschaftliche Stellung** oder ihre Eigenschaft als **berufsmäßige Sachkenner** eine Garantenstellung einnehmen, wenn sie durch ihr nach außen in Erscheinung tretendes Mitwirken am Emissionsprospekt einen besonderen Vertrauenstatbestand schaffen und in ihnen zuzurechnenden Prospektaussagen entsprechende Erklärungen abgeben.[209]

**80** Soweit neben Gründern, Initiatoren und Gestaltern der Gesellschaft sowie den Hintermännern weitere Personen aufgrund **ihres nach außen in Erscheinung tretenden Mitwirkens** am Emissionsprospekt für diesen haftungsmäßig Verantwortung tragen, handelt es sich regelmäßig um Sachkenner, die **in Ausübung ihres Berufs** an der Gestaltung des Prospekts mitwirken, wie Rechtsanwälte, Wirtschaftsprüfer oder Steuerberater.[210] Die hierauf beruhende Prospekthaftung ist allerdings eine eingeschränkte: Der **berufsmäßige Sachkenner,** der mit seiner Zustimmung im Prospekt als Sachverständiger aufgeführt wird oder mit einer „eigenen Erklärung" in diesem erscheint,[211] haftet nur „für die Richtigkeit der Prospektangaben, soweit sie sich auf ihn beziehen und ihm demgemäß zuzurechnen sind".[212] Wie weit die Erklärung des einzelnen Garanten reicht, ist freilich eine Frage der Auslegung aus der Sicht eines durchschnittlichen Anlegers.[213] Sie kann durchaus soweit gehen, dass sie als gutachtliches Werturteil die gesamten Prospektangaben umfasst.

**81** Die Prospekthaftung eines berufsmäßigen Sachkenners setzt allerdings **nicht notwendigerweise seine namentliche Nennung** im Prospekt voraus.[214] Vielmehr genügt ein werbewirksamer Hinweis auf den „Garanten" – im fraglichen Falle handelte es sich um einen testierenden Wirtschaftsprüfer – und seine **Identifizierbarkeit**.[215] Allein der Prospekthinweis auf ein zur Klärung einer bestimmen Frage des Anlagemodells eingeholtes

---

[208] BGH NJW 2012, 758, 759 Rn. 17 unter Bezugnahme auf BGHZ 72, 382, 385 f. = NJW 1979, 718.

[209] BGHZ 77, 172, 176 ff. = NJW 1980, 1840; BGH NJW 1984, 856, 866; BGH NJW 1995, 1025; BGHZ 145, 187, 196 = NJW 2001, 360; BGH NJW 2004, 1376, 1379; BGHZ 158, 110, 115, = NJW 2004, 1732; BGH NJW-RR 2006, 611, 613 Rn 15, 19; BGH NJW-RR 2007, 1332, 1334 Rn. 26; BGH NJOZ 2008, 2685, 2688 f. Rn. 15; BGH NZG 2010, 188, 189 Rn. 12; BGH NJW 2013, 1877, 1878 Rn. 12.

[210] Etwa BGHZ 77, 172, 177 = NJW 1980, 1840; BGH WM 1984, 19, 20; BGHZ 111, 314, 319 = NJW 1990, 2461.

[211] BGHZ 111, 314, 320.

[212] BGH WM 1984, 19, 20; BGH WM 2006, 423, 425; OLG Bamberg WM 2006, 960, 964.

[213] *Assmann* AG 2004, 440; *Eyles* in Vortmann, § 2 Rn. 44; *Förster*, S. 66. Zur Bestimmung der Aussagekraft eines in einem Prospekt abgedruckten Testats über einen Jahresabschluss des Emittenten BGH WM 2006, 423, 426 f.; OLG Bamberg WM 2006, 960, 965 mit unberechtigter Kritik durch *Köndgen* WuB I G 8.–9.06 (S. 717).

[214] BGHZ 111, 314, 320. Namentliche Nennung verlangt dagegen noch BGH WM 1986, 904, 906, doch war hier nicht (wie in der vorstehenden Entscheidung) von einem testierenden Wirtschaftsprüfer (der aus standesrechtlichen Gründen nicht genannt werden dürfe) die Rede, sondern ganz allgemein von einem Gutachten, das zum Zwecke der Klärung einer Finanzierungsfrage eingeholt worden war.

[215] Das wird zwar in BGHZ 111, 314, 320, nicht *expressis verbis* verlangt, doch führt das Gericht zur Rechtfertigung seiner Entscheidung an, für jeden Interessenten sei der Name des Experten (hier: des Wirtschaftsprüfers), mit dessen Prüfungsbericht der Prospekt werben wolle, „ohne weiteres zu erfahren" gewesen. Ferner *Zacher/Stöcker* DStR 2004, 1495.

Sachverständigengutachten, dessen Verfasser im Übrigen unbekannt bleibt, soll demgegenüber noch nicht ausreichen.²¹⁶ Umgekehrt muss **nicht jede Namensnennung** einen besonderen Vertrauenstatbestand kreieren: So haftet die in einem Prospekt als Vertragspartner für die Zwischenfinanzierung genannte Bank nicht allein deshalb für die Richtigkeit der Prospektangaben über die Kalkulation des Zwischenaufwands.²¹⁷ In gleicher Weise scheidet auch die Prospekthaftung der Bank aus, die im Prospekt lediglich mit ihrer allgemeinen Zusage zur Finanzierung des Erwerbs der Anlagen erwähnt ist.²¹⁸ Des Weiteren vermag die Prospektangabe, eine bestimmte Person nehme die Aufgabe eines Treuhänders wahr, noch keine Verantwortlichkeit für den Prospekt oder Teile seiner Angaben auszulösen (→ Rn. 72).²¹⁹ Nicht anders verhält es sich, wenn ein Prospekt lediglich die Angabe enthält, ein Unternehmen sei mit der „Finanzierungskonzeption und Modelloptimierung sowie mit der gesamten Koordination des Eigenkapitalvertriebs" betraut worden, dieses aber nicht mit eigenen Erklärungen im Prospekt hervortritt: Hier ist nicht zu erkennen, „in welcher typisierten Weise ein Anleger darauf hätte vertrauen können", dass das Unternehmen „für den Prospektinhalt einstehen wollte".²²⁰

Die **Zurechenbarkeit** der Erklärung, mit der ein Experte, Gutachter oder Sachverständiger im Prospekt erscheint, ist ohne weiteres dann zu bejahen, wenn diese mit seinem **Wissen und Wollen** in den Prospekt aufgenommen wird. Darüber hinaus ist die Zurechenbarkeit einer Erklärung aber auch für den Fall anzunehmen, dass ein Sachverständiger ohne seine zuvor erteilte Zustimmung in einem Prospekt angeführt wird und diesen Zustand duldet.²²¹ Eine solche **Duldung** kann jedoch nur angenommen werden, wenn der Betreffende – was der Anspruchsteller beweisen muss – Kenntnis von den Umständen hat. 82

Vorstehende Grundsätze gelten insbesondere für die Prospekthaftung von **Wirtschaftsprüfern** in Bezug auf die im Prospekt zum Ausdruck gekommene Prüfungstätigkeit. Ist der gesamte Prospekt der aus der Sicht des Emittenten **freiwilligen Prospektprüfung** unterzogen worden, so haften der Wirtschaftsprüfer bzw. die Wirtschaftsprüfungsgesellschaft²²² und deren bei der Prüfung mitwirkende gesetzliche Vertreter, während die Prüfungsgehilfen in beiden Fällen von der Prospekthaftung auszunehmen sind.²²³ § 323 HGB steht dieser von ihm nicht mit geregelten, eigenständigen Haftungsgrundlage nicht entgegen und ist deshalb auch nicht geeignet, eine Modifikation der einzelnen Voraussetzungen der Prospekthaftung zu bewirken.²²⁴ Der **Umfang der Verantwortlichkeit des Wirtschaftsprüfers** in Bezug auf Prospektangaben richtet sich nach dem jeweils erteilten **Testat**.²²⁵ Der Wirtschaftsprüfer kann sich der Prospekthaftung nicht durch **Haftungsfreizeichnung** entziehen.²²⁶ 83

Allein daraus, dass mit Einverständnis eines Wirtschaftsprüfers dessen **Bestätigungsvermerk zum letzten geprüften Jahresabschluss** im Prospekt abgedruckt worden ist, ergibt sich keine prospekthaftungsrechtliche Verantwortlichkeit des Prüfers für die Richtigkeit und Vollständigkeit des gesamten Prospekts. Daran ändert sich auch dann nichts, wenn der Bestätigungsvermerk mit der Erklärung verbunden ist, im Rahmen der Vorprüfung zur Jahresabschlussprüfung für das nächste Geschäftsjahr seien keine Anhaltspunkte für eine 84

---

[216] BGH WM 1986, 904, 906.
[217] OLG München WM 1991, 447.
[218] BGH WM 1992, 901, 906.
[219] BGH NJW 1995, 1025; BGH NJW 2001, 360, 363; BGH WM 2007, 1503, 1505 Rn. 26; KG WM 2007, 2142 Rn. 142 ff.
[220] BGH NJOZ 2008, 2685, 2688 f. Rn. 16.
[221] *Assmann* AG 2004, 439 f.
[222] BGHZ 77, 172, 177; BGHZ 111, 314, 319; BGH WM 2004, 1869, 1870 f.
[223] Vgl. insbes. *Hopt*, FS Pleyer, S. 355 f.
[224] S. *Hopt*, FS Pleyer, S. 355.
[225] Dazu im Einzelnen Voraufl. § 6 Rn. 159.
[226] BGH WM 2002, 813, 815. *Assmann* AG 2004, 444 f.; *Eyles* in Vortmann, § 2 Rn. 44; *Förster*, S. 77; *Seibel/von Westphalen* BB 1998, 173. Zu möglichen Haftungsvermeidungsmaßnahmen *Wagner* BFuP 2000, 598 ff. S. näher Voraufl. § 6 Rn. 160.

vom Vorjahr abweichende Beurteilung bekannt geworden, insbesondere ergibt sich daraus keine Aktualisierungs-Verantwortung des Prüfers.[227] Das schließt nicht aus, dass „das Jahresabschlusstestat eines Wirtschaftsprüfers seine Haftung als ‚Garant' für **ihm zuzurechnende Prospektaussagen** begründen, sofern seine entsprechende Tätigkeit nach außen erkennbar geworden ist".[228] Eine solche zurechenbare Aussage sieht der BGH bei einem **Bestätigungsvermerk** darin, „dass die Anlage in dem bestätigten Umfang zu dem maßgeblichen Zeitpunkt keine Mängel aufwies, die zur Verweigerung oder Einschränkung des Testats hätten führen müssen".[229]

85 Eine Verantwortlichkeit für einen Emissionsprospekt hat der BGH aber auch einem früheren **Spitzenpolitiker und Inhabers eines Lehrstuhls** unter anderem für Finanzrecht, der sich in einem Prospektbestandteil über die Eigenschaften einer Anlage äußerte, zuerkannt. Ungeachtet des Umstands, dass er **nicht von Berufs wegen in Erscheinung getreten** sei, habe er sich jedoch „mit seinen veröffentlichten Äußerungen, in denen er sich unter anderem sogar – über die üblichen Kompetenzen eines Sonderfachmanns deutlich hinausgehend – eines Einflusses auf die Gestaltung des Anlagekonzepts berühmte, in mindestens gleicher Weise wie dieser Personenkreis das durch seinen Werdegang und Beruf begründete Vertrauen in seine Integrität, Objektivität und Fachkompetenz in Anspruch" genommen und dieses eingesetzt, „um Einfluss auf die Investitionsentscheidung von potenziellen Anlageinteressenten zu nehmen".[230] Das sei über bloße Sympathiewerbung, die noch kein schützenswertes Vertrauen und damit keine Prospektverantwortlichkeit begründe, hinausgegangen.[231]

86 bb) Prospekthaftung im weiteren Sinne. Der **Prospekthaftung im weiteren Sinne** unterfallen dagegen all jene, denen auf vertraglicher oder quasivertraglicher Grundlage (in Anspruch genommenes persönliches Vertrauen) eine Aufklärungspflicht obliegt und die sich in der Erfüllung derselben eines Prospektes bedienen und inhaltlich „zu eigen machen" oder einen „aus ihrer Person hergeleiteten zusätzlichen Vertrauenstatbestand" schaffen, um so ihren Verhandlungspartnern „eine zusätzliche, wenn nicht gar die ausschlaggebende Gewähr für die Richtigkeit der in dem Werbeprospekt oder anderweit über die Kapitalanlage gemachten Angaben zu bieten".[232]

87 d) **Anspruchsberechtigte.** Anspruchsberechtigt ist, wer durch einen unrichtigen oder unvollständigen Prospekt zum **Erwerb einer Kapitalanlage veranlasst** wurde.[233] Zur damit verbundenen Frage der Ursächlichkeit des fehlerhaften Prospekts für den Anlageerwerb → Rn. 91 ff.

88 Mangelnde Handelbarkeit der Anlagen des grauen Kapitalmarkts lässt die Frage, ob nur **Ersterwerber oder auch Zweiterwerber** Prospekthaftungsansprüche geltend machen können, als weitgehend obsolet erscheinen. Begründet man die Prospekthaftung indes mit der Rechtsprechung als Haftung für die Verletzung vertraglicher oder vorvertraglicher Aufklärungspflichten, so erscheint die Anspruchsberechtigung des Folgeerwerbers nur schwer begründbar.[234]

89 Einigkeit besteht indes darin, dass der **personelle Schutzbereich** der Prospekthaftung auch fachkundige, erfahrene Anleger oder Kaufleute umfasst,[235] denn deren Informationsdefizit über Interna des Anlageprojekts hängt nicht von diesen Eigenschaften ab. Schon die Herleitung der Prospekthaftung im engeren Sinne aus einer Rechtsfortbildung der Grundsätze der *culpa in contrahendo,* aber auch ihre Ausgestaltung in Anlehnung an die spezialge-

---

[227] BGH NJW-RR 2006, 611.
[228] BGH NJW 2013, 1877, 1878 Rn. 12 (Hervorh. hinzugefügt).
[229] BGH NJW 2013, 1877, 1879 Rn. 17.
[230] BGH NJW 2012, 758, 760 Rn. 28 (*Rupert Scholz*).
[231] BGH NJW 2012, 758, 761 Rn. 31. Dazu etwa *Nobbe* WM 2013, 199.
[232] BGHZ 74, 103, 109.
[233] Zur Kausalitätsfrage → Rn. 90 ff.
[234] Unproblematisch für den Verkehrspflichtansatz, s. *Assmann*, Prospekthaftung, S. 359.
[235] Vgl. nur BGH WM 1984, 960.

setzlichen Prospekthaftungsregeln schließen es aus, auch diejenigen als Anspruchsberechtigte anzusehen, die es aufgrund eines Prospektmangels unterlassen haben, sich zu beteiligen oder sich von einer Anlage zu trennen.

**e) Kausalität.** Die Geltendmachung eines Anspruchs aus Prospekthaftung setzt zunächst voraus, dass der Anleger nachweist, von den falschen Angaben zum Anlageentschluss veranlasst worden zu sein (haftungsbegründende Kausalität). Darüber hinaus muss der Anleger darlegen, dass die in Frage stehende Pflichtverletzung zu dem behaupteten Schaden geführt hat (haftungsausfüllende Kausalität). **90**

aa) Haftungsbegründende Kausalität. Der erforderliche Kausalitätsnachweis hat die **Ursächlichkeit des Prospektmangels für den Anlageentschluss** des einzelnen Anlegers zum Gegenstand. Dagegen braucht nicht nachgewiesen zu werden, dass der Umstand, über den unrichtig oder unvollständig informiert wurde, zu einem Anlageschaden – etwa dem Scheitern des Anlageprojekts – geführt hat. Das heißt, in der Formulierung der Rechtsprechung, dass nicht auf denjenigen Umstand abzustellen ist, der als letztes Glied in einer Kette schadensstiftender Ursachen den Verlust herbeigeführt hätte, sondern auf **das erste Glied der Kausalkette,** also die Anlageentscheidung selbst.[236] Dahinter steckt ein Verständnis der allgemein-zivilrechtlichen Prospekthaftung, das als Grund der Haftung und als Schaden, auf den sich die haftungsbegründende Kausalität bezieht, den Eingriff in das Recht des Anlegers sieht, sich für oder gegen die Anlage zu entscheiden.[237] Die **Kausalität** falscher Prospektangaben für die Investitionsentscheidung des Anlegers ist gegeben, wenn sich der Anleger bei dieser zumindest auch von den unrichtigen Prospektangaben leiten ließ oder sich im Falle unvollständiger Angaben bei Kenntnis der wahren Sachlage gegen den Erwerb der Anlage entschieden hätte.[238] **91**

Im **Schrifttum** ist viel Mühe darauf verwandt worden, die diesbezüglichen **Beweisanforderungen** sachangemessen zu konkretisieren: Dabei konnten sich Formeln,[239] welche die Anforderungen an den Kausalitätsbeweis de facto durch Reduktion des Grundsatzes des Vollbeweises durch Wahrscheinlichkeitskriterien zu erleichtern suchten, nicht durchsetzen.[240] Gleichwohl ist anerkannt, dass Kausalitätsanforderungen das Regelungsziel der Prospekthaftung nicht nachhaltig gefährden dürfen und zumindest Beweiserleichterungen angebracht sind.[241] Insoweit favorisiert das Schrifttum, der Rechtsprechung zur Haftung für die Verletzung vorvertraglicher Aufklärungspflichten folgend, eine **Beweislastumkehr**.[242] Dagegen ist einzuwenden, dass dadurch zwar zusätzliche Anreize für eine verstärkte Sorgfalt bei der Prospekterstellung geschaffen werden, aber der mit einer Beweislastumkehr erforderliche Entlastungsbeweis fehlender Ursächlichkeit des mangelhaften Prospekts für die Anlageentscheidung des Investors kaum je gelingen kann, weil er sich auf Umstände bezieht, die nicht in der Sphäre des Emittenten liegen. Es liegt deshalb nahe, sich in diesen Fällen mit einer **widerleglichen Vermutung** für den Fall des *non liquet* zu begnügen.[243] **92**

Ohne sich in solche Erwägungen zu verstricken, stellt die **Rechtsprechung** an den **Nachweis des Ursachenzusammenhangs** zwischen einem mangelhaften Prospekt und dem Anlageentschluss keine allzu hohen Anforderungen. Angesichts vorhandener Prospektmängel lässt sie es genügen, wenn der Anleger behauptet, in Kenntnis der wahren Tatsache **93**

---

[236] Etwa BGH WM 1982, 90, 91; BGH WM 1990, 1276, 1280.
[237] BGHZ 123, 106, 112 f. = NJW 1993, 2865; BGH NJW 2010, 2506, 2508 Rn. 19.
[238] BGHZ 71, 284, 291 f.; BGHZ 74, 103, 112; BGHZ 79, 337, 346; BGH WM 1982, 90, 91; BGHZ 111, 314, 321; BGHZ 115, 214, 223.
[239] Vgl. *Lutter*, Haftung, S. 624 f.; *Meyer-Cording* BB 1984, 2093.
[240] Kritisch zu solchen Versuchen etwa *Schwark* BB 1979, 898; *Pleyer/Hegel* ZIP 1985, 1373.
[241] Vgl. Nachw. bei *Assmann*, Prospekthaftung, S. 362; *Siol* in Schimanski/Bunte/Lwowski, § 45 Rn. 63.
[242] Vgl. *Pleyer/Hegel* ZIP 1985, 1373; *Wittmann* DB 1980, 1586.
[243] *Schwark* BB 1979, 898; *Canaris*, Bankvertragsrecht, Rn. 2282; *Assmann*, Haftung gegenüber dem Anleger, S. 63.

hätte er von dem Erwerb der Anlage abgesehen.[244] Die Vermutung, es entspreche der Lebenserfahrung, dass ein Prospektfehler für die Anlageentscheidung eines Investors ursächlich geworden sei und er sich aufklärungsrichtig[245] verhalte, ist zwar eine widerlegliche,[246] jedoch reicht es dazu nicht aus nachzuweisen, dass es dem Anspruchsteller „auch … maßgeblich" auf die Erzielung kurzfristig nutzbarer Steuervorteile in der Investitionsphase ankam.[247] Für die Ansicht, die Ursächlichkeit eines Prospektfehlers entspreche der Lebenserfahrung, wird angeführt, entscheidend sei insoweit, dass durch unzutreffende oder unvollständige Informationen des Prospekts in das Recht des Anlegers eingegriffen worden sei, in eigener Entscheidung und unter Abwägung des Für und Wider darüber zu befinden, ob er in das Projekt investieren wolle oder nicht.[248] Die Vermutung ist als **widerlegt** zu betrachten, wenn nachgewiesen werden kann, dass der Prospekt bei dem konkreten Vertragsschluss keine Verwendung gefunden hat.[249] Wird der Prospekt dagegen im Zuge der Zeichnung der Beteiligung übergeben, wird er verwendet, ohne dass es darauf ankommt, in welchem Umfang der Anleger ihn tatsächlich selbst gelesen hat.[250] Es liegt in der Linie dieser Rechtsprechung, einen Prospektfehler selbst dann noch als ursächlich für die Anlageentscheidung zu betrachten, wenn der Prospekt entsprechend dem Vertriebskonzept der Anlagegesellschaft von den Anlagevermittlern als alleinige Arbeitsgrundlage für ihre Beratungsgespräche benutzt wurde; bei dieser Sachlage komme es nicht darauf an, ob der Prospekt dem Anlageinteressenten übergeben worden sei.[251]

**94** Dessen ungeachtet fehlt es nach der Rechtsprechung an der Ursächlichkeit des falschen oder unvollständigen Prospekts für die Anlageentscheidung des Investors jedoch dann, wenn der Anspruchsgegner nachweist, dass der Schaden **auch bei pflichtgemäßem Verhalten** eingetreten wäre, weil sich der Geschädigte über jeden anderweitigen Rat oder Hinweis hinweggesetzt und auch bei zutreffender Information die fragliche Anlage erworben hätte **(fehlender Pflichtwidrigkeitszusammenhang)**.[252] Gleiches muss für den Fall gelten, dass der Anleger die wahren Umstände kannte.[253]

---

[244] BGHZ 74, 103, 112f.; BGH WM 1982, 90, 91; BGHZ 111, 314, 321; BGH WM 1991, 695, 698; BGHZ 115, 214, 223. Das ist nicht mehr weit entfernt von (in BGHZ 84, 141, 148 und BGH WM 1992, 1892, 1893 wohl gar schon identisch mit) der Kausalitätsvermutung in Bezug auf die Verletzung vertraglicher Aufklärungspflichten: Steht letztere fest, ist davon auszugehen, dass der Anleger die fragliche Anlage nicht erworben und deshalb keinen Schaden erlitten hätte; zuletzt BGH WM 1992, 1355, 1357 mwN. Auch für den Fall der börsengesetzlichen Prospekthaftung bejaht die Rspr. eine entsprechende Vermutung zwischen fehlerhaftem Prospekt und Aktienerwerb: BGH WM 1982, 867; OLG Frankfurt/M. WM 1994, 291, 298. S. dazu auch die Darstellung der Rechtsprechung bei *Nobbe* WM 2013, 200 (widerlegliche Vermutung).

[245] BGH NJW 2010, 2506, 2507 Rn. 17; BGH NZG 2012, 789, 791 Rn. 21.

[246] So etwa BGHZ 79, 337, 346; BGHZ 84, 141, 148; BGH WM 2000, 1503, 1505; BGH WM 2002, 813, 815; BGH NJW-RR 2003, 1393, 1395; BGH WM 2004, 928, 930; BGH WM 2004, 1823; BGH WM 2004, 2150, 2153; BGH ZIP 2005, 763, 765; BGH NJW 2006, 2042, 2043; BGH BKR 2008, 163, 164f.Rn. 16; BGH NJW-RR 2008, 1119, 1121 Rn. 12; BGH NZG 2010, 709, 710 Rn. 17; BGH NJW 2010, 1077, 1079 Rn. 23. OLG Stuttgart WM 2005, 2382, 2384; OLG Bamberg WM 2006, 960, 964.

[247] Wohl ebenso *v. Heymann*, Bankenhaftung, S. 210 (Gesamtwürdigung nach § 286 ZPO geboten). BGH NJW 2006, 2042, 2043.

[248] Jeweils mwN BGH NJW-RR 2008, 1119, 1121 Rn. 12; BGH NJW 2010, 2506, 2507 Rn. 17.

[249] BGH ZIP 2008, 412 Rn. 16; BGH NJW 2010, 1077, 1079 Rn. 23 mwN.

[250] BGH NJW 2010, 1077, 1079 Rn. 23.

[251] BGH BKR 2008, 163, 165 Rn. 17f. *(Securenta)*.

[252] Etwa BGH NJW 1984, 1688, 1689; BGH WM 1990, 681, 683; BGH WM 1990, 1276, 1280 mwN (insoweit nicht in BGHZ 111, 314 abgedruckt); BGHZ 115, 214, 223; BGHZ 123, 106, 114; BGH NJW-RR 2003, 1393, 1395; BGH NJW 2010, 1077, 1079 Rn. 23. OLG Stuttgart WM 2005, 2382, 2384; OLG Bamberg WM 2006, 960, 966, mit unberechtigter Kritik von *Köndgen* WuB I G 8.–9.06 (S. 717f.).

[253] *Hopt*, Verantwortlichkeit, Rn. 171, betrachtet dies als allgemeine Regel der Prospekthaftungsansprüche, behandelt dies jedoch nicht als Problem der Kausalität, sondern des Mitverschuldens.

bb) **Haftungsausfüllende Kausalität.** Des Weiteren ist nachzuweisen, dass die Pflichtverletzung im Hinblick auf die Erstellung eines beanstandungsfreien Prospekts **zu dem geltend gemachten Schaden geführt** hat.[254] Soweit dieser im Erwerb der Anlage selbst besteht, zu der der Anleger durch den fehlerhaften Prospekt veranlasst wurde, ergeben sich hinsichtlich des Nachweises der haftungsausfüllenden Kausalität keine Anforderungen, die über denjenigen in Bezug auf den Nachweis der haftungsbegründenden Kausalität hinausgingen. 95

**f) Verschulden und Mitverschulden.** Die Prospekthaftung ist nach der Konzeption der Rechtsprechung und dem dieser folgenden Schrifttum **Verschuldenshaftung** nach Maßgabe der §§ 276, 278 BGB.[255] Sie umfasst damit ein Verhalten im Spektrum zwischen Vorsatz und leichter Fahrlässigkeit. Versuche, diesen Verschuldensmaßstab entsprechend dem Vorbild in der spezialgesetzlich geregelten Prospekthaftung auf Vorsatz und grobe Fahrlässigkeit zu beschränken,[256] haben sich nicht durchgesetzt und sind sachlich auch nicht geboten.[257] Gesellschafter der Anlagegesellschaft können sich im Falle ihrer Inanspruchnahme nicht auf das Privileg des § 708 BGB berufen.[258] 96

Nach ständiger (die allgemein-zivilrechtliche Prospekthaftung als ein Fall der Haftung aus Verschulden bei Vertragsschluss qualifizierender und auf eine entsprechende Anwendung von §§ 282, 285 BGB aF[259] gestützter) Rechtsprechung ist bei einem Prospektmangel im Regelfall von einer **Beweislastumkehr** hinsichtlich des Verschuldens, dh einem Verschulden der für diesen verantwortlichen Personen auszugehen.[260] Eine nähere Prüfung des Verschuldens wird nur dann als geboten angesehen, wenn Umstände vorgetragen werden, die das Verschulden ausschließen können. Das soll etwa anzunehmen sein, wenn die für die Gesellschaft handelnden Personen irrig davon ausgegangen sind, es bedürfe keines klarstellenden Hinweises an die Anlageinteressenten. Entschuldigend könne ein solcher **Rechtsirrtum** aber nur dann wirken, wenn sich der Verpflichtete, den von der Rechtsprechung aufgestellten strengen Voraussetzungen genügend, mit Sorgfalt um die Klärung der zweifelhaften Frage bemüht habe.[261] 97

Inwieweit der einzelne Prospektverantwortliche sich auf ein **Mitverschulden des Anlegers** berufen kann, lässt sich nicht pauschal, sondern nur im Hinblick auf die Stellung des Anspruchsgegners im Kreis der für Prospektmängel Haftenden sowie den Umständen des Einzelfalls beantworten. Hat der Anleger Kenntnis von den wahren Umständen, scheidet die Prospekthaftung wohl schon mangels Ursächlichkeit des Prospektmangels für den Anlageentschluss aus. Eine Frage des Mitverschuldens ist indes betroffen, wenn einem Anleger, der seinen Anspruch auf die allgemein-zivilrechtliche Prospekthaftung im engeren Sinne stützt, vorgehalten werden soll, er habe sich auf die im Prospekt enthaltenen Angaben verlassen und eigene Nachforschungen verabsäumt. Die Rechtsprechung hat hierüber, soweit ersichtlich, 98

---

[254] Vgl. BGHZ 71, 284, 292; BGH WM 1982, 90, 91; WM 1984, 19, 20. Die gegen eine Beweislastumkehr bei der haftungsbegründenden Kausalität geltend gemachten Argumente stehen einer solchen in diesem Falle grundsätzlich nicht mehr entgegen; s. etwa *Pleyer/Hegel* ZIP 1985, 1373.

[255] BGHZ 71, 284, 291; BGHZ 72, 382, 388; 79, 337, 345. *Nobbe* WM 2013, 200; *Pleyer/Hegel* ZIP 1985, 1374.

[256] *Coing* WM 1980, 212; *Canaris*, Bankvertragsrecht, Rn. 2280, 2294, 2296; *Meyer* WM 2003, 1301, 1303.

[257] Vgl. *Assmann*, Prospekthaftung, S. 366; *Pleyer/Hegel* ZIP 1985, 1374; *Köndgen* AG 1983, 128; *Siol* DRiZ 2003, 204, 208.

[258] Im Anschluss an BGH NJW 1980, 589, 591.

[259] Die Regelung des § 285 BGB aF findet sich heute in § 286 Abs. 4 BGB; diejenige von § 282 BGB aF ist modifiziert in § 280 Abs. 1 Satz 2 BGB aufgegangen.

[260] BGH WM 1987, 495, 497; BGHZ 61, 118, 121 ff.; BGHZ 64, 46, 51 f.; BGH NJW 2006, 2042, 2043; BGH BKR 2008, 163, 165 Rn. 24 f.; BGH NZG 2010, 709, 711 Rn. 26 f.; BGH NZG 2012, 789, 791 Rn. 22; BGH NZG 2013, 344, 345 Rn. 18.

[261] BGH BKR 2008, 163, 165 Rn. 24 f. mwN (nicht ausreichend der bloße Verweis auf die Einschaltung von Rechtsanwälten und Gutachtern); BGH NZG 2010, 709, 711 Rn. 26; BGH NZG 2012, 789, 791 Rn. 22 (Hinweis auf die – möglicherweise rechtsirrtümliche – Praxis der Vorjahre genügt nicht).

nicht entscheiden müssen,[262] doch wird man ein auf den fraglichen Vorwurf begründetes Mitverschulden überhaupt nur in der Hinsicht berücksichtigen dürfen, als es sich auf Umstände bezieht, die nicht mit denen identisch sind, die den Gegenstand der Sorgfaltspflicht des für die Richtigkeit des Prospekts Verantwortlichen ausmachen. Darüber hinaus ließe eine Nachforschungspflicht nach Maßgabe der sonst in eigenen Angelegenheiten beobachteten Sorgfalt, insbesondere bei Zweifeln an der Richtigkeit von Prospektangaben, gerade auf dem „grauen Kapitalmarkt" die Regelungsintention der Prospekthaftung leer laufen.[263]

99  g) **Inhalt des Anspruchs.** Im Falle eines Prospektmangels haften die Prospektverantwortlichen den geschädigten Anlegern gesamtschuldnerisch (nach §§ 421ff. BGB) auf das so genannte **negative Interesse** (Vertrauensschaden).[264] Zu ersetzen ist demnach der **Schaden,** den der Anleger in seinem Vertrauen auf die Richtigkeit und Vollständigkeit der (Prospekt-)Angaben erlitten hat. Dementsprechend ist der in seinem Vertrauen enttäuschte Kapitalanleger so zu stellen, wie er stehen würde, wenn der Anspruchsgegner seinen Pflichten nachgekommen wäre,[265] dh so als hätte er die Anlage nicht erworben.[266]

100 Im Einzelnen kann der Anleger zunächst **Befreiung von der eingegangenen Verbindlichkeit** nebst **Ersatz seiner Aufwendungen** verlangen.[267] Ob die aufgrund des fehlerhaften Prospekts erworbene Anlage **werthaltig** ist oder nicht, ist unerheblich, denn die Prospekthaftung ist eine Haftung des Prospektverantwortlichen für den Eingriff in das Recht des Anlegers, zutreffend informiert über die Verwendung seines Vermögens selbst zu bestimmen und sich für oder gegen die Anlage zu entscheiden.[268] Das hat die Rechtsprechung aber nicht davon abgehalten, einen Schaden des Anlegers zu verneinen, wenn der Vertragsschluss trotz der Abweichung von dem Prospekt insgesamt für den Anleger nicht nachteilig ist, weil der Wert der Gegenleistung seine eigene Leistung zumindest erreicht, vorausgesetzt die getätigte Anlage unterscheidet sich nicht grundlegend von dem im Prospekt beschriebenen Anlagemodell und es handelt sich bei beiden um ein in keiner Weise austauschbares Investitionsmodell.[269]

101 Ist die erworbene **Anlage wertlos,**[270] sind der angelegte Betrag und die Nebenkosten der Investition zu ersetzen.[271] Im Falle des **Beitritts zu einer Gesellschaft** ist dies die

---

[262] Allerdings findet sich in BGHZ 71, 284, 292 der deutliche Hinweis, mitwirkendes Verschulden könne im Einzelfall anzurechnen sein; ein Mitverschulden berücksichtigt OLG München WM 1991, 447, 450. Zutreffend auch die Feststellung bei *Pleyer/Hegel* ZIP 1985, 1379 mwN, die im Schrifttum wiedergegebenen Folgerungen aus der Rspr. zur Berücksichtigung des Mitverschuldens bei Rat und Auskunft in Bezug auf die Lage bei der Prospekthaftung seien uneinheitlich.

[263] Eine Übertragung der Bestimmung des § 46 Abs. 3 Satz 2 BörsG ist abzulehnen. Zur Berücksichtigung eines Mitverschuldens des Anlegers bei der Rückabwicklung einer Beteiligung s. BGH WM 1992, 1310, 1312.

[264] BGH WM 1978, 611, 612; BGHZ 72, 382, 389; BGHZ 74, 103, 113; BGH WM 1980, 953; BGHZ 79, 337, 346f.; BGH WM 1983, 1387; BGH WM 1988, 1685, 1687f.; BGH WM 1990, 145, 148; BGHZ 115, 214, 220; BGH NJW 2010, 2506, 2508 Rn. 19. Ausführlich *Assmann,* FS Lange, S. 345ff.

[265] Etwa BGHZ 72, 382, 389.

[266] Etwa BGHZ 79, 337, 346; BGH NJW 2010, 2506, 2508 Rn. 19; BGH NZG 2012, 789, 791 Rn. 24.

[267] Etwa BGHZ 71, 284, 286ff.; BGHZ 79, 337, 340ff.; BGHZ 115, 214, 221ff.; BGHZ 123, 106, 109f.; BGH WM 2002, 813; BGH WM 2004, 379, 381; WM 2004, 928, 929f.; BGH BKR 2008, 163f. Rn. 7.

[268] BGHZ 123, 106, 112f. = NJW 1993, 2865; BGH NJW 2010, 2506, 2508 Rn. 19; BGH NZG 2012, 789, 791 Rn. 24. S. schon oben Rn. 91.

[269] Insbes. BGHZ 115, 214, 221. Vgl. auch BGH WM 1990, 145, 147; BGH WM 1990, 1210, 1213.

[270] Zur Unterscheidung der Fälle vor und nach Konkurseröffnung s. *Garz-Holzmann/Gurke* DB 1983, 33.

[271] BGHZ 69, 53, 56; BGHZ 79, 337, 346; BGH WM 1990, 145, 148; BGHZ 115, 214, 221. *Canaris,* Bankvertragsrecht, Rn. 2285.

getätigte Einlage nebst Agio abzüglich eventueller Entnahmen.[272] Wurden etwa über die ungeregelten Märkte Wertpapiere angeschafft, die zwischenzeitlich wertlos sind, ist deren Kaufpreis zu ersetzen; wurden die Papiere bereits mit Verlust weiterveräußert, so besteht der Schaden im Kursverlust.[273]

Ist die Beteiligung an einer Gesellschaft oder einem **Bauherrenmodell noch werthaltig,** so wird dem auf zweierlei Weise Rechnung getragen: *Zum einen* dadurch, dass die Schadensersatzleistung Zug um Zug gegen Abtretung der Beteiligung erfolgt. Im Falle der Beteiligung an einer noch werbenden Gesellschaft Zug um Zug gegen Abtretung der Gesellschafterstellung[274] oder andernfalls Zug um Zug gegen Abtretung von Auseinandersetzungsansprüchen;[275] im Falle einer Bauherrenmodellbeteiligung gegen Abtretung der Beteiligung bzw. Übertragung des Wohneigentums.[276] *Zum anderen* kann der Anleger aber auch an seiner Beteiligung festhalten und den Ersatz des Betrages verlangen, um den er seine Gesellschaftsbeteiligung zu teuer erworben hat.[277] **102**

Zählen nach den vorstehenden Ausführungen **Nebenkosten** grundsätzlich zu den zu berücksichtigenden Schadensposten, so stellt sich indes die Frage, inwieweit dies auch für solche Aufwendungen gilt, die auf die **Drittfinanzierung** der Anlage zurückzuführen sind. Deren Ersatzfähigkeit ist sicherlich anzunehmen, wenn die Drittfinanzierung integraler Bestandteil der Kapitalanlage ist.[278] In allen anderen Fällen wird man bereits getätigte und evtl. noch ausstehende Finanzierungslasten nur unter der Voraussetzung als adäquat kausal verursacht ansehen können, dass dem Schädiger zumindest Anhaltspunkte dafür vorlagen, der Anleger werde die Investition durch Inanspruchnahme von Kredit finanzieren.[279] **103**

In der Geltendmachung des **negativen Interesses** ist der Anleger **nicht „nach oben" durch das Erfüllungsinteresse begrenzt:**[280] So kann der Anleger neben dem Ersatz der verlorenen Einlage den Schaden geltend machen, der daraus entstanden ist, dass er nachweislich[281] eine andere erfolgreichere Investition zugunsten der tatsächlich getätigten unterlassen hat.[282] Auch ohne einen solchen Nachweis gestattet der BGH die Geltendmachung eines **entgangenen Gewinns** in Höhe eines allgemein üblichen Zinssatzes, weil unterstellt werden dürfe, das in die pflichtwidrig veranlasste Investition geflossene Geld wäre ansonsten einer diesbezüglichen Anlage zugeführt worden.[283] **104**

Nach derzeitiger dogmatischer Begründung der Prospekthaftung besteht im Übrigen kein Anspruch, so gestellt zu werden, als wären die zu beanstandenden Angaben zutreffend gewesen (so genanntes **positives Interesse**).[284] Deshalb kann der Anleger unter dem Gesichtspunkt der Prospekthaftung keinen Anspruch auf den vollen, im Prospekt angegebe- **105**

---

[272] BGHZ 79, 337, 346; BGH WM 1993, 1787, 1789; BGH WM 2004, 1823f.; BGHZ 145, 121, 130f.; BGH ZIP 2005, 802, 803; BGH BKR 2008, 163, 165.

[273] Jeweils zuzüglich Erwerbs- bzw. Veräußerungsnebenkosten. S. *Assmann,* FS Lange, S. 355.

[274] BGHZ 71, 284, 286ff.; BGHZ 79, 337, 346f.; BGHZ 83, 222, 226 (aE); BGHZ 123, 106, 109; BGH NJW 2004, 2228; BGH NJW 2006, 2042, 2043.

[275] BGHZ 79, 337, 346.

[276] BGHZ 79, 337, 346; BGH WM 1990, 145, 148; BGHZ 115, 214, 221.

[277] BGH NJW 1989, 1793, 1794; BGH DStR 2003, 1494, 1495.

[278] *Assmann,* FS Lange, S. 356; *v. Heymann* NJW 1990, 1137, 1142. Zum vergleichbaren Fall, dass ein fehlerhafter Anlagerat die Drittfinanzierung mit erfasst, s. BGH WM 1987, 1546.

[279] AA *Schwark* BB 1979, 898 (kritisch zu dessen Argumentation *Assmann,* FS Lange, S. 356 Fn. 43). Nach hier vertretener Ansicht dürfte eine solche Haftung damit nur in den Fällen der Prospekthaftung im weiteren Sinne in Frage kommen. Eine eventuelle Haftung des finanzierenden Kreditinstituts wegen Verletzung seiner Aufklärungspflichten (s. o. Rn. 74) bleibt davon unberührt.

[280] BGHZ 69, 53, 56; 57, 191, 193; BGH WM 1990, 145, 148. Zum Schrifttum s. *Pleyer/Hegel* ZIP 1985, 1377 mwN.

[281] Zu den Beweisanforderungen *Assmann,* FS Lange, S. 361.

[282] BGH BB 1969, 669; BGH WM 1983, 1387, 1388ff. *Canaris,* Bankvertragsrecht, Rn. 2285; *Assmann,* FS Lange, S. 361.

[283] BGH WM 1974, 128, 129; BGH WM 1980, 85; BGH WM 1992, 143, 144.

[284] Vgl. dagegen *Köndgen* AG 1983, 98.

nen steuerlichen Vorteil geltend machen.[285] In gleicher Weise scheidet es aus, die in einem Prospekt enthaltenen Angaben über erzielbare Steuervorteile dergestalt zur Grundlage eines Schadensersatzanspruchs zu machen, dass man sie als zusicherungsfähige Eigenschaften der Anlage (im entschiedenen Falle: des Erwerbs von Eigentumswohnungen nach dem so genannten Ersterwerbermodell) betrachtet.[286]

**106** Für den Schadensersatzanspruch eines Anlegers[287] ist es nicht erforderlich, dass sich dieser von der auf fehlerhafter Informationsgrundlage erworbenen Anlage getrennt hat oder trennen will.[288] **Hält der Anleger,** gleich aus welchem Grunde,[289] **an der getätigten Investition fest,** so kann er als Schaden denjenigen Betrag verlangen, den er im Vertrauen auf die Richtigkeit und Vollständigkeit der Prospektangaben beim Erwerb der fraglichen Kapitalanlage zu viel aufgewandt hat.[290] Der Schaden besteht maW darin, dass die erworbene Anlage gegenüber derjenigen, die der Anleger nach den Angaben des Prospekts erwarten durfte, einen Minderwert aufweist.[291] Dementsprechend kann der Anleger verlangen, so gestellt zu werden, als hätte er bei Kenntnis der wahren Sachlage seinen Vertragspartner zu einem preisgünstigeren Abschluss bewegen können.[292] Dieser Minderwert der Anlage soll nach einer im Schrifttum vertretenen Ansicht selbst dann ersatzfähig sein, wenn der Investor die Anlage auch bei Kenntnis der von den Prospektangaben abweichenden tatsächlichen Verhältnisse erworben hätte.[293]

**107** Bei der Ermittlung des Schadens muss sich der Geschädigte **erlangte Vorteile** anrechnen lassen, wenn diese adäquat kausal auf dem schädigenden Ereignis beruhen, die Anrechnung entsprechend dem Zweck des Schadensersatzes zumutbar ist und der Schädiger dadurch nicht unbillig entlastet wird **(Vorteilsausgleichung).**[294]

**108** Während zu den erlangten Vorteilen grundsätzlich auch **dauerhaft ersparte Steuern** zu zählen sind,[295] wobei im Gegenzug mögliche steuerliche Nachteile – insbesondere eine Besteuerung der Schadensersatzleistung – berücksichtigt werden müssen,[296] liegen die Din-

---

[285] OLG Köln WM 1987, 1292, 1293; vgl. auch OLG Hamburg WM 1986, 13, zgl. zur Frage der Schadensberechnung beim Festhalten am Vertrag (Mehraufwendungen).

[286] BGH WM 1988, 48, 51. Anders bei Angaben über das Vorliegen der Voraussetzungen erhöhter Abschreibungen BGHZ 79, 183, 186; BGH WM 1986, 360.

[287] Das gilt gleichermaßen für Schadensersatzansprüche auf vertraglicher oder quasivertraglicher Grundlage, BGH WM 1988, 1685, 1688.

[288] BGHZ 69, 53, 57f.; BGH NJW 1980, 2408, 2409f.; BGH NJW 1981, 2050, 2051; BGH NJW 1987, 2511, 2512; BGH WM 1987, 1466, 1467; BGH WM 1988, 1685, 1688; BGH WM 1989, 416, 417f.; BGHZ 114, 87, 94.

[289] BGHZ 69, 53, 57f.; BGH NJW 1980, 2408, 2410.

[290] Dazu näher *Assmann*, FS Lange, S. 357ff.; *v. Heymann*, Bankenhaftung, S. 226ff.

[291] BGH WM 1988, 1685, 1688 mwN.

[292] Unerheblich soll es sein, ob sich der Vertragspartner auf einen solchen Vertrag mit geringerer Gegenleistung eingelassen hätte. BGHZ 69, 53, 58; BGH NJW 1980, 2408, 2409f.; BGH WM 1988, 1685, 1688.

[293] *Canaris*, Bankvertragsrecht, Rn. 2285; kritisch *Lange* WM 1990, Beil. 7, S. 14.

[294] BGHZ 8, 325, 328f.; BGHZ 10, 107, 108; BGHZ 30, 29, 32f.; BGHZ 49, 56, 61f.; BGHZ 54, 269, 272; BGHZ 74, 103, 113f.; BGHZ 91, 206, 210; BGHZ 109, 380, 392; BGHZ 136, 52, 54; BGH WM 2001, 2251, 2252; BGH WM 2002, 813, 815; BGH NJW 2006, 2042, 2043. Dazu schon *Assmann*, FS Lange, S. 363ff.

[295] BGHZ 53, 132, 134; BGHZ 74, 103, 114; BGHZ 79, 337, 347; BGH WM 1984, 1075, 1077f.; BGH NJW 2006, 2042, 2043.

[296] BGHZ 74, 103, 113f. = NJW 1979, 1449; BGHZ 159, 280, 294 = NJW 2004, 2731; BGH ZIP 2004, 1394, 1400; ZIP 2005, 254, 257; ZIP 2006, 573; BGH NJW 2006, 2042, 2043; BGHZ 172, 147 = ZIP 2007, 1200, 1202; BGH BKR 2008, 163, 166; BGH NJW 2010, 1077, 1080 Rn. 31; BGH NZG 2010, 709, 71; BGH NJW 2010, 2506, 2508; NZG 2010, 1029, 1030 Rn. 35; BGH NZG 2012, 789, 793 Rn. 43. OLG Stuttgart WM 2005, 2382, 2385; OLG München BKR 2007, 511, 513/514; OLG Oldenburg BKR 2009, 477, 481 Rn. 111.

ge gerade im Bereich **steuerbegünstigter Kapitalanlagen** komplizierter. Angesichts der Probleme bei der Ermittlung und Verrechnung von Schadens- und Vorteilsposten (s. Voraufl. § 6 Rn. 201) hat zunächst der VII. Senat des BGH in den Fällen, in denen erzielten Steuervorteilen ein auf den erwähnten Umständen beruhender Nachzahlungsanspruch gegenübersteht, eine minuziöse Aufrechnung von steuerlichen Vor- und Nachteilen abgelehnt.[297] Dem sind die anderen mit entsprechenden Schadensersatzforderungen geschädigter Anleger befassten Senate gefolgt.[298] Heute darf deshalb als Regel festgehalten werden, dass eine **Vorteilsausgleichung in Bezug auf erlangte Steuervorteile** nur dann zu berücksichtigen sind, wenn diese so außergewöhnlich hoch ausfallen, dass es unbillig wäre, sie dem Investor ohne Anrechnung auf seinen Schadensersatzanspruch zu belassen.[299] Die Darlegungs- und Beweislast liegt insoweit bei den Schadensersatzpflichtigen.[300] Eine **Anrechnung erlangter Steuervorteile** scheidet auch dann aus, wenn der Anleger nachweist, dass er in Kenntnis des Prospektmangels seine Geldmittel in einer anderen steuerbegünstigten Kapitalanlage angelegt hätte.[301] Dazu kann er sich zwar nicht auf einen diesbezüglichen Erfahrungssatz berufen,[302] doch kann von dem Anleger nicht erwartet werden, dass er auch „Jahre nach der Zeichnung einer Anlage im Einzelnen darlegt, welche anderweitigen Anlagemöglichkeiten zum damaligen Zeitpunkt bestanden und welche steuerlichen Auswirkungen sich für ihn ergeben hätten, wenn er sich für ein Alternativinvestment entschieden hätte".[303]

**h) Haftungsfreizeichnung.** Haftungsfreizeichnungen im Prospekt sind nicht nur im Hinblick auf den Ausschluss der Haftung für **grobe Fahrlässigkeit und Vorsatz,** sondern auch in Bezug auf den Ausschluss der Haftung für **leichte Fahrlässigkeit** unwirksam.[304] Zur Begründung wird angeführt, der Ausschluss der Haftung für leichte Fahrlässigkeit stehe in Widerspruch zur Aufgabe des Prospekts, die potentiellen Anleger verlässlich, umfassend und wahrheitsgemäß zu informieren.[305] Daran soll sich nach einer Entscheidung des BGH vom 3.12.2007 zumindest für „Altfälle" auch der Umstand nichts ändern, dass im Anwendungsbereich der spezialgesetzlichen Prospekthaftung die Prospektverantwortlichen zwischenzeitlich nur noch für Vorsatz und grobe Fahrlässigkeit gehaftet wird.[306] Ob an dieser Rechtsprechung noch festgehalten werden kann, nachdem die Prospekthaftung nach den spezialgesetzlichen Prospekthaftungsbestimmungen auf Vorsatz und grobe Fahrlässig-

---

[297] BGHZ 74, 103, 115 f.; BGH WM 1988, 586, 587.
[298] So der *IVa-Senat* des BGH (unter zusätzlichem Hinweis auf § 287 ZPO): WM 1984, 1075, 1076 f.; WM 1986, 517, 520; WM 1986, 562, 565. *VI. Senat*: NJW 1980, 1788, 1789. Der *II. Senat* des BGH hat die Entscheidung der Frage zunächst offen gelassen (BGHZ 79, 337, 347; WM 1982, 758, 759), folgt heute indes dem *VII. Senat* des BGH: WM 1990, 145, 148; WM 1989, 1925 (ebenfalls unter Hinweis auf § 287 ZPO); WM 2002, 813, 815.
[299] Vgl. etwa BGH WM 1984, 1075, 1076; BGH WM 1986, 517, 520; BGH WM 1990, 145, 148; BGH ZIP 2006, 573; BGH ZIP 2008, 838; BGH NJW 2010, 1077, 1080 Rn. 31; BGH NZG 2010, 1395, 1397 Rn. 8; BGH NZG 2012, 789, 793 Rn. 43.
[300] BGHZ 84, 141, 149; BGH WM 1986, 517, 520; BGH WM 1990, 145, 148; BGH WM 1989, 1925, 1926; BGH NJW-RR 2003, 139; BGH NJW-RR 2008, 1365; BGH NJW 2010, 2506, 2508 Rn. 26; BGH NZG 2010, 1029, 1031 Rn. 45; BGH NZG 2012, 789, 793 Rn. 44.
[301] BGH NJW 2006, 2042, 2044.
[302] BGH NJW 2006, 499, 500; BGH NJW 2006, 2042, 2044.
[303] BGH NJW 2010, 2506, 2508 Rn. 22.
[304] BGH WM 2002, 813, 815; BGH BKR 2008, 163, 165 Rn. 21.
[305] BGH WM 2002, 813, 818, mit zustimmender Anm. *Ellerkmann* WuB I G 8. – 2.02 (S. 954, 955); OLG Stuttgart WM 2005, 2382, 2384 mit zustimmender Anm. *Siol* WuB I G 8 – 2.06 (S. 123, 124). Zustimmend auch *Seibel/v. Westphalen* BB 1998, 173; *Lux* ZfBR 2003, 633 ff. (zugleich zu den Möglichkeiten einer Freizeichnung im Prospekt); *Siol* DRiZ 2003, 209.
[306] BGH BKR 2008, 163, 165 Rn. 21. Gemeint sein können damit nur Prospekte, die vor dem 1.4.1998 (§ 18 Abs. 2 VerkProspG aF) erstellt und verwandt wurden, da für spätere Fälle schon die seinerzeitige Neufassung des Börsengesetzes maßgeblich war, die eine Haftung für Vorsatz und grobe Fahrlässigkeit vorsah (§ 45 Abs. 1 BörsG aF).

keit beschränkt wurde, wird im Schrifttum bestritten.[307] Die Unzulässigkeit einer Haftungsfreizeichnung für grobe Fahrlässigkeit und Vorsatz ist unbestritten.

110    i) **Verjährung.** Im Hinblick auf die Verjährung von **Prospekthaftungsansprüchen im engeren Sinne** ist zwischen Prospekten zu unterscheiden, die vor dem 1.7.2002 (dem Tag des Inkrafttretens der durch Art. 1 des Vierten Finanzmarktförderungsgesetzes [4. FFG] vom 21.6.2002,[308] veranlassten Änderung des Börsengesetzes, s. § 64 Abs. 2 in der bis zum 31.10.2007 geltenden alten Fassung des Gesetzes) und nach diesem Datum herausgegeben wurden. Hier ist allein die **Verjährung von Prospekthaftungsansprüchen** von Interesse, die **nach dem 1.7.2002 entstanden** sind. Rechtsprechung und ganz herrschende Meinung[309] behandeln die Verjährung dieser Ansprüche entsprechend der zu diesem Datum in Kraft getretenen neuen Verjährungsregelung des § 46 BörsG (aF), auf die auch die seinerzeitige Prospekthaftungsregelung in § 13 VerkProspG Bezug nahm. Danach **verjähren** die aus der allgemein-zivilrechtlichen Prospekthaftung folgenden Ansprüche in einem Jahr seit dem Zeitpunkt, zu dem der Erwerber von der Unrichtigkeit oder Unvollständigkeit der Angaben des Prospekts Kenntnis erlangt hat, spätestens jedoch in drei Jahren nach dem Abschluss des Gesellschafts- oder Beitrittsvertrags.

111    Zur **Begründung** für die Übernahme dieser Verjährungsregelung führt der II. Senat des BGH in mehrfachem Verweis auf die Ausführungen in der Vorauf. § 6 Rn. 211 an, die kurze kenntnisabhängige Verjährungsfrist für die Prospekthaftung im engeren Sinn habe er in analoger Anwendung der in den gesetzlich geregelten Fällen der Prospekthaftung bestimmten Verjährungsfrist – unter anderem § 47 BörsG aF – entnommen. Die Gesichtspunkte, die den Gesetzgeber des Vierten Finanzmarktförderungsgesetzes[310] zu einer Verlängerung der Verjährungsfrist veranlasst hätten[311] – darunter die Erwägung, dass angesichts der Komplexität zahlreicher Sachverhalte eine Frist von, wie bisher, sechs Monaten nicht ausreiche, um die zur Vorbereitung eines Haftungsanspruchs erforderlichen Recherchen durchzuführen – träfen auch auf die Prospekthaftung im engeren Sinne zu.

112    Diese Erwägungen lassen erwarten, dass die Rechtsprechung auch den **neuerlichen Änderungen** der spezialgesetzlichen Regelungen der Prospekthaftung zum 1.6.2012 folgt und die **Verjährung** von Ansprüchen aus der allgemein-zivilrechtlichen Prospekthaftung, die nach diesem Zeitpunkt entstanden sind, den allgemeinen Verjährungsregelungen des BGB unterstellt. Dabei handelt es sich um Änderungen, die durch die Aufhebung des Verkaufsprospektgesetzes durch Art. 2, die Einführung des Vermögensanlagegesetzes mit dessen §§ 20 ff. durch Art. 1 sowie die Änderung des Wertpapierprospektgesetzes und die Einführung der Prospekthaftungsbestimmungen der §§ 21 ff. durch Art. 6 des Gesetzes zur Novellierung des Finanzanlagenvermittler- und Vermögensanlagenrechts vom 6.12.2011[312] veranlasst wurden und nach Maßgabe von dessen Art. 26 Abs. 3 zum 1.6.2012 in Kraft traten. In diesen Neuregelungen fehlt eine Sonderverjährungsregelung. Die Verjährung der jeweiligen Prospekthaftungsansprüche wird damit den allgemeinen Verjährungsregelungen des BGB unterstellt.[313] Entsprechendes gilt für die Prospekthaftungsregelung des WpPG (→ Rn. 414). Danach würden Ansprüche aus der allgemein-zivilrechtlichen Prospekthaftung gemäß § 195 BGB **in drei Jahren verjähren,** gemäß § 199 Abs. 1 BGB beginnend mit dem Schluss des Jahres, in dem der Anspruch entstanden ist und der Gläubiger von den Umständen, die den Anspruch begründen, und der Person des Schuldners Kenntnis erlangt

---

[307] Für eine Aufgabe dieser Rechtsprechung *Nobbe* WM 2013, 200.
[308] BGBl. I 2002, 2010.
[309] S. dazu BGH NJW 2010, 1077, 1079 Rn. 26 mwN. Vgl. *Nobbe* WM 2013, 201.
[310] S. o. Fn. 308.
[311] Das Gericht verweist auf die Begründung des RegE 4. FFG BT-Drucks. 14/8017 vom 18.1.2002, S. 1, 81.
[312] S. o. Fn. 40.
[313] Siehe RegE eines Gesetzes zur Novellierung des Finanzanlagenvermittler- und Vermögensanlagenrechts, BT-Drucks. 17/6051 vom 6.6.2011, S. 30, 36, 37, 46.

hat oder ohne grobe Fahrlässigkeit hätte erlangen müssen. Ohne Rücksicht auf die Kenntnis oder grob fahrlässige Unkenntnis würden diese Ansprüche **spätestens** in zehn Jahren von ihrer Entstehung an verjähren, und ohne Rücksicht auf ihre Entstehung und die Kenntnis oder grob fahrlässige Unkenntnis wären die Ansprüche spätestens in 30 Jahren, beginnend mit der Begehung der Handlung, der Pflichtverletzung oder dem sonstigen, den Schaden auslösenden Ereignis verjährt (§ 199 Abs. 3 BGB). Hinsichtlich der **Entstehung des Prospekthaftungsanspruchs** wäre auf den Zeitpunkt des Erwerbs der Wertpapiere abzustellen. Die **Beweislast** in Bezug auf die Kenntnis oder die grob fahrlässige Unkenntnis des Anspruchstellers läge beim Anspruchsgegner (→ Rn. 201 f.).

**Prospekthaftungsansprüche im weiteren Sinne** unterliegen den Verjährungsregeln des BGB im Hinblick auf Ansprüche aus der Verletzung von Pflichten, zu deren Erfüllung sich der Anspruchsgegner zurechenbar des fehlerhaften Prospekts bediente. Ganz überwiegend dürften dies Ansprüche aus §§ 280, 311 BGB wegen Verletzung vorvertraglicher oder vertraglicher Aufklärungspflichten sein, die der allgemeinen Verjährung nach §§ 195, 199 BGB unterliegen. 113

**j) Gerichtsstand.** Die gerichtliche Zuständigkeit für **Prospekthaftungsansprüche im engeren Sinne** aus der allgemein-zivilrechtlichen Prospekthaftung ergibt sich aus § 32b ZPO. Ausschließlich zuständig ist danach das Gericht am Sitz des betroffenen Emittenten, des betroffenen Anbieters von sonstigen Vermögensanlagen oder der Zielgesellschaft, wenn sich dieser Sitz im Inland befindet und die Klage zumindest auch gegen den Emittenten, den Anbieter oder die Zielgesellschaft gerichtet wird. 114

Für Ansprüche aus **Prospekthaftung im weiteren Sinne** gelten die allgemeinen Gerichtsstände nach Maßgabe von §§ 12 ff. ZPO. 115

### III. Prospekthaftung nach dem Wertpapierprospektgesetz

**1. Übersicht und Übergangsregelungen.** §§ 21–26 WpPG regeln die **Haftung für fehlerhafte oder fehlende Wertpapierprospekte.** Sie lösen die Bestimmungen der §§ 44–47 BörsG über die Prospekthaftung in Bezug auf Börsenzulassungsprospekte und der §§ 13, 13a VerkProspG in Bezug auf fehlerhafte oder fehlende Prospekte ab, die nicht zum Handel an einer inländischen Börse zugelassene Wertpapiere zum Gegenstand haben. Die zum 1.6.2012 in Kraft getretene Neuregelung beruht auf dem Gesetz zur Novellierung des Finanzanlagenvermittler- und Vermögensanlagenrechts vom 6.12.2011[314] (→ Rn. 16), mit dem zugleich das Verkaufsprospektgesetz aufgehoben und der verbleibende Teil einer Haftung bei fehlerhaften Verkaufsprospekten für Vermögensanlagen in das neu geschaffene Vermögensanlagengesetz überführt wurde (unten IV.1.). Zu den Übergangsregelungen in Bezug auf die wertpapierprospektgesetzliche Prospekthaftung → Rn. 120. 116

Mit der Neuregelung werden „sämtliche **Haftungsvorschriften** für fehlerhafte und fehlende Prospekte für Wertpapiere unabhängig davon, ob sie Grundlage für die Zulassung von Wertpapieren zum Handel an einer inländischen Börse sind oder nicht, in dem auf sämtliche Prospekte für Wertpapiere anwendbaren Wertpapierprospektgesetz" **zusammengeführt.**[315] Damit entfällt die bisherige verwirrende Regelung, nach der zwar alle Prospekte für Wertpapiere – unabhängig davon, ob sie Grundlage für die Zulassung von Wertpapieren zum Handel an einer inländischen Börse sind oder ein sonstiges öffentliches Angebot von Wertpapieren ermöglichen sollen – den Vorschriften des Wertpapierprospektgesetzes unterfallen, die Haftungsvorschriften für diese Prospekte aber außerhalb des WpPG und zudem noch in zwei verschiedenen Gesetzen – dem BörsG für Börsenzulassungsprospekte und dem VerkProspG für sonstige Prospekte für Wertpapiere – geregelt waren. 117

---

[314] S. o. Fn. 40.
[315] RegE eines Gesetzes zur Novellierung des Finanzanlagenvermittler- und Vermögensanlagenrechts, BT-Drucks. 17/6051 vom 6.6.2011, S. 46.

**118** Diese **Konzentration der Prospekthaftungsregeln** betreffend Börsenzulassungsprospekte und sonstige Prospekte für Wertpapiere auf ein Gesetz und eine einheitliche Regelung war insoweit angezeigt und auf unkomplizierte Weise zu bewerkstelligen, als die Haftung für diese Prospekte schon bisher einheitlichen Regeln folgte, indem die Haftung für sonstige Prospekte für Wertpapiere nach dem VerkProspG kraft Verweises und weniger Modifikationen den Prospekthaftungsbestimmungen des BörsG für Börsenzulassungsprospekte entsprach. Dabei führte die Neuregelung **kein neues Regelungsregime** ein, sondern übernahm das alte, mit nur einer **Ausnahme:** Die bislang in § 46 BörsG enthaltene **Sonderverjährungsvorschrift entfällt** ersatzlos, sodass seit dem Inkrafttreten der Neuregelung zum 1.6.2012 (Art. 26 Abs. 3 des Gesetzes zur Novellierung des Finanzanlagenvermittler- und Vermögensanlagenrechts[316]) für Haftungsansprüche wegen fehlerhafter oder fehlender Prospekte die allgemeinen Verjährungsvorschriften der §§ 195 ff. BGB Anwendung finden. Im Übrigen übernimmt der die Haftung bei fehlerhaftem Börsenzulassungsprospekt regelnde § 21 WpPG den Wortlaut des aufgehobenen § 44 BörsG (aF). Darüber hinaus folgt § 22 WpPG im Hinblick auf die Haftung bei sonstigen fehlerhaften Prospekten dem Haftungsregime der aufgehobenen § 13 VerkProspG und §§ 44ff. BörsG (aF). § 23 WpPG regelt den Haftungsausschluss unter Übernahme des Wortlauts des § 45 BörsG, und § 24 WpPG über die Haftung bei fehlenden Wertpapierprospekten folgt weitgehend – bis auf die Verjährungsregelung – dem des aufgehobenen § 13a VerkProspG in Bezug auf Wertpapiere. § 25 WpPG über unwirksame Haftungsbeschränkungen und sonstige Ansprüche wiederum übernimmt den Wortlaut des aufgehobenen § 47 BörsG (aF).

**119** Betrachtet man die **Systematik** der Prospekthaftung in Abschnitt 6 des WpPG, so unterscheidet das Gesetz zwar zwischen der Haftung bei fehlerhaftem Börsenzulassungsprospekt (§ 21 WpPG) und der Haftung bei sonstigem fehlerhaften Prospekt (§ 22 WpPG), folgt aber in Bezug auf **fehlerhafte Prospekte** einem einheitlichen Regelungsregime, indem § 22 WpPG mit nur geringen Anpassungen in Nrn. 1 und 2 der Vorschrift die entsprechende Anwendung des § 21 WpPG anordnet. Diese Prospekthaftungsregelungen werden ergänzt durch beide betreffende Bestimmungen über den Haftungsausschluss in § 23 WpPG und Sonderregelungen über die **Haftung bei fehlendem Prospekt** in § 24 WpPG sowie über unwirksame Haftungsbeschränkungen und sonstige Ansprüche in § 25 WpPG. Die nachfolgende Darstellung der Prospekthaftungsregelung im 6. Abschnitt des WpPG fasst die Haftung für fehlerhafte Börsenzulassungsprospekte (§ 21 WpPG) und andere Prospekte (§ 22 WpPG) zusammen (unten III.3.) und behandelt im Anschluss daran (unter III.4.) die Haftung für fehlende Prospekte.

**120** Die wertpapierprospektgesetzlichen Prospekthaftungsvorschriften sind **zum 1.6.2012 in Kraft getreten** (→ Rn. 16, 116). Im Hinblick auf die Gesetzesänderung und namentlich die Überführung der börsengesetzlichen Prospekthaftungsbestimmungen ins WpPG bei gleichzeitiger Aufhebung des Verkaufsprospektgesetzes (→ Rn. 16) enthalten § 37 WpPG und § 52 BörsG **Übergangsbestimmungen:**
– Nach § 52 Abs. 8 BörsG sind für Ansprüche wegen **fehlerhafter Prospekte,** die **Grundlage für die Zulassung** von Wertpapieren zum Handel an einer inländischen Börse sind und die vor dem 1.6.2012 im Inland veröffentlicht wurden, die §§ 44–47 BörsG in der bis zum 31.5.2012 geltenden Fassung weiterhin anzuwenden. Die Trennlinie bildet der Zeitpunkt der Prospektveröffentlichung.
– Nach § 37 Satz 1 sind für Ansprüche wegen **fehlerhafter Prospekte,** die **nicht Grundlage für die Zulassung** von Wertpapieren zum Handel an einer inländischen Börse sind und die vor dem 1.6.2012 im Inland veröffentlicht wurden, das Verkaufsprospektgesetz – § 13 VerkProspG – und die §§ 44–47 BörsG jeweils in der bis zum 31.5.2012 geltenden Fassung weiterhin anzuwenden. Auch hier ist Trennlinie der Zeitpunkt der Prospektveröffentlichung.

---
[316] S.o. Fn. 40.

– Nach § 37 Satz 2 WpPG ist im Hinblick auf Ansprüche wegen eines **fehlenden Prospekts,** dh eines entgegen § 3 Abs. 1 Satz 1 WpPG nicht veröffentlichten Prospekts, die bis zum Ablauf des 31.5.2012 entstanden sind, das Verkaufsprospektgesetz – § 13a VerkProspG – in der bis zum 31.5.2012 geltenden Fassung weiterhin anzuwenden. Die Trennlinie bildet hier der Zeitpunkt der Entstehung und damit im Ausgangspunkt der des Erwerbs der Wertpapiere.

**2. Anwendungsbereich.** Gegenstand der **Prospekthaftung nach §§ 21, 22 WpPG** sind **Prospekte** für Wertpapiere, die öffentlich angeboten oder zum Handel an einem organisierten Markt zugelassen werden sollen (→ Rn. 123 ff.) und **schriftliche Darstellungen** (→ Rn. 130). 121

**Wertpapiere** iSd Gesetzes sind alle übertragbaren Wertpapiere, die an einem Markt gehandelt werden können, dh fungibel sind,[317] mit Ausnahme von Geldmarktinstrumenten mit einer Laufzeit von weniger als zwölf Monaten (§ 2 Nr. 1 WpPG) wie etwa Schatzanweisungen, Einlagenzertifikate und sog. Commercial Papers.[318] Mangels Fungibilität scheiden damit Namensschuldverschreibungen oder Schuldscheindarlehen ebenso wie Kommanditanteile oder GmbH-Anteile aus;[319] sie unterfallen dem VermAnlG. Dagegen sind Genussscheine (dh wertpapiermäßig verbriefte Genussrechte) erfasst. Als **öffentliches Angebot** gilt nach § 2 Nr. 4 WpPG eine Mitteilung an das Publikum, dh einen unbestimmten Personenkreis,[320] in jedweder Form und auf jedwede Art und Weise, die ausreichende Informationen über die Angebotsbedingungen und die anzubietenden Wertpapiere enthält, um einen Anleger in die Lage zu versetzen, über den Kauf oder die Zeichnung dieser Wertpapiere zu entscheiden. Solche öffentlichen Angebote von Wertpapieren liegen auch im Falle des Angebots junger Aktien an Altaktionäre im Hinblick auf deren Bezugsrecht (dh bei sog. **Bezugsrechtsemissionen**) vor.[321] Auch Wertpapierangebote im Rahmen von **Mitarbeiterbeteiligungsprogrammen** unterliegen der Prospektpflicht, solange nicht eine der Ausnahmen des § 4 Abs. 1 Nr. 5 WpPG eingreift.[322] 122

Als **Prospekte** erfasst sind im Hinblick auf die Prospekthaftung nach § 21 WpPG Prospekte in Bezug auf Wertpapiere, die aufgrund eines Prospekts zum Börsenhandel zugelassen sind (**Börsenzulassungsprospekte** iS von § 32 Abs. 3 Nr. 2 BörsG und § 38 Abs. 2 Satz 1 BörsZulV) und im Hinblick auf die Prospekthaftung nach § 22 WpHG sämtliche **Prospekte im Sinne des WpPG, die keine Börsenzulassungsprospekte sind,** unabhängig davon, ob die **öffentlich angebotenen** (§ 1 Abs. 1 WpPG) Wertpapiere, auf die sich der Prospekt bezieht, zu einem früheren Zeitpunkt (auf der Grundlage eines anderen Prospektes) zum Handel an einer inländischen Börse zugelassen wurden. Übernimmt § 21 123

---

[317] Beispielhaft zählt § 2 Nr. 1 WpPG auf a) Aktien und andere Wertpapiere, die Aktien oder Anteilen an Kapitalgesellschaften oder anderen juristischen Personen vergleichbar sind, sowie Zertifikate, die Aktien vertreten, b) Schuldtitel, insbesondere Schuldverschreibungen und Zertifikate, die andere als die in Buchstabe a) genannten Wertpapiere vertreten und c) alle sonstigen Wertpapiere, die zum Erwerb oder zur Veräußerung solcher Wertpapiere berechtigen oder zu einer Barzahlung führen, die anhand von übertragbaren Wertpapieren, Währungen, Zinssätzen oder -erträgen, Waren oder anderen Indizes oder Messgrößen bestimmt wird.

[318] Die Begriffsbestimmung entspricht Artikel 4 Abs. 1 Nr. 18 der Richtlinie 2004/39/EG vom 21.4.2004 über Märkte für Finanzinstrumente, zur Änderung der Richtlinien 85/611/EWG und 93/6/EWG des Rates und der Richtlinie 2000/12/EG des Europäischen Parlaments und des Rates und zur Aufhebung der Richtlinie 93/22/EWG des Rates, ABl. EU Nr. L 145 vom 30.4.2004. Zu den Beispielen s. RegE Prospektrichtlinie-Umsetzungsgesetz BT-Drucks. 15/4999, S. 28.

[319] RegE Prospektrichtlinie-Umsetzungsgesetz BT-Drucks. 15/4999, S. 28.

[320] RegE VerkProspG BT-Drucks. 11/6340, S. 1, 11. *Groß,* § 2 WpPG Rn. 16.

[321] BaFin-Journal, September 2012, Änderungen im Wertpapierprospektrecht (http://www.bafin.de/SharedDocs/Downloads/DE/BaFinJournal/2012/bj_1209.html?nn=2818606), S. 5, 6 f. Kritisch *Brocker/Wohlfarter* BB 2013, 393 ff.

[322] Zur Prospektpflicht bei Mitarbeiterbeteiligungsprogrammen s. *Kollmorgen/Feldhaus* BB 2007, 2756, und *Kollmorgen/Feldhaus* BB 2007, 225.

WpPG insoweit den Wortlaut der aufgehobenen Vorschrift des § 44 BörsG, so entspricht § 22 WpPG der Bestimmung des § 13 VerkProspG, stellt allerdings aufgrund der Bezugnahme auf einen „nach § 3 Absatz 1 Satz 1 veröffentlichten Prospekt" – eine in Bezug auf die Auslegung dieser Norm aufgekommene Unsicherheit[323] beseitigend – klar, dass die Anwendung von § 22 WpPG nicht daran scheitert, dass die angebotenen Wertpapiere bereits aufgrund eines anderen Prospekts zum Börsenhandel zugelassen worden sind.[324]

**124** §§ 21, 22 WpPG erfassen **Prospekte, die nach Maßgabe des WpPG** zu erstellen sind (§ 1 Abs. 1, 3 WpPG) oder, sofern die Wertpapiere öffentlich angeboten oder zum Handel an einem organisierten Markt zugelassen werden, unbeschadet der in § 1 Abs. 2 Nr. 2 bis 5 WpPG angeführten Ausnahmen **freiwillig erstellt**[325] werden. Kraft ausdrücklicher, von der Rückausnahme in § 1 Abs. 3 WpPG nicht erfasster Regelung in § 1 Abs. 2 Nr. 1 WpPG findet das WpPG mitsamt seinen prospekthaftungsrechtlichen Bestimmungen **keine Anwendung** auf **Anteile oder Aktien von offenen Investmentvermögen** im Sinne des § 1 Abs. 4 KAGB, dh auf Organismen für gemeinsame Anlagen in Wertpapieren (OGAW) sowie auf Alternative Investmentfonds (AIF), deren Anleger oder Aktionäre mindestens einmal pro Jahr das Recht zur Rückgabe gegen Auszahlung ihrer Anteile oder Aktien aus dem AIF haben, iS von § 1 Abs. 2 und Abs. 2 KAGB. Neben den emittentenbezogenen **Ausnahmen von der Prospektpflicht** sind vor allem auch die angebots- und anlegerbezogenen Ausnahmen in § 3 Abs. 2 WpPG zu beachten. Diese umfassen das Angebot von Wertpapieren, (1) das sich ausschließlich an qualifizierte Anleger richtet, (2) das sich in jedem Staat des Europäischen Wirtschaftsraums an weniger als 150 nicht qualifizierte Anleger wendet, (3) das nur Anleger adressiert, die Wertpapiere ab einem Mindestbetrag von 100 Tsd. Euro pro Anleger je Angebot erwerben können, (4) bei dem die Wertpapiere eine Mindeststückelung von 100 Tsd. Euro haben oder (5) bei dem der Verkaufspreis für alle angebotenen Wertpapiere im EWR weniger als 100 Tsd. Euro beträgt, wobei diese Obergrenze über einen Zeitraum von zwölf Monaten zu berechnen ist.

**125** Des Weiteren sind **nur gebilligte und veröffentlichte Prospekte** erfasst, dh Prospekte die der Veröffentlichungspflicht nach § 3 Abs. 1 WpPG unterliegen sowie nach § 13 WpPG gebilligt und veröffentlicht wurden.[326] Ist ein Prospekt erstellt, möglicherweise sogar gebilligt und verwandt, aber **nicht veröffentlicht** worden, so ist er nicht Gegenstand der Prospekthaftung nach §§ 21, 22 WpPG, sondern unterliegt der Haftung bei fehlendem Prospekt nach § 24 WpPG, die eingreift, wenn ein Prospekt entgegen § 3 Abs. 1 Satz 1 WpPG nicht veröffentlicht wurde. Für die Anwendung der allgemein-zivilrechtlichen Prospekthaftung ist kraft dieser spezialgesetzlichen Regelung der Prospekthaftung in Bezug auf wertpapiermäßig verbriefte Kapitalanlagen kein Raum.[327] Gleiches gilt für Dokumente, die bei der Platzierung von Wertpapieren verwandt werden, die nach § 1 Abs. 2 WpPG von der Anwendung des WpPG oder nach §§ 3 Abs. 2, 4 WpPG ausgeschlossen sind. Nicht anders verhält es sich, wenn ein **nicht gebilligter Prospekt** entgegen § 13 Abs. 1 Satz 1 WpPG **veröffentlicht** wurde; auch hier ist allein § 24 WpPG anwendbar.

**126** Für die **Einbeziehung von Wertpapieren in den Freiverkehr** gegebenenfalls nach den jeweils anzuwendenden Freiverkehrsrichtlinien zu erstellende Dokumente stellen keine Börsenzulassungsprospekte dar und unterliegen damit nicht der Haftung nach § 21 WpPG.

---

[323] Dazu *Assmann* in Assmann/Schlitt/v. Kopp-Colomb, § 13 VerkProspG Rn. 15.

[324] RegE eines Gesetzes zur Novellierung des Finanzanlagenvermittler- und Vermögensanlagenrechts, BT-Drucks. 17/6051 vom 6.6.2011, S. 46 zu Nr. 4 § 22; *Groß*, § 3 WpPG Rn. 2 f.; *von Kopp-Colomb/Gajdos* in Assmann/Schlitt/v. Kopp-Colomb, § 3 WpPG Rn. 10; *Mülbert/Steup* in Habersack/Mülbert/Schlitt, Unternehmensfinanzierung, § 41 Rn. 22.

[325] *Mülbert/Steup* in Habersack/Mülbert/Schlitt, Unternehmensfinanzierung, § 41 Rn. 19.

[326] Zum aufgehobenen § 13 VerkProspG *Assmann* in Assmann/Schlitt/v. Kopp-Colomb, § 13 VerkProspG Rn. 16; *Gebauer* in Kümpel/Hammen/Ekkenga, Nr. 100, S. 66. Im Zusammenhang mit der Haftung für fehlende Prospekte Klöhn DB 2012, 1858.

[327] Ebenso *Mülbert/Steup* in Habersack/Mülbert/Schlitt, Unternehmensfinanzierung, § 41 Rn. 151.

Ebenso wenig kommen sie als Prospekte iS der allgemein-zivilrechtlichen Prospekthaftung in Betracht. Darüber hinaus liegt in der Einbeziehung von Wertpapieren in den Freiverkehr als solche kein prospektpflichtiges öffentliches Angebot iS von §§ 2 Nr. 4, 3 Abs. 1 WpPG.[328] Das schließt es nicht aus, dass die einbezogenen Wertpapiere in einer Art und Weise angeboten werden, welche die Voraussetzungen eines öffentlichen Angebots nach § 2 Nr. 4 WpPG erfüllen und damit eine Prospektpflicht nach § 3 Abs. 1 WpPG auslöst. Wird dieser nicht genügt, hat dies eine Haftung für den fehlenden Prospekt nach § 24 WpPG zu Folge.

**Werbung**, die sich auf ein öffentliches Angebot von Wertpapieren oder auf eine Zulassung zum Handel an einem organisierten Markt bezieht, muss nach Maßgabe von § 15 WpPG erfolgen, kann im Falle eines Verstoßes gegen diese Bestimmung eine Ordnungswidrigkeit darstellen (§ 35 Abs. 2 Nr. 1 WpPG) und nach Maßgabe von § 15 Abs. 5 WpPG unterbunden werden, unterliegt aber nicht der Haftung nach §§ 21, 22 WpPG.[329] Da das WpPG im Hinblick auf die Verantwortlichkeit für dem Gesetz unterfallende Werbung sowie Prospekte und Darstellungen eine abschließende Regelung darstellt, ist für die Anwendung der **allgemein-zivilrechtlichen Prospekthaftung** auch dann kein Raum, wenn diese Werbung mittels Dokumenten erfolgt, die den Begriff des Prospekts der **allgemein-zivilrechtlichen Prospekthaftung** erfüllen.[330] Das schließt es allerdings nicht aus, dass aufgrund der Werbung weitergehende Ansprüche nach den Vorschriften des bürgerlichen Rechts aufgrund von Verträgen oder unerlaubten Handlungen bestehen (§ 25 Abs. 2 WpPG). Gleiches gilt für ein **Produktinformationsblatt**, das dem Kunden nach § 31 Abs. 3 WpHG iVm § 5a WpDVerOV im Zusammenhang mit einer Anlageberatung vor dem Abschluss eines Geschäfts über Finanzinstrumente zur Verfügung zu stellen ist (s. schon oben Rn. 37). Es unterliegt schon deshalb nicht der Prospekthaftung nach §§ 21, 22 WpPG, weil es kein Prospekt iS dieser Bestimmungen ist (→ Rn. 122).[331]

Im Hinblick auf §§ 21, 22 WpPG **wie Prospekte zu behandeln sind auch Nachträge** zu einem gebilligten Prospekt, die gemäß § 16 Abs. 1 WpPG erstellt, von der BaFin gebilligt und sodann veröffentlicht wurden.[332] Zwar fehlt in §§ 21, 22 WpPG eine Bestimmung, die den Nachtrag – wie etwa § 21 Abs. 4 WpPG eine schriftliche Darstellung – einem Prospekt gleichstellt, doch steht dies der Behandlung eines Nachtrags als Prospekt nicht entgegen, weil der Nachtrag nichts anderes als eine gesetzlich gebotene Ergänzung des Prospekts darstellt und damit Teil desselben ist.[333] Die schriftliche Darstellung bedurfte der ausdrücklichen Gleichstellung mit einem Prospekt, weil sie aufgrund einer Befreiungs-

---

[328] *Mülbert/Steup* in Habersack/Mülbert/Schlitt, Unternehmensfinanzierung, § 41 Rn. 25.
[329] Ebenso *Habersack* in Habersack/Mülbert/Schlitt, Handbuch der Kapitalmarktinformation, § 29 Rn. 13; *Mülbert/Steup* in Habersack/Mülbert/Schlitt, Unternehmensfinanzierung, § 41 Rn. 31.
[330] IE auch *Hebrandt* ZBB 2011, 453 ff.; *Klöhn* WM 2012, 106; *Mülbert/Steup* in Habersack/Mülbert/Schlitt, Unternehmensfinanzierung, § 41 Rn. 31, 151. Anders noch, in Ermangelung einer § 15 WpPG vergleichbaren Bestimmung – § 8j VerkProspG id aufgeh. Fass. enthielt nicht mehr als die Befugnis der BaFin zur Untersagung von Werbung, die irreführende Angaben über den Umfang der Prospektprüfung durch die Behörde machte –, *Assmann* in Assmann/Schlitt/v. Kopp-Colomb, § 13 VerkProspG Rn. 16. AA *Groß*, § 21 WpPG Rn. 4 (der unzutreffend davon ausgeht, alles, was nicht Prospekt iS des WpPG sei, falle nicht in den Anwendungsbereich des WpPG).
[331] So iE auch *Schäfer/Schäfer* ZBB 2013, 28 f.
[332] *Habersack* in Habersack/Mülbert/Schlitt, Handbuch der Kapitalmarktinformation, § 29 Rn. 12; *Mülbert/Steup* in Habersack/Mülbert/Schlitt, Unternehmensfinanzierung, § 41 Rn. 30; iE auch *Groß*, § 21 WpPG Rn. 23 (Haftung für den Prospekt „in der Fassung eines eventuellen Nachtrags"). Zur Rechtslage nach § 13 VerkProspG id aufgeh. Fass. siehe *Assmann* in Assmann/Schlitt/v. Kopp-Colomb, § 13 VerkProspG Rn. 17. Schon zu § 13 VerkProspG idF vor 1.7.2005 *Assmann* in Assmann/Lenz/Ritz, § 13 VerkProspG Rn. 9; *Gebauer* in Kümpel/Hammen/Ekkenga, Nr. 100, S. 66; *Hamann* in Schäfer, Wertpapierhandelsgesetz, § 13 VerkProspG Rn. 13; *Heidelbach* in Schwark/Zimmer, § 13 VerkProspG Rn. 9; *Kind* in Arndt/Voß, § 13 VerkProspG Rn. 17.
[333] S. *Mülbert/Steup* in Habersack/Mülbert/Schlitt, Unternehmensfinanzierung, § 41 Rn. 62.

regelung an dessen Stelle tritt, also gleichsam ein *aliud* zu diesem darstellt. Dagegen handelt es sich beim Nachtrag um eine nach § 16 Abs. 1 Sätze 3 und 4 WpPG zu billigende und zu veröffentlichende Prospektergänzung, welche zwar dazu führt, dass sich ein nach seiner Veröffentlichung erwerbender Anleger nach § 23 Abs. 2 Nr. 3 WpPG nicht auf einen Prospektmangel berufen kann, doch ist allein dadurch noch keine Gewähr für die Richtigkeit und Vollständigkeit der Nachtragsangaben gegeben, wie sie allein §§ 21, 22 WpPG sicherstellen können. Außer Frage steht dagegen, dass **fehlende Nachträge** nicht wie fehlende Prospekte behandelt werden können und damit auch nicht der Haftung nach § 24 WpPG unterliegen, denn in diesem Fall kann der Anleger ohne weiteres nach §§ 21, 22 WpPG Prospektmängel geltend machen.[334] Werden **statt Nachträgen andere Darstellungen** verwandt, um auf Änderungen zu reagieren, die einen Prospekt unrichtig oder unvollständig machen, so besteht auch hier kein Bedarf für die Anwendung des § 24 WpPG, da sich in diesem Falle der Anspruchsgegner einer Haftung nach §§ 21, 22 WpPG nur dann auf die Richtigstellung berufen kann, wenn er nachzuweisen vermag, dass der Anleger sie zur Kenntnis genommen hat und damit iS von § 23 Abs. 2 Nr. 3 WpPG die Unrichtigkeit oder Unvollständigkeit der Angaben des Prospekts bei dem Erwerb kannte.

129 Die Prospekthaftung nach §§ 21, 22 WpPG scheidet nicht bereits deshalb aus, weil der gebilligte Prospekt oder Nachtrag unter formalem Verstoß gegen die Bestimmungen in § 14 WpPG **fehlerhaft veröffentlicht** wurde.[335]

130 Wie bereits vorstehend im Zusammenhang mit dem Prospektnachtrag erwähnt, steht kraft ausdrücklicher Regelung in §§ 21 Abs. 4, 22 WpPG einem Prospekt iSd WpPG eine **schriftliche Darstellung**, aufgrund deren Veröffentlichung der Emittent von der Pflicht zur Veröffentlichung eines Prospekts befreit wurde, gleich.[336] Dabei geht es um Dokumente iS der Ausnahmen von der Pflicht zur Veröffentlichung eines Prospekts für den Fall öffentlicher Angebote von Wertpapieren nach § 4 Abs. 1 Abs. 1 Nr. 2–5 WpPG betreffend die Zulassung von Wertpapieren zum Handel an einem organisierten Markt nach § 4 Abs. 2 Nr. 3–6 und Nr. 8 WpPG. Die Haftung für ein nach § 4 Abs. 2 Nr. 8 lit. d) WpPG erstelltes zusammenfassendes Dokument nach § 21 WpPG ist allerdings ausgeschlossen, wenn die Voraussetzungen des § 23 Abs. 2 Nr. 5 WpPG vorliegen.

131 **3. Haftung bei fehlerhaftem Prospekt oder schriftlicher Darstellung. a) Unrichtigkeit oder Unvollständigkeit.** Sowohl die Haftung bei fehlerhaftem Börsenzulassungsprospekt nach § 21 Abs. 1 WpPG als auch diejenige bei sonstigem fehlerhaften Prospekt nach § 22 Abs. 1 WpPG setzen voraus, dass in dem Prospekt für die Beurteilung der Wertpapiere wesentliche Angaben unrichtig oder unvollständig sind.

132 aa) Beurteilungszeitpunkt und Nachtragspflicht. Die Frage, ob ein Prospekt unrichtige oder unvollständige Angaben enthält und ob es sich bei den Angaben um wesentliche handelt, ist aus einer so genannten **Ex-ante-Betrachtung** heraus zu beantworten.[337] Diese muss von Erkenntnissen abstrahieren, die erst nach dem Zeitpunkt eingetreten sind, der für die Beurteilung der Richtigkeit und Vollständigkeit des Prospekts maßgeblich ist. Vor allem ist darauf zu achten, dass Prospektangaben nicht im Lichte des eingetretenen Schadens und des Schadensverlaufs sowie der daraus erwachsenen Erkenntnisse auf ihre Richtigkeit und Vollständigkeit beurteilt werden. **Maßgeblicher Zeitpunkt** ist die **Billigung** des Wertpapierprospekts. Das folgt aus § 13 Abs. 1 WpPG, welcher die Veröffentlichung des Prospekts von seiner Billigung abhängig macht, und § 16 Abs. 1 Satz 1 WpPG, der Nachtragspflichten auf die Zeit „nach der Billigung des Prospekts" bezieht.

---

[334] *Groß*, § 21 WpPG Rn. 23. IE auch *Klöhn* DB 2012, 1858 (kein veröffentlichungspflichtiger Prospekt).

[335] S. schon, in Bezug auf § 13 VerkProspG aF, *Assmann* in Assmann/Schlitt/v. Kopp-Colomb, § 13 VerkProspG Rn. 17; *Assmann* in Assmann/Lenz/Ritz, § 13 VerkProspG Rn. 10.

[336] Damit wird eine Lücke im früheren Recht – s. *Assmann* AG 1996, 508 – geschlossen.

[337] Zur börsengesetzlichen Vorgängerregelung *Bergdolt* in Heidel, § 44 BörsG Rn. 243; *Wackerbarth* in Holzborn, §§ 44, 45 BörsG Rn. 69.

Ein Prospekt ist nicht deshalb als mangelfrei zu behandeln, weil er **von der BaFin gebilligt** wurde.[338] Vielmehr kann er sogar, selbst wenn er im Zeitpunkt der Billigung richtig und vollständig war, auch **nachträglich unrichtig oder unvollständig werden** und damit Gegenstand der Prospekthaftung nach §§ 21, 22 WpPG sein.[339] Davon ist auszugehen, wenn nach der Billigung des Prospekts und vor dem endgültigen Schluss des öffentlichen Angebots oder, falls diese später erfolgt, der Einführung in den Handel an einem organisierten Markt, wichtige neue Umstand, auftreten, die die Beurteilung der Wertpapiere beeinflussen könnten. Gleiches gilt aber auch dann, wenn wesentliche Unrichtigkeiten – das sind auch Unvollständigkeiten – in Bezug auf die im Prospekt enthaltenen Angaben festgestellt werden. In diesen Fällen müssen die neuen Umstände oder wesentlichen Unrichtigkeiten in einem **Nachtrag zum Prospekt** genannt bzw. angeführt und richtig gestellt werden (§ 16 Abs. 1 Satz 1 WpPG).[340] Die **Zusammenfassung** und etwaige Übersetzungen davon sind – nicht zuletzt zum Zwecke der Vermeidung der Gefahr einer dadurch verursachten Unrichtigkeit oder Unvollständigkeit des Prospekts (s. § 23 Abs. 2 Nr. 5 WpPG) – um die im Nachtrag enthaltenen Informationen zu ergänzen (§ 16 Abs. 2 WpPG). Der Nachtrag bedarf der Billigung durch die BaFin (§ 16 Abs. 1 Satz 3 WpPG) und dieser nachfolgend der Veröffentlichung (§ 16 Abs. 1 Satz 5 WpPG). Wie ein Prospekt zu behandeln (→ Rn. 128), muss er – wie dieser – im Zeitpunkt der Billigung zutreffend und vollständig sein. Ist, obschon dies erforderlich gewesen wäre, **kein Nachtrag erstellt,** gebilligt und veröffentlicht worden, so löst dies keine Haftung wegen eines fehlenden Nachtrags entsprechend § 24 WpPG aus (→ Rn. 128). Vielmehr haften die Prospektverantwortlichen gegenüber den Erwerbern der Wertpapiere nach §§ 21, 22 WpPG für die Unrichtigkeit oder Unvollständigkeit des Prospekts.

Die **Nachtragspflicht endet** mit dem endgültigen Schluss des öffentlichen Angebots oder, falls diese später erfolgt, der Einführung in den Handel an einem organisierten Markt (§ 16 Abs. 1 Satz 1 WpPG), doch ist zu beachten, dass die Haftung für die Richtigkeit und Vollständigkeit des Wertpapierprospekts nach § 21 Abs. 1 Satz 1 bzw. § 22 Nr. 1 WpPG nur dann eingreift, wenn das Erwerbsgeschäft nach Veröffentlichung des Prospekts und innerhalb von sechs Monaten nach erstmaliger Einführung der Wertpapiere bzw. des ersten öffentlichen Angebots im Inland abgeschlossen wurde. Spätestens in diesen Zeitpunkten entfällt dann zwangsläufig auch eine haftungsbewehrte Nachtragspflicht.

---

[338] BGH WM 2012, 2147, 2153. Schon OLG Frankfurt/M. WM 1994, 291, 297 mwN; LG Frankfurt/M. WM 1992, 1768, 1770f. RegE 3. FFG, BT-Drucks. 13/8933 vom 6.11.1997, S. 76. Das entspricht auch einhelliger Meinung im Schrifttum. S. etwa *Bergdolt* in Heidel, § 44 BörsG Rn. 20; *Bosch* in Bankrecht und Bankpraxis, Rn. 10/128; *Ellenberger,* FS Schimansky, S. 595; *Mülbert/ Steup* in Habersack/Mülbert/Schlitt, Unternehmensfinanzierung, § 41 Rn. 47; *Oulds* in Kümpel/ Wittig, Rn. 15.199; *Schwark* in Schwark/Zimmer, §§ 44, 45 BörsG Rn. 35; *Groß,* § 21 WpPG Rn. 39; *ders.,* AG 1999, 202; *Pankoke* in Just/Voß/Ritz/Zeising, § 44 BörsG, § 13 VerkProspG Rn. 31. Für den ehemaligen Verkaufsprospekt *Hamann* in Schäfer, § 13 VerkProspG aF Rn. 5; *Hüffer,* S. 142 f.

[339] *Groß,* Kapitalmarktrecht, § 21 WpPG Rn. 57 mit Fn. 257; *Habersack* in Habersack/Mülbert/ Schlitt, Handbuch der Kapitalmarktinformation, § 29 Rn. 23 f.; *Mülbert/Steup* in Habersack/Mülbert/ Schlitt, Unternehmensfinanzierung, § 41 Rn. 53. So schon in Bezug auf die Haftung aus § 13 VerkProspG id aufgeh. Fass. *Assmann* in Assmann/Schlitt/v. Kopp-Colomb, § 13 VerkProspG Rn. 36 mwN. **AA** zu § 13 VerkProspG id aufgeh. Fass. *Groß,* Kapitalmarktrecht, 4. Aufl. 2009, §§ 44, 45 BörsG Rn. 59 ff.; *Habersack* in Habersack/Mülbert/Schlitt, Handbuch der Kapitalmarktinformation, 1. Aufl. 2008, § 28 Rn. 24; *Hamann* in Schäfer/Hamann, §§ 44, 45 BörsG Rn. 200; *Hauptmann* in Vortmann, § 3 Rn. 79; *Hopt,* Verantwortlichkeit, Rn. 209 ff.; *Kort* AG 199, 15 f.; *Pankoke* in Just/Voß/Ritz/Zeising, § 44 BörsG, § 13 VerkProspG Rn. 41. Das OLG Frankfurt/M. hatte sich dieser Ansicht nicht anschließen wollen, weil sie sich zu weit von der Haftungsnorm entferne; die Einführung einer derartigen Regelung müsse dem Gesetzgeber überlassen bleiben: OLG Frankfurt/M. AG 2004, 510, 511; OLG Frankfurt/M. AG 2006, 162, 165.

[340] Zur Nachtragspflicht nach § 16 WpPG näher *Oulds* WM 2011, 1452.

**135** Bereits an dieser Stelle sei darauf hingewiesen, dass nach § 23 Abs. 2 Nr. 4 WpPG – **unabhängig von der Erfüllung der Nachtragspflicht** – ein Anspruch nach §§ 21, 22 WpPG ausscheidet, wenn vor dem Abschluss des Erwerbsgeschäfts im Rahmen des Jahresabschlusses oder Zwischenberichts des Emittenten, einer Ad-hoc-Veröffentlichung nach § 15 WpHG oder einer vergleichbaren Bekanntmachung eine deutlich gestaltete **Berichtigung der unrichtigen oder unvollständigen Angaben** im Inland veröffentlicht wurde. Die Berichtigung ist damit als nachträgliche Herstellung eines richtigen Prospekts anzusehen,[341] ohne selbst als Prospekt angesehen werden zu können,[342] den Prospekthaftungsregeln zu unterliegen und einer Billigung durch die BaFin zu bedürfen.[343] Sie hat als solche Wirkungen nur in die Zukunft.[344] Der Erwerber kann nicht einwenden, zwar den Prospekt, nicht aber die Berichtigung gekannt zu haben.[345] Auf die Berichtigung können sich die für einen fehlerhaften Prospekt Verantwortlichen allerdings nur dann berufen, wenn sie **nach Inhalt und Form deutlich** erfolgt. Das soll dann der Fall sein, wenn sich „einem verständigen Leser, dem sowohl der fehlerhafte Prospekt als auch die Berichtigung vorliegt, ohne aufwendige Nachforschung erschließ[t], daß die Berichtigung von dem Prospekt abweichende Angaben enthält".[346] Ein ausdrücklicher Hinweis auf einen Prospektfehler ist nicht erforderlich, da eine solche Verpflichtung in der Praxis einer Aufforderung aller bisherigen Erwerber zur Geltendmachung von Prospekthaftungsansprüchen gleichkäme und die Möglichkeit zur Berichtigung daher nicht wahrgenommen würde.[347] Die Berichtigung kann bereits vor Einführung der Wertpapiere zum Börsenhandel erfolgen.[348] Ist eine Berichtigung iS von § 23 Abs. 2 Nr. 4 WpPG erfolgt, **entfällt eine Nachtragspflicht** nach § 16 WpPG.

**136** bb) Beurteilungsmaßstab. Ob Angaben eines Prospekts unrichtig oder unvollständig sind und ob es sich bei den fraglichen Angaben um wesentliche Angaben handelt, hängt maßgeblich vom **Empfängerhorizont** der Prospektadressaten ab. Ebenso wenig wie der Prospektinhalt und insbesondere der Katalog von Mindestangaben nach einzelnen Anlegern oder nach Bildung, Erfahrung oder Risikotragungsfähigkeit zu unterscheidenden Anlegergruppen differenziert, ist eine solche Differenzierung hinsichtlich der Prospektadressaten angezeigt. Vielmehr geht es um die Bestimmung des **Marktpublikums,** an welches sich der Prospekt richtet.[349] Aber auch diesbezüglich sind ganz unterschiedliche Standards ver-

---

[341] *Sittmann* NZG 1998, 493 (Anleger, die nach der Berichtigung Wertpapiere erworben haben, werden so gestellt, „als habe der Prospekt niemals Fehler oder Unrichtigkeiten aufgewiesen").

[342] *Groß,* § 23 WpPG Rn. 9; *Mülbert/Steup* in Habersack/Mülbert/Schlitt, Unternehmensfinanzierung, § 41 Rn. 143.

[343] *Groß,* § 23 WpPG Rn. 9; *Habersack* in Habersack/Mülbert/Schlitt, Handbuch der Kapitalmarktinformation, § 29 Rn. 53; *Stephan* AG 2002, 11.

[344] RegE 3. FFG BT-Drucks. 13/8933 vom 6.11.1997, S. 80. Auch *Groß,* § 23 WpPG Rn. 10; *Habersack* in Habersack/Mülbert/Schlitt, Handbuch der Kapitalmarktinformation, § 29 Rn. 51; *Mülbert/Steup* in Habersack/Mülbert/Schlitt, Unternehmensfinanzierung, § 41 Rn. 140.

[345] Zur Rechtfertigung dieser Regelung werden im RegE 3. FFG BT-Drucks. 13/8933 vom 6.11.1997, S. 80 f., drei Gründe angeführt: Erstens wird geltend gemacht, der Verzicht des Nachweises der Kenntnis des Erwerbers von der Berichtigung entspreche dem Verzicht des Nachweises der Kenntnis des Erwerbers vom Prospekt; zweitens wird argumentiert, die Berichtigung eines anlageerheblichen Sachverhalts löse eine Marktreaktion in Form einer Preisanpassung aus, die denjenigen, der nach diesem Zeitpunkt erwerbe, so stelle, als ob der Prospekt von vornherein nicht fehlerhaft gewesen sei; und drittens soll dem Emittenten eine rechtssichere Möglichkeit gegeben werden, um die Gefahr einer Haftung wegen eines fehlerhaften Prospekts begrenzen zu können.

[346] RegE 3. FFG BT-Drucks. 13/8933 vom 6.11.1997, S. 81.

[347] RegE 3. FFG BT-Drucks. 13/8933 vom 6.11.1997, S. 81.

[348] *Habersack* in Habersack/Mülbert/Schlitt, Handbuch der Kapitalmarktinformation, § 29 Rn. 52; *Mülbert/Steup* in Habersack/Mülbert/Schlitt, Unternehmensfinanzierung, § 41 Rn. 139.

[349] Auch § 5 Abs. 1 Satz 1 WpPG spricht ausdrücklich davon, der Prospekt müsse Angaben enthalten, die notwendig seien, um dem „Publikum" ein zutreffendes Urteil über die Anlage zu ermöglichen. *Mülbert/Steup* in Habersack/Mülbert/Schlitt, Unternehmensfinanzierung, § 41 Rn. 33.

treten worden, beginnend beim „Fachmann"[350] über den „verständigen Anleger"[351] bis hin zum Maßstab des „unbewanderten Laien".[352] Rechtsprechung und herrschende Meinung haben stattdessen auf den **„durchschnittlichen Anleger"**[353] abgestellt und diesen durch seinen Sachverstand, seine Erfahrungen und seine Kenntnisse umschrieben (dazu näher → Rn. 45, 138).

Allerdings hat sich die Rechtsprechung im Hinblick auf Prospekte für öffentlich angebotene Wertpapiere, die nicht an der Börse gehandelt werden sollen, durchaus bereit gezeigt, eine **adressatenbezogene Differenzierung** vorzunehmen, wenn sich das Angebot und der Prospekt ausdrücklich an ein bestimmtes Publikum richten.[354] Wendet der Emittent von Wertpapieren sich etwa „ausdrücklich auch an das unkundige und börsenunerfahrene Publikum", so soll „sich der Empfängerhorizont für Prospekterklärungen nach den Fähigkeiten und Erkenntnismöglichkeiten eines durchschnittlichen (Klein-)Anlegers, der sich allein anhand der Prospektangaben über die Kapitalanlage informiert und über keinerlei Spezialkenntnisse verfügt", richten.[355] In diesem Fall soll „zu den tatsächlichen und rechtlichen Verhältnissen, die für die Beurteilung der angebotenen Wertpapiere notwendig und daher richtig und vollständig in einem Wertpapierprospekt darzustellen sind, auch die Möglichkeit der Erteilung nachteiliger Weisungen durch eine beherrschende Konzernmuttergesellschaft an eine beherrschte Konzerntochtergesellschaft und die damit verbundene – erhöhte – Gefahr für die Rückzahlung der an die Konzerntochtergesellschaft gezahlten Anlegergelder" gehören.[356]

137

Das ändert allerdings nichts daran, dass auch die Rechtsprechung für den Regelfall – dh für eine nicht ausdrückliche Adressatenbestimmung, die beim Börsenzulassungsprospekt ohnehin ausscheidet – davon ausgeht, dass für die Beurteilung eines Prospekts die **Kenntnisse und Erfahrungen eines durchschnittlichen Anlegers** maßgeblich sind.[357] Dieser soll nach höchstrichterlicher Rechtsprechung nicht mit der gebräuchlichen Schlüsselsprache vertraut sein[358] und einen Prospekt nicht nur flüchtig, sondern sorgfältig und eingehend lesen.[359] Gänzlich unbegründet ist deshalb die Annahme, ein Prospekt müsse auch für

138

---

[350] Etwa LG Düsseldorf WM 1981, 102, 106; *Wittmann* DB 1980, 1579, 1583.

[351] *Fleischer*, Gutachten, S. F 44; *Groß*, § 21 WpPG Rn. 41; *Habersack* in Habersack/Mülbert/Schlitt, Handbuch der Kapitalmarktinformation, § 29 Rn. 15; *Pankoke* in Just/Voß/Ritz/Zeising, § 44 BörsG, § 13 VerkProspG Rn. 39. Mit Sympathien für ein höheres Qualifikationsniveau des Prospektadressaten *Oulds* in Kümpel/Wittig, Rn. 15.198.

[352] Etwa *Wunderlich* DStR 1975, 688, 690.

[353] BGH WM 1982, 862, 863; BGH WM 2005, 782, 784; BGH ZIP 2007, 1993; WM 2012, 115 Rn. 25; BGH NZG 2012, 1262, 1265. OLG Frankfurt/M. AG 2004, 510; OLG Frankfurt/M. AG 2005, 851. *Habersack* in Habersack/Mülbert/Schlitt, Handbuch der Kapitalmarktinformation, § 29 Rn. 15; *Mülbert/Steup* in Habersack/Mülbert/Schlitt, Unternehmensfinanzierung, § 41 Rn. 34.

[354] BGH NZG 2012, 1262 zur Prospekthaftung nach § 13 VerkProspG id aufgeh. Fass. Für die Zulässigkeit der Einschränkung des Kreises der Emissions- und Prospektadressaten auch *Habersack* in Habersack/Mülbert/Schlitt, Handbuch der Kapitalmarktinformation, § 29 Rn. 14 (bei Ansprache eines breiten Publikums dagegen: verständiger Anleger); *Hamann* in Schäfer/Hamann, §§ 44, 45 BörsG Rn. 191; *Nobbe* WM 2013, 194.

[355] BGH NZG 2012, 1262 Ls. 1, 1265 Rn. 25.

[356] BGH NZG 2012, 1262 Ls. 2.

[357] BGH NZG 2012, 1262, 1265 Rn. 25 mwN.

[358] BGH WM 1982, 862, 863.

[359] BGH WM 1982, 862, 863 (anders noch die Vorinstanz OLG Düsseldorf WM 1981, 960, 964 f.: „kundiger Prospektleser"); BGH WM 2005, 782, 784 (Angaben müssen „einem durchschnittlichen Anleger, nicht einem flüchtigen Leser" verständlich sein); BGH ZIP 2007, 1993; BGH NJOZ 2008, 2685, 2687 (dabei dürfen die Prospektverantwortlichen allerdings eine sorgfältige und eingehende Lektüre des Prospekts bei den Anlegern voraussetzen). OLG Frankfurt/M. AG 2004, 510; OLG Frankfurt/M. AG 2005, 851 („Sicht eines aufmerksamen Lesers und durchschnittlichen Anlegers"). In Anlehnung an § 265b StGB soll nach den Darlegungen im RegE 2. WiKG (BT-Drucks. 10/318, S. 24) in Bezug auf § 264a StGB vom „verständigen, durchschnittlich vorsichtigen" Anleger auszugehen sein.

den „unerfahrene Kapitalanleger nach schneller Durchsicht" des Prospekts verstanden werden können (→ Rn. 46), und dies auch deshalb, weil ein Prospekt niemals Aufgaben der Anlageberatung zu übernehmen vermag. Die in einer frühen Entscheidung des BGH zu findende Annahme, der durchschnittliche Anleger sei in der Lage, eine Bilanz zu lesen,[360] wird zwar selbst heute von der Rechtsprechung mitunter noch mitzitiert,[361] doch ist schwerlich anzunehmen, dass man diese Auffassung in einem Falle, in dem es darauf ankäme, entgegen der durchweg geäußerten Kritik im Schrifttum,[362] aufrecht erhalten würde. Zur Bestimmung der Kenntnisse und Erfahrungen eines durchschnittlichen Anlegers ist auch die Emissionsprospektrichtlinie 2003/71/EG vom 4.11.2003[363] hilfreich, welche, ohne zwischen Börsenzulassungsprospekt und sonstigen Wertpapierprospekten zu unterscheiden und in § 5 Abs. 1 Satz 1 WpPG umgesetzt, in Erwägungsgrund 20 und Art. 5 Abs. 1 Satz 2 verlangt, die Prospekte sollten in **leicht zu analysierender und verständlicher Form** abgefasst werden.[364]

**139** Der Empfängerhorizont des durchschnittlichen Anlegers ist auch für die Beurteilung der Richtigkeit und Vollständigkeit der Angaben in der nach § 5 Abs. 2 WpPG zu erstellenden **Zusammenfassung** maßgeblich.[365] Wenn in § 5 Abs. 2a WpPG hinsichtlich der in der Zusammenfassung nach § 5 Abs. 2 Satz 1 WpPG zu gebenden Schlüsselinformationen verlangt wird, diese seien in allgemein verständlicher Sprache vorzunehmen, so liegt darin keine Modifikation des Empfängerhorizonts des Prospekts oder eine eigene Komponente zur Bestimmung desselben als vielmehr eine den Eigenheiten einer Zusammenfassung geschuldete sprachliche Anforderung.

**140** cc) Angaben von wesentlicher Bedeutung. Eine Haftung nach §§ 21, 22 WpPG setzt unrichtige oder unvollständige Angaben in einem Wertpapierprospekt oder einer schriftlichen Darstellung voraus. **Angaben** iS dieser Bestimmung sind fraglos alle im Prospekt oder der schriftlichen Darstellung enthaltenen oder fehlenden Informationen über **Tatsachen,** dh alle der äußeren Wahrnehmung und damit des Beweises zugängliche Geschehnisse oder Zustände[366] der Außenwelt (so genannte äußere Tatsachen) und des menschlichen Innenlebens (so genannte innere Tatsachen)[367]. Zu den der Prospekthaftung unterfallenden Angaben gehören darüber hinaus aber auch **Meinungen, Werturteile** und **zukunftsbezogene Informationen** wie etwa **Prognosen** oder Informationen über **Vorhaben.**[368] Obschon keine Tatsachen und damit nicht dem Beweise zugänglich, sind auch sie einer Kontrolle im Hinblick auf ihre Richtigkeit in Gestalt ihrer Vertretbarkeit zugänglich (→ Rn. 144). Dar-

---

[360] So noch BGH WM 1982, 862, 863. Ausdrücklich folgend (die nicht rechtskräftig gewordene Entscheidung des) OLG Frankfurt/M. ZIP 2004, 1411, 1414. Die singulär gebliebene Entscheidung gilt heute als überholt: *Assmann* in Assmann/Schlitt/v. Kopp-Colomb, WpPG/VerkProspG, § 13 VerkProspG Rn. 27. Von vornherein kritisch hierzu *Schwark* ZGR 1983, 168; *ders.* in Schwark/Zimmer, §§ 44, 45 BörsG Rn. 22; *ders.* WuB I G 9. – 2.94 (Anm. zu OLG Frankfurt/M. WM 1994, 291) zu 2.; *Assmann,* Prospekthaftung, S. 317; *Bergdolt* in Heidel, § 44 BörsG Rn. 18; *Hamann* in Schäfer/Hamann, §§ 44, 45 BörsG Rn. 191 f. Ähnlich *Canaris,* Bankvertragsrecht, Rn. 2279; *Brondics/Mark* AG 1989, 341.

[361] Etwa in BGH NZG 2012, 1262, 1265 Rn. 25.

[362] Etwa *Schwark* in Schwark/Zimmer, §§ 44, 45 Rn. 22; *Groß,* Kapitalmarktrecht, §§ 44, 45 BörsG Rn. 41; *Hamann* in Schäfer/Hamann, §§ 44, 45 BörsG Rn. 192.

[363] S. o. Fn. 25.

[364] Richtlinie 2003/71/EG vom 4.11.2003 betreffend den Prospekt, der beim öffentlichen Angebot von Wertpapieren oder bei deren Zulassung zum Handel zu veröffentlichen ist, und zur Änderung der Richtlinie 2001/34/EG, ABl. EU Nr. L 345/64 vom 31.12.2013, S. 64, 66 bzw. 72.

[365] *Assmann* in Assmann/Schlitt/v. Kopp-Colomb, § 13 VerkProspG Rn. 29.

[366] Hess. VGH AG 1998, 436, mit Anm. *Assmann.*

[367] In Bezug auf den insiderrechtlichen Tatsachenbegriff *Assmann* in Assmann/Uwe H. Schneider, § 13 Rn. 12; *Assmann* in Assmann/Lenz/Ritz, § 13 VerkProspG Rn. 27; *Burgard* ZHR 162 (1998), 63; *Gehrt,* S. 120 f.; *Pananis* WM 1997, 461 f. mwN insbes. zu dem auf die Rechtsprechung des RG zurückgehenden strafrechtlichen Tatsachenbegriffs; *Soesters,* S. 141.

[368] → Rn. 48 mit Fn. 102.

über hinaus verlangen oder gestatten die gesetzlichen Bestimmungen über Wertpapierprospekte an verschiedenen Stellen zukunftsbezogene Informationen, etwa in Gestalt von Angaben über die Entwicklungsaussichten des Emittenten oder von Gewinnprognosen.

Bei der Beurteilung der Frage, ob eine **einzelne Angabe** oder die Angaben in einem **einzelnen Angabenkomplex** wesentlich sind, kann auf **Grundsätze** zurückgegriffen werden, wie sie sich im Zuge der Entwicklung der Prospekthaftung als allgemeine, jeweils verschiedene Ausprägungen der Prospekthaftung übergreifende Gesichtspunkte zur Beurteilung der Wesentlichkeit von Prospektangaben herausgebildet haben (→ Rn. 49). Unter Berücksichtigung der Zielsetzung der Prospekthaftung, für die Richtigkeit und Vollständigkeit von Angaben zu sorgen, die ein durchschnittlicher Anleger braucht, um eine informierte, Chancen und Risiken erkennende Anlageentscheidung treffen zu können,[369] lassen sich als **wesentlich** alle Angaben über Umstände bezeichnen, die objektiv zu den wertbildenden Faktoren einer Anlage gehören und die ein durchschnittlicher, verständiger Anleger „eher als nicht" bei seiner Anlageentscheidung berücksichtigen würde.[370] Dem entspricht die Formulierung des § 5 Abs. 1 Satz 1 WpPG demzufolge der Prospekt alle Angaben enthalten muss, die notwendig sind, um dem Publikum ein zutreffendes Urteil über die Vermögenswerte und Verbindlichkeiten, die Finanzlage, die Gewinne und Verluste, die Zukunftsaussichten des Emittenten und jedes Garantiegebers sowie über die mit diesen Wertpapieren verbundenen Rechte zu ermöglichen. Dazu gehören auch Angaben über Umstände, die – wie etwa die aufgrund hoher **„weicher Kosten"** nur begrenzte Weiterleitung der aufgebrachten Mittel in das Anlageobjekt – den **Vertragszweck vereiteln können**[371] oder geeignet sind, potentielle Anleger von dem Erwerb der Anlage abzuhalten.[372] Gleiches gilt für Umstände, von denen zwar noch nicht sicher, jedoch schon mit einiger Wahrscheinlichkeit gesagt werden kann, dass sie den vom Anleger verfolgten Zweck gefährden werden. **141**

Allein der Umstand, dass der Prospekt die gesetzlich nach § 7 WpPG iVm der VO (EG) 809/2004[373] **erforderlichen Mindestangaben**[374] **nicht enthält,** macht ihn deshalb noch nicht unrichtig oder unvollständig iSd § 21 Abs. 1 Satz 1 WpPG, denn nicht alle Pflichtangaben sind Angaben, die für die Beurteilung der jeweils angebotenen Wertpapiere oder der Vermögensanlage und ihrer Emittenten stets von wesentlicher Bedeutung sind.[375] Ob fehler- **142**

---

[369] Siehe Voraufl. § 6 Rn. 87 und 77. Va BGH NJW 1995, 130 mwN, hebt die Angewiesenheit des Anlegers auf verlässliche Anlageinformationen hervor: „Der Entschluß, sich einem ... Anlagemodell anzuschließen, ist für einen einzelnen Beitrittswilligen von weittragender wirtschaftlicher Bedeutung und im Regelfalle mit erheblichen Risiken verbunden. Dabei hat der Beitrittsinteressent im Allgemeinen keine eigenen Unterrichtungsmöglichkeiten; er ist vielmehr darauf angewiesen, sich anhand des Emissionsprospekts über das zu finanzierende Vorhaben zu informieren. Dieser bildet im Regelfall die Grundlage für den Beitrittsentschluß".

[370] Näher → Rn. 45, 49. S. schon Voraufl. § 6 Rn. 87.

[371] BGHZ 79, 337, 344; BGHZ 116, 7, 12; BGH WM 1994, 2192, 2193; BGHZ 139, 225, 231; BGH WM 2000, 1503, 1504; BGH WM 2004, 928, 930 (Erzielbarkeit der angesetzten Mieterlöse); BGH NJW 2004, 2228, 2229f.; BGH ZIP 2007, 1993. Dazu gehören auch Umstände, von denen zwar noch nicht sicher, jedoch schon mit einiger Wahrscheinlichkeit gesagt werden kann, dass sie den von dem Anleger verfolgten Zweck gefährden werden: BGHZ 72, 382, 388; BGH WM 1988, 48, 50; BGH WM 1991, 2092, 2094 (insoweit nicht in BGHZ 115, 214 abgedruckt).

[372] BGHZ 139, 225, 231.

[373] S. o. Fn. 35.

[374] Zu den Mindestangaben s. *Meyer* in Habersack/Mülbert/Schlitt, Unternehmensfinanzierung, § 36 Rn. 19 ff.

[375] So ausdrücklich auch RegE 3. FFG BT-Drucks. 13/8933 vom 6.11.1997, S. 76, zu § 45 Abs. 1 BörsG. Entscheidend sei vielmehr, „ob sich im konkreten Fall bei einer ordnungsgemäßen Angabe die für die Beurteilung der Wertpapiere relevanten maßgeblichen tatsächlichen oder rechtlichen Verhältnisse verändern würden". Aus dem Schrifttum Voraufl. § 6 Rn. 104; *Groß*, §§ 44, 45 BörsG Rn. 68; *Habersack* in Habersack/Mülbert/Schlitt, Handbuch der Kapitalmarktinformation, § 29 Rn. 19; *Hauptmann* in Vortmann, § 3 Rn. 64; *Mülbert/Steup* in Habersack/Mülbert/Schlitt, Unternehmensfi-

hafte oder fehlende Angaben für die Beurteilung der Kapitalanlage von wesentlicher Bedeutung sind, ist deshalb eine Frage des Einzelfalls. Sie dürfte sich praktisch deshalb kaum stellen, weil die BaFin vor Billigung des Prospekts zumindest eine Vollständigkeitsprüfung vornimmt.

**143** Auch eine **Mehrzahl einzelner Angaben,** die je für sich genommen nicht unbedingt als wesentlich zu betrachten sind, können im Hinblick auf die Chancen und Risiken einer Anlage einen Gesamteindruck erzeugen, der mit den tatsächlichen und für einen Anleger entscheidungserheblichen Verhältnissen nicht in Einklang steht. Dementsprechend hat die Rechtsprechung einen Prospekt auch dann als unrichtig oder unvollständig angesehen, wenn seine im Einzelnen nicht zu beanstandenden Angaben im Hinblick auf die Vermögens-, Ertrags- und Liquiditätslage des Unternehmens einen **unzutreffenden Gesamteindruck** erzeugen oder, in späterer Terminologie, ein unzutreffendes **Gesamtbild** vermitteln (→ Rn. 61). Das hat zur Folge, dass ein Prospekt auch dann unrichtig oder unvollständig sein kann, wenn er unter Betrachtung aller seiner Angaben bei den maßgeblichen Prospektadressaten unzutreffende Vorstellungen über die Chancen und Risiken der angebotenen Anlage erweckt. Das kann etwa aufgrund einer Anhäufung positiver, je für sich noch vertretbarer, in ihrer Gesamtheit aber Fehlvorstellungen weckenden Werturteile der Fall sein. Denkbar ist aber auch, dass im Prospekt Angaben unrichtig sind oder fehlen, welche je für sich keine wesentlichen Umstände betreffen, zusammengenommen aber das Anlagerisiko verzerrt darstellen.

**144** dd) Unrichtigkeit. Ein Anspruch aus § 21 Abs. 1 WpPG setzt weiter voraus, dass wesentliche Angaben im Prospekt unrichtig oder unvollständig sind. Handelt es sich bei den in Frage stehenden Angaben um solche über **Tatsachen** (→ Rn. 48), so sind diese unrichtig, wenn sie zum Zeitpunkt der Prospekterstellung mit den wirklichen Verhältnissen nicht übereinstimmen.[376] Geht es dagegen um **Prognosen** sowie **Meinungen** und **Werturteile,** so sind diese dann als unrichtig zu betrachten, wenn sie nicht ausreichend durch Tatsachen gestützt und kaufmännisch nicht vertretbar sind.[377] Das gilt namentlich für die nach § 5 Abs. 1 Satz 1 WpPG in den Prospekt aufzunehmenden Angaben in Bezug auf die **Zukunftsaussichten** des Emittenten. Dabei ist allerdings zu beachten, dass der Prospekt lediglich Angaben enthalten muss, welche es erlauben, die Zukunftsaussichten des Emittenten beurteilen zu können, nicht aber Aussagen über die Zukunftsaussichten des Emittenten selbst (→ Rn. 59). Im Übrigen ist auf die allgemeinen Grundsätze zur Beurteilung von Prospektangaben zurückzugreifen, wie sie bereits → Rn. 50 ff. im Zusammenhang mit der allgemein-zivilrechtlichen Prospekthaftung dargestellt wurden.

**145** Werden die **Gliederung,** die **Gestaltung** und die **sprachliche Darstellung** des Prospekts betreffende Vorschriften – namentlich das in § 5 Abs. 1 Satz 3 WpPG enthaltene Gebot, den Prospekt in einer Form abzufassen, die sein Verständnis und seine Auswertung erleichtern – nicht eingehalten, wird dies regelmäßig dazu führen, dass der Prospekt nicht gebilligt bzw. seine Veröffentlichung nicht gestattet wird. Geschieht dies gleichwohl, so ist der Prospekt dadurch weder der Kontrolle auf die Richtigkeit und Vollständigkeit seiner

---

nanzierung, § 41 Rn. 34, 38; *Pankoke* in Just/Voß/Ritz/Zeising, § 44 BörsG, § 13 VerkProspG Rn. 28; *Stephan* AG 2002, 7.

[376] Etwa *Assmann* in Assmann/Schlitt/v. Kopp-Colomb, § 13 VerkProspG Rn. 40; *Ellenberger,* S. 33; *Groß,* §§ 44, 45 BörsG Rn. 44; *Hamann* in Schäfer/Hamann, §§ 44, 45 BörsG Rn. 149; *Kind* in Arndt/Voß, § 13 VerkProspG Rn. 18; *Nobbe* WM 2013, 194; *Schödermeier/Baltzer* in Brinkhaus/Scherer, § 20 KAGG Rn. 6.

[377] BGH WM 1982, 862, 863; OLG Düsseldorf WM 1984, 586, 592; OLG Frankfurt/M. WM 1994, 291, 295. *Assmann* in Assmann/Lenz/Ritz, § 13 VerkProspG Rn. 28, 40 ff.; *Bergdolt* in Heidel, § 44 BörsG Rn. 22; *Ellenberger,* S. 31 f.; *Eyles* bzw. *Hauptmann* in Vortmann, § 2 Rn. 73 bzw. § 3 Rn. 65; *Gerber,* S. 119; *Groß,* §§ 44, 45 BörsG Rn. 44, 52; *Hamann* in Schäfer/Hamann, §§ 44, 45 BörsG Rn. 149; *Habersack* in Habersack/Mülbert/Schlitt, Handbuch der Kapitalmarktinformation, § 29 Rn. 18; *Mülbert/Steup* in Habersack/Mülbert/Schlitt, Unternehmensfinanzierung, § 41 Rn. 39; *Nobbe* WM 2013, 195; *Pfüller* in Brinkhaus/Scherer, § 12 AuslInvestmG Rn. 15; *Schödermeier/Baltzer* in Brinkhaus/Scherer, § 20 KAGG Rn. 6.

Angaben entzogen noch bereits deswegen unrichtig, weil er gegen die besagten gesetzlichen Gestaltungsanforderungen verstößt.[378] Unrichtig wird ein formale und stilistische Mängel aufweisender Prospekt vielmehr erst dann, wenn sich aus diesem Defizit ein für den durchschnittlichen Anleger unzutreffender **Gesamteindruck** (→ Rn. 61, 143, 53) ergibt.[379] Das wird in der Regel nur dann der Fall sein, wenn die Gestaltungsmängel den gesamten Prospekt durchziehen oder einzelne Prospektbestandteile so unter stilistisch-sprachlichen Mängeln leiden, dass wesentliche Teile des Prospekts – unter Verstoß gegen § 5 Abs. 1 Satz 1 WpPG – für einen durchschnittlichen Anleger nicht mehr durchgängig analysierbar und verständlich sind[380] oder insgesamt ein solches Gewicht annehmen, dass ein im Ganzen unrichtiger Prospekt vorliegt.[381] Das mag etwa dann der Fall sein, wenn mangels **Erläuterungen** komplizierte und/oder komplexe Sachverhalte für den durchschnittlichen Anleger nicht verständlich sind. Schon von jeher befremden musste deshalb die Ansicht des BGH, es sei nicht zu beanstanden, dass eine für die Beurteilung der Anlage erhebliche Tatsache nur in einer dem Prospekt beigefügten „Dokumentationsmappe", nicht aber im eigentlichen Prospekt enthalten sei,[382] doch dürfte ein Prospekt unter dem Prospektierungsregime des WpPG nur schwerlich die Prospektkontrolle passieren.

**146** Für die **Zusammenfassung,** die der Prospekt nach § 5 Abs. 2 Satz 1 WpPG enthalten muss,[383] ist im Hinblick auf die Haftung für den Prospekt in § 23 Abs. 2 Nr. 5 BörsG eine **beschränkte Richtigkeitskontrolle** angeordnet. Dieser Bestimmung zufolge scheidet ein Anspruch wegen eines Prospektmangels nach §§ 21, 22 WpPG aus, wenn der Mangel sich ausschließlich aufgrund von Angaben in der Zusammenfassung oder einer Übersetzung und nicht daraus ergibt, dass die Zusammenfassung, wenn sie zusammen mit den anderen Teilen des Prospekts gelesen wird, irreführend, unrichtig oder widersprüchlich ist. Entsprechendes gilt für eine Haftung, die auf die **Unvollständigkeit** der Angaben in der Zusammenfassung gestützt wird (→ Rn. 150).

**147** Die Angaben in einem Prospekt sind nicht deshalb als richtig zu behandeln, weil er **von der BaFin gebilligt** wurde (→ Rn. 133). Ebenso wenig folgt daraus eine Vermutung für ihre Richtigkeit. Im Übrigen ist im Hinblick auf die Beurteilung der Unrichtigkeit von Prospekten auf die **allgemeinen Grundsätze** zurückzugreifen, wie sie bereits oben Rn. 50 ff. im Zusammenhang mit der allgemein-zivilrechtlichen Prospekthaftung dargestellt wurden.

**148** ee) Unvollständigkeit. **Unvollständig** ist ein Prospekt, wenn Angaben fehlen, die für einen Anlageentschluss von wesentlicher Bedeutung sind oder sein können[384]. Dabei handelt

---

[378] Ebenso *Bergdolt* in Heidel, § 44 BörsG Rn. 24; *Ellenberger*, S. 37; *Groß*, § 21 WpPG Rn. 67; *ders.* AG 1999, 204; *Hamann* in Schäfer/Hamann, §§ 44, 45 BörsG Rn. 189; *Kind* in Arndt/Voß, § 13 VerkProspG Rn. 25.

[379] Voraufl. Rn. 91. *Assmann* in Assmann/Schlitt/v. Kopp-Colomb, § 13 VerkProspG Rn. 42. Ebenso *Groß*, § 21 WpPG Rn. 67; *Habersack* in Habersack/Mülbert/Schlitt, Handbuch der Kapitalmarktinformation, § 29 Rn. 22; *Kind* in Arndt/Voß, § 13 VerkProspG Rn. 25; *Mülbert/Steup* in Habersack/Mülbert/Schlitt, Unternehmensfinanzierung, § 41 Rn. 43; *Pankoke* in Just/Voß/Ritz/Zeising, § 44 BörsG, § 13 VerkProspG Rn. 36, 51.

[380] Ebenso etwa *Förster*, S. 59; Siol DRiZ 2003, 206; *Groß*, § 21 WpPG Rn. 49; *Habersack* in Habersack/Mülbert/Schlitt, Handbuch der Kapitalmarktinformation, § 29 Rn. 20; *Mülbert/Steup* in Habersack/Mülbert/Schlitt, Unternehmensfinanzierung, § 41 Rn. 35, 41.

[381] Ähnlich *Hopt*, Verantwortlichkeit, Rn. 153; *Hamann* in Schäfer/Hamann, §§ 44, 45 BörsG Rn. 194.

[382] BGH WM 1992, 901, 904. Kritisch auch *Förster*, S. 59.

[383] Für den Inhalt der Zusammenfassung ist Art. 24 der VO (EG) Nr. 809/2004 (Fn. 35) in der Fassung zu beachten, die dieser durch Art. 1 Nr. 10 der Delegierten Verordnung (EU) Nr. 486/2012 vom 30.3.2012 (Fn. 36), S. 1, 5 f., erfahren hat. Zum Format der Zusammenfassung s. ESMA (European Securities and Markets Authority), Questions and Answers – Prospectuses, 16th updated version, July 2012, http://www.esma.europa.eu/system/files/2012-468.pdf, Nr. 80, p. 64.

[384] BGHZ 116, 7, 12; BGH WM 2000, 1503, 1504.

es sich um Angaben über Umstände, die objektiv zu den wertbildenden Faktoren einer Anlage gehören und die ein durchschnittlicher, verständiger Anleger „eher als nicht" bei seiner Anlageentscheidung berücksichtigen würde (→ Rn. 141). Nichts anderes folgt aus § 5 Abs. 1 Satz 1 WpPG, demzufolge der Prospekt alle Angaben enthalten muss, die notwendig sind, um dem Publikum ein zutreffendes Urteil über die Vermögenswerte und Verbindlichkeiten, die Finanzlage, die Gewinne und Verluste, die Zukunftsaussichten des Emittenten und jedes Garantiegebers sowie über die mit diesen Wertpapieren verbundenen Rechte zu ermöglichen. Insbesondere im Hinblick auf die Angaben zu den **Zukunftsaussichten** des Emittenten ist zu beachten, dass der Prospekt nicht zwingend Aussagen über die Zukunftsaussichten des Emittenten verlangt, sondern lediglich Angaben, die dem Publikum ein Urteil über die Zukunftsaussichten des Emittenten erlauben (→ Rn. 59). Zur Vollständigkeitskontrolle unter dem Gesichtspunkt des von einem Prospekt erzeugten **Gesamteindrucks/Gesamtbilds** → Rn. 61, 143.

**149** Dass die BaFin einen **Wertpapierprospekt gebilligt** hat, weil sie ihn als vollständig betrachtete, vermag der Annahme der Unvollständigkeit eines Prospekts ebenso wenig entgegenzustehen wie der Umstand, dass der Prospekt tatsächlich alle Pflichtangaben nach § 7 WpPG iVm der VO (EG) 809/2004[385] enthält (→ Rn. 142). Ist Letzteres der Fall, spricht dies allerdings regelmäßig dafür, dass der Prospekt auch vollständig iS von 21 Abs. 1 Satz 1 WpPG ist.[386] Umgekehrt ist nicht jede der nach § 7 WpPG iVm der VO (EG) 809/2004 erforderlichen **Mindestangaben** auch eine Angabe, deren **Fehlen** ohne weiteres dazu führt, dass wesentliche Angaben des Prospekts unvollständig sind.[387]

**150** Im Hinblick auf die Beurteilung der **Vollständigkeit** der **Zusammenfassung,** die ein nach dem WpPG zu erstellender Prospekt nach § 5 Abs. 2 Satz 1 WpPG enthalten muss, ordnet das Gesetz nur eine **beschränkte Vollständigkeitskontrolle** an, die der beschränkten Überprüfung im Hinblick auf die Richtigkeit der Angaben in der Zusammenfassung (→ Rn. 146) entspricht. Dieser Bestimmung zufolge scheidet ein Anspruch wegen eines Prospektmangels nach §§ 21, 22 WpPG aus, wenn der Mangel sich ausschließlich aufgrund von Angaben in der Zusammenfassung oder einer Übersetzung und nicht daraus ergibt, dass die Zusammenfassung, wenn sie zusammen mit den anderen Teilen des Prospekts gelesen wird, nicht alle gemäß § 5 Abs. 2 Satz 1 iVm Abs. 2a WpPG erforderlichen Schlüsselinformationen enthält. Aus der solchermaßen auf Schlüsselinformationen beschränkten Rückausnahme ergibt sich, dass kein nach §§ 21, 22 WpPG haftungsbewehrter Prospektmangel vorliegt, wenn die in der Zusammenfassung zu gebenden **Warnhinweise** nach § 5 Abs. 2b WpPG fehlen, was in einem veröffentlichten Prospekt angesichts der Vollständigkeitskontrolle des Prospekts durch die BaFin wenig wahrscheinlich sein dürfte.

**151** Zur Frage, inwieweit **Geheimhaltungsinteressen** der Veröffentlichung von Informationen und dem Befund der Unvollständigkeit entgegenstehen können, siehe die Ausführungen im Rahmen der Darstellung der allgemein-zivilrechtlichen Prospekthaftung → Rn. 64 ff. Zu **weiteren Einzelheiten,** insbesondere im Hinblick auf Umstände, deren fehlende Offenbarung im Prospekt die Rechtsprechung zur Annahme der Unvollständigkeit des Prospekts in einem wesentlichen Punkt veranlasste, ist ebenfalls auf die allgemeinen Grundsätze zur Beurteilung von Prospektangaben zurückzugreifen, wie sie bereits oben Rn. 54 ff. im Zusammenhang mit der allgemein-zivilrechtlichen Prospekthaftung dargestellt wurden.

**152** **b) Anspruchsgegner.** Die **Adressaten** der Prospekthaftung nach §§ 21 Abs. 1 Satz 1, 22 Abs. 1 WpPG sind im Zusammenhang mit den Voraussetzungen des jeweiligen An-

---

[385] S. o. Fn. 35.
[386] Voraufl. § 6 Rn. 104; *Assmann* in Assmann/Schlitt/v. Kopp-Colomb, § 13 VerkProspG Rn. 43. Ebenso *Groß*, § 21 WpPG Rn. 45, 47; *Habersack* in Habersack/Mülbert/Schlitt, Handbuch der Kapitalmarktinformation, § 29 Rn. 19.
[387] Voraufl. § 6 Rn. 104. Ebenso *Groß*, § 21 WpPG Rn. 45 f.; *Habersack* in Habersack/Mülbert/Schlitt, Handbuch der Kapitalmarktinformation, § 29 Rn. 19; *Oulds* in Kümpel/Wittig, Rn. 15.202; *Schwark* in Schwark/Zimmer, §§ 44, 45 BörsG Rn. 35.

§ 5 Prospekthaftung                                                          153  § 5

spruchs abschließend aufgezählt. Für fehlerhafte **Prospekte** haften danach diejenigen, die für den Prospekt die Verantwortung übernommen haben, und diejenigen, von denen der Erlass des Prospekts ausgeht. Diese Haftung umfasst auch einen **Nachtrag** zum Prospekt.[388] Die Anspruchsgegner haften nach §§ 21 Abs. 1, 22 WpPG als Gesamtschuldner.

aa) Verantwortungsübernahme (Prospekterlasser). Zu denen, die **für den Prospekt die** 153 **Verantwortung übernommen** haben, gehört jede Person, die nach außen erkennbar[389] den Prospekt **erlassen** hat.[390] Das sind auf jeden Fall jene, die den Prospekt **unterzeichnet** und damit erklärt haben, für seinen Inhalt verantwortlich zu sein.[391] Zu unterzeichnen sind nach dem WpPG zu erstellende Prospekte vom **Anbieter** (§ 5 Abs. 3 Satz 1 WpPG) oder, falls aufgrund des Prospekts Wertpapiere zum Handel an einem organisierten Markt zugelassen werden sollen, vom **Zulassungsantragsteller** (§ 5 Abs. 3 Satz 2 WpPG). Letzteres ist nach § 32 Abs. 2 Satz 1 BörsG der **Emittent** der Wertpapiere zusammen mit dem **Emissionsbegleiter** in Gestalt eines Kreditinstituts, Finanzdienstleistungsinstituts oder eines nach § 53 Abs. 1 Satz 1 oder § 53b Abs. 1 Satz 1 KWG tätigen Unternehmens. Diesbezüglich stellt § 5 Abs. 4 Satz 2 WpPG klar, dass stets auch die vorgenannten Institute bzw. Unternehmen, mit dem der Emittent zusammen die Zulassung der Wertpapiere beantragt, durch entsprechende Erklärung die Verantwortung zu übernehmen haben. Die **Prospekthaftung des Emittenten** in der Rechtsform einer Aktiengesellschaft verstößt nicht gegen **Kapitalerhaltungsvorschriften** und genießt dieser gegenüber generell Vorrang: Sie ist weder unzulässige Risikoübernahme durch die Gesellschaft iSd § 56 Abs. 3 AktG[392] noch stellt sie einen Verstoß gegen das Verbot der Einlagenrückgewähr nach § 57 Abs. 1 AktG oder dasjenige der Rückgewähr eigener Aktien dar.[393] Allerdings ist zu beach-

---

[388] → Rn. 128. Ebenso *Mülbert/Steup* in Habersack/Mülbert/Schlitt, Unternehmensfinanzierung, § 41 Rn. 62.
[389] Vgl. *Bergdolt* in Heidel, § 44 BörsG Rn. 53; *Groß*, § 21 WpPG Rn. 30; *Habersack* in Habersack/Mülbert/Schlitt, Handbuch der Kapitalmarktinformation, § 29 Rn. 26; *Hopt* in Baumbach/Hopt, HGB, 35. Aufl. 2012, (14) § 44 BörsG Rn. 3; *Mülbert/Steup* in Habersack/Mülbert/Schlitt, Unternehmensfinanzierung, § 41 Rn. 65; *Oulds* in Kümpel/Wittig, Rn. 15.208 *Pankoke* in Just/Voß/Ritz/Zeising, § 44 BörsG, § 13 VerkProspG Rn. 19, 20; *Schwark* in Schwark/Zimmer, §§ 44, 45 BörsG Rn. 8; *Wackerbarth* in Holzborn, §§ 44, 45 BörsG Rn. 34.
[390] Das entspricht dem Wortlaut der früheren, durch das 3. FFG (s. o. Fn. 28) geänderten Fassung des in das WpPG überführten § 44 Abs. 1 Satz 1 Nr. 1 BörsG (aF). Die Änderung in Gestalt einer Haftung derjenigen, welche die Verantwortung übernommen haben, sollte lediglich eine Klarstellung und keine materiellrechtliche Änderung darstellen. Vgl. RegE 3. FFG BT-Drucks. 13/8933 vom 6.11.1997, S. 78.
[391] Auch *Groß*, § 21 WpPG Rn. 30; *Habersack* in Habersack/Mülbert/Schlitt, Handbuch der Kapitalmarktinformation, § 29 Rn. 26 f.; *Mülbert/Steup* in Habersack/Mülbert/Schlitt, Unternehmensfinanzierung, § 41 Rn. 66 ; *Oulds* in Kümpel/Wittig, Rn. 15.208; *Wackerbarth* in Holzborn, §§ 44, 45 BörsG Rn. 35.
[392] *Cahn/v. Spannenberg* in Spindler/Stilz, Aktiengesetz, 2. Aufl. 2010 § 56 Rn. 49.
[393] S. schon Voraufl. § 6 Rn. 139 (mwN), mit dem verbreiteten Vorbehalt, das gelte zumindest, solange es sich bei dem Aktienerwerb nicht um eine originäre Übernahme von Aktien im Gründungs- oder Kapitalerhöhungsvorgang darstelle. Der schon im RegE 3. FFG BT-Drucks. 13/8933 vom 6.11.1997, S. 78, geäußerte Vorrang der börsengesetzlichen Prospekthaftung als abschließende Spezialregelung wird heute weitgehend im Sinne eines uneingeschränkten Vorrangs der kapitalmarktrechtlichen Informationshaftungsregelung gegenüber dem Verbandsrecht geteilt: etwa *Einsele*, FS Kreutz, S. 573 ff.; *Ellenberger*, S. 74 ff.; *Fleischer*, Gutachten, S. F 73 ff.; *Gebauer*, S. 163 ff.; *Groß*, § 21 WpPG Rn. 14 ff.; *Hamann* in Schäfer/Hamann, §§ 44, 45 BörsG Rn. 83 f.; *Mülbert/Steup* in Habersack/Mülbert/Schlitt, Unternehmensfinanzierung, § 41 Rn. 7; *Oulds* in Kümpel/Wittig, Rn. 15.230 f.; *Chr. A. Weber* ZHR 176 (2012), 200 ff. Rechtsvergleichend *Hopt* WM 2013, 103 f. Die BGH-Rechtsprechung, die sich bisher auf die Feststellung eines Vorrangs des Anlegerschutzes (in Gestalt einer Haftung für fehlerhafte Ad-hoc-Mitteilungen nach § 826 BGB) vor den aktienrechtlichen Gläubigerschutzvorschriften über das Verbot der Einlagenrückgewähr (§ 57 AktG) und dem Verbot des Erwerbs eigener Aktien (§ 71 AktG) beschränkte, BGH NZG 2005, 672, 674 (*EM-TV*), geht deutlich in diese Richtung.

ten, dass mit der **Übernahme des Prospekthaftungsrisikos** durch die Gesellschaft bei der Platzierung von Altaktien an der Börse entgegen § 57 I 1 AktG Einlagen an den Altaktionär zurückgewährt werden, wenn dieser die Gesellschaft nicht von der Prospekthaftung freistellt, wobei die Pflicht zur Rückgewähr der entgegen § 57 AktG erhaltenen Leistung wegen der Übernahme der Prospektverantwortung einen Anspruch der Aktiengesellschaft gegen den Altaktionär auf Freistellung begründet.[394]

154 **Anbieter und Emittent** der Wertpapiere können und werden in der Regel identisch sein, doch ist dies nicht zwingend.[395] **Anbieter** ist nämlich nach § 2 Nr. 10 WpPG jede Person oder Gesellschaft, die Wertpapiere öffentlich anbietet und damit nicht zwingend der Emittent. Als öffentliches Angebot von Wertpapieren definiert § 2 Nr. 4 Hs. 1 WpPG eine Mitteilung an das Publikum in jedweder Form und auf jedwede Art und Weise, die ausreichende Informationen über die Angebotsbedingungen und die anzubietenden Wertpapiere enthält, um einen Anleger in die Lage zu versetzen, über den Kauf oder die Zeichnung dieser Wertpapiere zu entscheiden.[396] Unter Rückgriff auf die Grundsätze, die sich bereits zum aufgehobenen § 8f VerkProspG (aF) herausgebildet hatten, gilt als Anbieter in vorstehendem Sinne jeder, „der für das öffentliche Angebot der Vermögensanlage verantwortlich" *und* „den Anlegern gegenüber nach außen erkennbar als Anbieter" auftritt.[397] Ist der Emittent nicht Anbieter der Wertpapiere, was bei Zweitemissionen börsenzugelassener Wertpapiere oder beim Angebot von Wertpapieren, die nicht zum Börsenhandel zugelassen werden sollen, der Fall sein wird, so scheidet mangels einer Prospektverantwortung des Emittenten sowohl dessen Haftung für einen fehlerhaften Prospekt als auch diejenige für einen fehlenden Prospekt (→ Rn. 200) aus.

155 Über diejenigen hinaus, die den Prospekt als Anbieter oder Zulassungsantragsteller zu unterzeichnen haben, können aber auch **Dritte** gemäß § 5 Abs. 4 WpPG durch entsprechende **Prospekterklärung** die **Verantwortung für den Prospekt übernehmen** und so in den Kreis der Adressaten der Prospekthaftung nach §§ 21, 22 WpPG fallen.[398]

156 **Emissionshelfer oder Vertriebshelfer** haften für den Prospekt nur kraft eines entsprechenden Kundgebungstatbestands im Prospekt, sei es indem sie diesen als Anbieter oder Emissionsbegleiter und Zulassungsantragsteller unterzeichnet haben oder sei es durch eine entsprechende Erklärung der Übernahme der Verantwortung für den Pros-

---

[394] BGH NJW 2011, 2719 *(Telekom III – Dritter Börsengang)*. Dazu etwa *Arnold/Aubel* ZGR 2012, 113; *Fleischer/Thaten* NZG 2011, 1081; *Leuschner* NJW 2011, 3275; *Maaß/Troidl* BB 2011, 2563; *Wackerbarth* WM 2011, 193; *Westermann/Paefgen*, FS Hoffmann-Becking, S. 1363; *Wink* AG 2011, 569; *Ziemons* GWR 2011, 404.

[395] RegE AnSVG BT-Drucks. 15/3174 vom 24.5.2004, S. 42; RegE Prospektrichtlinie-Umsetzungsgesetz BT-Drucks. 15/4999 vom 8.3.2005, S. 29. Näher hierzu und zur Unterscheidung von Emittenten und Anbieter s. *Assmann* in Assmann/Schlitt/v. Kopp-Colomb, § 13 VerkProspG § 13a Rn. 11 ff., va 15 ff. Sa *Mülbert/Steup* in Habersack/Mülbert/Schlitt, Unternehmensfinanzierung, § 41 Rn. 67.

[396] In § 2 Nr. 4 Hs. 2 WpPG ist hinzugefügt: „dies gilt auch für die Platzierung von Wertpapieren durch Institute im Sinne des § 1 Abs. 1b des Kreditwesengesetzes oder ein nach § 53 Abs. 1 Satz 1 oder § 53b Abs. 1 Satz 1 oder Abs. 7 des Kreditwesengesetzes tätiges Unternehmen, wobei Mitteilungen auf Grund des Handels von Wertpapieren an einem organisierten Markt oder im Freiverkehr kein öffentliches Angebot darstellen". Zur Auslegung des § 2 Nr. 4 WpPG hat die BaFin das „Auslegungsschreiben zum Begriff des öffentlichen Angebots von Wertpapieren im Sinne des § 2 Nr. 4 WpPG im Rahmen des Sekundärmarkthandels von Wertpapieren" vom 24.6.2013, Geschäftszeichen PRO 1 – Wp 2030 – 2012/0013, veröffentlicht.

[397] RegE AnSVG, BT-Drucks. 15/3174 vom 24.5.2004, S. 42 zu § 8f Abs. 1 VerkProspG. Ähnlich schon Bekanntmachung des BAWe vom 6.9.1999 zum Verkaufsprospektgesetz und zur Verkaufsprospektverordnung, BAnz. Nr. 177 vom 21.9.1999, S. 16180, Ziff. I. 3.

[398] RegE 3. FFG, BT-Drs. 13/8933, S. 54, 78. Vorrauf. § 6 Rn. 222 f.; *Groß*, § 21 WpPG Rn. 30, 34; *Habersack* in Habersack/Mülbert/Schlitt, Handbuch der Kapitalmarktinformation, § 29 Rn. 26 f.; *Mülbert/Steup* in Habersack/Mülbert/Schlitt, Unternehmensfinanzierung, § 41 Rn. 66.

§ 5 Prospekthaftung

pekt.³⁹⁹ In Betracht kommt etwa die Übernahme der Prospektverantwortung durch ein **Emissions- oder Vertriebskonsortium.** Sofern nur der **Konsortialführer** eines solchen Konsortiums den Prospekt unterzeichnet oder die Verantwortung für diesen übernimmt, vermag allein dieser Umstand nicht die Haftung des Konsortiums und der übrigen Konsortialführer zu begründen,⁴⁰⁰ es sei denn, durch entsprechende (zusätzliche) Prospekterklärungen wird von den Konsorten zurechenbar der Eindruck hervorgerufen, auch die übrigen **Konsortialmitglieder** seien für den Prospekt (mit)verantwortlich oder übernähmen zumindest die Verantwortung für denselben.⁴⁰¹

bb) Personen, von denen der Erlass des Prospekts ausgeht (Prospektveranlasser). Nach **157** §§ 21, 22 WpPG haften des Weiteren diejenigen, von denen der **Erlass des Prospekts ausgeht.** Damit sollen die hinter dem Prospekt Stehenden, dh diejenigen erfasst werden, welche nicht durch ihre Unterschrift die Verantwortung übernommen haben, aber als dessen **tatsächliche Urheber** zu betrachten sind⁴⁰² (auch **Hintermänner**, Mitglieder der Leitungsgruppe⁴⁰³ oder **Prospektveranlasser**⁴⁰⁴ genannt), selbst wenn sie nicht nach außen in Erscheinung getreten sind.⁴⁰⁵ Wie bei der allgemein-zivilrechtlichen Prospekthaftung (→ Rn. 157) sind hier diejenigen, die lediglich an der Prospekterstellung beteiligt waren,⁴⁰⁶ nur in Teilbereichen Einfluss ausübten,⁴⁰⁷ nur Material zur Erstellung des Prospekts geliefert haben,⁴⁰⁸ oder, ohne tatsächlichen Einfluss auf die Prospekterstellung auszuüben, nur eine unwesentliche Beteiligung an dem Emittenten innehaben, von der Verantwortlichkeit auszunehmen. Allgemein formuliert, trifft die Haftung deshalb nur jene, die „ein **eigenes geschäftliches Interesse** an der Emission" haben und „darauf hinwirkten", dass ein unrichtiger oder unvollständiger Prospekt erstellt und veröffentlicht wurde.⁴⁰⁹ Ob jemand als **Hintermann** anzusehen ist, von dem der Erlass des Prospekts ausgeht, beurteilt sich nicht nach der gesellschaftsorganisationsrechtlichen Stellung der Person, sondern allein danach, ob dieser in der Gesellschaft und im Hinblick auf die Emission eine Schlüsselfunktion zukommt. Das im jeweiligen Fall festzustellen, ist eine im Wesentlichen tatrichterliche Aufgabe.⁴¹⁰

Ihrem eindeutigen Wortlaut nach kennen die Prospekthaftungsbestimmungen der §§ 21 **158** Abs. 1 Satz 1, 22 WpPG nur die Haftung derjenigen, die für den Prospekt bzw. die Angebotsunterlage die Verantwortung übernommen haben oder von denen der Erlass des Pros-

---

³⁹⁹ Vgl. *Pankoke* in Just/Voß/Ritz/Zeising, § 44 BörsG, § 13 VerkProspG Rn. 21; auch *Habersack* in Habersack/Mülbert/Schlitt, Handbuch der Kapitalmarktinformation, § 29 Rn. 28; *Mülbert/Steup* in Habersack/Mülbert/Schlitt, Unternehmensfinanzierung, § 41 Rn. 73.
⁴⁰⁰ Etwa *Groß*, § 21 WpPG Rn. 33; *Habersack* in Habersack/Mülbert/Schlitt, Handbuch der Kapitalmarktinformation, § 29 Rn. 28; *Mülbert/Steup* in Habersack/Mülbert/Schlitt, Unternehmensfinanzierung, § 41 Rn. 70 f.
⁴⁰¹ So wohl auch *Bergdolt* in Heidel, § 44 BörsG Rn. 256; *Schwark* in Schwark/Zimmer, §§ 44, 45 BörsG Rn. 10 (S. 483); *Wackerbarth* in Holzborn, §§ 44, 45 BörsG Rn. 40. IE auch *Groß*, § 21 WpPG Rn. 33 f.
⁴⁰² RegE 3. FFG, BT-Drucks. 13/8933, S. 78.
⁴⁰³ BGHZ 79, 337, 341.
⁴⁰⁴ *Fleischer* AG 2008, 272; *Groß*, § 21 WpPG Rn. 35; *Habersack* in Habersack/Mülbert/Schlitt, Handbuch der Kapitalmarktinformation, § 29 Rn. 29.
⁴⁰⁵ BGHZ 72, 382, 387; BGHZ 79, 337, 340.
⁴⁰⁶ BGHZ 79, 337, 348 f.
⁴⁰⁷ BGH WM 1992, 901, 907.
⁴⁰⁸ Ebenso *Hamann* in Schäfer/Hamann, §§ 44, 45 BörsG Rn. 93; *Schwark* in Schwark/Zimmer, §§ 44, 45 BörsG Rn. 12.
⁴⁰⁹ Zurückgehend auf *Schwark*, BörsG, 1. Aufl. 1976, §§ 45, 46 Rn. 3. Auch *Schwark* in Schwark/Zimmer, §§ 44, 45 BörsG Rn. 9; *Groß*, § 21 WpPG Rn. 35; *Habersack* in Habersack/Mülbert/Schlitt, Handbuch der Kapitalmarktinformation, § 29 Rn. 29; *Hamann* in Schäfer/Hamann, §§ 44, 45 BörsG Rn. 92; *Oulds* in Kümpel/Wittig, Rn. 15.210; *Mülbert/Steup* in Habersack/Mülbert/Schlitt, Unternehmensfinanzierung, § 41 Rn. 75.
⁴¹⁰ BGH ZIP 2007, 1993 Rn. 19; BGH NJW-RR 2007, 1479 Rn. 11.

pekts ausgeht. Im Prospekt mit eigenen Erklärungen angeführte **berufliche Sachkenner** (**"Experten"**) im Allgemeinen und **Wirtschaftsprüfer,** die mit einem Testat im Prospekt in Erscheinung treten, im Besonderen, gehören damit – anders als in der allgemein-zivilrechtlichen Prospekthaftung (→ Rn. 68, 54 ff.) und entgegen einer verschiedentlich zu der börsengesetzlichen Vorgängerregelung vertretenen Ansicht[411] – nicht zu denen, die für die Richtigkeit und Vollständigkeit des Prospekts einzustehen haben.[412] Gleiches gilt für die Prospekthaftung von **Prominenten** oder anderen **Personen des öffentlichen Interesses,** die sich im Prospekt selbst oder in Begleitbroschüren als Referenz für die Seriosität der Anlagekonzepts und der Beteiligten benennen lassen und sich gegebenenfalls gar in Interviews aktiv an der Werbung für die Anlage beteiligen. Sie gehören zwar in den Adressatenkreis der allgemein-zivilrechtlichen Prospekthaftung (→ Rn. 185), nicht aber der wertpapierprospektgesetzlichen Prospekthaftung. Die Haftung der vorgenannten Personen für **Erklärungen,** mit denen sie mit ihrem Wissen und Wollen im Prospekt erscheinen und denen sich nicht entnehmen lässt, sie wollten für den gesamten Prospekt die Verantwortung übernehmen, kann sich demnach nur aus den **allgemeinen Haftungsbestimmungen** ergeben.[413]

**159** cc) Gesamtschuldnerische Haftung. Sind die übrigen Voraussetzungen der Prospekthaftung nach §§ 21 Abs. 1, 22 WpPG in der Person eines jeden von **mehreren Anspruchsgegnern** – insbesondere das Verschulden eines jeden derselben (§ 425 Abs. 2 BGB)[414] – gegeben, so haften diese gemäß § 21 Abs. 1 Satz 1 WpPG als **Gesamtschuldner** nach Maßgabe von §§ 421 ff. BGB. Abweichende Vereinbarungen unter den Anspruchsgegnern sind im Innenverhältnis, nicht aber gegenüber den Anspruchsberechtigten beachtlich.[415]

**160** Für den **Innenregress** der Gesamtschuldner nach § 426 BGB ist, unter analoger Anwendung oder zumindest Heranziehung des Rechtsgedankens des § 254 BGB als einer

---

[411] *Groß,* Kapitalmarktrecht, 2. Aufl. 2002, §§ 45, 46 BörsG Rn. 21 (zurückhaltender schon 3. Aufl. 2006, §§ 44, 45 BörsG Rn. 36, und dieser entsprechend 4. Aufl. 2009 Rn. 36; 5. Aufl. 2012 offen gelassen); *Groß,* AG 1999, 200 f.; *Bosch* ZHR 163 (1999), 274, 279 ff.; auch noch *Hopt* in Baumbach/Hopt, HGB, 35. Aufl. 2012, (14) § 44 BörsG Rn. 3.

[412] *Assmann* AG 2004, 436 f.; *Assmann* in Assmann/Lenz/Ritz, VerkProspG, 2001, § 13 VerkProspG Rn. 50 mit Fn. 113; *Assmann* in Assmann/Schlitt/v. Kopp-Colomb, § 13 VerkProspG Rn. 76. Ebenso *Benecke* BB 2006, 2599; *Ehricke,* Prospekt- und Kapitalmarktinformationshaftung, S. 228 f.; *Ellenberger,* S. 28; *Fleischer,* Gutachten, S. F 67, mit Änderungsvorschlägen S. F 67 f.; *Förster,* S. 133; *Gerber,* S. 128; *Habersack* in Habersack/Mülbert/Schlitt, Handbuch der Kapitalmarktinformation, § 29 Rn. 30 f.; *Hamann* in Schäfer/Hamann, §§ 44, 45 BörsG Rn. 93, 101; *Hauptmann* in Vortmann, § 3 Rn. 54, 55; *Kind* in Arndt/Voß, § 13 VerkProspG Rn. 33 aE; *Köndgen* AG 1983, 125; *Kunz,* S. 129; *Lenenbach,* Rn. 8.95; *Meyer* WM 2003, 1306 ff. (1311: "Haftungslücke"); *Mülbert/Steup* in Habersack/Mülbert/Schlitt, Unternehmensfinanzierung, § 41 Rn. 81 f.; *Pankoke* in Just/Voß/Ritz/ Zeising, § 44 BörsG, § 13 VerkProspG Rn. 23 f.; *Schwark* in Schwark/Zimmer, §§ 44, 45 BörsG Rn. 12; *Sittmann* NZG 1998, 493; *Wackerbarth* in Holzborn, §§ 44, 45 BörsG Rn. 51. Für die Einführung einer börsengesetzlichen Prospekthaftung für Experten *de lege ferenda Assmann* AG 2004, 436; *Fleischer,* Gutachten, S. F 66 ff.; *Groß,* § 21 WpPG Rn. 37; *Hopt/Voigt* WM 2004, 1803; *Meyer* AG 2003, 1312 f. Diskussionsentwurf KapInHaG vom 7.10.2004 (abgedruckt in NZG 2004, 1042 ff.), der in einem vorgeschlagenen § 44a BörsG die Haftung von Dritten, die bei der Erstellung der Prospektangaben mitgewirkt und hierfür ausdrücklich die Verantwortung übernommen haben, einführen wollte. Kritisch dazu *Zimmer/Binder* WM 2005, 577 ff.; DAV-Stellungnahme ZIP 2004, 2348, 2352.

[413] Zu den möglichen Anspruchsgrundlagen s. *Assmann* in Assmann/Schlitt/v. Kopp-Colomb, § 13 VerkProspG Rn. 77. Sa *Fleischer* AG 2008, 265; *Habersack* in Habersack/Mülbert/Schlitt, Handbuch der Kapitalmarktinformation, § 29 Rn. 32; *Mülbert/Steup* in Habersack/Mülbert/Schlitt, Unternehmensfinanzierung, § 41 Rn. 84.

[414] Etwa *Schwark* in Schwark/Zimmer, §§ 44, 45 BörsG Rn. 74 (wechselseitige Verhaltenszurechnung nach § 278 BGB scheidet aus).

[415] *Schwark* in Schwark/Zimmer, §§ 44, 45 BörsG Rn. 74.

anderen Bestimmung des Schadensausgleichs iS von § 426 Abs. 1 BGB,[416] ein Ausgleich nach dem **Maß der Mitverantwortlichkeit** der Anspruchsgegner unter Berücksichtigung des Beitrags eines jeden Gesamtschuldners zur Fehlerhaftigkeit des Prospekts und seines diesbezüglichen Verschuldens vorzunehmen.[417]

c) **Anspruchsberechtigte.** aa) Übersicht. Bei der Beantwortung der Frage, wer einen **161** Prospekthaftungsanspruch nach §§ 21, 22 WpPG geltend machen kann, ist hinsichtlich eines vom Gesetzgeber vorgeschriebenen **Zeitkorridors,** innerhalb dessen der Anleger die fraglichen Wertpapiere erworben haben muss, zwischen (1) den Erwerbern von Wertpapieren, die aufgrund eines unrichtigen oder unvollständigen Prospekts **zum Börsenhandel an einer inländischen Börse zugelassen** sind (§ 21 Abs. 1 Satz 1 WpPG), und (2) den Erwerbern von Wertpapieren, die **nicht zum Handel an einer inländischen Börse zugelassen** sind, zu unterscheiden. Im ersten Falle ist es erforderlich, dass das Erwerbsgeschäft auf jeden Fall nach Veröffentlichung des fehlerhaften Prospekts und im Übrigen innerhalb von sechs Monaten nach erstmaliger Einführung der Wertpapiere (dh nach § 38 Abs. 1 Satz 1 BörsG: der Aufnahme der Notierung) abgeschlossen wurde (§ 21 Abs. 1 Satz 1 WpPG); im zweiten Falle muss das Erwerbsgeschäft innerhalb von sechs Monaten nach dem Zeitpunkt des ersten öffentlichen Angebots der Wertpapiere im Inland abgeschlossen worden sein (§ 22 Nr. 1 WpPG). Weder eine Berichtigung des fehlerhaften Prospekts nach § 23 Abs. 2 Nr. 4 WpPG[418] noch die Veröffentlichung eines Nachtrags führen zur Verlängerung des Zeitkorridors. Ob der **Erwerber noch Inhaber der Wertpapiere** ist, ist erst im Hinblick auf die Rechtsfolge des Prospekthaftungsanspruchs von Bedeutung.

bb) Erwerbszeitraum. Nach der bis zum 3. FFG vom 24.3.1998 (→ Rn. 13) geltenden **162** Fassung der börsengesetzlichen Prospekthaftung (in Gestalt von §§ 45 Abs. 1, 46 Abs. 1 BörsG aF) war der Besitz von Wertpapieren, die aufgrund des fehlerhaften Prospekts zum Börsenhandel zugelassen wurden, Voraussetzung eines Prospekthaftungsanspruchs.[419] Heute genügt sowohl im Falle börsenzugelassener wie nichtbörsenzugelassener Wertpapiere der **bloße Nachweis des Erwerbs** solcher Wertpapiere in dem jeweils in § 21 Abs. 1 Satz 1 bzw. § 22 Nr. 1 WpPG genannten, vorstehend Rn. 161 angeführten **Zeitkorridor.** Mit dieser schon in dem durch das WpPG abgelösten börsengesetzlichen und verkaufsprospektgesetzlichen Prospekthaftungsregime geltenden Regelung beseitigte der Gesetzgeber einen allseits kritisierten Schwachpunkt der börsengesetzlichen Prospekthaftung als *nucleus* der spezialgesetzlichen Prospekthaftungsbestimmungen. Dieser bestand darin, dass dem Anleger, der zur Minimierung seines Schadens die fehlerhaft prospektierten Wertpapiere veräußerte, selbst dann ein Prospekthaftungsanspruch versagt wurde, wenn ihn der fehlerhafte Prospekt zum schadensstiftenden Erwerb der Papiere veranlasste.[420] Ob der Erwerber noch

---

[416] Zu dessen Anwendbarkeit beim Gesamtschuldnerausgleich etwa BGHZ 17, 214, 222 = NJW 1955, 1314, 1316; BGHZ 51, 275, 279 = NJW 1969, 653, 654; BGHZ 59, 97, 103 = NJW 1972, 1802, 1803. S. etwa *Bydlinski* in MüKoBGB, 6. Aufl. 2012, § 426 Rn. 21; *Looschelders* in Staudinger, BGB, Neubearbeitung 2012, § 426 BGB Rn. 63 (analoge Anwendung), 64 ff. mit umfangreichen weiteren Nachweisen.
[417] *Schwark* in Schwark/Zimmer, §§ 44, 45 BörsG Rn. 75.
[418] *Groß,* § 21 WpPG Rn. 71; *Habersack* in Habersack/Mülbert/Schlitt, Handbuch der Kapitalmarktinformation, § 29 Rn. 36; *Mülbert/Steup* in Habersack/Mülbert/Schlitt, Unternehmensfinanzierung, § 41 Rn. 97.
[419] S. *Assmann* in Assmann/Schütze, Handbuch des Kapitalanlagerechts, 2. Aufl. 1997, § 7 Rn. 206 f.
[420] Zur Begründung der Neuregelung wurde insbesondere angeführt, eine unterschiedliche Schutzbedürftigkeit der Erwerber, die noch Inhaber der Wertpapiere seien, und derjenigen, welche die Wertpapiere (wegen des Kursverfalls aufgrund des Durchsickerns negativer Nachrichten) weiterveräußert hätten, sei nicht erkennbar. RegE 3. FFG BT-Drucks. 13/8933 vom 6.11.1997, S. 79, 55. *Sittmann* NZG 1998, 493, weist darüber hinaus auf die mit der Neuregelung verbundene Anpassung an die Regelung in anderen „Rechtskreisen" hin.

Inhaber der erworbenen Wertpapiere ist, ist nach der Änderung dieser Regelung nur noch im Hinblick auf die Rechtsfolge von Bedeutung, doch darf dies nicht zu der Annahme verleiten, der Gesetzgeber hätte mit dem neuen Regelungsregime auf jeden **Nachweis der Ursächlichkeit** von fehlerhaftem Prospekt und Erwerb der Wertpapiere verzichtet, → Rn. 171.

**163** Das in § 21 Abs. 1 Satz 1 bzw. § 22 Nr. 1 WpPG benannte **Zeitfenster,** innerhalb dessen die Wertpapiere, auf die sich der fehlerhafte Prospekt bezieht, erworben werden mussten, **ersetzt das Konstrukt der Anlagestimmung:** Für die Ursächlichkeit zwischen Prospektmangel und Wertpapiererwerb hatte die Rechtsprechung schon eine Vermutung sprechen lassen, welche davon ausging, dass nach Veröffentlichung des Prospekts eine **Anlagestimmung** erzeugt werde, die auch auf diejenigen einwirke, die den fehlerhaften Prospekt nicht gelesen hätten.[421] Ungeachtet des Umstands, dass sich heute angesichts der Breite der Märkte einer einzelnen Emission allenfalls in Ausnahmefällen eine Anlagestimmung zuschreiben lässt, ist in der Einführung des Zeitkorridors, innerhalb dessen der Erwerbsvorgang stattgefunden haben muss, die endgültige Verabschiedung der Kausalitätsvermutung der Anlagestimmung zu sehen (→ Rn. 172). Das bedeutet, dass für Erwerber, die Wertpapiere außerhalb des durch §§ 21 Abs. 1 Satz 1, 22 Nr. 1 WpPG gesetzten Zeitkorridors erworben haben, ein Anspruch aus §§ 21, 22 WpHG ausgeschlossen ist und deswegen nicht mehr argumentiert werden kann, es habe auch nach Ablauf des Zeitkorridors eine Anlagestimmung bestanden.

**164** Bei der Beurteilung der Frage, ob der Erwerb der Wertpapiere **innerhalb der Frist von sechs Monaten** nach erstmaliger Einführung der Wertpapiere bzw. nach deren erstem öffentlichen Angebot im Inland erfolgte, ist auf den Zeitpunkt des Abschlusses des **Verpflichtungsgeschäfts** abzustellen.[422]

**165** cc) Gegenstand des Erwerbs (erfasste Wertpapiere). **Gegenstand des Erwerbs** müssen Wertpapiere sein, auf die sich der fehlerhafte Wertpapierprospekt bzw. die schriftliche Darstellung bezieht. Das sind (1) im Falle eines Anspruchs aus § 21 Abs. 1 Satz 1 WpPG Wertpapiere, die aufgrund eines Prospekts zum Börsenhandel an einer inländischen Börse (§ 21 Abs. 1 Satz 1 WpPG) zugelassen sind, in dem für die Beurteilung der Wertpapiere wesentliche Angaben unrichtig oder unvollständig sind, und (2) im Falle eines Anspruchs aus §§ 22, 21 Abs. 1 Satz 1 WpPG Wertpapiere, die im Inland öffentlich angeboten (→ Rn. 168) und für die nach § 3 Abs. 1 WpPG ein Prospekt veröffentlicht wurde, der nicht Grundlage für die Zulassung von Wertpapieren zum Handel an einer inländischen Börse ist.

**166** Dessen ungeachtet erstreckt sich der Prospekthaftungsanspruch aus §§ 21, 22 WpPG gemäß § 21 Abs. 1 Satz 3 WpPG auch auf den Erwerb solcher Wertpapiere des fraglichen Emittenten, die nach ihren Ausstattungsmerkmalen oder in sonstiger Weise **nicht von denjenigen unterschieden werden können,** die Gegenstand des fehlerhaften Prospekts sind, sofern sie nur innerhalb der Sechsmonatsfrist erworben wurden.

**167** Der Prospekthaftungsanspruch aus § 21 Abs. 1 Satz 1 WpPG bezieht sich auch auf im **Inland zum Börsenhandel zugelassene Wertpapiere eines Emittenten mit Sitz im Ausland.** Sind diese darüber hinaus aber **auch im Ausland zum Börsenhandel zuge-**

---

[421] BGH WM 1982, 867; BGHZ 139, 225, 233; OLG Düsseldorf WM 1984, 586, 596; OLG Frankfurt/M. WM 1994, 291, 292.
[422] RegE 3. FFG BT-Drucks. 13/8933 vom 6.11.1997, S. 77, mit dem Hinweis, zu diesem Zeitpunkt habe sich die durch den fehlerhaften Prospekt beeinflusste Kaufentscheidung bereits manifestiert. *Bergdolt* in Heidel, § 44 BörsG Rn. 48; *Ellenberger,* S. 41; *Groß,* § 21 WpPG Rn. 71; *Habersack* in Habersack/Mülbert/Schlitt, Handbuch der Kapitalmarktinformation, § 29 Rn. 36; *Hamann* in Schäfer/Hamann, §§ 44, 45 BörsG Rn. 125; *Heidelbach* in Schwark/Zimmer, § 13 VerkProspG Rn. 7; *Kind* in Arndt/Voß, § 13 VerkProspG Rn. 27; *Mülbert/Steup* in Habersack/Mülbert/Schlitt, Unternehmensfinanzierung, § 41 Rn. 96; *Oulds* in Kümpel/Wittig, Rn. 15.204; *Pankoke* in Just/Voß/Ritz/Zeising, § 44 BörsG, § 13 VerkProspG Rn. 5; *Schwark* in Schwark/Zimmer, §§ 44, 45 BörsG Rn. 38.

**lassen,** besteht der Anspruch nach § 21 Abs. 3 WpPG nur, sofern die Wertpapiere aufgrund eines im Inland abgeschlossenen Geschäfts oder einer ganz oder teilweise im Inland erbrachten Wertpapierdienstleistung (iS von § 2 Abs. 3 WpHG) erworben wurden. Eine entsprechende Regelung gilt nach § 22 Nr. 2 WpPG iVm § 21 Abs. 3 WpPG für Wertpapiere eines Emittenten mit Sitz im Ausland, die aufgrund eines Prospekts angeboten werden, der nicht Grundlage für die Zulassung von Wertpapieren zum Handel an einer inländischen Börse ist, wenn die Wertpapiere **auch im Ausland öffentlich angeboten werden.** Auch hier besteht der Prospekthaftungsanspruch nur, sofern die Wertpapiere aufgrund eines im Inland abgeschlossenen Geschäfts oder einer ganz oder teilweise im Inland erbrachten Wertpapierdienstleistung erworben wurden.

Zur Frage, wann ein **öffentliches Angebot** iS von § 22 WpPG iVm § 3 Abs. 1 WpPG vorliegt, siehe die Ausführungen oben in Rn. 154. Gegenstand eines Anspruchs aus § 22 WpPG sind darüber hinaus aber nur solche Wertpapiere, die **im Inland** öffentlich angeboten werden (§ 3 Abs. 1 WpPG). Diese Einschränkung ist dem Umstand zu verdanken, dass allein in diesem Fall eine Zuständigkeit der deutschen Aufsichtsbehörde begründet ist. Der Inlandsbezug ist anzunehmen, wenn auch in Deutschland wohnhafte oder ansässige Anleger angesprochen werden sollen, wovon wiederum auszugehen ist, wenn das Angebot, von wo auch immer es abgegeben wird, vom Inland aus zugänglich ist.[423] In Deutschland zugängliche Internetangebote ohne Zugangsbeschränkung nach Art. 29 Abs. 2 Satz 1 oder ohne einschränkende Erklärung nach Art. 29 Abs. 2 Satz 2 VO (EG) 809/2004[424] sind deshalb inländische öffentliche Angebote.

dd) Erwerb. Anspruchsberechtigter **Erwerber** von Wertpapieren ist nur, wer diese aufgrund eines **entgeltlichen Erwerbsgeschäfts** erworben hat. Das folgt schon daraus, dass der Erwerbspreis eine der Größen ist, auf welcher die Regelungen der Rechtsfolgen in § 21 Abs. 1 Satz 1 WpPG (Übernahme der Wertpapiere bzw. Vermögensanlagen gegen Erstattung des Erwerbspreises) und in § 21 Abs. 2 WpPG (Erstattung des Differenzbetrags zwischen Erwerbs- und Veräußerungspreis) abstellen.[425] Der **Erbe** oder **Vermächtnisnehmer** soll dadurch von der Möglichkeit, einen Prospekthaftungsanspruch geltend zu machen, nicht ausgeschlossen sein, da in diesem Falle der vom Erblasser gezahlte Erwerbspreis zu Grunde gelegt werden[426] und eine Vervielfachung der Anspruchsberechtigten nicht eintreten kann, doch sind solche Überlegungen müßig, weil es in diesem Falle an der Ursächlichkeit von Prospekt und Wertpapiererwerb in Person des Erben oder Vermächtnisnehmers fehlt. Das ist indes unproblematisch, da der Prospekthaftungsanspruch des Erblassers vererblich ist und vom Erben oder Vermächtnisnehmers geltend gemacht werden kann. Im Übrigen kommt als Erwerb jedes entgeltliche Geschäft in Betracht, durch das der Besitzer der Papiere Verfügungsmacht über dieselben erlangt.[427] Anders verhält es sich bei einer **Schenkung,**[428] die aber vielfach – jedoch ohne Auseinandersetzung mit der Frage, ob hier überhaupt ein prospekthaftungsrechtliches Schutzbedürfnis des Beschenkten besteht und ob der Beschenkte den erforderlichen Nachweis der Ursächlichkeit von Prospekt und

---

[423] Zu Einzelheiten s. etwa *von Kopp-Colom/Gajdos* in Assmann/Schlitt/v. Kopp-Colomb, § 3 WpPG Rn. 6 ff.
[424] S. o. Fn. 35.
[425] RegE 3. FFG BT-Drucks. 13/8933 vom 6.11.1997, S. 76. *Habersack* in Habersack/Mülbert/Schlitt, Handbuch der Kapitalmarktinformation, § 29 Rn. 34; *Hamann* in Schäfer/Hamann, §§ 44, 45 BörsG Rn. 122; *Mülbert/Steup* in Habersack/Mülbert/Schlitt, Unternehmensfinanzierung, § 41 Rn. 95; *Pankoke* in Just/Voß/Ritz/Zeising, § 44 BörsG, § 13 VerkProspG Rn. 7. Kritisch *Schwark* in Schwark/Zimmer, §§ 44, 45 BörsG Rn. 40; auch *Hamann* in Schäfer/Hamann, §§ 44, 45 BörsG Rn. 122.
[426] *Assmann* in Assmann/Schlitt/v. Kopp-Colomb, § 13 VerkProspG Rn. 83; *Bergdolt* in Heidel, § 44 BörsG Rn. 49; *Hamann* in Schäfer/Hamann, §§ 44, 45 BörsG Rn. 122; *Schwark* in Schwark/Zimmer, §§ 44, 45 BörsG Rn. 40; *Wackerbarth* in Holzborn, §§ 44, 45 BörsG Rn. 57.
[427] *Hamann* in Schäfer/Hamann, §§ 44, 45 BörsG Rn. 121.
[428] Ebenso *Wackerbarth* in Holzborn, §§ 44, 45 BörsG Rn. 57.

Wertpapiererwerb wird führen können – als Erwerbsgeschäft iSd § 44 Abs. 1 Satz 1 BörsG angesehen wird.[429]

**170** Schon nach der alten börsengesetzlichen Prospekthaftungsregelung war es im Falle des Erwerbs von Wertpapieren, die aufgrund eines Prospekts zum Börsenhandel zugelassen sind, unerheblich, ob die Wertpapiere **börslich oder außerbörslich** erworben wurden.[430] Ebenso unbeachtlich ist, ob es sich bei dem Erwerber um einen **Ersterwerber oder Zweiterwerber** handelt[431] oder ob der Anleger die Wertpapiere **vom Anbieter selbst oder von einem Dritten** erwirbt.[432] Die Frage, ob der **Erwerber noch Inhaber** der Wertpapiere ist, stellt sich gemäß § 21 Abs. 2 WpPG nur bei der Rechtsfolge eines Anspruchs aus §§ 21, 22 WpPG.

**171** **d) Kausalität.** aa) Haftungsbegründende Kausalität. Der Umstand, dass einen Anspruch nach §§ 21, 22 WpPG nur geltend machen kann, wer innerhalb eines bestimmten Zeitkorridors (→ Rn. 161, 162 ff.) Wertpapiere erwarb, auf die sich der fehlerhafte Prospekt bezieht, ersetzt nicht den Nachweis der **Ursächlichkeit des Prospekts für den Erwerb der Wertpapiere.** Entsprechendes gilt für die schriftliche Datstellung iSv § 22 Abs. 4 WpPG. In der ursprünglichen Fassung der börsengesetzlichen Prospekthaftung, die durch das 3. FFG vom 24.3.1998 (→ Rn. 13) geändert wurde, war das Erfordernis eines solchen Kausalitätsnachweises unmittelbar im Gesetz – § 45 Abs. 1 BörsG (aF) – festgeschrieben. Danach musste der Anspruchsteller nachweisen, dass ihn der fehlerhafte Verkaufsprospekt zum Erwerb der Wertpapiere veranlasst hat,[433] wobei die Rechtsprechung durch das Konstrukt der Anlagestimmung Beweiserleichterung in Gestalt einer Ursächlichkeitsvermutung gewährte (→ Rn. 163).[434] Die Änderung dieser Regelung durch das 3. FFG führte allerdings nicht zur Aufhebung des Kausalitätserfordernisses, sondern lediglich dazu, dass die **Beweislast** für die Ursächlichkeit des Prospekts für den Erwerb von Wertpapieren – den Regeln der allgemein-zivilrechtlichen Prospekthaftung entsprechend (→ Rn. 91) – auf den Anspruchsgegner verlagert wurde.[435] Das folgte zunächst aus dem geänderten § 46 Abs. 2 BörsG idF des 3. FFG, dann § 45 Abs. 2 Nr. 1 BörsG id aufgeh. Fass. und nunmehr aus § 23 Abs. 2 Nr. 1 WpPG, demzufolge ein Anspruch aus §§ 21, 22 WpPG ausgeschlossen ist, wenn die Wertpapiere nicht aufgrund des Prospekts erworben wurden.[436] Das bedeutet: Kann der Anspruchsteller nachweisen, die Wertpapiere innerhalb des durch §§ 21 Abs. 1

---

[429] *Hamann* in Schäfer, §§ 44, 45 BörsG Rn. 122; *Hauptmann*, § 3 Rn. 94; *Hopt* in Baumbach/Hopt, HGB, 35. Aufl. 2012, (14) § 44 BörsG Rn. 8.

[430] *Hamann* in Schäfer/Hamann, §§ 44, 45 BörsG Rn. 12; *Hauptmann* in Vortmann, § 3 Rn. 93; *Schwark* in Schwark/Zimmer, §§ 44, 45 BörsG Rn. 38.

[431] *Bergdolt* in Heidel, § 44 BörsG Rn. 48; *Groß*, § 21 WpPG Rn. 70; *Hauptmann,* § 3 Rn. 123; *Habersack* in Habersack/Mülbert/Schlitt, Handbuch der Kapitalmarktinformation, § 29 Rn. 34; *Heidelbach* in Schwark/Zimmer, § 13 VerkProspG Rn. 21; *Hopt* in Baumbach/Hopt, HGB, 35. Aufl. 2012, (14) § 44 BörsG Rn. 8; *Kort* AG 1999, 12 f.; *Kind* in Arndt/Voß, § 13 VerkProspG Rn. 27; *Wackerbarth* in Holzborn, §§ 44, 45 BörsG Rn. 56.

[432] *Assmann* in Assmann/Lenz/Ritz, § 13 VerkProspG Rn. 53; *Assmann* in Assmann/Schlitt/v. Kopp-Colomb, § 13 VerkProspG Rn. 84; *Mülbert/Steup* in Habersack/Mülbert/Schlitt, Unternehmensfinanzierung, § 41 Rn. 89.

[433] S. *Assmann* in Assmann/Schütze, Handbuch des Kapitalanlagerechts, 2. Aufl. 1997, § 7 Rn. 212.

[434] BGH WM 1982, 867; BGHZ 139, 225, 233; OLG Düsseldorf WM 1984, 586, 596; OLG Frankfurt/M. WM 1994, 291, 292.

[435] RegE 3. FFG BT-Drucks. 13/8933 vom 6.11.1997, S. 80; *Ellenberger*, S. 40; *Groß* AG 1999, 205; *Habersack* in Habersack/Mülbert/Schlitt, Handbuch der Kapitalmarktinformation, § 29 Rn. 35, 37; *Hamann* in Schäfer/Hamann, §§ 44, 45 BörsG Rn. 256; *Hauptmann*, § 3 Rn. 123; *Holzborn/Foelsch* NJW 2003, 932, 934; *Mülbert/Steup* in Habersack/Mülbert/Schlitt, Unternehmensfinanzierung, § 41 Rn. 96; *Schwark* in Schwark/Zimmer, §§ 44, 45 BörsG Rn. 46. **AA** allein *Wackerbarth* in Holzborn, §§ 44, 45 BörsG Rn. 83.

[436] Zu § 46 Abs. 2 BörsG id Fass. des 3. FFG BGH NZG 2007, 708, 711 Rn. 33. Zu § 13 VerkProspG und § 45 Abs. 2 Nr. BörsG jeweils id aufgeh. Fass. noch BGH NZG 2012, 1262.

Satz 1, 22 Nr. 1 WpPG bestimmten Zeitkorridors (→ Rn. 161, 162 ff.) erworben zu haben, so spricht eine **widerlegliche Vermutung** dafür, dass der Prospektmangel für den Wertpapiererwerb ursächlich war.[437] Diese Vermutung ist etwa durch den Nachweis zu widerlegen, dass der Anleger den Prospekt zum Zeitpunkt des Wertpapiererwerbs gar nicht kannte.[438] Auf den Ursächlichkeitsnachweis ist § 286 ZPO anzuwenden.

**172** Zu der in §§ 21 ff. WpPG überführten Regelung der börsengesetzlichen Prospekthaftung, auf die auch der aufgehobene § 13 VerkProspG verwies, wurde die Ansicht vertreten, eine haftungsbegründende Ursächlichkeit zwischen dem fehlerhaften Prospekt und dem Erwerb der Wertpapiere entfalle selbst innerhalb des (seinerzeit in § 44 Abs. 1 Satz 1 BörsG aF) festgesetzten Zeitkorridors des Wertpapiererwerbs auch dann, wenn der Anspruchsgegner beweisen könne, dass beim Erwerb der Wertpapiere bzw. Vermögensanlagen, selbst wenn er in der Sechsmonatsfrist erfolgte, die **Anlagestimmung bereits weggefallen** sei.[439] Die Frage, wie ein solcher Nachweis geführt werden könnte, dahingestellt sein lassend, ist für solche Erwägungen nach der Festlegung eines Zeitkorridors, innerhalb derer die fraglichen Wertpapiere erworben sein müssen, und die damit verbundene Vermutung der Ursächlichkeit des Prospekts für den Wertpapiererwerb kein Platz mehr. Dafür sprechen mehrere Umstände: zum einen, dass der Gedanke einer Anlagestimmung nie beweisfähig konturiert war[440] und dennoch gleichzeitig nicht minder problematisch nachzuweisende Überlagerungen oder Beseitigungen der Anlagestimmung (wie etwa die Stellung eines Insolvenzantrags, die Vorlage eines für die Beurteilung des Emittenten nachteiligen neuen Jahresabschlusses oder Zwischenberichts oder andere negative Informationen über den Emittenten von Gewicht) diskutiert wurden;[441] des Weiteren, dass nur schwer vorstellbar ist, wie sich – von außergewöhnlichen Emissionen abgesehen – mit der heutigen Breite der Märkte und Anlageangebote eine Anlagestimmung im Hinblick auf einzelne Wertpapierangebote bilden soll; und schließlich, dass mit der zwischenzeitlich eingeführten Beweiserleichterung jeglicher Grund für das den früheren Beweisproblemen geschuldete Konstrukt der Anlegerstimmung entfallen ist.[442]

**173 Kannte der Erwerber die Unrichtigkeit oder Unvollständigkeit der Angaben** des Prospekts bei dem Erwerb, schließt dies nach § 23 Abs. 2 Nr. 3 WpPG einen Anspruch nach den § 21 oder § 22 WpPG aus. Während dies nach hier vertretener Ansicht eine mitverschuldensrechtliche Sonderregelung darstellt, wird diese Bestimmung im Schrifttum aber auch als eine solche zur fehlenden haftungsbegründenden Kausalität betrachtet (→ Rn. 185).

**174** bb) Haftungsausfüllende Kausalität. Gegenstand der regelmäßig (erst) im Rahmen der Schadensermittlung zu prüfenden haftungsausfüllenden Kausalität ist die von einem Verschulden des Anspruchsgegners unabhängige Zurechnung eines bestimmten Schadens zum

---

[437] RegE 3. FFG BT-Drucks. 13/8933 vom 6.11.1997, S. 76; *Hopt* in Baumbach/Hopt, HGB, 35. Aufl. 2012, (14) § 44 BörsG Rn. 8; *Mülbert/Steup* in Habersack/Mülbert/Schlitt, Unternehmensfinanzierung, § 41 Rn. 96; *Pankoke* in Just/Voß/Ritz/Zeising, § 44 BörsG, § 13 VerkProspG Rn. 52.
[438] Schon RGZ 80, 196, 204 f.; OLG Düsseldorf WM 1984, 586, 596; OLG Frankfurt/M. WM 1996, 1216, 1219.
[439] S. dazu die Nachweise bei *Assmann* in Assmann/Schlitt/v. Kopp-Colomb, § 13 VerkProspG Rn. 88 Fn. 174. An der Position festhaltend *Habersack* in Habersack/Mülbert/Schlitt, Handbuch der Kapitalmarktinformation, § 29 Rn. 37; *Mülbert/Steup* in Habersack/Mülbert/Schlitt, Unternehmensfinanzierung, § 41 Rn. 98.
[440] Kritisch etwa *Assmann* in Assmann/Schlitt/v. Kopp-Colomb, § 13 VerkProspG Rn. 81.
[441] Dazu *Assmann* in Assmann/Schlitt/v. Kopp-Colomb, § 13 VerkProspG Rn. 88 mwN.
[442] Einen solchen Zusammenhang des Rechtsprechungskonstrukts „Anlagestimmung" mit der Einführung des Zeitkorridors, innerhalb desselben die fraglichen Wertpapiererwerbe stattgefunden haben müssen, stellt auch der RegE 3. FFG BT-Drucks. 13/8933 vom 6.11.1997, S. 77, her, ohne freilich die hier gezogene Schlussfolgerung auszusprechen. Offener *Habersack* in Habersack/Mülbert/Schlitt, Handbuch der Kapitalmarktinformation, § 29 Rn. 35, demzufolge die Kausalitätsvermutung durch Wertpapiererwerb innerhalb des Zeitkorridors die Rechtsprechung „konkretisiert".

Normverstoß. Nachzuweisen ist, dass die **Pflichtverletzung** (hier die Veröffentlichung eines fehlerhaften Prospekts) – zumindest mitursächlich[443] – **zu dem geltend gemachten Schaden geführt** hat. Im Bereich der allgemein-zivilrechtlichen Prospekthaftung stellt dies regelmäßig vor keine besonderen Probleme, weil der Schaden bereits im Erwerb der auf einen fehlerhaften Prospekt zurückgehenden Anlage als erstes Glied einer möglichen Kausalkette gesehen wird und es mithin nicht auf weitere Glieder in einer Kette der für den Vermögensverlust maßgeblicher Ursachen ankommt.[444] Ist der Schaden bereits im prospektveranlassten Erwerb der Anlage zu sehen, kommt der Wertentwicklung der Anlage für den Ersatz des Schadens in Gestalt des Erwerbspreises der Anlage keine Bedeutung zu.[445] Dementsprechend kann es bei der allgemein-zivilrechtlichen Prospekthaftung auch nicht darauf ankommen, ob ein Wertverlust gerade auf falsch oder gar nicht prospektierte Angaben oder auf anderen Umständen beruht.[446] Es besteht kein Grund, dies bei der gesetzlichen Prospekthaftung nach §§ 21, 22 WpPG anders zu handhaben, doch ist bei dieser zu beachten, dass nach § 23 Abs. 2 Nr. 2 WpPG, der aufgehobenen Vorschrift des § 45 Abs. 2 Nr. 2 BörsG (aF) entsprechend, ein Anspruch nach den §§ 21, 22 WpPG nicht besteht, sofern der Sachverhalt, über den unrichtige oder unvollständige Angaben im Prospekt enthalten seien, **nicht zu einer Minderung des Börsenpreises der Wertpapiere beigetragen** habe.

**175** Wenn die Bestimmung nur an eine Minderung des **Börsenpreises** anknüpft, so ist der in § 23 Abs. 2 Nr. 2 WpPG statuierte Ausschluss der Prospekthaftung nach §§ 21, 22 WpPG nicht nur für Angebote von Wertpapieren gedacht, die zum Börsenhandel zugelassen sind und einen Börsenpreis aufweisen. Vielmehr handelt es sich um ein Redaktionsversehen aus der Übernahme der früheren börsengesetzlichen Prospekthaftungsregelung, welche übersieht, dass die wertpapierprospektgesetzliche Prospekthaftung in Gestalt von § 22 WpPG auch den Erwerb von nicht zum Börsenhandel zugelassenen Wertpapieren erfasst. Dieser Problematik hatte der aufgehobene § 13 VerkProspG (aF) im Hinblick auf Vermögensanlagen dadurch Rechnung getragen, dass er in seinem Abs. 1 Nr. 3 lit. d) in Bezug auf Vermögensanlagen anordnete, an die Stelle des Börsenpreises in § 45 Abs. 2 Nr. 2 BörsG (aF) trete der „Erwerbspreis". Auch in dieser Regelung hatte der Gesetzgeber zwar übersehen, dass auch bei den von § 13 Abs. 1 VerkProspG erfassten Wertpapieren kein Börsenpreis vorliegt, hatte aber immerhin deutlich gemacht, worauf in diesem Falle und damit auch im Rahmen von §§ 21, 22, 23 Abs. 2 Nr. 2 WpPG für Vermögensanlagen in Gestalt nicht börsengehandelter Wertpapiere abzustellen ist: den **Erwerbspreis**.[447]

**176** Die **Beweislast** für das Vorliegen der Voraussetzungen des durch § 23 Abs. 2 Nr. 2 WpPG geregelten Ausschlusses der wertpapiergesetzlichen Prospekthaftung liegt bei den Prospektverantwortlichen.[448] Der Anspruchsgegner muss nachweisen, dass allein nachträglich eingetretene unternehmensinterne oder unternehmensexterne Ereignisse die Minderung des Börsenpreises herbeigeführt und die fehlerhaften Prospektangaben nicht zu dieser beigetragen haben. Dabei wird ihm der Umstand zugutekommen, dass es sich bei der Regelung des § 23 Abs. 2 Nr. 2 WpPG um eine solche der haftungsausfüllenden Kausalität[449]

---

[443] *Mülbert/Steup* in Habersack/Mülbert/Schlitt, Unternehmensfinanzierung, § 41 Rn. 102.
[444] S. Voraufl. § 6 Rn. 178 mwN.
[445] BGH WM 1993, 1787, 1788 f., mit zustimmenden Anmerkungen von *Assmann*, WuB I G 9. – 1.94 und *Jasper* WiB 1994, 79, 80.
[446] Ebenso *Kind* in Arndt/Voß, § 13 VerkProspG Rn. 37.
[447] Ebenso *Mülbert/Steup* in Habersack/Mülbert/Schlitt, Unternehmensfinanzierung, § 41 Rn. 102 mit Fn. 2.
[448] RegE 3. FFG BT-Drucks. 13/8933 vom 6.11.1997, S. 80; *Mülbert/Steup* in Habersack/Mülbert/Schlitt, Unternehmensfinanzierung, § 41 Rn. 103; *Oulds* in Kümpel/Wittig, Rn. 15.233; *Schwark* in Schwark/Zimmer, §§ 44, 45 BörsG Rn. 34.
[449] *Hamann* in Schäfer/Hamann, §§ 44, 45 BörsG Rn. 259; *Hopt/Voigt* in Hopt/Voigt, S. 98; *Schäfer* ZGR 2006, 53; *Schwark* in Schwark/Zimmer, §§ 44, 45 BörsG Rn. 58.

handelt und deshalb auf den zu erbringenden **Nachweis** § 287 Abs. 1 ZPO anzuwenden ist.[450]

Eine **Kursbeeinflussung** durch den fraglichen Prospektmangel ist auszuschließen, wenn dieser erst sechs Monate nach der erstmaligen Börseneinführung des Prospekts bekannt wurde.[451] Aber auch umgekehrt wird man den Nachweis der fehlenden Beeinflussung des Börsenpreises dann als geführt ansehen dürfen, wenn der Prospektmangel bekannt wurde, aber zum einen keine nennenswerte Veränderung des Kurses des fraglichen Papiers nach sich gezogen hat und zum anderen keine sonstigen – zwangsläufig „positiven" – Tatsachen eingetreten sind, die neutralisierend auf den Börsenkurs hätten wirken können. Des Weiteren wird der fehlerhafte Prospekt nicht zu einer Minderung des Börsenpreises beigetragen haben, wenn der Emittent nach der Prospektveröffentlichung insolvent wird und der Anleger das Wertpapier nach Bekanntwerden der Insolvenz auf der Basis eines erheblich verminderten Börsenpreises erwirbt.[452] Darüber hinaus wird der Nachweis der fehlenden Kursbeeinflussung durch den Prospektmangel dann als geführt anzusehen sein, wenn sich der Kursverfall mit dem Bekanntwerden eines Umstands verbindet, dem als solcher regelmäßig Kursrelevanz zukommt, wie etwa nach der Bekanntmachung eines Dividendenabschlags[453] oder einer so genannten Gewinnwarnung. Entsprechendes gilt für Sachverhalte, die im Prospekt betreffend nicht zum Börsenhandel zugelassene Wertpapiere unrichtig oder unvollständig dargestellt sind, aber nicht zur **Minderung des Preises** beigetragen haben, zu dem der Erwerber die Wertpapiere erwarb.

**e) Verschulden und Mitverschulden. aa) Übersicht.** Gemäß § 23 Abs. 1 WpPG kann nach §§ 21, 22 WpPG nicht in Anspruch genommen werden, wer nachweist, dass er die Unrichtigkeit oder Unvollständigkeit der Angaben des Prospekts nicht gekannt hat und dass die Unkenntnis nicht auf grober Fahrlässigkeit beruht. Daraus folgt zweierlei: Zum einen ist auch die wertpapierprospektgesetzliche Prospekthaftung Verschuldenshaftung, wobei allerdings nur für **Vorsatz und grobe Fahrlässigkeit** gehaftet wird,[454] und zum anderen begründet § 23 Abs. 1 WpPG eine **Verschuldensvermutung,** dh der Prospektverantwortliche muss nachweisen, dass ihn kein Verschulden an dem Prospektmangel trifft. Die Verschuldensvermutung und die mit ihr einhergehende **Beweislastumkehr** wird mit der Überlegung begründet, die für die Beurteilung der Verschuldensfrage maßgeblichen Umstände lägen ausschließlich in der Sphäre der Prospektverantwortlichen und seien für den Anspruchsteller praktisch nicht nachweisbar.[455] Durchaus mit den Grundsätzen der Beweislastverteilung nach Gefahrenbereichen vereinbar, stellt die Beweislastumkehr in der Sache gleichsam den Ausgleich dafür dar, dass sich der Gesetzgeber nicht zu einer Verschärfung des **Haftungsmaßstabs** auf einfache Fahrlässigkeit entschließen konnte. Dafür wiederum war die Überlegung ausschlaggebend, einerseits mangele es für einen solchen Schritt an einem rechtsgeschäftlichen Kontakt zwischen Anlegern und Prospektverantwortlichen und andererseits würde eine Haftungsverschärfung namentlich die Bereitschaft der Emissionsbegleiter mindern, die Emittenten bei der Aufnahme von Risikokapital zu unterstützen, und so eines der Ziele der Reform gefährden.[456]

---

[450] Zur Anwendung dieser Bestimmung auf den Nachweis der haftungsausfüllenden Kausalität BGH NJW 1993, 3073, 3076.
[451] Ebenso *Hamann* in Schäfer/Hamann, §§ 44, 45 BörsG Rn. 260.
[452] RegE 3. FFG BT-Drucks. 13/8933 vom 6.11.1997, S. 80.
[453] *Sittmann* NZG 1998, 492.
[454] Kritisch zur Beschränkung auf grobe Fahrlässigkeit *Grundmann/Selherr* WM 1996, 986 ff.; *Hopt* in FS Drobnig, S. 530. Verteidigend und zustimmend *Ehricke,* Prospekt- und Kapitalmarktinformationshaftung, S. 234 f.; *Groß,* § 21 WpPG Rn. 74; *Kort* AG 1999, 20.
[455] RegE 3. FFG BT-Drucks. 13/8933 vom 6.11.1997, S. 80.
[456] RegE 3. FFG BT-Drucks. 13/8933 vom 6.11.1997, S. 80. Vgl. statt vieler *Grundmann* in MüKoBGB, 6. Aufl. 2012, § 276 Rn. 150 ff.; *Löwisch/Caspers* in Staudinger, Neubearbeitung 2009, § 276 BGB Rn. 21 f.; *Lorenz* in Bamberger/Roth, Beck'scher Online-Kommentar BGB, Stand 1.3.2011, § 276 Rn. 10 ff.

**179** § 23 Abs. 1 WpPG enthält eine Sonderregelung im Hinblick auf die Berücksichtigung des **Mitverschuldens** des Anlegers bei Schadensersatzansprüchen aus Prospekthaftung. Nach dieser Bestimmung scheidet ein Anspruch aus §§ 21, 22 WpPG aus, wenn der Erwerber die Unrichtigkeit oder Unvollständigkeit der Angaben des Prospekts bei dem Erwerb der Wertpapiere kannte.

**180** bb) Vorsatz und grobe Fahrlässigkeit. Jeder als Anspruchsgegner in Betracht kommende Prospektverantwortliche haftet im Hinblick auf den fehlerhaften Prospekt für **Vorsatz und grobe Fahrlässigkeit** (→ Rn. 91). Unter Heranziehung der auch hier einschlägigen zivilrechtlichen Grundsätze ist **Vorsatz** das Wissen („intellektuelles Element") und Wollen („voluntatives Element") der Tatbestandsverwirklichung und in der Regel des damit verbundenen rechtswidrigen Erfolgs. **Vorsätzlich handelt** danach, wer einen rechtswidrigen Erfolg mit Wissen und Willen verwirklicht, obwohl ihm ein rechtmäßiges Handeln zugemutet werden kann, sodass auch das Bewusstsein der Pflichtwidrigkeit oder des Unerlaubten erforderlich ist, wobei es genügt, wenn der Handelnde nur mit der Möglichkeit des pflichtwidrigen Erfolgs rechnet, dessen Eintritt aber billigt.[457]

**181** **Grobe Fahrlässigkeit** der Unkenntnis eines Prospektmangels ist dann anzunehmen, wenn die erforderliche Sorgfalt bei der Erstellung eines Prospekts bzw. der Mitwirkung bei der Erstellung desselben in besonders schwerem Maße verletzt wurde, ganz naheliegende Überlegungen nicht angestellt wurden und unbeachtet blieb, was im gegebenen Fall jedem hätte einleuchten müssen.[458] Die Anwendung vorstehender Grundsätze auf die Prospekthaftung hat vor allem die unterschiedliche fachliche und sachliche Kenntnis, die unterschiedliche Sachnähe, die unterschiedlichen Nachforschungsmöglichkeiten eines jeden der in den Kreis der Prospektverantwortlichen Gehörenden zu berücksichtigen.[459] Bloß **fahrlässige** Unkenntnis der Prospektmängel führt nicht etwa zu einer anteilsmäßigen Minderung des Prospekthaftungsanspruchs, sondern ist unbeachtlich.[460]

**182** **Grobe Fahrlässigkeit** in vorstehendem Sinne ist etwa anzunehmen, wenn ein Prospektverantwortlicher konkrete Anhaltspunkte für die Unrichtigkeit von Prospektangaben hat oder Informationen vorliegen,[461] die Zweifel an der Richtigkeit der Angaben wecken müssen,[462] ohne dass er diesen nachgeht. An einem grob fahrlässigen Verhalten fehlt es dagegen, wenn die Prospektverantwortlichen nachweisen können,[463] dass sie im Hinblick auf die fehlerhaften Prospektangaben inhaltlich unbeeinflussten Gutachten oder Auskünften

---

[457] So BGH NJW 1965, 962, 963.
[458] Grundlegend BGHZ 10, 14, 17; BGHZ 89, 153, 161; BGH VersR 1984, 775, 776; BGH NJW 1988, 1265; BGH VersR 1989, 109; BGH NJW 2001, 2092; BGHZ 163, 351, 353; BGH VersR 2009, 558, 561; BGH VersR 2009, 839; BGH VersR 2010, 214 Rn. 18. Wiederum statt vieler *Grundmann* in MüKoBGB, 6. Aufl. 2012, § 276 Rn. 83 ff.; *Löwisch/Caspers* in Staudinger, Neubearbeitung 2009, § 276 BGB Rn. 98 ff.; *Lorenz* in Bamberger/Roth, Beck'scher Online-Kommentar BGB, Stand 1.3.2011, § 276 Rn. 19, § 277 Rn. 2 ff. Für den prospekthaftungsrechtlichen Zusammenhang etwa *Groß*, § 21 WpPG Rn. 75; *Groß* AG 1999, 206; *Hamann* in Schäfer/Hamann, §§ 44, 45 BörsG Rn. 213; *Habersack* in Habersack/Mülbert/Schlitt, Handbuch der Kapitalmarktinformation, § 29 Rn. 38; *Hauptmann*, § 3 Rn. 104; *Oulds* in Kümpel/Wittig, Rn. 15.213; *Schwark* in Schwark/Zimmer, §§ 44, 45 BörsG Rn. 45.
[459] *Assmann* in Assmann/Schlitt/v. Kopp-Colomb, § 13 VerkProspG Rn. 93; *Bergdolt* in Heidel, § 45 BörsG Rn. 5; *Groß*, § 21 WpPG Rn. 75 ff.; *Habersack* in Habersack/Mülbert/Schlitt, Handbuch der Kapitalmarktinformation, § 29 Rn. 38; *Hamann* in Schäfer/Hamann, §§ 44, 45 BörsG Rn. 213; *Mülbert/Steup* in Habersack/Mülbert/Schlitt, Unternehmensfinanzierung, § 41 Rn. 105; *Oulds* in Kümpel/Wittig, Rn. 15.214; *Schwark* in Schwark/Zimmer, § 45 BörsG Rn. 48; *Wackerbarth* in Holzborn, §§ 44, 45 BörsG Rn. 91.
[460] *Assmann* in Assmann/Lenz/Ritz, § 13 VerkProspG Rn. 59; *Kort* AG 1999, 14.
[461] Schon RGZ 80, 196, 199.
[462] So für den vergleichbaren Fall der bürgerlichrechtlichen Prospekthaftung BGH WM 1987, 495, 497. Wie hier auch *Groß*, § 21 WpPG Rn. 80; *Hamann* in Schäfer/Hamann, §§ 44, 45 BörsG Rn. 224, 226, 234, 237.
[463] BGHZ 69, 128, 143.

von **Sachverständigen,** etwa namhaften Anwaltskanzleien oder Wirtschaftsprüfungsgesellschaften, folgten.[464] Den Prospektverantwortlichen ist das Verschulden der Sachverständigen nicht nach § 278 BGB zuzurechnen, da diese nicht Erfüllungsgehilfen der Ersteren sind.[465] Dessen ungeachtet sind aber im Rahmen des Zumutbaren Plausibilitätskontrollen von Gutachten, Expertisen und Auskünften geboten,[466] es sei denn, es handelt sich um solche, die sich auf technische oder naturwissenschaftliche Fragen beziehen.[467] Bei der Auswahl der Personen, auf deren diesbezügliche Expertise sich der Prospektverantwortliche stützt, kann ihn ein **Auswahlverschulden** treffen.[468] Die **Gestattung** der Prospektveröffentlichung durch die **BaFin** kann nach ganz einhelliger Meinung nicht als Entschuldigungsgrund angeführt werden.[469] Im Übrigen ist das Verschulden eines jeden Prospektverantwortlichen für den Prospektmangel **individuell**[470] und unter Beachtung der Möglichkeiten zu bestimmen, die sich ihm zur Vermeidung des Prospektmangels zumutbar eröffnet hätten (→ Rn. 159, 180).

Inwieweit **Kontroll- und Nachforschungspflichten** der neben dem Anbieter für den Prospekt Verantwortlichen anzuerkennen sind, wird unterschiedlich beantwortet. Einigkeit besteht im Hinblick auf den Ausgangspunkt, die Prospektverantwortlichen dürften sich nicht generell, ohne eigene Kontrollen vorzunehmen, darauf verlassen, die von anderen stammenden und in den Prospekt aufgenommenen Angaben seien zutreffend.[471] Übereinstimmend lehnen Rechtsprechung und hM dagegen eine Verpflichtung derjenigen, die der Haftung für den Prospekt unterliegen, die Buchführung des betroffenen Unternehmens

183

---

[464] OLG Düsseldorf WM 1984, 586, 595. Ebenso *Bergdolt* in Heidel, § 45 BörsG Rn. 10; *Groß*, § 21 WpPG Rn. 82; *Schwark* in Schwark/Zimmer, §§ 44, 45 BörsG Rn. 49. Zurückhaltender *Hamann* in Schäfer/Hamann, §§ 44, 45 BörsG Rn. 233.

[465] *Canaris*, Bankvertragsrecht, Rn. 2280a; *Groß*, § 21 WpPG Rn. 82; *Habersack* in Habersack/Mülbert/Schlitt, Handbuch der Kapitalmarktinformation, § 29 Rn. 42; *Hamann* in Schäfer/Hamann, §§ 44, 45 BörsG Rn. 233; *Mülbert/Steup* in Habersack/Mülbert/Schlitt, Unternehmensfinanzierung, § 41 Rn. 114; *Schwark* in Schwark/Zimmer, §§ 44, 45 BörsG Rn. 49.

[466] BGH WM 1987, 495, 497; OLG Frankfurt/M. ZIP 1999, 1005, 1007. *Groß*, § 21 WpPG Rn. 81; *Habersack* in Habersack/Mülbert/Schlitt, Handbuch der Kapitalmarktinformation, § 29 Rn. 42; *Mülbert/Steup* in Habersack/Mülbert/Schlitt, Unternehmensfinanzierung, § 41 Rn. 116; *Schwark* in Schwark/Zimmer, §§ 44, 45 BörsG Rn. 49.

[467] Hier ist keine Kontrolle geboten. *Canaris*, Bankvertragsrecht, Rn. 2280a; *Köndgen* AG 1983, 127. Erstreckend auf Informationen durch Rechtsanwälte, Patentanwälte, Notare und Steuerfachleute, es sei denn „Gründe bzw. Zweifel" drängten eine Prüfung nahezu auf, *Groß*, § 21 WpPG Rn. 82.

[468] *Bergdolt* in Heidel, § 45 BörsG Rn. 10; *Groß*, § 21 WpPG Rn. 82; *Hamann* in Schäfer/Hamann, §§ 44, 45 BörsG Rn. 233; *Hopt*, Verantwortlichkeit, S. 101 f.; *Mülbert/Steup* in Habersack/Mülbert/Schlitt, Unternehmensfinanzierung, § 41 Rn. 117; *Schwark* in Schwark/Zimmer, §§ 44, 45 BörsG Rn. 49.

[469] OLG Frankfurt/M. WM 1994, 291, 297, in einem *obiter dictum*. Aus dem Schrifttum *Groß*, § 21 WpPG Rn. 85; *Pankoke* in Just/Voß/Ritz/Zeising, § 45 BörsG Rn. 9; *Schwark* in Schwark/Zimmer, §§ 44, 45 BörsG Rn. 54.

[470] *Assmann* in Assmann/Lenz/Ritz, § 13 VerkProspG Rn. 58; *Assmann* in Assmann/Schlitt/v. Kopp-Colomb, § 13 VerkProspG Rn. 94; *Bergdolt* in Heidel, § 45 BörsG Rn. 5; *Groß*, § 21 WpPG Rn. 75; *ders.* AG 1999, 206; *Hamann* in Schäfer/Hamann, §§ 44, 45 BörsG Rn. 220; *Hauptmann*, § 3 Rn. 104; *Hopt*, Verantwortlichkeit, Rn. 56; *Pankoke* in Just/Voß/Ritz/Zeising, § 45 BörsG Rn. 20; *Wackerbarth* in Holzborn, §§ 44, 45 BörsG Rn. 91.

[471] RGZ 80, 196, 198 ff.; BGHZ 74, 103, 111. *Assmann* WM 1983, 141; *Bergdolt* in Heidel, § 45 BörsG Rn. 7 f.; *Erman* AG 1964, 328 f. („verantwortliche Nachprüfung"); *Frohne*, Prospektpflicht, S. 62 ff.; *Hamann* in Schäfer/Hamann, §§ 44, 45 BörsG Rn. 224; *Hauptmann*, § 3 Rn. 105; *Hopt*, Verantwortlichkeit, S. 98 ff.; *Köndgen* AG 1983, 127; *Schwark* ZGR 1983, 173; *Schwark* in Schwark/Zimmer, §§ 44, 45 BörsG Rn. 49. Dafür, Angaben des Emittenten ohne eigene Prüfung übernehmen zu können, es sei denn es liegen „Anhaltspunkte für Zweifel" an der Richtigkeit derselben vor, *Groß*, § 21 WpPG Rn. 82. Eine „sorgfältige Prüfung" solcher Angaben für „unerlässlich" hält dagegen *Fleischer*, Gutachten, S. F 65.

kontrollieren zu müssen, ab.⁴⁷² Auch wird eine allgemeine Pflicht zur Kontrolle des Jahresabschlusses verneint,⁴⁷³ es sei denn, es sind Umstände bekannt, die Zweifel an dessen ordnungsgemäßer Erstellung rechtfertigen.⁴⁷⁴ Darüber hinaus verlangt das Erfordernis, der Prospekt dürfe keinen unzutreffenden Gesamteindruck von der Lage und den Zukunftsaussichten der Gesellschaft geben (→ Rn. 61, 143), von jedem Prospektverantwortlichen zumindest eine gewisse Kontrolle der Schlüssigkeit der aus dem Datenmaterial gezogenen Folgerungen.⁴⁷⁵ Auch auf Prospektangaben, die auf Vorarbeiten und Informationen unabhängiger und unbeeinflusster Sachverständiger – wie etwa Rechtsanwälte, Notare, Steuerfachleute – beruhen, sollte sich ein Prospektverantwortlicher regelmäßig verlassen dürfen.⁴⁷⁶

**184** Für die Mitglieder eines **Anbieterkonsortiums** gilt, dass sie sich **nach außen** nicht generell entschuldigend auf die Delegation ihrer Pflichten auf den Konsortialführer berufen können.⁴⁷⁷ Auch können sie sich ihrer Verantwortlichkeit für den Prospektinhalt nicht dadurch entledigen, dass sie im Prospekt darauf hinweisen, dieser sei von der Konsortialführerin, dem Emittenten oder einem Dritten erstellt worden.⁴⁷⁸ Andererseits macht es keinen Sinn, jedem Konsortialmitglied die gleichen Prospektkontrollpflichten aufzuerlegen, insbesondere die Nachprüfung der Prospektangaben beim Emittenten zu verlangen,⁴⁷⁹ und so jeden Vorteil arbeitsteiligen Zusammenwirkens zu vereiteln und den Umstand zu ignorieren, dass nicht alle den gleichen Zugang zum Emittenten und zu den fraglichen Informationen haben. Gleichwohl ist davon auszugehen, dass die Kontrollpflichten der einzelnen Konsortialmitglieder über eine bloße Plausibilitätskontrolle des Prospekts hinausgehen und eine Überwachung der Pflichterfüllung durch den Konsortialführer mit einschließen.⁴⁸⁰ Im Hinblick auf die Beurteilung der Erfüllung dieser Pflichten ist den einzelnen Konsorten das Verhalten der anderen Konsorten (in Betracht kommt insoweit § 278 BGB) oder der konsortialführenden Bank (in Betracht kommt insoweit § 831 BGB direkt oder analog) nicht zuzurechnen.⁴⁸¹

---

⁴⁷² RGZ 80, 196, 198 f. *Groß,* § 21 WpPG Rn. 81; *Schwark* in Schwark/Zimmer, §§ 44, 45 BörsG Rn. 50.

⁴⁷³ BGH WM 1982, 862, 864. *Bergdolt* in Heidel, § 45 BörsG Rn. 11; *Groß,* § 21 WpPG Rn. 81; *Habersack* in Habersack/Mülbert/Schlitt, Handbuch der Kapitalmarktinformation, § 29 Rn. 42; *Schwark* ZGR 1983, 173.

⁴⁷⁴ S. BGH WM 1982, 862, 864.

⁴⁷⁵ Vgl. *Schwark* in Schwark/Zimmer, §§ 44, 45 BörsG Rn. 49.

⁴⁷⁶ Vgl. BGHZ 93, 264, 266. Wie hier *Hopt,* Verantwortlichkeit, S. 100 f.

⁴⁷⁷ Ebenso *Hamann* in Schäfer, Wertpapierhandelsgesetz, §§ 44, 45 BörsG Rn. 90, 220; *Hauptmann,* § 3 Rn. 108; *Hopt,* Verantwortlichkeit, S. 57; *Köndgen* AG 1983, 127; *Kunz,* Börsenprospekthaftung, S. 128; *Schwark* in Schwark/Zimmer, §§ 44, 45 BörsG Rn. 11.

⁴⁷⁸ So § 45 Abs. 2 BörsG in einer alten, auf der Bekanntmachung vom 17.7.1996 (BGBl. I. d. aufgeh. Fass. 1996, 1030) beruhenden Fassung: „Die Ersatzpflicht wird dadurch nicht ausgeschlossen, daß der Prospekt die Angaben als von einem Dritten herrührend bezeichnet". Sa *Hamann* in Schäfer/Hamann, §§ 45, 46 BörsG aF Rn. 41, 106; *Kunz,* S. 128.

⁴⁷⁹ Ablehnend zu Recht etwa *Groß,* § 21 WpPG Rn. 83; *Habersack* in Habersack/Mülbert/Schlitt, Handbuch der Kapitalmarktinformation, § 29 Rn. 43; *Hopt,* Verantwortlichkeit, Rn. 118; *Mülbert/Steup* in Habersack/Mülbert/Schlitt, Unternehmensfinanzierung, § 41 Rn. 118.

⁴⁸⁰ *Assmann,* Prospekthaftung, S. 391; *Assmann* in Assmann/Lenz/Ritz, § 13 VerkProspG Rn. 18; *Assmann* in Assmann/Schlitt/v. Kopp-Colomb, § 13 VerkProspG Rn. 96; *Groß,* § 21 WpPG Rn. 83; *Groß* AG 1999, 207; *Grundmann* in Bankrechtshandbuch, § 112 Rn. 57; *Habersack* in Habersack/Mülbert/Schlitt, Handbuch der Kapitalmarktinformation, § 29 Rn. 43; *Hamann* in Schäfer/Hamann, §§ 44, 45 BörsG Rn. 120 (Plausibilitätskontrolle und Kontrolle einer ausreichenden *Due diligence*-Prüfung durch den Konsortialführer); *Hopt,* Verantwortlichkeit, Rn. 119; Schwark in Schwark/Zimmer, §§ 44, 45 BörsG Rn. 11; *Mülbert/Steup* in Habersack/Mülbert/Schlitt, Unternehmensfinanzierung, § 41 Rn. 118; *Sittmann* NZG 1998, 494.

⁴⁸¹ *Assmann,* Prospekthaftung, S. 391; *Bosch* in Bankrecht und Bankpraxis, Rn. 10/145; *Groß,* § 21 WpPG Rn. 83; *Habersack* in Habersack/Mülbert/Schlitt, Handbuch der Kapitalmarktinformation, § 29 Rn. 43; *Hamann* in Schäfer/Hamann, §§ 44, 45 BörsG Rn. 220; *Hopt,* Verantwortlichkeit,

cc) **Mitverschulden.** Eine gesetzliche Sonderregelung der Frage der Berücksichtigung eines **Mitverschuldens**[482] des Anspruchstellers enthält § 23 Abs. 2 Nr. 3 WpPG: Nach dieser Bestimmung entfällt ein Prospekthaftungsanspruch nach §§ 21, 22 WpPG, wenn der **Erwerber die Unrichtigkeit oder Unvollständigkeit** der Angaben des Prospekts bei dem Erwerb **kannte**.[483] Bloß fahrlässige Unkenntnis der Prospektmängel führt dementsprechend nicht etwa zu einer anteilsmäßigen Minderung des Prospekthaftungsanspruchs, sondern ist gänzlich unbeachtlich. Bei § 23 Abs. 2 Nr. 3 WpPG handelt es sich um eine **abschließende Regelung** der Berücksichtigung eines Anlegermitverschuldens, mit der Folge, dass ein diesbezüglicher Einwand „außerhalb des Anwendungsbereichs" dieser Vorschrift ausgeschlossen sein soll.[484] Das gilt jedenfalls im Hinblick auf ein Mitverschulden im Rahmen der Haftungsbegründung.[485]

Im Bereich der **Schadensermittlung** und der haftungsausfüllenden Kausalität ist ein **Mitverschulden** des Anlegers nach § 254 BGB grundsätzlich zu berücksichtigen.[486] Das gilt vor allem im Hinblick auf eine **Schadensminderungspflicht** des Anspruchstellers (§ 254 Abs. 2 Satz 1, 2. Alt. BGB). Diese umfasst aber nicht die **Pflicht zur Weiterveräußerung** der Wertpapiere, dh die Pflicht des Erwerbers, den Markt zu beobachten und im Falle eines Wertverfalls (etwa infolge des Durchsickerns der Prospektmängel) die erworbenen Wertpapiere zu veräußern.[487] Schon nach der Änderung der börsengesetzlichen Prospekthaftungsbestimmungen durch das 3. FFG (→ Rn. 13) als den Vorläuferbestimmungen der wertpapierprospektgesetzlichen Prospekthaftungsvorschriften war jeglicher Grund entfallen, weshalb ein Anleger – wie vereinzelt angenommen – verpflichtet sein sollte, den Prospektverantwortlichen einen **Prospektmangel** unverzüglich **anzuzeigen.**[488]

f) **Inhalt des Prospekthaftungsanspruchs.** aa) Übersicht. Die in das wertpapierprospektgesetzliche Prospekthaftungsregime überführte börsengesetzliche Prospekthaftungsre-

---

Rn. 116; *Mülbert/Steup* in Habersack/Mülbert/Schlitt, Unternehmensfinanzierung, § 41 Rn. 118; *Schwark* in Schwark/Zimmer, §§ 44, 45 BörsG Rn. 11.

[482] Auch *Groß,* § 23 WpPG Rn. 7. **AA,** eine Regelung zur fehlenden haftungsbegründenden Kausalität annehmend, *Habersack* in Habersack/Mülbert/Schlitt, Handbuch der Kapitalmarktinformation, § 29 Rn. 50; *Nobbe* WM 2013, 196; *Mülbert/Steup* in Habersack/Mülbert/Schlitt, Unternehmensfinanzierung, § 41 Rn. 138; *Schwark* in Schwark/Zimmer, §§ 44, 45 BörsG Rn. 59.

[483] Die Regelung entspricht § 45 Abs. 2 Nr. 3 BörsG id aufgeh. Fass., die wiederum derjenigen der investmentrechtlichen Prospekthaftungsbestimmungen in § 20 Abs. 3 S. 2 KAGG aF und § 12 Abs. 3 S. 2 AuslInvestmG aF folgte, welche sich später in § 127 Abs. 3 Satz 2 InvG id aufgeh. Fass. fand.

[484] So zu der gleichlautenden Bestimmung des § 45 Abs. 2 Nr. 3 BörsG id aufgeh. Fass. RegE 3. FFG BT-Drucks. 13/8933 vom 6.11.1997, S. 80.

[485] *Ellenberger,* S. 66; *Hamann* in Schäfer/Hamann, §§ 44, 45 BörsG Rn. 298; *Pankoke* in Just/Voß/Ritz/Zeising, § 44 BörsG, § 13 VerkProspG Rn. 68; *Schwark* in Schwark/Zimmer, §§ 44, 45 BörsG Rn. 46, 59, 72.

[486] *Ellenberger,* S. 66; *Hamann* in Schäfer/Hamann, §§ 44, 45 BörsG Rn. 298; *Pankoke* in Just/Voß/Ritz/Zeising, § 44 BörsG, § 13 VerkProspG Rn. 69; *Schwark* in Schwark/Zimmer, §§ 44, 45 BörsG Rn. 72.

[487] Ein solcher Versuch findet sich aber bei *Sittmann* NZG 1998, 495. Ablehnend auch schon ausführliche Vorauf. § 6 Rn. 253; *Ehricke,* Prospekt- und Kapitalmarktinformationshaftung, S. 243; *Ellenberger,* S. 67 f.; *Fleischer,* Gutachten, S. F 70 f.; *Fleischer/Kalss* AG 2002, 334 f.; *Habersack* in Habersack/Mülbert/Schlitt, Handbuch der Kapitalmarktinformation, § 29 Rn. 47; *Hamann* in Schäfer/Hamann, §§ 44, 45 BörsG Rn. 304 f.; *Hauptmann,* § 3 Rn. 119; *Mülbert/Steup* in Habersack/Mülbert/Schlitt, Unternehmensfinanzierung, § 41 Rn. 134; *Pankoke* in Just/Voß/Ritz/Zeising, § 44 BörsG, § 13 VerkProspG Rn. 72; *Rothenhöfer* WM 2003, 2033 f.

[488] Wie hier *Ellenberger,* S. 67; *Fleischer/Kalss* AG 2002, 335 f.; Habersack in Habersack/Mülbert/Schlitt, Handbuch der Kapitalmarktinformation, § 29 Rn. 45; *Rothenhöfer* WM 2003, 2036; *Schwark* in Schwark/Zimmer, §§ 44, 45 BörsG Rn. 72; *Wackerbarth* in Holzborn, §§ 44, 45 BörsG Rn. 112. Differenzierungsversuche bei *Pankoke* in Just/Voß/Ritz/Zeising, § 44 BörsG, § 13 VerkProspG Rn. 71. **AA** *Hauptmann,* § 3 Rn. 119; *Mülbert/Steup* in Habersack/Mülbert/Schlitt, Unternehmensfinanzierung, § 41 Rn. 134 (ohne Begründung).

gelung enthielt bis zu ihrer **Änderung durch das 3. FFG** vom 24.3.1998 (→ Rn. 13) keine anspruchsspezifische Regelung des zu ersetzenden Schadens. § 45 Abs. 1 Satz 1 BörsG in der bis zu dieser Änderung geltenden Fassung bestimmte vielmehr allgemein, es sei derjenige **Schaden** zu ersetzen, der dem Anleger aus der von den Prospektangaben abweichenden Sachlage erwachse. Das hatte zur Folge, dass sich die Schadensbemessung nach den allgemeinen Vorschriften der §§ 249 ff. BGB richtete. § 46 Abs. 2 BörsG aF räumte jedoch den Ersatzpflichtigen die Möglichkeit ein, ihre Schadensersatzpflicht dadurch zu ersetzen, dass sie die vom Anleger erworbenen Papiere gegen Erstattung des Erwerbspreises oder des Preises, den die Wertpapiere zur Zeit der Einführung hatten, übernehmen. Demgegenüber wurden bereits in der auf dem 3. FFG beruhenden und in das WpPG überführten Fassung des aufgehobenen § 44 BörsG (aF) die Rechtsfolgen des Prospekthaftungsanspruchs prospekthaftungsspezifisch und ausgerichtet auf die **Rückabwicklung des Wertpapiergeschäfts** festgelegt.

**188** Die **Rechtsfolgen differieren,** je nachdem ob der Erwerber noch Inhaber der Wertpapiere ist (§§ 21 Abs. 1 Satz 1, 22 WpPG) oder nicht (§ 21 Abs. 2, 22 WpPG). Im Zusammenhang mit der Frage, **ob der Erwerber der Wertpapiere noch Inhaber derselben ist oder nicht,** stellen sich vielfach im Zusammenhang mit dem Inhalt eines Prospekthaftungsanspruchs aufgeworfene Fragen wie etwa die nach einer der Schadensminderung dienenden Veräußerungspflicht oder einer Pflicht des Erwerbers zur Anzeige eines Prospektmangels. Sie sind der Sache nach solche nach einem Mitverschulden des Anlegers und dementsprechend an dieser Stelle behandelt (→ Rn. 185).

**189** bb) Erwerber ist noch Inhaber der Wertpapiere. Ist der Anspruchsberechtigte **noch Inhaber der Wertpapiere bzw. der Vermögensanlage,** so kann er nach §§ 21 Abs. 1 Satz 1, 22 WpPG von den Prospektverantwortlichen als Gesamtschuldner die **Übernahme der Wertpapiere gegen Erstattung des Erwerbspreises** verlangen, der allerdings der Höhe nach auf den ersten Ausgabepreis begrenzt ist. Darüber hinaus sind gemäß §§ 21 Abs. 1 Satz 1, 22 WpPG die mit dem Erwerb verbundenen **üblichen Kosten** zu erstatten. Die **Beschränkung des Erwerbspreises auf den Ausgabepreis** geht auf die Erwägung zurück, die Veränderung des Preises der dem Prospekthaftungsanspruch unterliegenden Wertpapiere sei von einer Vielzahl anderer Faktoren – ua von der Marktentwicklung und den Marktdaten – abhängig, über die der Prospekt teils keine Angaben enthalte, teils keine Aussagen treffen könne.[489]

**190** Der **Erwerbspreis** ist der vom Erwerber der Wertpapiere bzw. der Vermögensanlagen und Anspruchsteller tatsächlich gezahlte Preis. Zu den **üblichen Kosten (Aufwendungen)** für den Erwerb der der Prospekthaftung unterfallenden Wertpapiere bzw. Vermögensanlage gehören vor allem die im Zusammenhang mit dem jeweiligen Geschäft zu zahlenden Provisionen und Transaktionskosten.[490] Wurden die fraglichen Wertpapiere kraft Ausübung eines Bezugsrechts erworben, gehören zu den erstattungsfähigen Erwerbskosten auch die Aufwendungen für den Erwerb der Bezugsrechte.[491]

**191** Der das Angebot von Wertpapieren betreffende **Ausgabepreis** ist gleichbedeutend mit dem im WpPG verwandten Begriff des Emissionspreises (§ 8 Abs. 1 Satz 1 WpPG) und dem in der VO (EG) 809/2004[492] (→ Rn. 15) verwandten Begriff des Angebotskurses (Anhang III und V jeweils Nr. 5.3.1 und Anhang X Nr. 29.3.1 VO [EG] 809/2004). Bei ihm handelt es sich in der Sache um den bei der Emission von Wertpapieren regelmäßig nach den Prospektangaben bei Zuteilung der Wertpapiere zu zahlenden Preis. Für den Fall, dass der Ausgabepreis der Wertpapiere (Emissionspreis) und die Gesamtzahl der öffentlich angebotenen Wertpapiere (Emissionsvolumen) **im Prospekt nicht genannt** werden können,

---

[489] RegE 3. FFG BT-Drucks. 13/8933 vom 6.11.1997, S. 78.
[490] BGH NJW 1982, 862; BGH WM 2005, 782, 784; zuletzt BGH BKR 2008, 163 f. Rn. 7, für die allgemein-zivilrechtliche Prospekthaftung und die Haftung nach §§ 44 f. BörsG aF.
[491] RegE 3. FFG BT-Drucks. 13/8933 vom 6.11.1997, S. 78.
[492] S. o. Fn. 35.

ist Ausgabepreis der Preis, zu dem der Emittent die Wertpapiere veräußert.[493] Der endgültige Emissionspreis und das Emissionsvolumen sind zudem stets am Tag der Veröffentlichung bei der BaFin zu hinterlegen (§ 8 Abs. 1 Satz 9 WpPG) und so unschwer zu ermitteln. Entsprechend gilt für so genannte Sekundär- oder Reemissionen zunächst nicht prospektpflichtig platzierter Wertpapiere als Ausgabepreis der im Prospekt angegebene oder vom Veräußerer im Zuge der Platzierung verlangte Preis.[494] Für die der Prospekthaftung nach §§ 21, 22 WpPG unterfallenden Wertpapiere – selbst im Falle des öffentlichen Angebots bereits börsenzugelassener Wertpapiere – praktisch gegenstandslos ist die in § 21 Abs. 1 Satz 2 WpPG enthaltene Regelung: **Fehlt es an der Festlegung eines Ausgabepreises,** gilt als Ausgabepreis der erste nach Einführung der Wertpapiere iS von § 38 Abs. 1 Satz 1 BörsG festgestellte oder gebildete Börsenpreis.[495] Werden die Papiere an mehreren inländischen Börsen eingeführt und weichen die an diesen gleichzeitig als erste Börsenpreise festgestellten oder gebildeten Preise voneinander ab, so ist Ausgabepreis der höchste dieser Preise.

**192** Dem Anspruch des Anlegers auf die Übernahme der Wertpapiere gegen Erstattung des auf den Ausgabepreis begrenzten Erwerbspreises steht dessen Verpflichtung gegenüber, den Anspruchsgegnern die erworbenen, der Prospekthaftung unterliegenden **Wertpapiere bzw. Vermögensanlagen herauszugeben.** Die Erstattung des Erwerbspreises und die Übergabe der Wertpapiere bzw. der Vermögensanlagen sind Leistungen, die, was im Klageantrag zu berücksichtigen ist, **Zug um Zug** zu erfolgen haben.[496]

**193** Wurden **Wertpapiere** erworben und wohnt diesen **keinerlei wirtschaftlicher Wert** mehr inne, etwa weil das in ihnen verbriefte Bezugs- oder Optionsrecht erloschen ist, so verliert das Übernahmerecht der Anspruchsgegner seinen Sinn. Seine Geltendmachung ist unter den geschilderten Umständen als rechtsmissbräuchlich anzusehen.[497] Wurden indes Wertpapiere erworben, die gesondert und trennbar unterschiedliche Rechte verbriefen und ist nur eines der Rechte erloschen, so bleibt der Herausgabeanspruch hinsichtlich des Wertpapiers, welches das fortbestehende Recht verbrieft, bestehen. Wurde eines der trennbaren Rechte veräußert, ist das Wertpapier herauszugeben, welches das verbliebene Recht verbrieft; in diesem Falle ist der Erwerbspreis, der für das Wertpapier mit den trennbaren Rechten gezahlt wurde, um den Veräußerungspreis für das abgetrennte Recht zu mindern. Hat der Anleger Wertpapiere erworben, die ein Erwerbsrecht (etwa in Bezug auf ein anderes Wertpapier) zum Gegenstand haben, so ist die Ausübung des Rechts wie die Veräußerung des fraglichen Papiers zu behandeln und unterliegt den diesbezüglichen Regeln des § 21 Abs. 2 WpPG (→ Rn. 196).

**194** cc) Erwerber ist nicht mehr Inhaber der Wertpapiere. Nach **§§ 21 Abs. 2 Satz 1, 22 WpPG** kann der Erwerber, der **nicht mehr Inhaber** (dh Besitzer) der Wertpapiere ist, die Zahlung des Unterschiedsbetrags zwischen dem Erwerbspreis und dem Veräußerungspreis der Wertpapiere bzw. der Vermögensanlagen sowie die Erstattung der mit dem Erwerb und der Veräußerung verbundenen **üblichen Kosten** (→ Rn. 190) verlangen. Übersteigt der Veräußerungspreis den Erwerbspreis, so scheidet ein Schadensersatzanspruch

---

[493] RegE 3. FFG BT-Drucks. 13/8933 vom 6.11.1997, S. 78.
[494] Ebenso *Mülbert/Steup* in Habersack/Mülbert/Schlitt, Unternehmensfinanzierung, § 41 Rn. 126.
[495] RegE 3. FFG BT-Drucks. 13/8933 vom 6.11.1997, S. 78.
[496] RegE 3. FFG BT-Drucks. 13/8933 vom 6.11.1997, S. 78. BGH BKR 2008, 163 f. Rn. 7 (*Securenta*) mwN *Habersack* in Habersack/Mülbert/Schlitt, Handbuch der Kapitalmarktinformation, § 29 Rn. 45; *Mülbert/Steup* in Habersack/Mülbert/Schlitt, Unternehmensfinanzierung, § 41 Rn. 124, 129; *Pankoke* in Just/Voß/Ritz/Zeising, § 44 BörsG, § 13 VerkProspG Rn. 64.
[497] Hierzu und zum Folgenden RegE 3. FFG BT-Drucks. 13/8933 vom 6.11.1997, S. 78. *Bergdolt* in *Heidel*, § 44 BörsG Rn. 71; *Wackerbarth* in Holzborn, §§ 44, 45 BörsG Rn. 108 IE ebenso (Anspruch auf Rückgabe ausgeschlossen) *Schwark* in Schwark/Zimmer, §§ 44, 45 BörsG Rn. 66; *Mülbert/Steup* in Habersack/Mülbert/Schlitt, Unternehmensfinanzierung, § 41 Rn. 129. **AA** *Habersack* in Habersack/Mülbert/Schlitt, Handbuch der Kapitalmarktinformation, § 29 Rn. 45.

aufgrund der Sonderregelung der §§ 21 Abs. 2 Satz 1, 22 WpPG aus.[498] Der Anspruch ist unabhängig davon, ob der Anspruchsteller die Wertpapiere, auf die sich der fehlerhafte Prospekt bezieht, vor oder nach dem Zeitpunkt veräußerte, zu dem er von dem Prospektmangel Kenntnis erlangt hat. Soweit die übrigen Voraussetzungen des § 21 Abs. 1 Satz 1 WpPG erfüllt sind, steht der Anspruch aufgrund des Verweises des § 21 Abs. 2 Satz 2 auf § 21 Abs. 1 Satz 3 WpPG auch demjenigen zu, der nach Veröffentlichung des fehlerhaften Prospekts Wertpapiere erwarb und veräußerte, die nicht Gegenstand des Prospekts waren, die aber von den Wertpapieren, auf die sich der Prospekt bezieht, nicht nach Ausstattungsmerkmalen oder in sonstiger Weise unterschieden werden können.

**195** **Erwerbspreis** ist der vom Anspruchsteller tatsächlich gezahlte Preis (→ Rn. 190). **Veräußerungspreis** ist der bei dem Weiterverkauf der Wertpapiere erzielte Gegenwert einschließlich aller nichtpekuniären Gegenleistungen.[499] Auch hier kann als **Erwerbspreis** nur ein Preis bis zur Höhe des ersten Ausgabepreises bzw. des ersten Erwerbspreises geltend gemacht werden. Wurde ein Ausgabepreis nicht festgelegt, gilt nach §§ 21 Abs. 2 Satz 2, 22 WpPG die Regelung in § 21 Abs. 1 Satz 2 WpPG entsprechend. Im Übrigen sind die Begriffe des **Erwerbs- und Ausgabepreises** sowie der **üblichen Kosten** so auszulegen wie bei der den Fall betreffenden Regelung, dass der Erwerber noch Inhaber der Wertpapiere ist (→ Rn 189 ff.). Ist der **Veräußerungspreis** der tatsächlich erlangte Kaufpreis, so steht dem Anspruchsteller der Unterschiedsbetrag zwischen dem Erwerbspreis und dem Veräußerungspreis der Wertpapiere doch nur dann zu, wenn der Veräußerungspreis dem im Zeitpunkt der Veräußerung erzielbaren Börsenpreis entspricht. Verkauft der Anleger die Wertpapiere unterhalb ihres Börsenpreises, muss er sich dies als Verstoß gegen seine **Schadensminderungspflicht** (§ 254 Abs. 2 Satz 1, 2. Alt. BGB) entgegenhalten lassen, sodass er nur die Differenz zwischen Erwerbspreis und erzielbarem Börsenpreis nicht geltend machen kann.[500]

**196** Wurden Wertpapiere erworben, die das **Recht zum Erwerb eines anderen Wertpapiers** (oder sonstigen Gegenstands) einräumen (wie etwa Optionsscheine oder Wandelschuldverschreibungen), so ist die Ausübung des Rechts wie eine Veräußerung des Wertpapiers zu behandeln.[501] Bei der **Bemessung des Ersatzanspruchs** des Anlegers ist dementsprechend als **Veräußerungspreis** der Wert des durch die Ausübung des Erwerbsrechts erlangten Wertpapiers oder sonstigen Gegenstands anzusetzen. Bei **Optionsscheinen** ist Veräußerungspreis der Unterschiedsbetrag zwischen dem zum Zeitpunkt der Rechtsausübung geltenden Markt- oder Börsenpreis des durch Ausübung des Rechts erworbenen Optionsgegenstands und dem Preis, zu dem das Recht zum Bezug desselben ausgeübt wurde; bei **Wandelschuldverschreibungen** ist Veräußerungspreis der im Zeitpunkt der Wandelung geltende Markt- oder Börsenpreis der durch diese erworbenen Wertpapiere.[502]

**197** g) **Haftungsfreizeichnung.** Nach § 25 Abs. 1 WpPG ist eine Vereinbarung, durch die Ansprüche nach § 21, 22 WpPG **im Voraus ermäßigt oder erlassen** werden, unwirksam. Nachträgliche Vereinbarungen über einen Anspruch, wie etwa ein Vergleich oder ein (befristeter) Verzicht auf die Geltendmachung des Anspruchs, sind von der Bestimmung nicht erfasst und zulässig.

---

[498] RegE 3. FFG BT-Drucks. 13/8933 vom 6.11.1997, S. 79.
[499] Vgl. *Schwark* in Schwark/Zimmer, §§ 44, 45 BörsG Rn. 69.
[500] RegE 3. FFG BT-Drucks. 13/8933 vom 6.11.1997, S. 79; schon Voraufl. § 6 Rn. 253; *Groß*, § 21 WpPG Rn. 87; *Habersack* in Habersack/Mülbert/Schlitt, Handbuch der Kapitalmarktinformation, § 29 Rn. 47; *Mülbert/Steup* in Habersack/Mülbert/Schlitt, Unternehmensfinanzierung, § 41 Rn. 130, 134; *Schwark* in Schwark/Zimmer, §§ 44, 45 BörsG Rn. 73.
[501] Im RegE 3. FFG BT-Drucks. 13/8933 vom 6.11.1997, S. 79, wird dies damit begründet, dass sich der Anleger mit der Ausübung des Rechts, wie bei der Veräußerung des Wertpapiers, der Verfügungsgewalt über das Papier begeben und dafür ein wirtschaftliches Äquivalent erhalten habe, das dem Veräußerungspreis beim Verkauf des Papiers entspreche. Sa *Habersack* in Habersack/Mülbert/Schlitt, Handbuch der Kapitalmarktinformation, § 29 Rn. 48; *Mülbert/Steup* in Habersack/Mülbert/Schlitt, Unternehmensfinanzierung, § 41 Rn. 131; *Schwark* in Schwark/Zimmer, §§ 44, 45 BörsG Rn. 69.
[502] RegE 3. FFG BT-Drucks. 13/8933 vom 6.11.1997, S. 79.

Steht außer Frage, dass die Beteiligten nach der Entstehung eines Anspruchs nach §§ 21, 22 **198**
WpPG beliebig über diesen disponieren dürfen, so ist doch unklar, ob dies die **Kenntnis des Anspruchsberechtigten von der Entstehung eines Anspruchs** verlangt. Der mit der Unwirksamkeitsanordnung einer Vorausvereinbarung über die Ermäßigung oder den Erlass eines Anspruchs nach §§ 21, 22 WpPG verbundene Schutzzweck spricht dafür, denn eine im Voraus eingegangene generelle Ermäßigungs- oder Erlassvereinbarung ist nicht anders zu beurteilen als eine Verpflichtung, die in Unkenntnis eines dem Grunde nach entstandenen Anspruchs eingegangen wurde.[503] Soweit dies im Schrifttum anders beurteilt wird, wird behauptet, der „eindeutige Wortlaut und der Wille des Gesetzgebers" stehe einer solchen Auslegung und dem mit ihr verbundenen „weitergehenden Schutz" des Anlegers entgegen.[504] Die „für den eindeutigen Willen" des Gesetzgebers angeführte Begründung im RegE eines 3. FFG[505] ist indes alles andere als eindeutig, denn sie besagt lediglich, was unbestritten ist (nämlich: „Ist der Anspruch entstanden, können die Beteiligten dagegen über diesen beliebig … verfügen"), lässt aber nicht erkennen, dass es für eine wirksame Ermäßigungs- oder Erlassvereinbarung allein auf das objektive Merkmal des Zeitpunkts der Entstehung des Anspruchs ankommen soll. Im Übrigen ist den schutzwürdigen Interessen des Anspruchsberechtigten und dem Erfordernis der Kenntnis von der Entstehung des Anspruchs aber auch nach der hier vertretenen Ansicht genügt, wenn **die Möglichkeit eines Prospekthaftungsanspruchs** im Raume stand und zumindest aufgrund der objektiven Umstände (wie etwa Pressemeldungen) davon auszugehen war, ein Anspruch aus § 44 BörsG könnte entstanden sein.[506] Schon wer sich bei Kenntnis der geringsten Möglichkeit eines Anspruchs nach §§ 21, 22 WpPG auf eine Vereinbarung iS von § 25 Abs. 1 WpPG einlässt, ist nicht mehr schutzbedürftig.

Darüber hinaus sind andere, gem. § 25 Abs. 2 WpPG mit dem wertpapierprospekt- **199**
gesetzlichen Prospekthaftungsanspruch **konkurrierende Ansprüche** von dieser Regelung nicht betroffen. § 25 Abs. 1 WpPG betrifft darüber hinaus nur das Verhältnis der gesamtschuldnerisch Haftenden gegenüber dem Anspruchsteller und steht der Wirksamkeit **interner Vereinbarungen der Prospektverantwortlichen** und Anspruchsgegner über den Umfang der Haftung – etwa in Gestalt einer internen Haftungsfreistellung der Emissionsbegleiter durch den Emittenten – nicht entgegen.[507]

h) **Verjährung.** Nach seiner Änderung durch das 4. FFG vom 21.6.2002[508] sah das **200**
**börsengesetzliche Prospekthaftungsregime** in § 46 BörsG aF vor, dass Prospekthaftungsansprüche in einem Jahr seit dem Zeitpunkt verjähren, zu dem der Erwerber von der Unrichtigkeit oder Unvollständigkeit der Angaben des Prospekts Kenntnis erlangt hat, spätestens jedoch in drei Jahren seit der Veröffentlichung des Prospekts.[509] Diese Verjährungsregel wurde von dem Gesetz zur Novellierung des Finanzanlagenvermittler- und Vermögensanlagenrechts vom 6.12.2011,[510] welches die börsengesetzliche Prospekthaftung in das WpPG und die verkaufsprospektrechtliche Prospekthaftung teils in das WpPG teils in das VermAnlG überführte, nicht übernommen. Das hatte zur Folge, dass sich mit dem Inkraft-

---

[503] *Assmann* in Assmann/Schlitt/v. Kopp-Colomb, § 13 VerkProspG Rn. 116. IE wie hier *Hamann* in Schäfer/Hamann, § 47 BörsG Rn. 2.
[504] So *Pankoke* in Just/Voß/Ritz/Zeising, § 47 BörsG Rn. 1. IE, aber ohne nähere Begründung ebenso *Schwark* in Schwark/Zimmer, § 47 BörsG Rn. 1.
[505] RegE 3. FFG BT-Drucks. 13/8933 vom 6.11.1997, S. 81.
[506] Enger *Hamann* in Schäfer/Hamann, § 47 BörsG Rn. 2 (unter unzutreffender Berufung auf *Assmann* in Assmann/Schütze, Handbuch des Kapitalanlagerechts, 2. Aufl. 1997, § 7 Rn. 176, in welcher der Beginn der Verjährung behandelt wird).
[507] *Groß* AG 1999, 208, zugleich unter Zurückweisung möglicher Bedenken hiergegen unter dem Gesichtspunkt der Einlagenrückgewähr (§§ 57, 71 ff. AktG); *Habersack* in Habersack/Mülbert/Schlitt, Handbuch der Kapitalmarktinformation, § 29 Rn. 9; *Oulds* in Kümpel/Wittig, Rn. 15.232.
[508] S. o. Fn. 308.
[509] Zur Entwicklung der börsengesetzlichen Verjährungsregelung s. *Assmann* in Assmann/Schlitt/v. Kopp-Colomb, § 13 VerkProspG Rn. 111 f.
[510] S. o. Fn. 40.

treten der Neuregelung zum 1.6.2012 die Verjährung von börsengesetzlichen und verkaufsprospektgesetzlichen Prospekthaftungsansprüchen nach der **allgemeinen Regelverjährung von Ansprüchen nach §§ 195, 199 BGB** richtete.[511]

**201** Danach **verjähren Ansprüche aus §§ 21, 22 WpPG** gemäß § 195 BGB in drei Jahren, gemäß § 199 Abs. 1 BGB beginnend mit dem Schluss des Jahres, in dem der Anspruch entstanden ist und der Anspruchsteller von den Umständen, die den Anspruch begründen, und der Person des Schuldners Kenntnis erlangt hat (positive Kenntnis) oder ohne grobe Fahrlässigkeit hätte erlangen müssen (grob fahrlässige Unkenntnis). Ohne Rücksicht auf die Kenntnis oder grob fahrlässige Unkenntnis verjähren diese Ansprüche **spätestens** in zehn Jahren von ihrer Entstehung an und ohne Rücksicht auf ihre Entstehung und die Kenntnis oder grob fahrlässige Unkenntnis spätestens in 30 Jahren beginnend mit der Begehung der Handlung, der Pflichtverletzung oder dem sonstigen, den Schaden auslösenden Ereignis (§ 199 Abs. 3 BGB).

**202** Hinsichtlich der **Entstehung des Prospekthaftungsanspruchs** aus §§ 21, 22 WpPG ist nicht auf den Zeitpunkt der Prospektveröffentlichung, sondern auf den Zeitpunkt des Erwerbs der Wertpapiere abzustellen.[512] Die **Beweislast** in Bezug auf die Kenntnis oder die grob fahrlässige Unkenntnis des Anspruchstellers und damit zu Beginn und Ablauf der Verjährungsfrist liegt beim Anspruchsgegner.[513]

**203** i) **Gerichtsstand.** Nach § 32b Abs. 1 ZPO ist ua für Klagen, mit denen der Ersatz eines aufgrund falscher, irreführender oder unterlassener öffentlicher Kapitalmarktinformationen verursachten Schadens geltend gemacht wird, und damit auch für Prospekthaftungsansprüche aus §§ 21, 22 WpPG,[514] ausschließlich das **Gericht am Sitz des betroffenen Emittenten** zuständig, sofern sich der Sitz des Emittenten oder der Zielgesellschaft nicht im Ausland befindet. Einige Landesregierungen – wie die von Bayern, Hessen, Nordrhein-Westfalen und Thüringen – haben von der sich aus § 32b Abs. 1 ZPO ergebenden Ermächtigung, durch Rechtsverordnung die in § 32b Abs. 1 ZPO genannten Klagen einem Landgericht für die Bezirke mehrerer Landgerichte zuzuweisen, Gebrauch gemacht.[515]

**204** Befindet sich der Sitz des Emittenten oder der Zielgesellschaft, dem Anwendungsvorbehalt des § 32b Abs. 1 ZPO entsprechend, im Ausland, richtet sich die internationale Zuständigkeit danach, ob die **EuGVVO** (und – hier vernachlässigt – im Verhältnis zu wenigen überseeischen Gebieten das alte EuGVÜ und im Verhältnis zur Schweiz, zu Island und Norwegen das LugÜ II)[516] **zur Anwendung kommt oder nicht.** (1) Ersteres ist – die Regelung der örtlichen Zuständigkeit durch § 32b Abs. 1 ZPO verdrängend[517] – der Fall, wenn es um Klagen

---

[511] Kritisch *Lorenz/Schönemann/Wolf*, Corporate Finance law 2011, 347 ff.

[512] *Mülbert/Steup* in Habersack/Mülbert/Schlitt, Unternehmensfinanzierung, § 41 Rn. 147.

[513] *Habersack* in Habersack/Mülbert/Schlitt, Handbuch der Kapitalmarktinformation, § 29 Rn. 55; *Leuering* NJW 2012, 1906; *Mülbert/Steup* in Habersack/Mülbert/Schlitt, Unternehmensfinanzierung, § 41 Rn. 148. Zu § 46 BörsG aF BGH WM 1980, 532, 534; schon Voraufl. § 6 Rn. 257; *Hamann* in Schäfer/Hamann, § 46 BörsG Rn. 4; *Schwark* in Schwark/Zimmer, § 46 BörsG Rn. 2.

[514] Nach § 1 Abs. 1 Satz 3 KapMuG sind öffentliche Kapitalmarktinformationen „für eine Vielzahl von Kapitalanlegern bestimmte Informationen über Tatsachen, Umstände, Kennzahlen und sonstige Unternehmensdaten, die einen Emittenten von Wertpapieren oder Anbieter von sonstigen Vermögensanlagen betreffen", wobei § 1 Abs. 1 Satz 4 Nr. 1 und 2 KapMuG dazu insbesondere Angaben in Prospekten nach dem Wertpapierprospektgesetz und in Verkaufsprospekten nach Verkaufsprospektgesetz sowie dem Investmentgesetz zählt. Zur Erfassung von Prospekthaftungsansprüchen etwa *Toussaint* in Vorwerk/Wolf, Beck'scher Online-Kommentar ZPO (Stand 15.3.2014), § 32b ZPO Rn. 2 ff.

[515] Siehe dazu *Patzina* in MüKoZPO, 4. Aufl. 2013, § 32b ZPO Rn. 2.

[516] Der Anwendungsbereich des EuGVÜ ist seit dem Beitritt auch Dänemarks zur EuGVVO äußerst gering. Das mit dem EuGVÜ weitgehend übereinstimmende LugÜ II ist noch im Verhältnis zur Schweiz, zu Island und zu Norwegen von Bedeutung.

[517] *Heinrich* in Musielak, ZPO, 10. Aufl. 2013, § 32b ZPO Rn. 7; *Patzina* in MüKoZPO, 4. Aufl. 2013, § 32b ZPO Rn. 10; *Toussaint* in Vorwerk/Wolf, Beck'scher Online-Kommentar ZPO (Stand 15.3.2014), § 32b ZPO Rn. 27.

gegen natürliche oder juristische Personen geht, die ihren Wohnsitz bzw. ihren satzungsmäßigen Sitz, ihre Hauptverwaltung oder ihre Hauptniederlassung (Art. 60 Abs. 1 EuGVVO) im Hoheitsgebiet eines **Mitgliedstaats der EU** haben. Hier ist nach Art. 5 Nr. 3 EuGVVO das Gericht des Ortes maßgeblich, an dem die schädigende Handlung vorgenommen oder das schädigende Ereignis eingetreten ist.[518] (2) In letzterem Falle – dh **außerhalb des Anwendungsbereichs der EuGVVO bzw. des EuGVÜ** – ergibt sich die internationale Zuständigkeit bei Geltendmachung eines Anspruchs gemäß §§ 21, 22 WpPG aus Art. 4 Abs. 1 EuGVVO iVm § 32b ZPO,[519] da unter diesen Voraussetzungen – nach dem Grundsatz der Doppelfunktionalität – § 32b ZPO auch die internationale Zuständigkeit regelt.[520] Die hierdurch begründete *internationale Zuständigkeit* ist allerdings keine ausschließliche; ausschließlich ist allein die in § 32b ZPO angeordnete örtliche Zuständigkeit.[521]

Nach **§ 71 Abs. 2 Nr. 3 GVG** sind für Schadensersatzansprüche aufgrund falscher, irreführender oder unterlassener öffentlicher Kapitalmarktinformationen ohne Rücksicht auf den Wert des Streitgegenstandes die Landgerichte zuständig. 205

**j) Konkurrenzen.** Nach § 25 Abs. 2 WpPG schließt ein Prospekthaftungsanspruch 206 nach § 21 oder § 22 WpPG **weitergehende Ansprüche,** die nach den Vorschriften des bürgerlichen Rechts aufgrund von Verträgen oder unerlaubten Handlungen erhoben werden können, nicht aus. Dagegen werden alle anderen Ansprüche, die tatbestandlich an die Fehlerhaftigkeit eines Prospekts anknüpfen, namentlich solche aus allgemein-zivilrechtlicher Prospekthaftung,[522] durch §§ 21, 22 WpPG verdrängt.[523]

Von §§ 21, 22 WpPG unberührt bleibt namentlich die Haftung **organschaftlicher** 207 **Vertreter einer kapitalsuchenden Gesellschaft,** die Anlageinteressenten persönlich mit dem Anspruch gegenübertreten, sie – über den Prospekt hinaus – über die für eine Anlageentscheidung wesentlichen Umstände zu informieren, nach den Grundsätzen des **Verschuldens bei Vertragsschluss** für die Richtigkeit und Vollständigkeit ihrer Aussagen.[524] Unberührt bleibt darüber hinaus vor allem die Geltendmachung eines Anspruchs wegen **unerlaubter Handlung.** Da sich der auf mangelhaften Prospekten beruhende Anlegerschaden kaum anders denn als Vermögensschaden darstellen wird, kommen insoweit nur Ansprüche aus § 823 Abs. 2 BGB iVm einem Schutzgesetz (namentlich § 263 StGB,[525] § 264a StGB[526] und § 400 AktG[527]) sowie § 826 BGB[528] in Betracht.

---

[518] IE auch *Habersack* in Habersack/Mülbert/Schlitt, Handbuch der Kapitalmarktinformation, § 29 Rn. 57.
[519] Für den Fall eines deliktischen Anspruchs und die Anwendung von § 32 ZPO BGH NJW 2011, 2518, 2519 Rn. 5 ff. mwN.
[520] S. *Heinrich* in Musielak, ZPO, 10. Aufl. 2013, § 32b ZPO Rn. 7; *Toussaint* in Vorwerk/Wolf, Beck'scher Online-Kommentar ZPO (Stand 15.3.2014), § 32b ZPO Rn. 26.
[521] S. *Heinrich* in Musielak, ZPO, 10. Aufl. 2013, § 32b ZPO Rn. 7 mwN.
[522] RegE 3. FFG BT-Drucks. 13/8933 vom 6.11.1997, S. 81. S. etwa *Groß,* § 25 WpPG Rn. 3; *Habersack* in Habersack/Mülbert/Schlitt, Handbuch der Kapitalmarktinformation, § 29 Rn. 73; *Hauptmann* in Vortmann, § 3 Rn. 136; *Mülbert/Steup* in Habersack/Mülbert/Schlitt, Unternehmensfinanzierung, § 41 Rn. 151; *Schwark* in Schwark/Zimmer, §§ 44, 45 BörsG Rn. 79.
[523] RegE 3. FFG BT-Drucks. 13/8933 vom 6.11.1997, S. 81 begründet dies mit der Überlegung, dass andernfalls die ua mit der Neuregelung beabsichtigte Begrenzung des Haftungsrisikos für die Prospektverantwortlichen unterlaufen würde.
[524] BGH NZG 2008, 661, 662.
[525] *Habersack* in Habersack/Mülbert/Schlitt, Handbuch der Kapitalmarktinformation, § 29 Rn. 58; *Schwark* in Schwark/Zimmer, §§ 44, 45 BörsG Rn. 80.
[526] Vgl. BVerfG ZIP 2008, 1078 (Behandlung richtiger, aber schwer verständlicher Darstellungen von Tatsachen im Anlageprospekt als Kapitalanlagebetrug als Voraussetzung eines Anspruchs aus § 823 Abs. 2 iVm § 264a StGB). BGH NJW 1992, 241, 242 f.; BGH NJW 2000, 3346; BGH NJW 2004, 2664, 2665 und 2666; BGH NZG 2010, 585, 587; BGH ZIP 2013, 580; BGH ZIP 2014, 1635, 1636.
[527] *Schwark* in Schwark/Zimmer, §§ 44, 45 BörsG Rn. 80.
[528] Zur Prospekthaftung nach § 826 BGB s. etwa BGH WM 2005, 736 f. Weiter die „ComROAD"-Fälle, zuletzt BGH WM 2008, 790 Rn. 10 ff. mwN *Habersack* in Habersack/Mülbert/Schlitt,

**208** Da § 25 Abs. 2 WpPG weder **vertragliche Ansprüche** noch solche **aufgrund schuldrechtlicher Sonderverbindungen** ausschließt, kann neben einem Anspruch aus §§ 21, 22 WpPG auch ein Anspruch aus *culpa in contrahendo* (§ 311 Abs. 2 und 3 BGB) wegen persönlich in Anspruch genommenen Vertrauens (etwa eines Emissionshelfers und Prospektverantwortlichen) geltend gemacht werden.[529]

**209** k) **Rechtsschutz.** Unter dem durch das WpPG und das VermAnlG abgelösten börsen- und verkaufsprospektgesetzlichen Prospekthaftungsregime war anerkannt, dass die Geltendmachung eines börsengesetzlichen Prospekthaftungsanspruchs die Erhebung eines Schadensersatzanspruchs aufgrund einer gesetzlichen Haftpflichtbestimmung darstellt. Eine Versicherungsgesellschaft kann deshalb ihrem Kunden, der bei ihr eine Rechtsschutzversicherung abgeschlossen hat, nicht entgegenhalten, die Geltendmachung eines Anspruchs nach § 21, 22 WpPG stelle die Wahrnehmung rechtlicher Interessen aus dem Bereich des „Rechts der Handelsgesellschaften" dar, für die ein Rechtsschutz nach den Allgemeinen Versicherungsbedingungen der Versicherungsgesellschaft ausgeschlossen sei.[530]

**210** 4. **Haftung bei fehlendem Prospekt. a) Übersicht.** Die Regelung der Haftung für fehlende Prospekte in § 24 WpPG **beruht auf dem aufgehobenen § 13a VerkProspG**, der erst durch Art. 2 Nr. 6 AnSVG vom 28.10.2004[531] in das zwischenzeitlich aufgehobene VerkProspG eingeführt worden ist und mit dem AnSVG zum 1.7.2005 in Kraft getreten[532] war. Mit der Einführung der Haftung für pflichtwidrig nicht veröffentlichte Prospekte in § 13a VerkProspG aF reagierte der Gesetzgeber auf den Umstand, dass das öffentliche Angebot von Kapitalanlagen unter Verletzung der Pflicht zur Veröffentlichung eines Verkaufsprospekts zwar aufsichtsrechtliche und ordnungswidrigkeitsrechtliche Folgen nach sich ziehen konnte, ein Schadensersatzanspruch der Anleger, welche gleichwohl die angebotenen Anlagen erwarben, aber rechtlich nicht leicht zu begründen und durchzusetzen war.[533]

**211** Die in § 13a VerkProspG aF statuierten und weitgehend in § 24 WpPG übernommenen Anspruchsvoraussetzungen und -ausschlüsse wurden denen des Anspruchs wegen eines fehlerhaften Prospekts (nach § 13 VerkProspG aF) nachgebildet[534] und erfassten, entsprechend dem **Anwendungsbereich** des VerkProspG, neben dem öffentlichen Angebot von Vermögensanlagen iS von § 8f Abs. 1 VerkProspG aF nur noch diejenigen Wertpapiere, die nicht zum Handel an einer inländischen Börse zugelassen waren. Daran hat sich insoweit etwas geändert, als § 24 WpPG in Anknüpfung an eine Prospektveröffentlichungspflicht nach § 3 Abs. 1 Satz 1 WpPG auch das (neuerliche) öffentliche Angebot solcher Wertpapiere erfasst, die bereits an einer Börse zugelassen sind.[535] Aufgrund der Anknüpfung an eine Prospektveröffentlichungspflicht ausschließlich nach § 3 Abs. 1 Satz 1 WpPG (und der Nichterwähnung einer solchen nach § 3 Abs. 4 WpPG) begründet auch § 24

---

Handbuch der Kapitalmarktinformation, § 29 Rn. 58, *Schwark* in Schwark/Zimmer, §§ 44, 45 BörsG Rn. 80.

[529] So schon zu § 48 Abs. 2 BörsG aF *Hamann* in Schäfer, Wertpapierhandelsgesetz, § 48 BörsG nF Rn. 3; *Kort* AG 1999, 9, 18 f. Sa *Habersack* in Habersack/Mülbert/Schlitt, Handbuch der Kapitalmarktinformation, § 29 Rn. 58; *Mülbert/Steup* in Habersack/Mülbert/Schlitt, Unternehmensfinanzierung, § 41 Rn. 152.

[530] BGH NJW 2003, 2384.

[531] S. o. Fn. 30.

[532] Art. 6 AnSVG (s. o. Fn. 30).

[533] Hierzu ausführlich *Assmann* in Assmann/Schlitt/v. Kopp-Colomb, § 13a VerkProspG Rn. 2. Zur unterschiedlichen Sichtweise betreffend den Haftungsgrund für eine Haftung für fehlende Prospekte *Klöhn* DB 2012, 1854 ff., der allerdings übersieht, dass sich die verschiedenen Positionen in Rechtsprechung und Schrifttum zu den Tatbestandsmerkmalen der Haftung für fehlende Prospekte nicht schematisch der einen oder anderen der ebenfalls holzschnittartig unterschiedenen Grundpositionen zuordnen lassen.

[534] RegE AnSVG BT-Drucks. 15/3174 vom 24.5.2004, S. 44.

[535] → Rn. 123 mit Fn. 324.

WpPG **keine Haftung für fehlende Börsenzulassungsprospekte.**[536] Bestand aber schon im Geltungszeitraum des VerkProspG für eine solche Haftung kein praktischer Bedarf,[537] so ist dies heute nicht anders: ohne veröffentlichten Börsenzulassungsprospekt keine Börsenzulassung (§ 32 Abs. 3 Nr. 2 BörsG, § 3 Abs. 4 WpPG), und vor der Börsenzulassung öffentlich angebotene Wertpapiere setzen die Veröffentlichung eines Angebotsprospekts iSv § 3 Abs. 1 WpPG voraus, für dessen Fehlen nach § 24 WpPG gehaftet wird. Ein **Produktinformationsblatt** iSv § 31 Abs. 3 WpHG iVm § 5a WpDVerOV ist weder ein Prospekt iS der allgemein-zivilrechtlichen Prospekthaftung (→ Rn. 37) noch ein solcher, der nach den Vorschriften des WpPG zu erstellen wäre (→ Rn. 127), weshalb nicht nach § 24 WpPG gehaftet wird, wenn es entgegen der vorgenannten Bestimmungen des WpHG nicht erstellt wurde.[538]

**b) Verstoß gegen die Pflicht zur Veröffentlichung eines Prospekts.** Die Haftung bei fehlendem Prospekt nach § 24 WpPG setzt voraus, dass **entgegen § 3 Abs. 1 Satz 1 WpPG ein Prospekt nicht veröffentlicht** wurde (§ 24 Abs. 1 Satz 1 WpPG). Das ist auch dann der Fall, wenn ein Prospekt erstellt und gebilligt wurde, aber seine Veröffentlichung unterblieben ist (→ Rn. 125). Nicht anders verhält es sich, wenn ein nicht gebilligter Prospekt veröffentlicht wurde,[539] selbst wenn er hätte gebilligt werden können, weil er die Voraussetzungen erfüllte.[540] Das wird als formale Sichtweise[541] kritisiert, die im Wortlaut des WpPG keine Stütze finde, doch lese man § 3 Abs. 1 WpPG zusammen mit § 13 Abs. 1 Satz 1 WpPG,[542] demzufolge – bußgeldrechtlich bewehrt (§ 35 Abs. 1 Nr. 5 WpPG) – ein Prospekt vor seiner Billigung nicht veröffentlicht werden darf, und bedenke die mit der Prospektbilligungspflicht verknüpften Zwecke des Schutzes der Anleger und des Drucks zur Einhaltung der – auch formalen – Anforderung beim öffentlichen Angebot von Wertpapieren. Dagegen löst die bloß **fehlerhafte Veröffentlichung** eines gebilligten Verkaufsprospekts keine Haftung nach § 24 WpPG aus.[543]

Entgegen § 16 Abs. 1 WpPG **unterlassene Nachträge** sind nicht Gegenstand einer Haftung nach § 24 WpPG (→ Rn. 128). Da ein Nachtrag nach § 16 Abs. 1 Satz 1 WpPG nur dann erforderlich ist, wenn nach der Billigung des Prospekts wichtige neue Umstände auftreten oder eine wesentliche Unrichtigkeit in Bezug auf die im Prospekt enthaltenen Angaben festgestellt werden, stehen dem Anleger mangels der Veröffentlichung eines sol-

---

[536] RegE eines Gesetzes zur Novellierung des Finanzanlagenvermittler- und Vermögensanlagenrechts, BT-Drucks. 17/6051, S. 46/47: „Da die Zulassung zum Handel an einer inländischen Börse denknotwendig das Vorliegen eines Prospekts voraussetzt (§ 32 Absatz 3 Nummer 2 des Börsengesetzes), ist der Anwendungsbereich dieser Haftungsnorm faktisch auf Prospekte beschränkt, die nicht Grundlage für die Zulassung von Wertpapieren zum Handel an einer inländischen Börse sind. Eine entsprechende Klarstellung im Gesetzestext ist jedoch entbehrlich".
[537] *Assmann* in Assmann/Schlitt/v. Kopp-Colomb, Einl. WpPG Rn. 47, § 13a VerkProspG Rn. 3; *Groß*, Kapitalmarktrecht, § 24 WpPG Rn. 1, § 3 Rn. 12.
[538] Ebenso *Schäfer/Schäfer* ZBB 2013, 28.
[539] OLG München (vom 2.11.2011 – 20 U 2289/11), BeckRS 2011, 25505 = juris, unter II.1. *Groß*, § 24 WpPG Rn. 4; *Kind* in Voß/Arndt, § 13a VerkProspG Rn. 5; *Klöhn* DB 2012, 1858; *Mülbert/Steup* in Habersack/Mülbert/Schlitt, Unternehmensfinanzierung, § 41 Rn. 58. IE ebenso, aber auf der Grundlage einer nicht erforderlichen teleologischen Reduktion, *Bongertz* BB 2012, 473.
[540] *Barta* NZG 2005, 308; *Becker* in Heidel, § 13 VerkProspG Rn. 8; *Heidelbach* in Schwark/Zimmer, § 13 VerkProspG Rn. 9; *Kind* in Voß/Arndt, § 13a VerkProspG Rn. 5; *Klöhn* DB 2012, 1858. **AA** *Benecke* BB 2006, 2599; *Bongertz* BB 2012, 473; *Fleischer* WM 2004, 1902 f.; *Mülbert/Steup* in Habersack/Mülbert/Schlitt, Unternehmensfinanzierung, § 41 Rn. 58; *Panetta/Zessel* NJOZ 2010, 419 f.
[541] Für eine solche formelle Sichtweise und Bestimmung des Haftungsgrunds für fehlende Prospekte nachdrücklich *Klöhn* DB 2012, 1854.
[542] **AA** *Mülbert/Steup* in Habersack/Mülbert/Schlitt, Unternehmensfinanzierung, § 41 Rn. 58.
[543] *Assmann* in Assmann/Schlitt/v. Kopp-Colomb, § 13a VerkProspG Rn. 5. Im Grundsatz ebenso, aber mit dem Vorbehalt der Haftung für einen fehlenden Prospekt, wenn der Veröffentlichungsfehler so schwer wiege wie die vollständig unterbliebene Veröffentlichung: *Klöhn* DB 2012, 1858 f.; *Mülbert/Steup* in Habersack/Mülbert/Schlitt, Unternehmensfinanzierung, § 33 Rn. 53.

chen Nachtrags wegen der Unrichtigkeit oder Unvollständigkeit des Prospekts Ansprüche aus §§ 21, 22 WpPG zu (s. im Übrigen → Rn. 128).

214 **c) Anspruchsberechtigte.** Ein Anspruch wegen eines fehlenden Prospekts kann nach § 24 Abs. 1 Satz 1 WpPG **nur vom Erwerber** von Wertpapieren geltend gemacht werden, für die entgegen § 3 Abs. 1 Satz 1 WpPG ein Prospekt nicht veröffentlicht wurde. Das gilt ohne Einschränkung für den Erwerber, der **noch Inhaber der Wertpapiere** ist. Ist der Erwerber dagegen **nicht mehr Inhaber der Wertpapiere,** so steht dies – wie sich aus § 24 WpPG Abs. 2 Satz 1 WpPG ergibt – einem Anspruch nicht entgegen, vielmehr ändert sich in diesem Fall lediglich dessen Inhalt.[544]

215 Gleich ob der Erwerber noch Inhaber der Wertpapiere ist, muss das **Erwerbsgeschäft** in Bezug auf die fraglichen Anlagen auf jeden Fall **innerhalb von sechs Monaten nach dem ersten öffentlichen Angebot** im Inland abgeschlossen worden sein.[545] Maßgeblich ist der Zeitpunkt, in dem das Verpflichtungsgeschäft, dh die obligatorische Seite des Erwerbsgeschäfts, vorgenommen wurde. Eine Ausdehnung der Haftung auf Erwerbsgeschäfte, die nach dem Ablauf des Sechsmonatszeitraums erfolgten, ist *de lege lata* nicht begründbar. Das schließt den Vorschlag einer teleologischen Reduktion der Vorschrift ein,[546] da sich keine Anhaltspunkte dafür finden, der Wortlaut der Bestimmung enge den Anwendungsspielraum planwidrig ein. Eine andere Frage ist, ob der Versuch, das Haftungsrisiko aus § 24 WpPG zu beschränken, durch die zeitliche Limitierung einerseits und die Wahl einer Frist von sechs Monaten andererseits rechtspolitisch korrekturbedürftig ist.[547]

216 Darüber hinaus muss das **Erwerbsgeschäft vor Veröffentlichung eines Prospekts** erfolgt sein. Zu diesem Erfordernis, mit dem die **Ursächlichkeit** der unterlassenen Prospektveröffentlichung für den Anlegerschaden formuliert wird, → Rn. 223.

217 Auf den **Erwerb von Wertpapieren desselben Emittenten,** die von den in § 24 Abs. 1 Satz 1 WpPG genannten Wertpapieren nicht nach Ausstattungsmerkmalen oder in sonstiger Weise unterschieden werden können, ist nach § 24 Abs. 1 Satz 2 WpPG die Regelung in § 24 Abs. 1 Satz 1 WpPG entsprechend anzuwenden.[548]

218 Werden Wertpapiere oder Vermögensanlagen eines **Emittenten mit Sitz im Ausland** auch im Ausland öffentlich angeboten, besteht ein Anspruch des Erwerbers wegen fehlenden Prospekts nach § 24 Abs. 3 WpPG nur für den Fall, dass die Wertpapiere oder Vermögensanlagen aufgrund eines **im Inland abgeschlossenen Geschäfts** oder einer ganz oder teilweise **im Inland erbrachten Wertpapierdienstleistung** (iS von § 2 Abs. 3 WpHG) erworben wurden.[549] Im Umkehrschluss heißt dies, dass es des Nachweises eines Inlandsgeschäfts oder einer im Inland erbrachten Wertpapierdienstleistung auch dann nicht bedarf, wenn die Anlagen auch im Ausland öffentlich angeboten werden, der Emittent seinen Sitz jedoch im Inland hat.

219 **d) Anspruchsgegner.** Der Anspruch wegen eines fehlenden Prospekts richtet sich gegen den **Emittenten** und den **Anbieter** der erworbenen Wertpapiere. Diese haften nach § 24 Abs. 1 Satz 1 WpPG **als Gesamtschuldner.**

220 Fraglich ist allerdings, ob ein **Emittent** auch dann haftet, wenn er **nicht zugleich Anbieter** der erworbenen Wertpapiere war und keiner Prospektpflicht nach § 3 Abs. 1 Satz 1 WpPG unterlag? Der Wortlaut des § 24 Abs. 1 Satz 1 WpPG legt die Annahme nahe, der Emittent hafte auch in diesem Fall für das Fehlen eines Prospekts. Ihr kann aber nicht gefolgt werden, denn die Haftung nach § 24 WpPG ist eine Haftung für die pflichtwidrige

---

[544] Die Regelung entspricht §§ 21 Abs. 2, 22 WpPG betreffend die Haftung bei fehlerhaften Prospekten sowie §§ 20 Abs. 5, 21 Abs. 5 VermAnlG betreffend Verkaufsprospekte.

[545] Das entspricht der Regelung §§ 21 Abs. 1 Satz 1, 22 WpPG betreffend die Haftung bei fehlerhaften Prospekt.

[546] So aber *Kind* in Voß/Arndt, § 13a VerkProspG Rn. 7.

[547] Gegen jede zeitliche Beschränkung *Schäfer* ZGR 2006, 48 f.

[548] Das entspricht §§ 21 Abs. 1 Satz 3, 22 WpPG betreffend die Haftung bei fehlerhaftem Prospekt.

[549] Das entspricht §§ 21 Abs. 3, 22 betreffend die Haftung bei fehlerhaftem Prospekt.

Nichterstellung eines Prospekts und kann deshalb nur den treffen, dem das Gesetz eine solche Pflicht auferlegt.⁵⁵⁰ Auch die Haftung für fehlerhafte Prospekte trifft den Emittenten nicht *per se* als Emittenten, sondern gemäß §§ 21 Abs. 1 Satz 1, 22 WpPG nur, wenn er für den Prospekt die Verantwortung übernommen hat, was nur im Falle seiner Prospektpflicht als Anbieter nach § 3 Abs. 1 Satz 1 WpPG zwangsläufig der Fall ist, oder wenn der Erlass des Prospekts von ihm ausgeht. Deshalb kann es nur dann zu einer gesamtschuldnerischen Haftung von Emittent und Anbieter kommen, wenn der Emittent auch prospektpflichtiger Anbieter ist und neben ihm andere Anbieter auftreten.⁵⁵¹ Das mag die Regel sein, ist aber nicht zwingend, was insbesondere der Fall einer nicht prospektpflichtigen Erstplatzierung und einer (ohne jedes Zutun des Emittenten) durch öffentliches Angebot an das Publikum vorgenommenen und damit nach § 3 Abs. 1 Satz 1 WpPG prospektpflichtigen Zweitplatzierung durch den Ersterwerber belegt.⁵⁵² Alles andere käme einer systemwidrigen Gefährdungshaftung des Emittenten gleich.

Im wertpapierrechtlichen Sinne ist **Emittent eines Wertpapiers,** wer dieses als Aussteller desselben in den Verkehr bringt oder – in der Umschreibung von § 2 Nr. 9 WpPG, die auch im verkaufsprospekthaftungsrechtlichen Kontext in Bezug auf Emittenten von Wertpapieren anzuwenden ist⁵⁵³ – jede Person oder Gesellschaft, die Wertpapiere begibt oder zu begeben beabsichtigt. Als **Anbieter von Wertpapieren** gilt nach § 2 Nr. 10 WpPG eine Person oder Gesellschaft, die Wertpapiere öffentlich anbietet. Als **öffentliches Angebot** wiederum ist nach § 2 Nr. 4 Hs. 1 WpPG eine Mitteilung an das Publikum in jedweder Form und auf jedwede Art und Weise anzusehen, die ausreichende Informationen über die Angebotsbedingungen und die anzubietenden Wertpapiere enthält, um einen Anleger in die Lage zu versetzen, über den Kauf oder die Zeichnung dieser Wertpapiere zu entscheiden.⁵⁵⁴ Die Grenzen der Auslegung sind überschritten, wenn auch die Personen, „die hinter dem öffentlichen Angebot stehen" als Anbieter in vorstehendem Sinne betrachtet werden sollen,⁵⁵⁵ zumal auch für die vorgeschlagene „extensive Auslegung" eine Schutzlücke in Gestalt der Nichteinbeziehung solcher Personen in die Haftung bei fehlendem Prospekt nicht erkennbar ist.

**Emittent und der Anbieter von Wertpapieren oder Vermögensanlagen** können und werden in der Regel identisch sein, doch ist dies nicht zwingend erforderlich⁵⁵⁶. Greift der Emittent bei der **Emission von Aktien** auf die Hilfe eines Konsortiums von Banken zurück, um die Papiere beim Publikum zu platzieren, so sind sowohl der Emittent wie die Mitglieder des Emissionskonsortiums als Anbieter anzusehen:⁵⁵⁷ Der Emittent, weil er im

---

⁵⁵⁰ RegE AnSVG BT-Drucks. 15/3174 vom 24.5.2004, S. 44.

⁵⁵¹ Ebenso *Klöhn* DB 2012, 1859; *Mülbert/Steup* in Habersack/Mülbert/Schlitt, Unternehmensfinanzierung, § 41 Rn. 78; *Pankoke* in Just/Voß/Ritz/Zeising, § 44 BörsG, § 13a VerkProspG Rn. 8; *Schäfer* ZGR 2006, 59 f.; *Wackerbarth* in Holzborn, §§ 13, 13a VerkProspG Rn. 7 (S. 1028).

⁵⁵² Für eine „teleologische Reduktion" des § 13a Abs. 1 Satz 1 VerkProspG für diesen Fall *Schäfer* ZGR 2006, 60.

⁵⁵³ Vgl. RegE Prospektrichtlinie-Umsetzungsgesetz BT-Drucks. 15/4999 vom 8.3.2005, S. 29 zu § 2 Nr. 9 WpPG („Diese Begrifflichkeit findet sich auch im Verkaufsprospektgesetz").

⁵⁵⁴ Nach § 2 Nr. 4 Hs. 2 VermAnlG gilt dies auch für die Platzierung von Wertpapieren durch Institute im Sinne des § 1 Abs. 1b KWG oder ein nach § 53 Abs. 1 Satz 1 oder § 53b Abs. 1 Satz 1 oder Abs. 7 KWG tätiges Unternehmen, wobei Mitteilungen aufgrund des Handels von Wertpapieren an einem organisierten Markt oder im Freiverkehr kein öffentliches Angebot darstellen. Zur Auslegung des § 2 Nr. 4 WpPG hat die BaFin das „Auslegungsschreiben zum Begriff des öffentlichen Angebots von Wertpapieren im Sinne des § 2 Nr. 4 WpPG im Rahmen des Sekundärmarkthandels von Wertpapieren" vom 24.6.2013, Geschäftszeichen PRO 1 – Wp 2030 – 2012/0013, veröffentlicht.

⁵⁵⁵ *Mülbert/Steup* in Habersack/Mülbert/Schlitt, Unternehmensfinanzierung, § 41 Rn. 79. Dagegen schon *Assmann* in Assmann/Schlitt/v. Kopp-Colomb, § 13 VerkProspG Rn. 14.

⁵⁵⁶ RegE AnSVG BT-Drucks. 15/3174 vom 24.5.2004, S. 42; RegE Prospektrichtlinie-Umsetzungsgesetz BT-Drucks. 15/4999 vom 8.3.2005, S. 29.

⁵⁵⁷ So iE auch RegE Prospektrichtlinie-Umsetzungsgesetz BT-Drucks. 15/4999 vom 8.3.2005, S. 29 zu § 2 Nr. 10 WpPG. Nicht vertretbar ist nach Vorstehendem die Ansicht von *Manzei* WM 2006, 848, in der Praxis könne es immer nur *einen* Anbieter geben.

Sinne der vorstehend wiedergegebenen Umschreibung des Anbieters als derjenige gelten muss, „der für das öffentliche Angebot der Vermögensanlage verantwortlich" ist und möglicherweise sogar – je nach den Umständen und den Kundgebungen an das Publikum – „den Anlegern gegenüber nach außen erkennbar als Anbieter" erscheint; und das jeweilige Mitglied des Emissionskonsortiums, weil auch dieses idR „den Anlegern gegenüber nach außen erkennbar als Anbieter" auftritt. Nicht anders verhält es sich, wenn sich der Emittent bei der **Emission anderer Wertpapiere** zur Platzierung der Papiere hierauf spezialisierter **Vertriebsorganisationen** bedient. In diesen Fällen ist vor allem auch „derjenige als Anbieter anzusehen, der die Verantwortung für die Koordination der Vertriebsaktivitäten innehat. Als Indiz hierfür dienen insbesondere entsprechende Vereinbarungen mit dem Emittenten, Aufträge an Unterverbriebe und Provisionsvereinbarungen".[558]

**223** **e) Kausalität.** Die Haftung bei fehlendem Prospekt setzt voraus, dass die pflichtwidrige Nichtveröffentlichung eines Prospekts für den Erwerb der fraglichen Wertpapiere ursächlich ist.[559] Hierzu ist es allerdings nicht erforderlich, dass der Anspruchsteller die Ursächlichkeit des pflichtwidrigen Fehlens eines Prospekts für den Erwerb der Anlage nachweist. Vielmehr wird die **haftungsbegründende Kausalität** der Pflichtverletzung vermutet,[560] sofern der Erwerb der Wertpapiere vor der Veröffentlichung eines das Angebot der Wertpapiere betreffenden Prospekts erfolgte.[561] Die Vermutung ist widerleglich.[562] Hinsichtlich des Erwerbs ist auf die obligatorische Seite des Erwerbsgeschäfts abzustellen. Folgte diesem die verspätete Veröffentlichung eines Prospekts, lässt dies den Anspruch aus § 24 WpPG unberührt.[563] Die Regelung des § 24 Abs. 4 WpPG, nach der ein Anspruch wegen fehlenden Prospekts ausscheidet, wenn der **Erwerber die Pflicht,** einen Prospekt zu veröffentlichen, beim Erwerb **kannte,** ist als eine solche des haftungsausschließenden Mitverschuldens zu betrachten und wird dementsprechend nachfolgend in → Rn. 229 behandelt.

**224** Wendet der Anspruchsgegner ein, der Erfolg in Gestalt des Erwerbs der Anlage wäre auch bei **rechtmäßigem Alternativverhalten** eingetreten, weil der Anleger die fragliche Anlage auch bei ordnungsgemäßer Prospektveröffentlichung erworben hätte, so wird damit ein allgemein und im Zusammenhang mit der Prospekthaftung zu beachtender[564] fehlender **Pflichtwidrigkeitszusammenhang**[565] geltend gemacht.[566] Der Wegfall der Haftung bei

---

[558] RegE Prospektrichtlinie-Umsetzungsgesetz BT-Drucks. 15/4999 vom 8.3.2005, S. 29 zu § 2 Nr. 10 WpPG.
[559] Schon Voraufl. § 6 Rn. 278; *Assmann* in Assmann/Schlitt/v. Kopp-Colomb, § 13a VerkProspG Rn. 19; *Habersack* in Habersack/Mülbert/Schlitt, Handbuch der Kapitalmarktinformation, § 29 Rn. 66; *Mülbert/Steup* in Habersack/Mülbert/Schlitt, Unternehmensfinanzierung, § 41 Rn. 100; *Schäfer* ZGR 2006, 53. **AA** OLG München (vom 2.11.2011 – 20 U 2289/11), BeckRS 2011, 25505 = juris, ohne Begründung; *Becker* in Heidel, § 13a VerkProspG Rn. 18 (Präventionsgedanke); *Bohlken/Lange* DB 2005, 1261; *Fleischer* WM 2004, 1902; *Kind* in Arndt/Voß, § 13a VerkProspG Rn. 12; *Schüppen* in IDW, WP Handbuch 2014, Bd. II, 14. Aufl. 2014, Rn. T 123.
[560] *Schäfer* ZGR 2006, 53; *Mülbert/Steup* in Habersack/Mülbert/Schlitt, Unternehmensfinanzierung, § 41 Rn. 100 f.
[561] Das entspricht der Regelung, die aufgrund von § 13 Abs. 1 VerkProspG iVm § 45 Abs. 2 Nr. 1 BörsG für die Haftung wegen eines fehlerhaften Prospekts gilt.
[562] *Habersack* in Habersack/Mülbert/Schlitt, Handbuch der Kapitalmarktinformation, § 29 Rn. 66; *Mülbert/Steup* in Habersack/Mülbert/Schlitt, Unternehmensfinanzierung, § 41 Rn. 100.
[563] Vgl. RegE AnSVG BT-Drucks. 15/3174 vom 24.5.2004, S. 44.
[564] Voraufl. § 6 Rn. 177 mit umfangreichen Nachweisen zur Rechtsprechung.
[565] Bei fehlendem Pflichtwidrigkeitszusammenhang wird der Erfolg eines tatbestandsmäßigen- und rechtswidrigen Handelns oder Unterlassens dem Betreffenden nicht zugerechnet und kann von daher als eine Frage der Kausalität und der Zurechenbarkeit derselben angesehen werden. Vgl. zum Ganzen *Eisele* in Schönke/Schröder, Strafgesetzbuch, 29. Aufl. 2014, Vor §§ 13 ff. Rn. 91 f., 99. Aus zivilrechtlicher Sicht etwa *Oetker* in MüKoBGB, 6. Aufl. 2012, § 249 Rn. 217 ff. Im Zusammenhang mit der allgemein-zivilrechtlichen Prospekthaftung Voraufl. § 6 Rn. 177.
[566] **AA,** in vermeintlich zwingender Herleitung aus einem formal verstandenen Haftungsgrund für fehlerhafte Prospekte, *Klöhn* DB 2012, 1859.

fehlendem Pflichtwidrigkeitszusammenhang hat in § 23 Abs. 2 Nr. 1 WpPG Anerkennung gefunden und ist damit schon kraft gesetzlicher Regelung auch bei der Prospekthaftung nach §§ 21, 22 WpPG zu berücksichtigen. Dass eine entsprechende gesetzliche Regelung in § 24 WpPG fehlt, spricht nicht gegen die Anwendung des allgemeinen Grundsatzes.[567] Die fehlende Ursächlichkeit der Prospektveröffentlichung für den Anlageerwerb ist vom Anspruchsgegner zu beweisen.[568]

**f) Verschulden.** Die Haftung bei fehlendem Prospekt nach § 24 WpPG setzt voraus, 225 dass der Anspruchsgegner **schuldhaft** einen Prospekt entgegen § 3 Abs. 1 Satz 1 WpPG nicht veröffentlicht hat.[569]

Wie seine Vorgängervorschrift in Gestalt des § 13a VerkProspG (aF) enthält auch § 24 226 WpPG **keine Formulierung, die ausdrücklich ein solches Verschulden verlangt.** Das hat zu der Ansicht geführt, die Haftung nach dem aufgehobenen § 13a Abs. 1 und Abs. 2 VerkProspG aF sei eine verschuldenslose,[570] zumal sich im Referentenentwurf des AnSVG[571] eine § 45 Abs. 1 BörsG entsprechende Verschuldensregelung fand, die im Regierungsentwurf des § 13 VerkProspG fehlte. Jedoch überwiegen schon zu dieser Bestimmung die Zweifel, ob der Gesetzgeber damit die Haftung aus § 13a Abs. 1 und Abs. 2 VerkProspG aF als eine verschuldenslose Haftung ausgestalten wollte, weshalb auch die Haftung bei fehlendem Prospekt als Verschuldenshaftung betrachtet wurde.[572]

Zunächst war und ist darauf hinzuweisen, dass die Haftung für einen fehlenden Prospekt 227 eine **Haftung für pflichtwidriges Handeln** darstellt,[573] die im deutschen Rechtssystem regelmäßig als Verschuldenshaftung ausgestaltet ist.[574] Das gilt sowohl für die Verletzung von Pflichten aus dem Schuldverhältnis (§§ 280 ff. BGB) als auch für die Verletzung von Verkehrspflichten und die Deliktshaftung. Qualifiziert man die Haftung für einen fehlenden Prospekt als deliktische,[575] so würde der mit einer verschuldenslosen Haftung begrün-

---

[567] Ohne auf die § 45 Abs. 2 Nr. 1 BörsG zu Grunde liegenden allgemeinen Rechtsgedanken einzugehen, lehnt *Fleischer* BKR 2004, 346 f., diese Ansicht unter Berufung auf den Wortlaut des § 13a VerkProspG, der keine der börsengesetzlichen Regelung entsprechende Bestimmung enthalte, ab; dem zustimmend *Manzei* WM 2006, 851. Die Anwendung des allgemeinen Grundsatzes wäre aber selbst dann nicht ausgeschlossen, wenn man in § 13a VerkProspG eine strikte, verschuldenslose Haftung sehen wollte, da in diesem Falle nachgewiesen werden müsste, dass sich das einer Gefährdungshaftung unterworfene Risiko tatsächlich nicht realisiert hat.
[568] Nicht zu folgen ist der Ansicht von *Bohlken/Lange* DB 2005, 1261, ein Anlageerwerb auch bei Prospektveröffentlichung ließe sich, ohne den Inhalt des nicht veröffentlichten Prospekts in die Betrachtung mit einzubeziehen, nicht beweisen und müsse von daher ausscheiden.
[569] *Mülbert/Steup* in Habersack/Mülbert/Schlitt, Unternehmensfinanzierung, § 41 Rn. 119. **AA** *Habersack* in Habersack/Mülbert/Schlitt, Handbuch der Kapitalmarktinformation, § 29 Rn. 66; *Klöhn* DB 2012, 1859.
[570] Namentlich *Fleischer* BKR 2004, 346, und *ders.* WM 2004, 1901. Ebenso *Barta* NZG 2005, 306 f.; *Benecke* BB 2006, 2600; *Becker* in Heidel, § 13a VerkProspG Rn. 14; *Feldmann/Löwisch* in Staudinger, BGB, Neubearb. 2012, § 311 BGB Rn. 186; *Habersack* in Habersack/Mülbert/Schlitt, Handbuch der Kapitalmarktinformation, § 28 Rn. 66; *Kind* in Arndt/Voß, § 13a VerkProspG Rn. 14; *Panetta/Zessel* NJOZ 2010, 418 f.; *Wackerbarth* in Holzborn, §§ 13, 13a VerkProspG Rn. 7 (S. 1028).
[571] § 13a Abs. 4 Satz 1 RefE AnSVG, abgedruckt in ZBB 2004, 168, 194.
[572] Ebenso *Bohlken/Lange* DB 2005, 1261; *Mülbert/Steup* in Habersack/Mülbert/Schlitt, Unternehmensfinanzierung, § 33 Rn. 111; *Schäfer* ZGR 2006, 52; *Spindler* NJW 2004, 3455 (eindeutiger Verweis auf § 13 VerkProspG [aF] und vom Gesetzgeber gewollter Gleichlauf mit den übrigen Prospekthaftungsnormen).
[573] RegE AnSVG BT-Drucks. 15/3174 vom 24.5.2004, S. 44 („pflichtwidrige Nichterstellung").
[574] Eine Garantiehaftung für fehlenden Prospekt wäre auch nach *Mülbert/Steup* in Habersack/Mülbert/Schlitt, Unternehmensfinanzierung, § 33 Rn. 111, ein Fremdkörper im System der Haftung für fehlerhafte Kapitalmarktinformation; auch *Schäfer* ZGR 2006, 52.
[575] Das entspricht dem verbreiteten Verständnis der gesetzlichen Prospekthaftungsbestimmungen – namentlich der börsengesetzlichen – als deliktische. S. etwa, jeweils mwN. Voraufl. § 6 Rn. 28; *Assmann*, Prospekthaftung, S. 241 ff.; *v. Bar* ZGR 1983, 496 ff.; *Bischoff* WM 2002, 491; *Frohne*, Prospektpflicht, S. 66; *Gebauer*, S. 77 ff.; *Hopt* WM 2013, 104, unter Hinweise auf die entsprechende Qua-

dete Gefährdungshaftungstatbestand nur schwerlich in das für die Gefährdungshaftung geltende deutsche System passen. Dieses knüpft daran an, dass jemand eine Gefahrenquelle zum eigenen Vorteil unterhält und beherrscht und deshalb die Schäden soll ersetzen müssen, die Dritten – unabhängig davon, ob sich diese Schäden durch Maßnahmen pflichtgemäßer Sorgfalt hätten vermeiden lassen – aus der Realisierung der mit dem Betrieb verbundenen Gefahren entstehen.[576] Dessen ungeachtet hätte der Gesetzgeber den außergewöhnlichen Fall der Einführung einer verschuldenslosen Haftung, wäre er gewollt gewesen, begründet und nicht unkommentiert gelassen. Entsprechende Ausführungen wären für diesen Fall umso mehr zu erwarten gewesen, als in der Regierungsbegründung zu § 13a VerkProspG aF mehrfach hervorgehoben wird, die in dieser Bestimmung statuierten Anspruchsvoraussetzungen seien denjenigen der – unstreitig als Verschuldenshaftung ausgestalteten – Haftung für einen fehlerhaften Wertpapierprospekt oder Vermögensanlage-Verkaufsprospekt nachgebildet.[577] Auch in der Sache wäre es ein Systembruch,[578] die Haftung für fehlende Prospekte einer strengeren Haftung zu unterwerfen als die für fehlerhafte Prospekte, nachdem der Gesetzgeber über Jahrzehnte eine zivilrechtliche Haftung für fehlende Prospekte nicht für regelungsbedürftig und bei Einführung des § 13a VerkProspG aF für nicht gegeben betrachtete.[579] Dementsprechend wurde die **fehlende Verschuldensregelung** in § 13a VerkProspG aF als **planwidrige Lücke** angesehen.[580] Folgt man dem, lässt sich die Haftung aus § 24 WpPG dafür, dass ein Emittenten **nach Abstimmung mit der BaFin** von der Erstellung und Veröffentlichung eines Prospekts abgesehen hat, schon mangels eines Verschuldens zurückweisen, vorausgesetzt dies war Teil der gebotenen Prüfung der Rechtslage.[581]

228 Geht man deshalb auch im Hinblick auf § 24 WpPG von einem Verschuldenserfordernis aus, so legt das Vorhaben des Gesetzgebers, die Haftung bei fehlenden Prospekten derjenigen bei fehlerhaften Prospekten nachzubilden, die entsprechende Anwendung von § 21 Abs. 1 Satz 1, iVm § 23 Abs. 1 WpPG nahe.[582] Diese sehen im Hinblick auf den Verschul-

---

lifikation im internationalen Kontext. Nach **aA** handelt es sich um einen Fall der kraft Gesetzes eintretenden Vertrauenshaftung. S. etwa, ebenfalls jeweils mwN, *Canaris,* Bankvertragsrecht, Rn. 2277; *Ellenberger,* S. 9; *Hamann* in Schäfer/Hamann, §§ 44, 45 BörsG Rn. 36; *Schwark* in Schwark/Zimmer, §§ 44, 45 BörsG Rn. 7.

[576] Vgl. statt vieler und mwN *Deutsch/Ahrens,* Deliktsrecht, 5. Aufl. 2009, § 24, Rn. 519 ff.; *Esser/Weyers,* Schuldrecht, Bd. II Teilband 2, 8. Aufl. 2000, S. 129 f., 147 f.; *Kötz,* Gefährdungshaftung, in Bundesminister der Justiz, Gutachten und Vorschläge zur Überarbeitung des Schuldrechts, Bd. II, 1981, S. 1781, 1786 ff.; *Wagner* in MüKoBGB, 6. Aufl. 2013, Vor § 823 Rn. 17.

[577] RegE AnSVG BT-Drucks. 15/3174 vom 24.5.2004, S. 44 (Hervorh. hinzugefügt): „Durch die Einführung des § 13a wird eine entsprechende Haftungsnorm geschaffen, wenn ein Wertpapier-Verkaufsprospekt oder ein Verkaufsprospekt für die Anlageformen des § 8f *pflichtwidrig* nicht erstellt wurde. Dabei sind die Anspruchsvoraussetzungen und -ausschlüsse denen des Anspruchs wegen eines fehlerhaften Prospekts *nachgebildet.*" Darauf weist auch *Schäfer* ZGR 2006, 51, hin.

[578] Zutreffend *Schäfer* ZGR 2006, 52 („systemwidrig"); ähnlich *Bohlken/Lange* DB 2005, 1261, mit dem Hinweis, sonst träten „Wertungswidersprüche" auf. Da es um das deutsche Haftungssystem geht, lässt sich dagegen nicht – etwa mit *Fleischer* BKR 2004, 346 – anführen, die strikte Haftung fände im US-amerikanischen Recht einen Rückhalt. Nicht zwingend ist allerdings auch der Hinweis, die Nichtveröffentlichung eines Prospekts nach § 17 Abs. 1 Nr. 1 VerkProspG aF stelle eine Ordnungswidrigkeit nur bei Vorsatz und Leichtfertigkeit (welche in etwa grober Fahrlässigkeit entspricht) dar, weil sich zivilrechtliche und ordnungswidrigkeitsrechtliche Sanktionen nicht decken müssen und letztere stets Verschulden voraussetzen.

[579] So die Feststellung im RegE AnSVG BT-Drucks. 15/3174 vom 24.5.2004, S. 44: „Nach der bisherigen Rechtslage besteht ein Anspruch des Anlegers nur bei fehlerhaften Prospekten".

[580] Wie hier *Bohlken/Lange* DB 2005, 1261; *Schäfer* ZGR 2006, 53. **AA** *Barta* NZG 2005, 307 („kein Versehen").

[581] IE auch *Klöhn* DB 2012, 1859, mit allerdings gezwungener und nicht überzeugender Begründung (kein Verstoß gegen Verfahrensvorschriften bezüglich Prospekterstellung und -veröffentlichung).

[582] Zu § 13a VerkProspG aF auch *Schäfer* ZGR 2006, 52.

densnachweis eine **Umkehr der Beweislast** zu Lasten des Anspruchsgegners vor,[583] beschränken dessen Haftung aber, entgegen § 276 Abs. 1 Satz 1 BGB, auf **Vorsatz und grobe Fahrlässigkeit**. Dem damit verbundenen Nachteil des Ausschlusses der Haftung für leichte Fahrlässigkeit steht der unbestreitbare Vorteil einer rechtlich abgesicherten Beweislastumkehr gegenüber, was im Interesse des Anlegerschutzes gegen eine Heranziehung von § 276 Abs. 1 BGB zur Lückenfüllung spricht.

**g) Mitverschulden.** Eine gesetzliche Sonderregelung der Frage der Berücksichtigung eines **Mitverschuldens** des Anspruchstellers – nach anderer Ansicht eine Regelung zur fehlenden haftungsbegründenden Kausalität[584] – enthält § 24 Abs. 4 WpPG.[585] Nach dieser Bestimmung scheidet eine Haftung bei fehlendem Prospekt aus, wenn der Erwerber die Pflicht, einen Prospekt zu veröffentlichen, beim Erwerb kannte.[586] Die haftungsausschließende Kenntnis des Anlegers ist vom Anspruchsgegner nachzuweisen.[587]

**h) Inhalt des Anspruchs.** Wie bei der Haftung für fehlerhafte Prospekte nach §§ 21, 22 WpPG ist auch bei derjenigen für fehlende Prospekte im Hinblick auf das Anspruchsziel danach zu **differenzieren**, ob der **Erwerber noch Inhaber der Wertpapiere ist oder nicht**.

Ist der Anspruchsteller **noch Inhaber der Wertpapiere**, so kann er nach § 24 Abs. 1 Satz 1 WpPG von dem Emittenten und dem Anbieter als **Gesamtschuldner** die Übernahme der Wertpapiere oder Vermögensanlagen gegen Erstattung des Erwerbspreises und der mit dem Erwerb verbundenen üblichen Kosten verlangen. Allerdings besteht der Anspruch auf Erstattung des Erwerbspreises nur in dem Umfang, in dem dieser den ersten Erwerbspreis nicht überschreitet. Die Regelung entspricht derjenigen in §§ 21 Abs. 1 Satz 1, 22 WpPG und unterscheidet sich von dieser nur in der Hinsicht, dass der in § 21 Abs. 1 Satz 1 WpPG verwandte und auf die Zulassung der Wertpapiere zum Börsenhandel zurückgehende Maßstab des „Ausgabepreises der Wertpapiere" durch denjenigen des ersten Erwerbspreises der Wertpapiere, auf die sich die Prospektpflicht nach § 3 Abs. 1 Satz 1 WpPG bezieht, ersetzt wird. Mit dieser Maßgabe gelten die Ausführungen zur Regelung des § 21 Abs. 1 Satz 1 WpPG (→ Rn. 189ff.) entsprechend.

Ist der Anspruchsteller **nicht mehr Inhaber** der Wertpapiere oder Vermögensanlagen, so kann er nach § 24 Abs. 2 Satz 1 WpPG die Zahlung des Unterschiedsbetrags zwischen dem Erwerbspreis und dem Veräußerungspreis der Wertpapiere oder Vermögensanlagen sowie der mit dem Erwerb und der Veräußerung verbundenen üblichen Kosten verlangen. Die Vorschrift entspricht §§ 21 Abs. 2, 22 WpPG, mit dem einzigen Unterschied, dass sie – weil es nicht um einen Börsenzulassungsprospekt geht – der Regelung nicht bedarf, der zufolge den Erwerbspreis den ersten Ausgabepreis der Wertpapiere nicht überschreiten darf. Mit dieser Einschränkung gelten die Ausführungen zur Regelung des § 21 Abs. 2 WpPG (→ Rn. 194ff.) entsprechend. Auch hier haften Emittent und Anbieter als **Gesamtschuldner** (§ 24 Abs. 1 Satz 1, Abs. 2 Satz 2 WpPG).

**i) Verjährung.** Nach der Vorgängervorschrift des § 24 WpPG – § 13a Abs. 5 VerkProspG aF – verjährten Ansprüche bei fehlendem Prospekt in einem Jahr seit dem Zeitpunkt, zu dem der Erwerber Kenntnis von der Pflicht, einen Prospekt oder Verkaufsprospekt zu veröffentlichen, erlangt hat, spätestens jedoch in drei Jahren seit dem Abschluss des Erwerbsgeschäfts. Mit dem Gesetz zur Novellierung des Finanzanlagenvermittler- und Vermögensanlagenrechts vom 6.12.2011[588] wurde sowohl diese Bestimmung (mitsamt dem

---

[583] Ebenso *Mülbert/Steup* in Habersack/Mülbert/Schlitt, Unternehmensfinanzierung, § 41 Rn. 120.
[584] S. dazu schon → Rn. 185 mit Fn. 482 zur Haftung bei fehlerhaftem Prospekt und zur entsprechenden Regelung in § 23 Abs. 2 Nr. 3 WpPG.
[585] Die Vorschrift entspricht § 23 Abs. 2 Nr. 3 WpPG.
[586] Das entspricht der Regelung, die aufgrund von § 13 Abs. 1 VerkProspG iVm § 45 Abs. 2 Nr. 3 BörsG für die Haftung wegen eines fehlerhaften Prospekts gilt.
[587] Vgl. auch *Schäfer* ZGR 2006, 55.
[588] S. o. Fn. 40.

VerkProspG) als auch diese Sonderverjährungsregelung mit Wirkung zum 1.6.2012 aufgegeben (→ Rn. 200). Die Nachfolgevorschrift des § 24 WpPG sieht eine solche nicht mehr vor.

**234** Das bedeutet, dass Ansprüche aus § 24 WpPG nach § 195 BGB **in drei Jahren verjähren**. Gemäß § 199 Abs. 1 BGB **beginnt die Verjährung** mit dem Schluss des Jahres, in dem der Anspruch entstanden ist und der Anspruchsteller von den Umständen, die den Anspruch begründen, und der Person des Schuldners Kenntnis erlangt hat (positive Kenntnis) oder ohne grobe Fahrlässigkeit hätte erlangen müssen (grob fahrlässige Unkenntnis). Ohne Rücksicht auf die Kenntnis oder grob fahrlässige Unkenntnis verjähren diese Ansprüche **spätestens** in zehn Jahren von ihrer Entstehung an und ohne Rücksicht auf ihre Entstehung und die Kenntnis oder grob fahrlässige Unkenntnis spätestens in 30 Jahren beginnend mit der Begehung der Handlung, der Pflichtverletzung oder dem sonstigen, den Schaden auslösenden Ereignis (§ 199 Abs. 3 BGB). Die **Beweislast** in Bezug auf die Kenntnis oder die grob fahrlässige Unkenntnis des Anspruchstellers und damit zu Beginn und Ablauf der Verjährungsfrist liegt beim Anspruchsgegner (→ Rn. 202).

**235** **j) Haftungsfreizeichnung, Konkurrenzen.** Nach § 25 Abs. 1 WpPG ist eine Vereinbarung, durch die ein Anspruch nach § 24 WpPG **im Voraus ermäßigt oder erlassen** wird, unwirksam. Die Vorschrift betrifft auch Ansprüche bei fehlerhaftem Prospekt nach §§ 21, 22 WpPG, weshalb im Übrigen auf die diesbezüglichen Ausführungen in → Rn. 197 f. verwiesen werden kann.

**236** **Weitergehende Ansprüche,** die nach den Vorschriften des bürgerlichen Rechts aufgrund von Verträgen oder vorsätzlichen unerlaubten Handlungen erhoben werden können, bleiben gemäß § 25 Abs. 2 WpPG unberührt. Auch hierzu kann auf die entsprechenden Ausführungen zu Ansprüchen nach §§ 21, 22 WpPG in → Rn. 199 verwiesen werden.

**237** **k) Gerichtliche Zuständigkeit.** Nach § 32b Abs. 1 ZPO ist ua für Klagen, mit denen der Ersatz eines aufgrund falscher, irreführender oder unterlassener öffentlicher Kapitalmarktinformationen verursachten Schadens geltend gemacht wird, und damit auch für Ansprüche bei fehlendem Prospekt nach § 24 WpPG,[589] ausschließlich das **Gericht am Sitz des betroffenen Emittenten** zuständig, sofern sich der Sitz des Emittenten oder der Zielgesellschaft nicht im Ausland befindet. Hierzu und zu weiteren Einzelheiten kann auf die Ausführungen zu Ansprüchen bei fehlerhaften Prospekten nach §§ 21, 22 WpPG in → Rn. 203 ff. verwiesen werden. Nach § 71 Abs. 2 Nr. 3 GVG sind für Schadensersatzansprüche aufgrund falscher, irreführender oder unterlassener öffentlicher Kapitalmarktinformationen ohne Rücksicht auf den Wert des Streitgegenstandes die **Landgerichte** zuständig.

### IV. Prospekthaftung nach dem Vermögensanlagegesetz und Haftung bei unrichtigem Vermögensanlagen-Informationsblatt

**238** **1. Übersicht und Übergangsregelungen.** Das Gesetz über Vermögensanlagen (Vermögensanlagengesetz – VermAnlG) ist auf Vermögensanlagen anzuwenden, die im Inland **öffentlich angeboten** werden (§ 1 Abs. 1 VermAnlG). **Vermögensanlagen** im Sinne des VermAnlG sind im Wesentlichen nicht in Wertpapieren iSd WpPG verbriefte und nicht als Anteile an Investmentvermögen iSd § 1 Abs. 1 des KAGB ausgestaltete Anteile, die eine Beteiligung am Ergebnis eines Unternehmens gewähren, Anteile an einem Vermögen, das der Emittent oder ein Dritter in eigenem Namen für fremde Rechnung hält oder verwal-

---

[589] Nach § 1 Abs. 1 Satz 3 KapMuG sind öffentliche Kapitalmarktinformationen „für eine Vielzahl von Kapitalanlegern bestimmte Informationen über Tatsachen, Umstände, Kennzahlen und sonstige Unternehmensdaten, die einen Emittenten von Wertpapieren oder Anbieter von sonstigen Vermögensanlagen betreffen", wobei § 1 Abs. 1 Satz 4 Nr. 1 und 2 KapMuG dazu insbesondere Angaben in Prospekten nach dem Wertpapierprospektgesetz und in Verkaufsprospekten nach Verkaufsprospektgesetz sowie dem Investmentgesetz zählt. Zur Erfassung von Prospekthaftungsansprüchen etwa *Toussaint* in Vorwerk/Wolf, Beck'scher Online-Kommentar ZPO (Stand 15.3.2014), § 32b ZPO Rn. 2 ff.

tet (Treuhandvermögen), Genussrechte[590] und Namensschuldverschreibungen (§ 1 Abs. 2 VermAnlG). Derjenige, der im Inland Vermögensanlagen öffentlich anbietet (Anbieter), muss nach § 6 VermAnlG einen **Verkaufsprospekt** nach den Vorschriften des Vermögensanlagengesetzes veröffentlichen, sofern nicht bereits nach anderen Vorschriften eine Prospektpflicht besteht oder ein Verkaufsprospekt nach den Vorschriften dieses Gesetzes bereits veröffentlicht worden ist (§ 6 VermAnlG). Sind in einem solchen Verkaufsprospekt für die Beurteilung der Vermögensanlagen wesentliche Angaben unrichtig oder unvollständig oder ist ein solcher Prospekt pflichtwidrig nicht veröffentlicht worden, wird hierfür nach Maßgabe von § 20 WpPG **(Haftung bei fehlerhaftem Verkaufsprospekt)** bzw. § 22 WpPG **(Haftung bei fehlendem Verkaufsprospekt)** gehaftet.

Daneben sieht das Gesetz in § 22 VermAnlG noch eine **Haftung bei unrichtigem Vermögensanlagen-Informationsblatt** vor, das ein Anbieter, der im Inland Vermögensanlagen öffentlich anbietet, nach § 13 Abs. 1 VermAnlG vor dem Beginn des öffentlichen Angebots neben dem Verkaufsprospekt zu erstellen hat.[591] Wegen ihrer Nähe zur Haftung bei fehlerhaftem oder fehlendem Verkaufsprospekt wird nachfolgend auch die Haftung nach § 22 WpPG dargestellt.

Die Prospekthaftung nach §§ 20, 21 VermAnlG **entspricht weitgehend den Bestimmungen der §§ 13, 13 VerkProspG aF** in Bezug auf Vermögensanlagen. Diese Vorschriften wurden, zusammen mit den übrigen Bestimmungen des VerkProspG, durch Art. 2 des Gesetzes zur Novellierung des Finanzanlagenvermittler- und Vermögensanlagenrechts vom 6.12.2011[592] aufgehoben. Hierzu und zu weiteren mit diesem Gesetz verbundenen Änderungen der Prospekthaftung → Rn. 16. Da auch die Vorschriften der §§ 21, 22 WpPG über die Haftung bei fehlerhaften Wertpapierprospekten und des § 24 WpPG über fehlende Wertpapierprospekte weitgehend mit denen der aufgehobenen §§ 13, 13a VerkProspG übereinstimmen, kann bei der Darstellung der Haftungsvoraussetzungen der Prospekthaftung für fehlerhafte und fehlende Verkaufsprospekte überwiegend auf diejenigen betreffend Wertpapierprospekte verwiesen werden.

Die Vorschriften des VermAnlG über die Haftung bei fehlerhaftem und fehlendem Verkaufsprospekt sowie bei unrichtigem Vermögensanlagen-Informationsblatt sind nach Art. 26 Abs. 3 des Gesetzes zur Novellierung des Finanzanlagenvermittler- und Vermögensanlagenrechts vom 6.12.2011[593] am 1.6.2012 in Kraft getreten. Nach der **Übergangsregelung** des § 32 Abs. 2 Satz 1 VermAnlG sind für Ansprüche wegen fehlerhafter Verkaufsprospekte, die vor dem 1.6.2012 im Inland veröffentlicht worden sind, das VerkProspG und die §§ 44 bis 47 BörsG jeweils in der bis zum 31.5.2012 geltenden Fassung weiterhin anzuwenden. Für den Fall, dass entgegen § 8f Abs. 1 Satz 1 VerkProspG in der bis zum 31.5.2012 geltenden Fassung Verkaufsprospekte nicht veröffentlicht wurden, ist nach § 32 Abs. 2 Satz 2 VermAnlG für die daraus resultierenden Ansprüche, die bis zum 31.5.2012 entstanden sind, das VerkProspG in der bis zum 31.5.2012 geltenden Fassung weiterhin anzuwenden.

**2. Haftung bei fehlerhaftem Verkaufsprospekt. a) Übersicht.** Aufgrund der Überführung der bislang in § 13 VerkProspG aF enthaltenen Regelung der Haftung bei fehlerhaften Verkaufsprospekten für Vermögensanlagen in § 20 VermAnlG wurde die entsprechende Prospekthaftungsbestimmung in Anpassung an das veränderte Regelungsumfeld und den entfallenen Verweis auf die Prospekthaftungsbestimmungen des BörsG **neu formuliert.** Dabei wurde das **bisherige Haftungsregime übernommen.** Aufgegeben wurde allein die bislang für Prospekthaftungsansprüche nach dem VerkProspG iVm dem

---

[590] Wertpapiermäßig verbriefte Genussrechte – Genussscheine – unterfallen der Prospektpflicht nach § 3 Abs. 1 WpPG.
[591] Dazu *Müchler* WM 2012, 976 f.; *Rinas/Pobortscha* BB 2012, 1615; *Schäfer/Schäfer* ZBB 2013, 30.
[592] S. o. Fn. 40.
[593] S. o. Fn. 40.

BörsG in § 46 BörsG geregelte kurze Sonderverjährung, sodass auch Ansprüche aus § 20 VermAnlG den **allgemeinen Verjährungsvorschriften** der §§ 195 ff. BGB unterliegen.

**243** **b) Anwendungsbereich.** Die Haftung nach § 20 VermAnlG bezieht sich auf von der BaFin gebilligte und aufgrund von § 6 VermAnlG **veröffentlichte Verkaufsprospekte.** Nach dieser Bestimmung ist ein Verkaufsprospekt zu veröffentlichen, wenn im Inland Vermögensanlagen öffentlich angeboten werden, es sei denn, der Anbieter unterliegt nicht bereits nach anderen Vorschriften einer Prospektpflicht oder ein Verkaufsprospekt nach den Vorschriften dieses Gesetzes ist bereits veröffentlicht worden. **Vermögensanlagen** in diesem Sinne sind nicht in Wertpapieren verbriefte und nicht als Anteile an Investmentvermögen iSd § 1 Abs. 1 des KAGB ausgestaltete Anteile, die eine Beteiligung am Ergebnis eines Unternehmens gewähren, Anteile an einem Vermögen, das der Emittent oder ein Dritter in eigenem Namen für fremde Rechnung hält oder verwaltet (Treuhandvermögen), Genussrechte und Namensschuldverschreibungen (§ 1 Abs. 2 VermAnlG). Hervorzuheben ist, dass **Anteile an geschlossenen Immobilienfonds,** die den klassischen Anwendungsfall einer dem VerkProspG unterfallenden Vermögensanlage bildeten, nicht mehr als Vermögensanlagen iSd VermAnlG gelten, sondern als Anteile an Investmentvermögen dem KAGB unterfallen (→ Rn. 345). Vermögensanlagen iSd VermAnlG sind dagegen **Beteiligungen an operativ tätigen Unternehmen** außerhalb des Finanzsektors[594] wie Anteile an Personengesellschaften (darunter va Kommanditanteile an Kommanditgesellschaften), GmbH-Anteile, GbR-Anteile sowie stille Beteiligungen an den genannten Gesellschaften oder an bestimmten Vermögensmassen. Das Angebot von GbR-Beteiligungen zur Finanzierung von Bürgersolaranlagen fällt damit unter die Prospektpflicht nach dem VermAnlG,[595] dasjenige zur Finanzierung von Aktienclubs[596] (Investmentclubs) allerdings nur dann, wenn gewährleistet ist, dass mit diesen nicht gewerblich Kapital von Dritten beschafft wird (in diesem Falle käme eine Prospektpflicht nach dem KAGB in Betracht, → Rn. 355). Nicht erfasst sind **partiarische Darlehen,**[597] die Darlehen und keine Unternehmensbeteiligungen darstellen und den Darlehensgeber lediglich am Gewinn und nicht am Verlust des Unternehmens partizipieren lassen. Obschon als Kapitalanlageprodukt angeboten, unterliegen sie derzeit keiner Prospektpflicht (zu Reformüberlegungen → Rn. 21 mit Fn. 50a). Zur Frage, wann ein **öffentliches inländisches Angebot** von Vermögensanlagen vorliegt siehe die Ausführungen zu → Rn. 260.

**244** Verkaufsprospekte iSd § 20 VermAnlG sind nur solche **veröffentlichten Prospekte, die von der BaFin** nach § 8 VermAnlG **gebilligt** wurden.[598] Nach § 11 Abs. 1 Satz 1 VermAnlG zu erstellende und vor Veröffentlichung von der BaFin nach § 11 Abs. 1 Satz 2 und Satz 4 VermAnlG zu billigende **Nachträge** sind wie Verkaufsprospekte zu behandeln.[599] Zur Begründung und zu weiteren Einzelheiten gelten die Ausführungen zu Wertpapierprospekten → Rn. 128 entsprechend. Zur Haftung für einen **fehlenden Nachtrag**

---

[594] So das Abgrenzungskriterium zu dem KAGB unterfallenden Organismen für gemeinsame Anlagen (Investmentvermögen) in § 1 Abs. 1 Satz 1 KAGB.

[595] Beispiel in BaFin, Die Prospektpflicht und das Verfahren im Überblick, http://www.bafin.de/DE/Aufsicht/Prospekte/ProspekteVermoegensanlagen/Verfahren/verfahren_node.html.

[596] Beispiel ebenfalls in BaFin, Die Prospektpflicht und das Verfahren im Überblick, http://www.bafin.de/DE/Aufsicht/Prospekte/ProspekteVermoegensanlagen/Verfahren/verfahren_node.html, doch ohne den folgenden Vorbehalt.

[597] *Bruchwitz/Voß* BB 2011, 1226, 1227; *Bußalb/Vogel* WM 2012, 1416, 1417. Sa BaFin, Die Prospektpflicht und das Verfahren im Überblick, http://www.bafin.de/DE/Aufsicht/Prospekte/ProspekteVermoegensanlagen/Verfahren/verfahren_node.html.

[598] S. die Ausführungen in → Rn. 125 und → Rn. 212 zu Wertpapierprospekten. Speziell zu Verkaufsprospekten iSv § 13 VerkProspG aF s. *Assmann* in Assmann/Schlitt/v. Kopp-Colomb, § 13 VerkProspG Rn. 20.

[599] Die Ausführungen zu Wertpapierprospekten in → Rn. 128 gelten entsprechend. Speziell zu Verkaufsprospekten iSv § 13 VerkProspG aF s. *Assmann* in Assmann/Schlitt/v. Kopp-Colomb, § 13 VerkProspG Rn. 21.

siehe die Ausführungen unten Rn. 284. Ein **Produktinformationsblatt**, das einem Kunden nach § 31 Abs. 3 WpHG iVm § 5a WpDVerOV im Zusammenhang mit einer Anlageberatung vor dem Abschluss eines Geschäfts über Finanzinstrumente zur Verfügung zu stellen ist, ist weder Prospekt iS der allgemein-zivilrechtlichen Prospekthaftung (s. schon oben Rn. 37) noch ist es ein Prospekt iSd § 20 VermAnlG (→ Rn. 243), für den nach dieser Bestimmung gehaftet würde.[600]

245 Wie beim Wertpapierprospekt (→ Rn. 129) bleibt die Haftung aus § 20 Abs. 1 VermAnlG unberührt, wenn der gebilligte Verkaufsprospekt bzw. der Nachtrag zu demselben unter Verstoß gegen Bestimmungen der § 9 Abs. 2 Satz 1 und Satz 2 VermAnlG bzw. § 11 Abs. 1 Satz 4 VermAnlG **lediglich fehlerhaft veröffentlicht** wurde.[601]

246 c) **Unrichtiger oder unvollständiger Verkaufsprospekt.** Ein Anspruch aus § 21 Abs. 1 Satz 1, 2 VermAnlG setzt voraus, dass in dem Verkaufsprospekt für die Beurteilung der Vermögensanlagen wesentliche Angaben unrichtig oder unvollständig sind. Die für die Beurteilung der Unrichtigkeit oder Unvollständigkeit eines Verkaufsprospekts für Vermögensanlagen **maßgeblichen Gesichtspunkte** unterscheiden sich grundsätzlich nicht von denen, die für die Beurteilung von Angaben in Wertpapierprospekten gelten. Deshalb genügen hier wenige Stichworte zur Sache und Verweise zu den Einzelheiten:

247 – **Beurteilungszeitpunkt und Nachtragspflicht:** Unrichtigkeit und Unvollständigkeit eines Verkaufsprospekts sind aus einer **Ex-ante-Sicht** unter Berücksichtigung ausschließlich der Verhältnisse bis zur **Billigung** des Verkaufsprospekts nach § 8 Abs. 1 Satz 2 VermAnlG vorzunehmen (→ Rn. 132 ff.). Eine Prospektunrichtigkeit oder -unvollständigkeit, die schon bei Billigung des Prospekts bestand oder nach derselben eingetreten ist, muss nach § 11 Abs. 1 VermAnlG im Wege eines von der BaFin zu billigenden **Nachtrags** veröffentlicht werden. Zu den inhaltlichen und formellen Anforderungen an den Nachtrag siehe die Ausführungen oben Rn. 135. Anders als für Wertpapierprospekte ist bei Verkaufsprospekten keine dem ehemaligen § 45 Abs. 2 Nr. 4 BörsG (aF) entsprechende, eine Haftung aus § 20 Abs. 1, 2 VermAnlG ausschließende **Berichtigung** mittels bestimmter Bekanntmachungen vorgesehen, weil es im Bereich der Vermögensanlagen an entsprechenden Bekanntmachungsmedien – wie etwa Ad-hoc-Mitteilungen – fehlt.[602]

248 – **Beurteilungsmaßstab:** Wie für die Beurteilung der Angaben in einem Wertpapierprospekts sind auch für diejenigen in einem Verkaufsprospekt die **Kenntnisse und Erfahrungen eines durchschnittlichen Anlegers** maßgeblich (→ Rn. 136 ff.). Da es für die Bestimmung von dessen Empfängerhorizont auf das Publikum des Marktes ankommt, an das sich das jeweilige öffentliche Angebot richtet (→ Rn. 136), ist in Bezug auf Prospekte für Vermögensanlagen eine **adressatenbezogene Differenzierung** vorzunehmen, wenn sich das Angebot und der Verkaufsprospekt ausdrücklich an ein bestimmtes Publikum richten.[603] Ist dies nicht der Fall, so ist davon auszugehen, dass der durchschnittliche Anleger nicht mit der gebräuchlichen Schlüsselsprache vertraut ist und einen Prospekt nicht nur flüchtig, sondern sorgfältig und eingehend liest.[604] Der Empfängerhorizont des durchschnittlichen Anlegers ist auch für die Beurteilung der Richtigkeit und Vollständigkeit der Angaben in einer deutschen **Zusammenfassung** maßgeblich, wie sie nach § 2 Abs. 1 Satz 5 VermAnlG für den Fall zu erstellen ist, dass die BaFin gemäß § 2 Abs. 1 Satz 4 VermAnlG die Abfassung des Verkaufsprospekts von Emittenten mit Sitz im Ausland ganz oder teilweise in einer anderen in internationalen Finanzkreisen gebräuchlichen Sprache gestattet hat (→ Rn. 139).

---

[600] So iE auch *Schäfer/Schäfer* ZBB 2013, 28 f.
[601] In Bezug auf Verkaufsprospekte nach § 13 VerkProspG aF s. *Assmann* in Assmann/Schlitt/v. Kopp-Colomb, § 13 VerkProspG Rn. 22.
[602] RegE eines Gesetzes zur Novellierung des Finanzanlagenvermittler- und Vermögensanlagenrechts, BT-Drucks. 17/6051 vom 6.6.2011, S. 37 (zu § 20 Abs. 4 VermAnlG).
[603] → Rn. 137 mit Fn. 354 f.
[604] → Rn. 138 mit Fn. 358 f.

**249** – **Angaben:** Zu Angaben iS von § 20 Abs. 1 Satz 1 VermAnlG gehören neben den dem Beweis zugänglichen Tatsachen auch auf ihre Vertretbarkeit überprüfbare Meinungen, Werturteile und zukunftsbezogene Informationen wie etwa Prognosen oder Informationen über Vorhaben. Zu den Einzelheiten kann auf die Ausführungen zu Wertpapierprospekten in → Rn. 140 ff. verwiesen werden.

**250** – **Angaben von wesentlicher Bedeutung:** Unter Berücksichtigung der Zielsetzung der Prospekthaftung, für die Richtigkeit und Vollständigkeit von Angaben zu sorgen, die ein durchschnittlicher Anleger braucht, um eine informierte, Chancen und Risiken erkennende Anlageentscheidung treffen zu können, lassen sich als **wesentlich** iS von § 20 Abs. 1 Satz 1 VermAnlG alle Angaben über Umstände bezeichnen, die objektiv zu den wertbildenden Faktoren einer Anlage gehören und die ein durchschnittlicher, verständiger Anleger „eher als nicht" bei seiner Anlageentscheidung berücksichtigen würde (→ Rn. 141). Dem entspricht die Formulierung des § 7 Abs. 1 Satz 1 VermAnlG und von § 2 Verordnung über Vermögensanlagen-Verkaufsprospekte (Vermögensanlagen-Verkaufsprospektverordnung – VermVerkProspV), denen zufolge der Verkaufsprospekt alle tatsächlichen und rechtlichen Angaben enthalten muss, die notwendig sind, um dem Publikum eine zutreffende Beurteilung des Emittenten der Vermögensanlagen und der Vermögensanlagen zu ermöglichen, wobei nach § 7 Abs. 1 Satz 2 VermAnlG für den Fall, dass die Vermögensanlagen Anteile an einem Treuhandvermögen darstellen und dieses ganz oder teilweise aus einem Anteil an einer Gesellschaft besteht, der Verkaufsprospekt auch die entsprechenden Angaben zu dieser Gesellschaft zu enthalten hat.

**251** Allein der Umstand, dass der Prospekt die gesetzlich nach § 7 VermAnlG iVm der Vermögensanlagen-Verkaufsprospektverordnung **erforderlichen Mindestangaben nicht enthält,** macht ihn deshalb noch nicht unrichtig oder unvollständig iSd § 20 Abs. 1 Satz 1 VermAnlG; die diesbezüglichen Ausführungen in Bezug auf Wertpapierprospekte oben Rn. 142 gelten entsprechend. Auch eine Mehrzahl je für sich nicht als wesentlich zu betrachtender Angaben können einen haftungsrelevanten Prospektmangel begründen, wenn sie im Hinblick auf die Vermögens-, Ertrags- und Liquiditätslage des Emittenten (iS von § 1 Abs. 3 VermAnlG) einen **unzutreffenden Gesamteindruck** erzeugen oder, synonym, ein unzutreffendes **Gesamtbild** vermitteln; s. dazu die entsprechenden Ausführungen und Nachweise zur allgemein-zivilrechtlichen Prospekthaftung → Rn. 61 und zum Wertpapierprospekt → Rn. 143.

**252** – **Unrichtigkeit von Angaben:** Mitgeteilte **Tatsachen** sind unrichtig, wenn sie zum Zeitpunkt der Prospekterstellung mit den wirklichen Verhältnissen nicht übereinstimmen; **Prognosen, Meinungen** und **Werturteile** sind unrichtig, wenn sie nicht ausreichend durch Tatsachen gestützt und kaufmännisch nicht vertretbar sind (hierzu und zu Einzelheiten → Rn. 144). **Formale Mängel** des Prospekts – namentlich Verstöße gegen die Gliederungsbestimmung des § 2 Abs. 3 Satz 1 VermVerkProspV und § 2 Abs. 1 Satz 3 VermVerkProspV, demzufolge der Verkaufsprospekt in einer Form abzufassen ist, die sein Verständnis und seine Auswertung erleichtert – führen nicht zur Unrichtigkeit der von diesen betroffenen Angaben,[605] können aber einen zur Haftung nach § 20 VermAnlG führenden unzutreffenden oder irreführenden **Gesamteindruck** erzeugen (→ Rn. 145). Im Übrigen ist im Hinblick auf die Beurteilung der Unrichtigkeit von Verkaufsprospekten auf die **allgemeinen Grundsätze** zu verweisen, wie sie bereits → Rn. 50 ff. im Zusammenhang mit der allgemein-zivilrechtlichen Prospekthaftung dargestellt wurden.

**253** Für die Beurteilung der Richtigkeit – und Vollständigkeit – von Angaben in der nach § 2 Abs. 1 Satz 5 VermAnlG erstellten deutschen Zusammenfassung eines Verkaufsprospekts von Emittenten mit Sitz im Ausland, der nach entsprechender Genehmigung durch die BaFin gemäß § 2 Abs. 1 Satz 4 VermAnlG ganz oder teilweise in einer ande-

---

[605] Ausweislich § 2 Abs. 3 Satz 2 VermVerkProspV muss ein Verstoß gegen die Gliederungsvorgaben der VermVerkProspV nicht einmal zur Versagung der Billigung des Prospekts führen.

ren in internationalen Finanzkreisen gebräuchlichen Sprache abgefasst ist, ist mangels einer Regelung im VermAnlG die Vorschrift des § 23 Abs. 2 Nr. 5 WpPG entsprechend heranzuziehen. Dieser zufolge besteht kein Anspruch wegen eines Prospektmangels, wenn er sich ausschließlich aufgrund von Angaben in der Zusammenfassung ergibt, es sei denn, die Zusammenfassung ist irreführend, unrichtig oder widersprüchlich, wenn sie zusammen mit den anderen Teilen des Prospekts gelesen wird. Auch wenn in diesem Fall möglicherweise allein die Zusammenfassung in deutscher Sprache abgefasst ist, stellt sie doch keinen selbständigen Prospekt, sondern nur einen Prospektbestandteil dar, auf dessen Richtigkeits- und Vollständigkeitsbeurteilung der der Regelung des § 23 Abs. 2 Nr. 5 WpPG zugrunde liegende Rechtsgedanke anzuwenden ist.

– **Unvollständigkeit von Angaben:** Ein Verkaufsprospekt ist unvollständig, wenn in ihm **Angaben fehlen,** die für einen Anlageentschluss **von wesentlicher Bedeutung** sind oder sein können. Gemeint sind damit Angaben über Umstände, die objektiv zu den wertbildenden Faktoren einer Anlage gehören und die ein durchschnittlicher, verständiger Anleger „eher als nicht" bei seiner Anlageentscheidung berücksichtigen würde (→ Rn. 148, 141).[606] Entsprechend formuliert § 7 Abs. 1 VermAnlG, der Verkaufsprospekt müsse alle tatsächlichen und rechtlichen Angaben enthalten, die notwendig sind, um dem Publikum eine zutreffende Beurteilung des Emittenten der Vermögensanlagen und der Vermögensanlagen selbst zu ermöglichen und habe bei Vermögensanlagen in Gestalt von Anteilen an einem Treuhandvermögen, das ganz oder teilweise aus einem Anteil an einer Gesellschaft besteht, auch die entsprechenden Angaben zu dieser Gesellschaft zu enthalten. Dem korrespondiert der in § 2 Abs. 1 Satz 1 VermVerkProspV formulierte allgemeine Grundsatz, der Verkaufsprospekt müsse über die tatsächlichen und rechtlichen Verhältnisse, die für die Beurteilung der angebotenen Vermögensanlagen notwendig sind, Auskunft geben. Zur Vollständigkeitskontrolle unter dem Gesichtspunkt des von einem Prospekt erzeugten **Gesamteindrucks/Gesamtbilds** siehe → Rn. 61, 143. 254

Die **Billigung eines Verkaufsprospekts** durch die BaFin stellt kein Urteil über seine Vollständigkeit dar (→ Rn. 149) und erlaubt auch keine diesbezügliche Vermutung. Ebenso wenig ist der Verkaufsprospekt vollständig, weil er alle nach § 7 Abs. 3 VermAnlG iVm den Bestimmungen der VermVerkProspV erforderlichen **Mindestangaben** (§ 2 Abs. 1 Satz 2 VermVerkProspV) enthält; umgekehrt führen fehlende Mindestangaben noch nicht *per se* zu einer einen Anspruch aus § 20 VermAnlG begründenden Unvollständigkeit des Verkaufsprospekts (dazu entsprechend → Rn. 149). Zur Unvollständigkeit eines Verkaufsprospekt wegen der Unvollständigkeit von Angaben in **Zusammenfassung** → Rn. 248. Zur Frage, inwieweit **Geheimhaltungsinteressen** der Veröffentlichung von Informationen entgegenstehen können, siehe die Ausführungen im Rahmen der Darstellung der allgemein-zivilrechtlichen Prospekthaftung in → Rn. 64 ff. Im Übrigen ist im Hinblick auf die Beurteilung der Unvollständigkeit von Verkaufsprospekten auf die **allgemeinen Grundsätze** zurückzugreifen, wie sie bereits in → Rn. 54 ff. im Zusammenhang mit der allgemein-zivilrechtlichen Prospekthaftung dargestellt wurden. 255

d) **Anspruchsgegner.** Der Anspruch wegen Fehlerhaftigkeit eines Verkaufsprospekts richtet sich gemäß § 20 Abs. 1 Satz 1 VermAnlG gegen diejenigen, die für den Verkaufsprospekt die **Verantwortung übernommen** haben, und diejenigen, von denen der **Erlass des Verkaufsprospekts ausgeht.** Ihre Haftung ist eine gesamtschuldnerische und umfasst auch die Haftung für einen **Nachtrag** (→ Rn. 152, 159 f.). 256

Der **Adressatenkreis** der Haftung bei fehlerhaftem Verkaufsprospekt entspricht damit demjenigen der Haftung bei fehlerhaften Wertpapierprospekten nach §§ 21 Abs. 1 Satz 1, 22 WpPG. Die diesbezüglichen Ausführungen in → Rn. 153 ff. bzw. 157 ff. gelten deshalb 257

---

[606] In Bezug auf die Prospekthaftung in Bezug auf Prospekte für geschlossene Fonds vor Erlass des KAGB und § 306 KAGB s. die Beispiele bei *Nobbe* WM 2013, 195.

entsprechend – dh unter Außerachtlassung des Personenkreises, der ausschließlich bei Börsenzulassungsprospekten und der Börsenzulassung von Wertpapieren als Adressat der Prospekthaftung nach § 21 Abs. 1 Satz 1 WpPG in Betracht kommt – auch für die Haftung für fehlerhafte Verkaufsprospekte. **Im Einzelnen** sind maßgeblich für die Haftung
– der Erlasser des Prospekts und der Prospektunterzeichner, → Rn. 153,
– der tatsächlichen Urheber eines Prospekts (Hintermänner, Mitglieder der Leitungsgruppe, Prospektveranlasser), → Rn. 157,
– der Emittenten der Vermögensanlage, → Rn. 153 f.,
– der Anbieter der Vermögensanlage, → Rn. 153 f.,
– Dritte, die durch entsprechende Prospekterklärung die Verantwortung für den Prospekt übernehmen, → Rn. 155,
– der Vertriebshelfer, einschließlich eines Konsortiums aus Vertriebshelfern, → Rn. 156,
– der beruflichen Sachkenner (Experten) und Wirtschaftsprüfer, → Rn. 158 sowie
– der als Referenz in Erscheinung tretenden Prominenten und Personen des öffentlichen Interesses, → Rn. 158.

**258** **e) Anspruchsberechtigte.** Den Prospekthaftungsanspruch aus § 20 VermAnlG kann geltend machen, wer Vermögensanlagen, für deren Angebot der fehlerhafte Verkaufsprospekt veröffentlicht wurde, **erworben hat,** sofern das Erwerbsgeschäft in einem bestimmten **Zeitkorridor** stattgefunden hat, nämlich nach Veröffentlichung des Verkaufsprospekts und während der Dauer des öffentlichen Angebots iS von § 11 Abs. 1 Satz 1 VermAnlG, spätestens jedoch innerhalb von zwei Jahren nach dem ersten öffentlichen Angebot der Vermögensanlagen im Inland, abgeschlossen wurde (§ 20 Abs. 1 Satz 1 VermAnlG). Ob der **Erwerber noch Inhaber der Wertpapiere** ist, erlangt erst im Rahmen der Bestimmung des Inhalts des Prospekthaftungsanspruchs Bedeutung.

**259** Entspricht § 20 Abs. 1 VermAnlG im Wesentlichen der Regelung des § 44 Abs. 1 BörsG (in der ihr durch § 13 Abs. 1 Nr. 1 und Nr. 3 lit. a, b und c VerkProspG aF gegebenen Lesart), so weicht § 20 Abs. 1 Satz 1 VermAnlG im Hinblick auf den **Zeitkorridor** von dieser ab. Sahen § 13 Abs. 1 VerkProspG iVm § 44 Abs. 1 BörsG im Hinblick auf den Erwerb der fraglichen Anlage ein Zeitfenster von der Veröffentlichung des Prospekts an bis zu sechs Monaten nach deren ersten öffentlichen Angebot im Inland vor,[607] so wird dieses durch § 20 Abs. 1 Satz 1 VermAnlG auf die **Dauer des öffentlichen Angebots, längstens jedoch durch eine zwei Jahre** lange Ausschlussfrist, beginnend mit dem ersten öffentlichen Angebot der Vermögensanlagen im Inland, ersetzt und verlängert.[608] Weiterhin gilt, dass für die Beurteilung der Frage, ob der Erwerb der Vermögensanlagen innerhalb dieser Frist erfolgte, auf den Zeitpunkt des Abschlusses des **Verpflichtungsgeschäfts** abzustellen ist.[609]

**260** Zur Beantwortung der Frage, wann ein **öffentliches inländisches Angebot** vorliegt, ist auf die Begriffsbestimmung des öffentlichen Angebots in § 2 Nr. 4 Hs. 1 WpPG und die Grundsätze zur Beurteilung des Inlandsbezugs in der Bestimmung des § 3 Abs. 1 WpPG zurückzugreifen, zumal diese Vorschriften keine wertpapierbezogenen Besonderheiten enthalten. Auf die entsprechenden Ausführungen in → Rn. 154 (öffentliches Angebot) und in → Rn. 168 (öffentliches inländisches Angebot) ist zu verweisen. Ein öffentliches **Angebot endet** zu der in dem Angebot (→ Rn. 154) angegebenen Frist oder mangels einer solchen in dem Zeitpunkt, in dem für das von dem Angebot angesprochene Publikum erkennbar das Angebot beendet wird. Die diesbezügliche Beweislast liegt beim Anspruchsgegner. Den Schwierigkeiten, welche mit einer Bestimmung der Beendigung eines Angebots im Einzel-

---

[607] S. etwa *Assmann* in Assmann/Schlitt/v. Kopp-Colomb, § 13 VerkProspG Rn. 80.
[608] Eine ausführliche Begründung hierzu liefert RegE eines Gesetzes zur Novellierung des Finanzanlagenvermittler- und Vermögensanlagenrechts, BT-Drucks. 17/6051 vom 6.6.2011, S. 36 f.
[609] Entsprechend der Regelung bei Wertpapierprospekten, → Rn. 164. Zu § 13 VerkProspG aF und Verkaufsprospekten etwa *Assmann* in Assmann/Schlitt/v. Kopp-Colomb, § 13 VerkProspG Rn. 82.

§ 5 Prospekthaftung

**261** Gegenstand des Erwerbs müssen Vermögensanlagen iSd § 1 Abs. 2 VermAnlG sein (→ Rn. 243), auf die sich der fehlerhafte Verkaufsprospekt bezieht. Diesen Vermögensanlagen stellt § 20 Abs. 1 Satz 2, Abs. 2 Satz 2 VermAnlG jedoch solche desselben Emittenten gleich, die zwar nicht Gegenstand des Verkaufsprospekts sind, von diesen aber nicht nach Ausstattungsmerkmalen oder in sonstiger Weise unterschieden werden können.

fall verbunden sein können, wird dadurch Rechnung getragen, dass mit der Zweijahresfrist eine davon unabhängige Ausschlussfrist bestimmt ist.

**262** Als **Erwerb** kommt nur der **entgeltliche Erwerb** in Betracht,[610] weil der Erwerbspreis eine der Größen ist, auf welcher die Regelung des Anspruchsinhalts des Prospekthaftungsanspruchs in § 20 Abs. 1 Satz 1 und Abs. 2 VermAnlG Bezug nimmt. Zu den in Betracht kommenden **Erwerbsgeschäften** (wie Erbschaft, Übertragung aufgrund eines Vermächtnisses, Schenkung) siehe die Ausführungen in → Rn. 169.

**263** Ein Verkaufsprospekt, an dem die Prospekthaftung nach § 20 Abs. 1, 2 VermAnlG anknüpft, muss nur veröffentlicht werden, wenn die Vermögensanlagen iSd § 1 Abs. 2 VermAnlG, auf die er sich bezieht, im Inland öffentlich angeboten (dazu → Rn. 260) werden (§§ 1 Abs. 1, 6 VermAnlG). Werden die Vermögensanlagen eines Emittenten mit Sitz im Ausland **auch im Ausland öffentlich angeboten,** besteht der Prospekthaftungsanspruch nur, wenn die Vermögensanlagen aufgrund eines im Inland abgeschlossenen Geschäfts oder einer ganz oder teilweise im Inland erbrachten Wertpapierdienstleistung erworben wurden (iSv § 2 Abs. 3 WpHG). Ihrem Regelungsgehalt nach entspricht die Vorschrift den Bestimmungen der §§ 21 Abs. 3, 22 Nr. 2, 24 Abs. 3 WpPG und der §§ 21 Abs. 3, 22 Abs. 5 VermAnlG.

**264** **f) Kausalität.** Einen Prospekthaftungsanspruch nach § 20 Abs. 1, 2 VermAnlG setzt ua voraus, dass der Anspruchsteller innerhalb des in § 20 Abs. 1 Satz 1 VermAnlG angeführten **Zeitfensters** (→ Rn. 258 f.) Vermögensanlagen erworben hat, die Gegenstand des fehlerhaften Verkaufsprospekts sind. Diese sowohl Nachtragspflichten begrenzende als auch einen Zusammenhang von Prospektveröffentlichung und Anlageerwerb herstellende Regelung[611] ersetzt indes nicht das Erfordernis der **haftungsbegründenden Kausalität** des Verkaufsprospekts für den Erwerb der Vermögensanlagen, auf die er sich bezieht. Das kommt auch in der Vorschrift des § 20 Abs. 4 Nr. 3 VermAnlG zum Ausdruck, derzufolge ein Anspruch aus § 20 Abs. 1, 2 VermAnlG entfällt, wenn der **Erwerber die Unrichtigkeit oder Unvollständigkeit** der Angaben des Verkaufsprospekts **beim Erwerb kannte.**[612] Das belegt, dass der Prospekthaftungsanspruch nach § 20 Abs. 1, 2 VermAnlG nicht auf die Kausalität der Prospektveröffentlichung für den Anlagenerwerb verzichtet, sondern lediglich die **Beweislast** für eine solche auf den Anspruchsgegner verlagert. Zur entsprechenden Regelung für die Haftung bei fehlerhaften Wertpapierprospekten und zu ihrem der Regelung im VermAnlG entsprechenden Hintergrund → Rn. 171. Für die Anwendung des Konstrukts der **Anlagestimmung** als Instrument des Kausalitätsnachweises ist angesichts dieser Regelung und unter heutigen Kapitalmarktbedingungen weder Bedarf noch Raum (näher → Rn. 172).

**265** Darüber hinaus ist im Hinblick auf die **haftungsausfüllende Kausalität** des fehlerhaften Prospekts nachzuweisen, dass die pflichtwidrige Veröffentlichung eines fehlerhaften Verkaufsprospekts – zumindest mitursächlich[613] – **zu dem geltend gemachten Schaden geführt** hat (im Hinblick auf die Haftung bei fehlerhaften Wertpapierprospekten → Rn. 174). Wie bei der allgemein-zivilrechtlichen Prospekthaftung kann der Schaden bereits im prospektveranlassten Erwerb der Vermögensanlage gesehen werden, doch ist zu

---

[610] Ebenso für Wertpapierprospekte → Rn. 169. Zu § 13 VerkProspG aF und Verkaufsprospekten etwa *Assmann* in Assmann/Schlitt/v. Kopp-Colomb, § 13 VerkProspG Rn. 83.

[611] Siehe RegE eines Gesetzes zur Novellierung des Finanzanlagenvermittler- und Vermögensanlagenrechts, BT-Drucks. 17/6051 vom 6.6.2011, S. 36 f.

[612] Zur unterschiedlichen rechtsdogmatischen Einordnung dieser Regelung → Rn. 173 und → Rn. 185.

[613] *Mülbert/Steup* in Habersack/Mülbert/Schlitt, Unternehmensfinanzierung, § 41 Rn. 102.

beachten, dass nach § 20 Abs. 4 Nr. 2 VermAnlG – dem Regelungsgehalt von § 23 Abs. 2 Nr. 2 WpPG für fehlerhafte Wertpapierprospekte entsprechend (→ Rn. 174) – ein Prospekthaftungsanspruch nach § 20 Abs. 1, 2 VermAnlG entfällt, wenn der Sachverhalt, über den unrichtige oder unvollständige Angaben im Verkaufsprospekt enthalten sind, nicht zu einer Minderung des Erwerbspreises der Vermögensanlagen beigetragen hat. Die **Beweislast** hierfür liegt bei den Anspruchsgegnern (→ Rn. 176).

**266**  g) **Verschulden und Mitverschulden.** § 20 Abs. 1 Satz 1 VermAnlG enthält keine Verschuldensregelung, doch bestimmt § 20 Abs. 2 VermAnlG, wortgleich mit § 23 Abs. 1 WpPG in Bezug auf die Haftung bei fehlerhaftem Wertpapierprospekt, dass nicht in Anspruch genommen werden kann, wer nachweist, dass er die Unrichtigkeit oder Unvollständigkeit der Angaben des Verkaufsprospekts nicht gekannt hat und dass die Unkenntnis nicht auf grober Fahrlässigkeit beruht. Wie bei der Haftung für fehlerhafte Wertpapierprospekte folgt daraus zweierlei: zum einen haftet ein jeder Anspruchsgegner nur dann bei fehlerhaften Verkaufsprospekten, wenn ihm in Bezug auf die Unrichtigkeit oder Unvollständigkeit des Verkaufsprospekts Verschulden in Form von **Vorsatz oder grober Fahrlässigkeit** vorgehalten werden kann, und zum anderen wird das **Verschulden** des Anspruchsgegners **vermutet,** sodass es an diesem liegt nachzuweisen, dass ihn kein Verschulden an dem Prospektmangel trifft.

**267**  Zu Einzelheiten betreffend die **Verschuldensanforderungen** in Bezug auf die Haftung bei fehlerhaftem Verkaufsprospekt gelten die Ausführungen zum Verschulden betreffend die Haftung bei fehlerhaften Wertpapierprospekten entsprechend. Zu verweisen ist auf die Ausführungen
– zum Maßstab für grobe Fahrlässigkeit in → Rn. 181,
– zur Beurteilung der Einschaltung von Sachverständigen in → Rn. 182,
– zu Kontroll- und Nachforschungspflichten der Prospektverantwortlichen und Anspruchsgegner in → Rn. 183 sowie
– zu Verantwortlichkeiten und zum Verschulden von Mitgliedern eines Anbieterkonsortiums in → Rn. 184.

**268**  In Bezug auf ein **Mitverschulden** des Anlegers bei Schadensersatzansprüchen aus Prospekthaftung enthält § 20 Abs. 4 Nr. 3 VermAnlG eine (§ 23 Abs. 1 WpPG entsprechende) abschließende Sonderregelung. Nach dieser Bestimmung scheidet ein Anspruch aus § 20 Abs. 1, 2 VermAnlG aus, wenn der Erwerber die Unrichtigkeit oder Unvollständigkeit der Angaben des Prospekts bei dem Erwerb der Wertpapiere kannte. Dass ein Mitverschulden des Anlegers im Rahmen der Haftungsbegründung ausscheidet, gilt auch dann, wenn man in § 20 Abs. 4 Nr. 3 VermAnlG keine Mitverschuldensregelung, sondern eine solche zur fehlenden haftungsbegründenden Kausalität[614] sieht. Im Bereich der **Schadensermittlung** und der **haftungsausfüllenden Kausalität** ist dagegen ein **Mitverschulden** des Anlegers nach § 254 BGB grundsätzlich zu berücksichtigen. Zu Einzelheiten → Rn. 186.

**269**  h) **Inhalt des Prospekthaftungsanspruchs.** Wie der Inhalt der Haftung bei fehlerhaftem Wertpapierprospekt (→ Rn. 187 ff.) **differiert** auch derjenige der Haftung für fehlerhafte Verkaufsprospekte,[615] je nachdem ob der Erwerber noch Inhaber der Vermögensanlagen ist oder nicht.
– Ist der **Erwerber noch Inhaber der Vermögensanlagen,** kann er nach (§ 20 Abs. 1 Satz 1 VermAnlG) die Übernahme der Vermögensanlagen gegen Erstattung des Erwerbspreises, soweit dieser den ersten Erwerbspreis der Vermögensanlagen nicht überschreitet, und der mit dem Erwerb verbundenen üblichen Kosten verlangen.
– Ist der Erwerber **nicht mehr Inhaber der Vermögensanlagen,** so kann er die Zahlung des Unterschiedsbetrags zwischen dem Erwerbspreis, soweit dieser den ersten Er-

---

[614] S. dazu → Rn. 185 mit Fn. 482.
[615] Zur früheren schadensersatzrechtlichen Regelung der Haftung für fehlerhafte Verkaufsprospekte s. *Assmann* in Assmann/Schlitt/v. Kopp-Colomb, § 13 VerkProspG Rn. 99 sowie die Ausführungen zur entsprechenden Regelung für Wertpapierprospekte in → Rn. 187.

werbspreis nicht überschreitet, und dem Veräußerungspreis der Vermögensanlagen sowie der mit dem Erwerb und der Veräußerung verbundenen üblichen Kosten verlangen. Absatz 1 Satz 2 ist anzuwenden.

– In beiden vorgenannten Fällen kann der Anspruch auch für **Vermögensanlagen desselben Emittenten** geltend gemacht werden, die von den Vermögensanlagen, auf die sich der Prospekt bezieht, nicht nach Ausstattungsmerkmalen oder in sonstiger Weise unterschieden werden können (§ 20 Abs. 1 Satz 2, Abs. 2 Satz 2 VermAnlG). Zu erstatten sind in beiden Fällen darüber hinaus die Aufwendungen des Erwerbers (s. dazu die Ausführungen zur allgemein-zivilrechtlichen Prospekthaftung und zur Haftung für Wertpapierprospekte in → Rn. 100 bzw. 191).

Der **Erwerbspreis** ist der vom Erwerber der Wertpapiere bzw. der Vermögensanlagen und Anspruchsteller tatsächlich gezahlte Preis. Zu den **üblichen Kosten** für den Erwerb der der Prospekthaftung unterfallenden Vermögensanlage gehören va die im Zusammenhang mit dem jeweiligen Geschäft zu zahlenden Provisionen und Transaktionskosten. Der **erste Erwerbspreis** ist der vom Ersterwerber der angebotenen Vermögensanlagen gezahlte Preis. Hat ein Anleger die Vermögensanlage, auf die sich der Prospekt bezieht, in dem in § 20 Abs. 1 Satz 1 VermAnlG bestimmten Zeitfenster (→ Rn. 259f.) von einem Dritten gekauft, so kann er von dem Anspruchsgegner keinen höheren Preis verlangen als den, den der Vorerwerber als erster Erwerber gezahlt hat. **Veräußerungspreis** ist der bei dem Weiterverkauf der der Vermögensanlagen tatsächlich erzielte Gegenwert einschließlich aller nichtpekuniären Gegenleistungen (→ Rn. 195).

Dem Anspruch des Anlegers steht dessen Verpflichtung gegenüber, den Anspruchsgegnern die erworbenen, der Prospekthaftung unterliegenden **Vermögensanlagen herauszugeben.** Die Erstattung des Erwerbspreises und die Übergabe der Vermögensanlagen sind Leistungen, die, was im Klageantrag zu berücksichtigen ist, **Zug um Zug** zu erfolgen haben (→ Rn. 192).

Die sich im Zusammenhang mit der Frage, ob der Erwerber der Wertpapiere noch Inhaber derselben ist oder nicht, stellenden Fragen nach einer der Schadensminderung dienenden **Veräußerungspflicht** oder einer Pflicht des Erwerbers zur **Anzeige eines Prospektmangels** sind solche eines Mitverschuldens des Anlegers. Auf die diesbezüglichen, entsprechend geltenden Ausführungen im Zusammenhang mit der Haftung bei fehlerhaftem Wertpapierprospekt (→ Rn. 185) ist zu verweisen.

i) **Haftungsfreizeichnung.** Nach § 20 Abs. 6 Satz 1 VermAnlG ist eine Vereinbarung, durch die der Anspruch aus § 20 Abs. 1, 2 VermAnlG **im Voraus** ermäßigt oder erlassen wird, unwirksam. **Nachträgliche Vereinbarungen,** wie etwa ein Vergleich oder ein (befristeter) Verzicht auf die Geltendmachung des Anspruchs, sind davon nicht erfasst. Zu weiteren Einzelheiten gelten die Ausführungen zur entsprechenden Bestimmung des § 25 Abs. 1 WpPG in Bezug auf die Haftung bei fehlerhaften Wertpapierprospekten (→ Rn. 198) sinngemäß.

j) **Verjährung.** Die vor der Einführung des VermAnlG für die Haftung bei fehlerhaften Verkaufsprospekten kraft des Verweises durch § 13 VerkProspG aF auf § 46 BörsG aF geltende Sonderverjährung ist von dem Gesetz zur Novellierung des Finanzanlagenvermittler- und Vermögensanlagenrechts vom 6.12.2011,[616] welches die börsengesetzliche Prospekthaftung in das WpPG und die verkaufsprospektrechtliche Prospekthaftung teils in das WpPG teils in das VermAnlG überführte, nicht übernommen worden (s. schon → Rn. 200). Mangels anderweitiger Regelung richtet sich mit dem Inkrafttreten der Neuregelung der Haftung bei fehlerhaften Verkaufsprospekten zum 1.6.2012 die Verjährung von börsengesetzlichen und verkaufsprospektgesetzlichen Prospekthaftungsansprüchen nach der **allgemeinen Regelverjährung** von Ansprüchen nach §§ 195, 199 BGB.

Danach **verjähren Ansprüche aus § 20 Abs. 1, 2 VermAnlG** gemäß § 195 BGB in drei Jahren, gemäß § 199 Abs. 1 BGB beginnend mit dem Schluss des Jahres, in dem der

---

[616] S. o. Fn. 40.

Anspruch entstanden ist und der Anspruchsteller von den Umständen, die den Anspruch begründend, und der Person des Schuldners Kenntnis erlangt hat (positive Kenntnis) oder ohne grobe Fahrlässigkeit hätte erlangen müssen (grob fahrlässige Unkenntnis). Ohne Rücksicht auf die Kenntnis oder grob fahrlässige Unkenntnis verjähren diese Ansprüche **spätestens** in zehn Jahren von ihrer Entstehung an und ohne Rücksicht auf ihre Entstehung und die Kenntnis oder grob fahrlässige Unkenntnis spätestens in 30 Jahren beginnend mit der Begehung der Handlung, der Pflichtverletzung oder dem sonstigen, den Schaden auslösenden Ereignis (§ 199 Abs. 3 BGB).

276 Wie bei Ansprüchen betreffend fehlerhafte Wertpapierprospekte (→ Rn. 202) ist hinsichtlich der **Entstehung eines Prospekthaftungsanspruchs** aus § 20 Abs. 1, 2 VermAnlG nicht auf den Zeitpunkt der Prospektveröffentlichung, sondern auf den Zeitpunkt des Erwerbs der Wertpapiere abzustellen. Die **Beweislast** in Bezug auf die Kenntnis oder die grob fahrlässige Unkenntnis des Anspruchstellers und damit zu Beginn und Ablauf der Verjährungsfrist liegt beim Anspruchsgegner (→ Rn. 202).

277 **k) Gerichtsstand.** Nach § 32b Abs. 1 ZPO ist ua für Klagen, mit denen der Ersatz eines aufgrund falscher, irreführender oder unterlassener öffentlicher Kapitalmarktinformationen verursachten Schadens geltend gemacht wird, und damit auch für Prospekthaftungsansprüche aus § 20 Abs. 1, 2 VermAnlG ausschließlich das **Gericht am Sitz des betroffenen Emittenten** zuständig, sofern sich der Sitz des Emittenten oder der Zielgesellschaft nicht im Ausland befindet. Zu weiteren Einzelheiten gelten die Ausführungen zum Gerichtsstand in Bezug auf Ansprüche wegen fehlerhafter Wertpapierprospekte (→ Rn. 203 f.) sinngemäß.

278 Nach **§ 71 Abs. 2 Nr. 3 GVG** sind für Schadensersatzansprüche aufgrund falscher, irreführender oder unterlassener öffentlicher Kapitalmarktinformationen ohne Rücksicht auf den Wert des Streitgegenstandes die Landgerichte zuständig.

279 **l) Konkurrenzen.** Nach § 20 Abs. 6 Satz 2 VermAnlG schließt die Haftung bei fehlerhaften Verkaufsprospekten nach § 20 Abs. 1, 2 VermAnlG weitergehende Ansprüche, die nach den Vorschriften des bürgerlichen Rechts aufgrund von Verträgen oder unerlaubten Handlungen erhoben werden können, nicht aus. Dagegen werden alle anderen Ansprüche, die tatbestandlich an die Fehlerhaftigkeit eines Prospekts anknüpfen, namentlich solche aus allgemein-zivilrechtlicher Prospekthaftung, durch § 20 VermAnlG verdrängt (→ Rn. 206 zu Ansprüchen aus §§ 21, 22 WpPG). Zu weiteren Einzelheiten gelten die Ausführungen zur Konkurrenz der Vorschriften über die Haftung bei fehlerhaften Wertpapierprospekten zu anderweitigen Ansprüchen (→ Rn. 207 f.) sinngemäß.

280 **m) Rechtsschutz.** Unter dem durch das WpPG und das VermAnlG abgelösten börsen- und verkaufsprospektgesetzlichen Prospekthaftungsregime war anerkannt, dass die Geltendmachung eines börsengesetzlichen Prospekthaftungsanspruchs die Erhebung eines Schadensersatzanspruchs aufgrund einer gesetzlichen Haftpflichtbestimmung darstellt. Eine Versicherungsgesellschaft kann deshalb ihrem Kunden, der bei ihr eine Rechtsschutzversicherung abgeschlossen hat, nicht entgegenhalten, die Geltendmachung eines Anspruchs nach § 20 VermAnlG stelle die Wahrnehmung rechtlicher Interessen aus dem Bereich des „Rechts der Handelsgesellschaften" dar, für die ein Rechtsschutz nach den Allgemeinen Versicherungsbedingungen der Versicherungsgesellschaft ausgeschlossen sei.[617]

281 **3. Haftung bei fehlendem Verkaufsprospekt. a) Übersicht.** § 21 VermAnlG, der die Haftung bei fehlendem Verkaufsprospekt zum Gegenstand hat, **übernimmt** weitgehend – mit Ausnahme der bisher in § 13a Abs. 1 Satz 1 VerkProspG aF vorgesehenen Ausschlussfrist sowie der in § 13a Abs. 5 VerkProspG aF enthaltenen Sonderverjährungsvorschrift – die **Regelung des aufgehobenen § 13a VerkProspG.** Zum Hintergrund der Aufhebung des VerkProspG und die Überführung seiner prospekthaftungsrechtlichen Bestimmungen in das WpPG und das VermAnlG siehe die Ausführungen in → Rn. 16 und in → Rn. 240. Da sowohl § 24 WpPG als auch § 21 VermAnlG das Haftungsregime des aufgehobenen § 13a

---

[617] BGH NJW 2003, 2384.

übernehmen, kann bei der nachfolgenden Darstellung der Haftung bei fehlendem Verkaufsprospekt auf die Ausführungen zur Haftung bei fehlendem Wertpapierprospekt nach § 24 WpPG verwiesen werden. Ein **Produktinformationsblatt** iS von § 31 Abs. 3 WpHG iVm § 5a WpDVerOV ist weder ein Prospekt iS der allgemein-zivilrechtlichen Prospekthaftung (→ Rn. 37) noch ein solcher, der nach den Vorschriften des VermAnlG zu erstellen wäre (→ Rn. 244), weshalb nicht nach § 21 VermAnlG gehaftet wird, wenn es entgegen der vorgenannten Bestimmungen des WpHG nicht erstellt wurde.[618]

b) **Verstoß gegen die Pflicht zur Veröffentlichung eines Prospekts.** Die Haftung bei fehlendem Verkaufsprospekt nach § 21 Abs. 1, 2 VermAnlG setzt voraus, dass ein **Verkaufsprospekt entgegen § 6 VermAnlG nicht veröffentlicht** wurde. Nach dieser Vorschrift muss ein Anbieter, der im Inland Vermögensanlagen iS von § 1 Abs. 2 VermAnlG öffentlich anbietet, einen Verkaufsprospekt nach Maßgabe des VermAnlG und der VermVerkProspV veröffentlichen, sofern nicht bereits nach anderen Vorschriften eine Prospektpflicht besteht oder ein Verkaufsprospekt nach den Vorschriften dieses Gesetzes bereits veröffentlicht worden ist. Dabei ist zu berücksichtigen, dass das Angebot wertpapiermäßig verbriefter Anlagen durch das WpPG erfasst ist, das für das Fehlen eines nach dem WpPG zu veröffentlichenden Prospekts mit § 24 WpPG eine § 21 VermAnlG vergleichbare Regelung enthält, und Anteile an Investmentvermögen iSd § 1 Abs. 1 KAGB einer Prospektpflicht und -haftung nach dem KAGB unterfallen (s. dazu unten V.), das mit § 306 Abs. 5 KAGB ebenfalls eine spezielle Bestimmung für die Haftung bei fehlendem Verkaufsprospekt nach dem KAGB kennt (s. u. V.4.). In letzterer Hinsicht ist vor allem bedeutsam, dass sich das Angebot von Anteilen an geschlossenen Immobilienfonds, die den klassischen Anwendungsfall einer dem VerkProspG aF unterfallenden Vermögensanlage bildeten, nunmehr von den Bestimmungen des KAGB erfasst werden.

Der Fall eines entgegen § 6 VermAnlG nicht veröffentlichten Prospekts liegt auch dann vor, wenn ein Prospekt erstellt und gebilligt, aber seine **Veröffentlichung unterblieben** ist (→ Rn. 125, 212). Nicht anders verhält es sich, wenn ein nicht gebilligter Prospekt veröffentlicht wurde, selbst wenn er hätte gebilligt werden können, weil er die Voraussetzungen erfüllte (→ Rn. 212).

Ein **Nachtrag,** der nach § 11 Abs. 1 Satz 1 VermAnlG geboten ist, ist zwar im Hinblick auf seine inhaltliche Kontrolle wie der Verkaufsprospekt, auf den er sich bezieht, als Prospekt zu behandeln. Unterbleibt aber ein solcher Nachtrag, so zieht dies allerdings keine Haftung nach § 21 VermAnlG für einen fehlenden Verkaufsprospekt nach sich. Vielmehr führt der Mangel des nach Billigung des Verkaufsprospekts unrichtig oder unvollständig gewordenen und nicht durch Nachtrag berichtigten Prospekts zu einem Anspruch nach § 20 VermAnlG in Bezug auf den fehlerhaften Verkaufsprospekt (→ Rn. 128, 213), es sei denn, der Erwerber kannte die Unrichtigkeit oder Unvollständigkeit der Angaben des Verkaufsprospekts beim Erwerb (§ 20 Abs. 4 Nr. 3 VermAnlG).

c) **Anspruchsberechtigte.** Anspruchsberechtigt ist derjenige, der **Vermögensanlagen erworben** hat, für die ein Verkaufsprospekt pflichtwidrig – entgegen § 6 VermAnlG – nicht veröffentlicht wurde. Die Frage, ob der Erwerber noch Inhaber der Vermögensanlagen ist oder nicht, spielt diesbezüglich keine Rolle, sondern ist lediglich im Hinblick auf den Inhalt des Anspruchs von Bedeutung.

Anspruchsberechtigt ist allerdings nur, wer die fraglichen Vermögensanlagen **vor Veröffentlichung eines Verkaufsprospekts** und **innerhalb eines Zeitfensters** von zwei Jahren nach dem ersten öffentlichen Angebot der Vermögensanlagen im Inland erworben hat. Dieser Zeitkorridor entspricht der Regelung der Haftung bei fehlerhaftem Verkaufsprospekt in § 20 Abs. 1 Satz 1 VermAnlG und weicht wie diese von der sechsmonatigen Ausschlussfrist ab, wie sie § 13a Abs. 1 Satz 1 VerkProspG (aF) vorsah.[619]

---

[618] Ebenso *Schäfer/Schäfer* ZBB 2013, 28.
[619] Dazu RegE eines Gesetzes zur Novellierung des Finanzanlagenvermittler- und Vermögensanlagenrechts, BT-Drucks. 17/6051 vom 6.6.2011, S. 37.

287 Werden Vermögensanlagen eines **Emittenten von Vermögensanlagen mit Sitz im Ausland** auch im Ausland öffentlich angeboten, besteht ein Anspruch nach § 21 Abs. 1, 2 VermAnlG nur, wenn die Vermögensanlagen aufgrund eines im Inland abgeschlossenen Geschäfts oder einer ganz oder teilweise im Inland erbrachten Wertpapierdienstleistung (iS von § 2 Abs. 3 WpHG) erworben wurden.[620]

288 **d) Anspruchsgegner.** Für einen fehlenden Verkaufsprospekt haften der **Emittent** der Vermögensanlagen und **der Anbieter** derselben als Gesamtschuldner (§ 21 Abs. 1 Satz 1 VermAnlG). Das gleicht der Regelung der Haftung für fehlende Wertpapierprospekte nach § 24 Abs. 1 Satz 1 WpPG (→ Rn. 219 ff.).

289 **Emittent** der Vermögensanlagen ist nach § 1 Abs. 3 VermAnlG die Person oder die Gesellschaft, deren Anteile iS von § 1 Abs. 2 Nr. 1 und 2 VermAnlG oder deren Genussrechte oder von ihr ausgegebene Namensschuldverschreibungen als Vermögensanlagen im Inland öffentlich angeboten werden. **Anbieter** einer Vermögensanlage ist entsprechend der Regelung des § 2 Nr. 10 WpPG jede Person oder Gesellschaft, die Vermögensanlagen öffentlich anbietet, wobei – ebenfalls in sinngemäßer Anwendung der Begriffsbestimmung in § 2 Nr. 4 Hs. 1 WpPG – als öffentliches Angebot von Vermögensanlagen eine Mitteilung an das Publikum in jedweder Form und auf jedwede Art und Weise anzusehen ist, die ausreichende Informationen über die Angebotsbedingungen und die anzubietenden Vermögensanlagen enthält, um einen Anleger in die Lage zu versetzen, über den Kauf dieser Vermögensanlagen zu entscheiden (s. dazu → Rn. 221). Nicht anders als bei der Haftung bei fehlendem Wertpapierprospekt nach § 24 Abs. 1 Satz 1 WpPG haftet ein **Emittent** für einen fehlenden Verkaufsprospekt allerdings nur dann, wenn er **zugleich Anbieter** der vom Anspruchsteller erworbenen Vermögensanlagen ist (→ Rn. 220). Personen, „die hinter dem öffentlichen Angebot stehen" sind nicht als Anbieter in vorstehendem Sinne zu betrachten (→ Rn. 221). Entsprechend der Haftung für fehlende Wertpapierprospekte sind auch im Hinblick auf die Haftung für fehlende Verkaufsprospekte diejenigen zu den Anbietern einer Vermögensanlage zu zählen, die den Vertrieb von Vermögensanlagen übernommen haben (→ Rn. 222).

290 **e) Kausalität.** Die Haftung bei fehlendem Prospekt setzt voraus, dass die pflichtwidrige Nichtveröffentlichung eines Prospekts für den Erwerb der fraglichen Wertpapiere ursächlich ist (→ Rn. 223). Dabei wird die **haftungsbegründende Kausalität** der Pflichtverletzung vermutet, sofern der Erwerb der Wertpapiere vor der Veröffentlichung eines das Angebot der Wertpapiere betreffenden Prospekts erfolgte; die Vermutung ist widerleglich (→ Rn. 223). Hinsichtlich des Erwerbs ist auf die obligatorische Seite des Erwerbsgeschäfts abzustellen. Folgte diesem die verspätete Veröffentlichung eines Prospekts, lässt dies den Anspruch aus § 21 VermAnlG unberührt (→ Rn. 223). Die § 24 Abs. 4 WpPG gleichende Regelung des § 21 Abs. 4 VermAnlG, nach der ein Anspruch wegen fehlenden Prospekts ausscheidet, wenn der **Erwerber die Pflicht,** einen Verkaufsprospekt zu veröffentlichen, beim Erwerb **kannte,** ist als eine solche des haftungsausschließenden Mitverschuldens zu betrachten und wird dementsprechend nachfolgend in → Rn. 293 behandelt.

291 Mit dem Einwand des Anspruchsgegners, der Erwerb der Vermögensanlage wäre auch bei pflichtgemäßer Veröffentlichung eines Verkaufsprospekts eingetreten, weil der Anleger die fragliche Anlage auch in diesem Fall erworben hätte, wird ein zu beachtender fehlender **Pflichtwidrigkeitszusammenhang** geltend gemacht (→ Rn. 224).

292 **f) Verschulden und Mitverschulden.** Entsprechend der Haftung bei fehlendem Wertpapierprospekt nach § 24 WpPG setzt auch diejenige bei fehlendem Verkaufsprospekt nach § 21 VermAnlG voraus, dass den Anspruchsgegner im Hinblick darauf, dass entgegen § 6 VermAnlG ein Verkaufsprospekt nicht veröffentlicht wurde, ein **Verschulden** trifft (siehe, auch zu abweichenden Auffassungen, → Rn. 225 ff.). In entsprechender Anwendung von §§ 21 Abs. 1 Satz 1 iVm § 23 Abs. 1 WpPG ist davon auszugehen, dass nur für

---

[620] Die Regelung entspricht § 20 Abs. 5 VermAnlG betreffend die Haftung bei fehlerhaften Verkaufsprospekt sowie §§ 21 Abs. 3, 22 und § 24 Abs. 3 WpPG in Bezug auf Wertpapierprospekte.

§ 5 Prospekthaftung

**Vorsatz und grobe Fahrlässigkeit** bei **Umkehr der Beweislast** zu Lasten des Anspruchsgegners gehaftet wird (→ Rn. 228).

Eine gesetzliche Sonderregelung der Frage der Berücksichtigung eines **Mitverschuldens** des Anspruchstellers – nach anderer Ansicht eine Regelung zur fehlenden haftungsbegründenden Kausalität[621] – enthält § 21 Abs. 4 VermAnlG.[622] Nach dieser Vorschrift scheidet eine Haftung aus, wenn der Erwerber die Pflicht, einen Verkaufsprospekt zu veröffentlichen, beim Erwerb kannte; die haftungsausschließende Kenntnis des Anlegers ist vom Anspruchsgegner nachzuweisen (→ Rn. 229).

**g) Anspruchsinhalt.** Wie bei der Haftung für fehlerhafte Verkaufsprospekte und der Haftung für fehlende Wertpapierprospekte entsprechend ist im Hinblick auf den Anspruchsinhalt danach zu unterscheiden, ob der **Erwerber noch Inhaber der Vermögensanlagen ist oder nicht:** Ist der Erwerber **noch Inhaber der Vermögensanlagen,** kann er nach § 21 Abs. 1 Satz 1 VermAnlG vom Emittenten und vom Anbieter als Gesamtschuldner die Übernahme der Vermögensanlagen gegen Erstattung des Erwerbspreises, soweit dieser den ersten Erwerbspreis nicht überschreitet, und der mit dem Erwerb verbundenen üblichen Kosten verlangen. Ist der Erwerber **nicht mehr Inhaber der Vermögensanlagen,** kann er nach § 21 Abs. 2 Satz 1 und Satz 2 VermAnlG vom Emittenten und vom Anbieter als Gesamtschuldner die Zahlung des Unterschiedsbetrags zwischen dem Erwerbspreis und dem Veräußerungspreis der Vermögensanlagen sowie der mit dem Erwerb und der Veräußerung verbundenen üblichen Kosten verlangen.

**h) Verjährung.** Nach der Vorgängervorschrift des § 21 VermAnlG – § 13a Abs. 5 VerkProspG (aF) – verjährten Ansprüche bei fehlendem Prospekt in einem Jahr seit dem Zeitpunkt, zu dem der Erwerber Kenntnis von der Pflicht, einen Verkaufsprospekt zu veröffentlichen, erlangt hat, spätestens jedoch in drei Jahren seit dem Abschluss des Erwerbsgeschäfts. Mit dem Gesetz zur Novellierung des Finanzanlagenvermittler- und Vermögensanlagenrechts vom 6.12.2011[623] wurde sowohl diese Bestimmung (mitsamt dem VerkProspG) als auch diese Sonderverjährungsregelung mit Wirkung zum 1.6.2012 aufgegeben (→ Rn. 200). Die Nachfolgevorschrift des § 21 VermAnlG sieht eine solche nicht mehr vor.[624]

Das bedeutet, dass Ansprüche aus § 21 VermAnlG nach § 195 BGB **in drei Jahren verjähren.** Gemäß § 199 Abs. 1 BGB beginnt die Verjährung mit dem Schluss des Jahres, in dem der Anspruch entstanden ist und der Anspruchsteller von den Umständen, die den Anspruch begründend, und der Person des Schuldners Kenntnis erlangt hat (positive Kenntnis) oder ohne grobe Fahrlässigkeit hätte erlangen müssen (grob fahrlässige Unkenntnis). Ohne Rücksicht auf die Kenntnis oder grob fahrlässige Unkenntnis verjähren diese Ansprüche **spätestens** in zehn Jahren von ihrer Entstehung an und ohne Rücksicht auf ihre Entstehung und die Kenntnis oder grob fahrlässige Unkenntnis spätestens in 30 Jahren beginnend mit der Begehung der Handlung, der Pflichtverletzung oder dem sonstigen, den Schaden auslösenden Ereignis (§ 199 Abs. 3 BGB). Die **Beweislast** in Bezug auf die Kenntnis oder die grob fahrlässige Unkenntnis des Anspruchstellers und damit zu Beginn und Ablauf der Verjährungsfrist liegt beim Anspruchsgegner (→ Rn. 202).

**i) Haftungsfreizeichnung, Konkurrenzen.** Nach § 21 Abs. 5 Satz 1 VermAnlG ist eine Vereinbarung, durch die ein Anspruch nach § 24 WpPG **im Voraus ermäßigt oder erlassen** wird, unwirksam. **Nachträgliche Vereinbarungen,** wie etwa ein Vergleich oder ein (befristeter) Verzicht auf die Geltendmachung des Anspruchs, sind zulässig. Zu weiteren Ein-

---

[621] S. dazu schon → Rn. 185 mit Fn. 482 und → Rn. 229.
[622] Der Regelungsgehalt der Vorschrift entspricht demjenigen von §§ 23 Abs. 2 Nr. 3, 24 Abs. 4 WpPG und § 20 Abs. 4 Nr. 3 VermAnlG.
[623] S. o. Fn. 40.
[624] S. RegE eines Gesetzes zur Novellierung des Finanzanlagenvermittler- und Vermögensanlagenrechts, BT-Drucks. 17/6051 vom 6.6.2011, S. 37: „Die bislang in § 13a Absatz 5 des Verkaufsprospektgesetzes enthaltene Sonderverjährungsvorschrift wird nicht übernommen".

zelheiten gelten die Ausführungen zur entsprechenden Bestimmung des § 25 Abs. 1 WpPG in Bezug auf die Haftung bei fehlerhaften Wertpapierprospekten (→ Rn. 198) sinngemäß.

**298** **Weitergehende Ansprüche,** die nach den Vorschriften des bürgerlichen Rechts aufgrund von Verträgen oder vorsätzlichen unerlaubten Handlungen erhoben werden können, bleiben gemäß § 25 Abs. 2 WpPG unberührt.[625] Auch hierzu kann auf die entsprechenden Ausführungen zu Ansprüchen nach §§ 21, 22 WpPG in → Rn. 206 ff. verwiesen werden. Hervorzuheben ist, dass für Dokumente, die anstelle des Prospekts, der nach dem WpPG zu erstellen und zu veröffentlichen gewesen wäre, auch dann nicht nach den Grundsätzen der allgemein-zivilrechtlichen Prospekthaftung gehaftet wird, wenn sie die Voraussetzungen des Prospektbegriffs der **allgemein-zivilrechtlichen Prospekthaftung** (→ Rn. 36) erfüllen würden (s. schon → Rn. 29, 125, 127).[626]

**299** **j) Gerichtliche Zuständigkeit.** Nach § 32b Abs. 1 ZPO ist ua für Klagen wie diejenige aus § 21 VermAnlG ausschließlich das **Gericht am Sitz des betroffenen Emittenten** zuständig, sofern sich der Sitz des Emittenten oder der Zielgesellschaft nicht im Ausland befindet. Hierzu und zu weiteren Einzelheiten kann auf die Ausführungen zu Ansprüchen bei fehlerhaften Prospekten nach §§ 21, 22 WpPG in → Rn. 203 ff. und → Rn. 237 verwiesen werden. Nach § 71 Abs. 2 Nr. 3 GVG sind für Schadensersatzansprüche aufgrund falscher, irreführender oder unterlassener öffentlicher Kapitalmarktinformationen ohne Rücksicht auf den Wert des Streitgegenstandes die **Landgerichte** zuständig.

**300** **4. Haftung bei unrichtigem Vermögensanlagen-Informationsblatt. a) Übersicht.** Das mit dem Gesetz zur Novellierung des Finanzanlagenvermittler- und Vermögensanlagenrechts vom 6.12.2011[627] mit Wirkung ab 1.6.2012 eingeführte Vermögensanlagengesetz brachte mit § 13 Abs. 1 VermAnlG erstmals die Verpflichtung des Anbieters, der im Inland Vermögensanlagen öffentlich anbietet, vor dem Beginn des öffentlichen Angebots neben dem Verkaufsprospekt auch ein **Vermögensanlagen-Informationsblatt** zu erstellen (→ Rn. 16, 239 mwN). Das Vermögensanlagen-Informationsblatt, das nicht mehr als drei DIN-A4-Seiten umfassen darf (§ 13 Abs. 2 Satz 1 VermAnlG), muss nach § 13 Abs. 2 Satz 2 VermAnlG **die wesentlichen Informationen über die Vermögensanlagen** in übersichtlicher und leicht verständlicher Weise so enthalten, dass das Publikum insbesondere die Art der Vermögensanlage, die Anlagestrategie, Anlagepolitik und Anlageobjekte, die mit der Vermögensanlage verbundenen Risiken, die Aussichten für die Kapitalrückzahlung und Erträge unter verschiedenen Marktbedingungen und die mit der Vermögensanlage verbundenen Kosten und Provisionen einschätzen und mit den Merkmalen anderer Finanzinstrumente bestmöglich vergleichen kann. Im Hinblick auf diese Informationen bestimmt § 13 Abs. 4 Sätze 1–3 VermAnlG, dass (1) der Anleger sie verstehen können muss, ohne hierfür zusätzliche Dokumente heranziehen zu müssen, (2) sie kurz zu halten und in allgemein verständlicher Sprache abzufassen sind, (3) sie redlich und eindeutig sein müssen, (4) nicht irreführend sein dürfen und (5) mit den einschlägigen Teilen des Verkaufsprospekts übereinstimmen müssen. Darüber hinaus muss das Vermögensanlagen-Informationsblatt die in § 13 Abs. 3 VermAnlG angeführten Informationen enthalten. Zu diesen gehört insbesondere der nach § 13 Abs. 3 Nr. 5 VermAnlG erforderliche **Hinweis** darauf, dass **Ansprüche auf der Grundlage einer in dem Vermögensanlagen-Informationsblatt enthaltenen Angabe** „nur dann bestehen können, wenn die Angabe irreführend, unrichtig oder nicht mit den einschlägigen Teilen des Verkaufsprospekts vereinbar ist und wenn die Vermögensanlage während der Dauer des öffentlichen Angebots, spätestens jedoch innerhalb von zwei Jahren nach dem ersten öffentlichen Angebot der Vermögensanlagen im Inland, erworben wird".

---

[625] Die Regelung in § 13a Abs. 6 Sätze 1 und 2 VerkProspG entspricht derjenigen, die aufgrund von § 13 Abs. 1 VerkProspG iVm § 47 Abs. 1 und Abs. 2 BörsG für die Haftung wegen eines fehlerhaften Prospekts gilt.

[626] AA *Klöhn* DB 2012, 1859.

[627] S. o. Fn. 40.

Das Vermögensanlagen-Informationsblatt darf sich nach § 13 Abs. 4 Satz 4 VermAnlG **301** jeweils nur auf eine bestimmte Vermögensanlage beziehen und keine werbenden oder sonstigen Informationen enthalten, die nicht dem genannten Zweck dienen. Während der Dauer des öffentlichen Angebots unterliegen die Angaben des Vermögensanlagen-Informationsblatts einer **Aktualisierungspflicht** nach Maßgabe von § 13 Abs. 5 VermAnlG, wobei die aktualisierte Fassung des Vermögensanlagen-Informationsblatts in diesem Zeitraum stets auf der Internetseite des Anbieters zugänglich sein und bei den im Verkaufsprospekt angegebenen Stellen bereitgehalten werden muss. Das Vermögensanlagen-Informationsblatt unterliegt **nicht der Prüfung durch die BaFin**, worauf gemäß § 13 Abs. 3 Nr. 2 VermAnlG im Informationsblatt ausdrücklich hinzuweisen ist, ist dieser aber nach § 14 Abs. 1 Satz 2 VermAnlG – mit der Einreichung des Verkaufsprospekts nach § 14 Abs. 1 Satz 1 VermAnlG – als Hinterlegungsstelle zu übermitteln. Entsprechendes gilt gemäß § 14 Abs. 3 Satz 2 VermAnlG für eine aktualisierte Fassung des Vermögensanlagen-Informationsblatts. Das Vermögensanlagen-Informationsblatt ist Anlegern während der Dauer des öffentlichen Angebots nach Maßgabe von § 15 VermAnlG **zu übermitteln** bzw. **zur Verfügung zu stellen.**

Für die Fehlerhaftigkeit des Vermögensanlagen-Informationsblatts wird nach Maßgabe **302** von § 22 VermAnlG gehaftet. Die der Haftung für fehlerhafte Verkaufsprospekte entsprechende Regelung, der zufolge derjenige, der Vermögensanlagen **aufgrund von Angaben in einem Vermögensanlagen-Informationsblatt erworben** hat, vom Anbieter die Übernahme der Vermögensanlagen gegen Erstattung des Erwerbspreises, soweit dieser den ersten Erwerbspreis der Vermögensanlagen nicht überschreitet, und der mit dem Erwerb verbundenen üblichen Kosten verlangen kann, zeigt, dass dem Vermögensanlagen-Informationsblatt eine **prospektgleiche Funktion** zukommt. Tatsächlich ist die Haftung bei unrichtigem Vermögensanlagen-Informationsblatt nach § 22 VermAnlG „an die Haftung bei fehlerhafter Prospektzusammenfassung (die bisherigen §§ 44, 45 Abs. 2 Nr. 5 BörsG, jetzt §§ 21, 23 Abs. 2 Nr. 5 des WpPG)" sowie an die Haftung bei fehlerhaften „wesentlichen Anlegerinformationen" angelehnt, wie sie ursprünglich in „§ 127, insbesondere Abs. 2 InvG" geregelt war und heute in § 306 Abs. 2 KAGB (s. dazu unten V.3.) zu finden ist.[628] Eine Haftung für ein **fehlendes Vermögensanlagen-Informationsblatt** kennt das VermAnlG schon deshalb nicht,[629] weil es neben dem Verkaufsprospekt weder als solches gebilligt noch separat veröffentlicht werden muss.

b) **Haftung.** aa) Fehlerhaftes Vermögensanlagen-Informationsblatt. Ein Anspruch aus **303** § 22 Abs. 1, 2 VermAnlG setzt voraus, dass die in dem Vermögensanlagen-Informationsblatt enthaltenen Angaben **irreführend, unrichtig** oder **nicht mit den einschlägigen Teilen des Verkaufsprospekts vereinbar** sind (§ 22 Abs. 1 Nr. 1 VermAnlG). Das entspricht der Regelung der Haftung für wesentliche Anlegerinformationen nach § 306 Abs. 2 Satz 1 KAGB, sodass auf die diesbezüglichen, hier sinngemäß geltenden Ausführungen in → Rn. 425 bis 432 verwiesen werden kann. Dieser Regelung sowie derjenigen der Haftung für fehlerhafte Zusammenfassungen in Wertpapierprospekten nach § 21, 22, 23 Abs. 2 Nr. 5 WpPG entspricht auch, dass § 22 VermAnlG die Haftung für ein fehlerhaftes Vermögensanlagen-Informationsblatt **nicht auf unvollständige Angaben** erstreckt.[630]

---

[628] RegE eines Gesetzes zur Novellierung des Finanzanlagenvermittler- und Vermögensanlagenrechts, BT-Drucks. 17/6051 vom 6.6.2011, S. 37 unter besonderem Hinweis auf die europäischen Grundlagen dieser Vorlagen.

[629] *Hanten/Reinholz* ZBB 2012, 47.

[630] Zur Begründung hierfür wird im RegE eines Gesetzes zur Novellierung des Finanzanlagenvermittler- und Vermögensanlagenrechts, BT-Drucks. 17/6051 vom 6.6.2011, S. 37/38 ausgeführt: „Die Regelung beruht darauf, dass ein Vermögensanlagen-Informationsblatt nicht die gleiche Fülle an Informationen enthalten kann wie ein Verkaufsprospekt. Würden die Anbieter hier zur Vollständigkeit verpflichtet, würde dies eine Überfrachtung der Vermögensanlagen-Informationsblätter auslösen, die dem Ziel von kurzen und verständlichen Informationen gerade entgegenstehen würde". *Hanten/Reinholz* ZBB 2012, 47.

**304** Für die Angaben in der nach § 13 Abs. 5 VermAnlG vorzunehmenden, aber wie das Vermögensanlagen-Informationsblatt nicht der Billigung durch die BaFin unterliegenden **Aktualisierung** eines Vermögensanlagen-Informationsblatts wird – einem Nachtrag für einen Verkaufsprospekt entsprechend (→ Rn. 244) – wie für das Informationsblatt nach § 22 VermAnlG gehaftet.

**305** bb) Anspruchsberechtigte und haftungsbegründende Kausalität. **Anspruchsberechtigt** ist nach § 22 Abs. 1 VermAnlG, wer nach Veröffentlichung des Verkaufsprospekts und während der Dauer des öffentlichen Angebots, spätestens jedoch innerhalb von zwei Jahren nach dem ersten öffentlichen Angebot der Vermögensanlagen im Inland (§ 22 Abs. 1 Nr. 2 VermAnlG) aufgrund von Angaben in einem Vermögensanlagen-Informationsblatt Vermögensanlagen erworben hat.

**306** Als **Erwerb** kommt auch hier nur der **entgeltliche Erwerb** in Betracht (→ Rn. 169, 262), weil der Erwerbspreis eine der Größen ist, auf welcher die Regelung des Anspruchsinhalts des Anspruchs aus § 22 Abs. 1, 2 VermAnlG Bezug nimmt. Zu den in Betracht kommenden **Erwerbsgeschäften** (wie Erbschaft, Übertragung aufgrund eines Vermächtnisses, Schenkung) siehe die Ausführungen in → Rn. 169. Die Eingrenzung des **Zeitfensters,** innerhalb dessen das den Anspruch begründende Erwerbsgeschäft erfolgt sein muss, entspricht derjenigen des § 20 Abs. 1 Satz 1 VermAnlG für die Haftung bei fehlerhaftem Verkaufsprospekt. Deshalb kann auf die diesbezüglichen, hier sinngemäß geltenden Ausführungen in → Rn. 259 f. verwiesen werden.[631] Ob der **Erwerber noch Inhaber der Vermögensanlagen** ist, erlangt erst im Rahmen der Bestimmung des Inhalts des Anspruchs aus § 22 VermAnlG Bedeutung (→ Rn. 313).

**307** Handelt es sich bei den erworbenen **Vermögensanlagen** um solche **eines Emittenten mit Sitz im Ausland,** die auch im Ausland öffentlich angeboten werden, besteht der Anspruch nach § 20 Abs. 1, 2 VermAnlG nur, wenn die Vermögensanlagen aufgrund eines im Inland abgeschlossenen Geschäfts oder einer ganz oder teilweise im Inland erbrachten Wertpapierdienstleistung erworben wurden. Die Vorschrift entspricht §§ 21 Abs. 3, 22 Nr. 2, 24 Abs. 3 WpPG und §§ 20 Abs. 5, 21 Abs. 3 VermAnlG.

**308** **Kausalität** zwischen Vermögensanlagen-Informationsblatt und Anlageerwerb verlangend, schränkt § 22 Abs. 1 VermAnlG den Kreis der Anspruchsberechtigten auf die Erwerber von Vermögensanlagen ein, die diese **aufgrund der Angaben in einem Vermögensanlagen-Informationsblatt erworben** haben. Anders als bei der Haftung für fehlerhafte Verkaufsprospekte nach § 20 VermAnlG „wird hier die Kausalität nicht vermutet, sondern muss – wie im Bereich des Investmentrechts für Ansprüche wegen fehlerhafter Angaben in den ‚wesentlichen Anlegerinformationen' – von dem Anleger dargelegt und bewiesen werden".[632] Kritisch dazu → Rn. 403 aE. Anspruchsbegründend ist allein der Umstand, dass Vermögensanlagen aufgrund der Angaben im Vermögensanlagen-Informationsblatt erworben wurden. Auch wenn als Unrichtigkeit des Informationsblatts geltend gemacht wird, dessen Angaben seien „nicht mit den einschlägigen Teilen des Verkaufspros-

---

[631] Zur Begründung der auch in § 22 Abs. 1 Nr. 2 VermAnlG festgelegten Ausschlussfrist führt der RegE eines Gesetzes zur Novellierung des Finanzanlagenvermittler- und Vermögensanlagenrechts, BT-Drucks. 17/6051 vom 6.6.2011, S. 38 an: „[§ 22] Absatz 1 Satz 1 Nummer 2 [VermAnlG] übernimmt die Ausschlussfrist des § 20 [VermAnlG]. Die in § 13 Absatz 5 [VermAnlG] geregelte Aktualisierungspflicht ist zeitlich begrenzt und knüpft – wie die Aktualisierungspflicht für den Verkaufsprospekt – grundsätzlich an die Dauer des öffentlichen Angebots an. Es erscheint daher angebracht, auch eine mögliche Haftung für unrichtige Angaben im Vermögensanlagen-Informationsblatt zeitlich zu begrenzen und sicherzustellen, dass eine Haftung nicht mehr in Betracht kommt, wenn die Dauer des öffentlichen Angebots beendet wurde".

[632] RegE eines Gesetzes zur Novellierung des Finanzanlagenvermittler- und Vermögensanlagenrechts, BT-Drucks. 17/6051 vom 6.6.2011, S. 37. Bei dem hier in Bezug genommenen „Bereich des Investmentrechts für Ansprüche wegen fehlerhafter Angaben in den ‚wesentlichen Anlegerinformationen'" handelt es sich um die Haftung aus § 306 Abs. 2 KAGB; dazu unten V.3. und insbes. → Rn. 435. *Hanten/Reinholz* ZBB 2012, 47.

pekts vereinbar", so erfordert dies nicht, dass der Anleger den Verkaufsprospekt gekannt haben muss.

cc) Anspruchsgegner. **Anspruchsgegner** ist der Anbieter, der – wenn er im Inland Vermögensanlagen iS von § 1 Abs. 2 VermAnlG öffentlich anbietet – nach § 13 VermAnlG verpflichtet ist, ein Vermögensanlagen-Informationsblatt zu erstellen. Im Hinblick auf die Bestimmung des Anbieters sowie zur Beantwortung der Frage, wann ein inländisches öffentliches Angebot vorliegt, kann auf die hier sinngemäß geltenden Ausführungen in → Rn. 154, 168 und 260 verwiesen werden.

dd) Haftungsausfüllende Kausalität. Wie § 20 Abs. 4 Nr. 2 VermAnlG (→ Rn. 265), diese wiederum dem Regelungsgehalt von § 23 Abs. 2 Nr. 2 WpPG für fehlerhafte Wertpapierprospekte entsprechend (→ Rn. 174), enthält auch § 22 Abs. 4 Nr. 2 VermAnlG die Bestimmung, dass ein Anspruch wegen eines fehlerhaften Vermögensanlagen-Informationsblatts nach § 20 Abs. 1, 2 VermAnlG ausscheidet, wenn der Sachverhalt, über den unrichtige Angaben im Vermögensanlagen-Informationsblatt enthalten sind, nicht zu einer Minderung des Erwerbspreises der Vermögensanlagen beigetragen hat.

ee) Verschulden und Mitverschulden. Wie bei der Haftung für fehlerhafte Verkaufsprospekte (→ Rn. 266) ist auch im Hinblick auf die Haftung nach § 22 Abs. 1, 2 VermAnlG davon auszugehen, dass der Anspruchsgegner – der Anbieter – die Fehlerhaftigkeit des Vermögensanlagen-Informationsblatts **verschuldet** haben muss. Das kommt vorliegend auch dadurch zum Ausdruck, dass nach § 22 Abs. 3 VermAnlG nicht nach § 22 Abs. 1, 2 VermAnlG in Anspruch genommen werden kann, wer nachweist, dass er die Unrichtigkeit des Vermögensanlagen-Informationsblatts nicht gekannt hat und dass die Unkenntnis nicht auf grober Fahrlässigkeit beruht. Daraus folgt zum einen, dass auch nach § 22 Abs. 1, 2 VermAnlG nur für **Vorsatz und grobe Fahrlässigkeit** gehaftet wird, und zum anderen, dass für das **Verschulden** des Anspruchsgegners eine von diesem zu widerlegende **Vermutung** spricht. Zu Einzelheiten siehe die im Zusammenhang mit den Ausführungen zum Verschulden bei Ansprüchen wegen fehlerhafter Verkaufsprospekte nach § 20 VermAnlG angeführten Verweise → Rn. 267 auf die Darstellung der Haftung bei fehlerhaften Wertpapierprospekten nach §§ 21, 22 WpPG.

In Bezug auf ein **Mitverschulden** des Anlegers enthält § 22 Abs. 4 Nr. 1 VermAnlG eine abschließende Sonderregelung. Nach dieser Bestimmung scheidet ein Anspruch aus § 22 Abs. 1, 2 VermAnlG aus, wenn der Erwerber die Unrichtigkeit der Angaben des Vermögensanlagen-Informationsblatts beim Erwerb kannte. Die haftungsausschließende Kenntnis des Anlegers ist vom Anspruchsgegner nachzuweisen (→ Rn. 229). Dass ein Mitverschulden des Anlegers im Rahmen der Haftungsbegründung ausscheidet, gilt auch dann, wenn man in § 20 Abs. 4 Nr. 3 VermAnlG keine Mitverschuldensregelung, sondern eine solche zur fehlenden haftungsbegründenden Kausalität sieht.[633] Im Bereich der **Schadensermittlung** und der **haftungsausfüllenden Kausalität** ist dagegen ein **Mitverschulden** des Anlegers nach § 254 BGB grundsätzlich zu berücksichtigen. Zu Einzelheiten → Rn. 186.

ff) Inhalt des Anspruchs. Ist der Erwerber **noch Inhaber der Vermögensanlagen,** kann er nach § 22 Abs. 1 VermAnlG vom Anbieter die Übernahme der Vermögensanlagen gegen Erstattung des Erwerbspreises, soweit dieser den ersten Erwerbspreis der Vermögensanlagen nicht überschreitet, und der mit dem Erwerb verbundenen üblichen Kosten verlangen. Ist der Erwerber **nicht mehr Inhaber der Vermögensanlagen,** kann er nach § 22 Abs. 2 die Zahlung des Unterschiedsbetrags zwischen dem Erwerbspreis, soweit dieser den ersten Erwerbspreis nicht überschreitet, und dem Veräußerungspreis der Vermögensanlagen sowie der mit dem Erwerb und der Veräußerung verbundenen üblichen Kosten verlangen. Die vorgenannten Bestimmungen übernehmen wortgleich die Regelung des § 20 Abs. 1 Satz 1 bzw. Abs. 2 Satz 1 VermAnlG. Die Erläuterungen zu diesen Bestimmungen in → Rn. 269 ff. gelten deshalb sinngemäß auch hier.

---

[633] S. dazu schon → Rn. 185 mit Fn. 482, 268.

314    Dem Anspruch des Anlegers steht dessen Verpflichtung gegenüber, den Anspruchsgegnern die erworbenen Vermögensanlagen **Zug um Zug** gegen die Erstattung des Erwerbspreises und die Übergabe der Vermögensanlagen **herauszugeben.** (→ Rn. 192, 271).

315    gg) Haftungsfreizeichnung. Nach § 22 Abs. 6 Satz 1 VermAnlG ist eine Vereinbarung, durch die der Anspruch nach § 22 Abs. 1, 2 VermAnlG im Voraus ermäßigt oder erlassen wird, unwirksam. **Nachträgliche Vereinbarungen,** wie etwa ein Vergleich oder ein (befristeter) Verzicht auf die Geltendmachung des Anspruchs, sind zulässig. Siehe hierzu im Übrigen → Rn. 198, 273).

316    hh) Verjährung. Der Anspruch aus § 22 Abs. 1, 2 VermAnlG verjährt, mangels einer Sonderverjährungsregelung und den Regelungen für fehlerhafte oder fehlende Prospekte (→ Rn. 201, 234, 275, 296) entsprechend, nach den allgemeinen Verjährungsbestimmungen des BGB, dh gemäß § 195 BGB in drei Jahren, nach § 199 Abs. 1 BGB beginnend mit dem Schluss des Jahres, in dem der Anspruch entstanden ist und der Anspruchsteller von den Umständen, die den Anspruch begründen, und der Person des Schuldners Kenntnis erlangt hat oder ohne grobe Fahrlässigkeit hätte erlangen müssen. Ohne Rücksicht auf die Kenntnis oder grob fahrlässige Unkenntnis verjähren diese Ansprüche **spätestens** in zehn Jahren von ihrer Entstehung an und ohne Rücksicht auf ihre Entstehung und die Kenntnis oder grob fahrlässige Unkenntnis spätestens in 30 Jahren beginnend mit der Begehung der Handlung, der Pflichtverletzung oder dem sonstigen, den Schaden auslösenden Ereignis (§ 199 Abs. 3 BGB). Die **Beweislast** in Bezug auf die Kenntnis oder die grob fahrlässige Unkenntnis des Anspruchstellers und damit zu Beginn und Ablauf der Verjährungsfrist liegt beim Anspruchsgegner (→ Rn. 202).

317    ii) Gerichtsstand. Wie bei Ansprüchen wegen fehlerhafter oder fehlender Prospekte und namentlich nach § 20 VermAnlG für fehlerhafte Verkaufsprospekte (→ Rn. 277) ist auch für Ansprüche aus § 22 Abs. 1, 2 VermAnlG, die sich ausschließlich gegen den Anbieter richten, der aber überwiegend auch der Emittent sein dürfte, nach § 32b Abs. 1 ZPO ausschließlich das **Gericht am Sitz des betroffenen Emittenten** zuständig, sofern sich der Sitz des Emittenten oder der Zielgesellschaft nicht im Ausland befindet. Zu weiteren Einzelheiten ist auf die Ausführungen zum Gerichtsstand in Bezug auf Ansprüche wegen fehlerhafter Wertpapierprospekte (→ Rn. 203 f.) zu verweisen. Nach **§ 71 Abs. 2 Nr. 3 GVG** sind für Schadensersatzansprüche auf Grund falscher, irreführender oder unterlassener öffentlicher Kapitalmarktinformationen ohne Rücksicht auf den Wert des Streitgegenstandes die Landgerichte zuständig.

318    jj) Konkurrenzen. Nach § 22 Abs. 6 Satz 2 VermAnlG bleiben **weitergehende Ansprüche,** die nach den Vorschriften des bürgerlichen Rechts aufgrund von Verträgen oder unerlaubten Handlungen erhoben werden können, vom Anspruch aus § 22 Abs. 1, 2 VermAnlG **unberührt.**

319    Eine Haftung für ein **fehlendes Vermögensanlagen-Informationsblatt** kennt das VermAnlG schon deshalb nicht, weil es neben dem Verkaufsprospekt weder als solches gebilligt noch separat veröffentlicht werden muss. Werden statt des hinterlegten Vermögensanlagen-Informationsblatts oder anstelle eines solchen **andere Dokumente** verwandt, die diesem ähneln, so führt dies weder zur unmittelbaren oder entsprechenden Anwendung des § 22 VermAnlG noch – wegen der hinsichtlich der Prospektpublizität und mit dieser verbundenen Publizität durch das Vermögensanlagen-Informationsblatt abschließenden Regelung des VermAnlG – zu einer Prospekthaftung nach den Grundsätzen der allgemeinzivilrechtlichen Prospekthaftung.

**V. Haftung für den Verkaufsprospekt und andere Haftungstatbestände für fehlerhafte vertriebsbezogene Anlegerinformation nach dem KAGB**

320    1. Übersicht. a) Normentwicklung – Übergangsvorschriften. Zur Entwicklung der **Haftung bei fehlerhaften Prospekten für Investmentanteile** im Rahmen der Entwicklung der Prospekthaftung sowie zur Entstehung des KAGB → Rn. 17 ff.

Die Vorschriften des § 306 KAGB über die Haftung bei fehlerhaften bzw. fehlenden Ver- 321
kaufsprospekten und die Haftung für fehlerhafte wesentliche Anlegerinformationen sind
gem. Art. 28 Abs. 2 AIF-UmsG am 22.7.2013 **in Kraft getreten** (→ Rn. 19). Im Hinblick
auf Ansprüche nach der durch § 306 KAGB abgelösten Bestimmung des aufgehobenen § 127
InvG id Fassung vom 30.6.2011 enthält § 352 KAGB **Übergangsvorschriften:** (1) § 352
Satz 1 KAGB bestimmt, dass auf vor dem 1.7.2011 entstandene Ansprüche § 127 Abs. 5 InvG
in der bis zum 30.6.2011 geltenden Fassung weiter anzuwenden ist. Bei dieser handelt es sich
um eine Verjährungsvorschrift, die bestimmte: „Der Anspruch verjährt in einem Jahr seit
dem Zeitpunkt, in dem der Käufer von der Unrichtigkeit oder Unvollständigkeit der Verkaufsprospekte Kenntnis erlangt hat, spätestens jedoch in drei Jahren seit dem Abschluss des
Kaufvertrages." (2) Des Weiteren regelt § 352 Satz 2 KAGB, dass in allen Fällen, in denen
dem Käufer von Anteilen die wesentlichen Anlageinformationen oder der Verkaufsprospekt
nach dem Investmentgesetz zur Verfügung gestellt worden sind, für diese Dokumente nach
§ 127 InvG id bis zum 21.7.2013 geltenden Fassung gehaftet wird.

**b) Haftungstatbestände.** aa) Haftung bei fehlerhaftem Verkaufsprospekt (§ 306 Abs. 1, 322
3, 4 und 6 KAGB). Nach der **Prospekthaftungsvorschrift des § 306 Abs. 1 KAGB**
kann derjenige, der aufgrund des Verkaufsprospekts Anteile oder Aktien an dem Investmentvermögen eines Organismus für gemeinsame Anlagen in Wertpapieren oder einem
Alternativen Investmentfonds (AIF) gekauft hat, von der Verwaltungsgesellschaft, von denjenigen, die neben der Verwaltungsgesellschaft für den Verkaufsprospekt die Verantwortung
übernommen haben oder von denen der Erlass des Verkaufsprospekts ausgeht, und von
demjenigen, der diese Anteile oder Aktien im eigenen Namen gewerbsmäßig verkauft hat,
als Gesamtschuldner die Übernahme der Anteile oder Aktien gegen Erstattung des von
ihm gezahlten Betrages verlangen, wenn in dem Verkaufsprospekt Angaben, die für die
Beurteilung der Anteile oder Aktien von wesentlicher Bedeutung sind, unrichtig oder unvollständig sind.

Diese seit dem 22.7.2013 geltende Bestimmung hat die in der Vorauflage behandelte **in-** 323
**vestmentrechtliche Prospekthaftung nach § 127 Abs. 1 InvG** abgelöst. Der diesbezüglichen Darstellung lag die zum 1.7.2011 geltende Fassung der Vorschrift zugrunde, die
durch Art. 1 Nr. 83 des OGAW-IV-Umsetzungsgesetzes vom 22.6.2011[634] geändert wurde.
Durch Art. 2a des AIFM-Umsetzungsgesetzes vom 4.7.2013[635] wurde das Investmentgesetz
aufgehoben, wobei die Mehrzahl seiner Bestimmungen in das mit Art. 1 dieses Gesetzes
eingeführte Kapitalanlagegesetzbuch überführt wurde. Auch die Vorschrift des § 306
KAGB entspricht in ihrem prospekthaftungsrechtlichen Kern dem früheren § 127 InvG,[636]
trägt aber dem Umstand Rechnung, dass sich der Regelungsbereich des Gesetzes neben
den Organismen für gemeinsame Anlagen in Wertpapieren (OGAW) auch auf Alternative
Investmentfonds (AIF) erstreckt. Auf der Grundlage eines weiten **materiellen Begriffs
des Investmentvermögens,** der jeden Organismus für gemeinsame Anlagen erfasst, der
von einer Anzahl von Anlegern Kapital einsammelt, um es gemäß einer festgelegten Anlagestrategie zum Nutzen dieser Anleger zu investieren und der kein operativ tätiges Unternehmen außerhalb des Finanzsektors ist (§ 1 Abs. 1 Satz 1 KAGB), umfasst das KAGB auf
diese Weise, neben der klassischen Investmentanlage, nahezu alle Anlagen, die früher auf
dem grauen Kapitalmarkt vertrieben wurden, um danach zumindest partiell einer publizitätsbezogenen gesetzlichen Regelung – zunächst im VerkProspG und sodann im VermAnlG – zugeführt zu werden.

Ungeachtet des Umstands, dass das KAGB die **publizitäts- und vertriebsbezogenen** 324
**Regelungen** in Bezug auf die zuvor vom VerkProspG und später vom VermAnlG erfassten

---

[634] S. o. Fn. 45.
[635] S. o. Fn. 46.
[636] RegE AIFM-Umsetzungsgesetz, BT-Drucks. 17/12994 vom 6.2.2013, S. 283: § 306 KAGB
„entspricht mit Ausnahme von redaktionellen Änderungen aufgrund der in § 1 enthaltenen Begriffsbestimmungen § 127 des aufzuhebenden Investmentgesetzes".

Anlageinstrumente – namentlich in Gestalt der Haftung für obligatorische Verkaufsprospekte – fortsetzt, treten mit dem KAGB zahlreiche **institutionelle und produktbezogene Bestimmungen** hinzu.

325 bb) Haftung bei fehlendem Verkaufsprospekt (§ 306 Abs. 5 KAGB). Neu ist die dem abgelösten InvG unbekannte Prospekthaftungsregelung des **§ 306 Abs. 5 KAGB** für einen gesetzeswidrig **fehlenden Verkaufsprospekt,** das heißt für den Fall, dass entgegen gesetzlicher Bestimmungen (in §§ 164 Abs. 1, 268 Abs. 1, 298 Abs. 1 oder 299 Abs. 1 KAGB) ein Verkaufsprospekt nicht veröffentlicht wurde.

326 **Entsprechende Vorschriften** für die Haftung bei pflichtwidrig fehlenden Prospekten finden sich in § 24 WpPG für das Angebot von Wertpapieren und in § 21 VermAnlG für das Angebot von Vermögensanlagen. Sie übernehmen die Regelung des § 13a des aufgehobenen Verkaufsprospektgesetzes.[637] Mit der Einführung einer Haftung bei fehlendem Verkaufsprospekt reagierte der Gesetzgeber auf den Umstand, dass das Angebot von Kapitalanlagen unter Verletzung der Pflicht zur Veröffentlichung eines Verkaufsprospekts zwar aufsichtsrechtliche und ordnungswidrigkeitsrechtliche Folgen nach sich ziehen konnte, ein Schadensersatzanspruch der Anleger, welche gleichwohl die angebotenen Anlagen erwarben, allenfalls unter Rückgriff auf zivilrechtliche Anspruchsnormen zu begründen und durchzusetzen war. Lediglich für den Fall, dass bei dem Angebot ein nicht gebilligter Prospekt zur Verwendung gelangte, wurde im Schrifttum teils eine analoge Anwendung der mangels Prospekts nicht zum Zuge gekommenen Prospekthaftungsregelung, teils die Heranziehung der Grundsätze der allgemein-zivilrechtlichen Prospekthaftung in Erwägung gezogen.[638]

327 cc) Haftung bei fehlerhaften Angaben in den wesentlichen Anlegerinformationen (§ 306 Abs. 2 Satz 1 KAGB). Aus der abgelösten investmentgesetzlichen Regelung übernommen wurde die Differenzierung zwischen den auf die Information des Investors ausgerichteten Angaben im Verkaufsprospekt und den vom Gesetz so genannten **wesentlichen Anlegerinformationen.** Ihr entspricht auch die Differenzierung der Haftung für die ordnungsgemäße Erfüllung der Informationspflichten. In Bezug auf die wesentlichen Anlegerinformationen bestimmt **§ 306 Abs. 2 Satz 1 KAGB,** ersichtlich im Wesentlichen der Haftung für fehlerhafte Angaben im Verkaufsprospekt nach § 306 Abs. 1 Satz 1 KAGB vergleichbar: Sind in den wesentlichen Anlegerinformationen enthaltene Angaben irreführend, unrichtig oder nicht mit den einschlägigen Stellen des Verkaufsprospekts vereinbar, so kann derjenige, der aufgrund der wesentlichen Anlegerinformationen Anteile oder Aktien gekauft hat, von der Verwaltungsgesellschaft und von demjenigen, der diese Anteile oder Aktien im eigenen Namen gewerbsmäßig verkauft hat, als Gesamtschuldner die Übernahme der Anteile oder Aktien gegen Erstattung des von ihm gezahlten Betrages verlangen.

328 dd) Haftung bei fehlerhaften Informationen beim Vertrieb von AIF in Bezug auf semiprofessionelle und professionelle Anleger (§ 307 Abs. 3 KAGB). Nicht alle anlegerbezogenen Informationen, welche das KAGB beim Vertrieb von Anlageinstrumenten verlangt, die dem KAGB unterfallen, sind jedoch der Haftung entweder nach § 306 Abs. 1 Satz 1 KAGB für Verkaufsprospektangaben oder nach § 306 Abs. 2 Satz 1 KAGB für wesentliche Anlegerinformationen unterworfen. Das beruht auf dem Umstand, dass das KAGB zwischen dem Vertrieb von Anteilen oder Aktien an Alternativen Investmentfonds (AIF) an **Privatanleger** einerseits und an **semiprofessionelle und professionelle Anleger** andererseits unterscheidet. Finden auf erstere die Regelungen der §§ 297 ff. KAGB und namentlich die vorstehend angeführten Bestimmungen der Prospekthaftung (§ 306 Abs. 1 KAGB) und der Haftung für wesentliche Anlegerinformationen (§ 306 Abs. 2 KAGB) Anwendung, so unterliegen die beim Vertrieb von Anteilen oder Aktien an Alternativen

---

[637] Zu dieser Norm und ihrem regelungspolitischen Hintergrund s. *Assmann* in Assmann/Schlitt/v. Kopp-Colomb, § 13a VerkProspG Rn. 2.

[638] S. dazu Voraufl. § 6 Rn. 58 mwN, *Assmann* in Assmann/Schlitt/v. Kopp-Colomb, § 13a VerkProspG Rn. 2.

Investmentfonds an semiprofessionelle und professionelle Anleger nach § 307 Abs. 1 und 2 KAGB dem Erwerber zur Verfügung zu stellenden Informationen der Haftung nach § 307 Abs. 3 KAGB. Diese Vorschrift wiederum ordnet eine entsprechende Anwendung der Prospekthaftungsregelungen des § 306 Abs. 1, 3, 4 und 6 KAGB an, mit der näheren Maßgabe, dass es statt „Verkaufsprospekt" „Informationen nach § 307 Absatz 1 und 2" heißen muss und dass die Haftungsregelungen in Bezug auf die wesentlichen Anlegerinformationen in § 306 Abs. 2 nicht anzuwenden sind. Nicht erfasst sind damit die in § 306 Abs. 5 KAGB enthaltenen Vorschriften über einen fehlenden Verkaufsprospekt, sodass für **dem Erwerber nicht zur Verfügung gestellte Informationen** iS von § 307 Abs. 1 und 2 KAGB nicht wie für fehlende Verkaufsprospekte gehaftet wird.

Die sich aus § 308 KAGB ergebenden **sonstigen Informationspflichten** beim Vertrieb von Anteilen oder Aktien an Alternativen Investmentfonds, die dem Recht eines anderen Mitgliedstaats der EU oder eines anderen Vertragsstaats des Abkommens über den Europäischen Wirtschaftsraum unterliegen (EU-AIF) oder dem Recht eines Drittstaats unterfallen (ausländische AIF), siehe § 1 Abs. 8 und 9 KAGB, sind nicht Gegenstand der Haftung nach § 307 Abs. 3 iVm § 306 Abs. 1, 3, 4 und 6 KAGB.

Dass für Informationen beim Vertrieb von Anteilen oder Aktien an Alternativen Investmentfonds an **semiprofessionelle und professionelle Anleger** kein Verkaufsprospekt oder wesentliche Anlegerinformationen zu erstellen sind, schließt – was sich auch aus der Regelung des § 307 Abs. 4 KAGB ergibt – nicht aus, dass die AIF-Verwaltungsgesellschaft durch das Wertpapierprospektgesetz (WpPG) oder durch die Emissionsprospektrichtlinie 2003/71/EG vom 4.11.2003[639] verpflichtet ist, einen **Wertpapierprospekt** zu veröffentlichen. Für diesen Fall regelt § 307 Abs. 4 KAGB, dass die nach § 307 Abs. 1 KAGB erforderlichen Angaben entweder gesondert von dem Prospekt nach dem WpPG oder als ergänzende Angaben im Wertpapierprospekt offenzulegen sind.

Die Haftung für Informationen beim Vertrieb von Anteilen oder Aktien an Alternativen Investmentfonds an semiprofessionelle und professionelle Anleger nach § 307 Abs. 3 KAGB wird nachfolgend **nicht im Detail behandelt,** zumal sie den gleichen, sich aus § 306 Abs. 1, 3, 4 und 6 KGB ergebenden Grundsätzen folgt wie die nachfolgend dargestellte Haftung für fehlerhafte Verkaufsprospekte nach § 306 Abs. 1, 4 KAGB.

**c) Rechtsquellen – Rechtsanwendung.** Bei den Bestimmungen des KAGB handelt es sich um **angeglichenes Recht,** mit dem die Richtlinie 2009/65/EG vom 13.7.2009 (OGAW-IV-Richtlinie)[640], die Richtlinie 2010/43/EU vom 1.7.2010 zur Durchführung der Richtlinie 2009/65/EG des Europäischen Parlaments und des Rates im Hinblick auf organisatorische Anforderungen, Interessenkonflikte, Wohlverhalten, Risikomanagement und den Inhalt der Vereinbarung zwischen Verwahrstelle und Verwaltungsgesellschaft,[641] die Richtlinie 2010/44/EU vom 1.7.2010 zur Durchführung der Richtlinie 2009/65/EG des Europäischen Parlaments und des Rates in Bezug auf Bestimmungen über Fondsverschmelzungen, Master-Feeder-Strukturen und das Anzeigeverfahren[642] sowie die Richtlinie 2011/61/EU vom 8.6.2011 (AIFM-Richtlinie)[643] in deutsches Recht umgesetzt wurden. Dieses ist dementsprechend im Rahmen und auf der Grundlage des nach den nationalen Auslegungsregeln Möglichen[644] **richtlinienkonform auszulegen.**

Zur Konkretisierung der **Grenzen richtlinienkonformer Auslegung** mitgliedstaatlichen Rechts, das der Angleichung nationalen Rechts an Gemeinschaftsrecht dient, ist der BGH in seiner sog. *Quelle*-Folgeentscheidung von seiner Rechtsprechung abgerückt, der

---

[639] S. o. Fn. 25.
[640] S. o. Fn. 44.
[641] ABl. EU Nr. L 176 vom 10.7.2010, S. 42.
[642] ABl. EU Nr. L 176 vom 10.7.2010, S. 28; berichtigt in ABl. EG Nr. L 179 vom 14.7.2010, S. 16.
[643] S. o. Fn. 47.
[644] EuGH ZIP 2004, 2342 (2343), Rn. 115 ff. *(Pfeiffer).*

Wortlaut eines nationalen Gesetzes bilde eine absolute Grenze für die richtlinienkonforme Auslegung.[645] Um die Auslegungsgrenze des Gesetzeswortlauts zu überwinden, kommt zukünftig vor allem eine teleolgische Reduktion der fraglichen Vorschrift in Betracht. Das setzt indes den Nachweis voraus, dass der Gesetzgeber mit dieser Vorschrift die Richtlinie korrekt umzusetzen gedachte. Dabei muss sich der Wille der korrekten Richtlinienumsetzung auf die in Frage stehende Regelung beziehen, wohingegen ein genereller Wille zur Umsetzung der Richtlinie nicht als ausreichend zu betrachten ist.[646]

334 Richtlinienkonforme Auslegung wiederum verlangt eine Auslegung des Unionsrechts nach den hierfür maßgeblichen **unionsrechtlichen Auslegungsmethoden:**[647] In deren Vordergrund steht die Wortlautauslegung. Sie führt allerdings gerade bei der Interpretation des Unionssekundärrechts selten zu klaren Ergebnissen, weil die Auslegung auf die Ermittlung der Wortbedeutung in dem insoweit rechtsdogmatisch noch wenig elaborierten Unionsrecht gerichtet ist und selbst dann nicht auf eine mitgliedstaatliche Begriffsbildung zurückgegriffen werden darf, wenn diese einem Regelungszusammenhang entstammt, welcher der fraglichen Richtlinie ganz offenbar als Regelungsvorbild oder -grundlage diente. Im Mittelpunkt der Auslegung des Unionssekundärrechts steht deshalb die systematisch-teleologische Auslegung.[648] Sie umfasst einerseits die Frage nach dem sich aus der Systematik des Vertrages, des Unionssekundärrechts und der jeweiligen Richtlinie ergebenden Sinn der Norm und andererseits diejenige nach dem Zweck der Vorschrift.

335 Darüber hinaus ist als in den Mitgliedstaaten **unmittelbar geltendes EU-Recht** die **Verordnung (EU) Nr. 583/2010** vom 1.7.2010 zur Durchführung der Richtlinie 2009/65/EG im Hinblick auf die wesentlichen Informationen für den Anleger und die Bedingungen, die einzuhalten sind, wenn die wesentlichen Informationen für den Anleger oder der Prospekt auf einem anderen dauerhaften Datenträger als Papier oder auf einer Website zur Verfügung gestellt werden,[649] zu berücksichtigen.

336 **2. Haftung für fehlerhafte Verkaufsprospekte nach § 306 Abs. 1 KAGB. a) Verkaufsprospekte.** Die Prospekthaftung nach § 306 Abs. 1 KAGB ist die Haftung für einen unrichtigen oder unvollständigen **Verkaufsprospekt,** aufgrund dessen ein Anleger Anteile oder Aktien an einem OGAW-Investmentvermögen oder einem AIF gekauft hat.

337 **Gegenstand der Prospekthaftung** nach § 306 Abs. 1 KAGB sind damit nur solche Verkaufsprospekte,
– die nach den Vorschriften des KAGB zu erstellen, dem Publikum zugänglich zu machen (dazu unten Rn. 339, 380) und gegebenenfalls dem Anleger nach Maßgabe von § 297 Abs. 1 Satz 2, Abs. 2 Satz 2 KAGB auszuhändigen und gemäß § 297 Abs. 5–7 KAGB zur Verfügung zu stellen sind (dazu → Rn. 338 ff.) und
– die beim Vertrieb von nach § 310 KAGB zum Vertrieb anzuzeigenden EU-OGAW gemäß § 298 Abs. 1 Satz 1 Nr. 3 KAGB oder beim Vertrieb von Anteile oder Aktien an EU-AIF oder ausländischen AIF gemäß § 299 Abs. 1 Satz 1 Nr. 1 KAGB zu veröffentlichen sind (dazu → Rn. 373 ff.).

---

[645] BGH NJW 2009, 427 *(Quelle-Folgeentscheidung)*. Hierzu *Gebauer* GPR 2009, 82; *Gebauer* in Gebauer/Wiedmann, S. 130 ff.; *Gsell* JZ 2009, 522; *Herrler/Tomasic* ZIP 2009, 181; *Pfeiffer* NJW 2009, 412; *Staudinger* JuS 2009, 309.

[646] Vgl. *Pfeiffer* NJW 2009, 412 f.

[647] Zur Auslegung von Gemeinschaftsrecht s. etwa *Gebauer* in Gebauer/Wiedmann, S. 113 ff.; *Nettesheim* in Oppermann/Classen/Nettesheim, Europarecht, 5. Aufl. 2011, § 9 Rn. 165 ff.; *Henninger,* Europäisches Privatrecht und Methode, 2009, S. 275 ff.

[648] *Gebauer* in Gebauer/Wiedmann, S. 115 Rn. 7.

[649] VO (EU) Nr. 583/2010 der Kommission vom 1.7.2010 zur Durchführung der Richtlinie 2009/65/EG des Europäischen Parlaments und des Rates im Hinblick auf die wesentlichen Informationen für den Anleger und die Bedingungen, die einzuhalten sind, wenn die wesentlichen Informationen für den Anleger oder der Prospekt auf einem anderen dauerhaften Datenträger als Papier oder auf einer Website zur Verfügung gestellt werden, ABl. EU Nr. L 171 vom 10.7.2010, S. 1 ff.

Ein **Produktinformationsblatt**, das einem Kunden nach § 31 Abs. 3 WpHG iVm § 5a WpDVerOV im Zusammenhang mit einer Anlageberatung vor dem Abschluss eines Geschäfts über Finanzinstrumente zur Verfügung zu stellen ist, weder Prospekt iS der allgemein-zivilrechtlichen Prospekthaftung (s. schon → Rn. 37) noch ist es ein Prospekt iSd § 306 Abs. 1 KAGB, für den nach dieser Bestimmung haften würde.

aa) Verkaufsprospekte für offene Publikumsinvestmentvermögen und geschlossene Publikums-AIF. (1) Übersicht. Die Prospekthaftung nach § 306 Abs. 1 KAGB ist die Haftung für einen unrichtigen oder unvollständigen **Verkaufsprospekt**, aufgrund dessen ein Anleger Anteile oder Aktien an einem OGAW-Investmentvermögen oder einem AIF gekauft hat. Gegenstand der Prospekthaftung sind damit diejenigen Verkaufsprospekte, die nach den Vorschriften des KAGB zu erstellen, dem Publikum zugänglich zu machen und gegebenenfalls dem Anleger nach Maßgabe von § 297 Abs. 1 Satz 2, Abs. 2 Satz 2 KAGB auszuhändigen und im Übrigen gemäß § 297 Abs. 5–7 KAGB zur Verfügung zu stellen sind. 338

Dabei handelt es sich im Einzelnen um 339
– **Verkaufsprospekte iSv § 164 Abs. 1 KAGB,** dh um Verkaufsprospekte, welche die Kapitalverwaltungsgesellschaft oder die EU-OGAW-Verwaltungsgesellschaft für die von ihr verwalteten **offenen Publikumsinvestmentvermögen** zu erstellen und dem Publikum in der jeweils aktuellen Fassung auf der Internetseite der Kapitalverwaltungsgesellschaft oder der EU-OGAW-Verwaltungsgesellschaft zugänglich zu machen haben, sowie
– **Verkaufsprospekte iSv § 268 Abs. 1 KAGB,** dh um Verkaufsprospekte, welche die AIF-Kapitalverwaltungsgesellschaft für die von ihr verwalteten **geschlossenen Publikums-AIF** zu erstellen und dem Publikum zugänglich zu machen hat.

**Offene Publikumsinvestmentvermögen,** für welche ein Verkaufsprospekt nach § 164 Abs. 1 KAGB zu erstellen und dem Publikum zugänglich zu machen ist, sind nach § 1 Abs. 6 Satz 2 KAGB alle Investmentvermögen (iSv § 1 Abs. 1, 4 KAGB), die nicht Spezial-AIF (iSv § 164 Abs. 6 Satz 1 KAGB) sind. Offenes Publikumsinvestmentvermögen ist damit jeder Organismus für gemeinsame Anlagen, der von einer Anzahl von Anlegern Kapital einsammelt, um es gemäß einer festgelegten Anlagestrategie zum Nutzen dieser Anleger zu investieren, der kein operativ tätiges Unternehmen außerhalb des Finanzsektors ist (§ 1 Abs. 1 Satz 1 KAGB), sei er ein Organismus für gemeinsame Anlagen in Wertpapieren (OGAW) iSv § 1 Abs. 2, 4 Nr. 1 KAGB oder sei er offener Alternativer Investmentfonds (AIF) iSv § 1 Abs. 3, 4 Nr. 2 KAGB, der nicht Spezial-AIF ist, dh ein AIF dessen Anteile nur von professionellen Anlegern (iSv § 1 Abs. 19 Nr. 32 KAGB) und semiprofessionellen Anlegern (iSv § 1 Abs. 19 Nr. 33 KAGB) erworben werden dürfen. Offen ist ein AIF, dessen Anleger oder Aktionäre – unbeschadet eventueller Mindesthaltefristen oder der Möglichkeit der Aussetzung oder Beschränkung der Rücknahme der Anteile oder Aktien – mindestens einmal pro Jahr das Recht zur Rückgabe gegen Auszahlung ihrer Anteile oder Aktien aus dem AIF haben (§ 1 Abs. 4 Nr. 2 KAGB). **Abgekürzt:** Offene Publikumsinvestmentvermögen sind alle OGAW sowie offene AIF, die sich nicht ausschließlich an professionelle und semiprofessionelle Anleger wenden. 340

Ist dem am Erwerb eines Anteils oder einer Aktie an einem **Spezial-AIF** interessierten professionellen Anleger oder semiprofessionellen Anleger zwar kein Verkaufsprospekt zur Verfügung zu stellen, so sind ihm gleichwohl die in § 307 Abs. 1 und Abs. 2 KAGB angeführten Informationen zur Verfügung zu stellen, für deren Richtigkeit und Vollständigkeit nach Maßgabe von § 307 Abs. 3 iVm § § 306 Absatz 1, 3, 4 und 6 KAGB gehaftet wird. 341

Bei **geschlossenen Publikums-AIF,** für die nach § 268 Abs. 1 KAGB ein Verkaufsprospekt zu erstellen und dem Publikum zugänglich zu machen ist, handelt es sich um die vorstehend (→ Rn. 339) beschriebenen Publikums-AIF (dh von AIF, die nicht Spezial-AIF darstellen, § 1 Abs. 6 KAGB), welche nicht offen in dem Sinne sind, dass ihre Anleger oder Aktionäre mindestens einmal pro Jahr das Recht zur Rückgabe gegen Auszahlung ihrer Anteile oder Aktien aus dem AIF haben (§ 1 Abs. 5 iVm § 1 Abs. 3, 4 Nr. 2 KAGB). 342

Ist für das Angebot von Anteilen oder Aktien an einem offenen Publikumsinvestmentvermögen oder einem geschlossenen Publikums-AIF pflichtwidrig **kein Verkaufspros-** 343

**pekt veröffentlicht worden,** so richtet sich die Haftung in diesem Falle nach § 306 Abs. 5 KAGB (dazu näher unten V.4.).

344 (2) Investmentvermögen. (a) Grundbegriff zur Bestimmung der Prospektpflicht und des Anwendungsbereichs des KAGB. Gegenstand der Prospekthaftung nach § 306 Abs. 1 KAGB sind nach vorstehenden Ausführungen (→ Rn. 340) die für offene Publikumsinvestmentvermögen (dh alle OGAW sowie für offene AIF, die sich nicht ausschließlich an professionelle und semiprofessionelle Anleger wenden) und für geschlossene Publikums-AIF zu erstellenden Verkaufsprospekte. Welche Anlageinstrumente damit der Verkaufsprospektpflicht unterliegen und von der Prospekthaftung nach § 306 Abs. 1 KAGB erfasst werden, hängt vor allem von der Reichweite des Begriff des **Investmentvermögens** ab, der in § 1 Abs. 1 Satz 1 KAGB umschrieben ist und die Grundlage der Begriffsbestimmung sowohl der offenen Publikumsinvestmentvermögen als auch der geschlossenen Publikums-AIF bildet.

345 Der Begriff des Investmentvermögens ist über die Bestimmung der Reichweite des Prospekthaftungsanspruchs nach § 306 Abs. 1 KAGB hinaus auch für den **Anwendungsbereich sämtlicher Bestimmungen des KAGB** von grundlegender Bedeutung.[650] Er bildet den Anknüpfungspunkt für das Ziel, mit dem KAGB ein in sich geschlossenes Regelwerk sowohl für die Regulierung der Manager von Investmentvermögen in Gestalt von OGAW und AIF als auch für die Regulierung und Beaufsichtigung von offenen und geschlossenen Investmentfonds einschließlich der von ihnen angebotenen Produkte zu schaffen.[651] Das geschieht in der Weise, dass der Begriff des Investmentvermögens eine denkbar weite Umschreibung von gemeinsamen Anlagen enthält, die, wenn sie diese Voraussetzung erfüllen, entweder Organismen für gemeinsame Anlagen in Wertpapieren (OGAW) oder alternative Investmentfonds (AIF) in ihren vielfältigen Ausgestaltungsmöglichkeiten sein müssen. Wenn reklamiert wird, dem KAGB liege ein **materieller Investmentfondsbegriff** zugrunde, weil Fonds entweder OGAW oder AIF seien und den Anforderungen des KAGB genügen müssten, um nicht unzulässig zu sein und ein unerlaubtes Investmentgeschäft zu betreiben,[652] so ist „materiell" in diesem Sinne letztlich allein der Begriff des Investmentvermögens, indem er es ist, der den Kreis der vom KAGB abschließend erfassten Anlagevehikel und Anlageprodukte bestimmt.[653]

346 Dem für die Bestimmung des Anwendungsbereichs sowohl der Prospekthaftungsregelung des § 306 Abs. 1 KAGB als auch der übrigen Vorschriften des KAGB maßgeblichen **Begriff des Investmentvermögens** unterfällt nach § 1 Abs. 1 Satz 1 KAGB „jeder Or-

---

[650] Vgl. *BaFin*, Auslegungsschreiben zum Anwendungsbereich des KAGB und zum Begriff des „Investmentvermögens", Geschäftszeichen WA 41-Wp 2137-2013/0001, www.bafin.de/SharedDocs/Veroeffentlicungen/DE/Auslegungsentscheidung/WA/ae_130614_Anwendungsber_KAGB_begriff_invvermoegen.htm.

[651] Siehe RegE AIFM-Umsetzungsgesetz, BT-Drucks. 17/12994 vom 6.2.2013, S. 2 und 187.

[652] RegE AIFM-Umsetzungsgesetz, BT-Drucks. 17/12994 vom 6.2.2013, S. 187. Diese Umschreibung des materiellen Investmentfondsbegriffs, der dem KAGB zugrunde liegen soll, wird plastischer, wenn man ihm diejenige des „formellen Investmentbegriffs" gegenüberstellt. Zu diesem führt der RegE, aaO, aus: „Das aufzuhebende Investmentgesetz legte für inländische Investmentfonds einen formellen Investmentfondsbegriff zugrunde. Das heißt, Organismen für gemeinsame Anlagen, die die Anforderungen des Investmentgesetz erfüllten, unterfielen dem Investmentgesetz. Fonds, die den Anforderungen des Investmentgesetzes nicht entsprachen, waren dennoch zulässig und unterfielen teilweise Teilausschnitten anderer Gesetze, zB dem Vermögensanlagengesetz oder dem Tatbestand des Finanzkommissionsgeschäfts oder der Anlageverwaltung nach dem Kreditwesengesetz, oder waren unreguliert."

[653] Dementsprechend heißt es im RegE AIFM-Umsetzungsgesetz, BT-Drucks. 17/12994 vom 6.2.2013, S. 201: § 306 „Absatz 1 definiert Investmentvermögen als Überbegriff für alle Fonds unabhängig von ihrer Rechtsform und unabhängig davon, ob es sich um offene oder geschlossene Fonds handelt. Investmentvermögen sind damit sowohl Organismen für gemeinsame Anlagen in Wertpapieren (OGAW) als auch alternative Investmentfonds (AIF). Der Begriff umfasst inländische OGAW und EU-OGAW ebenso wie inländische AIF, EU-AIF und ausländische AIF."

ganismus für gemeinsame Anlagen, der von einer Anzahl von Anlegern Kapital einsammelt, um es gemäß einer festgelegten Anlagestrategie zum Nutzen dieser Anleger zu investieren und der kein operativ tätiges Unternehmen außerhalb des Finanzsektors ist".

(b) Merkmale des Investmentvermögensbegriffs. Im Einzelnen weist der Begriff des Investmentvermögens folgende **Merkmale** auf:

**(i)** Ebenso wie der Begriff des Investmentvermögens als Überbegriff für alle Fonds[654] zu verstehen ist, ist auch der (aus der OGAW-IV-Richtlinie)[655] übernommene, aber weder dort noch im KAGB näher umschriebene) Begriff des **Organismus' für gemeinsame Anlagen** als Überbegriff für alle Formen („Vehikel"[656]) der Bündelung[657] der von Dritten eingesammelten („externen"[658]) Vermögenswerte (Geld oder Sachen[659]) als „Kapital" zum Zwecke der Erzielung einer „Gemeinschaftsrendite"[660] derselben zu betrachten.

Der Begriff des **Organismus'** impliziert eine Verselbständigung[661] dieses Kapitals, ohne dass es insoweit auf die rechtliche Qualifikation der Vermögensbündelung etwa als Sondervermögen oder Gesellschaftsvermögen oder eine bestimmte Ausgestaltung der Rechte der Beteiligten an dem Organismus (etwa als Aktionär, Kommanditist, Gesellschafter bürgerlichen Rechts, stiller Gesellschafter, Genussrechtsinhaber oder Inhaber von Schuldverschreibungen) ankommt.[662] Auch ein etwa als Gesellschaft bürgerlichen Rechts aufgelegter oder zu qualifizierender Fonds ist damit ein Organismus für gemeinsame Anlagen, obschon es sich wegen des Umstands, dass Investmentvermögen – sofern im Einzelfall nicht lediglich eine bloße Registrierungspflicht besteht – nur als Sondervermögen oder Investmentgesellschaft in Gestalt einer Investmentaktiengesellschaft oder einer Investmentkommanditgesellschaft betrieben werden dürfen, um einen nicht erlaubten Fonds und unerlaubte Investmentgeschäfte (§ 15 KAGB) handeln kann.[663]

Durch die an einen Organismus für gemeinsame Anlagen gestellten Anforderungen sind bereits alle Formen der Vermögensanlage aus dem Anwendungsbereich **ausgeklammert,** die nicht auf der Bildung eines gemeinsamen Vermögens – eines Kollektivvermögens – beruhen, sondern **Individualvermögen** betreffen, wie etwa die Anlage des Vermögens einer natürlichen Person (etwa in Gestalt der **Vermögensverwaltung**), einer kraft Gesetzes zustande gekommenen Gemeinschaft (etwa einer **Erbengemeinschaft**) oder einer zu anderen Zwecken gebildeten Gesellschaft oder Gemeinschaft. Am Gemeinschaftsvermögen fehlt es regelmäßig auch bei **Unternehmenskooperationsverträgen** (so genannte Joint-Venture-Vereinbarungen), es sei denn, diese sehen ausnahmsweise einen gemeinsamen Anlagepool vor.[664]

---

[654] RegE AIFM-Umsetzungsgesetz, BT-Drucks. 17/12994 vom 6.2.2013, S. 201.
[655] S. o. Fn. 44.
[656] BaFin, Auslegungsschreiben (Fn. 650), I. 1.
[657] Dieser Begriff findet sich schon in ESMA (European Securities and Markets Authority), Leitlinien zu Schlüsselbegriffen der Richtlinie über die Verwalter alternativer Investmentfonds (AIFMD) – Berichtigte Fassung vom 30.1.2014 der am 13.8.2013 veröffentlichten Leitlinien zu Schlüsselbegriffen der Richtlinie über die Verwalter alternativer Investmentfonds (ESMA/2013/611), www.esma.europa.eu/system/files/esma_2013_00600000_de_cor-_revised_for_publication.pdf., Nr. 12 lit. b) S. 6.
[658] BaFin, Auslegungsschreiben (Fn. 650), I. 1.: externes, von den Investoren eingesammeltes Kapital.
[659] ESMA, Leitlinien (Fn. 657), Nr. 14, S. 6.
[660] ESMA, Leitlinien (Fn. 657), Nr. 12, S. 6: „der Organismus bündelt das bei seinen Anlegern zum Zweck der Anlage beschaffte Kapital im Hinblick auf die Erzielung einer *Gemeinschaftsrendite* für diese Anleger" (Hervorhebung im Original).
[661] BaFin, Auslegungsschreiben (Fn. 650), I.1.: „Unverzichtbar für den Begriff des Organismus ist somit, dass ein rechtlich oder wirtschaftlich (zB durch einen getrennten Rechnungskreis) verselbständigtes gepooltes Vermögen aufgelegt wird".
[662] Vgl. RegE AIFM-Umsetzungsgesetz, BT-Drucks. 17/12994 vom 6.2.2013, S. 201; BaFin, Auslegungsschreiben (Fn. 650), I.1.
[663] Vgl. RegE AIFM-Umsetzungsgesetz, BT-Drucks. 17/12994 vom 6.2.2013, S. 201; BaFin, Auslegungsschreiben (Fn. 650), I.1. aE
[664] BaFin, Auslegungsschreiben (Fn. 650), I. 1.

**351** Auch dem Begriff der **gemeinsamen Anlage** im Merkmal „Organismus für gemeinsame Anlagen" kommt **selektive Bedeutung** zu. Eingangs umschrieben als Vermögensbündelung zur Erzielung einer Gemeinschaftsrendite (→ Rn. 348), setzt er voraus, dass die Anleger an den Chancen und Risiken der Anlage oder der Optimierung des gebündelten Vermögens und damit – sei es auch nur begrenzt – an **Gewinn *und* Verlust** der Anlage **beteiligt** werden sollen.[665] Ein **unbedingter Rückgewähranspruch** in Bezug auf die gebündelten Vermögenswerte, wie es bei **Inhaberschuldverschreibungen** der Fall sein kann, schließt eine Vermögensbündelung für gemeinsame Anlagen aus.[666] Ebenso verhält es sich, wenn für gebündeltes Vermögen ein **qualifizierter Rangrücktritt** für den Fall der Herbeiführung einer Insolvenz bei vertragsgemäßer Rückführung des Vermögens vereinbart wurde.[667] Demgegenüber schließt die so genannte Garantiefonds kennzeichnende **Mindestzahlungszusage** bei Vermögensrückführung, wie sie in § 20 Abs. 2 Nr. 7 KAGB Erwähnung findet und nur partiellen Schutz gegen Verluste bietet, die Beteiligung am Gewinn oder Verlust des angelegten Vermögens nicht aus.[668] Der Darlehensrückgewähranspruch des Darlehensgebers und die fehlende Beteiligung desselben am Verlust des Unternehmens als Darlehensnehmer, aber auch die fehlende Investition der Darlehen gemäß einer festgelegten Anlagestrategie (dazu noch → Rn. 359) sowie der Umstand, dass Darlehensnehmer regelmäßig – entgegen dem Erfordernis des § 1 Abs. 1 Satz 1 KAGB ein operativ tätiges Unternehmen ist, welches das Darlehen zu eigenen Finanzierungszwecken verwendet (→ Rn. 365) – schließen **partiarische Darlehen** aus dem Kreis der Organismen für gemeinsame Anlagen aus (zu Überlegungen, partiarische Darlehen einer Prospektpflicht nach dem VermAnlG zu unterwerfen → Rn. 21, 243).

**352** Bei **Einlagen des Gesellschafters einer Personengesellschaft** ist eine Gewinn- und Verlustbeteiligung stets, bei **stillen Beteiligungen** zumindest regelmäßig – § 231 Abs. 2 HGB erlaubt den Ausschluss der Verlustbeteiligung – gegeben.[669] Soll eine Vermögensbündelung in Gestalt von **Genussrechten** erfolgen, so verbindet sich damit die Teilhabe der Genussrechtsinhaber an Gewinn und Verlust der Vermögensanlage. Sind die übrigen Voraussetzungen des Investmentvermögensbegriffs gegeben, unterfallen solche Vermögensbündelungsorganismen dem KAGB. **Unterschiedliche Formen der Beteiligung** an der „Gesamtrendite" und an Gewinn- und Verlust schließen eine gemeinsame Anlage der Vermögenswerte nicht aus.[670] Soweit die vorstehend angeführten Anlageinstrumente allerdings nur der Einsammlung von Kapital für ein operativ tätiges Unternehmen und der Finanzierung von Investitionen des Unternehmens selbst dienen, fehlt es an dem noch zu behandelnden Merkmal der Investition des eingesammelten Kapitals **zum Nutzen der Anleger** (→ Rn. 364).

**353** (ii) Ferner ist ein Organismus für gemeinsame Anlagen nur dann ein Investmentvermögen, wenn er von einer Anzahl von Anlegern **Kapital einsammelt.** Das ist dann anzunehmen, „wenn ein Organismus oder eine Person oder Unternehmen für Rechnung dieses Organismus direkte oder indirekte Schritte unternimmt, um gewerblich bei einem oder mehreren Anlegern Kapital zu beschaffen, um es gemäß einer festgelegten Anlagestrategie

---

[665] Ähnlich BaFin, Auslegungsschreiben (Fn. 650), I. 1.: „Unverzichtbar für den Begriff des Organismus ist somit, dass ein rechtlich oder wirtschaftlich (zB durch einen getrennten Rechnungskreis) verselbständigtes gepooltes Vermögen aufgelegt wird". Auch diese Umschreibung baut auf der Definition des Begriffs in den ESMA-Leitlinien (Fn. 657), II. S. 3f. auf. Diesen zufolge ist Gemeinschaftsrendite „die erzielte Rendite aus der Risikobündelung infolge des Erwerbs, Besitzes oder Verkaufs von Anlagevermögen – einschließlich von Tätigkeiten zur Optimierung bzw. Steigerung des Wertes dieser Vermögenswerte –, unabhängig davon, ob dabei für die Anleger unterschiedliche Renditen erzielt werden, wie beispielsweise im Rahmen einer maßgeschneiderten Dividendenpolitik".
[666] Auch BaFin, Auslegungsschreiben (Fn. 650), I. 2.
[667] Näher BaFin, Auslegungsschreiben (Fn. 650), I. 2; *Wollenhaupt/Beck* DB 2013, 1951.
[668] Ausführlich BaFin, Auslegungsschreiben (Fn. 650), I. 2.; *Wollenhaupt/Beck* DB 2013, 1951.
[669] Näher BaFin, Auslegungsschreiben (Fn. 650), I. 2.
[670] Näher BaFin, Auslegungsschreiben (Fn. 650), I. 2.

anzulegen",⁶⁷¹ gleich ob die Beschaffung dann tatsächlich nur ein einziges Mal, mehrfach oder ständig stattfindet.⁶⁷² Sowohl der Begriff des Einsammelns als auch der zu seiner Umschreibung herangezogene Begriff der Beschaffung von Kapital verlangen eine Aktivität⁶⁷³ des Organismus' bei der Aufbringung und Bündelung anlagesuchenden Vermögens und damit mehr als die bloße Übernahme der Aufgabe, fremdes Vermögen anzulegen. Das wird durch das Erfordernis der *gewerblichen* Beschaffung von Kapital noch unterstrichen, das – selbst bei autonomer KAGB-rechtlicher Auslegung des Begriffs – zumindest eine marktbezogene, nach außen gerichtete und zielgerichtete Einwerbung von Vermögen zum Zwecke von dessen kollektiver Anlage und dafür zu erlangender Vergütung verlangt.

An der gewerblichen Beschaffung von Kapital von Dritten fehlt es deshalb, wenn ein Organismus („**Family Office**") Kapital einer **bereits bestehenden Gruppe von Familienmitgliedern** erhält und anlegt, das nicht seinerseits von Dritten beschafft wurde, auch wenn sich die Gruppe erst zu diesem Zweck gebildet hat und die Veranlassung der Kapitalanlage durch den Organismus von einzelnen Familienmitgliedern ausgeht.⁶⁷⁴ Dabei ist von einer bestehenden Gruppe von Familienmitgliedern auch dann auszugehen, wenn sich später weitere Familienmitglieder der Gruppe anschließen.⁶⁷⁵ Gleiches gilt für den Fall, dass ein einzelnes Mitglied der Gruppe von Familienmitgliedern einem Organismus privates Kapital zum Investment zuführt, sofern dieser Organismus ausschließlich zur Anlage des Privatvermögens dieses Mitglieds gegründet wurde.⁶⁷⁶ Kommt das Kapital des Familienmitglieds dagegen neben dem von anderen Anlegern beschafften Kapital zur Anlage, so greift diese Ausnahme nicht.⁶⁷⁷ Als Familienmitglieder im vorstehenden Sinne sind anzusehen der Ehepartner einer Person oder der- oder diejenige, die mit der Person in einer eheähnlichen Gemeinschaft, in einem gemeinsamen Haushalt und auf einer stabilen und dauerhaften Grundlage lebt, die Verwandten in gerader Linie, die Geschwister, Onkel, Tanten, Cousins oder Cousinen der betreffenden Person sowie die jeweiligen Angehörigen.⁶⁷⁸

Auch wenn ein privater **Investmentclub** (klassisch „Aktienclub") keine bereits bestehende Gruppe von Familienmitgliedern darstellt, schließen die diesbezüglichen Erwägungen es doch ebenso aus, eine solche Verbindung als Organismus zu qualifizieren, der gewerblich Kapital von Dritten beschafft. Als Vereinigungen von natürlichen Personen, die sich für die gemeinsame Anlage privaten Vermögens in Wertpapiere oder andere Finanzinstrumente zusammenfinden, ohne für die Mitgliedschaft im Club am Markt geworben zu

---

⁶⁷¹ BaFin, Auslegungsschreiben (Fn. 650), I. 3. Im Wesentlichen ebenso ESMA, Leitlinien (Fn. 657), Nr. 13, S. 6. S. dazu auch *Zetzsche/Preiner* WM 2013, 2104.

⁶⁷² ESMA, Leitlinien (Fn. 657), Nr. 14, S. 6.

⁶⁷³ *Krause* in Beckmann/Scholtz/Vollmer, Investment, Vor 405 Rn. 16: „verlangt der Wortlaut eine Aktivität seitens des Investmentvermögens. Im Umkehrschluss müssen deshalb rein passive Vorgänge aus dem Anwendungsbereich ausgeschieden werden".

⁶⁷⁴ ESMA, Leitlinien (Fn. 657), S. 4: „Gruppe von Familienmitgliedern, unabhängig von der Art der rechtlichen Struktur, die von ihnen möglicherweise eingerichtet wird, um in einen Organismus zu investieren"; BaFin, Auslegungsschreiben (Fn. 650), I. 3. a. Siehe auch Erwägungsgrund 7 der AIFM-Richtlinie (Fn. 643), S. 2: „Wertpapierfirmen, wie zB Family-Office-Vehikel, die das Privatvermögen von Anlegern investieren, ohne Fremdkapital zu beschaffen, sollten nicht als AIF gemäß dieser Richtlinie betrachtet werden". Ausführlich zu Family Offices und Kooperationen von Investoren beim Erwerb von Unternehmen oder Beteiligungen an denselben als Investmentvermögen *Seibt/Jander-McAlister* DB 2013, 2375 f., 2433 ff. Ferner *Zetzsche/Preiner* WM 2013, 2104 f.

⁶⁷⁵ ESMA, Leitlinien (Fn. 657), S. 4 im Rahmen der Definition des Merkmals einer bereits bestehenden Gruppe.

⁶⁷⁶ ESMA, Leitlinien (Fn. 657), Nr. 15, S. 6 f.

⁶⁷⁷ ESMA, Leitlinien (Fn. 657), Nr. 16, S. 6 f., in unverständlich zaghafter Formulierung („sollte nicht dazu führen, dass das Kriterium der Kapitalbeschaffung nicht erfüllt ist").

⁶⁷⁸ ESMA, Leitlinien (Fn. 657), S. 6. Ebenso BaFin, Auslegungsschreiben (Fn. 650), I. 3. a., allerdings statt von „Angehörigen" (in der englischen Fassung „dependants") von „Hinterbliebenen" redend.

haben oder zu werben, fehlt es bereits an der gewerblichen Beschaffung des anzulegenden Kapitals.[679]

**356** (iii) Des Weiteren verlangt der Begriff des Investmentvermögens das Einsammeln von Kapital **von einer Anzahl von Anlegern,** wobei § 1 Abs. 1 Satz 2 KAGB bestimmt, dass eine Anzahl von Anlegern gegeben ist, „wenn die Anlagebedingungen, die Satzung oder der Gesellschaftsvertrag des Organismus für gemeinsame Anlagen die Anzahl möglicher Anleger nicht auf einen Anleger begrenzen". Deshalb kommt es nicht darauf an, dass tatsächlich mehrere Anleger vorhanden sind, sondern allein darauf, ob der Organismus auf das Einsammeln von Kapital von mehreren Anlegern ausgelegt ist oder, mit anderen Worten, „theoretisch die Möglichkeit besteht, dass sich mehrere Anleger an dem Organismus beteiligen können".[680]

**357** Ist diese theoretische Möglichkeit aufgrund von Recht, Vereinbarung oder Satzung ausgeschlossen, so soll ein Organismus gleichwohl als Investmentvermögen in Betracht kommen, wenn der **alleinige Anleger** (a) Kapital anlegt, das er bei mehr als einer natürlichen oder juristischen Person im Hinblick auf die Anlage zugunsten dieser Personen beschafft hat, und (b) aus einer Einrichtung oder Struktur besteht, die insgesamt mehr als einen Anleger im Sinne der AIFMD hat. Letzteres sei etwa anzunehmen bei Master-/Feeder-Strukturen (siehe §§ 1 Abs. 12 ff., § 171 ff. KAGB), bei denen ein einziger Feeder-Fonds in einen Master-Organismus investiert, oder bei Dachfonds, bei denen der Dachfonds der alleinige Anleger in dem entsprechenden Organismus ist, oder auch Einrichtungen, bei denen der alleinige Anleger als Bevollmächtigter für mehr als einen Anleger auftritt und deren Interessen zu administrativen Zwecken bündelt.[681] Ist der alleinige Kommanditist einer GmbH & Co. KG ein **Treuhandkommanditist** oder beteiligen sich mehrere Anleger über einen **Treuhänder** an einem Organismus, so ist das Merkmal einer Anzahl von Anlegern auch dann erfüllt, wenn eine Beteiligung an dem Organismus nur und ausschließlich über den Treuhandkommanditisten bzw. Treuhänder möglich ist.[682]

**358** Geht es um die Frage, ob eine **GmbH & Co KG** ein dem KAGB unterfallendes Investmentvermögen ist und weist sie nur einen Kommanditisten auf, so sind der geschäftsführende Kommanditist oder der Komplementär, die an der Gesellschaft nur deshalb beteiligt sind, um diese überhaupt als solche gründen zu können, nicht als Anleger anzusehen, es sei denn, auch sie und andere können sich am Organismus als Anleger beteiligen.[683] Ist eine **Gesamthandsgemeinschaft** oder eine **juristische Person** alleiniger Anleger, so fehlt es wegen der Verselbständigung derselben am Merkmal einer Anzahl von Anlegern.[684] Ist eine **Bruchteilsgemeinschaft** alleiniger Anleger eines Organismus, dürfte dies regelmäßig aufgrund der Initiative der Gemeinschaft geschehen und damit schon am Merkmal einer gewerblichen Beschaffung von Kapital fehlen. Aber auch wenn dies nicht der Fall sein sollte, ist kein rechter Bedarf zu erkennen, die sich als Anleger beteiligende und dann wohl als solche angesprochene Gemeinschaftsverbindung – die sicher weder (wie Personengesellschaften) eine Gesamthandsgemeinschaft noch (wie Vereine und Kapitalgesellschaft) eine juristische Person darstellt und fraglos auf Auflösung tendiert, aber gleichwohl eine gewisse Verselbständigung erfahren hat – aus sehr speziellen Gründen des deutschen Rechts als eine Anzahl von Anlegern zu qualifizieren.[685]

---

[679] Ebenso BaFin, Auslegungsschreiben (Fn. 650), I. 3. b.
[680] BaFin, Auslegungsschreiben (Fn. 650), I. 4. *Ex negativo* definiert ESMA, Leitlinien (Fn. 657), Nr. 17, S. 7, erfasst werden sollten damit Organismen, die durch Vertragsbedingungen oder Satzung oder durch andere rechtsverbindliche Regelungen oder Bestimmungen „nicht von der Kapitalbeschaffung bei mehr als einem Anleger abgehalten" würden, also auch ein Organismus, bei dem „tatsächlich nur ein Anleger vorhanden ist". Dazu auch *Zetzsche/Preiner* WM 2013, 2104.
[681] ESMA, Leitlinien (Fn. 657), Nr. 18 und 19, S. 7.
[682] BaFin, Auslegungsschreiben (Fn. 650), I. 4.
[683] BaFin, Auslegungsschreiben (Fn. 650), I. 4.
[684] Ebenso *Krause* in Beckmann/Scholtz/Vollmer, Investment, Vor 405 Rn. 20.
[685] AA *Krause* in Beckmann/Scholtz/Vollmer, Investment, Vor 405 Rn. 22.

(iv) Darüber hinaus muss ein Organismus, um Investmentvermögen zu sein, das eingesammelte Kapital **gemäß einer festgelegten Anlagestrategie** investieren.[686] Das verlangt eine die Anlagespielräume des Organismus bestimmende schriftliche Festlegung von Kriterien zur Anlage des eingesammelten Vermögens, die über die mit einem „allgemein-kommerziellen oder -industriellen Zweck" eines Organismus eventuell verbundene Einschränkung von Anlagekriterien hinausgeht.[687]

Heißt es in den ESMA-Leitlinien noch eher zirkulär, ein Organismus, der eine Strategie in Bezug darauf verfolge, wie das im Organismus gebündelte Kapital im Hinblick auf die Erzielung einer Gemeinschaftsrendite für die Anleger, bei denen das Kapital beschafft worden sei, verwaltet werden solle, sei als ein Organismus mit einer festgelegten Anlagestrategie anzusehen, so werden doch immerhin vier Merkmale angeführt, von denen es heißt, sie könnten einzeln oder kumulativ auf das Vorhandensein einer solchen Strategie hinweisen:[688]

„(a) Die Anlagestrategie ist bestimmt und festgelegt, spätestens zu dem Zeitpunkt, wenn die Verpflichtungen der Anleger gegenüber dem Organismus für sie verbindlich werden;

(b) die Anlagestrategie wird in einem Dokument dargelegt, das Bestandteil der Vertragsbedingungen bzw. der Satzung des Organismus ist bzw. auf das darin Bezug genommen wird;

(c) der Organismus bzw. die juristische Person, die den Organismus verwaltet, unterliegt gegenüber den Anlegern einer (wie auch immer entstandenen) von ihnen rechtlich durchsetzbaren Verpflichtung, sich nach der Anlagestrategie zu richten, einschließlich aller daran vorgenommenen Änderungen;

(d) die Anlagestrategie umfasst auch Anlagerichtlinien mit Verweis auf alle oder einzelne der nachstehend genannten Kriterien:
  (i) Anlage in bestimmten Kategorien von Vermögenswerten bzw. gemäß Einschränkungen bezüglich der Anlageaufteilung;
  (ii) Verfolgung bestimmter Strategien;
  (iii) Anlage in bestimmten geografischen Gebieten;
  (iv) Einhaltung von Einschränkungen bezüglich von Hebelfinanzierungen;
  (v) Einhaltung von Mindesthaltezeiten; oder
  (vi) Einhaltung von anderen Einschränkungen zur Risikostreuung."

Wenn in den ESMA-Leitlinien weiter ausgeführt wird, die Tatsache, dass Anlageentscheidungen ausschließlich dem Verwalter des von einem Organismus eingesammelten Vermögens überlassen werden, „sollte nicht dazu genutzt werden, die Bestimmungen der AIFMD zu umgehen",[689] so kann dies nur heißen, dass die schriftlich festgelegte Anlage der Gelder nach dem **Ermessen eines Verwalters** als eine festgelegte Anlagestrategie anzusehen ist. Auch im Übrigen sind die vorstehend ausgeführten Anforderungen an eine **festgelegte Anlagestrategie** gering. Sollen bereits Leitlinien, die über einen „allgemein-kommerziellen oder -industriellen Zweck" des Organismus' hinausgehen, als festgelegte Anlagestrategien gelten,[690] ist schon die allgemeine Angabe, das Vermögen solle in Gewerbeimmobilien oder in „Start-up"-Unternehmen investiert werden, als eine hinreichend genaue Festlegung einer Anlagestrategie zu behandeln, und dies selbst dann, wenn sie sich lediglich aus der Beschreibung des Gesellschaftszwecks eines allein kollektiven Anlagezwe-

---

[686] Kritisch zu dieser Voraussetzung *Loritz/Uffmann* WM 2013, 2199. Näher etwa *Zetzsche/Preiner* WM 2013, 2106.

[687] ESMA, Leitlinien (Fn. 657), Nr. 20 und 21, S. 7 und 8. In der Sache ebenso BaFin, Auslegungsschreiben (Fn. 650), I. 5., und RegE AIFM-Umsetzungsgesetz, BT-Drucks. 17/12994 vom 6.2.2013, S. 201.

[688] ESMA, Leitlinien (Fn. 657), Nr. 20, S. 7 f.

[689] ESMA, Leitlinien (Fn. 657), Nr. 22, S. 8.

[690] Siehe → Rn. 359; ESMA, Leitlinien (Fn. 657), Nr. 21, S. 8.

cken dienenden Organismus' findet. Auch diese geringen Anforderungen sind zur Vermeidung von Umgehungsstrategien sinnvoll, die in einer möglichst vagen, aber noch hinreichend Anleger anlockenden Beschreibung einer Anlagestrategie bestehen können.

362 Die Frage, ob *Real Estate Investment Trust*-Aktiengesellschaften (**REIT-Aktiengesellschaften**) – börsennotierte Immobilienaktiengesellschaften, dh Aktiengesellschaften, deren Unternehmensgegenstand im Wesentlichen darin besteht, Eigentum oder dingliche Nutzungsrechte an Immobilien zu erwerben, zu halten, im Rahmen der Vermietung, der Verpachtung und des Leasings einschließlich notwendiger immobiliennaher Hilfstätigkeiten zu verwalten und zu veräußern (s. im Einzelnen § 1 Abs. 1 REITG) – wird vor allem mit dem Argument verneint, die Gesellschaften verfolgten eine Unternehmensstrategie iS der Strategie eines operativen Unternehmens außerhalb des Finanzsektors und keine festgelegte Anlagestrategie.[691] Die BaFin vertrat dazu anfangs die gegenteilige Haltung,[692] nimmt zwischenzeitlich aber eine differenzierende Position ein, die davon ausgeht, im Regelfall handele es sich bei REIT-Aktiengesellschaften nicht um Investmentvermögen.[693]

363 (v) Ferner ist ein Organismus nur dann ein Investmentvermögen, wenn die Investition des eingesammelten Kapitals **zum Nutzen der Anleger** investiert wird. Daran fehlt es, wenn das von einem Organismus eingesammelte Kapital zum Nutzen des Organismus selbst investiert wird und die Anleger daraus allenfalls mittelbar einen Vorteil ziehen. Das ist insbesondere bei Unternehmen der Fall, die eingesammeltes Kapital eigenwirtschaftlich für die Verfolgung ihres „allgemein-kommerziellen oder -industriellen Zwecks" investieren und damit eigene Gewinnerzielungsabsichten verfolgen.

364 Dementsprechend fehlt es an der Anlage von eingesammelten Kapital zum Nutzen der Anleger, wenn ein Unternehmen **Inhaberschuldverschreibungen, Namensschuldverschreibungen** oder **Genussrechte**[694] ausgibt, um die auf diese Weise erlangten Gelder zur Finanzierung von Investitionen des Unternehmens selbst einzusammeln, auch wenn es hier schon an dem Merkmal der „gemeinsamen Anlage" des eingesammelten Kapitals zur Erzielung einer Gesamtrendite aus diesem selbst (→ Rn. 351) fehlen wird. Gleiches gilt für den Fall, dass eine Bank „eine **Schuldverschreibung in Form eines Zertifikats**" ausgibt, „dessen Wertentwicklung an verschiedenen Wertpapieren als Underlying oder an einem selbst erstellten Index gekoppelt ist", denn auch hier „liegt keine Investition zum Nutzen der Anleger vor, wenn die Bank in der Verwendung der Anlegergelder frei ist und dem Anleger nicht verspricht, die Anlegergelder etwa in die den selbsterstellten Index oder dem Referenzportfolio zugrundeliegenden Vermögenswerte zu investieren".[695]

365 (vi) Schließlich kann ein Organismus nur dann ein Investmentvermögen sein, wenn er kein **operativ tätiges Unternehmen außerhalb des Finanzsektors** ist (§ 1 Abs. 1 Satz 1 KAGB).[696] Entsprechend der Ausführungen in den **ESMA-Leitlinien** zu Unternehmen mit einem allgemein-kommerziellen oder allgemein-industriellen Zweck werden damit solche Unternehmen aus dem Anwendungsbereich des KAGB ausgeschlossen, die

---

[691] *Merkt* BB 2013, 1986 ff. *Merkt* bestreitet darüber hinaus, dass REIT-Aktiengesellschaften überhaupt in den Anwendungsbereich der AIFM-Richtlinie (s. o. Fn. 47) und damit auch in denjenigen des KAGB fallen.

[692] BaFin, Konsultation 03/2013, Entwurf – Anwendungsbereich des KAGB-E/Auslegung des Begriffs „Investmentvermögen", GZ: WA 41 – WP 2137 – 2013/0001, S. 8.

[693] BaFin, Auslegungsschreiben zum Anwendungsbereich des KAGB und zum Begriff des „Investmentvermögens", oben Fn. 650, unter II. 1. und 2.

[694] Dass zu solchen Zwecken ausgegebene Genussrechte und Namensschuldverschreibungen nicht erfasst sind, folgt auch aus der Regelung des § 1 Abs. 2 Nr. 4 und 5 VermAnlG.

[695] BaFin, Auslegungsschreiben (Fn. 650), I. 6. Das soll regelmäßig auch dann der Fall sein, „wenn die Bank einen Teil der über die Zertifikate eingenommenen Gelder in das Referenzportfolio investiert oder über einen Swap mit einem Dritten abbildet, wenn die Investition bzw. die Abbildung über den Swap ausschließlich zu dem Zweck erfolgt, die eigenen Verlustrisiken gegenüber dem Inhaber des Zertifikates abzusichern (Hedging)".

[696] Ausführlich dazu *Loritz/Uffmann* WM 2013, 2200 ff.

überwiegend einer kommerziellen Tätigkeit einschließlich Kauf, Verkauf und/oder Austausch von Waren oder Gütern und/oder Verkehr mit nicht-finanziellen Dienstleistungen nachgehen oder überwiegend eine industrielle Tätigkeit einschließlich der Produktion von Waren oder der Errichtung von Immobilien ausüben oder überwiegend eine Kombination aus beiden vorstehend bezeichneten Tätigkeiten darstellen.[697] Darin kommt zugleich zum Ausdruck, dass zusätzlich zu der überwiegend operativen Tätigkeit vorgenommene Investitionen zu Anlagezwecken wie die Anlage in Finanzinstrumente dieser Qualifikation keinen Abbruch tun.[698]

Nicht als Investmentvermögen erfasst sind damit Unternehmen, die überwiegend im Bereich der Produktion, des Immobilienbetriebs (etwa in Gestalt des Betreibens eines Hotels oder einer Pflegeeinrichtung, nicht aber des Erwerbs und des Verkaufs oder der Vermietung, Verpachtung oder Verwaltung von Immobilien[699]) oder der Immobilienprojektentwicklung (Konzeption, Ankauf, Entwicklung und anschließender Verkauf der Immobilie) oder auf dem Gebiet des Handels oder der Erbringung von Dienstleistungen außerhalb des Finanzsektors operieren. Unschädlich ist, dass sich das Unternehmen dabei fremder Dienstleister oder gruppeninterner Gesellschaften bedient, solange die unternehmerischen Entscheidungen im laufenden Geschäftsbetrieb bei ihm verbleiben.[700]

(vii) Die vorstehend aufgeführten Merkmale des Begriffs des Investmentvermögens werfen zahlreiche **Anwendungs- und Abgrenzungsfragen** auf. Die BaFin beantwortet einige von ihnen in einem „**Fragenkatalog**" in Teil II. ihres Auslegungsschreibens.[701]

(c) Ausnahmen. Das KAGB enthält in seinem § 2 eine lange Liste von Organismen (Vehikeln), auf die das Gesetz ganz oder in Teilen nicht anwendbar ist. Die Mehrzahl von ihnen betrifft AIF-Kapitalverwaltungsgesellschaften. Zu den wichtigsten **Ausnahmen** im Hinblick auf eine Prospektpflicht nach dem KAGB zählen die folgenden Organismen:

– **Holdinggesellschaften,** zu deren Abgrenzung von so genannten *Private-Equity*-Fonds nach § 2 Abs. 1 Nr. 1 KAG vor allem verlangt wird, dass sie „ausweislich ihres Jahresberichts oder anderer amtlicher Unterlagen nicht mit dem Hauptzweck gegründet wurden, ihren Anlegern durch Veräußerung ihrer Tochterunternehmen oder verbundener Unternehmen eine Rendite zu verschaffen".

– **Arbeitnehmerbeteiligungssysteme oder Arbeitnehmersparpläne** (§ 2 Abs. 1 Nr. 6 KAGB) und Verbriefungszweckgesellschaften iSv § 1 Abs. 19 Nr. 36 KAGB (§ 2 Abs. 1 Nr. 7 KAGB).

– **Ferner:** Einrichtungen der betrieblichen Altersversorgung gemäß § 2 Abs. 1 Nr. 2 KAGB; europäische und internationale Banken, wie den Europäischen Investitionsfonds und den Internationalen Währungsfonds, sowie vergleichbare internationale Organisationen, soweit sie bei der Verwaltung von Investmentvermögen im öffentlichen Interesse handeln (§ 2 Abs. 1 Nr. 3 KAGB); nationale Zentralbanken (§ 2 Abs. 1 Nr. 4 KAGB); staatliche Stellen und Gebietskörperschaften oder andere Einrichtungen, die Gelder zur Unterstützung von Sozialversicherungs- und Pensionssystemen verwalten (§ 2 Abs. 1 Nr. 5 KAGB).

(d) Folgerungen für den Anwendungsbereich. Der materielle Investmentfondsbegriff hat zur Folge, dass zur Beantwortung der Frage, ob ein Anlageprodukt prospektpflichtig ist und der Prospekthaftung unterfällt, in jedem Einzelfall zu prüfen ist, ob der in Frage stehende Organismus die hoch abstrakten Merkmale eines Investmentvermögens erfüllt. Das ist im Falle der herkömmlichen Investmentfonds weniger schwierig als bei den Anlageprodukten, die zunächst auf dem unregulierten grauen Kapitalmarkt angeboten und erst später einer

---

[697] ESMA, Leitlinien (Fn. 657), S. 4.
[698] BaFin, Auslegungsschreiben (Fn. 650), I.7., mit Beispielsfällen aus dem Immobilien- und Schiffsbereich.
[699] BaFin, Auslegungsschreiben (Fn. 650), I.7.a.
[700] BaFin, Auslegungsschreiben (Fn. 650), I.7.a., II.1.
[701] BaFin, Auslegungsschreiben (Fn. 650), II.

Regulierung durch das Verkaufsprospektgesetz, das an dessen Stelle getretene Vermögensanlagengesetz und das Wertpapierprospektgesetz unterzogen wurden. Zwischen den beiden Letzteren und dem KAGB besteht damit zudem eine für jeden Organismus und für jedes einzelne Anlageprodukt zu prüfende Regelungskonkurrenz.

373　bb) **Beim Vertrieb von anzeigepflichtigen EU-OGAW** oder von Anteilen oder Aktien an **EU-AIF oder ausländischen AIF zu veröffentlichenden Verkaufsprospekte.** Beabsichtigt eine EU-OGAW-Verwaltungsgesellschaft (§ 1 Abs. 14, 17 KAGB) oder eine OGAW-Kapitalverwaltungsgesellschaft (§ 1 Abs. 15 KAGB) Anteile oder Aktien im Geltungsbereich des KAGB an **EU-OGAW** (§ 1 Abs. 4 Nr. 1 iVm Abs. 8 KAGB) zu vertreiben, so ist dies der BaFin anzuzeigen (§ 310 Abs. 1 KAGB, Anhang I der Verordnung EU Nr. 584/2010[702]). Für die nach § 310 zum Vertrieb angezeigten Anteile oder Aktien an EU-OGAW hat die EU-OGAW-Verwaltungsgesellschaft oder die OGAW-Kapitalverwaltungsgesellschaft die in § 298 Abs. 1 KAGB aufgeführten „Unterlagen und Angaben im Geltungsbereich dieses Gesetzes in deutscher Sprache oder in einer in internationalen Finanzkreisen üblichen Sprache zu veröffentlichen", darunter nach § 298 Abs. 1 Satz 1 Nr. 3 KAGB „den Verkaufsprospekt". Er unterliegt der Prospekthaftung nach § 306 Abs. 1 Satz 1 KAGB.

374　Gleiches gilt für den Verkaufsprospekt (nebst Änderungen desselben), den eine EU-AIF-Verwaltungsgesellschaft oder eine ausländische AIF-Verwaltungsgesellschaft für Anteile oder Aktien an **EU-AIF oder ausländischen AIF** nach § 299 Abs. 1 Satz 1 Nr. 1 KAGB auf den Internetseiten der AIF-Verwaltungsgesellschaft mit dem sich aus § 318 KAGB ergebenden Inhalt zu veröffentlichen hat.

375　**b) Angaben im Verkaufsprospekt.** Der Prospekthaftung nach § 306 Abs. 1 Satz 1 KAGB unterfallen nur **Angaben in einem Verkaufsprospekt.** Das ist ein Verkaufsprospekt, der nach den Bestimmungen des KAGB nach §§ 164 Abs. 1, 268 Abs. 1 KAGB zu erstellen und dem Publikum zugänglich zu machen ist oder nach §§ 298 Abs. 1, 299 Abs. 1 KAGB zu veröffentlichen ist (→ Rn. 337).

376　**Neben dem veröffentlichten Verkaufsprospekt** zur Unterstützung des Vertriebs vorgenommene **Werbung** iS von §§ 33, 302 KAGB – etwa in Gestalt von Broschüren, Flyern oder Informationsblättern – ist nicht Gegenstand der Prospekthaftung nach § 306 Abs. 1 Satz 1 KAGB,[703] sondern unterliegt im Falle ihrer Fehlerhaftigkeit (namentlich nach § 302 KAGB) anderweitiger Sanktionen. Neben einem veröffentlichten Verkaufsprospekt verwandte Dokumente sind auch dann als Werbung im vorstehenden Sinne und nicht als Verkaufsprospekte zu betrachten, wenn sie den **Eindruck eines Verkaufsprospekts** erwecken. Für eine Behandlung der fraglichen Dokumente als Prospekte iS der allgemeinzivilrechtlichen Prospekthaftung ist neben der Haftung für den Verkaufsprospekt und der als abschließend zu betrachtenden spezialgesetzlichen Regelung der Prospekthaftung im KAGB kein Raum.[704]

377　Ist ein **Verkaufsprospekt** entgegen § 164 Absatz 1, § 268 Absatz 1, § 298 Absatz 1 oder § 299 Absatz 1 **nicht veröffentlicht worden,** so ist dies kein Fall unrichtiger oder unvollständiger Prospektangaben, sondern ein solcher der Haftung für die Nichtveröffentlichung nach § 306 Abs. 5 KAGB, welche allerdings weitgehend derjenigen der Haftung für fehlerhafte Verkaufsprospekte nach § 306 Abs. 1 Satz 1 KAGB nachgebildet ist. Wegen

---

[702] VO (EU) Nr. 584/2010 vom 1.7.2010 zur Durchführung der Richtlinie 2009/65/EG im Hinblick auf Form und Inhalt des Standardmodells für das Anzeigeschreiben und die OGAW-Bescheinigung, die Nutzung elektronischer Kommunikationsmittel durch die zuständigen Behörden für die Anzeige und die Verfahren für Überprüfungen vor Ort und Ermittlungen sowie für den Informationsaustausch zwischen zuständigen Behörden, ABl. EU Nr. L 176 vom 10.7.2010, S. 16.

[703] Zum aufgehobenen § 127 InvG *Heisterhagen* in Emde/Dornseifer/Dreibus/Hölscher, § 127 Rn. 16; *Köndgen* in Berger/Steck/Lübbehüsen, § 127 Rn. 3. Zum aufgehobenen § 13 VerkProspG *Assmann* in Assmann/Schlitt/v. Kopp-Colomb, § 13 VerkProspG Rn. 20 mwN; *Hebrant* ZBB 2011, 453 ff.

[704] Ebenso *Möllers*, Haftungssystem, S. 253/254 mwN.

dieses weitgehenden Haftungsgleichlaufs bei fehlerhaftem und nicht veröffentlichtem Verkaufsprospekt ist der Anleger bei der Verwendung eines erstellten, aber nicht veröffentlichten Verkaufsprospekts beim Vertrieb hinreichend durch die Regelung der Haftung für die Nichtveröffentlichung eines Verkaufsprospekts nach § 306 Abs. 5 KAGB geschützt. Auch hier besteht deshalb für eine Behandlung des beim Vertrieb eingesetzten, aber dem Publikum nicht in der gebotenen Form zugänglich gemachten, unveröffentlichten Prospekts als Prospekt iS der allgemein-zivilrechtlichen Prospekthaftung weder Bedarf noch Raum.[705]

**c) Zeitpunkt und Maßstab der Beurteilung der Unrichtigkeit oder Unvollständigkeit von Angaben.** Die Prospekthaftung nach § 306 Abs. 1 Satz 1 KAGB setzt die Unrichtigkeit oder Unvollständigkeit von Angaben voraus, die für die Beurteilung der Anteile oder Aktien von wesentlicher Bedeutung sind. Sowohl die Beantwortung der Frage, ob eine unterlassene Angabe des Verkaufsprospekts wesentlich ist, als auch derjenigen, ob Angaben unrichtig oder unvollständig sind, hängen maßgeblich davon ab, auf welchen Zeitpunkt und auf welchen Maßstab der Beurteilung jeweils abzustellen ist. 378

aa) Beurteilungszeitpunkt. Sowohl die Beurteilung der Richtigkeit und Vollständigkeit von Prospektangaben als auch die der Wesentlichkeit unrichtiger Angaben und der nicht in den Prospekt aufgenommenen Umstände hat aus einer **Ex-ante-Sichtweise** zu erfolgen (näher dazu → Rn. 42, 132). 379

Der dafür maßgebliche Zeitpunkt ist die **Veröffentlichung des Verkaufsprospekts** in seiner **ursprünglichen oder aktualisierten Fassung.** Das ist im Falle von Verkaufsprospekten für Offene Publikumsinvestmentvermögen und Anteile oder Aktien an EU-OGAW der Zeitpunkt, zu welchem dem Publikum die jeweils aktuelle Fassung des Verkaufsprospekts auf der Internetseite der OGAW- oder AIF-Kapitalverwaltungsgesellschaft oder der EU-OGAW-Verwaltungsgesellschaft oder der OGAW-Kapitalverwaltungsgesellschaft zugänglich gemacht wurde (§§ 164 Abs. 1 Satz 1, 298 KAGB) und im Falle von Verkaufsprospekten für Geschlossene Publikums-AIF bzw. für Anteile oder Aktien an EU-AIF oder ausländischen AIF der Zeitpunkt, zu welchem dem Publikum die aktuelle Fassung des Verkaufsprospekts auf der Internetseite der AIF-Kapitalverwaltungsgesellschaft bzw. der EU-AIF-Verwaltungsgesellschaft oder der ausländischen AIF-Verwaltungsgesellschaft zugänglich gemacht wurde (§ 268 Abs. 1 Satz 2 bzw. § 299 KAGB). 380

Ist ein **Verkaufsprospekt aktualisiert** worden, ist im Hinblick auf die dieser Aktualisierung und deren Veröffentlichung nachfolgenden Anlageerwerbe der Zeitpunkt maßgeblich, zu welchem dem Publikum die aktuelle Fassung des Verkaufsprospekts auf der für die Veröffentlichung des aktualisierten Verkaufsprospekts verwandte Internetseite zugänglich gemacht wurde. Pflichten zur Aktualisierung und Veröffentlichung des aktualisierten Verkaufsprospekts ergeben sich für offene Publikumsinvestmentvermögen aus § 164 Abs. 3 KAGB und für geschlossene Publikums-AIF aus §§ 268 Abs. 2, 318 Abs. 6 KAGB und betreffen nur solche Angaben des Verkaufsprospekts, die von wesentlicher Bedeutung (dazu → Rn. 385 ff.) sind. 381

bb) Beurteilungsmaßstab. Die Beantwortung der Frage, ob die in einem Verkaufsprospekt enthaltenen Angaben richtig oder unvollständig sind und ob es sich bei den unrichtigen oder nicht vorhandenen Angaben um wesentliche Angaben handelt, verlangt einen **Maßstab,** der sich am Verständnishorizont des Adressatenkreises der Prospektpublizität – am **Empfängerhorizont der Prospektadressaten** – ausrichten muss. Dabei ist im Hinblick auf die durch § 306 Abs. 1 KAGB haftungsbewehrte Prospektpublizität davon auszugehen, dass die der Haftung unterliegenden Verkaufsprospekte nur für den Vertrieb von Publikumsinvestmentvermögen zu erstellen und zu veröffentlichen sind. Sie wenden sich 382

---

[705] Siehe schon – für die Prospekthaftung nach dem aufgehobenen § 13 VerkProspG – *Assmann* in Assmann/Schlitt/v. Kopp-Colomb, WpPG/VerkProspG, § 13 VerkProspG Rn. 20. Zur Prospekthaftung nach § 127 InvG *Heisterhagen* in Emde/Dornseifer/Dreibus/Hölscher, § 127 Rn. 54; *Köndgen* in Berger/Steck/Lübbehüsen, § 127 Rn. 29.

damit ausschließlich an Anleger, die in der AIFM-Richtlinie[706] als Kleinanleger[707] und im KAGB als **Privatanleger** bezeichnet werden. Aber hier wie dort werden diese – *ex negativo* – dadurch definiert, dass es sich bei ihnen nicht um professionelle Anbieter handelt, wobei das KAGB diese Anlegergruppe noch in professionelle und semiprofessionelle Anleger unterteilt (§ 1 Abs. 19 Nr. 31 KAGB). Dabei gilt dem KAGB als ein **professioneller Anleger** jeder Anleger, der im Sinne von Anhang II der Richtlinie 2004/39/EG vom 21.4.2004 (MiFID-Richtlinie)[708] als professioneller Kunde angesehen wird oder auf Antrag als ein professioneller Kunde behandelt werden kann (§ 1 Abs. 19 Nr. 32 KAGB), und als ein **semiprofessioneller Anleger** der Anleger, der die in § 1 Abs. 19 Nr. 33 KAGB angeführten Voraussetzungen erfüllt, darunter auf jeden Fall der Anleger, der sich verpflichtet, mindestens 10 Mio. Euro in ein Investmentvermögen zu investieren.

383 Auch der auf diese Weise eingegrenzte Kreis von **Privatanlegern,** an den sich die Verkaufsprospekte des KAGB wenden, lässt sich in unterschiedliche Gruppen von Anlegern unterteilen, die sich nach Sachverstand, Erfahrungen, Kenntnissen und Risikotragungsfähigkeit unterscheiden. Die aus der allgemeinen Diskussion über die Adressaten der Prospektpublizität bekannten Vorschläge, einen bestimmten Anlegertypus wie den „Fachmann", den „verständigen Anleger" oder den „unbewanderten Laien" zum Maßstab der Beurteilung von Prospektangaben zu machen,[709] stellen sich deshalb auch hier. Und auch vorliegend ist davon auszugehen, dass es keiner dieser Anlegertypen, sondern der **„durchschnittliche Anleger"** (→ Rn. 136) ist, auf dessen Sachverstand, Erfahrungen und Kenntnisse es bei der Beurteilung eines für die Prospekthaftung nach § 306 Abs. 1 KAGB relevanten Prospektmangels ankommt.

384 **d) Angaben von wesentlicher Bedeutung.** Zum Begriff der **Angaben** siehe die Hinweise zur Haftung für fehlerhafte Wertpapierprospekte nach § 21, 22 WpPG → Rn. 140.

385 Die Prospekthaftung nach § 306 Abs. 1 Satz 1 KAGB greift nur ein, wenn Angaben, die für die Beurteilung der Anteile oder Aktien an einem OGAW oder einem AIF **von wesentlicher Bedeutung** sind, unrichtig oder unvollständig sind. Dabei dürfen für Publikumsinvestmentvermögen bzw. für geschlossene Publikums-AIF als wesentliche Angaben jedenfalls die sich aus §§ 166 Abs. 2–8, 262 Abs. 1 Satz 4 und Abs. 2 Satz 2, 263 Abs. 5 Satz 2, 270 KAGB iVm der Verordnung (EU) Nr. 583/2010[710] ergebenden, nach § 164 Abs. 1, 268 Abs. 1 KAGB zu veröffentlichenden, Anlageinteressenten nach Maßgabe von § 297 Abs. 1 Satz 1 und Abs. 2 Satz 2 KAGB zur Verfügung zu stellenden und nach §§ 164 Abs. 3. 268 Abs. 2 KAGB auf dem neusten Stand zu haltenden **wesentlichen Anlegerinformationen** gelten; für Anteile oder Aktien an EU-OGAW bzw. EU-AIF oder ausländischen AIF sind dies entsprechend die nach Maßgabe von §§ 298 Abs. 1 Satz 2, 301 KAGB iVm Art. 78 der Richtlinie 2009/65/EG vom 13.7.2009[711] bzw. von § 318 Abs. 5 KAGB erforderlichen Anlegerinformationen. Dafür spricht auch der Umstand, dass es sich bei den wesentlichen Anlegerinformationen nicht um vom Verkaufsprospekt abgehobene, andersgeartete Angaben handelt, sie vielmehr nach §§ 166 Abs. 3 Satz 3, 270 Abs. 1, 318 Abs. 5 Satz 2 KAGB, Art. 79 Abs. 1 Satz 2 der Richtlinie 2009/65/EG mit den einschlägigen Teilen des Verkaufsprospekts übereinstimmen müssen.

386 Schon der Umstand, dass für Anlegerinformationen nicht nach § 306 Abs. 1 KAGB, sondern – mit Modifikationen gegenüber dieser Bestimmung – nach § 306 Abs. 2 KAGB gehaftet wird, zeigt aber, dass wesentliche Angaben iS der Haftung für fehlerhafte Ver-

---

[706] S. o. Fn. 47.
[707] Nach Art. 4 (1) z) aj) der AIFM-Richtlinie (Fn. 643), S. 18, ist ein „Kleinanleger" ein „Anleger, bei dem es sich nicht um einen professionellen Anleger handelt".
[708] S. o. Fn. 318, S. 1, 43.
[709] S. dazu → Rn. 136, jeweils mwN.
[710] S. o. Fn. 649.
[711] S. o. Fn. 44.

kaufsprospekte nach § 306 Abs. 1 KAGB nicht deckungsgleich mit den wesentlichen Anlegerinformationen iS von § 306 Abs. 2 KAGB sind. Das bedeutet, dass nicht zu den wesentlichen Anlegerinformationen für das jeweilige Anlageprodukt gehörende Prospektangaben gleichwohl **im Einzelfall wesentlich** sein können. Das gilt für einzelne unrichtige oder unterlassene Angaben oder Angabenkomplexe (→ Rn. 387) ebenso wie für eine Mehrzahl einzelner Angaben (→ Rn. 388).

Ist zu beurteilen, ob eine **einzelne Angabe** oder die Angaben in einem **einzelnen** **387** **Angabenkomplex** wesentlich sind, ist auf die **Grundsätze** zurückzugreifen, wie sie sich im Zuge der Entwicklung der Prospekthaftung als allgemeine Kriterien zur Beurteilung der Wesentlichkeit von Prospektangaben herausgebildet haben. Unter Berücksichtigung der Zielsetzung der Prospekthaftung, für die Richtigkeit und Vollständigkeit von Angaben zu sorgen, die ein durchschnittlicher Anleger braucht, um eine informierte, Chancen und Risiken erkennende Anlageentscheidung treffen zu können,[712] lassen sich als **wesentlich** alle Angaben über Umstände bezeichnen, die objektiv zu den wertbildenden Faktoren einer Anlage gehören und die ein durchschnittlicher, verständiger Anleger „eher als nicht" bei seiner Anlageentscheidung berücksichtigen würde (s. dazu bereits → Rn. 141). Ähnlich verlangen §§ 165 Abs. 1 Satz 1, 269 KAGB, der Verkaufsprospekt eines offenen Publikumsinvestmentvermögens müsse die Angaben enthalten, die erforderlich sind, damit sich die Anleger über die ihnen angebotene Anlage und insbesondere über die damit verbundenen Risiken ein begründetes Urteil bilden können. Zu den auf diese Weise wesentlichen Angaben gehören vor allem auch Umstände, die den **Vertragszweck vereiteln** können.[713] Noch zur allgemein-zivilrechtlichen Prospekthaftung ergangen, aber durchaus in den Kontext der Prospekthaftung nach § 306 KAGB zu übertragen ist das *dictum* des BGH, ein für die Anlageentscheidung wesentlicher Umstand sei der Erfolg oder Misserfolg „vergleichbarer Vorgängerfonds".[714]

Auch eine **Mehrzahl einzelner Angaben**, die je für sich genommen nicht unbedingt **388** als wesentlich zu betrachten sind, können im Hinblick auf die Chancen und Risiken einer Anlage einen Gesamteindruck erzeugen, der mit den tatsächlichen und für einen Anleger entscheidungserheblichen Verhältnissen nicht in Einklang steht. Dementsprechend hat die Rechtsprechung einen Prospekt auch dann als unrichtig oder unvollständig angesehen, wenn seine im Einzelnen nicht zu beanstandenden Angaben im Hinblick auf die Vermögens-, Ertrags- und Liquiditätslage des Unternehmens einen **unzutreffenden Gesamt-** **eindruck** erzeugen oder, wie es neuerdings heißt, ein unzutreffendes **Gesamtbild** vermitteln. Siehe dazu und zu Folgerungen für die Beurteilung der Unrichtigkeit von Prospekten → Rn. 61, 143.

Nach §§ 165 Abs. 1 Satz 2, 269 Abs. 1 KAGB muss der Verkaufsprospekt redlich und **389** eindeutig sein und darf nicht irreführen. Gleichwohl werden einzelne Mängel in der Klarheit der **Gestaltung, Darstellung und der Übersichtlichkeit** der Präsentation noch nicht dazu führen, mit den betroffenen Angaben seien Angaben von wesentlicher Bedeutung unrichtig oder unvollständig, doch können solche Mängel ein solches Gewicht annehmen oder sich dergestalt anhäufen, dass das Urteil gerechtfertigt sein kann, es liege ein im Ganzen – dh im Gesamteindruck/Gesamtbild – unrichtiger Prospekt vor.[715]

---

[712] Siehe Vorauﬂ. § 6 Rn. 87 und 77. Va BGH NJW 1995, 130 mwN, hebt die Angewiesenheit des Anlegers auf verlässliche Anlageinformationen hervor: „Der Entschluß, sich einem ... Anlagemodell anzuschließen, ist für einen einzelnen Beitrittswilligen von weittragender wirtschaftlicher Bedeutung und im Regelfalle mit erheblichen Risiken verbunden. Dabei hat der Beitrittsinteressent im Allgemeinen keine eigenen Unterrichtungsmöglichkeiten; er ist vielmehr darauf angewiesen, sich anhand des Emissionsprospekts über das zu finanzierende Vorhaben zu informieren. Dieser bildet im Regelfall die Grundlage für den Beitrittsentschluß".

[713] S. die Nachweise oben in Fn. 131.

[714] BGH NZG 2010, 585, 586 Rn. 14.

[715] Ähnlich *Hopt*, Verantwortlichkeit, Rn. 153; *Groß*, § 21 WpPG Rn. 67; *Hamann* in Schäfer/Hamann, §§ 44, 45 BörsG Rn. 194.

**390** **e) Unrichtige oder unvollständige Angaben.** Um eine Prospekthaftung nach § 306 Abs. 1 Satz 1 KAGB auszulösen, müssen die Angaben im Verkaufsprospekt, die für die Beurteilung der Anteile oder Aktien an einem OGAW oder einem AIF von wesentlicher Bedeutung sind, **unrichtig oder unvollständig** sein. Bei allen Unterschieden, welche die allgemein-zivilrechtliche Prospekthaftung und die je spezialgesetzlich geregelten Prospekthaftungstatbestände aufwiesen, haben sich bei deren Anwendung doch eine Reihe **allgemeiner Grundsätze** für die Beurteilung eines Prospektmangels herausgebildet.[716] Auf sie kann auch im Zusammenhang mit Verkaufsprospekten nach KAGB sinngemäß zurückgegriffen werden. Im Einzelnen ist auf die zur Unrichtigkeit bzw. Unvollständigkeit von Angaben in → Rn. 144 ff. bzw. in → 148 ff. zu verweisen.

**391** **f) Anspruchsberechtigte.** Anspruchsberechtigt ist nach § 306 Abs. 1 Satz 1 KAGB, **wer aufgrund des Verkaufsprospekts Anteile oder Aktien an dem Investmentvermögen gekauft hat,** für welches der fehlerhafte Verkaufsprospekt veröffentlicht wurde. Zur Beurteilung der **Ursächlichkeit** des unrichtigen oder unvollständigen Verkaufsprospekts für den Kauf von Anteilen oder Aktien → Rn. 401 f. Als **Erwerb** kommt kraft des Wortlauts der Vorschrift lediglich der **Kauf** von Anteilen in Betracht, wobei der Abschluss des obligatorischen Geschäfts ausreichend ist.

**392** Wie aus **§ 306 Abs. 1 Satz 2 KAGB** folgt, ist es unerheblich, ob der **Käufer** in dem Zeitpunkt, in dem er von der Unrichtigkeit oder Unvollständigkeit des Verkaufsprospekts Kenntnis erlangt hat, **noch Inhaber des Anteils oder der Aktie ist oder nicht.** Ist der Käufer nicht mehr Inhaber des Anteils oder der Aktie, so hat dies lediglich eine Modifikation des Ersatzanspruchs des Anspruchsberechtigten zur Folge. Anspruchsberechtigt ist derjenige, der nicht mehr Inhaber des Anteils oder der Aktie ist, allerdings nur, wenn er sich der Anteile begeben hat, bevor er von der Unrichtigkeit oder Unvollständigkeit der Verkaufsprospekte Kenntnis erlangt hat.[717] Dafür, dass der Ersterwerber im Zeitpunkt des Verkaufs Kenntnis des Prospektmangels hatte, ist der Anspruchsgegner beweispflichtig. In welcher **rechtsgeschäftlichen Form** sich der Anspruchsteller seines **Anteils begeben** hat, ist unerheblich. Auch der Fall des Verlustes eines Anteils ist erfasst und eröffnet keine Missbrauchsmöglichkeiten.[718]

**393** Darüber hinaus kann neben dem Ersterwerber auch der **Zweiterwerber** einen Prospekthaftungsanspruch geltend machen, sofern er die Anteile aufgrund des mangelhaften Verkaufsprospekts erworben hat.

**394** **g) Anspruchsgegner.** Der Prospekthaftungsanspruch aus § 306 Abs. 1 KAGB **richtet sich gegen** (1) die Verwaltungsgesellschaft, (2) diejenigen, die neben der Verwaltungsgesellschaft für den Verkaufsprospekt die Verantwortung übernommen haben oder von denen der Erlass des Verkaufsprospekts ausgeht, und (3) denjenigen, der diese Anteile oder Aktien im eigenen Namen gewerbsmäßig verkauft hat. Sie haften als **Gesamtschuldner** (§§ 421 ff. BGB). Zu der in § 306 Abs. 1 Satz 1 KAGB als Rechtsfolge angeordneten Übernahme der Anteile oder Aktien gegen Erstattung des gezahlten Betrags ist darüber hinaus und ebenfalls gesamtschuldnerisch gemäß § 306 Abs. 4 KAGB (4) auch verpflichtet, wer gewerbsmäßig den Verkauf der Anteile oder Aktien vermittelt oder die Anteile oder Aktien im fremden Namen verkauft hat, wenn er die Unrichtigkeit oder Unvollständigkeit des Verkaufsprospekts gekannt hat. Die Frage, inwieweit die vorgenannten Prospekthaftungsadressaten nur haften, wenn sie die Unrichtigkeit oder Unvollständigkeit des Prospekt gekannt oder fahrlässig nicht gekannt haben, ist eine Frage des Verschuldens und an späterer Stelle (→ Rn. 405 ff.) zu behandeln.

---

[716] Zur Einheitlichkeit der Grundsätze für die Beurteilung eines Prospektmangels schon Voraufl. § 6 Rn. 81 f.
[717] S. zum aufgehobenen § 127 InvG Voraufl. § 6 Rn. 292. Weiter *Baur*, Investmentgesetze, § 20 KAGG Rn. 25; *Beckmann* in Beckmann/Scholtz, § 20 KAGG Rn. 25, § 12 AuslInvestmG Rn. 28; *Schödermeier/Baltzer* in Brinkhaus/Scherer, § 20 KAGG Rn. 28.
[718] S. Voraufl. § 6 Rn. 292.

**(1) Verwaltungsgesellschaft**[719] iSd § 306 Abs. 1 KAGB ist die Gesellschaft, welche den  395
Verkaufsprospekt erstellt und dem Publikum auf ihrer Website zugänglich gemacht hat. Das
ist entsprechend den Ausführungen oben Rn. 380 im Falle von Verkaufsprospekten für
Offene Publikumsinvestmentvermögen und Anteile oder Aktien an EU-OGAW die jeweilige OGAW- oder AIF-Kapitalverwaltungsgesellschaft oder die jeweilige EU-OGAW-
Verwaltungsgesellschaft oder OGAW-Kapitalverwaltungsgesellschaft (§§ 164 Abs. 1 Satz 1,
298 KAGB) und im Falle von Verkaufsprospekten für Geschlossene Publikums-AIF bzw.
für Anteile oder Aktien an EU-AIF oder ausländischen AIF die jeweilige AIF-
Kapitalverwaltungsgesellschaft bzw. EU-AIF-Verwaltungsgesellschaft oder die jeweilige
ausländische AIF-Verwaltungsgesellschaft (§ 268 Abs. 1 Satz 2 bzw. § 299 KAGB). Der
Gesetzgeber hat sich damit, anders als die Rechtsprechung im Falle der Haftung der Anlagegesellschaft für Ansprüche getäuschter Anleger aus allgemein-zivilrechtlichen Prospekthaftung (→ Rn. 70), für den Vorrang des Anlegerschutzes vor dem Gläubigerschutz ausgesprochen.[720]

(2) Mit der Begründung der Haftung derjenigen, die neben der Verwaltungsgesellschaft  396
für den Verkaufsprospekt die **Verantwortung übernommen** haben oder von denen der
**Erlass des Verkaufsprospekts ausgeht,** übernimmt die Prospekthaftung nach § 306
Abs. 1 KAGB eine aus der börsengesetzlichen Prospekthaftungsregelung (s. § 44 Abs. 1
Satz 1 Nr. 1 BörsG aF) stammende Bestimmung von Anspruchsgegnern, wie sie zunächst
(kraft Verweises auf die börsengesetzlichen Bestimmungen im seinerzeitigen § 13 Abs. 1
VerkProspG) in die zwischenzeitlich aufgehobene verkaufsprospektgesetzliche Prospekthaf-
tungsregelung und sodann in die heutige Prospekthaftungsregelung in § 21 Abs. 1 Satz 1
WpPG und § 20 Abs. 1 Satz 1 VermAnlG eingegangen ist.

Für den Prospekt die **Verantwortung übernommen** hat danach derjenige, der – ne-  397
ben der Verwaltungsgesellschaft – nach außen erkennbar kundgibt, für die Richtigkeit
und Vollständigkeit des Verkaufsprospekts einzustehen. Das wird in der Regel durch
entsprechende Erklärung im Verkaufsprospekt geschehen, doch sind auch andere Kund-
gebungstatbestände der Verantwortungsübernahme denkbar. Zu Einzelheiten ist auf die
Ausführungen zur wertpapierprospektgesetzlichen Regelung in → Rn. 153 ff. zu verweisen.

Mit der Anordnung der Haftung derjenigen, von denen der **Erlass des Prospekts aus-**  398
**geht,** sollen diejenigen erfasst werden, die hinter dem Anlageprojekt und dem Verkaufsprospekt stehen, dh diejenigen, die nicht kraft Gesetzes oder kraft entsprechender freiwilliger Kundgabe die Verantwortung für den Verkaufsprospekt tragen, aber als dessen
tatsächliche Urheber zu betrachten sind,[721] kurz: die **maßgeblichen Hintermänner** des
Anlageobjekts.[722] Zu diesen gehört nicht, wer nur Material zur Erstellung des Prospekts

---

[719] § 1 Abs. 14 KAGB definiert Verwaltungsgesellschaften als AIF-Verwaltungsgesellschaften in Gestalt AIF-Kapitalverwaltungsgesellschaften (iSv § 1 Abs. 16), EU-AIF-Verwaltungsgesellschaften (iSv
§ 1 Abs. 17) und ausländische AIF-Verwaltungsgesellschaften. und OGAW-Verwaltungsgesellschaften
in Gestalt von OGAW-Kapitalverwaltungsgesellschaften (iSv § 1 Abs. 15) und EU-OGAW-Verwal-
tungsgesellschaften (iSv § 1 Abs. 17).
[720] Kritisch *Schnauder* NJW 2013, 3210, der dem Gesetzgeber mangelndes Problembewusstsein
vorwirft.
[721] RegE 3. FFG BT-Drucks. 13/8933 vom 6.11.1997, S. 54, 78. Ferner, jeweils mwN, *Groß*, Kapitalmarktrecht, §§ 44, 45 BörsG Rn. 35; *Hamann* in Schäfer/Hamann, §§ 44, 45 BörsG Rn. 91;
*Mülbert/Steup* in Habersack/Mülbert/Schlitt, Unternehmensfinanzierung, § 41 Rn. 74; *Schwark* in
Schwark/Zimmer, §§ 44, 45 BörsG Rn. 9.
[722] Die Rechtsprechung zur allgemein-zivilrechtlichen Prospekthaftung fasst unter diesen Begriff
diejenigen, die hinter der Anlagegesellschaft stehen, besonderen Einfluss in der Gesellschaft ausüben
und Mitverantwortung tragen und zwar unabhängig davon, ob sie nach außen in Erscheinung getreten sind oder nicht. Siehe dazu → Rn. 68 mit Fn. 174, 76 ff. Das entspricht auch der Umschreibung
des Kreises derjenigen, von denen der Erlass des Prospekts ausgeht, in §§ 21 Abs. 1 Satz 1, 22 WpPG
und in § 20 Abs. 1 Satz 1 VermAnlG; s. dazu → Rn. 157 f. bzw. 257.

geliefert hat (→ Rn. 157). Ebenso wenig gehören **berufliche Sachkenner** („Experten") im Allgemeinen und Wirtschaftsprüfer, die mit einem Testat im Prospekt nach außen in Erscheinung treten, in diesen Kreis von Prospektverantwortlichen (→ Rn. 158). Zu Einzelheiten ist auf die Ausführungen zur wertpapierprospektgesetzlichen Regelung in → Rn. 157 f. zu verweisen.

**399** (3) Zum Kreis der Anspruchsgegner gehört schließlich auch derjenige, der die fraglichen Anteile oder Aktien **im eigenen Namen gewerbsmäßig verkauft** hat. Im Hinblick, dass der Betreffende gewerbsmäßig – dh berufsmäßig mit der Absicht auf Gewinnerzielung[723] – handeln muss, kommen damit regelmäßig nur der Eigenhändler, der im eigenen Namen und für eigene Rechnung verkauft, und der im eigenem Namen, aber auf fremde Rechnung handelnde Verkaufskommissionär (§§ 383 ff. HGB, Finanzkommissionär iS von § 2 Abs. 3 Satz 1 Nr. 1 WpHG) in Betracht. Mittelbare Stellvertretung, auch hier handelt der Betreffende im eigenen Namen, dürfte dagegen in einem beruflichen Zusammenhang kaum vorkommen.

**400** (4) Auf die in § 306 Abs. 1 Satz 1 KAGB angeordnete Übernahme der Anteile oder Aktien gegen Erstattung des gezahlten Betrages ist nach **§ 306 Abs. 4 Satz 1 KAGB** auch verpflichtet, wer gewerbsmäßig den Verkauf der Anteile oder Aktien **vermittelt** oder die Anteile oder Aktien **im fremden Namen verkauft** hat. Insoweit haftet er mit den anderen Anspruchsverpflichteten **gesamtschuldnerisch**[724]. Eine Haftung des Betreffenden nach § 306 Abs. 1 Satz 2 KAGB gegenüber demjenigen, der nicht mehr Inhaber des Anteils oder der Aktie ist, ist danach ausgeschlossen. Zu denjenigen, die gewerbsmäßig den Verkauf der Anteile oder Aktien **vermitteln,** gehören die als Handelsvertreter (§§ 84 ff.) oder Handelsmakler (§§ 93 ff.) tätig werdenden Anlagevermittler.[725] Sofern jemand gegenüber dem Anleger nicht nur als Anlagevermittler, sondern als Anlageberater iS von § 2 Abs. 3 Satz 1 Nr. 9 WpHG[726] tätig wird, haftet er nicht nach § 306 Abs. 4 KAGB, sondern nach zivilrechtlichen Regeln,[727] insbesondere nach § 280 BGB. Als **gewerbsmäßiger Verkäufer in fremdem Namen** kommt allein der als Handelsvertreter tätig werdende Vertriebshelfer in Betracht.[728]

**401** h) **Kausalität.** Anspruchsberechtigt ist nach § 306 Abs. 1 KAGB nur, wer „**auf Grund des Verkaufsprospekts** Anteile oder Aktien" gekauft hat. Das entspricht der Formulierung des § 127 InvG aF. Zur dieser wurde in der Vorauf. § 6 Rn. 295 ausgeführt, die **Ursächlichkeit** des fehlerhaften Verkaufsprospekts für den Anteilserwerb sei zwar vom Anleger zu beweisen, doch sollten ihm dabei Beweiserleichterungen zugutekommen, wie sie bei den entsprechend heranzuziehenden diesbezüglichen Regeln der allgemein-zivilrechtlichen Prospekthaftung (→ Rn. 91) sowie der Prospekthaftung nach §§ 21, 22, 24 WpPG und §§ 20, 21 VermAnlG (→ Rn. 171 und → Rn. 223 bzw. → Rn. 264 und → Rn. 290) anerkannt seien.[729] Das

---

[723] BGH NJW 1979, 1650 mwN („berufsmäßiger Geschäftsbetrieb ..., der von der Absicht dauernder Gewinnerzielung beherrscht wird").

[724] Schon Vorauf. § 6 Rn. 300 und für frühere entsprechende investmentprospekthaftungsrechtliche Bestimmungen *Baur*, Investmentgesetze, § 20 KAGG Rn. 20, 30; *Schäfer* ZGR 2006, 69; *Schödermeier/Baltzer* in Brinkhaus/Scherer, § 20 KAGG Rn. 18 mwN. Ebenso für § 127 Abs. 4 InvG *Heisterhagen* in Emde/Dornseifer/Dreibus/Hölscher, § 127 Rn. 39.

[725] Anlagevermittlung iSv § 2 Abs. 3 Nr. 4 WpHG; vgl. *Assmann* in Assmann/Uwe H. Schneider, § 2 Rn. 81.

[726] Anlageberatung definiert § 2 Abs. 3 Satz 1 Nr. 9 WpHG als „die Abgabe von persönlichen Empfehlungen an Kunden oder deren Vertreter, die sich auf Geschäfte mit bestimmten Finanzinstrumenten beziehen, sofern die Empfehlung auf eine Prüfung der persönlichen Umstände des Anlegers gestützt oder als für ihn geeignet dargestellt wird und nicht ausschließlich über Informationsverbreitungskanäle oder für die Öffentlichkeit bekannt gegeben wird".

[727] Ebenso *Köndgen* in Berger/Steck/Lübbehüsen, § 127 Rn. 16. Anders wohl *Heisterhagen* in Emde/Dornseifer/Dreibus/Hölscher, § 127 Rn. 38.

[728] So auch *Heisterhagen* in Emde/Dornseifer/Dreibus/Hölscher, § 127 Rn. 38 mwN.

[729] Ähnlich *Schödermeier/Baltzer* in Brinkhaus/Scherer, § 20 KAGG Rn. 9.

Schrifttum ist diesem Vorschlag überwiegend nicht gefolgt.[730] Rechtskräftige Entscheidungen hierzu fehlen.[731]

Nun hat die Begründung zur Regelung der Haftung bei unrichtigem Vermögensanlagen-Informationsblatt nach § 22 VermAnlG deutlich gemacht, mit der Formulierung, der Erwerb einer Anlage müsse „auf Grund" eines Prospekts oder ähnlicher Dokumente der Anlegerinformation erfolgt sein, solle zum Ausdruck gebracht werden, damit werde die **Kausalität eines Prospekts oder Informationsblatts nicht vermutet,** sondern müsse vom Anleger dargelegt und bewiesen werden.[732] Aufgrund dessen ist sicherlich das Argument eines Redaktionsversehens des Gesetzgebers, wie es schon zu Vorgängerregelung zu § 127 InvG aF – § 20 KAGG geltend gemacht wurde[733] – ein für allemal vom Tisch.[734] Schließt die angeführte Gesetzesbegründung Beweiserleichterungen nicht *a limine* aus, so kommen eine Beweislastumkehr oder eine widerlegliche Vermutung doch nicht mehr in Betracht, während die Verlagerung des Kausalitätsproblems auf die Ursächlichkeit einer „Anlagestimmung"[735] und erst recht ein Anscheinsbeweis[736] schon von jeher abzulehnen war. Geblieben sind aber die allseits anerkannten[737] **Beweisprobleme** des Anlegers. Ihnen lässt sich danach nur in der bereits ohnehin von der Rechtsprechung gepflogenen Weise begegnen, an den Nachweis des Ursachenzusammenhangs von Prospekt und Anlageerwerb keine allzu hohen Anforderungen zu stellen, um angesichts von Prospektmängeln die Darlegung des Anlegers ausreichen zu lassen, einen Prospekt erhalten und in Kenntnis der wahren Umstände von dem Erwerb der Aktien oder Anteile abgesehen zu haben.[738]

**Rechtspolitisch** ist die unterschiedliche Behandlung des Kausalitätsproblems bei der Prospekthaftung in Anknüpfung an die Art und Weise der Prospektverbreitung (Veröffentlichung hier, Bereitstellungs- und Aushändigungspflicht dort), welche auf die unselige Er-

---

[730] *Heisterhagen* in Emde/Dornseifer/Dreibus/Hölscher, § 127 Rn. 34 ff.; *Köndgen* in Berger/Steck/Lübbehüsen, § 127 Rn. 7; wohl auch *Schmies* in Beckmann/Scholtz/Vollmer, Investment, Nr. 405 § 127 Rn. 12; *Schüppen* in IDW, WP Handbuch 2014 Bd. II, 14. Aufl. 2014, Rn. T 108 (S. 1594).

[731] Die nicht rechtskräftig gewordene Entscheidung des LG Frankfurt/M. NJW-RR 2003, 336, 341, stellt zu § 20 KAGG aF, der ebenfalls verlangte, der Anteilsschein müsse „auf Grund des Verkaufsprospekts" erworben worden sein, fest, ein kausaler Beitrag des Verkaufsprospekts zu dem Kaufentschluss eines Fondserwerbers sei keine Voraussetzung des Anspruchs. Dazu hat das ebenfalls nicht rechtskräftig gewordene Urteil des Berufungsgerichts (OLG Frankfurt/M. NJW-RR 2004, 623, 626), welches bereits die Fehlerhaftigkeit des fraglichen Prospekts verneinte, nicht Stellung nehmen müssen, bezeichnete die diesbezüglichen Ausführungen des LG aber als zumindest „zweifelhaft". Die Revision (BGH NJW-RR 2005, 772, 775) verneint ebenfalls die Fehlerhaftigkeit des Prospekts und konnte die Kausalitätsfrage offen lassen.

[732] → Rn. 308.

[733] LG Frankfurt/M. NJW-RR 2003, 336, 341.

[734] Anders aber wieder *Schnauder* NJW 2013, 3212 („spürbare Rechtsverkürzung", „offenbar … Versehen des Gesetzgebers").

[735] Das dogmatische Vehikel „Anlagestimmung" war von jeher nicht mehr als ein nicht der empirischen Verifizierung im Einzelfall entzogenes Konstrukt zur Bewältigung von Problemen des Kausalitätsnachweises, ist aber angesichts des zwischenzeitlich breiten Kapitalmarktangebots nur noch bei ganz außergewöhnlichen Emissionen denkbar. Ablehnend schon Voraufl. § 6 Rn. 189, 295. Ebenso *Habersack* in Habersack/Mülbert/Schlitt, Handbuch der Kapitalmarktinformation, § 29 Rn. 71; *Heisterhagen* in Emde/Dornseifer/Dreibus/Hölscher, § 127 Rn. 36 („dürfte mit der herrschenden Meinung abzulehnen sein"); *Köndgen* in Berger/Steck/Lübbehüsen, § 127 Rn. 6; *Schmies* in Beckmann/Scholtz/Vollmer, Investment, 405 § 127 Rn. 13. **AA** *Tilp*, Anmerkung zum Urteil des LG Frankfurt (oben Fn. 731) ZIP 2003, 306, 307.

[736] Dafür noch *Schödermeier/Baltzer* in Brinkhaus/Scherer, § 20 KAGG Rn. 15, auch *Schäfer* ZGR 2006, 66 und 67. Ablehnend Voraufl. § 6 Rn. 295; *Heisterhagen* in Emde/Dornseifer/Dreibus/Hölscher, § 127 Rn. 35; *Köndgen* in Berger/Steck/Lübbehüsen, § 127 Rn. 7 aE.

[737] So auch *Schödermeier/Baltzer* in Brinkhaus/Scherer, § 20 KAGG Rn. 10; *Heisterhagen* in Emde/Dornseifer/Dreibus/Hölscher, § 127 Rn. 35; *Köndgen* in Berger/Steck/Lübbehüsen, § 127 Rn. 6.

[738] → Rn. 93.

findung des Kausalitätskonstrukts der Anlegerstimmung zurückgeht,[739] heute überholt und zu korrigieren. Das zeigt schon der Umstand, dass auch der Prospekthaftung nach § 306 Abs. 1 KAGB unterliegende Verkaufsprospekte veröffentlichungspflichtig sind und nach § 306 Abs. 5 KAGB für einen entgegen §§ 164 Abs. 1, 268 Abs. 1, § 298 Abs. 1 oder § 299 Abs. 1 KAGB nicht veröffentlichten Verkaufsprospekt gehaftet wird (→ Rn. 325). Eine Ausnahme bildet heute mithin nur noch die Haftung für das nicht gesondert veröffentlichungspflichtige Vermögensanlagen-Informationsblatt nach § 24 VermAnlG (→ Rn. 300 ff., 308).

**404** Dessen ungeachtet wird es übereinstimmend als ausreichend angesehen, wenn der Anleger nachweist, bei dem Erwerb der Anteile oder Aktien habe er sich zumindest auch von den Prospektangaben leiten lassen, sodass diese für den Erwerb zumindest **mitursächlich** wurden.[740] Darüber hinaus verlangt das Gesetz **keine Ursächlichkeit gerade der unrichtigen oder gar der unterlassenen Angaben** für den Erwerb der Anteile oder Aktien.[741] Ausgeschlossen ist es aber (s. schon → Rn. 403), sich im Hinblick auf den Nachweis der haftungsbegründenden Kausalität des Prospekts für den Erwerb der Anteile oder Aktien auf eine durch den Prospekt erzeugte **Anlagestimmung** zu berufen.[742] Deshalb fehlt es an der Ursächlichkeit von Prospekt und Anlageerwerb auf jeden Fall, wenn der Anleger nicht nachweisen kann, dass er jemals einen Prospekt erhalten hat und zur Kenntnis nehmen konnte[743] oder zumindest, zur Kenntnis des zur Bereitstellung Verpflichteten, einen Prospekt angefordert hat. Im Falle eines **Erwerbs** der Anteile oder Aktien vor der Erstellung und Veröffentlichung des Verkaufsprospekts fehlt es fraglos an der haftungsbegründenden Kausalität des Prospekts für den Anteilskauf,[744] doch kommt hier eine Haftung wegen fehlenden Prospekts nach § 306 Abs. 5 KAGB in Betracht.

**405** i) **Verschulden, Mitverschulden, Haftungsausschluss.** Die **in § 306 Abs. 1 Satz 1 KAGB angeführten Anspruchsgegner** – dh die Verwaltungsgesellschaft, diejenigen, die neben der Verwaltungsgesellschaft für den Verkaufsprospekt die Verantwortung übernommen haben oder von denen der Erlass des Verkaufsprospekts ausgeht, und derjenige, der die fraglichen Anteile oder Aktien im eigenen Namen gewerbsmäßig verkauft hat – haften für **Vorsatz und grobe Fahrlässigkeit** (arg. ex § 306 Abs. 3 Satz 1 KAGB). Dieses ist allerdings nicht vom Anspruchsteller nachzuweisen, vielmehr ordnet § 306 Abs. 3 Satz 1 KAGB eine **Beweislastumkehr** an: Das Verschulden des jeweiligen Anspruchsgegners wird bei Vorliegen eines in wesentlichen Punkten unrichtigen oder unvollständigen Verkaufsprospekts **vermutet**, doch entfällt seine Haftung, wenn er nachweist, dass er die Un-

---

[739] Siehe va *Köndgen* in Berger/Steck/Lübbehüsen, § 127 Rn. 7.
[740] S. *Heisterhagen* in Emde/Dornseifer/Dreibus/Hölscher, § 127 Rn. 35, 36; *Köndgen* in Berger/Steck/Lübbehüsen, § 127 Rn. 7; *Schödermeier/Baltzer* in Brinkhaus/Scherer, § 20 KAGG Rn. 10; *Schüppen* in IDW, WP Handbuch 2014 Bd. II, 14. Aufl. 2014, Rn. T 108 (S. 1594).
[741] Voraufl. § 6 Rn. 296; *Baur*, Investmentgesetze, § 20 KAGG Rn. 14; *Schäfer* ZGR 2006, 66; *Schmies* in Beckmann/Scholtz/Vollmer, Investment, Nr. 405 § 127 Rn. 13 aE; *Schödermeier/Baltzer* in Brinkhaus/Scherer, § 20 KAGG Rn. 10.
[742] Voraufl. § 6 Rn. 189. Ebenso *Habersack* in Habersack/Mülbert/Schlitt, Handbuch der Kapitalmarktinformation, § 29 Rn. 71; *Schmies* in Beckmann/Scholtz/Vollmer, Investment, 405 § 127 Rn. 13 IE auch *Heisterhagen* in Emde/Dornseifer/Dreibus/Hölscher, § 127 Rn. 36 („dürfte mit der herrschenden Meinung abzulehnen sein"). **AA** *Tilp*, Anmerkung zum Urteil des LG Frankfurt vom 20.12.2002 – 2–21 O 15/02, ZIP 2003, 306, 307. Das dogmatische Vehikel „Anlagestimmung" war von jeher nicht mehr als ein nicht der empirischen Verifizierung im Einzelfall entzogenes Konstrukt zur Bewältigung von Problemen des Kausalitätsnachweises, ist aber angesichts des zwischenzeitlich breiten Kapitalmarktangebots nur noch bei ganz außergewöhnlichen Emissionen denkbar und damit zur Farce geworden.
[743] *Heisterhagen* in Emde/Dornseifer/Dreibus/Hölscher, § 127 Rn. 35; *Schmies* in Beckmann/Scholtz/Vollmer, Investment, 405 § 127 Rn. 13. **AA** *Ellenberger*, Prospekthaftung, S. 94; *Habersack* in Habersack/Mülbert/Schlitt, Handbuch der Kapitalmarktinformation, § 29 Rn. 70.
[744] Schon Voraufl. § 6 Rn. 177 mwN.

richtigkeit oder Unvollständigkeit des Verkaufsprospekts oder die Unrichtigkeit der wesentlichen Anlegerinformationen nicht gekannt hat und die Unkenntnis nicht auf grober Fahrlässigkeit beruht.

Für denjenigen, der nach **§ 306 Abs. 4 Satz 1 KAGB** als **Anspruchsgegner** in Betracht kommt, weil er gewerbsmäßig den Verkauf der Anteile oder Aktien vermittelt oder die Anteile oder Aktien im fremden Namen verkauft hat, bestimmt diese Vorschrift, dass er nur dann auf die Übernahme von Aktien oder Anteilen nach § 306 Abs. 1 KAGB in Anspruch genommen werden kann, wenn er die Unrichtigkeit oder Unvollständigkeit des Verkaufsprospekts oder die Unrichtigkeit der wesentlichen Anlegerinformationen gekannt hat. Diese Gesetzesformulierung legt die Deutung nahe, hier solle eine verschuldensunabhängige Haftung begründet werden, die bereits dann eingreife, wenn ein in wesentlichen Punkten unrichtiger oder unvollständiger Verkaufsprospekt vorliege und der Betreffende den Prospektmangel gekannt habe. Eine systematische Auslegung dieser Bestimmung legt indes nahe, § 306 Abs. 4 Satz 1 KAGB so zu deuten, dass die Vorschrift den in ihr angeführten Personenkreis nur einer – allein auf die Übernahme der Anteile oder Aktien gerichteten – beschränkten Haftung unterzieht und auch im Hinblick auf das **Verschulden** einer **Sonderregelung** unterwirft: einer Sonderregelung, die allerdings sowohl die in § 306 Abs. 3 Satz 1 KAGB zum Ausdruck kommende Verschuldenshaftung als auch die in ihr angeordnete **Beweislastumkehr** übernimmt und lediglich im Hinblick auf den Verschuldensmaßstab eine von § 306 Abs. 3 Satz 1 KAGB abweichende besondere Regelung trifft. § 306 Abs. 4 Satz 1 KAGB wäre danach so zu lesen, dass die Haftung des in dieser Vorschrift angeführten Anspruchsgegners ausscheidet, wenn dieser nachweist, die Unrichtigkeit oder Unvollständigkeit der Verkaufsprospekte nicht gekannt zu haben, wobei es – anders als in der in § 306 Abs. 3 Satz 1 KAGB angeführten Regel – unerheblich ist, ob seine Unkenntnis auf grober Fahrlässigkeit beruht.[745]

Eine Haftung für einen in wesentlichen Punkten unrichtigen oder unvollständigen Verkaufsprospekt scheidet aus, wenn der **Käufer** der Anteile oder Aktien **die Unrichtigkeit oder Unvollständigkeit der Verkaufsprospekte beim Kauf gekannt hat.** Das gilt gem. § 306 Abs. 3 Satz 2 und Abs. 4 Satz 2 KAGB nicht nur für Ansprüche gegen den in § 306 Abs. 1 Satz 1 KAGB genannten Kreis von Anspruchsgegnern, sondern auch für die nach § 306 Abs. 4 Satz 1 KAGB zur Anteilsübernahme Verpflichteten. Rechtssystematisch handelt es sich dabei um eine einen **Haftungsausschluss** begründende gesetzliche **Sonderregelung eines Mitverschuldens** des Anspruchstellers, welche in der Entwicklung des Prospekthaftungsrechts Tradition hat.[746] Die haftungsausschließende Kenntnis des Anlegers beim Erwerb der Anteile oder der Aktien muss sich auf die **Kenntnis der Umstände** beziehen, die Gegenstand der unrichtigen oder unvollständigen Angaben sind, nicht aber auch darauf, dass die Angaben des Verkaufsprospekts von wesentlicher Bedeutung sind und die Unrichtigkeit oder Unvollständigkeit des Prospekts im prospekthaftungsrechtlichen Sinne begründen.[747] Die Kenntnis ist **vom Anspruchsgegner nachzuweisen.**[748]

**j) Inhalt des Anspruchs und gesamtschuldnerische Haftung.** Die nach § 306 Abs. 1 KAGB für den Verkaufsprospekt Verantwortlichen haften nicht generell und nach den allgemeinen Regeln auf Ersatz des Schadens, der einem Anleger durch eine auf den fehlerhaften Verkaufsprospekt gegründete Anlageentscheidung entstanden ist. Im Hinblick

---

[745] Siehe schon Voraufl. § 6 Rn. 298, und *Schödermeier/Baltzer* in Brinkhaus/Scherer, § 20 KAGG Rn. 21. Ebenso *Köndgen* in Berger/Steck/Lübbehüsen, § 127 Rn. 9; iE auch *Heisterhagen* in Emde/Dornseifer/Dreibus/Hölscher, § 127 Rn. 43.

[746] Dazu näher Voraufl. § 6 Rn. 299.

[747] *Köndgen* in Berger/Steck/Lübbehüsen, § 127 Rn. 9; *Schmies* in Beckmann/Scholtz/Vollmer, Investment, Nr. 405 § 127 Rn. 17; *Tilp,* Anmerkung zum Urteil des LG Frankfurt vom 20.12.2002 – 2–21 O 15/02, ZIP 2003, 306, 308. Das entspricht dem allgemeinen, zur allgemein-zivilrechtlichen Prospekthaftung entwickelten Grundsatz; siehe Voraufl. § 6 Rn. 178, 189.

[748] Voraufl. § 6 Rn. 299. Schon *Baur,* Investmentgesetze, zu § 20 KAGG Rn. 28. Ebenso *Köndgen* in Berger/Steck/Lübbehüsen, § 127 Rn. 9.

auf den Ersatz des Anlegerschadens sieht § 306 Abs. 1, 4 KAGB vielmehr spezielle Rechtsfolgen vor.

**409** Ist der **Käufer von Anteilen oder Aktien noch Inhaber** derselben, so kann er, sofern die übrigen Haftungsvoraussetzungen gegeben sind, von sämtlichen Prospektverantwortlichen, dh den in § 306 Abs. 1 Satz 1 und in Abs. 4 Satz 1 genannten Anspruchsgegnern, die **Übernahme der Anteile oder Aktien** Zug um Zug gegen **Erstattung des von ihm gezahlten Betrages** und des Ersatzes seiner Aufwendungen verlangen.[749]

**410** Ist der **Käufer** in dem Zeitpunkt, in dem er von der Unrichtigkeit oder Unvollständigkeit der Verkaufsprospekte Kenntnis erlangt hat, **nicht mehr Inhaber des Anteils oder der Aktie,** so kann er von den in § 306 Abs. 1 Satz 1 aufgeführten Anspruchsgegnern, nebst dem Ersatz von Aufwendungen (→ Rn. 409), die Zahlung des Betrages verlangen, um den der von ihm gezahlte Betrag den Rücknahmepreis des Anteils im Zeitpunkt der Veräußerung übersteigt. Die Haftung desjenigen, der gewerbsmäßig den Verkauf der Anteile oder Aktien vermittelt oder die Anteile oder Aktien im fremden Namen verkauft hat, ist dagegen auf die Übernahme der Anlagen oder Wertpapiere beschränkt, umfasst also nicht die Rechtsfolge des § 306 Abs. 1 Satz 2 KAGB.

**411** Die nach § 306 Abs. 1 Satz 1 und in Abs. 4 Satz 1 KAGB zur Haftung für Prospektmängel Verpflichteten haften, soweit ihre Haftung begründet und auf denselben Anspruch gerichtet ist, als Gesamtschuldner (§§ 421 ff. BGB; → Rn. 394, 400). Im **Innenverhältnis** findet unter den Gesamtschuldnern ein Gesamtschuldnerausgleich nach Maßgabe von § 426 BGB statt, wobei unter Heranziehung des Rechtsgedankens des § 254 BGB ein Ausgleich unter Berücksichtigung der Verantwortlichkeit herbeizuführen ist.

**412** Für den **Innenregress** der Gesamtschuldner wurde schon unter den früheren investmentrechtlichen Prospekthaftungsbestimmungen, unter Heranziehung des Rechtsgedankens des § 254 BGB, eine **Abstufung der Verantwortlichkeit** befürwortet. Danach soll vor allem derjenige, der zur Erstellung des Prospekts verpflichtet ist, als der primär Verantwortliche angesehen werden,[750] was gegenüber den Vertriebsmittlern – unter Berufung auf den Rechtsgedanken des § 840 Abs. 2 und 3 BGB – bis zu dessen Alleinverantwortlichkeit reichen soll.[751] Eine solche Verantwortlichkeitsabstufung ist auch unter dem Haftungsregime des § 306 KAGB anzuerkennen, doch geht diese nicht soweit, dass Vertriebsmittler im Innenverhältnis völlig aus der Verantwortlichkeit für die Richtigkeit und Vollständigkeit des Verkaufsprospekts genommen werden sollen. Vielmehr soll ihre Haftung im Außenverhältnis auch einen Anreiz geben, eine entsprechende Verantwortlichkeit im Innenverhältnis zu übernehmen. Auch wenn man diese im Hinblick auf die Erstellung und Kontrolle des Verkaufsprospekts nicht besonders hoch veranschlagen darf, passen die § 840 Abs. 2 und 3 BGB zugrunde liegenden Erwägungen nicht ins Bild gestaffelter Prospektverantwortlichkeiten. **Abweichende Vereinbarungen** unter den Gesamtschuldnern sind im Innenverhältnis, aber gemäß § 306 Abs. 6 KAGB nicht gegenüber den Anspruchsberechtigten möglich.

**413** k) **Vereinbarung eines Haftungsausschlusses.** Eine Vereinbarung, durch welche die Haftung für die Richtigkeit und Vollständigkeit des Verkaufsprospekts im Voraus ermäßigt oder erlassen wird, ist kraft nunmehr ausdrücklicher Regelung in § 306 Abs. 6 Satz 1 KAGB unwirksam. Das gilt für Haftungsausschlüsse durch AGB ebenso wie für individualvertragliche Vereinbarungen.

**414** l) **Verjährung. Bei Einführung des InvG** enthielt dieses im seinerzeitigen § 127 Abs. 5 InvG die Regelung, Ansprüche aus Prospekthaftung verjährten in einem Jahr seit dem Zeitpunkt, in dem der Käufer von der Unrichtigkeit oder Unvollständigkeit der Ver-

---

[749] Zuletzt BGH BKR 2008, 163 f. Rn. 7 mwN *(Securenta)* für die allgemein-zivilrechtlichen Prospekthaftung und die gesetzliche Prospekthaftung nach §§ 44 f. BörsG aF.

[750] Schon Vorauf. § 6 Rn. 300; *Baur,* Investmentgesetze, zu § 20 KAGG Rn. 20; *Schödermeier/Baltzer* in Brinkhaus/Scherer, § 20 KAGG Rn. 18.

[751] *Köndgen* in Berger/Steck/Lübbehüsen, § 127 Rn. 17.

kaufsprospekte Kenntnis erlangt hat, spätestens jedoch in drei Jahren seit dem Abschluss des Kaufvertrages.[752] Schon vor der Überführung des InvG ins KAGB wurde diese Regelung mit Wirkung zum 1.7.2011 aufgehoben,[753] um auch die Verjährung des investmentgesetzlichen Prospekthaftungsanspruchs nach dem KAGB den allgemeinen zivilrechtlichen **Verjährungsregeln der §§ 194 ff. BGB** zu unterwerfen.

Diesen zufolge **verjähren Prospekthaftungsansprüche aus § 306 Abs. 1, 4 KAGB** nach § 195 BGB in drei Jahren, gemäß § 199 Abs. 1 BGB beginnend mit dem Schluss des Jahres, in dem der Anspruch entstanden ist und der Gläubiger von den Umständen, die den Anspruch begründen, und der Person des Schuldners Kenntnis erlangt oder ohne grobe Fahrlässigkeit erlangen müsste. Ohne Rücksicht auf die Kenntnis oder grob fahrlässige Unkenntnis verjähren diese Ansprüche spätestens in zehn Jahren von ihrer Entstehung an, und ohne Rücksicht auf ihre Entstehung und die Kenntnis oder grob fahrlässige Unkenntnis träte die Verjährung spätestens in 30 Jahren, beginnend mit der Begehung der Handlung, der Pflichtverletzung oder dem sonstigen, den Schaden auslösenden Ereignis ein (§ 199 Abs. 3 BGB). Die **Beweislast** in Bezug auf die Kenntnis oder die grob fahrlässige Unkenntnis des Anspruchstellers und damit zu Beginn und Ablauf der Verjährungsfrist liegt beim Anspruchsgegner (→ Rn. 202). 415

m) **Konkurrenzen.** Nach § 306 Abs. 6 Satz 2 KAGB schließt die Haftung für Verkaufsprospekte nach § 306 Abs. 1 und Abs. 4 KAGB weitergehende Ansprüche, die sich aus den Vorschriften des bürgerlichen Rechts aufgrund von Verträgen oder unerlaubten Handlungen ergeben können, nicht aus. Das umfasst indes nicht Ansprüche aus allgemeinzivilrechtlicher Prospekthaftung in dem vom KAGB abschließend geregelten Bereich der Haftung für fehlerhafte oder fehlende Verkaufsprospekte.[754] 416

n) **Gerichtliche Zuständigkeit.** Die gerichtliche Zuständigkeit für Prospekthaftungsansprüche aus § 306 Abs. 1, 4 KAGB ergibt sich aus § 32b ZPO. 417

**3. Haftung für wesentliche Anlegerinformationen (§ 306 Abs. 2 Satz 1 KAGB).** 418
a) **Übersicht.** Ähnlich der Haftung für fehlerhafte Verkaufsprospekte nach § 306 Abs. 1 KAGB ordnet § 306 Abs. 2 KAGB die Haftung für wesentliche Anlegerinformationen an. Dabei handelt es sich um die Anlegerinformationen, die dem Publikum, wiederum vergleichbar den Angaben in Verkaufsprospekten, als „wesentliche Anlegerinformationen" zugänglich zu machen sind. Sind die in diesen enthaltenen Angaben irreführend, unrichtig oder nicht mit den einschlägigen Stellen des Verkaufsprospekts vereinbar – eine Haftung für die Unvollständigkeit wesentlicher Angaben ist nicht angeordnet –, so kann derjenige, der aufgrund der wesentlichen Anlegerinformationen Anteile oder Aktien gekauft hat und **noch Inhaber** derselben ist, von der Verwaltungsgesellschaft und von demjenigen, der diese Anteile oder Aktien im eigenen Namen gewerbsmäßig verkauft hat, als Gesamtschuldner die **Übernahme** der Anteile oder Aktien gegen Erstattung des von ihm gezahlten Betrages verlangen (§ 306 Abs. 2 Satz 1 KAGB). Wie bei der Haftung für fehlerhafte Verkaufsprospekte ist, darüber hinaus, zur Übernahme der Anteile oder Aktien nach § 306 Abs. 2 Satz 1 KAGB auch verpflichtet, wer gewerbsmäßig den Verkauf der Anteile oder Aktien vermittelt oder die Anteile oder Aktien im fremden Namen verkauft hat, wenn er die Unrichtigkeit oder Unvollständigkeit des Verkaufsprospekts oder die Unrichtigkeit der wesentlichen Anlegerinformationen gekannt hat.

Ebenfalls der Haftung für fehlerhafte Verkaufsprospekte nach § 306 Abs. 1 Satz 1 KAGB vergleichbar ist eine Modifikation der in § 306 Abs. 1 Satz 1 KAGB vorgesehenen Rechtsfolge – Übernahme der Anteile oder Aktien – für den Fall vorgesehen, dass der Käufer in dem Zeitpunkt, in dem er von der Fehlerhaftigkeit der wesentlichen Anlegerinformationen Kenntnis erlangt hat, **nicht mehr Inhaber** des Anteils oder der Aktie ist: Unter diesen Umständen kann er nach § 306 Abs. 2 Satz 1 KAGB die Zahlung des Betrages verlangen, 419

---

[752] Zur Grundlage dieser Regelung Voraufl. § 6 Rn. 301.
[753] Art. 1 Nr. 83 lit. f) des OGAW-IV-Umsetzungsgesetzes vom 22.6.2011 (s. o. Fn. 45).
[754] Ebenso *Möllers*, Haftungssystem, S. 253 f.

um den der von ihm gezahlte Betrag den Rücknahmepreis des Anteils oder der Aktie oder andernfalls den Wert des Anteils oder der Aktie im Zeitpunkt der Veräußerung übersteigt. In diesem Falle scheidet aber, wie schon bei der Haftung für fehlerhafte Verkaufsprospekte, die Haftung derjenigen aus, die gewerbsmäßig den Verkauf der Anteile oder Aktien vermittelt oder die Anteile oder Aktien im fremden Namen verkauft haben.

420 Auch im Übrigen sind die weiteren **Haftungsvoraussetzungen** weitgehend denjenigen der Haftung für fehlerhafte Verkaufsprospekte nach § 306 Abs. 1 KAGB angeglichen.

421 **b) Wesentliche Anlegerinformationen.** Während die Haftung für fehlerhafte Verkaufsprospekte nach § 306 Abs. 1 KAGB an die Angaben in einem dem Publikum zugänglich zu machenden Verkaufsprospekt anknüpft, bezieht sich die Haftung nach § 306 Abs. 1 KAGB auf die dem Publikum zugänglich zu machenden, vom Gesetz so genannten **wesentlichen Anlegerinformationen**.

422 Die **Pflicht,** dem Publikum **wesentliche Anlegerinformationen zugänglich zu machen,** fand sich schon vor der Überführung des InvG in das KAGB in der durch das OGAW-IV-Umsetzungsgesetz geänderten Fassung des § 42 Abs. 1 InvG.[755] Die Änderung diente der durch die Einführung der wesentlichen Anlegerinformationen in Umsetzung von Art. 78 der OGAW-IV-Richtlinie 2009/65/EG vom 13.7.2009[756] und des Wegfalls des vereinfachten Verkaufsprospekts erforderlichen redaktionellen Korrektur des Gesetzes.[757] Diesbezüglich verlangte die Richtlinie „ein kurzes Dokument mit wesentlichen Informationen für den Anleger", dh mit „sinnvollen Angaben zu den wesentlichen Merkmalen" des Anlageangebots, die die „Anleger in die Lage versetzen, Art und Risiken des angebotenen Anlageprodukts zu verstehen und auf dieser Grundlage eine fundierte Anlageentscheidung zu treffen".[758]

423 Die in § 306 Abs. 2 Satz 1 KAGB **haftungsbewehrten wesentlichen Anlegerinformationen** sind nicht gleichbedeutend mit den Angaben eines Verkaufsprospekts, die für den Anleger von wesentlicher Bedeutung iS von § 306 Abs. 1 Satz 1 KAGB sind, auch wenn sie sich weitgehend decken (→ Rn. 385 f.). Vielmehr sind wesentliche Anlegerinformationen allein die gesetzlich angeordneten Angaben, wohingegen die gesetzlich verlangten Verkaufsprospektangaben nur Mindestangaben sind und Angaben in einem Verkaufsprospekt nach § 306 Abs. 1 Satz 1 KAGB auch dann wesentlich sein können, wenn sie nicht zu den wesentlichen Anlegerinformationen gehören.

424 Wesentliche Anlegerinformationen sind die vom Gesetz als solche verlangten und dem Publikum zugänglich zu machenden Informationen. Das sind für **Publikumsinvestmentvermögen bzw. für geschlossene Publikums-AIF** die sich aus §§ 166 Abs. 2–8, 262 Abs. 1 Satz 4 und Abs. 2 Satz 2, 263 Abs. 5 Satz 2, 270 KAGB iVm der Verordnung (EU) Nr. 583/2010 vom 1.7.2010[759] ergebenden, nach § 164 Abs. 1, 268 Abs. 1 KAGB zu veröffentlichenden, Anlageinteressenten nach Maßgabe von § 297 Abs. 1 Satz 1 und Abs. 2 Satz 2 KAGB zur Verfügung zu stellenden und nach §§ 164 Abs. 3. 268 Abs. 2 KAGB auf dem neusten Stand zu haltenden **wesentlichen Anlegerinformationen.** Für Anteile oder Aktien an **EU-OGAW** bzw. **EU-AIF** oder **ausländischen AIF** sind dies entsprechend die nach Maßgabe von §§ 298 Abs. 1 Satz 2, 301 KAGB iVm Art. 78 der Richtlinie 2009/65/EG vom 13.7.2009[760] bzw. von § 318 Abs. 5 KAGB erforderlichen Anlegerinformationen. Für AIF-Kapitalverwaltungsgesellschaften, welche die Ausnahmevoraussetzungen des § 2 Abs. 5 Satz 2 KAGB erfüllen, sind darüber hinaus die Anforderungen aus § 2 Abs. 5 Satz 2 Nr. 6 KAGB zu beachten.

---

[755] Art. 1 Nr. 36 lit. b) aa) des OGAW-IV-Umsetzungsgesetzes vom 22.6.2011 (s. o. Fn. 45).
[756] S. o. Fn. 44.
[757] RegE OGAW-IV-Umsetzungsgesetz, BT-Drucks. 7/4510 vom 24.1.2011, S. 1, 70.
[758] Art. 78 Abs. 1 bzw. Abs. 2 der OGAW-IV-Richtlinie 2009/65/EG, ABl. EU Nr. L 302 vom 17.11.2009 (Fn. 640), S. 32, 71. Eine entsprechende Formulierung findet sich in § 166 Abs. 1 KAGB.
[759] ABl. EU Nr. L 171 vom 10.7.2010 (Fn. 649), S. 1 ff.
[760] S. o. Fn. 44.

c) **Fehlerhafte Informationen.** Wesentliche Anlegerinformationen sind fehlerhaft und begründen eine Haftung nach § 306 Abs. 2 Satz 1 KAGB nur dann, wenn sie **irreführend, unrichtig** oder **nicht mit den einschlägigen Stellen des Verkaufsprospekts vereinbar** sind. In Übereinstimmung mit Art 79 Abs. 2 der OGAW-IV-Richtlinie[761] erstreckt § 306 Abs. 2 Satz 1 KAGB die Haftung **nicht auf unvollständige Angaben** in den wesentlichen Anlegerinformationen. Das beruht zum einen darauf, dass die erforderlichen Angaben weitgehend gesetzlich aufgezählt sind und zum anderen darauf, dass es sich bei den Angaben um nach §§ 166 Abs. 3 Satz 4, 270 Abs. 1 KAGB kurz zu haltende Informationen in einem insgesamt als kurz konzipierten Informationswerk handelt. Ein Vollständigkeitserfordernis hätte nicht nur die alten Fragen nach der Vollständigkeit von Kurzinformationen aufgeworfen, sondern auch verständliche Bemühungen zur Gewährleistung der Vollständigkeit durch entsprechende Informationsdichte ausgelöst. 425

aa) Irreführend. Bei der Beantwortung der Frage, wann wesentliche Anlegerinformationen **irreführend** sind, liegt es nahe, auf das Recht der unlauteren Werbung zurückzugreifen, in dem von jeher in § 5 UWG die irreführende Werbung und in der ab 30.12.2008 geltenden Fassung der Bestimmung die irreführende geschäftliche Handlung als unlauter gilt. In § 5 Abs. 1 Satz 2 UWG wird, Art. 2b) der Richtlinie 2006/114/EG vom 12.12.2006 über irreführende und vergleichende Werbung[762] umsetzend, bestimmt, eine geschäftliche Handlung sei irreführend, wenn sie unwahre Angaben oder sonstige zur Täuschung geeignete Angaben über die in der Vorschrift näher benannten Umstände enthalte. Beide Merkmale dieser Definition, die eine Irreführung begründen sollen, weisen in die Richtung, in welche eine KAGB-autonome und vor allem am **Zweck der Vorschriften über wesentliche Anlegerinformationen** ausgerichtete **Auslegung** des Begriffs irreführender Anlegerinformationen zu erfolgen hat. Diesbezüglich bestimmen §§ 166 Abs. 1, 270 Abs. 1 KAGB, die wesentlichen Anlegerinformationen sollten den Anleger in die Lage versetzen, Art und Risiken des angebotenen Anlageproduktes zu verstehen und auf dieser Grundlage eine fundierte Anlageentscheidung zu treffen. Des Weiteren ist zu berücksichtigen, dass der Begriff im Prospekthaftungsrecht in einem weiten Sinne immer zur Umschreibung eines Informationsmangels in einem gegenüber einem regulären Prospekt abgekürzten Dokument oder einer Zusammenfassung des Prospekts verwandt wurde (etwa in der Prospektzusammenfassung nach § 45 Abs. 2 Nr. 5 BörsG) und vereinzelt auch noch verwandt wird (etwa im Hinblick auf die Prospektzusammenfassung nach § 5 Abs. 2 WpPG oder das Vermögensanlagen-Informationsblatt nach § 13 Abs. 4 VermAnlG), um dort Mängel zu bezeichnen, die nicht in der Unrichtigkeit der in dem Dokument verlangten Angabe bestehen, sondern darin, dass die für sich genommen nicht zu beanstandende Angabe die realen Verhältnisse, wie sie etwa im Prospekt zum Ausdruck gekommen sein können, nicht adäquat widergibt und damit über diese täuscht. Der Begriff der Irreführung reagiert im Bereich der fehlerhaften Anlegerinformationen mithin auf den Umstand, dass verkürzte Informationen im Lichte detaillierter Informationen und der Wirklichkeit mitunter nur **„die halbe Wahrheit"** wiedergeben, ohne dabei bereits unrichtig zu sein. 426

Inwieweit einzelne, möglicherweise objektiv nicht bereits als unrichtig zu beanstandende Angaben der – gegenüber dem Verkaufsprospekt verkürzten – wesentlichen Anlegerinformationen irreführen, indem sie den Anleger über die wirklichen Verhältnisse täuschen, lässt sich nur aus dem **Empfängerhorizont** der Angaben, dh der wesentlichen Anlegerinformationen beurteilen. Dies berücksichtigend, lässt sich (in der Sache ganz nah an der Defi- 427

---

[761] S. o. Fn. 44.
[762] ABl. EU Nr. L 376 vom 27.12.2006, S. 21, 22. Nach Art. 2 Art. 2b) der Richtlinie ist „irreführend jede Werbung, die in irgendeiner Weise – einschließlich ihrer Aufmachung – die Personen, an die sie sich richtet oder die von ihr erreicht werden, täuscht oder zu täuschen geeignet ist und die infolge der ihr innewohnenden Täuschung ihr wirtschaftliches Verhalten beeinflussen kann oder aus diesen Gründen einen Mitbewerber schädigt oder zu schädigen geeignet ist".

nition der Irreführung in § 5 UWG)[763] **definieren,** Angaben in wesentlichen Anlegerinformationen seien dann irreführend, wenn sie bei den von diesen angesprochenen Anlegern in Bezug auf Art und Risiken des angebotenen Anlageproduktes eine Vorstellung erzeugen, die mit den wirklichen Verhältnissen nicht im Einklang steht.[764] Hinsichtlich der Adressaten der wesentlichen Anlegerinformationen ist auch hier auf den **durchschnittlichen Anleger** (→ Rn. 383, 136) abzustellen, der Angaben wie diejenigen in den wesentlichen Anlegerinformationen sorgfältig liest.

428  Dabei entfällt die Irreführung nicht etwa dadurch, dass unterstellt wird, der Anleger lese auch den Verkaufsprospekt sorgfältig; vielmehr ist die Irreführung allein und objektiv anhand der Angaben in den wesentlichen Anlegerinformationen einerseits und der Wirklichkeit oder den Angaben im Verkaufsprospekt andererseits zu beurteilen. Irreführend sind die Angaben in den wesentlichen Anlegerinformationen deshalb auch dann, wenn sie **nicht ohne zusätzliche Informationen** im Verkaufsprospekt verständlich sind. Das kommt auch in §§ 166 Abs. 3 Satz 1, 270 Abs. 1 KAGB zum Ausdruck, denen zufolge (§ 13 Abs. 4 Satz 1 VermAnlG entsprechend) der Anleger die wesentlichen, in § 166 Abs. 2 Nrn. 1–6 KAGB aufgeführten Merkmale des betreffenden Investmentvermögens verstehen können muss, ohne dass hierfür zusätzliche Dokumente herangezogen werden müssen. Darüber hinaus ist eine Angabe auch dann als irreführend anzusehen, wenn sie nicht – wie §§ 166 Abs. 3 Satz 2, 270 Abs. 1 KAGB dies (wiederum § 13 Abs. 4 Satz 2 VermAnlG entsprechend) verlangen – **eindeutig** ist. Ebenso verhält es sich mit iS von §§ 166 Abs. 3 Satz 4, 270 Abs. 1 KAGB **unverständlichen Angaben,** soweit sie beim Anleger eine bestimmte unzutreffende Vorstellung wecken. Dagegen sind gegen das Erfordernis des §§ 166 Abs. 3 Satz 5, 270 Abs. 1 KAGB nicht in einem einheitlichen Format erstellte, Vergleiche ermöglichende wesentliche Anlegerinformationen nicht *per se* geeignet, irreführende Vorstellungen über die Wirklichkeit und die Art und Risiken des angebotenen Anlageproduktes hervorzurufen.

429  Irreführend iSd § 306 Abs. 2 Satz 1 KAGB sind nur solche Angaben, die auch **tatsächlich irreführen.** Nicht ausreichend ist hier – anders als im Unlauterkeitsrecht[765] – die bloße Eignung der Angaben zur Irreführung. Auch wenn die Haftung für irreführende Angaben eine Verschuldenshaftung darstellt, kommt es – insoweit wieder im Einklang mit dem Unlauterkeitsrecht[766] – für die Feststellung der Irreführung als solche nicht auf **subjektive Elemente,** wie etwa eine Irreführungsabsicht an. Schließlich kann sich die Irreführung auch dadurch ergeben, dass erst verschiedene Angaben der wesentlichen Anlegerinformationen zusammengenommen ein **irreführendes Gesamtbild** erzeugen (→ Rn. 388).

430  bb) Unrichtig. Für die Beurteilung der Unrichtigkeit von Angaben gelten die Grundsätze, wie sie auch im Hinblick auf die Beurteilung der Unrichtigkeit von Prospektangaben zur Anwendung kommen (→ Rn. 144ff zu §§ 21, 22 WpPG, → Rn. 252f. zu § 20 VermAnlG und → Rn. 390 zu § 306 Abs. 1 Satz 1 KAGB).

431  cc) Nicht mit den einschlägigen Stellen des Verkaufsprospekts vereinbar. Nicht mit den einschlägigen Stellen des Verkaufsprospekts übereinstimmende oder mit diesen zu vereinbarende Angaben stellen einen Informationsmangel iSd § 306 Abs. 2 Satz 1 KAGB dar. Das entspricht §§ 166 Abs. 3 Satz 3, 270 Abs. 1 KAGB, die verlangen, dass Angaben in den wesentlichen Anlegerinformationen mit den einschlägigen Teilen des Verkaufsprospekts übereinstimmen.

---

[763] Siehe etwa *Bornkamm* in Köhler/Bornkamm, UWG, 32. Aufl. 2014, § 5 Rn. 2.66 mwN auch zur Rechtsprechung in Rn. 2.67.
[764] Ähnlich *Heisterhagen* in Emde/Dornseifer/Dreibus/Hölscher, § 127 Rn. 31 (wenn die Angaben „zwar sachlich zutreffend sind, ihre Darstellung aber unklar und missverständlich ist, sodass beim Anleger ein unzutreffender Eindruck entsteht"); *Müchler* WM 2012, 978.
[765] Siehe etwa *Bornkamm* in Köhler/Bornkamm, UWG, 32. Aufl. 2014, § 5 Rn. 2.64.
[766] Siehe etwa *Bornkamm* in Köhler/Bornkamm, UWG, 32. Aufl. 2014, § 5 Rn. 2.64.

Eine **Unvereinbarkeit** braucht sich nicht auf einzelne Angaben in den wesentlichen **432** Anlegerinformationen einerseits und im Verkaufsprospekt andererseits zu beschränken, sondern kann auch darin bestehen, dass der Verkaufsprospekt ein **Gesamtbild** schafft, das mit einzelnen Angaben in den wesentlichen Anlegerinformationen oder mit den von diesen gezeichneten Gesamtbild nicht übereinstimmt, und umgekehrt.[767]

d) **Anspruchsberechtigte und Anspruchsgegner.** Anspruchsberechtigt ist nach **433** § 306 Abs. 2 Satz 1 KAGB, wer aufgrund der wesentlichen Anlegerinformationen Anteile oder Aktien gekauft hat. Ist er **noch Inhaber** der erworbenen Anteile oder Aktien, so kann er § 306 Abs. 2 Satz 1 KAGB die Übernahme der Anteile oder Aktien gegen Erstattung des von ihm gezahlten Betrages verlangen. Ist er **nicht mehr Inhaber** der Anteile oder Aktien, so kann er nach § 306 Abs. 2 Satz 2 KAGB die Zahlung des Betrages verlangen, um den der von ihm gezahlte Betrag den Rücknahmepreis des Anteils oder der Aktie oder andernfalls den Wert des Anteils oder der Aktie im Zeitpunkt der Veräußerung übersteigt. Zu Einzelheiten kann auf die entsprechenden Ausführungen zur Haftung für fehlerhafte Verkaufsprospekte nach § 306 Abs. 1 KAGB, oben Rn. 391, verwiesen werden.

**Anspruchsgegner** sind im Hinblick auf die Rechtsfolge der **Übernahme** der Anteile **434** oder Aktien **zum einen** die Verwaltungsgesellschaft und derjenige, der die Anteile oder Aktien im eigenen Namen gewerbsmäßig verkauft hat (§ 306 Abs. 2 Satz 1 KAGB), und **zum anderen** derjenige, der gewerbsmäßig den Verkauf der Anteile oder Aktien vermittelt oder die Anteile oder Aktien im fremden Namen verkauft hat (§ 306 Abs. 4 Satz 1 KAGB). Die beiden Gruppen von Anspruchsgegnern unterscheiden sich darin, dass die erste für Vorsatz und grobe Fahrlässigkeit (§ 306 Abs. 3 Satz 1 KAGB), die zweite aber nur für Vorsatz (§ 306 Abs. 4 Satz 1 KAGB: Kenntnis der Unrichtigkeit der wesentlichen Anlegerinformationen) in Bezug auf die Unrichtigkeit der wesentlichen Anlegerinformationen haftet. Zur **Zahlung des Betrages** im Sinne und nach Maßgabe von § 306 Abs. 2 Satz 2 KAGB sind dagegen – wie aus § 306 Abs. 3 Satz 1 und Satz 2 iVm § 306 Abs. 4 KAGB folgt – nur die Verwaltungsgesellschaft und derjenige, der die Anteile oder Aktien im eigenen Namen gewerbsmäßig verkauft hat, verpflichtet. Sämtliche Anspruchsgegner haften als Gesamtschuldner nach §§ 421 ff. BGB (→ Rn. 394). Zu Einzelheiten kann auch hier auf die entsprechenden Ausführungen zur Haftung für fehlerhafte Verkaufsprospekte nach § 306 Abs. 1 KAGB, → Rn. 394 ff., verwiesen werden.

e) **Kausalität und Verschulden.** Anspruchsberechtigt ist nach § 306 Abs. 2 KAGB **435** nur, wer **aufgrund** der in den wesentlichen Anlegerinformationen enthaltenen Angaben Anteile oder Aktien gekauft hat. Wie beim Anspruch wegen eines fehlerhaften Verkaufsprospekts nach § 306 Abs. 1 KAGB muss der Anleger die **Ursächlichkeit** der Angaben in den wesentlichen Anlegerinformationen für den Erwerb der Anteile oder Aktien darlegen und beweisen, doch anders als bei jenem (→ Rn. 401 f.) kommen ihm hier **keine Vermutungen oder Beweiserleichterungen** zugute.[768]

Hinsichtlich des **Verschuldens** unterscheidet, wie bereits oben in Rn. 434 ausgeführt, **436** das Gesetz (in §§ 306 Abs. 2 Satz 1 und Abs. 4 Satz 1 KAGB) zwischen zwei Gruppen von Anspruchsgegnern: Während die eine (die Verwaltungsgesellschaft und diejenigen, die die Anteile oder Aktien im eigenen Namen gewerbsmäßig verkauft haben) für Vorsatz und grobe Fahrlässigkeit haftet (§ 306 Abs. 3 Satz 1 KAGB), haftet die andere (diejenigen, die gewerbsmäßig den Verkauf der Anteile oder Aktien vermittelt oder die Anteile oder Aktien im fremden Namen verkauft haben) nur für Vorsatz (§ 306 Abs. 4 Satz 1 KAGB: Kenntnis

---

[767] Im Hinblick auf die Abweichung der „Darstellung in den wesentlichen Anlegerinformationen von dem durch den Verkaufsprospekt entworfenen Gesamtbild" ebenso *Heisterhagen* in Emde/Dornseifer/Dreibus/Hölscher, § 127 Rn. 31; *Müchler* WM 2012, 978.

[768] Vgl. RegE eines Gesetzes zur Novellierung des Finanzanlagenvermittler- und Vermögensanlagenrechts, BT-Drucks. 17/6051 vom 6.6.2011, S. 37, im Zusammenhang mit der Haftung bei unrichtigem Vermögensanlagen-Informationsblatt nach § 22 Abs. 1 VermAnlG („wie im Bereich des Investmentrechts für Ansprüche wegen fehlerhafter Angaben in den ‚wesentlichen Anlegerinformationen'").

der Unrichtigkeit der wesentlichen Anlegerinformationen). Zu Einzelheiten hierzu, zur **Beweislast** bezüglich des Verschuldens und zur Sonderregelung eines Mitverschuldens in Gestalt des **Haftungsausschlusses** für den Fall, dass der Käufer der Anteile oder Aktien die Unrichtigkeit der wesentlichen Anlegerinformationen beim Kauf gekannt hat (§ 306 Abs. 3 Satz 2 und Abs. 4 Satz 2 KAGB), kann wiederum auf die entsprechenden Ausführungen zur Haftung für fehlerhafte Verkaufsprospekte nach § 306 Abs. 1 KAGB, → Rn. 405 ff., verwiesen werden.

437   f) **Inhalt des Anspruchs.** Ist der Erwerber der Anteile oder Aktien noch Inhaber derselben, sieht § 306 Abs. 2 Satz 1 KAGB als **Rechtsfolge** die Übernahme der erworbenen Anteile oder Aktien gegen Erstattung des gezahlten Betrages vor. Ist dies nicht mehr der Fall kann er nach § 306 Abs. 2 Satz 2 KAGB die Zahlung des Betrages verlangen, um den der von ihm gezahlte Betrag den Rücknahmepreis des Anteils oder der Aktie oder andernfalls den Wert des Anteils oder der Aktie im Zeitpunkt der Veräußerung übersteigt.

438   g) **Haftungsmodalitäten und gerichtliche Zuständigkeit.** Ein **vertraglicher Haftungsausschluss,** dh eine Vereinbarung, durch welche die Haftung für die Richtigkeit und Vollständigkeit des Verkaufsprospekts im Voraus ermäßigt oder erlassen wird, ist nach § 306 Abs. 6 Satz 1 KAGB unwirksam.

439   Ansprüche aus § 306 Abs. 2, 4 KAGB **verjähren** nach den allgemeinen zivilrechtlichen Verjährungsregeln der **§§ 194 ff. BGB,** dh nach § 195 BGB in drei Jahren, gemäß § 199 Abs. 1 BGB beginnend mit dem Schluss des Jahres, in dem der Anspruch entstanden ist und der Gläubiger von den Umständen, die den Anspruch begründen, und der Person des Schuldners Kenntnis erlangt oder ohne grobe Fahrlässigkeit erlangen müsste (→ Rn. 414 f.).

440   Nach § 306 Abs. 6 Satz 2 KAGB **konkurriert** die Haftung für Verkaufsprospekte nach § 306 Abs. 2 und Abs. 4 KAGB mit weitergehenden Ansprüchen, die sich aus den Vorschriften des bürgerlichen Rechts aufgrund von Verträgen oder unerlaubten Handlungen ergeben. Ansprüche aus allgemein-zivilrechtlicher Prospekthaftung in dem vom KAGB abschließend geregelten Bereich der Haftung für wesentliche Anlegerinformationen sind davon nicht erfasst und ausgeschlossen (→ Rn. 416).

441   Die **gerichtliche Zuständigkeit** für Ansprüche aus § 306 Abs. 2 Satz 1 KAGB ergibt sich aus § 32b ZPO.

442   **4. Haftung bei fehlendem Verkaufsprospekt (§ 306 Abs. 5 KAGB).** Wurde ein Verkaufsprospekt entgegen § 164 Abs. 1, § 268 Abs. 1, § 298 Abs. 1 oder § 299 Abs. 1 KAGB nicht veröffentlicht, so kann der Erwerber eines Anteils oder einer Aktie an einem Investmentvermögen, der nach wie vor **Inhaber der Anteile oder Aktien** ist, nach **§ 306 Abs. 5 Satz 1 KAGB** von dem Anbieter die Übernahme der Anteile oder Aktien gegen Erstattung des Erwerbspreises, soweit dieser den ersten Erwerbspreis nicht überschreitet, und der mit dem Erwerb verbundenen üblichen Kosten verlangen.

443   Ist der Erwerber **nicht mehr Inhaber der Anteile oder Aktien** des Investmentvermögens, kann er die Zahlung des Unterschiedsbetrags zwischen dem Erwerbspreis und dem Veräußerungspreis der Anteile oder Aktien sowie der mit dem Erwerb und der Veräußerung verbundenen üblichen Kosten verlangen (§ 306 Abs. 5 Satz 2 KAGB).

444   In beiden Fällen ist es erforderlich, dass das **Erwerbsgeschäft** vor Veröffentlichung eines Verkaufsprospekts und innerhalb von zwei Jahren nach dem ersten Anbieten oder Platzieren von Anteilen oder Aktien dieses Investmentvermögens im Inland abgeschlossen wurde (§ 306 Abs. 5 Satz 1 und 2 KAGB). Maßgeblich ist der **Zeitpunkt,** in dem das Verpflichtungsgeschäft, dh die obligatorische Seite des Erwerbsgeschäfts, vorgenommen wurde. Eine Ausdehnung der Haftung auf Erwerbsgeschäfte, die nach dem Ablauf des Zweijahreszeitraums erfolgten, ist *de lege lata* nicht begründbar.[769]

---

[769] Siehe zu entsprechenden Ansichten in Bezug auf die Sechsmonatsfrist des § 13a VerkProspG aF sowie zu ebenfalls verfehlten Versuchen einer teleologischen Reduktion der Bestimmung *Assmann* in Assmann/Schlitt/v. Kopp-Colomb, § 13a VerkProspG Rn. 8.

§ 306 Abs. 5 KAGB gilt **nur für pflichtwidrig nicht veröffentlichte Verkaufspros-** 445
**pekte** und nicht für pflichtwidrig nicht veröffentlichte wesentliche Anlegerinformationen.

Die Ansprüche bei fehlendem Verkaufsprospekt richten sich allein **gegen den Anbieter** 446
der Anteile oder Aktien. Unter Rückgriff auf § 2 Nr. 10 WpPG ist als Anbieter jede Person oder Gesellschaft anzusehen, die Wertpapiere öffentlich anbietet. Ein **öffentliches Angebot** wiederum ist nach dem ebenfalls entsprechend heranzuziehenden § 2 Nr. 4 Hs. 1 WpPG eine Mitteilung an das Publikum in jedweder Form und auf jedwede Art und Weise, die ausreichende Informationen über die Angebotsbedingungen und die anzubietenden Wertpapiere enthält, um einen Anleger in die Lage zu versetzen, über den Kauf oder die Zeichnung dieser Wertpapiere zu entscheiden. Dementsprechend wurde bereits im Zusammenhang mit Wertpapierprospekten nach dem WpPG und Verkaufsprospekten nach dem VermAnlG (→ Rn. 154, 221) festgestellt, Anbieter von Vermögensanlagen sei derjenige, „der für das öffentliche Angebot der Vermögensanlage verantwortlich" sei *und* „den Anlegern gegenüber nach außen erkennbar als Anbieter" auftrete. Damit ist ersichtlich nicht jeder gemeint, der einen Anteil oder eine Aktie an einem Investmentvermögen anbietet, sondern derjenige, der nach außen als der **Vertreiber der fraglichen Anlagen** auftritt und diese **zum Erwerb anbietet.** Soll danach nur der als Anbieter gelten, der den Anlegern als solcher erkennbar war, so kommt eine Erstreckung auf die im Verborgenen gebliebenen Hintermänner des Angebots nicht in Betracht (→ Rn. 221 aE). Das schließt nicht aus, dass mehrere Personen oder Gesellschaften als Anbieter auftreten.

Für einen Anspruch aus § 306 Abs. 5 KAGB ist es nicht erforderlich, dass der An- 447
spruchsteller die **Ursächlichkeit** des pflichtwidrigen Fehlens eines Prospekts für den Erwerb der Anlage nachweist. Vielmehr wird die **haftungsbegründende Kausalität** der Pflichtverletzung **widerleglich vermutet** (→ Rn. 171), sofern das Erwerbsgeschäft, dh das Geschäft, mit dem der Anspruchsteller Wertpapiere oder Vermögensanlagen erworben hat, vor der Veröffentlichung eines Prospekts erfolgte. Wendet der Anspruchsgegner ein, der Eintritt des Erfolgs in Gestalt des Erwerbs der Anteile oder Aktien wäre auch bei **rechtmäßigem Alternativverhalten** eingetreten, weil der Anleger die Anteile oder Aktien auch bei ordnungsgemäßer Prospektveröffentlichung erworben hätte, so wird damit ein allgemein und im Zusammenhang mit der Prospekthaftung zu beachtender fehlender **Pflichtwidrigkeitszusammenhang** geltend gemacht (→ Rn. 224). Die fehlende Ursächlichkeit der Prospektveröffentlichung für den Anlageerwerb ist vom Anspruchsgegner zu beweisen (→ Rn. 224 aE).

Dem Wortlaut sämtlicher Vorschriften, die die Haftung bei fehlendem Prospekt vor- 448
schreiben, fehlt eine Formulierung, die ein **Verschulden** des Anspruchsgegners verlangt. Das hat etwa zu § 13a Abs. 1 und Abs. 2 VerkProspG zu der Ansicht geführt, die Haftung nach dieser Bestimmung sei eine verschuldenslose, doch ist dem nicht zu folgen (→ Rn. 226 f., 292). Vielmehr ist eine planwidrige Lücke anzunehmen (→ Rn. 227), die auch nicht deshalb entfällt, weil der Gesetzgeber bei der Formulierung des § 306 Abs. 5 KAGB auf die in → Rn. 326 angeführten Regelungsvorbilder zurückgreift. Für eine solche spricht vor allem, dass die Haftung für einen fehlenden Prospekt eine Haftung für pflichtwidriges Handeln darstellt, die im deutschen Rechtssystem regelmäßig als Verschuldenshaftung ausgestaltet ist. Die Lücke ist durch die entsprechende Anwendung von § 306 Abs. 1, Abs. 3 Satz 1 KAGB[770] zu füllen, die eine Haftung für einen fehlerhaften Verkaufsprospekt nur bei **Vorsatz und grobe Fahrlässigkeit** vorsieht. Dem damit verbundenen Nachteil des Ausschlusses der Haftung für leichte Fahrlässigkeit steht der unbestreitbare Vorteil einer rechtlich abgesicherten Beweislastumkehr gegenüber, was im Interesse des

---

[770] Entsprechend § 13 Abs. 1 VerkProspG iVm § 45 Abs. 1 BörsG in Bezug auf das zuerst im Zusammenhang mit § 13a VerkProsG erörterte Problem. S. *Assmann* in Assmann/Schlitt/v. Kopp-Colomb, § 13a VerkProspG Rn. 22. Für die entsprechende Anwendung von § 21 Abs. 1 Satz 1, iVm § 23 Abs. 1 WpPG im Rahmen der Haftung bei fehlendem Wertpapierprospekt nach § 24 WpPG → Rn. 228 und bei fehlendem Verkaufsprospekt nach § 21 VermAnlG → Rn. 292.

Anlegerschutzes gegen eine Heranziehung von § 276 Abs. 1 BGB zur Lückenfüllung spricht.[771]

**449** Ansprüche des Erwerbers eines Anteils oder einer Aktie an einem Investmentvermögen bei fehlendem Verkaufsprospekt sind **ausgeschlossen,** wenn dieser die Pflicht, einen Verkaufsprospekt zu veröffentlichen, bei dem Erwerb kannte (§ 306 Abs. 5 Satz 3 KAGB). Rechtsdogmatisch handelt es sich dabei um ein haftungsausschließendes Mitverschulden. Nicht ausreichend ist es, wenn der Erwerber lediglich weiß, dass ein Prospekt nicht existiert oder die Umstände kennt, aus denen sich eine Pflicht zur Veröffentlichung eines Verkaufsprospekts ergibt. Vielmehr verlangt das Gesetz das Wissen um die Pflichtwidrigkeit der Nichtveröffentlichung eines Prospekts.

**450** Der Anspruch aus § 306 Abs. 5 KAGB **verjährt** nach § 195 BGB in drei Jahren, beginnend mit dem Schluss des Jahres, in dem der Anspruch entstanden ist und der Gläubiger von den Umständen, die den Anspruch begründen, und der Person des Schuldners Kenntnis erlangt oder ohne grobe Fahrlässigkeit erlangen müsste (§ 199 Abs. 1 BGB).

**451** Eine **Vereinbarung,** durch die der Anspruch nach § 306 Abs. 5 KAGB im Voraus **ermäßigt oder erlassen** wird, ist unwirksam (§ 306 Abs. 6 Satz 1 KAGB). Weitergehende Ansprüche, die sich aus den **Vorschriften des bürgerlichen Rechts** aufgrund von Verträgen oder unerlaubten Handlungen ergeben können, bleiben unberührt (§ 306 Abs. 6 Satz 2 KAGB). Im Anwendungsbereich der Prospektpflichten und der Prospekthaftung nach dem KAGB gilt das indes nicht für die Anwendung der Grundsätze der **allgemein-zivilrechtlichen Prospekthaftung,** an deren Anwendung zumindest in den Fällen gedacht werden könnte, in denen das Angebot von Anteilen oder Aktien an Investmentvermögen ohne Veröffentlichung eines Verkaufsprospekts von Dokumenten begleitet wird, die als Prospekt im Sinne der allgemein-zivilrechtlichen Prospekthaftung gelten dürfen.[772]

## § 6 Haftung für fehlerhafte Kapitalmarktkommunikation

### Übersicht

| | Rn. |
|---|---|
| I. Grundlagen | 1–10 |
|   1. Entwicklungsstand in Rechtsprechung und Gesetzgebung | 1 |
|   2. Koordinaten der kapitalmarktrechtlichen Informationshaftung | 3 |
|     a) Haftung für Fehlinformation des Primär- und Sekundärmarktes | 4 |
|     b) Haftung für fehlerhafte Ad-hoc-Publizität und sonstige Fehlinformationen | 5 |
|     c) Haftung des Emittenten und der Vorstandsmitglieder | 6 |
|     d) Haftung der Vorstandsmitglieder im Innen- und Außenverhältnis | 7 |
| II. Haftung für fehlerhafte Ad-hoc-Publizität | 11–58 |
|   1. Persönliche Haftung der Organmitglieder | 11 |
|     a) Anspruchsgrundlagen | 11 |
|       aa) Haftung wegen Schutzgesetzverletzung (§ 823 Abs. 2 BGB) | 12 |
|         aaa) Verneinung von Schutzgesetzen | 13 |
|           (1) Veröffentlichung und Mitteilung von Insiderinformationen (§ 15 WpHG) | 13 |
|           (2) Kursbetrug (§ 88 BörsG aF) | 14 |
|           (3) Verbot der Marktmanipulation (§ 20a WpHG) | 15 |
|         bbb) Bejahung von Schutzgesetzen | 16 |
|           (1) Unrichtige Darstellung (§ 400 AktG) | 16 |
|           (2) Betrug (§ 263 StGB) und Kapitalanlageberatung (§ 264a StGB) | 18 |
|       bb) Haftung wegen vorsätzlicher sittenwidriger Schädigung (§ 826 BGB) | 19 |
|         aaa) Sittenwidrigkeit | 20 |
|         bbb) Vorsatz | 23 |
|         ccc) Kausalität | 25 |
|           (1) Anscheinsbeweis? | 26 |

---

[771] *Assmann* in Assmann/Schlitt/v. Kopp-Colomb, § 13a VerkProspG Rn. 22.

[772] Zu § 13a VerkProspG *Assmann* in Assmann/Schlitt/v. Kopp-Colomb, § 13a VerkProspG Rn. 31 f. Sa oben Rn. 377.

| | Rn. |
|---|---|
| (2) Anlagestimmung? | 27 |
| (3) Anhaltspunkte für die Kausalität | 29 |
| (4) Parteivernehmung von Amts wegen | 30 |
| (5) Auswirkungen des IKB-Urteils | 30a |
| ddd) Transaktionserfordernis? | 31 |
| eee) Schaden | 32 |
| (1) Naturalrestitution (Vertragsabschlussschaden) | 33 |
| (2) Kursdifferenzschaden | 36 |
| fff) Mitverschulden | 37 |
| cc) Bürgerlichrechtliche Prospekthaftung? | 38 |
| b) Verantwortlichkeit innerhalb des Vorstands | 39 |
| 2. Haftung des Emittenten | 40 |
| a) Haftung nach §§ 37b, c WpHG | 40 |
| aa) Anspruchsverpflichtete | 41 |
| bb) Unterlassene unverzügliche oder unwahre Veröffentlichung von Insiderinformationen | 42 |
| cc) Haftungsbegründete Kausalität | 45 |
| dd) Verschulden | 47 |
| ee) Anspruchsberechtigte | 48 |
| aaa) Erwerbende Neuanleger | 49 |
| bbb) Veräußernde Altanleger | 50 |
| ff) Transaktionserfordernis | 51 |
| gg) Schaden und haftungsausfüllende Kausalität | 52 |
| aaa) Schadensrechtliche Grundmodelle | 52 |
| bbb) Schadensermittlung und Schadensberechnung | 53 |
| ccc) Haftungsausfüllende Kausalität | 54 |
| hh) Anspruchsausschluss und Anspruchskürzung | 55 |
| ii) Verjährung | 56 |
| b) Deliktische Verantwortlichkeit iVm § 31 BGB | 57 |
| aa) Allgemeines | 57 |
| bb) Verhältnis zur aktienrechtlichen Kapitalerhaltung | 58 |
| III. Haftung für fehlerhafte Regelpublizität | 59–63 |
| 1. Persönliche Haftung der Organmitglieder | 59 |
| a) Fehlerhafter Jahresabschluss | 60 |
| b) Fehlerhafte Finanzberichte | 61 |
| c) Fehlerhafte Entsprechenserklärung (§ 161 AktG) | 62 |
| 2. Haftung des Emittenten | 63 |
| IV. Haftung für fehlerhafte freiwillige Kapitalmarktinformation | 64, 65 |
| 1. Persönliche Haftung der Organmitglieder | 64 |
| 2. Haftung des Emittenten | 65 |

**Schrifttum:** *Abendroth,* Der Bilanzeid – sinnvolle Neuerung oder systematischer Fremdkörper?, WM 2008, 1147; *Abrams,* Ansprüche von Anlegern wegen Verstoßes gegen Publizitätspflichten oder den Deutschen Corporate Governance Kodex?, NZG 2003, 307; *ders.,* Ansprüche von Anlegern wegen Verstoßes gegen § 161 AktG oder den Deutschen Corporate Governance Kodex – ein Literaturbericht, ZBB 2003, 41; *Adams,* Haftung auf Schadensersatz für fehlerhafte Kapitalmarktinformation, BKR 2009, 277; *Adler/Naumann/Wilske,* Stoneridge und die Zukunft von Wertpapiersammelklagen (nicht nur) in den USA, RIW 2008, 97; *Assmann/Schneider* (Hrsg.), Wertpapierhandelsgesetz, 6. Aufl. 2012; *Bachmann,* Anmerkung zu BGH, 13.12.2011, JZ 2012, 571, JZ 2012 578; *ders.,* Der „Deutsche Corporate Governance Kodex": Rechtswirkungen und Haftungsrisiken, WM 2002, 2137; *ders.,* Reform der Organhaftung? – Materielles Haftungsrecht und seine Durchsetzung in privaten und öffentlichen Unternehmen, Gutachten E zum 70. Deutschen Juristentag, 2014; *Bachmann/Casper/ Schäfer/Veil,* Steuerungsfunktionen des Haftungsrechts im Gesellschafts- und Kapitalmarktrecht, 2007; *Barnert,* Deliktischer Schadensersatz bei Kursmanipulation de lege lata und de lege ferenda, WM 2002, 1473; *Baums,* Haftung wegen Falschinformation des Sekundärmarkts, ZHR 167 (2003) 139; *Baums/Fischer,* Haftung des Prospekt- und des Abschlußprüfers gegenüber den Anlegern, FS Drukarczyk, 2003, S. 37; *Bayer,* Emittentenhaftung versus Kapitalerhaltung, WM 2013, 961; *Thorsten Becker,* Die Haftung für den deutschen Corporate Governance Kodex, 2005; *Berg/Stöcker,* Anwendungs- und Haftungsfragen zum Deutschen Corporate Governance Kodex, WM 2002, 1569; *v. Bernuth/ Wagner/Kremer,* Die Haftung für fehlerhafte Kapitalmarktinformationen: Zur IKB-Entscheidung des BGH, WM 2012, 831; *Braun/Rotter,* Können Ad-hoc-Mitteilungen Schadensersatzansprüche im

Sinne der allgemeinen zivilrechtlichen Prospekthaftung auslösen?, BKR 2003, 918; *Brellochs,* Publizität und Haftung von Aktiengesellschaften im System des Europäischen Kapitalmarktrechts, 2005; *Buck-Heeb/Dieckmann,* Informationsdeliktshaftung von Vorstandsmitgliedern und Emittenten, AG 2008, 681; *Casper,* Haftung für fehlerhafte Informationen des Kapitalmarktes, Der Konzern 2006, 32; *ders.,* Persönliche Außenhaftung der Organe bei fehlerhafter Information des Kapitalmarkts?, BKR 2005, 83; *Dirigo,* Haftung für fehlerhafte Ad-hoc-Publizität, 2011; *Dühn,* Schadensersatzhaftung börsennotierter Aktiengesellschaften für fehlerhafte Kapitalmarktinformation de lege lata und de lege ferenda, 2003; *Edelmann,* Haftung von Vorstandsmitgliedern für fehlerhafte Ad-hoc-Mitteilungen – Besprechung der Infomatec-Urteile des BGH, BB 2004, 2031; *Ekkenga,* Fragen der deliktischen Haftungsbegründung bei Kursmanipulationen und Insidergeschäften, ZIP 2004, 781; *Escher-Weingart/Lägeler/Eppinger,* Schadensersatzanspruch, Schadensart und Schadensberechnung gem. der §§ 37b, 37c WpHG, WM 2004, 1845; *Fleischer,* Das Vierte Finanzmarktförderungsgesetz, NJW 2002, 2977; *ders.,* Der Inhalt des Schadensersatzanspruchs wegen unwahrer oder unterlassener unverzüglicher Ad-hoc-Mitteilungen, BB 2002, 1869; *ders.,* Der deutsche „Bilanzeid" nach § 264 Abs. 2 Satz 3 HGB, ZIP 2007, 97; *ders.,* Die persönliche Haftung der Organmitglieder für kapitalmarktbezogene Falschinformationen – Bestandsaufnahme und Perspektiven, BKR 2003, 608; *ders.,* Empfiehlt es sich im Interesse des Anlegerschutzes und zur Förderung des Finanzplatzes Deutschland das Kapitalmarkt- und Börsenrecht neu zu regeln?, Gutachten F für den 64. Deutschen Juristentag, 2002; *ders.,* Erweiterte Außenhaftung der Organmitglieder im Europäischen Gesellschafts- und Kapitalmarktrecht, ZGR 2004, 437; *ders.,* Konturen der kapitalmarktrechtlichen Informationsdeliktshaftung, ZIP 2005, 1805; *ders.,* Zur deliktsrechtlichen Haftung der Vorstandsmitglieder für falsche Ad-hoc-Mitteilungen, DB 2004, 2031; *ders.,* Ad-hoc-Publizität beim einvernehmlichen vorzeitigen Ausscheiden des Vorstandsvorsitzenden – Der DaimlerChrysler-Musterentscheid des OLG Stuttgart, NZG 2007, 401; *ders.,* Zur zivilrechtlichen Teilnehmerhaftung für fehlerhafte Kapitalmarktinformationen nach deutschem und US-amerikanischem Recht, AG 2008, 265; *ders.,* Aktuelle Entwicklungen der Managerhaftung, NJW 2009, 2338; *ders.,* Buchführungsverantwortung des Vorstands und Haftung der Vorstandsmitglieder für fehlerhafte Buchführung, WM 2006, 2021; *Fleischer/Kalss,* Kapitalmarktrechtliche Schadensersatzhaftung und Kurseinbrüche an der Börse, AG 2002, 329; *Fleischer/Schmolke,* Whistleblowing und Corporate Governance – zur Hinweisgeberverantwortung von Vorstandsmitgliedern und Wirtschaftsanwälten, WM 2012, 1013; *Fleischer/Schneider/Thaten,* Kapitalmarktrechtlicher Anlegerschutz versus aktienrechtliche Kapitalerhaltung – wie entscheidet der EuGH?, NZG 2012, 861; *Fuchs* (Hrsg.), Wertpapierhandelsgesetz, 2009; *Fuchs/Dühn,* Deliktische Schadensersatzhaftung für falsche Ad-hoc-Mitteilungen, BKR 2002, 1063; *Geibel,* Der Kapitalanlegerschaden, 2002; *Gelter,* Law & Economics der Haftung für fehlerhafte Kapitalmarktinformationen, in Kalss/Torggler (Hrsg.), Kapitalmarkthaftung und Gesellschaftsrecht, 2013, S. 83; *Gerber,* Die Haftung für unrichtige Kapitalmarktinformationen, DStR 2004, 1793; *Gottschalk,* Die persönliche Haftung der Organmitglieder für fehlerhafte Kapitalmarktinformationen de lege lata und de lege ferenda, Der Konzern 2005, 274; *ders.,* Die deliktische Haftung für fehlerhafte Ad-hoc-Mitteilungen, DStR 2005, 1648; *Groß,* Haftung für fehlerhafte oder fehlende Regel- oder Ad-hoc-Publizität, WM 2002, 477; *ders.,* Kapitalmarktrecht, 4. Aufl. 2009; *Habersack/Mülbert/Schlitt* (Hrsg.), Unternehmensfinanzierung am Kapitalmarkt, 3. Aufl. 2013; *Habersack/Mülbert/Schlitt* (Hrsg.), Handbuch der Kapitalmarktinformation, 2. Aufl. 2013; *Habersack/Verse,* Europäisches Gesellschaftsrecht, 4. Aufl. 2011; *Hannich,* Quo vadis, Kapitalmarktinformationshaftung? Folgt aufgrund des IKB-Urteils nun doch die Implementierung des KapInHaG, WM 2013, 449; *Hellgardt,* Europarechtliche Vorgaben für die Kapitalmarktinformationshaftung de lege lata und nach Inkrafttreten der Marktmissbrauchsverordnung, AG 2012, 154; *ders.,* Praxis- und Grundsatzprobleme der BGH-Rechtsprechung zur Kapitalmarktinformationshaftung, DB 2012, 673; *ders.,* Kapitalmarktdeliktsrecht, 2008; *Heidel,* Aktienrecht und Kapitalmarktrecht, 2. Aufl. 2011; *Hennrichs,* Haftung für falsche Ad-hoc-Mitteilungen und Bilanzen, FS Kollhosser, 2004, Bd. II, S. 201; *Hilgard/Mock,* Stoneridge and its Impact on European Capital Market and Consumer Law, ECFR 2008, 453; *Holzborn/Foelsch,* Schadensersatzpflichten von Aktiengesellschaften und deren Management bei Anlegerverlusten – Ein Überblick, NJW 2003, 932; *Hopt,* Die Haftung für Kapitalmarktinformationen, WM 2013, 101; *ders.,* Die Verantwortlichkeit von Vorstand und Aufsichtsrat: Grundsatz- und Praxisprobleme – unter besonderer Berücksichtigung der Banken, ZIP 2013, 1793; *Hopt/Voigt* (Hrsg.), Prospekt- und Kapitalmarktinformationshaftung, 2005; *Horn,* Zur Haftung der AG und ihrer Organmitglieder für unrichtige oder unterlassene Ad-hoc-Informationen, FS Ulmer, 2003, S. 817; *Kalss,* Gedanken zu einer Neuregelung der Haftung für Kapitalmarktinformationen, in Kalss/Torggler (Hrsg.), Kapitalmarkthaftung und Gesellschaftsrecht, 2013, S. 123; *dies.,* Kapitalmarktinformationshaftung – Runde wie viel?, GesRZ 2012, 149; *Kalss/Torggler* (Hrsg.), Kapitalmarkthaftung und Gesellschaftsrecht, 2013; *Kannegießer,* Die Vorstandsaußenhaftung für fehlerhafte Kapitalmarktinformationen, 2011; *Kiethe,* Falsche Erklärung nach § 161 AktG – Haftungsverschärfung für Vorstand und Aufsichtsrat?, NZG 2003, 559; *ders.,* Persönliche Organhaftung für Falschinformation des Kapitalmarkts – Anlegerschutz durch Systembruch?, DStR 2003, 1982; *Klöhn,* Der Beitrag der Verhaltensökonomik zum Kapitalmarktrecht, in Fleischer/Zimmer (Hrsg.), Beitrag der Verhaltensökonomie (Behavioral Economics) zum Handels- und Wirtschaftsrecht, 2011, S. 83; *ders.,* Der „gestreckte Geschehensablauf" vor dem EuGH – Zum DaimlerChrysler-Vorlagebeschluss des BGH, NZG 2011, 166; *ders.,* Die Haftung wegen fehlerhafter Ad-hoc-Publizität gem. §§ 37b, 37c WpHG nach dem IKB-Urteil des BGH, AG 2012, 345; *Köndgen,* Die Ad-hoc-Publizität als Prüfstein informationsrechtlicher Prinzipien, FS Druey, 2002, S. 791; *Körner,* Infomatec und die Haftung von Vorstandsmitgliedern für falsche ad hoc-Mitteilungen, NJW 2004, 3386; *Kort,* Die Haftung der AG nach §§ 826, 31 BGB bei fehlerhaften Ad-hoc-Mitteilungen, NZG 2005, 496; *ders.,* Die Haftung von Vorstandsmitgliedern für falsche Ad-hoc-Mitteilungen, AG 2005, 21; *Krause,* Ad-hoc-Publizität und haftungsrechtlicher Anlegerschutz, ZGR 2002, 799; *Langenbucher,* Aktien- und Kapitalmarktrecht, 2. Aufl. 2011; *Leisch,* Vorstandshaftung für falsche Ad-hoc-Mitteilungen: ein höchstrichterlicher Beitrag zur Stärkung des Finanzplatzes Deutschland, ZIP 2004, 1573; *Leuering/Rubner,* Keine allgemeine Haftung für falsche Kapitalmarktinformationen, NJW-Spezial 2012, 79; *Leuschner,* Zum Kausalitätserfordernis des § 826 BGB bei unrichtigen Ad-hoc-Mitteilungen, ZIP 2008, 1050; *Longino,* Haftung des Emittenten für fehlerhafte Informationen, DStR 2008, 2068; *Lutter,* Kodex guter Unternehmensführung und Vertrauenshaftung, FS Druey, 2002, S. 463; *Maier-Reimer/Webering,* Ad-hoc-Publizität und Schadensersatzhaftung: Die neuen Haftungsvorschriften des Wertpapierhandelsgesetzes, WM 2002, 1857; *Marsch-Barner/Frank Schäfer* (Hrsg.), Handbuch börsennotierte AG, 3. Aufl. 2014; *Möllers,* Effizienz als Maßstab des Kapitalmarktrechts, Die Verwendung empirischer und ökonomischer Argumente zur Begründung zivil-, straf- und öffentlich-rechtlicher Sanktionen, AcP 208 (2008), 1; *ders.,* Konkrete Kausalität, Preiskausalität und uferlose Haftungsausdehnung – ComROAD I – VIII, NZG 2008, 413; *ders.,* Das europäische Kapitalmarktrecht im Umbruch – Ein Zwischenbericht zu den kapitalmarktrechtlichen Informationspflichten unter rechtsvergleichender Perspektive, ZBB 2003, 390; *ders.,* Das Verhältnis der Haftung wegen sittenwidriger Schädigung zum gesellschaftsrechtlichen Kapitalerhaltungsgrundsatz – EM.TV und Comroad, BB 2005, 1637; *ders.,* Der Weg zu einer Haftung für Kapitalmarktinformationen, JZ 2005, 75; *ders.,* Die unterlassene Ad-hoc-Mitteilung als sittenwidrige Schädigung gemäß § 826 BGB, WM 2003, 2393; *Möllers/Faber,* Anmerkung zu BGH NZG 2011, 109 (DaimlerChrysler), LMK 2011, 314275; *Möllers/Leisch,* Haftung von Vorständen gegenüber Anlegern wegen fehlerhafter Ad-hoc-Meldungen nach § 826 BGB, WM 2001, 1648; *Möllers/Rotter* (Hrsg.), Ad-hoc-Publizität, 2003; *Mülbert/Steup,* Emittentenhaftung für fehlerhafte Kapitalmarktinformation am Beispiel der fehlerhaften Regelpublizität, WM 2005, 1633; *Müller-Michaels,* BGH: Haftung für unterbliebene Ad-hoc-Mitteilung aus § 37b WpHG, BB 2012, 530; *Nietsch,* Schadensersatzhaftung wegen Verstoßes gegen Ad-hoc-Publizitätspflichten nach dem Anlegerschutzverbesserungsgesetz, BB 2005, 785; *Radke,* Die Entsprechenserklärung zum Corporate Governance Kodex, 2004; *Reichert/Weller,* Haftung von Kontrollorganen: Die Reform der aktienrechtlichen und kapitalmarktrechtlichen Haftung, ZRP 2002, 49; *Reus/Paul,* „Scheme Liability" nach Stoneridge – Haftung für Kapitalmarktbetrug in den USA und Deutschland, WM 2008, 1245; *Richter,* Schadenszurechnung bei deliktischer Haftung für fehlerhafte Sekundärmarktinformation, 2012; *Rieckers,* Haftung des Vorstands für fehlerhafte Ad-hoc-Meldungen de lege lata und de lege ferenda, BB 2002, 1213; *Rodewald/Siems,* Haftung für die „frohe Botschaft" – Rechtsfolgen falscher Ad-hoc-Mitteilungen, BB 2001, 2437; *Rössner/Bolkart,* Schadensersatz bei Verstoß gegen Ad-hoc-Publizitätspflichten nach dem 4. Finanzmarktförderungsgesetz, ZIP 2002, 1471; *Rützel,* Der aktuelle Stand der Rechtsprechung zur Haftung bei Ad-hoc-Mitteilungen, AG 2003, 69; *Sauer,* Haftung für Falschinformation des Sekundärmarktes, 2004; *Carsten Schäfer,* Effektivere Vorstandshaftung für Fehlinformation des Kapitalmarktes?, NZG 2005, 985; *Carsten Schäfer,* Kapitalmarktinformationshaftung und die Lehre vom fehlerhaften Verband, ZIP 2012, 2421; *Carsten Schäfer/Martin Weber/Wolf,* Berechnung und Pauschalierung des Kursdifferenzschadens bei fehlerhafter Kapitalmarktinformation, ZIP 2008, 197; *Frank Schäfer/Hamann* (Hrsg.), Kapitalmarktgesetze, 2. Aufl. 2006; *Rainer Schmitz,* Die Haftung des Vorstands gegenüber den Aktionären, 2004; *Schmolke,* Zur Haftung für fehlerhafte Sekundärinformation – Zugleich Besprechung von BGH, Urt. v. 13.12.2011 – XI ZR 51/10 („IKB"), ZBB 2012, 165; *Schnorr,* Geschäftsleiteraußenhaftung für fehlerhafte Buchführung, ZHR 170 (2006) 9; *Schulte,* Die Infomatec-Rechtsprechung des BGH im Lichte des geplanten Kapitalmarktinformationshaftungsgesetzes, VuR 2005, 121; *Schwark,* Kapitalmarktbezogene Informationshaftung, FS Hadding, 2004, S. 1117; *ders.,* Kurs- und Marktpreismanipulation, FS Kümpel, 2003, S. 485; *Schwark/*

*Zimmer* (Hrsg.), Kapitalmarktrechts-Kommentar, 4. Aufl. 2010; *Seibt,* Kurzkommentar zu BGH, Urt. v. 13.12.2011 – XI ZR 51/10, EWiR 2012, 159; *Semler/Gittermann,* Persönliche Haftung der Organmitglieder für Fehlinformationen des Kapitalmarktes – Zeigt das KapInHaG den richtigen Weg?, NZG 2004, 1081; *Spindler,* Haftung für fehlerhafte und unterlassene Kapitalmarktinformation – ein (weiterer) Meilenstein, NZG 2012, 575; *ders.,* Persönliche Haftung der Organmitglieder für Falschinformationen des Kapitalmarktes, WM 2004, 2089; *Steinhauer,* Insiderhandelsverbot und Ad-hoc-Publizität, 1999; *Thümmel,* Haftung für geschönte Ad-hoc-Meldungen: Neues Risikofeld für Vorstände oder ergebnisorientierte Einzelfallrechtsprechung?, DB 2001, 2331; *Unzicker,* Haftung für fehlerhafte Kapitalmarktinformationen – Aktuelle Bestandsaufnahme drei Jahre nach „Infomatec", WM 2007, 1596; *Veil,* Europäisches Kapitalmarktrecht, 2. Aufl. 2014; *ders.,* Die Ad-hoc-Publizitätshaftung im System kapitalmarktrechtlicher Informationshaftung, ZHR 167 (2003) 365; *ders.,* Die Haftung des Emittenten für fehlerhafte Information des Kapitalmarkts nach dem geplanten KapInHaG, BKR 2005, 91; *Verse,* Zur Reform der Kapitalmarktinformationshaftung im Vereinigten Königreich, RabelsZ 76 (2012), 893; *Wagner,* Schadensberechnung im Kapitalmarktrecht, ZGR 2008, 495; *Christoph Andreas Weber,* Kapitalmarktinformationshaftung und gesellschaftsrechtliche Kapitalbindung – ein einheitliches Problem mit rechtsformübergreifender Lösung?, ZHR 176 (2012) 184; *Weller,* Fehlerhafte Kapitalmarktinformation zwischen Freiheit und Haftung, FS Hoffmann-Becking, 2013, S. 1341; *Weller/Harms,* Civil liability for incorrect capital market information – an antagonism between freedom and liability, RTDF 2013, 421; *Widder,* Ad-hoc-Publizität bei gestreckten Sachverhalten – BGH legt Auslegungsfragen dem EuGH vor, GWR 2011, 1; *Witt,* BGH: Kapitalanleger-Musterverfahrensgesetz auf grauen Kapitalmarkt anwendbar, BB 2008, 1643; *Zimmer,* Verschärfung der Haftung für fehlerhafte Kapitalmarktinformation: ein Alternativkonzept, WM 2004, 9.

## I. Grundlagen

**1. Entwicklungsstand in Rechtsprechung und Gesetzgebung.** Die kapitalmarktrechtliche Informationshaftung gegenüber Dritten hat sich in den vergangenen 15 Jahren zu einem Sonderforschungsbereich entwickelt, der sich aus verschiedenen Quellen speist. In der reichhaltigen Spruchpraxis ging es vor allem um die Aufarbeitung der skandalösen Vorgänge am Neuen Markt um die Jahrtausendwende: Nachdem die Instanz- und Obergerichte Schadensersatzklagen irregeführter Anleger nahezu durchweg abgewiesen hatten[1], ebneten erst die drei Infomatec-Entscheidungen des BGH aus dem Jahre 2004 den Weg für eine kapitalmarktbezogene Informationsdeliktshaftung auf der Grundlage des § 826 BGB.[2] Zwei Nachfolgeentscheidungen in Sachen Haffa/EM.TV haben diese Rechtsprechung aus straf- und zivilrechtlicher Sicht fortgeführt und die Konturen der kapitalmarktrechtlichen Informationshaftung weiter geschärft.[3] Nicht weniger als acht Entscheidungen in Sachen ComROAD haben anschließend die Voraussetzungen an den Nachweis der konkreten Kausalität bei extrem unseriöser Kapitalmarktinformation präzisiert.[4] Zuletzt hat sich das

---

[1] Vgl. die Zusammenstellung einschlägiger Urteile bei *Gottschalk* Der Konzern 2005, 274, 275 mit Fn. 3; eine Übersicht über die gesamte Rechtsprechung bis zum Jahre 2013 bieten *Möllers/Leisch* in KK-WpHG, vor §§ 37b, c.

[2] Vgl. BGHZ 160, 134 (Infomatec I); BGHZ 160, 149 (Infomatec II); BGH NJW 2004, 2668 (Infomatec III); dazu die Besprechungen und Urteilsanmerkungen von *Edelmann* BB 2004, 2031; *Fleischer* DB 2004, 2031; *Gerber* DStR 2004, 1793; *Goette* DStR 2005, 561; *Haas* LMK 2004, 181; *Lenenbach* EWiR 2004, 961; *Körner* NJW 2004, 3386; *Kort* AG 2005, 21; *Leisch* ZIP 2004, 1573; *Möllers* JZ 2005, 75; *Schulte* VuR 2005, 121.

[3] Vgl. BGH ZIP 2005, 78 (strafrechtliche Verurteilung der *Haffa*-Brüder); zur Verfassungsmäßigkeit BVerfG ZIP 2006, 1096; BGH NZG 2005, 672 (zivilrechtliche Haftung von EM.TV); zu Letzterem die Besprechungen von *Fleischer* ZIP 2005, 1805; *Goette* DStR 2005, 1330; *Gottschalk* DStR 2005, 1648; *Hutter/Stürwald* NJW 2005, 2428; *Kort* NZG 2005, 708; *Kowalewski/Hellgardt* DB 2005, 1839; *Möllers* BB 2005, 1637; zu Ersterem *Ransiek* JR 2005, 165.

[4] Vgl. BGH NZG 2007, 345 (ComROAD I); NZG 2007, 346 (ComROAD II); NZG 2007, 269 (ComROAD III); NZG 2007, 708 (ComROAD IV); NZG 2007, 711 (ComROAD V); NZG 2008, 382 (ComROAD VI); NZG 2008, 385 (ComROAD VII); NZG 2008, 386 (ComROAD VIII); zusammenfassende Würdigung bei *Möllers* NZG 2008, 413.

IKB-Urteil des BGH aus dem Jahre 2011 eingehend mit der Auslegung der spezialgesetzlichen §§ 37b, c WpHG auseinandergesetzt.[5]

Parallel dazu haben Rechtspolitik und Rechtswissenschaft an Reformplänen für eine gesetzliche Neuregelung der Materie gearbeitet[6], die unterschiedlich weit gediehen sind: Mit dem Vierten Finanzmarktförderungsgesetz von 2002 ist erstmals eine bereichsspezifische Haftung für unwahre und pflichtwidrig unterlassene Ad-hoc-Mitteilungen in den §§ 37b, c WpHG eingeführt worden[7], die sich allerdings nur gegen den Emittenten richtet. Demgegenüber ist der Diskussionsentwurf eines Kapitalmarktinformationshaftungsgesetzes (KapInHaG)[8] aus dem Jahre 2004, der die Haftung auf alle Falschinformationen in „öffentlichen Bekanntmachungen und Mitteilungen über geschäftliche Verhältnisse" (§ 37a Abs. 1 Satz 1 WpHG-E) ausdehnen und eine persönliche Außenhaftung der Organmitglieder (§ 37a Abs. 2 Satz 1 WpHG-E) einführen wollte, nach heftiger Kritik aus der Wirtschaft[9] wieder zurückgezogen worden.[10] In Kraft getreten ist aber das Kapitalanleger-Musterverfahrensgesetz (KapMuG)[11], das die prozessuale Durchsetzung von Schadensersatzansprüchen wegen falscher oder irreführender öffentlicher Kapitalmarktinformation erleichtern soll.[12] Hinzu kommen kleinere Veränderungen durch das Transparenzrichtlinie-Umsetzungsgesetz (TUG).[13]

**2. Koordinaten der kapitalmarktrechtlichen Informationshaftung.** Die kapitalmarktrechtliche Informationshaftung beruht auf einem komplizierten Geflecht konkurrierender Anspruchsgrundlagen und verschiedener Anspruchsgegner. Zur besseren Orientierung empfiehlt es sich, vorab vier rechtssystematische Breschen in das Normendickicht zu schlagen.

**a) Haftung für Fehlinformation des Primär- und Sekundärmarktes.** Eine erste große Trennlinie verläuft zwischen der Informationshaftung auf dem Primär- und dem Sekundärmarkt. Auf dem Primärmarkt stellt die Prospekthaftung der §§ 21 bis 25 WpPG (früher: §§ 44 bis 48 BörsG) die zentrale Anspruchsgrundlage dar. Sie geht auf das Börsengesetz von 1896 zurück, hat die Rechtsprechung bislang aber nur selten beschäftigt (näher *Assmann*, § 5). Als Prototyp der kapitalmarktrechtlichen Informationshaftung[14] dient sie dem Reformgesetzgeber jedoch als Folie für die Ausgestaltung der Haftung auf dem Se-

---

[5] Vgl. BGHZ 192, 90 (IKB); dazu die Besprechungen und Urteilsanmerkungen von *Bachmann* JZ 2012, 578; *Hellgardt* DB 2012, 673; *Klöhn* AG 2012, 345; *Müller-Michaelis* BB 2012, 530; *Schmolke* ZBB 2012, 165; *Seibt* EWiR 2012, 159; *Spindler* NZG 2012, 575; *v. Bernuth/Wagner/Kremer* WM 2013, 831.

[6] Grundlegend *Baums*, Bericht der Regierungskommission Corporate Governance, 2001, Rn. 181 ff.; *Fleischer*, Gutachten F für den 64. DJT, F 45 ff. und F 95 ff.; perspektivisch *Hopt/Voigt* in Hopt/Voigt, Prospekt- und Kapitalmarktinformationshaftung, S. 11 ff.; *Brellochs*, S. 195 ff., 228 ff.; *Mülbert/Steup* WM 2005, 1633; zuletzt *Hopt* WM 2013, 101 sowie die Beiträge in dem Sammelband von *Kalss/Torggler* (Hrsg.), Kapitalmarkthaftung und Gesellschaftsrecht, 2013.

[7] Vgl. BGBl. I 2002, 2010; dazu *Fleischer* NJW 2002, 2977.

[8] Abdruck: NZG 2004, 1042.

[9] Kritisch vor allem DAV-Handelsrechtsausschuss NZG 2004, 1099; *Semler/Gittermann* NZG 2004, 1081; *Spindler* WM 2004, 2089, 2093; *Sünner* DB 2004, 2460; freundlicher die Beurteilungen von *Gottschalk* Der Konzern 2005, 274, 281 ff.; *Möllers* JZ 2005, 75, 79 ff.; *Schäfer* NZG 2005, 985 ff.; *Veil* BKR 2005, 91, 92 ff.

[10] Für einen Hinweis darauf auch BGHZ 192, 90 Rn. 17; eingehend Assmann/Schneider/*Sethe*, §§ 37b, c WpHG Rn. 26 ff.; *Möllers/Leisch* in KK-WpHG, §§ 37b, c Rn. 78 ff.

[11] Vgl. BGBl. I 2005, 2437.

[12] Dazu etwa *Duve/Pfitzner* BB 2005, 673; *v. Hein* RIW 2004, 602; *Heß* WM 2004, 2329; *Heß* ZIP 2005, 1713; *Heß/Michailidou* ZIP 2004, 1381; *Möllers/Weichert* NJW 2005, 2737; *Plaßmeier* NZG 2005, 609; *Reuschle* WM 2004, 966; *Reuschle* NZG 2004, 590; *Reuschle* WM 2004, 2334; *Sessler* WM 2004, 2344; zuletzt *Möllers/Leisch* in KK-WpHG, §§ 37b, c, Rn. 523 ff. mwN.

[13] Vgl. BGBl. I 2007, 10.

[14] So *Fleischer* BKR 2003, 608; ähnlich Begr. RegE zum KapMuG, BT-Drucks. 15/5091, S. 16: „Prototyp einer standardisierten Haftung".

kundärmarkt. Dabei ist freilich auf allfällige Strukturunterschiede zwischen Emissions- und Zirkulationsmarkt Bedacht zu nehmen.[15]

**5 b) Haftung für fehlerhafte Ad-hoc-Publizität und sonstige Fehlinformationen.** Hinsichtlich der Art der Information auf dem Sekundärmarkt ist weiter zwischen fehlerhafter Ad-hoc-Publizität (unter II.) und sonstigen Fehlinformationen (unter III. und IV.) zu unterscheiden. Diese Abschichtung hat rechtssystematische und rechtspraktische Gründe: Systematisch ist sie deshalb gerechtfertigt, weil die bereichsspezifischen Haftungsnormen der §§ 37b, c WpHG ausschließlich Ad-hoc-Mitteilungen erfassen; praktisch, weil sich das Hauptaugenmerk der Rechtsprechung bislang auf die Verantwortlichkeit für falsche oder unterlassene Ad-hoc-Mitteilungen richtet.[16] Innerhalb der Gruppe der sonstigen Fehlinformationen bietet es sich an, zwischen fehlerhafter Regelpublizität (unter III.) und fehlerhaften freiwilligen Verlautbarungen (unter IV.) zu trennen.[17]

**6 c) Haftung des Emittenten und der Vorstandsmitglieder.** Im Hinblick auf den Anspruchsgegner ist zwischen einer Haftung des Emittenten und einer solchen der Vorstandsmitglieder zu unterscheiden. Die §§ 37b, c WpHG sind ausschließlich auf den Emittenten kalibriert. Dahinter steht die Überlegung, dass sich auch die Pflicht zur Abgabe von Ad-hoc-Mitteilungen nur an den Emittenten und nicht an dessen Organe richtet.[18] Für Vorstandsmitglieder bleibt es daher einstweilen bei einer bürgerlich-rechtlichen Informationsdeliktshaftung auf der Grundlage der §§ 823 Abs. 2, 826 BGB. Die von ihnen verwirklichten Delikte werden der Gesellschaft analog § 31 BGB zugerechnet (näher → Rn. 57, 63, 65).[19]

**7 d) Haftung der Vorstandsmitglieder im Innen- und Außenverhältnis.** Eine letzte Problemabschichtung betrifft die Haftungsrichtung der Vorstandsmitglieder. *De lege lata* haften sie im Außenverhältnis gegenüber irregeführten Anlegern nur auf deliktischer Grundlage. Davon zu sondern ist ihre Haftung im Innenverhältnis: Vorstandsmitglieder, die kapitalmarktbezogene Falschinformationen verbreiten, verstoßen gegen ihre organschaftliche Legalitätspflicht und machen sich gegenüber ihrer eigenen Gesellschaft nach § 93 Abs. 2 AktG schadensersatzpflichtig.[20] Als Schaden der Gesellschaft ist vor allem ihre Belastung mit Haftungsansprüchen der Anleger gem. §§ 37b, c WpHG oder §§ 826, 31 BGB anzusehen.[21]

**8** *De lege ferenda* ist die rechtspolitische Debatte über die Vorteilhaftigkeit einer Außen- oder Innenhaftung der Vorstandsmitglieder zuletzt wieder in Gang gekommen. Die Regierungskommission Corporate Governance[22] und der 64. Deutsche Juristentag[23] hatten dem Gesetzgeber die Einführung einer unmittelbaren persönlichen Haftung der Organmitglieder gegenüber irregeführten Anlegern empfohlen. Der 2003 veröffentlichte Aktionsplan der Europäischen Kommission zur Modernisierung des Gesellschaftsrechts und Verbesse-

---

[15] Zu ihnen *Köndgen,* FS für Druey, 2002, S. 791, 804 ff.
[16] Vgl. namentlich BGHZ 160, 134; BGHZ 160, 149; BGH ZIP 2005, 1270; BGHZ 192, 90.
[17] So bereits *Fleischer,* Gutachten F für den 64. DJT, F 109 f. und F 110 ff.; ähnlich *Ehricke* in Hopt/Voigt, Prospekt- und Kapitalmarktinformationshaftung, S. 187, 299 ff. und 304 ff.; *Mülbert/Steup* in Habersack/Mülbert/Schlitt, Hdb Unternehmensfinanzierung, § 41 Rn. 254 ff. und 284 ff.
[18] Vgl. *Casper* BKR 2005, 83, 86; *Ehricke* in Hopt/Voigt, Prospekt- und Kapitalmarktinformationshaftung, S. 187, 287; *Fenchel* DStR 2002, 1355, 1359; *Rössner/Bolkart* ZIP 2002, 1471, 1476 f.
[19] Vgl. BGH NZG 2005, 672, 674; BGH NZG 2007, 345 Rn. 5; OLG Frankfurt ZIP 2005, 710, 713; OLG München ZIP 2005, 901, 903; OLG München ZIP 2005, 1141, 1143.
[20] Vgl. *Möllers/Leisch* in KK-WpHG, §§ 37b, c Rn. 513; *Schwark/Zimmer/Grotheer,* KMRK, §§ 37b, c WpHG Rn. 120; *Zimmer* WM 2004, 9, 14.
[21] Dazu *Fleischer* ZGR 2004, 437, 466; *Gottschalk* Der Konzern 2005, 274, 283; *Schwark/Zimmer/Grotheer,* KMRK, §§ 37b, c WpHG Rn. 120.
[22] Vgl. *Baums,* Bericht der Regierungskommission Corporate Governance, 2001, Rn. 186.
[23] Vgl. Ziff. 1.11 der Beschlüsse des 64. DJT, abgedruckt in NZG 2002, 1006 f.

rung der Corporate Governance hatte eine Rahmenrichtlinie ins Auge gefasst, die eine gesamtschuldnerische Haftung der Organmitglieder für finanzielle sowie alle anderen wesentlichen Erklärungen einschließlich des Corporate Governance Statement zum Gegenstand haben sollte.[24] Der auf dieser Grundlage erarbeitete Diskussionsentwurf eines Kapitalmarktinformationshaftungsgesetzes (→ Rn. 2) wurde wenig später zurückgezogen. Neuerdings sprechen sich aber verschiedene Stimmen für eine Wiederaufnahme der Arbeiten an einer Organaußenhaftung im Kapitalmarktrecht aus.[25]

Gegen eine Organaußenhaftung wird eingewandt, sie (1) führe zu einem Systembruch mit den Grundstrukturen des aktienrechtlichen Verantwortlichkeitsrechts[26], (2) drohe die Organmitglieder mit einer Vielzahl missbräuchlicher Klagen zu überziehen[27], (3) habe eine Überabschreckung und ein risikoscheues Handeln der Leitungsorgane zur Folge[28], (4) entfalte im Vergleich zu einer Innenhaftung keine zusätzliche Steuerungswirkung[29] und (5) ziehe eine Reihe von Folgeproblemen nach sich, die von divergierenden Haftungsmaßstäben im Außen- und Innenverhältnis über die Notwendigkeit einer Verteilungsregel bis hin zu einer Ungleichbehandlung von Eigen- und Fremdkapitalgebern reichten.[30]

Bei Lichte besehen vermögen die vorgetragenen Einwände nicht zu überzeugen[31]: (1) Die Einführung einer Organaußenhaftung führt zu keiner Destabilisierung des Gesamtsystems, sondern beschränkt sich auf bereichsspezifische Korrekturen. Zudem ist sie dem geltenden Recht nicht fremd (§ 21 Abs. 1 Nr. 1 WpPG; § 823 Abs. 2 BGB iVm § 400 AktG, § 826 BGB). Hauptaufgabe einer gesetzlichen Neuregelung ist es, die Durchgangsfunktion der deliktsrechtlichen Generalklauseln entbehrlich zu machen und eine auf die Besonderheiten des Kapitalmarkts (Kausalität, Schadensberechnung, Beweisschwierigkeiten) zugeschnittene Haftungsnorm bereitzustellen.[32] (2) Zur Eindämmung missbräuchlicher Klagen empfiehlt es sich, Schadensersatzansprüche erst bei einem grob fahrlässigen Fehlverhalten zu gewähren, wie dies § 23 Abs. 1 WpPG auch für die Prospekthaftung vorsieht. (3) Haftungsnormen für kapitalmarktbezogene Falschinformationen sind nicht geeignet, die unternehmerische Initiative über Gebühr zu beeinträchtigen; die Sachgründe, die für ein weites Geschäftsleiterermessen bei unternehmerischen Entscheidungen sprechen, gelten nicht für die Unternehmenspublizität.[33] (4) Schadensersatzklagen von Kleinanlegern im Rahmen einer Organaußenhaftung entfalten eine sehr viel größere Abschreckungswirkung als die geräuschlose Geltendmachung von Ersatzansprüchen durch die Gesellschaft selbst.[34] (5) Für die genannten

---

[24] Vgl. Mitteilung der Kommission an den Rat und das Europäische Parlament v. 21.5.2003, KOM (2003) 284 endg.; dazu *Fleischer* ZGR 2004, 437, 464 ff.; zuletzt *Hopt* WM 2013, 101, 111: „Mittelfristig wäre auch eine Richtlinie über fehlerhafte oder unterlassene Kapitalmarktkommunikation denkbar."
[25] Vgl. etwa *Hannich* WM 2013, 449 ff.; *Hopt* WM 2013, 101,109; *Hopt* ZIP 2013, 1793, 1802, 1805; zurückhaltend aber *Bachmann*, Gutachten E zum 70. DJT, E 116 f.; eingehend zu weiteren Reformvorschlägen *Möllers/Leisch* in KK-WpHG, §§ 37b, c Rn. 69 ff.
[26] Vgl. *Casper* BKR 2005, 83, 86; *Kiethe* DStR 2003, 1982; *Spindler* WM 2004, 2089, 2094.
[27] Vgl. *Mülbert* JZ 2002, 826, 832; *Veil* ZHR 167 (2003) 365, 397; *Zimmer* WM 2004, 9, 14.
[28] Vgl. *Casper* BKR 2005, 83, 87; *Fuchs/Dühn* BKR 2002, 1063, 1071; *Kiethe* DStR 2003, 1982, 1987 f.
[29] Vgl. *Fuchs/Dühn* BKR 2002, 1063, 1071; *Zimmer* WM 2004, 9, 12.
[30] Vgl. *Zimmer* WM 2004, 9, 13 ff.; ferner *Spindler* WM 2004, 2089, 2094 f.
[31] Ausführlicher zu folgendem und zu den Argumenten für eine Organaußenhaftung *Fleischer* BKR 2003, 608, 612; *Fleischer* ZGR 2004, 437, 462 ff.; *Gottschalk* Der Konzern 2005, 274, 282 ff.; *Hopt/Voigt* in Hopt/Voigt, Prospekt- und Kapitalmarktinformationshaftung, S. 9, 121 ff.; *Schäfer* NZG 2005, 985, 987 ff.; zuletzt *Hannich* WM 2013, 449, 452; *Hopt* WM 2013, 101, 109.
[32] Näher *Fleischer* ZGR 2004, 437, 464 f.; eingehend auch *Brellochs*, S. 224 ff.
[33] Vgl. *Baums* ZHR 167 (2003) 139, 175; *Fleischer* BKR 2003, 608, 612.
[34] Näher *Fleischer* ZGR 2004, 437, 466; *Gottschalk* Der Konzern 2005, 274, 284; *Hopt/Voigt* in Hopt/Voigt, Prospekt- und Kapitalmarktinformationshaftung, S. 9, 122.

Folgeprobleme lassen sich jeweils befriedigende Lösungen finden.[35] Die besseren Gründe sprechen nach alledem (unverändert[36]) für eine bereichsspezifische Organaußenhaftung,[37] wie sie auch in der Fließrichtung ausländischer Kapitalmarktrechte liegt.[38]

### II. Haftung für fehlerhafte Ad-hoc-Publizität

**11** **1. Persönliche Haftung der Organmitglieder. a) Anspruchsgrundlagen.** Eine persönliche Außenhaftung der Vorstandsmitglieder für fehlerhafte Ad-hoc-Publizität kommt nur auf deliktischer Grundlage in Betracht. Als rechtspraktischer Kristallisationspunkt gelten die Infomatec-Entscheidungen des BGH aus dem Jahre 2004.[39]

**12** aa) Haftung wegen Schutzgesetzverletzung (§ 823 Abs. 2 BGB). Bei der Frage, welche Einzelvorschriften des Aktien-, Kapitalmarkt- und Kernstrafrechts als Schutzgesetze iSd § 823 Abs. 2 BGB anzusehen sind, zeigen sich Rechtsprechung und Rechtslehre zurückhaltend. Die meisten Bestimmungen dienen nach Auffassung des BGH nur dem Funktionenschutz und kommen dem einzelnen Kapitalanleger lediglich als eine „Reflexwirkung des Gesetzes"[40] zustatten. Eine feinnervigere Schutzgesetzdogmatik, die über die vereinfachende Gegenüberstellung von Funktionen- und Individualschutz hinausgeht, steht allerdings noch aus.[41] Im Einzelnen gilt:

**13** *aaa) Verneinung von Schutzgesetzen. (1) Veröffentlichung und Mitteilung von Insiderinformationen (§ 15 WpHG).* Kein Schutzgesetz iSd § 823 Abs. 2 BGB bildet nach ganz hM § 15 WpHG.[42] Ausweislich der Gesetzesmaterialien dient die Vorschrift nicht dem Schutz der Individualinteressen der Anleger, sondern ausschließlich der im öffentlichen Interesse liegenden Sicherung der Funktionsfähigkeit des Kapitalmarktes.[43] In dieselbe Richtung weist der ausdrückliche Haftungsausschluss in § 15 Abs. 6 Satz 1 WpHG[44], den das AnSVG unberührt gelassen hat.[45] Europarechtliche Vorgaben geben zu keiner korrigierenden Auslegung Anlass, da weder die Marktmissbrauchsrichtlinie noch die Transparenzrichtlinie einen zivilrechtlichen Schadensersatzanspruch bei fehlerhafter Ad-hoc-Publizität erzwingen.[46]

---

[35] Vgl. *Fleischer* ZGR 2004, 437, 466 f.; *Gottschalk* Der Konzern 2005, 274, 283 f.; *Hopt/Voigt* in Hopt/Voigt, Prospekt- und Kapitalmarktinformationshaftung, S. 9, 122 f.; *Schäfer* NZG 2005, 985, 988; zuletzt *Hopt* WM 2013, 101, 109.

[36] Vgl. *Bachmann*, Gutachten E zum 70. DJT, E 116 f.: „Andere als die schon vor zehn Jahren ausgetauschten Sachargumente für und wider eine Organaußenhaftung werden dabei aber nicht artikuliert."

[37] Näher *Baums* ZHR 167 (2003) 139, 171 ff.; *Brellochs*, S. 246 ff.; *Fleischer* ZGR 2004, 437, 462 ff.; *Gottschalk* Der Konzern 2005, 274, 281 ff.; *Hopt/Voigt* in Hopt/Voigt, Prospekt- und Kapitalmarktinformationshaftung, S. 9, 121 ff.

[38] Dazu *Gottschalk* Der Konzern 2005, 274, 280 f.; *Hopt/Voigt* in Hopt/Voigt, Prospekt- und Kapitalmarktinformationshaftung, S. 9, 120 f.; zuletzt *Hopt* WM 2013, 101, 102 f.; *Möllers/Leisch* in KK-WpHG, §§ 37b, c Rn. 49 ff. mwN.

[39] Vgl. BGHZ 160, 134; BGHZ 160, 149; BGH NJW 2004, 2668.

[40] BGHZ 160, 134, 140.

[41] Dazu *Fleischer* DB 2004, 2031 f.; gleicher Befund bei *Ekkenga* ZIP 2004, 781, 784 ff.

[42] Vgl. BVerfG NJW 2003, 501, 502; BGHZ 160, 134, 138 f.; *Sethe* in Assmann/Schneider, §§ 37b, c WpHG Rn. 129; *Fleischer* DB 2004, 2031, 2032; *Horn*, FS für Ulmer, 2003, S. 817, 819; *Möllers/Leisch* in KK-WpHG, §§ 37b, c Rn. 493 ff.; *Zimmer/Kruse* in Schwark/Zimmer, KMRK, § 15 WpHG Rn. 135; *Spindler* WM 2004, 2089, 2090; abw. *Gehrt*, Die neue Ad-hoc-Publizität nach § 15 WpHG, 1997, S. 207 ff.

[43] Vgl. Bericht des Finanzausschusses zum 2. FMFG, BT-Drucks. 12/7918, S. 96, 102; ferner Begr. RegE zum 4. FMFG, BT-Drucks. 14/8017, S. 87.

[44] Vgl. *Fleischer* DB 2004, 2031, 2032; *Möllers* JZ 2005, 75; *Schulte* VuR 2005, 121, 123; *Spindler* WM 2004, 2089, 2090.

[45] Dazu *Gottschalk* Der Konzern 2005, 274, 277.

[46] Vgl. BGHZ 160, 134, 140; *Krause* ZGR 2002, 799, 839 f.; *Möllers* JZ 2005, 75; *Möllers/Leisch* in KK-WpHG, §§ 37b, c Rn. 495; abw. für die Buchführungsvorschriften *Schnorr* ZHR 170 (2006) 9, 26 ff. (Drittschutz als Konsequenz europarechtskonformer Auslegung).

§ 6 Haftung für fehlerhafte Kapitalmarktkommunikation 14–16 § 6

Hieran dürfte sich auch unter dem neuen Marktmissbrauchsregime nichts Wesentliches ändern.[47]

*(2) Kursbetrug (§ 88 BörsG aF).* Auch § 88 BörsG aF ist nach ganz überwiegender Auffas- **14** sung kein Schutzgesetz.[48] Wie sich aus seiner Entstehungsgeschichte ergibt, soll er zuvörderst die Zuverlässigkeit und Wahrheit der Preisbildung an Börsen und Märkten sicherstellen.[49] Dieser Schutz wirkt sich zwar mittelbar auch zugunsten des einzelnen Kapitalanlegers aus, doch handelt es sich dabei nur um eine Reflexwirkung des Gesetzes, die eine zivilrechtliche Haftung nicht zu begründen vermag.[50]

*(3) Verbot der Marktmanipulation (§ 20a WpHG).* Der Nachfolgevorschrift des § 88 BörsG **15** aF, dem im Jahre 2002 eingeführten § 20a WpHG, fehlt nach hL ebenfalls die Schutzgesetzeigenschaft.[51] Gleichsinnig entschied jüngst auch der XI. Zivilsenat des BGH in seinem IKB-Urteil.[52] Zwar weisen die Materialien zum Vierten Finanzmarktförderungsgesetz die Stärkung des Anlegerschutzes als ein Gesetzesziel aus[53], doch fehlt in der Einzelbegründung zum Verbot der Marktmanipulation jeder Hinweis auf seinen Schutzgesetzcharakter.[54] Im Lichte der Vorgängervorschrift liegt es daher nahe, von einem *droit constant* auszugehen.[55] Bei dieser Sichtweise lassen sich zugleich Ungereimtheiten im haftpflichtrechtlichen Gesamtsystem vermeiden, die entstünden, wenn für Marktmanipulationen gem. § 823 Abs. 2 BGB iVm § 20a WpHG schon bei leichter Fahrlässigkeit gehaftet würde, während eine Schadensersatzpflicht für falsche Ad-hoc-Mitteilungen gem. §§ 37b Abs. 2, 37c Abs. 2 WpHG erst bei grober Fahrlässigkeit eingreift.[56]

*bbb) Bejahung von Schutzgesetzen. (1) Unrichtige Darstellung (§ 400 AktG).* Die Straf- **16** vorschrift des § 400 Abs. 1 Nr. 1 AktG ist nach einhelliger Auffassung in Rechtsprechung und Rechtslehre ein Schutzgesetz iSd § 823 Abs. 2 BGB.[57] Sie verlangt allerdings tatbestandlich, dass die Verhältnisse der Gesellschaft „in Darstellungen oder Übersichten über den Vermögensstand" unrichtig wiedergegeben werden. Entgegen einer vereinzelt gebliebenen Literaturmeinung[58] müssen sich auch die Darstellungen iSd § 400 Abs. 1 Nr. 1 AktG auf den Vermögensstand der Gesellschaft beziehen und den Eindruck der Vollständigkeit erwe-

---

[47] Abw. *Hellgardt* AG 2012, 154, 161 f.; *Hellgardt* DB 2012, 675, 678.
[48] Vgl. BVerfG NJW 2003, 501, 502; BGHZ 160, 134, 139; OLG München NJW 2003, 144, 145; *Barnert* WM 2002, 1473, 1482 f.; *Groß*, Kapitalmarktrecht, 3. Aufl. 2006, BörsG, § 88 Rn. 1; *Krause* ZGR 2002, 799, 816 f.; *Rieckers* BB 2002, 1213, 1215; *Thümmel* DB 2001, 2331, 2332 f.
[49] Vgl. Begr. RegE zum 2. WiKG, BT-Drucks. 10/318, S. 44.
[50] Vgl. BGHZ 160, 134, 140; *Spindler* WM 2004, 2089, 2090 f.
[51] Vgl. *Barnert* WM 2002, 1473, 1483; *Sethe* in Assmann/Schneider, §§ 37b, c Rn. 130; *Ehricke* in Hopt/Voigt, Prospekt- und Kapitalmarktinformationshaftung, S. 187, 285; *Fleischer* DB 2004, 2031, 2032 f.; *Gottschalk* Der Konzern 2005, 274, 277; *Kort* AG 2005, 21, 23; *Maier-Reimer/Webering* WM 2002, 1857, 1864; *Möllers/Leisch* in KK-WpHG, §§ 37b, c Rn. 496 ff.; *Schwark/Zimmer*, KMRK, § 20a WpHG Rn. 7; *Vogel* in Assmann/Schneider, § 20a WpHG Rn. 31; abw. *Altenhain* BB 2002, 1874, 1875; *Dühn*, S. 186 ff.; *Leisch* in Möllers/Rotter, § 16 Rn. 37 ff.; *Ziouvas* ZGR 2003, 113, 143 f.; differenzierend *Ekkenga* ZIP 2004, 781, 790 ff.
[52] Vgl. BGHZ 192, 90 Rn. 20 ff.
[53] Darauf maßgeblich abstellend *Dühn*, S. 186 ff.; *Fuchs/Dühn* BKR 2002, 1063, 1066; *Leisch* in Möllers/Rotter, § 16 Rn. 37 ff.; *Ziouvas* ZGR 2003, 113, 143.
[54] Zu dieser „Unterlassungssünde" bereits *Fleischer* NJW 2002, 2977, 2979; *Fuchs/Dühn* BKR 2002, 1063, 1066; *Lenzen* FB 2001, 603, 608; bestätigt von BGHZ 192, 90 Rn. 25.
[55] Näher *Fleischer* DB 2004, 2031, 2032 f.; *Gottschalk* Der Konzern 2005, 274, 277.
[56] Vgl. *Fleischer* DB 2004, 2031, 2033; *Schwark*, FS für Kümpel, 2003, S. 485, 499; *Spindler* WM 2004, 2089, 2091.
[57] Vgl. BGHZ 149, 10, 20; BGHZ 160, 134, 140; BGHZ 192, 90 Rdn. 18; *Leisch* in Möllers/Rotter, § 16 Rn. 50; *Otto* in GroßKomm AktG, § 400 Rn. 32; *Rieckers* BB 2002, 1213, 1215 f.; *Rützel* AG 2003, 69, 73; *Thümmel* DB 2001, 2331, 2332.
[58] Vgl. *Baums*, Bericht der Regierungskommission Corporate Governance, 2001, Rn. 184; *Wilga* in Möllers/Rotter, § 12 Rn. 85 ff.

cken.⁵⁹ Dafür spricht nicht nur der Gesetzeswortlaut⁶⁰, sondern auch die Entstehungsgeschichte der im Jahre 1965 neu gefassten Vorschrift.⁶¹ Ad-hoc-Mitteilungen, die statt einer Gesamtübersicht nur punktuelle Einblicke gewähren, bilden danach keine tauglichen Tatmittel.⁶²

**17** Ausnahmsweise können auch Ad-hoc-Mitteilungen den Tatbestand des § 400 Abs. 1 Nr. 1 AktG verwirklichen. So hat der 1. Strafsenat des BGH entschieden, dass die Veröffentlichung unrichtiger Konzern-Halbjahreszahlen in einer Pflichtmitteilung einen schuldhaften Verstoß gegen diese Vorschrift darstellt, wenn sie ein unzutreffendes Gesamtbild über die wirtschaftliche Lage der Gesellschaft vermittelt und den Eindruck der Vollständigkeit erweckt.⁶³ Der II. Zivilsenat des BGH hat dies kurz darauf bestätigt und abermals bekräftigt, dass § 400 Abs. 1 Nr. 1 AktG dem Schutz des Vertrauens potentieller Anleger und gegenwärtiger Aktionäre der Gesellschaft in die Richtigkeit und Vollständigkeit bestimmter Angaben über die Geschäftsverhältnisse diene.⁶⁴

**18** *(2) Betrug (§ 263 StGB) und Kapitalanlagebetrug (§ 264a StGB).* Die aus dem Kernstrafrecht stammenden §§ 263, 264a StGB genießen nach allgemeiner Ansicht den Status eines Schutzgesetzes⁶⁵, doch helfen sie irregeführten Anlegern aus unterschiedlichen Gründen nicht weiter: Für den Betrugtatbestand fehlt es an dem Erfordernis der Stoffgleichheit zwischen Vermögensverfügung und erstrebtem Vorteil⁶⁶; für den Kapitalanlagebetrug mangelt es an fehlerhaften Informationen „in Prospekten" oder „in Darstellungen oder Übersichten über den Vermögensstand".⁶⁷ Außerdem liegt der von § 264a Abs. 1 StGB vorausgesetzte Zusammenhang der Tathandlung mit dem „Vertrieb von Anteilen" (Nr. 1) oder mit dem „Angebot, die Einlagen zu erhöhen" (Nr. 2) nicht vor.⁶⁸

**19** bb) Haftung wegen vorsätzlicher sittenwidriger Schädigung (§ 826 BGB). Die zentrale Anspruchsgrundlage für eine persönliche (Außen-)Haftung der Vorstandsmitglieder bildet beim gegenwärtigen Rechtsstand § 826 BGB.⁶⁹ Für sie gelten hinsichtlich Art und Umfang des Schadensersatzes keine generellen Beschränkungen.⁷⁰ Die Sperrwirkung des § 15

---

⁵⁹ Vgl. BGHZ 160, 134, 141; BGHZ 192, 90 Rn. 18; *Sethe* in Assmann/Schneider §§ 37b, c WpHG Rn. 138; *Möllers/Leisch* in KK-WpHG, §§ 37b, c Rn. 487f.

⁶⁰ Darauf und auf den Bestimmtheitsgrundsatz des Art. 103 Abs. 2 GG abgestellt BGHZ 160, 134, 141; ebenso *Schulte* VuR 2005, 121, 123.

⁶¹ Vgl. Begr. RegE bei *Kropff* AktG 1965, 502 in klarer Abgrenzung zur sehr weiten Vorgängerregelung des § 296 Abs. 1 Nr. 1 AktG 1937; näher dazu *Fleischer* NJW 2003, 2584f.; ferner *Schulte* VuR 2005, 121, 123.

⁶² Vgl. BGHZ 160, 134, 141; BGHZ 192, 90 Rdn. 18; *Fleischer* DB 2004, 2031, 2033; *Gottschalk* Der Konzern 2005, 274, 277; *Kort* AG 2005, 21, 24; *Otto* in GroßKomm AktG, § 400 Rn. 32; *Rützel* AG 2003, 69, 73; *Spindler* WM 2004, 2089, 2091.

⁶³ Vgl. BGH ZIP 2005, 78, 79ff.; Vorinstanz LG München I NJW 2003, 2328; dazu *Fleischer* NJW 2003, 2584; *Kiethe* NStZ 2004, 73, 75; *Möllers/Leisch* in KK-WpHG, §§ 37b, c WpHG Rn. 489ff.; zur Verfassungsmäßigkeit BVerfG ZIP 2006, 1096.

⁶⁴ Vgl. BGH NZG 2005, 672, 673.

⁶⁵ Vgl. BGHZ 6, 115, 116; BGHZ 116, 7, 13f.; BGHZ 160, 134, 141f.

⁶⁶ Vgl. BGHZ 160, 134, 142; *Sethe* in Assmann/Schneider §§ 37b, c WpHG Rn. 134; *Fleischer* DB 2004, 2031, 2033; *Möllers/Leisch* in KK-WpHG, §§ 37b, c WpHG Rn. 509; *Rieckers* BB 2002, 1213, 1218; *Rodewald/Siems* BB 2001, 2437, 2440; *Rützel* AG 2003, 69, 73; *Wilga* in Möllers/Rotter, § 12 Rn. 104.

⁶⁷ Vgl. BGHZ 160, 134, 141f.; *Edelmann* BB 2004, 2031, 2032; *Gottschalk* Der Konzern 2005, 274, 277; *Kort* AG 2005, 21, 24.

⁶⁸ Vgl. BGHZ 160, 134, 142; *Sethe* in Assmann/Schneider §§ 37b, c WpHG Rn. 137; *Möllers/Leisch* in KK-WpHG, §§ 37b, c WpHG Rn. 507.

⁶⁹ Eingehend dazu *Möllers/Leisch* in KK-WpHG, §§ 37b, c WpHG Rn. 426ff.; ferner *Maier-Reimer/Seulen* in Habersack/Mülbert/Schlitt, Hdb Kapitalmarktinformation, § 30 Rn. 165ff.

⁷⁰ So ausdrücklich BGHZ 160, 149, 154.

Abs. 6 Satz 1 WpHG betrifft nur den Emittenten[71] und ginge gemäß § 15 Abs. 6 Satz 2 WpHG ohnehin ins Leere: Ein Haftungsausschluss in Fällen betrügerischer oder sittenwidriger Schädigung Dritter wäre, wie der Reformgesetzgeber im Rahmen des Dritten Finanzmarktförderungsgesetzes mit Nachdruck hervorgehoben hat, mit den Grundsätzen der Rechtsordnung nicht vereinbar.[72]

*aaa) Sittenwidrigkeit.* § 826 BGB verlangt zunächst einen Verstoß gegen die guten Sitten, **20** dh gegen das Anstandsgefühl aller billig und gerecht Denkenden.[73] Nach Auffassung des BGH verstößt die direkt vorsätzliche unlautere Beeinflussung des Sekundärmarktpublikums durch eine grob unrichtige Ad-hoc-Mitteilung gegen die Mindestanforderungen im Rechtsverkehr auf dem Kapitalmarkt und indiziert die besondere Verwerflichkeit des Verhaltens.[74] Zudem hebt der II. Zivilsenat in seiner Leitentscheidung hervor, die beklagten Vorstandsmitglieder hätten mit den falschen Ad-hoc-Mitteilungen in objektiv unlauterer Weise eigene Zwecke verfolgt, weil sie als Gründungsgesellschafter Aktien in Millionenhöhe besaßen und von allfälligen Kurssteigerungen infolge der Falschmeldungen jedenfalls mittelbar profitierten.[75] Als gesichert gelten darf damit, dass wissentliche Falschmitteilungen jedenfalls dann als sittenwidrig einzustufen sind, wenn sie mit der Förderung eigener Interessen zusammentreffen.[76]

Die hL bejaht die Sittenwidrigkeit des Verhaltens darüber hinaus auch bei fehlerhaften **21** Mitteilungen ohne intendierten Eigennutz.[77] Dieser Auffassung scheint auch der BGH zuzuneigen, der die Eigennützigkeit der Falschmeldungen eher als verstärkendes denn als konstitutives Element ansieht und betont, dass eigene Zwecke im Rahmen des § 826 BGB kein vorrangiges Ziel sein müssten.[78]

Nicht zur Debatte stand in den bisherigen Entscheidungen die Sittenwidrigkeit unterlas- **22** sener Pflichtmitteilungen.[79] Einzelne Schrifttumsstimmen halten die Verwirklichung des § 826 BGB bei einer unterlassenen Ad-hoc-Mitteilung für ausgeschlossen.[80] Die herrschende Lehre bejaht eine solche Möglichkeit, wenn zu dem rechtswidrigen Schweigen eine verwerfliche Motivation, etwa die angestrebte persönliche Bereicherung, hinzutritt.[81] Manche Autoren zählen dazu auch Fälle des direkten Vorsatzes, in denen die Veröffentlichungsbedürftigkeit offensichtlich ist.[82]

---

[71] Vgl. BGHZ 160, 149, 154; kritisch aber *Kort* AG 2005, 21, 25 unter Hinweis darauf, dass § 15 Abs. 6 Satz 1 WpHG nicht vorschnell umgangen werden dürfe.
[72] Vgl. Bericht des Finanzausschusses des Deutschen Bundestages, BT-Drucks. 17/7918, S. 102; darauf verweisend auch BGHZ 160, 149, 154; BGH NZG 2005, 672, 674.
[73] St. Rspr. seit RGZ 48, 114, 124.
[74] Vgl. BGHZ 160, 149, 157; zustimmend *Edelmann* BB 2004, 2031, 2032; *Möllers* JZ 2005, 75, 76; *Spindler* WM 2004, 2089, 2091 f.
[75] Vgl. BGHZ 160, 149, 158; kritisch dazu *Kort* AG 2005, 21, 25.
[76] Ebenso bereits in aktienrechtlichem Zusammenhang BGH NJW 1992, 3167, 3174 (IBH/Scheich Kamel); OLG Frankfurt ZIP 2005, 710, 712; OLG München ZIP 2005, 901, 902; *Fleischer* DB 2004, 2031, 2033; *Krause* ZGR 2002, 799, 822; *Schwark*, FS für Hadding, 2004, S. 1117, 1131.
[77] Vgl. *Dühn*, S. 139; *Sethe* in Assmann/Schneider, §§ 37b, c WpHG Rn. 143; *Fleischer* DB 2004, 2031, 2034; *Krause* ZGR 2002, 799, 823; *Möllers* in Möllers/Rotter, § 15 Rn. 17 ff.; *Reichert/Weller* ZRP 2002, 49, 53; *Schwark*, FS für Hadding, 2004, S. 1117, 1131 f.; offen lassend OLG Frankfurt ZIP 2005, 710, 712; abw. *Rützel* AG 2003, 69, 73; *Spindler* WM 2004, 2089, 2092.
[78] Vgl. BGHZ 160, 149, 158.
[79] Allgemein zum Sittenwidrigkeitsverdikt bei Unterlassungen BGH NJW 2001, 3702.
[80] Vgl. *Holzborn/Foelsch* NJW 2003, 932, 939; *Rützel* AG 2003, 69, 73.
[81] Vgl. *Fleischer* DB 2004, 2031, 2034; *Krause* ZGR 2002, 799, 824; *Möllers* WM 2003, 2393, 2394; *Mülbert/Steup* in Habersack/Mülbert/Schlitt, Hdb Unternehmensfinanzierung, § 41 Rn. 239; *Schwark*, FS für Hadding, 2004, S. 1117, 1131.
[82] Vgl. *Sethe* in Assmann/Schneider, §§ 37b, c WpHG Rn. 144; *Möllers* WM 2003, 2393, 2395; *Möllers* JZ 2005, 75, 75; *Möllers/Leisch* in KK-WpHG, §§ 37b, c WpHG Rn. 452.

**23** *bbb) Vorsatz.* Erforderlich ist weiterhin ein vorsätzliches Handeln, das sich auch auf den Schaden beziehen muss. Dabei genügt ein „Eventualdolus"[83]: Der Täter braucht nicht im Einzelnen zu wissen, welche oder wie viele Personen durch sein Verhalten geschädigt werden; vielmehr reicht aus, dass er die Richtung, in der sich ein Verhalten zum Schaden irgendwelcher anderer auswirken könnte, und die Art des möglicherweise eintretenden Schadens vorausgesehen und mindestens billigend in Kauf genommen hat.[84] Beides liegt bei der Verbreitung falscher Ad-hoc-Mitteilungen durch Vorstandsmitglieder, die mit den Marktmechanismen vertraut sind, sehr nahe.[85] Wie der BGH mit Recht hervorhebt, lässt sich ein Eventualvorsatz hinsichtlich der für möglich gehaltenen Schäden bei den Anlegern auch nicht auf Grund einer euphorischen Stimmung der Vorstandsmitglieder in bloße Fahrlässigkeit „umqualifizieren".[86]

**24** Noch nicht endgültig geklärt ist, ob ein leichtfertiges oder gewissenloses Verhalten dem vorsätzlichen Handeln gleichgestellt werden kann.[87] Einzelne höchstrichterliche Entscheidungen haben in anderem Zusammenhang grobe Fahrlässigkeit in Form der Rücksichtslosigkeit oder Leichtfertigkeit genügen lassen[88] oder leichtfertiges Handeln als Indiz für einen bedingten Schädigungsvorsatz angesehen.[89] Ob die Rechtsprechung eine solche Aufweichung des Vorsatzerfordernisses auch im kapitalmarktrechtlichen Kontext vornehmen wird, bleibt abzuwarten.[90] Dagegen könnte sprechen, dass die gemeinrechtliche Parömie *culpa lata dolo aequiparatur*[91] gerade nicht Eingang in § 826 BGB gefunden hat.[92]

**25** *ccc) Kausalität.* Zudem müssen die Anleger die Wertpapiere auf Grund der fehlerhaften Ad-hoc-Mitteilung erworben haben. Dieses Tatbestandsmerkmal hat sich bisher als entscheidende Hürde für die meisten Anleger erwiesen[93], weil der II. Zivilsenat des BGH insoweit in seinen Infomatec-Urteilen strenge Anforderungen aufgestellt hat. Danach obliegt jeden einzelnen Anleger grundsätzlich die Darlegungs- und Beweislast für die konkrete Kausalität zwischen Täuschung und Willensentscheidung.[94] Hieran hat der Senat in der ComROAD-Entscheidungsserie auch für den Fall extrem unseriöser Kapitalmarktinformation festgehalten.[95] Zudem hängt das Erfordernis eines konkreten Kausalitätsnachweises nach seiner Auffassung nicht von der gewählten Schadensart ab, sondern gilt für die im Rahmen des § 826 BGB als Rechtsfolge in Betracht kommenden Formen des Schadensersatzes – Naturalrestitution oder Kursdifferenzschaden (näher → Rn. 32 ff.) – in gleicher Weise.[96] Die hL ist dieser strengen Linie schon früh entgegengetreten und hat jedenfalls für

---

[83] BGHZ 160, 149, 156; OLG München ZIP 2005, 901, 902; OLG München ZIP 2005, 1141, 1142.
[84] St. Rspr. seit RGZ 55, 60; ebenso BGH NJW 1991, 636 mwN.
[85] Im konkreten Fall auch BGHZ 160, 149, 154 ff.; zustimmend *Edelmann* BB 2004, 2031, 2032 f.; *Kort* AG 2005, 21, 25; *Möllers* JZ 2005, 75, 76; *Spindler* WM 2004, 2089, 2092.
[86] Vgl. BGHZ 160, 149, 156.
[87] Allgemein dazu *Wagner* in MüKoBGB § 826 Rn. 29 f.; im kapitalmarktrechtlichen Kontext *Möllers/Leisch* in Möllers/Rotter, § 15 Rn. 21 ff.
[88] Vgl. BGH NJW 1992, 3167.
[89] Vgl. BGH NJW 1991, 634, 636; BGHZ 129, 136, 177.
[90] Dafür etwa *Möllers/Leisch* in KK-WpHG, §§ 37b, c Rn. 439 ff.
[91] Zu ihr *Fleischer* Informationsasymmetrie im Vertragsrecht, 2001, S. 433, 782.
[92] Allgemein kritisch *Medicus*, SchR II, 12. Aufl. 2004, Rn. 838.
[93] Dazu *Möllers* NZG 2008, 413, 414: „Nahezu alle Klagen scheiterten in der Vergangenheit daran, dass die geschädigten Anleger nicht beweisen konnten, auf Grund der fehlerhaften Ad-hoc-Mitteilung die Wertpapiere erworben zu haben."; zuletzt *Hannich* WM 2013, 449, 453; für eine Ausnahme BGH NZG 2007, 269 Rn. 6, wo sich der Anleger vor dem Aktienerwerb noch einmal telefonisch bei dem Vorstandsvorsitzenden rückversichert hat.
[94] Vgl. BGHZ 160, 134, 143, 145, 147.
[95] Vgl. BGH NZG 2007, 346 Rn. 8; NZG 2007, 269 Rn. 5; NZG 2007, 708 Rn. 16; NZG 2007, 711 Rn. 16; NZG 2008, 382 Rn. 16; NZG 2008, 386 Rn. 16.
[96] Vgl. BGH NZG 2007, 346 Rn. 9.

die Geltendmachung des Kursdifferenzschadens Beweiserleichterungen angemahnt.[97] Verlangt der Anleger im Rahmen des § 826 BGB den Differenzschaden, macht er nämlich gerade nicht geltend, er hätte das Wertpapier gar nicht erworben, sondern nur, dass er es zu einem anderen Preis gekauft hätte.[98] Hier wäre es sachgerecht, im Rahmen der haftungsbegründenden Kausalität allein das Vertrauen auf die korrekte Marktpreisbildung ausreichen zu lassen. Dies entspräche der sog. *fraud-on-the-market-theory* des US-amerikanischen Kapitalmarktrechts.[99] Diesen Denkansatz hat der BGH in den ComROAD-Urteilen aber ausdrücklich abgelehnt: Er würde, so die lakonische Begründung, zu einer uferlosen Haftung des ohnehin offenen Haftungstatbestands der vorsätzlichen sittenwidrigen Schädigung auf dem Gebiet der Kapitalmarktinformationshaftung führen.[100] Ebenso wenig reicht ihm das generelle Vertrauen in die „Richtigkeit allgemeiner Informationen" über das Unternehmen sowie der „Glaube an dessen wirtschaftliche Substanz und langfristigen Erfolg" zum Nachweis der konkreten Kausalität aus.[101] Auch im Übrigen zeigt sich der BGH zurückhaltend mit Beweiserleichterungen zugunsten der Anleger:

*(1) Anscheinsbeweis?.* Einen Anscheinsbeweis für einen Kausalzusammenhang zwischen Ad-hoc-Mitteilung und Kaufentschluss hält der BGH für nicht begründbar: Der Anscheinsbeweis gelte nur für typische Geschehensabläufe, nicht für individuell geprägte Willensentscheidungen wie die Anlageentscheidung eines potentiellen Aktienkäufers, die durch vielfältige rationale und irrationale Faktoren beeinflusst werde.[102]

*(2) Anlagestimmung?.* Nicht ohne weiteres auf fehlerhafte Ad-hoc-Mitteilungen übertragbar ist auch die Figur der sog Anlagestimmung, die der Anleger früher im Rahmen der Prospekthaftung nach Art einer „tatsächlichen Vermutung" für den Kausalzusammenhang zwischen Prospektfehler und Kaufentschluss in Anspruch nehmen konnte[103] und die heute in der vollständigen Beweislastumkehr des § 23 Abs. 2 Nr. 1 WpPG (früher: § 45 Abs. 2 Nr. 1 BörsG) aufgegangen ist.[104] Anders als ein Börsenzulassungsprospekt, so der BGH, sei eine Ad-hoc-Mitteilung nämlich weder dazu bestimmt noch geeignet, über alle anlagerelevanten Umstände des Unternehmens vollständig zu informieren; vielmehr beschränke sich ihr Informationsgehalt im Allgemeinen ausschnittartig auf wesentliche neue Tatsachen aus dem Unternehmensbereich.[105]

Allerdings hält es der BGH „im Einzelfall" für denkbar, dass sich aus positiven Signalen einer Ad-hoc-Mitteilung eine regelrechte Anlagestimmung für den Erwerb von Aktien entwickeln könne.[106] Zur genauen Dauer einer solchen Anlagestimmung ließen sich aber keine verallgemeinerungsfähigen Erfahrungssätze aufstellen; angesichts der tatsächlichen Unwägbarkeiten verbiete sich jede schematische, an einen bestimmten festen Zeitraum angelehnte Betrachtungsweise, wie sie § 21 Abs. 1 Satz 1 WpPG (früher: § 45 Abs. 1 Satz 1 BörsG) für die Emissions-Prospekthaftung mit seinem Sechs-Monats-Zeitraum vorsehe.[107]

---

[97] Früh schon *Fleischer* BB 2002, 1869, 1874; *Baums* ZHR 167 (2003) 139, 180 ff.
[98] Vgl. statt vieler *Maier-Reimer/Seulen* in Habersack/Mülbert/Schlitt, Hdb Kapitalmarktinformation, § 30 Rn. 173: „Hinsichtlich des Kursdifferenzschadens kann jedoch die Kausalität nicht bezweifelt werden."
[99] Grundlegend *Basic v. Levinson*, 485 U.S. 224 (1988).
[100] Vgl. BGH NZG 2007, 345 Rn. 11; NZG 2007, 346 Rn. 8; NZG 2007, 269 Rn. 5; NZG 2007, 708 Rn. 16; NZG 2007, 711 Rn. 16.
[101] Vgl. BGH NZG 2007, 345 Rn. 10; s. auch BGH NZG 2007, 711 Rn. 17.
[102] Vgl. BGHZ 160, 134, 142; bestätigt in BGH NZG 2005, 672, 675; NZG 2007, 345 Rn. 9; zustimmend *Kort* AG 2005, 21, 26; *Spindler* WM 2004, 2089, 2092.
[103] Vgl. BGHZ 139, 225, 233.
[104] Näher *Schwark* in Schwark/Zimmer KMRK, §§ 44, 45 BörsG Rn. 46 f.
[105] Vgl. BGHZ 160, 134, 146; zustimmend *Kort* AG 2005, 21, 26.
[106] Vgl. BGHZ 160, 134, 146; s. auch BGHZ 192, 90 Rn. 64; zur Notwendigkeit der vorherigen Einholung eines Sachverständigengutachtens für diesen Fall BGH NZG 2007, 70 Rn. 14; NZG 2007, 711 Rn. 14; NZG 2008, 386 Rn. 27.
[107] Vgl. BGHZ 160, 134, 147.

**29** (3) *Anhaltspunkte für die Kausalität.* In Ermangelung einer konkreten Anlagestimmung liegt die Darlegungs- und Beweislast für die Transaktionskausalität weiter bei den Anlegern und ist damit in jedem Einzelfall dem tatrichterlichen Feingefühl überantwortet. Immerhin gibt der BGH den Instanzgerichten gewisse Orientierungsmarken an die Hand, indem er vor allem auf die Zeitspanne zwischen der Ad-hoc-Mitteilung und der Anlageentscheidung abstellt[108]: In dem Verfahren Infomatec II, in welchem der Kläger den Kausalitätsbeweis zu führen vermochte, lagen zwischen Ad-hoc-Mitteilung und Aktienkauf gut zwei Monate; in dem Verfahren Infomatec I, in dem der Kläger unterlag, betrug der zeitliche Abstand zwischen den Falschmeldungen und seinen Aktienkäufen sechs bzw. neun Monate; in dem Verfahren Infomatec III, das zur weiteren Sachverhaltsaufklärung an die Vorinstanz zurückverwiesen wurde, hat das OLG München entschieden, es spreche gegen eine Kausalität, wenn die Kläger die Aktien erst fünf bis achteinhalb Monate nach der Ad-hoc-Mitteilung erworben hätten.[109] Ein anderer Senat des OLG München hat dagegen einem Anleger Schadensersatz zugesprochen, der die Aktien erst elf Monate nach der falschen Ad-hoc-Mitteilung erworben hatte.[110] Übereinstimmend betont die obergerichtliche Spruchpraxis, dass es für die Haftung ausreiche, wenn die falsche Ad-hoc-Mitteilung nur eine Mitursache für die Anlageentscheidung gewesen sei.[111]

**30** (4) *Parteivernehmung von Amts wegen.* Zur Überwindung von Beweisschwierigkeiten ist schließlich an eine Parteivernehmung von Amts wegen nach § 448 ZPO zu denken. Sie darf allerdings nur angeordnet werden, wenn auf Grund einer vorausgegangenen Beweisaufnahme oder des sonstigen Verhandlungsinhalts wenigstens eine gewisse Wahrscheinlichkeit für die zu beweisende Tatsache spricht, so dass bereits „einiger Beweis" (sog. Anfangsbeweis) erbracht ist.[112] Daran wird es bei einer „erheblichen Zeitdistanz" zwischen Ad-hoc-Mitteilung und Aktienerwerb regelmäßig fehlen.[113] Umgekehrt kann die unmittelbare zeitliche Nähe des Kaufentschlusses zu der Falschmitteilung nach der Entscheidung des BGH in Sachen EM.TV „ausschlaggebend" für die erforderliche Anfangswahrscheinlichkeit im Rahmen der beantragten Parteivernehmung sein.[114] In der anwaltlichen Praxis behilft man sich zuweilen mit einer Abtretung der Schadensersatzansprüche, um eine Zeugenaussage des geschädigten Anlegers zu ermöglichen.[115]

**30a** (5) *Auswirkungen des IKB-Urteils.* Möglicherweise hat sich die Beweislage des Anlegers für den Fall der Geltendmachung des Kursdifferenzschadens durch das IKB-Urteil des XI. Zivilsenats vom November 2011 verbessert. Dort hat der Senat ausgesprochen, dass es für die Ersatzfähigkeit des Kursdifferenzschadens im Rahmen des § 37b WpHG nicht darauf ankomme, ob der Anleger bei rechtzeitiger Veröffentlichung der Insiderinformation vom Kauf der Aktien Abstand genommen hätte; er müsse lediglich darlegen und ggf. beweisen, dass – wäre die Ad-hoc-Mitteilung rechtzeitig erfolgt – der Kurs zum Zeitpunkt seines Kaufs niedriger gewesen wäre (näher → Rn. 46).[116] Es bleibt abzuwarten, ob sich der II. Zivilsenat des BGH dieser Ansicht im Rahmen des § 826 BGB an-

---

[108] Vgl. BGHZ 160, 134, 148; noch deutlicher BGH NZG 2005, 672, 675.
[109] Vgl. OLG München WM 2005, 1311.
[110] Vgl. OLG München ZIP 2005, 298. Der Anleger hatte in seiner Klageschrift konkrete Analystenempfehlungen vorgetragen, die ihn in seiner Überzeugung vom positiven Entwicklungspotential der betreffenden Aktien unterstützten, und sodann detailliert ausgeführt, wie er den Kurs der Aktien fortlaufend in Internet-Veröffentlichungen bis zum späteren Kauf verfolgt hatte.
[111] Vgl. OLG Frankfurt ZIP 2005, 710, 712; OLG München ZIP 2005, 298, 299.
[112] St. Rspr., etwa BGH NJW 1989, 3222, 3223.
[113] Vgl. BGHZ 160, 134, 147f.; ebenfalls OLG München WM 2005, 1311, 1312.
[114] Vgl. BGH NZG 2005, 672, 675; OLG München ZIP 2006, 1247.
[115] Für ein Beispiel OLG Frankfurt ZIP 2005, 710, 712; die Erlangung der Zeugenstellung durch Abtretung der Forderung ist rechtlich nicht zu beanstanden, vgl. BGHZ 108, 52, 58f.; OLG München NJW 2003, 144, 145.
[116] Vgl. BGHZ 192, 90 Rn. 67.

schließen und von seiner strengeren Auffassung in den ComROAD-Urteilen abrücken wird.[117]

*ddd) Transaktionserfordernis?* Sonderprobleme treten bei Altanlegern auf, die durch die falschen Ad-hoc-Mitteilungen von einem beabsichtigten Verkauf ihrer Aktien Abstand genommen haben. Ihnen fehlt im Rahmen der §§ 37b, c WpHG nach hM die Aktivlegitimation, weil sie gerade *keine* Transaktionsentscheidung getroffen haben (näher → Rn. 51). Nimmt man an, dass die Ad-hoc-Publizitätspflicht nicht nur die Investitions-, sondern auch die Deinvestitionsfreiheit schützt, liegt hierin ein gedanklicher Bruch[118], der sich nur durch die Sorge vor einer unübersehbaren Fülle von Schadensersatzklagen erklären lässt.[119] Die Generalklausel des § 826 BGB enthält kein entsprechendes Transaktionserfordernis, so dass sich die Frage nach etwaigen ungeschriebenen Grenzen der Informationsdeliktshaftung stellt.[120] Der BGH bejaht in der EM.TV-Entscheidung mit Recht die Anspruchsberechtigung der Altanleger, ohne sich mit dem Problem allerdings ausführlicher auseinanderzusetzen.[121] Immerhin deutet er an, dass er der Gefahr massenhaft missbräuchlicher Klagen vor allem mit beweisrechtlichen Mitteln entgegentreten wird: Anspruchsberechtigt sind nach seiner wohlbedachten Wortwahl nur solche Altanleger, die „nachweisbar" den zu einem „bestimmten Zeitpunkt fest beabsichtigten" Verkauf der Aktien auf Grund der falschen Ad-hoc-Mitteilung unterlassen oder verschoben haben.[122] Daran anknüpfend hat das OLG Stuttgart entschieden, dass die Haftung für eine fehlerhafte Ad-hoc-Mitteilung bei einem Altanleger den „Nachweis eines Ursachenzusammenhangs" zwischen der Pflichtverletzung und der Halteentscheidung voraussetzt.[123] Gleiches muss folgerichtig für Neuanleger gelten, die auf Grund einer unrichtigen negativen oder pflichtwidrig unterlassenen positiven Ad-hoc-Mitteilung von einem Aktienerwerb Abstand genommen haben.[124]

*eee) Schaden.* Hinsichtlich der Art des Schadensausgleichs gilt nach der Rechtsprechung des BGH ein zweigeteiltes Regelungsregime:

*(1) Naturalrestitution (Vertragsabschlussschaden).* Vorstandsmitglieder, die nach § 826 BGB für fehlerhafte Ad-hoc-Mitteilungen verantwortlich sind, schulden gemäß § 249 BGB vorrangig Naturalrestitution.[125] Danach ist ein auf die Richtigkeit der Ad-hoc-Mitteilung vertrauender Anleger so zu stellen, wie er stehen würde, wenn die für die Veröffentlichung Verantwortlichen ihrer Pflicht zur wahrheitsgemäßen Mitteilung nachgekommen wären.[126] Er kann daher gemäß § 249 Abs. 1 BGB Erstattung des gezahlten Kaufpreises gegen Übertragung der erworbenen Aktien verlangen.[127] Hat er die Aktien zwischenzeitlich veräußert, so muss er sich den an ihre Stelle getretenen Veräußerungspreis anrechnen lassen.[128]

---

[117] Vgl. *Möller/Leisch* in KK-WpHG, §§ 37b, c Rn. 384 mit Fn. 789, nach denen BGH NZG 2007, 346 (ComROAD II) durch BGHZ 190, 92 (IKB) „mittlerweile überholt" ist.

[118] Dazu *Fleischer* NJW 2002, 2977, 2980; abw. *Hellgardt*, S. 342.

[119] Sehr deutlich *Veil* BKR 2005, 91, 95.

[120] Näher dazu *Fleischer* ZIP 2005, 1805, 1808; ferner *Ehricke* in Hopt/Voigt, Prospekt- und Kapitalmarktinformationshaftung, S. 187, 281 f.; *Hopt/Voigt* in Hopt/Voigt, S. 9, 111, nach denen sich in solchen Fällen lediglich das allgemeine Anlegerrisiko realisiert; ausführlich *Hellgardt*, S. 343 f., der ohne das Transaktionserfordernis eine Teilhabe dieser Anleger an *windfall profits* befürchtet.

[121] Vgl. BGH NZG 2005, 672, 675; gegen ein Transaktionserfordernis auch *Fleischer* ZIP 2005, 1805, 1808; *Möllers/Leisch* in KK-WpHG, §§ 37b, c Rn. 430.

[122] Vgl. BGH NZG 2005, 672, 675; dazu auch *Hutter/Stürwald* NJW 2005, 2428, 2431; kritisch aber *Gottschalk* DStR 2005, 1648, 1654.

[123] Vgl. OLG Stuttgart ZIP 2006, 511, 512 f. unter Ablehnung eines Anscheinsbeweises nach Art einer „Haltestimmung" in Parallele zur prospekthaftungsrechtlichen „Anlagestimmung".

[124] Vgl. zu dieser Klägergruppe *Hopt/Voigt* in Hopt/Voigt, Prospekt- und Kapitalmarktinformationshaftung, S. 9, 111.

[125] Vgl. BGHZ 160, 149, 153; BGH NZG 2005, 672, 673; *Sethe* in Assmann/Schneider, §§ 37b, c WpHG Rn. 153; *Möllers/Leisch* in KK-WpHG, §§ 37b, c Rn. 466.

[126] Vgl. BGHZ 160, 149, 153; BGH NZG 2005, 672, 673.

[127] Vgl. BGHZ 160, 149, 153.

[128] Vgl. BGH NZG 2005, 672, 673.

**34** Altanleger, die durch eine unerlaubte Handlung des Vorstands von einem fest beabsichtigten Verkauf der Aktien Abstand genommen haben, können nach der EM.TV-Entscheidung des BGH den hypothetischen Verkaufspreis zum Kurs an dem ursprünglich geplanten Verkaufstermin – gegen Überlassung der etwa noch vorhandenen Aktien oder unter Anrechnung des zwischenzeitlich etwa tatsächlich erzielten Verkaufserlöses – beanspruchen.[129] Auch insoweit handelt es sich nach Auffassung des II. Zivilsenats um eine Form der Naturalrestitution.[130]

**35** Gegen die dogmatische Herleitung einer Naturalrestitution lässt sich nicht einwenden, dass das Vorstandsmitglied dem geschädigten Anleger gar keine Aktien verkauft habe und sie deshalb nicht zurücknehmen müsse[131], da es nur um die Wiederherstellung des Vermögenszustandes beim Geschädigten geht.[132] Der Vorrang der Naturalrestitution ist aber deshalb nicht bedenkenfrei, weil er den haftenden Vorstandsmitgliedern das Risiko schwankender Kurse aufbürdet und ihnen damit die Rolle eines Versicherers gegen ungünstige Marktentwicklungen zuweist.[133] Mit der hL und entgegen der jüngsten BGH-Rechtsprechung ist er daher im Rahmen der spezialgesetzlichen §§ 37b, c WpHG abzulehnen (näher → Rn. 52). Bei einer vorsätzlichen sittenwidrigen Schädigung iSd § 826 BGB erscheint er dagegen unter Präventionsgesichtspunkten wertungsmäßig vertretbar.[134]

**36** *(2) Kursdifferenzschaden.* Dem geschädigten Kapitalanleger steht es nach der EM.TV-Entscheidung des BGH frei, im Rahmen seines Schadensersatzbegehrens von der Naturalrestitution zu der alternativ möglichen Differenzschadensberechnung überzugehen.[135] Als Differenzschaden ist dabei der Unterschiedsbetrag zwischen dem tatsächlich gezahlten Transaktionspreis und dem Preis, der sich bei pflichtgemäßem Publizitätsverhalten gebildet hätte, anzusehen. Entgegen instanzgerichtlicher Zweifel[136] lässt sich dieser Differenzschaden mit den Mitteln der modernen Kapitalmarkttheorie sehr wohl ermitteln: Der tatsächlich gezahlte Transaktionspreis ist bekannt; eine Hilfsgröße zur Ermittlung des hypothetischen Preises bildet die Kursveränderung unmittelbar nach Bekanntwerden der neuen Sachlage.[137] Mit sachverständiger Hilfe kann dann näherungsweise auf den hypothetischen Preis des Papiers am Tage des Geschäftsabschlusses zurückgeschlossen werden.[138] Damit bietet sich dem Tatrichter eine wissenschaftlich abgesicherte Schätzungsgrundlage für die Ermittlung des Vermögensschadens des Kapitalanlegers gem. § 287 ZPO.[139]

**37** *fff) Mitverschulden.* Ein Mitverschulden des Anlegers gem. § 254 Abs. 1 BGB wegen des Erwerbs eines „hochspekulativen Papiers" scheidet von vornherein aus.[140] Ebenso wenig kommt eine Kürzung seines Ersatzanspruchs gem. § 254 Abs. 2 Satz 1 BGB in Be-

---

[129] Vgl. BGH NZG 2005, 672, 675.
[130] Vgl. BGH NZG 2005, 672, 675.
[131] So aber *Dühn*, S. 157 ff.; *Fuchs/Dühn* BKR 2002, 1063, 1068; *Geibel*, S. 113 f.; *Reichert/Weller* ZRP 2002, 49, 55.
[132] Vgl. *Leisch* ZIP 2004, 1573, 1575; *Möllers* JZ 2005, 75, 77; *Spindler* WM 2004, 2089, 2093.
[133] Dazu *Fleischer* DB 2004, 2031, 2035.
[134] Näher *Fleischer* DB 2004, 2031, 2035; iE auch *Hopt/Voigt* in Hopt/Voigt, Prospekt- und Kapitalmarktinformationshaftung, S. 9, 103; *Gottschalk* DStR 2005, 1648, 1651; *Hutter/Stürwald* NJW 2005, 2428, 2430; *Mülbert/Steup* in Habersack/Mülbert/Schlitt, Hdb Unternehmensfinanzierung, § 41 Rn. 241; *Schäfer* NZG 2005, 985, 990 f.
[135] Vgl. BGH NZG 2005, 672, 675.
[136] Vgl. OLG München NZG 2002, 1110; aufgehoben von BGH NZG 2005, 672.
[137] Vgl. BGH NZG 2005, 672, 676; *Fleischer* BB 2002, 1869, 1872; *Mülbert/Steup* in Habersack/Mülbert/Schlitt, Hdb Unternehmensfinanzierung, § 41 Rn. 228.
[138] Vgl. BGH NZG 2005, 672, 676.
[139] Vgl. BGH NZG 2005, 672, 676; *Fleischer* BB 2002, 1869, 1872; *Escher-Weingart/Lägeler/Eppinger* WM 2004, 1845, 1850; *Mülbert/Steup* in Habersack/Mülbert/Schlitt, Hdb Unternehmensfinanzierung, § 41 Rn. 228.
[140] Vgl. OLG München ZIP 2005, 710, 713 f.; OLG München ZIP 2005, 901, 904; *Möllers/Leisch* in KK-WpHG, §§ 37b, c Rn. 481.

§ 6 Haftung für fehlerhafte Kapitalmarktkommunikation 38–40 § 6

tracht.[141] Richtigerweise obliegt dem geschädigten Anleger gegenüber einer vorsätzlichen sittenwidrigen Schädigung keine Kursbeobachtungs- und Verkaufspflicht bei sinkenden Kursen[142]: Sie wäre in ihrer Intensität und Reichweite kaum rechtssicher handhabbar[143] und könnte den Kursverfall bei unverzüglichem massenhaften Verkauf der Wertpapiere sogar noch beschleunigen.[144]

cc) Bürgerlichrechtliche Prospekthaftung?. Die Rechtsprechungsgrundsätze zur bürgerlich-rechtlichen Prospekthaftung finden auf fehlerhafte Ad-hoc-Mitteilungen grundsätzlich keine Anwendung.[145] Zur Begründung pflegt man auf den bürgerlichrechtlichen Prospektbegriff zu verweisen, der nur solche Darstellungen erfasst, die den Anleger über alle wesentlichen Umstände für seine Anlageentscheidung unterrichten.[146] Diese Anforderungen kann eine Ad-hoc-Mitteilung in der Regel nicht erfüllen, weil sie nur kapitalmarktbezogene Einzelinformationen enthält und erkennbar nicht den Anspruch einer das Anlegerpublikum umfassend informierenden Beschreibung erhebt.[147] 38

**b) Verantwortlichkeit innerhalb des Vorstands.** Fehlerhafte Ad-hoc-Mitteilungen werfen schließlich die noch wenig erörterte Frage nach der Verteilung der Informationsverantwortlichkeiten in mehrköpfigen Verwaltungsorganen auf.[148] Die Haftung nach § 826 BGB trifft zunächst das Vorstandsmitglied, das die Falschinformation verlautbart oder veranlasst hat. Mehrere verantwortliche Vorstandsmitglieder haften unter den Voraussetzungen des § 830 Abs. 1 Satz 1 BGB als Mittäter. Darüber hinaus hat der BGH im Rahmen des § 400 Abs. 1 Nr. 1 AktG eine Pflicht aller Vorstandsmitglieder angenommen, Falschinformationen von Vorstandskollegen in ihrer Gegenwart nicht unwidersprochen zu lassen.[149] Eine solche Berichtigungspflicht, die sich aus der organschaftlichen Sorgfaltspflicht der Vorstandsmitglieder ergibt, die Kapitalmarktkommunikation über die Ressortgrenzen hinweg zu beobachten und bei Verdachtsmomenten einzuschreiten[150], wird man auch im Rahmen ihrer deliktsrechtlichen Verantwortlichkeit bejahen müssen.[151] Sittenwidrig ist ein pflichtwidriges Unterlassen freilich nur, wenn es mit einem Element der Eigennützigkeit einhergeht (→ Rn. 22). 39

**2. Haftung des Emittenten. a) Haftung nach §§ 37b, c WpHG.** Der Emittent haftet für unwahre und pflichtwidrig unterlassene Ad-hoc-Mitteilungen nach Maßgabe der §§ 37b, c WpHG. 40

---

[141] HM, vgl. *Fleischer* DB 2004, 2031, 2035; *Gottschalk* Der Konzern 2005, 274, 279; *Schwark/Zimmer/Grotheer*, KMRK, §§ 37b, c WpHG Rn. 94; offen lassend BGHZ 160, 149, 159 („kann dahinstehen").

[142] Vgl. *Möllers/Leisch* in Möllers/Rotter, § 14 Rn. 130; *Möllers/Leisch* in KK-WpHG, §§ 37b, c WpHG Rn. 482 iVm 393 ff.; *Mülbert/Steup* in Habersack/Mülbert/Schlitt, Hdb Unternehmensfinanzierung, § 41 Rn. 235.

[143] Vgl. *Gottschalk* Der Konzern 2005, 274, 279; *Rützel* AG 2003, 69, 78; *Schwark/Zimmer/Grotheer*, KMRK, §§ 37b, c WpHG Rn. 94.

[144] Näher *Fleischer/Kalss* AG 2002, 329, 335 mit weiteren Gegenargumenten.

[145] Vgl. BGHZ 160, 134, 137 f.; *Edelmann* BB 2004, 2031; *Fleischer* DB 2004, 2031; *Leisch* ZIP 2004, 1573 f.; zweifelnd *Spindler* WM 2004, 2089 f. („Restzweifel").

[146] Vgl. BGHZ 160, 134, 138; *Mülbert/Steup* in Habersack/Mülbert/Schlitt, Hdb Unternehmensfinanzierung, § 33 Rn. 146; gegen eine Lösung über den Prospektbegriff aber *Gottschalk* Der Konzern 2005, 274, 276.

[147] Vgl. BGHZ 160, 134, 138; *Groß* WM 2002, 477, 480; *Krause* ZGR 2002, 799, 833; *Möllers* JZ 2005, 75.

[148] Ausführlich allein *Fleischer* BKR 2003, 608, 613 ff.; *Fleischer* DB 2004, 2031, 2034 f.; für einen knappen Hinweis auf die Einrichtung eines unternehmensinternen Autorisierungssystems *Sethe* in Assmann/Schneider, §§ 37b, c WpHG Rdn. 29 iVm 25; s. auch *Meier-Reimer/Seulen* in Habersack/Mülbert/Schlitt, Hdb Kapitalmarktinformation, § 30 Rn. 189.

[149] Vgl. BGHZ 149, 10, 21; zustimmend *Ehricke* in Hopt/Voigt, Prospekt- und Kapitalmarktinformationshaftung, S. 187, 279; kritisch *Krause* ZGR 2002, 799, 829.

[150] Vgl. *Fleischer* BKR 2003, 608, 615.

[151] Vgl. *Fleischer* DB 2004, 2031, 2035; *Leisch* ZIP 2004, 1573, 1576.

**41** aa) Anspruchsverpflichtete. Haftungsadressat der §§ 37b, c WpHG ist der Emittent von Finanzinstrumenten, die zum Handel an einer inländischen Börse zugelassen sind. Erfasst werden damit nur die zum Amtlichen Markt und zum Geregelten Markt zugelassenen Finanzinstrumente[152], nicht dagegen solche, die in den Freiverkehr einbezogen sind.[153]

Ein unmittelbarer Haftungsanspruch gegen die Organmitglieder scheidet demgegenüber nach Wortlaut und Entstehungsgeschichte der §§ 37b, c WpHG aus.[154] Für diese bleibt es bei einer Eigenhaftung auf deliktischer Grundlage (vgl. → Rn. 11 ff.).

**42** bb) Unterlassene unverzügliche oder unwahre Veröffentlichung von Insiderinformationen. Als schadensersatzbegründende Handlung kommt die unterlassene unverzügliche oder unwahre Veröffentlichung von Insiderinformationen in Betracht. Der Gesetzgeber knüpft hier an die Tatbestandsvoraussetzungen des § 15 WpHG an[155] und trägt damit auch die Auslegungsprobleme, die sich durch die Änderungen der Ad-hoc-Publizität infolge des AnSVG[156] ergeben haben, in den Haftungstatbestand der §§ 37b, c WpHG hinein.[157]

**43** Ein haftungsbegründendes Unterlassen iSd § 37b WpHG liegt vor, wenn die nach § 15 Abs. 1 Satz 1 WpHG vorgeschriebene Veröffentlichung gänzlich unterbleibt[158], verspätet erfolgt[159] oder nicht den Anforderungen des § 15 Abs. 7 WpHG iVm § 4 ff. WpAIV genügt.[160] Gleiches gilt für die pflichtwidrig unterlassene oder verspätete Berichtigung einer früheren Ad-hoc-Mitteilung nach § 15 Abs. 2 S. 2 WpHG.[161] Dagegen scheidet ein Schadensersatzanspruch aus, solange und soweit der Emittent nach § 15 Abs. 3 WpHG von der Veröffentlichungspflicht befreit ist.[162]

**44** Ein haftungsbegründendes Tun iSd § 37c WpHG ist gegeben, wenn der Emittent eine unwahre Insiderinformation veröffentlicht, die ihn unmittelbar betrifft. Die Unwahrheit kann sich sowohl aus einer inhaltlich unrichtigen als auch aus einer unvollständigen Mittei-

---

[152] Vgl. *Sethe* in Assmann/Schneider, §§ 37b, c WpHG Rn. 37 f.; *Fleischer* NJW 2002, 2977, 2979; *Rössner/Bolkart* ZIP 2002, 1471, 1472; *Zimmer/Grotheen* in Schwark/Zimmer, KMRK, §§ 37b, c WpHG Rn. 19 f.

[153] Vgl. *Schäfer* in Marsch-Barner/Schäfer, Hdb börsennotierte AG, § 17 Rn. 6; ebenso *Sethe* in Assmann/Schneider, §§ 37b, c WpHG Rn. 37 f., der sich zutreffend auch gegen eine Analogie ausspricht; abw. *Möllers/Leisch* NZG 2003, 112, 113; *Möllers/Leisch* in KK-WpHG, §§ 37b, c Rn. 102.

[154] Vgl. *Sethe* in Assmann/Schneider, §§ 37b, c WpHG Rn. 35; *Fleischer* NJW 2002, 2977, 2979; *Möllers/Leisch* in Möllers/Rotter, § 14 Rn. 131; *Möllers/Leisch* in KK-WpHG, §§ 37b, c Rn. 89; *Mülbert/Steup* in Habersack/Mülbert/Schlitt, Hdb Unternehmensfinanzierung, § 33 Rn. 224; *Zimmer/Grotheen* in Schwark/Zimmer, KMRK, §§ 37b, c WpHG Rn. 20d.

[155] Vgl. Begr. RegE 4. FMFG, BT-Drucks. 14/8017, S. 93; *Sethe* in Assmann/Schneider, §§ 37b, c WpHG Rn. 43; *Fleischer* NJW 2002, 2977, 2979; *Mülbert/Steup* in Habersack/Mülbert/Schlitt, Hdb Unternehmensfinanzierung, § 41 Rn. 177; *Schäfer* in Marsch-Barner/Schäfer, Hdb börsennotierte AG, § 17 Rn. 8; *Zimmer/Grotheen* in Schwark/Zimmer, KMRK, §§ 37b, c WpHG Rn. 18.

[156] BGBl. I 2004, 2630.

[157] Näher *Nietsch* BB 2005, 785 ff.

[158] Vgl. *Sethe* in Assmann/Schneider, §§ 37b, c WpHG Rn. 46; *Möllers/Leisch* in Möllers/Rotter, § 14 Rn. 11; *Schäfer* in Marsch-Barner/Schäfer, Hdb börsennotierte AG, § 17 Rn. 9.

[159] Vgl. Begr. RegE 4. FMFG, BT-Drucks. 14/8017, S. 93; Assmann/Schneider/*Sethe*, §§ 37b, c WpHG Rn. 46; *Mülbert/Steup* in Habersack/Mülbert/Schlitt, Hdb Unternehmensfinanzierung, § 41 Rn. 185.

[160] Vgl. *Möllers/Leisch* in KK-WpHG, §§ 37b, c Rn. 120 f.; *Mülbert/Steup* in Habersack/Mülbert/Schlitt, Hdb Unternehmensfinanzierung, § 41 Rn. 187; *Zimmer/Grotheen* in Schwark/Zimmer, KMRK, §§ 37b, c WpHG Rn. 30.

[161] Vgl. *Möllers/Leisch* in KK-WpHG, §§ 37b, c Rn. 122; *Mülbert/Steup* in Habersack/Mülbert/Schlitt, Hdb Unternehmensfinanzierung, § 41 Rn. 185.

[162] Vgl. mit Blick auf das 2004 eingeführte Prinzip der Legalausnahme *Nietsch* BB 2005, 785, 786; *Sethe* in Assmann/Schneider, §§ 37b, c WpHG Rn. 64; *Mülbert/Steup* in Habersack/Mülbert/Schlitt, Hdb Unternehmensfinanzierung, § 41 Rn. 186; zum vorigen System der behördlichen Befreiung *Fleischer* NJW 2002, 2977, 2980; *Zimmer/Grotheen* in Schwark/Zimmer, KMRK, §§ 37b, c WpHG Rn. 33.

lung ergeben.¹⁶³ Zur Abgrenzung zwischen unwahrer und pflichtwidrig unterlassener Veröffentlichung pflegt man auf den Schwerpunkt des Lebenssachverhalts abzustellen.¹⁶⁴

cc) **Haftungsbegründende Kausalität.** Hinsichtlich der haftungsbegründenden Kausalität gehen die Auffassungen auseinander. Einer Ansicht zufolge setzen die §§ 37b, c WpHG – ebenso wie § 826 BGB (→ Rn. 25 ff.) – eine konkrete Kausalität zwischen Pflichtverletzung und Anlegerentscheidung voraus:¹⁶⁵ die Darlegungs- und Beweislast trifft grundsätzlich den Anleger, doch werden ihm im Einzelfall Beweiserleichterungen zugebilligt.¹⁶⁶ Die Gegenauffassung verzichtet auf die konkrete Kausalität und lässt es genügen, dass der Anleger in seinem Vertrauen auf eine ordnungsgemäße Preisbildung enttäuscht wird.¹⁶⁷ Weil eine pflichtgemäße Veröffentlichung regelmäßig einen abweichenden Marktkurs zur Folge gehabt hätte, ist die haftungsbegründende Kausalität danach in aller Regel gegeben.¹⁶⁸

Der BGH hat sich in seinem IKB-Urteil von 2011 auf der Grundlage seines vielkritisierten Konzepts zum alternativen Anspruchsinhalt der §§ 37b, c WpHG (dazu → Rn. 52) wie folgt zur Kausalitätsproblematik geäußert: Sofern der Anleger den Vertragsabschlussschaden geltend macht, trägt er die Darlegungs- und Beweislast dafür, dass er die Finanzinstrumente wegen einer unrichtigen oder unterlassenen Ad-hoc-Mitteilung erworben hat.¹⁶⁹ Dabei kommen ihm grundsätzlich keine Beweiserleichterungen zugute.¹⁷⁰ Für den Fall, dass ihm der Kausalitätsnachweis nicht gelingen sollte, ist nach Auffassung des BGH jedenfalls der Kursdifferenzschaden ersatzfähig. Hierfür kommt es im Rahmen des § 37b WpHG nicht darauf an, ob der Anleger bei rechtzeitiger Veröffentlichung der Insiderinformation vom Kauf der Aktien Abstand genommen hätte; er muss lediglich darlegen und beweisen, dass – wäre die Ad-hoc-Mitteilung rechtzeitig erfolgt – der Kurs zum Zeitpunkt seines Kaufs niedriger gewesen wäre.¹⁷¹ Ob diese Aussagen als vollständiger Verzicht auf das Vertrauenserfordernis im Rahmen der haftungsbegründenden Kausalität oder als Anerkennung der *fraud-on-the-market-theory* zu verstehen sind, wird im Schrifttum unterschiedlich beurteilt.¹⁷²

dd) **Verschulden.** Gemäß §§ 37b Abs. 2, 37c Abs. 2 WpHG haftet der Emittent nur für Vorsatz und grobe Fahrlässigkeit.¹⁷³ Das trifft sich mit dem in § 23 Abs. 1 WpPG festgelegten Verschuldensmaßstab¹⁷⁴ und ist bei der Ad-hoc-Publizität wegen des regelmäßig beste-

---

¹⁶³ Vgl. *Sethe* in Assmann/Schneider, §§ 37b, c WpHG Rn. 68; *Mülbert/Steup* in Habersack/Mülbert/Schlitt, Hdb Unternehmensfinanzierung, § 41 Rn. 190; *Schäfer* in Marsch-Barner/Schäfer, Hdb börsennotierte AG, § 17 Rn. 10; zum alten Recht *Schwark/Zimmer,* KMRK, 3. Aufl. 2004, §§ 37b, c WpHG Rn. 36.
¹⁶⁴ Vgl. *Schäfer* in Marsch-Barner/Schäfer, Hdb börsennotierte AG, § 17 Rn. 11.
¹⁶⁵ Vgl. *Mülbert/Steup* in Habersack/Mülbert/Schlitt, Hdb Unternehmensfinanzierung, § 41 Rn. 224; *Veil* ZHR 167 (2003) 365, 370.
¹⁶⁶ Vgl. *Mülbert/Steup* in Habersack/Mülbert/Schlitt, Hdb Unternehmensfinanzierung, § 41 Rn. 231.
¹⁶⁷ Vgl. *Sethe* in Assmann/Schneider, §§ 37b, c WpHG Rn. 97 f.; *Hopt/Voigt* in Hopt/Voigt, Prospekt- und Kapitalmarktinformationshaftung, S. 9, 133 ff.; *Maier-Reimer/Webering* WM 2002, 1857, 1860 f.; *Möllers/Leisch* BKR 2002, 1071, 1079; *Rössner/Bolkart* ZIP 2002, 1471, 1475; *Zimmer/Grotheer* in Schwark/Zimmer, KMRK, §§ 37b, c WpHG Rn. 90; s. auch LG Stuttgart ZIP 2006, 1731: Feststellungsantrag Nr. 7.
¹⁶⁸ Vgl. *Sethe* in Assmann/Schneider, §§ 37b, c WpHG Rn. 97; *Hopt/Voigt* in Hopt/Voigt, Prospekt- und Kapitalmarktinformationshaftung, S. 9, 134.; *Schäfer* in Marsch-Barner/Schäfer, Hdb börsennotierte AG, § 16 Rn. 29.
¹⁶⁹ Vgl. BGHZ 192, 90 Leitsatz 3.
¹⁷⁰ Vgl. BGHZ 192, 90 Rn. 61 ff.
¹⁷¹ Vgl. BGHZ 192, 90 Leitsatz 4.
¹⁷² Näher *Klöhn* AG 2012, 345, 356.
¹⁷³ Für eine fallgruppenartige Auffächerung *Möllers/Leisch* in Möllers/Rotter, § 14 Rn. 63 ff.; *Möllers/Leisch* in KK-WpHG, §§ 37b, c Rn. 172 ff.; *Schäfer* in Marsch-Barner/Schäfer, Hdb börsennotierte AG, § 17 Rn. 13; *Zimmer/Grotheer* in Schwark/Zimmer, KMRK, §§ 37b, c WpHG Rn. 53 ff.
¹⁷⁴ Vgl. *Sethe* in Assmann/Schneider, §§ 37b, c WpHG Rn. 101; *Fleischer* NJW 2002, 2977, 2980.

henden Zeitdrucks noch einfacher zu begründen als bei der Prospektpublizität.[175] Die Beweislast für fehlendes Verschulden obliegt dem Emittenten.[176] Mit dieser Regelung trägt der Gesetzgeber dem Grundsatz der Beweislastverteilung nach Verantwortungsbereichen Rechnung.[177]

**48** ee) *Anspruchsberechtigte.* Der Kreis der Anspruchsberechtigten ist etwas unübersichtlich geregelt. Gedankliche Klarheit lässt sich am ehesten gewinnen, wenn man zwei Anlegergruppen auseinanderhält: die Gruppe der **erwerbenden Neuanleger,** welche die betreffenden Papiere „zu teuer" gekauft hat (→ Rn. 49), und die Gruppe der **veräußernden Altanleger,** welche die betreffenden Papiere „zu billig" verkauft hat (→ Rn. 50).[178]

**49** *aaa) Erwerbende Neuanleger.* Neuanleger, die sich nach der Pflichtverletzung des Emittenten zum Wertpapiererwerb entschlossen haben, sind in zwei Fällen anspruchsberechtigt: § 37b Abs. 1 Nr. 1 WpHG erfasst den Erwerb nach einer **unterlassenen** unverzüglichen Ad-hoc-Mitteilung, wenn der Erwerber bei Bekanntwerden der Insiderinformation noch Inhaber der Finanzinstrumente ist.[179] Als Beispiele mögen eine verspätete Gewinnwarnung[180] oder die verspätete Bekanntgabe personeller Veränderungen an der Vorstandsspitze einer börsennotierten Gesellschaft[181] dienen. Dem zur Seite stellt § 37c Abs. 1 Nr. 1 WpHG den Erwerb im Anschluss an eine **unwahre** Ad-hoc-Mitteilung, wenn der Erwerber bei Bekanntwerden der Unrichtigkeit der Insiderinformation noch Inhaber der Finanzinstrumente ist.[182] Fallanschauung vermittelt ein fälschlich vermeldeter Großauftrag. In beiden Sachverhaltsgestaltungen haben die Neuanleger ihre Wertpapiere „zu teuer" gekauft.[183]

**50** *bbb) Veräußernde Altanleger.* Altanleger, die bereits zuvor im Besitz der Wertpapiere gewesen waren und sie nach der Pflichtverletzung des Emittenten veräußert haben, sind ebenfalls in zwei Fällen anspruchsberechtigt: § 37b Abs. 1 Nr. 2 WpHG erfasst die Veräußerung nach einer **unterlassenen** unverzüglichen Ad-hoc-Mitteilung.[184] Als Beispiel mag ein verspätet vermeldeter Erdölfund einer Ölgesellschaft dienen.[185] § 37c Abs. 1 Nr. 2 WpHG regelt ergänzend die Veräußerung vor Bekanntwerden der **Unrichtigkeit** der Insiderinformation.[186] Fallanschauung vermittelt eine vom Emittenten fälschlich verlautbarte Mitteilung, gegen ihn sei ein Kartellrechtsverfahren eröffnet worden. Beide Sachverhaltsgestaltungen zeichnen sich dadurch aus, dass die Wertpapierinhaber ihre Papiere „zu billig" verkauft haben.[187]

---

[175] Vgl. *Fleischer* NJW 2002, 2977, 2980; *Hopt/Voigt* in Hopt/Voigt, Prospekt- und Kapitalmarktinformationshaftung, S. 9, 125; speziell zu den organisatorischen Sorgfaltspflichten *Nietsch* BB 2005, 785, 789.
[176] Vgl. *Sethe* in Assmann/Schneider, §§ 37b, c WpHG Rn. 104; *Fleischer* NJW 2002, 2977, 2980.
[177] Vgl. Begr. RegE 4. FMFG, BT-Drucks. 14/8017, S. 93; *Mülbert/Steup* in Habersack/Mülbert/Schlitt, Hdb Unternehmensfinanzierung, § 41 Rn. 204; *Zimmer/Grotheer* in Schwark/Zimmer, KMRK, §§ 37b, c WpHG Rn. 62.
[178] Vgl. Begr. RegE 4. FMFG, BT-Drucks. 14/8017, S. 93; *Fleischer* BB 2002, 1869; *Fleischer* NJW 2002, 2977, 2980; *Zimmer/Grotheer* in Schwark/Zimmer, KMRK, §§ 37b, c WpHG Rn. 64 ff.
[179] Vgl. *Sethe* in Assmann/Schneider, §§ 37b, c WpHG Rn. 55; *Fleischer* BB 2002, 1869; *Zimmer/Grotheer* in Schwark/Zimmer, KMRK, §§ 37b, c WpHG Rn. 65; s. auch OLG Schleswig AG 2005, 212, 213 (MobilCom AG), wo eine Haftung nach § 37b Abs. 1 Nr. 1 WpHG im Ergebnis verneint wird.
[180] Vgl. den Klägervortrag in AG München DB 2001, 2336.
[181] Vgl. BGH NZG 2013, 708.
[182] Vgl. *Sethe* in Assmann/Schneider, §§ 37b, c WpHG Rn. 60; *Fleischer* BB 2002, 1869; *Zimmer/Grotheer* in Schwark/Zimmer, KMRK, §§ 37b, c WpHG Rn. 69.
[183] Vgl. Begr. RegE 4. FMFG, BT-Drucks. 14/8017, S. 93.
[184] Vgl. *Sethe* in Assmann/Schneider, §§ 37b, c WpHG Rn. 60; *Fleischer* BB 2002, 1869; *Zimmer/Grotheer* in Schwark/Zimmer, KMRK, §§ 37b, c WpHG Rn. 70.
[185] Abgewandelt nach *SEC v. Texas Gulf Sulphur,* 401 F.2d 833 (2nd Cir. 1968); s. auch LG Stuttgart ZIP, 2006, 1731 (DaimlerChrysler); OLG Stuttgart ZIP 2007, 481.
[186] Vgl. *Sethe* in Assmann/Schneider, §§ 37b, c WpHG Rn. 73; *Fleischer* BB 2002, 1869; *Zimmer/Grotheer* in Schwark/Zimmer, KMRK, §§ 37b, c WpHG Rn. 72 f.
[187] Vgl. Begr. RegE 4. FMFG, BT-Drucks. 14/8017, S. 93.

**ff) Transaktionserfordernis.** Von §§ 37b, c WpHG nicht erfasst werden Altanleger, die 51 durch falsche Ad-hoc-Mitteilungen von einer beabsichtigten Veräußerung ihrer Aktien Abstand genommen haben.[188] Ihnen fehlt nach hM die Aktivlegitimation, weil sie gerade *keine* Transaktionsentscheidung getroffen haben.[189] Rechtsvergleichendes Vorbild ist die sog. *Birnbaum*-Regel des US-amerikanischen Kapitalmarktrechts, der zufolge bei einem täuschungsbedingten Verzicht auf eine Wertpapiertransaktion kein Schadensersatzanspruch besteht.[190] Sie entspringt in erster Linie der Sorge vor einer unübersehbaren Fülle von Ersatzansprüchen.[191] Im Rahmen des § 826 BGB, der kein entsprechendes Transaktionserfordernis enthält, bejaht die Rechtsprechung demgegenüber die Anspruchsberechtigung der untätig gebliebenen Altanleger und begegnet der Gefahr missbräuchlicher Klagen statt dessen mit beweisrechtlichen Mitteln (→ Rn. 31). Nicht aktivlegitimiert sind im Rahmen der §§ 37b, c WpHG ferner potentielle Neuanleger, die auf Grund einer unrichtigen negativen oder pflichtwidrig unterlassenen positiven Ad-hoc-Mitteilung von einem beabsichtigten Aktienerwerb Abstand genommen haben.[192]

**gg) Schaden und haftungsausfüllende Kausalität.** *aaa) Schadensrechtliche Grundmodelle.* Die 52 Modalitäten der Schadensermittlung und Schadensberechnung hat der Reformgesetzgeber nur unzureichend durchdacht. Ausweislich der Regierungsbegründung zum 4. FMFG muss der aktivlegitimierte Anleger so gestellt werden, als ob der Emittent seine Pflichten ordnungsgemäß erfüllt hätte.[193] Ein schlüssiges Konzept des ersatzfähigen Schadens ist damit allerdings noch nicht gefunden.[194] Im Schrifttum stehen sich zwei konkurrierende Grundmodelle gegenüber. Die hL billigt dem Anleger im Rahmen der §§ 37b, c WpHG nur den Ersatz des Kursdifferenzschadens zu, der ihm durch einen „zu teuren" Erwerb der Papiere oder die Erzielung eines „zu billigen" Verkaufspreises entstanden ist.[195] Eine Gegenansicht sieht – alternativ zu dem Ersatz des Kursdifferenzschadens – auch die Rückgängigmachung des Wertpapiergeschäfts als von den §§ 37b, c WpHG umfasst an.[196] Ihr hat sich der BGH in seinem IKB-Urteil vom November 2011 angeschlossen.[197] In der Urteilsbegründung stellt der XI. Zivilsenat maßgeblich auf § 249 BGB ab, der als Basisnorm des gesamten Schadensrechts den Grundsatz der Totalreparation statuiere.[198] Durchschlagende

---

[188] Vgl. *Sethe* in Assmann/Schneider, §§ 37b, c WpHG Rn. 13; *Fleischer* BB 2002, 1869 f.; *Möllers/Leisch* in Möllers/Rotter, § 14 Rn. 56.
[189] Vgl. *Baums* ZHR 166 (2002) 375; *Fleischer* NJW 2002, 2977, 2980; *Maier-Reimer/Webering* WM 2002, 1857, 1859; *Schäfer* in Marsch-Barner/Schäfer, Hdb börsennotierte AG, § 17 Rn. 22; *Zimmer/Grotheer* in Schwark/Zimmer, KMRK, § 37b, c WpHG Rn. 75.
[190] Vgl. *Birnbaum v. Newport Steel Corp.*, 193 F.2d 461 (2nd Cir. 1962), *cert. denied,* 343 U.S. 956; eingehend *Hazen,* Securities Regulation, 6th ed. 2009, § 12.7, S. 566 ff.
[191] Vgl. *Fleischer* ZIP 2005, 1805, 1808; *Veil* BKR 2005, 91, 95; rechtsökonomische Begründung bei *Hellgardt,* S. 343 f.; pragmatische Gründe für eine Übernahme der *Birnbaum*-Doktrin in das kontinentaleuropäische Recht anführend auch *Böckli,* Schweizer Aktienrecht, 3. Aufl. 2004, § 18 Rn. 79.
[192] Vgl. *Fleischer* ZIP 2005, 1805, 1808; *Hopt/Voigt* in Hopt/Voigt, Prospekt- und Kapitalmarktinformationshaftung, S. 9, 11; *Möllers/Leisch* in Möllers/Rotter, § 14 Rn. 56; *Veil* BKR 2005, 91, 95.
[193] Vgl. Begr. RegE 4. FMFG, BT-Drucks. 14/8017, S. 93.
[194] Erste konzeptionelle Grundüberlegungen bei *Fleischer* BB 2002, 1869, 1870 ff.
[195] Vgl. *Sethe* in Assmann/Schneider, §§ 37b, c WpHG Rn. 83 ff.; *Fleischer* BB 2002, 1869, 1870 ff.; *Fleischer* DB 2004, 2031, 2035; *Fuchs/Dühn* BKR 2002, 1063, 1069; *Hopt/Voigt* in Hopt/Voigt, Prospekt- und Kapitalmarktinformationshaftung, S. 9, 130 ff.; *Maier-Reimer/Webering* WM 2002, 1857, 1860 f.; *Mülbert/Steup* WM 2005, 1633, 1635 ff.; *Schäfer* in Marsch-Barner/Schäfer, Hdb börsennotierte AG, § 17 Rn. 26; *Rützel* AG 2003, 69, 79; *Zimmer/Grotheer* in Schwark/Zimmer, KMRK, §§ 37b, c WpHG Rn. 87; differenzierend *Veil* ZHR 163 (2003) 365, 387 ff.
[196] Vgl. *Escher-Weingart/Legeler/Eppinger* WM 2004, 1845, 1848 ff.; *Möllers/Leisch* in KK-WpHG §§ 37b, c Rn. 240 ff.; *Rössner/Bolkart* ZIP 2002, 1471, 1475.
[197] Vgl. BGHZ 192, 90 Leitsatz 3.
[198] Vgl. BGHZ 192, 90 Rn. 51.

Argumente gegen einen Ersatz des Vertragsabschlussschadens ergäben sich weder aus den Gesetzesmaterialien zum 4. FMFG noch aus der Überlegung der hL, dass dem Emittenten nicht das allgemeine Marktrisiko aufgebürdet werden dürfe. Denn schon die dieser Argumentation zugrunde liegende Annahme, der Emittent habe nur das Risiko der Irreführung zu tragen, während die auf Grund allgemeiner (ungünstiger) Marktentwicklung eingetretenen Schäden grundsätzlich beim Kunden zu verbleiben hätten, erweise sich als unzutreffend. Wie § 346 Abs. 3 Satz 1 Nr. 3 BGB zeige, verbleibe die Gefahr der zufälligen Verschlechterung der zurück zu gewährenden Sache generell beim Schädiger.[199] Ergebnis und Begründung dieser höchstrichterlichen Entscheidung sind im Schrifttum mit Recht scharf kritisiert worden.[200] Die hL hat nach wie vor die besseren Argumente auf ihrer Seite.[201] Zu ihren Gunsten sprechen entgegen der Lesart des BGH nicht nur die Gesetzesmaterialien zum 4. FMFG[202], sondern auch und vor allem Erwägungen der sachgerechten Verteilung allgemeiner Kapitalmarktrisiken: Wollte man den Emittenten im Wege der Naturalrestitution zur Erstattung des Erwerbspreises Zug um Zug gegen Übertragung der Aktien verpflichten, so würde man ihm das Risiko allgemeiner Marktschwankungen aufbürden und ihn mit allen denkbaren Folgen des *versari in re illicita* belegen.[203] Weil dies dem Charakter des Wertpapiers als Risikopapier nicht gerecht würde, ist hier eine bereichsspezifische Abschwächung des Dispositionsschutzes (iFd Naturalrestitution) zu einem reinen Vermögensschutz (iFd Kursdifferenzschadens) geboten[204], der auch über einen breiten rechtsvergleichenden Rückhalt verfügt.[205] Die Praxis wird sich freilich auf die Grundkoordinaten des IKB-Urteils einstellen müssen.

53   *bbb) Schadensermittlung und Schadensberechnung.* Als Mindestschaden kann der Anleger auch nach Auffassung des BGH den Kursdifferenzschaden ersetzt verlangen.[206] Als ein solche Kursdifferenzschaden ist der Unterschiedsbetrag zwischen dem tatsächlich gezahlten Transaktionspreis und dem Preis anzusehen, der sich bei pflichtgemäßem Publizitätsverhalten gebildet hätte.[207] Dieser Schaden lässt sich mit den Methoden der modernen Kapitalmarkttheorie durchaus ermitteln: Der tatsächlich gezahlte Transaktionspreis ist bekannt; eine Hilfsgröße zur Ermittlung des hypothetischen Preises bildet die Kursveränderung unmittelbar nach Bekanntwerden der neuen Sachlage.[208] Mit sachverständiger Hilfe kann dann näherungsweise auf den hypothetischen Preis des Papiers am Tage des Geschäftsabschlusses zurückgeschlossen werden.[209] Damit bietet sich dem Tatrichter eine wissenschaftlich abgesicherte Schätzungsgrundlage für die Ermittlung des Vermögensschadens des Ka-

---

[199] Vgl. BGHZ 192, 90 Rn. 58.
[200] Ablehnend etwa *Hellgardt* DB 2012, 673, 677 f.; *Hopt* WM 2013, 101, 107; *Klöhn* AG 2012, 345, 352 ff.; *Schmolke* ZBB 2012, 165, 175 f.; dem BGH grundsätzlich zustimmend aber *Bachmann* JZ 2012, 578, 581.
[201] Eingehend zu Folgendem bereits *Fleischer* BB 2002, 1869, 1870 f.; wie hier *Mülbert/Steup* in Habersack/Mülbert/Schlitt, Hdb Unternehmensfinanzierung, § 41 Rn. 210 ff., 215 ff.
[202] Vgl. die bereits zitierte Passage in Begr. RegE 4. FMFG, BT-Drucks. 14/8017, S. 93, wonach irregeführte Anleger ihre Papiere „zu teuer gekauft" bzw. „zu billig verkauft" haben; dazu auch *Fleischer* BB 2002, 1869, 1871; *Mülbert/Steup* in Habersack/Mülbert/Schlitt, Hdb Unternehmensfinanzierung, § 41 Rn. 220.
[203] Vgl. *Fleischer* BB 2002, 1869, 1871 f.; *Fleischer* NJW 2002, 2977, 2981; *Fleischer/Kalss* AG 2002, 329, 332; *Hopt/Voigt* in Hopt/Voigt, Prospekt- und Kapitalmarktinformationshaftung, S. 9, 132.
[204] Vgl. *Fleischer* BB 2002, 1869, 1873.
[205] Dazu die Belege bei *Fleischer* BB 2002, 1869, 1871 f.
[206] Vgl. BGHZ 192, 90 Leitsatz 4.
[207] Vgl. BGH NZG 2005, 672, 675 (zu § 826 BGB); *Fleischer* BB 2002, 1869, 1872 f.; Schwark/Zimmer/*Grotheer*, KMRK, §§ 37b, c WpHG Rn. 91.
[208] Vgl. BGH NZG 2005, 672, 676; *Fleischer* BB 2002, 1869, 1873; *Escher-Weingart/Lägeler/Eppinger* WM 2004, 1845, 1855; *Schäfer* in Marsch-Barner/Schäfer, Hdb Unternehmensfinanzierung, § 17 Rn. 27; *Veil* ZHR 167 (2003) 365, 387.
[209] Vgl. BGH NZG 2005, 672, 676; *Fleischer* BB 2002, 1869, 1873.

pitalanlegers iSd § 287 ZPO.²¹⁰ Schwierig wird die Schadensermittlung allerdings, wenn die wahre Sachlage nicht schlagartig ans Licht tritt, sondern schrittweise in die Börsenkurse eingearbeitet wird.²¹¹

*ccc) Haftungsausfüllende Kausalität.* Schließlich erfordert ein Ersatzanspruch nach §§ 37b, c **54** WpHG einen Kausalzusammenhang zwischen der Pflichtverletzung des Emittenten und der für den Anleger ungünstigen Börsenkursreaktion.²¹² Die Darlegungs- und Beweislast für diese haftungsausfüllende Kausalität liegt grundsätzlich beim Anleger.²¹³

hh) Anspruchsausschluss und Anspruchskürzung. Ausgeschlossen ist der Schadensersatz- **55** anspruch nach §§ 37b Abs. 3, 37c Abs. 3 WpHG, wenn der Anleger die pflichtwidrig nicht veröffentlichte oder die Unwahrheit der veröffentlichten Insiderinformation kannte.²¹⁴ Grob fahrlässige Unkenntnis führt dagegen nicht zu einem Anspruchsausschluss.²¹⁵

ii) Verjährung. Der Schadensersatzanspruch wegen unterlassener unverzüglicher Veröf- **56** fentlichung von Insiderinformationen verjährt nach § 37b Abs. 4 WpHG in einem Jahr von dem Zeitpunkt an, zu dem der Dritte von der Unterlassung Kenntnis erlangt, spätestens jedoch in drei Jahren seit der Unterlassung.²¹⁶ Der Ersatzanspruch wegen Veröffentlichung unwahrer Insiderinformationen verjährt nach § 37c Abs. 4 WpHG in einem Jahr von dem Zeitpunkt an, zu dem der Dritte von der Unrichtigkeit der Insiderinformation Kenntnis erlangt, spätestens jedoch in drei Jahren seit der Veröffentlichung.²¹⁷

**b) Deliktische Verantwortlichkeit iVm § 31 BGB.** aa) Allgemeines. Analog § 31 **57** BGB trifft den Emittenten eine Einstandspflicht für deliktische Handlungen seiner Organmitglieder.²¹⁸ Das gilt insbesondere für die von seinen Vorstandsmitgliedern durch falsche Ad-hoc-Mitteilungen begangenen sittenwidrigen Schädigungen (§ 826 BGB) und vorsätzliche Verstöße gegen ein Schutzgesetz (§ 823 Abs. 2 BGB iVm § 400 AktG).²¹⁹

bb) Verhältnis zur aktienrechtlichen Kapitalerhaltung. Die als Schadensausgleich gemäß **58** § 249 BGB vorrangig geschuldete Naturalrestitution (→ Rn. 33 ff.) wird durch die aktienrechtlichen Gläubigerschutzvorschriften über das Verbot der Einlagenrückgewähr (§ 57 AktG) und das Verbot des Erwerbs eigener Aktien (§ 71 AktG) weder ausgeschlossen noch begrenzt.²²⁰ Zur Begründung führt der BGH an, die Ersatzforderungen der Anleger beruhten nicht in erster Linie auf ihrer mitgliedschaftlichen Sonderrechtsbeziehung als Aktionäre, sondern auf ihrer Stellung als Drittgläubiger.²²¹ Schlagkräftiger ist das Argument, dass sich der Gesetzgeber für einen Vorrang kapitalmarktrechtlicher Schadensersatzansprüche ausgesprochen hat: § 15 Abs. 6 Satz 1 WpHG erkennt Ersatzansprüche gegen den Emittenten gemäß §§ 37b, c WpHG ausdrücklich an, die bei einem Vorrang der Kapital-

---

²¹⁰ Vgl. BGH NZG 2005, 672, 676; BGHZ 192, 90 Rn. 68; *Sethe* in Assmann/Schneider, §§ 37b, c WpHG Rn. 95; *Mülbert/Steup* in Habersack/Mülbert/Schlitt, Hdb Unternehmensfinanzierung, § 33 Rn. 204; *Zimmer/Grotheer* in Schwark/*Zimmer* KMRK, §§ 37b, c WpHG Rn. 92.
²¹¹ Näher *Fleischer* BB 2002, 1869, 1873; *Mülbert/Steup* in Habersack/Mülbert/Schlitt, Hdb Unternehmensfinanzierung, § 33 Rn. 204; *Zimmer/Grotheer* in Schwark/Zimmer, KMRK, §§ 37b, c WpHG Rn. 93.
²¹² Vgl. *Mülbert/Steup* in Habersack/Mülbert/Schlitt, Hdb Unternehmensfinanzierung, § 41 Rn. 227.
²¹³ Vgl. *Mülbert/Steup* in Habersack/Mülbert/Schlitt, Hdb Unternehmensfinanzierung, § 41 Rn. 233.
²¹⁴ Näher *Zimmer/Grotheer* in Schwark/Zimmer, KMRK, §§ 37b, c WpHG Rn. 77 ff.
²¹⁵ Vgl. Begr. RegE 4. FMFG, BT-Drucks. 14/8017, S. 94; *Sethe* in Assmann/Schneider, §§ 37b, c WpHG Rn. 111; *Fleischer* NJW 2002, 2977, 2981; *Möller/Leisch* in KK-WpHG, §§ 37b, c Rn. 259.
²¹⁶ Näher *Sethe* in Assmann/Schneider, §§ 37b, c WpHG Rn. 115 ff.
²¹⁷ Vgl. *Sethe* in Assmann/Schneider, §§ 37b, c WpHG Rn. 120.
²¹⁸ Vgl. BGH NZG 2005, 672; NZG 2007, 345 Rn. 5; NZG 2007, 708 Rn. 11; OLG Frankfurt ZIP 2005, 710, 713; OLG München ZIP 2005, 901, 903; OLG München ZIP 2005, 1141, 1143; *Fleischer* ZIP 2005, 1805, 1810.
²¹⁹ Vgl. BGH NZG 2005, 672, 673; *Möllers/Leisch* in Möllers/Rotter, § 15 Rn. 16 ff.
²²⁰ Vgl. BGH NZG 2005, 672.
²²¹ Vgl. BGH NZG 2005, 672, 674.

erhaltungsvorschriften weithin leer liefen.[222] Neben dem Gesetzgeberwillen sind es vor allem wertende Gesichtspunkte, die für einen unbedingten Vorrang der Anlegerinteressen und gegen eine Haftungsbegrenzung auf das freie, Grundkapital und gesetzliche Rücklagen übersteigende Gesellschaftsvermögen[223] sprechen.[224] Ob die Akzente im Insolvenzfall anders zu setzen und irregeführte Anleger mit ihren Ersatzansprüchen in die Reihe der nachrangigen Insolvenzgläubiger gem. § 39 Abs. 1 InsO einzuordnen sind[225], ist allein eine Frage *de lege ferenda*.[226] Der Vorrang der deliktischen Emittentenhaftung ist entgegen gelegentlich geäußerter Zweifel[227] auch mit dem Unionsrecht vereinbar[228], wie der EuGH neuerdings bestätigt hat.[229]

### III. Haftung für fehlerhafte Regelpublizität

**59** **1. Persönliche Haftung der Organmitglieder.** Bei der persönlichen Haftung der Vorstandsmitglieder für fehlerhafte Regelpublizität ist zwischen den einzelnen Publizitätspflichten zu unterscheiden.[230] Im konkreten Zugriff gilt:

**60** **a) Fehlerhafter Jahresabschluss.** Für unrichtige Angaben in der Eröffnungsbilanz, im Jahresabschluss und im Lagebericht sowie im Konzernabschluss und im Konzernlagebericht haften die verantwortlichen Vorstandsmitglieder nach § 823 Abs. 2 BGB iVm § 331 Nr. 1 und 2 HGB.[231] Der Schutzgesetzcharakter dieser Vorschrift zugunsten aktueller und potentieller Anleger ist allgemein anerkannt[232]; allerdings verlangt sie in subjektiver Hinsicht, dass der Täter die Falschdarstellung tatsächlich für möglich hält und billigend in Kauf nimmt.[233] Weitere einschlägige Schutzgesetze sind § 334 HGB[234] und § 400 Abs. 1 Nr. 1 AktG, die jedoch gegenüber § 331 Abs. 1 HGB zurücktreten.[235] Dagegen begründet die Unterzeichnung des Jahresabschlusses nach § 245 HGB keine zivilrechtliche Haftung der Vorstands-

---

[222] Vgl. *Fleischer* ZIP 2005, 1805, 1810; *Horn,* FS für Ulmer, 2003, S. 817, 827; *Keusch/Wankerl* BKR 2003, 744, 746; *Langenbucher* ZIP 2005, 239, 241; *Renzenbrink/Holzner* BKR 2002, 434, 438.

[223] Dafür aber *Henze* NZG 2005, 115, 121; *Veil* ZHR 167 (2003) 365, 395.

[224] Näher *Fleischer* ZIP 2005, 1805, 1811.

[225] So der Vorschlag von *Baums* ZHR 167 (2003) 139, 170; zustimmend *Hopt/Voigt* in Hopt/Voigt, Prospekt- und Kapitalmarktinformationshaftung, S. 9, 118; ablehnend *Zimmer* WM 2004, 9, 11.

[226] Wie hier *Hopt/Voigt* in Hopt/Voigt, Prospekt- und Kapitalmarktinformationshaftung, S. 9, 118; *Möllers* BB 2005, 1637, 1642; abw. anscheinend *Langenbucher* ZIP 2005, 239, 244 f.

[227] Für eine Notwendigkeit einer Schadensersatzbegrenzung auf das freie Vermögen im Hinblick auf Art. 15 KapRL etwa *Veil* ZHR 167 (2003) 365, 395.

[228] Näher *Fleischer* ZIP 2005, 1805, 1811; iE ebenso *Langenbucher* ZIP 2005, 239, 242; *Möllers* BB 2005, 1337, 1341 f.; *Mülbert/Steup* WM 2005, 1633, 1653; eingehend *Fleischer/Schneider/Thaten* NZG 2012, 861 ff. mwN.

[229] Vgl. EuGH NZG 2014, 215; instruktiv dazu *Kalss* EuZW 2014, 227 f.

[230] Für eine umfassende Systematisierung *Merkt,* Unternehmenspublizität, 2001, S. 314 ff., 350 ff.; *Brellochs,* S. 47 ff.; eingehend auch *Meier-Reimer/Seulen* in Habersack/Mülbert/Schlitt, Hdb Kapitalmarktinformation, § 30 Rn. 197 ff.

[231] Vgl. LG Bonn AG 2001, 486; *Fleischer* WM 2006, 2021, 2026; *Hennrichs,* FS für Kollhosser, 2004, Bd. II, S. 201, 214; *Maier-Reimer/Seulen* in Habersack/Mülbert/Schlitt, Hdb Kapitalmarktinformation, § 30 Rn. 250 ff.; *Mülbert/Steup* in Habersack/Mülbert/Schlitt, Hdb Unternehmensfinanzierung, § 41 Rn. 266.

[232] Vgl. *Merkt* in Baumbach/Hopt, HGB, § 331 Rn. 1; *Quedenfeld* in MüKoHGB, § 331 Rn. 2; *Dannecker* in GroßKomm BilR, § 331 HGB Rn. 4.

[233] Vgl. *Dannecker* in GroßKomm BilR, § 331 HGB Rn. 55; *Fleischer* WM 2006, 2021, 2026; zu allfälligen Beweisproblemen auch *Hennrichs,* FS für Kollhosser, 2004, Bd. II, S. 201, 214.

[234] Vgl. *Hennrichs,* FS für Kollhosser, 2004, Bd. II, S. 201, 214; *Quedenfeld* in MüKoHGB, § 334 Rn. 11; *Dannecker* in Großkomm BilR, § 334 HGB Rn. 19.

[235] Für § 334 HGB *Quedenfeld* in MüKoHGB, § 334 Rn. 53; für § 400 AktG LG Bonn AG 2001, 486, 488; *Dannecker* in GroßKomm BilR, § 331 HGB Rn. 121.

mitglieder: Weder liegt in der Unterzeichnung ein persönliches Schuldanerkenntnis[236], noch ist § 245 HGB selbst Schutzgesetz iSv § 823 Abs. 2 BGB.[237] Überwiegender Auffassung zufolge fehlt auch den Rechnungslegungsvorschriften der §§ 238 ff. HGB, namentlich dem Einblicksgebot des § 264 Abs. 2 HGB, die Schutzgesetzeigenschaft[238], doch regt sich hiergegen zunehmend Widerstand.[239] Nach hM scheidet ferner eine Haftung für fehlerhafte Bilanzen nach den Grundsätzen der Prospekthaftung aus, weil die Jahresabschlüsse weder Prospekte iSd § 21 WpPG noch solche im Sinne der Rechtsprechungsgrundsätze zur bürgerlichrechtlichen Prospekthaftung sind.[240] Möglich bleibt aber eine Haftung nach § 826 BGB.[241] Der deutsche „Bilanzeid" nach § 264 Abs. 2 Satz 3 HGB begründet keine garantieähnliche Einstandspflicht der Vorstandsmitglieder für die materiellrechtliche Richtigkeit des Jahresabschlusses.[242] Kapitalanleger können sich daher nur auf § 823 Abs. 2 BGB iVm § 331 Nr. 3a HGB stützen.

**b) Fehlerhafte Finanzberichte.** Seit dem Jahre 2007 ist die periodische Finanzberichterstattung in den §§ 37v ff. WpHG geregelt, die Inlandsemittenten zur Erstellung und Offenlegung von Jahresfinanzberichten, Halbjahresfinanzberichten und Zwischenmitteilungen verpflichten.[243] Eine spezialgesetzliche Haftungsvorschrift für fehlerhafte Finanzberichte fehlt.[244] Die gelegentlich erwogene Analogie zu den §§ 37b, c WpHG[245] ist mangels einer Regelungslücke nicht begründbar.[246] In Betracht kommt aber eine deliktische Haftung für fehlerhafte Finanzberichte nach § 826 BGB.[247] Zudem ist eine Haftung nach § 823 Abs. 2 BGB iVm einem Schutzgesetz denkbar.[248]

**c) Fehlerhafte Entsprechenserklärung (§ 161 AktG).** aa) Deliktsrechtliche Ansprüche. Vorstandsmitglieder, die eine fehlerhafte Entsprechenserklärung abgeben, haften nach

---

[236] Vgl. *Fleischer* WM 2006, 2021, 2026; *Hennrichs,* FS für Kollhosser, 2004, Bd. II, S. 201, 213; *Weilinger,* Die Aufstellung und Feststellung des Jahresabschlusses im Handels- und Gesellschaftsrecht, 1997, Rn. 838, 841, 849.

[237] Vgl. *Fleischer* WM 2006, 2021, 2026; *Hennrichs,* FS für Kollhosser, 2004, Bd. II, S. 201, 213.

[238] Vgl. BGH BB 1964, 1273; LG Bonn AG 2001, 484, 485 f.; zurückhaltend auch BGHZ 125, 366, 377 ff.; aus dem Schrifttum *Canaris,* Handelsrecht, 23. Aufl. 2000, § 12 Rn. 11; Kölner Komm AktG/*Claussen/Korth,* § 264 HGB Rn. 50; *Hüttemann* in Großkomm BilR, § 264 HGB Rn. 58; *Mülbert/Steup* WM 2005, 1633, 1645 f.

[239] Vgl. *Dühn,* S. 196 ff.; *Fehrenbacher,* Registerpublizität und Haftung im Zivilrecht, 2004, S. 456 ff., 494 ff.; *Kalss,* Anlegerinteressen, 2001, S. 327 f.; *Merkt,* Unternehmenspublizität, 2001, S. 249 ff.; *Luttermann* in MüKoAktG, § 264 HGB Rn. 214; eingehend zuletzt *Fleischer* WM 2006, 2021, 2026 ff.

[240] Vgl. *Groß* WM 2002, 477, 479 f.; *Hennrichs,* FS für Kollhosser, 2004, Bd. II, S. 201, 213 mit Fn. 56.

[241] Vgl. *Hennrichs,* FS für Kollhosser, 2004, Bd. II, S. 201, 213; *Mülbert/Steup* in Habersack/Mülbert/Schlitt, Hdb Unternehmensfinanzierung, § 41 Rn. 275.

[242] Näher *Fleischer* ZIP 2007, 97, 103.

[243] Näher dazu *Maier-Reimer/Seulen* in Habersack/Mülbert/Schlitt, Hdb Kapitalmarktinformation, § 30 Rn. 197 ff.; *Mülbert/Steup* in Habersack/Mülbert/Schlitt, Hdb Unternehmensfinanzierung, § 41 Rn. 257 ff.

[244] Vgl. *Maier-Reimer/Seulen* in Habersack/Mülbert/Schlitt, Hdb Kapitalmarktinformation, § 30 Rn. 200; *Mülbert/Steup* in Habersack/Mülbert/Schlitt, Hdb Unternehmensfinanzierung, § 41 Rn. 254.

[245] Hierfür *Mülbert/Steup* WM 2005, 1633, 1651 f.; *Mülbert/Steup* in Habersack/Mülbert/Schlitt, Hdb Unternehmensfinanzierung, § 33 Rn. 255.

[246] Wie hier *Sethe* in Assmann/Schneider, WpHG, §§ 37b, c Rn. 30; *Longino* DStR 2008, 2068, 2071; *Maier-Reimer/Seulen* in Habersack/Mülbert/Schlitt, Hdb Kapitalmarktinformation, § 30 Rn. 11; *Schmolke* ZBB 2012, 165, 167 f.

[247] Vgl. *Maier-Reimer/Seulen* in Habersack/Mülbert/Schlitt, Hdb Kapitalmarktinformation, § 30 Rn. 247; *Mülbert/Steup* in Habersack/Mülbert/Schlitt, Hdb Unternehmensfinanzierung, § 41 Rn. 255.

[248] Vgl. *Mülbert/Steup* in Habersack/Mülbert/Schlitt, Hdb Unternehmensfinanzierung, § 41 Rn. 255.

ganz hM nicht nach § 823 BGB. § 823 Abs. 1 BGB ist nicht verwirklicht, weil die Unrichtigkeit der Entsprechenserklärung keine Verletzung des Mitgliedschaftsrechts darstellt[249]; § 823 Abs. 2 BGB greift nicht ein, weil es an einem einschlägigen Schutzgesetz fehlt: Die Kodexempfehlungen sind keine Rechtsnormen iSd Art. 2 EGBGB[250]; § 161 AktG schützt den einzelnen Kapitalanleger nur in Form eines Rechtsreflexes und hat daher keine Schutzgesetzeigenschaft[251]; sonstige aktien-, kapitalmarkt- oder strafrechtliche Normen, die anerkannte Schutzgesetze darstellen, sind tatbestandlich in aller Regel nicht erfüllt.[252] In Betracht kommt daher allein § 826 BGB[253], der aber hohe tatbestandliche Hürden errichtet: Namentlich der Schädigungsvorsatz und die haftungsbegründende Kausalität zwischen fehlerhafter Entsprechenserklärung und Anlageentscheidung werden nur höchst selten nachweisbar sein.[254]

bb) Prospekt- und Vertrauenshaftung. Ansprüche aus börsengesetzlicher Prospekthaftung scheiden von vornherein aus, da die Entsprechenserklärung keinen Prospekt iSd § 21 Abs. 1 WpPG darstellt.[255] Nach hM bleibt auch kein Raum für die bürgerlichrechtliche Prospekthaftung, weil die Entsprechenserklärung nicht den Eindruck erweckt, alle wesentlichen Angaben für die Beurteilung eines Wertpapiers zu enthalten.[256] Ebenso wenig in Betracht kommt eine Sachwalterhaftung der Organmitglieder nach §§ 280 Abs. 1, 311 Abs. 3 BGB[257], handelt es sich bei der Entsprechenserklärung doch um eine Wissens- und keine Willenserklärung.[258]

**63** **2. Haftung des Emittenten.** Eine Einstandspflicht des Emittenten ist nach §§ 823 Abs. 2, 826 iVm § 31 BGB analog denkbar.

### IV. Haftung für fehlerhafte freiwillige Kapitalmarktinformation

**64** **1. Persönliche Haftung der Organmitglieder.** Soweit freiwillige Angaben im Rahmen gesetzlicher Pflichtpublikationen erfolgen, unterliegen sie derselben Haftung wie die

---

[249] Vgl. *Abrams* ZBB 2003, 41, 44; *Becker*, S. 107 ff.; *Berg/Stöcker* WM 2002, 1569, 1578; *Ettinger/Grützediek* AG 2003, 353, 358; *Hüffer*, AktG, § 161 Rn. 28; *Kiethe* NZG 2003, 559, 565; *Kort*, FS für Raiser, 2005, S. 203, 205 ff.; *Paschos* in Habersack/Mülbert/Schlitt, Hdb Kapitalmarktinformation, § 30 Rn. 289; *Radke*, S. 216 f.; *Ulmer* ZHR 166 (2002) 150, 168.

[250] Vgl. *Abrams* NZG 2003, 307, 308; *Berg/Stöcker* WM 2002, 1569, 1578; *Hüffer*, AktG, § 161 Rn. 28; *Radke*, S. 219 ff.; *Ulmer* ZHR 166 (2002) 150, 168; *Vetter* DNotZ 2003, 748, 762.

[251] Vgl. *Bachmann* WM 2002, 2137, 2142; *Berg/Stöcker* WM 2002, 1569, 1579; *Ettinger/Grützediek* AG 2003, 353, 359; *Kort*, FS für Raiser, 2005, S. 203, 208 f.; *Paschos* in Habersack/Mülbert/Schlitt, Hdb Kapitalmarktinformation, § 30 Rn. 290 f.; *Seibt* AG 2002, 249, 256; *Vetter* DNotZ 2003, 748, 762; abw. *Ehricke* in Hopt/Voigt, Prospekt- und Kapitalmarktinformationshaftung, S. 187, 310 f.

[252] Eingehend *Kort*, FS für Raiser, 2005, S. 203, 209 ff.; *Paschos* in Habersack/Mülbert/Schlitt, Hdb Kapitalmarktinformation, § 30 Rn. 298 ff.; *Radke*, S. 223 ff.

[253] Vgl. *Becker*, S. 144 ff.; *Ehricke* in Hopt/Voigt, Prospekt- und Kapitalmarktinformationshaftung, S. 187, 309; *Ettinger/Grützediek* AG 2003, 353, 360; *Hüffer*, AktG, § 161 Rn. 29; *Paschos* in Habersack/Mülbert/Schlitt, Hdb Kapitalmarktinformation, § 30 Rn. 303 ff.

[254] Im Ergebnis ebenso *Ehricke* in Hopt/Voigt, Prospekt- und Kapitalmarktinformationshaftung, S. 187, 309; *Ettinger/Grützediek* AG 2003, 353, 360; *Hüffer*, § 161 AktG Rn. 29 f.; *Kiethe* NZG 2003, 559, 566; *Kort*, FS für Raiser, 2005, 203, 215 f.; *Radke*, S. 230 ff.; *Seibt* AG 2002, 249, 256.

[255] Vgl. *Ehricke* in Hopt/Voigt, Prospekt- und Kapitalmarktinformationshaftung, S. 187, 309; *Ettinger/Grützediek* AG 2003, 353, 357; *Kort*, FS für Raiser, 2005, S. 203, 223; *Paschos* in Habersack/Mülbert/Schlitt, Hdb Kapitalmarktinformation, § 30 Rdn. 319.

[256] Vgl. *Bachmann* WM 2002, 2137, 2140; *Berg/Stöcker* WM 2002, 1569, 1580; *Ettinger/Grützediek* AG 2003, 353, 357 f.; *Hüffer*, AktG, § 161 Rn. 29 f.; *Kort*, FS für Raiser, 2005, S. 203, 218 ff.; *Radke*, S. 248 ff.; abw. *Lutter*, FS für Druey, 2002, S. 463, 473 ff.; *Ulmer* ZHR 166 (2002) 150, 169.

[257] Vgl. *Ettinger/Grützediek* AG 2003, 353, 357; *Hüffer*, AktG, § 161 Rn. 30; *Kort*, FS für Raiser, 2005, S. 203, 216 f.

[258] Vgl. *Bachmann* WM 2002, 2137, 2139; *Ettinger/Grützediek* AG 2003, 353, 357; *Seibt* AG 2002, 249, 253.

Pflichtangaben selbst.[259] Im Übrigen bewendet es bei den bürgerlichrechtlichen Anspruchsgrundlagen.[260] Für mündliche Falschinformationen von Vorstandsmitgliedern im Rahmen der Hauptversammlung kommt ggf. § 823 Abs. 2 BGB iVm § 400 Abs. 1 Nr. 1 AktG in Betracht[261], für mündliche Äußerungen auf Werbeveranstaltungen oder in Fernsehinterviews § 826 BGB.[262] Darüber hinaus ist eine Einstandspflicht der Prospektverantwortlichen unter den Voraussetzungen der bürgerlichrechtlichen Prospekthaftung denkbar[263], namentlich für freiwillige Aktionärsbriefe, Pressemitteilungen, Unternehmensbroschüren oder Investorenhandbücher, wohl auch für Darstellungen auf der Website des Emittenten[264], dagegen nach hM nicht für mündliche Äußerungen.[265]

**2. Haftung des Emittenten.** Eine Einstandspflicht des Emittenten ist nach §§ 823 Abs. 2, 826 iVm § 31 BGB analog denkbar.[266]

## § 7 Internationales Privatrecht

**Übersicht**

| | Rn. |
|---|---|
| I. Kollisionsrechtliche Fragen der Anbahnung von Verträgen über Kapitalanlagen | 1–26 |
| 1. Internationales Wettbewerbsrecht, insbesondere im Hinblick auf die Werbung für Kapitalanlagen | 1 |
| a) Werbung in Presseerzeugnissen | 3 |
| b) Werbung durch persönliche Kontakte aus dem Ausland | 5 |
| c) Werbung durch inländische Repräsentanten oder Zweigniederlassungen | 7 |
| d) Werbung durch e-commerce | 8 |
| e) Gewinnzusagen | 10 |
| 2. Anlageberatung und Anlagevermittlung | 11 |
| a) Objektive Anknüpfung | 11 |
| b) Anlagenvermittlungs- und -beratungsverträge als Verbraucherverträge | 14 |
| c) Die Verpflichtungen im Einzelnen | 15 |
| 3. Prospekthaftung | 19 |
| a) Bürgerlichrechtliche Prospekthaftung | 20 |
| b) Gesetzliche Prospekthaftung | 24 |
| c) Kapitalanlagebetrug | 26 |
| II. Internationales Kapitalanlagerecht | 27–47 |
| 1. Maßgeblichkeit des Parteiwillens | 27 |
| a) Rechtswahl in AGB | 31 |
| b) Kapitalanlagegeschäfte als Verbraucherverträge | 35 |
| c) Grenzen der Rechtswahlfreiheit | 36 |
| 2. Form von Kapitalanlagegeschäften | 42 |
| a) Immobilienanlagen | 43 |
| b) Beteiligung an Gesellschaften | 45 |
| III. Kollisionsrechtliche Fragen einzelner Kapitalanlagegeschäfte | 48–106 |
| 1. Festverzinsliche Anlagen | 48 |
| 2. Effektengeschäfte | 50 |
| a) Qualifikation des Wertpapiers | 50 |

---

[259] Vgl. *Dühn*, S. 217.
[260] Dazu auch *Paschos* in Habersack/Mülbert/Schlitt, Hdb Kapitalmarktinformation, § 30 Rn. 345.
[261] Eingehend *Dühn*, S. 203 ff.; ferner *Paschos* in Habersack/Mülbert/Schlitt, Hdb Kapitalmarktinformation, § 30 Rn. 349.
[262] Vgl. *Mülbert/Steup* in Habersack/Mülbert/Schlitt, Hdb Unternehmensfinanzierung, § 41 Rn. 290; *Paschos* in Habersack/Mülbert/Schlitt, Hdb Kapitalmarktinformation, § 30 Rn. 349.
[263] Vgl. *Mülbert/Steup* in Habersack/Mülbert/Schlitt, Hdb Unternehmensfinanzierung, § 41 Rn. 290.
[264] Zur Ausdehnung des Prospektbegriffs insoweit *Ehricke* in Hopt/Voigt, Prospekt- und Kapitalmarktinformationshaftung, S. 187, 198.
[265] Vgl. zum Schriftformerfordernis des bürgerlichrechtlichen Prospektbegriffs *Ehricke* in Hopt/Voigt, Prospekt- und Kapitalmarktinformationshaftung, S. 187, 198.
[266] Vgl. *Paschos* in Habersack/Mülbert/Schlitt, Hdb Kapitalmarktinformation, § 30 Rn. 349.

§ 7 1, 2                                             2. Kapitel. Zivilrechtliche Pflichten und Haftung

|  | Rn. |
|---|---|
| b) Übertragung von Wertpapieren und Berechtigung aus Wertpapieren | 51 |
| c) Insiderregeln | 53 |
| d) Verwahrung von Wertpapieren | 54 |
| e) Treuhandverhältnis | 58 |
| f) Wertpapierleihe | 59 |
| 3. Investmentgeschäfte | 60 |
| 4. Immobilienanlagen | 64 |
| 5. Beteiligung an Gesellschaften | 68 |
| a) Gesellschaftsstatut | 69 |
| b) Die durch das Gesellschaftsstatut bestimmten Rechtsverhältnisse | 73 |
| c) Die stille Gesellschaft | 87 |
| 6. Finanztermingeschäfte | 88 |
| a) Schutz von Kapitalanlagen | 88 |
| b) Vertragsstatut | 89 |
| 7. Zinstermingeschäfte und -swaps als Form der Financial Futures | 91 |
| 8. Devisenhandelsgeschäfte | 97 |
| 9. Sicherung von Kapitalanlagegeschäften | 100 |
| a) Garantie | 100 |
| b) Dokumentenakkreditiv | 102 |

**Schrifttum:** Münchener Kommentar Internationales Kapitalmarktrecht *(Schnyder),* Bd. 11, 5. Aufl., 2010; *Kümpel/Wittig* Bank- und Kapitalmarktrecht, 4. Aufl., 2011; *Reithmann/Martiny,* Internationales Vertragsrecht, 7. Aufl., 2010 *(Freitag,* Bankverträge, Rn. 1231 ff.; *Mankowski,* Finanzmarktverträge, Rn. 2341 ff.); Wegen der jeweils speziellen Probleme, die die kollisionsrechtliche Behandlung der einzelnen Anlageformen aufwirft, sind die Schrifttumshinweise im übrigen der bessern Übersicht halber den mit arabischen Ziffern nummerierten Gliederungspunkten vorangestellt.

## I. Kollisionsrechtliche Fragen der Anbahnung von Verträgen über Kapitalanlagen

### 1. Internationales Wettbewerbsrecht, insbesondere im Hinblick auf die Werbung für Kapitalanlagen

**Schrifttum:** *Deutsch,* Wettbewerbstatbestände mit Auslandsbezug, 1962; *Joerges,* Die klassische Konzeption des Internationalen Privatrechts und das Recht des unlauteren Wettbewerbs, RabelsZ 36 (1972) 421 ff.; *Regelmann,* Die internationalprivatrechtliche Anknüpfung des Gesetzes gegen unlauteren Wettbewerb, 1988; *Troller,* Das internationale Privatrecht des unlauteren Wettbewerbs, 1962; *Weber,* Die kollisionsrechtliche Behandlung von Wettbewerbsverletzungen mit Auslandsbezug, 1982; *Wilde,* Internationales Wettbewerbsrecht, in: *Loschelder/Erdmann* (Hrsg.), Handbuch des Wettbewerbsrechts, 4. Aufl., 2010, S. 83 ff.; *ders.,* Europäisches und nationales Recht des unlauteren Wettbewerbs, FS für Rothoeft, 1994, S. 201 ff.; *Wirner,* Wettbewerb und internationales Privatrecht, 1960.

1   Kollisionsrechtliche Probleme treten bei der Werbung für Kapitalanlagen insbesondere bei der Brief- und Prospektwerbung aus dem Ausland und Anzeigen in international verbreiteten Presseerzeugnissen auf.

2   Das deutsche internationale Wettbewerbsrecht ist nicht in einer spezifischen Kollisionsnorm kodifiziert. Nach der früher favorisierten weltweiten Anwendbarkeit deutschen Wettbewerbsrechts[1] wurde dann zunächst auf die lex loci delicti commissi abgestellt.[2] Heute wendet die Rechtsprechung regelmäßig das Recht des Ortes an, an dem die wettbewerblichen Interessen der Mitbewerber aufeinander stoßen, wo also die wettbewerbliche Interessenüberschneidung stattfindet.[3] Art. 4 Abs. 2 Rom II-VO findet in Wettbewerbssa-

---

[1] Vgl. dazu zB RG JW 1901, 851 („Gratisschnittmuster").
[2] Vgl. zB BGHZ 21, 266 („Uhrenrohwerke").
[3] Vgl. BGHZ 35, 329 („Kindersaugflaschen"); BGH GRUR 1982, 495 („Domgarten-Brand") *Fezer/Koos* in Staudinger, 2010, IntWirtschR, Rn. 479.

chen grundsätzlich keine Anwendung[4]. Die Maßgeblichkeit des Rechts des Ortes der wettbewerblichen Interessenkollision wird auch – in verschiedenen Spielarten – von der überwiegenden Ansicht in der Literatur vertreten.[5] Die abweichenden Meinungen von *Steindorff*[6] und *Joerges*[7] haben sich nicht durchsetzen können. Ausgehend von den in der Entscheidung „Kindersaugflaschen" entwickelten Grundsätzen ist bei grenzüberschreitender Werbung für Kapitalanlagen nach der Art der werbenden Kontaktsuche zu differenzieren:

**a) Werbung in Presseerzeugnissen.** Bei Anzeigenwerbung in ausländischen Presseerzeugnissen, die im Inland **nicht** verbreitet werden, kommt die Anwendung deutschen Wettbewerbsrechts nicht in Betracht.[8] Der als Anknüpfung dienende Ort der wettbewerblichen Interessenüberschneidung liegt allein im Ausland.

Bei Anzeigenwerbung in in- und ausländischen Presseerzeugnissen, die im Inland verbreitet werden, kommt deutsches Wettbewerbsrecht zur Anwendung. Das ist die ratio decidendi der „Tampax"-Entscheidung,[9] in der der BGH ein Inserat in einer schweizerischen Illustrierten, die in nicht unerheblichem Maße regelmäßig auch in der Bundesrepublik Deutschland verbreitet wurde, nach deutschem Wettbewerbsrecht beurteilt hat.

**b) Werbung durch persönliche Kontakte aus dem Ausland.** Bei Werbemaßnahmen aus dem Ausland durch persönliche Kontaktaufnahme, insbesondere Briefe, Telefongespräche oder Besuche, ist ebenfalls auf den Ort der wettbewerblichen Interessenkollision abzustellen.[10] Dieser liegt regelmäßig im Inland, so dass sich die Zulässigkeit der Werbung in diesen Fällen nach deutschem Wettbewerbsrecht beurteilt.

Spricht ein Broker aus Chicago potentielle Kunden in der Bundesrepublik unaufgefordert durch Telefonanrufe[11], Fernschreiben[12] oder Fernkopie[13] an, so beurteilt sich diese Werbung nach deutschem Wettbewerbsrecht, und sie ist nach der Rechtsprechung des BGH regelmäßig wettbewerbswidrig.

**c) Werbung durch inländische Repräsentanten oder Zweigniederlassungen.** Ausländische Anbieter von Kapitalanlagen bedienen sich für ihre Inlandsgeschäfte häufig

---

[4] Vgl. *Wilde*, Internationales Wettbewerbsrecht in Gloy/Loschfelder, Handbuch des Wettbewerbsrechts, 4. Aufl., 2010, § 10 Rn. 24.

[5] Vgl. *Beitzke* JuS 1966, 139 ff.; *Deutsch*, Wettbewerbstatbestände mit Auslandsbezug, 1962; *Wengler* RabelsZ 19 (1954) 401 ff.; *Weber*, Kollisionsrechtliche Behandlung von Wettbewerbsverletzungen mit Auslandsbezug, 1982; *Wilde*, Internationales Wettbewerbsrecht, § 10, Rn. 15; *Wirner*, Wettbewerb und Internationales Privatrecht, 1960; *Troller*, Das Internationale Privatrecht des Unlauteren Wettbewerbs, 1962.

[6] Sachnormen und internationales Privatrecht, 1958, wendet sich gegen die Unterstellung eines international gelagerten Sachverhalts unter eine Rechtsordnung und will besondere Sachnormen entwickeln, die der Internationalität Rechnung tragen.

[7] RabelsZ 36 (1972) 401 ff. will auf die Störungen des wirtschaftlichen und sozialen Systems sowie die staatlichen, wirtschaftlichen und politischen Zielsetzungen der beteiligten Staaten abstellen.

[8] Vgl. *Wilde*, Internationales Wettbewerbsrecht, § 10 Rn. 27.

[9] Vgl. BGH GRUR 1971, 153 („Tampax").

[10] Vgl. BGHZ 40, 39 = BGH GRUR 1964, 316 („Stahlexport") für die Briefwerbung. Der BGH hat bei Wettbewerb deutscher Unternehmen im Ausland deutsches Recht angewendet, nicht als gemeinsames Heimatrecht der Wettbewerber, sondern, weil der Ort der Interessenkollision im Inland gesehen wurde. Bei Wettbewerb von Inländern auf ausländischen Märkten – so der BGH – sei deutsches Recht nur anwendbar, wenn entweder auf diesem ausländischen Markt nur inländische Unternehmen tätig seien oder wenn sich eine Wettbewerbsmaßnahme eines Inländers direkt und gezielt gegen einen deutschen Konkurrenten richte.

[11] Vgl. dazu BGH GRUR 1970, 523; BGH GRUR 1989, 753; BGH GRUR 1990, 280.

[12] Vgl. dazu BGH GRUR 1973, 210.

[13] Vgl. dazu KG NJW-RR 1992, 1193.

inländischer Zweigniederlassungen[14] oder Repräsentanten.[15] In diesen Fällen beurteilt sich die Werbung nach deutschem Wettbewerbsrecht. Der Ort der wettbewerblichen Interessenkollision liegt im Inland.

**8**   **d) Werbung durch e-commerce.** Besondere Probleme stellen sich bei der Werbung durch Internet und e-commerce. Hier kann die Werbung unabhängig vom Standort des jeweiligen Servers von jedem Punkt der Erde abgerufen werden. Hier ist eine Einschränkung geboten, wenn die Werbung konzeptionell auf einen bestimmten Markt zielt, auch wenn die Werbeaussage weltweit empfangen werden kann. Wirbt eine deutsche Sparkasse im Internet für die Eröffnung eines Sparkontos, so ist diese Werbung in erster Linie für deutsche Sparer bestimmt, nicht für solche in Chile, Neuseeland oder Kanada. Auch die Sprache und die nur in bestimmten Gebieten mögliche Auslieferung können zu einer Einschränkung führen[16].

**9**   Für Anbieter von Telediensten innerhalb der EU gelten abschließend die Regeln der e-commerce Richtlinie[17] und dem – in der Revision folgend – des Telemediengesetzes[18]. Die Streitfrage, ob Art. 3 Abs. 1 und 2 e-commerce Richtlinie kollisionsrechtliche Bedeutung haben, ist durch den EuGH nunmehr abschliessend verneinend geklärt[19]. Die Regelungen sind ohne kollisionsrechtliche Relevanz.

**10**   **e) Gewinnzusagen.** § 661a BGB statuiert ein Recht des Verbrauchers auf einen Gewinn, wenn und insoweit ein Unternehmerden Eindruck erweckt, der Verbraucher habe einen Preis gewonnen[20]. Der Anspruch ist vertraglich zu qualifizieren[21]. Der EuGH hat diese Qualifikation vorgenommen, indem er Ansprüche aus Gewinnzusagen als unter Art. 5 Nr. 1 EuGVÜ fallend angesehen hat[22]. Um jedoch das – unerwünschte – Ergebnis zu verhindern, dass über Artt. 4, 5 Rom I-VO der Verbraucher den Anspruch bei Anwendbarkeit ausländischen Rechts möglicherweise verliert, wird eine Anwendung von Art. 9 Rom I VO favorisiert[23]. Das ist sachgerecht.

---

[14] Die Rechtsprechung fasst den Begriff der Zweigniederlassung teilweise sehr weit und erstreckt ihn auch auf rechtsfähige Gesellschaften. So hat das OLG München (RIW 1975, 346) einem Handelsregister eingetragene Firma, die im Rechtsverkehr als „Generalrepräsentanz Bundesrepublik Deutschland" einer in Liechtenstein registrierten Kapitalanlage- und Wertpapierverwaltungs AG handelte, als deren Zweigniederlassung angesehen. Ähnlich war die Fallgestaltung in OLG Frankfurt WM 1985, 477: Eine in Chicago ansässige Brokerfirma hatte durch eine deutsche Gesellschaft mit eigener Rechtspersönlichkeit, die als „Repräsentanz" tätig war, Warentermingeschäfte getätigt. Das OLG qualifizierte die deutsche Gesellschaft als Zweigniederlassung iSv § 21 ZPO.
[15] In dem Fall, der der Entscheidung BGH DB 1987, 2247 zugrunde lag, handelte eine US-Brokerfirma durch eine deutsche Repräsentanz; dazu weiter OLG Düsseldorf NJW-RR 1989, 432 = EWiR 1989, 513 *(Wach)*.
[16] Vgl. *Wilde,* Internationales Wettbewerbsrecht, § 10 Rn. 37.
[17] RL 2000/31/EG des Europäischen Parlamentes und des Rates. 8. Juni 2000, ABl. EG Nr. L 178 v. 17.7.2000, S. 1. Vgl. dazu *Spindler/Schuster* Recht der ellektronischen Medien, 2008, § 1 TMD, Rn. 11
[18] Vgl. im Einzelnen hierzu *Haubold,* Elektronischer Geschäftsverkehr, in Gebauer/Wiedmann, Zivilrecht unter europäischem Einfluss, 2. Aufl. 2010, S. 321 ff.
[19] Vgl. EuGH – verbundene Rechtssachen C-509/09 und C-161/10 – eDate Advertising GmbH v. X und Olivier Martinez und Robert Martinez v. MGN Ltd. – NJW 2012, 137.
[20] Vgl. dazu *Leible,* Bingo! – Gewinnbestätigung jetzt auch aus Karlsruhe, NJW 2003, 407 ff.; *Lorenz* NJW 2000, 3305 ff.
[21] Vgl. *Freitag* in Reithmann/Martiny, Internationales Vertragsrecht, Rn. 559.
[22] Vgl. EuGH Rs. C-27/02 – Engler v. Janus Versand GmbH – EuGHE 2005, I-481 = NJW 2005, 811 *(Leible);* dazu *Mankowski* RIW 2005, 561 ff. (562 f.).
[23] So *Lorenz* IPRax 2002, 195 f.; *Freitag* in Reithmann/Martiny, Internationales Vertragsrecht, Rn. 599

## 2. Anlageberatung und Anlagevermittlung

**Schrifttum:** *Ahrens,* Wer haftet statt der zusammengebrochenen Abschreibungsgesellschaft? – Zur Sachwalterhaftung im Kollisionsrecht, IPRax 1986, 355 ff.; *ders.,* Ausschüttungsgarantien des Kapitalanlagevermittlers im IPR – Neue Kollisionsnormbildung für den Kapitalmarkt, IPRax 1998, 93 ff.; *Bernstein,* Kollisionsrechtliche Fragen der culpa in contrahendo, RabelsZ 41 (1977) 281 ff.; *Degener,* Kollisionsrechtliche Probleme zum Quasikontrakt, 1984; *Degner,* Kollisionsrechtliche Anknüpfung der Geschäftsführung ohne Auftrag, des Bereicherungsrechts und der culpa in contrahendo, RIW 1983, 825 ff.; *Ebenroth,* Kollisionsrechtliche Anknüpfung der Vertragsverhältnisse von Handelsvertretern, Kommissionsagenten und Handelsmaklern, RIW 1984, 165 ff.; *Ekkenga/Kuntz* Grundzüge eines Kollisionsrechts für grenzüberschreitende Übernahmeangebote, WM 2004, 2427 ff.

**a) Objektive Anknüpfung.** Fehlt eine – zulässige – Rechtswahl, so ist nach Art. 4 Abs. 2 Rom I-VO auf den gewöhnlichen Aufenthalt des Anlageberaters oder -vermittlers oder die Hauptverwaltung der Anlagenberatungs- oder -vermittlungsgesellschaft abzustellen. In der Beratung und Vermittlung liegt jedenfalls die charakteristische Leistung.

Beim **Beratungsdienst** ist es dabei unerheblich, ob dieser im Einzelfall als Dienstvertrag mit Geschäftsbesorgungscharakter oder als Werkvertrag zu qualifizieren ist. Qualifiziert man die Anlagenberatung als Dienstleistung, so kommt über Art. 4 Abs. 1 lit. b Rom I-VO unmittelbar das Recht am gewöhnlichen Aufenthalt des Anlagenberaters zur Anwendung. Sieht man in dem Vertrag einen Werkvertrag so ist die charakteristische Leistung am gewöhnlichen Aufenthaltsort des Werkunternehmers (Anlageberaters) zu erbringen. Das Ergebnis ist also das Gleiche[24].

Beim **Anlagenvermittlungsvertrag** ist der Vermittler regelmäßig Makler. Kollisionsrechtlich fällt er unter Art. 4 Abs. 1 lit b Rom I-VO[25]. Es kommt das Recht seines gewöhnlichen Aufenthaltsortes zur Anwendung. Wenn man den dienstleistungsrechtlichen Charakter verneinen wollte, so erbringt der Anlagenvermittler jedenfalls die charakteristische Leistung.[26] Soweit bei Börsendiensten ein gemischter Vertrag mit dienst- und kaufvertraglichen Elementen anzunehmen ist, bestimmt auch bei Überwiegen der kaufvertraglichen Elemente der gewöhnliche Aufenthalt oder die Hauptverwaltung des Börsendienstes das anwendbare Recht, da der Verkäufer die charakteristische Leistung erbringt.[27]

**b) Anlagevermittlungs- und -beratungsverträge als Verbraucherverträge.** Soweit es sich nicht um institutionelle Anleger handelt, fallen Anlagenberatungs- und -vermittlungsverträge regelmäßig unter Art. 6 Rom I-VO. Wirbt eine Brokerfirma in New York für ihre Dienste in der FAZ und kommt auf Grund einer solchen Werbung ein Vertrag mit einem Kunden in Stuttgart zustande, so gilt zunächst trotz der Regelung in Art. 4 Abs. 1 lit. b Rom I-VO im Grundsatz deutsches Recht (Art 6 Abs. 1 Rom I-VO). Diese Bestimmung ist aber für die internationale Anlageberatung und -vermittlung ohne große praktische Bedeutung. Denn wenn der ausländische Anlageberater oder -vermittler seine Tätigkeit allein im Ausland zu entfalten und seine Dienste allein dort zu erbringen hat, so verbleibt es nach Art. 6 Abs. 4 lit a Rom I-VO bei der allgemeinen Regelung.

**c) Die Verpflichtungen im Einzelnen.** Das auf den Anlageberatungs- und -vermittlungsvertrag kraft Rechtswahl oder objektiver Anknüpfung anwendbare Recht bestimmt alle vertraglichen Verpflichtungen, insbesondere die Beratungs- und Auskunftspflichten. Hinsichtlich der **Haftung** des Anlageberaters oder -vermittlers ist zu differenzieren:

**Vertragliche** Haftungsansprüche bestimmten sich nach dem Vertragsstatut, mangels Rechtswahl also nach dem Recht am gewöhnlichen Aufenthaltsort des Anlageberaters oder -vermittlers. Das gilt nicht bei Ausschüttungszusagen des Kapitalanlagevermittlers, wenn

---

[24] Vgl. *Thode* in Reithmann/Martiny, Internationales Vertragsrecht, Rn. 1081.
[25] Vgl. *Martiny* in Reithmann/Martiny, Internationales Vertragsrecht, Rn. 1392.
[26] Vgl. LG Frankfurt/Main, RIW 1994, 778 vgl. in gleichem Sinne für die Rechtslage vor Inkrafttreten des IPRG *Ebenroth* RIW 1984, 165 ff., 168.
[27] Vgl. Art. 4 Abs. 1 lit a Rom I-VO.

diese gerade deshalb gegeben werden, weil der Anleger die Unsicherheiten und Risiken einer ausländischen Anlage nicht abschätzen kann. Hier hat der BGH den Schwerpunkt des Garantievertrages am Wohnsitz des Anlegers gesehen und deutsches Recht angewendet[28].

**17** Die Haftung für Verschulden beim Vertragsabschluß (**c.i.c.**) bestimmt sich ebenfalls nach dem Schuldstatut des beabsichtigten oder geschlossenen Vertrages (Art. 12 Abs. 1 Rom II VO)[29] Der BGH hat in diesem Sinne am 9.10.1986[30] – nach früherem Recht – in einem Fall entschieden, in dem es um Ansprüche im Zusammenhang mit einer Täuschung über die Vermögensverhältnisse einer belgischen Aktiengesellschaft bei einem Aktienkauf ging. Der Beklagte war in dem entschiedenen Fall zwar nicht Vermittler, sondern – auch – Verkäufer. Die ratio decidendi der Entscheidung trifft aber auch Ansprüche gegen den Anlageberater/-vermittler.

**18** **Deliktische** Ansprüche gegen den Anlageberater/-vermittler bestimmen sich nach dem Recht des Schadenseintritts, und zwar unabhängig davon, wo das schadensbegründende Ereignis oder indirekte Schadensfolgen eingetreten sind (Art. 4 Abs. 1 Rom II-VO). Haben der Anlageberater/-vermittler und dessen Kunde im Zeitpunkt des Schadenseintritts ihren gewöhnlichen Aufenthalt in demselben Staat, so kommt das Recht dieses Staates zur Anwendung ( Art. 4 Abs. 2 Rom II VO).

### 3. Prospekthaftung

**Literatur:** *Benicke,* Prospektpflicht und Prospekthaftung bei grenzüberschreitenden Emissionen, FS für Jayme, 2004, Bd. 1, S. 25 ff., 33 ff.; *von Hein* Die internationale Prospekthaftung im Lichte der Rom II VO, Emeritierungsbeiträge für Hopt, 2008, S. 371 ff.; *Heiss/Loacker* Die Vergemeinschaftung des Kollisionsrechts der ausservertraglichen Schuldverhältnisse durch Rom II, JBl. 2007, 613 ff.; *Jäger* Prosekthaftung im Internationalen Privatrecht, DAJV News 2010, 64 ff.; *Weber* Internationale Prosekthaftung nach der Rom II-Verordnung, WM 2008, 1581 ff.

**19** Eine einheitliche Anknüpfung der Ansprüche aus Prospekthaftung ist nicht möglich. Unter dem Begriff der Prospekthaftung werden mehrere Fallgruppen zusammengefasst, deren rechtsdogmatische Einordnung unterschiedlich ist und die es kollisionsrechtlich zu differenzieren gilt:[31]

**20** **a) Bürgerlichrechtliche Prospekthaftung.** Sieht man mit der Rechtsprechung den Rechtsgrund der bürgerlichrechtlichen Prospekthaftung in dem missbrauchten oder enttäuschten Vertrauen des Anlegers und wendet die Grundsätze der c.i.c. an,[32] so bestimmt sich die Haftung unter Anwendung von Art. 12 Abs. 1 Rom II VO nach dem **Schuldstatut** des beabsichtigten oder geschlossenen Vertrages.[33] Das Recht des Vertrages, auf dessen Abschluss der Prospekt zielt, bestimmt auch Inhalt und Umfang des Prospekthaftungsanspruchs.

**21** Zu für den Anleger kollisionsrechtlich günstigeren Ergebnissen führt die von *Assmann*[34] und *von Bar*[35] favorisierte Einordnung der Prospekthaftung als quasideliktische Haftung.

---

[28] Vgl, BGH IPRax 1998, 108; dazu *Ahrens* IPRax 1998, 93 ff.

[29] Vgl. *Ahrens* IPRax 1986, 355 ff.; *Degner* RIW 1983, 825 ff., 826, 830 f.; *Kegel/Schurig*, Internationales Privatrecht, 9. Aufl., 2004, § 17 V; *Martiny* in Reithmann/ Martiny, Internationales Vertragsrecht, Rn. 476.

[30] BGH NJW 1987, 1141 = RIW 1987, 148 = JZ 1987, 198 mit Anm. *Dörner;* bestätigt von BGH NJW-RR 2005, 206.

[31] Ebenso *Lenenbach,* Kapitalmarkt- und Börsenrecht, 2002, Rn. 8.80.

[32] Vgl. für eine Zusammenstellung der Rechtsprechung *Köndgen/Assmann,* Neue Entwicklungen im Bankhaftungsrecht, 1986, S. 55 ff.

[33] Vgl. BGH NJW 1987, 1141; *Ahrens* IPRax 1986, 355 ff.; *Degner* RIW 1983, 825 ff.; *Kegel/Schurig*, IPR, 9. Aufl., S. 612; *Freitag* in Reithmann/Martiny, Internationales Vertragsrecht, Rn. 1274.

[34] Prospekthaftung, 1985, S. 377.

[35] ZGR 1983, 476 ff.

Nach dieser Meinung ist das Deliktsstatut anwendbar mit der Folge, dass Inhalt und Umfang des Prospekthaftungsanspruchs sich nach dem Recht des Eintritts des Schadens (Art. 4 Abs. 1 Rom II VO) bestimmen.

Haben Prospekthaftender und Anspruchsberechtigter ihren gewöhnlichen Aufenthalt in Deutschland, so kommt nach Art. 4 Abs. 2 Rom II-VO deutsches Recht zur Anwendung. Handelt es sich in dem vorstehenden Beispiel um eine Kapitalanlagegesellschaft mit Hauptsitz in der Bundesrepublik Deutschland, die den Prospekt über die Kapitalanlage in Spanien herausgibt, so bestimmt sich die Rechtsstellung des geschädigten deutschen Anlegers allein nach deutschem Recht. Art. 4 Rom II-VO ist eine allseitige Kollisionsnorm. Das Recht des gemeinsamen gewöhnlichen Aufenthalts ist anzuwenden, ohne Rücksicht darauf, wo dieser liegt. Allerdings schränkt Art. 4 Abs. 3 Rom II-VO die Anwendung des Rechts des gemeinsamen gewöhnlichen Aufenthalts für den Fall ein, dass zu einem Staat eine „wesentlich engere" Beziehung als der gemeinsame gewöhnliche Aufenthalt besteht[36].

Eine starke Meinung in der Literatur favorisiert eine Anknüpfung an das Recht des jeweiligen Platzierungsortes, für den der Prospekt erstellt wurde.[37]

**b) gesetzliche Prospekthaftung.** Die gesetzliche Prospekthaftung nach §§ 21 ff. WpHG, 20 ff. VermAnlG oder § 306 KAGB ist deliktischer Natur[38]. Die Ansprüche des geschädigten Kapitalanlegers unterliegen dem Deliktsstatut. Wes kommt damit nach Art. 4 Abs. 1 Rom II VO das Recht des Ortes des Schadenseintritts zur Anwendung.

Dies hat problematische Konsequenzen[39]. Es besteht die Gefahr, dass potentiell mehrere Rechtsordnungen zur Anwendung kommen. Von fehlerhaften Prospekten werden regelmässig Anleger mit geöhnlichem Aufenthalt in unterschiedlichen Staaten geschädigt, so dass die Anknüpfung an den Ort des Schadenseintritts zu unterschiedlicher Haftung in den verschiedenen Rechtsordnungen führen kann. Für den Prospektverantwortlichen ist das kaum vorhersehbar[40]. Dieses Risiko wird noch potenziert, da der Emittent an der Verbreitung des Anlageprodukts auf dem Sekundärmarkt nicht beteiligt ist und daher keinen Einfluss hat, wer die Anlage erwibt und welches Recht die Haftung bestimmt[41].

**c) Kapitalanlagebetrug.** Die Ansprüche aus § 823 Abs. 2 BGB iVm § 264a StGB (Kapitalanlagebetrug) sind deliktischer Natur und unterliegen dem Deliktstatut.

## II. Internationales Kapitalanlagerecht

### 1. Maßgeblichkeit des Parteiwillens

**Schrifttum:** *Canaris*, Bankvertragsrecht, in: Großkommentar zum HGB, 4. Aufl. 1988 (soweit in 4. Aufl. nicht vollständig: Bankvertragsrecht, 2. Bearbeitung aus der 3. Aufl. 1981); *Gamillscheg*,

---

[36] Vgl. dazu *Freitag/Leible* ZVglRWiss 99 (2000) 101 ff.; *Koch* VersR 1999, 1453 ff.
[37] Vgl. *Freitag* in Reithmann/Martiny, Internationales Vertragsrecht, Rn. 1276 f.; *Weber* WM 2008, 1581 ff. (1585 ff.).
[38] Vgl. *Einsele*, Internationales Prospekthaftungsrecht – Kollisionsrechtlicher Anlegerschutz nach der Rom II-Verordnung, ZEuP 2012, 23 ff. (26); *Hellgardt/Ringe* Internationale Kapitalmarkthaftung als Corporate Governance, ZHR 173 (2009), 802 ff. (809 f.); *Junker* Der Reformbedarf im Internationalen Deliktsrecht der Romm II-Verordnung drei Jahre nach ihrer Verabschiedung, RIW 2010, 257 ff. (261 f.); in diesem Sinne wohl auch BGH IPRax 2013, 563.
[39] Kritisch auch *Einsele* ZEuP 2012, 23 ff.; *Hellgardt/Ringe* ZHR 173 (2009), 802 ff.; *Junker* RIW 2010, 257 ff. (260 ff.); *Lehmann* Vorschlag für eine Reform der Rom II-Verordnung im Bereich der Finanzmarktdelikte, IPRax 2012, 399 ff.; *Schmitt* Die kollisionsrechtliche Anknüpfung der Prospekthaftung im System der Rom II-Verordnung, BKR 2010, 366 ff.; *Tschäpe/Kramer/Glück* Die Rom II-Verordnung – Endlich ein einheitliches Kollisionsrecht für die Prospekthaftung?, RIW 2008, 657 ff.; *Weber* Internationale Prospekthaftung nach der Rom II-Verordnung, WM 2008, 1581 ff.
[40] Vgl. *Einsele* ZEuP 2012, 23 ff. (29); *Hellgardt/Ringe* ZHR 173 (2009), 802 ff. (824 f.); *Lehmann* IPRax 2012, 399 ff. (400); *Weber* WM 2008, 1581 ff. (1585).
[41] Vgl. *Lehmann* IPRax 2012, 399 ff. (400); der Deutsche Rat für Internationales Privatrecht hat 2012 einen Vorschlag für die Einfügung eines Art. 6a in die Rom II VO gemacht (abgedruckt IPRax 2012, 479, erläutert von *Lehmann* ebenda, 399 ff.).

Rechtswahl, Schwerpunkt und mutmaßlicher Parteiwille im internationalen Vertragsrecht, AcP 157 (1958/59) 303 ff.; *Geisler,* Die engste Verbindung im Internationalen Privatrecht, 2001; *Gildeggen,* Internationale Handelsgeschäfte, 2000; *Hartwig-Jacob,* Die Vertragsbeziehungen und die Rechte der Anleger bei internationalen Anleiheemissionen, 2001; *Jayme,* Kollisionsrecht und Bankgeschäfte mit Auslandsberührung, 1977; *Kegel,* Die Bankgeschäfte im deutschen internationalen Privatrecht, Gedächtnisschrift für R. Schmidt, 1966, S. 215 ff.; *Kegel/Schurig,* Internationales Privatrecht, 9. Aufl., 2004, S. 640 ff.; *Kiel,* Internationales Kapitalanlegerschutzrecht, 1994; *Kowalke,* Die Zulässigkeit von internationalen Gerichtsstands-, Schiedsgerichts- und Rechtswahlklauseln bei Börsentermingeschäften, 2002; *Kronke,* Capital Markets and Conflicts of Law, Rec. 286 (2000) 245 ff.; *Lorenz,* Die Rechtswahlfreiheit im internationalen Schuldvertragsrecht, RIW 1987, 569 ff.; *Reithmann/Martiny/Martiny,* Internationales Vertragsrecht, 7. Aufl. 2010, Rn. 85 ff.; *Schack,* Zu den Prinzipien der Parteiautonomie im deutschen und französischen Rechtsanwendungsrecht, 1990; *Schefold,* Grenzüberschreitende Wertpapierübertragungen und Internationales Privatrecht, IPRax 2000, 468 ff.; *Schneider,* Kapitalmarktrechtlicher Anlegerschutz und Internationales Privatrecht, 1998;.

**27** Das deutsche internationale Schuldrecht wird beherrscht vom Grundsatz der Parteiautonomie.[42] Die bisher bereits gewohnheitsrechtlich geltende Maßgeblichkeit des Parteiwillens wurde durch das IPRG in Art. 27 ff. kodifiziert[43] und ist nunmehr in Art. 3 Rom I-VO geregelt.

**28** Nach Art. 3 Rom I-VO können die Parteien das auf einen Vertrag anwendbare Recht vereinbaren. Die Vereinbarung kann ausdrücklich oder konkludent sein, muss sich in letzterem Fall „eindeutig aus den Bestimmungen des Vertrages oder aus den Umständen des Falles ergeben" (Art. 3 Abs. 1 S. 2 VO I Rom I-VO). Fehlt eine Rechtswahl, so kommt das Recht „der engsten Verbindung" zur Anwendung. Die Feststellung der engsten Verbindung eines Rechtsverhältnisses zu einem Staat, auf die Art. 4 Abs. 3 Rom I-VO abstellt, ist nicht minder kompliziert als die Erforschung des hypothetischen Parteiwillens oder die Suche nach dem Schwerpunkt des Rechtsverhältnisses, auf die Rechtsprechung und Lehre nach altem Recht abstellen.[44] Die Rom I-VO bringt allerdings durch einige gesetzliche Vermutungen Anwendungserleichterungen.

**29** Es wird vermutet, dass die engste Verbindung eines Rechtsverhältnisses zu einem Staat durch die Erbringung der charakteristischen Leistungen bestimmt wird. Dabei stellt Art. 4 Abs. 2 Rom I-VO auf den **gewöhnlichen Aufenthalt** des charakteristisch Leistenden – bei juristischen Personen auf die Hauptverwaltung – zur Lokalisierung der Leistung ab.

**30** Bei Verträgen über Kapitalanlagen lässt sich die engste Verbindung über diese Vermutungen regelmäßig unschwer bestimmen. Es kommen aber Konstellationen vor, in denen eine charakteristische Leistung fehlt, zB bei Devisenhandelsgeschäften.

**31** **a) Rechtswahl in AGB.** Nr. 6 Abs. 1 der AGB des Privaten Bankgewerbes enthält eine **Rechtswahlklausel,** wonach für die Geschäftsverbindung zwischen dem Kunden und der Bank deutsches Recht gilt.[45] Auch ausländische Kreditinstitute vereinbaren das anwendbare Recht häufig durch AGB.

**32** Eine Einbeziehung von AGB bestimmt sich nach dem Vertragsstatut.[46] Enthalten die AGB eine Rechtswahlklausel – wie Nr. 6 Abs. 1 der AGB der Banken – so gilt für die Einbeziehung das so bestimmte Recht. Im Übrigen ist bei Banken auf das Heimatrecht der Bank abzustellen, die die vertragstypische Leistung erbringt.[47]

---

[42] Vgl. aus der abundanten Literatur ua *Haudek,* Die Bedeutung des Parteiwillens im IPR, 1931; *Gamillscheg* AcP 157 (1958/59) 303 ff.; *Simitis* JuS 1966, 209 ff.; *Kegel/Schurig,* IPR, 9. Aufl., S. 640 ff.; *Martiny* in Reithmann/Martiny, Internationales Vertragsrecht, Rn. 85 ff.

[43] Vgl. dazu *Sandrock* RIW 1986, 841 ff.

[44] Vgl. dazu insbesondere den Überblick bei *Martiny* in Reithmann/Martiny, Internationales Vertragsrecht, Rn. 143 ff.

[45] Vgl. dazu *Sonnenhol* WM 1993, 677 ff., 680; *Wagner-Wieduwilt,* Die neuen AGB der Banken, in Horn, Die AGB-Banken 1993, 1994, S. 1 ff., 9 f.

[46] Vgl. *Martiny* in Reithmann/Martiny, Internationales Vertragsrecht, Rn. 294.

[47] Vgl. BGH WM 1987, 530.

Die Einbeziehung der AGB scheitert regelmäßig, wenn die AGB nicht in der Vertragssprache gefasst sind.[48] 33

Die **Inhaltskontrolle** erfolgt nach §§ 305 ff. BGB, soweit deutsches Recht anwendbar ist. Danach ist die Rechtswahlklausel in Nr. 6 Abs. 1 der Banken AGB unbedenklich.[49] Bei Anwendbarkeit ausländischen Rechts erfolgt die Inhaltskontrolle nach dem ausländischen Recht.[50] 34

**b) Kapitalanlagegeschäfte als Verbraucherverträge.** Verträge, die Wertpapiergeschäfte zum Gegenstand haben, unterliegen der Rom I-VO[51]. Die MiFID berührt die kollisionsrechte Einordnung dieser Geschäfte nicht. Sie hat nur aufsichtsrechtliche Verhaltungsvorschroften zum Gegenstand. Art. 6 Rom I VO schränkt jedojh die Parteiautonomie für Verbraucherverträge ein. Praktisch der gesamte Katalog der Bankgeschäfte des § 1 Abs. 1 KWG ist zu den Dienstleistungen iS von Art. 6 zu rechnen. Grundsätzlich werden von Art. 6 Rom I-VO alle Vertragstypen erfasst[52]. Ein großer Teil der Kapitalanlagegeschäfte ist deshalb einer Rechtswahl nur insoweit zugänglich als dem Anleger nicht der Schutz zwingender Normen des Staates seines gewöhnlichen Aufenthalts entzogen wird. 35

**c) Grenzen der Rechtswahlfreiheit.** Die Möglichkeit der Parteien, das anwendbare Recht mit kollisionsrechtlicher Wirkung zu bestimmen, beschränkt sich auf Sachverhalte mit Auslandsberührung. Überdies findet die Rechtswahlfreiheit ihre Grenze dort, wo Eingriffsnormen die Anwendung deutschen Rechts gebieten (Art. 9 Rom I-VO)[53] oder wo der deutsche ordre public der Anwendung ausländischen Rechts entgegensteht (Art. 6 EGBGB). Im Rahmen von Kapitalanlagegeschäften haben diese Grenzen in mehrfacher Hinsicht Bedeutung. 36

aa) Inlandsgeschäfte. Die Rechtswahlmöglichkeit setzt begrifflich einen kollisionsrechtlich relevanten Sachverhalt voraus.[54] Dieser fehlt bei reinen Inlandsgeschäften. Eine Rechtswahlmöglichkeit besteht nicht, da sich eine kollisionsrechtliche Frage nicht stellt. Art. 3 Abs. 3 Rom I-VO sieht deshalb konsequenterweise für Inlandsfälle vor, dass dann, wenn außer der Rechtswahl keine Beziehung zum Ausland ersichtlich ist[55] nur eine materiellrechtliche, keine kollisionsrechtliche Verweisung möglich ist.[56] Abgrenzungsschwierigkeiten sind nicht selten. So wird diskutiert, ob bei einem **Dokumentenakkreditiv** zugunsten eines ausländischen Begünstigten der inländische Akkreditivauftraggeber und die inländische Akkreditivbank den Akkreditivauftrag einem ausländischen Recht unterstellen können. Das wird von *Nielsen*[57] und *Zahn/Ehrlich/Haas*[58] zu Unrecht 37

---

[48] Vgl. aus der Rechtsprechung OLG Stuttgart MDR 1964, 412; OLG Stuttgart IPRax 1988, 293; OLG Karlsruhe NJW 1972, 2185; OLG Düsseldorf AWD 1974, 103; OLG Frankfurt/Main ZIP 1981, 630; im Übrigen *Martiny* in Reithmann/Martiny, Internationales Vertragsrecht, Rn. 278; *Schütze* DB 1978, 2301 ff. mwN; *ders.* DZWir 1992, 89 ff., 90; *Ungnade,* Die Geltung der AGB der Kreditinstitute im Verkehr mit dem Ausland, WM 1973, 1130 ff.

[49] Vgl. BGH IPRspr. 1980 Nr. 30; BGH WM 1987, 530; *Sonnenhol* in Hellner/Steuer, Bankrecht und Bankpraxis, 1/175.

[50] Vgl. *Boll* IPRax 1987, 11 ff.; *Martiny* in Reithmann/Martiny, Internationales Vertragsrecht, Rn. 294.

[51] Vgl. *Freitag* in Reithmann/Martiny, Internationales Vertragsrecht, Rn. 1333.

[52] *Martiny* in MüKoBGB, Art. 6 Rom I-VO, Rn. 13; *Mankowski* Die Rom I-Verordnung – Änderungen im europäischen IPR für Schuldverträge, IHR 2008, 133 ff. (141).

[53] Vgl. dazu *Kleinschmidt,* Zur Anwendbarkeit zwingenden Rechts im internationalen Verlagsrecht unter besonderer Berücksichtigung von Absatzermittlungsverträgen, 1985; *Lorenz* RIW 1987, 569 ff., 578 ff. Die Diskussion über die Eingriffsnormen geht zurück auf den berühmten Aufsatz von *Wengler* ZVglRWiss. 54 (1941) 168 ff.

[54] Vgl. *Gamillscheg* AcP 157 (1958/59) 303 ff., 308 f.; *Simitis* JuS 1966, 209 ff.

[55] Vgl. *Martiny* in MüKoBGB Art. 3 Rom I VO, Rn. 92.

[56] Vgl. zum Unterschied von materiellrechtlicher und kollisionsrechtlicher Verweisung *Kegel/Schurig,* IPR, 9. Aufl. 2004, § 10 II.

[57] Grundlagen des Akkreditivgeschäfts, 1985, S. 34.

[58] Zahlung und Zahlungssicherung, 8. Aufl. 2010, 1/40.

verneint.⁵⁹ Ausreichend für die Herstellung einer Auslandsbeziehung ist es, dass sich der Vertrag, der Gegenstand der Rechtswahl ist, auf eine Wertbewegung über die Grenze bezieht. Das ist beim Dokumentenakkreditiv zugunsten eines ausländischen Begünstigten ebenso der Fall wie bei einem Garantieauftrag zwischen einem inländischen Auftraggeber und einer inländischen Bank zugunsten eines ausländischen Begünstigten.

38   Besteht eine Auslandsbeziehung, so ist die Rechtswahl nicht beschränkt auf kollisionsrechtlich sachnahe Rechte.⁶⁰ Eine objektive Beziehung zum Rechtsgeschäft ist nicht erforderlich⁶¹. Die Parteien können jedes ihnen sinnvoll erscheinende Recht wählen. Eine solche Rechtswahl findet sich häufig bei Vereinbarung eines „neutralen" Rechts,⁶² wenn die Parteien sich hierdurch „Chancengleichheit" erhoffen. Es kann auch vorkommen, dass die Parteien deshalb das Recht eines dritten Staates wählen, weil gerade dieses Recht eine besondere Ausgestaltung des in Frage stehenden Rechtsinstituts kennt. So können die Parteien gut beraten sein, eine Patronatserklärung französischen Rechts zu unterstellen, weil in dieser Rechtsordnung mehr oder weniger gefestigte Grundsätze zu deren Verbindlichkeit entwickelt worden sind.⁶³

39   Die Rechtswahlmöglichkeit findet ihre Grenze dort, wo kein irgendwie geartetes Interesse der Parteien an der Rechtswahl bestehen kann.⁶⁴ Dies ist nur der Fall bei unsinniger, albern-verspielter Rechtswahl.⁶⁵

40   bb) Devisenvorschriften. Zu den zwingenden Normen des Art. 9 Rom I-VO gehören auch die Devisenvorschriften. Das internationale Währungsrecht ist weitgehend staatsvertraglich geregelt, insbesondere durch das **Abkommen von Bretton Woods**.⁶⁶ Soweit deutsches Devisenrecht zur Anwendung kommt ist eine entgegenstehende Rechtswahl ausländischen Rechts unbeachtlich. Das Abkommen von Bretton Woods erfordert im Rahmen seines Geltungsbereichs aber auch die Anwendbarkeit ausländischer Devisennormen unabhängig von der etwa vereinbarten Anwendbarkeit deutschen Rechts.⁶⁷

41   Unter den Begriff des Exchange Contract iS des Bretton-Woods-Abkommens fallen nicht nur Verträge, die Devisen selbst zum Gegenstand haben,⁶⁸ sondern auch solche, die

---

⁵⁹ Vgl. *Schütze*, Das Dokumentenakkreditiv im Internationalen Handelsverkehr, 6. Aufl. 2008, Rn. 462; *Schütze* WM 1982, 226 ff.

⁶⁰ Eine derartige Beschränkung der Rechtswahlmöglichkeit auf sieben sachnahe Rechtsordnungen war beispielsweise im polnischen IPRG 1926 enthalten; vgl. *Schütze* AWD 1967, 481 f.

⁶¹ Vgl. *Martiny* in MüKoBGB Art. 3 Rom I-VO, Rn. 22; *Martiny* in Reithmann/Martiny Internationales Vertragsrecht, Rn. 93; *Sandrock* RIW 1994, 381 ff. (385).

⁶² Vgl. zur Zulässigkeit der Wahl eines „neutralen" Rechts OLG München IPRax 1986, 178; *Kegel/Schurig* IPR, § 18 I c; *Martiny* in Reithmann/Martiny Internationales Vertragsrecht, Rn. 93; *Sandrock* RIW 1994, 381 ff., 385; *Schütze* Rechtswahl- und Gerichtsstandsklauseln bei equal bargaining power der Parteien, Gedächtnisschrift für Wolf 2011, S. 551 ff. (553).

⁶³ Vgl. zur französischen Rechtsprechung *Gerth* RIW 1982, 477 ff. und RIW 1986, 13 ff.

⁶⁴ Vgl. *Kegel/Schurig* IPR § 18 I.

⁶⁵ Vgl. *Wolff*, Das internationale Privatrecht Deutschlands, 1954, S. 139.

⁶⁶ Dem Abkommen über den Internationalen Währungsfonds von 1944 (Bretton Woods oder auch IWF Abkommen) ist Deutschland durch Gesetz v. 28.7.1952 (BGBl. II 1952, 637) beigetreten. Vgl. zu diesem Abkommen die Rechtsprechungsübersichten von *Gold* RabelsZ 19 (1954) 601 ff.; *Gold* RabelsZ 22 (1957) 601 ff.; *Gold* RabelsZ 27 (1962) 606 ff.; *Gold* RabelsZ 38 (1974) 683 ff. (in englischer Sprache); *Mann* JZ 1970, 709 ff. und 1981, 327 ff.; zu kollisionrechtlichen Problemen *Thode* in Reitmann/Martiny, Internationales Vertragsrecht, Rn. 671 ff.; dort auch eine umfassende Literaturübersicht.

⁶⁷ Vgl. dazu *Ebke*, Internationale Kreditverträge und das internationale Devisenrecht, JZ 1991, 335 ff., 337; *Kern*, Der Internationale Währungsfonds und die Berücksichtigung ausländischen Devisenrechts, 1968; *Thode* in Reithmann/Martiny, Internationales Vertragsrecht, Rn. 672.

⁶⁸ Vgl. BGH WM 1970, 551; BGH WM 1977, 332; *Coing* WM 1972, 838 ff., 840; *Nielsen/Schütze*, Zahlungssicherung und Rechtsverfolgung, 3. Aufl., 1985, S. 7.

sich auf Waren, Wertpapiere, Mobilien und sonstige Rechte beziehen.[69] Damit fallen regelmäßig alle Kapitalanlagegeschäfte in fremder Währung unter den Geltungsbereich von Bretton Woods. Im Bankbereich erfüllen den Begriff des Devisenkontraktes insbesondere – bei Vorliegen der übrigen Voraussetzungen – Kreditverträge, Bürgschaften, Garantien[70] und Kreditaufträge, Kaufverträge über Effekten, Edelmetalle und Sorten.[71]

### 2. Form von Kapitalanlagegeschäften

**Schrifttum:** *Assmann,* Einl. GroßkommAktG, 4. Aufl., 1992, Rn. 608 ff.; *Bärmann,* Die Freizügigkeit der notariellen Urkunde: IPR der notariellen Urkunde, AcP 160 (1960) 1 ff.; *Benecke,* Auslandsbeurkundung im GmbH-Recht, RIW 2002, 280 ff.; *Bindseil* Internationaler Urkundenverkehr, DNotZ 1992, 275 ff.; *Blumenwitz,* Zum Kollisionsrecht der notariellen Urkunde, DNotZ 1968, 712 ff.; *Bungert,* Hauptversammlungen deutscher Aktiengesellschaften und Auslandsbezug, AG 1995, 26 ff.; *Dignas,* Die Auslandsbeurkundung von gesellschaftsrechtlichen Vorgängen einer deutschen GmbH, 2004; *Geimer,* Auslandsbeurkundungen im Gesellschaftsrecht – Bemerkungen zum Urteil des BGH v. 16.2.1981 – II ZB 8/80, DNotZ 1981, 406 ff.; *Geimer,* Konsularisches Notariat, DNotZ 1978, 3 ff.; *Heckschen,* Auslandsbeurkundung und Richtigkeitsgewähr, DB 1990, 161 ff.; *Kralik,* Locus regit actum und die ausländische Beurkundung, FS für Schima, 1969, S. 236 ff.; *Kröll,* Die Beurkundung gesellschaftsrechtlicher Vorgänge durch einen ausländischen Notar, ZGR 29 (2000) 111 ff.; *Kropholler,* Auslandsbeurkundungen im Gesellschaftsrecht, ZHR 140 (1976) 394 ff.; *Limmer* Grenzüberschreitende Umwandlungen, ZNotP 2007, 242 ff.; *Mann,* Zur Auslegung des Art. 11 EGBGB, ZHR138 (1974) 418 ff.; *Schervier,* Beurkundung GmbH-rechtlicher Vorgänge im Ausland, NJW 1992, 593 ff.; *Schönwerth,* Die Form der Rechtsgeschäfte im internationalen Privatrecht – Art. 11 EGBGB, 1996; *Spellenberg,* Zur Ersetzbarkeit deutscher notarieller Formen im Ausland, FS für Schütze, 1999, S. 887 ff.; *Stauch,* Die Geltung ausländischer notarieller Urkunden in der Bundesrepublik Deutschland, 1983.

Art. 11 Rom I VO lässt – jedenfalls im Prinzip – eine alternative Beurteilung der Form eines Rechtsgeschäftes nach dem **Geschäftsrecht** (Wirkungsstatut) und dem Recht am Orte der Vornahme (Ortsrecht) zu. Beide stehen gleichwertig nebeneinander. Die Parteien können im Rahmen ihrer Rechtswahlfreiheit die Anwendbarkeit allein des Rechts am Abschlussort oder des Geschäftsrechts bestimmen.[72] Im Rahmen internationaler Kapitalanlagegeschäfte ist jedoch folgendes zu beachten:

**a) Immobilienanlagen.** Für Verträge, die ein dingliches Recht an einem Grundstück oder ein Recht zur Nutzung eines Grundstücks zum Gegenstand haben, bestimmt Art. 11 Abs. 4 EGBGB die alleinige Anwendbarkeit des Rechts der **Belegenheit** der Immobilie. Voraussetzung ist jedoch, dass die lex rei sitae diesen Ausschließlichkeitsanspruch erhebt. Das deutsche Recht kennt keine derartigen zwingenden Formvorschriften, so dass die Norm des Art. 11 Abs. 4 EGBGB Bedeutung für den Verkauf ausländischer Grundstücke gewinnt. Deutsche Grundstücke können im Ausland ohne Beachtung der Form des § 313 BGB verkauft werden.[73]

Die Form **dinglicher Verfügungen** dagegen richtet sich allein nach dem Wirkungsstatut (Art. 11 Abs. 4 EGBGB). Diese Norm, die ihrem Inhalt nach mit Art. 11 Abs. 2 EGBGB aF übereinstimmt, bindet die Formgültigkeit eines Rechtsgeschäfts, durch das ein Recht an einer Sache begründet oder über ein solches Recht verfügt wird, an die Erfüllung der Form, die das Geschäftsrecht vorschreibt. Nach Art. 11 Abs. 4 EGBGB ist die

---

[69] Vgl. BGH NJW 1970, 1507; *Coing* WM 1972, S. 838 ff., 838; *Nielsen/Schütze,* Zahlungssicherung und Rechtsverfolgung im Außenhandel, S. 7; *Thode* in Reithmann/Martiny, Internationales Vertragsrecht, Rn. 675 ff. mwN.
[70] Vgl. *Ebke,* Internationales Devisenrecht, 1990, S. 231; *Goerke,* Kollisionsrechtliche Probleme internationaler Garantien, 1982, S. 121; *Schütze/Edelmann,* Bankgarantien, S. 130.
[71] Vgl. *Nielsen/Schütze,* Zahlungssicherung und Rechtsverfolgung im Außenhandel, S. 7.
[72] Vgl. BGHZ 57, 337 (Abdingung der Ortsform); *Spellenberg* in MüKoBGB, Art. 11 Rom I VO Rn. 40 (bestr.).
[73] Vgl. RGZ 121, 154; *Limmer* in Reithmann/Martiny, Internationales Vertragsrecht, Rn. 1558.

Auflassung von deutschen Grundstücken allein in der Form des § 925 BGB wirksam. Eine ausländische Auflassung ist unwirksam.[74]

45  **b) Beteiligung an Gesellschaften.** Es ist zweifelhaft, inwieweit gesellschaftsrechtliche Vorgänge überhaupt unter Art. 11 EGBGB fallen.[75] Das OLG Stuttgart hat dies bejaht,[76] der BGH neigt zumindest zur Bejahung.[77] *Assmann*[78] will die Ortsform nicht genügen lassen bei Beschlüssen und Verträgen, die die Verfassung einer juristischen Person betreffen, aber auch dann nicht, wenn die Mitgliedschaft betroffen ist, zB bei Übertragung der Geschäftsanteile einer GmbH. Nach ihm soll allein die Form des Gesellschaftsstatuts maßgebend sein.

46  Mit der Rechtsprechung sind auch gesellschaftsrechtliche Vorgänge unter Art. 11 EGBGB zu fassen. Für einen Ausschluss besteht kein Anlass, insbesondere auch deshalb, weil der Gesetzgeber bewusst einem Vorschlag des Max-Planck-Instituts für ausländisches und internationales Privatrecht[79] nicht gefolgt ist, der eine entsprechende Regelung in Art. 11 EGBGB vorsah. Auch für gesellschaftsrechtliche Vorgänge gilt die Form des Gesellschaftsstatuts alternativ neben der Ortsform.[80]

47  Probleme bereiten in diesem Zusammenhang **notarielle Beurkundungen im Ausland**.[81] Obwohl es bei konsequenter Zulassung der Ortsform hierauf nicht ankommen dürfte, fordert die hL bei deutschem Gesellschaftsstatut die Gleichwertigkeit der ausländischen mit einer deutschen Beurkundung.[82] Züricher und Basler Notare sind als gleichwertig in diesem Sinne angesehen worden.[83] Das hat zu einem Beurkundungsboom in Zürich bei gesellschaftsrechtlichen Vorgängen mit hohen Geschäftswerten geführt. Für das spanische Notariat bejaht *Loeber* die Gleichwertigkeit.[84] Auch ist die Gleichwertigkeit niederländischer Notare bejaht worden.[85] Umgekehrt hat der österreichische OGH die Beurkundung der Geschäftsanteilsübertragung durch deutsche Notare zugelassen.[86] Die Tendenz, innerhalb des lateinischen Notariats Gleichwertigkeit anzunehmen, wächst.

### III. Kollisionsrechtliche Fragen einzelner Kapitalanlagegeschäfte

#### 1. Festverzinsliche Anlagen

**Schrifttum:** *Böse,* Der Einfluss zwingenden Rechts auf internationale Anleihen, 1963; *Cranshaw,* Fragen der gerichtlichen Durchsetzung von Forderungen aus ausländischen Staatsanleihen in der Krise des Schuldners, DZWir 2007, 133 ff.; *Einsele,* Auswirkungen der Rom I-Verordnung auf Finanzdiesnstleistungen, WM 2009, 239 ff.; *Hartwig-Jacob,* Die Vertragsbeziehungen und die Rechte der Anleger bei internationalen Anleiheemissionen, 2001; *Hausmann,* Ausländische Staaten als Darlehens-

---

[74] Vgl. BGH WM 1968, 1170; LG Ellwangen, RIW 2001, 945 mit kritischer Besprechung von *Heinz* RIW 2001, 928 ff.; *Kropholler* ZHR 140 (1976), 410 ff.; *Spellenberg* in MüKoBGB, Art. 11 EGBGB Rn. 164.
[75] Vgl. dazu *Assmann,* Einl. Großkomm AktG Rn. 609 ff.; ebenso für konstituierende Gesellschaftsakte *Reithmann* in Reithmann/Martiny, Internationales Vertragsrecht, Rn. 793.
[76] Vgl. OLG Stuttgart IPRax 1983, 79.
[77] Vgl. BGHZ 80, 76.
[78] Vgl. *Assmann,* Einl. GroßkommAktG, Rn. 613 mit umfangreichen Nachweisen.
[79] RabelsZ 47 (1983) 595 ff., 621.
[80] Vgl. OLG Frankfurt DB 1981, 1456; OLG Stuttgart IPRax 1983, 79; OLG Stuttgart DB 2000, 1218; OLG Düsseldorf GmbHRdsch 1990, 169; OLG München, RIW 1998, 147; aA OLG Karlsruhe RIW 1979, 567; *Schervier* NJW 1992, 593, 594; *Heckschen* DB 1990, 161, 165.
[81] Vgl. *Assmann,* Einl. GroßkommAktG, Rn. 614 ff.; *Heckschen* DB 1990, 161 ff.; *Schervier* NJW 1992, 593 ff.; *Stauch,* Die Geltung ausländischer notarieller Urkunden in der Bundesrepublik Deutschland, 1983; *Kropholler* ZHR 140 (1976) 394 ff.
[82] Vgl. *Spellenberg* in MüKoBGB, Art. 11 EGBGB Rn. 87; im Einzelnen *Benecke* RIW 2002, 280 ff. mwN; *Reithmann* in Reithmann/Martiny, Internationalkes Vertragsrecht, Rn. 809 ff.
[83] Vgl. BGHZ 80, 76; dazu *Geimer* DNotZ 1981, 406 ff. für Zürcher Notare; OLG München, RIW 1998, 147 für Basler Notare.
[84] Vgl. *Loeber* RIW 1989, 94 ff.
[85] Vgl. OLG Düsseldorf RIW 1989, 224 (Kapitalerhöhungsbeschluss einer deutschen GmbH).
[86] Vgl. dazu *Schütze* DB 1992, 1970 f.

und Anleiheschuldner vor deutschen Gerichten, FS für Geimer, 2002, S. 289 ff.; *Hirte,* Wandel- und Optionsanleihen in Europa, DB 2000, 1949 ff.; *Horn,* Das Recht der internationalen Anleihen, 1972, S. 481 ff.; *ders.,* Die Stellung der Anleihegläubiger nach dem neuen Schuldverschreibuerngsgesetz und allgemeinem Privatrecht im Licht aktueller Marktentwicklungen, ZHR 173 (2009), S. 12 ff.; *Lochner,* Darlehen und Anleihe im IPR, 1954; *Niederer,* Kollisionsrechtliche Probleme bei internationalen Anleihen, Festgabe für Grossmann, 1949, S. 274 ff.; *Schmidt,* Kollisionsrechtliche Probleme bei internationalen Darlehen und Anleihen, Diss. Zürich 1954; *Siebel* Rechtsfragen inbternationaler Anbleihen, 1997; *Vischer,* Kollisionsrechtliche Rechtsprobleme bei internationalen Anleihen, FS für Gauch, 2004, S. 681 ff.; *Wielens,* Die Emission von Auslandsanleihen, 1971.

Kapitalanlagen mit Darlehenscharakter finden sich insbesondere bei **Festgeldanlagen**[87]. Bei deutschen Banken werden regelmäßig AGB zugrunde gelegt, die eine Rechtswahlklausel zugunsten des deutschen Rechtes enthalten (Nr. 6 Abs. 1 AGB-Banken). Diese nach Art. 3 Rom I-VO zulässige Rechtswahl[88] führt zur Anwendbarkeit des Sitzrechts der Bank. Fehlt eine Rechtswahl, was insbesondere im Rahmen von Festgeldanlagen bei einer ausländischen Bank der Fall ist, die nicht durch eine Zweigniederlassung im Inland tätig wird, so ist nach Art. 4 Abs. 1 lit. b Rom I-VO auf den gewöhnlichen Aufenthaltsort der Bank abzustellen. Will man die festverzinsliche Anlage nicht als Dienstleistung sehen, so ist das Ergebnis dasselbe. Es ist nach Art. 4 Abs. 2 Rom I-VO auf die charakteristische Leistung abzustellen, die die zum Recht der Bank führt. Die hL stellt denn auch auf den Sitz der Bank ab, bei der die Festgeldanlage erfolgt.[89] **48**

**Anleihen** enthalten regelmäßig eine nach Art. 3 Rom I-VO zulässige Rechtswahlklausel, die zuweilen „gespalten" ist.[90] Bei fehlender Rechtswahl kommt Art. 4 Rom I-VO zur Anwendung[91]. Es ist nach Art. 4 Abs. 2 Rom I-VO auf den gewöhnlichen Aufenthalt bzw. Sitz der Hauptverwaltung des Anleiheschuldners abzustellen.[92] Andere Beurteilungen können sich aus dem Börsenprospekt ergeben.[93] Bei Anleihen, die ausschließlich für einen bestimmten nationalen Kapitalmarkt bestimmt und in ihrer Ausgestaltung auf diesen zugeschnitten sind, ist auf den Ausgabeort abzustellen.[94] **49**

## 2. Effektengeschäfte

**Schrifttum:** *v. Bar,* Wertpapiere im deutschen internationalen Privatrecht, FS für Lorenz, 1991, S. 273 ff.; *Coing,* Die „Aufbewahrung" von Wertpapieren im Ausland als Treuhandgeschäft, WM

---

[87] Vgl. für den Rechtscharakter als Darlehen *Canaris,* Bankvertragsrecht, Rn. 142; *Bärmann/Brink/Scheerer,* Europäisches Geld-, Bank- und Börsenrecht, Teil I, 1974, S. 93 f.; *Schütz* JZ 1964, 91 ff.

[88] Vgl. *Freitag* in Reithmann/Martiny, Internationales Vertragsrecht, Rn. 1359.

[89] Vgl. aus der Rechtsprechung vor Inkrafttreten des IPRG BGH WM 1968, 1170 und 1983, 411 = IPRax 1984, 330 mit Anm. *Firsching;* im Übrigen *Kegel,* Die Bankgeschäfte im deutschen IPR, GS für Schmidt, 1966, S. 215 ff., 236.

[90] Eine solche „gespaltene" Rechtswahlklausel findet sich in § 13 der Bedingungen der DM-Anleihe der Bank of China vom August 1985: „Die Genehmigung der Ausgabe von Teilschuldverschreibungen durch die Anleiheschuldnerin sowie die Entstehung, Gültigkeit und Durchsetzbarkeit etwa gemäß § 9 bestellter Sicherheiten an in der Volksrepublik China belegenem Vermögen richten sich sämtlich nach dem Recht der Volksrepublik China. Im Übrigen bestimmen sich Form und Inhalt der Teilschuldverschreibungen und Zinsscheine sowie die Rechte und Pflichten der Anleihegläubiger, der Anleiheschuldnerin, der Treuhänder und der in § 5 genannten Banken in jeder Hinsicht nach dem Recht der Bundesrepublik Deutschland." Vgl. dazu *Fresle,* Darlehensverträge mit der Volksrepublik China, in *Horn/Schütze,* Wirtschaftsrecht und Außenwirtschaftsverkehr der Volksrepublik China, 1987, S. 150 ff., 158.

[91] *Freitag* in Reithmann/Martiny, Internationales Vertragsrecht, Rn. 1357 ff. lehnt eine Anwendung der Rom I-VO auf den verbrieften Anspruch ab, will allerdings diese Regelung auf schuldrechtliche Verträge über Anleihen anwenden.

[92] So schon die Rechtsprechung vor Inkrafttreten des IPRG, zB RGZ 118, 370; RGZ 126, 196; RGZ 152, 166.

[93] Vgl. *Böse,* Der Einfluss des zwingenden Rechts auf internationale Anleihen, 1963, S. 59 f.

[94] Vgl. Art. 4 Abs. 3 Rom I-VO; dazu *Martiny* in MüKoBGB, Art. 4 Rom I-VO, Rn. 179.

1977, 466 ff.; *Dittrich,* Effektengiroverkehr mit Auslandsberührung, 2002; *Drobnig,* Vergleichende und kollisionsrechtliche Probleme der Girosammelverwahrung von Wertpapieren im Verhältnis Deutschland – Frankreich, FS für Zweigert, 1981, S. 73 ff.; *Einsele,* Wertpapierrecht als Schuldrecht, 1995; *Franz,* Überregionale Effektentransaktionen und anwendbares Recht, 2004; *Jenckel,* Das Insiderproblem im Schnittpunkt von Gesellschafts- und Kapitalmarktrecht in materiell- und kollisionsrechtlicher Hinsicht, 1980; *Kreuzer,* Das Haager Übereinkommen über die auf bestimmte Rechte in Bezug auf intermediär-verwahrte Wertpapiere anzuwendende Rechtsordnung, FS Lagarde, 2004, S. 523 ff.; *Kronke,* Capital Markets and Conflict of Laws, Rec. Des Cours 286 (2000), S. 245 ff.; *Kümpel,* Die Internationalisierung der deutschen Girosammelverwahrung, WM 1976, 942 ff.; *Pleyer,* Eigentumsrechtliche Probleme beim grenzüberschreitenden Effektengiroverkehr, 1985; *Reuschle* Das neue IPR für intermediär-verwahrte Wertpapiere, BKR 2003, 562 ff; *Stoll,* Kollisionsrechtliche Fragen beim Kommissionsgeschäft, RabelsZ 24 (1959) 601 ff.; *Than,* Neue Rechtsentwicklungen für den grenzüberschreitenden Effektengiroverkehr, FS für Kümpel, 2003, S. 544 ff.

**50**    **a) Qualifikation des Wertpapiers.** Wesensnotwendig für das Effektengeschäft ist der Handel mit Wertpapieren. § 1 Abs. 1 Nr. 4 KWG definiert das Effektengeschäft als die Anschaffung und Veräußerung von Wertpapieren für die Kundschaft. Der Wertpapiercharakter einer Urkunde bestimmt sich nach dem Recht, dem diese unterliegt.[95] Dies ist das Gesellschaftsstatut. Denn das Gesellschaftsstatut ordnet nicht nur Inhalt, Erwerb, Übertragung usw. der Mitgliedschaft in einer Gesellschaft, sondern auch den Rechtscharakter der Urkunden, die über die Mitgliedschaft ausgestellt werden.[96]

**51**    **b) Übertragung von Wertpapieren und Berechtigung aus Wertpapieren.** Das Gesellschaftsstatut bestimmt auch den Erwerb und die Wirksamkeit von Verfügungen über ein Wertpapier.[97] Das deutsche internationale Gesellschaftsrecht verweist für die Übereignung und sonstigen Verfügungen über Wertpapiere auf die **lex cartae sitae,** stellt also auf die Belegenheit des Wertpapiers ab.[98] Die Aktie einer deutschen Aktiengesellschaft, die sich in Japan bei einem Anleger befindet, wird also nach japanischem Recht übertragen. Andere Kollisionsrechte differenzieren.[99] So lässt das französische Recht den gutgläubigen Erwerb von Inhaberpapieren bei Abhandenkommen nicht zu. Das französische internationale Gesellschaftsrecht verweist zwar grundsätzlich auf die lex cartae sitae, nicht jedoch für den gutgläubigen Erwerb abhanden gekommener Inhaberpapiere. Die Verweisung ist eine beschränkte.[100] Eine abhanden gekommene französische Aktie kann in der Bundesrepublik Deutschland nicht gutgläubig erworben werden.

**52**    Nicht dem Gesellschaftsstatut unterliegt dagegen das obligatorische Geschäft. Verpflichtungen aus Wertpapieren unterliegen nach Art. 4 Abs. 1 lit. h Rom I VO nicht dieser Verordnung, soweit die Verpflichtungen aus der Handelbarkeit entstehen[101]. Im Übrigen kommt für das obligatorische Geschäft die Rom I VO zur Anwendung. und bestimmt sich nach dem Vertragsstatut.[102] Bei Kommissionsgeschäften[103] ist nach Art. 4 Abs. 1 lit. b Rom I VO auf den gewöhnlichen Aufenthalt des Kommissionärs abzustellen.[104]

---

[95] Vgl. *Kegel/Schurig,* IPR, 9. Aufl., § 19 II; *Grossfeld* in Staudinger, Internationales Gesellschaftsrecht, Neubearb. 1998, Rn. 255.
[96] Vgl. RG IPRspr. 1934 Nr. 11; KG IPRspr. 1932 Nr. 44.
[97] Vgl. OLG Celle ZIP 1984, 594.
[98] Vgl. dazu BGHZ 108, 353; *Einsele,* Wertpapierrecht als Schuldrecht, S. 399; *Kegel/Schurig,* IPR, § 19 II.
[99] Vgl. im Einzelnen *Grasmann,* System des internationalen Gesellschaftsrechts, 1970, S. 504 ff.
[100] Vgl. im Einzelnen *Loussouarn/Bredin,* Droit du Commerce International, 1969, S. 414 ff. mit rechtsvergleichenden Hinweisen.
[101] Vgl. *Martiny* in Reithmann/Martiny, Internationales Vertragsrecht, Rn. 55.
[102] Vgl. RG IPRspr. 1928 Nr. 13.
[103] Vgl. dazu *Stoll* RabelsZ 24 (1959) 601 ff.
[104] Vgl. *Ebenroth* RIW 1984, 165 ff., 168; *Martiny* in Reithmann/Martiny, Internationales Vertragsrecht, Rn. 1397.

c) **Insiderregeln.** Die Verpflichtungen, die sich für Veräußerer und Erwerber aus In- 53
siderregeln[105] ergeben,[106] unterliegen dem Gesellschaftsstatut.[107] Davon zu unterscheiden ist
die Frage, ob die Verletzung von Insiderregeln zu Auswirkungen auf den Bestand des Effektengeschäftes (Anfechtbarkeit, Nichtigkeit) oder zu Schadensersatzansprüchen führt.
Hierfür ist das Recht des betroffenen Marktes maßgebend.[108] Im übrigen wird für deliktische Ansprüche an den Handlungsort angeknüpft[109]. Nach § 1 Abs. 2 WpHG ist nunmehr bei an deutscher Börse gehandelten Wertpapieren an den ausländischen Börsenort
anzuknüpfen[110].

d) **Verwahrung von Wertpapieren.** Nach Art. 4 Abs. 1 lit. b Rom I VO ist auf den 54
gewöhnlichen Aufenthalt des Verwahrers abzustellen[111]. Das war schon nach bisherigem
Recht so. Denn die charakteristische Leistung bei der Verwahrung erbringt der Verwahrer[112]. Die Verwahrung und Verwaltung von Wertpapieren (Depotgeschäft) bestimmt sich
deshalb nach dem Recht am Sitz der Depotbank.[113] Deshalb finden die depot- und kommissionsrechtlichen Vorschriften des Depotgesetzes auch dann Anwendung, wenn eine
inländische Bank für einen Kunden Wertpapiere im Ausland anschafft und/oder verwahrt.[114]

Bei der **Girosammelverwahrung**[115] ist bei grenzüberschreitenden Geschäften zu diffe- 55
renzieren:

Eine grenzüberschreitende **Sammelverwahrung** im Ausland ist nur dann zulässig, 56
wenn der deutsche Hinterleger eine Rechtsstellung erhält die der nach § 6 Abs. 1 DepotG
äquivalent ist.[116] Das ist beispielsweise bei einer Sammelverwahrung in Frankreich bei der
SICOVAM der Fall.[117] § 5 Abs. 4 DepotG ist eine Eingriffsnorm iS des Art. 9 Abs. 2
Rom I VO[118] Eine Einzelfallprüfung für jede ausländische Sammelverwahrungsstelle ist
notwendig. Die Rechte an den im Ausland sammelverwahrten Wertpapieren bestimmen
sich nach dem Recht des Hinterlegungsorts als der lex cartae sitae (Art. 4 Abs. 1 lit. b
Rom I VO).[119] Das Problem ist aber regelmäßig nicht praxisrelevant, weil bei der Auslandsaufbewahrung kein Verwahrungsverhältnis zwischen dem Depotkunden und seiner
inländischen Bank zustande kommt, sondern dem Depotkunden eine Treuhand-WR-Gutschrift erteilt wird[120]. Besondere Probleme entstehen bei indirekten mehrstufigen Verwahrsystemen[121]

Auch bei der grenzüberschreitenden **Giroübertragung** kommt die lex cartae sitae zur 57
Anwendung.[122] Diese bestimmt, wie die Übertragung der Rechte an den Effekten er-

---

[105] Vgl. dazu *Assmann* ZGR 31 (2002), 697 ff.; *ders.* AG 1994, 196 ff., 237 ff.
[106] Vgl. im Einzelnen *Jenckel,* Das Insiderproblem.
[107] Vgl. *Grossfeld* in Staudinger, Internationales Gesellschaftsrecht, Rn. 246.
[108] Vgl. *Assmann,* Einl. GroßKommAktG, Rn. 705 ff. mwN; ähnlich *Kiel* S. 175, der an den Begehungsort anknüpft, der aber im betroffenen Markt liegt.
[109] Vgl. *Schnyder* in MüKoBGB, IntKapMarktR, Rn. 289 ff.
[110] Vgl. *Kiel,* S. 267, 310; *Schnyder* in MüKoBGB, IntKapMarktR, Rn. 268.
[111] Vgl. *Freitag* in Reithmann/Martiny, Internationales Vertragsrecht, Rn. 1283.
[112] Vgl. LG Aachen RIW 1999, 304.
[113] Vgl. *Drobnig,* FS für Zweigert, S. 73 ff., 89; *Kiel,* Internationales Kapitalanlegerschutzrecht, 1994, S. 183; *Freitag* in Reithmann/Martiny, Internationales Vertragsrecht, Rn. 1283.
[114] Vgl. *Drobnig,* FS für Zweigert, S. 59.
[115] Vgl. dazu *Drobnig,* FS für Zweigert, S. 59; *Einsele* WM 2001, 7 ff.; *Kümpel* WM 1976, 942 ff.; *Merkt/Rossbach* ZVglRWiss 102 (2003) 33 ff.
[116] Vgl. *Drobnig,* FS für Zweigert, S. 90; *Kümpel* WM 1976, 942 ff., 947; *Freitag* in Reithmann/Martiny, Internationales Vertragsrecht, Rn. 609.
[117] Vgl. *Drobnig,* FS für Zweigert, S. 90; *Kümpel* WM 1976, 942 ff., 949.
[118] Vgl. *Freitag* in Reithmann/Martiny, Internationales Vertragsrecht, Rn. 609.
[119] Vgl. *Freitag* in Reithmann/Martiny, Internationales Vertragsrecht, Rn. 1283.
[120] Vgl. *Kümpel* in Hellner/Steuer, Bankrecht und Bankpraxis, 8.42.
[121] Vgl. dazu *Einsele* WM 2003, 7 ff., 10 ff.; *Wendehorst* in MüKoBGB, Art. 43 EGBGB Rn. 206.
[122] Vgl. *Drobnig,* FS für Zweigert, S. 91.

folgt.[123] Das gilt aber nur für die dingliche Rechtslage. Das zugrunde liegende Kausalgeschäft bestimmt sich nach dem Vertragsstatut. Maßgebend ist der Parteiwille (Art. 3 Rom I VO).

**58** **e) Treuhandverhältnis.** Bei internationalen Effektengeschäften wird die inländische Bank regelmäßig als fiduziarischer Treuhänder für den Depotkunden tätig Der Treuhandvertrag ist als Geschäftsbesorgungsvertrag iS von § 675 BGB zu qualifizieren.[124] Fehlt eine – nach Art. 3 Rom I VO zulässige – Rechtswahl, so kommt nach Art. 4 Abs. 1 lit. b Rom I VO das Recht am Sitz der Depotbank zur Anwendung, da sie die Dienstleistung erbringt.[125]

**59** **f) Wertpapierleihe.** Bei der Wertpapierleihe handelt es sich – in Abgrenzung von dem Wertpapierpensionsgeschäft – um ein Sachdarlehen[126]. Mangels Rechtswahl kommt das Recht des Darlehensgebers (Wertpapierverleihers) zur Anwendung. Entweder fasst man das Darlehn in extensiver Auslegung als Dienstleistung unter Art. 4 Abs. 1 lit. b Rom I VO oder man kommt zum selben Ergebnis nach Art. 4 Abs. 2 Rom I VO, weil der Darlehnsageber die charakteristische Leistung erbringt.

### 3. Investmentgeschäfte

**Schrifttum:** *Beckmann*, Die Situation der Auslandsfonds in der Bundesrepublik Deutschland, DB 1973, 2435 ff.; *Flachmann*, Das neue Auslandsinvestmentgesetz, Sparkasse 1969, 205 ff.; *Flachmann*, Die Spannweite des Auslandsinvestmentgesetzes, ZfK 1972, 59 ff.; *Kümpel/Wittig/Rieter*, Bank- und Kapitalmarktrecht, 4. Aufl., 2011, S. 1196 ff.; *Laux*, Zur Umsetzung der Richtlinie zur Harmonisierung des europäischen Investmentrechts in das deutsche Investmentrecht, WM 1990, 1093 ff.

**60** Der Vertrieb von Investmentanteilen, die nach § 2 Abs. 1 S. 2 WpHG als Wertpapiere gelten, stellt eine Wertpapierdienstleistung dar[127].

**61** Kollisionsrechtlich ist bei Investmentgeschäften nach der „Nationalität" des Investmentanteils, der Gegenstand des einzelnen Geschäftes ist, zu differenzieren. Nach § 1 AuslInvestmG beantwortet sich die Frage, ob ein Investmentanteil in- oder ausländisch ist, nach dem Recht, welchem das Vermögen von Wertpapieren oder Grundstücken unterliegt.

**62** Bei Geschäften mit inländischen Investmentanteilen gelten – soweit ein Auslandsbezug vorliegt – die allgemeinen Regeln der Artt. 3 ff. Rom I VO. Fehlt eine Rechtswahl, so ist auf das Rechtsverhältnis zwischen Anteilseigner und Kapitalanlagegesellschaft das Recht am Sitz der letzteren, auf das Rechtsverhältnis zwischen Kapitalanlagegesellschaft und Depotbank und auf das Rechtsverhältnis zwischen Anteilseigner und Depotbank das Sitzrecht der Depotbank anzuwenden.

**63** Bei ausländischen Investmentanteilen gilt für die einzelnen Rechtsverhältnisse dasselbe. Die Rechte des Anlegers an dem und aus dem Investmentanteil bestimmen sich nach dem anwendbaren ausländischen Recht, dem der Fonds unterliegt. Das KAGB regelt das IPR der Investmentgeschäfte nicht. Es enthält gewisse – meist gewerberechtliche – Schutzvorschriften für den Anleger und andere aufsichtsrechtliche Normen.[128]

### 4. Immobilienanlagen

**Schrifttum:** *Böhner*, Erwerb und Besitz von Auslandsimmobilien aus deutscher Sicht, in: Schönhofer/Böhnere (Hrsg.), Haus und Grundbesitz im Ausland, Loseblatt; *Böhringer*, Grundstückserwerb

---

[123] Zur Übertragung durch Depotbuchung vgl. *Kümpel* WM 1976, 942 ff., 952.
[124] Vgl. *Coing* WM 1977, 466 ff., 467; *Kümpel* WM 1976, 942 ff., 943.
[125] Vgl. BGH NJW 2004, 287; OLG Hamm RIW 1994, 513.
[126] Vgl. *Baumbach/Hopt*, HGB, 36. Aufl., 2014, 7, Bankgesch. T 1.
[127] Vgl. *Assmann* in Assmann/Schneider WpHG, § 2 Rn. 72.
[128] Vgl. im Einzelnen *Emde/Dreibus*, Der Regierungsentwurf für ein Kapitalanlagegesetzbuch, BKR 2013, 89 ff.; *von Kann/Redeker/Keiluweit*, Überblick über das Kapitalanlagegesetzbuch (KAGB), DStR 2013, 1483 ff.; *Wollenhaupt/Beck*, Überblick über die Neuregelung des deutschen Investmentrechts nach der Umsetzung der AIFM-RL, DB 2013, 1950 ff.

§ 7 Internationales Privatrecht

mit Auslandsberührung aus der Sicht des Notars und des Grundbuchamtes, BWNotZ 1988, 49; *Cornut*, Der Grundstückskauf im IPR, 1987; *Dagon*, Erwerb von Grundstücken durch Ausländer in der Schweiz, AWD 1974, 453 ff.; *Dagon*, Zur Praxis des Grundstückserwerbs durch Ausländer in der Schweiz, RIW 1979, 176 ff.; *Gantzer*, Spanisches Immobilienrecht, 9. Aufl., 2003; *Hegmanns*, Probleme mit Kaufverträgen über im Ausland belegene Grundstücke, MittRheinNotK 1987, 1 ff.; *Küppers*, Grunderwerb im Ausland, DNotZ 1973, 645 ff.

**64** Das internationale Sachenrecht wird beherrscht von der lex rei sitae. Dingliche Rechte an Immobilien unterstehen dem Recht am **Lageort**.[129] Eine Rechtswahlmöglichkeit besteht nicht. Das internationale Sachenrecht lässt zumindest bei Immobilien **keinen Raum für die Parteiautonomie**.[130] Das Liegenschaftsstatut regelt den Erwerb, den Verlust und die Verfügung über das Eigentum an Grundstücken. Auch die Fähigkeit zum Erwerb einer Immobilie bestimmt sich hiernach. Das ist besonders bedeutsam bei Erwerbsbeschränkungen für Ausländer. Wenn das liberianische Recht anordnet, dass nur Inländer Grundeigentum erwerben können,[131] so ist dies zu beachten. Probleme bei Inländern vorbehaltenem Erwerb können sich bei der Einschaltung von Gesellschaften ergeben.[132]

**65** Von besonderer praktischer Bedeutung sind Ausländererwerbsbeschränkungen nach der lex Furgler und den in Folge erlassenen Gesetzen bei Immobilienanlagen in der Schweiz (lex Friedrich).[133] Ein interessantes Beispiel einer nichtigen deutschen Immobilienanlage wegen einer Ausländerbeschränkung berichtet *Dagon*.[134] Die Confidia AG Zug hatte mit einem deutschen Anleger einen „Anlage- und Geschäftsbesorgungsvertrag" über einen Betrag von sfr. 500 000,– abgeschlossen, der teilweise zur Gründung einer Aktiengesellschaft diente, deren Zweck wiederum der Erwerb eines – teilweise fremdfinanzierten – Grundstücks zum Kaufpreis von sfr. 1 Mio. war. Die Mehrheit des Aktienkapitals hatte die Confidia AG treuhänderisch für den deutschen Investor gezeichnet. Dieser war nach außen nur als Minderheitsaktionär hervorgetreten. Das Geschäft war nichtig, und zwar auch aus deutscher Sicht, da das schweizerische Recht als lex rei sitae anwendbar war. Verstöße gegen die Erwerbsbeschränkungen von Ausländern durch Erwerb über Gesellschaften können zur Einziehung des Gesellschaftsvermögens führen. Die Bundesrepublik Deutschland ist in diesen Fällen nicht verpflichtet, Auslandsrechtsschutz zu gewähren.[135]

**66** Die Übereignung von Immobilien bestimmt sich in jeder Beziehung nach dem Belegenheitsrecht. Für die Form von Verträgen über dingliche Rechte an Immobilien bestimmt Art. 11 Abs. 4 EGBGB nunmehr die ausschließliche Geltung der lex rei sitae, wenn das Belegenheitsstatut nach dem Kollisionsrecht der lex rei sitae ausschließliche Geltung beansprucht.

**67** Der Kauf von Immobilien bestimmt sich dagegen nach Artt. 3 ff. Rom I VO[136].

## 5. Beteiligung an Gesellschaften

**Schrifttum:** *Ahrens*, Wer haftet statt der zusammengebrochenen Abschreibungsgesellschaft? – Zur Sachwalterhaftung im Kollisionsrecht, IPRax 1986, 355 ff.; *Assmann*, Einleitung GroßKomm AktG, 4. Aufl., 1992, Rn. 517 ff.; *Balthasar*, Gesellschaftsstatut und Gläubigerschutz: ein Plädoyer für die Gründungstheorie, RIW 2009, 211 ff.; *Behrens*, Der Anerkennungsbegriff des internationalen Gesellschaftsrechts, ZGR 1978, 499 ff.; *Beitzke*, Juristische Personen im Internationalprivatrecht und Frem-

---

[129] Vgl. Art. 43 Abs. 1 EGBGB; *Kegel/Schurig*, IPR, § 19 I.
[130] Vgl. *Junker* RIW 2000, 241 ff., 253; *Wendehorst* in MüKoBGB, Vor Art. 43 EGBGB Rn. 11
[131] Vgl. Art. V sect. 12 der liberianischen Verfassung; dazu *Parnall* Journal of African Law 12 (1968) 64 ff.
[132] Vgl. dazu *Schütze* AG 1971, 112 ff.; *ders.*, Bodenrecht für Ausländer in Liberia, IWB Fach 7 Gruppe 3, S. 3 f. (jeweils zu Liberia).
[133] Vgl. dazu *Dagon* AWD BB 1974, 453 ff.; *ders.* RIW 1979, 176 ff. und 684 f.; *Meyer-Marsilius/Paetzold*, Erwerb von Grundstücken in der Schweiz durch Ausländer, IWB F5 (Schweiz), Gr. 3, S. 143 ff.
[134] Vgl. *Dagon* RIW/AWD 1979, 176 ff., 179.
[135] Vgl. BVerwG NJW 1989, 2208.
[136] Vgl. *Limmer* in Reithmann/Martiny, Internationales Vertragsrecht, Rn. 1501.

denrecht, 1938; *Brombach,* Das internationale Gesellschaftsrecht im Spannungsfeld von Sitztheorie und Niderlassungsfreiheit, 2006; *Ebenroth,* Neuere Entwicklungen im deutschen internationalen Gesellschaftsrecht, JZ 1988, S. 18 ff., 75 ff.; *Ebenroth/Sura,* Das Problem der Anerkennung im internationalen Gesellschaftsrecht, RabelsZ 43 (1979) 315 ff.; *Ebenroth/Wilken,* Entwicklungstendenzen im deutschen Internationalen Gesellschaftsrecht, JZ 1991, 1014 ff., 1061 ff., 1116 ff.; *Ebke,* Das internationale Gesellschaftsrecht und der BGH, FS für BGH, 2000, S. 799 ff.; *Ebling,* Die Rechtsfähigkeit ausländischer juristischer Personen aus der Sicht des deutschen Internationalen Privatrechts, AWD 1970, 450 ff.; *Freitag,* Der Wettbewerb der Rechtsordnungen im Internationalen Gesellschaftsrecht, EuZW 1999, 267 ff.; *ders.,* Zur Ermittlung des Gesellschaftsstatuts bei Nichtexistenz eines effektiven Verwaltungssitzes, NZG 1999, 237 ff.; *Grasmann,* System des internationalen Gesellschaftsrechts, 1970; *Grossfeld,* Internationales und Europäisches Unternehmensrecht, 2. Aufl. 1995; *Hoffmann,* Die stille Bestattung der Sitztheorie durch den Gesetzgeber, ZIP 2007, 1581 ff.; *Hübner,* Der Durchgriff bei juristischen Personen im europäischen Gesellschafts- und Unternehmensrecht, JZ 1978, 703 ff.; *Kaligin,* Das internationale Gesellschaftsrecht der Bundesrepublik Deutschland, DB 1985, 1449 ff.; *Kindler,* Rechtsfähigkeit und Haftungsverfassung der Scheinauslandsgesellschaft, FS Lorenz, 2001, S. 343 ff.; *Marugg,* Die Anknüpfung der organschaftlichen Vertretungsmacht bei der Aktiengesellschaft im internationalen Privatrecht, 1975; *Michalski,* Grundzüge des internationalen Gesellschaftsrechts, NZG 1998, 762 ff.; *Müller,* Kollisionsrechtliche Probleme der Durchgriffslehre bei Kapitalgesellschaften, Diss. Frankfurt 1974; *Neumayer,* Betrachtungen zum internationalen Konzernrecht, ZVglRWiss 83 (1984), 129 ff.; *Staudinger,* BGB, 12. Aufl., Internationales Gesellschaftsrecht *(Grossfeld);* Neubearbeitung 1998; *Teipel,* Die Bedeutung der lex fori im internationalen Gesellschaftsrecht, FS für Lorenz I, 1995, S. 125 ff.; *Terstegen,* Kollisionsrechtliche Behandlung ausländischer Kapitalgesellschaften im Inland, 2002; *Ulrich,* Regeln des internationalen Privatrechts über die Haftung des Gesellschafters oder der Verwaltung einer Kapitalgesellschaft, Diss. Göttingen 1972; *Walden,* Das Kollisionsrecht der Personengesellschaften im deutschen, europäischen und US-amerikanischen Recht, 2001; *Wiedemann,* Internationales Gesellschaftsrecht, FS für Kegel I, 1977, S. 187 ff.; *Zimmer,* Internationales Gesellschaftsrecht: das Kollisionsrecht der Gesellschaften und sein Verhältnis zum internationalen Kapitalmarktrecht und zum internationalen Unternehmensrecht, 1996.

68 Durch den **Debraco-Fall**[137] ist die große Bedeutung des internationalen Gesellschaftsrechts für den Anleger – nicht nur bei Abschreibungsgesellschaften – besonders deutlich geworden. Das IPRG – und das spätere europäische Verordnungsrecht - haben das Kollisionsrecht der Gesellschaften – bedauerlicherweise – nicht geregelt.[138] Die für einen Beteiligungserwerb wesentlichen Fragen kollisionsrechtlicher Art werden durch das **Gesellschaftsstatut** bestimmt. Es regelt ua die Rechtsfähigkeit und die Geschäftsfähigkeit, den Erwerb, die Änderung und den Verlust der Mitgliedschaft.[139]

69 a) **Gesellschaftsstatut.** Nach der in der Rechtsprechung[140] und im Schrifttum[141] bis in die jüngste Zeit herrschenden Meinung ist an den **Verwaltungssitz** einer Gesellschaft anzuknüpfen. Dieser wird nach der lex fori bestimmt. Befinden sich Teile der Hauptverwaltung in verschiedenen Staaten, so bestimmt der wichtigste Teil der Hauptverwaltung das Gesellschaftsstatut.

---

[137] Vgl. OLG Frankfurt IPRax 1986, 373; dazu den Besprechungsaufsatz von *Ahrens,* ebd. S. 355 ff.

[138] Vgl. *Pirrung,* Internationales Privat- und Verfahrensrecht nach dem Inkrafttreten der Neuregelung des IPR, 1987, S. 24.

[139] Vgl. dazu insbesondere *Assmann,* Einl. GroßkommAktG, Rn. 570 ff.; *Kindler* in MüKoBGB, IntGesR, Rn. 331 ff.; *Grossfeld* in Staudinger, IntGesR, Rn. 16 ff. *Wiedemann,* FS für Kegel I, S. 187 ff.

[140] Vgl. aus der abundanten Rechtsprechung BGHZ 51, 27; BGHZ 53, 181; BGHZ 53, 383; BGHZ 78, 318; BGH WM 1966, 1143; BGH WM 1979, 692; BGH IPRax 1985, 221; BGHZ 151, 204; BGH NJW 2003, 1607; BayObLG RIW 1986, 295 mit Anm. *Deville* ebd., S. 298 f.; BayObLG RIW 1987, 52; OLG Oldenburg NJW 1990, 1422; OLG Zweibrücken RIW 1990, 667; OLG Brandenburg NJW RR 1999, 543; RIW 2000, 728; OLG Celle, IPRax 2003, 252; Nachweise bei *Hausmann* in Reithmann/Martiny, Internationales Vertragsrecht, Rn. 5031 ff.

[141] Vgl. *Assmann,* Einl. GroßkommAktG, Rn. 532 ff. mit eingehenden Nachweisen; *Ebenroth/Sura* RabelsZ 43 (1979) 315 ff.; *Kegel/Schurig,* IPR, S. 575; *Grossfeld* in Staudinger, Internationales Gesellschaftsrecht, Rn. 26 ff.; *Wiedemann,* FS für Kegel I, S. 187 ff.

Die **Gründungstheorie** – hiernach ist an das Gründungsrecht anzuknüpfen – ist im 70 angloamerikanischen Recht vorherrschend.[142] Sie hat auch im deutschen Recht seit jeher Befürworter gefunden,[143] konnte sich aber hier bisher nicht durchsetzen.

Trotz der Geltung des Sitzrechts nach deutscher Auffassung soll das Gründungsrecht 71 über eine Weiterverweisung oder Rückverweisung zu beachten sein.[144] Befindet sich der Verwaltungssitz einer „Briefkastenfirma" in einem Land, das auf die Gründung abstellt, ist an das Gründungsrecht anzuknüpfen. Handelt es sich bei einer Beteiligungsgesellschaft in Liechtenstein um eine Briefkastenfirma ohne Verwaltungssitz in Liechtenstein, so ist deshalb zu unterscheiden. Befindet sich der Verwaltungssitz in der Bundesrepublik Deutschland, so wird die liechtensteinische Gesellschaft hier nicht anerkannt, insbesondere wird ihr keine Rechtsfähigkeit zuerkannt.[145] Denn an ihrem Sitz in Deutschland fehlt es an der Inkorporierung, in Liechtenstein fehlt es an ihrem Sitz. Befindet sich der Verwaltungssitz dagegen in London, so wird die liechtensteinische „Briefkastenfirma" in Deutschland anerkannt, da sie an ihrem Verwaltungssitz wegen der im englischen Recht herrschenden Gründungslehre als rechtsfähig angesehen wird.

Die Diskussion Sitztheorie v. Gründungslehre hat durch die Entwicklung des Europäi- 72 schen Gesellschaftsrechts neue Nahrung bekommen. Die Sitztheorie ist durch die jüngere Rechtsprechung des EuGH innerhalb des EWR zur Herstellung der Niederlassungsfreiheit eingeschränkt worden[146]. Nach der Entscheidung in der Sache Überseering[147] ist die Rechts- und Parteifähigkeit einer Gesellschaft, die nach dem Recht eines Mitgliedstaates gegründet worden ist, anzuerkennen. Das führt dazu, dass die Sitztheorie im EWR Bereich nur beschränkt angewendet werden kann. Das hat jedoch (noch) nicht zu einem Sieg der Gründungtheorie über die Sitzlehre geführt. Für das internationale Zivilprozessrecht will *Geimer* hinsichtlich der Parteifähigkeit danach differenzieren, ob es sich um Gesellschaften innerhalb oder außerhalb der Niederlassungsfreiheit des EG-Vertrages oder des EWR- Abkommens handelt[148]. Eine solche Differenzierung erscheint unpraktikabel[149]. Jedenfalls sollte man für die Rechts- und Parteifähigkeit einheitlich anknüpfen. Das geht nur, wenn man auf die Inkorporation abstellt[150]. Man muss nun aber nicht das Kind mit dem Bade aus-

---

[142] Vgl. rechtsvergleichend *Ebenroth/Einsele* ZVglRWiss 87 (1988) 217 ff.; *Neumayer* ZVglRWiss. 83 (1984) 129 ff.; zum angloamerikanischen internationalen Gesellschaftsrecht vgl. *Korner,* Das Kollisionsrecht der Kapitalgesellschaften in den Vereinigten Staaten von Amerika, 1989; *Richter,* Die Rechtsstellung ausländischer Kapitalgesellschaften in England, 1980.

[143] Vgl. dazu – teilweise differenzierend – insbesondere *Beitzke,* Juristische Personen, S. 92 ff.; *Behrens* ZGR 1978, 499 ff.; *Grasmann,* Internationales Gesellschaftsrecht; *Mann,* FS Barz, 1974, S. 219 ff.; *Sandrock,* Die multinationalen Korporationen im Internationalen Privatrecht, Berichte der Deutschen Gesellschaft für Völkerrecht Bd. 18 (1978), S. 169 ff.; *Würdinger,* Aktienrecht und das Recht der verbundenen Unternehmen, 4. Aufl. 1981, S. 23 ff.

[144] Vgl. dazu eingehend *Assmann,* Einl. GroßkommAktG, Rn. 554 ff.

[145] Vgl. aus der Rechtsprechung AG Hamburg MDR 1964, 1009; OLG Frankfurt GmbHR 1965, 69; BGHZ 53, 181; BFH BB 1968, 1276 mit Anm. *Hillert* AWD 1968, 442.

[146] Vgl. dazu insbes. *Sandrock/Wetzler,* Deutsches Wettbewerbsrecht im Wettbewerb der Rechtsordnungen, 2004 (mit Beiträgen von *Martin, Ehlers, Sandrock, Ebke, Wetzler, Ott* und *Hoffmann*); *Hausmann* in Reithmann/Martiny, Internationales Vertragsrecht, Rn. 5041 ff.

[147] Vgl. EuGH Rs. C-208/2000 – Überseering BV v. NCCB GmbH – EuGHE 2002 I, 9919 = NJW 2002, 3614 = RIW 2002, 2425; dazu *Leible/Hoffmann* RIW 2002, 925 ff.; vorher schon EuGH Rs. C-212/1997 – Centros Ltd. V. Erhvervs- og Selskabsstyrelsen – EuGHE 1999 I, 1459.

[148] Vgl. *Geimer,* Internationales Zivilprozessrecht, 6. Aufl. 2009, Rn. 2208; ebenso *Hess* ZZP 117 (2004), 267 ff., 296 ff.; ähnlich wohl auch *Nagel/Gottwald,* Internationales Zivilprozessrecht, 7. Aufl., 2013, § 5, Rn. 21 ff.

[149] Vgl. *Schütze,* Deutsches Internationales Zivilprozessrecht, 2. Aufl. 2005, Rn. 187.

[150] Auf den Einfluss der EuGH-Rechtsprechung auf die Parteifähigkeit weist *Wagner* ZZP 117 (2004), 305 ff., 364 ff. hin. *Wagner* in Lutter, Europäische Auslandsgesellschaften in Deutschland, 2005, S. 223 ff. verficht die These, dass Scheinauslandsgesellschaften Parteifähigkeit im deutschen Zivilprozess genießen, wenn sie nur nach ihrem Gründungsrecht als parteifähig anerkannt sind.

schütten. Man kann durchaus in anderen Bereichen an der Sitztheorie festhalten[151]. Das tut auch die h. L. im deutschen internationalen Gesellschaftsrecht. Danach ist die Reichweite der Anwendung der Gründungslehre durch den Schutzbereich der Niederlassungsfreiheit im europäischen Rechtsraum begrenzt[152]. Außerhalb dieses Schutzbereichs gilt wieder die allgemeine Kollisionsregel des deutschen internationalen Gesellschaftsrecht, nach der der Sitz maßgeblich ist[153]

73  **b) Die durch das Gesellschaftsstatut bestimmten Rechtsverhältnisse.** Das Gesellschaftsstatut bestimmt die wesentlichen Rechtsverhältnisse der Gesellschaft selbst und der Gesellschaft gegenüber Gesellschaftern und Dritten.

74  aa) Rechts- und Geschäftsfähigkeit. Das Gesellschaftsstatut entscheidet darüber, ob die Gesellschaft eine eigene Rechtsfähigkeit besitzt und ob sie geschäftsfähig ist.[154] Dem Gesellschaftsstatut sind auch Beschränkungen der Rechtsfähigkeit zu entnehmen. Eine solche häufig anzutreffende Beschränkung der Rechtsfähigkeit bringt die ultra vires Lehre,[155] die in England und in den vom englischen Recht beeinflussten Rechtsordnungen praktiziert wird, teilweise jedoch in recht eingeschränktem Umfang.[156] Für die Bestimmung der Rechts- und Geschäftsfähigkeit wird – anders als für die übrigen Rechtsverhältnisse – einheitlich an das Recht der Inkorporation angeknüpft.

75  Die Sonderanknüpfung von Art. 12 EGBGB ist auch im internationalen Gesellschaftsrecht zu beachten.[157] Auswirkungen hat die Bestimmung der Rechts- und Geschäftsfähigkeit nach dem Gesellschaftsstatut für den internationalen Anlegerprozess. Die Parteifähigkeit bestimmt sich nach dem **Heimatrecht,**[158] bei juristischen Personen nach dem **Gründungsrecht.**[159] Fehlt die Rechtsfähigkeit nach dem Recht der Inkorporation, so ist die Gesellschaft im deutschen Prozess dennoch parteifähig, wenn Parteifähigkeit nach deutschem Recht gegeben wäre.[160] Die analoge Anwendung der Normen über den Verkehrsschutz[161] ist besonders bedeutsam bei nach ihrem Heimatrecht nicht rechtsfähigen Personenvereinigungen oder Vermögensmassen.[162]

---

[151] So *Schütze,* Deutsches Internationales Zivilprozessrecht, Rn. 187.
[152] Vgl. BGHZ 154, 185.
[153] Vgl. im Einzelnen *Kindler* in MüKoBGB, IntGesR, Rn. 388 mwN.
[154] Vgl. BGHZ 32, 256; *Assmann,* Einl. GroßkommAktG, Rn. 584.; so auch *Kindler* in MüKoBGB IntGesR, Rn. 564.
[155] Vgl. dazu *Grasmann,* Internationales Gesellschaftsrecht, Rn. 866; *Grossfeld,* International Encyclopedia of Comparative Law, 13 (1973), Kap. 4 Nr. 71.
[156] Ein Beispiel für eine solche Einschränkung der ultra vires lehre findet sich in sect. 25 des singapurischen Companies Act. Danach sind Rechtsgeschäfte „ultra vires" nunmehr grundsätzlich wirksam. Die Überschreitung der durch das Gesellschaftsstatut gezogenen Grenzen kann nur in Ausnahmefällen geltend gemacht werden. Vgl. *Schütze,* Handels- und Wirtschaftsrecht von Singapur und Malaysia, 1987, S. 81; *Schütze/Hirth* Einführung in das Recht Singapurs, 2007, S. 15.
[157] Vgl. *Assmann,* Einl. GroßkommAktG, Rn. 584; *Grossfeld* in Staudinger, Int. GesR, Rn. 268 f.; teilweise wird die Lösung über § 55 ZPO analog, teilweiseüber Art. 6 EGBG B gesucht.
[158] Vgl. BGH JZ 1965, 580; OLG Bremen AWD BB 1972, 478; OLG Koblenz RIW 1986, 137; *Nagel/Gottwald,* Internationales Zivilprozessrecht, 7. Aufl., 2013, § 5, Rn. 21; *Schütze,* Deutsches Internationales Zivilprozessrecht, 2. Aufl., Rn. 186, mwN *Schütze* in Wieczorek/Schütze, ZPO, 4. Aufl., Bd. XII, 2013, Einl. Rn. 86; eine starke Meinung will die Parteifähigkeit nach dem prozessualen Heimatrecht einer Partei bestimmen, vgl. OLG Köln WM 1961, 183; *Geimer,* Internationales Zivilprozessrecht, 6. Aufl. 2009, Rn. 2203 f. mwN.
[159] Vgl. *Schütze,* Internationales Zivilprozessrecht, Rn. 187; aA OLG Koblenz RIW 1986, 137; BGH IPRspr. 1964/65 Nr. 4; BAG IPRspr. 1966/67 Nr. 51; *Assmann,* Einl. GroßkommAktG, Rn. 586.
[160] Vgl. *Geimer,* Internationales Zivilprozessrecht, 6. Aufl. 2009, Rn. 2204 ff.; *Schütze,* Deutsches Internationales Zivilprozessrecht, 2. Aufl., Rn. 187.
[161] Vgl. § 55 Abs. 2 ZPO.
[162] Vgl. BGH NJW 1960, 1204; OLG Stuttgart NJW 1974, 1627 mit Anm. *Cohn;* OLG Nürnberg RIW 1985, 494.

Die Prozessfähigkeit folgt der Geschäftsfähigkeit. Diese wird bei Gesellschaften nach ihrem Gesellschaftsstatut bestimmt. Bei fehlender Geschäftsfähigkeit wird die Prozessfähigkeit im deutschen Zivilverfahren nach § 55 ZPO fingiert, wenn nach deutschem Zivilprozessrecht Prozessfähigkeit vorliegen würde. 76

bb) *Fähigkeit zur Begebung von Anleihen, Wechseln und Schecks.* Problematisch ist, ob auch die Fähigkeit, Inhaberschuldverschreibungen zu begeben und in Verkehr zu bringen nach dem Gesellschaftsstatut zu beurteilen ist[163]. Hier geht die wohl hL davon aus, dass sich die Wechsel- und Scheckfähigkeit nach dem Gesellschaftsstatut bestimmt[164], bei der Anleihefähigkeit – dh dem Recht, Inhaberschuldverschreibungen zu begeben – auf das Recht des Staates abzustellen ist, in dem die Papiere ausgestellt und in Verkehr gebracht werden.[165] Das ist sachgerecht und schon aus dem Gesichtspunkt des Anlegerschutzes geboten. Wird eine Anleihe einer liberianischen Gesellschaft in der Schweiz aufgelegt, so beurteilt sich die Anleihefähigkeit der liberianischen Gesellschaft nach schweizerischem Recht. Die Wechsel- und Scheckfähigkeit ist positivgesetzlich geregelt.[166] Es entscheidet das Heimatrechtrecht[167]. 77

cc) *Vertretung.* Die Vertretungsbefugnis der Organe einer Gesellschaft[168] ist nach dem Gesellschaftsstatut zu bestimmen.[169] Dagegen sind auf die Duldungs- und Anscheinsvollmacht die allgemeinen Grundsätze anzuwenden. Es gilt das Recht des Vornahmeortes.[170] 78

Für die Vertretungsbefugnis eines rechtsgeschäftlich bevollmächtigten Vertreters einer Gesellschaft ist das Wirkungsstatut maßgebend,[171] ohne dass sich insoweit Besonderheiten ergäben. Die Rechtsstellung des falsus procurator beurteilt sich nach dem Geschäftsstatut des Hauptvertrages, den der vollmachtlose Vertreter abschließt.[172] Dies gilt insbesondere für die Zulässigkeit der Genehmigung durch den Vertretenen, die Voraussetzungen der Genehmigung, die Folgen der Genehmigung und die Haftung bei Nichtgenehmigung. Im *Debraco*-Fall musste das OLG Frankfurt[173] diese Frage nicht entscheiden, da das Gericht eine Vertretung ohne Vertretungsmacht – zu Recht – verneinte. 79

dd) *Haftung von Organen, Vertretern und Sachwaltern.* Im erwähnten *Debraco*-Fall, der die Haftung einer zusammengebrochenen Abschreibungsgesellschaft zum Gegenstand hatte, wurde der Beklagte von einer schweizerischen Bank in seiner Eigenschaft als Generalbevollmächtigter eines der beiden persönlich haftenden Gesellschafter, als Vorsitzender des Kommanditistenbeirats und als alleiniger Geschäftsführer und Mehrheitsgesellschafter einer Wirtschaftsprüfungs-GmbH, die das Anlegerkapital treuhänderisch in die Gesellschaft ein- 80

---

[163] Vgl. *Freitag* in Reithmann/Martiny, Internationales Vertragsrecht, Rn. 1362.
[164] Vgl. *Hausmann* in Reithmann/Martiny, Internationales Vertragsrecht, Rn. 6165; *Grossfeld* in Staudinger, IntGesR, Rn. 579 ok.
[165] Vgl. *Grasmann*, Internationales Gesellschaftsrecht, Rn. 873 ff. mit zahlreichen Beispielen; *Kindler* in MüKoBGB, IntGesR, Rn. 555; *Grossfeld* in Staudinger, IntGesR, Rn. 313; *Freitag* in Reithmann/Martiny, Internationales Vertragsrecht, Rn. 1362; vgl. auch BGHZ 164, 361 (konkludente Rechtswahl des Plazierungsortes).
[166] Vgl. Art. 91 WG, Art. 60 ScheckG, die auf das Heimatrecht abstellen.
[167] Vgl. dazu *Morawitz*, Das internationale Wechselrecht, 1991, S. 74 ff.
[168] Vgl. dazu insbesondere *Marugg*, Die Anknüpfung der organschaftlichen Vertretungsmacht der AG, 1991.
[169] Vgl. BGHZ 32, 256; *Kindler* in MüKoBGB, IntGesR, Rn. 582; *Hausmann* in Reithmann/Martiny, Internationales Vertragsrecht, Rn. 5174; *Grossfeld* in Staudinger, IntGesR, Rn. 279.
[170] Vgl. BGHZ 43, 21; BGH IPRspr. 1968/69 Nr. 19b; *Hausmann* in Reithmann/Martiny, Internationales Vertragsrecht, Rn. 5177; *Grossfeld* in Staudinger, IntGesR, Rn. 285.
[171] Vgl. BGHZ 43, 21; 128, 41; BGH JZ 1963, 167, BGH NJW 1982, 2733; OLG Frankfurt IPRax 1986, 373; KG IPRax 1998, 280; *Hausmann* in Reithmann/Martiny, Internationales Vertragsrecht, Rn. 5177 mwN.
[172] Vgl. *Hausmann* in Reithmann/Martiny, Internationales Vertragsrecht, Rn. 5536; *von Caemmerer* RabelsZ 24 (1959) 201 ff., 217.
[173] IPRax 1986, 373.

gebracht hatte, in Anspruch genommen. Nach dem Geschäftsstatut hat das OLG Frankfurt[174] zutreffend die Haftung wegen des Gerierens „wie ein Komplementär" beurteilt.[175] Dies folgt aus der Anwendbarkeit des Gesellschaftsstatuts für die Haftung aus der Organstellung oder Mitgliedschaft gegenüber Dritten.[176] Der Vertrauensschutz erfordert, dass die kollisionsrechtliche Beurteilung des sich als Organ oder mitgliedschaftlich verbundenen Gerierenden ebenso erfolgt als ob er diese Funktion innehätte. Der BGH hat die Rechtsscheinhaftung nicht nach dem ausländischen Gesellschaftsstatut, sondern nach deutschem Recht (§ 179 BGB) beurteilt – wenn und soweit der Rechtsschein im Inland entstanden ist[177].

81  Bei der Sachverwalterhaftung ist Art. 12 Abs. 2 Rom II VO anzuwenden[178]. Das bedeutet für fehlerhafte Prospektangaben, dass sich die Haftung der Gesellschaftsgründer, Gesellschafter, Gesellschaftsorgane oder Initiatoren nach der lex causae bestimmt.

82  Besondere Probleme ergeben sich bei der **Durchgriffshaftung.**[179] Auszugehen ist davon, dass das Gesellschaftsstatut bestimmt, in welcher Weise die Haftung einer Gesellschaft beschränkt ist, dh ob neben der Gesellschaft auch die Gesellschafter haften. Dann aber kann auch nur das Gesellschaftsstatut für die Frage maßgebend sein, ob im Einzelfall trotz der durch das Gesellschaftsstatut angeordneten Beschränkung der Haftung auf die Gesellschaft ausnahmsweise neben ihr auch der Gesellschafter oder der Geschäftsführer oder der faktische Leiter haftet, wie dies nach französischem Recht unter bestimmten Voraussetzungen der Fall ist.[180] Davon geht wohl auch die heute hL aus.[181]

83  *Grossfeld*[182] differenziert. Er unterscheidet im Anschluss an *Müller*[183] drei Fallkategorien, nämlich den Durchgriff als gesellschaftsrechtlichen Interessenschutz, den Durchgriff als Lösung von Normenkollisionen und den Durchgriff als bürgerlichrechtlichen Interessenschutz. Für den Anlegerschutz hat die Differenzierung *Grossfelds* keine besondere Bedeutung, da er die normalen Haftungskonsequenzen aus der Beteiligung an einer Gesellschaft der ersten Kategorie zuordnet und dem Gesellschaftsstatut unterwirft.

84  Soweit die Durchgriffshaftung aus einer Unterkapitalisierung der Gesellschaft hergeleitet wird, ist die Rechtsprechung des EuGH zur Niederlassungsfreiheit zu beachten (→ Rn. 72). Die Durchgriffshaftung kann nicht darauf gestützt werden, dass die Kapitalisierungsvorschriften zwar im Gründungsstaat, nicht aber im Land des Verwaltungssitzes nicht eingehalten worden sind[184]. Das ist zwar im Sinne eines Verkehrsschutzes im Lande des Verwaltungsstizes unerfreulich, aber nach der Rechtsprechung des EuGH unvermeidlich.

85  ee) Erwerb und Verlust von Mitgliedschaftsrechten. Das Gesellschaftsstatut bestimmt, ob der Anleger ein Mitgliedschaftsrecht erwirbt, welchen Inhalt dieses hat und wie es übertra-

---

[174] IPRax 1986, 373.
[175] Vgl. *Ahrens* IPRax 1986, 355 ff., 359.
[176] Vgl. RGZ 159, 44; BGHZ 25, 127; *Kindler* in MüKoBGB, IntGesR, Rn. 635 ff.; *Grossfeld* in Staudinger, IntGesR, Rn. 317; *Ulrich,* Regeln des IPR, 1972.
[177] Vgl. BGH NJW 2007, 1529.
[178] Vgl. *Lüttringhaus* RIW 2008, 198 ff.
[179] Vgl. dazu *Kindler* in MüKoBGB, IntGesR, Rn. 635 ff.; *Müller,* Kollisionsrechtliche Probleme; *Ulrich,* Regeln des IPR; *Grossfeld* in Staudinger, IntGesR, Rn. 353 ff.
[180] Im französischen Recht haften die Gesellschaftsorgane bei Überschuldung der Gesellschaft unter bestimmten Voraussetzungen den Gesellschaftsgläubigern persönlich; vgl. dazu *Bourguet/Wenner* AWD 1970, 357 ff.; *Junker* RIW 1986, 337 ff.; vgl. auch *Hübner* JZ 1978, 703 ff. Der EuGH hat die Durchgriffshaftung des französischen Rechts dem Bereich des Konkursrechts iS von Art. 1 Abs. 2 Nr. 1 EuGVÜ zugeordnet, vgl. EuGH Rs. 133/78 – Gourdain v. Nadler – EuGHE 1979, 733 = RIW 1979, 273; in gleichem Sinne schon *Schütze* RIW/AWD 1978, 765 ff.
[181] Vgl. BGHZ 78, 318; *Kindler* in MüKoBGB, IntGesR, Rn. 635 ff.
[182] In *Grossfeld* in Staudinger, IntGesR, Rn. 355.
[183] Kollisionsrechtliche Probleme, S. 70.
[184] Vgl. BGH BB 2005, 1016.

gen wird.[185] Das Gesellschaftsstatut bestimmt auch, welche Rechtsnatur Urkunden haben, die über das Mitgliedschaftsrecht ausgestellt werden, dh ob es sich um Beweisurkunden oder Wertpapiere handelt (Inhaber-, Order- oder sonstige Papiere). Beteiligt sich ein Anleger an einer deutschen PublikumsKG – wie im *Debraco*-Fall – so bestimmt sich der Erwerb der Kommanditistenstellung nach deutschem Recht. Dieses bestimmt auch die Übertragbarkeit und die Modalitäten der Übertragung der Kommanditbeteiligung. Beteiligt sich ein Anleger an einer spanischen Sociedad Anónima, die ein Hotel an der Costa Blanca betreibt, so bestimmt sich der Erwerb der Aktionärsstellung nach spanischem Recht. Dieses ist auch maßgebend für die Übertragung der Aktien oder – vor Ausgabe der Aktien – der resguardos provisionales.

Bei der Übertragung von **verbrieften** Mitgliedschaftsrechten ist jedoch zu beachten, dass sich die Übertragung – soweit sie nach den Regeln für die Übertragung beweglicher Sachen erfolgt – nach der lex cartae sitae bestimmt.[186] Dabei sind Beschränkungen des Gesellschaftsstatuts jedoch zu beachten. Sind die Inhaberaktien des deutschen Anlegers an der spanischen Hotel-S. A. in seinem Schließfach in Stuttgart, dann könnte die Übertragung durch Einigung und Übergabe erfolgen. Das spanische Recht hat die Übertragung von Inhaberaktien durch einfache Übergabe aber gesetzlich ausgeschlossen und die Einschaltung eines Handelsmaklers oder Notars zwingend vorgeschrieben. Diese Beschränkung ist zu beachten, da sie bereits die Übertragbarkeit selbst betrifft. 86

c) **Die stille Gesellschaft.** Bei Anlagen in einer stillen Gesellschaft ist auf das Recht an dem Ort abzustellen, an dem der Gesellschaftszweck hauptsächlich verfolgt wird.[187] Das ist der Ort, an dem das Unternehmen betrieben wird.[188] Dieser wird Gegenstand konkludenter Rechtswahl mangels anderer Anhaltspunkte sein. Für eine reine Innengesellschaft ohne gemeinsamen Gesellschaftssitz und trennbaren vertraglichen Leistungen der Gesellschafter knüpft das OLG Frankfurt/Main[189] – mangels Rechtswahl – an das jeweilige Wohnsitzrecht der Gesellschafter an. 87

### 6. Finanztermingeschäfte

**Schrifttum:** *Casper*, Das neue Recht der Termingeschäfte, WM 2003, 161 ff.; *Fleckner*, Die Lücke im Recht des Devisenterminhandels – Viertes Finanzmarktförderungsgesetz: außerbörsliche Devisentermingeschäfte als „Finanztermingeschäfte" im Sinne des § 2 Abs. 2a WpHG und Anwendbarkeit der §§ 37d ff. WpHG, WM 2003, 168 ff.; Langenbucher/Bliesinger/Spindler/*Binder* Bankrechtskommentar, 2013, S. 2280 ff.; *Lenenbach*, Kapitalmarkt- und Börsenrecht, § 6, Innovative Finanzprodukte und deren rechtliche Ordnung, 2002; *Mülbert*, Kommentierung von Abschnitt 8 WpHG, in: Assmann/Schneider (Hrsg.), Wertpapierhandelsgesetz, 6. Aufl., 2012; *Samtleben*, Das Börsentermingeschäft ist tot – es leben das Finanztermingeschäft, ZBB 2003, 69 ff.; *Schäfer/Lang*, Zur Reform des Rechts der Börsentermingeschäfte, BKR 2002, 197 ff.; zur Literatur zu Börsentermingeschäften nach dem Recht vor Inkrafttreten des 4. Finanzmarktförderungsgesetzes vgl. 2. Aufl., § 10, Rn. 79.

a) **Schutz von Kapitalanlegern.** Der Schutz von Kapitalanlegern bei Finanztermingeschäften ist durch das 4. Finanzmarktförderungsgesetz grundlegend reformiert worden. Die Neuregelung stellt nicht mehr auf die persönlichen Voraussetzungen des Anlegers ab (Börsentermingeschäftsfähigkeit), geht vielmehr vom mündigen, jedoch informations- und be- 88

---

[185] Vgl. *Bungert*, Der internationale Anwendungsbereich von § 15 Abs. 3 und 4 GmbHG, DZWir 1993, 494 ff.; *Kindler* in MüKoBGB, IntGesR, 611 f.; *Grossfeld* in Staudinger, IntGesR, Rn. 340 mwN; *Grasmann*, Internationales Gesellschaftsrecht, S. 504.
[186] Vgl. BGH NJW 1994, 939; *Behr*, FS für Sandrock I, 1995, S. 159 ff., 160; *Grasmann*, Internationales Gesellschaftsrecht, S. 505 mwN in Fn. 21; *Kindler* in MüKoBGB, IntGesR, Rn. 612; *Grossfeld* in Staudinger, IntGesR, Rn. 341.
[187] Vgl. *Grossfeld* in Staudinger, IntGesR, Rn. 773.
[188] Vgl. *Grasmann*, Internationales Gesellschaftsrecht, S. 560 f., der bei Betreiben der Geschäfte, für die die stille Einlage geleistet wird in verschiedenen Staaten auf zusätzliche Merkmale wie den Wohnsitz des stillen Gesellschafters und den Abschlussort zurückgreifen will.
[189] RIW 1998, 807.

ratungsbedürftigen Teilnehmer am Finanzterminmarkt aus. Mit der Ersetzung der §§ 50–70 BörsG 1998 durch §§ 37e–h WpHG durch das 4. FFG ist auch der umstrittene – kollisionsrechtlich bedeutsame – § 61 BörsG gefallen. Nachdem auch § 764 BGB aufgehoben worden ist, ist das IPR der Finanztermingeschäfte vorbehaltsklauselfrei. Ganze Bibliotheken sind zu Makulatur geworden.

89 **b) Vertragsstatut.** Nach der Neuregelung durch das 4. Finanzmarktförderungsgesetz ist eine Rechtswahl – auch zu Gunsten ausländischen Rechts – zulässig. Artt. 3 ff. Rom I VO finden auch auf Finanztermingeschäfte Anwendung. Mangels Rechtswahl ist das Recht des Börsenplatzes als das der engsten Verbindung nach Art. 4 Abs. 4 Rom I VO anzuwenden.

90 Hinsichtlich der zentralen Informationspflichten bei Finanztermingeschäften gelten mit dem FRUG die allgemeinen Wohlverhaltensvorschriften der §§ 31 ff. WpHG.

### 7. Zinstermingeschäfte und -swaps als Form der Financial Futures

**Schrifttum:** *Kümpel/Häuser,* Börsentermingeschäfte, Termin und Differenzeinwand, 1986.

91 Finanztermingeschäfte werden im Wesentlichen in festverzinslichen Wertpapieren (Interest Rate Futures), Aktienindices (Stock Index Futures), Währungen (Currency Futures) sowie Zinssätzen getätigt.[190] Kollisionsrechtlich sind die Finanztermingeschäfte einheitlich zu behandeln. Wesensmerkmal der Geschäfte ist es, dass nicht ein bestimmtes Gut gehandelt, vielmehr ein cash settlement vorgenommen wird. Kurs- und Zinsschwankungen werden bar ausgeglichen.[191]

92 Nachdem § 764 BGB aufgehoben worden ist und nach § 37e WpHG der Einwand nach § 762 BGB gegen Ansprüche aus Finanztermingeschäften, bei denen wenigstens ein Vertragsteil ein Unternehmen ist, das gewerbsmässig oder in einem Umfang, der einen in kaufmännischer Weise eingerichteten Geschäftsbetrieb erfordert, nicht geltend gemacht werden kann, ist die früher um die Anwendbarkeit von § 61 aF BörsG bestehende Diskussion obsolet geworden.

93 **Zinstermingeschäfte** sind zwar als Börsentermingeschäfte[192] iS der Definition des BGH zu qualifizieren. Der Charakter des Zeitgeschäfts ergibt sich aus dem hinausgeschobenen Erfüllungszeitpunkt. Ein jederzeitiges Gegengeschäft ist durch die Beziehung zu einem Terminmarkt (LIBOR, FIBOR usw.) möglich. Kollisionsrechtlich ist das aber bedeutungslos. Es kommt das gewählte Recht nach Art. 3 Rom I-VO zur Anwendung. Bei fehlender Rechtswahl ist nach Art. 4 Abs. 1 lit. b Rom I-VO auf das Recht am Sitz des gewöhnlichen Aufenthalts des Brokers abzustellen, soweit das Börsenaußengeschäft betroffen ist.[193]

94 **Zinsswaps** haben im Gegensatz zu Zinstermingeschäften keinen Börsentermingeschäftscharakter.[194] Hier fehlt es an der Beziehung zu einem Börsenterminmarkt zur jederzeitigen Tätigung eines Gegengeschäftes. Zinsswaps dienen dem Austausch von Verbindlichkeiten und Forderungen und betreffen jeweils zwei konkrete Bilanzpositionen. Es ist eine Rechtswahl nach Art. 3 Rom I-VO zulässig. Fehlt eine ausdrückliche Rechtswahl, ist die Bestimmung des anwendbaren Rechts problematisch. Eine charakteristische Leistung iS von Art. 4 Abs. 2 Rom I-VO ist bei diesen Geschäften nicht feststellbar[195].

95 Charakteristisch ist für den Zinsswap gerade, dass gleichwertige Forderungen und Verbindlichkeiten **ausgetauscht** werden. Die Leistungspflichten der Parteien stehen sich gleichwertig gegenüber, ohne dass es eine Bedeutung hätte, ob man den Zinsswap als

---

[190] Vgl. dazu *Glogowski/Münch,* Neue Finanzdienstleistungen, 1986, S. 250 ff.
[191] Vgl. *Kümpel/Häuser,* Börsentermingeschäfte, S. 9 ff.; dort auch zur Problematik des Termin- und Differenzeinwandes bei Finanztermingeschäften.
[192] Vgl. *Kümpel/Häuser,* Börsentermingeschäfte, S. 140.
[193] Vgl. *Mankowski* in Reithmann/Martiny, Internationales Vertragsrecht, Rn. 2486; *Mankowski,* Optionsanleihen ausländischer Gesellschaften als Objekt von Börsenaußengeschäften – Qualifikation und internationales Privatrecht, AG 1998, 11 ff., 14.
[194] Vgl. *Kümpel/Häuser,* Börsentermingeschäfte, S. 149.
[195] Vgl. *Martiny* in MüKoBGB, Art. 4 Rom I-VO, Rdn 90.

Tauschvertrag oder als Vertrag sui generis mit dem Effekt wechselseitiger wirtschaftlicher Schuldübernahme qualifiziert.[196] Da Zinsswaps überwiegend zur Sicherung der Passivseite dienen, könnte man geneigt sein anzunehmen, dass der Vertragspartner, der seine Leistung zur Sicherung des Risikos der anderen Partei erbringt, charakteristisch leiste.

Regelmäßig ist die Sicherungsfunktion aber eine doppelte. Der Schuldner einer festen Zinsverbindlichkeit minimiert sein Zinsrisiko durch den Swap mit einer variablen Zinsforderung. Umgekehrt sichert der Schuldner einer solchen Verbindlichkeit sein Zinsrisiko durch den Swap mit einer festen Zinsforderung. Das Sicherungskriterium ist zur Bestimmung der charakteristischen Leistung deshalb ungeeignet. Man könnte auf den Ausgleich der Zinsdifferenzbeträge abstellen und die Verbindlichkeit, die zu einer Ausgleichungspflicht führt, als die charakteristische ansehen. Aber auch dieses Kriterium ist ungeeignet, da die Ausgleichsverpflichtung wegen der Ungewissheit der Zinsentwicklung nicht vorhersehbar ist. Die charakteristische Leistung iS von Art. 4 Abs. 2 Rom I-VO kann aber nicht ex post festgestellt werden, muss vielmehr bei Vertragsabschluß bestimmbar sein. Andernfalls bliebe das anwendbare Recht während der Laufzeit des Vertrages nicht bestimmbar. Die Parteien wären über ihre Rechte und Pflichten im Unklaren. Unter diesen Umständen bleibt keine andere Lösung als die Vertragsspaltung. Die Leistungsverpflichtungen jeder Partei werden nach ihrem Sitzrecht beurteilt. 96

### 8. Devisenhandelsgeschäfte

**Schrifttum:** *Ebke,* Internationales Devisenrecht, 1991; *Hahn,* Währungsrecht, 1990. S. 382 ff.; *Kleiner,* Internationales Devisen-Schuldrecht, 1985; *Schücking,* Internationale Devisentermingeschäfte in der Insolvenz, FS für Hanisch, 1994, S. 231 ff.

Bei Devisenhandelsgeschäften ist die charakteristische Leistung iS von Art. 4 Abs. 2 Rom I-VO regelmäßig nicht feststellbar. Devisenhandelsgeschäfte sind dadurch gekennzeichnet, dass sich jede Partei verpflichtet, der anderen Partei „eine bestimmte Anzahl von Einheiten einer bestimmten Währung zu liefern, und zwar dadurch, dass sie einen solchen Betrag gutschreibt oder an eine Zahlstelle vergütet bzw. vergüten lässt."[197] Auch ist der Abschlussort – da regelmäßig telefonisch kontrahiert wird – nicht einheitlich zu bestimmen. Dasselbe gilt für den Erfüllungsort, da sich bei Devisenabschlüssen Leistungspflichten beider Vertragsparteien gleichwertig gegenüberstehen. 97

Eine einheitliche Anknüpfung nach dem engsten räumlichen Zusammenhang scheitert ebenfalls bei internationalen Transaktionen, da die wesentlichen Elemente – worauf *Kleiner*[198] zu Recht hinweist – auseinander fallen. Es ist eine Vertragsspaltung notwendig[199]. Eine einheitliche Unterstellung des Vertrages unter eine Rechtsordnung ist nicht möglich. Jede Verpflichtung unterliegt ihrem eigenen Recht, dh regelmäßig dem Recht am Sitz der verpflichteten Bank.[200] 98

### 9. Sicherung von Kapitalanlagegeschäften

**Schrifttum:** *von Bar,* Kollisionsrechtliche Aspekte der Vereinbarung und Inanspruchnahme von Dokumentenakkreditiven, ZHR 152 (1988) 38 ff.; *Bögl* Internationale Garantieverträge – Probleme und Reformbestrebungen, Diss. Regensburg 1993 *von Caemmerer,* Urteilsanmerkung, JZ 1969, 362 ff.; *Finger,* Bankgarantien und deutsches internationales Privatrecht, AWD 1969, 486 ff.; *Goerke,* Kollisionsrechtliche Probleme internationaler Garantien, 1986; *Kegel,* Die Bankgeschäfte im deutschen internationalen Privatrecht, Gedächtnisschrift für R. Schmidt, 1966, S. 215 ff.; *Lorenz,* Kollisionsrechtliche Überlegungen zum Rembours beim Dokumentenakkreditiv, FS für Steindorff, 1990, S. 405 ff.; *Nielsen,* Bankrecht und Bankpraxis, 5/515; *ders.,* Bankgarantien bei Außenhandelsgeschäften, 1986, S. 42 ff.; *ders.,* Grundlagen des Akkreditivgeschäfts, Revision 1983, 1985, S. 32 ff.; *Pleyer,* Die Bankga-

---

[196] Vgl. dazu *Kümpel/Häuser,* Börsentermingeschäfte, S. 145 f.
[197] Vgl. *Kleiner,* Devisen-Schuldrecht, S. 180.
[198] Devisen-Schuldrecht, S. 180 f.
[199] AA (einheitliche Anknüpfung) *Ebenroth,* FS für Keller, 1989, S. 391 ff., 420 f.
[200] Vgl. *Kleiner,* Devisen-Schuldrecht, S. 186.

rantie im zwischenstaatlichen Handel, WM 1973, Sonderbeilage Nr. 2; *Reithmann/Martiny*, Internationales Vertragsrecht, 7. Aufl., 2010, Rn. 1181 ff. *(Martiny)*, 1312 ff.; *(Freitag), Schefold*, Zum IPR des Dokumentenakkreditivs, IPRax 1990, 20 ff.; *ders.*, Neue Rechtsprechung zum anwendbaren Recht bei Dokumentenakkreditiven, IPRax 1996, 347 ff.; *Schütze*, Kollisionsrechtliche Probleme des Dokumentenakkreditivs, WM 1982, 226 ff.; *ders.*, Bestätigte und indossierte Bankgarantien als Sicherungsmittel im internationalen Handelsverkehr, FS für Gernhuber, 1993, S. 461 ff.; *ders.*, Das Dokumentenakkreditiv im Internationalen Handelsverkehr, 6. Aufl., 2008, Rn. 46 ff.; *Schütze/Edelmann* Bankgarantien, 2. Aufl., 2011 S. 125 ff.; *Stack*, The Conflicts of Law in International Letters of Credit, Va. J. Int.L. 24 (1983), 171 ff.; *Steindorff*, Das Akkreditiv im internationalen Privatrecht der Schuldverträge, FS für von Caemmerer, 1978, S. 761 ff.; *von Westphalen/Jud*, Die Bankgarantie im internationalen Handelsverkehr, 3. Aufl., 2005 S. 309 ff.; *von Westphalen*, Rechtsprobleme der Exportfinanzierung, 3. Aufl. 1987, S. 297 ff.; *Zahn/Ehrlich/Haas*, Zahlung und Zahlungssicherung im Außenhandel, 8. Aufl. 2010, 1/40 ff.

**99** Als Sicherungsmittel bei internationalen Kapitalanlagegeschäften finden sich im wesentlichen die Garantie – meist in Form einer Bankgarantie – und das ihr verwandte Dokumentenakkreditiv – regelmäßig in der Form des stand-by-letter of credit.[201]

**100** **a) Garantie.** Garantiestatut ist das Sitzrecht der garantierenden Bank.[202] Diese erbringt die charakteristische Leistung iS von Art. 4 Abs. 2 Rom I VO. Zum gleichen Ergebnis kommt man, wenn man die Garantie unter Art. 4 Abs. 1 lit. b Rom I VO subsumiert. Probleme ergeben sich zuweilen bei **mehrstufigen Garantieverhältnissen**, die insbesondere bei Geschäften mit arabischen Ländern üblich sind. Da die Rückgarantiebank keine Verpflichtung gegenüber dem Begünstigten übernimmt und ihre Verpflichtung allein gegenüber der Garantiebank besteht, wobei die Inanspruchnahme der Garantie durch den Begünstigten und die Zahlung der Garantiebank lediglich den Garantiefall auslöst, ist auch bei zwei- und mehrstufigen Garantieverhältnissen das Sitzrecht der garantierenden Bank anwendbar. Das bedeutet, dass im Verhältnis Begünstigter/Garantiebank das Sitzrecht der Garantiebank, im Verhältnis Garantiebank/Rückgarantiebank das Sitzrecht der Rückgarantiebank maßgebend ist.[203] Demgegenüber wollen *Nielsen*[204] und *Dohm*[205] auf das Recht der Garantiebank auch für das Verhältnis Garantiebank/Rückgarantiebank abstellen, weil der Anspruch der Garantiebank gegen die Rückgarantiebank auf Aufwendungsersatz sein besonderes Gepräge dadurch erhalte, dass die Garantiebank eine Direktgarantie nach ihrem Heimatrecht zu übernehmen habe. Diese Argumentation ist nicht überzeugend. Es ist unerheblich, in welcher Weise die Garantiebank dem Begünstigten gegenüber verpflichtet ist. Hierauf hat die Rückgarantiebank keinen Einfluss. Für sie ist ihre eigene Verpflichtung maßgebend.[206]

---

[201] Der stand-by-letter of credit entspricht in seiner Funktion der Garantie. Da US-amerikanischen Banken das Garantiegeschäft nicht unbeschränkt offen ist, wurde diese Form des Garantieakkreditivs entwickelt. Vgl. dazu *Eberth* ZVglRWiss 80 (1981) 29 ff.; *Schütze*, Das Dokumentenakkreditiv, Rn. 73 ff.; *Mühl* in Hadding/Schneider, Recht der Kreditsicherheiten in den Vereinigten Staaten von Amerika, 1985, S. 188 ff.

[202] Vgl. BGH NJW 1974, 410; OLG Stuttgart WM 1979, 733; OLG Hamburg RIW/AWD 1978, 615; LG Frankfurt NJW 1981, 56; *Finger* AWD 1969, 486 ff.; *Goerke*, Kollisionsrechtliche Probleme, S. 88 ff.; *Nielsen*, Bankrecht und Bankpraxis, 5/515; *ders.*, Bankgarantien, S. 43; *ders.* ZHR 147 (1983) 153 ff.; *Pleyer* WM 1973, Sonderbeilage Nr. 2, S. 15; *Käser* RabelsZ 35 (1971) 623; *Schütze/Edelmann*, Bankgarantien, 2. Aufl., 2011, S. 125 f.; *von Westphalen* in von Westphalen/Jud, Die Bankgarantie, S. 311; *Zahn/Ehrlich/ Haas*, Zahlung und Zahlungssicherung, Rn. 9/36.

[203] Vgl. *Finger* AWD 1969, 486 ff., 490; *Goerke*, Kollisionsrechtliche Probleme S. 101 f.; *Heldrich* Kollisionsrechtliche Aspekte des Missbrauchs von Bankgarantien, FS für Kegel, 1987, S. 175 ff.; *Pleyer* WM 1973, Sonderbeilage Nr. 2 S. 15; *Martiny* in Reithmann/Martiny, Internationales Vertragsrecht, Rn. 1206; *Schütze/Edelmann*, Bankgarantien S. 125 f.; *von Westphalen* in von Westphalen/Jud, Die Bankgarantie, S. 318.

[204] Bankgarantien, S. 44.

[205] Bankgarantien im Internationalen Handel, 1985, S. 144.

[206] Für die kollisionsrechtliche Beurteilung von bestätigten und indossierten Bankgarantien vgl. *Schütze*, FS für Gernhuber, S. 461 ff., 464 ff.

Der Anwendung des Garantiestatuts sind durch das internationale öffentliche Recht **101** **Grenzen** gesetzt. Bedeutsam sind bei internationalen Garantien in diesem Zusammenhang Devisenbeschränkungen im Anwendungsbereich des Abkommens von Bretton Woods (IWF Abkommen)[207]. Diese Konvention verdrängt das internationale Privatrecht der Mitgliedstaaten, soweit sie die Materie eigenständig regelt. Auch Garantien fallen unter Art. VIII Abschnitt 2b des Abkommens von Bretton Woods.[208] Ansprüche aus internationalen Garantien sind – unabhängig von dem nach dem Garantiestatut anwendbaren Recht – vor den Gerichten der Mitgliedstaaten nicht einklagbar, wenn und soweit sie gegen das Abkommen von Bretton Woods verstoßen.

**b) Dokumentenakkreditiv.** Kollisionsrechtlich ist im Rahmen von Dokumentenakkreditiven hinsichtlich der einzelnen Rechtsverhältnisse der Beteiligten zu differenzieren. **102**

aa) Verhältnis Akkreditivauftraggeber/Akkreditivbank. Akkreditivauftraggeber und Akkreditivbank haben ihren Sitz regelmäßig im gleichen Staat. Es kommt das gemeinsame Sitzrecht zur Anwendung.[209] **103**

bb) Verhältnis Akkreditivbank/Begünstigter. Soweit keine weitere Bank neben der Akkreditivbank eingeschaltet ist (Bestätigungsbank, Avisbank, Zahlstelle) besteht Einigkeit, dass das Recht am Sitz der Akkreditivbank anwendbar ist.[210] Die charakteristische Leistung des Akkreditivgeschäftes ist die Prüfung und Aufnahme der Dokumente und die Honorierung des Akkreditivs. Nach Art. 4 Abs. 2 Rom I VO weist der Vertrag deshalb die engsten Beziehungen zum Sitzstaat der Akkreditivbank auf. Zum selben Ergebnis führten die Begründungen vor Inkrafttreten des IPRG, die auf den Erfüllungsort[211] abstellen, auf die Funktion des Akkreditivs,[212] auf das Prinzip der „geringsten Störung"[213] und darauf, dass die Akkreditivbank sich keinem anderen Recht unterwerfen wolle.[214] Streitig ist das anwendbare Recht bei Einschaltung einer **Zweitbank** als Zahlstelle. Eine starke Meinung in der Literatur spricht sich bei einem bestätigten Akkreditiv oder bei Einsetzung einer Zahlstelle für die Anwendung deren Rechts aus.[215] Von *Caemmerer*[216] will das Sitzrecht der Zweitbank anwenden, soweit es sich um eine bestätigende Bank handelt, nicht jedoch soweit es sich nur um eine avisierende Bank handelt. Diese Differenzierungen überzeugen nicht. Für das Verhältnis Akkreditivbank/Begünstigter ist davon auszugehen, dass die Verpflichtung der Akkreditivbank eine solche aus § 780 BGB ist.[217] Die Rechtsnatur dieser **104**

---

[207] Vgl. dazu *Thode* in Reithmann/Martiny, Internationales Vertragsrecht, Rn. 671 ff. mwN.
[208] Vgl. BGH AWD 1964, 228; BGH AWD BB 1970, 274 für den rechtsähnlichen Fall der Bürgschaft: *Görke*, Kollisionsrechtliche Probleme, S. 120 f.; *Nielsen/Schütze*, Zahlungssicherung und Rechtsverfolgung im Außenhandel, 1985, S. 7; *Thode* in Reithmann/Martiny, Internationales Vertragsrecht, Rn. 678; *Schütze/Edelmann*, Bankgarantien, S. 130.
[209] Vgl. *Lücke*, Das Dokumentenakkreditiv in Deutschland, Frankreich und der Schweiz in rechtsvergleichender Darstellung, Diss. Kiel 1976, S. 270 f.; *Nielsen*, Grundlagen, S. 34; *Schütze*, Das Dokumentenakkreditiv Rn. 447.
[210] Vgl. BGH WM 1955, 765; *von Bar* ZHR 152 (1988) 38 ff., 53; *von Caemmerer* JZ 1959, 362 f., 363; *Käser* RabelsZ 21 (1956) 73 ff., 118; *Kegel*, Gedächtnisschrift für Schmidt, S. 215 ff., 240; *Nielsen*, Grundlagen, S. 35; *Schütze* WM 1982, 226 ff., 227; *Freitag* in Reithmann/Martiny, Internationales Vertragsrecht, Rn. 1314; *Thorn* IPRax 1996, 259 ff.; *von Westphalen*, Exportfinanzierung, S. 300; *Zahn/Ehrlich/Haas*, Zahlungen und Zahlungssicherung, Rn. 1/41.
[211] So BGH WM 1955, 765; *Nielsen*, Grundlagen des Akkreditivgeschäfts, S. 35.
[212] So *Vischer/Oser/Huber*, Internationales Vertragsrecht, 2. Aufl. 2000.
[213] Vgl. *Firsching* in Staudinger, EGBGB, 10./11. Aufl., vor Art. 12 Rn. 541.
[214] Vgl. *Wolff*, Das internationale Privatrecht Deutschland, 1954, S. 144. Die Polemik *Steindorffs*, FS für von Caemmerer, S. 761 ff., 767 f., gegen die Anwendung des „Rechts des Stärkeren" ist unberechtigt und geht am Problem vorbei.
[215] Vgl. *Liesecke* WM 1966, 459 ff.; *Steindorff*, FS für von Caemmerer, S. 761 ff.; OLG Frankfurt RIW 1988, 133 mit ablehnender Anm. *Schütze* EWiR § 365 HGB 1/88, 81; OLG Köln WM 1994, 1877.
[216] JZ 1959, 362 ff., 363; ebenso *von Bar* ZHR 152 (1988) 38 ff., 53.
[217] Vgl. BGHZ 60, 262; *Canaris*, Bankvertragsrecht, 2. Bearb., Rn. 984 mwN; *Nielsen*, Bankrecht und Bankpraxis, 5/291; *Zahn/Ehrlich/Haas* Zahlung und Zahlungssicherung Rn. 2/157.

Verpflichtung ändert sich nicht durch die Einschaltung einer Zweitbank. Die charakteristische Leistung ist auch bei Einschaltung einer Zweitbank am Sitz der Akkreditivbank zu erbringen.[218] Eine Differenzierung danach, ob eine Zweitbank eingeschaltet wird oder nicht, verbietet sich auch aus praktischen Gründen. Oft wird die Zweitbank erst nach Eröffnung des Akkreditivs eingeschaltet oder ausgewechselt. Diejenigen, die auf das Recht der Zweitbank abstellen, müssen hinnehmen, dass die Verpflichtung der Akkreditivbank ihren Inhalt während der Laufzeit des Akkreditives wie ein Chamäleon ändert. So hatte in einem Fall vor einigen Jahren eine syrische Bank ein Akkreditiv zugunsten eines deutschen Begünstigten eröffnet. Dieses Akkreditiv wurde später von einer US-amerikanischen Bank bestätigt. Wiederum kurze Zeit später wurde eine deutsche Zahlstelle benannt. Folgt man der Meinung derer, die auf das Recht der Zweitbank abstellen, dann hätte die Akkreditivverpflichtung zunächst syrischem Recht unterlegen. Sie wäre sodann kalifornischem Recht unterstellt gewesen und hätte sich schließlich – nach Einsetzung der Zahlstelle – nach deutschem Recht bestimmt.

**105** cc) *Verhältnis Zweitbank/Begünstigter.* Wird das Akkreditiv bestätigt, so gibt die Zweitbank ein selbständiges abstraktes Schuldversprechen i. S. von § 780 BGB ab.[219] Im Verhältnis der bestätigenden Bank zum Begünstigten gilt das Sitzrecht der Zweitbank.[220] Damit ist den Interessen des Begünstigten Genüge getan. dass ihm daneben auch noch die Akkreditivbank nach ihrem Recht haftet, mag ihn nicht stören. Handelt es sich bei der Zweitbank um eine **Avisbank,** so ist für Ansprüche aus dem gesetzlichen Schuldverhältnis des Art. 9 ERA 2007 (ERA 600) auf das Recht abzustellen, an dem die Avisierung erfolgt.[221] Die Avisierung ist die vertragstypische Leistung iS von Art. 4 Abs. 2 Rom I VO. Da Avisbank und Begünstigter ihren Sitz regelmäßig im gleichen Staat haben, kommt regelmäßig das gemeinsame Sitzrecht zur Anwendung.

**106** dd) *Verhältnis Akkreditivbank/Zweitbank.* Zwischen Akkreditivbank und Zweitbank (bestätigende, avisierende Bank, Zahlstelle) besteht ein entgeltlicher Geschäftsbesorgungsvertrag. Für die Ansprüche hierzu ist das Sitzrecht der Zweitbank maßgebend.[222] Diese erbringt die charakteristische Leistung durch die Avisierung, Dokumentenprüfung, Dokumentenaufnahme und Honorierung.

---

[218] Für die Anwendung des Sitzrechts vgl. *Nielsen,* Grundlagen, S. 35 f.; *Schütze* WM 1982, 226 ff. (227 f.); *Schütze* EWiR § 365 HGB 1/88, 81; *von Westphalen,* Exportfinanzierung, S. 300 f.; *Schefold* IPRax 1990, 20 ff.; *Schütze,* Das Dokumentenakkreditiv Rn. 450 ff.; *Zahn/Ehrlich/Haas,* Zahlung und Zahlungssicherung, Rn. 1/42.

[219] Vgl. BGHZ 28, 129; *Canaris,* Bankvertragsrecht, 2. Bearb., Rn. 984; *von Caemmerer* JZ 1959, 362 ff., 364; *Nielsen,* Bankrecht und Bankpraxis, 5/309; *Schütze,* Das Dokumentenakkreditiv, Rn. 476; *Zahn/EhrlichHaas,* Zahlung und Zahlungssicherung, Rn. 2/187.

[220] Vgl. *von Bar* ZHR 152 (1988) 38 ff., 53; *Canaris,* Bankvertragsrecht, Rn. 985; *Nielsen,* Grundlagen, S. 36 f.; *Schütze* WM 1982, 226 ff., 228; *Schütze,* Das Dokumentenakkreditiv Rn. 476; *von Westphalen,* Exportfinanzierung, S. 301.

[221] Vgl. *Schütze* DB 1987, 2189 ff.; *Schütze,* Das Dokumentenakkreditiv, Rn. 477.

[222] Vgl. LG Frankfurt NJW 1976, 1044; *Eberth* RIW 1977, 522 ff. (526); *Kegel,* GS Schmidt, S. 215 ff., 240; *Lücke,* Das Dokumentenakkreditiv in Deutschland, Frankreich und der Schweiz in rechtsvergleichender Darstellung, Diss. Kiel 1976, S, 270; *Nielsen,* Grundlagen, S. 34 f.; *Reithmann/Martiny/Freitag,* Internationales Vertragsrecht, Rn. 1315; *Schütze* WM 1982, 226 ff., 228; *von Westphalen,* Exportfinanzierung, S. 298 ff.; *Schütze,* Das Dokumentenakkreditiv, Rn. 478 f.; *Zahn/Ehrlich/Haas,* Zahlung und Zahlungssicherung, Rn. 1/49.

# 3. Kapitel. Kapitalanlagegeschäfte als Gegenstand des Strafrechts und des Rechts der Ordnungswidrigkeiten

## § 8 Insiderrecht

**Übersicht**

| | Rn. |
|---|---|
| I. Entstehungsgeschichte und europarechtliche Grundlagen | 1–6 |
| II. Schutzzweck und Regelungsansatz | 7–12 |
|    1. Anlegerschutz | 7 |
|    2. Funktionenschutz | 8 |
| III. Überblick über das Insider(straf)recht | 13–17 |
| IV. Insiderpapiere (§ 12 WpHG) | 18–36 |
|    1. Erfasste Märkte | 18 |
|       a) Inländische Märkte | 19 |
|       b) Märkte in der EU/dem EWR | 20 |
|       c) Derivate | 21 |
|       d) Bevorstehende Zulassung | 23 |
|       e) Art der Ausführung des Geschäfts | 24 |
|    2. Erfasste Finanzinstrumente | 25 |
|       a) Wertpapiere | 26 |
|       b) Geldmarktinstrumente | 30 |
|       c) Derivate | 31 |
|       d) Rechte auf Zeichnung von Wertpapieren | 35 |
|       e) Vermögensanlagen | 36 |
| V. Insiderinformation (§ 13 WpHG) | 37–73 |
|    1. Information | 37 |
|       a) Überblick | 37 |
|       b) Konkrete Information | 38 |
|       c) Drittbezug? | 43 |
|       d) Einzelfragen | 47 |
|    2. Nicht öffentlich bekannt | 55 |
|    3. Emittenten- oder Insiderpapierbezug der Information | 59 |
|       a) Überblick | 59 |
|       b) Emittentenbezug | 60 |
|       c) Insiderpapierbezug | 61 |
|    4. Eignung zur erheblichen Kursbeeinflussung | 63 |
|       a) Überblick | 63 |
|       b) Abstrakter Maßstab für die Erheblichkeit | 65 |
|       c) Konkrete Feststellung der Erheblichkeit | 67 |
|    5. Regelbeispiele | 71 |
|    6. Weitere Beispiele | 73 |
| VI. Insidergeschäfte (§ 14 WpHG) | 74–152 |
|    1. Überblick | 74 |
|    2. Verwendungsverbot | 75 |
|       a) Erwerb oder Veräußerung | 75 |
|       b) Strafbarkeit des Unterlassens | 80 |
|       c) Eigen- oder Fremdgeschäft | 93 |
|       d) Verwenden | 94 |
|       e) Subjektiver Tatbestand | 109 |
|       f) Versuch | 111 |
|    3. Weitergabeverbot | 112 |
|       a) Zweck des Weitergabeverbots | 112 |
|       b) Mitteilen und Zugänglichmachen | 118 |
|       c) Unbefugt | 125 |
|       d) Subjektiver Tatbestand | 138 |
|       e) Versuch | 141 |
|    4. Empfehlungs- und Verleitungsverbot | 143 |
|       a) Überblick | 143 |

|  |  | Rn. |
|---|---|---|
| b) Empfehlungsverbot | | 144 |
| c) Verleitungsverbot | | 148 |
| d) Subjektiver Tatbestand | | 149 |
| e) Versuch | | 152 |
| VII. Sanktionen | | 153–165 |
| 1. Strafrechtliche Sanktionen | | 153 |
| 2. Verwaltungsrechtliche Sanktionen | | 157 |
| 3. Zivilrechtliche Folgen | | 160 |
| VIII. Die Verfolgung von Insiderstraftaten | | 166–175 |
| 1. Aufgaben der BaFin | | 166 |
| 2. Meldepflichten | | 167 |
| a) Überblick | | 167 |
| b) Erfasste Finanzinstrumente | | 168 |
| c) Erfasste Institute und Unternehmen | | 169 |
| d) Sanktionen | | 170 |
| 3. Anzeigepflicht | | 171 |
| 4. Auskunfts-, Vorlage-, Duldungs- und Aufzeichnungspflichten | | 172 |
| 5. Aufbewahrung von Verbindungsdaten | | 174 |
| 6. Internationale Zusammenarbeit | | 175 |
| IX. Die Vorbeugung vor Insiderstraftaten | | 176–187 |
| 1. Ad-hoc-Publizität | | 176 |
| 2. Directors' Dealings | | 178 |
| 3. Insiderverzeichnisse | | 179 |
| 4. Verhaltenspflichten | | 180 |
| 5. Organisationspflichten | | 182 |
| a) Organisationspflichten der Unternehmen im Allgemeinen | | 182 |
| b) Organisationspflichten der Wertpapierdienstleistungsunternehmen | | 183 |
| c) Organisationspflichten der BaFin | | 187 |

**Schrifttum zur Rechtslage bis zum 29.10.2004: siehe Vorauflage**

**Schrifttum zur Rechtslage ab 30.10.2004:** *Achenbach/Ransiek* (Hrsg.), Handbuch Wirtschaftsstrafrecht, 3. Aufl. 2012; *Alexander,* Insider dealing and money laundering in the EU: law and regulation, 2007; *Ali/Gregoriou,* Insider Trading: Global developments and analysis, 2009; *Ams,* Directors' dealings and insider trading in Germany: an empirical analysis, 2010; *Arden,* Spector Photo Group and its wider implications, 7 ECFR (2010), 342; *Assmann,* Unternehmenszusammenschlüsse und Kapitalmarktrecht, ZHR 172 (2008), 635; *Avgouleas,* The Mechanics and Regulation of Market Abuse, 2005; *Bachmann,* Kapitalmarktrechtliche Probleme bei der Zusammenführung von Unternehmen, ZHR 172 (2008), 597; *Bachmann,* Kapitalmarktpublizität und informationelle Gleichbehandlung, FS Schwark, 2009, 331; *Bachmann,* Ad-hoc-Publizität nach „Geltl", DB 2012, 2206; *Baedorff,* Das Merkmal der Verwendung von Insiderinformationen: die Tathandlung des § 14 Abs. 1 Nr. 1 WpHG unter besonderer Berücksichtigung der Problematik der psychischen Kausalität, 2011; *Bainbridge* (Hrsg.), Research Handbook on Insider Trading, 2013; *Bank,* Das Insiderhandelsverbot in M&A-Transaktionen, NZG 2012, 1337; *Barta,* Die Insiderinformation als aufklärungspflichtiger Umstand de lege lata und de lege ferenda, DZWiR 2012, 177; *Beck,* Kreditderivate als Insidergeschäft, Gedächtnisschrift Bosch, 2006, 17; *Bedkowski,* Der neue Emittentenleitfaden der BaFin, BB 2009, 394; *Behn,* Ad-hoc-Publizität und Unternehmensverbindungen, 2012; *Benzinger,* Zivilrechtliche Haftungsansprüche im Zusammenhang mit Insiderhandelsverbot und Ad hoc Publizität, 2008; *v. Bernuth/Wagner/Kremer,* Die Haftung für fehlerhafte Kapitalmarktinformationen: Zur IKB-Entscheidung des BGH, WM 2012, 831; *Bingel,* Die „Insiderinformation" in zeitlich gestreckten Sachverhalten und die Folgen der jüngsten EuGH-Rechtsprechung für M&A-Transaktionen, AG 2012, 685; *Binninger,* Gewinnabschöpfung als kapitalmarktrechtliche Sanktion: Systematik und Konzeption einer Gewinnabschöpfung im Kapitalmarktrecht, dargestellt am Beispiel des deutschen und US-amerikanischen Insiderrechts, 2010; *Bitter,* Geschäftsschädigende Verlautbarungen börsennotierter Aktiengesellschaften über Vertragspartner im Spannungsfeld zwischen Ad-hoc-Publizität und vertraglicher Rücksichtnahmepflicht, WM 2007, 1953; *Böckli/Bühler,* Vorabinformationen an Grossaktionäre – Grenzen und Möglichkeiten nach Gesellschafts- und Kapitalmarktrecht, SZW 2005, 101; *v. Bonin/Böhmer,* Der Begriff der Insiderinformation bei gestreckten Sachverhalten, EuZW 2012, 694; *v. Bonin/Glos,* Die neuere Rechtsprechung der europäischen Gerichte im Bereich des Bank- und Kapitalmarktrechts, WM 2013, 1201; *Brandi/Süßmann,* Neue Insiderregeln und Ad-hoc-Publizität – Folgen für Ablauf

§ 8 Insiderrecht

und Gestaltung von M&A-Transaktionen, AG 2004, 642; *Bruder*, Die Weitergabe von Insiderinformationen durch Arbeitnehmervertreter, 2008; *Buck-Heeb*, Insiderwissen, Interessenkonflikte und Chinese Walls bei Banken – Zur rechtlichen Wirkung von Vertraulichkeitsbereichen, FS Hopt, 2010, 1647; *Bürgers*, Das Anlegerschutzverbesserungsgesetz, BKR 2004, 424; *Burg/Marx*, Der neue Emittentenleitfaden der BaFin (2009), AG 2009, 487; *Bussian*, Due Diligence bei Pakettransaktionen: zur Rechtsstellung des Vorstands zwischen Auskunftsanspruch der Aktionäre, Insiderverboten und Datenschutz, 2008; *Bussian*, Die Verwendung von Insiderinformationen, WM 2011, 8; *Buxbaum*, The Private Action Against Insider Trading: A Question of Incentives, FS Hopt 2010, 1671; *Cahn*, Das neue Insiderrecht, Der Konzern 2005, 5; *Cascante/Bingel*, Insiderhandel – in Zukunft leichter nachweisbar?, NZG 2010, 161; *Cascante/Bingel*, Ist „Nutzung" mehr als „Kenntnis"?, Das Insiderhandelsverbot vor dem EuGH, AG 2009, 894; *Cascante/Topf*, „Auf leisen Sohlen"? – Stakebuilding bei der börsennotierten AG, AG 2009, 53; *Christoph*, Insiderhandel unter besonderer Berücksichtigung von M&A-Transaktionen, 2010; *Claussen/Florian*, Der Emittentenleitfaden, AG 2005, 745; *Cloppenburg/Kruse*, Die Weitergabe von Insiderinformationen an und durch Journalisten, WM 2007, 1109; *Colussi*, Kapitalmarktstrafrecht. Insiderhandel und Marktmanipulation, 2010; *Degoutrie*, „Scalping": Strafbedürftigkeit und Einordnung unter die tatbestandlichen Voraussetzungen der Kurs- und Marktpreismanipulation nach § 20a WpHG, 2007; *Diehm*, Strafrechtsrelevante Maßnahmen der Europäischen Union gegen Insidergeschäfte und Kursmanipulationen, 2006; *Diekmann/Fleischmann*, Umgang mit Interessenkonflikten in Aufsichtsrat und Vorstand der Aktiengesellschaft, AG 2013, 141; *Diekmann/Sustmann*, Gesetz zur Verbesserung des Anlegerschutzes (Anlegerschutzverbesserungsgesetz – AnSVG), NZG 2004, 929; *Dier/Fürhoff*, Die geplante europäische Missbrauchsrichtlinie, AG 2002, 604; *Di Noia/Gargantini*, Issuers at Midstream: Disclosure of Multistage Events in the Current and in the Proposed EU Market Abuse Regime, ECFR 9 (2012), 484; *Di Noia/Gargantini*, The Market Abuse Directive Disclosure Regime in Practice: Some Margins for Future Actions, Rivista delle Società 54 (2009) 782; *Di Noia/Milič/Spatola*, Issuers Obligations under the new Market Abuse Regulation and the proposed ESMA guideline regime: a brief overview, ZBB 2014, 96; *Dittmar*, Weitergabe von Informationen im faktischen Aktienkonzern, AG 2013, 498; *Dreher*, Leniency-Anträge und Kapitalmarktrecht, WuW 2010, 731; *Dreyling*, Die Umsetzung der Marktmissbrauchs-Richtlinie über Insider-Geschäfte und Marktmanipulation, Der Konzern 2005, 1; *v. Dryander/Schröder*, Gestaltungsmöglichkeiten für die Gewährung von Aktienoptionen an Vorstandsmitglieder im Lichte des neuen Insiderrechts, WM 2007, 534; *Dymke*, Directors' Dealings in Deutschland: empirische Analyse der Eigengeschäfte von Unternehmensinsidern, 2011; *Eichner*, Insiderrecht und Ad-hoc-Publizität nach dem Anlegerschutzverbesserungsgesetz, 2009; *Ekkenga*, Fragen der deliktischen Haftungsbegründung bei Kursmanipulationen und Insidergeschäften, ZIP 2004, 781; *Ekkenga*, Individuelle Entscheidungsprozesse im Recht der Ad-hoc-Publizität, NZG 2013, 1081; *Engert*, Hedgefonds als aktivistische Aktionäre, ZIP 2006, 2105; *v. Falkenhausen/Widder*, Die Weitergabe von Insiderinformationen innerhalb einer Rechtsanwalts-, Wirtschaftsprüfer- oder Steuerberatersozietät, BB 2004, 165; *v. Falkenhausen/Widder*, Die befugte Weitergabe von Insiderinformationen nach dem AnSVG, BB 2005, 225; *Federlin*, Die Ad-hoc-Publizitätspflicht von Insiderinformationen und die Unterrichtungspflicht nach dem Betriebsverfassungsgesetz, FS Hromadka, 2008, 69; *Fischer*, Insiderrecht und Kapitalmarktkommunikation: unter besonderer Berücksichtigung des Rechtsrahmens für Finanzanalysten, 2006; *Fleischer*, Scalping zwischen Insiderdelikt und Kursmanipulation, DB 2004, 51; *Fleischer*, Ad-hoc-Publizität beim einvernehmlichen vorzeitigen Ausscheiden des Vorstandsvorsitzenden, NZG 2007, 401; *Fleischer*, Investor Relations und informationelle Gleichbehandlung im Aktien-, Konzern- und Kapitalmarktrecht, ZGR 2009, 505; *Fleischer*, Gesundheitsprobleme eines Vorstandsmitglieds im Lichte des Aktien- und Kapitalmarktrechts, NZG 2010, 561; *Fleischer/Schmolke*, Gerüchte im Kapitalmarktrecht: Insiderrecht, Ad-hoc-Publizität, Marktmanipulation, AG 2007, 841; *Flick/Lorenz*, Kenntnis von Insiderinformationen impliziert ihre Verwendung bei Wertpapiergeschäften, RIW 2010, 381; *Forst*, Die ad-hoc-pflichtige Massenentlassung, DB 2009, 607; *Frisch*, Wertpapierhandelsgesetz, in Derleder/Knops/Bamberger, Handbuch des deutschen und europäischen Bankrecht, 2. Aufl. 2009, § 52; *Fromm-Russenschuck/Banerjea*, Die Zulässigkeit des Handels mit Insiderpapieren nach Durchführung einer Due Diligence-Prüfung, BB 2004, 2425; *Fürsich*, Probleme des strafbaren Insiderhandels nach Inkrafttreten des Anlegerschutzverbesserungsgesetzes, 2008; *T. Fuchs*, Strafbarkeitsrisiken für Bankmitarbeiter im Umgang mit Insiderinformationen, 2010; *Gaede/Mühlbauer*, Wirtschaftsstrafrecht zwischen europäischem Primärrecht, Verfassungsrecht und der richtlinienkonformen Auslegung am Beispiel des Scalping, wistra 2005, 9; *Gehling*, Insiderinformationen mit Zukunftsbezug, Liber Amicorum Martin Winter, 2011, 129; *Gehrmann*, Das versuchte Insiderdelikt: Reichweite der Strafbarkeit des Versuchs gemäß § 38 Abs. 3 WpHG nach kritischer Auseinandersetzung mit dem Rechtsgut und der Struktur des Insiderdelikts, 2009; *Gehrmann,* Das Spector-Urteil des EuGH: zur Beweislastumkehr beim Insiderhandel, ZBB 2010, 48; *Gimnich,* Insiderhandelsverbot und Unternehmensakquisitionen: Bestandsaufnahme und Ausblick nach der Markmissbrauchsrichtlinie und dem Gesetz zur Verbesserung des Anlegerschutzes, 2007; *Glaser,* Verbesserungsoptionen im System der Ad-hoc-Publizität, 2008; *Gracz,* Insiderhandel in Deutschland, Empirische Untersuchungen zu Aktienkäufen und -verkäufen von Insidern deutscher Aktiengesellschaften, 2007; *Grechenig,* Schadensersatz bei Verletzung von § 14 WpHG?: Insiderhandel bei positiver und negativer Information, ZBB 2010, 232; *Groß,* Kursstabilisierung – Zur Reichweite der Safe-Harbour-Regeln der §§ 14 Abs. 2 und 20a Abs. 3 WpHG, Gedächtnisschrift Bosch, 2006, 49; *Grothaus,* Reform des Insiderrechts: Großer Aufwand – viel Rechtsunsicherheit – wenig Nutzen?, ZBB 2005, 62; *Gruber/Aburumieh,* Aktienrückkauf unter Einsatz von Call- und Put-Optionen zur Bedienung von Aktienoptionsplänen, ÖBA 2006, 45; *Gunßer,* Ad-hoc-Publizität bei Unternehmenskäufen und -übernahmen, 2008; *Gunßer,* Ad-hoc-Veröffentlichungspflicht bei zukunftsbezogenen Sachverhalten, NZG 2008, 855; *Gutzy/Märzheuser,* Praxishandbuch Ad-hoc-Publizität, 2008; *Hagen-Eck/Wirsch,* Gestaltung von Directors' Dealings und die Pflichten nach § 15a WpHG, DB 2007, 504; *Hammen,* Pakethandel und Insiderhandelsverbot, WM 2004, 1753; *Hammen/Bressler/Lösler,* Insiderrecht/Compliance, 2009; *Hasselbach,* Die Weitergabe von Insiderinformationen bei M&A-Transaktionen mit börsennotierten Aktiengesellschaften, NZG 2004, 1087; *Heider/Hirte,* Ad hoc-Publizität bei zeitlich gestreckten Vorgängen, GWR 2012, 429; *Hellgardt,* Europarechtliche Vorgaben für die Kapitalmarktinformationshaftung, AG 2012, 154; *Hellgardt,* Praxis- und Grundsatzprobleme der BGH-Rechtsprechung zur Kapitalmarktinformationshaftung, DB 2012, 673; *Hemeling,* Gesellschaftsrechtliche Fragen der Due Diligence beim Unternehmenskauf, ZHR 169 (2005), 274; *Herbold,* Das Verwendungsmerkmal im Insiderhandelsverbot: unter besonderer Berücksichtigung des Pakethandels und der Due Diligence, 2009; *Herfs,* Weiter im Blindflug – Zur Ad-hoc-Pflicht bei gestreckten Geschehensabläufen aus Sicht der Praxis, DB 2013, 1650; *Heusel,* „Spector Photo Group NV", Anmerkung zu EuGH, Urt. v. 23.12.2009 – C-45/08, BKR 2010, 77; *Hienzsch,* Das deutsche Insiderhandelsverbot in der Rechtswirklichkeit, 2006; *Himmelreich,* Insiderstrafverfolgung durch die Bundesanstalt für Finanzdienstleistungsaufsicht, 2013; *Hitzer,* Zum Begriff der Insiderinformation, NZG 2012, 860; *Hölters* (Hrsg.), Handbuch Unternehmenskauf, 7. Aufl. 2010; *Hohnel* (Hrsg.), Kapitalmarktstrafrecht, 2013; *Holzborn/Israel,* Das Anlegerschutzverbesserungsgesetz, WM 2004, 1948; *Hopt,* 50 Jahre Anlegerschutz und Kapitalmarktrecht: Rückblick und Ausblick, WM 2009, 1873; *Hopt,* Vergleichende Corporate Governance – Forschung und internationale Regulierung, ZHR 175 (2011), 444; *Hopt,* Verbot von Erwerbs- oder Veräußerungsgeschäften in Insiderpapieren unter Verwendung von Insiderinformationen (§ 14 Abs. 1 Nr. 1 WpHG), FS Goette, 2011, 179; *Hopt,* Conflict of Interest, Secrecy and Insider Information of Directors, A Comparative Analysis, ECFR 10 (2013), 167; *Hupka,* Das Insiderrecht im Lichte der Rechtsprechung des EuGH, EuZW 2011, 860; *Ihrig,* Ad-hoc-Pflichten bei gestreckten Geschehensabläufen – Praxisfragen aus dem „Geltl"-Urteil der EuGH, in VGR, Gesellschaftsrecht in der Diskussion 2012, 2013, S. 113ff.; *Ihrig/Kranz,* EuGH-Entscheidung Geltl/Daimler: „Selbstbefreiung" von der Ad-hoc-Publizitätspflicht, BB 2013, 451ff.; *Kemnitz,* Due Diligence und neues Insiderrecht, 2007; *Kersting,* Das Erfordernis des Gleichlaufs von Emittenten- und Anlegerinteresse als Voraussetzung für den Aufschub der Veröffentlichung einer Insiderinformation, ZBB 2011, 442; *Kert,* Vorschläge für neue EU-Instrumente zur (strafrechtlichen) Bekämpfung von Insiderhandel und Marktmanipulation, NZWiSt 2013, 252; *Kiesewetter/Parmentier,* Verschärfung des Marktmissbrauchsrechts – ein Überblick über die neue EU-Verordnung über Insidergeschäfte und Marktmanipulation, BB 2013, 2371; *Kirschhöfer,* Führung von Insiderverzeichnissen bei Emittenten und externen Dienstleistern, Der Konzern 2005, 22; *Klasen,* Insiderrechtliche Fragen zu aktienorientierten Vergütungsmodellen, AG 2006, 24; *Klie,* Die Zulässigkeit einer Due Diligence im Rahmen des Erwerbs von börsennotierten Gesellschaften nach Inkrafttreten des Anlegerschutzverbesserungsgesetzes (AnSVG), 2008; *Klöhn,* Insiderhandel vor deutschen Strafgerichten: Implikationen des freenet-Beschlusses des BGH, DB 2010, 769; *Klöhn,* Die Regelung selektiver Informationsweitergabe gem. § 15 Abs. 1 Satz 4 u. 5 WpHG – eine Belastungsprobe, WM 2010, 1869; *Klöhn,* The European Insider Trading Regulation after Spector Photo Group, ECFR 7 (2010), 347; *Klöhn,* Der „gestreckte Geschehensablauf" vor dem EuGH – zum DaimlerChrysler-Vorlagebeschluss des BGH, NZG 2011, 166; *Klöhn,* Grenzen des insiderrechtlichen Verbots selektiver Informationsweitergabe an professionelle Marktteilnehmer – Vermeidungsstrategien und ihre Behandlung im Lichte rechtsvergleichender Erfahrung, FS Uwe H. Schneider, 2011, 633; *Klöhn,* Die Haftung wegen fehlerhafter Ad-hoc-Publizität gem. §§ 37b, 37c WpHG nach dem IKB-Urteil des BGH, AG 2012, 345; *Klöhn,* Das deutsche und europäische Insiderrecht nach dem Geltl-Urteil des EuGH, ZIP 2012, 1885; *Klöhn,* Wertpapierhandelsrecht diesseits und jenseits des

Informationsparadigmas, ZHR 177 (2013), 349; *Klöhn,* Die insiderrechtliche Bereichsausnahme für Bewertungen aufgrund öffentlich bekannter Umstände (§ 13 Abs. 2 WpHG), WM 2014, 537; *Knauth,* Insiderrecht und Marktmanipulation, in Renz/Hense, Wertpapier-Compliance in der Praxis, 2010, 499; *Ph. Koch,* Ermittlung und Verfolgung von strafbarem Insiderhandel, 2005; *Ph. Koch,* Die Ad-hoc-Publizität nach dem Kommissionsentwurf einer Marktmissbrauchsverordnung, BB 2012, 1365; *St. Koch,* Neuerungen im Insiderrecht und der Ad-hoc-Publizität, DB 2005, 267; *Th. Koch,* Due Diligence und Beteiligungserwerb aus Sicht des Insiderrechts, 2006; *Kocher,* Ad-hoc-Publizität und Insiderhandel bei börsennotierten Anleihen, WM 2013, 1305; *Kocher/Widder,* Ad-hoc-Publizität in Unternehmenskrise und Insolvenz, NZI 2010, 925; *Kocher/Widder,* Die Bedeutung von Zwischenschritten bei der Definition von Insiderinformationen, BB 2012, 2837; *Köchling,* Informationsasymmetrien bei übertragenden Sanierungen an Insider des Insolvenzverfahrens, ZinsO 2007, 690; *Koenig,* Das Verbot von Insiderhandel: eine rechtsvergleichende Analyse des schweizerischen Rechts und der Regelungen der USA und der EU, 2006; *Krämer/Heinrich,* Emittentenleitfaden „reloaded", ZIP 2009, 1737; *Krämer/Teigelack,* Gestaffelte Selbstbefreiungen bei gegenläufigen Insiderinformationen?, AG 2012, 20; *Krauel,* Insiderhandel, 2000; *Krause/Brellochs,* Insiderrecht und Ad-hoc-Publizität bei M&A- und Kapitalmarkttransaktionen im europäischen Rechtsvergleich – Ein Beitrag zum Begriff der Insiderinformation im kommenden EU-Missbrauchsrecht, AG 2013, 309; *Kruse,* Die Preiserheblichkeit von Insiderinformationen, 2011; *Kümpel/Veil,* Wertpapierhandelsgesetz, 2. Aufl. 2006; *Kuthe,* Änderungen des Kapitalmarktrechts durch das Anlegerschutzverbesserungsgesetz, ZIP 2004, 883; *Lampe,* Die Regulierung von Ratingagenturen, 2010, § 7; *Lang/Sitter/Deller,* Ad-hoc-Publikationspflicht bei zeitlich gestreckten Vorgängen, European Law Reporter 2012, 262; *Langenbucher,* Der „vernünftige" Anleger vor dem EuGH, BKR 2012, 145; *Langenbucher/Brenner/Gellings,* Zur Nutzung von Insiderinformationen nach der Marktmissbrauchsrichtlinie, BKR 2010, 133; *Langrock,* Das „Verwenden" von Insiderinformationen gem. § 14 Abs. 1 Nr. 1 WpHG, FS Samson, 2010, 389; *Lebherz,* Insidergeschäfte, Ad-hoc-Publizität und Directors' Dealings, in Grieser/Heemann, Bankaufsichtsrecht: Entwicklungen und Perspektiven, 2010; *Lebherz,* Publizitätspflichten bei der Übernahme börsennotierter Unternehmen, WM 2010, 154; *Leuenberger,* Die materielle kapitalmarktstrafrechtliche Regulierung des Insiderhandels de lege lata und de lege ferenda in der Schweiz, Zürich 2010; *Leuering,* Die Ad-hoc-Pflicht auf Grund der Weitergabe von Insiderinformationen (§ 15 I 3 WpHG), NZG 2005, 12; *Leuering,* Behandlung zukünftiger Umstände im Recht der Ad-hoc-Publizität, DStR 2008, 1287; *Leuering/Rubner,* Gestreckte Sachverhalte im Recht der Ad-hoc-Publizität, NJW-Spezial 2013, 399; *Leyendecker-Langner,* (Un-)Zulässigkeit von Aktienrückkaufprogrammen bei öffentlichen Übernahmen, BB 2013, 2051; *Liekefett,* Due Diligence bei M & A-Transaktionen, 2005; *Lorenz,* Insider-Compliance für Rechtsanwälte, NJW 2009, 1254; *Lorez,* Insider dealing in takeovers: developments in Swiss and EU regulation and legislation, 2013; *Lührs/Korff,* Der Zeitpunkt für das Führen von Insiderverzeichnissen, ZIP 2008, 2159; *Mayer-Uellner,* Kapitalmarktrechtliche Unternehmenspublizität über soziale Medien, NZG 2013, 1052; *Meißner,* Die Stabilisierung und Pflege von Aktienkursen im Kapitalmarkt- und Aktienrecht, 2005; *Menke,* Befugnis des Vorstands einer börsennotierten Aktiengesellschaft zur bevorzugten Information eines Aktionärspools, NZG 2004, 697; *Mennicke,* Sanktionen gegen Insiderhandel – Eine rechtsvergleichende Untersuchung unter Berücksichtigung des US-amerikanischen und britischen Rechts, 1996; *Mennicke,* Ad-hoc-Publizität bei gestreckten Entscheidungsprozessen und die Notwendigkeit einer Befreiungsentscheidung des Emittenten, NZG 2009, 1059; *Mennicke,* Steine statt Brot – weiterhin keine Rechtssicherheit zur Ad-hoc-Publizität bei sog. gestreckten Entscheidungsprozessen, ZBB 2013, 244; *Merkner/Sustmann,* Insiderrecht und Ad-Hoc-Publizität – Das Anlegerschutzverbesserungsgesetz „in der Fassung durch den Emittentenleitfaden der BaFin", NZG 2005, 729; *Merkner/Sustmann,* Reform des Marktmissbrauchsrechts: Die Vorschläge der Europäischen Kommission zur Verschärfung des Insiderrechts, AG 2012, 315; *Meyer/Kiesewetter,* Rechtliche Rahmenbedingungen des Beteiligungsaufbaus im Vorfeld von Unternehmensübernahmen, WM 2009, 340; *Mock,* Gestreckte Verfahrensabläufe im Europäischen Insiderhandelsrecht, ZBB 2012, 286; *Möllers,* Insiderinformation und Befreiung von der Ad-hoc-Publizität nach § 15 Abs. 3 WpHG, WM 2005, 1393; *Möllers,* Wechsel von Organmitgliedern und „key playern": Kursbeeinflussungspotential und Pflicht zur Ad-hoc-Publizität, NZG 2005, 459; *Möllers,* Der BGH, die BaFin und der EuGH: Ad-hoc-Publizität beim einvernehmlichen vorzeitigen Ausscheiden des Vorstandsvorsitzenden Jürgen Schrempp, NZG 2008, 330; *Möllers/Seidenschwann,* Anlegerfreundliche Auslegung des Insiderrechts durch den EuGH – Das Ende der Daimler/Schrempp-Odyssee in Luxemburg, NJW 2012, 2762; *Moloney,* EC Securities Regulation, 2nd ed. 2008; *Monheim,* Ad-hoc-Publizität nach dem Anlegerschutzverbesserungsgesetz, 2007; *M. Neumann,* Gerüchte als Kapitalmarktinformationen, 2011; *v. Neumann-Cosel,* Die Reichweite des Insiderverzeichnisses nach § 15b WpHG, 2008;

§ 8    3. Kapitel. Kapitalanlagegeschäfte als Gegenstand des Strafrechts und OWi

*Niehoff,* Insiderhandel an Wertpapierbörsen: eine modelltheoretische Analyse, 2011; *Nietsch,* Internationales Insiderrecht, 2004; *Nietsch,* Die Verwendung der Insiderinformation, ZHR 174 (2010), 556; *Nyantung Beny,* Insider Trading Laws and Stock Markets around the World: An Empirical Contribution to the Theoretical Law and Economics Debate, The Journal of Corporation Law 2007, 237 ff.; *Oetker,* Verschwiegenheitspflicht der Aufsichtsratsmitglieder und Kommunikation im Aufsichtsrat, FS Hopt, 2010, 1091; *Opitz,* Der EuGH und die Unschuldsvermutung bei Insiderdelikten – Europa auf dem Wege in die Verdachtsstrafe? Anmerkung zu EuGH, Urt. v. 23.12.2009 – C – 45/08, BKR 2010, 71; *Oppitz,* Insiderrecht aus ökonomischer Perspektive, 2003; *Ott/Zeyher,* Geltl/Daimler and the Reform of the Market Abuse Law – the Element of Precision of Inside Information in Light of the Commission's Proposals for Reform, European Law Reporter 2012, 276; *Parmentier,* Ad-hoc-Publizität bei Börsengang und Aktienplatzierung, NZG 2007, 407; *Parmentier,* Die Verhandlung eines Rechtssetzungsvorschlags, BKR 2013, 133; *Parmentier,* Insiderinformation nach dem EuGH und vor der Vereinheitlichung, WM 2013, 970; *Pattberg/Bredol,* Der Vorgang der Selbstbefreiung von der Ad-hoc-Publizitätspflicht, NZG 2013, 87; *Pavlova,* Anlassbezogene Informationspflichten des Emittenten nach dem WpHG, 2008; *Popp,* Das Rätsel des § 38 Abs. 5 WpHG – Transnationales Regelungsbedürfnis und Gesetzgebungstechnik im Nebenstrafrecht, wistra 2011, 169; *Raab,* Die Durchsetzung der Marktmissbrauchsverbote in Deutschland und den USA, 2009; *Ransiek,* Die Verwendung von Insiderinformationen, FS Otto, 2007, 715; *Reichert/Ott,* Unternehmensplanung und Insiderrecht, FS Hopt, 2010, 2385; *Rehahn,* Teilschritte gestreckter Vorgänge als Insiderinformationen, GPR 2012, 319 ff.; *Richter/Torralba Villaverde,* Schnell ist nicht schnell genug – zur Insiderinformation und Ad-hoc-Mitteilung bei gestreckten Unternehmensentscheidungen, ein Resümee aus Anlegersicht, European Law Reporter 2012, 271; *Rider/Alexander/Linklater,* Market abuse and insider dealing, 2. Aufl. 2009; *Rittmeister,* Due Diligence und Geheimhaltungspflichten beim Unternehmenskauf, NZG 2004, 1032; *Rodewald/Tüxen,* Neuregelung des Insiderrechts nach dem Anlegerschutzverbesserungsgesetz (AnSVG) (Neue Organisationsanforderungen für Emittenten und ihre Berater), BB 2004, 2249; *Rolshoven/Renz/Hense,* Vorsatz bei Insidergeschäften, Anmerkung zu EuGH, Urt. v. 23.12.2009 – C – 45/08, BKR 2010, 74; *Schall,* Insiderinformation und zivilrechtliche Aufklärungspflicht – Das Leitbild des Individualvertrags als neue Perspektive, JZ 2010, 392; *Schall,* Anmerkung zum Urteil des EuGH vom 28.6.2012, Rs. C-19/11, ZIP 2012, 1286; *v. Schlabrendorff,* Repricing von Stock Options: wirtschaftliche Grundlagen, Gesellschaftsrecht, Insiderrecht, Bilanzrecht, 2008; *Schlitt/Schäfer,* Quick to Market – Aktuelle Rechtsfragen im Zusammenhang mit Block-Trade-Transaktionen, AG 2004, 346; *Schmolke,* Die Haftung für fehlerhafte Sekundärmarktinformationen nach dem „IKB"-Urteil des BGH, ZBB 2012, 165; *I. Schneider,* Unternehmenserwerb mit Informationen aus einer Due Diligence kein strafbarer Insiderhandel, DB 2005, 2678; *S. H. Schneider,* Die Weitergabe von Insiderinformationen, NZG 2005, 702; *S. H. Schneider,* Informationspflichten und Informationseinrichtungspflichten im Aktienkonzern, 2006; *U. H. Schneider/Gilfrich,* Die Entscheidung des Emittenten über die Befreiung von der Ad-hoc-Publizitätspflicht, BB 2007, 53; *Schömann,* Die Strafbarkeit der Marktmanipulation gemäß § 38 Abs. 2 WpHG: unter besonderer Berücksichtigung des Phänomens des Scalping, 2010; *Chr. Schröder,* Geschäftsführer, Gesellschafter und Mitarbeiter der GmbH als Insider, GmbHR 2007, 907; *Chr. Schröder,* Strafrechtliche Risiken für den investigativen Journalismus? – Die Meinungs- und Pressefreiheit und das Wertpapierhandelsgesetz, NJW 2009, 465; *Chr. Schröder,* Erweiterung des Vortatenkatalogs der Geldwäsche um Marktmanipulation und Insiderhandel, WM 2011, 769; *Chr. Schröder,* Die Europäisierung des Strafrechts nach Art. 83 Abs. 2 AEUV am Beispiel des Marktmissbrauchsrechts: Anmerkungen zu einem Fehlstart, HRRS 2013, 253; *Chr. Schröder/Sethe,* Kapitalmarktrecht und Pressefreiheit, 2008; *Chr. Schröder/Sethe,* Schnittstellen von Medizinrecht und Kapitalmarktrecht, FS Gerfried Fischer, 2010, 461; *S. Schröder,* Die Selbstbefreiung von der Ad-hoc-Publizitätspflicht nach § 15 Absatz 3 WpHG, 2011; *Schulz,* Das Insiderhandelsverbot nach § 14 Abs. 1 Nr. 1 WpHG im Lichte der Spector-Rechtsprechung des EuGH, ZIP 2010, 609; *Schulz/Kuhnke,* Insider-Compliance-Richtlinien als Baustein eines umfassenden Compliance-Konzeptes, BB 2012, 143; *Schuster/Friedrich,* Die Behandlung kapitalmarktrechtlicher Informationspflichten in der Insolvenz, ZInsO 2011, 321; *Schwintek,* Das Anlegerschutzverbesserungsgesetz, 2005; *Schwintek,* Die Anzeigepflicht bei Verdacht von Insidergeschäften und Marktmanipulation nach § 10 WpHG, WM 2005, 861; *Schwipper,* Öffentliche Meinungsäußerungen des Betriebsrats und seiner Mitglieder – Zulässigkeit und Grenzen, 2012; *Seibt,* Finanzanalysten im Blickfeld von Aktien- und Kapitalmarktrecht, ZGR 2006, 501; *Seibt,* Europäische Finanzmarktregulierung zu Insiderrecht und Ad hoc-Publizität, ZHR 177 (2013), 388; *Seibt/Bremkamp,* Erwerb eigener Aktien und Ad-hoc-Publizitätspflicht, AG 2008, 469; *Sethe,* Anlegerschutz im Recht der Vermögensverwaltung, 2005; *Sethe,* Die Verschärfung des insiderrechtlichen Weitergabeverbots, ZBB 2006, 243; *Sethe,* Kapitalmarktrechtliche Konsequenzen einer Kapitalherabsetzung, ZIP 2010, 1825; *Sethe,* Treuepflichten der Banken bei der Vermögensanlage, AcP 212 (2012), 80; *Sethe,* Fortschritte in der Europäisierung des Kapitalmarktstrafrechts?, FS Donatsch, 2012, 613; *Sethe,* Insiderrecht und Directors's Dealings, in Schäfer/Sethe/Lang, Handbuch der Vermögensverwaltung, 2012, § 18; *Singhof/Weber,* Neue kapitalmarktrechtliche Rahmenbedingungen für den Erwerb eigener Aktien, AG 2005, 549; *Soesters,* Die Insiderhandelsverbote des Wertpapierhandelsgesetzes, 2002; *Speier,* Insiderhandel und Ad-hoc-Publizität nach Anlegerschutzverbesserungsgesetz, 2008; *Spindler,* Finanzanalyse vs. Finanzberichterstattung: Journalisten und das AnSVG, NZG 2004, 1138; *Spindler,* Kapitalmarktreform in Permanenz – Das Anlegerschutzverbesserungsgesetz, NJW 2004, 3449; *Spindler/Hupka,* Die Entwicklung des Systems der Regelpublizität und anlassabhängigen Publizität, in Hopt/Veil/Kämmerer, Kapitalmarktgesetzgebung im Europäischen Binnenmarkt, 2008, 81; *Spindler/Speier,* Die neue Ad-hoc-Publizität im Konzern, BB 2005, 2031; *Staake,* Die Vorverlagerung der Ad-hoc-Publizität bei mehrstufigen Entscheidungsprozessen – Hemmnis oder Gebot einer guten Corporate Governance?, BB 2007, 1573; *Steidle/Waldeck,* Die Pflicht zur Führung von Insiderverzeichnissen unter dem Blickwinkel der informationellen Selbstbestimmung, WM 2005, 868; *Stemper,* Marktmissbrauch durch Ratingagenturen?, WM 2011, 1740; *Struckmann,* Insiderregeln und deren Umsetzung am Beispiel der Bundesrepublik Deutschland, 1995; *Sturm,* Die kapitalmarktrechtlichen Grenzen journalistischer Arbeit, ZBB 2010, 20; *Teigelack,* Insiderhandel und Marktmanipulation im Kommissionsentwurf einer Marktmissbrauchsverordnung, BB 2012, 1361; *Tielmann/Struck,* Handlungspflichten einer börsennotierten Aktiengesellschaft bei Verurteilung eines Aufsichtsratsmitglieds wegen eines (privaten) Steuerstrafdelikts?, DStR 2013, 1191; *Tollkühn,* Die Ad-hoc-Publizität nach dem AnSVG, ZIP 2004, 2215; *Tountopoulos,* Private Durchsetzung des Insiderrechts?, RIW 2013, 33; *Trendelenburg,* Ultima ratio? – Subsidiaritätswissenschaftliche Antworten am Beispiel der Strafbarkeit von Insiderhandel und Firmenbestattungen, 2011; *Trüg,* Ist der Leerverkauf von Wertpapieren strafbar?, NJW 2009, 3202; *Uhl,* Anlegerschutz durch Transparenz: Auswirkungen der Marktmissbrauchsrichtlinie auf das deutsche Insiderrecht und die daraus resultierenden Folgeprobleme für M&A-Transaktionen, 2008; *Veil,* Der Schutz des verständigen Anlegers durch Publizität und Haftung im europäischen und nationalen Kapitalmarktrecht, ZBB 2006, 162; *Veil,* Prognosen im Kapitalmarktrecht, AG 2006, 690; *Veil,* Weitergabe von Informationen durch den Aufsichtsrat an Aktionäre und Dritte, ZHR 172 (2008), 239; *Veil,* Europäisches Insiderrecht 2.0 – Konzeption und Grundsatzfragen der Reform durch MAR und CRIM-MAD, ZBB 2014, 85; *Veil/Koch,* Auf dem Weg zu einem Europäischen Kapitalmarktrecht: die Vorschläge der Kommission zur Neuregelung des Marktmissbrauchs, WM 2011, 2297; *Versteegen/Schulz,* Auslegungsfragen des Insiderhandelsverbots gem. § 14 Abs. 1 Nr. 1 WpHG bei der Teilnahme an Aktienoptionsprogrammen, ZIP 2009, 110; *Viciano-Gofferje/Cascante,* Neues aus Brüssel zum Insiderrecht – die Marktmissbrauchsverordnung, NZG 2012, 968; *Victoria Villeda,* Prävention und Repression von Insiderhandel, 2010; *Vogel,* Scalping als Kurs- und Marktpreismanipulation, NStZ 2004, 252; *Voß,* Urteilsanmerkung zu EuGH, Urteil vom 23.12.2009 – Rs. C-45/08, BB 2010, 334; *Weber,* Eintrittswahrscheinlichkeit und Kursrelevanz – Zum Verhältnis der Sätze 1 und 3 in § 13 Abs. 1 WpHG, FS Schwark, 2009, 653; *Wolfgang Weber,* Insider-Handel, Informationsproduktion und Kapitalmarkt, 1994; *Wendt,* Die Auswirkungen von Corporate Governance auf die Fremdfinanzierungskosten von Unternehmen: eine empirische Analyse der Folgen von Aktientransaktionen durch Insider, 2011; *Widder,* Vorsorgliche Ad-hoc-Meldungen und vorsorgliche Selbstbefreiungen nach § 15 Abs. 3 WpHG, DB 2008, 1480; *Widder,* Befreiung von der Ad-hoc-Publizität ohne Selbstbefreiungsbeschluss?, BB 2009, 967; *Widder,* Insiderrisiken und Insider-Compliance bei Aktienoptionsprogrammen für Führungskräfte, WM 2010, 1882; *Widder,* Masterpläne, Aktienrückkaufprogramme und das Spector-Urteil des EuGH bei M&A-Transaktionen, BB 2010, 515; *Widder/Bedkowski,* Ad-hoc-Publizität im Vorfeld öffentlicher Übernahmen – Kritische Überlegungen zu § 15 WpHG im übernahmerechtlichen Kontext, BKR 2007, 405; *Widder/Gallert,* Ad-hoc-Publizität infolge der Weitergabe von Insiderinformationen – Sinn und Unsinn von § 15 I 3 WpHG, NZG 2006, 451; *Widder/Kocher,* Die Zeichnung junger Aktien und das Insiderhandelsverbot, AG 2009, 654; *Wilsing/Goslar,* Ad-hoc-Publizität bei gestreckten Sachverhalten – Die Entscheidung des EuGH vom 28.6.2012, C-19/11, „Geltl", DStR 2012, 1709; *Wittmann,* Informationsfluss im Konzern, 2008; *Ziemons,* Neuerungen im Insiderrecht und bei der Ad-hoc-Publizität durch die Marktmissbrauchsrichtlinie und das Gesetz zur Verbesserung des Anlegerschutzes, NZG 2004, 537; *Zumbansen/Lachner,* Die Geheimhaltungspflicht des Vorstands bei der Due Diligence: Neubewertung im globalisierten Geschäftsverkehr, DB 2006, 613; *Zuzak,* Ökonomische Analyse der Regulierung des Insiderhandels, 2008.

## I. Entstehungsgeschichte und europarechtliche Grundlagen

1 Das Phänomen des Insiderhandels dürfte so alt wie der Wertpapierhandel selbst sein[1]. In Deutschland fand sich bereits zu Beginn des 20. Jahrhunderts ein erster Versuch der Selbstregulierung, indem sich rund 2000 Banken verpflichteten, Mitarbeitergeschäfte zu reglementieren, um der Gefahr von Insiderhandel zu begegnen[2]. Das erste gesetzliche Verbot des Insiderhandels wurde in den USA mit Sec. 10b des **Securities Exchange Act von 1934** und der daraufhin 1942 von der SEC geschaffenen Rule 10b-5 erlassen[3]. Viele europäische Staaten schufen in den 70er und 80er Jahren des letzten Jahrhunderts Insiderhandelsverbote, wobei sich allerdings große Unterschiede in Inhalt und Reichweite der Regelungen ausmachen lassen[4]. In Deutschland wurde 1967 anlässlich der Börsenreform die Einführung eines Insiderrechts diskutiert. Aufgrund des Widerstands der Wirtschaft wurde das Vorhaben fallen gelassen[5].

2 Wohl um eine gesetzliche Regelung zu verhindern und den Ansatz der **Selbstregulierung** aufrecht zu erhalten, verabschiedete die Börsensachverständigenkommission 1970 Insiderhandels-Richtlinien[6]. Sie galten nur für die Gesellschaften und Personen, die sich freiwillig den Richtlinien unterwarfen. In der Praxis spielten sie keine bedeutende Rolle[7]. Bis 1983 wurden nicht einmal 20 Untersuchungen eingeleitet[8]. Der bekannteste Insiderfall betraf den IG-Metall-Vorsitzenden *Steinkühler,* der zugleich Mitglied des Aufsichtsrats der Daimler-Benz AG war und der dort erlangtes Wissen für private Wertpapiertransaktionen ausnutzte[9]. Zwar hatte er sich nicht den Insiderhandels-Richtlinien unterworfen, verlor jedoch aufgrund des öffentlichen Drucks seine Ämter.

3 Auch auf EU-Ebene nahm man sich des Themas Insiderhandel zunächst ohne verbindliche Vorgaben an. Bereits der sog. **Segré-Bericht** über den Aufbau eines Europäischen Kapitalmarkts benennt den Insiderhandel als einen derjenigen Bereiche, die zur Schaffung eines funktionsfähigen europäischen Wertpapiermarkts zu regeln seien[10]. Es überraschte daher nicht, dass die Kommission bereits 1970 in Art. 8 ihres Vorschlags über das **Statut der Europäischen Aktiengesellschaft** eine Regelung auch des Insiderhandels vorsah[11]. 1977 erließ die Kommission eine Empfehlung betreffend europäische **Wohlverhaltensregeln für Wertpapiertransaktionen**[12], die in ihren ergänzenden Grundsätzen Nrn. 8 und

---

[1] Frühe Beispiele für Insiderhandel sind beschrieben bei *Sethe,* Anlegerschutz, S. 268, 303 f.

[2] Mitteilung des Centralverbandes des Deutschen Bank- und Bankiergewerbes v. 12.10.1908, wiedergegeben bei *Hoeren* ZBB 1993, 112 f.; dazu auch *Sethe,* Anlegerschutz, S. 314.

[3] Zur Entwicklung des Insiderhandelsverbots *Kraakman* in Hopt/Wymeersch, European Insider Dealing, 1991, S. 39 ff.; *Lange* WM 1998, 525 ff.; *Klöhn* in Hirte/Möllers, KK-WpHG, § 14 Rn. 26 ff.

[4] Vgl. die Übersicht bei *Hopt* ZGR 1991, 17, 51 ff.; *Siebold,* Das neue Insiderrecht, S. 87 ff.

[5] *Assmann* in Assmann/Schneider, WpHG, Vor § 12 Rn. 5 mwN.

[6] Insiderhandels-Richtlinien der Börsensachverständigenkommission v. 13.11.1970, neu gefasst am 1.7.1976 und im Juni 1988, abgedruckt bei *Baumbach/Duden/Hopt,* HGB, 28. Aufl., S. 1470 ff.

[7] Kritisch deshalb *Hopt/Will,* Europäisches Insiderrecht, 1973, S. 19 ff.; *Hopt* in Baetge, Insiderrecht und Ad-hoc-Publizität, 1995, S. 1, 15; *Pfister* ZGR 1981, 318 ff.; *Schlüter,* Börsenhandelsrecht, 2. Aufl. 2002, Rn. D 11; *Sethe,* Anlegerschutz, S. 113; aA *Bremer* AG 1976, 10, 11; *Hübscher* in Büschgen/Schneider, Der Europäische Binnenmarkt 1992 – Auswirkungen für die deutsche Finanzwirtschaft, 1990, S. 329, 331; *zur Megede* ZgKW 1988, 471; *Raida* ZgKW 1988, 480; *Schwarze* ZgKW 1988, 475; *Zahn* AG 1975, 169, 174.

[8] *Peltzer* ZIP 1994, 746; *Ott/Schaefer* ZBB 1991, 226, 227.

[9] Einzelheiten bei *Schröder,* Aktienhandel und Strafrecht, S. 135.

[10] *Kommission der Europäischen Gemeinschaften,* Der Aufbau eines europäischen Kapitalmarkts, 1966, S. 263 f.

[11] ABl. EG Nr. C 124 v. 10.10.1970, S. 1; dazu *Hopt/Will,* Europäisches Insiderrecht, S. M-118 ff. bzw. S. 140 ff.

[12] Empfehlung der Kommission v. 25.7.1977 betreffend europäische Wohlverhaltensregeln für Wertpapiertransaktionen (77/345/EWG), ABl. EG Nr. L 212 v. 20.8.1977, S. 37; Textberichtigung, ABl. EG Nr. L 294 v. 18.11.1977, S. 28.

9 den Insiderhandel erfasste. Die Empfehlung war für die Mitgliedstaaten nicht verbindlich (Art. 249 S. 5 EG aF). Grund für die Wahl einer bloßen Empfehlung war der starke Widerstand, auf den die Kommission bei ihrem Vorhaben zur Harmonisierung des Wertpapierhandels gestoßen war[13]. Einfluss auf die deutsche Rechtslage hatte die Empfehlung nicht[14].

1989 erließ die EG eine **Insider-Richtlinie**[15], die einheitliche Mindeststandards in allen Mitgliedstaaten vorschrieb. Damit war auch Deutschland gezwungen, den Selbstregulierungsansatz aufzugeben. Man setzte die Richtlinie mit dem 2. Finanzmarktförderungsgesetz zum 1.8.1994 um und regelte das Insiderrecht in den §§ 12ff., 38f. WpHG. Die Möglichkeiten der Aufsichtsbehörde, Insiderstraftaten zu verfolgen, wurden in nachfolgenden Reformen erweitert[16].

Eine grundlegende Umgestaltung erfuhr das Insiderrecht auf EU-Ebene durch die **Marktmissbrauchs-Richtlinie 2003/6/EG**[17], die die Insider-Richtlinie im Jahr 2003 ablöste. Diese Richtlinie sowie die im Wege des Lamfalussy-Verfahrens[18] erlassenen **Ausführungsvorschriften**[19] setzte der deutsche Gesetzgeber zum 30.10.2004 mit dem Anlegerschutzverbesserungsgesetz um[20]. Mit dieser Reform knüpfte der Gesetzgeber entsprechend den Vorgaben der Richtlinie sowohl im Tatbestand des Insiderhandelsverbots als auch in dem der Ad-hoc-Publizität an den einheitlichen Begriff der Insiderinformation an. Die zuvor bestehende Differenzierung zwischen Insidertatsache einerseits und ad-hoc-publizitätspflichtiger Tatsache andererseits entfiel[21]. Sämtliche Tatbestandsvarianten des Insiderhandelsverbots gelten seitdem für **Primär- wie Sekundärinsider.** Die früher so wichtige Unterscheidung zwischen diesen Tätergruppen ist nur noch im Hinblick auf die Art der Sanktionierung des jeweiligen Verstoßes als Straftat oder als Ordnungswidrigkeit bedeutend (vgl. § 38 Abs. 1 WpHG einerseits und § 39 Abs. 2 Nrn. 3, 4 WpHG andererseits). Zudem ist **leichtfertiges Verhalten** (§ 38 Abs. 4 WpHG) erfasst und der **Versuch** ist nun strafbar (§ 38 Abs. 3 WpHG). Zum Zwecke der Prävention wurde die Pflicht zur

---

[13] *Sethe,* Anlegerschutz, S. 433 mwN.
[14] *Assmann* in Assmann/Schneider, WpHG, Vor § 12 Rn. 9.
[15] Richtlinie 89/592/EWG des Rates v. 13.11.1989 zur Koordinierung der Vorschriften betreffend Insider-Geschäfte, ABl. EG Nr. L 334 v. 18.11.1989, S. 30; zu deren Geschichte *Assmann* in Assmann/Schneider, WpHG, Vor § 12 Rn. 10 mwN.
[16] Einzelheiten bei *Assmann* in Assmann/Schneider, WpHG, 5. Aufl., Einl. Rn. 26, 30.
[17] Richtlinie 2003/6/EG des Europäischen Parlaments und des Rates v. 28.1.2003 über Insider-Geschäfte und Marktmanipulation (Marktmissbrauch), ABl. EG Nr. L 96 v. 12.4.2003, S. 16. Die insiderrechtlichen Vorgaben der Richtlinie schildern *Leppert/Stünwald* ZBB 2002, 90 ff.
[18] Kritisch zu diesem Verfahren *Sethe,* Anlegerschutz, S. 450 ff. mwN.
[19] Richtlinie 2003/124/EG der Kommission v. 22.12.2003 zur Durchführung der Richtlinie 2003/6/EG des Europäischen Parlaments und des Rates betreffend die Begriffsbestimmung und die Veröffentlichung von Insider-Informationen und die Begriffsbestimmung der Marktmanipulation, ABl. EG Nr. L 339 v. 24.12.2003, S. 70; Richtlinie 2003/125/EG der Kommission v. 22.12.2003 zur Durchführung der Richtlinie 2003/6/EG des Europäischen Parlaments und des Rates in Bezug auf die sachgerechte Darbietung von Anlageempfehlungen und die Offenlegung von Interessenkonflikten, ABl. EG Nr. L 339 v. 24.12.2003, S. 73; Verordnung (EG) Nr. 2273/2003 der Kommission v. 22.12.2003 zur Durchführung der Richtlinie 2003/6/EG des Europäischen Parlaments und des Rates über Ausnahmeregelungen für Rückkaufprogramme und Kursstabilisierungsmaßnahmen, ABl. EG Nr. L 336 v. 23.12.2003, S. 33; Richtlinie 2004/72/EG der Kommission v. 29.4.2004 zur Durchführung der Richtlinie 2003/6/EG des Europäischen Parlaments und des Rates (Zulässige Marktpraktiken, Definition von Insider-Informationen in Bezug auf Warenderivate, Erstellung von Insider-Verzeichnissen, Meldung von Eigengeschäften und Meldung verdächtiger Transaktionen [...]), ABl. EG Nr. L 162 v. 30.4.2004, S. 70.
[20] Art. 1 des Gesetzes zur Verbesserung des Anlegerschutzes (Anlegerschutzverbesserungsgesetz – AnSVG) v. 28.10.2004 (BGBl. I S. 2630).
[21] Die Abweichungen im Tatbestand waren erheblich, zu Einzelheiten vgl. *Assmann* und *Kümpel/Assmann* in Assmann/Schneider, WpHG, 3. Aufl. 2003, § 13 Rn. 32 f. bzw. § 15 Rn. 36.

§ 8  6   3. Kapitel. Kapitalanlagegeschäfte als Gegenstand des Strafrechts und OWi

Führung von **Insiderverzeichnissen** (§ 15b WpHG) eingeführt (dazu unten Rn. 179, 185) und die Regelung der **Directors' Dealings** (§ 15a WpHG) verschärft (dazu unten Rn. 178). Ergänzt werden die nationalen Regeln des Insiderhandelsverbots durch die Verordnung über Ausnahmeregelungen für Rückkaufprogramme von Wertpapieren und Kursstabilisierungsmaßnahmen[22]. Sie legt fest, welche Bedingungen Rückkaufprogramme und Kursstabilisierungsmaßnahmen erfüllen müssen, damit sie unter die in Art. 8 der Marktmissbrauchs-Richtlinie 2003/6/EG vorgesehene Ausnahmeregelung fallen (dazu unten Rn. 15).

**6** Die bisherige Marktmissbrauchsrichtlinie soll durch eine **Marktmissbrauchs-Verordnung (MAR)**[23] abgelöst werden, um eine EU-weit einheitliche materielle und aufsichtsrechtliche Regelung zu schaffen und so die Differenzen zwischen den nationalen Rechten zu beseitigen, die mit der zuvor nötigen Richtlinienumsetzung einhergingen. Ergänzt werden soll die MAR durch eine strafrechtliche Marktmissbrauchs-Richtlinie **(CRIM-MAD)**[24], die die strafrechtlichen Sanktionen regelt. Folgende Neuerungen[25] sind geplant: (1) Neben den erwähnten Vereinheitlichungseffekt durch die Wahl einer Verordnung als Regelungsinstrument tritt eine Erweiterung des Anwendungsbereichs der Regelung. So werden künftig von den Tatbeständen des Insiderhandels, der unrechtmäßigen Offenlegung von Informationen und der Marktmanipulation nicht nur regulierte Märkte, sondern auch neue Handelsplattformen und -technologien (Multilateral Trading Facilities und Organised Trading Facilities)[26] und der OTC-Handel erfasst. Der Kreis der Finanzinstrumente wird um damit verbundene Warenspotkontrakte[27] und Emissionszertifikate erweitert[28]. Als Straftat gilt künftig auch die Benchmarkmanipulation[29]. Der administrative Aufwand für Emittenten an KMU-Märkten soll verringert werden[30]. Der Begriff der Insiderinformation wird iSd der Geltl-Rechtsprechung präzisiert[31]. Weitergehende Forderungen nach einer Erweiterung des Begriffs der Insiderinformation (Einführung der „Insiderinformation light" nach dem englischen RINGA-Konzept) konnten sich nicht durchsetzen[32]. Die umstrittene Frage nach dem Verhältnis von Insiderrecht und Pressefreiheit wird nun ausdrücklich geregelt[33]. (2) Es erfolgt eine Vereinheitlichung strafrechtlicher Sanktionen (Geldstrafen sowie Haftstrafen mit einer Höchststrafe von mindestens vier Jahren für Insiderhandel und Marktmanipulation und zwei Jahren für die unrechtmäßige Offenlegung von Insiderinformationen)[34], auch wenn im Vorfeld umstritten war, ob eine solche Harmonisierung wirklich unerlässlich iSv Art. 82 Abs. 2 S. 1 AEUV war[35]. (3) Bei diesen Delikten wird ein Unternehmensstrafrecht geschaffen und

---

[22] Zu Einzelheiten *Assmann* in Assmann/Schneider, WpHG, § 14 Rn. 36 ff.
[23] Vorschlag für Verordnung des Europäischen Parlaments und des Rates über Insider-Geschäfte und Marktmanipulation (Marktmissbrauch) vom 20.10.2011, KOM(2011) 651 endgültig.
[24] Vorschlag für Richtlinie des Europäischen Parlaments und des Rates über strafrechtliche Sanktionen für Insider-Geschäfte und Marktmanipulation vom 20.10.2011, KOM(2011) 654 endgültig.
[25] Zur Neuregelung *Barta* DZWIR 2012, 177 ff.; *Di Noia/Gargantini* ECFR 9 (2012), 484 ff.; *Di Noia/Mili/Spatola* ZBB 2014, 96; *Kert* NZWiSt 2013, 252 ff.; *Kiesewetter/Parmentier* BB 2013, 2371 ff.; *Koch* BB 2012, 1365 ff.; *Krause/Brellochs* AG 2013, 309 ff.; *Merkner/Sustmann* AG 2012, 315 ff.; *Parmentier* BKR 2013, 133 ff.; *Parmentier* WM 2013, 970 ff.; *Seibt* ZHR 177 (2013), 388 ff.; *Sethe*, FS Donatsch, 2012, S. 613 ff.; *Teigelack* BB 2012, 1361 ff.; *Veil/Koch* WM 2011, 2297 ff.; *Veil* ZBB 2014, 85 ff.; *Viciano-Gofferje/Cascante* NZG 2012, 968 ff.
[26] Erwägungsgrund 8 und Art. 2 Abs. 1 lit. b) und ba) MAR-E.
[27] Erwägungsgrund 8b, 11, 15 und Art. 2 Abs. 3 lit. b) MAR-E.
[28] Erwägungsgrund 16, 16a, 16f, 17 und Art. 2 Abs. 1 lit. c) MAR-E.
[29] Erwägungsgrund 20a und Art. 2 Abs. 3a MAR-E.
[30] Erwägungsgrund 6, 26, 27 und Art. 12 Abs. 7, 13 Abs. 2 MAR-E.
[31] Art. 6 Abs. 2 und 2a MAR-E und u. → Rn. 70.
[32] Die Diskussion ist wiedergegeben bei *Veil* ZBB 2014, 88.
[33] → Rn. 117.
[34] Art. 6 CRIM-MAD-E.
[35] Kritisch etwa *Schröder* HRRS 2013, 253; *Sethe*, FS Donatsch, 2012, S. 613 ff.; weitere Nachweise zur Diskussion bei *Veil* ZBB 2014, 86 f.

mit einem strengen[36] Sanktionsregime versehen[37]. (4) Ein Mitgliedstaat ist für die Strafverfolgung zuständig, wenn der Marktmissbrauch in seinem Land begangen wurde oder der Täter sein Staatsangehöriger ist[38]. (5) Jeder Mitgliedstaat muss gewährleisten, dass seine Justiz- und Strafverfolgungsbehörden über ausreichende Kenntnisse verfügen, um diese Taten zu verfolgen und zu ahnden[39]. Die Verabschiedung von MAR und CRIM-MAD erfolgt, sobald die parallele Reform der MiFID/MiFIR beschlussreif ist. Die Regelungen der VO werden voraussichtlich ab 2016 die entsprechenden Bestimmungen im WpHG ersetzen[40].

### II. Schutzzweck und Regelungsansatz

**1. Anlegerschutz.** Der Schutzzweck hängt maßgeblich von der dogmatischen Einordnung des Insidertatbestands ab. Das europäische Recht ordnet ihn nicht als Delikt gegen den Emittenten oder als Unterfall des Betrugs, sondern als **Marktdelikt** ein[41]. Ob das Insiderhandelsverbot anlegerschützenden Charakter aufweist, ist umstritten. Gegen eine solche Sichtweise wird angeführt, dass – anders als bei face-to-face-Geschäften – mit dem Insiderhandel über Börsen und andere Handelsplätze regelmäßig keine Schädigung individueller Anleger verbunden sei, da der Anleger ohnehin zu dem Wertpapiergeschäft entschlossen war. Bei computergesteuerten Matchingsystemen sei es bloßer Zufall, dass der Geschäftspartner des Anlegers ein Insider gewesen ist. Aus diesem Grund wird Insiderhandel auch als „victimless crime" bezeichnet[42]. Diese Bezeichnung erweist sich aber als ungenau. Der Insider schädigt alle sog. Informationshändler[43]. Auch ist zu bedenken, dass einige Anleger wegen des fehlenden Wissens um die Insiderinformation vom Handel abgehalten bzw. zu einem zu frühen Verkauf oder zu späten Kauf veranlasst wurden. In diesem Punkt hängen die Frage nach der Rechtfertigung des Insiderhandelsverbots und der Schutzzweck der Haftung für fehlerhafte Ad-hoc-Meldungen inhaltlich zusammen. Der Schutzzweck des Verbots, Insiderinformationen für sich selbst zu nutzen, und des Gebots, sie nach den Vorgaben von § 15 WpHG rasch dem Markt zur Verfügung zu stellen, sind gesamthaft zu betrachten. Geschädigt werden alle Personen, die auf einen funktionierenden Preisbildungsmechanismus vertrauen. Diese Personen werden im deutschen Recht über die §§ 37b und 37c WpHG geschützt. Ob darüber hinaus auch die Willensbildung konkreter Anleger geschützt wird, ist streitig. Der BGH hat dies bejaht[44]. Gegen die These, dass es sich um ein victimless crime handelt, lässt sich auch die Interessenlage des Emittenten anführen, da Insiderhandel – wenn er durch Personen des Managements begangen wird – zumindest den Ruf der Gesellschaft als Emittent und damit als Marktteilnehmer schädigen kann[45].

---

[36] Kritisch *Schäfer* in Marsch-Barner/Schäfer, Handbuch börsennotierte AG, § 14 Rn. 4.
[37] Art. 7 und 8 CRIM-MAD-E. S. dazu auch → Rn. 92.
[38] Art. 8a CRIM-MAD-E.
[39] Art. 8b CRIM-MAD-E.
[40] Nach Drucklegung dieses Beitrags wurden die Regelungen nun verabschiedet: Verordnung (EU) Nr. 596/2014 des Europäischen Parlaments und des Rates vom 16. April 2014 über Marktmissbrauch (Marktmissbrauchsverordnung) und zur Aufhebung der Richtlinie 2003/6/EG des Europäischen Parlaments und des Rates und der Richtlinien 2003/124/EG, 2003/125/EG und 2004/72/EG der Kommission, ABl. EU Nr. L 173 vom 12.6.2014, 1 ff.; Richtlinie 2014/57/EU des Europäischen Parlaments und des Rates vom 16. April 2014 über strafrechtliche Sanktionen bei Marktmanipulation (Marktmissbrauchsrichtlinie), ABl. EU Nr. L 173 vom 12.6.2014, 179 ff. Die Verordnung tritt am 3.7.2014 in Kraft und ist gemäß Art. 39 Abs. 2 ab 3.7.2016 anzuwenden (vorbehaltlich einiger Ausnahmen). Die Richtlinie ist bis zum 3.7.2016 umzusetzen.
[41] Zu den verschiedenen dogmatischen Konzepten *Klöhn* in Hirte/Möllers, KK-WpHG, Vor §§ 12–14 Rn. 45 ff.
[42] *Hopt* in Baetge, Insiderrecht und Ad-hoc-Publizität, S. 1, 5.
[43] Ausführlich *Klöhn* in Hirte/Möllers, KK-WpHG, Vor §§ 12–14 Rn. 84 ff.
[44] BGH WM 2012, 303, 309 Rn. 47 ff. mwN.
[45] In dieser Konstellation nutzt der Insider zudem Informationen, deren Wert an sich dem Unternehmen zusteht, was sich vor allem in Rechtsordnungen, die Insiderhandel als Untreue begreifen, als

**8    2. Funktionenschutz.** Das Verbot von Insidergeschäften beruht auf der Erwägung, dass derartige Geschäfte das **Vertrauen der Anleger** in die Integrität der Finanzmärkte erschüttern und die **Chancengleichheit der Marktteilnehmer**[46] beim Zugang zu kursrelevanten Informationen verletzen[47]. Insiderhandel stellt damit eine Gefahr für die **institutionelle Funktionsfähigkeit von Finanzmärkten** dar[48]. Diese Begründung wird allerdings nicht allgemein akzeptiert. So wird behauptet, es sei grundlegend verfehlt, das Marktgeschehen durch Anleger-, Gläubiger- und andere Marktteilnehmerschutznormen zu verfälschen, denn die Marktteilnehmer könnten sich selbst schützen oder würden zumindest eine Prämie für das übernommene höhere Risiko erhalten[49]. Die historischen Erfahrungen belegen jedoch, dass der Selbstschutz zumindest bei Kleinanlegern häufig versagt. Von den Gegnern des Insiderhandelsverbots wird als Argument angeführt, die Ausnutzung von Insiderwissen sei eine erwünschte Belohnung des Managements für die Schaffung von Umständen, die eine Kurssteigerung herbeiführen. Eine solche Belohnung lässt sich aber auch genauso gut durch Aktienoptionsprogramme oder Bonussysteme erreichen[50]. Zudem überzeugt das Argument nicht, wenn das Management durch Misswirtschaft einen Kursverfall verursacht und es sich vor der Gewinnwarnung noch schnell von privat gehaltenen Aktien des Unternehmens trennen dürfte. Weiterhin hat diese Ansicht nur das Management vor Augen, das in der Lage ist, Insiderinformationen zu schaffen. Das Insiderrecht erfasst jedoch auch andere Personenkreise, die zufällig an Insiderinformationen gelangt sind und die gerade keinen Anteil an der Schaffung von Vorteilen für das Unternehmen haben (zB Anlageberater)[51].

**9**    Für eine Straflosigkeit des Insiderhandels wird schließlich ins Feld geführt, dass gerade durch die Nutzung des Insiderwissens **informationseffiziente Finanzmärkte** herbeigeführt würden[52]. Dieser Einwand überzeugt aus mehreren Gründen nicht. Zum einen erkennt diese Ansicht zwar den Wert der Insiderinformation, klärt aber nicht die Frage, wem dieser Wert zustehen soll. Zum anderen lässt sich eine rasche Information des Marktes über die Insiderinformation durch eine effiziente rechtliche Ausgestaltung der Ad-hoc-Publizität herbeiführen, ohne dass einzelne Personen Sondervorteile erlangen[53]. Ein wirksam durchgesetztes Insiderhandelsverbot in Kombination mit einer funktionierenden Ad-hoc-Publizität führt also im Ergebnis zu einer gleich guten Versorgung des Marktes mit Informationen und vermeidet den Nachteil, dass Einzelpersonen sich am Markt aufgrund von Wissen, das eigentlich ihrem Unternehmen oder gar Dritten zusteht, Sondervorteile verschaffen[54]. Zudem besteht die Gefahr eines moral hazard, weil die Mitglieder der Unternehmensleitung auch von eigenen schlechten Leistungen profitieren können, indem sie aufgrund ihres Wis-

---

Gegenargument gegen die These vom victimless crime anführen lässt, vgl. die bei *Hopt* AG 1995, 353, 355, genannten Beispiele.

[46] Zum Teil wird hierfür auch die Vokabel „Fairness" verwendet, die *Klöhn* in Hirte/Möllers, KK-WpHG, Vor §§ 12–14 Rn. 27 ff., kritisiert.

[47] Diesen Schutzzweck betont der EuGH in den Entscheidungen zur Insider- und zur Marktmissbrauchsrichtlinie, EuGH v. 22.11.2005, Rs. C-384/02, Rn. 22, 33 (Grøngaard und Bang); EuGH. v. 10.5.2007, Rs. C-391/04, Rn. 37 (Georgakis); EuGH v. 23.12.2009, Rs. C-45/08, Rn. 47 ff. (Spector Photo Group); EuGH v. 28.6.2012, Rs. C-19/11, Rn. 36 (Geltl). Für das Marktmanipulationsverbot EuGH v. 7.7.2011, Rs. C-445/09, Rn. 27 (IMC Securities).

[48] *Cahn* ZHR 162 (1998), 1, 2; *Kübler/Assmann*, Gesellschaftsrecht, § 32 IV = S. 478.

[49] *Oberender/Daumann*, ORDO 43 (1992), 255, 262 f.; aA etwa *Hopt* ZHR 159 (1995), 135, 142 ff.

[50] *Hopt* AG 1995, 353, 357.

[51] *Hopt* AG 1995, 353, 358 f.; *Struckmann*, Insiderregeln, S. 22.

[52] Eingehend dazu *Manne*, Insider Trading and the Stockmarket, 1966, passim; *Manne* Harv.Bus. Rev. 44 (1966), 113 ff.; *Carlton/Fischel* StanLRev. 35 (1983), 857 ff.; *D. Schneider* DB 1993, 1429 ff.

[53] Dies übersieht *Hilgendorf* in Park, Kap. 3 Rn. 15, der das Ziel der gleichen Verteilung der Insiderinformation am Markt als „Chimäre" bezeichnet.

[54] So im Ergebnis auch *Hopt* ZHR 159 (1995), 135, 142 ff.; *Wolfgang Weber*, Insider-Handel, S. 249 ff.

sensvorsprungs Short-Positionen in Finanzinstrumenten aufbauen[55]. Neuere Untersuchungen kommen im Übrigen zu dem Ergebnis, dass ein Verbot des Insiderhandels gesamtwirtschaftlich die Transaktionskosten senkt (auch wenn sie bei einzelnen Emittenten wegen der Notwendigkeit von Compliance-Vorkehrungen uU steigen)[56].

Kontrovers beurteilt wird auch die Frage, ob nicht anstelle eines gesetzlichen Verbots eine **Selbstregulierung** vorzugswürdig sei[57]. Gerade das Beispiel Deutschlands hat jedoch gezeigt, dass die Selbstregulierung wenig erfolgreich war[58]. Selbst die Schweiz, die im Finanzmarktrecht traditionell ein viel höheres Maß an Selbstregulierung als Deutschland kennt, hat sich bewusst für einen Straftatbestand entschieden (Art. 40 BEHG). Auch die teilweise favorisierte Möglichkeit des **Opting-out,** das es Unternehmen erlauben würde, ihrem Management Insidergeschäfte generell zu gestatten[59], überzeugt nicht. Man unterstellt dabei, dass das Unternehmen nur dann von dieser Möglichkeit Gebrauch machen wird, wenn es überzeugt ist, dass der Insiderhandel sich zum Wohle des Unternehmens auswirkt, was als solches aber schwer vorhersehbar ist. Zudem ist fraglich, wer die Entscheidung über das Opting-out treffen soll. Vorstand und Aufsichtsrat sind befangen. Verfügt die AG über einen Großaktionär, kann dieser uU auch befangen sein. Schließlich mag sich das Opting-out im Einzelfall als vorteilhaft für das Unternehmen erweisen, es wirkt aber gleichzeitig nachteilig auf den Kapitalmarkt, da zumindest Kleinanleger ohne Informationsvorsprung benachteiligt werden und das Vertrauen verlieren.

Kritisiert wird weiterhin der Umstand, dass der Gesetzgeber das Insiderhandelsverbot **strafrechtlich** sanktioniert hat[60], obwohl das Strafrecht ultima ratio sein müsse. Weder Art. 13 S. 2 der früheren Insider-Richtlinie noch Art. 14 Abs. 1 der Marktmissbrauchs-Richtlinie 2003/6/EG legen im Detail fest, wie die Mitgliedstaaten den Insiderhandel unterbinden sollen. Gefordert sind nur effektive Sanktionen. Nachdem sich die bereits erprobte Selbstregulierung als ungeeignet erwiesen hat, stünden anstelle des Strafrechts nur gesellschafts- und aufsichtsrechtliche Maßnahmen zur Verfügung, wie der Entzug des Vorstands- oder Aufsichtsratsmandats und der Verlust der Stellung als Geschäftsleiter eines Instituts. Solche Sanktionen gegen Organmitglieder entpuppen sich jedoch als wenig geeignet, wenn der mit dem Insidergeschäft verbundene Gewinn nur entsprechend hoch ist. Zudem kommen sie gerade nicht in Betracht, wenn der Insider nicht dem Unternehmen bzw. einem Institut angehört, wie beispielsweise Vertragspartner, Politiker oder Richter. Eine „Privatisierung" der Verfolgung von Insidern im Wege des Schadensersatzprozesses verspricht wenig Aussicht auf Erfolg, da Ansprüche regelmäßig daran scheitern, dass der einzelne Anleger die Kausalität oder den Schaden nicht nachweisen kann[61]. Die Sanktionierung ausschließlich als bloße Ordnungswidrigkeit ist auch nicht geeignet, Insiderhandel zu unterbinden. Die Erfahrungen mit Vorständen, die bewusst fehlerhafte Ad-hoc-Mitteilungen veröffentlichen, haben gezeigt, dass der Gewinn aus derartigen Geschäften so hoch sein kann, dass ein Bußgeld oft keine ausreichende Abschreckung bewirkt[62]. Beim Insiderhandel dürfte diese Abwägung durch Organmitglieder kaum anders ausfallen. Der

---

[55] *Struckmann*, Insiderregeln, S. 21.
[56] *Nyantung Beny,* The Journal of Corporation Law 2007, 237 ff.
[57] So offenbar noch *Claussen* ZBB 1992, 73, 76 ff.; aA *Schwarze* in Hopt/Wymeersch, European Insider Dealing, S. 151, 153.
[58] → Rn. 2.
[59] So etwa *Schmidt* in Hopt/Wymeersch, European Insider Dealing, S. 21, 35 ff.; *Picot/Dietl*, Jahrbuch für Neue Politische Ökonomie 13 (1994), 113, 134.
[60] *Volk* ZHR 142 (1978), 1, 16 f.; *Kirchner*, FS Kitagawa, S. 665, 677 f.; *Haouache*, Börsenaufsicht, S. 57 ff., 155 ff.; *Hausmaninger*, Insider Trading, S. 299 ff.; *Hilgendorf* in Park, Kap. 3 Rn. 18 f.; *Manfred Wolf*, FS Döser, S. 255; siehe auch *Mennicke*, Sanktionen, S. 479 ff., die iE allerdings nur für eine stärkere Differenzierung nach Begehungstatbestand und Sanktion eintritt. Für eine strafrechtliche Lösung dagegen *Krauel*, Insiderhandel, S. 215 ff.; *Soesters*, Insiderhandelsverbote, S. 57 ff., 73.
[61] → Rn. 7.
[62] *Sethe* in Assmann/Schneider, WpHG, §§ 37b, 37c Rn. 5, 15.

Gesetzgeber hat daher zu Recht eine an der Schwere der Tat orientierte Unterscheidung in Straftat und Ordnungswidrigkeit (§§ 38 Abs. 1, 39 Abs. 2 Nrn. 3, 4 WpHG) vorgenommen. Gerade das Strafrecht entfaltet eine generalpräventive Wirkung, da die stark verbesserten Möglichkeiten der Aufsicht das Risiko der Entdeckung des Insiderhandels deutlich erhöht haben[63]. Daher und wegen der Möglichkeit der Abschöpfung der Gewinne (§§ 73 ff. StGB) erweist sich die Kombination aus Straftat und Ordnungswidrigkeit als geeigneter Weg und die Kritik am Vorgehen des Gesetzgebers ist ungerechtfertigt. Es ist daher zu begrüßen, dass die EU eben diese Weg beschreitet, indem sie strafrechtliche Sanktionen in einer Richtlinie vorschreiben wird[64].

12   Da das Insiderrecht das **Vertrauen der Anleger** in die Integrität der Finanzmärkte und die **Chancengleichheit der Marktteilnehmer** sicherstellen soll[65], ist unstreitig, dass die Vorschriften dem Funktionenschutz dienen[66]. Fraglich ist, ob den Vorschriften zum Insiderhandel daneben auch ein individualschützender Charakter zukommt. Die herrschende Meinung verneint diese Frage zu Recht und lehnt damit auch die Schutzgesetzeigenschaft der §§ 12–14 WpHG ab[67]. Die Anleger werden lediglich reflexartig geschützt (siehe dazu → Rn. 162).

### III. Überblick über das Insider(straf)recht

13   Kern des Insiderrechts ist das in §§ 38 Abs. 1, 39 Abs. 2 Nrn. 3, 4; 14 Abs. 1 WpHG niedergelegte Insiderhandelsverbot. Es handelt sich um ein abstraktes Gefährdungsdelikt[68]. Personen, die über eine Insiderinformation iSd § 13 WpHG verfügen, ist es verboten, unter Verwendung dieser Information Insiderpapiere für eigene oder fremde Rechnung oder für einen anderen zu erwerben oder zu veräußern (**Verwendungsverbot** – § 14 Abs. 1 Nr. 1 WpHG), einem anderen eine Insiderinformation unbefugt mitzuteilen oder zugänglich zu machen (**Weitergabeverbot** – § 14 Abs. 1 Nr. 2 WpHG) oder einem anderen auf der Grundlage einer Insiderinformation den Erwerb oder die Veräußerung von Insiderpapieren zu empfehlen oder einen anderen auf sonstige Weise dazu zu verleiten (**Empfehlungs- und Verleitungsverbot** – § 14 Abs. 1 Nr. 3 WpHG). Das Insiderhandelsverbot erfasst nur die in

---

[63] Die kriminologische Forschung belegt, dass die abschreckende Wirkung weniger von der Höhe der zu erwartenden Strafe als vielmehr vom subjektiv empfundenen Entdeckungsrisiko abhängt. Je höher dieses Risiko eingeschätzt wird, desto eher werden Verstöße unterlassen, vgl. *Bussmann*, Kriminalprävention durch Business Ethics. Ursachen von Wirtschaftskriminalität und die besondere Bedeutung von Werten, Zeitschrift für Wirtschafts- und Unternehmensethik 5/2004, 35, 38 f.
[64] → Rn. 6.
[65] → Rn. 7 ff.
[66] Erwägungsgründe Nrn. 3 bis 6 der Insider-Richtlinie (→ Rn. 4 Fn. 15); Erwägungsgründe Nrn. 2, 12 der Marktmissbrauchs-Richtlinie (→ Rn. 5 Fn. 17); RegE zum 2. FFG, BR-Drucks. 793/93, S. 138; *Assmann* in Assmann/Schneider, WpHG, Vor § 12 Rn. 49.
[67] *Caspari* ZGR 1994, 530, 532; *Dickersbach*, Das neue Insiderrecht, S. 198 f.; *Happ* JZ 1994, 240, 243; *Hartmann*, Regelungsprobleme des Insiderhandels, S. 249 f.; *Immenga* ZBB 1995, 197, 205; *Kaiser* WM 1997, 1557, 1559 f.; *Kümpel/Veil*, Wertpapierhandelsgesetz, 2. Aufl., S. 79; *Lenenbach*, Kapitalmarktrecht, Rn. 13.198; *Mennicke*, Sanktionen, S. 618 ff.; *zur Megede* in Assmann/Schütze, Handbuch Kapitalanlagerecht, 2. Aufl., § 14 Rn. 15, 59; *Pananis*, Insidertatsache, S. 41 ff., insb. 43 f.; *Rothenhöfer* in Kümpel/Wittig, Bank- und Kapitalmarktrecht, Rn. 3.460; *Schäfer* in Marsch-Barner/Schäfer, Handbuch börsennotierte AG, Rn. 99; *Schwark/Kruse* in Schwark/Zimmer, KMRK, § 14 WpHG Rn. 5; *Steinhauer*, Insiderhandelsverbot, S. 108; aA *Assmann* AG 1994, 196, 204; *Claussen* AG 1997, 306, 307; *Claussen*, Bank- und Börsenrecht, 3. Aufl., § 9 Rn. 89; *Krauel*, Insiderhandel, S. 307. Differenzierend *Grechening* ZBB 2010, 232, 239 f. Offen gelassen bei *Assmann* in Assmann/Schneider, WpHG, Vor § 12 Rn. 49, § 14 Rn. 209; unklar *Bröcker* in Claussen, Bank- und Börsenrecht, § 6 Rn. 95 („Individualschutz für den einzelnen Anleger"), jedoch 96, 98 (wo bloß von „mittelbaren" Schutzwirkungen für den einzelnen Anleger die Rede ist).
[68] *Hilgendorf* in Park, Kap. 3 Rn. 202; *Klöhn* in Hirte/Möllers, KK-WpHG, § 14 Rn. 43, 261, 476; *Schwark/Kruse* in Schwark/Zimmer, KMRK, § 14 WpHG Rn. 39; *Schäfer* in Schäfer/Hamann, KMG (Lfg. 6/2007), § 14 WpHG Rn. 16; *Vogel* in Assmann/Schneider, WpHG, Vor § 38 Rn. 19.

§ 12 WpHG genannten **Insiderpapiere.** Hierunter sind alle Finanztitel zu verstehen, die als Finanzinstrumente iSd § 2 Abs. 2b WpHG gelten und die zusätzlich eine der Voraussetzungen des § 12 S. 1 Nrn. 1 bis 3 WpHG erfüllen (dazu sogleich → Rn. 18 ff.).

Ein vorsätzlicher oder leichtfertiger Verstoß gegen das Verwendungsverbot erfüllt stets den Straftatbestand des § 38 Abs. 1 Nr. 1, Abs. 4 WpHG. Der Versuch ist ebenfalls strafbar (§ 38 Abs. 3 WpHG). Verstöße gegen das Weitergabeverbot oder das Empfehlungs- und Verleitungsverbot sind grundsätzlich bloße Ordnungswidrigkeiten (§ 39 Abs. 2 Nrn. 3, 4 WpHG). Sie werden jedoch als Straftat eingeordnet, sofern sie von einem Tatverdächtigen begangen wurden, der

- als Mitglied des Geschäftsführungs- oder Aufsichtsorgans oder als persönlich haftender Gesellschafter des Emittenten oder eines mit dem Emittenten verbundenen Unternehmens,
- aufgrund seiner Beteiligung am Kapital des Emittenten oder eines mit dem Emittenten verbundenen Unternehmens,
- aufgrund seines Berufs oder seiner Tätigkeit oder seiner Aufgabe bestimmungsgemäß oder
- aufgrund der Vorbereitung oder Begehung einer Straftat

über eine Insiderinformation verfügt (§ 38 Abs. 1 Nr. 2 WpHG)[69]. Entsprechend der Terminologie des bis 2004 geltenden Insiderrechts wird dieser Personenkreis als **Primärinsider** bezeichnet. Alle übrigen Personen, die Insiderinformationen erlangen, sind folglich **Sekundärinsider.**

§ 14 Abs. 2 WpHG enthält eine **Safe-Harbour-Regelung** für Aktienrückkaufprogramme und Kursstabilisierungsmaßnahmen. Diese stellen in keinem Fall einen Verstoß gegen das Verbot des § 14 Abs. 1 WpHG dar, soweit die Vorgaben der Verordnung Nr. 2273/2003 eingehalten werden. Die Safe-Harbour-Regelung erfasst allerdings nicht den in der Praxis häufigen Fall des Erwerbs eigener Aktien, um sie im Falle eines Unternehmenskaufs oder Übernahmeangebots als Gegenleistung anbieten zu können. Vom Insiderhandelsverbot ausgenommen sind weiterhin **hoheitliche Geschäfte,** die aus geld- oder währungspolitischen Gründen oder im Rahmen der Schuldenverwaltung von in- oder ausländischen Trägern hoheitlicher Gewalt oder den von diesen Beauftragten durchgeführt werden (§ 1 Abs. 3 WpHG).

Das Insiderhandelsverbot wird flankiert durch **Maßnahmen zur Verhütung des Insiderhandels** (§ 15 WpHG: Ad-hoc-Publizität; § 15a WpHG: Meldepflicht von Directors' Dealings; § 15b WpHG: Pflicht zur Führung von Insiderverzeichnissen und Belehrung der Insider – dazu → Rn. 176 ff.) und **zur Insiderüberwachung** (§§ 16 bis 16b WpHG – dazu → Rn. 172 ff.). Auch außerhalb des insiderrechtlichen Abschnitts des Gesetzes finden sich insiderrechtlich relevante Vorschriften, die die Überwachungsbefugnisse der BaFin (§§ 4 ff. WpHG – dazu → Rn. 166) und die Voraussetzungen für eine wirksame Überwachung der Geschäfte (Meldepflichten nach § 9 WpHG – dazu → Rn. 167 ff., Anzeigepflicht – dazu → Rn. 171) regeln[70].

Die Vorschriften haben weitreichende **Bedeutung für Unternehmen,** denn sie enthalten Ge- und Verbote für Vorstands- und Aufsichtsratsmitglieder sowie Großaktionäre und haben für börsennotierte Emittenten, aber auch für Banken und Finanzdienstleister sowie für Rechtsanwälte, Steuer- und Unternehmensberater etc. Organisationspflichten zur Folge. Die Vorschriften betreffen eine Vielzahl von Vorgängen im Unternehmen, wie die Informationsweitergabe an den Aufsichtsrat, Auskünfte in der Hauptversammlung, Beteiligungs- und Optionsprogramme für Mitarbeiter, Unternehmenskäufe, Erwerb eigener Aktien und Aktienrückkaufprogramme, aber auch Wertpapiergeschäfte von Organmitgliedern und ihnen nahestehenden Personen.

---

[69] In diesem Fall ist auch der Versuch strafbar (§ 38 Abs. 3 WpHG).
[70] Zur Verfassungsmäßigkeit der Meldepflicht nach § 9 WpHG und der Auskunftspflicht nach § 16 Abs. 2 WpHG aF *Rauscher,* Verfolgung von Insidergeschäften, insb. S. 160.

## IV. Insiderpapiere (§ 12 WpHG)

**18** **1. Erfasste Märkte.** Da mit dem Insiderhandelsverbot die Funktionsfähigkeit der Finanzmärkte (Wertpapier- und Geldmärkte) sichergestellt werden soll, erstreckt § 12 WpHG das Insiderhandelsverbot nur auf Finanzinstrumente, die an den in § 12 aufgeführten Märkten (Inland oder EU/des EWR[71]) zugelassen oder einbezogen sind oder dies beantragt haben sowie auf Derivate, die sich auf ein solches Finanzinstrument beziehen.

**19** **a) Inländische Märkte.** Gemäß § 12 S. 1 Nr. 1 WpHG werden alle Finanzinstrumente erfasst, die an einer **inländischen Börse** zum Handel *zugelassen* sind (vgl. § 32 BörsG), also am **regulierten Markt** bzw. einer **Terminbörse** (zur Zeit nur die EUREX AG, Frankfurt, und die EEX – European Energy Exchange, Leipzig) oder einer **Warenterminbörse** (ebenfalls EUREX AG). Weiterhin erstreckt sich der Anwendungsbereich auf solche Finanzinstrumente, die in den **regulierten Markt** oder in den **Freiverkehr** (Open Market) *einbezogen* wurden (§§ 32 Abs. 1, 33, 48 BörsG)[72]. Die Erstreckung des Insiderhandelsverbots auf den Freiverkehr war europarechtlich nicht geboten. Der deutsche Gesetzgeber hat sie damit begründet, dass das Publikum beim Auftreten von Missständen nicht zwischen den einzelnen Börsensegmenten differenziere und daher sein Vertrauen in die Märkte verliere. Da gerade im Freiverkehr der Insiderhandel häufiger auftrete, sei es sinnvoll, über die Vorgaben der Marktmissbrauchsrichtlinie 2003/6/EG hinauszugehen und ihn zu erfassen[73]. Nicht als Insiderpapiere gelten dagegen Finanzinstrumente, die weder an einem der genannten Märkte zugelassen noch einbezogen sind, die aber im (außerbörslichen) **Telefonverkehr** oder auf dem **grauen Kapitalmarkt** gehandelt werden[74]. Gleiches gilt für Finanzinstrumente, die ausschließlich in einem Multilateralen Handelssystem (MTF) gehandelt werden. Diese wenig überzeugende Ausnahme wird mit der MAR aufgegeben[75].

**20** **b) Märkte in der EU/dem EWR.** Insiderpapiere sind weiterhin alle Finanzinstrumente, die in einem anderen **EU-Mitgliedstaat** oder einem **Vertragsstaat des EWR** zum Handel an einem organisierten Markt zugelassen sind (§ 12 S. 1 Nr. 2 WpHG). § 2 Abs. 5 WpHG definiert als einen organisierten Markt ein durch staatliche Stellen genehmigtes, geregeltes und überwachtes multilaterales System, das die Interessen einer Vielzahl von Personen am Kauf und Verkauf von dort zum Handel zugelassenen Finanzinstrumenten innerhalb des Systems und nach festgelegten Bestimmungen in einer Weise zusammenbringt oder das Zusammenbringen fördert, die zu einem Vertrag über den Kauf dieser Finanzinstrumente führt (die erfassten Märkte sind in dem nach Art. 4 Abs. 1 Nr. 14 und Art. 47 der MiFID[76] erstellten Verzeichnis über „geregelte Märkte" aufgelistet[77]). Da die

---

[71] Zur Strafbarkeit wegen Verstoßes gegen ausländische Insiderverbote siehe § 38 Abs. 5 WpHG sowie generell *Nietsch*, Internationales Insiderrecht, passim; *Schröder* in Achenbach/Ransiek, Handbuch Wirtschaftsstrafrecht, 10. Teil, Kap. 2 Rn. 206; *Vogel* in Assmann/Schneider, WpHG, § 38 Rn. 61 ff.

[72] Da die Einbeziehung auch gegen den Willen des Emittenten erfolgen kann, wurden verfassungsrechtliche Bedenken geäußert, *Schäfer* in Schäfer/Hamann, KMG (Lfg. 6/2007), § 12 WpHG Rn. 9; aA *Assmann* in Assmann/Schneider, WpHG, § 12 Rn. 7.

[73] RegE zum AnSVG, BT-Drucks. 15/3174, S. 33; sa *Kübler/Assmann*, Gesellschaftsrecht, § 32 IV = S. 480. Da der Gesetzgeber die überschießende Richtlinienumsetzung ausdrücklich klarstellt, genügt er den Vorgaben des EuGH in Sachen Testa Lazzeri, v. 21.11.2002, C-356/00, WM 2003, 1115. Tritt die MAR (→ Rn. 6) in der jetzt vorliegenden Form in Kraft, unterfällt der Freiverkehr auch künftig dem Insiderrecht.

[74] *Assmann* in Assmann/Schneider, WpHG, § 12 Rn. 6.

[75] → Rn. 6. Kritisch auch *Klöhn* in Hirte/Möllers, KK-WpHG, § 12 Rn. 6.

[76] Richtlinie 2004/39/EG des Europäischen Parlaments und des Rates v. 21.4.2004 über Märkte für Finanzinstrumente, zur Änderung der Richtlinien 85/611/EWG und 93/6/EWG des Rates und der Richtlinie 2000/12/EG des Europäischen Parlaments und des Rates und zur Aufhebung der Richtlinie 93/22/EWG des Rates, ABl. EG Nr. L 145 v. 30.4.2004, S. 1.

[77] Eine aktuelle Auflistung der Märkte findet sich unter http://mifiddatabase.esma.europa.eu (abgerufen am 16.2.2014).

Definition nur staatlich beaufsichtigte Märkte erfasst, fällt ein dem deutschen Freiverkehr vergleichbarer Markt eines EU-/EWR-Staats derzeit nicht in den Anwendungsbereich[78].

**c) Derivate.** Als Insiderpapiere gelten schließlich Derivate, deren Preis unmittelbar oder mittelbar von einem der soeben unter → Rn. 19 und 20 genannten Finanzinstrumente abhängt (§ 12 S. 1 Nr. 3 WpHG). Dies gilt selbst dann, wenn die Derivate ihrerseits nicht an einem börslichen Markt zugelassen sind[79]. Die Einbeziehung der Derivate in den Anwendungsbereich des Insiderhandelsverbots soll seine Umgehung durch Ausweichen auf solche Instrumente verhindern, deren Preis von notierten Finanzinstrumenten abhängig ist[80]. Der in § 12 S. 1 Nr. 3 WpHG geregelte Derivatebegriff ist enger als der in § 2 Abs. 2b WpHG, denn es sind nur solche Derivate erfasst, die sich auf ein Instrument iSv § 12 S. 1 Nrn. 1 und 2 WpHG beziehen.  21

Erfasst sind hiernach insbesondere Aktienoptionsprogramme („stock option plans") und Clickoptions[81]. Entgegen der hM[82] unterfallen auch Stock Appreciation Rights und Phantom Stock Plans dem Begriff[83]. Die Vertreter der hM differenzieren zumeist nicht zwischen der Vorfrage, ob überhaupt ein Derivat vorliegt und der nachgelagerten Frage, ob solche virtuellen Rechte dann wegen einer Ausnahme wieder aus dem Anwendungsbereich des WpHG herausfallen (wie bei § 15a WpHG, wenn sie auf arbeitsvertraglicher Grundlage gewährt werden). Sie betrachten oft allein das Gesamtergebnis. Sofern man begründet, warum kein Derivat vorliegt, wird darauf verwiesen, dass sie nicht gehandelt würden und daher nicht den Kapitalmarkt beträfen[84]. Auf die Handelbarkeit kommt es aber beim Derivatebegriff gerade nicht an[85]. Es reicht eine individuelle schuldrechtliche Vereinbarung, bei der eine Leistung durch Bezug zu einem Underlying definiert und bei Fälligkeit in bar ausgeglichen wird.  22

**d) Bevorstehende Zulassung.** Der Zulassung zum Handel an einem organisierten Markt oder der Einbeziehung in den regulierten Markt oder in den Freiverkehr steht es gleich, wenn der **Antrag auf Zulassung** oder **Einbeziehung** gestellt oder **öffentlich angekündigt**[86] ist (§ 12 S. 2 WpHG). Diese Erweiterung des Anwendungsbereichs gilt gleichermaßen für Märkte im Inland wie im EU-/EWR-Ausland. Dadurch soll der so genannte **Handel per Erscheinen** erfasst werden. Ein Zulassungsantrag ist gestellt, wenn er der zuständigen Börse zugeht[87]. Ein Antrag auf Zulassung ist öffentlich angekündigt, wenn der Emittent oder die Person, die die Instrumente anbietet, gegenüber einem unbe-  23

---

[78] *Schäfer* in Marsch-Barner/Schäfer, Handbuch börsennotierte AG, § 14 Rn. 10.
[79] *BaFin*, Emittentenleitfaden, S. 32; *Assmann* in Assmann/Schneider, WpHG, Vor § 12 Rn. 23, § 12 Rn. 11.
[80] RegE zum 2. FFG, BT-Drucks. 12/6679, S. 45.
[81] Zu Einzelheiten *BaFin*, Emittentenleitfaden, S. 32; *Assmann* in Assmann/Schneider, WpHG, § 12 Rn. 11 ff. Auf die sich stellenden insiderrechtlichen Fragen von Aktienoptionsprogrammen kann aus Raumgründen im Rahmen dieses Beitrags nicht eingegangen werden, vgl. statt dessen *Casper* WM 1999, 363; *Feddersen* ZHR 161 (1997), 269; *Fürhoff* AG 1998, 83; *Klasen* AG 2006, 24; *v. Rosen* WM 1998, 1810; *Uwe H. Schneider* ZIP 1996, 1769.
[82] *BaFin*, Emittentenleitfaden, S. 32; *Hopt* in Bankrechts-Handbuch, § 107 Rn. 15; *Klöhn* in Hirte/Möllers, KK-WpHG, § 12 Rn. 21; *Mennicke* in Fuchs, WpHG, § 12 WpHG Rn. 39.
[83] Ausführliche Begründung bei *Sethe* in Assmann/Schneider, WpHG, § 15a Rn. 68 f.; ebenso *Pawlik* in Hirte/Möllers, KK-WpHG, 1. Aufl., § 12 Rn. 20; *Assmann* in Assmann/Schneider, WpHG, § 12 Rn. 16.
[84] *Hopt* in Bankrechts-Handbuch, § 107 Rn. 15.
[85] *Assmann* in Assmann/Schneider, WpHG, § 2 Rn. 45.
[86] Da der Gesetzgeber die überschießende Richtlinienumsetzung ausdrücklich klarstellt (RegE zum AnSVG, BT-Drucks. 15/3174, S. 33), genügt er den Vorgaben des EuGH in Sachen Testa Lazzeri, v. 21.11.2002, C-356/00, WM 2003, 1115. Tritt die MAR (→ Rn. 6) in der jetzt vorliegenden Form in Kraft, entfällt die Fallgruppe der öffentlichen Ankündigung.
[87] RegE zum 2. FFG, BT-Drucks. 12/6679, S. 45; *BaFin*, Emittentenleitfaden, S. 31; *Zimmer/Kruse* in Schwark/Zimmer, KMRK, § 12 WpHG Rn. 10.

stimmten Personenkreis erklärt, dass die Notierung der betreffenden Papiere in dem fraglichen Marktsegment beabsichtigt ist[88].

**24** **e) Art der Ausführung des Geschäfts.** Sofern ein Finanzinstrument an einem der genannten Märkte zugelassen oder einbezogen wurde, erfasst das Insiderhandelsverbot alle Transaktionen, gleichgültig ob diese über die Börse (elektronischer Handel oder Präsenzhandel) oder außerhalb der Börse (face-to-face-Geschäfte, OTC-Transaktionen) abgewickelt werden[89]. Auch die Art der Erfüllung des Geschäfts ist unerheblich (Tafelgeschäft, Sonder- oder Sammelverwahrung)[90].

**25** **2. Erfasste Finanzinstrumente.** § 12 WpHG nimmt den Begriff der **Finanzinstrumente** in Bezug, der in § 2 Abs. 2b WpHG definiert ist. Er umfasst Wertpapiere, Geldmarktinstrumente, Derivate, Rechte auf Zeichnung von Wertpapieren und bestimmte Vermögensanlagen (nachfolgend → Rn. 26, 30, 31, 35 und 36).

**26** **a) Wertpapiere.** Als Finanzinstrumente gelten gemäß § 2 Abs. 1 WpHG alle ihrer Art nach handelbaren, standardisiert ausgestalteten **Wertpapiere,** gleichgültig, ob sie verbrieft oder unverbrieft sind[91]. Das Gesetz zählt als Wertpapierkategorien Aktien und vergleichbare Titel, Schuldtitel und Investmentanteilscheine auf.

**27** Unter **Aktien** sind Inhaber- und Namensaktien sowie vinkulierte Namensaktien zu verstehen. Ausdrücklich in der Vorschrift erwähnt sind auch Zertifikate, die Aktien vertreten (zB American Depository Receipts und European Depository Receipts). Der Begriff der Zertifikate iSd § 2 Abs. 1 WpHG unterscheidet sich von dem Begriff, den Banken im Vertrieb für strukturierte Produkte (zB „Lehman-Zertifikate") verwenden[92]. Der Anwendungsbereich der Vorschrift wird darüber hinaus auf andere Wertpapiere erstreckt, die Aktien **vergleichbar** sind. Dieser Auffangtatbestand greift nur ein, wenn sowohl die Vergleichbarkeit der vermittelten Rechtsstellung als auch die Fungibilität vorliegt. Der Aktie vergleichbar sind alle Papiere, die eine mitgliedschaftliche Rechtsstellung zum Inhalt haben[93], also etwa Zwischenscheine iSd § 8 Abs. 4 AktG. Dagegen stellen bloße unselbstständige Nebenrechte, wie Erneuerungsscheine, keine Wertpapiere dar, da die vermittelte Rechtsstellung nicht mit der einer Aktie vergleichbar ist[94]. Genossenschafts- und GmbH-Anteile sowie Beteiligungen an einer Personenhandelsgesellschaft sind zwar von der Art der vermittelten Rechtsstellung einer Aktie vergleichbar, doch fehlt ihnen die notwendige Fungibilität[95].

**28** Unter **Schuldtitel** sind beispielsweise Bundesanleihen, Schatzanweisungen, Inhaber- und Orderschuldverschreibungen, Wandel- und Gewinnschuldverschreibungen, Optionsanleihen und Asset-Backed-Securities zu verstehen. Genussrechte/-scheine kommen in aktienähnlich und obligationsähnlich ausgestalteter Form vor. Die Frage, ob sie im Einzelfall den Aktien oder den Schuldverschreibungen zuzuordnen sind, stellt sich nicht mehr, da das Gesetz sie ausdrücklich den Schuldtiteln zuordnet[96]. Schließlich unterfallen Optionsscheine in ihren verschiedenen Formen[97] dem Schuldtitel- und damit dem Wertpapierbegriff. Betrachtet man die genannten Wertpapiere, zeigt sich, dass ihre Fungibilität maßgeb-

---

[88] RegE zum 2. FFG, BT-Drucks. 12/6679, S. 45.
[89] *Schäfer* in Marsch-Barner/Schäfer, Handbuch börsennotierte AG, § 14 Rn. 12; *Hammen* WM 2004, 1753, 1759 f.
[90] *Zimmer/Kruse* in Schwark/Zimmer, KMRK, § 12 WpHG Rn. 10.
[91] *Assmann* in Assmann/Schneider, WpHG, § 2 Rn. 7.
[92] *Assmann* in Assmann/Schneider, WpHG, § 2 Rn. 19; *Fuchs* in Fuchs, WpHG, § 2 Rn. 26.
[93] *Assmann* in Assmann/Schneider, WpHG, § 2 Rn. 18; *Kumpan* in Schwark/Zimmer, KMRK, § 2 WpHG Rn. 17; *Schäfer* in Schäfer/Hamann, KMG (Lfg. 1/2006), § 2 WpHG Rn. 14.
[94] Hierzu und zum Folgenden *Sethe*, Anlegerschutz, S. 562.
[95] RegE zum FRUG, BT-Drucks. 16/4025, S. 54; *Fuchs* in Fuchs, WpHG, § 2 Rn. 23; *Kumpan* in Schwark/Zimmer, KMRK, § 2 WpHG Rn. 18 f.; aA *Assmann* in Assmann/Schneider, WpHG, § 2 Rn. 16 f.
[96] Der Genussschein kann zudem als Vermögensanlage zu qualifizieren sein, dazu → Rn. 36.
[97] Dargestellt bei *Assmann* in Assmann/Schneider, WpHG, § 2 Rn. 31.

liches Abgrenzungskriterium ist[98]; sie müssen also vertretbar (dh im Rechtsverkehr nach Zahl und Betrag bestimmt, vgl. § 91 BGB) und zirkulationsfähig sein. Als den Schuldverschreibungen **vergleichbare** Rechte kommen alle Finanzinnovationen in Betracht, die eine Schuldverschreibung mit den Leistungsmerkmalen anderer Finanzinstrumente kombinieren. Nicht als vergleichbare Rechte werden dagegen Rektapapiere und Legitimationspapiere, wie bürgerlich-rechtliche Anweisungen, Namensschuldverschreibungen, Schuldscheindarlehen, Sparbriefe und -bücher, Hypotheken-, Grund- und Rentenschuldbriefe, eingeordnet, da ihnen die notwendige Fungibilität und/oder Vertretbarkeit fehlt[99]. Auch Schecks und Wechsel sind keine den Schuldverschreibungen vergleichbaren Rechte, weil sie wegen ihrer individuellen Ausgestaltung keine vertretbaren Papiere darstellen[100].

Schließlich zählen zu den Wertpapieren die **Investmentanteilscheine**, womit einerseits Anteile an Organismen für gemeinsame Anlage gemeint sind und andererseits Anteile an solchen offenen Fonds, die nicht unter die OGAW-Richtlinie fallen, weil sie andere Vermögensgegenstände verwalten[101]. Anteile an geschlossenen Fonds, die bislang unter das Gesetz über Vermögensanlagen fielen, sind nun in §§ 149 ff. KAGB geregelt und unterfallen damit auch dem Begriff des Investmentanteilscheins[102]. 29

**b) Geldmarktinstrumente.** Unter den Begriff der Finanzinstrumente fallen weiterhin Geldmarktinstrumente iSd § 2 Abs. 1a WpHG, also alle Gattungen von Forderungen, die keine Wertpapiere darstellen und die üblicherweise auf dem Geldmarkt gehandelt werden mit Ausnahme von Zahlungsinstrumenten. Da der Wertpapierbegriff bereits die Schuldverschreibungen und damit die mittel- und langfristigen (kapitalmarktrechtlichen) Papiere erfasst, bezieht sich der Begriff der Geldmarktinstrumente folglich nur auf Forderungen mit einer kurzen Laufzeit, wie kurzfristige Schuldscheindarlehen, Unternehmensgeldmarktpapiere, Deposit Notes, Euronotes, Finanzierungs-Fazilitäten, Finanz-Swaps und Schatzwechsel[103]. Die Verwendung des Tatbestandsmerkmals „Gattung" verdeutlicht, dass es sich um standardisierte Instrumente handeln muss[104]. Die MiFID nennt darüber hinaus noch Schatzanweisungen, Einlagenzertifikate und Commercial Papers, die jedoch in der deutschen Praxis typischerweise als Schuldverschreibungen ausgestaltet sind[105]. Anders als bei Wertpapieren stellt die Vorschrift nicht auf die bloße Eignung zum Handel an einem Markt ab, sondern verlangt, dass das Instrument **üblicherweise** auf dem Geldmarkt gehandelt wird, also bereits ein Markt besteht. Damit entspricht die Norm Art. 4 Abs. 1 Nr. 19 der MiFID. Aufgrund dieser gesetzlichen Einschränkung stellen Tages- und Termingelder sowie Sparbriefe keine Geldmarktinstrumente dar, weil sie nicht fungibel sind und sich deshalb kein entsprechender Markt für diese Instrumente gebildet hat[106]. Für die Praxis bringt das Kriterium der „Üblichkeit" einige Rechtsunsicherheit mit sich. So kann ein zunächst neues und damit unübliches Geldmarktinstrument noch nicht in den Anwendungsbereich des Gesetzes fallen, bei zunehmender Beliebtheit aber zu einem üblichen Instrument werden. Schutz können nur klare Verlautbarungen der BaFin bieten, in denen 30

---

[98] So der RegE zur 6. KWG-Novelle, BR-Drucks. 963/96, S. 69, unter Verweis auf S. 100.
[99] *Assmann* in Assmann/Schneider, WpHG, § 2 Rn. 25, 21; *Fuchs* in Fuchs, WpHG, § 2 Rn. 30; *Seiler/Kniehase* in Bankrechts-Handbuch, § 104 Rn. 40.
[100] *Seiler/Kniehase* in Bankrechts-Handbuch, § 104 Rn. 40. Im Ergebnis ebenso *Schäfer* in Boos/Fischer/Schulte-Mattler, KWG, § 1 Rn. 220 aE.
[101] *Assmann* in Assmann/Schneider, WpHG, § 2 Rn. 34.
[102] RegE AIFM-Umsetzungsgesetz, BT-Drucks. 17/12294, S. 310.
[103] *Fuchs* in Fuchs, WpHG, § 2 Rn. 38; *Schäfer* in Boos/Fischer/Schulte-Mattler, KWG, § 1 Rn. 221; *Sethe*, Anlegerschutz, S. 565 mwN.
[104] RegE FRUG, BT-Drucks. 16/4028, S. 54; *Assmann* in Assmann/Schneider, WpHG, § 2 Rn. 35.
[105] *Fuchs* in Fuchs, WpHG, § 2 Rn. 37; *Kumpan* in Schwark/Zimmer, KMRK, § 2 WpHG Rn. 32; *Sethe*, Anlegerschutz, S. 565.
[106] RegE zur 6. KWG-Novelle, BR-Drucks. 963/96, S. 100; *Assmann* in Assmann/Schneider, WpHG, § 2 Rn. 37; *Kumpan* in Schwark/Zimmer, KMRK, § 2 WpHG Rn. 32.

sie ihre Einschätzung rechtzeitig kund tut, so dass die Branche Zeit hat, hierauf zu reagieren[107].

**31** **c) Derivate.** Als Finanzinstrumente eingeordnet werden auch die **Derivate**. § 2 Abs. 2 Nr. 1 WpHG erfasst Termingeschäfte, die sich auf einen der Basiswerte Wertpapiere oder Geldmarktinstrumente, Devisen oder Rechnungseinheiten, Zinssätze oder andere Erträge, Indices der Basiswerte der Buchstaben a, b oder c, andere Finanzindices oder Finanzmessgrößen oder Derivate beziehen. Unter Termingeschäft versteht das Gesetz Festgeschäfte und Optionsgeschäfte oder eine Kombination von beidem (Swap). Es ist gleichgültig, ob die Derivate an einem außerbörslichen (OTC-Geschäfte) oder börslichen Markt gehandelt werden und ob sie verbrieft sind oder nicht.

**32** Als Derivate gelten weiterhin Termingeschäfte mit Bezug auf Waren, Frachtsätze, Emissionsberechtigungen, Klima- oder andere physikalische Variablen, Inflationsraten oder andere volkswirtschaftliche Variablen oder sonstige Vermögenswerte, Indices oder Messwerte als Basiswerte (§ 2 Abs. 2 Nr. 2 WpHG). Sie sind aber nur erfasst, wenn zusätzlich eine der in lit. a bis c genannten Voraussetzungen vorliegt und sofern sie keine Kassageschäfte im Sinne des Artikels 38 Abs. 2 der Verordnung (EG) Nr. 1287/2006 sind. Da auch die mittelbare Abhängigkeit von einem Basiswert erfasst ist, liegt ein Finanzinstrument ebenfalls vor, wenn der Basiswert lediglich ein Index ist.

**33** Schließlich ordnet § 2 Abs. 2 Nrn. 3–5 WpHG noch folgende Geschäfte als Derivat ein: finanzielle Differenzgeschäfte, Kreditderivate und Termingeschäfte mit Bezug auf die in Artikel 39 der Verordnung (EG) Nr. 1287/2006 genannten Basiswerte, sofern sie die Bedingungen der Nr. 2 erfüllen.

**34** Angesichts der Kombinationsmöglichkeiten innerhalb und zwischen den Untergruppen sind der Kreativität der Branche bei der Erfindung neuer Derivate kaum Grenzen gesetzt. Es macht daher durchaus Sinn, wenn das Schrifttum sich nicht auf die abstrakte Beschreibung der Untergruppen beschränkt, sondern typologisch die häufigsten Beispiele für Derivate aufzählt[108]: Genannt werden Aktienindex-Futures, Aktienoptionen, Aktienindexoptionen, Caps, Collars, Devisenfuture- und Devisenoptionsgeschäfte und Devisenfutureoptionsgeschäfte, Edelmetall-Futures, Edelmetall-Optionen, Floors, Forward-Rate-Agreements (Terminsatzgeschäfte), Swapgeschäfte (Währungs-, Devisen-, Zins- und Indexswaps sowie Swaptionen = Swaptions), Warentermingeschäfte, Zinsoptionen, Zinstermingeschäfte (Forward Rate Deposits) sowie zinsbezogene Indexfutures.

**35** **d) Rechte auf Zeichnung von Wertpapieren.** Als Finanzinstrumente gelten nach § 2 Abs. 2b WpHG auch die Rechte auf Zeichnung von Wertpapieren, also Bezugsrechte, Optionen auf Zeichnung junger Aktien sowie Bezugserklärungen zur Ausübung eines Bezugsrechts oder einer Option betreffend Aktien aus einer bedingten Kapitalerhöhung iSv § 198 Abs. 1 AktG sowie alle sonstigen Erklärungen über den Bezug (Erwerb) von Aktien, auf die sich eine Option beziehen kann[109].

**36** **e) Vermögensanlagen.** Schließlich nennt das Gesetz als Finanzinstrumente noch Vermögensanlagen iSv § 1 Abs. 2 VermAnlG, wobei es Genossenschaftsanteile und bestimmte von Einlagenkreditinstituten ausgegebene Namensschuldverschreibungen ausnimmt (§ 2 Abs. 2b WpHG). Die Definition des Begriffs „Vermögensanlagen" findet sich in § 1 Abs. 2 VermAnlG: Dort werden alle Rechte, die schon als Wertpapiere oder Investmentanteile gelten, ausgenommen, was etwa für Genussscheine eine Rolle spielt. Sind sie standardisiert und handelbar, fallen sie bereits unter den Begriff des Wertpapiers. Als Vermögensanlage gelten sie daher nur, wenn sie individuell ausgehandelt wurden oder aus anderen Gründen

---

[107] *Sethe*, Anlegerschutz, S. 565.
[108] RegE zur 6. KWG-Novelle, BR-Drucks. 963/96, S. 69f.; *Assmann* in Assmann/Schneider, WpHG, § 2 Rn. 38ff.; *Fuchs* in Fuchs, WpHG, § 2 Rn. 48ff.; *Schäfer* in Schäfer/Hamann, KMG (Lfg. 1/2006), § 2 WpHG Rn. 18ff.; *Kumpan* in Schwark/Zimmer, KMRK, § 2 WpHG Rn. 39ff.; *Sethe*, Anlegerschutz, S. 566ff.
[109] *Assmann* in Assmann/Schneider, WpHG, § 2 Rn. 60.

nicht standardisiert sind. Für die dann verbleibenden und als Vermögensanlagen geltenden Rechte (Anteile, die eine Beteiligung am Ergebnis eines Unternehmens gewähren, Treuhandvermögen, individuelle Genussscheine und Namensschuldverschreibungen) existiert kein regulierter Markt iSv § 12 Nrn. 1 und 2 WpHG, denn zur Definition eines solchen Marktes greift Art. 1 S. 1 Nr. 4 der Marktmissbrauchsrichtlinie 2003/6/EG auf Art. 4 Abs. 1 S. 1 Nr. 14 MiFID zurück[110], der ausdrücklich einen Handel in *Finanzinstrumenten iSd MiFID* voraussetzt. Da die Vermögensanlagen jedoch vom deutschen Gesetzgeber richtlinienüberschießend als Finanzinstrumente definiert wurden, unterfällt ein organisierter Handel mit ihnen gerade nicht dem Begriff des regulierten Markts iSd § 12 WpHG. Zudem setzt der Begriff des geregelten Marktes ein System voraus, das die Interessen einer Vielzahl Dritter am Kauf und Verkauf von Finanzinstrumenten innerhalb des Systems und nach seinen *nichtdiskretionären* Regeln in einer Weise zusammenführt oder das Zusammenführen fördert, die zu einem Vertragsschluss führt. Auch hieran dürfte es bei der Plattform „zweitmarkt.de" fehlen, die einzelne geschlossene Fonds im Wege des Makler- und Geschäftsbesorgungsvertrags an Vertragspartner vermittelt, so dass ein Entscheidungsspielraum vorhanden ist. Auch entspricht sie nicht der in § 48 BörsG genannten Definition des Freiverkehrs, die einen Handel von *Wertpapieren* voraussetzt. Damit spielt das Insiderrecht für die **Anlagen des Grauen Kapitalmarkts** keine Rolle[111].

## V. Insiderinformation (§ 13 WpHG)

**1. Information. a) Überblick.** Dem Insiderhandelsverbot unterliegen nur Personen, die über eine Insiderinformation verfügen. Als solche gilt nach § 13 Abs. 1 WpHG jede konkrete Information (dazu → Rn. 38 ff.) über nicht öffentlich bekannte Umstände (dazu → Rn. 55 ff.), die sich auf einen oder mehrere Emittenten von Insiderpapieren oder auf die Insiderpapiere selbst beziehen (dazu → Rn. 59 ff.) und die geeignet sind, im Falle ihres öffentlichen Bekanntwerdens den Börsen- oder Marktpreis der Insiderpapiere erheblich zu beeinflussen (dazu → Rn. 63 ff.).

**b) Konkrete Information.** § 13 Abs. 1 WpHG setzt eine **konkrete Information** voraus. Mit diesem Wortlaut, der an die Stelle des zuvor verwendeten Begriffs der Insidertatsache tritt, setzt der deutsche Gesetzgeber den Begriff der „präzisen Information" des Art. 1 Abs. 1 Nr. 1 UAbs. 1 der Marktmissbrauchs-Richtlinie[112] um. Dieser ist seinerseits in Art. 1 Abs. 1 der Durchführungs-Richtlinie 2003/124/EG definiert. Eine Information ist als präzise anzusehen, „wenn damit eine Reihe von Umständen gemeint ist, die bereits existieren oder bei denen man mit hinreichender Wahrscheinlichkeit davon ausgehen kann, dass sie in Zukunft existieren werden, oder ein Ereignis, das bereits eingetreten ist oder mit hinreichender Wahrscheinlichkeit in Zukunft eintreten wird, und diese Information darüber hinaus spezifisch genug ist, dass sie einen Schluss auf mögliche Auswirkungen dieser Reihe von Umständen oder dieses Ereignisses auf die Kurse von Finanzinstrumenten oder damit verbundenen derivativen Finanzinstrumenten zulässt." Damit setzt die Durchführungs-Richtlinie zwei Elemente voraus, um eine Information als präzise einzustufen. (1) Es muss sich um einen Umstand[113] oder ein Ereignis handeln, der bzw. das bereits eingetreten ist oder – bei einem zukunftsbezogenen Umstand oder Ereignis – bei dem eine hinreichende Wahrscheinlichkeit für dessen Eintritt besteht. (2) Der Umstand oder das Ereignis muss sich auf den Emittenten oder dessen Finanzinstrumente beziehen.

---

[110] Vgl. die Verweisung in Art. 69 MiFID, wonach die Bestimmungen der in Bezug genommenen Wertpapierdienstleistungsrichtlinie durch die der MiFID zu ersetzen sind.

[111] Im Ergebnis ebenso *Klöhn* in Hirte/Möllers, KK-WpHG, § 12 Rn. 24 (in Widerspruch zu Rn. 11).

[112] Zur Übereinstimmung beider Begriffe *Assmann* in Assmann/Schneider, WpHG, § 13 Rn. 6.

[113] Dem Begriff des „Umstands" kommt keine eigenständige selektive Bedeutung zu, vgl. *Assmann* in Assmann/Schneider, WpHG, § 13 Rn. 6; *Klöhn* in Hirte/Möllers, KK-WpHG, § 13 Rn. 19 f.

**39** Allgemeine **Marktinformationen** ohne einen solchen spezifischen Bezug zum Emittenten oder zu dessen Finanzinstrumenten stellen keine *konkrete* Information iSd § 13 WpHG dar. Die Abgrenzung kann im Einzelfall schwierig sein. Die Nachricht, die Regierung plane, die Haftpflichtsummen nach dem Arzneimittelgesetz zu erhöhen, ist eine allgemeine Marktinformation, während die Nachricht, dass ein bestimmter Arzneimittelhersteller einen Schadensersatzprozess verloren hat, eine spezifisch emittentenbezogene Information bildet. Mitunter kann auch eine Information, die an sich nur als allgemeine Marktinformation zu qualifizieren ist, aufgrund besonderer wirtschaftlicher Gegebenheiten als eine spezifisch emittentenbezogene Information einzuordnen sein. Eine Veränderung der steuerlichen Absetzbarkeit von Anschaffungskosten eines Dienstwagens stellt eine allgemeine Marktinformation dar, da sie alle Kfz-Hersteller gleichermaßen trifft. Eine Nachricht, wonach künftig keine Pkw mit einem Anschaffungspreis von über 100 000 EUR mehr abgesetzt werden können, weist dagegen bei Firmen, wie Audi, Daimler-Chrysler, BMW und Porsche, Emittentenbezug auf, weil diese Hersteller gerade im Luxussegment ganz überwiegend oder zumindest stark vertreten sind. Die allgemeine Marktinformation wirkt sich hier aufgrund der tatsächlichen Marktgegebenheiten so konkret[114] auf das Geschäftsfeld dieser drei Hersteller aus, dass sie als präzise Information anzusehen ist.

**40** Art. 1 Abs. 1 der Durchführungs-Richtlinie 2003/124/EG erfasst ausdrücklich **künftige Umstände und Ereignisse,** sofern eine hinreichende Wahrscheinlichkeit ihres Eintritts besteht. § 13 Abs. 1 S. 3 WpHG übernimmt diese Aussage für das deutsche Recht. Beide Normen definieren nicht näher, was hierunter zu verstehen ist. Eine Ansicht bejahte die hinreichende Wahrscheinlichkeit, wenn ein verständiger Anleger den Umstand bei seiner Anlageentscheidung berücksichtigen würde[115]. Die Gegenauffassung trennte zwischen der Frage, ob eine Insiderinformation vorliegt und ob diese kurserheblich ist. Für beide Fragen spielt die Wahrscheinlichkeit künftiger Ereignisse eine Rolle. Nach Ansicht der *BaFin* müssen für das Vorliegen einer Insiderinformation konkrete Anhaltspunkte vorliegen, die den Eintritt des Umstandes als hinreichend wahrscheinlich erscheinen lassen. Eine an Sicherheit grenzende Wahrscheinlichkeit sei allerdings nicht erforderlich[116]. Damit liegt der von der *BaFin* gewählte Maßstab zwischen der bloß überwiegenden Wahrscheinlichkeit (mehr als 50%) und der an Sicherheit grenzenden Wahrscheinlichkeit (99%)[117]. Andere Teile des Schrifttums stellten demgegenüber auf den Probability-Magnitude-Test ab, wonach bei erheblichen Auswirkungen des Eintritts des Umstandes bereits eine deutlich geringere Eintrittswahrscheinlichkeit und bei geringen Auswirkungen eine erheblich höhere Eintrittswahrscheinlichkeit erforderlich sein sollte[118].

**41** Klärung erhoffte man sich hinsichtlich der Auslegung des Merkmals der **„hinreichenden Wahrscheinlichkeit"** vom EuGH, der sich mit dieser Frage aufgrund einer Vorlage des BGH zu beschäftigen hatte[119]. Der BGH hatte im Rahmen eines Prozesses um Scha-

---

[114] Dies übersieht *Klöhn* in Hirte/Möllers, KK-WpHG, § 13 Rn. 86, in seiner Kritik an der hier vertretenen Position. Zuzustimmen ist ihm nur insoweit, als es selbstverständlich auch noch auf die Kursrelevanz der Marktinformation ankommt.
[115] OLG Stuttgart ZIP 2009, 962 Rn. 76. Vgl. auch die Nachweise bei *Schwark/Kruse* in Schwark/Zimmer, KMRK, § 13 WpHG Rn. 11 Fn. 38.
[116] *BaFin*, Emittentenleitfaden, S. 34.
[117] Ebenso die Einschätzung von *Assmann* in Assmann/Schneider, WpHG, § 13 Rn. 25.
[118] Etwa *Klöhn* in Hirte/Möllers, KK-WpHG, § 13 Rn. 85, 91 mwN.
[119] Der BGH AG 2008, 380 hob den Musterentscheid des OLG Stuttgart (ZIP 2007, 481 = AG 2007, 250) wegen eines Verfahrensfehlers auf und verwies die Sache unter Abgabe von Rechtsausführungen an das OLG zurück, dazu *Fleischer* NZG 2007, 401; *Möllers* NZG 2008, 300; *Veil* ZHR 172 (2008), 239, 251; *Leuering* DStR 2008, 1287. Daraufhin erging ein zweiter Musterentscheid des OLG Stuttgart AG, 2009, 454, gegen den Musterrechtsbeschwerde beim BGH eingelegt wurde. Der BGH AG 2011, 84, legt daraufhin die Sache dem EuGH zur Entscheidung zweier Fragen vor. Auf das Urteil des EuGH vom 28.6.2012 – Rs. C-19/11, AG 2012, 555 verwies der BGH AG 2013, 518, die Sache an das OLG Stuttgart zurück. Zum Urteil des EuGH etwa *Bachmann* DB 2012, 2206 ff.; *Bingel*

densersatz wegen einer fehlerhaften Ad-hoc-Publizität zu entscheiden, ob erst der Rücktritt des Daimler-Vorstandsvorsitzenden Schrempp oder bereits die im Vorfeld liegenden verschiedenen Zwischenschritte jeweils eine Insiderinformation darstellten. Der BGH bat den EuGH um Klärung der Frage, ob Zwischenschritte in gestreckten Entscheidungen ihrerseits eine Insiderinformation darstellen können, was der EuGH bejahte[120], und ab wann von einer „hinreichenden Wahrscheinlichkeit" auszugehen sei. Der EuGH stellte zunächst fest, dass sich der Begriff der „hinreichenden Wahrscheinlichkeit" nur in der deutschen Sprachfassung des Art. 1 Abs. 1 der Durchführungs-RL 2003 findet; die anderen Fassungen verwenden eine abweichende Terminologie[121]. Er verwarf für die Beurteilung des Tatbestandsmerkmals „Insiderinformation" den **Probability-Magnitude-Test**[122] und stellte fest, dass eine hinreichende Wahrscheinlichkeit vorliegt, wenn „eine umfassende Würdigung der bereits verfügbaren Anhaltspunkte ergibt, dass tatsächlich erwartet werden kann, dass sie in Zukunft existieren oder eintreten werden"[123]. Diese Formel, die wegen ihrer Unbestimmtheit starker Kritik unterliegt[124], interpretierte der BGH dahingehend, dass jeder Zwischenschritt eine Insiderinformation darstelle, wenn „nach den Regeln allgemeiner Erfahrung eher mit dem Eintreten des Ereignisses oder Umstandes als mit seinem Ausbleiben zu rechnen ist"; die Wahrscheinlichkeit müsse nicht zusätzlich hoch sein. Damit hat sich der BGH letztlich auf eine Schwelle von „50% plus x" festgelegt[125]. Er nimmt gemäß § 13 Abs. 1 Satz 1 WpHG bei der Beurteilung, ob der Zwischenschritt eine Insiderinformation darstellt, eine *isolierte Betrachtung des Zwischenziels* vor und bezieht nicht die Eintrittswahrscheinlichkeit des Endziels ein[126]. Daneben soll es nach hM möglich sein, auch hinsichtlich des Endziels des mehrstufigen Entscheidungsprozesses eine Insiderinformation anzunehmen, wenn dessen Eintritt überwiegend wahrscheinlich ist (§ 13 Abs. 1 Satz 3 WpHG)[127]. Anlass für weitere Kontroversen wird sicherlich die Aussage des EuGH bieten, wonach der Probability-Magnitude-Test zwar bei der Beurteilung des Vorliegens einer Insiderinformation keine Rolle spielt, wohl aber bei dem weiteren Tatbestandsmerkmal der

---

AG 2012, 685 ff.; *v. Bonin/Böhmer* EuZW 2012, 694 ff.; *Di Noia/Gargantini* ECFR 9 (2012), 484, 507 ff.; *Heider/Hirte* GWR 2012, 429 ff.; *Hitzer* NZG 2012, 860 ff.; *Ihrig/Kranz* BB 2013, 451 ff.; *Klöhn* ZIP 2012, 1885 ff.; *Kocher/Widder* BB 2012, 2837 ff.; *Lang/Sitter/Deller* European Law Reporter 2012, 262 ff.; *Mock* ZBB 2012, 286 ff.; *Möllers/Seidenschwann* NJW 2012, 2762 ff.; *Ott/Zeyher* European Law Reporter 2012, 276 ff.; *Parmentier* WM 2013, 970 ff.; *Richter/Torralba Villaverde* European Law Reporter 2012, 271 ff.; *Schall* ZIP 2012, 1286 ff.; *Wilsing/Goslar* DStR 2012, 1709 ff.; zu den Schlussanträgen des Generalanwaltes *Langenbucher* BKR 2012, 145 ff.

[120] Ausdrücklich findet sich dies nun auch in Art. 7 Abs. 2 S. 2 MAR.
[121] In der französischen, italienischen und niederländischen Fassung „vernünftigerweise angenommen werden kann"; in der dänischen, griechischen, englischen und schwedischen Fassung „vernünftigerweise erwartet werden kann", in der spanischen Fassung „vernünftigerweise vorhanden sein können" und in der portugiesischen Fassung „einer vernünftigerweise vorhersehbaren Reihe von Umständen oder einem vernünftigerweise vorhersehbaren Ereignis", EuGH v. 28.6.2012, Rs. C-19/11, Rn. 42 (Geltl/Daimler).
[122] EuGH v. 28.6.2012, Rs. C-19/11, Rn. 50–52 (Geltl/Daimler).
[123] EuGH v. 28.6.2012, Rs. C-19/11, Rn. 49 (Geltl/Daimler).
[124] Etwa *Klöhn* in Hirte/Möllers, KK-WpHG, § 13 Rn. 96 ff.; *Klöhn* ZIP 2012, 1885, 1889 f.
[125] Ebenso *Bingel* AG 2012, 685, 689 („Eintrittswahrscheinlichkeit von über 50%"); *Hitzer* NZG 2012, 860, 862; *Schall* ZIP 2012, 1282, 1288; *Kocher/Widder* BB 2012, 1817, 1820; *Kocher/Widder* BB 2012, 2837, 2838; *Wilsing/Goslar* DStR 2012, 1709, 1711 f.; wohl auch *Ihrig* in VGR, Gesellschaftsrecht in der Diskussion 2012, S. 113, 122; zweifelnd dagegen *Klöhn* ZIP 2012, 1885, 1889 f.; aA *Mock* ZBB 2012, 286, 289 f.; *Möllers/Seidenschwann* NJW 2012, 2762, 2763 f.
[126] BGH AG 2013, 518, Rn. 15; *BaFin*, Emittentenleitfaden, S. 33; zustimmend die hM, stellvertretend *Klöhn* in Hirte/Möllers, KK-WpHG, § 13 Rn. 105 ff.; *Mennicke/Jakovou* in Fuchs, WpHG, § 13 Rn. 74; dezidiert aA *Assmann* in Assmann/Schneider, WpHG, § 13 Rn. 28 ff., der stets die Wahrscheinlichkeit der Verwirklichung des Endziels miteinbezieht.
[127] *Klöhn* in Hirte/Möllers, KK-WpHG, § 13 Rn. 105 ff.; im Ergebnis auch *Assmann* in Assmann/Schneider, WpHG, § 13 Rn. 28 ff. (aufgrund seines anderen Ausgangspunkts vgl. vorige Fn.).

Kurserheblichkeit[128]. Auf jeden Fall gehen sowohl der EuGH als auch der BGH davon aus, dass Insiderinformation und Kurserheblichkeit zu trennen sind und die Wahrscheinlichkeitsprognose bei beiden eigenständig zu prüfen ist.

**42** Die Beurteilung der Wahrscheinlichkeit ist eine solche ex ante[129], also eine solche zum Zeitpunkt, in dem der potenzielle Insider die fragliche Information erlangt. Ob sich die Wahrscheinlichkeitsprognose später erfüllt, ist unmaßgeblich.

**43** **c) Drittbezug?** Fraglich ist, ob eine präzise Information auch dann vorliegt, wenn es sich um **selbst geschaffene innere Umstände** handelt. Der Bundesgerichtshof hat in der Entscheidung „Sascha Opel" festgestellt, dass eine konkrete Information nur vorliegt, wenn sie **Drittbezug** aufweist. Hierauf kommt es bei der Frage an, ob **Scalping**[130] den Tatbestand des Insiderhandels erfüllt[131]. Die bis zur Verabschiedung des Anlegerschutzverbesserungsgesetzes gültige Fassung des § 13 Abs. 1 WpHG verwendete den Begriff der „Tatsache", der auch innere Tatsachen umfassen konnte. Demgegenüber verwendet sowohl Art. 1 Nr. 1 der Insider-Richtlinie als auch der diesen ersetzende Art. 1 Nr. 1 UAbs. 1 der Marktmissbrauchs-Richtlinie 2003/6/EG den Begriff der „Information". Eine solche liegt begrifflich nur vor, wenn sie nach außen gedrungen, also einem Dritten mitgeteilt wurde. Nur die Kenntnis von fremden Entschlüssen, nicht aber auch das Wissen um eigene Entschlüsse, die sich auf einen Emittenten oder dessen Finanzinstrumente beziehen, kann nach Ansicht des BGH und Teilen des Schrifttums folglich eine konkrete Information darstellen[132]. Dieser Ansicht folgte auch der *GA Mengozzi* in der Rechtssache Georgakis[133]. Demgegenüber hat der EuGH entschieden, dass auch selbstgeschaffene Insiderinformationen den Tatbestand erfüllen[134]. Dem ist im Ergebnis zuzustimmen. Zum einen erfasst der Begriff der Insiderinformation auch innere Tatsachen, so dass die Begründung, eine Information liege nur vor, wenn sie nach außen gedrungen sei, nicht überzeugt. Zum anderen formuliert Erwägungsgrund 30 der Marktmissbrauchs-Richtlinie 2003/6/EG wie folgt: „Da dem Erwerb oder der Veräußerung von Finanzinstrumenten notwendigerweise eine entsprechende Entscheidung der Person vorausgehen muss, die erwirbt bzw. veräußert, sollte die Tatsache dieses Erwerbs oder dieser Veräußerung als solche nicht als Verwendung von Insider-Informationen gelten". Auf diese Weise will die Richtlinie sicherstellen, dass

---

[128] EuGH v. 28.6.2012, Rs. C-19/11, Rn. 54 f. (Geltl/Daimler).
[129] Erwägungsgründe Nrn. 1 und 2 der Richtlinie 2003/124/EG (→ Rn. 5 Fn. 19); statt vieler *Lenenbach*, Kapitalmarktrecht, Rn. 13.125; aA allein *Hirte* in Bankrechtstag 1995, S. 47, 77.
[130] Scalping liegt vor, wenn man ein Finanzinstrument auf eigene Rechnung kauft, das Papier anschließend anderen empfiehlt, um es dann bei – infolge der Empfehlung – steigendem Kurs mit Gewinn wieder zu verkaufen.
[131] Für eine Einordnung als Insiderhandel LG Frankfurt NJW 2000, 301 f.; *Assmann/Cramer* in Assmann/Schneider, WpHG, 2. Aufl., § 14 WpHG Rn. 34 (zur Insider-RL); *Assmann* in Assmann/Schneider, WpHG, § 13 Rn. 10, § 14 Rn. 49 (zur Marktmissbrauchs-Richtlinie 2003/6/EG); *Cahn* ZHR 162 (1998), 1, 20 f.; *Lenenbach*, Kapitalmarkt- und Börsenrecht, 1. Aufl., Rn. 10.30, 10.51; *Mennicke* in Fuchs, WpHG, § 14 Rn. 154 ff.; *Uwe H. Schneider/Burgard* ZIP 1999, 381; aA *Hilgendorf* in Park, Kap. 3 Rn. 82 f.; *Lenenbach* ZIP 2003, 243, 246 f.; *Lenenbach*, Kapitalmarktrecht, Rn. 13.205; *Schwark/Kruse* in Schwark/Zimmer, KMRK, § 13 WpHG Rn. 16 ff.; *Soesters*, Insiderhandelsverbote, S. 176 ff.; *Volk* BB 1999, 66; *Volk* ZIP 1999, 787; *Martin Weber* NZG 2000, 113, 124 f.; *Martin Weber* NJW 2000, 562 f.; wohl auch *Petersen* wistra 1999, 328; offen gelassen vom OLG Frankfurt NJW 2001, 982.
[132] BGH NJW 2004, 302, 303 = AG 2004, 144; zustimmend etwa *Schwark/Kruse* in Schwark/Zimmer, KMRK, § 13 WpHG Rn. 16; *Schlitt/Schäfer* AG 2004, 346, 354; *Vogel* NStZ 2004, 252, 254; ebenso noch *Sethe* in Assmann/Schütze, Handbuch Kapitalanlagerecht, 3. Aufl., § 12 Rn. 31. Die Entscheidung wird besprochen von *Eichelberger* WuB I G 7 Börsen- und Kapitalmarktrecht 2.04; *Fleischer* DB 2004, 51; *Gaede/Mühlbauer* wistra 2005, 9; *Hellgardt* ZIP 2005, 2000; *Kudlich* JR 2004, 191, 193 f.; *Lenenbach* EWiR 2004, 307; *Pananis* NStZ 2004, 287; *Schäfer* BKR 2004, 78; *Schmitz* JZ 2004, 526; *Widder* BB 2004, 15.
[133] Schlussanträge des Generalanwalts *Mengozzi* v. 26.10.2006, Rs. C 391/04, Rn. 58 f.
[134] EuGH v. 10.5.2005, Rs. C 391/04, Rn. 35 (noch zur Insiderrichtlinie).

ein Anleger auch eine kursverändernde Großorder platzieren kann. Zugleich bringt sie damit zum Ausdruck, dass der eigene Entschluss sehr wohl eine Insiderinformation darstellt; andernfalls bedürfte es der Ausnahme hinsichtlich des Verwendens der Information nicht[135]. Sehr viel deutlicher als Erwägungsgrund Nr. 30 der Marktmissbrauchs-Richtlinie 2003/6/EG bringt dies die neue MAR in ihrem Erwägungsgrund Nr. 31 zum Ausdruck[136]: „Da dem Erwerb oder der Veräußerung von Finanzinstrumenten erforderlicherweise eine entsprechende Entscheidung der Person vorausgehen muss, die erwirbt bzw. veräußert, sollte die bloße Tatsache dieses Erwerbs oder dieser Veräußerung als solche nicht als Nutzung von Insiderinformationen gelten. Handlungen auf der Grundlage eigener Pläne und Handelsstrategien des Marktteilnehmers sollten nicht als Nutzung von Insiderinformationen gelten. Keine der betreffenden juristischen oder natürlichen Personen sollte aufgrund ihrer beruflichen Funktion geschützt werden, sondern nur dann, wenn sie in geeigneter und angemessener Weise handeln und sowohl die von ihnen zu erwartenden beruflichen Standards als auch die durch diese Verordnung festgelegten Normen, insbesondere zu Marktintegrität und Anlegerschutz, einhalten". Weiterhin bestimmt Art. 9 Abs. 5 MAR: „Für die Zwecke der Artikel 8 und 14 stellt die bloße Tatsache, dass eine Person ihr Wissen darüber, dass sie beschlossen hat, Finanzinstrumente zu erwerben oder zu veräußern, beim Erwerb oder der Veräußerung *dieser* Finanzinstrumente nutzt, an sich noch keine Nutzung von Insiderinformationen dar."[137] Dies hat folgende Konsequenzen:

**44** Entschließt sich ein Anleger, umfangreich in ein marktenges Papier des Herstellers X zu investieren, liegt eine (kurserhebliche) Insiderinformation vor. Nach der Konzeption der Marktmissbrauchs-Richtlinie 2003/6/EG ist die *Umsetzung* dieses Entschlusses *als solches* kein „Verwenden". Sehr wohl verboten ist aber die Weitergabe des eigenen Entschlusses oder die Empfehlung in Kenntnis des eigenen Entschlusses, da dies den Tatbestand des § 14 Abs. 1 Nrn. 2 und 3 WpHG erfüllt. Davon zu unterscheiden ist der Fall, dass sich das zuständige Vorstandsmitglied eines Flugzeugherstellers entschließt, einem von drei in Betracht kommenden börsenzugelassenen Zulieferern den Zuschlag für einen Großauftrag zu erteilen. Nutzt der Vorstand des Flugzeugherstellers das Wissen um den eigenen Entschluss über den Großauftrag aus und deckt sich vor der Bekanntgabe des Entschlusses mit (ebenfalls marktengen) Papieren dieses Zulieferers ein, ist dies als Insiderhandel strafbar[138], da er gerade nicht nur den eigenen Entschluss zum Kauf des Papiers „verwendet", sondern auch die Entscheidung über den Großauftrag, die ebenfalls eine Insiderinformation darstellt. Dies überzeugt auch im Ergebnis, da er sich durch seinen Wissensvorsprung einen Sondervorteil gesichert hat.

**45** Eine vergleichbare Einordnung ist beim **Frontrunning** durch Mitarbeiter von Finanzdienstleistungsinstituten geboten (dazu auch → Rn. 71). Ein **Anlageberater** macht sich des Insiderhandels strafbar, wenn er vor Ausführung einer ihm vorliegenden Kundenorder mit Kursbeeinflussungspotenzial eigene Geschäfte in diesen Finanzinstrumenten tätigt, um von der Kursbewegung zu profitieren. Im Ergebnis Gleiches muss für einen **Vermögensverwalter** gelten, wenn dieser für Kundenvermögen Anlageentscheidungen trifft und zuvor private Geschäfte in eben diesen Wertpapieren tätig. Zwar könnte man argumentieren, er nutze nur einen eigenen Entschluss aus und es komme nicht auf die Vermögensmasse an, da der Tatbestand des § 14 Abs. 1 Nr. 1 WpHG ja auch das Handeln für fremde Rechnung erfasse. Hiergegen kann man jedoch einwenden, dass der Vermögensverwalter gerade in einer Doppelfunktion tätig wird und daher nicht nur den eigenen Entschluss, Effekten zu

---

[135] *Schröder*, Kapitalmarktstrafrecht, Rn. 149, 205.
[136] Aus diesem Grund gebe ich meinen bisher abweichenden Standpunkt auf, vgl. *Sethe*, Vorauflage, § 12 Rn. 31; *Sethe* in Schäfer/Sethe/Lang, Handbuch der Vermögensverwaltung, § 18 Rn. 13 ff.
[137] Hervorhebung vom Verf.
[138] Eine Marktmanipulation nach § 20a WpHG liegt nicht vor. Kritisch daher *Assmann* in Assmann/Schneider, WpHG, § 13 Rn. 10, § 14 Rn. 49. Kritisch auch *Gaede/Mühlbauer* wistra 2005, 9, 10 f.

erwerben, *als solches* verwendet, sondern zugleich die Kenntnis von einem nachfolgenden Verhalten, nämlich wie er das Kundenvermögen anlegen wird[139]. Dies bestätigt auch der neue Art. 9 Abs. 5 MAR: Für eine Person, die beschlossen hat, Finanzinstrumente zu erwerben oder zu veräußern, stellt dieses Wissen nur beim Erwerb oder der Veräußerung *dieser* Finanzinstrumente keine Nutzung der Insiderinformation dar; dies gilt nach dem Wortlaut nicht beim Erwerb von Finanzinstrumenten anderer Vermögensinhaber. Es liegen in der Sache nicht ein, sondern zwei getrennte Entschlüsse vor. Aus dem gleichen Grund stellt auch das **Scalping** einen Verstoß gegen das Insiderhandelsverbot dar, denn der Empfehlende nutzt nicht nur den eigenen Entschluss, sondern bezieht auch das nachfolgende Verhalten der Empfehlungsempfänger ein[140].

**46** Ein Fall des Insiderhandels liegt unzweifelhaft vor, wenn innerhalb eines Finanzdienstleistungsinstituts, das Vermögensverwaltungen anbietet, ein Mitarbeiter Anlageentscheidungen für Kundenvermögen trifft, ein anderer Mitarbeiter dies erfährt und vor Umsetzung der Entscheidungen des Kollegen rasch noch eigene Geschäfte in genau diesen Wertpapieren tätigt[141]. Insiderhandel liegt auch vor, wenn ein Vermögensverwalter Wertpapiere aus dem Kundendepot A verkauft, weil er sicher weiß, dass sein Kunde B eine Einzelweisung erteilen wird, sein umfangreiches Paket dieses Wertpapiers zu veräußern; hier verwendet der Vermögensverwalter eine von einem Dritten geschaffene Insiderinformation zugunsten des Kunden A und verstößt damit gegen § 14 Abs. 1 Nr. 1 WpHG.

**47** **d) Einzelfragen.** Mit dem in der Durchführungs-Richtlinie 2003/124/EG gebrauchten Begriff der präzisen Information sind Aussagen über Umstände und Ereignisse (→ Rn. 38) gemeint. Damit sind auf jeden Fall Angaben über **Tatsachen** erfasst. Tatsachen sind der äußeren Wahrnehmung zugängliche Geschehnisse oder Zustände der Außenwelt (sog. äußere Tatsachen) und des menschlichen Innenlebens (sog. innere Tatsachen), wie **Absichten, Pläne** und **Vorhaben** einer Person[142], die aus dem engen persönlichen Umfeld der Person hinausgelangt sind[143]. Äußerlich wahrnehmbar kann nur das sein, was dem Beweis überhaupt zugänglich ist[144]. Auch die Mitteilung von Geschehnissen oder Zuständen ist eine Tatsache. Hier kommt es allein darauf an, ob dieses Ereignis theoretisch beweisbar ist, nicht aber darauf, ob der Informant oder Informationsempfänger tatsächlich in der Lage ist, den Inhalt der Mitteilung im Einzelfall zu beweisen. Selbst wenn sich also im Nachhinein herausstellt, dass die Mitteilung unwahr war, sie aber „echt" klang, reicht

---

[139] *Schröder,* Kapitalmarktstrafrecht, Rn. 150 f., der darauf hinweist, dass dieser Fall wohl vom BGH anders entschieden würde.

[140] Anders *Klöhn* in Hirte/Möllers, KK-WpHG, § 13 Rn. 17, der mangels Kurserheblichkeit der Empfehlung von einer Straflosigkeit ausgeht, da der verständige Anleger berücksichtigen würde, wie die Empfehlung zustande kam und daher schauen würde, ob sich die Fundamentalwerte des Unternehmens geändert haben. Dies wirkt gekünstelt, denn zum einen muss *Klöhn* unterstellen, dass der verständige Anleger weiß, wie die Empfehlung zustande gekommen ist (was oft nicht der Realität entspricht). Zum anderen werden auch Personen auf den Zug aufspringen, weil sie wissen, dass der Herdentrieb den Kurs nach oben treibt. Sie gehen trotz der Kenntnis vom Zustandekommen der Empfehlung davon aus, dass die Empfehlung kurserheblich sein wird, und verhalten sich somit rational.

[141] *Sethe,* Anlegerschutz, S. 900 f.

[142] BGH AG 2013, 518 Rn. 12 – Geltl/Daimler; *Assmann* in Assmann/Schneider, WpHG, § 13 Rn. 21; *Burgard* ZHR 162 (1998), 51, 63; *Cahn* ZHR 162 (1998), 1, 14 ff.; *Dickerbach,* Das neue Insiderrecht, S. 156 f.; *Gehrt,* Ad-hoc-Publizität, S. 120 f.; *Hilgendorf* in Park, Kap. 3 Rn. 60, 80; *Pananis* WM 1997, 460, 462; *Soesters,* Insiderhandelsverbote, S. 141; im Ergebnis wohl auch *Schäfer* in Marsch-Barner/Schäfer, Handbuch börsennotierte AG, § 14 Rn. 13.

[143] So ausdrücklich BGH AG 2013, 518, Rn. 12 – Geltl/Daimler; *Schäfer* in Marsch-Barner/Schäfer, Handbuch börsennotierte AG, § 14 Rn. 13.

[144] *Assmann* in Assmann/Schneider, WpHG, § 13 Rn. 12; *Burgard* ZHR 162 (1988), 51, 63; *Dierlamm* NStZ 1996, 519, 521; *Mennicke/Jakovou* in Fuchs, WpHG, § 13 Rn. 32; *Pananis* WM 1997, 460, 462; *Schäfer* in Schäfer/Hamann, KMG (Lfg. 6/2007), § 13 WpHG Rn. 9; *Sven H. Schneider,* Informationspflichten, S. 59; *Wittich* AG 1997, 1, 2; aA offenbar Hess. VGH AG 1998, 436.

dies für den Tatsachenbegriff aus[145]. Eine Tatsache liegt nur dann nicht vor, wenn die Mitteilung so formuliert ist, dass Zweifel an der Richtigkeit ihres Inhalts von vornherein erkennbar sind („man munkelt, dass ...").

Aus dem soeben Gesagten ergibt sich, dass **Werturteile, Ansichten** und **Meinungen** keine Tatsachen sein können[146], es sei denn, sie enthalten einen Tatsachenkern, der dem Beweis zugänglich ist[147]. Dieser Kern stellt dann eine Information dar. 48

Auch der Umstand, dass eine Person eine bestimmte Meinung vertritt, ist eine solche Information („Meinung als Umstand")[148]. Gerade im Hinblick auf **Äußerungen von Organmitgliedern** eines Emittenten stellt sich die Frage, wann diese Bemerkungen, insbesondere Bewertungen des Unternehmenserfolgs, eine Tatsache sind. An sich müssen Werturteile, um eine Insiderinformation darstellen zu können, einen Tatsachenkern enthalten. Aus Sicht eines Dritten ausreichend ist aber auch der Umstand, dass der Vorstand eine bestimmte Meinung hat oder eine Einschätzung oder Analyse teilt, denn dies ist als solches bereits eine Tatsache. Gerade den Äußerungen von Personen, die eine wichtige Stellung im Unternehmen einnehmen, misst der Markt große Bedeutung zu[149]. Die Äußerung des Organmitglieds muss weiterhin spezifisch genug sein, um sie als emittentenbezogene Information einordnen zu können (→ Rn. 38, 59 f.). 49

**Unternehmensbewertungen** sind regelmäßig keine bloßen Werturteile, da Analysten und Wirtschaftsjournalisten solche Analysen auf umfangreiches Tatsachenmaterial stützen. Die wertenden Elemente treten in den Hintergrund. Daher stellen Unternehmensbewertungen regelmäßig präzise Informationen dar[150]. Gestützt wird dieses Ergebnis durch § 13 Abs. 2 WpHG, der überflüssig wäre, wenn Unternehmensbewertungen schon keine Insiderinformationen darstellten. 50

Unternehmensbewertungen, die **allein aufgrund öffentlich-zugänglicher Informationen** erstellt wurden, sind keine Insiderinformationen (§ 13 Abs. 2 WpHG). Sowohl die Person, die die Bewertung erstellt hat, als auch jeder, der von ihrem Inhalt Kenntnis erlangt, kann diese Information verwenden, ohne gegen das Insiderhandelsverbot zu verstoßen. Umstritten ist jedoch, ob das Wissen *um den Zeitpunkt* der Veröffentlichung einer kurserheblichen Bewertung eine Insiderinformation darstellt[151]. Denn ab dem Zeitpunkt der Veröffentlichung wird die Bewertung von Dritten verwendet werden und führt zu Kursbewegungen. Dies wurde zu Unrecht mit dem Argument abgelehnt, dass der Gesetz- 51

---

[145] *Assmann* in Assmann/Schneider, WpHG, § 13 Rn. 12.
[146] Statt vieler Hess. VGH AG 1998, 436; *Grothaus* ZBB 2005, 62, 63; *Schröder* in Achenbach/Ransiek, Handbuch Wirtschaftsstrafrecht, 1. Aufl., X 2, Rn. 120; *Schwark/Kruse* in Schwark/Zimmer, KMRK, § 13 WpHG Rn. 8.
[147] Dies dürfte gemeint sein, wenn der RegE zum AnSVG, BT-Drucks. 15/3174, S. 33, von überprüfbaren Werturteilen spricht. Ebenso *BaFin*, Emittentenleitfaden, S. 33, ebenso auch auf S. 89 (zur Marktmanipulation) sowie *Schröder*, Kapitalmarktstrafrecht, Rn. 162 (erfasst ist eine „Meinung, die Kurse machen kann").
[148] Ebenso etwa *Assmann* in Assmann/Schneider, WpHG, § 13 Rn. 13; *Schäfer* in Schäfer/Hamann, KMG (Lfg. 6/2007), § 13 WpHG Rn. 14; *Schwark/Kruse* in Schwark/Zimmer, KMRK, § 13 WpHG Rn. 15.
[149] *Assmann* in Assmann/Schneider, WpHG, § 13 Rn. 13; *Caspari* in Baetge, Insiderrecht und Ad-hoc-Publizität, S. 65, 68; *Kümpel*, Bank- und Kapitalmarktrecht, 3. Aufl., Rn. 16.82; *Lenenbach*, Kapitalmarktrecht, Rn. 13.116; *Pananis* WM 1997, 460, 462; siehe auch *Mennicke/Jakovou* in Fuchs, WpHG, § 13 Rn. 45.
[150] *Assmann* in Assmann/Schneider, WpHG, § 13 Rn. 16; *Hilgendorf* in Park, Kap. 3 Rn. 93; *Mennicke/Jakovou* in Fuchs, WpHG, § 13 Rn. 46. Vgl. zu den Veränderungen, die die Einführung des Insiderrechts auf die Arbeit der Analysten hatte, *Rau* in Baetge, Insiderrecht und Ad-hoc-Publizität, S. 121 ff.
[151] Bejahend *Assmann* in Assmann/Schneider, WpHG, § 13 Rn. 75 ff.; *Cahn* ZHR 162 (1998), 1, 20 f.; *Claussen* ZBB 1992, 267, 276; *Hopt* ZGR 1991, 17, 34; *Hopt*, FS Beusch, S. 393, 410; *Mennicke/Jakovou* in Fuchs, WpHG, § 13 Rn. 178 f.; aA *Schäfer* in Schäfer/Hamann, KMG (Lfg. 6/2007), § 13 WpHG Rn. 61.

geber gerade die Tatsache der Kurserheblichkeit der Bewertung in § 13 Abs. 2 WpHG ausdrücklich genannt hat[152]. Daher stellt die Kenntnis vom Zeitpunkt der Veröffentlichung der Bewertung eine Insiderinformation dar; dies gilt sowohl in Fällen, in denen der potentielle Insider den Inhalt der Bewertung kennt, als auch in Fällen, in denen er diesen nicht kennt. Im ersten Fall wird die Person stets behaupten, sie habe nur die positive Bewertung zur Grundlage ihrer Anlageentscheidung gemacht, nicht aber auch das Wissen um die Verwendung der Bewertung, so dass der Nachweis des Insiderhandels schwierig wird[153] und sich der Streit um diese Frage als theoretisch erweisen dürfte.

**52** Die Durchführungs-Richtlinie 2003/124/EG erfasst ausdrücklich künftige Umstände und Ereignisse, sofern eine hinreichende Wahrscheinlichkeit ihres Eintritts besteht (→ Rn. 38, 40f.). **Prognosen** fallen damit nur unter den Tatbestand der Insiderinformation, wenn sie hinreichend wahrscheinlich und darüber hinaus auch spezifisch emittentenbezogen sind (zB Prognosen über die künftige Geschäftsentwicklung)[154]. Der Maßstab der hinreichenden Wahrscheinlichkeit ist auch maßgebend für die Beurteilung **mehrstufiger Entscheidungsprozesse.** Es handelt sich dabei um Entscheidungen, die von mehreren Organen der Gesellschaft getroffen werden müssen und die daher zeitlich gestreckt sind. Auf jeder der Stufen kann das Vorhaben noch scheitern. In Bezug auf jede dieser einzelnen Entscheidungen ist zu prüfen, ob der Beschluss eine Insiderinformation darstellt[155]. Dies ist der Fall, wenn mit hinreichender Wahrscheinlichkeit (dazu → Rn. 40ff.) davon auszugehen ist, dass diese Stufe in der Zukunft verwirklicht werden wird. Mit jeder erklommenen Stufe wächst zudem die Wahrscheinlichkeit, dass das geplante Gesamtvorhaben zustande kommt, was dann ggf. auch eine Insiderinformation darstellt (→ Rn. 41).

**53** **Empfehlungen, Ratschläge** und **Tipps** enthalten keine nachprüfbaren Tatsachen[156]. Nur der Umstand, dass jemand einem Dritten einen Tipp oder Ratschlag gegeben hat, stellt eine Tatsache dar[157], nämlich die Information über eine Empfehlung. Damit diese als *präzise* Information gelten kann, muss sie spezifisch genug sein, um sie als emittentenbezogen einordnen zu können (→ Rn. 38, 59f.). Dies wird nur selten der Fall sein (zB „Der Vorstand der Y-AG hat seinem Sohn den Tipp gegeben, morgen Aktien der Y zu kaufen.").

**54** Bis zur Verabschiedung des Anlegerschutzverbesserungsgesetzes war umstritten, ob **Gerüchte** als bloße Meinungsäußerung anzusehen waren oder ob es sich um Tatsachen handelte[158]. Nachdem die Durchführungs-Richtlinie 2003/124/EG nun voraussetzt, dass Insiderinformationen präzise zu sein haben, muss es sich entweder um bereits eingetretene

---

[152] So *zur Megede* in Assmann/Schütze, Handbuch Kapitalanlagerecht, 2. Aufl., § 14 Rn. 27.
[153] *Assmann* in Assmann/Schneider, WpHG, § 13 Rn. 77; *Mennicke/Jakovou* in Fuchs, WpHG, § 13 Rn. 180.
[154] RegE zum AnSVG, BT-Drucks. 15/3174, S. 33; BaFin, Emittentenleitfaden, S. 33; *Assmann* in Assmann/Schneider, WpHG, § 13 Rn. 22, 27; *Hilgendorf* in Park, Kap. 3 Rn. 70ff.; *Schwark/Kruse* in Schwark/Zimmer, KMRK, § 13 WpHG Rn. 55f.; aA (allerdings noch zum alten Recht) etwa *Burgard* ZHR 162 (1998), 51, 63.
[155] BaFin, Emittentenleitfaden, S. 33; *Caspari* in Baetge, Insiderrecht und Ad-hoc-Publizität, S. 65, 69; *Hilgendorf* in Park, Kap. 3 Rn. 85; *Lenenbach*, Kapitalmarktrecht, Rn. 13.109f.
[156] *Hilgendorf* in Park, Kap. 3 Rn. 95.
[157] *Assmann* in Assmann/Schneider, WpHG, § 13 Rn. 14; *Hilgendorf* in Park, Kap. 3 Rn. 95.
[158] Für eine bloße Meinungsäußerung *Claussen* DB 1994, 27, 30; *Claussen*, Insiderhandelsverbot, Rn. 24; *Hopt* in Bankrechts-Handbuch, 1. Aufl., § 107 Rn. 21; *Immenga* ZBB 1995, 197, 201; *Junge*, FS Raisch, S. 227; *Kümpel*, Bank- und Kapitalmarktrecht (1. Aufl.), Rn. 14.98; *Matusche* in Herrmann/Berger/Wackerbarth, Deutsches und Internationales Bank- und Wirtschaftsrecht, S. 100, 110; *Soesters*, Insiderhandelsverbote, S. 139f., 141; *Martin Weber* NZG 2000, 113, 118ff. Für eine Tatsache dagegen Hess. VGH AG 1998, 436; *Assmann* in Assmann/Schneider, WpHG, 3. Aufl., § 13 Rn. 34a f.; *Gehrt*, Ad-hoc-Publizität, S. 122f., 140f.; *Hopt* in Bankrechts-Handbuch, 2. Aufl., § 107 Rn. 21; *Lenenbach*, Kapitalmarkt- und Börsenrecht, 1. Aufl., Rn. 10.29. Differenzierend *Hilgendorf* in Park, 1. Aufl., §§ 38 I Nr. 1–3, 12, 13, 14 WpHG Rn. 73f.; *Sandow*, Primär- und Sekundärinsider, S. 176ff.

Ereignisse oder Umstände handeln oder sie müssen mit hinreichender Wahrscheinlichkeit eintreten. Da Gerüchten der Zweifel an der Richtigkeit ihres Inhalts von vornherein innewohnt, stellen sie folglich keine Insiderinformation dar[159]. Die *BaFin* geht in ihrem Emittentenleitfaden allerdings davon aus, dass Gerüchte, die einen Tatsachenkern enthalten, Insiderinformationen darstellen[160]. Es komme nicht darauf an, ob das Gerücht wahr sei. Die *BaFin* will erst bei der Frage, ob der Information die Eignung zur erheblichen Kursbeeinflussung zuzubilligen sei, entscheiden, ob das Insiderhandelsverbot berührt ist oder nicht. Maßgeblich sein soll die Quelle des Gerüchts, die ihm zugrunde liegenden nachprüfbaren Fakten, die Verfassung der Märkte im Allgemeinen und des Segments der betroffenen Firma im Besonderen. Gegen diesen von der *BaFin* eingeschlagenen Weg werden zu Recht Bedenken unter dem Gesichtspunkt des strafrechtlichen Bestimmtheitsgrundsatzes geltend gemacht[161].

**2. Nicht öffentlich bekannt.** Eine Information stellt nur eine Insiderinformation dar, solange sie nicht öffentlich bekannt ist (§ 13 Abs. 1 S. 1 WpHG). Mit ihrer Veröffentlichung verliert sie ihre Eigenschaft als Insiderinformation. Das Tatbestandsmerkmal „nicht öffentlich bekannt" erfordert keineswegs, dass die Information den Charakter eines Geheimnisses trägt (vgl. § 404 AktG, §§ 203 f. StGB, § 333 HGB oder § 17 UWG) oder als vertraulich angesehen wird[162]. Für die öffentliche Bekanntheit kommt es zudem nicht darauf an, auf welchem Weg die Öffentlichkeit hergestellt wird, so dass auch eine unter Verletzung der Ad-hoc-Publizitätspflicht gemäß § 15 WpHG bekannt gegebene Insiderinformation öffentlich bekannt ist[163].

Über die Frage, wann genau eine Information öffentlich bekannt ist, besteht Uneinigkeit[164]. Eine Ansicht sieht – um den Schutz der Kleinanleger zu erreichen – eine Information dann als „öffentlich bekannt" an, wenn sie über Massenmedien verbreitet wurde und eine breite Öffentlichkeit Kenntnis von ihr erlangt hat[165]. Allerdings ist es schwierig festzustellen, ab welchem Zeitpunkt dies der Fall ist, weshalb manche Autoren eine Karenzzeit

---

[159] *Assmann* in Assmann/Schneider, WpHG, § 13 Rn. 17; *Cahn* Der Konzern 2005, 5, 7; *Diekmann/Sustmann* NZG 2004, 929, 930; *Koch* DB 2005, 267, 268; *Kübler/Assmann*, Gesellschaftsrecht, § 32 IV = S. 481; *Lösler* in Habersack/Mülbert/Schlitt, Handbuch Kapitalmarktinformation, § 2 Rn. 27; *Möllers* WM 2005, 1393, 1394; *Schwintek*, Anlegerschutzverbesserungsgesetz, S. 19 f.; *Spindler* NJW 2004, 3449, 3450. Ebenso schon Begründung zum Vorschlag für eine Insider-Richtlinie von 1987, KOM(87) 111 v. 21.5.1987, ABl. EG Nr. C 153 v. 11.6.1987, S. 8 = ZIP 1987, 1217; ebenso CESR's Advice on Level 2 Implementing Measures for the proposed Market Abuse Directive, CESR/02.089d, S. 9 (Rn. 20 Spiegelstrich 1), http://www.cesr-eu.org (abgerufen am 9.12.2013).
[160] *BaFin*, Emittentenleitfaden, S. 33, unter Berufung auf Hess. VGH AG 1998, 436. Ebenso *Fleischer/Schmolke* AG 2007, 841, 846; *Hilgendorf* in Park, Kap. 3 Rn. 78; *Mennicke/Jakovou* in Fuchs, WpHG, § 13 Rn. 50 f.; *Rothenhöfer* in Kümpel/Wittig, Bank- und Kapitalmarktrecht, Rn. 3.482; *Schröder*, Kapitalmarktstrafrecht, Rn. 160 f.; *Schumann* in Müller-Gugenberger/Bieneck, Wirtschaftsstrafrecht, § 68 Rn. 46 f.; *Schwark/Kruse* in Schwark/Zimmer, KMRK, § 13 WpHG Rn. 23.
[161] Ebenso *Claussen/Florian* AG 2005, 745, 749.
[162] RegE zum 2. FFG, BT-Drucks. 12/6679, S. 46; *Hilgendorf* in Park, Kap. 3 Rn. 96.
[163] *Klöhn* in Hirte/Möllers, KK-WpHG, § 13 Rn. 133 mwN. Der von *Klöhn* als Gegenansicht zitierte Beitrag *Sethe* ZBB 2006, 243, 252 f. wird missverstanden. Er geht der Frage nach, ob der Emittent anstelle einer Veröffentlichung nach § 15 WpHG auch eine Verbreitung durch Massenmedien vornehmen darf oder ob hierin eine unzulässige Weitergabe von Insiderinformationen liegt. Wie *Klöhn* bin ich der Ansicht, dass die Information nach Verbreitung durch die Massenmedien selbstverständlich öffentlich bekannt ist, eine solche Form der Publizität aber eine Verletzung von §§ 14 Abs. 1 Nr. 2, 15 WpHG darstellt, ebenso *Schröder*, Kapitalmarktstrafrecht, Rn. 174. Unzutreffend daher auch die Kritik von *Cloppenburg/Kruse* WM 2007, 1109, 1110.
[164] Die leider auch nicht durch das Anlegerschutzverbesserungsgesetz beseitigt worden ist; kritisch deshalb auch *Kübler/Assmann*, Gesellschaftsrecht, § 32 IV = S. 481.
[165] *Schödermeier/Wallach* EuZW 1990, 122, 123; *Lücker*, Der Straftatbestand des Missbrauchs von Insiderinformationen nach dem Wertpapierhandelsgesetz (WpHG), 1998, S. 60; wohl auch noch *Schwark* ZBB 1996, 261, 263.

von 24 Stunden fordern, bevor sie die Information als öffentlich bekannt ansehen[166]. Andere bejahen eine Veröffentlichung der Information, sobald sie über den Börsenticker gelaufen ist oder als Nachricht in einem Massenmedium auftaucht[167]. Der Gesetzgeber des 2. Finanzmarktförderungsgesetzes[168] und ihm folgend die herrschende Meinung[169] haben sich für das Konzept der **Bereichsöffentlichkeit** entschieden. Eine Information ist nach dieser Ansicht also öffentlich bekannt, wenn es einer unbestimmten Anzahl von regelmäßigen Marktteilnehmern möglich ist, von ihr Kenntnis zu nehmen, und davon ausgegangen werden kann, dass sie in den Kurs eingepreist werden wird[170]. Bemerkenswert ist, dass die Marktmissbrauchs-Richtlinie 2003/6/EG selbst diese wichtige Frage nicht ausdrücklich anspricht, weshalb Streit darüber herrscht, ob das Konzept der Bereichsöffentlichkeit **europarechtskonform** ist[171]. Man wird aus dem Wortlaut von Art. 2 Abs. 4 der Durchführungs-Richtlinie 2003/124/EG („Publikum", „alle Anlegerkategorien") ableiten müssen, dass der Richtliniengeber eine Information des allgemeinen Publikums und gerade nicht nur der Bereichsöffentlichkeit intendierte[172]. Dafür spricht auch die Entstehungsgeschichte der Marktmissbrauchs-Richtlinie 2003/6/EG[173]. Daher ist das Konzept der Bereichsöffentlichkeit richtlinienwidrig. Dieses Ergebnis lässt sich angesichts des klaren Willens des Gesetzgebers auch nicht im Wege einer richtlinienkonformen Auslegung „korrigieren".

57  Legt man das Konzept des deutschen Gesetzgebers zugrunde, ist davon auszugehen, dass die Information nicht an die breite Öffentlichkeit oder das Anlegerpublikum gerichtet werden muss. Vielmehr ist es ausreichend, wenn sie aus Sicht eines objektiven Betrachters den engeren Kreis regelmäßiger Marktteilnehmer erreicht. Eine Veröffentlichung der Information in Massenmedien ist daher nicht notwendig (wohl aber ausreichend). Das Zuwarten, bis die Publikation in einem Massenmedium erfolgt ist, würde die Zeitspanne unnötig verlängern, in der Insiderhandel möglich ist. Zudem verbreitet sich die Information gerade über die Bereichsöffentlichkeit besonders rasch im Markt. Ausreichend ist daher die Veröffentlichung über ein den Börsenteilnehmern allgemein zugängliches elektronisches

---

[166] *Claussen* ZBB 1992, 267, 276; *Hopt* ZGR 1991, 17, 30; wohl auch *Siebold*, Das neue Insiderrecht, S. 106 f., der dies für „klärungsbedürftig" hält.

[167] *Hopt* ZGR 1991, 17, 30.

[168] RegE zum 2. FFG, BT-Drucks. 12/6679, S. 46.

[169] *BaFin*, Emittentenleitfaden, S. 34; *Assmann* in Assmann/Schneider, WpHG, § 13 Rn. 36; *Claussen/Florian* AG 2005, 745, 749; *Hilgendorf* in Park, Kap. 3 Rn. 98; *Schäfer* in Marsch-Barner/Schäfer, Handbuch börsennotierte AG, § 14 Rn. 17 f.; *Schröder*, Kapitalmarktstrafrecht, Rn. 173, 182; *Schumann* in Müller-Gugenberger/Bieneck, Wirtschaftsstrafrecht, § 68 Rn. 51; *Schwintek*, Anlegerschutzverbesserungsgesetz, S. 20; anders offenbar *Kübler/Assmann*, Gesellschaftsrecht, § 32 IV = S. 481. Mit dem Abstellen auf die Kenntnisnahmemöglichkeit hat sich der Gesetzgeber gegen das Konzept entschieden, das eine bereits erfolgte Reflexion der Information im Marktpreis fordert, vgl. die Darstellung bei *Klöhn* in Hirte/Möllers, KK-WpHG, § 13 Rn. 129 f.

[170] *Klöhn* in Hirte/Möllers, KK-WpHG, § 13 Rn. 133; *Fleischer/Schmolke* AG 2007, 841, 847. Dieses zweite Kriterium wird nicht von allen Vertretern der herrschenden Meinung genannt.

[171] Das Konzept der Bereichsöffentlichkeit zu Recht ablehnend (und damit die Europarechtswidrigkeit der deutschen Regelung bejahend) *Brecht*, Das Pflichtenprogramm börsennotierter Aktiengesellschaften im Europäischen Gemeinschaftsrecht, 2004, S. 230 f.; *Büche*, Die Pflicht zur Ad-hoc-Publizität als Baustein eines integeren Finanzmarkts, 2005, S. 295; *Grimme/v. Buttlar* WM 2003, 901, 907; *Klöhn* in Hirte/Möllers, KK-WpHG, § 13 Rn. 132, 135; *Klöhn* in Langenbucher, Privat- und Wirtschaftsrecht, 3. Aufl., § 6 Rn. 125; *Klöhn*, Kapitalmarkt, Spekulation und Behavioral Finance, 2006, S. 170 f.; *Möllers* ZBB 2003, 390, 393 f.; aA *Assmann* in Assmann/Schneider, WpHG, § 13 Rn. 36. Hinzuweisen ist auch auf Art. 21a der Transparenz-Richtlinie (→ Rn. 58 Fn. 178), der ebenfalls dafür spricht, dass das allgemeine Publikum zu informieren ist.

[172] Vgl. auch die parallele Diskussion bei §§ 15, 37b, 37c WpHG, 5 WpAIV, dazu *Klöhn* in Hirte/Möllers, KK-WpHG, § 5 WpAIV Rn. 2 ff.; *Sethe* in Assmann/Schneider, WpHG, §§ 37b, 37c Rn. 59.

[173] Einzelheiten bei *Klöhn* in Hirte/Möllers, KK-WpHG, § 13 Rn. 132.

Informationssystem[174]. Die Übermittlung der Information an eine mit der Nachrichtenverbreitung betraute Agentur allein ist nicht ausreichend. Erst wenn diese die Information tatsächlich online publiziert oder bei Printmedien in den Verkauf gelangt, ist die Bereichsöffentlichkeit hergestellt[175]. Die Veröffentlichung der Insiderinformation in einem Börseninformationsdienst, der nur einem kleinen Kreis von Personen bekannt ist, reicht ebenso wenig aus wie die Veröffentlichung in einem Newsboard[176]. Gleiches gilt für die Veröffentlichung der Information auf einer Pressekonferenz des Unternehmens oder in der Hauptversammlung. Denn diese Veranstaltungen richten sich nicht an eine unbestimmte Zahl von Interessierten, sondern nur an die eingeladenen Personen. Die *BaFin* hält an diesem Standpunkt sogar dann fest, wenn die Hauptversammlung „live" im Internet übertragen oder alle maßgeblichen Presseorgane vertreten sind[177]. Nicht ausreichend zur Herstellung der Bereichsöffentlichkeit ist auch die Verbreitung der Information über die Homepage des Unternehmens. In all diesen Gestaltungen ist nach Ansicht der *BaFin* nicht hinreichend gewährleistet, dass die Insiderinformation zeitgleich der Bereichsöffentlichkeit bekannt wird[178].

Die Information muss in ihrer ganzen Tragweite öffentlich bekannt sein, um den Charakter als Insiderinformation zu verlieren. Entscheidend ist, ob die Bereichsöffentlichkeit die Kursrelevanz vollständig und zutreffend einschätzen kann[179]. Dies ist nicht der Fall, wenn lediglich ein Gerücht im Markt kursiert[180]. Dieser Maßstab muss auch hinsichtlich der Frage gelten, ob eine im Rahmen der Regelpublizität veröffentlichte Information, die im Jahresabschluss nicht ausdrücklich genannt ist, sich aber aus den dort gemachten Angaben erschließen ließe, bekannt ist oder nicht. So kann ein an sich öffentlich bekannter Sachverhalt trotzdem eine Insiderinformation darstellen, wenn wesentliche Auswirkungen der Tatsache auf das Unternehmen der Öffentlichkeit bislang unbekannt geblieben sind[181].

**3. Emittenten- oder Insiderpapierbezug der Information. a) Überblick.** Weitere Voraussetzung des Insiderinformationsbegriffs ist, dass sich die Information auf einen oder mehrere Emittenten von Insiderpapieren oder auf die Insiderpapiere selbst bezieht. Nach Art. 1 Nr. 1 UAbs. 1 der Marktmissbrauchs-Richtlinie 2003/6/EG ist dabei sowohl der **unmittelbare** als auch der **mittelbare** Emittenten- oder Insiderpapierbezug ausreichend. Der deutsche Gesetzgeber hat dies im Wortlaut des § 13 WpHG zwar nicht zum

---

[174] *BaFin*, Emittentenleitfaden, S. 34; *Assmann* in Assmann/Schneider, WpHG, § 13 Rn. 31 ff.; *Hilgendorf* in Park, Kap. 3 Rn. 99 ff.
[175] *Assmann* in Assmann/Schneider, WpHG, § 13 Rn. 38; *Klöhn* in Hirte/Möllers, KK-WpHG, § 13 Rn. 136; *Mennicke/Jakovou* in Fuchs, WpHG, § 13 Rn. 94; *Rothenhöfer* in Kümpel/Wittig, Bank- und Kapitalmarktrecht, Rn. 3.491; *Schwark/Kruse* in Schwark/Zimmer, KMRK, § 13 WpHG Rn. 37.
[176] *BaFin*, Emittentenleitfaden, S. 34; *Schäfer* in Schäfer/Hamann, KMG (Lfg. 6/2007), § 13 WpHG Rn. 36.
[177] Kritisch auch *Klöhn* in Hirte/Möllers, KK-WpHG, § 13 Rn. 138.
[178] *BaFin*, Emittentenleitfaden, S. 34; *Assmann* in Assmann/Schneider, WpHG, § 13 Rn. 39 f.; *Mennicke/Jakovou* in Fuchs, WpHG, § 13 Rn. 93, 97 f.; aA für die live-Übertragung einer Pressekonferenz im Internet *Schwark/Kruse* in Schwark/Zimmer, KMRK, § 13 WpHG Rn. 36; aA für die Veröffentlichung der Information auf der Homepage des Emittenten *Hilgendorf* in Park, Kap. 3 Rn. 100; aA für die im Internet übertragene Analystenkonferenz *Klöhn* in Hirte/Möllers, KK-WpHG, § 13 Rn. 138; aA für Mitteilungen auf einer Pressekonferenz des Emittenten *Schumann* in Müller-Gugenberger/Bieneck, Wirtschaftsstrafrecht, § 68 Rn. 51. Dieser Befund kann sich möglicherweise zukünftig ändern, sollte der in Art. 21a der Transparenz-Richtlinie (Richtlinie 2004/109/EG des Europäischen Parlaments und des Rates v. 15.12.2004 zur Harmonisierung der Transparenzanforderungen in Bezug auf Informationen über Emittenten, deren Wertpapiere auf einem geregelten Markt zugelassen sind, und zur Änderung der Richtlinie 2001/34/EG, ABl. EG Nr. L 390 v. 31.12.2004, S. 38, zuletzt geändert durch die RL 2013/50/EU) vorgesehene zentrale europäische Zugang zu Marktinformationen des Emittenten regelmäßig von Anlegern genutzt werden.
[179] *Klöhn* in Hirte/Möllers, KK-WpHG, § 13 Rn. 141.
[180] *Klöhn* in Hirte/Möllers, KK-WpHG, § 13 Rn. 143; *Schröder*, Kapitalmarktstrafrecht, Rn. 174.
[181] *Schröder*, Aktienhandel und Strafrecht, S. 136, der das eingängige Beispiel des öffentlich bekannten Werksbrandes schildert, bei dem das Publikum nicht weiß, dass die Werkshalle nicht versichert war.

Ausdruck gebracht, wollte aber ausweislich der Gesetzgebungsmaterialien die Vorgaben der Richtlinie einhalten[182]. Deshalb ist es unstreitig, dass auch der bloß mittelbare Bezug der Information auf den Emittenten oder die Insiderpapiere ausreicht[183]. Unmaßgeblich ist die **Quelle der Information.** Sie kann im Unternehmen des Emittenten (zB Gewinnwarnung des Vorstands) oder außerhalb desselben liegen (zB externes Rating, Bekanntgabe eines kartellrechtlichen Verfahrens gegen den Emittenten)[184]. Der **Inhalt der Nachricht** kann im Unternehmen entstanden sein (zB Anmeldung eines neuen Patents) oder außerhalb des Unternehmens (zB Nachricht über staatsanwaltliche Ermittlungen gegen den Vorstand). Die Übergänge zwischen dem Emittentenbezug und dem Insiderpapierbezug sind fließend, da eine den Emittenten betreffende Nachricht immer auch den Kurs des Finanzinstruments beeinflussen wird. Umgekehrt kann die von einem Analysten für die Aktie des Emittenten abgegebene Kaufempfehlung auch als positive Bewertung der Ertragslage des Unternehmens angesehen werden, womit sie auch Emittentenbezug aufweist[185].

**60** b) **Emittentenbezug.** Eine Information weist dann Emittentenbezug auf, wenn sich der Inhalt der Nachricht auf **unternehmensinterne Geschehnisse** erstreckt, also insbesondere auf die Vermögens- und Finanzlage, die Ertragslage, den Umsatz, den Geschäftsverlauf, die personelle und organisatorische Struktur, Kapitalmaßnahmen, Beherrschungs- und Gewinnabführungsverträge, Maßnahmen nach dem Umwandlungsgesetz, die Zusammensetzung des Aktionärskreises, bedeutende Erfindungen, wesentliche Vertragsabschlüsse sowie Massenentlassungen. Die Insiderinformation kann aber auch **unternehmensexterne Ereignisse** betreffen, wie zB die Insolvenz des Hauptzulieferers des Emittenten, die Versagung einer kartellrechtlichen Genehmigung, die Einleitung eines Ermittlungsverfahrens gegen Organe oder Mitarbeiter des Unternehmens, Gerichtsentscheidungen sowie die Abgabe eines Übernahmeangebots durch ein anderes Unternehmen[186].

**61** c) **Insiderpapierbezug.** Der Bezug zu einem Insiderpapier liegt vor, wenn die Information den Handel in diesem Finanzinstrument betrifft, zB die Orderlage an der Börse, eine Dividendenbekanntmachung, eine Kursaussetzung, die vorzeitige Kündigung einer Schuldverschreibung, umfangreiche Verkäufe von Aktien des Emittenten oder die Absicht, dessen Aktien aufzukaufen.

**62** Auch allgemeine **Marktinformationen,** die Insiderpapiere nur mittelbar betreffen, können Insidertatsachen sein, wenn sie nur ausreichend präzise sind[187]. Hierzu zählen etwa Beschlüsse der Zentralbank über Änderungen des Diskontsatzes oder der Leitzinsen, Ver-

---

[182] RegE zum AnSVG, BT-Drucks. 15/3174, S. 33.
[183] *BaFin,* Emittentenleitfaden, S. 34; *Assmann* in Assmann/Schneider, WpHG, § 13 Rn. 43; *Claussen/Florian* AG 2005, 745, 749; *Mennicke/Jakovou* in Fuchs, WpHG, § 13 Rn. 104; *Simon* Der Konzern 2005, 13, 14; *Schwintek,* Anlegerschutzverbesserungsgesetz, S. 21.
[184] *Assmann* in Assmann/Schneider, WpHG, § 13 Rn. 44; *Assmann* AG 1994, 237, 242; *Rothenhöfer* in Kümpel/Wittig, Bank- und Kapitalmarktrecht, Rn. 3.495.
[185] *Schwark/Kruse* in Schwark/Zimmer, KMRK, § 13 WpHG Rn. 39.
[186] Zu den insiderrechtlichen Problemen einer Übernahme *Wittich* in v. Rosen/Seifert, Die Übernahme börsennotierter Unternehmen, S. 377, 378 ff.
[187] → Rn. 39 sowie *Assmann* in Assmann/Schneider, WpHG, § 13 Rn. 9, 45; *Assmann* ZGR 1994, 494, 513; *Caspari* ZGR 1994, 530, 540; *Claussen* DB 1994, 27, 30; *Claussen* ZBB 1992, 274, 277; *Hilgendorf* in Park, Kap. 3 Rn. 105; *Hopt* ZGR 1991, 17, 30 f.; *Hopt,* FS Beusch, S. 397; *Hopt* in Bankrechts-Handbuch, § 107 Rn. 26; *Immenga* ZBB 1995, 197, 202 f.; *Kümpel* WM 1994, 2137, 2139; *Lenenbach,* Kapitalmarktrecht, Rn. 13.117 f.; *Lücker,* Der Straftatbestand des Missbrauchs von Insiderinformationen nach dem Wertpapierhandelsgesetz (WpHG), 1998, S. 63; *Matusche* in Herrmann/Berger/Wackerbarth, Deutsches und Internationales Bank- und Wirtschaftsrecht, S. 100, 113; *Mennicke/Jakovou* in Fuchs, WpHG, § 13 Rn. 116; *Klöhn* in Hirte/Möllers, KK-WpHG, § 13 Rn. 121 ff.; *Sandow,* Primär- und Sekundärinsider, S. 181 ff.; *Schäfer* in Schäfer/Hamann, KMG (Lfg. 6/2007), § 13 WpHG Rn. 45 f.; *Schröder,* Aktienhandel und Strafrecht, S. 137; *Schwark/Kruse* in Schwark/Zimmer, KMRK, § 13 WpHG Rn. 40; *Süßmann* AG 1997, 63, 64; *Welter* in Büschgen/Schneider, Binnenmarkt, S. 315, 324; im Ergebnis auch *Wymeersch* in Hopt/Wymeersch, European Insider Dealing, S. 65, 115; aA *Suter,* Insider Dealing, S. 288.

änderungen der Rohstoffpreise oder Naturkatastrophen, Kriegsausbruch sowie der hoheitliche Beschluss eines Exportverbots oder die Entscheidung, sich einem Embargo anzuschließen. Letztlich führt eine derart weite Interpretation des Tatbestandsmerkmals „Emittenten- oder Insiderpapierbezug" dazu, dass diesem keinerlei Abgrenzungsfunktion mehr zukommt[188]. Die zum Recht vor Umsetzung der Marktmissbrauchs-Richtlinie 2003/6/EG vertretene gegenteilige Auffassung[189] hatte erhebliche Schwierigkeiten, allgemeine politische und wirtschaftliche Informationen von solchen abzugrenzen, die einen mittelbaren Bezug zum Insiderpapier oder dem Emittenten aufwiesen (Unterscheidung in unternehmensnahe und unternehmensferne Informationen). Die Erwägungsgründe Nrn. 14, 16 und 17 der Marktmissbrauchs-Richtlinie 2003/6/EG gehen von einem sehr weiten Verständnis des Emittenten- oder Insiderpapierbezugs aus; sie erfassen sogar Terroranschläge, die den Kurs ganzer Märkte beeinflussen, als Fall des mittelbaren Insiderpapierbezugs[190]. Vor diesem Hintergrund lässt sich die früher vertretene gegenteilige Auffassung auf keinen Fall mehr aufrechterhalten. Da dem Tatbestandsmerkmal des Emittenten- oder Insiderpapierbezugs somit keine eigenständige abgrenzende Funktion zukommt, sind es allein die Merkmale „konkrete Insiderinformation" und „Kurserheblichkeit", mit denen sich vom Insiderhandelsverbot erfasste Informationen aus der großen Flut an Meldungen über Finanzen, Märkte und Unternehmen herausfiltern lassen.

**4. Eignung zur erheblichen Kursbeeinflussung. a) Überblick.** Die Insiderinformation muss geeignet sein, im Falle ihres öffentlichen Bekanntwerdens den Kurs der Insiderpapiere erheblich zu beeinflussen. Das Tatbestandsmerkmal dient dazu, **Bagatellfälle** auszusondern. Nur wenn sich der Insider nennenswerte Sondervorteile verschaffen will[191], soll dies strafrechtlich relevant sein[192]. Eine Geeignetheit zur erheblichen Kursbeeinflussung

---

[188] So in der Tat die herrschende Meinung, vgl. *Assmann* in Assmann/Schneider, WpHG, § 13 Rn. 46; *Claussen/Florian* AG 2005, 745, 750; *Hopt* ZGR 1991, 17, 31 f.; *Klöhn* in Hirte/Möllers, KK-WpHG, § 13 Rn. 121 ff.; *Kümpel*, Bank- und Kapitalmarktrecht, 3. Aufl., Rn. 16.87 f.; *Schäfer* in Marsch-Barner/Schäfer, Handbuch börsennotierte AG, § 14 Rn. 20; *Schäfer* in Schäfer/Hamann, KMG (Lfg. 6/2007), § 13 WpHG Rn. 45 f.; *Schwark/Kruse* in Schwark/Zimmer, KMRK, § 13 WpHG Rn. 41; *Ulf Andreas Weber* BB 1995, 157, 163. Hierfür spricht auch der Umstand, dass die Materialien zur ersten Fassung des § 13 WpHG keine Ausführungen zu diesem Tatbestandselement enthalten und der Gesetzgeber statt dessen allein mit Hilfe der Merkmale „Insidertatsache" und „Kurserheblichkeit" den Tatbestand eingrenzte, vgl. RegE zum 2. FFG, BT-Drucks. 12/6679, S. 46 f. AA noch *Pawlik* in Hirte/Möllers, KK-WpHG, 1. Aufl., § 13 Rn. 38; dem nahestehend *Mennicke/Jakovou* in Fuchs, WpHG, § 13 Rn. 107; unentschieden *Hilgendorf* in Park, Kap. 3 Rn. 103, 105.

[189] *Dierlamm* NStZ 1996, 519, 521 f.; *Ott/Schäfer* ZBB 1991, 226, 235; *Siebold*, Das neue Insiderrecht, S. 110 f.; *Tippach* WM 1993, 1269, 1270, 1274.

[190] Bereits kurz nach den Anschlägen vom 11.9.2001 tauchte das Gerücht auf, dass die hinter den Anschlägen stehenden Personen zur Finanzierung künftiger Anschläge Leerverkäufe auf Aktien der Unternehmen getätigt haben sollen, die im World Trade Center ansässig waren oder die die Gebäude versichert hatten. Eine entsprechende Untersuchung der SEC kam jedoch zu dem Ergebnis, dass es hierfür keine Anhaltspunkte gab, NZZ vom 24./25.7.2004, S. 31.

[191] Denn der Vorsatz oder die Leichtfertigkeit des Täters muss sich auch auf die Kurserheblichkeit erstrecken, vgl. *Assmann* in Assmann/Schneider, WpHG, § 13 Rn. 52; *Cahn* ZHR 162 (1998), 1, 17; *Lenenbach*, Kapitalmarktrecht, Rn. 13.124; *Loesche*, Kursbeeinflussung, S. 222 ff.; *Schröder* in Achenbach/Ransiek, Handbuch Wirtschaftsstrafrecht, 10. Teil, Kap. 2 Rn. 198; aA allein *Hirte* in Bankrechtstag 1995, S. 47, 80 f. (objektive Bedingung der Strafbarkeit).

[192] RegE zum 2. FFG, BT-Drucks. 12/6679, S. 46 f.; *BaFin*, Emittentenleitfaden, S. 35; *Assmann* AG 1994, 237, 244; *Caspari* ZGR 1994, 530, 540; *Gehrt*, Ad-hoc-Publizität, S. 152; *Immenga* ZBB 1995, 197, 203; *Loesche,* Kursbeeinflussung, S. 107 ff.; *Pananis,* Insidertatsache, S. 104, 115; *Schäfer* in Marsch-Barner/Schäfer, Handbuch börsennotierte AG, § 14 Rn. 21; *Schäfer* in Schäfer/Hamann, KMG (Lfg. 6/2007), § 13 WpHG Rn. 53; *Martin Weber* NJW 1994, 2849, 2852. *Holzborn/Israel* WM 2004, 1948, 1951, äußern Zweifel, ob die Norm den Anforderungen des Bestimmtheitsgrundsatzes genügt; zu Recht aA *Klöhn* in Hirte/Möllers, KK-WpHG, § 13 Rn. 147; *Mennicke/Jakovou* in Fuchs, WpHG, § 13 Rn. 126.

nimmt das Gesetz dann an, wenn ein verständiger Anleger die Information bei seiner Anlageentscheidung berücksichtigen würde (§ 13 Abs. 1 S. 2 WpHG). Das Tatbestandsmerkmal der Kurserheblichkeit lässt sich gedanklich in zwei Elemente teilen, nämlich die „Eignung zur Kursbeeinflussung" und die „Erheblichkeit". Dem ersten Element kommt keine eigenständige Bedeutung zu. Denn bereits das Tatbestandsmerkmal der „konkreten Information" setzt voraus, dass der Umstand oder das Ereignis sich auf den Emittenten oder dessen Finanzinstrumente bezieht (→ Rn. 38). Die generelle Eignung der Information zur Kursbeeinflussung wird daher schon bei der Frage, ob eine *konkrete* Information vorliegt, geprüft. Von Bedeutung ist allein das zweite Element, also die Feststellung, ob die Information im Falle ihres öffentlichen Bekanntwerdens den Kurs des Insiderpapiers *erheblich* beeinflussen kann[193].

64 Die Frage, ob eine Information den Kurs *erheblich* beeinflusst, zerfällt wiederum in zwei Teile. Zunächst ist zu fragen, auf wessen Sicht abzustellen ist (→ Rn. 65 f.). Anschließend ist konkret zu bestimmen, ob absehbar war, dass die Information den Kurs erheblich beeinflussen wird. Dazu ist eine Prognose notwendig (→ Rn. 67 ff.).

65 **b) Abstrakter Maßstab für die Erheblichkeit.** Bis zur Neuregelung des § 13 WpHG durch das Anlegerschutzverbesserungsgesetz war umstritten, welcher Maßstab zur Bestimmung der Erheblichkeit angewendet werden sollte. Diskutiert wurde einerseits eine Anknüpfung an bestimmte Schwellenwerte bei Kursausschlägen[194] und andererseits ein Abstellen auf die Sichtweise eines Anlegers[195]. Aufgrund der Vorgaben von Art. 1 Abs. 2 der Durchführungs-Richtlinie 2003/124/EG ist nun entscheidend, ob ein **verständiger Anleger** ex ante die Information bei seiner Anlageentscheidung berücksichtigen würde.

66 Abzustellen ist auf einen objektiven Maßstab. Es kommt also darauf an, ob die fragliche Information im Zeitpunkt des Handelns des potenziellen Insiders **objektiv** kurserheblich war und nicht darauf, ob der konkret Handelnde die Information für kurserheblich hielt oder sich hierüber überhaupt Gedanken machte. Diese Aspekte spielen allein auf der subjektiven Tatseite eine Rolle. Fehlt es etwa objektiv an der Erheblichkeit, meint der Handelnde aber, die Information sei kurserheblich, kommt ein Versuch des Insiderhandels in Betracht (§ 38 Abs. 3 WpHG). Auch wenn im Grundsatz Einigkeit besteht, dass der Maßstab ein objektiver sein muss und es daher auf einen **verständigen Anleger** ankommt, herrscht doch Uneinigkeit darüber, was genau darunter zu verstehen ist. Zunächst hatte man in Anlehnung an § 264a StGB einen „*durchschnittlichen* verständigen Anleger"[196] vor Augen. Dabei stellte sich jedoch rasch heraus, dass die Definition sich in der Praxis nicht handhaben ließ, denn sie setzte voraus, dass man abstrakt-generell ermitteln konnte, über welches „Weniger" an Börsenwissen der durchschnittliche Anleger im Gegensatz zum Börsenfachmann verfügt. Daher besteht heute Einigkeit, dass auf einen *„verständigen, mit den Marktgegebenheiten vertrauten und mit Kenntnis aller verfügbaren Informationen ausgestatteten"* Anleger abzustellen ist[197]. Denn über dieses Wissen verfügt auch ein Sachverständiger, so dass dieser keine andere als die eigene Perspektive bei der Ermittlung der maßgeblichen Fakten einnehmen muss. Ob der potenzielle Täter über dieses Wissen dann tatsächlich verfügte, ist wiederum eine Frage der subjektiven Tatseite, so dass dem Tatverdächtigen

---

[193] So auch die Einschätzung von *Assmann* in Assmann/Schneider, WpHG, § 13 Rn. 50.
[194] *Cahn* ZHR 162 (1998), 1, 16 ff.; *Caspari* in Baetge, Insiderrecht und Ad-hoc-Publizität, S. 65, 73 ff.; aus ökonomischer Sicht *Diehl/Loistl/Rehkugler,* Kapitalmarktkommunikation, S. 175 ff.
[195] OLG Düsseldorf ZIP 2004, 2042 ff.; *Kümpel* WM 1996, 653, 656; *Wölk* AG 1997, 73, 79. Die diesbezügliche Diskussion ist anschaulich zusammengefasst bei *Assmann* in Assmann/Schneider, WpHG, § 13 Rn. 63 f.; *Hilgendorf* in Park, Kap. 3 Rn. 110 f.
[196] So *Assmann* in Assmann/Schneider, WpHG, 1. Aufl. 1995, § 13 Rn. 65 aE; *Caspari* ZGR 1994, 530, 540; *Dickersbach,* Das neue Insiderrecht, S. 170; *Pananis,* Insidertatsache, S. 112 ff.
[197] OLG Stuttgart NZG 2009, 624, 628; *BaFin,* Emittentenleitfaden, S. 35 („aus Sicht eines verständigen Anlegers, der zum Zeitpunkt seines Handelns alle verfügbaren Informationen kennt"); *Assmann* in Assmann/Schneider, WpHG, § 13 Rn. 57 f.; *Fleischer* NZG 2007, 401, 405; *Lenenbach,* Kapitalmarktrecht, Rn. 13.126.

**c) Konkrete Feststellung der Erheblichkeit.** Es ist – wie bereits festgestellt – entscheidend, ob ein verständiger Anleger die Information **bei seiner Anlageentscheidung berücksichtigen würde.** Das ist nach Ansicht der *BaFin* dann der Fall, wenn ein Kauf- oder Verkaufsanreiz gegeben ist und das Geschäft dem verständigen Anleger lohnend erscheint. Somit scheiden solche Fälle aus, in denen die Verwertung einer nicht öffentlich bekannten Information ex ante keinen bedeutsamen wirtschaftlichen Vorteil verspricht und damit kein Anreiz zur Verwendung der Information vorliegt[198]. *Assmann* weist darauf hin, dass diese Eingrenzung allein nicht ausreichend ist. Denn dem Anleger wird auch dann eine Insiderinformation als vorteilhaft erscheinen, wenn sie zwar keine erheblichen Kursausschläge verursacht, der minimale Ausschlag aber einen sicheren Gewinn verspricht. Daher fordert er zu Recht, dass der Vorteil, um dessen willen der Anleger die Information für sich nutzt, kausal auf einer erheblichen Kursbewegung beruhen muss[199]. Es reicht also nicht aus, wenn ein sicherer, aber nur auf einer minimalen Kursbewegung beruhender Gewinn zu erwarten ist.

Ob eine konkrete Information geeignet ist, im Falle ihres öffentlichen Bekanntwerdens den Kurs der Insiderpapiere erheblich zu beeinflussen, ist im Wege einer Prognose zu ermitteln. Eine solche Prognose erfolgt regelmäßig im Rahmen von Ermittlungen aufgrund des Verdachts des Insiderhandels und findet damit naturgemäß erst nachträglich statt. Die Prognose ist auf den Moment zu beziehen, an dem sich das als mögliches Insiderhandeln in Betracht kommende Verhalten ereignete[200]. Es ist zu beurteilen, ob ein verständiger Anleger zu dieser Zeit in der Position des Verdächtigen **ex ante** davon ausgehen konnte, dass die konkrete Information im Falle ihres öffentlichen Bekanntwerdens geeignet war, den Kurs des Insiderpapiers erheblich zu beeinflussen. Dabei sind alle zum fraglichen Zeitpunkt **bekannten Umstände des Einzelfalls** zu berücksichtigen, also die damalige Marktlage, die Volatilität des Finanzinstruments, der damalige branchenspezifische und allgemeine Börsentrend sowie die Zeitspanne zwischen Entstehen der Information und deren Veröffentlichung. Für die Beurteilung der Kurserheblichkeit kann es folglich nicht darauf ankommen, ob sich der Kurs des Insiderpapiers, nachdem die Information öffentlich bekannt wurde, tatsächlich verändert hat oder nicht. So kann eine Kursbewegung etwa deshalb eingetreten sein, weil der Markt sich allgemein in eine bestimmte Richtung entwickelt hat. Nur wenn eine erhebliche Kursbewegung eingetreten ist und keine anderen Umstände als das öffentliche Bekanntwerden der Information als Ursache dafür in Frage kommen, liegt ein gewichtiges Indiz für die Kurserheblichkeit vor[201]. Ein zwingender Zusammenhang zwischen Information und Kursbewegung ist allerdings auch in diesem Fall nicht gegeben, denn es kann ja sein, dass die Information ex ante als nicht erheblich einzuschätzen war und sich überraschenderweise doch als kurserheblich entpuppt. Mehr als ein Indiz kann die nachträgliche Kursbewegung daher nicht sein. Die Strafverfolgungsbehörden müssen also beweisen, dass die Kursbewegung nicht auf andere Ursachen zurückzuführen ist und ein verständiger Anleger in der Situation des potenziellen Insiders die Information auch als kurserheblich einstufen musste.

Prognoseentscheidungen hängen nicht nur von der gewählten Perspektive („verständiger Anleger"), sondern auch vom **Grad der Wahrscheinlichkeit** ab, den man verlangt. Die ganz herrschende Ansicht lässt weder die bloße Möglichkeit (unter 50%) der Kurserheblichkeit ausreichen noch fordert sie eine hohe[202] oder gar eine an Sicherheit grenzende

---

[198] *BaFin*, Emittentenleitfaden, S. 35.
[199] *Assmann* in Assmann/Schneider, WpHG, § 13 Rn. 66; *Schröder*, Kapitalmarktstrafrecht, Rn. 188b, 188c; *Schwark/Kruse* in Schwark/Zimmer, KMRK, § 13 WpHG Rn. 49.
[200] *BaFin*, Emittentenleitfaden, S. 35.
[201] *BaFin*, Emittentenleitfaden, S. 35. Weiter geht *Klöhn* in Hirte/Möllers, KK-WpHG, § 13 Rn. 226, der von einer widerleglichen Vermutung spricht.
[202] So aber *Ulf Andreas Weber* BB 1995, 157, 164.

Wahrscheinlichkeit (99%) der Kurserheblichkeit. Vielmehr reicht eine Wahrscheinlichkeit von über 50% aus[203].

**70** Wie bereits festgestellt wurde, können auch **zukünftige Umstände oder Ereignisse** konkrete Informationen darstellen, wenn ihr Eintritt hinreichend wahrscheinlich ist (→ Rn. 40f.). Bei derartigen zukunftsbezogenen Informationen wird damit ein zweifaches Wahrscheinlichkeitsurteil erforderlich. Zunächst ist zu prognostizieren, ob der Umstand oder das Ereignis eintreten wird, und anschließend ist festzustellen, ob dieser wahrscheinlich eintretende Umstand bzw. das wahrscheinliche Ereignis Kurserheblichkeit besitzt. Für derartige Situationen befürwortete das Schrifttum den sog. Probability-Magnitude-Test, wonach bei erheblichen Auswirkungen des Eintritts des Umstandes bereits eine deutlich geringere Eintrittswahrscheinlichkeit und bei geringen Auswirkungen eine erheblich höhere Eintrittswahrscheinlichkeit erforderlich sein sollte[204]. Der EuGH hat in der Rechtssache Geltl/Daimler[205] angedeutet, dass der **Probability-Magnitude-Test** bei der Beurteilung des Vorliegens einer Insiderinformation keine Rolle spiele, wohl aber beim weiteren Tatbestandsmerkmal der Kurserheblichkeit[206]. Demgegenüber geht der BGH davon aus, dass der EuGH diese Frage gerade nicht ausdrücklich angesprochen hat, folgt aber in der Sache auch dem Probability-Magnitude-Test[207], da „ein Anleger den Grad der Wahrscheinlichkeit des Eintritts eines künftigen Ereignisses in Betracht zieht"[208].

**71** **5. Regelbeispiele.** § 13 Abs. 1 S. 4 WpHG enthält zwei Regelbeispiele für Insiderinformationen. Hierbei handelt es sich um die Umsetzung von Art. 1 Nr. 1 S. 2 und 3 der Marktmissbrauchs-Richtlinie 2003/6/EG. Die Nr. 1 stellt klar, dass die Kenntnis der Aufträge anderer Personen über den Kauf oder Verkauf von Finanzinstrumenten eine Insiderinformation sein kann. Damit erfasst sie das so genannte **Frontrunning,** also den Erwerb oder die Veräußerung von Insiderpapieren in Kenntnis kursrelevanter Kundenaufträge (→ Rn. 45)[209]. Allerdings ist nicht jeder noch so kleine Kundenauftrag gemeint. Vielmehr ist im Einzelfall die Kurserheblichkeit zu prüfen[210]. Der Kundenauftrag muss daher ein solches Volumen oder eine von den aktuellen Geld-/Brief-Spannen abweichende Limitierung haben, dass er erhebliche Kursbewegungen verursachen wird. Die Regelung in Nr. 1 erfasst weiterhin den Fall, dass sich jemand **an Wertpapiergeschäfte eines Dritten anhängt,** weil er aufgrund konkreter Umstände den Schluss zieht, dieser handele aufgrund von Insiderinformationen. Auch in diesem Fall wird das eigene Geschäft nur aufgrund der

---

[203] *Rothenhöfer* in Kümpel/Wittig, Bank- und Kapitalmarktrecht, Rn. 3.501; *Uwe H. Schneider/Burgard* in Baums/Hopt/Horn, Corporations, Capital Markets and Business in the Law, 2000, S. 512; so wohl auch *Lenenbach,* Kapitalmarktrecht, Rn. 13.127. Von überwiegender Wahrscheinlichkeit sprechen *Assmann* in Assmann/Schneider, WpHG, § 13 Rn. 60; *Bachmann* ZHR 172 (2008), 597, 603; *Schwark/Kruse* in Schwark, KMRK, § 13 WpHG Rn. 50.
[204] Etwa *Klöhn* in Hirte/Möllers, KK-WpHG, § 13 Rn. 85, 91 mwN.
[205] EuGH v. 28.6.2012, Rs. C-19/11, Rn. 54f. (Geltl/Daimler).
[206] Ebenso die Interpretation des Urteils durch *Schall* ZIP 2012, 1282, 1288; *Klöhn* ZIP 2012, 1885, 1891.
[207] So auch die Interpretation des Urteils durch *Klöhn* in Hirte/Möllers, KK-WpHG, § 13 Rn. 187; inzident auch *Schäfer* in Marsch-Barner/Schäfer, Handbuch börsennotierte AG, § 14 Rn. 24.
[208] BGH AG 2013, 518 Rn. 25 – Geltl/Daimler.
[209] *BaFin,* Emittentenleitfaden, S. 36. Streitig ist, ob die Vorschrift nur Frontrunning durch Wertpapierdienstleistungsunternehmen erfasst, so *Claussen/Florian* AG 2005, 745, 749; *Koch* DB 2005, 267, 268; *Ziemons* NZG 2004, 537, 538, oder auch Frontrunning durch sonstige Personen, so *Assmann* in Assmann/Schneider, WpHG, 4. Aufl., § 13 Rn. 71f.; *Klöhn* in Hirte/Möllers, KK-WpHG, § 13 Rn. 284; *Mennicke/Jakovou* in Fuchs, WpHG, § 13 Rn. 169; *Schwark/Kruse* in Schwark, KMRK, § 13 WpHG Rn. 26.
[210] Ebenso *Assmann* in Assmann/Schneider, WpHG, § 13 Rn. 70; *Mennicke/Jakovou* in Fuchs, WpHG, § 13 Rn. 166; *Schwark/Kruse* in Schwark/Zimmer, KMRK, § 13 WpHG Rn. 28; *Schwintek,* Anlegerschutzverbesserungsgesetz, S. 23f.

Kenntnis der Order einer anderen Person vorgenommen[211]. Allerdings reicht die bloße Vermutung, der andere sei Insider, nicht aus, denn eine Vermutung ist keine konkrete Information. Es muss also bei der sich anhängenden Person eine Gewissheit vorhanden sein[212]. Die Information über einen Auftrag einer anderen Person wird auch dann verwendet, wenn ein Finanzintermediär in Kenntnis einer limitierten Kundenorder durch ein gezieltes Gegengeschäft das Limit der Kundenorder **„abschöpft"**[213].

Das Regelbeispiel in Nr. 2 verdeutlicht, dass eine Insiderinformation auch das Wissen über nicht öffentlich bekannte Umstände sein kann, das sich auf **Edelmetall- oder Warenderivate** bezieht und bei dem die Marktteilnehmer erwarten würden, dass sie diese Information in Übereinstimmung mit der zulässigen Praxis an den betreffenden Märkten erhalten würden. Gemeint sind damit insbesondere Informationen, die in Anwendung von Rechts- und Verwaltungsvorschriften, Handelsregeln, Verträgen oder auch sonstigen Regeln, die auf dem entsprechenden Markt üblich sind, öffentlich bekannt gegeben werden müssen (vgl. Art. 4 der Richtlinie 2004/72/EG). Die *BaFin* nennt als Beispiele bei Derivaten auf Strom einen Kraftwerksausfall, die Revision von Kraftwerken (geplante Abschaltungen wegen Wartungsarbeiten), aber auch Informationen über Leitungskapazitäten. Bei Derivaten auf Schweine oder Kartoffeln wird die Kenntnis von Seuchen oder Änderungen der Subventionspolitik als Insiderinformation angesehen. Auch hier reichen für eine Insiderinformation alle das Warenderivat nur mittelbar betreffenden Umstände aus, sofern diese geeignet sind, den Preis erheblich zu beeinflussen[214]. **72**

**6. Weitere Beispiele.** Ein Katalog mit Vorgängen, die regelmäßig Kurserheblichkeit besitzen, findet sich im Emittentenleitfaden der BaFin[215]. Dort werden beispielhaft angeführt: **73**
- Veräußerung von Kerngeschäftsfeldern, Rückzug aus oder Aufnahme von neuen Kerngeschäftsfeldern,
- Verschmelzungsverträge, Eingliederungen, Ausgliederungen, Umwandlungen, Spaltungen sowie andere wesentliche Strukturmaßnahmen,
- Beherrschungs- und/oder Gewinnabführungsverträge,
- Erwerb oder Veräußerung von wesentlichen Beteiligungen,
- Übernahme- und Abfindungs-/Kaufangebote,
- Kapitalmaßnahmen (inkl. Kapitalberichtigung),
- wesentliche Änderung der Ergebnisse der Jahresabschlüsse oder Zwischenberichte gegenüber früheren Ergebnissen oder Marktprognosen,
- Änderung des Dividendensatzes,
- bevorstehende Zahlungseinstellung/Überschuldung, Verlust nach § 92 AktG/kurzfristige Kündigung wesentlicher Kreditlinien,
- Verdacht auf Bilanzmanipulation, Ankündigung der Verweigerung des Jahresabschlusstestats durch den Wirtschaftsprüfer,
- erhebliche außerordentliche Aufwendungen (zB nach Großschäden oder Aufdeckung krimineller Machenschaften) oder erhebliche außerordentliche Erträge,
- Ausfall wesentlicher Schuldner,
- Abschluss, Änderung oder Kündigung besonders bedeutender Vertragsverhältnisse (einschließlich Kooperationsabkommen),

---

[211] *BaFin*, Emittentenleitfaden, S. 36.
[212] *Schwintek*, Anlegerschutzverbesserungsgesetz, S. 24; so wohl auch *Assmann* in Assmann/Schneider, WpHG, § 13 Rn. 71.
[213] *BaFin*, Emittentenleitfaden, S. 36.
[214] *BaFin*, Emittentenleitfaden, S. 36.
[215] *BaFin*, Emittentenleitfaden, S. 53. Diese Beispiele werden im Zusammenhang mit der Darstellung von ad-hoc-publizitätspflichtigen Insiderinformationen (§ 15 Abs. 1 WpHG) genannt. Es wird jedoch im Rahmen der Erläuterungen des Insiderhandelsverbots auf sie Bezug genommen, *BaFin*, Emittentenleitfaden, S. 35.

- Restrukturierungsmaßnahmen mit erheblichen Auswirkungen auf die künftige Geschäftstätigkeit,
- bedeutende Erfindungen, Erteilung bedeutender Patente und Gewährung wichtiger (aktiver/passiver) Lizenzen,
- maßgebliche Produkthaftungs- oder Umweltschadensfälle,
- Rechtsstreitigkeiten von besonderer Bedeutung,
- überraschende Veränderungen in Schlüsselpositionen des Unternehmens (zB Vorstandsvorsitzender, Aufsichtsratsvorsitzender, überraschender Ausstieg des Unternehmensgründers),
- überraschender Wechsel des Wirtschaftsprüfers,
- Antrag des Emittenten auf Widerruf der Zulassung zum organisierten Markt, wenn nicht noch an einem anderen inländischen organisierten Markt eine Zulassung aufrecht erhalten wird,
- Lohnsenkungen oder Lohnerhöhungen,
- Beschlussfassung des Vorstandes, von der Ermächtigung der Hauptversammlung zur Durchführung eines Rückkaufprogramms Gebrauch zu machen.

### VI. Insidergeschäfte (§ 14 WpHG)

**74** **1. Überblick.** Das Verbot des Insiderhandels ist in § 14 WpHG niedergelegt. Diese Vorschrift definiert, welche Verhaltensweisen Insiderhandel darstellen, während die strafrechtlichen Rechtsfolgen in §§ 38f. WpHG geregelt sind (→ Rn. 5, 13 ff.). Personen, die über eine Insiderinformation iSd § 13 WpHG verfügen, ist es gemäß § 14 Abs. 1 Nr. 1 WpHG verboten, unter Verwendung dieser Information Insiderpapiere für eigene oder fremde Rechnung oder für einen anderen zu erwerben oder zu veräußern (**Verwendungsverbot** – dazu → Rn. 75 ff.). Weiterhin ist es gemäß § 14 Abs. 1 Nr. 2 WpHG verboten, einem anderen eine Insiderinformation unbefugt mitzuteilen oder zugänglich zu machen (**Weitergabeverbot** – dazu → Rn. 112 ff.). Schließlich verbietet es § 14 Abs. 1 Nr. 3 WpHG, einem anderen auf der Grundlage einer Insiderinformation den Erwerb oder die Veräußerung von Insiderpapieren zu empfehlen oder einen anderen auf sonstige Weise dazu zu verleiten (**Empfehlungs- und Verleitungsverbot** – dazu → Rn. 143 ff.).

**75** **2. Verwendungsverbot. a) Erwerb oder Veräußerung.** Es ist Personen, die über Insiderinformationen verfügen, verboten, unter Verwendung dieser Information Insiderpapiere für eigene oder fremde Rechnung oder für einen anderen zu erwerben oder zu veräußern. Mit **Erwerb** bzw. **Veräußerung** ist kein bestimmtes juristisch vertyptes Geschäft, insbesondere kein Kaufvertrag, gemeint. Die Begriffe erfassen vielmehr alle wirtschaftlichen Vorgänge, bei denen eine endgültige **entgeltliche Verpflichtung** zur „Abnahme" oder „Weggabe" eines Finanzinstruments begründet wird (wirtschaftlicher Erwerbs- bzw. Veräußerungsbegriff). Dies bedeutet zunächst, dass es noch nicht auf die Erteilung einer Wertpapierorder durch den potenziellen Insider ankommen kann, die als solches nur den Abschluss eines Kommissionsvertrags mit dem Institut, aber noch keinen Erwerb darstellt[216]. Maßgeblich für die Vollendung des Tatbestands[217] ist der Abschluss des **schuldrechtlichen Geschäfts** über das Finanzinstrument bzw. das vom Institut getätigte Ausführungsgeschäft[218]. Teilweise wird auch auf das spätere dingliche Ge-

---

[216] Im Ergebnis auch *Schwark/Kruse* in Schwark/Zimmer, KMRK, § 14 WpHG Rn. 10.
[217] Zum Versuch des Insiderhandels → Rn. 111.
[218] OLG Karlsruhe ZIP 2004, 1360, 1362; *BaFin*, Emittentenleitfaden, S. 37 (vertragliche Absicherung des möglichen Gewinns); *Assmann* in Assmann/Schneider, WpHG, § 14 Rn. 12 ff.; *Hilgendorf* in Park, Kap. 3 Rn. 131 f.; *Klöhn* in Hirte/Möllers, KK-WpHG, § 14 Rn. 89 ff.; *Krauel*, Insiderhandel, S. 279 ff.; *Lenenbach*, Kapitalmarktrecht, Rn. 13.137; *Rothenhöfer* in Kümpel/Wittig, Bank- und Kapitalmarktrecht, Rn. 3.522; *Schröder*, Kapitalmarktstrafrecht, Rn. 230; *Uwe H. Schneider* ZIP 1996, 1769, 1774; *Schwark/Kruse* in Schwark/Zimmer, KMRK, § 14 WpHG Rn. 10 und jetzt auch *Schäfer* in Marsch-Barner/Schäfer, Handbuch börsennotierte AG, § 14 Rn. 40.

schäft²¹⁹ bzw. die Verschiebung der Verfügungsmacht abgestellt²²⁰. Dass dieses nicht gemeint sein kann, ergibt schon eine richtlinienkonforme Auslegung am Maßstab des Art. 2 Abs. 1 UAbs. 1 der Marktmissbrauchs-Richtlinie 2003/6/EG. Denn das Trennungsprinzip ist den meisten anderen Mitgliedstaaten nicht bekannt. Hinzu kommt der Umstand, dass bei einem Abstellen auf die dingliche Ebene solche Geschäfte nicht erfasst würden, bei denen es nicht zu einer Übereignung von Finanzinstrumenten, sondern nur zu einem Barausgleich oder zum Weiterverkauf („Daytrading") kommt. Schließlich ließe sich das Insiderhandelsverbot dadurch umgehen, dass man an solchen ausländischen Börsen kauft, an denen Wertpapiere regelmäßig nur in Wertrechnung angeschafft werden. Daher kann es nur auf die schuldrechtliche Ebene ankommen.

Der Verbotstatbestand erfasst nicht nur den Kauf oder Verkauf als typische Fälle eines **76** Erwerbs oder einer Veräußerung, sondern auch Pensionsgeschäfte und die Wertpapierleihe, die Erwerbs- und Veräußerungsgeschäfte auf Zeit darstellen²²¹. Es kommt nicht darauf an, ob der potenzielle Insider zuvor Inhaber der Finanzinstrumente war, so dass auch **Leerverkäufe** erfasst sind²²². Streitig ist, ob eine **Verpfändung** unter den Tatbestand fällt. Dies wird ganz überwiegend abgelehnt²²³. *Schäfer* will die Verpfändung jedoch zumindest für den Fall erfassen, in dem die Beteiligten von vornherein eine Umgehungsabsicht hatten und die Verpfändung in dem Bewusstsein erfolgte, die gesicherte Forderung nicht zu erfüllen²²⁴. Dem ist zuzustimmen, da es sich wirtschaftlich um eine Veräußerung handelt, die durch das absichtliche Herbeiführen des Sicherungsfalles verwirklicht wird²²⁵. Diese Auslegung des Tatbestands verstößt auch nicht gegen das Analogieverbot, da der Begriff der Veräußerung jede wirtschaftliche Verpflichtung zur „Weggabe" des Finanzinstruments erfasst. Gleiches muss im Übrigen für eine fingierte Sicherungsübereignung gelten. Nicht erfasst ist die **Schenkung,** mit der keine Gegenleistung verbunden ist²²⁶. Sie entspricht daher nicht

---

²¹⁹ *Schäfer* in Schäfer/Hamann, KMG (Lfg. 6/2007), § 14 WpHG Rn. 12; *Soesters,* Insiderhandelsverbote, S. 151; ähnlich *Mennicke* in Fuchs, WpHG, § 14 Rn. 23 (Änderung der rechtlichen Zuordnung erforderlich).
²²⁰ *Casper* WM 1999, 363, 364 mit Fn. 10, 365 zu Fn. 16; *Hartmann,* Regelungsprobleme des Insiderhandels, S. 231 f.; wohl auch *Assmann* AG 1994, 237, 246.
²²¹ *BaFin,* Emittentenleitfaden, S. 37; *Assmann* in Assmann/Schneider, WpHG, § 14 Rn. 15; *Hopt* in Bankrechts-Handbuch, § 107 Rn. 35; *Mennicke* in Fuchs, WpHG, § 14 Rn. 27; *Schäfer* in Schäfer/Hamann, KMG (Lfg. 6/2007), § 14 WpHG Rn. 13; *Schwark/Kruse* in Schwark/Zimmer, KMRK, § 14 WpHG Rn. 9.
²²² *Schröder,* Aktienhandel und Strafrecht, S. 138.
²²³ *Assmann* in Assmann/Schneider, WpHG, § 14 Rn. 15 aE; *Claussen,* Insiderhandelsverbot, Rn. 38; *Hopt* in Bankrechts-Handbuch, § 107 Rn. 36; *Klöhn* in Hirte/Möllers, KK-WpHG, § 14 Rn. 100; *Mennicke* in Fuchs, WpHG, § 14 Rn. 26; *Schwark/Kruse* in Schwark/Zimmer, KMRK, § 14 WpHG Rn. 9.
²²⁴ *Schäfer* in Schäfer/Hamann, KMG (Lfg. 6/2007), § 14 WpHG Rn. 13; *Schäfer* in Marsch-Barner/Schäfer, Handbuch börsennotierte AG, § 14 Rn. 40; *Pawlik* in Hirte/Möllers, KK-WpHG, 1. Aufl., § 14 Rn. 40; im Ergebnis ebenso *Schröder,* Kapitalmarktstrafrecht, Rn. 217 („Voraussetzung ist freilich, dass der zu sichernde Kredit nicht vertragsgemäß bedient und fällig gestellt wurde").
²²⁵ Der Emittentenleitfaden der *BaFin,* S. 38, ist in Bezug auf diesen Fall geradezu salomonisch, da er sich nur mit der Verwertung der Sicherheit beschäftigt und dann auch noch recht einschränkend formuliert: „Die kreditgebende Bank, welche ein Darlehen mit Insiderpapieren besichert und sich, nachdem der Kredit notleidend geworden ist, aus dieser Sicherheit befriedigen möchte, verwendet *in der Regel* keine Insiderinformation, wenn das Geschäft auch bei Kenntnis dieser Information zu denselben Bedingungen abgeschlossen worden wäre." (Hervorh. vom Verf.). Auch bei § 15a WpHG wird diese Frage diskutiert. Eine Anwendung des § 15a WpHG auf die Umgehung befürwortet *Sethe* in Assmann/Schneider, WpHG, § 15a Rn. 81. Zu weit dagegen *Zimmer/Osterloh* in Schwark/Zimmer, KMRK, § 15a WpHG Rn. 48, die jede Verwertung im Sicherungsfall als meldepflichtig ansehen.
²²⁶ So auch – allerdings ohne Begründung – *BaFin,* Emittentenleitfaden, S. 37; *Assmann* in Assmann/Schneider, WpHG, § 14 Rn. 18; *Hilgendorf* in Park, Kap. 3 Rn. 133; *Hopt* in Bankrechts-Handbuch, § 107 Rn. 36; *Schwark/Kruse* in Schwark/Zimmer, KMRK, § 14 WpHG Rn. 9. Streitig

dem wirtschaftlichen Erwerbs- bzw. Veräußerungsbegriff. Auch der **gesetzliche Übergang** von Finanzinstrumenten, zB im Wege der Universalsukzession nach § 1922 BGB, unterfällt nicht § 14 Abs. 1 Nr. 1 WpHG[227]. Zum einen fehlt es an der Gegenleistung, so dass es am wirtschaftlichen Erwerbs- bzw. Veräußerungsbegriff fehlt. Zum anderen beruht der gesetzliche Übergang regelmäßig nicht auf einer Willensentscheidung des Übertragenden. Im Übrigen würde es auch an der subjektiven Tatseite fehlen.

**77** Die herrschende Meinung nimmt **aufschiebend** oder **auflösend bedingte Geschäfte** vom Tatbestand aus, wenn der Eintritt oder das Ausbleiben der Bedingung vom Willen des Vertragspartners des Insiders abhängt[228]. Begründet wird dies damit, dass nur wirtschaftliche Vorgänge erfasst würden, bei denen eine *endgültige* entgeltliche Verpflichtung zur „Abnahme" oder „Weggabe" eines Finanzinstruments begründet werde (→ Rn. 75). Diese Argumentation vermag nicht zu überzeugen. In dem Moment, in dem der Insider das Geschäft abschließt, tut er dies unter Verwendung des Insiderwissens und hofft darauf, dass der Vertragspartner sich so verhält, dass das Geschäft endgültig zustande kommt. Gibt der Vertragspartner die für die aufschiebende Bedingung nötige Willenserklärung ab, handelt es sich um ein endgültig wirksames Geschäft. Gleiches gilt für den Fall, dass der Vertragspartner auf die auflösende Bedingung verzichtet. Der Tatbestand des § 14 Abs. 1 Nr. 1 WpHG ist in beiden Fällen erfüllt. Tritt dagegen die auflösende Bedingung ein oder gibt der Vertragspartner die für die aufschiebende Bedingung nötige Erklärung nicht ab, wird das Geschäft nicht endgültig wirksam. Es liegt aber bei der Person mit Insiderwissen immerhin ein **Versuch des Insiderhandels** vor.

**78** Vom Wortlaut der Vorschrift an sich erfasst ist auch der Fall, dass ein Vorstand, der selbst Aktionär des Unternehmens ist, während einer laufenden Kapitalerhöhung eine positive Insiderinformation erhält und anschließend seine **Bezugsrechte** ausübt. Hier liegt ohne Zweifel eine Transaktion durch aktives Tun vor[229]. Zum Zeitpunkt der Transaktion verfügte der Vorstand auch über das Insiderwissen. Eine Ansicht will den Tatbestand jedoch teleologisch reduzieren, denn es könne nicht Sinn und Zweck des Insiderhandelsverbots sein, den Vorstand zu zwingen, den Erwerb zu unterlassen und „sich damit selbst zu schädigen". Wenn also der Insider bereits vor Erlangung des Insiderwissens eine **gesicherte Rechtsposition** innehabe, dürfe ihm die Ausübung dieser Position nicht verwehrt werden. Gleiches gelte auch für den Fall, dass eine Person bereits vor Erlangung des Insiderwissens **Optionen** besitzt und diese innerhalb eines knappen Zeitfensters ausgeübt werden müssten. Auch hier sei dem Organmitglied nicht zuzumuten, sich selbst zu schädigen und die Option verfallen zu lassen. Sie dürfen damit straflos ausgeübt werden[230]. Das gleiche Ergebnis versucht eine neuere Ansicht mit anderer Begründung zu erzielen: Seit der Neufassung des Tatbestands durch das Anlegerschutzverbesserungsgesetz bedürfe es keiner teleologischen Reduktion mehr, da es an dem Tatbestandsmerkmal des „Verwendens" fehle, denn das Organmitglied hätte das Bezugsrecht bzw. die Option, solange diese „im Geld ist", auf jeden Fall ausgeübt oder verkauft[231]. Aus den in Rn. 100 f. genannten Gründen überzeugt die Begründung der neueren Ansicht jedoch nicht.

---

ist dagegen die Frage, ob die Schenkung unter den Tatbestand des § 15a WpHG fällt, vgl. *Sethe* in Assmann/Schneider, WpHG, § 15a Rn. 78 f.

[227] Vgl. die Nachweise in der vorigen Fn.

[228] *BaFin*, Emittentenleitfaden, S. 37; *Assmann* in Assmann/Schneider, WpHG, § 14 Rn. 18; *Hilgendorf* in Park, Kap. 3 Rn. 132; *Klöhn* in Hirte/Möllers, KK-WpHG, § 14 Rn. 102; *Mennicke* in Fuchs, WpHG, § 14 Rn. 25.

[229] Statt vieler *Mennicke* in Fuchs, WpHG, § 14 Rn. 32.

[230] So zu Recht *Schröder*, Aktienhandel und Strafrecht, S. 140 f.; *Schröder* in Achenbach/Ransiek, Handbuch Wirtschaftsstrafrecht, 10. Teil, Kap. 2 Rn. 165.

[231] Hierauf stellen *Assmann* in Assmann/Schneider, WpHG, § 14 Rn. 30; *Dickersbach*, Das neue Insiderrecht, S. 184; *Feddersen* ZHR 161 (1997), 269, 292; *Kohlmann*, FS Vieregge, S. 443, 450, ab (die drei letztgenannten jeweils zum Tatbestandsmerkmal des „Ausnutzens" nach § 14 WpHG aF); aA *Casper* WM 1999, 363, 367 ff.

Die Formulierung „auf Rechnung" verdeutlicht zugleich, dass der Tatbestand nicht verlangt, dass die Transaktion tatsächlich zu einem Vorteil oder Gewinn des Insiders oder Dritten führt[232]. Der Tatbestand des Insiderhandelsverbots erfasst nur den Erwerb oder die Veräußerung *von Insiderpapieren*. Andere auf Insiderwissen beruhende Geschäfte, wie beispielsweise **Kreditkündigungen** oder **Grundstückgeschäfte** im Falle kommunaler Planungsmaßnahmen, sind straflos, da hier das strafrechtliche Analogieverbot greift[233].

**b) Strafbarkeit des Unterlassens.** Sowohl die Insider-Richtlinie als auch die Marktmissbrauchs-Richtlinie 2003/6/EG verlangen einen aktiven Erwerb oder eine Veräußerung. Dem entspricht der Wortlaut des § 14 Abs. 1 Nr. 1 WpHG. Damit wird der durch Insiderwissen bewirkte Entschluss, eine zuvor geplante Wertpapiertransaktion nun zu unterlassen, nicht vom Tatbestand erfasst. Das **Unterlassen des Erwerbs** bzw. **der Veräußerung** ist straflos[234]. Gleiches gilt für den **Widerruf einer schon erteilten Order**[235]. Zwar liegt in diesem Fall ein aktives Tun vor, nämlich die Rücknahme der Order. Dennoch wird dieses Verhalten nicht vom Tatbestand des § 14 Abs. 1 Nr. 1 WpHG erfasst, der gerade die Durchführung einer Transaktion voraussetzt. Man kann dieses Ergebnis sicherlich als Strafbarkeitslücke kritisieren[236], denn auch in diesem Fall wird Insiderwissen zum eigenen Vorteil verwendet. Jedoch setzt der Wortlaut der Vorschrift in Kombination mit dem strafrechtlichen Analogieverbot einer Erweiterung des Tatbestands eine deutliche Grenze. (Dies wird sich künftig ändern, da Art. 3 Abs. 4 CRIM-MAD von den Mitgliedstaaten verlangt, auch diesen Fall unter Strafe zu stellen). Hinzu kommt, dass das Unterlassen des Erwerbs oder der Veräußerung nur sehr schwer nachzuweisen ist[237] und das Wertpapierhandelsgesetz es daher auch an anderer Stelle aus dem Schutzbereich des Gesetzes ausnimmt[238], so dass der Gesetzgeber insoweit konsequent gehandelt hat. Dem Widerruf einer Order gleichzusetzen ist das **Nichtausüben einer Kauf- oder Verkaufsoption,** wenn der Optionsinhaber zuvor Insiderwissen erlangt hat, das den Kauf bzw. Verkauf nun als verlustbringend erscheinen lässt. Auch dieses Verhalten ist ein strafloses Unterlassen einer Transaktion[239]. Eine Besonderheit gilt für den Fall der Nichtausübung von **Bezugsrechten** durch das Verstreichenlassen der Bezugsfrist. Nach Nr. 15 Abs. 1 der Sonderbedingungen für Wertpapierge-

---

[232] *Assmann* AG 1994, 237, 246; *Claussen* ZBB 1992, 267, 281; *Schäfer* in Schäfer/Hamann, KMG (Lfg. 6/2007), § 14 WpHG Rn. 16.

[233] Kritisch zu dieser gesetzlichen Konzeption, die vor allem Universalbanken begünstigt, *Hopt*, FS Heinsius, S. 289, 307 ff.

[234] *Assmann* und *Vogel* in Assmann/Schneider, WpHG, § 14 Rn. 16 bzw. § 38 Rn. 78; *Assmann* AG 1994, 237, 246 f.; *Assmann* ZGR 1994, 519; *Becker*, Das neue Wertpapierhandelsgesetz, S. 50; *Hilgendorf* in Park, Kap. 3 Rn. 134; *Hopt* in Bankrechts-Handbuch, § 107 Rn. 36; *Mennicke* in Fuchs, WpHG, § 14 Rn. 34; *Lenenbach*, Kapitalmarktrecht, Rn. 13.139; *Lücker*, Der Straftatbestand des Missbrauchs von Insiderinformationen nach dem Wertpapierhandelsgesetz (WpHG), 1998, S. 94 f.; *Rothenhöfer* in Kümpel/Wittig, Bank- und Kapitalmarktrecht, Rn. 3.527; *Schäfer* in Schäfer/Hamann, KMG (Lfg. 6/2007), § 14 WpHG Rn. 14; *Schröder* in Achenbach/Ransiek, Handbuch Wirtschaftsstrafrecht, 10. Teil, Kap. 2 Rn. 160, 162; *Schwark/Kruse* in Schwark/Zimmer, KMRK, § 14 WpHG Rn. 11; aA *Claussen* ZBB 1992, 267, 281; *Claussen*, Insiderhandelsverbot, Rn. 38; *Soesters*, Insiderhandelsverbote, S. 153 f.; *Ulf Andreas Weber* BB 1995, 157, 166.

[235] Für eine Straflosigkeit Assmann in Assmann/Schneider, WpHG, § 14 Rn. 17; *Dickersbach*, Das neue Insiderrecht, S. 183; *Heise*, Insiderhandel, S. 167 f.; *Hilgendorf* in Park, Kap. 3 Rn. 135; *Hopt* in Bankrechts-Handbuch, § 107 Rn. 36; *Klöhn* in Hirte/Möllers, KK-WpHG, § 14 Rn. 107; *Lenenbach*, Kapitalmarktrecht, Rn. 13.139; *Mennicke* in Fuchs, WpHG, § 14 Rn. 35. Zur Frage der Strafwürdigkeit dieses Verhaltens *Kohlmann*, FS Vieregge, S. 443, 450 f.

[236] So *Hartmann*, Regelungsprobleme des Insiderhandels, S. 232 f.; *Schröder*, Aktienhandel und Strafrecht, S. 139; *Schröder* NJW 1994, 2879, 2880; *Schröder* in Achenbach/Ransiek, Handbuch Wirtschaftsstrafrecht, 10. Teil, Kap. 2 Rn. 162.

[237] Dies dürfte der eigentliche Grund für die Herausnahme der Fälle des Unterlassens der Transaktion aus dem Tatbestand sein, vgl. *Hopt*, FS Heinsius, S. 289, 293.

[238] *Sethe* in Assmann/Schneider, WpHG, §§ 37b, 37c Rn. 63, 77.

[239] *Hilgendorf* in Park, Kap. 3 Rn. 135; *Mennicke* in Fuchs, WpHG, § 14 Rn. 35.

schäfte vom November 2012 ist die Depotbank verpflichtet, vor Ablauf der Frist die Bezugsrechte bestens zu veräußern. Das Untätigbleiben des Inhabers der Bezugsrechte, der eine negative Insiderinformation besitzt, führt also gerade zu einer Veräußerung. Der Inhaber bleibt dennoch straflos, da der Bezugsrechtsinhaber nicht gezwungen sein kann, sich selbst zu schädigen, indem er die Bank anweist, das Bezugsrecht verfallen zu lassen; daher ist der Tatbestand des Verwendungsverbots aus den in Rn. 78 genannten Gründen teleologisch zu reduzieren (→ Rn. 100 f.). Im Übrigen wird man schwerlich beweisen können, dass der potenzielle Täter gerade wegen der Insiderinformation die Bezugsfrist verstreichen ließ. In der Praxis kümmern sich viele Depotinhaber nicht um Bezugsrechte, sondern vertrauen darauf, dass ihre Depotbank sie bestmöglich verkauft. Der potenzielle Insider muss daher nur vorbringen, er hätte auch ohne die Insiderinformation die Bezugsfrist verstreichen lassen, um straflos zu sein.

**81** Fraglich ist weiterhin, ob sich aus § 13 StGB in Bezug auf Insidertaten eine so genannte **Geschäftsherrenhaftung** begründen lässt. Gemeint sind damit Konstellationen, in denen es in einem Unternehmen zu strafbarem Insiderhandel durch Mitarbeiter kommt und die Unternehmensverantwortlichen dies trotz Kenntnis der Vorfälle nicht verhindern. Man kann drei verschiedene Stufen der strafrechtlichen Verantwortung unterscheiden: (1) Grundsätzlich obliegt den Unternehmensverantwortlichen keine Pflicht zur Verhinderung von Straftaten Dritter[240]. (2) Ausnahmsweise trifft den Unternehmensverantwortlichen jedoch eine Garantenstellung, wenn er einer besonderen gesetzlichen Pflicht unterliegt, mit der der Gesetzgeber gerade die in Rede stehende Straftat durch Mitarbeiter des Unternehmens verhindern will. (3) Weiterhin wird eine Pflicht zur Verhinderung der Straftat dann bejaht, wenn die Straftat nicht nur bei Gelegenheit der Tätigkeit im Unternehmen verübt wird, sondern die Stellung im Unternehmen gerade dazu genutzt wird, die Straftat zu begehen (betriebsbezogene Straftat)[241]. Keine Pflicht zur Verhinderung von Straftaten obliegt dem Unternehmer, wenn die Straftat nur bei Gelegenheit der Tätigkeit im Unternehmen begangen wurde.

**82** Wendet man diese Grundsätze auf den Insiderhandel an, ergibt sich folgendes Bild: (1) § 33 Abs. 1 S. 2 Nr. 1 WpHG iVm § 12 Abs. 1 WpDVerOV verpflichtet Wertpapierdienstleistungsunternehmen, angemessene Grundsätze aufzustellen, Mittel vorzuhalten und Verfahren einzurichten, um Verstößen gegen das Wertpapierhandelsgesetz entgegenzuwirken. Diese Verpflichtung zielt auch auf die Bekämpfung des Insiderhandels durch Mitarbeiter[242]. Erkennt der Geschäftsleiter oder ein unternehmensintern Verantwortlicher, dass im **Wertpapierdienstleistungsunternehmen** Insiderhandel betrieben wird, ist er zum Einschreiten verpflichtet. Denn die Pflicht zur Errichtung einer Kontrollorganisation wäre sinnlos, wenn bei der Kontrolle Verstöße gegen gesetzliche Pflichten aufgedeckt werden, diese dann aber nicht unterbunden werden müssten. Eine vorsätzlich unterlassene Straftatverhinderung kann daher einen Fall der Beihilfe zum Insiderhandel[243] nach §§ 13, 27 StGB darstellen[244].

---

[240] Die Frage ist sehr umstritten. Eine vordringende Auffassung neigt dazu, die Verantwortlichkeit für „betriebsbezogene Straftaten" oder „Verbandstaten" zu bejahen. Zum Meinungsstand *Stree/Bosch* in Schönke/Schröder, StGB, § 13 Rn. 53, der eine allgemeine Pflicht zur Verhinderung von Straftaten Dritter ablehnt. Ebenso *Schröder*, Kapitalmarktstrafrecht, Rn. 353, und für den Bereich der Geldwäsche *Schröder/Textor* in Fülbier/Aepfelbach/Langweg, GwG, § 261 StGB Rn. 57 ff.

[241] Zur Eingriffspflicht des Aufsichtsrats vgl. *Cramer*, FS Stree/Wessels, S. 563 ff.

[242] *Fuchs* in Fuchs, WpHG, § 33 Rn. 69; siehe *Koller* in Assmann/Schneider, WpHG, § 33 Rn. 14 f.

[243] So im Ergebnis auch *Schröder*, Kapitalmarktstrafrecht, Rn. 351, 355; *Vogel* in Assmann/Schneider, WpHG, § 38 Rn. 79. Im strafrechtlichen Schrifttum ist umstritten, wie eine Teilnahme durch Unterlassen einzuordnen ist; zum Streitstand *Heine* in Schönke/Schröder, StGB, Vorbem. § 25 Rn. 101 ff. Der BGH BKR 2009, 422, hat einen Compliance-Beauftragten wegen Beihilfe zum Betrug verurteilt, weil er bei falschen Abrechnungen bewusst weggeschaut hat, dazu *Lang/Renz* in Schäfer/Sethe/Lang, Handbuch der Vermögensverwaltung, § 16 Rn. 43 ff. mwN.

[244] Fehlt es am entsprechenden Vorsatz, kommt ein leichtfertiges Zugänglichmachen von Insiderinformationen in Betracht.

Für das Bestehen einer Organisationspflicht könnte auch § 10 WpHG ins Feld geführt werden. Die dort normierte Anzeigepflicht kann nur erfüllt werden, wenn ausreichende Überwachungsstrukturen vorhanden sind, mit denen sich Insiderhandel im Unternehmen erkennen lässt[245]. Allerdings verbietet das Kapitalmarktrecht es nicht, die verdächtige Order auszuführen[246], weshalb man letztlich aus der Vorschrift keine Garantenstellung ableiten kann[247].

(2) **Emittenten** sind nach § 15b WpHG verpflichtet, ihre Mitarbeiter zu belehren und Personen mit Insiderwissen zu erfassen. Daraus folgt eine Organisationpflicht im Vorfeld der Entstehung von Insiderinformationen[248]. Verletzt der Vorstand eines Emittenten die Belehrungspflicht und weiß er um den laxen Umgang mit Insiderinformationen in seinem Unternehmen, kommt ein Insiderverstoß durch Unterlassen in Betracht[249]. Missachtet er die Pflicht zur Führung des Insiderverzeichnisses, um – was diese wissen – seine Mitarbeiter zu decken, kann dies im Einzelfall als Beihilfe gewertet werden.

(3) Das Wertpapierhandelsgesetz legt **anderen Unternehmen** weder eine ausdrückliche Pflicht zur Verhinderung von Insiderhandel noch eine Anzeigepflicht auf[250]. Eine Organisationspflicht lässt sich auch der Marktmissbrauchs-Richtlinie 2003/6/EG nicht entnehmen. Deren Erwägungsgrund Nr. 24 bestimmt: „Die professionellen Marktteilnehmer sollten durch verschiedene Maßnahmen zur Gewährleistung von Marktintegrität beitragen. Dazu gehören zB ‚grey lists', die Begrenzung des Aktienhandels sensibler Personenkategorien auf genau definierte Zeiträume (‚window trading'), interne Verhaltenskodizes und die Schaffung von Vertraulichkeitsbereichen (‚Chinese walls'). Derartige vorbeugende Maßnahmen können nur dann zur Bekämpfung des Marktmissbrauchs beitragen, wenn sie entschieden durchgeführt und pflichtgemäß kontrolliert werden. Eine angemessene Durchführungskontrolle würde zB bedeuten, dass innerhalb der betreffenden Einrichtungen Mitarbeiter benannt werden, die für die Einhaltung der Vorschriften zuständig sind (‚Compliance officer'), und dass unabhängige Prüfer regelmäßige Kontrollen durchführen." Diese Erwägungen beziehen sich jedoch allein auf professionelle Marktteilnehmer und gerade nicht auf andere Unternehmen.

In Betracht kommt daher nur die genannte Fallgruppe, dass das Unternehmen dazu genutzt wird, Insiderstraftaten zu begehen. Beispielsweise könnte ein Mitarbeiter einer Druckerei, die regelmäßig Prospekte für Emittenten druckt, seinen Wissensvorsprung für Insidergeschäfte nutzen. Gesellschaftsrechtlich ist die Leitung des Unternehmens gegenüber dessen Aktionären oder Anteilseignern verpflichtet, den Insiderhandel zu unterbinden, da andernfalls die Druckerei keine Aufträge mehr erhalten wird. Aus dieser zweifellos vorhandenen gesellschaftsrechtlichen Pflicht, vom Unternehmen Schaden abzuwenden, erwächst jedoch keine strafrechtliche Garantenstellung, Insiderhandel zu verhindern. Denn Schutzgut des Insiderhandels ist die Funktionsfähigkeit des Kapitalmarkts. Den einzelnen Unternehmer trifft jedoch **ohne ausdrückliche gesetzliche Anordnung keine Pflicht**, die Funktionsfähigkeit des Kapitalmarkts sicherzustellen. Der gesellschaftsrechtlichen entspricht somit keine parallele kapitalmarktrechtliche Pflicht des Unternehmers.

Es wird die Ansicht vertreten, aus den zahlreichen bestehenden zivilrechtlichen, gesellschaftsrechtlichen und wertpapieraufsichtsrechtlichen Organisationspflichten sei eine generelle Pflicht der Unternehmen abzuleiten, Insiderverstöße in ihrem Einflussbereich zu ver-

---

[245] So auch *Vogel* in Assmann/Schneider, WpHG, § 10 Rn. 44.
[246] *Schröder*, Kapitalmarktstrafrecht, Rn. 354; *Vogel* in Assmann/Schneider, WpHG, § 10 Rn. 44.
[247] *Schröder*, Kapitalmarktstrafrecht, Rn. 354; *Schröder* in Achenbach/Ransiek, Handbuch Wirtschaftsstrafrecht, 10. Teil, Kap. 2 Rn. 195.
[248] *Sethe* in Assmann/Schneider, WpHG, § 15b Rn. 74 f.
[249] *Schröder*, Kapitalmarktstrafrecht, Rn. 356; *Schröder* in Achenbach/Ransiek, Handbuch Wirtschaftsstrafrecht, 10. Teil, Kap. 2 Rn. 196.
[250] Außer Betracht bleiben im Folgenden anlassbezogene Organisationspflichten zur Verhinderung des Insiderhandels, wie sie sich etwa aus § 10 Abs. 1 S. 3 WpÜG ergeben.

hindern[251]. Dies überzeugt jedoch nicht. Denn entscheidend muss die Schutzrichtung der Einzelpflichten sein. Eine **Gesamtanalogie** kann als Begründung nur herangezogen werden, wenn die Schutzrichtung der Einzelpflichten gleichgerichtet ist und zudem die konkrete, zur Entscheidung anstehende Fallkonstellation auch von dieser Schutzrichtung erfasst wird. Aus gesellschaftsrechtlichen Organisationspflichten lassen sich daher gerade nicht auch kapitalmarktrechtliche Organisationspflichten zur Verhinderung des Insiderhandels ableiten. Gestützt wird dieses Ergebnis durch die Schaffung der §§ 15b Abs. 1, 33 Abs. 1 Nr. 1 WpHG. Der Gesetzgeber hat gerade nicht alle Unternehmen zur Verhinderung des Insiderhandels verpflichtet, sondern differenziert zwischen Wertpapierdienstleistungsunternehmen, Emittenten und anderen Unternehmen[252]. Aus dem Aufsichtsrecht lässt sich daher nur in Bezug auf Wertpapierdienstleistungsunternehmen und Emittenten eine Organisationspflicht zur Prävention des Insiderhandels begründen. Nur die Inhaber dieser Unternehmen trifft folglich auch strafrechtlich eine Garantenpflicht zur Verhinderung des Insiderhandels.

**87** Eine weitere Ansicht im Schrifttum will jedoch für alle Unternehmen eine Verpflichtung zur Errichtung einer Compliance-Organisation begründen, indem eine Gesamtanalogie zu zahlreichen öffentlich-rechtlichen Einzeltatbeständen gezogen wird, die besondere Pflichten für einzelne Arten von Unternehmen aufstellen (zB im Hinblick auf Umweltfragen, Geldwäsche oder Lenkzeiten)[253]. Diese Ansicht geht nicht der Frage nach, ob aus dieser Pflicht zur Errichtung einer Compliance-Organisation auch eine Pflicht zur Verhütung des Insiderhandels und damit uU eine Garantenstellung Hinblick auf die Funktionsfähigkeit des Kapitalmarkts folgt. Aus den bereits genannten Gründen ist eine solche Gleichsetzung abzulehnen. Die Gesamtanalogie ist nicht geeignet, Ausgangspunkt für eine strafrechtliche Garantenstellung zu sein, die eine Bestrafung wegen Beihilfe zum Insiderhandel aufgrund des Unterlassens von organisatorischen Vorkehrungen ermöglicht.

**88** Das Unterlassen solcher Vorkehrungen wird allenfalls als Ordnungswidrigkeit geahndet werden können, wenn der Tatbestand des **§ 130 OWiG** erfüllt ist. Danach handelt der Inhaber eines Betriebs oder Unternehmens ordnungswidrig, wenn er es schuldhaft unterlässt, die *erforderlichen Aufsichtsmaßnahmen* zu ergreifen, um im Unternehmen Zuwiderhandlungen gegen Pflichten zu verhindern, die den Inhaber treffen und deren Verletzung mit Strafe oder Geldbuße bedroht ist. Zu den erforderlichen Aufsichtsmaßnahmen zählt gerade bei größeren Unternehmen jedenfalls auch eine innerbetriebliche Organisation, die Verstöße gegen die den Unternehmer treffenden Pflichten zu verhindern geeignet ist. Objektive Bedingung der Strafbarkeit ist, dass eine solche Zuwiderhandlung begangen wurde, die durch eine gehörige Aufsicht verhindert oder wesentlich erschwert worden wäre. Die Vorschrift stellt ein Sonderdelikt für Betriebs- und Unternehmensinhaber dar. Auf das Insiderhandelsverbot findet sie grundsätzlich Anwendung[254]. Als Täter kommen nur die Inhaber von Betrieben und Unternehmen in Betracht. Gemäß § 9 OWiG sind damit auch die vertretungsberechtigten Organe und Organmitglieder einer juristischen Person, die vertretungsberechtigten Gesellschafter einer rechtsfähigen Personengesellschaft und die Vertreter und Beauftragten dieser Personen gemeint[255]. Die Tathandlung besteht in dem Unterlassen der an sich gebotenen Aufsichtsmaßnahmen, die zur Verhinderung von Verstößen gegen **Pflichten** notwendig sind, die **den Inhaber** treffen. Bis 2007 verlangte das Gesetz, dass die Pflicht den Inhaber „als solchen" trifft. Die Bedeutung dieses Tatbestandsmerkmals war

---

[251] *Sven H. Schneider,* Informationspflichten, S. 225 ff., 306; zu Recht aA *Schröder,* Kapitalmarktstrafrecht, Rn. 356; offen gelassen bei *Klöhn* in Hirte/Möllers, KK-WpHG, § 14 Rn. 25.
[252] *Schröder,* Kapitalmarktstrafrecht, Rn. 355 f. So auch für den Bereich der Geldwäsche *Schröder/Textor* in Fülbier/Aepfelbach/Langweg, GwG, § 261 StGB Rn. 57 ff., die die Pflicht zur Verhinderung der Geldwäsche aus § 25a Abs. 1 S. 3 Nr. 6 KWG aF (nunmehr § 25h Abs. 1 KWG) ableiten.
[253] *Uwe H. Schneider* ZIP 2003, 645, 648 f.; zu Recht aA *Schröder,* Kapitalmarktstrafrecht, Rn. 356.
[254] *Hopt* in Großkomm. AktG, § 93 Rn. 174; *Vogel* in Assmann/Schneider, WpHG, § 39 Rn. 62.
[255] Dazu *Achenbach* in Achenbach/Ransiek, Handbuch Wirtschaftsstrafrecht, 1. Teil, Kap. 3 Rn. 42.

umstritten²⁵⁶. Seit der Streichung²⁵⁷ erfüllen auch unterlassene Aufsichtsmaßnahmen zur Verhinderung der Zuwiderhandlung gegen Jedermannspflichten den Tatbestand des § 130 OWiG, wenn diese im Zusammenhang mit der Führung des Betriebs oder Unternehmens stehen²⁵⁸. Das Insiderhandelsverbot stellt kein Sonderdelikt dar, denn es richtet sich seit der Reform durch das Anlegerschutzverbesserungsgesetz in seinen drei Tatvarianten an jedermann. Bei Allgemeindelikten ist danach zu fragen, ob die Pflicht eine betriebsbezogene ist. Denn für die Erfüllung des Tatbestands reicht es gerade nicht aus, wenn innerhalb eines Betriebs von Mitarbeitern gegen allgemeine Verbote verstoßen wird. Es kann nicht Aufgabe der Geschäftsführung sein, Diebstähle, Körperverletzungen und Beleidigungen unter den Mitarbeitern zu verhindern und dem Arbeitgeber damit zuzumuten, über die Angestellten wie pflegebefohlene Personen zu wachen. Die verletzte Pflicht muss sich daher auf den Wirkungskreis des Betriebs beziehen, also in einem konkreten Zusammenhang zu den betrieblichen Aufgaben und/oder dem Geschäftsgegenstand stehen²⁵⁹. Bezogen auf das Insiderhandelsverbot bedeutet dies, dass nur die Geschäftsleiter der Unternehmen erfasst sind, die **aufgrund ihrer Tätigkeit regelmäßig mit Insiderinformationen umgehen.** Dies ist bei Anwalts- und Steuerberatungskanzleien, Wirtschaftsprüfungsgesellschaften und Notaren der Fall. Weiterhin gehören Unternehmen hierzu, die **aufgrund ihres Geschäftsfeldes** regelmäßig Zugang zu Insiderinformationen haben, also zB die Deutsche Gesellschaft für Ad-hoc-Publizität, die euro adhoc, die Hugin Group und die Deutsche Börse AG. Gleiches gilt für Gesellschaften, die aufgrund ihres Gesellschaftszwecks regelmäßig mit börsennotierten Aktien handeln oder diese halten²⁶⁰ (zB eine Holding, ein Raider), so dass aufgrund des verfolgten Gesellschaftszwecks Insiderwissen entsteht oder anfällt. **Keiner Aufsichts- und damit auch keiner Organisationspflicht** unterliegen dagegen Unternehmen, bei denen es **Zufall** ist, ob sie mit Insiderinformationen in Kontakt kommen. Das Taxiunternehmen muss daher keine organisatorischen Vorkehrungen treffen, um zu verhindern, dass seine Taxifahrer aufgeschnappte Insiderinformationen verwerten oder weitergeben. Eine Klinik muss keine Vorsorge treffen, dass ein angestellter Psychotherapeut vertrauliche Informationen aus Behandlungsgesprächen an der Börse verwertet.

Zwischen diesen beiden eindeutigen Fallgruppen liegt eine dritte, bei der die Anwendung des § 130 OWiG nicht ohne weiteres auf der Hand liegt. Es ist fraglich, ob ein Unternehmen automatisch schon dadurch unter § 130 OWiG fällt, dass seine Aktien börsennotiert sind. Dies hätte zur Folge, dass die Geschäftsführung jedes Emittenten für organisatorische Vorkehrungen gegen Insiderhandel zu sorgen hätte. Durch die Börsenzulassung verändert sich der Gesellschaftszweck des Unternehmens nicht. Allerdings hat die Börsennotierung zur Folge, dass der Wirkungskreis des Unternehmens und seiner Organe erweitert wird. Das Unternehmen muss jetzt alle kapitalmarktrechtlichen Folgepflichten der Börsenzulassung beachten. Bei jedem Emittenten entstehen regelmäßig Insiderinformationen, etwa nach Billigung, aber vor der Veröffentlichung des Jahresabschlusses, bei anstehenden Gewinnwarnungen oder Kapitalmaßnahmen etc. Die Geschäftsführung muss dafür sorgen, dass diese regelmäßig entstehenden Insiderinformationen nicht verwendet, weitergegeben oder zugänglich gemacht werden. Die aus dem Insiderhandelsverbot folgenden

---

²⁵⁶ Vgl. den Meinungsstand bei *Achenbach* in Achenbach/Ransiek, Handbuch Wirtschaftsstrafrecht, 1. Aufl., I 3, Rn. 44; *Rogall* in KK-OWiG, § 130 Rn. 78 ff.; *Sethe* ZBB 2006, 243, 254 ff.

²⁵⁷ Art. 2 des 41. Strafrechtsänderungsgesetzes zur Bekämpfung der Computerkriminalität v. 7.8.2007; BGBl. I 2007, 1786.

²⁵⁸ So ausdrücklich RegE Begr. BT-Drucks. 16/3656, S. 14; dazu *Achenbach* in Achenbach/Ransiek, Handbuch Wirtschaftsstrafrecht, 1. Teil, Kap. 3 Rn. 44 mwN.

²⁵⁹ OLG Düsseldorf wistra 1991, 275, 277; *Altenhain* in Hirte/Möllers, KK-WpHG, § 39 Rn. 83; weiter offenbar *Uwe H. Schneider* ZIP 2003, 645, 649, der bei § 130 OWiG gerade nicht der Frage nachgeht, welche Aufgaben das Unternehmen verfolgt.

²⁶⁰ Ohne dass sie ein Wertpapierdienstleistungsunternehmen sind, denn dann wären sie bereits aufgrund von § 33 Abs. 1 S. 2 Nr. 1 WpHG iVm § 12 Abs. 1 WpDVerOV zu Organisationspflichten angehalten.

Pflichten treffen die Unternehmensleitung. Daher unterfallen börsennotierte Unternehmen – soweit nicht § 33 Abs. 1 S. 2 Nr. 1 WpHG bzw. § 15b WpHG eingreifen[261] – zumindest dem § 130 OWiG und sind daher gehalten, den Geschäftsbetrieb so zu organisieren, dass Verstöße gegen das Insiderhandelsverbot verhindert oder zumindest erschwert werden.

90  Unterliegt ein Unternehmen danach einer Organisationspflicht, muss es intern klare Zuständigkeiten im Hinblick auf den Umgang mit Insiderinformationen schaffen. Soweit notwendig, sind einzelne Unternehmensbereiche gegen Informationsabflüsse abzuschotten. Es muss eine sorgfältige Auswahl geeigneter Mitarbeiter erfolgen. Diese müssen ausreichend überwacht und Verstöße gegen § 14 WpHG geahndet werden. Wertpapierdienstleistungsunternehmen haben zusätzlich die von der BaFin in den Mitarbeiterleitsätzen und in der Ma Comp erlassenen Vorgaben zu beachten, die der Verhütung des Insiderhandels dienen (dazu unten 183 ff.).

91  Zusammenfassend lässt sich damit feststellen, dass die Verantwortlichen in Wertpapierdienstleistungsunternehmen verpflichtet sind, Insiderhandel ihrer Mitarbeiter zu unterbinden (§ 33 Abs. 1 S. 2 Nr. 1 WpHG iVm § 12 Abs. 1 WpDVerOV). Emittenten trifft eine Organisationspflicht aus § 15b WpHG, im Vorfeld die Entstehung von Insiderwissen zu erfassen und die Mitarbeiter zu belehren. In diesem Rahmen (und nur in diesem) trifft sie eine gesetzliche Garantenpflicht, so dass ein vorsätzliches Unterlassen im Einzelfall als Beihilfe zum Insiderhandel bestraft werden kann. Für Unternehmen, zu deren Geschäftsgegenstand der regelmäßige Umgang mit Insiderwissen gehört, die aber keine Wertpapierdienstleistungsunternehmen und keine Emittenten sind, ergibt sich eine Aufsichts- und damit regelmäßig auch eine Organisationspflicht nur indirekt aus § 130 OWiG. Sie unterliegen also keiner speziellen Garantenpflicht, sondern nur der allgemeinen Aufsichtspflicht und können daher nur mit einer Geldbuße nach § 130 OWiG bestraft werden, wenn es im Unternehmen aufgrund der unzureichenden Aufsicht zu Fällen von Insiderhandel gekommen ist. Für sonstige Unternehmen, die weder § 33 WpHG noch 15b WpHG oder § 130 OWiG unterfallen, gilt der allgemeine Grundsatz, dass die Unternehmensverantwortlichen nicht verpflichtet sind, Straftaten Dritter zu verhindern. Eine allgemeine Garantenpflicht, in sämtlichen Unternehmen Vorsorgemaßnahmen gegen Insiderhandel zu ergreifen, besteht also nicht.

92  Die soeben dargestellte Rechtslage wird mit der Umsetzung von Art. 8 Abs. 2 CRIM-MAD obsolet werden, denn die Richtlinie, die die strafrechtliche Seite des Insiderhandels harmonisiert, verlangt von den Mitgliedstaaten die Einführung einer Unternehmensstrafbarkeit auch für den Fall, dass mangelnde Überwachung oder Kontrolle durch ein Organ es ermöglicht hat, dass Insiderhandel oder eine unrechtmäßige Offenlegung von Insider-Informationen zugunsten der juristischen Person begangen wurde.

93  **c) Eigen- oder Fremdgeschäft.** Das Verwendungsverbot erfasst sowohl eigennützige als auch fremdnützige Geschäfte, dh Geschäfte, die der potenzielle Insider für **eigene** und für **fremde Rechnung** abschließt. Damit unterfallen die unmittelbare und die mittelbare Stellvertretung, insbesondere auch das Kommissionsgeschäft, dem Tatbestand[262]. Mit der Erfassung der Geschäfte für fremde Rechnung hat der Gesetzgeber die früher anzutreffende Praxis, mit dem regelmäßigen Zugang zu Insiderwissen zu werben oder Frontrunning zugunsten wichtiger Kunden zu betreiben, unterbunden[263].

---

[261] Denn die Vorschrift des § 130 OWiG ist subsidiär zu anderen Straf- und Bußgeldtatbeständen *Vogel* in Assmann/Schneider, WpHG, § 39 Rn. 62. Ein Anwendungsfall sind Unternehmen, deren Aktien im Freiverkehr gehandelt werden. Sie unterfallen nicht § 15b WpHG, wohl aber § 130 OWiG.

[262] *Hilgendorf* in Park, Kap. 3 Rn. 137; *Kübler/Assmann*, Gesellschaftsrecht, § 32 IV = S. 482; *Mennicke* in Fuchs, WpHG, § 14 Rn. 39 ff.

[263] *Sethe*, Anlegerschutz, S. 921. Sa *Dingeldey* DB 1982, 685 ff.; *Hopt*, Kapitalanlegerschutz, S. 448 ff.; *Hopt*, FS Heinsius, S. 289, 300; *Schwark* DB 1971, 1605, 1607; *Tippach*, Insider-Handelsverbot, S. 266 ff., 272 ff.

**d) Verwenden.** Ein Insiderhandel liegt nur vor, wenn der potenzielle Täter die Insiderinformation verwendet. Die vor Inkrafttreten des Anlegerschutzverbesserungsgesetzes gültige Gesetzesfassung verlangte ein „Ausnutzen" der Insiderinformation und enthielt damit ein subjektives Element. Demgegenüber stellt das Merkmal des Verwendens allein auf ein objektives Kriterium ab. Mit dieser Gesetzesänderung setzte der deutsche Gesetzgeber eine entsprechende Änderung im europäischen Recht um. Während Art. 2 Abs. 1 der Insider-Richtlinie noch auf die Ausnutzung einer Insiderinformation abstellte, erfasst Art. 2 Abs. 1 S. 1 der Marktmissbrauchs-Richtlinie 2003/6/EG nur solche Transaktionen, die „unter Nutzung" einer Insiderinformation vorgenommen werden. Für den deutschen Gesetzgeber war weiterhin maßgebend, dass das Tatbestandsmerkmal des „Ausnutzens" die Staatsanwaltschaften regelmäßig vor erhebliche Beweisschwierigkeiten stellte, weil es ein zweckgerichtetes Handeln voraussetzte[264]. Auch war der Begriff als „Alleinstellungsmerkmal" interpretiert worden. Verfolgte der Täter weitere Motive, hatte dies seine Straflosigkeit zur Folge. Daher war es konsequent, auf ein subjektives Element zu verzichten. Der Zweck des Handelns des potenziellen Täters, zum Beispiel die Erlangung eines wirtschaftlichen Vorteils, wird deshalb nicht mehr im Tatbestand, sondern nur noch bei der Straf- bzw. Bußgeldzumessung berücksichtigt.

Der Gesetzgeber hat klargestellt, dass dem neu eingeführten Merkmal des „Verwendens" aber ebenfalls eine den Tatbestand einschränkende Bedeutung zukommt[265]. Es ist jedoch umstritten, ob mit dem Tatbestandsmerkmal „verwenden" das Handeln in Kenntnis der Insiderinformation gemeint ist[266] oder ob es einen **Ursachenzusammenhang** zwischen der Kenntnis von der Insiderinformation und der Transaktion geben muss. Für die Kausalitätstheorie spricht der Wortlaut von Art. 2 Abs. 1 der Marktmissbrauchs-Richtlinie 2003/6/EG, der von „nutzen" und nicht von „kennen" spricht, sowie ihr Art. 2 Abs. 3, der die Erfüllung einer Verbindlichkeit in Kenntnis einer Insiderinformation für die Erfüllung des Tatbestands gerade nicht ausreichen lässt. Die Kenntnis muss also mitursächlich für das Handeln des Täters sein[267].

Im „Spector-Urteil"[268] entschied der EuGH, dass der Kauf oder Verkauf von Finanzinstrumenten in Kenntnis einer darauf bezogenen Insiderinformation eine „Nutzung" iSv Art. 2 Abs. 1 der Richtlinie vermuten lasse. Der EuGH betonte jedoch, dies gelte „vorbehaltlich der Wahrung der Verteidigungsrechte und insbesondere des Rechts, diese Vermutung widerlegen zu können".[269] Die Entscheidung ist auf Kritik gestoßen, ua deshalb, weil das Strafrecht keine Beweislastumkehr kennt, das Urteil aber so verstanden werden könnte[270]. Außerdem wird darüber gestritten, ob man dem Urteil eine Aussage zum Kausalitätserfordernis entnehmen kann[271] oder nicht[272]. Nimmt man Letzteres an, hat sich der EuGH

---

[264] Hierzu und zum Folgenden RegE zum AnSVG, BT-Drucks. 15/3174, S. 34.
[265] RegE zum AnSVG, BT-Drucks. 15/3174, S. 34.
[266] *BaFin*, Emittentenleitfaden, S. 37; *Pawlik* in Hirte/Möllers, KK-WpHG, 1. Aufl., § 14 Rn. 25 ff.; *Claussen/Florian* AG 2005, 745, 751; *Ziemons* NZG 2004, 537, 539.
[267] Statt vieler *Assmann* in Assmann/Schneider, WpHG, § 14 Rn. 25; *Klöhn* in Hirte/Möllers, KK-WpHG, § 14 Rn. 86; *Schröder*, Kapitalmarktstrafrecht, Rn. 198, jeweils mwN.
[268] EuGH, Urt. v. 23.12.2009 – Rs. C-45/08 „Spector Photo Group NV", AG 2010, 78; kritisch dazu etwa *Assmann* in Assmann/Schneider, WpHG, § 14 Rn. 26, 61a; *Klöhn* in Hirte/Möllers, KK-WpHG, § 14 Rn. 123 ff.; *Schwark/Kruse* in Schwark/Zimmer, KMRK, § 14 WpHG Rn. 16a; *Hilgendorf* in Park, Kap. 3 Rn. 142 – jeweils mwN.
[269] EuGH Urt. v. 23.12.2009 – Rs. C-45/08, AG 2010, 78 Rn. 62.
[270] Etwa *Gehrmann* ZBB 2010, 48, 51; *Cascante/Bingel* NZG 2010, 161, 163.
[271] So *Bussian* WM 2011, 8, 10 f.; *Cascante/Bingel* NZG 2010, 161, 162; *Gehrmann* ZBB 2010, 48, 50; *Klöhn* in Hirte/Möllers, KK-WpHG, § 14 Rn. 134; *Ransiek* wistra 2011, 1, 2; *Schwark/Kruse* in Schwark/Zimmer, KMRK, § 14 WpHG Rn. 16a.
[272] *Assmann* in Assmann/Schneider, WpHG, § 14 Rn. 26; *Nietsch* ZHR 174 (2010), 556, 564; *Schulz* ZIP 2010, 609, 611; unentschieden *Schäfer* in Marsch-Barner/Schäfer, Handbuch börsennotierte AG, § 14 Rn. 43b.

in seinen Ausführungen allein auf die subjektive Tatseite („Vorsatz") und nicht auf die Kausalität bezogen.

**97** Damit ein „Verwenden vorliegt, muss der Insider **im Zeitpunkt der Ordererteilung** Kenntnis von der Insiderinformation haben. Es ist daher unschädlich, wenn der Marktteilnehmer nach Erteilung der Order, aber vor deren Ausführung eine Insiderinformation erlangt[273]. Denn die reine **Erfüllung einer Verbindlichkeit,** die in gleicher Weise auch ohne Kenntnis der Insiderinformation erfolgt wäre, ist für den Tatbestand nicht ausreichend, wie Art. 2 Abs. 3 der Marktmissbrauchs-Richtlinie 2003/6/EG klarstellt. Hat sich also eine Person vor Erlangung der Insiderinformation zu einem Geschäft verpflichtet, liegt kein „Verwenden" vor[274]. Einen solchen Fall stellt etwa die **„Dauer-Order"** eines Kunden dar, die dieser vor Erlangung der Insiderinformation erteilt hat. Gleich gelagert ist der Fall, dass ein Mitarbeiter des Emittenten sich entschließt, an einem **Mitarbeiter- oder Aktien(options)programm** teilzunehmen und erst anschließend Insiderinformationen erlangt[275]. An einem „Verwenden" fehlt es auch dann, wenn Leerverkäufe vorgenommen werden und der Verkäufer erst anschließend Insiderkenntnisse erhält[276]. Werden Wertpapiere als Sicherheiten gestellt, wird die **Verwertung dieser Sicherheiten** nur dann den Tatbestand des „Verwendens" erfüllen, wenn schon die Sicherheitenbestellung mit dem Ziel erfolgte, den Insidertatbestand zu umgehen[277].

**98** Eine Insidertat liegt auch nicht vor, wenn bei einer außerbörslichen Transaktion[278] (zB beim Paketerwerb) beide **Parteien über den gleichen Wissensstand verfügen.** Nach dem bis 2004 geltenden Recht wurde der Insidertatbestand verneint, weil keine der Parteien ihr Insiderwissen zur Erzielung von Sondervorteilen *ausnutzte*[279]. Seit der Neufassung des Tatbestands wird das gleiche Ergebnis – allerdings mit unterschiedlichen Begründungen – erreicht: Ein Teil des Schrifttums nimmt eine teleologische Reduktion des Erwerbs- und Veräußerungsverbots vor. Eine Schädigung des Kapitalmarkts und der Kapitalmarktteilnehmer sei in solchen Fällen ausgeschlossen[280]. Eine andere Ansicht verneint das Tatbestandsmerkmal der „Verwendung einer Insiderinformation" deshalb, weil kein Wissensvorsprung eines Insiders in das Geschäft einfließe und deshalb kein wissensbedingter Sondervorteil erzielt werde[281]. Weiß der potenzielle Täter nicht, dass auch die Vertragspartei über die Insiderinformation verfügt, kommt eine Strafbarkeit wegen eines Versuchs des Insiderhandels in Betracht.

---

[273] *BaFin*, Emittentenleitfaden, S. 37.

[274] RegE zum AnSVG, BT-Drucks. 15/3174, S. 34; *Bürgers* BKR 2004, 424, 425; im Ergebnis auch *BaFin*, Emittentenleitfaden, S. 37.

[275] *BaFin*, Emittentenleitfaden, S. 37; *Assmann* in Assmann/Schneider, WpHG, § 14 Rn. 29.

[276] *BaFin*, Emittentenleitfaden, S. 38; *Assmann* in Assmann/Schneider, WpHG, § 14 Rn. 29.

[277] → Rn. 76 mwN auch zum Standpunkt der BaFin. Sa *Assmann* in Assmann/Schneider, WpHG, § 14 Rn. 30 aE.

[278] Zur Anwendbarkeit des § 14 Abs. 1 Nr. 1 WpHG auf face-to-face-Geschäfte → Rn. 24.

[279] *Assmann/Cramer* in Assmann/Schneider, WpHG, 3. Aufl., § 14 Rn. 28; *Assmann* in Lutter/Scheffler/Schneider, Handbuch Konzernfinanzierung, Rn. 12.19; *Dickersbach*, Das neue Insiderrecht, S. 180; *Fürhoff* AG 1998, 83, 87; *Hilgendorf* in Park, 1. Aufl., §§ 38 I Nr. 1–3, 12, 13, 14 WpHG Rn. 123; *Hopt* in Bankrechts-Handbuch, 2. Aufl., § 107 Rn. 34; *Krauel*, Insiderhandel, S. 288; *Kümpel*, Bank- und Kapitalmarktrecht, 3. Aufl., Rn. 16.163; *Schäfer* in Schäfer, WpHG, 1. Aufl. 1999, § 14 Rn. 13; *Schmidt-Diemitz* DB 1996, 1809, 1811; *Schwark* in Schwark, KMRK, 3. Aufl., § 14 WpHG Rn. 23.

[280] *Bachmann* ZHR 172 (2008), 597, 628; *Cahn* Der Konzern 2005, 5, 10f.; *Diekmann/Sustmann* NZG 2004, 929, 931; *Fromm-Russenschuck/Banerjea* BB 2004, 2425, 2427; *Schwintek*, Anlegerschutzverbesserungsgesetz, S. 26.

[281] EuGH v. 10.5.2007, Rs. C-391/04, Rn. 39 – Georgakis; *Assmann* in Assmann/Schneider, WpHG, § 14 Rn. 28; *Brandi/Süßmann* AG 2004, 642, 645; *Schwark/Kruse* in Schwark/Zimmer, KMRK, § 14 WpHG Rn. 17; *Schäfer* in Marsch-Barner/Schäfer, Handbuch börsennotierte AG, § 14 Rn. 39.

An einem „Verwenden" fehlt es auch dann, wenn der Handelnde die Wertpapierge- **99**
schäfte in jedem Fall **auch ohne Kenntnis der Insiderinformation vorgenommen**
hätte. Dies gilt etwa für die Geschäfte von **Maklern** oder **Marketmakern** im Rahmen
ihrer beruflichen Aufgaben[282]. Zu Sicherungszwecken gegen Preisschwankungen vorgenommene **Hedginggeschäfte** werden ebenfalls regelmäßig unabhängig von Insiderinformationen getätigt[283].

Das Merkmal des „Verwendens" soll schließlich in Fällen fehlen, in denen ein Organ **100**
oder ein Mitarbeiter des Emittenten **Bezugsrechte** auf junge Aktien besitzt und diese
ausübt, obwohl er während der Bezugsrechtsfrist von positiven Insidertatsachen erfahren
hat. Solange der Kurs der Aktie stabil sei, lohne der Erwerb der jungen Aktien oder der
Verkauf des Bezugsrechts, so dass der Bezugsrechtsinhaber auch ohne die Insiderinformation in jedem Fall das Bezugsrecht ausgeübt oder veräußert hätte. Hier werde die Insiderinformation daher nicht kausal[284]. Diese Ansicht überzeugt nicht. Sicherlich ist es aus Sicht
des Bezugsrechtsinhabers ohne Insiderinformation gleichgültig, ob er das Bezugsrecht ausübt oder nicht. Bei stabilen Kursen ist der wirtschaftliche Wert beider Wege für den Aktionär annähernd gleich. Anders ist dies jedoch, wenn der Bezugsrechtsinhaber während der
Bezugsfrist eine **positive Insiderinformation** erlangt, aus der er schließen kann, dass die
Aktie sich besser entwickeln wird als der Kurs des demnächst auslaufenden Bezugsrechts.
Der Bezugsrechtsinhaber würde einen Preis für das Bezugsrecht erzielen, in dem sich die
Insiderinformation noch nicht widerspiegelt. Übt er dagegen das Bezugsrecht aus, wird er
mit den erworbenen Aktien demnächst hohe Gewinne erzielen können. Entscheidet sich
der Bezugsrechtsinhaber in dieser Situation für die Ausübung des Bezugsrechts, verwendet
er sehr wohl die Insiderinformation. Er nutzt seinen Informationsvorsprung, den er gegenüber allen anderen Bezugsrechtsinhabern hat. Ein Verwenden würde nur dann fehlen,
wenn der Bezugsrechtsinhaber stets das Bezugsrecht ausübt (etwa um die Höhe einer unternehmerischen Beteiligung zu wahren). In allen anderen Fällen, in denen während der
Bezugsfrist eine positive Insiderinformation erlangt wird, stellt die Ausübung des Bezugsrechts einen Fall des Verwendens dar. Gleichwohl bleibt der Bezugsberechtigte straffrei,
denn es kann ihm nicht zugemutet werden, sich selbst zu schädigen; der Tatbestand des
Verwendungsverbots ist – wie Art. 2 Abs. 3 der Marktmissbrauchs-Richtlinie 2003/6/EG
zeigt – in diesem Fall daher teleologisch zu reduzieren (→ Rn. 78)[285]. Zur Klarstellung sei
betont, dass es an einem Verwenden fehlt, wenn ein Bezugsberechtigter die Bezugsfrist
trotz der positiven Insiderinformation verstreichen lässt. Zwar führt dies aufgrund der
Nr. 15 Abs. 1 der Sonderbedingungen für Wertpapiergeschäfte vom November 2012 zu
einer Veräußerung des Bezugsrechts, die aber für ihn wirtschaftlich ungünstiger ist als die
Ausübung des Bezugsrechts.

Gesondert zu betrachten ist der umgekehrte Fall, dass der Bezugsrechtsinhaber während **101**
der Bezugsfrist eine **negative Insiderinformation** erhält (zB über laufende Sanierungsgespräche, die nach § 15 Abs. 3 S. 1 WpHG zunächst nicht mitgeteilt werden müssen). Hier
sind folgende Handlungsalternativen zu unterscheiden: (1) Der Bezugsrechtsinhaber übt
sein Bezugsrecht nicht aus. Dies ist als bloßes Unterlassen des Erwerbs vom Tatbestand an
sich nicht erfasst (→ Rn. 80 ff.). Auch die am Ende der Bezugsfrist von der Depotbank für
ihn vorgenommene Veräußerung (Nr. 15 Abs. 1 der Sonderbedingungen für Wertpapiergeschäfte vom November 2012) führt aus den in → Rn. 80 genannten Gründen nicht zu

---

[282] *Assmann* in Assmann/Schneider, WpHG, § 14 Rn. 30, 34, 53; *Hilgendorf* in Park, Kap. 3
Rn. 143; *Hopt* in Bankrechts-Handbuch, § 107 Rn. 54; *Schwark/Kruse* in Schwark/Zimmer, KMRK,
§ 14 WpHG Rn. 21.
[283] *Assmann* in Assmann/Schneider, WpHG, § 14 Rn. 34; *Kümpel*, Bank- und Kapitalmarktrecht,
3. Aufl., Rn. 16.175; *Hilgendorf* in Park, Kap. 3 Rn. 146; *Hopt* in Bankrechts-Handbuch, § 107
Rn. 54; *Schwark/Kruse* in Schwark/Zimmer, KMRK, § 14 WpHG Rn. 22.
[284] → Rn. 78 mwN in Fn. 231.
[285] *Schröder*, Kapitalmarktstrafrecht, Rn. 200.

einer Strafbarkeit des Bezugsrechtsinhabers, da der Tatbestand des Insiderhandelsverbots teleologisch zu reduzieren ist. (2) Verkauft dieser sein Bezugsrecht dagegen während der Bezugsfrist schnellstmöglich, um der Publikation der negativen Insiderinformation zuvorzukommen, verwirklicht er das Tatbestandsmerkmal des „Verwendens", denn dieser Entschluss entspricht gerade nicht mehr dem bei Bezugsrechten üblichen, regelmäßig vorher beschlossenen Geschehensablauf. Hier wird vielmehr aufgrund der Insiderinformation ein neuer, nach Kenntnis der Insiderinformation gefasster Entschluss umgesetzt. Allerdings dürfte es in der Praxis schwer zu beweisen sein, dass der Verkauf des Bezugsrechts aufgrund dieses neuen Entschlusses erfolgte, wenn der Bezugsrechtsinhaber geltend macht, er habe ohnehin immer vorgehabt, das Bezugsrecht weiterzuverkaufen. Denn ein solches Vorgehen ist durchaus plausibel.

**102** Der Grundsatz, dass es an einem „Verwenden" fehlt, wenn der Handelnde die Wertpapiergeschäfte in jedem Fall auch ohne Kenntnis der Insiderinformation vorgenommen hätte, gilt auch für Anlageentscheidungen oder unternehmerische Entscheidungen, die vor Erlangung der Insiderinformation gefällt wurden. Fasst eine Person einen **Gesamtplan,** der in mehreren Stufen umgesetzt wird, ist die spätere Erlangung von Insiderwissen unschädlich. Kein Verstoß gegen das Verbot von Insidergeschäften liegt daher vor, wenn ein Vermögensverwalter, der einen zeitlich gestreckten Gesamtplan von Anlageentscheidungen (zB einen kursschonenden Verkauf von Wertpapieren aus mehreren Kundendepots) ausführt, später Insiderinformationen erlangt. Er darf sein Vorhaben zu Ende führen. Der Vermögensverwalter verwendet gerade kein Insiderwissen, sondern bringt nur den vorher gefassten Plan zum Abschluss[286].

**103** Gleiches gilt für einen Investor, der den Entschluss zum Auf- oder Ausbau einer Beteiligung gefasst hat, diesen umsetzt und dabei Insiderwissen erlangt[287]. Wenn er beispielsweise eine „Due Diligence-Prüfung" vornimmt und hierbei eine positive Insiderinformation erlangt, war diese nicht kausal für den Kaufentschluss, sondern bestätigt ihn nur[288]. Führt dagegen die Kenntnis von der Insiderinformation dazu, dass der Investor den geplanten Beteiligungserwerb nun ausweitet, so wird dieser Entschluss gerade aufgrund des Insiderwissens gefasst und es liegt damit ein Fall des „Verwendens" vor[289]. Nimmt der Investor dagegen nach der Erlangung der Insiderinformation von dem geplanten Beteiligungserwerb Abstand, so unterlässt er den Erwerb der Beteiligung, was als solches straflos ist[290] (s. a. oben

---

[286] *Assmann* in Assmann/Schneider, WpHG, § 14 Rn. 35; *Balzer,* Vermögensverwaltung, S. 118; *Hopt* in Bankrechts-Handbuch, § 107 Rn. 53; *Sethe,* Anlegerschutz, S. 901; *Sethe* in Schäfer/Sethe/Lang, Handbuch der Vermögensverwaltung, § 18 Rn. 20.

[287] Zur Sondersituation, dass der Investor dabei die Meldepflicht nach § 21 WpHG verletzt und sich auf diese Weise einen Sondervorteil verschafft, *Assmann* in Assmann/Schneider, WpHG, § 14 Rn. 46 mwN.

[288] RegE zum 2. FFG, BT-Drucks. 12/6679, S. 47; *Assmann* in Assmann/Schneider, WpHG, § 14 Rn. 45; *Cahn* Der Konzern 2005, 5, 10; *Fromm-Russenschuck/Banerjea* BB 2004, 2425, 2426 f.; *Hasselbach* NZG 2004, 1087, 1091; *Hemeling* ZHR 169 (2005), 284 f.; *Hilgendorf* in Park, Kap. 3 Rn. 151 f.; *Hopt* in Bankrechts-Handbuch, § 107 Rn. 43; *Mennicke* in Fuchs, WpHG, § 14 Rn. 75; *Ingo Schneider* DB 2005, 2678 f.; *Schröder,* Kapitalmarktstrafrecht, Rn. 212, 216; *Schwark/Kruse* in Schwark/Zimmer, KMRK, § 14 WpHG Rn. 24; *Schwintek,* Anlegerschutzverbesserungsgesetz, S. 26; *Stoffels* ZHR 165 (2001), 362, 380 f.; aA wohl *Ziemons* NZG 2004, 537, 539 f. Anders auch *Grothaus* ZBB 2005, 62, 63 f. und *Koch* DB 2005, 267, 269, die deshalb eine teleologische Reduktion des § 14 Abs. 1 Nr. 1 WpHG vornehmen wollen, um zu dem hier befürworteten Ergebnis zu kommen.

[289] RegE zum 2. FFG, BT-Drucks. 12/6679, S. 47; *BaFin,* Emittentenleitfaden, S. 38; *Assmann* in Assmann/Schneider, WpHG, § 14 Rn. 45; *Brandi/Süßmann* AG 2004, 642, 646; *Cahn* Der Konzern 2005, 5, 11; *Hasselbach* NZG 2004, 1087, 1092; *Hopt* in Bankrechts-Handbuch, § 107 Rn. 43; *Mennicke* in Fuchs, WpHG, § 14 Rn. 77; *Schlitt/Schäfer* AG 2004, 346, 354; *Ingo Schneider* DB 2005, 2678, 2679; *Schröder,* Kapitalmarktstrafrecht, Rn. 216; *Schwark/Kruse* in Schwark/Zimmer, KMRK, § 14 WpHG Rn. 24; *Schwintek,* Anlegerschutzverbesserungsgesetz, S. 26; *Semler* in Hölters, Handbuch Unternehmens- und Beteiligungskauf, VII, Rn. 74.

[290] *Assmann* in Assmann/Schneider, WpHG, § 14 Rn. 45; *Hasselbach* NZG 2004, 1087, 1091.

Rn. 80 ff.). Diese Erwägungen lassen sich auf den Pakethandel, bei dem ein Gesamtentschluss umgesetzt wird, übertragen[291].

Auch Maßnahmen zur **Stabilisierung des Kurses** von Finanzinstrumenten durch Konsortialbanken erfüllen regelmäßig nicht das Tatbestandsmerkmal des „Verwendens". Zunächst ist zu betonen, dass Kurspflegemaßnahmen nach § 14 Abs. 2 WpHG vom Insiderhandelsverbot ausgenommen sind, wenn sie nach Maßgabe der Vorschriften der Verordnung EG Nr. 2273/2003 erfolgen. Der sich aus den Art. 8 bis 10 dieser Verordnung ergebende Anwendungsbereich beschränkt die Bereichsausnahme aber auf Kursstabilisierungsmaßnahmen innerhalb von 30 Tagen ab Erstplatzierung bzw. ab der Zuteilung der Wertpapiere (bei einer Sekundärplatzierung). Hintergrund dieser Regelung ist der Umstand, dass die Kurspflegemaßnahmen auf einer vertraglichen Pflicht der Konsortialbanken gegenüber dem Emittenten und damit nicht auf einer Insiderinformation beruhen[292]. Die Safe-Harbour-Regelung hat klarstellenden Charakter, denn die Tatsache, dass die Emissionsbanken nach einer Emission noch Kurspflege betreiben, ist aufgrund der Wertpapierprospekte regelmäßig öffentlich bekannt[293]. Alle übrigen, von der Safe-Harbour-Regelung nicht erfassten Maßnahmen zur Kurspflege unterliegen grundsätzlich dem Insiderhandelsverbot. Entschließt sich der Emittent selbst, seinen Kurs zu stabilisieren, handelt es sich um einen selbst geschaffenen Umstand ohne Drittbezug, so dass zwar eine Insiderinformation vorliegt, es aber an einem Verwenden fehlt (→ Rn. 43). Erfolgt die Kurspflege von dritter Seite, wird keine Insiderinformation „verwendet", sondern die Maßnahme ist aufgrund einer unternehmerischen Entscheidung veranlasst[294]. Nur wenn eine Maßnahme der Kurspflege durch eine Insiderinformation ausgelöst oder eine ohnehin geplante Kurspflegemaßnahme aufgrund der Insiderinformation modifiziert wird, liegt ein Fall des „Verwendens" vor[295]. **104**

**Kredit- und Finanzdienstleistungsinstitute,** die über Insiderinformationen verfügen, dürfen weiterhin Geschäfte in diesem Papier ausführen. Sie müssen jedoch sicherstellen, dass diese Informationen nicht in das Kundengeschäft einfließen können[296]. Dies kann vor allem durch organisatorische Maßnahmen (vgl. § 33 Abs. 1 Nrn. 1 und 3 WpHG) gewährleistet werden (→ Rn. 81 ff., → Rn. 183 ff.). **105**

Verfügt ein **Kundenberater** über eine Insiderinformation, darf er nur eine solche Kundenorder in Bezug auf die von seinem Insiderwissen betroffenen Papiere ausführen, die von seinem Wissen unbeeinflusst war[297]. Der Kunde muss also bereits vor dem Kontakt zum Kundenberater fest entschlossen gewesen sein, diese Transaktion zu bestimmten Konditio- **106**

---

[291] Sollten sowohl der Veräußerer als auch der Erwerber Kenntnis von der Insiderinformation haben, entfällt das Merkmal „Verwenden" schon aus dem Grund, dass kein Sondervorteil ausgenutzt wird, → Rn. 98.
[292] So zum alten Recht auch schon *Schwark* in Schwark, KMRK, 3. Aufl., § 14 WpHG Rn. 22. Andere Staaten verbieten dagegen Kurspflegemaßnahmen generell, vgl. *Hopt* in Bankrechts-Handbuch, 2. Aufl., § 107 Rn. 67.
[293] *Meißner*, Stabilisierung, S. 155.
[294] *Assmann* in Assmann/Schneider, WpHG, § 14 Rn. 51.
[295] *Assmann* in Assmann/Schneider, WpHG, § 14 Rn. 51 f.; *Mennicke* in Fuchs, WpHG, § 14 Rn. 119; *Schwark/Kruse* in Schwark/Zimmer, KMRK, § 14 WpHG Rn. 27. Streitig ist, ob eine Kurspflege *gegen den Markttrend* stets einen Fall des Insiderhandels darstellt, so *Caspari* ZGR 1994, 530, 544; *Hess/Krämer*, FS Döser, S. 190; *zur Megede* in Assmann/Schütze, Handbuch Kapitalanlagerecht, 2. Aufl., § 14 Rn. 48; aA *Assmann* in Assmann/Schneider, WpHG, § 14 Rn. 51; *Bruchner/Pospischil* in Lutter/Scheffler/Schneider, Handbuch Konzernfinanzierung, Rn. 11.56 ff.; *Meißner*, Stabilisierung, S. 156; *Mennicke* in Fuchs, WpHG, § 14 Rn. 118; offen gelassen bei *Grundmann* in Bankrechts-Handbuch, § 112 Rn. 30.
[296] *Assmann* in Assmann/Schneider, WpHG, § 14 Rn. 53; *Hilgendorf* in Park, Kap. 3 Rn. 144; *Rothenhöfer* in Kümpel/Wittig, Bank- und Kapitalmarktrecht, Rn. 3.539.
[297] Hierzu und zum Folgenden *Assmann* in Assmann/Schneider, WpHG, § 14 Rn. 53 f.; *Hopt* in Bankrechts-Handbuch, § 107 Rn. 51 ff.

nen zu tätigen. Erteilt der Kunde dagegen eine interessenwahrende Order, bei der dem Kundenberater ein Entscheidungsspielraum verbleibt, muss der Kundenberater den Auftrag ablehnen oder den Kunden an einen anderen Berater innerhalb des Instituts verweisen, da andernfalls sein Insiderwissen in die Transaktion einfließt. Es entlastet den Kundenberater in diesem Fall nicht, dass allein der Kunde aus dem Geschäft Nutzen zieht, denn das Insiderhandelsverbot erfasst auch Geschäfte auf fremde Rechnung (→ Rn. 93). Problematisch ist allerdings, wie man sicherstellt, dass der Kundenberater bei der Verweisung des Kunden an einen anderen Berater nicht sein Insiderwissen weitergibt. Hier wird sinnvollerweise die Compliance-Abteilung eingeschaltet werden, die die Umverteilung der Kunden auf andere Berater in die Hand nehmen muss. Verfügen bei einem kleinen Institut alle Mitarbeiter über das Insiderwissen, bleibt nur die Ablehnung des Auftrags.

**107** Im Schrifttum wird behauptet, der über Insiderwissen verfügende Kundenberater dürfe einem Kunden, der eine konkrete Transaktion in dem Insiderpapier plane, von diesem Geschäft **abraten,** solange er die Insiderinformation dabei nicht mitteile[298]. Denn wenn der Kunde daraufhin vom Geschäft Abstand nehme, sei dies ein strafloses Unterlassen. Diese Ansicht setzt aber inzident voraus, dass der Kunde aus der Art des Abratens nicht erkennen kann, dass der Kundenberater über Insiderinformationen verfügt. Kommt beispielsweise ein Kunde mit einem Verkaufsauftrag zum Kundenberater und rät ihm dieser von der Erteilung der Verkaufsorder ab, weil er über positive Insiderinformationen verfügt, kann er dem Kunden auf Nachfrage nicht erklären, warum er abrät. Ein in Wertpapieren erfahrener Kunde weiß, dass ein solches Verhalten immer dann anzutreffen ist, wenn der Berater Insiderwissen nicht Preis geben kann. Der Kunde wird daraufhin nicht nur von der Verkaufsorder Abstand nehmen, sondern bei einem anderen Institut eine Option auf steigende Kurse erwerben. Faktisch hat der Kundenberater mit seiner Weigerung, dem Kunden zu erklären, warum dieser vom Geschäft Abstand nehmen solle, eine gesicherte Prognose abgegeben, dass die Kurse steigen werden. Er hat in dieser besonderen Situation damit zwar nicht die ursprüngliche Insiderinformation, wohl aber eine **neue** *weitergegeben*[299], **nämlich die auf einem gesicherten Tatsachenkern beruhende Prognose,** dass die Kurse dieses Insiderpapiers steigen werden. Aufgrund der Stellung des Anlageberaters und der konkreten Situation kann der Kunde auch davon ausgehen, dass die Prognose hinreichend wahrscheinlich und darüber hinaus auch spezifisch emittentenbezogen ist (dazu → Rn. 52). Dieses Verhalten ist nach § 14 Abs. 1 Nr. 2 WpHG strafbar (zur fehlenden Strafbarkeit nach Nr. 3 → Rn. 147). Daher darf der Mitarbeiter einem Kunden, der zu einem konkreten Wertpapiergeschäft entschlossen ist, nicht von diesem abraten. Er kann nämlich nicht vorhersehen, ob der Kunde nachfragt, weshalb ihm abgeraten wird.

**108** Führt ein Mitarbeiter eines Kreditinstituts einen auf **Insiderwissen des Kunden** beruhenden Auftrag aus, macht er sich nicht strafbar, wenn er selbst weder über diese Insiderinformation verfügt noch von dem Umstand weiß, dass der Kunde sie kennt.

**109** e) **Subjektiver Tatbestand.** Der Täter muss vorsätzlich oder leichtfertig gehandelt haben (§ 38 Abs. 1, 4 WpHG). **Vorsätzliches Handeln** liegt vor, wenn der Täter weiß, dass es sich bei dem angestrebten Geschäft um eine Transaktion handelt, die Insiderpapiere betrifft. Weiterhin muss ihm klar sein, dass er eine Insiderinformation iSv § 13 WpHG besitzt. Damit muss der Täter vor allem auch in der Vorstellung handeln, die Information sei nicht öffentlich und sei geeignet, den Börsenkurs erheblich zu beeinflussen. Der Nachweis dieses Elements des Vorsatzes dürfte in Fällen, in denen die Eignung nicht auf der Hand liegt, schwierig werden. Wenn der Täter überzeugt ist, dass die Information nur ein geringes Kursbeeinflussungspotenzial aufweist, fehlt ihm ein Element des Vorsatzes, selbst wenn

---

[298] *Assmann* in Assmann/Schneider, WpHG, § 14 Rn. 54, 122; *Mennicke* in Fuchs, WpHG, § 14 Rn. 148; *Rothenhöfer* in Kümpel/Wittig, Bank- und Kapitalmarktrecht, Rn. 3.540; *Schäfer* in Schäfer/Hamann, KMG (Lfg. 1/2006), § 14 WpHG Rn. 19.

[299] In seiner Kritik an dem hier vertretenen Standpunkt übersieht *Assmann* in Assmann/Schneider, WpHG, § 14 Rn. 54, den Tatbestand des § 14 Abs. 1 Nr. 2 WpHG.

der Kurs entgegen seinen Erwartungen stark ansteigt. Allerdings ist zu betonen, dass die Geeignetheit einer Information zur erheblichen Kursbeeinflussung nach objektiven Maßstäben zu bestimmen ist[300]. Daher ist es ausreichend, wenn dem Täter nachgewiesen werden kann, dass er die Umstände erkannt hat, die die Information kurserheblich sein lassen, und dass er ein Preisbeeinflussungspotenzial ernsthaft für möglich hält[301]. Schließlich muss er die Insiderinformation zur Veräußerung oder zum Erwerb dieser Finanzinstrumente verwenden wollen. Dies wird nach Ansicht des EuGH in der Spector-Entscheidung[302] widerleglich „vermutet", um den Tatbestand effektiv auszugestalten. Das deutsche Recht geht vom Grundsatz der freien Beweiswürdigung aus. Da der deutsche Gesetzgeber auch die Leichtfertigkeit erfasst hat, dürfte er damit den vom EuGH mit der Spector-Entscheidung verfolgten Zweck bereits verwirklicht haben[303]. Die Absicht, für sich oder einen anderen einen Vorteil zu erzielen, ist nicht mehr erforderlich[304].

**Leichtfertig handelt,** wer die gebotene Sorgfalt in einem ungewöhnlich hohen Maße verletzt. Nimmt etwa ein Vorstandsmitglied Transaktionen in Insiderpapieren vor, muss er sich vergewissern, dass die vom Vorstand kurz zuvor veranlasste Ad-hoc-Mitteilung auch tatsächlich schon publiziert ist und es nicht zu Verzögerungen kam. Gleiches gilt für Mitarbeiter von Wertpapierdienstleistungsunternehmen, die Kenntnis von einem kurserheblichen Kundenauftrag haben. Sie werden regelmäßig wissen, dass sie ihre Transaktion nicht vor dem Kundenauftrag ausführen dürfen, um sich nicht dem Vorwurf vorsätzlichen Insiderhandels wegen Frontrunnings auszusetzen. Sie müssen sich vergewissern, ob der Kundenauftrag tatsächlich schon ausgeführt ist, da Verzögerungen bei einer Großorder durchaus vorkommen. Handeln sie ohne eine solche Rückfrage, ob der Kundenauftrag bereits ausgeführt ist, können sie wegen leichtfertigen Insiderhandels belangt werden. Die Unterscheidung zwischen vorsätzlichem und leichtfertigem Verhalten ist vor allem deshalb wichtig, weil sich beide Verhaltensweisen im Hinblick auf das Strafmaß unterscheiden. Der vorsätzliche Verstoß gegen § 14 Abs. 1 Nr. 1 WpHG ist nach § 38 Abs. 1 Nr. 1 WpHG mit Freiheitsstrafe bis zu fünf Jahren oder Geldstrafe bedroht. Leichtfertiges Verhalten wird nach § 38 Abs. 4 WpHG lediglich mit Freiheitsstrafe bis zu einem Jahr oder Geldstrafe sanktioniert. 110

f) **Versuch.** Die Tat nach § 14 Abs. 1 Nr. 1 WpHG ist vollendet, wenn die entgeltliche Verpflichtung zur „Abnahme" oder „Weggabe" eines Finanzinstruments begründet wird[305]. Ein nach § 38 Abs. 3 WpHG strafbarer Versuch[306] des Verwendens von Insiderinformationen liegt folglich vor, wenn **eine Wertpapierorder** erteilt, diese dann aber nicht ausgeführt wurde[307]. Hat der Täter vor der Mitteilung der Nichtausführung bereits eine Nachricht abgesandt, er ziehe die Order zurück, liegt ein strafbefreiender Rücktritt vom Versuch vor (§ 24 Abs. 1 StGB). Um einen Versuch handelt es sich auch, wenn der Han- 111

---

[300] → Rn. 63 ff.
[301] *Assmann* in Assmann/Schneider, WpHG, § 14 Rn. 60; *Mennicke* in Fuchs, WpHG, § 14 Rn. 177. Vgl. auch *BaFin*, Emittentenleitfaden, S. 41: „Nicht erforderlich ist hingegen, dass der Täter das Preisbeeinflussungspotenzial präzise einschätzen kann".
[302] → Rn. 96.
[303] So auch die Interpretation von *Assmann* in Assmann/Schneider, WpHG, § 14 Rn. 61a.
[304] *Assmann* in Assmann/Schneider, WpHG, § 14 Rn. 25. Anders noch die herrschende Meinung zum Tatbestand vor Inkrafttreten des AnSVG, vgl. BT-Drucks. 12/6679, S. 47; *Hilgendorf* in Park, 1. Aufl., §§ 38 I Nr. 1–3, 12, 13, 14 WpHG Rn. 115 mwN.; *Schäfer* in Schäfer, WpHG, 1. Aufl. 1999, § 14 Rn. 11; *Schwark* in Schwark, KMRK, 3. Aufl., § 14 WpHG Rn. 12; aA *Claussen* ZBB 1992, 267, 281; *Claussen* DB 1994, 27, 31; *Siebold*, Das neue Insiderrecht, S. 240.
[305] Missverständlich *Assmann* in Assmann/Schneider, WpHG, § 14 Rn. 179, der darauf abstellt, dass Vollendung vorliege, wenn der Vertrag derart abgeschlossen sei, dass der zu realisierende Vorteil abgesichert sei. Es kommt aber gerade nicht darauf an, dass sich der Täter einen Vorteil sichern will (→ Rn. 93, → Rn. 109 aE).
[306] Umfassend dazu *Gehrmann*, Das versuchte Insiderdelikt, passim.
[307] So auch *Vogel* in Assmann/Schneider, WpHG, § 38 Rn. 43.

delnde meint, die Information sei **kurserheblich,** was sie aber objektiv nicht ist. Ein Versuch liegt weiterhin vor, wenn zwischen der Wertpapierorder des Insiders und der Auftragsausführung die **Insiderinformation gemäß § 15 WpHG publiziert** wird. Bei aufschiebend **bedingten Geschäften,** bei denen der Vertragspartner die für die aufschiebende Bedingung nötige Willenserklärung abgibt, handelt es sich um ein vollendetes Delikt. Gleiches gilt für den Fall, dass der Vertragspartner auf die auflösende Bedingung verzichtet. Tritt dagegen die auflösende Bedingung ein oder gibt der Vertragspartner die für die aufschiebende Bedingung nötige Erklärung nicht ab, wird das Geschäft nicht endgültig wirksam. Es liegt aber aus Sicht der Person mit Insiderwissen ein Versuch des Insiderhandels vor (→ Rn. 77). Schließlich liegt ein Versuch vor, wenn bei einem **Pakethandel** beide Parteien über einen gleichen Wissensstand verfügen (→ Rn. 98), eine Partei aber meint, als einzige die Insiderinformation zu besitzen.

112   **3. Weitergabeverbot. a) Zweck des Weitergabeverbots.** § 14 Abs. 1 Nr. 2 WpHG verbietet es, eine Insiderinformation einem anderen unbefugt mitzuteilen oder zugänglich zu machen. Zweck der Vorschrift ist es, ein Tippgeben oder ein allmähliches Einsickern der Information in den Markt zu verhindern, da dies die Chancengleichheit der Marktteilnehmer beeinträchtigt[308].

113   Der Gesetzgeber hat für – der Ad-hoc-Publizität unterliegende – **Emittenten** zur Veröffentlichung der Information den in §§ 15 Abs. 1 S. 1, Abs. 5, Abs. 7 WpHG, 4f. WpAIV geregelten Weg vorgesehen[309]. Fraglich ist, ob dieser Weg zwingend vorgeschrieben ist oder ob der Emittent daneben auch eine öffentliche Bekanntmachung der Information durch Weitergabe an die Massenmedien vornehmen darf. Ein Teil des Schrifttums bejaht diese Möglichkeit, weil dadurch die Information allgemein bekannt und das Ziel des § 15 WpHG, die Bereichsöffentlichkeit zu informieren, sogar noch übertroffen werde[310]. Jede andere Art der Unterrichtung, die dazu führe, dass nur *Teile* der Öffentlichkeit informiert sind, sei dagegen untersagt.

114   Diese Ansicht ist jedoch abzulehnen (→ Rn. 119). Ziel der Ad-hoc-Publizität ist es nicht nur, eine gleichmäßige Unterrichtung der Anleger sicherzustellen[311], sondern auch den Insiderhandel zu verhüten. Die Publikation durch die Massenmedien erreicht nur eines dieser Ziele, nämlich eine Unterrichtung der Öffentlichkeit. Die Weitergabe von einem § 15 WpHG unterliegenden Emittenten *an* Journalisten bedingt jedoch, dass diese zunächst zu Insidern werden und damit die Gefahr des Insiderhandels vergrößert wird[312]. Nun könnte man argumentieren, auch bei dem in §§ 15 Abs. 1 S. 1, Abs. 7 WpHG, 4 f. WpAIV vorgesehenen Verfahren müssten die Dienstleister, die den Emittenten bei der Veröffentlichung unterstützen, informiert werden und würden dadurch ebenfalls zu Insidern. Dieser begrenzte Personenkreis ist jedoch der BaFin bekannt, so dass eine gezielte Überwachung von Insiderhandel erfolgen kann, während dies bei einer unbestimmten Vielzahl von Personen, die für die Massenmedien tätig sind, nicht ohne weiteres möglich ist. Hinzu kommt, dass der Wortlaut des Gesetzes seit seiner Reform durch das Anlegerschutzverbesserungsgesetz den zwingenden Charakter des § 15 WpHG deutlich zum Ausdruck bringt. Er lässt nur ein Verfahren der Veröffentlichung zu (§ 15 Abs. 1 S. 1 WpHG: „muss", § 15 Abs. 5 S. 1 WpHG: „Eine Veröffentlichung ... in anderer Weise darf nicht ... vorgenommen werden"). Auch § 39 Abs. 2 Nrn. 5 lit. a, 7 WpHG zeigt, dass die Veröffentlichung einer In-

---

[308] Die Einwände gegen die Strafbarkeit des Weitergabeverbots und gegen die Ausgestaltung als abstraktes Gefährdungsdelikt, vgl. *Schwark/Kruse* in Schwark/Zimmer, KMRK, § 14 WpHG Rn. 39, erweisen sich als nicht überzeugend, vgl. *Sethe* ZBB 2006, 243, 244 ff.

[309] Ebenso *Assmann* in Assmann/Schneider, WpHG, § 14 Rn. 102.

[310] *Sven H. Schneider* NZG 2005, 702, 703 ff.; *Schäfer* in Schäfer/Hamann, KMG (Lfg. 6/2007), § 14 WpHG Rn. 53; wohl auch *Schäfer* in Marsch-Barner/Schäfer, Handbuch börsennotierte AG, § 14 Rn. 46a, der die Weitergabe vom Emittenten an Journalisten als befugt einordnet.

[311] So aber *Klöhn* in Hirte/Möllers, KK-WpHG, § 14 Rn. 448.

[312] *Cloppenburg/Kruse* WM 2007, 1109, 1112 f.

§ 8 Insiderrecht

siderinformation nur auf dem in § 15 Abs. 5 S. 1 WpHG vorgesehenen Weg erlaubt ist[313]. Untermauert wird dies durch § 15 Abs. 1 S. 4 WpHG, da bei einer wissentlichen Weitergabe[314], wozu eine Publikation der Insiderinformation über die Massenmedien nach der Gegenansicht gehören müsste, die Ad-hoc-Mitteilung unverzüglich nachzuholen ist. Schließlich spricht auch das Moment der Prävention des Insiderhandels dafür, nur einen Weg der Veröffentlichung von Insiderinformationen zuzulassen. Gerade dadurch, dass die BaFin von der Ad-hoc-Mitteilung in Kenntnis zu setzen ist (§ 15 Abs. 4 S. 1 Nr. 3 WpHG), kann sie innerhalb der nach § 9 Abs. 1 WpHG gemeldeten Geschäfte gezielt nach Auffälligkeiten suchen. Weiß die BaFin aber nicht, dass ein bestimmtes Ereignis einmal eine Insiderinformation darstellte und inzwischen über Massenmedien publiziert ist, wird ihr dieser Ermittlungsweg abgeschnitten. Schließlich spricht auch die an eine nicht ordnungsgemäße Veröffentlichung[315] nach § 15 WpHG geknüpfte Schadensersatzpflicht des § 37b Abs. 1 WpHG dagegen, anstelle von Ad-hoc-Mitteilungen eine Publikation über Massenmedien als taugliches Veröffentlichungsmittel zuzulassen[316].

Die Gegenansicht verfolgt das Anliegen, die so genannte **„Insiderfalle"** zu beseitigen. **115** Private Investoren, die von einer Insiderinformation erfahren, dürfen diese weder verwenden, weitergeben noch auf deren Grundlage Empfehlungen aussprechen (§ 14 Abs. 1 WpHG). Bis zur Publikation der Information durch den Emittenten sind diese Investoren daher in Bezug auf das Insiderpapier zur Untätigkeit verdammt. Eine Publikation der Insiderinformation über den in § 15 WpHG vorgesehenen Weg ist dem privaten Investor verwehrt, da dieser nur dem Emittenten offen steht. Die Gegenansicht will daher dem privaten Investor die Möglichkeit verschaffen, durch eine Publikation über die Massenmedien die Information zu veröffentlichen, ihr dadurch den Insidercharakter zu nehmen und dem Investor wieder Handlungsmöglichkeiten eröffnen[317]. Dabei wird allerdings übersehen, dass der Emittent uU von der Befreiungsmöglichkeit des § 15 Abs. 3 S. 1 WpHG Gebrauch macht, weil er ein berechtigtes Interesse an der vorübergehenden Geheimhaltung der Information hat. Die Gegenansicht würde es Dritten (zB auch einem mit der Insiderinformation betrauten Mitarbeiter des Unternehmens) erlauben, sich über diese Entscheidung des Emittenten hinwegzusetzen und die Information selbst zu veröffentlichen. Damit aber wäre die Befreiungsmöglichkeit des § 15 Abs. 3 S. 1 WpHG wertlos. Zudem könnten weitreichende Schäden beim Emittenten eintreten, wollte man jedem Investor die Entscheidung darüber zubilligen, wann unternehmensinterne Informationen an die Massenmedien gegeben werden dürfen. Aus all diesen Gründen ist die Gegenansicht abzulehnen. Insiderinformationen dürfen vom Emittenten ausschließlich nach dem in §§ 15 Abs. 1 S. 1, Abs. 7 WpHG, 4f. WpAIV vorgesehenen Verfahren publiziert werden[318]. Damit stellt jede andere Art der Veröffentlichung durch den Emittenten zugleich eine unbefugte Weitergabe iSd § 14 Abs. 1 Nr. 2 WpHG dar. Mit dieser Ansicht wird im Übrigen auch nicht die Meinungsfreiheit des Emittenten über Gebühr eingeschränkt, denn es steht einer Veröffentlichung in den Massenmedien nichts entgegen, unmittelbar *nachdem* er die Information auf dem gesetzlichen Weg veröffentlicht hat.

---

[313] *Sven H. Schneider* NZG 2005, 702, 704, hält die Formulierung des § 39 Abs. 2 Nr. 7 WpHG für ein Redaktionsversehen, ohne allerdings den entsprechenden Wortlaut von § 15 Abs. 5 WpHG zu berücksichtigen.
[314] Die tatbestandliche Formulierung „Befugnis" in § 15 Abs. 1 S. 4 WpHG meint die Fälle einer iSd § 14 Abs. 1 Nr. 2 WpHG befugten Weitergabe, vgl. *Assmann* in Assmann/Schneider, WpHG, § 15 Rn. 116 mwN.
[315] Dazu *Sethe* in Assmann/Schneider, WpHG, §§ 37b, 37c Rn. 46.
[316] Dies anerkennt auch die Gegenansicht, *Sven H. Schneider* NZG 2005, 702, 707; sa *Klöhn* in Hirte/Möllers, KK-WpHG, § 14 Rn. 455.
[317] *Sven H. Schneider* NZG 2005, 702, 704, 707.
[318] *BaFin*, Emittentenleitfaden, S. 67 („der Gesetzgeber sieht zwingend ..."); *Assmann* in Assmann/Schneider, WpHG, § 14 Rn. 100 f.; *Sethe* ZBB 2006, 243, 252 ff.

**116** Unterliegt der Emittent dagegen nicht der Ad-hoc-Publizitätspflicht (zB weil er im Freiverkehr notiert ist), darf er eine Insiderinformation nur dann an die Presse geben, wenn gewährleistet ist, dass mit ihr die Eigenschaft als Insiderinformation aufgehoben wird. Es muss also die Bereichsöffentlichkeit hergestellt werden, so dass etwa die Weitergabe an eine Lokalzeitung nicht ausreicht[319].

**117** Davon zu trennen ist die Gestaltung, in der **ein Journalist** eine Insiderinformation recherchiert hat. Er darf sie berufsbedingt innerhalb der Redaktion weitergeben[320] und sie veröffentlichen, sei es in der überregionalen, sei es in der regionalen Presse. Der Journalist unterliegt nicht den Vorgaben des § 15 WpHG und die ihm zukommende Pressefreiheit genießt Vorrang, wie auch Erwägungsgrund 44 der Marktmissbrauchsrichtlinie 2003/6/EG zeigt. Die Weitergabe ist daher befugt[321]. Strafbar macht er sich bei einer nicht berufstypischen Verwendung, wenn er sie also vor der Veröffentlichung zu Wertpapiergeschäften verwendet oder sie seinerseits unbefugt weitergibt[322]. Diese derzeit gültige Rechtslage wird künftig von Art. 21 MAR ausdrücklich anerkannt.

**118** **b) Mitteilen und Zugänglichmachen.** Der Täter muss über eine Insiderinformation verfügen. Ein **Mitteilen** liegt vor, wenn er diese Information an einen Dritten weitergibt. Die Art und Weise der Weitergabe ist unerheblich. Sie kann daher schriftlich oder mündlich, ausdrücklich oder konkludent erfolgen[323]. Die Information kann in direktem Kontakt oder über eine zwischengeschaltete Person weitergegeben werden[324]. Streitig ist, ob das Merkmal „einem anderen" bedeutet, dass nur die Weitergabe an eine oder mehrere *bestimmte* Personen erfasst ist oder ob es auch ausreicht, wenn die Information an eine *unbestimmte* Vielzahl von Personen weitergegeben wird. Für eine enge Auslegung wird der strafrechtliche Bestimmtheitsgrundsatz ins Feld geführt[325], gegen sie die richtlinienkonforme Auslegung[326]. Denn während Art. 3 lit. a der Insider-Richtlinie noch die Weitergabe an „einen Dritten" regelte, spricht die Marktmissbrauchs-Richtlinie 2003/6/EG in Art. 3 lit. a nur noch von der Weitergabe von Insiderinformationen „an Dritte". Allerdings ist auch eine richtlinienkonforme Auslegung an die strafrechtlichen Auslegungsgrundsätze gebunden und findet daher am (noch) möglichen Wortsinn der Norm ihre Grenze[327]. Der Wort-

---

[319] *Schwark/Kruse* in Schwark/Zimmer, KMRK, § 14 WpHG Rn. 60.

[320] *Germann* in Schröder/Sethe, Kapitalmarktrecht und Pressefreiheit, S. 62; *Schröder* NJW 2009, 465, 468.

[321] *Eichele* WM 1997, 501, 509; *Gehrmann*, Das versuchte Insiderdelikt, S. 163 ff.; *Schröder*, Kapitalmarktstrafrecht, Rn. 295 ff.; *Schröder* NJW 2009, 465 ff.; *Schwark/Kruse* in Schwark/Zimmer, KMRK, § 14 WpHG Rn. 61; *Cloppenburg/Kruse* WM 2007, 1109, 1113 jeweils mwN; im Ergebnis ebenso *Klöhn* in Hirte/Möllers, KK-WpHG, § 14 Rn. 454, der schon die Weitergabe verneint. Enger dagegen *Germann* in Schröder/Sethe, Kapitalmarktrecht und Pressefreiheit, S. 55 ff.; *Schäfer* in Schäfer/Hamann, KMG (Lfg. 6/2007), § 14 WpHG Rn. 53, die eine zeitgleiche Herstellung der Bereichsöffentlichkeit verlangen. Grundsätzlich aA dagegen *Assmann* in Assmann/Schneider, WpHG, § 14 Rn. 102, der die Veröffentlichung durch Journalisten für unbefugt hält, aber für den Fall als gerechtfertigt ansieht, dass besondere Umstände vorliegen, wie etwa die Aufdeckung von Skandalen beim Emittenten. Er beantwortet aber nicht die Frage, ab wann eine Story gewichtig genug ist, um eine solche Rechtfertigung auszulösen.

[322] Dazu *Schröder*, Kapitalmarktstrafrecht, Rn. 297 sowie *Deutscher Presserat,* Journalistische Verhaltensgrundsätze und Empfehlungen des Deutschen Presserats zur Wirtschafts- und Finanzmarktberichterstattung, beschlossen vom Plenum des Deutschen Presserats am 2.3.2006, Ziff. 3 f., abgedruckt in: Schröder/Sethe, Kapitalmarktrecht und Pressefreiheit, S. 161 ff. sowie unter http://www.presserat.de/fileadmin/user_upload/Stellungnahmen/Empfehlungen_zur_Finanzberichterstattung.pdf.

[323] Unstreitig, vgl. *Klöhn* in Hirte/Möllers, KK-WpHG, § 14 Rn. 278 mwN.

[324] *Sethe* ZBB 2006, 243, 246 f.; ungenau daher *BaFin,* Emittentenleitfaden, S. 41 („unmittelbare Weitergabe").

[325] *Schäfer* in Schäfer/Hamann, KMG (Lfg. 1/2006), § 14 WpHG Rn. 19.

[326] *Assmann* in Assmann/Schneider, WpHG, § 14 Rn. 67; *Schwark/Kruse* in Schwark/Zimmer, KMRK, § 14 WpHG Rn. 43.

[327] *Eser/Hecker* in Schönke/Schröder, StGB, § 1 Rn. 37.

laut lässt eine weite Auslegung zu, denn allein aus der Verwendung des unbestimmten Artikels „einem" lässt sich noch nicht auf eine zahlenmäßige Beschränkung schließen. Der unbestimmte Artikel findet auch dann Anwendung, wenn nicht eine bestimmte Person gemeint ist, sondern diese Person abstrakt umschrieben werden soll. Daher ist bei einer Reihe von strafrechtlichen Bestimmungen anerkannt, dass mit der Formulierung „einem anderen" auch beliebig viele andere Personen gemeint sein können[328]. Die Wortlautgrenze hindert daher eine weite Auslegung nicht. Sinn und Zweck der Vorschrift sprechen eindeutig für eine weite Auslegung. Das Weitergabeverbot will gerade **ein Einsickern der Insiderinformation in den Markt verhindern.** Der Gesetzgeber hat zur Veröffentlichung der Information den in §§ 15 Abs. 1 S. 1, Abs. 7 WpHG, 4f. WpAIV geregelten Weg vorgesehen[329]. Wäre nur das Weitergeben an einzelne Personen strafbar, nicht dagegen die Weitergabe an eine unbestimmte Vielzahl von Personen, könnte der Täter straflos *Teile* der Öffentlichkeit informieren. Eine Chancengleichheit der Marktteilnehmer bestünde nicht mehr. Deshalb und aufgrund der richtlinienkonformen Auslegung wird bereits das Mitteilen an eine unbestimmte Vielzahl von Personen als Weitergabe im Sinne des Insiderhandelsverbots erfasst[330].

Diskutiert wird, ob der Tatbestand entfällt, wenn bei der Weitergabe an eine unbestimmte Vielzahl von Personen der Kreis der Personen so groß ist, dass die Information dadurch öffentlich bekannt wird[331]. ME handelt es sich um einen Zirkelschluss, denn die öffentliche Bekanntheit ist Folge der Weitergabe. Bis sie erreicht ist, liegt noch eine Insiderinformation vor. Gerade in Fällen, in denen die Information scheibchenweise veröffentlicht und irgendwann dann der breiten Öffentlichkeit bekannt ist, kann Insiderhandel während der scheibchenweisen Veröffentlichung stattfinden. Daher „entfällt" die Strafbarkeit erst dann, wenn eine *im Zeitpunkt der Weitergabe bereits öffentlich bekannte* Information weitergegeben wird. In Bezug auf Emittenten kann die Ansicht im Übrigen auch schon deshalb nicht richtig sein, weil er sonst den in §§ 15 Abs. 1 S. 1, Abs. 5 und Abs. 7 WpHG, 4f. WpAIV vorgeschriebenen Weg straflos umgehen könnte (→ Rn. 113 ff.). Somit liegt objektiv eine Weitergabe selbst dann vor, wenn der Emittent die Information so an die Medien gibt, dass sie auf einmal einer breiten Öffentlichkeit bekannt wird[332]. Wenn das Ziel des Emittenten gerade die Herstellung der Ad-hoc-Publizität war, ist dies auf der subjektiven Tatseite und bei der Strafzumessung zu berücksichtigen. **119**

Fraglich ist, ob ein „strafbares Mitteilen" auch dann vorliegt, wenn eine Person einen von ihr **selbst gefassten Entschluss** einem Dritten mitteilt. Das Mitteilen setzt voraus, dass eine Insiderinformation weitergegeben wird. Eine Insiderinformation liegt nicht nur dann vor, wenn sie einen Drittbezug aufweist, sondern auch dann, wenn es sich um selbst geschaffene Umstände handelt, dh eigene Pläne und Vorhaben (→ Rn. 43 f.). Folglich ist für die Person, die die Umstände geschaffen hat, nur deren Verwenden straflos (→ Rn. 43), nicht aber deren Weitergabe[333]. **120**

Beim **Zugänglichmachen** gibt der Täter die Information nicht aktiv weiter, sondern ermöglicht einem Dritten, sich die Insiderinformation selbst zu beschaffen. Der Täter muss daher die Information unter Verschluss haben oder er muss Zugang zu ihr haben. Ein Zu- **121**

---

[328] Vgl. etwa *Perron* in Schönke/Schröder, StGB, § 34 Rn. 10; *Fischer*, StGB, 60. Aufl., § 34 Rn. 5; ebenso noch *Tröndle* in Fischer/Tröndle, StGB, 49. Aufl., § 184 Rn. 20a.
[329] Ebenso *Assmann* in Assmann/Schneider, WpHG, § 14 Rn. 102; *Sethe* ZBB 2006, 243, 252 ff.
[330] *Sethe* ZBB 2006, 243, 247; jetzt auch *Klöhn* in Hirte/Möllers, KK-WpHG, § 14 Rn. 274; aA *Schäfer* in Schäfer/Hamann, KMG (Lfg. 1/2006), § 14 WpHG Rn. 19; wohl auch *Mennicke* in Fuchs, WpHG, § 14 Rn. 184.
[331] Bejahend *Klöhn* in Hirte/Möllers, KK-WpHG, § 14 Rn. 271, 274.
[332] So wohl auch *Schröder* in Achenbach/Ransiek, Handbuch Wirtschaftsstrafrecht, 10. Teil, Kap. 2 Rn. 186; aA *Klöhn* in Hirte/Möllers, KK-WpHG, § 14 Rn. 448.
[333] *Assmann* in Assmann/Schneider, WpHG, § 14 Rn. 68; *Klöhn* in Hirte/Möllers, KK-WpHG, § 14 Rn. 270; anders noch *Sethe* ZBB 2006, 243, 247 f. und *Sethe* in Assmann/Schütze, Handbuch Kapitalanlagerecht, 3. Aufl., § 12 Rn. 94 (vor der Georgakis-Entscheidung des EuGH).

gänglichmachen liegt etwa vor, wenn der Täter den Schlüssel zu seinem Büro, in dem Schriftstücke mit der Insiderinformation offen zugänglich sind, einem Dritten überlässt oder wenn er das Passwort zu der elektronisch gespeicherten Insiderinformation weitergibt. Gleiches gilt für die Überlassung eines Safeschlüssels oder das Mithörenlassen von vertraulichen Gesprächen[334].

**122**   Die herrschende Meinung geht davon aus, dass ein Mitteilen und Zugänglichmachen nur vorliegt, wenn der Dritte die Insiderinformation **tatsächlich zur Kenntnis genommen** hat[335]. Da es sich bei dem Tatbestand des Insiderhandels jedoch um ein abstraktes Gefährdungsdelikt handelt (→ Rn. 13 mwN), kann es nicht auf den Erfolg ankommen[336]. Wenn es schon beim Verwendungsverbot nach Nr. 1 unerheblich ist, ob der Insider mit seiner Transaktion den von ihm erwünschten Erfolg (Gewinn) tatsächlich erzielt[337], kann es für das Weitergabeverbot nicht darauf ankommen, ob der mit der Weitergabe erstrebte Erfolg der Kenntnisnahme geglückt ist. Das Vertrauen der Marktteilnehmer in die Ordnungsmäßigkeit der Marktmechanismen wird bereits dann erschüttert, wenn einzelne Marktteilnehmer Insiderwissen weitergeben. Somit kann die Strafbarkeit gerade nicht davon abhängen, ob das Gegenüber des Täters zuhört oder nicht[338]. Zudem handelt es sich bei § 14 Abs. 1 Nr. 2 WpHG gerade um einen Vorfeldtatbestand, mit dem die typischen Vorbereitungshandlungen zu Transaktionen in Insiderpapieren erfasst werden sollen[339]. Typische Vorbereitungshandlung aber ist das Tippgeben, also der Bruch der gebotenen Verschwiegenheit, während der Umstand, ob der Empfänger das Insiderwissen zur Kenntnis nimmt oder nicht, für das Vertrauen der Marktteilnehmer unerheblich ist. Gestützt wird die hier vertretene Auslegung durch einen Vergleich mit § 201 Abs. 1 Nr. 2 StGB, dessen Tatbestandsmerkmal „zugänglich machen" dahingehend verstanden wird, dass Dritten lediglich die *Möglichkeit* verschafft wird, von der akustischen Reproduktion Kenntnis zu nehmen[340]. Es kommt daher für ein Mitteilen oder Zugänglichmachen der Insiderinformation **nicht auf die tatsächliche Kenntnisnahme durch den Dritten** an[341].

**123**   Der Dritte muss nicht erkennen, dass es sich **inhaltlich um eine Insiderinformation** handelt[342]. Dieses Ergebnis ist konsequent, wenn man der hier vertretenen Ansicht folgt,

---

[334] *Assmann* in Assmann/Schneider, WpHG, § 14 Rn. 66; *Schäfer* in Schäfer/Hamann, KMG (Lfg. 1/2006), § 14 WpHG Rn. 20.

[335] *Assmann* in Assmann/Schneider, WpHG, § 14 Rn. 69; *Hilgendorf* in Park, Kap. 3 Rn. 163; *Hopt* in Bankrechtstag 1995, S. 3, 19; *Lenenbach,* Kapitalmarktrecht, Rn. 13.154; *Rothenhöfer* in Kümpel/Wittig, Bank- und Kapitalmarktrecht, Rn. 3.551; *Schäfer* in Schäfer/Hamann, KMG (Lfg. 1/2006), § 14 WpHG Rn. 21; *Schwark/Kruse* in Schwark/Zimmer, KMRK, § 14 WpHG Rn. 42; im Ergebnis auch *Vogel* in Assmann/Schneider, WpHG, § 38 Rn. 43. Widersprüchlich *Klöhn* in Hirte/Möllers, KK-WpHG, § 14 Rn. 261, 276 f., wonach für die Weitergabe Kenntnisnahme nötig sei, nicht aber für das Zugänglichmachen (Rn. 281). Trotzdem soll der Tatbestand des Zugänglichmachens entfallen, wenn der Empfänger die Information bereits kennt (Rn. 284).

[336] Inkonsequent daher *Lenenbach,* Kapitalmarktrecht, Rn. 13.154, und *Schäfer* in Schäfer/Hamann, KMG (Lfg. 1/2006), § 14 WpHG Rn. 22, die diesen Aspekt bei der Frage betonen, ob die Insiderinformation neu sein muss (→ Rn. 124). und dennoch beim vorliegenden Streit der herrschenden Meinung folgen.

[337] → Rn. 79, → Rn. 109 aE sowie die Vertreter der herrschenden Meinung *Assmann* AG 1994, 237, 246; *Assmann* in Assmann/Schneider, WpHG, § 14 Rn. 25 (anders aber → Rn. 179); *Hilgendorf* in Park, Kap. 3 Rn. 139; *Schäfer* in Schäfer/Hamann, KMG (Lfg. 6/2007), § 14 WpHG Rn. 16.

[338] Ebenso *Lücker,* Der Straftatbestand des Missbrauchs von Insiderinformationen nach dem Wertpapierhandelsgesetz (WpHG), 1998, S. 105 ff.; *Mennicke* in Fuchs, WpHG, § 14 Rn. 189, 193; *Schröder* in Achenbach/Ransiek, Handbuch Wirtschaftsstrafrecht, 10. Teil, Kap. 2 Rn. 175.

[339] So auch die Vertreter der herrschenden Meinung, vgl. etwa *Assmann* in Assmann/Schneider, WpHG, § 14 Rn. 63.

[340] *Lenckner/Eisele* in Schönke/Schröder, StGB, § 201 Rn. 17.

[341] *Sethe* ZBB 2006, 243, 248 f.

[342] Unstreitig, vgl. statt vieler *Schäfer* in Schäfer/Hamann, KMG (Lfg. 1/2006), § 14 WpHG Rn. 23.

wonach der Tatbestand bereits durch das bloße Mitteilen oder Zugänglichmachen erfüllt ist und es nicht darauf ankommt, ob der Empfänger die Mitteilung zur Kenntnis nimmt bzw. den ihm eingeräumten Zugang nutzt. Aber auch die Gegenansicht, die gerade einen Mitteilungserfolg verlangt, geht nicht soweit zu fordern, dass der Empfänger erkennen muss, dass eine Insiderinformation vorliegt[343].

Streitig ist weiterhin, ob die mitgeteilte oder zugänglich gemachte Information **neu für den Empfänger** sein muss. Auch hier wirkt sich die in Rn. 122 geschilderte Kontroverse aus. Verlangt man für die Erfüllung des Tatbestands lediglich die Mitteilung oder das Zugänglichmachen der Insiderinformation, nicht aber die tatsächliche Kenntnisnahme des Dritten, ist es unmaßgeblich, ob die Information für den Empfänger neu ist[344]. Betrachtet man die Gegenansicht, muss man überrascht feststellen, dass unter deren Vertretern keineswegs Einigkeit über diese Frage herrscht. Einige argumentieren, Ziel des Weitergabeverbots sei es, die Zahl der Insider gering zu halten. Wenn der Dritte die Information bereits kenne, finde gerade keine Erweiterung des Kreises der Insider statt und der Täter begehe kein Unrecht[345]. Diese Ansicht nimmt – in sich konsequent – einen strafbaren Versuch an[346]. Andere stellen auf den Umstand ab, dass das Weitergabeverbot ein abstraktes Gefährdungsdelikt ist (→ Rn. 13 mwN), das das Vertrauen der Marktteilnehmer in die Ordnungsmäßigkeit der Marktmechanismen schützt. Dieses Vertrauen sei bereits dann erschüttert, wenn einzelne Marktteilnehmer Insiderwissen weitergeben. Auf einen Erfolg komme es nicht an[347]. Im Ergebnis teilen die Vertreter dieser Ansicht den hier entwickelten Standpunkt. Der Umstand, dass bei einem abstrakten Gefährdungsdelikt im konkreten Einzelfall keine Gefährdung vorlag, weil die weitergegebene Information für den Empfänger nicht neu war, wird vom materiellen Strafrecht nicht berücksichtigt, da dieses kein Bagatellprinzip kennt. In derartigen Fällen ist vielmehr Einstellung wegen geringer bzw. nicht schwerer Schuld nach §§ 153, 153a StPO geboten[348].

**c) Unbefugt.** Die Weitergabe ist nur dann strafbar, wenn sie „unbefugt" erfolgt. Die ganz herrschende Meinung sieht das Merkmal „unbefugt" als Teil des Tatbestands **(tatbestandsbeschränkendes Merkmal)** und nicht der Rechtfertigungsebene (allgemeines Verbrechensmerkmal) an[349]. Dies hat zur Folge, dass der objektive Tatbestand nur erfüllt ist, wenn die Befugnis zur Weitergabe fehlte. Für diese Ansicht spricht der Umstand, dass das Merkmal „unbefugt" nur bei der Nr. 2, nicht aber auch bei den Nrn. 1 und 3 genannt ist. Hieraus kann man schließen, dass es eine besondere Bedeutung im Tatbestand der Vorschrift haben muss. Eine Gegenansicht will differenzieren: Wird die Insiderinformation an einen Primärinsider weitergegeben, sei das Merkmal „unbefugt" als Teil des Tatbestands zu

---

[343] *Assmann* in Assmann/Schneider, WpHG, § 14 Rn. 69; *Hilgendorf* in Park, Kap. 3 Rn. 163; *Schäfer* in Schäfer/Hamann, KMG (Lfg. 1/2006), § 14 WpHG Rn. 23; *Schwark/Kruse* in Schwark/Zimmer, KMRK, § 14 WpHG Rn. 44.
[344] *Sethe* ZBB 2006, 243, 249.
[345] *Assmann* in Assmann/Schneider, WpHG, § 14 Rn. 70; *Klöhn* in Hirte/Möllers, KK-WpHG, § 14 Rn. 277, 284; *Schwark/Kruse* in Schwark/Zimmer, KMRK, § 14 WpHG Rn. 44.
[346] So *Assmann* in Assmann/Schneider, WpHG, § 14 Rn. 70; *Schwark/Kruse* in Schwark/Zimmer, KMRK, § 14 WpHG Rn. 44.
[347] *Schäfer* in Schäfer/Hamann, KMG (Lfg. 1/2006), § 14 WpHG Rn. 22; *Lenenbach*, Kapitalmarktrecht, Rn. 13.154. Siehe auch → Rn. 122 Fn. 336.
[348] *Vogel* in Assmann/Schneider, WpHG, Vor § 38 Rn. 20.
[349] *Benner-Heinacher* DB 1995, 765, 766; *Caspari* ZGR 1994, 530, 545; *Götz* DB 1995, 1949; *Klöhn* in Hirte/Möllers, KK-WpHG, § 14 Rn. 289; *Lenenbach*, Kapitalmarktrecht, Rn. 13.155; *Mennicke* in Fuchs, WpHG, § 14 Rn. 197; *Schäfer* in Marsch-Barner/Schäfer, Handbuch börsennotierte AG, § 14 Rn. 46; *Schäfer* in Schäfer/Hamann, KMG (Lfg. 1/2006), § 14 WpHG Rn. 25; *Schmidt-Diemitz* DB 1996, 1809, 1810; *Schröder* in Achenbach/Ransiek, Handbuch Wirtschaftsstrafrecht, 10. Teil, Kap. 2 Rn. 176; *Sethe* ZBB 2006, 243, 249; *Süßmann* AG 1999, 162, 163; *Schwark/Kruse* in Schwark/Zimmer, KMRK, § 14 WpHG Rn. 45. Wenig aussagekräftig dagegen RegE zum 2. FFG, BT-Drucks. 12/6679, S. 47, und Art. 3 lit. a der Marktmissbrauchs-Richtlinie.

begreifen. Werde dagegen die Information an einen Sekundärinsider weitergegeben, sei das Unrecht indiziert und auf Rechtfertigungsebene sei zu prüfen, ob eine Befugnis vorlag[350]. Diese Ansicht misst dem Merkmal also eine Doppelfunktion zu. Hintergrund der Differenzierung ist der Umstand, dass im bisherigen Recht der Sekundärinsider nicht dem Weitergabeverbot unterlag. Indem diese Ansicht beim Sekundärinsider die Strafbarkeit bejaht, will sie eine Strafbarkeitslücke schließen. Durch die Neufassung des Tatbestands ist jedoch diese Differenzierung entbehrlich geworden, da nun auch die Sekundärinsider dem Weitergabeverbot unterliegen.

**126** Die Auslegung des Tatbestandsmerkmals „unbefugt" ist streitig. Eine Ansicht sieht eine Weitergabe nur unter zwei **Voraussetzungen** als befugt an. Der Empfänger der Insiderinformation müsse seinerseits einer gesetzlichen oder vertraglichen Verschwiegenheitspflicht unterliegen und die Weitergabe müsse mit Blick auf die Aufgabenerfüllung aus vernünftigen Gründen erforderlich sein[351]. Die herrschende Gegenauffassung sieht eine Weitergabe dagegen bereits dann als befugt an, wenn nur die zweite Voraussetzung vorliegt, für die Weitergabe also mit Blick auf die Aufgabenerfüllung vernünftige Gründe sprechen[352]. Dies überzeugt, denn der Empfänger der Nachricht unterliegt seit der Neufassung des § 14 WpHG in jedem Fall selbst einem Weitergabeverbot. Einer zusätzlichen Absicherung durch eine Verschwiegenheitspflicht bedarf es daher nicht. Hierfür spricht zudem die richtlinienkonforme Auslegung, denn Art. 3 lit. a der Marktmissbrauchs-Richtlinie 2003/6/EG verpflichtet die Mitgliedstaaten, den Insidern das Weitergeben der Information an Dritte zu untersagen, „soweit dies nicht im normalen Rahmen der Ausübung ihrer Arbeit oder ihres Berufes oder der Erfüllung ihrer Aufgaben geschieht". Nach Verabschiedung des Anlegerschutzverbesserungsgesetzes wurde erneut argumentiert, Insiderinformationen dürften nur an Personen weitergegeben werden, die einer Vertraulichkeitsvereinbarung unterliegen. Dies zeige § 15 Abs. 1 S. 4 WpHG, der genau dies bei der Weitergabe von Insiderinformationen verlange[353]. Bei dieser Argumentation wird jedoch verkannt, dass § 15 Abs. 1 S. 4 WpHG nur Emittenten oder in deren Auftrag oder auf deren Rechnung handelnde Personen erfasst. Sonstige Insider unterfallen der Vorschrift gerade nicht. Weiterhin erfasst die Vorschrift nur Insiderinformationen, die den Emittenten unmittelbar betreffen. Damit ist ihr Anwendungsbereich deutlich enger als der von § 14 Abs. 1 Nr. 2 WpHG. Auch passt die Rechtsfolge der Vorschrift nicht in den vorliegenden Kontext. Nach § 15 Abs. 1 S. 4 WpHG entfällt die Pflicht zur sofortigen Veröffentlichung der Insiderinformation. Die Frage der Weitergabe der Information wird gerade nicht geregelt. Gestützt wird die hier vertretene Auslegung zudem durch den Umstand, dass der Gesetzgeber des Anlegerschutzverbesserungsgesetzes § 14 Abs. 1 Nr. 2 WpHG unverändert lassen wollte[354]. Die aus § 15 WpHG abgeleitete Argumentation überzeugt daher nicht[355]. Es kommt nur darauf an, dass im Hinblick auf die Aufgabenerfüllung **vernünftige Gründe für die Weitergabe** sprechen.

---

[350] *Assmann/Cramer* in Assmann/Schneider, WpHG, 3. Aufl., § 14 Rn. 47; *Ziemons* AG 1999, 492, 497f.

[351] *Götz* DB 1995, 1949, 1950.

[352] *Assmann* AG 1997, 50, 55; *Assmann* in Assmann/Schneider, WpHG, § 14 Rn. 73ff.; *Hilgendorf* in Park, Kap. 3 Rn. 166ff.; *Lenenbach*, Kapitalmarktrecht, Rn. 13.155ff.; *Schäfer* in Schäfer/Hamann, KMG (Lfg. 1/2006), § 14 WpHG Rn. 26ff.; *Schmidt-Diemitz* DB 1996, 1809, 1810; *Uwe H. Schneider/Singhof*, FS Kraft, S. 588ff.; *Uwe H. Schneider*, FS Wiedemann, S. 1255, 1261ff.; *Sethe* ZBB 2006, 243, 249f.; *Singhof* ZGR 2001, 146, 153; *Stoffels* ZHR 165 (2001), 362, 380.

[353] *Rodewald/Tüxen* BB 2004, 2249, 2252 (bei einer Weitergabe an Nichtberufsträger).

[354] RegE zum AnSVG, BT-Drucks. 15/3174, S. 34.

[355] Ebenso *BaFin*, Emittentenleitfaden, S. 41; *Assmann* in Assmann/Schneider, WpHG, § 14 Rn. 76; *v. Falkenhausen/Widder* BB 2005, 225, 227f.; *Klöhn* in Hirte/Möllers, KK-WpHG, § 14 Rn. 345; *Mennicke* in Fuchs, WpHG, § 14 Rn. 212f.; *Schäfer* in Schäfer/Hamann, KMG (Lfg. 1/2006), § 14 WpHG Rn. 28; *Sethe* ZBB 2006, 243, 250; vgl. auch *Hasselbach* NZG 2004, 1087, 1090.

Der Begriff „vernünftig" wurde zunächst dahingehend gedeutet, dass es sich um zwin- **127**
gende Gründe handeln muss[356]. Dieser Ansicht hat sich die herrschende Meinung im deutschen Schrifttum nicht angeschlossen. Sie verlangte, dass die Weitergabe sachlich gerechtfertigt ist, also eine Abwägung ergibt, dass das mit einer Ausweitung des Insiderkreises verbundene Risiko von Insidergeschäften im Vergleich zum Nutzen der Weitergabe tragbar ist. Die Erforderlichkeit der Weitergabe war deshalb anhand der zu lösenden Aufgabe im Rahmen der Betriebsorganisation zu bestimmen[357]. Allerdings ließ allein der Umstand, dass der Empfänger der Insiderinformation der Vertraulichkeit unterliegt, die Weitergabe noch nicht als erforderlich erscheinen[358].

Der EuGH hat in der Rechtssache **Grøngaard und Bang** festgestellt, dass das Merkmal **128**
„unbefugt" **restriktiv auszulegen** sei[359]. Es müsse ein **enger Zusammenhang** zwischen der Weitergabe der Information und den beruflichen Aufgaben bestehen, derentwegen die Weitergabe erfolgt[360]. Die Weitergabe müsse weiterhin für die Erfüllung der Aufgabe **unerlässlich** sein und der Grundsatz der Verhältnismäßigkeit sei zu beachten[361]. Bei der Beurteilung der Erforderlichkeit sei zu berücksichtigen, dass jede zusätzliche Weitergabe die Gefahr der Verwendung der Insiderinformation vergrößere. Daher sei auch die **Sensibilität** der Information einzubeziehen; besondere Vorsicht sei geboten, wenn das **Kursbeeinflussungspotential offensichtlich** sei[362]. Ob die Weitergabe zum normalen Rahmen der Berufsausübung gehöre oder in Erfüllung einer Aufgabe erfolge, bestimme sich, da dieser Bereich nicht durch Richtlinien harmonisiert sei, nach den nationalen Vorschriften[363]. Ob die Entscheidung des EuGH[364], die er zu Art. 3 lit. a) der Insider-Richtlinie getroffen hat und die sich auf den insoweit wortgleichen Art. 3 lit. a der Marktmissbrauchs-Richtlinie 2003/6/EG übertragen lässt, zu einer engeren Auslegung des Merkmals „unbefugt" zwingt, ist streitig[365]. Man kann die Entscheidung nach dem deutschen Text dahingehend interpretieren, dass bloße Zweckmäßigkeitserwägungen gerade nicht ausreichen; die Weitergabe musste dann **unerlässlich** zur Erfüllung der Aufgabe oder zur Wahrnehmung des Berufs sein. Allerdings hat das oberste dänische Gericht, das im Anschluss an die Vorlage an den EuGH die Entscheidung auf den Sachverhalt anzuwenden hatte, die Ausführungen des EuGH deutlich weiter verstanden und das Wort „unerlässlich" iSv „erforderlich" interpretiert[366]. Die herrschende Meinung im deutschen Recht ist daher der Ansicht, dass die EuGH-Entscheidung die zuvor bestehende Auslegung (→ Rn. 127) nicht geändert habe und daher die Weitergabe zur Erreichung des Weitergabezwecks „erforderlich" sein müsse, was im Wege einer Abwägung festzustellen sei[367]. Der Meinungsstreit dürfte sich erledigt haben, da die kommende Marktmissbrauchsverordnung in ihrem Erwägungsgrund 35

---

[356] *Assmann* AG 1994, 237, 247.
[357] *Assmann* in Assmann/Schneider, WpHG, § 14 Rn. 74 mwN.
[358] *Assmann* in Assmann/Schneider, WpHG, § 14 Rn. 78; wohl auch *v. Falkenhausen/Widder* BB 2005, 225, 227.
[359] EuGH, Rs. C-384/02, Urt. v. 22.11.2005, WM 2006, 612 Rn. 27, 34, 48 – Strafverfahren gegen Knud Grøngaard und Allan Bang.
[360] EuGH, Rs. C-384/02, Urt. v. 22.11.2005, WM 2006, 612 Rn. 48.
[361] EuGH, Rs. C-384/02, Urt. v. 22.11.2005, WM 2006, 612 Rn. 34, 48.
[362] EuGH, Rs. C-384/02, Urt. v. 22.11.2005, WM 2006, 612 Rn. 36 f.
[363] EuGH, Rs. C-384/02, Urt. v. 22.11.2005, WM 2006, 612 Rn. 40, 46, 50, 54.
[364] Sie unterliegt deutlicher Kritik, vgl. nur *Assmann* in Assmann/Schneider, WpHG, § 14 Rn. 74b; *Schäfer* in Marsch-Barner/Schäfer, Handbuch börsennotierte AG, § 14 Rn. 46 jeweils mwN.
[365] Bejahend noch *Sethe* in Assmann/Schütze, Handbuch Kapitalanlagerecht, 3. Aufl., § 12 Rn. 102.
[366] Højesteret (Oberster Gerichtshof Dänemarks), Urt. v. 14.5.2009 – 219/2008 ZIP 2009, 1526 f.; dazu *Klöhn* in Hirte/Möllers, KK-WpHG, § 14 Rn. 325 ff.; *Schäfer* in Marsch-Barner/Schäfer, Handbuch börsennotierte AG, § 14 Rn. 46 mwN.
[367] *Klöhn* in Hirte/Möllers, KK-WpHG, § 14 Rn. 325 ff.; *Schäfer* in Marsch-Barner/Schäfer, Handbuch börsennotierte AG, § 14 Rn. 46; *Schröder*, Kapitalmarktstrafrecht, Rn. 289, jeweils mwN.

feststellt: „Die Offenlegung von Insiderinformationen durch eine Person sollte als rechtmäßig betrachtet werden, wenn sie im Zuge der normalen Ausübung ihrer Arbeit oder ihres Berufes oder der normalen Erfüllung ihrer Aufgaben handelt." Eine parallele Formulierung findet sich im geplanten Art. 10 Abs. 1 UAbs. 1 MAR. Von unerlässlich ist keine Rede.

**129** Eine befugte Weitergabe liegt stets dann vor, wenn sie aufgrund **gesetzlicher Mitteilungs- oder Informationspflichten** erfolgt. Insiderinformationen dürfen daher innerhalb des Vorstands und vom Vorstand an den Aufsichtsrat weitergegeben werden, um diesem die Überwachung der Unternehmensführung zu ermöglichen[368]. Auch die Weitergabe der erforderlichen Informationen an die Abschlussprüfer ist daher befugt. Soweit das Gesetz eine Information des Betriebsrats vorschreibt (vgl. §§ 80 Abs. 2, 90, 92, 111 BetrVG), darf die Insiderinformation auch an ihn weitergegeben werden. Gleiches gilt, falls kapitalmarktrechtliche oder kartellrechtliche Mitteilungspflichten erfüllt werden müssen. Auch die Mitteilung an das Handelsregister ist erlaubt[369].

**130** Von den Fällen, in denen unbedingte Informationspflichten zu erfüllen sind, ist eine Gestaltung zu unterscheiden, bei der die Informationsweitergabe **unter einem gesetzlichen Vorbehalt** steht (die Weitergabe also beispielsweise zu unterbleiben hat, wenn dies zur Wahrung von Betriebsgeheimnissen erforderlich ist) oder die Weitergabe gar **in das Ermessen** des Berechtigten gestellt ist. Hier kommt es allein auf die oben in Rn. 128 geschilderte Abwägung an, bei der auch zu berücksichtigen ist, welche Vorteile dem Unternehmen erwachsen, wenn die Information weitergegeben wird (beispielsweise im Zuge einer beantragten Genehmigung für das Unternehmen).

**131** In Bezug auf eine Weitergabe der Information **an einen einzelnen Aktionär** wird danach unterschieden, ob diese innerhalb oder außerhalb der Hauptversammlung erfolgt. Ein Auskunftsanspruch nach § 131 Abs. 1 AktG steht dem Aktionär **außerhalb der Hauptversammlung** nicht zu und zwar selbst dann nicht, wenn er sich darauf beruft, auch anderen Aktionären sei diese Information gewährt worden. Von der Frage, ob der einzelne Aktionär einen Anspruch auf Information hat, ist die Frage zu unterscheiden, ob der Vorstand von sich aus einen Aktionär informieren darf. Aufgrund des in § 131 Abs. 4 AktG zum Ausdruck kommenden Rechtsgedankens wird man dies in Einzelfällen ausnahmsweise bejahen können. So wurde es bislang schon als zulässig angesehen, dass der Vorstand einen Großaktionär vor einer Hauptversammlung nach dessen Ansicht zu bestimmten geplanten Tagesordnungspunkten fragen dürfe, um abschätzen zu können, welche Erfolgsaussichten diese Maßnahmen haben[370]. Ein solcher Fall liegt zudem vor, wenn die Unternehmensleitung die nach dem Hauptversammlungsbeschluss notwendigen Ausführungsmaßnahmen schon vor der Hauptversammlung vorbereiten muss, um den Beschluss rasch umsetzen zu können (zB Kapitalmaßnahmen zur Finanzierung einer unmittelbar bevorstehenden Übernahme).

**132** Ob eine Weitergabe **innerhalb der Hauptversammlung** zulässig ist, ist umstritten. Ein Teil des Schrifttums sieht die Gefahr, dass das Weitergabeverbot das Auskunftsrecht des Aktionärs aushöhlt und hält daher § 131 AktG für vorrangig[371]. Die herrschende Ansicht sieht in § 131 Abs. 1 AktG dagegen keine Rechtfertigung für eine Weitergabe[372]. Die da-

---

[368] *Brandi/Süßmann* AG 2004, 642, 647; *Sven H. Schneider*, Informationspflichten, S. 117 f.; *Uwe H. Schneider/Singhof*, FS Kraft, S. 591 f.; *Soesters*, Insiderhandelsverbote, S. 191.
[369] *Sven H. Schneider*, Informationspflichten, S. 61.
[370] Zu Einzelheiten *Klöhn* in Hirte/Möllers, KK-WpHG, § 14 Rn. 364; *Uwe H. Schneider/Singhof*, FS Kraft, S. 600 ff., 603 f.; *Marsch-Barner* in Semler/Volhard, Unternehmensübernahmen, § 7 Rn. 125; *Mennicke* in Fuchs, WpHG, § 14 Rn. 293; *Schwark/Kruse* in Schwark/Zimmer, KMRK, § 14 WpHG Rn. 51; differenzierend *Veil* ZHR 172 (2008), 239, 265 f.; kritisch *Schäfer* in Marsch-Barner/Schäfer, Handbuch börsennotierte AG, § 14 Rn. 60.
[371] *Benner-Heinacher* DB 1995, 765, 766. Differenzierend *Sven H. Schneider*, Informationspflichten, S. 62 ff.
[372] *Assmann* AG 1997, 50, 57; *Assmann* in Assmann/Schneider, WpHG, § 14 Rn. 85; *Hartmann*, Regelungsprobleme des Insiderhandels, S. 240 f.; *Joussen* DB 1994, 2485 ff.; *Klöhn* in Hirte/Möllers,

bei teilweise gewählte Begründung, aus § 131 Abs. 3 Nr. 5 AktG stehe dem Vorstand ein Auskunftsverweigerungsrecht zu, überzeugt nicht, denn hier wird ein Zirkelschluss gezogen. § 131 Abs. 3 Nr. 5 AktG setzt gerade voraus, dass die Auskunft einen Straftatbestand erfüllt. Ob sie das Weitergabeverbot des § 14 Abs. 1 Nr. 2 WpHG verletzt, die Auskunft also „unbefugt" ist, steht aber noch nicht fest. § 131 Abs. 3 Nr. 5 AktG ist eine der Rechtsfolgen des Weitergabeverbots und kann nicht zur Auslegung von dessen Voraussetzungen herangezogen werden[373]. Ausgangspunkt der Überlegungen muss das Verhältnis von § 14 WpHG zu § 15 WpHG sein; es sind folgende Fallgestaltungen zu unterscheiden: (1) Betrifft eine Insiderinformation den Emittenten unmittelbar, muss sie nach § 15 WpHG veröffentlicht werden. (2) Ist der Emittent dieser Pflicht bereits nachgekommen, muss er sodann auch in der Hauptversammlung Auskunft geben, denn die Information hat den Charakter als Insiderinformation eingebüßt, so dass das Weitergabeverbot nicht mehr einschlägig ist. (3) Stellt der Vorstand während der Hauptversammlung aufgrund eines Auskunftsverlangens fest, dass eine Insiderinformation nun unverzüglich zu veröffentlichen ist, muss er dies nach den dafür in §§ 15 Abs. 1 S. 1, Abs. 7 WpHG, 4 f. WpAIV vorgesehenen Vorgaben tun, indem er die Bereichsöffentlichkeit informiert. Die Hauptversammlung ist keine Bereichsöffentlichkeit (→ Rn. 57). Der Vorstand darf daher das Auskunftsverlangen nach § 131 Abs. 1 AktG nur dann erfüllen, wenn sichergestellt ist, dass zumindest gleichzeitig die Bereichsöffentlichkeit informiert wird. (4) Steht dem Vorstand nach § 15 Abs. 3 S. 1 WpHG das Recht zu, die Veröffentlichung der Insiderinformation zum Schutze berechtigter Interessen des Unternehmens zurückzuhalten, muss er sie auch nicht in der Hauptversammlung mitteilen. Dies zeigt die parallele Wertung in § 131 Abs. 3 Nr. 1 AktG. (5) Schließlich ist der Fall zu betrachten, dass keine Ad-hoc-Publizitätspflicht besteht, weil die Insiderinformation den Emittenten nicht unmittelbar betrifft oder weil die Aktien des Emittenten nur im Freiverkehr gehandelt werden. Hier kommt es auf eine Abwägung zwischen den von § 131 Abs. 1 AktG und § 14 WpHG geschützten Belangen an. Gesellschaftsinterne Befugnisse haben nun Vorrang, da die Insider die Information „im normalen Rahmen der Ausübung ihrer Arbeit oder ihres Berufes oder der Erfüllung ihrer Aufgaben" weitergeben (vgl. Art. 3 lit. a der Marktmissbrauchs-Richtlinie 2003/6/EG). In dieser Fallgestaltung darf der Vorstand daher die Auskunft erteilen[374]. Sie ist nur dann nicht zu geben, wenn aufgrund sonstiger Umstände ein Fall des § 131 Abs. 3 AktG vorliegt.

Die **innerbetriebliche Weitergabe** ist stets dann erlaubt, wenn sie aus betrieblichen Gründen erforderlich ist und sich im normalen Arbeitsablauf bewegt (→ Rn. 128). Hier fehlen spezielle gesetzliche Bestimmungen. Einschlägig ist allein die Freiheit der Organisation von betrieblichen Abläufen[375]. Vergleichbar ist die Lage innerhalb eines Konzerns. Um die rechtlichen und wirtschaftlichen Fragestellungen **im Konzern** angemessen lösen zu

133

---

KK-WpHG, § 14 Rn. 359 ff.; *Kümpel* WM 1994, 2137, 2138; *Krauel*, Insiderhandel, S. 297; *Lenenbach*, Kapitalmarktrecht, Rn. 13.165; *Mennicke* in Fuchs, WpHG, § 14 Rn. 279; *Schäfer* in Schäfer/Hamann, KMG (Lfg. 6/2007), § 14 WpHG Rn. 83; *Schwark/Kruse* in Schwark/Zimmer, KMRK, § 14 WpHG Rn. 52; *Sethe* ZBB 2006, 243, 251; *Soesters*, Insiderhandelsverbote, S. 194; *Waldhausen*, Die ad-hoc-publizitätspflichtige Tatsache, S. 54. Im Ergebnis ebenso *Hopt* in Bankrechts-Handbuch, § 107 Rn. 59; *Marsch-Barner* in Semler/Volhard, Unternehmensübernahmen, § 7 Rn. 125.

[373] *Sethe* ZBB 2006, 243, 251. Wie hier jetzt auch *Klöhn* in Hirte/Möllers, KK-WpHG, § 14 Rn. 359.
[374] Im Ergebnis auch *Sven H. Schneider*, Informationspflichten, S. 63, 65.
[375] Ebenso *Assmann* in Assmann/Schneider, WpHG, § 14 Rn. 89; *Lenenbach*, Kapitalmarktrecht, Rn. 13.166. Im Ergebnis auch *Sven H. Schneider*, Informationspflichten, S. 119, der dies aber mit dem vorrangigen Marktinteresse an einer solchen Weitergabe begründet. Nicht abschließend geklärt ist die Frage, ob es betriebliche Organisationspflichten zur Vermeidung von Insiderverstößen und Interessenkonflikten gibt (bejahend etwa *Sven H. Schneider*, Informationspflichten, S. 306 ff.), deren Nichtbeachtung dazu führt, dass die betriebsübliche Weitergabe von Insiderinformationen „unbefugt" war. Siehe zur Problematik ausführlich Rn. 81 ff., 105, 182 ff.; sa *Assmann* in Assmann/Schneider, WpHG, § 14 Rn. 90 mwN.

können, muss es den Verantwortlichen erlaubt sein, die dazu erforderlichen Informationen weiterzugeben[376]. Soweit die Konzernsteuerung auf Informationen aus den verbundenen Unternehmen angewiesen ist, was regelmäßig in weitem Umfang der Fall ist, darf daher die Weitergabe erfolgen.

**134** Eine Weitergabe an **Unternehmensexterne** ist zulässig, wenn diese die Informationen zur normalen Ausübung ihres Berufes oder zur Erfüllung ihrer Aufgabe benötigen und die Weitergabe erforderlich ist (→ Rn. 128)[377]. Mitteilungen von Insiderinformationen an Anwälte, Notare, Wirtschaftsprüfer, Unternehmensberater, Kreditinstitute oder sonstige externe Berater sind in diesem Rahmen daher erlaubt. Auch die sich anschließende Frage, ob die Externen die Information wiederum an ihre Mitarbeiter weitergeben dürfen, ist nach denselben Kriterien zu beurteilen. Auch diese Weitergabe ist zulässig, soweit dies zur Erfüllung der übernommenen Aufgabe erforderlich ist[378]. Eine Weitergabe von Insiderinformationen an die mit der Veröffentlichung von Insiderinformationen betrauten Dienstleister gemäß §§ 4f. WpAIV ist ebenfalls zulässig, da andernfalls die Ad-hoc-Publizitätspflicht nicht erfüllt werden könnte. Die Weitergabe der Information durch den an sich ad-hoc-publizitätspflichtigen Emittenten an die Presse, die früher als zulässig angesehen wurde, um die Öffentlichkeit herzustellen, ist heute nicht mehr möglich, da die WpAIV die Art der Veröffentlichung einer Ad-hoc-Mitteilung genau vorschreibt und jede andere Art damit unbefugt ist[379]. Auch Börseninformationsdienste dürfen die von ihnen ermittelten oder ihnen zugespielten Insiderinformationen nicht verbreiten[380]. Denn gerade weil die Publikation in einem Börseninformationsdienst nicht notwendigerweise die Bereichsöffentlichkeit sicherstellt, wird die Gefahr des Insiderhandels durch ein solches Vorgehen erhöht.

**135** Das Insiderhandelsverbot will auch die bei **Kredit- und Finanzdienstleistungsinstituten** früher anzutreffende Praxis, mit dem regelmäßigen Zugang zu Insiderwissen zu werben oder Frontrunning zugunsten wichtiger Kunden zu betreiben, unterbinden (→ Rn. 93). Denn die informationelle Chancengleichheit der Anleger lässt sich nur erreichen, wenn auch jede *auf Vertrag* beruhende Gewährung von Sondervorteilen aus der Verwertung von Insiderwissen ausgeschlossen ist. Institute dürfen daher, auch wenn sie vertraglich zur Interessenwahrung verpflichtet sind, kein Insiderwissen weitergeben[381], Vermögensverwalter bei der Verwaltung des Kundenvermögens kein Insiderwissen verwerten[382]. Anlageberatern ist es untersagt, ihr Insiderwissen an einzelne Anleger weiterzugeben, um diesen entsprechende Dispositionen zu ermöglichen. Auch auf Insiderwissen beruhende Empfehlungen sind verboten. Ein **Nothilferecht** als Rechtfertigungsgrund steht den Instituten in diesen Fällen gerade nicht zu[383]. Ein die Anlageberatung anbietendes In-

---

[376] *Assmann* in Assmann/Schneider, WpHG, § 14 Rn. 94; *Sven H. Schneider,* Informationspflichten, S. 187 ff.

[377] Enger noch die bislang hM, vgl. statt vieler *BaFin,* Emittentenleitfaden, S. 41.

[378] *Assmann* in Assmann/Schneider, WpHG, § 14 Rn. 97; *v. Falkenhausen/Widder* BB 2004, 165, 166 ff.; *Hasselbach* NZG 2004, 1087, 1094; *Hilgendorf* in Park, Kap. 3 Rn. 174; *Sethe* ZBB 2006, 243, 252.

[379] → Rn. 113 ff. mwN sowie *Sethe* ZBB 2006, 243, 252 f.

[380] *Schäfer* in Schäfer/Hamann, KMG (Lfg. 6/2007), § 14 WpHG Rn. 51.

[381] *Assmann* in Assmann/Schneider, WpHG, § 14 Rn. 108; *Assmann* AG 1994, 237, 254; *Assmann* WM 1996, 1352; *Hilgendorf* in Park, Kap. 3 Rn. 179; *Klöhn* in Hirte/Möllers, KK-WpHG, § 14 Rn. 349, 351, 463 ff.; *Tippach,* Insider-Handelsverbot, S. 272 ff., 284. Ebenso schon vor Erlass des WpHG *Canaris* in Großkomm. HGB, Bd. III/2, 3. Aufl. 1978, Anhang § 357 Anm. 816; *Dingeldey* DB 1982, 685, 687; *Heinsius* ZHR 145 (1981), 177, 194.

[382] *Sethe,* Anlegerschutz, S. 901.

[383] *Assmann* in Assmann/Schneider, WpHG, § 14 Rn. 110; *Hilgendorf* in Park, Kap. 3 Rn. 179; *Mennicke* in Fuchs, WpHG, § 14 Rn. 337; *Schwark/Kruse* in Schwark/Zimmer, KMRK, § 14 WpHG Rn. 88; wohl auch *Balzer* in Welter/Lang, Handbuch der Informationspflichten im Bankverkehr, 2005, Rn. 7.41; aA *Canaris* in Großkomm. HGB, Bd. III/2, 3. Aufl. 1978, Anhang § 357 Anm. 817; *Heinsius* ZHR 145 (1981), 177, 194; *Hopt* in Bankrechts-Handbuch, § 107 Rn. 128.

stitut darf bei Kenntnis negativer Insiderinformationen über einen Emittenten seine Mitarbeiter anweisen, Wertpapiere des Emittenten auf weiteres nicht mehr zu empfehlen[384]. Hierin liegt als solches noch keine Weitergabe. Anders ist dagegen die Ausgangslage, wenn ein Anlageberater einem Kunden, der zu einem Wertpapiergeschäft entschlossen war, von diesem Geschäft abrät (→ Rn. 107).

Im Einzelfall kann es bei Kredit- und Finanzdienstleistungsinstituten auch außerhalb der Anlageberatung und Vermögensverwaltung zu Fällen von Interessenkollisionen aufgrund gesetzlicher oder vertraglicher Pflichten kommen. Ist ein Institut beispielsweise für die **Erstellung eines Prospekts** mitverantwortlich, kann die Pflicht zur zutreffenden Information im Prospekt mit dem Weitergabeverbot kollidieren. Das Institut darf die Insiderinformation als solche nicht weitergeben und muss dennoch darauf achten, dass der Prospekt keine falschen Angaben enthält und keinen unzutreffenden Gesamteindruck vermittelt[385]. 136

Im Rahmen einer **„Due Diligence-Prüfung"** dürfen dem Bieter eines Wertpapiererwerbsangebots oder dem am Erwerb eines Aktienpakets Interessierten Insiderinformationen überlassen werden[386]. Denn dies ist unerlässlich, um den Kaufgegenstand in Augenschein zu nehmen. Eine neuere Ansicht will nicht darauf abstellen, dass die Due Diligence für den Käufer erforderlich ist, und fordert stattdessen eine Abwägung zwischen den Marktinteressen an der Geheimhaltung der Insiderinformation und den Interessen des Marktes am Zustandekommen der Transaktion[387]. Sie bleibt aber die Antwort auf die Frage schuldig, wie die Beteiligten die jeweiligen Marktinteressen ex ante ermitteln und einschätzen sollen. Daher führt diese Ansicht zu großer Rechtsunsicherheit und ist mangels Praktikabilität abzulehnen. 137

**d) Subjektiver Tatbestand.** Eine vorsätzliche Verletzung des Weitergabeverbots stellt für einen Primärinsider eine Straftat dar (§ 38 Abs. 1 Nr. 2 WpHG), während ein Sekundärinsider lediglich eine Ordnungswidrigkeit begeht (§ 39 Abs. 2 Nr. 3 WpHG). Handelt der Täter leichtfertig, stellt die Tat sowohl für den Primär- wie für den Sekundärinsider eine Ordnungswidrigkeit dar (§ 39 Abs. 2 Nr. 3 WpHG). 138

Eine vorsätzliche Tat liegt vor, wenn der Täter weiß, dass es sich um eine Insiderinformation handelt, und er diese unbefugt mitteilen oder zugänglich machen will. Ein vorsätzliches Handeln fehlt, wenn der Täter meint, die Insiderinformation sei bereits öffentlich bekannt. In der Tatvariante des Zugänglichmachens muss er nach herrschender Meinung wissen oder in Kauf nehmen, dass der Dritte sich die Kenntnis von der Insiderinformation verschaffen wird[388]. Lässt ein Vorstandsmitglied einen Brief, der Insiderinformationen enthält, offen liegen, ohne sich Gedanken zu machen, dass seine Sekretärin Kenntnis vom Inhalt dieses Schriftstücks nehmen könnte, fehlt es am Vorsatz. Es liegt allenfalls Leichtfertigkeit vor. Schließlich handelt der potenzielle Täter ohne Vorsatz, wenn er davon ausgeht, dass die Person, der die Insiderinformation mitgeteilt werden soll, sie schon kennt[389]. Folgt man dagegen der hier vertretenen Auffassung (→ Rn. 122), kommt es weder darauf an, dass der Täter damit rechnet, der Dritte werde sich die Kenntnis von der Insiderinformation verschaffen, noch darauf, ob er denkt, die Information sei neu. 139

---

[384] *Assmann* in Assmann/Schneider, WpHG, § 14 Rn. 112; *Mennicke* in Fuchs, WpHG, § 14 Rn. 339.
[385] *Hilgendorf* in Park, Kap. 3 Rn. 180; *Schwark/Kruse* in Schwark/Zimmer, KMRK, § 14 WpHG Rn. 89a.
[386] *Assmann* in Assmann/Schneider, WpHG, § 14 Rn. 113; *Hilgendorf* in Park, Kap. 3 Rn. 175; *Pawlik* in Hirte/Möllers, KK-WpHG, 1. Aufl., § 14 Rn. 57; *Ulrich Schroeder* DB 1997, 2161, 2165; *Kiethe* NZG 1999, 976, 980; *Stoffels* ZHR 165 (2001), 362, 380; *Sethe* ZBB 2006, 243, 252; differenzierend jetzt *Klöhn* in Hirte/Möllers, KK-WpHG, § 14 Rn. 415 ff.
[387] *Sven H. Schneider,* Informationspflichten, S. 67 ff.
[388] *Assmann* in Assmann/Schneider, WpHG, § 14 Rn. 115; *Hilgendorf* in Park, Kap. 3 Rn. 184; *Mennicke* in Fuchs, WpHG, § 14 Rn. 351; *Schwark/Kruse* in Schwark/Zimmer, KMRK, § 14 WpHG Rn. 66.
[389] *Assmann* in Assmann/Schneider, WpHG, § 14 Rn. 115; *Mennicke* in Fuchs, WpHG, § 14 Rn. 351.

**140** Leichtfertig handelt, wer die gebotene Sorgfalt in einem ungewöhnlich hohen Maße verletzt. So handelt derjenige leichtfertig, der Insiderinformationen im Wege einer unverschlüsselten Email versendet, denn eine solche Email ist nicht sicherer als eine Postkarte. Eine leichtfertige Mitteilung einer Insiderinformation liegt auch vor, wenn man andere Personen bei einem vertraulichen Gespräch mithören lässt und sich nicht vergewissert, dass man allein im Raum ist. Ein leichtfertiges Handeln ist auch gegeben, wenn man eine an sich passwortgeschützte Datei öffnet und das Büro verlässt, ohne die Dateien zu schließen. Sollen Dokumente mit Insiderinformationen vernichtet werden, reicht es nicht aus, sie in den Papierkorb zu werfen, sondern sie müssen so zerrissen oder geschreddert werden, dass ihr Inhalt nicht mehr erkennbar ist.

**141** **e) Versuch.** Die Versuchsstrafbarkeit nach § 38 Abs. 3 WpHG erfasst auch das Weitergabeverbot, sofern der Täter Primärinsider ist. Dies wird keineswegs von Art. 2 Abs. 1 UAbs. 1 sowie Art. 14 der Marktmissbrauchs-Richtlinie 2003/6/EG gefordert, wie der Gesetzgeber meint[390], da die Richtlinie den Mitgliedstaaten nur vorschreibt, den Versuch einer Verwendung der Insiderinformation unter Strafe zu stellen. Art. 14 der Richtlinie sagt zu der Frage gar nichts aus. Aus diesem Grunde und weil die Versuchsstrafbarkeit des Weitergabeverbots zu einer noch stärkeren Ausweitung des Tatbestands führt, wird sie teilweise sogar als verfassungswidrig angesehen[391]. Art. 6 Abs. 2 CRIM-MAD schreibt keine Versuchsstrafbarkeit für das Weitergabeverbot vor. Erwägungsgrund Nr. 20 zeigt jedoch, dass die CRIM-MAD nur eine Mindestharmonisierung enthält, so dass der Gesetzgeber an der Versuchsstrafbarkeit für das Weitergabeverbot festhalten kann.

**142** Ein Versuch liegt beispielsweise vor, wenn der Täter ein Schriftstück überreicht, von dem er denkt, es enthalte die Insiderinformation; diese ist aber nicht enthalten. Gleiches gilt für den Fall, dass er versehentlich ein falsches Passwort oder den falschen Schlüssel übermittelt und die Insiderinformation deshalb nicht zugänglich ist. Ein Versuch liegt schließlich vor, wenn der Täter meint, er gäbe eine Insiderinformation weiter, ohne zu wissen, dass diese zwischenzeitlich nach § 15 WpHG veröffentlicht wurde.

**143** **4. Empfehlungs- und Verleitungsverbot. a) Überblick.** § 14 Abs. 1 Nr. 3 WpHG verbietet es, einem anderen auf der Grundlage einer Insiderinformation den Erwerb oder die Veräußerung von Insiderpapieren zu empfehlen oder einen anderen auf sonstige Weise dazu zu verleiten. Bis zur Änderung der Vorschrift durch das Anlegerschutzverbesserungsgesetz enthielt § 14 Abs. 1 WpHG nur ein Empfehlungsverbot. Die Erweiterung des Tatbestands beruht auf Art. 3 lit. b der Marktmissbrauchs-Richtlinie 2003/6/EG. Eine zweite Änderung betrifft den Adressatenkreis. Während der Tatbestand zuvor nur Primärinsider erfasste, richtet er sich nun an alle Insider; die Differenzierung zwischen den verschiedenen Insidergruppen spielt nur noch bei der Sanktion eine Rolle. Zweck des Empfehlungs- und Verleitungsverbots ist es, eine Umgehung des Verwendungsverbots zu verhindern, indem der Insider nicht selbst kauft, sondern anderen einen „todsicheren Tipp" gibt.

**144** **b) Empfehlungsverbot.** Als Empfehlung gilt jede einseitige, rechtlich unverbindliche Erklärung, mit der jemand die Absicht verfolgt, den Willen des Adressaten zu beeinflussen[392]. Dies geschieht regelmäßig dadurch, dass ein bestimmtes Verhalten als für den Adressaten vorteilhaft bezeichnet und deshalb angeraten wird. Im insiderrechtlichen Sprachgebrauch be-

---

[390] RegE zum AnSVG, BT-Drucks. 15/3174, S. 40.
[391] *Vogel* in Assmann/Schneider, WpHG, § 38 Rn. 42; aA *Sethe* ZBB 2006, 243, 246.
[392] *Assmann* in Assmann/Schneider, WpHG, § 14 Rn. 119; *Hilgendorf* in Park, Kap. 3 Rn. 188; *Lenenbach*, Kapitalmarktrecht, Rn. 13.170; *Mennicke* in Fuchs, WpHG, § 14 Rn. 366; *Schäfer* in Schäfer/Hamann, KMG (Lfg. 6/2007), § 14 WpHG Rn. 34; abweichend *Schröder* in Achenbach/Ransiek, Handbuch Wirtschaftsstrafrecht, 10. Teil, Kap. 2 Rn. 190. Danach muss es dem Empfehlenden nicht um die Beeinflussung des Willens des anderen gehen; vielmehr soll es ausreichen, wenn ein bestimmtes Verhalten als vorteilhaft dargestellt wird. Da die Empfehlung jedoch nicht befolgt werden muss, um den Tatbestand zu erfüllen (→ Rn. 146), dürfte der Unterschied zwischen den Ansichten kaum je praktische Bedeutung erlangen.

zeichnet man die Empfehlung auch als „**Tipp**". Die Empfehlung muss den Erwerb oder die Veräußerung von Insiderpapieren zum Gegenstand haben. Der potenzielle Täter muss seine Empfehlung *auf der Grundlage* einer Insiderinformation abgeben, dh die Kenntnis von der Insiderinformation muss **ursächlich** für die Empfehlung sein. Hieran fehlt es, wenn die Empfehlung auch ohne das Insiderwissen abgegeben worden wäre[393]. Die Empfehlung muss sich an einen **anderen** richten, dh an eine vom Täter verschiedene natürliche oder juristische Person. Das Empfehlungsverbot gilt auch innerhalb eines Konzerns[394].

Der Tatbestand erfordert nicht, dass mit der Empfehlung auch **die Insiderinformation mitgeteilt** wird[395]. Ansonsten wäre das Weitergabeverbot der Nr. 2 weitgehend überflüssig. Zudem muss nicht nach außen erkennbar sein, dass der Tipp auf Insiderwissen beruht[396]. Die bloße Empfehlung reicht aus. Ihr Empfänger wird daher nicht automatisch auch zum Insider, so dass die Befolgung des Tipps als solche keine Insiderstraftat darstellt. Erkennt der Empfänger aber, dass es sich um eine Empfehlung auf der Grundlage von Insiderwissen handelt, kann er Teilnehmer der Tat des Empfehlenden sein und zudem selbst gegen § 14 Abs. 1 Nr. 1 WpHG verstoßen[397]. Art. 3 Abs. 7 CRIM-MAD erfasst künftig nur noch Fälle, in denen Empfänger der Empfehlung weiß, dass diese auf einer Insiderinformation beruht. **145**

Es handelt sich um ein **abstraktes Gefährdungsdelikt,** so dass die Tat nicht voraussetzt, dass der Dritte die Empfehlung befolgt hat. Bereits mit Abgabe der Empfehlung ist der **Tatbestand vollendet**[398]. Es ist unmaßgeblich, ob der Täter für die Empfehlung eine Gegenleistung vereinbart oder erhält. Auch kommt es nicht darauf an, ob der Täter an einem möglichen Gewinn, der aus der Befolgung der Empfehlung entsteht, teilhaben soll[399]. Es ist dementsprechend auch unerheblich, ob die Empfehlung darauf ausgerichtet ist, dass der Empfehlungsempfänger die Finanzinstrumente für sich selbst erwirbt oder aber für eine andere Person (zB der mit Insiderwissen gesegnete Vorstand ruft seinen Vermögensverwalter an und rät ihm, für alle Kunden ein bestimmtes Finanzinstrument zu kaufen). Die herrschende Meinung sieht beide Fälle als erfasst an und kann sich dabei auf die richtlinienkonforme Auslegung stützen[400]. Denn der Tatbestand des Empfehlens ist ein Unterfall des Verleitens (→ Rn. 148), bei dem beide Fallgruppen ausdrücklich erfasst sind. **146**

Der bloße **Rat, vom geplanten Erwerb oder der beabsichtigten Veräußerung eines Insiderpapiers abzusehen,** erfüllt nicht den Tatbestand der Nr. 3, da er nur eine Empfehlung zum Erwerb oder zur Veräußerung eines Insiderpapiers erfasst[401]. (Allerdings **147**

---

[393] *Assmann* in Assmann/Schneider, WpHG, § 14 Rn. 120; *Schäfer* in Schäfer/Hamann, KMG (Lfg. 6/2007), § 14 WpHG Rn. 35; *Schwark/Kruse* in Schwark/Zimmer, KMRK, § 14 WpHG Rn. 71.
[394] *Assmann* in Lutter/Scheffler/Schneider, Handbuch Konzernfinanzierung, Rn. 12.34.
[395] *Schäfer* in Schäfer/Hamann, KMG (Lfg. 6/2007), § 14 WpHG Rn. 37; *Hopt* in Bankrechts-Handbuch, § 107 Rn. 63; *Rothenhöfer* in Kümpel/Wittig, Bank- und Kapitalmarktrecht, Rn. 3.573.
[396] *Hopt* in Bankrechts-Handbuch, § 107 Rn. 63; *Mennicke* in Fuchs, WpHG, § 14 Rn. 375.
[397] *Schäfer* in Schäfer/Hamann, KMG (Lfg. 6/2007), § 14 WpHG Rn. 37; *Schwark/Kruse* in Schwark/Zimmer, KMRK, § 14 WpHG Rn. 72.
[398] *Assmann* in Assmann/Schneider, WpHG, § 14 Rn. 120.
[399] Ebenfalls *Assmann* in Assmann/Schneider, WpHG, § 14 Rn. 120; *Mennicke* in Fuchs, WpHG, § 14 Rn. 376.
[400] *Assmann* in Assmann/Schneider, WpHG, § 14 Rn. 124; *Becker,* Das neue Wertpapierhandelsgesetz, S. 56; *Hilgendorf* in Park, Kap. 3 Rn. 191; *Hopt* in Bankrechts-Handbuch, § 107 Rn. 63; *Klöhn* in Hirte/Möllers, KK-WpHG, § 14 Rn. 496; *Schwark/Kruse* in Schwark/Zimmer, KMRK, § 14 WpHG Rn. 71. Kritisch dagegen *Schäfer* in Schäfer/Hamann, KMG (Lfg. 6/2007), § 14 WpHG Rn. 36.
[401] *Assmann* in Assmann/Schneider, WpHG, § 14 Rn. 122; *Assmann* WM 1996, 1352; *Becker,* Das neue Wertpapierhandelsgesetz, S. 56; *Cramer* AG 1997, 59, 62; *Hilgendorf* in Park, Kap. 3 Rn. 190; *Klöhn* in Hirte/Möllers, KK-WpHG, § 14 Rn. 493 f.; *Lücker,* Der Straftatbestand des Missbrauchs von Insiderinformationen nach dem Wertpapierhandelsgesetz (WpHG), 1998, S. 115 f.; *Mennicke* in Fuchs, WpHG, § 14 Rn. 372; *Schäfer* in Schäfer/Hamann, KMG (Lfg. 6/2007), § 14 WpHG Rn. 36; *Schwark/Kruse* in Schwark/Zimmer, KMRK, § 14 WpHG Rn. 71.

kann sich im Einzelfall der Rat, nicht zu erwerben oder zu veräußern, inzident als Weitergabe einer Insiderinformation iSd Nr. 2 darstellen, → Rn. 107)[402]. Art. 3 Abs. 6 lit. b CRIM-MAD erfasst künftig auch Empfehlungen auf Grundlage einer Insiderinformation, einen Auftrag zu stornieren oder zu ändern.

148   **c) Verleitungsverbot.** § 14 Abs. 1 Nr. 3 WpHG verbietet dem Insider weiterhin, eine andere Person auf der Grundlage einer Insiderinformation auf sonstige Weise zum Erwerb oder zur Veräußerung von Insiderpapieren zu verleiten. Die gesetzliche Formulierung „oder einen anderen auf sonstige Weise dazu zu verleiten" verdeutlicht, dass es sich bei dem Begriff „Verleiten" um den Oberbegriff handelt und die Empfehlung eine Form des Verleitens darstellt[403]. Mit „Verleiten" ist jede Verhaltensweise gemeint, mit der der Insider den Willen eines anderen im Hinblick auf den Erwerb oder die Veräußerung von Insiderpapieren beeinflussen will[404]. Das Verleiten muss mitursächlich[405] auf die Kenntnis einer Insiderinformation zurückgehen[406]. Das Verbot des Verleitens erfasst nicht den Rat, einen Erwerb oder eine Veräußerung von Insiderpapieren zu unterlassen (→ Rn. 147). Da es sich bei dem Verleitungsverbot ebenfalls um ein abstraktes Gefährdungsdelikt handelt, setzt der Tatbestand nicht voraus, dass der andere tatsächlich Insiderpapiere erworben oder veräußert hat (→ Rn. 146)[407].

149   **d) Subjektiver Tatbestand.** Eine vorsätzliche Verletzung des Empfehlungs- und Verleitungsverbots stellt für Primärinsider eine Straftat dar (§ 38 Abs. 1 Nr. 2 WpHG), während ein Sekundärinsider lediglich eine Ordnungswidrigkeit begeht (§ 39 Abs. 2 Nr. 4 WpHG). Handelt der Täter leichtfertig, stellt die Tat sowohl für den Primär- wie den Sekundärinsider eine Ordnungswidrigkeit dar (§ 39 Abs. 2 Nr. 4 WpHG).

150   Eine vorsätzliche Tat liegt vor, wenn der Täter weiß, dass es sich um eine Insiderinformation handelt, und er deshalb das Finanzinstrument empfiehlt oder zu seinem Erwerb oder seiner Veräußerung verleiten will. Ein vorsätzliches Handeln fehlt, wenn der Täter meint, die Insiderinformation sei bereits öffentlich bekannt.

151   Leichtfertig handelt, wer die gebotene Sorgfalt in einem ungewöhnlich hohen Maße verletzt. So handelt ein Vorstandsmitglied leichtfertig, das ahnt, dass eine in Auftrag gegebene Ad-hoc-Mitteilung noch nicht publiziert sein könnte, gleichwohl aber die Papiere schon auf Grundlage der zu publizierenden Information empfiehlt.

152   **e) Versuch.** Die Versuchsstrafbarkeit nach § 38 Abs. 3 WpHG erfasst auch das Empfehlungs- und Verleitungsverbot, sofern der Täter Primärinsider ist. Dies wird keineswegs von Art. 2 Abs. 1 UAbs. 1 sowie Art. 14 der Marktmissbrauchs-Richtlinie 2003/6/EG gefordert, weshalb die Versuchsstrafbarkeit teilweise sogar als verfassungswidrig angesehen wird (→ Rn. 141 mwN). Ein Versuch liegt beispielsweise vor, wenn der Täter ein Insiderpapier auf der Grundlage einer Insiderinformation empfiehlt und dabei nicht weiß, dass die In-

---

[402] In diese Richtung wohl auch *Cahn* Der Konzern 2005, 5, 11 f.; *Cahn* ZHR 162 (1998), 1, 44, der nicht die Weitergabe nach Nr. 2, wohl aber eine Empfehlung nach Nr. 3 bejaht. Die Ansicht Cahns ablehnend *Assmann* in Assmann/Schneider, WpHG, § 14 Rn. 123; *Becker*, Das neue Wertpapierhandelsgesetz, S. 56; *Cramer* AG 1997, 59, 62; *Klöhn* in Hirte/Möllers, KK-WpHG, § 14 Rn. 494; *Schwark/Kruse* in Schwark/Zimmer, KMRK, § 14 WpHG Rn. 85; *Schäfer* in Schäfer/Hamann, KMG (Lfg. 6/2007), § 14 WpHG Rn. 32.
[403] RegE zum AnSVG, BT-Drucks. 15/3174, S. 34; *BaFin*, Emittentenleitfaden, S. 41; *Schwintek*, Anlegerschutzverbesserungsgesetz, S. 27.
[404] RegE zum AnSVG, BT-Drucks. 15/3174, S. 34; *BaFin*, Emittentenleitfaden, S. 41; *Assmann* in Assmann/Schneider, WpHG, § 14 Rn. 126.
[405] Speziell zu diesem Merkmal *Schröder*, Kapitalmarktstrafrecht, Rn. 198, 302; *Pawlik* in Hirte/Möllers, KK-WpHG, 1. Aufl., § 14 Rn. 67.
[406] *Assmann* in Assmann/Schneider, WpHG, § 14 Rn. 127; *Klöhn* in Hirte/Möllers, KK-WpHG, § 14 Rn. 497 ff., der zu Recht darauf hinweist, dass entsprechend der Spector-Rechtsprechung des EuGH bei Kenntnis des Empfehlenden von der Insiderinformation die widerlegliche Vermutung gilt, dass diese Kenntnis kausal war.
[407] *Klöhn* in Hirte/Möllers, KK-WpHG, § 14 Rn. 487 mwN.

siderinformation kurz zuvor nach § 15 Abs. 1 WpHG publiziert wurde. Art. 6 Abs. 2 CRIM-MAD schreibt künftig eine Versuchsstrafbarkeit für das „Empfehlungs- und Anstiftungsverbot" vor.

### VII. Sanktionen

**1. Strafrechtliche Sanktionen.** Ein **vorsätzlicher Verstoß** gegen das Verwendungsverbot des § 14 Abs. 1 Nr. 1 WpHG durch einen Primär- oder Sekundärinsider (zu den Begriffen → Rn. 14) wird mit Freiheitsstrafe bis zu fünf Jahren oder mit Geldstrafe bestraft (§ 38 Abs. 1 Nr. 1 WpHG). Gleiches gilt für einen vorsätzlichen Verstoß eines Primärinsiders gegen das Weitergabeverbot des § 14 Abs. 1 Nr. 2 WpHG und das Empfehlungs- und Verleitungsverbot des § 14 Abs. 1 Nr. 3 WpHG (§ 38 Abs. 1 Nr. 2 WpHG), während dies für Sekundärinsider nur eine Ordnungswidrigkeit darstellt, die mit einer Geldbuße von bis zu 200 000 EUR geahndet wird (§ 39 Abs. 2 Nrn. 3, 4, Abs. 4 WpHG). Da das Gesetz keinen Betrag für die Geldstrafe festsetzt, beträgt diese höchstens 360 Tagessätze (§ 40 Abs. 1 StGB). 153

Ein **leichtfertiger Verstoß** gegen das Verwendungsverbot des § 14 Abs. 1 Nr. 1 WpHG durch einen Primär- oder Sekundärinsider wird mit Freiheitsstrafe bis zu einem Jahr oder mit Geldstrafe bestraft (§ 38 Abs. 4 WpHG). Eine leichtfertige Weitergabe der Insiderinformation und ein leichtfertiges Empfehlen bzw. Verleiten auf der Grundlage einer Insiderinformation durch einen Primär- oder Sekundärinsider wird als Ordnungswidrigkeit mit einer Geldbuße von bis zu 200 000 EUR geahndet (§ 39 Abs. 2 Nrn. 3, 4, Abs. 4 WpHG). 154

Ein **Verfall** der durch das Insidergeschäft erzielten Gewinne ist im Wertpapierhandelsgesetz nicht geregelt, so dass die allgemeinen Bestimmungen anzuwenden sind (§§ 73 ff. StGB). Dabei gilt an sich das so genannte Bruttoprinzip; der für den Erwerb aufgewendete Kaufpreis oder der Wert der veräußerten Insiderpapiere kann jedoch nach Ansicht des BGH abgesetzt werden[408]. Der Verfall, also die Zahlung an die Staatskasse, darf allerdings nicht angeordnet werden, soweit dem Verletzten Ersatzansprüche gegen den Täter zustehen (§ 73 Abs. 1 S. 2 StGB). Ein solcher zivilrechtlicher Ersatzanspruch kann im Einzelfall durchaus in Betracht kommen (→ Rn. 162 ff.)[409]. Die Anordnung des Verfalls kann sich auch gegen andere Personen richten, für die der Täter gehandelt hat, wenn sie dadurch etwas erlangt haben (§§ 73 Abs. 3 StGB, 430 ff., 442 Abs. 2 StPO). 155

Schließlich kann ein **Berufsverbot** in Betracht kommen, wenn der Täter seine berufliche Stellung zur Begehung der Tat genutzt hat (§ 70 StGB). Die Dauer des Verbots beträgt zwischen einem und fünf Jahren. Das Verbot kann nachträglich zur Bewährung ausgesetzt werden (§ 70a StGB). 156

**2. Verwaltungsrechtliche Sanktionen.** Bei vorsätzlichen oder fahrlässigen Verstößen gegen börsenrechtliche Vorschriften, die eine ordnungsgemäße Durchführung des Handels an der Börse oder der Börsengeschäftsabwicklung sicherstellen sollen, kann der **Sanktionsausschuss der Börsen** einen Verweis aussprechen, ein Ordnungsgeld bis zu 250 000 EUR verhängen oder den Ausschluss von der Börse bis zu 30 Sitzungstagen aussprechen (§ 22 Abs. 2 BörsG). Da diese Sanktionen keine Strafe im engeren Sinne darstellen, können sie unabhängig von einem laufenden Strafverfahren verhängt werden[410]. Umstritten ist, ob der Insiderhandel von dieser Bestimmung erfasst wird. Der Wortlaut „gegen börsenrechtliche Vorschriften" spricht dagegen, weshalb die herrschende Meinung ihre Anwendung zu Recht ablehnt[411]. 157

---

[408] BGH NJW 2010, 882 Rn. 30; jetzt auch *Vogel* in Assmann/Schneider, WpHG, § 38 Rn. 94; kritisch *Altenhain* in Hirte/Möllers, KK-WpHG, § 39 Rn. 160.
[409] BGH NStZ 2010, 326 (deliktischer Anspruch aus § 826 BGB); *Vogel* in Assmann/Schneider, WpHG, § 38 Rn. 91.
[410] *Vogel* in Assmann/Schneider, WpHG, § 38 Rn. 97.
[411] *Beck* in Schwark/Zimmer, KMRK, § 22 BörsG Rn. 19; *Marxsen* in Schäfer/Hamann, KMG (Lfg. 1/2006), § 20 BörsG Rn. 10; aA *Vogel* in Assmann/Schneider, WpHG, § 38 Rn. 97.

**158** Ein Verstoß gegen das Insiderhandelsverbot berührt die börsenrechtliche Zuverlässigkeit des Täters. Daher kann die Geschäftsführung der Börse ein **Ruhen der Zulassung eines Börsenteilnehmers zur Börse** bis zu sechs Monaten anordnen (§ 19 Abs. 8 S. 1 BörsG). Wird ein Verstoß gegen § 14 WpHG rechtskräftig festgestellt, kann ein Widerruf der Börsenzulassung erfolgen[412]. Hierfür sind die Regelungen der jeweiligen Landesverwaltungsverfahrensgesetze einschlägig[413].

**159** Insiderhandel berührt zudem die Zuverlässigkeit des Geschäftsleiters eines Kredit- oder Finanzdienstleistungsinstituts. Ein Verstoß gegen das Insiderhandelsverbot kann daher ein Grund sein, einen solchen **Geschäftsleiter abzuberufen** (vgl. § 36 Abs. 1, 3 KWG). Wurde der Insiderverstoß von einem bei einem Institut tätigen Compliance- oder Vertriebsbeauftragten oder einem Anlageberater begangen, kommt ein **Tätigkeitsverbot nach § 34d Abs. 4 S. 1 WpHG** von bis zu zwei Jahren Dauer in Betracht, wenn die Tat nicht nur einen Verstoß gegen §§ 14, 38f. WpHG darstellt, sondern zugleich eine Vorschrift der §§ 31 ff. WpHG verletzt, was etwa beim Frontrunning der Fall ist, da dieses gegen die Interessenwahrungspflicht verstößt.

**160** **3. Zivilrechtliche Folgen.** Unstreitig stellt § 14 Abs. 1 Nr. 1 WpHG kein gesetzliches Verbot iSd § 134 BGB dar, so dass Geschäfte des Insiders, die unter Verstoß gegen das Verwendungsverbot erfolgten, keineswegs nichtig sind. Denn die Rechtsfolge der Nichtigkeit nach § 134 BGB tritt nur dann ein, wenn Sinn und Zweck des in Frage stehenden **Verbotsgesetzes** dies fordern[414]. Das wird regelmäßig dann verneint, wenn sich das Verbot nicht gegen beide, sondern nur gegen eine der Vertragsparteien richtet[415]. Gerade das ist beim Insiderhandel der Fall. Hinzu kommt, dass die Annahme der Nichtigkeit unüberschaubare Risiken für den Wertpapierhandel zur Folge hätte und der Zweck des Insiderverbots, nämlich das Vertrauen in den Markt zu stärken, gerade vereitelt würde[416]. Auch ist eine Nichtigkeit aufgrund des Zustandekommens des Geschäfts nach § 138 BGB **(Umstandssittenwidrigkeit)** abzulehnen, wenn sogar die aktive Täuschung mittels falscher Informationen allenfalls einen Fall der Anfechtung nach §§ 142, 123 BGB darstellt und keine Sittenwidrigkeit begründet[417].

**161** Schließt ein Anleger einen Vertrag mit einem Insider über Insiderpapiere, stellt sich die Frage der **Anfechtbarkeit** des Rechtsgeschäfts nach §§ 142, 119, 123 BGB. Sie dürfte nur selten in Betracht kommen. Bei **Geschäften über die Börse** macht sich der Anleger keine Gedanken über seinen Vertragspartner, so dass ein Irrtum über eine verkehrswesentliche Eigenschaft der Person ausscheidet. Auch macht er sich regelmäßig keine Gedanken darüber, ob sein Vertragspartner Insider ist. Daher kann insoweit auch kein Irrtum entstehen. **Bei face-to-face-Geschäften** kann eine arglistige Täuschung des Anlegers durch den Insider in Frage kommen. Dies setzt eine Aufklärungspflicht voraus. Gerade weil der Insider aber dem Weitergabeverbot unterliegt, darf er diese Aufklärung nicht leisten. Damit scheidet eine arglistige Täuschung durch Verheimlichen der Insiderinformation aus[418]. Allerdings ist dem Insider nicht nur die Weitergabe der Information, sondern die Vornahme des Geschäfts selbst und die Verleitung anderer zu einem solchen Geschäft verboten. Wenn

---

[412] *Vogel* in Assmann/Schneider, WpHG, § 38 Rn. 97.
[413] *Beck* in Schwark/Zimmer, KMRK, § 19 BörsG Rn. 50; *Ledermann* in Schäfer/Hamann, KMG (Lfg. 1/2006), § 16 BörsG Rn. 33.
[414] BGHZ 118, 182, 188; 131, 385, 389.
[415] *Dörner* in Hk-BGB, 7. Aufl., § 134 Rn. 8.
[416] BGH WM 2010, 399, 402 Rn. 31 – „Freenet" („Die Aktien an sich haben die Angeklagten durch einen legalen Rechtsakt erworben"); *Assmann* in Assmann/Schneider, WpHG, § 14 Rn. 206 f.; *Klöhn* in Hirte/Möllers, KK-WpHG, § 14 Rn. 515; *Schäfer* in Schäfer/Hamann, KMG (Lfg. 6/2007), § 14 WpHG Rn. 96; *Schäfer* in Marsch-Barner/Schäfer, Handbuch börsennotierte AG, § 14 Rn. 98, jeweils mwN. Vgl. auch *Manfred Wolf*, FS Döser, S. 260 f., zu den gegenteiligen Auffassungen.
[417] *Klöhn* in Hirte/Möllers, KK-WpHG, § 14 Rn. 516; aA aber *Mennicke* in Fuchs, WpHG, § 14 Rn. 427.
[418] So auch *Schäfer* in Schäfer/Hamann, KMG (Lfg. 6/2007), § 14 WpHG Rn. 98.

§ 8 Insiderrecht

der Insider seinen Vertragspartner wegen des Weitergabeverbots schon nicht aufklären darf, muss er in diesem Fall das Geschäft ganz unterlassen, um eine Schädigung des Vertragspartners abzuwenden. Daher besteht ein Anspruch aus **culpa in contrahendo** auf Schadensersatz[419]. Stehen Insider und Anleger bereits in einer Geschäftsbeziehung (zB Anlageberatung, Vermögensverwaltung), kommen Ansprüche aus **positiver Forderungsverletzung** nach § 280 Abs. 1 BGB in Betracht. Ein solcher Anspruch ist vor allem dann gegeben, wenn Anlageberater oder Vermögensverwalter ein Frontrunning begehen, das zu einem veränderten und damit für den Anleger ungünstigeren Kurs führt.

Im Falle der Übervorteilung einzelner Kunden kommt ein Anspruch aus §§ 823 Abs. 2 BGB, 31 WpHG in Betracht, wenn der Kunde eines Wertpapierdienstleistungsunternehmens von diesem durch Insiderhandel, insbesondere durch Parallel- oder Frontrunning, geschädigt wird und man die Schutzgesetzeigenschaft entgegen der Ansicht des BGH bejaht[420]. Streitig ist, ob in diesen und auch in anderen Fallgestaltungen darüber hinaus auch **§ 14 Abs. 1 WpHG als Schutzgesetz iSd § 823 Abs. 2 BGB** in Frage kommt[421]. Sieht man durch das Insiderverbot allein die Integrität der Finanzmärkte und die Chancengleichheit der Marktteilnehmer als geschützt an (→ Rn. 12 mwN), werden die einzelnen Anleger lediglich reflexartig geschützt. Damit stellt § 14 WpHG kein Schutzgesetz dar[422]. Hierfür spricht auch der Umstand, dass der Gesetzgeber bei der Ad-hoc-Publizität, die innerhalb der Insidervorschriften am ehesten als Schutzgesetz in Frage käme, klargestellt hat, dass sie kein solches darstellt[423]. Aber selbst wenn man die Schutzgesetzeigenschaft des § 14 WpHG bejahen wollte, wird ein Anspruch aus anderen Gründen regelmäßig scheitern. Der Anleger muss nachweisen, dass er durch den Insiderhandel kausal einen Schaden erlitten hat. Dank moderner Order-Routing-Systeme kann man zwar im Börsenhandel nachweisen, wer der Vertragspartner des Insiders war. Allerdings fehlt es an der Kausalität, denn der Anleger war zum Kauf oder Verkauf des Papiers ohnehin entschlossen und ist nur zufällig an den Insider als Vertragspartner geraten. Ansonsten hätte er mit einem anderen Vertragspartner kontrahiert. Der Erfolg, nämlich der Erwerb oder die Veräußerung der Finanzinstrumente, und damit der Schaden des Anlegers wären also auch dann eingetreten, wenn der Insiderhandel nicht stattgefunden hätte. Gelingt dem Anleger der Nachweis, dass der Insider zu diesem Zeitpunkt der einzige Vertragspartner am Markt war, der zu dem vom Anleger vorgegebenen Kurs kontrahieren wollte, könnte er die Kausalität ausnahmsweise belegen. Denn in diesem Fall wäre das Geschäft ohne das Verhalten des Insiders nicht zustande gekommen. Zusätzlich muss der Anleger dann aber noch beweisen, dass er die

---

[419] Ebenso *Assmann* in Assmann/Schneider, WpHG, § 14 Rn. 211 mwN; abweichend *Klöhn* in Hirte/Möllers, KK-WpHG, § 14 Rn. 520, der einen Anspruch allenfalls aus Aufklärungspflichtverletzung bejaht und nur dann, wenn weitere, über § 14 WpHG hinausgehende, Umstände hinzutreten.

[420] Ob kundenbezogene Verhaltenspflichten (§§ 31 ff. WpHG) Schutzgesetzcharakter haben, ist sehr str., pauschal ablehnend BGH WM 2008, 825 Rn. 12 ff.; WM 2010, 1393, 1396 Rn. 24 ff.; WM 2013, 1983 Rn. 16 ff. jeweils mwN; aA *Sethe*, Anlegerschutz, S. 758 ff.; differenzierend jetzt *Sethe* in Schäfer/Sethe/Lang, Handbuch der Vermögensverwaltung, 2012, § 4 Rn. 269 ff. mwN. In Bezug auf Organisationspflichten ablehnend BGHZ 142, 345, 356; 147, 343, 348.

[421] *Ekkenga* ZIP 2004, 781 ff., plädiert für eine grundsätzliche Neuausrichtung der deliktischen Haftung für kapitalmarktrechtliches Fehlverhalten. Hierauf kann aus Raumgründen nicht näher eingegangen werden.

[422] So die hM, *Assmann* in Assmann/Schneider, WpHG, § 14 Rn. 208 ff.; *Happ* JZ 1994, 240, 243; *Kaiser* WM 1997, 1557, 1559 f.; *Klöhn* in Hirte/Möllers, KK-WpHG, § 14 Rn. 521; *Lenenbach*, Kapitalmarktrecht, Rn. 13.198; *Mennicke*, Sanktionen, S. 618 ff., 624; *Rothenhöfer* in Kümpel/Wittig, Bank- und Kapitalmarktrecht, Rn. 3.460; *Schäfer* in Marsch-Barner/Schäfer, Handbuch börsennotierte AG, § 14 Rn. 99; *Steinhauer*, Insiderhandelsverbot, S. 106 f.; differenzierend *Grechening* ZBB 2010, 232, 239 f.; aA noch *Claussen* DB 1994, 27, 31; *Assmann* AG 1994, 237, 250. Offen gelassen bei *Schäfer* in Schäfer/Hamann, KMG (Lfg. 6/2007), § 14 WpHG Rn. 97.

[423] Einzelheiten bei *Sethe* in Assmann/Schneider, WpHG, §§ 37b, 37c Rn. 9.

Finanzinstrumente zu einem späteren Zeitpunkt günstiger hätte kaufen oder verkaufen können[424].

163 Zu überlegen ist weiterhin, ob bei face-to-face-Geschäften ein Anspruch aus §§ 823 Abs. 2 BGB, 263 StGB in Betracht kommt. Ein solcher Anspruch scheitert jedoch daran, dass den Insider gerade keine Aufklärungspflicht treffen kann (→ Rn. 161). Damit fehlt die für eine Täuschung durch Unterlassen notwendige Garantenpflicht.

164 In Betracht kommt dagegen ein Anspruch geschädigter Anleger aus § 826 BGB. Die Rechtsprechung hat in den Fällen der bewusst fehlerhaften Ad-hoc-Mitteilung einen solchen Anspruch bejaht[425] und damit zu erkennen gegeben, dass eine absichtliche Manipulation von Marktteilnehmern durchaus den Tatbestand erfüllen kann. Diese Überlegungen lassen sich entsprechend auf den Insiderhandel übertragen, so dass auch dort unter besonderen Umständen Schadensersatzansprüche aus § 826 BGB möglich sind[426]. Besonders augenfällig wird dies im Falle des Frontrunnings. Erfährt der Kundenberater von einer großen Order eines Kunden, die kurserheblich sein wird, und führt er deshalb rasch noch umfangreiche eigene Geschäfte aus, die ebenfalls kurserheblich sind, schädigt er durch die von ihm ausgelöste Kursbewegung vorsätzlich seinen Kunden, obwohl er zu dessen Interessenwahrung verpflichtet ist.

165 Hinzuweisen ist schließlich darauf, dass das Verhalten des Insiders, sollte es sich um ein Organmitglied handeln, einen **Verstoß gegen dessen Sorgfaltspflichten** gegenüber der Gesellschaft darstellt. Es löst entsprechende Schadensersatzansprüche aus (vgl. §§ 76, 93, 116 AktG) und gibt der Gesellschaft das Recht zur außerordentlichen Kündigung[427]. Zudem kann ein Verstoß gegen § 404 AktG vorliegen, der als Schutzgesetz zugunsten der Gesellschaft einzuordnen ist. Handelt es sich bei dem Insider um einen Angestellten oder einen Beamten, kommen **arbeitsrechtliche** bzw. **dienstrechtliche Sanktionen** in Betracht[428].

### VIII. Die Verfolgung von Insiderstraftaten

166 **1. Aufgaben der BaFin.** Die Bundesanstalt für Finanzdienstleistungsaufsicht (BaFin) mit Sitz in Bonn und Frankfurt a. M. hat die Aufgabe, eine ordnungsgemäße Durchführung des Handels in Finanzinstrumenten und der Wertpapierdienstleistungen und -nebendienstleistungen zu gewährleisten und Missständen entgegenzuwirken (§ 4 Abs. 1 S. 2, 3 WpHG). Zur Wahrnehmung dieser Aufgaben und zur Durchsetzung der Ge- und Verbote kann sie geeignete Anordnungen treffen (§ 4 Abs. 1 S. 3, Abs. 2 S. 1 WpHG). Sie kann den Handel mit einzelnen oder mehreren Finanzinstrumenten vorübergehend untersagen oder die Aussetzung des Handels in einzelnen oder mehreren Finanzinstrumenten an Märkten, an denen Finanzinstrumente gehandelt werden, anordnen, soweit dies zur Durchsetzung der Verbote nach § 14 oder § 20a WpHG oder zur Beseitigung oder Verhinderung von Missständen nach § 4 Abs. 1 WpHG geboten ist (§ 4 Abs. 2 S. 2 WpHG). Neben diesen allgemeinen Befugnissen bestehen gegenüber der BaFin noch Melde-, Anzeige-, Auskunfts-, Vorlage- und Duldungspflichten, die eine wirksame Bekämpfung des Insiderhandels ermöglichen sollen (dazu sogleich → Rn. 167ff.). Bestätigt sich dadurch der Verdacht einer Straftat nach § 38 WpHG, ist die BaFin verpflichtet, der Staatsanwaltschaft die ent-

---

[424] *Assmann* in Assmann/Schneider, WpHG, § 14 Rn. 209.
[425] Nachweise bei *Sethe* in Assmann/Schneider, WpHG, §§ 37b, 37c Rn. 140ff.
[426] Zustimmend *Assmann* in Assmann/Schneider, WpHG, § 14 Rn. 211 aE; *Grechening* ZBB 2010, 232, 240; *Hasslinger,* Zivilrechtliche Ansprüche, S. 139ff.; *Kaiser* WM 1997, 1557, 1560ff.; teilweise aA *Klöhn* in Hirte/Möllers, KK-WpHG, § 14 Rn. 521 (in Bezug auf die Sittenwidrigkeit); aA *Schäfer* in Schäfer/Hamann, KMG (Lfg. 6/2007), § 14 WpHG Rn. 99; *Schäfer* in Marsch-Barner/Schäfer, Handbuch börsennotierte AG, § 14 Rn. 101; *Steinhauer,* Insiderhandelsverbot, S. 110f.
[427] *Assmann* in Assmann/Schneider, WpHG, § 14 Rn. 211; *Hopt* und *Hopt/Roth* in Großkomm. AktG, § 93 Rn. 173ff. bzw. § 116 Rn. 183; *Hopt* in Bankrechts-Handbuch, § 107 Rn. 119.
[428] *Hopt* in Bankrechts-Handbuch, § 107 Rn. 131f.

sprechenden Tatsachen anzuzeigen (§ 4 Abs. 5 S. 1 WpHG), die dann die Strafverfolgung übernimmt.

**2. Meldepflichten. a) Überblick.** Nach § 9 Abs. 1 S. 1 WpHG sind bestimmte Institute und Unternehmen verpflichtet, der BaFin jedes Geschäft in Finanzinstrumenten börsentäglich zu melden. Die BaFin durchsucht die rund 5,5 Mio.[429] börsentäglich gemeldeten Geschäfte nach bestimmten Auffälligkeiten und Mustern (zB im Zusammenhang mit Ad-hoc-Meldungen)[430], um Fälle des Insiderhandels aufzudecken. Die Einzelheiten der Meldepflicht regelt § 9 Abs. 2 WpHG, der eine Meldung durch Datenträger oder im Wege belegloser Datenfernübertragung vorsieht.

**b) Erfasste Finanzinstrumente.** Die Vorschrift erfasst Finanzinstrumente, die zum Handel an einem organisierten Markt zugelassen bzw. in den regulierten Markt oder Freiverkehr einer inländischen Börse einbezogen sind (§ 9 Abs. 1 S. 1 WpHG). Die Meldepflicht erstreckt sich weiterhin auf den Erwerb und die Veräußerung von Rechten auf Zeichnung von Wertpapieren, sofern diese Wertpapiere an einem organisierten Markt oder im Freiverkehr gehandelt werden sollen, sowie auf Geschäfte in Aktien und Optionsscheinen, bei denen ein Antrag auf Zulassung zum Handel an einem organisierten Markt oder auf Einbeziehung in den regulierten Markt oder in den Freiverkehr gestellt oder öffentlich angekündigt ist (§ 9 Abs. 1 S. 2 WpHG).

**c) Erfasste Institute und Unternehmen.** Die Meldepflicht gilt für Wertpapierdienstleistungsunternehmen und Zweigniederlassungen iSd § 53b KWG (§ 9 Abs. 1 S. 1 WpHG) sowie für inländische zentrale Gegenparteien iSd § 1 Abs. 31 KWG (§ 9 Abs. 1 S. 3 WpHG). Sie erfasst weiterhin a) Unternehmen, die ihren Sitz in einem Staat haben, der nicht Mitgliedstaat der Europäischen Union oder Vertragsstaat des Abkommens über den Europäischen Wirtschaftsraum ist, und an einer inländischen Börse zur Teilnahme am Handel zugelassen sind, hinsichtlich der von ihnen an dieser inländischen Börse geschlossenen Geschäfte in Finanzinstrumenten (§ 9 Abs. 1 S. 4 WpHG) sowie b) Unternehmen, die ihren Sitz in einem anderen Mitgliedstaat der Europäischen Union oder einem anderen Vertragsstaat des Abkommens über den Europäischen Wirtschaftsraum haben und an einer inländischen Börse zur Teilnahme am Handel zugelassen sind, jedoch nur hinsichtlich der von ihnen an dieser inländischen Börse geschlossenen Geschäfte in solchen Finanzinstrumenten, die weder zum Handel an einem organisierten Markt zugelassen noch in den regulierten Markt einer inländischen Börse einbezogen sind (§ 9 Abs. 1 S. 5 WpHG). § 9 Abs. 1a WpHG nimmt bestimmte Institute und Unternehmen aus.

**d) Sanktionen.** Ein Verstoß gegen die Meldepflichten stellt eine Ordnungswidrigkeit nach § 39 Abs. 2 Nr. 2 lit. a WpHG dar. Die Geschäftsführung der Börse kann gemäß § 19 Abs. 9 S. 1 BörsG gegenüber Handelsteilnehmern mit Sitz außerhalb der EU/des EWR das Ruhen der Zulassung für die Dauer von längstens sechs Monaten anordnen oder die Zulassung widerrufen, wenn diese die Meldepflichten nach § 9 WpHG nicht erfüllen oder der Informationsaustausch zum Zwecke der Überwachung der Verbote von Insidergeschäften mit den in diesem Staat zuständigen Stellen nicht gewährleistet erscheint.

**3. Anzeigepflicht.** § 10 Abs. 1 S. 1 WpHG verpflichtet Wertpapierdienstleistungsunternehmen, andere Kreditinstitute, Kapitalverwaltungsgesellschaften und Betreiber von außerbörslichen Märkten, an denen Finanzinstrumente gehandelt werden, bei begründetem Verdacht von Insidergeschäften eine Anzeige bei der BaFin zu erstatten. Von der Verdachtsanzeige dürfen sie andere Personen als staatliche Stellen und solche Personen, die aufgrund ihres Berufs einer gesetzlichen Verschwiegenheitspflicht unterliegen, nicht in Kenntnis setzen (§ 10 Abs. 1 S. 2 WpHG). Die verdächtige Order darf ausgeführt werden[431]. Der Anzeigensteller darf wegen der Anzeige nicht verantwortlich gemacht werden, es sei denn, sie erfolgte vorsätzlich oder grob fahrlässig falsch (§ 10 Abs. 3 WpHG). Die mit einem Buß-

---

[429] *BaFin*, Jahresbericht 2012, S. 177.
[430] *Döhmel* in Assmann/Schneider, WpHG, § 9 Rn. 41.
[431] *Schröder*, Kapitalmarktstrafrecht, Rn. 354; *Vogel* in Assmann/Schneider, WpHG, § 10 Rn. 44.

geld bewehrte (vgl. § 39 Abs. 2 Nr. 2 lit. b WpHG) Vorschrift unterliegt starker rechtspolitischer Kritik[432].

172  **4. Auskunfts-, Vorlage-, Duldungs- und Aufzeichnungspflichten.** Hat die BaFin Anhaltspunkte für Verstöße gegen § 14 WpHG, kann sie von jedermann **Auskünfte,** die **Vorlage von Unterlagen** und die **Überlassung von Kopien** verlangen sowie Personen laden und vernehmen, soweit dies aufgrund von Anhaltspunkten für die Überwachung der Einhaltung eines Verbots oder Gebots des Wertpapierhandelsgesetzes erforderlich ist (§ 4 Abs. 3 WpHG). Die BaFin kann die **Angabe von Bestandsveränderungen** in Finanzinstrumenten sowie Auskünfte über die Identität weiterer Personen, insbesondere der Auftraggeber und der aus Geschäften berechtigten oder verpflichteten Personen, verlangen. Gemäß § 4 Abs. 4 WpHG kann die BaFin unter den dort genannten Voraussetzungen auch die **Geschäftsräume betreten.** Gesetzliche Auskunfts- oder Aussageverweigerungsrechte sowie gesetzliche Verschwiegenheitspflichten bleiben unberührt (§ 4 Abs. 3 S. 3, Abs. 9 WpHG). Widerspruch und Anfechtungsklage gegen Maßnahmen der BaFin haben keine aufschiebende Wirkung (§ 4 Abs. 7 WpHG)[433]. Die Nichtbeachtung der Befugnisse der BaFin stellt eine Ordnungswidrigkeit dar (vgl. § 39 Abs. 3 Nrn. 1 lit. a, 2 WpHG).

173  Nach § 16 WpHG sind Wertpapierdienstleistungsunternehmen und alle zum Handel an einer inländischen Börse zugelassenen inländischen Unternehmen darüber hinaus verpflichtet, vor der Durchführung von Aufträgen, die Insiderpapiere betreffen, bestimmte Angaben **aufzuzeichnen.** Bei natürlichen Personen sind dies der Name, das Geburtsdatum und die Anschrift, bei Unternehmen die Firma und die Anschrift der Auftraggeber. Zudem ist die Identität der berechtigten und verpflichteten Personen oder Unternehmen aufzuzeichnen. Die Aufzeichnungen sind sechs Jahre lang aufzubewahren.

174  **5. Aufbewahrung von Verbindungsdaten.** Gemäß § 16b WpHG kann die BaFin von Wertpapierdienstleistungsunternehmen und Unternehmen mit Sitz im Inland, die an einer inländischen Börse zur Teilnahme am Handel zugelassen sind, und von einem Emittenten von Insiderpapieren sowie mit diesem verbundenen Unternehmen, die ihren Sitz im Inland haben oder deren Wertpapiere an einer inländischen Börse zum Handel zugelassen oder in den regulierten Markt oder Freiverkehr einbezogen sind, für einen bestimmten Personenkreis schriftlich die Aufbewahrung von bereits existierenden **Verbindungsdaten über den Fernmeldeverkehr** verlangen. Voraussetzung ist, dass bezüglich dieser Personen Anhaltspunkte für einen Verstoß gegen § 14 WpHG oder § 20a WpHG vorliegen. Die Frist zur Aufbewahrung beträgt längstens sechs Monate (§ 16b Abs. 2 S. 1 WpHG). Die Betroffenen sind gemäß § 101 StPO zu benachrichtigen (§ 16b Abs. 1 S. 3 WpHG). Ist die Aufbewahrung der Verbindungsdaten über den Fernmeldeverkehr nicht mehr erforderlich, hat die BaFin den Aufbewahrungspflichtigen hiervon unverzüglich in Kenntnis zu setzen und die dazu vorhandenen Unterlagen unverzüglich zu vernichten (§ 16b Abs. 2 S. 2 WpHG). Eine bedeutende Einschränkung der Kompetenz der BaFin besteht darin, dass sie nicht die Aufbewahrung von erst zukünftig zu erhebenden Verbindungsdaten verlangen darf (§ 16b Abs. 1 S. 4 WpHG).

175  **6. Internationale Zusammenarbeit.** Um den grenzüberschreitenden Insiderhandel zu bekämpfen, stellt das Wertpapierhandelsgesetz den Verstoß gegen ein ausländisches Insiderhandelsverbot dem Verstoß gegen das inländische Verbot gleich (§ 38 Abs. 5 WpHG) und ermöglicht so eine verwaltungsrechtliche Sanktionierung und eine Strafverfolgung im Inland[434]. Zum anderen arbeitet die BaFin mit den zuständigen Stellen des Auslands bei der

---

[432] Zu Einzelheiten vgl. *Vogel* in Assmann/Schneider, WpHG, § 10 Rn. 5 f.; *Schwintek* WM 2005, 861, 862 f. mwN.

[433] Zu weiteren Einzelheiten des Verwaltungsverfahrens und des Rechtsschutzes *Vogel* in Assmann/Schneider, WpHG, § 4 Rn. 65 ff.

[434] Die Einzelheiten des Anwendungsbereichs sind umstritten, vgl. *Popp* wistra 2011, 169 ff.; *Vogel* in Assmann/Schneider, WpHG, § 38 Rn. 61 ff. Generell zu § 38 Abs. 5 WpHG *Nietsch*, Internationales Insiderrecht, passim.

Bekämpfung des Insiderhandels zusammen (§ 7 WpHG). Vor allem der Informationsaustausch ist hier bedeutsam.

## IX. Vorbeugung vor Insiderstraftaten

**1. Ad-hoc-Publizität.** Sieht man einmal von der Strafdrohung des Insiderhandelsverbots ab, die sicherlich präventiv wirkt, stellt die Regelung des § 15 WpHG die wirksamste Vorbeugung gegen Insiderhandel dar[435]. Sie gewährleistet, dass der Emittent börsennotierter Finanzinstrumente alle ihn unmittelbar betreffenden Insiderinformationen unverzüglich publiziert. Ebenfalls erfasst sind Emittenten, für deren Finanzinstrumente erst ein Antrag auf Zulassung gestellt ist (§ 15 Abs. 1 S. 2 WpHG). Eine Insiderinformation betrifft den Emittenten insbesondere dann unmittelbar, wenn sie in seinem Tätigkeitsbereich eingetreten ist (zB Maßnahmen des Vorstands oder Aufsichtsrats, Übernahmeangebote, Veränderung des Ratings etc., vgl. → Rn. 73). Mit der Veröffentlichung verliert die Insiderinformation ihren Charakter als „nicht öffentlich bekannt" und es wird informationelle Chancengleichheit am Markt hergestellt. Dem Insiderhandel ist ab diesem Zeitpunkt die Grundlage entzogen. **176**

Die Ad-hoc-Publizität stellt jedoch nur dann eine wirksame Maßnahme zur Prävention des Insiderhandels dar, wenn sichergestellt ist, dass sie ihrerseits befolgt wird. Der Vorläufervorschrift des § 44a BörsG aF kam nur ein Schattendasein zu, da sowohl eine Überwachungsinstanz als auch wirksame Sanktionen fehlten[436]. Dies hat sich mittlerweile grundlegend geändert. Ein Emittent, der schuldhaft seine aus § 15 WpHG folgenden Pflichten verletzt, indem er die Ad-hoc-Veröffentlichung nicht, nicht richtig, nicht vollständig, nicht rechtzeitig oder nicht in der vorgeschriebenen Weise vornimmt oder sie nicht oder nicht rechtzeitig nachholt, begeht eine Ordnungswidrigkeit (§ 39 Abs. 2 Nr. 5 lit. a, Abs. 4 WpHG). Diese wird mit einem Bußgeld von bis zu einer Million Euro geahndet. Daneben finden sich weitere Ordnungswidrigkeitentatbestände, mit denen flankierende Pflichten der Ad-hoc-Publizität bewehrt sind[437]. Nach §§ 37b, 37c WpHG können Anleger, die aufgrund einer unterlassenen, nicht rechtzeitigen oder unrichtigen Ad-hoc-Mitteilung Aktien zu teuer gekauft bzw. zu billig verkauft haben, ihren dadurch entstandenen Schaden vom Emittenten ersetzt verlangen[438]. Die Rechtsprechung hat darüber hinaus Schadensersatzansprüche unmittelbar gegen die verantwortlichen Organmitglieder des Emittenten aus § 826 BGB bejaht[439]. **177**

**2. Directors' Dealings.** Nach § 15a Abs. 1 S. 1 WpHG sind Personen, die bei einem Emittenten von börsennotierten Aktien Führungsaufgaben wahrnehmen, verpflichtet, ihre Geschäfte in Aktien des Emittenten oder sich darauf beziehenden Finanzinstrumenten zu melden. Diese Meldungen werden sodann vom Emittenten veröffentlicht (§ 15a Abs. 4 WpHG). Von der Meldepflicht erfasst sind die Vorstands- und Aufsichtsratsmitglieder einer AG, die persönlich haftenden Gesellschafter und Aufsichtsratsmitglieder einer KGaA sowie so genannte Top Executives. Um Umgehungen zu verhindern, erfasst die Vorschrift zudem bestimmte Familienangehörige der Personen mit Führungsaufgaben sowie juristische Personen oder Gesellschaften, die direkt oder indirekt von einer solchen Person kontrolliert werden, von ihnen abhängig sind oder ihren wirtschaftlichen Interessen dienen (§ 15a Abs. 1 S. 2, Abs. 3 WpHG). Ziel der Vorschrift ist es, die Anleger darüber zu informieren, wenn die Personen mit Führungsaufgaben sich von Aktien oder darauf bezogenen Finanzinstrumenten „ihres" Unternehmens trennen oder wenn sie solche Papiere erwerben. Die- **178**

---

[435] RegE zum 2. FFG, BT-Drucks. 12/6679, S. 48.
[436] *Zimmer/Kruse* in Schwark/Zimmer, KMRK, § 15 WpHG Rn. 1.
[437] Dazu im Einzelnen *Assmann* in Assmann/Schneider, WpHG, § 15 Rn. 286 ff.
[438] Einzelheiten bei *Sethe* in Assmann/Schneider, WpHG, §§ 37b, 37c Rn. 33 ff.
[439] BGH WM 2004, 1726 ff.; WM 2004, 1731 ff.; WM 2004, 1721 ff. – jeweils Infomatec; BGH WM 2005, 1358 ff. – EM-TV. Details bei *Sethe* in Assmann/Schneider, WpHG, §§ 37b, 37c Rn. 124 ff.

se Personen haben im Regelfall einen Wissensvorsprung über die Verhältnisse des Emittenten. Ihre Geschäfte in Wertpapieren des Emittenten erlauben Rückschlüsse auf die gegenwärtige oder künftige Unternehmensentwicklung. Solche Geschäfte entfalten daher eine Indikatorwirkung für das breite Publikum. Empirische Untersuchungen aus den USA, Kanada, Großbritannien, Italien, den Niederlanden und Deutschland zeigen, dass Führungskräfte bei Geschäften in Aktien des eigenen Unternehmens überdurchschnittlich erfolgreich sind und eine an den Directors' Dealings orientierte Anlagestrategie daher lohnt[440]. Ziel der Vorschrift ist weiterhin eine Erhöhung der Markttransparenz sowie die Anlegergleichbehandlung, da der Zugang zu der wichtigen Information der Geschäfte von Führungspersonen nun allen Anlegern offen steht. Die Vorschrift soll mittelbar aber auch der Prävention des Insiderhandels und der Marktmanipulation dienen[441] und damit die Marktintegrität erhalten. Diese Vorstellung des Gesetzgebers und der Bundesanstalt mutet auf den ersten Blick etwas naiv an. Eine Person mit Führungsaufgaben, die einen vorsätzlichen Insiderverstoß begeht oder begehen will, wird sich schwerlich an die mit einem bloßen Bußgeld bewehrte Vorschrift des § 15a WpHG halten, die zudem als mitbestrafte Nachtat gelten dürfte. Entscheidend ist vielmehr ein anderer Gedanke. Melden einige Personen mit Führungsaufgaben Wertpapiergeschäfte, kann die Bundesanstalt gezielt untersuchen, ob auch andere Personen mit Führungsaufgaben solche Geschäfte getätigt haben und ob diese Geschäfte im Zusammenhang mit dem Wissen über Insiderinformationen stehen. § 15a WpHG entfaltet seine präventive Wirkung daher durch die Ungewissheit jeder Person mit Führungsaufgaben über das Verhalten der übrigen Personen mit Führungsaufgaben.

**179** **3. Insiderverzeichnisse.** § 15b Abs. 1 S. 1 WpHG verpflichtet die Emittenten börsennotierter Finanzinstrumente iSd § 15 Abs. 1 S. 1 oder S. 2 WpHG, Verzeichnisse über solche Personen zu führen, die für sie tätig sind und die bestimmungsgemäß Zugang zu Insiderinformationen haben. Die gleiche Pflicht trifft alle Unternehmen, die im Auftrag oder für Rechnung des Emittenten handeln. Die in einem solchen **Insiderverzeichnis** aufgeführten Personen sind vom Emittenten zum einen über die rechtlichen Pflichten zu belehren, die sich aus dem Umgang mit Insiderinformationen ergeben, und zum anderen über die Rechtsfolgen von Verstößen gegen diese Pflichten (§ 15b Abs. 1 S. 3 WpHG). Die Vorschrift verfolgt damit verschiedene Zwecke[442]. Sie dient der Prävention, denn die Führung des Verzeichnisses erleichtert es den von § 15b WpHG erfassten Adressaten, innerhalb ihres Wirkungskreises den Fluss der Insiderinformationen zu überwachen und damit ihren Geheimhaltungspflichten nachzukommen (Organisations- und Überwachungsfunktion). Die Aufklärung der Personen mit Zugang zu Insiderwissen bewirkt zudem, dass diesem Personenkreis das Insiderhandelsverbot vor Augen geführt wird. Dadurch verstärkt sich die Abschreckungswirkung des strafrechtlich sanktionierten Verbots (Abschreckungsfunktion). Die Vorschrift des § 15b WpHG dient aber auch der effektiveren Strafverfolgung, denn sie erleichtert der BaFin die Überwachung von Insidergeschäften. Das der BaFin auf Verlangen zuzusendende Verzeichnis (vgl. § 15b Abs. 1 S. 2 WpHG) dient als Ermittlungswerkzeug (Strafverfolgungsfunktion). Zudem wird erreicht, dass in einem späteren Strafverfahren

---

[440] Zu Einzelheiten *Sethe* in Assmann/Schneider, WpHG, § 15a Rn. 12.

[441] Erwägungsgrund Nr. 26 der Marktmissbrauchs-Richtlinie, Erwägungsgrund Nr. 7 der Durchführungs-Richtlinie 2004/72/EG. Auch die BaFin begreift § 15a WpHG als Maßnahme zur Prävention von Insiderhandel, vgl. das aufgehobene Rundschreiben der BaFin v. 27.6.2002 zu den Mitteilungs- und Veröffentlichungspflichten gemäß § 15a WpHG, AZ – WA 22 – W2310 – 12/2002. Hiervon scheint auch der Gesetzgeber, RegE zum 4. FFG, BR-Drucks. 936/01 (neu), S. 245, ausgegangen zu sein, da er bei der Beschreibung des persönlichen Anwendungsbereichs der Vorschrift den Begriff „Primärinsider" verwendet. Präziser formulieren *Fürhoff/Schuster* BKR 2003, 134, 135 f., wonach regelmäßige Meldungen über Directors' Dealings zumindest den Anschein des verbotenen Insiderhandels vermeiden. Zur Vorbeugefunktion s. auch *Fleischer* NJW 2002, 2977, 2978; *Fleischer* ZIP 2002, 1217, 1220; *Uwe H. Schneider* BB 2002, 1817 f.; *Sethe*, Anlegerschutz, S. 916.

[442] Zum Folgenden *Eckhold* in Schäfer/Hamann, KMG (Lfg. 1/2006), § 15b WpHG Rn. 1; *Sethe* in Assmann/Schneider, WpHG, § 15b Rn. 3.

gegen eine nach § 15b WpHG belehrte Person der Vorsatz leichter nachweisbar ist (Durchsetzungsfunktion).

**4. Verhaltenspflichten.** Wertpapierdienstleistungsunternehmen sind nach § 31 Abs. 1 WpHG zur Wahrung der Interessen ihrer Kunden verpflichtet. Vor Erlass des Wertpapierhandelsgesetzes wurde teilweise die Ansicht vertreten, Institute dürften mit dem Zugang zu Insiderwissen werben und – um die Kundeninteressen zu wahren – gar Frontrunning zugunsten wichtiger Kunden betreiben (→ Rn. 93, 135 mwN). Der Gesetzgeber hat derartiges Verhalten untersagt, indem er das Insiderhandelsverbot auch auf Geschäfte „für fremde Rechnung" erstreckte. Heute besteht daher Einigkeit, dass Wertpapierdienstleistungsunternehmen keiner Pflicht unterliegen, Insiderwissen zugunsten ihrer Kunden zu nutzen oder dem Kunden dieses Wissen aufgrund von Aufklärungspflichten mitzuteilen[443]. Zudem verstößt es gegen die Interessenwahrungspflicht, wenn Wertpapierdienstleistungsunternehmen Informationen im Zusammenhang mit noch nicht ausgeführten Kundenaufträgen missbrauchen (§§ 31 Abs. 1 Nr. 1 iVm 31c Abs. 1 Nr. 5 WpHG)[444]. § 31c Abs. 1 Nr. 5 WpHG erfasst das Frontrunning und ein Verstoß gegen die Norm stellt zugleich einen Fall des Insiderhandels dar, sofern der Kundenauftrag kurserheblich ist (→ Rn. 45, 71)[445].

Hat das Institut das Insiderwissen aus einer **vertraglichen Beziehung** erlangt, ist es zudem aufgrund des Bankgeheimnisses bzw. allgemeiner vertraglicher Schutz- und Verhaltenspflichten gehalten, das erlangte Wissen nicht weiterzugeben[446]. Ein Verstoß gegen diese Pflichten kann vertragliche Schadensersatzansprüche (§ 280 Abs. 1 BGB) auslösen.

**5. Organisationspflichten. a) Organisationspflichten der Unternehmen im Allgemeinen.** Die Geschäftsführung eines Unternehmens ist allgemein verpflichtet, dieses so zu organisieren, dass es nicht zu Gesetzes- oder Satzungsverstößen im Unternehmen kommt. Sie hat darauf zu achten, dass Beschlüsse des Unternehmens rechtmäßig sind[447]. Darüber hinaus bestimmt die Vorschrift des § 130 OWiG, dass der Inhaber eines Betriebs oder Unternehmens, der schuldhaft seine Aufsichtspflicht verletzt, ordnungswidrig handelt, wenn in seinem Betrieb (ordnungswidrige oder strafbare) Zuwiderhandlungen gegen Pflichten begangen werden, die den Inhaber treffen. Auf das Insiderhandelsverbot findet die Regelung des § 130 OWiG Anwendung[448]. Hieraus folgt, dass die Geschäftsleitung der von § 130 OWiG erfassten Unternehmen (dazu → Rn. 88 ff.) den Betrieb so zu organisieren und Kontrollmechanismen einzurichten hat, dass Zuwiderhandlungen gegen das Insiderhandelsverbot möglichst verhindert werden. Bei der Vorschrift des § 130 OWiG handelt es sich um einen subsidiären Auffangtatbestand, der nur eingreift, wenn der Aufsichtspflichtige nicht bereits wegen einer Beteiligung an der Insidertat belangt werden kann[449]. Daraus folgt, dass spezialgesetzliche Tatbestände, aus denen sich eine ausdrückliche Verpflichtung im Hinblick auf eine Organisationspflicht gegen Insiderhandel ergibt, vorrangig zu prüfen sind. Dies gilt vor allem für die nachfolgend erörterten Wertpapierdienstleistungsunternehmen.

**b) Organisationspflichten der Wertpapierdienstleistungsunternehmen.** Wertpapierdienstleistungsunternehmen werden besondere präventive Pflichten auferlegt. § 33 Abs. 1 S. 2 Nr. 3 WpHG bestimmt, dass Wertpapierdienstleistungsunternehmen wirksame Vorkehrungen treffen müssen, um Interessenkonflikte bei der Erbringung von Wertpapierdienstleistungen oder Wertpapiernebendienstleistungen zwischen ihm und seinen Kunden

---

[443] *Klöhn* in Hirte/Möllers, KK-WpHG, § 14 Rn. 463 ff.; *Mennicke* und *Fuchs* in Fuchs, WpHG, § 14 Rn. 331 ff. bzw. § 31 Rn. 75.
[444] *Koller* in Assmann/Schneider, WpHG, § 31c Rn. 9; *Koch* in Schwark/Zimmer, KMRK, § 31c WpHG Rn. 4, 27.
[445] *Koch* in Schwark/Zimmer, KMRK, § 31c WpHG Rn. 25.
[446] *Hopt* in Bankrechts-Handbuch, § 107 Rn. 126.
[447] *Hopt* in Großkomm. AktG, § 93 Rn. 89.
[448] *Hopt* in Großkomm. AktG, § 93 Rn. 174; *Vogel* in Assmann/Schneider, WpHG, § 39 Rn. 62.
[449] → Rn. 89 Fn. 261.

sowie zwischen verschiedenen Kunden zu erkennen und eine Beeinträchtigung der Kundeninteressen zu vermeiden. Gemäß § 33 Abs. 1 S. 2 Nr. 1 WpHG muss es angemessene Grundsätze aufstellen, Mittel vorhalten und Verfahren einrichten, die darauf ausgerichtet sind, sicherzustellen, dass das Wertpapierdienstleistungsunternehmen selbst und seine Mitarbeiter den Verpflichtungen dieses Gesetzes – und damit auch des Insiderhandelsverbots – nachkommen, wobei insbesondere eine dauerhafte und wirksame Compliance-Funktion einzurichten ist, die ihre Aufgaben unabhängig wahrnehmen kann. Die Organisationspflichten werden durch §§ 12f. WpDVerOV konkretisiert. Daher treffen die Institute im Kundengeschäft die oben Rn. 81 ff., 105 ff. genannten Pflichten.

**184** Wertpapierdienstleistungsunternehmen sind gemäß § 33b WpHG[450] verpflichtet, angemessene Mittel und Verfahren einzusetzen, um Wertpapiergeschäfte ihrer **Mitarbeiter in interessenkonfliktbehafteten Bereichen oder mit Zugang zu Insiderinformationen** oder anderen vertraulichen Informationen über Kunden oder solche Geschäfte, die mit oder für Kunden getätigt werden, zu unterbinden, sofern das Geschäft gegen die §§ 14, 31 ff. WpHG verstoßen könnte. Institute, die keine Wertpapierdienstleistungsunternehmen sind, unterfallen der allgemeinen Organisationspflicht aus § 25a Abs. 1 KWG und sind ebenfalls gehalten, Geschäfte mit Insiderinformationen durch geeignete Maßnahmen zu unterbinden. Zu den interessenkonfliktbehafteten Bereichen zählen etwa folgende Geschäfts- und Funktionsbereiche: Compliance, Wertpapierkonsortialgeschäft, Wertpapierhandel, Abwicklungsabteilung, Firmenkundenabteilung, Mandatsbetreuungen, Anlageabteilung für Privatkunden, M & A-Abteilung, Research sowie im Einzelfall solche Mitarbeiter, die diesen Bereichen zuarbeiten. Erfasst werden **Geschäfte** in Finanzinstrumenten auf eigene wie auf fremde Rechnung durch den Mitarbeiter selbst oder ihm nahestehende Personen. Ausgenommen sind Geschäfte, die der Mitarbeiter (ohne Weisungen auszuüben) durch einen Finanzportfolioverwalter ausführen lässt, sowie Geschäfte in Investmentanteilen (§ 33b Abs. 7 WpHG). Unterbunden werden soll auch die Weitergabe vertraulicher Informationen oder das Verleiten zu Wertpapiergeschäfte auf der Grundlage solcher Informationen. Konkretisiert werden die gesetzlichen Vorgaben in der **MaComp BT 2**[451]. Die MaComp BT 2.4 enthält einen beispielhaften Katalog von Maßnahmen zur Verhütung konfliktbehafteter Geschäfte. Nach MaComp BT 2.3 muss das Institut alle Mitarbeiter erfassen, die Aufgaben wahrnehmen, bei denen sie **Insiderwissen** erlangen können. Im Unterschied zu § 15b WpHG erfasst die Vorgabe der §§ 25a Abs. 1 KWG, 33b WpHG jedoch nicht Emittenten, sondern Wertpapierdienstleistungsunternehmen und andere Institute. Auch weichen die Zielrichtungen der Vorschriften voneinander ab, da § 15b WpHG allein die Verhütung des Insiderhandels bezweckt (→ Rn. 179), während die §§ 25a Abs. 1 KWG, 33b WpHG die Vermeidung jeglicher Interessenkollision vor Augen haben. § 15b WpHG will zudem die Verfolgung des Insiderhandels erleichtern und soll durch Aufklärung der erfassten Personen präventiv wirken (→ Rn. 179). Derart weitreichende Funktionen werden der Kontrolle der Mitarbeitergeschäfte nicht zugeschrieben.

**185** Die in § 15b WpHG verwirklichte Idee einer systematischen Erfassung von Tatsachen, die eine erleichterte Aufdeckung des Insiderhandels ermöglichen, liegt auch der so genannten **watch-list** zugrunde. Eine solche Liste ist gemäß MaComp, AT 6.2 Nr. 3 lit. c[452] ein Mittel, um in Kredit- und Finanzdienstleistungsinstituten die Weitergabe von compliance-relevanten Informationen zu erfassen und zu überwachen. Bei der watch-list handelt es sich

---

[450] Ausführlich dazu *Eisele/Faust* in Bankrechts-Handbuch, § 109 Rn. 130 ff.; *Fett* in Schwark/Zimmer, KMRK, § 33b WpHG Rn. 4 ff.; *Zimmermann* in Fuchs, WpHG, § 33b Rn. 7 ff.

[451] *BaFin*, Mindestanforderungen an die Compliance-Funktion und die weiteren Verhaltens-, Organisations- und Transparenzpflichten nach §§ 31 ff. WpHG für Wertpapierdienstleistungsunternehmen, Rundschreiben 4/2010 (WA) – MaComp (Stand: 7. Januar 2014).

[452] Dazu *Koller* in Assmann/Schneider, WpHG, § 33 Rn. 64 ff.; *Eisele/Faust* in Bankrechts-Handbuch, § 109 Rn. 149 ff.; *Fuchs* in Fuchs, WpHG, § 33 Rn. 132 ff. Zur alten Compliance-Richtlinie der BaFin *Sethe* Anlegerschutz, S. 857 ff.

um eine nicht öffentliche, laufend aktualisierte Liste von Wertpapieren oder Derivaten, zu denen im Wertpapierdienstleistungsunternehmen Informationen über compliance-relevante Tatsachen vorliegen. Hierunter sind insbesondere Insiderinformationen gemäß § 13 WpHG zu verstehen. Mitarbeiter des Wertpapierdienstleistungsunternehmens, bei denen in Ausübung ihrer Tätigkeit compliance-relevante Informationen anfallen, müssen unverzüglich eine entsprechende Meldung an die Compliance-Stelle vornehmen, damit die watch-list ergänzt werden kann. Die watch-list wird von der Compliance-Stelle streng vertraulich geführt. Die auf der Liste vermerkten Werte unterliegen grundsätzlich keinen Handels- und/oder Beratungsbeschränkungen. Die Liste dient vielmehr dazu, der Compliance-Stelle die Überwachung der Eigenhandels- bzw. Mitarbeitergeschäfte in den betreffenden Werten zu ermöglichen, um Verstöße gegen das Insiderhandelsverbot oder gegen die Interessenwahrungspflicht aufdecken zu können[453]. Ferner dient die watch-list zur Beobachtung, ob eingerichtete Chinese Walls zwischen den verschiedenen compliance-relevanten Bereichen des Unternehmens eingehalten werden. Die Wirksamkeit der watch-list basiert damit auf generalpräventiven Überlegungen. Die Compliance-Stelle erfährt von bereichsübergreifenden Informationsflüssen und kann kontrollieren, ob die Bereichsüberschreitung zulässig war. Außerdem kann sie den von Mitarbeitern veranlassten Handel in solchen Wertpapieren überprüfen.

Neben der watch-list sieht die MaComp, AT 6.2 Nr. 3 lit. c noch eine Sperrliste **186** (**restricted-list**) vor. Mit der restricted-list unterwirft das Unternehmen sich selbst und seine Mitarbeiter einer Selbstbeschränkung, um zu verhindern, dass im Unternehmen vorhandene Insiderinformationen ausgenutzt werden können. Auf der restricted-list sind alle Finanzinstrumente vermerkt, in denen das Kredit- oder Finanzdienstleistungsinstitut aufgrund vorhandenen Insiderwissens nicht handeln darf. Die Sperrliste ist im Gegensatz zur watch-list unternehmensintern nicht geheim zu halten. Bei der Aufnahme von Werten auf die restricted-list kann die Nennung eines Grundes für die Aufnahme nur insoweit erfolgen, als die entsprechenden Tatsachen bereits öffentlich bekannt sind. Andernfalls würde eine Insiderinformation innerhalb des Wertpapierdienstleistungsunternehmens verbreitet und es bestünde die Gefahr, dass die Mitarbeiter dies ausnutzen. Die restricted-list erfüllt eine ähnliche Funktion wie die Insiderverzeichnisse (→ Rn. 179), da sie einen Verstoß des Instituts gegen das Insiderrecht verhindern soll (präventive Funktion). Die Inhalte beider Aufstellungen sind jedoch grundverschieden.

**c) Organisationspflichten der BaFin.** Nach § 16a WpHG ist die **BaFin verpflich-** **187** **tet, angemessene interne Kontrollverfahren einzusetzen,** um Verstößen der bei der Bundesanstalt Beschäftigten gegen das Insiderhandelsverbot entgegenzuwirken. Diese Vorschrift ist notwendig, weil Emittenten der BaFin vor der Veröffentlichung einer Ad-hoc-Mitteilung die Insidertatsachen mitteilen müssen (§ 15 Abs. 4 S. 1 Nr. 3 WpHG). Die damit betrauten Mitarbeiter der BaFin verfügen ständig über Insiderwissen in großem Umfang. Der Dienstvorgesetzte oder die von ihm beauftragte Person kann von den bei der BaFin Beschäftigten die Erteilung von Auskünften und die Vorlage von Unterlagen über Geschäfte in Insiderpapieren verlangen, die sie für eigene oder fremde Rechnung oder für einen anderen abgeschlossen haben. Die Beschäftigten, die bei ihren Dienstgeschäften bestimmungsgemäß Kenntnis von Insiderinformationen haben oder haben können, sind verpflichtet, Geschäfte in Insiderpapieren, die sie für eigene oder fremde Rechnung oder für einen anderen abgeschlossen haben, unverzüglich dem Dienstvorgesetzten oder der von ihm beauftragten Person schriftlich anzuzeigen (§ 16a Abs. 2 WpHG).

---

[453] *Fuchs* in Fuchs, WpHG, § 33 Rn. 134; *Koller* in Assmann/Schneider, WpHG, § 33 Rn. 67; *Sethe* Anlegerschutz, S. 861.

## § 9 Verleitung zu Börsenspekulationsgeschäften

**Schrifttum:** *Assmann/Schneider,* WpHG, 6. Aufl. 2012; *Bröker* in Münchener Kommentar zum StGB Band 6/1, 1. Aufl. 2010; *Fuchs,* Wertpapierhandelsgesetz, 2009; *Gehrmann/Zacharias,* Die Auslegung des Tatbestandmerkmals der „Unerfahrenheit" in §§ 26, 49 BörsG im Lichte des WpHG, WiJ 2012, 89; *Hildner,* Aspekte des Anlagebetrugs im staatsanwaltschaftlichen Ermittlungsverfahren, WM 2004, 1068; *Imo,* Börsentermin- und Börsenoptionsgeschäfte, 1988; *Kümpel/Häuser,* Börsentermingeschäfte Termin- und Differenzeinwand, 1986; *Kümpel/Wittig,* Bank- und Kapitalmarktrecht, 4. Aufl. 2011; *Lenenbach,* Kapitalmarktrecht, 2. Aufl. 2010; *Möhrenschlager,* Der Regierungsentwurf eines Zweiten Gesetzes zur Bekämpfung der Wirtschaftskriminalität, wistra 1983, 17; *Otto,* Strafrechtliche Aspekte der Anlageberatung, WM 1988, 729; *Pabst,* Rechtliche Risiken bei Konzeption und Vertrieb von Kapitalanlagen, 1988; *Park,* Kapitalmarktstrafrechtliche Neuerungen des Vierten Finanzmarktförderungsgesetzes, BB 2003, 1513; *ders.* Kapitalmarktstrafrecht, 3. Aufl. 2013; *Rössner/Worms,* Warenterminschwindel und § 89 BörsG, wistra 1987, 319; *Schröder,* Handbuch Kapitalmarktstrafrecht, 2. Aufl. 2010; *Schlüchter,* Zweites Gesetz zur Bekämpfung der Wirtschaftskriminalität, 1987; *Schwark,* Börsengesetz, 2. Aufl. 1994; *Schwark/Zimmer,* Kapitalmarktrecht, 4. Aufl. 2010; *Wach,* Der Terminhandel in Recht und Praxis, 1986; *Wehowsky* in Erbs/Kohlhaas, Strafrechtliche Nebengesetze, 179. Erg. Lief. April 2010; *Worms,* Anlegerschutz durch Strafrecht, 1987.

**Übersicht**

| | Rn. |
|---|---|
| I. Vorbemerkung | 1 |
| II. Verleitung zu Börsenspekulationsgeschäften (§ 26 BörsG) | 2–40 |
| 1. Gründe für die Neuregelung | 3 |
| 2. Begriff des Börsenspekulationsgeschäftes (§ 26 Abs. 2 BörsG) | 6 |
| 3. Bestimmung der Unerfahrenheit | 15 |
| 4. Ausnutzen und Verleiten | 30 |
| 5. Gewerbsmäßigkeit | 33 |
| 6. Vorsatz | 34 |
| 7. Täterschaft und Teilnahme | 36 |
| 8. Geschütztes Rechtsgut | 37 |
| 9. Konkurrenzen und Verfahren | 38 |
| 10. Zivilrechtliche Auswirkungen | 40 |

## I. Vorbemerkung

1  Übrig geblieben ist vom Börsenstrafrecht nur das Verbot zur Verleitung zu Börsenspekulationsgeschäften gemäß § 26 BörsG iVm § 49 BörsG[1], nachdem der zuvor ebenfalls im Börsengesetz geregelte Straftatbestand des Kursbetruges (§ 88 BörsG aF) im Rahmen des 4. Finanzmarktförderungsgesetzes[2] in das WpHG als § 20a überführt und gleichzeitig als generelles Verbot der Kurs- und Marktpreismanipulation bzw. mit dem Anlegerschutzverbesserungsgesetz[3] nunmehr als Verbot der Marktmanipulation modifiziert wurde. Nach § 49 BörsG wird mit Freiheitsstrafe bis zu 3 Jahren oder mit Geldstrafe bestraft, wer entgegen § 26 Abs. 1 BörsG andere zu Börsenspekulationsgeschäften oder zu einer Beteiligung an einem solchen Geschäft verleitet. § 26 BörsG entspricht inhaltlich dem durch das Zweite Gesetz zur Bekämpfung der Wirtschaftskriminalität[4] reformierten § 89 BörsG aF. Auch wenn zivilrechtlich die auf die Generalnorm des § 826 BGB gestützten Verurteilungen dominieren[5], ist § 26 BörsG durch das Zweite Gesetz zur Bekämpfung der Wirtschaftskri-

---

[1] Im Rahmen des Finanzmarktrichtlinie-Umsetzungsgesetz BGBl I 2007, 1330 wurden der bisherige § 23 zu § 26 und der bisherige § 61 zu § 49 BörsG, blieben ansonsten aber unverändert.
[2] BGBl I 2002, 2010.
[3] Gesetz zur Verbesserung des Anlegerschutzes BGBl I 2004, 2630.
[4] BGBl I 1986, 721.
[5] *Wagner* in MüKoBGB, 6. Aufl., § 826 BGB Rn. 85 mit umfangreichen Rechtsprechungsnachweisen.

minalität von seiner tatbestandlichen Fassung her zu einer durchaus schlagkräftigen Waffe gegen unseriös agierende Vermittlerfirmen, insbesondere auf dem Warenterminsektor, geworden. Allerdings sind die Fälle betrügerischer Vermittlung von Warenterminoptionen mittlerweile deutlich zurückgegangen.[6] Dies liegt sicher nicht zuletzt an der nunmehr erforderlichen Erlaubnis nach § 32 KWG für die Erbringung von Finanzdienstleistungen nach § 1 Abs. 1a KWG – Hauptanwendungsfall dürfte die Anlagevermittlung nach § 1 Abs. 1a Nr. 1 KWG sein –, wobei das unerlaubte Erbringen von Finanzdienstleistungen nach § 54 Abs. 1 Nr. 2 KWG eine Straftat darstellt.[7] Da hierdurch auch die Vermittlung von Warentermingeschäften der Aufsicht der BaFin unterliegt, gilt das von der BaFin bereits mit Allgemeinverfügung vom 27.7.1999 ausgesprochene Verbot der unaufgeforderten telefonischen Kontaktaufnahme mit Kunden („cold calling") auch für die Vermittlerfirmen. Das jetzige Aufsichtsrecht ermöglicht der BaFin daher ein frühes Einschreiten.[8]

## II. Verleitung zu Börsenspekulationsgeschäften (§ 26 BörsG)

Die durch die Neufassung eröffneten rechtlichen Möglichkeiten wurden in der Praxis allerdings nur relativ zurückhaltend genutzt. So griffen die Zivilgerichte im Arrestverfahren und auch im anschließenden Hauptsacheverfahren lieber auf § 826 BGB als auf § 823 Abs. 2 BGB iVm § 26 BörsG zurück[9], und auch die Strafverfolgungsbehörden stehen § 26 BörsG nach wie vor wohl eher skeptisch gegenüber[10], was nicht zuletzt an den schlechten Erfahrungen mit der alten Fassung dieser Vorschrift liegen mag, da sie die Rechtsprechung durch eine unnötig restriktive Auslegung praktisch zur Bedeutungslosigkeit verdammt hatte.

**1. Gründe für die Neuregelung.** Grund für die Novellierung von § 89 BörsG aF im Rahmen des Zweiten Gesetzes zur Bekämpfung der Wirtschaftskriminalität war vor allem die vorgenannte einschränkende Auslegung durch die Rechtsprechung. So hatte der BGH bereits in seiner ersten Entscheidung zu diesem Themenkomplex die Anwendbarkeit von § 89 BörsG aF in Abweichung von der Rechtsprechung des RG[11] auf außerhalb einer Börse abgeschlossene Spekulationsgeschäfte abgelehnt[12] mit der Konsequenz, dass die Vermittlung von Privatoptionen und die nur vorgetäuschte Börsenabwicklung nicht unter den Tatbestand fielen. Diese **restriktive** Linie setzte er in zwei nachfolgenden Entscheidungen fort und schränkte die Vorschrift weitergehend dahin ein, dass diese **nur die Verleitung zu Spekulationsgeschäften an einer inländischen Börse** erfasse.[13] Besonders bemerkenswert an vorgenannten Entscheidungen ist, dass weder die Eliminierung außerhalb einer Börse abgeschlossener Geschäfte noch von an ausländischen Börsen abgeschlossenen Spekulationsgeschäften vom Wortlaut und – entgegen der Ansicht des BGH – der Entstehungsgeschichte der Vorschrift her geboten waren.[14] Der BGH hatte damit den privaten

---

[6] *Schröder*, Handbuch Kapitalmarktstrafrecht, 2. Aufl. Rn. 861.
[7] *Schröder*, Handbuch Kapitalmarktstrafrecht, 2. Aufl. Rn. 861; *Bröker* in MüKoStGB, § 26 BörsG Rn. 3 sieht daher § 26 BörsG als überflüssig an.
[8] *Schröder*, Handbuch Kapitalmarktstrafrecht, 2. Aufl. Rn. 861.
[9] Vgl. nur *Wagner* in MüKoBGB, 6. Aufl., § 826 BGB Rn. 85f. sowie *Sprau* in Palandt, BGB, 73. Aufl., § 826 Rn. 30 und die dort aufgeführte Rechtsprechung.
[10] Auch *Schwark* in Schwark/Zimmer, Kapitalmarktrecht, § 26 BörsG Rn. 1 verzeichnet eine für die Rechtspraxis geringe Bedeutung. Demgegenüber weist *Park* in Park, Kapitalmarktstrafrecht, 3. Aufl. Teil 3 Kap. 4 Rn. 321 darauf hin, dass es über die veröffentlichten Entscheidungen hinaus zahlreiche Verfahren gegeben habe.
[11] RGJW 1912, 1049.
[12] BGHSt 29, 152, 157 ff.
[13] BGH wistra 1983, 73; BGH wistra 1983, 156.
[14] Eingehend hierzu *Jaath* wistra 1983, 157 ff. sowie *Worms*, Anlegerschutz, S. 210 f.; vgl. auch die Kommentierungen von *Schwark*, BörsG, 2. Aufl., § 89 Rn. 1 sowie *Meyer/Bremer*, BörsG, 1957, § 94 Anm. 7; aA *Nußbaum*, BörsG, § 94 Anm. IV.

Vermittlerfirmen, soweit es um eine Strafbarkeit nach dem Börsengesetz ging, praktisch einen Freibrief erteilt, da zum damaligen Zeitpunkt in der Bundesrepublik an keiner Börse Warentermingeschäfte zugelassen waren, die privaten Vermittlerfirmen – sofern sie nicht zur Herausgabe von Privatoptionen griffen oder die Ausführung lediglich vortäuschten – derartige Geschäfte mithin nur an ausländischen Börsen tätigen konnten.

4  Diese restriktive Auslegung war umso gravierender, als hierdurch die Gefahr von **Strafbarkeitslücken** entstand, da auch eine Verurteilung wegen Betruges gem. § 263 StGB keineswegs zwingend ist, wie die Kontroverse um die Problematik verdeckter Aufschläge zeigt.[15] Zwar gelangt die Rechtsprechung auch in diesen Fällen zur Betrugsstrafbarkeit, wenn der nicht offen ausgewiesene Aufschlag den Betrag übersteigt, der üblicherweise von einem seriösen inländischen Makler verlangt wird,[16] oder die vermittelte Option wegen der Höhe des Aufschlages insgesamt wertlos ist.[17] Kennt der Kunde demgegenüber die Aufschlagshöhe und das hiermit verbundene Risiko, kommt ein Betrug nur noch beim Überschreiten des vereinbarten Aufschlags in Betracht.[18] Hierauf haben sich auch die privaten Vermittlerfirmen eingestellt, indem sie die von ihnen erhobenen Aufschläge mittlerweile regelmäßig ausweisen, häufig aber geschickt verschleiert,[19] und bei etwaigen kritischen Nachfragen eines Kunden diesem gegenüber mit dem Hinweis auf ihre angebliche fachmännische Beratung und den hohen technischen Aufwand rechtfertigen. Der eigentliche Kern des Unrechts liegt auch nicht in der überteuerten Vermittlung – mögen die Aufschläge nun offen ausgewiesen sein oder nicht –, sondern darin, dass überhaupt unerfahrene Anleger für derartige Geschäfte akquiriert werden.[20]

5  Gerade hierauf zielt auch die Schutzrichtung von § 26 BörsG ab,[21] während die Schwelle zum Betrug in diesem Fall erst dann überschritten würde, wenn dem Kunden das Spekulationsgeschäft praktisch als mündelsichere Anlage offeriert wird.[22] Die Voraussetzungen des Betruges sind insoweit also durchaus enger. Derart massive Täuschungen finden sich jedoch mittlerweile relativ selten. Vielmehr dominiert die **psychologisch** durchaus **geschickte** Überredung verbunden mit der **Erzeugung von Vertrauen**,[23] wobei die Basis für derartige Vertriebspraktiken primär in der Unerfahrenheit der Anleger und der Ausnutzung eben dieser Unerfahrenheit durch die Vermittlerfirmen liegt. Derartige Praktiken fallen nunmehr eindeutig in den strafrechtlich relevanten Bereich.

6  **2. Begriff des Börsenspekulationsgeschäftes (§ 26 Abs. 2 BörsG).** Wichtigster Punkt der Novellierung im Rahmen des Zweiten Gesetzes zur Bekämpfung der Wirtschaftskriminalität war die ausdrückliche gesetzliche Klarstellung – gemessen an der vorste-

---

[15] Eingehend hierzu *Imo*, Börsentermingeschäfte, S. 718 ff.; ferner *Perron* in Schönke/Schröder, StGB, 29. Aufl., § 263 Rn. 31b; *Worms* wistra 1984, 123 ff. jeweils mwN.
[16] BGHSt 32, 22 ff.; BGH wistra 1989, 19, 22.
[17] BGHSt 31, 115, 117.
[18] BGH wistra 1989, 19, 22.
[19] Vgl. *Rössner/Worms* WuB I G 4 Nr. 4/87.
[20] Wenn demgegenüber *Otto* WM 1988, 729, 736 den Kern des Unrechts nicht in der Ausnutzung der Unerfahrenheit, sondern in massiven Täuschungen sieht, so verkennt er, dass diese Täuschungen nur wegen der Unerfahrenheit der Anleger möglich waren.
[21] HM vgl. nur *Gehrmann/Zacharias* WiJ 2012, 89 mwN.
[22] Vgl. BGH wistra 1989, 19, 22; nur in dieser Konstellation besteht grundsätzlich auch der Vermögensschaden iS von § 263 StGB im gesamten eingezahlten Betrag.
[23] Instruktiv zu den Vertriebsmethoden *Wach*, Terminhandel, S. 153 ff.; vgl. ferner *Worms*, Anlegerschutz, S. 95 ff. mit dem dort auszugsweise abgedruckten Leitfaden für Telefonverkäufer einer Warenterminvermittlungsfirma; ferner das Interview mit einem Telefonverkäufer in Spiegel Nr. 49/1988, S. 79; einen guten Eindruck vermitteln auch die in BGH wistra 1989, 19 ff. wiedergegebenen erstinstanzlichen Feststellungen. Die insoweit gebräuchlichen Methoden sind im Übrigen keineswegs neu, sondern weisen zahlreiche Parallelen zu den sog. „bucket-shops" auf, durch die in Deutschland in der Zeit vor dem 1. Weltkrieg zahlreiche Anleger geschädigt wurden; eingehend hierzu *Imo*, Börsentermingeschäfte, S. 653 ff.

hend dargestellten Rechtsprechung des BGH zu § 89 BörsG aF handelt es sich insoweit allerdings um eine tatbestandliche Erweiterung –, dass auch außerhalb einer Börse sowie an ausländischen Börsen getätigte Geschäfte Börsenspekulationsgeschäfte iS der Vorschrift sind. Der Gesetzgeber wählt bei der in § 26 Abs. 2 BörsG nunmehr vorgenommenen Begriffsbestimmung,[24] wie die Aufnahme des Merkmals „insbesondere" zeigt, indes nicht den Weg einer abschließenden Definition, sondern begnügt sich mit einer **beispielhaften Beschreibung,** um hierdurch zum einen die unnötig restriktive Auslegung von § 89 BörsG aF durch die Rechtsprechung zu beenden,[25] zum anderen und vor allem aber, um auch neue bzw. zurzeit nicht gebräuchliche Formen von Börsenspekulationsgeschäften erfassen zu können.[26] Obwohl die beispielhafte Beschreibung der Börsenspekulationsgeschäfte an die in den letzten Jahren bekannt gewordenen Missstände anknüpft, ist damit die Suche nach Umgehungsmöglichkeiten bereits im Keim erstickt,[27] was angesichts der Findigkeit der Vermittlerfirmen auch notwendig erscheint.

In Anlehnung an die im Rahmen des 4. Finanzmarktförderungsgesetzes[28] aufgehobene Vorschrift des § 764 BGB, die eine Definition des Differenzgeschäftes enthielt, sind nach § 26 Abs. 2 BörsG Börsenspekulationsgeschäfte iS des Abs. 1 insbesondere  **7**
1. An- oder Verkaufsgeschäfte mit aufgeschobener Lieferzeit, auch wenn sie außerhalb einer inländischen oder ausländischen Börse abgeschlossen werden,
2. Optionen auf solche Geschäfte,
die darauf gerichtet sind, aus dem Unterschied zwischen dem für die Lieferzeit festgelegten Preis und dem zur Lieferzeit vorhandenen Börsen- oder Marktpreis einen Gewinn zu erzielen.

Ob der Gewinn durch ein Gegengeschäft realisiert oder als Differenzgewinn ausgezahlt  **8**
werden soll, ist dabei unerheblich.[29]

Ferner wird in § 26 Abs. 1 BörsG ausdrücklich klargestellt, dass auch die Verleitung zur  **9**
**unmittelbaren oder mittelbaren Beteiligung** an solchen Geschäften unter den Tatbestand fällt. Hiermit soll insbesondere das fondsmäßig betriebene Warentermingeschäft erfasst werden, bei dem der Anleger nicht unmittelbar für sich einen Kontrakt oder eine Option erwirbt, sondern sich an einem Sammelkonto beteiligt, das von der Vermittlerfirma treuhänderisch gehalten und verwaltet wird.[30] Um den Bereich der Fondsbildung umfassend abzudecken, insbesondere also keine Umgehungsmöglichkeiten zu eröffnen, stellt der Gesetzeswortlaut dabei ausdrücklich klar, dass neben der unmittelbaren auch die mittelbare Beteiligung – diese dürfte der Regelfall sein – erfasst wird, so dass auch schuldrechtliche Beziehungen zur Fondsgesellschaft ausreichen.[31]

Zwar tritt bei der **Fondsbildung** eine Überschneidung mit § 264a StGB auf.[32] Gleichwohl hielt der Gesetzgeber wegen der Undurchschaubarkeit des erfahrungsgemäß noch  **10**

---

[24] In § 89 BörsG aF war demgegenüber lediglich der Begriff „Börsenspekulationsgeschäft" ohne nähere Bestimmung enthalten. Die Bedenken von *Weber* WM 1986, 1133, 1138 im Hinblick auf das Bestimmtheitsgebot sind daher unbegründet.
[25] Die Entwurfsbegründung BT-Drucks. 10/318, S. 47 spricht unter ausdrücklicher Bezugnahme auf BGHSt 29, 152, 157 ff. beschönigend von „Unsicherheiten" und „Zweifeln" bei der Rechtsanwendung.
[26] So ausdrücklich die Entwurfsbegründung BT-Drucks. 10/318, S. 47.
[27] Dies war nach der Entwurfsbegründung BT-Drucks. 10/318, S. 47 auch das ausdrücklich erklärte Ziel der Reform.
[28] BGBl I 2002, 2010.
[29] *Schwark* in Schwark/Zimmer, Kapitalmarktrecht, § 26 BörsG Rn. 2.
[30] So ausdrücklich die Entwurfsbegründung BT-Drucks. 10/318, S. 49. Demgegenüber ist die Vermittlertätigkeit bereits durch die Verleitung zum Geschäftsabschluss erfasst; missverständlich insoweit OLG Düsseldorf WM 1989, 175, 179.
[31] So ausdrücklich die Entwurfsbegründung BT-Drucks. 10/318, S. 49; ferner *Hildner* WM 2004, 1068 (1073); *Park* in Park, Kapitalmarktstrafrecht, 3. Aufl. Teil 3 Kap. 4 Rn. 340.
[32] *Worms*, Anlegerschutz, S. 318 f.; ebenso die Entwurfsbegründung BT-Drucks. 10/318, S. 49.

größeren Risikos derartiger Geschäfte und der daraus resultierenden gesteigerten Schutzbedürftigkeit der Anleger eine gesonderte Erfassung auch in § 26 BörsG für geboten.[33] Dies ist nicht zuletzt deshalb sachgerecht, weil es sich bei den Warenterminfonds nicht mehr um Kapitalanlagen im eigentlichen Sinne handelt, auch wenn dies dem Anleger gegenüber gelegentlich so dargestellt wird, sondern um reine Spekulationsgeschäfte vergleichbar etwa mit einem Lotteriespiel.[34] Auch wenn diese Geschäfte wegen der fondsmäßigen Struktur von § 264a StGB miterfasst werden, unterscheiden sie sich doch wegen ihrer hochspekulativen Natur von anderen Fondsbeteiligungen, so dass es einer gesonderten Erfassung bedarf, zumal es umgekehrt auch nicht darauf ankommen kann, in welcher Form die Börsenspekulation betrieben wird. Deshalb erscheint, worauf die Entwurfsbegründung zu Recht hinweist,[35] trotz der Einfügung von § 264a StGB wegen der besonderen Gefährlichkeit von Börsenspekulationsgeschäften für Börsenunerfahrene eine eigenständige tatbestandliche Erfassung sinnvoll.

11    Dies ergibt sich im Übrigen bereits aus den **unterschiedlichen Schutzrichtungen** beider Vorschriften. Während § 264a StGB lediglich den täuschungsbedingten Erwerb „minderwertiger" Kapitalanlagen verhindern will, soll § 26 BörsG unter den dort genannten Voraussetzungen generell die Beteiligung Unerfahrener an der Börsenspekulation ausschließen, weshalb die Aufklärungspflichten auch durchaus weiter reichen können als bei § 264a StGB. Nicht ganz zutreffend ist insoweit allerdings die von der Entwurfsbegründung versuchte begriffliche **Abgrenzung Kapitalanlage** einerseits, **Börsenspekulationsgeschäft** andererseits,[36] da die Grenze insoweit fließend ist – auch bei der Kapitalanlage geht es ja letztlich um Gewinnerzielung – und Börsenspekulationsgeschäfte, wie die Praktiken im Warentermingeschäft belegen, nicht selten als Kapitalanlage offeriert wurden.[37] Zwischen Kapitalanlage und Spekulation besteht daher kein begrifflicher Gegensatz, sondern das maßgebliche Kriterium für ein Börsenspekulationsgeschäft ist vielmehr die Art und Weise, wie die Gewinnerzielung erfolgt. In concreto geht es hierbei um die Differenzabsicht. Das Börsenspekulationsgeschäft zeichnet sich dadurch aus, dass ohne Güteraustausch aus zwischenzeitlichen Preisunterschieden ein Gewinn erzielt werden soll.[38] Dies entspricht der schon bisher gängigen Auslegung des Börsenspekulationsgeschäftes[39] und ist im Übrigen auch der Ausgangspunkt der Entwurfsbegründung.[40]

12    Da es auf den **Gewinn aus intertemporären Preisunterschieden** ohne Güteraustausch ankommt, wird es sich bei den Spekulationsgeschäften regelmäßig um Finanztermingeschäfte gem. § 37e WpHG handeln[41], da sich vor allem bei dieser Geschäftsform die Möglichkeit eines Differenzausgleichs bietet. Nach § 37e Satz 2 WpHG sind Finanztermingeschäfte Derivate gem. § 2 Abs. 2 WpHG und Optionsscheine. Auf die Form

---

[33] So ausdrücklich die Entwurfsbegründung BT-Drucks. 10/318, S. 49.
[34] *Worms,* Anlegerschutz, S. 323.
[35] BT-Drucks. 10/318, S. 46.
[36] BT-Drucks. 10/318, S. 46.
[37] Bezeichnenderweise spricht auch die Entwurfsbegründung BT-Drucks. 10/318 bei der Beteiligung an Warenterminfonds auf S. 49 vom „Anleger" und einer Überschneidung mit § 264a StGB, obwohl auf S. 46 noch die im Text erwähnte begriffliche Unterscheidung getroffen wird verbunden mit der (wie die Überschneidung zeigt: unzutreffenden) Folgerung, dass Börsenspekulationsgeschäfte schon begrifflich nicht unter § 264a StGB fallen.
[38] *Park* in Park, Kapitalmarktstrafrecht, 3. Aufl. Teil 3 Kap. 4 Rn. 324; *Groß,* Kapitalmarktrecht, 5. Aufl., § 26 BörsG Rn. 2.
[39] Vgl. nur *Schwark* in Schwark/Zimmer, § 26 BörsG Rn. 2: „Börsenspekulationsgeschäfte sind An- oder Verkaufsgeschäfte, die in der Absicht geschlossen werden, aus intertemporalen Preisunterschieden einen Gewinn zu erzielen; ob dieser durch ein Gegengeschäft realisiert oder als Differenzbetrag gezahlt werden soll, ist unerheblich."
[40] BT-Drucks. 10/318, S. 46.
[41] *Schröder,* Handbuch Kapitalmarktstrafrecht, 2. Aufl., Rn. 803. *Schwark* in Schwark/Zimmer, Kapitalmarktrecht, § 26 BörsG Rn. 2.

kommt es insoweit nicht an,⁴² so dass sowohl verbriefte als auch unverbriefte Derivate, insbesondere die in § 37e Satz 2 WpHG explizit genannten Optionsscheine, erfasst sind. Jedoch stellt nicht umgekehrt auch jedes Derivat bzw. Termingeschäft ein Börsenspekulationsgeschäft dar, da hierfür weiterhin die Absicht der Gewinnerzielung erforderlich ist, Termingeschäfte aber auch anderen wirtschaftlichen Zwecken dienen können. Namentlich fallen daher die sog. **Hedge-Geschäfte,** die im gewerblichen Bereich der Absicherung von Preis-, Zins- und Kursrisiken dienen, nicht unter den Tatbestand, da hier nicht die Gewinnerzielung, sondern die Risikobegrenzung, insbesondere die Vermeidung von Verlusten, dominiert.⁴³ Soweit Termingeschäfte im privaten Bereich abgeschlossen werden, dürfte es sich hingegen regelmäßig auch um Börsenspekulationsgeschäfte iS der Vorschrift handeln.

Darüber hinaus können in Ausnahmefällen aber auch Zeitgeschäfte oder gar **Kassageschäfte,** wenn sie zum Differenzhandel benutzt werden, Börsenspekulationsgeschäfte sein.⁴⁴ Sofern jedoch ein physischer Güteraustausch erfolgt und das Geschäft damit der „Kapitalanlage" dient, auch wenn diese nur kurzfristig und auf die Erzielung von Kursgewinnen ausgerichtet ist, liegt kein Börsenspekulationsgeschäft vor.⁴⁵

Durch die Neufassung ist ferner, wie bereits erwähnt, nunmehr auch ausdrücklich klargestellt, dass an **ausländischen Börsen** oder außerhalb einer (inländischen oder ausländischen) Börse getätigte Spekulationsgeschäfte ebenfalls vom Tatbestand mitumfasst werden. Die Herausgabe von Privatoptionen fällt daher nun ebenso unter den Tatbestand wie die bloß vorgetäuschte Abwicklung an der Börse.⁴⁶ Schließlich kommt es auch nicht darauf an, ob der Verleitete erkennt, dass es sich um ein Spekulationsgeschäft handelt, sondern infolge seiner Unerfahrenheit oder aufgrund massiver Täuschungen von einer „Kapitalanlage" ausgeht. Vom sachlichen Anwendungsbereich her bietet § 26 BörsG daher jetzt einen umfassenden Schutz.

**3. Bestimmung der Unerfahrenheit.** Hiermit verbunden ist die Klarstellung, dass das Opfer **lediglich in Börsenspekulationsgeschäften** unerfahren zu sein braucht. Zwar entspricht dies der auch schon zu § 89 BörsG aF gebräuchlichen Auslegung,⁴⁷ doch erscheint diese ausdrückliche Klarstellung im Hinblick auf andernfalls mögliche Restriktionen durch die Rechtsprechung durchaus begrüßenswert. Anders als beim Wuchertatbestand (§ 291 StGB) bedarf es daher nicht eines allgemeinen Mangels an Geschäftskenntnis und Lebenserfahrung, sondern es genügt, wenn das Opfer in Börsenspekulationsgeschäften unerfahren ist mit der Folge, dass es die Tragweite seines Handelns nicht richtig beurteilen

---

⁴² *Assmann* in Assmann/Schneider, 6. Aufl., § 2 WpHG Rn. 45 weist zu Recht darauf hin, dass die Verbriefung kein Merkmal der in § 2 Abs. 2 Nr. 2 WpHG als Derivate erfassten Rechte ist.
⁴³ So ausdrücklich die Entwurfsbegründung BT-Drucks. 10/318, S. 47, ferner *Möhrenschlager* wistra 1983, 17, 20 sowie *Groß,* Kapitalmarktrecht, 5. Aufl., § 26 BörsG Rn. 2; *Park* in Park, Kapitalmarktstrafrecht, 3. Aufl., Teil 3 Kap. 4 Rn. 327. Dies war im Übrigen auch bei § 89 BörsG aF anerkannt; vgl. nur *Schwark,* BörsG, 2. Aufl., § 89 Rn. 2.
⁴⁴ *Möhrenschlager* wistra 1983, 17, 20; *Schwark* in Schwark/Zimmer, Kapitalmarktrecht, § 26 BörsG Rn. 2; *ders.* BörsG, 2. Aufl., Einl. §§ 50–70 BörsG Rn. 6, 30; beispielhaft genannt seien nur die US-amerikanischen short-sales (Leerverkäufe), eingehend hierzu *Kümpel/Häuser,* Börsentermingeschäfte, S. 71 ff., 116. *Park* in Park, Kapitalmarktstrafrecht, 3. Aufl. Teil 3 Kap. 4 Rn. 330 führt in diesem Zusammenhang auch die Optionsscheine an, da sie wegen der wertpapiermäßigen Verbriefung üblicherweise als Kassageschäft abgeschlossen werden; ebenso *Schröder,* Handbuch Kapitalmarktstrafrecht, 2. Aufl., Rn. 802.
⁴⁵ So ausdrücklich die Entwurfsbegründung BT-Drucks. 10/318, S. 46; ferner *Schwark* in Schwark/Zimmer, Kapitalmarktrecht, § 26 BörsG Rn. 3; *Park* in Park, Kapitalmarktstrafrecht, 3. Aufl. Teil 3 Kap. 4 Rn. 338; *Wehowsky* in Erbs/Kohlhaas, § 49 BörsG Rn. 4.
⁴⁶ Letzteres wird ausdrücklich von der Entwurfsbegründung BT-Drucks. 10/318, S. 47 f. betont und ist heute auch allgemein anerkannt, vgl. nur *Park* in Park, Kapitalmarktstrafrecht, 3. Aufl., Teil 3 Kap. 4 Rn. 335; *Wehowsky* in Erbs/Kohlhaas, § 49 BörsG Rn. 4.
⁴⁷ Vgl. nur *Schwark,* BörsG, 1. Aufl., § 89 Rn. 5.

kann,⁴⁸ im Übrigen aber durchschnittliche Geschäftskenntnisse und Lebenserfahrungen besitzt.

**16** Bei diesem Merkmal, also in der **Bestimmung der Unerfahrenheit,** liegt nunmehr die eigentliche Problematik der Vorschrift, da die privaten Vermittlerfirmen durch umfangreiches Prospektmaterial oder gar die Übersendung von Büchern⁴⁹ zumindest dem äußeren Anschein nach eine entsprechende Erfahrung dem vorher unkundigen Anleger zu vermitteln versuchen. Darüber hinaus ist 1989 im Zusammenhang mit der Einführung der Deutschen Terminbörse – der heutigen Eurex AG – der Kreis der termingeschäftsfähigen Personen nach § 53 BörsG aF erweitert worden, um so auch privaten Investoren die Möglichkeit zu eröffnen, Termingeschäfte abzuschließen.⁵⁰ Die nach dem Informationsmodell als Voraussetzung für die Verbindlichkeit des Geschäftes geforderte (standardisierte) Aufklärung gem. § 53 BörsG aF ist dabei jedoch deutlich hinter den Anforderungen zurückgeblieben, die von der Rechtsprechung an die Vermittlerseite gestellt werden und auch damals schon gestellt worden sind, und führte auch nicht zu einer Beseitigung der Unerfahrenheit iS von § 26 BörsG.⁵¹ Entsprechendes galt für die mittlerweile entfallene lediglich mit einem Schadensersatzanspruch gemäß § 37d Abs. 4 WpHG sanktionierte Informationspflicht bei Finanztermingeschäften nach § 37d Abs. 1 WpHG, die inhaltlich § 53 BörsG aF entsprach. Für den inländischen Geschäftsverkehr hat sich daher gerade im Hinblick auf § 89 BörsG aF bzw. nunmehr § 26 BörsG die Frage gestellt, ob und unter welchen Voraussetzungen ein Geschäftsabschluss mit privaten Anlegern überhaupt möglich ist. Dies galt vor allem für den Bankenbereich, als dieser nach Eröffnung der Deutschen Terminbörse aktiv im Terminhandel tätig wurde, also von sich aus derartige Geschäfte den Kunden anbot, da dann auch das Erfordernis des Verleitens ohne weiteres gegeben sein konnte, während hier zuvor wegen der insoweit geübten Zurückhaltung keine Gefahr bestand, da die Kreditinstitute ganz überwiegend nur auf ausdrücklichen Wunsch des Kunden mit diesem Optionsgeschäfte abgeschlossen hatten und deshalb mangels Verleitens auch nicht in den strafrechtlich relevanten Bereich gelangen konnten.⁵²

---

⁴⁸ *Schwark* in Schwark/Zimmer, Kapitalmarktrecht, § 26 Rn. 6; *Wehowsky* in Erbs/Kohlhaas, § 49 BörsG Rn. 7; *Gehrmann/Zacharias* WiJ 2012, 89. Kritisch demgegenüber *Park* in Park, Kapitalmarktstrafrecht, 3. Aufl., Teil 3 Kap. 4 Rn. 341, da es nach dem Gesetzeswortlaut auf die Unerfahrenheit und nicht auf die Unkenntnis ankomme.
⁴⁹ So zB das Buch „Die Terminspekulation mit Optionen" von *Adalbert R. Walter* durch die EFB.
⁵⁰ So ausdrücklich die Begründung des Regierungsentwurfs BT-Drucks. 40/89, S. 18. Diese Begründung ist allerdings insofern nicht ganz zutreffend, als ja auch vor der Reform schon für Privatpersonen die Möglichkeit zum Abschluss von Termingeschäften bestand, da diese nicht verboten, sondern lediglich für Privatpersonen unverbindlich waren. Die Reform der Termingeschäftsfähigkeit nützte daher nicht der Anlegerseite – auch die Entwurfsbegründung spricht hier, obwohl es um Spekulationsgeschäfte geht, bezeichnenderweise nicht von Spekulanten, sondern vom privaten Anlagepublikum –, sondern allein der Anbieter- bzw. Vermittlerseite, da diese sich dann nicht mehr mit den Instrumenten der Vorauserfüllung nach § 55 BörsG aF oder der Sicherheitsleistung nach § 54 BörsG aF behelfen mussten, sondern wegen der Termingeschäftsfähigkeit – diese schließt über § 58 BörsG aF auch den Differenzeinwand nach § 764 BGB aus – klagbare Forderungen erhielt. Dass es bei der Reform der Termingeschäftsfähigkeit nicht um eine uneigennützige Wohltat für den privaten Investor ging, zeigte sich im Übrigen auch daran, dass nach der Entwurfsbegründung (S. 18) die Zulassung des privaten Anlagepublikums vor allem deshalb erfolgt, um so die notwendige Markttiefe und Marktbreite für einen leistungsstarken und auch international wettbewerbsfähigen Terminmarkt zu schaffen, was natürlich durch die Verbindlichkeit der Geschäfte für diesen Personenkreis wesentlich vereinfacht wurde.
⁵¹ Für die damalige Rechtslage ebenso *Schwark,* BörsG, 2. Aufl. § 89 Rn. 9: „Das Merkmal der Unerfahrenheit ist unabhängig von der zivilrechtlichen Wirksamkeit von Börsentermingeschäften zu beurteilen".
⁵² Einen Grenzfall bildet insoweit der Sachverhalt, dem dem Urteil des KG WM 1989, 173f. zugrunde lag, wo die beklagte Bank der offensichtlich unerfahrenen Kundin den Erwerb einer Kaufoption als Geldanlage empfohlen hatte, so dass hier abhängig vom Umfang der erfolgten Aufklärung

## § 9 Verleitung zu Börsenspekulationsgeschäften　　　17 § 9

Besondere Brisanz kam und kommt deshalb dem Umstand zu, dass, wie die Schimmel- 17
pfeng-Marktuntersuchung[53] und die einschlägigen Gerichtsentscheidungen überaus plastisch zeigen, die privaten Anleger allenfalls in Ausnahmefällen über **Grundkenntnisse** in diesen Geschäftsformen verfügen,[54] wobei dies gleichermaßen für den ausländischen Börsentermin- und Optionshandel als auch für den inländischen Derivatehandel, nicht jedoch zwingend die Geschäfte in Optionsscheinen gilt. Dementsprechend geht die Rechtsprechung für den Bereich der privaten Warenterminvermittlungsfirmen bei Erstanlegern **grundsätzlich** von deren **Unerfahrenheit** aus, ohne dass es insoweit einer näheren Begründung bedarf,[55] obwohl die privaten Vermittlerfirmen in Prospekten und Auftragsformularen regelmäßig auf die Risiken hinweisen. Die Besonderheit besteht hier aber darin, dass entweder bereits im Rahmen der schriftlichen „Aufklärung" die Risiken nicht deutlich genug zutage treten[56] oder aber zwar auf dem Papier eine mustergültige Aufklärung betrieben wird, um so im späteren Gerichtsverfahren den Anleger als erfahrenen Spekulanten hinstellen zu können, diese vorgeschützte Aufklärung aber in den nachfolgenden Telefongesprächen konterkariert und damit insgesamt entwertet wird. Auch wenn derartige Praktiken im Wertpapieroptionshandel durch Banken keine Parallele finden, besitzt der als empirisch gesichert anzusehende Umstand, dass Erstanleger grundsätzlich nicht über entsprechende Kenntnisse verfügen, generell für Geschäfte an Terminbörsen auch hier Bedeutung. Im Zusammenhang mit der Eröffnung der Deutschen Terminbörse haben die Banken sich daher ebenfalls mit der Frage beschäftigen müssen, welche Anforderungen an eine Eliminierung der Unerfahrenheit zu stellen sind, insbesondere soweit der umworbene Kunde noch keine Termingeschäfte abgeschlossen hat. Ergebnis dieser Überlegungen war die Erstellung der Informationsbroschüre „Basisinformationen über Börsentermingeschäfte", die von der gesamten deutschen Kreditwirtschaft einheitlich eingesetzt wurde bzw. jetzt unter dem Titel „Basisinformationen über Termingeschäfte" für börsengehandelte Derivate und als „Basisinformationen über Finanzderivate" für den Bereich außerbörslicher Derivate zur Verfügung steht. Hinzu kommt, dass mit der MiFID-Umsetzung durch das FRUG[57] in § 31a WpHG eine typisierte Kundenkategorisierung eingeführt worden ist und das Gesetz hierbei für die Kategorie der sog. Privatkunden nach § 31a Abs. 3 WpHG grundsätzlich von der Aufklärungsbedürftigkeit ausgeht.[58] Das mit der Aushändigung der Broschüre vor Geschäftsabschluss verfolgte Ziel besteht dabei in Erfüllung der Pflichten nach § 31 Abs. 3 WpHG primär darin, Interessenten Bedeutung, Funktion und wirtschaft-

---

durchaus auch ein auf § 89 BörsG gestützter Schadensersatzanspruch in Betracht gekommen wäre. Statt dessen greift das KG auf das Institut des Verschuldens bei Vertragsschluss zurück, stellt insoweit aber nicht auf die Unerfahrenheit, sondern unzutreffenderweise auf die fehlende Termingeschäftsfähigkeit ab und kommt zu dem Ergebnis, dass eine Bank nicht-termingeschäftsfähigen Personen nicht von sich aus zum Abschluss von Börsentermingeschäften raten darf bzw. sich andernfalls schadensersatzpflichtig macht. Kritisch hierzu *Häuser* WuB I G 5 Nr. 89; *Rehbein* EWiR, § 53 BörsG 2/88, S. 1201, 1202 sowie *Machunsky* Handelsblatt vom 16.2.1989, S. 33. Auch der BGH ist in der nachfolgenden Revisionsentscheidung WM 1989, 807 ff. der Auffassung des KG zu Recht nicht gefolgt.

[53] Warentermin-Vermittlungs-Firmen und ihre Geschäftspraktiken, S. 109 f.
[54] So zu Recht *Imo*, Börsentermingeschäfte, S. 1054, 1056; vgl. auch *Wach*, Terminhandel, S. 91 f sowie *Park* in Park, Kapitalmarktstrafrecht, 3. Aufl. Teil 3 Kap. 4 Rn. 342: „von mangelnden Kenntnissen ist beim durchschnittlichen Privatanleger allgemein auszugehen", der dies in Rn. 344 aber wieder in Zweifel zieht.
[55] LG München 28 O 17145/87 vom 17.5.1988, S. 11; vgl. ferner OLG Düsseldorf WM 1989, 175, 179 f. sowie BGH ZIP 1988, 1098, 1099; *Hildner* WM 2004, 1068 (1073). Kritisch gegenüber dieser Rechtsprechung *Schwark* in Schwark/Zimmer, Kapitalmarktrecht, § 26 BörsG Rn. 6.
[56] Ein instruktives Beispiel bietet der OLG Düsseldorf WM 1989, 175 ff. zugrunde liegende Sachverhalt.
[57] Finanzmarktrichtlinie-Umsetzungsgesetz vom 16.7.2007 (BGBl I 2007, 1330).
[58] Auf diese gesetzliche Wertung weisen auch *Gehrmann/Zacharias* WiJ 2012, 89 (95) hin; ebenso *Schröder*, Handbuch Kapitalmarktstrafrecht, 2. Aufl. Rn. 842; anderer Ansicht *Schwark* in Schwark/Zimmer, Kapitalmarktrecht, § 26 BörsG Rn. 6.

liche Zusammenhänge sowie die börsentermintypischen Risiken der an den nationalen und internationalen Terminmärkten, insbesondere der an der Eurex AG angebotenen Produkte, darzulegen. Konzipiert als Basisinformation soll sie zugleich den interessierten Anleger dazu veranlassen, offene Fragen zum Termingeschäft mit seinem Kundenberater zu besprechen. Eine solche schriftliche Information ist auch grundsätzlich geeignet, die Unerfahrenheit des künftigen Anlegers zu beseitigen.[59]

18   Die **Verneinung der Unerfahrenheit** setzt hingegen nicht voraus, dass der betreffende Anleger bereits tatsächlich Börsenspekulationsgeschäfte durchgeführt haben muss, da eine derartige Forderung dem Verbot der Werbung neuer Kunden gleichkäme,[60] was aber eindeutig über den Schutzzweck von § 26 BörsG hinausginge und auch nicht der mit der Einführung der Termingeschäftsfähigkeit kraft Information getroffenen gesetzgeberischen Entscheidung entsprochen hätte, zumal auch diese formale Hürde mittlerweile entfallen ist.[61] Maßgebend ist daher nicht die praktische Erfahrung, sondern allein der **intellektuelle Kenntnisstand**.[62] Im Rahmen des objektiven Tatbestandes ist die bei Privatkunden grundsätzlich bestehende Unerfahrenheit nur dann nicht mehr gegeben, wenn der Kunde die Informationen tatsächlich verstanden hat.[63] Umgekehrt vermittelt – dies ist ebenfalls weitgehend anerkannt[64] – allein der Abschluss von Börsenspekulationsgeschäften noch nicht die notwendigen Erfahrungen, und zwar auch dann nicht, wenn der Anleger – möglicherweise sogar bei mehreren Gesellschaften – derartige Geschäfte wiederholt getätigt hat. Vielmehr kann er, wie zahlreiche Fälle aus der Praxis belegen, am Ende noch genauso unerfahren sein wie am Anfang, wobei insbesondere allein der Umstand des Geldverlustes noch kein geeignetes Indiz für eine entsprechende Erfahrenheit darstellt. Zwar steht die Rechtsprechung teilweise, wenn der Geschädigte bereits Termingeschäfte abgeschlossen hat, der Behauptung, er sei nach wie vor unerfahren, ausgesprochen skeptisch gegenüber, indem sie in diesem Fall dem Geschädigten eine **gesteigerte Darlegungslast** auferlegt,[65] wobei

---

[59] AA aber offensichtlich *Park* in Park, Kapitalmarktstrafrecht, 3. Aufl., Teil 3 Kap. 4 Rn. 345, demzufolge die Aufklärung lediglich dazu führt, dass kein Ausnutzen der Unerfahrenheit vorliegt.

[60] AA *Park* in Park, Kapitalmarktstrafrecht, 3. Aufl. Teil 3 Kap. 4 Rn. 346 mit dem Hinweis, es sei nicht strafbar, Unerfahrene zu Börsenspekulationsgeschäften zu verleiten, sofern nur deren Unerfahrenheit nicht ausgenutzt wird, konzediert aber in Rn. 347, dass es ausreicht, wenn die Unerfahrenheit ursächlich oder mitursächlich für das Geschäft war.

[61] § 37d WpHG ist durch das Finanzmarktrichtlinie-Umsetzungsgesetz vom 16.7.2007 (BGBl I 2007, 1330) aufgehoben worden.

[62] *Schröder*, Handbuch Kapitalmarktstrafrecht, 2. Aufl., Rn. 841; in diesem Sinne auch *Schwark* in Schwark/Zimmer, Kapitalmarktrecht, § 26 BörsG Rn. 6; *Wehowsky* in Erbs/Kohlhaas, § 49 BörsG Rn. 8; demgegenüber stellt *Park* BB 2003, 1513 (1517); *Park* in Park, Kapitalmarktstrafrecht, 3. Aufl. Teil 3 Kap. 4 Rn. 341 ff. nicht auf den Kenntnisstand, sondern auf die (fehlende) praktische Übung ab. Hiernach läge Unerfahrenheit vor, wenn der Anleger bislang keine Börsenspekulationsgeschäfte abgeschlossen hat, während bei einem wiederholten Abschluss trotz vorangegangener Verluste keine Unerfahrenheit, sondern Unvernunft vorläge.

[63] AA *Gehrmann/Zacharias* WiJ 2012, 89 (99), da der Täter strafrechtlich nicht einem Pflichtenprogramm unterworfen werden könne, das kapitalmarktrechtlich nicht existiert. Richtigerweise wird man diese Frage jedoch erst auf der Ebene des Vorsatzes prüfen können.

[64] Vgl. nur *Imo*, Börsentermingeschäfte, S. 1055, ferner *Rössner/Worms* wistra 1987, 319, 321; *Wach* Terminhandel, S. 147 sowie *Wehowsky* in Erbs/Kohlhaas, § 49 BörsG Rn. 7 mit dem Hinweis auf den allgemeinen Sprachgebrauch, wonach niemand als „erfahren" gilt, der eine Tätigkeit zwar mehrfach ausgeführt hat, aber nicht beherrscht; ebenso BGH wistra 2002, 22; aA *Park* BB 2003, 1513 (1517), *ders.* in Park, Kapitalmarktstrafrecht, 3. Aufl., Teil 3 Kap. 4 Rn. 344 sowie *Bröker* in MüKoStGB, § 26 BörsG Rn. 21.

[65] LG München 28 O 17145/87 vom 17.5.1988, S. 12. Zu erwähnen ist in diesem Zusammenhang auch die Entscheidung des LG Düsseldorf WM 1988, 1557, 1558, wonach eine Offenlegung der Einkommens- und Vermögensverhältnisse sowie der bisherigen Praktiken der Geldanlage erforderlich sei, um die Unerfahrenheit bestimmen zu können, was aber in dieser allgemeinen Form entschieden zu weit geht.

jedoch unklar bleibt, wie diese „gesteigerten" Anforderungen aussehen sollen. Vor allem aber berücksichtigen derartige Ressentiments, mag die Skepsis auch auf den ersten Blick begründet sein, nur unzureichend die Akquisitionsmethoden der privaten Vermittlerfirmen.

So lassen sich, wie die Praxis zeigt, auch bereits geschädigte Anleger in einer Vielzahl von Fällen erneut zum Abschluss von Börsenspekulationsgeschäften bewegen, indem ihnen der frühere Verlust von der neuen Firma ganz einfach damit erklärt wird, dass bei der ursprünglichen Firma dilettantisch, unseriös oder gar betrügerisch gearbeitet worden sei, was bei der neuen Firma aufgrund der hervorragenden Qualifikation und technischen Ausstattung natürlich nicht zu befürchten sei. Auf diese Weise wird der Anleger weiterhin in dem Glauben gelassen, bei entsprechender fachlicher Beratung könne er mit Warentermingeschäften **praktisch ohne jedes Risiko** exorbitante Gewinne einstreichen. Hierbei ist es auch keineswegs ausgeschlossen, dass der Anleger von seinem bisherigen Telefonverkäufer erneut umworben wird, indem dieser ganz einfach vorgibt und dies dem Anleger glaubhaft darzustellen versucht, von den unseriösen Praktiken der Altfirma – von diesen distanziert er sich mit Nachdruck – nichts gewusst zu haben. Sofern sich der Anleger dann erneut zum Abschluss von Spekulationsgeschäften verleiten lässt, wird man ihm zu Recht seinen Leichtsinn und seine Leichtgläubigkeit vorhalten können, von einer entsprechenden Erfahrung kann jedoch kaum die Rede sein. Vielmehr wird durch den erneuten Geschäftsabschluss die Unerfahrenheit des Anlegers eher noch unterstrichen.[66] Die vorangegangene Spekulationstätigkeit lässt daher nur sehr begrenzt Rückschlüsse auf den **tatsächlichen Kenntnisstand** des Anlegers zu. Dies gilt erst recht für **vorangegangene Geschäftsabschlüsse** im Rahmen der ersten Geschäftsbeziehung von bislang noch nicht spekulativ tätigen Anlegern, da auch hier nicht davon ausgegangen werden kann, dass diese im Verlauf der Geschäftsbeziehung die notwendige Sachkunde erlangen, die eine Aufklärung überflüssig machen würde.[67] Maßgebend für die Beseitigung der Unerfahrenheit ist daher nicht der ein- oder mehrmalige Geschäftsabschluss, sondern allein der tatsächliche Kenntnisstand des Anlegers, wobei entsprechende Kenntnisse auch nicht durch die Kaufmannseigenschaft bzw. die fehlende Verbrauchereigenschaft – diese Differenzierung fand sich im mittlerweile ersatzlos entfallenen Modell einer Termingeschäftsfähigkeit kraft Information in § 37d Abs. 1 WpHG – indiziert werden.[68] Dementsprechend sieht die Grundregel in § 31 Abs. 3 WpHG heutzutage die Informationsbereitstellung zumindest bei allen Privatkunden im Sinne des § 31a WpHG vor.

Die zentrale Frage besteht somit darin, welche Anforderungen an die Kenntnis des Anlegers zu stellen sind, wie weit also die Aufklärung reichen muss. Zur Konkretisierung der Unerfahrenheit knüpft die Gesetzesbegründung dabei an die Auslegung durch das RG[69] an. Hiernach liegt ein Mangel an Erfahrung in Börsenspekulationsgeschäften dann vor, wenn der Verleitete infolge fehlender geschäftlicher Einsicht die Tragweite solcher Unternehmungen nicht genügend zu übersehen vermag.[70] Auch hiermit ist jedoch nur wenig gewonnen. Legt man die Betonung auf die Kenntnis der **Tragweite** von Börsenspekulationsgeschäften, so dürfte eine Aufklärung über die Risiken, insbesondere das außerordent-

---

[66] In diesem Sinne auch *Hildner* WM 2004, 1068 (1073). So erkennen in einer Vielzahl von Fällen geschädigte Anleger nach wie vor nicht das generell sehr hohe Risiko derartiger Geschäfte, sondern führen ihre Verluste allein auf betrügerische Manipulationen durch die Vermittlerfirmen zurück.

[67] So zu Recht OLG Düsseldorf WM 1989, 175, 179. Eine gängige Praktik stellt insoweit die unzutreffende Behauptung dar, die Anlage sei im Gewinn, um so den Anleger zu weiteren Geschäften zu bewegen; vgl. hierzu auch das in Spiegel Nr. 49/1988, S. 79 abgedruckte Interview mit einem Telefonverkäufer. Eine Darstellung der einschlägigen Praktiken bietet *Wach*, Terminhandel, S. 153 ff.

[68] OLG Düsseldorf WM 1989, 175, 178; *Schwark*, BörsG, 2. Aufl. § 89 Rn. 9; Gleiches gilt für bankgeschäftliche Tätigkeiten; eingehend hierzu *Kümpel/Häuser*, Börsentermingeschäfte, S. 91 ff.

[69] RGJW 1913, 1049 f.

[70] So die Entwurfsbegründung BT-Drucks. 10/318, S. 48.

lich hohe Verlustrisiko, ausreichen. Eine derartige isolierte Risikoaufklärung wäre jedoch aus mehreren Gründen ausgesprochen unbefriedigend. Die (unverbrieften) Börsentermingeschäfte – diese sind, wie dargestellt, der Hauptanwendungsfall von Börsenspekulationsgeschäften – zählen zu den höchstentwickelten Geschäftsformen der Gegenwart[71] und sind ausgesprochen komplex und kompliziert.[72] Allein mit dem Hinweis auf das extrem hohe Verlustrisiko kann der Anleger, der bislang mit dieser Geschäftsform noch nicht konfrontiert wurde, daher nichts anfangen. Vielmehr bestünde hier die Gefahr einer Scheinaufklärung, die zusätzlich noch dadurch entwertet werden könnte, dass der Risikohinweis als bloße vom Gesetzgeber verlangte Formalität abgetan wird, wie es häufig bei den privaten Warenterminvermittlerfirmen zu beobachten war.

21 Von einer tatsächlichen Risikokenntnis kann daher nur dann ausgegangen werden, wenn die Risiken für den Anleger auch **nachvollziehbar** sind. Dies aber setzt voraus, dass der Anleger zumindest Grundkenntnisse vom Geschäftsablauf derartiger Geschäfte besitzt. So ist auch nach der Entwurfsbegründung nicht nur eine Kenntnis der Tragweite derartiger Geschäfte erforderlich, sondern der Anleger muss darüber hinaus über eine „**geschäftliche Einsicht**" verfügen bzw. infolge fehlender geschäftlicher Einsicht die Tragweite nicht übersehen können. Wegen der besonderen Unübersichtlichkeit und Undurchschaubarkeit von Börsenspekulationsgeschäften und der daraus folgenden Aufklärungsbedürftigkeit für den durchschnittlich erfahrenen Bürger hält es die Entwurfsbegründung sogar für geboten, die Anwendung des Tatbestandes erst dann auszuschließen, wenn der Verleitete das Börsengeschäft im Einzelfall verlässlich überblicken kann.[73] Ein **verlässlicher Überblick** über das Geschäft setzt jedoch nicht nur eine allgemeine Risikokenntnis voraus, sondern auch Grundkenntnisse des Geschäfts, zumal nur in diesem Falle auch die Risiken für den Anleger nachvollziehbar sind.[74]

22 Auch wenn der Anleger hierdurch in die Lage versetzt werden soll, **im Einzelfall** das Geschäft verlässlich zu überblicken, so bedeutet dies jedoch nicht, dass er auch über das Gewinn- oder Verlustrisiko des konkreten Geschäftes, also beispielsweise die Chancen und Risiken der von ihm zu erwerbenden Zuckeroption, aufgeklärt werden muss,[75] da der Gesetzeswortlaut entgegen der insoweit möglicherweise missverständlichen Entwurfsbegründung nicht die Unerfahrenheit hinsichtlich des konkret ins Auge gefassten Börsenspekulationsgeschäftes, sondern die (generelle) Unerfahrenheit in Börsenspekulationsgeschäften fordert. Voraussetzung für die Beseitigung der Unerfahrenheit ist daher die **Aufklärung über die Systematik und die Risiken des jeweiligen Geschäftstyps,** da es das Börsenspekulationsgeschäft als solches nicht gibt, Anknüpfungspunkt für die Aufklärung somit nur der jeweilige Geschäftstyp sein kann, dies aber auch für eine Beurteilung im Einzelfall ausreicht.[76] Sofern der Anleger die generelle Systematik und die Risiken des betreffenden Geschäftstyps, vorliegend also beispielsweise des Optionsgeschäfts, kennt, liegt daher keine Unerfahrenheit mehr vor, sondern es ist seine Aufgabe, diese generellen Kenntnisse

---

[71] *Imo,* Börsentermingeschäfte, S. 7.
[72] *Imo,* Börsentermingeschäfte, S. 8; *Groß,* Kapitalmarktrecht, 5. Aufl., § 26 Rn. 4 spricht von einer „besonderen Unübersichtlichkeit und Undurchschaubarkeit"; einen Überblick über die einzelnen Geschäftsformen und Techniken bieten beispielsweise *Wach,* Terminhandel, S. 17 ff., 53 ff. sowie *Imo,* Börsentermingeschäfte, S. 376 ff.
[73] So ausdrücklich die Entwurfsbegründung BT-Drucks. 10/318, S. 48.
[74] AA *Otto* WM 1988, 729, 736 Fn. 59, der – allerdings ohne nähere Begründung – noch nicht einmal eine Aufklärung über alle Risiken des Geschäfts für erforderlich hält, da hiermit angeblich die vom Wortsinn her gezogenen Grenzen des Begriffs gesprengt würden; wie hier *Groß,* Kapitalmarktrecht, 5. Aufl., § 26 BörsG, Rn. 4; *Imo,* Börsentermingeschäfte, S. 1055; *Wehowsky* in Erbs/Kohlhaas, § 49 BörsG Rn. 8; auch *Gehrmann/Zacharias* WiJ 2012, 89 (94).
[75] So auch *Schwark,* BörsG, 1. Aufl. § 89 Rn. 5 zu § 89 BörsG aF; *Schwark* in Schwark/Zimmer, Kapitalmarktrecht, § 26 BörsG Rn. 6 unter Hinweis auf die mittlerweile von der Kreditwirtschaft eingesetzten Informationsbroschüren.
[76] In diesem Sinne auch *Schröder,* Handbuch Kapitalmarktstrafrecht, 2. Aufl., Rn. 844.

auch auf das konkret ins Auge gefasste Geschäft anzuwenden. Insbesondere ist daher **keine Aufklärung über die Marktlage** erforderlich.[77]

Ebenso wenig bedarf es für die Eliminierung der Unerfahrenheit der Vermittlung von Sachkenntnissen eines **Spezialisten,**[78] sondern erforderlich sind lediglich Grundkenntnisse, die eine eigenverantwortliche Beurteilung ermöglichen. Im Einzelnen muss sich die Aufklärung insoweit auf folgende Punkte erstrecken, wobei es sich hier um Minimalanforderungen handelt, die im Einzelfall durchaus noch ergänzungsbedürftig sein können.

Basis der Aufklärung muss die Darstellung der Grundlagen des jeweiligen Geschäftstypus sein. Hierzu zählt neben einem Hinweis auf die Rechtsnatur der Geschäfte vor allem die Erläuterung des Geschäftsablaufs. Ausreichend ist insoweit allerdings die **Vermittlung von Grundkenntnissen,** da die Unerfahrenheit nicht erst dann beseitigt ist, wenn der Anleger die Sachkenntnisse eines Spezialisten besitzt. Der Anleger muss daher nicht über sämtliche Handels- oder Absicherungstechniken im Options- und Terminhandel informiert werden, sondern nur eine **Aufklärung über die Grundstrukturen** erhalten. Hierzu gehören zunächst einmal die Kenntnis des Unterschieds zwischen dem Options- und dem Direktgeschäft. Weiterhin müssen ihm der technische Geschäftsablauf und die unterschiedlichen Arten, also die Systematik des Termin-/Optionsgeschäfts, erläutert werden, und zwar bezogen auf den jeweiligen Börsenplatz, da insoweit durchaus bedeutsame Unterschiede bestehen können. So muss der Erwerber einer Option beispielsweise wissen, dass es sich hierbei lediglich um ein zeitlich befristetes Recht handelt, ferner den Unterschied zwischen einer Kauf- und einer Verkaufsoption sowie die Bedeutung des Basispreises – hierzu zählt auch das Verhältnis zwischen Basispreis und Erwerbskosten – und damit zusammenhängend der Verlust-, Teilverlust- und Gewinnzone kennen, insbesondere wissen, dass die Optionsprämie erst durch einen entsprechenden Kursverlauf „zurückverdient" werden muss.[79] Hinzu kommt bei handelbaren Optionen eine Aufklärung über die Besonderheiten, die sich aus der Handelbarkeit ergeben.[80]

Zumindest für den Bereich des Aufsichtsrechts ist die inhaltliche Ausgestaltung der dem Anleger vor Geschäftsabschluss zur Verfügung zu stellenden Informationen mit Verabschiedung des FRUG[81] mittlerweile auch klar fixiert. In Ergänzung der nach wie vor zentralen Vorschrift des § 31 Abs. 3 WpHG finden sich in § 5 der Wertpapierdienstleistungs-Verhaltens- und Organisationverordnung (WpDVerOV)[82] detaillierte Vorgaben insbesondere hinsichtlich der Risiken, wobei nach § 3 Abs. 2 WpDVerOV die Informationen grundsätzlich in Papierform zur Verfügung zu stellen sind.

Die Vermittlung vorstehend genannter Grundkenntnisse dient dem Zweck, für den Anleger das Spekulationsrisiko **transparent** zu machen. Hierbei muss deutlich werden, dass der Erfolg eines Terminengagements von nicht vorhersehbaren temporären Kursschwankungen abhängt und wegen der Ungewissheit des künftigen Kursverlaufes das Termin-/ Optionsgeschäft eine hochspekulative „Kapitalanlage" darstellt, die nicht im mindesten mit herkömmlichen Anlageformen vergleichbar ist. Insbesondere darf in diesem Zusammenhang nicht der Eindruck vermittelt werden, dass mit Hilfe bestimmter technischer Verfah-

---

[77] Weitergehend *Imo*, Börsentermingeschäfte, S. 859, der damit aber im Ergebnis eine Anlageberatung im Einzelfall verlangt, was nicht Zweck von § 89 BörsG ist. Zu Recht weist *Schwark* in Schwark/Zimmer, Kapitalmarktrecht, § 26 BörsG Rn. 6 darauf hin, dass der Kenntnisstand des Investors nicht auf das Niveau angehoben zu werden braucht, das die Rspr. zur zivilrechtlichen Aufklärungs- und Beratungspflicht entwickelt hat.
[78] Ebenso *Imo*, Börsentermingeschäfte, S. 1055.
[79] *Imo*, Börsentermingeschäfte, S. 857 ff. fordert darüber hinaus auch die Kenntnis der wirtschaftlichen Grundlagen, insbesondere des Zusammenhangs zwischen Hedging und Spekulation, um so dem Anleger vor Augen zu führen, dass er das Preis- bzw. Kursrisiko letztlich übernimmt. Eine derart weitreichende Aufklärung erscheint für eine Beurteilung der Risiken jedoch nicht zwingend erforderlich.
[80] *Imo*, Börsentermingeschäfte, S. 867 f.
[81] Finanzmarktrichtlinie-Umsetzungsgesetz vom 16.7.2007 (BGBl I 2007, 1330).
[82] BGBl I 2007, 1432.

ren oder aufgrund der besonderen Fachkunde des Anbieters/Vermittlers das Risiko beseitigt oder auch nur verringert werden könne.[83] Der Anleger muss sich also beispielsweise beim Erwerb einer Option der Möglichkeit des jederzeitigen Totalverlustes seines eingesetzten Kapitals oder bei Direktgeschäften weitergehender Verluste in Form von Nachschusspflichten bewusst sein. In diesem Zusammenhang sollte ferner auch ein Hinweis auf die durchschnittlichen Erfolgsaussichten eines Termin-/Optionsgeschäfts gegeben werden, da hierdurch das Risiko besonders plastisch wird.[84]

**27** Einen Sonderfall stellt schließlich die **Aufschlagsproblematik** bei den privaten Vermittlerfirmen von Warenterminoptionen dar. Zwar fordert die Rechtsprechung ausgehend von der These, die Börsenprämie spiegele die von Fachkreisen noch als realistisch angesehenen, wenn auch bereits weitgehend spekulativen Kurserwartungen wider, hier eine Aufklärung auch dahingehend, dass durch den Aufschlag die Gewinnerwartungen des Kunden entscheidend verschlechtert, wenn nicht gar ausgeschlossen werden, da ein höherer Kursausschlag als der vom Börsenfachhandel noch als realistisch angesehene notwendig sei, um in die Gewinnzone zu kommen.[85] Eines derartigen zusätzlichen Hinweises bedarf es unter dem Aspekt der Unerfahrenheit jedoch grundsätzlich nicht. Vielmehr muss der Kunde anhand der vorangegangenen Aufklärung zu einer **eigenverantwortlichen Beurteilung** derartiger Aufschläge in der Lage sein.[86] Erforderlich ist daher lediglich, dass er im Zusammenhang mit der Aufklärung über die Grundzüge des Geschäfts auch auf die Bedeutung der an der Börse geforderten Prämie hingewiesen wird sowie die Höhe der von der Vermittlerfirma erhobenen Aufschläge kennt. Ein zusätzlicher Hinweis auf die Spekulationsschädlichkeit derartiger Aufschläge müsste dann eigentlich entbehrlich sein, zumal, wie dargestellt, dem Kunden gegenüber im Rahmen der Risikoaufklärung nicht der Eindruck vermittelt werden darf, das Spekulationsrisiko ließe sich durch die besondere Sachkunde des Vermittlers etc. ausschließen oder auch nur wesentlich verringern.[87]

**28** Vorstehende Aufklärung sollte schon aus Beweisgründen **schriftlich** erfolgen,[88] wobei aufsichtsrechtlich zumindest für die Gruppe der Privatkunden nach § 31a Abs. 3 WpHG in § 3 Abs. 2 WpDVerOV mittlerweile ohnehin grundsätzlich eine Information in Papierform gefordert wird. Diese schriftliche Information reicht jedoch nur dann aus, wenn sie nicht gleichzeitig oder anschließend durch mündliche Zusagen konterkariert wird, wie insbesondere die Aufschlagsproblematik zeigt, wo selbst exorbitante Aufschläge dem Kunden gegenüber mit dem Hinweis auf angebliche Serviceleistungen und die besondere Fachkunde als unschädlich heruntergespielt werden konnten. Ein entsprechender Rechtsgedanke liegt

---

[83] Ebenso *Imo*, Börsentermingeschäfte, S. 857.

[84] In Fachkreisen wird beispielsweise die Gewinnchance bei Warentermingeschäften auf 1 : 2 bis 1 : 4 gegen den Anleger geschätzt, vgl. *Worms*, Anlegerschutz, S. 108 mwN.

[85] So beispielsweise BGH WM 2005, 28 mit Anmerkung *Keil* EWiR 2/05 zu § 826 BGB; ferner BGH ZIP 1988, 1098, 1099; OLG Düsseldorf WM 1989, 175, 178.

[86] Kritisch gegenüber einer Überspannung der Anforderungen an die Aufklärungspflicht durch die Rspr. auch *Grün* NJW 1994, 1330, 1332, soweit jedes Nachdenken als den Kunden unzumutbar erachtet wird mit der Konsequenz, dass die geforderte Überaufklärung in einen Schutz des Kunden vor sich selbst umschlägt.

[87] In diesem Sinne auch *Wehowsky* in Erbs/Kohlhaas, § 49 BörsG Rn. 8.

[88] Das Erfordernis einer schriftlichen Risikoaufklärung geht zurück auf die Rechtsprechung zu Londoner Warenterminoptionen, vgl. BGH WM 2005, 28; ferner BGH ZIP 1988, 1098. Zur von der Rspr. geforderten Aufklärungspflicht von Terminoptionsvermittlern ferner BGH WM 1994, 453 ff. sowie BGH WM 1994, 1746 f.: unmissverständlich, schriftlich und in auffälliger Form. Ferner OLG Düsseldorf WM 1995, 1710 ff. Die damals nur für die privaten Vermittlerfirmen, nicht aber den Finanzdienstleistungssektor geforderte schriftliche Aufklärung hat der BGH (ZIP 2004, 1194) damit erstmals auch für eine als Kreditinstitut und Wertpapierhandelsbank iSd § 1 Abs. 3d Satz 3 KWG (aF) betriebene Brokerhaus AG gefordert; ebenso BGH ZIP 2006, 171. Hintergrund war, dass durch die Akquisition über Telefonverkäufer und ähnlich hohe Aufschläge in Form von Vermittlungsgebühren wie bei gewerblichen Vermittlern hier eine entsprechende Risikolage bestand.

auch § 4 Abs. 2 WpDVerOV zugrunde, wonach mögliche Vorteile einer Wertpapierdienstleistung oder eines Finanzinstruments nur dann hervorgehoben werden dürfen, wenn gleichzeitig eindeutig auf etwaige damit einhergehende Risiken verwiesen wird. Wichtige Aussagen oder Warnungen dürfen nicht unverständlich oder abgeschwächt dargestellt werden. Nach § 4 Abs. 9 WpDVerOV dürfen Informationen im Zusammenhang mit einer Werbemitteilung ferner denjenigen Informationen nicht widersprechen, die das Wertpapierdienstleistungsunternehmen den Kunden im Zuge der Erbringung der Wertpapierdienstleistung zur Verfügung stellt. Daher stellt gerade der Geschäftsabschluss bei hohen Aufschlägen seitens der Vermittlerfirma ein gewichtiges Indiz für die Unerfahrenheit des Anlegers dar, da sich ein erfahrener Spekulant kaum einer Vermittlerfirma, die hohe Aufschläge auf die Börsenprämie nimmt, bedienen dürfte, sondern sich unmittelbar oder über Banken an den an der Börse zugelassenen Broker wendet.[89] Weitere **Indizien** für die Unerfahrenheit bilden ein außergewöhnlich hoher Einsatz beim erstmaligen Abschluss eines Spekulationsgeschäftes, die Überschreitung des für Spekulationsgeschäfte sinnvollen Finanzrahmens, indem nicht nur entbehrliche Gelder eingesetzt werden, sondern auch Sparguthaben oder gar für die Lebensführung benötigtes Geld, sowie – als besonders krasser Fall – schließlich die Spekulation auf Kredit.[90] Als Indiz für die Unerfahrenheit kann ferner der Umstand herangezogen werden, dass der Anleger trotz der vorangegangenen und mit Verlust abgeschlossenen Optionsgeschäfte nochmals Optionen mit unrealistischen Gewinnchancen gehandelt hat.[91] Bei derartigen Verhaltensweisen ist also regelmäßig davon auszugehen, dass der Anleger nicht über einen Kenntnisstand verfügt, der ihn in die Lage versetzen würde, die Tragweite seines finanziellen Engagement zu übersehen. Dies gilt im Übrigen auch bei einer vorangegangen „Papieraufklärung", wenn diese durch nachfolgende mündliche Aussagen wieder entwertet worden ist. Von einer Eliminierung der Unerfahrenheit kann daher nur dann die Rede sein, wenn die Aufklärung ernsthaft erfolgt ist, wozu ua auch gehört, dass der Anleger das „Lehr"-material eine **angemessene Zeit vor dem ersten Geschäftsabschluss** zur Verfügung gestellt erhält.[92] Ferner kommt aus Praktikabilitäts- und Beweisgründen lediglich eine **schriftliche Aufklärung** in Betracht, die sich inhaltlich auf die Darstellung der Grundzüge des Geschäfts und der Risiken beschränken, insbesondere also auf Werbung verzichten sollte. Indizien für Unerfahrenheit trotz eingehender mündlicher und schriftlicher Unterrichtung durch Informationsmaterial bilden im Rahmen der Auftragserteilung zum Ausdruck kommende Unkenntnis, leichtgläubige Akzeptanz von ausschließlich positiven Werbeaussagen sowie der bereits erwähnte Einsatz von Mitteln, die zur Lebensführung benötigt werden.[93]

Zur Erfüllung der vorstehend dargestellten Anforderungen an die Aufklärung des Anlegers, insbesondere was die Vermittlung von Grundkenntnissen im Termin-/Optionsgeschäft anbelangt, hat die Aushändigung des Informationsmerkblattes gemäß § 37d WpHG als Nachfolger von § 53 BörsG aF nicht ausgereicht. Die formalisierte Risikoaufklärung gemäß § 37d WpHG[94] stellte daher nur noch ein nicht mehr zeitgemäßes Relikt aus den Zeiten der

---

[89] OLG Düsseldorf WM 1989, 175, 180.
[90] *Rössner/Worms* wistra 1987, 319, 321; ebenso *Schwark* in Schwark/Zimmer, Kapitalmarktrecht, § 26 BörsG Rn. 6; AA *Gehrmann/Zacharias* WiJ 2012, 89 (94), die hierin ein Zeichen für Unvernunft, aber nicht zwingend für Unerfahrenheit sehen wollen.
[91] *Hildner* WM 2004, 1068 (1073); *Wehowsky* in Erbs/Kohlhaas, § 49 BörsG Rn. 7.
[92] So auch *Imo*, Börsentermingeschäfte, S. 1056.
[93] *Schwark* in Schwark/Zimmer, Kapitalmarktrecht, § 26 BörsG Rn. 6; restriktiv *Bröker* in MüKoStGB, § 26 BörsG Rn. 21: allenfalls, wenn alle Indizien zusammentreffen.
[94] Nach § 37d Abs. 1 WpHG war für eine Verbindlichkeit des Finanztermingeschäfts ausreichend, den Verbraucher vor Vertragsabschluss schriftlich darüber zu informieren, dass – die aus Finanztermingeschäften erworbenen befristeten Rechte verfallen oder eine Wertminderung erleiden können; – das Verlustrisiko nicht bestimmbar sein und auch über etwaige geleistete Sicherheiten hinausgehen kann; – Geschäfte, mit denen die Risiken aus eingegangenen Finanztermingeschäften ausgeschlossen oder eingeschränkt werden sollen, möglicherweise nicht oder nur zu einem verlustbringenden Preis

Zweistufigkeit der Termingeschäftsfähigkeit dar und ist deshalb im Rahmen des Finanzmarktrichtlinie-Umsetzungsgesetzes (FRUG)[95] völlig zu Recht ersatzlos entfallen.[96] Eine Schutzlücke ist hierdurch nicht entstanden, da schon zuvor die Vorschrift des § 31 WpHG eine anlegerorientierte produktbezogene Information gefordert hat. Die formalisierte Information nach § 37d WpHG genügte dem ebenso wenig wie der Beseitigung der Unerfahrenheit beim erstmaligen Abschluss von Finanztermingeschäften.[97] Mit den zur Erfüllung der Pflichten nach § 31 Abs. 3 WpHG sowie der §§ 4 und 5 WpDVerOV von der Kreditwirtschaft eingesetzten Basisinformationen liegt demgegenüber eine auch für § 26 BörsG ausreichende Information vor.[98] Im Ergebnis hat sich daher jetzt die Auslegung des § 26 BörsG an den Vorgaben des WpHG und der WpDVerOV zu orientieren, um Wertungswidersprüche zu vermeiden.[99] *Gehrmann/Zacharias*[100] ist daher zumindest insoweit zuzustimmen, dass die nach § 31 Abs. 3 WpHG in Verbindung mit § 5 WpDVerOV bei Privatkunden erforderliche Aufklärung grundsätzlich auch zur Beseitigung der Unerfahrenheit im Rahmen von § 26 BörsG ausreicht, wenn sie nicht entgegen § 4 Abs. 2 und 9 WpDVerOV wieder durch verharmlosende Aussagen abgeschwächt oder gar konterkariert wird.

30   **4. Ausnutzen und Verleiten.** Weiterhin ist erforderlich, dass der Verleitende die Unerfahrenheit des Anlegers ausnutzt, während vor der Reform von § 89 BörsG aF eine Ausbeutung der Unerfahrenheit erforderlich war. Nach der Gesetzesbegründung soll hierdurch sichergestellt werden, dass nicht erst ein „gesteigertes" Ausnutzen iS eines besonders missbräuchlichen Verhaltens tatbestandsmäßig ist, sondern bereits das „bloße" Ausnutzen ausreicht.[101] Dies ist bereits dann der Fall, wenn der Täter die Unerfahrenheit des Opfers in seinen Dienst stellt und sie dazu benutzt, um das Opfer verleiten zu können.[102] Im Ergebnis bedarf es daher lediglich der Kausalität zwischen Unerfahrenheit und Geschäftsabschluss, und zwar dahingehend, dass die Unerfahrenheit des Verleiteten ursächlich oder zumindest mitursächlich für den Geschäftsabschluss war.[103] Dies ist insbesondere dann der Fall, wenn der Täter die Unerfahrenheit nicht durch eine ausreichende Aufklärung beseitigt hat.[104]

31   Auch das Tatbestandsmerkmal des **„Verleitens"** setzt keine besondere Raffinesse voraus. Vielmehr genügt insoweit jede erfolgreiche **Willensbeeinflussung** im Sinne einer Anstif-

---

getätigt werden können; – sich das Verlustrisiko erhöht, wenn zur Erfüllung von Verpflichtungen aus Finanztermingeschäften Kredit in Anspruch genommen wird oder wenn die Verpflichtung aus Finanztermingeschäften oder die hieraus zu beanspruchende Gegenleistung auf ausländische Währung oder eine Rechnungseinheit lautet. Ferner durfte die Unterrichtungsschrift nur Informationen über die Finanztermingeschäfte und ihre Risiken enthalten und war vom Verbraucher zu unterschreiben, wobei der Zeitpunkt der Unterrichtung nicht länger als 2 Jahre zurückliegen durfte.

[95] Vom 16.7.2007 BGBl I 2007, 1330.
[96] *Mülbert/Assman* in Assmann/Schneider, 6. Aufl., Vor § 37e WpHG Rn. 27: „wurde ein Fremdkörper im System des Zivilrechts beseitigt."
[97] Ebenso zum damaligen Recht *Schwark*, Kapitalmarktrecht, 3. Aufl., § 23 BörsG Rn. 6: „Eine bloße Aufklärung gem. § 37d WpHG beseitigt eine bestehende Unerfahrenheit nicht."
[98] Im Ergebnis ebenso *Gehrmann/Zacharias* WiJ 2012, 89 (97).
[99] So zu Recht *Gehrmann/Zacharias* WiJ 2012, 89 (98).
[100] WiJ 2012, 89 (99).
[101] So ausdrücklich die Entwurfsbegründung BT-Drucks. 10/318, S. 48.
[102] OLG Düsseldorf WM 1989, 175, 180; *Park* in Park, Kapitalmarktstrafrecht, 3. Aufl. Teil 3 Kap. 4 Rn. 347; *Wehowsky* in Erbs/Kohlhaas, § 49 BörsG Rn. 11.
[103] OLG Düsseldorf WM 1989, 175, 180; enger aber wohl *Schlüchter*, 2. WiKG, S. 154: Der Täter muss bei seinem Vorgehen auf der Unerfahrenheit des Opfers „aufgebaut" haben, wobei jedoch unklar bleibt, was dies voraussetzt, da auch nach *Schlüchter*, ebd., nicht erforderlich ist, dass der Täter die Unerfahrenheit genutzt hat, um das Opfer verleiten zu können. Vor allem aber dürfte eine derartige Interpretation nicht der Entwurfsbegründung entsprechen, da hiernach ja bereits das „bloße" Ausnutzen ohne zusätzliche Erfordernisse ausreichen soll; wie hier *Gehrmann/Zacharias* WiJ 2012, 91; *Imo*, Börsentermingeschäfte, S. 1052; *Park* in Park, Kapitalmarktstrafrecht, 3. Aufl. Teil 3 Kap. 4 Rn. 347; vgl. auch LG Düsseldorf 16 O 635/87 vom 18.2.1988.
[104] *Park* in Park, Kapitalmarktstrafrecht, 3. Aufl. Teil 3 Kap. 4 Rn. 347.

§ 9 Verleitung zu Börsenspekulationsgeschäften

tung.¹⁰⁵ Zwar soll nach einer Entscheidung des LG Düsseldorf¹⁰⁶ ein Verleiten erst dann vorliegen, wenn die Willensbeeinflussung über die Intensität reiner Werbung hinausgeht und ein Element unlauterer Willensbeeinflussung enthält.¹⁰⁷ Mit diesem zusätzlichen Erfordernis weicht die vorgenannte Entscheidung jedoch von der bereits im Rahmen von § 89 BörsG aF anerkannten Auslegung des „Verleitens" ab, und zwar ohne nähere Begründung. Im Übrigen hat auch das OLG Düsseldorf in einer nachfolgenden Entscheidung¹⁰⁸ diese Auslegung nicht geteilt, sondern lässt, die Auslegung des insoweit deckungsgleichen § 89 BörsG aF aufgreifend, als Verleiten jede erfolgreiche Einwirkung auf den Willen eines anderen ausreichen, wobei es insbesondere nicht darauf ankommt, welches Mittel eingesetzt wird.¹⁰⁹ Es ist daher nicht erforderlich, dass sich der Telefonverkäufer besonders subtiler Überredungskünste bedient oder den Anleger gar ausdrücklich täuscht.¹¹⁰ Insbesondere können sich Vermittlerfirmen gegen den Vorwurf eines Verleitens nicht dadurch absichern, dass sie sich in den Auftragsbedingungen schriftlich bestätigen lassen, Gewinnversprechungen wie etwa „todsicherer Tipp", „Verluste ausgeschlossen", „garantierter Gewinn" etc. seien von keinem Mitarbeiter gemacht worden. Derartige formularmäßige Bestätigungen dokumentieren vielmehr lediglich – von ihrem Wahrheitsgehalt ganz abgesehen – die Unerfahrenheit des angesprochenen Personenkreises, da ein erfahrener Spekulant bereits von sich aus derartige Versprechungen als unrealistisch einstufen kann.

Der Vorwurf eines Verleitens scheidet aber dann aus, wenn der Kunde analog der Figur des sog. omnimodo facturus im Rahmen der Anstiftung von vornherein fest zum Geschäftsabschluss entschlossen war.¹¹¹ Insbesondere im Rahmen des Execution Only Business von Kreditinstituten und Wertpapierdienstleistungsunternehmen scheidet ein Verstoß gegen § 26 BörsG daher praktisch aus.¹¹²

---

¹⁰⁵ *Imo,* Börsentermingeschäfte, S. 1050 f. *Rössner/Worms* wistra 1987, 319, 320; ebenso *Gehrmann/Zacharias* WiJ 2010, 91; *Park* in Park, Kapitalmarktstrafrecht, 3. Aufl. Teil 3 Kap. 4 Rn. 350; *Schwark* in Schwark/Zimmer, Kapitalmarktrecht, § 26 BörsG Rn. 4: „Verleiten ist das Bestimmen eines anderen durch Willensbeeinflussung" sowie *Wehowsky* in Erbs/Kohlhaas, § 49 BörsG Rn. 6.
¹⁰⁶ WM 1988, 1557.
¹⁰⁷ In diesem Sinne auch *Bröker* in MüKoStGB, § 26 BörsG Rn. 13; *Schwark* in Schwark/Zimmer, Kapitalmarktrecht, § 26 BörsG Rn. 4; ebenso wohl *Wach*, Terminhandel, S. 145. *Schröder*, Handbuch Kapitalmarktstrafrecht, 2. Aufl., Rn. 851 stellt entsprechende Erwägungen beim Merkmal „Ausnutzen" an und fordert einen „täuschungsähnlichen Gesamtcharakter".
¹⁰⁸ WM 1989, 175, 180; vgl. ferner LG München 28 O 19703/87 vom 10.5.1988, S. 5.
¹⁰⁹ *Park* in Park, Kapitalmarktstrafrecht, 3. Aufl. Teil 3 Kap. 4 Rn. 350; *Schwark* in Schwark/Zimmer, Kapitalmarktrecht, § 26 BörsG Rn. 4 lässt daher bereits den unverlangten Telefonanruf – sog. cold calling – als unlauter ausreichen; ebenso *Groß*, Kapitalmarktrecht, 5. Aufl., § 26 BörsG, Rn. 3.
¹¹⁰ Die Ansicht von *Schlüchter*, 2. WiKG, S. 154, die Veranlassung eines Unerfahrenen zur Börsenspekulation sei für sich noch nicht sozialinadäquat, sondern werde es erst dann, wenn dem Täter die Wahrscheinlichkeit, aus dem Börsenspekulationsgeschäft mit Verlust hervorzugehen, erheblich größer als das Gegenteil erscheint, ohne dass er das Opfer hierauf hinweist, mit der Folge, dass erst bei einer solchen Einstellung des Täters ein „Ausnutzen" bzw. „Verleiten" vorliegt, lässt sich weder auf den Wortlaut noch auf die Entwurfsbegründung stützen, zumal letztere ja gerade umgekehrt die Schutzbedürftigkeit vor allem aus der Unüberschaubarkeit der Risiken derartiger Geschäfte für den Normalbürger ableitet, so dass entgegen der Ansicht von *Schlüchter* bereits die bloße Veranlassung als sozialadäquat einzustufen sein dürfte. Im Übrigen kann die Einstellung des Täters zum Verlustrisiko auch deshalb kein geeignetes Kriterium sein, da Spekulationsgeschäfte von Natur aus mit einem hohen Risiko behaftet sind. Sozialinadäquat wird mithin der Geschäftsabschluss nicht durch die Einstellung des Täters, sondern allein durch die fehlende Aufklärung, also die Unerfahrenheit des Anlegers, ebenso *Imo*, Börsentermingeschäfte, S. 1051.
¹¹¹ *Park* in Park, Kapitalmarktstrafrecht, 3. Aufl. Teil 3 Kap. 4 Rn. 351; *Schwark* in Schwark/Zimmer, Kapitalmarktrecht, § 26 BörsG Rn. 4.
¹¹² In diesem Sinne auch *Schröder*, Handbuch Kapitalmarktstrafrecht, 2. Aufl., Rn. 847: Discount Broker, die ihren Kunden beispielsweise An- und Verkäufe von Optionsscheinen ermöglichen, verleiten diese deshalb nicht zum Abschluss solcher Geschäfte.

**33** **5. Gewerbsmäßigkeit.** Schließlich ist im Gegensatz zu § 89 BörsG aF auch nicht mehr eine gewohnheitsmäßige Verletzung erforderlich, sondern nunmehr reicht eine gewerbsmäßige Begehung aus. Dem Täter muss daher nicht mehr ein aus wiederholter Begehung ausgebildeter, selbständig fortwirkender Hang zur Tatverwirklichung nachgewiesen werden.[113] Vielmehr genügt es, wenn die Tat mit dem Plan begangen wird, die Begehung gleichartiger Taten zu einem wiederkehrenden Bestandteil der Beschäftigung iS einer fortlaufenden Einnahmequelle zu machen,[114] wobei es nicht darauf ankommt, ob der Täter die Vermögensvorteile für sich oder einen anderen erstrebt.[115] Vorgenannte Absicht kann sich dabei bereits aus der ersten Einzelhandlung ergeben.[116] Da die Telefonverkäufer wegen der umsatzabhängigen Provision am Abschluss einer Vielzahl von Geschäften interessiert sind, ist das Merkmal der Gewerbsmäßigkeit somit in der Regel völlig unproblematisch gegeben,[117] und zwar bereits beim ersten Geschäftsabschluss. Angesichts der Straflosigkeit des Versuchs in § 49 BörsG ist aber immer Voraussetzung, dass es zu einem Geschäftsabschluss des Verleiteten infolge der Unerfahrenheit kommt.

**34** **6. Vorsatz.** Subjektiv ist Vorsatz erforderlich, wobei dolus eventualis genügt. Die zusätzliche Voraussetzung der gewinnsüchtigen Absicht in § 89 BörsG aF konnte entfallen, da sich dies bereits aus der Gewerbsmäßigkeit ergibt.[118] Der Täter muss daher lediglich damit rechnen, dass der von ihm umworbene Anleger in Börsenspekulationsgeschäften unerfahren ist, also mangels entsprechender Grundkenntnisse die Risiken nicht zu überschauen vermag, und dies im Hinblick auf den von ihm erstrebten Geschäftsabschluss bewusst in Kauf nehmen.[119] Berücksichtigt man in diesem Zusammenhang, dass Erstanleger grundsätzlich als unerfahren einzustufen sind[120], kommt ein Vorsatzausschluss hier nur dann in Betracht, wenn der Anleger angemessene Zeit vor dem ersten Geschäftsabschluss im oben dargestellten Umfang aufgeklärt worden ist.[121] Insbesondere muss diese Aufklärung vollständig sein. Der Telefonverkäufer kann sich also nicht auf die Übersendung einer Broschüre durch die Vermittlerfirma berufen, wenn er deren Unzulänglichkeit kennt oder im Gesprächsverlauf feststellt, dass der Kunde diese entweder nicht erhalten oder nicht verstanden hat.[122] Insbesondere kann er sich in diesem Fall nicht auf eine schriftliche Bestätigung des Anlegers berufen, dieser habe die Broschüre erhalten, gelesen und verstanden, da es inso-

---

[113] So die allgemeine Definition der Gewohnheitsmäßigkeit, vgl. *Meyer/Bremer,* BörsG, 1957, § 94 Anm. 2; ferner *Sternberg-Lieben/Bosch* in Schönke/Schröder, StGB, 29. Aufl., vor §§ 52 ff. Rn. 98–101.
[114] So die allgemeine Definition der Gewerbsmäßigkeit, vgl. nur *Sternberg-Lieben/Bosch* in Schönke/Schröder, StGB, 29. Aufl., vor. §§ 52 ff. Rn. 95; *Schwark* in Schwark/Zimmer, Kapitalmarktrecht, § 26 BörsG Rn. 5; *Park* in Park, Kapitalmarktstrafrecht, 3 Aufl. Teil 3 Kap. 4 Rn. 356.
[115] So ausdrücklich die Entwurfsbegründung BT-Drucks. 10/318, S. 48; ferner *Möhrenschlager* wistra 1983, 17, 21 sowie *Schlüchter,* 2. WiKG, S. 154.
[116] Vgl. nur *Sternberg-Lieben/Bosch* in Schönke/Schröder, StGB, 29. Aufl., vor §§ 52 ff. Rn. 95; ferner *Otto* WM 1988, 729, 736; ebenso *Schwark* in Schwark/Zimmer, Kapitalmarktrecht, § 26 BörsG Rn. 5.
[117] *Rössner/Worms* wistra 1987, 319, 320; in diesem Sinne auch *Park* in Park, Kapitalmarktstrafrecht, 3. Aufl., Teil 3 Kap. 4 Rn. 357; *Wehowsky* in Erbs/Kohlhaas, § 49 BörsG Rn. 12; vgl. ferner OLG Düsseldorf WM 1989, 175, 181. Fraglich kann die Gewerbsmäßigkeit allenfalls bei Angestellten mit einem festen Gehalt sein, das sich durch Provisionen für Geschäftsabschlüsse nicht verbessert, *Schröder,* Handbuch Kapitalmarktstrafrecht, 2. Aufl., Rn. 854.
[118] So die Entwurfsbegründung BT-Drucks. 10/318, S. 48.
[119] Demgegenüber meinen *Schwark* in Schwark/Zimmer, Kapitalmarktrecht, § 26 BörsG Rn. 6 und *Park* in Park, Kapitalmarktstrafrecht, 3. Aufl., Teil 3 Kap. 4 Rn. 349, dass das in der Ausnutzung liegende subjektive Moment oft schwer nachzuweisen sein wird, da die Verurteilung nur möglich sei, wenn die Strafverfolgungsbehörden nachweisen, dass die Unerfahrenheit trotz der Aufklärung ausgenutzt wurde, weil die Aufklärung unzureichend war oder durch nachfolgende beschönigende Verkaufsgespräche wieder zunichte gemacht wurde.
[120] Vgl. auch *Hildner* WM 2004, 1068 (1073).
[121] Ebenso *Imo,* Börsentermingeschäfte, S. 1056.
[122] Ebenso *Imo,* Börsentermingeschäfte, S. 1056. Zur Strafbarkeit des Geschäftsführers der (Vermittlungs-)Gesellschaft *Schwark* EWiR, § 89 BörsG 1/95, S. 49 f.

weit auf den **tatsächlichen** Kenntnisstand ankommt.[123] Formularmäßige Bestätigungen besitzen daher nur eine sehr begrenzte Aussagekraft und wären im Hinblick auf § 309 Nr. 12b BGB auch AGB-rechtlich unwirksam.

Gleiches gilt für **Aufklärungsschriften,** da diese notwendigerweise einen generalisierenden Maßstab anlegen müssen, der jeweils angesprochene Anleger aber durchaus weitere Aufklärung benötigen kann. Ein den Vorsatz ausschließender Tatbestandsirrtum kommt daher nur dann in Betracht, wenn keinerlei Anzeichen bestehen, dass die vorangegangene Aufklärung nicht ausreichend war, während ein Irrtum über die Reichweite der Aufklärungspflicht lediglich einen – regelmäßig vermeidbaren – **Verbotsirrtum** darstellt.[124] Dies gilt im Übrigen nicht nur für Erstanleger, sondern auch für bereits spekulativ tätige Anleger, da maßgebend allein der konkrete Kenntnisstand ist. Die Bestätigung des Anlegers, er habe bereits Spekulationsgeschäfte abgeschlossen, führt daher noch nicht zwingend zum Vorsatzausschluss. Schon im eigenen Interesse sollte die Anbieter-/Vermittlerseite deshalb auch in diesem Fall für eine nochmalige Aufklärung sorgen, zumal die einzelnen Geschäftstypen an den jeweiligen Börsenplätzen durchaus Unterschiede aufweisen. Zwingend erforderlich ist die Aufklärung ferner dann, wenn erst im Rahmen der laufenden Geschäftsverbindung die Unerfahrenheit des Anlegers offenbar wird, da in diesem Fall lediglich für die bereits abgeschlossenen Geschäfte kein Vorsatz vorliegt.[125] Schließlich wird von einem vorsätzlichen Handeln regelmäßig auch dann ausgegangen werden können, wenn der Täter den Anleger mit Gewinnversprechungen zum Geschäftsabschluss zu bewegen versucht, da hierin nicht nur ein Indiz für die Unerfahrenheit des Anlegers, sondern auch für die diesbezügliche Kenntnis des Täters zu sehen ist, denn derartige Akquisitionsmethoden zielen gerade auf unerfahrene Anleger ab. Entsprechendes gilt für die Vereinnahmung hoher Aufschläge.[126]

**7. Täterschaft und Teilnahme.** Als Täter kommen in erster Linie Geschäftsführer und Telefonverkäufer von Vermittlungsfirmen auf dem (Waren-)terminsektor in Betracht, daneben aber auch Mitarbeiter von Wertpapierdienstleistungsunternehmen, die in der Anlageberatung oder Vermögensverwaltung tätig sind. Die Abgrenzung von Täterschaft und Teilnahme richtet sich nach den allgemeinen Vorschriften der §§ 25 ff. StGB. Allerdings handelt es sich bei dem Merkmal der Gewerbsmäßigkeit um ein strafbegründendes persönliches Merkmal im Sinne von § 28 Abs. 1 StGB, so dass nur derjenige Tatbeteiligte, der selbst gewerbsmäßig handelt, auch Täter bzw. Mittäter sein kann.[127] Nicht gewerbsmäßig handelnde Tatbeteiligte können daher nur als Anstifter oder Gehilfe bestraft werden, und zwar mit der obligatorischen Strafmilderung nach § 28 Abs. 1 StGB iVm § 49 Abs. 1 StGB.[128]

**8. Geschütztes Rechtsgut.** Geschütztes Rechtsgut ist das Vermögen des Anlegers.[129] Da der wirtschaftliche Erfolg bzw. Misserfolg des vom Verleiteten abgeschlossenen Speku-

---

[123] AA *Gehrmann/Zacharias* WiJ 2012, 89 (99) mit dem Argument, dass der Täter strafrechtlich nicht einem Pflichtenprogramm unterworfen werden könne, dass kapitalmarktrechtlich nicht existiert. Dies kann aber nur für den Täter gelten, der sich auch tatsächlich an die kapitalmarktrechtlichen Vorgaben hält – dann läge auf subjektiver Ebene jedenfalls kein Vorsatz vor –, nicht aber für denjenigen, der diese Vorgaben nur zum Schein erfüllt. Nach *Hildner* WM 2004, 1068 (1073) bedarf es daher in einem solchen Fall der genauen Schilderung der Einzelheiten der Geschäftsanbahnung, insbesondere ob der Anleger zu der schriftlichen Bestätigung seiner „Erfahrenheit" unter Behauptung bloß formeller Erfordernisse etc. veranlasst wurde.
[124] Ebenso *Schwark* in Schwark/Zimmer, Kapitalmarktrecht, § 26 BörsG Rn. 7.
[125] *Schwark* in Schwark/Zimmer, Kapitalmarktrecht, § 26 BörsG Rn. 7.
[126] Ebenso LG Düsseldorf WM 1989, 175, 180.
[127] *Park* in Park, Kapitalmarktstrafrecht, 3. Aufl. Teil 3 Kap. 4 Rn. 358; *Wehowsky* in Erbs/Kohlhaas, § 49 BörsG Rn. 14.
[128] *Park* in Park, Kapitalmarktstrafrecht, 3. Aufl. Teil 3 Kap. 4 Rn. 358; *Schröder*, Handbuch Kapitalmarktstrafrecht, 2. Aufl., Rn. 855.
[129] HM vgl. nur *Bröker* in MüKoStGB, § 26 BörsG Rn. 2; *Gehrmann/Zacharias* WiJ 2012, 89 mwN; *Park* in Park, Kapitalmarktstrafrecht, 3. Aufl. Teil 3 Kap. 4 Rn. 320; *Schröder*, Handbuch Kapitalmarktstrafrecht, 2. Aufl., Rn. 772.

lationsgeschäftes irrelevant ist, insbesondere nicht der Eintritt eines Vermögensschadens vorliegen muss, handelt es sich um ein Gefährdungsdelikt, und zwar wegen des tatsächlich erfolgten Geschäftsabschlusses bereits um eine konkrete und nicht nur eine abstrakte Vermögensgefährdung.[130]

**38**  **9. Konkurrenzen und Verfahren.** Erfolgt die Verleitung mittels Täuschung besteht zwischen § 26 BörsG und § 263 StGB sowie § 264a StGB Tateinheit.[131] Mit § 266 StGB ist ebenfalls Tateinheit möglich.[132] Zwar zielt auch § 26 BörsG primär auf einen Vermögensschutz ab, reicht aber insofern weiter, als der Eintritt eines Vermögensschadens für die Strafbarkeit nicht erforderlich ist, sondern bereits die gewerbsmäßige Verleitung Unerfahrener ausreicht. In Ausnahmefällen denkbar ist auch Tateinheit mit dem Verbot der Marktmanipulation gem. § 20a WpHG, wenn der Verleitete gerade durch kursbeeinflussende unrichtige Angaben oder sonstige Täuschungsmittel zum Abschluss von Börsenspekulationsgeschäften veranlasst wurde[133], wobei der Täter dann aber über die Täuschung der Kapitalmarktteilnehmer hinaus auch einen entsprechenden Vorsatz zur Verleitung Unerfahrener gehabt haben muss. Mit § 54 Abs. 1 Nr. 2 KWG besteht ebenfalls Tateinheit.[134]

**39**  Mit § 26 BörsG wird daher ein umfassender strafrechtlicher Anlegerschutz in puncto Verleitung zur Börsenspekulation erreicht; insbesondere fallen die bisher gängigen Praktiken der privaten (Waren-)Terminvermittlerfirmen nunmehr eindeutig in den strafrechtlich relevanten Bereich. Verfahrensmäßig hat die Reform von § 26 BörsG jedoch – sofern überhaupt – allenfalls geringe Bedeutung, da, wenn zugleich ein Anfangsverdacht wegen Betruges besteht, regelmäßig eine Verfolgungsbeschränkung nach § 154a StPO wegen des anderenfalls zu erwartenden Rechtsfolgendefizits nicht in Betracht kommt. Mangels Versuchsstrafbarkeit kann die Staatsanwaltschaft nach § 26 BörsG ferner erst dann ermitteln, wenn es bereits zum Geschäftsabschluss gekommen ist. Für den Aspekt eines präventiven Anlegerschutzes kommt es daher maßgebend auf die abschreckende Wirkung von § 26 BörsG an, sofern nicht die nach § 54 Abs. 1 Nr. 2 KWG strafbewehrte Erlaubnispflicht nach § 32 KWG iVm § 1 Abs. 1a KWG bereits zu einer Verhinderung der Geschäftsaufnahme führt.

**40**  **10. Zivilrechtliche Auswirkungen.** In diesem Zusammenhang dürften nicht zuletzt auch die zivilrechtlichen Auswirkungen zu berücksichtigen sein. So handelt es sich bei § 26 BörsG um ein **Schutzgesetz** iS von § 823 Abs. 2 BGB[135] mit der Folge, dass ein (vorsätzlicher) Verstoß gegen § 26 BörsG eine **Schadensersatzpflicht** auslöst. Dies ist insbesondere im Rahmen von bei privaten Vermittlerfirmen regelmäßig angebrachten Arrestverfahren überaus hilfreich, da eine deliktische Schädigung in Form einer vorsätzlichen unerlaubten Handlung oder einer Straftat nicht nur den Arrestanspruch begründet, sondern auch den Arrestgrund indiziert.[136] Zwar greifen die Zivilgerichte regelmäßig auf

---

[130] AA *Gehrmann/Zacharias* WiJ 2012, 89, *Park* in Park, Kapitalmarktstrafrecht, 3. Aufl. Teil 3 Kap. 4 Rn. 320 sowie *Schröder*, Handbuch Kapitalmarktstrafrecht, 2. Aufl., Rn. 772, die (nur) von einem abstrakten Gefährdungsdelikt ausgehen.

[131] *Imo*, Börsentermingeschäfte, S. 1057; ebenso *Park* in Park, Kapitalmarktstrafrecht, 3. Aufl., Teil 3 Kap. 4 Rn. 41; *Schwark* in Schwark/Zimmer, Kapitalmarktrecht, § 26 BörsG Rn. 9; *Perron* in Schönke/Schröder, StGB, 29. Aufl., § 264a Rn. 41; denkbar ist allerdings auch, § 26 (§ 89 aF) BörsG gegenüber § 264a StGB als lex specialis anzusehen, vgl. *Worms*, Anlegerschutz, S. 352.

[132] *Imo*, Börsentermingeschäfte, S. 1057; *Park* in Park, Kapitalmarktstrafrecht, 3. Aufl. Teil 3 Kap. 4 Rn. 360.

[133] *Schwark* in Schwark/Zimmer, Kapitalmarktrecht, § 26 BörsG Rn. 9.

[134] *Schröder*, Handbuch Kapitalmarktstrafrecht, 2. Aufl. Rn. 874.

[135] OLG Düsseldorf WM 1989, 175, 179; konkludent auch BGH WM 1984, 127, 128 zu § 89 BörsG aF; ferner *Meyer/Bremer*, BörsG, 1957, § 94 Anm. 12; *Schwark* in Schwark/Zimmer, Kapitalmarktrecht, § 26 BörsG Rn. 8; *Wach*, Terminhandel, S. 141; aA *Bröker* in MüKoStGB, § 26 BörsG Rn. 6, da § 26 BörsG nur Bezugsnorm ist.

[136] BGH WM 1983, 614; OLG Frankfurt WM 1987, 935; LG München 28 O 19703/87 vom 10.5.1988, S. 10.

§ 826 BGB zurück,[137] doch besitzt ein auf § 823 Abs. 2 BGB iVm § 26 BörsG gestützter Anspruch den Vorzug, dass hier die Anspruchsvoraussetzungen wesentlich deutlicher konturiert sind und es darüber hinaus auch keines Schädigungsbewusstseins bedarf.[138] Sofern der Anleger rechtsschutzversichert ist, bestand nach den Versicherungsbedingungen in der Fassung von 1975 bei Darlegung einer deliktischen Schädigung schließlich auch insoweit ein Vorteil, als die Rechtsschutzversicherung ihre Eintrittspflicht nicht unter Hinweis auf die Ausschlussklausel in § 4 Abs. 1g ARB verneinen konnte, da diese bei deliktischer Schädigung nicht eingriff.[139] Seit der 1994 erfolgten Neufassung der „Allgemeinen Bedingungen für die Rechtsschutzversicherung (ARB 94)" ist allerdings in § 3 Abs. 2f ARB 94 ein umfassender Ausschluss für Auseinandersetzungen aus Termin- und vergleichbaren Spekulationsgeschäften enthalten,[140] und zwar auch in der aktuellen Fassung der ARB 2012.

### § 10 Verbot der Marktmanipulation

**Schrifttum:** *Altenhain,* Die Neuregelung der Marktpreismanipulation durch das Vierte Finanzmarktförderungsgesetz, BB 2002, 1874; *Bisson/Kunz,* Die Kurs- und Marktmanipulation nach In-Kraft-Treten des Gesetzes zur Verbesserung des Anlegerschutzes vom 28.10.2004 und der Verordnung zur Konkretisierung des Verbots der Marktmanipulation vom 1.3.2005, BKR 2005, 186; *Eichelberger,* Zur Verfassungsmäßigkeit von § 20a WpHG, ZBB 2004, 296; *Ekkenga,* Fragen der deliktischen Haftungsbegründung bei Kursmanipulationen und Insidergeschäften, ZIP 2004, 781; *ders.,* Kurspflege und Kursmanipulation nach geltendem und künftigen Recht, WM 2002, 317; *Fleischer,* Stock-Spams – Anlegerschutz und Marktmanipulation, ZBB 2008, 137; *ders.,* Scalping zwischen Insiderdelikt und Kursmanipulation, DB 2004, 51; *ders.,* Das Haffa-Urteil: Kapitalmarktstrafrecht auf dem Prüfstand, NJW 2003, 2584; *ders.,* Das Vierte Finanzmarktförderungsgesetz, NJW 2002, 2977; *ders.,* Statthaftigkeit und Grenzen der Kursstabilisierung, ZIP 2003, 2045; *Fleischer/Bueren,* Cornering zwischen Kapitalmarkt- und Kartellrecht, ZIP 2013, 1253; *Hellgardt,* Europarechtliche Vorgaben für die Kapitalmarktinformationshaftung, AG 2012, 154; *ders.,* Fehlerhafte Ad-hoc-Publizität als strafbare Marktmanipulation, ZIP 2005, 2000; *Holzborn/Israel,* Das Anlegerschutzverbesserungsgesetz, WM 2004, 1948; *Kiesewetter/Parmentier,* Verschärfung des Marktmissbrauchsrechts – ein Überblick über die neue EU-Verordnung über Insidergeschäfte und Marktmanipulation, BB 2013, 2371; *Knauth,* Kapitalanlagebetrug und Börsendelikte im zweiten Gesetz zur Bekämpfung der Wirtschaftskriminalität, NJW 1987, 28; *Knauth/Käsler,* § 20a WpHG und die Verordnung zur Konkretisierung des Marktmanipulationsverbots (MaKonV), WM 2006, 1041; *Kudlich,* Zur Frage des erforderlichen Einwirkungserfolgs bei handelsgestützten Marktpreismanipulationen, wistra 2011, 361; *Kuthe,* Änderungen des Kapitalmarktrechts durch das Anlegerschutzverbesserungsgesetz, ZIP 2004, 883; *Kutzner,* Das Verbot der Kurs- und Marktpreismanipulation nach § 20a WpHG – Modernes Strafrecht?, WM 2005, 1401; *Lenenbach,* Scalping: Insiderdelikt oder Kursmanipulation, ZIP 2003, 243; *Lenzen,* Das neue Recht der Kursmanipulation, ZBB 2002, 279; *dies.,* Reform des Rechts zur Verhinderung der Börsenkursmanipulation, WM 2000, 1131; *Möhrenschlager,* Der Regierungsentwurf eines Zweiten Gesetzes zur Bekämpfung der Wirtschaftskriminalität, wistra 1983, 17; *Möller,* Die Neuregelung des Verbots der Kurs- und Marktpreismanipulation im Vierten Finanzmarktförderungsgesetz, WM 2002, 309; *Moosmayer,* Straf- und Bußgeldrechtliche Regelungen im Entwurf eines Vierten Finanzmarktförderungsgesetzes, wistra 2002, 161; *Otto,* Die strafrechtliche Erfassung der Marktmanipulationen im Wertpapierhandel, wistra 2011, 401; *Park,* Kapitalmarktstrafrecht und Anlegerschutz, NStZ 2007, 369; *ders.,* Kapitalmarktstrafrechtliche Neuerungen des Vierten Finanzmarktförderungsgesetzes, BB 2003, 1513; *ders.,* Börsenstrafrechtliche Risiken für Vorstandsmitglieder von börsennotierten Aktiengesellschaften, BB 2001 2069; *Parmentier,* Die Verhandlung eines Rechtsetzungsvorschlags der Kommission in den Arbeitsgruppen des Rates am Beispiel des EU-Marktmissbrauchsrechts, BKR 2013, 133; *Pfüller/Anders,* Die Verordnung zur Konkretisierung des Verbots der Kurs- und Marktmanipulation nach

---

[137] So zB BGH WM 1994, 453 ff.; BGH WM 1994, 1746 f.; demgegenüber stellt OLG Düsseldorf WM 1989, 175 ff. auf beide Anspruchsgrundlagen ab.
[138] Vgl. nur *Wagner* in MüKoBGB, 6. Aufl., § 823 BGB Rn. 434; *Sprau* in Palandt, BGB, 73. Aufl., § 823 Rn. 60.
[139] BGH WM 1985, 188 f.
[140] *Bauer* NJW 1995, 1390, 1392.

§ 20a WpHG, WM 2003, 2445; *Rückert/Kuthe*, Entwurf einer Verordnung zur Konkretisierung der Kurs- und Marktmanipulation, BKR 2003, 647; *Rudolph*, Viertes Finanzmarktförderungsgesetz – ist der Name Programm?, BB 2002, 1036; *Schäfer*, Zulässigkeit und Grenzen der Kurspflege, WM 1999, 1345; *Schmitz*, Aktuelles zum Kursbetrug gem. § 88 BörsG, wistra 2002, 208; *Schröder*, Erweiterung des Vortatenkatalogs der Geldwäsche um Marktmanipulation und Insiderhandel – Risiken für die Kreditwirtschaft und die Kapitalmärkte, WM 2011, 769; *ders.*, Strafrechtliche Risiken des investigativen Journalismus? – Die Meinungs- und Pressefreiheit und das Wertpapierhandelsgesetz, NJW 2009, 465; *Singhoff/Weber*, Neue kapitalmarktrechtliche Rahmenbedingungen für den Erwerb eigener Aktien, AG 2005, 549; *Sorgenfrei*, Zum Verbot der Kurs- oder Marktpreismanipulation nach dem 4. Finanzmarktförderungsgesetz, wistra 2002, 321; *Stemper*, Marktmissbrauch durch Ratingagenturen?, WM 2011, 1740; *Streinz/Ohler*, § 20a WpHG in rechtsstaatlicher Perspektive – europa- und verfassungsrechtliche Anforderungen an das Verbot von Kurs- und Marktmanipulationen, WM 2004, 1309; *Teigelack*, Insiderhandel und Marktmanipulation im Kommissionsentwurf einer Marktmissbrauchsverordnung, BB 2012, 1361; *Tountopoulos*, Marking the Close nach Europäischem Kapitalmarktrecht, WM 2013, 351; *Tripmaker*, Der subjektive Tatbestand des Kursbetruges, wistra 2002, 288; *Trüg*, Ist der Leerverkauf von Wertpapieren strafbar?, NJW 2009, 637; *Trüg*, Neue Konturen der Rechtsprechung zur strafbaren Marktmanipulation, NJW 2014, 1346; *Veil/Koch*, Auf dem Weg zu einem europäischen Kapitalmarktrecht: die Vorschläge der Kommission zur Neuregelung des Marktmissbrauchs, WM 2011, 2297; *Vogel*, Scalping als Kurs- und Marktpreismanipulation, NStZ 2004, 252; *ders.*, Kurspflege: Zulässige Kurs- und Marktpreisstabilisierung oder straf- bzw. ahndbare Kurs- und Marktpreismanipulation, WM 2003, 1158; *Wagner*, Beeinflusste Presseberichterstattungen der Branchen- und Wirtschaftspresse und ihre Folgen am Kapitalmarkt, WM 2003, 1158; *Walla*, Die Reformen der Europäischen Kommission zum Marktmissbrauchs- und Transparenzregime – Regelungskonzeption, Aufsicht und Sanktionen, BB 2012, 1358; *Weber*, Kursmanipulationen am Wertpapiermarkt, NZG 200, 113; *ders.*, Konkretisierung des Verbots der Kurs- und Marktpreismanipulation, NZG 2004, 23; *Ziouvas*, Das neue Recht gegen Kurs- und Marktpreismanipulation im 4. Finanzmarktförderungsgesetz, ZGR 2003, 113; *ders.*, Vom Börsen zum Kapitalmarktstrafrecht?, wistra 2003, 13; *Ziouvas/Walter*, Das neue Börsenstrafrecht mit Blick auf das Europarecht, WM 2002, 1483.

**Übersicht**

| | Rn. |
|---|---|
| A) Entstehungsgeschichte | 1–56 |
|   I. § 20a WpHG aF | 1 |
|   II. Europarechtliche Vorgaben | 7 |
|     1. EU-Richtlinie über Insider-Geschäfte und Marktmanipulation (Marktmissbrauchsrichtlinie) 2003/6/EG | 7 |
|     2. Durchführungsrichtlinien und -verordnung der Kommission zur Marktmissbrauchsrichtlinie | 19 |
|       a) Richtlinie 2003/124/EG | 20 |
|       b) Richtlinie 2003/125/EG | 22 |
|       c) Verordnung 2273/2003/EG | 23 |
|       d) Richtlinie 2004/72/EG | 36 |
|   III. Verordnung zur Konkretisierung des Verbots der Kurs- und Marktmanipulation (KuMaKV) sowie Verordnung zur Konkretisierung des Verbots der Marktmanipulation (MaKonV) | 37 |
|     1. KuMaKV | 38 |
|     2. MaKonV | 42 |
| B) § 20a WpHG nF | 57–143 |
|   I. Entstehungsgeschichte und Änderungen gegenüber § 20a WpHG aF | 57 |
|   II. Verfassungsrechtliche Bedenken | 74 |
|   III. Schutzzweck | 76 |
|   IV. Anwendungsbereich | 79 |
|   V. Täterkreis | 83 |
|   VI. Arten der Kurs- und Marktpreismanipulation | 84 |
|     1. unrichtige oder irreführende Angaben gem. § 20a Abs. 1 Satz 1 Nr. 1 WpHG | 86 |
|       a) Machen unrichtiger oder irreführender Angaben | 86 |
|         aa) Angabe | 86 |
|         bb) unrichtig | 88 |
|         cc) irreführend | 89 |

| | Rn. |
|---|---|
| b) Verschweigen bewertungserheblicher Umstände | 90 |
| c) Umstände, die für die Bewertung erheblich sind | 92 |
| d) Eignung, auf den Börsen- oder Marktpreis einzuwirken | 100 |
| e) Einwirkung auf den Börsen-oder Marktpreis | 101 |
| 2. falsche oder irreführende Signale durch Geschäftsabschlüsse sowie Kauf- oder Verkaufsaufträge gem. § 20a Abs. 1 Satz 1 Nr. 2 WpHG | 102 |
| 3. sonstige Täuschungshandlungen gem. § 20a Abs. 1 Satz 1 Nr. 3 WpHG | 117 |
| 4. Sonderregelung für Journalisten in § 20a Abs. 6 WpHG | 131 |
| VII. Handlungen, die in keinem Fall einen Verstoß gegen das Verbot der Marktmanipulation darstellen (Safe-Harbour-Regeln) | 132 |
| VIII. Verfahren zur Anerkennung einer zulässigen Marktpraxis nach § 20a Abs. 2 WpHG | 133 |
| IX. subjektiver Tatbestand | 136 |
| X. Konkurrenzen | 137 |
| XI. Anzeigepflicht nach § 10 WpHG | 138 |
| XII. Reformvorhaben der EU | 141 |

## A) Entstehungsgeschichte

### I. § 20a WpHG aF

Während die Vorgängervorschrift des § 88 BörsG aF[1] lediglich ein Schattendasein fristete, ist § 20a WpHG durch die Skandale am Neuen Markt zu erheblicher Prominenz gelangt. Eingefügt wurde die Vorschrift in das WpHG durch das 4. Finanzmarktförderungsgesetz mit Wirkung zum 1.7.2002[2]. Der Transfer vom BörsG in das WpHG sollte zum einen die bislang geringe praktische Bedeutung des Tatbestandes erweitern, und zwar insbesondere durch Reduzierung der subjektiven Merkmale, zum anderen wurde damit auch dem Aufgabenbereich der BaFin als zur Überwachung des Verbots der Marktmanipulation zuständige Behörde Rechnung getragen, und zwar offensichtlich durchaus mit Erfolg.[3] Im Gegensatz zur Vorläufervorschrift des § 88 BörsG, die als Straftatbestand konzipiert war, wird in § 20a WpHG zunächst einmal nur ein Verbot ausgesprochen, das in Kombination mit § 39 WpHG einen Bußgeldtatbestand darstellt und in Kombination mit § 38 Abs. 2 WpHG bei Eintritt einer Kursbeeinflussung als Erfolg der Manipulationshandlung zu einem Straftatbestand wird.

Nach **§ 20a Abs. 1 WpHG aF** war es verboten,
1. unrichtige Angaben über Umstände zu machen, die für die Bewertung eines Vermögenswertes erheblich sind, oder solche Umstände entgegen bestehenden Rechtsvorschriften zu verschweigen, wenn die Angaben oder das Verschweigen geeignet sind, auf den inländischen Börsen- oder Marktpreis eines Vermögenswertes oder auf den Preis eines Vermögenswertes an einem organisierten Markt in einem anderen Mitgliedstaat der Europäischen Union oder in einem anderen Vertragsstaat des Abkommens über den Europäischen Wirtschaftsraum einzuwirken, oder
2. sonstige Täuschungshandlungen vorzunehmen, um auf den inländischen Börsen- oder Marktpreis eines Vermögenswertes an einem organisierten Markt in einem anderen Mitgliedstaat der Europäischen Union oder in einem anderen Vertragsstaat des Abkommens über den Europäischen Wirtschaftraum einzuwirken.

---

[1] Zur Entstehungsgeschichte der Vorgängervorschrift *Vogel* in Assmann/Schneider, 6. Aufl., Vor § 20a Rn. 1; zur Historie der Kursmanipulation ferner *Diehm*, Strafrechtsrelevante Maßnahmen der Europäischen Union gegen Insidergeschäfte und Kursmanipulation 2006, S. 35 ff.
[2] BGBl I 2002, 2010.
[3] Vgl. den Überblick bei *Sorgenfrei* in Park, Kapitalmarktstrafrecht, 3. Aufl., Teil 3 Kap. 4 Rn. 54 sowie *Fleischer* in Fuchs Vor § 20a Rn. 38 ff. unter Bezugnahme auf die Jahresberichte der BaFin.

**§ 10** 3–6   3. Kapitel. Kapitalanlagegeschäfte als Gegenstand des Strafrechts und OWi

**3**   Vermögenswerte im Sinne des Satzes 1 sind Wertpapiere, Geldmarktinstrumente, Derivate, Rechte auf Zeichnung, ausländische Zahlungsmittel im Sinne des § 63 Abs. 2 BörsG und Waren, die
1. an einer inländischen Börse zum Handel zugelassen oder in den geregelten Markt oder in den Freiverkehr einbezogen sind, oder
2. in einem anderen Mitgliedstaat der Europäischen Union oder einem anderen Vertragsstaat des Abkommens über den Europäischen Wirtschaftsraum zum Handel an einem organisierten Markt zugelassen sind.

**4**   **§ 20a Abs. 2 WpHG aF** enthielt eine Ermächtigung zum Erlass einer Rechtsverordnung über
1. Umstände, die für die Bewertung von Vermögenswerten erheblich sind,
2. das Vorliegen einer sonstigen Täuschungshandlung und
3. Handlungen und Unterlassungen, die in keinem Fall einen Verstoß gegen das Verbot des Abs. 1 Satz 1 darstellen.

**5**   Von dieser Ermächtigung hat das Bundesministerium der Finanzen Gebrauch gemacht und mit Datum vom 18.11.2003 die Verordnung zur Konkretisierung des Verbotes der Kurs- und Marktpreismanipulation (KuMaKV) erlassen, die am 27.11.2003 im Bundesgesetzblatt[4] verkündet worden und am 28.11.2003 in Kraft getreten ist.

**6**   Die **KuMaKV** gliederte sich in drei Teile, wobei Teil 1 den Anwendungsbereich regelte, Teil 2 die Tatbestandsmerkmale „bewertungserhebliche Umstände" und „sonstige Täuschungshandlungen" näher umschrieb und Teil 3 sog Safe-Harbour-Bestimmungen für Stabilisierungsmaßnahmen im Zusammenhang mit der Emission von Wertpapieren sowie zur Zulässigkeit von Aktienrückkaufprogrammen enthielt. Von der Vorgehensweise entsprach dies im Prinzip der Marktmissbrauchsrichtlinie der EU[5], die durch drei weitere Richtlinien und eine Verordnung näher konkretisiert wird. Dies sind zum einen die Richtlinie 2003/124/EG (Begriffsbestimmungen und Veröffentlichung von Insider-Informationen)[6], die Richtlinie 2003/125/EG (Research)[7] sowie die Richtlinie 2004/72/EG (Bestimmung zulässiger Marktpraktiken und Meldung verdächtiger Transaktionen)[8] und zum anderen die Verordnung (EG) Nr. 2273/2003 (Safe-Harbour Bestimmungen)[9]. Zum Erlass der KuMaKV hatte sich der deutsche Gesetzgeber trotz des zum damaligen Zeitpunkt bereits unmittelbar bevorstehenden Erlasses der EU-Verordnung zu Rückkaufprogrammen und Kursstabilisierungsmaßnahmen durchgerungen, da die vorgenannte Verordnung als Durchführungsbestimmung zur Marktmissbrauchsrichtlinie erst dann Rechtswirkungen in den jeweiligen Mitgliedsstaaten entfalten konnte, wenn die ermächtigende Marktmissbrauchsrichtlinie im jeweiligen Mitgliedstaat umgesetzt war. Die Frist hierfür betrug nach Art. 18 der Marktmissbrauchsrichtlinie bis zum 12.10.2004. Im Interesse der Rechtssicherheit entschied sich daher der deutsche Gesetzgeber, bereits vorab von der Verordnungsermächtigung des § 20a Abs. 2 WpHG Gebrauch zu machen, lehnte sich dabei inhaltlich aber eng an die bereits zum damaligen Zeitpunkt unmittelbar vor der Verabschiedung stehenden EU-Regelungen an. Diese sind in deutsches Recht durch das sog. Anlegerschutzverbesserungsgesetz (Gesetz zur Verbesserung des Anlegerschutzes)[10] umgesetzt worden, das gemäß Art. 6 am 30.10.2004 in Kraft getreten ist.

---

[4] BGBl I 2003, 2300.
[5] Richtlinie 2003/6/EG des Europäischen Parlaments und des Rates vom 28.1.2003 über Insider-Geschäfte und Marktmanipulation, ABl EG L 96/16 v. 12.4.2003.
[6] Vom 22.12.2003, ABl EG L 339/70 v. 24.12.2003.
[7] Vom 22.12.2003, ABl EG L 339/73 v. 24.12.2003.
[8] Vom 29.4.2004, ABl EG L 162/70 v. 30.4.2004.
[9] Vom 22.12.2003, ABl EG L 336/33 v. 23.12.2003.
[10] Vom 28.10.2004 BGBl I 2004, 2630.

## II. Europarechtliche Vorgaben

**1. EU-Richtlinie über Insider-Geschäfte und Marktmanipulation (Marktmissbrauchsrichtlinie) 2003/6/EG.** Ausgangspunkt der Novellierung von § 20a WpHG ist die Marktmissbrauchsrichtlinie[11] gewesen. Diese unterscheidet zwischen den Insider-Geschäften einerseits und der Marktmanipulation andererseits. Entgegen dem ursprünglich von der Kommission vorgeschlagenen Entwurf[12] wurde von Rat und Kommission die vormals in Abschnitt B des Anhanges des Richtlinienvorschlages enthaltene Auflistung von Beispielen manipulativer Verhaltensweisen wieder gestrichen und nur teilweise in Art. 1 Nr. 2 des Richtlinientextes integriert. Für den Bereich Marktmanipulation trifft die Richtlinie dabei folgende Regelungen:

Nach der Definition in **Art. 1 Nr. 2 der Marktmissbrauchsrichtlinie** sind „Marktmanipulationen":
a) Geschäfte oder Kauf- bzw. Verkaufsaufträge, die
– falsche oder irreführende Signale für das Angebot von Finanzinstrumenten, die Nachfrage danach oder ihren Kurs geben oder geben könnten, oder
– den Kurs eines oder mehrerer Finanzinstrumente durch eine Person oder mehrere, in Absprache handelnde Personen in der Weise beeinflussen, dass ein anormales oder künstliches Kursniveau erzielt wird,
es sei denn, die Person, welche die Geschäfte abgeschlossen oder die Aufträge erteilt hat, weist nach, dass sie legitime Gründe dafür hatte und dass diese Geschäfte oder Aufträge nicht gegen die zulässige Marktpraxis auf dem betreffenden geregelten Markt verstoßen;
b) Geschäfte oder Kauf- bzw. Verkaufsaufträge unter Vorspiegelung falscher Tatsachen oder unter Verwendung sonstiger Kunstgriffe oder Formen der Täuschung;
c) Verbreitung von Informationen über die Medien einschließlich Internet oder auf anderem Wege, die falsche oder irreführende Signale in Bezug auf Finanzinstrumente geben oder geben könnten, ua durch Verbreitung von Gerüchten sowie falscher oder irreführender Nachrichten, wenn die Person, die diese Informationen verbreitet hat, wusste oder hätte wissen müssen, dass sie falsch oder irreführend waren. Bei Journalisten, die in Ausübung ihres Berufes handeln, ist eine solche Verbreitung von Informationen unbeschadet des Artikels 11 unter Berücksichtigung der für ihren Berufsstand geltenden Regeln zu beurteilen, es sei denn, dass diese Personen aus der Verbreitung der betreffenden Informationen direkt oder indirekt einen Nutzen ziehen oder Gewinne schöpfen.

Von der Basisdefinition der Buchstaben a), b) und c) leiten sich insbesondere folgende Beispiele ab:
– Sicherung einer marktbeherrschenden Stellung in Bezug auf das Angebot eines Finanzinstruments oder die Nachfrage danach durch eine Person oder mehrere in Absprache handelnde Personen mit der Folge einer direkten oder indirekten Festsetzung des Ankaufs- oder Verkaufspreises oder anderer unlauterer Handelsbedingungen;
– Kauf oder Verkauf von Finanzinstrumenten bei Börsenschluss mit der Folge, dass Anleger, die aufgrund des Schlusskurses tätig werden, irregeführt werden;
– Ausnutzung eines gelegentlichen oder regelmäßigen Zugangs zu den traditionellen oder elektronischen Medien durch Abgabe einer Stellungnahme zu einem Finanzinstrument (oder indirekt zu dem Emittenten dieses Finanzinstruments), wobei zuvor Positionen bei diesem Finanzinstrument eingegangen wurden und anschließend Nutzen aus den Auswirkungen der Stellungnahme auf den Kurs dieses Finanzinstruments gezogen wird, ohne dass der Öffentlichkeit gleichzeitig dieser Interessenkonflikt auf ordnungsgemäße und effiziente Weise mitgeteilt wird.

---

[11] Zur Entstehungsgeschichte *Vogel* in Assmann/Schneider, 6. Aufl., Vor § 20a Rn. 11 ff.
[12] Kom/2001/281 vom 30.5.2001.

10 Die Definitionen der „Marktmanipulation" werden so angepasst, dass auch neue Handlungsmuster, die den Tatbestand der Marktmanipulation in der Praxis erfüllen, einbezogen werden können.

11 Um den Entwicklungen auf den Finanzmärkten Rechnung zu tragen und eine einheitliche Anwendung dieser Richtlinie in der Gemeinschaft zu gewährleisten, ist in Art. 1 letzter Absatz der Marktmissbrauchsrichtlinie ferner vorgesehen, dass die Kommission im Rahmen des sog. Komitologieverfahrens Durchführungsmaßnahmen für die Definitionen der Nummern 1, 2 und 3 dieses Artikels erlässt.

12 Keinen Verstoß gegen die Marktmissbrauchsrichtlinie stellen nach Art. 8 der **Handel mit eigenen Aktien im Rahmen von Rückkaufprogrammen** und **Kursstabilisierungsmaßnahmen** für ein Finanzinstrument dar, wenn derartige Transaktionen im Einklang mit den zu der Marktmissbrauchsrichtlinie erlassenen Durchführungsmaßnahmen erfolgen.

13 Nach Art. 5 der Marktmissbrauchsrichtlinie hat sich das von den Mitgliedstaaten zu erlassende Verbot, Marktmanipulationen zu betreiben, gegenüber jedermann zu richten, gilt also nicht nur für Bank- oder Börsenkreise bzw. sonstige Marktteilnehmer.

14 Eine Zusatzanforderung wird in Art. 6 Abs. 5 der Marktmissbrauchsrichtlinie für **Analysten** normiert. Hiernach haben die Mitgliedstaaten sicherzustellen, dass geeignete Regelungen getroffen werden, wonach Personen, die Analysen von Finanzinstrumenten oder von Emittenten von Finanzinstrumenten oder sonstige für Informationsverbreitungskanäle oder die Öffentlichkeit bestimmte Informationen mit Empfehlungen oder Anregungen zu Anlagestrategien erstellen oder weitergeben, in angemessener Weise dafür Sorge tragen, dass die Information sachgerecht dargeboten wird und etwaige Interessen oder Interessenkonflikte im Zusammenhang mit den Finanzinstrumenten, auf die sich die Information bezieht, offen gelegt werden.

15 Öffentliche Stellen, die Statistiken verbreiten, welche die Finanzmärkte erheblich beeinflussen könnten, haben dies nach Art. 6 Abs. 8 auf sachgerechte und transparente Weise zu tun.

16 Abgesichert wird das Verbot der Marktmanipulation durch Art. 6 Abs. 7 Marktmissbrauchsrichtlinie. Hiernach müssen auch die Betreiber von Märkten strukturelle Vorkehrungen zur Vorbeugung gegen und zur Aufdeckung von Marktmanipulationen treffen. Ferner müssen nach Art. 6 Abs. 9 Personen, die beruflich Geschäfte mit Finanzinstrumenten tätigen, unverzüglich die zuständige Behörde informieren, wenn sie begründeten Verdacht haben, dass eine Transaktion eine Marktmanipulation darstellen könnte.

17 Nach Art. 11 haben die Mitgliedstaaten unbeschadet der Zuständigkeit der Justizbehörden eine einzige Behörde zu benennen, die für die Überwachung der Anwendung der nach dieser Richtlinie erlassenen Vorschriften zuständig ist. Diese Behörde ist nach Art. 11 Abs. 1 mit allen Aufsichts- und Ermittlungsbefugnissen auszustatten, die zur Ausübung ihrer Tätigkeit erforderlich sind, wobei Art. 11 Abs. 2 einen Katalog von Mindestbefugnissen enthält, die dieser Behörde eingeräumt werden müssen.

18 Als Sanktion wird in Art. 14 Abs. 1 vorgeschrieben, dass bei Verstößen gegen die nach der Marktmissbrauchsrichtlinie zu erlassenden nationalen Vorschriften unbeschadet des Rechts der Mitgliedstaaten, strafrechtliche Sanktionen zu verhängen, gegen die verantwortlichen Personen geeignete Verwaltungsmaßnahmen ergriffen oder im Verwaltungsverfahren zu erlassende Sanktionen verhängt werden können.

19 **2. Durchführungsrichtlinien und -verordnung der Kommission zur Marktmissbrauchsrichtlinie.** Auf der Grundlage der vom Ausschuss der europäischen Wertpapierregulierungsbehörden – Committee of European Securities Regulators (CESR)[13] – im Rahmen des ersten Mandats abgegebenen Empfehlungen hat die Europäische Kommission

---

[13] Ab. 1.1.2011 ESMA (European Securities and Markets Authority), EU-Verordnung Nr. 1095/2010 v. 15.12.2010, ABl EU L 331/84, näher hierzu *Sorgenfrei* in Park, Kapitalmarktstrafrecht, 3. Aufl., Teil 3 Kap. 4 Rn. 10 .

drei Richtlinien und eine Verordnung zur Durchführung der Marktmissbrauchsrichtlinie am 22.12.2003 und am 29.4.2004 verabschiedet. Gegenstand der Rechtsakte sind die Begriffsbestimmung und die Veröffentlichung von Insider-Informationen und die Begriffsbestimmung der Marktmanipulation, die sachgerechte Darbietung von Anlageempfehlungen einschließlich der Offenlegung von Interessenkonflikten, Safe-Harbour-Bestimmungen zur Marktmanipulation sowie das Verfahren zur Bestimmung zulässiger Marktpraktiken und die Meldung verdächtiger Transaktionen.

a) **Richtlinie 2003/124/EG.** Die Durchführungsregelungen betreffend die **Begriffsbestimmung der Marktmanipulation** sind in der Richtlinie 2003/124/EG[14] enthalten, und zwar getrennt nach den in Art. 1 Nr. 2a) und b) der Marktmissbrauchsrichtlinie aufgeführten Untergruppen. In **Art. 4** der vorgenannten Richtlinie werden unbeschadet der in Art. 1 Nr. 2a) der Marktmissbrauchsrichtlinie selbst genannten Beispiele folgende – nicht erschöpfende – Indizien für manipulatives Verhalten in Bezug auf falsche oder irreführende Signale und in Bezug auf die Kurssicherung genannt. Diese **Indizien** sind zu berücksichtigen, wenn die Geschäfte oder Geschäftsaufträge gemäß Art. 1 Nr. 2a) der Marktmissbrauchsrichtlinie von den Marktteilnehmern und den zuständigen Behörden geprüft werden, sind nach dem ausdrücklichen Wortlaut der Richtlinie aber nicht unbedingt als solche bereits als Marktmanipulation anzusehen. **Exemplarisch** genannt werden folgende Umstände:
– der Umfang, in dem erteilte Geschäftsaufträge oder abgewickelte Geschäfte einen bedeutenden Teil des Tagesvolumens der Transaktionen mit dem entsprechenden Finanzinstrument auf dem jeweiligen geregelten Markt ausmachen, vor allem dann, wenn diese Tätigkeiten zu einer erheblichen Veränderung des Kurses dieses Finanzinstrumentes führen;
– der Umfang, in dem erteilte Geschäftsaufträge oder abgewickelte Geschäfte, die von Personen mit einer bedeutenden Kauf- oder Verkaufsposition in einem Finanzinstrument getätigt wurden, zu einer erheblichen Veränderung des Kurses dieses Finanzinstruments bzw. eines sich darauf beziehenden derivativen Finanzinstruments oder aber des Basisvermögenswertes führen, die zum Handel auf einem geregelten Markt zugelassen sind;
– ob abgewickelte Geschäfte zu keiner Veränderung in der Identität des wirtschaftlichen Eigentümers eines zum Handel auf einem geregelten Markt zugelassenen Finanzinstruments führen;
– der Umfang, in dem erteilte Geschäftsaufträge oder abgewickelte Geschäfte Umkehrungen von Positionen innerhalb eines kurzen Zeitraums beinhalten und einen beträchtlichen Teil des Tagesvolumens der Geschäfte mit dem entsprechenden Finanzinstrument auf dem betreffenden geregelten Markt ausmachen sowie mit einer erheblichen Veränderung des Kurses eines zum Handel auf einem geregelten Markt zugelassenen Finanzinstruments in Verbindung gebracht werden könnten;
– der Umfang, in dem erteilte Geschäftsaufträge oder abgewickelte Geschäfte innerhalb einer kurzen Zeitspanne des Börsentages konzentriert werden und zu einer Kursveränderung führen, die in der Folge wieder umgekehrt wird;
– der Umfang, in dem erteilte Geschäftsaufträge die besten bekannt gemachten Kurse für Angebot und Nachfrage eines auf einem geregelten Markt zugelassenen Finanzinstruments verändern oder genereller die Aufmachung des Orderbuchs verändern, das den Marktteilnehmern zur Verfügung steht, und vor ihrer eigentlichen Abwicklung annuliert werden könnten;
– der Umfang, in dem Geschäftsaufträge genau oder ungefähr zu einem bestimmten Zeitpunkt erteilt oder Geschäfte zu diesem Zeitpunkt abgewickelt werden, an dem die Referenzkurse, die Abrechnungskurse und die Bewertungen berechnet werden, und dies zu Kursveränderungen führt, die sich auf eben diese Kurse und Bewertungen auswirken.

---

[14] ABl EG L 339/70 v. 24.12.2003.

**21** Als ebenfalls **nicht abschließende Indizien** für manipulatives Verhalten in Bezug auf die Vorspiegelung falscher Tatsachen sowie in Bezug auf sonstige Kunstgriffe oder Formen der Täuschung gemäß Art. 1 Nr. 2b) der Marktmissbrauchsrichtlinie werden in **Art. 5** der Durchführungsrichtlinie genannt:
- ob von bestimmten Personen erteilte Geschäftsaufträge oder abgewickelte Geschäfte vorab oder im Nachhinein von der Verbreitung falscher oder irreführender Informationen durch dieselben oder in enger Beziehung zu ihnen stehenden Personen begleitet wurden;
- ob Geschäftsaufträge von Personen erteilt bzw. Geschäfte von diesen abgewickelt werden, bevor oder nachdem diese Personen oder in enger Beziehung zu ihnen stehende Personen Analysen oder Anlageempfehlungen erstellt oder weitergegeben haben, die unrichtig oder verzerrt sind oder ganz offensichtlich von materiellen Interessen beeinflusst wurden.

**22** **b) Richtlinie 2003/125/EG. Durchführungsbestimmungen zur sachgerechten Darbietung von Anlageempfehlungen und die Offenlegung von Interessenkonflikten** sind in der Richtlinie 2003/6/EG vom 22.12.2003[15] enthalten. Auch bei dieser Durchführungsrichtlinie geht es um die Verhinderung von Fehlinformationen des Anlagepublikums. Deshalb wird in Abs. 3 der Erwägungsgründe ausdrücklich die individuelle Anlageberatung im Wege einer persönlichen Empfehlung eines oder mehrerer Geschäfte in Verbindung mit Finanzinstrumenten (insbesondere informelle kurzfristige Anlageempfehlungen, die aus der Verkaufs- oder Handelsabteilung eines Wertpapierhauses oder Kreditinstituts stammen und an die Kunden weitergegeben werden) gegenüber einem Kunden, die der Öffentlichkeit wahrscheinlich nicht zugänglich gemacht wird, nicht als Empfehlung im Sinne der Durchführungsrichtlinie angesehen. Diese Regelungen richten sich daher insbesondere an Analysten (einschließlich der Weitergabe sog. Drittresearches) und sollen durch die Vorgaben hinsichtlich der Art und Weise der Darstellung und insbesondere der Offenlegung von Interessenkonflikten eine informationelle Irreführung oder gar Täuschung des Anlagepublikums verhindern. Sie regeln daher einen Teilbereich der nach Art. 1 Nr. 2c) der Marktmissbrauchsrichtlinie[16] verbotenen Setzung falscher oder irreführender Signale in Bezug auf Finanzinstrumente.

**23** **c) Verordnung 2273/2003/EG. Ausnahmeregelungen für Rückkaufprogramme und Kursstabilisierungsmaßnahmen** sind in der Verordnung 2273/2003 der Kommission vom 22.12.2003[17] vorgesehen. Die vorstehende Verordnung ist nach Art. 12 am Tage ihrer Veröffentlichung im Amtsblatt der Europäischen Union in Kraft getreten. Dies war insofern problematisch, als für die Marktmissbrauchsrichtlinie gemäß Art. 18 Abs. 1 eine Umsetzungsfrist in den einzelnen Mitgliedstaaten bis zum 12.10.2004 bestand. Da es sich bei dieser Verordnung um eine Ausführungsvorschrift zur Marktmissbrauchsrichtlinie handelt, konnte diese trotz der Rechtsform der Verordnung und des in Art. 12 der Verordnung vorgesehenen Inkrafttretens am Tag nach ihrer Veröffentlichung im Amtsblatt der Europäischen Union nicht vor dem Ende der Umsetzungsfrist der Marktmissbrauchsrichtlinie in den einzelnen Mitgliedstaaten Rechtswirkungen entfalten,[18] mithin nicht vor dem 12.10.2004, was insbesondere für das Verhältnis zur damals noch in Kraft befindlichen Verordnung zur Konkretisierung des Verbots der Kurs- und Marktpreismanipulation[19] relevant gewesen ist.

**24** Die Verordnung 2273/2003/EG gliedert sich letztlich, sieht man von den in Kapitel I vorangestellten Begriffsbestimmungen ab, in zwei Teile und enthält zum einen in Kapitel II

---

[15] ABl EG L 339/73 v. 24.12.2003.
[16] ABl EG L 96/16 v. 12.4.2003.
[17] ABl EG L 336/33 v. 23.12.2003.
[18] *Streinz/Ohler* WM 2004, 1309 (1313) stellen demgegenüber auf die tatsächliche nationale Umsetzung der Richtlinie ab.
[19] Dazu → Rn. 38.

§ 10 Verbot der Marktmanipulation

Regelungen für Rückkaufprogramme und zum anderen in Kapitel III Regelungen zu (Kurs-)stabilisierungsmaßnahmen im Zusammenhang mit der Emission von Wertpapieren. Hierdurch soll angesichts der Vielzahl unbestimmter Rechtsbegriffe in der Marktmissbrauchsrichtlinie dem Bedürfnis der Marktteilnehmer nach Rechtssicherheit für diese beiden zentralen Tätigkeitsfelder durch entsprechende Ausfüllung der bereits in Art. 8 der Marktmissbrauchsrichtlinie selbst vorgesehenen Freistellung Rechnung getragen werden.

Nach Art. 3 der Verordnung darf ein Rückkaufprogramm, um in den Genuss der Freistellung nach Art. 8 der Marktmissbrauchsrichtlinie zu gelangen, einzig und allein dem Zweck dienen, das Kapital eines Emittenten (in Wert oder Zahl der Aktien) herabzusetzen oder die aus einem der folgenden Titel resultierenden Verpflichtungen zu erfüllen: 25
– Schuldtitel, die in Beteiligungskapital umgewandelt werden können;
– Belegschaftsaktienprogramme und andere Formen der Zuteilung von Aktien an Mitarbeiter des Emittenten oder einer Tochtergesellschaft.

Die Bedingungen für das Rückkaufprogramm und deren Bekanntgabe sind in Art. 4 bis 6 enthalten. Die Verordnung weicht insoweit von der im November 2003 auf Grund der Ermächtigung in § 20a Abs. 2 S. 1 WpHG in Kraft getretenen Verordnung zur Konkretisierung des Verbots der Kurs- und Marktpreismanipulation (KuMaKV) ab, die in § 13 lediglich auf § 71 AktG verweist. 26

In Art. 4 sind Reglungen zur Bekanntgabe und Meldepflicht enthalten. So sind insbesondere der Zweck des Rückkaufprogramms, der maximale Kaufpreis, die maximal zu erwerbende Aktienstückzahl und der Zeitraum, für den das Programm genehmigt wurde, zu nennen. Ferner muss der Emittent für alle Transaktionen spätestens am Ende des siebten Handelstages nach deren Ausführungen seinen Meldepflichten nach Abs. 3 nachgekommen sein. 27

Regelungen zu Kurs und Menge finden sich in Art. 5. Nach Abs. 1 darf der Emittent Aktien im Rahmen eines Rückkaufprogramms nicht zu einem Kurs erwerben, der über dem des letzten unabhängig getätigten Abschlusses oder – sollte dieser höher sein – über dem des derzeit höchsten unabhängigen Angebots auf den Handelsplätzen, auf denen der Kauf stattfindet, liegt. Für Geschäfte außerhalb eines geregelten Marktes werden die entsprechenden Kurse (letzter unabhängiger Abschluss oder derzeit höchstes unabhängiges Angebot) auf dem geregelten Markt des jeweiligen Mitgliedsstaates als Referenzkurs herangezogen. Entsprechendes gilt für die Abwicklung des (Rück-)kaufs über derivative Instrumente für die Bestimmung des Basispreises. Hinsichtlich der Menge sieht Abs. 2 eine Beschränkung dahingehend vor, dass an einem Tag nicht mehr als 25 % des durchschnittlichen täglichen Aktienumsatzes auf dem geregelten Markt, an dem der Kauf erfolgt, vom Emittenten erworben werden dürfen. Ermittelt wird diese Volumensbeschränkung aus dem durchschnittlichen täglichen Aktienumsatz im Monat vor Veröffentlichung des Rückkaufprogramms und gilt für die gesamte Zeit des Rückkaufprogramms. Bei außerordentlich niedriger Liquidität auf dem relevanten Markt kann der Emittent nach Abs. 3 die 25%-Schwelle nach vorheriger Information der für den relevanten Markt zuständigen Behörde und entsprechender Veröffentlichung überschreiten, aber auch in diesem Fall nicht über 50% des durchschnittlichen Tagesumsatzes hinausgehen. Weitere Beschränkungen der eigenen Handelsaktivitäten finden sich in Art. 6, die aber nicht für Wertpapierhäuser und Kreditinstitute gelten bei Bestehen sog. Chinese Walls. 28

**Safe-Harbour-Regelungen** für Kursstabilisierungsmaßnahmen, die in jedem Fall zeitlich befristet sind, werden in Art. 7 ff. getroffen, wobei zwischen Aktien bzw. Aktien entsprechenden Wertpapieren und Schuldverschreibungen differenziert wird. Bei Aktien und Aktien entsprechenden Wertpapieren beträgt die Frist 30 Kalendertage und beginnt mit dem Tag der Handelsaufnahme, bei einer Zweitplatzierung mit der Veröffentlichung des Schlusskurses. Bei Schuldverschreibungen, ausgenommen Wandelschuldverschreibungen auf Aktien, beginnt die Frist mit dem Tag der Angebotsveröffentlichung und endet spätestens 30 Kalendertage nach dem Tag, an dem der Emittent den Emissionserlös erhalten hat, oder – sollte dies früher eintreten – spätestens 60 Kalendertage nach der Zuteilung. 29

**30**  Voraussetzung für die Anwendung der Safe-Harbour-Regelung ist ferner, dass nach Art. 9 vor Beginn der Zeichnungsfrist durch den Emittenten oder das die Kursstabilisierung durchführende Unternehmen öffentlich bekannt gemacht wird,
– dass möglicherweise eine Kursstabilisierungsmaßnahme durchgeführt, diese aber nicht garantiert wird und jederzeit beendet werden kann,
– dass Stabilisierungsmaßnahmen auf die Stützung des Marktkurses abzielen,
– wann der Zeitraum, innerhalb dessen die Maßnahme durchgeführt werden könnte, beginnt und endet,
– welche Person für die Durchführung der Maßnahme zuständig ist, wobei diese Information bei erst späterer Festlegung aber auf jeden Fall vor Beginn der Stabilisierungsmaßnahme zu veröffentlichen ist,
– ob die Möglichkeit einer Überzeichnung oder Greenshoe-Option besteht und wenn ja, in welchem Umfang sowie in welchem Zeitraum die Greenshoe-Option ausgeübt werden soll und welche Voraussetzungen gegebenenfalls für eine Überzeichnung oder die Ausübung der Greenshoe-Option erfüllt sein müssen.

**31**  Der Emittent, Bieter oder das Unternehmen, das die Stabilisierungsmaßnahme durchführt, muss nach Abs. 2 spätestens am Ende des siebten Handelstages nach dem Tag der Ausführung der Maßnahmen die Einzelheiten sämtlicher Stabilisierungsmaßnahmen der für den jeweiligen Markt zuständigen Behörde mitteilen. Innerhalb einer Woche nach Ablauf des Stabilisierungszeitraums muss vorgenannter Personenkreis ferner nach Abs. 3 bekannt machen,
– ob eine Stabilisierungsmaßnahme durchgeführt wurde oder nicht,
– zu welchem Termin mit der Kursstabilisierung begonnen wurde,
– zu welchem Termin die letzte Kursstabilisierungsmaßnahme erfolgte,
– innerhalb welcher Kursspanne die Stabilisierung erfolgte, und zwar für jeden Termin, zu dem eine Kursstabilisierung durchgeführt wurde.

**32**  Im Falle eines Zeichnungsangebots für Aktien oder Aktien entsprechende Wertpapiere darf die Kursstabilisierung nach Art. 10 Abs. 1 unter keinen Umständen zu einem höheren Kurs als dem Emissionskurs erfolgen. Während üblicherweise Kurspflege definiert wird als Erwerb oder Veräußerung von Wertpapieren in der Absicht, gezielt auf den Börsenkurs einzuwirken, um Zufallsschwankungen zu vermeiden, die nicht durch die Geschäftslage des Emittenten oder die allgemeine Marktentwicklung begründet sind,[20] wird in der EU-Verordnung diese Definition dahingehend eingeschränkt, dass **nur** der **Ausgleich sinkender Kurse** als **zulässige Kursstabilisierung** angesehen wird. Bei Wandelschuldverschreibungen und Optionsanleihen ist nach Art. 10 Abs. 2 die Obergrenze der Marktkurs der Aktien oder Aktien entsprechenden Wertpapiere zum Zeitpunkt der Bekanntgabe der endgültigen Modalitäten des neuen Angebots.

**33**  Um in den Genuss der Safe-Harbour-Regeln zu kommen, müssen bei ergänzenden Kursstabilisierungsmaßnahmen nach Art. 11 die Vorgaben in Art. 9 eingehalten sowie darüber hinaus diese nach folgenden Maßgaben durchgeführt werden:
a) eine Überzeichnung ist nur innerhalb der Zeichnungsfrist und zum Emissionskurs zulässig;
b) eine aus einer Überzeichnung resultierende und nicht durch eine Greenshoe-Option abgedeckte Position eines Wertpapierhauses oder eines Kreditinstitutes darf 5% des ursprünglichen Angebots nicht überschreiten;
c) die Greenshoe-Option kann von den Begünstigten nur im Rahmen einer Überzeichnung der relevanten Wertpapiere ausgeübt werden;
d) die Greenshoe-Option darf 15% des ursprünglichen Angebots nicht überschreiten;
e) der für die Ausübung der Greenshoe-Option vorgesehene Zeitraum muss sich mit dem zum Zwecke der Kursstabilisierung gem. Art. 8 vorgesehenen Zeitraum decken;

---

[20] *Ekkenga* WM 2002, 317; *Schwark* in Schwark/Zimmer, Kapitalmarktrecht, § 20a WpHG Rn. 77 mwN.

f) die Öffentlichkeit muss unverzüglich und in allen angemessenen Einzelheiten über die Ausübung der Greenshoe-Option unterrichtet werden, insbesondere über den Zeitpunkt der Ausübung und die Zahl der relevanten Wertpapiere.

Die Verordnung geht explizit nur auf Kursstabilisierungsmaßnahmen ein und regelt die Voraussetzungen, unter denen diese nicht als Marktmanipulation anzusehen sind. Nicht erwähnt sind in der Verordnung hingegen weitere Aktivitäten wie insbesondere das Market Making und Designated Sponsoring. Hier hatte die Kreditwirtschaft eine ausdrückliche Klarstellung dahingehend gefordert, dass Maßnahmen, die nicht den Vorgaben der Verordnung entsprechen, nicht bereits allein deshalb als Marktmissbrauch zu werten sind. Auch ohne diese Klarstellung entspricht es allgemeiner Auffassung, dass Market Making und Designated Sponsoring nicht den Tatbestand der Marktmanipulation erfüllen und auch als zulässige Handelspraxis anzuerkennen sind[21]. Eine Ausnahme wäre allenfalls dann geboten, wenn die Tätigkeit als Market Maker oder Designated Sponsor zur Marktmanipulation missbraucht würde. 34

Nicht nur von der Safe-Harbour-Regelung nicht gedeckt, sondern per se nicht hinnehmbar ist eine „Kurspflegemaßnahme", die gegen den Markttrend erfolgt, um den Kurs für einen längeren Zeitraum auf einem bestimmten Niveau zu halten.[22] Dazu gehören das „Hochpflegen" eines Kurses im Vorfeld eines IPO oder zur Abwehr einer Übernahme, da diese Maßnahmen weder im zulässigen Zeitfenster liegen noch das Ziel einer Preisstabilisierung verfolgen. Wird im Börsenzulassungsprospekt eine eigentlich nicht den Vorgaben der Safe-Harbour-Regeln entsprechende Kursstabilisierungsmaßnahme angekündigt und von der Zulassungsstelle gleichwohl nicht beanstandet, liegt bei nachfolgender Durchführung mangels Täuschung kein Verstoß gegen § 20a Abs. 1 Satz 1 Nr. 1 WpHG vor;[23] in Betracht kommt aber ein Verstoß gegen § 20a Abs. 1 Satz 1 Nr. 2 WpHG. 35

d) **Richtlinie 2004/72/EG. Weitere Durchführungsbestimmungen zur Marktmissbrauchsrichtlinie enthält die Richtlinie 2004/72/EG**[24]. Von Interesse sind vorliegend die nach Art. 2 der vorstehenden Richtlinie bei der Beurteilung von Marktpraktiken zu berücksichtigenden Faktoren sowie die verfahrensmäßigen Bestimmungen in Art. 3. Art. 7 ff. beschäftigen sich dann mit der Konkretisierung der – unverzüglichen (Art. 8) – Meldepflicht, wenn bei einer Transaktion ein begründeter Verdacht für das Vorliegen einer Marktmanipulation besteht. Die deutsche Umsetzung ist im Rahmen des Anlegerschutzverbesserungsgesetzes nebst Durchführungsverordnungen erfolgt. 36

## III. Verordnung zur Konkretisierung des Verbots der Kurs- und Marktpreismanipulation (KuMaKV) sowie Verordnung zur Konkretisierung des Verbots der Marktmanipulation (MaKonV)

Bereits vor Veröffentlichung der EU-Verordnung zu Ausnahmeregelungen für Rückkaufprogramme und Kursstabilisierungsmaßnahmen war vom deutschen Verordnungsgeber gestützt auf die Ermächtigungsgrundlage des § 20a Abs. 2 WpHG aF die **Verordnung zur Konkretisierung des Verbots der Kurs- und Marktpreismanipulation (KuMaKV)** vom 18.11.2003[25] erlassen worden, die aber in einigen Detailfragen von der EU-Verordnung abgewichen ist,[26] so dass sich spätestens mit Ablauf der Umsetzungsfrist der EU-Richtlinie über Insider-Geschäfte und Marktmissbrauch die Notwendigkeit einer Überarbeitung ergeben hat. Diese ist im Rahmen der Novellierung von § 20a WpHG 37

---

[21] Vgl. → Rn. 44, 125.
[22] *Schwark* in Schwark/Zimmer, Kapitalmarktrecht, § 20 WpHG Rn. 79.
[23] So auch *Ekkenga* WM 2002, 317 (324).
[24] ABl EG L 162/70 v. 30.4.2004.
[25] BGBl I 2003, 2300.
[26] *Streinz/Ohler* WM 2004, 1309 (1313) weisen für die damalige Rechtslage zutreffend darauf hin, dass die KuMaKV nur insoweit Bestand hat, als sie nicht gegen den Anwendungsvorrang des Gemeinschaftsrechts verstoßen hat.

durch die **Verordnung zur Konkretisierung des Verbots der Marktmanipulation (Marktmanipulations-Konkretisierungsverordnung – MaKonV)**[27] erfolgt, die am 11.3.2005 in Kraft getreten ist und gemäß § 11 MaKonV die KuMaKV abgelöst hat.

**38**  **1. KuMaKV.** In vielen Details entspricht die in 5 Teile untergliederte MaKonV sowohl hinsichtlich der Regelung des Anwendungsbereichs in Teil 1 als auch bei den Definitionen in Teil 2 der KuMaKV, weshalb zum besseren Verständnis der MaKonV zunächst noch ein kurzer (Rück-) Blick auf die KuMaKV geworfen werden soll[28]:

**39**  Der **erste Teil „Anwendungsbereich"** hat eine Aufzählung der Bereiche enthalten, für welche die Verordnungsermächtigung des § 20a Abs. 2 WpHG aF bestand. Dies sind
1. die Bestimmung von Umständen, die für die Bewertung von Vermögenswerten im Sinne von § 20a Abs. 1 Satz 1 Nr. 1 WpHG aF erheblich sind,
2. die Feststellung des Vorliegens sonstiger Täuschungshandlungen im Sinne von § 20a Abs. 1 Satz 1 Nr. 2 WpHG aF und
3. die Bestimmung von Handlungen, die in keinem Fall einen Verstoß gegen das Verbot der Kurs- und Marktpreismanipulation nach § 20a Abs. 1 Satz 1 WpHG aF darstellen.

**40**  Der **zweite Teil** hat sich mit der **Konkretisierung der Begriffe „bewertungserhebliche Umstände" und „sonstige Täuschungshandlungen"** beschäftigt.

**41**  Nach einer allgemeinen Definition der bewertungserheblichen Umstände werden in **§ 2 Abs. 2 KuMaKV Regelbeispiele** genannt. Danach **sind** nach § 15 Abs. 1 Satz 1 WpHG aF sowie nach §§ 10, 35 WpÜG publizitätspflichtige Tatsachen regelmäßig bewertungserhebliche Umstände iSv § 20a Abs. 1 Satz 1 Nr. 1 WpHG aF.

**42**  **§ 2 Abs. 3 KuMaKV** enthält einen **Beispielskatalog** von Umständen, die „bewertungserheblich" sein können. Die Beispiele sollen ausweislich der Verordnungsbegründung[29] lediglich **als Orientierungshilfe** für die Normadressaten und Rechtsanwender dienen. Das Tatbestandsmerkmal „bewertungserheblich" wurde wortgleich aus § 88 BörsG aF übernommen und sollte dort der Eliminierung von Bagatellfällen bereits aus dem objektiven Tatbestand dienen.[30] Maßgebend bei der Bestimmung, welche Umstände für die Bewertung erheblich sind, ist die Verkehrsauffassung.[31] Dies gilt nach der Entwurfsbegründung auch im Rahmen von § 20a WpHG, da im Interesse der Flexibilität und dem Ziel, auf neue Manipulationsmöglichkeiten angemessen reagieren zu können, eine abschließende Definition weder möglich noch geboten sei.[32] Entscheidend ist zur näheren Abgrenzung die Eignung der Umstände zur Beeinflussung der Anlageentscheidung eines vernünftigen Anlegers mit durchschnittlichen Börsenkenntnissen.[33] Neben Tatsachen können auch Werturteile Dritter oder eigene Werturteile – zB Empfehlungen oder Analyseergebnisse – als bewertungserhebliche Umstände Gegenstand unrichtiger Angaben sein, da die Angaben über Existenz und Inhalt dieser Werturteile dem Beweis zugänglich sind.[34]

**43**  Gerade mit Blick auf etwaige Umgehungsmöglichkeiten wird wie bei der Vorgängervorschrift des § 88 BörsG aF auch im Rahmen von § 20a WpHG nicht auf das Merkmal der „sonstigen Täuschungshandlung" verzichtet. Nach der Verordnungsbegründung verfolgt § 3 KuMaKV das Ziel, dem Normadressaten eine Orientierungshilfe an die Hand zu geben, die aber flexibel genug ist, um auf Veränderungen des Marktes und neue Missbrauchspraktiken zu reagieren.[35] In § 3 Abs. 1 KuMaKV wird daher die sonstige Täuschungshand-

---

[27] BGBl I 2005, 515.
[28] Die Regelungen der MaKonV werden demgegenüber als aktuell geltendes Recht unmittelbar bei der Kommentierung der einzelnen Tatbestandsmerkmale des § 20a WpHG nF berücksichtigt.
[29] BR-Drucksache 639/03, S. 10.
[30] So die Gesetzesbegründung zu § 88 BörsG, BT-Drucksache 10/318, S. 4.
[31] BT-Drucksache 10/318, S. 46.
[32] BR-Drucksache 639/03, S. 9.
[33] BR-Drucksache 639/03, S. 9.
[34] BR-Drucksache 639/03, S. 10.
[35] BR-Drucksache 639/03, S. 11.

lung analog zum Wortlaut des § 263 StGB in die drei Tatmodalitäten Vorspiegelung, Entstellung und Unterdrückung aufgeteilt. Entscheidend ist bei allen drei Begehungsmodalitäten, dass die Handlung geeignet ist, eine entsprechende Fehlvorstellung hervorzurufen, während das tatsächliche Eintreten der Fehlvorstellung nicht Tatbestandsmerkmal ist.[36] Ebensowenig ist erforderlich, dass durch die Täuschung ein Vermögensschaden eintritt. Wie bei § 264a StGB genügt vielmehr auch im Rahmen von § 20a WpHG, § 3 Abs. 1 KuMaKV die Eignung zur Kurs- bzw. Preisbeeinflussung.

In **§ 3 Abs. 2 KuMaKV** werden **Regelbeispiele** für das objektive Bestehen einer sonstigen Täuschungshandlung aufgezählt, ohne dass die Erfüllung eines dieser Regelbeispiele aber notwendig einen Verstoß gegen das Verbot der Kurs- und Marktpreismanipulation bedeutet. Hinzutreten muss vielmehr stets das subjektive Element der Absicht des Marktteilnehmers, auf den Börsen- oder Marktpreis einzuwirken[37], das aber mit der Neufassung des § 20a WpHG nunmehr entfallen ist. Bislang wurde mit diesem subjektiven Erfordernis zulässiges Marktverhalten insbesondere in Form des **Designated Sponsoring** oder **Market Making** aus dem Anwendungsbereich eliminiert. Da es sich aber nur um Regelbeispiele handelt, werden auch in Zukunft bislang marktübliche Verhaltensweisen nicht allein durch den Wegfall des Merkmals der Kurseinwirkungsabsicht inadäquat.[38] **44**

Als sonstige Täuschungshandlung sind nach § 3 Abs. 2 Nr. 1 KuMaKV zunächst Geschäfte anzusehen, bei denen die Vertragspartner identisch sind. Hierunter sollen nach der Entwurfsbegründung sowohl die Kursbeeinflussung durch fiktive Geschäfte (**Scheingeschäfte**) fallen wie durch Geschäfte, mit denen interne Positionen umgeschichtet werden (sog **Wash Sales**)[39]. Der Begriff Scheingeschäft ist hierbei aber nicht im zivilrechtlichen Sinne zu verstehen, sondern im wirtschaftlichen Sinne, und zwar dahingehend, dass ein wirtschaftlicher Hintergrund fehlt und der einzige Geschäftszweck in der Kursbeeinflussung besteht.[40] Da ein Scheingeschäft im Hinblick auf die zivilrechtliche Nichtigkeit gem. § 117 Abs. 1 BGB zumindest bei Bekanntwerden dieses Umstandes nicht zu einer Kursbeeinflussung führen würde, die Kursbeeinflussung von den Parteien aber ernsthaft beabsichtigt ist und nur bei Vorliegen eines zivilrechtlich wirksamen Geschäftes eintreten kann, wird in Wahrheit in diesen Fällen zivilrechtlich kein Scheingeschäft abgeschlossen. Auch bei den Scheingeschäften handelt es sich daher im Ergebnis nicht nur um fiktive, sondern um effektive Geschäfte; allerdings haben sich die Begriffe „fiktive Geschäfte" und „Scheingeschäft" für diese Manipulationsform, bei der einziges Ziel die Kursbeeinflussung ist, fest eingebürgert. Zu differenzieren ist bei den Wash Sales, bei denen auf die wirtschaftliche Identität von Käufer und Verkäufer abgestellt wird, um hierdurch (auch) Geschäfte zwischen verbundenen Unternehmen zu erfassen.[41] Eigentlich ist nur in den Fällen fehlender rechtlicher Identität eine Kursbeeinflussung möglich wegen des Erfordernisses zivilrechtlich wirksamer Geschäfte. Allerdings kann auch bei rechtlicher Identität wegen der Besonderheiten des Börsenhandels ein Kurs zustande kommen. Ausdrücklich nicht erfasst werden daher nach dem Wortlaut des § 3 Abs. 2 Nr. 1 KuMaKV Geschäfte, bei deren Abschluss den Vertragsparteien die wirtschaftliche Identität nicht bewusst ist. Zulässig sind daher weiterhin **Cross-Trades,** sofern das Ordercrossing nicht wissentlich erfolgt (zB weil von unterschiedlichen Niederlassungen desselben Kreditinstituts unabhängig voneinander einge- **45**

---

[36] BR-Drucksache 639/03, S. 11.
[37] BR-Drucksache 639/03, S. 11.
[38] Durchaus sinnvoll wäre es gewesen, im Rahmen der KuMaKV, jedenfalls aber in der MaKonV, die Tätigkeit des Market Makers, des Designated Sponsors, des Skontroführers sowie Veräußerungsverbote (Lockup-Agreements) ausdrücklich aus dem Anwendungsbereich des § 20a WpHG auszunehmen; in diesem Sinne auch *Pfüller/Anders* WM 2003, 2445 (2448 f.).
[39] BR-Drucksache 639/03, S. 11; eine beispielhafte Erläuterung bietet *Schröder,* Handbuch Kapitalmarktstrafrecht, 2. Aufl., Rn. 488 ff.
[40] In diesem Sinne wohl auch *Lenzen* WM 2000, 1131 (1132) sowie *Ziouvas* ZGR 2003, 113 (132).
[41] BR-Drucksache 639/03, S. 12.

gebene Börsenorders zufällig gematched werden) oder den anderen Marktteilnehmern im Einklang mit den gesetzlichen Regeln und den Marktbestimmungen angekündigt worden ist (§ 3 Abs. 2 Nr. 1 KuMaKV).

**46** Auch sog. **Pre-Arranged Trades** unter Beachtung der Handelsbedingungen der Eurex, stellen keine Täuschungshandlung dar, da in § 3 Abs. 2 Nr. 2 ausdrücklich darauf abgestellt wird, ob diese Geschäfte im Einklang mit den gesetzlichen Regeln und den Marktbestimmungen angekündigt worden sind. Erfasst werden hingegen Geschäfte, bei denen Aufträge und Gegenaufträge aufeinander abgestimmt sind, sowie abgesprochene Geschäfte, bei denen von vornherein fest steht, dass Gegenaufträge erteilt werden (sog. **Improper Matched Orders**). Dies gilt unabhängig davon, ob ein positiver oder negativer Kursausschlag angestrebt wird oder aber die (künstliche) Beibehaltung des gegenwärtigen Kurses.

**47** Geradezu klassische Täuschungshandlungen sind Verhaltensweisen, bei denen, insbesondere im Wege kollusiven Handelns, Geschäfte vorgenommen werden, um den Kurs hoch oder herunterzutreiben oder beizubehalten, wenn ansonsten eine andere Kursbewegung stattgefunden hätte. Meist sind diese Verhaltensweisen damit verbunden, dass in der Folge der betreffende Vermögenswert dann erworben oder veräußert wird (**"Pump and Dump"**)[42].

**48** Nach § 3 Abs. 2 Nr. 3 KuMaKV kommen als sonstige Täuschungshandlung ferner in Betracht Geschäfte, die den unzutreffenden Eindruck wirtschaftlich begründeter Umsätze erwecken. Diese Verhaltensweise wird auch als **"Painting the Tape"**[43] oder **"Advancing the Bid"** bezeichnet. Letzteres ist nach der Entwurfsbegründung dann der Fall, wenn nicht eine Investmentidee umgesetzt werden soll, sondern lediglich das Marktverhalten anderer Marktteilnehmer beeinflusst werden soll (und auch werden kann).[44] Die Täuschung liegt hier darin, dass der andere Marktteilnehmer nicht erkennen kann, dass die Transaktion lediglich mit der Absicht, den Preis zu beeinflussen, vorgenommen wurde und der Kurs dadurch verzerrt worden ist.

**49** Ausdrücklich erfasst sind in § 3 Abs. 2 Nr. 4 KuMaKV Geschäfte, die zu einer Täuschung über Angebot und Nachfrage führen bei einem Vermögenswert im Zeitpunkt der Feststellung eines bestimmten Börsen- oder Marktpreises, der als Referenzpreis für andere Produkte dient, wie dies häufig bei Schlusskursen der Fall ist.[45] Klargestellt werden soll dadurch, dass auch die Manipulation eines Preises, der als Referenzpreis für andere Finanzinstrumente dient, dem Verbot unterliegt. Diese auch als **"Marking the Close"** bezeichnete Regelung geht auf den Bundesrat zurück.[46] Eine solche Beeinflussung kann auch mittelbar erfolgen, indem andere Marktteilnehmer in ihrem Verhalten beeinflusst werden, um die erwünschte Wirkung auf den Preis des Vermögenswertes zu erzielen.[47]

**50** § 3 Abs. 3 KuMaKV soll Täuschungen erfassen, die kein Handelsverhalten an einer Börse oder einem Markt voraussetzen. Erfasst wird von Abs. 3 Nr. 1 das Ausnutzen einer marktbeherrschenden Stellung über das Marktangebot bei einem Vermögenswert zu einer nicht marktgerechten Preisbildung[48]. Dieses auch als **"Cornering"**[49] und **"Abusive**

---

[42] BR-Drucksache 639/03, S. 12; ein Beispiel bietet *Schröder*, Handbuch Kapitalmarktstrafrecht, 2. Aufl., Rn. 496 ff.
[43] Hierzu *Schröder*, Handbuch des Kapitalmarktstrafrechts, 2. Aufl., Rn. 493 ff.
[44] BR-Drucksache 639/03, S. 12.
[45] *Schröder*, Handbuch Kapitalmarktstrafrecht, 2. Aufl., Rn. 506 mit einem Beispiel.
[46] Beschluss des Bundesrates, BR-Drucksache 639/03.
[47] BR-Drucksache 639/03, S. 12.
[48] Zu Recht weisen insoweit aber *Streinz/Ohler* WM 2004, 1309 (1316) darauf hin, dass auch bei weitester Auslegung das Ausnutzen einer marktbeherrschenden Stellung kaum mehr als sonstige Täuschungshandlung angesehen werden kann. Durch den neuen § 20a Abs. 1 Nr. 2 WpHG sind nunmehr aber auch Geschäfte verboten, die geeignet sind, falsche oder irreführende Signale für den Börsen- oder Marktpreis zu geben. Letzteres ist beim Ausnutzen einer marktbeherrschenden Stellung der Fall; vgl. dazu → Rn. 125 f.
[49] *Schröder*, Handbuch des Kapitalmarktstrafrechts, 2 Aufl., Rn. 503 mit beispielhafter Erläuterung.

**Squeeze"**[50] bezeichnete Marktverhalten soll insbesondere die gezielte Verknappung eines Vermögenswertes unter Ausnutzung der eigenen Marktstellung erfassen mit dem Ziel, die Kontrolle über Angebot oder Lieferung zu erhalten und hierdurch dann den Kurs des Vermögenswertes selbst zu beeinflussen.[51]

Als sonstige Täuschungshandlung gilt gem. § 3 Abs. 3 Nr. 2 KuMaKV die Verbreitung von Gerüchten oder Empfehlungen bei Bestehen eines möglichen Interessenkonflikts, ohne dass dieser zugleich in adäquater Weise offengelegt wird. Erfasst wird hierdurch insbesondere das sog. **Scalping,** bei dem der Täter zunächst eine bestimmte Position in Finanzinstrumenten eingeht, um sodann die Marktteilnehmer mittels öffentlichkeitswirksamer Anlageempfehlungen zu entsprechenden Geschäften zu veranlassen, um anschließend aus der erwarteten Kursbewegung Nutzen zu ziehen. Diese Wertung steht in Übereinstimmung mit der Rechtsprechung des BGH,[52] wonach das Hochjubeln von Wertpapieren nicht als Insiderdelikt,[53] sondern als Marktmanipulation einzuordnen sei. Relevanz kann diese Vorschrift darüber hinaus im Zusammenhang mit der Veröffentlichung von Finanzanalysen gewinnen, weshalb auf die Offenlegung etwaiger Interessenkonflikte sorgfältig zu achten ist. Werden die Vorgaben von § 34b WpHG eingehalten, wird dieser aber insoweit als Safe Harbour zu qualifizieren sein mit der Konsequenz, dass eine sonstige Täuschungshandlung iSv § 20a WpHG nicht vorliegt. 51

Vom Aufbau folgt die **KuMaKV** in **Teil 3** der EU-Verordnung zu Ausnahmeregelungen für Rückkaufprogramme und Kursstabilisierungsmaßnahmen. Teil 3 der KuMaKV enthält für Stabilisierungsmaßnahmen (§§ 4–11), Mehrzuteilungsoption und Greenshoe-Vereinbarungen (§ 12) sowie den Erwerb eigener Aktien (§ 13) **Safe-Harbour Bestimmungen.** In diesem Zusammenhang wird in der Begründung ausdrücklich klargestellt, dass die vorgenannten Ausnahmetatbestände lediglich diejenigen Handlungen beschreiben, die in keinem Fall eine Manipulation darstellen; außerhalb des Safe Harbour liegende Handlungen müssen daher nicht zwingend die Voraussetzungen des Verbotstatbestandes von § 20a WpHG erfüllen.[54] Dies sollte auch durch die Überschrift des 3. Teils zum Ausdruck gebracht werden, wo ausdrücklich nicht von „zulässigen Handlungen" (so die erste Entwurfsfassung), sondern von „Handlungen, die in keinem Fall einen Verstoß gegen das Verbot der Kurs- und Marktpreismanipulation nach § 20a Abs. 1 Satz 1 WpHG darstellen", die Rede war. Mit In-Kraft-Treten der EU-Verordnung endete die Relevanz dieses 3. Teils.[55] In § 20a Abs. 3 WpHG nF wird nunmehr ausdrücklich auf die Verordnung (EG) Nr. 2273/2003 verwiesen. Eine entsprechende Umsetzung ist in § 5 MaKonV erfolgt. 52

**2. MaKonV.** § 20a Abs. 5 WpHG nF enthält eine Ermächtigung zum Erlass einer Rechtsverordnung seitens des Bundesministeriums der Finanzen, nähere Bestimmungen zu erlassen über 53
1. Umstände, die für die Bewertung von Finanzinstrumenten erheblich sind,

---

[50] *Schröder,* Handbuch des Kapitalmarktstrafrechts, 2 Aufl., Rn. 505 mit beispielhafter Erläuterung.
[51] BR-Drucksache 639/03, S. 12.
[52] BGH WM 2004, 69 mit zustimmender Anmerkung von *Fleischer* DB 2004, 51 ff. (52: „Niemand kann sein eigener Insider sein."); ferner *Schäfer* BKR 2004, 78 f. insbesondere zur Abgrenzung von Scalping und Frontrunning sowie *Weber* NZG 2000, 113 (115, 124 f., 129); kritisch demgegenüber *Kutzner* WM 2005, 1401 (1404 f.), der die Strafwürdigkeit des Scalping generell in Frage stellt.
[53] So aber die Vorinstanz LG Stuttgart ZIP 2003, 259; zum früheren Streitstand *Assmann* in Assmann/Schneider, 6. Aufl., § 14 Rn. 48 mwN; zur Abgrenzung Insidergeschäft/Marktmanipulation *Ziouvas* ZGR 2003, 113 (129 f.).
[54] BR-Drucksache 639/03, S. 13; *Pfüller/Anders* WM 2003, 2445 (2448) nennen als Beispiele für nicht geregelte, aber gleichwohl zulässige Sachverhalte die Tätigkeit des Market Makers, des Designated Sponsors sowie des Skontroführers.
[55] Zu den Safe-Harbour-Regelungen der Verordnung (EG) Nr. 2273/2003 sowie der KuMaKV *Leppert/Stünwald* ZBB 2004, 302 ff.; ferner *Meyer* AG 2004, 289 ff.; *Pfüller/Anders* WM 2003, 2445 (2448 ff.); *Vogel* WM 2003, 2437 ff.

2. falsche oder irreführende Signale für das Angebot, die Nachfrage oder den Börsen- oder Marktpreis von Finanzinstrumenten oder das Vorliegen eines künstlichen Preisniveaus,
3. das Vorliegen einer sonstigen Täuschungshandlung,
4. Handlungen und Unterlassungen, die in keinem Fall einen Verstoß gegen das Verbot des Absatzes 1 Satz 1 (das Machen unrichtiger oder irreführender Angaben bzw. Verschweigen bewertungserheblicher Umstände) darstellen, und
5. Handlungen, die als zulässige Marktpraxis gelten und das Verfahren zur Anerkennung einer zulässigen Marktpraxis.

**54** Die MaKonV dient damit der weiteren Umsetzung der EU-Marktmissbrauchsrichtlinie sowie der auf der Grundlage der Marktmissbrauchsrichtlinie erlassenen Durchführungsrichtlinien der Kommission 2003/124/EG sowie 2004/72/EG in nationales Recht. Die MaKonV ersetzt dabei die am 28.11.2003 in Kraft getretene KuMaKV, die bereits im Vorgriff auf die vorgenannten EU-Richtlinien ergangen war, aber nicht mehr den aktuellen Vorgaben der vorgenannten EU-Richtlinien entsprach. Für Kursstabilisierungsmaßnahmen und Aktienrückkaufprogramme, die bislang ebenfalls in der KuMaKV geregelt waren, wurde mit der bereits erwähnten EU-Verordnung Nr. 2273/2003 eine unmittelbar in allen Mitgliedsstaaten geltende Regelung geschaffen, so dass die teilweise von der EU-Verordnung abweichenden Regelungen der KuMaKV mit Ablauf der Umsetzungsfrist der Marktmissbrauchsrichtlinie gegenstandslos wurden. Soweit es diesen Teilaspekt betrifft, verstößt § 11 MaKonV, wonach die KuMaKV insgesamt erst zum 11.3.2005 außer Kraft tritt, daher gegen die EU-Verordnung 2273/2003, was aber mittlerweile allenfalls von historischem Interesse ist.

**55** Auf der Grundlage der Ermächtigung des § 20a Abs. 5 WpHG wurden in der MaKonV die Regelungen aus der bisherigen KuMaKV übernommen, soweit sie mit der neuen Fassung des § 20a WpHG vereinbar sind, und darüber hinaus die notwendigen Ergänzungen vorgenommen. Es handelt sich dabei insbesondere um folgende Punkte:
1. Einarbeitung der Beispielsfälle für Marktmanipulation in Art. 1 Nr. 2c) 1. bis 3. Spiegelstrich der Marktmissbrauchsrichtlinie,
2. Berücksichtigung der Anzeichen für falsche oder irrführende Signale oder ein künstliches Kursniveau sowie für sonstige Täuschungshandlungen in Art. 4 und 5 der Durchführungsrichtlinie 2003/124/EG zur Marktmissbrauchsrichtlinie,
3. Regelung der bei der Beurteilung von Marktpraktiken zu berücksichtigenden Faktoren sowie Konsultationsverfahren und Bekanntgabe der Entscheidung über die Anerkennung von zulässigen Marktpraktiken nach Art. 2 und 3 der Durchführungsrichtlinie 2004/72/EG zur Marktmissbrauchsrichtlinie.

**56** Vom Aufbau her regelt die MaKonV wie zuvor die KuMaKV zunächst den Anwendungsbereich und konkretisiert im zweiten Teil dann die Begriffe der bewertungserheblichen Umstände für Finanzinstrumente, der falschen oder irreführenden Signale zum Erwerb oder die Veräußerung von Finanzinstrumenten sowie das Vorliegen einer sonstigen Täuschungshandlung. Im dritten Teil wird durch einen schlichten Verweis auf die EU-Verordnung Nr. 2273/2003 die dortige Safe-Harbour Regelung nochmals deklaratorisch wiederholt. Der vierte Teil regelt schließlich das Verfahren zur Feststellung einer zulässigen Marktpraxis durch die BaFin.

## B) § 20a WpHG nF

### I. Entstehungsgeschichte und Änderungen gegenüber § 20a WpHG aF

**57** Durch das **Anlegerschutzverbesserungsgesetz**[56] ist das Verbot der Kurs- und Marktpreismanipulation nach § 20a WpHG neu gefasst worden. Die Überschrift lautet nunmehr „Verbot der Marktmanipulation".

---

[56] BGBl I 2004, 2630.

## § 10 Verbot der Marktmanipulation

Nach **§ 20a Abs. 1 WpHG** ist es verboten                                                                    58
1. unrichtige oder irreführende Angaben über Umstände zu machen, die für die Bewertung eines Finanzinstruments erheblich sind, oder solche Umstände entgegen bestehenden Rechtsvorschriften zu verschweigen, wenn die Angaben oder das Verschweigen geeignet sind, auf den inländischen Börsen- oder Marktpreis eines Finanzinstruments oder auf den Preis eines Finanzinstruments an einem organisierten Markt in einem anderen Mitgliedstaat der Europäischen Union oder in einem anderen Vertragsstaat des Abkommens über den Europäischen Wirtschaftsraum einzuwirken;
2. Geschäfte vorzunehmen oder Kauf- oder Verkaufsaufträge zu erteilen, die geeignet sind, falsche oder irreführende Signale für das Angebot, die Nachfrage oder den Börsen- oder Marktpreis von Finanzinstrumenten zu geben oder ein künstliches Preisniveau herbeizuführen oder
3. sonstige Täuschungshandlungen vorzunehmen, die geeignet sind, auf den inländischen Börsen- oder Marktpreis eines Finanzinstruments oder auf den Preis eines Finanzinstruments an einem organisierten Markt in einem anderen Mitgliedstaat der Europäischen Union oder in einem anderen Vertragsstaat des Abkommens über den Europäischen Wirtschaftsraum einzuwirken.

Satz 1 gilt für Finanzinstrumente, die                                                                       59
1. an einer inländischen Börse zum Handel zugelassen oder in den regulierten Markt oder in den Freiverkehr einbezogen sind oder
2. in einem anderen Mitgliedstaat der Europäischen Union oder einem Vertragsstaat des Abkommens über den Europäischen Wirtschaftsraum zum Handel an einem organisierten Markt zugelassen sind.

Der Zulassung zum Handel an einem organisierten Markt oder der Einbeziehung in den 60
regulierten Markt oder den Freiverkehr steht es gleich, wenn der Antrag auf Zulassung oder Einbeziehung gestellt oder öffentlich angekündigt ist.

Nach **Abs. 2** gilt das Verbot des Abs. 1 Satz 1 Nr. 2 nicht, wenn die Handlung mit der 61
zulässigen Marktpraxis auf dem betreffenden organisierten Markt oder in dem betreffenden Freiverkehr vereinbar ist und der Handelnde hierfür legitime Gründe hat. Als zulässige Marktpraxis gelten nur solche Gepflogenheiten, die auf dem jeweiligen Markt nach vernünftigem Ermessen erwartet werden können und von der Bundesanstalt als zulässige Marktpraxis im Sinne dieser Vorschrift anerkannt werden. Eine Marktpraxis ist nicht bereits deshalb unzulässig, weil sie zuvor nicht ausdrücklich anerkannt wurde.

Nach **Abs. 3** stellen der Handel mit eigenen Aktien im Rahmen von Rückkaufprogram- 62
men sowie Maßnahmen zur Stabilisierung des Preises von Finanzinstrumenten in keinem Fall einen Verstoß gegen das Verbot des Abs. 1 Satz 1 dar, soweit diese nach Maßgabe der Verordnung (EG) Nr. 2273/2003 der Kommission vom 22.12.2003 zur Durchführung der Richtlinie 2003/6 EG des Europäischen Parlaments und des Rates – Ausnahmeregelungen für Rückkaufprogramme und Kursstabilisierungsmaßnahmen (ABl. EU Nr. L 336 S. 33) erfolgen. Für Finanzinstrumente, die in den Freiverkehr oder in den regulierten Markt einbezogen sind, gelten die Vorschriften der Verordnung (EG) Nr. 2273/2003 entsprechend.

Nach **Abs. 4** gelten die Absätze 1 bis 3 entsprechend für                                                  63
1. Waren im Sinne des § 2 Abs. 2c,
2. Emissionsberechtigungen im Sinne des § 3 Nr. 3 des Treibhausgas-Emissionshandelsgesetzes und
3. ausländische Zahlungsmittel im Sinne des § 51 BörsG,
die an einer inländischen Börse oder einem vergleichbaren Markt in einem anderen Mitgliedstaat der Europäischen Union oder in einem anderen Vertragsstaat des Abkommens über den Europäischen Wirtschaftsraum gehandelt werden.

**Abs. 5** enthält eine Verordnungsermächtigung für das Bundesministerium für Finanzen, 64
die auf die Bundesanstalt für Finanzdienstleistungsaufsicht übertragen werden kann, mit Zustimmung des Bundesrates eine Rechtsverordnung zu erlassen, über
1. Umstände, die für die Bewertung von Finanzinstrumenten erheblich sind,

2. falsche oder irreführende Signale für das Angebot, die Nachfrage oder den Börsen- oder Marktpreis von Finanzinstrumenten oder das Vorliegen eines künstlichen Preisniveaus,
3. das Vorliegen einer sonstigen Täuschungshandlung,
4. Handlungen und Unterlassungen, die in keinem Fall einen Verstoß gegen das Verbot des Abs. 1 Satz 1 darstellen, und
5. Handlungen, die als zulässige Marktpraxis gelten, und das Verfahren zur Anerkennung einer zulässigen Marktpraxis.

**65** Nach **Abs. 6** ist bei Journalisten, die in Ausübung ihres Berufes handeln, das Vorliegen der Voraussetzungen nach Abs. 1 Satz 1 Nr. 1 unter Berücksichtigung ihrer berufsständischen Regeln zu beurteilen, es sei denn, dass diese Personen aus den unrichtigen oder irreführenden Angaben direkt oder indirekt einen Nutzen ziehen oder Gewinn schöpfen.

**66** Gegenüber der Vorfassung ist § 20a WpHG dahingehend erweitert worden, dass in Umsetzung von Art. 1 Nr. 2c) der Marktmissbrauchsrichtlinie[57] der Begriff der unrichtigen Angaben in § 20a Abs. 1 Satz 1 Nr. 1 um „irreführende" Angaben ergänzt worden ist. Hierunter sollen nach der Gesetzesbegründung solche Angaben zu verstehen sein, die zwar inhaltlich richtig sind, jedoch aufgrund ihrer Darstellung beim Empfänger der Information eine falsche Vorstellung über den geschilderten Sachverhalt nahelegen.[58]

**67** § 20a Abs. 1 Satz 1 Nr. 2 WpHG nF ist in Umsetzung von Art. 1 Nr. 2a) der Marktmissbrauchsrichtlinie[59] neu eingefügt worden und verbietet es, Geschäfte vorzunehmen oder Kauf- oder Verkaufsaufträge zu erteilen, die geeignet sind, falsche oder irreführende Signale für das Angebot, die Nachfrage oder den Börsen- oder Marktpreis von Finanzinstrumenten zu geben oder ein künstliches Preisniveau herbeizuführen. § 20a Abs. 2 WpHG nF enthält für dieses Verbot eine Einschränkung, wenn die Handlung mit der zulässigen Marktpraxis auf dem betreffenden organisierten Markt oder in dem betreffenden Freiverkehr vereinbar ist und – kumulativ – der Handelnde hierfür legitime Gründe hat. Maßgebend für die Zulässigkeit der Marktpraxis ist dabei grundsätzlich die Anerkennung durch die BaFin, wobei in § 20a Abs. 2 Satz 3 WpHG aber eine Klarstellung dahingehend erfolgt, dass eine Marktpraxis nicht bereits deshalb unzulässig ist, weil sie nicht zuvor ausdrücklich anerkannt wurde.

**68** Als Folge der Einfügung einer neuen Nr. 2 wird aus § 20a Abs. 1 Satz 1 Nr. 2 WpHG aF nunmehr § 20a Abs. 1 Satz 1 Nr. 3 WpHG nF Hiermit verbunden ist der Entfall des Absichtsmerkmals in § 20a Abs. 1 Satz 1 Nr. 3 WpHG nF, mit dem Art. 1 Nr. 2b) der Marktmissbrauchsrichtlinie[60] umgesetzt wird. Statt des bisherigen Absichtsmerkmals in § 20a Abs. 1 Satz 1 Nr. 2 WpHG aF („um ... einzuwirken") ist nunmehr lediglich die objektive Preiseinwirkungseignung erforderlich. Hierdurch sollen sich auch die in der Vergangenheit aufgetretenen Beweisprobleme erübrigen.[61] Dies ist um so bemerkenswerter, als im Rahmen von § 20a WpHG aF das Absichtsmerkmal entgegen dem damaligen Regierungsentwurf aufgenommen worden war, um hierdurch eine bessere Abgrenzung zwischen legitimen und nicht sanktionswürdigen Transaktionen zu erreichen und den Unrechtsgehalt auf die subjektive Seite des Handelnden zu verschieben.[62]

**69** Eine Sonderregelung findet sich in § 20a Abs. 6 WpHG für Journalisten, mit der Art. 1 Nr. 2c) Satz 2 der Marktmissbrauchsrichtlinie[63] umgesetzt wird. Hiernach sind bei Journalisten, soweit es das Verbot der unrichtigen oder irrführenden Angaben nach Abs. 1 Nr. 1

---

[57] ABl EG L 96/16 v. 12.4.2003.
[58] Begründung des Gesetzentwurfes der Bundesregierung S. 25.
[59] ABl EG L 96/16 v. 12.4.2003.
[60] ABl EG L 96/16 v. 12.4.2003.
[61] Begründung des Gesetzentwurfs der Bundesregierung S. 25.
[62] Beschluss des Finanzausschusses S. 59 sowie Bericht S. 19; zu Recht weist *Vogel* in Assmann/Schneider, 6. Aufl., § 20a Rn. 21 gegenüber dieser subjektivierenden Betrachtungsweise darauf hin, dass auch bei der erlaubten Kurspflege eine Preiseinwirkungsabsicht vorliegt, diese Merkmal mithin kein taugliches Abgrenzungskriterium bildet.
[63] ABl EG L 96/16 v. 12.4.2003.

betrifft, die berufsständischen Regeln zu berücksichtigen. Im Ergebnis geht es um eine Abwägung zwischen der Pflicht zu wahrheitsgemäßen Angaben und der Überprüfung der Quellen einerseits und dem Grundrecht der Pressefreiheit andererseits.[64] Dies findet nach dem Wortlaut der Vorschrift aber dort eine Grenze, wo die Journalisten aus den unrichtigen oder irreführenden Angaben direkt oder indirekt einen Nutzen ziehen oder Gewinne schöpfen. Ferner gilt das Abwägungserfordernis nur für die Tathandlung der unrichtigen oder irreführenden Angaben nach Abs. 1 Satz 1 Nr. 1, nicht aber die Geschäfte nach Abs. 1 Satz 1 Nr. 2 oder die sonstigen Täuschungshandlungen nach Abs. 1 Satz 1 Nr. 3.

**70** Neu eingeführt wurde in Übereinstimmung mit Art. 1 Nr. 5 Marktmissbrauchsrichtlinie[65] für den Bereich des § 20a Abs. 1 Satz 1 Nr. 2 ferner die Ausnahmeregelung in Abs. 2, wenn die Handlung eine zulässige Marktpraxis darstellt und der Handelnde legitime Gründe für sein Handeln hat. Als zulässige Marktpraxis gelten nach Abs. 2 Satz 2 solche Gepflogenheiten, die auf dem jeweiligen Markt nach vernünftigem Ermessen erwartet werden können und von der Bundesanstalt als zulässige Marktpraxis anerkannt werden. Eine Marktpraxis ist nach Abs. 2 Satz 3 nicht bereits deshalb unzulässig, weil sie nicht zuvor ausdrücklich anerkannt wurde, so dass eine Anerkennung durch die Bundesanstalt auch ex post erfolgen kann. Nach der Gesetzesbegründung ist das subjektive Element der „legitimen Gründe" nur dann zu verneinen, wenn festgestellt werden kann, dass der Handelnde in betrügerischer oder manipulativer Absicht gehandelt hat.[66]

**71** Entsprechend der Terminologie der Marktmissbrauchsrichtlinie[67] wird der bisher in § 20a WpHG aF sowie der KuMaKV verwendete Begriff „Vermögenswert" in den Begriff des Finanzinstruments geändert und in Abs. 4 der Anwendungsbereich von § 20a – wie bisher[68] – auch auf Waren und ausländische Zahlungsmittel im Sinne von § 63 Abs. 2 BörsG erstreckt, soweit diese an einem organisierten Markt gehandelt werden.

**72** Die nunmehr in Abs. 5 enthaltene Verordnungsermächtigung entspricht in Nr. 1, 3 und 4 der bisherigen Fassung des § 20a Abs. 2 WpHG aF Mit Nr. 2 und 5 werden die Bestimmungen in Art. 1 Nr. 2 und 5 der Marktmissbrauchsrichtlinie umgesetzt, wonach durch Rechtsverordnung die Möglichkeit geschaffen werden kann, anhand der Erfahrungen in der Praxis und europarechtlicher Entwicklungen die Begriffe der falschen und irreführenden Signale bei der Beurteilung des Vorliegens einer Marktmanipulation und die bei der Einstufung als zulässige Marktpraxis zu berücksichtigenden Faktoren einschließlich des Verfahrens zur Feststellung einer zulässigen Marktpraxis flexibel anzupassen.[69] Wie bereits im Rahmen von § 20a WpHG aF soll die erforderliche Konkretisierung durch die Rechtsverordnung erreicht werden.

**73** Nach § 38 Abs. 2 WpHG liegt bei tatsächlicher Einwirkung auf den Börsen- oder Marktpreis eine Straftat vor, ansonsten nach § 39 Abs. 1 Nr. 1 oder Nr. 2 oder Abs. 2 Nr. 11 WpHG nur eine Ordnungswidrigkeit, die gemäß § 39 Abs. 4 Satz 1 WpHG mit einer Geldbuße bis 1 Mio. EUR bedroht ist. Im Falle der Straftat kann diese gemäß § 38 Abs. 1 und 2 WpHG mit Freiheitsstrafe bis zu fünf Jahren oder mit Geldstrafe belegt werden.[70] Der Versuch ist nicht strafbar, da sich § 38 Abs. 3 WpHG nur auf die Insiderdelikte bezieht; allerdings wird in diesen Fällen regelmäßig bereits der Tatbestand einer Ordnungswidrigkeit nach § 39 Abs. 1 Nr. 1 oder Nr. 2 oder Abs. 2 Nr. 11 WpHG erfüllt sein.

---

[64] Begründung des Gesetzentwurfs der Bundesregierung S. 25.
[65] ABl EG L 96/16 v. 12.4.2003.
[66] Begründung des Gesetzentwurfes der Bundesregierung S. 25.
[67] ABl EG L 96/16 v. 12.4.2003.
[68] So ausdrücklich die Begründung des Gesetzentwurfs der Bundesregierung S. 25.
[69] Gesetzentwurf der Bundesregierung S. 26.
[70] *Vogel* in Assmann/Schneider, 6. Aufl., Vor § 20a Rn. 14 weist in diesem Zusammenhang darauf hin, dass nach der Marktmissbrauchsrichtlinie keine Kriminalisierungspflicht bestanden hätte, sondern nur sichergestellt werden muss, dass gegen die für Marktmanipulationen verantwortlichen Personen „Verwaltungsmaßnahmen" ergriffen oder „im Verwaltungsverfahren zu erlassende Sanktionen" verhängt werden können.

## II. Verfassungsrechtliche Bedenken

74    Bereits gegenüber § 20a WpHG aF war in der juristischen Literatur angesichts der Vielzahl unbestimmter Rechtsbegriffe der Vorwurf der verfassungsrechtlich bedenklichen Unbestimmtheit erhoben worden.[71] Zu Recht weist diese *Vogel*[72] mit dem Argument zurück, dass der Kern der Tathandlung, das Machen unrichtiger Angaben, dh Lügen, in einer für jedermann ein- und voraussehbaren Weise bestimmt sei und durch die für sich genommen unbestimmten Kriterien der Erheblichkeit und Kursbeeinflussungseignung noch weiter eingeengt werden. Darüber hinaus ist keiner der in § 20a WpHG verwendeten Begriffe völlig neu.[73] Angesichts der Vielgestaltigkeit und des raschen Wandels der Techniken der Kurs- und Marktpreismanipulation ist es ferner nicht zu beanstanden, dass sich der Gesetzgeber gegen kasuistische Regelbeispiele und für eine abstrakt normative Gesetzesfassung entschieden hat.[74] Damit aber dient die Verordnungsermächtigung nicht dazu, fehlende gesetzliche Bestimmtheit herzustellen,[75] sondern nur dazu, durch Legaldefinitionen und (Regel-)beispiele die Rechtssicherheit zu erhöhen.[76] Dieser Befund gilt aber zunächst einmal nur für den Verbotstatbestand des § 20a WpHG selbst, während die eigentlich zur Konkretisierung gedachte MaKonV sich zwar inhaltlich an die Vorgaben der Richtlinie 2003/124/EG[77] hält, leider in punkto Konkretisierung aber auch nicht darüber hinausgeht, sondern wie die Richtlinie 2003/124/EG durch die Wahl eher ambivalenter, objektiv neutraler Beispiele statt der intendierten Konkretisierung der Manipulationshandlungen gerade umgekehrt eher zu einer Unbestimmtheit führt.[78] Die eigentlich als Konkretisierung gedachten (Regel-)Beispiele sind daher allenfalls dann aussagekräftig, wenn das von § 20a WpHG bezweckte Verbot der Täuschung oder Irreführung jeweils als maßgebendes Kriterium mitberücksichtigt wird. Die in der MaKonV genannten (Regel-)beispiele sind somit zwar für die Aufnahme von Ermittlungen, ob ein Verstoß gegen § 20a WpHG vorliegt, durchaus naheliegende Aufgreifkriterien, da eine Großorder ein ganz anderes Potential zur Kursbeeinflussung besitzt als eine Retailorder; gleiches gilt für die zeitliche Konzentration von Aufträgen, insbesondere im Zusammenhang mit dem Schlusskurs – allein aus dem Kursbeeinflussungspotential der jeweiligen Transaktionen kann jedoch nicht gefolgert werden, dass diese auch tatsächlich manipulativ eingesetzt worden sind. Gerade dieses manipulative Element wird jedoch in der MaKonV nicht hinreichend konkretisiert.[79]

---

[71] *Altenhain* BB 2002, 1874 (1876); *Moosmayer* wistra 2002, 161 (167 ff.), der den Vorwurf der Unbestimmtheit letztlich am (mittlerweile überholten) juristischen Meinungsstreit zum Scalping festmachen will (169); *Sorgenfrei* wistra 2002, 321 (325), *ders.* in Park, Kapitalmarktstrafrecht, 3. Aufl., Teil 3 Kap. 4 Rn. 61 f.; *Streinz/Ohler* WM 2004, 1309 unter Ausdehnung dieser Bedenken auch auf die KuMaKV; Bedenken auch bei *Pfüller/Anders* WM 2003, S. 2445 (2447 f.), *Bisson/Kunz* BKR 2005, 186 (188) und *Kutzner* WM 2005, 1401 (1408) sowie *Park* BB 2003, 1513 (1516): „Die Bundesanstalt wird damit letztlich ermächtigt, sich das Recht selbst zu schaffen, dessen Einhaltung sie zu überwachen und dessen Verletzung sie zu verfolgen hat."

[72] In Assmann/Schneider, 6. Aufl., Vor § 20a Rn. 29. Auch der BGH (BGHSt 48, 373, 383) hat das Merkmal „sonstige Täuschungshandlung" als hinreichend bestimmt gewertet.

[73] *Eichelberger* ZBB 2004, 296 (298).

[74] *Eichelberger* ZBB 2004, 296 (298).

[75] In diesem Sinne wohl *Lenzen* ZBB 2003, 279 (286) sowie *Kutzner* WM 2005, 1401 (1406).

[76] *Vogel* in Assman/Schneider, 6. Aufl., Vor § 20a Rn. 29; in diesem Sinne auch *Fleischer* DB 2004, 51 (54) sowie *Schwark* in Schwark/Zimmer, Kapitalmarktrecht, § 20a WpHG Rn. 6.

[77] ABl EG L 339/70 v. 24.12.2003.

[78] Berechtigt daher die Kritik von *Sorgenfrei* in Park, Kapitalmarktstrafrecht, 2. Aufl., Teil 3 Kap. 4 T1 Rn. 20: „Konkretisierung bloßer Prüfkriterien ist keine Tatbestandskonkretisierung".

[79] Demgegenüber ist *Ziouvas* ZGR 2003, 113 (128) der Auffassung, durch die Konkretisierung der Manipulationshandlungen mittels Rechtsverordnung werde dem Bestimmtheitsgrundsatz „par excellence" genüge getan; diametral entgegengesetzter Ansicht *Kutzner* WM 2005, 1401 (1402): Mit den Formulierungen der MaKonV sucht der Verordnungsgeber den Begriff der „bewertungserheblichen Umstände" durch die Aufzählung weiterer unbestimmter Merkmale zu konkretisieren.

§ 10 Verbot der Marktmanipulation

Das Ergebnis, dass § 20a WpHG (abstrakt) verfassungsgemäß ist,[80] bedeutet ferner nicht, dass jede Anwendung der Vorschrift verfassungsrechtlich unbedenklich sei.[81] *Vogel*[82] sieht durch Art. 103 II GG nicht nur den Gesetzgeber, sondern auch den Rechtsanwender gebunden und zieht hieraus den Schluss, dass bei der Auslegung nicht an die Grenze des möglichen Wortsinns gegangen werden darf, sondern die Anwendung der Vorschrift auf ihr eindeutig unterfallende Verhaltensweisen beschränkt werden muss.[83] Für die Verordnungsermächtigung nach § 20a Abs. 5 WpHG bedeutet dies, dass sie nicht zu einer Ausdehnung der Verbotsmaterie eingesetzt werden darf, sondern nur eindeutige Fälle hervorheben sollte[84] und bei den dort genannten ambivalenten bzw. objektiv neutralen Verhaltensweisen und Kriterien im Zweifel ein Verstoß verneint werden muss. Dies gilt erst recht für erst durch die Manipulationsabsicht des Täters als tatbestandsrelevant eingestufte Geschäfte oder Verhaltensweisen, wenn sich diese subjektive Motivation nicht auch an objektiven Gegebenheiten festmachen lässt.[85] Letztlich bei allen in der MaKonV genannten Kriterien muss daher hinterfragt werden, worin konkret die Täuschung zu sehen ist. Ausgenommen von dieser Kritik sind lediglich die auf Basis der Ermächtigung in § 20a Abs. 5 Satz 1 Nr. 4 WpHG erlassenen sog. Safe-Harbour-Regeln, da hierdurch der Anwendungsbereich nicht erweitert, sondern eingeschränkt wird.[86]

75

**III. Schutzzweck**

Nicht nur von akademischer Bedeutung ist die Frage nach dem Schutzzweck, da sie auch für die konkrete Auslegung der unbestimmten Rechtsbegriffe Relevanz gewinnt.[87] Während für die Vorgängervorschrift[88] die ganz hM die Auffassung vertrat, dass Schutzgut die **Zuverlässigkeit und Wahrheit der Preisbildung an Börsen und Märkten** sei[89] und der Schutz der Kapitalanleger nur mittelbar im Sinne eines Schutzreflexes bezweckt werde, wird für § 20a WpHG verstärkt der individualschützende Aspekt in den Vorder-

76

---

[80] In diesem Sinne auch *Schröder*, Handbuch Kapitalmarktstrafrecht, 2. Aufl., Rn. 400; *Schwark* in Schwark/Zimmer, Kapitalmarktrecht, § 20a WpHG Rn. 5 sowie BGH NJW 2014, 1399.
[81] *Vogel* in Assmann/Schneider, 6. Aufl., Vor § 20a Rn. 31; *Sorgenfrei* wistra 2002, 321 (325) plädiert in diesem Zusammenhang für eine äußerst restriktive Auslegung der Norm.
[82] In Assmann/Schneider, 6. Aufl., Vor § 20a Rn. 31.
[83] In diesem Sinne auch *Sorgenfrei* in Park, Kapitalmarktstrafrecht, 3. Aufl., Teil 3 Kap. 4 Rn. 63: „äußerst restriktiv auszulegen".
[84] *Vogel* in Assmann/Schneider, 6. Aufl., Vor § 20a Rn. 31; nach *Schwark* in Schwark/Zimmer, Kapitalmarktrecht, § 20a WpHG Rn. 6 läge ein Verfassungsverstoß dann vor, wenn die Organe der vollziehenden Gewalt auf der Grundlage der Verordnungsermächtigung nicht nur gesetzesausfüllend, sondern gesetzesvertretend tätig würden, da dies einen Verstoß gegen den Gesetzesvorbehalt und Bestimmtheitsgrundsatz bedeute, kommt im Ergebnis aber zur Verfassungskonformität, da die MaKonV keine neuen Tatbestände einführe, sondern § 20a WpHG lediglich konkretisiere.
[85] Durchaus zu Recht hatte daher beispielsweise *Möller* WM 2002, 309 (313) auf die Unverzichtbarkeit subjektiver Elemente hingewiesen, was aber angesichts der allein an objektiven Kriterien orientierten Vorgaben der Marktmissbrauchsrichtlinie nunmehr obsolet ist.
[86] AA *Altenhain* BB 2002, 1874 (1876), der hierin eine Missachtung des Grundsatzes „nulla poena sine lege" sieht.
[87] Dies zeigen zB die Ausführungen von *Altenhain* BB 2002, 1874 (1878), der ausgehend von dem von ihm vertretenen individuellen Vermögensschutz im Rahmen der Bewertungserheblichkeit auch Dispositionen des „unvernünftigen" Anlegers schützen will, was aber erst recht zu einer Uferlosigkeit und damit der von ihm bemängelten verfassungsrechtlich bedenklichen Unbestimmtheit führen würde.
[88] Zum Streitstand, inwieweit § 20a WpHG Nachfolger von § 88 BörsG aF ist und den damit verbundenen Rückwirkungsfragen für vor dem 1.7.2002 begangene Alttaten, *Vogel* in Assmann/Schneider, 6. Aufl., Vor § 20a Rn. 9 f. sowie *Park* BB 2003, 1513 (1516).
[89] *Vogel* in Assmann/Schneider, 3. Aufl., § 20a Rn. 26 f. mwN; *Ziouvas/Walter* WM 2002, 1483 (1488); OLG München ZIP 2002, 1989 unter Aufhebung von LG Augsburg WM 2001, 1944.

grund gestellt.[90] Hierbei wird jedoch übersehen, dass auch „wohlmeinende"[91] Kurs- und Marktpreismanipulationen tatbestandsmäßig sein können, da § 20a WpHG keine Schädigungs- oder Bereicherungsabsicht fordert.[92] Allein ausreichend ist vielmehr die Eignung zur Kursbeeinflussung. Hinzu kommt, dass § 20a WpHG lediglich für an Börsen oder organisierten Märkten gehandelte Finanzinstrumente gilt.[93] Darüber hinaus wird im Rahmen der Bußgeldvariante allein die Manipulation als solche ohne Eintritt einer Kursbeeinflussung als Manipulationserfolg sanktioniert. Es bleibt daher auch im Rahmen des § 20a WpHG dabei, dass der Kern des Unrechts und damit der Grund des Verbots darin besteht, dass Kurs- und Marktpreismanipulationen geeignet sind, das Vertrauen der Anleger in die Integrität der Märkte zu zerstören,[94] während der Schutz der individuellen Interessen der Kapitalanleger lediglich eine mittelbare Folge des Funktionenschutzes im Sinne eines Schutzreflexes darstellt. Zu Recht sieht auch der BGH[95] den Schutzzweck von § 20a WpHG in erster Linie darin, die Funktionsfähigkeit der Wertpapiermärkte zu gewährleisten.[96]

**77** Hiervon zu trennen ist die Frage, ob § 20a WpHG Schutzgesetz im Sinne von § 823 Abs. 2 BGB ist. Zutreffenderweise wird dies aus den gleichen Gründen wie bei der Vorgängervorschrift des § 88 BörsG aF zu verneinen sein.[97] Hinzu kommt, dass unter dem Regime der Marktmissbrauchsrichtlinie die Marktmanipulation gleichrangig neben die Insider-Geschäfte gestellt wird und in den Erwägungsgründen zur Marktmissbrauchsrichtlinie nur überindividuelle Ziele genannt werden. Für den Bereich der Insider-Geschäfte hat der Gesetzgeber darüber hinaus in §§ 37b und 37c WpHG explizit Schadensersatzvorschriften geschaffen, für das Verbot der Marktmanipulation trotz Kenntnis des Streitstands aber weiterhin davon abgesehen.[98] Hierdurch entsteht auch nicht eine Lücke im System der Schadensersatzansprüche, da der BGH die Problematik durchaus befriedigend unter Rückgriff auf § 826 BGB lösen kann.[99]

**78** In der Ordnungswidrigkeitenvariante wird bereits die bloße Manipulationshandlung mit Bußgeld belegt und stellt mithin einen abstrakten Gefährdungstatbestand dar, während in

---

[90] So zB *Altenhain* BB 2002, 1874 (1875); *Lenzen* ZBB 2002, 279 (284); *Ziouvas* ZGR 2003, 113 (143f.); weitergehend fordern *Streinz/Ohler* WM 2004, 1309 (1316) insbesondere unter dem Aspekt verfassungsrechtlich gebotener Tatbestandsbestimmtheit die Aufnahme des Merkmals der Bereicherungsabsicht, da kaum jemand Kurse manipuliere, um die Integrität der Märkte zu stören, sondern um sich zu bereichern.
[91] *Vogel* in Assmann/Schneider, 6. Aufl., § 20a Rn. 216.
[92] *Vogel* in Assmann/Schneider, 6. Aufl., § 20a Rn. 216.
[93] *Vogel* in Assmann/Schneider, 6. Aufl., § 20a Rn. 30, 35.
[94] BVerfG ZIP 2002, 1986f.; *Fleischer* in Fuchs Vor § 20a Rn. 1; *Lenenbach*, Kapitalmarktrecht, 2. Aufl., Rn. 13.459; *Schwark* in Schwark/Zimmer, Kapitalmarktrecht, § 20a WpHG Rn. 7. *Schröder*, Handbuch Kapitalmarktstrafrecht, 2. Aufl., Rn. 373 spricht in diesem Zusammenhang von einem „überindividuellen Vermögensschutz".
[95] WM 2012, 303.
[96] Auf den Funktionenschutz stellen für die jetzige Regelung auch *Kümpel/Wittig*, Bank- und Kapitalmarktrecht, 4. Aufl. Rn. 14.310; *Sorgenfrei* in Park, Kapitalmarktstrafrecht, 3. Aufl., Teil 3 Kap. 4 Rn. 52 sowie *Vogel* in Assmann/Schneider, 6. Aufl., § 20a Rn 30 ab.
[97] Ebenso BGH WM 2012, 303; *Fleischer* in Fuchs § 20a Rn. 154; *Kümpel/Veil*, WpHG, 2. Aufl., S. 147; *Lenenbach*, Kapitalmarktrecht, 2. Aufl., Rn. 13.463; *Schwark* in Schwark/Zimmer, Kapitalmarktrecht, § 20a WpHG Rn. 7; *Sorgenfrei* in Park, Kapitalmarktstrafrecht, 3. Aufl., Teil 3 Kap. 4 Rn. 52 ; *Vogel* in Assmann/Schneider, 6. Aufl., § 20a Rn. 31; BGH ZIP 2004, 1593; BGH ZIP 2003, 1599 sowie BGH WM 2004, 1726 jeweils zu § 88 BörsG aF; bejaht wird der Schutzgesetzcharakter demgegenüber von *Diehm* (Fn 1), S. 147 sowie *Mock* in KK-WpHG, 2. Aufl., § 20a Rn. 487.
[98] In diesem Sinne auch *Schwark* in Schwark/Zimmer, Kapitalmarktrecht, § 20a WpHG Rn. 7; *Fleischer* DB 2004, 2031 (2033) weist zutreffend auf andernfalls zu verzeichnende Ungereimtheiten mit dem Erfordernis grober Fahrlässigkeit in §§ 37b und c WpHG hin; demgegenüber differenziert *Ekkenga* ZIP 2004, 781 (792f.) je nach Art des verletzten Verbots.
[99] So zB BGH ZIP 2003, 1593; BGH ZIP 2003, 1599.

§ 10 Verbot der Marktmanipulation

## IV. Anwendungsbereich

Tatbestandlich erfasst sind gemäß § 20a Abs. 1 Satz 2 WpHG alle Finanzinstrumente, die an einer inländischen Börse unter Einschluss des Freiverkehrs oder an einem organisierten Markt in der EU oder dem EWR-Raum gehandelt werden.[101] Der Begriff Finanzinstrumente ist in § 2 Abs. 2b WpHG definiert und umfasst Wertpapiere gem. § 2 Abs. 1 WpHG, Geldmarktinstrumente gem. § 2 Abs. 1a WpHG sowie Derivate gem. § 2 Abs. 2 WpHG. Voraussetzung ist aber jeweils gemäß § 20a Abs. 1 Satz 2 WpHG, dass die Finanzinstrumente an einer Börse (einschließlich Freiverkehr) gehandelt werden oder der Zulassungsantrag gestellt ist. Dies ist bei den ebenfalls in § 2 Abs. 2b WpHG genannten Anteilen an Investmentvermögen die Ausnahme, so dass diese nur dann erfasst sind, wenn sie (ausnahmsweise) in den Freiverkehr einbezogen worden sind. Entsprechendes gilt für Geldmarktinstrumente gemäß § 2 Abs. 1a WpHG, soweit es sich nicht um Wertpapiere handelt. Hinzu kommen gem. § 20a Abs. 4 Nr. 1 WpHG Waren im Sinne von § 2 Abs. 2c WpHG, gemäß § 20a Abs. 4 Nr. 2 WpHG Emissionsberechtigungen im Sinne des § 3 Nr. 3 des Treibhausgas-Emissionshandelsgesetzes und gemäß § 20a Abs. 4 Nr. 3 WpHG ausländische Zahlungsmittel iSv § 51 BörsG, die an einem organisierten Markt gehandelt werden. **Waren** sind gemäß § 2 Abs. 2c WpHG fungible Wirtschaftsgüter, die geliefert werden können; dazu zählen auch Metalle, Erze und Legierungen, landwirtschaftliche Produkte und Energien wie Strom. Es muss sich also um bewegliche körperliche Gegenstände handeln, die zum börsen- oder marktmäßigen Handel geeignet sind, so dass Grundstücke nicht hierzu gehören.[102] Auch wenn in der Praxis eine manipulative Preisbeeinflussung von Waren die absolute Ausnahme darstellt, ist dieses Merkmal auch weiterhin beibehalten worden, weil zumindest im Zusammenhang mit börsengehandelten Derivaten Waren in ihrer Funktion als Underlying geeignete Manipulationsobjekte darstellen können.[103] Als praktische Anwendungsfälle kommen dabei insbesondere Geschäfte an der European Energie Exchange EEX oder auch der Handel in Commodities an der Eurex in Betracht. Der Begriff der **ausländischen Zahlungsmittel** verweist auf § 51 BörsG und wird dort in einem weiten Sinne definiert. Es gehören dazu sowohl Ansprüche auf Zahlung in fremder Währung an einem ausländischen Platz als auch Anweisungen, Schecks und Wechsel, die auf fremde Währung lauten.[104] Als Zahlungsmittel werden in § 51 BörsG ausdrücklich auch Geldsorten und Banknoten genannt, so dass nicht nur der Devisenhandel, sondern auch der Sortenhandel tatbestandlich erfasst sind. Voraussetzung ist aber immer, dass die ausländischen Zahlungsmittel in den amtlichen Börsenhandel, den geregelten Markt oder den Freiverkehr einbezogen sind. Durch die endgültige Festlegung der Paritäten des Euro-Raumes zum 1.1.1999 ist der Devisenhandel in den zum Euro-System gehörenden Wäh-

---

[100] Ebenso *Schwark* in Schwark/Zimmer, Kapitalmarktrecht, § 20a WpHG Rn. 3; *Park* BB 2003, 1513 (1514).
[101] Hinsichtlich der Definition des „geregelten Marktes" wird in Art. 1 Nr. 5 der Marktmissbrauchsrichtlinie auf die Wertpapierdienstleistungsrichtlinie (93/22/EWG), abgedruckt im ABl L 141 vom 11.6.1993, verwiesen. Nach Art. 1 Nr. 13 der Wertpapierdienstleistungsrichtlinie erstellen die Mitgliedstaaten Verzeichnisse darüber, welche Märkte als geregelte Märkte im Sinne der Richtlinie gelten. Die EU-Kommission veröffentlicht diese Verzeichnisse mindestens einmal jährlich. Eine Übersicht ist veröffentlicht im ABl EG C 300 v. 30.11.2005, S. 23 ff. und wird fortlaufend von ESMA aktualisiert (http://mifiddatabase.esma.europa.eu). Mit dem Finanzmarktrichtlinie-Umsetzungsgesetz werden bedingt durch die Abschaffung des geregelten Marktes im BörsG in § 20a Abs. 1 Satz 2 Nr. 1 und Satz 3 sowie Abs. 3 Nr. 2 die Wörter „geregelter Markt" durch die Wörter „regulierter Markt" ersetzt.
[102] *Schwark* in Schwark/Zimmer, Kapitalmarktrecht, § 20a WpHG Rn. 9.
[103] *Schwark* in Schwark/Zimmer, Kapitalmarktrecht, § 20a WpHG Rn. 9.
[104] *Schwark* in Schwark/Zimmer, Kapitalmarktrecht, § 51 BörsG Rn. 2.

rungen hinfällig geworden und das offizielle amtliche Fixing der Devisenkassakurse an der Frankfurter Wertpapierbörse eingestellt worden.[105] Als Nachfolgelösung wurde insbesondere aus dem Kreis der öffentlich-rechtlichen Banken in Zusammenarbeit mit Reuters das Kursfixingsystem EuroFX eingeführt, bei dem der Kurs börsentäglich aus den von den teilnehmenden Banken gestellten Referenzkursen errechnet wird. Es handelt sich hierbei aber nicht um Börsenkurse, sondern um ein freiwilliges, unabhängiges Devisenkursfixing durch die teilnehmenden Banken. Für den Bereich der ausländischen Zahlungsmittel bleibt § 20a WpHG daher für das Inland künftig ohne praktische Relevanz und kann allenfalls für Kursmanipulationen an ausländischen organisierten Märkten in der EU oder dem EWR von Bedeutung sein. Vom Schutz des § 20a WpHG umfasst sind nur Finanzinstrumente, Waren oder ausländische Zahlungsmittel, die an staatlich regulierten Märkten gehandelt werden. Voraussetzung ist allerdings lediglich, dass die betreffenden Finanzinstrumente, Waren oder ausländischen Zahlungsmittel an einem solchen organisierten Markt gehandelt werden, also zum Handel zugelassen sind, nicht jedoch, dass das konkrete Geschäft an dem organisierten Markt ausgeführt worden ist. Erfasst sind daher auch außerbörsliche Manipulationen, da auch diese die Funktionsfähigkeit der jeweiligen organisierten Märkte beeinträchtigen können.[106]

**80** Da gem. § 20a Abs. 1 letzter Satz WpHG der Zulassung an einem organisierten Markt oder der Einbeziehung in einen geregelten Markt nunmehr der entsprechende Antrag gleichgestellt ist, wird die bislang nach § 20a WpHG aF bestehende Lücke für bevorstehende Neuemissionen[107] geschlossen, so dass nun auch zum Schein abgegebene Orders in der Bookbuilding-Phase tatbestandlich erfasst sind.[108] Ob das konkrete Geschäft börslich oder außerbörslich abgeschlossen wird, besitzt demgegenüber keine Relevanz,[109] sondern maßgebend ist allein, dass das betreffende Finanzinstrument an einer Börse oder einem geregelten bzw. organisierten Markt in der EU oder dem EWR gehandelt wird, wobei der Antrag auf Zulassung bzw. Einbeziehung genügt.

**81** Durch das Gesetz zur Novellierung des Finanzanlagenvermittler- und Vermögensanlagerechts (VermAnlG)[110] ist der Begriff des Finanzinstruments in § 2 Abs. 2b WpHG mit Wirkung zum 1.6.2012 erweitert worden und umfasst ab diesem Zeitpunkt auch die Vermögensanlagen im Sinne von § 1 Abs. 2 Vermögensanlagengesetz (VermAnlG) mit Ausnahme von Anteilen an einer Genossenschaft im Sinne von § 1 Genossenschaftsgesetz sowie bestimmter festverzinslicher Namensschuldverschreibungen. Nach § 1 Abs. 2 VermAnlG sind Vermögensanlagen im Sinne dieses Gesetzes (und mit vorstehenden Einschränkungen damit auch Finanzinstrumente im Sinne von § 2 Abs. 2b WpHG) nicht in Wertpapieren im Sinne des WpPG verbriefte

– Anteile, die eine Beteiligung am Ergebnis eines Unternehmens gewähren,
– Anteile an einem Vermögen, das der Emittent oder ein Dritter im eigenen Namen für fremde Rechnung hält oder verwaltet (Treuhandvermögen),
– Anteile an sonstigen geschlossenen Fonds,
– Genussrechte und
– Namensschuldverschreibungen.

**82** Für den Bereich der Marktmanipulation nach § 20a WpHG dürfte diese Erweiterung kaum praktische Auswirkungen haben, da die vorgenannten Vermögensanlagen mit Ausnahme des Zweitmarkts für geschlossene Fonds eigentlich nicht an einem Markt gehandelt werden.

---

[105] *Schwark* in Schwark/Zimmer, Kapitalmarktrecht, § 51 BörsG Rn. 3.
[106] *Möller* WM 2002, 309 (312); *Schwark* in Schwark/Zimmer, Kapitalmarktrecht, § 20a WpHG Rn. 11; *Vogel* in Assmann/Schneider, 6. Aufl., § 20a Rn. 41.
[107] Auf diesen nach altem Recht bestehenden Mangel sowie Wertungswiderspruch zum Insiderhandelsverbot weist zu Recht *Vogel* in Assmann/Schneider, 6. Aufl., § 20a Rn. 39 hin.
[108] *Knauth/Käsler* WM 2006, 1041; *Vogel* in Assmann/Schneider, 6. Aufl., § 20a Rn. 40.
[109] *Fleischer* in Fuchs § 20a Rn. 7.
[110] BGBl I 2011, 2481.

## V. Täterkreis

Als Normadressaten richtet sich § 20a WpHG an jedermann.[111] Als Täter kommen also nicht nur Mitarbeiter von Kredit- und Finanzdienstleistungsinstituten oder Börsenmakler in Betracht, sondern auch Anleger. Die kapitalmarktrechtlichen Publizitätspflichten richten sich in der Regel aber nicht an natürliche Personen, sondern den Emittenten als juristische Person. Sofern nicht in der Geschäftsordnung die Aufgabenverteilung im Einzelnen geregelt ist, trifft die Pflicht zur Offenbarung und damit ein etwaiger Verstoß gegen § 20a WpHG bedingt durch die Gesamtverantwortung des Vorstands somit alle Vorstandsmitglieder.[112] Für Journalisten wird in § 20a Abs. 6 WpHG in Umsetzung von Art. 1 Nr. 2c) Satz 2 der Marktmissbrauchsrichtlinie eine Sonderregelung eingeführt, die eine Berücksichtigung der berufsständischen Regeln fordert. Dies bewirkt im Ergebnis keine Änderung gegenüber dem bisherigen Recht, da auch bislang unter der Geltung von § 20a WpHG aF anerkannt war, dass der Schutz von Art. 5 Abs. 1 GG dann nicht eingreift, wenn bewusst oder sogar absichtlich erwiesenermaßen unrichtige Tatsachenmitteilungen publiziert werden.[113] In diesem Zusammenhang sei daran erinnert, dass in § 38 Abs. 2 WpHG nur die vorsätzliche Begehung unter Strafe gestellt wird. Allein die Verletzung journalistischer Sorgfaltspflichten vermag daher noch keine Strafbarkeit zu begründen, sondern nur dann, wenn trotz vorhandener Zweifel diesen nicht nachgegangen und so die Unrichtigkeit zumindest billigend in Kauf genommen wird.[114] Ebenso wenig schützt die Kenntlichmachung, dass es sich um bloße Gerüchte oder Spekulationen handelt, vor Strafbarkeit, wenn diese trotz Kenntnis der Unrichtigkeit bewusst in die Welt gesetzt werden, also der Weitergebende gleichzeitig auch der Urheber des Gerüchts ist.

83

## VI. Arten der Kurs- und Marktpreismanipulation

Hinsichtlich der Arten der Kurs- und Marktpreismanipulation hat sich trotz der Schnelllebigkeit der einzelnen Praktiken und der Erfindungsgabe der Akteure folgende Systematisierung herauskristallisiert:[115]
– informationsgestützte Manipulationen;
– handlungsgestützte Manipulationen;
– handelsgestützte Manipulationen.

84

Bei den **informationsgestützten Manipulationen** wird der Kurs oder Marktpreis durch Verbreiten unrichtiger oder irreführender Nachrichten beeinflusst, wobei hierzu nicht nur Tatsachen, sondern auch Prognosen und Gerüchte zählen.[116] **Handlungsgestützte Manipulationen** zielen auf eine Beeinflussung des inneren Wertes des Finanzinstrumentes ab. *Vogel*[117] führt in diesem Zusammenhang den in den USA angeblich

85

---

[111] BGH WM 2014, 890; *Schröder*, Handbuch Kapitalmarktstrafrecht, 2. Aufl., Rn. 605. *Sorgenfrei* in Park, Kapitalmarktstrafrecht, 3. Aufl., Teil 3 Kap. 4 Rn. 288 weist in diesem Zusammenhang darauf hin, dass die Unterlassenalternative nur derjenige verwirklichen kann, den eine spezifische Offenbarungspflicht trifft, mithin insoweit ein Sonderdelikt vorliegt; ebenso *Mock* in KK-WpHG, 2. Aufl., § 20a Rn. 123.
[112] *Schwark* in Schwark/Zimmer, Kapitalmarktrecht, § 20a WpHG Rn. 31; vgl. auch *Schröder*, Handbuch Kapitalmarktstrafrecht, 2. Aufl., Rn. 473.
[113] *Vogel* in Assmann/Schneider, 6. Aufl., § 20a Rn. 133 mwN; vgl. auch → Rn. 131.
[114] Enger *Vogel* in Assmann/Schneider, 6. Aufl., § 20a Rn. 133, der bei Zweifeln am Wahrheitsgehalt, selbst wenn diese nach strafrechtlichen Maßstäben den Vorwurf bedingt vorsätzlichen Handelns tragen, zugunsten der Pressefreiheit entscheiden will.
[115] Vgl. hierzu auch *Mock* in KK-WpHG, 2. Aufl., § 20a Rn. 1, 7 ff.; *Ziouvas* ZGR 2003, 113 (130f); *Vogel* in Assmann/Schneider, 6. Aufl., Vor § 20a Rn. 32 sowie *Sorgenfrei* in Park, Kapitalmarktstrafrecht, 3. Aufl., Teil 3 Kap. 4 Rn. 124.
[116] *Vogel* in Assmann/Schneider, 6. Aufl., Vor § 20a Rn. 32 sowie § 20a Rn. 72 mwN; *Fleischer* in Fuchs § 20a Rn. 17.
[117] In Assmann/Schneider, 6. Aufl., Vor § 20a Rn. 38; vgl. auch → Rn. 127.

tatsächlich geschehenen Fall an, dass ein Angestellter eines Wertpapierdienstleistungsunternehmens Erzeugnisse eines pharmazeutischen Unternehmens vergiftete, um nach dem Kurssturz, der daraufhin eintrat, zuvor erworbene Verkaufsoptionen mit hohem Gewinn zu realisieren. Bei den **handelsgestützten Manipulationen** schließlich wird durch Vornahme entsprechender Geschäfte auf den Kurs eingewirkt. Hierzu zählen sowohl fiktive Geschäfte, bei denen Käufer und Verkäufer wirtschaftlich identisch sind oder das Geschäft zwischen diesen vorher abgesprochen ist, als auch effektive Geschäfte, indem diese bewusst für über den bloßen Kauf oder Verkauf hinausgehende Zwecke eingesetzt werden.[118] Insbesondere bei effektiven Geschäften lässt sich allerdings die unzulässige Marktmanipulation nur sehr schwer feststellen, da sie dem äußeren Erscheinungsbild nach regelmäßig im Gewand legitimer Geschäfte auftritt (zum Beispiel der Abschluss von Geschäften erst bei Börsenschluss, da der Schlusskurs häufig als Referenz für andere Finanzinstrumente dient). Entscheidend ist hier letztlich die subjektive Zielsetzung, die anhand äußerer Umstände nachgewiesen werden muss.

**86**   **1. unrichtige oder irreführende Angaben gem. § 20a Abs. 1 Satz 1 Nr. 1 WpHG. a) Machen unrichtiger oder irreführender Angaben.** aa) Angabe. Wie in § 20a Abs. 1 Satz 1 Nr. 1 WpHG aF wird zunächst einmal das Machen unrichtiger und nunmehr auch irreführender Angaben über Umstände, die für die Bewertung eines Finanzinstruments erheblich sind, unter Strafe gestellt. Unter Angaben fallen hierbei nicht nur **Tatsachen** im engeren Sinne, sondern **auch Werturteile und Prognosen,** wenn sie einen Tatsachenkern enthalten[119] oder wenn – auch ohne Bezugnahme auf einen nachprüfbaren Tatsachenkern – der Prognostizierende über besondere Sachkunde oder Erfahrung zu verfügen scheint bzw. für sich in Anspruch nimmt.[120] Angaben tatsächlicher Natur sind dann unrichtig, wenn sie objektiv unwahr sind.[121] Werturteile, Meinungsäußerungen, Einschätzungen und Prognosen sind jedenfalls dann unrichtig, wenn diejenigen Tatsachen, auf die die entsprechende Angabe gestützt wird, objektiv unwahr oder unvollständig sind oder die Prognose, Meinungsäußerung etc. schlechterdings unvertretbar ist.[122] Hierzu zählen auch sog. Angaben „ins Blaue hinein", sofern es sich nicht um offenkundig werbliche Übertreibungen oder Schönfärbereien handelt, die von niemanden ernst genommen werden.[123] Nicht zu den tatbestandsmäßigen Angaben zählen ferner reine Kauf- oder Verkaufsempfehlungen, wenn sie ohne Angabe von Gründen erfolgen, da sie keinen Tatsachenkern enthalten.[124] Etwas anderes gilt aber dann, wenn diese Empfehlungen von sog. Börsengurus

---

[118] Vgl. *Vogel* in Assmann/Schneider, 6. Aufl., Vor § 20a Rn. 35 f.

[119] Ebenso *Schwark* in Schwark/Zimmer, Kapitalmarktrecht, § 20a WpHG Rn. 13; *Sorgenfrei* wistra 2002, 321 (323), *ders.* in Park, Kapitalmarktstrafrecht, 3. Aufl., Teil 3 Kap. 4 Rn. 79; weitergehend sieht *Schröder,* Handbuch Kapitalmarktstrafrecht, 2. Aufl., Rn. 387 Prognosen und Werturteile auch dann als erfasst an, wenn sie nicht auf einen harten Tatsachenkern zurückzuführen sind, da die Vorschrift gerade auch das „Hoch- oder Herunterreden" erfassen wolle; ebenso *Mock* in KK-WpHG, 2. Aufl., § 20a Rn. 174 f.

[120] *Vogel* in Assmann/Schneider, 6. Aufl., § 20a Rn. 70; ebenso *Schröder,* Handbuch Kapitalmarktstrafrecht, 2. Aufl. Rn. 387.

[121] So auch *Vogel* in Assmann/Schneider, 6. Aufl., § 20a Rn. 60; *Sorgenfrei* in Park, Kapitalmarktstrafrecht, 3. Aufl., Teil 3 Kap. 4 Rn. 80.

[122] In diesem Sinne auch *Vogel* in Assmann/Schneider, 6. Aufl., § 20a Rn. 60 sowie *Park* BB 2001, 2069 (2070); *Sorgenfrei* wistra 2002, 321 (323), *Sorgenfrei* in Park, Kapitalmarktstrafrecht, 3. Aufl., Teil 3 Kap. 4 Rn. 80.

[123] *Vogel* in Assmann/Schneider, 6. Aufl., § 20a Rn. 60; *Schwark* in Schwark/Zimmer, Kapitalmarktrecht, § 20a WpHG Rn. 13; *Schmitz* wistra 2002, 208 (209 f.); auch *Ekkenga* NZG 2001, 1 (6) fordert, dass die Werbeaussagen für den Adressaten erkennbar mit dem Anspruch einer gewissen faktischen Fundierung geäußert werden.

[124] Ebenso *Schwark* in Schwark/Zimmer, Kapitalmarktrecht, § 20a WpHG Rn. 13; auch *Park* BB 2001, 2069 (2070) fordert bei Werturteilen und Prognosen als geeigneten Bezugspunkt immer einen Tatsachenkern. *Schmitz* wistra 2002, 208 (210) stellt demgegenüber darauf ab, ob es sich um mit besonderer Sachkunde eines Fachmanns geäußerte Werturteile handelt.

§ 10 Verbot der Marktmanipulation

erfolgen, da es, wie oben dargestellt, schlechterdings unvertretbar ist, Werturteile oder Prognosen ohne jede Tatsachenprüfung „ins Blaue hinein„ abzugeben, wenn nach den Umständen erwartet werden darf, dass eine solche Prüfung stattgefunden hat; dies ist wegen der besonderen Autorität beim „Börsenguru" der Fall.[125] Hinsichtlich des Ausstreuens von **Gerüchten** ist umstritten, ob diese unter den Begriff der Angabe fallen. *Schwark*[126] verneint dies unter Berufung auf die Gesetzesbegründung,[127] wenn es sich bei Gerüchten um unverbürgte Nachrichten handele,[128] da unverbürgte Nachrichten unabhängig von ihrem Inhalt ähnlich wie reine Werturteile nicht geeignet seien, einen rational denkenden Anleger bei seinen Investitionsentscheidungen zu beeinflussen, bejaht dies allerdings dann, wenn der „Verbreiter sich auf vertrauenswürdige Quellen stützt". Gegen diese Differenzierung spricht, dass dem Investor ja gar nicht bekannt ist, ob es sich um ein bloßes Gerücht oder eine Wiedergabe von Tatsachen handelt, und auch die Berufung auf angeblich vertrauenswürdige Quellen keine inhaltliche Änderung mit sich bringt. Richtigerweise wird daher nach dem Inhalt des Gerüchts zu differenzieren sein mit der Konsequenz, dass auch Gerüchte grundsätzlich tatbestandsrelevant sind,[129] zumal ja die Richtigkeit bzw. Unrichtigkeit des Gerüchts (zB des angeblichen Gewinnsprungs oder Verlusteintritts bei dem betreffenden Unternehmen) regelmäßig überprüft werden kann.

Als weitere Einschränkung wird teilweise in der Literatur eine gewisse Öffentlichkeitswirkung der Angaben gefordert, und zwar mit der Begründung, die Art bzw. Form der Kundgabe müsse abstrakt geeignet sein, eine entsprechende Kursreaktion am Markt hervorzurufen.[130] Dies setze voraus, dass sich die Kundgabe der unrichtigen Angaben an den Kapitalmarkt und dessen (Bereichs-)Öffentlichkeit richte, so dass das vertrauliche Beratungsgespräch zwischen Bankmitarbeiter und Kunden nicht tatbestandsmäßig sei.[131] Diese Auffassung übersieht jedoch, dass auch durch unrichtige Angaben in der Einzelberatung bei entsprechendem Ordervolumen insbesondere bei marktengen Titeln auch diese Einzelorder durchaus Kursbeeinflussungspotential aufweisen kann. Darüber hinaus findet diese einschränkende Auslegung auch keine Stütze im Wortlaut des § 20a Abs. 1 Satz 1 Nr. 1 WpHG, sondern auch von Nr. 2 werden Manipulationen im Rahmen von Einzeltransaktionen erfasst. Für § 20a Abs. 1 Satz 1 Nr. 1 WpHG bedarf es daher keines öffentlichkeitsgerichteten Informationsverhaltens, das geeignet ist, einen Publizitätserfolg herbeizuführen,[132] sondern die Form der Angaben (mündlich, telefonisch, schriftlich, elektronische Medien) ist ebenso unerheblich wie die Größe der Empfängergruppe.[133] Ob es sich um eine vorteilhafte oder nachteilige Angabe handelt, ist unerheblich, da der Täter bei der

---

[125] *Vogel* in Assmann/Schneider, 6. Aufl., § 20a Rn. 70; aA *Schwark* in Schwark/Zimmer, Kapitalmarktrecht, § 20a WpHG Rn. 13, der hierin eine fragwürdige Ausweitung des Tatbestandes sieht.
[126] In Schwark/Zimmer, Kapitalmarktrecht, § 20a WpHG Rn. 15. Allerdings will *Schwark* in Schwark/Zimmer, Kapitalmarktrecht, § 20a WpHG Rn. 67, Gerüchte (und auch Prognosen ohne Tatsachenkern) in Übereinstimmung mit § 4 Abs. 3 Nr. 2 MaKonV dann als sonstige Täuschungshandlung im Sinne von § 20a Abs. 1 Nr. 3 WpHG qualifizieren; ebenso *Kümpel/Veil*, WpHG, 2. Aufl., S. 131 sowie der Emittentenleitfaden 2013 der BaFin S. 89 für Gerüchte ohne jede sachliche Grundlage.
[127] Begr. RegE 4. Finanzmarktförderungsgesetz BT-Drucks. 14/8017, S. 250.
[128] Ebenso *Kümpel/Wittig*, Bank- und Kapitalmarktrecht, 4. Aufl. Rn. 14.315.
[129] In diesem Sinne auch *Vogel* in Assmann/Schneider, 6. Aufl., § 20a Rn. 70, wenn der das Gerücht Streuende sich auf vertrauenswürdige Quellen bezieht.
[130] So zB von *Schwark* in Schwark/Zimmer, Kapitalmarktrecht, 20a WpHG Rn. 28.
[131] *Schwark* in Schwark/Zimmer, Kapitalmarktrecht, § 20a WpHG Rn. 28, der in Ausnahmefällen aber auch Einzelberatungsgespräche ausreichen lassen will, wenn die Wertpapierberater einer Bank aufgrund interner Weisung ihren Kunden über einen längeren Zeitraum hinweg stets bestimmte Wertpapiere mittels unrichtiger Angaben empfehlen.
[132] So aber *Schwark* in Schwark/Zimmer, Kapitalmarktrecht, § 20a WpHG Rn. 28; *Ekkenga* NZG 2001, 1 (4).
[133] So auch *Fleischer* in Fuchs § 20a Rn. 18; *Lenenbach*, Kapitalmarktrecht, 2. Aufl., Rn. 13.469; *Sorgenfrei* wistra 2002, 321 (323); *Vogel* in Assmann/Schneider, 6. Aufl., § 20a Rn. 65 sowie der Emittentenleitfaden 2013 der BaFin S. 89.

Marktmanipulation nicht nur an steigenden, sondern auch an gleich bleibenden oder fallenden Kursen interessiert sein kann.[134]

**88** bb) unrichtig. **Unrichtig** ist eine Angabe dann, wenn sie nicht der Wahrheit entspricht, also nicht vorhandene Umstände als vorhanden oder vorhandene als nichtvorhanden vorgespiegelt werden.[135] Für den Bereich der Werturteile und Prognosen lässt sich demgegenüber zum Zeitpunkt der Abgabe des Werturteils oder der Prognose nicht feststellen, ob diese wegen des subjektiven Einschlags richtig oder falsch sind. Werturteile und Prognosen können aber unvertretbar sein, und zwar insbesondere dann, wenn sie von einer unvollständigen oder unzutreffenden Tatsachenbasis ausgehen.[136] Die Unrichtigkeit bzw. Unvertretbarkeit muss eindeutig sein, so dass sich ein Anbieter von Wertpapieren auch der für ihn günstigsten Berechnungsmethode bedienen darf.[137] Insbesondere wird durch die Erfassung schlechterdings unvertretbarer Werturteile und Prognosen auch keine verbotene Analogie zu Ungunsten des Täters gezogen in dem Sinne, dass „unrichtig" durch „unvertretbar" ersetzt bzw. gleichgesetzt wird, sondern durch die Unvertretbarkeit, die ja aus falschen oder unvollständigen Tatsachen herrührt, wird das Werturteil oder die Prognose eben nicht nur unvertretbar, sondern tatsächlich unrichtig. Unrichtig, da unvertretbar, sind auch Prognosen oder Werturteile „ins Blaue hinein" ohne jegliche Tatsachenprüfung, wenn, wie dies beispielsweise bei Personen mit besonderer Fachkunde in der Regel der Fall ist, nach den Umständen erwartet werden kann, dass eine solche Prüfung stattgefunden hat.[138]

**89** cc) irreführend. Durch die Aufnahme des Merkmals **„irreführend"** ist die bisherige Diskussion, ob unvollständige Angaben unter die Begehungs- oder die Unterlassensalternative fallen,[139] praktisch gegenstandslos geworden. Maßgebend ist bei der Irreführung das unzutreffende Gesamtbild. Allerdings führt nicht jedes Weglassen von Angaben zur Irreführung, da über das Verbot der Irreführung nicht eine Vollständigkeitspflicht begründet werden kann.[140] Diese greift in Form der Verschweigensalternative nur bei bestehenden Rechtspflichten. Die Feststellung der Unvollständigkeit hat daher immer einen wertenden Charakter, wobei im Hinblick auf das Erfordernis tatbestandlicher Bestimmtheit bei Zweifeln nur auf die Verschweigensalternative zurückgegriffen werden kann. Als Musterbeispiel für unvollständige Angaben wird üblicherweise das Weglassen eines Hinweises auf die rechtliche, insbesondere steuerliche, Zweifelhaftigkeit der Anerkennung genannt.[141] Die Grenze liegt dort, wo gar keine Angaben über einen bestimmten Umstand (zB den Umsatz) gemacht werden; das Verschweigen eines Umsatzeinbruchs kann in diesem Fall nur bei Bestehen einer Rechtspflicht zur Offenbarung über die Unterlassungsalternative erfasst werden.[142] Irreführend kann schließlich auch die Verknüpfung wahrer Angaben sein, die so dargestellt werden, dass beim Empfänger eine falsche Vorstellung vom Sachverhalt entsteht.[143]

**90** b) **Verschweigen bewertungserheblicher Umstände.** Das Verschweigen bewertungserheblicher Umstände entgegen bestehenden Rechtsvorschriften setzt nach dem Gesetzeswortlaut eine Offenlegungsverpflichtung voraus. Es handelt sich hierbei um ein echtes

---

[134] *Schröder*, Handbuch Kapitalmarktstrafrecht, 2 Aufl., Rn. 387.
[135] *Schröder*, Handbuch Kapitalmarktstrafrecht, 2. Aufl., Rn. 390; *Schwark* in Schwark/Zimmer, Kapitalmarktrecht, § 20a WpHG Rn. 15; *Sorgenfrei* in Park, Kapitalmarktstrafrecht, 3. Aufl., Teil 3 Kap. 4 Rn. 80; *Vogel* in Assmann/Schneider, 6. Aufl., § 20a Rn. 60.
[136] Ebenso der Emittentenleitfaden 2013 der BaFin S. 89.
[137] *Schwark* in Schwark/Zimmer, Kapitalmarktrecht, § 20a WpHG Rn. 15.
[138] *Vogel* in Assmann/Schneider, 6. Aufl., § 20a Rn. 60.
[139] Hierzu *Vogel* in Assmann/Schneider, 6. Aufl., § 20a Rn. 61 sowie *Schwark* in Schwark/Zimmer, Kapitalmarktrecht, § 20a WpHG Rn. 16, 17.
[140] *Vogel* in Assmann/Schneider, 6. Aufl., § 20a Rn. 61.
[141] *Vogel* in Assmann/Schneider, 6. Aufl., § 20a Rn. 61; *Schwark* in Schwark/Zimmer, Kapitalmarktrecht, § 20a Rn. 17.
[142] Ebenso *Vogel* in Assmann/Schneider, 6. Aufl., Rn. 61.
[143] *Schröder*, Handbuch Kapitalmarktstrafrecht, 2. Aufl., Rn. 391.

Unterlassungsdelikt, so dass es keiner besonderen Garantenstellung des Täters bedarf.[144] Voraussetzung ist allein die Offenlegungspflicht aufgrund bestehender Rechtsvorschriften. Zu den „bestehenden Rechtsvorschriften" zählen unstreitig alle deutschen Gesetze und Rechtsverordnungen sowie unmittelbar geltendes europäisches Gemeinschaftsrecht, insbesondere also EU-Verordnungen, nicht aber EU-Richtlinien, da sie jeweils noch der nationalen Umsetzung bedürfen.[145] Nicht ausreichend sind mit Blick auf das Erfordernis tatbestandlicher Bestimmtheit allgemeine Rechtspflichten wie „Treu und Glauben", auch wenn diese dem Wortlaut nach ebenfalls als Rechtspflicht zur Offenbarung herangezogen werden könnten, sondern die entsprechende Offenbarungspflicht muss im Interesse der Tatbestandsbestimmtheit und Vorhersehbarkeit für die Normadressaten ausdrücklich statuiert sein.[146] Hingegen ist es völlig unerheblich, ob die betreffende Vorschrift einen anlegerschützenden oder kapitalmarktrechtlichen Bezug hat,[147] so dass neben der Veröffentlichungspflicht von Insiderinformationen nach § 15 WpHG auch Publizitätspflichten betreffend das Handelsregister in Betracht kommen. Keine Rechtsvorschrift im Sinne der Nr. 1 sind alle freiwillig eingegangenen Verhaltenscodices.[148] Auch Offenbarungspflichten kraft privatrechtlicher Vereinbarung reichen nicht aus.[149] Zu beachten ist ferner, dass zu den verschwiegenen Umständen anders als im Rahmen von § 264a Abs. 1 StGB nicht nur Tatsachen zählen, sondern auch Werturteile und Prognosen. Dies bedeutet aber nicht eine aus § 20a Abs. 1 Satz 1 Nr. 1 WpHG resultierende Verpflichtung zur ungefragten Abgabe von Einschätzungen und Prognosen, sondern umgekehrt ist dies nur dann tatbestandsrelevant, wenn die jeweiligen Rechtsvorschrift (ausnahmsweise) auch die wertende Angabe oder die Abgabe von Prognosen fordert.

Für die Ad-hoc-Publizität nach § 15 WpHG ist ferner ergänzend darauf hinzuweisen, dass kein Verschweigen entgegen bestehenden Rechtsvorschriften und damit kein Verstoß gegen das Verbot der Marktmanipulation nach § 20a Abs. 1 Satz 1 Nr. 1 WpHG nF besteht, wenn die Voraussetzungen für eine Selbstbefreiung der Veröffentlichungspflicht nach § 15 Abs. 3 WpHG gegeben sind und der Emittent hiervon Gebrauch macht.[150] § 15 Abs. 3 WpHG gestattet jedoch nicht, im Zeitraum der rechtmäßigen Selbstbefreiung unrichtige Angaben über die verschwiegenen Umstände zu machen, da es sich hierbei lediglich um ein Schweigerecht, aber nicht um ein Recht zur Lüge handelt.[151] Insiderinformationen verlieren ihre Qualität als bewertungserhebliche Umstände im Sinne von § 20a Abs. 1 Satz 1 Nr. 1 WpHG also nicht dadurch, dass der Emittent vorübergehend von der Pflicht zu ihrer Veröffentlichung befreit ist.

91

---

[144] *Park* BB 2001, 2069 (2070); im Ergebnis ebenso *Ziouvas* ZGR 2003, 113 (126), der die Verschweigensvariante allerdings als unechtes Unterlassungsdelikt einstuft; ebenso *Sorgenfrei* in Park, Kapitalmarktstrafrecht, 3. Aufl., Teil 3 Kap. 4 Rn. 81.
[145] *Vogel* in Assmann/Schneider, 6. Aufl., § 20a Rn. 105; *Schröder*, Handbuch Kapitalmarktstrafrecht, 2. Aufl., Rn. 451; *Park* BB 2001, 2069 (2070).
[146] In diesem Sinne auch *Vogel* in Assmann/Schneider, 6. Aufl., § 20a Rn. 106; vgl. auch *Ziouvas* ZGR 2003, 113 (126).
[147] Enger *Vogel* in Assmann/Schneider, 6. Aufl., § 20a Rn. 108, der zwar einen bloß faktischen Schutzreflex zugunsten der Anleger oder des Kapitalmarktes ausreichen lassen, aber beispielsweise lediglich steuer- oder umweltrechtlich begründete Offenbarungspflichten ausscheiden will; ebenso *Fleischer* in Fuchs § 20a Rn. 38. Richtigerweise wird diese Frage aber nicht bei der Offenbarungspflicht, sondern der Erheblichkeit zu prüfen sein.
[148] Ebenso *Vogel* in Assmann/Schneider, 6. Aufl., § 20a Rn. 107 sowie der Emittentenleitfaden 2013 der BaFin S. 91.
[149] *Schwark* in Schwark/Zimmer, Kapitalmarktrecht, § 20a WpHG Rn. 29; *Vogel* in Assmann/Schneider, 6. Aufl., § 20a Rn. 107.
[150] So ausdrücklich die Begründung zur MaKonV, BR-Drucksache 18/05, S. 12; eingehend zu den Voraussetzungen der Selbstbefreiung nach § 15 Abs. 3 WpHG *Schneider* BB 2005, 897 ff.
[151] So auch die Begründung zur MaKonV, BR-Drucksache 18/05, S. 12; *Vogel* in Assmann/Schneider, 6. Aufl., § 20a Rn. 90.

**92** **c) Umstände, die für die Bewertung erheblich sind.** Die unrichtigen oder irreführenden Angaben müssen sich auf **Umstände** beziehen, die für die Bewertung eines Finanzinstruments erheblich sind. Unerheblich ist es, ob es sich um für die Bewertung vorteilhafte oder nachteilige Angaben handelt, so dass sowohl das „Hochreden" als auch das „Herunterreden" von Kursen tatbestandsmäßig ist.[152] Insoweit wird zunehmend anerkannt, dass sich das Merkmal der „Umstände" wie bei § 88 BörsG aF und § 264a StGB nicht nur auf Tatsachen beschränkt, sondern auch Werturteile, Meinungsäußerungen, Einschätzungen und Prognosen erfasst sind.[153] Dies ist einer der wesentlichsten Unterschiede und Vorteile der kapitalmarktrechtlichen Straftatbestände gegenüber der zentralen Betrugsvorschrift des § 263 StGB, da sich hierdurch die häufig doch recht zweifelhafte und letztlich am Ergebnis orientierte Suche nach hinter den Werturteilen stehenden Tatsachen oder entsprechenden Tatsachenkernen ebenso erübrigt wie der Umweg über sog. innere Tatsachen. Die in **§ 2 Abs. 1 MaKonV** gewählte Definition ist daher zutreffend. Hiernach sind bewertungserhebliche Umstände im Sinne von § 20a Abs. 1 Satz 1 Nr. 1 WpHG Tatsachen und Werturteile, die ein verständiger Anleger bei seiner Anlageentscheidung berücksichtigen würde. Als bewertungserhebliche Umstände gelten nach § 2 Abs. 1 Satz 2 MaKonV auch solche, bei denen mit hinreichender Wahrscheinlichkeit davon ausgegangen werden kann, dass sie in Zukunft eintreten werden. Nach der Begründung zur MaKonV soll durch die vorgenannte Änderung in Absatz 1 gegenüber § 2 Abs. 1 KuMaKV ein Gleichlauf mit der Regelung in § 13 Abs. 1 Satz 2 und 3 WpHG nF herbeigeführt werden, um ein einheitliches Verständnis bei der Auslegung beider Vorschriften zu fördern.[154]

**93** **Werturteile und Prognosen** sind daher ebenfalls **tatbestandsrelevante Umstände,** wenn sie nicht lediglich als verkehrsübliche Schönfärberei oder werbliche Übertreibung ohne weiteres erkennbar sind, sondern von dem potentiellen Adressatenkreis üblicherweise als ernst zu nehmende Aussage verstanden werden.[155] Im Hinblick auf das Kriterium der Irreführung bzw. Unrichtigkeit der Angaben besteht allerdings bei den Prognosen und Werturteilen letztlich ein breiterer Spielraum als bei der Beschränkung auf bloße Tatsachen, da von einer Unrichtigkeit erst dann die Rede sein kann, wenn die Prognose schlechterdings unvertretbar ist oder das Werturteil jeder sachlichen Rechtfertigung entbehrt, da beispielsweise der vielzitierte Börsenguru keinerlei Erfahrung in derartigen Geschäften besitzt geschweige denn eine einschlägige Ausbildung oder vor Abgabe seiner Empfehlung keine Analyse von Fakten vorgenommen hat. Im Rahmen der Irreführung gilt dies entsprechend, allerdings mit der Erweiterung, dass hier nicht erst bei völliger Unvertretbarkeit der Behauptung bzw. fehlenden sachlichen Rechtfertigung eine Irreführung über tatbestandrelevante Umstände in Betracht kommt, sondern bereits dann, wenn die Angaben, mögen sie auch noch im Rahmen des Vertretbaren liegen, zur bewussten Irreführung eingesetzt werden. Hierzu zählt insbesondere das Streuen von gezielten Gerüchten, sofern diese nicht sofort als absolut unglaubwürdig erkennbar sind.[156]

**94** Weiterhin müssen die unrichtigen bzw. irreführenden oder verschwiegenen Umstände **für die Bewertung eines Finanzinstruments erheblich** sein. Die Bewertungserheblichkeit richtet sich nach der Verkehrsauffassung, wobei maßgeblich insoweit der an organi-

---

[152] *Schröder,* Handbuch Kapitalmarktstrafrecht, 2. Aufl., Rn. 387; *Schwark* in Schwark/Zimmer, Kapitalmarktrecht, § 20a WpHG Rn. 19; *Sorgenfrei* in Park, Kapitalmarktstrafrecht, 3. Aufl., Teil 3 Kap. 4. Rn. 84.
[153] So ausdrücklich *Vogel* in Assmann/Schneider, 6. Aufl., § 20a Rn. 69; auch *Sorgenfrei* in Park, Kapitalmarktstrafrecht, 32. Aufl., Teil 3 Kap. 4 Rn. 85.
[154] BR-Drucksache 18/05, S. 12.
[155] In diesem Sinne auch *Vogel* in Assmann/Schneider, 6. Aufl., § 20a Rn. 70.
[156] *Fleischer* in Fuchs, § 20a WpHG Rn. 17; *Vogel* in Assmann/Schneider, 6. Aufl., § 20a Rn. 70, der diese aber etwas restriktiver als die hier vertretene Auffassung wohl nur dann als relevant einstufen will, wenn sich der Streuende auf vertrauenswürdige Quellen bezieht. Die (fehlende) vertrauenswürdige Quelle wäre aber nur eine zusätzliche Täuschung.

§ 10 Verbot der Marktmanipulation

sierten Märkten tätige Anlegerkreis ist.[157] *Schwark*[158] bringt dies auf die griffige Formel, ob die betreffende Information „Einfluss auf die Investitionsentscheidung eines verständigen Anlegers mit durchschnittlicher Marktkenntnis" nehmen wird. Entscheidend ist insoweit nicht, ob es tatsächlich zum Kauf oder Verkauf kommt, sondern ob der (gedachte) „vernünftige" Anleger zu einer geänderten Bewertung des Finanzinstrumentes gelangt, die von der aktuellen Marktbewertung abweicht.[159] Die vorstehende Formel entspricht damit der in § 13 Abs. 1 Satz 2 WpHG zur Konkretisierung der Insiderinformation gewählten Umschreibung.[160] Im Rahmen der Definition der Insiderinformation gemäß § 13 Abs. 1 WpHG wird also letztlich aus der (subjektiven) Werteinschätzung des verständigen Anlegers auf das (objektive) Kursbeeinflussungspotential geschlossen. Unabhängig davon, ob man von der subjektiv geprägten Erheblichkeit für die Investitionsentscheidung des verständigen Anlegers ausgeht[161] oder von dem zumindest auf den ersten Blick deutlich objektiveren Merkmal des Kursbeeinflussungspotentials, zeigt die Definition in § 13 Abs. 1 Satz 2 WpHG, dass letztlich beide Kriterien untrennbar miteinander verknüpft sind bzw. ineinander aufgehen. Für die erforderliche Tatbestandsbestimmtheit wäre der umgekehrte Ansatz, wonach aus dem objektiven Kursbeeinflussungspotential auf die Bewertungserheblichkeit geschlossen wird, eigentlich vorzugswürdig, da von der Systematik her hier an objektiv überprüfbare Erfahrungswerte angeknüpft werden kann.[162] Die Bewertungserheblichkeit wird daher im Regelfall bereits aus der Eignung zur Preisbeeinflussung folgen, da es kaum Angaben geben dürfte, die geeignet sind, auf den Preis einzuwirken, ohne für die Bewertung des Finanzinstruments erheblich zu sein. Im Ergebnis hat dieses Merkmal daher keine eigenständige Bedeutung,[163] so dass der Vorwurf verfassungsrechtlicher Unbestimmtheit[164] schon von daher ins Leere geht. Dies gilt umso mehr, als durch die auf § 20a Abs. 5 Satz 1 Nr. 1 WpHG (bzw. vormals auf § 20a Abs. 2 Satz 1 Nr. 1 WpHG aF) gestützte Rechtsverordnung hier trotz aller Schwächen der neuen Marktmanipulations-Konkretisierungsverordnung (MaKonV)[165] eine zusätzliche Konkretisierung erfolgt.

Nach **§ 2 Abs. 2 MaKonV** sind Insiderinformationen, die nach § 15 Abs. 1 Satz 1 95 WpHG, sowie Entscheidungen und Kontrollerwerbe, die nach § 10 oder § 35 WpÜG zu veröffentlichen sind, regelmäßig bewertungserhebliche Umstände. Nach der Verordnungsbegründung soll durch diese Änderung in Absatz 2 gegenüber § 2 Abs. 2 KuMaKV berücksichtigt werden, dass § 15 Abs. 1 WpHG nunmehr die Veröffentlichung von Insiderin-

---

[157] In diesem Sinne auch *Schwark* in Schwark/Zimmer, Kapitalmarktrecht, § 20a WpHG Rn. 19; *Schröder*, Handbuch Kapitalmarktstrafrecht, 2. Aufl., Rn. 423; *Vogel* in Assmann/Schneider, 6. Aufl., § 20a Rn. 76; kritisch demgegenüber *Kutzner* WM 2005, 1401 (1402).

[158] In Schwark/Zimmer, Kapitalmarktrecht, § 20a WpHG Rn. 19.

[159] *Schwark* in Schwark/Zimmer, Kapitalmarktrecht, § 20a WpHG Rn. 19.

[160] *Schwark* in Schwark/Zimmer, Kapitalmarktrecht, § 20a WpHG Rn. 27 will beide Definitionen daher gleichsetzen; nach dem Wortlaut von § 13 Abs. 1 Satz 1 WpHG muss bei der Insiderinformation diese jedoch geeignet sein, den Börsen- oder Marktpreis **erheblich** zu beeinflussen, während bei § 20a WpHG die schlichte Preiseinwirkungseignung ausreicht.

[161] Hierauf stellt *Schwark* in Schwark/Zimmer, Kapitalmarktrecht, § 20a WpHG Rn. 27 ab.

[162] Dazu sogleich unter d). Zu Recht kritisiert daher *Sorgenfrei* in Park, Kapitalmarktstrafrecht, 3. Aufl., Teil 3 Kap. 4 Rn. 85 den Maßstab des „vernünftigen Anlegers" als „Scheinobjektivierung mittels einer Kunstfigur".

[163] So nunmehr auch *Kümpel/Veil*, WpHG, 2. Aufl., S. 133. Die wechselseitige Abhängigkeit sieht auch *Altenhain* BB 2002, S. 1874 (1877), der aber umgekehrt die eigenständige Bedeutung der Eignung zur Kursbeeinflussung verneint, da sie regelmäßig bereits aus der Bewertungserheblichkeit folge. Die üblicherweise an der fehlenden Bewertungserheblichkeit festgemachte Eliminierung von Bagatellunrichtigkeiten ergibt sich für § 20a Abs. 1 Nr. 1 WpHG ebenfalls bereits aus der fehlenden Preiseinwirkungseignung.

[164] Diesen erhebt ua *Sorgenfrei* in Park, Kapitalmarktstrafrecht, 3. Aufl., Teil 3 Kap. 4 Rn. 88 mit dem Argument, dass es für keinen Vermögenswert eine homogene Risikoneigung gebe und mangels eindeutiger objektiver Konkretisierbarkeit die Vorschrift daher verfassungsrechtlich unbestimmt sei.

[165] BGBl I 2005, 515.

formationen verlangt, wie sie in § 13 Abs. 1 WpHG definiert sind.[166] Im Unterschied zum Insiderhandelsverbot sowie der Ad-hoc-Publizität kommt es beim Verbot der Marktmanipulation allerdings nicht auf die Stärke des Beeinflussungspotentials des verbotenen Handelns oder Unterlassens an.[167] Im Rahmen des § 20a Abs. 1 Satz 1 Nr. 1 WpHG muss die Angabe zwar Umstände betreffen, die bewertungserheblich sind, nicht jedoch auch zu einer „erheblichen" Kursbeeinflussung im Sinne von § 13 Abs. 1 Satz 1 WpHG führen.[168] Hier zeigt sich auch die unterschiedliche Schutzfunktion von Insiderrecht und Marktmanipulationsverbot, da letzteres lediglich sicherstellen soll, dass die Preisbildung nicht manipuliert wird.[169]

**96** Weitere bewertungserhebliche Umstände werden in **§ 2 Abs. 3 MaKonV** definiert, wobei im Unterschied zur KuMaKV, wo eine Ermessensebene in Form des Wortes „können" bestand, die Einstufung als bewertungserheblich nunmehr definitiv, allerdings auch weiterhin nicht abschließend ist. **Bewertungserhebliche Umstände** im Sinne von § 20a Abs. 1 Satz 1 Nr. 1 WpHG **sind** hiernach insbesondere:
1. bedeutende Kooperationen, der Erwerb oder die Veräußerung von wesentlichen Beteiligungen sowie der Abschluss, die Änderung oder die Kündigung von Beherrschungs- und Gewinnabführungsverträgen und sonstigen bedeutenden Vertragsverhältnissen;
2. Liquiditätsprobleme, Überschuldung oder Verlustanzeige nach § 92 des Aktiengesetzes;
3. bedeutende Erfindungen, die Erteilung oder der Verlust bedeutender Patente und Gewährung wichtiger Lizenzen;
4. Rechtsstreitigkeiten und Kartellverfahren von besonderer Bedeutung;
5. Veränderungen in personellen Schlüsselpositionen des Unternehmens;
6. strategische Unternehmensentscheidungen, insbesondere der Rückzug aus oder die Aufnahme von neuen Kerngeschäftsfeldern oder die Neuausrichtung des Geschäfts.

**97** Die nunmehr zwingende Einstufung als bewertungserheblich erscheint indes verfehlt[170] oder allenfalls für Aktienanlagen gerechtfertigt und keinesfalls auf alle Finanzinstrumente übertragbar. So spielt beispielsweise für die Bewertung einer festverzinslichen Inhaberschuldverschreibung mit kurzer Restlaufzeit die Veränderung einer personellen Schlüsselposition keine Rolle. Gleiches gilt für die meisten anderen in Abs. 3 genannten Umstände bei entsprechender Absicherung durch eine Sicherungseinrichtung. Die „kann"-Vorschrift der KuMaKV war daher sachgerechter.

**98** Beibehalten worden ist der bisherige „kann"-Katalog des § 2 Abs. 2 KuMaKV lediglich für die Nrn. 1, 2, 4 und 5 des § 2 Abs. 2 KuMaKV, die nunmehr zu § 2 Abs. 4 MaKonV geworden sind. Hiernach können bewertungserhebliche Umstände insbesondere auch sein:
1. Änderungen in den Jahresabschlüssen und Zwischenberichten und den hieraus üblicherweise abgeleiteten Unternehmenskennzahlen,
2. Änderungen der Ausschüttungen, insbesondere Sonderausschüttungen, eine Dividendenänderung oder die Aussetzung der Dividende;
3. Übernahme-, Erwerbs- und Abfindungsangebote, soweit nicht von Abs. 2 erfasst;
4. Kapital- und Finanzierungsmaßnahmen.

**99** Nach der Begründung zur MaKonV ist bei vorgenannten Beispielen auch weiterhin eine Bewertung im Einzelfall geboten, weil die Erfüllung dieser Regelbeispiele nicht zwingend

---

[166] BR-Drucksache 18/05, S. 12.
[167] *Vogel* in Assmann/Schneider, 6. Aufl., § 20a Rn. 74; *Kümpel/Wittig*, Bank- und Kapitalmarktrecht, 4. Aufl. Rn. 14.310.
[168] *Schröder*, Handbuch Kapitalmarktstrafrecht, 2. Aufl., Rn. 433; *Lenenbach*, Kapitalmarktrecht, 2. Aufl., Rn. 13.471.
[169] *Kümpel/Wittig*, Bank- und Kapitalmarktrecht, 4. Aufl. Rn. 14.310/14.311.
[170] In diesem Sinn auch *Schröder*, Handbuch Kapitalmarktstrafrecht, 2. Aufl., Rn. 419: erweckt den unzutreffenden Eindruck, dass in § 2 Abs. 3 MaKonV die eindeutigen Fälle geregelt werden, obwohl auch Sachverhalte aufgezählt werden, die erst noch bewertet werden müssen. Vgl. auch *Sorgenfrei* in Park, Kapitalmarktstrafrecht, 3. Aufl., Teil 3 Kap. 4 Rn. 96, 102.

zur Annahme eines bewertungserheblichen Umstandes führen muss.[171] Zumindest für § 2 Abs. 4 Nr. 2 MaKonV erscheint die zwingende Einstufung als bewertungserheblich indes deutlich näherliegend als die zwingende Einstufung nach Abs. 3 für alle Finanzinstrumente. Im Gegensatz zu § 2 Abs. 3 KuMaKV wirft § 2 Abs. 3 MaKonV daher letztlich auch verfassungsrechtliche Probleme auf, da hier durch den Verzicht auf den Beurteilungsspielraum zumindest teilweise Konkretisierungen contra legem festgeschrieben werden.

**d) Eignung, auf den Börsen- oder Marktpreis einzuwirken.** In der **Ordnungswidrigkeitenvariante** des § 39 Abs. 1 Nr. 1 und 2 sowie Abs. 2 Nr. 11 WpHG genügt die Eignung zur Preiseinwirkung, während der Straftatbestand des § 38 Abs. 2 WpHG die tatsächliche Einwirkung auf den Börsen- oder Marktpreis erfordert. In letzterem Fall bedarf es also der Kausalität zwischen unrichtiger Angabe oder dem verschwiegenen Umstand und dem bei nachfolgenden Geschäftsabschlüssen zustande gekommenen Preis, während in der Bußgeldvariante eine entsprechende abstrakte Gefährdung eingetreten sein muss. Entscheidend für das Vorliegen einer Straftat ist daher, wann eine Einwirkung auf den Börsen- oder Marktpreis vorliegt. Letztlich handelt es sich hierbei aber nur um einen graduellen Unterschied,[172] da in beiden Fällen zunächst einmal die generelle Eignung zur Preisbeeinflussung gegeben sein muss. Geeignet zur Preisbeeinflussung ist ein Verhalten dabei dann, wenn es bei Würdigung aller Umstände des konkreten Einzelfalls **generell** geeignet ist, den Preis zu beeinflussen, während eine konkrete Gefahr oder gar eine Verletzung nicht eingetreten sein muss.[173] In letzter Konsequenz geht es also um das Auffinden und die Anwendung von Erfahrungswerten, wobei hier auf die zum Insiderstrafrecht erarbeiteten Kataloge zurückgegriffen werden kann. Hinsichtlich des erforderlichen Wahrscheinlichkeitsgrades besteht Uneinigkeit,[174] wobei die Tendenz offensichtlich in Richtung überwiegende Wahrscheinlichkeit im Sinne von mehr als 50% geht. Diese Auslegung lässt jedoch außer Betracht, dass das Schutzgut von § 20a WpHG die Zuverlässigkeit und Wahrheit der Preisbildung ist. Von daher muss bereits die erfahrungsgemäß ernst zu nehmende Möglichkeit der Preiseinwirkung ausreichen,[175] so dass im Ergebnis lediglich bloß theoretisch denkbare Preisbeeinflussungen ausscheiden.[176] Hierdurch wird der Tatbestand auch nicht etwa in verfassungsrechtlich bedenklicher Weise ausgedehnt, sondern bei Kapitalmarktinformationen ist regelmäßig eine Preis- oder Kurssensibilität naheliegend. Auch wenn die Prüfung grundsätzlich ex ante vorzunehmen ist,[177] ist ferner zu berücksichtigen, dass die ex post festgestellte Kursbewegung zwar noch nicht für den Nachweis des Kursbeeinflussungspotentials ausreicht, aber doch hiervon regelmäßig eine Indizwirkung ausgeht.[178]

---

[171] BR-Drucksache 18/05, S. 13; vgl. auch *Vogel* in Assmann/Schneider, 6. Aufl., § 20a Rn. 88.
[172] So zu Recht *Schröder*, Handbuch Kapitalmarktstrafrecht, 2. Aufl. Rn. 563; *Sorgenfrei* in Park, Kapitalmarktstrafrecht, 3. Aufl., Teil 3 Kap. 4 Rn. 269.
[173] So zutreffend *Vogel* in Assmann/Schneider, 6. Aufl., § 20a Rn. 118; *Trüg* NJW 2014, 1346 (1347) sowie der Emittentenleitfaden 2013 der BaFin S. 92. Demgegenüber sieht *Schwark* in Schwark/Zimmer, Kapitalmarktrecht, § 20a WpHG Rn. 27 dieses Merkmal als praktisch bedeutungslos an, da grundsätzlich davon ausgegangen werden könne, dass die Mitteilung eines Umstandes, der für die Bewertung eines Wertpapiers erheblich ist, zugleich geeignet ist, den Kurs des betreffenden Wertpapiers zu beeinflussen; ebenso *Altenhain* BB 2002, 1874 (1879).
[174] Vgl. den Überblick bei *Vogel* in Assmann/Schneider, 6. Aufl., § 20a Rn. 122.
[175] *Vogel* in Assmann/Schneider, 6. Aufl., § 20a Rn. 122; *Mock* in KK-WpHG, 2. Aufl., § 20a Rn. 203; im Ergebnis auch der Emittentenleitfaden 2013 der BaFin S. 92: „Die Schwelle ‚Eignung zur Preiseinwirkung' ist leicht genommen."
[176] *Vogel* in Assmann/Schneider, 6. Aufl., § 20a Rn. 123.
[177] *Schröder*, Handbuch Kapitalmarktstrafrecht, 2. Aufl., Rn. 434; *Vogel* in Assmann/Schneider, 6. Aufl., § 20a Rn. 119.
[178] In diesem Sinne auch *Schwark* in Schwark/Zimmer, Kapitalmarktrecht, § 20a WpHG Rn. 27 sowie *Hellgard* ZIP 2005, 2000 (2006 f.); aA *Vogel* in Assmann/Schneider, 6. Aufl., § 20a Rn. 118: Die auf die Manipulation folgende Preisentwicklung ist nicht entscheidend; auch *Sorgenfrei* in Park, Kapitalmarktstrafrecht, 3. Aufl., Teil 3 Kap. 4 Rn. 116 sieht einen Rückschluss aus der späteren tatsächlichen Kursänderung als unzulässig an, anders aber für die Straftatvariante, wo er in Rn. 269 eine In-

**101** **e) Einwirkung auf den Börsen- oder Marktpreis.** Demgegenüber muss für den **Straftatbestand** des § 38 Abs. 2 WpHG eine tatsächliche Einwirkung auf den Börsen- oder Marktpreis im Sinne der conditio sine qua non erfolgt sein,[179] wobei die Mitverursachung genügt. Die Manipulation darf also nicht hinweggedacht werden können, ohne dass der konkrete Börsen- oder Marktpreis entfällt. Dies ist aber bereits dann der Fall, wenn es auf der Basis der Manipulation zu konkreten Geschäftsabschlüssen kommt.[180] Nicht erforderlich ist demgegenüber die Prognose[181] oder gar Feststellung,[182] dass sich der Preis ohne die Manipulation anders entwickelt hätte. Eine Preiseinwirkung liegt daher schon dann vor, wenn der Anleger im Glauben an die Richtigkeit der Angaben seine Kauf- oder Verkaufsorder aufgegeben hat, da diese kausal durch die Manipulation bedingte Order dann auch zu dem entsprechenden Preis geführt hat und es völlig unerheblich ist, ob der Preis auch ohne die Manipulation zustande gekommen wäre. Mit anderen Worten: Der Täter kann sich nicht damit exkulpieren, dass auch ohne die Manipulation ein entsprechender Preis zustande gekommen wäre, da hierbei übersehen wird, dass ohne die Manipulation der Anleger die Kauforder gar nicht aufgegeben hätte, mithin die Manipulation insbesondere im fortlaufenden Handel auch für dieses konkrete Geschäft zu dem konkreten Preis zumindest mitursächlich war.[183] Von Interesse sind auch nicht nur die Einwirkungen auf die Schlusskurse, sondern auch die Kurse im fortlaufenden Handel.[184] Nicht erforderlich ist schließlich, dass es zu einer erheblichen Kurseinwirkung gekommen ist.[185]

**102** **2. falsche oder irreführende Signale durch Geschäftsabschlüsse sowie Kauf- oder Verkaufsaufträge gem. § 20a Abs. 1 Satz 1 Nr. 2 WpHG.** Auch diese Fallgruppe zielt letztlich auf die Verhinderung von Täuschungen von anderen Marktteilnehmern. Ein Signal ist dann gegeben, wenn der Auftrag oder Geschäftsabschluss geeignet ist, auf das Orderverhalten anderer Personen im positiven wie im negativen Sinne Einfluss zu

---

dizwirkung anerkennt; *Schröder*, Handbuch Kapitalmarktstrafrecht, 2. Aufl., Rn. 435 will im umgekehrten Fall, wo ex ante alles für eine Geeignetheit sprach, ex post aber auf Grund neuer Erkenntnisse feststeht, dass eine Geeignetheit nicht vorlag, die Strafbarkeit entfallen lassen.

[179] *Schröder*, Handbuch Kapitalmarktstrafrecht, 2. Aufl., Rn. 564; *Sorgenfrei* in Park, Kapitalmarktstrafrecht, 3. Aufl., Teil 3 Kap. 4 Rn. 267, 269; *Vogel* in Assmann/Schneider, 6. Aufl., § 38 Rn. 51.

[180] In diese Richtung auch OLG Stuttgart ZWH 2012, 24, 26 mit Anmerkung *Koppmann;* auch BGHSt 48, 375 (384) fordert, dass an den Beweis der tatsächlichen Einwirkung keine überspannten Anforderungen gestellt werden dürfen, insbesondere keine Marktteilnehmerbefragung, wie sie teilweise von den Instanzgerichten gefordert wurde, erforderlich ist.

[181] So *Kutzner* WM 2005, 1401 (1407) sowie *Hellgard* ZIP 2005, 2000 (2002), der den tatsächlichen Kurs des Finanzinstruments mit seinem hypothetischen Kurs bei pflichtgemäßem Informationsverhalten vergleichen will, gleichzeitig aber aus dem Verstoß gegen die Ad-hoc-Publizität im Sinne einer widerleglichen Vermutung auf die tatsächliche Kurseinwirkung schließt (2006).

[182] So *Schröder*, Handbuch Kapitalmarktstrafrecht, 2. Aufl., Rn. 564, 567, 568 ff. Auch BGH WM 2014, 890, 893 sieht die Feststellung eines abweichenden Kursverlaufs nicht als erforderlich an.

[183] Zweifelnd demgegenüber *Ziouvas/Walter* WM 2002, 1483 (1487) mit dem Argument, der einzelne Abschluss beeinflusse den Preis zwar theoretisch, nicht aber unbedingt praktisch, nämlich nicht zu den Nachkommastellen, die noch errechnet werden und an der Börse interessieren; ferner *Ziouvas* ZGR 2003, 113 (140) mit der Forderung, das Gericht müsse (mindestens) andere potentielle Ursachen der Kursentwicklung ausschließen; zweifelnd auch *Trüpmaker* wistra 2002, 288 (292).

[184] *Schröder*, Handbuch Kapitalmarktstrafrecht, 2. Aufl., Rn. 579; *Vogel* in Assmann/Schneider, 6. Aufl., § 38 Rn. 52. Allerdings muss auf einen existenten Preis eingewirkt und nicht ein Börsenpreis erst geschaffen werden, BGH NJW 2014, 1399; *Trüg* NJW 2014, 1346 (1348).

[185] *Schröder*, Handbuch Kapitalmarktstrafrecht, 2. Aufl., Rn. 564 mit dem Hinweis, dass der Gesetzgeber bewusst auf das Erfordernis der erheblichen Kursbeeinflussung verzichtet hat. Diesen Umstand hebt auch die BaFin im Emittentenleitfaden 2013 S. 92 hervor. In dem Bestreben, Bagatellfälle aus dem Tatbestand auszuscheiden, fordert *Schröder*, Handbuch Kapitalmarktstrafrecht, 2. Aufl., Rn. 588 gleichwohl eine „spürbare" Einwirkung; auch *Sorgenfrei* in Park, Kapitalmarktstrafrecht, 3. Aufl., Teil 3 Kap. 4 Rn. 269 will Bagatellfälle ausscheiden.

§ 10 Verbot der Marktmanipulation § 10

nehmen.[186] Falsch ist das Signal, wenn Marktverhältnisse vorgespiegelt werden, die nicht den Tatsachen entsprechen,[187] also beispielsweise eine Nachfragesituation suggeriert, die gar nicht besteht. Das Merkmal der irreführenden Signale ist daher eigentlich nur eine Variante, da gemeinsames Kriterium beider Merkmale die Täuschung der anderen Marktteilnehmer ist. Diese Täuschung muss sich beziehen auf das Angebot, die Nachfrage oder den Börsen- oder Marktpreis von Finanzinstrumenten. Alternativ kommt die Eignung zur Herbeiführung eines künstlichen Preisniveaus in Betracht. Künstlich ist ein Preisniveau, wenn es sich nicht mehr als Ergebnis eines unbeeinflussten Marktprozesses darstellt.[188] Nach Erwägungsgrund Nr. 20 der Marktmissbrauchsrichtlinie[189] könnte eine Person, die Geschäfte abschließt oder Kauf- bzw. Verkaufsaufträge ausführt, sich darauf berufen, dass sie legitime Gründe hatte, diese Geschäfte abzuschließen oder Aufträge auszuführen. Dies steht einer Sanktion aber dann nicht entgegen, wenn die zuständige Behörde feststellt, dass sich hinter diesen Geschäften oder Aufträgen ein anderer rechtswidriger Grund verbirgt. An dieser Aussage zeigt sich bereits das Dilemma dieser Vorschrift, da nach außen hin neutral auftretende Vorgänge je nach verfolgtem Zweck den Tatbestand der Marktmanipulation erfüllen oder auch nicht. Im Rahmen des objektiven Tatbestandes lässt sich das strafbare Verhalten daher kaum begründen, sondern bestraft wird eigentlich allein die zumindest bedingt vorsätzliche Motivation zur Irreführung. Dieser Befund ist für die betroffenen Marktteilnehmer umso gravierender, als § 10 Abs. 1 WpHG eine Anzeigepflicht bei Verdachtsfällen statuiert. Im Rahmen der MaKonV hätte man daher eigentlich eine Präzisierung insbesondere dahingehend erwartet, dass Indizien für dieses subjektive Irreführungselement genannt werden.[190] Stattdessen begnügt sich **§ 3 MaKonV** mit einer Auflistung für sich genommen neutraler Geschäfte, deren einziges Kriterium darin liegt, dass sie ein Potential zur Kursbeeinflussung besitzen, so dass letztlich aus der Möglichkeit der Kursbeeinflussung auch gleichzeitig die Irreführung abgeleitet wird. Eine solche Verfahrensweise erscheint rechtsstaatlich bedenklich, weil hierdurch die Unschuldsvermutung auf den Kopf gestellt wird, da nicht mehr dem Täter die Irreführung nachgewiesen werden muss, sondern dieser sich umgekehrt exculpieren muss.

Nach § 3 Abs. 1 MaKonV **können** Anzeichen für falsche oder irreführende Signale oder die Herbeiführung eines künstlichen Preisniveaus im Sinne von § 20a Abs. 1 Satz 1 Nr. 2 WpHG insbesondere auf Finanzinstrumente bezogene
1. Geschäfte oder Kauf- oder Verkaufsaufträge sein,
   a) die an einem Markt einen bedeutenden Anteil am Tagesgeschäftsvolumen dieser Finanzinstrumente ausmachen, insbesondere wenn sie eine erhebliche Preisänderung bewirken;
   b) durch die Personen erhebliche Preisänderungen bei Finanzinstrumenten, von denen sie bedeutende Kauf- oder Verkaufspositionen innehaben, oder bei sich darauf beziehenden Derivaten oder Basiswerten bewirken;
   c) mit denen innerhalb kurzer Zeit Positionen umgekehrt werden und die an einem Markt einen bedeutenden Anteil am Tagesgeschäftsvolumen dieser Finanzinstrumente

---

[186] *Schröder*, Handbuch Kapitalmarktstrafrecht, 2. Aufl., Rn. 481; *Vogel* in Assmann/Schneider, 6. Aufl., § 20a Rn. 150.
[187] *Schröder*, Handbuch Kapitalmarktstrafrecht, 2. Aufl., Rn. 481; *Schwark* in Schwark/Zimmer, Kapitalmarktrecht, § 20a WpHG Rn. 38; *Vogel* in Assmann/Schneider, 6. Aufl., § 20a Rn. 150.
[188] *Fleischer* in Fuchs § 20a Rn. 48.
[189] ABl EG L 96/16 v. 12.4.2003 (S. 17).
[190] Auch *Schwark*, Kapitalmarktrecht, 3. Aufl., § 20a WpHG Rn. 46 hatte hinsichtlich der damals erforderlichen Manipulationsabsicht in § 20a WpHG aF darauf hingewiesen, dass es kaum vertretbar erscheine, Geschäfte, die formal den Handelsregeln entsprechen, generell als Manipulationshandlungen zu werten, ohne gleichzeitig einen weiteren Haftungsfilter auf der subjektiven Tatbestandsseite einzubauen. *Schwark* fordert daher in Schwark/Zimmer, Kapitalmarktrecht, § 20a WpHG Rn. 34 eine restriktive Auslegung im Sinne einer Beschränkung auf eindeutige Marktmanipulationen.

ausmachen und die mit einer erheblichen Preisänderung im Zusammenhang stehen könnten;
d) die durch ihre Häufung innerhalb eines kurzen Abschnitts des Börsentages eine erhebliche Preisänderung bewirken, auf die eine gegenläufige Preisänderung folgt;
e) die nahe zu dem Zeitpunkt der Feststellung eines bestimmten Preises, der als Referenzpreis für ein Finanzinstrument oder andere Vermögenswerte dient, erfolgen und mittels Einwirkung auf diesen Referenzpreis den Preis oder die Bewertung des Finanzinstruments oder des Vermögenswertes beeinflussen;
2. Kauf- oder Verkaufsaufträge sein, die auf die den Marktteilnehmern ersichtliche Orderlage, insbesondere auf die zur Kenntnis gegebenen Preise der am höchsten limitierten Kaufaufträge oder der am niedrigsten limitierten Verkaufsaufträge, einwirken und vor der Ausführung zurückgenommen werden;
3. Geschäfte sein, die zu keinem Wechsel des wirtschaftlichen Eigentümers eines Finanzinstruments führen.

**104** Mit **§ 3 Abs. 1 MaKonV** werden die Vorgaben aus Art. 4 der Richtlinie 2003/124/EG in deutsches Recht umgesetzt.[191] Die aufgeführten Faktoren sollen den Marktteilnehmern zusätzliche Rechtssicherheit im Hinblick auf die Abgrenzung von nach § 20a Abs. 1 Satz 1 Nr. 2 WpHG verbotenem und legalem Verhalten geben.[192] Es handelt sich um Anhaltspunkte, die bei der Feststellung falscher oder irreführender Signale oder eines künstlichen Preisniveaus von der BaFin im Rahmen ihrer Überwachungstätigkeit zu berücksichtigen sind, ohne dass die Aufzählung abschließend wäre.[193] Allerdings führt das Vorliegen der genannten Anzeichen nicht zwingend zur Annahme einer Marktmanipulation, sondern die nach Art. 4 der Richtlinie 2003/124/EG erforderliche Einzelfallbetrachtung kann überwiegende Gründe für ein gesetzeskonformes Verhalten ergeben.[194] Die unter Nr. 1 zusammengefassten Anzeichen können dabei sowohl durch abgeschlossene Geschäfte als auch durch Kauf- oder Verkaufsaufträge ausgelöst werden.[195] Den Anzeichen unter Buchstabe a bis d ist gemeinsam, dass sie unter anderem auf „erhebliche" Preisänderungen abstellen, da nach der Begründung der MaKonV, auch wenn § 20a Abs. 1 Satz 1 Nr. 2 WpHG gerade keine Erheblichkeit fordert, sondern die bloße Einwirkung auf einen Börsen- oder Marktpreis ausreicht, gerade eine durch einzelne Geschäfte bewirkte erhebliche Preisänderung ein deutliches Anzeichen für eine Marktmanipulation sein kann.[196] Diese Annahme ist aber gleich in mehrfacher Hinsicht unzutreffend. Der erste Einwand wird in der Begründung der MaKonV bereits selbst genannt: Auf die Erheblichkeit der Preisänderung kommt es nicht an. Letztlich spielen für das Erheblichkeitserfordernis daher eigentlich ermittlungstaktische Gesichtspunkte eine ausschlaggebende Rolle, da Anknüpfungspunkt für die Verfolgung von Marktmanipulationen naheliegender weise eher die Geschäfte sind, bei denen es zumindest zu einer (erheblichen) Preisänderung gekommen ist, statt solcher Geschäfte, die kursmäßig eher unauffällig geblieben sind. Das Kernanliegen von § 20a WpHG ist jedoch sicherzustellen, dass die Preisbildung nicht manipuliert wird.[197] Dann kann es aber auf die Erheblichkeit in keiner Weise ankommen, sondern entscheidend ist allein der manipulative

---

[191] So die Begründung BR-Drucksache 18/05, S. 13.
[192] So die Begründung BR-Drucksache 18/05, S. 13.
[193] So die Begründung BR-Drucksache 18/05, S. 13.
[194] So die Begründung BR-Drucksache 18/05, S. 13.
[195] So die Begründung BR-Drucksache 18/05, S. 13. Zu Recht weisen allerdings *Knauth/Käsler* WM 2006, 1041 (1044) darauf hin, dass der Begriff des Signals eine gewisse Außenwirkung erfordert und Geschäfte oder Aufträge daher nur dann geeignet sind, Signale zu geben, wenn sie über eine Börse oder Handelsplattform abgeschlossen oder durch Veröffentlichung außerbörslicher Umsätze gegenüber anderen Marktteilnehmern sichtbar gemacht werden.
[196] BR-Drucksache 18/05, S. 13; vgl. auch *Vogel* in Assmann/Schneider, 6. Aufl., § 20a Rn. 155.
[197] *Kümpel/Wittig*, Bank- und Kapitalmarktrecht, 4. Aufl., Rn. 14.310; § 20a Abs. 1 Satz 1 Nr. 2 WpHG betrifft dabei die sog. handelsgestützten Marktmanipulationen, *Vogel* in Assmann/Schneider, 6. Aufl., § 20a Rn. 142.

Charakter des Geschäftsablaufs selbst.[198] Dieser kommt in den Beispielsfällen aber nur unzureichend zum Ausdruck,[199] da diese größtenteils nur selbstverständliche Automatismen in punkto Kurseinwirkungspotential beschreiben, da, um das Beispiel der Nr. 1a) aufzugreifen, ein bedeutender Anteil am Tagesgeschäftsvolumen, zumal wenn er tatsächlich eine erhebliche Preisänderung bewirkt, natürlich durchaus für Kursmanipulationen geeignet ist. Dies bedeutet umgekehrt aber gerade nicht, dass immer oder auch nur in einer Mehrzahl der Fälle ein großer Anteil am Tagesgeschäftsvolumen tatsächlich einen manipulativen Hintergrund hat. Eine Erteilung interessewahrender Orders wäre andernfalls nicht möglich, da die Ordererteilung bzw. -ausführung ja gerade deshalb interessewahrend erfolgt, da sie wegen der Ordergröße für das betreffende Wertpapier eine erhebliche Kursrelevanz besitzt.[200] Die MaKonV versucht dieser Erkenntnis dadurch Rechnung zu tragen, dass es sich **lediglich** um **Anzeichen** handelt, die nicht zwingend, sondern durchaus widerlegbar sind. Eigentlich zeigt sich an dieser Vorgehensweise aber das regulatorische Scheitern, da Sinn einer Konkretisierung gerade die Herausarbeitung des spezifischen manipulativen Charakters hätte sein müssen, die in Nr. 1 genannten Beispiele unter diesem Gesichtspunkt aber eher als neutral einzustufen sind.

An dieser Erkenntnis ändert auch der Umstand nichts, dass die Beispiele in Nr. 1 letztlich der Umsetzung der Richtlinie 2003/124/EG dienen. So wird beispielsweise in der Begründung zu **Nr. 1a),** die der Umsetzung von Art. 4a) der vorgenannten Richtlinie dient, darauf hingewiesen, dass eine Marktmanipulation häufig mit Geschäften oder Aufträgen einhergehe, die aufgrund ihres großen Anteils am Gesamtvolumen aller Transaktionen mit diesem Finanzinstrument an einem Markt ein ausreichendes Preiseinwirkungspotential haben.[201] Bereits im unmittelbaren Anschluss folgt jedoch die Erkenntnis, dass der manipulative Charakter derartiger Geschäfte oder Aufträge im Einzelfall unter Heranziehung weiterer (welcher?) Umstände zu prüfen sei, da das Volumen für sich genommen keine Manipulation begründet.[202] Völlig unverständlich erscheint vor diesem Hintergrund dann die weitere Aussage, wonach im Falle der Bewirkung einer erheblichen Preisänderung, die in einer Steigerung, Senkung oder künstlichen Beibehaltung des Preises bestehen könne, die tatbestandsbezogene **Indizwirkung** der großvolumigen Geschäfte oder Aufträge als verstärkt anzusehen sei.[203] Neben den bereits genannten Einwänden gegen diese Argumentation wäre es interessant zu erfahren, an welchen Gegebenheiten eine künstliche Beibehaltung des Preises festgemacht werden soll – hier hätte der eigentliche Konkretisierungsbedarf bestanden. Die Regelung stellt daher „kaum mehr als eine Leerformel"[204] dar.

---

[198] Vgl. auch die berechtigte Kritik von *Kutzner* WM 2005, 1401 (1403): „Warum sollen eigentlich unverfängliche Signale dennoch bei näherer Prüfung verfänglich werden?"

[199] AA aber *Vogel* in Assmann/Schneider, 6. Aufl., Rn. 150: Es muss als großer Verdienst des Verordnungsgebers angesehen werden, den sinnvollen Kern des § 20a Abs. 1 Satz 1 Nr. 2 WpHG herausgearbeitet zu haben.

[200] Vgl. auch *Rudolph* BB 2002, 1036 (1041). *Knauth/Käsler* WM 2006, 1041 (1046) weisen in diesem Zusammenhang zutreffend darauf hin, dass bei einer marktschonenden Ausführung einer Großorder diese von den übrigen Marktteilnehmern nicht als Großorder wahrgenommen wird und eine derartige Form der Ausführung daher nicht als manipulativ angesehen werden kann; umgekehrt birgt die Großorder, die in vollem Umfang ausgeführt oder in das Handelssystem eingestellt wird, potentielle Anzeichen für Manipulation.

[201] BR-Drucksache 18/05, S. 14.

[202] BR-Drucksache 18/05, S. 14.

[203] BR-Drucksache 18/05, S. 14; in diesem Sinne wohl auch *Kümpel/Veil,* WpHG. 2. Aufl., S. 135, die eine Indizwirkung in der Regel nur annehmen wollen, wenn eine erhebliche Preisänderung festzustellen ist. *Vogel* in Assmann/Schneider, 6. Aufl., § 20a Rn. 156 weist demgegenüber zutreffend darauf hin, dass der Umstand, dass das großvolumige Geschäft eine erhebliche Preisänderung bewirkt, für sich genommen neutral ist; ebenso *Schwark* in Schwark/Zimmer, Kapitalmarktrecht, § 20a Rn. 42.

[204] *Schröder*, Handbuch Kapitalmarktstrafrecht, 2. Aufl., Rn. 510.

**106** Nicht anders verhält es sich mit der Begründung zu **Nr. 1b)**, durch den Art. 4b) der Richtlinie 2003/124/EG umgesetzt wird. Auch hier findet sich lediglich die lapidare Aussage, dass, wer über eine vergleichsweise große Kauf- oder Verkaufsposition in einem bestimmten Finanzinstrument verfüge und vermittels Geschäften oder Aufträgen den Börsen- oder Marktpreis erheblich steigere, senke oder künstlich beibehalte, Anhaltspunkte dafür setze, den Preis manipuliert zu haben, da er kein wirtschaftliches Interesse an einer Preiseinwirkung gehabt haben kann.[205]

**107** Bestenfalls einen Anknüpfungspunkt für die Aufnahme von Ermittlungsmaßnahmen enthält auch das Beispiel in **Nr. 1c)**, das auf Art. 4d) der Richtlinie 2003/124/EG beruht. Anzeichen für eine Marktmanipulation sind hiernach Umkehrungen von Positionen in Finanzinstrumenten, die innerhalb eines kurzen Zeitraums vermittels Geschäften oder Aufträgen vorgenommen werden, da es sich hierbei um ein geläufiges Verfahren handele, um künstlich Umsätze und Handelsaktivität zu generieren und letztlich auf den Börsen- oder Marktpreis eines Finanzinstruments einzuwirken.[206] Zu Recht weist jedoch *Schröder*[207] darauf hin, dass es einem Handelsteilnehmer nicht verwehrt sein kann, auch innerhalb kurzer Zeiträume die Seiten zu wechseln und Kursschwankungen auszunutzen. Entscheidend ist daher letztlich auch hier, dass die Umkehrung der Handelsaktivitäten als Mittel zur Täuschung der anderen Marktteilnehmer eingesetzt wird, indem Handelsaktivitäten vorgetäuscht werden.[208]

**108** Nicht viel aussagekräftiger ist auch die Begründung zu **Nr. 1d)**, durch die Art. 4e) der Richtlinie 2003/124/EG umgesetzt wird, wonach durch die Konzentration von Geschäften oder Aufträgen innerhalb einer kurzen Zeitspanne man Preise künstlich steigern, senken oder beibehalten könne. Die umgekehrte Preisänderung im Anschluss an die Phase der geballten Geschäftsaktivität deute darauf hin, dass es sich zuvor um ein künstlich bewirktes Preisniveau gehandelt habe.[209] Kernpunkt des Vorwurfs eines manipulativen Verhaltens dieser „Pump and Dump"-Strategie dürfte vorliegend indes nicht der Zeitfaktor im Sinne einer massiven Geschäftskonzentration sein, sondern das Ziel eines künstlichen Preisniveaus. Ein bloßes Mitlaufen mit einem Trend, auch wenn dies am Ende mit Gewinnmitnahmen verbunden ist, genügt nicht.[210]

**109** Auch bei **Nr. 1e)**, der der Umsetzung von Art. 4g) der Richtlinie 2003/124/EG dient, wird der eigentliche Gesichtspunkt für den Vorwurf manipulativen Verhaltens, nämlich die gezielte Einwirkung auf den Referenzkurs,[211] um hieraus anderweitig Nutzen zu ziehen, aus der Formulierung nicht ersichtlich. Stattdessen findet sich wiederum nur die lapidare Aussage, dass hiermit Geschäfte oder Aufträge zu bestimmten Zeitpunkten erfasst werden, die für die Schlussnotierung eines Tages oder den Abrechnungskurs von Derivatekontrakten ausschlaggebend sind.[212] Auch eine gehäufte Ordererteilung zum Ende des Tages muss jedoch keinen manipulativen Hintergrund haben, wie das Beispiel der passiv gemanagten

---

[205] So ausdrücklich die Begründung, BR-Drucksache 18/05, S. 14; ebenso *Vogel* in Assmann/Schneider, 6. Aufl., § 20a Rn. 157.
[206] BR-Drucksache 18/05, S. 14.
[207] Handbuch Kapitalmarktstrafrecht, 2. Aufl., Rn. 513.
[208] *Schröder*, Handbuch Kapitalmarktstrafrecht, 2. Aufl., Rn. 513.
[209] BR-Drucksache 18/05, S. 14. Zu Recht weisen aber *Knauth/Käsler* WM 2006, 1041 (1047) in diesem Zusammenhang darauf hin, dass dasselbe Verhalten zu beobachten sei, wenn Marktteilnehmer auf neue und überraschende Informationen eines Unternehmens (zB im Rahmen der Ad-hoc-Publizität) reagieren, so dass es zur Begründung eines Manipulationsvorwurfs auch einer Analyse der Marktgegebenheiten bedarf.
[210] *Schröder*, Handbuch Kapitalmarktstrafrecht, 2. Aufl., Rn. 515; *Vogel* in Assmann/Schneider, 6. Aufl., § 20a Rn. 159.
[211] Vgl. auch *Schröder*, Handbuch Kapitalmarktstrafrecht, 2. Aufl., Rn. 516: „Die Regelung schützt die faire Bildung der Referenzpreise."
[212] BR-Drucksache 18/05, S. 14.

Fonds zeigt.²¹³ Diese bilden üblicherweise mehr oder weniger exakt einen Marktindex nach. Da der Index in der Regel zu Schlusskursen gerechnet wird, werden auch die meisten Order dieser Fonds zum Börsenschluss in den Markt gegeben, um hierdurch den Index möglichst ohne Risiko nachbilden zu können.²¹⁴ Angesichts des wirtschaftlichen Hintergrunds dieser Vorgehensweise liegt daher, wenn keine sonstigen Umstände hinzutreten, in der vorstehend beschriebenen Vorgehensweise keine Marktmanipulation.

Mit **§ 3 Abs. 1 Nr. 2 MaKonV** wird den Vorgaben von Art. 4f) der Richtlinie 2003/124/EG nachgekommen. Die Begründung lautet, dass im Falle der Annullierung von Kauf- oder Verkaufsaufträgen vor ihrer Ausführung, nachdem sie zuvor das Bild der Orderlage geprägt haben, den Marktteilnehmern falsche oder irreführende Signale über Angebot oder Nachfrage bezüglich eines Finanzinstruments gegeben worden sein könnten.²¹⁵ Von Interesse sind in diesem Zusammenhang vor allem limitierte Aufträge. Allerdings ist kein Handelsteilnehmer an ein erteiltes Limit gebunden.²¹⁶ Deutlich interessanter und aussagekräftiger wäre daher die Frage nach dem Hintergrund der Erteilung oder Streichung. Jedenfalls bei wirtschaftlich legitimen Gründen für die Orderrücknahme – beispielsweise als Reaktion auf eine Ad-hoc-Mitteilung – liegt kein tatbestandsrelevantes Verhalten vor.²¹⁷

**110**

Mit **§ 3 Abs. 1 Nr. 3 MaKonV** werden die zuvor in § 3 Abs. 2 Nr. 1 KuMaKV geregelten Manipulationsfälle erfasst, allerdings unter Aufgabe des vormals zwingenden Charakters für das Vorliegen einer Marktmanipulation bei Erfüllung des Beispiels. Nach der Begründung der MaKonV ist hiermit aber keine Herabstufung der Illegalität derartiger Scheingeschäfte verbunden, sondern die Einstufung als bloßes Anzeichen lediglich durch die Vorgaben von Art. 4c) der Richtlinie 2003/124/EG bedingt.²¹⁸ Auch in Zukunft sei bei diesen Geschäften eine Marktmanipulation daher nur dann zu verneinen, wenn die besonderen Umstände der Transaktion den Marktteilnehmern im Vorhinein hinreichend transparent gemacht worden sind.²¹⁹ Nicht mehr enthalten ist in § 3 Abs. 1 Nr. 3 MaKonV die Ausnahme von § 3 Abs. 2 Nr. 1 KuMaKV, dass auch nicht wissentlich zwischen identischen Vertragspartnern abgeschlossene Geschäfte nicht unter das Verbot fallen. Da hierdurch aber nur der Anonymität des Börsengeschäfts Rechnung getragen wird, fallen derartige Geschäfte trotz fehlender ausdrücklicher Erwähnung auch künftig nicht unter das Verbot.²²⁰ Gleiches gilt für die in § 3 Abs. 2 Nr. 1 KuMaKV ausdrücklich erwähnte Ausnahme, dass die betreffenden Geschäfte den anderen Marktteilnehmern im Einklang mit den gesetzlichen Regeln und den Marktbestimmungen angekündigt worden sind.²²¹ Gegenüber der KuMaKV stellt § 3 Abs. 1 Nr. 3 MaKonV in punkto tatbestandlicher Konkretisierung daher eine Verschlechterung dar. Ausdrücklich nicht erfasst sind laut der Begründung ferner Wertpapierdarlehen, welche außerhalb eines Marktes zwischen zwei Personen vereinbart werden, da sie sich nicht auf die Bildung von Börsen- oder Marktpreisen auswirken können.²²² Entsprechendes muss aus dem gleichen Grund dann auch für echte Pensionsgeschäfte in Form der Repo- und sog. Buy/Sell back Geschäfte gelten.

**111**

Nach **§ 3 Abs. 2 MaKonV** werden ferner **irreführende Signale** insbesondere auch durch Geschäfte oder einzelne Kauf- oder Verkaufsaufträge über Finanzinstrumente gegeben,

**112**

---

²¹³ *Rudolph* BB 2002, 1036 (1041); ferner *Tountopoulos* WM 2013, 351, 357: Der Handel bei Börsenschluss per se ist nicht als Manipulation anzusehen.
²¹⁴ *Rudolph* BB 2002, 1036 (1041).
²¹⁵ BR-Drucksache 18/05, S. 15.
²¹⁶ Hierauf weist zu Recht *Schröder*, Handbuch Kapitalmarktstrafrecht, 2. Aufl., Rn. 518 hin.
²¹⁷ *Vogel* in Assmann/Schneider, 6. Aufl., § 20a Rn. 161.
²¹⁸ BR-Drucksache 18/05, S. 15.
²¹⁹ BR-Drucksache 18/05, S. 15; *Vogel* in Assmann/Schneider, 6. Aufl., § 20a Rn. 163.
²²⁰ Ebenso *Vogel* in Assmann/Schneider, 6. Aufl., § 20a Rn. 163.
²²¹ Ebenso *Vogel* in Assmann/Schneider, 6. Aufl., § 20a Rn. 163.
²²² BR-Drucksache 18/05, S. 15.

1. die geeignet sind, über Angebot oder Nachfrage bei einem Finanzinstrument im Zeitpunkt der Feststellung eines bestimmten Börsen- oder Marktpreises, der als Referenzpreis für ein Finanzinstrument oder andere Produkte dient, zu täuschen, insbesondere wenn durch den Kauf oder Verkauf von Finanzinstrumenten bei Börsenschluss Anleger, die aufgrund des festgestellten Schlusspreises Aufträge erteilen, über die wahren wirtschaftlichen Verhältnisse getäuscht werden,
2. die zu im Wesentlichen gleichen Stückzahlen und Preisen von verschiedenen Parteien, die sich abgesprochen haben, erteilt werden, es sei denn, diese Geschäfte wurden im Einklang mit den jeweiligen Marktbestimmungen rechtzeitig angekündigt, oder
3. die den unzutreffenden Eindruck wirtschaftlich begründeter Umsätze erwecken.

§ 3 Abs. 2 MaKonV stimmt im Wesentlichen mit § 3 Abs. 2 Nrn. 2 bis 4 KuMaKV überein, ordnet die dort geregelten Beispiele für sonstige Täuschungshandlungen nun aber der Tatbestandsalternative der irreführenden Signale gem. § 20a Abs. 1 Satz 1 Nr. 2 WpHG zu. Dies erscheint im Prinzip sachgerecht, wobei eigentlich auch die Fallgruppe des § 4 Abs. 3 Nr. 1 MaKonV aus den bereits im Zusammenhang mit § 3 Abs. 3 Nr. 1 KuMaKV erörterten Bedenken[223] hierher gehört hätte, da das Ausnutzen einer marktbeherrschenden Stellung keine Täuschung beinhaltet.

**113** **§ 3 Abs. 2 Nr. 1 MaKonV** übernimmt im Ergebnis die Regelung von § 3 Abs. 2 Nr. 4 KuMaKV und dient gleichzeitig der Umsetzung des zwingenden Regelbeispiels nach Art. 1 Nr. 2c) 2. Spiegelstrich der Marktmissbrauchsrichtlinie.[224] Nach der Begründung ist der objektive Tatbestand der Marktmanipulation nach § 20a Abs. 1 Satz 1 Nr. 2 WpHG erfüllt, wenn bei Börsenschluss gekauft oder verkauft wird und die Anleger dadurch über die wahren wirtschaftlichen Verhältnisse an der Börse getäuscht werden, ohne dass es einer weiteren Prüfung, etwa anhand des Anzeichens nach § 3 Abs. 1 Nr. 1e) MaKonV, bedarf.[225] Es handelt sich somit um zwingende Beispiele für irreführende Signale im Sinne von § 20a Abs. 1 Satz 1 Nr. 2 WpHG.[226] Zu einer Täuschung über die „wahren wirtschaftlichen Verhältnisse" kommt es dabei dann, wenn der Eindruck wirtschaftlich begründeten Kauf- oder Verkaufsinteresses erweckt wird, obwohl in Wirklichkeit nur der Schlusskurs beeinflusst werden soll.[227] Greift man den Beweggrund Nr. 20 der Marktmissbrauchsrichtlinie auf, soll durch die etwas verklausulierte Formulierung der „Täuschung über die wahren wirtschaftlichen Verhältnisse" der manipulative Zweck der Geschäfte zum Ausdruck gebracht werden. Aussagekräftiger erscheint in diesem Zusammenhang die von *Lenzen* gewählte Umschreibung: Der Spekulant übernimmt das mit der Transaktion verbundene Risiko, handelt also unter Unsicherheit, während der Manipulator typischerweise versucht, die Kursentwicklung zu steuern.[228] Im Unterschied zum Spekulanten führt der Manipulator die Kursänderung, aus der er seinen Gewinn erzielen möchte, selbst herbei.[229]

**114** Es handelt sich bei diesen Beispielen also um Transaktionen, die über die tatsächliche Geschäftslage in einem Finanzinstrument täuschen, indem sie eine erhöhte Handelsaktivität vorspiegeln, die so gar nicht gegeben ist. Dadurch kann es zu künstlichen nicht der Marktlage entsprechenden Kursen kommen.[230] Ziel der Geschäfte ist daher häufig, mittels abgestimmter Käufe oder Verkäufe den Kurs eines Basiswertes, auf den sich ein Derivat bezieht oder der Referenzwert eines Zertifikates ist, zu beeinflussen,[231] was Regelungsgegenstand von **§ 3 Abs. 2 Nr. 2 MaKonV** ist. Unterfälle dieser **fiktiven Geschäfte,** die wirtschaft-

---

[223] Siehe → Rn. 50.
[224] BR-Drucksache 18/05, S. 15.
[225] BR-Drucksache 18/05, S. 15.
[226] *Vogel* in Assmann/Schneider, 6. Aufl., § 20a Rn. 164.
[227] So ausdrücklich die Begründung BR-Drucksache 18/05, S. 15. *Sorgenfrei* in Park, Kapitalmarktstrafrecht, 3. Aufl., Teil 3 Kap. 4 Rn. 155.
[228] *Lenzen* WM 2000, 1131.
[229] *Lenzen* WM 2000, 1131.
[230] *Schwark* in Schwark/Zimmer, Kapitalmarktrecht, § 20a WpHG Rn. 48.
[231] *Schröder,* Handbuch Kapitalmarktstrafrecht, 2. Aufl., Rn. 523.

lich keine Bedeutung für die beteiligten Handelspartner besitzen, sind die sog. **wash sales**, improper matched orders und circular orders. Bei den **wash sales** sind Käufer und Verkäufer wirtschaftlich identisch und zielen nicht auf eine Vermögensverschiebung ab, sondern lediglich auf die Vorspiegelung einer Handelsaktivität in dem betreffenden Finanzinstrument.[232] Bei den **improper matched orders,** die in § 3 Abs. 2 Nr. 2 MaKonV angesprochen werden, wechselt zwar der wirtschaftliche Eigentümer, doch sprechen sich die mitwirkenden Parteien ab, zur selben Zeit über einen Wertpapierdienstleister gegenläufige Kauf- und Verkaufsaufträge zum selben Kurs und im selben Umfang zu erteilen, um hierdurch beim Anlagepublikum den Eindruck zu erwecken, an dem Finanzinstrument bestünde reges Interesse.[233] Dem gleichen Ziel dienen die sog. **circular orders** (Ringkäufe oder -verkäufe), bei denen es sich ebenfalls um zwischen den beteiligten Marktteilnehmern abgesprochene Transaktionen handelt und der erste und der letzte Käufer bzw. Verkäufer identisch sind, so dass – wirtschaftlich betrachtet – wiederum keine ernstgemeinte Vermögensverschiebung erfolgt.[234] Derartige Konstellationen fallen unter **§ 3 Abs. 2 Nr. 3 MaKonV.** Nicht zu den fiktiven Geschäften zählen Umstrukturierungsmaßnahmen im Konzern, wenn aus steuerlichen oder sonstigen unternehmenspolitischen Motiven Beteiligungen innerhalb des Konzerns übertragen werden, da hier wirtschaftliche Gründe für die Transaktionen bestehen und diese Geschäfte auch häufig nicht über die Börse abgewickelt werden.[235]

Äußerste Zurückhaltung ist ferner bei der Qualifizierung **effektiver Geschäfte** als Kursmanipulation geboten. Zwar soll nach der Gesetzesbegründung auch mittels effektiver Geschäfte über die tatsächliche Geschäftslage getäuscht werden können.[236] Das Problem liegt hier aber darin, dass es im Gegensatz zu den abgesprochenen fiktiven Geschäften tatsächlich zu einer Vermögensverschiebung zwischen zwei personenverschiedenen Handelspartnern kommt, von denen der eine über eine Manipulationsabsicht des anderen in der Regel gar nichts weiß.[237] So lässt sich durch geschickte Erteilung mehrerer Kaufaufträge zu sukzessiv höheren Preisen derselbe Eindruck vermeintlich erhöhter Handelsaktivitäten erreichen wie durch den Abschluss von wash sales.[238] Äußerlich unterscheidet sich ein solches Vorgehen nicht von einer normalen Transaktion, so dass die Abgrenzung zwischen legalem und illegalem Handeln nur auf subjektiver Ebene durch Erkundung der Motivation des Täters getroffen werden kann. Allein die innere Motivation des Täters, die nach außen hin nicht erkennbar ist, kann jedoch noch nicht den Vorwurf einer Täuschung begründen.[239] Eine Wertung als irreführend ist in Übereinstimmung mit § 3 Abs. 1 Nr. 1e) MaKonV jedoch dann angebracht, wenn die Geschäfte gezielt zum Zeitpunkt der Referenzkursfeststellung getätigt werden – auch als **„marking the close"**

---

[232] *Vogel* in Assmann/Schneider, 6 Aufl., Vor § 20a Rn. 35; *Schwark* in Schwark/Zimmer, Kapitalmarktrecht, § 20a WpHG Rn. 49 mit dem Hinweis, dass diese Transaktionen wegen der bezweckten Kursnotiz keine Scheingeschäfte im Sinne von § 117 Abs. 1 BGB sind.
[233] *Vogel* in Assmann/Schneider, 6. Aufl., Vor § 20a Rn. 35; *Schwark* in Schwark/Zimmer, Kapitalmarktrecht, § 20a WpHG Rn. 49; *Trüg* NJW 2014, 1346. Eine solche Konstellation lag OLG Stuttgart ZWH 2012, 24 zugrunde, vgl. ferner BGH NJW 2014, 1399.
[234] *Schwark* in Schwark/Zimmer, Kapitalmarktrecht, § 20a WpHG Rn. 49. *Vogel* in Assmann/Schneider, 6. Aufl., Vor § 20a Rn. 35.
[235] Ebenso *Schwark* in Schwark/Zimmer, Kapitalmarktrecht, § 20a WpHG Rn. 50; *Sorgenfrei* in Park, Kapitalmarktstrafrecht, 3. Aufl., Teil 3 Kap. 4 Rn. 151.
[236] Begr. RegE. 4. FinanzmarktförderungG BT-Drucks. 14/8017, S. 250.
[237] *Schwark* in Schwark/Zimmer, Kapitalmarktrecht, § 20a WpHG Rn. 40; *Vogel* in Assmann/Schneider, 6. Aufl., § 20a Rn. 153a.
[238] *Schwark* in Schwark/Zimmer, Kapitalmarktrecht, § 20a WpHG Rn. 40 der dieses Verhalten auch als **„painting the tape"** bezeichnet.
[239] *Lenzen* WM 2000, 1131; *Schwark* in Schwark/Zimmer, Kapitalmarktrecht, § 20a WpHG Rn. 40 fordert daher bei sonstigen Täuschungshandlungen quasi als zusätzliches Merkmal einen Täuschungsvorsatz.

bezeichnet[240] –, da sich in diesem Fall die subjektive Motivation der bezweckten Kursmanipulation in der Wahl des Zeitpunktes auch objektiv manifestiert. Dies setzt aber voraus, dass dem Täter darüber hinaus nachgewiesen wird, dass er die effektiven Geschäfte gerade zu diesem Zeitpunkt allein zwecks Beeinflussung des Referenzkurses getätigt hat, was bei dem bereits erwähnten Beispiel der passiv gemanagten Fonds nicht der Fall ist. Hingegen ist es nicht Aufgabe des Täters, sich hinsichtlich der Wahl des Zeitpunktes oder des Umfangs der Geschäfte zu exculpieren.

**116** Entsprechendes gilt für die Vornahme von **Leerverkäufen.** Hier können entweder bereits die Leerverkäufe selbst zu entsprechenden Kursrückgängen führen oder bei anderen Marktteilnehmen eine Verkaufsentscheidung auslösen, die dann ihrerseits oder in Kombination mit den Leerverkäufen zu weiteren Kursrückgängen führen. Ist der Kurs dann tatsächlich gefallen, deckt sich der Täter entsprechend seinem ursprünglichen Plan günstiger ein und beliefert die Leerverkäufe. Auf den ersten Blick ist daher der Vorwurf eines manipulativen Verhaltens durchaus naheliegend. Hierbei wird jedoch übersehen, dass der Täter durch die Leerverkäufe keinen anderen Sachverhalt vorspiegelt als er tatsächlich vorliegt, zumal der Täter auch zur Übereignung der Wertpapiere verpflichtet ist. Worüber die anderen Marktteilnehmer sich irren, ist das Motiv des Verkäufers: Der Verkauf erfolgt nicht, weil der Täter das Wertpapier für überbewertet hält, sondern weil er es unabhängig von der Frage der Korrektheit der aktuellen Bewertung zu einem niedrigeren Preis eindecken möchte, so dass von einer Täuschung keine Rede sein kann.[241] Vom Scalping unterscheidet sich diese Fallvariante dadurch, dass keine täuschenden Anlageempfehlungen gegeben werden, sondern lediglich aus den Geschäftsabschlüssen von anderen Marktteilnehmern möglicherweise falsche Schlüsse gezogen werden bzw. die Leerverkäufe selbst bereits zu den beabsichtigten Kursrückgängen führen. In Betracht kommt daher allenfalls dann ein Verstoß gegen § 20a Abs. 1 Satz 1 Nr. 2 WpHG, wenn sich die subjektiv verfolgte manipulative Absicht auch objektiv manifestiert, was aber regelmäßig erst mit der günstigeren Eindeckung der Leerverkäufe der Fall ist und darüber hinaus voraussetzt, dass das zeitliche Zusammenfallen der Geschäfte nicht doch wirtschaftlich begründbar ist – mit anderen Worten: nicht jeder Leerverkauf mit anschließender Eindeckung begründet den Vorwurf der Marktmanipulation, sondern grundsätzlich sind Leerverläufe legitime Handelspraktiken, die erst dann den Vorwurf der Manipulation begründen, wenn sie in einem Umfang erfolgen, dass nicht mehr das spekulative Element dominiert, sondern vom Täter die Preisänderung, aus der er Gewinne ziehen möchte, selbst herbeigeführt wird. Die Vornahme von Leerverkäufen – auch wenn diese in spekulativer Absicht erfolgen oder sogar nach § 30h WpHG verboten sind – beinhaltet daher kein falsches oder irreführendes Signal und führt auch nicht zu einem künstlichen Preisniveau.[242] Zweifelhaft erscheint ferner, ob die Schwelle zur Marktmanipulation schon dann überschritten wird, wenn der Leerverkäufer nicht erfüllungsfähig oder -willig ist,[243] da der Leerverkäufer beispielsweise auch die Möglichkeit der Glattstellung durch Gegengeschäfte hat.

**117** **3. sonstige Täuschungshandlungen gem. § 20a Abs. 1 Satz 1 Nr. 3 WpHG.** Wie bereits im Rahmen von § 88 Nr. 2 BörsG aF stellt auch § 20a Abs. 1 Satz 1 Nr. 3 WpHG einen Auffangtatbestand dar,[244] der vom Gesetzgeber bewusst weit gefasst worden

---

[240] *Schwark* in Schwark/Zimmer, Kapitalmarktrecht, § 20a WpHG Rn. 51; *Vogel* in Assmann/Schneider, 6. Aufl., Vor § 20a Rn. 36.

[241] *Altenhain* BB 2002, 1874 (1877).

[242] *Vogel* in Assmann/Schneider, 6. Aufl., § 20a Rn. 151d; *Fleischer* in Fuchs § 20a Rn. 69.

[243] So *Vogel* in Assmann/Schneider, 6. Aufl., § 20a Rn. 151d unter Bezugnahme auf das Recht der Vereinigten Staaten und des Vereinigten Königreichs.

[244] Die von *Vogel* noch in der 3. Aufl. in Assmann/Schneider § 20a Rn. 87 gegenüber § 20a Abs. 1 Nr. 2 WpHG aF vertretene Auffassung, diese Variante sei wegen des zusätzlichen Absichtserfordernisses ein aliud, ist nach Entfall des Absichtserfordernisses im Rahmen der jetzigen Reform obsolet.

ist angesichts der Vielfalt der Manipulationsmöglichkeiten.[245] Den gegenüber § 88 BörsG aF vorgebrachten Bedenken tatbestandlicher Konturenlosigkeit wird im Rahmen des WpHG dadurch entgegenzuwirken versucht, dass im Rahmen der Verordnungsermächtigung nach § 20a Abs. 5 Satz 1 Nr. 3 WpHG eine Konkretisierung erfolgt.[246]

**118** Nach **§ 4 Abs. 1 MaKonV** sind sonstige Täuschungshandlungen im Sinne von § 20a Abs. 1 Satz 1 Nr. 3 WpHG Handlungen oder Unterlassungen, die geeignet sind, einen verständigen Anleger über die wahren wirtschaftlichen Verhältnisse, insbesondere Angebot und Nachfrage in Bezug auf ein Finanzinstrument, an einer Börse oder einem Markt in die Irre zu führen und den inländischen Börsen- oder Marktpreis eines Finanzinstruments oder den Preis eines Finanzinstruments an einem organisierten Markt in einem anderen Mitgliedstaat der Europäischen Union oder einem anderen Vertragsstaat des Abkommens über den Europäischen Wirtschaftsraum hoch- oder herunterzutreiben oder beizubehalten. Eine Täuschung setzt also voraus, dass der Anleger irrtümlicherweise von einer ordnungsgemäßen Kurs- oder Preisbildung ausgeht, so dass Maßnahmen, die zwar Kursbeeinflussungspotential besitzen, aber offen nach vorheriger Ankündigung gegenüber dem Publikum durchgeführt werden, keine Täuschung beinhalten.[247]

**119** § 4 MaKonV ersetzt die nähere Bestimmung sonstiger Täuschungshandlungen in § 3 Abs. 1 und 3 KuMaKV und enthält zusätzlich zu den **Regelbeispielen in Absatz 3** nunmehr **Anzeichen** für Täuschungshandlungen **in Absatz 2** sowie eine geänderte **Definition in Absatz 1.** Diese Änderung gegenüber der in § 3 Abs. 1 KuMaKV enthaltenen Definition dient dabei der Klarstellung, dass sonstige Täuschungshandlungen nach § 20a Abs. 1 Satz 1 Nr. 3 WpHG keinen kommunikativen Erklärungswert zu haben brauchen.[248] Ebenfalls nicht erforderlich ist ein Täuschungserfolg im Sinne eines Irrtums[249], sondern die Handlung oder das Unterlassen muss lediglich **geeignet** sein, bei einem verständigen Anleger eine Fehlvorstellung über die wahren wirtschaftlichen Verhältnisse an der Börse oder einem Markt, etwa Angebot und Nachfrage bezogen auf ein Finanzinstrument, hervorzurufen.[250] Wie bereits im Rahmen von § 3 Abs. 2 Nr. 1 MaKonV erörtert, umfasst eine derartige Irreführung auch – oder besser: insbesondere – die Fehlvorstellung, beide Vertragspartner effektiver Geschäfte beabsichtigen die Übertragung von Finanzinstrumenten, während sie in Wirklichkeit die Ausführung ihrer Geschäfte nur in Kauf nehmen, um ihr eigentliches Ziel der Preiseinwirkung zu erreichen.[251] Der Maßstab des „verständigen Anlegers" entspricht entspricht § 13 Abs. 1 Satz 2 und 3 WpHG sowie § 2 Abs. 1 Satz 1 MaKonV.

**120** Nach **§ 4 Abs. 2 MaKonV** sind **Anzeichen** für sonstige Täuschungshandlungen auch Geschäfte oder einzelne Kauf- oder Verkaufsaufträge, bei denen die Vertragspartner oder Auftraggeber oder mit diesen in enger Beziehung stehende Personen vorab oder im Nachhinein
1. unrichtige oder irreführende Informationen weitergeben oder
2. unrichtige, fehlerhafte, verzerrende oder von wirtschaftlichen Interessen beeinflusste Finanzanalysen oder Anlageempfehlungen erstellen oder weitergeben.

---

[245] Begr. RegE 4. Finanzmarktförderungsgesetz, BT-Drucks. 10/8017, S. 251.
[246] Verfassungsrechtliche Bedenken wegen zu großer Unbestimmtheit dieses Auffangtatbestandes äußert demgegenüber *Vogel* in Assmann/Schneider, 6. Aufl., § 20a Rn. 207, hält insoweit aber eine Konkretisierung im Verordnungsweg für diskussionswürdig (Rn. 208) und will im Übrigen durch eine entsprechend restriktive Handhabung den Vorwurf der Verfassungswidrigkeit vermeiden.
[247] *Schwark* in Schwark/Zimmer, Kapitalmarktrecht, § 20a WpHG Rn. 67; auch *Ekkenga* WM 2002, 317 (323 ff.) für die Beschreibung von Kurspflegemaßnahmen im Prospekt, die aber so präzise sein müsse, dass die Einordnung als rechtmäßige Kursstabilisierung oder rechtswidrige Kursmanipulation unschwer möglich sei.
[248] So ausdrücklich die Begründung BR-Drucksache 18/05, S. 16; *Vogel* in Assmann/Schneider, 6. Aufl., § 20a Rn. 226.
[249] Ebenso *Vogel* in Assmann/Schneider, 6. Aufl., § 20a Rn. 211, 226.
[250] BR-Drucksache 18/05, S. 16; *Vogel* in Assmann/Schneider, 6. Aufl., § 20a Rn. 226.
[251] BR-Drucksache 18/05, S. 16.

**121** Bei den in Absatz 2 aufgeführten Anzeichen handelt es sich in Übereinstimmung mit den Vorgaben in Art. 5 der Richtlinie 2003/124/EG **nicht** um eine **abschließende Aufzählung**.[252] Trotz Vorliegens eines der aufgeführten Anzeichen kann laut Begründung zu § 4 Abs. 2 MaKonV im Übrigen eine Marktmanipulation verneint werden, wenn entgegenstehende Gründe dies gebieten.[253] Um unnötige Auslegungsprobleme zu vermeiden, wäre es dann aber geschickter gewesen, wie in § 3 Abs. 1 MaKonV zu formulieren „Anzeichen können insbesondere sein" statt „Anzeichen sind".

**122** **§ 4 Abs. 2 Nr. 1 MaKonV** geht auf Art. 5a) der Richtlinie 2003/124/EG zurück und wird damit begründet, dass, wer vor oder nach einer Transaktion oder der Erteilung von Kauf- oder Verkaufsaufträgen falsche oder irreführende Informationen weitergebe, Anhaltspunkte dafür liefere, dass er andere hierdurch zu Geschäften verleiten wolle, um von dieser Täuschung auf dem Kapitalmarkt zu profitieren, so dass ein Anzeichen für eine Marktmanipulation nach § 20a Abs. 1 Satz 1 Nr. 3 WpHG gegeben sei.[254] Die Weitergabe könne dabei an einen unbestimmten Personenkreis oder an bestimmte Dritte erfolgen.[255] Einschränkend wird man aber fordern müssen, dass die Qualität der unrichtigen bzw. irreführenden Informationen Auswirkungen auf ein entsprechendes Orderverhalten der Anleger oder anderer Marktteilnehmer und damit ein entsprechendes Kursbeeinflussungspotential zumindest mit einiger Wahrscheinlichkeit haben kann. Bei Irreführung nur eines bestimmten Personenkreises oder gar eines einzelnen Dritten erscheint darüber hinaus zweifelhaft, ob diese überhaupt eine entsprechende Relevanz für den Börsen- oder Marktpreis eines Finanzinstrumentes haben kann. Individualtäuschungen fallen daher allenfalls dann unter das Verbot, wenn im Hinblick auf das im Einzelfall im Raum stehende Ordervolumen ein Preiseinwirkungspotential besteht. Allein das Vorliegen von in § 4 Abs. 2 MaKonV aufgeführten Anzeichen ersetzt also noch keineswegs die Subsumtion unter die übrigen in § 20a Abs. 1 Satz 1 Nr. 3 WpHG genannten Tatbestandsmerkmale.

**123** Mit **§ 4 Abs. 2 Nr. 2 MaKonV** wird Art. 5b) der Richtlinie 2003/124/EG umgesetzt. Im Gegensatz zu Nr. 1 ist hier die Täuschung auf Finanzanalysen im Sinne von § 34b WpHG und Anlageempfehlungen beschränkt. Nach der Begründung der Vorschrift müssen die Finanzanalysen oder Anlageempfehlungen inhaltlich oder der Form nach mit Fehlern behaftet, von wirtschaftlichen Interessen geleitet oder durch sonstige Voreingenommenheit beeinflusst sein.[256] Auch hier dürfen aber wiederum nicht die Einschränkungen des Gesetzeswortlauts von § 20a Abs. 1 Satz 1 Nr. 3 WpHG selbst übersehen werden, der ein Kursbeeinflussungspotential der Täuschung fordert, was bei bloß formellen Fehlern der Finanzanalyse durchaus zweifelhaft sein kann[257] und wohl nur dann in Betracht kommt, wenn massive Interessenkonflikte entgegen § 34b WpHG nicht offengelegt werden. Umgekehrt kann auch bei einer von wirtschaftlichen Interessen geleiteten oder beeinflussten Finanzanalyse diese dann nicht als sonstige Täuschungshandlung qualifiziert werden, wenn diese besondere Interessenlage offen gelegt wird.[258]

**124** Nach **§ 4 Abs. 3 MaKonV** sind sonstige Täuschungshandlungen **insbesondere** auch
1. die Sicherung einer marktbeherrschenden Stellung über das Angebot von oder die Nachfrage nach Finanzinstrumenten durch eine Person oder mehrere in Absprache handelnden Personen mit der Folge, dass unmittelbar oder mittelbar Ankaufs- oder Verkaufs-

---

[252] BR-Drucksache 18/05, S. 1; *Vogel* in Assmann/Schneider, 6. Aufl., § 20a Rn. 227.
[253] BR-Drucksache 18/05, S. 16.
[254] BR-Drucksache 18/05, S. 16.
[255] BR-Drucksache 18/05, S. 16; *Vogel* in Assmann/Schneider, 6. Aufl., § 20a Rn. 228.
[256] BR-Drucksache 18/05, S. 17. Nach *Knauth/Käsler* WM 2006, 1041 (1050) bleibt für ein solches Anzeichen allerdings nur Raum, soweit Fehlinformationen nicht bereits als informationsgestützte Manipulationen erfasst sind; daher fielen Konstellationen, bei denen die Finanzanalyse auf falschen Informationen beruht oder eindeutig unvertretbar ist, nicht unter § 4 Abs. 2 Nr. 2 MaKonV.
[257] Ebenso *Vogel* in Assmann/Schneider, 6. Aufl., § 20a Rn. 229.
[258] *Knauth/Käsler* WM 2006, 1041 (1050); ebenso *Vogel* in Assmann/Schneider, 6. Aufl., § 20a Rn. 229.

preise dieser Finanzinstrumente bestimmt oder nicht marktgerechte Handelsbedingungen geschaffen werden;
2. die Nutzung eines gelegentlichen oder regelmäßigen Zugangs zu traditionellen oder elektronischen Medien durch Kundgabe einer Stellungnahme oder eines Gerüchtes zu einem Finanzinstrument oder dessen Emittenten, nachdem Positionen über dieses Finanzinstrument eingegangen worden sind, ohne dass dieser Interessenkonflikt zugleich mit der Kundgabe in angemessener und wirksamer Weise offenbart wird.

Durch die gegenüber § 3 Abs. 3 KuMaKV geänderte Formulierung des Satzbeginns soll deutlich gemacht werden, dass es sich bei den in Absatz 3 genannten Fallgruppen um Regelbeispiele sonstiger Täuschungshandlungen handelt, die aber keine abschließende Aufzählung darstellen.[259] Nr. 1 erfährt gegenüber § 3 Abs. 3 Nr. 1 KuMaKV eine Anpassung, die durch die Vorgaben in Art. 1 Nr. 2c) 1. Spiegelstrich der Marktmissbrauchsrichtlinie bedingt ist. Danach kommt es nicht mehr auf ein Ausnutzen einer marktbeherrschenden Stellung an, sondern es genügt, wenn eine marktbeherrschende Stellung gesichert wird, aufgrund derer faktisch die Preisbildung kontrolliert wird, ohne dass dies bezweckt worden sein müsste.[260] Die Bestimmung von Angebots- und Nachfragepreisen reicht insoweit aus, ist aber auch im Sinne eines „Preisdiktats" erforderlich.[261] Neben der Preiskontrolle wird zukünftig ferner das Hervorrufen unfairer Handelsbedingungen im Sinne eines „Bedingungsdiktats" durch die marktbeherrschende Stellung erfasst.[262] Nach der Begründung von **§ 4 Abs. 3 Nr. 1 MaKonV** herrschen nicht marktgerechte Handelsbedingungen dabei nicht nur bei einer unfairen Preisbildung, sondern auch bei einer Beeinträchtigung sonstiger Bedingungen, die für die Funktionsfähigkeit der Märkte und deren Nutzen für die Marktteilnehmer von Bedeutung sind.[263] Keine Sicherung einer marktbeherrschenden Stellung liegt in der Regel demgegenüber beim sog. Market Maker vor, wenn der Emittent oder ein mit ihm verbundenes Unternehmen von ihm selbst ausgegebene Finanzinstrumente an einem Markt durch das Einstellen von Kauf- oder Verkaufsaufträgen betreuen muss, um einen Handel zu ermöglichen (zB im Optionsscheinhandel).[264] Für Kreditinstitute stellt sich die Problematik ohnehin nicht, da nach Ziff. 2.5 MaH[265] bzw. nunmehr BTO 2.2.1 Rn. 2 MaRisk[266] Geschäfte zu nicht marktgerechten Bedingungen grundsätzlich unzulässig sind.

Wie bereits oben[267] im Rahmen der KuMaKV ausgeführt, stellt ferner allein das Schaffen einer marktbeherrschenden Stellung keine Täuschung dar. Die dort geäußerten Bedenken bestehen auch gegenüber § 4 Abs. 3 Nr. 1 MaKonV fort. Die Schaffung bzw. Ausnutzung einer marktbeherrschenden Stellung sollte daher unter § 20a Abs. 1 Nr. 2 WpHG

---

[259] BR-Drucksache 18/05, S. 17.
[260] BR-Drucksache 18/05, S. 17; hier liegt auch das eigentliche Problem dieser „Konkretisierung", da für sich genommen Marktbeherrschung keinen Täuschungswert hat - so zu Recht *Vogel* in Assmann/Schneider, 6. Aufl., § 20a Rn. 231; will man die Vorschrift verfassungsrechtlich retten, bedarf es daher der Begründung einer Täuschung, die vorliegend darin gesehen werden könnte, dass über die Funktionsfähigkeit des Marktes getäuscht wird, da diese auf Grund der marktbeherrschenden Stellung zumindest beeinträchtigt, wenn nicht sogar temporär außer Kraft gesetzt worden ist. Auch *Schröder*, Handbuch Kapitalmarktstrafrecht, 2. Aufl., Rn. 555 weist darauf hin, dass marktbeherrschende Stellungen als solch kapitalmarktrechtlich nicht unzulässig seien, sondern dass es darauf ankomme, wie mit ihnen umgegangen wird. *Schwark* in Schwark/Zimmer, Kapitalmarktrecht, § 20a WpHG Rn. 68, 69 sieht die Täuschungshandlung in den zur Marktbeherrschung führenden Geschäften.
[261] BR-Drucksache 18/05, S. 17; *Vogel* in Assmann/Schneider, 6. Aufl., § 20a Rn. 232.
[262] BR-Drucksache 18/05, S. 17; *Vogel* in Assmann/Schneider, 6. Aufl., § 20a Rn. 232.
[263] BR-Drucksache 18/05, S. 17.
[264] BR-Drucksache 18/05, S. 17; *Vogel* in Assmann/Schneider, 6. Aufl., § 20a Rn. 232a; *Fleischer* in Fuchs § 20a Rn. 66.
[265] Verlautbarung des BaKred über Mindestanforderungen an das Betreiben von Handelsgeschäften der Kreditinstitute v. 23.10.1995.
[266] Verlautbarung der BaFin über Mindestanforderungen an das Risikomanagement vom 14.12.2012.
[267] Siehe → Rn. 50, 112.

(„Geschäfte vorzunehmen, die geeignet sind, ... ein künstliches Preisniveau herbeizuführen") subsumiert werden, nicht aber unter die sonstigen Täuschungshandlungen. Entsprechendes gilt für das sog. **cornering,** wo bewusst eine Marktenge durch Verknappung des Angebots herbeigeführt wird, um Leerverkäufer zu zwingen, sich zu erhöhten Preisen einzudecken.[268] Auch hier stellt sich im Übrigen wieder das bereits oben erörterte Nachweisproblem, da der Unrechtsgehalt sich nicht aus dem Geschäft selbst ablesen lässt, sondern erst aus der Kenntnis der Motivation des Täters ergibt.[269]

**127** Keine Täuschungshandlungen sind schließlich Sabotageakte, die sich gegen den Emittenten des Finanzinstruments richten.[270] Auch die Bestechung des Skontroführers stellt keine Täuschungshandlung dar und kommt daher nicht als tatbestandliche Manipulation in Betracht.[271]

**128** **§ 4 Abs. 3 Nr. 2 MaKonV** ist ebenfalls an die Vorgaben von Art. 1 Nr. 2c) 3. Spiegelstrich der Marktmissbrauchsrichtlinie angepasst worden. Über Empfehlungen hinaus kann der Tatbestand künftig auch durch die Angabe sonstiger Meinungen oder Gerüchte erfüllt sein.[272]

**129** Nach der Entwurfsbegründung ist es für die Erfüllung dieses Regelbeispiels dabei unerheblich, inwieweit die Gerüchte zutreffen oder die Meinungen sachlich begründet sind.[273] Einschränkend gelte aber, dass die handelnde Person Positionen in dem betreffenden Finanzinstrument innehaben müsse.[274] Eine derartige Einschränkung ist unter dem Gesichtspunkt des Schutzes der Zuverlässigkeit und Wahrheit der Preisbildung an Börsen und Märkten indes kaum nachvollziehbar, sondern nur unter Individualschutzgesichtspunkten. Für den Fall von Verkaufsgerüchten ist sie im Übrigen auch unter Vermögensschutzgesichtspunkten inkonsistent, da der Täter hier ja erst nach der durch die Verkaufsgerüchte bedingten Kursverbilligung eine eigene Position aufbauen will. Im Übrigen liegt hinsichtlich der Gerüchte eine Überschneidung mit § 20a Abs. 1 Satz 1 Nr. 1 WpHG vor.[275]

**130** Ebenfalls unter § 4 Abs. 3 Nr. 2 MaKonV fällt, wie bereits im Rahmen von § 3 Abs. 3 Nr. 2 KuMaKV erörtert, das **Scalping.**[276] Sofern die öffentliche Empfehlung des Finanzinstruments der objektiven Bewertung des Finanzinstruments widerspricht, dürfte aber regelmäßig bereits § 20a Abs. 1 Satz 1 Nr. 1 WpHG erfüllt sein, so dass für die sonstige Täuschung nach Nr. 3 nur dort Raum bleibt, wo der Täter bei der Kauf- oder Verkaufsempfehlung keine falschen Angaben gemacht hat.[277]

---

[268] *Fleischer/Bueren* ZIP 2013, 1253, 1254, die eine Täuschung ablehnen. AA *Schwark* in Schwark/Zimmer, Kapitalmarktrecht, § 20a WpHG Rn. 68, der dies als sonstige Täuschungshandlung qualifiziert.
[269] Auch *Schwark* in Schwark/Zimmer, Kapitalmarktrecht, § 20a WpHG Rn. 42 stellt maßgeblich auf das Motiv der künstlichen Verknappung ab.
[270] *Altenhain* BB 2002, 1874 (1877 Fn. 33); *Fleischer* in Fuchs § 20a Rn. 69; *Lenzen* WM 2000, 1131(1134) führt in diesem Zusammenhang das Beispiel der Vergiftung der Erzeugnisse eines Pharmakonzerns und deren Veröffentlichung an, um den Kurs der Aktie zu senken und so eine Verkaufsoption gewinnbringend auszuüben.
[271] *Vogel* in Assmann/Schneider, 6. Aufl., § 20a Rn. 223; *Fleischer* in Fuchs § 20a Rn. 69 differenzierend *Mock* in KK-WpHG, 2. Aufl., § 20a Rn. 241.
[272] So ausdrücklich die Begründung BR-Drucksache 18/05, S. 17.
[273] BR-Drucksache 18/05, S. 17; *Vogel* in Assmann/Schneider, 6. Aufl., § 20a Rn. 234.
[274] BR-Drucksache 18/05, S. 17; *Vogel* in Assmann/Schneider, 6. Aufl., § 20a Rn. 234 mit dem Hinweis, dass neben dem bereits erfolgten Erwerb auch bloße Ordererteilungen oder Optionen ausreichen.
[275] Vgl. → Rn. 86.
[276] *Schwark* in Schwark/Zimmer, Kapitalmarktrecht, § 20a Rn. 72; *Vogel* in Assmann/Schneider, 6. Aufl., § 20a Rn. 235; *Fleischer* in Fuchs § 20a Rn. 67; BGH WM 2014, 890 mit Anm. *Müller-Michaels* BB 2014, 1362.
[277] *Schwark* in Schwark/Zimmer, Kapitalmarktrecht, § 20a WpHG Rn. 72; *Weber* NZG 2000, 113 (126).

**4. Sonderregelung für Journalisten nach § 20a Abs. 6 WpHG.** Eine Sonderregelung enthält § 20a Abs. 6 für Journalisten. Hiernach ist bei Journalisten, die in Ausübung ihres Berufes handeln, das Verbot in Abs. 1 Nr. 1, unrichtige oder irreführende Angaben zu machen, unter Berücksichtigung ihrer berufsständischen Regelungen zu beurteilen. Dies gilt allerdings dann nicht, wenn aus den unrichtigen oder irreführenden Angaben der betreffende Journalist direkt oder indirekt einen Nutzen zieht oder Gewinne schöpft. Ferner muss der Journalist in Ausübung seines Berufes handeln.[278] Bei den berufsständischen Regelungen handelt es sich um die Verlautbarungen des Deutschen Presserates, die allerdings nicht über die Verbindlichkeit von Rechtsnormen verfügen.[279] Zu Recht weist daher *Schröder*[280] darauf hin, dass Abs. 6 lediglich eine Grenzbeschreibung enthält, während sich eine detaillierte Regelung schon mit dem Gedanken der Pressefreiheit nicht vertragen würde. **Bei Journalisten ist** daher die **Tatbestandsmäßigkeit erst dann erreicht, wenn die Berichterstattung zu einer Bereicherung in Form eines Vermögensvorteils führt.** Die Privilegierung des Abs. 6 für Journalisten gilt allerdings nicht bei handelsgestützten oder sonstigen Manipulationen nach § 20a Abs. 1 Satz 1 Nr. 2 und Nr. 3 WpHG.[281]

**VII. Handlungen, die in keinem Fall einen Verstoß gegen das Verbot der Marktmanipulation darstellen (Safe-Harbour-Regeln)**

Wie in der KuMaKV finden sich auch in der MaKonV Safe-Harbour-Regeln. Während diese in einem eigenen Abschnitt in der KuMaKV noch detailliert in den §§ 4 ff. geregelt waren, begnügt sich § 5 MaKonV mit einem schlichten Verweis auf EG-Recht.[282] Hiernach stellen der **Handel mit eigenen Aktien im Rahmen von Rückkaufprogrammen** sowie **Maßnahmen zur Stabilisierung des Preises von Finanzinstrumenten** nach § 20a Abs. 3 WpHG in Verbindung mit der Verordnung EG Nr. 2273/2003 in keinem Fall einen Verstoß gegen das Verbot der Marktmanipulation dar.[283] Die Safe-Harbour-Tatbestände sind dogmatisch betrachtet Tatbestandsausschlussgründe und nicht erst Rechtfertigungs-, Schuld- oder Strafausschlussgründe.[284] Mit dem Erlass der Safe-Harbour-Regeln werden jedoch nicht alle Abgrenzungsprobleme beseitigt, da auch Maßnahmen, die dort nicht explizit genannt werden, noch erlaubt sein können.[285] Die Safe-Harbour-Regeln dienen nur dem Schutz bestimmter Maßnahmen, nicht aber der Sanktionierung darüber hinausgehender Maßnahmen.

---

[278] *Sorgenfrei* in Park, Kapitalmarktstrafrecht, 3. Aufl., Teil 3 Kap. 4 Rn. 123; *Vogel* in Assmann/Schneider, 6. Aufl., § 20a Rn. 135.
[279] *Schröder*, Handbuch Kapitalmarktstrafrecht, 2. Aufl., Rn. 439a.
[280] Handbuch Kapitalmarktstrafrecht, 2. Aufl., Rn. 439.
[281] *Vogel* in Assmann/Schneider, 6. Aufl., § 20a Rn. 139. Keine Privilegierung besteht für Finanzanalysten: BGH WM 2014, 890, 892 mit krit. Anm. *Brand* NJW 2014, 1900 (1901).
[282] Wegen der unmittelbaren Geltung von EU-Verordnungen kommt diesem Verweis jedoch nur deklaratorische Bedeutung zu, so dass spätestens hierdurch die von *Vogel* WM 2003, 2437 (2440) gegenüber der Verordnungsermächtigung in § 20a Abs. 2 Satz 1 Nr. 3 WpHG aF erhobenen Bedenken unter dem Aspekt des Gesetzesvorbehalts gegenstandslos geworden sind.
[283] Zu Bedeutung und sachlicher Rechtfertigung von Kursstabilisierungen *Fleischer* ZIP 2003, 2045 ff.; ferner *Ekkenga* WM 2002, 317 ff.; zu den einzelnen Voraussetzungen *Sorgenfrei* in Park, Kapitalmarktstrafrecht, 3. Aufl., Teil 3 Kap. 4 Rn. 237 ff. sowie *Vogel* in Assmann/Schneider, 6. Aufl., § 20a Rn. 265 ff. ; speziell zum Erwerb eigener Aktien *Singhoff/Weber* AG 2005, 549 ff.; *Sorgenfrei* in Park, Kapitalmarktstrafrecht, 3. Aufl., Teil 3 Kap. 4 Rn. 225 ff. sowie *Vogel* in Assmann/Schneider, 6. Aufl., § 20a Rn. 248 ff.
[284] *Vogel* in Assmann/Schneider, 6. Aufl., § 20a Rn. 243.
[285] *Vogel* in Assmann/Schneider, 6. Aufl., § 20a Rn. 245.

## VIII. Verfahren zur Anerkennung einer zulässigen Marktpraxis nach § 20a Abs. 2 WpHG

**133** Nach § 20a Abs. 2 WpHG gilt das Verbot des Abs. 1 Satz 1 Nr. 2, durch Aufträge oder Geschäftsabschlüsse falsche oder irreführende Signale betreffend Angebot, Nachfrage oder Marktpreis zu setzen, nicht, wenn es sich um eine zulässige Marktpraxis handelt. Es handelt sich hierbei um ein „negatives Tatbestandsmerkmal" im Sinne einer Tatbestandsausschließung.[286] Das Verfahren zur Anerkennung einer zulässigen Marktpraxis wird in Teil 4 der MaKonV geregelt (§§ 7, 9 und 10 MaKonV) und in § 8 MaKonV ein beispielhafter Kriterienkatalog aufgestellt.[287] Hiernach berücksichtigt die BaFin bei der Anerkennung von Gepflogenheiten als zulässige Marktpraxis insbesondere, ob die Gepflogenheit
1. für den gesamten Markt hinreichend transparent ist,
2. die Liquidität und Leistungsfähigkeit des Marktes nicht beeinträchtigt,
3. das Funktionieren der Marktkräfte und das freie Zusammenspiel von Angebot und Nachfrage unter Berücksichtigung wesentlicher Parameter, insbesondere der Marktbedingungen vor Einführung der Marktpraxis, des gewichteten Durchschnittskurses eines Handelstages und der täglichen Schlussnotierung, nicht beeinträchtigt,
4. mit dem Handelsmechanismus auf dem Markt vereinbar ist und den anderen Marktteilnehmern eine angemessene und rechtzeitige Reaktion erlaubt,
5. den Strukturmerkmalen des Marktes, insbesondere dessen Regulierung und Überwachung, den gehandelten Finanzinstrumenten und der Art der Marktteilnehmer gerecht wird und
6. die Integrität anderer Märkte, auf denen dasselbe Finanzinstrument gehandelt wird, nicht gefährdet.

**134** Durch diese Regelung wird nicht nur Rechtssicherheit für bestehende Marktpraktiken geschaffen, sondern auch die insbesondere mit Blick auf die starren Indizien des § 3 Abs. 2 MaKonV erforderliche Flexibilität eröffnet, die Fortentwicklung der Kapitalmärkte bei der Verfolgung von Marktmanipulationen zu berücksichtigen.[288] Soweit für eine angemessene Entscheidung erforderlich, sollen nach § 9 Abs. 1 MaKonV vor der Anerkennung als zulässige Marktpraxis Spitzenverbände der betroffenen Wirtschaftskreise, insbesondere der Emittenten und Wertpapierdienstleistungsunternehmen, Betreiber von Märkten, auf denen Finanzinstrumente gehandelt werden, Verbraucherverbände[289] oder von der Anerkennung betroffene Behörden einschließlich ausländischer Aufsichtsbehörden in der EU und dem EWR angehört werden. Wurde bereits ein Verfahren wegen des Verdachts einer Marktmanipulation eingeleitet, kann die BaFin gem. § 7 Abs. 2 MaKonV ohne Anhörung nach § 9 entscheiden. Die Beteiligung von Marktteilnehmern, anderen Behörden und ausländischen Stellen ist aber gemäß § 7 Abs. 2 Satz 2 MaKonV nachzuholen.

**135** Darüber hinaus hat der Ausschuss der europäischen Wertpapierregulierungsbehörden ESMA (vormals CESR) auf seine Internetseite[290] unter der Rubrik „Accepted Market Practices" einen kurzen Abriss zu häufigen Fragen zu zulässigen Marktpraktiken und erste Anerkennungen eingestellt. CESR/ESMA beabsichtigt offenbar, an der vorgenannten Stelle fortlaufend über die Anerkennung von zulässigen Marktpraktiken zu berichten.

---

[286] *Vogel* in Assmann/Schneider, 6. Aufl., § 20a Rn. 171; *Sorgenfrei* in Park, Kapitalmarktstrafrecht, 3. Aufl., Teil 3 Kap. 4 Rn. 163, während die zugrunde liegende EU-Marktmissbrauchsrichtlinie eigentlich als Beweislastumkehr formuliert ist.
[287] Eingehend zum Verfahren und den Kriterien *Sorgenfrei* in Park, Kapitalmarktstrafrecht, 3. Aufl., Teil 3 Kap. 4 Rn. 168 ff.
[288] Hierauf weisen zu Recht *Knauth/Käsler* WM 2006, 1041 (1048) hin.
[289] *Sorgenfrei* in Park, Kapitalmarktstrafrecht, 3. Aufl., Teil 3 Kap. 4 Rn. 179 weist in diesem Zusammenhang zutreffend darauf hin, dass nicht nur Repräsentanten der Gruppe der Privatanleger, sondern auch von professionellen Kunden im Sinne von § 31a Abs. 2 WpHG zu hören sind.
[290] http://www.esma.europa.eu unter „Accepted Market Practices" (http://www.cesr-eu.org/).

## IX. subjektiver Tatbestand

Nachdem das Merkmal der Absicht, auf den Börsen- oder Marktpreis einzuwirken, in § 20a WpHG nF im Rahmen der Novellierung durch das Anlegerschutzverbesserungsgesetz[291] entfallen ist, genügt dolus eventualis hinsichtlich aller objektiven Tatbestandsmerkmale. Der Täter muss also wissen bzw. es für möglich halten, dass es sich um eine unrichtige Angabe über bewertungserhebliche Umstände handelt und dass dadurch die Möglichkeit der Preisbeeinflussung gegeben ist bzw. im Rahmen der Strafvorschrift des § 38 Abs. 2 WpHG durch seine Täuschungshandlung tatsächlich der Preis beeinflusst wird.[292] Entsprechendes gilt für die Unterlassensalternative des Verschweigens bewertungserheblicher Umstände, wobei die Unkenntnis von bzw. der Irrtum über die Aufklärungspflicht lediglich einen in der Regel vermeidbaren Verbotsirrtum begründet.[293] Dies gilt erst recht für die Unkenntnis der konkreten die Aufklärung normierenden Rechtsvorschrift. Eine fahrlässige Begehung ist mangels entsprechender Regelung in § 38 Abs. 2 WpHG nicht strafbewehrt, wohl aber im Falle der Leichtfertigkeit[294] gemäß § 39 Abs. 2 Nr. 11 WpHG bei Verstößen gegen § 20a Abs. 1 Satz 1 Nr. 1 WpHG bußgeldbewehrt.

**136**

## X. Konkurrenzen

Zu § 264a StGB und zu § 263 StGB steht § 20a WpHG im Hinblick auf die unterschiedlichen geschützten Rechtsgüter in Tateinheit.[295] Entsprechendes gilt für § 16 UWG.

**137**

## XI. Anzeigepflicht nach § 10 WpHG

Nach § 10 Abs. 1 WpHG sind Wertpapierdienstleistungsunternehmen, andere Kreditinstitute und Betreiber von außerbörslichen Märkten, an denen Finanzinstrumente gehandelt werden, verpflichtet, bei der Feststellung von Tatsachen, die den Verdacht begründen, dass mit einem Geschäft über Finanzinstrumente gegen ein Verbot oder Gebot nach § 14 oder § 20a WpHG verstoßen wird, diese unverzüglich der BaFin mitzuteilen. Gleiches gilt gem. § 7 Abs, 5 BörsG für die Handelsüberwachungsstellen der Börsen. Sie dürfen andere Personen als staatliche Stellen und solche, die aufgrund ihres Berufs einer gesetzlichen Verschwiegenheitspflicht unterliegen, von der Anzeige oder einer daraufhin eingeleiteten Untersuchung nicht in Kenntnis setzen. Einzelheiten zu Form und Inhalt der Anzeige sind in §§ 2, 3 der Verordnung zur Konkretisierung von Anzeige-, Mitteilungs- und Veröffentlichungspflichten sowie der Pflicht zur Führung von Insiderverzeichnissen nach dem WpHG (Wertpapierhandelsanzeige- und Insiderverordnung – WpAIV)[296] geregelt.

**138**

Ferner hat bereits das Committee of European Securities Regulators (CESR, jetzt ESMA) eine Stellungnahme zur Aufsichtspraxis auf Level 3 veröffentlicht, die vor allem im Rahmen der Aufsichtspraxis zu einer konsistenten und wirksamen Umsetzung der Marktmissbrauchsrichtlinie in allen Mitgliedsstaaten führen soll.[297] Es ist davon auszugehen, dass

**139**

---

[291] BGBl I 2004, 2630.
[292] *Schröder*, Handbuch Kapitalmarktstrafrecht, 2. Aufl., Rn. 592. Demgegenüber fordert *Schwark* in Schwark/Zimmer, Kapitalmarktrecht, § 20a WpHG Rn. 98 für die sonstigen Täuschungshandlungen nach § 20a Abs. 1 Satz 1 Nr. 3 WpHG zusätzlich einen „entsprechenden Täuschungswillen".
[293] Vgl. auch Schmitz wistra 2002, 208 (212); *Schröder*, Handbuch Kapitalmarktstrafrecht, 2. Aufl., Rn. 595; *Sorgenfrei* in Park, Kapitalmarktstrafrecht, 3. Aufl., Teil 3 Kap. 4 Rn. 282; *Vogel* in Assmann/Schneider, 6. Aufl., § 20a Rn. 129.
[294] Hierzu *Schröder*, Handbuch Kapitalmarktstrafrecht, 2. Aufl. Rn. 594: Leichtfertigkeit liegt vor, wenn der Täter die sich ihm ex ante aufdrängende Möglichkeit der Tatbestandverwirklichung aus besonderem Leichtsinn oder besonderer Gleichgültigkeit außer Acht lässt.
[295] *Schmitz* wistra 2002, 208 (212); *Schröder*, Handbuch Kapitalmarktstrafrecht, 2. Aufl., Rn. 620 mit einer Prüfung, inwieweit Marktmanipulationen von § 263 StGB erfasst werden (Rn. 621 ff.).
[296] BGBl I 2004, 3376, zuletzt geändert durch Gesetz vom 05.4.2011 (BGBl I 2011, 538).
[297] CESR/04–505b, abrufbar unter www.cesr-eu.org/; *Fleischer* in Fuchs Vor § 20a Rn. 37.

sich die BaFin im Rahmen ihrer Aufsichtstätigkeit an den von CESR/ESMA vorgestellten Richtlinien orientieren wird. Hiernach können **Signale für Marktmanipulation im Rahmen der Verdachtsanzeige** folgende Umstände sein[298]:

– eine ungewöhnliche Konzentration von Transaktionen in einem konkreten Wertpapier (zB durch Konzernunternehmen des Emittenten oder von Unternehmen, die im Hinblick auf eine mögliche Übernahme ein besonderes Interesse am Emittenten besitzen);
– eine ungewöhnliche Wiederholung einer Transaktion durch wenige Kunden innerhalb eines bestimmten Zeitraums;
– eine ungewöhnliche Konzentration von Transaktionen bei einem Kunden oder wenigen Kunden, insbesondere wenn diese miteinander in Beziehung stehen;
– Transaktionen mit keinem anderen offensichtlichen Grund als der Beeinträchtigung des Preises oder Steigerung des Handelsvolumens, insbesondere vor Zeitpunkten, zu denen Referenzkurse festgestellt werden;
– Transaktionen, die wegen ihrer Größe eindeutig Auswirkungen auf Angebot, Nachfrage oder den Preis eines Wertpapiers haben, wobei auch hier besonderer Augenmerk auf Aufträge zu legen ist, die zu Ausführungen nahe des Zeitpunkts, zu denen Referenzkurse festgestellt werden, führen;
– Transaktionen, die anscheinend der Erhöhung des Preises eines Finanzinstruments an den Tagen vor Emission von hierauf bezogenen Derivaten oder Umtauschrechten dienen;
– Transaktionen, die anscheinend der Beibehaltung des Preisniveaus eines Finanzinstruments an den Tagen vor Emission von hierauf bezogenen Derivaten oder Umtauschrechten dienen, obwohl der Markttrend von Kursrückgängen geprägt ist;
– Transaktionen, die anscheinend die Bewertung einer Position verändern sollen, ohne dass die Größe der Position verändert wird;
– Transaktionen, die anscheinend den gewichteten Durchschnittspreis eines Tages oder eines Handelsabschnitts innerhalb der Handelszeit ändern sollen;
– Transaktionen, die anscheinend die Festlegung eines Marktpreises herbeiführen sollen, obwohl keine ausreichende Liquidität besteht, um innerhalb der Handelszeit einen Marktpreis festzusetzen (soweit nicht die Regeln des regulierten Marktes dies ausdrücklich erlauben);
– Transaktionen, durch die anscheinend die aus Sicherheitsgründen erlassenen Handelsvorgaben des Marktes umgangen werden sollen (zB hinsichtlich Volumensbeschränkungen; bid/offer spreads etc.);
– Änderung des Spread vor Ausführung einer Order, wenn dieser ein Faktor für die Preisbestimmung dieser Transaktion ist;
– Einstellen bedeutender Orders in das zentrale Orderbuch eines Handelssystems Minuten vor Beginn der Auktion und Rücknahme dieser Orders Sekunden vor Beginn der Auktion, um hierdurch einen höheren oder niedrigeren theoretischen Eröffnungspreis als ohne diese Maßnahme zu erzielen;
– Transaktionen, die anscheinend den Preis des Underlyings eines Derivats unter dem Ausübungspreis des Derivats am Verfalltag halten sollen oder zu einem Übersteigen des Ausübungspreises führen sollen;
– Transaktionen, die anscheinend den Settlement-Preis eines Finanzinstruments beeinflussen sollen, wenn dieser Bedeutung für die Berechnung von Margin-Leistungen hat.

**140** Auch die vorstehend beschriebenen Anzeichen haben bei allem Streben nach Konkretisierung der verbotenen Manipulationspraktiken indes eine gemeinsame Schwachstelle: Es bedarf immer einer Wertung, wie die drei ersten Beispiele zeigen, wo es sich um „ungewöhnliche" Konzentrationen oder Wiederholungen handeln muss, oder einer Motivforschung, wie die anderen Beispiele zeigen, da auch dort erst dann der Manipulationsvorwurf begründet wäre, wenn die Transaktionen einzig dem Zweck der Preisbeeinflussung dienen,

---

[298] CESR/04–505b unter 5.8 und 5.10.

§ 10 Verbot der Marktmanipulation         141  § 10

was sich aus der Transaktion selbst aber nicht sicher ablesen lässt. Es bleibt daher abzuwarten, ob sich das Instrument der Verdachtsanzeige tatsächlich als praktikabel erweist.

## XII. Reformvorhaben der EU

Am 20.10.2011 hat die Europäische Kommission einen Vorschlag für eine **Verordnung** 141 **des Europäischen Parlaments und des Rates über Insider-Geschäfte und Marktmanipulation** vorgelegt, der das bisherige europäische Gemeinschaftsrecht ersetzen soll.[299] Da der Erlass einer Verordnung geplant ist, die anders als eine Richtlinie unmittelbar geltendes Recht auch in den Mitgliedstaaten wird, werden mit deren Inkrafttreten auch die Vorschrift des § 20a WpHG sowie die dazugehörigen Ausführungsbestimmungen abgelöst.[300] Ziel der Neuregelung ist eine Stärkung des Anlegerschutzes durch Ausdehnung der Marktmissbrauchsbekämpfung auf Warenmärkte und neue Handelsplattformen wie Organized Trading Facilities (OTF) und Multilateral Trading Facilities (MTF) sowie neuartige Handelstechniken wie den Hochfrequenzhandel oder den algorithmischen Handel. Eine weitere Verschärfung stellt die künftige Sanktionierung bereits des Versuchs der Marktmanipulation dar. Nachdem im Frühjahr 2011 der Verdacht der Manipulation von Referenzzinssätzen zwischen Banken (LIBOR, EURIBOR) aufgekommen ist, ist als Reaktion hierauf der Verordnungsvorschlag noch um das Verbot der Manipulation von Benchmarks ergänzt worden. Geplant ist folgende Regelung[301], und zwar in der vom Europäischen Parlament durch Standpunkt vom 10. September 2013 angenommenen Fassung:

**Artikel 8. Marktmanipulation**

1. Für die Zwecke dieser Verordnung umfasst der Begriff „Marktmanipulation" folgende Handlungen:
   (a) Abschluss eines Geschäfts, Erteilung eines Handelsauftrags sowie jede andere Handlung, die
   – falsche oder irreführende Signale hinsichtlich des Angebots, der Nachfrage oder des Preises eines Finanzinstruments oder eines damit verbundenen Waren-Spot-Geschäfts aussendet oder hierzu geeignet ist oder
   – die Erzielung eines anormalen oder künstlichen Kursniveaus eines oder mehrerer Finanzinstrumente oder eines damit verbundenen Waren-Spot-Kontrakts sichert oder hierzu geeignet ist;
   es sei denn, die Person, die die Geschäfte abgeschlossen oder die Aufträge erteilt hat, weist nach, dass sie legitime Gründe dafür hatte und dass diese Geschäfte oder Aufträge mit der zulässigen Marktpraxis im Einklang stehen; oder
   (b) Abschluss eines Geschäfts, Erteilung eines Handelsauftrags und jegliche sonstige Tätigkeit oder Handlung an Finanzmärkten, die unter Vorspiegelung falscher Tatsachen oder unter Verwendung sonstiger Kunstgriffe oder Formen der Täuschung den Kurs eines oder mehrerer Finanzinstrumente oder eines damit verbundenen Waren-Spot-Kontrakts beeinflusst oder hierzu geeignet ist;
   (c) Verbreitung von Informationen über die Medien einschließlich des Internets oder auf anderem Wege, die falsche oder irreführende Signale hinsichtlich des Angebots oder des Kurses eines Finanzinstruments oder damit verbundenen Waren-Spot-Kontrakts oder der Nachfrage danach aussenden oder hierzu geeignet sind oder die Erzielung eines anormalen oder künstlichen Kurs-

---

[299] EU-Kommission, Vorschlag für Verordnung des Europäischen Parlaments und des Rates über Insider-Geschäfte und Marktmanipulation (Marktmissbrauch) KOM (2011) 651 v. 20.10.2011, erweitert durch den Änderungsvorschlag v. 25.7.2012 hinsichtlich des Manipulationsverbots sog. Benchmarks (zB LIBOR, EURIBOR) EU-Kommission 2011/0295 (COD). Einen Überblick über das künftige Marktmissbrauchsrecht bieten *Kiesewetter/Parmentier* BB 2013, 2371. Mit Datum vom 14.11.2013 hat ESMA ein Konsultationspapier zu künftigen Umsetzungsmaßnahmen publiziert (2013/1649).
[300] *Parmentier* BKR 2013, 133, 134: Ein Ausführungsgesetz wird das WpHG um die dann gegenstandslosen Vorschriften bereinigen sowie die zuständige Aufsichtsbehörde benennen müssen.
[301] Die Marktmissbrauchsverordnung EU Nr. 596/2014 v. 16.4.2014 ist veröffentlicht im ABl EU L 173/1 v. 12.6.2014. Einen (allerdings nicht mehr aktuellen) Überblick über die Änderungen bietet auch *Sorgenfrei* in Park, Kapitalmarktstrafrecht, 3. Aufl., Teil 3 Kap. 4 Rn. 12 ff.

niveaus eines oder mehrerer Finanzinstrumente oder eines damit verbundenen Waren-Spot-Kontrakts sichern oder hierzu geeignet sind, einschließlich der Verbreitung von Gerüchten, wenn die Person, die diese Informationen verbreitet hat, wusste oder hätte wissen müssen, dass sie falsch oder irreführend waren;

(d) Übermittlung falscher oder irreführender Angaben oder Bereitstellung falscher oder irreführender Ausgangsdaten, wenn die Person, die die Informationen übermittelt oder die Ausgangsdaten bereitgestellt hat, wusste oder hätte wissen müssen, dass sie falsch oder irreführend waren, oder sonstige Handlungen, durch die die Berechnung einer Benchmark manipuliert wird.

3. Als Marktmanipulation gelten unter anderem die folgenden Handlungen:

(a) Sicherung einer marktbeherrschenden Stellung in Bezug auf das Angebot eines Finanzinstruments oder damit verbundener Waren-Spot-Kontrakte oder die Nachfrage danach durch eine Person oder mehrere in Absprache handelnde Personen mit der tatsächlichen oder wahrscheinlichen Folge einer direkten oder indirekten Festsetzung des Kaufs- oder Verkaufspreises oder mit der tatsächlichen oder wahrscheinlichen Schaffung anderer unlauterer Handelsbedingungen;

(b) Kauf oder Verkauf von Finanzinstrumenten bei Handelsbeginn an der Börse und bei Börsenschluss mit der tatsächlichen oder wahrscheinlichen Folge, dass Anleger, die aufgrund der angezeigten Kurse, einschließlich der Eröffnungs- und Schlusskurse, tätig werden, irregeführt werden;

(c) die Erteilung von Kauf- oder Verkaufsaufträgen an einen Handelsplatz, einschließlich deren Stornierung oder Änderung, mittels aller zur Verfügung stehenden Handelsmethoden, auch in elektronischer Form, beispielsweise durch algorithmische und Hochfrequenzhandelsstrategien, die eine der in Absatz 1 Buchstabe a oder b genannten Auswirkungen hat, indem sie
 – das Funktionieren des Handelssystems des Handelsplatzes tatsächlich oder wahrscheinlich stört oder verzögert,
 – Dritten die Ermittlung echter Kauf- oder Verkaufsaufträge im Handelssystem des Handelsplatzes tatsächlich oder wahrscheinlich erschwert, auch durch das Eintragen von Kauf- oder Verkaufsaufträgen, die zur Überfrachtung oder Beeinträchtigung des Orderbuchs führen, oder
 – tatsächlich oder wahrscheinlich ein falsches oder irreführendes Signal hinsichtlich des Angebots eines Finanzinstruments oder der Nachfrage danach oder seines Preises setzt, insbesondere durch das Eintragen von Kauf- oder Verkaufsaufträgen zur Auslösung oder Verstärkung eines Trends;

(d) Ausnutzung eines gelegentlichen oder regelmäßigen Zugangs zu den traditionellen oder elektronischen Medien durch Abgabe einer Stellungnahme zu einem Finanzinstrument oder einem damit verbundenen Waren-Spot-Kontrakt (oder indirekt zu dessen Emittenten), wobei zuvor Positionen bei diesem Finanzinstrument oder einem damit verbundenen Waren-Spot-Kontrakt eingegangen wurden und anschließend Nutzen aus den Auswirkungen der Stellungnahme auf den Kurs dieses Finanzinstruments oder einen damit verbundenen Waren-Spot-Kontrakt gezogen wird, ohne dass der Öffentlichkeit gleichzeitig dieser Interessenkonflikt ordnungsgemäß und wirksam mitgeteilt wird;

(e) Kauf oder Verkauf von Emissionszertifikaten oder deren Derivaten auf dem Sekundärmarkt vor der Versteigerung gemäß der Verordnung (EU) Nr. 1031/2010 mit der Folge, dass der Auktionsclearingpreis für die Auktionsobjekte auf anormaler oder künstlicher Höhe festgesetzt wird oder dass Bieter, die auf den Versteigerungen bieten, irregeführt werden.

4. Für die Anwendung von Absatz 1 Buchstaben a und b und unbeschadet der in Absatz 3 aufgeführten Formen von Handlungen enthält der Anhang eine nicht erschöpfende Aufzählung von Indikatoren in Bezug auf die Vorspiegelung falscher Tatsachen oder sonstige Kunstgriffe oder Formen der Täuschung und eine nicht erschöpfende Aufzählung von Indikatoren in Bezug auf falsche oder irreführende Signale und die Sicherung des Erzielens bestimmter Kurse.

4a. Handelt es sich bei der in diesem Artikel genannten Person um eine juristische Person, so gelten die Bestimmungen im Einklang mit den nationalen Rechtsvorschriften auch für die natürlichen Personen, die an dem Beschluss, Tätigkeiten für Rechnung der betreffenden juristischen Person auszuführen, beteiligt sind.

5. Die Kommission kann mittels delegierter Rechtsakte nach Artikel 32 Maßnahmen zur Präzisierung der im Anhang festgelegten Indikatoren erlassen, um deren Elemente zu klären und den technischen Entwicklungen auf den Finanzmärkten Rechnung zu tragen.

**Artikel 8a. Zulässige Marktpraxis**

...

**Artikel 10. Verbot der Marktmanipulation**
Marktmanipulation und der Versuch hierzu sind verboten.

**Artikel 11. Vorbeugung und Aufdeckung von Marktmissbrauch**
...

**Artikel 26. Verwaltungsrechtliche Maßnahmen und Sanktionen**
...

**Ergänzt wird der Verordnungsvorschlag um einen Anhang mit einer nicht abschließenden Aufzählung von Indikatoren für manipulatives Handeln** durch Aussenden falscher oder irreführender Signale und durch Sicherung des Erzielens bestimmter Kurse (A) sowie einer ebenfalls nicht abschließenden Aufzählung von Indikatoren für manipulatives Handeln durch Vorspiegelung falscher Tatsachen sowie durch sonstige Kunstgriffe oder Formen der Täuschung (B):

**Anhang**

**A. Indikatoren für manipulatives Handeln durch Aussenden falscher oder irreführender Signale und durch Sicherung des Erzielens bestimmter Kurse**

Für die Zwecke der Anwendung von Artikel 8 Absatz 1 Buchstabe a dieser Verordnung und unbeschadet der Handlungen, die in Absatz 3 des vorgenannten Artikels aufgeführt sind, werden die nachfolgend in nicht erschöpfender Aufzählung genannten Indikatoren, die für sich genommen nicht unbedingt als Marktmanipulation anzusehen sind, berücksichtigt, wenn Marktteilnehmer oder die zuständigen Behörden Geschäfte oder Handelsaufträge prüfen:

(a) der Umfang, in dem erteilte Handelsaufträge oder abgewickelte Geschäfte einen bedeutenden Teil des Tagesvolumens der Transaktionen mit dem entsprechenden Finanzinstrument, einem damit verbundenen Waren-Spot-Kontrakt oder einem auf Emissionszertifikaten beruhenden Auktionsobjekt ausmachen, vor allem dann, wenn diese Tätigkeiten zu einer erheblichen Veränderung des Kurses führen;

(b) der Umfang, in dem erteilte Handelsaufträge oder abgewickelte Geschäfte von Personen mit erheblichen Kauf- oder Verkaufspositionen in Bezug auf ein Finanzinstrument, einen damit verbundenen Waren-Spot-Kontrakt oder ein auf Emissionszertifikaten beruhendes Auktionsobjekt zu wesentlichen Änderungen des Kurses dieses Finanzinstruments, damit verbundenen Waren-Spot-Kontrakts oder auf Emissionszertifikaten beruhenden Auktionsobjektes führen;

(c) der Umstand, ob getätigte Geschäfte nicht zu einer Änderung des wirtschaftlichen Eigentums eines Finanzinstruments, eines damit verbundenen Waren-Spot-Kontrakts oder eines auf Emissionszertifikaten beruhenden Auktionsobjektes führen;

(d) der Umfang, in dem erteilte Handelsaufträge oder abgewickelte Geschäfte oder stornierte Aufträge Umkehrungen von Positionen innerhalb eines kurzen Zeitraums beinhalten und einen beträchtlichen Teil des Tagesvolumens der Transaktionen mit dem entsprechenden Finanzinstrument, einem damit verbundenen Waren-Spot-Kontrakt oder einem auf Emissionszertifikaten beruhenden Auktionsobjekt ausmachen und mit einer erheblichen Veränderung des Kurses eines Finanzinstruments, eines damit verbundenen Waren-Spot-Kontrakts oder eines auf Emissionszertifikaten beruhenden Auktionsobjektes in Verbindung stehen könnten;

(e) der Umfang, in dem erteilte Handelsaufträge oder abgewickelte Geschäfte innerhalb einer kurzen Zeitspanne des Börsentages konzentriert werden und zu einer Kursveränderung führen, die in der Folge wieder umgekehrt wird;

(f) der Umfang, in dem erteilte Handelsaufträge die Darstellung der besten Geld- oder Briefkurse eines Finanzinstruments, eines damit verbundenen Waren-Spot-Kontrakts oder eines auf Emissionszertifikaten beruhenden Auktionsobjekts verändern oder allgemeiner die den Marktteilnehmern verfügbare Darstellung des Orderbuchs verändern und vor ihrer eigentlichen Abwicklung annulliert werden;

(g) der Umfang, in dem Geschäfte genau oder ungefähr zu einem Zeitpunkt in Auftrag gegeben oder abgewickelt werden, zu dem die Referenzkurse, die Abrechnungskurse und die Bewertungen berechnet werden, und dies zu Kursveränderungen führt, die sich auf diese Kurse und Bewertungen auswirken.

**B. Indikatoren für manipulatives Handeln durch Vorspiegelung falscher Tatsachen sowie durch sonstige Kunstgriffe oder Formen der Täuschung**

Für die Zwecke der Anwendung von Artikel 8 Absatz 1 Buchstabe b dieser Verordnung und unbeschadet der Handlungen, die im Absatz 3 Unterabsatz 2 des vorgenannten Artikels aufgeführt sind, werden die nachfolgend in nicht erschöpfender Aufzählung genannten Indikatoren, die für sich genommen nicht unbedingt als Marktmanipulation anzusehen sind, berücksichtigt, wenn Marktteilnehmer oder die zuständigen Behörden Geschäfte oder Handelsaufträge prüfen:
(a) ob von bestimmten Personen erteilte Handelsaufträge oder abgewickelte Geschäfte vorab oder im Nachhinein von der Verbreitung falscher oder irreführender Informationen durch dieselben oder in enger Beziehung zu ihnen stehenden Personen begleitet wurden;
(b) ob Geschäfte von Personen in Auftrag gegeben bzw. abgewickelt werden, bevor oder nachdem diese Personen oder in enger Beziehung zu ihnen stehende Personen unrichtige oder verzerrte oder nachweislich von materiellen Interessen beeinflusste Anlageempfehlungen erstellt oder weitergegeben haben.

**143** Gleichzeitig mit vorstehender EU-Verordnung ist der **Vorschlag für eine EU-Richtlinie über strafrechtliche Sanktionen für Insider-Geschäfte und Marktmanipulationen**[302] unterbereitet worden, der mit dem Ziel einer kapitalmarktstrafrechtlichen Vollharmonisierung in Art. 4 Marktmanipulationen künftig EU-weit unter Strafe stellt,[303] während die Marktmissbrauchsrichtlinie lediglich ein Recht, aber keine Pflicht vorgesehen hat, Marktmanipulationen unter Strafe zu stellen. Allerdings besteht die Kompetenz der Union aus Art. 83 Abs. 2 AEUV, Mindestvorschriften für die Festlegung von Strafvorschriften zu erlassen, nur dann, wenn sich die Angleichung der strafrechtlichen Vorschriften der Mitgliedsstaaten als unerlässlich erweist für die wirksame Durchführung der Harmonisierungsmaßnahmen innerhalb der Union.[304] Der Bundesrat hatte gegen den Richtlinienvorschlag die Subsidiaritätsrüge erhoben[305] und der Bundestag die Kommission zu einer erneuten Überprüfung und Begründung der Unerlässlichkeit aufgefordert.[306]

**Artikel 4. Marktmanipulation**

Die Mitgliedstaaten treffen die erforderlichen Maßnahmen, um sicherzustellen, dass die folgenden Handlungen Straftaten darstellen, wenn sie vorsätzlich begangen werden:
a) Aussenden falscher oder irreführender Signale hinsichtlich des Angebots oder des Kurses eines Finanzinstruments oder damit verbundener Waren-Spot-Kontrakts oder der Nachfrage danach;
b) Beeinflussung des Kurses eines oder mehrerer Finanzinstrumente oder eines damit verbundenen Waren-Spot-Kontrakts, um ein anormales oder künstliches Kursniveau zu erzielen;
c) Abschluss einer Transaktion, Erteilung eines Kauf- oder Verkaufsauftrags und jegliche sonstige Tätigkeit an Finanzmärkten, die den Kurs eines oder mehrerer Finanzinstrumente oder eines damit verbundenen Waren-Spot-Kontakts beeinflusst, unter Vorspiegelung falscher Tatsachen oder unter Verwendung sonstiger Kunstgriffe oder Formen der Täuschung;
d) Verbreitung von Informationen, die falsche oder irreführende Signale hinsichtlich Finanzinstrumenten oder mit diesen verbundenen Waren-Spot-Kontrakten aussenden, sofern die betreffenden Personen durch die Verbreitung dieser Informationen einen Vorteil oder Gewinn für sich selbst oder für Dritte erzielen;
e) Übermittlung falscher oder irreführender Angaben, die eine falsche oder irreführende Ausgangsbasis bilden, oder vergleichbare Handlungen, durch die die Berechnung einer Benchmark vorsätzlich manipuliert wird.

---

[302] KOM (2011) 654 endgültig vom 20.10.2011 in der Fassung des geänderten Vorschlags vom 25.7.2012 COM (2012) 420 final (2011/0297 COD); veröffentlicht im ABl EU L 173/179 v. 12.6.2014.
[303] Hierzu *Sorgenfrei* in Park, Kapitalmarktstrafrecht, 3. Aufl., Teil 3 Kap. 4 Rn. 11, 35 ff.
[304] *Parmentier* BKR 2013, 133, 134.
[305] BR-Drucksache 6464/2011 v. 18.12.2011.
[306] BT-Drucksache 17/9770 v. 23.5.2012.

**Artikel 5. Anstiftung, Beihilfe und Versuch**

1. Die Mitgliedstaaten treffen die erforderlichen Maßnahmen, um sicherzustellen, dass Anstiftung und Beihilfe zu den in den Artikeln 3 und 4 genannten Straftaten ebenfalls strafrechtlich geahndet werden können.
2. Die Mitgliedstaaten treffen die erforderlichen Maßnahmen, um sicherzustellen, dass der Versuch, eine Straftat gemäß Artikel 3 Buchstabe a und Artikel 4 Buchstabe a, b, c und e zu begehen, strafrechtlich geahndet werden kann.

# § 11 Kapitalanlagebetrug

## Der Straftatbestand des Kapitalanlagebetrugs (§ 264a StGB) als Grundlage der zivilrechtlichen Prospekthaftung

**Schrifttum:** *Achenbach*, Das Zweite Gesetz zur Bekämpfung der Wirtschaftskriminalität, NJW 1986, 1835; *Cerny*, § 264a StGB –Kapitalanlagebetrug, Gesetzgeberischer Schutz mit Lücken, MDR 1987, 271; *Gallandi*, § 264a StGB – Der Wirkung nach ein Missgriff?, wistra 1987, 316; *Granderath*, Das zweite Gesetz zur Bekämpfung der Wirtschaftskriminalität, DB 1986, Beilage 18, 1; *Grotherr*, Der neue Straftatbestand des Kapitalanlagebetrugs (§ 264a StGB) als Problem des Prospektinhalts und der Prospektgestaltung, DB 1986, 2584; *Jaath*, Zur Strafbarkeit der Verbreitung unvollständiger Prospekte über Vermögensanlagen, in Festschrift für Hanns Dünnebier zum 75. Geburtstag, 1982; *Jehl*, Die allgemeine vertrauensrechtliche und die deliktsrechtliche Prospekthaftung der Banken und Versicherungen unter dem Blickwinkel des neuen § 264a StGB, DB 1987, 1772; *Joecks*, Anleger- und Verbraucherschutz durch das 2. WiKG, wistra 1986, 142; *Kaligin*, Strafrechtliche Risiken bei der Konzipierung und beim Vertrieb von steuerbegünstigten Kapitalanlagen, WPg 1985, 194; *ders.*, Die Konzeption und der Vertrieb von (steuerbegünstigten) Kapitalanlagen im Blickwinkel des § 264a StGB, WPg 1987, 354; *Knauth*, Kapitalanlagebetrug und Börsendelikte im zweiten Gesetz zur Bekämpfung der Wirtschaftskriminalität, NJW 1987, 28; *Martin*, Aktuelle Probleme bei der Bekämpfung des Kapitalanlageschwindels, wistra 1994, 127; *Möhrenschlager*, Der Regierungsentwurf eines Zweiten Gesetzes zur Bekämpfung der Wirtschaftskriminalität, wistra 1982, 201; Otto, Strafrechtliche Aspekte der Anlageberatung, WM 1988, 729; *Pabst*, Rechtliche Risiken bei Konzeption und Vertrieb von Kapitalanlagen, 1989; *Richter*, Strafbare Werbung beim Vertrieb von Kapitalanlagen, wistra 1987, 120; *Rössner/Worms*, Welche Änderungen bringt § 264a StGB für den Anlegerschutz?, BB 1988, 93; *Schlüchter*, Zweites Gesetz zur Bekämpfung der Wirtschaftskriminalität, 1987; *Schmidt-Lademann*, Zum neuen Straftatbestand „Kapitalanlagebetrug" (§ 264a StGB), WM 1986, 1241; *Schnauder*, Regimewechsel im Prospekthaftungsrecht bei geschlossenen Publikumsfonds, NJW 2013, 3207; *Schniewind/Hausmann*, Anlegerschutz durch Strafrecht – Der neue § 264a StGB (Kapitalanlagebetrug) und seine zivilrechtlichen Auswirkungen, BB 1986, Beilage 16, 26; *Schröder*, Aktienhandel und Strafrecht, 1994; *Tiedemann*, Die Bekämpfung der Wirtschaftskriminalität durch den Gesetzgeber, JZ 1986, 865; *Weber*, Das zweite Gesetz zur Bekämpfung der Wirtschaftskriminalität (2. WiKG), NStZ 1986, 481; *Worms*, Anlegerschutz durch Strafrecht, 1987; ders. § 264a StGB – ein wirksames Remedium gegen den Anlageschwindel?, wistra 1987, 242 (Teil 1), 271 (Teil 2).

### Übersicht

| | Rn. |
|---|---|
| I. Die Bedeutung des Strafrechts für den Anlegerschutz | 1 |
| II. Unzulänglichkeiten des vor § 264a StGB geltenden Strafrechtsschutzes | 2/3 |
| III. Praktische Bedeutung von § 264a StGB | 4/5 |
| IV. Entstehungsgeschichte von § 264a StGB | 6–13 |
| V. Die Regelung des § 264a StGB im Einzelnen | 14–65 |
|    1. Gegen § 264a StGB erhobene Bedenken | 14 |
|    2. Tatbestandsstruktur – Ausgestaltung als abstraktes Gefährdungsdelikt | 17 |
|    3. Geschütztes Rechtsgut | 21 |
|    4. Erfasste Anlageformen | 24 |
|       a) Wertpapiere | 25 |
|       b) Bezugsrechte | 26 |
|       c) Anteile, die eine Beteiligung an dem Ergebnis eines Unternehmens gewähren sollen | 27 |
|       d) Treuhandbeteiligungen gem. Abs. 2 | 31 |

§ 11    1          3. Kapitel. Kapitalanlagegeschäfte als Gegenstand des Strafrechts und OWi

|  | Rn. |
|---|---|
| 5. Tathandlung | 33 |
| a) Unrichtige vorteilhafte Angaben | 34 |
| b) Verschweigen nachteiliger Tatsachen | 38 |
| c) Erheblichkeit der Angaben bzw. Tatsachen | 39 |
| 6. Täuschung einer Vielzahl von Anlegern | 49 |
| a) Prospekte, Darstellungen oder Übersichten über den Vermögensstand | 51 |
| b) Zusammenhang mit dem Vertrieb oder Kapitalerhöhungsangeboten | 53 |
| c) Größerer Kreis von Personen | 55 |
| 7. Täterkreis | 56 |
| 8. Vorsatz | 59 |
| 9. Tätige Reue | 60 |
| 10. Konkurrenzen und Verjährung | 61 |
| 11. Auslandstaten | 63 |
| 12. Strafprozessuale Auswirkungen | 64 |
| 13. Zivilrechtliche Auswirkungen | 65 |

## I. Die Bedeutung des Strafrechts für den Anlegerschutz

1   Für erhebliche Aufregung auf dem „freien" bzw. „grauen" Kapitalmarkt[1] hat die Einfügung des Tatbestandes „Kapitalanlagebetrug" (§ 264a) in das Strafgesetzbuch zum 1.8.1986 durch das Zweite Gesetz zur Bekämpfung der Wirtschaftskriminalität[2] gesorgt, nachdem Versuche der beteiligten Wirtschaftsverbände, die Regelung doch noch zu Fall zu bringen,[3] gescheitert waren. Aber auch in der juristischen Anlegerschutzdiskussion nahm das Strafrecht plötzlich eine dominierende Position ein, wobei sich die Stellungnahmen keineswegs auf den neuen Tatbestand „Kapitalanlagebetrug" beschränkten. Vielmehr drängte sich der Eindruck auf, dass mit der Einfügung von § 264a StGB überhaupt erst die strafrechtlichen Risiken bei Anlagevermittlung und -vertrieb entdeckt wurden. So hatte es vor der Verabschiedung des 2. WiKG, sieht man einmal von dem Teilbereich der Warentermingeschäfte ab, der auch schon zuvor Gegenstand zahlreicher Erörterungen war, kaum Stellungnahmen zu den strafrechtlichen Folgen auf Täuschung und gezielte Schädigung der präsumtiven Anleger ausgerichteter Akquisitionstechniken gegeben, obwohl auch und gerade in der Vergangenheit sog. Vermögensvernichtungsangebote zahlreich anzutreffen waren,[4] wie insbesondere die zivilrechtliche Judikatur zur Prospekthaftung eindrucksvoll dokumentiert. Während Anspruchsgrundlage für ein Schadenersatz zusprechendes Urteil hier jedoch nur in Ausnahmefällen § 823 Abs. 2 BGB iVm § 263 StGB als Schutzgesetz war und strafrechtliche Verurteilungen einer breiteren juristischen Öffentlichkeit kaum bekannt wurden,[5] fanden nach der Einfügung von § 264a StGB nunmehr auch § 263 StGB und das Verbot strafbarer Werbung im UWG verstärkte Beachtung, wobei letzterem sogar die Funktion eines Auffangtatbestandes gegenüber § 264a StGB zugeschrieben wurde.[6] Dies ist umso erstaunlicher, als es gerade die Unzulänglichkeiten des bis dato geltenden Rechts waren, die den Gesetzgeber zur Schaffung eines Tatbestandes „Kapitalanlagebetrug" veranlasst hatten.[7]

---

[1] Zur Terminologie *Worms*, Anlegerschutz, S. 1 f. mwN.
[2] BGBl. I 1986, S. 721 ff.
[3] So hatte beispielsweise der Verband zur Förderung von Privatinvestitionen e. V. noch zur Bundesratssitzung am 18.4.86, in der der Bundesrat dem 2. WiKG zustimmte, eine ablehnende Stellungnahme übersandt.
[4] Zum Schadensumfang vgl. *Worms*, Anlegerschutz, S. 105 ff. mwN.
[5] Laut *Samson*, Steuerbegünstigte Kapitalanlagen, S. 131, 139 soll es allerdings eine ganze Reihe von erstinstanzlichen Urteilen geben, in denen auch die Vertreiber und Initiatoren steuerbegünstigter Kapitalanlagen wegen Betruges verurteilt worden sind; vgl. ferner *Kaligin* WPg 1985, 194, 196.
[6] So vor allem *Richter* wistra 1987, 117.
[7] So die Entwurfsbegründung, BT-Drucks. 10/318, S. 21 f. Ob dieser Befund auch heute noch nach den zahlreichen Reformen des Kapitalmarktrechtes zutrifft, kann allerdings mit Fug und Recht bezweifelt werden – so der zutreffende Hinweis von *Perron* in Schönke/Schröder, StGB, § 264a Rn. 2. *Hellmann* in NK-StGB, § 264a Rn. 2 sieht die Vorschrift als überflüssig an, da in der Regel bereits eine Strafbarkeit wegen (versuchten) Betruges gegeben sei.

## II. Unzulänglichkeiten des vor Inkrafttretens von § 264a StGB geltenden Strafrechtsschutzes

Eine Schlüsselposition im Rahmen der strafrechtlichen Aufarbeitung und Ahndung von auf Schädigung der Anleger abzielenden Anlageangeboten nahm vor der Einführung von § 264a StGB der Betrugstatbestand (§ 263 StGB) ein. Diese zentrale Bedeutung wird § 263 StGB auch weiterhin zukommen, da § 264a StGB zum einen **nur** einen **Teilbereich** der angebotenen Anlageformen erfasst und zum anderen im Falle einer bereits eingetretenen Schädigung des Anlegers aufgrund des Legalitätsprinzips im Rahmen der Ermittlungen auch immer eine Strafbarkeit wegen Betruges geprüft werden muss. Demgegenüber spielt der Untreuetatbestand, da es primär um schwindelhafte Vertriebspraktiken geht, nur am Rande eine Rolle und wird auch weiterhin lediglich für Schädigungen der Anleger im Rahmen der Vermögensverwaltung die einschlägige Norm sein. Faktisch ohne Belang sind schließlich für die vorliegende Problematik sonstige Tatbestände des StGB – beispielsweise Unterschlagung oder die Konkursstraftaten – sowie die Normen des Nebenstrafrechts, sieht man einmal vom Teilbereich der Termingeschäfte ab, der in §§ 26, 49 BörsG eigenständig geregelt wird.[8]

Da § 263 StGB die zentrale Vorschrift zumindest für die Strafverfolgungsbehörden bleibt, bestehen damit aber auch trotz der Einführung von § 264a StGB die altbekannten Probleme fort. Insbesondere die für einen Betrugsvorwurf erforderliche Schadensfeststellung gestaltet sich sehr schwierig, wenn von den Strafverfolgungsbehörden regelmäßig erst Jahre später der Wert der vom Anleger erworbenen Beteiligung oder sonstigen Vermögensanlage festgestellt werden muss.[9] Aber auch bei der Irrtumserregung, der Kausalität zwischen Irrtum und Vermögensschaden sowie im subjektiven Bereich existieren zahlreiche Nachweisprobleme.[10] Um diese Beweisschwierigkeiten zu eliminieren, beschränkt sich die Strafbarkeit nach § 264a StGB auf die bloße Täuschung bzw. unterlassene Aufklärung und verzichtet auf die für eine Strafbarkeit nach § 263 StGB erforderlichen Merkmale des Irrtums, der Vermögensverfügung und des Vermögensschadens mit einer korrespondierenden Verkürzung auch im subjektiven Tatbestand. Es handelt sich bei § 264a StGB daher um einen kupierten Betrugstatbestand.[11]

## III. Praktische Bedeutung von § 264a StGB

Trotz der Beschränkung auf die bloße Täuschung hat auch § 264a StGB strafrechtlich bislang keine größere Bedeutung erlangt.[12] Ob dies nur an einer nicht korrekten Erfassung der polizeilichen Kriminalstatistik liegt,[13] kann dabei dahinstehen, da jedenfalls im Rahmen der Verurteilung der Kapitalanlagebetrug nach § 264a StGB hinter § 263 StGB als schwererem Delikt zurücktritt oder bereits im Rahmen der Ermittlungen eine Einstellung nach §§ 154, 154a StPO erfolgt.[14] Soweit es lediglich um die Eliminierung von Beweisschwierigkeiten geht, führt § 264a StGB faktisch daher nicht zu einem verbesserten Schutz. Die eigentliche Stärke dieser Vorschrift besteht vielmehr darin, dass sie insbesondere im Bereich der unterlassenen Aufklärung Strafbarkeitslücken schließt.[15] Der Verzicht auf das Schadens-

---

[8] Siehe dazu § 9.
[9] *Park* in Park, Kapitalmarktstrafrecht, 3. Aufl. Teil 3 Kap. 1 Rn. 180; *Jaath*, FS Dünnebier, S. 583, 593; *Joecks* wistra 1986, 142, 143; *Hoyer* in SK-StGB, § 264a Rn. 6.
[10] Hierzu *Worms*, Handbuch des Kapitalanlagerechts, 2. Aufl. § 8 Rn. 19 ff.
[11] *Park* in Park, Kapitalmarktstrafrecht, 3. Aufl. Teil 3 Kap. 1 Rn. 180.
[12] Vgl. nur die Nachweise bei *Park* in Park, Kapitalmarktstrafrecht, 3. Aufl. Teil 3 Kap. 1 Rn. 184; *Fischer*, StGB, § 264a Rn. 2a sowie *Hellmann* in NK-StGB, § 264a Rn. 4.
[13] So die Vermutung von *Park* in Park, Kapitalmarktstrafrecht, 3. Aufl. Teil 3 Kap. 1 Rn. 184.
[14] Ebenso *Park* in Park, Kapitalmarktstrafrecht, 3. Aufl. Teil 3 Kap. 1 Rn. 184.
[15] Dazu *Worms* Anlegerschutz, S. 181, 355. Demgegenüber sieht *Hellmann* in NK-StGB, § 264a Rn. 2 die Anwendungsbereiche beider Vorschriften praktisch als deckungsgleich und § 264a damit als überflüssig an.

erfordernis führt demgegenüber nur dann zu Ermittlungserleichterungen, wenn auch bereits im Vorfeld, also vor Schadenseintritt durch Erwerb der jeweiligen Vermögensanlage, Ermittlungen aufgenommen werden.[16] Aufgreifpunkte hierfür können Verstöße gegen das 2012 in Kraft getretene Vermögensanlagengesetz[17] nebst Vermögensanlagen-Verkaufsprospektverordnung[18] sowie die bereits zuvor geltenden Prospektpflichten nach dem Wertpapierprospektgesetz (WpPG)[19] bieten. Ebenfalls relevant sind die Vertriebsregelungen im Kapitalanlagegesetzbuch.[20]

5   Zivilrechtlich ist § 264a StGB zwar als Schutzgesetz im Sinne von § 823 Abs. 2 BGB anerkannt,[21] führt angesichts der mittlerweile doch recht umfassenden Prospektpflicht nach dem WpPG und dem Vermögensanlagengesetz aber faktisch kaum zu einer Haftungserweiterung. Dies gilt insbesondere für die sowohl in § 264a StGB als auch im Vermögensanlagengesetz (§ 1 Abs. 2 Nr. 1 VermAnlG) geregelten Anteile, die eine Beteiligung am Ergebnis eines Unternehmens gewähren. Nach Entfall der kurzen prospektrechtlichen Verjährungsfrist dürfte die deliktische Haftung nach § 823 Abs. 2 BGB in Verbindung mit § 264a StGB auch unter Verjährungsgesichtspunkten keinen Vorteil mehr haben.

### IV. Entstehungsgeschichte von § 264a StGB

6   Bereits 1972 ist *Tiedemann* in seinem Gutachten für den 49. Deutschen Juristentag in Düsseldorf für strafrechtliche Vorschriften zum Schutz des Kapitalmarktes und des Anlagewesens eingetreten.[22] Die Sachverständigenkommission zur Bekämpfung der Wirtschaftskriminalität hatte sich auf ihrer 5. Arbeitstagung in Hamburg 1973 ebenfalls für die Einfügung des „§ m" (Schwindelhafte Angebote von Gesellschaftsbeteiligungen) in das StGB ausgesprochen.[23] 1978 fanden diese Empfehlungen dann Eingang in den Referentenentwurf eines 2. WiKG, der die Aufnahme eines Tatbestandes „Kapitalanlagebetrug" (§ 264c) in das StGB vorsah.[24] Wiederum erst Jahre später folgte der Regierungsentwurf, wobei als Ergebnis des inzwischen verstrichenen Zeitraums lediglich einige sprachliche Korrekturen zu verzeichnen waren.

7   Wegen der vorzeitigen Bundestagsauflösung konnte der 1982 vorgelegte Regierungsentwurf eines 2. WiKG[25] in der 9. Legislaturperiode jedoch nicht mehr verabschiedet werden, wurde aber unverändert am 26.8.1983 (nunmehr als § 264a StGB) eingebracht.[26] In dieser Form ist er dann zum 1.8.1986, also wiederum erst Jahre später, in Kraft getreten.[27]

8   Trotz der langen Vorlaufzeit kann die Regelung jedoch nur als unbefriedigend angesehen werden, und zwar vor allem aus zwei Gründen: So stößt bereits die Vorlaufzeit von rund 15 Jahren zumindest auf Verwunderung, da gerade in den 70er Jahren und zu Beginn der 80er Jahre der freie Kapitalmarkt Hochkonjunktur hatte und sich sowohl der zivilrechtliche als auch der brancheninterne Anlegerschutz erst im Aufbau befanden mit der Folge, dass in diesem Zeitraum die – um einen Branchenausdruck zu gebrauchen – **Vermögensvernichtungsmodelle** ihren Höhepunkt erreicht haben dürften. Im Vordergrund standen

---

[16] Dazu → Rn. 64.
[17] BGBl. I 2011, S. 2481.
[18] BGBl. I 2004, S. 3464.
[19] BGBl. I 2005, S. 1698.
[20] BGBl. I 2013, 1981; *Schnauder* NJW 2013, 3207 weist auf deren haftungsrechtliche Relevanz für geschlossene Publikumsfonds hin.
[21] Vgl. nur BGH WM 2013, 503, 504 mwN.
[22] *Tiedemann,* Verhandlungen des 49. Deutschen Juristentages 1972, Gutachten, S. C 77 ff.
[23] Tagungsberichte der Sachverständigenkommission zur Bekämpfung der Wirtschaftskriminalität, Band V, S. 7 ff.; 55 ff., 67.
[24] Referentenentwurf eines 2. WiKG vom 20.10.1978, S. 43 mit Begründung S. 73 ff.
[25] BR-Drucks. 219/82, S. 4.
[26] BT-Drucks. 10/318, S. 4.
[27] BGBl. I 1986, S. 721 ff.

damals die Steuersparmodelle in Form der meist als GmbH & Co KG errichteten sog. Abschreibungsgesellschaften und Bauherrenmodelle.[28] Die Regelung des § 264a StGB kommt insoweit also zu spät, als sie erst zu einem Zeitpunkt Gesetz wurde, nachdem die Missstände bei den von ihr erfassten Kapitalanlagen bereits durch Änderungen im Steuerrecht und eine umfassend fortentwickelte zivilrechtliche Judikatur zur Prospekthaftung weitgehend beseitigt waren. Zum anderen aber, und dieses Manko wiegt wesentlich schwerer, bleibt die Regelung des § 264a StGB trotz der langen Vorlaufzeit, was den sachlichen Anwendungsbereich anbelangt, unvollkommen und nimmt zudem von der Regelungstechnik her wiederum Ungereimtheiten in Kauf, die angesichts der zahlreichen kritischen Stellungnahmen zu der parallel strukturierten Vorschrift des § 265b StGB, die im Rahmen des 1. WiKG am 1.9.1976 in Kraft getreten ist, eigentlich hätten vermieden werden können. Hierbei geht es insbesondere um die Problematik des abstrakten Gefährdungsdelikts im Vermögensstrafrecht sowie die damit zusammenhängende Problematik des (angeblichen) Schutzes überindividueller Rechtsgüter bei den neu geschaffenen Tatbeständen. Da sich ein Teil der bei § 264a StGB aufgetretenen Auslegungsfragen aus der Entstehungsgeschichte erhellt, bedarf es an dieser Stelle noch eines kurzen Überblicks über die einzelnen Entwürfe.

Der bereits erwähnte Entwurf der **Sachverständigenkommission zur Bekämpfung der Wirtschaftskriminalität** beschäftigte sich zunächst nur mit einem Ausschnitt aus dem Themenbereich „Kapitalanlagebetrug", nämlich der Problematik des **Gründungsschwindels.** Der Tatbestandsvorschlag beschränkte sich daher auf die Inkriminierung schwindelhafter Angebote von Gesellschaftsbeteiligungen, sollte insoweit aber für alle Gesellschaftsformen Gültigkeit besitzen, wobei folgender Wortlaut vorgesehen war:

„§ m. Schwindelhafte Angebote von Gesellschaftsbeteiligungen

Wer im Zusammenhang mit dem Angebot, Gesellschaftsanteile zu erwerben oder weitere Einlagen zu leisten, öffentlich oder durch Verbreiten von Mitteilungen falsche Angaben über Umstände macht, die für die Beurteilung des Angebots erheblich sind, oder solche Umstände verschweigt, wird mit Freiheitsstrafe bis zu 3 Jahren oder mit Geldstrafe bestraft, soweit die Tat nicht nach anderen Vorschriften mit schwererer Strafe bedroht ist".[29]

Mit diesem Tatbestandsvorschlag verbunden war die Empfehlung, auch Treuhandbeteiligungen sowie Immobilien- und Investmentfonds einzubeziehen, soweit letztere nicht bereits von der vorgeschlagenen Strafvorschrift erfasst werden und kein anderweitiger ausreichender Strafschutz gegeben ist.[30] Auf der 15. und letzten Arbeitstagung nahm die Sachverständigenkommission dieses Thema dann nochmals auf und erörterte mögliche tatbestandliche Erweiterungen.[31] Einigkeit bestand darüber, „§ m" an den sachlichen Anwendungsbereich des bereits damals geplanten[32] (aber erst in deutlich modifizierter Form 2012 in Kraft getretenen)[33] **Vermögensanlagegesetzes** anzugleichen und deshalb sowohl partiarische Darlehen als auch treuhänderisch gehaltene Vermögensanlagen in den Tatbestand einzubeziehen.[34] Da wegen der Kürze der Zeit eine Ausformulierung jedoch nicht möglich erschien, beschränkte sich die Kommission insoweit auf eine Prüfungsempfehlung. Aus dem gleichen Grunde verblieb es auch hinsichtlich der weiteren Frage, ob der vorgeschlagene Straftatbestand die gem. § 1 Abs. 2 aus dem Anwendungsbereich des Vermögensanlagegesetzes ausgeklammerten Vermögensanlagen mitumfassen solle, bei einer bloßen Prüfungsempfehlung.

---

[28] *Park* in Park, Kapitalmarktstrafrecht, 3. Aufl. Teil 3 Kap. 1 Rn. 180.
[29] Tagungsberichte (Fn. 23), Band V, S. 67.
[30] Tagungsberichte (Fn. 23), Band V, S. 73 ff.
[31] Tagungsberichte (Fn. 23), Band XV, S. 42 ff.; vgl. hierzu auch den Formulierungsvorschlag des Referenten *Klein*, Tagungsberichte ebd., Band XV, Anlage 3, S. 8 ff.
[32] BT-Drucksache 8/1405.
[33] BGBl. I 2011, S. 2481.
[34] Tagungsberichte (Fn. 23), Band XV, S. 42 ff.

**11**  Vorstehend dargestellte Überlegungen und Empfehlungen nahm der **Referentenentwurf** auf, wobei insbesondere eine Anpassung an den Regelungsbereich des Vermögensanlagegesetzes angestrebt wurde,[35] allerdings unter weitgehendem Verzicht auf die in § 1 Abs. 2 des Vermögensanlagegesetzes enthaltenen Einschränkungen, da zwar in diesen Fällen die Einführung einer Prospektpflicht nach dem Vermögensanlagegesetz überflüssig erschien, aber ein strafrechtlicher Schutz, wie er mit § 264a StGB angestrebt wird, noch nicht existierte.[36] Der Tatbestand „Kapitalanlagebetrug" sollte daher einen umfassenden Anlegerschutz beim öffentlichen Vertrieb von Kapitalanlagen gewährleisten, allerdings mit einem kleinen Schönheitsfehler: Die Entwurfsbegründung geht zwar ausführlich auf die Beteiligung an Abschreibungsgesellschaften ein, erwähnt die Bauherrenmodelle hingegen mit keinem Wort. Gleiches gilt für den **Regierungsentwurf,** obwohl die Problematik durchaus bekannt war. Der Grund hierfür dürfte darin liegen, dass eine nachträgliche Einbeziehung dieser Anlageform zu einer erneuten Grundsatzdiskussion sowie der Notwendigkeit einer Umstrukturierung des Tatbestandes geführt und damit die Verabschiedung der Vorschrift insgesamt in Frage gestellt hätte.[37]

**12**  Dies ist umso bedauerlicher, als die Bauherren-, Bauträger- und Erwerbermodelle bereits zum damaligen Zeitpunkt gegenüber den Abschreibungsgesellschaften vom Platzierungsvolumen her immer mehr an Bedeutung gewonnen hatten und angesichts der langen Vorlaufzeit der Regelung eine Einbeziehung eigentlich schon wesentlich früher hätte erfolgen müssen. Dies hätte zudem auch deshalb nahe gelegen, weil der von Strafrechtslehrern vorgelegte **Alternativentwurf** eines Strafgesetzbuches in § 189 AE den täuschenden Vertrieb von Immobilienanlagen ebenfalls unter Strafe stellen wollte.[38] Der Alternativentwurf weist gegenüber dem Regierungsentwurf jedoch die Besonderheit auf, dass er einen verbesserten Anlegerschutz durch zwei Tatbestände im Vorfeld des Betruges erreichen wollte, und zwar durch die Inkriminierung von unrichtigen Angaben in Prospekten (§ 188 AE) einerseits und der unrichtigen Anlageberatung (§ 189 AE) andererseits.[39]

**13**  Der Regierungsentwurf beschreitet insoweit einen Mittelweg, als er im Ergebnis praktisch die §§ 188 und 189 AE zusammenfasst, allerdings unter Ausklammerung der Immobilienanlagen, soweit es sich um Einzelangebote handelt.

**V. Die Regelung des § 264a StGB im Einzelnen**

**14**  **1. Gegen § 264a StGB erhobene Bedenken.** Bei Inkrafttreten der Vorschrift wurde in der Branche die Befürchtung geäußert, nunmehr könnten auch „seriöse" Anbieter mit dem Strafrecht in Konflikt geraten,[40] und zwar wegen lediglich **formaler** Prospektunrichtigkeiten, die für den wirtschaftlichen Erfolg der angebotenen Kapitalanlage im Ergebnis gar kein Gewicht besitzen. Hinzu kam die Angst vor **anonymen Strafanzeigen,** um hierdurch unliebsame Mitbewerber auszuschalten. Und auch von juristischer Warte wurde gegenüber § 264a StGB der Einwand erhoben, nunmehr könne auch der Vertrieb von für den Anleger wirtschaftlich erfolgreichen Anlagen strafbar sein,[41] verbunden mit dem Vorwurf verfassungsrechtlich bedenklicher Unbestimmtheit der Vorschrift.[42] Umgekehrt wurde

---

[35] Vgl. die Begründung des Referentenentwurfs, S. 77.
[36] So die Begründung des Referentenentwurfs, S. 79.
[37] *Schniewind/Hausmann* BB 1986, Beilage 16, S. 26, 28.
[38] Alternativ-Entwurf eines Strafgesetzbuches Besonderer Teil, Straftaten gegen die Wirtschaft, 1977, S. 72 f.
[39] AE (Fn. 38), S. 70 ff.
[40] Diese Befürchtung geht auf *Gerlach,* Vorteilhafte Geldanlagen, Gruppe 2, S. 2786, 2788 zurück; vgl. ferner *Grotherr* DB 1986, 2584 sowie *Pabst,* Rechtliche Risiken, S. 1 ff.
[41] So insbesondere *Samson,* manager magazin Nr. 12/1979, S. 69; auch *Schlüchter,* Zweites Gesetz zur Bekämpfung der Wirtschaftskriminalität, 1987, S. 156, 162 sieht die Gefahr einer Überdehnung des Strafrechts.
[42] *Samson* in SK-StGB, § 264a Rn. 6 (Lfg. 21, Februar 1987).

aber auch die Lückenhaftigkeit der Vorschrift gerügt[43] oder diese gar als überflüssig angesehen.[44]

Die Frage nach der Reichweite der erforderlichen Aufklärung ist ebenfalls noch keineswegs abschließend geklärt. Von einer weitgehenden Einigkeit über den dogmatischen Inhalt dieser Strafrechtsnorm[45] kann daher keine Rede sein, sondern die Unsicherheit ist nach wie vor bei allen Beteiligten sehr groß.

Zumindest die Angst vor anonymen Strafanzeigen sowie die Befürchtung einer möglichen Strafbarkeit auch „seriöser" Anbieter sollte mittlerweile überwunden sein, wie die nur geringe Zahl der Ermittlungsverfahren zeigt.[46] Die Möglichkeit (anonymer) Strafanzeigen ist im Übrigen kein Spezifikum von § 264a StGB, sondern gilt gleichermaßen für § 263 StGB. Und auch die Angst vor einer strafrechtlichen Verfolgung bloß formaler Unrichtigkeiten ist durch die Auslegung des Merkmals der Erheblichkeit unbegründet, da von der Rechtsprechung dieses als Korrektiv bereits gegenüber den Anforderungen des Verkaufsprospektgesetzes und der dazugehörigen Vermögensanlagen-Verkaufsprospektverordnung, angesehen worden ist[47] – entsprechendes gilt daher auch für das Vermögensanlagengesetz und das Wertpapierprospektgesetz.

**2. Tatbestandsstruktur – Ausgestaltung als abstraktes Gefährdungsdelikt.** Strafbar ist nach § 264a StGB bereits die bloße Täuschung im Zusammenhang mit dem Vertrieb der dort genannten Kapitalanlagen.

Anders als bei § 263 StGB kommt es also nicht darauf an, ob der Anleger einem Irrtum erliegt, über sein Vermögen verfügt und dadurch einen Vermögensschaden erleidet. Bezogen auf den Vermögensschutz handelt es sich somit bei § 264a StGB um ein abstraktes Gefährdungsdelikt im Vorfeld des Betruges.[48] Teilweise wird insoweit auch von einem zum selbständigen Tatbestand erhobenen Versuchsdelikt gesprochen.[49] Diese Bezeichnung ist aber insofern unzutreffend, als eine Strafbarkeit nach § 264a StGB auch dann eintritt, wenn ein versuchter Betrug nach § 263 StGB nicht vorliegt, beispielsweise weil trotz Täuschung nach der Vorstellung des Täters eine Vermögensgefährdung oder ein Vermögensschaden ausgeschlossen sind.[50]

Die Einstufung als abstraktes Gefährdungsdelikt besitzt im Übrigen auch dann Gültigkeit, wenn man mit der Entwurfsbegründung[51] neben dem Vermögen die **Funktionsfähigkeit des Kapitalmarktes** als geschütztes Rechtsgut ansieht, da sich überindividuelle

---

[43] So beispielsweise von *Schmidt-Lademann* WM 1986, 1241, 1243; auch *Cerny* MDR 1987, 271: nur unwesentliche Verbesserung.
[44] So insbesondere *Weber* NStZ 1986, 481, 486.
[45] So aber *Richter* wistra 1987, 117.
[46] Siehe → Rn. 4.
[47] Vgl. nur BGH WM 2013, 503, 504.
[48] *Worms*, Anlegerschutz, S. 350 f.; *Fischer*, StGB, § 264a Rn. 3; *Hellmann* in NK-StGB, § 264a Rn. 11; *Perron* in Schönke/Schröder, StGB, § 264a Rn. 1; *Park* in Park, Kapitalmarktstrafrecht, 3. Aufl. Teil 3 Kap. 1 Rn. 183; aA *Hoyer* in SK-StGB § 264a Rn. 11, der § 264a als abstrakt-konkretes Gefährdungsdelikt einstuft, und zwar in dem Sinne, dass die Gefahr zwar nur abstrakt bestanden haben muss, der Eintritt eines Schadens beim Erwerber aber nicht konkret ausgeschlossen worden sein darf (indem der Täter beispielsweise im selben Umfang wertsteigernde Umstände verschweigt wie nicht gegebene wertsteigernde Umstände vortäuscht). *Hoyer* will hierdurch vermeiden, dass auch bereits die bloße Gewinnerwartung geschützt wird, da er hierin eine verfassungsmäßig unzulässige Ungleichbehandlung gegenüber Konsumenten sieht (Rn. 7). *Wohlers* in MüKoStGB, § 264a Rn. 10 sieht in § 264a ein „Kumulationsdelikt".
[49] So beispielsweise *Schröder*, Handbuch Kapitalmarktstrafrecht, 2. Aufl. Rn. 11; *Hellmann* in NK-StGB, § 264a Rn. 6; BGH wistra 2001, 57, 58.
[50] Hierauf weist zu Recht *Otto* Jura 1983, 16, 22 f. für die parallele Problematik bei § 265b StGB hin. *Martin*, Commodities Fraud, §§ 191 f. schlägt daher vor, § 264a StGB als Unternehmensdelikt auszugestalten.
[51] BT-Drucks. 10/318, S. 22.

Rechtsgüter, obwohl es hier nicht mehr um einen bloßen Vorfeld-, sondern bereits deren unmittelbaren Schutz geht,[52] mangels naturwissenschaftlich messbarer Schäden im Ergebnis lediglich durch abstrakte Gefährdungsdelikte schützen lassen.[53]

**20**  Von der Regelungstechnik her knüpft § 264a StGB eng an den bereits im Rahmen des 1. WiKG eingefügten § 265b StGB an, wobei die Entwurfsbegründung insbesondere auf die gleichgelagerte Problematik hinweist.[54] Dies ist insofern bedauerlich, als § 264a StGB damit auch die Schwächen von § 265b StGB übernimmt, die dem Gesetzgeber bei der Verabschiedung des 2. WiKG bereits seit längerer Zeit bekannt waren.

**21**  **3. Rechtsgut.** Auch bei § 264a StGB glaubte der Gesetzgeber ebenso wie bei den bereits im Rahmen des 1. WiKG eingefügten §§ 264 und 265b StGB die Vorverlagerung der Strafbarkeit durch den (angeblichen) Schutz eines überindividuellen Rechtsgutes rechtfertigen zu müssen, obwohl es de facto vor allem um die Eliminierung von Beweisschwierigkeiten ging.[55] Nach der Entwurfsbegründung,[56] der ein Teil der Literatur folgt,[57] ist daher geschütztes Rechtsgut bei § 264a StGB neben dem Vermögen die Funktionsfähigkeit des Kapitalmarktes. Zu Recht beschränkt jedoch die Gegenmeinung[58] § 264a StGB auf einen bloßen Vermögensschutz, wobei der hiermit angesprochene Streitstand insbesondere nicht lediglich akademischer Natur ist, sondern für die Reichweite der Aufklärungspflicht entscheidende Bedeutung besitzt. So würde, was teilweise übersehen wird,[59] ein neben dem Vermögen gleichrangiger Schutz der Funktionsfähigkeit des Kapitalmarktes eine wesentlich weitere Auslegung des Merkmals „erheblich" bedingen, da es dann nicht nur auf die Vermögensrelevanz der unrichtigen Angaben bzw. verschwiegenen Tatsachen ankäme, sondern § 264a StGB darüber hinaus, zumindest von der Tendenz her, einen Redlichkeitsschutz implizieren, also generell richtige und vollständige Angaben beim Vertrieb erfordern würde – ein Ergebnis, das aber von niemandem gewollt und dem Strafrecht auch wesensfremd ist, zumal es sich bei § 264a StGB um einen Tatbestand im Vorfeld des Betruges handelt. Ein unvernünftig handelnder Anleger würde die Funktionsfähigkeit des Kapitalmarktes im Übrigen ebenso stören wie ein betrügerisch agierender Anbieter.

**22**  Bei dem Schutz der Funktionsfähigkeit des Kapitalmarktes handelt es sich daher lediglich um einen vom Vermögensschutz ausgehenden Schutzreflex.[60] So waren zwar die Missstände am freien Kapitalmarkt gesetzgeberisches Motiv für die Schaffung der Vorschrift. Dieses Motiv ist jedoch von dem geschützten Rechtsgut zu unterscheiden.[61] Maßgebend kann

---

[52] Hierauf weist zu Recht *Otto* ZStW 1984, 339, 363 hin.

[53] *Otto* ZStZ 1984, 339, 363; *Tiedemann* ZStW 1975, 253, 274; vgl. zum Ganzen auch *Worms*, Anlegerschutz, S. 278, 349 f.

[54] BT-Drucks. 10/318, S. 22.

[55] Vgl. die Entwurfsbegründung BT-Drucks. 10/318, S. 22; ferner BGH BB 1989, 799 für die parallele Problematik bei § 265b StGB; zur Fragwürdigkeit einer derartigen Vorgehensweise *Worms*, Anlegerschutz, S. 276 ff.; ferner *Schlüchter*, Zweites Gesetz zur Bekämpfung der Wirtschaftskriminalität, 1987, S. 43, 156. Auch die Eliminierung der Beweisschwierigkeiten ist jedoch nur ein Nebeneffekt. Der Kernpunkt liegt bei § 264a StGB in einer (schlichten) Ausweitung der Strafbarkeit, insbesondere im Unterlassensbereich.

[56] BT-Drucks. 10/318, S. 22 f.

[57] *Cerny* MDR 1987, 271 f.; *Granderath* DB 1986, Beilage 18, S. 6; *Otto* WM 1988, 729, 736; *Park* in Park, Kapitalmarktstrafrecht, 3. Aufl. Teil 3 Kap. 1 Rn. 181; *Perron* in Schönke/Schröder, StGB, 264a Rn. 1; *Schmidt*, Kapitalanlagebetrug, § 23 Rn. 62; *Weber* NStZ 1986, 481, 486; im Ergebnis auch Martin, Commodities Fraud, S. 173 f., 208, der in diesem Zusammenhang allerdings zu Recht auf die Fragwürdigkeit des Schutzes überindividueller Rechtsgüter im Rahmen des strafrechtlichen Anlegerschutzes hinweist.

[58] *Joecks* wistra 1986, 142, 143 f.; *Hellmann* in NK-StGB, § 264a StGB Rn. 9; *Hoyer* in SK-StGB § 264a Rn. 8 f.; *Worms*, Anlegerschutz, S. 312 ff., 316; auch *Fischer* § 264a Rn. 14.

[59] So insbesondere von *Cerny* MDR 1987, 271, 277 und *Perron* in Schönke/Schröder, StGB, § 264a Rn. 31.

[60] Ebenso *Joecks* wistra 1986, 142, 144; grundlegend *Worms*, Anlegerschutz, S. 312 ff.

[61] So zu Recht *Samson* in SK-StGB, § 264a Rn. 7.

hierfür vielmehr allein die Tatbestandskonzeption sein. Diese besteht bei § 264a StGB trotz der Verkürzung auf die bloße Täuschung – *Joecks* spricht zutreffend von einem „gekappten" Betrug[62] – einseitig im Schutz der umworbenen Anleger, sieht als tauglichen Täterkreis also nur die Anbieterseite von Kapitalanlagen an. Ein Anleger, der sich infolge grenzenlosen Leichtsinns oder der erstrebten Steuervorteile wegen sogar sehenden Auges an einer von vornherein zum Scheitern verurteilten Abschreibungsgesellschaft beteiligt, stört die Funktionsfähigkeit des Kapitalmarktes durch die hiermit verbundene Fehlallokation von Risikokapital jedoch nicht weniger als ein betrügerischer Anbieter, so dass unter dem Aspekt des Institutionenschutzes eine derartige Beschränkung nicht sachgerecht wäre. Vielmehr hätte, um tatsächlich die Funktionsfähigkeit des Kapitalmarktes zu schützen, ein Tatbestand konzipiert werden müssen, in dem beispielsweise auch der Verstoß gegen gesunde Grundsätze der Geldanlage unter Strafe gestellt wird.[63] So weit ist der Gesetzgeber jedoch nicht gegangen, sondern hat sich mit einem betrugsähnlichen Tatbestand begnügt. Konsequenz hiervon ist der bereits erwähnte lediglich mediatisierte **Institutionenschutz** in Form eines Schutzreflexes, wie folgende Überlegung zeigt: Unterminiert wird das Vertrauen der Anleger und damit die Funktionsfähigkeit des Kapitalmarktes durch den (täuschungsbedingten) Erwerb wertloser Kapitalanlagen. Maßgebend für den Vertrauensschwund ist also der Eintritt eines Vermögensschadens, der Vertrauensschwund mithin nur eine **Folge** hiervon. Dann steht das überindividuelle Rechtsgut „Funktionsfähigkeit des Kapitalmarktes" aber **nicht** mehr **auf gleicher Stufe** neben dem Individualrechtsgut „Vermögen", sondern wird lediglich im Sinne eines Schutzreflexes mitgeschützt. Ein solcher bloßer Schutzreflex hinsichtlich weiterer – auch überindividueller – Rechtsgüter besteht jedoch auch bei dem von § 263 StGB gewährten ausschließlichen Vermögensschutz.[64] Die Schutzbereiche von § 263 StGB und § 264a StGB sind also deckungsgleich mit der Konsequenz, dass bei § 264a StGB ebenso wie bei § 263 StGB geschütztes Rechtsgut **allein** das **Vermögen** ist, während die Funktionsfähigkeit des Kapitalmarktes allenfalls mittelbar im Sinne eines Schutzreflexes mitgeschützt wird. An diesem Ergebnis ändert auch das Erfordernis der Massenhaftigkeit nichts,[65] da zwar massenhaft auftretende Täuschungen (das Vertrauen in) die Funktionsfähigkeit des Kapitalmarktes wesentlich nachhaltiger als Individualtäuschungen zu erschüttern vermögen, ebenso wie diese zunächst einmal aber zu einem Vermögensschaden und auch nur in diesem Fall zu einem Vertrauensschwund führen.

Im Übrigen wird auch von den Vertretern, die daneben – meist ohne nähere Begründung – die Funktionsfähigkeit des Kapitalmarktes als gleichrangig geschütztes Rechtsgut ansehen, die Frage der tatbestandsrelevanten Täuschungen allein unter dem Aspekt des Vermögensschutzes diskutiert.[66] **23**

**4. Erfasste Anlageformen.** Vom sachlichen Anwendungsbereich her erstreckt sich **24** § 264a StGB in Absatz 1 auf Wertpapiere, Bezugsrechte und Anteile, die eine Beteiligung an dem Ergebnis eines Unternehmens gewähren sollen. Absatz 2 beinhaltet für die vorstehend erwähnten Anteile dann eine Erweiterung auf Treuhandbeteiligungen in Form der echten Treuhand.

**a) Wertpapiere.** Das Merkmal „Wertpapier" ist iS der klassischen Definition dieses Begriffes zu verstehen. Hierüber besteht im Ausgangspunkt auch Einigkeit. Gemeint sind also Urkunden, die ein Recht in der Weise verbriefen, dass es ohne die Urkunde nicht geltend **25**

---

[62] wistra 1986, 142, 143.
[63] *Worms*, Anlegerschutz, S. 315. In diesem Sinne auch der BGH BB 1989, 799 für die parallele Problematik bei § 265b StGB.
[64] Eingehend hierzu *Worms*, Anlegerschutz, S. 314 ff.; *ders.* wistra 1987, 242, 245.
[65] Dies sieht *Park* in Park, Kapitalmarktstrafrecht, 3. Aufl. Teil 3 Kap. 1 Rn. 181 als Argument für den Schutz der Funktionsfähigkeit an.
[66] So beispielsweise *Wohlers* in MüKoStGB, § 264a Rn. 43. *Park* in Park; Kapitalmarktstrafrecht, 3. Aufl. Teil 3 Kap. 1 Rn. 191; *Perron* in Schönke/Schröder, StGB, § 264a Rn. 31/32.

gemacht werden kann.⁶⁷ Der Wertpapierbegriff des § 264a StGB ist insoweit zwar nicht identisch mit der gesetzlichen Umschreibung des Begriffes Wertpapier in § 1 Abs. 1 DepotG oder § 2 Abs. 1 WpHG, jedoch dürften die dort genannten Papiere die wichtigsten Wertpapiere umfassen.⁶⁸ Beispielhaft genannt seien hier nur Aktien, Kuxe, Zins-, Gewinnanteil- und Erneuerungsscheine, ferner Options- und Genussscheine sowie auf den Inhaber lautende oder durch Indossament übertragbare Schuldverschreibungen.⁶⁹ Der Anwendungsbereich von § 264a Abs. 1 StGB beschränkt sich ferner nicht nur auf inländische Wertpapiere, sondern zu den Wertpapieren gehören auch die Anleihen **ausländischer** Emittenten, soweit sie in der Bundesrepublik vertrieben werden.⁷⁰ Der Wertpapierbegriff des § 264a StGB ist damit vom Anwendungsbereich sehr weit, obwohl durch die Aufnahme dieses Tatbestandsmerkmals hauptsächlich die Schuldverschreibungen in den Tatbestand einbezogen werden sollten.⁷¹ Urkunden über Beteiligungen an geschlossenen Immobilienfonds oder Lebensversicherungen sind keine Wertpapiere.⁷² Nicht erfasst sind mangels wertpapierrechtlicher Verbriefung ferner Schuldscheindarlehen,⁷³ da der Schuldschein lediglich die Funktion einer Beweisurkunde hat, wohl aber Rektapapiere wie beispielsweise Namensschuldverschreibungen.⁷⁴

**26** **b) Bezugsrechte.** Von § 264a StGB sind auch Bezugsrechte erfasst. Hierbei handelt es sich nach der Entwurfsbegründung weder um Anteile iS der Vorschrift noch um Wertpapiere, doch bedürften diese der Gleichstellung.⁷⁵ Praktisch wichtigster Anwendungsfall dürfte hier das Recht der Aktionäre einer AG oder KGaA sein, bei einer Kapitalerhöhung einen ihrem Anteil an dem bisherigen Grundkapital entsprechenden Teil der neuen Aktien zugeteilt zu bekommen,⁷⁶ während die Gewinn- und Wandelschuldverschreibungen iS von § 221 AktG bereits unter das Tatbestandsmerkmal Wertpapier fallen.⁷⁷ Aus der Systematik

---

⁶⁷ *Joecks* wistra 1986, 142, 144; *Lohmeyer,* Vorteilhafte Geldanlagen, Gruppe 7, S. 407, 435; *Möhrenschlager* wistra 1982, 201, 205; 197; *Wohlers* in MüKoStGB, § 264a Rn. 17 f.; *Perron* in Schönke/Schröder, StGB, § 264a Rn. 5; *Worms,* Anlegerschutz, S. 319; nicht ganz verständlich ist es deshalb, wenn *Knauth* NJW 1987, 28 insoweit das Fehlen einer Legaldefinition rügt. *Park* in Park, Kapitalmarktstrafrecht, 3. Aufl. Teil 3 Kap. 1 Rn. 197, *Fischer,* StGB, § 264a Rn. 6; *Hoyer* in SK-StGB § 264a Rn. 28 wollen einschränkend nur Kapitalmarktpapiere erfassen und Wertpapiere des Zahlungsverkehrs und des Güterumlaufs wie insbesondere Schecks und Wechsel ausnehmen. Hiergegen spricht jedoch, dass § 264a StGB im Gegensatz zu § 1 Abs. 1 WpPG nicht die einschränkenden Merkmale „öffentlich angeboten oder zum Handel an einem organisierten Markt zugelassen" enthält. *Schröder,* Handbuch Kapitalmarktstrafrecht, 2. Aufl. Rn. 15 f. hält wegen des heute üblichen Girosammelverkehrs das Erfordernis der Verbriefung in einer (Einzel-) urkunde für einen Anachronismus. Selbstverständlich liegt aber auch bei den heute üblichen Sammel- oder Globalurkunden eine Verbriefung vor.

⁶⁸ *Perron* in Schönke/Schröder, StGB, § 264a Rn. 5.

⁶⁹ *Perron* in Schönke/Schröder, StGB, § 264a Rn. 5 mit weiteren Beispielen.

⁷⁰ *Perron* in Schönke/Schröder, StGB, § 264a Rn. 6 mit Beispielen; auch *Knauth* NJW 1987, 28, 29.

⁷¹ So die Entwurfsbegründung, BT-Drucks. 10/318, S. 22.

⁷² *Fischer,* StGB, § 264a Rn. 6; *Hellmann* in NK-StGB, § 264a Rn. 16; *Perron* in Schönke/Schröder, StGB, § 264a Rn. 7.

⁷³ *Park* in Park, Kapitalmarktstrafrecht, 3. Aufl. Teil 3 Kap. 1 Rn. 197; *Hoyer* in SK-StGB § 264a Rn. 28.

⁷⁴ Ebenso *Perron* in Schönke/Schröder, StGB, § 264a Rn. 5; aA *Park* in Park, Kapitalmarktstrafrecht, 3. Aufl. Teil 3 Kap. 1 Rn. 197 sowie *Hellmann* in NK-StGB, § 264a Rn. 17.

⁷⁵ BT-Drucks. 10/318, S. 22.

⁷⁶ *Joecks,* Kapitalanlagebetrug, Rn. 74; ferner *Knauth* NJW 1987, 28, 29; *Schmid,* Kapitalanlagebetrug, § 23 Rn. 65.

⁷⁷ AA *Knauth* NJW 1987, 28 f.; *Perron* in Schönke/Schröder, StGB § 264a Rn. 8, die diese als „Bezugsrecht" einordnen; erfasst werden sollen mit diesem Merkmal nach der Entwurfsbegründung jedoch nur diejenigen Bezugsrechte, die keine Wertpapiere sind. *Schwark,* BörsG 2. Aufl., Einl vor § 88 Rn. 4, will darüber hinaus Optionsrechte, die Bestandteil von Börsentermingeschäften sind und nicht auf einen Güteraustausch zielen (zB Optionen auf Aktienindizes) nicht zu den Bezugsrechten iSv § 264a StGB zählen.

von § 264a StGB wird gefolgert, dass lediglich unverbriefte Rechte gemeint sind, die über ihren bloßen Forderungscharakter hinaus sich aus einem mittels Kapitaleinsatzes erworbenen Stammrecht ableiten.[78] Der Anwendungsbereich dieses Merkmals dürfte nach der Entwurfsbegründung primär bei ausländischen Aktiengesellschaften liegen, sofern diese auf den deutschen Anlagemarkt drängen.[79] Ein Teil der Literatur[80] zählt zu den Bezugsrechten auch Options- und Termingeschäfte auf Wertpapiere, nicht jedoch Warentermin- und -optionsgeschäfte.

**c) Anteile, die eine Beteiligung an dem Ergebnis eines Unternehmens gewähren sollen.** Kernpunkt des sachlichen Anwendungsbereichs von § 264a StGB sind die „Anteile, die eine Beteiligung an dem Ergebnis eines Unternehmens gewähren sollen", da es gerade die Missstände bei den Abschreibungsgesellschaften waren, die den Gesetzgeber zum Tätigwerden veranlassten. So sollen nach der Entwurfsbegründung insbesondere diejenigen Fälle erfasst werden, „in denen der Anleger entweder selbst einen Gesellschaftsanteil an dem Unternehmen, insbesondere einen Kommanditanteil, erwirbt oder in eine sonstige – unmittelbare – Rechtsbeziehung zum Unternehmen tritt, die ihm eine Beteiligung am Ergebnis dieses Unternehmens verschafft, etwa aufgrund eines sog. partiarischen Darlehens. Die Bestimmung ist daher vor allem auf die vielfach als Kommanditgesellschaften organisierten sog. Abschreibungsgesellschaften, bei denen die Anleger als Kommanditisten unmittelbar Gesellschaftsrechte erwerben, anzuwenden. Sie gilt aber auch für (ausländische) Aktiengesellschaften oder andere Kapitalgesellschaften, deren Anteile vertrieben werden."[81] Im Ergebnis umfasst das Merkmal der „Anteile" somit sämtliche Formen **gewerblicher** Beteiligungen, und zwar auch solcher im Ausland. Hierüber besteht im Übrigen auch Einigkeit.[82] 27

Umstritten ist jedoch, ob auch eine rein schuldrechtliche Beziehung zum Unternehmen etwa in Form eines **partiarischen Darlehens** ausreicht, obwohl die Entwurfsbegründung hiervon explizit ausgeht. Begründet wird die Eliminierung von partiarischen Darlehen damit, dass rein schuldrechtliche Rechtsbeziehungen keinen Anteil iS von Abs. 1 Nr. 1 darstellen.[83] Maßgebend hierfür ist wiederum ein Rückgriff auf den in Abs. 1 Nr. 2 verwandten Begriff der Einlage, da hierunter nur der geleistete Beitrag eines Gesellschafters zu verstehen sei[84] mit der Konsequenz, dass auch der erstmalige Erwerb eines Anteils iS von Abs. 1 Nr. 1 eine Beteiligung als Gesellschafter voraussetze. Diese **einschränkende** Auslegung des Begriffs Einlage ist jedoch keineswegs zwingend, da handelsrechtlich sämtliche Geld- und/oder Sachleistungen, die zum Zwecke der Beteiligung an dem Unternehmen eingebracht werden, Einlagen darstellen, mithin nicht notwendigerweise eine Beteiligung als Gesellschafter vorausgesetzt wird.[85] Vor allem aber sprechen die Entstehungsgeschichte sowie Sinn und Zweck der Vorschrift – durch § 264a StGB wird ja ein rechtsformunabhängiger strafrechtlicher Anlegerschutz angestrebt – für eine Einbeziehung von schuldrechtlichen Beteiligungen im Wege von partiarischen Darlehen, was im Übrigen der herrschenden Meinung entspricht.[86] Der gewerbliche Bereich spielt jedoch heute aufgrund 28

---

[78] *Park* in Park, Kapitalmarktstrafrecht, 3. Aufl., Teil 3 Kap. 1 Rn. 198; *Hoyer* in SK-StGB § 264a Rn. 29.
[79] Ebenso *Perron* in Schönke/Schröder, StGB, § 264a Rn. 8.
[80] *Hoyer* in SK-StGB § 264a Rn. 29; *Wohlers* in MüKoStGB, § 264a Rn. 24; *Hellmann* in NK-StGB, § 264a Rn. 19.
[81] BT-Drucks. 10/318, S. 22.
[82] *Cerny* MDR 1987, 271, 273. *Fischer*, StGB, § 264a Rn. 8; *Joecks* wistra 1986, 142, 144; *Knauth* NJW 1987, 28; *Wohlers* in MüKoStGB, § 264a Rn. 25; *Hellmann* in NK-StGB, § 264a Rn. 20.
[83] *Dornfeld*, Blick durch die Wirtschaft, S. 4; auch *Cerny* MDR 1987, 271, 274.
[84] *Dornfeld*, Blick durch die Wirtschaft, S. 4.
[85] *Joecks*, Kapitalanlagebetrug, Rn. 82.
[86] *Fischer*, StGB, § 264a Rn. 8; *Joecks* wistra 1986, 142, 144; *Möhrenschlager* wistra 1982, 201, 205; *Wohlers* in MüKoStGB, § 264a Rn. 26; *Hoyer* in SK-StGB § 264a Rn. 30; *Perron* in Schönke/Schröder, StGB, § 264a Rn. 10; *Schröder*, Handbuch Kapitalmarktstrafrecht, 2. Aufl. Rn. 25.

steuerlicher Einschränkungen kaum mehr eine Rolle. Wichtigstes Marktsegment sind heutzutage vielmehr die Immobilienanlagen, vor allem die geschlossenen Immobilienfonds. Zwar fallen diese, auch wenn sie verbrieft sind, nicht unter das Merkmal „Wertpapier", weil die Beteiligung hier nicht an die Innehabung der Urkunde geknüpft ist,[87] stellen aber Anteile im vorgenannten Sinne dar. Insoweit kommt es auch nicht darauf an, ob der geschlossene Immobilienfonds als (vermögensverwaltende) Kommanditgesellschaft oder als Gesellschaft bürgerlichen Rechts konzipiert ist.[88]

**29** Keine Anteile, die eine Beteiligung an dem Ergebnis eines Unternehmens gewähren sollen, stellen die **Bauherren-, Bauträger- und Erwerbermodelle** dar.[89] Zwar ist diese Frage ebenso wie die Beteiligung an Abschreibungsgesellschaften in Form von partiarischen Darlehen umstritten, so dass eine endgültige Klärung erst eine höchstrichterliche Entscheidung bringen wird; auch erscheint die Bemühung, diese nach wie vor bedeutsamen Produktlinien des freien Kapitalmarktes im Interesse eines lückenlosen Anlegerschutzes ebenfalls unter die Vorschrift des § 264a StGB zu subsumieren, durchaus verständlich. Jedoch spricht schon die Entstehungsgeschichte gegen eine solche Einbeziehung, da diese Modelle in der Entwurfsbegründung mit keinem Wort erwähnt werden, obwohl die Problematik durchaus bekannt war.[90] Vor allem aber steht einer Einbeziehung der Wortlaut der Vorschrift als Grenze jeder juristischen Auslegung entgegen, da es sich bei Bauherren-, Bauträger- und Erwerbermodellen weder um „Anteile" handelt, noch die Ergebnisbeteiligung aus einem „Anteil" resultiert. Der Anleger zielt mit einer Beteiligung an vorstehend genannten Modellen nicht auf die quotenmäßige Teilhabe an dem Vermögensgegenstand „Haus", sondern auf die Verschaffung von Wohnungseigentum ab. Zwar erwirbt er neben der im Sondereigentum stehenden Wohnung an den übrigen Gebäudeteilen sowie dem Grundstück Miteigentum, so dass insoweit eine quotenmäßige Teilhabe vorliegt; aus diesen im Miteigentum stehenden Gebäudeteilen oder dem Grundstück zieht der Anleger aber nicht seine Rendite, sondern allein aus der Vermietung der im Sondereigentum stehenden Eigentumswohnung.[91] Entscheidend ist also nicht nur das Vorliegen (irgend)eines Anteils, sondern auch die Beziehung zwischen Anteil und Ergebnisbeteiligung. An diesem Erfordernis scheitert spätestens die Einbeziehung von Bauherrenmodellen, und zwar unabhängig von der jeweiligen Konzeption in der Bauphase, da das Ergebnis einer Beteiligung an einem Bauherrenmodell immer der Erwerb von Sondereigentum an einer Eigentumswohnung ist und allein aus dieser auch die Rendite in Form der Miete fließen soll. Der als solcher durchaus zutreffende Einwand, eine gesetzliche Definition des Bauherren- oder Erwerbermodells existiere nicht und die einzelnen Modelle seien in ihrer Ausgestaltung höchst unterschiedlich,[92] liegt daher neben der Sache. Entsprechendes gilt für das Bauträger- und das Erwerbermodell, wobei bei letzterem schon die Bezeichnung klarstellt, dass es hier lediglich um den Kauf einer Wohnung geht.

**30** Vorstehende Ausführungen gelten im Übrigen auch für den Fall, dass die Verwaltung und Gewinnverteilung über einen **Mietpool** erfolgt, da der Anleger auch bei der Beteiligung an einem Mietpool die Rendite letztlich aus der Vermietung seiner Eigentumswoh-

---

[87] *Worms*, Anlegerschutz, S. 319 f.; *Perron* in Schönke/Schröder, StGB, § 264a Rn. 7; *Hoyer* in SK-StGB § 264a Rn. 30; *Park* in Park, Kapitalmarktstrafrecht, 3. Aufl. Teil 3 Kap. 1 Rn. 197.
[88] *Cerny* MDR 1987, 271, 273; *Worms* wistra 1987, 242, 246.
[89] *Worms*, Anlegerschutz, S. 318; *Worms* wistra 1987, 242, 246 f.; *Fischer* § 264a Rn. 8; *Granderath* DB 1986, Beilage 18, S. 6; *Joecks* wistra 1986, 142, 144; *Martin*, Commodities Fraud, S. 171; *Schniewind/Hausmann* BB 1986, Beilage 16, S. 26, 28; *Perron* in Schönke/Schröder, StGB, § 264a Rn. 12.; ebenso *Hoyer* in SK-StGB § 264a Rn. 30.
[90] Der Grund hierfür dürfte darin liegen, dass, da der Referentenentwurf aus dem Jahre 1978 diese Modelle nicht enthielt, eine nachträgliche Einbeziehung möglicherweise eine erneute Gesetzesdiskussion ausgelöst und damit die Verabschiedung der Vorschrift insgesamt gefährdet hätte – so zu Recht *Schniewind/Hausmann* BB 1986, Beilage 16, S. 26, 28.
[91] Diesen Umstand übersieht *Schmidt-Lademann* WM 1986, 1241, 1242.
[92] *Richter* wistra 1987, 117, 118.

nung erzielt, wobei durch die Poolbeteiligung lediglich ein etwaiges Mietausfallrisiko auf alle Anleger umgelegt wird. Darüber hinaus bringt der Anleger seine Eigentumswohnung auch nicht als „Anteil" in den Mietpool ein, sondern beteiligt sich **zusätzlich** zum Wohnungserwerb an dem Mietpool.[93] Bauherren-, Bauträger und Erwerbermodelle werden daher nicht von § 264a StGB erfasst, und zwar auch dann nicht, wenn sich der Anleger zusätzlich an einem Mietpool beteiligt.[94]

**d) Treuhandbeteiligungen gem. Abs. 2.** In Abs. 2 wird der Anwendungsbereich der Vorschrift um „Anteile an einem Vermögen, das ein Unternehmen im eigenen Namen, jedoch für fremde Rechnung verwaltet", erweitert. Diese Ergänzung erschien dem Gesetzgeber deshalb geboten, da unter Abs. 1 nur die unmittelbare Beteiligung des Anlegers an der Gesellschaft fällt, wozu aber auch die Fälle der unechten Treuhand zählen, bei denen der Anleger nur die Verwaltung seines Anteils auf den Treuhänder überträgt, im Übrigen aber unmittelbar an der Gesellschaft beteiligt ist.[95] Die verklausulierte Formulierung in Abs. 2 bezieht sich daher lediglich auf Treuhandbeteiligungen in Form der **echten** Treuhand. Hier ist der Anleger zwar bei wirtschaftlicher Betrachtungsweise als Gesellschafter anzusehen, rechtlich aber nur mittelbar an der (Abschreibungs-)Gesellschaft beteiligt, da dem Treuhänder nicht nur die Verwaltung obliegt, sondern er anstelle des Anlegers in die Gesellschaft eintritt.[96] Anders als in Abs. 1 handelt es sich daher bei dem in Abs. 2 genannten Unternehmen um dasjenige des Treuhänders, und zwar auch dann, wenn er seinerseits Vermögensanteile verwaltet, die aus Beteiligungen an anderen Unternehmen bestehen.[97] Abgesehen von dieser Besonderheit sind der Unternehmensbegriff in Abs. 1 und Abs. 2 ansonsten aber deckungsgleich.[98] Aus diesem Grund wird teilweise auch die Erforderlichkeit einer gesonderten Regelung in Abs. 2 bezweifelt, da auch ohne eine allzu extensive Auslegung die mittelbare Beteiligung über einen Treuhänder den Erwerb eines Anteiles darstelle, der eine Beteiligung an dem Ergebnis eines Unternehmens, nämlich das des Treuhänders, bewirke.[99] Für die gesonderte Erwähnung spricht jedoch der Aspekt der Rechtsklarheit, um so den andernfalls sicherlich fälligen Vorwurf mangelnder Tatbestandsbestimmtheit zu vermeiden.

Hauptanwendungsfälle des Abs. 2 sind zum einen die echten Treuhandbeteiligungen bei Abschreibungsgesellschaften und zum anderen die sog. Treuhandkommanditisten bei geschlossenen Immobilienfonds.[100]

**5. Tathandlung.** Die Tathandlung besteht in der Täuschung der präsumtiven Anleger durch unrichtige vorteilhafte Angaben oder durch Verschweigen nachteiliger Tatsachen, wobei die unrichtigen Angaben bzw. verschwiegenen Tatsachen für die Anlageentscheidung erhebliche Umstände betreffen müssen.

---

[93] *Joecks,* Kapitalanlagebetrug, Rn. 91 ff.; *Worms* wistra 1987, 242, 247.
[94] *Cerny* MDR 1987, 271, 273; *Granderath* DB 1986, Beilage 18, S. 6; *Joecks* wistra 1986, 142, 144; *Hellmann* in NK-StGB, § 264a Rn. 22; *Pabst,* Rechtliche Risiken, S. 36 f.; *Schniewind/Hausmann* BB 1986, Beilage 16, S. 26, 28; *Worms* wistra 1987, 242, 246 f.; *Hoyer* in SK-StGB § 264a Rn. 30, es sei denn, dass der der Mietpool als Außengesellschaft zwecks gemeinsamer Vermietung gebildet wird; ebenso *Wohlers* in MüKoStGB, § 264a Rn. 27 und *Perron* in Schönke/Schröder, StGB, § 264a Rn. 12; aA: *Richter* wistra 1987, 117 f.; *Schmid,* Kapitalanlagebetrug, § 23 Rn. 67; *Schmidt-Lademann* WM 1986, 1241 f. sowie *Eckart/Klumpe* RPK Nr. U 444/86, S. 665 f. für Mietpoolverträge.
[95] *Worms,* Anlegerschutz, §. 318; *Perron* in Schönke/Schröder, StGB, § 264a Rn. 10 und 34.
[96] *Park* in Park, Kapitalmarktstrafrecht, 3. Aufl. Teil 3 Kap 1 Rn. 201.
[97] So die Entwurfsbegründung BT-Drucks. 10/318, S. 23.
[98] Die Behauptung, der Unternehmensbegriff in Abs. 2 sei weiter – so *Granderath* DB 1986, Beilage 18, S. 6, ihm folgend *Schniewind/Hausmann* BB 1986, Beilage 16, S. 26, 28; *Fischer,* StGB, § 264a Rn. 11 – beruht auf einem Missverständnis, da hierbei übersehen wird, dass Abs. 2 nur die echte Treuhand betrifft; entgegen *Granderath* DB 1986, Beilage 18, S. 6 werden die Anteile gem. Abs. 2 nämlich nicht im Namen der Anleger, sondern – so der Gesetzeswortlaut – im eigenen Namen (s. c. des Treuhänders) verwaltet.
[99] So *Joecks,* Kapitalanlagebetrug, Rn. 101.
[100] *Worms* wistra 1987, 242, 248; *Perron* in Schönke/Schröder, StGB, § 264a Rn. 35; *Park* in Park, Kapitalmarktstrafrecht, 3. Aufl. Teil 3 Kap. 1 Rn. 201.

**34** **a) Unrichtige vorteilhafte Angaben.** Mit der Alternative der unrichtigen vorteilhaften Angaben deckt § 264a StGB im Ergebnis den bereits von § 263 StGB her bekannten Bereich der ausdrücklichen und konkludenten Täuschung ab. Allerdings reicht der Begriff „Angabe" weiter als der Tatsachenbegriff des § 263 StGB und umfasst auch Werturteile sowie künftige **„Tatsachen",** insbesondere Prognosen.[101] Hierüber besteht im Ergebnis auch Einigkeit, da zwar teilweise der Begriff „Angabe" als ein Synonym für den der Tatsache in § 263 StGB angesehen, letzterer dann aber sehr weit ausgelegt wird.[102] Strafrechtlich relevant wird jedoch nicht jede Art der Schönfärberei oder unberechtigten Anpreisung,[103] da Korrekturmöglichkeiten insoweit die Merkmale „unrichtig" und „erheblich" bieten. Vielmehr erübrigt sich bei § 264a StGB – und das ist der Hauptvorteil – lediglich die im Rahmen des § 263 StGB häufig doch recht zweifelhafte Suche nach hinter dem Werturteil stehenden Tatsachen oder einem entsprechenden Tatsachenkern sowie der Umweg über die innere Tatsache.

**35** Unrichtig sind die Angaben dann, wenn sie nicht der Wahrheit entsprechen, also nicht vorhandene Umstände als vorhanden oder vorhandene Umstände als nicht vorhanden dargestellt werden.[104] Soweit es um Tatsachen geht, tauchen hier keine besonderen Probleme auf. Erhebliche Schwierigkeiten bereitet jedoch die Bestimmung der Unrichtigkeit bei **Werturteilen** und **Prognosen.** Der Grund hierfür liegt darin, dass in die Zukunft reichende Berechnungen notwendigerweise mit Unsicherheiten behaftet sind, während bei Bewertungen regelmäßig ganz erhebliche Beurteilungsspielräume bestehen. In diesen Fällen ist daher schon wegen der verfassungsrechtlich gebotenen Tatbestandsbestimmtheit eine Unrichtigkeit erst dann anzunehmen, wenn die betreffende Auffassung schlechterdings nicht mehr vertretbar erscheint.[105]

**36** Sofern sie vorstehende Grenzen nicht überschreiten, sind daher Anpreisungen und schönfärberische Darstellungen durchaus erlaubt; insbesondere kann sich der Anbieter der ihm günstigsten Berechnungsmethode bedienen.[106] Als grobe Richtschnur mag hier der Hinweis dienen, dass Werturteile und Prognosen unter dem Aspekt der Unrichtigkeit immer dann als bedenklich anzusehen sind, wenn sie auf einer unrichtigen oder unvollständigen Tatsachenbasis beruhen oder zugleich Umstände verschwiegen werden, die die Angabe nachteilig beeinflussen. So muss beispielsweise bei Aussagen zu **Steuervorteilen** auf die Unsicherheit der steuerlichen Anerkennung oder eine abweichende Praxis der Finanzverwaltung hingewiesen werden.[107] Zumindest zweifelhaft erscheint auch die undifferenzierte Werbung mit einer angeblichen Steuerersparnis, da sich die Steuervorteile regelmäßig auf einen Liquiditätsgewinn beschränken und nur in Ausnahmefällen zu einer realen Ersparnis

---

[101] *Worms* wistra 1987, 271; *Wohlers* in MüKoStGB, § 264a Rn. 32; *Perron* in Schönke/Schröder, StGB, § 264a Rn. 24; *Park* in Park, Kapitalmarktstrafrecht 3. Aufl. Teil 3 Kap. 1 Rn. 188; *Schwark*, BörsG, Einl. vor § 88 Rn. 6. Die Gegenüberstellung Angabe-Tatsache findet sich im Übrigen auch in § 45 BörsG, wo der Begriff „Angabe" ebenfalls weiter als der Tatsachenbegriff ausgelegt wird; vgl. *Frohne*, Prospektpflicht, S. 40 ff. sowie *Worms*, Anlegerschutz, S. 214 mwN *Hoyer* in SK-StGB § 264a Rn. 16 beschränkt die Vorschrift zwar auf unrichtige Tatsachen, bezieht Prognosen und Bewertungen aber ebenfalls ein, da regelmäßig konkludent miterklärt werde, dass die Prognose oder Bewertung auf einer entsprechenden Tatsachenbasis gründet.
[102] So zB von *Otto* WM 1988, 729, 731, 737; auch *Hoyer* in SK-StGB § 264a Rn. 15 f. sowie *Hellmann* in NK-StGB, § 264a Rn. 32 f.
[103] Ebenso *Perron* in Schönke/Schröder, StGB, § 264a Rn. 24.
[104] *Joecks* wistra 1986, 142, 145; *Wohlers* in MüKoStGB, § 264a Rn. 33. Zur Problematik der Unrichtigkeit durch die zeitliche Entwicklung *Pabst*, Rechtliche Risiken, S. 15.
[105] Hierüber besteht Einigkeit; vgl. nur *Cerny* MDR 1987, 271, 276; *Joecks* wistra 1986, 142, 146; *Wohlers* in MüKoStGB, § 264a Rn. 36; *Worms* wistra 1987, 271.
[106] *Joecks*, Kapitalanlagebetrug, Rn. 193; die Grenze liegt bei völlig unüblichen Berechnungsmethoden. Hingegen führt die falsche Addition richtiger Ausgangsdaten nicht zur Unrichtigkeit, vgl. *Perron* in Schönke/Schröder, StGB, § 264a Rn. 24.
[107] In diesem Sinne auch *Schröder*, Handbuch Kapitalmarktstrafrecht, 2. Aufl. Rn. 45.

führen. Die Anbieter sollten sich daher auf eine Beispielsrechnung beschränken, wobei sie aber durchaus den für sie optisch günstigsten Beispielsfall wählen können.

Eine weitere Strafbarkeitseinschränkung stellt schließlich das Erfordernis der Vorteilhaftigkeit dar, wodurch nach der Intention des Gesetzgebers insbesondere die negative Berichterstattung in der Presse über ein Anlageangebot aus dem Tatbestand ausgeklammert werden sollte.[108] Vorteilhaft ist eine unrichtige Angabe dann, wenn sie die betreffende Kapitalanlage in einem günstigeren Licht erscheinen lässt, um so die Entscheidung des Anlegers zugunsten des Werbenden zu beeinflussen.[109] Hierbei kommt es jedoch nicht darauf an, was der angesprochene Anleger als vorteilhaft ansieht,[110] sondern das verfassungsrechtliche Bestimmtheitsgebot fordert einen objektiven Maßstab.[111] Für die Vollendung des Tatbestandes reicht die bloße Kenntnisnahmemöglichkeit aus, indem die Angaben einem größeren Personenkreis zugänglich gemacht werden,[112] nicht jedoch die bloße Erstellung des Prospektes bzw. Werbematerials.[113] Eine tatsächliche Kenntnisnahme ist nicht erforderlich.[114] 37

**b) Verschweigen nachteiliger Tatsachen.** Im Unterlassensbereich beschränkt § 264a StGB die Strafbarkeit auf das Verschweigen nachteiliger Tatsachen. Im Gegensatz zur Begehungsalternative sind nur Tatsachen erfasst, nicht aber Werturteile oder Prognosen.[115] Dogmatisch handelt es sich bei dieser Alternative um ein echtes Unterlassungsdelikt,[116] da es nach der Entwurfsbegründung unerheblich ist, ob und aus welchen Gründen außerstrafrechtliche Mitteilungs- oder Offenbarungspflichten bestehen.[117] § 264a StGB beinhaltet daher in dieser Alternative ein Aufklärungsgebot,[118] wobei aber umstritten ist, wie weit 38

---

[108] Vgl. die Entwurfsbegründung BT-Drucks. 10/318, S. 24; auch hier zeigt sich wieder die Beschränkung auf einen reinen Vermögensschutz, da eine vorsätzlich unrichtige Berichterstattung die Funktionsfähigkeit des Kapitalmarktes ebenfalls tangiert. Abwertende Angaben oder ein Boykottaufruf sind nicht erfasst, *Park* in Park, Kapitalmarktstrafrecht, 3. Aufl. Teil 3 Kap. 1 Rn. 188.
[109] *Worms*, Anlegerschutz, S. 328; *Wohlers* in MüKoStGB, § 264a Rn. 39; *Hellmann* in NK-StGB, § 264a Rn. 44.
[110] So aber *Perron* in Schönke/Schröder, StGB, § 264a Rn. 25, der auf die „objektivierte Sicht der Anleger" abstellt, sowie *Schröder*, Handbuch Kapitalmarktstrafrecht, 2. Aufl. Rn. 52.
[111] Ebenso *Hoyer* in SK-StGB § 264a Rn. 35; *Wohlers* in MüKoStGB, § 264a Rn. 39.
[112] *Park* in Park, Kapitalmarktstrafrecht, 3. Aufl. Teil 3 Kap. 1 Rn. 188; *Hoyer* in SK-StGB § 264a Rn. 17.
[113] *Wohlers* in MüKoStGB, § 264a Rn. 68; *Perron* in Schönke/Schröder, StGB, § 264a Rn. 37; BGH WM 2014, 1470, 1473.
[114] *Wohlers* in MüKoStGB, § 264a Rn. 68; *Park* in Park, Kapitalmarktstrafrecht, 3. Aufl. Teil 3 Kap. 1 Rn. 188; *Hoyer* in SK-StGB § 264a Rn. 17.
[115] *Park* in Park, Kapitalmarktstrafrecht, 3. Aufl. Teil 3 Kap. 1 Rn. 188. Nicht aufklärungsbedürftig sind auch die aus den offen gelegten Tatsachen resultierenden Rechtsfolgen, BGH WM 2013, 503, 505 mit zust. Anm. *Frisch* EWiR 1/13 zu § 264a StGB, für die aus einem Gewinnabführungs- und Beherrschungsvertrag resultierenden Rechtsfolgen.
[116] *Worms* wistra 1987, 271 f.; *Joecks*, Kapitalanlagebetrug, Rn. 10; *Otto* WM 1988, 729, 738; *Perron* in Schönke/Schröder, StGB, § 264a Rn. 27; aA *Hoyer* in SK-StGB § 264a Rn. 14: auch das Verschweigen nachteiliger Tatsachen in Prospekten etc. stelle wegen des mit einem Prospekt verbundenen Vollständigkeitsanscheins ein Handeln dar, da der Täter gegen das Verbot verstoße, einen unrichtigen Prospekt herzustellen; die Verschweigensalternative beziehe sich daher auf konkludente Täuschung durch aktives Tun. In diesem Sinne auch *Wohlers* in MüKoStGB, § 264a Rn. 40 sowie *Park* in Park, Kapitalmarktstrafrecht, 3. Aufl. Teil 3 Kap. 1 Rn. 190, wenn konkludent der Anschein einer vollständigen Erklärung erweckt wird. *Hellmann* in NK-StGB, § 264a Rn. 12, 34 sieht im Verschweigen ebenfalls eine Täuschung durch konkludentes Handeln, da der Kapitalanlagebetrug immer eine Erklärung des Täters erfordere mit der Konsequenz, dass dieser Alternative keine eigenständige Bedeutung zukomme.
[117] BT-Drucks. 10/318, S. 24.
[118] *Hoyer* in SK-StGB § 264a Rn. 18 sieht ein Unterlassungsdelikt, und zwar in Form eines unechten Unterlassungsdelikts, nur dann als gegeben an, wenn der Täter zwischenzeitlich unrichtig gewordene Angaben nicht widerruft oder richtig stellt, und bejaht in diesem Fall auch eine Garantenpflicht. Auf die Pflicht zur Korrektur unrichtiger Angaben weist BGH WM 2014, 1470, 1474 hin.

dieses reicht. Während üblicherweise die Grenze sowohl im Tätigkeits- als auch im Unterlassensbereich erst bei dem Merkmal der Erheblichkeit gezogen wird, wollte eine (mittlerweile nicht mehr vertretene) Mindermeinung in der Literatur die Offenbarungspflicht weiter dahingehend einschränken, dass lediglich zu allen vorteilhaften Angaben die jeweils korrespondierenden Tatsachen offenbart werden müssen.[119] Ausgangspunkt war hierbei die Überlegung, dass die Vorschrift lediglich gewährleisten soll, dass dem Anleger ein ausgewogenes Bild über die Kapitalanlage vermittelt wird. Hingegen könne § 264a StGB nicht sicherstellen, dass **alle investitionserheblichen** Tatsachen mitgeteilt werden, was sich schon aus seiner Stellung als Vorfeldtatbestand zum Betrug ergebe. Anders als § 263 StGB statuiert § 264a StGB jedoch eine Aufklärungspflicht, ohne dass es auf das Vorliegen einer Garantenstellung ankommt.[120] Vor allem aber wird das ausgewogene Bild noch nicht durch die Offenbarung korrespondierender nachteiliger Tatsachen erreicht, sondern erst durch die Mitteilung sämtlicher investitionserheblicher Tatsachen unabhängig davon, ob ein Sachzusammenhang mit einer (unrichtigen) Angabe besteht oder nicht.[121] Auch der Wortlaut und die Entstehungsgeschichte sprechen gegen eine derart enge Auslegung.[122] Strafbar ist daher grundsätzlich das Verschweigen sämtlicher investitionserheblicher Tatsachen, wobei für die Bestimmung des Merkmals „nachteilig" die Ausführungen zur Vorteilhaftigkeit entsprechend gelten. Es muss sich hier also um Tatsachen handeln, die wegen ihrer negativen Auswirkungen auf den Wert der Kapitalanlage geeignet sind, die Anlageentscheidung zuungunsten des Werbenden zu beeinflussen.[123]

39   c) **Erheblichkeit der Angaben bzw. Tatsachen.** Das Erfordernis der Erheblichkeit, das sowohl für die unrichtigen Angaben als auch für die verschwiegenen Tatsachen gilt, soll die erforderliche Einschränkung der Strafbarkeit garantieren.

40   Laut Entwurfsbegründung sah sich der Gesetzgeber angesichts des erstrebten rechtsformunabhängigen strafrechtlichen Anlegerschutzes zu einer konkreteren Tatbestandsformulierung nicht in der Lage.[124] In der Stellungnahme des Rechtsausschusses wurde die Erheblichkeit deshalb dahingehend präzisiert, dass solche Umstände aufklärungspflichtig sind, die einen Einfluss auf den Wert, die Chancen und die Risiken einer Kapitalanlage haben, wobei davon auszugehen sei, dass sich die strafrechtliche Praxis zur Konkretisierung an der zivilrechtlichen Rechtsprechung zur Prospekthaftung und den in der Anlageberatungspraxis entwickelten Mindestinhalten in sog. Fachkatalogen und Checklisten orientieren werde.[125] Mittlerweile haben sich aber durch das Wertpapierprospektgesetz (§ 7 WpPG) nebst zugehöriger EU-Verordnung[126] sowie das Vermögensanlagengesetz nebst Vermögensanlagen-

---

[119] *Cramer* in Schönke/Schröder, StGB, (26. Aufl.) § 264a Rn. 28 ff.
[120] So jetzt *Perron* in Schönke/Schröder, StGB (29. Aufl.) § 264a Rn. 28/29.
[121] Zur Problematik des unrichtigen Gesamteindrucks auch → Rn. 36, wobei im Strafrecht aber die Unrichtigkeit der konkreten Angabe nachgewiesen bzw. die verschwiegene Tatsache konkret benannt werden muss. Der Gesamteindruck ist strafrechtlich also nur insoweit relevant, als hierdurch die konkrete Angabe unvertretbar bzw. ein bestimmtes Risiko nicht mehr zutreffend dargestellt wird – in diesem Sinne auch *Wohlers* in MüKoStGB, § 264a Rn. 34.
[122] So sollte nach der Entwurfsbegründung BT-Drucks. 10/318, S. 22 gerade das Verschweigen wesentlicher Umstände strafrechtlich besser erfasst werden im Sinne eines umfassenden strafrechtlichen Anlegerschutzes.
[123] *Joecks* wistra 1986, 142, 146; *Wohlers* in MüKoStGB, § 264a Rn. 42; *Hellmann* in NK-StGB, § 264a Rn. 46; *Park* in Park, Kapitalmarktstrafrecht, §. Aufl. Teil 3 Kap. 1 Rn. 189; zur Problematik der Offenlegung von Geschäfts- und Betriebsgeheimnissen sowie Insiderinformationen *Pabst*, Rechtliche Risiken, S. 18 f.
[124] Vgl. BT-Drucks. 10/318, S. 24.
[125] Vgl. BT-Drucks. 10/5080, S. 31.
[126] Verordnung (EG) Nr. 809/2004 der Kommission vom 29. April 2004 zur Umsetzung der Richtlinie 2003/71/EG des Europäischen Parlaments und des Rates vom 4.11.2003 betreffend die in Prospekten enthaltenen Informationen sowie das Format, die Aufnahme von Informationen mittels Verweis und die Veröffentlichung solcher Prospekte und die Verbreitung von Werbung (ABl. EU Nr. L 149 vom 30.04.2004, 1 ff.; Nr. L 215 S. 3).

§ 11 Kapitalanlagebetrug

Verkaufsprospektverordnung die gesetzlichen Vorgaben an Prospektinhalte deutlich konkretisiert. So enthält insbesondere für den Bereich des ehemals „grauen" Kapitalmarkts § 7 VermAnlG Vorgaben für den Inhalt des Prospekts – diese werden in §§ 2 ff. Vermögensanlagen-Verkaufsprospektverordnung weiter detailliert – und § 13 VermAnlG Vorgaben für das jetzt gesetzlich vorgeschriebene Vermögensanlagen-Informationsblatt. Hierdurch hat § 264a StGB nunmehr einen detaillierten kapitalmarktrechtlichen Unterbau in Gesetzesform,[127] während bei Inkrafttreten der Vorschrift nur auf die zivilrechtliche Prospekthaftung sowie Prospektinhaltskataloge und Checklisten aus Branchenkreisen oder der Prüfer zurückgegriffen werden konnte.

Der Vorwurf verfassungsrechtlich bedenklicher Unbestimmtheit dieses Merkmals kann daher als ausgeräumt gelten, wobei dem Bestimmtheitsgebot durch eine entsprechend (restriktive) Auslegung des Tatbestandes Rechnung zu tragen ist.[128] Die Bestimmung der Erheblichkeit steht dabei in einem engen Zusammenhang mit den Begriffen „nachteilig" und „vorteilhaft". Vor allem aber ist für die Auslegung die Funktion dieses Merkmals von Bedeutung. Da nach § 264a StGB bereits die bloße Täuschung unter Strafe gestellt ist und auf den Eintritt eines Vermögensschadens verzichtet wird, bedarf es einer Einschränkung der tatbestandsrelevanten Täuschungen dahingehend, dass nur solche Umstände erfasst werden, die zu einem Vermögensschaden führen können. Im Ergebnis geht es damit um die Prüfung einer **hypothetischen Kausalität.** 41

Noch keineswegs geklärt ist damit allerdings, welcher Maßstab für die Bestimmung der Erheblichkeit anzulegen ist bzw. von welcher Warte aus diese zu erfolgen hat. Die Entwurfsbegründung[129] und ihr folgend ein Teil der Literatur[130] sowie die Rechtsprechung[131] verweisen auf die gleichgelagerte Problematik bei § 265a StGB und wollen auch hier die Betrachtungsweise eines verständigen, durchschnittlich vorsichtigen Anlegers als Maßstab nehmen. Zu Recht hat jedoch *Lampe* bei § 265b StGB darauf hingewiesen, dass mit diesem Kriterium kein Maßstab aufgestellt, sondern der Richter lediglich auf die Suche nach einem solchen geschickt wird.[132] Entsprechendes gilt für den Vorschlag von *Pabst*[133] und *Richter*,[134] die auf den „ordentlichen Kapitalanlagevermittler" abstellen wollen. Statt dieser untauglichen Konstrukte sollte daher wie bei den Merkmalen „vorteilhaft" und „nachteilig" auch bei der Erheblichkeit eine **objektiv-anlagebezogene** Bestimmung gewählt werden, wodurch sich insbesondere dem Erfordernis tatbestandlicher Bestimmtheit Rechnung tragen lässt.[135] Zwar handelt es sich auch hierbei um einen abstrakten Maßstab, der aber im Gegensatz zu den anderen Vorschlägen nicht zusätzliche Hilfsüberlegungen erfordert, sondern unmittelbar auf den Kernpunkt abzielt, nämlich auf das von § 264a StGB geschützte Rechtsgut. Da dies allein das Vermögen ist, können erheblich somit nur diejenigen Um- 42

---

[127] In diesem Sinne auch *Perron* in Schönke/Schröder, StGB, § 264a Rn. 1, 28/29; *Schröder*, Handbuch Kapitalmarktstrafrecht, 2. Aufl. Rn. 7 mit dem expliziten Hinweis auf die Einheit der Rechtsordnung, so dass sich die Auslegung von § 264a an den Vorschriften orientieren müsse, die für die jeweilige Anlage gelten.
[128] Eingehend hierzu *Joecks*, Kapitalanlagebetrug, Rn. 60 ff.; ferner *Cerny* MDR 1987, 271, 275 sowie *Pleyer/Hegel* ZIP 1987, 79, 81.
[129] BT-Drucks. 10/318, S. 24.
[130] *Otto* WM 1988, 729, 738; *Granderath* DB 1986, Beilage 18, S. 7.
[131] BGH NJW 2005, 2242, 2244.
[132] *Lampe*, Der Kreditbetrug, 1980, S. 49.
[133] Vorteilhafte Geldanlagen, Gruppe 2, S. 2744, 2746.
[134] Vorteilhafte Geldanlagen, Gruppe 4, S. 1305, 1314.
[135] *Worms*, Anlegerschutz, S. 334; *Fischer*, StGB, § 264a Rn. 16; ebenso *Perron* in Schönke/Schröder, StGB, § 264a Rn. 32; *Schröder*, Handbuch Kapitalmarktstrafrecht, 2. Aufl. Rn. 57 sowie vom Grundsatz her auch *Hoyer* in SK-StGB § 264a Rn. 35. Dies bezieht sich aber nur auf die aufklärungspflichtigen Umstände selbst, also die Frage, worüber aufgeklärt werden muss. Bei der Art und Weise der Aufklärung (dem „Wie") ist demgegenüber der Empfängerhorizont zu berücksichtigen, der Prospekt also sprachlich verständlich zu fassen; vgl. ferner *Pabst*, Rechtliche Risiken, S. 23 f.

stände sein, denen eine Vermögensrelevanz iS einer Schadensträchtigkeit zukommt. In concreto geht es also nur um solche Umstände, die objektiv einen Einfluss auf den Wert, die Chancen und die Risiken der Kapitalanlage haben, worüber im Ergebnis trotz der vorstehend dargestellten terminologischen Differenzen auch Einigkeit besteht. Dies hat zur Konsequenz, dass sämtlichen formalen Unrichtigkeiten wie beispielsweise einem falschen Ausgabedatum des Prospektes keine strafrechtliche Relevanz zukommt. Es geht bei § 264a StGB also nicht um formale Prospektfehler, sondern um **materielle Kriterien,** die sich auf den Wert und die Wirtschaftlichkeit des jeweiligen Angebots auswirken, und zwar zum Zeitpunkt des Erwerbs.[136] Unerheblich ist daher die (unrichtige) Angabe, dass beispielsweise bestimmte Prominente die Anlage gezeichnet haben.[137] Auch Strafanzeigen oder strafrechtliche Ermittlungsverfahren sind grundsätzlich nicht offenzulegen, sondern allenfalls einschlägige Vorstrafen.[138] Im Gegensatz zur Anlageberatung spielen individuelle Besonderheiten eines einzelnen Anlegers ebenfalls keine Rolle.[139]

**43** Auch soweit materielle Kriterien betroffen sind, führt dies im Falle der Unrichtigkeit oder Unvollständigkeit aber noch nicht zwingend zu einer Strafbarkeit nach § 264a StGB. Angesprochen ist hiermit der Problemkreis, ob es insoweit einer lediglich **abstrakten oder** einer **konkreten** Bestimmung der Erheblichkeit bedarf. Da, wie dargestellt, das Merkmal „erheblich" den Ersatz für die bei § 263 StGB erforderliche Kausalität zwischen Täuschung und Schaden darstellt, es daher bei der Bestimmung der Erheblichkeit um die Prüfung einer hypothetischen Kausalität geht, kann jedoch eine abstrakte Betrachtung nicht ausreichen, sondern erforderlich ist die konkrete Erheblichkeit im Einzelfall.[140]

**44** Dies zeigt im Übrigen auch der Vergleich mit der zivilrechtlichen Prospekthaftung, die nach der Entwurfsbegründung als Auslegungshilfe dienen soll, da der Anleger auch hier nur Schadensersatz erhält, wenn die unrichtigen oder unvollständigen Angaben im konkreten Fall Auswirkungen auf seine Entscheidung hatten. Eine starre Orientierung an Checklisten oder Prospektprüfungskatalogen reicht daher nicht aus, wobei umgekehrt aber auch nicht jeder Vorstoß gegen die dort enthaltenen Kriterien gleich zur Strafbarkeit führt. Vielmehr dienen diese lediglich als Anhaltspunkte, die dann aber auf ihre Anwendbarkeit im Einzelfall jeweils überprüft werden müssen.[141]

**45** Ebenfalls umstritten ist, wie weit die konkrete Prüfung im Einzelfall reichen muss. So vertritt *Hoyer*[142] die Auffassung, eine vorgetäuschte oder verschwiegene Tatsache sei nur dann erheblich, wenn sie den **wirtschaftlichen** Wert der Kapitalanlage beeinflusse **und** der **wahre** Wert der Kapitalanlage niedriger als der vom Anleger zu zahlende Preis sei, da nur dann ein Vermögensschaden drohe, während ansonsten die entgangene Vermögensmehrung geschützt würde. Die Bestimmung der Erheblichkeit würde sich dann nicht auf die Prüfung der hypothetischen Kausalität beschränken, sondern zumindest auf der Ebene der Tätervorstellung eine Schadensberechnung iS des § 263 StGB erfordern. Da § 264a StGB im Gegensatz zum Betrugstatbestand jedoch auf den Eintritt eines Vermögensschadens verzichtet, kann es hier nicht darum gehen, eine bestimmte unrichtige vorteilhafte Angabe oder verschwiegene nachteilige Tatsache zum Anlass zu nehmen, den Gesamtwert der Kapitalanlage zu ermitteln.[143] Die Feststellung einer konkreten Wertbeeinträchtigung

---

[136] Es besteht also auch strafrechtlich eine Pflicht zur Korrektur, vgl. *Hoyer* in SK-StGB § 264a Rn. 18.
[137] *Hoyer* in SK-StGB § 264a Rn. 35; *Perron* in Schönke/Schröder, StGB, § 264a Rn. 30.
[138] *Park* in Park, Kapitalmarktstrafrecht, 3. Aufl. Teil 3 Kap. 1 Rn. 189, 191.
[139] *Park* in Park, Kapitalmarktstrafrecht, 3. Aufl. Teil 3 Kap. 1 Rn. 189.
[140] In diesem Sinne auch *Hoyer* in SK-StGB § 264a Rn. 9.
[141] Ebenso *Joecks* wistra 1986, 142, 147; *Schmid*, Kapitalanlagebetrug, § 23 Rn. 87; *Schröder*, Handbuch Kapitalmarktstrafrecht, 2. Aufl. Rn. 71. Dies gilt auch für den Bereich der Aktienemission, wo *Schröder*, Aktienhandel und Strafrecht, § 25 ff. als maßgeblichen Ausgangspunkt die jeweiligen Zulassungsvoraussetzungen heranziehen will.
[142] In SK-StGB § 264a Rn. 11, 39 ff.
[143] *Joecks* wistra 1986, 142, 147; *Joecks*, Kapitalanlagebetrug, Rn. 165; *Wohlers* in MüKoStGB, § 264a Rn. 44; *Schröder*, Handbuch Kapitalmarktstrafrecht, 2. Aufl. Rn. 46; *Worms* wistra 1987, 271, 272 f.

reicht daher aus. Dies hat zur Folge, dass eine Strafbarkeit nach § 264a StGB auch dann eintritt, wenn die Täuschung per Saldo noch nicht zu einem Vermögensschaden iS von § 263 StGB führt, so dass der von § 264a StGB gewährte Vermögensschutz im Ergebnis weiter reicht, als der von § 263 StGB. Die Fälle, wo unrichtige vorteilhafte Angaben oder verschwiegene nachteilige Tatsachen zwar den Wert der Kapitalanlage nachteilig beeinflussen, diese aber trotzdem per Saldo ihren Preis wert ist, dürften in der Praxis jedoch kaum von Bedeutung sein.

Mit vorstehenden Problemen nicht zu verwechseln ist die in diesem Zusammenhang ebenfalls auftauchende Frage, ob eine Kompensationsmöglichkeit zwischen unrichtigen Angaben und verschwiegenen Tatsachen besteht. Werden beispielsweise die Konzeptionskosten zu niedrig angesetzt, gleichzeitig aber der zu erwartende Mietertrag ebenfalls zu niedrig veranschlagt, wodurch ersterer Umstand wieder kompensiert wird, dann stellen die zu niedrigen Konzeptionskosten bei isolierter Betrachtung eine unrichtige vorteilhafte Angabe dar, die auch erheblich ist, während bei **Saldierung** beider Angaben die doppelte Unrichtigkeit wertmäßig neutral wäre mit der Konsequenz, dass eine tatbestandsrelevante Täuschung nicht vorläge. **46**

Unter dem Aspekt des Vermögensschutzes erscheint daher auf den ersten Blick eine Saldierung geboten, um so auch eine Harmonisierung mit dem Schadenserfordernis bei § 263 StGB zu erreichen. Im Ergebnis stellt sich hier das gleiche Problem wie bei der Bestimmung der Erheblichkeit einer einzelnen unrichtigen Angabe. Auch dort liegt ja eine Erheblichkeit bereits dann vor, wenn die Unrichtigkeit zu einer konkreten Wertbeeinträchtigung führt, ohne dass hierdurch die Kapitalanlage insgesamt – gemessen am Preis-Leistungs-Verhältnis – minderwertig sein muss. Vor allem aber würde eine Saldierung positiver und negativer Umstände bewirken, dass eine Bewertung der Anlage insgesamt erfolgen müsste, was jedoch dem Charakter des § 264a StGB als abstraktem Gefährdungsdelikt widerspräche und im Übrigen auch vom Gesetzgeber nicht gewollt ist.[144] Letztlich sollte dieser Problematik aber ebenfalls kein allzu großes Gewicht beigemessen werden, da in der Praxis wohl kein Anbieter wissentlich günstige Umstände zu ungünstig darstellen wird, bei bloß zufälliger Kompensation aber bereits die Grenze zum Betrugsversuch überschritten ist. **47**

Ebenfalls ein Kompensationsverbot besteht beim **Verschweigen** nachteiliger Tatsachen,[145] wobei hier allerdings das Merkmal „nachteilig" Korrekturmöglichkeiten bietet, da sich auch die Nachteiligkeit der Einzeltatsache wegen der gebotenen konkreten Betrachtung immer nur aus dem Gesamtzusammenhang bestimmen lässt.[146] Auch hier zeigt sich wieder, dass eine starre Orientierung an den Prospektprüfungskatalogen oder kapitalmarktrechtlichen Vorgaben nur begrenzt weiterhilft. Ihre Bedeutung erschöpft sich vielmehr darin, dass sie – auch für staatsanwaltschaftliche Ermittlungen – eine erste Orientierung bieten. **48**

**6. Täuschung einer Vielzahl von Anlegern.** Nach dem Gesetzeswortlaut reicht ferner nicht jegliche Täuschung, sondern diese muss im Zusammenhang mit dem Vertrieb (§ 264a Abs. 1 Nr. 1 StGB) oder einem Kapitalerhöhungsangebot (§ 264a Abs. 1 Nr. 2 StGB) in Prospekten, Darstellungen oder Übersichten über den Vermögensstand gegenüber einem größeren Kreis von Personen erfolgen. **49**

Durch diese Vielzahl von Erfordernissen, die eigentlich aber nur eine (überflüssige) Tautologie beinhalten, soll zum einen die Individualtäuschung aus dem Anwendungsbereich von § 264a StGB eliminiert und zum anderen der angeblich von dieser Vorschrift bezweckte Schutz der Funktionsfähigkeit des Kapitalmarktes untermauert und damit die Vorverlagerung der Strafbarkeit gerechtfertigt werden.[147] Diese Möglichkeit einer Täuschung **50**

---

[144] So zu Recht *Joecks,* Kapitalanlagebetrug, Rn. 166; *Wohlers* in MüKoStGB, § 264a Rn. 47.
[145] *Park* in Park, Kapitalmarktstrafrecht, 3. Aufl. Teil 3 Kap. 1 Rn. 192.
[146] Hierzu *Joecks* wistra 1986, 142, 146; *Worms* wistra 1987, 271, 273.
[147] Vgl. die Entwurfsbegründung, BT-Drucks. 10/318, S. 22, 24.

ist jedoch dann nicht mehr gegeben, wenn die Angaben erst zu einem Zeitpunkt erfolgten, zu dem die Anlagemöglichkeit nicht mehr bestand,[148] so dass in diesem Fall ein Zusammenhang mit dem Vertrieb nicht mehr besteht.

51 **a) Prospekte, Darstellungen oder Übersichten über den Vermögensstand.** Der Begriff des Prospektes ist in einem umfassenden Sinne zu verstehen und beschränkt sich nicht auf Prospekte iS von § 32 Abs. 3 Nr. 2 BörsG.[149] Einen Prospekt stellt vielmehr jede Werbe- und Informationsschrift dar, die den Eindruck erweckt, die für die Beurteilung erheblichen Angaben zu enthalten und die zugleich die Grundlage für die Entscheidung des Anlegers sein soll, die betreffende Kapitalanlage zu erwerben.[150] Wesentlich ist hier vor allem der Anschein der Vollständigkeit, so dass **erkennbar** lückenhaftes Informationsmaterial, beispielsweise Werbeschreiben oder Inserate, nicht unter § 264a StGB fallen.[151] Einen Grenzfall stellen sog. Kurzprospekte dar, die dann nicht strafrechtlich relevant sind, wenn die Lückenhaftigkeit offensichtlich ist. Erweckt der Kurzprospekt demgegenüber durch seine Aufmachung den Eindruck, die für die Beurteilung des Anlageobjekts erheblichen Angaben zu enthalten, müssen der Prospektersteller und -verwender sich auch an diesem Anschein messen lassen, wobei insbesondere der Hinweis, dass sich die vollständigen Daten nur aus dem ausführlichen Hauptprospekt ergeben, strafrechtlich irrelevant ist.[152]

52 Bei den Vermögensübersichten handelt es sich im Wesentlichen um Bilanzen, wobei neben Schriftlichkeit wiederum der Eindruck einer gewissen Vollständigkeit erforderlich ist.[153] Demgegenüber beschränken sich die darüber hinaus genannten Darstellungen nicht auf schriftlich fixierte Informationen, sondern umfassen auch Ton- und Bildträger beispielsweise in Form einer CD oder DVD sowie in Ausnahmefällen mündliche Angaben, sofern hierbei wiederum der Eindruck einer vollständigen Information erweckt wird, mag sich dieser auch erst aus der Summe mehrerer Werbemaßnahmen ergeben.[154]

53 **b) Zusammenhang mit dem Vertrieb oder Kapitalerhöhungsangeboten.** Die o.g. Informationsmittel müssen ferner im Zusammenhang mit dem Vertrieb eingesetzt werden. Hierdurch soll im Ergebnis lediglich die informative Berichterstattung des Wirtschaftsjournalismus aus dem Anwendungsbereich der Vorschrift herausgenommen werden.[155] Erforderlich ist also ein unmittelbarer sachlicher und zeitlicher Zusammenhang mit einer bestimmten Vertriebsmaßnahme, während allgemeine Mitteilungen oder Meinungsäußerungen nicht ausreichen.[156] Das Merkmal „Vertrieb" wird dabei üblicherweise als eine

---

[148] *Hoyer* in SK-StGB § 264a Rn. 24; *Hellmann* in NK-StGB, § 264a Rn. 41.

[149] BT-Drucks. 10/318, S. 23; *Park* in Park, Kapitalmarktstrafrecht, 3. Aufl. Teil 3 Kap. 1 Rn. 209.

[150] Allgemeine Meinung, vgl. nur *Schniewind/Hausmann* BB 1986, Beilage 16, S. 26, 28; *Park* in Park, Kapitalmarktstrafrecht, 3. Aufl. Teil 3 Kap. 1 Rn. 209; *Hoyer* in SK-StGB § 264a Rn. 19; *Schröder*, Handbuch Kapitalmarktstrafrecht, 2. Aufl. Rn. 30. Der strafrechtliche und der zivilrechtliche Prospektbegriff sind also nicht identisch, da strafrechtlich immer der Anschein der Vollständigkeit erforderlich ist, was vor allem für sog. Kurzprospekte Bedeutung gewinnt.

[151] Ebenfalls allgemein anerkannt, vgl. nur *Perron* in Schönke/Schröder, StGB, § 264a Rn. 19; *Wohlers* in MüKoStGB, § 264a Rn. 50; *Hellmann* in NK-StGB, § 264a Rn. 26.

[152] *Schniewind/Hausmann* BB 1986, Beilage 16, S. 26, 28; umgekehrt besteht damit aber auch die Gefahr, dass Prospekte so mit Informationen überladen werden, dass das Wesentliche untergeht.

[153] *Joecks*, Kapitalanlagebetrug, Rn. 106; *Wohlers* in MüKoStGB, § 264a Rn. 53; *Hellmann* in NK-StGB, § 264a Rn. 28; *Hoyer* in SK-StGB § 264a Rn. 21.

[154] *Joecks*, Kapitalanlagebetrug, Rn. 107 f.; *Park* in Park, Kapitalmarktstrafrecht, 3. Aufl. Teil 3 Kap. 1 Rn. 210; *Perron* in Schönke/Schröder, StGB, § 264a Rn. 21; *Schröder*, Handbuch Kapitalmarktstrafrecht, 2. Aufl. Rn. 34; aA *Hoyer* in SK-StGB § 264a Rn. 20, der „das flüchtige mündliche Wort" als nicht schutzwürdig ansieht; ebenso *Wohlers* in MüKoStGB, § 264a Rn. 53 und *Hellmann* in NK-StGB, § 264a Rn. 29.

[155] So die Entwurfsbegründung BT-Drucks. 10/318, S. 24.

[156] BT-Drucks. 10/318, S. 24.

auf den Absatz einer Vielzahl von Stücken gerichtete Tätigkeit definiert, die sich an den Markt wendet, wozu auch die Werbung zählt.[157]

Bei dem Angebot, die Einlage auf solche Anteile zu erhöhen, muss es sich ebenfalls um eine neue Kapitalsammelmaßnahme handeln – dies ergibt sich im Übrigen auch aus dem weiteren Erfordernis des größeren Personenkreises –, so dass eine gesonderte Erwähnung eigentlich entbehrlich gewesen wäre, da es sich dann bereits um eine Vertriebsmaßnahme iS von Abs. 1 Nr. 1 handelt.

**c) Größerer Kreis von Personen.** Ebenfalls nur klarstellende Funktion kann das Erfordernis eines größeren Personenkreises haben, da sich auch dies bereits aus dem Vertriebserfordernis ergibt und wie dieses lediglich die Individualtäuschung eliminieren soll.[158] Einen Grenzfall bildet insoweit die gezielte Ansprache einiger weniger Anleger. Diese reicht dann nicht aus, wenn diesen wenigen Anlegern speziell auf sie zugeschnittene – praktisch maßgeschneiderte – Anlagen unterbreitet werden,[159] während es ansonsten irrelevant ist, wie viele Anleger angesprochen werden und ob sie dem Anbieter vorher bekannt waren.[160] Letztlich handelt es sich hierbei aber lediglich um ein akademisches Problem, da schon die von § 264a StGB erfassten Anlageformen die Ansprache einer Vielzahl von Anlegern bedingen. Ausgeschlossen ist aber die individuelle Anlageberatung.[161]

**7. Täterkreis.** Täter kann bei § 264a StGB jeder sein, der an der Erstellung oder Verbreitung eines unrichtigen oder unvollständigen Prospektes mitgewirkt hat.[162] Hierzu zählen neben den Initiatoren insbesondere auch Rechtsanwälte, Steuerberater und Wirtschaftsprüfer[163] sowie der gesamte Anlagevertrieb, also auch Anlageberater und Anlagevermittler.[164]

Letztere können im Übrigen auch dann (Mit-)täter sein, wenn sie im Wege einer arbeitsteiligen Vorgehensweise sich wissentlich der unrichtigen Prospekte bedienen, ohne selbst an der Erstellung mitgewirkt zu haben.[165] Wird der Vertrieb hingegen als gutgläubiges Werkzeug eingesetzt, indem er beispielsweise lediglich ungeprüft die unrichtigen oder unvollständigen Prospekte übernimmt, bleibt er straflos, wobei dann aber regelmäßig eine mittelbare Täterschaft der mit der Konzeption befassten Personen vorliegt. Für Beihilfe bleibt nur dort Raum, wo lediglich der Vertrieb in Kenntnis des unrichtigen Prospektes gefördert wird, ohne an dessen Erstellung verantwortlich mitgewirkt zu haben.

Hervorzuheben ist in diesem Zusammenhang schließlich noch, dass es strafrechtlich – im Gegensatz zum Zivilrecht – nicht auf die anlagebezogene Verantwortung und Einflussnahmemöglichkeit ankommt, sondern (lediglich) ein **ursächlicher** Tatbeitrag für die Täuschung erforderlich ist. Die strafrechtliche Verantwortlichkeit kann daher durchaus weiter

---

[157] *Joecks*, Kapitalanlagebetrug, Rn. 109; *Fischer*, StGB, § 264a Rn. 5; *Knauth* NJW 1987, 28, 31; *Wohlers* in MüKoStGB, § 264a Rn. 56; *Hellmann* in NK-StGB, § 264a Rn. 48; *Hoyer* in SK-StGB § 264a Rn. 27.
[158] Vgl. die Entwurfsbegründung, BT-Drucks. 10/318, S. 24.
[159] So auch *Wohlers* in MüKoStGB, § 264a Rn. 55.
[160] *Worms* wistra 1987, 271, 274; ferner *Joecks*, Kapitalanlagebetrug, Rn. 113 ff.; *Wohlers* in MüKoStGB, § 264a Rn. 55; *Park* in Park, Kapitalmarktstrafrecht, 3. Aufl. Teil 3 Kap. 1 Rn. 193.
[161] *Park* in Park, Kapitalmarktstrafrecht, 3 Aufl. Teil 3 Kap. 1 Rn. 193.
[162] *Schröder*, Handbuch Kapitalmarktstrafrecht, 2. Aufl. Rn. 98; *Hellmann* in NK-StGB, § 264a Rn. 68; BGH WM 2014, 1470, 1472.
[163] *Perron* in Schönke/Schröder, StGB, § 264a Rn. 38; *Worms* wistra 1987, 271, 274; aA *Dornfeld*, Blick durch die Wirtschaft, S. 4, der hier nur eine Teilnahme für möglich hält; auch *Park* in Park, Kapitalmarktstrafrecht, 3. Aufl. Teil 3 Kap. 1 Rn. 222 kommt bei diesen Personen mangels Tatherrschaft bei der Verteilung der Prospekte regelmäßig nur zur Beihilfe; in diesem Sinne auch *Schröder*, Handbuch Kapitalmarktstrafrecht, 2. Aufl. Rn. 99.
[164] *Perron* in Schönke/Schröder, StGB, § 264a Rn. 38; speziell zur Strafbarkeit von Banken: *Jehl* DB 1987, 1772 ff.
[165] *Worms* wistra 1987, 271, 274, aA *Otto* WM 1988, 729, 739, der lediglich eine Bestrafung als Teilnehmer für möglich hält.

reichen als die zivilrechtliche Prospekthaftung, wobei wegen des Vorsatzerfordernisses dieser Fall aber kaum praktisch sein dürfte.

**59** **8. Vorsatz.** Strafbar ist bei § 264a StGB nur die vorsätzliche Begehung, wobei dolus eventualis genügt. Wegen der restriktiven Auslegung des objektiven Tatbestandes dürften sich insoweit auch die Nachweisschwierigkeiten in Grenzen halten. So liegt bei Bewertungen und Prognosen – dies sind die eigentlichen Problemfälle bei unrichtigen vorteilhaften Angaben – nur dann eine Unrichtigkeit vor, wenn die fraglichen Angaben schlechthin **unvertretbar** sind. Sollte sich dies objektiv nachweisen lassen, wird aber auch subjektiv kaum von einem diesbezüglichen Irrtum des Täters die Rede sein können, sondern sich eine entsprechende Einlassung als Schutzbehauptung widerlegen lassen.[166] Ferner folgt aus der Kenntnis der Unrichtigkeit regelmäßig auch die der Erheblichkeit,[167] da der Zweck der vorsätzlich unrichtigen Angabe doch wohl nur sein kann, den Anleger zum Erwerb der Anlage zu bewegen. Entsprechendes gilt für den Unterlassensbereich, wenn dem Täter die aufklärungsbedürftige Tatsache und deren Bedeutung für den Anleger bekannt waren, da der Irrtum über die Aufklärungspflicht dann (allenfalls) einen regelmäßig vermeidbaren Ge- bzw. Verbotsirrtum nach § 17 StGB darstellt.[168] Fehlt jedoch bereits die Tatsachenkenntnis, liegt ein vorsatzausschließender Tatbestandsirrtum gemäß § 16 StGB vor.[169] Insbesondere kann in diesem Fall eine Strafbarkeit nicht über den Umweg des Verschweigens fehlender eigener Überprüfung begründet werden, da eine derartige Überprüfungspflicht durch § 264a StGB nicht statuiert wird. Dies dürfte vor allem für den Anlagevertrieb – auch den über Banken – von Bedeutung sein. Soweit es hingegen um Zweifel geht, ob eine bekannte Tatsache mitgeteilt werden muss oder wann die Grenze von der (erlaubten) Schönfärberei zur Täuschung überschritten wird, kann vor Strafbarkeit nur noch die Einholung eines unabhängigen Rechtsgutachtens schützen. Dies setzt allerdings voraus, dass der Gutachter dann auch den vollständigen Sachverhalt mitgeteilt erhält.[170]

**60** **9. Tätige Reue.** Da § 264a StGB die Strafbarkeit in den Bereich des versuchten Betruges vorverlagert, bedarf es einer dem Rücktritt vom Versuch (§ 24 StGB) entsprechenden Regelung. Diese enthält § 264a StGB in Abs. 3 und übernimmt, da die Regelung § 265a Abs. 2 StGB nachgebildet ist, auch hier wieder die dort bereits bekannten Ungereimtheiten. Da nach dem Wortlaut von § 264a Abs. 3 StGB nur die „durch den Erwerb bedingte Leistung" verhindert werden muss, besteht die Möglichkeit, auch nach dem schuldrechtlichen Erwerb der Anlage noch Straffreiheit zu erlangen.[171] Dies führt zu **Wertungswidersprüchen** mit § 263 StGB, da hier mit dem Verpflichtungsgeschäft bereits ein (vollendeter) Eingehungsbetrug vorliegt, von dem ein strafbefreiender Rücktritt nicht mehr möglich ist. Konsequenz hiervon ist, dass § 264a Abs. 3 StGB nach Abschluss des schuldrechtlichen Vertrages praktisch weitgehend leerläuft. Um dies zu vermeiden, wird teilweise vorgeschlagen, bei den von § 264a StGB erfassten Kapitalanlagen entweder bis zur Erbringung der Leistung einen vollendeten Betrug abzulehnen oder aber die Vorschrift über die tätige

---

[166] Einschränkend *Joecks,* Kapitalanlagebetrug, Rn. 212; ferner *Dornfeld,* Blick durch die Wirtschaft S. 4, der insgesamt einen Vorsatz nur für schwer zu beweisen hält; ebenso *Cerny* MDR 1987, 271, 278.

[167] *Wohlers* in MüKoStGB, § 264a Rn. 60 betont demgegenüber, dass sich der Täter zusätzlich der Bedeutung für die Anlageentscheidung oder Werthaltigkeit bewusst gewesen sein muss; ebenso *Stackmann* NJW 2013, 1985, 1987.

[168] *Park* in Park, Kapitalmarktstrafrecht, 3. Aufl. Teil 3 Kap. 1 Rn. 213; *Fischer,* StGB, § 264a Rn. 20.

[169] Wenn der Täter beispielsweise die Existenz der nachteiligen Tatsache nicht kennt, *Park* in Park, Kapitalmarktstrafrecht, 3. Aufl. Teil 3 Kap. 1 Rn. 213; *Perron* in Schönke/Schröder, StGB, § 264a Rn. 36.

[170] Ebenso *Joecks,* Kapitalanlagebetrug, Rn. 213; *Schmidt-Lademann* Sparkasse 1987, 99, 101; eingehend zur Prospektprüfung und deren Bedeutung für den Anlegerschutz *Grotherr* DB 1988, 741 ff.

[171] Vgl. nur *Perron* in Schönke/Schröder, StGB, § 264a Rn. 39.

Reue in § 264a Abs. 3 StGB auf diesen vollendeten (Eingehungs)Betrug entsprechend anzuwenden.[172] Beide Wege vermögen jedoch nicht zu überzeugen, da hierdurch bestimmte Täter vor anderen ungerechtfertigt bevorzugt würden.[173] Vor allem aber würde dies dem mit der Einführung von § 264a StGB verfolgten Anliegen eines verbesserten Anlegerschutzes widersprechen, da hierdurch nicht nur ein Wertungswiderspruch zur Vorverlagerung der Strafbarkeit aufträte, sondern der Täter sogar letztlich prämiert würde, indem er nunmehr vom vollendeten (Eingehungs-)Betrug strafbefreiend zurücktreten kann.[174] Die zu weit geratene Regelung des Abs. 3 wird daher, soweit es um eine Strafbarkeit nach § 264a StGB geht, hingenommen werden müssen, hat für eine Strafbarkeit nach sonstigen Vorschriften aber keinerlei Bedeutung.

**10. Konkurrenzen und Verjährung.** § 264a und § 263 StGB dienen allein dem Vermögensschutz, so dass § 264a hinter § 263 im Wege der Subsidiarität zurücktritt, und zwar auch dann, wenn lediglich ein versuchter Betrug vorliegt.[175] Sieht man hingegen auch die Funktionsfähigkeit des Kapitalmarktes als (gleichrangig) geschütztes Rechtsgut an, kommt konsequenterweise nur die Annahme von Idealkonkurrenz in Betracht.[176]

Die Verjährungsfrist beträgt gemäß § 78 Abs. 3 Nr. 4 StGB grundsätzlich 5 Jahre. Dies gilt nach der Rechtsprechung des BGH auch für den Teilbereich der unrichtigen bzw. unvollständigen Prospekte, da die kürzeren Verjährungsvorschriften in den Landespressegesetzen insoweit keine Anwendung finden.[177]

**11. Auslandstaten.** Um eine Strafbarkeit nach § 264a StGB zu umgehen, wird teilweise der Vertrieb vom Ausland her organisiert oder man beschränkt sich darauf, ausländische Kapitalanlagen zu vertreiben. Beide Wege führen indes nicht zum erhofften Erfolg. Nach § 3 StGB gilt das deutsche Strafrecht für alle Taten, die im Inland begangen werden. Sofern der Vertrieb im Inland erfolgt, fallen daher auch ausländische Kapitalanlagen ohne weiteres unter den Anwendungsbereich von § 264a StGB. Ebenso wenig ändert sich die strafrechtliche Beurteilung dadurch, dass die Vertriebsfirma ihren Sitz im Ausland hat, da gemäß § 9 Abs. 1 StGB eine Tat an dem Ort begangen ist, an dem der Täter gehandelt hat. Die tatbestandsmäßige Handlung besteht bei § 264a StGB nicht bereits im Herstellen des unrichtigen Prospektes, sondern erst in der **Verteilung** an die Adressaten.[178] Letztere muss aber notgedrungen im Inland erfolgen mit der Konsequenz, dass auch ausländische Vertriebsfirmen dem deutschen Strafrecht unterfallen.

**12. Strafprozessuale Auswirkungen.** Weitgehend unbeachtet sind bislang die strafprozessualen Auswirkungen von § 264a StGB geblieben. In concreto geht es hierbei um mögliche Verfahrenserleichterungen und damit insbesondere Verfahrensverkürzungen. Die mit § 264a StGB verbundenen Beweis- und damit auch Ermittlungserleichterungen kommen verfahrensmäßig jedoch nur dann zum Zuge, wenn auch bereits im Vorfeld der Schä-

---

[172] So insbesondere *Joecks*, Kapitalanlagebetrug, Rn. 266; *Park* in Park, Kapitalmarktstrafrecht, 3. Aufl. Teil 3 Kap. 1 Rn. 218.

[173] So zu Recht *Richter* wistra 1987, 117, 120 Fn. 47.

[174] *Worms*, Anlegerschutz, S. 347; in diesem Sinne auch *Wohlers* in MüKoStGB, § 264a Rn. 71; *Hellmann* in NK-StGB, § 264a Rn. 74.

[175] *Joecks*, Kapitalanlagebetrug, Rn. 268; *Hellmann* in NK-StGB, § 264a Rn. 82; *Worms* wistra 1987, 271, 275; ebenso BGH BB 1989, 799 für die parallele Problematik bei § 265b StGB, und zwar auch bei Verschiedenheit der geschützten Rechtsgüter; aA *Knauth* NJW 1987, 28, 32: nur bei vollendetem Betrug. *Hoyer* in SK-StGB § 264a Rn. 48 nimmt Tateinheit an, um die Täuschung eines größeren Personenkreises zu dokumentieren.

[176] *Wohlers* in MüKoStGB, § 264a Rn. 75; *Perron* in Schönke/Schröder, StGB, § 264a Rn. 41; *Park* in Park, Kapitalmarktstrafrecht, 3. Aufl. Teil 3 Kap. 1 Rn. 225.

[177] BGH WM 1995, 730 unter Aufhebung von LG Wiesbaden BB 1994, 2098 ff. mit Anmerkung *Hoffmann* BB 1994, 2100; *Fischer*, StGB, § 264a Rn. 23; *Perron* in Schönke/Schröder, StGB, § 264a Rn. 42; *Schröder*, Handbuch Kapitalmarktstrafrecht, 2. Aufl. Rn. 105.

[178] *Fischer*, StGB, § 264a Rn. 18; *Perron* in Schönke/Schröder, StGB § 264a Rn. 37.

digung ermittelt wird, während bei einer bereits eingetretenen Schädigung § 264a StGB auch prozessual ins Leere läuft, da dann aufgrund des Legalitätsprinzips immer auch wegen Betruges ohne die Möglichkeit der Beschränkung nach § 154a StPO ermittelt werden muss.[179] Ob § 264a StGB tatsächlich einen verbesserten Anlegerschutz bewirkt, hängt daher maßgeblich von möglichst frühzeitigen Ermittlungen im **Vorfeld** der Schädigung ab.[180] Andernfalls verbliebe es bei einem bloßen Scheinschutz.

**65**  **13. Zivilrechtliche Auswirkungen.** Eigentlich ist bereits die Frage nach den Auswirkungen von § 264a StGB auf die Prospekthaftung verfehlt, da letztere immer einen Schaden voraussetzt, während § 264a StGB einen solchen gerade verhindern soll.[181] Gleichwohl hat § 264a StGB als **Schutzgesetz** iS von § 823 Abs. 2 BGB[182] Auswirkungen auf die zivilrechtliche Prospekthaftung. Diese sind jedoch denkbar gering. Insbesondere führt § 264a StGB regelmäßig zu keiner Erweiterung der zivilrechtlichen Haftung.[183] Dies liegt zum einen daran, dass § 264a StGB nur einen Teilbereich der Anlageangebote erfasst, und zum anderen an der Beschränkung auf eine vorsätzliche Täuschung. Vor allem aber reicht die strafrechtlich geforderte Aufklärung nicht weiter als die zivilrechtlich geforderte, wie die Auslegung der einzelnen Merkmale gezeigt hat. Haftungsrechtlich führt § 264a StGB nach dem Entfall der kurzen prospektrechtlichen Verjährung auch nicht mehr zu einer Besserstellung des Anlegers hinsichtlich der **Verjährung** gegenüber der Prospekthaftung im engeren Sinne.[184] Im Ergebnis wird das Strafrecht haftungsrechtlich somit auch weiterhin allenfalls von untergeordneter Bedeutung bleiben.

---

[179] Eingehend hierzu *Worms*, Anlegerschutz, S. 356 ff.; *ders.* wistra 1987, 271, 275 f.

[180] Zweifelnd *Wohlers* in MüKoStGB, § 264a Rn. 12 mit dem Hinweis, dass nach wie vor strafrechtliche Ermittlungen erst mit dem Eintritt von Schadensfällen einsetzen.

[181] Zu Recht weist daher auch *Assmann* in → § 5 Rn. 10 darauf hin, dass die Intention von § 264a StGB nicht in einer „Bereicherung des Schadensersatzrechts" liegt.

[182] BGHZ 116, 7; BGH WM 2013, 503, 504; BGH WM 2014, 1470, 1472. Aus dem Schrifttum etwa *Pleyer/Hegel* ZIP 1987, 79 f. mwN; ablehnend *Wohlers* in MüKoStGB, § 264a Rn. 3, da er das geschützte Rechtsgut ausschließlich im Funktionsschutz sieht.

[183] Ebenso *Stackmann* NJW 2013, 1985, 1986: „Stimmt der objektive Tatbestand der Vorschrift mit dem der Prospekthaftung im engeren Sinne überein."

[184] In diesem Sinne auch *Suchomel* NJW 2013, 1126, 1129 für das Konkurrenzverhältnis zu § 20 VermAnlG.

# 2. Teil. Die einzelnen Kapitalanlagegeschäfte

## 4. Kapitel. Geschäfte in Finanzinstrumenten – Pflichten im Zusammenhang mit dem Erwerb von Anteilen an börsennotierten Unternehmen – Öffentliche Wertpapiererwerbsangebote

### § 12
### Effektengeschäft: Rechtliche Strukturen der Geschäfte in Finanzinstrumenten durch Kreditinstitute und Wertpapierhandelsbanken

#### Übersicht

| | Rn. |
|---|---|
| I. Phänomenologie des Geschäfts | 1–6 |
| II. Überblick über zivilrechtliche Grundstrukturen | 7–12 |
| III. Aufsichtsrechtliche Qualifizierung der zivilrechtlichen Erscheinungsformen | 13–21 |
|    1. Entwicklung der aufsichtsrechtlichen Begrifflichkeiten | 13 |
|    2. Aufsichtsrechtliche Qualifizierungen | 14 |
|    3. Rechtsfolgen der Qualifizierung als Bankgeschäft bzw. Finanzdienstleistung und Wertpapierdienstleistung | 19 |
| IV. Abgrenzung zwischen Kommissions- und Festpreisgeschäft | 22–31 |
|    1. Bedeutung der Abgrenzung | 22 |
|    2. Abgrenzung von Kommissions- und Festpreisgeschäft | 24 |
|       a) Vertragliche Vereinbarung | 24 |
|       b) Auslegungskriterien der Literatur | 25 |
|       c) Abgrenzung in der Rechtsprechng | 27 |

**Schrifttum:** *Assmann/Uwe H. Schneider*, WpHG, 6. Aufl. 2012; *ders.*, Interessenkonflikte aufgrund von Zuwendungen, ZBB 2008, 21; *Baumbach/Hopt*, HBG, 36. Aufl. 2014; *Bausch*, Beratung und Beratungshaftung von Banken im Lichte der Pilotentscheidungen zu Lehman-Zertifikaten, NJW 2012, 354; *Beck/Samm/Kokemoor*, KWG, Loseblatt, Stand: 5/2014; *Boos/Fischer/Schulte-Mattler*, KWG, 4. Aufl. 2012; *Bunte*, AGB-Banken und Sonderbedingungen, 3. Aufl. 2011; *Clauss*, Anfechtungsrechte bei Wertpapiergeschäften zu nicht marktgerechten Preisen, 2012; *Clouth*, Rechtsfragen der außerbörslichen Finanz-Derivate, 2001; *Fleckner*, Aufhebung nicht marktgerechter Wertpapiergeschäfte (Mistrades) – Auswertung der Spruchpraxis und Vorstellung offener Fragen, WM 2011, 585; *ders.*, WuB I G 2.-2.09; *ders./Vollmuth*, Geschäfte zu nicht marktgerechten Preisen (Mistrades) im außerbörslichen Handel – Zu den Grenzen außerbörslicher Mistrade-Regeln, zur Interessenwahrung im außerbörslichen Handel sowie zur Drittschadensliquidation im Rahmen des § 122 BGB – zugleich Anmerkung zu BGH WM 2002, 1687, WM 2004, 1263; *Friedrich/Seidel*, Lücken üblicher Mistrade-Klauseln im außerbörslichen Handel und deren Behebung durch Vertragsgestaltung, BKR 2008, 497; *Habersack*, Die Pflicht zur Aufklärung über Rückvergütungen und Innenprovisionen und ihre Grenzen, WM 2010, 1245; *Hadding*, Sind Vertriebsvergütungen von Emittenten an Kreditinstitute geschäftsbesorgungsrechtlich an den Kunden herauszugeben?, ZIP 2008, 529; *Hein*, Rechtliche Fragen des Bookbuildings nach deutschem Recht, WM 1996, 1; *Hirte/Möllers* (Hrsg.), KölnKommWpHG, 2. Aufl. 2014; *Jaskulla*, Angemessenheit und Grenzen börslicher Mistade-Regeln in Zeiten des Hochfrequenzhandels am Beispiel der Eurex Deutschland, WM 2012, 1708; *Kewenig/Schneider*, Swap-Geschäfte der öffentlichen Hand in Deutschland, WM 1992, Sonderbeilage 2, S. 1; *J. Koch*, Provisionszahlungen als Gegenstand eines kommissionsrechtlichen Herausgabeanspruchs, ZBB 2013, 217; *ders.*, Mistrade-Klauseln in der AGB-Inhaltskontrolle, ZBB 2005, 265; *Krämer*, Finanzswaps, 1999; *Kümpel*, Die neuen Sonderbedingungen für Wertpapiergeschäfte, WM 1995, 137; *Langenbucher/Bliesener/Spindler*, Bankrechtskommentar, 2013; *Lenenbach*, Kapitalmarktrecht, 2. Aufl. 2010; *Mann*, Rückvergütungen, Provisionen und Gewinnmargen: Zur Aufklärungspflicht des bankgebundenen

Anlageberaters nach der Entscheidung BGH WM 2012, 1520 – Lehman II, WM 2013, 727; *Lindfeld,* Die Mistrade-Klausel, 2008; *Mülbert,* Behaltensklauseln für Vertriebsvergütungen in der institutsinternen Vermögensverwaltung - mit einem Seitenblick auf die orderbegleitende Anlageberatung, WM 2009, 481; *F. Schäfer,* Zivilrechtliche Konsequenzen der Urteile des BGH zu Gewinnmargen bei Festpreisgeschäften, WM 2012, 197; Schimansky/Bunte/Lwowski, Bankrechtshdb., 4. Aufl. 2011; *K. Schmidt* (Hrsg.), MüKoHGB, Bd. 5, 3. Aufl. 2013; *ders.,* Handelsrecht, 5. Aufl. 1999; *Schwark,* Rechtsprobleme bei der mittelbaren Stellvertretung, JuS 1980, 777; Schwennicke/Auerbach, KWG, 2. Aufl. 2013; *Schwintowski* (Hrsg.), Bankrecht, 4. Aufl. 2014; *ders./Schäfer,* Bankrecht, 2. Aufl. 2004.

## I. Phänomenologie des Geschäfts

1  Bis zur Vorauflage des Handbuchs im Jahre 2007 war das Kapitel mit **„Effektengeschäft"** überschrieben. Doch bereits in dieser Vorauflage führte *Roth* aus, dass der traditionelle gesetzliche Ausgangspunkt für die Erörterung des Effektengeschäfts, die Definition desselben in § 1 Abs. 1 Satz 2 Nr. 4 KWG aF seit der Änderung des KWG im Jahre 1997 auf Grund der Streichung des gesetzlichen Begriffs entfallen ist, da KWG und WpHG aufeinander abgestimmt wurden[1]. Der gesetzlich im **Aufsichtsrecht** (KWG) verankerte Begriff des Effektengeschäfts lief im wesentlichen parallel mit der zivilrechtlichen Bezeichnung der darunter subsumierten Geschäfte der Bankgeschäftspraxis. Seit der Gesetzgeber vor nunmehr 17 Jahren den Begriff des Effektengeschäfts aufgegeben und aufsichtsrechtlich durch eine stark differenzierende Vielzahl von Begriffen ersetzt hat, ist auch die Verwendung des Begriffs des Effektengeschäfts in der Bankpraxis deutlich zurückgegangen. Im Vordergrund der Bankpraxis stehen heute – wie auch im Aufsichtsrecht – die einzelnen Ausprägungen der Dienstleistungen eines Kreditinstitutes gegenüber dem Anleger hinsichtlich des Zugangs des Anlegers zu den Kapitalmärkten und den von den Anlegern auf diesen veranlassten Geschäften. Das die Rolle der **Banken als Marktintermediäre** beschreibende Effektengeschäft wird heute stärker denn je geprägt durch die Pflichten, die das (Markt-)Aufsichtsrecht den Banken auferlegt. Auf Grund der starken Differenzierung der zivil- wie aufsichtsrechtlichen Pflichten je nach Dienstleistung, die eine Bank gegenüber den Kunden erbringt, ist die Verwendung des Begriffs des Effektengeschäfts äußerst ungenau geworden und daher nicht mehr opportun. Vielmehr erscheint es angezeigt, die marktbezogenen Bankgeschäfte des Effektengeschäfts differenziert zu betrachten und ausgehend von den jeweiligen zwischen Bank und Kunden zivilrechtlich vereinbarten Dienstleistungen der Bank (dazu Überblick unter II., → Rn. 7ff.) deren aufsichtsrechtliche Qualifikation (dazu Überblick unter III., → Rn. 13ff.) und die der Bank diesbezüglich zivilrechtlich obliegenden Pflichten und Rechte darzustellen (dazu § 13).

2  **Anleger** können regelmäßig **nicht unmittelbar auf den Kapitalmärkten** tätig werden, da Geschäfte auf diesen schnell und effizient abgewickelt werden müssen. Dies setzt voraus, dass sich die Marktteilnehmer auf die Solvenz, Vertragstreue sowie Kenntnis und Einhaltung von Marktusancen durch die anderen Marktteilnehmer verlassen können. An **Börsen** werden daher **nur Kreditinstitute** und sonstige professionelle Marktteilnehmer (Makler, Marketmaker, Eigenhändler) zugelassen, die diese Voraussetzungen erfüllen. Als Marktintermediäre werden die Banken für ihre Kunden auf dem Kapitalmarkt tätig, wobei der Begriff des Kapitalmarkts nicht nur Börsen als Marktveranstaltungen sondern gleichermaßen die sonstigen Handelsplattformen (aufsichtsrechtlich: „multilaterale Handelssysteme" oder „multilateral trading facilities" iSv § 1 Abs. 1a Satz 2 Nr. 1b KWG oder nach Umsetzung von Artt. 16ff. MiFID II bzw. Art. 2 Abs. 7 MiFIR in deutsches Recht auch die „organisierten Handelsplätze" oder „organized trading facilities") sowie sonstige nicht organisierte Märkte (sog Over The Counter-Handel oder OTC-Handel) umfasst[2].

3  Will ein Anleger auf einem organisierten Kapitalmarkt ein Geschäft über die Anschaffung oder Veräußerung von Finanzinstrumenten (zu diesen → Rn. 4) tätigen, beauftragt er

---

[1] *Günter Roth* in Assmann/Schütze, 3. Aufl. 2007, § 10 Rn. 2f. sowie → Rn. 13.
[2] Zum Kapitalmarktrechtsbegriff *Assmann* → § 1 Rn. 2ff.

hiermit idR ein Kreditinstitut. Diesem **Auftrag des Anlegers** an das Kreditinstitut geht häufig – jedoch nicht zwingend – eine **Anlageberatung** oder eine Auskunftserteilung der Bank gegenüber dem Anleger **voraus** (vgl. zu Anlageberatung und Auskunftserteilung oben § 3). Die Order des Kunden an das Kreditinstitut kann jedoch auch aus einer Vermögensverwaltung herrühren, bei der ein Vermögensverwalter für den Kunden in dessen Namen der Bank eine Order erteilt. Vermögensverwalter kann entweder die Bank selbst sein oder ein von dem Kunden beauftragter und bevollmächtigter Drittverwalter, der das Depot des Kunden bei der Bank für den Kunden disponiert (vgl. zur Vermögensverwaltung unten § 23). Ist die Order weder einer Anlageberatung bzw. Auskunftserteilung noch einer Vermögensverwaltung nachgelagert, spricht man von einem sog „**Execution Only** Geschäft" der Bank, bei dem es sich gewissermaßen um die Reinform des Orderausführungsgeschäfts des Kreditinstitutes handelt. Gibt der Anleger eine Verkaufsorder über Finanzinstrumente, die sich nicht in seinem Bestand (Depot) befinden, tätigt er einen sog **Leerverkauf** (vgl. dazu unten § 21).

Die Transaktionsorder des Anlegers an die Bank bezieht sich auf **Finanzinstrumente.** 4 Dieser aus dem Aufsichtsrecht stammende Begriff wird definiert durch § 1 Abs. 11 KWG bzw. § 2 Abs. 2b WpHG. Danach sind Finanzinstrumente gem. WpHG und KWG Wertpapiere, Anteile an Investmentvermögen iSd § 1 Abs. 1 KAGB, Geldmarktinstrumente, Derivate, Rechte auf Zeichnung von Wertpapieren und Vermögensanlagen iSd § 1 Abs. 2 VermAnlG (mit Ausnahme von Genossenschaftsanteilen sowie bestimmten Namensschuldverschreibungen) und im KWG zusätzlich Devisen und Rechnungseinheiten (und nicht nur – wie im WpHG – darauf bezogene Derivate). Der Begriff des Finanzinstruments geht damit **weit über den herkömmlichen Begriff der Effekten hinaus,** der praktisch nur umlauffähige, dh gattungsmäßig standardisiert ausgestaltete und handelbare Wertpapiere des Kapitalmarktes erfasst[3]. Seine derzeitige Fassung erhielt der Begriff der Finanzinstrumente durch das Gesetz zur Umsetzung der Richtlinie über die Verwalter alternativer Investmentfonds[4]. Das KWG verwendet seitdem – anders als das WpHG – sogar nicht einmal mehr den Begriff der Wertpapiere[5].

**Früher** wurde vertreten, dass ein weiteres Element des Effektenbegriffs und damit des 5 Effektengeschäfts sei, dass er einen **Anspruch auf Erträge** (Zinsen, Dividenden) gewähre. Diese Einschränkung letztlich auf das Kapital*an*lagerecht ist heute überholt, da insb. die weite Verbreitung der Derivate und deren Nutzungsmöglichkeit zu Absicherungs- wie zu Spekulationszwecken oder zum „portfolio enhancement" eine präzise Abgrenzung unmöglich macht und eine nicht gerechtfertigte Beschränkung auf einen Teil der Beziehungen zwischen Bank und Kunde erfolgte[6].

Erfolgt eine Betrachtung des gesamten **Orderausführungsgeschäfts der Kreditinsti-** 6 **tute** für Anleger, so ist erforderlich, je nach Ausgangspunkt einer Fragestellung zwischen den zivilrechtlichen Pflichten des Kreditinstitutes gegenüber dem Anleger sowie den (institutionen-)aufsichtsrechtlichen Pflichten nach dem KWG und den (verhaltens-)aufsichtsrechtlichen Pflichten nach dem WpHG zu unterscheiden, da die Pflichtenkreise durch den unterschiedlichen Begriff des Finanzinstruments zwar in weiten Teilen deckungsgleich jedoch nicht identisch sind.

## II. Überblick über zivilrechtliche Grundstrukturen

**Zivilrechtlich** lassen sich für die Ausführung von Kundenaufträgen in Finanzinstru- 7 menten durch Kreditinstitute vier bis sechs **Grundformen** des Rechtsverhältnisses zwi-

---

[3] Vgl. dazu *Assmann* in Assmann/Uwe H. Schneider, WpHG, 6. Aufl. 2012, § 2 Rn. 7 ff.; *Lange* in Schwintowski, Bankrecht, 4. Aufl. 2014, § 19 Rn. 5 ff.; *Lenenbach,* Kapitalmarktrecht, 2. Aufl. 2010, Rn. 4.2 f.; *Schäfer* in Schwintowski/Schäfer, Bankrecht, 2. Aufl. 2004, § 16 Rn. 1 ff. mwN.
[4] AIFM-UmsG vom 4. Juli 2013, BGBl 2013 I, S. 1981 ff.
[5] Vgl. dazu RegBegr. AIFM-UmsG, BT-Drs. 17/12294, S. 545.
[6] Vgl. *Lenenbach,* Kapitalmarktrecht, 2. Aufl. 2010, Rn. 4.5 mwN.

schen Bank und Kunde ausmachen. Diese sind aus Sicht der Bank das **Kommissionsgeschäft** iSv § 383 HGB (**mit oder ohne Selbsteintritt** und ggfls. mit **Ausführung** des Kommissionsauftrags im elektronischen Handel einer Börse **gegen die beauftragte Bank**)[7], die **offene Stellvertretung**, der Abschluss von **Kaufverträgen** iSv § 433 BGB (sog Festpreisgeschäft) sowie der Abschluss von **Verträgen sui generis**.

**8** Die klassische Ausführungsform von Kundenaufträgen durch Kreditinstitute ist die des **Kommissionsgeschäfts** iSd §§ 383 ff. HGB (mit oder ohne Einschaltung von Zwischenkommissionären) **ohne Selbsteintritt.** Bei dieser erwirbt oder veräußert das Kreditinstitut (Kommissionär) – meist an einem regulierten Markt[8] – im eigenen Namen auf Rechnung des Anlegers (Kommittenten) kapitalmarktfähige, dh umlauffähige, Wertpapiere. Dabei kommt es nicht auf die Verbriefung der „Wertpapiere" an[9]. Durch das Auftreten im eigenen Namen stellen die Teilnehmer des regulierten Marktes (meist: Börse) sicher, dass Vertragspartner jeweils nur das andere als Börsenhandelsteilnehmer zugelassene Kreditinstitut (bzw. eine zwischengeschaltete „Zentrale Gegenpartei")[10] wird und damit eine sichere und effiziente Abwicklung der Geschäfte zwischen den Marktteilnehmern sichergestellt ist. Nach § 400 Abs. 1 HGB kann der Kommissionär, also das Kreditinstitut, den Kauf- oder Verkaufsauftrag des Kommittenten der Wertpapiere auch durch einen sog **Selbsteintritt** ausführen, wenn ein „amtlich festgestellter" Börsen- oder Marktpreis besteht, indem er das Wertpapier, das er einkaufen soll, selbst als Verkäufer liefert oder das Wertpapier, welches er verkaufen soll, selbst als Käufer übernimmt. Seit 1995 sehen die **Sonderbedingungen für Wertpapiergeschäfte** (SB Wp) der deutschen Kreditinstitute in (der heutigen) Nr. 1 Abs. 2 Satz 1 jedoch vor, dass das Kommissionsgeschäft grundsätzlich nicht durch Selbsteintritt erfüllt sondern mit einem anderen Marktteilnehmer als schlichte Kommission ausgeführt wird[11]. Dadurch wird eine Kommission mit Selbsteintritt jedoch nicht unzulässig, sondern bedarf der ausdrücklichen Vereinbarung zwischen Bank und Kunde.

**9** Allerdings ermöglicht Nr. 1 Abs. 2 Satz 2 SB Wp seit 2003, dass der „andere Marktteilnehmer" im Rahmen des elektronischen Handels an der Börse **auch die als Kommissionär tätig werdende Bank** selbst (bzw. ein von dem Kommissionär eingeschalteter Zwischenkommissionär) sein kann, wenn die Bedingungen des Börsenhandels dies zulassen. Dies sehen zB die Bedingungen von **Xetra-Best** der Frankfurter Wertpapierbörse vor[12], wenn der Kommissionär ein sog Best Service Provider ist. Anders als bei einer Kommission

---

[7] Teilweise werden die Kommission mit und ohne Selbsteintritt als zwei Erscheinungsformen verstanden, vgl. zB *Lenenbach,* Kapitalmarktrecht, 2. Aufl. 2010, Rn. 4.18 ff.; *Günter Roth* in Assmann/Schütze, 3. Aufl. 2010, § 10 Rn. 42 ff. – dann bestehen fünf Grundformen. Auch die Ausführungen des Kommissionsauftrages im elektronischen Handel einer Börse gegen die beauftragte Bank wird zT als Festpreisgeschäft qualifiziert, zT jedoch als eigene Fallgruppe gesehen (vgl. *Lenenbach,* Kapitalmarktrecht, 2. Aufl. 2010, Rn. 4.24 ff.) – dann bestehen sogar sechs Grundformen.

[8] Bis 31.10.2007 sah der durch das Finanzmarktrichtlinie-Umsetzungsgesetz (FRUG) abgeschaffte § 22 BörsG aF vor, dass Kommissionsaufträge über eine Börse abgewickelt werden mussten (hiermit korrespondierte Nr. 2 SB Wp). Nunmehr enthält § 33a WpHG die Pflicht des Wertpapierdienstleistungsunternehmens zur bestmöglichen Orderausführung und sieht hierfür sog Ausführungsgrundsätze des Instituts vor. Diese werden durch Nr. 2 Satz 2 SB Wp in diese inkorporiert. § 33a Abs. 5 Satz 2 WpHG erfordert in diesen den Hinweis, ob Order börslich ausgeführt werden oder auch außerbörslich.

[9] Vgl. § 6 BSchuWG; *Assmann* in Assmann/Uwe H. Schneider, WpHG, 6. Aufl. 2012, § 2 Rn. 11; *Gregor Roth* in KölnKommWpHG, 2. Aufl. 2014, § 2 Rn. 17 – beide mwN; zur Entmaterialisierung vgl. *Seiler/Kniehase* in Schimansky/Bunte/Lwowski, BankR HdB Bd. II, 4. Aufl. 2011, § 104 Rn. 64 ff.; *Lange* in Schwintowski, Bankrecht, 4. Aufl. 2014, § 19 Rn. 7 ff.

[10] Vgl. dazu *Hopt* in Baumbach/Hopt, HBG, 36. Aufl. 2014, (8) AGB-WPGeschäfte Nr. 1. Rn. 3 mwN.

[11] *Bunte,* AGB-Banken und Sonderbedingungen, 3. Aufl. 2011, SB Wp 8, Nr. 1 Rn. 44 ff. mwN; *Hopt* in Baumbach/Hopt, HBG, 36. Aufl. 2014, (8) AGB-WPGeschäfte Nr. 1 Rn. 2; BGH WM 2012, 1520, 1524 f.

[12] Vgl. §§ 78 f. BörsO FWB.

mit Selbsteintritt entscheidet hierbei nicht der Kommissionär sondern ein elektronisches Handelssystem einer Börse darüber, ob der Kommittent einen Vertrag über die Finanzinstrumente mit dem Kommissionär schließt[13].

Neben dem Kommissionsgeschäft als dem Fall der mittelbaren Stellvertretung[14] steht das sog **Festpreisgeschäft** nach Nr. 1 Abs. 3 SB Wp. Beim Festpreisgeschäft schließen Bank und Kunde unmittelbar einen Kaufvertrag gem. § 433 BGB über das von dem Kunden gewünschte Wertpapier, der das Kreditinstitut verpflichtet, das Wertpapier zu einem grundsätzlich festen Preis an den Anleger zu verkaufen oder von ihm zu kaufen. Auf Grund des Abschlusses eines Kaufvertrags zwischen Anleger und Bank ist Letztere nicht berechtigt, zusätzlich zu dem vereinbarten Preis Gebühren oder Provisionen zu berechnen[15]. Allerdings kann der Kaufvertrag von dem Eintritt einer Bedingung iSv § 158 Abs. 1 BGB abhängig gemacht werden, etwa der, dass die Bank ein entsprechendes Gegengeschäft im Markt tätigen kann[16]. Ebenso sieht Nr. 1 Abs. 3 SB Wp vor, dass auch der Preis für die Wertpapiere im Kaufvertrag nicht festgelegt sein muss, sondern bestimmbar sein kann, was 2003 in den SB Wp ausdrücklich eingeführt wurde[17]. 10

Nur ausnahmsweise wird die Bank für den Anleger in **offener Stellvertretung** tätig, weil Vertragspartner an regulierten Märkten den ihnen unbekannten Anleger nicht als Gegenpartei akzeptieren. Diese Form des Effektengeschäfts tritt daher meist **nur bei der Platzierung größerer Bestände** an Wertpapieren für einen Anleger durch die Bank außerhalb der Börse auf oder im Rahmen des sog Primärmarktgeschäfts, bei dem neu emittierte Wertpapiere erstmals platziert werden[18]. Letzteres erfolgte insb. bis zur Abschaffung der Börsenumsatzsteuer, da der Ersterwerb von Wertpapieren börsenumsatzsteuerbefreit war[19]. Hätte eine Bank neu emittierte Wertpapiere auftrags des Anlegers im eigenen Namen erworben und dann an den Anleger weiterveräußert, wäre die Weiterveräußerung als „Zweiterwerb" börsenumsatzsteuerpflichtig gewesen. Seit der Abschaffung der Börsenumsatzsteuer 1991 entfällt dieser Grund für die Nutzung der offenen Stellvertretung, doch könnte sich dies mit der eventuellen Einführung einer Finanzmarkttransaktionssteuer ändern. 11

Die Ausführung von **Orders in Derivaten** gestaltet sich komplex. Sind die Derivate verbrieft, stellen sie Wertpapiere dar und die Orderausführung erfolgt als Kommissions- oder Festpreisgeschäft gem. vorstehenden Ausführungen. Sind die Derivate unverbrieft jedoch börsengehandelt, sehen die Sonderbedingungen für Termingeschäfte (in der Fassung von 1999) der deutschen Banken und Sparkassen vor, dass die Ausführung als Kommission erfolgt (Nr. 1 SB Termin). Außerbörsliche Termingeschäfte wie insb. Swaps und „Swap-Derivate" wie Forward Rate Agreements (FRAs), Zins- und Währungs-Futures, Constant Maturity Swaps (CMS), Spread Ladder Swaps, Swaptions, Caps, Floors und Collars[20] werden nach Nr. 7 SB Termingeschäfte mit dem Kunden von dem Kreditinstitut als Eigenhändler im eigenen Namen und auf eigene Rechnung – meist als Verträge sui generis – 12

---

[13] *Beule* in BuB, Stand: 4/2013, Rn. 7/38; *Lenenbach,* Kapitalmarktrecht, 2. Aufl. 2010, Rn. 4.24 ff.; *Bunte,* AGB-Banken und Sonderbedingungen, 3. Aufl. 2011, SB Wp 8, Nr. 1 Rn. 54; *Lange* in Schwintowski, Bankrecht, 4. Aufl. 2014, § 19 Rn. 23 ff.; *Starke* in Kümpel/Wittig, Bank- und Kapitalmarktrecht, 4. Aufl. 2011, Rn. 17.153 ff.

[14] *Schwark* JuS 1980, 777 ff.; *K. Schmidt,* Handelsrecht, 5. Aufl. 1999, § 31 I 1b) aa) mwN.

[15] BGH WM 2002, 1687, 1688 = ZIP 2002, 1436 = BKR 2002, 736; vgl. auch Nr. 1 Abs. 3 Satz 2 SB Wp.

[16] *Kümpel* WM 1995, 137, 140.

[17] *Beule* in BuB, Stand 4/2013, Rn. 7/49 mwN.

[18] Typischerweise unter gleichzeitiger Garantie der platzierenden Bank gegenüber dem Emittenten hinsichtlich der Zahlung des Kaufpreises durch den Erwerber.

[19] Vgl. *Kümpel,* Bank- und Kapitalmarktrecht, 1. Aufl. 1995, Rn. 8.89.

[20] Diese werden meist als atypische, gegenseitige Verträge sui generis qualifiziert, vgl. *Schäfer* in Schwintowski/Schäfer, Bankrecht, 2. Aufl. 2004, § 21 Rn. 15 ff.; *Clouth* Finanz-Derivate, S. 43 ff.; *Krämer,* Finanzswaps, 1999, S. 149 ff.; *Kewenig/Schneider* WM 1992, Sonderbeilage 2, S. 1, 3; umfassend *Jahn* in Schimansky/Bunte/Lwowski, BankR HdB, 4. Aufl. 2011, § 114 Rn. 2 ff., 34 ff.

abgeschlossen. Soweit kein fester Preis vereinbart ist, ist das Kreditinstitut berechtigt, diesen nach billigem Ermessen (§ 315 BGB) zu bestimmen.

**III. Aufsichtsrechtliche Qualifizierung der zivilrechtlichen Erscheinungsformen**

13    **1. Entwicklung der aufsichtsrechtlichen Begrifflichkeiten.** Bis zum 1. Januar 1998 definiert § 1 Abs. 1 Satz 2 Nr. 4 KWG das Bankgeschäft des **Effektengeschäfts** als „die Anschaffung und Veräußerung von Wertpapieren für andere"[21]. Die 6. KWG-Novelle[22] schaffte diesen Begriff im KWG ab, um einen Gleichlauf des KWG mit dem seit 1994 geltenden, Wertpapierdienstleistungen definierenden WpHG herbeizuführen. Das Bankgeschäft des Effektengeschäfts wurde ersetzt durch das Bankgeschäft des **„Finanzkommissionsgeschäfts"** gem. § 1 Abs. 1 Satz 2 Nr. 4 KWG sowie durch die 1998 als Kategorie neu in das KWG eingefügten Finanzdienstleistungen gem. § 1 Abs. 1a Satz 2 Nr. 1, 2 und 4 KWG aF, der **Anlagevermittlung, Abschlussvermittlung** sowie des **Eigenhandels** (als Dienstleistung). Im Ergebnis geht mit der Ersetzung des Begriffs des Effektengeschäfts eine erhebliche Ausweitung des Verbots mit Erlaubnisvorbehalt des § 32 KWG für die Erbringung von Bank- und Finanzdienstleistungen einher. Neben den bereits kuriosen Begriff des „Eigenhandels als Dienstleitung"[23] trat später[24] noch das „Eigengeschäft" des § 1 Abs. 1a Satz 3 und 4 KWG, der den Eigenhandel der Bank „für sich"[25] umschreibt[26]. Im Ergebnis finden damit sämtliche zivilrechtlichen Erscheinungsformen des herkömmlich als Effektengeschäft bezeichneten, kundenorientierten Bankgeschäfts der Ausführung von „Effekten"order aufsichtsrechtliche Entsprechungen.

14    **2. Aufsichtsrechtliche Qualifizierungen.** Den Kern der aufsichtsrechtlichen Qualifizierung der Ausführung von Effektenorder durch Banken bildet das sog „Finanzkommissionsgeschäft" iSv § 1 Abs. 1 Satz 2 Nr. 4 KWG bzw. § 2 Abs. 3 Satz 1 Nr. 1 WpHG mit der Definition der „Anschaffung oder Veräußerung von Finanzinstrumenten im eigenen Namen für fremde Rechnung"[27]. Liegt zivilrechtlich eine Kommission iSd §§ 383 ff. HGB vor, handelt es sich immer um ein Finanzkommissionsgeschäft iSd KWG bzw. WpHG[28]. Das gewerbsmäßige Betreiben des Finanzkommissionsgeschäfts begründet damit immer ein Bankgeschäft iSd KWG bzw. eine Wertpapierdienstleistung iSd WpHG.

15    Handelt das Kreditinstitut nicht im eigenen Namen für fremde Rechnung, also in verdeckter Stellvertretung, sondern im fremden Namen für fremde Rechnung, also in **offener**

---

[21] Was nach § 32 KWG zur Folge hat, dass das Betreiben dieses Bankgeschäfts einem Verbot mit Erlaubnisvorbehalt unterliegt und daher einer Erlaubnis durch die BaFin bedarf.

[22] BGBl. 1997 I, S. 2518 ff.

[23] Zivilrechtlich handelt es sich hierbei um das in den SB Wp vor 1995 sog Eigenhändler- oder Propergeschäft, vgl. *Hopt* in Baumbach/Hopt, HGB, 36. Aufl. 2014, § 383 Rn. 8.

[24] Durch das Gesetz zur Umsetzung der geänderten Bankenrichtlinie und der geänderten Kapitaladäquanzrichtlinie v. 19. November 2010, BGBl. I S. 1592; ergänzt durch das Gesetz zur Abschirmung von Risiken und zur Planung der Sanierung und Abwicklung von Kreditinstituten und Finanzgruppen v. 7. August 2013, BGBl. I S. 3090 mit Wirkung ab 31. Januar 2014.

[25] Zivilrechtlich handelt es sich um das sog Eigen- oder Nostrogeschäft.

[26] Dessen Betreiben unter bestimmten Umständen der vorgängigen Erlaubnis der BaFin gem. § 32 Abs. 1a KWG bedarf.

[27] Lt. KWG bedarf es einer „Anschaffung *und* Veräußerung", während es lt. WpHG nur einer „Anschaffung *oder* Veräußerung" bedarf – im WpHG wurde *und* durch *oder* durch das Finanzmarktrichtlinie-Umsetzungsgesetz (FRUG) 2007 ersetzt und eine entsprechende Ersetzung im KWG offensichtlich übersehen, vgl. *Assmann* in Assmann/Uwe H. Schneider, WpHG, 6. Aufl. 2012, § 2 Rn. 66; *Schäfer* in Boos/Fischer/Schulte-Mattler, KWG, 4. Aufl. 2012, § 1 Rn. 61 mwN.

[28] So dass der Streit, ob der aufsichtsrechtliche Begriff des Finanzkommissionsgeschäfts des KWG auch weitere zivilrechtliche Erscheinungsformen außer der Kommission erfasst, insoweit nicht von Belang ist – vgl. zum Streit *Schwennicke* in Schwennicke/Auerbach, KWG, 2. Aufl. 2013, § 1 Rn. 45 ff.; *Assmann* in Assmann/Uwe H. Schneider, WpHG, 6. Aufl. 2012, § 2 Rn. 68 ff.; *Schäfer* in Boos/Fischer/Schulte-Mattler, KWG, 4. Aufl. 2012, § 1 Rn. 61 ff. – alle mwN; Hess. VGH, WM 2014, 206.

**Stellvertretung,** so qualifiziert das Aufsichtsrecht dies als **„Abschlussvermittlung"** iSv § 1 Abs. 1a Satz 2 Nr. 2 KWG bzw. § 2 Abs. 3 Satz 1 Nr. 3 WpHG als „die Anschaffung oder Veräußerung von Finanzinstrumenten in fremdem Namen für fremde Rechnung"[29]. Wird ein Institut somit in offener Stellvertretung für einen Anleger tätig[30] und erfolgt die Tätigkeit gewerbsmäßig, so erbringt ein Institut die Finanzdienstleistung der Abschlussvermittlung. Eine Tätigkeit des Instituts in offener Stellvertretung kann – insb. iRd Primärgeschäfts – aufsichtsrechtlich zugleich ein **Platzierungsgeschäft** iSv § 1 Abs. 1a Satz 2 Nr. 1c KWG bzw. § 2 Abs. 3 Satz 1 Nr. 6 WpHG als „die Platzierung von Finanzinstrumenten ohne feste Übernahmeverpflichtung" begründen[31]. Bei diesem veräußert das Institut Finanzinstrumente im Rahmen einer **Emission** oder einer sog **Zweitplatzierung** von Aktien eines Großaktionärs im fremden Namen und für fremde Rechnung (des Emittenten bzw. des Großaktionärs) im Wege der offenen Stellvertretung ohne eigene Übernahmeverpflichtung[32]. Wird ein Institut somit gewerbsmäßig in offener Stellvertretung für einen Emittenten bzw. Großaktionär bei der Platzierung von dessen Finanzinstrumenten tätig[33], so verdrängt aufsichtsrechtlich diese Tätigkeit als lex specialis die Qualifizierung als Abschlussvermittlung. Je nach Ausgestaltung kann daher die zivilrechtliche Tätigkeit in offener Stellvertretung eine Abschlussvermittlung oder ein Platzierungsgeschäft darstellen.

Schließt ein Institut mit dem Kunden einen Kaufvertrag ab (sog **Festpreisgeschäft**), **16** qualifiziert das Aufsichtsrecht dies entweder als sog **„Eigenhandel als Dienstleistung"** iSv § 1 Abs. 1a Satz 2 Nr. 1c KWG bzw. § 2 Abs. 3 Satz 1 Nr. 2 WpHG als „die Anschaffung oder Veräußerung von Finanzinstrumenten für eigene Rechnung als Dienstleistung für andere"[34], oder als sog **„Eigengeschäft"** gem. § 1 Abs. 1a Satz 3 und 4 KWG bzw. § 2 Abs. 3 Satz 2 WpHG als „die Anschaffung und Veräußerung von Finanzinstrumenten für eigene Rechnung, die keine Dienstleistung für andere darstellt"[35]. Wird das Festpreisgeschäft als Dienstleistung (= Eigenhandel) betrieben, ist es immer eine Finanzdienstleistung und bedarf einer Erlaubnis durch die BaFin. Wird das Festpreisgeschäft als Nostrogeschäft (= Eigengeschäft) betrieben, bedarf es bei Vorliegen der weiteren Voraussetzungen des § 1 Abs. 1a Satz 3 und 4 KWG gleichfalls der Erlaubnis durch die BaFin.

Im „bankmäßigen Effektengeschäft" praktisch nicht vorkommend ist eine bloße **Weiter- 17 leitung von Kundenaufträgen** durch die Bank als Boten an einen Vertragspartner des Kunden (zB Investmentfonds)[36]. Dieses – primär bei reinen Finanzdienstleistern auftretende

---

[29] Wie beim Finanzkommissionsgeschäft spricht das KWG von der Anschaffung *und* Veräußerung von Finanzinstrumenten, während das WpHG von der Anschaffung *oder* Veräußerung von Finanzinstrumenten spricht – wie beim Finanzkommissionsgeschäft wird davon auszugehen sein, dass es sich beim KWG-Wortlaut um ein Redaktionsversehen handelt – vgl. oben Fn. 27.

[30] → Rn. 11.

[31] Insoweit sind KWG und WpHG wortlautidentisch.

[32] Zu den EU-rechtlichen Hintergründen dieser eigentlich überflüssigen aufsichtsrechtlichen Regelung vgl. *Demmelmair* in Beck/Samm/Kokemoor, KWG, § 1 Rn. 577; *Schwennicke* in Schwennicke/Auerbach, KWG, 2. Aufl. 2013, § 1 Rn. 103; *Assmann* in Assmann/Uwe H. Schneider, WpHG, 6. Aufl. 2012, § 2 Rn. 95 ff.

[33] Die BaFin hält insoweit zusätzlich eine Platzierungsabrede für erforderlich, vgl. *BaFin*, Merkblatt – Hinweise zum Tatbestand des Platzierungsgeschäfts, Stand: 12/2009, S. 2 f.

[34] Wobei sowohl KWG wie WpHG weitere Tätigkeiten an einem organisierten Markt bzw. den Handel für eigene Rechnung außerhalb eines organisierten Marktes durch Anbieten eines Dritte zugänglichen Systems erfassen, was für das kundenorientierte Geschäft des Instituts hier jedoch außer Betracht bleiben soll.

[35] Der Wortlaut des KWG weicht insoweit ab, als er mit Blick auf das Verbot mit Erlaubnisvorbehalt des § 32 Abs. 1a KWG weitere institutsspezifische Voraussetzungen aufstellt (insb. Zugehörigkeit zu Institutsgruppe mit CRR-Kreditinstitut) und dadurch den Umfang des Verbots mit Erlaubnisvorbehalt einschränkt.

[36] Dies tritt allenfalls im Sparkassensektor auf, wenn eine Sparkasse einen Kundenkommissionsauftrag als sog Botenbank an eine das Geschäft abwickelnde Landesbank oder die dwpBank oder ein entsprechendes Institut weiterleitet.

– Verhalten wird aufsichtsrechtlich als sog. „Anlagevermittlung" gem. § 1 Abs. 1a Satz 2 Nr. 1 KWG bzw. § 2 Abs. 3 Nr. 4 WpHG wortlautidentisch als „die Vermittlung von Geschäften über die Anschaffung und die Veräußerung von Finanzinstrumenten" definiert, bedarf hier auf Grund eingeschränkter Relevanz für Banken jedoch keiner vertieften Erörterung[37].

**18** Soweit von einem Kreditinstitut Geschäfte in **Derivaten** mittels eines **Vertrags sui generis** abgeschlossen werden[38], kann dies einen Eigenhandel iSv § 1 Abs. 1a Satz 2 Nr. 4c KWG bzw. § 2 Abs. 3 Satz 2 WpHG als „die Anschaffung oder die Veräußerung von Finanzinstrumenten für eigene Rechnung als Dienstleistung für andere" darstellen oder den Abschluss eines Eigengeschäfts iSv § 1 Abs. 1a Satz 3 und 4 KWG bzw. § 2 Abs. 3 Satz 2 WpHG, soweit das Derivat jeweils ein Finanzinstrument iSv § 1 Abs. 11 KWG bzw. § 2 Abs. 2b, Abs. 2 WpHG ist.

**19** **3. Rechtsfolgen der Qualifizierung als Bankgeschäft bzw. Finanzdienstleistung und Wertpapierdienstleistung.** Sämtliche **zivilrechtlichen Erscheinungsformen** des „klassischen Effektengeschäfts" finden somit **aufsichtsrechtliche Entsprechungen** im KWG, entweder als Bankgeschäft des Finanzkommissionsgeschäfts oder als Finanzdienstleistung der Abschlussvermittlung, des Platzierungsgeschäfts, des Eigenhandels oder des Eigengeschäfts, und im WpHG als Wertpapierdienstleistung. Diese Qualifizierung hat eine Reihe von Konsequenzen.

**20** Wird das Bankgeschäft bzw. die Finanzdienstleistung „gewerbsmäßig oder in einem Umfang betrieben, der einen in kaufmännischer Weise eingerichteten Geschäftsbetrieb erfordert"[39], so führt das Betreiben von Bankgeschäften dazu, dass es sich bei dem Betreibenden um ein Kreditinstitut handelt, und bei dem Finanzdienstleistungen Erbringenden um ein Finanzdienstleistungsinstitut. Beides hat jeweils nach **§ 32 Abs. 1 Satz 1 KWG** zur Konsequenz, dass das Betreiben der schriftlichen Erlaubnis der Bundesanstalt für Finanzdienstleistungsaufsicht bedarf. Ein Verstoß gegen dieses **Verbot mit Erlaubnisvorbehalt** kann eine Straftat nach § 54 Abs. 1 Nr. 2 KWG darstellen, die mit Freiheitsstrafe bis zu fünf Jahren oder mit Geldstrafe bestraft werden kann. Werden die Geschäfte mit der erforderlichen Erlaubnis betrieben, haben die Institute eine Vielzahl von Folgepflichten zu beachten, so insb. strukturelle und organisatorische Pflichten, die schwerpunktmäßig im KWG enthalten sind, sowie Verhaltens- und Organisationspflichten hinsichtlich des Geschäftsverkehrs und seiner Abwicklung, die schwerpunktmäßig im WpHG enthalten sind. Zu den Verhaltens- und Organisationspflichten des WpHG zählen insb. § 31 Abs. 1 bis 3, 5 und 8, § 31c, § 31d, § 31h, § 32, § 32a, § 32c, § 32d, § 33, § 33a, § 33b, § 34, § 34a, § 34b und § 37h WpHG.

**21** Die ein Institut treffenden aufsichtsrechtlichen Verhaltenspflichten stehen grundsätzlich neben den zivilrechtlichen (im wesentlichen vertraglichen) Verpflichtungen des Instituts bei der Erbringung der Dienstleistung gegenüber dem Kunden bzw. der Durchführung von Eigengeschäften. Auch wenn die vorgenannten Normen in vielen Fällen das Verhalten des Instituts bzw. Wertpapierdienstleistungsunternehmens gegenüber ihren Kunden regeln, handelt es sich doch durchgängig um Aufsichtsrecht, welches das Institut bei der Erbringung der Dienstleistung bzw. bei dem Eigenhandel zu beachten hat. Für die Kunden eines Instituts ergeben sich hieraus nur insoweit zivilrechtliche Ansprüche, wie es sich bei den aufsichtsrechtlichen Verpflichtungen um Schutzgesetze iSd § 823 Abs. 2 BGB handelt[40]. Werden durch ein Institut jedoch nicht nur aufsichtsrechtliche Verhaltenspflichten verletzt, sondern die Bankgeschäfte oder Finanzdienstleistungen **ohne die erforderliche Erlaub-**

---

[37] Vgl. dazu BGH, Urt. 5. Dezember 2013 – III ZR 73/12, WM 2014, 121.
[38] → Rn. 12.
[39] Vgl. zu den Merkmalen der Gewerbsmäßigkeit sowie des Erfordernisses eines kaufmännischen Geschäftsbetriebes *Schäfer* in Boos/Fischer/Schulte-Mattler, KWG, 4. Aufl. 2012, Rn. 17 f., 19 ff.
[40] → § 13 Rn. 52.

nis erbracht, so liegt regelmäßig die **Verletzung eines Schutzgesetzes** iSd § 823 Abs. 2 BGB vor (nämlich die des § 32 KWG) und dem Kunden des Instituts steht grundsätzlich ein Schadensersatzanspruch zu[41].

### IV. Abgrenzung zwischen Kommissions- und Festpreisgeschäft

**1. Bedeutung der Abgrenzung.** Kommissions- wie Kaufvertrag (Festpreisgeschäft) können grundsätzlich formfrei und sogar nur konkludent zwischen Bank und Anleger geschlossen werden. In der Praxis schließen die Vertragsparteien derartige Verträge häufig nur mündlich. Selbst bei schriftlichem Abschluss (zB Order des Anlegers per Fax an die Bank, bestimmte Finanzinstrumente zu einem bestimmten Preis zu erwerben oder zu veräußern), treffen die Parteien meist keine ausdrückliche oder klarstellende Vereinbarung darüber, ob ein Kommissions- oder ein Festpreisgeschäft zwischen ihnen geschlossen wird. In Ermangelung einer ausdrücklichen **Wahl einer Vertragsart** ist die Vereinbarung, die die Parteien getroffen haben, anhand ihres Inhalts, der konkreten Ausführung und der Interessenlage der Parteien zu qualifizieren.

In der Rechtsprechung der letzten 15 Jahre haben weniger die allgemeinen Unterschiede zwischen den Vertragsarten und die daran anknüpfenden konkreten Vertragspflichten und Risikoverteilungen als vielmehr die mit einer jeweiligen Vertragsart verbundenen wirtschaftlichen Folgewirkungen Anlass zu Streit gegeben. So waren es im wesentlichen sog **Mistrade-Klauseln** und der Streit über **nicht aufgedeckte Rückvergütungen,** die Anlass zu Auseinandersetzungen über die Qualifizierung eines Vertrags als Kommissions- oder Festpreisgeschäft gegeben haben. Mistrade-Klauseln berechtigen die Partner eines Wertpapierhandelsgeschäfts, dieses wegen Abschlusses zu nicht marktgerechten Preisen zu stornieren[42]. Hat eine Bank ein Ausführungsgeschäft für eine Kundenorder im Markt getätigt und wird dieses **Ausführungsgeschäft als Mistrade storniert,** bleibt die Bank gegenüber dem Anleger trotzdem grds. zur Erfüllung verpflichtet, wenn der Vertrag zwischen Bank und Anleger ein Festpreis- und kein Kommissionsgeschäft darstellt und sich die Bank für derartige Konstellationen kein Lösungsrecht vorbehalten hat. Handelt es sich dabei jedoch um ein Kommissionsgeschäft, so entfällt das Ausführungsgeschäft des Kommissionärs und ein (weiteres) Ausführungsgeschäft des Kommissionärs mit abweichenden Preisen würde zur Ausführung des Kommissionsauftrags erforderlich, was zu einem Entfallen eines Gewinns des Anlegers führen kann[43]. – Von gleicher Bedeutung ist die Frage der Abgrenzung zwischen Kommissions- und Festpreisgeschäft für das Bestehen eines Schadensersatzanspruchs eines Anlegers wegen **Verheimlichung von Kick-Backs** durch die Bank. Es entspricht ständiger Rechtsprechung, dass ein Kommissionär den Anleger über den Erhalt von versteckten Innenprovisionen und Rückvergütungen aufzuklären hat[44]. Unterlässt die Bank eine Aufklärung, begeht sie eine Pflichtverletzung, die den Anleger grds. zum Schadensersatz berechtigt. Demgegenüber besteht keine Aufklärungspflicht über Gewinnmargen bei dem Vertrieb eigener oder fremder Anlageprodukte beim Abschluss eines Festpreisgeschäfts, da bei diesem nur ein Zwei- und nicht ein Drei-Personen-Verhältnis be-

---

[41] Vgl. jüngst BGH WM 2014, 121 = NZG 2014, 189 (zur Anlagevermittlung) mwN.
[42] Vgl. dazu *J. Koch* ZBB 2005, 265 ff.; *Fleckner* WM 2011, 585 ff.; *Jaskulla* WM 2012, 1708 ff.; *Friedrich/Seidel* BKR 2008, 497 ff.; *Fleckner/Vollmuth* WM 2004, 1263 ff.; monographisch: *Lindfeld,* Die Mistrade-Klausel, 2008; *Clauss,* Anfechtungsrechte bei Wertpapiergeschäften zu nicht marktgerechten Preisen, 2012; ausführlich → § 13 Rn. 38 ff.
[43] BGH WM 2002, 1687 = BKR 2002, 736 = ZIP 2002, 1436; OLG Frankfurt, WM 2009, 1500 = ZIP 2009, 1558; OLG Frankfurt, WM 2009, 1032; LG Frankfurt, WM 2012, 1834; LG Frankfurt, WM 2009, 455.
[44] Vgl. BGH WM 2009, 405 = ZIP 2009, 455; BGH WM 2011, 925 = ZIP 2011, 855; BGH WM 2011, 15206 = ZIP 2011, 1559; BGH WM 2011, 1804 = ZIP 2011, 1807; BGH WM 2012, 1337 = ZIP 2012, 1335; BGH WM 2014, 1382 = ZIP 2014, 1418 (zu Innenprovisionen ab 1.8.2014).

steht[45]. Streitig ist zudem, ob im Falle des Abschlusses eines Kommissionsgeschäfts ein Anspruch des Kommittenten gegen den Kommissionär auf Herausgabe der Provisionszahlungen des Dritten besteht[46].

24    **2. Abgrenzung von Kommissions- und Festpreisgeschäft. a) Vertragliche Vereinbarung.** Im optimalen Fall wird zwischen Anleger und Bank eine *ausdrückliche* *vertragliche Vereinbarung* über die Art des Geschäftes vor der Ausführung der Order des Kunden getroffen[47]. Da dies meist nicht erfolgt, sind zu deren Feststellung die Willenserklärungen der Parteien zu ermitteln und nach dem objektiven Empfängerhorizont (§§ 133, 157 BGB) auszulegen[48]. Unterbleibt im Einzelfalle die Abgabe einer spezifischen Willenserklärung, kommt als subsidiäre Vereinbarung die Möglichkeit in Betracht, dass die zwischen Bank und Kunde vereinbarten AGB eine Regelung treffen[49]. Dies kann insbesondere nach Nr. 2 Satz 1 der SB Wp erfolgen, nach der die Ausführungsgrundsätze der Bank für das Verhältnis zum Kunden gelten. Sehen die Ausführungsgrundsätze der Bank eine Regelung vor, gilt diese als vertragliche Vereinbarung für alle Order des Kunden, die nicht ausdrücklich hiervon abweichen[50]. Die Bank trifft nach § 33 Abs. 1 WpHG grundsätzlich eine Pflicht zur Aufstellung von **Ausführungsgrundsätzen.** Diese – rein aufsichtsrechtliche – Verpflichtung beinhaltet jedoch keine Pflicht, eine **Festlegung auf die Vertragsart,** also Kommissions- oder Festpreisgeschäft, vorzunehmen. In der Praxis ist daher häufig festzustellen, dass seitens der Kreditinstitute keine Festlegung auf eine Vertragsart in den Ausführungsgrundsätzen erfolgt. In Ermangelung von ausdrücklichen Vereinbarungen im Einzelfall oder in AGB ist das Verhalten der Vertragsparteien im Hinblick auf konkludente Willenserklärungen auszulegen.

25    **b) Auslegungskriterien der Literatur.** Naheliegendes Kriterium für die Vereinbarung eines Festpreisgeschäfts ist eine **Preisabsprache** zwischen Bank und Anleger. Während bei einer Kommission der Preis typischerweise von dem Ausführungsgeschäft abhängt, spricht die Vereinbarung eines festen oder nach objektiven Kriterien bestimmbaren Kaufpreises für den Abschluss eines Festpreisgeschäfts. Allerdings wird sich aus der bloßen Nennung eines Preises nicht unbedingt ein Festpreisgeschäft herleiten lassen, da es sich insoweit auch um ein Limit, also eine Preisgrenze iSv § 386 HGB handeln kann[51]. In einem Festpreis ist immer auch die Vergütung der Bank enthalten, so dass spiegelbildlich die (Vereinbarung sowie die) **Berechnung von Provisionen** durch die Bank für ein Kommissionsgeschäft spricht[52].

26    In der Praxis haben sich **für bestimmte Geschäftstypen Üblichkeiten** herausgebildet, die Anhaltspunkte für eine Auslegung geben können. **Festpreisgeschäfte** werden typischerweise bei **Tafelgeschäften, Geschäften über Anleihen** ohne liquiden Markt

---

[45] BGHZ 191, 119 Rn. 38 ff. mwN = BGH WM 2011, 2268 = BKR 2011, 514 = ZIP 2011, 2237; BGH WM 2011, 2261 = BKR 2011, 508 = ZIP 2011, 2246; BGH WM 2012, 1520 = BKR 2012, 421 = ZIP 2012, 1650 (unentgeltliche Einkaufskommission); BGH WM 2013, 1983 = BKR 2014, 32 = ZIP 2013, 2001 – unter Verweis auf das Urteil des EuGH vom 30.5.2013, C-604/11, ZIP 2013, 1417.

[46] Vgl. zu dieser Frage *J. Koch* ZBB 2013, 217 ff. m. umfangr. w. N.; *Assmann* ZBB 2008, 21 ff.; *Habersack* WM 2010, 1245 ff.; *Mülbert* WM 2009, 481 ff.; *Hadding* ZIP 2008, 529 ff. sowie → § 13 Rn. 19 ff.

[47] Die Bezeichnung in einer Abrechnung des Geschäfts *nach* Ausführung stellt bestenfalls ein Indiz für die zwischen den Parteien getroffene Vereinbarung dar, vgl. OLG Stuttgart, BKR 2013, 164, 166 Rn. 21.

[48] Vgl. zu diesem Aspekt *F. Schäfer* WM 2012, 197, 199 mwN.

[49] Vgl. zu diesem Aspekt *Ekkenga* in MüKoHGB, Bd. 6, Effektengeschäft, Rn. 182.

[50] Vgl. *Beule* in BuB, Rn. 7/34, 7/54 f.

[51] Vgl. auch *Ekkenga* in MüKoHGB, Bd. 6, Effektengeschäft, Rn. 183 mwN; aA (immer Festpreisgeschäft) *Bergmann* in Langenbucher/Bliesener/Spindler, Bankrechtskommentar, 2013, 36. Kap. Rn. 159; OLG Stuttgart, BKR 2013, 164, 165 Rn. 20.

[52] *Hopt* in Baumbach/Hopt, HGB, 36. Aufl. 2014, § 383 Rn. 7 f.

sowie beim Vertrieb von **Eigenemissionen** abgeschlossen[53]. Wurde keine ausdrückliche Festpreisvereinbarung getroffen, soll eine **Vermutung für den Abschluss eines Kommissionsgeschäfts** gelten. Dies wird damit begründet, dass der private Anleger schutzbedürftig sei, da er keinen direkten Zugang zur Börse hat und er das Kreditinstitut in dem Vertrauen einschaltet, seine Interessen bestmöglich wahrzunehmen, was nur bei einem Kommissionsverhältnis erfolge[54].

**c) Abgrenzung in der Rechtsprechng.** Die ältere Rechtsprechung, insb. die des Reichsgerichtes ging von der Annahme aus, dass der Bankier der Vertrauensmann des Anlegers ist und dessen Interessen bestmöglich wahrnehmen soll, was für die Annahme eines Kommissionsverhältnisses spreche[55]. Dem hat sich die Rechtsprechung des BGH zunächst angeschlossen[56]. Die **jüngere Rechtsprechung des BGH**[57] leitet jedenfalls aus der Berechnung von Provisionen den Abschluss eines Kommissionsgeschäfts her und gelangte so zu dem Grundsatz, dass „Direktbanken im Effektengeschäft idR als Kommissionär tätig werden". 27

Unklar ist, ob der BGH von der – im Einklang mit der hL stehenden – Vermutung des Abschlusses eines Kommissionsgeschäfts in der jüngsten Rechtsprechung abrückt. In der Entscheidung zu dem Nichtbestehen von Aufklärungspflichten über Gewinnmargen bei Festpreisgeschäften[58] geht der BGH ohne weitergehende Auseinandersetzung mit dem Sachverhalt von dem Abschluss eines Kaufvertrags aus[59]. Ein **Eigengeschäft** soll stets dann vorliegen, wenn die Bank dem Anleger ihre **eigenen Produkte** empfiehlt[60], was auch bei der Empfehlung von Produkten von Tochter- oder Schwestergesellschaften gelten soll[61]. Dabei soll die Bank nach der Rechtsprechung des BGH[62] nicht verpflichtet sein, den Anleger darüber aufzuklären, dass sie mit diesem ein Festpreisgeschäft abschließt[63] (und entsprechend keine Aufklärungsplicht über Gewinnmargen besteht). Dies soll sowohl für die Veräußerung eigener Produkte der beratenden Bank wie auch für Anlageprodukte von Drittanbietern gelten, wobei „die Art und Weise des von der Bank getätigten **Deckungsgeschäfts,** dh die von der Bank im Verhältnis zum Emittenten gewählte rechtliche Gestaltung, mit der sie ihre in dem Kaufvertrag gegenüber dem Anleger übernommene Lieferverpflichtung sicherstellen will, für die Anlageentscheidung des Kunden regelmäßig unmaßgeblich" ist[64]. In Betracht kommt dabei sowohl ein Deckungsgeschäft der Bank mit dem Emittenten in Form eines Kaufvertrags wie auch in Form einer *Ver*kaufskommission für den Emittenten. – Allerdings ist insbesondere den Hilfsausführungen der letztgenannten Entscheidung zu entnehmen, dass grundsätzlich ein Kommissionsgeschäft vorliegen kann, auch wenn der Kommissionär dem Kommittenten keine Provisionen in Rechnung stellt 28

---

[53] *Lenenbach*, Kapitalmarktrecht, 2. Aufl. 2010, Rn. 4.22; *Beule* in BuB, Rn. 7/49.
[54] *Lenenbach*, Kapitalmarktrecht, 2. Aufl. 2010, Rn. 4.22; *Günter Roth* in Assmann/Schütze, Hdb. Kapitalanlagerecht, 3. Aufl. 2007, § 10 Rn. 62 f.; *Ekkenga* in MüKoHGB, Bd. 6, Effektengeschäft Rn. 182 ff. (allerdings mit der Einschränkung, dass dies nicht prinzipiel gelten soll); *Hein* WM 1996, 1, 6.
[55] RGZ 43, 108, 111; RGZ 94, 65, 66; RGZ 114, 9, 13 ff.
[56] BGH NJW 1953, 377 ff.
[57] BGH WM 2002, 1687 f. (Order an Direktbank); BGH WM 2003, 673 = BKR 2003, 340 (Zeichnung von Aktien bei Neuemission für Kunden); ebenso OLG Karlsruhe, WM 2011, 353, 355; OLG Karlsruhe WM 2011, 883, 885; OLG Frankfurt, WM 2009, 1032, 1033 – dazu *Fleckner* WuB I G 2.-2.09.
[58] BGH WM 2011, 2268; BGH WM 2011, 2261.
[59] Insoweit kritisch *F. Schäfer* WM 2012, 197, 199 f.
[60] BGH WM 2012, 1520 Rn. 22; ebenso *Mann* WM 2013, 727, 730.
[61] OLG Dresden, BKR 2012, 293, 297; ebenso *Bausch* NJW 2012, 354, 356.
[62] BGH WM 2011, 2268 Rn. 48 f.; BGH WM 2012, 1520, 1522 Rn. 17.
[63] AA OLG Köln, WM 2011, 1652, 1653 f.; OLG Köln, ZIP 2011, 1092, 1093; wie der BGH das OLG Frankfurt, BKR 2012, 217 Rn. 24 ff. und das OLG Stuttgart, BKR 2013, 164 Rn. 17 ff.
[64] BGH WM 2012, 1520, 1522 Rn. 22.

(was auch Auswirkungen auf eine Aufklärungspflicht über den Erhalt von Vertriebsprovisionen zeitigt[65]), da eine **„unentgeltliche" Kommission** wie die Abwicklung eines Eigengeschäfts der Bank zu bewerten sei. Dafür spreche insbesondere, „dass es häufig dem Zufall überlassen ist, ob der Wertpapiererwerb im Wege der (Einkaufs-)Kommission für den Anleger oder eines Festpreis- bzw. Eigengeschäfts erfolgt".

**29** Im Ergebnis dürfte die **Rechtsprechung des BGH** auf eine – auch von der Literatur bereits statuierte – **Vermutung** teils für eine Kommission und teils für ein Festpreisgeschäft je nach Fallkonstellation hinauslaufen. In den Fällen der **Order an Direktbanken** und bei der **Zeichnung von Neuemissionen** von Aktien für Kunden besteht eine **Vermutung für ein Kommissionsgeschäft,** während bei dem **Vertrieb (konzern-)eigener Produkte** eine Vermutung für ein **Festpreisgeschäft** spricht. Bei dem Vertrieb von Finanzinstrumenten, die von Dritten begeben wurden und deren Vertrieb durch Zahlung von Vertriebsprovisionen oder Einkaufsrabatten durch den Emittenten unterstützt wird, scheint der BGH gleichfalls zu Festpreisgeschäften zu tendieren. Jedenfalls trägt derjenige, der aus einem Kommissionsgeschäft Rechte herleiten will, für dessen Abschluss die Darlegungs- und Beweislast[66].

**30** Bei dem Abschluss von Festpreisgeschäften entspricht es nunmehr ständiger Rechtsprechung des BGH, dass es diesbezüglich **keiner gesonderten Aufklärung des Anlegers über den Abschluss eines Festpreisgeschäfts** auf Grund eines vorgängigen Beratungsvertrags bedarf[67], weil eine solche Aufklärung inhaltsleer wäre. Dies ist zwar zutreffend, geht jedoch an der eigentlichen Frage, welche Vertragsart tatsächlich vereinbart wurde, vorbei. Entscheidend für das Vorliegen von zwei übereinstimmenden (konkludenten) Willenserklärungen von Bank und Kunde ist, dass deren Inhalt beiden Parteien ersichtlich und von Ihnen gewollt ist und nicht eine Partei erkennt, dass die andere Partei verkennt, was für ein Vertrag vereinbart wird.

**31** Die unterinstanzliche Rechtsprechung ist zwischenzeitlich weitgehend auf die Rechtsprechungslinie des BGH eingeschwenkt[68].

## § 13
## Rechte und Pflichten von Bank und Kunde bei Eingehung und Abwicklung von Geschäften in Finanzinstrumenten

**Übersicht**

| | Rn. |
|---|---|
| I. Kommissionsgeschäft | 1–82 |
| 1. Geschäftsabschluss | 1 |
| a) Informations-, Explorations- und Aufzeichnungspflichten der Banken | 1 |
| aa) Überblick über aufsichtsrechtliche Informationspflichten | 1 |
| (1) Nicht geschäftsartbezogene Informationspflichten | 2 |
| (2) Geschäftsartbezogene Informations- und Explorationspflichten | 11 |
| (3) Aufzeichnungspflichten mit Informationscharakter für Kunden | 14 |
| bb) Zivilrechtliche Informationspflichten bei Abschluss eines Kommissionsgeschäfts | 16 |
| (1) Information über Vertragsart | 17 |
| (2) Informationen bei Fernabsatz und Vertragsabschlüssen außerhalb von Geschäftsräumen | 18 |
| (3) Informationen über Gewinnmargen, Einkaufsrabatte und Zuwendungen Dritter (Kick-Backs) | 19 |
| (4) Sonstige (vor-)vertragliche Informationen | 23 |

---

[65] BGH WM 2012, 1520, 1524f. Rn. 38ff.; vgl. auch OLG Stuttgart, BKR 2013, 164 Rn. 17.
[66] BGH WM 2013, 1982 = BKR 2014, 32 Rn. 13.
[67] → § 13 Rn. 17 und die Nachweise in Fn. 30.
[68] OLG Karlsruhe, WM 2011, 353ff.; OLG Frankfurt, BKR 2012, 210ff.; OLG Frankfurt, BeckRS 2012, 11464; OLG Stuttgart, BKR 2013, 164ff.

|  | Rn. |
|---|---|
| b) Fernabsatz und Vertragsabschlüsse außerhalb von Geschäftsräumen | 24 |
| aa) Aufsichtsrechtliche Pflichten beim Fernabsatz | 24 |
| bb) Zivilrechtliche Pflichten bei Verbraucherverträgen ab 13. Juni 2014 | 25 |
| 2. Widerruf und Unwirksamkeit des Geschäfts | 32 |
| a) Widerruf des Kommissionsauftrages vor Ausführung | 32 |
| b) Unwirksamkeit des Geschäfts und vertragliches Rücktrittsrecht | 33 |
| aa) Unwirksamkeit wegen Anfechtung, Gesetzesverstoß oder Sittenwidrigkeit | 33 |
| bb) Die Behandlung von Mistrades | 38 |
| cc) Rücktritt | 42 |
| 3. Durchführung des Geschäfts | 43 |
| a) Einschaltung eines Zwischenkommissionärs | 43 |
| b) Selbsteintritt und Delkrederehaftung | 44 |
| c) Ausführung des Kommissionsauftrages | 48 |
| aa) Aufsichtsrechtliche Anforderungen an die Ausführung von Kundenaufträgen | 48 |
| (1) Entwicklung des Aufsichtsrechts | 48 |
| (2) Ausführungsgrundsätze (best execution policy) | 49 |
| (3) Zusammenlegung von Kundenaufträgen | 54 |
| (4) Unterrichtung des Kunden | 55 |
| bb) Zivilrechtliche Anforderungen an die Ausführung von Kundenaufträgen | 56 |
| (1) Interessewahrende Ausführung | 56 |
| (2) Reihenfolge der Abwicklung | 57 |
| (3) Zusammenlegung von Aufträgen | 58 |
| (4) Kundenweisungen | 59 |
| (5) Ausführungsmodalitäten | 60 |
| (6) Vorschusspflicht | 63 |
| (7) Mängel bei der Ausführung | 64 |
| d) Benachrichtigungs- und Rechnungslegungspflichten | 68 |
| e) Reklamationspflichten des Kommittenten | 70 |
| f) Erfüllung | 72 |
| g) Beendigung des Kommissionvertrages | 81 |
| II. Festpreisgeschäft | 83–87 |
| 1. Zivilrechtlicher Begriff | 83 |
| 2. Aufsichtsrechtliche Anforderungen | 86 |

**Schrifttum:** *Armbrüster*, Kapitalanleger als Verbraucher? Zur Reichweite des europäischen Verbraucherschutzrechts, ZIP 2006, 406; *Assmann/Schneider*, WpHG, 6. Aufl. 2012; *Balzer*, Bankpflichten bei der Durchführung von Wertpapieraufträgen – systematischer Überblick, S. 365 ff. in: Horn/Krämer, Bankrecht 2002, RWS-Forum 22; *ders.*, Umsetzung der MiFID: Ein neuer Rechtsrahmen für die Anlageberatung, ZBB 2007, 333; *ders.*, Haftung von Direktbanken bei Nichterreichbarkeit, ZBB 2000, 258; *Baumbach/Hopt* (Hrsg.), HGB, 36. Aufl. 2014; *Böhm*, Regierungsentwurf zur Verbesserung der Durchsetzbarkeit von Ansprüchen aus Falschberatung, BKR 2009, 221; *Bracht*, Die Pflicht von Wertpapierdienstleistungsunternehmen zur bestmöglichen Ausführung von Kundenaufträgen (Best Execution), 2009; *Brönnecke/Schmidt*, Der Anwendungsbereich der Vorschriften über die besonderen Vertriebsformen nach Umsetzung der Verbraucherrechterichtlinie, VuR 2014, 3; *Buck-Heeb*, Aufklärungspflichten beim Vertrieb von Zertifikaten, DB 2011, 2825; *Bülow*, Ein neugefasster § 13 BGB – überwiegende Zweckbestimmung, WM 2014, 1; *Canaris*, Bankvertragsrecht, 3. Aufl. 1981; *Clauss*, Anfechtungsrechte bei Wertpapiergeschäften zu nicht marktgerechten Preisen, 2012; *Clouth/Lang* (Hrsg.), MiFID-Praktikerhandbuch 2007; *Dierkes*, Best Execution in der deutschen Börsenlandschaft, ZBB 2008, 11; *Ebermann/Chromek*, MiFID: Best Execution – Bestandsaufnahme und ein Ausblick in die Zukunft, RdF 2011, 228; *Ehmann/Forster*, Umsetzung der Verbraucherrechterichtlinie – Teil 1: Der neue „allgemeine Teil" des Verbraucherschutzrechts, GWR 2014, 163; *Ellenberger/Schäfer/Clouth/Lang* (Hrsg.), Praktikerhandbuch Wertpapier- und Derivategeschäft, 4. Aufl. 2011; *Fischer/Klanten*, Bankrecht, 4. Aufl. 2010; *Fleckner*, Aufhebung nicht marktgerechter Wertpapiergeschäfte (Mistrades) – Auswertung der Spruchpraxis und Vorstellung offener Fragen –, WM 2011, 585; *ders./Vollmuth*, Geschäfte zu nicht marktgerechten Preisen (Mistrades) im außerbörslichen Handel – Zu den Grenzen außerbörslicher Mistrade-Regeln, zur Interessenwahrung im außerbörslichen Handel sowie zur Drittschadensliquidation im Rahmen des § 122 BGB – zugleich Anmerkung zu BGH WM 2002, 1687 –, WM 2004, 1263; *Fuchs*, WpHG, 2009; *Göhmann*, Verhaltenspflichten von Banken gegenüber ihren Kunden bei der Durchführung von Effektengeschäften, 2006; *Gomber/Chlistalla/Groth*, Neue Börsenlandschaft in Europa? Die Umsetzung der MiFID aus Sicht europäischer Marktplatzbetreiber, ZBB 2008, 2; *Grundmann*, Wohlverhaltenspflichten, interessenkonfliktfreie

Aufklärung und MiFID II – Jüngere höchstrichterliche Rechtsprechung und Reformschritte in Europa –, WM 2012, 1745; *Hadding*, Kapitalmarktrechtliche Aufzeichnungspflichten – Zur Auslegung von § 34 Abs. 1 WpHG, in: FS Peltzer, 2001, S. 153; *Harnos*, Die Reichweite und zivilrechtliche Bedeutung des § 31d WpHG – zugleich eine Besprechung des BGH-Urteils v. 17.9.2013 – XI ZR 332/12 –, BKR 2014, 1; *Hellgardt*, Privatautonome Modifikation der Regeln zu Abschluss, Zustandekommen und Wirksamkeit des Vertrages. Möglichkeit und Grenzen der Abdingbarkeit der §§ 116 ff., 145 ff. BGB innerhalb von Geschäftsbeziehungen und auf privaten Marktplätzen, AcP 213 (2013), 760; *Herresthal*, Die vertragsrechtlichen Folgen der Honoraranlageberatung nach dem WpHG, WM 2014, 773; *ders.*, Die Grundlage und Reichweite von Aufklärungspflichten beim Eigenhandel mit Zertifikaten – zugleich eine Besprechung von BVerfG 1 BvR 2514/11, BGH XI ZR 182/10 und BGH XI ZR 178/10, ZBB 2012, 89; *Hirte/Möllers* (Hrsg.), Kölner Kommentar zum WpHG, 2. Aufl. 2014; *Jäger/Meuschke/Hartlieb*, Aufklärungspflicht über den anfänglichen negativen Marktwert bei anderen Finanzinstrumenten als Swaps?, BKR 2013, 456; *Janal*, Alles neu macht der Mai: Erneute Änderungen im Recht der besonderen Vertriebsformen, WM 2012, 2314; *Jaskulla*, Angemessenheit und Grenzen börslicher Mistade-Regeln in Zeiten des Hochfrequenzhandels am Beispiel der Eurex Deutschland, WM 2012, 1708; *Jesch*, BB-Gesetzgebungs- und Rechtsprechungsreport zur Fondsregulierung 2012, BB 2012, 2895; *Juretzek*, BGH v. 24.9.2013 – XI ZR 204/12: Bank muss Kunden bei Kommissionsgeschäft über ihr vom Emittenten eines Wertpapiers bezahlte Vertriebsvergütung aufklären, GWR 2013, 495; *Kindermann/Scharfenberg/Koller*, Zivilrechtliches Haftungsregime der einzelnen Kurzinformationsblätter, RdF 2013, 214; *J. Koch*, Mistrade-Klauseln in der AGB-Inhaltskontrolle, ZBB 2005, 265; *Köndgen*, Regierungsentwurf eines Gesetzes zur verbesserten Durchsetzbarkeit von Ansprüchen von Anlegern aus Falschberatung, ZBB 2009, 157; *Koller*, Beratung und Dokumentation nach dem § 34 Abs. 2a WpHG, in: FS Uwe H. Schneider, 2011, S. 651; *Kropf*, Keine zivilrechtliche Haftung der Banken im beratungsfreien Anlagegeschäft – zugleich Urteilsanmerkung zu BGH v. 17.9.2013 = WM 2013, 1983 –, WM 2014, 640; *Kümpel/Wittig*, Bank- und Kapitalmarktrecht, 4. Aufl. 2011; *Kugler/Lochmann*, Ausgewählte Rechtsfragen zum öffentlichen Vertrieb von Hedgefonds in Deutschland, BKR 2006, 41; *Kuhlen/Tiefensee*, Zum Entwurf eines Gesetzes zur Förderung und Regulierung einer Honorarberatung über Finanzinstrumente, VuR 2013, 49; *Kumpan/Hellgardt*, Haftung der Wertpapierdienstleistungsunternehmen nach Umsetzung der EU-Richtlinie über Märkte für Finanzinstrumente (MiFID), DB 2006, 1714; *Lenenbach*, Kapitalmarktrecht, 2. Aufl. 2010; *Leuering/Zetzsche*, Die Reform des Schuldverschreibungs- und Anlageberatungsrechts – (Mehr) Verbraucherschutz im Finanzmarktrecht?, NJW 2009, 2856; *Lindfeld*, Die Mistrade-Regeln, 2008; *Maier*, Das obligatorische Beratungsprotokoll: Anlegerschutz mit Tücken, VuR 2011, 3; *Mann*, Rückvergütungen, Provisionen und Gewinnmargen: Zur Aufklärungspflicht des bankgebundenen Anlageberaters nach der Entscheidung BGH WM 2012, 1520 – Lehman II, WM 2013, 727; *Möller*, Die Umsetzung der Verbraucherrechterichtlinie im deutschen Recht, BB 2014, 1411; *Möllers/Kernchen*, Information Overload am Kapitalmarkt, ZGR 2011, 1; *Müchler/Tarkowski*, Honoraranlageberatung: Regulierungsvorhaben im deutschen und europäischen Recht, ZBB 2013, 101; *Mülbert*, Anlegerschutz bei Zertifikaten – Beratungspflichten, Offenlegungspflichten bei Interessenkonflikten und die Änderungen durch das Finanzmarkt-Richtlinie-Umsetzungsgesetz (FRUG) –, WM 2007, 1149; *Müller-Christmann*, Das Gesetz zur Stärkung des Anlegerschutzes und Verbesserung der Funktionsfähigkeit des Kapitalmarktes, DB 2011, 749; *Pfeifer*, Einführung der Dokumentationspflicht für das Beratungsgespräch durch § 34 Abs. 2a WpHG, BKR 2009, 485; *Podewils*, Beipackzettel für Finanzprodukte – Verbesserte Anlegerinformation durch Informationsblätter und Key Investor Information Documents?, ZBB 2011, 169; *Preuße/Seitz/Lesser*, Konkretisierung der Anforderungen an Produktinformationsblätter nach § 31 Abs. 3a WpHG, BKR 2014, 70; *Preuße/Schmidt*, Anforderungen an Informationsblätter nach § 31 Abs. 3a WpHG, BKR 2011, 265; *Reiter/Methner*, Die Interessenkollision beim Anlageberater – Unterschiede zwischen Honorar- und Provisionsberatung –, WM 2013, 2053; *F. Schäfer/U. Schäfer*, Anforderungen und Haftungsfragen bei PIBs, VIBs und KIIDs, ZBB 2013, 23; *F. Schäfer*, Zivilrechtliche Konsequenzen der Urteile des BGH zu Gewinnmargen bei Festpreisgeschäften – Besprechung der Urteile des BGH vom 27. September 2011, XI ZR 178/10 = WM 2011, 2261 und XI ZR 182/10 = WM 2011, 2268 –, WM 2012, 197; *ders.*, Die Pflicht zur Protokollierung des Anlageberatungsgesprächs gemäß § 34 Abs. 2a, 2b WpHG, in: FS Hopt, 2010, Bd. II S. 2427; *Schäfer/Sethe/Lang* (Hrsg.), Handbuch Vermögensverwaltung, 2012; *Schimansky/Bunte/Lwowski* (Hrsg.), Bankrechtshandbuch, Bd. II, 4. Aufl. 2011; *Schwark/Zimmer* (Hrsg.), KMRK, 4. Aufl. 2010; *Schwintowski* (Hrsg.), Bankrecht, 4. Aufl. 2014; *ders.*, Die Verleitung des Anlegers zur Selbstschädigung – Grenzen zwischen Anlegerbevormundung und Anlegerschutz, VuR 2004, 314; *Stahl*, Information overload am Kapitalmarkt, 2013; *Steinhauer*, Insiderhandelsverbot und Ad-hoc-Publizität, 1999;

*Strohmeyer*, Regierungsentwurf zur verbesserten Durchsetzbarkeit von Anlegeransprüchen aus Falschberatung, ZBB 2009, 197; *Tamm*, Informationspflichten nach dem Umsetzungsgesetz zur Verbraucherrechterichtlinie, VuR 2014, 9; *Tettinger*, Die fehlerhafte stille Gesellschaft - Zivilrechtlicher Anlegerschutz durch bankrechtliche Erlaubnisvorbehalte? (Teil II), DStR 2006, 903; *Tilp/Wegner*, Anm. zu BGH Urt. v. 24.9.2013 – XI ZR 204/12, BKR 2014, 23 – BKR 2014, 27; *von Hein*, Best Execution, in: FS Hopt, Bd. II, 2010, S. 1909; *Wagner*, Die geänderten Sonderbedingungen für Wertpapiergeschäfte, WM 2007, 1725; *Wendehorst*, Das neue Gesetz zur Umsetzung der Verbraucherrechterichtlinie, NJW 2014, 577; *Zingel*, Die Verpflichtung zur bestmöglichen Ausführung von Kundenaufträgen nach dem Finanzmarkt-Richtlinie-Umsetzungsgesetz, BKR 2007, 173; *Zoller*, Das Ende des Kick-Back-Jokers im Kapitalanlagerecht, BB 2013, 520.

### I. Kommissionsgeschäft

**1. Geschäftsabschluss. a) Informations-, Explorations- und Aufzeichnungspflichten der Banken. aa) Überblick über aufsichtsrechtliche Informationspflichten.** Die dem Kreditinstitut gegenüber dem Anleger obliegenden Informationspflichten können sich auf die gesamte Geschäftsbeziehung zwischen Anleger und Kreditinstitut beziehen oder auf einzelne Bank- oder Wertpapierdienstleistungen, die von dem Kreditinstitut angeboten werden. Aufgrund des großen Umfangs der nachstehend nur im Überblick dargestellten Informationen, die ein Kreditinstitut einem Kunden rechtzeitig, dh idR bei Eingehung einer Geschäftsbeziehung, zur Verfügung stellen muss, wird bereits von einem „information overload" oder gar „information overkill" gesprochen[1].

**(1) Nicht geschäftsartbezogene Informationspflichten.** Nach § 31 Abs. 3 Satz 1 WpHG ist das Kreditinstitut verpflichtet, „rechtzeitig und in verständlicher Form Informationen zur Verfügung zu stellen, die angemessen sind, damit die Kunden nach vernünftigem Ermessen die Art und die Risiken der angebotenen oder nachgefragten Arten von Finanzinstrumenten oder Wertpapierdienstleistungen verstehen und auf dieser Grundlage ihre Anlageentscheidung treffen können". Die hiermit gemeinten Informationen werden von § 31 Abs. 3 Satz 3 WpHG iVm § 5 WpDVerOV detailliert aufgeführt und sind gegenüber Privatkunden (§ 31a Abs. 3 WpHG) idR immer bei Eingehung der Geschäftsbeziehung zur Verfügung zu stellen. Es sind Informationen zu geben über das Wertpapierdienstleistungsunternehmen als solches, seine Wertpapierdienstleistungen, die Arten von Finanzinstrumenten sowie die vorgeschlagenen Anlagestrategien einschließlich damit verbundener Risiken, Ausführungsplätze, Kosten und Nebenkosten sowie über die „Art, die Häufigkeit und den Zeitpunkt der Berichte über erbrachte Dienstleistungen" und über die einzelnen Vertragsbedingungen. Soweit es sich nicht um institutsindividuelle Verträge oder Informationen handelt, erfüllen die Institute die allgemeinen Informationspflichten, insbesondere hinsichtlich der Arten von Finanzinstrumenten und den damit verbundenen Risiken, durch Übergabe von standardisierten Informationsbroschüren, die von den Bankenverbänden säulenübergreifend erstellt wurden (sog **„Basisinformationen"**)[2].

Da diese allgemeinen und umfassenden Informationen „rechtzeitig" zur Verfügung zu stellen sind, erfolgt ihre Zurverfügungstellung regelmäßig im Zusammenhang mit dem Abschluss einer **schriftlichen Rahmenvereinbarung** gem. § 34 Abs. 2 Satz 2 WpHG[3] oder im Zusammenhang mit einem ersten Beratungsgespräch. Die Informationen über Ausführungsplätze, Kosten und Nebenkosten nach § 31 Abs. 3 Satz 2 Nrn. 3 und 4 WpHG werden typischerweise gleichfalls in standardisierter Form erteilt, wobei die Infor-

---

[1] Vgl. *Mülbert* WM 2007, 1149, 1163; *Möllers/Kernchen* ZGR 2011, 1 ff.; *Stahl*, Information overload am Kapitalmarkt, 2013, S. 68 ff.; *Ekkenga* in MüKoHGB, Bd. 6, 3. Aufl. 2014, Effektengeschäft, Rn. 297; vgl. ausführlich zu den Informationspflichten des Vermögensverwalters F. *Schäfer* in Schäfer/Sethe/Lang, Hdb. Vermögensverwaltung, 2012, § 7 Rn. 2 ff.; *Lange* in Schwintowski, Bankrecht, 4. Aufl. 2014, § 19 Rn. 142 ff.

[2] Vgl. *Fuchs* in Fuchs, WpHG, § 31 Rn. 118 ff.; *Rothenhöfer* in Schwark/Zimmer, KMRK, 4. Aufl. 2010, § 31 Rn. 148 ff.; *Möllers* in KölnKommWpHG, 2. Aufl. 2014, § 31 Rn. 235 ff.

[3] Vgl. zu dieser → Rn. 14.

mation über die Ausführungsplätze auf Grund von § 33a Abs. 5 WpHG iVm § 11 WpDVerOV (mit der Pflicht der Kreditinstitute zur bestmöglichen Ausführung der Kundenaufträge) erfolgt[4].

4   Gleichermaßen umfassend und allgemein hat das Kreditinstitut nach § 31 Abs. 1 Nr. 2 WpHG iVm § 13 WpDVerOV „vor der Durchführung von Geschäften für Kunden diesen die allgemeine Art und Herkunft von **Interessenkonflikten** eindeutig darzulegen". Diese Pflicht zur Unterrichtung des Kunden über Interessenkonflikte soll es nach § 13 Abs. 4 WpDVerOV „dem Kunden ermöglichen, seine Entscheidung über die Wertpapierdienstleistung, in deren Zusammenhang der Interessenkonflikt auftritt, auf informierter Grundlage zu treffen". Typischerweise stellen Kreditinstitute sog **„conflict of interest policies"** auf, die die theoretisch möglichen Interessenkonflikte bei der Erbringung von Wertpapierdienstleistungen auflisten sowie die zur Konfliktvermeidung nach § 33 Abs. 1 Satz 2 Nrn. 3 und 3a WpHG getroffenen Vorkehrungen und Maßnahmen darstellen[5].

5   Ebenfalls zu den allgemeinen Informationspflichten zählt die Information zu den Verfahren, wie ein Kreditinstitut die **bestmögliche Ausführung** von Kundenaufträgen zu bewerkstelligen beabsichtigt. Hierzu hat das Kreditinstitut nach § 33a Abs. 1 WpHG Ausführungsgrundsätze festzulegen (sog **„best execution policy"**) und sicherzustellen, dass der einzelne Kundenauftrag nach Maßgabe dieser Grundsätze ausgeführt wird[6]. Über die Grundsätze ist der Kunde nach § 33a Abs. 6 WpHG vor der erstmaligen Erbringung von Wertpapierdienstleistungen zu informieren und seine Zustimmung hierzu einzuholen. Die Einholung der Zustimmung erfolgt meist dergestalt, dass die zwischen Bank und Kunde abgeschlossene Rahmenvereinbarung die Ausführungsgrundsätze einbezieht, diese also nicht gesondert vereinbart werden.

6   Eines gesonderten Hinweises und einer ausdrücklichen Einholung der Einwilligung des Kunden bedarf es nach § 33a Abs. 5 Satz 2 WpHG, wenn die **Ausführungsgrundsätze** eine Ausführung außerhalb organisierter Märkte und multilateraler Handelssysteme zulassen[7].

7   Letztlich auch eine Frage der „best execution" ist die Vornahme von **Sammel-** oder **Blockorders,** bei denen nach § 31c Abs. 1 Nr. 4 WpHG die Interessen aller beteiligten Kunden zu wahren und die Kunden nach § 31c Abs. 1 Nr. 6 WpHG „über die Zusammenlegung der Aufträge und damit verbundene Risiken" zu informieren sind. Insoweit ist streitig, ob diese Risikoinformation konkret hinsichtlich jeder einzelnen Transaktion zu erfolgen hat[8] oder eine allgemeine Information bei Eingehung der Geschäftsbeziehung genügt[9]. Der letztgenannten Auffassung ist zuzustimmen, da der Gesetzgeber ausdrücklich eine allgemeine und keine anlassbezogene Informationspflicht einführen wollte[10]. Einzelheiten über eine Zusammenlegung regelt § 10 WpDVerOV.

8   Typischerweise werden Kunden über die Ausführungsgrundsätze und die Regelung von Sammelaufträgen durch eine einheitliche „best execution policy" informiert, die bei Ein-

---

[4] Vgl. zur Pflicht zur bestmöglichen Ausführung → Rn. 48 ff.
[5] Zu dem Streit, wie konkret die Interessenkonfliktaufklärung zu sein hat, vgl. *Lenenbach,* Kapitalmarktrecht, 2. Aufl. 2010, Rn. 5.339 (konkrete Aufklärung); *Koller* in Assmann/Schneider, WpHG, 6. Aufl. 2012, § 31 Rn. 42 (nur abstrakte Aufklärung); *Fuch* in Fuchs, WpHG, § 31 Rn. 69 ff. (vermittelnd); *Möllers* in KölnKommWpHG, 2. Aufl. 2014, § 31 Rn. 151, 156 (konkret).
[6] Vgl. dazu ausführlich → Rn. 48 ff.
[7] *Früh/Ebermann* in KölnKommWpHG, 2. Aufl. 2014, § 33a Rn. 120; *Koller* in Assmann/Schneider, WpHG, 6. Aufl. 2012, § 33a Rn. 45; eine „Einbeziehung" zB über eine Rahmenvereinbarung genügt somit nicht! – vgl. ausführlich → Rn. 50.
[8] *Koller* in Assmann/Schneider, WpHG, 6. Aufl. 2012, § 31c Rn. 12; *Ekkenga* in MüKoHGB, Bd. 6, Effektengeschäft, Rn. 362.
[9] *Möllers* in KölnKommWpHG, 2. Aufl. 2014, § 31c Rn. 40; *Müller/Teuber* in Clouth/Lang, MiFID-Praktikerhdb., Rn. 353; *Müller/Teuber* in Ellenberger/Schäfer/Clouth/Lang, Praktikerhdb. Wertpapier- und Derivategeschäft, 4. Aufl. 2011, Rn. 830 f.; *Seyfried* in Kümpel/Wittig, Bank- und Kapitalmarktrecht, 4. Aufl. 2011, Rn. 3.194.
[10] Begr. RegEntw. FRUG, BT-Drs. 16/4028, S. 67.

gehung einer Geschäftsbeziehung zur Verfügung gestellt wird[11]. Soweit ein Kreditinstitut nicht die gesamten **Ausführungsgrundsätze** zur Verfügung stellt, regelt § 11 Abs. 4 WpDVerOV, welche Angaben in jedem Falle notwendig sind[12] und gibt vor, dass diese Informationen auf einem dauerhaften Datenträger zur Verfügung zu stellen sind.

Aufsichtsrechtlich trifft ein Wertpapierdienstleistungsunternehmen **keine Pflicht**, mit seinen Kunden **Anlageberatungsverträge zu schließen**. Erbringt ein Wertpapierdienstleistungsunternehmen jedoch grds. die Anlageberatung, ist es seit 1. August 2014 nach § 31 Abs. 4b WpHG verpflichtet, den Kunden vor Beginn der Beratung und vor Abschluss des Beratungsvertrags in verständlicher Form darüber zu informieren, ob eine Anlageberatung als **Honorar-Anlageberatung** erbracht wird oder – aus Sicht des Kunden – „unentgeltlich", faktisch also das Wertpapierdienstleistungsunternehmen eine Quersubventionierung der Wertpapierdienstleistung „Anlageberatung" durch andere Wertpapierdienstleistungen wie etwa das Kommissionsgeschäft vornimmt[13]. Soweit eine Anlageberatung nicht als Honorar-Anlageberatung erbracht wird, ist der Kunde zusätzlich darüber zu informieren, ob im Zusammenhang mit der Anlageberatung Zuwendungen von Dritten angenommen und behalten werden dürfen[14]. Es bleibt abzuwarten, ob die Praxis die Erklärung über die Art der Erbringung der Anlageberatung in die Rahmenvereinbarung, die mit jedem Kunden bei Eingehung der Geschäftsbeziehung abgeschlossen wird, aufnehmen wird. 9

Will ein Wertpapierdienstleistungsunternehmen **Zuwendungen**[15] von Dritten annehmen, erfordert § 31d Abs. 1 Nr. 2 WpHG, dass „Existenz, Art und Umfang der Zuwendung oder, soweit sich der Umfang noch nicht bestimmen lässt, die Art und Weise seiner Berechnung dem Kunden vor der Erbringung der Wertpapierdienstleistung oder -nebendienstleistung in umfassender, zutreffender und verständlicher Weise deutlich offengelegt wird". Nach § 31d Abs. 3 WpHG kann die **Offenlegung** „in Form einer Zusammenfassung der wesentlichen Bestandteile der Vereinbarung über Zuwendungen erfolgen, sofern das Wertpapierdienstleistungsunternehmen dem Kunden die Offenlegung näherer Einzelheiten anbietet und auf Nachfrage gewährt"[16]. 10

**(2) Geschäftsartbezogene Informations- und Explorationspflichten.** Für die Anlageberatung und Vermögensverwaltung sieht § 31 Abs. 4 WpHG eine Pflicht des Wertpapierdienstleistungsunternehmens vor, Informationen von dem Kunden einzuholen, diesen also zu explorieren. Nach § 6 Abs. 2 Satz 2 WpDVerOV darf ein Wertpapierdienstleistungsunternehmen dabei Kunden nicht dazu verleiten, die von dem Wertpapierdienstleistungsunternehmen über den Kunden erbetenen Informationen zurückzuhalten. Die BaFin hält daher die Wertpapierdienstleistungsunternehmen an, die Kunden darauf aufmerksam zu machen, dass vollständige und korrekte Informationen über die Kunden unerlässlich sind, damit die Unternehmen geeignete Produkte oder Dienstleistungen empfehlen können[17]. Vergleiche im Übrigen zu den Informations- und Explorationspflichten im Zusam- 11

---

[11] Vgl. umfassend *Lange* in Schwintowski, Bankrecht, 4. Aufl. 2014, § 19 Rn. 182 ff.; *Früh/Ebermann* in KölnKommWpHG, 2. Aufl. 2014, § 33a Rn. 81 ff., 121 ff. mwN.

[12] *Zingel* BKR 2007, 173, 176; *Zimmermann* in Fuchs, WpHG, § 33a Rn. 41; *Früh/Ebermann* in KölnKommWpHG, § 33a Rn. 122.

[13] Vgl. dazu *Herresthal* WM 2014, 773 ff.; *Reiter/Methner* WM 2013, 2053 ff.; *Müchler/Tarkowski* ZBB 2013, 101 ff.; *Kuhlen/Tiefensee* VuR 2013, 49 ff.

[14] Vgl. zum Aspekt der Zuwendungen (Kick-Backs) und der Behaltensvereinbarung → *U. Schäfer*, § 23 Rn. 81, 86 (zur Vermögensverwaltung); *Göhmann*, Verhaltenspflichten von Banken gegenüber ihren Kunden bei der Durchführung von Effektengeschäften, S. 280 ff. (zum Kommissionär) – beide mwN, sowie → Rn. 19 ff.

[15] Zu der Frage, ob Gewinnmargen des Kreditinstituts beim Festpreisgeschäft oder ihm gewährte Einkaufsrabatte des Emittenten Zuwendungen darstellen, vgl. *Herresthal* ZBB 2012, 89, 99 und *Koller* in Assmann/Schneider, WpHG, 6. Aufl. 2012, § 31d Rn. 8 – beide mwN.

[16] Vgl. *Müller/Teuber* in Ellenberger/Schäfer/Clouth/Lang, Praktikerhdb. Wertpapier- und Derivategeschäft, 4. Auf. 2011, Rn. 810.

[17] Vgl. BaFin, Rundschr. 4/2010 (WA) – MaComp, Stand: 7.1.2014, unter BT 7.1.3.

menhang mit einer Anlageberatung und Vermögensverwaltung mit Blick auf die **Geeignetheitsprüfung** *Edelmann*[18] und *U. Schäfer*[19].

**12**  Zusätzlich besteht bei der Anlageberatung nach § 31 Abs. 3a WpHG die Pflicht zur Übergabe eines Informationsblattes über jedes Finanzinstrument, auf das sich eine Kaufempfehlung bezieht (sog **Produktinformationsblatt** – PIB)[20]. Die PIBs, deren Inhalt durch § 5a WpDVerOV präzisiert wird[21], sind als Information jedoch lediglich im Rahmen einer Anlageberatung, die eine Kaufempfehlung enthält, an den beratenen Anleger zu übergeben.

**13**  Im Verhältnis zu der Anlageberatung und Vermögensverwaltung sind die Explorationspflichten des Wertpapierdienstleistungsunternehmens im **beratungsfreien Geschäft** deutlich herabgesetzt und entfallen beim **reinen Ausführungsgeschäft** völlig. Für das beratungsfreie Geschäft sieht § 31 Abs. 5 WpHG eine eingeschränkte Exploration des Kunden vor, da nur eine Beurteilung der Angemessenheit der von dem Kunden erteilen Order erforderlich ist. Soweit ein Wertpapierdienstleistungsunternehmen die für die Vornahme einer Angemessenheitsprüfung erforderlichen Informationen über den Kunden nicht erhält, hat es diesen nach § 31 Abs. 5 Satz 4 WpHG darauf hinzuweisen, dass eine Beurteilung der Angemessenheit mangels hinreichender Informationen nicht möglich ist. Dieser Hinweis kann nach § 31 Abs. 5 Satz 5 WpHG in standardisierter Form erfolgen. Auch die Pflicht zur Prüfung der Angemessenheit entfällt im Falle des reinen Ausführungsgeschäftes iSv § 31 Abs. 7 WpHG (sog execution-only Geschäft). Dieses auf die in § 31 Abs. 7 Nr. 1 WpHG aufgeführten, nicht komplexen Finanzinstrumente beschränkte Geschäft erfordert nach § 31 Abs. 7 Nr. 2 WpHG, dass der Kunde darüber informiert wird, dass keine Angemessenheitsprüfung gem. § 31 Abs. 5 WpHG vorgenommen wird. Auch diese Information kann wiederum in standardisierter Form erfolgen[22].

**14**  **(3) Aufzeichnungspflichten mit Informationscharakter für Kunden.** Im Zusammenhang mit dem Geschäftsabschluss treffen das Kreditinstitut neben den Informations- und Explorationspflichten auch Aufzeichnungspflichten. So ist das Kreditinstitut durch § 34 Abs. 2 Satz 1 WpHG aufsichtsrechtlich gehalten, „Aufzeichnungen zu erstellen über Vereinbarungen mit Kunden, die die Rechte und Pflichten der Vertragsparteien sowie die sonstigen Bedingungen festlegen, zu denen das Wertpapierdienstleistungsunternehmen Wertpapierdienstleistungen oder -nebendienstleistungen für den Kunden erbringt". Außerhalb der Anlageberatung muss zudem bei der erstmaligen Erbringung einer Wertpapierdienstleistung für einen Privatkunden eine **„schriftliche Rahmenvereinbarung"** vorgesehen sein, die mindestens die wesentlichen Rechte und Pflichten des Wertpapierdienstleistungsunternehmens und des Privatkunden enthält. Durch diese das Wertpapierdienstleistungsunternehmen treffende Dokumentationspflicht soll der BaFin ermöglicht werden, die ordnungsgemäße Durchführung von Wertpapierdienstleistungen zu kontrollieren[23]. Die Vorgabe des Abschlusses eines schriftlichen Rahmenvertrags stellt **kein Schriftformerfordernis** iSv § 126 BGB dar, da er ausschließlich der aufsichtsrechtlichen Überprüfbarkeit dient[24]. Die Rahmenvereinbarung ist dem Privatkunden nach § 34 Abs. 2

---

[18] → § 3 Rn. 16 ff.

[19] → § 23 Rn. 27 ff.

[20] Vgl. dazu *Preuße/Seitz/Lesser* BKR 2014, 70 ff.; *Kindermann/Scharfenberg/Koller* RdF 2013, 214 ff.; *Müller-Christmann* DB 2011, 749 ff.; *Preuße/Schmidt* BKR 2011, 265 ff.; *Podewils* ZBB 2011, 169 ff.; *F. Schäfer/U. Schäfer* ZBB 2013, 23 ff.

[21] Vgl. auch BaFin, Rundschr. 4/2013 (WA), Stand: 9/2013, zu der Erstellung von Informationsblättern.

[22] Vgl. zum Ganzen *Braun/Lang/Loy* in Ellenberger/Schäfer/Clouth/Lang, Praktikerhdb. Wertpapier- und Derivategeschäft, 4. Aufl. 2011, Rn. 606 ff. mwN; *Lange* in Schwintowski, Bankrecht, 4. Aufl. 2014, § 19 Rn. 165 ff., 171 ff.

[23] RegEnt. FRUG BT-Drs. 16/4028, S. 75; *Balzer* ZBB 2007, 333, 342; *Fuchs* in Fuchs, WpHG, § 34 Rn. 2.

[24] *Möllers* in KölnKommWpHG, 2. Aufl. 2014, § 34 Rn. 72; *Fuchs* in Fuchs, WpHG, § 34 Rn. 19; *Fett* in Schwark/Zimmer, KMRK, 4. Aufl. 2010, § 34 Rn. 9 mit Fn. 32.

Satz 4 WpHG „in Papierform oder auf einem anderen dauerhaften Datenträger zur Verfügung zu stellen".

Ausschließlich im Rahmen einer Anlageberatung hat ein Wertpapierdienstleistungsunternehmen zudem nach § 34 Abs. 2a WpHG ein **Anlageberatungsprotokoll** anzufertigen, dessen Inhalt durch § 14 Abs. 6 WpDVerOV konkretisiert wird. Das von dem Anlageberater zu unterzeichnende Protokoll ist dem Kunden „unverzüglich nach Abschluss der Anlageberatung, jedenfalls vor einem auf der Beratung beruhenden Geschäftsabschluss, idR also dem Kommissionsauftrag, in Papierform oder auf einem anderen dauerhaften Datenträger zur Verfügung zu stellen"[25]. Für den Fall eines **Geschäftsabschlusses vor Erhalt** des Protokolls fordert § 34 Abs. 2a Satz 4 WpHG, dass das Wertpapierdienstleistungsunternehmen dem Kunden ein **Rücktrittsrecht** einräumt[26].

**bb) Zivilrechtliche Informationspflichten bei Abschluss eines Kommissionsgeschäfts.** Zivilrechtlich besteht keine Pflicht eines Kreditinstitutes, mit einem Kunden einen Anlageberatungsvertrag abzuschließen[27]. Auch wenn die Rechtsprechung in zunehmendem Umfang den konkludenten Abschluss eines Anlageberatungsvertrags durch Aufnahme eines Gesprächs mit dem Kunden annimmt und sich in der Rechtsprechung des XI. Zivilsenats die Tendenz andeutet, dass im Sinne einer Beweislastumkehr eine Bank die Pflicht treffen soll, darzulegen und zu beweisen, dass **kein Beratungsvertrag** abgeschlossen wurde, besteht eine Reihe von **Fallgruppen,** in denen auch nach der Rechtsprechung kein Beratungsvertrag geschlossen wird. So machen etwa **Direktbanken** oder Discount Broker bereits in ihren AGB deutlich, dass sie ausschließlich beratungsfreies Geschäft anbieten[28]. Aber etwa auch der **Anleger kann den Abschluss eines Beratungsvertrags ablehnen,** etwa weil er bereits durch einen Vermögensverwalter oä beraten wurde, oder die **Bank kann** im Einzelfall eine **Beratung ablehnen,** weil sie das von dem Anleger nachgefragte Finanzinstrument nicht kennt[29]. Auch in den Fällen, in denen kein Beratungsvertrag abgeschlossen wird, treffen das Kreditinstitut jedoch nach §§ 241 Abs. 2, 311 Abs. 2 BGB vorvertragliche Schutzpflichten[30]. Sicherlich zu weit gehend wäre es, sämtliche vorstehend unter I. 1. a) aa) aufgeführten aufsichtsrechtlichen Informationspflichten des Kreditinstitutes als vorvertragliche Schutzpflichten über §§ 241 Abs. 2, 311 Abs. 2 BGB in das Zivilrecht unbesehen zu übernehmen. Hinsichtlich einzelner, zudem vom Aufsichtsrecht abweichender Aspekte bzw. Fallgruppen haben die Rechtsprechung und Literatur jedoch bereits zu einer gewissen Klärung geführt.

**(1) Information über Vertragsart.** Höchstrichterlich entschieden ist, dass ein Kreditinstitut nicht aufgrund eines Beratungsvertrags verpflichtet ist, den Kunden darüber zu informieren, dass der Erwerb des in Aussicht genommenen Wertpapiers im Wege des Eigenhandels der Bank (Festpreisgeschäft) und nicht im Wege der Kommission erfolgen soll[31]. Weder ein einem Kommissionsauftrag vorangehender Beratungsvertrag noch das Kommissionsgeschäft selbst verpflichteten das Kreditinstitut, den Kunden darüber zu informieren, dass ein Festpreis- und kein Kommissionsgeschäft geschlossen wird, da eine der-

---

[25] Vgl. *Böhm* BKR 2009, 221 ff.; *Hadding* in FS Peltzer, 2001, S. 153 ff.; *Koller* FS Uwe H. Schneider, 2011, S. 651 ff.; *Köndgen* ZBB 2009, 157 ff.; *Maier* VuR 2011, 3 ff.; *Pfeifer* BKR 2009, 485 ff.; *F. Schäfer* FS Hopt, 2010, S. 2427 ff.
[26] Dazu ausführlicher → bei Rn. 24 und 42.
[27] BGH WM 2013, 789, 791; *Bracht* in Schwintowski, Bankrecht, 4. Aufl. 2014, § 18 Rn. 34 mwN.
[28] BGH WM 2013, 789 = ZIP 2013, 870 = BKR 2013, 248; BGH WM 2014, 24 = ZIP 2013, 2451 = BKR 2014, 77.
[29] Vgl. BGH WM 1998, 1391, 1392; *Bracht* in Schwintowski, Bankrecht, 4. Aufl. 2014, Rn. 34 mwN.
[30] Unstr., vgl. nur *Ekkenga* in MüKoHGB, Bd. 6, 3. Aufl. 2014, Effektengeschäft, Rn. 161, 163, 271.
[31] BGH WM 2011, 2261 = BKR 2011, 508; BGH WM 2011, 2268 = ZIP 2011, 2237 = BKR 2011, 514, Rn. 48 f.

artige Information nur den „überflüssigen" Inhalt hätte, dass die Bank erklären müsste, dass sie wegen des Abschlusses eines Kaufvertrags nicht über Gewinnmargen aufzuklären habe[32]. Der BGH hat – wenn auch unter einem anderen Aspekt – diese Rechtsprechung bestätigt und gegen die Kritik verteidigt, die zeitliche Abfolge der Geschäfte – erst Beratungsvertrag, dann Kommissionsgeschäft – lasse unberücksichtigt, dass im Zeitpunkt der Beratung noch nicht feststehe, ob ein Kommissions- oder Festpreisgeschäft abgeschlossen werde[33]. Der BGH verwies darauf, dass das Kreditinstitut idR bereits wisse, in welcher Form das von dem Kreditinstitut empfohlene Produkt vertrieben werden solle[34]. Wenn aber bereits ein dem Kommissionsvertrag vorgelagerter Beratungsvertrag keine Pflicht begründet, über den Abschluss eines Kommissionsvertrags bzw. Festpreisgeschäfts zu informieren, so kann sich eine derartige Pflicht erst recht nicht aus dem Kommissionsvertrag als solchem bzw. aus einer diesem vorgelagerten allgemeinen Informationspflicht ergeben.

**18** **(2) Informationen bei Fernabsatz und Vertragsabschlüssen außerhalb von Geschäftsräumen.** Weitere vorvertragliche Aufklärungspflichten obliegen dem Kommissionär im Falle des Abschlusses des Kommissionsvertrags im Fernabsatz oder durch außerhalb von Geschäftsräumen geschlossene Verträge (sog AGV) gem. §§ 312b ff. BGB[35].

**19** **(3) Informationen über Gewinnmargen, Einkaufsrabatte und Zuwendungen Dritter** (Kick-Backs). Lange Zeit heftig umstritten war die Frage, ob und unter welchen Umständen ein Kreditinstitut eine Informationspflicht hinsichtlich des Erhalts von Zuwendungen sowie der Erzielung von Gewinnmargen und der Einräumung von Einkaufsrabatten durch Dritte bei Festpreisgeschäften trifft. Zunächst entschied der BGH, dass einem Kreditinstitut **bei Festpreisgeschäften keine Aufklärungspflicht über Gewinnmargen** obliegt[36]. Eine Aufklärungspflicht bestehe bei einem Festpreisgeschäft mit vorangehendem Beratungsvertrag schon deshalb nicht, weil dem Anleger bei Abschluss eines Festpreisgeschäfts ersichtlich sei, dass die beratende Bank ein eigenes Gewinninteresse verfolge. Die Ablehnung einer Informationspflicht über Gewinnmargen und Einkaufsrabatte erfolgte jeweils in Fallkonstellationen, in denen einem Festpreisgeschäft eine Anlageberatung vorangegangen war.

**20** Soweit einem **entgeltlichen Kommissionsgeschäft eine Anlageberatung vorangeht,** hat der Kommissionär den Kunden über eine **Vertriebsvergütung** von Seiten eines Dritten, zB des Emittenten der Wertpapiere, aufzuklären[37]. Der BGH begründet diese Auffassung damit, dass die Bank **aufgrund des Beratungsvertrags eine Aufklärungspflicht** trifft, weil der Anleger über den durch die Zahlung des Dritten bei der Bank hervorgerufenen Interessenkonflikt informiert werden müsse. Es sei zwar nicht über ein allgemeines Gewinnerzielungsinteresse aufzuklären, da eine Kenntnis hiervon vorausgesetzt werden dürfe. Die Rückvergütungen begründeten jedoch einen Interessenkonflikt, der ohne Aufklärung nicht erkennbar sei und über den die Bank ohne Aufklärung täusche[38]. Die Aufklärungspflicht aufgrund des Beratungsvertrags beziehe sich dabei sowohl auf die Tatsache als solche wie auf die Höhe der zu erwartenden Vertriebsprovision.

**21** Bei einem dem Kommissions- oder Festpreisgeschäft vorangehenden Beratungsvertrag konnte der BGH zentral darauf abstellen, ob sich aus diesem eine Informationspflicht ableiten lässt wegen Täuschung über der Beratung zugrunde liegende Interessenlagen. Ohne vorangehenden Beratungsvertrag wird zur entscheidenden Frage, ob eine vorvertragliche

---

[32] BGH, aaO, Rn. 50; aA OLG Karlsruhe, WM 2011, 883, 885.
[33] So *Buck-Heeb* DB 2011, 2825, 2828; *F. Schäfer* WM 2012, 197, 200.
[34] BGH BKR 2014, 23 = ZIP 2013, 2099; dazu *Juretzek* GWR 2013, 495.
[35] Vgl. dazu → Rn. 24 ff.
[36] BGH WM 2011, 2261 = BKR 2011, 508; BGH WM 2011, 2268 = ZIP 2011, 2237 = BKR 2011, 514; BGH WM 2013, 1983 = BKR 2014, 32.
[37] BGH WM 2013, 2065 = BKR 2014, 23 = ZIP 2013, 2099; dazu *Jäger/Meuschke/Hartlieb* BKR 2013, 456 und *Tilp/Wegner* BKR 2014, 27.
[38] BGH WM 2013, 2065 = BKR 2014, 23 = ZIP 2013, 2099 Rn. 23 ff.

**Informationspflicht aufgrund des Kommissions- bzw. Kaufvertrags** besteht[39]. Zunächst hat der BGH[40] eine vorvertragliche Informationspflicht bei einer **unentgeltlichen Kommission** mit der Begründung abgelehnt, dass sich für den Anleger bei einer Kommission ohne Berechnung von Kommissionsgebühren die Abwicklung des Effektengeschäfts in wirtschaftlicher Hinsicht nicht anders darstellt als die Eingehung eines Festpreisgeschäfts mit der Bank, so dass es bei der gebotenen wertenden Betrachtungsweise in Bezug auf den Beratungsvertrag ebenso wie ein Festpreisgeschäft zu behandeln ist. Dabei ließ der BGH zunächst ausdrücklich offen, ob eine Informationspflicht – zu ergänzen: aufgrund des Beratungsvertrags – dann besteht, wenn der Kommittent eine Kommissionsgebühr zahlt[41]. Der BGH beantwortete diese zunächst offen gelassene Frage in seiner derzeit jüngsten Entscheidung[42] dahingehend, dass ein Anleger, der eine Provision zu entrichten hat, bei der gebotenen normativ-objektiven Betrachtungsweise nicht erkennen könne, dass das für ihn dem Grunde nach offensichtliche Gewinninteresse der ihn *beratenden* Bank der Höhe nach über das von ihm zu leistende Entgelt hinausgeht. Der Grund der Aufklärungspflicht liegt also in der doppelten Vergütung des Beraters, von der der Kommittent nichts weiß, ihm also das zusätzliche Umsatzinteresse der Bank verborgen bleibt. Auch damit hatte der BGH jedoch noch nicht die Frage beantwortet, ob im Falle eines beratungsfreien Geschäfts eine kommissionsrechtliche Aufklärungspflicht über den Erhalt von Vertriebsprovisionen durch Dritte besteht.

Die letztgenannte Frage entschied der BGH indirekt im Zusammenhang mit der Erörterung der Frage, ob bei einem **Festpreisgeschäft ohne vorangehende Beratung** eine Aufklärungspflicht über eine Gewinnspanne aufgrund von der Bank von Dritten gewährten Einkaufsrabatten besteht[43]. Für das Festpreisgeschäft erörtert der BGH, ob sich eine Informationspflicht aufgrund einer Ausstrahlungswirkung von § 31d WpHG ergibt, und kommt zu dem Ergebnis, dass diese Norm weder eine vorvertragliche Pflicht zur Information gegenüber dem Kläger begründet noch einen deliktischen Schadensersatzanspruch nach § 823 Abs. 2 BGB. Der BGH führt zunächst aus, dass diese Norm ausschließlich öffentlich-rechtlicher Natur ist und deshalb auf das zivilrechtliche Schuldverhältnis zwischen dem Wertpapierdienstleistungsunternehmen und dem Kunden nicht einwirkt[44]. § 31d WpHG entfaltet auch nicht im Wege einer Ausstrahlungswirkung eine eigenständige schuldrechtliche Aufklärungspflicht des Wertpapierdienstleistungsunternehmens. Wörtlich heißt es: „Die öffentlich-rechtlichen Wohlverhaltenspflichten der §§ 31 ff. WpHG können zwar, soweit ihnen eine anlegerschützende Funktion zukommt, für Inhalt und Reichweite (vor)vertraglicher Aufklärungs- und Beratungspflichten von Bedeutung sein. Ihr zivilrechtlicher Schutzbereich geht aber nicht über diese (vor-)vertraglichen Pflichten hinaus. Daraus folgt, dass ihnen keine eigenständige, über die zivilrechtlichen Aufklärungs- und Beratungspflichten hinausgehende schadensersatzrechtliche Bedeutung zukommt. Die aufsichtsrechtlichen Wohlverhaltenspflichten bewirken daher als solche weder eine Begrenzung noch eine Erweiterung der zivilrechtlich zu beurteilenden Haftung des Anlageberaters"[45]. Obwohl diese Ausführungen des BGH für einen Fall der Anlageberatung ergingen, sind sie so weit gefasst, dass sie gleichermaßen für die Fälle von **beratungsfreien Kommissions-** wie Festpreisgeschäften Geltung entfalten[46].

---

[39] Und bei bestehendem Beratungsvertrag natürlich auch, soweit – wie bei dem Festpreisgeschäft – eine aus dem Beratungsvertrag herzuleitende Informationspflicht abgelehnt wird.
[40] WM 2012, 1520 = ZIP 2012, 1650; dazu *Jesch* BB 2012, 2895 ff.; *Zoller* BB 2013, 520; *Grundmann* WM 2012, 1745; *Mann* WM 2013, 727 ff.
[41] BGH WM 2012, 1520 = ZIP 2012, 1650 Rn. 45.
[42] WM 2013, 2065 = BKR 2014, 23 = ZIP 2013, 2099.
[43] BGH WM 2013, 1983 = BKR 2014, 32 = ZIP 2013, 2001; dazu *Kropf* WM 2014, 640 ff. und *Harnos* BKR 2014, 1 ff.
[44] BGH WM 2013, 1983 = BKR 2014, 32 = ZIP 2013, 2001 Rn. 16 ff.
[45] BGH WM 2013, 1983 = BKR 2014, 32 = ZIP 2013, 2001 Rn. 20.
[46] *Kropf* WM 2014, 640; wohl aA *Harnos* BKR 2014, 1, 3 ff.

**23** **(4) Sonstige (vor-)vertragliche Informationen.** Der Kommissionär muss im Rahmen einer bereits bestehenden Kundenbeziehung während der üblichen **Geschäftszeiten** grundsätzlich erreichbar sein. Dies gilt insbesondere für Direktbanken, mit denen im wesentlichen nur per Internet oder Telefon kommuniziert werden kann[47]. Allerdings muss der Zugang zu dem Kommissionär nicht derart ausgelegt sein, dass er auch im Falle eines „run" technisch eine Kommunikation mit allen Kunden zur gleichen Zeit ermöglicht, doch muss er zumutbar gegen Störungen abgesichert sein[48]. Von der Pflicht, technisch oder betrieblich bedingte Zugangsstörungen zu vermeiden, kann sich der Kommissionär nicht durch AGB freizeichnen, da dies gegen § 309 Nr. 7b BGB verstößt[49]. – Mit diesen zivilrechtlichen Vorgaben für (vor-)vertragliche Verhaltenspflichten geht die zivilrechtliche Rechtsprechung über die aufsichtsrechtlichen Vorgaben in § 5 Abs. 2 Nr. 1 lit. c) WpDVerOV hinaus, da diese lediglich Angaben über die Kommunikationsmittel erfordern, die verwendet werden können, einschließlich der Kommunikationsmittel zur Übermittlung und zum Empfang von Aufträgen.

**24** **b) Fernabsatz und Vertragsabschlüsse außerhalb von Geschäftsräumen. aa) Aufsichtsrechtliche Pflichten beim Fernabsatz.** Geht einem Kommissionauftrag eine Anlageberatung voran, hat der Kommissionär einem Privatkunden iSv § 31a Abs. 3 WpHG ein schriftliches **Protokoll über das Beratungsgespräch** unmittelbar nach Abschluss der Anlageberatung und vor einem auf der Beratung beruhenden Geschäftsabschluss in Papierform oder auf einem anderen dauerhaften Datenträger zur Verfügung zu stellen. Insbesondere im Falle von **telefonischen Anlageberatungen** führte eine Übersendung des Protokolls zu einer Verzögerung der Auftragserteilung durch den Kunden. § 34 Abs. 2a Satz 4 WpHG räumt für diese Fälle dem Kunden das Recht ein, vor Erhalt des Protokolls einen Auftrag zu erteilen. Für den Fall, dass das Protokoll nicht richtig oder nicht vollständig sein sollte, hat der anlageberatende Kommissionär jedoch dem Kunden ein **individualvertragliches Rücktrittsrecht** von dem auf der Beratung beruhenden Geschäft, also der Kommission, von einer Woche einzuräumen[50]. Der Kunde ist auf das Rücktrittsrecht und die Frist nach § 34 Abs. 2a Satz 5 WpHG ausdrücklich hinzuweisen. Das Aufsichtsrecht fordert in diesem Falle von dem Adressaten, also dem Kommissionär, ausdrücklich ein zivilrechtliches Verhalten, nämlich die individualvertragliche Einräumung eines Rücktrittsrechts gegenüber dem Kunden des Kommissionärs[51].

**25** **bb) Zivilrechtliche Pflichten bei Verbraucherverträgen ab 13. Juni 2014.** In Umsetzung der Verbraucherrechte-Richtlinie[52] hat der Gesetzgeber durch das Gesetz zur

---

[47] Vgl. *Balzer* in Horn/Krämer, Bankrecht 2002, RWS-Forum 22, S. 365, 375; *Göhmann*, Verhaltenspflichten von Banken gegenüber ihren Kunden bei der Durchführung von Effektengeschäften, S. 51, 82; *Ekkenga* in MüKoHGB, Bd. 6, 3. Aufl. 2014, Effekentgeschäft, Rn. 163.

[48] *Balzer* in Horn/Krämer, Bankrecht 2002, RWS-Forum 22, S. 365, 377; *Balzer*, ZBB 2000, 258, 262f.; *Göhmann*, Verhaltenspflichten von Banken gegenüber ihren Kunden bei der Durchführung von Effektengeschäften, S. 83ff.

[49] BGHZ 146, 138, 140ff. = EWiR 2001, 295 *(Strube)*; *Göhmann*, Verhaltenspflichten von Banken gegenüber ihren Kunden bei der Durchführung von Effektengeschäften, S. 110f.; *Balzer* in Horn/Krämer, Bankrecht 2002, RWS-Forum 22, S. 365, 413.

[50] Vgl. ausführlich *Möllers* in KölnKommWpHG, 2. Aufl. 2014, § 34 Rn. 113ff., 141ff.; *Koller* FS Uwe H. Schneider, 2011, S. 651ff.; *F. Schäfer* FS Hopt, Bd. II 2010, S. 2427ff.; *Böhm* BKR 2009, 221ff.; *Pfeifer* BKR 2009, 485ff.; *Strohmeyer* ZBB 2009, 197ff.; aA (gesetzliches Rücktrittsrecht) *Lenenbach*, Kapitalmarktrecht, 2. Aufl. 2010, Rn. 2.265; *Leuering/Zetzsche* NJW 2009, 2856, 2860.

[51] Zu den zivilrechtlichen Folgen der Unterlassung der vertraglichen Einräumung eines Rücktrittsrechts vgl. *Koller* in Assmann/Schneider, WpHG, 6. Aufl. 2012, § 34 Rn. 32 (Verstoß gegen gesetzliches Verbot iSv § 134 BGB mit der Folge der Nichtigkeit); *F. Schäfer* in FS Hopt, Bd. II 2010, S 2427, 2448f. (Verstoß gegen Schutzgesetz iSd § 823 Abs. 2 BGB mit der Folge eines Schadensersatzanspruchs).

[52] Richtlinie 2011/83/EU des Europäischen Parlaments und des Rates vom 25. Oktober 2011 über die Rechte der Verbraucher, zur Änderung der Richtlinie 93/13/EWG des Rates und der Richtlinie 1999/44/EG des Europäischen Parlaments und des Rates sowie zur Aufhebung der Richt-

Umsetzung der Verbraucherrechte-Richtlinie und zur Änderung des Gesetzes zur Regelung der Wohnungsvermittlung[53] mit Wirkung ab dem 13. Juni 2014 die Regelungen der §§ 312 ff. BGB hinsichtlich der Verbraucherverträge und von diesen die im Kommissionsgeschäft bedeutsamen „außerhalb von Geschäftsräumen geschlossenen Verträge" (sog AGV) und Fernabsatzverträge erheblich verändert[54]. Handelt es sich bei einem Kommissionsauftrag um einen Verbrauchervertrag iSv § 310 Abs. 3 BGB, gilt für **außerhalb von Geschäftsräumen geschlossene Verträge** § 312b BGB und für **Fernabsatzverträge** § 312c BGB. Um einen Verbrauchervertrag handelt es nach dem unveränderten § 310 Abs. 3 BGB, wenn der Vertrag zwischen einem Unternehmen und einem Verbraucher geschlossen wird. Durch das Gesetz zur Umsetzung der Verbraucherrechte-Richtlinie wurde die **Definition des Verbrauchers** in § 13 BGB dahingehend erweitert, dass das Wort „überwiegend" klarstellend eingefügt wurde mit der Folge, dass wie bereits früher von der hL angenommen ein Verbrauchervertrag vorliegt, wenn das Rechtsgeschäft überwiegend zu einem Zweck abgeschlossen wird, der weder der gewerblichen noch selbstständigen beruflichen Tätigkeit des Verbrauchers zugerechnet werden kann[55].

Bei einem **Kommissionsauftrag** handelt es sich um ein Vertragsverhältnis über Bankdienstleistungen bzw. eine **Dienstleistung iZm einer Geldanlage,** die von § 312 Abs. 5 BGB als sog Finanzdienstleistungen definiert werden. Diese sind – entgegen Bestrebungen im Zuge der Erstellung der Verbraucherrechte-Richtlinie – **nicht** gänzlich aus dem Anwendungsbereich **ausgenommen,** sondern es sind lediglich deutliche Abschwächungen der Verbraucherrechte vorgenommen worden. § 312 Abs. 5 BGB entspricht im wesentlichen dem bisherigen § 312b Abs. 4 BGB aF und stellt zentral auf die Begründung eines Dauerschuldverhältnisses ab, für das die §§ 312 ff. BGB nur hinsichtlich der Eingehung und nicht hinsichtlich weiterer gleichgelagerter Vereinbarungen gelten sollen[56]. 26

**Außerhalb von Geschäftsräumen geschlossene Verträge** werden durch § 312b BGB und **Fernabsatzverträge** durch § 312c BGB definiert[57]. Für AGV sowie Fernabsatzverträge über Finanzdienstleistungen gelten **Informationspflichten** nach § 312d Abs. 2 BGB iVm Art. 246b EGBGB. Art. 246b EGBGB enthält in § 1 einen umfangreichen Katalog von Informationspflichten und in § 2 weitere Informationspflichten[58]. Im Wesentlichen handelt es sich für deutsche Kommissionäre bei den Informationspflichten nach Art. 246b § 1 Abs. 1 EGBGB um die Pflicht zur Angabe der Identität des Unternehmers einschließlich des öffentlichen Unternehmensregisters, die Haupttätigkeit des Unternehmers, seine ladungsfähige Anschrift, die wesentlichen Merkmale der Finanzdienstleistung sowie Informationen darüber, wie der Vertrag zu Stande kommt, den Preis bzw. seine Berechnungsgrundlage für die Finanzdienstleistung, ggfls. zusätzlich anfallende Kosten und Steuern, die speziellen Risiken der geordneten Finanzinstrumente, wenn diese Preisschwankungen auf dem Finanzmarkt unterliegen, die Gültigkeitsdauer der zur Verfügung gestellten Informationen, das Bestehen bzw. Nichtbestehen eines Widerrufsrechts, die Mindestlaufzeit des Auftrags, die vertraglichen Kündigungsbedingungen, das auf den Vertrag anwendbare Recht und[59] das zuständige Gericht, die Sprache, das Bestehen eines au- 27

---

linie 85/577/EWG des Rates und der Richtlinie 97/7/EG des Europäischen Parlaments und des Rates, ABl. L 304 vom 22.11.2011, S. 64.
[53] Vom 20. September 2013, BGBl. I S. 3642.
[54] Vgl. dazu *Janal* WM 2012, 2314 ff.; *Bülow* WM 2014, 1 ff.; *Wendehorst* NJW 2014, 577 ff.; *Ehmann/Forster* GWR 2014, 163 ff.
[55] Vgl. dazu *Brönnecke/Schmidt* VuR 2014, 3 ff.; *Bülow* WM 2014, 1 ff.; *Ehmann/Forster* GWR 2014, 163 ff.; *Wendehorst* NJW 2014, 577 ff.; kritisch *Möller* BB 2014, 1411, 1412.
[56] Vgl. *Ehmann/Forster* GWR 2014, 163, 165 mwN.
[57] Vgl. *Brönnecke/Schmidt* VuR 2014, 3, 4 f.
[58] Vgl. *Tamm* VuR 2014, 9, 15 f. mwN; *Möller* BB 2014, 1411, 1415 f.
[59] Nach Art. 246b § 1 Abs. 1 Nr. 16 soll über das anwendbare Recht *oder* über das zuständige Gericht aufzuklären sein – gemeint sein dürfte ein *„und";* ebenso *Grüneberg* in Palandt, BGB, 73. Aufl. 2014, EGBGB 246b § 1 nF Rn. 15.

ßergerichtlichen Beschwerde- und Rechtsbehelfsverfahrens sowie das Bestehen eines Garantiefonds oder einer Entschädigungsregelung[60].

**28** Erfolgt der **Kommissionsauftrag telefonisch,** genügt nach Art. 246b § 1 Abs. 2 EGBGB eine Information über die Identität der Kontaktperson, eine Beschreibung der Hauptmerkmale der Finanzdienstleistung, eine Information über den Gesamtpreis bzw. die Grundlage für die Berechnung des Preises, über mögliche weitere Steuern und Kosten sowie das Bestehen oder Nichtbestehen eines Widerrufsrechts, wenn der Unternehmer den Verbraucher darüber informiert, dass auf dessen Wunsch weitere Informationen übermittelt werden können und welcher Art diese Informationen sind und der Verbraucher ausdrücklich auf eine Übermittlung der weiteren Informationen vor Abgabe seiner Vertragserklärung verzichtet. Trotzdem hat der Unternehmer nach Art. 246b § 2 Abs. 1 Satz 2 EGBGB im Falle einer Beauftragung per Telefon oder unter Verwendung eines anderen Fernkommunikationsmittels den Verbraucher die Informationen unverzüglich nach Abschluss des Fernabsatzvertrages zu übermitteln.

**29** Für AGV und Fernabsatzverträge räumt § 312g Abs. 1 BGB dem Verbraucher grds. ein **Widerrufsrecht** gem. § 355 BGB ein. Dieses Widerrufsrecht wird jedoch durch § 312g Abs. 2 Satz 1 Nr. 8 BGB als gesetzliches Widerrufsrecht ausgeschlossen für Verträge „zur Erbringung von Dienstleistungen, einschließlich Finanzdienstleistungen, deren Preis von Schwankungen auf dem Finanzmarkt abhängt, auf die der Unternehmer keinen Einfluss hat und die innerhalb der Widerrufsfrist auftreten können, insb. Dienstleistungen iVm Aktien, Anteilen an offenen Investmentvermögen iSv § 1 Abs. 4 KAGB und mit anderen handelbaren Wertpapieren, Devisen, Derivaten oder Kapitalmarktinstrumenten"[61]. Da sich der Ausschluss des Widerrufsrechts auch auf die „Lieferung von Waren" erstreckt, wenn deren Preis auf den Finanzmärkten Schwankungen unterliegt, werden gleichfalls Edelmetalle sowie an Börsen gehandelte Rohstoffe erfasst[62]. Nr. 8 gilt jedoch nicht für auf Dauer angelegte Beteiligungen an einer Publikumsgesellschaft[63]. Zur Erfüllung seiner Informationspflichten nach Art. 246b § 1 Abs. 1 EGBGB kann der Unternehmer nach Art. 246b § 2 Abs. 3 EGBGB dem Verbraucher jedoch individualvertraglich ein Widerrufsrecht einräumen und eine Widerrufsbelehrung nach Anhang 3 von Art. 246b EGBGB erteilen.

**30** Kommuniziert der Kommissionär mit den Anlegern über **Telemedien** iSv § 1 TMG, gelten zusätzlich §§ 312i, 312j BGB. Nach § 312i BGB obliegt dem Unternehmer zusätzlich zu § 312c BGB die Pflicht, „angemessene, wirksame und zugängliche technische Mittel zur Verfügung zu stellen, mit deren Hilfe der Kunde **Eingabefehler** vor Abgabe seiner Bestellung **erkennen** und berichtigen kann, die Pflicht zur Mitteilung der Informationen gem. Art. 246c EGBGB, die Pflicht der **unverzüglichen elektronischen Bestätigung** eines Auftrages sowie die Pflicht, die Möglichkeit zu verschaffen, die **Vertragsbestimmungen** einschließlich der AGB bei Vertragsschluss **abzurufen** und in wiedergabefähiger Form zu speichern". Die weitergehenden besonderen Pflichten im elektronischen Geschäftsverkehr gegenüber Verbrauchern gem. § 312j BGB sind nach § 312j Abs. 5 Satz 2 BGB nicht anwendbar für Webseiten, „die Finanzdienstleistungen betreffen oder für Verträge über Finanzdienstleistungen".

**31** Die Informationen, die ein Wertpapierdienstleistungsunternehmen über sich nach § 31 Abs. 3 Satz 1 WpHG, § 5 Abs. 2, 3 WpDVerOV abzugeben hat, überlappen sich teil-

---

[60] Gemeint sein dürfte eine Entschädigungseinrichtung; vgl. auch *Grüneberg* in Palandt, BGB, 73. Aufl. 2014, EGBGB 246b § 1 nF Rn. 18.
[61] Für den Verkauf oder die Vermittlung von Anteilen oder Aktien eines offenen Investmentvermögens durch mündliche Verhandlungen von AGV räumt § 305 Abs. 1 KAGB jedoch ein Widerrufsrecht ein und belässt es nur für Fernabsatzverträge bei § 312g Abs. 2 Nr. 8 BGB.
[62] *Grüneberg* in Palandt, BGB, 73. Aufl. 2014, § 312g nF, Rn. 11 mwN; *Kugler/Lochmann* BKR 2006, 41, 45; BGH NJW 2013, 1223 und BGH WM 2013, 218 (für finanzmarktabhängige Zertifikate).
[63] *Armbrüster* ZIP 2006, 406, 412; *Grüneberg* in Palandt, BGB, 73. Aufl. 2014, § 312g nF, Rn. 11.

weise mit denen nach Art. 246b § 1 Abs. 1 EGBGB. Dabei erweitert § 5 Abs. 3 Satz 3 WpDVerOV den Anwendungsbereich von 312c BGB dahingehend, dass gegenüber einem Unternehmer iSd § 14 BGB der § 312c Abs. 1 und 2 BGB iVm Art. 246 § 1 EGBGB entsprechend anzuwenden ist, „soweit dort die Offenlegung der Identität und des geschäftlichen Zwecks des Kontakts und die Zurverfügungstellung von Informationen bei Telefongesprächen geregelt ist"[63a]. Gleiches gilt für einen Privatkunden, der Unternehmer iSd § 14 BGB ist, für die entsprechende Anwendung von § 312d Abs. 2 BGB iVm Art. 246b § 1 EGBGB, „soweit dort die Offenlegung der Identität und des geschäftlichen Zwecks des Kontakts und die Zurverfügungstellung von Informationen bei Telefongesprächen geregelt ist". Bedauerlich ist, dass die aufsichtsrechtlichen und zivilrechtlichen **Informationspflichten** nicht aufeinander abgestimmt sind, **Doppelungen** eintreten und die „information overload"[64] weiter voranschreitet.

**2. Widerruf und Unwirksamkeit des Geschäfts. a) Widerruf des Kommissionsauftrages vor Ausführung.** Der Kommissionsauftrag verpflichtet den Kommissionär nach § 384 Abs. 1 HGB, die Kommission mit der Sorgfalt eines ordentlichen Kaufmanns auszuführen, die Interessen des Kommittenten wahrzunehmen und dessen Weisungen zu befolgen. In Erfüllung dieses Auftrages schließt der Kommissionär für Rechnung des Kunden mit einem anderen Marktteilnehmer Kauf- oder Verkaufsverträge über Wertpapiere ab oder beauftragt einen Zwischenkommissionär mit deren Ausführung. Bei einer **Effektenkommission schuldet** der Kommissionär jedoch keinen Erfolg sondern **nur ein Bemühen**[65], weshalb die Effektenkommission als **Geschäftsbesorgungsvertrag mit Dienstvertragscharakter** qualifiziert wird[66]. Hat der Kommissionär den Kommissionauftrag noch nicht ausgeführt, kann der Kommittent ihn nach §§ 621 Nr. 5, 627 Abs. 1 BGB widerrufen. § 405 Abs. 3 HGB spricht insoweit von einem **„Widerruf"** der Kommission durch den Kommittenten, was gleichbedeutend mit einer **Kündigung** des Kommissionauftrages ist[67]. Abweichend von den Regelungen des BGB sieht § 396 Abs. 1 Satz 1 HGB für diesen Fall vor, dass der Kommissionär nicht berechtigt ist, eine (anteilige) Provision zu fordern[68]. – Im Zuge der zunehmend elektronischen Weiterleitung von Kommissionsaufträgen durch den Kommissionär an einen Handelsplatz mit entsprechend schneller Ausführung des Kommissionsauftrages nimmt die Bedeutung der Widerrufsmöglichkeit durch den Kommittenten deutlich ab. – Zum von der Ausführung des Kommissionsauftrages unabhängigen Widerrufsrecht auf Grund von AGV oder Fernabsatz vgl. → Rn. 29.

**b) Unwirksamkeit des Geschäfts und vertragliches Rücktrittsrecht. aa) Unwirksamkeit wegen Anfechtung, Gesetzesverstoß oder Sittenwidrigkeit.** Wie bei jedem Rechtsgeschäft müssen auch bei einer Kommission die Willenserklärungen der Parteien ausgelegt werden, wenn ihr Inhalt nicht eindeutig ist oder Differenzen über den Inhalt der Vereinbarung entstehen. Für eine **Order von sog „Stripped Bonds"**, also Anleihen, deren Zinscoupons abgetrennt wurden und die als „faktische" Nullkuponanleihen veräußert werden, hat der BGH[69] zutreffend klargestellt, dass sich die Angabe des

---

[63a] Wobei diese Erweiterung durch § 5 Abs. 3 Satz 3 WpDVerOV rein aufsichtsrechtlich und nicht zivilrechtlich ist, die zivilrechtlichen Regelungen als Aufsichtsrecht in die WpDVerOV inkorporiert werden, da die Ermächtigungsgrundlage für den Verordnungsgeber in § 31 Abs. 11 Satz 1 Nr. 2 WpHG nur das erlaubt.
[64] Dazu bereits → Rn. 1.
[65] OLG Nürnberg, WM 2007, 647.
[66] *Hopt* in Baumbach/Hopt, HGB, 36. Aufl. 2014, § 383 Rn. 6; *Starke* in Kümpel/Wittig, Bank- und Kapitalmarktrecht, 4. Aufl. 2011, Rn. 17.54; *Seiler/Kniehase* in Schimansky/Bunte/Lwowski BankR HdB, Bd. II, 4. Aufl. 2011, § 104 Rn. 116 f.
[67] *Ekkenga* in MüKoHGB, Bd. 6, 3. Aufl. 2014, Effektengeschäft, Rn. 314.
[68] *Hopt* in Baumbach/Hopt, HGB, 36. Aufl. 2014, § 396 Rn. 3; *Ekkenga* in MüKoHGB, Bd. 6, 3. Aufl. 2014, Effektengeschäft Rn. 214 f.; *Lange* in Schwintowski, Bankrecht, 4. Aufl. 2014, § 19 Rn. 58.
[69] BGH WM 1997, 664 = ZIP 1997, 675 mit zust. Anm. *Einsele* WuB I G 2.-1.97.

Nennwertes auf die „künstliche" Nullkuponanleihe ohne Berücksichtigung eines Zinsbetrages bezieht.

**34** Ist der Inhalt der Übereinkunft durch Auslegung bestimmt, gelten für den Kommissionsvertrag die allgemeinen Regelungen zur **Anfechtung** gem. §§ 119, 123 BGB, der **Nichtigkeit** wegen Verstöße gegen **gesetzliche Verbote** gem. § 134 BGB und der Nichtigkeit wegen **Sittenwidrigkeit** nach § 138 BGB. Die **Bedeutung** der Anfechtungsregelungen für das bankmäßige Kommissionsgeschäft sind in der Praxis **gering,** da bei einer vorangegangenen Anlageberatung sich idR die Frage nach Schadensersatzansprüchen stellt. Lediglich bei Execution-only und beratungsfreiem Geschäft gewinnen die Fragen der Anfechtbarkeit, Nichtigkeit oder Sittenwidrigkeit an Bedeutung und haben während der Dotcom-Bubble zu Urteilen der Rechtsprechung geführt.

**35** Eine **Anfechtung** nach § 119 Abs. 1 BGB **wegen Erklärungs- oder Inhaltsirrtums** hat idR die Haftung des Kunden nach § 122 Abs. 1 BGB zur Folge[70]. Einen **Irrtum über verkehrswesentliche Eigenschaften** des Finanzinstruments sieht die hM weder in einem solchen über den Börsenkurs noch in einem über unternehmensbezogene Daten sondern allenfalls in einem über anlagebezogene Merkmale, die sich auf die Ausstattung des Finanzinstruments beziehen wie zB die Höhe der Dividende oder Zinssatz einer Schuldverschreibung[71]. Eine **Anfechtung wegen arglistiger Täuschung** des Anlegers durch die Bank kommt praktisch nur in Betracht, wenn diese entweder wider besseren Wissens eine dem Kunden ungünstige Anlage empfiehlt (was idR jedoch Schadensersatzansprüche wegen fehlerhafter Anlageberatung auslöst) oder die Bank vor Auftragserteilung kursrelevante Tatsachen trotz Offenlegungspflicht verschweigt[72].

**36** Die Frage der **Unwirksamkeit** des Kommissionauftrages **nach § 134 BGB** wegen Verstoßes gegen ein gesetzliches Verbot in der Form von § 32 KWG durch den Kommissionär ist nur von geringer praktischer Relevanz. Die insbesondere im Zusammenhang mit dem unerlaubten Betreiben des Bankgeschäftes in der Form des Einlagen- oder Kreditgeschäftes erörterte Frage kann sich zwar theoretisch auch in der Form stellen, dass der Finanzkommissionär keine Erlaubnis zum Betreiben dieses Bankgeschäftes hält. Da Finanzkommissionäre jedoch regelmäßig Geschäfte an Börsen tätigen und dies eine Zulassung nach § 19 BörsG erfordert und im Rahmen des Zulassungsverfahrens das Vorliegen einer **Erlaubnis nach § 32 KWG** geprüft wird, kann sich die Frage des Betreibens des Finanzkommissionsgeschäftes ohne erforderliche Erlaubnis nur bei einem ausschließlich außerhalb von regulierten Handelsplätzen tätigen Kommissionär oder besonderen gesellschaftsrechtlichen Konstruktionen stellen. – Sollte der Fall doch einmal eintreten, wird von der ganz hL zu Recht ausgeführt, dass trotz fehlender Erlaubnis nach § 32 KWG der zivilrechtliche Vertrag zwischen Kommittent und Kommissionär hiervon nicht berührt wird, da die Rechtsfolge des § 134 BGB nur Geschäfte erfasst, bei denen beiden Vertragsparteien ein rechtswidriges Handeln zu Last fällt[73].

---

[70] Zu Ausnahmen vgl. *Ekkenga* in MüKoHGB, Bd. 6, 3. Aufl. 2014, Effektengeschäft, Rn. 186 mwN; ausführlich zu den Pflichten insb. von Direktbanken mit elektronischen Eingabemasken zur Prüfung der Plausibilität eines Kundenauftrages *Göhmann*, Verhaltenspflichten von Banken gegenüber ihren Kunden bei der Durchführung von Effektengeschäften, S. 115 ff.; *Clauss*, Anfechtungsrechte bei Wertpapiergeschäften zu nicht marktgerechten Preisen, 2012, S. 37 mwN in FN 173 – seit der Pflicht der Direktbanken zur Orderbestätigung nach § 312i Abs. 1 Satz 1 Nr. 3 BGB (bzw. vor Juni 2014 nach § 312e BGB aF) hat die Nachfragepflicht bei „außer Verhältnis" stehenden Orders an Bedeutung verloren – vgl. insoweit zum alten Recht OLG Nürnberg, BKR 2003, 550 ff.

[71] *Canaris*, Bankvertragsrecht, 3. Aufl. 1981, Rn. 1853 ff.; BGHZ 16, 54, 57; *Ekkenga* in MüHBG, Bd. 6, 3. Aufl. 2014, Effektengeschäft, Rn. 187; *Lange* in Schwintowski, Bankrecht, 4. Aufl. 2014, § 19 Rn. 49; *Lenenbach*, Kapitalmarktrecht, 2. Aufl. 2010, Rn. 4.91 ff.

[72] Vgl. *Lange* in Schwintowski, Bankrecht, 4. Aufl. 2014, § 19 Rn. 50; *Ekkenga* in MüKoHGB, Bd. 6, 3. Aufl. 2014, Effektengeschäft, Rn. 196.

[73] *Ellenberger* in Palandt, BGB, 73. Aufl. 2014, § 134 Rn. 9, 20; *Ekkenga* in MüKoHGB, Bd. 6, 3. Aufl. 2014, Effektengeschäft, Rn. 201; *Tettinger* DStR 2006, 903, 905 f.

Ein näherliegender Verstoß gegen ein gesetzliches Verbot ist bei dem Kommissionsgeschäft ein Verstoß gegen das **Verbot des Insiderhandels in § 14 WpHG** durch den Kommittenten. Das Verbot des § 14 WpHG soll den Markt und ggfls. auch den (wirtschaftlichen) Vertragspartner des mit Insiderwissen getätigten Wertpapiergeschäfts schützen[74]. Da die Beauftragung eines Kommissionärs durch einen Insider der Herbeiführung einer Wertpapiertransaktion unter Verstoß gegen die Nutzung von Insiderwissen bezweckt, erfasst das Verbot auch die Beauftragung eines Kommissionärs und nicht nur dessen Ausführungsgeschäft. Wiederum ist jedoch festzustellen, dass die Rechtsfolge der Nichtigkeit weder hinsichtlich des Kommissionauftrages noch des Ausführungsgeschäftes eintritt, weil sich das Verbot nicht gegen beide Vertragsparteien sondern nur gegen den Insider und es sich zudem nicht gegen den Inhalt des Geschäftes sondern die Nutzung des Wissens durch den Insider richtet. Die ganz hL hält daher § 134 BGB nicht für einschlägig[75]. – Fälle, in denen ein Kommissionsauftrag wegen Verstoßes gegen die guten Sitten nach § 138 BGB nichtig war, sind – soweit ersichtlich – bisher nicht judiziert worden.

**bb) Die Behandlung von Mistrades.** In den letzten Jahren häufiger aufgetreten ist die Konstellation, dass der Kommissionär ein **erheblich von den Marktpreisen abweichendes Ausführungsgeschäft** tätigte. Zu marktabweichenden Kursen kommt es insb. bei Eingabefehlern (zB Kommastelle beim Preis verschoben oder Stückzahl mit Preis verwechselt) oder bei Fehlkalkulationen von in einem Finanzinstrument eingebetteten und dessen sog „inneren" Wert mittels einer mathematischen Formel determinierenden Derivaten. Grds. ist ein einseitiger Irrtum über den „richtigen" Börsenkurs ein als Motivirrtum unbeachtlicher **Kalkulationsirrtum.** Erkennt jedoch der Kommittent den Kalkulationsirrtum des Vertragspartners oder vereitelt er treuwidrig diese Erkenntnis, kann der Erklärungsempfänger nach den allgemeinen Regelungen des BGB unter dem Gesichtspunkt der culpa in contrahendo oder der unzulässigen Rechtsausübung verpflichtet sein, den Erklärenden auf den Kalkulationsfehler hinzuweisen. Allerdings soll hierfür nach der Rechtsprechung des BGH zu Festpreisgeschäften nicht die Erkenntnis des Kalkulationsirrtums genügen. Vielmehr muss anzunehmen sein, dass der Erklärende bei verständiger Würdigung des Falles die Erklärung nicht abgegeben haben würde. Dies setzt voraus, dass der Irrtum von einigem Gewicht und die Vertragsdurchführung für den Erklärenden schlechthin unzumutbar ist, weil er dadurch in erhebliche wirtschaftliche Schwierigkeiten geriete[76]. Ein Anleger, der eine „ungewöhnliche" Preisstellung seitens einer Bank oder eines Market-Makers zB auf einer im Videotext im Fernsehen oder einem Kursmitteilungssystem veröffentlichten Seite erkennt, kann daher nach einem Teil der Rechtsprechung mit der Bank auf dieser Basis in aller Regel – direkt als Festpreisgeschäft oder indirekt über einen Broker (Kommissionär) – Verträge abschließen, ohne dass die Bank diese nach den allgemeinen Regeln des BGB anfechten könnte[77].

Zur Vermeidung dieser als praxisfern angesehenen und ungerechtfertigte „Windfall Profits" generierenden gesetzlichen Regelung haben die Börsen und die Betreiber von „privaten Marktplätzen", die auf diesen ihre fehleranfälligen Eigenemissionen vertreiben, Regelungen zu einer **entschädigungslosen Stornierung von erheblich fehlbepreisten Finanzinstrumenten** aufgestellt. Hat der Kommissionär ein Ausführungsgeschäft an einer Börse oder außerhalb einer solchen (sog over the counter oder OTC-Geschäfte) ge-

---

[74] Vgl. zum Schutzzweck der Insiderhandelsverbote ausfürlich *Assmann* in Assmann/Schneider, WpHG, 6. Aufl. 2012, Vor § 12 Rn. 41 ff. und § 14 Rn. 205 ff.
[75] *Assmann* in Assmann/Schneider, WpHG, 6. Aufl. 2012, § 14 Rn. 206; *Lenenbach*, Kapitalmarktrecht, 2. Aufl. 2010, Rn. 13.202; *Mennicke* in Fuchs, WpHG, § 14 Rn. 423, 440; *Schwark/Kruse* in Schwark/Zimmer, KMRK, 4. Aufl. 2010, § 14 WpHG Rn. 4; *Steinhauer*, Insiderhandelsverbot und Ad-hoc-Publizität, 1999, S. 90.
[76] BGH WM 1998, 2375 ff.
[77] OLG Düsseldorf, RIW 2001, 226 ff. (Festpreisgeschäft) – vom BGH nicht zur Revision angenommen (BGH Beschl. v. 4. Oktober 2000, XI ZR 53/00); aA OLG Fankfurt, WM 2009, 1032, 1034 f. (Kommission) – dazu zu Recht kritisch *Fleckner* WuB I G 2.-2.09.

tätigt und wurde dieses als sog „**Mistrade**" storniert, entgeht dem Kommittenten uU ein Gewinn. Dies hat zu einer Diskussion darüber geführt, ob eine von der gesetzlichen Regelung abweichende Behandlung von Mistrades insb. unter dem Aspekt der **AGB-Kontrolle** zulässig ist. Hierbei ist zwischen börslichen und außerbörslichen Mistrades zu unterscheiden.

**40** Für den **börslichen Handel**[78] sehen die Regelwerke der deutschen Börsen – mit nicht unerheblichen Abweichungen im Einzelnen – durchweg vor, dass bei Fehlern im technischen System der Börse oder bei offensichtlich zu einem nicht marktgerechten Preis zu Stande gekommenen Geschäft die **Börsengeschäftsführung** ein Geschäft auf Antrag einer der oder beider Parteien oder **von Amts wegen aufheben** kann unter **Ausschluss** weitergehender **zivilrechtlicher Ansprüche**[79]. Für die Feststellung des „nicht marktgerechten Preises" sehen die Börsenbedingungen verschiedene Verfahren vor. Die Stornierbarkeit von Mistrades und der Ausschluss der „weitergehenden zivilrechtlichen Ansprüche" durch die Börsenbedingungen wird von der hL mit unterschiedlichen Begründungen für wirksam erachtet. Die durch einen unabhängigen Marktbetreiber aufgestellten Marktordnungen werden zT als die Wahl eines privaten Rechtsregimes angesehen, das „Parallelwelten" zur Rechtsgeschäftslehre der §§ 116 ff., 145 ff. BGB eröffnet „und deshalb nicht anhand des Leitbildes der gesetzlichen Rechtsgeschäftslehre zu überprüfen" ist[80], zT werden die börslichen Mistrade-Regeln und die Aufhebung der Verträge als „privatrechts*allein*gestaltender" Verwaltungsakt[81], angesehen. Die Gegenmeinung erachtet den Anfechtungsausschluss von privaten Rechtsgeschäften durch die Börsenordnungen als gegen die Kompetenzregelung des Grundgesetzes verstoßend und daher als verfassungswidrig und nichtig bzw. für nichtig erklärbar[82]. Soweit die Börsenbedingungen einer AGB-Kontrolle unterzogen werden, hält die hM den Ausschluss für grds. zulässig[83].

**41** Während börsliche Mistrade-Regelungen die Rechtsprechung bisher praktisch nicht beschäftigt haben[84], hatte die Rechtsprechung **außerbörsliche Mistrade-Regelungen** bereits in einer nicht unerheblichen Anzahl von Fällen zu behandeln. Dabei ist zu unterscheiden zwischen der Wirksamkeit der Vereinbarung einer außerbörslichen Mistrade-Klausel zwischen dem Kommissionär und seinem Vertragspartner für das von dem Kommissionär geschlossene Ausführungsgeschäft und – bei unterstellter Wirksamkeit dieser Mistrade-Klausel und daher Unwirksamkeit des Ausführungsgeschäfts – der Frage, ob der Kommissionär seiner Pflicht zur Interessenwahrnehmung gegenüber dem Kommittenten gerecht wird, wenn er eine derartige Mistrade-Klausel für das Ausführungsgeschäft vereinbart. Nach wohl hL sind als AGB ausgestaltete Mistrade-Klauseln **nicht mit § 307 BGB vereinbar,** da sie von wesentlichen Grundgedanken des Anfechtungsrechts und dort insb. des § 122 BGB abweichen[85]. Nach der Rechtsprechung genügt der Kommissionär seinen Pflichten zur Wahrung der Interessen des Kommittenten nicht, wenn er für das Ausfüh-

---

[78] Der sog „Freiverkehr" findet nur *an* der Börse statt und zählt damit nicht zum börslichen sondern zum außerbörslichen Handel.
[79] Vgl. zB §§ 23 bis 32 Handelsbedingungen FWB (Stand: 4/2014); dazu ausführlich *Lindfeld,* Mistrade-Regeln, 2008, S. 29 ff. mwN (allerdings zu Vorläuferfassungen).
[80] So insb. *Hellgardt,* AcP 213 (2013), 760, 793 ff. muwN.
[81] So ins. *Lindfeld,* Mistrade-Regeln, S. 53 ff. mwN.
[82] *Clauss,* Anfechtungsrechte bei Wertpapiergeschäften zu nicht marktgerechten Preisen, S. 153 ff. mwN.
[83] *Lindfeld,* Mistrade-Regeln, S. 80 ff.; *Lenenbach,* Kapitalmarktrecht, 2. Aufl. 2010, Rn. 4.95 ff.; *Jaskulla* WM 2012, 1708 ff.; *Göhmann,* Verhaltenspflichten von Banken gegenüber ihren Kunden bei der Durchführung von Effektengeschäften, S. 210 ff.; *Fleckner* WM 2011, 585, 596.; aA *Clauss,* Anfechtungsrechte bei Wertpapiergeschäften zu nicht marktgerechten Preisen, S. 170 ff.
[84] Vgl. zu den wenigen Fällen *Fleckner* WM 2011, 585, 596 m. Fn. 177.
[85] *J. Koch* ZBB 2005, 265, 270 ff.; *Lenenbach,* Kapitalmarktrecht, 2. Auflage 2010, Rn. 4.115 ff.; *Lange* in Schwintowski, Bankrecht, 4. Aufl. 2014, § 19 Rn. 45; aA *Lindfeld,* Mistrade-Regeln, S. 120 ff.; *Fleckner/Vollmuth* WM 2004, 1263, 1275 f.; *Fleckner* WM 2011, 585, 590 f. (m. u. Darstellung der Rspr.).

§ 13 Rechte, Pflichten und Abwicklung der Finanzgeschäfte    42–45 § 13

rungsgeschäft Mistrade-Klauseln akzeptiert, die eine Stornierung des Ausführungsgeschäfts als Mistrade ohne Schadensersatz gem. § 122 BGB vorsehen[86].

**cc) Rücktritt.** Zu einer Beendigung des Vertrages führt auch die Ausübung eines Rücktrittsrechts eines von dem Kommissionär beratenen Kommittenten, wenn der Kommissionär entsprechend § 34 Abs. 2a Satz 4 WpHG dem mit Fernkommunikationsmitteln, idR also telefonisch, beratenen Kommittenten ein solches für die auf der Beratung beruhende Kommissionsaufträge eingeräumt hat[87]. Für die Regelung der Rechtsfolgen eines Rücktritts gelten die allgemeinen Regeln des BGB. 42

**3. Durchführung des Geschäfts. a) Einschaltung eines Zwischenkommissionärs.** Ein Kommissionär hat grds. den Kommissionsauftrag nach § 384 Abs. 1 HGB selbst auszuführen und kann dies nicht auf Dritte übertragen[88]. Der Kommittent kann dem Kommissionär jedoch eine – zumindest teilweise – Substitution erlauben, was insb. bei Kommissionaufträgen des Kommittenten bzgl. ausländischer Finanzinstrumente von erheblicher Bedeutung ist. Nr. 1 Abs. 2 Satz 1 SB Wp erlaubt daher ausdrücklich die Einschaltung eines **Zwischenkommissionärs**[89]. Macht ein Kommissionär von diesem Recht Gebrauch, sieht Nr. 9 Satz 2 SB Wp vor, dass bis zum Abschluss des Ausführungsgeschäftes durch den Zwischenkommissionär der Kommissionär nur für die sorgfältige Auswahl und Unterweisung des Zwischenkommissionärs haftet, nicht jedoch für dessen Handlungen nach § 278 BGB. Diese **Haftungsbeschränkung ist mit § 309 Nr. 7 BGB** vereinbar[90]. Sie gilt jedoch nur bis zum Abschluss eines Ausführungsgeschäftes, da nach einem entsprechenden Abschluss die Bank nach Nr. 9 Satz 1 SB Wp die Haftung für die ordnungsgemäße Erfüllung des Ausführungsgeschäftes durch den Vertragspartner des Zwischenkommissionärs übernimmt[91]. 43

**b) Selbsteintritt und Delkrederehaftung.** Zur Erfüllung seiner übernommenen Verpflichtungen kann der Kommissionär entweder nach § 384 HGB ein **Deckungsgeschäft** abschließen oder nach § 400 Abs. 1 HGB einen Selbsteintritt erklären. Die Vornahme eines Selbsteintritts ist durch Nr. 1 Abs. 2 Satz 1 SB Wp der deutschen Kreditinstitute grds. nicht vorgesehen und bedarf einer individualvertraglichen Vereinbarung zwischen Kommittent und Kommissionär[92]. 44

Anders als bei einem Festpreisgeschäft haftet der den Kommittentenauftrag im eigenen Namen jedoch für Rechnung des Kommittenten ausführende Kommissionär grds. nicht für die Erfüllung der Verbindlichkeiten des Dritten aus dem Deckungsgeschäft. Die einfache Kommission birgt somit für den Kommittenten das Risiko des Ausfalls des ihm zunächst nicht bekannten Dritten, wenn der Kommissionär dem Auftraggeber zugleich mit der Anzeige von der Ausführung der Kommission den Dritten namhaft macht. Nur wenn der Kommissionär die **Namhaftmachung unterlässt,** haftet er nach § 384 Abs. 3 HGB für die Erfüllung des Geschäfts. Nach § 394 Abs. 1 HGB kann der beauftragte Kommissionär jedoch die **Haftung für die Erfüllung der Verbindlichkeiten des Dritten** – selbst im Fall der Namhaftmachung – übernehmen. Diese Delkrederehaftung bedarf jedoch der aus- 45

---

[86] BGH WM 2002, 1687 ff.; *Hopt* in Baumbach/Hopt, HGB, 6. Aufl. 2014 § 384 Rn. 1; *Lenenbach*, Kapitalmarktrecht 2. Aufl. 2010, Rn. 4.126 f.; zu der (nicht bestehenden) Pflicht des Kommissionärs, sich um Aufhebung von *börslichen* Mistrade-Regelungen zu bemühen, vgl. *Göhmann*, Verhaltenspflichten von Banken gegenüber ihren Kunden bei der Durchführung von Effektengeschäften, S. 110 ff.
[87] Vgl. dazu → Rn. 24 mwN.
[88] Unstr., vgl. nur RGZ 63, 301, 304; *Krüger* in Ebenroth/Boujong/Joost/Strohn, HGB, 2. Aufl. 2009, § 384 Rn. 6 f. mwN; *K. Schmidt*, Handelsrecht, 5. Aufl. 1999, § 31 VI 2.
[89] Vgl. *Bunte*, AGB-Banken, 3. Aufl. 2011, Nr. 8 Rn. 52, 94.
[90] *Hopt* in Baumbach/Hopt, HGB, 36. Aufl. 2014, § 384 Rn. 3; OLG Nürnberg, WM 2001, 2440 f.; *Beule* in BuB, Rn. 7/102; *Bunte*, AGB-Banken, 3. Aufl. 2011, Nr. 8 Rn. 94; vgl. auch RGZ 78, 313.
[91] Vgl. *Bunte*, AGB-Banken, 3. Aufl. 2011, Nr. 8 Rn. 94 und → Rn. 44 ff.
[92] Vgl. dazu ausführlich → § 12 Rn. 8 mwN.

drücklichen Übernahme durch den Kommissionär[93]. Durch Nr. 9 Satz 1 SB Wp übernehmen Kreditinstitute durch AGB die Haftung für die ordnungsgemäße Erfüllung des Ausführungsgeschäftes durch den Dritten bzw. den Vertragspartner eines Zwischenkommissionärs. In der Bankpraxis ist üblich, dass ein Kreditinstitut den Dritten nicht namhaft macht, so dass der Kommissionär ohnehin nach § 384 Abs. 3 HGB das **Delkredererisiko** trägt. Nr. 9 Satz 1 SB Wp gewinnt einen eigenständigen Anwendungsbereich dann, wenn der Kommissionär ausnahmsweise einmal eine Namhaftmachung vornimmt (zB wenn der Kommittent die Namhaftmachung wünscht)[94]. Zudem nimmt Nr. 9 Satz 1 SB Wp der Bank die Möglichkeit, sich einseitig durch Namhaftmachung des Vertragspartners von der Delkrederehaftung zu befreien[95].

**46** Streitig ist, ob Nr. 9 Satz 1 SP Wp eine **vereinbarte Übernahme der Delkrederehaftung** iSd § 394 Abs. 1 HGB darstellt oder es sich lediglich um eine deklaratorische Bestätigung der ohnehin nach § 384 Abs. 3 HGB wegen typischerweise nicht erfolgender Namhaftmachung bestehenden Einstandspflicht darstellt. Diese zunächst akademisch erscheinende Frage würde eine Auswirkung haben, wenn – was derzeit nicht der Fall ist – als Kommissionär tätige Kreditinstitute für die Übernahme der Delkrederehaftung eine gesonderte **Delkredereprovision** gem. § 394 Abs. 2 HGB verlangten. Insoweit stellte sich jedoch die Frage, ob die vertragliche Übernahme der Delkrederehaftung durch Nr. 9 Satz 1 SB Wp mit der Folge der Delkredereprovision nach § 394 Abs. 2 Satz 2 HGB eine überraschende Klausel nach § 305c BGB darstellte und überhaupt wirksam wäre[96].

**47** Eine **Delkrederehaftung** setzt jedoch voraus, dass der Kommissionär ein **Ausführungsgeschäft** durchgeführt hat und dieses **wirksam** ist. Fällt das Ausführungsgeschäft wegen Anfechtung bzw. Stornierung als Mistrade[97] weg, ist grds. kein Raum für eine Delkrederehaftung. Die Delkrederehaftung schützt den Kommittenten nicht vor der Unwirksamkeit oder nachträglichen Aufhebung des Ausführungsgeschäftes[98].

**48** c) **Ausführung des Kommissionsauftrages. aa) Aufsichtsrechtliche Anforderungen an die Ausführung von Kundenaufträgen.** (1) Entwicklung des Aufsichtsrechts. In Umsetzung der Wertpapierdienstleistungsrichtlinie[99] enthielt das WpHG idF von 1994[100] zunächst lediglich in § 31 Abs. 1 Nr. 1 WpHG aF eine allgemeine Interessenwahrungspflicht des Kommissionärs und in § 31 Abs. 1 Nr. 2 WpHG aF die Pflicht, bei Interessenkonflikten den Kundenauftrag „unter der gebotenen Wahrung des Kundeninteresses" auszuführen. Dies wurde im Jahre 2001 durch die sog **Wohlverhaltensrichtlinie** des früheren Bundesaufsichtsamtes für den Wertpapierhandel (**BAWe,** jetzt BaFin) für die Praxis konkretisiert[101]. Durch die Umsetzung der MiFID I in deutsches Recht durch das Finanzmarktrichtlinie-Umsetzungsgesetz[102] (FRUG) zum 1. November 2007 wurde § 33a WpHG ein-

---

[93] *Hopt* in Baumbach/Hopt, HGB, § 394 Rn. 1 mwN.
[94] *Weber* in Fischer/Klanten, Bankrecht, 4. Aufl. 2010, Rn. 11.263; *Beule* in BuB, Rn. 7/103; *Bunte*, AGB-Banken, 3. Aufl. 2011, 8 SB Wp Rn. 93; *Ekkenga* in MüKoHGB, Bd. 6, 3. Aufl. 2014, Effektengeschäft, Rn. 93, 103; *Krüger* in Ebenroth/Boujong/Joost/Strohn, HGB, Bd. II, 2. Aufl. 2009, § 384 Rn. 37; *Lenenbach*, Kapitalmarktrecht, 2. Aufl. 2010, Rn. 4.71.
[95] Eine dahingehende individualvertragliche Vereinbarung über eine Haftungsbefreiung ist jedoch möglich.
[96] Vgl. zum Ganzen *Ekkenga* in MüKoHGB, Bd. 6, 3. Aufl. 2014, Effektengeschäft, Rn. 103; *Beule* in BuB, Rn. 7/103; *Balzer* in Horn/Krämer, Bankrecht 2002, RWS-Forum 22, S. 365, 372.
[97] Dazu → Rn. 38 ff.
[98] BGH WM 2002, 1687, 1688; *Lenenbach*, Kapitalmarktrecht, 2. Aufl. 2010, Rn. 4.71.
[99] Richtlinie 1993/22/EWG des Rates vom 10. Mai 1993 über Wertpapierdienstleistungen ABl. Nr. L 141.
[100] BGBl. I 1994, S. 1794.
[101] Richtlinie gem. § 35 Abs. 6 WpHG zur Konkretisierung der §§ 31 und 32 für das Kommissionsgeschäft, den Eigenhandel für andere und das Vermittlungsgeschäft der Werpapierdienstleistungsunternehmen vom 23.8.2001, BAnz. Nr. 165 vom 4.9.2001, S. 19217.
[102] BGBl. 2007, S. 1330.

geführt, der die in § 31 Abs. 1 WpHG enthaltene Pflicht zu Interessenwahrung für die bestmögliche Ausführung von Kundenaufträgen für den Kauf oder Verkauf von Finanzinstrumenten konkretisiert[103].

**(2) Ausführungsgrundsätze (best execution policy). § 33a Abs. 1 WpHG** verpflichtet das Wertpapierdienstleistungsunternehmen, „alle angemessenen Vorkehrungen zu treffen, insb. Grundsätze zur Auftragsausführung festzulegen und mindestens jährlich zu überprüfen, um das bestmögliche Ergebnis für seine Kunden zu erreichen, sowie sicherzustellen, dass die Ausführung jedes einzelnen Kundenauftrags nach Maßgabe dieser Grundsätze vorgenommen wird". Der Kommissionär hat somit angemessene Vorkehrungen in Form von Ausführungsgrundsätzen zu treffen, diese regelmäßig zu überprüfen und die grds. Einhaltung der Ausführungsgrundsätze sicherzustellen. Die bei der Aufstellung der Grundsätze zur Auftragsausführung zu beachtenden Aspekte werden von § 33a Abs. 2, 3 und 5 WpHG sowie § 11 WpDVerOV[104] konkretisiert. Die BaFin hat eine aus ihrer Sicht für die Aufstellung der Ausführungsgrundsätze erforderliche weitere **Konkretisierung in BT 4 MaComp**[105] vorgenommen.

Die **Ausführungsgrundsätze** sind nach § 33a Abs. 6 WpHG von dem Kommissionär dem Kommittenten vor der erstmaligen Erbringung einer Kommission zur Kenntnis zu bringen und es ist die **Zustimmung des Kommittenten** zu den Grundsätzen einzuholen[106]. § 33a WpHG verbietet es jedoch nicht, dass der Kommittent dem Kommissionär Weisungen hinsichtlich der Art der Ausführung sowie der Ausführungsplätze erteilt. Für den Fall einer ausdrücklichen Weisung des Kommittenten sieht § 33a Abs. 4 WpHG vor, dass die Pflicht zur Erzielung des bestmöglichen Ergebnisses entsprechend dem Umfang der Weisung als erfüllt gilt. Die **Zustimmung** kann auch **formularvertraglich** erfolgen, was sich aus dem Umkehrschuss zu § 33a Abs. 5 Satz 2 WpHG ergibt[107]. Sehen die Ausführungsgrundsätze nämlich vor, dass auch eine **Auftragsausführung außerhalb organisierter Märkte** und multilateraler Handelssysteme erfolgen kann, also „over the counter" (OTC-Geschäfte), bedarf es nach § 33a Abs. 5 Satz 2 WpHG einer **ausdrücklichen Zustimmung** des Kommittenten. Will ein Kommittent, bei dem es sich um einen Privatkunden iSd § 31a Abs. 3 WpHG handelt, eine Weisung erteilen, muss der Kommissionär diesen nach § 33a Abs. 6 Nr. 2 WpHG darauf hinweisen, dass der Kommissionär in diesem Fall verpflichtet ist, den Auftrag entsprechend den Kundenweisungen auszuführen und nicht entsprechend seinen Grundsätzen zur Auftragsausführung und die Ausführung deshalb nicht zum bestmöglichen Ergebnis führen muss. Dieser **Warnhinweis** kann in **allgemeiner Form** erfolgen[108]. Nach § 33a Abs. 7 WpHG muss der Kommissionär in der Lage sein, dem Kommittenten auf Anfrage darzulegen, dass sein Auftrag entsprechend den Ausführungsgrundsätzen ausgeführt wurde[109].

Für Wertpapierdienstleistungsunternehmen, die Aufträge ihrer Kunden an Dritte zur Ausführung weiterleiten sowie für Vermögensverwalter, die den von ihnen für den Vermögensinhaber kraft Vollmacht gegebenen Auftrag nicht selbst ausführen, sieht § 33a Abs. 8 WpHG vor, dass die Anforderungen von § 33a Abs. 2 und 3 WpHG entsprechend gelten, der beauftragte Kommissionär in den Ausführungsgrundsätzen zu benennen ist und dass

---

[103] *Früh/Ebermann* in KölnKommWpHG, 2. Aufl. 2014, § 33a Rn. 4 mwN.
[104] Vgl. zu der inhaltlichen Ausgestaltung *Dierkes* ZBB 2008, 11 ff.; *Gomber/Chlistalla/Groth* ZBB 2008, 2 ff.; *Lenenbach*, Kapitalmarktrecht, 2. Aufl. 2010, Rn. 5.207 ff.; *Ebermann/Chromek* RdF 2011, 228, 230 ff.
[105] Rdschr. 4/2010 (WA) vom 7. Juni 2010, Stand: 7. Januar 2014.
[106] Vgl. dazu *Bracht*, Best Execution, S. 129 f.; *von Hein* in Schwark/Zimmer, KMRK, 4. Aufl. 2010, WpHG § 33a Rn. 60 ff.
[107] Umstr. vgl. nur *von Hein* in Schwark/Zimmer, KMRK, 4. Aufl. 2010, WpHG § 33a Rn. 61 mwN.
[108] *Zimmermann* in Fuchs, WpHG, § 33a Rn. 42; *Früh/Ebermann* in KölnKommWpHG, 2. Aufl. 2014, § 33a Rn. 117.
[109] Zu der Frage, ob dies eine zivilprozessuale Beweislastumkehr bewirkt, vgl. → Rn. 53.

diese Grundsätze des weiterleitenden Wertpapierdienstleistungsunternehmens oder Vermögensverwalters mindestens ein Mal jährlich zu überprüfen sind[110].

**52** § 33a WpHG stellt **aufsichtsrechtliche**[111] **Mindestanforderungen** an die **Organisation** von Kommissionären[112] und keine eigenständige Verhaltenspflicht dar. Zweck von § 33a WpHG ist sowohl der Anlegerschutz, der Marktschutz wie auch die Eröffnung der Möglichkeit für den Kommissionär, bei Einhaltung der prozeduralen und organisatorischen Anforderungen sein materielles Haftungsrisiko einzugrenzen[113]. Nach zutreffender hL stellt § 33a WpHG **kein Schutzgesetz** iSd § 823 Abs. 2 BGB dar[114]. Eine Qualifizierung von § 33a WpHG als Schutzgesetz ist auch nicht nötig, da die Ausführungsgrundsätze durch Nr. 2 SB Wp Bestandteil der Sonderbedingungen und damit Teil des Kommissionsvertrages werden[115]. Zudem ist davon auszugehen, dass der BGH nach der Ablehnung der Qualifizierung von § 31d WpHG als Schutzgesetz iSd § 823 Abs. 2 BGB mit deutlich über die Einzelnorm hinausgehender Begründung gleichfalls die Qualifizierung von § 33a WpHG als Schutzgesetz ablehnen wird[116].

**53** **Streitig** ist, ob die aufsichtsrechtliche Pflicht des Kommissionärs nach **§ 33a Abs. 7 WpHG,** dem Kunden auf Anfrage darzulegen, dass sein Auftrag entsprechend den Ausführungsgrundsätzen ausgeführt wurde, zivilprozessual eine **Beweislastumkehr** bewirkt. Von einer Meinung[117] wird angenommen, dass der Kommissionär dann, wenn er seiner Darlegungspflicht aus § 33a Abs. 7 WpHG nicht nachkommt, sich die Beweislast in einem Haftungsprozess umkehrt. Dies vermag nicht zu überzeugen. Nach dem Wortlaut von § 33a Abs. 7 WpHG muss ein Wertpapierdienstleistungsunternehmen lediglich *in der Lage sein,* einem Kunden auf Anfrage darzulegen, dass der Auftrag entsprechend den Ausführungsgrundsätzen ausgeführt wurde. Kann ein Kommissionär – aus welchen Gründen auch immer – dies nicht vornehmen, mag ein Verstoß des Kommissionärs gegen die aufsichtsrechtlichen Organisationspflichten vorliegen. Daraus kann jedoch nicht hergeleitet werden, dass der Gesetzgeber mit § 33a WpHG zivilrechtliche Rechnungslegungspflichten schaffen und zivilprozessuale Beweislast verteilen wollte. Hierfür spricht ua, dass nach der Auffassung des Gesetzgebers die Ausführungsgrundsätze nicht bewirken sollen, dass in jedem Einzelfall das bestmögliche Ergebnis erzielt wird[118]. Dementsprechend geht die wohl hL zu Recht

---

[110] Vgl. dazu *Koller* in Assmann/Schneider, WpHG, 6. Aufl. 2012, § 33a Rn. 54 ff.; *Bracht,* Best Execution, S. 151 ff.; *Zingel* BKR 2007, 173, 177; *Früh/Ebermann* in KölnKommWpHG, 2. Aufl. 2014, § 33a Rn. 129 ff.; *Zimmermann* in Fuchs, WpHG, § 33a Rn. 44 f.

[111] *Zimmermann* in Fuchs, WpHG, § 33a Rn. 14; *Koller* in Assmann/Schneider, WpHG, 6. Aufl. 2012, § 33a Rn. 1; *Früh/Ebermann* in KölnKomm WpHG, 2. Aufl. 2014, § 33a Rn. 20; *Bracht,* Best Execution, S. 166 ff.

[112] *Koller* in Assmann/Schneider, WpHG, 6. Aufl 2012, § 33a Rn. 1; *Zimmermann* in Fuchs, WpHG, § 33a Rn. 14.

[113] *von Hein* in Schwark/Zimmer, KMRK, 4. Aufl. 2010, WpHG § 33a Rn. 2 ff.; *ders.,* FS Hopt, Bd. II, 2010, S. 1909, 1912 ff.; *Zimmermann* in Fuchs, WpHG, § 33a Rn. 3.

[114] *Früh/Ebermann* in KölnKommWpHG, 2. Aufl. 2014, § 33a Rn. 142 ff.; *von Hein* in Schwark/Zimmer, KMRK, 4. Aufl. 2010, WpHG § 33a Rn. 73; *ders.,* FS Hopt, Bd. II, 2010, S. 1909, 1922; *Zimmermann* in Fuchs, WpHG § 33a Rn. 13 (der allerdings § 31 WpHG als Schutzgesetz qualifiziert und bei einer Verletzung von § 33a WpHG auch § 31 WpHG als verletzt ansieht); *Bauer* in Ellenberger/Schäfer/Clouth/Lang, Praktikerhdb. Wertpapier- und Derivategeschäft, 4. Aufl. 2011, Rn. 1548; F *Schäfer* WM 2007, 1872, 1878 f.; *Ebermann/Chromek* RdF 2011, 228, 234; aA *Zingel* BKR 2007, 173, 178; (wohl auch) *Kumpan/Hellgardt* DB 2006, 1714, 1717.

[115] Vgl. *Bracht,* Best Execution, S. 169 ff.; *von Hein,* FS Hopt, Bd. II, 2010, S. 1909, 1921 f.; *Wagner* WM 2007, 1725, 1727.

[116] BGH WM 2013, 1983.

[117] *von Hein* in Schwark/Zimmer, KMRK, 4. Aufl. 2010, WpHG § 33a Rn. 52.; *Bracht,* Best Execution, S. 178 ff.; *Lenenbach,* Kapitalmarktrecht, 2. Aufl. 2010, Rn. 5.225.

[118] Begr. RegE FRUG zu § 33a, BT-Drs. 16/4028, S. 72: „Die Pflicht zur Erzielung des bestmöglichen Ergebnisses bedeutet nicht, dass bei jedem einzelnen ausgeführten Kundenauftrag tatsächlich das bestmögliche Ergebnis erzielt werden muss."

davon aus, dass ein Verstoß gegen § 33a Abs. 7 WpHG nicht zu einer Beweislastumkehr führt[119].

**(3) Zusammenlegung von Kundenaufträgen.** Eine unmittelbar mit der Pflicht zur bestmöglichen Ausführung im Zusammenhang stehende, aufsichtsrechtliche Organisationspflicht trifft den Kommissionär nach § 31c Abs. 1 Nr. 4 WpHG bei der Zusammenlegung von Kundenaufträgen mit anderen Kundenaufträgen oder mit Geschäften für eigene Rechnung des Kommissionärs. Für diese Fälle hat der Kommissionär geeignete Vorkehrungen zu treffen, um die Interessen aller beteiligten Kunden zu wahren. Dies konkretisiert § 10 Abs. 1 WpDVerOV für die Zusammenlegung mehreren von Kundenaufträgen und § 10 Abs. 2 WpDVerOV für die Zusammenlegung von Kundenaufträgen mit Eigengeschäften des Kommissionärs. Nach § 10 Abs. 1 WpDVerOV darf eine Zusammenlegung von mehreren Kundenaufträgen zu einem Sammelauftrag nur erfolgen, wenn eine Benachteiligung der betroffenen Kunden durch die Zusammenlegung unwahrscheinlich ist, betroffene Kunden rechtzeitig darüber informiert werden, dass eine Zusammenlegung für einen einzelnen Auftrag nachteilig sein kann, der Kommissionär für diese Fälle **Grundsätze der Auftragszuteilung** niederlegt und umsetzt und im Falle einer Teilausführung von zusammengelegten Aufträgen eine Zuteilung entsprechend der genannten Grundsätze erfolgt[120]. Darüber hinausgehend sieht § 10 Abs. 2 WpDVerOV für die Zusammenlegung von Kundenaufträgen mit Eigengeschäften des Kommissionärs vor, dass die Sammelaufträge nicht in einer für einen Kunden nachteiligen Weise zugeteilt werden dürfen **(Priorität des Kunden)**, bei Teilausführungen eines Sammelauftrags die **Kundenaufträge gegenüber den Eigengeschäften bevorzugt** werden und dass die Grundsätze der Auftragszuteilung nach § 10 Abs. 1 Nr. 3 WpDVerOV vorzusehen haben, dass keine Änderung der Zuteilung von Eigengeschäftsaufträgen zum Nachteil des Kunden erfolgt. Hiervon macht § 10 Abs. 2 Satz 2 WpDVerOV jedoch eine Ausnahme in dem Fall, dass ein Kundenauftrag überhaupt erst durch die Zusammenlegung ausgeführt werden kann, oder er dadurch wesentlich vorteilhafter ausführbar wird[121].

**(4) Unterrichtung des Kunden.** Über die Ausführungen eines Kommissionsauftrages hat der Kommissionär den Kommittenten aufsichtsrechtlich nach § 31 Abs. 8 WpHG „in geeigneter Form" zu unterrichten. Die Berichtpflicht wird durch §§ 8, 9 WpDVerOV konkretisiert. Danach ist ein Privatkunde unverzüglich nach Ausführung des Auftrages, spätestens jedoch am ersten Geschäftstag nach der Ausführung des Auftrages bzw. nach Eingang einer Bestätigung über die Ausführung eines Geschäftes durch einen Dritten zu unterrichten über den Handelstag, den Handelszeitpunkt, die Art und die Ausführung des Auftrages, das Finanzinstrument, Menge, Stückpreis, Gesamtentgelt, Summe der in Rechnung gestellten Provisionen und Auslagen, etwaige Obliegenheiten des Kunden im Zusammenhang mit der Abwicklung des Geschäfts unter Angabe der Zahlungs- oder Einlieferungsfrist sowie einen Hinweis für den Fall, dass die Gegenpartei des Kunden der Kommissionär selbst oder eine Person der Institutsgruppe des Kommissionärs oder ein anderer Kunde des Kommissionärs war, es sei denn, der Auftrag wurde über ein Handelssystem ausgeführt, welches den anonymen Handel erleichtert[122]. Durch diese **aufsichtsrechtlichen Berichtpflichten** wird jedoch **keine zivilrechtliche Dokumentationspflicht** begründet[123]. Im Ergebnis gleichlaufend mit den Auskunftspflichten nach

---

[119] *Zimmermann* in Fuchs, WpHG, § 33a Rn. 13; *Früh/Ebermann* in KölnKommWpHG, 2. Aufl. 2014, § 33a Rn. 148; *F. Schäfer* WM 2007, 1872, 1878 f.
[120] Vgl. dazu ausführlich *Möllers* in KölnKommWpHG, 2. Aufl. 2014, § 31c Rn. 27 ff. mwN; zur zivilrechtlichen Rechtslage vor Geltung von § 31a Abs. 1 Nr. 4 WpHG *Göhmann*, Verhaltenspflichten von Banken gegenüber ihren Kunden bei der Durchführung von Effektengeschäften, S. 203 ff.
[121] Vgl. *Fuchs* in Fuchs, WpHG, § 31c Rn. 13.
[122] Vgl. zu der letztgenannten Konstellation → § 12 Rn. 9.
[123] RegBegr. BT-Drs. 16/4028, S. 65.

§ 666 BGB sieht § 8 Abs. 4 WpDVerOV vor, dass dem Kunden auf dessen Wunsch auch außerhalb der gesetzlichen Fristen der Stand der Auftragsausführung mittzuteilen ist[124].

**56** **bb) Zivilrechtliche Anforderungen an die Ausführung von Kundenaufträgen. (1) Interessewahrende Ausführung.** Nach § 384 Abs. 1 HGB ist der Kommissionär verpflichtet, das übernommene Geschäft mit der Sorgfalt eines ordentlichen Kaufmannes auszuführen und bei der Ausführung das Interesse des Kommittenten wahrzunehmen und dessen Weisungen zu befolgen. Die Pflicht zur interessenwahrenden Ausführung wird durch Nr. 2 SB Wp dahingehend konkretisiert, dass die – aufsichtsrechtlich durch § 33a WpHG geforderten – Ausführungsgrundätze des Kommissionärs zum Vertragsbestandteil werden. Ist eine Ausführung von Kommissionsaufträgen auch außerhalb organisierter Märkte (idR Börsen) und multilateraler Handelssysteme beabsichtigt, vereinbaren die Parteien über Nr. 2 SB Wp hinaus – induziert durch § 33a Abs. 5 Satz 2 WpHG –, dass dies – generell oder nur in Bezug auf ein einzelnes Geschäft – zulässig sein soll. Auch eine solche Vereinbarung befreit den Kommissionär jedoch nicht von seiner Pflicht nach § 384 Abs. 1 HGB, die Kommission bestmöglich im Interesse des Kommittenten auszuführen. Auf Grund der Vorgaben von §§ 33a Abs. 2, 3 und 5 WpHG, 11 WpDVerOV regeln die durch Nr. 2 SB Wp Vertragsbestandteil gewordenen Ausführungsgrundsätze, anhand welcher **Kriterien** eine **bestmögliche Ausführung** bestimmt werden soll. Hierzu zählt neben dem **Preis** des Finanzinstrumentes die mit der Auftragsausführung verbundenen **Kosten,** die **Geschwindigkeiten** der Ausführung, die **Wahrscheinlichkeit der Ausführung** und die **Abwicklung** des Auftrages. Neben dem Ausführungspreis und den mit der Ausführung verbundenen Kosten ist von besonderer Bedeutung die Geschwindigkeit der Auftragsausführung je volatiler die Märkte sind.

**57** **(2) Reihenfolge der Abwicklung.** Zivilrechtlich wäre es zulässig – entsprechende Kommunikation seitens des Kommissionärs vorausgesetzt –, dass später bei dem Kommissionär eingegangene Aufträge früher eingegangenen Aufträgen vorgezogen werden. Aufsichtsrechtlich ist dieses Verhalten dem Kommissionär durch § 31c Abs. 1 Nr. 2 WpHG grundsätzlich untersagt, solange die Kundenaufträge vergleichbar sind, da sie nach **WpHG in der Reihenfolge ihres Eingangs auszuführen** sind. Hieraus sollte sich für die Praxis der Kommissionäre jedoch keine wesentliche Einschränkung ihrer Geschäftstätigkeit ergeben, zum einen weil nicht vergleichbare Kundenaufträge aufsichtsrechtlich nicht in der Reihenfolge ihres Eingangs bearbeitet werden müssen und zum anderen, weil das Gros der Aufträge in der Regel ohnehin elektronisch an den jeweiligen Marktplatz weitergeleitet wird, was auf Grund der eingesetzten Elektronik keinen mengenmäßigen Beschränkungen unterliegt.

**58** **(3) Zusammenlegung von Aufträgen.** IRd hat der Kommissionär zur bestmöglichen Interessewahrung auch zu überlegen, ob die Zusammenlegung von Aufträgen mehrerer Kunden sinnvoll oder sogar geboten ist. Wird ein Kundenauftrag mit anderen Kundenaufträgen oder mit Aufträgen des Kommissionärs für eigene Rechnung zusammengelegt, sieht – aufsichtsrechtlich – § 10 WpDVerOV vor, dass eine Benachteiligung des betroffenen Kommittenten durch die Zusammenlegung unwahrscheinlich ist und bei einer Teilausführung eines zusammengelegten Auftrags eine ordnungsgemäße Zuteilung entsprechend den niedergelegten **Zuteilungsgrundsätzen** vorgenommen wird[125]. Letzteres wird in der Regel bedeuten, dass eine Zuteilung anteilig erfolgt. Darüber hinausgehend sieht § 10 Abs. 2 WpDVerOV vor, dass bei einer Zusammenlegung von Kundenaufträgen mit Aufträgen des Kommissionärs für eigene Rechnung Kundenaufträge gegenüber den Eigenschäften des Kommissionärs bei der Zuteilung einer Teilausführung bevorzugt werden, soweit nicht der Kundenauftrag überhaupt erst durch die Zusammenlegung durchführbar oder wesentlich vorteilhafter ausführbar war. Diese aufsichtsrechtlichen Vorgaben dürften jedenfalls hin-

---

[124] Vgl. dazu *Möllers* in KölnKommWpHG, 2. Aufl. 2014, § 31 Rn. 419 ff.
[125] Vgl. dazu → Rn. 53.

sichtlich der Zurücksetzung der Eigengeschäfte des Kommissionärs über die zivilrechtlichen Interessenwahrungspflichten hinausgehen[126].

**(4) Kundenweisungen.** Nach § 384 Abs. 1 HGB hat der Kommissionär zudem Kundenweisungen zu befolgen. Auch unvernünftige Kundenweisungen sind zu befolgen. Allerdings sieht § 33a Abs. 6 Nr. 2 WpHG – aufsichtsrechtlich – vor, dass ein Privatkunde iSv § 31a Abs. 3 WpHG ausdrücklich darauf hinzuweisen ist, dass der Kommissionär dann nicht verpflichtet ist, den Auftrag entsprechend seinen Grundsätzen zur Auftragsausführung zum bestmöglichen Ergebnis auszuführen[127]. Zivilrechtlich wird ein Kommissionär wohl nicht verpflichtet sein, einen derartigen Hinweis zu geben. Vielmehr wird er – iSe effektiveren Anlegerschutzes – verpflichtet sein, als Warnpflicht den Kunden auf erkennbare Nachteile seiner Weisung hinzuweisen[128]. Besteht der Kunde trotz Warnung auf seiner Weisung, hat der Kommissionär diese auszuführen[129]. Ergibt sich jedoch erst nach Erteilung einer Weisung eines Kommittenten, dass diese – zB auf Grund geänderter Marktumstände – nicht befolgt und zB ein anderer Markt für das Ausführungsgeschäft gewählt werden sollte, kann der Kommissionär von der Weisung abweichen, wenn anzunehmen ist, dass der Kommittent die Abweichung billigen würde[130]. Dies soll sogar so weit gehen, dass der Kommissionär zur Nichtbefolgung der Weisung verpflichtet ist[131]. 59

**(5) Ausführungsmodalitäten.** Hinsichtlich des Inhalts eines Kommissionauftrages regeln Nr. 5 bis 8 SB Wp praktisch alle denkbaren Modalitäten umfassend. Nach Nr. 5 kann der Kommittent bei der Erteilung von Aufträgen **Preisgrenzen** für das Ausführungsgeschäft vorgeben, also einen Mindestkauf- bzw. Mindestverkaufspreis festlegen. Zum Schutz des Kommittenten sieht Nr. 6 Abs. 1 SB Wp vor, dass preislich **unlimitierte Aufträge** lediglich für **einen Handelstag** gelten. Sollte ein Auftrag zu spät für eine gleichtägige Ausführung bei dem Kommissionär eingehen, so wird der Auftrag für den nächsten Handelstag vorgemerkt[132]. Wird ein preislich unlimitierter Auftrag nicht an einem Börsentag ausgeführt, ist der Kommittent hierüber nach Nr. 6 Abs. 1 Satz 2 SB Wp unverzüglich zu benachrichtigen. Im Falle einer am nächsten Handelstag auszuführenden Order ist jedoch nur über deren Ausführung zu benachrichtigen, nicht jedoch über die „Verschiebung" auf den nächsten Handelstag[133]. **Preislich limitierte Aufträge** gelten nach Nr. 6 Abs. 2 SB Wp bis zum letzten Handelstag des laufenden Monats, in dem der Auftrag erteilt wird (sog Ultimo-Aufträge). Nach Nr. 6 Abs. 2 Satz 2 SB Wp wird ein am letzten Handelstag eines Monats eingehender Auftrag, der nicht am selben Tag ausgeführt wird, entsprechend den Ausführungsgrundsätzen für den nächsten Monat vorgemerkt. Nach Nr. 6 Abs. 2 Satz 3 SB Wp unterrichtet der Kommissionär den Kommittenten über die Gültigkeitsdauer seines Auftrages unverzüglich. 60

Abweichend von diesen Regelungen enthält Nr. 7 SB Wp für die **Aufträge** zum Kauf oder Verkauf von **Bezugsrechten** gem. §§ 186, 203 AktG für preislich unlimitierte Aufträge die Vereinbarung, dass diese für die Dauer des Bezugsrechtshandels gültig sind. Für preislich limitierte Aufträge sieht Nr. 7 SB Wp vor, dass diese erlöschen mit Ablauf des 61

---

[126] AA *Göhmann*, Verhaltenspflichten von Banken gegenüber ihren Kunden bei der Durchführung von Effektengeschäften, S. 205 f.
[127] Vgl. dazu → Rn. 49.
[128] *Lange* in Schwintowski, Bankrecht, 4. Aufl. 2014, § 19 Rn. 117 mwN.
[129] Kein Schutz des Kommittenten „vor sich selbst", vgl. BGH WM 2004, 24 ff. = ZIP 2004, 111 ff.; BGH BKR 2001, 38 = WM 2001, 1758 = ZIP 2001, 1580; BGH WM 1999, 2300 = ZIP 1999, 1915; aA *Schwintowski* VuR 2004, 314 ff.; *Lange* in Schwintowski, Bankrecht, 4. Aufl. 2014, § 19 Rn. 117.
[130] Vgl. *Ekkenga* in MüKoHGB, Bd. 6, 3. Aufl. 2014, Effektengeschäft, Rn. 446.
[131] LG Düsseldorf, WM 1993, 1244, 1245 (Zurückstellung einer Orderausführung wegen Putschgerüchten in Moskau 1991).
[132] Vgl. dazu *Lange* in Schwintowski, Bankrecht, 4. Aufl. 2014, § 19 Rn. 80 ff. mwN.
[133] *Beule* in BuB, Rn. 7/88; *Bunte*, AGB-Banken, 3. Aufl. 2012, 8 SB Wp Rn. 82; OLG Karlsruhe, ZIP 1999, 1125, 1126; *Balzer* EWiR 1999, 1091.

vorletzten Tages des Bezugsrechtshandels. Nach Nr. 15 Abs. 1 Satz 2 SB Wp verkauft die Depotbank im Depot eines Kunden verbuchte inländische Bezugsrechte bis zum Ablauf des vorletzten Tages des Bezugsrechtshandels, wenn die Bank keine entgegenstehende Weisung erhalten hat. Dies ist im Interesse des Kunden, da Bezugsrechte nur während einer kurzen Frist ausgeübt werden können und der Bezugsrechtshandel meist nur zwei Wochen beträgt, mit Ablauf der Bezugsfrist und des Bezugsrechtshandels das Bezugsrecht mithin wertlos verfällt.

62 Nr. 8 SB Wp sieht – wiederum zum Schutz des Kommittenten – ein **Erlöschen von laufenden Aufträgen** vor in einer Reihe von Situationen, in denen es typischerweise den Interessen des Kommittenten entspricht, im Lichte von neuen Informationen seinen Kommissionsauftrag zu überdenken[134]. Zu den insoweit relevanten Situationen zählen nach Nr. 8 Abs. 1 SB Wp bei preislich limitierten Aufträgen **Dividendenzahlungen,** sonstige **Ausschüttungen,** die Einräumung von **Bezugsrechten** oder **Kapitalerhöhungen aus Gesellschaftsmittelns** sowie die **Erhöhung von Einzahlungsquoten** bei teileingezahlten Aktien oder **des Nennwerts von Aktien** sowie die Fälle eines **Aktiensplittings.** Limitierte wie unlimitierte Aufträge erlöschen nach Nr. 8 Abs. 2 SB Wp im Falle einer **Kursaussetzung.** Der Kommissionär hat nach Nr. 8 Abs. 4 SB Wp den Kommittenten von dem Erlöschen seines Auftrages unverzüglich zu benachrichtigen.

63 **(6) Vorschusspflicht.** Nr. 4 SB Wp stellt klar, dass der Kommissionär zur Ausführung von Aufträgen zum Kauf oder Verkauf von Finanzinstrumenten oder zur Ausübung von Bezugsrechten nur insoweit verpflichtet ist, als das Guthaben des Kommittenten, ein für Wertpapiergeschäfte nutzbarer Kredit oder der Depotbestand des Kunden zur Ausführung ausreicht. Nr. 4 SB Wp stellt das allgemeine Verlangen des Kommissionärs auf Leistung eines Vorschusses gem. § 669 BGB dar[135]. Bei Aufträgen zum Kauf von Finanzinstrumenten muss somit ein **hinreichendes Kontoguthaben** vorhanden sein. Bei Verkaufsaufträgen muss das Depot des Kommittenten grds. **die zu verkaufenden Wertpapiere enthalten.** Sog **Leerverkäufe** kann der Kommissionär somit verweigern[136]. Nr. 4 SB Wp begründet jedoch für den Kommissionär keine Pflicht, einen Vorschuss zu verlangen. Nr. 4 SB Wp schützt daher grds. nicht den Kommittenten[137], so dass der Kommissionär auch ohne Vorschussverlangen einen Kommissionauftrag ausführen kann[138]. Lediglich bei Vorliegen besonderer Umstände kann der Kommissionär verpflichtet sein, vor Ausführung des Kommissionsauftrages bei den Kommittenten nachzufragen. Im Falle der Nichtausführung eines Kommissionsauftrages hat der Kommissionär jedoch nach Nr. 4 Satz 2 SB Wp den Kunden hierüber unverzüglich zu unterrichten.

64 **(7) Mängel bei der Ausführung.** Unterlässt es der Kommissionär schuldhaft, einen nur **einen Tag gültigen Verkaufsauftrag**[139] auszuführen, so erlischt der Auftrag trotz Nichtausführung. Der Kommissionär ist dann **nicht** berechtigt, nach Mitteilung der Unterlassung der Ausführung am Folgetag den Auftrag doch noch auszuführen, da der Kommittent grds. erneut entscheiden muss, ob er einen weiteren Verkaufsauftrag geben will[140]. In dem vom BGH entschiedenen Fall hatte der Kommissionär am Folgetag die **Wertpapiere trotz Erlöschens des Auftrages veräußert** und der Anleger verlangte so-

---

[134] *Beule* in BuB, Rn. 7/98.
[135] *Bunte,* AGB-Banken, 3. Aufl. 2011, 8 SB Wp Rn. 71; *Beule* in BuB, Rn. 7/79 mwN.
[136] Zu einem anderen Ergbnis kommt man, wenn den Anspruch auf Leistung eines Vorschusses als ausschließlich auf Geld gerichtet sieht (so zB *Sprau* in Palandt, 73. Aufl. 2014, 669 Rn. 1); die Möglichkeit einer abweichenden Vereinbarung in AGB wird jedoch auch von dieser Meinung nicht bestritten und ist daher zulässig so *Hopt* in Baumbach/Hopt, 36. Aufl. 2014, 8 AGB-WP, Nr. 4 Rn. 1.
[137] OLG Karlsruhe, NJW-RR 2004, 1052.
[138] OLG Nürnberg, BKR 2003, 550 ff.; *Göhmann,* Verhaltenspflichten von Banken gegenüber ihren Kunden bei der Durchführung von Effektengeschäften, S. 220 ff., 228 ff., 235 ff.
[139] Vgl. dazu → Rn. 60 f.
[140] BGH WM 2001, 1716 = ZIP 2001, 1624 m. zust. Anm. *Pfeiffer* WuB I G 2.-1.02 und *Hammen* EWiR 2001, 1131; aA *Balzer* EWiR 2000, 759 zur Vorinstanz.

fort Rückübereignung der Aktien, da diese zwischenzeitlich im Preis gestiegen waren. Durch die auftraglose Veräußerung am Folgetag verletzte der Kommissionär das Eigentumsrecht des Kommittenten an seinen Aktien und ist ihm zum Ersatz des daraus entstandenen Schadens verpflichtet. Erwirbt der Kommittent das zu Unrecht veräußerte Wertpapier nicht unverzüglich von sich aus zurück, so soll ihn kein Mitverschulden iSv § 254 BGB treffen, da der Verursachungs- und Verschuldensbeitrag des Kommissionärs weit überwiegt.

Leitet ein Kommissionär einen nur **tagesgültigen Kaufauftrag**[141] verspätet weiter und kommt dieser daher (zB wegen zwischenzeitlich eingetretener Limitüberschreitung) nicht zur Ausführung, so ist der Schadensersatzanspruch des Kommittenten auf Naturalrestitution gerichtet, dh der Kommissionär hat ihn so zustellen, als wäre der Auftrag rechtzeitig weitergeleitet und deshalb an der Börsen ausgeführt worden[142]. Lehnt der Kommissionär sodann die von dem Kommittenten geforderte Naturalrestitution ab und verweist ihn darauf, einen erneuten Kaufauftrag stellen zu können, und nimmt dieser wegen inzwischen gestiegener Kurse von einem Kaufauftrag Abstand, so soll den Kommittenten kein Mitverschulden gem. § 254 BGB wegen unterlassener Schadensminderung treffen, da die Bank ein ganz überwiegendes Verschulden wegen ihrer unzutreffenden Weigerung zur Naturalrestitution trifft[143]. 65

Die Rechtsprechung des BGH zu den Kauf- und Verkaufsaufträgen widerspricht sich nur scheinbar. Die Naturalrestitution im Falle der unterlassenen Veräußerung kann nach Ablauf des Auftrags nur durch Eingriff in das Eigentum des Kommittenten herbeigeführt werden. Hierzu ist der Kommissionär grds. nicht berechtigt, da der Kommittent seine Meinung zwischenzeitlich geändert haben kann[144]. Demgegenüber kann der Kommissionär den Erfolg im Falle einer Nichtausführung eines Kaufauftrages immer noch und zu den ursprünglichen Bedingungen herbeiführen, wenn auch ggfs. unter Einsatz eigener Mittel. Die Ausführungen des BGH zum fehlenden Mitverschulden des Kommittenten in beiden Fallkonstellationen dürften nicht unerheblich darauf zurückzuführen sein, dass die jeweiligen Kommissionäre sich ersichtlich „rechtsblind" verhalten haben. Allerdings darf ein Kommittent, dessen Verkaufsauftrag von dem Kommissionär schuldhaft nur teilweise ausgeführt wurde, und dem der Kommissionär bereits telefonisch die vollständige Auftragsausführung zu dem Kurs der Teilausführung zusagte, nicht einen erneuten Verkaufsauftrag hinsichtlich des unterlassenen Teiles des Verkaufs geben, da es dann zu einem Doppelverkauf der zunächst nicht verkauften Wertpapier kommt[145]. 66

Der **Wegfall des Ausführungsgeschäftes auf Grund von Mistrades**[146] stellt keine mangelhafte Erfüllung des Kommissionsauftrages für den Kommissionär dar, wenn zwischen dem Kommissionär und dem Dritten eine Mistrade-Klausel rechtswirksam vereinbart wurde[147]. Insoweit stellt Nr. 3 Abs. 1 SB Wp klar, dass die Ausführungsgeschäfte den für den Wertpapierhandel am Ausführungsplatz geltenden Rechtsvorschriften und Geschäftsbedingungen (Usancen) unterliegen und daneben den allgemeinen Geschäftsbedingungen des Vertragspartners des Kommissionärs. 67

---

[141] Vgl. dazu → Rn. 60 f.
[142] BGH WM 2002, 1502 = ZIP 2002, 1292 m. zust. Anm. *Roth* WuB I G 2.-1.03 und *F. Schäfer*, EWiR 2002, 955; vgl. auch OLG Nürnberg, ZIP 2004, 846 ff.
[143] Vgl. jedoch LG Nürnberg-Fürth, WM 2003, 877, 878 f. (100 %iges Mitverschulden des Anlegers, wenn Kurs wieder in Limit fällt und er keine erneute Kauforder gibt).
[144] Zutreffend gegen eine Kombination von rechtmäßigem Alternativverhalten und Reserveursache iRd Kausalitätsüberlegungen *Pfeiffer* WuB I G 2.-1.02 sub 3.
[145] OLG Schleswig, ZIP 2002, 1524 ff. (unter Berücksichtigung eines Mitverschuldens des Kommissionärs, da dieser den Doppelverkauf wegen unterlassener Online-Buchung mit veranlasste); OLG Nürnberg, ZIP 2004, 846 ff. (kein Mitverschulden bei Ersatzbeschaffung nur zu einem höhren Preis, als er bei pflichtgemäßem Verhaten des Schädigers aufzuwenden gewesen wäre).
[146] Vgl. dazu → Rn. 38 ff.
[147] Vgl. zum Wegfall des Ausführungsgeschäfts auf Grund von Mistrade-Klauseln → Rn. 38 ff.

**68**  **d) Benachrichtigungs- und Rechnungslegungspflichten.** Der Kommissionär hat nach § 384 Abs. 2 Halbs. 1 HGB dem Kommittenten „die erforderlichen Nachrichten zu geben, insb. von der Ausführung der Kommission unverzüglich Anzeige zu machen". Nach § 384 Abs. 2 Halbs. 2 HBG ist der Kommissionär zudem verpflichtet, „über das Geschäft Rechenschaft abzulegen". Kreditinstitute kommen ihrer Benachrichtigungs- sowie Berichts- bzw. Rechnungslegungspflicht typischerweise dergestalt nach, dass die Ausführungsanzeige (Benachrichtigung) mit der Abrechnung (Bericht) verbunden wird[148]. Daneben besteht eine allgemeine Auskunftspflicht gem. §§ 675 Abs. 1, 666 BGB des Kommissionärs gegenüber dem Kommittenten[149]. Der Kommissionär hat auf Verlangen des Kommittenten über seine Maßnahmen Auskunft zu geben und er muss sie rechtfertigen bzw. belegen wie etwa den Preis des Ausführungsgeschäftes[150]. Die ebenfalls zu der Rechenschaftspflicht zählende **Namhaftmachung des Dritten** unterbleibt in der Bankpraxis typischerweise mit der Folge der Delkrederehaftung des Kommissionärs nach § 384 Abs. 3 HGB[151].

**69**  Die vorstehend dargelegten allgemeinen zivilrechtlichen Benachrichtigungs- und Rechenschaftspflichten eines Kommissionärs werden für die Kommission in Finanzinstrumenten durch aufsichtsrechtliche Vorgaben in §§ 31 Abs. 8, Abs. 11 Satz 1 Nr. 5 WpHG und §§ 8, 9 WpDVerOV ergänzt[152]. Die von Kreditinstituten als Kommissionär erteilten Rechenschaften berücksichtigen daher auch diese Vorgaben hinsichtlich Zeit, Inhalt und Form.

**70**  **e) Reklamationspflichten des Kommittenten.** Der Kommittent hat die ihm von dem Kommissionär übersandte **Abrechnung über das Ausführungsgeschäft** nach Nr. 11 Abs. 4 AGB-Banken unverzüglich **auf Richtigkeit und Vollständigkeit zu überprüfen** und etwaige **Einwendungen** unverzüglich zu erheben. Diese von Nr. 11 Abs. 4 AGB-Banken konstatierte Kontroll- und Rügepflichte hat jedoch lediglich deklaratorischen Charakter, da sie sich bereits aus §§ 242, 254 BGB ergibt[153]. Nach Nr. 11 Abs. 5 Satz 2 AGB-Banken hat der Kommittent zudem auch **ausbleibende Mitteilungen,** deren Eingang er erwartet (Wertpapierabrechnungen, Kontoauszüge etc.) zu reklamieren. Diese Kontroll- und Reklamationspflichten sind im Effektengeschäft von noch größerer Bedeutung als im Zahlungsverkehr, da auf Grund der Volatilität der Preise der Finanzinstrumente das Schadenspotential besonders hoch ist und eine rasche Fehlerkorrektur erfordert. Das „unverzügliche Handeln" des Kommittenten, erfordert jedoch kein sofortiges Tätigwerden sondern es genügt eine Handlung innerhalb eines angemessenen **Prüfungs- und Abwägungszeitraums,** der jedoch wohl nur **einige Tage** umfassen dürfte[154].

**71**  Nach § 386 Abs. 1 HGB hat der Kommittent einen Verstoß des Kommissionärs gegen ihm gesetzte Preisgrenzen iSv Nr. 5 SB Wp unverzüglich zu rügen, falls er das Geschäft als nicht für seinen Rechnung abgeschlossen zurückweisen will. Streitig ist, ob dies über den klaren Wortlaut von § 386 Abs. 1 HGB hinaus auch für sonstige Reklamations- und Rügepflichten gilt[155].

---

[148] *Starke* in Kümpel/Wittig, Bank- und Kapitalmarktrecht, 4. Aufl. 2011, Rn. 17.142; *Lange* in Schwintowski, Bankrecht, 4. Aufl. 2014, § 19 Rn. 92.

[149] *Hopt* in Baumbach/Hopt, HGB, 36. Aufl. 2014, § 384 Rn. 8.

[150] Vgl. *Koller* in Staub/Canaris/Habersack/Schäfer, HBG, § 384 Rn. 62.; *Ekkenga* in MüKoHGB, Bd. 6, 3. Aufl. 2014, Effektengeschäft Rn. 491.

[151] Vgl. dazu → Rn. 43 ff.

[152] Vgl. dazu → Rn. 56.

[153] *Bunte*, AGB-Banken, 3. Aufl. 2011, Rn. 270; *Hopt* in Baumbach/Hopt, HGB, 36. Aufl. 2014, (8) AGB-Banken, Nr. 11 Rn. 9 mwN; BGH WM 2012, 933, 937 (zu Lastschriftbuchung); BGH WM 2010, 2307 Rn. 17.

[154] *Lange* in Schwintowski, Bankrecht, 4. Aufl. 2014, § 19 Rn. 101; *Ekkenga* in MüKoHGB, Bd. 6, 3. Aufl. 2014, Effektengeschäft Rn. 500; *Bunte*, AGB-Banken, 3. Aufl. 2011, AGB-Banken Nr. 11 Rn. 270.

[155] Vgl. dazu *Lange* in Schwintowski, Bankrecht, 4. Aufl. 2014, § 19 Rn. 102 (verneinend); *Hopt* in Baumbach/Hopt, HGB 36. Aufl. 2014, (8) AGB-Banken Nr. 11 Rn. 9; *Ekkenga* in MüKoHGB, Bd. 6, 3. Aufl. 2014, Effektengeschäft Rn. 501 – alle mwN.

§ 13 Rechte, Pflichten und Abwicklung der Finanzgeschäfte

**f) Erfüllung.** Nach § 18 Abs. 1 Satz 1 DepotG hat ein mit dem Einkauf von Wertpapieren beauftragter Kommissionär dem Kommittenten unverzüglich, spätestens jedoch binnen einer Woche ein **Verzeichnis der gekauften Stücke** zu übersenden. Dabei sollen die Wertpapiere nach Gattung, Nennbetrag, Nummer oder sonstigen Bezeichnungsmerkmalen bezeichnet werden. Diese gesetzliche Regelung geht noch von der – früher fast ausschließlich bestehenden und heute praktisch nicht mehr vorkommenden – Situation aus, dass der Kommissionär einzelne Wertpapierurkunden zu Alleineigentum übereignet. Heute liegen mehr als 95 % aller Wertpapiere – zudem häufig nur durch eine Dauerglobalurkunde verbrieft – bei der derzeit einzigen deutschen **Wertpapiersammelbank,** der Clearstream Banking AG als Tochtergesellschaft der Deutsche Börse AG. Da daher keine einzelnen Wertpapierurkunden zu Alleineigentum mehr übereignet und sodann in Streifbandverwahrung gehalten werden können, erfolgt die Erfüllung nach Nr. 11 Satz 1 SB Wp durch **Verschaffung eines Miteigentumsanteils** an dem Sammelbestand durch Girosammel-Depotgutschrift (GS-Gutschrift) und nach Nr. 11 Satz 2 SB Wp nur dann durch Übertragung von Wertpapieren zu Alleineigentum, wenn die Wertpapiere nicht zur Girosammelverwahrung zugelassen sind[156]. Die Erfüllungswirkung durch Übertragung von Miteigentum an einem bei einer Wertpapiersammelbank unterhaltenen Sammelbestand wird nur rudimentär durch § 24 DepotG geregelt. Dabei ist heute der Regelfall, dass nicht nach § 24 Abs. 2 Satz 2 DepotG eine Eintragung eines Übertragungsvermerks im Verwahrbuch des Kommissionärs erfolgt, sondern eine Übereignung der GS-Anteile nach § 929 Satz 1 BGB und damit ein „früherer Übergang" als durch Eintragung eines Übertragungsvermerkes erfolgt[157].

Handelt es sich bei den vom Kommissionär erworbenen Wertpapieren um **ausländische Wertpapiere,** sieht § 22 Abs. 1 DepotG vor, dass ein Stückeverzeichnis erst auf Verlangen des Kommittenten zu übersenden ist. Nach Nr. 12 Abs. 1 SB Wp schafft der Kommissionär die Wertpapiere im Ausland an, wenn er Kaufaufträge in in- oder ausländischen Wertpapieren im Ausland ausgeführt hat, zwischen Kommissionär und Kommittent ein Festpreisgeschäft bezüglich ausländischer Wertpapiere erfolgte, die im Inland weder börslich noch außerbörslich gehandelt werden, oder der Kommissionär Kaufaufträge in ausländischen Wertpapieren ausführte oder dem Kommittenten ausländische Wertpapiere im Wege eines Festpreisgeschäftes verkaufte, die zwar im Inland börslich oder außerbörslich gehandelt, üblicherweise aber im Ausland angeschafft werden. Soweit eine **Anschaffung im Ausland** durch Nr. 12 Abs. 1 SB Wp vereinbart wurde, sieht Nr. 12 Abs. 2 SB Wp vor, dass die im Ausland angeschafften Wertpapiere auch im Ausland verwahrt werden. Dabei wird sich der Kommissionär nach Nr. 12 Abs. 3 SB Wp nach pflichtgemäßem Ermessen unter Wahrung der Interessen des Kommittenten das Eigentum oder Miteigentum an den ausländischen Wertpapieren verschaffen lassen und diese Rechtsstellung **treuhänderisch** für den Kommittenten halten und ihm hierüber eine **„Gutschrift in Wertpapierrechnung"** (WR-Gutschrift) unter Angabe des ausländischen Staates, in dem sich die Wertpapiere befinden, erteilen[158].

Während die **gesetzliche Lieferfrist** nach § 18 Abs. 1 DepotG für die Übersendung des Stückeverzeichnisses **grds. eine Woche** beträgt, sehen die **Börsenbedingungen** für eine Erfüllung **wesentlich kürzere Fristen** vor. Die Usancen des inländischen Kassahan-

---

[156] Vgl. *Lenenbach,* Kapitalmarktrecht, 2. Aufl. 2010, Rn. 4.75 ff.; *Bunte,* AGB-Banken, 3. Aufl. 2011, (8) SB Wp Nr. 11, Rn. 97 ff.; *Beule* in BuB, Rn. 7/105.
[157] Vgl. dazu *Behrends* in Scherer, DepotG, 2012, § 24 Rn. 30 ff.; *Lenenbach,* Kapitalmarktrecht, 2. Aufl. 2010, Rn. 4.79 f.; *Starke* in Kümpel/Wittig, Bank- und Kapitalmarktrecht, 4. Aufl. 2011, Rn. 17.246 ff.; *Weber* in Fischer/Klanten, Bankrecht, 4. Aufl. 2010, Rn. 11.268 ff. – alle mwN.
[158] Vgl. ausführlich *Beule* in BuB, Rn. 7/112 ff.; *Bunte,* AGB-Banken, 3. Aufl. 2011, 8 SB Wp Nr. 12, Rn. 109 ff.; *Behrends* in Scherer, DepotG, 2012, § 22 Rn. 12 ff.; *Lenenbach,* Kapitalmarktrecht, 2. Aufl. 2010, Rn. 4.81; *Starke* in Kümpel/Wittig, Bank- und Kapitalmarktrecht, 4. Aufl. 2011, Rn. 17.250 ff., 17.2059 ff.

dels, wie auch von den Regelwerken der meisten Börsen ausdrücklich aufgeführt[159], geben vor, dass Börsengeschäfte am **zweiten Erfüllungstag** nach dem Tag des Geschäftsabschlusses zu erfüllen sind. Die **zweitägige Lieferfrist** gilt nach den Bedingungen der Börsen und den dort geltenden Usancen nicht nur für den regulierten Markt sondern auch für den Freiverkehr sowie außerhalb einer Börse geschlossene Geschäfte (sog OTC Geschäft)[160].

**75** Die vorstehenden Ausführungen zur Erfüllung beim Kommissiongeschäft gelten entsprechend für den Abschluss von **Festpreisgeschäften** gem. Nr. 1 Abs. 3 SB Wp sowie eine im Einzelfall vereinbarte **Kommission mit Selbsteintritt.** Depotrechtlich wird dies durch § 31 DepotG erreicht, der die §§ 18 bis 30 DepotG auf Eigenhändler sowie auf die Festpreisgeschäfte und die Kommission mit Selbsteintritt für entsprechend anwendbar erklärt[161]. Gleichermaßen gelten qua Usancen die Liefer- und Erfüllungsfristen des Kommissionsgeschäftes auch für das Festpreisgeschäft sowie die Kommission mit Selbsteintritt[162].

**76** Dem Kommissionär steht nach § 397 HGB an dem **Kommissiongut,** das er im Besitz hat, ein **Pfandrecht** wegen der auf das Gut verwendeten Kosten, der Provision, der auf das Gut gegebenen Vorschüsse und Darlehen, der mit Rücksicht auf das Gut gezeichneten Wechsel oder in anderer Weise eingegangen Verbindlichkeiten sowie wegen aller Forderungen aus laufender Rechnung in Kommissionsgeschäften zu. Für die Entstehung des Pfandrechtes ist somit eine erweiterte Konnexität zwischen dem Pfandobjekt und der Forderung des als Kommissionär tätig werdenden Kreditinstituts erforderlich, da nicht jede Forderung des Kreditinstitutes gegen den Kommittenten für die Entstehung des Pfandrechtes ausreicht[163]. Das Pfandrecht entsteht bei jeder Form der Kommission, also sowohl der Einkaufs- wie der Verkaufskommission und selbst auch nach § 404 HGB im Falle der Ausführung der Kommission durch Selbsteintritt.

**77** Zusätzlich zu dem Pfandrecht steht dem Kommissionär ein **Zurückbehaltungsrecht** nach § 273 BGB zu. Entsprechend der Ausgestaltung des § 273 BGB kann das Zurückbehaltungsrecht nur gegenüber beiderseitigen Ansprüchen aus demselben rechtlichen Verhältnissen geltend gemacht werden. Darüber hinaus sehen §§ 369 ff. HGB, die auch ein **Verwertungsrecht** gewähren, dies sogar für nicht mit der Kommission zusammenhängende Ansprüche vor. Voraussetzung ist jedoch, dass die Ansprüche des Kommissionärs aus einem **beiderseitigen Handelsgeschäft** stammen, dh der Kommittent auch Kaufmann sein muss, dem Kommissionär die Wertpapiere willentlich überlassen worden sein müssen, ein Zurückbehaltungsrecht nicht rechtsgeschäftlich ausgeschlossen worden ist und die Forderungen des Kommissionärs fällig sind.

**78** Über das kaufmännische Zurückbehaltungsrecht der §§ 369 ff. HGB hinaus sieht § 19 DepotG vor, dass der Kommissionär berechtigt ist, die **Übersendung des Stückeverzeichnisses** und damit die Übereignung des Kommissionsgutes **auszusetzen,** wenn er wegen Forderungen, die ihm aus der Ausführung des Auftrages zustehen, nicht befriedigt ist und er auch keine Stundung bewilligt hat. § 19 DepotG verdrängt insoweit die §§ 273 BGB, 369 ff. HGB[164]. Die Geltendmachung eines derartigen Zurückbehaltungsrechtes kann denklogisch nur im Rahmen einer Einkaufskommission erfolgen, da nur bei dieser ein Stückeverzeichnis zu übersenden ist.

**79** Der Kommissionär hat nach § 396 Abs. 1 HGB Anspruch auf eine **Provision** und nach § 396 Abs. 2 HGB Anspruch auf **Ersatz angefallener Kosten,** insb. also Makler-Courtage, sonstige Börsengebühren sowie Clearing-Gebühren[165]. Voraussetzung für den

---

[159] Vgl. etwa § 4 Geschäftsbedingungen FWB (Stand 14. April 2014).
[160] Vgl. nur *Starke* in Kümpel/Wittig, Bank- und Kapitalmarktrecht, 4. Aufl. 2011, Rn. 17.235 ff.
[161] Vgl. *Scherer* in Scherer, DepotG, 2012, § 31 Rn. 2 ff.
[162] Vgl. *Starke* in Kümpel/Wittig, Bank- und Kapitalmarktrecht, 4. Aufl. 2011, Rn. 17.239.
[163] Vgl. *Hopt* in Baumbach/Hopt, HGB, 36. Aufl. 2014, § 397 Rn. 8.
[164] *Scherer* in Scherer, DepotG, 2012, § 19 Rn. 2 mwN.
[165] Bis zum Wegfall der Börsenumsatzsteuer im Jahre 1994 erstreckte sich der Anspruch auch auf Ersatz der Börsenumsatzsteuer; zur Berechnung einer Delkredeprovision vgl. → Rn. 45 f.

Provisionsanspruch ist, dass das Geschäft zur Ausführung gekommen ist oder ausschließlich aus einem in der Person des Kommittenten liegenden Grund nicht zur Ausführung kam[166]. Widerruft (kündigt) der Kommittent den Kommissionsauftrag vor dessen Ausführung, entsteht kein Provisionsanspruch des Kommissionärs. Die von § 396 Abs. 1 Satz 2 Halbs. 1 HGB noch vorgesehene **„Auslieferungsprovision"** hat für das wertpapiermäßige Kommissionsgeschäft praktisch keine Bedeutung.

Besonders während des Börsenbooms um das Jahr 2000 haben Kommissionäre für ihr Bemühen um Zeichnungswünsche von Anlegern bei **Neuemissionen** qua AGB eine **Zeichnungsgebühr** vereinbart und berechnet, da auf Grund der regelmäßig hohen Überzeichnung die meisten Zeichnern ausfielen und dementsprechend nach § 396 Abs. 1 Satz 1 HGB ein Provisionsanspruch des Kommissionärs nicht entstand. Trotz Abweichung der Vereinbarung der Zeichnungsgebühr von der gesetzlichen Regelung des HGB von der Erfolgsabhängigkeit der Entstehung einer Provision hielt der BGH die Erhebung einer Zeichnungsgebühr für zulässig[167]. Der BGH sah in der Vereinbarung einer erfolgsunabhängigen Zeichnungsgebühr keine unangemessene Benachteiligung der Anleger iSv § 307 BGB, da angesichts der massenhaft und erfolglosen Zeichnungsaufträge die Kommissionäre andernfalls vor der Wahl gestanden hätten, entweder die Entgegennahme von Zeichnungsaufträgen abzulehnen oder die Provisionen für die wenigen erfolgreichen Zeichnungen stark zu erhöhen zur Deckung der Kosten, die auf Grund der ausgefallenen Zeichnungen entstanden. Ein Kommissionär kann jedoch für die **Übertragung der Depotwerte** auf ein anderes Depot oder ein anderes Kreditinstitut keine Gebühren erheben, da eine entsprechende Entgeltklausel gegen § 307 BGB verstößt, da der Kommissionär mit der Auslieferung nur der Erfüllung der ihm obliegenden Pflicht genügt und sie keine darüber hinausgehende Leistung zu Gunsten des Anlegers darstellt[168].

**g) Beendigung des Kommissionsvertrages.** Der Kommissionsauftrag wird typischerweise beendet durch Erfüllung, indem der Kommissionär ein Ausführungsgeschäft vornimmt und die daraus resultierenden Finanzinstrumente bzw. Valuta an den Kommittenten übereignet bzw. weiterreicht. Kommt es trotz sorgfältigen Bemühens des Kommissionärs nicht zu einem Abschluss eines Ausführungsgeschäftes mit einem Dritten, hat der Kommissionär trotzdem das seinerseits erforderliche getan und es tritt Erfüllungswirkung ein, ohne dass der eigentliche Vertragszweck erreicht wird[169]. Dies kann insb. bei nur tagesgültigen Aufträgen[170] der Fall sein. Dem Kommissionär steht dann **kein Anspruch auf Teilvergütung** zu, da von einer Ortsgebräuchlichkeit einer Auslieferungsprovision wie in § 396 Abs. 1 Satz 2 HGB vorgesehen nicht ausgegangen werden kann.

Der Kommittent kann den Kommissionsauftrag kündigen (§ 405 Abs. 3 HGB spricht von „widerrufen") bis zum Abschluss des Ausführungsgeschäftes[171]. Zum Widerruf wegen Fernabsatz oder AGV vgl. → Rn. 25 ff.

## II. Festpreisgeschäft

**1. Zivilrechtlicher Begriff.** Neben dem Kommissiongeschäft steht als weitere wesentliche Erscheinungsform des Effektengeschäftes das sog **Festpreisgeschäft**[172], das den Abschluss eines **Kaufvertrages** zwischen Bankkunde und Bank darstellt. Der Kaufvertrag zwischen Bank und Kunde über ein Finanzinstrument erfolgt seitens der Bank im eigenen Namen und auf eigene Rechnung, jedoch als Dienstleistung für ihren Kunden. Die Bank

---

[166] *Hopt* in Baumbach/Hopt, HBG, 36. Aufl. 2014, § 396 Rn. 3.
[167] BGH WM 2003, 673 = BKR 2003, 340 = ZIP 2003, 617; aA LG Köln, WM 2001, 1946.
[168] BGH WM 2005, 272 = ZIP 2005, 245; BGH WM 2005, 274 = ZIP 2005, 248.
[169] *Lenenbach*, Kapitalmarktrecht, 2. Aufl. 2010, Rn. 4.71; *Lange* in Schwintowski, Bankrecht, 4. Aufl. 2014, § 19 Rn. 57.
[170] Vgl. zum Widerruf → Rn. 32.
[171] *Hopt* in Baumbach/Hopt, HGB, 36. Aufl. 2014, § 383 Rn. 12.
[172] Vgl. dazu zunächst → § 12 Rn. 22 ff.

erwirbt also von ihrem Kunden dessen Finanzinstrumente mittels eines Kaufvertrages und veräußert sie im Markt weiter bzw. sie erwirbt Finanzinstrumente im Markt und veräußert diese mittels Kaufvertrages an ihren Kunden. Da sie Kaufverträge abschließt, ist sie **nicht berechtigt,** dem Kunden **Provisionen** in Rechnung zu stellen.

84 Nach Nr. 1 Abs. 3 SB Wp vereinbaren Bank und Kunden entweder einen **festen** oder einen **bestimmbaren Preis.** Ein bestimmbarer Preis wird zB vereinbart, wenn der exakte Preis zum Zeitpunkt des Vertragsschlusses noch nicht feststeht wie zB beim Kauf von Investmentfondsanteilen[173], weil hier der Preis von der Investmentgesellschaft nur einmal am Tag auf Grundlage des Nettoinventarwertes festgestellt wird. Grds. könnte jedoch auch ein Börsenkurs als „bestimmbarer Preis" vereinbart werden, doch wird dies idR nicht der Fall sein, da die Bank dann auf Gebühren verzichten würde. Feste Preise werden typischerweise vereinbart bei Neuemissionen sowie nicht über die Börse geleiteten Käufen von Rentenwerten[174].

85 Hinsichtlich der Ausführungsmodalitäten, insb. der Geltung inländischer Usancen ergeben sich gegenüber dem Kommissionsgeschäft praktisch keine Abweichungen[175]. Bei einem bestimmbaren Preis können vom Kunden gleichermaßen Preisobergrenzen bzw. Preisuntergrenzen gesetzt werden, bei denen es sich dann jedoch nicht um Weisungen des Kunden sondern um aufschiebende Bedingungen gem. § 158 BGB handelt.

86 **2. Aufsichtsrechtliche Anforderungen.** Für das Festpreisgeschäft gelten **dieselben Organisationspflichten** wie bei dem Kommissionsgeschäft, da es sich bei dem Eigenhandel um eine Dienstleistung für andere handelt. Dies gilt insb. für die **bestmögliche Ausführung** von Kundenaufträgen nach § 33a Abs. 1 Satz 1 WpHG iVm § 2 Abs. 3 Nr. 2 WpHG. Da Kunde und Bank jedoch unmittelbar einen Kaufvertrag abschließen, bedeutet die Pflicht zur bestmöglichen Ausführung, dass der zwischen Bank und Kunde fest vereinbarte Preis der Marktlage entsprechen muss[176]. Das Geschäft entspricht der Marktlage, wenn es sich am jeweils aktuellen Markpreis orientiert.

87 Die aufsichtsrechtlichen Anforderungen an die Ausführung von Kundenaufträgen im Rahmen des Kommissionsgeschäftes[177] sind generell jedoch nur entsprechend anwendbar, da etwa die Zusammenlegung von Kundenaufträgen oder die Ausführung von Kundenaufträgen außerhalb organisierter Märkte auf Grund des unmittelbar zwischen Kunde und Bank abgeschlossenen Kaufvertrages keine sinnvolle Entsprechung finden.

## § 14 Meldepflichten beim Erwerb einer bedeutenden Beteiligung an börsennotierten Gesellschaften

### Übersicht

| | Rn. |
|---|---|
| I. Überblick | 1–22 |
| 1. Entstehungsgeschichte | 1 |
| 2. Zweck | 3 |
| 3. Anwendungsbereich | 4 |
| 4. Voraussetzungen | 10 |
| 5. Inhalt und Verfahren | 19 |

---

[173] *Hopt* in Baumbach/Hopt, HGB, 36. Aufl. 2014, (8) AGB-WPGeschäfte Nr. 1, Rn. 5; *Starke* in Kümpel/Wittig, Bank- und Kapitalmarktrecht, 4. Aufl. 2011, Rn. 17.196 – beide mwN.
[174] Vgl. *Beule* in BuB, Rn. 7/49.
[175] Vgl. *Beule* in BuB, Rn. 7/52; *Starke* in Kümpel/Wittig, Bank- und Kapitalmarktrecht, 4. Aufl. 2011, Rn. 17.239.
[176] *Bauer* in Ellenberger/Schäfer/Clouth/Lang, Praktikerhdb. Wertpapier- und Derivategeschäft, 4. Aufl. 2011, Rn. 1400.
[177] Vgl. dazu → Rn. 48 ff.

|  | Rn. |
|---|---|
| II. Zurechnung von Stimmrechten | 23–55 |
| 1. Zurechnung der von Tochtergesellschaften gehaltenen Aktien | 26 |
| 2. Acting in Concert | 31 |
| 3. Für Rechnung Dritter | 39 |
| 4. Kreditsicherheiten, Nießbrauch | 45 |
| 5. Erwerb aufgrund einseitiger Willenserklärung | 47 |
| 6. Stimmrechtsausübungsbefugnis | 49 |
| 7. Weitere ungeschriebene Tatbestände? | 50 |
| 8. WpÜG | 51 |
| 9. Veränderungen des Grundkapitals | 52 |
| III. Instrumente zum Erwerb von Stimmrechten | 56–74 |
| 1. Rechte zum Aktienerwerb | 57 |
| 2. Instrumente, welche den Erwerb ermöglichen können | 64 |
| IV. Nichtberücksichtigung von Stimmrechten und Instrumenten | 75 |
| V. Sanktionen | 76–89 |
| 1. Wegfall der Rechte aus den Aktien | 76 |
| 2. Verwaltungsrechtliche Sanktion | 87 |
| 3. Zivilrechtliche Folgen | 89 |
| VI. Bekanntgabe der Erwerbsabsichten | 90–92 |

## I. Überblick

**1. Entstehungsgeschichte.** Die Meldepflichten der Aktionäre von börsennotierten Gesellschaften gelten seit 1995 in Umsetzung der Transparenzrichtlinie I. Zweck ist die Schaffung von mehr Transparenz und damit das Sicherstellen der Funktionsfähigkeit der Kapitalmärkte. Die Meldepflichten wurden später aufgrund der Umsetzung der Transparenzrichtlinie II sowie nationalen Gesetzgebungsvorhaben wie dem Risikobegrenzungsgesetz und Anlegerschutz- und Funktionsverbesserungsgesetz ergänzt und verfeinert. Kapitalmarkt und Aktionäre sollen frühzeitig Kenntnis der wesentlichen Aktionäre und vor allem der Personen, die letztendlich hinter den wesentlichen Aktionären stehen („beneficial owner") erlangen. Die zuvor geltenden aktienrechtlichen Vorschriften (§§ 20 ff. AktG) vermochten dies wegen zu wenigen und zu hohen Schwellenwerten, lückenhaften Zurechnungstatbeständen und vor allem dem Nichterfassen natürlicher Personen nicht zu gewährleisten. Ein Beteiligungsaufbau wird so schnell erkennbar. Transparenzlücken aufgrund bestimmter Gestaltungen zum verdeckten Beteiligungsaufbau wurden ab Herbst 2011 mit der Offenlegungspflicht für bestimmte Instrumente und Derivate geschlossen.

Die Mitteilungspflichten werden in Umsetzung der EU Richtlinie zur Änderung der Transparenzrichtlinie[1] teilweise modifiziert werden. Ziele der Änderung sind eine möglichst EU-weite Vereinheitlichung der Zurechnungstatbestände, nicht aber der Schwellenwerte, eine gemeinsame Veröffentlichungsplattform, Offenlegungspflichten zu bestimmten Finanzinstrumenten wie sie das WpHG in §§ 25, 25a bereits kennt, und ein schärferer Sanktionskatalog mit einer öffentlichen Bekanntgabe derjenigen Personen, welche die Mitteilungspflichten nicht beachtet haben, eine Feststellung der Aufsichtsbehörde über den Verlust der Stimmrechte sowie deutlich höhere Bußgelder, die sich teilweise an ersparten Aufwendungen orientieren. Die Änderungsrichtlinie ist bis November 2015 in nationales Recht umzusetzen.

**2. Zweck.** Zweck der Offenlegung von bedeutenden Beteiligungen an börsennotierten Gesellschaften ist der Schutz der Anleger und die Stärkung des Vertrauens in die Wertpapiermärkte und damit auch deren Förderung. Der Aktionär soll über ein wichtiges Kriterium seiner Anlageentscheidung, nämlich bedeutende Beteiligungen Dritter sowie deren Anwachsen oder Abschmelzen, unterrichtet sein.[2] Ferner wird behauptet, dass die Mitteilungspflichten insbesondere bezweckten, dass das „Anschleichen" an eine börsennotierte

---
[1] Vom 22.10.2013, ABl. EU L 294/13.
[2] BT-Drucks. 12/6679, S. 52.

Gesellschaft erschwert und frühzeitig eine Paketbildung oder das Aufstellen eines Pakets öffentlich werden soll.³ Ferner soll die Mitteilungspflicht mit der Offenlegung bedeutender Beteiligungen Insiderhandel verhindern, da ein Paketaufbau frühzeitig bekannt wird.⁴ Sollte die börsennotierte Gesellschaft anderweitig zuverlässig Kenntnis einer bedeutenden Beteiligung erhalten, ist diese möglicherweise verpflichtet, diese Tatsache gemäß § 15 Abs. 1 WpHG ad hoc anzuzeigen.⁵ Vormals vorhandene Transparenzlücken sind mit der Offenlegungspflicht von Finanz- und anderen Instrumenten geschlossen (§§ 25, 25a WpHG) worden.

**4**    **3. Anwendungsbereich.** Die Mitteilungspflichten gelten nur für Emittenten von Aktien, für welche die Bundesrepublik der Herkunftsstaat ist (§ 2 Abs. 6 WpHG). Dies sind alle inländischen Gesellschaften, deren Aktien im Inland zum regulierten Markt oder innerhalb der EU oder einem EWR-Vertragsstaat zu einem organisierten Markt zugelassen sind. Ausländische Gesellschaften, deren Aktien innerhalb der EU oder einem EWR-Vertragsstaat nur in der Bundesrepublik zum regulierten Markt zugelassen sind, fallen gleichfalls in den Anwendungsbereich. Dementsprechend können auch Aktionäre ausländischer Gesellschaften der Mitteilungspflicht unterliegen.

**5**    Bei Gesellschaften, deren Aktien lediglich in den regulierten Markt einbezogen sind (§ 33 BörsG) oder nur im Freiverkehr gehandelt werden (§ 48 BörsG), verbleibt es bei den Mitteilungspflichten gemäß §§ 20 ff. AktG. Das Einbeziehen von Aktien in sog Qualitätssegmente des Freiverkehrs⁶ ändert hieran nichts, weil nur die Gesellschaft vertragliche Verpflichtungen gegenüber dem Börsenbetreiber eingehen kann.

**6**    Meldepflichtig ist grundsätzlich jede natürliche⁷ oder juristische Person⁸, ebenso eine Personengesellschaft oder eine BGB-Gesellschaft, soweit die Aktien im Gesamthandsvermögen gehalten werden⁹, welche Stimmrechte in entsprechender Anzahl hält oder ihr zuzurechnen sind. Auf den Wohnort oder den Sitz der Person kommt es nicht an.

**7**    Im Falle aktienvertretender Zertifikate, praktischer Anwendungsbereich sind etwa US-amerikanische Depositary Receipts (ADR, GDR), gilt nach § 21 Abs. 1 Satz 2 WpHG nur der Zertifikatsinhaber als Stimmrechtsinhaber. Die die Zertifikate ausgebende Stelle, welche dann die Aktien als Underlying hält, ist insofern nicht mitteilungspflichtig.

**8**    Zusätzlich bestehen Mitteilungspflichten für sämtliche Instrumente zum Erwerb von Aktien mit Stimmrecht (§ 25 WpHG) oder Vereinbarungen, welche aufgrund ihrer Gestaltung in einem wirtschaftlichen Sinne zum Aktienerwerb führen werden (§ 25a WpHG).

**9**    Diese Mitteilungspflichten werden ergänzt um die Mitteilungspflicht gemäß § 35 Abs. 1 WpÜG bei Erreichen oder Überschreiten der Kontrollschwelle von 30% der Stimmrechte einer börsennotierten Zielgesellschaft (§ 29 Abs. 2 WpÜG).

**10**    **4. Voraussetzungen.** Jede Person, die 3%, 5%, 10%, 15%, 20%, 25%, 30%, 50% oder 75%¹⁰ der Stimmrechte an einer börsennotierten Gesellschaft erreicht, überschreitet oder unterschreitet sowie diejenigen Personen, denen Stimmrechte zuzurechnen sind, sind verpflichtet, unverzüglich, spätestens binnen vier Handelstagen die Gesellschaft und die BaFin hiervon schriftlich in deutscher oder englischer Sprache zu unterrichten (§§ 21, 22

---

³ *Schneider* in Assmann/Schneider, WpHG, Vor § 21 Rn. 21, 24.
⁴ *Bayer* in MüKoAktG, § 22 Anh. 5, § 21 WpHG Rn. 1.
⁵ *Simon,* Der Konzern 2004, 5, 13, 16.
⁶ Etwa die Segmente „Entry Standard" an der Frankfurter Wertpapierbörse oder „m:access" an der Bayerischen Börse.
⁷ Anders bei § 20 AktG.
⁸ Auch öffentlich-rechtliche Körperschaften unterliegen der Mitteilungspflicht, Nottmeier/Schäfer, AG 1997, 87.
⁹ *Bayer* in MüKoAktG, § 22 Anh. § 21 WpHG Rn. 3, 4; *Opitz* in Schäfer/Hamann, Kapitalmarktgesetze, § 21 WpHG Rn. 7.
¹⁰ Bei REIT Aktiengesellschaften gelten die weiteren Schwellen von 80 und 85%, § 11 Abs. 5 REITG.

WpHG). Die börsennotierte Gesellschaft ist sodann verpflichtet, unverzüglich, spätestens binnen drei Handelstagen, die ihr zugegangenen Mitteilungen über bedeutende Stimmrechte in deutscher oder englischer Sprache über europaweit verbreitete Medien zu veröffentlichen und der BaFin einen Veröffentlichungsbeleg zuzuleiten.[11] Die Veröffentlichung ist ferner dem Unternehmensregister zu übermitteln. Handelstage sind Werktage außer Sonnabend und in mindestens einem Bundesland gesetzlich anerkannte Feiertage (§ 30 Abs. 1 WpHG). Die BaFin veröffentlicht auf ihrer Internetseite jeweils einen Kalender der Handelstage (§ 30 Abs. 2 WpHG).

Eigene Aktien bleiben bei der Berechnung des Anteils der Stimmrechte außer Betracht.[12] Die Ungenauigkeit des Stimmgewichts eines Aktienpakets infolge eigener Aktien muss hingenommen werden. Ebenso unberücksichtigt bleiben mangels Bekanntwerden des Stimmrechtsausschlusses die Aktien, für welche Stimmrechtsverbote bestehen (§ 28 WpHG) oder eine Mitteilung über das Erlangen der Kontrolle nicht veröffentlicht und nachfolgend auch kein Pflichtangebot abgegeben wird (§ 59 WpÜG).[13] **11**

Die Mitteilungspflicht entsteht ferner bei erstmaliger Zulassung inländischer Aktiengesellschaften oder Kommanditgesellschaften auf Aktien für diejenigen Personen, die mindestens Stimmrechte in Höhe von 3 % an der erstmals börsennotierten Gesellschaft halten oder denen entsprechende Stimmrechte zuzurechnen sind (§ 21 Abs. 1a WpHG). **12**

Die Mitteilungspflicht wird vom Halten und/oder der Zurechnung von Stimmrechten ausgelöst. Im Falle von Stammaktien ist dies immer zugleich die Anzahl der entsprechenden Aktien, Mehrstimmrechtsaktien sind nicht zulässig (§ 12 Abs. 2 AktG). Vorzugsaktien sind meist, müssen aber nicht ohne Stimmrechte ausgestattet sein (§ 12 Abs. 1 AktG). **13**

Der Abschluss des Erfüllungsgeschäfts genügt nicht, um die Mitteilungspflicht auszulösen (siehe aber § 25 WpHG).[14] Im Falle des Erwerbs vinkulierter Namensaktien beginnt die Mitteilungspflicht wegen der bis zur Zustimmung schwebend unwirksamen Übertragung[15] erst mit der Erteilung der Zustimmung.[16] Bei den überwiegenden nicht-vinkulierten Namensaktien kommt es auf die Eintragung im Aktienregister nicht an.[17] **14**

Eine Mitteilung nach § 21 WpHG ist auch dann abzugeben, wenn die Aktien nur für einen kurzen Zeitraum, gegebenenfalls nur für die juristische Sekunde, gehalten werden. Eine Bestimmung etwa entsprechend § 71 Abs. 1 Nr. 7 Satz 2 AktG, dass maßgebend der Bestand am Ende eines jeden Tages ist, sieht das Gesetz nicht vor.[18] In der Praxis gestattet die BaFin jedoch eine untertägige Saldierung der Stimmrechtsanteile, dh mitzuteilen ist lediglich der Stand am Tagesende, der gegebenenfalls wieder unter 3 % liegen kann,[19] was dann keine Mitteilungspflicht auslöste. Dies bedeutet praktisch, dass die Stimmrechte über Nacht gehalten werden müssen, bevor eine Mitteilungspflicht entsteht. **15**

Nicht das Halten von Aktien, sondern von Stimmrechten löst die Mitteilungspflicht nach § 21 WpHG aus. Solange das Stimmrecht aus stimmrechtslosen Vorzugsaktien nicht gemäß § 140 Abs. 2 AktG bis zur Nachzahlung des rückständigen Vorzugsbetrages entstanden ist, bleiben daher Vorzugsaktien unberücksichtigt. **16**

---

[11] Zum Fall der verspäteten Übermittlung eines Veröffentlichungsbelegs OLG Frankfurt NJW 2003, 2111.
[12] *Schneider* in Assmann/Schneider, WpHG, § 21 Rn. 59; so auch ausdrücklich Art. 9 Abs. 1 Unterabs. 2 Richtlinie vom 15.12.2004 zur Harmonisierung der Transparenzanforderungen; anders *Schwark* in Schwark/Zimmer, KMRK, § 21 WpHG Rn. 9 mit dem Verlangen nach fragwürdigen und nicht praktikablen Auskunftspflichten des Aktionärs; wieder anders *Gätsch/Bracht* AG 2011, 813: keine Berücksichtigung in Zähler und Nenner.
[13] *Opitz* in Schäfer/Hamann, Kapitalmarktgesetze, § 21 WpHG Rn. 18.
[14] *Schneider* in Assmann/Schneider, WpHG, § 21 Rn. 73.
[15] *Hüffer*, AktG, § 68 Rn. 16.
[16] *Schneider* in Assmann/Schneider, WpHG, § 21 Rn. 49.
[17] *Opitz* in Schäfer/Hamann, Kapitalmarktgesetze, § 21 WpHG Rn. 20.
[18] *Schneider* in Assmann/Schneider, WpHG, § 21 Rn. 26.
[19] BaFin-Emittentenleitfaden Ziff. VIII.2.3.5.

**17** Ausgelöst wird die Mitteilungspflicht aufgrund des Erwerbs von Stimmrechten, deren Veräußerung oder auf sonstige Weise. Erwerb und Veräußerung sind nicht allein im sachenrechtlichen Sinne, sondern weit auszulegen. Auch der Erhalt von Stimmrechten aufgrund Erbschaft, Vermächtnis, Schenkung, Darlehen und Gesamtrechtsnachfolgen wie etwa aus Verschmelzungen sind als Erwerb im Sinne des § 21 Abs. 1 WpHG zu betrachten. Zu den Tatbeständen des Erreichens, Über- oder Unterschreitens der Schwellenwerte auf sonstige Weise gehören auch die Fälle der „passiven" Veränderungen aufgrund Kapitalherabsetzung, Kapitalerhöhung und Aufleben des Stimmrechts von Vorzugsaktien. Keine Mitteilungspflicht wird hingegen ausgelöst, wenn ein Meldepflichtiger seine Stimmrechte etwa auf eine von ihm beherrschte Gesellschaft überträgt. In einem solchen Fall entsteht eine Mitteilungspflicht zwar erstmals bei der Gesellschaft, auf welche die Stimmrechte übertragen werden. Die Gesellschaft wird dem übertragenden Aktionär jedoch gemäß § 22 Abs. 1 Satz 1 Nr. 1 WpHG zugerechnet, so dass sich aufgrund der Zurechnung bei dem Aktionär keine Änderung der Stimmrechte ergibt. Eine erneute Mitteilung, etwa jetzt mit der Offenlegung, dass die Stimmrechte nicht mehr unmittelbar, sondern nur noch mittelbar gehalten werden, ist nicht erforderlich.[20]

**18** Umstritten ist die Frage, ob der Legitimationsaktionär, dem also zur Ausübung des Stimmrechts Aktien als Besitzer übertragen werden, aus diesem Grund mitteilungspflichtig wird. Das OLG Köln[21] hält den Legitimationsaktionär, da er eben die Aktien hält und deshalb auch grundsätzlich das Stimmrecht ausüben könnte, bei Erreichen der Schwellenwerte für mitteilungspflichtig. Soweit dies Namensaktien betrifft, für welche ein Kreditinstitut im Aktienregister eingetragen ist, steht einer solchen Auslegung bereits das Verbot der Stimmrechtsausübung ohne ausdrückliche Kundenweisung aus § 135 Abs. 6 AktG entgegen.

**19** **5. Inhalt und Verfahren.** Der Inhalt der Mitteilung ist in § 17 WpAIV bestimmt. Die Mitteilung muss enthalten den Namen bzw. Firma und Anschrift des Meldepflichtigen, sämtliche erreichten, über- oder unterschrittenen Schwellenwerte, den Tag des Erreichens, Überschreitens oder Unterschreitens, die genaue Höhe des nunmehr gehaltenen Stimmrechte in Prozent der Gesamtstimmrechte oder in Anzahl der gehaltenen bzw. zugerechneten Stimmrechte (üblich ist die Aufnahme beider Angaben) und, soweit Zurechnungstatbestände greifen, die abstrakte Angabe des Zurechnungstatbestands mit Zitieren der zutreffenden Zurechnungsalternative des § 22 Abs. 1 Nummern 1–7 oder Abs. 2 WpHG und Anzahl oder Prozent der Gesamtstimmrechte der zuzurechnenden Stimmrechte. Soweit Stimmrechte zugerechnet werden, sind die Personen, über welche Stimmrechte zugerechnet werden und die selbst mindestens 3 % der Stimmrechtsanteile halten bzw. zugerechnet werden, in der Mitteilung anzugeben. Diese Angaben erlauben dem kundigen Leser der veröffentlichten Mitteilungen das Erkennen des sog. „beneficial owner", also der Person, die letztendlich Einfluss auf die Stimmrechtsausübungen hat und damit am Ende der „Kette" steht.[22]

**20** Wird die Mitteilungsschwelle von 3 % unterschritten, bedürfte es in der Mitteilung nicht mehr der Angabe des verbleibenden oder nicht mehr existierenden Anteils an der börsennotierten Gesellschaft, da eben Anteile unter 3 % gerade nicht offengelegt werden müssen.[23] Die BaFin drängt allerdings regelmäßig auf eine Angabe dieser Information. Dies dürfte nicht nur rechtswidrig, sondern zudem auch sinnfrei sein, da der Anteil kurze Zeit später ohne weitere Publizität auf null fallen kann.

---

[20] *Schneider* in Assmann/Schneider, WpHG, § 21 Rn. 76; BaFin-Emittentenleitfaden Ziff. VIII.2.5.
[21] NZG 2012, 946; zustimmend *Bayer/Scholz* NZG 2013, 721, 726; aA *Opitz* in Schäfer/Hamann, Kapitalmarktgesetze, § 22 Rn. 71; *Cahn*, AG 2013, 459.
[22] Erhebliche Zweifel an der Rechtmäßigkeit der Pflicht zum Offenlegen der Zurechnungskette äußert *Opitz* in Schäfer/Hamann, Kapitalmarktgesetze, § 21 WpHG Rn. 35a f.
[23] *Schneider* in Assmann/Schneider, WpHG, § 21 Rn. 123; *Opitz* in Schäfer/Hamann, Kapitalmarktgesetze, § 21 WpHG Rn. 34a; aA *Hirte* in KK-WpHG, § 21 Rn. 146.

Die Mitteilung muss unverzüglich, spätestens innerhalb von vier Handelstagen ab dem 21 Tag des Erreichens, Über- oder Unterschreitens abgegeben werden. Die Frist beginnt mit dem Zeitpunkt, zu dem der Meldepflichtige von dem Erreichen, Über- oder Unterschreiten der Meldeschwelle Kenntnis hat oder nach den Umständen haben musste (§ 21 Abs. 1 Satz 2 WpHG). Als widerlegliche Vermutung geht das Gesetz von einem Kennen müssen binnen zwei Handelstagen nach der Schwellenwerterreichung aus (§ 21 Abs. 1 Satz 4 WpHG).

Die Mitteilung ist in schriftlicher Form abzugeben; die Übermittlung der Mitteilung an 22 BaFin und börsennotierte Gesellschaft per Telefax genügt.[24] Email und andere Formen elektronischer Kommunikation sind nach wie vor nicht vorgesehen.[25]

## II. Zurechnung von Stimmrechten

Dem Meldepflichtigen werden gemäß § 22 WpHG in den dort genannten Fällen 23 Stimmrechte Dritter zugerechnet.

Von erheblicher praktischer Bedeutung sind insbesondere zwei Zurechnungstatbestände: 24 die Zurechnung von Stimmrechten, die von einer Tochtergesellschaft des Meldepflichtigen gehalten werden (§ 22 Abs. 1 Satz 1 Nr. 1 WpHG) und die Zurechnung aufgrund abgestimmten Verhaltens (§ 22 Abs. 2 WpHG). Der Meldepflichtige selbst muss keine Stimmrechte halten, denn die Einwirkungsmöglichkeiten auf den Inhaber der Stimmrechte genügt.[26]

Damit der Meldepflichtige seine Mitteilungspflicht korrekt erfüllen kann, wird ferner 25 sowohl eine Auskunftspflicht des Meldepflichtigen gegenüber einem Aktionär, dessen Stimmrechte ihm zuzurechnen sind, als auch eine Informationspflicht des Aktionärs gegenüber dem Meldepflichtigen statuiert, damit der Meldepflichtige nicht sein Stimmrecht gemäß § 28 WpHG verliert, wenn ein Aktionär mit zuzurechnenden Stimmrechten den Anteil erhöht.[27] Mangels Rechtsgrundlage erscheinen diese Pflichten bzw. Rechte jedoch kaum durchsetzbar.

**1. Zurechnung der von Tochtergesellschaften gehaltenen Aktien.** Ob Stimm- 26 rechte zugerechnet werden, bestimmt sich gemäß § 22 Abs. 3 WpHG entweder nach § 290 HBG oder danach, ob ein beherrschender Einfluss ausgeübt werden kann. Tochterunternehmen sind daher erstens Unternehmen, die unter einer einheitlichen Leitung stehen (§ 290 Abs. 1 HGB), zweitens Unternehmen, an dem die Mehrheit der Stimmrechte gehalten wird oder ein maßgeblicher personeller Einfluss oder ein beherrschender Einfluss aufgrund eines Beherrschungsvertrags ausgeübt werden kann (§ 290 Abs. 2 HGB), drittens bei denen eine entsprechende indirekte Kontrollstellung besteht (§ 290 Abs. 3 HGB).[28] Die von Tochterunternehmen gehaltenen Stimmrechte werden voll und nicht etwa nur quotal zugerechnet.

Der Zurechnungstatbestand ist vor allem auf das „klassische" Mutter-/Tochterverhältnis 27 zugeschnitten. Im Falle einer üblichen KG-Gestaltung ist der Komplementär als kontrollierende Person anzusehen.[29] Stehen einem Gesellschafter die Mehrheit der Kommanditanteile zu, dürfte auch diese Person ebenfalls als kontrollierende anzusehen sein. Dementsprechend käme es zu einer Zurechnung auf zwei Personen. Bei vergleichbaren ausländischen Gestaltungen (Limited Partnerships) dürfte von einer Zurechnung auf den geschäftsführen-

---

[24] *Schneider* in Assmann/Schneider, WpHG, § 21 Rn. 127; *Schwark* in Schwark/Zimmer, KMRK, § 21 WpHG Rn. 21.
[25] *Opitz* in Schäfer/Hamann, Kapitalmarktgesetze, § 21 WpHG Rn. 32.
[26] *Veil* in Schmidt/Lutter, Anh. § 22: § 22 WpHG Rn. 1.
[27] *Schneider* in Assmann/Schneider, WpHG, § 22 Rn. 25 ff.
[28] Einzelheiten etwa *Opitz* in Schäfer/Hamann, Kapitalmarktgesetze, 2. Aufl., § 22 WpHG Rn. 5 ff.
[29] *Schwark* in Schwark/Zimmer, KMRK, § 22 WpHG Rn. 38; aA *Opitz* in Schäfer/Hamann, Kapitalmarktgesetze, § 21 WpHG Rn. 19a.

den General Partner auszugehen sein, während die Limited Partner kaum Mitspracherechte haben und daher auch aus einer Zurechnung regelmäßig ausscheiden.

28 Wirken mehrere Unternehmen zusammen, so dass sie gemeinsam einen beherrschenden Einfluss ausüben, werden die Stimmrechte auf jedes der gemeinsam beherrschenden Unternehmen in voller Höhe und dann gegebenenfalls auf deren Mutterunternehmen zugerechnet. Die Regelung des § 36 Abs. 2 GWB ist, auch wenn dies nicht ausdrücklich geregelt ist, zumindest entsprechend anwendbar.[30]

29 Stimmrechte, die von Kapitalanlagegesellschaften für Sondervermögen gehalten werden, sind der Muttergesellschaft nicht zuzurechnen (§ 94 Abs. 2 Satz 1 KAGB). Werden die Stimmrechte für Spezial-Sondervermögen gehalten, sind die Stimmrechte den Inhabern der Anteilscheine des Spezialsondervermögens zuzurechnen (arg. § 94 Abs. 2 Satz 3 KAGB). Hier wird ein Einfluss des Inhabers des Spezial-Sondervermögens auf die Stimmrechtsausübung vermutet.[31]

30 Bei komplexen Beteiligungsstrukturen, wie sie etwa bei den Investments von Private Equity Funds bekannt sind, bereitet die korrekte Zurechnung nicht selten Schwierigkeiten. Wegen des Rechtsverlusts bei unterlassener Mitteilung (§ 28 WpHG) wird bei solchen Strukturen im Zweifel immer zu viel als zu wenig gemeldet.[32] Auf der anderen Seite sind Falschmitteilungen etwa mit dem Berühmen, man habe einen Schwellenwert aufgrund Zurechnung erreicht, über- oder unterschritten, ebenso unzulässig.[33] Auf eine verbindliche Auskunft der BaFin unter Offenlegung der Fakten kann der Meldepflichtige auch nicht vertrauen, Negativatteste stellt die BaFin im Übrigen nicht aus. Ferner schützt die Beurteilung der Mitteilungspflichten seitens der BaFin nicht vor einem möglichen Rechtsverlust.[34] Folge davon ist, dass die Aktionäre mit einer Vielzahl von Mitteilungen konfrontiert werden, welche nur noch absolute Kenner der Materie interpretieren können.

31 **2. Acting in Concert.** Nach § 22 Abs. 2 WpHG werden dem Meldepflichtigen Stimmrechte eines Dritten zugerechnet, mit dem dieser oder sein Tochterunternehmen sein Verhalten in Bezug auf die börsennotierte Gesellschaft auf Grund einer Vereinbarung oder in sonstiger Weise abstimmt. Ein abgestimmtes Verhalten setzt voraus, dass der Meldepflichtige oder sein Tochterunternehmen und der Dritte sich über die Ausübung von Stimmrechten verständigen oder mit dem Ziel einer dauerhaften und erheblichen Änderung der unternehmerischen Ausrichtung des Emittenten in sonstiger Weise zusammenwirken. Meldepflichtig kann daher nur sein, wer als Aktionär selbst Stimmrechte der börsennotierten Gesellschaft hält oder diesem nach § 22 WpHG zuzurechnen sind.[35]

32 Typischer Fall der Zurechnung ist der Abschluss von bzw. der Beitritt in Vereinbarungen über die gemeinsame Stimmrechtsausübung. Eine rechtliche Pflicht zur gemeinsamen Stimmrechtsausübung in Bezug auf die börsennotierte Gesellschaft muss nach diesen Vereinbarungen jedoch nicht bestehen, ein faktischer Zwang (der „gestrenge Blick des Familienoberhaupts")[36] oder einer ideeller Druck nach Bekanntgabe des gewünschten Abstimmungsverhaltens[37] genügten.

33 Das Verhalten wird in Bezug auf die börsennotierte Gesellschaft abgestimmt, wenn Einfluss auf deren Unternehmensleitung genommen werden soll.[38] Deshalb verbietet es sich,

---

[30] *Schneider* in Assmann/Schneider, WpHG, § 22 Abs. 42; Einzelheiten zu dem erforderlichen gesellschaftsrechtlich dauerhaften Einfluss *Bayer* in MüKoAktG, § 17 Rn. 78.
[31] *Schwark* in Schwark/Zimmer, KMRK, § 22 WpHG Rn. 60.
[32] Siehe hierzu auch den Sachverhalt bei OLG München, ZIP 2005, 615.
[33] *Schneider* in Assmann/Schneider, WpHG, § 21 Rn. 140.
[34] OLG München, ZIP 2005, 615, 616.
[35] *Opitz* in Schäfer/Hamann, Kapitalmarktgesetze, § 22 WpHG Rn. 85a.
[36] *Opitz* in Schäfer/Hamann, Kapitalmarktgesetze, § 22 WpHG Rn. 83a, wobei in der Praxis das Nachweisproblem bleibt.
[37] *Schwark* in Schwark/Zimmer, KMRK, § 22 WpHG Rn. 23.
[38] *Schneider* in Assmann/Schneider, WpHG, § 22 Rn. 175.

das bloße Zusammenwirken zum Zwecke des Erwerbs oder der Veräußerung von Aktien als gemeinsame Stimmrechtsausübung anzusehen; eine solche Auslegung ist schon mit dem Gesetzeswortlaut nicht vereinbar.[39] Sog Standstill Agreements begründen keine Zurechnung, da hier die Parteien gerade vereinbaren, Stimmrechte nicht auszuüben.[40]

Die Abstimmung über die Ausübung der Stimmrechte muss über den Einzelfall hinausgehen. Ausgenommen sind Vereinbarungen über die Abstimmung von Stimmrechten im Einzelfall. Dh, ein Zusammenwirken zu Tagesordnungspunkten einer Hauptversammlung reicht für eine Zurechnung nicht aus.[41] Maßnahmen über die Abstimmung in nur einer Hauptversammlung oder gar nur bezüglich eines Tagesordnungspunkts reichen daher nicht aus, eine Zurechnung nach § 22 Abs. 2 WpHG zu begründen.[42] Damit begründen Abstimmungen zwischen Aktionären etwa nur zum Zwecke der Abwahl von Aufsichtsratsmitgliedern in einer Hauptversammlung keine Zurechnung.[43] Jede andere Auslegung[44] würde etwa auch das einzig effektive Kontrollrecht der Aktionäre, die Abwahl von Aufsichtsratsmitgliedern (§ 103 AktG), faktisch ausschließen, da ein Abwahlantrag oftmals erst nach vorheriger mindestens informeller Abstimmung zwischen den Aktionären gestellt würde. 34

Eben so wenig begründet die abgestimmte Wahl von Aufsichtsratsmitgliedern eine Abstimmung im Sinne eines Acting in Concert.[45] Aufsichtsratsmitglieder sind keine Vertreter der sie wählenden Aktionäre, sondern üben davon unabhängig ihr Amt aus. Außerdem ist die Rolle des Aufsichtsrats auf die Überwachung der Geschäftsführung beschränkt (§ 111 Abs. 1 AktG). Der Aufsichtsrat gibt auch keine strategischen Entscheidungen vor.[46] Zudem bedürfen Aufsichtsratsbeschlüsse der Mehrheit und deshalb könnte allenfalls, unter Berücksichtigung von Arbeitnehmervertretern im Aufsichtsrat, eine abgestimmte Wahl der Mehrheit der Aufsichtsratsmitglieder eine Einflussnahme vermitteln. 35

Das mit dem Risikobegrenzungsgesetz eingefügte Tatbestandsmerkmal des Zusammenwirkens mit dem Ziel einer dauerhaften und erheblichen Änderung der unternehmerischen Ausrichtung des Emittenten[47] erfasst jetzt auch eine Zurechnung aufgrund eines abgestimmten Verhaltens außerhalb von Hauptversammlungen, da nicht mehr an der Stimmrechtsausübung anknüpfend. 36

Weiter stellt sich bei einer abgestimmten Stimmrechtsausübung die Frage, ob auch bei dieser Zurechnungsalternative die Stimmrechte jedem Beteiligten nach den Grundsätzen der Kettenzurechnung jeweils vollständig zuzurechnen sind[48] oder ob nicht vielmehr nur auf den Poolbeteiligten, welcher den Pool entweder kontrolliert oder die höchsten Stimm- 37

---

[39] AA *Schneider* in Assmann/Schneider, WpHG, § 22 Rn. 185.; *Berger/Filgut* AG 2004, 592; wie hier *Opitz* in Schäfer/Hamann, Kapitalmarktgesetze, § 22 WpHG Rn. 90d; *v. Bülow/Bücker* ZGR 2004, 669, 715.
[40] LG München, DB 2004, 1252.
[41] *Schwark* in Schwark/Zimmer, KMRK, § 22 WpHG Rn. 24; aA, in recht freier Rechtsauslegung auf die Auswirkungen der Stimmrechtsausübung abstellend, BaFin-Emittentenleitfaden Ziff. VIII.2.5.8.2.
[42] *Schneider* in Assmann/Schneider, WpHG, § 22 Rn. 191c f.; so ausdrücklich *Opitz* in Schäfer/Hamann, Kapitalmarktgesetze, § 22 WpHG Rn. 91.
[43] Dies gilt ebenso für eine Zurechnung gemäß § 30 Abs. 2 WpÜG.
[44] Anders offenbar nach wie die BaFin *Strunk/Linke* in Veil/Drinkuth, S. 3, 21; ebenso LG München I, DB 2004, 1252; OLG München, ZIP 2005, 856; *Louven* BB 2005, 1413, 1414; unklar *Schneider* in Assmann/Schneider, WpHG, § 22 Rn. 199a.
[45] BGH WM 2006, 2080, 2082 gegen OLG München, ZIP 2005, 856; wesentlich enger OLG Frankfurt, ZIP 2004, 1309; *Opitz* in Schäfer/Hamann, Kapitalmarktgesetze, § 22 WpHG Rn. 90c.
[46] *Opitz* in Schäfer/Hamann, Kapitalmarktgesetze, § 22 WpHG Rn. 90c; aA *Veil* in Schmidt/Lutter, Anh. § 22: § 22 WpHG Rn. 37.
[47] Was als Änderung der Strategie verstanden werden kann, *Opitz* in Schäfer/Hamann, Kapitalmarktgesetze, § 22 WpHG Rn. 90a.
[48] *Schneider* in Assmann/Schneider, WpHG, § 22 Rn. 193b.

rechte in den Pool einbringt.[49] Der klare Wortlaut des § 22 Abs. 2 Satz 1 WpHG spricht gegen diese Beschränkung der Zurechnungsrichtung. § 22 Abs. 2 Satz 3 WpHG stellt klar, dass der Poolbeteiligte ihm andere zuzurechnende Stimmrechte mit melden muss. Mit der Zurechnung aufgrund abgestimmter Stimmrechtsausübung passt hingegen nicht zusammen, dass einem Dritten über andere Zurechnungstatbestände, insbesondere demjenigen der Beherrschung, alle Stimmrechte im Pool gleichfalls zugerechnet werden, obwohl doch die Stimmrechtsausübung gerade im Pool koordiniert wird und nicht von Weisungen etwa einer beherrschenden Gesellschaft abhängen kann. Anderenfalls dürfte gemäß § 22 Abs. 2 WpHG nur auf denjenigen zugerechnet werden, der die Stimmenmehrheit im Pool hat.

38 Vereinbart ein Meldepflichtiger für einen Teil seiner Stimmrechte die gemeinsame Stimmrechtsausübung mit anderen, unterliegt nur dieser beschränkte Stimmrechtsanteil der gegenseitigen Zurechnung.[50]

39 **3. Für Rechnung Dritter.** Stimmrechte, die von einem Dritten für Rechnung eines Meldepflichtigen gehalten werden (§ 22 Abs. 1 Satz 1 Nr. 2), werden zugerechnet. Hauptanwendungsfall ist das Treuhandverhältnis. Nicht nur der Treuhänder als unmittelbarer Inhaber der Stimmrechte muss eine Mitteilung abgeben, die Stimmrechte sind auch dem Treugeber zuzurechnen. Im Falle einer Vollmachtstreuhand verbleibt das Eigentum an den Aktien hingegen beim Treugeber und dieser bleibt unmittelbar mitteilungspflichtig.

40 Das Merkmal des „für Rechnung des Meldepflichtigen gehalten" ist immer dann erfüllt, wenn das wirtschaftliche Risiko überwiegend bei einer anderen Person als dem Inhaber der Stimmrechte liegt.[51] Die Zurechnungsnorm ist weit auszulegen. Allerdings setzt die Zurechnung auch voraus, dass der Treugeber Einfluss auf das Verhalten des Treuhänders bei der Stimmrechtsausübung hat.[52] Stimmrechte des Treugebers werden hingegen nicht dem Treuhänder zugerechnet, eine „doppelte Zurechnung" findet nicht statt.[53]

41 Treuhänder kann auch ein „Trust" sein. Der Regelfall dürfte der Trust mit eigener Rechtspersönlichkeit sein. Dieser wird Aktionär und meldet. Hinsichtlich der Stimmrechtsausübung unterliegt der Trust den Vorgaben des Trustee, der im Übrigen wie ein Treugeber das volle wirtschaftliche Risiko trägt. Der Trustee und evtl. diesen beherrschende Personen melden über die Zurechnungen nach § 22 Abs. 1 Satz 1 Nrn. 2, 1 WpHG.

42 Dass aber auch evtl. einen Treuhänder oder Trust beherrschende Personen melden müssen[54], macht keinen Sinn und verwirrte das Anlegerpublikum in erheblicher Weise. Der Treuhänder bzw. Trust darf das Stimmrecht eben nicht frei ausüben, deshalb kann eine den Treuhänder bzw. Trust beherrschende Person auch nicht auf die Stimmrechtsausübung einwirken. Offenkundig meint die BaFin, der Trust könne sich nicht an die Vereinbarung mit dem Trustee gebunden fühlen und deshalb auch auf Weisung der den Trust beherrschenden Person Stimmrechte ausüben. Ein solches Verständnis verbietet dann aber jede Zurechnung bei gemeinsamer vertraglich gebundener Stimmrechtsausübung gemäß § 22 Abs. 2 WpHG, da schließlich jeder Poolbeteiligte doch anders abstimmen könnte. Das Anlegerpublikum bekäme zudem ein völlig falsches Bild des „beneficial owner" bzw. er bekäme zwei „beneficial owner" präsentiert, die aber weder zusammenwirken noch irgendetwas miteinander zu tun haben.

---

[49] *Opitz* in Schäfer/Hamann, Kapitalmarktgesetze, § 22 WpHG Rn. 93a; *Bülow/Bücker* ZGR 2004, 669, 708; *Lange* ZBB 2004, 22, 26; *Veil* in Schmidt/Lutter, Anh. § 22: § 22 WpHG Rn. 44.
[50] BaFin-Emittentenleitfaden, Ziff. VIII.2.5.8.3.; aA *Opitz* in Schäfer/Hamann, Kapitalmarktgesetze, § 22 WpHG Rn. 93.
[51] BGH NZG 2009, 585, 589; *Schneider* in Assmann/Schneider, WpHG, § 22 Rn. 55 ff.
[52] *Schneider* in Assmann/Schneider, WpHG, § 22 Rn. 57; *Bülow* in KK-WpHG, § 22 Rn. 80.
[53] BGH ZIP 2011, 1862; anders noch die Vorinstanz OLG München, ZIP 2009, 2095; sowie *Schneider* in Assmann/Schneider, WpHG, § 22 Rn. 51.
[54] Emittentenleitfaden Ziff. VIII.2.5.1.4., *Opitz* in Schäfer/Hamann, Kapitalmarktgesetze, § 22 WpHG Rn. 27.

Weiterhin träfe den Treugeber bzw. Trustee der Rechtsverlust aus § 28 WpHG, wenn 43
die den Treuhänder bzw. Trust beherrschende Person seine Meldepflichten nicht erfüllt.
Der Treugeber bzw. Trustee hat aber keine Möglichkeit der Einflussnahme auf die den
Trust beherrschenden Personen. Ein Vertragsverhältnis besteht doch nur mit dem Treuhänder bzw. Trust.

Eine Zurechnung auf die Darlehensnehmer eines Wertpapierdarlehens ist nach § 22 44
Abs. 1 Satz Nr. 2 WpHG nicht begründbar[55], der Darlehensnehmer hat wegen des Rücklieferungsanspruchs jedoch ab der Schwelle von 5 % eine Mitteilung gemäß § 25 WpHG
abzugeben.

**4. Kreditsicherheiten, Nießbrauch.** Stimmrechte aus Aktien, die zur Sicherung 45
übereignet oder verpfändet[56] werden, sind dem Sicherungsgeber zuzurechnen, es sei, denn
der Sicherungsnehmer ist nach dem Sicherheitenvertrag berechtigt, die Stimmrechte auszuüben und hat die Absicht der Stimmrechtsausübung dem Sicherungsgeber gegenüber
bekundet (§ 22 Abs. 1 Satz 1 Nr. 3 WpHG). Diese Ausnahme von der Zurechnung dürfte
praktisch nicht vorkommen.

Ferner werden Stimmrechte demjenigen, zu dessen Gunsten ein Nießbrauch bestellt ist, 46
zugerechnet (§ 22 Abs. 1 Satz 1 Nr. 4 WpHG).

**5. Erwerb aufgrund einseitiger Willenserklärung.** Stimmrechte, die durch eine 47
einseitige Willenserklärung erworben werden können, sind demjenigen, der dieses Recht
ausüben kann, zuzurechnen (§ 22 Abs. 1 Satz 1 Nr. 5 WpHG). Nur solche Sachverhalte
werden erfasst, aufgrund derer zum dinglichen Eigentumserwerb der Aktien nur noch die
Willenserklärung des Mitteilungspflichtigen erforderlich ist. Fallgestaltungen, bei denen es
zum Erwerb der Mitwirkung eines Dritten und damit des Verkäufers bedarf, scheiden daher aus.[57] Schuldrechtliche Vereinbarungen, die einen Lieferanspruch enthalten oder bei
Optionen das Recht zum Abschluss eines Kaufvertrags einräumen, lösen aus diesem Grund
noch keine Zurechnung aus. Diese insoweit enge Auslegung des Zurechnungstatbestands
ist vor dem Hintergrund gerechtfertigt, dass der Mitteilungspflichtige bei einem bloß
schuldrechtlichen Anspruch noch nicht über eine Position verfügt, die ihn von Unwägbarkeiten hinsichtlich der Eigentumserlangung unabhängig macht. So könnte etwa der
Verkäufer der Aktien bzw. der Optionen Einwendungen oder Rücktrittsrechte geltend
machen oder seine Lieferverpflichtungen schlicht nicht erfüllen.[58] Nur in den zuerst genannten Fällen kann der Mitteilungspflichtige bereits Einfluss auf die Zielgesellschaft nehmen, da der Vollrechtserwerb nur noch von seiner Willenserklärung und nicht von einem
Verhalten einer anderen Vertragspartei abhängt.

Eine weite Auslegung ist ferner seit Geltung der weiteren Offenlegungspflichten für 48
schuldrechtliche Vereinbarungen über den Stimmrechtserwerb (§§ 25, 25a WpHG) nicht
mehr geboten.

**6. Stimmrechtsausübungsbefugnis.** Stimmrechte werden weiter einem Mitteilungs- 49
pflichtigen zugerechnet, wenn diesem Aktien anvertraut werden und er die Stimmrechte
nach eigenem Ermessen ausüben kann (§ 22 Abs. 1 Satz 1 Nr. 6 WpHG). Ein praktisch
wichtiger Anwendungsfall ist hier die Zurechnung auf ausländische, vor allem US-amerikanische Investmentgesellschaften, die für verschiedene Fonds Aktien verwahren und auch
die Stimmrechte vertragsgemäß nach eigenem Ermessen ausüben.[59] Gesetzliche Vertre-

---

[55] *Opitz* in Schäfer/Hamann, Kapitalmarktgesetze, § 22 WpHG Rn. 44; *v. Bülow* in KK-WpÜG,
§ 30 Rn. 70; nach wie vor aA BaFin-Emittentenleitfaden Ziff. VIII.2.5.2.2.
[56] *Opitz* in Schäfer/Hamann, Kapitalmarktgesetze, § 22 WpHG Rn. 55.
[57] OLG Köln, AG 2013, 391.
[58] BT-Drucks. 14/7034, S. 54; so auch bereits zu § 22 Abs. 1 Nr. 6 WpHG; *Opitz* in
Schäfer/Hamann, Kapitalmarktgesetze, § 22 Rn. 64; aA *Schneider* in Assmann/Schneider, WpHG,
§ 22 WpHG Rn. 101 ff.; *Burgard* BB 1995, 2069, 2076 u. WM 2000, 611, 613.
[59] *Schneider* in Assmann/Schneider, WpHG, § 22 Rn. 118.

tungsverhältnisse, etwa aufgrund Geschäftsführer- oder Prokuristenstellung, begründet keine Zurechnung nach § 22 Abs. 1 Satz 1 Nr. 6 WpHG.[60]

**50** **7. Weitere ungeschriebene Tatbestände?.** Die Zurechnungstatbestände sind abschließend. Dies gebieten der Vorbehalt des Gesetzes und die mögliche Ahndung als Ordnungswidrigkeit. Gleichwohl wird teilweise eine „gespaltene" Auslegung befürwortet. Der abschließende Katalog der Zurechnungstatbestände soll nur für die öffentlich-rechtliche und sanktionsbedrohte Überwachung seitens der BaFin und der Strafgerichte gelten. Hingegen erlaube eine zivilrechtliche Auslegung eine Erweiterung der Zurechnungstatbestände im Wege der Analogie. Für diese analogen Zurechnungstatbestände gälte dann auch die „zivilrechtliche" Sanktion des Rechtsverlusts aus § 28 AktG.[61] Gegen diese Ausweitung auf nicht klar gesetzlich geregelte Zurechnungstatbestände sprechen nicht nur die entstehende weitere Rechtsunsicherheit hinsichtlich etwaiger Rechtsverluste[62], sondern auch der Umstand, dass weitere Mitteilungspflichten, die von der Aufsichtsbehörde nicht durchgesetzt werden könnten, überhaupt keinen Sinn machten.

**51** **8. WpÜG.** Vergleichbare Zurechnungsvorschriften bestehen im WpÜG zur Frage, ob ein Bieter kontrolliert (§ 30 WpÜG). Dies löst die Frage aus, ob die Zurechnungstatbestände des § 22 WpHG in gleicher Weise wie die, von den unterschiedlichen Begriffen Meldepflichtiger und Bieter abgesehen, wörtlich identischen Regelungen des § 30 WpÜG auszulegen sind. Für eine gleichartige Auslegung spricht der Transparenzgedanke, dass ein – späterer – Bieter beim Aufbau der Beteiligung zuvor erreichte bzw. überschrittene Schwellenwerte (3, 5, 10, 15, 20, 25%) mitteilt und damit den Aufbau der Beteiligung von Beginn an offen legt. Bei unterschiedlicher Auslegung der beiden Zurechnungsnormen entfiele diese wichtige Funktion. Andererseits sei § 30 WpÜG wegen der damit verbundenen bedeutenderen Rechtsfolgen, nämlich der Abgabe eines Pflichtangebots mit allen daraus folgenden erheblichen Belastungen, sowie des unterschiedlichen Schutzzwecks enger als § 22 WpHG auszulegen.[63] Schon wegen der erforderlichen Rechtssicherheit der Inhaber einer bedeutenden Beteiligung sprechen die besseren Argumente für eine gleichartige Auslegung.

**52** **9. Veränderungen des Grundkapitals.** Um dem Aktionär bei Kapitalveränderungen zu ermöglichen, seine Beteiligung auf das Entstehen etwaiger neuer Mitteilungspflichten zu prüfen, haben die inländischen Emittenten bei Kapitalveränderungen am betreffenden Monatsende die Gesamtzahl der Stimmrechte in gleicher Weise wie Stimmrechtsmitteilungen zu veröffentlichen (§ 26a WpHG). Nach einer solchen Veröffentlichung wird unterstellt, dass dem jeweiligen Meldepflichtigen die Veränderungen der Gesamtstimmrechtszahl bekannt sind (§ 17 Abs. 5 WpAIV). Hat der Meldepflichtige jedoch vor der Veröffentlichung nach § 26a WpHG Kenntnis der Veränderung der Stimmrechtsanzahl, hat er eine Mitteilung zu diesem Zeitpunkt abzugeben. Hiervon zu trennen ist die Frage, ab welchem Zeitpunkt angenommen werden kann, dass der betreffende Meldepflichtige Kenntnis der Änderung des Anteils seiner Stimmrechte am Gesamtanteil der Stimmrechte hätte erlangen können. Generelle Nachforschungspflichten des Meldepflichtigen anzunehmen[64], ist nicht begründbar. Solche können allenfalls bei Meldepflichtigen, welche aktiv an einer Kapitalerhöhung teilnehmen, verlangt werden. In diesem Fall sollte der Meldepflichtige über alle relevanten Daten verfügen dürfen. Für andere Meldepflichtige darf dies hingegen nicht verlangt werden. Wie soll etwa ein Investmentmanager für alle verwaltenden Aktienwerte Nachforschungen über evtl. Kapitalveränderungen erlangen außer den Mitteilungen des Emittenten gemäß § 26a WpHG? Unterlässt der Emittent eine solche Mitteilung, wäre

---

[60] *Opitz* in Schäfer/Hamann, Kapitalmarktgesetze, § 22 WpHG Rn. 71.
[61] *Schneider* in Assmann/Schneider, WpHG, § 22 Rn. 213.
[62] BGH NZG 2011, 1147.
[63] *Opitz* in Schäfer/Hamann, Kapitalmarktgesetze, § 22 WpHG Rn. 101.
[64] *Opitz* in Schäfer/Hamann, Kapitalmarktgesetze, § 21 WpHG Rn. 23a.

zwar die vorherige Mitteilung unzutreffend, aber ohne dass dem Meldepflichtigen eine Änderungspflicht obläge.

Zweck der Veröffentlichung nach § 26a WpHG iVm § 17 Abs. 5 WpAIV ist gerade, 53 dem Aktionär eine sichere Grundlage für die Prüfung seiner Meldepflicht zu verschaffen, so dass im Zweifel auf die Veränderungsmitteilung abzustellen ist.[65] Auch die Auslegung, § 17 Abs. 5 WpAIV, wonach für die Berechnung der Gesamtstimmrechte die Veröffentlichung nach § 26a WpHG zugrunde zu legen ist, sei nichtig, da nicht mit der Ermächtigungsgrundlage des § 21 Abs. 3 WpHG vereinbar[66], überzeugt nicht, da das Festlegen der maßgeblichen Stimmenanzahl sehr wohl unter „Inhalt" (§ 21 Abs. 3 WpHG) gefasst werden kann. Wäre die Nichtigkeit so offensichtlich, hätte der Verordnungsgeber auch schon längst § 17 Abs. 5 WpAIV aufheben müssen. Das Datum der Veränderung des Stimmrechtsanteils wäre dann das Ende des Monats, für den die Änderung des Grundkapitals vom Emittenten mitgeteilt wurde.

Praxisfern ist die Auffassung der BaFin, der Aktionär habe bei dem Emittenten den 54 genauen Tag der Veränderung des Grundkapitals zu erfragen.[67] Werden etwa über mehrere Tage Bezugsrechte aus Options- oder Wandelrechten ausgeübt, würde beim Emittenten hoher Aufwand ausgelöst, die Veränderung jeden Tag zu ermitteln und dem Aktionär zuzuleiten und im Übrigen würde wieder der Zweck der Mitteilung nach § 26a WpHG verfehlt. Betroffen wären vor allem Kapitalanlagegesellschaften, die über alle verwalteten Fonds die Schwellen von 3 oder 5 % erreichen. Dass die Fondsmanager dann, um mit dem WpHG compliant zu sein, bei der jeweiligen Gesellschaft den Tag ermitteln müssten, an denen nach mehreren Optionsausübungen die Schwellenwerte erreicht bzw. unterschritten sind, erscheint schlicht abwegig[68] und nicht der Anlage in deutschen Aktien förderlich.

Für die Unterrichtung des Marktes und des Anlegerpublikums kann der genaue Tag des 55 Erreichens-, Über- oder Unterschreiten einer Schwelle bei Veränderungen des Grundkapitals im Verlauf eines Monats nicht entscheidend sein. Ebenfalls praktisch nicht durchführbar ist die Forderung, der Aktionär, dessen Stimmrechtsanteil sich knapp an einer Stimmrechtsschwelle bewege, habe regelmäßig bei der Gesellschaft Nachforschungspflichten über Veränderungen des Grundkapitals insbesondere aus der Ausgabe von Aktien aus bedingtem Kapital nach Ausübung von Options- oder Wandelrechten.[69] Da solche Kapitalmaßnahmen regelmäßig zu einer Verwässerung der Anteile der bestehenden Aktionäre führen und damit potentiell meldepflichtige Aktionäre die Schwellenwerte jeweils unterschreiten, besteht kein Anlass zu fordern, dass der Mitteilungspflichtige vor einer Veröffentlichung nach § 26a WpHG initiativ werden muss.

### III. Instrumente zum Erwerb von Stimmrechten

Um einen unbemerkten Beteiligungsaufbau unter Einsatz bestimmter Finanzinstrumente 56 zu erschweren, sind sämtliche Rechte und Instrumente, welche zum Erwerb von Stimmrechten berechtigen (§ 25 WpHG) oder dies in einem wirtschaftlichen Sinne ermöglichen (§ 25a WpHG), ab einer Schwelle von 5 % der Stimmrechte (und dann der weiteren Schwellen des § 21 Abs. 1 WpHG) offenzulegen. Für die Schwellenwertermittlung sind die Anzahl der Stimmrechte, die bei unterstellter Ausübung erworben werden könnten, und bereits gehaltene Stimmrechte zu addieren.

---

[65] Nach wie vor anders BaFin-Emittentenleitfaden Ziff. VIII.2.3.2, wonach Kenntnisnahme der tatsächlichen Aktienanzahl angeblich immer möglich sei.
[66] *Opitz* in Schäfer/Hamann, Kapitalmarktgesetze, § 21 WpHG Rn. 23a, 40.
[67] So BaFin-Emittentenleitfaden Ziffer VIII.2.3.5.
[68] Bei den Emittenten für dieses spezielle Thema einen sachkundigen Ansprechpartner zu finden, erscheint schon sehr zweifelhaft.
[69] So aber BaFin-Emittentenleitfaden Ziff. VIII.2.3.4.1.2; *Schneider* in Assmann/Schneider, WpHG, § 21 Rn. 40.

**57** **1. Rechte zum Aktienerwerb.** Mitteilungspflichtig ist jeder, der unmittelbar oder mittelbar Finanzinstrumente oder sonstige Instrumente, welche das einseitige Recht zum Erwerb von Stimmrechten gewähren und dies in gleicher Weise wie bei einer Stimmrechtsmitteilung Gesellschaft und BaFin mitteilen. Die Schwellenwerte beginnen ab 5%. Zugrunde zu legen sind die bei hypothetischer Rechtsausübung zu erlangenden Stimmrechte sowie, wenn einschlägig, bereits gehaltene oder nach § 22 WpHG zuzurechnende Stimmrechte. Als „mittelbar gehalten" sind von kontrollierten Unternehmen und von Treuhändern (Zurechnungstatbestände des § 22 Abs. 1 Nrn. 1, 2 WpHG) gehaltene Instrumente zuzurechnen.

**58** Typische, der Mitteilungspflicht nach § 25 WpHG unterliegende Instrumente sind:
– Call-Optionen mit physischer Lieferung,
– Kaufverträge mit späterer Erfüllung als drei Tage nach Handelstag,
– Rückgewähransprüche aus Wertpapierdarlehen und Pensionsgeschäften,
– Irrevocable Undertakings,
– Umtauschanleihen.

**59** Rechte zum Bezug neuer Aktien, vor allem aus Wandelanleihen, sind nicht erfasst, auch wenn die Gesellschaft das Recht hätte, bei Ausübung statt neuer Aktien eigene Aktien zu liefern, da der Inhaber des Wandel/Optionsrechts hierauf keinen Einfluss hat.[70] Die Befürworter einer Mitteilungspflicht müssten dann auch erklären, wie der Rechte zum Bezug neuer Aktien mit der Pflicht, den potentiellen Stimmrechtsanteil ausschließlich anhand des ausgegebenen Kapitals zu ermitteln (§ 17 Abs. 4 Nr. 4 WPAIV), zusammenpassen können.

**60** Ebenfalls nicht erfasst sind Instrumente, deren Bedingungseintritt der Inhaber nicht beeinflussen kann, hier vor allem Call-Optionen, die erst bei Erreichen eines bestimmten Kursniveaus ausgeübt werden können.[71] Hier kommt allerdings eine Offenlegungspflicht nach § 25a WpHG in Betracht.[72]

**61** Neben dem Erreichen oder Überschreiten der Schwellenwerte ist auch deren jeweiliges Unterschreiten im Fall der Ausübung, der Veräußerung oder Verfall der Rechte mitzuteilen.

**62** Rechte nach § 25 WpHG sind nicht in die Stimmrechtsmitteilung gemäß § 21 WpHG einzubeziehen, jedoch sind gehaltene oder zuzurechnende Stimmrechte für die Mitteilungspflicht nach § 25 WpHG zu berücksichtigen. Beide Mitteilungen sind unabhängig voneinander abzugeben, die eine Mitteilung ersetzt also nicht die andere.

**63** Die Einzelheiten der Mitteilung sind in § 17 Abs. 3 WpAIV vorgegeben.

Ausübungspreise sind nie mitzuteilen, so dass vermieden wird, dass die Märkte gegen den Halter der Instrumente handeln könnten.

**64** **2. Instrumente, welche den Erwerb ermöglichen können.** Die seit Februar 2012 geltende Norm erstreckt die Mitteilungspflicht auf alle Instrumente, die nicht unter § 25 WpHG fallen oder welche lediglich den Stimmrechtserwerb „ermöglichen". Zur Verhinderung von Umgehungsmöglichkeiten beim „Anschleichen" sollen sämtliche Instrumente, die in einem wirtschaftlichen Sinne zu einem Aktienerwerb führen können, von dieser Mitteilungspflicht erfasst sein. Ob der Mitteilungspflichtige mit dem Instrument überhaupt einen Erwerb beabsichtigt oder selbst herbeiführen kann, soll für die Mitteilungspflicht nach § 25a WpHG unerheblich sein.[73] Reine Absichtserklärungen, auch wenn diese den Zwischenstand von Verhandlungen festhalten, sind hingegen zu unverbindlich und daher nicht umfasst.[74]

---

[70] AA BaFin-Emittentenleitfaden Ziff. VIII.2.8.1.1.; *Schneider* in Assmann/Schneider, WpHG, § 25 Rn. 16.
[71] BT-Drs. 16/2498 S. 37; *Schneider* in Assmann/Schneider, WpHG, § 25 Rn. 46.
[72] *Schneider* in Assmann/Schneider, WpHG, § 25a Rn. 41.
[73] *Schneider* in Assmann/Schneider, WpHG, § 25a Rn. 30.
[74] AA *Schneider* in Assmann/Schneider, WpHG, § 25a Rn. 19, jedoch Rechtsfolgen eines Letter of Intent überschätzend. Ein etwaiger Ersatzanspruch in Geld bei Abbruch der Verhandlungen ist fern einer Möglichkeit zum Erwerb von Stimmrechten.

Dementsprechend sollen nach BaFin-Ansicht[75] folgende Instrumente gemäß § 25a **65**
WpHG mitteilungspflichtig sein, die sich in drei Gruppen aufteilen lassen:
Die Gegenseite kann das Risiko mit dem Halten von Aktien hedgen (§ 25a Abs. 1 Nr. 1 **66**
WpHG). Dies sind Instrumente, mit denen dem Mitteilungspflichtigen abhängig von der
Kursentwicklung ein Barausgleich eingeräumt wird, also
– Swaps (insbesondere „Cash Settled Swaps"),
– Contracts for Difference,
– Futures/Forwards,
– Call-Optionen mit Barausgleich.
Gedanke hierbei ist, dass die Gegenseite, wenn das Instrument „ins Geld" kommt und **67**
fällig wird, die Aktien aus dem Hedging vernünftiger Weise nur an die Gegenseite veräußern kann und damit die Mittel für den Barausgleich beschafft, was möglicherweise das
ursprüngliche Ziel des Mitteilungspflichtigen war.
Weiterhin Instrumente mit dem Recht zum Aktienerwerb, deren Bedingungseintritt an- **68**
ders als bei § 25 WpHG nicht vom Mitteilungspflichtigen beeinflusst werden kann (§ 25a
Abs. 1 Nr. 2 WpHG). Hierzu zählt etwa eine Stillhalterposition in Put-Optionen. Hier
wird unterstellt, dass es das eigentliche Ziel des Stillhalters ist, die Aktien abnehmen zu
müssen.
Als andere Gestaltungen, welche mittelbar zum Aktienerwerb führen können, werden **69**
angesehen:
– Aktienkörbe mit einem 20% übersteigenden Anteil eines Aktienwertes (§ 17a Satz 2
  WpAIV),
– unechte Pensionsgeschäfte,
– Irrevocables, also Verpflichtungen, ein Übernahmeangebot anzunehmen,
– Vorkaufsrechte aus Gesellschaftervereinbarungen,
– Pfandrechte an Aktien.[76]
Nach § 25a WpHG mitteilungspflichtige Instrumente sollen Wandelanleihen sein, wenn **70**
– wie häufig – die Gesellschaft das Recht hätte, bei Ausübung statt neuer Aktien eigene
Aktien zu liefern.[77] Dies dürfte nicht richtig sein, denn dann wäre die Mitteilungspflicht
auf die maximale Höhe der nach § 71 Abs. 1 Nr. 8 AktG zur Verfügung stehenden eigenen
Aktien (10 %) beschränkt sein. Eine Mitteilung, welche neue Aktien mit umfasste, wäre
wieder irreführend, auch weil der Verwässerungseffekt bei unterstellter Ausübung zu berücksichtigen wäre. Und was soll gemeldet werden, wenn die Gesellschaft überhaupt keine
eigenen Aktien hält?
Die Aufzählung ist nicht abschließend, weitere Gestaltungen könnten ebenfalls mittei- **71**
lungspflichtig sein.[78]
Im Hinblick auf das Ermitteln der mitzuteilenden Aktienanzahl gelten die Ausfüh- **72**
rungen zu § 25 WpHG. Für das Erreichen oder Überschreiten der ab 5% geltenden
Schwellen ist auf den unterstellten Erwerb von Aktien abzustellen. Soweit Instrumente zu
melden sind, bei denen unterstellt wird, dass die Gegenseite das Risiko in physischen Aktien absichert, ist hinsichtlich der Anzahl auf eine vollständige Absicherung mit einem Delta
von „1" abzustellen (§ 25a Abs. 2 Satz 4 WpHG). Weitere Details regelt § 17 Abs. 4
WpAIV.
Ausübungspreise bleiben ebenfalls unbekannt. Dies ist bei derivativen Instrumenten noch **73**
wichtiger, damit der Markt nicht gegen die Position des Mitteilungspflichten oder dessen
Gegenseite handeln kann. Auf der anderen Seite bleibt den Anlegern verborgen, ob etwa
eine Stillhalterposition in Put-Optionen vorrangig dem Vereinnahmen der Stillhalterprämie oder dem verdeckten Aktienerwerb dient.

---

[75] Emittentenleitfaden Ziff. VIII.2.9.1.1.
[76] BaFin Emittentenleitfaden Ziff. VIII.2.9.1.1; enger *Heinrichs* in KK-WpHG, § 25a Rn. 53.
[77] BaFin-Emittentenleitfaden Ziff. VIII.2.9.1.1.
[78] *Schneider* in Assmann/Schneider, WpHG, § 25a Rn. 32.

**74** Werden meldepflichtige Instrumente tatsächlich über andere derivative Instrumente gehedgt, setzt sich die Mitteilungspflicht in jedem Derivatgeschäft fort. Wie zB bei der nicht unüblichen Ketten-Wertpapierleihe werden so für das wirtschaftlich gleiche Geschäft zahllose Mitteilungen veröffentlicht und die Anzahl der zu beziehenden Aktien kann leicht das vorhandene Grundkapital des jeweiligen Emittenten deutlich übersteigen.[79]

### IV. Nichtberücksichtigung von Stimmrechten und Instrumenten

**75** Stimmrechte im Umfang von bis zu 5 %, welche von Kredit- und Finanzdienstleistungsinstituten im Handels- oder Abwicklungsbestand gehalten werden, bleiben für die Ermittlung der Stimmrechte unberücksichtigt (§ 23 Abs. 1 WpHG). Weitere Ausnahmen bestehen etwa für Market-Maker.

### V. Sanktionen

**76** **1. Wegfall der Rechte aus den Aktien.** Wird die Mitteilung nicht bzw. etwa nur gegenüber der Gesellschaft, aber nicht der BaFin, oder nicht richtig abgegeben[80], bestehen die Stimmrechte aus dem Meldepflichtigen gehörenden Aktien oder aus ihm gemäß § 22 Abs. 1 Satz 1 Nrn. 1, 2 WpHG zuzurechnenden Aktien nicht (§ 28 Satz 1 WpHG). Die Rechte entfallen bei inhaltlich unrichtigen Mitteilungen allerdings nur, wenn wesentliche Angaben unrichtig sind.[81]

**77** Die Rechte entfallen bis zum Nachholen der erforderlichen Mitteilung (§ 28 Satz 2 WpGH). Einfache Fahrlässigkeit genügt. Wird der Stimmrechtsanteil grob fahrlässig oder gar vorsätzlich nicht richtig mitgeteilt, verlängert sich der Rechtsverlust um sechs Monate (§ 28 Satz 3 WpHG), es sei denn, die Abweichung zum tatsächlichen Anteil liegt unter 10 % und kein weiterer Schwellenwert wäre berührt (§ 28 Satz 4 WpHG). Mit dieser längeren Frist soll verhindert werden, dass Mitteilungen bewusst unterlassen und erst kurz vor einer Hauptversammlung zum Erhalt der Stimmrechte und der Dividende die Mitteilung nachzuholen. Die scharfe Sanktion des sechsmonatigen Rechtsverlusts dürfte jedoch mit dem Schaffen eines neuen meldepflichtigen Tatbestands und dann rechtzeitiger sowie korrekter Mitteilung zu verhindern sein.[82]

**78** Neben den selbst gehaltenen Aktien entfallen Rechte aus dem Meldepflichtigen zuzurechnenden Aktien nur in den Tatbeständen der Beherrschung oder des Haltens Dritter auf Rechnung des Meldepflichtigen, nur diese Stimmrechte werden „infiziert". Mit dieser Beschränkung sollen Auslegungsprobleme, die sich insbesondere aufgrund der Zurechnung gemäß § 22 Abs. 2 WpHG ergeben können, nicht zum Stimmrechtsverlust hinsichtlich der zugerechneten Stimmrechte führen. Andererseits überzeugt es nicht, dass etwa eindeutige Zurechnungsfälle wie derjenigen der Zurechnung auf den Sicherungsgeber in Fällen der Sicherungsübereignung[83] oder der Nießbrauchseinräumung bei der Ermittlung des Umfang der von dem Rechtsverlust erfassten Stimmrechte unberücksichtigt bleiben, hingegen die Stimmrechte entfallen sollen, wenn schwierigste Fragen einer konzernrechtlichen Zurechnung vom Meldepflichtigen aus möglicherweise nachvollziehbaren Gründen anders beurteilt werden als dies ein im Rahmen einer Anfechtungsklage angerufenes Gericht sieht.

**79** Dies zwingt die Meldepflichtigen zu einer vorsorglichen, quasi über obligations-mäßigen Erfüllung der Mitteilungspflichten, was wiederum Aktionäre dazu veranlassen könnte, an-

---

[79] Generell zum teilweise verwirrenden Charakter der Mitteilungen wegen zu viel Publizität *Opitz* in Schäfer/Hamann, Kapitalmarktgesetze, § 21 WpHG Rn. 4.

[80] Anders KK-*Koppensteiner*, AktG, § 20 Rn. 34.

[81] *Schneider* in Assmann/Schneider, WpHG, § 28 Rn. 19; *Opitz* in Schäfer/Hamann, Kapitalmarktgesetze, § 28 WpHG Rn. 5.

[82] *Süßmann/Meder* WM 2009, 976, 979.

[83] Zu einem Fall der Nichterfüllung der Mitteilungspflichten und Erhalt der Rechte *Opitz* in Schäfer/Hamann, Kapitalmarktgesetze, § 28 WpHG Rn. 35.

statt fehlender Mitteilungen in Anfechtungsklagen unnötige und damit möglicherweise unrichtige Mitteilungen zu rügen, was vielleicht auch zu einem Rechtsverlust nach § 28 WpHG führen könnte. Der von Schneider[84] präferierte Vorschlag einer Mitteilung, welche den Grund ihrer vorsorglichen Abgabe nennt, wird von der Aufsichtsbehörde nicht akzeptiert. Insoweit besteht Anlass, die scharfe Sanktion des § 28 WpHG mit dem Stimmrechtsverlust zu überdenken.[85] Diese Norm passt nur auf einfache und überschaubare Sachverhalte.

Der Rechtsverlust, insbesondere hinsichtlich des Stimmrechts, kann die Gesellschaft in besonderer Weise belasten, wenn nämlich für die Entwicklung der Gesellschaft wichtige Tagesordnungspunkte im Wege der Anfechtungsklage angefochten werden. Auch wenn oftmals der angefochtene Beschluss auch ohne die ausgeschlossenen Stimmrechte, die auch dann als nicht vertreten gelten, mit der notwendigen Mehrheit gefasst worden wäre, kann zumindest eine Eintragung im Handelsregister wegen einer Anfechtungsklage erheblich verzögert werden.[86] Andererseits können insbesondere komplexe Sachverhalte, die möglicherweise bei weitester Auslegung eine Zurechnung begründen könnten, von der Gesellschaft auch dazu ausgenutzt werden[87], unerwünschte Aktionäre von der Teilnahme an der Hauptversammlung auszuschließen. 80

Nicht nur die Stimmrechte, sondern auch die anderen Rechte (insbesondere Dividenden- und Bezugsrecht) aus den Aktien, bestehen nicht für die Zeit der nicht- oder nicht richtigen Mitteilung. Die Ansprüche auf Zuteilung von Aktien aus Kapitalerhöhungen gegen Gesellschaftsmitteln (§§ 207 ff. AktG) sowie der Anspruch auf Rückzahlung von Grundkapital bei Kapitalherabsetzungen (§§ 222 ff. AktG) bleiben jedoch unberührt.[88] 81

Dividendenrecht und das Recht auf Erhalt des Liquidationserlöses entstehen rückwirkend, wenn die Mitteilung nicht vorsätzlich unterlassen wurde und nachgeholt wird (§ 28 Satz 2 WpHG). 82

Bei diesen Sanktionen darf deren schwierige praktische Umsetzung nicht übersehen werden. Dividenden werden dem Zentralverwahrer (Clearstream Banking AG) mit der Maßgabe, diese an die Mitgliedsbanken, zugunsten derer Miteigentumsanteile bei dem Zentralverwahrer zu buchen, überwiesen. Ohne exakte Kenntnis der Bankverbindung und Depotnummer des Aktionärs[89], der seine Mitteilungspflichten verletzt hat, kann die Gesellschaft keine Dividenden einbehalten. Und diese Kenntnisse wird die Gesellschaft nicht haben, schließlich muss auch mit kurzfristigem Depotbankwechsel gerechnet werden. Die Gesellschaft wird daher regelmäßig die unzulässig ausgeschüttete Dividende gemäß § 62 AktG zurück fordern müssen, mit allen damit verbundenen Schwierigkeiten und Kosten. Außerdem könnten die befangenen Aktien von dem Meldepflichtigen zwischenzeitlich auch verliehen worden sein. Der Aktionär wäre ohne Einschränkung zum Bezug der Dividende berechtigt.[90] 83

Bezugsrechte werden über die jeweiligen Depotbanken in für die Gesellschaft anonymer Weise ausgeübt und die neuen Aktien dem jeweiligen Aktionär zugebucht. Die Gesellschaft müsste daher den seine Mitteilungspflichten verletzenden Aktionär explizit im Bezugsangebot vom Bezug ausschließen, und dieser Ausschluss müsste zudem über alle Verwahrketten beachtet werden, eine Fiktion. Ausgegebene Aktien dürfen nur nach den engen Vorgaben des § 237 AktG eingezogen werden; der Rechtsverlust ist kein zulässiger Fall. 84

---

[84] § 22 Rn. 91c.
[85] Zweifelnd mittlerweile auch *Schneider* FS Kümpel, S. 477, 484.
[86] Zum möglichen Schadensersatzanspruch der Gesellschaft gegen den Aktionär *Schneider* in Assmann/Schneider, WpHG, § 28 Rn. 80.
[87] Zur Prüfungspflicht des Vorstands *Schneider* in Assmann/Schneider, WpHG, § 28 Rn. 72.
[88] *Opitz* in Schäfer/Hamann, Kapitalmarktgesetze, § 28 WpHG Rn. 18.
[89] Bei eigenen Aktien sind diese Daten der Gesellschaft bekannt.
[90] Und zwar unabhängig davon, ob diese ganz oder teilweise an den Darlehensgeber flösse; BGH WM 2014, 1542.

**85** Anstelle einer immer wieder diskutierten Verschärfung des § 28 WpHG[91] sollte eher über eine realistische und durchsetzbare Vereinfachung nachgedacht werden.

**86** Unvollständige, nicht rechtzeitige oder unterlassene Mitteilungen nach §§ 25, 25a WpGH führen zu keinem Rechtsverlust. Dies ist kritisiert worden[92], doch da der Mitteilungspflichtige eben noch keine Stimmrechte sondern nur Rechte oder Erwerbsmöglichkeiten hält, kann insoweit kein Rechtsverlust eintreten. Der Rechtsverlust kann auch nicht an einen späteren Aktienerwerb anknüpfen, da ein nachfolgender nach § 21 WpHG mitteilungspflichtiger Aktienerwerb nicht auf die Instrumente nach §§ 25, 25a WpHG zurück zu führen sein muss. Dass später die Schwelle von 5 % in den Instrumenten unterschritten ist, kann schließlich auch darauf beruhen, dass die Rechte einfach verfallen sind. Ein Rechtsverlust an später erworbenen Aktien führte hingegen zu einer nicht mehr hinzunehmenden Rechtsunsicherheit. Diskutiert wird etwa auch ein Untersagen eines Übernahmeangebots[93], doch ließe sich dies mit dem Erlangen von Kontrolle leicht umgehen.

**87** **2. Verwaltungsrechtliche Sanktion.** Die BaFin kann in Form eines Gesetzes wiederholenden Verwaltungsakts von dem Betroffenen verlangen und dies mit Zwangsmitteln durchsetzen, dass eine Mitteilung oder eine richtige Mitteilung abgegeben wird.[94]

**88** Im Falle des leichtfertigen oder vorsätzlichen Außerachtlassens der Mitteilungspflichten kann die BaFin Bußgelder in Höhe von bis zu EUR 1 000 000 geahndet werden (§ 39 Abs. 2 Nr. 2e), f), Abs. 4 WpHG). Auch dieser Betrag wird teilweise als zu gering betrachtet, um denjenigen, die eine frühzeitige Bekannt werden von Übernahmeabsichten mit dem Ziel eines niedrigeren Erwerbspreises im öffentlichen Angebot vermeiden will, abzuschrecken. Hierfür wird eine Vorteilsabschöpfung gefordert (§ 29a OWiG)[95], wobei allerdings die Berechnung des erlangten Vorteils schwierig werden dürfte.

**89** **3. Zivilrechtliche Folgen.** Eine Verletzung der Mitteilungspflichten soll die Aktionäre zu Schadensersatz gemäß § 823 Abs. 2 BGB berechtigen.[96] Da das WpHG grundsätzlich, wenn nicht explizit anders vorgesehen (etwa §§ 37b, c WpHG) nur dem Marktschutz dient, spricht nichts für eine drittschützende Wirkung der Meldepflichten.[97] Praktisch ist, trotz offenkundig nicht geringer Verstöße, kein Schadensersatzfall bekannt geworden. Bereits der Nachweis und die Berechnung eines Schadens dürften kaum durchführbar sein.

### VI. Bekanntgabe der Erwerbsabsichten

**90** Wer erstmals Stimmrechte erwirbt oder zuzurechnen sind und die Schwelle von mindestens 10 % erreicht oder überschreitet, hat binnen 20 Handelstagen dem Emittenten die mit dem Erwerb verbundenen Ziele und die Herkunft der Mittel mitzuteilen. Erforderlich sind Angaben, ob Finanz- oder strategische Beteiligung, zu etwaigen Absichten bezüglich der Besetzung der Organe, zu Änderungen der Finanzierung der Gesellschaft und weiterem Stimmrechtserwerb binnen zwölf Monaten. Zur Herkunft der Mittel genügt die Angabe „Eigen- oder Fremdfinanziert" oder die Mischung beider Formen nebst Aufteilung. Spätere Absichtsänderungen sind ebenfalls mitzuteilen. Diese Vorschrift geht nicht auf Europäisches Recht zurück. Die Satzung kann daher ein Abweichen vorsehen (§ 27a Abs. 3 WpHG).

---

[91] *Schneider* in Assmann/Schneider, WpHG, § 28 Rn. 8; anders Art. 28b EU Richtlinie zur Änderung der Transparenzrichtlinie (ABl. EU 2013 L 294/13), wonach der Rechtsverlust auf schwerwiegendste Verstöße beschränkt werden kann.

[92] *Schneider* in Assmann/Schneider, WpHG, § 25a Rn. 78.

[93] *Schneider* in Assmann/Schneider, WpHG, § 25a Rn. 69.

[94] *Opitz* in Schäfer/Hamann, Kapitalmarktgesetze, § 21 WpHG Rn. 41.

[95] *Schneider* in Assmann/Schneider, WpHG, § 25a Rn. 69.

[96] *Bayer* in MüKoAktG; § 22 Anh., § 21 WpHG Rn. 2; *Schneider* FS Kümpel, S. 477, 481; zweifelnd *Opitz* in Schäfer/Hamann, Kapitalmarktgesetze, § 21 WpHG Rn. 42f.; *Hirte* in KK-WpHG, § 21 Rn. 4.

[97] *Veil* in Schmidt/Lutter, Anh. § 22: § 28 WpHG Rn. 28; *Schwark* in Schwark/Zimmer, KMRK, § 28 WpHG Rn. 20.

Sinn und Zweck der Mitteilungspflicht erschließen sich nicht, sind doch sowieso nur 91
formelhafte Angaben wegen der engen Einwirkungsmöglichkeiten eines Aktionärs möglich. Wenigstens drohen bei Außerachtlassung der Mitteilungspflicht keinerlei Sanktionen.

Die Gesellschaft hat ihr zugegangene Mitteilungen oder das Ausbleiben solcher gemäß 92
§ 26 WpHG zu veröffentlichen.[98] Wird dies unterlassen, drohen gleichfalls keine Sanktionen.

## § 15 Der Anlegeraktionär als Adressat von Wertpapiererwerbs-, Übernahme- und Pflichtangeboten

### Übersicht

| | Rn. |
|---|---|
| I. Überblick über das Wertpapiererwerbs- und Übernahmegesetz | 1–16 |
|   1. Ablauf des Verfahrens | 3 |
|   2. Pflichtangebot und Befreiungen | 5 |
|   3. Inhalt der Angebotsunterlage | 8 |
|   4. Gegenleistung | 9 |
|   5. Stellungnahme der Zielgesellschaft | 14 |
| II. Interessen der Aktionäre | 17–21 |
|   1. Ziele des WpÜG | 17 |
|   2. Tatsächliche Interessen der Aktionäre | 18 |
|   3. Rechte der Aktionäre | 21 |
| III. Angemessener Preis | 22–35 |
|   1. Stamm- und Vorzugsaktien | 24 |
|   2. Creeping in | 26 |
|   3. Erhöhung der Gegenleistung | 30 |
|     a) Parallel- oder Nacherwerb | 31 |
|     b) Unangemessen niedrige Gegenleistung | 33 |
| IV. Angebotsbedingungen | 36–44 |
|   1. Voraussetzungen | 37 |
|   2. Beeinträchtigung des Bedingungseintritts | 40 |
|   3. Folgen | 43 |
| V. Sicherstellung der Gegenleistung | 45–56 |
|   1. Maßnahmen des Bieters | 45 |
|   2. Finanzierungsbestätigung | 47 |
|   3. Inhalt der Finanzierungsbestätigung und Haftung | 49 |
|     a) Inhalt und rechtliche Einordnung | 49 |
|     b) Haftung | 51 |
|   4. Aktientauschangebote | 53 |
| VI. Durchsetzen eines Pflichtangebots | 57–66 |
|   1. Gegen die BaFin | 57 |
|   2. Gegen den Bieter | 61 |
|     a) Deliktsrechtliche Ansprüche | 61 |
|     b) Gesellschaftsrechtliche Treupflicht | 62 |
|     c) Aus § 38 WpÜG | 63 |
| VII. Rechtsschutz gegen Verfügungen der BaFin | 67–75 |
|   1. Gestattung der Angebotsunterlage | 67 |
|   2. Befreiungsfälle | 73 |
| VIII. Ansprüche der das Angebot annehmenden Aktionäre | 76–81 |
|   1. Barangebote | 77 |
|   2. Aktientauschangebot | 79 |
|   3. Verjährung | 81 |
| IX. Ansprüche der in der Zielgesellschaft verbleibenden Aktionäre | 82 |
| X. Ansprüche gegen die Zielgesellschaft | 83 |

---

[98] Damit die Aktionäre wissen, was sie von dem anderen Aktionären zu erwarten haben, *Schneider* in Assmann/Schneider, WpHG, § 27a Rn. 28.

|  | Rn. |
|---|---|
| XI. Abwehrmaßnahmen der Zielgesellschaft | 84–90 |
| 1. Unterlassen von Abwehrmaßnahmen | 86 |
| 2. Suche nach konkurrierendem Bieter oder andere Maßnahmen zur Erhöhung der Gegenleistung | 89 |

**Schrifttum:** *Assmann/Pötzsch/Schneider* (Hrsg.), WpÜG, 2. Aufl., 2013; *Baums/Thoma* (Hrsg.), WpÜG, Loseblatt; *Berding*, Subjektive öffentliche Rechte Dritter im WpÜG, Der Konzern 2004, 771; *Cahn*, Verwaltungsbefugnisse der BaFin im Übernahmerecht und Rechtsschutz Betroffener, ZHR 167 (2003), 262; *Ehricke/Ekkenga/Oechsler*, WpÜG, 2003; *Geibel/Süßmann* (Hrsg.), WpÜG, 2. Aufl., 2008; *Habersack*, Auf der Suche nach dem gerechten Preis – Überlegungen zu § 31 WpÜG, ZIP 2003, 1123; *Haarmann/Schüppen* (Hrsg.), Frankfurter Kommentar zum WpÜG, 3. Aufl. 2008; *Ihrig*, Rechtsschutz Drittbetroffener im Übernahmerecht, ZHR 167 (2003), 315; *Hirte/v. Bülow* (Hrsg.), Kölner Kommentar zum WpÜG, 2. Aufl., 2010; *Merkner/Sustmann*, BGH schließt zivilrechtliche Ansprüche von Aktionären bei unterlassenem Pflichtangebot aus, NZG 2013, 1087; *Merkt*, Creeping in aus internationaler Sicht, NZG 2011, 561; *Schnorbus*, Rechtsschutz im Übernahmeverfahren – Teil 1, WM 2003, 616; *Schnorbus*, Rechtsschutz im Übernahmeverfahren – Teil 2, WM 2003, 657; *Schwark* (Hrsg.), Kapitalmarktrechts-Kommentar, 4. Aufl. 2010; *Seibt*, Rechtsschutz im Übernahmerecht, ZIP 2003, 1865; *Simon*, Zur Herleitung zivilrechtlicher Ansprüche aus §§ 35 und 38 WpÜG, NZG 2005, 541; *Steinmeyer/Häger*, WpÜG, 2. Aufl. 2007; *Thaeter/Brandi* (Hrsg.), Öffentliche Übernahmen, 2003; *Verse*, Zum zivilrechtlichen Rechtsschutz bei Verstößen gegen die Preisbestimmungen des WpÜG, ZIP 2004, 199.

### I. Überblick über das Wertpapiererwerbs- und Übernahmegesetz

1 Öffentliche Erwerbs-, Übernahme und Pflichtangebote liegen im Schnittfeld von Gesellschafts- und Kapitalmarktrecht. Das Wertpapiererwerbs- und Übernahmegesetz (WpÜG)[1] dient dem kapitalmarktrechtlichen Schutz aller Marktteilnehmer und die Verpflichtung zur Abgabe eines Pflichtangebots schützt die Minderheitsaktionäre im verbandsrechtlichen Sinne, insoweit ergeben sich Überschneidungen zum Konzernrecht.

2 Mit dem WpÜG und den hierzu erlassenen Rechtsverordnungen werden bei öffentlichen Erwerbsangeboten ein verlässlicher Rechtsrahmen für betroffenen Personen (Bieter, Zielgesellschaft, Aktionäre der Zielgesellschaft, Arbeitnehmer von Bieter und Zielgesellschaft) und Leitlinien für ein faires und geordnetes Übernahmeverfahren geschaffen, ohne Unternehmensübernahmen zu fördern oder zu verhindern. Zugleich sollen Informationen und Transparenz für die betroffenen Wertpapierinhaber und Arbeitnehmer verbessert und die rechtliche Stellung von Minderheitsaktionären bei Unternehmensübernahmen gestärkt werden.[2] Eigene Rechte auf Durchführung eines Angebots werden den Minderheitsaktionären jedoch nicht eingeräumt.[3]

3 **1. Ablauf des Verfahrens.** Das Übernahmeverfahren beginnt mit der Veröffentlichung der Entscheidung zur Abgabe eines Angebots oder der Veröffentlichung der Mitteilung, dass die Kontrolle über eine Zielgesellschaft erlangt worden ist (§§ 10, 35 WpÜG). Innerhalb von vier Wochen nach der Veröffentlichung der Entscheidung zur Abgabe eines Angebots oder der Erlangung der Kontrolle (wobei diese Frist um bis zu vier Wochen unter bestimmten Voraussetzungen verlängert werden kann) hat der Bieter die Angebotsunterlage der Bundesanstalt für Finanzdienstleistungsaufsicht („BaFin") zum Zwecke der Gestattung der Veröffentlichung vorzulegen. Nach der Übermittlung der Angebotsunterlage prüft die BaFin diese im Hinblick auf die Vollständigkeit der gemäß § 11 WpÜG in Verbindung mit der WpÜG-AngVO erforderlichen Angaben. Ferner prüft die BaFin, ob ein offensichtlicher Verstoß gegen Vorschriften des WpüG vorliegt (§ 15 Abs. 1 WpÜG). Die BaFin gestattet dann entweder binnen zehn Werktagen die Veröffentlichung der Angebotsunterlage

---

[1] Vom 20.12.2001, BGBl. I S 2822, zuletzt geändert durch Gesetz vom 7.8.2013, BGBl. I S. 3154.
[2] BT-Drucks. 14/7034, S. 28.
[3] Grundlegend BGH NZG 2013, 939, zu zivilrechtlichen; OLG Frankfurt, ZIP 2002, 270, zu öffentlich-rechtlichen Ansprüchen.

oder untersagt deren Veröffentlichung. Diese Prüfungsfrist kann von der BaFin um bis zu fünf Werktage verlängert werden. Der Bieter hat die Angebotsunterlage unverzüglich nach deren Gestattung zu veröffentlichen und dem Vorstand der Zielgesellschaft zu übermitteln, damit dieser und der Aufsichtsrat in der Lage sind, eine Stellungnahme zum Übernahme- oder Pflichtangebot abzugeben (§ 27 WpÜG) und die Arbeitnehmer oder deren Vertretung zu unterrichten.

Mit der Veröffentlichung der Angebotsunterlage beginnt die Annahmefrist von nicht **4** weniger als vier Wochen und längstens zehn Wochen (§ 16 Abs. 1 WpÜG). Fristverlängerungen können sich durch Angebotsänderungen (§ 21 WpÜG), der Abgabe eines konkurrierenden Angebots (§ 22 WpÜG) oder der Einberufung einer Hauptversammlung im Zusammenhang mit dem Angebot (§ 16 Abs. 3 WpHG) ergeben. Während der Annahmefrist hat der Bieter die Öffentlichkeit zunächst wöchentlich, in der letzten Woche der Annahmefrist täglich über den Stand der Annahmen des Angebots zu unterrichten (§ 23 Abs. 1 WpÜG). Bei einem Übernahmeangebot schließt sich nach der Veröffentlichung über die Akzeptanz des Übernahmeangebots während der Annahmefrist eine sog weitere Annahmefrist von zwei Wochen an, in welcher die Aktionäre, die bisher noch nicht das Übernahmeangebot angenommen haben, etwa um abzuwarten, ob der Bieter zum Ende der Annahmefrist die Kontrolle über die Zielgesellschaft erlangt hat, das Angebot annehmen können (§ 16 Abs. 2 WpÜG).[4]

**2. Pflichtangebot und Befreiungen.** Der Bieter ist zur Abgabe eines Pflichtangebots **5** verpflichtet, wenn er die Kontrolle, dh mindestens 30 % der Stimmrechte an der Zielgesellschaft, erlangt hat (§ 35 Abs. 2 iVm § 29 Abs. 2 WpÜG). Für die Berechnung des Stimmrechtsanteils des Bieters nach §§ 29 Abs. 1, 35 Abs. 1 WpÜG sieht § 30 WpÜG unter bestimmten Voraussetzungen die Zurechnung der Stimmrechte aus Aktien vor, die nicht im Eigentum des Bieters stehen. Die Regelung orientiert sich an der Zurechnungsvorschrift des § 22 WpHG.

In bestimmten Fällen bleiben auf Antrag des Bieters Stimmrechte bei der Bemessung der **6** 30 % Schwelle unberücksichtigt (§ 36 WpÜG). Hier handelt es sich insbesondere um Fälle der Übertragung von Stimmrechten innerhalb eines Konzerns, des Erbgangs oder der unentgeltlichen Zuwendung unter Ehegatten, Lebenspartnern und bestimmten Gruppen von Verwandten. Liegen die Voraussetzungen für eine Nichtberücksichtigung von Stimmrechten vor und ist der Antrag rechtzeitig, dh binnen sieben Tagen nach Erlangung der Stimmrechte gestellt[5], muss die BaFin dem Antrag stattgeben.

Weiterhin kann die BaFin den Bieter von der Verpflichtung zur Abgabe eines Pflichtan- **7** gebots auf dessen Antrag befreien, wenn dies im Hinblick auf die Art der Erlangung der Kontrolle beabsichtigten Zielsetzung, eine nach der Erlangung der Kontrolle folgendes Unterschreiten der Kontrollschwelle, die Beteiligungsverhältnisse an der Zielgesellschaft oder die tatsächliche Möglichkeit zur Ausübung der Kontrolle unter Berücksichtigung der Interessen des Antragstellers und der Inhaber der Aktien der Zielgesellschaft gerechtfertigt erscheint (§ 37 WpÜG). Die Einzelheiten sind in §§ 9 ff. WpÜG-AngVO geregelt. Das Erteilen der Befreiung steht im Ermessen der BaFin.

**3. Inhalt der Angebotsunterlage.** Die Angebotsunterlage enthält im Wesentlichen **8** Angaben zum Bieter, zum Gegenstand des Angebots, zur Gegenleistung, zu den Angebotsbedingungen, über die Absichten des Bieters im Hinblick auf die künftige Geschäftsfähigkeit der Zielgesellschaft und zur Art und Weise sowie Sicherstellung der Finanzierung des Angebots. Gemäß § 18 Abs. 1 WpÜG sind Bedingungen, deren Eintritt der Bieter selbst herbeiführen kann, grundsätzlich unzulässig.

**4. Gegenleistung.** Das WpÜG lässt als Gegenleistung sowohl eine in bar als auch in li- **9** quiden börsennotierten Aktien zu (§ 31 Abs. 1). Nur wenn der Bieter vor Beginn der An-

---

[4] Sog Zaunkönigregelung, *Geibel* in Geibel/Süßmann, WpÜG, § 16 Rn. 24.
[5] *Meyer* in Geibel/Süßmann, WpÜG, § 35 Rn. 8.

nahmefrist mindestens 5 % Aktien gegen Geld erworben hat, muss die Gegenleistung zwingend in bar sein. Neben einer Bargegenleistung oder Aktien darf der Bieter alternativ jedwede Gegenleistung anbieten, also etwa Optionen oder neuerdings diskutierte Contingent Value Rights.[6] Der mit alternativen Gegenleistungen verbundene hohe Aufwand (etwa die prospektähnliche Beschreibung, wenn die alternativen Leistungen als Wertpapier ausgestaltet sind) sowie die höhere Komplexität sprechen in der Praxis gegen solche alternativen Gegenleistungen. Contingent Value Rights dürften schon deshalb uninteressant sein, weil der Aktionär, wenn er sich alternativ dafür entscheidet, nicht wissen kann, ob in diesen Rechten je ein liquider Handel entstehen wird.

10 Die Mindestgegenleistung bemisst sich mindestens nach dem gewichteten Durchschnittskurs der Aktien der Zielgesellschaft in den letzten drei Monaten vor der Bekanntmachung der Absicht, ein Übernahmeangebot durchzuführen, oder der Mitteilung, die Kontrolle erlangt zu haben. Die BaFin ermittelt verbindlich den Durchschnittskurs aus den ihr gemäß § 9 WpGH gemeldeten börslichen Geschäften (§ 5 Abs. 3 WpÜG-AngV). Nur im Falle eines sehr illiquiden Börsenhandels der Aktien der Zielgesellschaft wird eine Unternehmensbewertung erforderlich (§ 5 Abs. 4 WpÜG-AngV).

11 Hat der Bieter in einem Zeitraum von sechs Monaten vor Veröffentlichung der Angebotsunterlage und während der Annahmefrist zu einem höheren Preis Aktien der Zielgesellschaft erworben, ist dieser höhere Vorerwerbs- bzw. Parallelerwerbspreis allen außenstehenden Aktionären als Mindestgegenleistung anzubieten.

12 Außerbörsliche Nacherwerbe oder der Abschluss von Erwerbsvereinbarungen binnen eines Jahres, beginnend mit dem Tag der Veröffentlichung der Mitteilung, wie viele Aktien während der Annahmefrist angedient worden sind (§ 23 Abs. 1 Satz 1 Nr. 2 WpÜG), zu einem höheren Preis als dem Angebotspreis lösen entsprechende Nachzahlungspflichten aus (§ 31 Abs. 5 WpÜG).

13 Bei einem Aktientauschangebot muss der Börsenpreis der Bieteraktien entsprechend dem Umtauschverhältnis der Mindestgegenleistung entsprechen. Entscheidend sind die Börsenpreise des Bieters am Tag vor der Bekanntgabe der Übernahmeabsicht (§ 10 WpÜG) oder der Kontrollerlangung. Sinkt der Bieter-Börsenpreis bis zum Ende der Annahmefrist (was nicht unüblich ist), löst dies keine „Nachbesserungspflichten" im Sinne eines besseren Umtauschverhältnisses aus.

14 **5. Stellungnahme der Zielgesellschaft.** Nach Veröffentlichung der Angebotsunterlage hat der Bieter diese dem Vorstand der Zielgesellschaft zu übermitteln (§ 14 Abs. 4 WpÜG). Der Vorstand der Zielgesellschaft hat seinerseits die Angebotsunterlage seinem Aufsichtsrat und dem Betriebsrat oder den Arbeitnehmern, soweit kein Betriebsrat besteht, zu übermitteln. Vorstand und Aufsichtsrat müssen unverzüglich eine Stellungnahme zu bestimmten Punkten, insbesondere der Angemessenheit des Angebotspreises, abgeben (§ 27 Abs. 1 WpÜG). Betriebsrat bzw. Arbeitnehmer können, ohne inhaltliche Vorgaben, eine Stellungnahme zu dem Angebot abgeben (§ 27 Abs. 2 WpÜG).

15 Die Stellungnahme soll den Aktionären zusätzliche Informationen über das Angebot, nunmehr aus Sicht der Zielgesellschaft verschaffen,[7] und hierbei insbesondere zur Höhe der Gegenleistung.[8] Zur Begründung der Angemessenheit oder Unangemessenheit der Gegenleistung verweisen zahlreiche Zielgesellschaften auf auftragsgemäß erstellte Fairness Opinions von Kreditinstituten oder Wirtschaftsprüfern[9], wobei allerdings die inhaltlichen Begründungen nicht offen gelegt werden.

16 Zweifel bestehen, ob die Aktionäre der Zielgesellschaft bei der Entscheidung über die Annahme des Angebots die Stellungnahme beachten werden. Dies alleine schon deshalb,

---

[6] Hierzu *Sustmann* CFl 2011, 381.
[7] *Krause/Pötzsch* in Assmann/Pötzsch/Schneider, WpÜG, § 27 Rn. 5; *Hippeli/Hofmann* NZG 2014, 850.
[8] *Hirte* in KK-WpÜG, § 27 Rn. 13.
[9] Nach IdW S 8; hierzu *Aders/Schwetzler*, Die Bank 2009, 14; *Kossmann* NZG 2011, 46.

weil die Stellungnahmen mittlerweile mit der Wiedergabe des Angebots und seinen Bedingungen stark aufgebläht sind.

## II. Interessen der Aktionäre

**1. Ziele des WpÜG.** Die Begründung des Gesetzes[10] nennt als vorrangige Ziele des WpÜG, Leitlinien für ein faires und geordnetes Angebotsverfahren zu schaffen, ohne Unternehmensübernahmen zu fördern oder zu verhindern, die Transparenz für die betroffenen Wertpapierinhaber und Arbeitnehmer zu verbessern, die rechtliche Stellung von Minderheitsaktionären bei Unternehmensübernahmen zu stärken und sich an international üblichen Standards zu orientieren. Diese Ziele finden sich in § 3 WpÜG wieder. Inhaber von Wertpapieren einer Zielgesellschaft sind gleich zu behandeln und Inhaber von Wertpapieren der Zielgesellschaft müssen über genügend Zeit und ausreichende Informationen verfügen, um in Kenntnis der Sachlage über das Angebot entscheiden zu können (§ 3 Abs. 1 und 2 WpÜG).

**2. Tatsächliche Interessen der Aktionäre.** Die Interessen der Aktionäre scheint das WpÜG in § 3 auf Gleichbehandlung und den Erhalt von Informationen zu reduzieren. Der Aktionär kann jedoch ganz andere Interessen haben. Die Interessen der Aktionäre sind sicherlich nicht nur auf Gleichbehandlung und die Bereitstellung von Informationen gerichtet. An erster Stelle dürfte das Interesse stehen, dass der „richtige" Angebotspreis geboten wird. Die Aktionäre haben möglicherweise das Interesse, dass die Zielgesellschaft sich nicht ohne weiteres mit dem Bieter „anfreundet", sondern den Angebotspreis treibt oder sich für konkurrierende Bieter öffnet. Andererseits werden die Interessen der Aktionäre bei einem aus ihrer Sicht „attraktiven" Übernahmeangebot darauf gerichtet sein, dass die Zielgesellschaft ein solches Angebot nicht abwehrt.

Insbesondere haben die Aktionäre auch ein Interesse daran, dass überhaupt ein Angebot durchgeführt wird. Der Bieter soll, aus Sicht der Aktionäre, nicht großzügig von der Angebotspflicht befreit werden und die BaFin sollte bei unterlassenen Pflichtangeboten die Verpflichtung durchsetzen. Dies kann sich entweder ausdrücken in Form von eigenen Ansprüchen oder Ansprüchen gegen die Aufsichtsbehörde, die den Bieter veranlasst, ein Angebot durchzuführen. Das Interesse der Aktionäre in diesem Zusammenhang kann jedoch auch darauf gerichtet sein, eine von der BaFin gewährte Befreiung von der Pflicht, ein Pflichtangebot abzugeben (§ 37 WpÜG), bzw. eine Entscheidung, Stimmrechte nicht zu berücksichtigen (§ 36 WpÜG), anzufechten und so ein Pflichtangebot zu erzwingen.

Dagegen dürften die Interessen der Aktionäre bei einem Barangebot nicht unbedingt darauf gerichtet sein, dass die Angebotsunterlage vollständig und richtig ist und der Bieter hierfür gemäß § 12 WpÜG haftet. Das Interesse der Aktionäre dürfte beim Barangebot ausschließlich darauf gerichtet sein, dass der Angebotspreis angemessen hoch ist und dass der Bieter nach Ablauf der Annahmefrist über ausreichende finanzielle Mittel verfügt, um den Angebotspreis zahlen zu können. Die Aktionäre der Zielgesellschaft werden ferner ein Interesse daran haben, dass das Angebot möglichst wenige und vor allem keine unzulässigen Bedingungen enthält, welche den Aktionären bei einem Angebot mit einem attraktiven Preis die Chance nähme, die Aktien verkaufen zu können. Im Falle des Aktientauschgebots werden die Interessen darauf gerichtet sein, dass die neuen Aktien an die das Angebot annehmenden Aktionäre zeitnah ausgegeben werden und dann bereits zum Börsenhandel zugelassen und tatsächlich liquide handelbar sind. Wer ein Aktientauschangebot annimmt, wird in der Regel die als Gegenleistung erhaltenen Aktien der Zielgesellschaft so zügig wie möglich veräußern wollen.

**3. Rechte der Aktionäre.** Die Interessen der Aktionäre sind bereits kurze Zeit nach Inkrafttreten des WpÜG im Zusammenhang mit einer Befreiung von der Pflicht, ein

---

[10] BT-Drucks. 14/7034, S. 29.

Pflichtangebot abzugeben[11], und der Gestattung der Veröffentlichung der Angebotsunterlage wegen einer behaupteten unzulässigen Differenz des Angebotspreises zwischen Stamm- und Vorzugsaktien[12], Gegenstand gerichtlicher Auseinandersetzungen geworden. Die Verfahren vor dem OLG Frankfurt als das für Übernahmesachen gegen Entscheidungen der BaFin allein zuständige Gericht (§ 48 Abs. 4 WpÜG)[13] haben mit der allgemeinen Aussage, dass das WpÜG keinen Drittschutz entfaltet, sondern eben nur den „Markt" schützt, die möglichen Erwartungen der Aktionäre auf einen auch gerichtlich überprüfbaren Schutz ihrer Interessen enttäuscht.[14] Überlegungen, ob den Minderheitsaktionären zivilrechtliche Ansprüche bei Unterlassen eines Pflichtangebots zustehen, hat der BGH[15] beendet.

### III. Angemessener Preis

22  Das Interesse der Aktionäre dürfte vorrangig darauf gerichtet sein, dass vor oder im Zusammenhang mit der Kontrollerlangung der Bieter ein öffentliches Angebot zu einem möglichst hohen, über dem Börsenpreis liegenden Angebotspreis durchführt.

23  Der Angebotspreis muss nur dem Mindestpreis entsprechen. Der Mindestpreis kann unterhalb des Börsenpreises im Zeitpunkt der Ankündigung des Angebots liegen. Oftmals liegt der Angebotspreis deutlich über dem Börsenpreis, weil der Bieter bei relevanten Vorerwerben einen hohen Preis (Paketaufschlag) vereinbart hat oder der Bieter zum Erreichen einer hohen Annahmequote freiwillig einen Aufschlag anbietet.

24  **1. Stamm- und Vorzugsaktien.** Bereits kurze Zeit nach Inkrafttreten des WpÜG war die Frage zu entscheiden, ob nach der Gleichpreisregel (§ 4 WpÜG-AngV) ein an die Stammaktionäre gezahlter Paketaufschlag auch den Mindestpreis für die börsennotierten Vorzugsaktien beeinflusst[16] oder ob jede Aktiengattung unterschiedlichen Mindestpreisen - Vorerwerbspreis zum einen, Drei-Monatsbörsenpreis zum anderen - unterliegt. Das OLG Frankfurt[17] entschied die Sachfrage nicht, sondern wies die Beschwerde zurück, da das WpÜG dem Schutz und der Transparenz des Kapitalmarktes, nicht jedoch dem Schutz der Individualinteressen der Aktionäre diene. Entscheidungen der BaFin berührten nicht die rechtlichen, sondern allenfalls die wirtschaftlichen Interessen der Aktionäre.

25  Gemäß § 3 Abs. 1 WpÜG sind die Inhaber von Aktien gleicher Gattung gleich zu behandeln.[18] Dies spräche bereits gegen eine Gleichpreisregel. Führt der Bieter bis zum Ende der Annahmefrist Parallelerwerbe zu höheren Preisen durch, erhöht sich die Gegenleistung für die jeweilige Aktiengattung entsprechend (§ 31 Abs. 4 WpÜG). Diese gesetzliche Wertung spräche auch gegen eine Gleichpreisregelung. Hingegen verlangt § 31 Abs. 5 WpÜG bei außerbörslichen Nacherwerben zu einem höheren Preis als dem Angebotspreis binnen eines Jahres nach Veröffentlichung der Annahmequote nach Abschluss der Annahmefrist, den Unterschiedsbetrag den vorherigen Inhabern der Aktien, die das Angebot angenommen haben, zu zahlen. Hier wird nicht nach den Aktiengattungen unterschieden. Die Regelungen des WpÜG und der WpÜG-AngV sind daher nicht eindeutig. Die BaFin jedenfalls billigt Angebotsunterlagen auch ohne Beachtung einer Gleichpreisregelung für Vorzugsaktien. Nach der Rechtsprechung des OLG Frankfurt besteht daher in der Praxis keine Gleichpreisregel.

---

[11] Betraf die ProSiebenSat.1 Media AG.
[12] Procter & Gamble beim Erwerb der Wella AG.
[13] NZG 2003, 729 und NZG 2003, 1120.
[14] Die im Zusammenhang mit der Wella-Übernahme ergangene Entscheidung der Kammer des Bundesverfassungsgerichts (BVerfG ZIP 2004, 950) beschäftigte sich mit dem Problem nur oberflächlich, da die Verfassungsbeschwerde bereits wegen der fehlenden Anwendbarkeit des Art. 14 GG auf ausländische Gesellschaften abgelehnt werden konnte.
[15] NZG 2013, 939.
[16] *Körner*, Die angemessene Gegenleistung für Vorzugs- und Stammaktien nach dem WpÜG, S. 228 f.
[17] NZG 2003, 1120.
[18] *Versteegen* in KK-WpÜG, § 3 Rn. 17; *Steinhardt* in Steinmeyer/Häger, § 3 Rn. 7.

**2. Creeping in.** Ebenfalls Ansprüche der Minderheitsaktionäre auf einen „Aufschlag" 26
betreffen die Fälle des sog. „creeping in" oder auch „low balling" (im Sinne eines „lustlosen
Angebots").[19] Hier führt der Bieter entweder ein Übernahme- oder Pflichtangebot zum
Drei-Monatsbörsenpreis oder wenig darüber durch, und zwar in der Regel nach Vorerwerben
unterhalb der 30%-Schwelle und Abwarten einer Phase niedriger Börsenkurse
und damit eines relativ niedrigen Drei-Monatsbörsenpreises. In solchen Konstellationen
werden dem Bieter wenige Aktien angedient, es sei denn, ein schwieriges Börsenumfeld
veranlasste die Aktionäre zu massiven Verkäufen. Der Bieter baut in der Folge seinen Anteilsbesitz
über börsliche Zuerwerbe mindestens auf eine Hauptversammlungsmehrheit
aus. Anlass zu Diskussionen gaben das Übernahmeangebot der spanischen ACS an die
Hochtief-Aktionäre und das Pflichtangebot der Deutsche Bank an die Aktionäre der Postbank.

Einer Meinung nach stelle dies einen Missstand dar, da die Minderheitsaktionäre auf die- 27
sen Weise keinen Aufschlag auf den Börsenpreis erhielten, sondern nur einen viel zu niedrigen
Angebotspreis, weil der Bieter eine Phase niedriger Börsenpreise zu einem „billigen
Reinschleichen" ausnutze und damit ein „Recht auf einen attraktiven Angebotspreis" vereitele.
Gefordert werden entsprechend einigen ausländischen Vorbildern[20] weitere Schwellenwerte,
die ein weiteres Pflichtangebot des Bieters auslösen, wenn dieser später Aktien
zukauft. Diskutiert werden weitere Pflichtangebote etwa bei Zukauf von mindestens 2 %
der Stimmrechte oder dem Erreichen der 50 %-Schwelle.[21]

Bisher hat der Gesetzgeber nicht reagiert[22], und hierfür gibt es gute Gründe. Das 28
WpÜG geht von einer typisierenden Betrachtung aus. Wer 30 % der Stimmrechte erreicht
oder überschreitet, muss ein Pflichtangebot abgeben. Eine weitere Kontrollschwelle ist mit
einer solchen typisierenden Betrachtung nicht vereinbar. Entweder hat der Bieter mit 30 %
der Stimmrechte bereits Kontrolle erlangt oder eben nicht. Je nach Aktionärsstruktur bei
der Zielgesellschaft hat der Bieter bereits eine stabile Hauptversammlungsmehrheit und
kauft nicht zu. Dann erhalten die Aktionäre gleichfalls keinen Aufschlag.

Diese Pflicht ist eine zulässige Eigentumsinhaltsbestimmung.[23] Wer die 30 %-Schwelle in 29
Verbindung mit einem Übernahmeangebot erreicht oder überschreitet, muss kein Pflichtangebot
mehr durchführen (§ 35 Abs. 3 WpÜG). Hingegen knüpft das WpÜG nicht daran
an, wie viele die 30 %-Schwelle übersteigende Stimmrechte der Bieter nach dem Angebot
hält. Der Erfolg des Angebots hängt eben nicht nur vom Angebotspreis ab. So können größere
Aktienpakete bestehen, die aus verschiedenen Gründen nicht in das Angebot getendert
werden. Ein Aktientauschangebot vermag im Hinblick auf die zukünftigen Geschäftsaussichten
des Bieters wenig attraktiv sein oder die Aktionäre erwarten nach dem
Einstieg des kontrollierenden Aktionärs aus verschiedenen Gründen vielmehr steigende
Aktienkurse und bleiben Aktionär. Dem Bieter bei weiterem Zukauf erneut ein Pflichtangebot
aufzuerlegen, dürfte nicht mit Art. 14 GG vereinbar sein. Die Aktionäre hatten in
Verbindung mit dem Kontrollerwerb die Möglichkeit, ihre Aktien an den entsprechend der
Vermutung des § 29 Abs. 2 WpÜG kontrollierenden Bieter zu einem dem WpÜG entsprechenden
Mindestpreis zu veräußern. Weitergehende Rechte, etwa auf ein „Agio", hat
der Aktionär eben nicht.[24] Der Aktionär kann sich nicht aussuchen, ob ein Bieter in Phasen
hoher oder niedriger Börsenpreise Kontrolle erlangt.

---

[19] *Krause/Pötzsch* in Assmann/Pötzsch/Schneider, WpÜG, § 35 Rn. 47a.
[20] Etwa UK und Österreich nach *Krause/Pötzsch* in Assmann/Pötzsch/Schneider, WpÜG, § 35 Rn. 287, 296; Überblicke bei *Merkt* NZG 2011, 561 und *Baums* ZIP 2010, 2374.
[21] So etwa der Entwurf der SPD-Bundestagsfraktion auf die Hochtief-Übernahme von ACS BT-Drs. 17/3481.
[22] Auch der Bericht der EU Kommission zur Übernahmerichtlinie v. 28.6.2012 (COM(2012) 347) erwähnt diesen Aspekt nur am Rand.
[23] *Krause/Pötzsch* in Assmann/Pötzsch/Schneider, WpÜG, § 35 Rn. 41.
[24] *Baums* ZIP 2010, 2374, 2385.

**30** **3. Erhöhung der Gegenleistung.** Neben den Fällen der Erhöhung der Gegenleistung nach Gestattung und Veröffentlichung der Angebotsunterlage interessieren hier die Fälle des zivilrechtlichen Anspruchs einer möglicherweise von Anfang an unangemessenen Mindestgegenleistung.[25]

**31** **a) Parallel- oder Nacherwerb.** Einen zivilrechtlichen, unmittelbaren Anspruch der Aktionäre gegen den Bieter muss es bereits deshalb geben, weil Ansprüche auf Änderungen des Mindestpreises, die sich aus einem Parallel- oder Nacherwerb des Bieters ergeben (§ 31 Abs. 4, 5 WpÜG), nach Abschluss des BaFin-Gestattungsverfahrens weder von der BaFin verfolgt und aufgeklärt noch von ihr durchgesetzt werden. Hier muss der betroffene ehemalige Aktionär seinen Anspruch auf Zahlung des Unterschiedsbetrags zwischen dem ursprünglichen Angebotspreis und dem nach Parallel- oder Nacherwerb zu erhöhenden Angebotspreis selbst durchsetzen können. Eine Anspruchsgrundlage könnte § 31 WpÜG sein.

**32** Zwar gewährt § 31 WpÜG dem ehemaligen Aktionär, der ein Übernahme- oder Pflichtangebot angenommen hat, seinem Wortlaut nach keinen unmittelbaren Anspruch gegen den Bieter auf Erhöhung der Gegenleistung. Der Mindestpreisregelung des § 31 WpÜG kommt jedoch eine vertragsinhaltsgestaltende Wirkung zu. Erhöht sich der Angebotspreis nachträglich aufgrund von Parallel- oder relevanten Nacherwerben (§ 31 Abs. 4, 5 WpÜG), so schuldet der Bieter diese erhöhte Mindestgegenleistung aus dem Aktienkaufvertrag zwischen Bieter und dem das Angebot annehmenden Aktionär. Der anfangs gebotene und an den das Angebot annehmende Aktionär gezahlte Angebotspreis stellt lediglich eine Teilleistung gem. § 266 BGB dar, so dass der Aktionär, welcher seine Aktien auf der Grundlage des Angebots an den Bieter veräußert hat, weiterhin Erfüllung in Höhe der noch offenen Differenz verlangen und seinen vertraglichen Erfüllungsanspruch vor den nach § 66 WpÜG zuständigen Zivilgerichten durch Leistungsklage durchsetzen kann.[26] Allerdings wirkt diese Klage nur im Verhältnis des Aktionärs, der selbst und auf sein eigenes Risiko hin gegen den Bieter Leistungsklage erhebt.[27]

**33** **b) Unangemessen niedrige Gegenleistung.** Ist ein Angebotspreis aus einem Übernahme- oder Pflichtangebot nach der gesetzlichen Regelung unangemessen niedrig, kann der Aktionär, der das Angebot angenommen hat, gleichfalls einen Erfüllungsanspruch auf die Differenz zwischen dem Angebotspreis und der nach § 31 WpÜG angemessenen Mindestgegenleistung[28] aus dem Aktienkaufvertrag geltend machen. Die Gestattung der Veröffentlichung der Angebotsunterlage gemäß § 14 WpÜG schließt einen solchen Anspruch nicht aus.[29] Die BaFin kann nur die offensichtliche Unrichtigkeit der Mindestgegenleistung feststellen. Erweist sich jedoch etwa bei näherer Prüfung eines Aktienkaufvertrags, dass die vom Bieter mit dem Großaktionär vereinbarte und gebotene Gegenleistung höher als der Angebotspreis ist oder werden den Vorerwerbspreis erhöhende Nebenvereinbarungen erst später bekannt, kann der Aktionär, der das Angebot angenommen hat, vom Bieter die Zahlung des Differenzbetrags als Erfüllungsanspruch verlangen.[30]

**34** Der Anspruch ist von jedem Aktionär im Zivilprozess geltend zu machen, wobei verschiedene Gerichtsstände zuständig sein (§ 66 Abs. 1 WpÜG – Sitz des Bieters oder der Sitz der Zielgesellschaft) und dementsprechend auch unterschiedlich entscheiden können. Die Konzentrationswirkung des § 48 Abs. 4 WpÜG, die vor allem den Interessen des Bieters dient, entfällt.

---

[25] Fall Wella/Procter & Gamble, aber auch Postbank/Deutsche Bank.
[26] *Mülbert/Schneider* WM 2003, 2301, 2302; BGH NZG 2014, 985.
[27] *Baums/Hecker* in Baums/Thoma, WpÜG, § 35 Rn. 302 „rechtspolitisch kaum hinnehmbar".
[28] Einzelheiten hierzu etwa *Habersack* ZIP 2003, 1123; Rechtsprechungsbeispiel, wenn auch erfolglos, OLG Köln, AG 2013, 391.
[29] *Kremer/Oesterhaus* in KK-WpÜG, § 31 Rn. 107; BGH NZG 2014, 985; aA *Krause* in Assmann/Pötzsch/Schneider, WpÜG, § 31 Rn. 166a.
[30] *Verse* ZIP 2004, 199, 204.

Der Vorschlag, die Fragen der Angemessenheit der Mindestgegenleistung, sei es, dass die **35** Mindestgegenleistung von Anfang an zu niedrig war oder wegen Parallel- oder Nacherwerben zu erhöhen ist, in einem Spruchverfahren nach dem Spruchverfahrensgesetz klären zu lassen, dessen Urteil zugleich für alle Aktionäre, die das Angebot angenommen haben, Wirkung entfaltet,[31] wäre daher nach wie vor überlegenswert und wegen der Konzentrationswirkung im Bieter Sinne.

### IV. Angebotsbedingungen

Die Aktionäre der Zielgesellschaft erwarten, dass ein einmal angekündigtes Erwerbs-, **36** Übernahme- oder Pflichtangebot nach der Ankündigung durchgeführt wird und das Angebot nicht wegen unzulässiger, weil vom Bieter zu beeinflussender Bedingungen, scheitert.

**1. Voraussetzungen.** Auch wenn grundsätzlich ein Pflichtangebot nicht unter Bedin- **37** gungen abgegeben werden darf (§ 39 WpÜG erklärt ausdrücklich § 18 Abs. 1 WpÜG nicht für entsprechend anwendbar), muss ein Pflichtangebot unter der Bedingung einer kartellrechtlichen Zustimmung abgegeben werden können. Die früher vertretene Ansicht, dass ein Pflichtangebot keine Bedingung der Kartellfreigabe duldet, da die Verpflichtung zur Abgabe des Pflichtangebots erst mit dem dinglichen Erwerb von Aktien und somit nach Kartellfreigabe notwendig sei[32], übersieht die Zurechnungstatbestände aus § 30 WpÜG, die ebenfalls die Verpflichtung zur Abgabe eines Pflichtangebots auslösen können. Ein Bieter muss dann die Möglichkeit haben, die Kartellfreigabe eines Erwerbs von Aktien der Zielgesellschaft im Rahmen des Pflichtangebots von den Kartellbehörden zu erlangen. Soweit also vor Erteilung der Kartellgenehmigung ein Vollzugsverbot besteht (§ 41 Abs. 1 GWB), muss die BaFin die Bedingung dulden. Dies ist mittlerweile auch ständige BaFin-Praxis geworden. Was jedoch für das Pflichtangebot gelten soll, wenn die Kartellbehörden keine Freigabe erteilen, ist unklar.[33]

Die BaFin achtet im Rahmen des Verfahrens der Gestattung der Angebotsunterlage dar- **38** auf, dass das Angebot keine Bedingungen enthält, deren Eintritt der Bieter beeinflussen kann (§ 18 Abs. 1 WpÜG). Für Bedingungen wie diejenige des Nichteintritts eines Material Adverse Change hat die BaFin in ihrer Anwendungspraxis die Voraussetzungen, unter denen eine solche Bedingung abgegeben werden kann, präzisiert.[34] Diese Bedingungen, aber auch andere vom Bieter nicht beeinflussbare Bedingungen wie etwa der erhebliche Rückgang von führenden Börsenindizes, werden von der BaFin nur akzeptiert, wenn der Eintritt der Bedingung objektiv nachprüfbar und entsprechend formuliert ist. Im Falle zulässiger Material Adverse Change Klauseln muss etwa ein unabhängiger Sachverständiger den Eintritt eines Ereignisses, welches für die Zielgesellschaft einen erheblichen Schaden bedeutete, feststellen. Auf die Einschätzung des Bieters darf es gemäß § 18 Abs. 1 WpHG nicht ankommen.

Ein Übernahmeangebot darf ferner, soweit etwa wegen Änderung des satzungsmäßigen **39** Gegenstands oder nach den Holzmüller/Gelatine-Grundsätzen[35] die Zustimmung der Hauptversammlung erforderlich ist, von dieser Zustimmung abhängig gemacht werden (§ 25 WpÜG). Je nach Gesellschafterkreis könnte der Bieter über ein solches Zustimmungserfordernis Einfluss auf das Zustandekommen eines veröffentlichten Übernahmeangebots nehmen, die Grundsätze des § 162 BGB sind hier nicht anwendbar.[36]

**2. Beeinträchtigung des Bedingungseintritts.** Wird das Übernahmeangebot von **40** der Erteilung öffentlich-rechtlicher Genehmigungen, wie etwa Kartellfreigabe oder Nicht-

---

[31] *Verse* ZIP 2004, 199, 207 f.
[32] *Lenz/Behnke* BKR 2003, 43, 47 f.
[33] *Pötzsch/Assmann* in Assmann/Pötzsch/Schneider, WpÜG, § 39 Rn. 19 f.
[34] Zu den Einzelheiten hier etwa *Hasselbach/Wirtz* BB 2005, 842.
[35] BGHZ 159, 30 (II ZR 155/02) und WM 2004, 1085 (II ZR 154/02).
[36] *Diekmann* in Baums/Thoma, WpÜG, § 25 Rn. 21.

untersagung des Erwerbs eines Kredit- bzw. Finanzdienstleistungsinstituts nach Abgabe der gemäß § 2c KWG erforderlichen Anzeigen abhängig gemacht, hat Bieter es jedoch in diesen Fällen in der Hand, etwa mit später oder unvollständiger Einreichung der für die Erteilung der Freigaben erforderlichen Antragsunterlagen den Eintritt der Bedingung selbst innerhalb der in der Angebotsunterlage genannten Frist zu vereiteln.

**41** Soweit der Bieter gestellte Anträge zurücknimmt oder mutwillig verspätet stellt, so dass das Angebot scheitert, wird die Bedingung gleichwohl gemäß § 162 BGB als eingetreten gelten müssen, da der Bieter wider Treu und Glauben den rechtzeitigen Eintritt der Bedingung verhindert hat. Damit obliegt es jedoch jedem einzelnen Aktionär, einen Erfüllungsanspruch gegen den Bieter individuell oder im Musterverfahren[37] geltend zu machen. Der mit dem Gestattungsverfahren gewollte Schutz der Aktionäre der Zielgesellschaft hingegen steht, da die BaFin nach Gestattung der Angebotsunterlage keinen Einfluss mehr auf das Angebotsverfahren nehmen kann, nicht zur Verfügung. Einer etwaigen Anordnung der BaFin gemäß § 4 Abs. 1 WpÜG, um einen Missstand zu beseitigen, stände die eigene Gestattung der Angebotsunterlage (§ 14 WpÜG) entgegen.

**42** Soweit wie irgend möglich, sollte die BaFin im Rahmen des Gestattungsverfahrens darauf achten, dass die erforderlichen Anträge bereits vor Beginn der Annahmefrist und damit vor Gestattung der Angebotsunterlage vom Bieter gestellt worden sind. Die BaFin kann sich etwa mit einer Auskunft der Behörde, bei der die erforderliche Genehmigung beantragt ist, davon überzeugen, dass das Verfahren mit den erforderlichen Unterlagen eingeleitet ist.

**43** **3. Folgen.** Duldete die BaFin Bedingungen, deren Eintritt der Bieter oder mit ihm gemeinsam handelnde Personen oder deren Tochterunternehmen oder deren Berater selbst herbeiführen können, könnte der Aktionär der Zielgesellschaft die Durchführung des Angebotsverfahrens nur noch dann verhindern, wenn dem Aktionär ein subjektives Recht zur Anfechtung der Gestattung (Drittschutz) zustände[38] oder er einen Anspruch gegen die BaFin auf Rücknahme der insoweit rechtswidrigen Befreiung nach den allgemeinen Vorschriften, hier § 48 VwVfG, hätte. Dies ist jedoch nach der Rechtsprechung des OLG Frankfurt zu verneinen.[39]

**44** Treten die gesetzten Bedingungen nicht ein, kann der Aktionär seine Aktien nicht an den Bieter zu den in der Angebotsunterlage beschriebenen Bedingungen veräußern. Andererseits verbleibt er mit allen anderen Aktionären in einer nicht kontrollierten Gesellschaft. Denn entweder steht der Vorerwerb des Bieters unter den gleichen Bedingungen und die Übernahme scheitert gänzlich, oder der Bieter muss dem gescheiterten Übernahmeangebot umgehend ein bedingungsfeindliches (§ 39 WpÜG) Pflichtangebot folgen lassen. Die außenstehenden Aktionäre sind also hinreichend geschützt.

### V. Sicherstellung der Gegenleistung

**45** **1. Maßnahmen des Bieters.** Der Bieter hat vor der Veröffentlichung der Angebotsunterlage die notwendigen Maßnahmen zu treffen, um sicherzustellen, dass er über die zur vollständigen Erfüllung des Angebots notwendigen Mittel zum Zeitpunkt der Fälligkeit des Anspruchs verfügt. Im Falle einer Gegenleistung in bar muss ein vom Bieter unabhängiges Wertpapierdienstleistungsunternehmen schriftlich bestätigen, dass der Bieter die notwendigen Maßnahmen getroffen hat, um die Zahlung der Geldleistung sicherzustellen (§ 13 Abs. 1 WpÜG). Stehen dem Bieter nach Abschluss des Angebotsverfahrens entgegen der Bestätigung des Wertpapierdienstleistungsunternehmens die notwendigen Mittel nicht zur Verfügung, so kann derjenige, der das Angebot angenommen hat, von dem Wertpapierdienstleistungsunternehmen, welches die Bestätigung erteilt hat, den Ersatz des aus der

---

[37] § 1 Abs. 1 Nr. 3 KapMuG.
[38] Siehe hierzu nachfolgend unter VII. 1.
[39] Zuletzt NZG 2012, 302.

nicht vollständigen Erfüllung entstandenen Schadens verlangen (§ 13 Abs. 2 WpÜG). Der Aktionär der Zielgesellschaft wird nach der Systematik des Gesetzes zumindest bei Barangeboten aufgrund der Bestätigung des Wertpapierdienstleistungsunternehmens gemäß § 13 Abs. 2 WpÜG davor geschützt, dass das Angebot nicht vollständig erfüllt wird. Der Umfang und die Voraussetzungen dieses Schutzes der außenstehenden Aktionäre sind jedoch umstritten.

Weder die Aktionäre der Zielgesellschaft noch die BaFin im Gestattungsverfahren können einschätzen, ob die vom Bieter in der Angebotsunterlage dargestellten Maßnahmen, welche die Finanzierung des Angebots sicherstellen, richtig und vollständig sind. Die BaFin kann eine Aussage, dass dem Bieter in Höhe der maximal aufzuwendenden Summe zum Erwerb sämtlicher von den außenstehenden Aktionären gehaltenen Aktien Barmittel aus dem Verkauf liquider Wertpapiere in ausreichendem Umfang zur Verfügung stehen oder die Darlehensauszahlungsbedingungen realistisch sind, nicht objektiv nachprüfen. **46**

**2. Finanzierungsbestätigung.** Dass dem Bieter zur Durchführung eines Barangebots ausreichende finanzielle Mittel zur Verfügung stehen, aus welchen Quellen auch immer[40], kann nur ein vom Bieter unabhängiges Wertpapierdienstleistungsunternehmen feststellen. Wird das Angebot mit Darlehensmitteln ganz oder teilweise finanziert, darf die Finanzierungsbestätigung auch abgegeben werden, wenn die Auszahlung der Darlehensmittel noch von verschiedenen Auszahlungsbedingungen abhängig ist.[41] Übliche Bedingungen wie Nichteintritt wesentlicher nachteiliger Veränderungen stehen grundsätzlich der Abgabe der Finanzierungsbestätigung nicht entgegen. Nach Abgabe der Finanzierungsbestätigung muss das Kredit gewährende Institut auch nicht auf die Kündigungsklauseln nach § 490 Abs. 1 BGB, welche den Kreditgeber vor Auszahlung des Darlehens zur Kündigung berechtigt, verzichten.[42] Die Finanzierungsbestätigung bleibt auch dann richtig, wenn wegen der Änderungen der Umstände die Auszahlungsbedingungen des Darlehens nicht erfüllt werden oder sogar eine Kündigung des Darlehensvertrags vor Auszahlung möglich ist. Die Nichtauszahlung des Darlehens oder die außerordentliche Kündigung darf jedoch nicht auf Gründen beruhen, die bereits im Zeitpunkt der Ausstellung der Finanzierungsbestätigung vorhersehbar waren. In einem solchen Fall hätte nämlich bei Anwendung der gebotenen Sorgfalt das Wertpapierdienstleistungsunternehmen die Bestätigung gar nicht abgeben dürfen. **47**

Die Pflicht der Vorlage und Beifügung einer Finanzierungsbestätigung eines von dem Bieter unabhängigen Wertpapierdienstleistungsunternehmens dient damit vor allem auch dazu, Angebote von entweder unseriösen oder nicht ausreichend leistungsfähigen Bietern zu verhindern. Tatsächlich sind mehrere Fälle bekannt geworden, in denen Angebote mangels Vorlage einer Finanzierungsbestätigung von der BaFin untersagt worden sind.[43] **48**

**3. Inhalt der Finanzierungsbestätigung und Haftung. a) Inhalt und rechtliche Einordnung.** Nach ganz überwiegender Ansicht ist die Finanzierungsbestätigung nichts anderes als eine Tatsachenfeststellung des Wertpapierdienstleistungsunternehmens darüber, dass der Bieter die für eine ordnungsgemäße Finanzierung notwendigen Maßnahmen getroffen hat. Die Finanzierungsbestätigung sagt hingegen nichts darüber aus, ob dem Bieter zu dem späteren Zeitpunkt zur Erfüllung des öffentlichen Angebots die erforderlichen Mittel zur Verfügung stehen. Die Finanzierungszusage ist vor allem keine den Aktionären der Zielgesellschaft gegenüber abgegebene Garantie.[44] **49**

---

[40] *Thaeter* in Brandi/Thaeter, Öffentliche Übernahmen, Rn. 368.
[41] Grundsätzlich dürfte jedoch das Certain Funds Prinzip gelten, dh die Mittel auch bereitgestellt werden, wenn der Bieter nicht alle Auszahlungsbedingungen erfüllt, *Krause* in Assmann/Pötzsch/Schneider, WpÜG, § 13 Rn. 54.
[42] *Singhof/Weber* WM 2002, 1158, 1164; *Krause* in Assmann/Pötzsch/Schneider, WpÜG, § 13 Rn. 56.
[43] Auch in diesen Fällen sorgt die BaFin für Publizität.
[44] Etwa *Möllers* in KK-WpÜG, § 13 Rn. 64.

**50** Da die Finanzierungsbestätigung nur eine Aussage über die Sicherstellung der Maßnahmen zur Finanzierung des Angebots trifft, bedarf es bei Eintritt nicht vorhersehbarer Änderungen nach deren Ausstellung und Veröffentlichung mit der Angebotsunterlage auch nicht deren Berichtigung analog § 12 Abs. 3 Nr. 2 WpÜG.[45] Erkennt das Wertpapierdienstleistungsunternehmen hingegen nach Abgabe der Bestätigung, dass es die Bestätigung bei ordnungsgemäßem Verhalten nicht hätte abgeben dürfen, kann das Wertpapierdienstleistungsunternehmen mit einer Berichtigung analog § 12 Abs. 3 Nr. 3 WpÜG (§ 13 Abs. 3) seine Haftung zumindest zu Lasten derjenigen Aktionäre, die nach der Veröffentlichung der Berichtigung ihre Aktien tendern, ausschließen.[46]

**51** **b) Haftung.** Das Wertpapierdienstleistungsunternehmen ist den das Angebot annehmenden Aktionären zum Schadensersatz verpflichtet, wenn der Bieter die notwendigen Maßnahmen nicht getroffen hat und diesem zum Zeitpunkt der Fälligkeit des Anspruchs auf die Gegenleistung aus diesem Grund die notwendigen Mittel nicht zur Verfügung stehen. Der Aktionär muss daher nachweisen, dass das Nichtergreifen von Maßnahmen zur Sicherstellung der Finanzierung im Zeitpunkt der Ausstellung der Bestätigung ursächlich für das Fehlen der Mittel ist.[47] Das Wertpapierdienstleistungsunternehmen kann sich gemäß § 13 Abs. 3 iVm § 12 Abs. 2 WpÜG damit verteidigen, dass es die Unrichtigkeit der Finanzierungsbestätigung nicht aufgrund grober Fahrlässigkeit erkannt hat.

**52** Im Gegensatz zu der Haftung des Bieters nach § 12 WpÜG haftet das Wertpapierdienstleistungsunternehmen auf das positive Interesse. Der das Angebot annehmende Aktionär ist daher so zu stellen, wie wenn der Bieter ordnungsgemäß erfüllt hätte. Der das Angebot annehmende Aktionär kann von dem Wertpapierdienstleistungsunternehmen entweder den Unterschiedsbetrag zwischen dem Angebotspreis und einem niedrigerem Kurswert der Aktien nach dem Scheitern des Angebots oder aber von dem Wertpapierdienstleistungsunternehmen die Übernahme der Aktien zum Angebotspreis verlangen.[48]

**53** **4. Aktientauschangebote.** Bei Tauschangeboten hingegen ist der Aktionär nicht davor geschützt, dass die Ausgabe der als Gegenleistung angebotenen Aktien scheitert oder sich der Wert der als Gegenleistung angebotenen Aktien aufgrund von neuen oder bisher nicht veröffentlichten negativen Entwicklungen des Bieters während der Annahmefrist negativ verändert; § 13 Abs. 2 WpÜG fordert eine Finanzierungsbestätigung nur bei Barangeboten.

**54** § 13 Abs. 1 WpÜG verlangt, dass im Zeitpunkt der Veröffentlichung der Angebotsunterlage die gesellschaftsrechtlichen Voraussetzungen zur Durchführung der Kapitalerhöhung, welche die als Gegenleistung auszugebenden Aktien schafft, herbeigeführt sind, also entweder die Hauptversammlung des Bieters eine Sachkapitalerhöhung zu diesem Zweck beschlossen hat oder dem Bieter ein genehmigtes Kapital in ausreichender Höhe zur Verfügung steht, aus dem die neuen Aktien ausgegeben werden können und die Kapitalerhöhung von den Geschäftsführungsorganen mit Zustimmung der Aufsichtsorgane beschlossen worden ist („bis zu Kapitalerhöhung").[49]

**55** Scheitert die Durchführung der Kapitalerhöhung (sei es wegen erfolgreicher Anfechtung des Kapitalerhöhungsbeschlusses oder scheitert der Nachweis der Werthaltigkeit der Sacheinlage), scheitert dann entweder das Übernahmeangebot oder der Bieter muss, wenn zuvor Kontrolle erlangt, ein Pflichtangebot gegen eine Bargegenleistung durchführen.

**56** Wird das Übernahme-/Pflichtangebot durchgeführt und die als Gegenleistung angebotenen Aktien werden zwar wirksam ausgegeben, aber nicht zum Börsenhandel zugelassen,

---

[45] *Thaeter* in Brandi/Thaeter, Öffentliche Übernahmen, Rn. 393; *Krause* in Assmann/Pötzsch/Schneider, WpÜG, § 13 Rn. 122; dies führt zu einer erheblichen Schutzlücke für die Minderheitsaktionäre, welche von einer negativen Änderung keine Kenntnis erhalten.

[46] *Krause* in Assmann/Pötzsch/Schneider, WpÜG, § 13 Rn. 121.

[47] *Singhof/Weber* WM 2002, 1158, 1165.

[48] *Marsch-Barner* in Baums/Thoma, WpÜG, § 13 Rn. 64; *Singhof/Weber* WM 2002, 1158, 1166; *Krause* in Assmann/Pötzsch/Schneider, WpÜG, § 13 Rn. 125.

[49] Einzelheiten siehe *Süßmann* in Geibel/Süßmann, WpÜG, § 13 Rn. 4 ff.

da der Bieter das Zulassungsverfahren entweder nicht weiter betreibt oder die nach WpPG und BörsG erforderlichen Zulassungsvoraussetzungen nicht erfüllt, steht den Aktionären, die das Angebot angenommen haben, ein Erfüllungs- und gegebenenfalls Schadensersatzanspruch nach den allgemeinen Regeln zu.[50] Der Bieter wird also solange den Wertpapierprospekt ändern oder fehlende Zulassungsvoraussetzungen beibringen müssen, bis die Voraussetzungen des § 5 WpPG erfüllt und die weiteren Zulassungsvoraussetzungen geschaffen sind.

### VI. Durchsetzen eines Pflichtangebots

**1. Gegen die BaFin.** Gibt ein Bieter kein Pflichtangebot ab, obwohl er dazu gemäß § 35 WpÜG verpflichtet ist, und verlangt die BaFin von diesem Bieter nicht die Abgabe eines Pflichtangebots, etwa wegen anderer Auslegung von Zurechnungstatbeständen, und setzt ein solches auch aufgrund der Missstandsaufsicht (§ 4 Abs. 1 WpÜG) oder mit einem gesetzeswiederholenden Verwaltungsakt[51] und einem Zwangsgeld nicht durch,[52] stellt sich die Frage, ob die außenstehenden Aktionäre, die nunmehr Aktionäre einer kontrollierten Gesellschaft geworden sind, eigene Rechte durchsetzen können. 57

Die Aktionäre selbst haben wegen der rein kapitalmarktrechtlichen Schutzfunktion des WpÜG keinen Anspruch auf Durchsetzung des Pflichtangebots seitens der BaFin. Daran hat auch die EU-Übernahmerichtlinie nichts geändert und der Gesetzgeber war hierzu auch nicht gehalten. Im Gegenteil, da § 4 Abs. 2 WpÜG bei dieser Gelegenheit nicht geändert wurde, obgleich die Rechtsprechung und die überwiegende Literatur einen Drittrechtsschutz der Aktionäre ablehnen, bestätigt dies den fehlenden Drittrechtsschutz des WpÜG.[53] Ohne Gesetzesänderung ist eine andere Auslegung nicht möglich.[54] 58

Der BGH[55] und das OLG Frankfurt[56] halten den Rechtsverlust nach § 59 WpÜG bei unterlassenem Pflichtangebot für ausreichend. Zwar tritt formal der Rechtsverlust ein, nur wird dann die Frage der Kontrolle der Durchsetzung der Angebotspflicht auf die Zielgesellschaft und deren Aktionäre verlagert, da die Zielgesellschaft schließlich dem insoweit säumigen Bieter das Stimmrecht in der Hauptversammlung und die Dividende rückfordern muss oder die Organe oder Aktionäre Anfechtungsklagen erheben, die allerdings im Erfolgsfalle zur Kassation von Beschlüssen und damit erheblichen Schwierigkeiten bei der Zielgesellschaft führen. Ließe sich der säumige Bieter über das Depotstimmrecht der Banken vertreten, wären die ausgeschlossenen Stimmrechte für die Zielgesellschaft bereits nicht erkennbar. Weiterhin kann die Zielgesellschaft Dividenden aufgrund der anonymen Abwicklung über die Clearstream Banking AG nicht einbehalten und müsste diese nach nicht zu verhindernder Auszahlung von dem säumigen Bieter zurück verlangen und dafür gegebenenfalls an exotischen Plätzen klagen. Das Ausüben von Bezugsrechten bei Kapitalmaßnahmen kann wegen der abwicklungstechnisch vorgegebenen anonymen Abwicklung über den Zentralverwahrer auch nicht verhindert werden. In der Praxis läuft der als Sanktion angesehene Rechtsverlust daher meist leer. 59

Gemäß § 38 Nr. 1 WpÜG hat der Bieter den Aktionären der Zielgesellschaft für die Dauer des Verstoßes gegen die Pflicht, ein Pflichtangebot abzugeben, Zinsen auf die Gegenleistung in Höhe von 5% über dem Basiszinssatz nach § 247 BGB zu zahlen. Der Zins- 60

---

[50] *Thun* in Geibel/Süßmann, WpÜG, § 31 Rn. 15; *Krause* in Assmann/Pötzsch/Schneider, WpÜG, § 31 Rn. 55.
[51] BVerwG VRS 1957, 76.
[52] Nach *Seibt* ZIP 2013, 1568, 1570, hielte sich die BaFin in der Durchsetzung eines Pflichtangebots aus Verhältnismäßigkeitsgründen zurück. Wäre dies so, sollte die Überwachung des WpÜG eingestellt werden.
[53] OLG Frankfurt NZG 2012, 302.
[54] *Seibt* ZIP 2013, 1568, 1570.
[55] NZG 2013, 934.
[56] NZG 2012, 302.

anspruch entsteht bereits dann, wenn der Bieter die erforderliche Mitteilung gemäß § 35 Abs. 1 WpÜG über die Erlangung der Kontrolle unterlässt. In den anderen, in § 38 Nr. 2 WpÜG genannten Fällen werden die Zinszahlungen in dem von der BaFin zu gestattenden – im Falle verspäteter Einreichung der Angebotsunterlage – oder durchzusetzenden – im Falle der vorherigen Untersagung – zu veröffentlichenden Angebotsunterlage in die Bemessung der Mindestgegenleistung einbezogen. Ohne ein durchgesetztes Pflichtangebot werden jedoch keine Zinsen erhoben.

**61** **2. Gegen den Bieter. a) Deliktsrechtliche Ansprüche.** Das WpÜG kennt keine ausdrückliche Anspruchsgrundlage der Aktionäre. Daher werden als Anspruchsgrundlagen § 1004 BGB analog bzw. § 823 Abs. 2 BGB bzw. § 35 WpÜG als Schutzgesetz, § 826 BGB und die gesellschaftsrechtliche Treuepflicht herangezogen. Angesichts der feststehenden Rechtsprechung des BGH und des OLG Frankfurt zum nicht existierenden drittschützenden Charakter der Normen des WpüG dürften jedoch unmittelbare Ansprüche der außenstehenden Aktionäre auf der Grundlage der §§ 1004 BGB analog bzw. 823 Abs. 2 BGB mangels Verletzung eines Schutzgesetzes als Anspruchsgrundlagen ausscheiden. Ein Anspruch aus § 826 BGB wegen sittenwidriger Schädigung dürfte allenfalls in Ausnahmefällen in Betracht zu ziehen sein.

**62** **b) Gesellschaftsrechtliche Treupflicht.** Als weitere Anspruchsgrundlage der außenstehenden Aktionäre wird die gesellschaftsrechtliche Treuepflicht, welche ein auf Abfindung gerichtetes gesetzliches Schuldverhältnis begründe, herangezogen. Einem solchen Anspruch wird entgegengehalten, dass das WpÜG keinen konzern- oder verbandsrechtlichen Schutz gewähre, sondern nur öffentlich-rechtliches Sonderrecht zum Zwecke der Sicherstellung der Funktionsfähigkeit des Kapitalmarktes sei. Dem ist allerdings entgegenzuhalten, dass das WpÜG nicht nur öffentlich-rechtliche Normen, sondern etwa mit der Anordnung des Rechtsverlusts aus Aktien (§ 59 WpÜG) unmittelbar auch gesellschaftsrechtliche Vorschriften enthält. Allerdings versagt die Annahme eines gesellschaftsrechtlichen Treueverhältnisses als Anspruchsgrundlage für einen Abfindungsanspruchs dann, wenn die Kontrolle lediglich auf Grund Zurechnung erlangt wird, etwa ein Bieter eine Gesellschaft erwirbt, die ihrerseits einen Anteil in Höhe von mindestens 30 % der Stimmrechtsanteile an einer Zielgesellschaft hält (§ 30 Abs. 1 Nr. 1 WpÜG). Der unmittelbare Abfindungsanspruch kann deshalb nicht auf die gesellschaftsrechtliche Treuepflicht gestützt werden.

**63** **c) Aus § 38 WpÜG.** Möglicherweise kann der den Aktionären zustehende Abfindungsanspruch auch aus § 38 WpÜG hergeleitet werden. Dass der Zinsanspruch bereits mit unterlassener Mitteilung der Erlangung der Kontrolle entsteht, legt nahe, dass dann auch der außenstehende Aktionär neben dem Anspruch auf Zinsen einen eigenständigen Anspruch auf Zahlung der Mindestgegenleistung haben muss, falls der Bieter entweder die Erlangung der Kontrolle nicht anzeigt oder kein Pflichtangebot abgibt.[57]

**64** Das LG München und OLG München hatten den mit der Klage geltend gemachten Anspruch des klagenden Aktionärs auf Zahlung von Verzugszinsen ohne weiteres bejaht und damit auch den Zinsanspruch als eigenständigen Anspruch anerkannt. Dieser eigenständige Anspruch kann nur aus einem außervertraglichen Abfindungsanspruch hergeleitet und begründet werden. Auf die Kritik, dass das WpÜG den für einen eigenständigen Zinsanspruch erforderlichen Abfindungsanspruch nicht vorsehe, ist das OLG München nicht eingegangen. Das OLG Frankfurt hat Ansprüche der Aktionäre auf zivilrechtliche Durchsetzung ihres Abfindungsanspruchs hingegen jedenfalls nicht ausgeschlossen. Die Frage ist mit dem BGH-Urteil entschieden. Die Aktionäre haben gegen den Bieter weder einen Anspruch auf Durchführung eines Pflichtangebots noch auf Zahlung von Verzugszinsen. Der BGH betont ähnlich den Entscheidungen des OLG Frankfurt die überwiegend kapitalmarktrechtliche Ausrichtung des WpÜG, welches keinen Drittschutz vermittelt. Daher

---

[57] *Schlitt/Ries* in MüKo AktG, § 38 WpÜG Rn. 2; *Kremer/Oesterhaus* in KK-WpÜG, § 38 Rn. 1; *Ihrig* ZHR 167 (2003) 315, 347 f.; *Ekkenga* in Ehricke/Ekkenga/Oechsler, WpÜG, § 38 Rn. 3.

bestehen weder unmittelbare noch über § 823 Abs. 2 BGB mittelbare Ansprüche der Aktionäre gegen den Bieter. Die Durchsetzung des WpÜG bleibt der BaFin vorbehalten und die kapitalmarktrechtlichen Sanktionen wie Bußgeld, Rechtsverlust und bei Nachholen des Angebots von der BaFin verlangte Verzugszinsen genügen als ausreichende Sanktionen gegen einen säumigen Bieter und vermeiden im Übrigen möglicherweise differierende Urteile unterschiedlicher Zivilgerichte.

Gegen einen isolierten Zinszahlungsanspruch sprechen zudem ganz praktische Erwägungen. Bejahte ein Gericht einen solchen Anspruch, müsste die BaFin, obgleich rechtlich nicht an die Entscheidung gebunden, faktisch jedoch das Durchführen eines Pflichtangebots gegen den Bieter mit den verwaltungsrechtlichen Mitteln durchsetzen. Wird dann das Pflichtangebot nachgeholt, wobei die Verzugszinsen nach regelmäßiger BaFin-Handhabung die Mindestgegenleistung erhöhen und mit dieser gezahlt werden[58], erhielte der Kläger des zivilgerichtlichen Ausgangsverfahrens noch einmal die bereits aufgrund des Urteils gezahlten Zinsen. Aufgrund der Abwicklungsmechanismen kann der Bieter nämlich nicht nachvollziehen, welche Aktionäre ihre Aktien andienen und so die gesetzliche Mindestgegenleistung einschließlich der aufgelaufenen Verzugszinsen erhalten. 65

Im Übrigen führte ein isolierter Zinsanspruch dazu, dass auch diejenigen Aktionäre, die ein schließlich nachgeholtes Pflichtangebot nicht annehmen, gleichwohl Zinsen gemäß § 38 WpÜG vereinnahmen könnten. § 38 WpÜG will erkennbar die Aktionäre, die ein Pflichtangebot annehmen bzw. ihre Aktien in Geltendmachung eines zivilrechtlichen Anspruchs zu der nach dem WpÜG erforderlichen Gegenleistung an den Bieter verkaufen können, für die Verzögerung des Erhalts der Gegenleistung entschädigen, und damit Druck auf den Bieter zur Erfüllung seiner Pflichten hervorrufen. Wer aber ein Angebot nicht annimmt, ist auch nicht für das verzögerte Pflichtangebot zu entschädigen. 66

**VII. Rechtschutz gegen Verfügungen der BaFin**

**1. Gestattung der Angebotsunterlage.** Eine der umstrittensten Fragen des Übernahmerechts war der Rechtsschutz der Aktionäre der Zielgesellschaft gegen die Veröffentlichung unrichtiger Angebotsunterlagen. Die anfangs theoretisch geführte Diskussion[59] bekam mit der Übernahme der Wella AG durch Procter & Gamble praktische Relevanz. Das OLG Frankfurt[60] hat auch in einem solchen Fall, da das WpÜG dem Schutz und der Transparenz des Kapitalmarktes, nicht jedoch dem Schutz der Individualinteressen der Aktionäre dient, Rechte der Aktionäre verneint. Entscheidungen der BaFin berührten nicht die rechtlichen, sondern allenfalls die wirtschaftlichen Interessen der Aktionäre. Die Entstehungsgeschichte des Gesetzes und die Aufhebung einer Regelung aus den Gesetzesentwürfen, wonach ein Dritter bei ungerechtfertigtem Widerspruch bzw. Klage dem Bieter möglicherweise haften muss, belegten, dass der Gesetzgeber bei der Verabschiedung des WpÜG keinen Drittschutz gewollt habe. Da die rechtlichen Interessen der Aktionäre mit der Entscheidung der BaFin nicht berührt seien, sei auch keine Hinzuziehung gemäß § 13 VwVfG erforderlich. Art. 14 Abs. 1 GG verschaffe den Aktionären keine Klagebefugnis. Die mitgliedschaftliche Stellung der Aktionäre in der Aktiengesellschaft, die das Aktieneigentum vermittelt, sei mit den Entscheidungen der BaFin nicht betroffen. Das Stimmrecht aus der Aktie, das Dividendenbezugsrecht sowie die anderen vermögensrechtlichen Rechte aus den Aktien würden mit den Entscheidungen der BaFin im Übernahmeverfahren nicht berührt. Einen weiteren Eigentumsschutz gebiete das WpÜG nicht. Das Übernahmeverfahren müsse zügig durchgeführt werden, um einen von Unsicherheiten geprägten Zustand, der die Verhältnisse des Unternehmens verkompliziere, zu verhindern. Der Durchführung eines zügigen Übernahmeverfahrens ständen der Beteiligung Dritter und damit 67

---

[58] *Kremer/Oesterhau* in KK-WpÜG, § 38 Rn 36.
[59] *Schnorbus* ZHR 166 (2002) 72 ff.; *Schnorbus* WM 2003, 616 ff., 657 ff.; *Ihrig* ZHR 167 (2003), 315 ff.; *Möller* ZHR 167 (2003), 301 ff.
[60] ZIP 2003, 1392.

auch dem Rechtsschutz Dritter im Verfahren entgegen. Die BaFin könne ferner nicht beurteilen, wann die Mindestgegenleistung unangemessen ist.[61]

68  Die vom Gesetzgeber gewollte zügige Durchführung der Übernahmeverfahren schließe insbesondere eine Beteiligung Dritter und damit auch Rechtsmittel Dritter, die immer zu einer Verzögerung des Verfahrens führten, aus.[62]

69  Die Frage, ob eine Norm drittschützenden Charakter hat oder nicht, kann immer nur im Einzelfall danach beurteilt werden, ob die Regelung Dritte nur als Rechtsreflex trifft oder ob die Norm individualschützenden Charakter hat. Auf den Ausschluss von Amtshaftungsansprüchen kommt es nicht an. So gelten etwa die §§ 31, 32 WpHG trotz der § 4 Abs. 2 WpÜG vergleichbaren Regelung des § 4 Abs. 4 FinDAG als Schutzgesetze im Sinne des § 823 Abs. 2 BGB, dienen also dem Individualschutz.[63] Da einige Vorschriften des WpÜG Schutzgesetzcharakter iSd § 823 Abs. 2 BGB haben sollen,[64] müsste diesen Vorschriften konsequenterweise auch Drittschutz im Gestattungsverfahren zukommen.[65]

70  Die außenstehenden Aktionäre können auch nicht darauf verwiesen werden, dass sie zuerst ein unangemessenes Angebot annehmen müssen, um dann Schadensersatz gegen den Bieter zu fordern (§ 12 WpÜG). Wird eine Angebotsunterlage mit einer offensichtlich unangemessenen Gegenleistung oder einer offensichtlich unzulässigen Bedingung veröffentlicht, ist es schließlich Aufgabe des Marktüberwachungsverfahrens und damit der BaFin, die Veröffentlichung einer solchen Angebotsunterlage nicht zu gestatten. Die Annahme des OLG Frankfurt, dass die Aktionäre hinreichend geschützt seien, in dem sie das unangemessene Angebot annehmen und dann Schadensersatzansprüche gegen den Bieter gemäß § 12 WpÜG durchzusetzen versuchen, verkennt, dass den Aktionären in einem solchen Fall vom Bieter die Kenntnis der Unrichtigkeit der Angebotsunterlage entgegengehalten würde, da schließlich die Unangemessenheit der Gegenleistung oder der unzulässigen Bedingung offensichtlich gewesen wäre.[66] Damit liefe jeder Schadensersatzanspruch der Minderheitsaktionäre wegen einer unangemessenen Gegenleistung bzw. unzulässigen Bedingung von vornherein ins Leere.

71  Ein weiteres Indiz für das Bestehen von Drittrechtsschutz ist die Vorschrift des § 41 Abs. 1 Satz 2 WpÜG, wonach es vor Einlegen der Beschwerde eines Widerspruchs nicht bedarf, wenn der Abhilfebescheid oder der Widerspruchsbescheid erstmalig eine Beschwer enthält. Entgegen der Ansicht des OLG Frankfurt[67] werden damit nicht nur die Fälle geregelt, in denen etwa dem Adressat einer Befreiungsentscheidung nach dessen Anfechtung (durch den Adressaten) andere Auflagen vorgeschrieben werden. Ein Abhilfebescheid kann nie den Adressaten der schließlich aufgehobenen, mit dem Widerspruch angegriffenen belastenden[68] Verfügung, sehr wohl aber Dritte beschweren. Dass also gemäß § 41 Abs. 1 Satz 2 WpÜG ohne Widerspruchsverfahren die sofortige Beschwerde gegen einen Abhilfebescheid gestattet ist, kann nur die Fälle meinen, in denen ein Abhilfebescheid Dritte erstmals belastet.[69]

72  Auch wenn beachtliche Argumente dafür sprechen, einen Drittschutz der Aktionäre zu bejahen[70], muss aufgrund der Rechtsprechung des OLG Frankfurt[71] für die Praxis davon

---

[61] OLG Frankfurt NZG 2003, 1120, 1121; zu den Aufklärungsmöglichkeiten der BaFin hingegen *Seibt* in Henze/Hoffmann-Becking, Gesellschaftsrecht 2003, S. 337, 365; siehe ferner *Nietsch* BB 2003, 2581, 2587.
[62] *Möller* ZHR 167 (2003) 301, 305; *Ihrig* ZHR 167 (2003) 315, 325.
[63] *Koller* in Assmann/Schneider, WpHG, Vor § 31 Rn. 7.
[64] Siehe bereits unter VI. 2.
[65] *Berding* Der Konzern 2004, 771, 777.
[66] *Verse* ZIP 2004, 199, 203.
[67] NZG 2003, 729.
[68] Nur eine solche würde vom Adressaten angefochten.
[69] Daher, auch wegen des Zirkelschlusses zu § 4 Abs. 2 WpÜG zweifelnd, *Ritz* in Baums/Thoma, WpÜG, § 41 Rn. 10.
[70] Siehe auch *Barthel*, Die Beschwerde gegen aufsichtsrechtliche Verfügungen nach dem WpÜG, S. 117; *Berding*, Der Konzern 2004, 771, 780.
[71] NZG 2003, 1120; NZG 2012, 302.

ausgegangen werden, dass die Aktionäre belastende Entscheidungen der BaFin nicht im Widerspruchs- und Beschwerdeverfahren angreifen können. Der Aktionär kann daher auch nicht gegen eine unangemessene Gegenleistung im Widerspruchs- und Beschwerdeverfahren vorgehen. Nimmt er das insoweit von Anfang fehlerhafte Angebot an, wird ihm bei Verfolgung seines Anspruchs gemäß § 12 WpÜG die Kenntnis der Unrichtigkeit des Angebots entgegengehalten werden und er erhält im Übrigen nicht die Differenz zwischen angebotener, unangemessener Gegenleistung und tatsächlich angemessener Gegenleistung, sondern er erhält seine Aktien zurück, entwertet aufgrund des Verbleibs in einer nunmehr kontrollierten Gesellschaft.

**2. Befreiungsfälle.** Die Aktionäre der Zielgesellschaft haben ein Interesse daran, dass sie dann, wenn erstmals eine Kontrolle der Zielgesellschaft eintritt oder die Kontrolle wechselt, ihnen die Möglichkeit zur Veräußerung der von ihnen gehaltenen Aktien einer nunmehr kontrollierten oder möglicherweise anders kontrollierten Gesellschaft gegen Gewährung einer angemessenen Gegenleistung haben. Ihr Interesse ist daher auch darauf gerichtet, die Rechtmäßigkeit etwaig gewährter Befreiungen von der Verpflichtung, ein Pflichtangebot abzugeben (§§ 36, 37 WpÜG), überprüfen zu können, sei es im (Verwaltungs-)Widerspruchsverfahren oder in einem gerichtlichen Verfahren. Aufgrund der engen Voraussetzungen der Nichtberücksichtigung von Stimmrechten gemäß § 36 WpÜG und der Tatsache, dass die Interessen der Aktionäre nach dem Wortlaut der Norm bei einer stattgebenden Entscheidung nicht zu berücksichtigen sind, scheidet ein Drittschutz von vornherein aus.[72]

Um als Aktionär die von der BaFin gewährte Befreiung angreifen zu können, müssten die Aktionäre Beteiligte des Befreiungsverfahrens sein. Dies hat das OLG Frankfurt verneint.[73] Der Beteiligtenstatus der antragstellenden Aktionärin wurde abgelehnt, da die Regelungen des WpÜG und das Gestattungsverfahren der BaFin nicht dem Individualschutz der Aktionäre dienten. Die Aktionäre seien lediglich in ihrer Gesamtheit geschützt. Aktionäre seien durch eine Befreiungsentscheidung der BaFin vielleicht in ihren wirtschaftlichen Interessen, nicht jedoch in ihrem Eigentumsrecht (Art. 14 Abs. 1 GG) verletzt. Das Ablehnen eines drittschützenden Charakters der §§ 37 Abs. 1, 35 Abs. 1 und 2 WpÜG stützt das OLG Frankfurt mit dem Hinweis auf § 4 Abs. 2 WpÜG sowie auf die im Gesetzgebungsverfahren angeblich offen gelegte Intention der Ablehnung von Individualschutz im Übernahmeverfahren. Gemäß § 4 Abs. 2 WpÜG nimmt die BaFin die ihr nach dem WpÜG zugewiesenen Aufgaben und Befugnisse nur im öffentlichen Interesse wahr. Die Pflicht zur Abgabe eines Pflichtangebots diene alleine dem kapitalmarktrechtlichen Funktionsschutz, der Aktionär habe keinen Anspruch auf dessen Durchführung.[74]

Gegen einen nur kapitalmarktrechtlichen Funktionsschutz könnte sprechen, dass die Befreiung eine rechtsgestaltende Wirkung hat. Mit einer Befreiung verliert nämlich der Aktionär den nach dem WpÜG vorgesehenen Anspruch auf Verkauf der Aktien an den kontrollierenden Aktionär zu einem angemessenen Preis (§§ 35 Abs. 2, 31 WpÜG).[75] Allerdings hat der Aktionär gerade einen solchen Anspruch gegen den Bieter nach der Rechtsprechung gerade nicht.[76] Deshalb kann auch dahinstehen, ob eine Befreiung die Zivilgerichte im Falle einer unmittelbaren Klage eines Aktionärs bindet;[77] eine solche Klage ist schon nicht möglich.

---

[72] *Barthel*, Die Beschwerde gegen aufsichtsrechtliche Verfügungen nach dem WpÜG, S. 139.
[73] NZG 2003, 729.
[74] *Döhmel* in Assmann/Pötzsch/Schneider, WpÜG, § 48 Rn. 19.
[75] *Hecker* in Baums/Thoma, WpÜG, § 37 Rn. 175.
[76] BGH NZG 2013, 939.
[77] *Cahn* ZHR 167 (2003), 263, 294; nach *Baums/Hecker* in Baums/Thoma, WpÜG, § 35 Rn. 300, soll diese Bindung jedoch entfallen, wenn der Bieter durch unrichtige oder unvollständige Angaben erlangte (§ 48 Abs. 2 Nr. 2 VwVfG). Die Feststellung der Rücknahmevoraussetzungen muss jedoch der BaFin im Verwaltungsverfahren vorbehalten bleiben; offensichtlich ohne nähere Prüfung der Bindungswirkung der Befreiung zieht das OLG Frankfurt einen zivilrechtlichen Anspruche der Aktionäre in Erwägung, NZG 2003, 729, 731.

### VIII. Ansprüche der das Angebot annehmenden Aktionäre

**76** Erweist sich die bei einem freiwilligen Erwerbs-, Übernahme- oder Pflichtangebot zu veröffentlichende Angebotsunterlage in wesentlichen Angaben als unrichtig oder unvollständig, kann derjenige, der das Angebot angenommen hat, diejenigen, die für den Inhalt der Angebotsunterlage die Verantwortung übernommen haben oder diejenigen, von denen der Erlass der Angebotsunterlage ausgeht, auf Schadensersatz in Anspruch nehmen (§ 12 Abs. 1 WpÜG).

**77** **1. Barangebote.** Diese Regelung erweist sich zumindest bei der überwiegenden Anzahl der öffentlichen Angebote, in denen der Erwerb von Aktien gegen eine Barleistung angeboten wird, als wenig gelungen. Anspruchsberechtigt ist nach dem klaren Wortlaut der Norm nur derjenige, der das Angebot des Bieters angenommen hat. Erhält derjenige, der das Angebot angenommen hat, den Angebotspreis für seine Wertpapiere, ist es den Anspruchsberechtigten völlig gleichgültig, ob etwa die Aussagen zur Sicherstellung der Finanzierung, der Auswirkungen des Angebots auf den Bieter nebst einer von der BaFin verlangten Pro-Forma Bilanz[78] sowie die Absichten des Bieters im Hinblick auf die Zielgesellschaft richtig und vollständig sind. Kann der Bieter den Angebotspreis nicht oder nicht vollständig leisten, greift allgemeines Kaufrecht mit dem Erfüllungsanspruch aus dem mit Annahme des Angebots zustande gekommenen Aktienkaufvertrag. Scheitert die Erfüllung, weil die in der Angebotsunterlage beschriebenen Maßnahmen zur Sicherstellung der Finanzierung des Angebots unzutreffend waren, tritt daneben die Haftung aus § 13 WpÜG des Kreditinstituts, welche die Finanzierungsbestätigung ausgestellt hat.

**78** Der Schadensersatz geht auch bei einer anderen praktisch denkbaren Konstellation ins Leere. Sind Angaben zu Vorerwerben oder andere, die Bestimmungen der angemessenen Gegenleistung beeinflussende Angaben unrichtig oder unvollständig, erhält derjenige, der das Angebot angenommen hat, über die Regelung des § 12 Abs. 1 WpÜG eine etwaige Differenz zwischen dem geleisteten Angebotspreis und einer, etwa wegen verschwiegener Vorerwerbe zu höheren Preisen, angemessenen Gegenleistung gerade nicht. Der Bieter haftet nur auf das negative Interesse, dh, derjenige, der das Angebot angenommen hat, erhält Zug um Zug gegen Zahlung des bereits geleisteten Angebotspreises die Aktien der Zielgesellschaft zurück[79] und verbleibt so Aktionär in einer beherrschten Gesellschaft mit den damit verbundenen Nachteilen,[80] es sei denn, ein großer Teil der Aktionäre macht den Schadensersatzanspruch geltend.

**79** **2. Aktientauschangebot.** Der Anwendungsbereich des § 12 WpÜG beschränkt sich in der Praxis daher auf die Richtigkeit und Vollständigkeit der in den für Aktientauschangeboten nach § 2 Ziffer 2 WpÜG-AngVO erforderlichen Angaben gemäß § 7 WpPG hinsichtlich der für die Beurteilung der als Gegenleistung auszugebenden (Bieter-)Aktien wesentlichen Informationen. Die Haftung nach § 12 WpÜG reduziert sich somit auf eine Haftung für die prospektähnliche Beschreibung der Gesellschaft, die die als Gegenleistung angebotenen Aktien ausgibt, ähnlich der Prospekthaftung gemäß §§ 21 ff. WpPG. Der Anspruch geht dann wie bei einem Barangebot auf Tausch der als Gegenleistung angebotenen (Bieter-)Aktie gegen Rückgewähr der Aktie der Zielgesellschaft.[81] Aber auch hier findet sich in der Regel der Aktionär nach der Rückabwicklung als Aktionär einer beherrschten Gesellschaft wieder,[82] da nur die in der Regel wenigen klagenden Aktionäre einen Rückgabeanspruch haben.

---

[78] *Lenz/Behnke* BKR 2003, 43, 46; im Übrigen sollen diese Angaben dem Schutz des Bieters vor einer nicht finanzierbaren Übernahme dienen, *Thoma* in Baums/Thoma, WpÜG, § 11 Rn. 60.
[79] *Möllers* in KK-WpÜG, § 12 Rn. 132.
[80] *Schneider* AG 2002, 125, 126.
[81] Zu den Problemen aus der Rückgewähr von Einlagen siehe *Möllers* in KK-WpÜG, § 12 Rn. 94 ff.
[82] Zum Sonderfall, dass eine Rückabwicklung der Annahme des Angebots mit der Rückgabe der Aktie etwa wegen einer Verschmelzung der Zielgesellschaft auf den Bieter oder einer anderen Gesellschaft nicht möglich ist, siehe *Möllers* in KK-WpÜG, § 12 Rn. 139.

Wie bei der Haftung für Wertpapierprospekte besteht kein Anspruch, wenn derjenige, **80** der das Angebot angenommen hat, die Unrichtigkeit oder Unvollständigkeit der Angaben der Angebotsunterlage kannte oder das Angebot zu einem Zeitpunkt angenommen hat, in dem der Bieter mit einer Ad-hoc-Mitteilung gemäß § 15 WpHG oder einer vergleichbaren Bekanntmachung die Angebotsunterlage ergänzt oder berichtigt hat (§ 12 Abs. 3 Nr. 2 WpÜG). Der Bieter kann den Anspruch auch dann abwehren, wenn er beweist, dass er die Unrichtigkeit oder Unvollständigkeit der Angaben der Angebotsunterlage nicht gekannt hat oder die Unkenntnis nicht auf grober Fahrlässigkeit beruht (§ 12 Abs. 2 WpÜG). Für den Regelfall, dass der Bieter zugleich die als Gegenleistung angebotenen Aktien ausgibt, dürfte dieser Entlastungsbeweis vom Bieter nicht zu führen sein, da unterstellt werden muss, dass die Geschäftsführungsorgane des Bieters die Unrichtigkeit oder Unvollständigkeit ihrer Angaben immer kennen müssen. Die haftungsbegründende Kausalität ist unschwer nachzuweisen, da derjenige, der das Angebot angenommen hat, dies innerhalb der Annahmefrist getan haben muss, so dass der Bieter kaum Erfolg versprechend einen Gegenbeweis führen kann.

**3. Verjährung.** Der Anspruch verjährt binnen eines Jahres ab Kenntnis der Fehlerhaf- **81** tigkeit der Angebotsunterlage, längstens nach Ablauf von drei Jahren seit Veröffentlichung der Angebotsunterlage (§ 12 Abs. 4 WpÜG).

### IX. Ansprüche der in der Zielgesellschaft verbleibenden Aktionäre

Der Aktionär der Zielgesellschaft hingegen, der auf Angaben der Angebotsunterlage ver- **82** trauend, dass der Bieter etwa nicht beabsichtigt, den Geschäftsbetrieb der Zielgesellschaft wesentlich zu verändern, keine wesentlichen Tochtergesellschaften zu veräußern oder ähnliche, den Unternehmenswert grundsätzlich beeinträchtigende Maßnahmen durchzuführen, das Angebot nicht annimmt, hat keinen Schadensersatzanspruch gegen den Bieter, wenn sich diese Angaben unmittelbar nach Ablauf der Annahmefrist als unrichtig erweisen, da eine analoge Anwendung des § 12 WpÜG ausscheidet.[83] Allein die fehlende Rechtsschutzmöglichkeit des in einer kontrollierten Gesellschaft verbleibenden Aktionärs zeigt, dass es regelmäßig keine Alternative zu einer Annahme eines Übernahme- oder Pflichtangebots geben kann,[84] es sei denn, aktien- oder umwandlungsrechtliche Maßnahmen stehen unmittelbar bevor und der Minderheitsaktionär spekuliert, gegebenenfalls nach Durchführung eines Jahre dauernden Spruchverfahrens, auf eine den Angebotspreis übersteigende gesetzliche Abfindung.

### X. Ansprüche gegen die Zielgesellschaft

Gesetzliche Haftungsansprüche bestehen nicht. § 12 betrifft explizit nur Ansprüche ge- **83** gen den Bieter. Haftungsansprüche gegen die Zielgesellschaft bei fehlerhafter Stellungnahme werden überwiegend auf der Grundlage einer zivilrechtlichen Prospekthaftung bejaht.[85] Dann haftete die Zielgesellschaft unter wesentlich leichteren Voraussetzungen als der Bieter nach § 12 WpÜG für den Inhalt der Angebotsunterlage, was nicht sein kann. Außerdem liegt keine Vertriebssituation vor.[86] Ein Haftung nach § 823 Abs. 2 BGB[87] scheitert bereits an der mittlerweile feststehenden fehlenden Drittschutzwirkung des Gesetzes.[88] Als weitere Variante werden Ansprüche über § 117 AktG wegen Einwirkens auf die Aktionäre bejaht.[89]

---

[83] *Möllers* in KK-WpÜG, § 12 Rn. 82.
[84] *Schneider* AG 2002, 125, 126.
[85] Etwa *Schwark* in Schwark/Zimmer, KMRK § 27 WpÜG Rn. 35; *Wackerbarth* in MüKoAktG, § 27 WpÜG Rn. 41; *Röh* in Frankfurter Kom. WpÜG, § 27 Rn. 87.
[86] *Harbarth* in Baums/Thoma, § 27 Rn. 139.
[87] So etwa *Röh* in Frankfurter Kom. WpÜG, § 27 Rn. 92.
[88] BGH NZG 2013, 939.
[89] *Harbarth* in Baums/Thoma, WpÜG, § 27 Rn. 152; *Krause/Pötzsch* in Assmann/Pötzsch/Schneider, WpÜG, § 27 Rn. 146.

Dann erforderte die Haftung Vorsatz. Tatsächlich dürfte der Aktionär wie bei der Angebotsunterlage auf die Missstandsaufsicht der BaFin (§ 4 Abs. 1 WpÜG) vertrauen müssen.

### XI. Abwehrmaßnahmen der Zielgesellschaft

84 Nach § 33 Abs. 1 WpÜG, soweit die Satzung der Zielgesellschaft nicht die Abweichung gemäß der § 33a WpÜG vorsieht[90], sind im Zeitraum nach Ankündigung eines Angebots bis zum Ende der Annahmefrist Handlungen des Vorstands der Zielgesellschaft, aufgrund derer der Erfolg des Angebots verhindert werden könnte, grundsätzlich unzulässig.

85 Die außenstehenden Aktionäre können je nach Attraktivität und Absichten des Bieters ein Interesse daran haben, dass der Vorstand der Zielgesellschaft ein aus der Sicht der außenstehenden Aktionäre unattraktives Übernahmeangebot oder das Übernahmeangebot eines aus der Sicht der außenstehenden Aktionäre nicht genehmen neuen Großaktionärs versucht abzuwehren. Im Falle eines attraktiven Übernahmeangebots wird das Interesse der außenstehenden Aktionäre hingegen darauf gerichtet sein, dass der Vorstand der Zielgesellschaft dieses attraktive Übernahmeangebot nicht durch Abwehrmaßnahmen scheitern lässt.

86 **1. Unterlassen von Abwehrmaßnahmen.** Gemäß § 33 Abs. 1 WpÜG darf der Vorstand keine Handlungen vornehmen, aufgrund derer der Erfolg eines gemäß § 10 WpÜG angekündigten Übernahmeangebots verhindert werden könnte (für eine Anwendung der §§ 33a ff. WpÜG dürften nur wenige inländische Zielgesellschaften optieren). Dies gilt nicht für Handlungen, die auch ein ordentlicher und gewissenhafter Geschäftsleiter einer Gesellschaft, welche nicht von einem Übernahmeangebot betroffen ist, vorgenommen hätte, für die Suche nach einem konkurrierenden Angebot sowie für Handlungen, denen der Aufsichtsrat zugestimmt hat. Ferner kann der Vorstand der Zielgesellschaft nach § 33 Abs. 2 WpÜG Handlungen zur Abwehr des Übernahmeangebots vornehmen, wenn die Hauptversammlung den Vorstand hierzu ermächtigt hat.

87 Ansprüche von Aktionären gegen Handlungen, die ein ordentlicher und gewissenhafter Geschäftsleiter einer Gesellschaft nicht vorgenommen hätte oder denen der Aufsichtsrat nicht zugestimmt hat, bestehen nicht.[91] Unterlassungsansprüche der Aktionäre bestehen nur bei Maßnahmen, welche strukturverändernd wirken und damit in das Mitgliedschaftsrecht der Aktionäre eingreifen.[92] Der Aktionär kann daher allenfalls mit einer Unterlassungsklage Abwehrmaßnahmen, die wie etwa der Veräußerung fast sämtlicher Assets nach den Holzmüller/Gelatine-Grundsätzen der Zustimmung der Hauptversammlung bedürften, verhindern.

88 Schadensersatzansprüche der Aktionäre gegen die Zielgesellschaft wegen unzulässiger Abwehrmaßnahmen bestehen gleichfalls nicht, da § 33 WpÜG kein Schutzgesetz im Sinne des § 823 Abs. 2 WpÜG ist.[93] Dass ein Aktionär aufgrund der Abwehr eines Übernahmeangebots die Möglichkeit der Veräußerung seiner Aktien zu einem möglicherweise attraktiven Preis verliert, ist kein durch § 823 Abs. 1 BGB geschütztes Vermögensrecht des Aktionärs.[94]

89 **2. Suche nach konkurrierendem Bieter oder andere Maßnahmen zur Erhöhung der Gegenleistung.** Genauso wenig wie der Aktionär mit Ausnahme aktienrechtlicher Bestimmungen einen Anspruch auf Unterlassung von Abwehrmaßnahmen gegen den

---

[90] Praktische Fälle sind bisher nicht bekannt geworden.
[91] *Schwennicke* in Geibel/Süßmann, WpÜG, § 33 Rn. 56; *Krause/Pötzsch* in Assmann/Pötzsch/Schneider, WpÜG, § 33 Rn. 304; aA *Röh* in Frankfurter Kom. WpÜG, § 33 Rn. 140, wonach ein solcher Anspruch (über § 93 AktG) jedoch nur dem Aktionär, der mit mindestens 5% am Grundkapital beteiligt ist, zukomme.
[92] *Schwennicke* in Geibel/Süßmann, WpÜG, § 33 Rn. 56, *Krause/Pötzsch* in Assmann/Pötzsch/Schneider, WpÜG, § 33 Rn. 305.
[93] *Krause/Pötzsch* in Assmann/Pötzsch/Schneider, WpÜG, § 33 Rn. 321; *Schwennicke* in Geibel/Süßmann, WpÜG, § 33 Rn. 88.
[94] *Schwennicke* in Geibel/Süßmann, WpÜG, § 33 Rn. 89.

Vorstand der Zielgesellschaft hat, kann er vom Vorstand der Zielgesellschaft nicht verlangen, dass dieser etwa einen konkurrierenden Bieter sucht, damit sich die Gegenleistung in dem Übernahmeangebot des ersten Bieters bzw. wegen des konkurrierenden Angebots erhöht oder zumindest Anreize setzt, dass der Bieter sein Übernahmeangebot verbessert. Ein solches subjektives Recht der Aktionäre besteht nicht.[95]

Ansprüche des Aktionärs gegen Vorstand und Aufsichtsrat der Zielgesellschaft auf Abgabe einer ablehnenden Stellungnahme zu dem Übernahmeangebot nach § 27 WpÜG bestehen ebenfalls nicht.[96]

---

[95] *Schneider* AG 2002, 125, 129.
[96] Zu den Handlungsmöglichkeiten der Hauptversammlung der Zielgesellschaft siehe *Schneider* AG 2002, 125, 131.

# 5. Kapitel. Unverbriefte Kapitalanlagen, insbes. Beteiligungen an Gesellschaften

## § 16 Entwicklungen am Markt für unverbriefte Kapitalanlagen

### Übersicht

| | Rn. |
|---|---|
| I. Die Entwicklung der steuerbegünstigten Kapitalanlage | 1–110 |
|   1. Die steuerliche Entwicklung bis 1980 | 8 |
|     a) Konzeptionen | 8 |
|       aa) Gewerbliche Verlustzuweisungsmodelle | 8 |
|       bb) Private Verlustzuweisungsmodelle | 22 |
|     b) Maßnahmen der Finanzverwaltung und des Gesetzgebers | 28 |
|     c) Der Beschluss des Großen Senats des BFH vom 10.11.1980 | 36 |
|   2. Die steuerliche Entwicklung nach 1980 | 42 |
|     a) Marktreaktionen | 42 |
|     b) Weitere Entwicklungen in der Rechtsprechung und durch die Finanzverwaltung bis 1984 | 47 |
|   3. Die steuerliche Situation ab 1984 | 51 |
|     a) Der Beschluss des Großen Senats des BFH vom 25.6.1984 | 54 |
|       aa) Publikums-Personengesellschaften | 55 |
|       bb) Mitunternehmerschaft bei mittelbaren Beteiligungen | 60 |
|       cc) Aufgabe der Baupatenrechtsprechung | 64 |
|       dd) Befristete Beteiligungen an Personengesellschaften | 70 |
|       ee) Aufgabe der Geprägerechtsprechung | 72 |
|     b) Bericht der Bundesregierung | 75 |
|     c) Das Gepräge-Gesetz vom 19.12.1985 | 80 |
|     d) Stand der steuerbegünstigten Kapitalanlage bei Beteiligungen an Gesellschaften bis 1990 | 82 |
|   4. Die steuerliche Entwicklung ab 1990 | 87 |
|     a) Geschlossene Immobilienfonds und neue Bundesländer | 87 |
|     b) Anzahlungs-/Konservierungs-Fonds | 90 |
|   5. Die steuerliche Entwicklung ab 1997 | 94 |
|     a) § 1 Abs. 2 GrEStG | 94 |
|     b) § 1 Abs. 2a GrEStG | 95 |
|     c) § 6 Abs. 3 GrEStG | 98 |
|     d) § 2 Abs. 3 EStG | 99 |
|     e) § 2b EStG | 101 |
|     f) § 10d EStG | 102 |
|     g) § 24 UmwStG | 103 |
|     h) UStG | 104 |
|     i) Das Ende der Steuerorientierung geschlossener Immobilienfonds | 105 |
| II. Neuere Entwicklungen | 111–384 |
|   1. Ansparfonds | 115 |
|   2. Arbeitnehmervermögensbeteiligungen | 132 |
|   3. Fördergebietsgesetz | 145 |
|   4. Geschlossene Immobilienfonds | 149 |
|     a) Wohnimmobilien-Fonds als Hamburger Modell | 155 |
|     b) Unklarheiten bei Gewinnerzielungsabsicht | 167 |
|     c) Übertragung der steuerlichen Bauherrenmodell-Rechtsprechung auf geschlossene Immobilien-Fonds | 178 |
|     d) Unklarheiten iVm § 15a EStG | 184 |
|     e) Unsicherheiten bei mittelbaren Beteiligungen | 192 |
|     f) Fazit | 197 |
|     g) Weitere Entwicklungen | 199 |
|   5. Senioren-Fonds | 201 |
|   6. Leasing-Fonds | 203 |
|     a) Mobilien-Leasingfonds | 203 |
|     b) Immobilien-Leasingfonds | 204 |

|   | Rn. |
|---|---|
| 7. GbR-Modelle mit geringer Gesellschafterzahl | 205 |
| 8. Allgemeine Entwicklungen | 208 |
|    a) Angeblich überhöhte Preise und Finanzierungen | 211 |
|    b) Innenprovision | 220 |
|       aa) Zur Aufklärungspflicht | 223 |
|       bb) Prospektive Ausweispflicht der Innenprovision | 235 |
|       cc) Fazit | 240 |
|    c) Prospekthaftung bei geschlossenen Fonds | 242 |
|       aa) Prospekthaftung vor dem 1.7.2005 | 243 |
|       bb) Prospekthaftung ab dem 1.7.2005 | 253 |
|       cc) Prospekthaftung auf Grund Delikt | 260 |
|       dd) Prospekthaftung ab dem 1.11.2012 | 261 |
|    d) Folgen der Verfassungsrechtsprechung zur Rückwirkungsthematik | 272 |
|    e) Insolvenzfähigkeit geschlossener (Immobilien-)Fonds? | 285 |
|    f) Krisenmanagement bei geschlossenen Immobilien-Fonds | 288 |
|    g) Immobilien-Fonds und Aufklärungspflichten von Banken | 298 |
|    h) Immobilienfonds und allgemeine Prüfungs- und Aufklärungspflichten | 310 |
|    i) Aufklärungspflichten betreffend Negativberichterstattungen? | 333 |
|    j) Folgen von Aufklärungspflichtverletzungen | 335 |
| 9. KWG | 337 |
| 10. Geschlossene Immobilienfonds und Verbraucherschutz | 339 |
|    a) Verbraucherschutz | 348 |
|    b) Verbraucherkredit | 362 |
|    c) Haustürgeschäft | 371 |
| 11. Schiedsgerichtsverfahren | 384 |
| III. Geschlossene Immobilienfonds im Umbruch | 385–439 |
| 1. Abschied von der GbR-mbH | 386 |
| 2. Schein-KG und Handelsrechts-Reform-Gesetz | 390 |
| 3. Gesellschafterliche Aufklärungspflichten | 391 |
| 4. Pflichtenveränderung bei Fonds-Treuhändern | 395 |
|    a) Publikums-KG | 403 |
|       aa) Unmittelbare Beteiligung | 403 |
|       bb) Mittelbare Beteiligung | 409 |
|    b) Publikums-GbR | 413 |
|       aa) Unmittelbare Beteiligung | 413 |
|       bb) Von organschaftlich vertretungsberechtigten Gesellschaftern für GbR abgeschlossene Verträge | 418 |
|       cc) Von organschaftlich vertretungsberechtigten Gesellschaftern für Gesellschafter abgeschlossene Verträge | 419 |
|       dd) Von rechtsgeschäftlich vertretungsberechtigten Treuhändern/Geschäftsbesorgern für Kapitalanleger abgegebene Beitrittserklärungen zur GbR und für Gesellschafter abgeschlossene Anteilsfinanzierungsverträge | 420 |
|       ee) Fazit | 423 |
|       ff) Mittelbare Beteiligung | 424 |
|    c) RBerG - RDG | 425 |
| 5. Anlageberater- und Vermittlerhaftung bei geschlossenen Immobilienfonds | 426 |
| 6. Geschlossene Fonds und EU-Gemeinschaftsrecht | 434 |
| IV. Anlegerinteressengemeinschaften | 440–442 |
| V. Kapitalanleger-Musterverfahrensgesetz | 443–454 |
| VI. Anlegerschutzverbesserung im Grauen Kapitalmarkt | 455–486 |
| 1. Einleitung | 456 |
| 2. Gesetz betr. Finanzanlagenvermittler und Vermögensanlagen | 457 |
| VII. Immobilien-Anleihen | 487–488 |
| VIII. AIFM | 489–503 |
| 1. Die AIFM-Richtlinie | 489 |
| 2. KAGB | 492 |

**Schrifttum:** *Adams,* Nochmals: Die Kapitallebensversicherung als Anlegerschädigung, ZIP 1999, 1386; *Albrecht/Maurer/Schradin,* Die Kapitallebensversicherung als Anlegerschädigung, ZIP 1999, 1381; *Althammer,* Der Widerruf notariell beurkundeter Fondsbeitritte und die Modalitäten der Rückabwicklung, BKR 2003, 280; *Altmeppen,* Deliktshaftung in der Personengesellschaft, NJW 2003, 1553; *ders.,* Die Publikums-Fonds-Gesellschaft und das Rechtsberatungsgesetz, ZIP 2006, 1; *Armbrüster,* Kapitalanleger als Verbraucher? Zur Reichweite des europäischen Verbraucherschutzrechts, ZIP

2006, 406; *Armbruster/Jansen,* Aktuelle Tendenzen im Personengesellschaftsrecht, DStR 1999, 1907; *Arlt,* Nachschusspflicht bei Publikumsgesellschaften – neue BGH-Entscheidung, BTR 2005, 252; *Arndt,* Abzugsverbot von Eigenkapitalvermittlungsprovisionen geschlossener Immobilienfonds, BB 2002, 1617; *Artz,* Die Neuregelung des Widerrufsrechts bei Verbraucherverträgen, BKR 2002, 603; *Assmann,* Die Prospekthaftung beruflicher Sachkenner de lege lata und de lege ferenda, AG 2004, 436; *ders.,* Die Pflicht von Anlageberatern und Anlagevermittlern zur Offenlegung von Innenprovisionen, ZIP 2009, 2125; *Assmann/Wagner,* Die Verjährung sog Altansprüche der Erwerber von Anlagen des freien Kapitalanlagemarkts, NJW 2005, 3169; *dies.,* Die Verjährung sogenannter Altansprüche von Kapitalanlegern – vor und nach dem Urteil des Bundesgerichtshofes vom 23.1.2007, ZfIR 2007, 562; *Baier,* Die Störung der Geschäftsgrundlage im Recht der Personengesellschaften, NZG 2004, 356; *Bälz,* Treuhandkommanditist, Treuhänder der Kommanditisten und Anlegerschutz, ZGR 1980, 1; *Bader,* Steuerliche Probleme bei Fondsbeteiligungen zur Sicherstellung der 50%igen Fördergebiets-AfA, DStR 1997, 1917; *Barta,* Der Prospektbegriff in der neuen Verkaufsprospekthaftung, NZG 2005, 305; *ders.,* Haftung des Abschlussprüfers gegenüber Anlegern bei pflichtwidriger Abschlussprüfung, NZG 2006, 855; *ders.,* Der Gerichtstand für Klagen gegen Anleger als Gesellschafter von Fondsgesellschaften, NJW 2011, 1778; *Beck,* Der neue Fondserlass, DStR 2002, 1846; *Beck/Maier,* Die neuen Mindestangaben der Vermögensanlagen-Verkaufsprospektverordnung, WM 2012, 1898; *Benecke,* Inhaltskontrolle im Gesellschaftsrecht oder: „Hinauskündigung" und das Anstandsgefühl aller billig und gerecht Denkenden, ZIP 2005, 1437; *Becker,* Vertragsfreiheit, Vertragsgerechtigkeit und Inhaltskontrolle, WM 1999, 709; *Benedict,* Die Haftung des Anlagevermittlers, ZIP 2005, 2129; *Bernecke,* Haftung für die Inanspruchnahme von Vertrauen – Aktuelle Fragen zum neuen Verkaufsprospekt, BB 2006, 2597; *Binder,* Staatshaftung für fehlerhafte Bankenaufsicht gegenüber Bankeinlegern?, WM 2005, 1781; *Bohlken/Lange,* Die Prospekthaftung im Bereich geschlossener Fonds nach §§ 13 Abs. 1 Nr. 3, 13a Verkaufsprospektgesetz nF, DB 2005, 1259; *Brandes,* Die Rechtsprechung des Bundesgerichtshofes zur Personengesellschaft, WM 2000, 385; *Braun,* Objektivierung der Gewinnerzielungsabsicht bei der Liebhaberei, BB 2000, 283; *Brinkhaus/Grandpierre,* Die steuerliche Anerkennung von Treuhandverhältnissen bei einer Mehrheit von Treugebern, DStR 1999, 1970; *Brocker/Lohmann,* Die Aufsicht über den Vertrieb von Vermögensanlagen nach dem Vermögensanlagengesetz und der Gewerbeordnung, GWR 2012, 335588 (beck-online); *Brömmelmeyer,* Fehlerhafte Treuhand? – Die Haftung der Treugeber bei der mehrgliedrigen Treuhand an Beteiligungen, NZG 2006, 529; *Bruchwitz/Voß,* Der Regierungsentwurf für ein Gesetz zur Novellierung des Finanzanlagenvermittler- und Vermögensanlagenrechts, BB 2011, 1226; *Bülow,* Verbraucherkreditrecht im BGB, NJW 2002, 1145; *Bußalb/Unzicker,* Auswirkungen der AIFM-Richtlinie auf geschlossene Fonds, BKR 2012, 309; *Butzer,* Der Vertrauensschutz nach § 52 Abs. 4 EStG bei § 2b-Verlustzuweisungsgesellschaften, BB 1999, 2061; *Caspari,* Anlegerschutz in Deutschland im Lichte der Brüsseler Richtlinien, NZG 2005, 98; *Casper,* Persönliche Außenhaftung der Organe bei fehlerhafter Information des Kapitalmarktes, BKR 2005, 83; *ders.,* Aufklärung über Rückvergütungen: Zwischen Rechtsfortbildung und Verbotsirrtum, ZIP 2009, 2409; *Clouth,* Anlegerschutz – Grundlagen aus der Sicht der Praxis, ZHR 177 (2013), 212; *Dauner-Lieb/Dötsch,* Ein „Kaufmann" als „Verbraucher"? – Zur Verbrauchereigenschaft des Personengesellschafters, DB 2003, 1666; *Derleder,* Verbrauchervollmachten bei der Beteiligung an Steuersparmodellen des Immobiliensektors, ZfIR 2002, 1; *Deutscher,* Sanierungsmaßnahmen bei maroden Immobilienfonds – (kein) aussichtsloser Kampf gegen den Bundesgerichtshof?, ZfIR 2008, 41; *Diekmann/Sustmann,* Gesetz zur Verbesserung des Anlegerschutzes (Anlegerschutzverbesserungsgesetz – AnSVG), NZG 2004, 929; *Dörrie,* Verbraucherdarlehen und Immobilienfinanzierung nach der Schuldrechtsmodernisierung, ZfIR 2002, 89; *ders.,* Änderungen des Widerrufsrechts und Neuregelungen über verbundene Geschäfte bei Verbraucherdarlehensverträgen, ZfIR 2002, 685; *Dorka/Losert,* Garantiehaftung des Treuhänders nach § 179 Abs. 2 BGB bei Verstoß der Vollmacht gegen das Rechtsberatungsgesetz?, DStR 2005, 1145; *Duve/Pfitzner,* Braucht der Kapitalmerkt ein neues Gesetz für Massenverfahren?, BB 2005, 673; *Duve/Basak,* Welche Zukunft hat die Organaußenhaftung für Kapitalmarktinformationen?, BB 2005, 2645; *Edelmann,* Das Rechtsberatungsgesetz und der (missverstandene) Verbraucherschutz bei den Treuhandimmobilien, BKR 2004, 337; *ders.,* Zur Rückzahlungspflicht des Darlehensnehmers trotz Widerruf des Darlehens bei Fondsbeteiligungen, BKR 2002, 801; *ders.,* Grenzen der Rechtsfortbildung und des Verbraucherschutzes bei Immobilienkapitalanlagen, BKR 2005, 394; *Eggesiecker,* Liquidation von Abschreibungsgesellschaften, HdB Fach 3550; *Eiben/Boesenberg,* Plausibilitätsprüfungspflicht von Anlagevermittler und Anlageberater, NJW 2013, 1398; *Eisolt,* Wann gehört im Sinne des § 1 Abs. 2a GrEStG ein Grundstück zum Vermögen der Gesellschaft?, BB 1998, 247; *ders.,* Vornahme von Sonder-AfA nach einem Formwechsel, DStR 1999, 267; *Emde/Dreibus,* Der Regierungsentwurf für ein Kapitalanlagegesetzbuch, BKR 2013, 89; *Engelhardt,*

Vertragsabschlussschaden oder Differenzschaden bei der Haftung des Emittenten für fehlerhafte Kapitalmarktinformationen, BKR 2006, 443; *Erttmann/Keul*, Das Vorlageverfahren nach dem KapMuG – zugleich eine Bestandsaufnahme zur Effektivität des Kapitalanlegermusterverfahrens, WM 2007, 482; *Esser*, Rechtsberatungsgesetz – höchstrichterliche Rechtsprechung und ausgewählte notarrelevante Probleme, RNotZ 2005, 69; *Eusani*, Die Gewährleistung beim Kauf von Grundbesitzgesellschaftsanteilen nach der Schuldrechtsreform, ZfIR 2004, 509; *Fischer*, „Wirtschaftliche Betrachtungsweise" als gesetzliches Tatbestandsmerkmal der Grunderwerbsteuer, DStR 1997, 1745; *ders.*, Die Gemeinschaftswidrigkeit der Befristung des Widerrufsrechts gemäß § 355 Abs. 3 Satz 1 BGB bei „Haustürgeschäften", DB 2002, 727; *ders.*, Die aktuellen Änderungen des BGB zum Recht der Verbraucherkredit-, Haustür- und Realkreditverträge, DB 2002, 1643; *ders.*, Rückabwicklung kreditfinanzierter Fondsbeteiligungen: Rückzahlungspflichten des Anlegers gegenüber der Bank?, DB 2004, 1651; *ders.*, Gemeinschaftsrechtskonforme Rückabwicklung von Haustür-„Schrottimmobilien"-Geschäften, DB 2005, 2507; *Fleischer*, Zur Haftung bei fehlendem Verkaufsprospekt im deutschen und US-amerikanischen Kapitalmarktrecht, WM 2004, 1897; *ders.*, Prognoseberichterstattung im Kapitalmarktrecht und Haftung für fehlerhafte Prognosen, AG 2006, 2; *Fleischmann*, Immobilienfonds: Widersprüchliche BFH-Rechtsprechung – ausgewogene Reaktionen der Finanzverwaltung, DStR 1994, 1065; *ders.*, Zur steuerlichen Liebhaberei – Die neuesten Tendenzen in Rechtsprechung und Verwaltungsmeinung, DStR 1998, 364; *ders.*, Der 5. Bauherren-Erlass – das Ende aller Fonds-Modelle?, DStR 2002, 1293; *Fleischmann/Röschinger/Meyerhoff*, Steuern, die Vermögen werden?, 8. Aufl. 1984; *Fleischmann/Meyer-Scharenberg*, Konservierungsfonds gescheitert? – Anmerkungen zum BMF-Schreiben vom 24.12.1996, DStR 1997, 106; *dies.*, Ein neuer „Zweifelsfragen-Erlaß" zum Fördergebietsgesetz, DB 1997, 395; *dies.*, Der dritte Zweifelsfragen-Erlaß zum Fördergebietsgesetz, DStR 1998, 1901; *dies.*, Endlich veröffentlicht: Der neue Bauherren- und Fondserlass, DStR 2004, 20; *dies.*, Der neue § 15b EStG: Der endgültige Tod der Steuersparmodelle, DB 2006, 353; *Fölsing*, Abschlussprüferdritthaftung nach der Entscheidung des BGH vom 6.4.2006, DStR 2006, 1809; *Fratz/Löhr*, Gewerblicher Grundstückshandel: Besonderheiten bei der Veräußerung von Anteilen an Personengesellschaften, DStR 2005, 1044; *Freitag/Kißling*, Einwendungsdurchgriff beim kreditfinanzierten Erwerb von Fondsbeteiligungen, NZG 2004, 316; *Friedrichsen/Weisner*, Das Gesetz zur Novellierung des Finanzanlagevermittler- und Vermögensanlagenrechts – Wesentliche Neuerungen im Bereich geschlossener Fonds, ZIP 2012, 756; *Frings*, Neues zur gespaltenen Beitragspflicht der Personengesellschafter, NZG 2008, 218; *Frisch*, Aufklärungspflicht über erhaltene Rückvergütungen auch beim Vertrieb von Immobilienanlagen?, ZfIR 2009, 311; *Geibel*, Schadensersatz wegen verdeckter Innenprovision und ähnlicher Zuwendungen, ZBB 2003, 349; *ders.*, Die Lehre von der fehlerhaften Gesellschaft als Beschränkung von Schadensersatzansprüchen?, BB 2005, 1009; *Gerhardt*, Zur Haftung des ausgeschiedenen Gesellschafters im Rahmen des § 93 InsO, ZIP 2000, 2181; *Goette*, Die Rechtsprechung des BGH zum Gesellschaftsrecht im Jahr 1999, ZNotP 2000, 42; *ders.*, Die Rechtsprechung des BGH zum Gesellschaftsrecht im Jahr 2001, ZNotP 2002, 366; *Görlich*, Grundbuchtreuhand im geschlossenen Immobilienfonds, DB 1988, 1102; *Goldbeck/Uhde*, Das Bauherrenmodell in Recht und Praxis, 1984; *Grüter*, Anrechnung steuerlicher Vorteile auf Schadensersatz, NZG 2006, 853; *Grumann*, Prospektbegriff, -pflicht und -verantwortlichkeit im Rahmen der allgemeinen bürgerlich-rechtlichen Prospekthaftung im engeren Sinne, BKR 2002, 310; *Gutmann*, Wundersame Auferstehung – Zur Haftung des Neugesellschafters für Altverbindlichkeiten der GbR, NZG 2005, 544; *Habersack*, Die Besorgung von Rechtsangelegenheiten durch beauftragte Geschäftsführer – kein Problem des RBerG?, BB 2005, 1695; *ders.*, Die Pflicht zur Aufklärung über Rückvergütungen und Innenprovisionen und ihre Grenzen, WM 2010, 1245; *Habersack/Mayer*, Der Widerruf von Haustürgeschäften nach der „Heininger"-Entscheidung des EuGH, WM 2002, 253; *Halfmeier*, Zur Neufassung des KapMuG und zur Verjährungshemmung bei Prospekthaftungsansprüchen, DB 2012, 2145; *Hartmann*, Neue Kostenregeln im neuen KapMuG-Verfahren, JurBüro 2012, 563; *Hartrott/Goller*, Immobilienfonds nach dem Kapitalanlagegesetzbuch, BB 2013, 1603; *Hasenkamp*, Die neue Prospektierungspflicht für Anbieter geschlossener Immobilienfonds, DStR 2004, 2154; *Hansen*, Der graue Kapitalmarkt und seine Auswirkungen, AG 1999, R 115; *Hecht*, Ist der Begriff der „Liebhaberei" im Vermietungs- und Verpachtungsbereich noch aktuell?, BB 2000, 226; *Heisterhagen*, Die gesetzliche Prospektpflicht für geschlossene Fonds nach dem Regierungsentwurf des Anlegerschutzverbesserungsgesetzes, DStR 2004, 1089; *ders.*, Prospekthaftung für geschlossene Fonds nach dem Börsengesetz – wirklich ein Beitrag zum Anlegerschutz?, DStR 2006, 759; *Heisterhagen/Kleinert*, Neueste Entwicklungen und aktuelle Problemkreise im Bereich geschlossener Fonds, DStR 2004, 507; *Helm*, Der Abschied vom „verständigen" Verbraucher, WRP 2005, 931; *Henze*, Aspekte des Verbraucherschutzes in der neuesten Rechtsprechung des Bundesgerichtshofes, in FS Röhricht, 2005, S. 201; *Hergarten*, Die Konzeption des Ansparfonds, HdB Fach

3534; *Herresthal,* Die Rechtsprechung zu Aufklärungspflichten bei Rückvergütungen auf dem Prüfstand des Europarechts, WM 2012, 2261; *Herrmann,* Die Personengesellschaft als Rechtssubjekt im Zivil- und Steuerrecht, DStZ 1998, 87; *Herzig/Briesemeister,* Systematische und grundsätzliche Anmerkung zur Einschränkung der steuerlichen Verlustnutzung, DStR 1999, 1377; *Heukamp,* Brauchen wir eine kapitalmarktrechtliche Dritthaftung von Wirtschaftsprüfern?, ZHR 169 (2005), 471; *Hirte,* Die Entwicklung des Personengesellschaftsrechts in Deutschland in den Jahren 2003 und 2004, NJW 2005, 718; *Hochleitner/Wolf/Großerichter,* Teleologische Reduktion auf Null? – Zur Unzulässigkeit einer richtlinienkonformen „Auslegung" des § 5 Abs. 2 HWiG in der Folge der „Heininger"-Entscheidung des EuGH, WM 2002, 529; *Hoffmann,* Realkredite im Europäischen Verbraucherschutzrecht, ZIP 2002, 145; *ders.,* Aufklärungspflichten des Kreditinstituts beim vollfinanzierten Immobilienerwerb durch mittellose Kleinverdiener („Schrottimmobilien-Fälle"), ZIP 2005, 688; *ders.,* Die EuGH-Entscheidungen „Schulte" und „Crailsheimer Volksbank": Ein Meilenstein für den Verbraucherschutz beim kreditfinanzierten Immobilienerwerb?, ZIP 2005, 1985; *Holzborn/Israel,* Das Anlegerschutzverbesserungsgesetz, WM 2004, 1948; *Hoppe/Lang,* Immobilienfonds und Verbraucherschutz, ZfIR 2002, 343; *dies.,* Finanzierter Immobilienkauf als Haustürgeschäft, ZfIR 2005, 800; *Jäger,* BGH klärt abschließend Abgrenzung von Innenprovisionen und Rückvergütungen sowie den Umgang mit Rückvergütungen, AG-Report 2011, R217; *Janert/Schuster,* Dritthaftung des Wirtschaftsprüfers am Beispiel der Haftung für Prospektgutachten, BB 2005, 987; *Jesch/Geyer,* Die Übergangsbestimmung der AIFM-Richtlinie, BKR 2012, 359; *Joecks,* Gesellschafterwechsel als Grunderwerbsteuertatbestand (§ 1 Abs. 2a GrEStG), BB 1997, 1921; *Jooß,* Rückvergütungen vs. Innenprovisionen, WM 2011, 1260; *Jordans,* Aufklärungspflichten über Einnahmen aus dem Vertrieb von Finanzprodukten – eine Übersicht über die Rechtsprechung zu Kick-Backs, Provisionen und Margen seit dem Jahr 2000, BKR 2011, 456; *Jork/Engel,* Konsequenzen der Rechtsprechung des II. Zivilsenats des BGH zu darlehensfinanzierten Kapitalanlagen in geschlossenen Immobilienfonds, BKR 2005, 3; *Kaligin,* Das Geprägegesetz, HdB Fach 3536; *ders.,* Nachversteuerung von negativen Kapitalkonten bei insolventen Abschreibungsgesellschaften, HdB Fach 3551; *ders.,* Novellierung des Fördergebietsgesetzes, HdB Fach 3213; *Kaminski,* Anmerkungen zum Anwendungsschreiben zu § 2b EStG, BB 2000, 1605; *van Kann/Redeker/Keiluwei,* Überblick über das Kapitalanlagegesetzbuch (KAGB), DStR 2013, 1483; *Keisinger,* Negative Einkünfte aus Verlustzuweisungsmodellen, NWB 2002, 3561; *Keller/Kolling,* Das Gesetz zur Einführung von Kapitalanleger-Musterverfahren – Ein Überblick, BKR 2005, 399; *Kempermann,* Mitunternehmerschaft, Mitunternehmer und Mitunternehmeranteil – steuerrechtliche Probleme der Personengesellschaft aus der Sicht des BFH, GmbHR 2002, 200; *Keßler/ Micklitz,* Die Richtlinie 2005/29/EG über unlautere Geschäftspraktiken im binnenmarktinternen Geschäftsverkehr zwischen Unternehmen und Verbrauchern, BB-Special 49 (2005), 1; *Keul/Erttmann,* Inhalt und Reichweite zivilrechtlicher Prospekthaftung, DB 2006, 1664; *Kiethe,* Immobilienkapitalanlagen: Verjährung der Prospekthaftungsansprüche, BB 1999, 2253; *ders.,* Die Renaissance des § 826 BGB im Gesellschaftsrecht, NZG 2005, 333; *ders.,* Schiedsvereinbarungen in Gesellschaftsverträgen – Rechtsunsicherheit durch weite Auslegung?, NZG 2005, 881; *ders.,* Anlegerentschädigung bei kreditfinanziertem Beitritt zu Immobilienfonds, DStR 2005, 1904; *Kilian,* Die Trennung vom „missliebigen" Personengesellschafter, WM 2006, 1567; *Kind/Bruchwitz,* Die Verjährung von Prospekthaftungsansprüchen bei geschlossenen Fonds und Bauherrenmodellen, BKR 2011, 10; *Kindler,* Durchgriffsfragen der Bankenhaftung beim fehlerhaften finanzierten Gesellschaftsbeitritt, ZGR 2006, 167; *Kleine-Cosack,* Rechtsberatungsgesetz und Treuhandauftrag – Fragwürdige Rechtsprechung bei Bauherrenmodellen, BB 2003, 1737; *ders.,* Restriktive Auslegung des Rechtsberatungsgesetzes, NJW 2003, 3009; *Klöhn,* Optimistische Prognosen in der bürgerlich-rechtlichen Prospekthaftung, WM 2010, 289; *ders.,* Die Ausweitung der bürgerlich-rechtlichen Prospekthaftung durch das „Rupert Scholz"-Urteil des BGH, WM 2012, 97; *Koch,* Zu den Auswirkungen des Urteils des BGH in Sachen Heininger ./. Hypovereinsbank auf die Rückabwicklung von Realkreditverträgen und die Verwertung von Sicherheiten, WM 2002, 1593; *Kohlhaas,* Die typische Verlustzuweisungsgesellschaft – ein Rechtsgebilde der 70er Jahre?, BB 1998, 399; *ders.,* Liebhaberei bei vermieteten Immobilien im Privatvermögen, BB 1998, 1139; *ders.,* Verfahrensrechtliche Fragen der Einkunftsermittlung einer sog Zebragesellschaft, DStR 1998, 1458; *ders.,* Vertrauensrechtliche steuerlichen Verlusten, BB 1999, 2004; *ders.,* Die Einkünftezuordnung bei Zebragesellschaften durch das Wohnsitzfinanzamt, DStR 1999, 1722; *ders.,* Gewerblicher Grundstückshandel als Steuersparmodell, DStR 2000, 1249; *Kopp,* Die „Relativierung" des Anlegerschutzes durch den XI. Senat des BGH, AG-Report 2005, R-112; *Kramer/Recknagel,* Die AIFM-Richtlinie – Neuer Rechtsrahmen für die Verwaltung alternativer Investmentfonds, DB 2011, 2077; *Kurth,* Der geschlossene Immobilienfonds, 1986; *Kurth/Krükel,* Bauherren- und Erwerbermodell. Immobilieneigentum als Kapitalanlage mit Steuervorteilen, 1983;

*Kuthe,* Änderungen des Kapitalmarktrechts durch das Anlegerschutzverbesserungsgesetz, ZIP 2004, 883; *Küting,* Neufassung des IDW S 4 – Auf dem Weg von einer freiwilligen zu einer gesetzlich kodifizierten Prospektprüfung?, DStR 2006, 1007; *Lang,* Verbundenes Geschäft, Einwendungsdurchgriff und fehlerhafte Gesellschaft – der BGH im Spannungsfeld von Verbraucherschutz und Gesellschaftsrecht, ZfIR 2003, 852; *Lang/Korsten,* Geschäftsbesorgung bei Steuersparmodellen, Rechtsbesorgung und Grundgesetz, ZfIR 2004, 932; *Lambsdorff,* Die Pflicht der Kreditinstitute zur Angabe von verdeckten Innenprovisionen, ZfIR 2003, 705; *Lehleiter/Hoppe,* Anlegerhaftung bei Objektfinanzierungen in geschlossenen Immobilienfonds, WM 2005, 2213; *Leu,* Die Einkunftserzielungsabsicht im Bereich der Einkünfte aus Vermietung und Verpachtung – Verbliebene Praxisrelevanz, DStZ 2000, 129; *Leuering,* Die Neuordnung der gesetzlichen Prospekthaftung, NJW 2012, 1905; *ders.,* Die Neurodnung der gesetzlichen Prospekthaftung, NJW 2012, 1905; *Lippe/Voigt,* Offenlegungspflichten der Anlageberater jenseits von Rückvergütungen – unterschiedliche Anforderungen an Anlageberater jenseits von Innenprovisionen durch verschiedene BGH-Senate?, BKR 2011, 151; *Limmer,* Personengesellschaften und Immobilien: Form-, Schutz- und ordnungspolitische Defizite am Beispiel des geschlossenen Immobilienfonds, in FS Hagen, 1999, S. 321; *Loritz,* Die angeblich erst später einsetzende Gewinnerzielungsabsicht der Personengesellschaft und die steuerorientierten Kapitalanlagen, DB 1992, 1156; *ders.,* Die Wirksamkeit eigenständiger Provisionsvereinbarungen am Beispiel der Lebensversicherungsverträge als Modell für Finanzprodukte, NJW 2005, 1757; *ders.,* Immobilien-Anleihen als zeitgemäße Alternative zu geschlossenen Fonds, in Schmider/Wagner/Loritz, Handbuch der Bauinvestitionen und Immobilienkapitalanlagen (HdB), (03/2011), Fach 0309; *ders.,* Rückwirkende Schaffung neuer Haftungstatbestände durch die Rechtsprechung im Kapitalmarktrecht – verfassungsrechtliche Fragen, NZG 2013, 411; *Loritz/Wagner,* Konzeptionshandbuch der steuerorientierten Kapitalanlage, Bd. 2, 1995; *dies.,* Geschlossene Fonds: Prospektdarstellung von „weichen" Kosten und Anlageberatungspflichten in der Rechtsprechung des BGH vor dem 1.7.2005 und danach, NZG 2013, 367; *dies.,* Fördergebietgesetz und Steuerorientierte Immobilienkapitalanlagen, WM 1993, 489 und 533; *dies.,* Anrechnung von Steuervorteilen bei der „Rückabwicklung" von Beteiligungen an geschlossenen Immobilienfonds, ZfIR 2003, 753; *dies.,* Sammelklagen geschädigter Kapitalanleger mittels BGB-Gesellschaften, WM 2007, 477; *Lux,* Verjährung von Prospekthaftungsansprüchen, NJW 2003, 2966; *Martin,* Zur Anrechnung von Steuervorteilen auf Schadensersatz, NZG 2006, 175; *Marx/Löffler,* Der Vergleich von Vorsteuerrendite und Nachsteuerrendite nach § 2b EStG, DStR 2000, 1665; *Manzei,* Einzelne Aspekte der Prospektpflicht am Grauen Kapitalmarkt, WM 2006, 845; *Maier,* Verjährungsfragen in Schrottimmobilien-Fällen, ZfIR 2008, 753; *Meier,* Das neue Kapitalanleger-Musterverfahrensgesetz, DStR 2005, 1860; *Meyer-Scharenberg/Fleischmann,* Das Anwendungsschreiben des BMF zu § 2b EStG, DStR 2000, 1373; *Meyer-Scharenberg,* Konsequenzen der Erwerbereigenschaft von Kapitalanlegern geschlossener Fonds für den Umfang der Anlaufverluste, DB 2002, 1520; *Meixner,* Das Dritte Finanzmarktförderungsgesetz, NJW 1998, 1896; *Meinhof,* Neuerungen im modernisierten Verbrauchervertragsrecht durch das OLG-Vertretungsänderungsgesetz, NJW 2002, 2273; *Möller,* Das Recht der Stellvertretung und der Verbraucherschutz, ZIP 2002, 333; *Möllers/Weichert,* Das Kapitalanleger-Musterverfahrensgesetz, NJW 2005, 2737; *Möllers/Wenninger,* Das Anlegerschutz- und Funktionsverbesserungsgesetz, NJW 2011, 1697; *Möllers/Seidenschwann,* Der erweiterte Anwendungsbereich des KapMuG – Neues und altes Recht unter Berücksichtigung von BGH NZG 2012, 1268, in NZG 2012, 1401; *Moritz/Grimm,* Licht im Dunkel des „Grauen Marktes"? – Aktuelle Bestrebungen zur Novellierung des Verkaufsprospektgesetzes, BB 2004, 1352; *Moritz/Grimm,* Die künftige Prospektpflicht für geschlossene Fonds, BB 2004, 1801; *dies.,* Die Vermögensanlagen-Verkaufsprospektverordnung: Inhaltliche Anforderungen an Verkaufsprospekte geschlossener Fonds, BB 2005, 337; *Morlin,* Grauer Kapitalmarkt und Altersvorsorge, AG-Rep. 2006, R424; *Müchler,* Die neuen Kurzinformationsblätter – Haftungsrisiken im Rahmen der Anlageberatung, WM 2012, 974; *Mülbert,* Außengesellschaften – manchmal ein Verbraucher?, WM 2004, 905; *Mülbert/Leuschner,* Die verfassungsrechtlichen Vorgaben der Art. 14 GG und Art. 2 Abs. 1 GG für die Gesellschafterstellung – wo bleibt die Privatautonomie?, ZHR 170 (2006), 615; *Müller,* § 1 Abs. 2a GrEStG – Zweifelsfragen und Gestaltungsmöglichkeiten, BB 1997, 1385; *Müller,* Nachschusspflicht der Gesellschafter einer KG und Ausschließung aus wichtigem Grund bei Verweigerung von Nachschüssen, DB 2005, 95; *Mülbert/Gramse,* Gesellschafterbeschlüsse bei der rechtsfähigen Personengesellschaft, WM 2002, 2085; *Müller-Christmann,* Das Gesetz zur Stärkung des Anlegerschutzes und Verbesserung der Funktionsfähigkeit des Kapitalmarktes, DB 2011, 749; *Müller/Stoschek,* Der Anwendungserlass der Finanzverwaltung zu § 1 Abs. 2a GrEStG, DStR 1997, 1197; *Naujok,* Der neue Fondserlass – geänderte Regeln für Bauherrenmodelle und geschlossene Fonds, ZfIR 2004, 40; *Nasall,* Wenn das Blaue am Himmel bleibt – Die Rechtsprechung des BGH zur Haftung des freien Anlageberaters,

NJW 2011, 2323; *Niewerth/Rybarz,* Änderung der Rahmenbedingungen für Immobilienfonds – das AIFM-Umsetzungsgesetz und seine Folgen, WM 2013, 1154; *Nittel,* Am Anfang war das verbundene Geschäft, NJW 2004, 2712; *Oechsler,* Schadensersatzanspruch des Immobilienanlegers wegen „institutionalisierten Zusammenwirkens" von Bank und Verkäufer beim Vertrieb, NJW 2006, 2451; *Pap/Sauer,* Widerruf und Rückabwicklung von Realkreditverträgen nach der Heininger-Entscheidung des Bundesgerichtshofs, ZflR 2002, 523; *Piekenbrock,* Zur Verjährung altrechtlicher Schadensersatzansprüche im Zivilrecht, AnwBl. 2005, 737; *Piekenbrock/Schulze,* Die Grenzen richtlinienkonformer Auslegung – autonomes Richterrecht oder horizontale Direktwirkung, WM 2002, 521; *Plaßmeier,* Brauchen wir ein Kapitalanleger-Musterverfahren? – Eine Inventur des KapMug, NZG 2005, 609; *Pötzsch,* Das Dritte Finanzmarktförderungsgesetz, WM 1998, 949; *Priester,* Ausschüttungen bei Abschreibungsgesellschaften und Wiederaufleben der Kommanditistenhaftung, BB 1976, 1004; *Popp/Wagner,* Kapitalerträge aus Scheinrenditen im sog Schneeballsystem – hat der BFH im Ambros-Fall am Ziel vorbeigeschossen?, DStR 1998, 1156; *Puszkajler,* Wundersames zum Vertrauensschutz von Immobilienfondszeichnern, NZG 2005, 836; *Radau/Dümichen,* Die neuen Vorschriften des Medienerlasses zur Herstellereigenschaft von Film- und Fernsehfonds, BB 2003, 2261; *Reinelt,* Haftung aus Prospekt und Anlageberatung bei Kapitalanlegerfonds, NJW 2009, 1; *Rinas/Pobortscha,* Das Vermögensanlagen-Informationsblatt: Neue Dokumentationsanforderungen im Bereich geschlossener Fonds, BB 2012, 1615; *Risthaus/Plenker,* Steuerentlastungsgesetz 1999/2000/2002 – Geänderte Verlustverrechnungsmöglichkeiten im Rahmen der Einkommensteuerfestsetzung, DB 1999, 605; *Röhrich/Morlin,* Das AnSVG unter besonderer Beachtung der erweiterten Prospektierungspflicht, AG-Rep. 2005, R3; *Rössner,* Die Anrechnung von Steuervorteilen im Schadensersatzprozess des Anlegers, AG-Rep. 2006, R60; *Ross,* Einkunftserzielungsabsicht bei steuersparenden Anlagen, DStZ 1998, 717; *Rothenhöfer,* Mitverschulden des unrichtig informierten Anlegers?, WM 2003, 2032; *Sack,* Die grunderwerbsteuerliche Gegenleistung bei vollständiger oder wesentlicher Änderung des Gesellschafterbestandes einer Personengesellschaft, DStR 1998, 142; *ders.,* Der subjektive Tatbestand des § 826 BGB, NJW 2006, 945; *Schäfer,* Revolutionäres zum finanzierten Fondsbeitritt, DStR 2004, 1611; *ders.,* Anlegerschutz durch Rückforderungsdurchgriff beim finanzierten Fondsbeitritt – eine Zwischenbilanz, BKR 2005, 98; *Schelnberger,* Pro und Contra – offene und geschlossene Immobilienfonds, BB 1987, Beilage 19, S. 21; *Schimansky,* Unerlaubte Rechtsberatung durch beauftragte Geschäftsführer einer Publikums-GbR, WM 2005, 2209; *Schleicher,* Haustürwiderrufsrecht bei finanzierten Immobilien- und Fondsanlagen, BKR 2002, 609; *Schmider,* Verlustverteilungsprobleme bei gewerblichen Abschreibungsgesellschaften und geschlossenen Immobilienfonds, HdB Fach 3530; *ders.,* Einschränkungen des Verlustausgleichs und des Verlustabzugs durch das Steuerentlastungsgesetz 1999/2000/2002, HdB Fach 1015; *K. Schmidt,* Gesellschaftsrecht, 4. Aufl. 2002; *L. Schmidt,* Einkommensteuergesetz, Kommentar, 23. Aufl. 2004; *Schmidt,* § 1 Abs. 2a GrEStG: Die Segnungen der wirtschaftlichen Betrachtung, DStR 1997, 1345; *ders.,* Grunderwerbsteuer – quo vadis?, DB 1999, 1872; *Schmidt-Liebig,* Der Anleger im Immobilienfonds als Gewerbetreibender im Sinne des Einkommensteuergesetzes, BB 1998, 563; *Schmidt-Morsbach/Dicks,* Die Anwendbarkeit des RBerG auf den externen Geschäftsbesorger einer GbR, BKR 2005, 424; *Schröder,* Die Einführung des Euro und der graue Kapitalmarkt, NZG 1998, 552; *Schuck,* Der Verwaltungserlass zu § 1 Abs. 2a GrEStG, MittBayNot 1997, 273; *Schuhmann,* Der neue § 1 Abs. 2a GrEStG, ZflR 1998, 125; *ders.,* Die Gegenleistung bei der Grunderwerbsteuer, ZflR 1998, 389; *ders.,* § 1 Abs. 2a GrEStG und die Bemessungsgrundlage, ZflR 1998, 675; *Schulenburg,* Probleme der Prospekthaftung bei geschlossenen Immobilienfonds, NZG 2000, 638; *Sauer/Wittemann,* Das Rechtsberatungsgesetz und die Wirksamkeit von Geschäftsbesorgungsverträgen, BKR 2003, 656; *Schlösser,* Verdeckte Kick-back-Zahlungen von Fondsgesellschaften an Banken als strafbares Verhalten gegenüber den Bankkunden?, BKR 2011, 465; *Scholz,* Beschlussmängelstreitigkeiten in Personengesellschaften – Verselbständigung auch im Innenverhältnis, WM 2006, 897; *Seer/Schneider,* Die Behandlung der sog Verlustzuweisungsgesellschaften nach dem neuen § 2b EStG, BB 1999, 872; *Seidel,* Aktuelle Probleme der Treuhändervollmacht beim Immobilien-Strukturvertrieb, WM 2006, 1614; *Söhner,* Das neue Kapitalanleger-Musterverfahrensgesetz, ZIP 2013, 7; *Spanke,* Die geplante Verlängerung der steuerlichen Förderung der neuen Bundesländer, DB 1997, 1246; *Spindler/Tancredi,* Die Richtlinie über Alternative Investmentfonds (AIFM), WM 2011, 1393 und 1441; *Söffing,* Die Auswirkungen des Beschlusses des Großen Senates des Bundesfinanzhofes vom 25.6.1984 auf „steuerbegünstigte Kapitalanlagen", HdB Fach 3532; *ders.,* Die Zebragesellschaft, DB 1998, 896; *ders.,* § 2b EStG und der § 2b-Erlass, DB 2000, 2340; *Söhn,* Einheitliche und gesonderte Feststellung bei „doppelstöckigen Personengesellschaften", StuW 1999, 328; *Spelthann,* § 1 Abs. 2a GrEStG-Chancen und Risiko, DB 1997, 2571; *Stari,* Bereicherungsrechtliche Rückabwicklung über den Treuhänder bei Verstoß der diesem erteilten Vollmacht gegen das Rechtsberatungsgasgesetz?, DStR 2005, 1614; *Staudinger,* Der Widerruf bei Haustürgeschäften: eine unendliche Geschichte?, NJW 2002, 653; *ders.,* Haftung des Anlagevermittlers bei nicht (zutreffend) prospektierter Innenprovision?, BKR 2004, 257; *ders.,* Die Zukunft der „Schrottimmobilien" nach den EuGH-Entscheidungen vom 25.10.2005, NJW 2005, 3521; *Stoschek/Haftenberger/Peter,* Die grunderwerbsteuerliche Bemessungsgrundlage bei vorherigem Grundstückserwerb und nachfolgender wesentlicher Änderung im Gesellschafterbestand einer Personengesellschaft, DStR 2000, 1460; *Stollenwerk,* Einsatz einer vermögensverwaltenden GmbH & Co. KG bei Börsen- und Immobiliengeschäften, GmbH-StB 1999, 254; *Strohn,* Anlegerschutz bei geschlossenen Immobilienfonds nach der Rechtsprechung des Bundesgerichtshofes, WM 2005, 1441; *Stuhrmann,* Zur Anwendung des Fördergebietsgesetzes nach dem BMF-Schreiben vom 14.12.1996, DStR 1997, 103; *ders.,* Die steuerrechtliche Förderung von Investitionen in den neuen Ländern ab 1999, DStR 1997, 1825; *ders.,* Ergänzendes BMF-Schreiben zur Auslegung des Fördergebietsgesetzes, BB 1998, 2346; *ders.,* Die wesentlichen ertragsteuerlichen Änderungen durch das Steuerentlastungsgesetz, NJW 1999, 1657; *Türksch,* Die Einschränkung der Verlustverrechnung nach § 2b EStG, ZfIR 2000, 691; *Uelner,* Steuerliche Probleme bei kapitalistisch verfassten Kommanditgesellschaften, JbFfSt 1980/1981, 359; *Ulbrich,* Der BGH auf dem Weg zum normativen Verbraucherleitbild, WRP 2005, 940; *Ulmer* in MüKoBGB, 4. Aufl. 2004, §§ 705ff.; *ders.,* Zur Anlegerhaftung in geschlossenen (Alt-)Immobilienfonds, ZIP 2005, 1341; *Ulrich/Teiche,* Die Aufnahme von Gesellschaftern in eine (Publikums-)Personengesellschaft und ihre umsatzsteuerlichen Konsequenzen, DStR 2005, 92; *Veil,* Prognosen im Kapitalmerktrecht, AG 2006, 690; *Verfürth/Grunenberg,* Pflichtangaben für geschlossene Fonds nach der Vermögensanlagen-Verkaufsprospektverordnung, DB 2005, 1043; *Voigt/Busse,* Die Übergangsvorschriften für geschlossene Fonds nach dem Regierungsentwurf zum AIFM-Umsetzungsgesetz, BKR 2013, 184; *Vorwerk,* KapMuG – Erfahrungen, Fazit, Ausblick, WM 2011, 817; *Wagner,* Die Außengesellschaft im Bauherrenmodell, BlGBW 1981, 201; *ders.,* Entschädigungspflichtige Praxis von Finanzverwaltung und Finanzrechtsprechung, dargestellt am Beispiel der gewerblichen Zwischenvermietung im Bauherrenmodell, RPK U 240/84; *ders.,* Die Massenkommanditgesellschaft als Mittel zur Vermögensbeteiligung der Arbeitnehmer, 1985; *ders.,* Arbeitnehmervermögensbeteiligung an geschlossenen Immobilienfonds?, HdB Fach 3537; *ders.,* Sonderrechtsprechung des Bundesverfassungsgerichtes zum Immobilienkapitalanlagerecht?, KaRS 1989, 1; *ders.,* „Sonderrechtsprechung" des BFH und BVerfG zu Lasten von Modellbietern und Anlegern steuerorientierter Immobilienkapitalanlagen, DStR 1996, 569 und 609; *ders.,* Aktuelle zivilrechtliche Entwicklungen bei steuerorientierten Kapitalanlagen 1997, WM 1998, 694; *ders.,* Chancen und Risiken der in 1996 aufgelegten und ab 1997 vertriebenen Konservierungsfonds, BB 1997, 1974; *ders.,* Neuere Entwicklungen steuerorientierter Fonds von 1996–1998, NZG 1999, 229; *ders.,* Umsetzung von Krisenmanagement bei notleidenden geschlossenen Immobilienfonds, NZG 1999, 868; *ders.,* Krisenmanagement bei notleidenden geschlossenen Immobilienfonds, HdB Fach 0301; *ders.,* Ausstieg aus fremdfinanzierten geschlossenen Immobilienfonds per HWiG, VerbrKrG, Anlageberatungshaftung und Prospekthaftung, NZG 2000, 169; *ders.,* Strukturveränderungen und Haftungssysteme im freien und geregelten Immobilien-Kapitalanlagemarkt, BB 2000, Beilage 11; *ders.,* Prospektprüfung und Prospekthaftung bei Wirtschaftsprüfern, BFuP 2000, 594; *ders.,* Was leisten Prospektprüfungsgutachten von Wirtschaftsprüfern und was nicht?, DStR 2001, 497; *ders.,* Die Pflichten von Kapitalanlegern zur eigenverantwortlichen Prüfung und sachgerechten Entscheidung, BB 2002, 172; *ders.,* Umgang mit Not leidenden geschlossenen Immobilienfonds – Neuere Entwicklungen, in Schmider/Wagner/Loritz, Handbuch der Bauinvestitionen und Immobilienkapitalanlagen (HdB), 03/2003, Fach 0304; *ders.,* Sind Kapitalanleger Verbraucher?, BKR 2003, 649; *ders.,* Zur Problematik von Kausalität und Schaden bei langfristigen Kapitalanlagen, NZG 2003, 897; *ders.,* Der stillschweigende Anlagevermittlungs-/-beratungsvertrag, DStR 2003, 1757; *ders.,* Umgang mit Not leidenden geschlossenen Immobilienfonds: Folgen für Aussteiger, in Schmider/Wagner/Loritz, Handbuch der Bauinvestitionen und Immobilienkapitalanlagen (HdB), 06/2004, Fach 0305; *ders.,* Neue Entwicklungen zur Anlagevermittler-/Anlageberaterhaftung, DStR 2004, 1836 und 1883; *ders.,* Irrungen und Wirrungen auf Grund des Bauherren- und Fondserlasses vom 20.10.2003, ZSteu 2004, 62; *ders.,* Zivilrechtliche Folgen für ausstiegswillige Anleger Not leidender geschlossener Immobilienfonds, WM 2004, 2240; *ders.,* Die Auswirkungen des Gemeinschaftsrechts auf das Recht des freien Kapitalanlagemarktes, in FS Thode, 2005, S. 705; *ders.,* Freier Kapitalanlagemarkt: Bewusste und eigenverantwortliche Entscheidung von Anlegern, DStR 2005, 1449; *ders.,* Not leidende geschlossene GbR-Immobilienfonds: Gesellschaftsrechtliche Folgen für ausgeschiedene und verbliebene Anleger, ZfIR 2005, 605; *ders.,* Gemeinschaftswidrige Umsatzsteuer auf Vertriebsprovision, ZSteu 2005, 66; *ders.,* EuGH 3.3.2005 – Rs. C-472/03 (Arthur Andersen) – EuGH bestätigt seine bisherige Rechtsprechung, ZSteu 2005, 345; *ders.,* Keine kapitalanlagerechtlichen Aufklärungspflichten über jede Art von Negativberichterstattungen, BKR 2005, 436; *ders.,* ÖPP: Ein neues Marktsegment für geschlossene Immobilienfonds, BKR 2006, 271; *ders.*, Nachschusspflichten bei notleidenden geschlossenen GbR-Immobilienfonds, WM 2006, 1273; *ders.,* Zur Aufspaltung von Beitragspflichten bei der GbR als Publikumspersonengesellschaft, DStR 2006, 1044; *ders.,* Not leidende geschlossene GbR-Immobilienfonds: Nachschüsse, in Schmider/Wagner/Loritz, Handbuch der Bauinvestitionen und Immobilienkapitalanlagen (HdB), (05/2006), Fach 0306; *ders.,* Bewertungsfragen bei Immobilien-Kapitalanlagen durch Beteiligungen an (steuerorientierten) geschlossenen Immobilienfonds, WM 2008, 1053; *ders.,* Bewertungsgrundlagen bei geschlossenen Immobilienfonds, BKR 2008, 189; *ders.,* Bewertungsgrundlagen bei geschlossenen Immobilienfonds, DS 2009, 98; *ders.,* Prospekthaftung bei Berlin-Fonds, NZG 2010, 696; *ders.,* Prospekthaftung bei fehlerhaften Prognosen, NZG 2010, 857; *ders.,* Anlegerschutzverbesserung und „Grauer Kapitalmarkt", NZG 2011, 609; *ders.,* Zur These des BGH über fehlende Aufklärungspflichten objektfinanzierender Kreditinstitute gegenüber GbRs bzw. deren Anleger-Gesellschaftern in Sachen fehlender Anschlussförderung, NZG 2011, 847; *ders.,* Zur Haftung von direkt beteiligten Anleger-Gesellschaftern bei Berlin-Fonds, NZG 2011, 1058; *ders.,* Aktuelle Fragen und Probleme bei Publikumspersonengesellschaften, NJW 2013, 198; *ders.,* Haftungsrisiken bei mittelbarer Beteiligung an geschlossenen Fonds, GWR 2013, 7; *ders.,* Zweifelhafte Verjährungshemmung bei Einschaltung von Gütestellen, BKR 2013, 108; *Wagner/von Heymann,* Umgang mit Not leidenden geschlossenen Immobilienfonds, WM 2003, 2222 und 2257; *Wagner/Loritz,* Konzeptionshandbuch der steuerorientierten Kapitalanlage, Bd. 1, 2. Aufl. 1997; *dies.,* Verfassungsrechtliche Einordnung der kapitalanlagerechtlichen Rechtsprechung des BGH zum RBerG, WM 2005, 1249; *Wallner,* Die Rückabwicklung von kreditfinanzierten Immobilienfondsanlagen, BKR 2003, 92; *Wappenhans,* Rentabilität von geschlossenen Immobilienfonds, 1987; *Weigel,* Sammelklagen oder Musterverfahren, BRAK-Mitt. 2005, 164; *Weiler,* Die Zurechnung einer drittverursachten Haustürsituation, BB 2003, 1397; *Wertenbruch,* Gewinnausschüttung und Entnahmepraxis in der Personengesellschaft, NZG 2005, 665; *ders.,* Die Rechtsprechung zum Personengesellschaftsrecht in den Jahren 2003 bis 2005, NZG 2006, 408; *ders.,* Status und Haftung des Treugebers bei der Personengesellschafts-Treuhand, NZG 2013, 285; *Westermann,* Gesellschaftsbeitritt als Verbraucherkreditgeschäft?, ZIP 2002, 189 und 240; *ders.* in Erman, BGB, 11. Aufl. 2004, §§ 705 ff.; *Wiedemann,* Alte und neue Kommanditgesellschaften, NZG 2013, 1041; *Wigand,* Zur Reform des Kapitalanleger-Musterverfahrensgesetzes (KapMuG), AG 2012, 845; *Witte/Hillebrand,* Haftung für die nicht erfolgte Offenlegung von Kick-Back-Zahlungen, DStR 2009, 1759; *Wolf,* Bankaufsichtsrechtliche Erlaubnis für geschlossene und offene Fonds?, DB 2005, 1723; *Wolf/Großerichter,* Rückabwicklung fehlgeschlagener finanzierter Immobilien- Anlagegeschäfte nach neuester Rechtsprechung, ZfIR 2005, 1 und 41; *Wolf/Lange,* Wie neu ist das neue Kapitalanleger-Musterverfahrensgesetz?, NJW 2012, 3751; *Worms,* Anlegerschutz durch Strafrecht, 1987; *Wunderlich,* Kreditnehmende Gesellschaften des bürgerlichen Rechts als Verbraucher?, BKR 2002, 304; *Zetsche,* Das Gesellschaftsrecht des Kapitalanlagegesetzbuches, AG 2013, 613; *Ziegler,* Die Prospekthaftung am nicht-organisierten Kapitalmarkt im Spannungsverhältnis zu personengesellschaftsrechtlichen Grundsätzen, DStR 2005, 30; *Zingel/Rieck,* Die neue BGH-Rechtsprechung zur Offenlegung von Rückvergütungen, BKR 2009, 353.

### I. Die Entwicklung der steuerbegünstigten Kapitalanlage

1   Seit Anfang der 50er Jahre des vorigen Jahrhunderts nahm die Sparfähigkeit weiter Bevölkerungskreise in Folge stetiger Einkommensverbesserungen erheblich zu.[1] Als jedoch durch immer größere Steuerbelastungen der Anstieg der Nettoeinkommen den Bruttolöhnen nicht mehr folgen konnte, wandten besser verdienende Bevölkerungskreise sich seit Mitte der 60er Jahre neuen Anlageformen zu, in denen ua Steuerbegünstigungen durch erhöhte Absetzungen, Sonderabschreibungen und Verlustzuweisungen als Investitionsanreize dienten. Es begann die Zeit der **Abschreibungs- bzw. Verlustzuweisungsmodelle,** deren Ziel es war, den Eigenkapitaleinsatz ganz oder zum Teil aus (vermeintlich) ersparten Steuern zu finanzieren. Und im Schrifttum begann eine Diskussion darüber, ob das Steuerrecht eine „unerwünschte Quelle" des Gesellschaftsrechts sei, womit seinerzeit insbesondere die GmbH & Co. KG sowie die Publikumspersonengesellschaft angesprochen waren.[2]

---

[1] *Worms,* Anlegerschutz, S. 1.
[2] *Wiedemann,* Gesellschaftsrecht I, 1980, S. 23; *Knobbe-Keuk,* Das Steuerrecht – eine unerwünschte Rechtsquelle des Gesellschaftsrechts?, in Schriftenreihe „Rechtsordnung und Steuerwesen", Bd. 4, 1986, S. 1; *Schön* ZHR 168 (2004), 629.

Bei gewerblichen Beteiligungen wurden sog Negativeinkünfte mittels Abschreibungen, 2
Bewertungsabschlägen, steuerfreien Rücklagen, nicht aktivierungspflichtigen (geringwertigen) Wirtschaftsgütern sowie das Einbeziehen von Vor- und Anlaufkosten avisiert, während bei privaten Vermögensanlagen Negativeinkünfte der Einkunftsart Vermietung und Verpachtung im Wesentlichen durch vorweggenommene und laufende Werbungskosten sowie Abschreibungsvergünstigungen angestrebt wurden.[3]

Folglich bezog sich seinerzeit das Werben mit Verlustzuweisungen schwerpunktmäßig 3
auf drei Bereiche:
– Den Erwerb von Beteiligungen an „gewerblichen" Personengesellschaften, insbesondere 4
 an der GmbH & Co. KG bzw. mittels sog atypisch stiller Beteiligungen;
– den Erwerb von Beteiligungen an sog vermögensverwaltenden Personengesellschaften; 5
– den Kauf bzw. die Errichtung von Eigentumswohnungen und Einfamilienhäusern. 6

Sieht man einmal von steuerlichen Sonderabschreibungen[4] bzw. Sondervergünstigungen 7
ab, dann waren die anfänglich gepriesenen Steuervorteile lediglich temporäre Steuer- und Liquiditätsvorteile, die nur selten in einem angemessenen Verhältnis zur höheren Gesamtbelastung sowie hohen Folgekosten standen.

**1. Die steuerliche Entwicklung bis 1980. a) Konzeptionen. aa)** Gewerbliche Ver- 8
lustzuweisungsmodelle. Bei den gewerblichen Verlustzuweisungsmodellen strebte der Kapitalanleger ausgleichsfähige steuerliche Verluste aus Gewerbebetrieb an, um diese mit Gewinnen aus sonstigen Einkünften saldieren zu können. Zu diesem Zweck beteiligten sich Kapitalanleger entweder als Kommanditisten an einer GmbH & Co. KG oder, in Aufspaltung der Beteiligung in Darlehen und Einlage, als atypisch stiller Gesellschafter bzw. mittels mehrstöckiger Gesellschaftskonstruktionen.

Das Grundmodell ging von der Beteiligung als Kommanditist an einer GmbH & Co. KG 9
aus, in welcher das Einstehen für Verbindlichkeiten der Komplementär-GmbH aufgebürdet wurde, steuerliche Verluste dagegen den Kommanditisten (= Kapitalanlegern) zugewiesen wurden. Hierbei handelte es sich im Wesentlichen um Abschreibungsverluste – die besagter Konzeption den Namen **„Abschreibungsgesellschaft"** gaben –, die unabhängig von Art und Höhe der gewählten Finanzierung nach den tatsächlichen Anschaffungs- bzw. Herstellungskosten bemessen wurden. Die Haftung der Kapitalanleger-Kommanditisten gemäß § 171 HGB war auf die Höhe der Einlagen begrenzt bzw. entfiel bei voll eingezahlter Einlage ganz, wenngleich im letzteren Fall der Verlust der Einlage riskiert wurde.

Überstieg ein dem einzelnen Kommanditisten anteilig zugewiesener Verlust die ihm zu- 10
geordnete Einlage, so entstand für ihn ein negatives Kapitalkonto, das nach dem Urteil des BFH vom 13.3.1964[5] folgende Wahlrechte ermöglichte:

Entweder man behandelt das negative Kapitalkonto des Kommanditisten als reinen 11
Rechnungsposten, dann war es steuerlich nicht zu beanstanden, der persönlichen Haftung der Komplementär-GmbH Rechnung tragend den auf den jeweiligen Kommanditisten rechnerisch entfallenden Verlustanteil sofort und endgültig dem Komplementär zuzuweisen, wobei bei künftigen Gewinnen steuerlich entsprechend verfahren werden konnte.

Oder man entschied sich, den Kommanditisten während des Bestehens der KG unbe- 12
grenzt am Gewinn und Verlust zu beteiligen, dann wurde der Kommanditist steuerlich wie ein Komplementär behandelt. Schied der Kommanditist aus und übernahm ein Mitgesellschafter dessen negatives Kapitalkonto, ohne dass ein Ausgleich geleistet wurde, dann entstand für den ausscheidenden Kommanditisten in Höhe des negativen Kapitalkontos ein

---

[3] Berechnungsbeispiele im Bericht des Presse- und Informationsamtes der Bundesregierung in DStZ 1982, 199 f.
[4] ZB nach § 1 Abs. 1 Entwicklungshilfe-Steuergesetz, § 3 Zonenrandförderungsgesetz oder zB die durch die Finanzverwaltung gestatteten entsprechenden Anwendungen der Sonderabschreibung gem. § 82f EStDV auf Schiffe – Nieders. FM, Erlass vom 26.6.1986 – BB 1986, 862 unter Hinweis auf BFH 25.11.1965, BStBl. III 1966, 90.
[5] BStBl. III 1964, 359 sowie später BFH 25.8.1966, BStBl. III 1966, 69.

Gewinn, der nach den §§ 16, 34 EStG zu versteuern war. Dies aber dann nicht, wenn der ausscheidende Kommanditist eine Nachhaftung unterliegen sollte.[6]

13   Kommanditisten, die mithin Verlustzuweisungen anstrebten, erhielten in Abschreibungsgesellschaften durch die zweite Variante die Möglichkeit, das negative Kapitalkonto mit künftigen Gewinnanteilen[7] zu verrechnen, solange solches noch in Betracht kam.

14   Dieses vorgenannte Grundmodell sah sich jedoch seinerzeit einer höchstrichterlich nicht entschiedenen und in der Literatur höchst umstrittenen Streitfrage ausgesetzt, die für den Kapitalanlagevertrieb gravierende Auswirkungen hatte: Würden Ausschüttungen an Kommanditisten von Abschreibungsgesellschaften bei noch bestehendem negativem Kapitalkonto zu einem **Wiederaufleben der Kommanditistenhaftung** gemäß § 172 Abs. 4 Satz 2 HGB führen?[8]

15   Die Streitfrage entstand, weil dem Wortlaut des § 172 Abs. 4 Satz 2 HGB nicht zu entnehmen ist, ob die Begriffe „Gewinnanteil", „Kapitalanteil" und „Verlust" auch unter Berücksichtigung steuerlicher Wirkungen zu werten waren. So schloss ein auf Grund steuerlicher Sonderabschreibungen entstandenes negatives Kapitalkonto nicht aus, dass im Vermögen der Gesellschaft liquide Mittel vorhanden waren, die zB aus Werbegesichtspunkten an Kommanditisten als vermeintliche „Gewinne" ausgeschüttet wurden. Solche Ausschüttungen waren dann bedeutsam, wenn der Verlustzuweisungs- die Gewinnzuweisungsphase folgte, was insbesondere dann der Fall war, wenn die Gesellschaft mit Gewinn arbeitete, nachdem die Umsatzerlöse die nach Vornahme der Sonderabschreibungen verbliebenen Restabschreibungen überstiegen und solche Gewinne dann zudem in vollem Umfange der Einkommensteuer unterlagen, unabhängig davon, ob das Kapitalkonto besagter Kommanditisten noch negativ war oder nicht.[9] Sollten besagte Kommanditisten dann in Anbetracht negativer Kapitalkonten auf Grund vorgenommener Ausschüttungen plötzlich persönlich haften? Dieser Problematik suchte man konzeptionell durch die Aufspaltung der Beteiligung des Kapitalanlegers in eine Kommanditbeteiligung und eine Darlehensbeteiligung zu entgehen, indem Zinszahlungen auf das Darlehen an Kapitalanleger den nur die Kommanditbeteiligung betreffenden § 172 Abs. 4 Satz 2 HGB nicht berührten. Vergleichbare Überlegungen spielten bei der kombinierten Beteiligung von Kapitalanlegern als (atypisch) still Beteiligte mit Darlehensgewährungen eine Rolle.[10]

16   Doppel- und mehrstöckige Gesellschaftskonstruktionen, bei welchen sich beispielsweise GmbH & Co. KGs oder atypisch stille Gesellschafter an anderen GmbH & Co. KGs als Kommanditisten beteiligten bzw. andere atypisch stille Beteiligungen eingingen, die sich wiederum an anderen Personengesellschaften, ausländischen Limited Partnerships beteiligten oder Joint Ventures eingingen, hatten den gleichen oben geschilderten steuerlichen Ausgangspunkt. Nur ließen diese Gesellschaftskonstruktionen eher Kooperationen mit ausländischen Partnern zu.[9]

17   Diese Entwicklung der sog Abschreibungs- bzw. Verlustzuweisungsgesellschaften wurde im Wesentlichen von folgenden Grundpfeilern getragen:

18   – Anerkennung des nicht begrenzten steuerlichen Kapitalkontos;

19   – Allein die Absicht, Steuern zu sparen, sollte auf Grund der sog Baupatenrechtsprechung des BFH[11] das Merkmal der Gewinnerzielungsabsicht auch ausfüllen können;

20   – Eine Reihe gesetzlicher Vorschriften, die gewerbliche Verluste als Investitionsanreize geradezu erst ermöglichten,[12] machten Verlustzuweisungsmodelle erst hoffähig.

---

[6] BFH 12.7.1990, BStBl. II 1991, 64; BFH/NV 2006, 11, 12.
[7] *Schmidt,* EStG, § 15a Rn. 10–12.
[8] *Priester* BB 1976, 1004 mwN.
[9] *Priester* BB 1976, 1004 f.
[10] Presse- und Informationsamt der Bundesregierung DStZ 1982, 199, 201.
[11] BFH 17.1.1972, GrS BStBl. II 1972, 700.
[12] Beispiele: § 3 Zonenrandförderungsgesetz; § 82 EStDV für Seeschiffe; steuerliche Rücklagen gem. § 1 Abs. 1 des früheren Entwicklungshilfe-Steuergesetzes; Aktivierungswahlrecht: zB Bewer-

Die heute abwertende Beurteilung der sog „Abschreibungsbranche" verdankt jedenfalls 21
insoweit ihre Geburt, Marktentwicklung und Marktbedeutung in erster Linie dem Gesetzgeber, der Steueranreize als Investitionsanreize einsetzte, unterstützt durch die Rechtsprechung des BFH. Dies wurde seinerzeit von der Finanzverwaltung und dem BFH vergessen, als sie dazu übergingen, mit Rückwirkung bis in jene Zeiträume hinein Steuervorteile wieder abzuerkennen, nur konnten die damals vom Staat gewollten Investitionen der Kapitalanleger durch diese später nicht mehr rückgängig gemacht werden, was zu einer Ungleichgewichtslage führte, wenn der Staat steuerlich einmal eingeräumte Investitionsanreize zurücknahm, der Kapitalanleger auf seinen Investitionen aber sitzen blieb.

bb) Private Verlustzuweisungsmodelle. Unter privaten Verlustzuweisungsmodellen zählten 22 je nach steuerlicher Einkunftsart Finanzanlagen (= Einkünfte aus Kapitalvermögen gemäß § 20 EStG) oder Immobilienanlagen (= Einkünfte aus Vermietung und Verpachtung gemäß § 21 EStG). Die bekanntesten Immobilienanlagen waren das **Bauherrenmodell** in der Form des sog Kölner Modells bzw. als sog Hamburger Modell und der geschlossene Immobilienfonds.

Um Beteiligungen an Gesellschaften handelte es sich dabei nur bedingt: 23

Beim Bauherrenmodell schlossen sich Kapitalanleger in einer Bauherrengemeinschaft 24 zusammen, sei es als Innen- oder Außengesellschaft,[13] um das Bauvorhaben gemeinsam zu finanzieren und zu errichten. Erstrebtes Ziel war für den einzelnen Bauherrn die von ihm gewählte Eigentumswohnung, die nach Aufteilung in Sondereigentum dem einzelnen Bauherrn zugewiesen wurde. Beim Bauherrenmodell als **Kölner Modell** handelte es sich mithin nicht um eine steuerlich orientierte Beteiligung an einer Gesellschaft, vielmehr war die Gesellschaft bürgerlichen Rechts (idR eine Innengesellschaft), an der der Bauherr beteiligt war, nur Medium, um die Zweckverwirklichung der Bauerrichtung – auch im Finanzierungsbereich – sicherzustellen. Die steuerlichen Verlustfaktoren waren in der Regel keine aus der gesellschafterlichen Beteiligung abgeleiteten, sondern originär beim Kapitalanleger entstandene. Hierzu zählten neben den normalen Gebäudeabschreibungen gesetzliche Abschreibungsvergünstigungen wie etwa § 7b EStG, §§ 82a und i EStDV sowie §§ 14a ff. BerlinFG. Während jedoch die abschreibungsfähigen Investitionen im Grundsatz nur verteilt über die wirtschaftliche Nutzungsdauer der Immobilie steuerlich zu berücksichtigen waren,[14] konnten ferner je nach rechtlicher und tatsächlicher Gestaltung weitere Vergütungen den sofort abzugsfähigen Werbungskosten zugewiesen werden, wie es auch durch Befreiungsvorschriften von der Grunderwerbsteuer auf Grund Ländergesetzen (bis 1982) und durch die Mehrwertsteueroption (bis 1984) Steuervorteile gab, die aber in der Regel unabhängig von der Beteiligung als Gesellschafter in der Bauherrengemeinschaft als Gesellschaft bürgerlichen Rechts gewährt wurden. Die Beteiligung an einer Gesellschaft war mithin im Bauherrenmodell nicht das notwendige Medium zur Erlangung von Steuervorteilen, sodass das Bauherrenmodell hier nicht weiter vertieft werden soll.

Beim **Hamburger Modell** stand zunächst die Beteiligung an einem geschlossenen Im- 25 mobilienfonds in der Rechtsform der Kommanditgesellschaft im Vordergrund. Besagte KG, nicht der einzelne Bauherr, erwarb das Grundstück, um darauf als Bauherr das Gebäude zu errichten. Der einzelne Kapitalanleger erhielt sodann eine Option, um als Gesellschafter zum gesellschaftsvertraglich vorgesehenen Zeitpunkt der Gesellschaftsauflösung im Wege der Realteilung eine bestimmte Wohneinheit übereignet zu erhalten.[15] Anders als

---

tungsfreiheit gem. § 6 Abs. 2 EStG für geringwertige Wirtschaftsgüter – „Bierkästen"- oder „Sherry-Fässer"-Gesellschaften; Aktivierungsverbote: zB Abs. 2 für selbstgeschaffene immaterielle Anlagegüter – Spielfilm-KG.

[13] *Wagner* BlGBW 1981, 201. Zur Bauherrengemeinschaft als Innengesellschaft siehe BGH WM 1979, 774; WM 1988, 661; WM 1996, 1004. Ferner siehe *Wagner* in Wagner/Loritz, Konzeptionshandbuch, Bd. 1, Rn. 1434 ff.

[14] *Kurth/Krükel,* Bauherren- und Erwerbermodell, S. 27.

[15] *Goldbeck/Uhde,* Das Bauherrenmodell, Rn. 57.

beim klassischen Kölner Modell erzielte beim Hamburger Modell die KG Einkünfte aus Vermietung und Verpachtung und auch die KG war es, die Abschreibungen bzw. Abschreibungsvergünstigungen in Anspruch nahm und Gewinne bzw. Verluste nach dem Überschuss bzw. der Unterdeckung der Einnahmen zu den Werbungskosten (= Überschussrechnung) ermittelte. Beim Hamburger Modell sollte ebenso wie beim Kölner Modell dem Kapitalanleger die Möglichkeit gegeben werden, seinen Kapitaleinsatz übersteigende Werbungskosten bereits während der Bauzeit als Verluste einkommensteuerlich ermitteln zu lassen,[16] nur waren es hier von der vermögensverwaltenden KG abgeleitete, steuerrechtlich zu berücksichtigende, Verluste.

26  Der Unterschied zwischen **geschlossenem Immobilienfonds** und Hamburger Modell bestand im Wesentlichen darin, dass die Rechtsform des Fonds nicht auf die KG begrenzt war, sondern Fonds statt in der Rechtsform der KG auch in der der Gesellschaft bürgerlichen Rechts konstituiert sein konnten. Ferner entfiel beim geschlossenen Immobilienfonds ein fester Beendigungszeitpunkt der Gesellschaft mit Optionen auf bestimmte Wohnungs- oder Teileigentumseinheiten, vielmehr handelte es sich bei dem Engagement des Kapitalanlegers um ein reines Beteiligungsengagement, um in der Investitionsphase der Fondsgesellschaft an einer Reduzierung der steuerlichen Belastung und damit an einer Reduzierung der Belastungswirkung seines Eigenkapitaleinsatzes zu partizipieren, während in der Bewirtschaftungsphase (= Vermietungsphase) Ausschüttungen vollständig oder teilweise steuerfrei vereinnahmt werden sollten.[17]

27  Gesellschafter eines geschlossenen Immobilienfonds konnten einkommensteuerlich Einkünfte aus Vermietung und Verpachtung erzielen. Steuerliche Gewinne, aber auch Verluste, wurden dem Kapitalanleger anteilig zugeordnet, was für ihn in der Investitionsphase zu Steuervorteilen – insbesondere im Bereich der Einkommensteuer – führte, da zu jenem Zeitpunkt getätigten Aufwendungen noch keine Mieterträge gegenüberstanden, sodass der Kapitalanleger seine ihm aus diesem Immobilienengagement zugewiesenen Verluste grundsätzlich mit anderen positiven Einkünften im Rahmen des horizontalen bzw. vertikalen Verlustausgleichs verrechnen konnte, um so eine Einkommensteuerentlastung zu erreichen. Auch in der Vermietungsphase wurden Folgeverluste durch laufende Abschreibungen, Fremdkapitalzinsen, Fondskosten usw. angestrebt, sodass über Jahre hinweg Ausschüttungen der Fondsgesellschaft nur gering oder überhaupt nicht mit Steuern belastet wurden.[18]

28  **b) Maßnahmen der Finanzverwaltung und des Gesetzgebers.** Die zuvor dargestellten Verlustzuweisungsmodelle bauten auf gesetzlichen Vorgaben auf und wurden teilweise durch die Rechtsprechung des BFH gestützt, wenn man an die Zulässigkeit des negativen Kapitalkontos oder an die mögliche Gleichstellung von Steuerersparnis- und Gewinnerzielungsabsicht denkt. Steuervorteile sollten Investitionsanreiz sein, private Kapitalanleger zu Kapitalaufbringungen für Vorhaben zu veranlassen, die der Staat als förderungswürdig ansah – sonst hätte er nicht entsprechende gesetzliche Abschreibungsmöglichkeiten eingeräumt –, wofür er aber keine Mittel aufbringen konnte bzw. wollte.

29  Aber dieses do ut des sollte nicht bleiben, und so stellte man seitens des Staates Überlegungen an, wie man verhindern könne, dass nach getätigten Investitionen Abschreibungsvergünstigungen insbesondere von Steuerpflichtigen mit höherem Einkommen weiterhin als Instrument eigener Vermögensbildung genutzt werden könnten.[19] Investitionen privater Kapitalanleger waren zwar erwünscht, ein ihnen als Gegenleistung zu gewährender Steuervorteil sollte jedoch eingegrenzt werden. Es begann die Zeit, ab der die Rechtsprechung zivilrechtliche Haftung daran maß, ob das, was versprochen wurde, auch gehalten wurde, während der Staat durch Finanzverwaltung und Finanzrechtsprechung dazu überging, ver-

---

[16] Presse- und Informationsamt der Bundesregierung DStZ 1982, 199, 204.
[17] *Kurth,* Der geschlossene Immobilienfonds, S. 19.
[18] *Kurth,* Der geschlossene Immobilienfonds, S. 20.
[19] Presse- und Informationsamt der Bundesregierung DStZ 1982, 199, 202.

sprochene Steuervorteile nach getätigter Investition durch Kapitalanleger rückwirkend wieder zu nehmen, ohne dass das BVerfG jemals eingeschritten wäre.

Bereits 1971 wurden vom Gesetzgeber steuerliche Gestaltungsmöglichkeiten durch sog **Verlustklauseln** eingeschränkt,[20] wonach Sonderabschreibungen nicht zu Verlusten führen durften.[21] Durch ein weiteres Änderungsgesetz vom 30.12.1974 wurden Investitionen im Touristik-Bereich von gesetzlichen Vergünstigungen ausgeschlossen.[22] Im ersten Bauherrenerlass vom 27.7.1972[23] wurden die ersten Abgrenzungskriterien für die Anerkennung von Verlusten bei den Einkünften aus Vermietung und Verpachtung auf Grund der Errichtung von Eigentumswohnungen vom Bundesfinanzministerium vorgegeben. 30

Soweit der Gesetzgeber keine Verlustbegrenzung dem Grunde oder der Höhe nach vorgenommen hatte, ging die Finanzverwaltung dazu über, ohne dass ein gesetzlicher Bezug – wie es Art. 20 Abs. 3 GG aber fordert – erkennbar gewesen wäre, Verlustbegrenzungen vorzunehmen. Während der BFH in seiner Entscheidung vom 13.3.1964[24] noch zugelassen hatte, dass die einem Kommanditisten zugerechneten Verlustanteile zu einer Minderung seiner sonstigen Einkünfte auch dann noch führen könnten oder können, wenn sich durch die Verlustzurechnung für den Kommanditisten in der Handelsbilanz ein negatives Kapitalkonto ergebe oder ein schon vorhandenes weiter erhöht werde, ließ das BMF dies jedenfalls bei Personengesellschaften mit Einkünften aus Vermietung und Verpachtung nicht gelten; dort sollte – ohne gesetzliche Grundlage – ein nicht nachschusspflichtiger Kommanditist Werbungskosten maximal bis zur Höhe seiner Einlage berücksichtigen können (sog **100 %-Erlass**).[25] Auch wurde die Art und Weise der Verlustberücksichtigung bei Beteiligungen an Abschreibungsgesellschaften oder Bauherrengemeinschaften vorgegeben.[26] 31

Nachdem der Gesetzgeber bereits steuerliche Vergünstigungen gestrichen bzw. eingeschränkt hatte und die Finanzverwaltung – wenngleich ohne Gesetzesgrundlage – einen Vorstoß zur steuerlichen Verlustanteilsbegrenzung von Kapitalanlegern, die sich an Abschreibungs- und Verlustzuweisungsgesellschaften beteiligt hatten, vorgenommen hatte, war der Gesetzgeber aus zwei Gründen gefragt: zum einen konnte der 100 %-Erlass des Bundesministers der Finanzen wegen der Gesetzesbindung der Finanzverwaltung im Steuerrecht als **öffentlichrechtlichem Eingriffsrecht** keine gesetzliche Ermächtigungsgrundlage für Kapitalanleger belastende Steuerbescheide ersetzen.[27] Zum anderen war es auch im Hinblick auf den Gleichheitsgrundsatz des Art. 3 Abs. 1 GG bedenklich, den Anlagekommanditisten gewerblicher Verlustzuweisungs- oder Abschreibungsmodelle wegen der Entscheidung des BFH vom 13.3.1964[28] ein nicht begrenztes negatives Kapitalkonto zuzulassen, Anlagekommanditisten von Verlustzuweisungs- bzw. Abschreibungsgesellschaften, die sich steuerlich in der Einkunftsart Vermietung und Verpachtung bewegten, auf Grund des 100 %-Erlasses dies aber zu verwehren. 32

Der Bundesrat wurde daraufhin in seiner Sitzung vom 3.6.1977[29] durch Annahme einer Entschließung initiativ, worin die Bundesregierung aufgefordert wurde, baldmöglichst einen Gesetzesentwurf vorzulegen, durch den die steuerliche Anerkennung eines negativen 33

---

[20] ZB § 3 Abs. 3 Zonenrandförderungsgesetz v. 5.8.1971 und § 1 Abs. 7 des damals noch laufenden Entwicklungshilfe-Steuergesetzes durch das 2. Steueränderungsgesetz v. 10.8.1971.
[21] *Priester* BB 1976, 1004 f.
[22] Nachweis bei Presse- und Informationsamt der Bundesregierung DStZ 1982, 199, 202.
[23] BMF v. 31.8.1972, BStBl. I 1972, 486.
[24] BStBl. III 1964, 359.
[25] BMF 2.1.1975 BStBl. II 1975, 79.
[26] BMF 10.4.1975, BStBl. I 1975, 515; 14.5.1976, BStBl. I 1976, 320; 26.4.1978, BStBl. I 1978, 194.
[27] BVerfGE 13, 318, 328; was dort für die Rechtsprechung gesagt ist, gilt wegen Art. 20 Abs. 3 GG erst recht auch für die Finanzverwaltung; sa *Wagner* KaRS 1989, 1.
[28] BStBl. II 1964, 359.
[29] BR-Drucks. 694/76.

Kapitalkontos ausgeschlossen werden sollte. Erklärtes Ziel war es, die Tätigkeit sog Verlustzuweisungsgesellschaften einzuschränken.

**34** Durch Änderungsgesetz vom 20.8.1980 wurde durch den neu in das Einkommensteuergesetz eingefügten § 15a EStG die Verrechnung von Verlusten mit anderen Einkünften bei beschränkt haftenden Unternehmern begrenzt.[30] Dabei wurde von folgenden Grundzügen ausgegangen:

**35** Verluste mit anderen positiven Einkünften zu verrechnen, wurde bei beschränkt haftenden Unternehmern auf den Betrag der geleisteten Einlage begrenzt, wobei weitergehende Verluste in späteren Jahren nur mit Gewinnen aus der Einkunftsquelle verrechnet werden durften, aus der die Verluste stammten. Ausnahmsweise sollten Verluste trotz eines entsprechend negativen Kapitalkontos jedoch ausgeglichen werden können, soweit der Kommanditist auf Grund von § 171 Abs. 1 oder von § 172 Abs. 4 HGB unmittelbar einer Haftung ausgesetzt wäre.[31] Kommanditbeteiligungen an gewerblichen und vermögensverwaltenden KGs wurden gleich behandelt[32] wie auch gemäß § 21 Abs. 1 Satz 2 EStG der neue § 15a EStG bei Einkünften aus Vermietung und Verpachtung sinngemäß gelten sollte, womit ua auch Bauherrengemeinschaften angesprochen wurden.[33]

**36** **c) Der Beschluss des Großen Senats des BFH vom 10.11.1980.** [34] Quasi parallel zur dargestellten Entwicklung war auch in die Rechtsprechung des BFH Bewegung geraten. Während noch der VI. Senat des BFH in seiner Entscheidung vom 13.3.1964[35] die Auffassung vertrat, das negative Kapitalkonto sei einkommensteuerrechtlich anzuerkennen, sodass ein ausscheidender Kommanditist in Höhe des negativen Kapitalkontos einen Gewinn versteuern müsse, wollte der IV. Senat des BFH in seinem Vorlagebeschluss vom 26.3.1979[36] davon abweichen. Dem Großen Senat oblag es damit, in seiner Entscheidung vom 10.11.1980 in Kenntnis des neuen § 15a EStG eine für die Vergangenheit auf Grund der unterschiedlichen Auffassungen des IV. und VI. Senats abschließende Entscheidung zur Anerkennung des negativen Kapitalkontos zu treffen.

**37** Der Große Senat bestätigte die bisherige **Anerkennung des negativen Kapitalkontos,** da für die steuerliche Verteilung von Gewinn und Verlust in der Gesellschaft handelsrechtliche Maßstäbe anzuwenden seien. § 167 Abs. 3 HGB bringe nur zum Ausdruck, dass diese Norm für die Verteilung eines sich aus der Liquidationsschlussbilanz ergebenden Verlustes gelte, hindere aber nicht das Entstehen eines negativen Kapitalkontos.

**38** Sei ein negatives Kapitalkonto vorhanden, dann könne, solange der Kapitalanteil negativ sei, die Auszahlung künftiger Gewinne nicht gefordert werden, vielmehr müssten die Gewinnanteile zur Deckung des negativen Kapitalanteils verwendet werden. Dies gelte auch dann, wenn die Verluste, die das negative Kapitalkonto des Kommanditisten erzeugt hätten, auf hohen steuerrechtlichen Sonderabschreibungen beruht hätten, denn in späteren Jahren würden durch das Fehlen verbrauchter Abschreibungen die Gewinne der KG entsprechend steigen, sodass dann die Verlusteinstandspflicht mit künftigen Gewinnanteilen eintrete. Dies gelte nur dann nicht, wenn feststehe, dass das negative Kapitalkonto mit künftigen Gewinnanteilen nicht mehr ausgeglichen werden könne.[37]

**39** Der Große Senat des BFH machte mithin deutlich, dass seine Auffassung, soweit sie sich mit der Vergangenheit befasste, auf den Grundsätzen der Rechtssicherheit und Rechtsbe-

---

[30] Zur Verfassungsmäßigkeit des § 15a EStG: BFH 19.5.1987, BStBl. II 1988, 55; *Jacob* BB 1988, 887.
[31] S. dazu auch zu Zweifelsfragen bei der Anwendung des § 15a EStG BMF 8.5.1981, BStBl. I 1981, 308.
[32] Presse- und Informationsamt der Bundesregierung DStZ 1982, 199, 203.
[33] Presse- und Informationsamt der Bundesregierung DStZ 1982, 199, 204; s. zur sinngemäßen Anwendung des § 15a EStG bei Einkünften aus Vermietung und Verpachtung BMF 9.2.1981, BStBl. I 1981, 75 und 14.9.1981, BStBl. I 1981, 620.
[34] GrS BStBl. II 1981, 164.
[35] BStBl. III 1964, 359.
[36] BFH 26.4.1979, BStBl. II 1979, 414.
[37] So bereits BFH 19.11.1964, BStBl. III 1965, 111.

ständigkeit beruhe,[38] sodass es geboten sei, an der durch die Entscheidung des BFH vom 13.3.1964[39] seinerzeit eingeleiteten Rechtsentwicklung festzuhalten.

Damit waren inzwischen auch – wenngleich nicht ausgesprochen – dem 100%-Erlass der Finanzverwaltung – auch wenn sich dieser nur mit vermögensverwaltenden und der Einkunftsart Vermietung und Verpachtung zuzuordnenden Kommanditgesellschaften befasste – zugleich zwei rechtliche Lücken aufgezeigt: zum einen, weil die Rechtsprechung des BFH zum negativen Kapitalkonto bestätigt wurde. Zum anderen, weil auf den Grundsatz der Rechtssicherheit und Rechtsbeständigkeit verwiesen wurde, ein Grundsatz, an dem es besagtem 100 %-Erlass[40] ersichtlich ermangelte. **40**

Der Große Senat sah sich in der Richtigkeit seiner Rechtsauffassung durch die Einführung des § 15a EStG bestätigt, da der Gesetzgeber der Anerkennung des negativen Kapitalkontos von Kommanditisten für die Vergangenheit durch die Übergangsvorschrift des seinerzeitigen § 52 Abs. 2a EStG[41] habe Rechnung tragen wollen. **41**

**2. Die steuerliche Entwicklung nach 1980. a) Marktreaktionen.** Während bis 1980 durch gesetzliche Sonderabschreibungsregelungen sowie die Rechtsprechung des BFH zum negativen Kapitalkonto wie auch der **Baupatenrechtsprechung** eine gewisse Kontinuität zu verzeichnen war, änderte sich dies grundlegend nach 1980. Aus der Zeit vor 1980 war von den drei zuvor genannten Komponenten lediglich die Feststellung des BFH aus der Baupatenrechtsprechung[42] übrig geblieben; auch das Streben nach steuerlichen Verlusten erfüllte noch das Merkmal der Gewinnerzielungsabsicht, was es im Hinblick auf die Abgrenzung zur sog „Liebhaberei" zu beachten galt. **42**

Die Marktentwicklung der steuerorientierten Kapitalanlage wurde nach 1980 in immer stärkerem Maße davon bestimmt, dass nicht Finanzverwaltung und Rechtsprechung auf Marktgegebenheiten reagierten, sondern umgekehrt konzeptionelle Gestaltungen bzw. Erscheinungsformen sich in immer kürzeren Abständen auf Äußerungen und Hinweise aus der Finanzverwaltung und Rechtsprechung anzupassen suchten. Gesetzliche Regelungen traten – mit Ausnahmen – immer mehr in den Hintergrund, und Verfügungen, Erlasse und Meinungen der Finanzverwaltung sowie vereinzelte BFH-Entscheidungen nahmen als Orientierungspunkte immer mehr gesetzesvertretende Positionen ein. Zudem hatte die bis 1980 eingetretene steuerliche Entwicklung auch Erblasten zur Folge: **43**

Durch Wegfall von Sonderabschreibungsvergünstigungen und durch die Neufassung des § 15a EStG verschwand der Anreiz, weiterhin Abschreibungsgesellschaften zu vermarkten. Bereits bestehende Abschreibungsgesellschaften wurden teilweise der Liquidation zugeführt[43] oder gerieten aus sonstigen Gründen in Konkurs.[44] **44**

Im Sog der dadurch entstehenden Imageverluste verlor auch das Hamburger Modell an Anziehungskraft und es fand ab 1980 eine verstärkte Hinwendung zu **Bauherrenmodellen** mit steuerlich attraktiv erscheinenden **Verlustzuweisungen, Grunderwerbsteuerfreiheit** und **Mehrwertsteueroption** statt, bei welchen, wie ausgeführt, die Bauherrengemeinschaft nicht Beteiligungsobjekt, sondern mehr Beteiligungsmedium war. **45**

Mit Auslaufen der Bauherrenmodelle in den Jahren 1984 und 1985 auf Grund gestrichener Grunderwerbsteuerfreiheit[45] und zum 31.3.1985 im wesentlich ausgelaufener **46**

---

[38] BFH 10.11.1980, GrS BStBl. II 1981, 164, 169 unter Hinweis auf 26.11.1973, GrS BStBl. II 1974, 132.
[39] BStBl. III 1964, 359.
[40] BMF 2.1.1975, BStBl. I 1975, 79.
[41] IdF des Gesetzes v. 20.8.1980.
[42] BFH 17.1.1972, GrS BStBl. II 1972, 700.
[43] *Eggesiecker* HdB, Fach 3550.
[44] *Kaligin* HdB, Fach 3551.
[45] Die landesrechtlichen Grunderwerbsteuergesetze mit Befreiungsvorschriften wurden durch das GrEStG 1983 ersetzt. Siehe ferner *Wagner* DStR 1996, 569; *Wagner* BB 2000, Beilage 11, S. 9 ff.

Mehrwertsteueroption[46] sowie „zusammengestrichener" Werbungskostenvorteile fand etwa ab Ende 1984 wieder eine stärkere Hinwendung zu **gesellschaftsrechtlich orientierten Beteiligungen von Kapitalanlegern** statt, die sich grob in steuerorientierte und renditeorientierte Beteiligungen aufteilen lässt.

**47** **b) Weitere Entwicklungen in der Rechtsprechung und durch die Finanzverwaltung bis 1984.** Durch die aufgezeigten, teilweise mit Rückwirkung durchgesetzten, steuerlichen Änderungen war in Kreisen der Kapitalanleger eine Verunsicherung eingetreten die sich auch auf die Schnelligkeit des Vertriebs auswirkte, Kapitalanlagegesellschaften vertriebsmäßig rechtzeitig zu schließen. Dies führte zwangsläufig zu Fragen der steuerlichen Behandlung sukzessiv beitretender Kapitalanleger über das jeweilige Jahresende hinaus und damit zu Gewinn- und Verlustverteilungsproblemen, die sich wiederum auch bei der Schwierigkeit der richtigen gesellschaftsvertraglichen Gestaltung bemerkbar machten.

**48** Bereits im Verlustverteilungserlass vom 24.3.1975[47] sahen die Einkommensteuerreferenten des Bundes und der Länder in Vertragsgestaltungen einen Rechtsmissbrauch ins. des § 6 StAnpG (jetzt § 42 AO), wenn Neugesellschaftern die Ergebnisse künftiger Wirtschaftsjahre unter Ausschluss der Altgesellschafter in der Höhe zugerechnet werden sollten, die den Altgesellschaftern in den Vorjahren zugerechnet worden waren. Diese Gestaltungen würden, auch wenn gesellschaftsrechtlich zulässig, dazu führen, das Verbot zu umgehen, vertragliche Vereinbarungen steuerlich mit rückwirkender Kraft zu treffen. Dieser Erlass stieß auf den Widerspruch zweier Finanzgerichte[48] und des BFH.[49] Die Rechtsprechung ging nämlich im Gegensatz zum Verlustverteilungserlass der Finanzverwaltung davon aus, dass auf Grund der in § 15 Abs. 1 Nr. 2 EStG vorhandenen Verweisung auf das Handelsrecht in erster Linie die gesellschaftsvertraglichen Vereinbarungen für die Ermittlung der Gewinn- und Verlustanteile der Gesellschafter maßgeblich seien.[50] Steuerlich nicht anzuerkennen seien rückwirkende Gewinnverteilungsabsprachen, zB wenn neue Gesellschafter während eines Wirtschaftsjahres beitreten, ihnen aber ein Anteil am Gewinn bzw. Verlust bereits vom Beginn des Wirtschaftsjahres an nach den Regelungen des Beitritts-, bzw. Gründungs- oder Gesellschaftsvertrages zustehen sollten. Nach besagten Urteilen lag aber keine rückwirkende Gewinnverteilungsabsprache vor, wenn Gewinne bzw. Verluste ab dem Beitrittszeitpunkt den in Zukunft neu beitretenden Gesellschaftern in einem höheren Maße zugerechnet wurden, als schon vorhandenen Gesellschaftern, um damit zB eine gleichmäßige Verteilung der Anlaufverluste zu gewährleisten.[51] Folglich rückte in der Folgezeit auch die Finanzverwaltung von ihrem ursprünglichen Verlustverteilungserlass wieder ab.[52] Ausgenommen waren Fälle des Rechtsmissbrauchs bzw. der außerbetrieblichen Veranlassung.

**49** Während damit die zuvor dargestellten Fragen der Gewinn- und Verlustverteilung bei gewerblichen Abschreibungsgesellschaften geklärt waren, wurde in der Folgezeit die für die gesellschaftsvertragliche Gestaltung wichtige Frage diskutiert, ob die dargestellten Grundsätze auf Gewinn- und Verlustverteilungsgestaltungen bei geschlossenen Immobilienfonds der steuerlichen Einkunftsart Vermietung und Verpachtung zu übertragen seien[53] und ob man zwischen dem vermögensverwaltenden Fonds in der Rechtsform der Gesellschaft bürgerlichen Rechts und dem in das Handelsregister eingetragenen KG-Fonds unterscheiden

---

[46] 2. Haushaltsstrukturgesetz v. 22.12.1981, BGBl. I, S. 1523 = BStBl. I 1982, 235 (Auszug). Siehe ferner *Wagner* DStR 1996, 609; *Wagner* BB 2000, Beilage 11, S. 9 ff.
[47] BMF 24.3.1975, BB 1975, 408.
[48] FG Berlin EFG 1981, 290; FG Niedersachsen EFG 1982, 620.
[49] BFH 7.7.1983, BStBl. II 1984, 53. Danach bestätigt durch BFH 17.3.1987, BStBl. II 1987, 558.
[50] So bereits BFH 10.11.1980, GrS BStBl. II 1981, 164.
[51] Diese Rechtsprechung wurde durch den BFH mit Urteil vom 17.3.1987, DB 1987, 1515 nochmals bestätigt.
[52] BMF 30.1.1984, DB 1984, 325.
[53] *Schmider* HdB, Fach 3530, Rn. 75 ff.; *Loritz/Wagner*, Konzeptionshandbuch, Bd. 2, Rn. 329 ff.

müsse.⁵⁴ Das Problem lag darin, dass es sich bei den gewerblichen Einkünften der Gesellschafter um die diesen zuzurechnenden Gewinn- bzw. Verlustanteile handelte, während es bei den Einkünften aus Vermietung und Verpachtung eines Gesellschafters eines geschlossenen Immobilienfonds nicht um Gewinn- und Verlustanteile, sondern um die Anteile am Überschuss der Einnahmen über die Werbungskosten – oder umgekehrt – ging. Waren diese dem Gesellschafter analog § 39 Abs. 2 Nr. 2 AO direkt oder über die Gesellschaft indirekt zuzurechnen?

Der Entscheidung des BFH vom 13.10.1983⁵⁵ kann entnommen werden, dass er sich an der neueren Rechtsprechung des BFH zu gewerblich tätigen Gesellschaften auch bei der Einkunftsart Vermietung und Verpachtung orientieren wollte, sodass keine direkte Zuordnung gemäß **§ 39 Abs. 2 Nr. 2 AO** vorzunehmen sei, sondern dem einzelnen Gesellschafter auch hier anteilig nur das zugerechnet werden könne, was sich aus der Handelsbilanz der Gesellschaft als abgeleitetes Ergebnis für den Gesellschafter ergebe. Damit wurde deutlich, dass auch hier rückwirkende Vereinbarungen steuerlich nicht anzuerkennen waren, wohl aber in die Zukunft gerichtete der eben geschilderten Art. Dem schloss sich die Finanzverwaltung an.⁵⁶

**3. Die steuerliche Situation ab 1984.** Die steuerliche Situation bis 1984 wirkte sich für die Beteiligungen an Gesellschaften im Kapitalanlagenmarkt nicht gravierend aus. Lediglich gesellschaftsvertragliche Feinheiten wurden berührt, galt es, sich vom Verlustverteilungserlass abwendend im Hinblick auf die zuvor dargestellte Rechtsprechung mit Verlust- bzw. Gewinnverteilungsklauseln so zu beschäftigen, dass trotz unterschiedlicher Beitrittszeitpunkte von Kapitalanlegern diese doch entsprechend dem jeweiligen Umfang ihrer Beteiligung relativ gleiche Verlust- bzw. Gewinnbeteiligungen erhielten.

Aus der Zeit der Abschreibungs- bzw. Verlustzuweisungsmodelle war quasi als einziges Relikt die Baupatenrechtsprechung⁵⁷ übrig geblieben, wonach das Merkmal der Gewinnerzielungsabsicht durch das Streben nach steuerlichen Verlusten nicht beeinträchtigt wurde.

Eine bis in die Gegenwart reichende, auch für den Kapitalanlagemarkt gravierende, Entscheidung war die des Großen Senats vom 25.6.1984.⁵⁸

**a) Der Beschluss des Großen Senats des BFH vom 25.6.1984.** Für den Kapitalanlagebereich hatte dieser Beschluss, Beteiligungen an Gesellschaften betreffend, in folgenden Bereichen Bedeutung:⁵⁹

aa) Publikums-Personengesellschaften. Insbesondere gewerblich orientierte Abschreibungs- bzw. Verlustzuweisungsgesellschaften waren in der Regel als GmbH & Co. KG konzipiert,⁶⁰ was *Uelner* vom Bundesministerium der Finanzen seinerzeit veranlasste, darin eine nicht rechtsfähige körperschaftsteuerlich verfasste Personenvereinigung zu sehen, die gemäß § 1 Abs. 1 Nr. 5 iVm § 3 Abs. 1 KStG unbeschränkt körperschaftsteuerpflichtig sei⁶¹ wie dies sonst nur bei Kapitalgesellschaften der Fall ist.

Der Große Senat des BFH machte jedoch deutlich, dass der Begriff der für den Bereich der Körperschaftsteuer relevanten Kapitalgesellschaften sich nach den zivilrechtlichen Rechtsformen bestimme und insoweit die GmbH & Co. KG als Personengesellschaft ins. des § 15 Abs. 1 Nr. 2 EStG zu behandeln sei.⁶²

---

⁵⁴ *Schmider* HdB, Fach 3530, Rn. 79 unter Hinweis auf die gegensätzlichen Entscheidungen des FG Rhl.-Pfalz EFG 1984, 73.
⁵⁵ BStBl. II 1984, 101, 105.
⁵⁶ BMF 15.2.1984, BStBl. I 1984, 157.
⁵⁷ BFH 17.1.1972, GrS BStBl. II 1972, 700.
⁵⁸ GrS BStBl. II 1984, 751.
⁵⁹ *Söffing* HdB, Fach 3532.
⁶⁰ S. auch Bericht des Finanzausschusses des Deutschen Bundestags v. 10.6.1980, zum Entwurf eines Gesetzes zur Änderung des EStG und KStG sowie anderer Gesetze in BT-Drucks. 8/4157.
⁶¹ *Uelner* JbFfSt 1980/1981, 359.
⁶² BFH 25.6.1984, GrS BStBl. II 1984, 751, 757.

**57** Dies war umso bemerkenswerter, als der Große Senat des BFH sich mit einer Publikums-GmbH & Co. KG, also einer Gesellschaft zu befassen hatte, die zur Kapitalsammlung eine unbestimmte Vielzahl rein kapitalistisch beteiligter Kommanditisten als Anlagegesellschafter aufnahm und der BGH zu jener Zeit in Anlehnung an Grundsätze des Kapitalgesellschaftsrechts der Aktiengesellschaft ein dem Anlegerschutz dienendes Sonderrecht herauszubilden begann.[63]

**58** Während sich also im Gesellschaftsrecht die Rechtsprechung des BGH zum Publikums-Personengesellschaftsrecht vom Personengesellschaftsrecht zum Recht der Kapitalgesellschaft, insbesondere dem der Aktiengesellschaft, hinwandte, nahm der Große Senat des BFH eine – auch aus anderen BFH-Entscheidungen schon deutlich gewordene – Rückbesinnung von wirtschaftsrechtlichen Betrachtungsweisen zurück zum Zivilrecht und dort zum Personengesellschaftsrecht vor. Dabei verdeutlichte er, dass seine Ausführungen auch für die sog doppelstöckige GmbH & Co. KG, die Schein-KG[64] sowie die sog kupierte GmbH & Co. KG,[65] bei der also Kapitalanleger mittelbar über Treuhandkommanditisten an einer Publikums-GmbH & Co. KG beteiligt sind, gelten würden.

**59** Damit trat der Große Senat des BFH zugleich der These entgegen, eine Publikums-GmbH & Co. KG sei, wenn schon keine Kapitalgesellschaft, dann doch ein nicht rechtsfähiger Verein, da eine solche Intention dem Gesetzgeber nicht unterstellt werden könnte.[66]

**60** bb) Mitunternehmerschaft bei mittelbaren Beteiligungen. Teils, weil Kapitalanleger bei der Publikums-GmbH & Co. KG nicht gerne als Kommanditisten ins Handelsregister eingetragen werden wollen, aber auch, weil es aus vielerlei sonstigen Gründen praktikabler ist, Kapitalanleger nicht zu Gesellschaftern der Publikums-Personengesellschaften zu machen, ging die Praxis in immer stärkerem Maße dazu über, Kapitalanleger nur noch mittelbar an Publikums-Personengesellschaften zu beteiligen. Dies geschah zB dadurch, dass die Kapitalanleger mit einem zwischen sich und die Publikums-Personengesellschaft geschaltetem **Treuhänder** Treuhandverträge, Unterbeteiligungsverträge, individualrechtlich, in Gemeinschaft oder in Gesellschaft bürgerlichen Rechts abschlossen.

**61** Hier war steuerlich abschließend zu klären wie § 15 Abs. 1 Nr. 2 EStG zu interpretieren war:

Mußten die Kapitalanleger steuerlich Gesellschafter sein, um Mitunternehmer sein zu können oder konnten sie auch nur Mitunternehmer sein, ohne selbst Gesellschafter zu sein, wenn sie auch Rechte, vergleichbar einem Gesellschafter, hatten?

**62** Der Große Senat des BFH stellte klar, dass auch der zB über einen Treuhandkommanditisten einer Publikums-GmbH & Co. KG angebundene Kapitalanleger, der selbst nur Treugeber – nicht aber Gesellschafter – war, Mitunternehmer sein könne, wenn nämlich der Treuhänder als Gesellschafter und Träger aller Rechte und Pflichten aus dem Gesellschaftsverhältnis heraus agiere und dabei auf Rechnung des Treugebers handele und dessen Weisungen unterworfen sei, sofern der Treugeber auf Grund seines Weisungsrechts gegenüber dem Treuhänder bei der Willensbildung in der Gesellschaft mitwirken könne und über den Treuhänder einen Gesellschaftsbeitrag leiste. Ferner müsste der Treugeber die eine Mitunternehmerstellung kennzeichnenden Merkmale erfüllen, nämlich Mitunternehmerrisiko und Mitunternehmerinitiative.[66]

**63** Damit war für die Praxis – auch der gesellschaftsvertraglichen Gestaltung – für die Vergangenheit und Zukunft eine wichtige Klarstellung erfolgt, die deutlichen Einfluss auf mittelbare Beteiligungen nahm.

**64** cc) Aufgabe der Baupatenrechtsprechung. Das letzte Relikt aus der Zeit der durch Rechtsprechung und Gesetzgebung ermöglichten Abschreibungs- und Verlustzuweisungsmodelle fiel: Der Große Senat korrigierte in seinem Beschluss vom 25.6.1984 seine eigene

---

[63] ZB BGH NJW 1977, 2311 und BGH BB 1982, 1400.
[64] BFH 25.6.1984, GrS BStBl. II 1984, 751, 578.
[65] BFH 25.6.1984, GrS BStBl. II 1984, 751, 760.
[66] BFH 25.6.1984, GrS BStBl. II 1984, 751, 768 f.

Auffassung aus dem Jahre 1972:[67] nunmehr sollte es nicht mehr für die Annahme einer Gewinnerzielungsabsicht ausreichen, außerhalb seines Betriebes liegende Steuervorteile anzustreben. Vielmehr sei nach Auffassung des Großen Senats des BFH eine Personengesellschaft, insbesondere eine GmbH & Co. KG, nicht mit Gewinnabsicht tätig, wenn sie keine **Betriebsvermögensmehrung** mehr beabsichtige. Sie handele nur dann mit Gewinnabsicht, wenn sie einen betrieblichen Totalgewinn erstrebe.[68]

Da der Große Senat des BFH diese Grundsätze nicht auf gewerblich tätige Personengesellschaften begrenzt wissen wollte, sondern damit auch Personengesellschaften der Einkunftsart Vermietung und Verpachtung[69] sowie stille Beteiligungen ansprach,[70] war die letzte Stütze der früher möglichen Abschreibungs- bzw. Verlustzuweisungsmodelle entfallen: gesetzliche Sonderabschreibungsnormen, die nicht begrenzte steuerliche Anerkennung des negativen Kapitalkontos und nunmehr das Streben nach steuerlich relevanten Verlusten als Merkmal der Gewinnerzielungsabsicht waren weggefallen und hatten das Aus für eine in der Vergangenheit vom Gesetzgeber und von der Rechtsprechung erst ermöglichte und gewollte steuerbegünstigte Kapitalanlagenbranche zur Folge. **65**

Die Entscheidung des Großen Senats des BFH vom 25.6.1984 wird heute dahingehend interpretiert, als ob damit generell das Streben nach Totalgewinn zur Dokumentation der Gewinnerzielungsabsicht notwendig geworden wäre.[71] Diese generalisierende Betrachtungsweise selbst bei einzelnen Senaten des BFH übersieht jedoch einen gewichtigen Teil dieser Entscheidung. **66**

Die Entscheidung des Großen Senats vom 17.1.1972[72] war allgemein dahingehend interpretiert worden, der Große Senat habe auch das Streben nach steuerlichen Verlusten generell dem Tatbestand der „Gewinnerzielungsabsicht" zugeordnet. Folglich sah sich der Große Senat in seiner Entscheidung vom 25.6.1984 mit der Frage konfrontiert, ob er sich insoweit bezüglich seiner Entscheidung vom 17.1.1972 nicht selbst aufheben müsse, wenn er nunmehr anders entscheiden wolle. Der Große Senat des BFH ging der Beantwortung dieser Frage dadurch aus dem Wege, dass er darauf hinwies, in seiner früheren Entscheidung habe es sich um die Frage der „Gewinnabsicht als Merkmal eines Einzelunternehmens" gehandelt, während es sich nunmehr um die ertragsteuerliche Behandlung von Personengesellschaften und ihrer Gesellschafter handele, mithin eine Rechtsfrage, die der Große Senat noch nicht entschieden habe.[73] **67**

Dies bedeutet aber konkret – was allgemein übersehen wird –, dass für Einzelunternehmen eigentlich die Entscheidung des Großen Senats des BFH vom 17.1.1972 weiterhin maßgeblich sein müsste, da diese Entscheidung ja nicht berührt werden sollte, sodass bei Einzelunternehmen nach wie vor auch das Streben nach steuerlichen Verlusten das Merkmal der Gewinnerzielungsabsicht ausfüllen müsste. Daran wären die einfachen Senate des BFH gemäß § 11 Abs. 3 FGO und soweit man in besagter Entscheidung des Großen Senats rechtsfortbildendes Richterrecht sieht, auch die Finanzgerichte und die Finanzverwaltung so lange gebunden, bis der Große Senat des BFH sich insoweit selbst korrigiert, was er nach eigenem Bekunden in seiner Entscheidung vom 26.6.1984 insoweit noch nicht getan hatte.[74] Aber dies sah und sieht man nicht so eng, sodass heute de facto in der Entscheidung vom 26.6.1984 eine Änderung der Rechtsprechung vom 17.1.1972 angenommen wird. Wird die Frage nach der Anwendung nach § 176 AO gestellt, wird dann aller- **68**

---

[67] BFH 17.1.1972, GrS BStBl. II 1972, 700; zuvor schon BFH 7.4.1967, BStBl. III 1967, 467; 13.7.1967, BStBl. III 1967, 690; 18.9.1969, BStBl. II 1969, 578.
[68] BFH 25.6.1984, GrS BStBl. II 1984, 751, 765.
[69] BFH 25.6.1984, GrS BStBl. II 1984, 751, 766.
[70] BFH 25.6.1984, GrS BStBl. II 1984, 751, 770.
[71] ZB Entscheidungen des BFH zum sog Mietkaufmodell: BFH 31.3.1987, BStBl. II 1987, 668 und BFH 11.8.1987, NV 1988, 292.
[72] BStBl. II 1972, 700.
[73] BFH 25.6.1984, GrS BStBl. II 1984, 751, 765.

dings wieder darauf verwiesen, die Entscheidung vom 17.1.1972 sei ja nur zur Gewinnerzielungsabsicht bei Einzelunternehmen ergangen und könne deshalb auf Gesellschaften nicht angewandt werden.[74]

69 Der Große Senat des BFH hat mithin mit der Entscheidung vom 25.6.1984 eine bis dahin für Personengesellschaften noch nicht entschiedene – wenngleich praktizierte – Rechtslage erstmals entschieden, die entsprechende Frage nach der Anerkennung des Strebens nach Verlusten für Einzelunternehmen im Hinblick auf seine Entscheidung vom 17.1.1972 dagegen nicht berührt, sodass die allgemein vorherrschende Auffassung unzutreffend ist, die Baupatenrechtsprechung sei insgesamt aufgehoben worden.[75] Diese gilt vielmehr eigentlich für Einzelunternehmen fort und ist lediglich für Personengesellschaften in der Entscheidung des Großen Senats vom 25.6.1984 dahingehend behandelt worden, dass für Gesellschaften und gesellschafterliche Beteiligungen das Streben nach steuerlichen Verlusten nicht mehr das Merkmal der Gewinnerzielungsabsicht ausfüllt.

70 dd) Befristete Beteiligungen an Personengesellschaften. Dem Idealbild des Kapitalanlagenvertriebs entsprach es, Kapitalanlegern Beteiligungen an Gesellschaften zu vermitteln, die zwecks Minderung der Steuerlast steuerliche Verluste zuließen. Solche Beteiligungen sollten nach Möglichkeit befristet sein: Ehe dem steuerlichen Verlust ein wirklicher Verlust folgte, sollte der Kunde (= Kapitalanleger) sich von seiner Beteiligung wieder trennen können, was zudem den Vorteil hätte, neue Beteiligungen mit neuen steuerlichen Verlusten honorarträchtig vermitteln zu können.

71 Der Große Senat des BFH zog auch für solche Gestaltungen befristeter Beteiligungen an Personengesellschaften einen steuerlichen Schlussstrich: Ein an einer Personengesellschaft Beteiligter sei steuerlich **kein Mitunternehmer,** wenn seine Beteiligung rechtlich oder tatsächlich befristet sei und deshalb eine Teilhabe an der von der Gesellschaft zu erstrebenden Betriebsvermögensmehrung (= Streben nach betrieblichem Totalgewinn) nicht erwartet werden könne. Wenn daher bei befristeter Beteiligung weder ein entnahmefähiger Gewinn, noch ein die erbrachte Einlage übersteigendes Abfindungsguthaben, noch ein Gewinn bei Veräußerung der Beteiligung zu erwarten sei, dann liege eine Mitunternehmerstellung nicht vor.[76]

72 ee) Aufgabe der Geprägerechtsprechung. Aufgrund der vom BFH im Jahre 1966 selbst begründeten Geprägerechtsprechung[77] galt zB die vermögensverwaltende Tätigkeit einer OHG bzw. KG einkommen- und gewerbesteuerlich als gewerbliche Tätigkeit, wenn an besagter Personengesellschaft entweder nur Kapitalgesellschaften beteiligt waren,[78] oder wenn neben beteiligten natürlichen Personen eine beteiligte Kapitalgesellschaft besagter Personengesellschaft quasi das „Gepräge" gab. Letzteres wurde angenommen, soweit persönlich haftende Gesellschafter nur Kapitalgesellschafter bzw. keine natürlichen Personen waren.[79]

73 Aufgrund dieser Geprägerechtsprechung des BFH hatten sich für den Kapitalanlagenbereich Gestaltungsmöglichkeiten, aber auch Gestaltungszwänge, ergeben: Wollte man sich zB mit geschlossenen Immobilienfonds in der Einkunftsart Vermietung und Verpachtung bewegen, durfte die Publikums-KG sicherheitshalber keine Kapitalgesellschaft als Komplementär haben. Wollte man die Einkunftsart ändern, um sich im gewerblich tätigen Bereich zu bewegen, so wechselte man den Komplementär (= natürliche Person) aus und ersetzte ihn durch eine Kapitalgesellschaft, da ja für die unterschiedlichen Einkunftsarten auf Grund besagter Geprägerechtsprechung des BFH nur maßgebend war, wer Komplementär war

---

[74] *Kohlhaas* BB 1999, 2005, 2007.
[75] Daher wurde die Überschrift auch in Anführungszeichen gesetzt. Diese Differenzierung wird auch in BFH 16.12.1992, BFH/NV 1994, 243 u. H. a. BFH 10.11.1977, BStBl. II 1978, 15 deutlich.
[76] BFH 25.6.1984, GrS BStBl. II 1984, 751, 768.
[77] BFH 17.3.1966, BStBl. III 1966, 171.
[78] BFH 22.11.1972, BStBl. II 1973, 405.
[79] BFH 17.3.1966, BStBl. III 1966, 171; 3.8.1972, BStBl. II 1972, 799.

und nicht allein, in welchem Tätigkeitsbereich die Personengesellschaft sich bewegte. Mit seiner Entscheidung vom 4.7.1997[80] hat der BFH die von § 52 Abs. 20b Satz 1 EStG idF des StBereinG 1986 angeordnete rückwirkende Anwendung des § 15 Abs. 3 Nr. 2 EStG auf Veräußerungsvorgänge in der Zeit vom 11. April 1985 bis 31. Dezember 1985[81] für verfassungsrechtlich unbedenklich angesehen.

Nunmehr entschied der Große Senat des BFH,[82] dass bei einer GmbH & Co. KG, deren **74** alleiniger Komplementär eine GmbH sei, nicht allein wegen dieser Rechtsform alle Einkünfte mit Wirkung für alle Gesellschafter (= Mitunternehmer) als Einkünfte aus Gewerbebetrieb zu qualifizieren seien. Die Art der Einkünfte der Gesellschafter einer Personengesellschaft würden in erster Linie durch die Tätigkeit der Gesellschafter in ihrer **gesamthänderischen Verbundenheit** bzw. der Gesellschaft bestimmt werden.

**b) Bericht der Bundesregierung.** Ein weiterer Einschnitt der steuerorientierten Kapi- **75** talanlage wurde durch zuvor genannten Bericht der Bundesregierung[83] deutlich, womit in Form eines Fahrplans aufgezeigt wurde, wie eine ehemals vom Gesetzgeber und der Rechtsprechung geförderte Steuersparbranche in ihr Gegenteil verkehrt wurde.

An bereits verwirklichten Maßnahmen wurden angesprochen: **76**
– Einführung des § 15a EStG;
– Wegfall der Möglichkeit der Umsatzsteueroption;
– Einschränkung des Einkommensteuer-Vorauszahlungsverfahrens;
– Änderung des § 15 Abs. 2 EStG;
– Div. Maßnahmen gegen Betätigungen im Ausland;
– Änderungen im Verfahrensrecht bezüglich § 180 Abs. 2 AO;
– Restriktive Verwaltungsanweisungen zur einkommensteuerlichen und umsatzsteuerlichen Behandlung von Bauherrengemeinschaften;
– Extensive Rechtsprechung des BFH zur Grunderwerbsteuer bei Bauherrenmodellen;

Als weitere gesetzgeberische Maßnahmen wurden zum seinerzeitigen Zeitpunkt geplant: **77**
– Nichtberücksichtigung bestimmter negativer Einkünfte bei der Ermittlung der zu entrichtenden Einkommensteuer;
– Nichtberücksichtigung bestimmter negativer Einkünfte bei der Ermittlung der Einkünfte;
– Verteilung des Abzuges bestimmter Werbungskosten auf mehrere Jahre;
– Erweiterte Einbeziehung von Veräußerungsgewinnen in die Besteuerung;
– Einschränkung der Inanspruchnahme ermäßigter Steuersätze bei außerordentlichen Einkünften (zB bei § 34 EStG);
– Einschränkung der Werbung mit Steuervorteilen.

Durch diesen Bericht, aber auch durch die Verwaltungspraxis und Rechtsprechung, die **78** sich in ihrer negativen Einstellung gegenüber Abschreibungs- und Verlustzuweisungsgesellschaften immer mehr vom Gesetz absentierten und eine Eigendynamik entwickelten, entstand im Kreis von Initiatoren und Kapitalanlegern bzw. deren steuerlichen Beratern eine starke Verunsicherung. Diese wurde dadurch gesteigert, dass Verwaltung und Rechtsprechung ihre neuen „Erkenntnisse" auch mit Rückwirkung belastend auf Steuerpflichtige anwandten; die Gesetzesbindung des Art. 20 Abs. 3 GG musste gewandelten fiskalischen Interessen weichen.[84]

---

[80] BFH 4.7.1997, BStBl. II 1998, 286.
[81] Ab 1.1.1986 trat § 15 Abs. 3 Nr. 2 EStG idF des StBereinG 1986 in Kraft.
[82] BFH GrS 25.6.1984, BStBl. II 1984, 751.
[83] BT-Drucks. 10/1927 = HdB, Fach 0030.
[84] Zur verfassungsrechtlichen Bedenklichkeit der Praxis der Finanzverwaltung und der BFH-Rechtsprechung zur rückwirkenden Versagung der MwSt.-Option: *Wagner* DStR 1996, 609. Zur verfassungsrechtlichen Bedenklichkeit der Praxis der Finanzverwaltung und der BFH-Rechtsprechung zur rückwirkenden Erhebung bzw. Erweiterung von Grunderwerbsteuer: *Wagner* HdB, Fach 1811; *Wagner* KaRS 1989, 1; *Wagner* DStR 1996, 569.

**79** Dies führte zu einer verstärkten Hinwendung der ehemaligen „steuerbegünstigten", später „steuerorientierten" Kapitalanlagenbranche und der Kapitalanleger zu renditeorientierten Kapitalanlagen und damit auch entsprechenden **Beteiligungen an Fonds-Gesellschaften,** sei es gewerblich tätigen Fonds-Gesellschaften oder vermögensverwaltenden geschlossenen Immobilienfonds, wobei die Anteilsfinanzierungen, „verstärkt" durch Lebensversicherungen, auf den gleichzeitig prosperierenden Markt der sog Finanzdienstleistungen stießen.

**80** **c) Das Gepräge-Gesetz vom 19.12.1985.** Mit dem Steuerbereinigungsgesetz 1986 vom 19.12.1985[85] führte der Gesetzgeber mittels § 15 Abs. 3 Nr. 2 EStG die frühere Geprägerechtsprechung des BFH rückwirkend im Wesentlichen wieder ein.[86] Verfassungsrechtliche Bedenken, insbesondere mit der damit verbundenen Rückwirkung, wurden vom BFH inzwischen für unbegründet erachtet.[87]

**81** Der Grund für das so genannte Gepräge-Gesetz lag darin, dass der Beschluss des Großen Senats des BFH vom 25.6.1984 erhebliche Rechtsunsicherheit sowie Vor- und Nachteile mit sich gebracht hatte.[88] Gleichwohl ließ auch das neue Gepräge-Gesetz Raum für Gestaltungsmöglichkeiten, um die steuerliche Gewerblichkeit entweder zu vermeiden oder abzusichern.[89]

**82** **d) Stand der steuerbegünstigten Kapitalanlage bei Beteiligungen an Gesellschaften bis 1990.** Die dargestellte Entwicklung hatte im Fondsbereich zur Folge, dass nunmehr zwischen steuerorientierten (statt früher steuerbegünstigten) und renditeorientierten Fonds unterschieden wurde.

**83** Von steuerorientierten Fonds sprach man insbesondere bei Fonds in der Rechtsform der Gesellschaft bürgerlichen Rechts, auf die zwar § 15a EStG auf Grund dessen Abs. 5 Nr. 2 auch anwendbar war, andererseits aber Anteile an steuerlichen Verlusten so weit zugerechnet werden konnten, wie Schulden im Zusammenhang mit dem Betrieb durch Vertrag nicht ausgeschlossen waren/wurden oder nach Art und Weise des Geschäftsbetriebs nicht unwahrscheinlich waren. Allerdings musste auch hier der Kapitalanleger Gesellschafter bzw. Mitunternehmer sein, wie auch das Streben nach Totalgewinn plausibel darstellbar sein musste.

**84** Diese Art von steuerorientierten Fonds in der Gesellschaft bürgerlichen Rechts gab es mit oder ohne vorgeschalteten Treuhänder,[90] wobei letztere Beteiligungsform dahingehend konzipiert war, dass Kapitalanleger einen Treuhänder mittels Treuhandvertrag beauftragten, in eigenem Namen, aber intern auf Rechnung der Gesellschaft bürgerlichen Rechts der Treugeber, tätig zu werden, womit Außenhaftungen der Kapitalanleger vermieden werden sollten und im Innenverhältnis die Haftung der Kapitalanleger in der Regel quotal auf ihre Beteiligungsverhältnis, der Höhe nach auf ihr Zeichnungsvolumen, und gegenständlich auf das Gesamthandsvermögen beschränkt werden sollten. Bei solchen Fonds-Konstruktionen hatten die Einkommensteuerreferenten in ihrer Besprechung vom 19. bis 21.10.1983 § 15a EStG auch auf solche Fonds in der Rechtsform der Gesellschaft bürgerlichen Rechts entsprechend angewandt.[91]

**85** Der Senator für Finanzen in Berlin hatte ferner mit Schreiben vom 15.7.1987[92] die Voraussetzungen festgelegt, die erfüllt sein müssen, um bei durch einen Treuhänder vermittelten Beteiligungen eine steuerliche Zurechnung des wirtschaftlichen Eigentums zuzulassen. Danach musste der Treuhänder zwar im eigenen Namen, aber auf Rechnung und Weisung

---

[85] BStBl. I 1985, 735.
[86] *Kaligin* HdB, Fach 3536.
[87] BFH 10.7.1986, BStBl. II 1986, 811.
[88] *Hennerkes/Binz* BB 1985, 2161, 2164; *Kaligin* HdB, Fach 3536, Rn. 5 ff.
[89] *Hennerkes/Binz* BB 1985, 2161, 2165 f.
[90] *Görlich* DB 1988, 1102; *Wagner* DStR 1996, 1008.
[91] ESt-Ref.-Bespr. VI/1983 v. 19.–21.10.1983, Niederschrift v. 2.2.1984, HdB, Fach 7535.
[92] HdB, Fach 7644 = KTS 1987, 641.

der Treugeber handeln, sodass die Rechte am Treugut im Innenverhältnis den Treugeber zustanden, die auch wirtschaftlich die Chancen und Risiken voll tragen mussten.

Die 1988 verstärkt begonnene Diskussion um die sog Quellensteuer wirkte sich auch 86 mittelbar auf die Beteiligungen an renditeorientierten Gesellschaften aus. Oft nahezu steuerfrei ausgeschüttete Gewinne bei geschlossenen Immobilienfonds wurden nach dem damaligen Stand der Diskussion von der Quellensteuer nicht erfasst, wohl aber Lebensversicherungserträge, wodurch die Einstiegserleichterungen der Anteilsfinanzierungen betroffen waren.

**4. Die steuerliche Entwicklung ab 1990. a) Geschlossene Immobilienfonds und** 87 **neue Bundesländer**[93]. Für die neuen Bundesländer wurde diskutiert, ob nicht gerade Wohnimmobilien in geschlossene Immobilienfonds eingebracht werden sollten, an denen sich Kapitalanleger beteiligen sollten. Dies wurde insbesondere vor dem Hintergrund diskutiert, dass Kommunen bzw. kommunale Wohnungsgesellschaften sich im Hinblick auf die Privatisierungsziele des Altschuldenhilfe-Gesetzes von ihren immensen Wohnungsimmobilienbeständen trennen sollten. Gerade an dieser Stelle wurde mithin folgendes politisch motiviertes und für diese Kapitalanlagebranche nicht untypisches Argumentationsraster deutlich:

*Einerseits* wurde dieses sog Zwischenerwerbermodell politisch positiv diskutiert: Kom- 88 munale Wohnungsbestände sollten an geschlossene Immobilien-Fonds abgegeben werden, um seitens der Kommunen bzw. kommunalen Wohnungsgesellschaften sich damit unter Ausnutzung der Möglichkeiten des Altschuldenhilfe-Gesetzes entschulden zu können (offiziell nannte man dies „privatisieren"). Solche Fonds hätten sich aber nur bilden können, wenn die darin befindlichen Kapitalanleger um der damit verbundenen Steuerorientierung investierten. *Andererseits* wurden aber diejenigen, die sich an geschlossenen Immobilien-Fonds beteiligten, als „Abschreibungskünstler" verteufelt wie es auch galt, sog „Steuerschlupflöcher"[94] zu schließen, obwohl es doch um *gesetzliche* Regelungen ging, die seinerzeit der Gesetzgeber aus Gründen der Investitionslenkung ganz bewusst eingeführt hatte. Es gab folglich keinen Sinn, als Kapitalanleger sich an sog Zwischenerwerber-Fonds zu beteiligen. Zum einen nicht, weil eine politisch von Kapitalanlegern gewünschte Hilfestellung für letztere wirtschaftlich wenig sinnvoll war, zumal wenn man die dargestellten steuerlichen Unsicherheiten bedenkt, zum anderen gab es keinen Sinn, für den Fall einer solchen Hilfestellung von den gleichen Politikern in aller Öffentlichkeit noch diskreditiert und diffamiert zu werden.

„Die Kapitalbeschaffung zwecks Entlastung der öffentlichen Haushalte"[95] scheiterte folg- 89 lich an dieser Unredlichkeit der Politik und des Staates, weil kurzsichtige Politiker nicht erkannten, dass privates Kapital durchaus sinnvoll hätte eingesetzt werden können, allerdings nicht zum Nulltarif mit öffentlicher Diffamierung.

**b) Anzahlungs-/Konservierungs-Fonds.**[96] Gemäß § 4 Abs. 1 Satz 5, Abs. 2 Satz 1 90 Nr. 2a FördG konnte die Sondergebiets-AfA noch bis zu 50 % in Anspruch genommen werden, soweit vor dem 1.1.1997 Anzahlungen auf steuerliche Anschaffungskosten geleistet wurden. Dadurch entstanden sog Anzahlungsmodelle bzw. Konservierungs-Fonds. Der Initiator, der seine Immobilie nicht mehr bis zum 31.12.1996 verkaufen konnte bzw. sie vielleicht bis dahin noch nicht fertiggestellt hatte, griff zu folgender Konzeption, eingedenk

---

[93] *Bundschuh* VIZ 1997, 137.
[94] Zu Sinn und Unsinn von „Steuerschlupflöchern" *F. W. Wagner* DStR 1997, 517; *K. R. Wagner* BB 1997, 1974, 1979.
[95] *Bundschuh* VIZ 1997, 137, 142.
[96] BMF 27.12.1995, BB 1996, 211; BMF 24.12.1996, BStBl. I 1997, 1516; BMF 17.9.1998, BStBl. I 1998, 1128; FM Berlin 27.11.1996, HdB Fach 7690; *Bader* DStR 1997, 1917; *Bundschuh* VIZ 1997, 137; *Eisolt/Kämpf* DStR 1997, 1475; *Fleischmann/Meyer-Scharenberg* DStR 1997, 106; *Fleischmann/Meyer-Scharenberg* DB 1997, 395; *Stuhrmann* DStR 1997, 103; *Stuhrmann* BB 1998, 2346; *Wagner* BB 1997, 1974; *Wagner/Sommer* DStR 1996, 1569.

dessen, dass ja der BFH[97] Kapitalanleger bei Bauherren-/Bauträger-Modellen steuerlich nicht als Bauherren sondern als Erwerber einstufte:

**91** Zwei Gründungsgesellschafter gründeten eine Personen(handels)gesellschaft und erwarben von dem Bauträger die noch fertigzustellende Immobilie.[98] Sie zahlten noch vor dem 31.12.1996 den vollen Kaufpreis an (deshalb *Anzahlungsmodell*), und beschlossen als Gesellschafter der Fondsgesellschaft, mittels der Fondsgesellschaft die Sonder-AfA in Anspruch zu nehmen (§ 1 Abs. 1 Satz 2 FördG).[99] Damit sollte für die erwerbende Personen(handels)gesellschaft die volle Sonder-AfA auf die Anzahlung für Anschaffungskosten der noch zu errichtenden Immobilie gesichert werden sollte, die damit die Sonder-AfA für später beitretende Kapitalanleger konservierte (daher *Konservierungsmodell*). Denen ab 1997 der erwerbende Personen(handels)gesellschaft beitretenden Kapitalanlegern wurde dann im Rahmen der gesellschaftsvertraglichen Gewinn- bzw. Verlustverteilungsregelungen die Sonder-AfA zugeteilt.[100] Dabei war es steuerlich zulässig, gesellschaftsvertraglich zu vereinbaren, dass die steuerliche Verlustbeteiligung in der Gesellschaft auch für sukzessiv beitretende Gesellschafter der Folgejahre so auszugestalten, dass diese gegenüber früher beigetretenen Gesellschaftern nicht benachteiligt wurden.[101]

**92** Dies wurde durch drei Gegebenheiten möglich:
– Zum einen durch die Sonder-AfA auf Anzahlungen für Anschaffungskosten der Fondsgesellschaft.
– Zum anderen dadurch, dass die Personen(handels)gesellschaft gem. § 1 Abs. 1 Satz 2 FördG selbst steuerlich Anspruchsberechtigter und damit Steuersubjekt war.
– Und schließlich durch eine entsprechende gesellschaftsvertragliche Regelung (auch) für sukzessiv beitretende Gesellschafter.

**93** Traten Kapitalanleger einem geschlossenen Immobilienfonds später bei, so war es möglich, ihnen einen höheren Anteil an Sonder-AfA zuzuteilen, als denen bereits beigetretenen Gesellschaftern, nicht jedoch mehr, als dies dem eigenen Anteil an der Gesellschaft entsprach.[102] Bei Gesellschaften der steuerlichen Einkunftsart Vermietung und Verpachtung war es zudem möglich, „das übrige Betriebsergebnis abweichend von den Gesellschaftsanteilen zu verteilen (disproportionale Verteilung), wenn dies im Gesellschaftsvertrag zu Beginn des Jahres vereinbart worden (war) und soweit die Geschäftsvorfälle (Einnahmen/Ausgaben) nach dem Eintritt des betreffenden Gesellschafters verwirklicht" worden waren.[103]

**94** **5. Die steuerliche Entwicklung ab 1997. a) § 1 Abs. 2 GrEStG.** Bereits mit seiner Entscheidung vom 17.10.1990 hatte der BFH[104] eine Grunderwerbsteuerpflicht eines „Benenners" bejaht, der Dritten den Erwerb von Grundstücken ermöglichte. Dies kann sogar ein Makler sein. Der grunderwerbsteuerliche „Zwischenerwerber" war geboren worden. Diese Rechtsprechung hat der BFH[105] auch für den Fall bejaht, dass ein Grundstücksverkäufer sich einer Person gegenüber zum Verkauf eines Grundstückes an eine von dieser zu benennde KG verpflichtet hatte. Solche Konzeptionen waren nämlich anzutreffen, wenn es darum ging, auf diese Weise das Grundstück so lange zu sichern, bis sich herausgestellt hatte, ob ein geschlossener Immobilienfonds geschlossen werden konnte oder nicht. Die

---

[97] BFH 14.11.1989, BStBl. II 1990, 299; BMF 31.8.1990, BStBl. I 1990, 366.
[98] Zu Gebäudeinvestitionen durch einen Gewerbetreibenden und Veräußerung an eine Gesellschaft und zum Wechsel der Vermögensart bei einer Personengesellschaft BMF 17.9.1998, BStBl. I 1998, 1128 f.
[99] BGH WM 2003, 442.
[100] Zur Verteilung von Sonder-AfA bei vermögensverwaltenden Gesellschaften für später beitretende Gesellschafter BMF 24.12.1996, BStBl. I 1996, 1516; BMF 24.11.1997, DB 1998, 497.
[101] BFH DStR 2004, 1600, 1602 (gegen BMF 24.12.1996, BStBl. I 1996, 1512 Tz. 6).
[102] BMF 24.12.1996, BStBl. I 1996, 1516; BMF 24.11.1997, DB 1998, 497.
[103] BMF 24.11.1997, DB 1998, 497.
[104] BFH/NV 1991, 556.
[105] BFH 10.3.1999, BStBl. II 1999, 491.

Grunderwerbsteuerpflicht des Benenners – die zu der des Grundstückskäufers hinzutritt – soll aber mit dem BFH nur dann nach § 1 Abs. 2 GrEStG entstehen, wenn drei Voraussetzungen kumulativ zusammentreffen: (1) der Grundstückseigentümer muss sich seinem Vertragspartner gegenüber verpflichtet haben, den Verkauf des Grundstücks nach Weisung des Benenners an bestimmte Erwerber vorzunehmen, wobei die Übertragung der Befugnis zur dinglichen Verfügung über das Grundstück auf den Benenner nicht erforderlich ist.[106] (2) Der Benenner muss ferner die Übertragung der Immobilie auf den Dritten gegenüber dem Grundstücksverkäufer auch durchsetzen können. (3) Und der Benenner muss schließlich ein eigenes wirtschaftliches Interesse verfolgen.[107] Nur wenn alle drei Merkmale vorliegen und es tatsächlich zum Verkauf auf Weisung kommt[108] ist der Benenner wirtschaftlich wie ein Zwischenerwerber anzusehen, wobei Bemessungsgrundlage für die Grunderwerbsteuer der Benenners die Differenz zwischen dem (rechtlichen) Verkäufer gewährten Preis und dem tatsächlich erzielten Weiterveräußerungspreis ist.[109]

**b) § 1 Abs. 2a GrEStG.** Mit Wirkung ab 1.1.1997 trat § 1 Abs. 2a GrEStG in Kraft (§ 23 Abs. 3 GrEStG), der in der Folgezeit in seinem Regelungsgegenstand gesetzliche Änderungen erfuhr.[110] Ein Grunderwerbsteuertatbestand wurde fingiert, wenn sich der Gesellschafterbestand einer Personengesellschaft innerhalb von 5 Jahren[111] vollständig oder zu 95 % oder mehr unmittelbar oder mittelbar veränderte.[112] Dies war bei geschlossenen Immobilienfonds zu berücksichtigen, indem Gründungsgesellschafter bei Meidung eines zweiten Grunderwerbsteuertatbestandes[113] mit zumindest zu 5 % in der Fondsgesellschaft verbleiben mussten.[114]

§ 1 Abs. 2a GrEStG findet allerdings keine Anwendung, wenn bei mittelbaren Beteiligungen die Treugeber an Stelle des Treuhänders direkt Gesellschafter des Fonds werden.[115]

Durch Steuerentlastungsgesetz 1999/2000/2002 wurde § 1 Abs. 2a GrEStG geändert. Während bis dahin ein Grunderwerbsteuertatbestand ausgelöst wurde, wenn bei wirtschaft-

---

[106] BFH 14.9.1988, BStBl. II 1989, 52.
[107] BFH/NV 2000, 716: „Die Steuer aus § 1 Abs. 1 Nr. 7 GrEStG 1983 ist jedoch nicht entstanden, weil das von der Rechtsprechung vorausgesetzte ungeschriebene Tatbestandsmerkmal, dass der Berechtigte das Kaufangebot zum Nutzen der eigenen wirtschaftlichen Interessen verwertet (BFH-Urteile in BFHE 170, 468, BStBl. II 1993, 453, und in BFHE 135, 90, BStBl. II 1982, 269, mwN), nicht vorliegt. Dafür reicht es zwar ggf. aus, wenn der Benennungsberechtigte wirtschaftliche Interessen Dritter wahrnimmt (vgl. zB BFH-Urteil in BFHE 170, 468, BStBl. II 1993, 453). Handeln zum Nutzen der eigenen wirtschaftlichen Interessen liegt allerdings nicht vor, soweit der Berechtigte sein Benennungsrecht im Interesse des Grundstücksveräußerers oder des (präsumtiven) -erwerbers ausübt (BFH-Urteil vom 22. Januar 1997 II R 97/94, BFHE 182, 222, BStBl. II 1997, 411, mwN)".
[108] BFH 18.12.1985, BStBl. II 1986, 417; BFH 14.9.1988, BStBl. II 1989, 52; BFH/NV 1991, 556.
[109] BFH 10.3.1999, BStBl. II 1999, 491.
[110] Neufassung durch Gesetz vom 24.3.1999, BGBl. I 1999, 402.
[111] FG Berlin EFG 1999, 138: „Der in § 1 Abs. 2a GrEStG genannte Fünfjahreszeitraum erfasst erst Gesellschaftsanteilsübertragungen, die nach dem 31. Dezember 1996 vorgenommen wurden" (Leitsatz).
[112] FM NRW 13.6.1997, NZG 1998, 339; FM NRW 20.10.1997, ZfIR 1998, 55; FM Saarland 20.10.1997, NZG 1998, 98; Oberste Finanzbehörde der Länder 24.6.1998, DStR 1998, 1093; FM NRW 24.6.1998, GmbHR 1998, 999. Dazu ferner *Grube/Wischott* DStR 2002, 206; *Joecks* BB 1997, 1921; *Eisolt* BB 1998, 247; *Sack* DStR 1998, 142; *Schuhmann* ZfIR 1998, 125; *Schuhmann* ZfIR 1998, 389; *ders.* ZfIR 1998, 675; *Wrenger* BB 1998, 798.
[113] Außer dem des Immobilienerwerbs durch die Fondsgesellschaft zusätzlich durch den der Aufnahme neuer Gesellschafter (Kapitalanleger).
[114] Zu § 1 Abs. 2a GrEStG bei Übertragung treuhänderisch gehaltener Anteile FM Baden-Württemberg 11.11.1998, DStR 1998, 1965. Zur Anwendung des § 1 Abs. 2a GrEStG idF des Steuerentlastungsgesetzes 1999/2000/2002: FM Baden-Württemberg 7.2.2000, DB 2000, 349 und 16.5.2000, DStZ 2000, 498.
[115] OFD Erfurt 19.2.1999, DB 1999, 614.

licher Betrachtungsweise der Gesellschafterwechsel als ein auf die Übereignung eines inländischen Grundstückes gerichtetes Rechtsgeschäft anzusehen war, tritt nun eine rechtliche Betrachtung an die Stelle wirtschaftlicher Betrachtungsweise.[116] Zur rechtlichen Betrachtungsweise gehört allerdings auch, dass § 1 Abs. 2a GrEStG auch dann einschlägig ist, wenn es zu einem Gesellschafterwechsel mit fehlerhaftem Beitritt zur grundbesitzenden GbR kommt.[117]

**98** **c) § 6 Abs. 3 GrEStG.** Überträgt eine Gesamthand ein Grundstück auf eine andere Gesamthand, an der die Gesellschafter der ersten Gesamthand ebenfalls beteiligt sind, aber nach einem vorgefassten Plan bei der zweiten Gesamthand weitere Gesellschafter hinzutreten sollen, dann ist § 6 Abs. 3 GrEStG nur insoweit einschlägig, wie die Gesellschafter der ersten Gesamthand *letztlich* auch an der zweiten Gesamthand beteiligt bleiben.[118]

**99** **d) § 2 Abs. 3 EStG.** Hiermit wurde im Bereich des vertikalen Verlustausgleiches – nicht beim horizontalen Verlustausgleich – eine Mindestbesteuerung eingeführt.[119] Dagegen wurde erhebliche Kritik erhoben. So sei der Verlustausgleich notwendige Voraussetzung für die korrekte Bemessung der steuerlichen Leistungsfähigkeit nach dem objektiven Nettoprinzip und keine Steuervergünstigung, die im Ermessen des Gesetzgebers stehe. Die Einkommensteuer belaste eine fiktive, nicht verfügbare, Größe und degeneriere durch die Mindestbesteuerung zu einer Soll-Ertragsteuer mit der Gefahr einer Substanzbesteuerung.[120] Dies aber widerspreche der Rechtsprechung des BVerfG.[121] Ebenfalls widerspreche § 2 Abs. 3 EStG der Rechtsprechung des BVerfG zum Gebot hinreichender Bestimmtheit, Einfachheit und Klarheit gesetzlicher Regelungen.[122]

**100** Diesen verfassungsrechtlichen Bedenken trug das FG Münster in einem Beschluss betreffend gewährter Aussetzung der Vollziehung Rechnung.[123] Das FG Berlin[124] ging dagegen von der Verfassungsmäßigkeit des § 2 Abs. 3 EStG aus, während das HessFG[125] die Verfassungsmäßigkeit mittels einer verfassungskonformen Auslegung bejahte.

**101** **e) § 2b EStG.** Durch § 2b EStG war gerade für Anbieter steuerorientierter geschlossener Immobilienfonds eine starke Verunsicherung eingetreten.[126] Die Tatbestandsvoraussetzungen dieser Norm waren zu wenig bestimmt, weshalb zudem verfassungsrechtliche Bedenken angemeldet wurden.[127] Die Finanzverwaltung versuchte aus ihrer Sicht mit einem Erlass vom 5.7.2000 die fehlende Konkretisierung nachzuholen,[128] lehnt aber andererseits die Erteilung verbindlicher Auskünfte ab.[129] Einerseits ist es nicht Aufgabe der Finanzver-

---

[116] Im Einzelnen dazu BMF 26.2.2003, BStBl. I 2003, 271.
[117] BFH DStR 2005, 423.
[118] BFH/NV 1999, 1376.
[119] *Herzig/Briesemeister* DStR 1999, 1377, 1378; *Risthaus* DB 1999, 605; *Schmider* HdB, Fach 1015 Rn. 5–47.
[120] *Herzig/Briesemeister* DStR 1999, 1377, 1382.
[121] *Herzig/Briesemeister* DStR 1999, 1377, 1383 u. H. a. BVerfG BStBl. II 1995, 655 und *Kirchhof* Stbg. 1998, 385.
[122] *Herzig/Briesemeister* DStR 1999, 1377, 1383 u. H. a. BVerfG DStR 1999, 99.
[123] FG Münster DStRE 2000, 1121.
[124] FG Berlin EFG 2006, 127.
[125] HessFG EFG 2006, 1589.
[126] Zu § 2b EStG: *Schmider* HdB, Fach 1015 Rn. 62–112; *Seer/Schneider* BB 1999, 872. Zur Übergangsregelung des § 52 Abs. 4 EStG mit dem Stichtag 5.3.1999, die allerdings nur für § 2b EStG und nicht für § 2 Abs. 3 EStG gilt, siehe *Butzer* BB 1999, 2061; *Seer/Schneider* BB 1999, 872, 877 f.
[127] *Birk/Kulosa* FR 1999, 433, 436; *Raupach/Böckstiegel* FR 1999, 617; *Seer/Schneider* BB 1999, 872; *Stuhrmann* NJW 1999, 1657, 1663.
[128] BMF BStBl. I 2000, 1148. Dazu *Kaminski* BB 2000, 1605; *Leu* DStZ 2000, 129; *Marx/Löffler* DStR 2000, 1665; *Meyer-Scharenberg/Fleischmann* DStR 2000, 1665; *Türksch* ZfIR 2000, 691. Zu verfassungsrechtlichen Einwänden gegen § 2b EStG und entsprechender Rechtswidrigkeit großer Teile dieses Erlasses siehe *Söffing* DB 2000, 2340.
[129] BMF 24.7.1987, BStBl. I 1987, 474; OFD 22.11.1999, DStR 2000, 27.

waltung, unbestimmte Gesetze zu konkretisieren – die Konkretisierung ist Sache des Gesetzgebers –, andererseits ist die Finanzrechtsprechung nicht daran gebunden, sondern kann unabhängig davon entscheiden. Ungeachtet dessen soll der Markt das Schreiben des BMF als vertauensbildendes Vertriebsinstrument angesehen haben und steigende Vertriebsvolumina verzeichnet haben, wenngleich reine steuerorientierte Immobilienfonds immer mehr durch „ausschüttungsorientierte Fonds" ersetzt wurden.[130] Was unter „Ausschüttung" konkret verstanden wurde, blieb nach wie vor offen, sodass der Verdacht blieb, dass damit nicht Gewinnausschüttungen sondern Liquiditätsausschüttungen gemeint waren.

**f) § 10d EStG.** Während der Verlustrücktrag innerhalb einer Einkunftsart keine Einschränkung erfuhr, ist ab dem Veranlagungszeitraum 2001 der Verlustrücktrag für das jeweilige vorangegangene Jahr nur noch unter Berücksichtigung von § 2 Abs. 3 EStG in den Grenzen von DM 1 Mio. möglich.[131] **102**

**g) § 24 UmwStG.** Im Zuge sog Anzahlungs- und Konservierungsmodelle übertrugen Gesellschafter einer GbR als Grundstücksverkäufer eine Immobilie auf eine GbR bzw. KG, an der sie in der Regel mit beteiligt waren. Mit der oben angesprochenen Rechtsprechung des BFH wurde die Gunst des § 6 Abs. 3 GrEStG weitgehend nicht zugelassen. Traten nun Kapitalanleger der zweiten Personengesellschaft gegen Einlagenzahlung bei, so wandte das BMF darauf über seinen Wortlaut hinaus § 24 UmwStG an.[132] Dieser Vorgang wird ertragsteuerrechtlich als Gründung einer „neuen" Mitunternehmerschaft gesehen, in die die bisherigen Gesellschafter ihre Mitunternehmeranteile „einbringen".[133] **103**

**h) UStG.** Im Anschluss an die KapHag-Entscheidung des EuGH vom 26.6.2003[134] hat mit Urteil vom 1.7.2004 der BFH[135] entschieden, dass die Aufnahme eines Gesellschafters durch eine Personengesellschaft gegen Bareinlage keinen steuerbaren Umsatz zum Gegenstand habe, der folglich auch nicht nach § 4 Nr. 8f UStG befreit sein könne. Folglich steht dem beitretenden Anleger dieserhalb auch kein Vorsteuerabzug zu, während ein Vorsteuerabzug des Fonds davon unberührt bleibt.[136] Die Umsatzsteuerfreiheit von Anteilsvermittlungsprovision bleibt davon unberührt.[137] **104**

**i) Das Ende der Steuerorientierung geschlossener Immobilienfonds.** Steuerorientierte Immobilienkapitalanlagen führen dazu, dass Anleger Eigenkapital aufbringen, damit die Aufnahme einer Fremdfinanzierung ermöglichen und mit Eigen- und Fremdkapital eine Immobilieninvestition tätigen. Ein Teil der Investition ist für die Anleger steuerlich verteilt über Jahre abschreibungsfähig (AfA), andere Ausgaben sind als Werbungskosten steuerlich sofort abschreibungsfähig und ein Teil der Investition ist nicht abschreibungsfähig. Solche Investitionen führen bei den Empfängern solcher Zahlungen zu steuerpflichtigen Einkommen. Und per Saldo verdient des Fiskus mehr als er durch Steuervorteile gibt. Im Fiskus bestand/besteht jedoch die Fehlvorstellung, dass wenn man die Steuervorteile kürzt, dann das Investitionsverhalten von Anlegern unverändert sei, was zu Steuermehreinnahmen führe.[138] Und in dieser Fehlvorstellung wurden Steuervorteilen bei steuerorientierten Immobilienkapitalanlagen wie folgt sukzessive zurückgefahren: **105**

---

[130] Lt. Cash 6/2000, S. 24 f. soll das Marktvolumen geschlossener Immobilienfonds im 4. Quartal 2000 DM 12,42 Mrd. betragen, davon noch rd. DM 3,2 Mrd. betreffend Konservierungsmodelle.
[131] *Herzig/Briesemeister* DStR 1999, 1377, 1380; *Schmider* HdB, Fach 1015 Rn. 48–61.
[132] AA OFD Frankfurt/Main 21.12.1999, DB 2000, 549.
[133] Noch offen gelassen, aber bereits angesprochen in BFH BStBl. II 1999, 604.
[134] EuGH DStRE 2003, 936.
[135] BFH DStR 2004, 1425. Dazu ausführlich *Ulrich/Teiche* DStR 2005, 92, 94 f.
[136] BFH DStR 2004, 1425. Dazu ausführlich *Ulrich/Teiche* DStR 2005, 92, 95 ff.
[137] BFH DStR 2004, 1425. Dazu ausführlich *Ulrich/Teiche* DStR 2005, 92, 98. Zur Umsatzsteuerfreiheit von Anteilsvermittlungsprovisionen: *Wagner* ZSteu 2005, 66; *Wagner* ZSteu 2005, 345. Ferner *Lothmann* DStR 2005, 903.
[138] Nach einer Marktanalyse von *Loipfinger* wurden 2005 in geschlossene Immobilienfonds EUR 4 Mrd. Eigenkapital investiert (2004 EUR 5,25 Mrd.). Auch das in deutsche Immobilien investierte Kapital ist rückläufig, dagegen nimmt das in ausländische Immobilien investierte Kapital zu.

**106** Mit dem Bauherren- und Fondserlass vom 20.10.2003[139] wurden nur dann Vergütungsbestandteile ua bei geschlossenen Immobilienfonds als Werbungskosten sofort und als Herstellungskosten steuerlich als verteilt abzugsfähig erklärt, wenn der Fonds bzw. seine Gesellschafter steuerlich nicht Erwerber sondern Hersteller sind. Die Herstellereigenschaft eines Fonds wird nur für den Fall angenommen, wenn die Anleger als Gesellschafter Mitwirkungsrechte haben, die über die eines Kommanditisten hinausgehen. Die wesentliche Einflussnahme für die Entscheidung, welche Investition der Fonds vornehmen soll, darf nicht von der Initiatorenseite ausgehen, sondern von den Anlegern selbst. Dies alles, ohne dass es eine Gesetzesänderung gegeben hätte und nur, weil es der Finanzverwaltung so gefällt. Mit rechtsstaatlichen Vorgaben hat dies nichts mehr zu tun und es steigert die Risikosituation von Anlegern, wenn diese vermeintlicher Steuervorteile wegen in einen Blind Pool investieren sollen und dann selbst entscheiden sollen, in welcher Weise der Fonds investieren soll.[140]

**107** Mit BGBl. I vom 30.12.2005 wurde das Gesetz zur Beschränkung der Verlustverrechnung im Zusammenhang mit Steuerstundungsmodellen vom 22.12.2005 bekannt gemacht,[141] welches am 31.12.2005 in Kraft trat. § 2b EStG entfiel und gemäß § 15a EStG durften steuerliche Verluste weder mit Einkünften aus Gewebebetrieb noch Einkünften aus anderen Einkunftsarten ausgeglichen werden, auch nicht nach § 10d EStG. Eine Verlustverrechnung war nur noch mit Einkünften aus derselben Einkunftsquelle möglich etc.[142]

**108** Und in etwa parallel dazu stimmte am 8.7.2005 der Bundesrat dem vom Bundestag am 30.6.2005 verabschiedeten Gesetz zur Beschleunigung der Umsetzung von Öffentlichen Privaten Partnerschaften (ÖPP) und zur Verbesserung gesetzlicher Rahmenbedingungen für ÖPP (ÖPP-Beschleunigungsgesetz).[143] Mit dem ÖPP-Beschleunigungsgesetz wird ua angestrebt, zu ermöglichen, dass der

„nun im Entstehen begriffene milliardenschwere ÖPP-Markt auch von Kapitalsammelstellen wie den offenen und geschlossenen Immobilienfonds mit Finanzierungsmitteln versorgt werden."[144]

**109** Warum geschlossene Immobilienfonds bei allen bisher durch staatliche Stellen (Finanzverwaltung) erlittenen Enttäuschungen sich nunmehr für einen ÖPP-Markt zur Verfügung stellen sollen, nur weil man es sich seitens der Politik so wünscht, ist schwer nachvollziehbar.[145]

**110** Durch das Gesetz zur Beschränkung der Verlustverrechnung im Zusammenhang mit Steuerstundungsmodellen vom 21.12.2005[146] wurde ein neuer § 15b EStG eingeführt, der das endgültige Aus der Steuerstundungsmodelle bedeutete. Demnach sollen bei modellhaften Gestaltungen Anfangsverluste, die 10 % des Eigenkapitals überschreiten, nicht mehr mit anderen positiven Einkünften verrechnet werden können, sondern nur noch mit späteren positiven Einkünften *derselben* Einkunftsquelle. Zu diesen modellhaften Gestaltungen zählen Konzeptionen, bei denen Eigenkapital mit Hilfe eines Prospektes eingeworben wird, also zB bei geschlossenen Immobilien-, Medien-, Windpark-, Wertpapier- bzw. Schiffs-Fonds.[147] Bei Bauträgermodellen war zweifelhaft, ob bzw. ab wann diese davon betroffen sein sollten.[148]

---

[139] BStBl. I 20.10.2003, BStBl. I 2003, 546.
[140] Zur rechtlichen Absurdität von BStBl. I 20.10.2003, BStBl. I 2003, 546 ausführlich und mwN *Wagner* ZSteu 2004, 62.
[141] BGBl. I 2005, 3683.
[142] BFH 13.7.2006 – IV R 67/04, BStBl. II 2006, 878.
[143] Gesetzentwurf vom 14.6.2005, BT-Dr. 15/5666.
[144] Gesetzentwurf vom 14.6.2005, BT-Dr. 15/5666, S. 1.
[145] Zur Kritik: *Wagner* BKR 2006, 271.
[146] BGBl. I 2005, 3583.
[147] *Fleischmann/Meyer-Scharenberg* DB 2006, 353.
[148] *Fleischmann/Meyer-Scharenberg* DB 2006, 353, 354.

## II. Neuere Entwicklungen

Mit Wegfall steuerlicher Investitionsanreize und einer immer größeren Verunsicherung 111
von Kapitalanlegern, weil Finanzverwaltung und Finanzrechtsprechung entgegen dem Gesetzesbindungsgebot des Art. 20 Abs. 3 GG mit immer neuen rechtschöpferischen Interpretationen mit Rückwirkung besagte Kapitalanleger dort mit steuerlichen Lasten belegten, wo zum Zeitpunkt der Investitionen noch steuerliche Begünstigungen anstanden, wandte sich die Kapitalanlagenbranche neuen Konzeptionen zu. Diese zeichneten sich durch neue Produktlinien aus wie auch die Renditeaussage als Investitionsanreiz prospektiv in den Vordergrund gerückt wurde, ohne dass sich der Renditebegriff definitorisch bis heute eindeutig hat festlegen lassen. Das Thema der Realisierung von Wertsteigerungen wurde weiterhin nicht aufgegriffen.

Folgende Beispiele „neuerer Produktlinien" seien dargestellt, bei welchen Kapitalanleger 112
durch Beteiligungen an Gesellschaften Vorteile suchten. Dabei standen statt Steuervorteilen nunmehr die Komplexe **Altersversorgung, Arbeitsplatzsicherung** und **Vermögensbildung** im Vordergrund. Während in den Zeiten der Abschreibungs- und Verlustzuweisungsmodelle Steuervorteile die Personenkreise ansprachen, die sie auf Grund hoher sonstiger Steuerbelastungen nutzen konnten, wurden mit Altersversorgung, Arbeitsplatzsicherung und Vermögensbildung alle interessierten Bevölkerungskreise angesprochen, und zwar unabhängig von der Höhe ihres Einkommens.

Diese neue Entwicklung hatte zur Folge, dass ein – auch gesellschaftsvertraglich – erheblich 113
schutzbedürftigerer Personenkreis Kapital anlegte bzw. investierte und damit zum „Kapitalanleger" wurde, dem, da teilweise nur über geringere Einkommen verfügend, erstmals Zutrittsmöglichkeiten zu solchen Beteiligungen eröffnet wurden, wobei Eigenkapital oft nicht vorhanden und klassische Fremdfinanzierungen von Beteiligungen oft an entsprechendem Bonitätsnachweis hätten scheitern müssen.

Und bedingt durch die Wiedervereinigung besann sich der Gesetzgeber plötzlich wieder 114
der bis dahin verteufelten Abschreibungsmodelle, um mit Sonder-AfA bis zu 50 % Kapitalanleger zu Investitionen in den neuen Bundesländern zu veranlassen.

**1. Ansparfonds.** Quasi nahtlos an das Auslaufen der steuerbegünstigten Kapitalanlage 115
wurde seit 1985 am sog freien Kapitalanlagemarkt als neue Anlagevariante der „Ansparfonds" angeboten.[149] Zielgruppe waren Kapitalanleger, die neben der staatlichen *Rente* sich mittels einer in der Regel 12-jährigen Ansparzeit eine zusätzliche sachwertgesicherte und damit möglichst krisen- und konjunkturunabhängige weitere Rente sichern wollten. Investitionsgegenstand waren vornehmlich Immobilienfonds in der Form von Ansparfonds, die vergleichsweise geringen konjunkturellen Schwankungen unterworfen waren.[150]

Gängigste Fonds-Konzeptionen waren die **Publikums-KG** bzw. **Publikums-GbR,** 116
wobei letztere dann im Hinblick auf § 15a Abs. 5 Nr. 2 EStG steuerlich wie eine KG behandelt wurde, wenn den Kapitalanlegern ein Treuhandgesellschafter vorgeschaltet wurde.

Die konzeptionelle Besonderheit lag in der Finanzierung der Fondsgesellschaft bzw. der 117
Fondsbeteiligung, die *Hergarten*[151] wie folgt beschreibt:

Die Fondskonzeption wird in der Regel so angelegt, dass die aufgenommenen Fremd- 118
mittel nach einer zB 12-jährigen Ansparphase komplett aus den dann laufenden Liquiditätsüberschüssen getilgt sind. Um einerseits dieses Ziel zu erreichen und andererseits für die Fondsgesellschaft von Anfang an finanzielle Mittel zu haben, um die Immobilie überhaupt kaufen zu können, ist es wichtig, abzuklären, ob sich nachfolgend beschriebene Eckdaten realisieren lassen:

Liegen übliche Finanzierungskonditionen und Anfangsmieteinnahmen von 5 % des Ge- 119
samtaufwandes vor, die auf Grund von Indexklauseln oder entsprechender sonstiger ver-

---
[149] *Hergarten* HdB, Fach 3534; *Loritz/Wagner,* Konzeptionshandbuch, Bd. 2, Rn. 65–67.
[150] *Hergarten* HdB, Fach 3534, Rn. 1.
[151] HdB, Fach 3534, Rn. 5–8.

traglicher Regelungen langfristige Mietzinssteigerungen zulassen, so können sich **Eigen-/Fremdmittelrelationen** von ²/₃ zu ¹/₃ ergeben.

120 In Anbetracht des relativ geringen Fremdmittelanteils ist zum einen eine rein dingliche Absicherung des Kredits ohne persönliche Mitverpflichtung der Fonds-Sparer möglich, zum anderen kann auch mittels der genannten Anfangsmieteinnahmen des Fonds der Fremdmittelkredit mit einer Anfangstilgung von rund 4 % versehen werden, sodass der Fremdmittelanteil nach 12 Jahren getilgt ist.

121 Da der größere Eigenmittelanteil in der Regel von Kapitalanlegern nicht erbracht werden kann, nehmen Kapitalanleger zu diesem Zweck bei einem Kreditinstitut einen persönlichen Kredit auf, um damit für den Fonds das noch fehlende Kapital – bezogen auf den eigenen Anteil – vorzufinanzieren. Das „Sparen" des Kapitalanlegers, nämlich das Rückführen dieses persönlichen Kredites, kann dabei auf zweierlei Weise vorgenommen werden:

122 Der Kapitalanleger tilgt die von ihm aufgenommenen Fremdmittel und hat damit insoweit sich und das für den Fonds vorfinanzierte Eigenkapital anteilig entschuldet.

123 Oder die Eigenkapitalvorfinanzierung, die in Wirklichkeit eine persönliche Fremdfinanzierung des Kapitalanlegers ist, wird dem Kapitalanleger (nur) deshalb gegeben, weil die Kreditgewährung an den Abschluss einer Lebensversicherung durch den Kapitalanleger gebunden wird; dann hat der Kapitalanleger neben der jährlichen Versicherungsprämie über den gesamten Ansparzeitraum die Zinsen (keine Tilgung) auf den vollen Darlehensbetrag aufzubringen. Mit Ablauf der „Ansparphase" wird dann die Eigenkapitalvorfinanzierung durch die dann ebenfalls fälligen Lebensversicherungsmittel getilgt.[152]

124 Wirtschaftlich sollte damit erreicht werden, dass die Kapitalanleger nach 12 Jahren aus einer entschuldeten Immobilie die dann steigenden Mieten zu ihrer freien Verfügung haben und bei Verkauf der Immobilie auf Grund des lastenfreien Verkaufs den dann durch zudem erhoffte Wertsteigerungen höheren Kaufpreis für sich verwenden können, ohne noch weitere Kredite zurückführen zu müssen.

125 Zudem ließ eine solche Fondskonzeption auch steuerliche Effekte zu, da das vom BFH geforderte Streben nach Totalgewinn[153] vorlag.

126 Erzielte ein vermögensverwaltender Ansparfonds in der Rechtsform der GbR oder KG Einkünfte aus Vermietung und Verpachtung, dann entstanden **anerkennungs- und ausgleichsfähige Werbungskosten.** Für Werbungskosten in der Investitionsphase des Fonds galten die Grundsätze des Bauherrenerlasses vom 13.8.1981,[154] während in der Ansparphase das steuerliche Ergebnis der Fondsgesellschaft durch den Überschuss der Mieteinnahmen über die Zinsaufwendungen, Abschreibungen und die nicht umlagefähigen Kosten des Fonds bestimmt wurden, wie auch die Zinsaufwendungen für die Eigenkapitalvorfinanzierung als Sonderwerbungskosten ebenfalls in die einheitliche und gesonderte Feststellung der Einkünfte für die Fondsgesellschaft eingingen.[155]

127 Je nach der gewählten Rechtsform des Fonds und der gewählten Finanzierung sollten gemäß § 21 Abs. 1 Satz 2 EStG iVm § 15a EStG auch eine Ausgleichsfähigkeit steuerlicher Anfangsverluste gegeben sein.[156]

128 Aber dieses so sinnvoll konzipierte Modell gehört heute dort, wo mit Lebensversicherungen finanziert wird, der Vergangenheit an:

129 – Für Werbungskosten in der Investitionsphase des Fonds gelten nicht mehr die Grundsätze des Bauherrenerlasses vom 13.8.1991, vielmehr ist rechtliche Verwirrung eingetreten. Der IX. Senat des BFH hat in seinem Beschluss vom 14.11.1989[157] bei Bauherrenmodellen Kapitalanleger als Erwerber qualifiziert. In einem AdV-Beschluss vom

---

[152] *Hergarten* HdB, Fach 3534, Rn. 6–8.
[153] BFH 26.6.1984, GrS BStBl. II 1984, 751, 765.
[154] BStBl. I 1981, 604; *Hergarten* HdB, Fach 3534, Rn. 14; *Schmider* HdB, Fach 3530, Rn. 101.
[155] *Hergarten* HdB, Fach 3534, Rn. 24.
[156] *Hergarten* HdB, Fach 3534, Rn. 26–39.
[157] BFH BStBl. II 1990, 229.

4.2.1992[158] deutete der BFH an, dies auch beim Immobilienfonds so zu sehen (es handelte sich um ein Modernisierungsmodell), was er inzwischen in seiner Entscheidung vom 11.1.1994 bestätigte.[159]

**130** Da damit erhebliche Investitionsanreize für Fondsbeteiligungen verloren gingen, versuchte die Finanzverwaltung, Schäden und Risiken einzugrenzen. Im 4. Bauherrenerlass vom 31.8.1990[160] wird ausgeführt, dass dann, wenn das der Errichtung des Fonds-Objektes zugrunde liegende Vertragswerk von einem Initiator entwickelt worden sei, der selbst Fondsgesellschafter sei, dies die Bauherreneigenschaft des Fonds nicht tangiere. Indem jedoch der BFH sich von diesem Erlass der Finanzverwaltung distanzierte, war Rechtsunsicherheit gegeben.[161]

**131** – Hinzu kam, dass durch das Steueränderungsgesetz 1992[162] in § 10 Abs. 2 Satz 2 EStG ein Sonderausgabenabzugsverbot von Beiträgen zu Lebensversicherungen für Finanzierungsmodelle vorgesehen wurde, mit der Folge, dass damit auch die Steuerfreiheit der Zinsen (§ 20 Abs. 1 Ziff. 6 EStG) entfiel.[163] Verschärfende Anforderungen der Finanzverwaltung[164] schlossen es nahezu aus, steuerwirksam Ansparfonds mit Lebensversicherungen zu finanzieren.[165]

**132** **2. Arbeitnehmervermögensbeteiligungen.** Abschreibungs- bzw. Verlustzuweisungsmodelle hatten – wie gesagt – deshalb eine Existenzberechtigung, weil Gesetzgebung und BFH-Rechtsprechung steuerliche Sonderabschreibungen und Verlustzuweisungen erst ermöglichten und sie förderten. Steuervorteile waren mithin von Gesetzgebung und Rechtsprechung ein gewolltes Lenkungsinstrument, um mit diesen Investitionsanreizen Investitionen von Privatpersonen bzw. Unternehmen in Gang zu bringen.

**133** Mit Auslaufen dieser Phase durch Entfallen lassen gesetzlicher Regelungen, die zB Sonderabschreibungen erst eingeführt hatten, und durch die Änderung der BFH-Rechtsprechung war vorübergehend neues gewolltes politisches Ziel der Bundesregierung, privates Kapital zu Investitionen in Unternehmen zu veranlassen, um damit zu einer Stärkung der Eigenkapitalstruktur vornehmlich der mittelständischen Unternehmen beizutragen, was einerseits der Stärkung der Wettbewerbsfähigkeit solcher Unternehmen und andererseits der Sicherung von Arbeitsplätzen dienen sollte. Diesem Ziel sollte mittels des am 31.12.1986 in Kraft getretenen Vermögensbeteiligungsgesetzes[166] auf folgenden Wegen gedient werden:

**134** Zum einen durch Aufbringung von Risikokapital, das vornehmlich Investmentgesellschaften oder Unternehmensbeteiligungsgesellschaften zugeführt werden sollte, die sich dann ihrerseits damit an Unternehmen unter Zurverfügungstellung von Kapital beteiligen konnten. Zum anderen durch investive Beteiligungen von Arbeinehmern, sei es durch unmittelbare oder mittelbare betriebliche Beteiligungen, sei es durch außerbetriebliche Beteiligungen von Arbeitnehmern an besagten Investmentgesellschaften oder Unternehmensbeteiligungsgesellschaften.

---

[158] BFH BStBl. II 1992, 883.
[159] BFH DStR 1994, 931.
[160] BMF BStBl. I 1990, 366.
[161] *Loritz/Wagner,* Konzeptionshandbuch, Bd. 2, Rn. 300–305.
[162] BGBl. I 1992, 297 = BStBl. I 1992, 146.
[163] BT-Drucks. 12/1109, S. 55, 56.
[164] BMF 21.12.1992, BStBl. I 1993, 10; 12.3.1993, BStBl. I 1993, 277; 19.5.1993, BStBl. I 1993, 406; 14.6.1993, BStBl. I 1993, 484; BMF Presseerklärung v. 13.10.1993, BB 1993, 2137; 6.5.1994, NJW 1994, 1714.
[165] *Dahm* DStZ 1993, 385; *Horlemann* BB 1993, 2129 und 2201 und 2273; *Horlemann* DStR 1993, 1725; *Horlemann* DStZ 1993, 515; *Horlemann* DB 1993, 2096; *Pfalzgraf/Meyer* DB 1993, 2353; *Meyer-Scharenberg,* Finanzierung mit Lebensversicherungen, 1993; *Meyer-Scharenberg* DStR 1993, 1768; *Loritz/Wagner,* Konzeptionshandbuch, Bd. 2, Rn. 64, 65, 765 ff.
[166] V. 19.12.1986, BGBl. I, S. 2595; Gesetzesmaterialien: BT-Drucks. 10/5981 v. 8.9.1986; BT-Drucks. 10/6280 v. 29.10.1986; BT-Drucks. 10/6438 v. 12.11.1986; BT-Drucks. 10/6462 v. 13.11.1986.

135 Der Komplex der investiven Beteiligung von Arbeitnehmern wurde unter den Schlagworten **„Mitarbeiter-Kapital-Beteiligung"** bzw. „Arbeitnehmervermögensbildung" geführt[167] und da diese Art der Arbeitnehmerbeteiligung zugleich dem Ziel dienen sollten, den dualistischen Interessengegensatz von Kapital und Arbeit abbauen zu helfen, wurden sie auch steuerlich gefördert. Wieder einmal waren steuerliche Vergünstigungen Investitionslenkungsinstrumente und Investitionsanreize:

136 Aufgrund des **5. VermBG**,[168] der Verordnung zur Durchführung des 5. VermBG[169] sowie des Anwendungsschreiben des Bundesministers der Finanzen[170] erhielten die begünstigten Arbeitnehmer Sparzulagen für **vermögenswirksame Leistungen** bis zu 936,– DM,[171] die der Arbeitgeber dem Betrag zu entnehmen hatte, den er für den Arbeitnehmer ansonsten an Lohnsteuer zu zahlen gehabt hätte.[172]

137 Aufgrund des § 19a EStG[173] konnte der Arbeitgeber dem Arbeitnehmer zudem bei unentgeltlicher bzw. verbilligter Überlassung von Beteiligungen bis zu 500,– DM p. a. steuer- und sozialversicherungsfrei Vorteile zuwenden.

138 Diese Möglichkeiten fanden auch am freien Kapitalanlagenmarkt Resonanz, indem man mit dem Slogan „mit dem Vater Staat Vermögen bilden" sich an Arbeitnehmer mit geringerem Einkommen als neuer Zielgruppe wandte, um diese unter Einbeziehung der „Steuervorteile" nach dem 5. VermBG sowie § 19a EStG für Beteiligungen an Publikums-KGs einzuwerben, sei es für gewerblich tätige, sei es für vermögensverwaltende geschlossene Immobilienfonds.[174]

139 Da die Fördermöglichkeiten des 5. VermBG bzw. § 19a EStG bei vielen Beteiligungsformen in den dortigen Beteiligungskatalogen davon abhingen, dass sie vom Arbeitgeber gewährt wurden bzw. Beteiligungsformen betrafen, die für Publikums-Personengesellschaften nicht in Frage kamen, setzte sich anfänglich die stille Beteiligung solcher Arbeitnehmer-Kapitalanleger an entsprechenden Publikums-KGs als Beteiligungsform durch, da diese keinen einengenden Voraussetzungen unterlag.

140 Mit *Wagner* war jedoch von folgenden Problempunkten solcher Beteiligungen auszugehen:

141 Nach der Zivilrechtsjudikatur[175] waren vermögensverwaltende Immobilien-KGs nur in eng begrenzten Ausnahmefällen möglich. Vom BFH[176] dagegen wurden sie generell als **Schein-KGs** und mithin als Gesellschaften bürgerlichen Rechts eingestuft. Da es bei der Arbeitnehmervermögensbildung um die steuerliche Anerkennung solcher stillen Beteiligungen iS des 5. VermBG bzw. § 19a EStG ging, nach der steuerlichen Betrachtungsweise des BFH vermögensverwaltende Immobilien-KGs rechtlich jedoch Gesellschaften bürgerlichen Rechts waren, an denen aber mangels Vorliegens eines Handelsgewerbes stille Beteiligungen nicht begründet werden konnten, musste befürchtet werden, dass bei solchen Konzeptionen die Finanzverwaltung bezüglich der Arbeitnehmerbeteiligungen dieselben nicht

---

[167] *Wagner*, Management Buy Out, Führungskräftebeteiligung, Arbeitnehmerbeteiligung, 1993; ders., Mitarbeiterbeteiligung, FS Lezius, 2002; *Wagner,* Kapitalbeteiligung von Mitarbeitern und Führungskräften, 2. Aufl. 2008.
[168] V. 19.12.1986, BGBl. I, S. 2595.
[169] VermBDV 1987 v. 23.10.1987, BGBl. I, S. 2327.
[170] BMF v. 31.8.1987, BStBl. I 1987, 639.
[171] § 13 5. VermBG.
[172] § 13 Abs. 6 5. VermBG.
[173] In der Neufassung v. 19.12.1986, BGBl. I, S. 2602; sa BMF v. 31.8.1987, BStBl. I 1987, 632.
[174] *Wagner* HdB, Fach 3537.
[175] BGH DB 1960, 917; OLG Frankfurt BB 1983, 335; OLG Celle BB 1983, 659; BayObLG NJW 1985, 983.
[176] 19.8.1986, BStBl. II 1987, 212, 214; zur Schein-KG als gewerblich geprägte Gesellschaft bürgerlichen Rechts: BFH 11.12.1986, BStBl. II 1987, 553; zur vermögensverwaltenden Schein-KG als Gesellschaft bürgerlichen Rechts: BFH 7.4.1987, DB 1987, 1872.

als stille, sondern als sonstige, dann nicht dem 5. VermBG bzw. § 19a EStG unterfallende, schuldrechtliche Beteiligungen ansehen würde.[177]

Inzwischen hatten sich auf Grund von Gesetzesänderungen und mangelhafter wirtschaftlicher Attraktivität auch diese Modellformen für den Kapitalanlagemarkt erledigt:

– Steuerlich geförderte Mitarbeiterkapitalbeteiligungen, die über den freien Kapitalmarkt gehandelt bzw. vertrieben werden konnten, wurden im Förderkatalog des § 2 des 5. VermBG[178] und des § 19a Abs. 3 EStG[179] nicht mehr aufgeführt.

– Im Übrigen war durch die Herabsetzung der Sparzulage auf 10 %[180] sowie des steuerfreien Vorteils bei § 19a EStG[181] auch kein sonderlich großer wirtschaftlicher Anreiz mehr vorhanden.

**3. Fördergebietsgesetz.** Aufgrund der Wiedervereinigung Deutschlands erledigte sich die Berlinförderung,[182] sodass diesbezügliche Darstellungen hier entbehrlich sind.[183] An deren Stelle war die der Förderung des Wirtschaftsaufschwunges für die neuen Bundesländer durch die bis zu 50 % reichende Sonderabschreibung (§ 4 Abs. 1 FörderGG) getreten. Im Rahmen dieses Kapitels ist eine Begrenzung auf gesellschaftsrechtliche Beteiligungskonzeptionen vorzunehmen.[184]

In der Ursprungsfassung des FördGG konnte die Sonderabschreibung für Gebäude im Privatvermögen nur in Anspruch genommen werden, wenn der Steuerpflichtige das Gebäude selbst herstellte oder bis zum Jahr der Fertigstellung anschaffte. Da mit oben dargelegtem der BFH aber verdeutlicht hatte, auch Kapitalanleger in Immobilienfonds seien keine Bauherren, sondern Erwerber,[185] hätte dies zur Folge gehabt, dass mit Geldern von Kapitalanlegern zB per geschlossenem Immobilien-Fonds die Sonder-AfA des FördGG nicht hätte erreicht werden können.[186] Dringend benötigtes privates Kapital erheblichen Umfanges hätte mithin für Investitionen in den neuen Bundesländern nicht zur Verfügung gestanden. Gleiches galt für Modernisierungs-Fonds; denn die Ursprungsfassung des Gesetzes ging davon aus, Modernisierungsmaßnahmen seien steuerlich Herstellungsmaßnahmen,[187] und da nach Meinung des BFH die von Kapitalanlegern veranlassten *tatsächlichen* Herstellungsmaßnahmen *steuerlich* als Anschaffungsvorgang gewertet wurden, war auch hier keine Sonderabschreibung möglich, wenn Kapitalanleger investieren wollten.

Die Skurilität deutschen Steuerrechts wurde offensichtlich: BFH und Finanzverwaltung hatten abseits des Gesetzes (Verstoß gegen Artikel 20 Abs. 3 GG) Personen, die *tatsächlich*

---

[177] *Wagner* HdB, Fach 3537, Rn. 17.
[178] IdF vom 19.1.1989 (BGBl. I, S. 137), geändert durch das Finanzmarktförderungsgesetz vom 22.2.1990 (BGBl. I S. 226), Gesetz über Wertpapier-Verkaufsprospekte vom 13.12.1990 (BGBl. I, S. 2749) und Missbrauchsbekämpfungs- und Steuerbereinigungsgesetz vom 21.12.1993 (BGBl. I, S. 2310).
[179] Zuletzt geändert durch das Missbrauchsbekämpfungs- und Steuerbereinigungsgesetz vom 21.12.1993 (BGBl. I, S. 2310).
[180] § 13 Abs. 2 5. VermBG.
[181] § 19a Abs. 1 Satz 1 EStG.
[182] § 31 BerlinFG.
[183] Siehe dazu *Wagner* in Assmann/Schütze, Handbuch des Kapitalanlagerechts, 1. Aufl. 1990, § 22 Rn. 115–119.
[184] Zu Einzelheiten siehe *Best* BB 1993, 1568; *Breuninger/Prinz* FR 1993, 350; *Fleischmann/Haas* DStR 1993, 533; *Kaligin* HdB, Fach 3213; *Kaligin* Wpg. 1992, 377; *Loritz/Wagner* WM 1993, 533; *Meisenheimer* DB 1992, 1753; *Richter* HdB, Fach 0018; *Söffing* FR 1991, 577; *Stuhrmann* DStR 1993, 123; *ders.* DStR 1993, 1125; *Wewers* DB 1991, 1539; *Wewers* DB 1991, 1487; *Wagner/Loritz,* Konzeptionshandbuch, Bd. 1, Rn. 643 ff.; *Loritz/Wagner,* Konzeptionshandbuch, Bd. 2, Rn. 306 ff.; 463 ff.; *Zitzmann* DB 1992, 1543.
[185] BFH 14.11.1989 BStBl. II 1990, 299 und BFH 4.2.1992 BStBl. II 1992, 883.
[186] *Loritz/Wagner* WM 1993, 489, 494 f.
[187] § 4 Abs. 1 Satz 1 FörderGG sprach insoweit von *anderen* Herstellungsmaßnahmen.

bauten, *steuerrechtlich* zu Erwerbern deklariert bzw. fingiert, um Kapitalanlegern als „Erwerbern" die Steuervorteile (Werbungskosten) vorzuenthalten, die ihnen als Bauherren eigentlich zustanden. Und nun hatte der Gesetzgeber des FördGG dies völlig übersehen, war doch der Gesetzgeber offenbar davon ausgegangen, ein Bauherr sei ein Bauherr und wer modernisiere, stelle her. Plötzlich erkannte man, *nachdem* das FördGG in Kraft getreten war, dass besagte Rechtsprechung des BFH, die Kapitalanlegern Steuervorteile vorenthielt, dies auch beim FördGG tat. Dort war dies aber politisch nicht gewollt, benötigte man doch auch das Investitionskapital von Kapitalanlegern in den neuen Bundesländern. Und um der Rechtsprechung des BFH – jeden bauenden Kapitalanleger zu einem steuerlichen Erwerber zu fingieren – zu begegnen, änderte nicht etwa der BFH seine Rechtsprechung, sondern der Gesetzgeber das Gesetz, indem nunmehr die Sonder-AfA gemäß § 4 Abs. 1 FörderGG auf Anschaffungskosten gewährt wurde. Auch geschlossene Immobilienfonds konnten nunmehr die Sonder-AfA für Bau- bzw. Modernisierungsmaßnahmen in Anspruch nehmen, kam es insoweit doch auf die Unterscheidung von Anschaffungs- und Herstellungskosten nicht mehr an.[188]

**148** Damit war *diese* steuerliche Hürde für geschlossene Immobilienfonds in den neuen Bundesländern im Hinblick auf das FördGG überwunden. Es verblieben aber die allgemeinen steuerlichen Unsicherheiten geschlossener Immobilienfonds, sodass zu befürchten stand, dass wie schon bei den Abschreibungsgesellschaften, dem Mietkauf- und dem Bauherrenmodell, die Kapitalanleger steuerlicher Investitionsanreize durch Finanzverwaltung und Finanzrechtsprechung verlustig gingen, wenn sie nur erst einmal ihre Investitionen getätigt hatten. Genau so geschah es.[189]

**149** **4. Geschlossene Immobilienfonds.** Die Beteiligung an geschlossenen Immobilienfonds diente dem Ziel, an der prosperierenden und durch entsprechenden Nachfragebedarf ausgelösten Wertsteigerungsentwicklung von Büro- bzw. sonstigen Gewerbeimmobilien zu partizipieren. Als Mittel der Altersvorsorge sind sie nach der Rechtsprechung nicht geeignet.[190]

**150** Die Beteiligung an geschlossenen Immobilienfonds war daher Ausdruck des gewachsenen Strebens nach privater Vermögensbildung, wobei die Attraktivität dieser Anlagemöglichkeit darin lag, mit relativ geringen Beteiligungen an hohen Investitionsvolumina geschlossener Fonds zu partizipieren,[191] wobei allerdings die Höhe des Investitionsvolumens keine Rückschlüsse auf den Wert des Fondsobjektes zulässt.

**151** Im Gegensatz zu offenen Immobilienfonds werden geschlossene Immobilienfonds durch folgende Merkmale gekennzeichnet:[192] begrenzte Anzahl von Immobilienobjekten, relativ geringe Liquiditätsvorhaltung, kein bzw. maximal einmaliger Anteilsverkauf, in der Regel kein organisierter Zertifikatshandel, keine Rücknahmeverpflichtung der Beteiligung, objektbezogene begrenzte Dauer des Fonds, keine öffentlich geregelte Überwachung, Anlageform nach Handelsrecht, freiwillige (beschränkte) Publizitäts- und Berichtspflicht, keine öffentlichrechtlich geregelte Qualifikation für das Management, gelegentlich private Garanten und freiwillige Bewertungen, in der Regel Fremdfinanzierung und Fondsverwaltung durch Initiator-Unternehmen.

**152** Welche steuerliche Einordnung des geschlossenen Immobilienfonds gilt, war/ist weitgehend gestaltbar.

**153** Soll es sich beispielsweise steuerlich um eine gewerbliche Publikums-KG handeln, wird die Rechtsform der GmbH & Co. KG gewählt, bei welcher nur eine GmbH geschäftsführungsbefugte und vertretungsberechtigte Komplementärin ist. Soll dagegen die Publikums-KG einkommensteuerlich Einkünfte aus Vermietung und Verpachtung haben, wird entwe-

---

[188] *Loritz/Wagner,* Konzeptionshandbuch, Bd. 2, Rn. 314 ff.
[189] Zu steuerlichen Problemen bei Konservierungsfonds *Bader* DStR 1997, 1917.
[190] OLG München 30.5.2006 – 19 U 5914/05 (Juris); *Morlin* AG-Rep. 2006, R424.
[191] *Wappenhaus,* Geschlossener Immobilienfonds, S. 6.
[192] *Schelnberger* BB 1987, Beilage 19, S. 21.

der eine natürliche Person als Komplementär eingesetzt oder eine GmbH, der zwar die Vertretungsmacht, nicht aber die Geschäftsführungsbefugnis zusteht, indem letztere zB den Anleger-Kommanditisten oder deren Treuhandkommanditist zugeordnet wird.[193]

Geschlossene Immobilienfonds haben seit 1990 einen starken Aufschwung erlebt, insbesondere in den neuen Bundesländern. Dabei ist ihre steuerliche Einordnung aber alles andere als sicher wie folgende Beispiele zeigen, die unten noch zu vertiefen sind: 154

**a) Wohnimmobilienfonds als Hamburger Modell.** Da das Bauherrenmodell nicht 155 mehr vermarktbar war und für viele der Bau oder Erwerb einzelner Wohnungen zu teuer geworden war, wurden am Kapitalanlagemarkt Wohnimmobilien-Fonds angeboten, mit welchen ein schrittweiser Erwerb von Wohnungseigentum angeboten wurde.[194] So erwarb der Kapitalanleger an einem Wohnimmobilien-Fonds zunächst einen Gesellschaftsanteil von seinerzeit zB DM 100 000,–. Eine Erhöhung durch Zukauf weiterer Gesellschaftsanteile von dem Initiator als Mitgesellschafter war möglich, bis der Kapitalanleger Beteiligungen am entsprechenden Fonds im Wert einer Wohnung erworben hatte. Nach frühestens 12 Jahren konnte der Kapitalanleger aus dem Wohnimmobilien-Fonds ausscheiden und erhielt statt einer Abfindung in bar im Wege der Realteilung die von ihm avisierte Wohnung.

Diese Modelle waren in den 70er Jahren daran gescheitert, dass damals die Finanzverwaltung die Verlustbegrenzungen eingeführt hatte und im Sog des seinerzeit neu eingeführten § 15a EStG das **Hamburger Modell** seine Anziehungskraft verlor. Hinzu kam, dass der vorprogrammierte Ausstieg aus der KG – und die Realteilung als Abfindungssurrogat war ja nur eine Folge davon – beim Hamburger Modell mit Problemen im Hinblick auf die Entscheidung des Großen Senats des BFH vom 25.6.1984 zu kämpfen hatte, wonach ein an einer Personengesellschaft Beteiligter steuerlich kein Mitunternehmer sei, wenn seine Beteiligung rechtlich oder tatsächlich befristet sei und deshalb eine Teilhabe an der von der Gesellschaft zu erstrebenden Betriebsvermögensmehrung (= Streben nach betrieblichem Totalgewinn) nicht erwartet werden könne.[195] 156

Nunmehr am Kapitalanlagemarkt „neu" angebotene Wohnimmobilien-Fonds als Hamburger Modell fassten in Kenntnis dieser Entwicklung neuen steuerlichen Mut durch die Entscheidung des BFH vom 7.3.1989[196]. Dort führte der BFH aus, für die Frage, ob ein Gesamtüberschuss der Einnahmen über die Werbungskosten erzielt werde, sei nicht nur auf den Zeitraum bis zur Auflösung der GbR abzustellen, vielmehr sei auch die anschließende Vermietung der einzelnen Eigentumswohnungen durch Kapitalanleger als Alleineigentümer (nach Realteilung) einzubeziehen. Dies sei die Konsequenz daraus, dass nach der Rechtsprechung des BFH die Überschusserzielungsabsicht sowohl auf der Ebene der Gesellschaft wie auch auf der Ebene des Gesellschafters zu prüfen sei.[197] Beim Hamburger Modell war mithin die Vermietungstätigkeit der Gesellschaft und die anschließende Vermietung durch den Gesellschafter als Einheit zu beurteilen.[198] 157

Umgekehrt bedeutete dies, dass bei einem Hamburger Modell, wenn ein Ausscheiden aus dem Fonds möglich war, bevor mit einem Überschuss der Einnahmen über die Werbungskosten zu rechnen war und dies im Einzelfall nach dem mutmaßlichen Geschehensablauf sicher zu erwarten war, ohne dass als Abfindung eine Immobilie übertragen wird, 158

---

[193] BFH 11.12.1986, BStBl. II 1987, 553 f.; FG Münster EFG 1993, 719 mwN.
[194] Wenn der Wohnungserwerb nicht die gesellschaftsrechtliche Folge des Ausscheidens aus dem Fonds war, sondern nur eine schuldrechtliche Möglichkeit, so löste diese nach FG Berlin EFG 1999, 619 keine gesonderte GrESt aus.
[195] BFH 25.6.1983, GrS BStBl. II 1984, 751, 768.
[196] BFH 3.3.1989, BFH/NV 1990, 26.
[197] BFH 28.11.1985, BFH/NV 1986, 332; BFH 7.4.1987, BStBl. II 1987, 707.
[198] So auch OFD Frankfurt/Main 3.3.1999, DStR 1999, 1442 und OFD Frankfurt/Main 4.3.1999, DStR 1999, 1443. Nicht anerkannt wird jedoch nach OFD Frankfurt/Main 4.3.1999, DStR 1999, 1443 ein Mietverhältnis, wenn bei verunglücktem Hamburger Modell die Gesellschaft die Wohnung an ihren Gesellschafter vermietet.

deren Vermietung fortgeführt wird, die Einkunfts-/Überschusserzielungsabsicht zu verneinen war.[199]

**159** Ausgehend von dem Umstand, dass seit der Entscheidung des BFH vom 14.11.1989[200] und dem 4. Bauherrenerlass vom 31.8.1990[201] die Werbungskosten ohnehin stark eingeschränkt wurden und bei Fonds inzwischen der Grad der Fremdfinanzierung mit daraus resultierenden Schuldzinsen (= Werbungskosten) „zurückgefahren" wurde, war es durchaus gestaltbar geworden, unter Berücksichtigung der Vorgaben der Rechtsprechung des BFH[202] die oben angesprochenen steuerlichen Probleme zu meistern, weshalb die Wiedergeburt des Hamburger Modells als Wohnimmobilien-Fonds am Kapitalanlagemarkt – wenngleich dieses mal in der Rechtsform eines GbR-Fonds – nicht überraschen mußte.[203]

**160** Steuerliche Unsicherheit droht bei dieser Fonds-Konzeption denn auch aus einer anderen Richtung:

**161** Der BFH nimmt in einer Fülle von Entscheidungen[204] Gewerblichkeit an, wenn innerhalb von 5 Jahren *mehr* als 3-Wohnobjekte veräußert werden. Auch die Finanzverwaltung geht davon aus.[205] Ist die Veräußerungsabsicht bereits von vornherein vorhanden, kann Gewerblichkeit bereits ab dem ersten Objekt gegeben sein.[206] Steuerliche Unsicherheiten drohen mithin dem Wohnimmobilien-Fonds als Hamburger Modell aus folgenden Richtungen:

**162** Bei einer Personengesellschaft – wie es der geschlossene Immobilienfonds als KG oder GbR nun einmal ist – ist bezüglich der Veräußereigenschaft auf die Gesellschaft als solche abzustellen.[207] Da beim Wohnimmobilien-Fonds das Hamburger Modell von vornherein auf die Übertragung der Eigentumswohnungen eines Mehrfamilienhauses abstellt, könnte darin die zur Annahme der Gewerblichkeit liegende Nachhaltigkeit der Betätigung gesehen werden.[208] Dies insbesondere, seitdem der BFH die Veräußerung mehrerer Objekte durch die Personengesellschaft seinen Gesellschaftern zurechnet.[209]

**163** So hat der BFH entschieden, dass zB die Einbringung eines Wirtschaftsguts des Privatvermögens in eine Personengesellschaft gegen Gewährung von Gesellschaftsrechten als tauschähnlichen Vorgang anzusehen sei, der beim einbringenden Gesellschafter zu einer entgeltlichen Veräußerung führe.[210] Dann aber könnte es nahe liegen, Vergleichbares auch für die Abfindung per Realteilung zu vertreten. Wäre dies der Fall, dann käme es auf Indi-

---

[199] BMF 23.7.1992, BStBl. I 1992, 434.
[200] BFH BStBl. II 1990, 299; s. o. § 22 Rn. 115.
[201] BMF BStBl. I 1990, 366.
[202] BFH/NV 1990, 26.
[203] Dass der Beitritt zu einem GbR-Fonds als Hamburger Modell nicht grunderwerbsteuerpflichtig ist und keinen Fall des § 42 AO darstellt, siehe FG Sachsen DStRE 2002, 1464.
[204] Zur Rechtsprechung siehe: BFH 22.3.1990, BStBl. II 1990, 637; BFH 16.4.1991, BStBl. II 1991, 844; BFH 18.9.1991, BStBl. II 1992, 135; BFH BFH/NV 1993, 656; BFH BFH/NV 1994, 20; BFH GrS DStR 1995, 1339; BFH DStR 1995, 1828; BFH BFH/NV 1996, 202; BFH NJW 1996, 616.
Kein gewerblicher Grundstückshandel, wenn nicht mehr als 3 Wohnobjekte binnen 4 Jahren veräußert werden: BFH 18.1.1989, BStBl. II 1990, 1051; 14.3.1989, BStBl. II 1990, 1053; BFH BFH/NV 1994, 20.
Kein gewerblicher Grundstückshandel bei bedingter Veräußerungsabsicht in 1-Objekt-Fällen: BFH/NV 2011, 1666.
[205] BMF 20.12.1990, BStBl. I 1990, 884.
[206] BFH 23.10.1987, BStBl. II 1988, 293; BFH/NV 1994, 20, 21; BFH/NV 1996, 202; BFH 13.12.1995, BStBl. II 1996, 232. Zum gesamten siehe *Wagner/Loritz*, Konzeptionshandbuch, Bd. 1, Rn. 700–706.
[207] BFH 20.11.1990, BStBl. II 1991, 345; BMF 20.12.1990, BStBl. I 1990, 884 Tz. 12; *Wagner/Loritz*, Konzeptionshandbuch, Bd. 1, Rn. 707.
[208] BFH 23.10.1987, BStBl. II 1988, 293; BFH/NV 1994, 20, 21; *Wagner* HdB, Fach 305 Rn. 55 f.
[209] BFH 22.8.2012 – X R 24/11, DStR 2012, 2125 Rn. 13 f.
[210] BFH 19.9.2002, BStBl. II 2003, 394; dazu *Tiedtke/Wälzholz* MittBayNot 2004, 5, 11 f.

zien wie 3-Objekt-Grenze und „Veräußerung" innerhalb von 5 Jahren nicht an, weil beim Hamburger Modell bereits konzeptionsbedingt von Anfang an mit der vorgesehenen Realteilung eine „Veräußerungs"-Absicht bestünde.[211] Dies ist auch vor folgendem Hintergrund zu sehen: Gemäß § 719 Abs. 1 BGB kann ein Gesellschafter selbst nicht über seinen Anteil am Gesellschaftsvermögen und dazu gehörenden Gegenständen verfügen wie er auch nicht berechtigt ist, Teilung zu verlangen. Umgekehrt kann aber die Gesellschaft selbst sehr wohl solches in ihrem Gesellschaftsvertrag vorsehen und eine einvernehmliche Teilauseinandersetzung zB per Realteilung vorsehen.[212] Wird folglich eine Fonds-GbR gegründet, der Anleger beitreten, um ein Grundstück zu erwerben, es zu bebauen, zu vermieten und dann per Realteilung den Anlegern als Gesellschaftern Wohnungen zuzuordnen, dann könnte darin eine gewerblich tätige Personengesellschaft gesehen werden. Denn der BFH lässt offen, ob der gewerbliche Charakter nicht schon dann bejaht werden kann, wenn von Anfang an eine konkrete Planung für die Bebauung sowie Aufteilung in Wohnungseigentum vorgesehen war,[213] was ja beim Hamburger Modell in der Regel der Fall sein wird.[214]

Übernimmt ein Gesellschafter einer GbR im Wege der Realteilung Immobilienobjekte, **164** die er später veräußert, so sind diese als Zählobjekte bei der Prüfung der sog Drei-Objekt-Grenze zur Feststellung eines gewerblichen Grundstückshandels zu berücksichtigen.[215]

Eine andere steuerliche Unsicherheit droht dem Wohnimmobilien-Fonds als Hamburger **165** Modell aus Tendenzen in der Rechtsprechung des BFH, auch Gesellschaftsbeteiligungen (zB an einer GbR) im Rahmen der zuvor angesprochenen Objektbetrachtung als jeweils ein Objekt anzusehen.[216] Objekt für die Beurteilung der Gewerblichkeit ist mithin nicht nur die Immobilie oder Eigentumswohnung als solche, sondern auch der einzelne Gesellschaftsanteil an einer Personengesellschaft als geschlossenem Immobilienfonds. Da sich die Rechtsprechung in diese Richtung entwickelt hat, hat dies über die Beteiligung an einem Wohnimmobilien-Fonds hinaus weitgehende Bedeutung für Fondsbeteiligungen insgesamt.[217]

Da sich die Rechtsprechung des BFH in diese Richtung entwickelt hat, handelt es sich um **166** Richterrecht ohne *Gesetzes*qualität,[218] welches ohne *gesetzliche* Grundlage steuerbelastende Wirkungen hat. Dies geht mit der Rechtsprechung des BVerfG nicht konform. Denn Steuerbürger müssen sich auf *gesetzliche* Regelungen einstellen können[219] wie ja auch steuerbegründende rechtschöpferische Interpretationen verfassungswidrig sind.[220] Doch ist inzwischen festzustellen, dass auch das BVerfG sich in seiner Rechtsprechung zum Steuerrecht nicht an seiner eigenen Rechtsprechung ausrichtet, was zusätzliche Unsicherheit schafft.

**b) Unklarheiten bei Gewinnerzielungsabsicht[221].** *Es gibt keine Rechtsprechung des* **167** *BFH, wonach* ausdrücklich oder stillschweigend ein abstrakter Rechtssatz des Inhalts aufge-

---

[211] Andeutung in BFH NZG 2003, 741, 742 zum gewerblichen Grundstückshandel durch Veräußerung von Gesellschaftsanteilen, die über § 39 Abs. 2 Nr. 2 AO einer anteiligen Grundstücksveräußerung gleichgestellt werden. Dort soll es dann für den gewerblichen Grundstückshandel nicht auf die Anzahl der veräußerten Anteile ankommen, sondern auf die im Gesamthandsvermögen zahlenmäßig vorhandenen Objekte.
[212] *Ulmer* in MüKoBGB, 4. Aufl. 2004, § 719 Rn. 12.
[213] Andeutung in BFH NZG 2003, 741, 743.
[214] *Wagner* HdB, Fach 305 Rn. 57.
[215] BFH BFH/NV 2003, 890; BFH BStBl. II 2004, 699; *Wagner* HdB, Fach 305 Rn. 59.
[216] BFH BStBl. II 1993, 668 (Vorlage an den Großen Senat des BFH) so nun BFH GrS DStR 1995, 1339 (ablehnend BFH/NV 1994, 17); BFH HFR 1996, 490; BFH 7.3.1996 BStBl. II 1996, 369; *Fischer* MittBayNot 1999, 221, 230.
[217] *Fratz/Löhr* DStR 2005, 1044.
[218] BVerfGE 84, 211, 226, 227; BVerfG DZWiR 1993, 239.
[219] BVerfG HFR 1988, 177.
[220] BVerfGE 13, 318, 320; BVerfGE 21, 1, 4; BVerfGE 69, 188, 203; BVerfG BB 1988, 1716; BVerfG BB 1989, 615.
[221] *Loritz* BB 1997, 1281; *Kohlhaas* BB 1998, 399; *Pezzer* StuW 2000, 457; *Ross* DStZ 1998, 717.

**168** stellt worden wäre, Anlaufverluste seien steuerlich stets anzuerkennen. Das wird nur als Regelfall vorausgesetzt.[222]

**168** Zwar ist mit der Entscheidung des Großen Senats vom 25.6.1984[223] davon auszugehen, dass für die Beurteilung der Gewinnerzielungsabsicht nicht auf einzelne Veranlagungszeiträume sondern auf den über mehrere Jahre hinweg gehenden Zeitraum der steuerlichen Betätigung abzustellen ist, wobei zusätzlich auf die Ebene der Gesellschaft abzustellen ist.[224] Ohne Anrufung des Großen Senats des BFH weicht aber inzwischen der VIII. Senat des BFH davon ab.[225] Er geht davon aus, es bestehe eine Vermutung gegen die Gewinnerzielungsabsicht für alle die Veranlagungszeiträume, für die mit Wahrscheinlichkeit kein Totalgewinn zu erwarten sei.[226] Dies hätte zur Folge, dass Anlaufverluste in den ersten Jahren nicht berücksichtigt würden und nur die Folgejahre steuerlich berücksichtigt würden, wenn dort Gewinn erzielt würde, sodass dann steuerliche Verluste auf diese Weise nicht mehr geltend gemacht werden könnten.[227] Die Rechtsprechung des IX. Senates des BFH ist diesbezüglich nicht eindeutig, indem sie einerseits für den Regelfall bei Einkünften aus Vermietung und Verpachtung von der Vermutung einer Einkunftserzielungsabsicht ausgeht[228] – so auch das BMF[229] –, wenn keine Beweisanzeigen für das Gegenteil vorhanden sind,[230] andererseits aber auch eine gewisse Nähe zur Rechtsprechung des VIII. Senates des BFH aufweist.[231] Der XI. Senat des BFH[232] iudiziert im Übrigen, dass längere Verlustperioden für sich allein gesehen nicht ausreichen, um eine Betätigung als „Liebhaberei" anzusehen. Bei längeren Verlustperioden müssten vielmehr weitere Anzeichen erst noch hinzutreten.[233] Sollte diese Rechtsprechung des VIII. Senates des BFH, die allerdings nicht zu geschlossenen Immobilienfonds erging, auf solche übertragen werden, so besteht das Risiko, dass die gesetzlich gewollt gewesene Sonder-AfA nach § 4 Abs. 1 FördGG bei geschlossenen Immobilienfonds mit Investitionsgegenstand in den neuen Bundesländern nachträglich rückwirkend in Frage gestellt werden könnte.[234]

---

[222] BFH/NV 1999, 169.
[223] BFH 25.6.1984, BStBl. II 1984, 751, 766; dazu *Voos* DStR 1999, 877 f.
[224] Mit BFH 23.4.1999, BFH/NV 1999, 1336; FG Niedersachsen EFG 2005, 770 ist sowohl auf die Ebene der Gesellschaft wie auch auf die Ebene des Gesellschafters abzustellen (zweistufiges Verfahren), wenn die Überschusserzielungsabsicht eines Gesellschafters zweifelhaft erscheint, zB weil er sich nur kurzfristig zur Verlustmitnahme an einer Gesellschaft beteiligt hat (BFH/NV 1999, 717; BFH/NV 2000, 120; FG Berlin DStRE 1999, 783). Eine Überschusserzielungsabsicht auf der Ebene der Gesellschaft kann zB dann fehlen, wenn die Gesellschaft eine Immobilie erwirbt, die sie kurzfristig wieder verkaufen möchte (FG Schleswig-Holstein DStRE 2000, 235).
[225] BFH 21.8.1990, BStBl. II 1991, 564; BFH 10.9.1991, BStBl. II 1992, 328; BFH 12.12.1995, BStBl. II 1996, 219; dazu *Loritz* DB 1982, 1156; *Loritz/Wagner*, Konzeptionshandbuch, Bd. 2, Rn. 284; *Kohlhaas* DStR 1996, 945. Ähnlich inzwischen FG Schleswig 27.10.2004 – 3 K 20157/01, EFG 2005, 1049.
[226] Dagegen *Loritz* BB 1997, 1281.
[227] Für Einbeziehung von Sonderabschreibungen und erhöhte AfA BMF 4.11.1998, DStR 1998, 1877 als Nichtanwendungserlass gegen BFH 30.9.1997, DStR 1997, 2013, 2015, der einen gegenteiligen Standpunkt eingenommen hat. Dazu *Voos* DStR 1999, 877.
[228] BFH 30.9.1997, BStBl. II 1998, 771; BFH 27.7.1999, BStBl. II 1999, 826; BFH/NV 2004, 484.
[229] BMF 4.11.1998, BStBl. I 1998, 1444.
[230] BFH/NV 2002, 22. Zu Beweisanzeigen FG Rheinland-Pfalz EFG 2005, 932 (Rückkaufangebot); FG Baden-Württemberg EFG 2005, 111 (Einkunftserzielungsabsicht trotz Rückkaufgarantie).
[231] BFH 9.2.1993, BStBl. II 1993, 658, 659; BFH/NV 1996, 395.
[232] BFH 17.6.1998, BStBl. II 1998, 727.
[233] Zu Tendenzen der steuerlichen Liebhaberei in der Rechtsprechung in in der Meinung der Finanzverwaltung *Fleischmann* DStR 1998, 364.
[234] So etwa bei Einzeleigentum in Frage gestellt, letztlich aber offen gelassen, von FG Berlin EFG 1998, 45, 46. Verneinend FG Düsseldorf DStRE 1999, 783.

Eine *vermutete* Überschusserzielungsabsicht des geschlossenen Immobilienfonds (Gesellschaft) wie auch der Kapitalanleger (Gesellschafter)[235] wird aber verneint, wenn Beweisanzeichen vorhanden sind, dass nach der Konzeption des Fonds dieser sich bereits zu einem bestimmten Zeitpunkt wieder von der Immobilie trennen kann zu der der Fonds noch keine Werbungskostenüberschüsse würde erzielen können.[236] Dies ist etwa dann der Fall, wenn der geschlossene Immobilienfonds Dritten ein rechtswirksames Ankaufsrecht auf die Immobilie(n) eingeräumt hat, das von diesen Dritten vor dem Zeitpunkt ausgeübt werden kann, zu dem der Fonds Werbungskostenüberschüsse erzielt[237] oder eine Rückkaufgarantie gegeben worden ist.[238] Und soll nach der Fondskonzeption eines geschlossenen Immobilienfonds die Dauer der Vermietung nur 20 Jahre umfassen, dann muss die Einkunftserzielungsabsicht auf der Ebene der Gesellschaft wie auch auf der Ebene der Gesellschafter auf der Zeitschiene von 20 Jahren mittels Prognose geprüft werden.[239] Diese Vermutung fehlender Überschusserzielungsabsicht aufgrund Beweisanzeichen ist allerdings widerleglich.[240] Gleiches gilt, wenn der Kapitalanleger sich wieder von seiner Beteiligung trennen kann. Beteiligen sich nämlich Kapitalanleger an einem mit hohen Verlustzuweisungen werbenden geschlossenen Immobilienfonds, bei dem vorgesehen ist, dass – bei mehrheitlicher Zustimmung der Anleger – Kapitalanleger von dem Recht Gebrauch machen können, ihre Beteiligung an die ursprünglichen Gründungsgesellschafter zu übertragen, und steht fest, dass nach der Konzeption des Fonds bis zum Zeitpunkt der möglichen Ausübung dieses Verkaufsrechts ausschließlich Werbungskostenüberschüsse erzielt werden können, so ist nach der Rechtsprechung des IX. Senates des BFH die Vermutung gerechtfertigt, dass es den Anlegern vorrangig auf die Mitnahme von Steuervorteilen ankommt und daher die Einkünfteerzielungsabsicht auf der Ebene der Anleger fehlt.[241] Die Einkünfteerzielungsabsicht wird auch dann verneint, wenn dem Anleger bei Fondsbeitritt ein verbindliches Rückkaufsangebot gegeben wird.[242] Sind mithin Beweisanzeichen gegen das Vorliegen einer Einkünfteerzielungsabsicht vorhanden, dann ist eine Totalüberschussprognose im Bereich der Einkünfte aus Vermietung und Verpachtung anzustellen.[243]

Bei der Frage der Überschusserzielungsabsicht muss man man zwischen der Frage, ob sie (vermutet) gegeben ist[244] bzw. ab wann sie gegeben ist, unterscheiden: Getrennt davon ist die Frage zu sehen, ob sie deshalb nicht gegeben ist, weil es sich um eine Verlustzuweisungsgesellschaft[245] handelt. Und schließlich bleibt zu klären, ob seit Inkrafttreten des § 2b EStG dies Vorfragen vor Prüfung des § 2b EStG sind oder sich nur innerhalb der Prüfung des § 2b EStG stellen. Aus der Entscheidung BFH 5.9.2000[246] wird zu einem Fall, auf den

---

[235] BMF 23.7.1992, BStBl. I 1992, 434.
[236] BFH DStR 1997, 2013; BFH/NV 2006, 1637; FG Rheinland-Pfalz EFG 2006, 411; *Voos* DStR 1999, 877, 878. Zur Verlustzuweisungsgesellschaft: FG Münster EFG 1995, 750; FG Rheinland-Pfalz EFG 1997, 750.
[237] BFH 8.12.1998, BStBl. II 1999, 468.
[238] Zur Verkaufgarantie BFH/NV 2001, 587. Zur Rückkaufgarantie auf der Ebene der Gesellschafter: FG Berlin DStRE 1999, 708.
[239] BFH 2.7.2008 – IX B 46/08, DStR 2008, 1579, 1580; BFH 28.7.2008 – IX B 33/08, BFH/NV 2008, 1841 f.
[240] BFH 8.3.2006 – IX R 19/04, BFH/NV 2006, 1637; FG Berlin DStRE 1999, 708.
[241] BFH 5.9.2000, BStBl. II 2000, 676 mit Anm. *Wagner* NZG 2001, 143.
[242] BFH/NV 2006, 1637; FG Rheinland-Pfalz EFG 2005, 932. Zweifelhaft die Rechtsprechung FG Baden-Württemberg EFG 2005, 111, wonach eine Einkunftserzielungsabsicht trotz Bestehens einer Rückkaufgarantie gegeben sein soll, nur weil der Anleger vom genauen Inhalt der Garantie keine Kenntnis hatte.
[243] BFH/NV 2006, 1648.
[244] Für die vermutete Einkünfteerzielungsabsicht in der Rechtsprechung des IX. Senates BFH 30.9.1997, DStR 1997, 2013.
[245] Dazu FG Hamburg EFG 2000, 9. Zu Bedenken gegen die Beweislastumkehr bei Verlustzuweisungsgesellschaften wegen ungenauer Begriffsbestimmungen FG Hamburg EFG 2002, 391.
[246] BFH DStRE 2000, 1247.

§ 2b EStG nicht anwendbar war, deutlich, dass die Frage der Einkunftserzielungsabsicht und der Verlustzuweisungsgesellschaft zwei Prüfungsebenen sind.

**171** Über den vom IX. Senat des BFH entschiedenen Fall hinaus sind 3 Komplexe sind von besonderem Interesse:

– Wie geht der IX. Senat mit dem Thema der „Verlustzuweisungsgesellschaft" um? Zwar handelte es sich um Fonds-Beteiligungen von Ende der 70iger Jahre, für die § 2b EStG nicht anzuwenden war, aber Hinweise hätten Aufschluss geben können wie denn der IX. Senat des BFH demnächst mit diesem Begriff für den Fall nach § 2b EStG zu behandelnder Fälle umgehen könnte (dazu zu 1.).

– Das Thema der „Verlustzuweisungsgesellschaft" wäre aber auch deshalb von Interesse gewesen, um Hinweise zu erhalten, ob und inwieweit die Rechtsprechung des VIII. und IX. Senats des BFH deckungsgleich sind (dazu zu 2.).

– Erneut segnet der BFH die Unsitte ab, dass – hier – die Finanzverwaltung für die Jahre 1979–1982 von der Einkünfteerzielungsabsicht des Fonds ausging, um sie dann Jahre später mit Rückwirkung wieder abzuerkennen (dazu zu 3.).

**172** (1) Unter einer „Verlustzuweisungsgesellschaft" versteht der IX. Senat des BFH[247] „eine (Personen-)Gesellschaft, deren Tätigkeit allein darauf angelegt ist, ihren Gesellschaftern Steuervorteile dergestalt zu vermitteln, dass durch Verlustzuweisungen andere an sich zu versteuernde Einkünfte nicht versteuert werden müssen" (so auch der VIII. Senat des BFH).[248] Es geht folglich darum, welche Absicht mit der Gesellschaft verfolgt wird. Seit dem Inkrafttreten des § 2b EStG wird darüber diskutiert, ob für die Frage der Einkünfteerzielungsabsicht diese Voraussetzung vorab zu prüfen sei, weil sich bei Bejahung wegen deshalb anzunehmenden Wegfalls der Einkünfteerzielungsabsicht § 2b EStG ohnehin erledigt oder ob die Frage der Einkünfteerzielungsabsicht alleine innerhalb des § 2b EStG im Sinne der dortigen gesetzlichen Regelungen sich definiere. Der IX. Senat des BFH lässt dazu keine Andeutungen erkennen und lässt das Thema der „Verlustzuweisungsgesellschaft" dahingestellt. Er erspart sich das Prüfen der Voraussetzungen einer „Verlustzuweisungsgesellschaft" wohl deshalb, weil er die Einküfteerzielungsabsicht mit einem anderen Ansatz verneint.

**173** (2) Indem Kapitalanleger sich Ende der 70er Jahre an einem mit hohen Verlustzuweisungen werbenden geschlossenen Immobilienfonds beteiligt hatten und zu dieser Zeit § 2b EStG noch nicht galt, stellte sich für den IX. Senat des BFH aber deshalb die Frage, ob es sich um eine sog „Verlustzuweisungsgesellschaft" handelte, weil der VIII. Senat des BFH dazu sich durch diverse Entscheidungen bereits festgelegt hatte, die der IX. Senat des BFH denn auch zitiert. Es war folglich von Interesse, ob der IX. Senat des BFH sich dem anschließen würde. Aber auch insoweit ließ der IX. Senat des BFH eine Prüfung dahingestellt, obwohl Aussagen dazu sehr interessant gewesen wären:

**174** Dies deshalb, weil nach der Rechtsprechung des VIII. Senates des BFH die Einkünfteerzielungsabsicht bei Verlustzuweisungsgesellschaften *nicht* zu vermuten sei; diese hätten nämlich zunächst keine Gewinnerzielungsabsicht, sondern würden lediglich die Möglichkeit einer späteren Gewinnerzielung in Kauf nehmen. Deshalb könne bei ihnen in der Regel eine Gewinnerzielungsabsicht erst von dem Zeitpunkt an angenommen werden, in dem sich die in Kauf genommene Möglichkeit der Erzielung eines Totalgewinns in einer solchen Weise konkretisiert habe, dass nach dem Urteil eines ordentlichen Kaufmanns mit großer Wahrscheinlichkeit ein solcher Totalgewinn erzielt werden könne.[249] Auch der IX. Senat des BFH hatte sich früher bereits zu „Verlustzuweisungsgesellschaften" geäußert, bei denen zu vermuten sei, dass es an der Absicht

---

[247] BFH/NV 1995, 517.
[248] BFH 3.3.1998 BStBl. II 1998, 401.
[249] BFH 21.8.1990, BStBl. II 1991, 564; BFH 10.9.1991, BStBl. II 1992, 328; BFH 12.12.1995, BStBl. II 1996, 219.

fehle, einen positiven Gesamtüberschuss zu erzielen und dazu zunächst auf die Rechtsprechung des VIII. Senat des BFH verwiesen.[250] Damit stand fest, dass die *Grundsätze* der Rechtsprechung des VIII. Senates des BFH zu „Verlustzuweisungsgesellschaften" auch bei der Einkunftsart Vermietung und Verpachtung gelten,[251] es ist aber noch nicht geklärt, ob der IX. Senat des BFH auch dem *definitorischen* Ansatz des VIII. Senat des BFH folgen wird. Auch die obige Entscheidung vom 5.9.2000[252] gibt darauf keine Anwort.

(3) Weil folglich der BFH in obiger Entscheidung die Frage der Voraussetzungen einer „Verlustzuweisungsgesellschaft" dahingestellt ließ, konnte er auch nicht von der Vermutung der fehlenden Einkünfteerzielungsabsicht der Gesellschaft aus diesen Gründen ausgehen. Er ging daher zunächst einmal davon aus, dass die Einkünfteerzielungsabsicht des Fonds gegeben war, es sei denn, es lägen Beweisanzeichen dafür vor, die diese Vermutung wieder aufhoben. In einem solchen Fall gehört es dann nämlich zur Darlegungs- und Beweislast der Gesellschaft, solche Beweisanzeichen zu entkräften. Und solche Beweisanzeichen sah er ua darin, dass von Anfang an den Anlegern eine Rückübertragungsoption für deren Beteiligung eingeräumt worden war und damit die Möglichkeit bestanden habe, sich von der Immobilienkapitalanlage in einer Frist wieder zu trennen, in der ein Einnahmeüberschuss nicht zu erzielen war. Diese Vorgehensweise ist bereits aus der Rechtsprechung des IX. Senates des BFH betreffend die Verneinung steuerlicher Einkünfteerzielungsabsicht bei Bauherren-, Bauträger- und Erwerbermodellen mit Rückkaufgarantien bekannt, die hier nun auch für geschlossene Immobilienfonds Anwendung findet. Damit wird erneut deutlich, dass der Wunsch von Kapitalanlegern nach kurzfristiger Fungibilität steuerorientierter Kapitalanlagen mit der steuerlichen Notwendigkeit längerfristiger Bindung nicht zu vereinbaren ist.

Diese Rechtsprechung des BFH, auf die er sich nunmehr bezieht, stammt jedoch aus dem Jahre 1995, während es hier um streitbefangene Jahre 1979–1982 ging. Diese aberkennende Rückwirkung von Finanzverwaltungspraxis und Finanzrechtsprechung ist erneut ein stetes Ärgernis, weil sowohl die Initiatoren solcher Fonds wie auch Kapitalanleger sich darauf nicht einstellen konnten und ihnen – hier – mit rd. 20-jähriger Rückwirkung ihre steuerliche Investitionsgrundlage genommen wird.[253] Dies wird noch dadurch verstärkt, dass das BVerfG an anderer Stelle iudizierte, ein steuerlicher Vertrauensschutz könne gegen belastende Rückwirkung von Finanzrechtsprechung nicht in Anspruch genommen werden, wenn zum Zeitpunkt der Investititonsentscheidung keine positive „festehende Rechtsprechung" vorhanden gewesen sei, auf die sich ein Vertrauen hätte gründen können.[254] Damit ist mit Segnung des BVerfG der steuerlichen Willkür Tür und Tor geöffnet. Über Jahre hinweg anerkennt die Finanzverwaltung Steuervorteile, was Kapitalanleger motiviert, zu investieren, um dann, wenn die Investitionen getätigt sind, ihnen die Steuervorteile, die ja ebenfalls Finanzierungsbausteine solcher Investitionen waren, wieder rückwirkend zu nehmen, ohne dass Kapitalanleger ihre Investitionen rückgängig machen könnten. Dies führt(e) in der Praxis vielfältig dazu, dass Kapitalanleger insbesondere Prospekthaftungsprozesse führ(t)en, um sich wenigstens bei den Prospekthaftern für fehlgeschlagene Steuervorteile schadlos zu halten, was zu einer Imageschädigung und Kriminalisierung der Steuersprbranche wegen rückwirkender Aberkennungspraxis von Finanzverwaltung und Finanzrechtsprechung führt(e).[255] Mit Hilfe seiner Finanzgerichte und des BVerfG bedient sich damit der Staat auf höchst beanstandenswerte Weise der Investitionen von Kapitalanlegern mittels der *rückwirkenden* Aberkennung ihnen in der Vergangenheit gewährter gesetzli-

---

[250] BFH 14.9.1994, BStBl. II 1995, 778.
[251] BFH/NV 1996, 395; BFH 13.12.1999 – IX E 8/99, nV.
[252] BFH DStRE 2000, 1247.
[253] Dazu ausführlich *Wagner* BB 2000, Beilage 11, S. 9 ff.
[254] BVerfG BStBl. II 1992, 212.
[255] *Wagner* BB 2000, Beilage 11, S. 9 ff.

cher Steuervorteile. Weil dieses System kein Zufall ist,[256] sollte auf die daraus begründeten steuerlichen Risiken bei *steuerorientierten* Kapitalanlagen auch prospektiv und in Beratungsgesprächen des Kapitalanlagevertriebes hingewiesen werden.

**177** Bei so vielen Rechtsprechungsänderungen mit teils rückwirkender Anwendung wird inzwischen die Frage nach dem Vertrauensschutz bei steuerlichen Verlusten gestellt.[257]

**178** **c) Übertragung der steuerlichen Bauherrenmodell-Rechtsprechung auf geschlossene Immobilien-Fonds.** Mit seiner Entscheidung vom 14.11.1989[258] hatte der IX. Senat des BFH Kapitalanleger, die tatsächlich und zivilrechtlich Bauherren waren, für den Fall ihrer Beteiligung an einem Bauherrenmodell steuerrechtlich zu „Erwerbern" umdeklariert/fingiert. Damit verfolgte der IX. Senat ohne jede gesetzliche Grundlage und gegen die Rechtsprechung des BVerfG, wonach steuerbegründende rechtschöpferische Interpretationen ohne gesetzliche Grundlage verfassungswidrig sind, die Absicht, den Werbungskostenabzug für Kapitalanleger bei Beteiligungen an Bauherrenmodellen einzuschränken. In seinem AdV-Beschluss vom 4.2.1992[259] deutete er bereits an, diese Rechtsauffassung auf geschlossene Immobilienfonds zu übertragen. Zu welchen Skurilitäten dies bezüglich der steuerlichen Würdigung bei der Sonder-AfA des FördGG ausartete, wurde oben schon dargestellt.

**179** Nunmehr besteht seit der Entscheidung des BFH vom 11.1.1994[260] endgültig Klarheit. Die Bauherrenmodell-Rechtsprechung des BFH ist grundsätzlich auch auf geschlossene Immobilienfonds anzuwenden.[261] Alle auf die Errichtung bzw. Modernisierung eines Gebäudes seitens Kapitalanlegern geleisteten Aufwendungen stellen damit nur noch Anschaffungskosten (§ 255 Abs. 1 HGB) dar.[262] Dies auch dann, wenn Initiatoren zu den Gesellschaftern der Fondsgesellschaft gehören[263] und wenn es sich um sogenannte Modernisierungsfonds handelt.[264] Inzwischen hat der BFH dies auf Schifffonds[265] und Windkraftfonds[266] ausgeweitet,

**180** Damit bestätigten sich oben angesprochene Vermutungen,[267] Ziel dieser Rechtsprechung des IX. Senats des BFH könnte es – wie schon beim Bauherrenmodell[268] – sein, ohne gesetzliche Grundlage und unter Negierung der Rechtsprechung des BVerfG auch für geschlossene Immobilienfonds ein nachteiliges Steuersonderrecht zu schaffen. Zutreffend vermittelt *Fleischmann*[269] den Eindruck, der IX. Senat des BFH habe es sich zum Ziel gesetzt, „es würde ein persönlicher Krieg gegen die Abschreibungsbranche geführt", während gleichzeitig der Gesetzgeber sogar gesetzliche Regelungen des FördGG änderte, um privates Investitionskapital der sogenannten Abschreibungsbranche für die neuen Bundesländer

---

[256] Siehe Nachweise bei *Wagner* DStR 1996, 569; *Wagner* DStR 1996, 609; *Wagner* BB 2000, Beilage 11, S. 9 ff.
[257] *Kohlhaas* BB 1999, 2004.
[258] BFH BStBl. II 1990, 299.
[259] BFH BStBl. II 1992, 883.
[260] BFH DStR 1994, 931.
[261] So auch FG Berlin EFG 1999, 1070.
[262] FG Berlin EFG 1999, 1070: Folglich sind „Provisionen für die Vermittlung des Eigenkapitals bzw. des Beitritts von Anlegern zu Modernisierungsfonds mit Einkünften aus Vermietung und Verpachtung als Anschaffungskosten des bebauten Grundstücks beurteilt (BFH-Urteil vom 11.1.1994 – IX R 82/91, BStBl. II 1995, S. 166 (169), bestätigt mit Beschluss vom 13.1.1999, IX ER – S 3/98, nv)."
[263] BFH 7.8.1990, BStBl. II 1990, 1024.
[264] BFH DStR 1994, 931, 932 u. H. a. BFH 4.2.1992, BStBl. II 1992, 883; BFH/NV 1992, 648; FG Berlin EFG 1999, 1070.
[265] BFH/NV 2011, 1361; BFH 14.4.2011, BStBl. II 2011, 709.
[266] BFH 14.4.2011 BStBl. II 2011, 706.
[267] *Wagner* DStR 1996, 609, 613.
[268] BFH 14.11.1989, BStBl. II 1990, 299; s. o. § 22 Rn. 115 und 129.
[269] *Fleischmann* DStR 1994, 1065, 1068; ähnlich *Wagner* DStR 1996, 569 und 609.

zu gewinnen. Dieser Eindruck wird auch dadurch bestätigt, dass der IX. Senat des BFH in besagter Entscheidung vom 11.1.1994[270] zu erwähnen „vergisst", dass er noch in seiner Entscheidung vom 24.2.1987[271] gegenteilig entschieden hatte und auch der IV. Senat des BFH gegenteilig judizierte,[272] worauf *Fleischmann* zutreffend verweist.[273]

Die Finanzverwaltung hatte in ihrem 4. Bauherrenerlass geschlossenen Immobilienfonds **181** dann die Bauherreneigenschaft zugestanden, wenn ein Gründungsgesellschafter die erforderliche Bauherreninitiative entwickelt und das konkrete Vertragswerk des Fonds entwickelt hatte,[274] sodass sich die Bauherreneigenschaft des Gründungsgesellschafters auf die Fondsgesellschaft übertrug. In Anbetracht der Entscheidung des BFH vom 4.2.1992[275] reagierte sie mit einem Nichtanwendungserlass.[276] Auf die neuerliche Entscheidung des BFH vom 11.1.1994[277] hat sie jedoch mit keinem weiteren Nichtanwendungserlass reagiert, sodass von dieser Rechtsprechung auszugehen war.

Das Ende der Herstellereigenschaft von geschlossenen Fonds und Anlegern wurde durch **182** die Rechtsprechung und die Finanzverwaltung wie folgt herbeigeführt: Die Rechtsprechung des BFH[278] hat die steuerliche Einordnung von Eigenkapitalvermittlungsprovisionen als (verdeckte) Anschaffungskosten verstetigt und eine sofortige Abzugsfähigkeit verneint. Dem hat sich nunmehr das BMF angeschlossen.[279] Begründung ist das auch bei geschlossenen Immobilienfonds vorgegebene Vertragsgeflecht, das beitretende Kapitalanleger nur annehmen können oder vom Beitritt Abstand nehmen können. Sämtliche Zahlungen innerhalb des Vertragsbündels würden sich nur als unselbständige Rechnungsfaktoren eines für ein bebautes Grundstück geschuldeten Gesamtpreises darstellen. Unabhängig von der Hersteller- oder Erwerbereigenschaft des Fonds sollen jedenfalls die beitretenden Anleger steuerlich Erwerber sein, wenn sie weder die Vertragsgestaltung noch den Herstellungsprozess wesentlich beeinflussen können.[280] Die Folge davon war, dass bei geschlossenen Fonds mit fertigem Vertragskonzept sowohl der Fonds wie auch die Anleger steuerlich Erwerber waren und bisher als Werbungskosten abziehbare Gebühren nunmehr Anschaffungskosten waren, ausgenommen Finanzierungskosten eines Anlegers auf Grund Anteilsfinanzierung, da Kosten für die Finanzierung von Anschaffungskosten eines Wirtschaftsgutes als Betriebsausgaben bzw. Werbungskosten abgezogen werden können.[281]

Inzwischen wurden die Voraussetzungen für eine Herstellereigenschaft von Fonds und **183** Anlegern durch den Bauherren- und Fondserlass (sog 5. Bauherrenerlass) vom 20.10.2003[282] von Voraussetzungen abhängig gemacht, die bereits gesellschaftsrechtlich kaum erfüllbar

---

[270] BFH DStR 1994, 931.
[271] BFH BStBl. II 1987, 810.
[272] BFH 13.10.1983, BStBl. II 1984, 101; 23.10.1986, BStBl. II 1988, 128; BFH/NV 1994, 370.
[273] *Fleischmann* DStR 1994, 1065, 1066.
[274] BMF 31.8.1990, BStBl. I 1990, 366 Tz. 6.
[275] BFH BStBl. II 1992, 883.
[276] BMF 5.10.1992, BStBl. I 1992, 585.
[277] BFH DStR 1994, 931.
[278] BFH 8.5.2001, BStBl. II 2001, 720 (IX. Senat); BFH 28.6.2001, BStBl. II 2001, 717 (IV. Senat); BFH/NV 2012, 1422; *Arndt* BB 2002, 1617, 1619; *Beck* DStR 2002, 1846; *Wagner* ZSteu 2004, 62, 65 f.
[279] BMF 24.10.2001, BStBl. I 2001, 780. Dazu *Arndt* BB 2002, 1617; *Lüdicke/Arndt* BB 2002, 597; *Beck* DStR 2003, 1564; *Meyer-Scharenberg* DB 2002, 1520. Zu Fragen der gesellschafterlichen Treuepflicht, wenn eine ausgeschiedener Gesellschafter ihm im Wege des Schadensersatzanspruches erstattetes Agio nicht als Sondereinnahmen versteuern möchte und sich auf die neue Rechtslage beruft: *Wagner* in Schmider/Wagner/Loritz, HdB, Fach 0305 Rn. 45 ff.
[280] *Beck* DStR 2002, 1846, 1847 f.; *Fleischmann* DStR 2002, 1293; *Meyer-Scharenberg* DB 2002, 1520, 1521 f. So zuvor schon *Beck* DStR 2001, 2061; *Beck* FR 2002, 446; *Weber-Grellet* FR 2001, 888.
[281] *Beck* DStR 2002, 1846, 1849
[282] BMF 20.10.2003, BStBl. I 2003, 546. Dazu *Fleischmann/Meyer-Scharenberg* DStR 2004, 20; *Heß* DStR 2003, 1953; *Naujock* ZfIR 2004, 40; *Scharwies* BB 2004, 295; *Wagner* ZSteu 2004, 62.

sind und zudem die Haftungsrisiken für Anleger und den Kapitalanlagevertrieb in einem Ausmaß steigern, dass die Praxis von steuerorientierten geschlossenen Immobilienfonds vom Anstreben der steuerlichen Herstellereigenschaft Abstand nimmt. Die Rechtsprechung des BFH und diese Erlasspraxis ist ernsten verfassungsrechtlichen Bedenken ausgesetzt.[283] Da aber am freien Kapitalmarkt keine Möglichkeit besteht, diese Frage gerichtlich über Jahre auszutesten, ist dies das Ende geschlossener Fonds mit steuerlicher Herstellereigenschaft, weil das, was Steuerrechtler Investorenfonds nennen,[284] sich in der Praxis nicht realisieren lässt.[285]

184   **d) Unklarheiten iVm § 15 a EStG.** Haftet ein Kapitalanleger als Kommanditist Gläubigern der KG gemäß § 171 Abs. 1 HGB, so können Verluste des Kommanditisten steuerlich auch insoweit ausgeglichen oder abgezogen werden, wie die im Handelsregister eingetragene Haftsumme die geleistete Einlage übersteigt (§ 15a Abs. 1 Satz 2 EStG). Die Haftung darf aber nicht „nach Art und Weise des Geschäftsbetriebes unwahrscheinlich" sein (§ 15 a Abs. 1 Satz 3 EStG). Man nennt dies „erweiterter Verlustausgleich". Diese Regelung gilt gemäß § 15a Abs. 5 Ziff. 2 EStG bei Fonds-GbR's entsprechend.

185   Dabei ist aber zu beachten, dass § 15 a Abs. 5 Ziff. 2. EStG eine *Alternative* anspricht: der erweiterte Verlustausgleich des § 15 a Abs. 1 Satz 3 EStG ist auf Gesellschafter einer GbR dann entsprechend anwendbar, wenn *entweder* „die Inanspruchnahme des Gesellschafters für Schulden im Zusammenhang mit dem Betrieb durch Vertrag ausgeschlossen" ist, *oder* „nach Art und Weise des Geschäftsbetriebes unwahrscheinlich" ist. Über § 21 Abs. 1 Satz 2 EStG ist die Regelung auf Gesellschafter von GbR-Fonds der steuerlichen Einkunftsart Vermietung und Verpachtung entsprechend anzuwenden und das Wort „Betrieb" durch „Vermietungstätigkeit" zu ersetzen.

186   Der VIII. Senat des BFH hatte am 14.5.1991 entschieden,[286] der erweiterte Verlustausgleich des § 15 a Abs. 1 Satz 2 EStG sei gemäß Satz 3 nur dann ausgeschlossen, wenn eine finanzielle Inanspruchnahme des Kommanditisten nicht zu erwarten sei. Mit der Eintragung der Haftsumme in das Handelsregister sei in der Regel jedoch ein echtes wirtschaftliches Risiko für Kommanditisten verbunden.[287] Der Ausnahmefall des entfallenen erweiterten Verlustausgleichs gemäß § 15 a Abs. 1 Satz 3 EStG ist/war mithin vom Finanzamt zu beweisen.[288] Das Finanzamt hatte unter Zugrundelegung dieser Rechtsprechung zu beweisen, dass und warum eine Vermögensminderung des Kommanditisten auf Grund Haftung nach Art und Weise des Geschäftsbetriebes unwahrscheinlich ist.

187   Legt man für GbR-Fonds diese Rechtsprechung des VIII. Senats des BFH, die ja zu einem KG-Fonds ergangen ist, bezüglich § 15a Abs. 5 Ziff. 2 2. Alt. EStG zugrunde, so wäre, wenn/weil Gesellschafter einer GbR in der Regel persönlich und unbeschränkt haften, im Zweifel davon auszugehen, dass ein erweiterter Verlustausgleich gegeben wäre und es würde wiederum dem Finanzamt im Einzelfall obliegen, nachzuweisen, dass und warum eine Vermögensminderung eines GbR-Gesellschafters auf Grund Haftung nach Art und Weise des Geschäftsbetriebes unwahrscheinlich wäre.

188   Der IX. Senat des BFH hat in 1992 zur Frage der Anwendbarkeit und den Voraussetzungen des erweiterten Verlustausgleichsvolumens des § 15 a Abs. 1 Satz 3 EStG bei GbR-Fonds entschieden,[289] jedoch gegenüber dem VIII. Senat gänzlich gegensätzlich. Der IX. Senat verwies auf Folgendes:

---

[283] Dazu im Einzelnen *Wagner* ZSteu 2004, 62 mwN.
[284] *Beck* DStR 2002, 1846, 1852; *Fleischmann* DStR 2002, 1293, 1295.
[285] *Wagner* ZSteu 2004, 62 mwN.
[286] BFH BStBl. II 1992, 164.
[287] BFH 14.5.1991, BStBl. II 1992, 164, 166; so auch BMF 20.2.1992, BStBl. I 1992, 123 Tz. 2.1.
[288] BFH 14.5.1991, BStBl. II 1992, 164, 167 spricht davon, dass ein erweiterter Verlustausgleich „im Zweifel [...] zulässig" sei.
[289] BFH 17.12.1992, BStBl. II 1994, 490; 17.12.1992, BStBl. II 1994, 492; 30.11.1993, BStBl. II 1994, 497. Hierzu siehe *Loritz/Wagner*, Konzeptionshandbuch, Bd. 2, Rn. 335 f.; *Fleischmann* DStR 1994, 1065, 1067 f.

Hätten GbR-Gesellschafter durch Gesellschaftsvertrag ihre Haftung auf das Gesellschafts- **189** vermögen beschränkt, seien sie aber auf schuldrechtlicher Grundlage Gläubigern gegenüber persönlich haftbar, dann sei dies kein Fall des § 15a Abs. 5 Ziff. 2. 1. Alt. EStG und es komme dann darauf an, ob mit § 15a Abs. 5 Ziff. 2 2. Alt. EStG die Haftung des Gesellschafters der GbR nach Art und Weise des Geschäftsbetriebes nicht unwahrscheinlich sei, um das erweiterte Verlustausgleichsvolumen über den durch die gesellschaftsvertragliche Haftungsbegrenzung vorgegebenen Betrag zu erhalten.[290] Ob die Haftung eines Gesellschafters der GbR nach Art und Weise eines Geschäftsbetriebes unwahrscheinlich sei oder nicht, hänge davon ab, ob „insbesondere" der Gesellschafter als Haftender in Anspruch genommen worden sei oder „doch konkret damit rechnen musste".[291] Da das von Fachleuten ausgestaltete Fonds-Vertragswerk auch in seiner prospektmäßigen Darstellung davon ausgehe, dass Kapitalanleger bei Fonds-GbR's über das prospektmäßige Fonds-Investitionsvolumen nicht konkret mit persönlichen Haftungen rechnen müssten, wie ja auch evtl. Risiken zusätzlich durch Bürgschaften oder Garantien abgedeckt würden, seien dies Indizien gegen ein konkretes Haftungsinanspruchnahmerisiko. Mithin müssten die Fonds-Gesellschafter (nicht das Finanzamt) darlegen, dass für das jeweilige Streitjahr (also für jedes Veranlagungsjahr gesondert) persönliche Haftungsrisiken konkret bestanden hätten.[292]

Damit wird deutlich, dass der IX. Senat des BFH für GbR-Fonds und der VIII. Senat **190** des BFH für KG-Fonds sich eklatant widersprechen, ohne dass der IX. Senat es für nötig befand, sich auch nur im Geringsten mit der ihm wohl bekannten Rechtsprechung des VIII. Senats auseinanderzusetzen.[293]

Im Hinblick auf die neuere Rechtsprechung des BGH vom 27.9.1999[294] ist vorgenannte **191** Rechtsprechung des BFH wohl hinfällig, da mit dem BGH von vornherein eine Haftungsbeschränkung auf das Gesellschaftsvermögen nicht möglich war/ist.

**e) Unsicherheiten bei mittelbaren Beteiligungen.** Aus Gründen einer größeren **192** Praktikabilität und einer von Kapitalanlegern gewünschten Registeranonymität hatte sich ein Trend zu Fonds- Konzeptionen mit mittelbarer Beteiligung von Kapitalanlegern entwickelt.

Geklärt ist inzwischen die Rechtsfrage, wonach Kapitalanleger, die über eine Kapitalge- **193** sellschaft als Treuhänder an einer Personengesellschaft beteiligt sind, nicht „Gesellschafter" iS des § 9 Nr. 1 Satz 5 GewStG sind.[295]

Erheblich Unruhe löste eine Entscheidung des IX. Senats des BFH vom 27.1.1993[296] **194** aus, in welcher der BFH mittelbar über einen Grundbuchtreuhänder beteiligten Kapitalanlegern die Zurechnung von Steuervorteilen trotz § 39 Abs. 2 Nr. 2 AO – den er bei Einkünften aus Vermietung und Verpachtung für nicht anwendbar erklärte – aberkannte, weil die Kapitalanleger keinen Einfluss auf die Bildung des Fonds, den Erwerb und die Bebauung des Grundstückes sowie dessen Vermietung gehabt hätten und die Treuhänderin maßgeblichen Einfluss auf den Fonds gehabt hätte, ohne dass die Kapitalanleger wiederum Einfluss auf das Treuhandverhältnis hätten nehmen können.[297]

Steuerliche Unsicherheit besteht deshalb, weil unklar ist, ob es sich um eine Einzelfall- **195** entscheidung bezüglich eines bestimmten GbR-Fonds mit Grundbuchtreuhänderschaft handelte, die nicht so ohne weiteres auf GbR-Fonds mit Beteiligungstreuhänderschaft und KG-Fonds übertragbar ist.

---

[290] BFH 17.12.1992, BStBl. II 1994, 490, 492; 17.12.1992, BStBl. II 1994, 492, 495.
[291] BFH 17.12.1992, BStBl. II 1994, 492, 495.
[292] BFH 17.12.1992, BStBl. II 1994, 492, 496; 30.11.1993, BStBl. II 1994, 496, 498.
[293] Zur Kritik siehe *Fleischmann* DStR 1994, 1065, 1067f. Im Übrigen siehe *Loritz/Wagner*, Konzeptionshandbuch, Bd. 2, Rn. 355.
[294] BGH ZIP 1999, 1755.
[295] BFH 15.4.1999, BStBl. II 1999, 532.
[296] BFH DB 1993, 1166.
[297] BFH DB 1993, 1166, 1167. Hierzu siehe *Loritz/Wagner*, Konzeptionshandbuch, Bd. 2, Rn. 363ff.; 482ff.; *Wagner* DStR 1996, 1008, 1012f.

**196** Wenn aber vorgenannte Merkmale dahingehend verstanden werden müssten, auf jede Art mittelbarer Beteiligung von Kapitalanlegern bei geschlossenen Immobilienfonds übertragen zu werden, dann besteht das Risiko, dass steuerliche Zuordnungen bei allen mittelbaren Fondsbeteiligungen notleidend werden, einerlei ob es sich um GbR- oder KG-Fonds handeln würde. Dies würde, auch unter Berücksichtigung von Fondsbeteiligungen mit Sondergebiets-AfA nach dem FörderGG zu Lasten von Kapitalanlegern zu einem ungeahnten Steuerschaden von Anlegern führen, dem gegenüber der von Finanzverwaltung und BFH-Rechtsprechung bei Bauherrenmodellen zu Lasten von Kapitalanlegern verursachte Steuerschaden sich als „peanuts" darstellen würde.

**197** **f) Fazit.** Im Jahre 1993 haben Kapitalanleger in 126 Fonds an Eigenkapital als Investitionsvolumen DM 4 255 700 000,– plaziert und damit unter Einschluss aufgenommenen Fremdkapitals ein Investitionsvolumen in Höhe von DM 8 578 200 000,– bewegt.[298] Die Marktbedeutung geschlossener Immobilienfonds wird deutlich. Darin enthalten waren erhebliche Investitionsvolumen, die entsprechend den gesetzlichen Vorgaben des FördGG in den neuen Bundesländern investiert wurden.

**198** Bedenkt man, mit welcher Akrebie in Anbetracht des zuvor Aufgezeigten die Rechtsprechung des BFH – hier vorrangig der IX. Senat – bemüht war, steuerliche Unsicherheit zu schaffen, der dann, wenn die Finanzverwaltung gewährte Steuervorteile (wie bei Abschreibungsgesellschaften, Mietkauf- und Bauherrenmodellen schon vorgeführt) unter Berufung auf diese BFH-Rechtsprechung später mit Rückwirkung aberkennen sollte, ein individueller Schaden der Kapitalanleger und ein immenser volkswirtschaftlicher Schaden nachfolgen kann,[299] so wird deutlich, welche verstärkte Bedeutung zukünftig im Kapitalanlagerecht zwei bisher (noch) untergeordnete „Instrumente" erlangen müssten, um sich seitens Kapitalanlegern wehren zu können:
– Überprüfung der BFH-Rechtsprechung auf ihre Verfassungsmäßigkeit per Verfassungsbeschwerde.
– Zivilgerichtliche Verfolgung von Steuerschäden durch Kapitalanleger auf Grund von Amtshaftungsklagen.[300]

**199** **g) Weitere Entwicklungen.** In 2006 wurden seitens der Politik Initiativen ergriffen, in Anbetracht leerer öffentlicher Kassen auch den freien Kapitalmarkt dafür zu interessieren, mittels aufzulegender geschlossene Fonds sich des Themas des Public Private Partnership (PPP) bzw. der öffentlichen privaten Partnerschaft (ÖPP) anzunehmen. Dass geschlossene Fonds aus vielerlei Gründen überhaupt nicht geeignet waren, mit PPP in Verbindung gebracht zu werden, wurde schlicht „übersehen."[301]

**200** Und weitere Entwicklungen werden sichtbar: Während 2006 nur $^1/_3$ geschlossener Fonds in ein einziges Objekt investierten, $^2/_3$ hingegen in sog Mehrobjektfonds, hat sich dies seit 2011 umgekehrt. So investierten 2011 fast 70 % geschlossener Immobilienfonds in Einzelobjektfonds, wobei allerdings besagte geschlossene Immobilienfonds großvolumiger geworden sind, als dies früher der Fall war.[302] Und derzeit wird diskutiert, ob künftig geschlossene Fonds aus Gründen der Risikostreuung in Mehrobjektfonds investieren müssen. Die Folge wäre ein erheblich höheres Fondsvolumen als derzeit üblich (sog „Riesenfonds") wie auch die Beschaffung von Fremdkapital für solche Fonds problematisch werden könnte.[303]

**201** **5. Senioren-Fonds.**[304] Seit Anfang der 90iger Jahre verstärkte sich der Trend, Seniorenwohnanlagen zu erstellen. Dies erfolgte nicht nur mittels konventioneller Bauherren-/

---

[298] *Wagner* in Loritz/Wagner, Konzeptionshandbuch, Bd. 2, Rn. 2.
[299] *Wagner* DStR 1996, 569 und 609; *ders.* BB 2000, Beilage 11, S. 9 ff.
[300] *Wagner* DStR 1996, 569 und 609; *Wagner* ZSteu 2011, 337.
[301] Dazu *Wagner* BKR 2006, 271.
[302] Scope Analysis vom 30.3.2012.
[303] Scope Analysis vom 30.3.2012.
[304] *Loritz* in Wagner/Loritz, Konzeptionshandbuch der steuerorientierten Kapitalanlage, Bd. 1, Rn. 2381–2495, insbesondere Rn. 2448–2486.

Bauträgermodellen sondern auch mittels geschlossener Immobilienfonds.[305] Die Zielrichtung solcher Fonds war in Anbetracht der demographischen Entwicklung, wonach die Anzahl älterer Menschen im Steigen begriffen ist, zunächst auf die Vermietung solcher Immobilien gerichtet, wobei besagten Kapitalanlegern zusätzlich ein Sonderbelegungsrecht eingeräumt wurde, wenn sie einmal in einer solchen Seniorenwohnanlage wohnen möchten.

An gesellschaftsrechtlichen Fondskonzeptionen waren anzutreffen **202**
– Leasingfondskonzeptionen[306],
– GbR-Modelle mit geringer Gesellschafterzahl[307] und
– Seniorengenossenschaftsmodelle[308].

**6. Leasing-Fonds.**[309] **a) Mobilien-Leasingfonds.**[310] Hier hatte sich insbesondere in **203** den 90iger Jahren ein neues Kapitalanlagemarkt-Segment entwickelt. Während bis dahin der Marktschwerpunkt bei den Schiffsbeteiligungen lag, hatte sich der Fondsmarkt auf weitere hochwertige Wirtschaftsgüter ausgeweitet, als da waren: Verkehrsflugzeuge, Hochgeschwindigkeitszüge, Straßen- und U-Bahnen, Druckmaschinen etc.. Die Fonds-Beteiligungsformen waren idR GmbH & Co. KG, AG & Co. KG, GmbH & Still sowie die GbR (mit oder ohne beschränkte Haftung[311]). Da Mitunternehmerinitiative und Mitunternehmerrisiko bei Leasingfonds kaum vorhanden waren, weil es sich weniger um unternehmerische Beteiligungen als vielmehr um Finanzierungskonzeptionen handelte, waren sie auf Dauer in ihrer steuerlichen Anerkennung zwar bezüglich ihrer Leasingkonzeptionen nicht gefährdet, aber als steuerorientiertes Kapitalanlage-Modell angreifbar[312].

**b) Immobilien-Leasingfonds**[313]. Die Risiken „normaler" geschlossener Immobilien- **204** fonds fehlten hier, als da wären unsichere Mieteinnahmen und schwer vorhersagbarer Kaufpreis. Genau dies macht aber auch hier die fehlende Mitunternehmerinitiative und das fehlende Mitunternehmerrisiko mit den zuvor beschriebenen steuerlichen Anfälligkeiten aus. Hinzu kommt: Indem beim Immobilien-Leasing-Fonds die Leasingraten, die Laufzeit und der Verkaufpreis feststehen, fehlt auch die Chance, von möglicherweise steigenden Mieten und Immobilienpreisen zu profitieren. Während die sogenannten weichen Kosten 15 % auf keinen Fall übersteigen sollten[314], war auch auf das Zinsänderungsrisiko zu achten: Dieses war umso größer, je höher der Kreditanteil und je kürzer die Kreditlaufzeit war. Schließlich

---

[305] *Loritz* in Wagner/Loritz, Konzeptionshandbuch der steuerorientierten Kapitalanlage, Bd. 1, Rn. 2381.
[306] *Loritz* in Wagner/Loritz, Konzeptionshandbuch der steuerorientierten Kapitalanlage, Bd. 1, Rn. 2475–2481.
[307] *Loritz* in Wagner/Loritz, Konzeptionshandbuch der steuerorientierten Kapitalanlage, Bd. 1, Rn. 2482–2484.
[308] *Loritz* in Wagner/Loritz, Konzeptionshandbuch der steuerorientierten Kapitalanlage, Bd. 1, Rn. 2485–2486; *Wagner* in Wagner/Loritz, Konzeptionshandbuch der steuerorientierten Kapitalanlage, Bd. 1, Rn. 61–69.
[309] OLG Nürnberg BB 1996, 659 (Zur Sittenwidrigkeit eines Leasingvertrages); OLG Rostock DZWiR 1996, 425 (VerbrKrG und Finanzierungsleasingverträge); BMF 9.1.1996, BStBl. I 9; BMF 16.4.1996, BB 1996, 1057; *Krebs* NJW 1996, 117; *Wagner* DStR 1995, 1153.
[310] *Loritz* in Loritz/Wagner, Konzeptionshandbuch der steuerorientierten Kapitalanlage, Bd. 2, Rn. 659–763, insbesondere Rn. 715–723; *Gondert/Schimmelschmidt* BB 1996, 1743; *Lüdicke,* Mobilienfonds, 1997 – dazu *Wagner* WM 1998, 103.
[311] Zur Unzulässigkeit dieser Rechtsform: OLG München DB 1998, 2012; OLG Jena ZIP 1998, 1797 mit *Anm. Mutter* = *Bachmann* EWiR 1998, 975; BayObLG DB 1998, 2319. Offen gelassen von BGH ZIP 1992, 1500. Als zulässig angesehen: *Hadding,* FS Rittner, 1997, S. 141; *Petersen* GmbHR 1997, 1092.
[312] Dazu *Wagner* DStR 1995, 1153; *ders.* WM 1998, 103.
[313] *Eschenbruch/Niebuhr* BB 1996, 2417; *Loritz* in Loritz/Wagner, Konzeptionshandbuch der steuerorientierten Kapitalanlage, Bd. 2, Rn. 659–763.
[314] Handelsblatt vom 2.11.1998, S. 43.

war bei Immobilien-Leasing-Fonds zwischen solchen mit Andienungsrecht und solchen mit Kaufoption zu unterscheiden.

**205  7. GbR-Modelle mit geringer Gesellschafterzahl**[315]. Vornehmlich bei Gewerbeimmobilienobjekten bzw. -projekten findet sich das Immobiliendevelopment in Eigenregie.[316] Ein Immobiliendeveloper errichtet zunächst eine entsprechende Gewerbeimmobilie im eigenen Namen und für eigene Rechnung, eingegrenzt durch die wirtschaftlichen Vorgaben einer Immobilienkapitalanlage[317] und veräußert sie dann an institutionelle Kapitalanleger. Oder der Developer realisiert ein Immobilienprojekt für Auftraggeber, um diese dann voll vermietet an den Autraggeber (häufig ein institutioneller Kapitalanleger) zu verkaufen[318].

206 Daneben treten außerbetriebliche Altersversorgungsmodelle. Dazu gehören
– der unternehmensinitiierte Altersversorgungs-Immobilienfonds[319] und
– das PWA-Modell[320].

207 Im ersteren Fall koordiniert der Arbeitgeber einen von Mitarbeitern zum Zwecke der Altersversorgung selbst geschaffenen Immobilienfonds, womit sich Arbeitnehmer ihre eigene Immobilienkapitalanlage schaffen, ohne sich am freien Kapitalanlagemarkt zu beteiligen. Im zweiten Fall wird von Unternehmen, die über ein Mitarbeiterkapitalbeteiligungsmodell verfügen, das von Mitarbeitern investierte Kapital vom arbeitgebenden Unternehmen zunächst dazu verwandt, einen Bausparvertrag anzusparen (sog Arbeitgeberbausparen). Nach Zuteilungsreife desselben erhält das arbeitgebende Unternehmen das Mitarbeiterkapital zurück und erlangt einen zuteilungsreifen Anspruch auf Auszahlung eines Bausparvetrages, den es anteilig auf solche Mitarbeiter des eigenen Unternehmens zwecks Auszahlung abtreten kann, die einerseits am Mitarbeiterbeteiligungsmodell beteiligt sind und andererseits eine Wohnugsimmobilie errichten bzw. erwerben wollen, die sie dann selbst beziehen oder vermieten wollen.

**208  8. Allgemeine Entwicklungen.** Auf dem Markt der geschlossenen Immobilienfonds ist seit Ende der 90iger Jahre des vorigen Jahrtausends am Markt steurorientierter Immobilienfonds eine Änderung eingetreten. Mit dem ständigen Streichen von Steuervorteilen durch Finanzverwaltung, Finanzrechtsprechung und den Steuergesetzgeber begann eine Umorientierung auch in ausländische geschlossene Immobilienfonds. Dies wird deutlich, wenn man sich das durch Anleger investierte Eigenkapital anschaut: 1999 wurden diesbezüglich in geschlossene Immobilienfonds insgesamt EUR 6,1 Mrd. investiert, davon in Deutschland nur EUR 3,76 Mrd., der „Rest" im Ausland, vornehmlich in den USA, Holland, Österreich und anderen geschlossenen Auslandsimmobilienfonds. In 2004 investierten Anleger in geschlossene Immobilienfonds EUR 5,25 Mrd., davon in Deutschland nur EUR 2,21 Mrd. und den „Rest" wiederum in geschlossenen Auslandsimmobilienfonds.[321] Die deutsche Steuerpolitik hat mithin mit ihrem Abbau an Steuervorteilen und der aufge-

---

[315] *Wagner/Loritz,* Konzeptionshandbuch der steuerorientierten Kapitalanlage, Bd. 1, Rn. 2345–2380; *Wagner* BauR 1991, 665.
[316] *Wagner* in Wagner/Loritz, Konzeptionshandbuch der steuerorientierten Kapitalanlage, Bd. 1, Rn. 2345–2360.
[317] *Wagner* in Wagner/Loritz, Konzeptionshandbuch der steuerorientierten Kapitalanlage, Bd. 1, Rn. 329–330.
[318] *Wagner* in Wagner/Loritz, Konzeptionshandbuch der steuerorientierten Kapitalanlage, Bd. 1, Rn. 331, 2361–2380.
[319] *Wagner* in Wagner/Loritz, Konzeptionshandbuch der steuerorientierten Kapitalanlage, Bd. 1, Rn. 86–88; *Loritz/Wagner,* Konzeptionshandbuch der steuerorientierten Kapitalanlage, Bd. 2, Rn. 502 ff.; *Wagner* BB 1995, Beilage 7, S. 9.
[320] *Wagner* in Wagner/Loritz, Konzeptionshandbuch der steuerorientierten Kapitalanlage, Bd. 1, Rn. 89–90; *Loritz/Wagner,* Konzeptionshandbuch der steuerorientierten Kapitalanlage, Bd. 2, Rn. 587 ff.; *Wagner* BB 1995, Beilage 7, S. 8 f.
[321] *Loipfinger,* Der Immobilienbrief vom 1.2.2005, S. 3. Nach *Loipfinger* (aaO, S. 13) gehörten dazu Großbritannien, Kanada, Polen, Frankreich, Luxemburg, Teschechien, Ungarn, Schweiz, Kuba, Spanien.

zeigten ständigen steuerlichen Verunsicherung und Belastung mit Rückwirkung eine Kapitalflucht erheblichen Ausmaßes erreicht und dadurch keine Steuermehreinnahmen erreicht.[322] Welche Chancen für Investititonen in Deutschland damit vertrieben wurden, wird deutlich, wenn man sich das Fremdkapitalvolumen vergegenwärtigt, das für Investitionen im Ausland mit diesem Eigenkapital verbunden war. Das durch Anlager in 2004 in geschlossenen Auslandsimmobilienfonds investierte Eigenkapital betrug EUR 3,04 Mrd., das damit generierte Fremdkapital EUR 6,36 Mrd.[323]

Als weitere Entwicklungen waren bei geschlossenen Immobilienfonds in 2004 zu verzeichnen: **209**

Der Bankenvertrieb hat um 2/3 zugenommen.[324] Hinzu gekommen ist ein Vertrieb, in welchem sich der Anlagevertrieb sog Vertriebsplattformen unter Nutzung der Möglichkeiten des Internet bedient.[325] Abgenommen hat beim Investitionsgegenstand der Anteil der Büronutzung von 69,1 % (2002) auf 49,2 % (2004), während der Anteil an Wohnungen und Einkaufszentren zugenommen haben soll.[326] Der Vertrieb erfolgt nicht mehr maßgeblich zum Jahresende, sondern tendiert zum ganzjährigen Vertrieb.[327] Die steuerlichen Verlustzuweisungen haben in einem Ausmaß abgenommen, dass der Steuervorteil als Investitionsanreiz immer geringer wird. Folglich kommt es verstärkt auf steigende Ausschüttungen als Investitonsanreiz an.[328]

Mit dieser Entwicklung einher geht ebenfalls seit 1999, dass geschlossene Immobilienfonds **210** der frühen 90iger Jahre in die Krise gerieten. Die Gründe waren/sind unterschiedlich. Sie reichen von einem eingebrochenen Mietermarkt bis zu gravierenden Konzeptionsfehlern beim Auflegen der Fonds.[329] Diesen Not leidenden geschlossenen Immobilienfonds ist eines gemeinsam: Sie verfügten/verfügen über kein professionelles Management. Und so fielen bei diesen Fonds jede Gegensteuerungsmaßnahme aus. Sinnvolles Krisenmanagement unterblieb deshalb weitgehend.[330] Und so begann ebenfalls seit etwa 1999 die Zeit, in welcher diverse Rechtsanwälte als vermeintliche Anlegerschützer begannen, nach US-amerikanischem Vorbild die Krise dieser Fonds als Chance für vielzählige Anlegerprozesse zu nutzen. Man war/ist folglich nicht an Sanierungskonzeptionen für solche Fonds interessiert. Im Gegenteil. Begleitet wurde diese Entwicklung durch das Schlagwort der sog „Schrottimmobilie" auch für Not leidende Fonds, obwohl in der überwiegenden Anzahl der Fondsimmobilien diese keineswegs „Schrott" waren, sondern an wirtschaftlichen Problemen litten. Ungeachtet dessen wurde in den Medien, dem Fachschrifttum[331] und sogar in Gerichtsentscheidungen der Begriff der „Schrottimmobilien" unreflektiert übernommen. In welcher Weise hier „gearbeitet" wurde, verdeutlicht nachfolgendes.

**a) Angeblich überhöhte Preise und Finanzierungen.**[332] *Fuellmich*[333] verbreitete über **211** Medien die These, Banken hätten seit 15 Jahren ein auf Betrug angelegtes Konzept initiiert

---

[322] *Rohmert*, Der Immobilienbrief vom 1.2.2005, S. 2: Von dem Abbau von Steuervorteilen bei geschlossenen Immobilienfonds profitiert haben New-Energy-Fonds, wo aber gleichwohl in 2004 die erste Insolvenz eines großen Initiators zu vermelden war.
[323] *Loipfinger*, Der Immobilienbrief vom 1.2.2005, S. 3.
[324] *Rohmert*, Der Immobilienbrief vom 1.2.2005, S. 2.
[325] *Loipfinger*, Der Immobilienbrief vom 1.2.2005, S. 15.
[326] *Loipfinger*, Der Immobilienbrief vom 1.2.2005, S. 4.
[327] *Loipfinger*, Der Immobilienbrief vom 1.2.2005, S. 13.
[328] *Loipfinger*, Der Immobilienbrief vom 1.2.2005, S. 20; *Heisterhagen/Kleinert* DStR 2004, 507, 513.
[329] *Wagner* NZG 1998, 289 ff.
[330] *Wagner* NZG 1998, 289; *Deutscher* ZfIR 2008, 41.
[331] *Deutsch* NJW 2003, 2881, 2882; *Fischer* DB 2004, 1651; *Grziwotz* EWiR 2005, 205, 206; *Joswig* EWiR 2005, 585, 586; *Joswig* ZfIR 2005, 583; *Köndgen* NJW 2004, 1288 Fn. 3; *Meller-Hannich* WM 2005, 1157, 1158; *Schäfer* IBR 2005, 284; *Schlachter* RiW 2004, 655; *Strohn* WM 2005, 1441; *Ulmer* ZIP 2005, 1341, 1342; *Vollkommer* NJW 2004, 818 Fn. 3.
[332] *Fuellmich/Rieger* ZIP 1999, 427; *dies.* ZIP 1999, 465.
[333] SPIEGEL 23/1998, Seite 122–123.

und der Kapitalanlagevertrieb sei deren Gehilfe gewesen. Dies versuchte er damit zu begründen, dass im Bauherrenmodell überteuerte Immobilien verkauft worden wären und die Banken zu hoch finanziert hätten, indem sie jenseits des Verkehrswertes finanziert hätten.[334] Nachdem die gesamte Wirtschaftspresse ohne jede Gegenrecherche dies übernommen hatte, ist dies richtig zu stellen, um sodann den Bezug zu geschlossenen Fonds herzustellen. Dabei ist zwischen den Vorwürfen des **überteuerten Verkaufs** einerseits und der zu **hohen Finanzierung** andererseits zu differenzieren:

**212** Während man beim Kauf einer Immobilie durch Anleger (bei Einzeleigentum) oder durch geschlossene Immobilienfonds vom **Kaufpreis** spricht und diese Immobilie in der Regel von einem **Makler** vermittelt wird,[335] treten bei der Immobilien-**Kapitalanlage** an deren Stelle die Begriffe **Gesamtaufwand** und **Kapitalanlagevertrieb.** Während der Makler eine Immobilie vermittelt, vermittelt der Vertrieb einer Immobilienkapitalanlage und als Vermittlungsgegenstand den Abschluss eines Treuhandvertrages, über den es dem Kapitalanleger ermöglicht wird, sich an einer Immobilienkapitalanlage zu beteiligen. Um den Vorwurf der Überteuerung von Immobilienkapitalanlagen beurteilen zu können, ist zunächst zu betrachten, was neben dieser Beteiligung an einer Immobilienkapitalanlage noch an **Leistungen** gegenüber dem Kapitalanleger zu erbringen ist, die er ebenfalls zu bezahlen hat, wobei dann die Summe dieser von ihm zu zahlenden Beträge den **Gesamtaufwand,** nicht den Kaufpreis, ausmach(t)en. Dazu gehörten ua:

**213**
– Grundstück, Bauleistung, Bauzeitzinsen, Gerichts-/Notarkosten
– Sicherung des öffentlichen Baurechts
– Sicherung der steuerlichen Grundlagen
– Sicherung gegen Finanzierungsausfallrisiken von Mitbauherren
– Sicherung gegen Zinsüberschreitungsrisiken
– Sicherung gegen Mietzinsausfallrisiken
– Sicherung gegen Baurisiken[336]
– Baubetreuung
– Betreuung des Sondereigentums
– Finanzierungsvermittlung
– Treuhandschaft[337].

**214** Es wird folglich deutlich, dass beim Bauherrenmodell weit mehr Leistungen erbracht und vom Kapitalanleger in Anspruch genommen wurden, als es beim klassischen Kauf einer Immobilie der Fall ist. Folglich ist die Summe aller dafür gezahlten Vergütungen, die man **Gesamtaufwand** nennt, auch nicht mit dem klassischen Kaufpreis einer gekauften Immobilie vergleichbar.[338] Der Gesamtaufwand im Bauherrenmodell wird folglich in aller Regel höher gewesen sein müssen, als ein klassischer Kaufpreis – der Kaufpreis ist neben anderen Vergütungen nur Bestandteil des Gesamtaufwandes –, weil eben die Summe aller in Anspruch genommen und bezahlten Leistungen höher/mehr als beim klassischen Kauf einer Immobilie war. Also ist die These, Bauherrenmodelle seien stets überteuert verkauft worden, in dieser Allgemeinheit unzutreffend.[339]

---

[334] *Fuellmich/Rieger* ZIP 1999, 427, 433 f.

[335] Dies ist eine rechtlich nicht ganz korrekte Formulierung, denn mit BGH BB 1997, 1552 wird nicht die Immobilie vermittelt, sondern die Möglichkeit hergestellt, über ein Objekt einen Vertrag abzuschließen. So auch *Schwerdtner* ZfIR 1997, 505.

[336] Zu Risikoabsicherungen: *Wagner* in Wagner/Loritz, Konzeptionshandbuch der steuerorientierten Kapitalanlage, Bd. 1, Rn. 971–1025.

[337] *Wagner* in Wagner/Loritz, Konzeptionshandbuch der steuerorientierten Kapitalanlage, Bd. 1, Rn. 1026–1041; *Goldbeck/Uhde,* Das Bauherrenmodell in Recht und Praxis, 1984, zu A. III. und C.; *Brych/Pause,* Bauträgerkauf und Baumodelle, 2 Aufl. 1996, zu C. II., IV. VI.–VII.; *Strohm* in Assmann/Schütz, Handbuch des Kapitalanlagerechts, 2. Aufl. 1997, zu § 20 II. 1.

[338] Diese Differenzierung negiert *Koch* WM 2002, 1593.

[339] Daher ist es auch falsch, den Gesamtaufwand dem Kaufpreis oder Verkehrswert der Immobilie gegenüber zu stellen, vielmehr müssen die einzelnen Vergütungen, die in der Summe den Gesamt-

Auch die These der zu hohen Finanzierung von Bauherrenmodellen ist in dieser Allgmeinheit unzutreffend: Bei Bauherrenmodellen konnte das Kreditinstitut durchaus eine Finanzierung unter Überschreitung der Realkreditgrenze vornehmen, wofür dann nicht nur der Wert der Immobilie selbst, sondern zusätzlich auch die Vermögensverhältnisse des Kreditnehmers zum Zeitpunkt der Begründung des Kreditverhältnisses bankenseits zu würdigen waren.[340] Dass dabei Kreditinstitute im Rahmen der Anlegerfinanzierung ferner auch die steuerlichen Vorteile berücksichtigen konnten, die der Kapitalanleger bezüglich der bezahlten **zusätzlichen Leistungen** steuerlich als Werbungskosten in Anspruch genommen hatte, ist ebenfalls nichts Neues.[341] Die von *Fuellmich* aufgestellten und von der Wirtschaftspresse übernommen Thesen der angeblich überteuerten Bauherrenmodelle mit überhöhten und daher angeblich betrügerischen Finanzierungen entbehrt daher jeder Sachkenntnis und widerspricht der Rechtsprechung.[342] Diejenigen folglich, die Gesamtaufwand und Kaufpreis begrifflich gleichschalten und dann behaupten, der Kaufpreis sei überteuert gewesen,[343] übersehen, dass der Kaufpreis der Immobilie nur Bestandteil des Gesamtaufwandes ist. Ob ein Kaufpreis der Immobilie unangemessen hoch ist, muss sich an Vergleichsbeträgen anderer vergleichbarer Immobilien orientieren und hat mit dem Gesamtaufwand nichts zu tun.[344]

Eine ganz andere Frage ist die, ob es nicht sinnvoller gewesen wäre, bei Bauherrenmodellen generell statt Paketlösungen wählbare Leistungen vorzusehen[345] und auch von auf der Immobilie abgesicherten Finanzierungen des Gesamtaufwandes abzusehen[346].

Diese vorgenannte Diskussion zu Bauherrenmodellen kann geschlossene Immobilienfonds allerdings nicht unberührt lassen, wobei Kapitalanleger – anders als bei Bauherren-, Bauträger- und Erwerbermodellen – mit diesem Thema bei Fonds „nur" mittelbar in Berührung kommen: So stellt sich nämlich bei geschlossenen Immobilienfonds die Frage, ob die von diesen zu einem bestimmten Preis erworbenen Immobilien zuzüglich in Anspruch genommener sonstiger ebenfalls zu bezahlender Leistungen (zB Finanzierungsvermittlung, Mietgarantie, Objektverwaltung, Steuerberatung, Vertriebsprovision etc.) nicht deshalb „überteuert" sein können, weil auch in diesem Falle der Kaufpreis für die Immobilie und die vom Fonds zu bezahlenden Beträge für solche weiteren Leistungen zu einem **Gesamtaufwand des Fonds** führen, der unter Einschluss einer bei diesem zusätzlich mit vorzusehenden Liquiditätsreserve naturgemäß erheblich höher ist, als zB der in der Regel nach Ertragswertgesichtspunkten zu ermittelnde Verkehrswert der Immobilie.[347] Denn ob ein

---

aufwand ausmachen, den einzelnen Leistungen gegenüber gestellt werden, für die sie bezahlt werden. Denn diese einzelnen Vergütungen sind die einzelnen Gegenleistungen für die Einzelnen vereinbarten in vom Kapitalanleger in Anspruch genommenen Leistungen.
Soweit dann eine einzelne Gegenleistung den Wert der jeweils erbrachten Leistung übersteigt, rechtfertigt dies mit OLG Düsseldorf ZfIR 1997, 208 selbst dann nicht den Vorwurf der Sittenwidrigkeit, wenn das Übersteigen 63 % ausmachen würde, es sei denn, besondere Umstände wären hinzugetreten.

[340] S. o. *von Heymann* in Assmann/Schütze, Handbuch des Kapitalanlagerechts, 2. Aufl. 1997, § 6 Rn. 19; *Assmann* in Reithmann/Meichsner/von Heymann, Kauf vom Bauträger, 7. Aufl. 1995, I. Rn. 16.
[341] S. o. *von Heymann* in Assmann/Schütze, Handbuch des Kapitalanlagerechts, 2. Aufl. 1997, § 6 Rn. 22–26; *von Heymann* in Reithmann/Meichsner/von Heymann, Kauf vom Bauträger, Rn. 19.
[342] BGH WM 1992, 902 f. mwN; OLG Koblenz 26.6.1998 – 8 U 1760/97 n. V.
[343] ZB: *Koch* WM 2002, 1593.
[344] Zu Bewertungsfragen betr. geschlossene Immobilienfonds siehe *Wagner* WM 2008, 1053; *Wagner* BKR 2008, 189; *Wagner* DS 2009, 98.
[345] *Wagner* in Wagner/Loritz, Konzeptionshandbuch der steuerorientierten Kapitalanlage, Bd. 1, Rn. 589–636.
[346] *Wagner* in Wagner/Loritz, Konzeptionshandbuch der steuerorientierten Kapitalanlage, Bd. 1, Rn. 2286–2309.
[347] Zur Verkehrswertermittlung und der damit verbundenen Methodenwahl siehe BGH WM 2008, 967 Rn. 32.

Kapitalanleger zB im Bauherrenmodell oder eine Vielzahl von Kapitalanlegern bei geschlossenen Immobilienfonds Leistungen für eine Immobilienkapitalanlage in Anspruch nehmen und bezahlen, macht keinen Unterschied. Gleiches gilt für die in Anspruch genommene Finanzierung,[348] zumal wenn ein Teil der Liquiditätsreserve mit finanziert wird.

218 Bei geschlossenen Immobilienfonds ist diese Thematik für den Kapitalanleger nicht so ohne weiteres erkennbar, wenn einerseits mit steuerlichen Verlustzuweisungen und andererseits mit gleichzeitigen Ausschüttungen geworben wird. Was aber sind Ausschüttungen und wie ist es möglich, dass gleichzeitig Verlustzuweisungen und Ausschüttungen erfolgen sollen? Ausschüttungen können nur aus Gewinnen des Fonds erfolgen, alles andere wären Entnahmen, sodass die prospektiv versprochenen jährliche Ausschüttungen nur aus dem erzielten Gewinn des Fonds erfolgen können und nicht
– aus der Liquiditätsreserve, zumal wenn diese fremdfinanziert ist oder
– auf Grund von Mietgarantien.

219 Denn im ersteren Fall erhalten Kapitalanleger im Wege der Entnahme nur ihr eigenes (ggf. fremdfinanziertes) Geld zurück, ohne es zu merken und im letzteren Fall liegt keine Gewinnausschüttung sondern eine Drittsubvention vor.[349]

Die von *Fuellmich* aufgestellten und zuvor widerlegten Thesen zur angeblichen generellen Überteuerung von Immobilienkapitalanlagen und deren generellen Überfinanzierung hat sich seit langem gelegt. An deren Stelle getreten ist ab 2006 eine Diskussion darüber, ob Prognosen in den Prospekt aufgenommen werden dürfen bzw. müssen[350] und welche Anforderungen an Prognosen ex ante zu stellen sind.[351] Mit der seit Jahrzehnten bekannten Rechtsprechung des BGH[352] ist eine Prognose eine Vorhersage bzw. ein Werturteil, die durch Tatsachen gestützt sein muss und kaufmännisch vertretbar sein muss.[353] Eine Prognose ist keine Aussage zu einem garantierten Erfolg.[354] Aber ein Prospektfehler ist dann zu bejahen, wenn zB die Prognose über die Anfangsmiete und die Steigerung von Mieterträgen bei einem geschlossenen Immobilienfonds nicht durch ausreichende Tatsachen gestützt wurde und daher nicht nachvollziehbar war, ob die Prognose bezüglich der Kalkulation der Anfangsmieten und Mietzinssteigerungen aus damaliger Sicht kaufmännisch vertretbar war.[355] Es empfielt sich daher, im Prospekt Aussagen zu den Annahmen zu machen, die Prognosen zu Grunde gelegt wurden.[356] Denn alleine der Umstand, dass prospektive Prognosen später nicht eintreten, führt als solches noch zu keinem Prognose-/Prospektfehler.[357]

220 **b) Innenprovision.** Wird eine Immobilie verkauft und schaltet der Verkäufer dazu einen Makler oder Vertrieb ein, so gibt es unterschiedliche Möglichkeiten, diesen zu bezahlen.[358] Schließt der Verkäufer mit dem Makler/Vertrieb einen Vertrag und bezahlt ihn für die Vermittlungsleistung, so nennt man dies „Innenprovision". Wird dagegen der Makler/Vertrieb vom Käufer bezahlt, so nennt man dies „Außenprovision". Bei Bauherren-, Bauträger- und Erwerbermodellen ist hauptsächlich der Innenprovisionsfall anzutreffen, bei

---

[348] Mit dem Bundesaufsichtsamt für das Kreditwesen 12.2.1997 – III 3 – 22.00.36, ZfIR 1997, 305 können Bausparmittel zum Erwerb von Anteilen an Immobilienfonds nicht eingesetzt werden, weil es an einer wohnungswirtschaftlichen Verwendung iSd § 1 Abs. 3 BSpkG fehlt. Dazu *Zacher* ZfIR 1997, 255.
[349] *Wagner* in Loritz/Wagner, Konzeptionshandbuch der steuerorientierten Kapitalanlage, Bd. 2, Rn. 73.
[350] *Klöhn* WM 2010, 289, 290; *Wagner* NZG 2010, 857.
[351] *Fleischer* AG 2006, 2; *Veil* AG 2006, 690; *Klöhn* WM 2010, 289; *Wagner* NZG 2010, 857.
[352] BGH NJW 1982, 2823, 2826; BGH WM 2009, 2303 Rn. 19.
[353] BGH NZG 2012, 789 Rn. 17; *Veil* AG 2006, 690, 696; *Wagner* NZG 2010, 857.
[354] BGH WM 2009, 2303 Rn. 19; BGH NZG 2010, 869 Rn. 10; *Wagner* NZG 2010, 857.
[355] Umkehrschluss zu BGH NZG 2010, 869 Rn. 13.
[356] BGH NZG 2012, 789 Rn. 17; *Klöhn* WM 2010, 289, 292, 295 f.; *Wagner* NZG 2010, 857.
[357] BGH NZG 2012, 789 Rn. 17.
[358] Im Einzelnen *Wagner* in Wagner/Loritz, Konzeptionshandbuch der steuerorientierten Kapitalanlage, Bd. 1, Rn. 517 ff.

geschlossenen Immobilienfonds dagegen eher der Außenprovisionsfall, indem der Fonds bzw. der Kapitalanleger den Vertrieb bezalt. Dort wo Innenprovision vorkommt – auch bei Fonds –, wird verstärkt die Frage diskutiert, ob der Auftraggeber des Vertriebes die mit diesem vereinbarte Innenprovion Dritten gegenüber – also den Kapitalanlegern – nach Grund und/oder Höhe zB im Prospekt ausweisen müsse und was die Rechtsfolgen seien, wenn dies nicht geschehe.[359] Dies läuft letztlich auf die Frage hinaus, ob der Auftraggeber des Vertriebes, der mit diesem einen Vertriebsvertrag geschlossen hat, seine interne Kalkulation bezüglich **eines** Kalkulationsbestandteiles – der Vertriebsprovision – Dritten gegenüber zB im Prospekt offenlegen muss. Der BGH sieht es im Verhältnis **von Vertragsparteien zueinander** nicht als Bestandteil des Transparenzgebotes an, die eigene Kalkulation offenzulegen.[360] Umso weniger lässt sich gegenüber Dritten, die nicht Vertragspartner des Vertriebsvertrages sind und denen gegenüber deshalb auch insoweit die §§ 305ff. BGB nicht greifen, ein generelles Transparenzgebot zur Offenlegung von Innenprovision begründen.[361]

Bei der Innenprovision muss unterschieden werden zwischen der **Aufklärungspflicht** **221** einerseits und der **prospektiven Ausweispflicht** andererseits.

Von der Innenprovision zu unterscheiden ist die **Rückvergütung** (sog „kick back").[362] **222** Diese ist dann gegeben, wenn aus einem vom Anleger bezahlten Ausgabeaufschlag (Agio) es zu Rückflüssen an beratende Banken bzw. Anlageberater kommt.[363] Für die beratende Bank besteht gegenüber dem Anleger eine Aufklärungspflicht wegen Interessenkonflikts,[364] für den beratenden Anlageberater gegenüber dem Anleger dagegen nicht.[365] Allerdings hat der BGH keine Aufklärungspflicht bei einer als Anlageberaterin tätigen Tochtergesellschaft einer Sparkasse angenommen, weil er diese einem freien Anlageberater gleichgestellt hat.[366] Der Vertragspartner des Anlegers (zB der die Fondsgesellschaft) ist grundsätzlich nicht ver-

---

[359] Gegen einen generellen Ausweis von Innenprovision *Bachmann* wistra 1997, 253; *Loritz* WM 2000, 1831; *Kiethe* NZG 2001, 107. Differenzierend *Wagner* WM 1998, 694, 697; *Assmann* ZIP 2009, 2125. Als Mindermeinung für einen generellen Ausweis von Innenprovision nach Grund und Höhe *Gallandi* WM 2000, 279.

Wird Innenprovision *nicht* ausgewiesen, so ist dies strafrechtlich *nicht* schon deshalb Betrug, so BGH NStZ 1999, 555.

[360] BGH WM 1997, 1904. Zu Preisabreden *in einem Vertrag* siehe BGHZ 112, 115, 117: „Der Preis selbst ist nämlich gemäß § 8 AGBG der materiellen Inhaltskontrolle nach §§ 9–11 AGBG entzogen. Das Gesetz geht davon aus, dass der Kunde der Preisvereinbarung besondere Aufmerksamkeit widmet und sein Interesse an einem angemessenen, marktgerechten Preis selbst wahrt. Das kann er jedoch nur, wenn der Vertragsinhalt ihm ein vollständiges und wahres Bild über Art und Höhe des Preises vermittelt und ihn so auch zum Marktvergleich befähigt (Köndgen aaO S. 948, 950; Koller aaO S. 683). Wenn Preisnebenabreden, die zu zusätzlichen Belastungen und damit zu einem erhöhten Effektivpreis führen, in AGB getroffen werden, ist bei ihrer formalen Ausgestaltung in erhöhtem Maße darauf zu achten, dass der Kunde ihre Bedeutung nicht verkennt, sondern möglichst mühelos und ohne weitere Erläuterung versteht. Nur dann kann er seine Verhandlungsmöglichkeiten und Marktchancen interessengerecht wahrnehmen." Zum Transparenzgebot nach AGBG siehe ferner *Horn* WM 1997, Beilage 1, S. 18ff. – BGH 17.7.2012 – XI ZR 198/11, BKR 2012, 415, 416f.: Keine Aufklärungspflicht einer nur finanzierenden Bank über Innenprovision des Verkäufers.

[361] *Loritz* WM 2000, 1831.

[362] Zur Abgrenzung: BGH NZG 2011, 1184 Rn. 22f.; OLG Stuttgart NZG 2010, 995; *Habersack* WM 2010, 1245; *Jäger* AG-Report 2011, R217; *Jooß* WM 2011, 1260. Zur Aufklärungspflicht bei Rückvergütungen auf Grund Europarechts: *Herresthal* WM 2012, 2261

[363] Missverständlich *Assmann* 2009, 2125, 2126, wenn er zum Thema der Innenprovision auch die Rückvergütung zu zählen scheint.

[364] BGH NJW 2007, 1876; BGH NJW 2009, 1416; BGH NZG 2011, 1184; BGH NZG 2011, 1187; BGH NZG 2011, 1189; OLG Celle WM 2010, 609, 611; *Habersack* WM 2010, 1245f., 1250f.

[365] BGH WM 2010, 885 Rn. 11ff.; BGH BKR 2011, 248 Rn. 13f.; BGH NZG 2012, 79; BGH BKR 2012, 165; OLG Jena NZG 2010, 73; aA OLG Stuttgart WM 2010, 1170; OLG Stuttgart NZG 2010, 995.

[366] BGH NZG 2012, 1072.

pflichtet, den Anleger darüber aufzuklären, dass sie an den zugleich den Anleger beratenden Anlagevermittler Vertriebsprovision bezahlt hat.[367] Die unterschiedliche BGH-Rechtsprechung betreffend Banken einerseits und Anlageberater andererseits hat das BVerfG[368] verfassungsrechtlich nicht beanstandet.

**223** aa) Zur Aufklärungspflicht. Die diesbezüglich zitierte Rechtsprechung[369] iudiziert, dass **grundsätzlich** keine Aufklärungspflicht über Innenprovisionen bestehe. So habe zB weder eine Bank[370] noch der Verkäufer einer Immobilie[371] eine Aufklärungspflicht darüber, ob im Kaufpreis des Immobilienverkäufers eine Innenprovision enthalten sei, einerlei ob die Frage einer Aufklärungspflicht gegenüber dem Käufer der Immobilie[372] oder gegenüber dem Vermittler angesprochen ist.[373] Die Innenprovision kalkuliere grundsätzlich jeder gewerbliche Verkäufer in den Verkaufspreis ein, ohne sie offen zu legen.[374] Die Angemessenheit des Kaufpreises einer erworbenen Immobilie zu klären sei Sache des Käufers.[375] Es bestehe auch keine „allgemeine", aus einem Vertragsverhältnis begründete, Aufklärungspflicht.[376]

**224** Weiter weist die Rechtsprechung darauf hin, für den Anleger sei der finanzielle Gesamtaufwand entscheidend, nicht seine Zusammensetzung im Einzelnen.[377] Es komme folglich darauf an, was im Verhältnis zum Gesamtaufwand der „Erwerb" des betreffenden Leistungspaketes *„unter Berücksichtigung der erzielbaren Steuervorteile"* Wert sei.[378] Es reicht folglich nicht, Gesamtaufwand und das für die Immobilie Gezahlte isoliert in Relation zu setzen, vielmehr sind in dieser Relation erzielbare Steuervorteile mit zu berücksichtigen.[379] Dabei ist dann ein grobes Missverhältnis von Leistung und Gegenleistung (§§ 826,[380] 138 Abs. 1 BGB) erst dann gegeben, wenn bei dieser Releation unter Berücksichtigung erzielbarer Steuervorteile der Wert der Leistung knapp doppelt so hoch wie der Wert der Gegenleistung ist.[381] Und eine Aufklärungspflicht gegenüber dem Anlageinteressenten betreffend Provisionen ist mit der Rechtsprechung nur dann gegeben, wenn konkrete Anhaltspunkte für ein besonderes Interesse des Anlageinteressenten auch daran vorhanden sind.[382]

---

[367] BGH WM 2011, 2085 Rn. 12 zu den Ausnahmen → Rn. 13f.
[368] BVerfG 8.12.2011 – 1 BvR 2514/11, BKR 2012, 23.
[369] BGH WM 2000, 1245, 1247; BGH NJW 2003, 424, 425; BGH NJW 2003, 1811; BGH WM 2004, 21, 22; BGH BKR 2004, 21, 25; BGH WM 2004, 417, 418f.; BGH 12.2.2004 – III ZR 355/02, nV; BGH NJW 2005, 820, 822; BGH BKR 2008, 199; OLG Karlsruhe NJW-RR 2003, 185, 189.
[370] BGH NJW 2003, 424, 425; BGH 12.2.2004 – III ZR 355/02, nV; BGH NJW 2003, 2529, 2531; BGH NJW 2004, 59, 62; BGH NJW 2004, 154, 156; BGH WM 2004, 21; BGH NJW 2004, 2378; BGH ZIP 2005, 69; OLG Stuttgart WM 2000, 292, 296; OLG Stuttgart WM 2000, 1190, 1191; OLG München WM 2001, 252, 255; OLG München WM 2001, 1215, 1216; OLG Stuttgart WM 2001, 1667, 1671; OLG Köln NJW-RR 2002, 1573; OLG Karlsruhe WM 2001, 1210; OLG WM 2002, 1881; OLG Dresden WM 2003, 1802; OLG Nürnberg BKR 2002, 946, 951; OLG Hamm WM 2002, 2326, 2328; OLG Karlsruhe WM 2003, 1223, 1227; aA *Lambsdorff* ZfIR 2003, 705.
[371] BGH WM 2000, 1245, 1247; OLG Stuttgart OLGR 1999, 386, 389; OLG Köln WM 2000, 127, 129; OLG Karlsruhe WM 2001, 1210; OLG Nürnberg BKR 2002, 946, 951.
[372] BGH WM 2000, 1245, 1247; BGH NJW 2003, 424, 425.
[373] BGH NJW 2003, 1811.
[374] BGH NJW 2003, 424, 425.
[375] BGH WM 2000, 1245, 1247; OLG München WM 2001, 252, 255.
[376] BGH NJW 2003, 1811, 1812.
[377] BGH NJW 2005, 820, 822; OLG Stuttgart WM 2000, 292, 297; OLG Stuttgart WM 2001, 1667, 1671.
[378] BGH NJW 2005, 820, 822.
[379] BGH NJW 2005, 820, 822.
[380] Zu § 826 BGB im Gesellschaftsrecht siehe *Kiethe* NZG 2005, 333. Zum subjektiven Tatbestand des § 826 BGB *Sack* NJW 2006, 945.
[381] BGH WM 2005, 1598, 1600.
[382] BGH NJW 2005, 820, 822.

Auch den Makler trifft nach der zitierten Rechtsprechung[383] keine Aufklärungspflicht gegenüber dem Käufer einer Immobilie, wenn zwischen ihm und dem Käufer kein Vertragsverhältnis besteht, auch kein solches auf Grund eines konkludenten Anlageberatungsvertrages. Gleiches gilt beim Finanzierungsmakler mit erlaubter Doppeltätigkeit.[384] 225

Der 5. Senat des BGH in Strafsachen[385] hat in einer 15%igen Innenprovision, über die nicht aufgeklärt wurde, keinen Betrugsfall gesehen, weswegen auch der XI. Senat des BGH[386] keinen Anlass für eine Vorlage zum Großen Senat des BGH gesehen hat. 225a

Der 9. Senat des OLG Stuttgart,[387] der 12. Senat des OLG Nürnberg[388] sowie der 3. Senat des OLG Köln[389] gehen von dem Grundsatz aus, dass für den Bauträger – auch in einem Kapitalanlagemodell – keine Pflicht bestehe, über die Berechnungsgrundlagen *seiner* Preiskalkulation aufzuklären. Anders sei dies jedoch bei einem unabhängigen und individuellen Anlage*berater*.[390] Bei diesem bejaht nämlich der 9. Senat des OLG Stuttgart[391] im Grundsatz eine Aufklärungspflicht über Innenprovisionen, allerdings nur über solche, die der Berater selbst erhalten hat. Diese folge aus seinem Anlageberatungsvertrag mit dem Anleger. Nach OLG Düsseldorf[392] dagegen verstößt ein Anlagevermittler gegen seine vertraglichen Aufklärungspflichten, wenn er den Anleger nicht über die Höhe der im Prospekt des geschlossenen Immobilienfonds unvollständig und irreführend angegebenen Provisionen aufklärt. 226

**Ausnahmsweise** nimmt die zitierte Rechtsprechung eine Aufklärungspflicht über Innenprovisionen an, wenn folgende Sachverhaltskonstellationen gegeben sind, ohne dass es dann auf die Wirksamkeit einer vertraglichen Grundlage ankäme,[393] denn der Pflichtenkatalog eines Schuldverhältnisses mit oder ohne Vertrag ist vergleichbar (§ 311 Abs. 1 und 2 BGB). Eine Schadensersatzpflicht wird folglich bei unterlassener Aufklärung von der zitierten Rechtsprechung nur dort bejaht, wo *ausnahmsweise* eine Aufklärungspflicht bestand und dieser nicht entsprochen wurde: 227

– Der XI. Senat des BGH bejaht eine Aufklärungspflicht für die ein Anlegergeschäft finanzierende Banken: Aufklärungspflicht, wenn die Innenprovision des Verkäufers zu einer wesentlichen Verschiebung zwischen Kaufpreis und Verkehrswert führe, dass die Bank von einer sittenwidrigen Übervorteilung des Käufers durch den Verkäufer ausgehen müsse.[394] Der III. Senat des BGH[395] bei Abwicklungsbeauftragten: Aufklärungspflicht für den Abwicklungsbeauftragten bereits vor Vertragsabschluss. Von der Vermutung der Sittenwidrigkeit kann ausgegangen werden, wenn der Wert der Leistung knapp doppelt so hoch sei wie der Wert des Leistungsgegenstandes.[396] Der III. Senat des BGH 228

---

[383] BGH NJW 2003, 1811, 1812.

[384] BGH WM 2004, 417, 419. Zur erlaubten Doppeltätigkeit von Maklern in Abgrenzung zur Doppelmaklerschaft: *Wagner* DStR 2003, 1757, 1758 mwN.

[385] BGH wistra 1999, 299 f.

[386] BGH WM 2004, 21, 22.

[387] OLG Stuttgart OLGR 2001, 234, 237 u. H. a. BGH BGHZ 114, 87.

[388] OLG Nürnberg BKR 2002, 946, 951.

[389] OLG Köln WM 1999, 127, 129.

[390] Zum Unterschied der Aufklärungspflichten zwischen einem unabhängigen individuellen Anlageberater und einem erkennbar auf Anbieterseite stehenden Anlageberater siehe *Wagner* DStR 2003, 1757, 1758 f. mwN.

[391] OLG Stuttgart OLGR 2001, 234, 237.

[392] OLG Düsseldorf ZIP 2004, 1745.

[393] BGH NJW 2005, 668, 670; BGH NJW 2005, 1151, 1153; BGH NJW 2005, 3208, 3209 mwN.

[394] BGH WM 2000, 1245, 1247; BGH NJW 2003, 424, 425; BGH WM 2004, 21, 22; BGH BKR 2004, 21, 25; WM 2004, 417, 418 f.; BGH NJW 2004, 2378; OLG Dresden WM 2002, 1881; OLG Dresden WM 2003, 1802.

[395] BGH NJW 2005, 3208, 3210 f.

[396] BGH WM 2000, 1245, 1247 st. Rspr. mwN; im Einzelnen dazu *Wagner* WM 2008, 1053; *Wagner* BKR 2008, 189; *Wagner*, Der Sachverständige 2009, 98.

sieht die kritische Grenze für eine überhöhte – und daher aufklärungspflichtige - Innenprovison bei 15 % des von Anlegern einzubringenden Kapitals an,[397] und forderte bei Überschreiten dieser Grenze eine unaufgeforderte Aufklärungspflicht und prospektive Ausweispflicht.[398] Diese Prozentgrenze – es handelte sich lt. BGH um im Gesamtaufwand enthaltener Innenprovision von weiteren 18,4 %[399] – wird nunmehr vom III. Senat des BGH auch dafür herangezogen, bei deren Überschreiten eine Aufklärungs- und nicht nur eine Ausweispflicht zu postulieren, wenn diese Innenprovision dem Aufklärungspflichtigen bekannt gewesen sei.[400] Dieser 15 %-Rechtsprechung hat sich der XI. Senat des BGH[401] angeschlossen. Ausnahmsweise ist trotz Überschreitens der 15 %-Grenze für den Kapitalanlagevertrieb keine Aufklärungspflicht gegeben, wenn diese Kosten der Eigenkapitalbeschaffung im Prospekt ausgewiesen sind und dieser dem Anlageinteressenten so rechtzeitig vorgelegen hatte, dass er sich vor seiner Beitrittsentscheidung damit vertraut machen konnte.[402]

229 – Auch der Immobilienverkäufer muss ausnahmsweise den Käufer über Innenprovision aufklären, wenn zwischen Kaufpreis (nicht Gesamtaufwand) und Wert der Immobilie ein so grobes Missverhältnis besteht, dass die Prüfung der Sittenwidrigkeit Bedeutung erlangt.[403]

230 – Während mit zuvor Ausgeführtem der XI. Senat des BGH ausnahmsweise eine Aufklärungspflicht annimmt, hält der V. Senat des BGH[404] es auch für denkbar, dass ausnahmsweise bei einer Immobilienkapitalanlage eine unterlassene Aufklärung über eine hohe Innenprovision Bedeutung erlangen könne, ohne dass allerdings gesagt wird, was darunter zu verstehen ist, wo also eine hohe Innenprovision beginnt. Dies sei zB dann der Fall, wenn bei einer Immobilienkapitalanlage seitens des Immobilienverkäufers vorvertraglich eine Renditeaussage gemacht worden sei, die auf Grund einer hohen Innenprovision sich als unzutreffend erweise.

231 – Ausnahmsweise muss der Verkäufer einer Immobilie dann über eine Innenprovision aufklären, wenn zwischen dem Immobilienverkäufer und dem Käufer ein Beratungsvertrag in Betracht kommt.[405]

232 – Die Zahlung einer Innenprovision durch eine Bank selbst an einen Vermögensverwalter gefährdet die Interessen des Auftraggebers dieses Vermögensverwalters. Dies deshalb, weil in einem solchen Fall der Vermögensverwalter dem Anreiz unterliegt, sowohl bei der Auswahl der Bankverbindung wie auch hinsichtlich des Umfangs des Geschäfts nicht alleine die Kundeninteressen zu berücksichtigen sondern auch das eigene Provisioninteresse.[406]

233 – Schließlich ist auch ein Geschäftsbesorger verpflichtet, Anleger vor Beitritt auf überhöhte Innenprovisionen hinzuweisen, sofern diese ihm bekannt ist.[407]

234 Im Schrifttum wird folgende Auffassung vertreten: *Wagner*[408] verneint im Grundsatz eine Aufklärungspflicht über Innenprovisionen jedenfalls dann, wenn der Anleger erkenne, dass ein Kapitalanlagevertrieb eingeschaltet sei und er – der Anleger – keine Vertriebsprovision zahle, sodass er davon ausgehen müsse, dass der Vertrieb von einem Unternehmen der An-

---

[397] BGHZ 158, 110, 112, 118: Dort ging es um 25% bezogen auf das Kommanditkapital. – BGH BKR 2012, 165 Rn. 10.
[398] → Rn. 225.
[399] BGH NJW 2005, 3208.
[400] BGH NJW 2005, 3208, 3210.
[401] BGH BKR 2008, 199 Rn. 14; dazu *Assmann* ZIP 2009, 2125, 2126.
[402] BGH BKR 2008, 199 Rn. 16–17.
[403] BGH NJW 2003, 1811, 1812.
[404] BGH NJW 2003, 1811, 1812.
[405] BGH NJW 2003, 1811, 1812. Zu den Einzelheiten, wann von einem solchen Beratungsvertrag auszugehen ist, siehe BGH (aaO), S. 1812f. Ferner BGH 12.2.2004 – III ZR 355/02, nV.
[406] BGHZ 146, 235, 239; BGH NJW 2003, 1811f.
[407] BGH NJW 2005, 3208.
[408] *Wagner* WM 1998, 694, 698.

bieterseite bezahlt werde. Es gebe kein Transparenzgebot, das ohne Anlass von sich aus die Offenlegung der Kalkulation von Unternehmen der Anbieterseite erfordere. *Loritz*[409] verneint ebenfalls im Grundsatz eine Aufklärungspflicht über Innenprovisionen. Innenprovisionen seien in einer arbeitsteiligen Wirtschaft auch außerhalb des Kapitalanlagemarktes etwas völlig normales. Der Wert einer Immobilie oder Immobilienkapitalanlage habe auch nichts mit der Größenordnung einer Innenprovision zu tun und umgekehrt. *Kiethe*[410] weist darauf hin, dass nicht alleine die Behauptung einer fehlgeschlagenen Immobilienkapitalanlage zur Ausweispflicht einer Innenprovision führe. Eine Ausweispflicht bedürfe einer nachvollziehbaren rechtlichen Anspruchsgrundlage. Da eine vertragliche Anspruchsgrundlage in der Regel nicht vorhanden sei, komme nur eine deliktische in Frage. Für §§ 823 BGB iV 263 StGB sei zunächst einmal der Schaden nachzuweisen, wobei mit der Rechtsprechung des BGH[411] nachzuweisen sei, dass ein eventueller Schaden zum Zeitpunkt der Anlageentscheidung nicht inzwischen durch Verkehrswertsteigerungen der Immobilienkapitalanlage kompensiert worden seien. Und auf Grund § 826 BGB könne eine Aufklärungspflicht erst begründet werden, wenn der Kaufpreis (nicht der Gesamtaufwand[412]) einer Immobilienkapitalanlage die Grenze der Sittenwidrigkeit erreicht oder überschritten habe. Bewege sich der innerhalb des Gesamtaufwandes einer Immobilienkapitalanlage prospektiv ausgewiesene Kaufpreis der Immobilie im Rahmen des Verkehrswertes,[413] dann sei die These von der Ausweispflicht „versteckter Innenprovisonen"[414] ohne nachvollziehbare Herleitung einer Anspruchsgrundlage. *Gallandi*[415] bejaht entgegen der zuvor aufgezeigten Rechtsprechung und entgegen der zuvor dargelegten hM im Schrifttum eine Aufklärungspflicht über Innenprovisionen immer schon dann, wenn der Kapitalanleger ein berechtigtes Interesse daran habe. Dafür bildet er eine Vielzahl von Beispielen. Dies führt im praktischen Ergebnis dazu, dass Anleger, weil sie eingetretene Risiken einer Kapitalanlage nicht mehr tragen wollen, sich Jahre nach ihrem Beitritt plötzlich darauf berufen, an der Aufklärung über Innenprovision hätten sie ein Interesse gehabt und da sie nicht darüber informiert worden seien, sei ihr gerichtliches Schadensersatzbegehren begründet. Die Rechtsprechung ist dem sachgerechterweise weitgehend nicht gefolgt. *Schirp/Mosgo*[416] differenzieren bezüglich einer Aufklärungspflicht über Innenprovisionen wie folgt: Zahle der Anlager selbst bei einem Anlagevermittler keine Vertriebsprovision, so müsse der Anleger davon ausgehen, dass der Anlagevermittler von einem Unternehmen der Anbieterseite bezahlt werde. Der Anlagevermittler müsse in einem solchen Fall nicht über die Innenprovision aufklären, die er selbst erhalten habe. Da *Schirp/Mosgo*[417] entgegen der überwiegenden Rechtsprechung und der hM im Fachschrifttum die Meinung vertreten, Innenprovisionen seien im Prospekt stetes dem Grunde und der Höhe nach ausweispflichtig, halten sie den Anlagevermittler über Innenprovisionen für nachforschungs- und aufklärungspflichtig, die im Prospekt nicht ausgewiesen sind.[418] Dies steht im Widerspruch zur dargestellten überwiegenden Rechtsprechung und der hM im Fachschrifttum. Den Anlageberater halten *Schirp/Mosgo*[419] stets für aufklärungspflichtig und zwar bezüglich der Innenprovisionen, die

---

[409] *Loritz* WM 2000, 1831, 1836 f.

[410] *Kiethe* NZG 2001, 107.

[411] BGH NStZ 1999, 555.

[412] Gesamtaufwand = Summe von einzelnen Kosten- und Vergütungsbestandteilen für in Anspruch genommene Leistungen.

[413] Zu den Problemen der *Definition* (nicht der Ermittlung) des Verkehrswertes einer Immobilienkapitalanlage siehe *Kiethe* NZG 2001, 107.

[414] So *Fuellmich/Rieger* ZIP 1999, 427, 433 in einem von wirtschaftlichen Eigeninteressen des erstgenannten geprägten Beitrag.

[415] *Gallandi* WM 2000, 279, 285.

[416] *Schirp/Mosgo* BKR 2002, 354, 359 f.

[417] *Schirp/Mosgo* BKR 2002, 354, 358.

[418] *Schirp/Mosgo* BKR 2002, 354, 359.

[419] *Schirp/Mosgo* BKR 2002, 354, 360.

ein Anlageberater selbst erhalten hat wie auch derjenigen, die mit dem Anlageobjekt zusammenhängen.

235 bb) **Prospektive Ausweispflicht der Innenprovision.** Von der Aufklärungspflicht zu trennen ist die Frage, ob bezüglich der Innenprovision eine *prospektive* Ausweispflicht besteht.

236 Erstmals befasste sich der III. Senat des BGH[420] mit der Frage der prospektiven Ausweispflicht von Innenprovisionen, die bisher vom VII. und V. Senat des BGH[421] offen gelassen wurde. Der III. Senat des BGH beantwortet dieses Frage am Fall eines Prospektes für einen geschlossenen Immobilienfonds. Er verneint im Grundsatz eine prospektive Ausweispflicht von Innenprovisionen und weist darauf hin, dass für die Höhe einer relevanten Innenprovision nicht übliche Maklerprovisionen von etwa 3 bzw. 6 % heranzuziehen seien. Das OLG Köln[422] verneint im Grundsatz eine prospektive Ausweispflicht der Innenprovision dem Grunde und der Höhe nach, weil für den Verkäufer bezüglich der Innenprovision keine Aufklärungspflicht bestehe. Der 11. Senat des OLG Stuttgart[423] verneint zwar für einen Bauträger im Bauträgermodell eine Aufklärungspflicht über Innenprovision, bejaht aber im Grundsatz eine prospektive Ausweispflicht. Dies jedenfalls dann, wenn sich das Objekt noch in der Planung befinde. Das OLG Stuttgart geht davon aus, dass dann, wenn der Gesamtaufwand im Prospekt aufgeschlüsselt worden sei, dann auch die Innenprovision auszuweisen sei, obwohl diese nicht Bestandteil des Gesamtaufwandes sondern Kalkulationsbestandteil der Bauträgervergütung war, was nicht dasselbe ist. Anzumerken bleibt, dass der VII. Senat des BGH[424] in seiner Revisionsentscheidung offen gelassen hat, ob dem zu folgen ist. Soweit das OLG Koblenz[425] im Grundsatz eine prospektive Ausweispflicht von Innenprovison verlangt, weicht es nicht zur obigen Rechtsprechung des BGH[426] ab, da diese nicht zur prospektiven Ausweispflicht sondern zur im Grundsatz nicht vorhandenen Aufklärungspflicht ergangen ist, ohne dass diese Aufklärungspflicht etwas mit dem Prospekt zu tun hatte. Das OLG Koblenz bejaht als Grundsatz einen Fall der Prospekthaftung, wenn die Innenprovision im Prospekt nicht ausgewiesen worden sei für den Fall, wenn im Prospekt einzelne Kalkulationsbestandteile dargestellt würden. Allerdings verkennt das OLG Koblenz, was ein Kalkulationsbestandteil ist, denn Kalkulationsbestandteile werden in keinem Prospekt dargestellt. Wenn in einem Prospekt dargestellt wird, für welchen Vertrag und welche Leistung eines jeden Vertrages welche Vergütung zu zahlen ist, dann handelt es sich nicht um Kalkulationsbestandteile, sondern um den Ausweis der jeweiligen Vergütung pro Vertrag und Leistung.[427] Von Kalkulationsbestandteil kann nur die Rede sein, wenn ausgewiesen würde, wie der einzelne Vertragspartner seine Vergütung pro Vertrag im Einzelnen kalkuliert hätte. Dies erfolgt jedoch in keinem Prospekt, da zur Offenlegung der eigenen Kalkulation kein Vertragspartner verpflichtet ist, auch nicht im Prospekt. Ersichtlich verwechselt das OLG Koblenz Kaufpreis für die Immobilie und Gesamtaufwand der Kapitalanlage und meint, dass dann, wenn in einem Prospekt im Rahmen des Gesamtaufwandes die Vergütungen pro Vertrag und damit zusammenhängenden Leistungen ausgewiesen worden seien, dann auch die Innenprovision ausgewiesen werden müsse, die Kalkulations-

---

[420] BGH NJW 2004, 1732; BGH 12.2.2004 – III ZR 355/02, nV.

[421] Offen gelassen bei BGHZ 145, 121, 129, weil dem klägerischen Anspruch bereits aus Prospekthaftung wegen nicht korrekt ausgewiesener Wohnflächen entsprochen worden war. Offen gelassen bei BGH NJW 2003, 1811, 1812, weil im Urteilsfall kein Prospekt verwandt worden war. Und offengelassen in BGH NJW 2005, 820, 821, weil dort eine Provision nicht für sich alleine, sondern zusammen mit anderen Entgelten 20 % des Gesamtaufwandes ausmachte, was der BGH als unangemessen und deshalb als ausweispflichtig bezeichnet.

[422] OLG Köln ZIP 2001, 1808, 1810.

[423] OLG Stuttgart OLGR 1999, 386, 389.

[424] BGHZ 145, 121, 129.

[425] OLG Koblenz BKR 2002, 723, 726.

[426] BGH WM 2000, 1245, 1247; BGH NJW 2003, 424, 425; BGH NJW 2003, 1811; BGH WM 2004, 21, 22.

[427] Siehe die zutreffenden Hinweise in OLG Köln WM 1999, 127, 129.

bestandteil eines Vertrages sei. Und so verkennt das OLG Koblenz[428] ersichtlich auch, dass der Gesamtaufwand, also das Gesaminvestment eines Kapitalanlegers,[429] nicht Maßstab für den Wert der Immobilie ist, sondern der im Gesamtaufwand enthaltene Kaufpreis, der für die Immobilie zu zahlen ist.[430] Der vom OLG Koblenz postulierte Grundsatz einer prospektiven Ausweispflicht der Innenprovision weist im Hinblick auf die Argumentation zu viele Defizite aus, als dass er in sich schlüssig und nachvollziehbar wäre.

Der III. Senat des BGH[431] bejaht jedoch ausnahmsweise eine generelle prospektive Ausweispflicht von Innenprovisionen, wenn folgende Konstellationen gegeben sind: **237**
– Die vom Fonds zu zahlende Innenprovision überschreitet eine Größenordnung von 15 %.[432] Aus dem Gesamtzusammenhang des Urteils ist ersichtlich, dass es sich um 15 % auf das für die KG beschaffte Kommanditkapital handeln soll[433] und nicht um 15 % auf den prospektiven Gesamtaufwand. Der III. Senat legt sich jedoch ausdrücklich nicht darauf fest, ob nicht im Einzelfall eine Ausweispflicht auch einmal dann gegeben sein könne, wenn dieser Prozentsatz unterschritten werde. Der V. Senat des BGH[434] bejaht in Fortführung dieser Rechtsprechung eine prospektive Ausweispflicht bei einem nicht ausgewiesenen Anteil von 12 % des Gesamtaufwands für die Projektentwicklung, womit der Anteil aller „derartiger Entgelte und Provision" am Gesamtaufwand 20 % betrug, was er nicht mehr als angemessen ansieht und deshalb zur prospektiven Ausweispflicht gelangt. Und auch der XI. Senat des BGH hat sich der 15 %-Rechtsprechung des III. Senats des BGH angeschlossen.[435]
– Im Hinblick auf die Frage der Innenprovision besteht auf Grund des Prospektes die Gefahr der Irreführung. Diese war im Entscheidungsfall des III. Senates des BGH[436] dadurch gegeben, weil im Prospekt zwar 11 % Innenprovison ausgewiesen war, im Übrigen jedoch nur angegeben war, dass weitere Provisionen gezahlt würden, ohne auszuweisen, dass diese zusätzlich zu den 11 % hinzukommenden weiteren Zahlungen nochmals 14 % ausmachten. Im Falle des V. Senates des BGH[437] hatten die Beklagten ausdrücklich bestritten, dass der Kaufentschluss des Anlegers auf dem Prospekt und seinen Fehlern beruht habe. Der V. Senat des BGH iudizierte daraufhin, unter diesen Umständen hätte der klagende Anleger eindeutig behaupten müssen, dass sein Kaufentschluss auf dem Prospekt beruht habe und er hätte dazu näher darlegen müssen, woraus sich das ergeben haben solle. **238**

Das Schrifttum vertritt zur prospektiven Ausweispflicht folgende Auffassung: *Staudinger*[438] beanstandet, dass an einer Prozentgrenze weder eine rückwirkende Pflichtverletzung noch eine haftungsbegründende Kausalität noch ein Rechtswidrigkeitszusammenhang festgemacht werden könne. Außerdem führe eine solche Prozentgrenze zu einer nicht gebotenen Beweislastumkehr zu Gunsten des Anlegers, ohne zu berücksichtigen, dass gemäß § 286 ZPO der Richter zur Überzeugung gelangen müsse, dass der Anlageinteressent bei Überschreiten besagter Prozentgrenze wirklich von der Beteiligung Abstand genommen hätte und dies nicht nur jetzt als Vorwand bemüht, sich von der Kapitalanlage wieder trennen zu **239**

---

[428] OLG Koblenz BKR 2002, 723, 726.
[429] Zur Definition s. o. Rn. 202–207.
[430] So auch zutreffend OLG Stuttgart WM 2000, 292, 296.
[431] BGH NJW 2004, 1732; BGH 12.2.2004 – III ZR 355/02, nV. In BGH NJW 2005, 3208, 3210 ging es nicht um Ausweispflicht sondern um Offenbarungspflicht. Bezgl. dem Prospekt wird vom BGH (aaO) nur kurz festgestellt, dass keiner genügende Aufklärung über die Innenprovision gegeben habe, ohne dass der BGH daraus Folgerungen zog.
[432] Zur Sittenwidrigkeit einer Vertriebsprovision von 30%: BGH WM 2003, 2056.
[433] BGH WM 2006, 668, 669.
[434] BGH WM 2004, 2349.
[435] BGH BKR 2008, 199 Rn. 14.
[436] BGH NJW 2004, 1732; BGH 12.2.2004 – III ZR 355/02, nv.
[437] BGH WM 2004, 2349.
[438] *Staudinger* BKR 2004, 257.

wollen. Die Rückwirkung der Rechtsprechung des III. Senates des BGH lasse zudem außer Betracht, wie diesbezüglich ein Verschulden begründet werden könne. Schließlich sei bei einer ex tunc-Betrachtung in Anbetracht der Steuerorientierung auch ein Schaden zweifelhaft; denn eine inzwischen eingetretene Marktentwicklung, die zur fehlenden Rentabilität der erworbenen Kapitalanlage geführt habe, habe mit einer rückwirkend iudizierten Offenbarungspflicht von Innenprovisionen ab einer bestimmten Prozentgrenze nichts zu tun. *Staudinger*[439] wehrt sich vor allem gegen die Rückwirkung dieser Prozentrechtsprechung, lässt aber eine rechtliche Bewertung für künftige Kapitalanlagen offen. *Wagner*[440] geht davon aus, dass dann, wenn im Grundsatz keine Aufklärungspflicht über Innenprovisionen bestehe, auch keine prospektive Ausweispflicht bezüglich der Innenprovision bestehe. Bestehe aber eine Abweichung über die Wertadäquanz der harten Kosten, indem im Prospekt ausgewiesenen Vergütungen für einzelne vertragliche Leistungen nicht wertadäquat seien, so sei dies prospektiv ausweispflichtig und zwar unabhängig von der Frage der Innenprovision. Wenn die Höhe der Innenprovision eine denkbare Ursache für diese Abweichung von der Wertadäquanz sei, so sei dies prospektiv ausweispflichtig, weniger wegen der Innenprovision sondern wegen der Wertinadäquanz einer oder mehrerer im Prospekt genannter Vergütungen für vertragliche Leistungen. Dieser von *Wagner* 1998 angesprochene Gedanke der Wertadäquanz bzw Wertäquivalenz für eine prospektive Ausweispflicht findet sich übrigens inzwischen in neuerer BGH-Rechtsprechung und im Fachschrifttum als Rechtsgrundsatz an ganz anderer Stelle wieder, wenn es nämlich darum geht, dass zB beim Bauträgervertrag der Bauträger nur Anspruch auf Vergütung in Form von Abschlagszahlungen in Höhe wertäquivalenter Leistungen hat.[441] Deshalb muss nicht auch die vertraglich vereinbarte Gesamtvergütung wertäquivalent sein, weil die Parteien im Aushandeln von Preisen bis zur Grenze der Sittenwidrigkeit frei sind. Aber es könnte sich die Frage stellen, ob nicht Gerichte gehalten sein könnten, auf Grund des in Art. 3 Abs. 3 Anhang Nr. 1.o) VerbrRL 93/13/EWG angelegten Äquivalenzgebotes[442] darauf zu achten, ob diese nicht auch im Hinblick auf prospektive Ausweispflichten gegenüber Kapitalanleger-Verbrauchern[443] eine Bedeutung erlangen könnte, eine noch nicht diskutierte Frage. Jedenfalls wird deutlich, dass der von *Wagner* angesprochene Gedanke der Wertadäquanz bzw. Wertäquivalenz auch in anderen rechtlichen Bereichen Bedeutung hat. *Loritz*[444] geht ebenfalls von keiner generellen prospektiven Ausweispflicht von Innenprovisionen aus. Etwas anderes könne nur dann gelten, wenn gegen die Grundsätze der Wahrheit und Vollständigkeit eines Prospektes verstoßen werde. Auch *Kiethe*[445] verneint im Grundsatz eine prospektive Ausweispflicht von Innenprovisionen, ausgenommen die Fälle, in denen die im prospektiven Gesamtaufwand enthaltenen Innenprovisionen entweder unüblich oder ungewöhnlich hoch seinen. Da *Gallandi*[446] eine Aufklärungspflicht entgegen der überwiegenden Rechtsprechung und der oben dargestellten hM im Schrifttum schon dann bejaht, wenn der Kapitalanleger ein berechtigtes Interesse an Aufklärung hat, das im Zweifel der Anleger selbst bestimmt bzw. durch den Beispielskatalog von *Gallandi* bestimmt wird, überrascht es nicht,

---

[439] *Staudinger* BKR 2004, 257, 261.
[440] *Wagner* WM 1998, 694, 699.
[441] Zum zivilrechtliche Äquivalenzprinzip: BGH NJW-RR 2000, 1331, 1333; BGHZ 148, 85, 89 – Zum MaBV-rechtlichen Äquivalenzprinzip: BGHZ 139, 387, 390 f.; BGH WM 2001, 1756, 1758; *Thode* WuB I E 5.–1.02.; *Blank* ZflR 2001, 785, 786 f.; *Freckmann* BKR 2003, 399, 402; *Wagner* WuB I E 5.–5.02.; *Wagner* in Schmider/Wagner/Loritz, Handbuch der Bauinvestitionen und Immobilienkapitalanlagen (HdB), 04/2004, Fach 6112 Rn. 73.
[442] *Pfeiffer* in Grabitz/Hilf, Das Recht der Europäischen Union, Bd. III (Stand: 05/1999), RL 93/13/EWG A 5 Anhang Rn. 132; *Wagner* ZNotP 2002, Beilage 1, S. 11; *Wolf* in Wolf/Horn/Lindacher, AGBG, 4. Aufl. 1999, RiLi Anh Nr. 1 o. Rn. 193.
[443] Ob Kapitalanlager Verbraucher sind, siehe *Wagner* BKR 2003, 649.
[444] *Loritz* WM 2000, 1831, 1838.
[445] *Kiethe* NZG 2001, 107, 111.
[446] *Gallandi* WM 2000, 279, 285.

dass *Gallandi* wiederum entgegen der zuvor dargestellten Rechtsprechung (ausgenommen OLG Koblenz) und der dargelegten hM im Schrifttum es als Prospektmangel ansieht, wenn im Prospekt Innenprovision nach Grund und Höhe nicht ausgewiesen ist. *Schirp/Mosgo*[447] halten entgegen der zuvor dargelegten überwiegenden Rechtsprechung und der hM im Fachschrifttum Innenprovisionen dem Rechtsgrunde und der Höhe nach für prospektiv ausweispflichtig.

cc) Fazit. Inzwischen bejaht der BGH im **Grundsatz** für die Bank, den Immobilienverkäufer bzw. Bauträger und Anlagevertrieb eine Aufklärungspflicht und prospektive Ausweispflicht betreffend Innenprovisionen, sofern die Innenprovision mehr als 15 % der Zeichnungssume beträgt.

Und über Außenprovision ist stets aufzuklären. Denn wenn der geschlossene Fonds Auftraggeber des Vertriebs ist, also mit dem Vertrieb einen entsprechenden Vertriebsvertrag geschlossen hat, der vom Fonds zu bezahlen ist, dann muss der Kapitalanleger, der an diesem Fonds beteiligt ist, von Grund und Höhe dieser Vergütung ebenso wissen wie von allen anderen Verträgen, die der Fonds abgeschlossen und zu bezahlen hat.

c) **Prospekthaftung bei geschlossenen Fonds.** Hier muss man unterscheiden zwischen Haftungstatbeständen aus einer Zeit vor dem 1.7.2005, der Zeit danach und der Zeit ab 1.11.2012.

aa) Prospekthaftung vor dem 1.7.2005. Diese basierte zunächst auf dem Richterrecht des BGH und unterscheidet zwischen der Prospekthaftung im engeren Sinne auf Grund Richterrechts in Anlehnung an die Rechtsprechung zu den §§ 44 ff. BörsG[448] und Prospekthaftung im weiteren Sinne auf Grund cic.[449] Man spricht von der bürgerlichrechtlichen Prospekthaftung. Sodann fanden gem. § 18 Abs. 2 Satz 4 VerkProspG idF vom 22.6.2005[450] für Prospekte von Nichtkreditinstituten, die vor dem 1.7.2005 im Inland veröffentlicht wurden, § 13 VerkProspG in der vor dem 1.7.2005 geltenden Fassung[451] sowie §§ 45–47 BörsG vom 21.6.2002 weiterhin Anwendung.[452] Bei der Würdigung dieser gesetzlichen Regelungen konnte auf die zur bürgerlichrechtlichen Prospekthaftung entwickelten Grundsätze zurückgegriffen werden.[453]

Bei dieser Prospekthaftung muss unterschieden werden, wer haftet bzw. wofür gehaftet wird. Alleine als Steuerberatungsgesellschaft auf Grund der Funktion als Treuhänderin im Prospekt genannt zu sein, begründet für sich noch keine Prospektverantwortlichkeit.[454] Allerdings wird man von einem im Prospekt genannten Treuhänder erwarten müssen, dass er für sich eine Prospektprüfung durchführt, ehe er als Treuhänder tätig wird. Stellt er dabei Prospektfehler fest, so hat er auf eine Korrektur des Prospekts zu drängen oder jedenfalls vor Abschluss des Treuhandvertrages den Anleger auf von ihm festgestellte Prospektfehler hinweisen. Unterlässt er dies, haftet der Treuhänder wegen Verletzung seiner Aufklärungspflicht, wenn der Prospekt einen unzutreffenden Eindruck erweckt.[455] Zu den Prospekthaftern der Prospekthaftung ieS gehören neben dem Initiator, Gründungsgesellschafter[456] der Fondsgesellschaft, Geschäftsführer der Komplementärin, geschäftsführenden Kommanditisten[457] auch sog Hintermänner, wenn sie auf die Konzeption des konkreten

---

[447] *Schirp/Mosgo* BKR 2002, 354.
[448] *Nobbe* WM 2013, 193, 197 f.
[449] *Reinelt* NJW 2009, 1; *Nobbe* WM 2013, 193, 202 f.
[450] BGBl. I 2005, 1698.
[451] vom 21.6.2010 BGBl. I 2002, 2010, 2044.
[452] BGH ZIP 2012, 2199 Rn. 20; *Könneke* in Arndt/Voß, VerkProspG, 2008, § 18 Rn. 46.
[453] BGH ZIP 2012, 2199 Rn. 24.
[454] OLG München WM 2002, 689. Zur Prospekthaftung ieS eines Wirtschaftsprüfers: *Zacher/Stöcker* DStR 2004, 1494, 1495.
[455] OLG Hamm OLGR 2002, 220.
[456] KG Berlin WM 2011, 1938; KG Berlin 11.7.2011 – 19 U 13/11, BeckRS 2011, 21761: Zur Haftung des Gründungsgesellschafters aus Prospekthaftung iwS.
[457] BGH 6.2.2006 – II ZR 329/04, NJW 2006, 2042 Rn. 12.

Kapitalanlagemodells Einfluss genommen haben und für die Prospektherausgabe mit verantwortlich sind.⁴⁵⁸ Bei konzernbeherrschenden Gesellschaften wird vermutet, dass in Anbetracht ihres wirtschaftlichen Eigeninteresses sie Einfluss auf die Modellkonzeption gehabt haben.⁴⁵⁹ Alleine dass im Prospekt der Bestätigungsvermerk des Jahresabschlussprüfers betreffend eine im Kapitalanlagemodell beteiligte Firma enthalten ist, macht jedoch den Jahresabschlussprüfer nicht zum Prospekthafter.⁴⁶⁰ Diesen Personenkreis von Prospekthaftern hat der BGH jüngst erweitert, indem dazu auch ua Politiker gehören können, wenn sie den Eindruck erwecken, dass sie zu den berufsmäßigen Sachkennern mit Garantenstellung gehören.⁴⁶¹ Auch ein überholtes Wirtschaftsprüfertestat in einem Prospekt kann zu Lasten des Wirtschaftsprüfers eine Prospekthaftung begründen.⁴⁶²

**245** Ein Prospekt über eine Beteiligung an einem geschlossenen Immobilienfonds, zu dem auch ein getrenntes Schriftstückgehören kann, wenn es mit dem Prospekt zusammen vertrieben wird und für die Gesamtbetrachtung wesentlich ist,⁴⁶³ muss den Anleger hinsichtlich aller Umstände des angebotenen Modells sachlich richtig und vollständig zu informieren, die für seine Entscheidung von wesentlicher Bedeutung sind (zB Durchhandelsgewinne, Vorbelastungen des Mietgarantiegebers, Wertsteigerungspotential, Eigenkapitalbeschaffungsgebühr, Nachfinanzierungsbedarf, weiche Kosten etc.).⁴⁶⁴ Der Prospekt muss ein zutreffendes Gesamtbild über die angebotene Kapitalbeteiligung vermitteln,⁴⁶⁵ wobei die Beurteilung am Empfängerhorizont vorzunehmen ist.⁴⁶⁶ Nach der Rechtsprechung des II. Senates des BGH entspricht es der Lebenserfahrung, dass ein Prospektfehler für die Anlageentscheidung ursächlich geworden ist.⁴⁶⁷ Die Kausalität wird mithin nicht geprüft, sondern vermutet. Dass gerade dieser Prospektfehler zum Scheitern des Projekts geführt hat, ist dabei nicht erforderlich,⁴⁶⁸ vielmehr ist entscheidend, dass durch die unvollständige oder beschönigende Information des Prospekts in das Recht des Anlegers eingegriffen worden ist, selbst in Abwägung des Für und Wider darüber zu befinden, ob er in ein Projekt investieren will, das bestimmte Risiken enthält.⁴⁶⁹ Folglich wird auch nicht auf eine Kausalität zwischen Prospektfehler und Schaden des Kapitalanlegers abgestellt, sondern zwischen aufgrund fehlerhaften Prospektes nicht möglich gewesener, über alle relevante Informationen verfügende, Anlageentscheidung des Kapitalanlegers und Schaden.⁴⁷⁰ Es ist daher geboten, dann, wenn sich ein Prospekt als fehlerhaft herausstellt, seitens der Prospektverantwortlichen durch eine Prospektergänzung oder einen Warnhinweis Beitrittswilli-

---

⁴⁵⁸ BGH NZG 2010, 352 Rn. 21 mwN; BGH NZG 2010, 1395; BGH NJW 2012, 758 Rn. 17 mwN.
⁴⁵⁹ BGH WM 2006, 427, 428.
⁴⁶⁰ BGH NZG 2006, 862.
⁴⁶¹ BGH NJW 2012, 137.
⁴⁶² BGH NJW 2013, 1877.
⁴⁶³ BGH NJW 2012, 758 Rn. 23; zu dieser Ausweitung der bürgerlich-rechtlichen Prospekthaftung *Klöhn* WM 2012, 97; *Nobbe* WM 2013, 193, 198.
⁴⁶⁴ BGH NJW 2006, 2042 Rn. 7, 9; OLG München WM 2002, 689.
⁴⁶⁵ BGH NZG 2010, 352 Rn. 18 mwN; BGH NZG 2010, 709 Rn. 9; BGH ZIP 2012, 2199 Rn. 23; BGH NZG 2013, 1030 Rn. 14.
⁴⁶⁶ BGH ZIP 2012, 2199 Rn. 25.
⁴⁶⁷ BGHZ 79, 337, 346; BGHZ 84, 141, 148; BGH ZIP 1992, 1561 f.; BGH NJW 2000, 3346; BGH NJW 2006, 2042 Rn. 11; BGH NZG 2010, 352 Rn. 23 mwN.
⁴⁶⁸ BGHZ 123, 106, 111 f.; BGH NJW 2000, 3346.
⁴⁶⁹ BGH NJW 2000, 3346.
⁴⁷⁰ AA OLG Hamburg NZG 2000, 658: „Wenn andere als im Anlageprospekt verschwiegene Gründe letztlich zu einem Wertverfall der Beteiligung (hier: an einem geschlossenen Immobilienfonds) führen, kommt es für die Frage einer Schadenersatzverpflichtung darauf an, ob die Kenntnis der im Prospekt verschwiegenen Umstände den Anleger tatsächlich von dem Erwerb der Anlage abgehalten hätte oder der Prospektfehler lediglich als Vorwand zur Rückgängigmachung einer Investitionsentscheidung benutzt wird, die sich später aus anderen Gründen, die mit diesem Mangel nichts zu tun haben, als nachteilig erwiesen hat." (JURIS-Orientierungssatz).

ge jedenfalls bis zum Zeitpunkt der Annahme der Beitrittserklärung hierüber zu unterrichten.[471]

Pospektfehler bei geschlossenen Fonds können darin bestehen, dass kein zutreffendes **246** Bild über das Beteiligungsobjekt gegeben wurde, dh dass der Prospekt den Kapitalanleger nicht über alle Umstände sachlich richtig und vollständig unterrichtet, „die für seine Entschließung von wesentlicher Bedeutung sind oder sein können –.[472] Dies ist zB dann der Fall, wenn Gründungsgesellschafter eines geschlossenen Fonds vereinnahmte Sondervorteile im Prospekt nicht ausweisen[473] oder Tatsachen, die den Vertragszweck vereiteln können, nicht dargestellt werden.[474] Dazu gehört ferner, dass Chancen und Risiken der Kapitalanlage nicht zutreffend angesprochen werden[475] oder nicht über Umstände aufgeklärt wird, die der Prospektaussage über die wirtschaftlichen Ziele entgegenstehen können.[476] Bei Berlin-Fonds wurde seitens des BGH[477] ein Prospektfehler angenommen, wenn im Prospekt darauf hingewiesen wurde, eine Anschlussförderung werde gewährt, obwohl darauf kein Rechtsanspruch bestand, sondern nach der damals gängigen Verwaltungspraxis damit allenfalls zu rechnen war.[478] Abgestellt wird seitens des KG Berlin[479] für die Beurteilung der Fehlerhaftigkeit des Prospekts nicht auf den misstrauischen sondern auf den unbefangenen Anleger, es sei denn, es seien unübersehbare Zweifel an der Möglichkeit des wirtschaftlichen Betreibens des Projekts gegeben. Dies steht im Widerspruch zur Rechtsprechung des BGH vom 13.1.2000,[480] wonach der Anlageinteressent sein Engagement eigenverantwortlich beurteilen und eine sachgerechte Anlageentscheidung treffen können soll. – Auch eine falsche Darstellung der Entwicklung eines Vorgängerfonds kann zur Prospekthaftung führen.[481]

Das für die Propekthaftung typisierte Vertrauen von Anlegern kann sich auch gegen eine **247** selbständige Vertriebsgesellschaft richten, wenn diese den Vertrieb exclusiv durchgeführt hat und für die Werbekonzeption verantwortlich ist.[482] Zu Recht wird kritisiert, dass die Vertriebsgesellschaft weder eine Garantenstellung hatte, noch für den Prospekt verantwortlich war. Folglich könne keine Prospekthaftung der Vertriebsgesellschaft ieS sondern nur iwS in Frage kommen.[483]

Durch AGB s kann rechtswirksam keine vertragliche Haftungsbeschränkung vereinbart **248** werden.[484]

Die bürgerlich-rechtliche Prospekthaftung ieS[485] im Zusammenhang mit dem Beitritt zu **249** geschlossenen Immobilienfonds verjährt(e) in 6 Monaten ab Kenntnis, längstens in 3 Jahren

---

[471] BGHZ 71, 284, 291; BGHZ 72, 382, 387; BGH WM 1991, 2092, 2094; BGHZ 123, 106, 115; BGH NZG 2004, 229; BGH WM 2006, 522 zu DLF 94/17; *Assmann* AG 2004, 435, 442 f.
[472] BGH NZG 2010, 352 Rn. 24 mwN; NZG 2010, 585 Rn. 13.
[473] BGH WM 2003, 1086, 1088; *Hirte* NJW 2005, 718, 719.
[474] BGH NJW 2000, 3346 u. H. a. BGHZ 116, 7, 12.
[475] BGH NZG 2013, 344: Prospekthaftung bei fehlendem Hinweis auf mögliche ungünstige Auslegung einer vertraglichen Mietgarantie.
[476] BGH BKR 2004, 239.
[477] BGH NZG 2010, 709.
[478] Kritisch differenzierend *Wagner* NZG 2010, 696, 697, der aus einer worst case-Betrachtung auch die Pflicht ableitet, in einem Berlin-Fonds betreffenden Prospekt darauf hinzuweisen, dass die Anschlussförderung rechtlich nicht sicher war, so dass dieses Unterlassen zur Prospekthaftung auch gem. §§ 823 Abs. 2 BGB, 264a StGB führen kann.
[479] KG Berlin NZG 2001, 1098 f.
[480] BGH WM 2000, 426.
[481] BGH NZG 2010, 585 Rn. 14.
[482] KG Berlin NZG 2001, 1098.
[483] *Schulenburg* NZG 2001, 1104.
[484] BGH NJW 2002, 1711, 1712; KG Berlin NZG 2001, 1198; OLG Stuttgart BB 2001, 2607.
[485] *Assmann* AG 2004, 435; *Grumann* BKR 2002, 310.

ab Beitritt.[486] Diese richterrechtlich an den §§ 20 Abs. 5 KAGG aF, § 12 AuslInvestmG ausgerichtete Verjährungsfrist soll(te) einem allgemeinen Rechtsgrundsatz Rechnung tragen, dass es „wegen zunehmender Beweisschwierigkeiten und aus Gründen allgemeiner Richtsicherheit dem Anteilseigner nach einer bestimmten Anzahl von Jahren versagt sein müsse, sich auf fehlerhafte Angaben im Prospekt zu berufen."[487] Da der Gesetzgeber im Rahmen des zum 1.7.2002 in Kraft getretenen 4. Finanzmarktförderungsgesetzes die Verjährungsvorschriften geändert hatte, indem ein Prospekthaftungsanspruch binnen 1 Jahres seit Kenntniserlangung verjährt (§§ 47 BörsG, 127 Abs. 5 InvG, 13 Abs. 1 VerkProspG iVm 47 BörsG), hat sich die Rechtsprechung des BGH auch für die Verjährung bürgerlich-rechtlicher Prospekthaftungsansprüche ieS bei geschlossenen Fonds für Prospekthaftungsfälle aus der Zeit vom 1.7.2002 bis 30.6.2005 daran orientiert.[488]

**250** Eine Ausnahme von der vorgenannten kurzen Verjährungsfrist der Prospekthaftung ieS bei Fonds machte der BGH[489] bei Prospekthaftungsansprüchen gegen Gründungsgesellschafter. Denn diesen gegenüber sollte die Verjährungsfrist aus cic 30 Jahre betragen, wenn der Treuhänder den Beitrittsvertrag mit den Gründungsgesellschaftern als Vertragspartnern des Anlegers abgeschlossen hatte. Denn die Gründungsgesellschafter hätten eine originäre Aufklärungspflicht, die eine Haftung aus cic nach sich zog, wenn sie dem beim Beitritt – bei dem der Prospekt verwandt worden sei – nicht entsprachen. Diese Verjährungsfrist lief dort, wo der Beitritt vor dem 31.12.2001 erfolgte, gemäß Art. 229 § 6 Abs. 4 Satz 1 EGBGB am 31.12.2004 ab. Dort wo jedoch der Beitritt nach dem 31.12.2001 erfolgte, dürfte sich die diesbezügliche Verjährung für Ansprüche gegen Gründungsgesellschafter gemäß §§ 311 Abs. 2, 241, 282, 280 Abs. 1 BGB nach §§ 195, 199 BGB nF richten, jedenfalls bis zum Inkrafttreten des AnSVG am 1.7.2005.[490]

**251** Fraglich ist, welche Verjährungsfristen bei Prospekthaftungsansprüchen iwS gelten, nachdem seit dem 1.1.2002 die frühere Regelverjährung von 30 Jahren sich auf 3 Jahre verkürzt hat (§§ 195, 199 BGB). Hier wird vertreten, die gesetzliche Grundlage für die Prospekthaftung iwS sei letztlich § 311 Abs. 3 BGB. Folglich müsse sich dann auch die Verjährung nach §§ 195, 199 BGB nF richten.[491] Nach diesseitiger Auffassung ist für solche Ansprüche, wenn sie vor dem 31.12.2001 entstanden sind, auf Grund Art. 229 § 6 Abs. 4 Satz 1 EGBGB am 31.12.2004 Verjährung eingetreten.[492] Nach inzwischen hM ist jedoch bei solchen Ansprüchen § 199 BGB anwendbar.[493] Kenntnis vom Schaden wird bejaht, wenn dem Geschädigten eine Schadensersatzklage, und sei es im Sinne einer erfolgversprechenden Feststellungsklage, möglich ist.[494]

**252** Dann allerdings kann sich die Frage stellen, wann grobe Fahrlässigkeit iSd § 199 Abs. 1 Nr. 2 BGB gegeben sein kann. Hatte der Anleger von bestimmten Pflichtverletzungen des Anlageberaters Kenntnis, so soll es ihm nach der Rechtsprechung des BGH nicht als grobe Fahrlässigkeit (§ 199 Abs. 1 Nr. 2 BGB) zuzurechnen sein, wenn er gleichwohl dies nicht zum Anlass nimmt, denn Anlageprospekt durchzulesen. Dies deshalb, weil der Anleger keine Rechtspflicht haben soll, bezüglich des frühzeitigen Beginns der Verjährungsfrist

---

[486] BGHZ 83, 222, 224 ff.; BGH WM 1984, 889, 890; BGH WM 1984, 1075, 1077; BGH WM 1985, 534, 535; BGH NJW 2001, 1203; BGH NJW 2002, 854; BGH NZG 2010, 585 Rn. 20; OLG München NZG 2002, 930; *Assmann* AG 2004, 435, 444.
[487] BGHZ 83, 222, 224.
[488] BGH NZG 2010, 352 Rn. 26 f. Zuvor dazu *Assmann* AG 2004, 435, 444; aA *Lux* NJW 2003, 2966, der im Hinblick auf § 311 Abs. 3 BGB auf die §§ 195, 1999 BGB abstellen will. Ähnlich *Zacher/Stöcker* DStR 2004, 1494, 1496.
[489] BGH DStR 2003, 1494.
[490] BGBl. I 2004, 2630, 2650 (dort Art. 6).
[491] *Lux* NJW 2003, 2966 f.
[492] *Assmann/Wagner* NJW 2005, 3169, 3172; *Assmann/Wagner* ZfIR 2007, 562.
[493] BGH NZG 2010, 1026 Rn. 11 f. mwN.
[494] BGH NJW 1999, 2734.

§ 16 Entwicklungen am Markt für unverbriefte Kapitalanlagen       253–255 § 16

Nachforschungen zu betreiben.[495] Aber grob fahrlässige Kenntnis iSd § 199 Abs. 1 Nr. 2 BGB wird bejaht, wenn eine schwere Obliegenheitsverletzung gegeben ist.[496]

bb) Prospekthaftung ab dem 1.7.2005. Inzwischen war das Anlegerschutzverbesserungsgesetz (AnSVG) in Kraft getreten.[497] Dieses ersetzte die Prospekthaftung im engeren Sinne, während die Prospekthaftung im weiteren Sinne bestehen blieb (siehe § 311 BGB).[498] Folglich haftete aus Prospekthaftung ieS auf Grund §§ 8a, 13 bzw. § 13a VerkProspG, wer dessen Tatbetsandsmerkmale erfüllte,[499] während betreffend der fortbestehenden Prospekthaftung iwS aus cic haftete, wer die Voraussetzungen des § 311 Abs. 2 BGB mit den Rechtsfolgen der §§ 241 Abs. 2, 280 BGB erfüllte[500] und persönliches Vertrauen in Anspruch genommen hatte.[501] 253

Gemäß § 8f Abs. 1 VerkProspG waren auch am freien Kapitalanlagemarkt emmitierte Prospekte einer Prospektpflicht unterworfen worden,[502] also auch bei geschlossenen Fonds.[503] Die Haftung bei fehlerhaftem Prospekt folgte aus §§ 13 VerkProspG iVm §§ 44–47 BörsG,[504] die bei fehlendem Prospekt nach § 13a VerkProspG.[505)] Erstere erfasst in §§ 13 Abs. 1 VerkProspG iVm § 44 BörsG einen Fall spezialgesetzlicher Prospekthaftung, letztere in Anbetracht fehlenden Prospektes in § 13a Abs. 1 VerkProspG einen gesetzlichen Rücknahmeanspruch. Daneben bestehen bürgerlichrechtliche Anspruchsgrundlagen weiter (bei fehlerhaftem Prospekt: §§ 13 Abs. 1 VerkProspG, 47 Abs. 2 BörsG und bei fehlendem Prospekt gem. § 13a Abs. 6 VerkProspG) wie etwa die der Prospekthaftung iwS gemäß §§ 311 Abs. 2 und 3 iVm 241 Abs. 2, 282, 280 BGB.[506] 254

Indem sich die Prospekthaftung bei fehlerhaften Prospekten seitdem nach den darauf verweisenden §§ 13 VerkProspG iVm §§ 44–47 BörsG richten, ist sie als spezialgesetzliche insoweit der bürgerlichrechtlichen Prospekthaftung entzogen.[507] Folglich richtet sich seit Inkrafttreten des AnSVG ab 1.7.2005 bei **fehlerhaftem** Prospekt die 1 jährige Verjäh- 255

---

[495] BGH NZG 2010, 1026 Rn. 12.
[496] BGH NJW-RR 2010, 681.
[497] Das Anlegerschutzverbesserungsgesetz (AnSVG) ist am 29.10.2004 in BGBl. I 2004, 2630 veröffentlicht worden. Am 30.10.2004 sind in Kraft getreten: In Art. 2 Nr. 1 der § 8g Abs. 2, 3; die Art. 2 Nr. 7, Art. 3–5. Die übrigen Regelungen traten am 1.7.2005 in Kraft. Geschlossene Immobilienfonds, die vor dem 1.7.2005 in den Vertrieb gegangen waren, aber bis 1.7.2005 finanzierungsmäßig nicht geschlossen waren, durften erst dann weiter vertreiben, nachdem sie dem Bundaufsichtsamt für das Finanzwesen (BaFin) einen Prospekt vorgelegt hatten und dieser vom BaFin genehmigt worden war: *Hasenkamp* DStR 2004, 2154. Zum Verkaufsprospektgesetz siehe *Benecke* BB 2006, 2597. Zur Prospekthaftung nach dem VerkProspG auf Grund des AnSVG: *Reinelt* NJW 2009, 1, 2.
[498] *Benecke* BB 2006, 2597, 2600; *Bohlken/Lange* DB 2005, 1259; *Janert/Schuster* BB 2005, 987, 991 f.; *Mülbert/Steup* WM 2005, 1633, 1648; *Nobbe* WM 2013, 193.
[499] *Heisterhagen* DStR 2006, 759, 761.
[500] *Benecke* BB 2006, 2597, 2600; *Heisterhagen* DStR 2006, 759, 761; *Reinelt* NJW 2009, 1.
[501] BGH NZG 2009, 430 Rn. 8.
[502] *Fleischer* BKR 2004, 339, 340 spricht vom gesetzlichen Viereck: Prospektpflicht, Prospektinhalt, Prospektprüfung und Prospekthaftung. Zum Prospektinhalt und Prospektgestattung durch BaFin: *Moritz/Grimm* BB 2004, 1352, 1355 f.; *Moritz/Grimm* BB 2004, 1801, 1802; *Benecke* BB 2006, 2597, 2598; *Manzei* WM 2006, 845.
[503] *Bohlken/Lange* DB 2005, 1259; *Diekmann/Sustmann* NZG 2004, 929, 938; *Duhnkrack/Hasche* DB 2004, 1351; *Fleischer* BKR 2004, 339, 340; *Hasenkamp* DStR 2004, 2154, 2155; *Heisterhagen* DStR 2004, 1089; *Holzborn/Israel* WM 2004, 1948, 1955; *Kuthe* ZIP 2004, 883, 888; *Moritz/Grimm* BB 2004, 1352; *Moritz/Grimm* BB 2004, 1801; *Heisterhagen* DStR 2006, 759 f.; *Manzei* WM 2006, 845.
[504] Zu den Voraussetzungen der spezialgesetzlichen Prospekthaftung *Bohlken/Lange* DB 2005, 1259 f.; *Fleischer* BKR 2004, 339, 343 ff.; *Heisterhagen* DStR 2004, 1089, 1092 f.; *Moritz/Grimm* BB 2004, 1352, 1356; *Nobbe* WM 2013, 193 f.
[505] *Benecke* BB 2006, 2597, 2598.
[506] *Bohlken/Lange* DB 2005, 1259, 1262; *Reinelt* NJW 2009, 1, 2 f. mit Nachweis zur Rechtsprechung betr. Prospekthaftung iwS.
[507] *Assmann* AG 2004, 435, 444; *Bohlken/Lange* DB 2005, 1259 f.; *Ziegler* DStR 2005, 30, 31.

rungsfrist gemäß §§ 13 Abs. 1 VerkProspG iVm § 46 BörsG seit Kenntnis der Unrichtigkeit bzw. Unvollständigkeit des Prospektes, längstens 3 Jahre seit Veröffentlichung des Prospektes.[508] Fraglich ist, ob ab 1.7.2005 die bisherige bürgerlichrechtliche Prospekthaftung neben der spezialgesetzlichen Prospekthaftung bei fehlerhaftem Prospekt noch einen eigenen Anwendungsbereich hat.[509] Immerhin gilt es Folgendes zu berücksichtigen: Adressat der spezialgesetzlichen Prospekthaftung ist beim fehlerhaften Prospekt nur derjenige, der für den Prospekt Verantwortung übernommen hat bzw. auf den die Prospektemission zurückzuführen ist (§§ 13 Abs. 1 VerkProspG, 44 Abs. 1 BörsG).[510] Allerdings verweist §§ 13 Abs. 1 VerkProspG, 47 Abs. 2 BörsG wegen weitergehender Ansprüche auf bürgerlichrechtliche Anspruchsgrundlagen.[511] Bei fehlerhaftem Prospekt muss der Anbieter beweisen, dass es an der Kausalität fehlt.[512]

**256** Bei **fehlendem** Prospekt wird neben dem gesetzlichen Rücknahmeanspruch der Vermögensanlage gegen Erstattung des Erwerbspreises (§ 13a Abs. 1 VerkProspG)[513] auf bürgerlichrechtliche Anspruchsgrundlagen verwiesen (§ 13a Abs. 6 VerkProspG). Mit Prospekthaftung hat dieser verschuldensunabhängige Anspruch nichts zu tun.[514] Der Anspruch gemäß § 13a Abs. 1 VerkProspG besteht unter den dort normierten Voraussetzungen nur für diejenigen, die sich vor Veröffentlichung eines Prospektes innerhalb von 6 Monaten seit dem ersten öffentlichen Angebot gebunden haben. Er verjährt gemäß § 13a Abs. 5 VerkProspG seit dem Zeitpunkt, zu dem der Erwerber Kenntnis von der Pflicht zur Prospektveröffentlichung erlangt hat, längstens jedoch in 3 Jahren seit dem Abschluss des Erwerbsgeschäfts.[515] Eine Kausalität zwischen dem Fehlen des Prospekts und der Beitrittsentscheidung wird für entbehrlich gehalten.[516] Und umstritten ist, ob eine Haftung bei fehlendem Prospekt Verschulden voraussetzt.[517]

**257** Ob ein Prospekt **fehlerhaft** ist, ist nach folgenden Maßgaben zu beurteilen: Zunächst einmal gilt es zu klären, was alles zu einem Prospekt gehört. Nach der neueren Rechtsprechung des BGH[518] gehört zu einem Prospekt außer dem Emissionsprospekt selbst auch auch zugehörige Produktinformation und mit dem Prospekt verwandte Presseartikel, einerlei, ob diese zusammengefasst sind oder nicht.

**258** Vorgaben zum Prospektinhalt sind zunächst § 8g Abs. 1 VerkProspG zu entnehmen. Hinzu kommen die inhaltlichen Anforderungen gemäß der Vermögensanlagen-Verkaufsprospektverordnung (VermVerkProspV),[519] die allerdings nur Mindestangaben regelt.[520] Ein Verkaufsprospekt ist, bevor er veröffentlicht wird, der BaFin zur Prüfung zu übergeben und

---

[508] *Bohlken/Lange* DB 2005, 1259, 1261 f.
[509] Zweifelnd *Assmann* AG 2004, 435, 436. Nach *Fleischer* BKR 2004, 339, 343; *Heisterhagen* DStR 2004, 1089, 1091 soll die spezialgesetzliche Prospekthaftung an die Stelle der bürgerlichrechtlichen Prospekthaftung im engeren Sinne treten. – Zu Zweifeln, ob auch weiterhin sog Hintermänner und Garanten haften, siehe *Benecke* BB 2006, 2597, 2599.
[510] *Benecke* BB 2006, 2597, 2598.
[511] *Assmann* AG 2004, 435, 436 f.
[512] *Benecke* BB 2006, 2597, 2599.
[513] Dieser gesetzliche Anspruch ist verschuldensunabhängig und einem Haftungsanspruch nur nachgebildet (so auch *Fleischer* BKR 2004, 339, 346; *Hasenkamp* DStR 2004, 2154, 2158; *Holzborn/Israel* WM 2004, 1948, 1956; *Moritz/Grimm* BB 2004, 1352, 1356), er ist aber kein Schadensersatzanspruch (aA *Diekmann/Sustmann* NZG 2004, 929, 939). Unklar: *Kuthe* ZIP 2004, 883, 888.
[514] *Ziegler* DStR 2005, 30, 32. Damit erledigt sich die Frage bei *Barta* NZG 2005, 305, warum der Gesetzgeber bei fehlendem Prospekt nicht ebenso wie beim fehlerhaften Prospekt ebenfalls auf börsengesetzliche Vorschriften verwiesen habe.
[515] *Hasenkamp* DStR 2004, 2154, 2159; *Zacher/Stöcker* DStR 2004, 1494, 1496.
[516] *Benecke* BB 2006, 2597, 2599.
[517] *Benecke* BB 2006, 2597, 2600 mwN.
[518] BGH NJW 2012, 137 Rn. 23.
[519] Im Einzelnen zur VermVerkProspV bei geschlossenen Fonds: *Moritz/Grimm* BB 2005, 337; *Verfürth/Grunenberg* DB 2005, 1043; *Nobbe* WM 2013, 193, 194 f.
[520] *Moritz/Grimm* BB 2005, 337.

darf erst dann verwendet werden, wenn die BaFin seine Veröffentlichung gestattet hat (§ 8i VerkProspG).[521] Allerdings lässt sich daraus nicht der Umkehrschluss ableiten, dass ein Prospekt, dessen Veröffentlichung seitens der BaFin gestattet worden ist, deshalb schon automatisch als fehlerfrei einzuordnen sei. Denn die BaFin nimmt nur eine formale Vollständigkeitsprüfung und keine inhaltliche Richtigkeitsprüfung vor.[522] Deshalb ist es nicht ungewöhnlich, dass Prospektherausgeber für sich selbst den Prospekt zusätzlich durch einen Wirtschaftsprüfer nach den Grundsätzen des IDW S 4 unter Berücksichtigung der Maßgaben der Prospekthaftungsrechtsprechung prüfen lassen. Damit im Übrigen die BaFin nicht dem Risiko anheim fällt, selbst in die Prospekthaftung genommen werden zu können, muss gem. § 8g Abs. 1 Satz 3 VerkProspG in den Prospekt der Hinweis aufgenommen werden, dass „die inhaltliche Richtigkeit der im Prospekt gemachten Angaben nicht Gegenstand der prüfung des Prospekts durch die BaFin ist." Wurde ein Prospekt von der BaFin nach Maßgabe der VermVerkProspV geprüft und gestattet sowie zusätzlich eine Prospektprüfung durch einen Wirtschaftsprüfer nach den Grundsätzen des IDW S 4 auf inhaltliche Richtigkeit vorgenommen, ohne dass es zu Beanstandungen gekommen war, ist mehr als fraglich, ob dann von einem Anlagevermittler zusätzlich eine Plausibilitätsprüfung und von einem Anlageberater zusätzlich eine weitere Prospektprüfung erwartet werden muss.[523]

Davon zu trennen ist der Fall, dass ein Wirtschaftsprüfer keine Prospektprüfung vorgenommen hat, sondern den Jahresabschluss der Anlagegesellschaft geprüft hat und sein Bestätigungs-vermerk im Prospekt abgedruckt worden ist. Dies macht besagten Wirtschaftsprüfer nicht zum potentiellen Prospekthafter.[524] Auch werden Anleger bzw. Anlageinteressenten nicht in den Schutzbereich des Prüfungsvertrages einbezogen.[525]

cc) Prospekthaftung auf Grund Delikt. Ist ein Anleger unabhängig vom Inhalt eines Prospekts durch arglistige Täuschung zu einer Fondsbeteiligung veranlasst worden, kann eine Haftung auf Grund §§ 823 Abs. 2 BGB, 263 StGB greifen. Der Geschädigte ist dan so zu stellen, wie er ohne die Täuschung gestanden hätte.[526] Eine Haftung gem. §§ 823 Abs. 2 BGB, 264a StGB setzt voraus, dass im Zusammenhang mit dem Vertrieb von Anteilen über erhebliche Umstände in Prospekten falsche Angaben gemacht wurden oder nachteilige Tatsachen verschwiegen wurden. Solche erheblichen Umstände werden vom BGH dann angenommen, wenn es sich um Umstände handelt, die für einen durchschnittlichen Anleger von Bedeutung sein können.[527] Bezüglich der Anforderungen an den Vorsatz beim Kapitalanlagebetrug iudiziert der BGH,[528] dass der Täter die tatsächlichen Umstände und deren rechtliche Wertung der Erheblichkeit nachvollziehen konnte.

dd) Prospekthaftung ab dem 1.11.2012. Durch Art. 2 des Gesetzes zur Novellierung des Finanzanlagenvermittler- und Vermögensanlagenrechts[529] wurde das VerkProspG aufgehoben.[530] An dessen Stelle ist mit Wirkung ab 1.6.2012 das Vermögensanlagegesetz (VermAnlG) getreten, das ua die aufsichtsrechtlichen, zivilrechtlichen und bilanzrechtlichen Pflichten für Anbieter und Emittenten erheblich erweitert.

---

[521] *Verfürth/Grunenberg* DB 2005, 1043.
[522] *Verfürth/Grunenberg* DB 2005, 1043.
[523] Dies verneinend *Wagner* NJW 2013, 198, 202f. Dieserhalb nicht differenzierend *Eiben/Boesenberg* NJW 2013, 1398.
[524] OLG Bamberg WM 2006, 960.
[525] BGH NZG 2006, 859; *Fölsing* DStR 2006, 353; aA *Barta* NZG 2006, 855. Zur Prospektprüfung und Prospekthaftung bei Wirtschaftsprüfern ferner: *Wagner* BFuP 2000, 594 und zur Prospektprüfung, Prospektgutachten, Prospekthaftung und Dritthaftung siehe *Wagner* in Schmider/Wagner/Loritz, Handbuch der Bauinvesttitionen und Immobilienkapitalanlagen (HdB), 8/2001, Fach 8120.
[526] BGH WM 2005, 736.
[527] BGH NJW 2005, 2242.
[528] BGH NZG 2010, 1031 Rn. 37.
[529] Gesetz vom 6.12.2011, BGBl. I 2011, 2481.
[530] *Bußalb/Vogel* WM 2012, 1416.

**262** § 32 Abs. 1 VermAnlG findet auf Prospekte Anwendung, die ab dem 1.6.2012 bei der BaFin eingereicht werden, während für vor dem 1.6.2012 bei der BaFin eingereichte Prospekte weiterhin das VerkProspG gilt.[531] Gem. § 13 Abs. 2 VermAnlG muss ein 3-seitiges „Vermögensanlagen-Informationsblatt" (VIB) dem Anleger zur Verfügung gestellt werden, um ihn in die Lage zu versetzen, sich kursorisch zu informieren.[532] Dieses VIB muss zusammen mit dem Prospekt bei der BaFin hinterlegt werden (§ 14 Abs. 1 VermAnlG), wird aber von ihr nicht geprüft (§ 13 VermAnlG). Anders der Prospekt, der vor seiner Veröffentlichung von der BaFin geprüft und gebilligt worden sein muss (§ 6 VermAnlG).[533]

**263** Der Inhalt des Prospektes wird in § 7 VermAnlG geregelt und von der BaFin geprüft,[534] ehe sich dem die Billigung der BaFin anschließt (§ 8 VermAnlG).[535] Die inhaltliche Richtigkeit des Prospektes wird allerdings von der BaFin nicht geprüft, sodass es dabei bleiben wird, dass Prospektherausgeber diese durch Wirtschaftsprüfer per Prospektprüfungsgutachten nach den Grundsätzen des IDW S 4 prüfen lassen werden.

**264** Ansonsten ist für den grauen Kapitalmarkt die Prospekthaftung nunmehr in den §§ 20 ff. VermAnlG für ab dem 1.6.2012 veröffentlichte Prospekte wie folgt geregelt:[536] Hinzu kommt die Verordnung über Vermögensanlagen-Verkaufsprospekte (VermVerkProspV).[537]

**265** In § 20 VermAnlG sind die Voraussetzungen der Prospekthaftung bei fehlerhaftem Verkaufsprospekt geregelt und in § 21 VermAnlG bei fehlendem Verkaufsprospekt. § 22 VermAnlG regelt die Haftung bei unrichtigem Vermögensanlagen-Informationsblatt.

**266** Verjährungsrechtlich gilt für ab dem 1.6.2012 veröffentlichte Prospekte folgendes:

**267** – Anleger können können Prospekthaftungsansprüche wegen fehlerhaften bzw. fehlenden Prospekts während des öffentlichen Angebotes geltend machen, spätestens jedoch binnen 2 Jahren, nach dem Erwerb auf Grund des ersten öffentlichen Angebots (§ 20 Abs. 1 VermAnlG).

**268** – Haftungsansprüche können auch auf ein fehlerhaftes VIB gestützt werden (§ 22 VermAnlG).

**269** In der Praxis hat sich folgendes Problem herausgestellt, das einer Klärung bedarf:

**270** Der BGH[538] hat zu den 90iger Jahren des vorigen Jahrhunderts Anlagevermittlern eine Plausibilitätsprüfung des Prospekts und Anlageberatern eine weitergehende Prospektprüfung abverlangt. Aber am 1.7.2005 trat das Anlegerschutzverbesserungsgesetz (AnSVG) in Kraft. Und gemäß § 8f Abs. 1 VerkProspG wurden seitdem auch am freien Kapitalanlagemarkt emittierte Prospekte einer Prospektpflicht unterworfen, also auch bei geschlossenen Fonds. In den §§ 8i–k VerkProspG wurde das Gestattungs- und Hinterlegungsverfahren bei der BaFin geregelt wie auch der BaFin in § 8i Abs. 4 VerkProspG das Recht auf Auskünfte eingeräumt wurde. Die BaFin gestattete die Veröffentlichung des Prospekts nur, wenn der Prospekt alle die Angaben enthielt, die die BaFin prüfte (§ 8i VerkProspG). Dies war eine Vollständigkeitsprüfung nach Maßgabe der VermVerkProspV, zu der ua auch eine Kohärenzprüfung und eine Prüfung auf Verständlichkeit gehörte.[539] Auch prüfte die BaFin inhaltliche Aussagen, wenn sie auf Grund gesetzlicher Vorgaben offensichtlich falsch waren.[540] Die Überprüfung des Prospektes auf materielle Richtigkeit wurde dagegen von einem seitens des Prospektherausgebers beauftragten Prospektprüfer durch ein Gutachten nach Maßgabe der Grundsätze des IDW S 4 durchgeführt. Vor diesem Hintergrund hätte

---

[531] *Bußalb/Vogel* WM 2012, 1416, 1426; *Friedrichsen/Weisner* ZIP 2012, 756.
[532] Zu Einzelheiten *Bußalb/Vogel* WM 2012, 1416, 1421 f.; *Friedrichsen/Weisner* ZIP 2012, 756, 758.
[533] Zu Einzelheiten *Friedrichsen/Weisner* ZIP 2012, 756 ff.
[534] *Bußalb/Vogel* WM 2012, 1416, 1419 f.
[535] *Friedrichsen/Weisner* ZIP 2012, 756 f.
[536] Zu Einzelheiten *Friedrichsen/Weisner* ZIP 2012, 756, 758.
[537] Zu Einzelheiten *Beck/Maier* WM 2012, 1898; *Friedrichsen/Weisner* ZIP 2012, 756, 759 f.
[538] BGH NZG 2010, 466 Rn. 16.
[539] *Bruchwitz* in Arndt/Voß, VerkProspG, 2008, § 8i Rn. 31, 34; *Beck/Maier* WM 2012, 1898, 1899.
[540] *Bruchwitz* in Arndt/Voß, VerkProspG, 2008, § 8i Rn. 35.

es keinen Sinn ergeben, wenn man vor dem Hintergrund der Prospektprüfung durch BaFin und durch den professionellem Prospektprüfer – idR eine renomierte WP-Gesellschaft – einfach weiterhin gefordert hätte, der Anlageberater hätte zusätzlich noch eine Prospektprüfung durchführen müssen, denn was hätte der Anlageberater dann erkennen können und müssen, was BaFin und Prospektprüfer verborgen geblieben wäre!? Dazu wäre der Anlageberater nicht in der Lage gewesen und solches hat der BGH auch für Fälle unter der Geltung des VerkProspG nicht gefordert. Und daran hat sich mit Wirkung ab dem 1.1.2012 und dem Inkrafttreten der §§ 13 ff. VermAnlG – statt des gemäß Art. 2 des Gesetzes zur Novellierung des Finanzanlagenvermittler- und Vermögensanlagenrechts[541] aufgehobenen VerkProspG – iVm der neuen Vermögensanlagen-Verkaufsprospektverordnung (VermVerkProspV)[542] nichts geändert.[543]

Mithin betraf die Rechtsprechung des BGH[544] zur Plausibiltätsprüfungspflicht bei Anlagevermittlern und weitergehenden Prüfungspflichten von Anlageberatern Sachverhalte aus der Zeit vor Inkrafttreten des VerkProspG, nicht aber Sachverhalte nach dessen Inkrafttreten. Und wenn der streitgegenständliche Prospekt von der BaFin geprüft und gestattet worden war und die Prospektprüfung der WP-Gesellschaft auf inhaltliche Richtigkeit nach den Grundsätzen des IDW S 4 ebenfalls zu keinen Beanstandungen geführt hatte, dann durfte der Anlageberater sich darauf verlassen und seine Hinweise an diesem Prospekt ausrichten, ohne zuvor nochmals eine eigene Prospektprüfung durchgeführt zu haben In der Instanzrechtsprechung haben sich diese Überlegungen bisher nicht durchgesetzt und der BGH hat sich bisher damit nicht befasst. Auch das Fachschrifttum hat sich damit bisher (noch) nicht befasst.[545]

**d) Folgen der Verfassungsrechtsprechung zur Rückwirkungsthematik.**[546] Grundrechts- und parteifähig kann die Fonds-KG bzw. die Fonds-GbR sein, insbesondere was bei einer Verletzung zB von Art. 14 Abs. 1 GG eine Rolle spielen kann,[547] aber auch bei der Verletzung von Verfahrensgrundrechten gemäß Art. 101 Abs. 1 Satz 2, 103 Abs. 1 GG bedeutsam werden kann.[548] Da bei steuerorientierten Fonds Steuersubjekt jedoch nicht die Fonds-KG oder -GbR ist, sondern der einzelne Kapitalanleger, stellt sich die verfassungsrechtliche Rückwirkungsthematik bei gesetzlicher Beendigung von steuergünstigen Normen, auf die Kapitalanleger in der Vergangenheit ihre Investitionsentscheidung für die Zukunft gestützt haben, bei solchen Kapitalanlegern. Mit zwei Entscheidungen hat das BVerfG sich mit Rückwirkungsfragen befasst, die sich auch auf die steuerorientierte Kapitalanlagebranche auswirken, insbesondere das Vertrauen in steuerliche Vorgaben weiter untergraben: In seiner Entscheidung vom 15.10.1996[549] iudizierte der 1. Senat des BVerfG, für Fälle „unechter Rückwirkung"[550] sei eine Rückwirkung verfassungsrechtlich zulässig, wenn „das öffentliche Interesse an der Gesetzesänderung …. das Bestandinteresse der Eigentümer … (überwiege)". Da sich dies insbesondere auch bei Gesetzen aus dem Steuer- und Abgabenbereich immer vertreten lässt, hat das BVerfG damit steuerliche Verlässlichkeit auf gesetzliche Vorgaben beseitigt, was für die Finanzverwaltung und Finanzrechtsprechung negative Vorbildfunktion hat. Der Gesetzgeber hat bei dem ab 1.1.1997 geltenden § 1

---

[541] Gesetz vom 6.12.2011, BGBl. I 2011, 2481.
[542] *Beck/Maier* WM 2012, 1898.
[543] *Wagner* NJW 2013, 198, 202 f.
[544] BGH NZG 2010, 466 Rn. 16.
[545] Darauf hinweisend *Wagner* NJW 2013, 198, 202 f.
[546] BVerfG WM 1997, 263; BVerfG NJW 1998, 1547.
[547] BVerfG AG 2011, 873 Rn. 16 f. mwN; aA *Mülbert/Leuschner* ZHR 170 (2006), 615, die aus Art. 2 Abs. 1 GG die verfassungsrechtlichen Grenzen der Privatautonomie ableiten.
[548] BVerfG NJW 2002, 3533.
[549] BVerfG WM 1997, 263, 264.
[550] BVerfG WM 1997, 263, 265. „Eine unechte Rückwirkung liegt vor, wenn eine Norm auf gegenwärtige, noch nicht abgeschlossene Sachverhalte und Rechtsbeziehungen für die Zukunft einwirkt und damit zugleich die betroffene Rechtsposition nachträglich entwertet".

Abs. 2a GrEStG davon denn auch Gebrauch gemacht, indem faktisch auch nach dem 1.1.1997 übertragene Gesellschaftsanteile an geschlossenen Immobilienfonds erfasst wurden, deren Veranlassung vor dem 1.1.1997 lag.[551]

**273** In seiner Entscheidung vom 3.12.1997[552] iudizierte der 2. Senat des BVerfG, für Fälle „tatbestandlicher Rückanknüpfung"[553] (die der 1. Senat unechte Rückwirkung nennt) berühre die Rückwirkung nicht den Vertrauensschutz des Einzelnen, sofern dies den Zeitraum zwischen Gesetzesbeschluss und Verkündung betreffe. An diese Vorgaben müsse der Gesetzgeber sich aber nicht halten, wenn „zwingende Gründe des gemeinen Wohls" dies erforderten. Und weil die Bundesregierung eine von ihr früher einmal gewollte gesetzliche Sonder-AfA nunmehr für unsinnig ansah, sah das BVerfG darin schon eine Rechtfertigung, mit Rückwirkung auf Zeiträume vor den Gesetzesbeschluss eine Gesetzesänderung zuzulassen. Das zuvor zur Entscheidung des 1. Senates des BVerfG Ausgeführte gilt auch hier[554].

**274** Mag das BVerfG auch mit wohl gesetzten Worten seine Rückwirkungsrechtsprechung begründen, als Ergebnis kann für die steuerorientierte Kapitalanlagebranche festgehalten werden, dass es weder einfachrechtlich noch verfassungsrechtlich Vertrauensschutz in eine zum Investitionszeitpunkt vorgefundene Rechtslage gibt[555]. Der Willkür von Politik, Finanzverwaltung, Finanzrechtsprechung und Gesetzgeber sind damit Tür und Tor geöffnet, was als Risikohinweis in jeden Prospekt einer steuerorientierten Kapitalanlage gehört.[556]

**275** Um Sachverhalte, die in der Vergangenheit in s Werk gesetzt wurden bzw. um noch nicht abgeschlossene Sachverhalte und Rechtsbeziehungen, die noch für die Zukunft wirken und damit zugleich frühere Investitionsentscheidungen von Kapitalanlegern samt deren damit vorhandenen Rechtspositionen entwerten, handelt es sich denn auch bei den Abschaffungen und Einschränkungen von Steuervergünstigungen, die sich auch auf geschlossene (Immobilien-)Fonds auswirken (§§ 2 Abs. 3[557] und 2b EStG). Denn die tatbestandliche Rückanknüpfung liegt in der in der Vergangenheit liegenden Investitionsentscheidung des Kapitalanlegers, deren Geschäftsgrundlage die *damalige* steuerliche Gesetzeslage war, die der Gesetzgeber nunmehr ab dem Veranlagungsjahr 1999 für die Zukunft veränderte. Mit vorgenannter Verfassungsrechtsprechung zu unechten Rückwirkung bzw. zur tatbestandlichen Rückanknüpfung wird man dies *steuerlich* nicht angreifen können. So hat das BVerfG[558] iudiziert, dass ein durch steuerlichen Zugriff verursachter Wertverlust einer Beteiligung nicht Art. 14 Abs. 1 GG verletze. Die Aufhebung einer steuergesetzlichen Befreiung für die Zukunft sei, soweit die Investitionsentscheidung der Vergangenheit betroffen sei, an den Voraussetzungen der tatbestandlichen Rückanknüpfung („unechte" Rückwirkung) zu messen. Danach gelte auch für das Steuerrecht, dass die allgemeine Erwartung des

---

[551] Zur diesbezüglichen verfassungsrechtlichen Problematik: *Joecks* BB 1997, 1921, 1926f.
[552] BVerfG NJW 1998, 1547; dazu *Hey* BB 1998, 1444.
[553] Die tatbestandliche Rückanknüpfung betrifft „nicht den zeitlichen, sondern den sachlichen Anwendungsbereich einer Norm. Die Rechtsfolgen des Gesetzes treten erst nach Verkündung der Norm ein, deren Tatbestand erfasst aber Sachverhalte, die bereits vor Verkündung ins Werk gesetzt worden sind."
[554] Zur Rückwirkung von höchstrichterlicher *Rechtsprechung* auf den Vertragsabschluss BGHZ 132, 119; zur Rückwirkung von *Gesetzen*: *Kirchhof* StuW 1996, 3; *Medicus* NJW 1995, 2577; *ders.* WM 1997, 2333; *Mittermaier* DStZ 1998, 402; *v. Münch* NJW 1996, 2073; *Neuhoff* ZIP 1995, 883; *Weber* WM 1996, 49; zu Rückwirkung und Verbraucherschutz: *Reifner* WM 1996, 2094.
[555] Zur Fragwürdigkeit rückwirkender Rechtsprechung: *Arndt/Schumacher* NJW 1998, 1538; *Beuthien* GmbHR 1996, 309; *Brüning* NJW 1998, 1525; *Felix* in FS Tipke, S. 92; *Mayer* DZWiR 1998, 402.
[556] *Wagner* DStR 1996, 609, 613.
[557] Das FG Münster meldet in 2 AdV-Beschlüssen vom 7.9.2000 DStRE 2000, 1121 verfassungsrechtliche Bedenken gegen die Mindestbesteuerung an, da die Verrechnung negativer mit positiven Einkünften keine Steuervergünstigung, sondern Ausdruck des Leistungsfähigkeitsprinzips sei.
[558] BVerfG WM 2002, 1496.

unveränderten Fortbestehens geltenden Rechts nicht geschützt sei.[559] Zwar würden steuerrechtliche Dispositionsbedingungen vom Tage der Entscheidung an eine Vertrauensgrundlage bilden,[560] aber bei unbefristeten und über Jahrzehnte wirkenden Steuervergünstigungen könne sich der Steuerpflichtige nicht darauf berufen, dass die gesetzlichen Rahmenbedingungen nicht zu seinen Lasten hin verändert werden könnten.[561] Wohl aber könnte unter bestimmten Voraussetzungen, wenn man dem OLG Köln[562] folgt, *zivilrechtlich* eine Vertragsanpassung über den Wegfall der Geschäftsgrundlage möglich sein, sofern folgende Voraussetzungen im Einzelfall gegeben sind[563]:
– Die Gesetzes- oder Rechtsprechungsänderung ist verfassungsgemäß.
– Der Wegfall der Steuervorteile war unvorhersehbar.
– Durch den Wegfall der Steuervorteile tritt eine tiefgreifende Äqivalenzstörung ein.
– Die Vertragsanpassung durch Rücknahme emittierter Kapitalanlagen ist dem Emittenten zumutbar.

Aber nicht nur Gesetzesänderungen wirkten steuerlich nachteilig auf den Zeitpunkt der Investitionsentscheidung von Kapitalanlegern zurück, sondern auch Rechtsprechungsänderungen: Mit seiner Entscheidung vom 10.12.1998 iudizierte zB der BFH,[564] dass auch die Veräußerung von Beteiligungen an (in der Rechtsform von Personengesellschaften betriebenen) Immobilien-Fonds grundsätzlich geeignet ist, bei Vorliegen weiterer Voraussetzungen einen gewerblichen Grundstückshandel zu begründen. Auch eine Beteiligung an einem Immobilien-Fonds ist folglich ein „Objekt" im Sinne der 3-Objekt-Theorie.[565] Erwirbt folglich ein Kapitalanleger einen Gesellschaftsanteil an einer vermögensverwaltenden Personengesellschaft in Kenntnis des zeitnahen Rückerwerbs und damit in Ausnutzung des Substanzwertes der Grundstücke, so greift insoweit die einen gewerblichen Grundstückshandel begründende Vermutung ein, dass der Erwerb in zumindest bedingter Wiederverkaufsabsicht erfolgt ist.[566]

Folgende Abschaffungen und Einschränkungen von Steuervergünstigungen, die sich auch auf geschlossene (Immobilien-)Fonds auswirkten, erfolg(t)en und veränder(t)en daher nachträglich mit (unechter) Rückwirkung die Investitionsentscheidung von Kapitalanlegern[567]:

– Verlängerung der Spekulationsfrist für Veräußerungsgewinne bei privaten, nicht eigengenutzen, Grunstücken von 2 auf 10 Jahre für Veräußerungen ab 1.10.1999 (§ 23 I 1a EStG). Dies kann sich zB bei Hamburger-Modellen auswirken, wenn ein Ausscheiden aus dem Fonds unter Abfindung mittels einer Immobilie vor Ablauf von besagten 10 Jahren geplant war.
– Abschaffung der erhöhten AfA von Herstellungskosten an Gebäuden in Sanierungs- und Entwicklungsgebieten (§ 7h EStG). Dies kann sich für Sanierungs-Fonds auswirken.
– Senkung der erhöhten Denkmalschutz-AfA von bisher 10 % auf 5 % (§ 7i EStG) nebst dem Erfordernis, dass das Gebäude mindestens 50 Jahre alt sein muss. Dies kann sich auf Denkmalschutz-Fonds auswirken.

---

[559] BVerfGE 38, 61, 63; BVerfGE 68, 193, 222; BVerfG WM 2002, 1496, 1500.
[560] BVerfGE 97, 67, 80; BVerfG WM 2002, 1496, 1500.
[561] BVerfG WM 2002, 1496, 1500 f.
[562] OLG Köln WM 1995, 971. Dazu *Beyer* DB 1995, 1062; *Emmerich* JuS 1995, 835; *Wagner* in Loritz/Wagner, Rechtsprechung steuerorientierte Kapitalanlagen 1995, RWS 1996, Rn. 82–90; *Schöne* EWiR 1995, 461; aA OLG München WM 1998, 1716.
[563] *Wagner* in Loritz/Wagner, Konzeptionshandbuch der steuerorientierten Kapitalanlage, Bd. 2, Rn. 89.
[564] BFH/NV 1999, 1067.
[565] FG München EFG 1999, 839.
[566] So auch der Vorlagebeschluss des XI. Senats des BFH vom 2.9.1992, BStBl. II 1993, 668, unter II. 9. der Gründe.
[567] Frankfurter Allgemeine Zeitung vom 4.11.1998, S. 18.

281 — Abschaffung der Möglichkeit zur Verteilung von größerem Erhaltungsaufwand auf bis zu 5 Jahren für Wohngebäude sowie für Baudenkmäler und Gebäude in Sanierungs- und Entwicklungsgebieten (§§ 11a und b sowie 82b EStDV) sowie eine durch die Rechtsprechung bedingte Abgrenzung von Anschaffungskosten, Herstellungskosten und Erhaltungsaufwendungen bei der Instandsetzung und Modernisierung von Gebäuden.[568]

282 — Die Möglichkeiten, Verluste in einer Einkunftsart mit positiven Einkünften in einer anderen Einkunftsart voll zu verrechnen, wird auf DM 100 000/DM 200 000 für Ledige/Verheiratete beschränkt (§ 2 Abs. 3 EStG). Übersteigende Verluste können bis zu 50 % abgezogen werden, während nicht verrechenbare Beträge vortragsfähig sind. Ob dies mit der neuerlichen Rechtsprechung des BVerfG[569] zur Verfassungswidrigkeit beschränkter Verlustverrechnungen konform geht, wird sich erst noch weisen müssen.

283 — Bei gewerblichen geschlossenen Fonds wie beispielsweise Leasing-Fonds, entfällt bei Liquidation des Fonds die Tarifbegünstigung des § 34 EStG aF, wonach Veräußerungsgewinne nur mit dem halben durchschnittlichen Steuersatz des Anlegers zum Veräußerungszeitpunkt belegt waren.

284 — Ferner sollen langfristig die Steuersätze sinken, sodass das bisherige Ziel der Senkung steuerlicher Belastungen zB über steuerliche Verlustverrechnungen via Beteiligung an steuerorientierten geschlossenen Fonds an Attraktivität verlieren wird.

285 **e) Insolvenzfähigkeit geschlossener (Immobilien-)Fonds?.**[570] Sowohl die im Handelsregister eingetragene Publikums-KG (§ 105 Abs. 2 Satz 1 HGB) wie auch die Publikums-GbR sind insolvenzrechtlich eine sog „Gesellschaft ohne Rechtspersönlichkeit", über deren Vermögen ein Insolvenzverfahren eröffnet werden kann (§ 11 Abs. 2 Nr. 1 InsO). Antragsberechtigt ist außer Gläubigern jeder vertretungsberechtigte bzw. persönlich haftende Gesellschafter (§ 15 Abs. 1 InsO). Eröffnungsgrund ist die Zahlungsunfähigkeit (§ 17 Abs. 1 InsO), die gegeben ist, wenn der Fonds als Schulner nicht mehr in der Lage ist, die fälligen Zahlungspflichten zu erfüllen (§ 17 Abs. 2 Satz 1 InsO). Der Fonds als Zahlungsschuldner ist zudem berechtigt, die Eröffnung des Insolvenzverfahrens auch bei drohender Zahlungsunfähigkeit zu beantragen (§ 18 Abs. 1 InsO), die gegeben ist, wenn der Fonds voraussichtlich nicht in der Lage sein wird, die bestehenden Zahlungspflichten im Zeitpunkt der Fälligkeit zu erfüllen (§ 18 Abs. 2 InsO). Bei GmbH & Co. KGs bzw. GbRs mit ausschließlich juristischen Personen als Gesellschaftern (Kapitalanleger sind dort über einen dieser Gesellschafter nur mittelbar beteiligt[571] besteht zusätzlich der Insolvenzgrund der Überschuldung (§ 19 Abs. 3 Satz 1 InsO).

286 Wenn das Insolvenzverfahren über das Vermögen eines geschlossenen Immobilienfonds als GbR eröffnet worden ist, so kann die persönliche Haftung von Gesellschaftern für Verbindlichkeiten der Gesellschaft gem. § 93 InsO nur noch vom Insolvenzverwalter, nicht aber mehr von Gläubigern geltend gemacht werden[572] – bei der KG folgt dies bereits aus § 171 Abs. 2 HGB –.

287 Viele in der Krise befindlichen geschlossenen Fonds erfüllen einen dieser Insolvenzgründe, sodass bzgl. des Gesamthandsvermögens des Fonds ein Eröffnungsgrund für ein Insolvenzverfahren im Hinblick auf den *Fonds* gegeben ist. Persönliche Einstandspflichten von Gesellschaftern oder uU sogar mittelbar Beteiligten[573] bleiben davon unberührt. Die wirtschaftlichen Folgen eines solchen Insovenzverfahrens über das Gesamthandsvermögen des Fonds werden mithin in der Regel sein, dass die Mobilie bzw. Immobilie unter Wert ver-

---

[568] BFH 9.5.1995, BStBl. II 1996, 628, 630, 632, 637; BFH 10.5.1995, BStBl. II 1996, 639; BFH 16.7.1996, BStBl. II 1996, 649; BFH 12.9.2001, BStBl. II 2003, 569 und 574; BFH 22.1.2003, BStBl. II 2003, 596; BMF 18.7.2003, BStBl. I 2003, 386.
[569] BVerfG DStR 1998, 1743. Dazu *Weber-Grellet* DStR 1998, 1781.
[570] *Prütting* ZIP 1997, 1725.
[571] *Wagner* DStR 1996, 1008.
[572] Zu Zweifelsfragen im Zusammenhang mit § 93 InsO siehe *Gerhardt* ZIP 2000, 2181.
[573] *Wagner* ZfIR 1997, 199 ff.

kauft werden muss, die Gesellschafter bzw. Kapitalanleger oft für die Differenz insbesondere den finanzierenden Kreditinstituten gleichwohl werden einstehen müssen und sie dann unter Einsatz zusätzlicher finanzieller Mittel versuchen werden, mittels Haftungsprozessen diese Belastungen weiter geben zu können. Doch gewonnene Haftungsprozesse stellen keineswegs sicher, dass alsdann der Haftungsschuldner noch wirtschaftlich in der Lage ist, einzustehen, weshalb oft Geschädigte zusätzlich auf den Kosten solcher Prozesse sitzen bleiben.

**f) Krisenmanagement bei geschlossenen Immobilien-Fonds**[574]. Dies vor Augen, lohnt es sich, gerade bei krisengeschüttelten geschlossenen Fonds statt über Haftungsprozesse oder Liquidation[575] über ein Krisenmanagement nachzudenken. Krisenursachen können sein:
– Marktbedingte Probleme;
– konzeptionsbedingte Fehler;
– steuerliche Probleme.

Dies setzt allerdings voraus, seitens der Kapitalanleger auf die *Geltendmachung* von Schadensersatzansprüchen nach entsprechender anwaltlicher Beratung[576] zu verzichten, während andererseits potentiell Haftende[577] sich zB als Gesellschafter mit Bareinlageverpflichtungen einbinden lassen, um damit die finanziellen Voraussetzungen für eine Sanierung zu schaffen. Kreditinstitute können ihren Beitrag uU dadurch leisten, dass sie Sondertilgungen ohne Vorfälligkeitsentschädigungen zulassen oder in Teilverzichte bzw. Umschuldungen einwilligen, um damit künftige Zinslasten zu minimieren.[578] Das nur auf Vermietung bzw.

---

[574] *Wagner* NZG 1998, 289; *Wagner* NZG 1998, 657; *Wagner* HdB, Fach 301; *Zacher* ZfIR 1997, 51, 59f.

[575] OLG Köln NZG 1999, 152: Bei einem in der Liquidation von Mitgesellschaftern in Anspruch genommenem Gesellschafter hat dieser ein berechtigtes Interesse daran, dass zunächst die Gläubiger der Gesellschaft vollständig befriedigt werden, ehe er zu Zahlung an die Mitgesellschafter verurteilt wird, damit er nicht der Gefahr einer doppelten Inanspruchnahme durch die Gläubiger ausgesetzt wird. Hat ein Gesellschafter Gläubiger befriedigt, so steht ihm bei der bestehenden Gesellschaft gegen seine Mitgesellschafter Rückgriffsansprüche gem. § 426 BGB zu (OLG Frankfurt NZG 1999, 821), während solche Rückgriffsansprüche bei einer Liquidationsgesellschaft unselbständige Rechnungsposten werden (BGH WM 1999, 1827).

[576] Zur Anlegerberatung bei notleidenden Immobilienfonds: *Zacher* ZfIR 1997, 51. Zur Berechnung des Vertrauensschadens (positives Interesse mit Begrenzung des Haftungsumfangs durch den Schutzzweck der verletzten Pflicht) bei unzutreffender Auskunft: BGH NJW 1998, 982. Bei Betrug negatives Interesse, positives Interesse nur dann, wenn die für den Schadenseintritt ursächliche unerlaubte Handlung zugleich die Voraussetzungen für einen vertraglichen Gewährleistungsanspruch nach BGB §§ 463, 480 Abs 2 erfüllt: BGH NJW 1998, 983. Zum Ersatz von Steuerschäden: BGH NJW 1998, 1488. Zur Haftung von (ehemaligen) Gründungsgesellschaftern aus cic: OLG Hamm NZG 1998, 911. *Eusani* ZfIR 2004, 509: Zur Gewährleistung beim Kauf von Grundbesitzgesellschaftsanteilen.

[577] Dies können auch Anlagevermittler sein, die einer gebotenen Aufklärungspflicht (BGH NJW 1998, 448) nicht nachgekommen waren. Zur Haftung einer Vermittlungsgesellschaft kraft Anscheinsvollmacht bei weisungswidrigem Vertrieb von Kapitalanlagen: BGH NJW 1998, 1854. Zur Haftung von Lebensversicherungsgesellschaften, wenn durch Lebensversicherungen unterlegte fremdfinanzierte Beteiligungen vermittelt wurden: BGH ZIP 1998, 1389. Die Rückabwicklung (BGH NJW 1998, 302) scheidet bei gesellschafterlichen Beteiligungen aus.

[578] *Obermüller* DZWiR 1999, 240. Kommt es bei einer GmbH & Co. KG durch (Teil-) Schuldenerlass, um einen Sanierungserfolg zu ermöglichen (es ist steuerlich nicht erforderlich, dass die Überlebensfähigkeit des Unternehmens sichergestellt ist), so erzielt die Gesellschaft einen steuerfreien Sanierungsgewinn. Mit BFH 12.9.1996, BStBl. II 1997, 234 ist es jedoch zweifelhaft, ob ein Sanierungsgewinn einem Gesellschafter steuerfrei zugerechnet werden kann, der im Zeitpunkt des Schulderlasses ausscheidet. Daher ist es auch aus steuerlichen Gründen geboten, dann, wenn man sich zu einem Krisenmanagement entschlossen hat, als Kapitalanleger nicht zugleich zu versuchen, aus dem Fonds ausscheiden zu wollen. Erfolgt jedoch ein (Teil-)Schuldenerlass, nachdem die KG ihren Geschäftsbetrieb bereits eingestellt hat oder Insolvenz angemeldet hat bzw. wird nicht die Gesundung der Gesellschaft sondern des Gesellschafters damit angestrebt, so verzeichnet die Gesellschaft mit FG Niedersachsen EFG 1997, 1164 keinen steuerfreien Sanierungsgewinn.

Verpachtung ausgerichtete Management ist entweder durch eine erfahrenen Krisenmanager zu ersetzen[579] oder zu begleiten.

290 Krisenmanagement ist eine wirtschaftlich sinnvolle Alternative zu Insolvenzverfahren und Haftungsprozessen und bedarf auf Anbieter-[580] und Anlegerseite[581] rechtlich und wirtschaftlich außerordentlich kompetenten Handelns. Zum Krisenmanagement gehört auch die Nachschussfrage. Sind Gesellschafter zwecks Sanierung eines Not leidenden Fonds zum Nachschuss verpflichtet? Zur Antwort dieser diffizilen Frage ist auf das an anderer Stelle Ausgeführte zu verweisen.[582]

291 Nimmt man sich dieses Themas nicht an, dann kann bei Fonds in der Rechtsform der GmbH & Co. KG schnell aus folgenden Gründen ein böses Erwachen werden: Über das Vermögen der Komplementär-GmbH wird wegen Überschuldung oder Zahlungsunfähigkeit das Insolvenzverfahren eröffnet, mit der Folge ihres Ausscheidens aus der KG (§ 131 Abs. 3 Satz 1 Nr. 2 HGB). Da eine KG ohne Komplementär nicht möglich ist, führt dies dazu, dass die KG damit aufgelöst ist[583] und aus der KG eine Liquidationsgesellschaft in der Rechtsform der GbR wird. Mit Wegfall der Rechtsform der KG entfällt auch die Haftungsbeschränkung ihrer Kapitalanleger-Kommanditisten, die damit unversehens zum Vollhafter werden, zumal es mit der Rechtsprechung des BGH[584] die Rechtsform der GbRmbH nicht (mehr) gibt.[585]

292 Hinzu kommt, dass die steuerliche Überschusserzielungsabsicht eines geschlossenen Immobilienfonds mit Rückwirkung entfällt, wenn der Mieter zahlungsunfähig wird oder „aussteigt", sodass Einnahmen deshalb nicht mehr erzielbar sind.[586]

293 Krisenmanagement[587] ist folglich aus wirtschaftlichen, haftungsrechtlichen und steuerlichen Gründen[588] angezeigt. Und obwohl darauf vielfältig aufmerksam gemacht wurde,[589] wurde in der Krise von Fonds davon wenig Gebrauch gemacht. Es scheint wie in der Politik zu sein: Kriege (Haftungsprozesse) sind leichter zu führen, als mit Kompetenz wirtschaftlich Sinnvolles erreichen zu wollen.

294 Mit dem Schuldrechtsmodernisierungs-Gesetz wurde die Störung der Geschäftsgrundlage in § 313 BGB kodifiziert. Sie hat primär eine Anpassung des Gesellschaftsvertrages zum Ziel, wenn ein Festhalten am unveränderten Vertrag – selbst unter Berücksichtigung ergänzender Vertragsauslegung (§ 157 BGB) zum Zwecke der Sinnermittlung des Gesellschaftsvertrages – nicht mehr zugemutet werden kann. Zweck der Vertragsanpassung ist folglich eine Änderung des ursprünglichen Sinns des Vertrages und damit eine Vertragsän-

---

Das Ausscheiden aus einem Krisen-Fonds, bevor bei diesem ein Überschuss der Einnahmen übr die Werbungskosten erreicht war, führt für sich beim Kapitalanleger mit BMF 23.7.1992, BStBl. I 1992, 434 und FM NRW DB 1997, 849 nicht zum rückwirkenden Verlust der Einkunfts-/Überschusserzielungsabsicht.

[579] Dazu bedarf es, wenn dieser Fall gesellschaftsvertraglich nicht vorgesehen ist und der neue Komplementär noch nicht Gesellschafter ist, der Zustimmung aller Gesellschafter: BGH DStR 1998, 88 mit Anm. *Goette*.

[580] *Wagner* NZG 1998, 289.

[581] *Wagner* NZG 1998, 199.

[582] *Wagner* WM 2006, 1273; *Wagner* DStR 2006, 1044; *Wagner* in Schmider/Wagner/Loritz, Handbuch der Bauinvestitionen und Immobilienkapitalanlagen (HdB), (5/2006), Fach 0306 jeweils mwN; aA *Arlt* BTR 2005, 252; *Müller* DB 2005, 95.

[583] BGHZ 8, 35, 37 f.

[584] BGH ZIP 1999, 1755.

[585] Diese Folgen werden leider bei *Kießling* WM 1999, 2391 zur Frage des Rechtsformwechsels zwischen Personengesellschaften nicht behandelt.

[586] BFH 30.3.1999 BFH/NV 1999, 1321; *Loritz/Wagner* ZfIR 2003, 753, 760.

[587] Zusammenfassend *Wagner* HdB, Fach 301.

[588] Zur Steuerfreiheit eines Sanierungsgewinns bei einer KG (§ 3 Nr. 66 EStG) siehe OFD Frankfurt 10.8.1998, DStZ 1999, 111.

[589] *Wagner* HdB, Fach 301; *Wagner* NZG 1998, 289; *Wagner* NZG 1998, 657; *Wagner* NZG 1999, 868.

derung.⁵⁹⁰ Für Not leidende geschlossene Immobilienfonds, deren Gesellschaftsvertrag aus der Zeit vor dem 31.12.2001 datiert, ist zwar § 313 BGB nF wegen Art. 229 § 5 Satz 1 EGBGB nicht anwendbar, indem insoweit auf die allgemeinen durch Rechtsprechung und Fachschrifttum geprägten Grundsätze zurückzugreifen ist. Wohl aber findet § 313 BGB nF auf die nach dem 31.12.2001 geschlossenen Gesellschaftsverträge von geschlossenen Immobilienfonds Anwendung.

Wie auch immer: Ein Krisenmanagement in einem Not leidenden geschlossnen Immobilienfonds kommt ohne einen Gesellschaftsvertrag mit verändertem Sinngehalt nicht aus. Kann sich die Gesellschfterversammlung zu einer entsprechenden Änderung des Gesellschaftsvertrages entschließen, so hat es damit sein bewenden. Ist in einer Gesellschafterversammlung dafür keine erforderliche den Gesellschaftsvertrag ändernde Mehrheit zu erreichen, so gilt zunächst folgendes: Ein Gesellschafter ist rechtlich verpflichtet, einer Änderung des Gesellschaftsvertrages zuzustimmen, wenn in Verfolgung des Gesellschaftszwecks keine *schützenswerte* Belange eines Gesellschafters dem entgegenstehen.⁵⁹¹ Denn die **Treuepflicht** der Gesellschafter gebietet, in Verfolgung des Gesellschaftszwecks – nicht anderer Zwecke – die Interessen der Gesellschaft zu wahren.⁵⁹² Zu dieser Treuepflicht kann auch gehören, an einer gebotenen Vertragsanpassung des Gesellschaftsvertrages mitzuwirken.⁵⁹³ Dies ist noch nicht Ausfluss der Störung der Geschäftsgrundlage. Das Institut der Änderung des Gesellschaftsvertrages wegen Störung der Geschäftsgrundlage wird erst dann relevant, wenn die ergänzende Vertragsauslegung (§ 157 BGB)⁵⁹⁴ bzw. eine Änderung des Gesellschaftsvertrages durch entsprechende Beschlussfassung nicht zum Ziel geführt haben und es nach wie vor gilt, eine fehlende vertragliche Risikoverteilung zu korrigieren.⁵⁹⁵ Die Zustimmungspflicht zur Vertragsanpassung wegen Störung der Geschäftsgrundlage und die auf Grund Treuepflicht sind nebeneinander anwendbar.⁵⁹⁶ Dies lässt sich rechtlich auch für die Vorstufe für Krisenmanagement einsetzen, wenn sich die Gesellschafter darauf einigen; denn ein Durchstreiten dieser Frage im Rahmen eines Rechtsstreites ist wegen des damit verbundenen Zeitaufwandes nicht realistisch.

Gleichwohl ist dieser rechtliche Ausgangspunkt nicht theoretisch, sondern sehr praktisch. Verweigern nämlich Gesellschafter eines Not leidenden geschlossenen Immobilienfonds eine Mitwirkung wie zuvor beschrieben, ohne eigene schützenswerte Interessen darlegen und beweisen zu können, so können sie sich zB wegen Treuepflichtverletzung Mitgesellschaftern gegenüber schadensersatzpflichtig machen. Einzelheiten hierzu sind in der Rechtsprechung bisher nicht entschieden und im Schrifttum kaum behandelt.⁵⁹⁷ Ob und inwieweit man sich von missliebigen Gesellschaftern durch Ausschluss (§ 737 BGB) bzw. Hinauskündigung trennen kann, hängt davon ab, ob und inwieweit dieser einen

---

⁵⁹⁰ Zur Störung der Geschäftsgrundlagen bei Personengesellschaften: *Baier* NZG 2004, 356, 357.
⁵⁹¹ *Baier* NZG 2004, 356, 358.
⁵⁹² KG Berlin NZG 2010, 1184.
⁵⁹³ BGH NZG 2005, 129; *Baier* NZG 2004, 356, 358 f.; *Wagner* WM 2006, 1273; *Wagner* DStR 2006, 1044.
⁵⁹⁴ BGH WM 2005, 1031, 1032 u. H. a. BGH WM 1998, 1535, 1536: Einer möglichen Auslegung ist der Vorzug zu geben, „bei welcher der Vertragsnorm eine tatsächliche Bedeutung zukommt, wenn sich die Regelung ansonsten als ganz oder teilweise sinnlos erweisen würde." Zur stillschweigenden Änderung des Gesellschaftsvertrages durch langjährige Übung, wenn ein entsprechender Änderungswillen feststellbar ist: BGH NJW 1966, 826; BGHZ 132, 263, 271; BGH DStR 2005, 1236, 1237. Wenn kein Änderungswillen feststellbar ist, ist nach BGH DStR 2005, 1236, 1237 im Sinne der interessengerechten Auslegung zu klären, ob in einem ständigen Verhalten nicht eine „(formlos wirksame) Beschlussfassung im Rahmen einer bestehenden vertraglichen Regelung" gegeben ist.
⁵⁹⁵ *Baier* NZG 2004, 356, 359 (str.); aA in ihrer Begründung untereinander unterschiedlich *K. Schmidt*, Gesellschaftsrecht, 4. Aufl. 2002, § 5 IV 2d; *Ulmer* in MüKoBGB, 4. Aufl. 2004, § 705 Rn. 162.
⁵⁹⁶ *Baier* NZG 2004, 356, 359 f.
⁵⁹⁷ *Wagner* WM 2006, 1273; *Wagner* DStR 2006, 1044.

wichtigen Grund gesetzt hat, wobei man sich stets zu vergegenwärtigen hat, dass die Ausschließung bzw. Hinauskündigung die ultima ratio sein muss.[598] Davon zu trennen ist die mitunter anzutreffende Situation, dass sich Gesellschafter durch einen Kollektivaustritt von einer notleidenden Gesellschaft trennen wollen.[599] Während solches einerseits als zulässig erachtet wird,[600] sollte dem andererseits folgendes entgegengehalten werden: Bei geschlossenen Fonds besteht idR kein jederzeitiges Kündigungsrecht gem. § 723 Abs. 1 Satz 1 BGB. Eine Kollektivkündigung durch alle oder die Mehrheit der Gesellschafter setzt mithin voraus, dass sie nicht zur Unzeit erfolgt und kein wichtiger Grund vorliegt (§ 723 Abs. 2 BGB). Führt eine Kolletivkündigung dazu, dass der vereinbarte Gesellschaftszweck unmöglich wird (§ 726 BGB), dann erfolgt eine Kollektivkündigung zur Unzeit und ist unwirksam. Und im Fall des § 726 BGB wird aus dem geschlossenen Fonds eine Liquidationsgesellschaft, der sich Gesellschafter nicht durch Kündigung – auch nicht durch Kollektivkündigung – entziehen können.

**297** Gerade bei notleidenden geschlossenen Fonds ist nicht nur Krisenmangement gefragt, sondern es gilt auch zu würdigen, wenn es im Hinblick auf gefasste Beschlüsse zu Beschlussmängelstreitigkeiten kommt.[601] Ist im Gesellschaftsvertrag nicht bestimmt worden, dass Beschlussmängelstreitigkeiten mit der Gesellschaft auszutragen sind, so sind sie mit den Mitgesellschaftern auszutragen.[602] Dies im Wege der Feststellungsklage.[603] Und der BGH deutet an, der Meinung im Fachschrifttum folgen zu wollen – wenn es einmal entscheidungserheblich werden sollte –, die als hM im Personengesellschaftsrecht die Möglichkeit einer Anfechtungsklage ablehnt. Da dies der Privatautonomie entzogen sei, findet im Personengesellschaftsrecht keine Unterscheidung zwischen von nichtigen und anfechtbaren Gesellschafterbeschlüssen statt.[604]

**298** **g) Immobilien-Fonds und Aufklärungspflichten von Banken**[605]. Kreditinstitute trifft im Grundsatz gegenüber ihren Kreditnehmern keine Aufklärungspflicht[606] – auch nicht betreffend Risiken der Verwendung des Darlehens[607] –, insbesondere dann nicht, wenn Keditnehmer Kapitalanleger sind[608]. Auch haften finanzierende Kreditinstitute nicht für Fehlverhalten von Anlagevermittlern in Bezug auf das Anlagegeschäft.[609] Dies ist auch

---

[598] *Kilian* WM 2006, 1567 f.
[599] *Kilian* WM 2006, 1567, 1575.
[600] *Kilian* WM 2006, 1567, 1575.
[601] *Scholz* WM 2006, 897.
[602] Zur gesellschaftsvertraglichen Gestaltungsmöglichkeit, Beschlussmängelstreitigkeiten mit der Gesellschaft auszutragen und zur Prozessführung mit den Mitgesellschaftern, wenn dies nicht geschehen ist, *Scholz* WM 2006, 897, 898 f. – BGH WM 1990, 675, 676, wonach dann, wenn die Beschlussmängelstreitigkeit mit der Gesellschaft auszutragen ist, die Gesellschafter der Personengesellschaft schuldrechtlich verpflichtet sind, sich an die in diesem Rechtsstreit getroffene Entscheidung zu halten.
[603] *Scholz* WM 2006, 897, 898 mwN.
[604] *Scholz* WM 2006, 897.
[605] OLG Karlsruhe ZfIR 1998, 600; *Bruchner* WM 1999, 825; *Früh* WM 1998, 2176; *von Heymann* NJW 1999, 1577; *Rösler* DB 1999, 1546.
[606] BGH WM 1992, 1310; BGH WM 1999, 679; BGH WM 2000, 1245; BGH WM 2000, 1685; OLG Frankfurt OLGR 1999, 269; OLG Köln WM 1999, 1817 (keine allgemeine Aufklärungspflicht der Bank über die Zweckmäßigkeit und Wirtschaftlichkeit sowie die mit der Kreditaufnahme verbundenen Risiken und Folgen bei Kapitalanlagen); OLG Köln WM 2002, 118, 120; OLG München WM 2002, 1297, 1298; OLG Dresden WM 2002, 1881, 1882. Auch keine Aufklärungspflicht gegenüber geschäftsunerfahrenen Kunden: OLG Stuttgart WM 2000, 292.
[607] BGH NJW 2000, 1685; BGH WM 2000, 1687; OLG Frankfurt WM 2002, 1275, 1279.
[608] BGH WM 1992, 901, 902; BGH NJW 1992, 2146, 2147; OLG Koblenz 26.6.1998 – 8 U 1760/97 nV. OLG Köln WM 1999, 1817; OLG Köln WM 2002, 118, 120; *Früh* WM 1998, 2176; aA *Spickhoff/Petershagen* BB 1999, 165.
[609] BGH WM 2000, 1687, 1688; BGH WM 2002, 1299; OLG Köln WM 2002, 118, 121; OLG Köln ZIP 2002, 607.

bei geschlossenen (Immobilien-)Fonds nicht anders⁶¹⁰. Denn auch und gerade in diesem Fall ist davon auszugehen, dass der Interessent (je nach Finanzierungsart Fonds-/Kapitalanleger) selbst über die notwendigen Kenntnisse und Erfahrungen verfügt bzw. sich der entsprechenden Fachleute bedient/bedienen kann.⁶¹¹ Ausnahmen macht der BGH in folgenden Fällen, wenn die Bank ihre Rolle als Kreditgeberin verlassen oder überschritten hat:⁶¹²

– Die Bank ist bei der Planung und Durchführung des Projektes beteiligt;                                299
– Die Bank ist am Vertrieb des Projektes beteiligt.⁶¹³                                                    300

Diese beiden Voraussetzungen werden in aller Regel nur dort Platz greifen, wo eine     301
Bank einen eigenen Fonds aufgelegt hat.

Ferner zählen folgende Ausnahmen dazu:                                                                    302
– Die Bank hat einen über die allgemeinen wirtschaftlichen Risiken des Projektes hinzutretenden besonderen Gefährdungstatbestand für den Kunden geschaffen oder dessen Entstehung begünstigt;⁶¹⁴
– die Bank hat sich in einen schwerwiegenden Interessenkonflikt verwickelt;⁶¹⁵          303
– die Bank hat in Bezug auf die **speziellen** Risiken⁶¹⁶ des finanzierten Vorhabens und 304
dann, wenn der Kaufpreis einer Immobilie knapp doppelt so hoch wie deren Verkehrswert ist, einen konkreten Wissensvorsprung.⁶¹⁷

Darüber hinaus geht die Rechtsprechung⁶¹⁸ davon aus, dass bei geschlossenen Immobi- 305
lienfonds zwischen der Bank und dem Kapitalanleger ein konkludenter Beratungsvertrag mit entsprechenden Aufklärungs- und Beratungspflichten der Bank zustandekomme, sofern der Kunde mit dem Wunsch nach weiterer Information und Aufklärung an die Bank herangetreten ist. Dies selbst dann, wenn der Kunde bereits vor seinem ersten Gespräch mit dem Anlageberater der Bank durch seine Hausbank Informationen über die betreffende Vermögensanlage erhalten hat. Kommt mit der Bank stillschweigend ein Beratungsvertrag zustande, dann gelten die Grundsätze des Bond-Urteils⁶¹⁹ und die Bank ist zur objektgerechten und anlegergerechten Beratung verpflichtet. Um der objektgerechten Beratung entsprechen zu können, muss die Bank die Kapitalanlage prüfen, wozu eine Plausibilitätsprüfung nicht ausreicht.⁶²⁰ Hat die Bank eine solche Prüfung unterlassen, muss sie darauf

---

⁶¹⁰ BGH BB 1986, 424 (Immobilien-Fonds); BGH WM 1987, 1546 (Beteiligungsfinanzierung).
⁶¹¹ BGH WM 1992, 901, 902; BGH NJW 1992, 2146, 2147 u. H. a. BGH WM 1990, 920, 922; BGH NJW 1991, 693; BGH WM 1992, 216, 217; OLG Frankfurt WM 2002, 1281.
⁶¹² BGH NJW 1992, 2147; BGH NJW 2006, 2099 Rn. 41; OLG München WM 2002, 1297, 1298; OLG Dresden WM 2002, 1881, 1882.
⁶¹³ Zur Bank als Anlagevermittlerin/Anlageberaterin von Film-Fonds: OLG Hamburg ZIP 2006, 20, 21: Neben dem Auskunfts- und Beratungsvertrag kann zudem ein vorvertragliches Vertrauensverhältnis mit Informationspflichten zustandekommen.
⁶¹⁴ BGH WM 1999, 679; OLG München 1999, 1416; OLG Zweibrücken WM 1999, 2022, 2023; OLG München WM 2002, 1297, 1298; OLG Dresden WM 2002, 1881, 1882.
⁶¹⁵ ZB wenn eine Bank einer Kapitalanlagegesellschaft einen Kredit eingeräumt hat, ohne den diese vor dem Beitritt weiterer Anleger zusammengebrochen wäre, obwohl die Bank wusste, dass versprochene Zinsen an die alten Kapitalanleger aus den Einlagegeldern der neuen Anleger erbracht wurden und sich ihr daher die Möglichkeit des Einlagenverlustes der Anleger aufdrängen musste, so OLG München NZG 1999, 782. OLG Zweibrücken WM 1999, 2022; OLG München WM 2002, 1297, 1299; OLG Dresden WM 2002, 1881, 1882.
⁶¹⁶ Keine Aufklärungspflicht über allgemeine wirtschaftliche Risiken (zB betreffend Werthaltigkeit, Wertsteigerungspotenzial, Ertragsfähigkeit etc.): OLG Dresden WM 2002, 1881, 1882.
⁶¹⁷ BGH WM 1992, 602, 602; BGH NJW 2006, 2099 Rn. 41; BGH WM 2008, 1121; OLG München WM 1999, 1818 betr. einen geschlossenen Immobilienfonds; OLG Jena WM 1999, 2315; OLG München WM 2002, 1297, 1299; OLG Dresden WM 2002, 1881, 1882. Zur Bewertung des Verkehrswertes von Immobilienfondsbeteiligungen: *Wagner* WM 2008, 1053; *Wagner* BKR 2008, 189; *Wagner* DS 2009, 666.
⁶¹⁸ BGH NJW 2008, 3700 Rn. 9; OLG Karlsruhe WM 1999, 1059.
⁶¹⁹ BGHZ 123, 126, 128.
⁶²⁰ BGH NJW 2008, 3700 Rn. 11–12.

hinweisen.[621] Das OLG Karlsruhe[622] bejaht ferner für ein eine Fondsbeteiligung finanzierendes Kreditinstitut eine Aufklärungspflicht, wenn der Anteilserwerbspreis durch ein Darlehen mit Disagio-Vereinbarung und Ersetzung der regelmäßigen Tilgung durch Abschluss von Lebensversicherungsverträgen erfolgte. Dann sei der Anleger darüber informieren, wenn die laufenden Renditen von Immobilienfonds unter den von den Darlehensnehmern aufzubringenden Zinsen liegen.

**306** Das OLG Karlsruhe[623] iudizierte ferner, die die Anteilsfinanzierung durchführende Bank treffe eine besondere Aufklärungspflicht, weil sie sich eine 3 %ige Sicherheit von der *Initiatorin* des Fonds dadurch hatte einräumen lassen, als in entsprechender Höhe Anteilseignern auszukehrende Steuerrückvergütungen einbehalten wurden, da dadurch die Bedingungen des Kapitalanlegers bei Fondsbeitritt verschlechtert worden wären. Für diesen nicht typischen Extremfall ist die Entscheidung des OLG Karlsruhe nachvollziehbar, ändert aber nichts an dem dargestellten Grundsatz, dass die Bank dem Kapitalanleger (bei Anteilsfinanzierung) bzw. dem Fonds gegenüber im Regelfall nicht gesondert aufklärungspflichtig ist.[624]

**307** Ist eine Kredit-Finanzierung an eine Lebensversicherung gekoppelt worden, ist streitig, ob für Kreditinstitute vor Abschluss des Darlehensvertrages dieserhalb Aufklärungspflichten bestehen, wenn durch diese Koppelung für den Kreditnehmer im Vergleich zu einem marktüblichen Ratenkredit Nachteile gegeben sein können.[625] Für den Fall einer Aufklärungspflichtverletzung läge dann der Schaden in der Differenz zwischen dem gewählten Kredit mit Koppelung der Lebensversicherung im Vergleich zu einem marktüblichen Ratenkreditvertrag.[626]

**308** Im Hinblick auf die rollenbedingte Verantwortlichkeit muss sich die Bank auch kein Handeln von Anlage- und Finanzierungsvermittlern gemäß §§ 166 Abs. 1, 278 BGB zurechnen lassen, wenn sie ihre eigene Rolle als lediglich finanzierende Bank nicht verlassen hat. Folglich trifft für solche Fälle die Bank auch keine gesonderte Aufklärungspflicht.[627] Unrichtige Angaben über die Werthaltigkeit des Objekts durch Anlage- und Finanzierungsvermittler betreffen in solchen Fällen nicht das Kreditgeschäft, sondern den Beitritt zum Immobilienfonds.[628] Dies ist dann anders, wenn ein Vermittler bei der Anbahnung von Darlehensverträgen für die Bank tätig geworden ist.[629] Haben nämlich finanzierende Bank und Immobilienverkäufer, Vermittler, Fondsinitiatoren bzw. Fondsprospektherausgeber institutionalisiert zu Lasten des Verbauchers durch unrichtige Angaben zusammenge-

---

[621] BGH NJW 2008, 3700 Rn. 14. Zur Schadensberechnung bei Haftung der Bank für fehlerhafte Anlageberatung: BGH NJW 2013, 450 Rn. 15 f.
[622] OLG Karlsruhe ZIP 2001, 1914.
[623] OLG Karlsruhe ZflR 1998, 600, 602.
[624] Sollte das Kreditinstitut ausnahmsweise einer besonderen Aufklärungspflicht unterliegen und aufklärungspflichtige Umstände verschweigen, die den Zweck des Finanzierungsgegenstandes gefährden, so kann der Geschädigte im Wege des Schadensersatzes die Anpassung des Darlehensvertrages verlangen. Dann ist er so zu behandeln, als wäre es ihm bei Kenntnis der wahren Sachlage gelungen, das Geschäft zu günstigeren Bedingungen abzuschließen und so den Kreditbedarf zu verringern: BGH WM 1999, 678. Ähnlich OLG Hamm WM 1999, 1056.
[625] *Bejahend:* BGH NJW 1989, 1668; OLG München WM 2002, 1297, 1299. *Differenzierend:* OLG Frankfurt WM 2002, 1275, 1280, wonach eine solche Aufklärungspflicht der Bank nur dann besteht, wenn die Bank selbst dem Kreditnehmer anstelle eines üblichen Ratenkredites einen mit einer Kapitallebensversicherung verbundenen Kreditvertrag anbietet und nicht nur um diese Verknüpfung weiß. *Verneinend:* OLG Köln WM 2000, 127, 129; OLG Stuttgart WM 2000, 292, 298; OLG Stuttgart WM 2000, 2146, 2149; OLG Karlsruhe WM 2001, 245, 249; OLG Köln WM 2002, 118, 121; LG Frankfurt WM 2001, 257, 260.
[626] BGH NJW 1989, 1668; OLG Hamm WM 1999, 1056, 1057; OLG München WM 2002, 1297, 1299; OLG Frankfurt WM 2002, 1275, 1280.
[627] BGH NJW 2000, 3558; BGH WM 2000, 1685; OLG Köln WM 2002, 118, 122; OLG Dresden WM 2002, 1881, 1881 f.
[628] OLG Köln WM 2002, 118, 122.
[629] OLG Karlsruhe BKR 2002, 996.

wirkt und dadurch arglistig getäuscht, wird die Kenntnis der Bank von der arglistigen Täuschung widerleglich vermutet mit der Folge, dass dem getäuschten Verbraucher gegen die finanzierende Bank ein Schadensersatzanspruch zustehen kann (§§ 280 Abs. 1 Satz 1, 241 Abs. 2, 311 Abs. 2 BGB).[630] Ferner kann in einem solchen Fall eine Aufklärungspflichtverletzung der finanzierenden Bank in Anbetracht deren konkreten Wissensvorsprunges gegeben sein.[631] Den Nachweis der arglistigen Täuschung durch den Vermittler muss allerdings der Anleger erbringen.[632]

Für den Fall eines Anlageberatungsvertrages zwischen einer beratenden Bank und dem Anleger hat die beratende Bank eine Aufklärungspflicht über erhaltene Rückvergütungen.[633] Denn wenn aus einem Ausgabenaufschlag (Agio) Provision an die beratende Bank zurückfließt, geht der BGH von einem aufklärungspflichtigen Interessenkonflikt aus. 309

**h) Immobilienfonds und allgemeine Prüfungs- und Aufklärungspflichten.** Anders als zuvor zu beratenden Banken dargestellt haben Anlageberater über Rückvergütungen nicht aufzuklären. Denn bei diesem kann der Anlageinteressent nicht unterstellen, dass der Anlageberater provisionsfrei tätig werde. Und wenn der Anlageinteressent an den Anlageberater keine Provision bezahle, müsse er davon ausgehen, dass der Anlageberater von dritter Seite bezahlt werde.[634] 310

Eine Immobilienfonds-Beteiligung ist einerseits eine unmittelbare/mittelbare gesellschaftliche Beteiligung und andererseits eine Kapitalanlage. Folglich muss man unterscheiden zwischen Aufklärungs- und Informationspflichten im Zusammenhang mit der gesellschaftlichen Beteiligung einerseits und ihrer Eigenschaft als Kapitalanlage andererseits. 311

Bei Verhandlungen über den Kauf eines Unternehmens oder von GmbH-Geschäftsanteilen trifft den **Verkäufer** im Hinblick auf die wirtschaftliche Tragweite des Geschäfts und die regelmäßig erschwerte Bewertung des Kaufobjekts durch den Kaufinteressenten diesem gegenüber eine gesteigerte Aufklärungs- und Sorgfaltspflicht.[635] Diese Grundsätze sind analog heranzuziehen beim Verkauf von unmittelbaren/mittelbaren gesellschaftlichen Beteiligungen von Personen(handels)gesellschaften, sei es durch Abtretung von Anteilen oder durch Begründung von Beteiligungen. Bei geschlossenen Immobilienfonds treffen diese Pflichten neben dem Kapitalanlagevertrieb auch deren Gründungsgesellschafter sowie den Treuhandgesellschafter.[636] Wird dagegen verstoßen, besteht eine Schadensersatzpflicht 312

---

[630] BGH NJW 2006, 2099; BGH WM 2007, 114 Rn. 16. Zum Schadensersatzanspruch wegen institutionalisierten Zusammenwirkens *Oechsler* NJW 2006, 2451.
[631] BGH BKR 2007, 152 Rn. 32 f.
[632] BGH NJW 2008, 2912 Rn. 19, 23.
[633] BGH NZG 2009, 354 Rn. 12 f.; BGH WM 2009, 2306 Rn. 31; OLG Stuttgart 15.7.2009 – 9 U 164/07, EWiR 2009, 633; *Frisch* ZfIR 2009, 311; *Zingel/Rieck* BKR 2009, 353. Kritisch *Witte/Hillebrand* DStR 2009, 1759. – Nach *Casper* ZIP 2009, 2409 befinden sich Kreditinstitute seit 2007 in einem sowohl Vorsatz wie auch Fahrlässigkeit ausschließenden Verbots- bzw. Rechtsirrtum.
[634] BGH NZG 2010, 623 Rn. 11 ff.; BGH BKR 2012, 165 Rn. 10 mwN; OLG Celle ZIP 2009, 2149, 2150; OLG Dresden NZG 2009, 1069, 1070; *Frisch* ZfIR 2009, 311, 315.
[635] *Zivilrecht*: BGH NJW 2001, 2163. Zu den zivilrechtlichen Voraussetzungen der Haftung wegen Kapitalanlagebetrugs nach § 823 Abs. 2 BGB in Verbindung mit § 264a Abs. 1 Nr. 1 StGB BGH NZG 2013, 436 – *Strafrecht*: BGH NJW 2005, 2242: Für eine Aufklärungspflicht betreffend strafrechtlich relevante erhebliche Umstände iSd § 264a Abs. 1 StGB sind solche für den durchschnittlichen Kapitalanleger maßgebend, des eigenen Erwartungen des Kapitalmarktes maßgeblich sind. Gemäß BGH 7.3.2006 – 1 StR 379/05 liegt ein Schaden iSd § 264a StGB vor, wenn nach den eingegangenen Verpflichtungen und den hierauf geleisteten Zahlungen des Fondsanlegers das tatsächliche Fondskonzept von dem im Prospekt dargestellten so abweicht, dass der Anleger daraus keinen Nutzen ziehen kann. Gemäß BGH 7.3.2006 – 1 StR 385/05, NStZ-RR 2006, 206 liegt ein Schaden iSd § 264a StGB vor, wenn der Anleger über Eigenart und Risiko so getäuscht wurde, dass er etwas anderes „erwirbt" als er erwerben wollte.
[636] BGH 6.11.2008 – III ZR 290/07: Zur Diskussion um die persönliche Außenhaftung von Organen bei fehlerhafter Information des Kapitalmarktes siehe *Casper* BKR 2005, 83; *Duve/Basak* BB 2005, 2645.

aus Verschulden bei Vertragsverhandlungen, die nicht nur auf die Rückabwicklung des Vertrages, sondern auch Ersatz derjenigen Aufwendungen gerichtet sein kann, die im ursächlichen Zusammenhang mit dem Erwerb der Beteiligung entstanden sind. Denn selbst bei Vertragsverhandlungen, in denen die Parteien entgegengesetzte Interessen verfolgen, besteht „für jeden Vertragspartner die Pflicht, den anderen Teil über solche Umstände aufzuklären, die den Vertragszweck (des anderen) vereiteln können und daher für seinen Entschluss von wesentlicher Bedeutung sind, sofern er die Mitteilung nach der Verkehrsauffassung erwarten konnte."[637] Dazu gehört auch, das Maß an Informationen zu verschaffen, das es dem Erwerber gesellschafterlicher Beteiligungen ermöglicht, sich selbst ein Bild über die Werthaltigkeit der Fondsgesellschaft zu machen, woraus Rückschlüsse auf die Werthaltigkeit der Beteiligungen abzuleiten sind. Und dazu kann auch eine Erkundigungs- und Informationspflicht über bevorstehende Gesetzesänderungen gehören.[638]

313 Für den Fall eines Schadensersatzanspruches einer an einem geschlossenen Immobilienfonds der steuerlichen Einkunftsart Vermietung und Verpachtung beteiligten Anlegers zB auf Erstattung der gezahlten Einlage hat jedoch der Anleger nicht nur seine Beteiligung oder die Rechte aus seiner Beteiligung Zug um Zug abzutreten, sondern er muss sich auch seine Steuervorteile anrechnen lassen.[639] Dagegen findet keine Anrechnung von Steuervorteilen bei solchen Schadensersatzprozessen statt, bei denen die Rückabwicklung des Investments zu einer Besteuerung führt, die dem Geschädigten die erzielten Steuervorteile wieder nimmt, es sei denn, dem Steuerpflichtigen verbleiben unter Berücksichtigung der Steuerbarkeit außergewöhnlich hohe Steuervorteile.[640] Zu keiner Nachversteuerung kommt es, wenn und soweit es um zurückgeflossene Anschaffungskosten geht[641] bzw. der Anleger sich bei ordnungsgemäßer Information an einem anderen steuerbegünstigten Anlageobjekt beteiligt hätte.[642] Zu einer Nachversteuerung kommt es, wenn und soweit es um zurückgeflossene Werbungskosten geht.[643]

314 Getrennt davon ist die Aufklärungspflicht im Zusammenhang mit dem *Vertrieb* der Fondsbe-teiligung als Kapitalanlage zu sehen. In diesem Zusammenhang muss man unterscheiden zwischen dem, was die Anbieter bzw. Vertreiber solcher Kapitalanlagen an Informationspflichten haben und der Pflicht des Kapitalanlegers zu eigenverantwortlicher Prüfung, um eine eigene sachgerechte Entscheidung treffen zu können.[644]

315 (1) Die Anbieterseite (Initiator, Prospektherausgeber, Vertrieb) hat den Kapitalanleger wahr, vollständig und unmißverständlich zu informieren/beraten. Diese Information/Beratung muss
– anlagegerecht und
– anlegergerecht
erfolgen.[645]

---

[637] BGH NJW 2001, 2163 u. H. a. BGH NJW-RR 1988, 394 und BGH NJW-RR 1996, 429; *Wagner* BKR 2002, 17, 19 f.
[638] BGH NZG 2012, 145.
[639] BGH NJW 2006, 499, 500; BGH NJW 2006, 2042 Rn. 17; *Loritz/Wagner* ZfIR 2003, 753, 761; *Rössner* AG-Rep. 2006, R60; aA *Grüter* NZG 2006, 853.
[640] BGH NZG 2010, 1029; BGH NZG 2010, 1395 Rn. 8; BGH WM 2011, 740; KG Berlin 22.11.2012 – 12 U 110/11 (Juris); kritisch WuB IV A. § 249 BGB 1.1 *Loritz/Martin* NZG 2006, 175.
[641] BGH NJW 2006, 2042 Rn. 19; so auch *Wagner* GWR 2011, 309.
[642] BGH NJW 2006, 2042 Rn. 21.
[643] BGH NZG 2013, 386 Rn. 18.
[644] BGH WM 2000, 426; *Wagner* HdB, Fach 8121 Rn. 1 ff.; *Wagner* BB 2002, 172; *Wagner* DStR 2005, 1449.
[645] BGHZ 123, 126; BGH BB 2000, 1542; OLG Frankfurt WM 1994, 542; OLG Frankfurt OLGR Frankfurt 1996, 220; *Balzer* EWiR 2000, 709; *Horn* WuB I G 1 Anlageberatung 4.00. Zur Aufklärungspflicht des Treuhänders siehe BGH DStR 1992, 439; BGH BB 1994, 2376.

Die anlagegerechte Information erfolgt einerseits seitens des Initiators bzw. Prospektherausgeber typisiert durch den Prospekt[646] und andererseits individuell durch den Anlagevertrieb.[647] Die anlegergerechte Beratung erfolgt individuell und subjektbezogen durch den Anlagevertrieb, der auch über eigene Wissensdefizite aufklärungspflichtig ist[648] und Prospektfehler richtig stellen muss.[649] Dabei sind entscheidend einerseits der Wissensstand des potentiellen Kapitalanlegers über Anlagegeschäfte der vorgesehenen Art und dessen Risikobereitschaft, wobei das von ihm vorgegebene Anlageziel zu berücksichtigen ist, und andererseits die allgemeinen Risiken, wie etwa Konjunkturlage und Entwicklung des Kapitalmarktes, und die speziellen Risiken, die sich aus den besonderen Gegebenheiten des Anlageobjekts ergeben.[650] Auch die Prüfung der wirtschaftlichen Plausibilität der Kapitalanlage durch den Anlagevertrieb gehört dazu,[651] wie auch dann, wenn Auskunft zur Sicherheit der Kapitalanlage gegeben wird, der Anlagevermittler/-berater dem Anlageinteressenten gegenüber ungefragt deutlich machen muss, wenn er die Sicherheit der Kapitalanlage nicht geprüft hat.[652] Unterlässt er dies und erklärt statt dessen sogar, die Immobilienkapitalanlage sei absolut sicher und nach zB 5 Jahren mit Gewinn wiederverkäuflich, dann kann dies zum Schadensersatz führen, wenn solche Aussagen sich als falsch erweisen.[653]

316

Vereinfacht lässt sich sagen, dass die anlagegerechte Information mittels Prospekt und die anlegergerechte Beratung durch den einzelnen Anlagevermittler bzw. Anlageberater erfolgt.

317

(2) Die Prospektangaben müssen vollständig und sachlich richtig sein, folglich also alle Angaben enthalten, die für die Anlageentscheidung wesentlich sind. Der Kapitalanleger soll sich ein zutreffendes Bild von der angebotenen Kapitalanlage machen können, um eigenverantwortlich prüfen und eine sachgerechte Entscheidung treffen zu können.[654] Dazu gehören auch Angaben über Tatsachen, die den Vertragszweck vereiteln können.[655]

318

Die Anbieterseite ist bezüglich der anlagegerechten Information via Prospekt daran interessiert, dem eigenen Pflichtenumfang zu genügen. Das Problem bestand früher darin, dass Maßstäbe fehlten, was ein zu *erstellender* Prospekt alles berücksichtigen muss, wenn er Informationsmedium der anlagegerechten Information sein soll. Dazu sollten zB die VGI-Branchenstandards dienen,[656] die aber inzwischen durch das ersetzt wurden, was die BaFin ihrer eigenen Prüfung zu Grunde legt und was der prospektprüfende Wirtschaftsprüfer gemäß den Grundsätzen des IDW S 4 prüft.

319

(3) Damit wird zugleich deutlich, dass damit inzwischen nicht nur die typisierte anlagegerechte Informationspflicht der Anbieterseite angesprochen ist, sondern auch die vom Anlagevertrieb auch unabhängig davon geschuldete individuelle anlagegerechte Information und anlegergerechte Beratung des Kapitalanlegers.

319a

(4) Der Prospektherausgeber ist daran interessiert, überprüfen zu lassen, ob er den Anforderungen ordnungsgemäßer Prospektierung genügt hat. Deshalb lässt er den Prospekt

320

---

[646] BGH BGHZ 123, 106. Zu denen von der Rechtsprechung im Einzelnen erarbeiteten Anforderungen, um eine Prospekthaftung zu vermeiden, siehe *Thode* in Reithmann/Meichssner/von Heymann, Kauf vom Bauträger, 7. Aufl. 1995; *Assmann* in Assmann/Schütz, Handbuch des Kapitalanlagerechts, 2. Aufl. 1997, § 7; *Weimann*, Prospekthaftung, 1998.
[647] BGHZ 74, 103; BGH BB 1982, 329; BGH BB 1988, 2270.
[648] BGH WM 1990, 1658; BGH BB 1993, 1317.
[649] BGH WM 1990, 1658.
[650] BGH BB 2000, 1542.
[651] BGH BB 2000, 429; BGH NJW-RR 2013, 371. Kritisch zur Plausibilitätsprüfungspflicht für den Kapitalanlagevertrieb siehe *Wagner* NJW 2013, 198, 202 f.
[652] BGH WM 2003, 2064, 2065; *Benedict* ZIP 2005, 2129.
[653] BGH NJW 2005, 983.
[654] BGH WM 1991, 1543.
[655] BGHZ 79, 337, 344; BGH WM 1982, 90; BGH WM 1983, 263, 264; BGHZ 116, 7, 12; BGH WM 2000, 1503.
[656] Dazu *Wagner* HdB, Fach 181.

durch einen Wirtschaftsprüfer auf inhaltliche Richtigkeit prüfen, der sich wiederum aus berufs- und versicherungsrechtlichen Gründen bei dieser Prospektprüfung an den Grundsätzen des Institutes der Wirtschaftsprüfer – dem IDW S 4 – orientiert.[657] Dies führt zu folgender klärungsbedürftigen Frage:

**321** Der BGH[658] hat zu den 90iger Jahren des vorigen Jahrhunderts Anlagevermittlern eine Plausibilitätsprüfung des Prospekts und Anlageberatern eine weitergehende Prospektprüfung abverlangt. Aber am 1.7.2005 trat das Anlegerschutzverbesserungsgesetz (AnSVG) in Kraft. Und gemäß § 8f Abs. 1 VerkProspG wurden seitdem auch am freien Kapitalanlagemarkt emittierte Prospekte einer Prospektpflicht unterworfen, also auch bei geschlossenen Fonds. In den §§ 8i–k VerkProspG wurde das Gestattungs- und Hinterlegungsverfahren bei der BaFin geregelt wie auch der BaFin in § 8i Abs. 4 VerkProspG das Recht auf Auskünfte eingeräumt wurde. Die BaFin gestattete die Veröffentlichung des Prospekts nur, wenn der Prospekt alle die Angaben enthielt, die die BaFin prüfte (§ 8i VerkProspG). Dies war eine Vollständigkeitsprüfung nach Maßgabe der VermVerkProspV, zu der ua auch eine Kohärenzprüfung und eine Prüfung auf Verständlichkeit gehörte.[659] Auch prüfte die BaFin inhaltliche Aussagen, wenn sie auf Grund gesetzlicher Vorgaben offensichtlich falsch waren.[660] Die Überprüfung des Prospektes auf materielle Richtigkeit wurde dagegen von einem Prospektprüfer durchgeführt. Vor diesem Hintergrund hätte es keinen Sinn ergeben, wenn man vor dem Hintergrund der Prospektprüfung durch BaFin und professionellem Prospektprüfer – idR eine renomierte WP-Gesellschaft – einfach weiterhin gefordert hätte, der Anlageberater hätte zusätzlich noch eine Prospektprüfung durchführen müssen, denn was hätte der Anlageberater dann erkennen können und müssen, was BaFin und Prospektprüfer verborgen geblieben wäre!? Dazu wäre der Anlageberater nicht in der Lage gewesen und solches hat der BGH auch für Fälle unter der Geltung des VerkProspG nicht gefordert.

**322** Mithin betraf die Rechtsprechung des BGH[661] zur Plausibiltätsprüfungspflicht bei Anlagevermittlern und weitergehenden Prüfungspflichten von Anlageberatern Sachverhalte aus der Zeit vor Inkrafttreten des VerkProspG, nicht aber Sachverhalte nach dessen Inkrafttreten. Und wenn der streitgegenständliche Prospekt von der BaFin geprüft und gestattet worden war und die Prospektprüfung der WP-Gesellschaft auf inhaltliche Richtigkeit nach den Grundsätzen des IDW S 4 ebenfalls zu keinen Beanstandungen geführt hatte, dann durfte der Anlageberater sich darauf verlassen und seine Hinweise an diesem Prospekt ausrichten, ohne zuvor nochmals eine eigene Prospektprüfung durchgeführt zu haben

**323** In der Instanzrechtsprechung haben sich diese Überlegungen bisher nicht durchgesetzt und der BGH hat sich bisher damit nicht befasst. Auch das Fachschrifttum hat sich damit bisher nicht befasst.

**324** (5) Damit wird zugleich deutlich, dass die Prospektprüfung weder die Anbieterseite von der anlagegerechten Information noch von der anlegergerechten Beratung entlastet,[662] sondern nur die Prüfung der typisierten anlagegerechten Information via Prospekt zum Gegenstand hat.

**325** (6) *Aber:* Die Anbieterseite (Initiator, Prospektherausgeber, Vertrieb) hat den Kapitalanleger anlagegerecht zu informieren und anlegergerecht zu beraten, *damit* der Kapitalanleger selbst oder mittels eigener Berater

---

[657] Zur Prospektprüfung durch Wirtschaftsprüfer nach den sog IdW-Richtlinien und daraus resultierenden Problemen der Dritthaftung von Wirtschaftsprüfern siehe bereits *Wagner* BFuP 2000, 594; *Wagner* DStR 2001, 497; *Wagner* in Schmider/Wagner/Loritz, HdB, Fach 8120. Nunmehr dazu *Heukamp* ZHR 169 (2005), 471; *Janert/Schuster* BB 2005, 987; *Küting* DStR 2006, 1007.

[658] BGH WM 2009, 2360 Rn. 16.

[659] *Bruchwitz* in Arndt/Voß, VerkProspG, 2008, § 8i Rn. 31, 34; *Beck/Maier* WM 2012, 1898, 1899.

[660] *Bruchwitz* in Arndt/Voß, VerkProspG, 2008, § 8i Rn. 35.

[661] BGH WM 2009, 2360 Rn. 16.

[662] *Wagner* DStR 2001, 497, 504.

– die ihm gegebene(n) Information und Beratung prüfen und
– eine sachgerechte Entscheidung treffen kann.

In diesem Zusammenhang haben Anlagevermittler den Emissionsprospekt einer Plausibilitätsprüfung zu unterziehen, während Anlageberater weitergehende Prüfungspflichten hat. Er muss bezüglich der Kapitalanlage, die er empfehlen will, vorhandene Veröffentlichungen aus der Wirtschaftspresse auswerten, ohne deshalb sämtliche Veröffentlichungen beschaffen zu müssen.[663]

Inzwischen hat der BGH die Aufklärungspflichten von Anlageberatern über alles, was die Kapitalanlage betrifft, erweitert und sie auch auf die Personen erstreckt, die für die Emission der Kapitalanlage verantwortlich sind. Waren/sind gegen solche Personen strafrechtliche Ermittlungsverfahren anhängig, so haben Anlageberater auch darüber aufzuklären.[664]

(7) Es müssen folglich *zwei* Dinge zusammenkommen:
– die vorgenannte anlagegerechte Information und anlegergerechte Beratung durch die Anbieterseite *und*
– darauf aufbauend die eigene Prüfung *und* Entscheidung durch den Kapitalanleger.[665]

Alleine mittels Überlassung von Unterlagen kann der Anlageberater seiner Informationspflicht nur dann gerecht werden, wenn er davon ausgehen kann, dass der Anleger diese auch gezielt durchsehen wird.[666] Ansonsten gehört zur Informationspflicht auch die mündliche Erläuterung, wobei der Anlageberater aus Beweisgründen gut daran tut, sich durch den Anleger durch ein von diesem unterschriebenes Beratungsprotokoll bestätigen zu lassen, dass und worüber er im Einzelnen beraten hat.

Schadensersatzansprüche eines Kapitalanlegers wegen Schlechterfüllung eines konkludenten Anlageberatungs-/-vermittlungsvertrages bzw. auf Grund Prospekthaftung setzen mithin *zweierlei kumulativ* voraus: Die Anbieterseite muss ihrer Verpflichtung nicht oder nicht ausreichend entsprochen haben *und* der Kapitalanleger muss geprüft und sich für die Kapitalanlage in Unkenntnis über Defizite der Anbieterseite entschieden haben.[667] Hat dagegen der Kapitalanleger geprüft (sei es selbst oder durch einen eigenen Berater) und dabei Defizite der Anbieterseite erkannt und hat er diesbezüglich nicht nachgefragt und sich gleichwohl für die angebotene Kapitalanlage entschieden, so ist für seinen Schaden das eigene Fehlverhalten des Kapitalanlegers kausal geworden. Gleiches gilt, wenn der Kapitalanleger eine eigene Prüfung (sei es selbst oder mit eigenem Berater) gänzlich unterlassen hat.[668]

Und vor diesem Hintergrund gehört es zur eigenverantwortlichen Prüfung des Kapitalanlegers, selbst zu prüfen oder durch von ihm hinzugezogene Fachleute prüfen zu lassen, ob die ihm von der Anbieterseite gegebene Information bzw. Aufklärung für ihn Fragen offen lässt, um eine eigene sachgerechte Entscheidung treffen zu können. Diese Pflichten/Obliegenheiten des Kapitalanlegers entfallen nicht deshalb, weil er sich die Hinzuziehung eigener Fachleute bzw. Berater nicht leisten könnte. Verzichtet vielmehr der Kapitalanleger auf die Hinzuziehung von Fachleuten dort, wo er selbst nicht in der Lage ist, selbst eine sachgerechte Prüfung durchzuführen und beteiligt sich an oder mit einer Kapitalanlage, dann hat *er* selbst Ursachen für Risiken bei sich selbst gesetzt, deren Folgen er nicht auf andere delegieren kann, wenn diese Risiken Wirklichkeit werden.[669] Denn jeder Immobilienfondsbeteiligung wohnt ein Spekulationsaspekt (zB Hoffnung auf Wertsteigerung) inne wie auch eine derartige Anlage mitsamt den Erträgnissen und Steuergesichtspunkten

---

[663] Im Einzelnen dazu BGH NZG 2010, 466 Rn. 16; BGH NZG 2010, 1272 Rn. 19.
[664] BGH NZG 2012, 147.
[665] *Wagner* BB 2002, 172.
[666] BGH NJW 2012, 846.
[667] *Wagner* BB 2002, 172; *Wagner* DStR 2005, 1449.
[668] *Wagner* BB 2002, 172; *Wagner* DStR 2005, 1449.
[669] *Wagner* BB 2002, 172; *Wagner* DStR 2005, 1449.

erst auf längere Sicht durchaus Sinn machen kann,[670] was einem Kapitalanleger bekannt sein muss.

**332** In diesem Zusammenhang gilt es gerade bei steuerorientierten Kapitalanlagen folgende Risikoverlagerung zu sehen: Seitdem die Finanzverwaltung bei Kapitalanlageangeboten vor dem Hintergrund des vormaligen § 2b EStG[671] das Werben mit Steuervorteilen – sei es im Prospekt oder auf andere Weise (zB im Internet) – für steuerschädlich ansah, unterblieb dies. Folglich war es seitdem Aufgabe des Kapitalanlegers, mit Hilfe seines Steuerberaters eigenverantwortlich zu prüfen, welche steuerlichen Folgen mit der angebotenen Kapitalanlage (anlagebezogen) verbunden waren und wie sie sich (anlegerbezogen) auf den Mandanten als Kapitalanleger auswirken konnten.[672] § 2b EStG und diese Praxis der Finanzverwaltung hatten dazu geführt, dass die Anbieterseite – um die Anerkennungsfähigkeit steuerlicher Effekte nicht zu gefährden – von der anlagebezogenen steuerlichen Darstellung entlastet wurde und dieser Part dann von dem Kapitalanleger und seinem Steuerberater selbst zu leisten waren.

**333** **i) Aufklärungspflichten betreffend Negativberichterstattungen?** Umstritten war, ob der Kapitalanlagevertrieb bzw. eine Bank, wenn sie Kapitalanlagen empfielt, über Negativberichterstattungen diverser Informationsdienste oder Wirtschaftsmagazine berichten müssen.[673] Anbieter, Initiatoren und Kapitalanlagevertriebe unterliegen kapitalanlagerechtlich aber nicht deshalb bezüglich jeder Art von Negativberichterstattung einer Informations- und Aufklärungspflicht gegenüber Kapitalanlegern, nur weil möglicherweise dies noch von Pressefreiheit gedeckt sein könnte.[674] Inzwischen hat der XI. Senat des BGH geklärt, dass Kapitalanlagevertriebe nicht über jede Negativberichterstattung in Brancheninformationsdiensten über von ihnen vertriebene Kapitalanlagen aufklären müssen, sodass sie auch keine diesbezügliche Recherchepflicht hat. Hat jedoch eine Bank Kenntnis von Negativberichterstattungen bei von ihr vertriebenen Kapitalanlageprodukten, dann muss sie darüber aufklären, sofern es sich nicht um eine vereinzelt gebliebene Publikation ist, die sich nicht durchgesetzt hat.[675] Davon weicht der III. Senat des BGH[676] in Nuancen ab, wenn er iudiziert, ein Anlageberater müsse sehr wohl sich aktuelle Informationen über das Anlageobjekt verschaffen, das er empfehlen wolle, wozu auch die die Auswertung vorhan-

---

[670] OLG Karlsruhe BKR 2002, 128.
[671] Aufgehoben durch Gesetz vom 22.12.2005 (BGBl. I 2005, 3683). § 2b EStG ist gemäß § 52 Abs. 4 EStG weiterhin anzuwenden auf Einkünfte, die der Steuerpflichtige nach dem 4.3.1999 und vor dem 11.11.2005 rechtswirksam erworben oder begründet hat.
[672] *Wagner* DStR 2005, 1449.
[673] Beispiele: OLG Düsseldorf WM 1996, 1082, 1085 f. betreffend kapital-markt intern (KMI), Gerlach-Report, Capital, Deutsches Ärzteblatt, Geld ABC; OLG Hamm 18.1.1999 – 6 U 01/98, n. V. betreffend Gerlach-Report; OLG Celle DB 2002, 2211; LG München BKR 2002, 467 wonach ein Anlageberater auf negative Äußerungen im „Gerlach-Report" hinweisen müsse. OLG Stuttgart 22.1.2007 – 10 U 189/06, WM 2007, 593, 594 lässt es offen, eine einzelne Volksbank über Negativberichterstattungen in Brancheninformationsdiensten (KMI oder Gerlach-Report) aufklären müsse. Wohl aber muss der Genossenschaftsverband bzw. eine Zentralbank, die zentral ein Prüfung vornimmt, Brancheninformationsdienste auswerten. AA: OLG Braunschweig WM 1993, 190 hält die Lektüre der Börsen-Zeitung für entbehrlich; OLG Hamburg WM 2001, 299, 304: Den Nachrichtendienst Kapital-Markt intern müsse man nicht kennen; OLG Frankfurt WM 2002, 1275, 1280: Keine Aufklärungspflicht betreffend Jahre zurückliegende Negativberichterstattungen eines Brancheninformationsdienstes. Nach OLG Stuttgart 15.12.2005 – 13 U 10/05, WM 2006, 1100, 1102 keine Aufklärungspflicht über Negativberichterstattung in der Wirtschaftswoche über Dreiländerfonds.
[674] *Assmann* ZIP 2002, 637; *Loritz* NZG 2002, 889; *Loritz* WM 2004, 957; *Wagner* WM 2002, 1037; *Wagner* WM 2003, 1158; *Wagner* BKR 2005, 436, jeweils mwN. Zur haftungsrechtlichen Seite von Brancheninformationsdiensten und der Wirtschaftspresse bei von Dritten „beeinflussten" Negativberichterstattungen siehe *Wagner* HdB, Fach 0303.
[675] BGH NJW 2008, 3700 Rn. 27 u. H. a. *Loritz* NZG 2002, 889, 896; OLG Celle WM 2012, 794, 797.
[676] BGH WM 2009, 688 Rn. 13 ff.; BGH NZG 2009, 2360 Rn. 16.

dener Veröffentlichungen in der Wirtschaftspresse gehöre, wenn es sich um zeitnahe und gehäufte Berichte gehandelt habe. Allerdings müsse der Anlageberater nicht sämtliche Publikationsorgane vorhalten, sondern müsse lediglich über eine ausreichende Anzahl an Informationsquellen handeln. Im Übrigen müsse es sich um aufklärungspflichtige Umstände handeln, wenn vorgenannte Kriterien zur Anwendung kommen sollen.[677] In der Rechtsprechung wird ferner eine nachwirkende Informationspflicht verneint – von Ausnahmefällen abgesehen –, auch betreffend negative Berichterstattungen.[678]

Vorgenannte Grundsätze werden auf die Treuhandkommanditistin übertragen. Auch **334** diese ist nicht verpflichtet, beitretende Anleger über jede Negativberichterstattung aufzuklären, zumal wenn diese vereinzelt geblieben sind.[679]

**j) Folgen von Aufklärungspflichtverletzungen.** Ist es aus Anlass von Vertragsverhandlungen zu Aufklärungspflichtverletzungen gekommen und möchte der Geschädigte am Vertrag festhalten, dann steht dem Geschädigten kein Anspruch auf Vertragsanpassung zu. Statt dessen kann der Geschädigte unter Festhalten am Vertrag den Vertrauensschaden geltend machen, um damit so gestellt zu werden, wie er gestanden hätte, wenn er günstiger erworben hätte.[680] Oder der Geschädigte kann verlangen, so gestellt zu werden, als hätte er bei gehöriger Aufklärung einen besseren Vertrag abgeschlossen.[681] **335**

Verjährungsrechtlich gilt bei Schadensersatzansprüchen wegen Aufklärungspflichtverletzungen, dass keine Einheitsbetrachtung angestellt wird, sondern jede selbständige Schädigung einen eigenen Ersatzanspruch mit jeweils eigenem Lauf einer Verjährungsfrist zur Folge hat.[682] Warum in diesem Zusammenhang seitens des BGH § 213 BGB unerwähnt bleibt, ist nicht erklärlich. **336**

**9. KWG.** Mit der am 5.6.1997 vom Gesetzgeber beschlossenen 6. KWG-Novelle[683] **337** wurden darin erfasste Finanzdienstleister einem Zulassungserfordernis und einer staatlichen Aufsicht unterworfen. Finanzdienstleister, die allerdings gesellschafterliche Beteiligungen wie Kommandit- oder GbR-Beteiligungen und stille Beteiligungen vertreiben, wurden davon nicht erfasst.[684] Schon deshalb war es ausgeschlossen, das Bundesaufsichtsamt für Finandienstleistungen für Fehlverhalten des Kapitalanlagevertriebes in Anspruch nehmen zu wollen, ganz abgesehen davon, dass dieses die ihm zugewiesenen Aufgaben nur im öffentlichen Interesse wahrnimmt (§ 4 Abs. 4 FinDAG).[685] Eine ganz andere Frage ist, ob das Genehmigungserfordernis des § 32 Abs. 1 Satz 1 KWG, wo es zum Tragen kommt, Schutzgesetz iSd § 823 Abs. 2 BGB zu Gunsten eines Kapitalanlegers ist. Dies wird vom BGH u. H. a. auf seine Rechtsprechung und die hM bejaht.[686]

Davon unabhängig ist die Frage, ob es für das Auflegen geschlossener Fonds der bankaufsichtsrechtlichen Genehmigung bedarf. Für geschlossene Immobilienfonds wäre dies mangels einer gesetzlichen Grundlage eigentlich zu verneinen gewesen. Aber inzwischen wird iudiziert, es liege ein erlaubnispflichtiges Einlagengeschäft gem. § 1 Abs. 1 KWG vor, wenn neben einer Kommanditbeteiligung eine Ausschüttungsgarantie vereinbart werde, weil dann **338**

---

[677] BGH WM 2009, 688 Rn. 15; BGH WM 2009, 460 Rn. 16.
[678] OLG Koblenz BKR 2007, 428f.; OLG Celle WM 2012, 794, 797.
[679] OLG Celle WM 2012, 794, 797.
[680] BGH NJW 2006, 3139 Rn. 21 f.
[681] BGH NJW 2006, 3139 Rn. 23.
[682] BGH BKR 2010, 118 Rn. 15; BGH WM 2011, 874.
[683] Zum Inkrafttreten der Einzelnen neuen Vorschriften siehe § 64e KWG.
[684] *Zimmer* DB 1998, 969, 973. Zur Erlaubnispflicht als Finanzkommissionsgeschäft (§§ 1 Abs. 1 Satz 2 Nr. 4, 32 Abs. 1 KWG), wenn sich Anleger als Kommanditisten an einer KG beteiligen, die Finanzinstrumente anschafft und veräußert: VG Frankfurt/Main WM 2005, 515.
[685] BGH NJW 2005, 742, 743 u. H. a. EuGH NJW 2004, 3479.
[686] BGH NJW 2005, 2703 mwN; BGH WM 2006, 1898 Rn. 13–14; BGH WM 2006, 1896 Rn. 12–13. Zum Erlaubnisvorbehalt in § 32 Abs. 1 Satz 1 KWG siehe ferner VGH Kassel BKR 2005, 160; OLG Celle BKR 2005, 65; *Binder* WM 2005, 1781; *Hanten* BKR 2005, 163; *Livonius* BKR 2005, 12.

der Eindruck einer verlustsicheren Geldanlage erweckt werde und nicht eine unternehmerische Beteiligung.[687] Für andere geschlossene Fonds, die Anleger-Gelder in Aktien, Schuldverschreibungen und/oder anderen Finanzinstrumenten anlegen, ist dies umstritten.[688]

**339**  **10. Geschlossene Immobilienfonds und Verbraucherschutz.** Bei geschlossenen Immobilienfonds – anders als im Kapitalmarktrecht des geregelten Marktes[689] – hat das Anlegerschutzrecht (Prospekthaftung, Anlagevermittler-/-beraterhaftung) in jüngster Zeit keine wesentlich neuen Impulse erfahren. Dafür hat neben dem Gesellschaftsrecht das Verbraucherschutzrecht für diese Kapitalanleger einen steigenden Stellenwert erfahren.[690] Wer als Kapitalanleger sich an einem geschlossenen Fonds beteiligt, handelt regelmäßig nicht zu gewerblichen Zwecken.[691] Im Hinblick auf das Verbraucherschutzrecht stellen sich mithin zwei Frage: Ist ein geschlossener Immobilienfonds in der Rechtsform einer GbR oder KG Verbraucher[692] und getrennt davon, sind die Anleger zB als Gesellschafter eines solchen Fonds Verbraucher?[693]

**340**  Unklarheiten bestehen beim geschlossenen Immobilienfonds als **GbR** dahingehend, ob dieser selbst Verbraucher (§ 13 BGB) sein kann[694] und zB die Rechte als Verbraucher im Rahmen eines Verbrauchervertrages (§ 310 Abs. 3 BGB) zB gegenüber dem Kreditinstitut geltend machen kann, bei welchem der Fonds seine Finanzierung aufgenommen hat.[695] Nach der Rechtsprechung des EuGH ist Verbraucher iSd Art. 2b) 93/13/EWG (VerbrRL) „ausschließlich eine natürliche Person."[696] Dagegen hatte der BGH[697] *zuvor* iudiziert, auch die GbR könne bei einem Kreditvertrag, den sie selbst abgeschlossen habe, Verbraucher im Sinne des VerbrKrG sein. Der BGH ging in seiner Entscheidung vom 23.10.2001[698] davon aus, soweit § 1 Abs. 1 VerbrKrG vom Verbraucher als natürlicher Person spreche, folge dies aus Art. 1 Abs. 2a VerbrKRL. Art. 1 Abs. 2a VerbrKRL ist aber nahezu wortgleich zu Art. 2b VerbrRL und es ist nicht erkennbar, dass der EuGH in beiden Richtlinien einen unterschiedlichen Verbraucherbegriff anwenden könnte.[699] In Anbetracht der Entscheidung des EuGH vom 22.11.2001,[700] die dem BGH bei seiner Entscheidung vom 23.10.2001[701] noch nicht bekannt sein konnte, ist mithin der gemeinschaftsrechtliche Einstieg des BGH nicht zwingend, im Gegenteil: Denn wenn der BGH § 1 Abs. 1 VerbrKrG als eine Folge des Art. 1

---

[687] OLG Schleswig ZIP 2012, 1066.
[688] Lt. *Wolf* DB 2005, 1723 bejaht das BaFin die Notwendigkeit einer bankaufsichtsrechtlichen Erlaubnis für solche geschlossenen Fonds. Dagegen *Wolf* DB 2005, 1723 ff., der meint, es liege die Verwaltung eigenen Vermögens und ein Handeln für eigene Rechnung vor, die nach § 1 Abs. 3 Nr. 1 und 5 iVm § 32 KWG vom Erlaubniszwang freigestellt sein.
[689] Zum Wertpapiermarkt *Caspari* NZG 2005, 98.
[690] Zu diesem Trend *Wagner* in FS Thode, S. 705 f. Auf EuGH WM 2005, 2079 und EuGH WM 2005, 2086 ist hier nicht einzugehen, da nicht zu Immobilienfondsbeteiligungen ergangen. Zu dieser Rechtsprechung: *Fischer* DB 2005, 2507. Zu den vorangegangenen Entscheidungen/Vorlagen LG Bochum NJW 2003, 281 und OLG Bremen ZIP 2004, 1253 siehe *Henze* in FS Röhricht, S. 201, 211. Zu den Grenzproblemen *Wagner* ZfIR 2005, 605, 618 ff.
[691] Unzutreffend daher *Hoppe/Lang* ZfIR 2002, 343, 344, die vom Gegenteil ausgehen.
[692] *Mülbert* WM 2004, 905.
[693] *Wagner* BKR 2003, 649.
[694] *Mülbert* WM 2004, 905, 907 f.
[695] *Wunderlich* BKR 2002, 304.
[696] EuGH EWS 2002, 36.
[697] BGH WM 2001, 2379. Dazu *Goette* ZNotP 2002, 366, 367; *Mülbert* WM 2004, 905.
[698] BGH WM 2002, 2379, 2380.
[699] *Mülbert* WM 2004, 905, 907: Das EG-Verbraucherrecht kenne nur die rein natürliche Person als Verbraucher. Soweit das EG-Recht im Gegensatz dazu von der juristischen Person spreche, sei damit – unabhängig von ihrer Rechtsfähigkeit – jede nach außen auftretende Organisation gemeint, also auch Gesamthandsgesellschaften. Der Begriff der juristischen Person iSd EG-Rechts entspreche nicht dem der deutschen Rechtssprache.
[700] EuGH EWS 2002, 35, 36.
[701] BGH WM 2002, 2379, 2380.

Abs. 2a VerbrKRL sieht und der EuGH in seiner Rechtsprechung beim Verbraucherbegriff von Art. 1 Abs. 2a VerbrKRL und Art. 2b VerbrRL nicht differenzieren würde, dann wäre Verbraucher im Sinne des Art. 1 Abs. 2a VerbrKRL **nur** eine natürliche Person, nicht aber eine GbR.[702] Fraglich bliebe dann, ob man mit dem BGH den Verbraucherbegriff des § 1 Abs. 1 VerbrKrG (jetzt § 491 Abs. 1 BGB) deshalb auch der GbR zuordnen könnte, weil dies der vom BGH[703] angesprochenen herrschenden Meinung im Fachschrifttum entspricht, selbst wenn dies gegen vorgenannte europarechtliche Grundsätze verstoßen würde. Zwar sind gemäß Art. 15 VerbrKRL die Mitgliedstaaten nicht gehindert, weitergehende **Vorschriften** zum Schutze von Verbrauchern zu erlassen, aber die Einbeziehung der GbR in den Verbraucherbegriff des § 1 Abs. 1 VerbrKrG (jetzt § 491 Abs. 1 BGB) wäre nicht das Ergebnis einer zu Gunsten von Verbrauchern von Art. 1 Abs. 2a VerbrKRL abweichenden nationalen Norm, sondern die Folge einer davon abweichenden **Rechtsprechung** des BGH. Dies wäre dann eine im nationalen Recht angesiedelte Rechtsfortbildung durch Richterrecht. Wenn aber dem nationalen Gesetzgeber verwehrt ist, den auf „rein natürliche Personen" begrenzten Verbraucherbegriff zu erweitern,[704] dann besteht keine gesetzliche Regelungslücke, die durch Richterrecht des BGH gefüllt werden könnte.[705]

Es bleibt Rechtsunsicherheit: Mit der Rechtsprechung des BGH[706] ist die GbR rechtsfähig, weil sie durch Teilnahme am Rechtsverkehr Rechte und Pflichten begründen kann. Sie füllt damit die Legaldefinition des § 14 Abs. 2 BGB aus und ist damit Unternehmer iSd § 14 Abs. 1 BGB.[707] Die GbR kann aber schlechterdings nicht kraft Gesetzes (§ 14 BGB) Unternehmer und qua Rechtsprechung des BGH zu § 1 Abs. 1 VerbrKrG (jetzt § 491 Abs. 1 BGB) Verbraucher sein. Hinzu kommt, dass weder die oHG noch die KG Normadressaten des § 1 Abs. 1 VerbrKrG (jetzt § 491 Abs. 1 BGB) sind[708] und zudem gemäß § 14 BGB Unternehmer und nicht Verbraucher sind. Es ist keine Rechtsgrundlage ersichtlich, dass die oHG und KG gemäß § 14 BGB Unternehmer sein sollen, die ebenfalls § 14 Abs. 2 BGB unterfallende GbR in Abweichung davon aber gemäß § 13 BGB Verbraucher sein soll. Es ist folglich nicht einsichtig, warum ein geschlossener Immobilienfonds als Publikums-*KG* nicht Normadressat des § 1 Abs. 1 VerbrKrG sein soll, ein *GbR*-Fonds nach der Entscheidung des BGH vom 23.10.2001 dagegen sehr wohl. Gleiche Fragen stellen sich zu § 310 Abs. 3 BGB.[709]

Unklar ist aber auch, ob **Kapitalanleger** Verbraucher iSd § 13 BGB sind.[710] Der BGH bejaht dies, das (ältere) Fachschrifttum zweifelt.[711]

Bei der Beteiligung von Kapitalanlegern an geschlossenen Immobilienfonds mit Beteiligungsfinanzierung spielen insbesondere folgende verbraucherschutzrechtliche gesetzliche Regelungen eine Rolle, wenn man von deren Verbrauchereigenschaft ausgeht:[712]

---

[702] *Mülbert* WM 2004, 905, 909; *Wagner* NZG 2000, 169, 173; *Wagner* BKR 2003, 649.
[703] BGH WM 2002, 2379, 2380.
[704] *Mülbert* WM 2004, 905, 909.
[705] AA *Mülbert* WM 2004, 905, 909 f., der im Ansatz meint, der Frage – von ihm im Ergebnis verneint – nachgehen zu können, ob der BGH durch analoge Rechtsanwendung des Verbraucherbegriffes auch auf nicht als Verbraucherkreise zu qualifizierende Personenkreise § 13 BGB erweiternd anwenden könne.
[706] BGHZ 146, 341; BGH NJW 2002, 1207.
[707] OLG Koblenz ZfIR 2002, 897, 898.
[708] *Bülow*, VerbrKrG, 3. Aufl. 1998, § 1 Rn. 26.
[709] *Wagner* BKR 2003, 649; aA *Wunderlich* BKR 2002, 304.
[710] Verneinend *Wagner* BKR 2003, 649. Zum „verständigen" Verbraucher *Helm* WRP 2005, 931. Vom Verbraucherbegriff auch bei Kapitalanlegern dagegen ausgehend *Strohn* WM 2005, 1441, 1442 f.
[711] Bejahend: ohne weitere Thematisierung BGH NJW 2002, 957, 958. Verneinend/zweifelnd: *Dauner-Lieb/Dötsch* DB 2003, 1666, 1667; *Hadding* in Verbraucherkreditrecht, AGB-Gesetz und Kreditwirtschaft, 1990, S. 17, 24; *Soergel/Häuser*, BGB, 12. Aufl. 1997, § 1 VerbrKrG Rn. 18; *Wagner* NZG 2000, 169, 173; *Wagner* BKR 2003, 649.
[712] *Wagner* BKR 2003, 649.

344  – AGB-rechtliche Inhaltskontrolle gemäß § 310 Abs. 3 BGB;
345  – Widerrufsrecht bei Haustürgeschäften gemäß §§ 312 ff. BGB;
346  – Widerrufs- und Rückgaberechte bei Verbraucherverträgen gemäß §§ 355 ff. BGB;
347  – Verbraucherdarlehensvertrag gemäß §§ 491 ff. BGB und Widerrufsrecht gemäß § 495 BGB.

348  **a) Verbraucherschutz.** Maßstab nationaler gesetzlicher Regelungen, die Verbraucher betreffen, ist die europäische Verbraucherschutzrichtlinie 93/13/EWG vom 5.4.1993 (VerbRL).[713] Mißbräuchliche Klauseln in Verbraucherverträgen (§ 3 Abs. 1 VerbrRL) müssen von nationalen Gerichten von Amts wegen festgestellt werden. Ist dies geschehen, ist das Gericht verpflichtet, die Prozessparteien über das Ergebnis seiner Prüfung zu informieren, um dem Verbraucher die Möglichkeit zu geben, sich zu entscheiden, ob er sich auf die Missbräuchkeit der Klausel und damit auf deren Unverbindlichkeit (Art. 6 Abs. 1 VerbrRL) berufen möchte oder nicht. Alle anderen Klauseln des Vertrages muss das Gericht berücksichtigen.[714]

349  Hierzu hat der EuGH[715] ferner iudiziert, eine innerstaatliche **Verfahrensbestimmung** sei mit der VerbRL nicht vereinbar, wenn sie es einem Verbraucher verwehre, sich vor Gericht auf die Mißbräuchlichkeit einer formularmäßigen Vertragsklausel[716] zu berufen, nur weil eine innerstaatliche gesetzliche Ausschlussfrist für die Erhebung einer Klage abgelaufen sei (sog Effektivitätsgrundsatz)[717]. Denn Verbraucher würden in der Regel erst dann auf Rechtsprobleme im Zusammenhang mit von ihnen abgeschlossene Verträge aufmerksam, wenn ihr Vertragspartner Maßnahmen gegen sie ergreife.[718] Damit ist (noch) nicht entschieden, ob vergleichbares auch für materiellrechtliche Ausschlussfristen (zB § 355 Abs. 1 BGB) bzw. Verjährungsfristen gilt.[719]

350  Der Schutz der VerbRL erstreckt sich auf den zwischen einem Gewerbetreibendem und einem Verbraucher geschlossenen Vertrag, der missbräuchliche Klauseln zu Lasten des Verbrauchers enthält. Eine missbräuchliche Klausel kann auch darin begründet sein, dass diese darauf zielt, den Verbraucher von einer Klage zwecks Geltendmachung seiner Rechte durch die damit für ihn zusammenhängenden Kosten abzuschrecken.[720] Damit spricht der EuGH auch insoweit den vorgenannten Effektivitätsgrundsatz an.[721] Diese Entscheidung kann für Kapitalanleger, die sich an geschlossenen Immobilienfonds beteiligt haben, insbesondere dann bedeutsam sein, wenn sie bei notleidenden Fonds seitens eines Kreditinstitutes aus einer notariellen Zwangsvollstreckungsunterwerfungserklärung (§ 794 Abs. 1 Nr. 5 ZPO) in Anspruch genommen werden und sich dieserhalb per Vollstreckungsgegenklage (§ 767 ZPO) wehren müssen und dafür mit folgenden Nachteilen zu rechnen haben:[722]

351  – Initiativlast, sich gegen die Zwangsvollstreckung wehren und Vollstreckungsschutz beantragen zu müssen.
352  – Dieserhalb mit Gerichtskosten in Vorlage treten zu müssen.
353  – Das Risiko tragen zu müssen, Vollstreckungsschutz nicht zu erhalten.

---

[713] ABlEG Nr. L 95 vom 21.4.1993, S. 29.
[714] EuGH (Banif Plus Bank), NJW 2013, 987 Rn. 23 f., 27, 31, 36 und 41.
[715] EuGH EuZW 2003, 27. Dazu *Rott* EuZW 2003, 5.
[716] Für das deutsche Recht zu Gunsten von Verbrauchern gemäß § 310 Abs. 3 Nr. 2 BGB auf individualvertragliche Klauseln erweitert, was gemäß Art. 8 VerbRL zulässig ist.
[717] *Rott* EuZW 2003, 5.
[718] EuGH EuZW 2003, 27, 29.
[719] *Rott* EuZW 2003, 5.
[720] EuGH EuZW 2003, 27, 29. Zum Verbraucherleitbild der VerbRL bezüglich des rechtsunkundigen Verbrauchers, der auf Grund damit verbundener Kosten auf die Durchsetzung seiner Rechte verzichtet, siehe *Rott* EuZW 2003, 5, 6 u. H. a. EuGH NJW 2000, 2571 und EuGH NJW 2002, 281. In letzterer Entscheidung hatte der EuGH judiziert, ein Widerrufsrecht erlösche mangels Belehrung nicht, auch nicht nach Ablauf eines Jahres. Ferner *Wagner* BKR 2003, 649.
[721] *Rott* EuZW 2003, 5, 7.
[722] *Wagner/von Heymann* WM 2003, 2257, 2261; *Wagner* ZfBR 2004, 317, 326.

- Das Risiko tragen zu müssen, bei Vollstreckungsschutz gegen Sicherheitsleistung die 354 Sicherheit nicht aufbringen zu können bzw.
- den Nachteil tragen zu müssen, für den Fall der Sicherheitenaufbringung die eigene 355 Kreditlinie durch den abzuschließenden Avalkreditvertrag verkleinern zu müssen und die damit verbundenen Kosten (Avalprovision) tragen zu müssen.
- Nichtanwendbarkeit des § 717 Abs. 2 ZPO.[723] 356

Bleiben zB bei einem GbR-Fonds Nachschüsse aus und ist gesellschaftsvertraglich auch 357 keine Haftungsbegrenzung auf das Gesellschaftsvermögen vorgesehen gewesen, dann können Vertragspartner der GbR auf Grund der Außenhaftung ihrer Gesellschafter dort gegen diese aus einer notariellen Zwangsvollstreckungsunterwerfungserklärung vorgehen, wo die für die Gesellschaftsschuld der GbR im Wege der Außenhaftung akzessorisch haftenden Gesellschafter sich einer notariellen Zwangsvollstreckung in ihr Privatvermögen unterworfen haben (§ 794 Abs. 1 Nr. 5 ZPO).[724] Die Rechtsprechung sah darin zwar keinen Verstoß gegen AGB-Recht[725] und Art. 1 § 1 RBerG.[726] Aber es stellt sich damit die erstmals von *Thode* anlässlich einer Seminarveranstaltung bereits Ende 2000 aufgeworfene und von *Quack*[727] fortgeführte Frage, ob solche notariellen Zwangsvollstreckungsunterwerfungsklauseln im Hinblick auf das Gemeinschaftsrecht wirksam sind, als deren Folge der in Anspruch genommene Kapitalanleger als Verbraucher (§ 13 BGB) sich wehren möchte/muss. Mit vorgenannter Entscheidung des EuGH[728] kann die notarielle Zwangsvollstreckungsunterwerfungsklausel deshalb missbräuchlich iSd VerbRL sein, weil der Kapitalanleger durch die Einleitung einer Zwangsvollstreckung gegen ihn ungeachtet seiner Einwände gezwungen wird, sich per Vollstreckungsgegenklage (§ 767 ZPO) wehren zu müssen und dabei die zuvor dargestellten Risiken und Nachteile tragen muss. Die Kumulation dieser Belastungen kann dazu führen, dass er sich außerstande sehen kann, sein Rechte wahrzunehmen, als dessen Folge die Zwangsvollstreckung aus der notariellen Zwangsvollstreckungsunterwerfungserklärung bis zu seiner privaten Insolvenz führen kann.[729]

Aber es gilt, auch weitere gemeinschaftsrechtliche Bedenken zu würdigen: Die von 358 *Thode* und *Quack* aufgeworfene Frage, ob eine notarielle Zwangsvollstreckungsklausel in Verbraucherverträgen eine missbräuchliche Klausel im Sinne von Art. 3 Abs. 3 Anhang Ziff. 1. q) VerbRL sein kann, könnte dann zu bejahen sein, wenn dadurch dem Verbraucher die Möglichkeit der Verfolgung seiner Rechte bei Gericht genommen oder erschwert würde. *Quack* bejaht dies und kommt zu der Schlussfolgerung, eine Sicherungsabrede, die zur Vollstreckungsunterwerfung verpflichte, sei missbräuchlich im Sinne dieser Richtlinie. Da das Fachschrifttum sowie die Rechtsprechung sich mit dieser Fragestellung bisher nicht befasst haben, soll hier versucht werden, über allgemeine Grundsätze sich der Beantwortung dieser Frage zu nähern. Art. 3 Abs. 3 Anhang Ziff. 1. q) VerbRL enthält nur „Hinweise" und „keine erschöpfende Liste der Klauseln, die für missbräuchlich erklärt werden können." Ausgangspunkt ist Art. 3 Abs. 1 VerbRL, wonach nicht im Einzelnen ausgehandelte Vertragsklauseln als missbräuchlich anzusehen sind, „wenn sie entgegen Treu und Glauben zum Nachteil der Verbrauchers ein erhebliches und ungerechtfertigtes Mißverhältnis der vertraglichen Rechte und Pflichten der Vertragspartner" verursachen. Für die

---

[723] BGH WM 1977, 656; *Krüger* in MüKoZPO, 2. Aufl. 2000, § 717 Rn. 12; *Herget* in Zöller ZPO, § 717 Rn. 5.
[724] KG Berlin WM 2005, 596, 598.
[725] KG Berlin WM 2005, 596, 598.
[726] BGH ZIP 2005, 1361, 1363 f. So auch *Schimansky* WM 2005, 2209 ff. – Zur Kritik gegen diese BGH-Rechtsprechung: *Ulmer* ZIP 2005, 1341 ff. und *Habersack* BB 2005, 1695 ff. Differenzierend *Altmeppen* ZIP 2006, 1.
Nach OLG Brandenburg WM 2005, 463, 465 f. handelt ein die Fondsgesellschaft vertretender, rechtsgeschäftlich bestellter Geschäftsbesorger in eigener Angelegenheit.
[727] *Quack*, RPflStud 2002, 145.
[728] EuGH EuZW 2003, 27.
[729] *Wagner* ZfBR 2004, 317, 326.

richtlinienbezogene Beurteilung ist es irrelevant, ob die notarielle Zwangsvollstreckungsunterwerfung eine Prozesshandlung oder eine vertragliche Erklärung ist.[730] Denn es handelt sich jedenfalls um eine Klausel in einem Vertrag, die sich auf den Inhalt des Vertrages „gleich einer Vertragsklausel auswirkt."[731] Ausreichend ist, dass eine rechtlich verbindliche Willenseinigung zwischen Rechtssubjekten vorhanden ist,[732] ohne dass es auf die Unterscheidung zwischen schuldrechtlichem Verpflichtungs- und dinglichem Verfügungsgeschäft ankommt.[733] Also unterfällt die notarielle Zwangsvollstreckungsunterwerfung darunter, einerlei ob sie sich in einem Vertrag oder in einer Grundschuldbestellungsurkunde befindet. Erfasst werden auch solche Vereinbarungen, die auf die Sicherungspflicht durch eine notarielle Zwangsvollstreckungsunterwerfung zielen wie etwa bei der Sicherungsvereinbarung. *Wolfsteiner*[734] vertritt zur Rechtfertigung notarieller Zwangsvollstreckungsunterwerfungen die Meinung, es sei angemessen, dem Schuldner die Initiative aufzubürden, wenn er das Bestehen des Anspruchs des Gläubigers ausnahmsweise leugnen wolle, statt stets dem Gläubiger die Last der Klage aufzuerlegen. Dem ist nicht zu folgen. So kann ein einen Verbraucher aus einer notariellen Zwangsvollstreckungsunterwerfung treffender Nachteil sehr wohl missbräuchlich iSd Art. 3 Abs. 1 VerbRL sein. Denn mit der notariellen Vollstreckungsunterwerfungsklausel zu Lasten von Verbrauchern ist aus vorgenannten Gründen eine Erschwerung verbunden, Rechtsschutz bei staatlichen Gerichten zu erlangen, wird doch damit eine Rechtsschutzverlagerung beabsichtigt, indem bei einer notariellen Vollstreckungsunterwerfungsklausel der Verbraucher in eine Vollstreckungsgegenklägerrolle mit allen daraus resultierenden Erschwernissen gedrängt wird.[735]

**359** Aber es gilt auch Folgendes zu bedenken: Notarielle Vollstreckungsunterwerfungsklauseln können nicht nur zu einer Verlagerung der prozessualen Klägerrolle auf den Verbraucher führen, sondern auch dazu, dass die Rechte aus §§ 320 ff. BGB eingeschränkt werden. So wurde an anderer Stelle zu bedenken gegeben, ob in solchen Fällen nicht eine Äquivalenzverschiebung zu Lasten des Verbrauchers von solchem Gewicht gegeben sein könnte, dass Art. 3 Abs. 3 Anhang Ziff. 1o) VerbrRL tangiert sein könnte.[736] Denn der Verbraucher müsste sich per Vollstreckungsgegenklage gegen Forderungen des Gläubigers richten, womit die §§ 320 ff. BGB als Druckposition des Verbrauchers entwertet würden. Bei einem auf Grund notarieller Vollstreckungsunterwerfungsklausel von einem Gläubiger als akzessorisch Haftender für eine Schuld der GbR in Anspruch genommener Gesellschafter würde statt der §§ 320 ff. BGB er bei der Wahrnehmung seiner Rechte aus § 129 Abs. 1 und 3 HGB erschwert.

**360** Diese gemeinschaftsrechtlichen Überlegungen im nationalen Recht zur Geltung zu bringen[737] führt zu der Frage, ob eine notarielle Zwangsvollstreckungsunterwerfungsklausel wirksam wäre, wenn sie gegen vorgenannte Richtlinienbestimmungen verstoßen würde. Ob eine solche Rechtsfolge denkbar wäre, wenn man zB als Gesellschafter einer GbR bei einem notleidenden Fonds mit einer Vollstreckung seitens eines Gläubigers auf Grund einer notariellen Vollstreckungsunterwerfungsklausel konfrontiert würde, wäre über Art. 229 § 5 Satz 1 EGBGB, § § 310 Abs. 3 Nr. 3 BGB[738] zu ermitteln. Ob eine notarielle Vollstreckungsunterwerfungsklausel wegen Verstoßes dagegen aber überhaupt unwirksam sein bzw. die Vollstreckungsfähigkeit des Titels Zulässigkeitsvoraussetzung einer Vollstreckungsgegenklage sein kann, hat der BGH[739] (noch) offen gelassen und ist im Übrigen höchst

---

[730] Nachweise bei *Wolfsteiner* in MüKoZPO, 2. Aufl. 2000, § 794 Rn. 145.
[731] *Pfeiffer* in Grabitz/Hilf, Das Recht der Europäischen Union, Bd. III, A 5 Rn. 12.
[732] *Wolf* in Wolf/Horn/Lindacher, AGBG, 4. Aufl. 1999, Art. 1 RiLi Rn. 26.
[733] *Pfeiffer* in Grabitz/Hilf, Das Recht der Europäischen Union, Bd. III, A 5 Rn. 13.
[734] *Wolfsteiner* in MüKoZPO, 2. Aufl. 2000, § 794 Rn. 129.
[735] *Wagner* ZfBR 2004, 317, 325 f.
[736] *Wagner* ZNotP 2002, Beilage 1, S. 12.
[737] EuGH NJW 2005, 3551 Rn. 71.
[738] = § 24a Nr. 3 AGBG aF.
[739] BGHZ 118, 229, 232.

streitig.[740] Er geht von der Vollstreckungsfähigkeit des Titels aus, auch wenn er aus materiellrechtlichen Gründen unwirksam ist, schneidet aber materiellrechtliche Einwendungen nicht ab.[741] Ob diese Rechtsprechung für die zuvor angesprochene Thematik unter dem Blickwinkel der Entscheidung des EuGH vom 22.11.2002[742] sowie des Art. 3 Abs. 3 Anhang Ziff. 1. o) und q) VerbRL für die Vollstreckungsfähigkeit des Titels noch überzeugend ist, ist offen. Jedenfalls kann wie *Quack* zutreffend anspricht, auf einem weniger vermientem Gebiet die Frage des § 310 Abs. 3 Nr. 3 BGB iVm der VerbrRL thematisiert werden, nämlich ob eine Sicherungsabrede wirksam ist, die die Sicherungspflicht per notarieller Zwangsvollstreckungsunterwerfungserklärung zum Gegenstand hat. Würden akzessorisch für die Schuld der GbR haftende Gesellschafter auf Grund notarieller Zwangsvollstreckungsunterwerfungserklärung in Anspruch genommen werden, könnten sie folglich in der Vollstreckungsgegenklage (§ 767 ZPO) und dem Vollstreckungsschutzverfahren (§ 769 ZPO) nicht nur Einwände gemäß § 129 Abs. 1 und 3 HGB erheben, sondern zusätzlich zuvor thematisierte Fragen zur Sprache bringen.

Davon ausgehend, dass ein Fonds kein Verbraucher sondern ein Unternehmer ist (§ 14 Abs. 1 BGB) und ein Kapitalanleger als Verbaucher behandelt wird,[743] ist der Beitrittsvertrag zu einem geschlossenen Fonds ein Verbrauchervertrag,[744] für den die Folgen der §§ 355 ff. BGB gelten. Die Voraussetzungen des verbundenen Geschäfts von Beteiligung und Beteiligungsfinanzierung ergeben sich insbesondere aus § 358 Abs. 3 Satz 3 BGB.[745] Dies ist für die Frage bedeutsam, welche Folgen ein Widerruf der Beteiligung gemäß § 355 BGB haben kann.[746] **361**

**b) Verbraucherkredit.** Finanziert ein Kapitalanleger die von ihm zu erbringende Einlage seiner Fondsbeteiligung oder den Kaufpreis für den Erwerb eines Fondsanteils, so handelt es sich nach der Rechtsprechung des II. Senates des BGH um verbundene Verträge iSd § 359 BGB (= § 9 Abs. 3 VerbrKrG aF),[747] wobei die Reihenfolge des Abschlusses von Beteiligungs- und Anteilsfinanzierungskreditvertrag[748] unerheblich ist.[749] Die wirtschaftliche Einheit zwischen Beteiligung und Anteilsfinanzierung wird dann unwiderleglich vermutet, wenn sich der Kreditgeber bei der Vorbereitung oder dem Abschluss des Kreditvertrages bei Fonds zB des Fonds bzw. seiner Gründungsgesellschafter bzw. deren Vertriebsorganisation bedient. Davon ist ua dann auszugehen, wenn der Anteilsfinanzierer anläßlich des Fondsbeitritts dem Vertriebsbeauftragten des Fondsbetreibers Unterlagen für die Anteislfinanzierung mitgegeben hat, sodass der Anlageinteressent mit den Beitrittsunterlagen auch **362**

---

[740] Nachweise bei *Wolfsteiner* in MüKoZPO, 2. Aufl. 2000, § 794 Rn. 131 FN 282.
[741] BGH 14.5.1992 – VII ZR 204/90, BGHZ 118, 229, 234.
[742] EuGH EuZW 2003, 27.
[743] *Armbrüster* ZIP 2006, 406; zweifelnd *Wagner* BKR 2003, 649.
[744] Zu den Grenzproblemen von Gesellschaftsrecht und Verbraucherschutzrecht bei geschlossenen Immobilienfonds nach nationalem Recht und Gemeinschaftsrecht *Wagner* ZfIR 2005, 605, 618 ff.
[745] *Artz* BKR 2002, 603, 608; *Fischer* DB 2004, 1651.
[746] *Schleicher* BKR 2002, 609; *Fischer* DB 2004, 1651.
[747] BGH NJW 2003, 2821, 2822; BGH NJW 2004, 2736; BGH NJW 2004, 2731; BGH NJW 2004, 2742; BGH NJW 2004, 3332; BGH BKR 2005, 73; BGH BB 2005, 624. Im Gegensatz dazu verneint das OLG Bamberg WM 2005, 593 ein verbundenes Geschäft bei einer Anteilsfinanzierung selbst dann, wenn der Anlagevermittler zugleich auch den Kreditvertrag vermittelt und sich dabei der Abschlussformulare der Kreditinstitutes bedient hat. Ablehnend auch OLG Schleswig ZIP 2005, 1127; *Edelmann* BKR 2005, 394; *Jork/Engel* BKR 2005, 3. Zur Entwicklung der BGH-Rechtsprechung: *Henze* in FS Röhricht, S. 201, 205 ff.; *Kiethe* DStR 2005, 1904; *Kindler* ZGR 2006, 167, 168, 170 f.; *Schäfer* BKR 2005, 98.
[748] Zum Verbraucherkreditvertrag und dem darin anzugebenden Gesamtbetrag inkl. aller „sonstigen Kosten" siehe § 492 Abs. 1 Satz 4 Nr. 2 BGB und BGH BKR 2005, 63, 64: Gesamtbetrag erfordert keine Aufschlüsselung. Zur fehlenden Verpflichtung einer Gesamtbetragsangabe bei § 4 VerbrKrG idF bis 30.4.1993: BGH WM 2005, 327.
[749] OLG Stuttgart WM 2005, 972, 976.

einen Kreditantrag an das Kreditinstitut stellen kann.[750] In solchen Fällen kann ein Anleger, wenn er unter Verletzung von Aufklärungspflichten oder durch Täuschung zum Fondsbeitritt veranlasst wurde, jederzeit nach den Grundsätzen des fehlerhaften Beitritts seine Mitgliedschaft im Fonds aus wichtigem Grund kündigen und ex nunc aus dem Fonds ausscheiden.[751] Zugleich kann der Anleger die daraus resultierenden Ansprüche gemäß § 359 BGB (= § 9 Abs. 3 VerbrKrG aF) und alle Ansprüche dem Rückzahlungsanspruch des Anteilsfinanzierers entgegenhalten, die er gegen die Gründungsgesellschafter des Fonds und die Initiatoren, maßgeblichen Betreiber, Manager, Prospektherausgeber und sonst für den Anlageprospekt Verantwortlichen hat, sodass aufgrund verbundenen Geschäfts der Anleger dann nicht zur Rückzahlung der Anteilsfinanzierung verpflichtet ist.[752] Soweit vertreten wird, der Anleger habe aber der anteilsfinanzierenden Bank nach Kündigung seiner fehlerhaften Beteiligung ex nunc aus wichtigem Grund seinen bei notleidenden Fonds wertlosen Abfindungsanspruch entgegen zu halten,[753] wird verkannt, dass bei notleidenden GbR-Fonds der kündigende Anleger sich plötzlich einer Fehlbetragshaftung gemäß § 739 BGB ausgesetzt sieht.

363 Diese Anlegerrechte unterliegen – anders als Schadensersatzansprüche – nicht der Verjährung sondern allenfalls der Verwirkung.[754]

364 Neben vorgenannten Rechten steht dem Anleger nach der Rechtsprechung des II. Senates des BGH gegen den Anteilsfinanzierer ein Anspruch ein Rückzahlungsanspruch auf bisher Gezahltes zu. Im Wege des Schadensersatzanspruches kann der Anleger verlangen, so gestellt zu werden, als wenn er dem Fonds nicht beigetreten wäre und den Anteilsfinanzierungskreditvertrag nicht abgeschlossen hätte.[755] Diese Rechtsprechung basiert auf dem Grundgedanken, das Anlagerisiko bei verbundenen Geschäften dann nicht beim Anleger zu lassen, wenn er unter Verletzung von Informationspflichten oder mittels Täuschung dazu veranlasst wurde, dem Fonds beizutreten und eine Anteilsfinanzierung einzugehen.[756]

365 Lässt sich das Abfindungsguthaben des Anlegers für den Anteilsfinanzierer nicht realisieren, so haften die Mitgesellschafter des Fonds nicht analog § 128 HGB.[757]

366 In seiner Entscheidung vom 13.12.2001 hat der EuGH[758] entschieden, dass die VerbrKRL und die HaustürRL nebeneinander stehen und in keinem Stufen- oder Subsidiaritätsverhältnis zueinander stehen. Folglich sei der deutsche Gesetzgeber daran gehindert, durch ein Stufenverhältnis von HWiG zu VerbrKrG bei Haustürsituationen betreffend den Abschluss des Kreditvertrages das Widerrufsrecht nach dem HWiG vermittels des VerbrKrG einzuschränken. Kapitalanleger, die sich an geschlossenen Immobilienfonds beteiligen und ihre Einlage finanzieren, werden diese Beteiligungs-Finanzierung jedoch in aller Regel nicht auf der Fonds-Immobilie absichern, sodass es sich dann um keinen Realkredit handelt.[759] Lag bei Begründung der Beteiligungsfinanzierung eine Haustürsituation

---

[750] BGHZ 133, 254, 259; BGHZ 150, 248, 263; BGH NJW 2003, 2821, 2822; BGH NJW 2004, 2742; OLG Stuttgart WM 2005, 972, 976; *Henze* in FS Röhricht, S. 201, 206 f.; *Nittel* NJW 2004, 2712; *Schäfer* DStR 2004, 1611; kritisch *Jork/Engel* BKR 2005, 3, 6 f., 9 f.; *Wolf/Großerichter* ZfIR 2005, 1 und 41.

[751] BGH NJW 2004, 2742; *Kindler* ZGR 2006, 167, 172 f.

[752] BGH NJW 2003, 2821, 2823; BGH NJW 2004, 2742; BGH 2005, 624, 625; *Henze* in FS Röhricht, 2005, Seite 201, 209 f.; *Kindler* ZGR 2006, 167, 172 f.; *Nittel* NJW 2004, 2712, 2713; *Strohn* WM 2005, 1441, 1445 f.

[753] *Kindler* ZGR 2006, 167, 175.

[754] BGH NJW 2003, 2821, 2823.

[755] BGH NJW 2004, 2742; BGH WM 2005, 547, 548; *Strohn* WM 2005, 1441, 1445 f.

[756] BGH NJW 2003, 2821, 2823.

[757] BGH NJW 2003, 2821, 2824.

[758] EuGH NJW 2002, 281 = BKR 2002, 76 mit Anm. *Edelmann* und *Frisch*; *Strohn* WM 2005, 1441, 1446 f.; *Wagner* BKR 2002, 194.

[759] Zum Unterschied von Immobiliarkredit und Realkredit siehe *Wagner* NZG 2000, 169, 173: Der Immobiliarkredit wird für eine Immobilie aufgenommen, nicht aber auf dieser besichert, der Realkredit wird auf einer Immobilie besichert, nicht aber unbedingt für eine Immobilie aufgenommen.

vor, so richten sich Widerrufsfolgen zunächst gemäß § 312a BGB nicht nach § 312 BGB, sondern nach § 495 Abs. 1 BGB.[760] Ob dies in Anbetracht der unterschiedlichen Schutzrichtungen von Haustürwiderrufsrecht und Verbraucherkreditrecht gemeinschaftsrechtskonform ist, ist noch nicht abschließend geklärt.[761] Es ist in Anbetracht der Rechtsprechung des EuGH[762] nicht abschließend geklärt, ob die zeitliche Begrenzung des Widerrufsrechts auf nunmehr 2 Wochen bei Belehrung vor Vertragsabschluss (§§ 495 Abs. 1, 355 Abs. 1 Satz 2 BGB) bzw. 1 Monat bei Belehrung nach Vertragsabschluss (§§ 495 Abs. 1, 355 Abs. 1 Satz 3 BGB) und maximal 6 Monate (§§ 495 Abs. 1, 355 Abs. 3 Satz 1 BGB)[763] dieser Rechtsprechung stand hält.[764] Immerhin erlischt das Widerrufsrecht nicht, wenn der Verbraucher über sein Widerrufsrecht nicht ordnungsgemäß belehrt wurde (§ 355 Abs. 3 Satz 2 BGB),[765] wozu allerdings die Verletzung von Informationspflichten nicht gehören soll.[766] Auch kennt die VerbrKRL ein Widerrufsrecht nicht.[767] Folglich kann sich die Fristenfrage allenfalls beim Haustürwiderrufsrecht (§§ 312 Abs. 1 Satz 1, 355 Abs. 1 BGB) stellen, da in Art. 5 HausTRL ein Widerrufsrecht vorgesehen ist.[768]

Hat der Kapitalanleger als Verbraucher im Hinblick auf eine von ihm aufgenommene **367** Beteiligungsfinanzierung ein Widerrufsrecht und dieses gegenüber dem Kreditinstitut fristgerecht ausgeübt (§§ 355 Abs. 1 Satz 1, 495 Abs. 1 BGB), so muss er an das Kreditinstitut keine weiteren Zahlungen mehr vornehmen. Er hat ferner gegen das Kreditinstitut einen bereicherungsrechtlichen Rückzahlungsanspruch (§ 812 Abs. 1 BGB) im Hinblick auf die von ihm auf das Darlehen bereits vorgenommene Zahlungen (Tilgung und Zinsen). Umgekehrt hat auch das Kreditinstitut gegenüber dem Kapitalanleger einen Bereicherungsanspruch (§ 812 Abs. 1 Satz 1 BGB) auf sofortige Zahlung des dem Kapitalanleger gewährten Darlehensbetrages zuzüglich einem angemessenen Zinssatz.[769] Beides wird nach neuem Recht saldiert.[770] Hat aber der Kreditnehmer das Darlehen nicht erlangt, dann muss der Kreditgeber das Darlehen beim Zahlungsempfänger zurückfordern.[771] Mit dem EuGH[772] besteht zwar nach Widerruf eine sofortige Rückzahlungspflicht des Darlehens zuzüglich marktüblicher Verzinsung durch den Verbraucher auch dann, wenn seitens des Darlehensgebers die Belehrung (Art. 4 VerbrKRL) unterblieben ist. Aber der deutsche Mitgliedstaat muss für einen solchen Fall geeignete Maßnahmen treffen, damit der Verbraucher nicht die mit der sofortigen Rückzahlung verbundenen Risiken zu tragen hat. Und eine solche Rechtsfolge kann ein gemeinschaftskonform ausgestalteter Schadensersatzanspruch des

---

[760] *Meinhof* NJW 2002, 2273; *Westermann* ZIP 2002, 189, 190.
[761] *Dörrie* ZfIR 2002, 89, 95. Zweifelnd *Schleicher* BKR 2002, 609, 610.
[762] EuGH 13.12.2001 – Rs. C-481/99 (Heininger), NJW 2002, 281.
[763] Dazu *Artz* BKR 2002, 603, 604.
[764] *Fischer* DB 2002, 727; *Schleicher* BKR 2002, 609, 610; ähnlich schon zum alten Recht: OLG München WM 2002, 694; aA OLG Bamberg WM 2002, 537.
[765] *Habersack/Mayer* WM 2002, 253, 258 f.
[766] *Fischer* DB 2002, 1643, 1644.
[767] *Bülow* NJW 2002, 1145, 1150.
[768] *Bülow* NJW 2002, 1145, 1150.
[769] BGHZ 152, 331. Bestätigt durch EuGH 25.10.2005 – C-350/03 (Schulte), NJW 2005, 3551 Rn. 56, 88–89, 92–93, wonach der Begriff „entlassen ist" in Art. 5 Abs. 2 VerbrKRL dahingehend zu verstehen ist, dass der ursprüngliche Zustand wieder herzustellen ist und folglich der Darlehensbetrag zuzüglich maktübliche Zinsen zurückzuzahlen ist. So auch EuGH 25.10.2005 – C-229/04 (Crailsheimer Bank), NJW 2005, 3555. Zur Kritik an dieser Rechtsprechung des EuGH siehe *Fischer* DB 2005, 2507, 2509 f.
[770] *Schleicher* BKR 2002, 609, 611. Im Hinblick auf § 4 HWiG aF hatte der BGH WM 2002, 2501, 2502 entschieden, die wechselseitigen Bereicherungsansprüche von Darlehensgeber und Darlehensnehmer – jeweils zzgl. Zinsen – wären nicht zu saldieren, sondern „Zug um Zug" zu erfüllen.
[771] BGH WM 2008, 1211 Rn. 9.
[772] EuGH 25.10.2005 – C-350/03 (Schulte), NJW 2005, 3551 Rn. 101–102; EuGH 25.10.2005 – C-229/04 (Crailsheimer Bank), NJW 2005, 3555 Rn. 47.

Verbrauchers gem. § 280 Abs. 1 BGB wegen unterlassener Haustürwiderrufsbelehrung sein.[773]

**368** Verjährungsrechtlich ist folgendes zu beachten: Wurde der Kreditvertrag **vor** dem 31.12.2001 abgeschlossen, so ist auf dieses Schuldverhältnis das VerbrKrG anwendbar (Art. 229 § 5 Satz 1 EGBGB). Erfolgt der Widerruf nach dem 31.12.2001, so entsteht der jeweilige Bereicherungsanspruch zwar erst dann, aber die wechselseitigen Bereicherungen sind bereits von Anfang an eingetreten.[774] Folglich ist auf diese Bereicherungsansprüche Art. 229 § 5 Satz 1 EGBGB anzuwenden:

**369** Der Bereicherungsanspruch von Anlegern auf Rückzahlung rechtsgrundlos erbrachter Zinsen und Tilgungsleistungen unterfiel bei vorzeitiger Rückzahlung nicht der kurzen Verjährungsfrist des § 197 BGB aF,[775] sondern gem. Art. 229 § 5 Satz 1 EGBGB, § 195 BGB aF der regelmäßigen 30-jährigen Verjährung.[776] Auch der bereicherungsrechtliche Rückzahlungsanspruch der Bank gegen den Zahlungsempfänger unterlag gem. Art. 229 § 5 Satz 1 EGBGB, § 195 BGB aF der regelmäßigen 30-jährigen Verjährung. Folglich finden auf diese Ansprüche die verjährungsrechtlichen Regelungen des BGB in der ab dem 1.1.2002 geltenden Fassung Anwendung (Art. 229 § 6 Abs. 1 Satz 1 EGBGB). Da die Bereicherungen vor dem 31.12.2001 eingetreten sind, so begann gemäß Art. 229 § 6 Abs. 4 Satz 1 EGBGB ab 1.1.2002 die 3-jährige Verjährungsfrist des § 195 BGB nF an zu laufen, sodass am 31.12.2004 Verjährung eingetreten ist.[777] Die hM in Literatur[778] und Rechtsprechung,[779] die im Gegensatz zu *Assmann/Wagner*[780] zusätzlich zu Art. 229 § 6 Abs. 1 Satz 1 EGBGB die Berücksichtigung der subjektiven Komponente des § 199 Abs. 1 Nr. 2 BGB nF forderte, blenden die ständige Rechtsprechung des BVerfG aus, die Interpretationen gegen den eindeutigen Gesetzeswortlaut ausschließt,[781] worauf *Assmann/Wagner* hinweisen.[782] Ist Beteiligungsfinanzierung und Beteiligung ein verbundenes Geschäft (§ 9 Abs. 3 Satz 1 VerbrKrG), dann kann der Kapitalanleger gegenüber dem Kreditinstitut, das vor dem 31.12.2004 eigene Kreditansprüche auf Grund Bereicherungsrecht nicht gerichtlich geltend gemacht hat, die Einrede der Verjährung entgegenhalten, die er auch aus dem Beteiligungsverhältnis erheben könnte, wenn die Verjährung dort kürzer wäre.[783] Ansonsten trat bei Altverträgen die Verjährung von Rückerstattungsansprüchen, die nach dem bis zum 31.12.2001 geltenden Recht einer 30-jährigen Verjährung unterlagen, gemäß Art. 229 § 6 Abs. 4 Satz 1 EGBGB am 31.12.2004 ein.[784]

---

[773] *Hoffmann* ZIP 2005, 1985, 1991 f.

[774] Ähnlich BGH NJW 1996, 990, 991 zu Art. 232 EGBGB § 1.

[775] BGH BKR 2008, 330 Rn. 12–15.

[776] BGH BKR 2008, 330 Rn. 16.

[777] BGH BKR 2008, 330 Rn. 16; *Assmann/Wagner* NJW 2005, 3169 mwN; ähnlich *Loritz* ZfIR 2005, 709.

[778] *Schmidt-Rätsch* in Erman, BGB, 11. Aufl. 2004, Anh. Vor § 194 Art. 229 Rn. 9; *Gsell* NJW 2002, 1297, 1298; *Heß* NJW 2002, 253, 257; *Kandelhard* NJW 2005, 630; *Mansel* in Dauner-Lieb/Heidel/Lepa/Ring, Schuldrecht, 2002, EGBGB 229 § 6 Rn. 22; *Piekenbrock* AnwBl. 2005, 737; aA *Assmann/Wagner* NJW 2005, 3169; *Loritz* ZfIR 2005, 709, 712; *Weyer* BauR 2005, 1361 Fn. 3.

[779] OLG Dresden 5.7.2005 – 8 U 560/05, n. V.; OLG Stuttgart ZIP 2005, 2152, 2156; OLG Bamberg NJW 2006, 304; OLG Braunschweig ZIP 2006, 180, 183.

[780] *Assmann/Wagner* NJW 2005, 3169; *Assmann/Wagner* ZfIR 2007, 562.

[781] BVerfGE 1, 299, 312; BVerfGE 13, 261, 268; BVerfGE 20, 283, 292 f.; BVerfGE 31, 255, 264; BVerfGE 45, 393, 420; BVerfGE 49, 168, 181; BVerfGE 78, 205, 212; BVerfGE 103, 332, 384; BVerfGE 108, 186, 234; BVerfGE 110, 370, 396.

[782] *Assmann/Wagner* NJW 2005, 3169, 3172 Fn. 21.

[783] Ähnlich BGH BKR 2002, 29, 31, wonach der Darlehensnehmer (Verbraucher) dem Darlehensgeber gegenüber so stehen soll, wie wenn mangels Drittfinanzierung nur ein Zwei-Personen-Verhältnis bestanden hätte. Siehe auch OLG Stuttgart ZIP 2001, 1321, 1323 als Vorinstanz; ferner ebenso *Mankowski* WuB I E 2. – § 9 VerbrKrG 1.02. Insoweit kann sich aber in der Praxis die Frage stellen, ob die Fondsbeteiligung begründet oder durch Beteiligungsverkauf und -abtretung erworben wurde.

[784] BGH BKR 2008, 330 Rn. 16; *Assmann/Wagner* NJW 2005, 3169; *Dörrie* ZfIR 2004, 89, 97 f.

Finanziert der Kapitalanleger als Verbraucher seine Beteiligung an einem geschlossenen **370** Immobilienfonds, so kommt es vor, dass für solche Anteilsfinanzierungen eine grundpfandmäßige Absicherung auf der Fondsimmobilie vorgenommen wird.[785] Nach der Rechtsprechung des II. Senats des BGH[786] sind damit die Voraussetzungen eines sog Realkreditvertrages gegeben, wenn aus Anlass der Anteilsfinanzierung eine Grundpfandabsicherung vorgenommen wird, nicht jedoch dann, wenn schon vor Beitritt und Anteilsfinanzierung ein Globalgrundpfandrecht im Grundbuch eingetragen war, das im Rahmen der Anteilsfinanzierung durch eine entsprechende Zweckbestimmungserklärung nur genutzt wird. Das Vorliegen eines Realkreditvertrages zum Zwecke der **Anteilsfinanzierung** wird bei geschlossenen Immobilienfonds unter diesen Voraussetzungen der Rechtsprechung des II. Zivilsenates des BGH eher die Ausnahme sein und soll daher hier nicht weiter vertieft werden.

c) **Haustürgeschäft.** Ist ein (beteiligungsfinanzierter) Fondsbeitritt auf Grund einer **371** Haustürsituation zustandegekommen, dann kann sich die Frage stellen, den Fondsbeitritt zu widerrufen bzw. im Falle eines verbundenen Geschäfts auch die Anteilsfinanzierung.[787]

Eine Haustürsituation ist nicht nur in denen in § 312 Abs. 1 Satz 1 HGB geregelten Fällen **372** gegeben, sondern auch dann, wenn ein Kunde in seiner Wohnung[788] für ein Kapitalanlageprodukt interessiert wird (anbieterorientierte Kontaktaufnahme) und weitere Gespräche dann in den Geschäftsräumen des vermittelnden oder anbietenden Unternehmens stattfinden.[789] Diese Haustürsituation muss für den späteren Vertragsabschluss (mit) ursächlich geworden sein.[790] Dabei muss zunächst zwischen der Haustürsituation im Hinblick auf den Fondsbeitritt und bezüglich des Kreditvertrages unterschieden werden.[791] Erst dann kann der Frage nachgegangen werden, ob dann, wenn die Haustürsituation nur bei einem von beidem gegeben war, zwischen beidem ein verbundenes Geschäft oder eine wirtschaftliche Einheit anzunehmen ist. Letzteres wird dann angenommen, wenn sich der Darlehensgeber Funktionen des Verkäufers (zB Werbung, Vertrieb, rechtliche Ausgestaltung der Geschäfte) in einer Weise zu eigen gemacht hat, dass es gegen Treu und Glauben verstoßen würde, sich auf eine Trennung von Darlehensvertrag und Beteiligungsvertrag zu berufen.[792] Für den Fall eines Darlehensvertrages zur Finanzierung eines Immobilienfondsanteils und einem auf eine Immobilienfondsbeteiligung gerichteten Treuhand- bzw. Beteiligungsvertrag ist die Rechtsprechung bezüglich einer wirtschaftlichen Einheit zum alten Recht uneinheitlich.[793]

Die Haustürsituation muss demjenigen, dem gegenüber sich der Kunde darauf beruft, **373** zurechenbar sein.[794] In der Haustürsituation muss gegenüber dem Kunde eine Person tätig geworden sein, die zumindest im Interesse desjenigen tätig geworden ist,[795] dem gegenüber

---

[785] *Westermann* ZIP 2002, 189, 190.
[786] BGH ZIP 2004, 1394, 1398. Zum Realkredit im Europäischen Verbraucherschutzrecht *Hoffmann* ZIP 2002, 145.
[787] BGH WM 2004, 1527; BGH WM 2004, 1521; BGH WM 2005, 547; *Hoppe/Lang* ZfIR 2002, 343, 345; *Jork/Engel* BKR 2005, 3, 6; *Strohn* WM 2005, 1441, 1446 f.
[788] Telefonische Kontaktaufnahme reicht nicht: BGHZ 131, 385, 390; BGHZ 132, 1, 3 f. Zur Haustürsituation, wenn Gespräche in der Wohnung eines Dritten stattfinden: BGH WM 2005, 124, 125.
[789] BGHZ 131, 385, 390 f.; OLG Frankfurt WM 2002, 545, 547.
[790] BGHZ 131, 385, 392; OLG Frankfurt WM 2002, 545, 547; OLG Stuttgart WM 2005, 972, 977.
[791] BGH WM 2005, 547, 548 f.
[792] BGH NJW 2000, 3065, 3066; BGHZ 156, 46, 50; BGH WM 2004, 1525; BGH WM 2004, 1527; BGH WM 2004, 1518; BGH WM 2004, 1529; BGH WM 2004, 1521; BGH WM 2005, 547; BGH WM 2005, 547; OLG Köln WM 2002, 118, 122.
[793] *Bejahend:* BGH WM 2004, 1525; BGH WM 2004, 1527; BGH WM 2004, 1518; BGH WM 2004, 1529; WM 2004, 1521; BGH WM 2005, 547; BGH DB 2005, 1791 (alles II. Senat). *Verneinend:* BGH NJW 2000, 2270; BGHZ 152, 331, 336 (XI. Senat); OLG Köln WM 2002, 118, 122.
[794] BGH NJW 2003, 424; BGH BKR 2003, 747; BGH NJW-RR 2004, 1126; BGH NJW 2005, 2545; OLG Frankfurt WM 2002, 545, 547.
[795] BGH WM 2005, 124, 125; BGH WM 2005, 547 f.; OLG Frankfurt WM 2002, 545, 547: Handelt es sich um keinen Bevollmächtigten, soll ausreichend sein, dass aus Sicht des Kunden der die Haustürsituation Herbeiführende auch in das Zustandekommen des Vertrages für denjenigen einge-

der Kunde sich auf die Haustürsituation beruft; es darf sich also nicht um einen unabhängigen „beliebigen" Dritten (Maßstab § 123 Abs. 2 BGB) gehandelt haben.[796] Ist es ein Vertreter gewesen, so soll für die Frage, ob eine Haustürsituation vorgelegen hat, nach dem BGH[797] auf die Situation des Vertreters und nicht auf die des Vertretenen abzustellen sein. Soweit bei Kapitalanlage- und insbesondere bei Fondsmodellen Kapitalanleger bei Abschluss zB von Kreditverträgen von Treuhändern vertreten werden, die in der Regel Steuerberatungs- oder Wirtschaftsprüfungsgesellschaften sind, führt dort diese Rechtsprechung zu einem Entfallen gesetzlicher Regelungen betreffend Haustürsituationen in Vertreterfällen. Dies aus folgendem Grund:

**374** Steuerberatungs- bzw. Wirtschaftsprüfungsgesellschaften als Bevollmächtigte werden in Ausübung ihres Berufes tätig, sind folglich Unternehmer iSd § 14 BGB. Da folglich kein solcher Bevollmächtigter in Kapitalanlagemodellen Verbraucher (§ 13 BGB) sein kann, kann es die in der Rechtsprechung des BGH[798] angesprochene Haustürsituation eines Vertreters bei Kapitalanlagemodellen bezogen auf Treuhänder und Geschäftsbesorger rechtlich im Hinblick auf den **Abschluss** von Verträgen nicht geben. Denn der Treuhänder als GmbH kann nicht gleichzeitig Verbraucher iSd § 13 BGB und Unternehmer iSd § 14 BGB sein. Die Konsequenz der Rechtsprechung des XI. Senates des BGH wäre, dass es schon deshalb den Schutz von Kapitalanlegern als Verbrauchern bezüglich der von solchen Bevollmächtigten für sie abgegebenen Willenserklärungen nach den Haustürwiderrufsvorschriften nicht geben würde, weil ein solcher Bevollmächtigter niemals Verbraucher sein könnte und bei einem Unternehmer keine Haustürsituation eintreten kann. Gerade dort, wo der Kapitalanleger wegen vermehrt auftretender Haustürsituationen des Schutzes bedürfte, würde sie ihm mit der Rechtsprechung des XI. Senates des BGH vorenthalten. Dies wiederum hätte zur Folge, dass Kapitalanleger sich zB bei von solchen Bevollmächtigten für sie abgeschlossenen Kreditverträgen mit der Rechtsprechung des XI. Senates des BGH nicht auf die §§ 312 ff. BGB berufen könnten.

**375** Diese Rechtsprechung ist dadurch hinfällig geworden, seitdem der EuGH[799] – wenngleich nicht zu einer Immobilienfonds-Beteiligung – entschieden hat, dass es für die Frage eines Haustürwiderrufsrechts nur darauf ankommt, ob **objektiv** eine Haustürsituation vorgelegen hat, nicht aber, dass diese einem Dritten zurechenbar sei oder der Dritte davon gewusst hatte oder hätte wissen müssen, dass der Vertragsabschluss in einer Haustürsituation erfolgt ist.[800] Dem hat sich inzwischen auch der II. Senat des BGH angeschlossen, wobei der XI. Senat des BGH nach Rückfrage keine Einwände hatte.[801] Allerdings darf die Haustürsituation nicht durch den Anleger herbeigeführt worden sein (§ 312 Abs. 1 Satz 1 Nr. 1 BGB).[802] Ob es mit der Rechtsprechung des EuGH[803] konform geht, zusätzlich zur Haustürsituation noch zu fordern, dass diese für Vertragsabschlüsse kausal gewesen sein muss,[804]

---

bunden war, dem gegenüber der Kunde sich auf die Haustürsituation beruft. Dafür kann ausreichend sein, dass es sich um keinen Einzelfall handelt und der Widerrufsadressat davon wusste und den Betreffenden gewähren ließ.

[796] BGHZ 131, 385, 391; OLG Frankfurt WM 2002, 545, 547.
[797] BGHZ 144, 223.
[798] BGHZ 144, 223.
[799] EuGH NJW 2005, 3555 Rn. 41–44; *Staudinger* NJW 2005, 3521, 3522.
[800] Die Frage der Zurechenbarkeit bereits offen gelassen bei OLG Stuttgart WM 2005, 972, 975; OLG Stuttgart WM 2005, 981, 983. Mitursächlichkeit haben ausreichen lassen BGH WM 2004, 2744; BGH WM 2004, 521; KG Berlin WM 2005, 2218, 2220.
[801] BGH ZIP 2006, 221, 222 f.
[802] KG Berlin WM 2005, 2218, 2220 zu § 3 Abs. 2 Nr. 1 HWiG aF.
[803] EuGH NJW 2005, 3555 Rn. 41–44.
[804] So aber BGH NJW 2003, 2529; BGH NJW 2004, 59; KG Berlin WM 2005, 2218, 2220. Mindestens Mitursächlichkeit gefordert wird in BGH NJW 2004, 2744. Aber alle diese Entscheidungen hatten sich mit der noch nicht bekannt/vorhanden gewesenen Entscheidung EuGH NJW 2005, 3555 Rn. 41–44 nicht befasst.

ist unklar.[805] Der EuGH[806] jedenfalls spricht das Kausalitätsmerkmal der Haustürsituation für den Vertragsabschluss nicht an. Und so hat der II. Senat des BGH[807] in Kenntnis der Rechtsprechung des EuGH die Mitursächlichkeit zwar gefordert, sie aber dahingehend definiert, dass es genüge, dass der später geschlossene Vertrag ohne die Haustürsituation nicht oder nicht so wie geschehen, zustandegekommen wäre.

§ 312 Abs. 3 Nr. 3 BGB legt es nahe, dass ein Widerrufsrecht bei notariell beurkundeten Willenserklärungen nicht gegeben sein soll. Folglich würde es dann auch keiner Widerrufsbelehrung bedürfen. Dagegen wird jedoch eingewandt, dass die Haustürwiderrufsrichtlinie (HausTRL) 85/577577/EWG es nicht vorsehe, ein Widerrufsrecht des Verbrauchers nur durch die notarielle Form entbehrlich zu machen.[808] Der Überraschungs- und Übervorteilungsschutz des Verbrauchers könne ferner durch die Belehrungspflichten des Notars dann nicht ausreichend geschützt werden, wenn der Verbraucher aufgrund anbieterinitiierter Verhandlungen bereits zum Vertragsschluss bestimmt worden sei und die notarielle Beurkundung nur eine bloße Formalität darstelle.[809] Hinzu kommt, dass bei einem verbundenen Geschäft die notarielle Beurkundung zB des Beitrittsvertrages die Beurkundungsform und notarielle Belehrung (§ 17 BeurkG) nicht auf den privatschriftlichen Anteilsfinanzierungsvertrag erstreckt.[810]

Beim Widerruf (§§ 312 Satz 1, 355 BGB) handelt es sich um ein Gestaltungsrecht des Verbrauchers. Der Widerruf ist gegenüber dem Vertragspartner zu erklären (§ 355 Abs. 1 Satz 2 BGB). Beim Fonds ist dies die Fondsgesellschaft bzw. bei mittelbarer Beteiligung die Treuhänderin mit Wirkung gegenüber dem Fonds,[811] bei der die Einlage finanzierenden Bank diese. Getrennt von der Frage, ob die Haustürsituation für Vertragsabschlüsse kausal gewesen sein muss, ist die Frage der Kausalität einer unterbliebenen Belehrung für die Bindung des Anlegers und dessen Widerrufsrecht. Hier hat der EuGH[812] entschieden, dass bei unterbliebener ordnungsgemäßer Belehrung der Anleger-Verbraucher es nicht vermeiden konnte, sich Risiken auszusetzen, sodass in einem solchen Fall einerseits die Kausalität gegeben ist und andererseits mangels Fristanlaufs auch das Widerrufsrecht so lange bestehen bleibt, bis eine ordnungsgemäße Belehrung nachgeholt worden ist.[813] Und weiterhin ist der Frage nachzugehen, welches Schicksal die Kapitalanlage genommen hätte, wenn der Anleger sofort widerrufen hätte.[814] Welche weitergehenden Konsequenzen aus der neueren – nicht zu Immobilienfonds-Beteiligungen ergangenen – Rechtsprechung des EuGH sich für Immobilienfondsbeteiligungen als Verbundgeschäfte mit unterbliebener ordnungsgemäßer Belehrung ableiten lassen, ist ungeklärt.[815]

Ob eine Widerrufsbelehrung, die sich auf den Verbraucherkredit bezieht, einer Widerrufsbelehrung aus Anlass des Haustürwiderrufs gleichzusetzen ist, ist streitig.[816] Fehlt eine ordnungsgemäße Widerrufsbelehrung, kann das Widerrufsrecht zeitlich unbefristet ausge-

---

[805] Würde man (Mit-)Kausalität fordern und wäre diese nicht gegeben, käme es auf die Frage ordnungsgemäßer Belehrung nicht mehr an: KG Berlin WM 2005, 2218, 2221.
[806] EuGH NJW 2005, 3551 Rn. 97 ff.; EuGH NJW 2005, 3555 Rn. 41–44.
[807] BGH ZIP 2006, 221, 222 u. H. a. BGHZ 131, 385, 392.
[808] OLG Stuttgart WM 1999, 2305, 2308.
[809] OLG Stuttgart WM 1999, 2305, 2308; OLG Karlsruhe BKR 2002, 593; *Fischer* ZfIR 2002, 19, 21; aA OLG Karlsruhe ZIP 2004, 946.
[810] KG Berlin WM 2005, 2218, 2221.
[811] BGH ZIP 2001, 1364; *Goette* ZNotP 2002, 366, 367.
[812] EuGH NJW 2005, 3551 Rn. 101; dazu *Hoffmann* ZIP 2005, 1985, 1989.
[813] *Hoffmann* ZIP 2005, 1985, 1989.
[814] EuGH NJW 2005, 3551 Rn. 97; dazu *Hoffmann* ZIP 2005, 1985, 1989.
[815] Allgemein *Hoffmann* ZIP 2005, 1985, 1991 ff.; *Hofmann* BKR 2005, 487, 491 f.; *Thume/Edelmann* BKR 2005, 477.
[816] *Verneinend*: BGH WM 2004, 1521; BGH WM 2004, 1579; BGH WM 2005, 547, 548; BGH ZIP 2006, 221, 223. *Bejahend*: OLG Stuttgart WM 2005, 972, 978 f.

übt werden (§ 355 Abs. 3 Satz 3 BGB).[817] Das Widerrufsrecht unterliegt keiner Verjährung.[818] Eine zeitliche Grenze wird nur durch die Verwirkung gesetzt, wenn deren Voraussetzungen vorliegen.[819]

379 Hat ein Kapitalanleger den zwecks Beitritts zu einer Fondsgesellschaft geschlossenen Treuhandvertrag und damit seine Beteiligung am Immobilienfonds diesem oder bei einer GbR den einzelnen Gesellschaftern gegenüber wirksam widerrufen,[820] weil die Voraussetzungen des § 312 BGB gegeben sind, so ist er verbraucherschutzrechtlich gemäß § 355 Abs. 1 Satz 1 BGB an seinen Beitrittsvertrag nicht mehr gebunden. Ist der Kapitalanleger nur mittelbar über einen schuldrechtlichen Treuhandvertrag beteiligt, so ist er an diesen nicht mehr gebunden. Ist er aber mittelbar[821] oder unmittelbar Gesellschafter geworden, so bewirkt dies nur, dass an Stelle der wirksamen gesellschaftsrechtlichen Beteiligung auf diese die Grundsätze der faktischen/fehlerhaften Gesellschaft anzuwenden sind,[822] während bezüglich der Anteilsfinanzierung bei verbundenem Geschäft er einwenden kann, so gestellt zu werden, als ob er sich nicht beteiligt hätte.[823] Alleine dadurch scheidet der Kapitalanleger aus dem Fonds aber noch nicht aus, vielmehr erhält er lediglich ein außerordentliches Kündigungsrecht bezüglich seiner Beteiligung ex nunc, sodass er bis dahin seinen Pflichten als Gesellschafter nachzukommen hat,[824] wobei er allerdings bei Ausübung dieses Kündigungsrechts auch auf die Belange der anderen Gesellschafter Rücksicht zu nehmen hat. Übt er dieses aus, so kann er aus der Gesellschaft ausscheiden, wenn dies ohne Nachteile für Gläubiger und Mitgesellschafter möglich ist. In einem obiter dictum hat der BGH[825] offen gelassen, ob dies auch dann möglich ist, wenn dadurch Gläubiger der Gesellschafter oder Mitgesellschafter Nachteile erleiden können. Immerhin gilt es zu bedenken, dass mit einem Ausscheiden bei einem GbR-Fonds seine Beteiligung anderen Mitgesellschaftern zuwachsen würde (§ 738 Abs. 1 Satz 1 BGB), mit der Folge, dass bei einem Not leidenden Fonds sich die Lasten quotal bei den verbleibenden Gesellschaftern im Innenverhältnis erhöhen würden. Und wären die Gründe, die zu einem Ausscheiden eines Gesellschafters führen, nicht nur bei diesem sondern bei anderen Gesellschaftern auch gegeben, so würde quasi ein Windhundrennen ausscheidender Gesellschafter zu Lasten verbleibender Gesellschafter eintreten.[826] Denkt man dies zu Ende, könnten alle Gesellschafter, wenn sie alle

---

[817] Zur Rechtslage für Fälle, auf die gemäß Art. 229 § 5 Satz 1 EGBGB noch „altes" Recht Anwendung findet: BGHZ 148, 201, 203 f. (10 Jahre); BGH WM 2005, 124, 126.
[818] OLG Stuttgart OLGR 1999, 231; OLG Stuttgart WM 2005, 981, 986.
[819] BGH ZIP 2006, 221, 223; OLG Stuttgart WM 2005, 972, 979.
[820] BGHZ 148, 201, 205.
[821] Zur mittelbaren gesellschaftsrechtlichen Beteiligung siehe *Wagner* ZfIR 1997, 199.
[822] EuGH 15.4.2010 – Rs. C-215/08 (Friz), NZG 2010, 501 Rn. 49–50 und als Folge davon BGH NZG 2010, 990; BGH NZG 2010, 1025 und BGH ZIP 2010, 2497. Zuvor BGHZ 148, 201, 207: „Für die Beendigung der Mitgliedschaft in einer Publikumsgesellschaft nach dem HaustürWG kann im Grundsatz nichts anderes gelten, weil bei in Vollzug gesetzter Gesellschaft nicht nur deren Gläubiger geschützt werden müssen, sondern auch sicherzustellen ist, dass die Mitgesellschafter des das Widerrufsrecht ausübenden Gesellschafters nicht schlechter als er selbst behandelt werden." Ebenso OLG Stuttgart ZIP 2002, 1885; *Goette* ZNotP 2002, 366, 367; *Schleicher* BKR 2002, 609, 611; *Westermann* ZIP 2002, 240, 242. In der späteren Rechtsprechung des BGH ist davon allerdings nicht mehr die Rede: BGHZ 156, 46, 56; BGH WM 2005, 547, 549.
[823] BGH WM 2005, 547, 549.
[824] *Westermann* ZIP 2002, 240, 244.
[825] BGH NJW 2001, 2718: „… Ungeachtet dessen hält das Berufungsurteil der revisionsrechtlichen Prüfung stand, weil im hier gegebenen Fall einer offensichtlich gesunden Fondsgesellschaft, die mit den ihr anvertrauten Anlagegeldern bestimmungsgemäß und erfolgreich verfahren ist, die Gefahr einer Schädigung der Gesellschaftsgläubiger oder einer Ungleichbehandlung der Mitgesellschafter des Klägers nicht besteht, …". Zur Kündigung zur Unzeit, weil auf das Fortbestandsinteresse einer Gesellschaft nicht Rücksicht genommen wurde: OLG Jena NZG 1998, 343, 346. Ferner *Wagner* DStR 2001, 1529, 1534 f.
[826] *Westermann* ZIP 2002, 240, 243.

faktische Gesellschafter wären, sich auf diese Weise von der GbR lösen und diese würde ohne jede Liquidation verschwinden. Weder kennt das deutsche Recht ein „Windhundrennen-Prinzip", noch kann sich eine GbR ohne Liquidation in nichts auflösen. Das obiter dictum des II. Senates des BGH[827] vermeidet mithin solche Konsequenzen. Darüber kann auch nicht die Erkenntnis hinweghelfen, dass bei einem Not leidenden GbR-Fonds der ausscheidende Gesellschafter dem Fonds aus Fehlbetragshaftung[828] einzustehen hat.

Denn in aller Regel zahlt der Ausscheidende nicht freiwillig, sodass die Fonds-GbR zusätzlich noch die kostenträchtige Initiativlast des Einklagens solcher Fehlbeträge hat, als deren Ergebnis dann, wenn der Ausgeschiedene gezahlt hat, die Fonds-GbR ihn gemäß § 738 Abs. 1 Satz 2 BGB von gemeinschaftlichen Schulden zu befreien hat.[829]

Es ist folglich zweifelhaft, ob ein Kapitalanleger aus einer **notleidenden** Fondsgesellschaft ausscheiden könnte, weil dadurch seine Beteiligung den verbliebenen Gesellschaftern anwächst und sich dadurch bei diesen durch Erhöhung ihrer jeweiligen Beteiligungsquote im Innenverhältnis Lasten kummulieren.[830] Würde aber der entsprechende Gesellschafter trotz Vorliegens der Voraussetzungen der §§ 312, 355 Abs. 1 BGB aus der Gesellschaft nicht ausscheiden können, dann könnte in Anbetracht der Rechtsprechung des XI. Senates des BGH[831] zweifelhaft sein, ob der Kapitalanleger sich über die Grundsätze des verbundenen Geschäftes von seiner Beteiligungsfinanzierung trennen könnte. Dies bejaht nunmehr der II. Senat des BGH.[832] Derzeit ungeklärt ist dann allerdings bei GbR-Fonds die Frage, ob der ausgeschiedene Anleger-Gesellschafter, der auch nicht mehr für die Rückzahlung seiner Anteilsfinanzierung einzustehen hat, weswegen das Kreditinstitut wegen unmittelbarer Zuwendung der Anteilsfinanzierung an den GbR-Fonds sich an den GbR-Fonds zu halten hätte, dann nicht doch auf Grund seiner akzessorischen Gesellschafterhaftung[833] im Wege der Nachhaftung für die Rückzahlungspflicht des Fonds einzustehen hat (§ 736 Abs. 2 BGB).[834]

Ist ein Kreditvertrag, der zur Finanzierung der Einlagepflicht des Kapitalanlegers von diesem abgeschlossen wurde, auf Grund einer Haustürsituation abgeschlossen worden, so handelt es sich bei einem solchen Kreditvertrag um einen Verbrauchervertrag, dessen Widerrufsvoraussetzungen sich nach den §§ 312, 355, 312a BGB richten. Hat der Kapitalanleger seinen Kreditvertrag wirksam widerrufen, so ist er auch an seine Fondsbeitrittserklärung nicht mehr gebunden, wenn beide Verträge eine wirtschaftliche Einheit bilden (§ 358 Abs. 2 BGB).[835] Ob dies der Fall ist, wird in der Rechtsprechung des BGH uneinheitlich iudiziert.[836] Dies ändert aber nichts daran, dass er damit noch nicht automatisch aus dem

---

[827] BGH NJW 2001, 2718.
[828] Entgegen *Westermann* ZIP 2002, 240, 244 geht es in diesem Fall nicht um ein Abfindungsguthaben des Ausscheidenden.
[829] *Ulmer* in MüKoBGB, 4. Aufl. 2004, § 738 Rn. 77: Dabei hat nicht der ausgeschiedene Gesellschafter im Hinblick auf den von ihm aufzubringenden Fehlbetrag ein Zurückbehaltungsrecht, bis die Gesellschaft ihm gegenüber eine Schuldbefreiung vorgenommen hat oder Sicherheit geleistet hat (§ 738 Abs. 1 Satz 3 BGB), vielmehr hat die Gesellschaft ihm gegenüber ein Zurückbehaltungsrecht bezüglich Schuldbefreiung bzw. Sicherheitengestellung, bis er den Fehlbetrag gezahlt hat.
[830] Dazu ausführlich *Wagner* DStR 2001, 1529, 1535 f.
[831] BGH NJW 2000, 3558; so auch OLG Dresden WM 2002, 1881, 1883.
[832] BGH WM 2004, 1518; BGH WM 2004, 1521; BGH WM 2004, 1525; BGH WM 2004, 1527; BGH WM 2004, 1529; BGH WM 2004, 1536; BGH WM 2004, 1675; BGH WM 2005, 124, 126; BGH WM 2005, 295, 297 f.
[833] BGHZ 146, 341; *Hadding* ZGR 2001, 712; *K. Schmidt* NJW 2001, 993; *Ulmer* ZIP 2001, 585; *Westermann* NZG 2001, 289.
[834] *Westermann* ZIP 2002, 189, 192; *Westermann* ZIP 2002, 240, 248 nennt dies eine „kroteske Konsequenz".
[835] *Artz* BKR 2002, 603.
[836] *Bejahend:* BGH WM 2004, 1525; BGH WM 2004, 1527; BGH WM 2004, 1518; BGH WM 2004, 1529; WM 2004, 1521; BGH WM 2005, 295, 297; BGH WM 2005, 547 f.; (alles II. Senat); OLG Stuttgart WM 2005, 972, 976. *Verneinend:* BGH NJW 2000, 2270 (XI. Senat); OLG Köln WM 2002, 118, 122.

Fonds ausgeschieden ist. Vielmehr ist er Gesellschafter des Fonds auf Grund fehlerhaften Beitritts (sog faktischer Gesellschafter). Ob er aus dem Fonds ausscheiden darf, hängt davon ab, ob dies ohne Nachteile für die Mitgesellschafter bzw. Gläubiger des Fonds möglich wäre. Würde der Kapitalanleger aus dem Fonds ausscheiden können, bliebe er aber in der Nachhaftung gemäß § 160 HGB (bei der GbR über § 736 Abs. 2 BGB iVm § 160 HGB) und hätte entweder auf Grund gesellschaftsvertraglicher oder gesetzlicher Regelungen bei der GbR entweder gemäß § 738 Abs. 1 Satz 2 BGB einen Abfindungsanspruch oder wäre gemäß § 739 BGB einer Fehlbetragshaftung ausgesetzt (bei der KG gemäß §§ 161 Abs. 2, 105 Abs. 3 HGB). Im letzteren Fall hätte allerdings der ausgeschiedene Gesellschafter nach Zahlung seines Fehlbetrages einen Schuldbefreiungsanspruch (§ 738 Abs. 1 Satz 2 BGB).

**383** Ist der Darlehensvertrag in einer Haustürsituation geschlossen worden, so entfällt das Widerrufsrecht nicht durch eine spätere Umschuldung.[837] Aufgrund eines Verbundgeschäftes kann dann der Anleger nicht nur seine fehlerhafte Beteiligung aus wichtigem Grund kündigen, sondern auch seine Abfindungsansprüche dem Anteilsfinanzierer entgegensetzen.[838] Bei einem notleidenden Fonds ist diese Aussage der Rechtsprechung nicht sehr zielführend, weil es sich nicht um Abfindungsansprüche (§ 738 Abs. 1 BGB) sondern um Fehlbetragshaftungsverpflichtungen (§ 739 BGB) handelt.[839] Ferner kann der ausscheidende Gesellschafter dem Anteilsfinanzierer die Schadensersatzansprüche entgegenhalten, die er gegen Dritte hat (Prospektverantwortliche, Gründungsgesellschafter etc.), verbunden mit dem Ziel, als Anleger so gestellt zu weden, als ob er dem nicht beigetreten wäre und keinen Anteilsfinanzierungsvertrag geschlossen hätte.[840] Wenn der BGH[841] allerdings ausführt, der ausscheidende Gesellschafter müsse dem Anteilsfinanzierer nicht nur seine diesbezüglichen Schadensersatzansprüche abtreten sondern auch seinen Fondsanteil, so ist letzteres nicht möglich, weil der Fondsanteil bei Kündigung der fehlerhaften Beteiligung aus wichtigem Grund den anderen Gesellschaftern angewachsen ist (§ 738 Abs. 1 BGB).[842] Schließlich hat der ausscheidende Gesellschafter gegen den Anteilsfinanzierer Anspruch auf Rückzahlung dessen, was der betreffende Gesellschafter an den Anteilsfinanzierer schon bezahlt hat.[843] Ob diese Risikoverlagerung vom Anleger auf den Anteilsfinanzierer mit dem verfassungsrechtlichen Verhältnismäßigkeitsgrundsatz noch in Einklang zu bringen ist, wäre einer Untersuchung wert.

**384** **11. Schiedsgerichtsverfahren.**[844] Auch bei geschlossenen Immobilienfonds kann im Gesellschaftsvertrag eine Schiedsklausel vorgesehen werden. Mit der Beitrittserklärung, in welcher auf den Gesellschaftsvertrag verwiesen wird, kommt eine Schiedsgerichtsvereinbarung zustande (§ 1031 Abs. 3 ZPO).[845] Bei Kapitalanlegern als Verbrauchern (§ 13 BGB), die als **neue** Gesellschafter beitreten – also eine Beteiligung erst begründen - ist jedoch das Formerfordernis des § 1031 Abs. 5 ZPO zu beachten, es sei denn, sie erwerben ihre Beteiligung durch Anteilsabtretung durch einen Gründungsgesellschafter.[846] Soll nach der Schiedsordnung oder dem Schiedsvertrag das Schiedsgericht für „sämtliche Streitigkeiten über das Zustandekommen und den Inhalt des Gesellschaftsvertrages" zuständig sein, so ist das Schiedsgericht nicht zuständig für Ansprüche außerhalb des Anwendungsbereichs der

---

[837] BGH WM 2005, 124, 125.
[838] BGH WM 2005, 547, 548.
[839] *Wagner* WM 2004, 2240, 2244, 2248.
[840] BGH WM 2005, 547, 548; OLG Stuttgart WM 2005, 972, 973.
[841] BGH WM 2005, 547, 548.
[842] *Wagner* WM 2004, 2240, 2244, 2248.
[843] BGH WM 2005, 547, 548.
[844] Zum neuen Schiedsverfahrensrecht: *Berger* DZWiR 1998, 45; *Bredow* BB 1998, Beilage 2, S. 2 ff.; *K. Schmidt* ZHR 1998 (162), 265. Zu Schiedsvereinbarungen in Gesellschaftsverträgen *Kiethe* NZG 2005, 881.
[845] Zum Vorschlag für eine Schiedsgerichtsordnung für den freien Kapitalanlagemarkt siehe Beilage bei *Loritz/Wagner*, Konzeptionshandbuch der steuerorientierten Kapitalanlage, Bd. 2, 1995.
[846] BGHZ 45, 282, 286; BGH NJW 1980, 1049; OLG Oldenburg NZG 2002, 931, 932 f.

gesellschaftsvertraglichen Schiedsklausel.[847] Dazu zählen zB Ansprüche wegen arglistiger Täuschung, auf Grund Delikts, Prospekthaftung oder § 311 Abs. 2 BGB.[848] Solche Ansprüche wären vor der staatlichen Gerichtsbarkeit im Gerichtsstand der §§ 22, 32 ZPO geltend zu machen.[849] Ob bei einem im Zusammenhang mit einer gesellschafterlichen Beteiligung abgeschlossenen Darlehensvertrag dieser von einer den Gesellschaftsvertrag umfassenden Schiedsvereinbarung mit erfasst wird, ist streitig.[850]

### III. Geschlossene Immobilienfonds im Umbruch

Betrachtet man, welche ständigen Änderungen zivilrechtlicher und steuerlicher Art zu verzeichnen waren/sind, dann wird das Ausmaß an Unsicherheiten für Anbieter und Nachfrager steuerorientierter Kapitalanlagen – alleine bereits im Bereich geschlossener Immobilienfonds – deutlich. Zivilrechtlich hat dies für Anbieter solcher Kapitalanlagen ein erhöhtes Haftungsrisiko zur Folge.[851] Steuerlich führt dies für Kapitalanleger zu verstärkten von Finanzverwaltung und Finanzrechtsprechung geschaffenen Unsicherheiten, die zu Lasten der Kapitalanleger bewusst aufrecht erhalten werden, indem in aller Regel[852] und insbesondere auch zB bei sog Verlustzuweisungsgesellschaften die Gewährung verbindlicher Auskünfte abgelehnt wird.[853] **385**

**1. Abschied von der GbR-mbH.**[854] Hierunter wurde weniger eine aus GmbHs bestehende GbR verstanden, als vielmehr die Beschränkung der Haftung der Gesellschafter auf das Gesellschaftsvermögen. Der Ausschluss der persönlichen Haftung der Gesellschafter wurde dadurch angestrebt, dass die GbR mit einem Namenszusatz versehen wurde („mbH"), der auf diese Art der Haftungsbeschränkung hinweisen sollte. Solche Gestaltungen waren vielfältig auch bei geschlossenen Immobilienfonds als GbR-Fonds anzutreffen. Durch die Entscheidung des BGH vom 27.9.1999[855] wurde diese Praxis als nicht rechtswirksam bezeichnet. Eine wie auch immer geartete Haftungsbeschränkung könnten Gesellschafter einer GbR nur auf Grund individualvertraglicher Vereinbarung mit dem Vertragspartner erreichen.[856] Da solches in der Regel bei Verträgen nicht der Fall war, wurden mit dieser Entscheidung des BGH alle Gesellschafter von GbR-mbHs automatisch (rückwirkend) zu Vollhaftern,[857] auch die an GbR-Fonds unmittelbar[858] beteiligten Kapitalanleger. An Stelle der bisherigen Doppelverpflichtungstheorie ist damit eine Haftung nach der Akzessorietätstheorie getreten, wonach alle Gesellschafter für alle Schulden der Gesellschaft **386**

---

[847] BGH NJW-RR 1991, 423, 424; OLG Oldenburg NZG 2002, 931, 933.
[848] OLG Oldenburg NZG 2002, 931, 933.
[849] OLG Oldenburg NZG 2002, 931, 934; kritisch hinterfragend *Barta* NJW 2011, 1778.
[850] *Kiethe* NZG 2005, 881.
[851] *Wagner* BB 2000, Beilage 11, S. 9 ff.
[852] BMF 24.7.1987, BStBl. I 1987, 474.
[853] OFD Rostock 22.11.1999, DStR 2000, 27.
[854] *Brandes* WM 2000, 385; *Goette* ZNotP 2000, 42; *Hennrichs/Kießling* WM 1999, 877; *Huep* NZG 2000, 285; *Petersen/Rothenfußer* GmbHR 2000, 801; *Reiff* NZG 2000, 281.
[855] BGHZ 142, 315 = BGH ZIP 1999, 1755 mit Anm. *Altmeppen*. Als irreführend bezeichnete zuvor schon das BayObLG GmbHR 1999, 483 die Bezeichnung GbR-mbH, weswegen ein Registergericht gem. § 37 HGB einschreiten könne. Denn „Es besteht daher die ersichtliche Gefahr, dass bei einer Bezeichnung wie ‚Gesellschaft bürgerlichen Rechts mit beschränkter Haftung' oder ‚GbRmbH' der Eindruck entsteht, es handle sich um einen gesetzlich normierten Gesellschaftstyp, bei dem die Haftungsbeschränkung eine gesetzliche Folge der gewählten Gesellschaftsform ist." Zur Wettbewerbswidrigkeit des Zusatzes „mbH" bei einer GbR OLG München: ZIP 1999, 535.
[856] *Hennrichs/Kießling* WM 1999, 877, 881 sprechen sich dafür aus, eine Haftungsbeschränkung über die Eingrenzung der Vollmacht zu erreichen, was aber die vertragliche Vereinbarung auf Grund einer solchen begrenzten Vollmacht nicht entbehrlich macht.
[857] *Brandes* WM 2000, 385 f.
[858] Auf nur mittelbar beteiligte Gesellschafter wirkt(e) sich die Rechtsprechung des BGH nicht aus.

haften.⁸⁵⁹ Eine Haftungsbeschränkung von Gesellschaftern einer GbR ist jetzt nicht mehr durch eine dem Vertragspartner erkennbare Vertretungsmachtbeschränkung sondern nur noch durch eine individuelle Vereinbarung mit dem jeweiligen Vertragspartner möglich.⁸⁶⁰

**387** Eine Ausnahme lässt der BGH allerdings aus Vertrauensschutzgründen zu, weswegen Gesellschafter einer vormaligen GbRmbH trotz der neueren Rechtsprechung des BGH⁸⁶¹ nicht schutzlos einer unbegrenzten Haftung ausgesetzt sind. Aus Gründen des Vertrauensschutzes dürfen sich nämlich Anlagegesellschafter bereits existierender geschlossener Immobilienfonds, die als Gesellschaft bürgerlichen Rechts ausgestaltet sind, auch nach der Änderung der Rechtsprechung des BGH für die davor abgeschlossenen Verträge weiterhin auf eine im Gesellschaftsvertrag vorgesehene Haftungsbeschränkung unter der nach der früheren Rechtsprechung maßgebenden Voraussetzung berufen, dass die Haftungsbeschränkung dem Vertragspartner mindestens erkennbar war. Dies deshalb, weil sonst nach den Grundsätzen der Rechtsprechung des BGH⁸⁶² die persönliche Haftung der Anlagegesellschafter für rechtsgeschäftlich begründete Verbindlichkeiten des Immobilienfonds fortbestehen würde. Der BGH sieht in dieser ausnahmsweise zugelassenen Haftungsbeschränkung für rechtsgeschäftliche Verbindlichkeiten der GbR keine unangemessene Benachteiligung des Vertragspartners iS von § 307 BGB nF (§ 9 AGBG).

**388** GbR-Fonds sind seit der Entscheidung des BGH vom 29.1.2001⁸⁶³ materiellrechtlich rechtsfähig und prozessual parteifähig. Dort wo eine Haftungsbeschränkung von Gesellschaftern eines GbR-Fonds seitens der GbR mit Vertragspartnern künftig nicht ausdrücklich vereinbart wird, haften die Gesellschafter des GbR-Fonds für Verbindlichkeiten des Fonds akzessorisch analog § 128 HGB und untereinander als Gesamtschuldner.⁸⁶⁴

**389** Die unbegrenzte Außenhaftung von Gesellschaftern wirkt sich auch auf den Umfang der Nachhaftung aus (§§ 736 Abs. 2 BGB, 160 Abs. 1 HGB),⁸⁶⁵ während die vorgenannte Haftungsbeschränkung auch eine Nachhaftung für rechtsgeschäftliche Verbindlichkeiten der GbR ausschließt.

**390** **2. Schein-KG und Handelsrechts-Reform-Gesetz.**⁸⁶⁶ Durch das Handelsrechtsreformgesetz (HRefG) ist auf Grund § 105 Abs. 2 HGB für die im Handelsregister eingetragene KG das früher virulente Thema der Schein-KG obsolet.⁸⁶⁷ Ungeklärt blieben von „alten" Schein-KGs ausgehende schuldrechtliche und sachenrechtliche Fragen.⁸⁶⁸

**391** **3. Gesellschafterliche Aufklärungspflichten.** Aufklärungspflichten im Hinblick auf emittierte Kapitalanlagen treffen in der Regel nicht die sie finanzierenden Kreditinstitute.⁸⁶⁹ Sie treffen aber Prospektherausgeber und „Hintermänner" auf Grund richterrechtlicher Prospekthaftungsrechtsprechung⁸⁷⁰ sowie Kapitalanlagevertriebsgesellschaften und Anlage-

---

⁸⁵⁹ BGHZ 146, 341 = BGH NJW 2001, 1056; *Reiff* NZG 2000, 281, 283; *Goette* ZNotP 2002, 366.
⁸⁶⁰ *Huep* NZG 2000, 285, 295; *Reiff* NZG 2000, 281, 282, 284.
⁸⁶¹ BGHZ 142, 315 = NJW 1999, 3483; BGHZ 146, 341 = NJW 2001, 1056; BGH NJW 2002, 1207.
⁸⁶² BGHZ 142, 315 und BGHZ 146, 341; BGH NJW 2002, 1207.
⁸⁶³ BGHZ 142, 315 im Anschluss an *Flume*, Allgemeiner Teil des Bürgerlichen Rechts, 1977, Teil I, § 4 II. und § 16 II. 1.
⁸⁶⁴ BGHZ 142, 315; *Goette* ZNotP 2000, 42; *Goette* ZNotP 2002, 366.
⁸⁶⁵ Mit BGH ZIP 1999, 1755 = DNotZ 2000, 135 mit Anm. *Brandani* wurde in Anbetracht des § 160 Abs. 1 nF die bisherige Nachhaftungsrechtsprechung zur Kündigungstheorie aufgegeben. Siehe auch *Brandes* WM 2000, 385, 389; *Goette* ZNotP 2000, 42.
⁸⁶⁶ *Wagner* ZfIR 1997, 199; *Wagner* WM 1998, 694, 695 f.
⁸⁶⁷ *Wagner* in Loritz/Wagner, Konzeptionshandbuch der steuerorientierten Kapitalanlage, Bd. 2, 1995, Rn. 77 ff. mwN.
⁸⁶⁸ Dazu *Wagner* WM 1998, 694, 695 f.
⁸⁶⁹ → § 22 Rn. 187 ff.
⁸⁷⁰ Zur gesellschaftsrechtlichen Einflussnahme und Initiatorenstellung bei der Prospekthaftung siehe *Kiethe* NZG 1999, 858.

berater/-vermittler auf Grund des richterrechtlichen Konstrukts des konkludenten Anlageberatungs- und Vermittlungsvertrages. Dies ist die Folge eines sich nach wie vor haltenden pauschalen negativen Images des Grauen Kapitalmarktes und der ihm zugeschrieben Milliardenverluste,[871] Zahlen, die Jahr für Jahr durch wechselseitiges Abschreiben wiederholt werden, ohne dass sie jemals seriös recherchiert worden wären.

Auch Gründungsgesellschafter eines geschlossenen Immobilienfonds – sogar Gründungskommanditisten – obliegt auf Grund Informationsvorsprunges eine vorvertraglichen Aufklärungspflicht aus § 311 Abs. 2 BGB (vormals cic) – also unabhängig von der Prospekthaftung – gegenüber denen einem Fonds beitretenden Anlegern.[872]   **392**

Sind Kapitalanleger im Zusammenhang mit ihrem Beitritt zu einem geschlossenen Immobilienfonds zB vom Initiator oder von Gründungsgesellschaftern getäuscht worden, so können solche Kapitalanleger Schadensersatzansprüche nicht gegen den Fonds oder ihre Mitgesellschafter geltend machen. Dies gilt selbst dann, wenn der täuschende Mitgesellschafter vertretungsberechtigt war.[873] Schadensersatzansprüche können ausschließlich gegenüber dem Täuschenden geltend gemacht werden.[874] Auch haften Gründungskommanditisten für unrichtige bzw. unvollständige Angaben von Anlagevermittlern, dies selbst dann, wenn der Prospekt hinreichend und zutreffend aufgeklärt hat.[875] Es wird abzuwarten bleiben, inwieweit die neuere Rechtsprechung des BGH auch auf Publikumspersonengesellschaften übertragen wird, wonach die GbR gemäß § 31 BGB auch für Delikte ihrer Organe einzustehen hat[876] und die Gesellschafter einer GbR analog § 128 HGB akzessorisch für die Deliktseinstandspflicht der GbR zu haften haben.[877]   **393**

Hat ein Kapitalanleger längere Zeit an seiner Beteiligung festgehalten, obwohl er von der Täuschung Kenntnis hatte, so verwirkt er zudem sein Recht zur außerordentlichen Kündigung.[878]   **394**

**4. Pflichtenveränderungen bei Fonds-Treuhändern.** Beteiligungen an geschlossenen Immobilienfonds sind unternehmerische Beteiligungen mit Chancen und Risiken. Realisieren sich Risiken, so werden diese durch die Rechtsprechung Kapitalanlegern weitestgehend abgenommen, indem solchen Kapitalanlegern vielfältige Anspruchsgrundlagen gegen Gründungsgesellschafter, Initiatoren, „Hintermänner", Vertriebsgesellschaften, Anlageberater, Anlagevermittler,[879] Prospektherausgeber, Treuhänder zur Verfügung gestellt   **395**

---

[871] Siehe *Hansen* AG 1999, Rn. 115.
[872] BGHZ 79, 337, 343; BGH NJW-RR 2003, 1393, 1394; BGH NZG 2012, 787; KG NZG 1999, 199 (Die Haftung besteht bereits bei leichter Fahrlässigkeit, indem § 708 BGB nicht zur Anwendung kommt); KG WM 2000, 1329: „Bei einem an Steuervorteilen orientierten geschlossenen Immobilienfonds in Form einer Kommanditgesellschaft ist der persönlich haftende Gesellschafter verpflichtet, einen erkennbar unerfahrenen Anleger unter Berücksichtigung von dessen Einkommens- und Vermögensverhältnissen über die steuerlichen Auswirkungen einer Beteiligung als Kommanditist aufzuklären. Besteht unter steuerlichen Gesichtspunkten, insbesondere bei Fehlen einer entsprechend hohen Einkommensteuerprogression, kein vernünftiger Grund, sich an einer solchen steuersparenden Vermögensanlage zu beteiligen, muss der Anleger darauf deutlich hingewiesen werden. Dies gilt insbesondere, wenn der Anleger die Beteiligung fremdfinanzieren müsste und die Finanzierungskosten zu erwartende Steuervorteile im Wesentlichen aufwiegen." (Leitsatz).
[873] BGHZ 26, 330; BGHZ 63, 338, 347 f.; BGH NJW 1973, 1604; BGH NJW 1976, 894; OLG Hamm NJW 1978, 225; OLG Celle ZIP 1999, 1128; OLG München ZIP 2000, 2295, 2302; OLG Stuttgart WM 2001, 1667; OLG Dresden WM 2002, 1881, 1883 f.
[874] OLG Stuttgart WM 2001, 1667; OLG Dresden WM 2002, 1881, 1882.
[875] BGH NZG 2012, 787; *Habbe/Angermann* NZG 2012, 1255 zur Haftung von Gründungskommanditisten für fehlerhafte Aufklärung durch Anlagevermittler.
[876] BGH NJW 2003, 1445, 1446 unter Aufgabe von BGHZ 45, 311, 312.
[877] BGH NJW 2003, 1445, 1447. Dazu *Altmeppen* NJW 2003, 1553.
[878] BGH WM 1965, 976; BGH NJW 1966, 2160; OLG München ZIP 2000, 2295; OLG Stuttgart WM 2001, 1667; OLG Dresden WM 2002, 1881, 1884.
[879] *Benedict* ZIP 2005, 2129.

werden.[880] Die finanzierenden Kreditinstitute bleiben allerdings weitgehend ausgenommen. Ist in einer sog Haustürsituation vom Kapitalanleger ein *Zeichnungsschein* zwecks Beteiligung an einem geschlossenen Immobilienfonds unterzeichnet worden, so soll der anschließend notariell beurkundete *Treuhandvertrag* nichts daran ändern, dass bezüglich des *Kreditvertrages* das HWiG nebst daraus abgeleitetem Widerrufsrecht des Kapitalanlegers einschlägig gewesen sein soll.[881]

**396** Bei Treuhändern in geschlossenen Immobilienfonds muss man nach dem Pflichteninhalt der Treuhandschaft unterscheiden, ob der Treuhänder im Wesentlichen für die beigetretenen Kapitalanleger deren Mitgliedschaftsrechte wahrnehmen soll, bei mittelbarer Beteiligung seine Beteiligung für die Kapitalanleger halten soll oder ob er nur Mittelverwendungstreuhänder sein soll.

**397** Nach ständiger Rechtsprechung des BGH[882] trifft die **Treuhandkommanditistin,** welche die Interessen der Anleger als ihre Treugeber wahrzunehmen hat, die Verpflichtung, diese über alle wesentlichen Punkte, insbesondere auch die regelwidrigen Umstände der Anlage, aufzuklären, die ihr bekannt waren oder bei gehöriger Prüfung bekannt sein mussten und die für die von den Anlegern zu übernehmenden mittelbaren Beteiligungen von Bedeutung waren.

**398** In einer grundlegenden Entscheidung hat der BGH[883] klargestellt, dass ein **Mittelverwendungstreuhänder** – der nicht Prospekthafter ist[884] – ihm anvertrautes Eigenkapital der Kapitalanleger zu Gunsten der Fondsgesellschaft nicht freigeben dürfe, wenn der Fonds nicht finanzierungsmäßig geschlossen sei. Dies ist dann der Fall, wenn – neben der prospektiv vorgesehenen und vom Fonds aufzunehmenden Fremdfinanzierung – das prospektiv ausgewiesene Eigenkapital durch Kapitalanleger **aufgebracht** worden sei. Sei dies nicht der Fall und werde die Schließung dadurch vorgenommen, dass eine Gesellschaft aus dem Initiatorenbereich sich beteilige, so sei dies dem nicht gleichzustellen. Diese „Schließung" erfolgt(e) in der Praxis leider allzu oft, um prospektgemäß zum Jahresende seitens der Fondsgesellschaft Zahlungen vorzunehmen, die oft steuerlich als Werbungskosten berücksichtigungsfähig sein soll(t)en. Dies lässt der BGH u. H. a. die Vorinstanz[885] nicht gelten. Das KG Berlin[886] hatte nämlich iudiziert, es komme nicht auf die formelle Schließung des Fonds an, sondern auf die prospektive und gesellschaftsvertragliche Zwecksetzung. Zweck der Regelung, die Freigabe des Eigenkapitals von der Schließung des Fonds abhängig zu machen, sei es jedoch gewesen, vor der Begründung von mit Ausgaben verbundenen Verbindlichkeiten größeren Umfangs für die Gesellschaft – etwa der Erteilung von Bauaufträgen – so weit wie möglich sicherzustellen, dass das Eigenkapital der Gesellschaft durch den Beitritt weiterer Gesellschafter die im Gesellschaftsvertrag für das Gelingen des Projekts für erforderlich gehaltene Höhe auch erreichen würde. Damit hätte eine Überschuldung der Gesellschaft durch eine zu hohe Fremdfinanzierung vorgebeugt werden sollen. Komme ein Mittelverwendungstreuhänder diesen Pflichten nicht nach, komme es nur zu einer forma-

---

[880] *Kiethe* NZG 1999, 858, 860 weist zutreffend auf folgendes hin: „Es ist jedoch nicht ersichtlich, aus welchem Grund dem jeweiligen Anleger stets eine nahezu beliebige Person aus dem Umkreis der Kapitalanlage als Haftender zugeordnet werden soll, der solvent ist. Dieser Entwicklung ist dadurch entgegenzutreten, dass sachgerechte Kriterien aufgestellt werden, unter deren zuhilfenahme ein Maßstab statuiert wird, der in der Lage ist, eine Haftung von Dritten bei Scheitern einer Kapitalanlagegesellschaft von sachgerechtem Umfang zu begründen."
[881] OLG Bamberg EWiR 1999, 895 mit Anm. *Frisch;* OLG Stuttgart NZG 1999, 899 mit Anm. *Wagner.*
[882] BGHZ 84, 141, 144; BGH NJW 1995, 1025; BGH NJW 2002, 1711, 1712; BGH NJW-RR 2003, 1351; BGH NZG 2003, 867.
[883] BGH NJW 2002, 888, 889 f.; BGH NZG 2010, 188 Rn. 23 f.; *Goette* ZNotP 2002, 366, 368; *Hirte* NJW 2005, 718, 719.
[884] BGH NZG 2010, 188 Rn. 13.
[885] KG Berlin 31.7.2000 – 22 U 5140/98, nv.
[886] Mitgeteilt in BGH NJW 2002, 888, 889.

len Schließung des Fonds, zahle dann die Gesellschaft, die die Schließung herbeigeführt habe, das auf sie entfallende Eigenkapital nicht ein und gebe der Mittelverwendungstreuhänder gleichwohl das Eigenkapital der beigetretenen Kapitalanleger zu Gunsten des Fonds frei, der diese Gelder dann ausgebe, dann könne der Mittelverwendungstreuhänder sich dadurch schadensersatzpflichtig machen.

Im Übrigen gilt der Grundsatz, dass ein Mittelverwendungstreuhänder erhaltene Einlagebeträge gemäß § 667 BGB (verschuldensunabhängig) wieder zurückzuzahlen hat, wenn er sie nicht auftragsgemäß weiterleitet.[887] Solche Rückzahlungsansprüche verjähren in 3 Jahren gemäß §§ 195, 199 BGB. Maßstab ist hier, was Inhalt des Auftrages bzw. Treuhandvertrages zwischen Anleger und Mittelverwendungstreuhänder ist. Dies erlaubt es dem Mittelverwendungstreuhänder zudem nicht, Verfügungen ohne Zustimmung des Anlegers zu treffen, die zu einer Veränderung der Anlagestrategie führen.[888]

Ob Treuhänder bei geschlossenen Immobilienfonds noch eine Zukunft haben, ist sehr fraglich geworden. Bisher handelte es sich dabei weitgehend um Steuerberatungs- oder Wirtschaftsprüfergesellschaften als Kapitalgesellschaften.[889] Diesen droht aber folgendes Risiko: Nach der Rechtsprechung des BGH ist ein Vertrag in Gänze – also auch bezüglich des steuerberatenden Pflichtumfangs – unwirksam, wenn der mit dem Steuerberater geschlossene Vertrag gegen das RBerG verstößt.[890] Entsprechendes gilt betr. das RDG. Der Steuerberater verliert dann seinen Vergütungsanspruch,[891] haftet aber nach Vertragsgrundsätzen[892] Inzwischen geht die Rechtsprechung dahin, Geschäftsbesorgungsverträge von Gesellschaften oder Personen, die nicht zur Rechtsberatung befugt sind, wegen Verstoßes gegen das RBerG als nichtig anzusehen,[893] wobei aber auch Fälle denkbar sind, in denen es gegen § 242 BGB verstößt, wenn sich Anleger auf diese Nichtigkeit berufen.[894] Nicht ein-

---

[887] BGH NJW 1997, 47; BGHR 2002, 71; BGH WM 2003, 2382, 2383. Zur Haftung eines Mittelverwendungskontrolleus im Kapitalanlagemodell: BGH ZIP 2009, 2449.

[888] BGH WM 2003, 2382, 2383. Zur Inhaltskontrolle eines individuell ausgehandelten Mittelverwendungskontrollvertrages nach Maßgabe des Rechts von AGB siehe BGH WM 2009, 2363. Zur Haftung von Mittelverwendungstreuhändern bei Aufklärungspflichtverletzungen: BGH NZG 2013, 899.

[889] BGH WM 2007, 543 Rn. 9 f. zur Gleichstellung von Steuerberatungsgesellschaften und Wirtschaftsprüfungsgesellschaften als Treuhänder.

[890] Für eine Steuerberatungsgesellschaft als Mittelverwendungstreuhänder eines geschlossenen Immobilienfonds (GbR) hat der III. Senat des BGH (NJW 2002, 888) Fragen des RBerG nicht thematisiert, sondern ist von der Unbedenklichkeit einer solchen Treuhandschaft ausgegangen. Zur Unwirksamkeit bei einem mit einem Dipl. Finanzwirt abgeschlossenen Treuhandvertrag: BGH NJW 2003, 1252 und eines mit einer Steuerberatungsgesellschaft geschlossenen Geschäftsbesorgungsvertrag: OLG Karlsruhe WM 2004, 900; BGH WM 2007, 543 Rn. 14.

[891] BGH NJW 2000, 1560: Vergütungsanspruch des Steuerberaters bei Gutgläubigkeit allenfalls nach Bereicherungsgrundsätzen.

[892] BGH NJW 2000, 69; zur Verfassungsmäßigkeit des RBerG siehe BVerfGE 41, 378, 390; BVerfG NJW 2000, 1251. Zur Frage der Haftung des Treuhänders gem. § 179 Abs. 2 BGB: *Dorka/Losert* DStR 2005, 1145.

[893] BGH WM 2001, 2113; BGH WM 2001, 2260; BGHZ 153, 214; BGH WM 2003, 918; BGH WM 2003, 1064; BGH WM 2003, 914; BGH WM 2004, 21; BGH WM 2003, 1710; BGH WM 2003, 2375; BGH WM 2004, 27; BGH WM 2004, 1127; BGH WM 2004, 1227, 1228; BGH WM 2004, 1529, 1530; BGH WM 2004, 1536, 1538; BGH WM 2004, 2349; BGH ZIP 2005, 69, 72; BGH WM 2005, 72, 73; BGH WM 2005, 327, 328; BGH WM 2005, 1698, 1700 aA der I. Senat des BGH in: BGH NJW 2003, 3046 (Erbenermittler); BGH WM 2005, 412, 413 f. (Testamentsvollstrecker); BGH WM 2005, 436, 437 f. (Testamentsvollstrecker); OLG Brandenburg WM 2005, 463, 465 f.; *Kleine-Cosack* BB 2005, 513, 514. Gemäß BGH NJW 2005, 144 bedurfte eine rechtsberatend tätige GmbH auch dann einer Erlaubnis gemäß Art. 1 § 1 RBerG, wenn ihr Geschäftsführer zugelassener Rechtsanwalt war.

[894] BGH WM 2005, 1698, 1700. Dagegen *Habersack* BB 2005, 1695, 1697, der zutreffend darauf hinweist, dass entgegen dem BGH (XI. Senat) ein beauftragter Geschäftsbesorger einer Fonds-GbR nicht organschaftlicher Vertreter ist und somit eben nicht in eigener Angelegenheit handelt. Auch sei bezüglich Art. 1 § 1 RBerG nicht zwischen Anteils- und Objektfinanzierung zu unterscheiden.

heitlich ist die Rechtsprechung zu der Frage, ob dann auch damit verbundene Vollmachten nichtig sind.[895] Bei Nichtigkeit von Geschäftsbesorgungsvertrag und Vollmacht führt dies dazu, dass ein für einen Kapitalanleger erklärter Beitritt zur Fondsgesellschaft rechtlich fehlerhaft ist,[896] sodass der solchermaßen fehlerhaft beigetretene Gesellschafter jederzeit seine Beteiligung in der Gesellschaft aus wichtigem Grund ex nunc kündigen kann.[897]

**401** Diese Rechtsprechung ist für Steuer- und Wirtschaftsprüfungsgesellschaften bei Kapitalanlagemodellen schwer nachvollziehbar:

**402** Man muss unterscheiden zwischen einem *Treuhänder* und einem *Baubetreuer*[898] und zwar funktional aber auch im Hinblick darauf, dass in vielen Kapitalanlagemodellen – so auch bei geschlossenen Immobilienfonds – sowohl ein Baubetreuer des Fonds wie auch ein Treuhänder der Kapitalanleger eingeschaltet waren. Letzterer hatte mit einer zu errichtenden **Immobilie** zu tun, ersterer mit der Realisierung einer Immobilien-**Kapitalanlage.** Der Treuhänder ist folglich statt mit einem Baubetreuer eher mit einem Projektsteuerer zu vergleichen, weshalb ich ihn einmal als Projektsteuerer der Immobilien-Kapitalanlage bezeichnet habe.[899] Die Aufgaben des Treuhänders und die des Baubetreuers unterscheiden sich folglich erheblich. Der Treuhänder ist ferner mehr Interessenvertreter,[900] der Baubetreuer dagegen mehr Dienstleister.[901] Und in Anbetracht der Interessenvertreterstellung eines Treuhänders hat dieser in der Regel schon im Vorfeld seiner Mandantierung einen erheblichen Pflichtenumfang zu erfüllen.[902] Und im weiteren Verlauf, also nach Mandatserteilung, hat er sich wie ein Controller um die prospektgemäße Realisierung der Immobilien-Kapitalanlage zu kümmern.[903] Dazu gehörte bei steuerorientierten Immobilien-Kapitalanlagen auch die Überwachung der Einhaltung steuerlicher[904] und wirtschaftlicher Prospektaussagen.[905] Ist folglich bei steuerorientierten Immobilien-Kapitalanlagen das Ziel der Interessenvertretung des Treuhänders die Sicherung der prospektgemäßen Realisierung einer **steuerorientierten Kapitalanlage,** dann wird verständlich, warum überwiegend Treuhandschaften durch Steuerberatungs- oder Wirtschaftsprüfungsgesellschaften ausgeführt wurden. An anderer Stelle[906] habe ich sehr detailliert dargelegt, was alles zum Aufgaben- und Pflichtenumfang einer solchen Treuhandschaft gehörte, um diese Ziele zu er-

---

[895] *Verneinend:* BGHZ 145, 265 (IX. Senat); BGH WM 2001, 2113 (XI. Senat); *Bruchner* ZfIR 2001, 128; *Ganter* WM 2001, 195; *Hermann* DNotZ 2001, 1; *Bejahend:* BGH WM 2001, 2260 (III. Senat); BGHZ 153, 214 (II. Senat); BGH NJW 2004, 2378; BGH NJW 2004, 2745; BGH WM 2005, 72; BGH WM 2007, 116 Rn. 13; BGH NJW 2008, 3357 Rn. 12 (alles XI. Senat); BGH WM 2004, 2349 (V. Senat); OLG Frankfurt BKR 2003, 59; *Fritz* ZfIR 2001, 267, 269. *Differenzierend:* OLG München BKR 2003, 62.

[896] BGHZ 153, 214.

[897] *Wagner/Loritz* WM 2005, 1249, 1250, 2240 u. H. a. die Rechtsprechung des BVerfG, wonach auch die Grundrechtsshpäre des Treuhänders zu berücksichtigen ist.

[898] Zur Aufklärungspflicht, wenn Treuhänder und Baubetreuer verflochten sind, siehe BGH WM 1991, 695. Zur Trennung von Baubetreuer und Treuhänder siehe ferner BGHZ 126, 326.

[899] *Wagner* BauR 1991, 665, 666 = *Wagner* in Wagner/Loritz, Konzeptionshandbuch der steuerorientierten Kapitalanlage, Bd. 1, 2. Aufl. 1997, Rn. 275.

[900] BGH BauR 1988, 502.

[901] BGH WM 1991, 10.

[902] Im Einzelnen dazu *Wagner* in Wagner/Loritz, Konzeptionshandbuch der steuerorientierten Kapitalanlage, Bd. 1, 2. Aufl. 1997, Rn. 865–915; ferner *Wagner* BFuP 2000, 594, 599 f.

[903] *Wagner* in Wagner/Loritz, Konzeptionshandbuch der steuerorientierten Kapitalanlage, Bd. 1, 2. Aufl. 1997, Rn. 967 ff.

[904] BGH WM 1991, 765; BGH wistra 1991, 265.

[905] BGH WM 1991, 1266: „Nach dem Geschäftsbesorgungsvertrag, durch den die Treuhänderstellung der Beklagten begründet worden ist, hatte diese bei der Abwicklung des Bauherrenprojekts die Interessen des Klägers auf wirtschaftlichem Gebiet umfassend wahrzunehmen."

[906] *Wagner* in Wagner/Loritz, Konzeptionshandbuch der steuerorientierten Kapitalanlage, Bd. 1, 2. Aufl. 1997.

reichen.⁹⁰⁷ In all diesen Jahren hatte die Rechtsprechung an Treuhandschaften durch Steuerberatungs- oder Wirtschaftsprüfungsgesellschaften nichts auszusetzen. Im Gegenteil wurde von der Rechtsprechung der Pflichtenkatalog immer mehr angehoben.⁹⁰⁸ Es wurde nicht beanstandet, dass eine Wirtschaftsprüfungsgesellschaft Verträge entwarf und sie später abschloss etc.⁹⁰⁹ Für Treuhandschaften bei Fonds wird man aber auch unabhängig davon folgende Besonderheiten berücksichtigen müssen, die es angeraten erscheinen lassen, die Rechtsprechung zu Treuhandschaften bei Bauherren- und Bauträgermodellen nicht einfach zu übertragen:

**a) Publikums-KG.** aa) Unmittelbare Beteiligung. Bei der direkten Beteiligung von Kapitalanlegern werden diese Kommanditisten. Sie sind dann als Kommanditisten vermögensmäßig Gesellschafter der KG, lassen aber in der Regel ihre Mitgliedschaftsrechte wie Stimm-, Informations- und Kontrollrechte über eine Treuhandkommanditistin ausüben.⁹¹⁰ Diese Treuhandkommanditistin tritt folglich für ihre Treugeber nur im Innenverhältnis der KG auf. Ob ein solcher Treuhandvertrag samt Vollmacht für die Treuhandkommanditistin bei als Kommanditisten unmittelbar beteiligten Kapitalanlegern gegen das RBerG verstoßen konnte, wenn eine solche Treuhandschaft – wie die Regel – durch eine Steuerberatungs- oder Wirtschaftsprüfungsgesellschaft ausgeübt wurde, ist inzwischen geklärt: Die Publikums-KG wird im Außenverhältnis alleine durch ihre(n) Komplementär(e) vertreten, nicht durch Kommanditisten (§ 170 HGB), folglich auch nicht durch die Treuhandkommanditistin. Da die Kommanditisten im Außenverhältnis der KG nicht auftreten, kommt es auch nicht dazu, dass für die Kommanditisten Verträge abgeschlossen werden. Kommanditisten sind auch von der Geschäftsführung in der KG ausgeschlossen (§ 164 Satz 1 HGB). Folglich geht es bei Treuhandkommanditisten nicht um eine rechtsgeschäftliche Vertretung beim Abschluss von Verträgen, durch die Kommanditisten rechtsgeschäftlich berechtigt und verpflichtet werden, sondern um die Vertretung bei der Wahrnehmung von Mitgliedschaftsrechten. Die Wahrnehmung von Mitgliedschaftsrechten der Kommanditisten durch die Treuhandkommanditistin spielt sich allerdings auf gesellschaftsrechtlicher, nicht rechtsgeschäftlicher, Ebene nur im Innenverhältnis der KG ab. Diese Art Vertretung wurde von Art. 1 § 1 RBerG nicht erfasst:⁹¹¹

Art. 1 § 1 Abs. 1 Satz 1 RBerG sprach zwar einen Erlaubnisvorbehalt für die Besorgung fremder *Rechts*angelegenheiten an, es gab aber keinen bestimmten Rechtsbesorgungsbegriff vor.⁹¹² Gemeint war damit die Vertretung in rechtlichen und wirtschaftlichen Belangen, die besondere Kenntnisse und Fertigkeiten voraussetzte, welche durch ein Studium oder eine langjährige Berufserfahrung vermittelt wurde und wobei die wahrgenommene Aufgabe eine substantielle Rechtsberatung erforderte.⁹¹³ Dies ist aber bei einem Treuhandkommanditisten nicht der Fall. Denn gäbe es ihn nicht, müsste der Kapitalanleger als Kommanditist seine Mitgliedschaftsrechte in der KG selbst wahrnehmen wie bei jeder anderen gesellschafterlichen Mitgliedschaft auch. Dagegen spricht auch nicht die Entscheidung des BVerfG vom 15.12.1999⁹¹⁴ bezüglich der Abtretung von Schadensersatzansprüchen von Kleinaktionären an eine Aktionärsvereinigung zwecks Durchsetzung dieser Ansprüche.

---

⁹⁰⁷ So auch *Goldbeck/Uhde*, Das Bauherrenmodell in Recht und Praxis, 1984, Rn. 312 ff. mwN
⁹⁰⁸ BGH NJW 1984, 863; BGH NJW 1985, 2477; BGHZ 97, 21; BGH NJW-RR 1986, 1433; BGH BauR 1986, 590; BGH BauR 1987, 108; BGH BGHR BGB § 242 Aufklärungspflicht 3; BGHZ 102, 220; BGH LM Nr. 140 zu BGB § 675; BGH BauR 1988, 347; BGHZ 105, 283; BGH NJW 1990, 2464; BGH BauR 1991, 356; BGH WM 1991, 1266:
⁹⁰⁹ BGH NJW 1985, 2477; BGH BauR 1987, 108.
⁹¹⁰ *Wagner* in Loritz/Wagner, Konzeptionshandbuch der steuerorientierten Kapitalanlage, Bd. 2, 1995, Rn. 118.
⁹¹¹ BGH NZG 2006, 540 Rn. 9.
⁹¹² BVerfGE 97, 12, 28. OLG München WM 2005, 1986 und OLG München WM 2005, 2089: Ohne Besorgung fremder Rechtsangelegenheiten kein Art. 1 § 1 RBerG.
⁹¹³ BVerfGE 97, 12, 29.
⁹¹⁴ BVerfG WM 2000, 137, 138.

Darin hatte das BVerfG ua deshalb einen Verstoß gegen Art. 1 § 1 RBerG gesehen, weil bei einer Bündelung von Ansprüchen die überindividuellen Interessen der Aktionärsvereinigung und die individuellen Interessen der einzelnen Aktionäre in Konflikt miteinander geraten könnten.

**405** Diese Situation stellt sich aber bei einem Treuhandkommanditisten in Ausübung gesellschaftlicher Mitgliedschaftsrechte von Kapitalanlegerkommanditisten nicht: denn dort wird der Treuhandkommanditist nicht eigenmächtig auf Grund gebündelter Mitgliedschaftsrechte tätig, sondern in Wahrnehmung der einzelnen Mitgliedschaftsrechte nach Weisung der Kommanditisten als Treugeber. Es spricht daher dafür, dass bei als Kommanditisten unmittelbar beteiligten Kapitalanlegern unter Berücksichtigung von §§ 164 Satz 1, 170 HGB alleine die Wahrnehmung von Mitgliedschaftsrechten der Kommanditisten innerhalb der KG durch den Treuhandkommanditisten nicht dem Verbotstatbestand des Art. 1 § 1 RBerG unterfiel.[915]

**406** Dafür sprach auch eine Entscheidung des BVerfG vom 27.9.2002, in welcher sich das BVerfG mit der Tätigkeit von Personen befasste, die für ihre Auftraggeber wie ein Bevollmächtigter bzw. Verwalter zur Sicherung deren Vermögens tätig waren.[916] Soweit die Vorinstanzen darin eine auf Grund des RBerG erlaubnispflichtige Tätigkeit sahen, sah das BVerfG darin einen unverhältnismäßigen Eingriff in die Berufsfreiheit des Art. 12 Abs. 1 GG. Und das BVerfG führte weiter aus, dass nicht alles und jedes als unerlaubte Rechtsbesorgungstätigkeit angesehen werden könne. So sei zu berücksichtigen, dass bei einer überwiegend wirtschaftlichen Tätigkeit dies die primäre Zwecksetzung sei, auch wenn damit rechtliche Vorgänge verknüpft seien. Es sei daher stets zu fragen, ob der Schwerpunkt der Tätigkeit die Wahrnehmung wirtschaftlicher Belange sei oder der Klärung rechtlicher Verhältnisse diene. Eine Tätigkeit werde nicht schon deshalb zur erlaubnispflichtigen Rechtsbesorgung, nur weil mit einer primär wirtschaftlichen Tätigkeit auch die Kenntnis des maßgeblichen Rechts erforderlich sei.[917] Und das BVerfG verwies darauf, dass dann, wenn gemäß Art. 1 § 3 Nr. 6 RBerG die dort genannten Personen und andere (Vormund, Betreuer, Pfleger, Testamentsvollstrecker,[918] WEG-Verwalter) erlaubnisfrei tätig sein könnten, die nicht unbedingt Rechtskenntnisse haben müssten, dies bei anderen Arten der Geschäftsbesorgung nicht anders sein könne.[919]

**407** Geht man davon aus, dann nimmt ein Treuhandkommanditist, der in der Regel eine Steuerberatungs- oder Wirtschaftsprüfergesellschaft ist, in erster Linie eine Geschäftsbesorgung der „Verwaltung" der Fondsbeteiligung als Kapitalanlage wahr und übt in diesem Zusammenhang die Mitgliedschaftsrechte für den Kapitalanleger nach dessen Weisung aus. Es würde mit vorgenannter Entscheidung des BVerfG einen unverhältnismäßigen Eingriff in das Berufsfreiheitsrecht auch solcher Treuhänder im Hinblick auf Art. 12 Abs. 1 GG bedeuten, wenn man darin nur deshalb eine erlaubnispflichtige Tätigkeit nach dem RBerG sehen wollte, weil solche Treuhandkommanditisten auch Rechtskenntnisse haben.[920] Inzwischen hat der BGH[921] auch für den Fall eines Treuhandkommanditisten entschieden, dass dessen Tätigkeit als Treuhandgesellschafter keine Rechtsbesorgung iSd Art. 1 § 1 RBerG war.

**408** Soweit im Schrifttum[922] versucht wurde, undifferenziert die Rechtsprechung des BGH zur Nichtigkeit von Geschäftsbesorgungsverträgen und Vollmachten aus Einzeleigentums-

---

[915] BGH NZG 2006, 540 Rn. 9.
[916] BVerfG NJW 2002, 449. Siehe auch BGH NJW 2005, 969 (Testamentsvollstrecker).
[917] BGH WM 2011, 2218 Rn. 14 f.
[918] BGH NJW 2005, 969.
[919] Zur restriktiven Auslegung des RBerG: *Kleine-Cosack* NJW 2003, 3009; *Sauer/Wittemann* BKR 2003, 656.
[920] Ähnlich BVerfG WM 2004, 1886.
[921] BGH NZG 2006, 540 Rn. 9.
[922] So wohl *Nittel* NJW 2002, 2599 im Vorspann seines Veröffentlichungsbeitrages.

fällen[923] auf Treuhänder bei geschlossenen Immobilienfonds zu übertragen, die in Anbetracht vorgenannter Entscheidung des BVerfG vom 27.9.2002 ihrerseits zu überdenken wäre, wird folgendes verkannt: Zum Treuhandkommanditisten und Art. 1 § 1 RBerG gibt es mit zuvor Ausgeführtem inzwischen zwar eine Rechtsprechung.[924] Die zu den Einzeleigentumsfällen vorhandene Rechtsprechung ist aber deshalb nicht übertragbar, da der Treuhandkommanditist nur im Innenbereich der KG die wirtschaftlichen Interessen der Kapitalanleger bezüglich ihrer Kommanditbeteiligung als Kapitalanlage wahrnimmt und in diesem Zusammenhang auch die Mitgliedschaftsrechte für die Kommanditisten wahrnimmt, nicht aber für Kommanditisten im Außenverhältnis rechtsgeschäftlich rechtsbesorgend tätig wird.[925] Soweit der BGH in seiner Entscheidung vom 18.9.2001[926] sich mit einem Treuhänder samt dessen Treuhandvertrag und umfassender Vollmacht bei einem geschlossenen Immobilienfonds befasste und in beidem einen Verstoß gegen Art. 1 § 1 RBerG als gegeben ansah, handelte es sich um keinen Treuhandkommanditisten, da dieser nicht rechtsgeschäftlich sondern nur mitgliedschaftlich für Kommanditisten tätig wird.

bb) **Mittelbare Beteiligung.** Eher selten ist die *Unterbeteiligung,* wenn ein Treuhandkommanditist seinen Kommanditanteil als Hauptbeteiligter für Kapitalanleger als Unterbeteiligte hält. Das Rechtsverhältnis zwischen Hauptbeteiligtem und Unterbeteiligten kann als Gesellschaft bürgerlichen Rechts als Innengesellschaft oder als (einheitlich bzw. mehrgliedrig) stilles Beteiligungsverhältnis bezüglich des vom Hauptbeteiligten gehaltenen Kommanditanteils ausgestaltet sein. Dies wird dann der Fall sein, wenn der Treuhandkommanditist nicht ausschließlich fremde Interessen der Kapitalanleger vertritt.[927] 409

Von einer mittelbaren Treuhandbeteiligung ist dagegen dann die Rede, wenn der Treuhandkommanditist in der KG keine eigenen sondern ausschließlich fremde Interessen vertritt und folglich seine Kommanditbeteiligung ausschließlich für Kapitalanleger jeweils aufgrund zweigliedriger Treuhandverhältnisse oder für die Gemeinschaft der Kapitalanleger oder für die Kapitalanleger als GbR hält.[928] Diese Treuhandbeteiligung kann entweder so ausgestaltet sein, dass die mittelbar beteiligten Kapitalanleger vermögensmäßig – nicht registermäßig – als Gesellschafter beteiligt sind und auch die Mitgliedschaftsrechte eines Gesellschafters haben, die vom Treuhandkommanditisten für sie wahrgenommen werden. Dann ist zwar der Treuhandkommanditist als Kommanditist im Handelsregister eingetra- 410

---

[923] BGHZ 145, 265: Geschäftsbesorgungsvertrag im Bauträgermodell. Dazu *Bruchner* ZfIR 2001, 128; *Deleder* ZfIR 2002, 1; *Edelmann* DB 2001, 687; *Ganter* WM 2001, 195; *Grziwotz* EWiR 2001, 133; *Hermanns* DNotZ 2001, 6; *Lwowski* WuB VIII A § 14 BNotO 1.01; *Maaß* ZNotP 2001, 170; *Peters* WM 2001, 2199; *Reich* EWiR 2002, 259; *Schneeweiß* MittBayNot 2001, 24; *Sommer* NotBZ 2001, 28 – BGH WM 2001, 2260: Geschäftsbesorgungsvertrag im Bauträgermodell. Dazu *Derleder* ZfIR 2002, 1; *Maaß* WuB VIII D Art. 1 § 1 RBerG 2.02; *Reich* EWiR 2002, 259; *Reithmann* DNotZ 2002, 54; *Schlehe* IBR 2001, 699 – BGH WM 2002, 1273: Geschäftsbesorgungsvertrag bei Modernisierungsobjekt. Dazu *Grziwotz* EWiR 2002, 797; *Reiter* BKR 2002, 590; *Schwintowski* ZfIR 2002, 534; *Vogel* IBR 2002, 420; BGH NJW 2003, 2088: Geschäftsbesorgungsvertrag im Bauherren- und Erwerbermodell. Dazu *Frisch* EWiR 2003, 1049; *Joswig* EWiR 2003, 883 – OLG München WM 2002, 500: Geschäftsbesorgungsvertrag zum Abschluss eines Finanzierungsvermittlungsvertrages im Bauträgermodell – KG Berlin WM 2002, 493: Geschäftsbesorgungsvertrag zum Abschluss von Bauträgerverträgen – OLG Brandenburg ZfIR 2002, 199: Geschäftsbesorgungsvertrag beim Generalübernehmermodell. Dazu *Vomer* ZfIR 2002, 201. – Nach OLG Celle WM 2005, 877 bedürfen Geschäftsbesorgungsverträge beim Bauträgermodell keiner Erlaubnis nach Art. 1 § 1 RBerG.
[924] BGH NZG 2006, 540 Rn. 9.
[925] Zur Unterscheidung zwischen Hilfeleistung und Rechtsbesorgung: OLG München WM 2002, 500.
[926] BGH WM 2001, 2113. Dazu *Allmedinger* EWiR 2002, 121; *Derleder* ZfIR 2002, 1; *Peters* WM 2001, 2199; *Schlehe* IBR 2001, 700; *Reithmann* DNotZ 2002, 54.
[927] BGH WM 1994, 1477; *Wagner* ZfIR 1997, 199, 200f. mwN.
[928] BGH WM 1994, 1477; *Wagner* ZfIR 1997, 199, 201 mwN.

gen, die Vermögens- und Mitgliedschaftsrechte liegen dagegen ausschließlich bei den mittelbar beteiligten Kapitalanlegern.[929]

411 Oder der Treuhandkommanditist ist vermögensmäßig und mitgliedschaftsrechtlich Kommanditist, stellt aber die mittelbar beteiligten Kapitalanleger schuldrechtlich so, als ob sie Gesellschafter wären.[930]

412 In den ersten beiden Fällen ist die Rechtsbeziehung der Kapitalanleger zum Treuhandkommanditisten nicht rechtsgeschäftlicher sondern gesellschaftsrechtlicher Art. Im dritten Fall ist die Rechtsbeziehung zwar rechtsgeschäftlicher Art, aber nur zu dem Zweck, Kapitalanlegern vermögens- und sonstige Mitgliedschaftsrechte wie bei einer gesellschafterlichen Beteiligung zu vermitteln.[931]

413 **b) Publikums-GbR.** aa) Unmittelbare Beteiligung. Sind Kapitalanleger in einer GbR direkt beteiligte Gesellschafter und lassen sie auf Grund Treuhandvertrages in der GbR alleine ihre Mitgliedschaftsrechte durch einen GbR-Gründungsgesellschafter ausüben, so gilt das oben Ausgeführte entsprechend.

414 War im Gesellschaftsvertrag geregelt, dass ein geschäftsführender und vertretungsberechtigter Gesellschafter der GbR auch die Gesellschafter bei Abschluss von Rechtsgeschäften vertrete, dann handelte es sich um eine *organschaftliche* Geschäftsführungsbefugnis und Vertretungsmacht (§§ 710 Satz 1, 714 BGB),[932] soweit die Vertretung der GbR betreffend, auf die Art. 1 § 1 RBerG nicht anwendbar ist, während die Vertretung der einzelnen Gesellschafter mit organschaftlicher Vertretung nichts zu tun hat. Dort, wo es um die organschaftliche Vertretungsmacht geht, können wegen des bei der GbR geltenden Gebotes der Selbstorganschaft und des Verbotes der Drittorganschaft[933] nicht alle Gesellschafter von der Geschäftsführung und Vertretung ausgeschlossen werden. Organschaftliches Handeln ist keine Besorgung *fremder* Geschäfte iSd Art. 1 § 1 Abs. 1 Satz 1 RBerG.[934] Folglich vertritt ein organschaftlich vertretungsberechtigter Gesellschafter nach neuerer Rechtsprechung des BGH nicht die Gesellschafter sondern die GbR.[935] Diese Rechtsprechung hat als Richterrecht Rückwirkung auch auf Fälle, die vor dieser Rechtsprechung begonnen haben und dies aus folgendem Grund:

415 Da eine richterrechtliche Rechtsfortbildung kein Gesetz ist, unterliegt sie auch nicht den Rückwirkungsrestriktionen von Gesetzen. Folglich ist bei rechtsfortbildendem Richterrecht die Rückwirkung der Grundsatz und die Verneinung die Ausnahme. Diese Ausnahme der nicht vorhandenen Rückwirkung von Richterrecht ist nur dann gegeben, wenn dies ausnahmsweise der Vertrauensschutz erfordert.[936]

416 Folglich kann Art. 1 § 1 RBerG bei GbR-Fonds mit unmittelbar beteiligten Gesellschaftern nur bei solchen Treuhändern bzw. Geschäftsbesorgern relevant sein, die nicht nur Mitgliedschaftsrechte wahrnehmen oder nicht nur als organschaftlich Vertretungsberechtigte tätig geworden sind, sondern (auch) *rechtsgeschäftlich* die GbR oder ihre Gesellschafter vertreten (haben)[937] und mit obiger Entscheidung des BVerfG vom 27.9.2002 die Rechtsbesorgung im Vordergrund der Tätigkeit liegen würde.[938] Zwar hat für einen ähnlichen

---

[929] *Wagner* ZfIR 1997, 199, 202 mwN.
[930] *Wagner* ZfIR 1997, 199, 202 f. mwN.
[931] Zum Gesamten auch *Wagner* in Loritz/Wagner, Konzeptionshandbuch der steuerorientierten Kapitalanlage, Bd. 2, 1995, Rn. 387 ff. mwN.
[932] *Beuthien* NJW 2005, 855, 856.
[933] BGH WM 1994, 237.
[934] KG Berlin WM 2005, 549, 550; *Lehleiter/Hoppe* WM 2005, 2213 f.
[935] BGHZ 146, 341; BGH NJW 2002, 1207.
[936] BGH NJW 1996, 924, 925.
[937] In BGHZ 153, 214, 215 f. hatte der Treuhänder Vollmacht, den Treugeber nicht nur bezüglich seines Beitritts zur Fonds-GbR zu vertreten, sondern auch bei anderen schuldrechtlichen Verträgen. Dies deshalb, weil vor BGH NJW 2001, 1056 die GbR noch nicht rechtsfähig war und Verträge für die Gesamthänder abgeschlossen wurden. Ferner OLG Brandenburg WM 2005, 463, 465 f.
[938] BGH 22.4.2008 – XI ZR 272/06, WM 2008, 1211 Rn. 3.

Fall, bei dem der Treuhänder seine Treugeber rechtsgeschäftlich beim Beitritt zur GbR vertreten hat oder rechtsgeschäftlich seine Treugeber bei Abschluss des jeweiligen Anteilsfinanzierungsvertrages vertritt oder vertreten hat, der BGH[939] die Einschlägigkeit des Art. 1 § 1 RBerG bejaht, er hat jedoch die vom BVerfG in seiner Entscheidung behandelte Frage nicht beantwortet, ob die Tätigkeit dieses Treuhänders in erster Linie wirtschaftlichen oder rechtlichen Interessen des Kapitalanlegers diente. Es ist daher fraglich, ob diese Entscheidungen des BGH den Maßstäben des BVerfG standhalten. Jedenfalls dort, wo die Treuhandschaft wirtschaftlichen Interessen des Treugebers im Hinblick auf seine Kapitalanlage dient und in diesem Zusammenhang dessen Mitgliedschaftsrechten wahrgenommen werden, kann diese Tätigkeit mit den Maßstäben der Entscheidung des BVerfG vom 27.9.2002 nicht an Art. 1 § 1 RBerG gemessen werden.

**417** Verstieß ein Treuhandvertrag nebst eine in ihm enthaltene Vollmacht gegen Art. 1 § 1 RBerG und war nichtig (§ 134 BGB), weil die §§ 171, 172 BGB nicht einschlägig waren,[940] dann verstieß mit dem XI. Senat des BGH[941] eine im Zeichnungsschein gesondert enthaltene Vollmacht zum Abschluss von Darlehensverträgen nicht gegen Art. 1 § 1 RBerG. Denn beim Abschluss von Kreditverträgen – so der BGH in dem Bestreben, Kreditverträge nicht notleidend werden zu lassen – sei nicht auf den rechtlichen Vorgang des Vertragsabschlusses abzustellen, sondern diese Tätigkeit bewege sich vorwiegend auf wirtschaftlichem Gebiet. Und diese im Zeichnungsschein enthaltene wirksame Vollmacht werde auch nicht gem. § 139 BGB unwirksam, weil/wenn die im Treuhandvertrag enthaltene Vollmacht unwirksam sei (wegen Verstoßes gegen Art. 1 § 1 RBerG, § 134 BGB), sofern die Tatfrage ergebe, dass diesbezüglich kein Einheitlichkeitswille vorhanden gewesen sei.[942]

**418** bb) Von organschaftlich vertretungsberechtigten Gesellschaftern für GbR abgeschlossene Verträge. Solche verstießen nicht gegen Art. 1 § 1 RBerG, da auf Grund des Grundsatzes der Selbstorganschaft dies die Besorgung einer *eigenen* Rechtsangelegenheit war. Durch solche Verträge wurden die Anleger als Gesellschafter direkt nicht verpflichtet; diese hafteten aber für die Verbindlichkeiten der GbR analog § 128 HGB.[943] An dieser Haftung der Gesellschafter mit dem Privatvermögen[944] analog § 128 HGB ändert sich nicht dadurch etwas, dass eine seitens der Anleger-Gesellschafter solchen die GbR organschaftlich Vertretenden erteilte zusätzliche rechtsgeschäftliche Vollmacht gegen Art. 1 § 1 RBerG verstoßen konnte.[945]

**419** cc) Von organschaftlich vertretungsberechtigten Gesellschaftern für Gesellschafter abgeschlossene Verträge. In der Zeit vor der Rechtsprechung des BGH zur „Rechtssubjektivität" der GbR[946] wurden oft Verträge nicht für die GbR sondern für deren Gesellschafter abgeschlossen. Dies war aber schon damals nicht der Abschluss von Verträgen für die jeweils einzelnen Gesellschafter der GbR, sondern für die Gesellschafter in gesamthänderischer Bindung. Aufgrund des auch schon damals geltenden Grundsatzes der Selbstorganschaft handelten auch in diesem Fall organschaftlich vertretungsberechtigte Gesellschafter zur Besorgung einer *eigenen* Angelegenheit, sodass auch insoweit Art. 1 § 1 RBerG nicht einschlägig war.

**420** dd) Von rechtsgeschäftlich vertretungsberechtigten Treuhändern/Geschäftsbesorgern für Kapitalanleger abgegebene Beitrittserklärungen zur GbR und für Gesellschafter abgeschlossene Anteilsfinanzierungsverträge. Bei Abschluss von Beitrittsverträgen zu einem geschlossenen Immobilienfonds muss man unterscheiden zwischen demjenigen, der für den Fonds

---

[939] BGH WM 2001, 2113; BGHZ 153, 214; BGH NJW 2005, 1190; BGH 10.10.2006 – XI ZR 265/05, NZG 2007, 179 Rn. 15.
[940] BGH WM 2012, 312 Rn. 16.
[941] BGH WM 2006, 1008, 1010; BGH WM 2007, 116 Rn. 16 ff.; BGH WM 2009, 542 Rn. 19.
[942] BGH WM 2007, 116 Rn. 17.
[943] BGHZ 146, 341, 358.
[944] Zu Zweifeln betr. der Haftung mit dem Privatvermögen bei sog „Altfällen" der 90er Jahre *Wagner* ZfIR 2005, 605, 613 f. u. H. a. BGHZ 74, 240, 243.
[945] KG Berlin WM 2005, 549.
[946] BGHZ 146, 341; BGH NJW 2002, 1207.

oder dessen Gesellschafter die Beitrittserklärung des Beitrittswilligen entgegennimmt und der Person, die für den Anleger die Beitrittserklärung abgibt. Erfolgt die Entgegennahme der Beitrittserklärung des Anlegers für den Fonds durch eine organschaftlich vertretungsberechtigte Person, so war darin aus vorgenannten Gründen kein Verstoß gegen Art. 1 § 1 RBerG zu sehen. Wurde dagegen die Beitrittserklärung für den Anleger von jemandem in rechtsgeschäftlicher Vertretung abgegeben, so kann darin nach derzeitiger Rechtsprechung des BGH sehr wohl ein Verstoß gegen Art. 1 § 1 RBerG gegeben sein.[947] Dem widerspricht eine Entscheidung des XI. Senates des BGH[948] für den Fall, dass der die GbR bei Abschluss des Darlehensvertrages vertretende Dritte eine umfassende Abschlussvollmacht hatte. Diese Entscheidung hat zu heftigen Diskussionen geführt.[949] Der Entscheidung des XI. Senates des BGH,[950] der eine rechtlich nachvollziehbare Begründung fehlt, ist nur teilweise zuzustimmen. Wenn wie in besagter Entscheidung, eine Geschäftsbesorgerin bezüglich der *GbR* alleine geschäftsführungsbefugt und vertretungsberechtigt war, ohne Gesellschafterin der GbR gewesen zu sein, dann verstieß ihr Handeln gegen das Verbot der Drittorganschaft.[951] Die Vertretungsmacht war dann folglich deshalb – und nicht wegen Art. 1 § 1 RBerG – unwirksam,[952] sodass statt dessen gemäß §§ 709, 714 BGB alle Gesellschafter gemeinsam geschäftsführungsbefugt und vertretungsberechtigt waren,[953] die aber weder gehandelt hatten noch nachgenehmigt hatten. Eine ganz andere Frage ist, ob und inwieweit besagte Geschäftsbesorgerin durch rechtsgeschäftliche Vollmacht ermächtigt war, für die *Gesellschafter* der GbR zu handeln. Nur diesbezüglich konnte sich die Frage des Art. 1 § 1 RBerG stellen.[954]

**421** Nach der Rechtsprechung des XI.[955] und des II.[956] Senates des BGH verstießen solche Treuhänder/Geschäftsbesorger, wenn sie nicht gerade Rechtsanwälte sind,[957] mit ihrem Tätigwerden gegen das RBerG, sodass solche Geschäftsbesorgungsverträge nichtig waren.[958] Bei Zusammenfassung von Treuhand-/Geschäftsbesorgungsvertrag und darin enthaltener Vollmacht erfasst diese Nichtigkeit gemäß § 139 BGB auch die Vollmacht.[959] Aber der V. und XI. Senat des BGH gestattet einem Vertragspartner, sich bezüglich der Vollmacht auf deren Rechtsschein gemäß §§ 171, 172 BGB zu berufen, wenn dieserhalb bei Abschluss des Vertrages – nicht bei Auszahlung des Darlehens - die Vollmacht in notarieller Ausfertigung[960] – nicht nur notarieller Beglaubigung – vorgelegen hat,[961] wohingegen der II. Senat

---

[947] BGH NJW 2005, 1190; *Wertenbruch* DStR 2004, 917, 918 f.
[948] BGH WM 2005, 1698, 1700.
[949] Verstoß dieser Vollmacht gegen Verbot der Drittorganschaft: So *Ulmer* ZIP 2005, 1361, 1364 f. und *Habersack* BB 2005, 1695 ff. Diese Entscheidung verteidigend *Schimansky* WM 2005, 2209, 2210 f. Differenzierend *Altmeppen* ZIP 2005, 1.
[950] BGH WM 2005, 1698, 1700.
[951] Dazu *Habersack* BB 2005, 1695 ff.; *Ulmer* ZIP 2005, 1361, 1364 f.; *Schmidt-Morsbach/Dicks* BKR 2005, 424, 427.
[952] *Schmidt-Morsbach/Dicks* BKR 2005, 424, 428.
[953] *Schmidt-Morsbach/Dicks* BKR 2005, 424, 427.
[954] Ähnlich *Schmidt-Morsbach/Dicks* BKR 2005, 424, 427 f.
[955] BGH WM 2001, 2113, 2114 f.; BGH NJW 2005, 1190; BGH NZG 2007, 179 Rn. 15.
[956] BGHZ 153, 214.
[957] Mit BGH NJW 2005, 1488 ist es für eine rechtsberatend tätige GmbH nicht ausreichend, wenn deren Geschäftsführer ein zugelassener Rechtsanwalt ist.
[958] BGHZ 153, 214, 219; verfassungsrechtliche Zweifel gegen die Rechtsprechung des BGH zu Art. 1 § 1 RBerG melden an *Wagner/Loritz* WM 2005, 1249.
[959] BGH WM 2001, 2113, 2115; BGH NJW 2005, 1190; *Wertenbruch* DStR 2004, 917, 719 f. und 720 f.; aA *Kleine-Cosack* BB 2003, 1737, 1739 ff.
[960] BGH WM 2002, 1273, 1274; BGH NJW 2006, 2118; OLG Köln WM 2005, 792; OLG Düsseldorf WM 2005, 881.
[961] BGH WM 2004, 1221, 1223; BGH WM 2004, 1227, 1228; BGH WM 2004, 1231, 1232; BGH NJW 2005, 664, 666; BGH NJW 2005, 668, 669; BGH NJW 2005, 1190, 1192; BGH NJW 2005, 2983, 2984; BGH NJW 2006, 2118; BGH NZG 2007, 179 Rn. 15; BGH NZG 2007, 183 Rn. 23 ff.; BGH WM 2008, 1266 Rn. 18; BGH NJW 2008, 3357 Rn. 15; BGH WM 2012, 312

des BGH⁹⁶² bei Geschäftsbesorgern im Bereich geschlossener Immobilienfonds die Anwendung der §§ 171, 172 BGB verneint, wenn der Geschäftsbesorger bei einem Verbundgeschäft nicht Vertreter des Anlage-Interessenten ist, sondern von den Initiatoren und Gründungsgesellschaftern in Kenntnis und mit Billigung der Bank eingeschaltet wurde. Und es wird seitens des BGH als treuwidrig angesehen, wenn Gesellschafter sich u. H. a. Art. 1 § 1 RBerG auf die Nichtigkeit des Geschäftsbesorgungsvertrages (§ 134 BGB) berufen, wenn solche Gesellschafter verpflichtet sind, die Darlehensverbindlichkeiten der GbR im Rahmen einer diese betreffenden Projektfinanzierung⁹⁶³ anzuerkennen und sich deshalb der Zwangsvollstreckung zu unterwerfen.⁹⁶⁴ Anders ist dies, wenn Gesellschafter einwenden können, auch die durch die unwirksame Zwangsvollstreckungsunterwerfung zu sichernden Ansprüche seien nicht entstanden.⁹⁶⁵ Alleine der Umstand, dass Darlehensgeber und Darlehensnehmer bezüglich des Abschlusses des Darlehensvertrages von einer wirksamen Vertretung auf Seiten des Darlehensnehmers ausgegangen sind, hindert den Darlehensnehmer nicht daran, sich bei Verstoß gegen Art. 1 § 1 RBerG auf die Unwirksamkeit der Vertretung (§ 134 BGB) zu berufen, wenn ein Fall der §§ 171, 172 BGB nicht gegeben war; dies war kein Fall unzulässiger Rechtsausübung (§ 242 BGB).⁹⁶⁶

Es ist aber nicht nur zweifelhaft, ob die Rechtsprechung des BGH zu Art. 1 § 1 RBerG **422** aus oben genannten Gründen mit denen aus der Entscheidung des BVerfG vom 27.9.2002 abgeleiteten Wertungen sowie weiteren verfassungsrechtlichen Gründen so ohne weiteres in Einklang gebracht werden kann.⁹⁶⁷ Vielmehr ist es verfassungsrechtlich ferner zweifelhaft, ob der BGH seine bis 1999 vorhandene Rechtsprechung, die bei Geschäftsbesorgungsverträgen keine Zweifel im Hinblick auf Art. 1 § 1 RBerG hatte und sogar qualitative Anforderungen an ordnungsgemäße Geschäftsbesorgungsverträge stellte, ab 1999 diese u. H. a. Art. 1 RBerG für unwirksam bezeichnete und damit zugleich ohne nähere Begründung die eigene frühere Rechtsprechung rückwirkend negierte.⁹⁶⁸

ee) Fazit. Die Rechtsprechung des BGH zu Art. 1 § 1 RBerG auch bei Treuhandkom- **423** manditisten einer Publikums-KG oder Treuhandgesellschafterin einer Publikums-GbR ist verfassungsrechtlich nicht frei von Zweifeln,⁹⁶⁹ zumal diese für solche Treuhänder rückwirkend haftungsrechtliche Folgen (§ 179 Abs. 2 BGB) haben kann.⁹⁷⁰ Folglich ist auch nicht die Argumentation so ohne weiteres übertragbar, solche Treuhandverträge und darin eingeräumte Vollmachten seien wegen Verstoßes gegen Art. 1 § 1 RBerG nichtig, weil/wenn Treuhänder zB eine Steuerberatungs- oder Wirtschaftsprüfergesellschaft ist.⁹⁷¹ Seitens Kapitalanlegern mithin zu versuchen, sich unter Hinweis auf Art. 1 § 1 RBerG von Fonds-Beteiligungen lösen zu wollen und dieserhalb Prozesse zu führen, ist folglich für solche Kapitalanleger nicht ohne Risiko und kann sehr kostenträchtig sein. Selbst wenn man aber von einem unwirksamen Beitritt ausgehen sollte, ändert dies nichts dran, dass dem entsprechenden Anleger-Gesellschafter entsprechend den Grundsätzen der fehlerhaften Beteili-

---

Rn. 17; OLG München WM 2005, 800. Zu Problemen der Treuhändervollmacht: *Seidel* WM 2006, 1614.

⁹⁶² BGH NJW 2004, 2736; BGH NJW 2004, 2742; aA OLG Düsseldorf WM 2005, 881, 883.
⁹⁶³ Zur Anlegerhaftung bei Projekt-/Objektfinanzierungen in geschlossenen Immobilienfonds: *Lehleiter/Hoppe* WM 2005, 2213; *Wagner* ZfIR 2005, 605.
⁹⁶⁴ BGH WM 2005, 1698, 1700f.; BGH BKR 2005, 501, 505; OLG Brandenburg WM 2005, 463; OLG Köln WM 2005, 789.
⁹⁶⁵ BGH BKR 2005, 501, 505.
⁹⁶⁶ BGH ZfIR 2008, 716 mit Anm. *Frisch*.
⁹⁶⁷ *Wagner/Loritz* WM 2005, 1249. Auch *Edelmann* BKR 2004, 337 vermisst eine verfassungsrechtliche Begründung in der Rechtsprechung des BGH.
⁹⁶⁸ *Wagner/Loritz* WM 2005, 1249.
⁹⁶⁹ *Wagner/Loritz* WM 2005, 1249 mwN.
⁹⁷⁰ Dies mittels teleologischer Reduktion des § 179 Abs. 2 BGB verneinend *Dorka/Losert* DStR 2005, 1145.
⁹⁷¹ AA *Wertenbruch* DStR 2004, 917.

gung nur ein Sonderkündigungsrecht aus wichtigem Grund ex nunc verbliebe. Er könnte sich folglich nicht ex tunc von seiner Beteiligung lösen.[972]

**424**  ff) **Mittelbare Beteiligung.** Das zur mittelbaren Beteiligung bei einer Publikums-KG oben ausgeführte gilt hier entsprechend. Für mittelbare Beteiligungen bei Fonds-GbRs bzw. OHGs ist folgende neue Rechtsprechung zu beachten: Wird ein Treuhand-Gesellschafter betreffend eine Verbindlichkeit der Gesellschaft haftungsmäßig gemäß/analog § 128 HGB in Anspruch genommen, dann ist er zwecks Meidung der Geltendmachung eines Freistellungsanspruches verpflichtet, alles zur Abwehr unbegründeter Haftungsinanspruchnahme erforderliche zu unternehmen. Zugleich muss der auf Haftung in Anspruch genommene denjenigen informieren, den er als zur Freistellung Verpflichteten ansieht.[973] Entspricht der auf Haftung in Anspruch genommene diesen Anforderungen nicht, macht er sich gegenüber dem Freistellungsverpflichteten gemäß §§ 280 Abs. 1, 3, 281 Abs. 1 Satz 1, Abs. 2 BGB schadensersatzpflichtig.[974] Mit diesen Grundsätzen könnte im Widerspruch stehen, wenn der BGH dem Treuhandgesellschafter gestattet, zwecks Abwendung einer eigenen Insolvenzgefahr des Treuhandgesellschafters auf Grund Haftungsinanspruchnahme mit dem Gläubiger der Gesellschaft eine Vereinbarung zu schließen, die eine Haftungsinanspruchnahme des Treuhandgesellschafters gegen Abtretung von Freistellungsansprüche vermeidet.[975]

**425**  c) **RBerG – RDG.** Gemäß Art. 1 § 1 RBerG war die Besorgung fremder Rechtsangelegenheiten sowie die Einziehung von Forderungen, wenn dies geschäftsmäßig betrieben wurde, erlaubnispflichtig. Und war eine Erlaubnis nicht eingeholt worden, waren entsprechende schuldrechtliche und Verfügungsverträge gemäß § 134 BGB nichtig.[976] Seit dem 1.7.2008 wurde das RBerG durch das Rechtsdienstleistungsgesetz (RDG) ersetzt.[977] Gleichwohl hat das RBerG noch Bedeutung, nämlich für alle Fälle aus der Zeit vor dem 1.7.2008. Und die dargestellte Rechtsprechung zum RBerG ist noch insoweit von Bedeutung, als das RDG ähnliche Themenstellungen für die Zukunft beantworten muss wie es die Rechtsprechung im Hinblick auf das RBerG für die Vergangenheit getan hat. Soweit in der Praxis immer wieder GbRs anzutreffen waren, die als Gesellschafter solche geschlossener Fonds auswiesen, welche an besagte GbRs behauptete Schadensersatzansprüche abgetreten hatten, damit diese GbRs in Ermangelung eines kollektiven Rechtsschutzes in Deuschland die Rechtsdurchsetzung der zedierten behaupteten Forderungen betreiben sollten, ist inzwischen vom BGH entschieden, dass solchen GbRs wegen Nichtigkeit des Gesellschaftsvertrages (§ 134 BGB) die Parteifähigkeit fehlt.[978]

**426**  5. **Anlageberater- und Vermittlerhaftung bei geschlossenen Immobilienfonds.** Das deutsche Recht kennt nicht die Haftung Dritter für eigene Entscheidungen, wohl aber die Haftung Dritter für deren unterlassene – obwohl gebotene – Informationen wegen diesbezüglicher Auswirkungen auf eigene Entscheidungen. Neben Komplementären und Treuhandkommanditisten haftet Kapitalanlegern auch der Anlagevermittler geschlossener Immobilienfonds wegen Schlechterfüllung eines „stillschweigend" geschlossenen Auskunftvertrages,[979] der mit der Auskunftserteilung des Anlagevermittlers gegenüber dem Anleger zustande kommt und darauf gerichtet ist, Informationen über alle die Umstände richtig und

---

[972] *Wagner* WM 2004, 2240, 2246; *Wagner* ZfIR 2005, 605, 619 f.; dies anzweifelnd *Wertenbruch* DStR 2004, 917, 921 f.
[973] BGH BB 2011, 1745 mit Anm. *Ayad/Schnell; Wagner* ZNotP 2012, 45, 47.
[974] BGH BB 2011, 1745 mit Anm. *Ayad/Schnell; Wagner* ZNotP 2012, 45, 47.
[975] BGH WM 2012, 2186 Rn. 24 ff.
[976] BGH WM 2009, 259 Rn. 14.
[977] *Grunewald/Römermann,* Rechtsdienstleistungsgesetz, 2008.
[978] BGH 19.11.2011 – II ZR 86/10, Rn. 7 (juris); BGH WM 2012, 2322; BGH WM 2013, 1559; so auch *Loritz/Wagner* WM 2007, 477; *Mann* DStR 2013, 765 ff.
[979] BGH NZG 2009, 430 Rn. 10; BGH NZG 2009, 432 Rn. 10; LG Darmstadt ZfIR 2000, 115; *Benedict* ZIP 2005, 2129, 2130 verkennt, dass es beim Anlagevermittler – anders als beim Anlageberater – nicht um einen stillschweigend abgeschlossenen Beratervertrag geht.

§ 16 Entwicklungen am Markt für unverbriefte Kapitalanlagen

vollständig zu erteilen, die für den Anlageentschluss des Anlageinteressenten von besonderer Bedeutung sind.[980] Auf ein besonderes Vertrauen auf Seitens des Anlegers kommt es nicht an.[981] Die Aufklärungspflicht soll sich auf die eingeschränkte Fungibilität der Anteile, die Höhe weicher Kosten und der darin enthaltenen Innenprovisionen[982] und negative Berichterstattungen in der Branchenpresse beziehen. Auch über die Seriosität und Bonität von Fondsinitiatoren sowie über die Sicherung vor zweckwidriger Verwendung von Anlagekapital schuldet der Anlagevermittler dem Anlageinteressenten Informationen.[983] Ob auch der Anlagevermittler über die mangelnde Veräußerbarkeit von Anteilen an einer Publikums-KG mangels eines entsprechenden Marktes informieren muss, hat der BGH[984] inzwischen bejaht. Hätte der Kapitalanleger Prospektfehler erkennen können und müssen, dann wird ihm dies als erhebliches Mitverschulden angerechnet.[985] Aufgrund eines zwischen einem Anlageinteressenten und einem Anlagevermittler zustande gekommenen (stillschweigenden) Auskunftsvertrages[986] ist der Anlagevermittler verpflichtet, dem Anlageinteressenten richtige und vollständige Informationen über diejenigen tatsächlichen Umstände zukommen zu lassen, die für den Anlageentschluss des Interessenten von besonderer Bedeutung sind.[987] Dazu muss sich der Anlagevermittler grundsätzlich vorab selbst informieren,[988] und zwar ua auch hinsichtlich der Wirtschaftlichkeit der Kapitalanlage und der Bonität des Anlageinteressenten, damit auf Grund dessen und der diesbezüglichen Information der anlageinteressent sein Engagement zuverlässig beurteilen und eine sachgerechte Anlageentscheidung treffen kann. Liegen dazu objektive Daten nicht vor oder verfügt der Anlagevermittler mangels Einholung entsprechender Informationen insoweit nur über unzureichende Kenntnisse, so muss er dies dem anderen Teil zumindest offenlegen.[989] Zu der vom Anlagevermittler geschuldeten Information gehören vollständige Informationen über alle diejenigen tatsächlichen Umstände, die für den Anlageentschluss des Anlageinteressenten von Bedeutung sind. Und dazu muss der Anlagevermittler das Anlagekonzept und den Prospekt auf Plausibilität und wirtschaftliche Tragfähigkeit untersucht haben bzw. darüber aufklären, dass er es nicht getan hat.[990] Hat der Anlagevermittler dies alles nicht getan, kann dies aber nur dann zu einem Schadensersatzanspruch gegen ihn führen, wenn, hätte er es getan, dies zu Beanstandungen geführt hätte, die der Anlagevermittler auch hätte erkennen können.[991]

Ein Anlageberatungsvertrag kann auch stillschweigend zustande kommen. Weitergehend als der Anlagevermittler hat der Anlageberater dem Anlageinteressenten nicht nur Tatsachen sondern auch eine fachkundige Bewertung und Beurteilung der Tatsachen vorzunehmen, die sich je nach Wunsch des Anlageinteressenten auch auf dessen persönliche Verhältnisse zu beziehen hat.[992] Eine Plausibilitätsprüfung reicht bei einem Anlageberater

427

---

[980] So seit BGHZ 74, 103, 106 f. Siehe ferner BGH WM 2006, 2301; BGH NZG 2008, 117 Rn. 7 mwN.
[981] *Benedict* ZIP 2005, 2129, 2132.
[982] BGH WM 2006, 668; OLG Stuttgart ZfIR 2006, 21, 22.
[983] OLG Saarbrücken WM 2006, 1720.
[984] BGH BKR 2007, 298 Rn. 16.
[985] BGH NJW 1982, 1095; 1993, 997; BGH ZIP 2000, 355; BGH NJW 2002, 2641; LG Darmstadt ZfIR 2000, 115, 119; *Benedict* ZIP 2005, 2129, 2132 f.
[986] BGH WM 2005, 1219, LS: „Für das Zustandekommen genügt, wenn der Anleger den Vermittler um einen Beratungstermin bittet und der Vermittler dann Angaben zu der fraglichen Anlage macht." Ferner: BGH BKR 2007, 296. Zur Anlagevermittler-/-beraterhaftung: *Wagner* DStR 2003, 1757; *Wagner* DStR 2004, 1836 und 1883; *Wagner* DStR 2005, 1449, jeweils mwN.
[987] BGH NJW 1982, 1095; BGH ZIP 1988, 1464; BGHZ 111, 314; BGHZ 158, 110; BGH WM 2006, 2301 Rn. 9; *Benedict* ZIP 2005, 2129, 2131.
[988] BGH ZIP 2000, 355; BGH ZIP 2003, 1928; BGHZ 158, 110; *Benedict* ZIP 2005, 2129, 2131.
[989] BGH NJW 2002, 2641.
[990] BGH WM 2009, 739 Rn. 11 ff.
[991] BGH WM 2009, 739 Rn. 13 f.
[992] Zu Einzelheiten und zum Umfang der Anlageberaterpflichten siehe BGH BKR 2007, 298, 299.

nicht aus.⁹⁹³ Zur ungefragten Aufklärungspflicht zählt die Rechtsprechung auch, dass die Veräußerung von Anteilen an einer Publikums-KG mangels eines entsprechenden Marktes nur eingeschränkt möglich ist.⁹⁹⁴ Diese Aufklärungspflicht kann aber entfallen, wenn der Weiterveräußerungsfall für den Anlageinteressenten ohne Belang ist bzw. wenn die entsprechende Aufklärung im Prospekt enthalten ist und der Anlageberater davon ausgehen kann, dass der Anlageinteressent diesen liest und versteht bzw. Nachfrage hält.⁹⁹⁵

**428** Kommt es zu einer unvollständigen oder fehlerhaften Anlageberatung, dann kann der geschädigte Kapitalanleger an der Kapitalanlage festhalten und wegen Schlechterfüllung des Beratungsvertrages Schadensersatz auf Erstattung von Vermögenseinbußen verlangen oder im Wege der sog „großen" Schadensersatzes Erstattung der von ihm erbrachten Leistungen Zug um Zug gegen Übertragung seiner Beteiligung verlangen.⁹⁹⁶ Für den letzteren Fall gibt es bei Fondsbeteiligungen aber folgendes zu beachten:

**429** In der Regel können ausweislich der Fonds-Gesellschaftsverträge eigene Fondsbeteiligungen von Fonds-Gesellschaftern nur mit schriftlicher Zustimmung eines bestimmten Gesellschafters bzw. Treuhandgesellschafters übertragen werden. Zug um Zug Übertragungen setzen mithin in solchen Fäällen voraus, dass der Nachweis erbracht wird, wonach besagter Gesellschafter die Zustimmung zu einer solchen Übertragung erteilt hat. Dies mit vorzutragen wird oftmals in solchen Schadensersatzprozessen „vergessen". Ist aber der auf eine Zug um Zug-Verurteilung gerichtete Zahlungsklageantrag des klagenden Anlegers nicht möglich, weil dieser über seine Beteiligung ohne Zustimmung des gesellschaftsvertraglich vorgesehenen Gesellschafters nicht wirksam verfügen kann und folglich diese auch nicht selbst gem. § 322 Abs. 1 BGB als **eigene** Gegenleistung dem Beklagten übertragen kann, so kann der Beklagte auch nicht in Annahmeverzug geraten und ist § 322 Abs. 1 BGB nicht einschlägig, dann ist zwangsläufig auch § 322 Abs. 3 BGB nicht einschlägig. Die Folge ist, dass mangels Einschlägigkeit des § 322 Abs. 1 und 3 BGB und mangels Annahmeverzuges der Beklagten die in § 322 Abs. 3 BGB iVm § 274 Abs. 2 BGB angesprochenen Tatbestandsvoraussetzungen des § 274 Abs. 2 BGB nicht gegeben sind. Denn mangels Einschlägigkeit des § 322 Abs. 3 BGB greift die Rechtsfolgenverweisung auf § 274 Abs. 2 BGB nicht und zusätzlich wären auch die Tatbestandsmerkmale des § 274 Abs. 2 BGB nicht gegeben, wo ein Annahmeverzug gefordert wird, der aber mit zuvor Ausgeführtem nicht gegeben ist.

**430** In Gerichtsverfahren ist es immer wieder eine Streitfrage, ob die Voraussetzungen für eine Zug um Zug Abtretung spätestens zum Zeitpunkt der Letzten mündlichen Verhandlung gegeben sein müssen oder ein erst in der Zwangsvollstreckung zu erhebender Einwand ist. Im ersteren Fall ist die Klage abzuweisen, wenn klägerseits die Voraussetzungen einer Zug um Zug Abtretung nicht dargetan sind, wie Folgendes zeigt:

**431** Die Voraussetzungen des § 322 Abs. 1 BGB gehören zur materiellrechtlichen Schlüssigkeit der Klage, die die darlegungs- und beweispflichtige Klägerin darlegen und beweisen muss, es aber nicht getan hat. Dieser Darlegungs- und Beweislast für eine materiellrechtliche Schlüssigkeit eines Zahlungsklageantrages Zug um Zug gegen Abtretung ihrer Beteiligung muss der klagende Anleger dadurch entsprechen, dass er darlegen muss, dass er als Inhaber der eigenen Beteiligung in Anbetracht deren Vinkulierung berechtigt ist, diese Zug um Zug an den Beklagten überhaupt wirksam abtreten zu dürfen und dem daher die gesellschaftsvertraglich vorgesehen Person zugestimmt hat. Denn die Klägerin hat keinen Anspruch darauf, ein obsiegendes Zug um Zug Urteil zu erhalten, bei welchem zum Zeitpunkt der Urteilsverkündung nicht feststeht, ob die Klägerin dem von ihr gestellten Zug um Zug-Antrag überhaupt entsprechen kann.

**432** Ist aber ein auf eine Zug um Zug-Verurteilung gerichteter Klageantrag des klagenden Anlegers nicht möglich, weil er über die Zustimmung der gesellschaftsvertraglich vorgese-

---

⁹⁹³ BGH WM 2009, 2360 Rn. 16.
⁹⁹⁴ BGH BKR 2007, 298 Rn. 16.
⁹⁹⁵ BGH BKR 2007, 298 Rn. 16–17.
⁹⁹⁶ BGHZ 115, 214, 221; BGH NZG 2009, 353 Rn. 14; *Reinelt* NJW 2009, 1, 5 f.

henen Person zur Abtretung der Beteiligung an den Beklagten nicht verfügt, so dass der Beklagte deshalb auch nicht in Annahmeverzug geraten kann, dann ist zwangsläufig auch § 322 Abs. 3 BGB nicht einschlägig. Die Folge ist, dass mangels Annahmeverzuges der Beklagten die in § 322 Abs. 3 BGB iVm § 274 Abs. 2 BGB angesprochenen Tatbestandsvoraussetzungen des § 274 Abs. 2 BGB nicht gegeben sind. Denn mangels Einschlägigkeit des § 322 Abs. 3 BGB greift die Rechtsfolgenverweisung auf § 274 Abs. 2 BGB nicht und zusätzlich wären auch die Tatbestandsmerkmale des § 274 Abs. 2 BGB nicht gegeben, wo ein Annahmeverzug gefordert wird, der aber mit zuvor Ausgeführtem nicht gegeben ist, wenn der Kläger mangels Zustimmung der gesellschaftsvertraglich vorgesehen Person nicht in der Lage ist, die streitgegenständliche mittelbare Beteiligung wirksam abzutreten.

Dies führt dazu, dass der Zahlungs-Klageantrag auf Zahlung Zug um Zug gegen Abtretung der eigenen Beteiligung nicht nur unbegründet sondern sogar **unzulässig** sein kann, weil der klagende Anleger prozessual kein Rechtsschutzbedürfnis hat, dass ihm ein Zahlungsklageantrag Zug um Zug gegen Abtretung der eigenen Beteiligung zugesprochen würde, wenn der Beklagte im Hinblick auf §§ 322 Abs. 3, 274 Abs. 2 BGB zum Zeitpunkt der Verurteilung sich deshalb nicht im Annahmeverzug befinden könnte/würde, weil der klagende Anleger über die erforderliche Zustimmung der gesellschaftsvertraglich vorgesehenen Person zur Abtretung der Beteiligung nicht verfügt.

**6. Geschlossene Fonds und EU-Gemeinschaftsrecht.** Der EuGH hat in seiner Entscheidung vom 15.4.2010[997] ausgeführt, der Beitritt eines Verbrauchers zu einem geschlossenen Immobilienfonds falle in den Anwendungsbereich der HaustRL. Meinerseits wurde im Anschluss dazu begründet, der Beitritt zu einem geschlossenen Fonds falle auch in den Anwendungsbereich der VerbrRL 93/13/EWG,[998] ohne dass die Bereichsausnahme von Erwägungsgrund 10 Satz 3 VerbrRL und § 310 Abs. 4 Satz 1 BGB einschlägig sei.[999] In Anbetracht des Anwendungsvorrangs des Gemeinschaftsrechts sind sind daher Beitritte von Vebrauchern zu geschlossenen Fonds nicht nur auch sondern vorrangig an den Vorgaben der VerbrRL abzugleichen.

Dies hat zur Folge, dass die Vertragsklauseln des jeweiligen konkreten Beitrittsvertrages zivilrechtlich einer Inhaltskontrolle dahingehend zu unterwerfen sind, ob es missbräuchliche Klauseln iS von Art. 1, 3 iVm Anhang VerbrRL gibt. Diese Prüfung hat zB im Streitfall das Gericht von Amts wegen vorzunehmen.[1000] Denn missbräuchliche Vertragsklauseln sind für Verbraucher-Erwerber „nicht verbindlich", ohne dass dieser sie vorher angefochten haben müsste.[1001] Wenn der EuGH betreffend den Verbraucher von einer fehlenden Verbindlichkeit und nicht von einer Unwirksamkeit missbräuchlicher Klauseln spricht, dann hängt dies damit zusammen, dass der EuGH iudiziert hat, auch eine missbräuchliche Klausel müsse dann nicht unangewendet bleiben, wenn der Verbraucher nach entsprechendem Hinweis des Gerichts die Missbräuchlichkeit und Unverbindlichkeit nicht geltend machen möchte.[1002] Der Verbraucher-Erwerber entscheidet mithin letztlich, ob es bei missbräuchli-

---

[997] EuGH NZG 2010, 501; dazu *Armbrüster* EuZW 2010, 614.
[998] *Wagner* in FS Thode, S. 705.
[999] OLG Oldenburg NZG 1999, 896, 897; KG Berlin WM 1999, 731; OLG Frankfurt NJW-RR 2004, 991, 992; *Wagner* NZG 2011, 489 f.; so auch *Armbrüster* ZIP 2006, 406, 413; *Basedow* in MüKoBGB, 5. Aufl. 2007, § 310 Rn. 83; *Heinrichs* NJW 1996, 2190, 2192; *Heinrichs* NJW 1998, 1447, 1462; aA *Drygala* ZIP 1997, 968, 970; *Michalski/Schulenburg* NZG 1999, 898.
[1000] EuGH 26.10.2006 – Rs. C-168/05 (Mostaza Claro), NJW 2007, 135 Rn. 26 f., 38; EuGH 4.6.2009 – Rs. C-243/08 (Györfi), NJW 2009, 2367 Rn. 32.
[1001] EuGH 26.10.2006 – Rs. C-168/05 (Mostaza Claro), NJW 2007, 135 Rn. 29; EuGH 4.6.2009 – Rs. C-243/08 (Györfi), NJW 2009, 2367 Rn. 25, 28 mit Anm. *Pfeiffer*.
[1002] EuGH 4.6.2009 – Rs. C-243/08 (Györfi), NJW 2009, 2367 Rn. 33, 35: „... dass das nationale Gericht verpflichtet ist, die Missbräuchlichkeit einer Vertragsklausel von Amts wegen zu prüfen, sobald es über die hierzu erforderlichen rechtlichen und tatsächlichen Grundlagen verfügt. Ist es der Auffassung, dass eine solche Klausel missbräuchlich ist, so lässt es sie unangewendet, sofern der Verbraucher dem nicht widerspricht. ..."

436 Eine ganz andere Frage ist, ob dann, wenn der Beitrittsvertrag missbräuchliche Klauseln enthält, dies zur Folge hat, dass der Vertrag als ganzes den Verbraucher nicht bindet, wenn dies für den Verbraucher günstiger ist. Diese Frage hat jüngst der EuGH[1003] wie folgt beantwortet:

437 – In seiner zuvor angesprochenen Györfi-Entscheidung[1004] hatte der EuGH nicht von der Unwirksamkeit sondern der Unverbindlichkeit von missbräuchlichen Vertragsklausel für den Verbraucher gesprochen, der letztlich zu entscheiden habe, ob es dabei bleibe oder ob er auf die Geltendmachung der Unverbindlichkeit verzichte. Die Unverbindlichkeit betreffend den Verbraucher entspricht der im deutschen Recht bekannten materiellrechtlichen Einrede. Daran möchte der EuGH anscheinend in seiner vorgenannten SOS-Entscheidung[1005] nichts ändern.

438 – Verzichtet aber der Verbraucher nicht auf die Unverbindlichkeit materiellrechtlicher Klauseln, dann bleiben diese für den Verbraucher unverbindlich. Und dann stellt sich die Frage, „ob ein Vertrag, der eine oder mehrere missbräuchliche Klauseln enthält, ohne diese Klauseln bestehen kann." Und diese Frage kann nach dem EuGH nicht dahingehend beantwortet werden, dass dann der Vertrag insgesamt nichtig sein könnte und dies für den Verbraucher vorteilhaft sein könnte.[1006] Dies gesetzlich zu regeln sei Sache der Mitgliedstaaten, da diese zum besseren Schutz der Verbraucher durchaus solches regeln könnten und dadurch durch die VerbrRL nicht gehindert seien.[1007] Dieser Ansatz des EuGH findet sich insbesondere in § 306 Abs. 3 BGB, wonach der Vertrag insgesamt dann unwirksam wird, wenn ein Festhalten an ihm unter Berücksichtigung des § 306 Abs. 2 BGB eine unzumutbare Härte darstellen würde.

439 Ungeklärt ist, in welchem Verhältnis diese vorgenannte Rechtsprechung des EuGH zur Rechtsprechung des BGH betr. die fehlerhafte Beteiligung steht.

### IV. Anlegerinteressengemeinschaften

440 Aufgrund vermehrt auftretender Not leidender geschlossener Immobilienfonds ist immer häufiger festzustellen, dass Anlegerinteressengemeinschaften zB in der Rechtsform einer GbR[1008] organisiert werden. Anleger geschlossener Immobilienfonds, die sich von Dritten (Kapitalanlagevertriebe, Banken etc.) geschädigt fühlen, treten unter Zahlung einer Einlage einer solchen Anlegerinteressengemeinschaft bei, treten eigene behauptete Ansprüche an diese Anlegerinteressengemeinschaft ab, die dann diese Ansprüche geltend macht. Besagte Anleger sollen dann im Obsiegensfalle als Gesellschafter der Anlegerinteressengemeinschaft durch entsprechende Gewinnausschüttungen daran partizipieren.

441 Solche Anlegerinteressengemeinschaften verstießen gegen Art. 1 § 1 RBerG,[1009] sodass es sich insoweit nicht um eine fehlerhafte Gesellschaft sondern um eine ex tunc unwirksame

---

[1003] EuGH 15.3.2012 – Rs. C-453/10 (SOS), Rn. 26 (Juris).
[1004] EuGH 4.6.2009 – Rs. C-243/08 (Györfi), NJW 2009, 2367.
[1005] EuGH 15.3.2012 – Rs. C-453/10 (SOS), Rn. 26 ff. (Juris).
[1006] EuGH 15.3.2012 – Rs. C-453/10 (SOS), Rn. 33 (Juris).
[1007] EuGH 15.3.2012 – Rs. C-453/10 (SOS), Rn. 34–36 (Juris).
[1008] Gemäß BGHZ 146, 341 selbständig rechts- und parteifähig.
[1009] So auch der Gesetzgeber anlässlich des Gesetzesentwurfs des Kapitalanleger-Musterverfahrens-Gesetzes (KapMuG) vom 14.3.2005 in BT-Drucks. 15/5091, S. 14. Zur Rechtsprechung betr. Art. 1 § 1 RBerG und die Durchsetzung von Anlegerinteressen: BGH NJW 1955, 422; BGH NJW 1956, 591; BGHZ 47, 364; BGH VersR 1958, 76; BGH VersR 1970, 422; BGHZ 61, 317; BGH NJW 1963, 441; BGH NJW 1967, 1558; BGH NJW 1989, 2125; BGH NJW 1995, 3122; BGH NJW 2000, 2108; BGH NJW 2002, 2104; BGH WM 2003, 1135; BGHZ 153, 214, 218; BGH WM 2005, 102, 103 mwN; OLG Hamburg AnwBl 1951, 100 = MDR 1951, 305; OLG Hamm NJW 1954, 516, 518; OLG Stuttgart AnwBl. 1966, 98; OLG Koblenz AnwBl. 1975, 31; OLG Hamm AnwBl. 1981, 152; OLG Düsseldorf ZIP 1993, 347; OLG München NJW-RR 1994, 1138; OLG München WRP 1995, 1046; OLG Frankfurt MDR 1999, 1167; OLG Karlsruhe BRAK-Mitt. 2000, 265.

§ 16 Entwicklungen am Markt für unverbriefte Kapitalanlagen    442–446   § 16

Gesellschaft handelte.[1010] Prozessual sind solche Anlegerinteressengemeinschaften dann – wenn nicht rechtsfähig (§ 50 Abs. 1 ZPO) – nicht parteifähig (§ 51 Abs. 1 ZPO), sodass Klagen unzulässig wären. Für die Prozesskosten gilt nach Ansicht des BGH:
„Hierfür müsste zumindest derjenige ... aufkommen, der im Namen der vermeintlichen Gesellschaft den Prozess als deren Vertreter ausgelöst hat. Im Falle des Auftretens für eine nicht existierende Partei trägt der in deren Namen auftretende und die Existenz der Partei behauptende Vertreter als Veranlasser des unzulässigen Verfahrens die Prozesskosten (Sen. Urt. v. 25. Januar 1999 – II ZR 383/96, ZIP 1999, 489, 491 m.w. Nachw.). Es ist also immer zumindest eine natürliche Person als Kostenschuldner vorhanden."[1011]  **442**

### V. Kapitalanleger-Musterverfahrensgesetz

Am 1.11.2005 ist das Kapitalanleger-Musterverfahrensgesetz (KapMuG)[1012] in Kraft getreten. Usprünglich war es bis zum 31.10.2010 befristet. Es wurde sodann bis zum 31.10.2012 verlängert.[1013] Die Novelle des KapMuG ist nun am 1.11.2012 in Kraft getreten[1014] und wird bis 31.10.2020 befristet sein.[1015]  **443**

Das KapMuG befreit nicht von der Notwendigkeit, seitens Anlegern Individualklage zu erheben.[1016] Erheben aber mehrere Anleger Individualklagen, die denselben Lebenssachverhalt zum Gegenstand haben, dan kann unter nachfolgend beschriebenen Voraussetzungen ein Musterverfahrensantrag beim LG gestellt werden, das diesen dem OLG vorlegen kann, während die anderen Individualverfahren ausgesetzt werden.[1017]  **444**

Bisher – also bis zum 31.10.2012 – war die Rechtslage folgende:  **445**

In einem erstinstanzlichen Gerichtsverfahren, in welchem ua ein *Schadensersatzanspruch* wegen falscher, irreführender oder unterlassener öffentlicher Kapitalmarktinformationen geltend gemacht wurde, konnte die Feststellung entsprechender Voraussetzungen verlangt werden, wenn sie entscheidungserheblich war (§ 1 Abs. 1 Satz 1 Nr. 1 KapMuG).[1018] Dies konnte auch bei öffentlichen Kapitalmarktinformationen des sog „Grauen Kapitalmarktes" der Fall sein.[1019] Ein Musterfeststellungsverfahren konnte jedoch nicht eingeleitet werden bei behaupteter fehlerhafter Anlageberatung unter Prospektverwendung.[1020] Zunächst war über die Frage der vorvertraglichen Aufklärungspflichtverletzung zu entscheiden. Und soweit das, was das LG zum Gegenstand seines Vorlagebeschlusses für ein Musterverfahren gemacht hatte, nicht Gegenstand eines Musterverfahrens sein konnte, hatte der Vorlagebeschluss auch keine Bindungswirkung.[1021]  **446**

---

Zum Fachschrifttum: *Braun* NJW 1998, 2318; *Caliebe* BB 2000, 2369; *Chemnitz/Johnigk*, RBerG, 11. Aufl. 2003; *Diekötter* DB 2002, 880; *Gehrlein* NJW 1995, 487; *Hess/Michailidou* WM 2003, 2318; *Heß* AG 2003, 112; *Koch* BRAK-Mitt. 2005, 159; *Koch* NJW 2006, 1469; *Kleine-Cosack*, RBerG, 2004; *Loritz/Wagner* WM 2007, 477; *Rennen/Caliebe*, Rechtsberatungsgesetz, 3. Aufl. 2001, Art. 1 § 1 Rz. 1; *Reuschle* WM 2004, 966; *Senge*, RBerG in Erbs/Kohlhaas, Strafrechtliche Nebengesetze, Lbl-Slg., Stand 131. ErgLfg. 1999 R 55; *Wunderlich* DB 1993, 2269.

[1010] BGHZ 153, 214, 222 u. H. a. BGHZ 62, 234, 240 f., 242.
[1011] BGH 29.1.2001 – II ZR 331/00, BGHZ 146, 341, 357.
[1012] Vom 16.8.2005, BGBl. I 2005, 2437. Dazu *Söhner* ZIP 2013, 7.
[1013] *Vorwerk* WM 2011, 817.
[1014] Gesetz zur Reform des KapMuG vom 19.10.2012, BGBl. I 2012, 2182; *Schneider/Heppner* BB 2012, 2703; *Wolf/Lange* NJW 2012, 3751; *Söhner* ZIP 2013, 7; *Möllers/Seidenschwann* NZG 2012, 1401.
[1015] *Halfmeier* DB 2012, 2145, 2151; *Wigand* AG 2012, 845. Zu den neuen Kostenregeln im neuen KapMuG-Verfahren *Hartmann* JurBüro 2012, 563.
[1016] *Wolf/Lange* NJW 2012, 3751.
[1017] *Schneider/Heppner* BB 2012, 2703.
[1018] Keine Entscheidungserheblichkeit, wenn der Tatsachenstoff hinreichend geklärt ist: BGH DStR 2008, 209.
[1019] BGH NZG 2008, 592 Rn. 12.
[1020] BGH NZG 2009, 115; BGH NZG 2011, 151 Rn. 11 mwN; BGH ZIP 2011, 526; BGH NZG 2012, 107 Rn. 14.
[1021] BGH NZG 2011, 1117 Rn. 8.

**447** Ein diesbezüglicher Musterfeststellungsantrag konnte beim LG gestellt werden, welches dann zu entscheiden hatte, dieserhalb dem OLG vorzulegen oder nicht.[1022] Die Vorlage erforderte, dass bis zum Ablauf der im § 4 Abs. 1 Satz 1 Nr. 2 KapMuG genannten Frist 10 gleichgerichtete Musterfeststellungsanträge gestellt worden sein mussten, die nicht in 10 getrennten Prozessen gestellt worden sein mussten.[1023] Ob ein Fall falscher, irreführender oder unterlassener öffentlicher Kapitalmarktinformationen vorliegt, um als Rechtsfolge statt Schadensersatz eine Kündigung der Fondsmitgliedschaft wegen fehlerhafter Beteiligung rechtmäßig erfogt war, wurde vom KapMuG nicht erfasst. Und eine Entscheidung des OLG anlässlich eines Schadensersatzverfahrens hatte keine rechtliche Bindungswirkung für die in einem gesonderten Prozess zu klärenden Frage einer Kündigung auf Grund fehlerhafter Beteiligung. Es war daher unzutreffend, zu behaupten, das KapMuG finde ganz allgemein auf Klagen Anwendung, die falsche, irreführende oder unterlassene öffentlicher Kapitalmarktinformationen betreffen und sein Anwendungsbereich sei „auf große Bereiche des Grauen Marktes erstreckt" worden.[1024]

**448** Gegen den Musterentscheid des OLG fand die Rechtsbeschwerde statt (§ 15 Abs. 1 Satz 1 Nr. 1 KapMuG). Kam es in einem Kapitalanleger-Musterverfahren zu einem Ablehnungsgesuch wegen Befangenheit, so fand gegen die ein solches Ablehnungsgesuch zurückweisende Entscheidung weder eine sofortige Beschwerde noch eine Rechtsbeschwerde statt.[1025]

**449** Das KapMug in der bis zum 31.10.2012 geltenden Fassung findet weiter für die Musterverfahren Anwendung, in denen vor dem 1.11.2011 bereits mündlich verhandelt wurde (§ 27 KapMuG nF).

**450** Die Rechtslage ab 1.11.2012 hat sich ua in folgendem geändert:

**451** Anders als bisher sollen auch solche Ansprüche KapMuG-fähig werden, bei denen es nur mittelbar um fehlerhafte öffentliche Kapitalmarktinformationen geht (§ 1 Abs. 1 Nr. 2 KapMuG nF). Dazu werden künftig zB auch Schadensersatzansprüche aus Prospekthaftung iwS gehören im Zusammenhang mit einer Anlageberatung bzw. Anlagevermittlung.[1026]

**452** Musterkläger und Musterbeklagter des KapMuG-Verfahrens können dem Gericht einen Vergleichsvorschlag unterbreiten (§§ 17–19 KapMuG nF), der allerdings nur für diese Verfahrensbeteiligten wirkt.[1027] Die am Verfahren Beigeladenen erhalten zuvor vom OLG die Möglichkeit der Stellungnahme wie auch dann, wenn das OLG den Vergleich genehmigen sollte, Beigeladenen – nicht dem Musterkläger oder Musterbeklagten – das Recht eingeräumt wird, innerhalb einer Monatsfrist nach Zustellung des genehmigten Vergleichs den Austritt aus dem Vergleich zu erklären (§ 19 Abs. 2 KapMuG nF), sodass bezüglich solcher Beigeladener der Rechtsstreit beim LG weitergeführt wird. – Statt dessen kann das OLG auch dem Musterkläger bzw. Musterbeklagten einen Vergleich vorschlagen. Wird dieser angenommen, besteht auch in diesem Fall den Beigeladenen die Möglichkeit, den Austritt aus dem Vergleich zu erklären. Vielen Fragen sind in diesem Zusammenhang noch offen.[1028]

**453** Neu ist ferner, dass Anspruchsteller ihre behaupteten Ansprüche beim OLG zum Musterverfahren anmelden können (§ 10 Abs. 2 KapMuG nF).[1029] Dies binnen einer 6-Monatsfrist ab der öffentlichen Bekanntmachung des Musterklageverfahrens (§ 3 Abs. 3 Satz 1

---

[1022] Zu Einzelheiten *Meier* DStR 2005, 1860; *Möllers/Weichert* NJW 2005, 2737; *Plaßmeier* NZG 2005, 609; *Erttmann/Keul* WM 2007, 482.
[1023] BGH 21.4.2008 – II ZB 06/07, NZG 2008, 510 Rn. 9 f.
[1024] So missverständlich *Möllers/Weichert* NJW 2005, 2737.
[1025] BGH DStR 2009, 385.
[1026] *Halfmeier* DB 2012, 2145; *Schneider/Heppner* BB 2012, 2703 f.; *Wigand* AG 2012, 845, 848; *Wolf/Lange* NJW 2012, 3751; *Söhner* ZIP 2013, 7, 8; *Möllers/Seidenschwann* NZG 2012, 1401 f.
[1027] *Halfmeier* DB 2012, 2145, 2149; *Schneider/Heppner* BB 2012, 2703, 2704; *Wigand* AG 2012, 845, 849; *Wolf/Lange* NJW 2012, 3751, 3754.
[1028] *Schneider/Heppner* BB 2012, 2703, 2705; *Söhner* ZIP 2013, 7, 12 f.
[1029] *Wolf/Lange* NJW 2012, 3751, 3754.

KapMuG nF), wodurch es allerdings lediglich zu einer Verjährungshemmung bezüglich angemeldeter Ansprüche kommt (§ 10 Abs. 2–4 KapMuG nF). Am Musterverfahren beteiligt wird dadurch der Anmelder nicht. Auch wird er nicht in einen Vergleichsabschluss einbezogen. Der Anmelder muss binnen 3 Monaten nach rechtskräftigem Abschluss des Musterverfahrens Leistungs- oder Feststellungsklage erheben, andernfalls die mit der Anmeldung eingetretene Verjährungshemmung endet. Auch hier sind noch zahlreiche Fragen offen.[1030]

Ob zusätzlich zur Mustervorlage durch das LG das OLG weitere Feststellungsziele zum Musterklageverfahren zulassen kann, entscheidet nunmehr alleine das OLG (§ 15 Abs. 1 KapMuG nF). Auch obliegt dem OLG die Auswahl des Musterklägers.[1031] **454**

### VI. Anlegerschutzverbesserung im Grauen Kapitalmarkt

Bis Anfang 2006 iudizierte der BGH,[1032] Kreditinstitute hätten keine Pflicht zur schriftlichen Dokumentation der Erfüllung von Beratungs- und Aufklärungspflichten. Dieses und anderes hat sich auf Grund folgender gesetzlicher Neuregelungen grundlegend verändert: **455**

**1. Einleitung.** Aus dem freien, unregulierten, Kapitalmarkt soll durch das Gesetz betr. Finanzanlagenvermittler und Vermögensanlagen ein weiterer regulierter Kapitalmarkt werden. Die darin geregelte Informationsbringschuld der Anbieterseite soll Anlegern helfen, eine eigene sachgerechte Entscheidung zu treffen. Dies setzt aber voraus, dass Anleger überhaupt in der Lage sind, die Fülle an neuer Information im Hinblick auf eine sachgerechte Entscheidung zu verarbeiten, zu werten und zu gewichten. **456**

**2. Gesetz betr. Finanzanlagenvermittler und Vermögensanlagen.** Das den Grauen Kapitalmarkt betreffende Gesetz wurde am 27.10.2011 vom Deutschen Bundestag als Artikel-Gesetz verabschiedet. Das darin enthaltene Vermögensanlagengesetz (VermAnlG) ist in wesentlichen Teilen am 1.6.2012 in Kraft getreten.[1033] Der Anwendungsbereich dieses Gesetzes bezieht sich auf Vermögensanlagen, die nicht in Wertpapieren iSd Wertpapierprospektgesetzes verbrieft sind. Dazu zählen gem. § 1 Abs. 2 VermAnlG: **457**

– Anteile, die eine Beteiligung am Ergebnis eines Unternehmens gewähren, **458**
– Anteile an einem Vermögen, das der Emittents oder ein Dritter in eigenem Namen für fremde Rechnung hält oder verwaltet (Treuhandvermögen), **459**
– Anteile an sonstigen geschlossenen Fonds, **460**
– Genussrechte, **461**
– Namensschuldverschreibungen. **462**

Insoweit handelt es sich Finanzinstrumente iSd KWG und WpHG, die die in § 1 Abs. 11 KWG und § 2 Abs. 2b WpHG definierten Finanzinstrumente erweitern.[1034] **463**

Zum Anwendungsbereich des VermAnlG gehören (noch) nicht Einzelimmobilienkapitalanlagen, Wohnungseigentümergemeinschaften und Bruchteilsgemeinschaften.[1035] **464**

Regelungsgegenstand des Gesetzes sind: **465**
– Eine Kurzinformation vor dem öffentlichen Angebot und neben dem Prospekt muss vorgesehen werden (§ 13 Abs. 1 VermAnlG).[1036] Die Kurzinformation muss bei der BaFin hinterlegt werden (§ 14 Abs. 2 VermAnlG). Die Kurzinformation muss dem Anleger/Anlageinteressenten auf Verlangen zur Verfügung gestellt werden (§ 15 Abs. 1 VermAnlG). **466**
– Ein Prospekt muss zur Verfügung gestellt werden – es besteht Prospektpflicht (§ 6 VermAnlG) –,[1037] wobei die BaFin die Aufsicht mit Anordnungsbefugnis über das Angebot **467**

---
[1030] *Schneider/Heppner* BB 2012, 2703, 2705, 2706; *Wigand* AG 2012, 845, 846 f.
[1031] *Schneider/Heppner* BB 2012, 2703, 2706.
[1032] BGH NJW 2006, 1429, 1430.
[1033] *Brocker/Lohmann* GWR 2012, 335588; *Bußalb/Vogel* WM 2012, 1416.
[1034] *Brocker/Lohmann* GWR 2012, 335588.
[1035] *Bußalb/Vogel* WM 2012, 1416, 1417.
[1036] *Wagner* NZG 2011, 609, 611.
[1037] *Wagner* NZG 2011, 609, 611; *Leuering* NJW 2012, 1905, 1908.

von Vermögensanlagen ausübt (§ 3 VermAnlG). Ein Verkaufsprospekt bedarf vor seiner Veröffentlichung der Billigung durch die BaFin, die zuvor den Prospekt auf Vollständigkeit, Kohärenz[1038] und Verständlichkeit geprüft hat (§ 13 Abs. 1 VermAnlG). Und der Prospekt muss bei der BaFin hinterlegt werden (§ 14 Abs. 1 VermAnlG). Der Prospekt muss dem Anleger/Anlageinteressenten auf Verlangen zur Verfügung gestellt werden (§ 15 Abs. 1 VermAnlG).

**468** – Das Beratungsprotokoll soll per RVO eingeführt werden.

**469** – Der Emittent muss den Wert der Vermögensanlage – jeweils aus Anlass der Einreichung des festgestellten Jahresabschlusses – dem Anleger mitteilen (§ 16 VermAnlG).

**470** Die seit dem Anlegerschutzverbesserungsgesetz vom 28.10.2004 (AnSVG) bestehende Prospektpflicht für Produkte des grauen Kapitalmarktes[1039] – geregelt in § 8f Abs. 1 Satz 1 VerkProspG – wird nunmehr in § 6 VermAnlG verortet, wobei der Inhalt der Prospektgestaltung vorgegeben wird (§ 7 VermAnlG iVm RVO). Der Verkaufsprospekt darf erst veröffentlicht werden (zur Veröffentlichung § 9 VermAnlG), nachdem er von der BaFin gebilligt worden ist. Solches erfolgt erst, nachdem binnen 20 Werktagen die BaFin bezüglich des Prospekts
– eine Vollständigkeitsprüfung
– eine Verständlichkeitsprüfung und
– eine Kohärenzprüfung
durchgeführt hat (§ 8 Abs. 1 und 2 VermAnlG). Die inhaltliche Richtigkeit des Prospekts (zB auf Grund eines WP-Gutachtens nach den Standards IDW S 4) wird nicht geprüft, worauf im Prospekt hinzuweisen ist (§ 7 Abs. 2 VermAnlG).

**471** In Art. 5 Nr. 8 des Gesetzes betr. Finanzanlagenvermittler und Vermögensanlagen ist geregelt, dass ua ein § 34g GewO neu eingefügt wird, der zum 1.1.2013 in Kraft getreten ist.[1040] Darin ist eine Verordnungsermächtigung für eine Rechtsverordnung genannt. Und in § 34g Abs. 1 Satz 2 Nr. 3. GewO heißt es, dass die RVO enthalten solle

*„die Dokumentationspflichten des Gewerbetreibenden einschließlich
einer Pflicht, Beratungsprotokolle zu erstellen und dem Auftraggeber
zur Verfügung zu stellen."*

**472** Und da gem. § 34g Abs. 1 Satz 3 GewO (auch) dieserhalb ein vergleichbares Anlegerschutzniveau wie im 6. Abschnitt des WpHG erreicht werden soll, wird wohl § 34 Abs. 2a WpHG für das Beratungsprotokoll Pate stehen.

**473** Der Emittent der Vermögensanlage, also zB der geschlossene Fonds (§ 1 Abs. 3 VermAnlG), muss einen Jahresabschluss nebst Lagebericht aufstellen (§ 24 VermAnlG), der von einem Abschlussprüfer zu prüfen ist (§ 25 VermAnlG). Bezüglich Jahresabschluss und Lagebericht besteht Veröffentlichungs- und Bereithaltungspflicht (§ 26 VermAnlG). Der Emittent muss auf Verlangen eines Anlegers/Anlageinteressenten jederzeit den Jahresabschluss und Lagebericht zur Verfügung stellen (§ 15 Abs. 1 Satz 2 VermAnlG). Zusammen damit muss der Emittent den Anlegern jeweils den Wert ihrer Vermögensanlage mitteilen (§ 16 VermAnlG).[1041]

**474** Finanzanlagevermittler/Finanzanlageberater, die zB Beteiligungen an geschlossenen Fonds und Treuhandbeteiligungen vertreiben, vertreiben damit Finanzinstrumente iSd § 2 Abs. 2b WpHG, die in Risikoklassen einzuteilen sind und als Risikoklassifizierung den Anforderungen des WpHG entspricht. Deren Erlaubnisvoraussetzungen und -pflichten richten sich nach den neu vorgesehenen §§ 34f, 34g GewO.[1042] Zusätzlich gelten die Vorgaben der Finanzanlagenvermittlungsverordnung. Finanzanzanlagenvermittler müssen zuverlässig sein, über geordnete Vermögensverhältnisse verfügen und eine Berufshaftpflicht-

---

[1038] = Sinnkontinuität.
[1039] BGBl. I 2004, 2630.
[1040] *Brocker/Lohmann* GWR 2012, 335588; *Morath* jurisPR-VersR 9/2012.
[1041] *Wagner* NZG 2011, 609, 612.
[1042] *Wagner* NZG 2011, 609, 612.

versicherung in Höhe von EUR 1,13 Mio. pro Schadensfall und EUR 1,7 Mio. für alle Schadensfälle eines Jahres vorweisen. Ferner müssen sie einen Sachkundenachweis erbringen – zuständig für die Sachkundeprüfung ist die IHK –. Finanzanlagevermittler werden in einem bei der IHK geführten Vermittlerregister geführt.[1043]

In § 34g Abs. 1 Satz 2 Nr. 2. GewO heißt es, dass die RVO enthalten solle 475

*"die vom Auftraggeber einzuholenden Informationen, die erforderlich sind, um diesen anlage- **und anlegergerecht** zu beraten."*

Und da gem. § 34g Abs. 1 Satz 3 GewO (auch) dieserhalb ein vergleichbares Anlegerschutzniveau wie im 6. Abschnitt des WpHG erreicht werden soll, wird wohl das zuvor Ausgeführte auch hier Pate stehen: 476

Für Finanzanlagevermittler/Finanzanlageberater sollen die Regelungen in der GewO gelten. Sie bedürfen zur Ausübung ihrer Tätigkeit der Erlaubnis der zuständigen Behörde (§ 34f Abs. 1 Satz 1 GewO)[1044] und müssen sich unverzüglich in ein Register (§ 11a Abs. 1 GewO) eintragen lassen (§ 34f Abs. 5 GewO).[1045] Die Erlaubnis wird nur erteilt, wenn 477

– die erforderliche Zuverlässigkeit gegeben ist (§ 34f Abs. 2 Nr. 1. GewO),
– der Betreffende in geordneten Vermögensverhältnissen lebt (§ 34f Abs. 2 Nr. 2. GewO), 478
– der Nachweis einer Berufshaftpflichtversicherung oder einer ausreichenden Kapitalausstattung erbracht wird (§ 34f Abs. 2 Nr. 3. GewO), 479
– der Sachkundenachweis (fachlich, rechtlich und iS Kundenberatung) über eine bei der IHK abgelegten Prüfung erbracht wird (§ 34f Abs. 2 Nr. 4. GewO). Inzwischen wurde ein Änderungsantrag zum Gesetzentwurf eingebracht, der eine Bestandsschutzregelung für langjährige Finanzanlagenvermittler und Anlageberater vorsieht. So soll derjenige vom Sachkundenachweis befreit werden, wer nachweist, dass er seit dem 1.1.2006 ununterbrochen als Finanzanlagevermittler bzw. Anlageberater tätig war (sog „Alte Hasen-Regelung").[1046] 480

Verhaltensregeln sind für Finanzanlagevermittler/Finanzanlageberater in den neuen Regelungen der GewO nicht enthalten. Indem vertreten wird, dass der Vertrieb von Anteilen an geschlossenen Fonds Finanzinstrumente iSd § 2 Abs. 2b WpHG seien und diejenigen, die zB Anteile an geschlossenen Fonds vertreiben, Wertpapierdienstleistungsunternehmen iSd § 2 Abs. 2 WpHG seien, sodass eine Komplettanwendung des WpHG auch hier die Folge sei,[1047] wäre dann § 31 Abs. 1 Nr. 2 WpHG hier entsprechend anzuwenden. 481

Für Finanzanlagevermittler/Finanzanlageberater gilt es folgendes zu beachten: 482
– Innerhalb einer Übergangsfrist von 1 Jahr nach Inkrafttreten des Gesetzes muss eine Berufshaftpflichtversicherung nachgewiesen werden (§ 34f Abs. 2 Nr. 3 GewO). 483
– Innerhalb einer Übergangsfrist von 1 Jahr nach Inkrafttreten des Gesetzes muss der Eintrag in das Register erfolgen. 484
– Innerhalb einer Übergangsfrist von 2 Jahren nach Inkrafttreten des Gesetzes muss der Sachkundenachweis (IHK) geführt werden (§ 34f Abs. 2 Nr. 4 GewO). Erlaubnispflichtige, die seit dem 1.1.2006 ununterbrochen als Anlagevermittler oder Anlageberater tätig gewesen sind, bedürfen keiner gesonderten Prüfung der Sachkunde gem. § 34f Abs. 2 Nr. 4 GewO, was durch Vorlage der Erlaubnisurkunde und Prüfungsberichte nachzuweisen ist (sog „Alte-Hasen-Regelung" – §§ 157 Abs. 3 Satz 3 GewO).[1048] 485

---

[1043] www.vermittlerregister.info.
[1044] *Brocker/Lohmann* GWR 2012, 335588 – Von der Erlaubnispflicht ausgenommen sind gem. § 34f Abs. 3 GewO Kreditinstitute, Kapitalanlagegesellschaften, Finanzdienstleistungsinstitute, Gewerbetreibende gem. § 2 Abs. 10 Satz 1 KWG.
[1045] Ausweislich KMI 14/2013, S. 1 waren Stand 03/2013 im Finanzanlagenvermittler-Register (FAV-Register) 4.200 Finanzanlagenvermittler registriert.
[1046] KMI 39/11, S. 3.
[1047] *Bruchwitz/Voß* BB 2011, 1226, 1229; *Wagner* NZG 2011, 609, 612.
[1048] *Brocker/Lohmann* GWR 2012, 335588.

**486** Einzelheiten sind in § 34 g GewO iVm der FinVermV geregelt, die am 1.1.2013 in Kraft getreten ist.[1049]

### VII. Immobilien-Anleihen

**487** Nachdem einige Immobilienbanken kein Neugeschäft mehr machen bzw. sich aus dem Markt der Immobilienfinanzierung zurück gezogen haben, ist auch die Fremdfinanzierung für geschlossene Immobilienfonds schwieriger geworden. Dies hat dazu geführt, dass vereinzelt versucht wird, an Stelle der Fremdfinanzierung Anlegergelder per Anleihen bei vermögenden Anlegern einzuwerben.[1050] Unter einer Anleihe wird ein festverzinslicher Vermögenstitel für einen schuldrechtlichen Anspruch verstanden, der auf Zinszahlung und Tilgung gerichtet ist.[1051] Die Anleihe kann gesichert oder ungesichert sein. Während die Grundphilosophie des geschlossenen Immobilienfonds darin besteht,

**488** „Geld der Anleger in möglichst dauerhaft werthaltigen Immobilien mit langfristig gesicherten Mieteinnahmen zu investieren, umso laufende Erträge, also eine kontinuierliche, möglichst ansteigende Rendite und die Realisierbarkeit von Wertsteigerungen durch Veräußerung der Immobilie zu erreichen,"[1052] ist Ziel der Unternehmensanleihe das Interesse des Emissionärs, mit dem Geld der Anleger die durch das Unternehmen vorgegebenen Ziele zu verwirklichen.[1053] Immobilien-Anleihen unterscheiden sich im Grundsatz nicht wesentlich von Unternehmensanleihen.[1054]

### VIII. AIFM

**489** **1. Die AIFM-Richtlinie.** Die Richtlinie über die Verwalter alternativer Investmentfonds 2011/61/EU vom 8.6.2011 (AIFM)[1055] ist am 21.7.2011 in Kraft getreten.[1056] Geregelt wird die Verwaltung und der Vertrieb alternativer Investmentfonds durch Manager in der EU. Die RiL musste binnen 2 Jahren (also bis 22.7.2013) in nationales Recht umgesetzt werden.[1057]

**490** Die AIFM-RiL (= alternative investment funds managers) zielt darauf, gemeinsame Maßnahmen für die Zulassung und Aufsicht für AIFM, also für *Manager* alternativer Investmentfonds, festzulegen.[1058] Dies deshalb, damit im Hinblick auf von solchen Managers ausgehenden Risiken betr. Anleger und Märkte ein kohärentes Vorgehen gewährleistet ist (Erwägungsgrund 2 AIFM-RiL). Und zu diesem Zweck legt die AIFM-RiL Anforderungen dafür fest wie AIFM die unter ihrer Verwaltung stehenden AIF zu verwalten haben (Erwägungsgrund 14 AIFM-RiL).

**491** Die alternative investment funds (AIF) können offene oder geschlossene Fonds sein, wobei weder die Rechtsform eine Rolle spielt noch die Frage, ob diese börsennotiert sind oder nicht (Erwägungsgrund 6 AIFM-RiL). Die AIFM-RiL enthält keine Regelung für

---

[1049] *Brocker/Lohmann* GWR 2012, 335588.
[1050] *De la Motte/Reichel*, Handelsblatt v. 7./8./9.9.2012, S. 32.
[1051] Zu den unterschiedlichen Anleiheformen siehe *Loritz* in Schmider/Wagner/Loritz, Handbuch der Bauinvestition und Immobilienkapitalanlage (HdB), (03/2011), Fach 0309 Rn. 17 ff.
[1052] *Loritz* in Schmider/Wagner/Loritz, Handbuch der Bauinvestition und Immobilienkapitalanlage (HdB), (03/2011), Fach 0309 Rn. 38.
[1053] *Loritz* in Schmider/Wagner/Loritz, Handbuch der Bauinvestition und Immobilienkapitalanlage (HdB), (03/2011), Fach 0309 Rn. 39.
[1054] *Loritz* in Schmider/Wagner/Loritz, Handbuch der Bauinvestition und Immobilienkapitalanlage (HdB), (03/2011), Fach 0309 Rn. 40, 45 f.: Zur Untersuchung von durch Immobilienunternehmen emittierten Anleihen.
[1055] ABl 2011, 174/1. Dazu *Emde/Dreibus* BKR 2013, 89.
[1056] *Jesch/Geyer* BKR 2012, 359; *Hartrott/Goller* BB 2013, 1603.
[1057] *Kramer/Recknagel* DB 2011, 2077; *Bußalb/Unzicker* BKR 2012, 309; *Emde/Dreibus* BKR 2013, 89; *Hartrott/Goller* BB 2013, 1603.
[1058] *Kramer/Recknagel* DB 2011, 2077; *Spindler/Tancredi* WM 2011, 1393, 1395.

AIF,[1059] sondern für deren Verwalter,[1060] sodass Regelungen für die Fonds selbst auf nationaler Ebene zu erfolgen haben (Erwägungsgrund 10 Satz 1 AIFM-RiL).[1061]

**2. KAGB.** Die Bundesregierung hatte am 20.12.2012 mit einem Gesetzentwurf zur Umsetzung der RiL 2011/61/EU eine Umsetzung der AIFM-RiL in Deutsches Recht beschlossen (sog AIFM-Umsetzungsgesetz – AIFM-UmsG).[1062] Kern ist ein Kapitalanlagegesetzbuch (KAGB), mit welchem das gesamte Investmentrecht geregelt werden soll.[1063] Dieses KAGB ist in Umsetzung der AIFM-RiL ab 22.7.2013 Gesetz geworden. Das Kapitalanlagegesetzbuch soll hier nur insoweit angesprochen werden, als es sich als Regelwerk mit geschlossenen Fonds befasst.

Nach dem KAGB zugelassen sind nur offene und geschlossene Investmentkommanditgesellschaften (sog InvestKGs), während andere Rechtsformen (GbR oder OHG) nicht zugelassen sind.[1064]

An offenen InvestKGs können sich nur professionelle und semiprofessionelle Anlager beteiligen (§§ 125 Abs. 2 Satz 2, 150 Abs. 2 KAGB), während „normale" Anleger sich an geschlossenen InvestKGs beteiligen können (§§ 149 ff. KAGB).

Geschlossene AiF sind solche, die keine offenen AIF sind (§ 1 Abs. 5 KAGB). Davon erfasst sein können auch Personengesellschaften in der Rechtsform der Investmentkommanditgesellschaft (§ 139 KAGB),[1065] wobei die Mitgliedschaft gesellschaftsrechtlicher oder schuldrechtlicher Art sein kann[1066] und damit direkte wie auch mittelbare Beteiligungen erfasst.[1067] Es fallen allerdings nur solche geschlossenen Fonds unter den Anwendungsbereich des KAGB, die die Voraussetzungen des § 1 Abs. 1 KAGB erfüllen. Nach Meinung der BaFin fallen mithin solche geschlossenen Immobilienfonds nicht unter das KAGB, die nur operativ tätig sind[1068] bzw. Projektentwicklung betreiben,[1069] während der Erwerb, die Vermietung, die Verpachtung, die Verwaltung sowie der Verkauf von Immobilien keine operative Tätigkeit sein soll, sodass hier das KAGB einschlägig sein soll.[1070]

Ist der geschlossene AIF eine GmbH & Co. KG, so kann der Komplementär der AIFM sein (sog externe KVG gem. § 18 Abs. 1 KAGB). Erforderlich ist dann jedoch, dass er die effektiven Verwaltungsaufgaben übernimmt, wozu mindestens die Portfolioverwaltung oder das Risikomanagement gehört (§ 17 Abs. 1 KAGB).[1071]

Betreffend geschlossenem Investmentvermögen ist wie folgt zu differenzieren:
– Inländische geschlossene Publikums-AIF (§§ 261 ff. KAGB),
– inländische geschlossene Spezial-AIF (§§ 285 ff. KAGB).

In § 261 Abs. 1 KAGB werden in einem abschließenden Katalog die zulässigen Vermögensgegenstände aufgelistet, in die Publikums-AIF investieren dürfen; vergleichbares ist bei inländischen geschlossenen Spezial-AIF nicht der Fall, indem dort lediglich darauf zu ach-

---

[1059] *Spindler/Tancredi* WM 2011, 1393, 1396; *Niewerth/Rybarz* WM 2013, 1154, 1155.
[1060] *Bußalb/Unzicker* BKR 2012, 309, 310.
[1061] *Hartrott/Goller* BB 2013, 1603, 1607; *Niewerth/Rybarz* WM 2013, 1154, 1155.
[1062] Dazu *Niewerth/Rybarz* WM 2013, 1154; *van Kann/Redeker/Keiluweit* DStR 2013, 1483.
[1063] *Emde/Dreibus* BKR 2013, 89; *Niewerth/Rybarz* WM 2013, 1154. Zuvor zum Gesetzentwurf des BMF *Wallach* BB 2012, Heft 35, S. I.
[1064] *Wiedemann* NZG 2013, 1041, 1042; *Zetsche* AG 2013, 613.
[1065] *Niewerth/Rybarz* WM 2013, 1154, 1158: Daher sollen andere rechtliche Gestaltungen unzulässig sein. Das Gesetz gibt jedoch keine Anhaltspunkte, dass mittelbare Beteiligungen durch Anleger-GbRs nicht zulässig sein sollen.
[1066] *Hartrott/Goller* BB 2013, 1603.
[1067] *Hartrott/Goller* BB 2013, 1603, 1605.
[1068] *Niewerth/Rybarz* WM 2013, 1154, 1156: zB die Immobilien nur betreiben (Hotels oder Pflegeeinrichtungen).
[1069] *Niewerth/Rybarz* WM 2013, 1154, 1156: zB Konzeption, Ankauf, Entwicklung der Immobilie und anschließender Verkauf der selbst entwickelten Immobilie.
[1070] *Niewerth/Rybarz* WM 2013, 1154, 1156.
[1071] *Van Kann/Redeker/Keiluweit* DStR 2013, 1483.

ten ist, dass bei den Investments der Verkehrswert ermittelt werden kann (§ 285 KAGB). Bei Investments der Publikums-AIF ist jeweils die Bewertung externer Bewerter erforderlich (§ 261 Abs. 5 KAGB).[1072]

**499** Der geschlossene Publikums-AIF muss bei seinen Investments ferner den Grundsatz der Risikomischung beachten (§ 262 Abs. 1 Satz 1 KAGB), wobei die Risikomischung spätestens 18 Monate nach Vertriebsbeginn vorhanden sein muss (§ 262 Abs. 1 Satz 2 KAGB). Abweichend von diesem Grundsatz kann seitens des Publikums-AIF vom Grundsatz der Risikomischung abgesehen werden, wenn ua sich nur Privatanleger beteiligen, die mindestens EUR 20 000,– investieren (§ 262 Abs. 2 Satz 1 Nr. 2. a) KAGB).[1073]

**500** Publikums-AIF dürfen Kredite nur in Höhe von 60 % des Wertes des geschlossenen Publikums-AIF aufnehmen und dies auch nur zu marktüblichen Anlagebedingungen (§ 263 Abs. 1 KAGB).[1074]

**501** Was die Übergangszeit betrifft, hat die BaFin für geschlossene Fonds, die vor dem 22.7.2013 aufgelegt wurden (sog Altfonds), aber bis zu diesem Datum nicht geschlossen wurden, Übergangsregelungen vorgesehen.[1075] Altfonds, die nach dem 22.7.2013 keine zusätzlichen Anlagen mehr tätigen, sollen nicht dem KAGB unterliegen, dies selbst dann nicht, wenn sie über den 21.7.2013 hinaus noch zur Zeichnung offen sind. Dies entspricht dem § 353 KAGB.[1076]

**502** Spezial-AIF sind nur einem bestimmten Personenkreis vorbehalten, nämlich professionellen (zB Banken und Versicherungen, Pensionsfonds und Wertpapierfirmen gem. § 1 Abs. 19 Nr. 32 KAGB) und semi-professionellen Anlegern. Die Anlagebedingungen betr. Spezial-AIF müssen der BaFin vorgelegt werden (Anzeigeverfahren gem. § 321 KAGB), solche Fonds bedürfen jedoch keiner Genehmigung der BaFin (§ 273 KAGB). Der Grundsatz der Risikomischung gilt bei diesen nicht.[1077]

**503** Das Kapitalanlagegesetzbuch (KAGB) ist ein Gesetz von großer Regelungsdichte. Ob dies zu einer Perfektionierung des Anlegerschutzes führen wird,[1078] wenn nur noch wenige Spezialisten jedoch nicht mehr der Anleger selbst all dies versteht, wird abzuwarten bleiben.[1079] Das Interesse von Anlegern – oder sollte man besser sagen deren Vertrauen – in vorgenannte Entwicklungen ist (noch) gering. Nach einer Scope-Prognose wird für 2013 ein Rückgang des platzierten Eigenkapitals um etwa 30 % bis 40 % gegenüber dem Vorjahr erwartet.[1080]

---

[1072] *Niewerth/Rybarz* WM 2013, 1154, 1164 f.
[1073] Nach *Niewerth/Rybarz* WM 2013, 1154, 1165 gibt es Überlegungen, ob sich interessierte Anleger auch mit weniger als EUR 20.000,– beteiligen können, sofern sie Mitglied einer Anteils-GbR sind, die ihrerseits mit mehr als EUR 20 000,– beteiligt.
[1074] *van Kann/Redeker/Keiluweit* DStR 2013, 1483, 1485. Zu den Unklarheiten im Zusammenhang mit § 263 KAGB siehe *Niewerth/Rybarz* WM 2013, 1154, 1165 f.
[1075] Scope Ratings vom 28.6.2013.
[1076] Zu den Unklarheiten im Zusammenhang mit § 353 KAGB siehe *Niewerth/Rybarz* WM 2013, 1154, 1166 f.
[1077] *van Kann/Redeker/Keiluweit* DStR 2013, 1483, 1486.
[1078] *Emde/Dreibus* BKR 2013, 89, 102.
[1079] Ähnlich *Niewerth/Rybarz* WM 2013, 1154, 1167.
[1080] Scope-Analysemitteilung vom 23.9.2013.

## § 17 Die Beteiligung an Publikums-Kommanditgesellschaften

### Übersicht

| | Rn. |
|---|---|
| I. Die gesellschaftsrechtliche und steuerrechtliche Einordnung der Publikums- und Massen-KG | 1–50 |
|   1. Rechtsnatur von Publikums- und Massen-KG | 10 |
|   2. Publikums- und Massen-KG im Steuerrecht | 21 |
|   3. Publikums-KG als Handelsgesellschaft ohne Gewerbe und Gewinnerzielungsabsicht? | 24 |
|   4. Publikums-KG und Handelsrechtsreform-Gesetz | 44 |
| II. Das Sonderrecht der Publikums-KG | 51–331 |
|   1. Gründungsrechtliche Publizität | 51 |
|   2. Der Gesellschaftsvertrag | 60 |
|     a) Form | 60 |
|     b) Auslegung und Inhaltskontrolle | 76 |
|       aa) Auslegung | 80 |
|       bb) Inhaltskontrolle | 82 |
|     c) Beitritt | 93 |
|     d) Ausscheiden | 104 |
|       aa) Ausscheiden wegen fehlerhaften Beitrittes und aus sonstigem wichtigem Grund | 108 |
|       bb) Hinauskündigungsklauseln | 122 |
|       cc) Das Ausscheiden des nur mittelbar beteiligten Anlegers | 127 |
|       dd) Die Abwicklung des Ausscheidens | 132 |
|       ee) Nachhaftung des ausgeschiedenen Gesellschafters und Verjährung | 141 |
|   3. Informationen | 144 |
|   4. „Organe" der Gesellschaft | 157 |
|     a) Komplementäre | 161 |
|     b) Beirat | 174 |
|     c) Treuhandkommanditist | 187 |
|       aa) Das Treuhandverhältnis | 189 |
|       bb) Treuhänderpflichten | 195 |
|     d) Gesellschafter- und Anlegerversammlung | 207 |
|       aa) Stimmrechte | 208 |
|       bb) Bestimmtheitsgrundsatz | 216 |
|       cc) Inhaltskontrolle | 221 |
|       dd) Wirksamkeit von Beschlüssen | 227 |
|     e) Geschäftsführender Kommanditist | 230 |
|   5. Kapitalsicherung | 231 |
|     a) Beitragssplitting | 231 |
|     b) Ausschüttungen | 234 |
|     c) Gesellschafterdarlehen | 240 |
|     d) Haftung | 242 |
|     e) Nachschüsse | 247 |
|     f) Actio pro socio | 265 |
|   6. Mittelbare Beteiligung | 267 |
|     a) Art der Beteiligung – Treuhand oder Unterbeteiligung | 278 |
|     b) Unterschiedliche Arten der Treuhandbeteiligung | 285 |
|       aa) Vermögensmäßige Beteiligung | 286 |
|       bb) Einlage | 290 |
|       cc) Stimm-, Informations- und Kontrollrechte | 293 |
|       dd) Haftung | 295 |
|       ee) Schadensersatzrechtliche Rückabwicklung einer mittelbaren Beteiligung | 304 |
|       ff) Fehlerhafte Beteiligung bei einer mittelbaren Beteiligung | 305 |
|     c) „Zusammenschlüsse" | 306 |
|       aa) Rechtliche Relevanz von „Zusammenschlüssen" | 307 |
|       bb) Gesellschaft bürgerlichen Rechts als Innen- oder Außengesellschaft | 308 |
|       cc) Gemeinschaftsverhältnisse | 313 |
|       dd) Unterbeteiligungen | 314 |
|       ee) Einheitlich stille Gesellschaft | 315 |
|   7. KWG-rechtliche Einordnung des Treuhandkommanditisten | 317 |
|   8. Fazit | 319 |
|   9. Künftige Kommanditgesellschaften | 320 |

|                                                                                       | Rn.     |
|---------------------------------------------------------------------------------------|---------|
| III. Steuerliche Besonderheiten                                                       | 332–397 |
| 1. Einkommensteuer oder Körperschaftssteuer bei der Publikums-(GmbH & Co.)KG          | 333     |
| 2. Einkünfte und Betätigungen                                                         | 335     |
| a) Allgemeines                                                                        | 335     |
| b) Änderung der Einkunftsart bei Anzahlungs-/Konservierungsfonds                      | 342     |
| c) Treuhandschaft im Steuerrecht                                                      | 349     |
| d) Eigenkapitalvermittlungsprovisionen bei geschlossenen Immobilien-Fonds             | 360     |
| 3. Unternehmereigenschaft der Publikums-KG                                            | 362     |
| 4. Mitunternehmerschaft                                                               | 367     |
| 5. Verlustzurechnung                                                                  | 371     |
| a) Anwendungsbereich des § 15a EStG                                                   | 372     |
| b) Erweiterter Verlustausgleich                                                       | 377     |
| c) Saldierung von Ergebnissen                                                         | 378     |
| d) Verlustabschichtung                                                                | 383     |
| aa) Keine Beteiligung an vor dem Beitritt entstandenen Gewinnen und Verlusten         | 384     |
| bb) Zulässige Änderung des Gewinn- und Verlustverteilungsschlüssels                   | 385     |
| 6. Verlustverwendung                                                                  | 388     |
| 7. Ende der Beteiligung                                                               | 389     |
| a) Auflösung der Publikums-KG                                                         | 389     |
| b) Ausscheiden aus der Publikums-KG                                                   | 391     |
| c) Veräußerung der Beteiligung                                                        | 392     |
| 8. Weitere steuerliche Besonderheiten                                                 | 396     |
| a) Schein-Renditen                                                                    | 396     |
| b) Kapitalkonto II oder Darlehenskonto?                                               | 397     |

**Schrifttum** (siehe auch: § 16): *Altmeppen*, Pflicht zur Herausgabe der Gesellschafterliste einer Fondsgesellschaft?, NZG 2010, 1321; *Armbrüster*, Zur Nachhaftung ausgeschiedener Gesellschafter von Personengesellschaften, DZWiR 1997, 55; *Armbrüster*, Der Gesellschafter hinter dem Gesellschafter – zur Treugeberhaftung in der Personengesellschaft, ZIP 2009, 1885; *Bälz,* Treuhandkommanditisten, Treuhänder der Kommanditisten und Anlegerschutz – Für eine organschaftliche Publikumstreuhand, ZGR 1980, 1; *Bandehzadeh*, Zur Zulässigkeit gesellschaftsvertraglicher Handelsregistervollmachten bei Personenhandelsgesellschaften, DB 2003, 1663; *v. Bar*, Vertragliche Schadensersatzpflichten ohne Vertrag?, JuS 1982, 637; *Behr*, Der Ausschluß aus der Personengesellschaft im Spannungsfeld zwischen Vertrag und Status, ZGR 1985, 475; *Bergmann*, Der Kommanditist als Vertretungsorgan der Kommanditgesellschaft, ZIP 2006, 2064; *Binz/Mayer*, Beurkundungspflichten bei der GmbH & Co. KG, NJW 2002, 3054; *Blaurock*, Unterbeteiligung und Treuhand an Gesellschaftsanteilen, 1981; *Bodden*, Die einkommensteuerliche Subjektfähigkeit der Personengesellschaft, DStZ 1996, 73; *Bollensen/Dörner*, Zum Wiederaufleben der Kommanditistenhaftung bei eingezahltem Agio, NZG 2005, 66; *Bopp*, Probleme des Zu- und Abflusses und der Gewinnverteilung bei geschlossenen Immobilienfonds, JbFfSt 1986/1987, 229; *Bordewin*, Verlustausgleich und Verlustabzug in der Rechtsprechung des BFH, DStR 1994, 673; *Bormann*, Ausgewählte Probleme der Gewinnverteilung in der Personengesellschaft, DB 1997, 2415; *Bork/Oepem*, Einzelklagebefugnisse des Personengesellschafters, ZGR 2001, 515; *Brandes*, Die Rechtsprechung des BGH zur GmbH & Co. KG und zur Publikumsgesellschaft, WM 1987, Beilage; *Brandes*, Die Rechtsprechung des BGH zur Offenen Handels-, Kommandit- und Publikumspersonengesellschaft, WM 1990, 1221; *Brandes*, Die Rechtsprechung des Bundesgerichtshofs zur Personengesellschaft, WM 1994, 569; *Brandes*, die Rechtsprechung des Bundesgerichtshofs zur Personengesellschaft, WM 1998, 261; *Brandenburg*, Verrechnungsverbot für verrechenbare Verluste, DB 1993, 2301; *Breithecker/Zisowski*, Die gewerbliche Prägung nach § 15 Abs. 3 Nr. 2 EStG, BB 1998, 508; *Brömmelmeyer*, Fehlerhafte Treuhand? – Die Haftung der Treugeber bei der mehrgliedrigen Treuhand an Beteiligungen, NZG 2006, 529; *Brüggmann*, Rechtsbehelfe des Treugeber-Kommanditisten, DStZ 1994, 141; *Bundschuh*, Geschlossene Immobilienfonds-Renaissance einer Anlageform für die (ostdeutsche) Immobilienwirtschaft, VIZ 1997, 137; *Bußalb/Vogel*, Das Gesetz über Vermögensanlagen – neue Regeln für geschlossene Fonds, WM 2012, 1416; *Claudy/Steger*, Einlagen und § 15a EStG, DStR 2004, 1504; *Clauss/Fleckner*, Die Kommanditgesellschaft in der Gründung, WM 2003, 1790; *Coing*, Zur Auslegung der Verträge von Personengesellschaften, ZGR 1978, 659; *Crezelius*, Zum Mitunternehmerbegriff, FS für L. Schmidt, 1993, S. 355; *Damm*, Einstweiliger Rechtsschutz im GesellPersonengesellschaft, BB 1994, 540; *Deutscher*, Abschirmung der mittelbaren Gesellschafter geschlossener Immobilienfonds vor Haftungsgefahren – Neueste Entwicklungen in der Rechtsprechung, ZfIR 2009, 631; *Deutscher*, „Quasi"-Gesellschafterstellung mittelbarer Anleger geschlossener Immobilienfonds – Zur Verlustausgleichspflicht (Innen-

§ 17 Die Beteiligung an Publikums-Kommanditgesellschaften § 17

haftung) bei negativer Auseinandersetzungsbilanz, ZfIR 2012, 346; *Dietrich*, Die Publikums-Kommanditgesellschaft und die gesellschaftsrechtlich geschützten Interessen, 1988; *Dornheim*, Steuerliche Behandlung von Medienfonds, DStR 2011, 1793; *Drygala*, Anwendbarkeit des AGB-Gesetzes auch auf Gesellschaftsverträge – eine Nebenwirkung der Richtlinie über mißbräuchliche Klauseln in Verbraucherverträgen?, ZIP 1997, 968; *Eckert*, Fiktive Gewinne bei einem geschlossenen Immobilienfonds, BB 2011, 1055; *Elicker/Hartrott*, Zur steuerlichen Behandlung von Medienfonds mit Defeasance-Struktur, BB 2011, 1879; *Engler*, Abfindungsversicherung und Rechtsnachfolgevermerk beim Kommanditistenwechsel, DB 2005, 483; *Fabry/Pitzer*, Neuerungen des Grunderwerbsteuergesetzes und Auswirkungen auf GmbH und GmbH & Co. KG, GmbHR 1999, 766; *Flume*, Die Personengesellschaft, 1977; *Gehling*, Haftungsrisiken des (Anleger-)Kommanditisten, BB 2011, 73; *Görner/Dreher*, Die Kapitalanlage in Finanzinstrumente durch Kommanditgesellschaften, ZIP 2005, 2139; *Grunewald*, Auslegung von Gesellschaftsverträgen und Satzungen, ZGR 1995, 68; *Grunewald*, Das Beurkundungserfordernis nach § 313 BGB bei Gründung und Beitritt zu einer Personengesellschaft, FS f. Hagen, 1999, S. 277; *Grunewald*, Die Auswirkungen der Änderungen der Publizitätsnormen auf die Haftung der Kommanditisten, ZGR 2003, 541; *Haack*, Renaissance der Abfindung zum Buchwert?, GmbHR 1994, 437; *Hadding*, Mehrheitsbeschlüsse in der Publikumskommanditgesellschaft, ZGR 1979, 636; *Hadding*, Rückgriff des haftenden Kommanditisten, FS f. Fleck, 1988, S. 71; *Hagen*, Beginn der Enthaftung des ausscheidenden Personengesellschafters nach § 160 I 2 HGB, NJW 2003, 93; *Happ*, Stimmbindungsverträge und Beschlußanfechtung, ZGR 1984, 168; *Hardt*, Nachhaftungsbegrenzungsgesetz und Deliktsrecht, ZIP 1999, 1541; *Hartmann*, GbR und Grundbesitzerwerb – welche Fragen bleiben?, RNotZ 2011, 401; *Hartrott/Goller*, Immobilienfonds nach dem Kapitalanlagegesetzbuch, BB 2013, 1603; *Heid*, Die Inhaltskontrolle des Vertrages der Publikumspersonengesellschaft nach AGB Grundsätzen, DB 1985, Beilage 4; *Hempe/Siebels/Obermaier*, Präzisierung der § 15a EStG-Abzugsbeschränkung durch den BFH, DB 2004, 1460; *Hofmeister*, Zur Auswirkung des neuen Verjährungsrechts auf die Nachhaftung der Gesellschafter, NZG 2002, 851; *Holler*, Der „gläserne" Treugeber-Kommanditist? Zum Anspruch des Kapitalanlegers auf Anonymität im Gesellschafts- und Kapitalmarktrecht, ZIP 2010, 2429; *Huber*, Vermögensanteil, Kapitalanteil und Gesellschaftsanteil an Personengesellschaften des Handelsrechts, 1970; *Jagersberger*, Die Verjährung von Freistellungsansprüchen, NZG 2010, 136; *Kaligin*, Judikatur des IX. Senats des BFH zu den geschlossenen Immobilienfonds, NJW 1994, 1456; *Kautzsch*, Der Freistellungsanspruch des Gesellschafters, NJW 2011, 736; *Kellermann*, Die Publikums-KG in der Rechtsprechung des Bundesgerichtshofes, 1980; *Kellermann*, Zur Anwendung körperschaftsrechtlicher Grundsätze und Vorschriften auf die Publikums-Kommanditgesellschaft, FS f. Stimpel, 1985, S. 295 ff.; *Kießling*, Rechtsformwechsel zwischen Personengesellschaften, WM 1999, 2391; *Kiethe*, Anlegerentschädigung bei kreditfinanziertem Beitritt zu Immobilienfonds, DStR 2005, 1904; *Kind/Oertel*, Prospekthaftung geschäftsführender Kommanditisten eines Publikumsfonds, BKR 2009, 329; *Kindler*, Der Gesellschafter hinter dem Gesellschafter – Zur Treugeberhaftung in der Personengesellschaft, ZIP 2009, 1146; *Klimke*, Fehlerhafte Gesellschaft und Vertretung ohne Vertretungsmacht, NZG 2012, 1366; *Klöckner*, Wirksamkeit der Stimmabgabe eines Treuhänders in der Publikums-Gesellschaft, BB 2009, 1313; *Klöhn*, Treuhandkonstruktionen bei Publikumspersonengesellschaften – Das Aufrechnungsverbot nach BGHZ 189, 45 und BGH NZG 2012, 1024, in GRV, Gesellschaftsrecht in der Diskussion, 2012, 213, S. 143; *Knobbe-Keuk*, Das Steuerrecht – eine unerwünschte Rechtsquelle des Gesellschaftsrechts?, 1986; *Koch*, Zur Vermeidung der Haftung des als Treuhänder tätigen Steuerberaters für Prospektmängeln, DStR 1999, 1617; *Koch*, Die Entwicklung des Gesellschaftsrechts in den Jahren 1984/1985, NJW 1986, 1651; *Kohlhaas*, Fehlende Gewinnerzielungsabsicht bei Verlustzuweisungsgesellschaften, DStR 1996, 945; *Kohlhaas*, Die typische Verlustzuweisungsgesellschaft – ein Rechtsgebilde der 70er Jahre?, BB 1998, 399; *Kohlhaas*, Liebhaberei bei vermieteten Immobilien im Privatvermögen, BB 1998, 1139; *Kohlhaas*, Verfahrensrechtliche Fragen der Einkunftsermittlung einer sog Zebragesellschaft, DStR 1998, 1458; *Komo*, Geschlossene Immobilienfonds in der Rechtsform der GmbH & Co. KG – Haftungsrisiken für Anleger und Vertragsgestaltung, BB 2012, 1423; *Kraft*, Die Rechtsprechung des BGH zur Publikums-KG zwischen Vertragsauslegung und Rechtsfortbildung, FS f. Robert Fischer, 1979, S. 321; *Kraft*, Beendigung des treuhänderisch organisierten Publikums-KG, ZGR 1980, 399; *Kraft/Kreutz*, Gesellschaftsrecht, 5. Aufl.; *Kreutz*, Hinauskündigungsklauseln im Recht der Personenhandelsgesellschaften, ZGR 1983, 109; *Krieger*, Gesetzgeberische Perspektiven auf dem Gebiet des Gesellschaftsrechts. Zwischenbilanz und Ausblick, ZHR 159 (1986), 182; *Krieger*, Empfiehlt sich eine gesetzliche Regelung der Publikums-KG?, FS f. Stimpel, 1985, S. 307 ff.; *Kurth*, der geschlossene Immobilienfonds, 1986; *Lang*, Zur Subjektfähigkeit von Personengesellschaften im Einkommensteuerrecht, FS f. L. Schmidt, 1993, S. 291; *Limmer*, Personengesellschaften und Immobilien: Form-,

Schutz- und ordnungspolitische Defizite am Beispiel des geschlossenen Immobilienfonds, FS f. Hagen, 1999, S. 321; *Loritz,* Arbeitnehmerbeteiligung und Verbandssouveränität. Ein Beitrag zu den Möglichkeiten und Grenzen unternehmerischer Mitspracherechte kapitalbeteiligter Belegschaftsangehöriger ohne Gesellschafterstellung, ZGR 1986, 310; *Loritz,* Die angeblich erst später einsetzende Gewinnerzielungsabsicht der Personengesellschaft und die steuerorientierten Kapitalanlagen, DB 1992, 1156; *Loritz,* Die steuerlich wirksame Verlusttragung bei Gesellschaftsbeitritt und Begründung von stillen Gesellschaften im Verlauf eines Wirtschaftsjahres, DStR 1994, 87; *Loritz,* Verlustzuweisungsgesellschaften und Gewinnerzielungsabsicht, BB 1997, 1281; *Loritz,* Ausschüttungen in Verlustjahren bei geschlossenen Fonds, NZG 2008, 887; *Loritz/Wagner,* Konzeptionshandbuch der steuerorientierten Kapitalanlage, Bd. 2, 1995; *Lutter,* Zur inhaltlichen Begründung von Mehrheitsentscheidungen, ZGR 1981, 171; *Martens,* Das Bundesverfassungsgericht und das Gesellschaftsrecht, ZGR 1979, 493; *Mattheus/Schwab,* Kommanditistenhaftung und Registerpublizität, ZGR 2008, 65; *Maulbetsch,* Die Unabhängigkeit des Treuhandkommanditisten von der Geschäftsführung bei der Publikumspersonengesellschaft, DB 1984, 2232; *Meyer,* Die unbeschränkte Kommanditistenhaftung gem. § 176 Abs. 1 HGB, BB 2008, 628; *Meßmer,* Die Gesellschafter und der Mitunternehmer des § 15 Abs. 1 Nr. 2 EStG, FS f. Döllerer, 1988, S. 429 ff.; *Mincke,* Kreditsicherung und kapitalersetzende Darlehen – Zugleich ein Vorschlag zur dogmatischen Einordnung kapitalersetzender Darlehen, ZGR 1987, 521; *Mohr,* Haftungsrisiken der Kommanditisten in der GmbH & Co. KG, GmbH-StB 2006, 108; *Müller,* Nachschusspflicht der Gesellschafter einer KG und Ausschließung aus wichtigem Grund bei Verweigerung von Nachschüssen, DB 2005, 95; *Mülbert/Gramse,* Gesellschafterbeschlüsse bei der rechtsfähigen Personengesellschaft, WM 2002, 2085; *Mundry,* Kommanditistendarlehen: Eigenkapital im Sinne des § 15a EStG?, DB 1993, 1741; *Nasall,* Die Inhaltskontrolle des Gesellschaftsvertrages der „kupierten" Publikums-Kommanditgesellschaft, BB 1988, 286; *Nitschke,* Die körperschaftlich strukturierte Personengesellschaft, 1970; *Oertel,* Fungibilität von Anteilen an Publikumskommanditgesellschaften, 2010; *Oppenländer,* Zivilrechtliche Aspekte der Gesellschafterkonten der OHG und KG, DStR 1999, 939; *Pabst,* Die Mitwirkungspflicht bei der Abänderung der Grundlagen von Personengesellschaften, 1976; *Paul,* BGH: Aufklärungspflicht der Treuehandkommanditistin bei geschlossenen Fonds, GWR 2010, 63; *Paus,* Übertragen wertloser Kommanditanteile, DStZ 1998, 901; *Pick,* Die normierte atypische Personengesellschaft – Bemerkungen zur Wohnsitz-KG im Rahmen des Gesellschaftsrechts, ZGR 1978, 698; *Piltz,* Rechtspraktische Überlegungen zu Abfindungsklauseln in Gesellschaftsverträgen, BB 1994, 1021; *Popp/Wagner,* Kapitalerträge aus Scheinrenditen im sog Schneeballsystem – hat der BFH im Ambros-Fall am Ziel vorbeigeschossen?, DStR 1998, 1156; *Priester,* Faktische Mitunternehmerschaft, FS f. L. Schmidt, 1993, S. 331; *Pyszka,* Finanzplankredite und § 15a EStG, BB 1999, 665; *Rasner,* Abfindungsklauseln bei Personengesellschaften, und Rechtsanwendung, 1980; *Ropeter,* Die Beteiligung als Bruchteilsgemeinschaft, 1980; *Rutschmann,* Inanspruchnahme des mittelbaren Gesellschafters aus abgetretenem Recht durch Gläubiger der Fondsgesellschaft, NZG 2010, 776; *Schäfer,* Zu Fragen der Treugeberhaftung bei qualifizierten Treuhandbeteiligungen an Publikumspersonengesellschaften, ZHR 177 (2013), 619; *Schiefer,* Rechtsformen der Publikumsgesellschaften und Sonderrecht der Publikums-KG, DStR 1997, 119, 164; *Schmelz,* „Überschießende Außenhaftung" des Kommanditisten – Eine systematische Darstellung, DStR 2006, 1704; *K. Schmidt,* Gesellschaftsrecht, 4. Aufl. 2002; *K. Schmidt,* Handelsregisterpublizität und Kommanditistenhaftung, ZIP 2002, 413; *K. Schmidt,* Was wird aus der unbeschränkten Kommanditistenhaftung nach § 176 HGB?, GmbHR 2002, 341; *K. Schmidt,* Mehrheitsbeschlüsse in Personengesellschaften, ZGR 2008, 1; *Schön,* Die vermögensverwaltende Personenhandelsgesellschaft-Ein Kind der HGB-Reform, DB 1998, 1169; *Schulze zur Wiesche,* Mitunternehmerschaft und Mitunternehmerstellung, DB 1997, 244; *Söffing,* Die Zebragesellschaft, DB 1998, 896; *Stuhrmann,* Die Anwendung der Verlustverrechnungsbeschränkung des § 15a EStG bei Treuhandverhältnissen, DStR 1997, 1716; *Stumpf,* Rechtsprobleme bei der Inanspruchnahme des (mittelbaren) Kommanditisten aus § 172 Abs. 4 HGB, BB 2012, 1429; *Tavenrath-Kruckau,* Unterbeteiligungen und Treuhandverhältnisse im Bereich der Einkunftsart Vermietung und Verpachtung, HdB, 2. Aufl., Fach 1013; *Tebben,* Die qualifizierte Treuhand im Personengesellschaftsrecht, ZGR 2001, 586; *Ulbrich,* Die Unterbeteiligungsgesellschaft an Personengesellschaftsanteilen, 1982; *Wagner,* Die Massenkommanditgesellschaft als Mittel zur Vermögensbeteiligung der Arbeitnehmer, 1985; *Wagner,* Mittelbare Beteiligungen bei geschlossenen Immobilienfonds, ZfIR 1997, 199; *Wagner,* Krisenmanagement bei notleidenden geschlossenen Immobilienfonds, NZG 1998, 289; *Wagner,* Kapitalanleger in notleidenden geschlossenen Immobilienfonds, NZG 1998, 657; *Wagner,* Rückforderung getätigter Ausschüttungen bei KG-Fonds, DStR 2008, 563; *Wagner,* Bewertungsfragen bei Immobilien-Kapitalanlagen durch Beteiligungen an (steuerorientierten) geschlossenen Immobilienfonds, WM 2008, 1053; *Wagner,* Bewertungsgrundlagen bei geschlossenen Immobilienfonds,

BKR 2008, 189; *Wagner*, Bewertungsgrundlagen bei geschlossenen Immobilienfonds, DS 2009, 98; *Wagner*, Zum Rückgriffsanspruch gegen mittelbar beteiligte Kapitalanleger, NZG 2009, 733; *Wagner*, Verfassungsrechtliche Überlegungen zur Haftungsrechtsprechung des BGH betreffend mittelbar beteiligte an geschlossenen Immobilienfonds, NZG 2012, 58; *Wagner*, Aktuelle Fragen und Probleme bei Publikumspersonengesellschaften, NJW 2013, 198; *Wagner/von Heymann*, Umgang mit Not leidenden geschlossenen Immobilienfonds, WM 2003, 2222, 2257; *Weimar*, Haftung und Verlustbeteiligung des Kommanditisten, DStR 1997, 1730; *Weisner/Lindemann*, Recht zur Verweigerung oder Pflicht zur Erteilung der Zustimmung bei der Übertragung von Anteilen an einer Publikums-KG?, ZIP 2008, 766; *Werner/Machunsky*, Rechte und Ansprüche geschädigter Kapitalanleger, 1988; *v. Westphalen*, Richterliche Inhaltskontrolle von Standardklauseln bei der Publikums-KG und der Prospekthaftung, DB 1983, 2745; *H. P. Westermann*, Vertragsfreiheit und Typengesetzlichkeit im Recht der Personengesellschaften, 1970; *H. P. Westermann*, Kapitalersetzende Darlehen bei Publikums-Personengesellschaften – Skizze eines Sonderrechts im Sonderrecht, FS f. Fleck, 1988, S. 423 ff.; *Wiedemann*, Gesellschaftsrecht I, 1980; *Wiedemann*, Das Abfindungsrecht – ein gesellschaftsrechtlicher Interessenausgleich, ZGR 1978, 477; *Wiedemann*, Treuhand an einer Mitgliedschaft – Gedanken zur Einzel- und Sammeltreuhand im Personengesellschaftsrecht, ZIP 2012, 1786; *Wiedemann*, Alte und neue Kommanditgesellschaft, NZG 2013, 1041; *Wiedemann/Schmitz*, Kapitalanlegerschutz bei unrichtiger oder unvollständiger Information, ZGR 1980, 129; *Wiesner*, Beurkundungspflicht und Heilungswirkung bei Gründung von Personengesellschaften und Unternehmensveräußerungen, NJW 1984, 95; *Wilde*, Nachschusspflichten in KG und GbR, NZG 2012, 215; *Winter*, Abgrenzung der Kapital- bzw. Darlehenskonten von Kommanditisten, GmbHR 1997, R 101; *Winter*, Eigenkapitalvermittlungsprovisionen einer geschlossenen Immobilienfonds-GmbH & Co. KG an einen ihrer Kommanditisten, GmbHR 1999, R 273; *Zacher*, Anlegerberatung bei notleidenden Immobilienfonds, ZIR 1997, 51; *Zacharias/Kleinjohann/Rinnewitz*, Die Gründung von immobilienverwaltenden Personengesellschaften als steueroptimales Gestaltungsmittel zur Vermeidung gewerblicher Veräußerungsgewinne, 1987.

## I. Die gesellschaftsrechtliche und steuerrechtliche Einordnung der Publikums- und Massen-KG

Gesetzliche Abschreibungen und sonstige Steuervergünstigungen sowie die Rechtsprechung des BFH förderten das Entstehen sowie die Verbreitung der Publikums-KG. Während das Gesellschaftsrecht die gerechte Sachordnung und das Steuerrecht eine darauf angepasste Besteuerung erreichen soll,[1] verkehrten sich im Kapitalanlagenbereich die Verhältnisse ins Gegenteil, oder wie *Wiedemann* es ausdrückte: das Steuerrecht wurde zur unerwünschten Rechtsquelle des Gesellschaftsrechts sowie einer prosperierenden Marktentwicklung.[2] Weil Steuergesetzgebung und Rechtsprechung des BFH Abschreibungs- und Verlustzuweisungsgesellschaften in dem 60/70er Jahren förderten, prosperierte die Marktentwicklung und weil dadurch immer neue Sonderformen der gesellschaftsvertraglichen Gestaltung praktiziert wurden, kam Anfang der 70er Jahre zunächst die literarische Diskussion um die Publikums-KG in Bewegung,[3] ehe sich dem der BGH Ende 1974[4] mit einer in der Folgezeit zu diesem Thema stark zunehmenden Rechtsprechung anschloss.

*Groh*[5] meinte, das Steuerrecht habe zwar den Anstoß bewirkt, sei jedoch für die weitere sich entwickelnde Eigendynamik nicht verantwortlich zu machen. Der rote Faden der rechtlichen Entwicklung der Beteiligung an Publikumskommanditgesellschaften lässt sich denn auch wie folgt ausmachen und wird unten im Detail zu verdeutlichen sein:

Zivilrechtlich entwickelte sich ein durch die Rechtsprechung geformtes neues **Sonderrecht der Publikums-KG,** das auf Grund der Maßgeblichkeit des Zivilrechts für das Er-

---

[1] *Wiedemann*, Gesellschaftsrecht I, S. 23.
[2] Zur geschichtlichen Entwicklung der Publikums-KG s. *Groh* BB 1984, 304 f.
[3] S. folgende Habilitationen: *Huber*, Vermögensanteil, Kapitalanteil und Gesellschaftsanteil an Personengesellschaften des Handelsrechts, 1970; *Nitschke*, Die körperschaftlich strukturierte Personengesellschaft, 1970; *Teichmann*, Gestaltungsfreiheit in Gesellschaftsverträgen, 1970; *H. P. Westermann*, Vertragsfreiheit und Typengesetzlichkeit im Recht der Personengesellschaften, 1970.
[4] BGHZ 63, 338.
[5] BB 1984, 304, 308.

tragssteuerrecht nicht ohne Einfluss auf die steuerliche Entwicklung blieb.[6] Dabei entstanden Sonderprobleme, die zu Sonderentwicklungen führten wie beispielsweise das im Rahmen der Baupatenrechtsprechung[7] zugelassene Streben nach steuerlichen Verlusten als Merkmal der Gewinnerzielungsabsicht zu der gesellschaftsrechtlichen Frage führte, inwieweit Handelsgesellschaften ohne Gewinnerzielungsabsicht überhaupt ein Handelsgewerbe betreiben und folglich handelsrechtlich anzuerkennen sind.[8] Die Tatsache, dass das Erlangen steuerlicher Effekte eine **Mitunternehmerstellung,** nicht aber unbedingt eine Gesellschafterstellung erfordert, begünstigte in der Praxis die rasante Ausbreitung der Treuhandbeteiligungen.[9] Schließlich förderte die Meidung der steuerlichen Gewerblichkeit das Entstehen sog Objektgesellschaften,[10] um nur einige Beispiele zu nennen.

4 Während das Recht der Kommanditgesellschaft bis zum Zeitpunkt der Ausbreitung der Publikums-KG mehr von dogmatischen Fragen der Rechtsbeziehungen der Gesellschafter zu- und untereinander sowie von Fragen des Minderheitenschutzes bestimmt waren, traten in der Folgezeit in der Rechtsentwicklung der Publikums-KG die Rechtskomplexe der **Inhaltskontrolle gesellschaftsvertraglicher Regelungen,** der mittelbaren Beteiligung sowie insbesondere der Haftung in der den Vordergrund.

5 Im Folgenden werden diese Entwicklungslinien im Detail nachvollzogen, wobei jedoch vorab der Stellenwert dieser Rechtsentwicklung zu fixieren ist, um feststellen zu können, welche Tendenzen sich hinter diesen Entwicklungslinien verbergen:

6 Das BVerfG hatte in seinem **Mitbestimmungsurteil vom 1.3.1979**[11] ausgeführt, mit dem Recht, ua Gesellschaften zu bilden (Art. 9 Abs. 1 GG), sei nicht nur die Freiheit gewährleistet, sich mit anderen zu jedem erlaubten Zweck zusammenzuschließen – wozu die Gründungs- und Beitrittsfreiheit, die Austrittsfreiheit und die Freiheit zähle, sich keiner Gesellschaft anzuschließen –, vielmehr gehöre dazu auch die Freiheit der inneren Organisation und Willensbildung. Allerdings sei diese Freiheit nicht frei von gesetzgeberischen Vorgaben, denen durch die gesetzlichen Rechtsformen entsprochen worden sei, um bei aller individuellen Freiheit die Sicherheit des Rechtsverkehrs zu gewährleisten, die Rechte der Mitglieder einer Gesellschaft, aber auch die schutzbedürftigen Belange Dritter zu sichern sowie öffentlichen Interessen Rechnung zu tragen.

7 Folglich ist das Gesellschaftsrecht Grenzen unterworfen, wozu der numerus clausus der Gesellschaftsformen, die Grenzen der Privatautonomie, aber auch die Grenzen des Richterrechts gehören, denn wenn der ausgestaltende Gesetzgeber Bindungen unterliegt, dann im Hinblick auf Art. 20 Abs. 3 GG erst recht auch die Rechtsprechung.[12]

8 Sieht man in den gesetzlichen Regelungen nur Auslegungshilfen und von einem bestimmten Sachverhalt getragene Wertentscheidungen des Gesetzgebers, die auf Grund der sozialen Wirklichkeit und der gewandelten Bedürfnisse fortentwickelt werden dürfen,[13] dann sind die Grenzen eines solchen sich fortentwickelnden Richterrechts bei einer „normalen" Gesellschaft enger zu ziehen, als bei einer solchen, bei der das personale Element fast bis zur Bedeutungslosigkeit zurücktritt,[14] wie es beispielsweise bei der Publikums-KG der Fall ist. Gerade bei solchen Gesellschaften ist nicht nur den schutzbedürftigen Belangen Dritter und dem öffentlichen Interesse Rechnung zu tragen, vielmehr bedürfen auch hier die beitretenden Mitglieder eines besonderen Schutzes.

---

[6] *Döllerer* JbFfSt 1986/1987, 37, 39 ff.; *Uelner* JbFSft. 1980/1981, 359.
[7] BFH 17.1.1972 GrS BStBl. II 1972, 700.
[8] *Hopt* ZGR 1987, 145.
[9] *Wagner* DStR 1996, 1008.
[10] *Zacharias/Kleinjohann/Rinnewitz,* Die Gründung von immobilienverwaltenden Personengesellschaften.
[11] BVerfGE 50, 290, 353–356.
[12] Überblick zur Abgrenzung von Typenzwang, Privatautonomie und rechtsfortbildendem Richterrecht: *Wagner,* Die Massenkommanditgesellschaft, S. 19–28; *Weber* WM 1996, 49.
[13] *Wagner,* Die Massenkommanditgesellschaft, S. 27 mwN.
[14] BVerfGE 50, 290, 355.

Der BGH trägt besonders in seiner Rechtsprechung zur Inhaltskontrolle von Gesell- 9
schaftsverträgen diesen vom BVerfG angestellten Überlegungen weitestgehend Rechnung,
wenn er gerade bei seiner Rechtsprechung zur Publikums-KG **den Schutz der Kapitalanleger,** die **Funktionsfähigkeit** der Publikums-KG sowie den **Gläubigerschutz** vor
Augen hat.[15]

**1. Rechtsnatur von Publikums- und Massen-KG.** Die in der Literatur so streitige 10
Frage, was die Kommanditgesellschaft ihrer Rechtsnatur nach sei, ob **Rechtssubjekt** oder
**Gesamthand,** der nur durch § 124 Abs. 1 HGB gestattet sei, unter ihrem Namen Rechte
und Pflichten zu haben,[16] wurde vom BGH dahingehend beantwortet, die Kommanditgesellschaft sei Rechtssubjekt.[17]

Von der Rechtsprechung und Literatur werden die Begriffe „Publikums-KG" und Mas- 11
sen-KG" gleichermaßen gebraucht, sodass man den Eindruck gewinnen kann, es handele
sich nur um unterschiedliche Begriffe, die dasselbe meinen. Dem ist jedoch nicht so:

Während bei der Publikums-KG die Öffentlichkeit, also das breite Publikum, angespro- 12
chen wird, sich als Kapitalanleger zu beteiligen,[18] ist dieses finale Kriterium bei der Massen-
KG nicht in jedem Fall gegeben. Für letztere reicht es definitorisch aus, auf die Beteiligung
einer Vielzahl von Gesellschaftern bzw. Teilhabern ausgerichtet zu sein, die Öffentlichkeit
muss aber nicht angesprochen sein.[19] Beide Begriffe grenzen sich von der normalen KG
und auch untereinander wie folgt ab:

– Der Gesellschaftsvertrag geht von der Aufteilung nach Gründungsgesellschaftern einer- 13
  seits und Anlegern andererseits aus.
– Die Gesellschaft ist nicht auf einen festen Mitgliederbestand, sondern auf eine Vielzahl 14
  von Mitgliedern angelegt, wobei die genaue Anzahl offen bleiben kann.
– Bei der Publikums-KG werden die Beteiligungen öffentlich bzw. der Öffentlichkeit an- 15
  geboten, während bei der Massen-KG dies nicht der Fall sein muss und statt dessen eine
  Vielzahl von Beteiligungen einem bestimmbaren und eingegrenzten Personenkreis angeboten werden.
– Sowohl bei der Publikums- wie auch bei der Massen-KG sind die Anleger, anders als bei 16
  der normalen KG, an der Gestaltung des Gesellschaftsvertrages nicht beteiligt.[20]

Der praktische Unterschied zwischen Publikums- und Massen-KG wird deutlich, wenn 17
man die Feststellungen der Rechtsprechung zur Publikums-KG und die von *Wagner* etwa
zur Arbeitnehmerbeteiligung an arbeitgebenden Kommanditgesellschaften vergleicht:

Der BGH[21] hat die Publikums-KG dahingehend charakterisiert, sie sei darauf angelegt, 18
zur Kapitalansammlung eine unbestimmte Vielzahl von Kommanditisten aufzunehmen, die
sich als Anlagegesellschafter untereinander nicht kennen und zu den Unternehmensgesell-
schaftern in **keinerlei persönlichen** oder sonstigen **Beziehungen** stehen. In der Öffentlichkeit geworben, könnten sie, wenn sie beitreten wollten, nur einen fertigen Gesellschaftsvertrag akzeptieren, ohne auf ihn Einfluss nehmen zu können.

Die Massen-KG zB mit Arbeitnehmerkommanditbeteiligung – quasi als Gegenpart zur 19
Publikums-KG – zeigt dagegen stark **personenbezogene Komponenten.** Wenngleich
auch hier der Gesellschaftsvertrag vorgegeben ist und auf eine Vielzahl von beitretenden
Arbeitnehmergesellschaftern ausgerichtet ist, bestehen auf Grund des neben dem Gesell-
schaftsverhältnis fortbestehenden Arbeits- bzw. Anstellungsverhältnisses arbeitsrechtliche
Rechtsbeziehungen wie auch die Arbeitnehmergesellschafter neben den gesellschaftsrecht-

---

[15] BGHZ 64, 238; 84, 11; 84, 383, 386; *K. Schmidt,* Gesellschaftsrecht, S. 1681 ff.
[16] Zusammenfassende Übersicht bei *K. Schmidt,* Gesellschaftsrecht, S. 1665 ff.
[17] BGHZ 10, 91, 100; BGH BB 1973, 1506 f.; *Loritz/Wagner,* Konzeptionshandbuch, Bd. 2, Rn. 115.
[18] BGHZ 64, 238, 241; BGHZ 71, 284; *Dietrich,* Die Publikums-KG, S. 3.
[19] *Wagner,* Die Massenkommanditgesellschaft, S. 9.
[20] *Wagner,* Die Massenkommanditgesellschaft, S. 9 und 10 mwN.
[21] Stellvertretend BGHZ 64, 238, 241.

lichen Rechtsbeziehungen untereinander auf Grund ihrer daneben bestehenden Zugehörigkeit zur Betriebsgemeinschaft in einer weiteren horizontalen Rechtsbeziehung stehen.[22]

**20** Dieses Beispiel mag genügen, zu verdeutlichen, dass jede Publikums-KG auch eine Massen-KG, nicht aber jede Massen-KG eine Publikums-KG sein muss, sodass beim Gebrauch dieser Begriffe differenziert werden sollte, um nicht der Versuchung zu unterliegen, das Sonderrecht des BGH zur Publikums-KG undifferenziert auch auf jede Massen-KG zu übertragen.

**21** **2. Publikums- und Massen-KG im Steuerrecht.** Die auch im Steuerrecht insbesondere in der Literatur streitige Frage nach der Rechtsnatur der Publikums-KG, ob nämlich damit eine Kapitalgesellschaft, ein wirtschaftlicher Verein oder eine nicht rechtsfähige Personenvereinigung gegeben sei,[23] ist vom Großen Senat des BFH in seiner Entscheidung vom 25.6.1984[24] für die Praxis verbindlich geklärt worden.

**22** Der Große Senat orientiert sich steuerrechtlich am Gesellschaftsrecht und bezeichnet die Publikums-KG **„in begrenztem Umfang** als **Steuerrechtssubjekt",**[25] mit der Folge, dass zB im Hinblick auf § 15 Abs. 1 Nr. 1 Satz 1 EStG alle ein gewerbliches Unternehmen kennzeichnenden Merkmale wie auch das Merkmal der Gewinnerzielungsabsicht bei der Gesellschaft und nicht bei den Gesellschaftern vorliegen müssen,[26] was gleichermaßen sogar für die Schein-KG gelten sollte.

**23** Den Großen Senat des BFH verbindet mit der gesellschaftsrechtlichen Literatur zur Rechtsnatur der KG, dass beide von der Einheit der Gesellschafter in ihrer gesamthänderischen Verbundenheit, also von der Rechtszuständigkeit der Gesamthand, ausgehen.[27] Mit der gesellschaftsrechtlichen Judikatur des BGH ist ihm gemeinsam, die Personengesellschaft in der Rechtsform der KG als (Steuer-)Rechtssubjekt zu bezeichnen,[28] sodass die Frage angebracht ist, ob es nicht anstelle des Begriffes „Steuerrechtssubjekt" richtiger wäre, entsprechend der gesellschaftsrechtlichen Einordnung des BGH von der KG als Rechtssubjekt zu sprechen, von der die Steuerpflicht begrifflich zu trennen ist.[29]

**24** **3. Publikums-KG als Handelsgesellschaft ohne Gewerbe und Gewinnerzielungsabsicht?.** Die Historie der Publikums-KG, angefangen von den Abschreibungs- bzw. Verlustzuweisungsgesellschaften bis zu den geschlossenen Immobilienfonds, hat gezeigt, dass sich Kommanditgesellschaften am Markt verfestigt hatten und haben, bei denen die Frage des Gewerbebetriebs und der Gewinnerzielungsabsicht trotz ihrer gesellschaftsrechtlich und steuerrechtlich relevanten Auswirkungen bis in die Neuzeit eigentlich eine eher untergeordnete Bedeutung haben.

**25** § 161 Abs. 1 HGB geht bei der KG von einer Gesellschaft aus, deren Zweck auf den Betrieb eines Handelsgewerbes gerichtet ist. Der BGH hat definitorisch unter Gewerbebetrieb zunächst die berufsmäßige Tätigkeit in der Absicht dauernder Gewinnerzielung verstanden,[30] später jedoch für den Gewerbebetriebsbegriff auch auf die Verkehrsanschauung abgestellt, die ebenso betriebliche, organisatorische und wirtschaftliche Gesichtspunkte wie zB Aufbau und Ausgestaltung der jeweiligen Tätigkeit zu berücksichtigen habe. Dem so definitorisch ebenfalls gewichteten äußeren Erscheinungsbild stellt der BGH alsdann das Erwerbsstreben iS der Absicht der **Erzielung dauernder Einnahmen** zur Seite,[31] sodass

---

[22] *Wagner,* Die Massenkommanditgesellschaft, S. 299, 303 mwN.
[23] Nachweise bei *Döllerer* JbFfSt 1986/1987, 37, 39, dort Fn. 10.
[24] BStBl. II 1984, 751, 756–760.
[25] BFH 25.6.1984, GrS BStBl. II 1984, 751, 762; *Bodden* DStZ 1996, 73.
[26] BFH 25.6.1984, GrS BStBl. II 1984, 751, 765.
[27] BFH 25.6.1984, GrS BStBl. II 1984, 751, 764.
[28] BFH 25.6.1984, GrS BStBl. II 1984, 751, 762.
[29] *Wagner* BB 1986, 465, 467.
[30] BGHZ 33, 321, 324f.; BGHZ 36, 273, 276; BGHZ 49, 258, 260; BGHZ 53, 222f.; BGHZ 57, 191, 199.
[31] BGHZ 95, 155, 159.

§ 17 Die Beteiligung an Publikums-Kommanditgesellschaften

statt einer Gewinnerzielungsabsicht eine Einnahmenerzielungsabsicht zivilrechtlich ausreicht.

Ob und inwieweit bei den Abschreibungs- bzw. Verlustzuweisungsgesellschaften die vorgenannten Merkmale eines Handelsgewerbes vorlagen, ist weder mit dem steuerlichen Ansatzpunkt einer gewerblich geprägten KG – weil Komplementär nur eine GmbH war – noch mit der Absicht der Gesellschafter,[32] sondern einzig und allein aus den tatsächlichen Gegebenheiten bei der Gesellschaft zu klären. Wenn man auch die Gewinnerzielungsabsicht jenen Abschreibungs- bzw. Verlustzuweisungsgesellschaften absprechen musste, da das Streben nach steuerlichen Verlusten im Vordergrund stand, wird jedoch wohl das Merkmal der Einnahmenerzielungsabsicht nicht zu verneinen sein, sodass folgende interessante Entwicklung zu verzeichnen ist: 26

Die auf Grund der Baupatenrechtsprechung des BFH[33] steuerlich früher zugelassene Gleichsetzung des Erstrebens steuerlicher Verluste mit dem Merkmal der Gewinnerzielungsabsicht wurde vom Großen Senat des BFH in seiner Entscheidung vom 25.6.1984 für Personengesellschaften durch das nunmehr notwendige Merkmal des **Strebens nach Totalgewinn**[34] ersetzt, während der BGH, jedenfalls in seiner Entscheidung vom 2.7.1985,[35] das Merkmal der Erwerbsabsicht nicht mehr iS einer Gewinnerzielungsabsicht definierte, sondern eine Einnahmenerzielungsabsicht nebst entsprechendem äußeren Auftreten genügen ließ. 27

Während bei den Abschreibungs- und Verlustzuweisungsgesellschaften das Merkmal der Gewinnerzielungsabsicht in Frage stand, bis der BGH die Voraussetzung der Einnahmenerzielungsabsicht ausreichen ließ,[36] ist die Problematik beim geschlossenen Immobilienfonds als Publikums-KG gänzlich anders gelagert.[37] 28

Ankauf, Errichtung bzw. Vermietung von Immobilien erfüllen nicht die Voraussetzungen des Handelsgewerbes gemäß § 1 Abs. 2 HGB. Da eine Publikums-KG aber auf den Betrieb eines Handelsgewerbes gerichtet sein muss, um überhaupt eine Kommanditgesellschaft sein zu können (§ 161 Abs. 1, § 1 Abs. 1 HGB), kann heute[38] von einer Immobilien-KG nur dann die Rede sein, wenn sie in das Handelsregister eingetragen worden ist (§§ 161 Abs. 2, 105 Abs. 2 HGB).[39] 29

Bis zum Inkrafttreten des HRefG am 1.7.1998 konnte dagegen eine vermögensverwaltende Personengesellschaft als KG nur dann ins Handelsregister eingetragen werden, wenn die Voraussetzungen des § 2 HGB aF eingehalten waren. Dazu mussten jedoch *drei* Voraussetzungen erfüllt werden: 30

(1) Die Immobilien-KG musste die *Gewerbebetriebseigenschaft* erfüllen. Dies war dann der Fall, wenn die Immobilien-KG einen „Gewerbebetrieb" bzw. ein „gewerbliches Unternehmen" auswies. Ein geschlossener Immobilienfonds als Publikums-KG, zumal in der steuerlichen Einkunftsart Vermietung und Verpachtung, erfüllte jedoch in aller Regel diese Voraussetzungen nicht, weil seine hauptsächliche Tätigkeit Vermietung und Verpachtung war. 31

Man sprach insoweit von einer „nicht gewerblichen Kapitalanlage",[40] weil – so der BGH – diese Vermietungstätigkeit in der Regel nicht von der Absicht getragen war, sich eine 32

---

[32] *Hopt* ZGR 1987, 1, 154, 159.
[33] BFH 17.1.1972, GrS BStBl. II 1972, 700.
[34] BFH GrS 26.6.1984, BStBl. II 1984, 751, 766.
[35] BGHZ 95, 155, 159.
[36] BGHZ 95, 155, 159.
[37] Im Detail dazu *Loritz/Wagner*, Konzeptionshandbuch, Bd. 2, Rn. 276 ff.; *Wagner/Sommer* WM 1995, 561.
[38] Seit dem ab 1.7.1998 in Kraft getretenen Handelsregister-Reformgesetz (HRefG).
[39] *Schön* DB 1998, 1169.
[40] BGHZ 63, 32, 33; BGHZ 74, 273, 276; BGH NJW 1963, 1397; NJW 1986, 1962; *Loritz/Wagner*, Konzeptionshandbuch, Bd. 2, Rn. 83; *Wagner/Sommer* WM 1995, 562.

„berufsmäßige Erwerbsquelle" zu schaffen.[41] Mithin füllte der geschlossene Immobilienfonds die *Gewerbebetriebseigenschaft* im Rahmen des § 2 HGB aF nur dann aus, wenn zwar mit der Vermietung keine berufsmäßige Erwerbsquelle geschaffen wurde, wohl aber die Verwaltung der Immobilie eine besonders umfangreiche *berufsmäßige Tätigkeit* erforderte.[42]

**33** (2) Die Immobiliengesellschaft musste nach ihrem *Gesamtbild* nach Art und Umfang wie ein kaufmännischer Betrieb geführt werden. Hauptmerkmale dazu waren: Zahl der Beschäftigten, Art ihrer Tätigkeit, Umsatz, Anlage- und Betriebskapital, Vielfalt der Geschäftsverbindungen sowie der erbrachten Leistungen, Inanspruchnahme von Krediten, Teilnahme am Wechsel- und Scheckverkehr, Größenordnung der Einnahmen etc.[43]

Leicht überschaubare und einfach strukturierte Betriebe erforderten keinen nach Art und Umfang in kaufmännischer Weise eingerichteten Geschäftsbetrieb.[44]

**34** (3) Die Immobiliengesellschaft musste als Kommanditgesellschaft im Handelsregister eingetragen sein.[45] Diese Eintragung begründete bei Vorliegen *beider* zuvor genannten Voraussetzungen dann *konstitutiv* die Kaufmannseigenschaft der KG gemäß § 2 HGB aF.

**35** War mindestens eine der zuvor genannten *drei* Voraussetzungen des § 2 HGB aF nicht gegeben, so war § 2 HGB aF nicht mehr einschlägig. Statt dessen galt:

**36** – Fehlte die *Gewerbebetriebseigenschaft* und war die Immobilien-Fonds-KG gleichwohl im Handelsregister eingetragen, so sprach man von einer *Schein-KG* kraft *registerlichen Anscheins*. In diesem Fall handelte es sich bei fehlender Gewerbebetriebseigenschaft *nicht* um eine KG kraft Eintragung, da § 5 HGB die Gewerbebetriebseigenschaft voraussetzte.[46]

**37** Eine solche Schein-KG kraft registerlichen Anscheins war formal- und materiellrechtlich eine Gesellschaft bürgerlichen Rechts (GbR).[47] Nur haftungsmäßig wurde sie wie eine KG behandelt.[48]

**38** Eine Schein-KG kraft registerlichen Anscheins war stets mit dem Risiko der Löschung im Handelsregister behaftet. Wurde sie gelöscht, gerrierte sich aber weiter als KG, so sprach man von einer *Schein-KG* durch den *Rechtsschein des Auftretens*.[49]

**39** – Wies eine Immobilien-Fonds-KG der Einkunftsart Vermietung und Verpachtung zwar die Gewerbebetriebseigenschaft aus, weil zB bei einem größeren Fonds die Verwaltung der Immobilien eine umfangreiche berufsmäßige Tätigkeit erforderte, der Immobiliengesellschaft ermangelte es aber an dem dargestellten *Gesamtbild,* dann war eine solchermaßen im Handelsregister eingetragene KG eine solche kraft Eintragung gemäß § 5 HGB, nicht aber eine solche gemäß § 2 HGB aF. Sie war bei dieser Konstellation für die Dauer ihrer Eintragung KG und mithin nicht Schein-KG. Folglich war sie für die Dauer ihrer Eintragung als KG auch Rechtssubjekt und nicht eine GbR.

---

[41] BGH NJW 1963, 1397; BGH NJW 1967, 2353; BGH NJW 1968, 1962; BGHZ 49, 258, 260; BGHZ 53, 222, 223; BGHZ 58, 251, 255; BGHZ 63, 32, 33; BGHZ 74, 273, 276.

[42] BGH NJW 1967, 2353 Nr. 2; BGHZ 74, 273, 276; *Loritz/Wagner,* Konzeptionshandbuch, Bd. 2, Rn. 83; *Wagner/Sommer* WM 1995, 561, 562.

[43] BGH DB 1960, 1097 = BB 1960, 917; BayObLG DB 1985, 271; OLG Celle NJW 1963, 540, 541; BB 1975, Beilage 12, S. 4f. unter 9.; BB 1983, 658f.; OLG Frankfurt BB 1983, 335; OLG Hamm NJW 1993, 1797; OLG München NJW 1988, 1036; LG Heidelberg BB 1982, 142; LG Nürnberg-Fürth BB 1980, 1549; *Binz,* Die GmbH & Co. KG, 8. Aufl., S. 342; *Brandmüller* BB 1976, 641, 642; *Sudhoff* DB 1979, 437, 439; *Teil* BB 1982, 142; *Loritz/Wagner,* Konzeptionshandbuch, Bd. 2, Rn. 80–82.

[44] OLG Celle BB 1983, 658.

[45] *Loritz/Wagner,* Konzeptionshandbuch, Bd. 2, Rn. 87.

[46] BGHZ 32, 307, 313 f.

[47] BGHZ 61, 59, 67; 69, 95, 97.

[48] BGHZ 61, 59, 65 ff.; 69, 95, 99; *Loritz/Wagner,* Konzeptionshandbuch, Bd. 2, Rn. 90; ferner siehe *Wagner/Sommer* WM 1995, 561, 562.

[49] *Brüggemann* in Staub, GK-HGB, 9. Aufl., § 2 Rn. 14; *Loritz/Wagner,* Konzeptionshandbuch, Bd. 2, Rn. 93.

Aber da sie die Voraussetzungen des § 2 HGB aF nicht erfüllte, unterlag auch sie dem 40 Risiko registerlicher Löschung. Wurde sie gelöscht und gerierte sich dann weiter als KG, so wandelte sie sich von einer KG kraft Eintragung (§ 5 HGB) zu einer Schein-KG durch den Rechtsschein des Auftretens, mit den bereits beschriebenen Konsequenzen.

– Wenn mithin der BFH die Immobilien-Fonds-KG als Schein-KG = GbR bezeichnete,[50] 41 dann *konnte* dies so sein. Dies war aber dann nicht der Fall, wenn es sich um eine KG kraft Eintragung (§ 5 HGB) handelte oder bei Erfüllung aller drei Voraussetzungen des § 2 HGB aF eine „echte" KG gegeben war.[51]

Da in letzteren beiden Fällen die Fonds-KG materiellrechtlich eine KG, im Falle der 42 Schein-KG dagegen eine GbR war, waren diese Unterschiede zivilrechtlich und steuerrechtlich bezüglich ihrer Voraussetzungen jeweils gesondert zu würdigen.

Der Begriff der „Abschreibungs- bzw. Verlustzuweisungsgesellschaft" beschrieb eine Ge- 43 staltungsform, die steuerliche Abschreibungen bzw. Verluste ermöglichte. Heute steht dieser Begriff steuerlich gerade umgekehrt dafür, dass keine steuerlichen Verluste mehr anerkannt werden. Zum einen wegen § 2b EStG – so lange dieser galt –, zum anderen wegen der neueren Rechtsprechung des BFH.

**4. Die Publikums-KG und Handelsrechtsreform-Gesetz.**[52] Zum 1.7.1998 hat es 44 aufgrund des Handelsrechtsreformgesetzes Änderungen im Recht der Personenhandelsgesellschaften gegeben. Dazu gehörte ua, dass die Rechtsform der Personenhandelsgesellschaften auch vermögensverwaltenden Gesellschaften wie Immobilienfonds und damit auch der Publikums-KG zur Verfügung stehen. Die früher so streitigen Fragen zur Schein-KG[53] gehören inzwischen für *neue* Publikums-KGs der Vergangenheit an. Aber es bleiben vielzählige offene schuldrechtliche, sachenrechtliche und auch gesellschaftsrechtliche Fragen für *alte* Schein-KGs offen[54], als da zB wären[55]:

– Gilt die Rechtsformumwandlung handelsrechtlich auch ex tunc? 45
– Hat dies dann materiellrechtlich zur Folge, dass in der Vergangenheit mit einer Schein- 46 KG geschlossene Verträge deshalb ebenfalls ex tunc rechtswirksam sind?
– Hat dies dann grundbuchrechtlich zur Folge, dass in der Vergangenheit rechtsunwirksam 47 im Grundbuch eingetragene Schein-KGs ex tunc rechtswirksam im Grundbuch eingetragen sind?
– Hat dies dann gesellschaftsrechtlich zur Folge, dass Sonderkündigungsrechte von Kapital- 48 anlegern, die einer Schein-KG = GbR beigetreten waren, einer GbR aber nicht beitreten wollten, ex tunc entfallen, unabhängig davon, ob schon ausgeübt oder nicht?

Da mit der Rechtsprechung des BGH[56] die GbRmbH nicht mehr möglich ist, wurde in 49 der Praxis die Beibehaltung der Haftungsbeschränkung und die steuerliche gewerbliche Prägung (§ 15 Abs. 3 Nr. 2 EStG) durch identitätswahrende Umwandlung der GbR in eine Publikums-GmbH & Co.KG durchgeführt. Dies erfolgte auf Grund §§ 2 Satz 2, 105 Abs. 2, 161 Abs. 2 HGB. Eine solche identitätswahrende Umwandlung konnte auch dann erfolgen, wenn die GbR ursprünglich kein Handelsgewerbe betrieben hatte. Die Vermögenszuordnung blieb unberührt, ein Vermögensübergang erfolgte nicht.

Das Grundbuch bedurfte alsdann einer Richtigstellung.[57] Die Finanzverwaltung hatte für 50 diesen Fall aus Gründen des Vertrauensschutzes eine Zwangsbetriebsaufgabe mit den daraus

---

[50] BFH 19.8.1986, BStBl. II 1987, 212, 214; 7.4.1987, BStBl. II 1987, 707, 708.
[51] *Loritz/Wagner*, Konzeptionshandbuch, Bd. 2, Rn. 98–100.
[52] *Wagner* WM 1998, 694; *Schaefer* DB 1998, 1269; *K. Schmidt* DB 1998, 61; *Schön* DB 1998, 1169.
[53] *Wagner/Sommer* WM 1995, 561. Zur *steuerlich* gewerblich geprägten Schein-KG BFH 16.6.1994, BStBl. II 1996, 82; zur Schein-KG als Adressatin einer Prüfungsanordnung BFH/NV 1998, 1192.
[54] *Wagner* WM 1998, 694, 695 f.
[55] *Wagner* WM 1998, 694, 696.
[56] BGHZ 142, 315.
[57] LG München MittBayNot 2001, 482 mit Anm. *Limmer*; *K. Schmidt* DB 1998, 61; *Limmer* DStR 2000, 1230; *Simon* DStR 2000, 578. Von dieser identitätswahrenden Umwandlung der GbR in eine

resultierenden steuerlichen Folgen verneint, wenn die entsprechende Umwandlung bis 31.12.2000 beantragt wurde.[58] Diese Frist wurde alsdann bis 31.12.2001 verlängert.[59]

### II. Das Sonderrecht der Publikums-KG

51   1. **Gründungsrechtliche Publizität.** Während für Aktiengesellschaften das AktG selbst die Voraussetzungen vorgibt, die bei Gründung einer solchen Gesellschaft zu beachten sind,[60] hat bei Publikumspersonengesellschaften diesen Part die **Prospekthaftungsrechtsprechung** übernommen, wonach alles, was für den Entschluss eines Kapitalanlegers von Bedeutung sein kann, im Prospekt zum Ausdruck zu bringen ist. Und der Prospekthaftung iwS unterliegen auch Gründungskommanditisten.[61] Diese richterrechtliche Prospektpublizitätspflicht wird inzwischen durch die strafrechtlichen Sanktionsnormen des § 264a StGB sowie des § 4 UWG verstärkt. Hinzu kommt die gesetzliche Prospektpflicht mit Inhaltsvorgaben nach der zugehörigen Verordnung.

52   Für die Aktiengesellschaft als Publikumskapitalgesellschaft ist die gründungsrechtliche Publizität gesetzlich normiert und ist dort registerliche Eintragungsvoraussetzung, hingegen fehlt es bei der Publikumspersonengesellschaft an vergleichbaren registerlichen Eintragungsvoraussetzungen; diese werden durch die gesetzliche Prospektpflicht mit Inhaltsvorgaben nach der zugehörigen Verordnung sowie Drohung von Haftungs- und Strafrechtssanktionen quasi ersetzt,[62] wobei insbesondere folgende **gründungsrechtliche Publizität** zu beachten ist:

53   – Beitretende Kommanditisten haben nur solche gesellschaftsvertraglichen Umstände gegen sich gelten lassen, von denen sie zum Zeitpunkt ihres Beitrittes Kenntnis erlangen konnten.[63]

54   – „Grundsätzlich (müssen) alle gesellschaftsrechtlichen Verpflichtungen, die der Gesellschaft gegenüber Gründungsgesellschaftern auferlegt werden und diesen Vorteile verschaffen sollen, in dem schriftlich festgelegten Gesellschaftsvertrag oder in einem ordnungsgemäß zustande gekommenen und protokollierten Gesellschafterbeschluss aufgenommen werden ... anderenfalls die entsprechenden Vereinbarungen und die zu ihrer Ausführung vorgenommenen Rechtshandlungen unwirksam sind."[64] *Dietrich* möchte dies auch auf Vorteile bezogen wissen, die Dritten gewährt werden sollen.[65]

55   – Die Offenbarungspflicht betrifft auch Vereinbarungen, durch die Gründer von Verpflichtungen gegenüber der Gesellschaft freigestellt werden.[66]

56   – Im Interesse potentieller Anleger ist es erforderlich, Sacheinlagen von Gründungsgesellschaftern bzw. Initiatoren zu offenbaren,[67] wobei in der Literatur erwogen wird, ob diese Offenbarungspflicht nicht sogar analog § 27 AktG im Gesellschaftsvertrag erfolgen müsse[68] und Angaben über den Wert der Sacheinlage gemacht werden müssten.[69]

---

GmbH & Co. KG zu unterscheiden ist die Übertragung von Immobilienvermögen von der GbR auf eine peronenidentische GmbH & Co. KG. In einem solchen Fall bedarf trotz Personenidentität beider Gesamthandsgesellschaften die Übertragung der Auflassung und Grundbucheintragung (Bay ObLGZ 1950, 430; OLG Hamm DNotZ 1983, 750; KG Berlin RPfleger 1987, 237; *Limmer* MittBayNot 2001, 482, 484).

[58] BMF 18.7.2000, BStBl. I 2000, 1198.
[59] BMF 28.8.2001, BStBl. I 2001, 614.
[60] §§ 23, 25, 26, 32–34, 37–40 AktG.
[61] OLG Hamm 28.8.2006 – 8 U 60/05, Rn. 27 f. (Juris); *Schäfer/Seeger* EWiR 2007, 69.
[62] *Dietrich*, Die Publikums-KG, S. 44.
[63] BGH WM 1976, 446; 1978, 87.
[64] BGH WM 1976, 446 f.; siehe auch BGH DB 1995, 921.
[65] *Dietrich*, Die Publikums-KG, S. 43.
[66] BGH WM 1978, 87 f.
[67] *Dietrich*, Die Publikums-KG, S. 47.
[68] *Schneider* ZHR 142 (1978), 228, 254.
[69] *Dietrich*, Die Publikums-KG, S. 48 f.

§ 17 Die Beteiligung an Publikums-Kommanditgesellschaften

- Die Sacheinlage ist Teil des Gründungsvorganges. Wird folglich zB von einem Gründungsgesellschafter ein Grundstück auf Grund Einbringungsvertrages eingebracht, dann handelt es sich insoweit nicht um einen schuldrechtlichen Vertrag zwischen dem Gesellschafter und der KG bzw. den Gesellschaftern, sondern um eine gesellschaftsrechtliche Vereinbarung über das von ihm in Form des einzubringenden Grundstückes als Entgelt (§§ 161 Abs. 2, 105 Abs. 3 HGB, 706 BGB). Die Folge ist, dass auf einen solchen Vertrag nicht die schuldrechtlichen Vorschriften der §§ 320 ff. BGB wegen Leistungsstörungen anzuwenden sind. Kommt es bei der Einbringung zu Leistungstörungen, so kann folglich die Rückabwicklung des Einbringungsvertrages nicht verlangt werden, da dies sonst zur Rückabwicklung der KG führen würde. Vielmehr verbleibt nur die Auflösung der KG oder das Ausscheiden des Gesellschafters durch Kündigung.[70] Getrennt von der Sacheinlage ist die Sachübernahme zu sehen, die ein gewöhnlicher schuldrechtlicher Vertrag (zB Kauf-, Miet-, Werkvertrag etc.) ist.[71] Auch solche Verträge, insbesondere dann, wenn sie mit Gründungsgesellschaftern bzw. Initiatoren geschlossen werden, sind – auch bezüglich ihrer Werthaltigkeit – offenbarungspflichtig.[72] Dies gilt erst recht dann, wenn Vertragskonstellationen Missbrauchsgefahren von Gründungsgesellschaftern bzw. Initiatoren in sich bergen.[73]
- Kapitalmäßige und personelle Verflechtungen sind offenzulegen.[74]

Schlagwortartig lässt sich mithin sagen: bei Publikumspersonengesellschaften ist der Emissionsprospekt das, was für die Aktiengesellschaft der Gründungsbericht ist,[75] wenngleich mit noch weitergehenden Aufgaben.

**2. Der Gesellschaftsvertrag. a) Form.** Insoweit ist zwischen der Schriftform und dem Formerfordernis der notariellen Beurkundung zu unterscheiden.

Soweit die Meinung vertreten wird, der Gesellschaftsvertrag bedürfe grundsätzlich keiner Form, auch wenn Schriftform üblich sei,[76] ist dies insoweit zutreffend, als das Gesetz für Gesellschaftsverträge einer Publikums-KG **keine besonderen Formvorschriften** vorgibt.[77] Andererseits muss jedoch deutlich werden, ob bzw. ab wann man von einem Gesellschaftsvertrag sprechen kann, auf den das Sonderrecht der Publikums-KG Anwendung findet. So kann insbesondere der Gesellschaftsvertrag der Gründungsgesellschafter entweder als normaler Kommanditgesellschaftsvertrag ausgestaltet sein, wobei die Gründungsgesellschafter sich vorbehalten, bei Schließung eines Fonds nach Vorliegen des entsprechenden Zeichnungsvolumens dem ursprünglichen Gesellschaftsvertrag vor Beitritt der Anleger per Beschluss den Inhalt zu geben, wie er aus dem Kapitalanlageprospekt ersichtlich ist, oder aber der Gesellschaftsvertrag der Gründungsgesellschaft ist von vornherein auf die Einbeziehung einer Vielzahl von Kapitalanlegern angelegt und hat bereits die Fassung, die aus dem Prospekt ersichtlich ist. Im ersten Falle liegt bis zur Beschlussfassung über die Gesellschaftsvertragsänderung ein die Rechtsbeziehung der Gründungsgesellschafter untereinan-

---

[70] OLG München ZIP 2000, 2255.
[71] *Dietrich*, Die Publikums-KG, S. 51.
[72] *Dietrich*, Die Publikums-KG, S. 52.
[73] BGHZ 79, 331.
[74] BGHZ 79, 331, 345.
[75] *Dietrich*, Die Publikums-KG, S. 56.
[76] *Brandes* WM 1987, Beilage 1, S. 7; *Kurth*, Der geschlossene Immobilienfonds, S. 26.
[77] Mit Grunewald, in FS Hagen, 1999, S. 277, 287 bedarf der Beitritt zu einer Grundstücks-OHG/KG nicht der Form des § 313 BGB. Dies gilt entsprechend für den Beitritt zu geschlossenen Immobilienfonds. Alleine die Warnfunktion des § 313 BGB rechtfertigt noch nicht dessen Anwendbarkeit, da der Beitritt zu einer Immobilien – OHG/KG nicht dasselbe ist wie ein Grundstückserwerb. So auch BGH DNotZ 1984, 169 ff. Wenn sich dagegen Limmer, in FS Hagen, 1999, S. 321, 335 f. für eine Beurkundungsbedürftigkeit von Beitrittserklärungen ausspricht, weil damit die Vorteile notarieller Belehrung gem. § 17 BeurkG genutzt werden könnten, dann ist dies mit dem berufsständischen Wunsch von Notaren nach erweiterter notarieller Beurkundung zu erklären, findet aber im materiellen Recht keine Stütze.

der regelnder normaler Kommanditgesellschaftsvertrag vor, dem sich ein Publikums-Kommanditgesellschaftsvertrag anschließt, während in der zweiten Variante ein Publikums-Kommanditgesellschaftsvertrag von vornherein gegeben ist.

62 Es ist daher überlegenswert, die Schriftform zwingend vorzusehen, um nicht nur Klarheit über den Inhalt des Gesellschaftsvertrages zu erhalten, sondern auch um Abgrenzungsproblemen zwischen gründungs- und publikumsgesellschaftsvertraglichen Rechtsbeziehungen zu begegnen, sodass die Frage, ab wann das Sonderrecht der Publikumspersonengesellschaft gelten soll, unschwer zu beantworten ist.

63 Zudem fordert die Prospekthaftungsrechtsprechung des BGH, im Kapitalanlagebereich habe ein Prospekt wahr und vollständig zu sein, wozu auch der Ausweis des in Schriftform gefassten, für die Kapitalanleger relevanten, Gesellschaftsvertrages gehört.

64 Während das Schriftformerfordernis in vorgenannten Fällen Beweiserleichterungen schafft, hat die Rechtsprechung des BGH für die Publikums-KG rechtsfortbildend in **Analogie zu § 26 AktG** Vereinbartes wegen Formmangels als nichtig angesehen, weil bzw. wenn im Gesellschaftsvertrag nichts schriftlich über Sondervorteile von Gründungsgesellschaftern ausgesagt war, sodass in diesen Fällen das Schriftformerfordernis sogar zum Formzwang wird.[78]

65 Sind solche im Gesellschaftsvertrag nicht schriftlich niedergelegte Regelungen folglich unwirksam, so kann mangels Ausweises solcher Rechtsbeziehungen, solange den Gründungsgesellschaftern die Vorteile noch nicht zugewandt wurden, bereits gesellschaftsvertraglich der Einwand der Unwirksamkeit mündlich getroffener Abreden erhoben werden, während, sollten besagte Vorteile bereits zugewandt worden sein, Kapitalanlegern u U auch Bereicherungsansprüche neben Schadensersatzansprüchen zustehen können.

66 Vorgenannter Schriftformzwang gilt unabhängig davon, ob sich Kapitalanleger bei Publikums-KGs direkt oder über einen Treuhandkommanditisten indirekt beteiligt haben,[79] wobei das Schriftformerfordernis auch durch ein privatschriftliches Protokoll der Gesellschafterversammlung gewahrt werden kann.[80]

67 Sofern, wie üblich, im Gesellschaftsvertrag einer Publikums-KG für die Wirksamkeit von Änderungen oder Ergänzungen desselben Schriftform vorgesehen ist, reicht es, den vertragsändernden Beschluss in einem privatschriftlichen Protokoll über die Gesellschafterversammlung zu dokumentieren, das vom Versammlungsleiter, nicht aber von allen Gesellschaftern, zu unterzeichnen ist.[81] Für vertragsändernde Individualerklärungen eines Gesellschafters soll jedoch dessen mündliche Erklärung in der Gesellschafterversammlung samt Protokollierung derselben nicht ausreichen.[82]

68 Vom Schriftformerfordernis zu trennen ist die Frage der **Beurkundungsbedürftigkeit des Gesellschaftsvertrages.** Eine solche wird derzeit nur dann angenommen, wenn Gesellschafter sich im Rahmen der Zweckbestimmung gesellschaftsvertraglich verpflichten, beispielsweise eine bestimmte Immobilie zu erwerben oder einzubringen,[83] nicht aber, wenn der Gesellschaftszweck allgemein darauf gerichtet ist, Immobilien zu erwerben.[84] Da bei Publikums-GmbH & Co. KGs eine Beteiligungsidentität von Anleger-Kommanditisten und GmbH-Gesellschaftern in aller Regel nicht vorhanden ist, ist hier das Beurkundungserfordernis des § 15 Abs. 3 und 4 Satz 1 GmbHG nicht gegeben.[85]

---

[78] BGH WM 1976, 446 f.; BGH WM 1978, 87 f.
[79] BGH WM 1978, 87 f.
[80] BGHZ 66, 82, 86 f.; *Brandes* WM 1987, Beilage 1, S. 7 f.
[81] BGHZ 66, 82, 87.
[82] BGHZ 66, 82, 88.
[83] BGHZ 22, 312, 317; BGH 25.3.1965 – II ZR 203/62, n.V.; BGH WM 1978, 752, 753; OLG Köln MittRhNotK 2000, 439; *Binz/Mayer* NJW 2002, 3054, 3057; *Kanzleitner* DNotZ 1984, 421.
[84] BGH NJW 1978, 2505; BGH NJW 1996, 1279; OLG Köln MittRhNotK 2000, 439; *Schwanecke* NJW 1984, 1585; *Lortiz/Wagner,* Konzeptionshandbuch, Bd. 2, Rn. 819; *Wiesner* NJW 1984, 95.
[85] Zur verzahnenden Beurkundungspflicht: *Binz/Mayer* NJW 2002, 3054.

Von der Beurkundungsbedürftigkeit des Gesellschaftsvertrages im vorgenannten Fall zu trennen ist die Frage der Beurkundungsbedürftigkeit der Beitrittserklärung. Mit dem BGH ist die Übertragung von Mitgliedschaftsrechten selbst dann nicht beurkundungsbedürftig, wenn der Gesellschaftsvertrag beurkundungsbedürftig ist.[86] 69

Da das Beurkundungserfordernis vom BGH sehr eng gezogen ist,[87] wird man eine Beurkundungsbedürftigkeit von Treuhandverträgen, die im Falle mittelbarer Beteiligungen Kapitalanleger mit dem Treuhandkommanditisten abschließen, grundsätzlich verneinen müssen. Wenn schon die Einräumung von Mitgliedschaftsrechten bei unmittelbaren Beteiligungen nicht beurkundungsbedürftig ist,[88] dann erst Recht nicht die Einräumung mittelbarer Beteiligungen. 70

Getrennt von beurkundungsrechtlichen Fragen des *Abschlusses* eines Gesellschaftsvertrages sind die des *Beitritts* zu einer Gesellschaft bzw. die des *Anteilserwerbs* zu sehen: 71

„*Beitritt*" ist die verkürzte Form eines Gesellschaftsvertragsabschlusses.[89] Gleichwohl ist der „Beitritt" zu einer Immobilien-Fonds-KG/GbR nicht beurkundungsbedürftig.[90] Tritt ein Anleger einem geschlossenen Immobilienfonds bei, einerlei ob durch Begründung einer Beteiligung oder durch Anteilsabtretung, dann ist dieser Beitritt nicht beurkundungsbedürftig,[91] auch wenn der Gesellschaftsvertrag beurkundungsbedürftig war. 72

Ist Gegenstand des Gesellschaftsvertrages eine Vereinbarung über das Ausscheiden eines Gesellschafters oder der Auseinandersetzung dergestalt, dass der zum Gesamthandsvermögen gehörende Grundbesitz unter den Gesellschaftern aufgeteilt oder bestimmten Gesellschaftern zugeteilt wird, kann sich hieraus eine Beurkundungspflicht des Gesellschaftsvertrages und der Aufteilung bzw. Zuteilung gemäß § 311b Abs. 1 BGB ergeben.[92] 73

Dies ist zB dann der Fall, wenn eine Publikums-KG als Hamburger Modell aufgelegt worden ist, wonach für den beitretenden Gesellschafter eine im Gesamthandseigentum der KG befindliche Eigentumswohnung reserviert wird und ihm beim Ausscheiden aus der KG zugeteilt wird. 74

Ein formnichtiger Gesellschaftsvertrag eines geschlossenen Immobilienfonds wird mit Auflassung des vom Fonds erworbenen Grundstückes und der Eigentumsumschreibung auf den Fonds im Grundbuch wirksam (§ 311b Abs. 1 Satz 2 BGB).[93] Anleger, die bis dahin privatschriftlich und mit zuvor ausgeführtem formunwirksam beigetreten waren, folglich „faktische" Gesellschafter waren, nehmen an dieser Heilungswirkung bezüglich ihres Beitrittes ab dem Zeitpunkt der vorgenannten Eigentumsumschreibung teil. 75

**b) Auslegung und Inhaltskontrolle.** Während bei der „normalen" KG unter den Gesellschaftern der Grundsatz der Vertragsfreiheit gilt,[94] was zur Folge hat, dass die Vertragsparteien die Freiheit haben, für sie nachteilige Regelungen zu vereinbaren, und dass bei Auslegungsfragen nach der sog subjektiven Auslegungsmethode vorzugehen ist, gelten bei der Publikums-KG andere Grundsätze: 76

Die einer Publikums-KG beitretenden Anleger haben keine Einflussnahmemöglichkeit auf den bereits vorliegenden Gesellschaftsvertrag, unabhängig davon, ob sie sich unmittelbar oder mittelbar an der Pubikums-KG beteiligen.[95] Die Vertragsfreiheit ist mithin durch die Freiheit des Beitritts ersetzt worden, sodass der Gesellschaftsvertrag objektiv nach 77

---

[86] BGHZ 86, 367, 370f.
[87] Zu Beurkundungsfragen: *Wiesner* NJW 1984, 95; *Schwanecke* NJW 1984, 1585.
[88] BGHZ 86, 367, 370f.
[89] *Loritz/Wagner*, Konzeptionshandbuch, Bd. 2, Rn. 819.
[90] BGHZ 86, 367, 370f.
[91] BGHZ 86, 367, 369ff.; BGH NJW 1996, 1279, 1280; *Binz/Mayer* NJW 2002, 3054, 3059; *Loritz/Wagner*, Konzeptionshandbuch, Bd. 2, Rn. 820; *Reinelt* NJW 1992, 2052, 2054.
[92] *Binz/Mayer* NJW 2002, 3054, 3058.
[93] *Binz/Mayer* NJW 2002, 3054, 3058.
[94] BGHZ 8, 35, 39; *Grünewald* ZGR 1995, 68.
[95] *Nassall* BB 1988, 286.

**Kriterien der Sachgerechtigkeit und Angemessenheit** auszulegen ist.[96] Während die Rechtsprechung dies insbesondere rechtsformabhängig bei den Gesellschaften bejaht, die Körperschaften sind oder – wie die Publikums-KG – körperschaftlichen Charakter haben, neigt die Literatur zum Teil dazu, dies weder von der Rechtsform noch vom körperschaftlichen Typus der Gesellschaft abhängig zu machen, sondern vom materiellen Satzungscharakter der jeweils auszulegenden Klausel.[97]

**78** Bei der ergänzenden Vertragsauslegung, die bei Gesellschaftsverträgen von Publikums-Gesellschaften durch die Rechtsprechung nach objektiven und damit reversiblen Grundsätzen vorgenommen wird,[98] handelt es sich nicht um eine „Änderung des Gesellschaftsvertrages durch richterliche Entscheidung",[99] sondern um die Feststellung und Anerkennung des Vertragsinhaltes.[100] Für die Anerkennung des Vertragsinhaltes wiederum nimmt sich die Rechtsprechung das Recht der Inhaltskontrolle heraus, dh nach Feststellung des Vertragsinhaltes quasi in einer zweiten Stufe zu überprüfen, ob und inwieweit für eine vom Gesetz abweichende Regelung ein sachlicher Grund gegeben ist.[101]

**79** Die zwangsläufige Folge ist in einer dritten Stufe die Herausbildung eines besondere Rechtsgrundsätze bildenden Richterrechts,[102] dessen Legitimität diskutiert wurde.[103]

**80** aa) Auslegung.[104] Gesellschaftsverträge einer Publikums-KG sind im Sinne einer „geltungserhaltenden" Vertragsauslegung objektiv auszulegen.[105] Die Vorstellungen und der Wille der Gründungsgesellschafter sind nur zu berücksichtigen, wenn sie sich aus dem Gesellschaftsvertrag selbst ergeben. Dies gilt mit dem OLG Hamburg aber nicht nur im Verhältnis zu beitretenden Kapitalanlegern, sondern auch für Verträge, die eine Publikums-KG mit stillen Gesellschaftern oder zur Errichtung einer BGB-Innengesellschaft abschließt,[106] *wenn* diese Verträge anlagewilligen Kommanditisten vor Zeichnung ihrer Anteile als Entscheidungsgrundlage zugänglich gemacht worden sind.

**81** Eine objektive Auslegung muss von dem ausgehen, was beitretenden Gesellschaftern bzw. Anlegern – wie auch für den Fall der gründungsrechtlichen Publizität[107] – erkennbar ist, sodass, ähnlich wie bei der Gesetzesauslegung, die Rechtsprechung nur auf solche Regelungen abstellt, die auf Grund des schriftlich niedergelegten Inhalts des Gesellschaftsvertrages eindeutig ermittelbar sind.[108] Ausnahmsweise sollen nur dann allgemeine Auslegungsgrundsätze gemäß **§§ 133, 157 BGB** gelten, wenn es um die Auslegung von mit Anlegern getroffenen Individualvereinbarungen geht.[109]

---

[96] BGH NJW 1979, 419, 420; BGH NJW 1982, 877; BGH NJW 1990, 2684, 2685; BGH NJW 1991, 2906; *K. Schmidt*, Gesellschaftsrecht, S. 89, 1683.

[97] *K. Schmidt*, Gesellschaftsrecht, S. 89 mwN.

[98] BGH WM 1978, 87, 88; WM 1978, 1399, 1400; WM 1979, 672; WM 1982, 40, 41; WM 1989, 786, 788; WM 1990, 714, 715; *Brandes* WM 1987, Beilage 1, S. 8; *Brandes* WM 1990, 1221, 1230.

[99] BGHZ 44, 40, 42; noch nicht entschieden ist, was bei einem relevanten Ausnahmefall zu gelten hat, wenn sich mit Hilfe der ergänzenden Vertragsauslegung kein zulässiger Vertragsinhalt feststellen ließe und es sich mithin doch anbieten würde, in den Gesellschaftsvertrag einzugreifen; *Brandes* WM 1987, Beilage 1, S. 8; *R. Fischer* Anm. zu LM § 114 HGB Nr. 3.

[100] *Flume*, Die Personengesellschaft, 1977, S. 36.

[101] BGHZ 68, 212, 215; zur Kritik an dieser Rechtsprechung und Darstellung des Meinungsstandes: *Kreutz* ZGR 1983, 109.

[102] *Kraft*, FS Fischer, S. 321; *Wagner*, HdB, Fach 4310.

[103] *Kraft*, FS Fischer, S. 321, 334 ff.; *Wagner* BB 1986, 465; zu dem, was de lege ferenda umgesetzt werden könnte, s. *Hopt*, Gutachten, G 77 ff.; zum Spannungsverhältnis zwischen innerer Gestaltungsfreiheit und gesetzlicher Typenregelungen: *Teichmann*, Gestaltungsfreiheit, S. 127 ff.; *H. P. Westermann*, Vertragsfreiheit.

[104] OLG Hamburg BB 1997, 696 mit Anm. *Pannen/Bähr*.

[105] BGH NZG 2006, 703 Rn. 9–10.

[106] So auch schon OLG Hamburg BB 1997, 696 mit Anm. *Pannen/Bähr*.

[107] BGH WM 1976, 446 f.

[108] BGH WM 1978, 87 f.; 1978, 1399 f.; 1979, 672.

[109] BGH WM 1979, 612 f.

bb) **Inhaltskontrolle.** Kapitalanleger können entweder direkt Kommanditisten einer Publikums-KG werden oder mittelbar über einen Treuhandkommanditisten beteiligt werden. Im zweiten Fall hält der Treuhandkommanditist die Beteiligung aufgrund eines mit dem Kapitalanleger als Treugeber abgeschlossenen Treuhandvertrages.

Die mittelbare Anbindung von Kapitalanlegern kann auf unterschiedliche Weise erfolgen. Wird sie auf Grund eines offenen Treuhandverhältnisses so gestaltet, dass im Innenverhältnis der Gesellschafter der Publikums-KG die – nur über einen Treuhandvertrag mit den Treuhandkommanditisten mittelbar an die Publikums-KG angeschlossenen – Treugeber so gestellt werden, als ob sie Kommanditisten seien, dann werden diese Treugeber wie Kommanditisten in das Gesellschaftsverhältnis mit einbezogen, soweit ihre Rechtsstellung tangiert ist.[110] Dies hat zur Folge, dass für die Feststellung und Anerkennung des Vertragsinhaltes des Gesellschaftsvertrages bei solchen Konstellationen nicht mehr danach zu differenzieren ist, ob der Anleger mittelbar oder unmittelbar an der Publikums-KG beteiligt ist, mit der Ausnahme, dass für den mittelbar Beteiligten zusätzlich auch noch der Treuhandvertrag in die Betrachtung mit einzubeziehen ist.[111]

Folglich werden auch bei der „kupierten" Publikums-KG von der Rechtsprechung für die Anerkennung der zu beurteilenden Regelungen vergleichbare Kriterien der Sachgerechtigkeit und Angemessenheit zur Vermeidung von Mißbräuchen der Vertragsfreiheit nach den Grundsätzen von Treu und Glauben herangezogen, wie dies ansonsten bei allgemeinen Geschäftsbedingungen und Formularverträgen der Fall ist.[112]

Wenngleich die Rechtsprechung für die Publikums-KG ein Sonderrecht kreiert hat, das in vielen Bereichen am Recht der Aktiengesellschaft ausgerichtet ist, hat man sich mit dem Hinweis, eine sklavische Übernahme aktienrechtlicher Vorschriften komme nicht in Betracht,[113] Freiräume vorbehalten, um nicht in Vergessenheit geraten zu lassen, dass es sich bei der Publikums-KG letztlich doch um eine Personenhandelsgesellschaft handelt.[114] Folglich hat der BGH dort, wo die Anwendung aktienrechtlicher Rechtsgrundsätze zu einer Beeinträchtigung des **Gläubigerschutzes** führen würde, personengesellschaftsrechtlichen Normen den Vorrang eingeräumt.[115] Folgende Inhaltskontrollentscheidungen sind zu beachten:

Die Verjährungsfrist für Schadensersatzansprüche gegen Gesellschafter als Mitglieder des Aufsichtsrates kann analog §§ 93 Abs. 6, 116 AktG, 52 Abs. 3 GmbHG, 41 iVm 34 Abs. 6 GenG nicht unter 5 Jahre herabgesetzt werden.[116]

Gesellschaftsvertragliche Regelungen, die dem Komplementär einseitig das Recht einräumen, Kommanditbeteiligungen auf Dritte zu übertragen, sind unwirksam.[117]

Ebenfalls unwirksam sind solche Regelungen, die den Gründungsgesellschaftern eine Sperrminorität sichern, wenn es gilt, den von ihnen bestellten Geschäftsführer zu ersetzen oder bei der Wahl des Aufsichtsrates Einfluss zu nehmen.[118]

Sieht ein Gesellschaftsvertrag einer Publikumspersonengesellschaft vor, dass der (Gesellschafter-) Geschäftsführer nur mit Zustimmung aller Gesellschafter abberufen werden kann,

---

[110] BGH DB 1987, 1527.
[111] So auch *Nasall* BB 1988, 286, 289.
[112] BGHZ 64, 238, 241 f.; 84, 11, 13 f.; BGHZ 102, 172, 173; 104, 50, 52; BGH NJW 1988, 1729, 1730; LG Kassel DB 1990, 1227, 1228. Zur stillen Publikumsbeteiligung: OLG Hamburg WM 1994, 499, 501.
[113] BGHZ 69, 207, 220.
[114] So auch BFH 25.6.1984, GrS BStBl. II 1984, 751, 758, 760.
[115] § 172 Abs. 5 HGB ist nicht durch eine entsprechende Anwendung des § 62 Abs. 1 und 3 AktG einzuschränken: BGHZ 84, 383, 386.
[116] BGHZ 64, 238, 244.
[117] BGHZ 84, 11. Soweit der Leitsatz dieser Entscheidung von der Übernahme von Kommanditbeteiligungen durch die Komplementär-GmbH spricht, ist dies missverständlich, da nach der gesellschaftsvertraglichen Regelung der Komplementärin nur das Optionsrecht eingeräumt war, benannte Dritte Kommanditanteile erwerben zu lassen. BGH WM 1988, 939, 942.
[118] BGH WM 1983, 1407.

so ist dieses Erfordernis auf Grund einer Inhaltskontrolle gemäß § 242 BGB nichtig; es genügt die einfache Mehrheit.[119] Gleiches gilt nach dieser Entscheidung, wenn der Gesellschaftsvertrag ein Einstimmigkeitserfordernis für die Abberufung des Treuhänders vorsieht.

90  Man muss ferner bei mittelbaren Beteiligungen zwischen dem Treuhandvertrag, der zwischen dem Kapitalanleger und dem Treuhandkommanditisten geschlossen wird, und den gesellschaftsrechtlichen Wirkungen unterscheiden, wenn dem Kapitalanleger mittelbar Gesellschafterrechte durch die Wechselbeziehungen von Gesellschaftsvertrag und Treuhandvertrag eingeräumt werden. Als schuldrechtlicher Vertrag unterliegt der Treuhandvertrag der Inhaltskontrolle nach den §§ 305 ff. BGB. Wie aber ist es im Hinblick auf die durch ihn begründeten gesellschaftsvertraglichen Verknüpfungen? Gilt insoweit die Bereichsausnahme des § 310 Abs. 4 BGB?

91  *Drygala* thematisierte die Frage, ob die Bereichsausnahme des § 23 Abs. 1 AGBGB (jetzt § 310 Abs. 4 BGB), die die AGB-rechtliche Inhaltskontrolle betrifft, die verbraucherrechtliche Inhaltskontrolle gem. § 24a AGBG (jetzt § 310 Abs. 3 BGB) nicht erfasst, sodass sie damit auch für die Massen-KG Anwendung finden müsse, ohne dass die Rechtsprechung diesbezüglich für die Inhaltskontrolle auf § 242 BGB angewiesen wäre.[120] Im Ergebnis verneint er dies jedoch, sodass es bei der Publikums-KG bei der Inhaltskontrolle gem. § 242 BGB verbleibe.[121]

92  Prozesse über die Grundlagen der Gesellschaft (zB über die Wirksamkeit von Gesellschaftsvertragsänderungen) sind grundsätzlich unter den Gesellschaftern auszutragen. Eine Ausnahme gilt dann – sodass der Rechtsstreit mit der KG auszutragen ist –, wenn im Gesellschaftsvertrag diesbezüglich eine ausdrückliche Regelung enthalten ist bzw. sich zumindest Anhaltspunkte dafür per Auslegung aus dem Gesellschaftsvertrag ableiten lassen.[122]

93  **c) Beitritt.** Die Formulierung des „Beitritts" zur Publikums-KG kann nicht verdecken, dass es um die Aufnahme in den Kreis der Gesellschafter geht, sodass es zunächst nicht um einen Vertragsabschluss der Publikums-KG mit dem „Beitretenden", sondern um einen Vertragsabschluss aller Gesellschafter mit diesem geht. Da es aber bei der Vielzahl von Gesellschaftern einer Publikums-KG unpraktikabel wäre, für jeden „Beitritt" alle Gesellschafter zwecks Abschlusses eines Gesellschaftsvertrages zusammenkommen zu lassen, hat der BGH eine **Ermächtigung des Komplementärs** für zulässig erachtet, in Vollmacht für die Mitgesellschafter[123] oder im eigenen Namen – aber mit Wirkung für alle Gesellschafter – abzuschließen.[124] Diese Ermächtigung kann sogar einem Nichtgesellschafter erteilt werden.[125] Von dieser Vertretungsermächtigung für den Abschluss eines Beitrittsvertrages zu trennen ist die Frage der Zustimmung zum Beitritt bzw. zur Abtretung einer Beteiligung (auch Vinkulierung genannt).[126] Ist dazu gesellschaftsvertraglich nichts geregelt, so ist die Zustimmung durch alle Gesellschafter zu erteilen.[127] Es ist daher ein Irrtum, zu glauben, in einem solchen Fall sei keine Vinkulierung gegeben. Gesellschaftsvertraglich kann geregelt werden, die Zuständigkeit für die Zustimmung auf einen geschäftsführenden Gesellschafter oder den Komplementär zu übertragen.[128] Davon wiederum zu trennen ist die Frage, wel-

---

[119] BGH BB 1982, 886; 1988, 159; *Reichert/Winter* BB 1988, 981.
[120] *Drygala* ZIP 1997, 968, 969.
[121] *Drygala* ZIP 1997, 968, 971. So schon BGHZ 64, 238.
[122] OLG Rostock NZG 2009, 705 f.
[123] BGH WM 1976, 15; 1985, 258.
[124] BGH NJW 1978, 1000.
[125] BGH DB 1982, 218 f.
[126] OLG München NZG 2009, 25, 26 f.; *Weisner/Lindemann* ZIP 2008, 766; *Oertel*, Fungibilität von Anteilen an Publikumskommanditgesellschaften, 2010, S. 35 f.
[127] *K. Schmidt*, Gesellschaftsrecht, 4. Aufl. 2002, S. 1323; *Oertel*, Fungibilität von Anteilen an Publikumskommanditgesellschaften, 2010, S. 37.
[128] OLG München DStR 2008, 2500; *Oertel*, Fungibilität von Anteilen an Publikumskommanditgesellschaften, 2010, S. 55 f.

che Kriterien gesellschaftsvertraglich geregelt sind, die für die Erteilung oder Versagung der Zustimmung maßgebend sein sollen.[129]

Für die Rechtsprechung zur Ermächtigung des Komplementärs bzw. eines Nichtgesellschafters hätte es ausgereicht, seitens des BGH festzustellen, der Komplementär oder ein Nichtgesellschafter könnten von den übrigen Gesellschaftern bevollmächtigt werden, in offener oder mittelbarer Stellvertretung mit dem „Beitretenden" den Gesellschaftsvertrag abzuschließen. Ist der Komplementär gemäß Beitrittserklärung ermächtigt, Beitritte von Kommanditisten für die Gesellschaft entgegen zu nehmen, während nach dem Gesellschaftsvertrag er ermächtigt ist, Beitritte für die Mitgesellschafter entgegenzunehmen, so ist im Wege der Auslegung davon auszugehen, dass die Beitrittserklärung des neu Beitretenden von allen Mitgesellschaftern angenommen wurde.[130] Wenn darüber hinaus in der Entscheidung vom 14.11.1977[131] sogar die Kommanditgesellschaft selbst – vertreten durch ihren Komplementär – von den Gesellschaftern ermächtigt werden kann, in mittelbarer Stellvertretung für die Gesellschafter den Gesellschaftsvertrag mit dem „Beitretenden" abzuschließen, dann wird dies verständlich, wenn man sich in Erinnerung ruft, dass die Kommanditgesellschaft auf Grund der Rechtsprechung des BGH[132] als selbständiges Rechtssubjekt eingestuft wird und es folglich konsequent ist, den Gesellschaftern die Möglichkeit einzuräumen, auch der Gesellschaft als Rechtssubjekt die Ermächtigung zu übertragen, für sie – die Gesellschafter – den Gesellschaftsvertrag mit dem „Beitretenden" abzuschließen.

Dem **Praktikabilitätsargument,** nicht mit allen schon vorhandenen Gesellschaftern jeweils den Gesellschaftsvertrag abschließen zu müssen, hat die Rechtsprechung durch eine Vereinfachung des Vertragsabschlusses Rechnung getragen. Die Abgabe einer schriftlichen Beitrittserklärung wird als ausreichende Dokumentation des Willens zum Abschluss eines Gesellschaftsvertrages angesehen, was aber nicht ausschließt, dass der Beitretende seine Beitrittserklärung mit Nebenabreden,[133] Vorbehalten und Bedingungen[134] versehen kann. Diese können auch mündlich getroffen sein, da das im Gesellschaftsvertrag ggf. geregelte Schriftformerfordernis, sofern nichts anderes normiert ist, nur Änderungen und Ergänzungen des Gesellschaftsvertrages selbst erfasst, nicht aber Erklärungen, mit denen die Gesellschafterstellung erst begründet werden soll.

Nicht abschließend geklärt scheint die Frage, ob und wann es zu einem verbindlichen Gesellschaftsvertragsabschluss auf Grund „Beitritts" kommt. Denn gesteht der BGH dem beitretenden Anleger zu, beispielsweise unter der aufschiebenden Bedingung der Anerkennung der Verlustzuweisung durch das Finanzamt[135] oder unter dem Vorbehalt der vollen Einlagenfinanzierung beizutreten,[136] so bestehen insoweit keine sich deckenden Willenserklärungen von Beitretendem und Erklärungsempfänger, mit der Rechtsfolge des Dissenses bzw. des § 150 Abs. 2 BGB. In einem solchen Fall ist die Annahme einer fehlerhaften Gesellschaft ausgeschlossen.[137]

Ob das durch die Gesellschafter vertretende Person durch Zustimmung zu diesen Bedingungen vermieden werden kann, dürfte von deren Vollmachtsumfang bzw. der gegebenen Ermächtigung abhängen, wobei nur in begründeten Ausnahmefällen die Grundsätze der **Anscheins- und Duldungsvollmacht** weiterhelfen werden.

---

[129] Dazu *Weisner/Lindemann* ZIP 2008, 766, insbesondere zur Frage der Zustimmungserfordernisse beim Verkauf von KG-Beteiligungen über den Zweitmarkt.
[130] BGH NZG 2011, 551 Rn. 9.
[131] BGH NJW 1978, 1000.
[132] BGHZ 10, 91, 100; BGH BB 1973, 1506 f.
[133] BGH WM 1983, 118, 120; 1985, 125 f.
[134] BGH WM 1979, 612 f.; 1985, 125.
[135] BGH WM 1979, 612 f.
[136] BGH WM 1985, 125.
[137] BGHZ 3, 285, 288; *Brandes* WM 1994, 569.

**98** Für diese zuvor genannten Fälle vonseiten beitretender Anleger erklärter Vorbehalte fehlt es zudem an dem schlüssigen Aufzeigen, am Gesellschaftsverhältnis auf der Grundlage und im Umfang des von der Gesellschaft ansonsten für wirksam erachteten Vertrages festhalten zu wollen,[138] womit der BGH bei der Publikums-KG bei nicht inhaltsgleichen Willenserklärungen im Rahmen des Beitrittsvertrages eine Wirksamkeitsreduktion auf den inhaltsgleichen Teil gesellschaftsvertraglicher Bindungen vornimmt.

**99** Zum Zwecke des Beitritts eingeschaltete Vermittler werden als **Empfangsboten** angesehen, sodass insoweit vom Beitretenden abgegebene Erklärungen als gegenüber dem die Gesellschafter für den Beitritt Vertretenden direkt abgegeben gelten.[139]

**100** Eine Besonderheit gilt für den Beitritt eines **Geschäftsunfähigen,** da aus Gründen des Allgemeininteresses der Beitritt desselben als von Anfang an nichtig angesehen wird und die Grundsätze der fehlerhaften Gesellschaft hier keine Gültigkeit besitzen.[140]

**101** Sieht man vom zuvor genannten Fall des Beitrittes eines Geschäftsunfähigen einmal ab, dann können bei fehlerhaftem Beitritt die Grundsätze der **fehlerhaften Gesellschaft** nur dann Anwendung finden, wenn ein – auch fehlerhaftes – rechtsgeschäftliches Handeln aller Gesellschafter gegeben ist. Daran fehlt es jedoch, wenn entweder nur ein Teil der Gesellschafter mitgewirkt oder der für die Gesellschafter Bevollmächtigte seine Vollmacht überschritten hat.[141] In Korrektur dieses Ergebnisses sollen gleichwohl die Grundsätze der fehlerhaften Gesellschaft gelten, wenn der Beitretende und die für den Beitritt stimmenden Gesellschafter in Unkenntnis des Mangels den Beitritt für wirksam gehalten und vollzogen haben.[142] Dies stellt eine Weiterführung der Rechtsprechung dar, wonach die Grundsätze der fehlerhaften Gesellschaft auch für den fehlerhaften Beitritt zu einer fehlerfreien Gesellschaft gelten[143]

**102** In weiterer Fortführung der zuvor genannten Rechtsprechung, die die Grundsätze der fehlerhaften Gesellschaft auf das fehlerhafte Ausscheiden eines Gesellschafters anwendet,[144] wendet der BGH diese Grundsätze auch dann an, wenn jemand auf Grund Rechtsnachfolge durch Abtretungserwerb eines Gesellschaftsanteils in die Gesellschaft einrückt, sofern dies mit Zustimmung aller Gesellschafter erfolgt,[145] sogar dann, wenn dieser Gesellschafterwechsel durch Abtretung des Gesellschaftsanteiles an einem Rechtsmangel leidet.[146]

**103** Kommt es zum Streit darüber, ob ein Kapitalanleger der Gesellschaft angehört oder nicht, so ist dieser Streit grundsätzlich zwischen den Gesellschaftern und dem Kapitalanleger auszutragen,[147] es sei denn, im Gesellschaftsvertrag ist ausdrücklich geregelt, dass der Streit über die Zugehörigkeit zur Gesellschaft mit dieser auszutragen ist.[148] Wurde im Gesellschaftsvertrag eine Schiedsklausel vereinbart, dann gilt diese Schiedsvereinbarung auch für den ausgeschiedenen Gesellschafter fort, wenn die Rechtsstreitigkeit noch dem Rechtsverhältnis der Gesellschafter untereinander entspringt.[149]

**104** **d) Ausscheiden.** Das Sonderrecht der Rechtsprechung zur Publikums-KG bezüglich des Ausscheidens eines Gesellschafters umfasst

---

[138] BGH WM 1986, 321 f.
[139] BGH WM 1985, 125 f.
[140] BGHZ 55, 5, 9.
[141] BGH WM 1962, 1353, 1354; WM 1988, 413 = WuB II F. § 130 HGB 1.88 *Messer; Brandes* WM 1994, 569.
[142] BGH NJW 1988, 1321; *Klimke* NZG 2012, 1366.
[143] BGHZ 26, 330, 334 f.; 44, 235 f.; 63, 338, 344; BGH NJW 1975, 536 f.; NJW 1977, 1820; NJW 1988, 1321, 1323; NJW 1988, 1324; *Brandes* WM 1994, 596; *Schäfer* ZIP 2012, 2421.
[144] BGH WM 1969, 791 f.; WM 1975, 512, 513 f.; WM 1992, 693, 694; *Brandes* WM 1994, 596.
[145] BGH WM 1968, 892 f.
[146] BGH NJW 1988, 1324 f.; zu den Grenzen der Anerkennung fehlerhafter Gesellschaften *Schwintowski* NJW 1988, 937; *Goette* DStR 1996, 266.
[147] BGH WM 1983, 785; BGH WM 1999, 1619.
[148] BGH WM 1983, 785, 786; BGH WM 1990, 675, 676; OLG Schleswig NZG 2001, 404.
[149] BGH NZG 2002, 955.

- das Ausscheiden wegen fehlerhaften Beitritts zB auf Grund arglistiger Täuschung und aus sonstigem wichtigem Grund,
- die sog Hinauskündigungsklauseln,
- das Ausscheiden des nur mittelbar beteiligten Anlegers und
- die Abwicklung des Ausscheidens.

Hinzu tritt die Ausschließung durch Gestaltungsklage gem. §§ 161 Abs. 2, 140 HGB durch die übrigen Gesellschafter (§§ 161 Abs. 2, 140 Abs. 1 Satz 1 HGB).[150] **105**

Ist es im Zuge des Ausscheidens zu einer Abfindung gekommen, die als „Rückleistung" der Einlage zu werten ist, so haftet der Ausgeschiedene gem. § 172 Abs. 4 HGB Gläubigern der Gesellschaft.[151] Für bis zum Ausscheiden des Gesellschafters begründete Verbindlichkeiten unterliegt der Ausscheidende einer 5-jährigen Nachhaftung gegenüber Gläubigern der Gesellschaft (§ 160 HGB),[152] wobei diskutiert wird, ob die Gläubiger der Gesellschaft von diesem Ausscheiden Kenntnis erlangt haben müssen.[153] Im Gegenzuge hat der Ausgeschiedene, sofern nicht anderes gesellschaftsvertraglich vereinbart worden ist, gegenüber der Gesellschaft einen Freistellungsanspruch gem. §§ 161 Abs. 2, 105 Abs. 2 HGB, 738 Abs. 1 Satz 2 BGB.[154] Dieser umfasst auch den Anspruch, des Risikos der Inanspruchnahme durch Dritte enthoben zu werden bzw. durch Dritte keiner Klage ausgesetzt zu werden und nicht durch Dritte mit unbegründeten Forderungen konfrontiert zu werden.[155] **106**

Noch nicht näher untersucht worden ist die Frage, welche diesbezüglichen haftungsrechtlichen Folgen es für sie hat, wenn an einer Publikums-KG als „Hamburger-Modell" Personen beteiligt sind und im Falle ihres Ausscheidens sie nicht in Geld sondern durch eine für sie reserviert gewesene Immobilie abgefunden werden. Wertet man dies als Einlagerückgewähr, dann ist dies gem. § 172 Abs. 4 HGB haftungsbegründend. **107**

aa) Ausscheiden wegen fehlerhaften Beitrittes und aus sonstigem wichtigem Grund. Ist ein Anleger bei Beitritt zur Publikums-KG arglistig getäuscht worden, gibt ihm dies kein Anfechtungsrecht gemäß § 123 BGB mit der Rechtsfolge der rückwirkenden Nichtigkeit des Beitritts von Anfang an (§ 142 Abs. 1 BGB). Die Rechtsprechung hat statt dessen darin einen wichtigen Grund gesehen, der den getäuschten Anleger berechtigt, auch ohne gesonderte gesellschaftsvertragliche Grundlage seine Mitgliedschaft in der Gesellschaft **fristlos zu kündigen,** ohne dass es für das Ausscheiden einer Gestaltungsklage bedarf.[156] Gleiches gilt nach KG Berlin, wenn der Kapitalanleger durch fahrlässiges Verhalten mittels irreführender Angaben zum Fondsbeitritt veranlasst wurde. Zwar sei dann die Beitrittserklärung nicht – wie im Falle der arglistigen Täuschung – von vornherein unwirksam bzw. nichtig, dies hindere aber nicht eine Kündigung aus wichtigem Grund, auch wenn die Irreführung nur fahrlässig veranlasst gewesen sei.[157] Soweit das KG Berlin dazu auf Rechtsprechung des BGH[158] verweist, ist dort solches nicht nachzulesen. **108**

Die Grundsätze wie sie zur fehlerhaften Gesellschaft bei Beitritt zu derselben entwickelt wurden,[159] gelten auch beim fehlerhaften Ausscheiden.[160] **109**

---

[150] Zur Ausschließung eines Kommanditisten: BGH NJW 1999, 2820.
[151] *Cebulla* DStR 2000, 1917, 1919 f.; *Stumpf* BB 2012, 1429 f.; zum Wiederaufleben der Kommanditistenhaftung bei Agio-Rückzahlung LG Hamburg NZG 2005, 76. Dazu *Bollensen/Dörner* NZG 2005, 66.
[152] Zur Nachhaftung eines früheren Komplementärs: BGH NJW 2002, 2170, 2171.
[153] Differenzierend *Altmeppen* NJW 2000, 2529.
[154] *Cebulla* DStR 2000, 1917, 1918.
[155] BGH WM 2011, 861 Rn. 12.
[156] BGHZ 63, 338, 345. Zur Kapitalmarktinformationshaftung und der Lehre vom fehlerhaften Verband siehe *Schäfer* ZIP 2012, 2421.
[157] KG Berlin NZG 2001, 954, 955.
[158] BGH NJW 1993, 2107; BGH ZIP 2000, 1483, 1485.
[159] BGHZ 26, 330, 334; 63, 338, 344; WM 1973, 863; WM 1974, 318; WM 1988, 414, 416 = WuB II F. § 130 HGB 1.88 *Messer*; *Brandes* WM 1994, 569.
[160] BGH WM 1969, 791; WM 1975, 512, 513 f.; WM 1992, 693, 694; *Brandes* WM 1994, 569.

**110** Ergibt sich nach dem Beitritt des Kapitalanlegers als Gesellschafter ein wichtiger Grund, so folgt das Recht zur fristlosen Kündigung aus §§ 161 Abs. 2, 105 Abs. 3 HGB, 723 Abs. 1 Satz 2 BGB. Die Kündigung darf nicht zur Unzeit erfolgen (§ 723 Abs. 2 BGB) und muss auf das Gesellschaftsinteresse am Fortbestand der Gesellschaft Rücksicht nehmen.[161]

**111** Vorgenanntes ist aus folgenden Gründen bedeutsam geworden: Mit Entscheidungen vom 27.6.2000 hat der XI. Senat des BGH[162] judiziert, Kapitalanleger könnten bezüglich des Darlehensvertrages Einreden gegen eine ihre Beteiligung finanzierende Bank gem. § 9 Abs. 3, 4 VerbrKrG so lange nicht geltend machen, so lange sie nicht Schadensersatzansprüche gegen die Gesellschaft geltend machen würden.

**112** Solche könnten sie aber so lange nicht geltend machen, wie sie ihrer Beteiligung nicht aus wichtigem Grund gekündigt hätten.[163] Und an dieser Stelle setzt die zuvor angesprochene Thematik ein: Darf ein Kapitalanleger seine Beteiligung so ohne weiteres fristlos kündigen, weil er zB als wichtigen Grund behauptet, nicht über alles aufgeklärt worden zu sein, was letztlich sich als real gewordenes Risiko in einer schwierigen Ertragslage der Gesellschaft widerspiegelte? Würde man dies so ohne weiteres bejahen, dann könnte mit gleicher Begründung eigentlich jeder kündigen, sodass ein „Windhundrennen" mit der Folge stattfinden würde, dass per Anwachsung sich die Lasten der Beteiligungen ausgeschiedener Gesellschafter bei den verbliebenen – also „langsameren" – Gesellschaftern auftürmen würden *und* mit jedem ausgeschiedenen Gesellschafter sich die Chancen für ein Krisenmanagement vermindern würden.[164] Dies führt zu der vom OLG Jena angesprochenen Frage in abgewandelter Form, ob Kapitalanleger bei Vorliegen eines wichtigen Grundes ohne weiteres ihre Beteiligung aus wichtigem Grund kündigen können oder ob nicht zusätzlich zunächst auf das Gesellschaftsinteresse am Fortbestand der Gesellschaft Rücksicht zu nehmen ist, indem per Beschluss der Gesellschafterversammlung zu klären ist, ob
– die Gesellschaft per Krisenmanagement fortgeführt werden soll oder
– falls nein, liquidiert werden soll.[165]

**113** Würde man dies bejahen, dann wäre der wichtige Grund, der sich nicht nur bei einem oder wenigen Gesellschaftern, sondern wie bei Prospektmängeln oder systematisch fehlerhafter Aufklärung, darstellen würde, wegen des Gesellschaftsinteresses mit OLG Jena[166] alleine nicht ausreichend, eine Kündigung der Mitgliedschaft in der Gesellschaft zu rechtfertigen. Dies könnte aber für solche Konstellationen andererseits faktisch zum Ausschluss des Rechts auf Kündigung aus wichtigem Grund führen.[167] Mit seiner Entscheidung vom 15.9.1997 hat aber auch der II. Senat des BGH[168] klargestellt, dass ein wichtiger Grund alleine nicht ausreicht. Zwar könne der „wichtige Grund" im Sinne des § 133 Abs. 1 HGB auf zurückliegende Vorgänge gestützt werden. Es müsse aber zusätzlich die Fortsetzung für die Zukunft unzumutbar sein. Die Fortsetzung der Gesellschaft sei aber nur dann unzumutbar, wenn für die Zukunft ein sinnvolles Zusammenwirken der Gesellschafter nicht zu erwarten sei. Diese Feststellung sei auf Grund einer umfassenden Würdigung aller Umstände zu treffen, die bei Schluss der Letzten mündlichen Tatsachenverhandlung vorliegen.

**114** Wenn folglich das Gesellschaftsinteresse die Prüfung eines sinnvollen Krisenmanagements für die Gesellschaft voraussetzt, dann dürfte ohne die Beschlussfassung des Scheiterns eines solchen eine Kündigung aus wichtigem Grund nicht zulässig sein. Unklar ist dann wie sich

---

[161] OLG Jena NZG 1998, 343, 346.
[162] BGH WM 2000, 1685, 1687.
[163] OLG München NZG 2000, 650: „Der Inanspruchnahme der KG, an der sich der getäuschte Anleger durch Erwerb eines Kommanditanteils beteiligt hat, aus culpa in contrahendo, stehen das Verbot der Einlagenrückgewähr (HGB §§ 172 Abs. 4, 171 Abs. 1) sowie die Grundsätze über die fehlerhafte Gesellschaft entgegen." (Leitsatz).
[164] *Wagner* NZG 1998, 657, 660 f.
[165] *Wagner* NZG 1998, 657, 660 f.
[166] OLG Jena NZG 1998, 343, 346.
[167] Dazu *Brandes* WM 1998, 261, 264.
[168] BGH NJW 1998, 146.

dies auf die Aussagen in der Rechtsprechung des BGH zu Einreden gegen eine ihre Beteiligung finanzierende Bank gem. § 9 Abs. 3, 4 VerbrKrG[169] auswirkt, wenn nicht gekündigt werden könnte.

Die Kündigung wird mit Zugang der Anfechtungs- bzw. Kündigungserklärung gegenüber dem Komplementär wirksam,[170] wenn dieser auch berechtigt war, mit Wirkung für alle Gesellschafter die Beitrittserklärung von Kommanditisten entgegenzunehmen.[171] Sollte eine solche Berechtigung gesellschaftsvertraglich *nicht* gesondert geregelt sein, dann gilt es, folgendes zu beachten: 115

Ebenso wie der Beitritt zu einer KG die verkürzte Form eines Gesellschaftsvertragsabschlusses des Beitretenden mit allen übrigen Gesellschaftern ist, ist die Kündigung als „negatives Spiegelbild" allen Mitgesellschaftern gegenüber auszusprechen. Also muss in dieser Konstellation die Kündigung eines Gesellschafters allen seinen Mitgesellschaftern zugehen. Es reicht dann nicht, dass die Kündigung alleine dem Komplementär zugeht, denn dieser vertritt die KG und ist nicht automatisch Bevollmächtigter der Gesellschafter der KG.[172] Aber die Rechtsprechung hat in diesen Fällen Erleichterungen zugelassen: Eine an den Komplementär gerichtete und ihm zugegangene Kündigung wird ausnahmsweise doch und dann wirksam, sobald alle Gesellschafter von ihr Kenntnis erhalten haben.[173] Dazu soll die Weitergabe des Kündigungsschreibens durch den Komplementär an die Mitgesellschafter ausreichen wie es auch genügen soll, dass der Kündigende einen der Gesellschafter von der den Anderen gegenüber ausgesprochenen Kündigung benachrichtigt haben soll.[174] 116

Dieses Kündigungsrecht des arglistig Getäuschten beruht darauf, dass es ihm im Gegensatz zu den nicht Getäuschten nicht weiter zuzumuten ist, gegen seinen Willen in der Gesellschaft zu verbleiben. Diese Interessenlage endet dann, wenn die Gesellschaft in das Auflösungsstadium getreten ist, um nicht durch Sonderabwicklungen eine zügige Liquidation zu behindern.[175] 117

Während im Falle der arglistigen Täuschung dem getäuschten Gesellschafter ein außerordentliches Kündigungsrecht auch dann zusteht, wenn der Gesellschaftsvertrag dies nicht vorsieht, erfordert ansonsten ein Kündigungsrecht die entsprechende **Regelung im Gesellschaftsvertrag**. 118

Das Streben nach Erweiterung des Kündigungsrechts aus wichtigem Grund ohne gesonderte gesellschaftsvertragliche Regelung, wenn etwa der Gesellschaftszweck nicht mehr erreicht werden kann, hat der BGH verneint,[176] weil sonst gerade dann, wenn die Risikogemeinschaft der Gesellschafter sich bewähren muss, jeder durch Kündigung die Last der Verantwortung den verbleibenden Gesellschaftern aufbürden könnte. 119

Folglich hat der BGH das Recht zur fristlosen Kündigung mit der Folge, dass der kündigende Gesellschafter ausscheidet, die Gesellschaft im Übrigen aber fortbesteht, nur dann bejaht, wenn die Gesellschafterversammlung zuvor mit ³/₄-Mehrheit beschlossen hatte, die Gesellschaft fortzusetzen.[177] 120

In allen übrigen Fällen muss ein Gesellschafter, der aus wichtigem Grund vorzeitig aus der Gesellschaft ausscheiden möchte, ohne dass der Gesellschaftsvertrag dafür etwas gesondert regelt, gemäß §§ 133, 161 Abs. 2 HGB den Weg der **Auflösungsklage** gehen,[178] Diese ist gegen die Mitgesellschafter zu richten, wobei grundsätzlich alle Mitgesellschafter 121

---

[169] BGH WM 2000, 1687, 1689.
[170] BGH WM 1975, 536 f.; 1976, 447.
[171] BGH WM 1975, 536 f.; 1976, 355, 357; 1976, 447.
[172] *Brandes* WM 1994, 569, 572.
[173] RGZ 21, 93, 95; BGH WM 1993, 460, 461; Schlegelberger/*K. Schmidt*, HGB, 5. Aufl., § 132 Rn. 14; *Westermann*, Handbuch der Personengesellschaft I., Rn. 635.
[174] BGH WM 1993, 460, 461.
[175] BGH WM 1979, 160 f.
[176] BGHZ 69, 160, 163.
[177] BGHZ 69, 160, 165.
[178] BGHZ 70, 61, 66 f.

verklagt werden müssen, soweit sie nicht ebenfalls aktiv die klageweise Auflösung der Gesellschaft betreiben[179] oder nicht beteiligte Gesellschafter schriftlich der Ausschließungsklage zugestimmt und erklärt haben, dass die rechtskräftige gerichtliche Entscheidung über den Ausschluss des Beklagten für sie „rechtsverbindliche und verpflichtende Wirkung" habe.[180]

**122** bb) Hinauskündigungsklauseln. Bereits mit Urteil vom 13.7.1981,[181] eine einfache KG betreffend, hatte der BGH sog Hinauskündigungsklauseln für den Regelfall wegen Verstoßes gegen § 138 Abs. 1 BGB für nichtig erklärt, die dem Komplementär das Recht einräumten, auch ohne wichtigen Grund Kommanditisten aufgrund gesellschaftsvertraglich in das freie Ermessen gestellter Kündigung zum Ausscheiden aus der Gesellschaft zu veranlassen.[182]

**123** Für die Publikums-KG hat der BGH[183] darüber hinaus im Wege der Inhaltskontrolle eine Vertragsklausel für unangemessen angesehen, die dem Komplementär gestattete, Kommanditisten zu verpflichten, ihre Kommanditbeteiligung durch Dritte erwerben zu lassen, selbst wenn dafür eine angemessene Abfindung vorgesehen war.[184]

**124** Der BGH bestätigt damit seine schon im Urteil vom 13.7.1981 deutlich gewordene Auffassung, dass die Frage der Angemessenheit sog Hinauskündigungsklauseln nicht an der Ausgestaltung der Abfindungsregelung gemessen wird, da die **Abfindung** nur die Rechtsfolge des Ausscheidens anspricht, während die Angemessenheit der Hinauskündigungsklausel als solcher die Voraussetzungen des Ausscheidens betrifft.[185] Allerdings hat der BGH in seiner jüngeren Rechtsprechung gegenteilig judiziert und die Wirksamkeit der Kündigung sehr wohl von der Abfindungsregelung abhängig gemacht.[186]

**125** Einer abschließenden Klärung bedarf der Stellenwert dieser Rechtsprechung gegenüber dem Urteil des BGH vom 29.5.1978,[187] in welchem der BGH erstmals eine vertragliche Abfindungsregelung für sittenwidrig und nichtig ansah, die dem ohne wichtigen Grund hinausgekündigten Gesellschafter nur eine Buchwertabfindung zugestand. Zu Recht weist *Kreutz*[188] darauf hin, dass dieses Urteil nur dann schlüssig ist, wenn man von der Rechtswirksamkeit der Hinauskündigungsklausel ausginge. Wenn aber wie in den Entscheidungen vom 13.7.1981[189] und 3.5.1982[190] bereits die Hinauskündigungsklausel selbst unwirksam sei, stelle sich die Frage der Wirksamkeit der Abfindungsregelung nicht mehr.

**126** Und so fällt auf, dass in jüngster Zeit der **BGH** sich weniger mit der Wirksamkeit der Hinauskündigungsklausel als vielmehr mit der Unwirksamkeit unangemessener Abfindungsklauseln befasst.[191]

**127** cc) Das Ausscheiden des nur mittelbar beteiligten Anlegers. Für den Fall der mittelbaren Beteiligung an einer Publikums-KG über einen Treuhandkommanditisten hat der BGH es

---

[179] BGHZ 30, 195, 197; BGH NJW 1998, 146.
[180] BGH NJW 1998, 146.
[181] BGHZ 81, 263.
[182] Nunmehr BGH WM 2005, 2043, 2044 mwN; BGH WM 2005, 2046, 2047 mwN.
[183] BGHZ 84, 11.
[184] BGHZ 84, 11, 15.
[185] *Kreutz* ZGR 1983, 109, 121.
[186] BGH NJW 1985, 192; BGH NJW 1993, 2102; für die GmbH BGHZ 116, 359, 369.
[187] BGH NJW 1979, 104.
[188] *Kreutz* ZGR 1983, 109, 121.
[189] BGHZ 81, 263.
[190] BGHZ 84, 11.
[191] BGH NJW 1985, 192; NJW 1993, 2101, 2103; NJW 1993, 3193; BGH DB 1994, 873; 875; BGH ZIP 1994, 1173; BGH DStR 1994, 1858; DStR 1995, 461; mit Anm. *Goette*; *Dauner-Lieb* ZHR 158 (1994), 271; *Haack* GmbHR 1994, 437; *Piltz* BB 1994, 1021; *Rasner* ZHR 158 (1994), 292; *Wangler* DB 1994, 1432; *Ulmer/Schäfer* ZGR 1995, 134; *Priester* JFAfSt 1994/95, 236; *Müller* ZIP 1995, 1561; *Kort* DStR 1995, 1961. Zur unwirksamen Begrenzung des Abfindungsanspruchs siehe auch OLG Hamm NZG 2003, 440.

zugelassen, sich seitens des Treugebers auch dann aus wichtigem Grund von seiner Beteiligung zu lösen, wenn eine **Pflichtverletzung** des Treuhandkommanditisten vorliegt.[192] Welche Rechtsverhältnisse zwischen Treuhandkommanditist und Treugebern in einem solchen Fall bestehen, wurde vom BGH nicht weiter untersucht,[193] der sich statt dessen mit der Feststellung begnügte, in einem solchen Falle könne die Treuhandkommanditistin zwar die Herabsetzung der Kommanditeinlage gegenüber der Kommanditgesellschaft verlangen, sie sei deshalb aber nicht berechtigt, die vom kündigenden Treugeber noch nicht geleistete Einlage zu verlangen.

Zu den Rechtsverhältnissen zwischen Treuhandkommanditist und Treugeber im Falle der Kündigung des Treuhandvertrages aus wichtigem Grund weist *Kraft*[194] darauf hin, Abwicklungsfragen müssten sich primär aus dem Treuhandvertrag heraus beantworten lassen, sofern dieser selbst entsprechende Aussagen mache, und nur sekundär aus dem Gesellschaftsvertrag. Lasse sich aber zB dem Treuhandvertrag nicht entnehmen, die Gesellschaft zu kündigen – was wiederum auch ein entsprechendes Kündigungsrecht im Gesellschaftsvertrag voraussetze – und den Anspruch auf das Abfindungs- und Auseinandersetzungsguthaben an den Treugeber auskehren zu dürfen, dann sei es auch problematisch, auf Grund vermeintlicher Abfindungsansprüche seitens des Treugebers in den Gesellschaftsanteil des Treuhandkommanditisten gemäß § 859 Abs. 1 Satz 1 ZPO zu vollstrecken und nach §§ 135, 161 Abs. 2 HGB die Gesellschaft zu kündigen. Anders sei dies nur dann, wenn durch Verknüpfung von Treuhandvertrag und Gesellschaftsvertrag der Treugeber im Innenverhältnis wie ein ausscheidender Gesellschafter zu behandeln sei. **128**

Dass im Falle einer Verknüpfung von Treuhandvertrag und Gesellschaftsvertrag ein an der Publikums-KG mittelbar beteiligter Treugeber im Innenverhältnis unter den Gesellschaftern so zu stellen ist, als ob er Kommanditist sei, wurde vom BGH durch Urteil vom 30.3.1987 nochmals bestätigt.[195] **129**

Die sich im Falle außerordentlicher Kündigung des Treuhandverhältnisses ergebenden Rechtsverhältnisse zwischen Treugeber und Treuhandkommanditist, insbesondere dann, wenn der Treugeber auf Grund der Verknüpfung von Treuhandvertrag und Gesellschaftsvertrag im Innenverhältnis wie ein Kommanditist einzuordnen ist, wurden in der Entscheidung des BGH vom 28.1.1980[196] behandelt. Steht dem ausscheidenden Treugeber ein Abfindungsbetrag zu, der auf Grund gesellschaftsvertraglicher Regelung von der Gesellschaft oder ihrem Komplementär für diese gezahlt wird, so ist darin eine **Einlagenrückgewähr gemäß § 172 Abs. 4 Satz 1 HGB** gegenüber der Treuhandkommanditistin zu sehen, mit der Folge des Wiederauflebens ihrer Haftung gegenüber den Gläubigern. Dies wiederum führt, soweit sie Gläubiger befriedigt hat, zu einem Erstattungsanspruch der Treuhandkommanditistin gegenüber dem Treugeber, da nach Feststellung des BGH dem Treuhand- und Gesellschaftsvertrag nicht zu entnehmen war, dass die Treuhandkommanditistin im Verhältnis zum ausgeschiedenen Treugeber die auf Grund der Einlagenrückgewähr begründete originäre Haftung gegenüber Gläubigern hätte selbst tragen sollen. **130**

Von dem zuvor Ausgeführten zu unterscheiden ist der Fall, dass ein mittelbar Beteiligter gegen einen Dritten einen Schadensersatzanspruch Zug um Zug gegen Rückabwicklung seiner mittelbaren Beteiligung geltend machen möchte. Für diesen Fall iudiziert der BGH,[197] dass nicht die Übertragung der mittelbaren Beteiligung erforderlich sei, sondern die Abtretung der Rechte aus der Beteiligung ausreiche. Da aber oftmals in Gesellschaftsverträgen bzw. Treuhandverträgen geregelt ist, dass auch für diesen Fall die Zustimmung **131**

---

[192] BGHZ 73, 294.
[193] BGHZ 73, 294, 301.
[194] ZGR 1980, 399, 405.
[195] BGH DB 1987, 1527; zuvor schon BGHZ 10, 44, 49 f.
[196] BGHZ 76, 127.
[197] BGH BKR 2013, 158.

des Treuhandkommanditisten erforderlich ist, ist auch für diesen Fall zuvor diese Zustimmung einzuholen und dazu in einem Schadensersatzklageverfahren vorzutragen.[198]

**132**  dd) Die Abwicklung des Ausscheidens. Zum Zeitpunkt des Ausscheidens eines Kommanditisten bzw. Anlegers ist eine **Abschichtungsbilanz** aufzustellen, in der alle Vermögensgegenstände mit dem Wert zum Zeitpunkt des Ausscheidens aufzunehmen sind, sofern der Gesellschaftsvertrag nichts anderes regelt, was oftmals im Hinblick auf die Unterschiedlichkeit der Anlässe des Ausscheidens der Fall ist.

**133**  Die in die Bilanz aufzunehmenden Forderungen – auch offene Einlageforderungen – und Verbindlichkeiten sind nur unselbständige und nicht mehr gesondert geltend zu machende Rechnungsposten (Durchsetzungssperre).[199]

**134**  Der ausscheidende Gesellschafter hat die Wahl, ob er erst, *nachdem* die Abschichtungsbilanz erstellt wurde, die dazugehörigen Unterlagen prüfen möchte[200] oder ob er schon *bei Aufstellung* der Abschichtungsbilanz mitwirken möchte.[201]

**135**  Gemäß §§ 161 Abs. 2, 105 Abs. 3 HGB, 738–740 BGB haben die verbleibenden Gesellschafter den ausscheidenden Gesellschafter von gemeinschaftlichen Schulden freizustellen und ihm das zu zahlen, was er erhalten würde, wenn die Gesellschaft im Zeitpunkt seines Ausscheidens aufgelöst würde.[202] Dazu ist bei einem geschlossenen Immobilienfonds bezüglich der Fondsimmobilie eine Bewertung vorzunehmen, wobei im Falle der gerichtlichen Auseinandersetzung darüber die Bewertungsmethode durch den Tatrichter vorzugeben ist, die nur darauf überprüfbar ist, ob sie gegen Denkgesetze oder Erfahrungssätze verstößt oder sonst auf rechtsfehlerhaften Erwägungen beruht.[203] Diese Bewertung hat jedoch nicht nach dem Liquidationswert sondern nach dem vollen Wert zu erfolgen.[204] Bei einer gewerblich genutzten Immobilie ist dieselbe nach dem Ertragswert zu bewerten,[205] sofern nicht gesellschaftsvertraglich eine andere Bewertungsgrundlage vorgegeben ist. Bei geschlossenen Immobilienfonds spielt ein mit zu bewertender Firmenwert idR keine Rolle. Ergibt sich jedoch in der Abschichtungsbilanz ein negativer Kapitalanteil, so ist der ausgeschiedene Anleger der Gesellschaft einer KG nur dann und insoweit zum Verlustausgleich verpflichtet, als er nach dem Gesellschaftsvertrag an dem Verlust teilnimmt[206] und die Regelung der Verlustteilnahme nicht nur die Bedeutung hat, für die Dauer der Verlustteilnahme an Gewinnausschüttungen nicht zu partizipieren.

**136**  Die Tatsache, dass der Anleger etwa seitens des Komplementärs bei Eintritt arglistig getäuscht wurde, ändert nach Auffassung des BGH[207] an diesem Ergebnis nichts, sodass sich die Wirkung einer Anfechtung wegen arglistiger Täuschung wie folgt zusammenfassen lassen:

**137**  Ist ein Anleger auf Grund arglistiger Täuschung zum Beitritt veranlasst worden, so bleibt dieser Beitritt entsprechend den für die fehlerhafte Gesellschaft geltenden Grundsätze nicht nur im Verhältnis zu den Gesellschaftsgläubigern, sondern auch im Verhältnis der Gesellschafter untereinander rechtlich wirksam;[208] sie ist für den getäuschten Anleger folglich nur

---

[198] BGH BKR 2013, 158 Rn. 1; *Wagner* NJW 2013, 198, 202.
[199] BGH WM 1974, 129; BGH WM 1981, 452 f.; BGH NJW 2000, 2586; BFH DB 1995, 406; *Wagner* ZfIR 2005, 605, 606 ff.
[200] BGH DB 1965, 1438; OLG Hamburg MDR 1964, 511. In diesem Falle sind ihm gem. § 810 BGB alle Bücher und Belege zur Prüfung vorzulegen (BGHZ 26, 25, 31; OLG Hamburg MDR 1964, 511), die er dann im Klageantrag genau bezeichnen muss.
[201] OLG Hamburg MDR 1964, 511.
[202] *Wangler* DB 2001, 1763.
[203] BGH DStR 2011, 581 Rn. 21.
[204] *Wangler* DB 2001, 1763; *Wagner* WM 2008, 1053; *Wagner* BKR 2008, 189; *Wagner* DS 2009, 98. Im Falle der Liquidation der KG kann stichtagsbezogen der Veräußerungserlös herangezogen werden: BGH DStR 2011, 581.
[205] *Wangler* DB 2001, 1763.
[206] BGHZ 63, 338, 346; 73, 294, 302.
[207] WM 1973, 863, 865 f.; BGHZ 63, 338, 344 ff.; BGH WM 1975, 536, 538; 1976, 447 f.
[208] BGHZ 55, 5, 8; 63, 338, 344.

mit Wirkung für die Zukunft kündbar. Folglich bleibt auch der arglistig Getäuschte zur Zahlung der Einlage verpflichtet, die, sofern sie nicht erbracht wird, im Falle der Kündigung in der Abschichtungsbilanz zum Rechnungsposten wird.

Noch unscharf ist die Rechtsprechung des BGH insoweit, einerseits den Einwand der arglistigen Täuschung des Komplementärs seitens des Getäuschten allen Gesellschaftern und damit auch den Kommanditisten gegenüber nicht zuzulassen, sodass die Einlageverpflichtung bestehen bleibt, weil nämlich die Täuschung des Komplementärs den Kommanditisten nicht zugerechnet werden könne,[209] während andererseits für den Fall der Prospekthaftung das Verhalten des Komplementärs sehr wohl den Kommanditisten zugerechnet wird.[210]  **138**

Dass es sich im ersteren Fall vorwiegend um andere Anlegerkommanditisten handelte, die der BGH schützen wollte, während es sich im letzteren Falle um – wohl nicht so schutzbedürftige – Gründungskommanditisten handelte, ist kein ausreichender Ansatz für eine fehlende methodisch saubere Begründung dieser Differenzierung.  **139**

Ein ausgeschiedener Kommanditist ist der KG auf Grund seiner früheren Stellung als Gesellschafter zur Auskunft dann verpflichtet, wenn dies der Durchsetzung eines Hauptanspruchs dienen soll (§§ 666, 713 BGB, 105, 161 HGB).[211] Dies kann zB dann bedeutsam sein, wenn die KG Ansprüche gegen einen ausgeschiedenen Kommanditisten als früheren Gründungsgesellschafter verfolgen möchte. Umgekehrt hat ein ausgeschiedener Kommanditist nicht mehr die gesellschaftsrechtlichen Informations- und Kontrollrechte (§ 166 HGB), sondern ist für die Überprüfung der Grundlagen einer Abschichtungsbilanz auf das allgemein Einsichtsrecht nach BGB §§ 242, 810 angewiesen.[212]  **140**

ee) *Nachhaftung des ausgeschiedenen Gesellschafters und Verjährung.* Die Nachhaftung eines ausscheidenden Kommanditisten setzt voraus, dass er zum Zeitpunkt seines Ausscheidens dem Risiko der Haftungsinanspruchnahme ausgesetzt war, zB wegen im Falle einer Einlagenrückgewähr (§ 172 Abs. 4 HGB). Scheidet ein unmittelbar beteiligter Anleger als Kommanditist aus einer Publikums-KG aus, so haftet er für die bis dahin begründeten Verbindlichkeiten auf 5 Jahre nach Maßgabe des § 160 HGB. Dies führt zu folgender Stufigkeit:  **141**

– Der ausscheidende Gesellschafter haftet akzessorisch für eine fremde Schuld, nämlich die der KG. Folglich ist die Gesellschafterhaftung abhängig vom Bestand der Gesellschaftshaftung.[213] Er kann sich gemäß § 129 Abs. 1 HGB auf die Verjährungseinwände berufen, auf die sich auch die KG berufen könnte.[214] Und diese kann sich auf die Verjährungseinreden nach Maßgabe der §§ 195ff. BGB berufen. Dort, wo die KG sich für eine Gesellschaftsschuld auf die 3-jährige Einrede der Verjährung gemäß §§ 195, 199 BGB berufen könnte, kann dies gemäß § 129 Abs. 1 HGB auch der ausgeschiedene Gesellschafter, sodass es dort auf die 5-Jahresfrist des § 160 Abs. 1 HGB nicht mehr ankommt.[215]  **142**

– Getrennt davon kann § 160 Abs. 1 HGB dort noch Bedeutung erlangen, wo die Verjährungsfrist betreffend die Gesellschaftsschuld entweder länger als die des § 160 Abs. 1 HGB ist oder sich durch Hemmung oder Unterbrechung über die Frist des § 160 Abs. 1 HGB hinaus erstreckt.[216]  **143**

**3. Informationen.** Hier muss man unterscheiden zwischen dem, worauf sich das Informationsrecht eines Kommanditisten bezieht und der Informationspflicht gegenüber Kommanditisten. Das Informationsrecht eines Kommanditisten umfasst auch Geschäftsvorgänge aus der Zeit vor seinem Beitritt zur Publikums-KG.[217] Und was die Informations-  **144**

---

[209] BGHZ 63, 338, 348.
[210] BGH DB 1985, 165f.
[211] OLG Hamm NZG 2001, 73, 74.
[212] OLG Düsseldorf NZG 1999, 876.
[213] *Hofmeister* NZG 2002, 851, 853.
[214] *Hofmeister* NZG 2002, 851, 853.
[215] *Hofmeister* NZG 2002, 851, 853.
[216] *Hofmeister* NZG 2002, 851, 853f.
[217] OLG Hamm NZG 2006, 620, 621.

pflicht gegenüber Kommanditisten betrifft, gilt es, folgendes zu beachten: In seinem Beitrag zur Rechtsprechung des BGH zur GmbH & Co. KG und zur Publikums-Gesellschaft führt *Brandes* unter der Überschrift **„Verletzung von Informationspflichten"** aus, im Interesse eines rechtlich gebotenen Kapitalanlegerschutzes dürfe ein Anleger erwarten, ein zutreffendes Bild über das Beteiligungsobjekt zu erhalten, also über alle Umstände, die für seine Entschließung von wesentlicher Bedeutung seien oder sein könnten, sachlich richtig und vollständig unterrichtet zu werden.[218] Damit wird einerseits auf allgemeine Grundsätze in der Rechtsprechung des BGH eingegangen:[219]

**145** – Inhalt und Umfang vorvertraglicher Aufklärungspflichten bestimmen sich nach den konkreten Umständen, insbesondere den Gefahren, die dem Vertragspartner aus dem Vertragsabschluss typischerweise drohen.[220] Gründungsgesellschaftern einer Publikumspersonengesellschaft obliegt stets eine vollständige und richtige Aufklärung im Zusammenhang mit den Risiken eines Beitritts,[221] wobei der Kapitalanlagevertrieb als Erfüllungsgehilfen von Gründungsgesellschaftern angesehen wird;[222]

**146** – auch ist auf die Lebens- und Geschäftserfahrung abzustellen;[223]

**147** – Aufklärungspflichten hängen auch davon ab, wenn sie nach Treu und Glauben unter Berücksichtigung der Verkehrsanschauung im Einzelfall erwartet werden dürfen;[224]

**148** – Und aufzuklären ist insbesondere dann, wenn die Vereitelung des Vertragszwecks droht und nach der Verkehrsanschauung eine solche wesentliche Mitteilung erwartet werden darf.[225]

**149** Andererseits wird das vom BGH entwickelte Sonderrecht zum Kapitalanlegerschutz, insbesondere zur Prospekthaftung, angesprochen, das inzwischen die Voraussetzungen gründungsrechtlicher Publizität vorgibt.

**150** Geht man mithin davon aus, dass die aus dem Aspekt des Kapitalanlegerschutzes gebotenen Informationspflichten nur bedingt spezifisch gesellschaftsrechtlicher Natur sind,[226] dann verbleibt für den als Kommanditisten einer Publikums-KG sich anschließenden Kapitalanleger gesellschaftsrechtlich zunächst das **Widerspruchsrecht** des § 164 HGB sowie das **Kontrollrecht** des § 166 HGB.[227]

**151** Kommanditisten und damit Anlegerkommanditisten steht, soweit sie im Regelfall von der Geschäftsführung ausgeschlossen sind, gemäß § 164 HGB lediglich für ungewöhnliche Geschäfte ein Widerspruchsrecht zu. Diese gesetzliche Vorgabe wurde aber seitens des Reichsgerichts[228] sowie auf Grund kritischer Stimmen in der Literatur[229] inzwischen in ein **Zustimmungserfordernis** umgedeutet, da, wenn die typische Verwaltungsbefugnis eines Komplementärs nur so weit reiche wie der gewöhnliche Geschäftsbetrieb, die Vorgabe eines Zustimmungserfordernisses bei ungewöhnlichen Geschäften wirkungsvoller als ein Widerspruchsrecht sei.[230] Die Folge ist, dass bei ungewöhnlichen Geschäften Komplementäre

---

[218] *Brandes* WM 1987, Beilage 1, S. 16.
[219] *Brandes* WM 1994, 569, 578.
[220] BGHZ 72, 92, 103.
[221] BGH NZG 2011, 551 Rn. 7 mwN. Zur Haftung von Gründungsgesellschaftern gegenüber mittelbar Beteiligten (Quasi-Gesellschaftern): BGH NZG 2012, 744.
[222] BGH NZG 2011, 551 Rn. 7; BGH NZG 2012, 787; OLG Karlsruhe WM 2009, 2118, 2120.
[223] BGH WM 1974, 512, 514.
[224] BGH WM 1970, 132.
[225] BGH WM 1987, 1562; WM 1993, 1277, 1278.
[226] Zum außerordentlichen Informationsrecht von Kommanditisten einer Publikums-KG: OLG München WM 2008, 2211.
[227] Zum Kontrollrecht des § 166 Abs. 3 HGB, wenn das Informationsrecht des § 166 Abs. 1 HGB unzureichend ist: BayObLG NZG 2003, 25, 26; OLG München NZG 2008, 864.
[228] RGZ 158, 302.
[229] *Kraft/Kreutz*, Gesellschaftsrecht, S. 181; *H. P. Westermann*, Vertragsfreiheit, S. 254.
[230] *Wagner*, Die Massenkommanditgesellschaft, S. 79 mwN.

nicht ohne Zustimmung der Kommanditisten handeln können, woraus sich eine direkte Notwendigkeit zur Information ergibt, als es bei der nur nachträglichen Information im Hinblick auf ein Widerspruchsrecht der Kommanditisten der Fall ist.

Werden über einen Treuhandkommanditisten mittelbar an einer Publikums-KG angebundene Kapitalanleger als Treugeber auf Grund der Verknüpfung von Treuhandvertrag und Gesellschaftsvertrag im Innenverhältnis wie Kommanditisten gestellt,[231] sind zuvor angestellte Überlegungen auch auf diesen Personenkreis zu erstrecken. 152

Die typische GmbH & Co. KG ist steuerlich wegen § 15 Abs. 3 Nr. 2 EStG eine gewerblich geprägte Personengesellschaft. Dies führt insbesondere bei geschlossenen Immobilienfonds in der Praxis dazu, die Haftungsbeschränkung der GmbH & Co. KG zu nutzen, gleichwohl steuerlich aber die Einkunftsart Vermietung und Verpachtung verwirklichen zu wollen. Die ist im Hinblick auf § 15 Abs. 3 Nr. 2 EStG dadurch möglich, dass nicht nur die Komplementär-GmbH geschäftsführungsbefugt ist, sondern zB auch dem Treuhandkommanditisten rechtsgeschäftlich Mitgeschäftsführungsbefugnis eingeräumt wird.[232] Sind aber die über einen Treuhandkommanditisten mittelbar an der Publikums-KG beteiligten Anleger (= Treugeber) damit zugleich auch an der Geschäftsführung beteiligt, wenngleich idR durch einen Repräsentanten, ist § 164 HGB nicht mehr einschlägig, sodass der Umfang der seitens der Komplementäre zu erteilenden Informationen von dem gesellschaftsvertraglich geregelten Grad der Mitgeschäftsführung abhängig ist. 153

Soweit Kapitalanleger, seien sie unmittelbar oder mittelbar an einer Publikums-KG beteiligt, von einer wie auch immer denkbaren Mitgeschäftsführung ausgeschlossen sind, hat der Gesetzgeber mit **§ 166 HGB** ein Mindestmaß an Kontrollrechten zur Verfügung gestellt. Die Rechtsprechung zum Kapitalanlegerschutz bzw. zur Prospekthaftung sollte nicht zu sehr von der noch zu klärenden Frage ablenken, wie weit diese Kontrollrechte abbedungen oder eingeschränkt werden können.[233] Es bleibt abzuwarten, ob in Anbetracht der Rechtsprechung des BGH zur Prospekthaftung, umfassend zu informieren, es von der Interessenlage her noch gerechtfertigt ist, die Kontrollrechte des § 166 HGB einzuschränken und entziehen zu können, wobei bekanntlich derzeit die Grenze der Reduktion beim Verdacht unredlicher Geschäftsführung angesiedelt ist.[234] Inzwischen tendiert die Rechtsprechung dazu, das außerordentliche Informationsrecht des Kommamditisten gem. § 166 Abs. 3 HGB auch bei Publikums-KGs zuzulassen.[235] 154

Wünschenswert wäre, über die insbesondere den Beitrittszeitraum erfassende Prospekthaftungsrechtsprechung hinaus seitens der Rechtsprechung insbesondere auch unter Berücksichtigung der Gleichsetzung von mittelbarer und unmittelbarer Beteiligung[236] für die Publikums-KG die §§ 164, 166 HGB mit Leben zu erfüllen. Dem Umfang an Informationspflichten gegenüber denen einer Publikums-KG beitretenden Kapitalanlegern hat der BGH mit seiner Prospekthaftungsrechtsprechung Konturen verliehen, für die §§ 164, 166 HGB steht Vergleichbares noch aus. Die Rechtsprechung des OLG München[237] weist in diese Richtung. 155

Zuvor Ausgeführtes betrifft den Kapitalanleger, der unmittelbar bzw. mittelbar Mitglied der Publikums-KG ist. Ist jedoch ein Kapitalanleger ausgeschieden, so stehen ihm diese Rechte nicht mehr zu. Vielmehr steht dem Ausgeschiedenen nur ein Auskunftsanspruch zu, wenn er zB der Auskunft bedarf, um seinen Abfindungsanspruch zu ermitteln bzw. zu überprüfen, wenn ihm ein solcher zusteht.[238] 156

---

[231] BGHZ 76, 127.
[232] FG Münster EFG 1993, 719.
[233] *Wagner*, Die Massenkommanditgesellschaft, S. 80.
[234] *Huber* ZGR 1982, 539; *Grünewald* ZGR 1989, 545; *Binz/Freudenberg/Sorg* BB 1991, 785.
[235] OLG München NZG 2008, 864, 865; OLG München ZIP 2010, 1692, 1693.
[236] BGHZ 76, 127.
[237] OLG München NZG 2009, 658 f.
[238] BGH NJW 2000, 2276.

**157** **4. „Organe" der Gesellschaft.** Der Gesetzgeber ging für die Kommanditgesellschaft von dem Grundsatz aus, wer hafte solle herrschen.[239] Folglich sind im HGB die Rechte persönlich haftender Gesellschafter umfangreich geregelt, die von Kommanditisten relativ gering. Bereits durch die Möglichkeit, die Haftung des Komplementärs durch die Einschaltung einer juristischen Person (zB GmbH, AG) zu entschärfen, ist obiger Grundsatz in der Sache verändert worden. Im Zuge kapitalintensiver Publikums-KGs hat beispielsweise die Prospekthaftungsrechtsprechung verdeutlicht, dass nicht nur die Haftung mit Risiko verbunden ist, sondern auch der Verlust oft nicht unbeträchtlicher Einlagen drohen kann,[240] zumal diese in der Regel von Personen erbracht werden, die sich untereinander nicht kennen, auf den Gesellschaftsvertrag keinen Einfluss nehmen konnten und Gründungsgesellschaftern, Initiatoren und Managern mehr oder weniger ausgeliefert sind.

**158** Dem hat die Rechtsprechung mit dem weiteren Grundsatz zu entsprechen versucht, dass der Kapitalanleger einer solchen Publikums-KG – auf Grund vorgenannter Gründe im Hinblick auf die gegebene Einlage besonderen Risiken ausgesetzt – im Vorfeld seiner Beteiligung auch umfassend zu informieren sei.

**159** Diese Grundsätze, wer hafte solle herrschen und wer viel zu verlieren habe sei umfassend zu informieren, werden aber durch Aufgabenteilungen in Publikums-KGs begleitet, die ebenfalls ein Sonderrecht zur Folge haben. Während beispielsweise das (Fonds-)Management in der Regel bei den Komplementären liegt, ist der Komplex der **Anteilsverwaltung** in der Regel bei Treuhandkommanditisten als einem gewichtigen Gegenpart angesiedelt, der in eigener Verantwortung zu den Kapitalanlegern steht. Da aber in der Regel aus der Sicht der Kapitalanleger auch der Treuhandkommanditist vorgegeben ist, also kein persönlicher Vertrauter ist, ist oft der Beirat das Gremium, in dem Kapitalanleger durch eigene Repräsentanten direkter die Geschäftsführung kontrollieren können, als dies über eine Gesellschafter- bzw. Treugeberversammlung oder über den Treuhandkommanditisten der Fall ist. Folglich bleibt für die Gesellschafter- bzw. Treugeberversammlung die Frage, welche Mindestrechte dann dort noch verbleiben müssen.

**160** Im Folgenden wird darzustellen sein, wie weit die Rechtsprechung sich zu diesen neuen Grundsätzen und Aufgabenteilungen bisher geäußert hat und wo noch sog weiße Flecken vorhanden sind.

**161** **a) Komplementäre.** Nach dem gesetzlichen Normalbild obliegt gemäß §§ 114, 125, 161 Abs. 2 HGB bei der Publikums-KG die Geschäftsführungsbefugnis und Vertretungsmacht den Komplementären, während der Kommanditist gemäß § 164 HGB von der Geschäftsführung und nach § 170 HGB von der organschaftlichen Vertretung der Gesellschaft ausgeschlossen ist. Komplementärin kann auch eine Außen-GbR sein.[241]

**162** Wird, da § 164 HGB dispositiv ist, die das Innenverhältnis betreffende Geschäftsführungsbefugnis des Komplementärs auf einen Dritten übertragen, um zB damit trotz Vorliegens einer GmbH & Co. KG im Hinblick auf den Wortlaut des § 15 Abs. 3 Nr. 2 EStG bei geschlossenen Immobilienfonds steuerlich die Einkunftsart Vermietung und Verpachtung zu erhalten, so hängt die Wirksamkeit einer solchen Gestaltung von der gesellschaftsvertraglichen Ausgestaltung ab. Eine Eintragungsfähigkeit zum Handelsregister besteht dieserhalb nicht.[242] Wird im Gesellschaftsvertrag zB dem geschäftsführenden bzw. Treuhand-Kommanditisten zudem eine das Außenverhältnis betreffende rechtsgeschäftliche Vertretungsmacht eingeräumt, für die Publikums-KG handeln zu dürfen, so handelt es sich nicht um eine organschaftliche Vertretungsmacht, die im Handelsregister eingetragen werden könnte, denn gemäß § 170 HGB sind Kommanditisten zwingend von der organschaftlichen Vertretung

---

[239] BGHZ 45, 204 f.; Überblick bei *Wiedemann*, Gesellschaftsrecht I, S. 543 ff.
[240] *Wagner*, die Massenkommanditgesellschaft, S. 195.
[241] OLG Celle NZG 2012, 667.
[242] Zur gesellschaftsvertraglichen Einräumung der Geschäftsführungsbefugnis an den Kommanditisten: OLG Frankfurt GmbHR 2006, 265.

ausgeschlossen;[243] zudem gilt § 104 Abs. 2 Ziff. 4. HGB nur für Komplementäre. Die Eintragung einer rechtsgeschäftlichen Vertretungsmacht im Handelsregister ist nicht mglich.[244]

Würde man das Ziel verfolgen wollen, die Geschäftsführungsbefugnis des Komplementärs als dessen gesellschaftliches Verwaltungsrecht abzubedingen und auf einen Dritten übertragen zu wollen, so läge darin, ähnlich wie bei der unzulässigen **Stimmrechtsabspaltung,** eine unzulässige Abspaltung der Geschäftsführungsbefugnis vom Gesellschaftsanteil des Komplementärs,[245] was zur Unwirksamkeit einer solchen Regelung führen würde. 163

Erhält dagegen der Dritte eine rechtsgeschäftliche Mitgeschäftsführungsbefugnis, dann ist dies zulässig und wirksam, sei es, dass es sich um eine neben die gesellschaftliche Geschäftsführungsbefugnis des Komplementärs tretende rechtliche Mitgeschäftsführungsbefugnis des Dritten handelt, oder gar, dass der Komplementär den Dritten in weitem Umfang mit Geschäftsführungsaufgaben betraut, ohne dabei der eigenen Geschäftsführungsbefugnis verlustig zu gehen.[246] 164

Mit dem Verbot der **Drittorganschaft** würde dies zudem nicht kollidieren, wird damit doch nur verboten, dass sämtliche Gesellschafter von Geschäftsführung und Vertretung ausgeschlossen, weil auf Dritte übertragen, werden, nicht aber, dass Dritte Mitgeschäftsführungsbefugnis erhalten, sie mit Geschäftsführungsaufgaben betraut werden und ihnen sogar rechtsgeschäftliche Vertretungsbefugnis eingeräumt wird.[247] 165

Wenn der BGH in seiner Entscheidung vom 22.1.1979[248] von einem Grundsatz spricht, der Treuhänder müsse von der Geschäftsführung unabhängig sein, so kann damit nur gemeint sein, dass für das Verhalten des Treuhandkommanditisten lediglich die gesellschafts- und treuhandvertraglichen Regelungen maßgebend sein können, sodass er als Treuhandgesellschafter nicht von Weisungen der Geschäftsführung abhängig sein dürfe. Damit ist aber nicht gemeint, einem Treuhandkommanditisten könne nicht Mitgeschäftsführungsbefugnis eingeräumt werden oder ihm könnten nicht Geschäftsführungsaufgaben übertragen werden, ohne dass sich deshalb für ihn Fragen der unbeschränkten Haftung stellen müßten.[249] 166

Mitgeschäftsführungsbefugnis von Dritten kann nicht nur aus dargestellten steuerlichen Gründen sinnvoll sein; vielmehr kann damit auch dem Umstand Rechnung getragen werden, dass ansonsten nicht geschäftsführungsbefugte Gesellschafter von geschäftsführungsbefugten Gesellschaftern nicht die Unterlassung von Geschäftsführungsmaßnahmen verlangen können,[250] sondern auf die nachträgliche Durchsetzung eventueller Schadensersatzansprüche angewiesen sind. Bei Mitgeschäftsführungsbefugnis und einer gegenseitigen Abstimmungspflicht können solche Nachteile vermieden werden. 167

Nicht immer handelt der Komplementär in Geschäftsführung für und als Vertreter der Gesellschaft, vielmehr ist er oft auch als Vertreter der Gesellschafter tätig. So hat der BGH[251] zu Recht darauf verwiesen, dass Beitrittsverhandlungen und -abschlüsse mit neu zu werbenden Gesellschaftern nicht als **Geschäftsführungsmaßnahmen** zu qualifizieren sind. Der Eintritt in eine Gesellschaft bedürfe grundsätzlich des Vertragsabschlusses mit allen Gesellschaftern, sodass auf Grund gesellschaftsvertraglicher Ermächtigung beschlossen werden könne, die Beitrittsvertragsabschlüsse dem Komplementär als Gesellschafteraufgabe zu übertragen. 168

Auch die **Kündigungserklärung** betreffend die Beendigung der gesellschafterlichen Mitgliedschaft erfolgt dann gegenüber dem Komplementär als Vertreter der Gesellschafter, nicht als Vertreter der Gesellschaft.[252] 169

---

[243] OLG Frankfurt GmbHR 2006, 265 f.; aA *Bergmann* ZIP 2006, 2064.
[244] OLG Frankfurt GmbHR 2006, 265.
[245] BGHZ 36, 292 f.
[246] BGHZ 36, 292, 294.
[247] BGHZ 36, 292, 295.
[248] BGHZ 73, 294, 299.
[249] BGHZ 45, 204, 206–208.
[250] BGHZ 76, 160.
[251] BGHZ 76, 160, 164.
[252] BGHZ 63, 338, 346.

170  Je nach Ausgestaltung des Gesellschaftsvertrages ist selbst das dem Komplementär eingeräumte Recht der Herabsetzung der Beteiligungssumme ein für die Gesellschafter und nicht für die Gesellschaft ausgeübtes Recht.[253]

171  Kann mithin insoweit der Komplementär nur Vertreter der Gesellschaft oder der Gesellschafter sein, dann wird verständlich, warum ihm nicht das Recht eingeräumt werden kann, über den Bestand von Mitgliedschaften eigenständig zu entscheiden,[254] da die Auflösung einer Mitgliedschaft nicht die Ausübung eines Vertretungs-, sondern eines Gestaltungsrechts ist, ohne dass es der Inhaltskontrolle unter dem Blickwinkel des Interessenausgleichs bedurft hätte.

172  Wenngleich der BGH[255] ein allgemeines Eingriffsrecht des Kommanditisten gegenüber dem Komplementär auf Untersagung von Geschäftsführungsmaßnahmen verneint hat[256] und insoweit auf den Weg der Schadensersatzklage verwiesen hat, hat er gerade für den Fall einer Komplementär-GmbH den Schutzbereich des zwischen der GmbH und deren Geschäftsführer bestehenden Dienstverhältnisses hinsichtlich der Haftung des letzteren aus § 43 Abs. 2 GmbHG auch auf die Kommanditgesellschaft erstreckt, ohne dass der Komplementär-GmbH oder deren Geschäftsführer der Einwand der eigenüblichen Sorgfalt gemäß § 708 BGB zugestanden wurde.[257]

173  Die Rechtsprechung geht inzwischen dazu über, dem Komplementär einer Publikums-KG als geschlossenem Immobilienfonds weitergehende Pflichten in Erinnerung zu rufen. So kann der geschäftsführende Gesellschafter und Mitinitiator einer Immobilien-Publikumsgesellschaft von Mitgesellschaftern im Wege der actio pro socio auf Zahlung von Schadensersatz an die Gesellschaft in Anspruch genommen werden, wenn er es unterlassen hat, von der Baugesellschaft die vereinbarten pauschalierten Vertragsstrafen sowie von der Gesellschaft, die vertraglich Vermietungsgarantien zugesichert hatte, die vereinbarten Garantieleistungen einzufordern, und zwar auch dann, wenn er Geschäftsführer der beiden in Anspruch zu nehmenden Gesellschaften ist. Der Komplementär einer Publikumsgesellschaft hat nämlich ausschließlich deren Wohl bzw. das ihrer Gesellschafter zu beachten und ist verpflichtet, zu deren Gunsten jeglichen berechtigten Vermögensvorteil durchzusetzen. Bei einem solchen im Wege der actio pro socio durchzusetzenden Schadensersatzanspruch wegen Verletzung der Pflicht zur ordnungsgemäßen Geschäftsführung handelt es sich um einen Sozialanspruch, den jeder Gesellschafter, gerichtet auf Zahlung an die Gesellschaft, selbst dann geltend machen kann, wenn er nicht geschäftsführungsberechtigt ist.[258]

174  **b) Beirat.** In der Praxis wird oft ein Verwaltungs- oder Beirat gesellschaftsvertraglich integriert, dem ua das Recht und die Pflicht zugeordnet wird, die Geschäftsführung in wichtigen Angelegenheiten zu beraten, bei wichtigen Geschäftsführungsmaßnahmen als Zustimmungsorgan zu fungieren – womit das oben geschilderte Problem des Wandels des in § 164 HGB angesprochenen Widerspruchsrechts in ein Zustimmungsrecht dispositiv entschärft wird –, weitergehende Kontrollrechte auszuüben, die Gesellschafterversammlung einzuberufen und durchzuführen und im Einzelfall den Gesellschaftsvertrag zu ändern, wenn die Gesellschafterversammlung daneben für Vertragsänderungen zuständig bleibt.[259] Die Mitglieder des Beirats stehen in einem Rechtsverhältnis zur Gesellschaft – nicht zu den Gesellschaftern –, auf Grund dessen sie der Gesellschaft gegenüber für die Erfüllung übernommener Pflichten einzustehen haben.[260]

---

[253] BGH DB 1983, 489 f.
[254] BGHZ 84, 11, 15.
[255] BGHZ 75, 160.
[256] Zu der davon zu trennenden Frage, inwieweit dem einzigen Komplementär die organschaftliche Vertretungsmacht entzogen werden kann, siehe BGHZ 51, 198, 201; *Damm* ZHR 154 (1990), 413, 425; *K. Schmidt*, Gesellschaftsrecht, S. 335 f.; *Semler* BB 1979, 1534.
[257] BGHZ 75, 321.
[258] KG Berlin DStR 2000, 1617.
[259] BGH WM 1985, 256 f.
[260] BGHZ 87, 84, 86.

§ 17 Die Beteiligung an Publikums-Kommanditgesellschaften

**175** Folglich finden sich in vielen Gesellschaftsverträgen Regelungen, die vieles, was früher dem **Zustimmungsvorbehalt** der Gesellschafterversammlung zugeordnet war, nunmehr dem Zustimmungsvorbehalt des Beirats übertragen. Dies ist Ausdruck einer Entwicklung, Anlegergesellschaftern über einen, oft von ihnen mit beeinflussten, Beirat mehr als das aus § 164 HGB zu entnehmende Widerspruchsrecht zu geben, während die Geschäftsführungsbefugnis der Komplementärseite, also das Management, für in der Regel enumerativ aufgezählte Fälle einer besonderen Kontrolle unterworfen wird.[261]

**176** Während der BGH in seiner Entscheidung vom 14.5.1956[262] den Grundsatz formulierte, im Falle einer Publikums-KG sei es trotz erheblicher **Parallelen zur Aktiengesellschaft** nicht möglich, „Vorschriften des Aktienrechts unter Aufgabe der für die Personenhandelsgesellschaft geltenden Grundsätze entsprechend anzuwenden", konnte dies für den Beirat, Verwaltungs- oder Aufsichtsrat jedenfalls deshalb nicht gelten, weil dieses Institut gesetzlich im Personen- bzw. Personenhandelsgesellschaftsrecht nicht geregelt ist. So verwundert es nicht, wenn sich ob dieser gesetzlichen Regelungslücke gerade hier der BGH sehr wohl an aktienrechtlichen Vorgaben in entsprechender Anwendung anlehnt.

**177** Nimmt etwa der Aufsichtsrat einer Publikums-KG Funktionen der Geschäftsführung – teils an deren Stelle, teils im Zusammenwirken mit der Komplementär-GmbH – sowie Gesellschafterrechte und -pflichten wahr, die dem Kommanditisten genommen sind, so kann nach der Rechtsprechung des BGH[263] die Verjährungsfrist für Schadensersatzansprüche, die sich gegen Gesellschafter als Mitglieder des Aufsichtsrats richten, in Rechtsanalogie zu §§ 93 Abs. 6, 116 AktG 1965 = §§ 84 Abs. 6, 99 AktG 1937, § 42 Abs. 3 GmbHG, §§ 41 iVm 34 Abs. 6 GenG nicht unter 5 Jahre herabgesetzt werden.

**178** Dabei kann sich besagtes Aufsichtsratsmitglied auch nicht auf den Einwand eigenüblicher Sorgfalt gemäß § 708 BGB berufen, vielmehr haftet es analog §§ 93, 116 AktG nach aktienrechtlichen Grundsätzen, sofern nicht analog § 93 Abs. 2 Satz 2 AktG dargelegt und bewiesen werden kann, was seitens des Aufsichtsratsmitgliedes alles unternommen wurde, eigene Pflichten gewissenhaft zu erfüllen bzw. warum es trotz aller Pflichterfüllung nicht möglich war, ein Fehlverhalten der Geschäftsführung zu erkennen und zu verhindern.[264] Der Nachweis eines der Gesellschaft entstandenen Schadens setzt bei dieser wiederum voraus, dass eine Wiedereinziehung des entsprechenden Betrages entweder nicht möglich oder unter kaufmännischen Gesichtspunkten nicht lohnend erscheint.[265]

**179** Der BGH macht deutlich, dass die Aufgaben von Aufsichtsrats- bzw. Beiratsmitgliedern, die die Interessen von Gesellschaftern gegenüber der Geschäftsführung zu wahren und die Geschäftsführung zu überwachen haben, so weit gehen, Beschlüsse der Gesellschafterversammlung zu verhindern, die nach Kenntnissen der Aufsichtsratsmitglieder zur Schädigung der Gesellschaft, insbesondere zu einer wesentlichen Verschlechterung der Ertrags- und Finanzlage, führen können.[266] Ferner kann folgendes bedeutsam werden: Beabsichtigt eine Publikums KG, Ersatzansprüche gegen ihre organschaftlichen Vertreter geltend zu machen, so können die Gesellschafter der Publikums-KG in entsprechender Anwendung von §§ 46 Nr. 8 Halbs. 2 GmbHG, 147 Abs. 2 Satz 1 AktG einen besonderen Vertreter bestellen, der die KG dabei als besonderer Prozessvertreter im Rahmen des Aktivprozesses vertritt. Dazu kann auch der Beirat der Publikums-KG bestellt werden.[267]

---

[261] *Bälz* ZGR 1980, 1, 48; *Hopt* ZGR 1979, 1, 7; *Hüffer* ZGR 1980, 320; *Schneider* DB 1973, 953; *Timm* DB 1980, 1201; *Teichmann*, Gestaltungsfreiheit, S. 72.
[262] BGHZ 20, 363 f.
[263] BGHZ 64, 238, 244; BGHZ 87, 84.
[264] BGH WM 1977, 1446, 1448; BGH WM 1979, 1425, 1428; dazu *Neumann/Böhme* DB 2007, 844, 845 f. Zur Haftung des Aufsichtsrates einer AG bei Fehlverhalten des Vorstandes siehe OLG Karlsruhe 4.9.2008 – 4 U 26/06, WM 2009, 1147.
[265] BGH WM 1977, 1446, 1448.
[266] BGHZ 69, 207, 217.
[267] BGH NZG 2010, 1381 Rn. 8 f., 18; OLG Bremen NZG 2010, 181.

**180** Wenngleich Beirats- bzw. Aufsichtsratsmitglieder einer Publikums-KG nicht verpflichtet sind, alle Geschäftsführungsmaßnahmen zu überwachen, so doch ungewöhnliche Geschäfte, ohne dass die Risikoträchtigkeit entscheidendes Abgrenzungskriterium wäre.[268] Ihnen obliegt ferner die Prüfung des Jahresabschlusses sowie des Berichtes des Abschlussprüfers.[269]

**181** Unabhängig von zuvor Dargelegtem hat der Beirat dafür Sorge zu tragen, dass ihm die Geschäftsführung auch während des laufenden Geschäftsjahres regelmäßig berichtet und hierzu notwendige Unterlagen zuleitet, wozu ua auch gehört, sich wenigstens in groben Zügen ein Bild zu machen, „inwieweit die im Werbeprospekt dargestellten Vorhaben bereits in Angriff genommen und mit den vorhandenen oder sicher zu erwartenden Mitteln überhaupt durchführbar sind".[270]

**182** Werden Beiratsmitglieder auf Schadensersatz in Anspruch genommen, so ist ihnen der Einwand des Mitverschuldens der Gesellschaft (§ 254 Abs. 1 BGB) im Hinblick auf deren geschäftsführende Gesellschafter verwehrt, da die Überwachungsaufgaben den Beirat originär und allein betreffen.

**183** Da Beiratsmitglieder in einem Rechtsverhältnis zur Gesellschaft stehen, steht auch nur der Gesellschaft das Recht der **Geltendmachung von Schadensersatzansprüchen** gegenüber Beiratsmitgliedern zu. Nach *Brandes*[271] mag es in Einzelfällen auch denkbar sein, dass Kommanditisten einen Gesellschaftsschaden geltend machen können, insbesondere wenn der Beirat aus Nichtgesellschaftern besteht und das Gesellschafts- und Geschäftsbesorgungsverhältnis dahingehend auszulegen ist, „dass das Rechtsverhältnis der Gesellschaft zum Beirat zugleich eine Schutzwirkung zu Gunsten der Kommanditisten entfalte".

**184** *Brandes* verweist jedoch darauf, dass vom BGH zunächst noch zu entscheiden sei, ob auch unabhängig davon die Gesellschafterklage von Kommanditisten **(actio pro socio)** gegen Organmitglieder des Beirats, die nicht Gesellschafter seien, eher als besondere Form gesetzlicher Prozessstandschaft zu verstehen sei, da hier nicht unbedingt der Normalfall der actio pro socio gegeben sein müsse, dass nämlich neben den Anspruch der Gesellschaft zusätzlich ein eigener Anspruch der Gesellschafter, wenngleich auf Leistung an die Gesellschaft, trete. Wenn man die Geltendmachung von Schadensersatzansprüchen der Gesellschaft deren Gesellschafter überlasse, dann aber nur auf Leistung in das Gesellschaftsvermögen.

**185** In der Praxis wird oft wenig Sorgfalt auf die Bezeichnung und saubere rechtliche Zuordnung dessen gelegt, was man bei Publikums-KG, Beirat, Verwaltungsrat oder Aufsichtsrat nennt. Welche rechtlichen Konsequenzen dies etwa haben kann, wenn statt eines sog Beirats zB in Wirklichkeit ein Kommanditistenausschuss vorhanden ist, hat der BGH[272] verdeutlicht. Ein Ersatzanspruch gegen Mitglieder des Kommanditistenausschusses steht allen Kommanditisten gemeinschaftlich und nicht der Gesellschaft zu.

**186** Noch klärungsbedürftig ist, ob und inwieweit die Rechtsprechung zu Aufsichtsratsmitgliedern von AGs auf Beiräte von Publikums-KGs anwendbar ist, wonach ein Aufsichtsratsmitglied von Anlegern persönlich haftungsmäßig in Anspruch genommen werden kann, wenn er ein strafbares oder sittenwidriges Verhalten des Vorstandes vorsätzlich veranlasst oder aktiv unterstützt.[273]

**187** **c) Treuhandkommanditist.** Während die Komplementäre das Management der Publikums-KG auszuüben haben, obliegt dem Treuhandkommanditisten die **Anteils- bzw. Beteiligungsverwaltung**. In der Praxis ist die fremdnützige Treuhand zur Verwaltung der

---

[268] BGHZ 69, 207, 213.
[269] BGHZ 69, 207, 221.
[270] *Brandes* WM 1987, Beilage 1, S. 12 unter Hinweis auf BGH WM 1977, 1446, 1448; BGH WM 1979, 1425, 1427; *Neumann/Böhme* DB 2007, 844, 845.
[271] *Brandes* WM 1987, Beilage 1, S. 13 unter Hinweis auf BGH WM 1983, 555, 557; BGH WM 1984, 1640 f.
[272] BGH WM 1983, 555, 557.
[273] OLG Düsseldorf WM 2008, 1830.

§ 17 Die Beteiligung an Publikums-Kommanditgesellschaften

KG-Beteiligung im Interesse des Treugebers am verbreitetsten,[274] wobei zwischen unechter und echter Treuhand unterschieden wird. Von unechter Treuhand spricht man, wenn die Treugeber selbst Kommanditisten sind und sie nur ihre gesellschafterlichen Mitgliedschaftsrechte auf Grund einer sog „Vertreterklausel" vom Treuhandkommanditisten wahrnehmen lassen, der bei dieser Konzeption mithin seine Beteiligung nicht für die Treugeber hält, sondern nur deren Gesellschafterrechte wahrnimmt.[275] Von echter Treuhand wird dagegen gesprochen, wenn statt der Anleger nur der Treuhandkommanditist Gesellschafter der KG ist und er seine Beteiligung als fiduziarischer Verwaltungstreuhänder für alle Anleger hält,[276] sei es auf Grund eines standardisierten Treuhandvertrages oder in Kombination mit anderen Beteiligungen wie zB Darlehen oder stiller Beteiligung. *Bälz*[277] weist dabei zu Recht auf eine Besonderheit hin, die in Praxis und Rechtsprechung bisher noch keine Konsequenzen nach sich gezogen hat: der Begründung des Treuhandverhältnisses liege nämlich keine Übertragung des Treuguts, der Kommanditbeteiligung, zugrunde, da ja in der Regel der Treuhandkommanditist den Kommanditanteil schon habe, ehe auch nur ein Zeichner einen Treuhandvertrag abschließe. Folglich beschränke sich das Treuhandverhältnis auf einen bloßen **Verpflichtungsvertrag ohne Treugutübertragung.**

Die verbreitete echte Treuhand hat inzwischen die Rechtsprechung des BGH mehrfach beschäftigt, wobei im Folgenden auch Entscheidungen mit einbezogen werden, die nicht zur Publikums-KG ergangen sind, für diese aber ebenfalls Bedeutung haben.

aa) Das Treuhandverhältnis. Während der BGH noch in seiner Entscheidung vom 10.11.1951[278] ausführte, eine Treuhandbeteiligung an einer Gesellschaft könne nicht dazu führen, dass dadurch die Beziehungen der Gesellschafter untereinander berührt würden oder gar anstelle des Treuhänders der Treugeber die Willensbildung in der Gesellschaft mit ausübe, ist die Entwicklung inzwischen fortgeschritten. Bereits in seiner Entscheidung vom 13.5.1953[279] bezeichnet es der BGH als zulässig, dass im Innenverhältnis unter den Gesellschaftern den Treugebern, „also denjenigen, die nicht die Stellung als Gesellschafter haben, unmittelbare Rechte und Ansprüche zugebilligt werden". Der BGH gesteht zu, gesellschaftsvertraglich zu vereinbaren, dass mittelbar beteiligte Treugeber gegenüber Gesellschaftern und untereinander so gestellt werden, als ob sie Kommanditisten seien.[280] Dies könne durch **Stimmrechtsbindungsvereinbarungen** – abgeschlossen zwischen Treugebern und Treuhandkommanditisten – noch verstärkt werden,[281] wonach Treugeber eigene Stimmrechtsanweisungen gegenüber dem Treuhandkommanditisten sogar gemäß § 894 ZPO im Wege der Zwangsvollstreckung durchsetzen könnten,[282] wenn der Treuhandkommanditist sich weigern sollte, entsprechend der Stimmrechtsbindung für den Treugeber zu handeln.

In der Praxis weithin unbeachtet geblieben ist die Entscheidung des BGH vom 12.7.1965.[283] Der BGH hatte eine Vereinbarung gemäß § 138 BGB für sittenwidrig und damit für nichtig erachtet, auf Grund deren ein Gesellschafter einer OHG alle ihm nach Gesetz und Vertrag zustehenden gesellschaftlichen Rechte einem Treuhänder übertragen hatte, an dessen Auswahl er nicht beteiligt war, dem er keine Weisungen erteilen konnte und den er auch nicht jederzeit abberufen konnte. Wenn es, wie oben dargelegt, für die Rechtsprechung keine Relevanz hat, dass bei der echten Treuhand seitens des Treugebers

---

[274] *Bälz* ZGR 1980, 1 spricht von der kupierten KG; zur Abgrenzung von Treuhand und Unterbeteiligung: BGH NJW 1994, 2887. Dazu *Kußmann* DB 1994, 2520; *Tebben* ZGR 2001, 586.
[275] *Bälz* ZGR 1980, 1, 13f.
[276] *Bälz* ZGR 1980, 1, 9.
[277] *Bälz* ZGR 1980, 1, 15.
[278] BGHZ 3, 354, 360.
[279] BGHZ 10, 44, 49f.
[280] BGHZ 76, 127, 131f.; BGHZ 77, 392, 396; BGH DB 1987, 1527.
[281] BGHZ 48, 205, 210. Zum reinen Stimmrechtstreuhänder siehe OLG Karlsruhe DB 1999, 735
[282] Dem Treuhandkommanditisten erteilte Stimmrechtsvollmachten mit eigenem Stimmrechtsverzicht der Treugeber oder Stimmrechtsabtretungen sind dagegen nichtig: BGHZ 3, 354, 360.
[283] BGHZ 44, 158.

dem Treuhandkommanditisten zwangsläufig die gesellschafterliche Beteiligung nicht als Treugut übertragen werden kann, weil der Treuhandkommanditist diese schon innehat und durch den Treuhandvertrag lediglich eine schuldrechtliche Zweckbestimmungsänderung eintritt, dann gewinnt die Entscheidung des BGH vom 12.7.1965 auch für mittelbare Kommanditbeteiligungen vermittels echter fremdnütziger Treuhand Bedeutung, sodass dann Treuhandverträge mit folgender inhaltlicher Ausgestaltung dem Risiko der Nichtigkeit wegen Sittenwidrigkeit (§ 138 BGB) unterliegen könnten: der Treugeber muss einen vorgegebenen Treuhandkommanditisten akzeptieren, er hat also nicht die Wahl für einen Treuhänder seines Vertrauens; der Treugeber ist nicht weisungs- und auskunftsberechtigt; die Wahrnehmung aller Rechte in der Gesellschaft obliegt ausschließlich dem Treuhandkommanditisten, insbesondere obliegt ihm allein die Entscheidung über die Ausübung von Stimmrechten; der Treuhandkommanditist ist an Weisungen des Treugebers nicht gebunden usw.

**191** In der Praxis wird man sich auf die vorgenannte Entscheidung des BGH einstellen können. Problematisch könnte lediglich die Unklarheit bleiben, welche Merkmale – einzeln oder in Kumulation – zur Sittenwidrigkeit führen.

**192** Bei einer mittelbaren Kommanditbeteiligung vermittels eines Treuhandkommanditisten in echter Treuhand stellt sich die Frage der Entgegennahme von Beitrittserklärungen durch den Komplementär nicht, vielmehr wird zwischen dem Treuhandkommanditisten und dem Anleger als Treugeber ein Treuhandvertrag abgeschlossen. Ist in der Person des Treuhänders, in der Gesellschaft oder bei den Gesellschaftern ein wichtiger Grund gegeben, so kann der Anleger berechtigt sein, sich von seiner Beteiligung zu lösen und Schadensersatz oder bei entsprechender gesellschaftsvertraglicher Regelung Herabsetzung der Einlageverpflichtung auf Null zu verlangen.[284] Noch offen ist, ob bei **Verknüpfung von Gesellschafts- und Treuhandvertrag** ein wichtiger Grund mit der Rechtsfolge der Lösung von der eigenen Beteiligung auch dann gegeben sein kann, wenn dieser in der Person bzw. Verhaltensweise von Mitkapitalanlegern (= **Mittreugebern**) angesiedelt ist, da diese ja ebenfalls wie Kommanditisten behandelt werden und damit in Fiktion Mitgesellschaftern gleichgestellt werden.[285]

**193** Scheidet ein Treugeber aus wichtigem Grund aus und lässt sich die von ihm erbrachte Einlage vom Treuhandkommanditisten zurückzahlen, der diese Zahlung nicht aus eigenen Mitteln, sondern dadurch bewirkt, dass er unter anteiliger Herabsetzung seiner Kommanditeinlage sich zu diesem Zweck von der Publikums-KG die erbrachte Einlage zurückzahlen lässt, so liegt im Verhältnis der Publikums-KG zum Treuhandkommanditisten eine Einlagenrückgewähr mit der Folge des **Wiederauflebens der Haftung** des Treuhandkommanditisten gegenüber den Gesellschaftsgläubigern der Publikums-KG gemäß § 172 Abs. 4 Satz 1 HGB vor.[286] Wird der Treuhandkommanditist auf Grund dieser wieder aufgelebten Haftung von einem Gläubiger der Gesellschaft in Anspruch genommen, hat er bei vorgenommener Zahlung gegenüber dem ausgeschiedenen Treugeber insoweit einen Auslagenerstattungsanspruch,[287] sofern dem Gesellschafts- bzw. Treuhandvertrag nicht zu entnehmen ist, dass die Treuhandkommanditistin bei Einlagenrückgewähr die damit wieder neu begründete Haftung selbst zu tragen hat bzw. der Auslagenerstattungsanspruch des Treuhandkommanditisten (§§ 650, 670 BGB) vertraglich abbedungen wurde.[288]

**194** Hat der ausgeschiedene Treugeber vorgenannten Auslagenerstattungsanspruch dem Treuhandkommanditisten ersetzt, so erlangt er damit weder einen **Aufwendungsersatzanspruch** gegen die Publikums-KG oder deren Komplementär, noch kann er vom Treuhandkommanditisten Abtretung von Ansprüchen verlangen, die diesem gemäß § 426

---

[284] BGHZ 73, 294, 300–302.
[285] BGHZ 10, 44, 49 f.; BGH DB 1987, 1527.
[286] BGHZ 76, 127, 129.
[287] BGHZ 76, 127, 131.
[288] BGHZ 76, 127, 132.

Abs. 2 BGB gegen die KG zustehen könnten. Gerade im letzteren Falle hat der Treuhandkommanditist ein **Zurückbehaltungsrecht,** um nicht erneut in die Haftung zu geraten, wie dies gemäß §§ 172, 171 HGB der Fall wäre, wenn der ausgeschiedene Treugeber aus abgetretenem Recht Ersatz aus dem Vermögen der KG erhalten würde;[289] denn das Vermögen der KG würde dadurch in vergleichbarer Weise zu Lasten der Gesellschaftsgläubiger und zugunsten des Kommanditisten geschmälert, als ob dem Kommanditisten unmittelbar etwas aus dem Vermögen der KG zugewandt worden wäre.[290]

bb) Treuhänderpflichten. Der Treuhandkommanditist ist Gesellschafter der KG und hat folglich alle Rechte und Pflichten eines solchen Gesellschafters wahrzunehmen. Und der Treuhandkommanditist steht zugleich auf Grund Treuhandvertrages in einer Rechtsbeziehung zu den jeweiligen Treugbern, die ihm ebenfalls Pflichten abverlangen.[291] Läßt ein Treuhandkommanditist es zu, dass mit unzutreffenden, unvollständigen oder irreführenden Prospektangaben Dritte für ihn Treuhandverträge abschließen und damit zusammenhängende Vertragsverhandlungen führen, so muss er sich gemäß § 278 BGB solche Prospektmängel im Hinblick auf den durch Dritte vermittelten Vertragsabschluss zurechnen lassen.[292]

Damit sind **vorvertragliche Aufklärungspflichten** des Treuhandkommanditisten angesprochen,[293] potentielle Treugeber bereits vor Abschluss des Treuhandvertrages über alles aufzuklären, was für Kapitalanleger von Bedeutung sein könnte. Dazu kann auch gehören, darüber aufzuklären, dass der Hauptgesellschafter eines großen Vertriebsunternehmens zugleich Mehrheitsgesellschafter der Komplementärin der Beteiligungsgesellschaft ist[294] oder mit der Vermögensverwaltung betraute Personen vorbestraft sind.[295] Sieht sich ein Treuhandkommanditist dazu nicht in der Lage oder erachtet er dies als unzumutbar, so muss er entweder die Treuhänderstellung ablehnen oder den Beitrittsinteressenten jeweils darüber informieren, dass die an sich gebotene Prüfung von ihm nicht vorgenommen wurde,[296] andernfalls er wegen Verletzung vorvertraglicher und vertraglicher Pflichtverletzungen haften kann.[297] Dies gilt unabhängig davon, ob sich der Kapitalanleger als Treugeber selbst solche Informationen hätte beschaffen können.[298]

Schadensersatzansprüche gegen einen Treuhandkommanditisten, der Steuerberater ist, verjährten aus vorvertraglicher Haftung (cic bzw. jetzt § 311 Abs. 2 BGB) nicht nach § 68 StBerG aF sondern nach § 195 BGB aF,[299] sodass für solche Altansprüche Art. 229 § 6 Abs. 4 Satz 1 EGBGB, § 199 BGB nF galt. ABER: Gemäß § 199 Abs. 1 BGB beginnt die regelmäßige 3-jährige Verjährungsfrist des § 195 BGB mit dem Schluss des Jahres, in dem der Anspruch entstanden ist und der Gläubiger von den anspruchsbegründenden Umständen und der Person des Schuldners Kenntnis erlangt hat bzw. ohne grobe Fahrlässigkeit erlangen müsste. Sonstige Schadensersatzansprüche verjähren ohne Rücksicht auf diese subjektiven Komponenten in 10 Jahren von ihrer Entstehung an (§ 199 Abs. 3 Nr. 1 BGB). Es handelt sich um eine Verjährungshöchstfrist. Dies bedeutet für aus der Zeit vor dem

---

[289] BGHZ 93, 246, 249.
[290] Kritisch zur Begründung dieser Entscheidung *Hadding,* FS Fleck, S. 71.
[291] BGH WM 2003, 1772, 1773.
[292] BGHZ 84, 141, 143; BGH WM 1994, 2192, 2193; BGH NZG 2013, 980; OLG Celle 27.11.1996 – 11 U 59/96, n. V.; LG Bremen ZIP 2000, 1382; aA OLG Frankfurt NZG 1999, 819.
[293] BGH NJW 1995, 1025; BGH WM 2003, 1772, 1773; BGH WM 2008, 2355 Rn. 4; BGH WM 2009, 2358 Rn. 6.
[294] BGH NZG 2010, 750.
[295] BGH NZG 2013, 980.
[296] BGHZ 84, 141, 145; BGH WM 2003, 1772, 1773.
[297] BGH WM 2003, 1772, 1774; BGH NZG 2008, 742; BGH WM 2008, 2355 Rn. 4; OLG Karlsruhe WM 1997, 1476.
[298] BGH NJW 1998, 2969.
[299] BGH WM 2006, 860 Rn. 8; BGH WM 2006, 1621 Rn. 12.

31.12.2001 entstandene Schadensersatzansprüche, dass diese kenntnisunabhängig zum 31.12.2011 endgültig verjährten.

**198** Da es zu den Pflichten des Treuhandkommanditisten gehört, die Rechte des Treugebers sachverständig wahrzunehmen, hat er alles erforderliche zu tun, um dessen Beteiligung sowie ihren wirtschaftlichen Wert zu erhalten und zu mehren und demgemäß alles zu unterlassen, was dies gefährden könnte.[300] Folglich obliegt es dem Treuhandkommanditisten, sich die Kenntnis über die rechtlichen, wirtschaftlichen und finanziellen Grundlagen der Gesellschaft zu verschaffen, Mitwirkungs-, Kontroll- und Überwachungsrechte auszuüben und den Treugeber – bzw. im vorvertraglichen Bereich den Beitrittsinteressenten – über alle für ihn wesentlichen Punkte aufzuklären. Dazu gehören auch Informationspflichten des Treuhandkommanditisten über alles, was für die zu übernehmende Beteiligung von Bedeutung ist wie auch über regelwidrige Auffälligkeiten im Emissionsprospekt.[301] Die Darlegungs- und Beweislast für eine Pflichtverletzung des Treuhandkommanditisten obliegt dem klagenden Anleger.[302] Daneben obliegt dem Treuhänder gegenüber seinen Treugebern eine Informations- und Benachrichtigungspflicht, wozu folgendes gehört:

**199** – Rechenschafts- und (auf Verlangen) Auskunftspflicht, begrenzt durch die Erforderlichkeit und Zumutbarkeit;[303]

**200** – auf Verlangen von Treugebern Erteilung von Auskunft über Namen und Anschriften von Mitgesellschaftern bzw. Treugebern, wenn dies der Wahrnehmung mitgliedschaftsrechtlicher Kernrechte durch den Anfragenden dient[304] bzw. mittelbar Beteiligte untereinander eine GbR-Innengesellschaft bilden.[305] Die Auskunft kann sich auch auf die Beteiligungshöhe eines jeden Mitgesellschafters/Treugebers beziehen.[306] Auskunftspflichtig ist die Fondsgesellschaft und ihre Komplementärin, nicht die Treuhandkommanditistin.[307] Dagegen kann nicht der Einwand des Datenschutzes geführt werden. Um als mittelbarer oder unmittelbarer Gesellschafter Mitgliedschaftsrechte wahrnehmen zu können (zB Mehrheiten für bestimmte Beschlussgegenstände herzustellen), bedarf der Einzelne der Namen und Anschriften seiner Mitgesellschafter. Dies gilt gleichermaßen, wenn es darum geht, Kontroll- und Mitwirkungsrechte gegenüber der Treuhänderin auszuüben, wenn diesbezüglich die Gesellschafter sich untereinander austauschen müssen.[308]

**201** Dabei entstand die Frage, ob und ab wann ein Treuhänder in Ausübung dieser umfassenden Aufklärungs- und Wahrnehmungspflichten gegen das RBerG verstieß. Wäre der *Abschluss* von Treuhandverträgen des Treuhandkommanditisten, wenn er nicht Rechtsanwalt ist, mit Kapitalanlegern und der damit verbundenen Verschaffung einer mittelbaren Gesellschafterstellung einer „Lieferung von Gesellschaftsverträgen" vergleichbar, so konnte darin eine unerlaubte Rechtsberatung gesehen werden.[309] Aber die vom Treuhandkommanditisten abgeschlossenen Verträge sowie die ihr erteilten Vollmachten waren nichtig, wenn der Treuhandkommanditist

---

[300] BGHZ 73, 294, 297; BGHZ 84, 141, 144; BGH WM 2003, 1772, 1773.
[301] BGH NZG 2009, 218 Rn. 4; BGH NZG 2009, 380 Rn. 8 mwN; BGH WM 2009, 2358 Rn. 6; BGH NZG 2010, 231; OLG München WM 2012, 652, 653. Zur Gefahr für Geschäftsführer des Treuhandkommanditisten, auch persönlich gem. § 825 BGB in die Haftung genommen zu werden, siehe OLG München WM 2012, 652, 654 f.
[302] BGH WM 2009, 2358 Rn. 17.
[303] BGH WM 1984, 1164, 1165; BGHZ 137, 162, 169; LG Berlin NZG 2001, 375, 377. Zur Verjährung eines Auskunftsanspruchs: BGH 1.12.2011 – III ZR 71/11, NZG 2012, 75.
[304] OLG Hamburg NZG 2010, 317; OLG München WM 2011, 1941; OLG München BeckRS 2012, 10519.
[305] BGH NZG 2011, 276.
[306] OLG München WM 2011, 1941, 1945.
[307] OLG München WM 2011, 1941; OLG München WM 2011, 1562.
[308] OLG Frankfurt BeckRS 2009, 21902 = NZG 2009, 986; OLG München BeckRS 2012, 10519; LG Berlin NZG 2001, 375, 377.
[309] Ähnlich LG Itzehoe AnwBl 1997, 507; dazu *Wagner/von Heymann* WM 2003, 2222, 2223.

den Fondsbeitritt für Anleger besorgte.[310] Dieses Ergebnis konnte mit der Rechtsprechung des BGH[311] gem. §§ 171 Abs. 1, 172 Abs. 1 BGB nur dadurch vermieden werden, dass die Vollmachten im Original oder in notariell beurkundeter Ausfertigung vorlagen.

Eine ähnliche Fragestellung entsteht, wenn die Durchführung von Treuhandverträgen 202 (auch) rechtsbesorgenden Charakter hat, der Treuhänder aber kein Rechtsanwalt ist.[312]

Ob die Tätigkeit eines Treuhandkommanditisten, ausgeübt zB durch eine Steuerberatungs- 203 oder Wirtschaftsprüfungsgesellschaft, bei fehlender Genehmigung gegen Art. 1 § 1 Abs. 1 Satz 1 RBerG verstößt oder erlaubnisfreie Nebentätigkeit gem. Art. 1 § 5 Nr. 2 RBerG ist, war unklar.[313] Während der Treuhänder im Bauherren-, Bauträger-, Erwerbermodell ua Verträge prüft und abschließt – wenn nicht sogar zuvor vorgegeben hat – sowie ggf. Gewährleistungsrechte und andere Ansprüche für den Treugeber durchzusetzen hat und insoweit Rechtsbesorgung betreibt,[314] wobei es im Hinblick auf Art. 1 § 5 Nr. 1 bzw. 2. Tatsachenfrage ist, welche Intensität der Rechtsbesorgung damit verbunden ist, unterscheidet sich davon die Tätigkeit eines Treuhandkommanditisten. Dieser nimmt lediglich die Rechte von Kapitalanlegern als mittelbarer Gesellschafter wahr.[315]

Ob der Treuhandvertrag eines Treuhandkommanditisten wegen Verstoßes gegen Art. 1 204 § 1 RBerG unwirksam ist, ist an Hand folgender Gegenüberstellung zu würdigen:

Einerseits ist es Ziel des RBerG, fachlich ungeeignete und unzuverlässige Personen zum 205 Schutz der Rechtsuchenden und auch im Interesse einer reibungslosen Besorgung fremder Rechtsangelegenheiten fernzuhalten.[316] Andererseits dürfen davon betroffene Unternehmen im Hinblick auf Art. 12 Abs. 1 GG nicht unverhältnismäßig in ihrer Berufsausübungsfreiheit betroffen werden.[317] Eingriffe sind mithin nur dann mit Art. 12 Abs. 1 GG vereinbar, wenn sie durch ausreichende Gründe des Gemeinwohls gerechtfertigt werden.[318] Wollte man mittels des RBerG Steuerberatungs- und Wirtschaftsprüfungsgesellschaften als Treuhand-Kommanditisten ausschließen wollen, dann würden dafür seit Jahrzehnten prädestinierte Institutionen von einer für Kapitalanleger sinnvollen und nützlichen Tätigkeit ausgeschlossen werden und es würde in das Grundrecht dieser Gesellschaften gemäß Art. 12 Abs. 1 GG eingegriffen, ohne dass das Gemeinwohl dies erfordern würde.[319]

Hat eine Treuhandkommanditistin gegen zuvor beschriebene Pflichten verstoßen und ist 206 dadurch dem mittelbar Beteiligten ein Schaden entstanden, dann ist streitig, ob der mittel-

---

[310] BGH BKR 2006, 451 Rn. 10: „Nach der neueren Rechtsprechung bedarf derjenige, der ausschließlich oder hauptsächlich die rechtliche Abwicklung … eines Fondsbeitritts … für den Erwerber besorgt, der Erlaubnis nach Art. 1 § 1 RBerG. Ein … ohne dieser Erlaubnis abgeschlossener Geschäftsbesorgungsvertrag mit derart umfassenden Befugnissen ist nichtig. Die Nichtigkeit erfasste nach dem Schutzgedanken des Art. 1 § 1 in Verbindung mit § 134 BGB auch die der Treuhänderin erteilte umfassende Abschlussvollmacht."

[311] BGH BKR 2006, 451 Rn. 14 mwN.

[312] In diese Richtung BGH WM 2000, 2443, 2445.

[313] Für den Treuhänder bei einem Bauträgermodell als Sanierungsmodell verneinte BGH WM 2000, 2443, 2445 den Ausnahmetatbestand des Art. 1 § 5 Nr. 1 RBerG und befasste sich mit dem des Art. 1 § 5 Nr. 2 RBerG, weil es sich beim dortigen Treuhänder wohl um keinen Steuerberater oder Wirtschaftsprüfer gehandelt hatte. Dazu *Wagner/von Heymann* WM 2003, 2222, 2223.

[314] Diese Rechtsbesorgung ist aber, gemessen an der eigentlichen Treuhandabwicklung, nur eine Nebentätigkeit, weshalb dem BGH WM 2000, 2443, 2445 nicht zugestimmt werden kann, Art. 1 § 5 Nr. 1 RBerG für nicht einschlägig zu erachten.

[315] Dass die treuhänderische Verwaltung durch Wirtschaftsprüfer unter Art. 1 § 5 Nr. 2 RBerG fällt, hat der BGH entschieden: BGHZ 100, 132; BGHZ 102, 128. Nicht dagegen gehört dazu das Entwerfen neuer Verträge und Vertragsabwicklungen bei Kündigungen von Beteiligungen: LG Köln WM 1997, 2276.

[316] BVerfGE 41, 378, 390 f.; BVerfG 75, 246, 267, 275 f.; BVerfG 97, 12, 26 f.; BVerfG NJW 2002, 1190.

[317] BVerfG NJW 2002, 1190.

[318] BVerfGE 101, 331, 347; BVerfG NJW 2002, 1190.

[319] *Wagner/von Heymann* WM 2003, 2222, 2223 f.

bar Beteiligte nach Abtretung des Freistellungsanspruches gegen den dann sich in einen Zahlungsanspruch wandelnden Anspruch des Zessionars mit dem eigenen Schadensersatzanspruch aufrechnen kann (§ 406 BGB).[320]

**207**  **d) Gesellschafter- und Anlegerversammlung.** Die Rechtsprechung zur Publikums-KG hat sich bezüglich dieses Teilkomplexes insbesondere mit Fragen der Stimmrechte, des Bestimmtheitsgrundsatzes, der Inhaltskontrolle und der Treuepflichten sowie der Wirksamkeit von Beschlüssen befasst. Ob und inwieweit diese Grundsätze auf Beschlussfassungen der Anleger untereinander entsprechend anzuwenden sind, wenn diese nur mittelbar an der KG beteiligt sind und nicht über den Treuhandkommanditisten an Beschlussfassungen in der Gesellschaft selbst mitwirken, sondern quasi im Vorfeld der Gesellschafterversammlung zwecks eigener Meinungsbildung eine Anlegerversammlung abhalten, ist noch nicht abschließend entschieden.[321]

**208**  aa) Stimmrechte. Da die **Abspaltung des Stimmrechts** vom eigentlichen Mitgliedschaftsrecht unzulässig ist,[322] stellt sich bei der unechten Treuhand die Frage, inwieweit die Anlegerkommanditisten ihre Mitgliedschaftsrechte dem Treuhandkommanditisten zur Ausübung überlassen können, während es bei der Treuhand zu klären gilt, ob und inwieweit der Treuhandkommanditist seine Mitgliedschaftsrechte, insbesondere die Stimmrechte, zur Disposition der Treugeber stellen kann. Rechtsprechung und Literatur haben die an sich unzulässige Stimmrechtsabspaltung bei mittelbaren Beteiligungen an einer Publikums-KG unter bestimmten Voraussetzungen zugelassen:[323]

**209**  So hat der BGH[324] bei einer Publikums-KG ausnahmsweise eine Abspaltung des Stimmrechts von Treuhandkommanditisten auf den nur mittelbar Beteiligten sog „als ob Kommanditisten" zugelassen, wenn dem alle Gesellschafter der KG zugestimmt haben. Damit war die Folgefrage verbunden, ob diese zulässige Stimmrechtsabspaltung dann doch eine Abspaltung von Mitgliedschaftsrechten des Treuhandkommanditisten sei. Der BGH selbst ordnet diese rechtliche Stimmrechtsabspaltung nicht näher ein, die von ihm zitierte Literatur ist uneinheitlich: *K. Schmidt*[325] meint, die Zulässigkeit eines Stimmrechts zu Gunsten der nur mittelbar beteiligten Kapitalanleger sei keine willkürliche Abspaltung vom Mitgliedschaftsrecht des Treuhandkommanditisten, sondern nur eine Offenlegung und rechtliche Sanktionierung der *wirtschaftlich* bereits durchgehend vollzogenen Spaltung – nicht Abspaltung – der Mitgliedschaft. *Rechtlich* bleibe aber alleine der Treuhandkommanditist Träger der Mitgliedschaft. *Bälz*[326] und *P. Ulmer*[327] vertreten eine vergleichbare Auffassung, sodass, weil der BGH diese drei Literaturstellen zitiert,[328] daraus geschlossen werden kann, auch er neige dieser Auffassung zu. Auch *Fleck*[329] hält die Zuweisung eines Stimmrechts an Nichtgesellschafter für zulässig und *P. Ulmer*[330] wie schon *Wiedemann*[331] und *Flume*[332] umgehen die Frage des Abspaltungsverbotes durch das Konstrukt der Mitberechtigung des mittelbar Beteiligten, ähnlich der Mitberechtigung des

---

[320] Gegen Aufrechnungsbefugnis: BGH NZG 2012, 1024 Rn. 34–35 f.; OLG Frankfurt NZG 2010, 383; OLG Stuttgart NZG 2010, 716. Für Aufrechnungsbefugnis: OLG Karlsruhe NZG 2009, 1108, 1109.
[321] Dazu *Klöckner* BB 2009, 1313.
[322] BGHZ 3, 354, 357; BGH LM 3 105 HGB Nr. 6; BGHZ 20, 363 f.
[323] Umfassender Überblick bei *Loritz/Wagner*, Konzeptionshandbuch, Bd. 2, Rn. 162 ff.
[324] BGH NJW 1987, 2677; BGHZ 178, 271 Rn. 20; BGH WM 2011, 2327 Rn. 16.
[325] Gesellschaftsrecht, S. 1832.
[326] *Bälz* ZGR 1980, 1 95.
[327] *P. Ulmer* in MüKoBGB, 2. Aufl., § 705, Rn. 78.
[328] BGH NJW 1987, 2677.
[329] *Fleck,* FS Fischer, S. 107 ff., 117.
[330] *P. Ulmer,* FS Fleck, S. 383, 388.
[331] *Wiedemann,* Übertragung und Vererbung von Mitgliedschaftsrechten bei Handelsgesellschaften, 1965, S. 408 ff., 411, 416.
[332] *Flume,* Die Personengesellschaft, S. 456, 457.

§ 17 Die Beteiligung an Publikums-Kommanditgesellschaften

Nießbrauchers am Nießbrauchsgegenstand unter Überlagerung der Rechte des Bestellers.

*Loritz/Wagner*[333] schließlich merken an, ob es bei dieser Vielzahl an Begründungsvarianten für ein längst anerkanntes Faktum dann überhaupt noch einen beachtlich dogmatischen Grund und einen praktischen Nährwert habe, an der These festzuhalten, die Einräumung eines direkten Stimmrechts zu Gunsten des mittelbar beteiligten Kapitalanlegers sei zulässig, eine rechtliche Abspaltung vom Mitgliedschaftsrecht des Treuhandkommanditisten sei dies aber gleichwohl nicht.

Der BGH hat den **gesellschaftsvertraglichen Stimmrechtsentzug** für die GmbH[334] und die KG[335] zugelassen, sofern damit nicht einem stimmrechtslosen Gesellschafter dessen Rechtsstellung als Gesellschafter verkürzt wird oder er gegenüber anderen Gesellschaftern zu seinen Lasten ungleich behandelt wird, wie ihm auch nicht ohne seine Mitwirkung (Zustimmung) erhöhte Pflichten auferlegt werden dürfen. Wenn schon, so argumentiert die Literatur,[336] Mehrheitsentscheidungen oder die Konzentrierung von Stimmrechten der Gesellschafter in einem Organ der Gesellschaft zulässig seien, dann sei auch die vertragliche Gestaltung eines Stimmrechtsentzugs zulässig, ohne dass dadurch das Verbot der Stimmrechtsabspaltung berührt werde, welches wie zuvor ausgeführt, für die Publikums-KG ohnehin nicht durchgängig gilt.

Umstritten ist, inwieweit ein **Stimmrechtsausschluss** bei Interessenkollision bestehen kann.[337] Diese Frage kann dann dahinstehen, wenn, wie bei der Publikums-KG üblich, der Treuhandkommanditist Stimmrechte der Treugeber nicht in eigener Machtvollkommenheit, sondern nach Weisung ausübt.

Das Gegenteil des Stimmrechtsentzugs ist die **Zubilligung von erhöhten oder mehrfachen Stimmrechten,** was, von Ausnahmefällen abgesehen, beim BGH[338] auf keine rechtlichen Bedenken stößt.

Unter der vom BGH[339] zugelassenen **Stimmrechtsbindung** wird die schuldrechtliche Verpflichtung zB des Treuhandkommanditisten verstanden, nur so abzustimmen, wie dies den jeweiligen Weisungen des Treugebers entspricht. Anderenfalls steht dem Treugeber ein Erfüllungsanspruch zu, der gemäß § 894 ZPO nach entsprechender Titulierung vollstreckbar ist, nämlich seitens des Treuhandkommanditisten so abzustimmen, wie er, der Treugeber, dies wünscht. Eine Kollision mit dem Verbot der Stimmrechtsabspaltung hat der BGH nicht angenommen.

Sog **Vertreterklauseln,** wonach Gesellschafter sich bei Ausübung ihres Stimmrechts vertreten lassen können, werden von der Rechtsprechung,[340] abgesehen von Missbrauchs- oder Überdehnungsfällen, für rechtlich zulässig erachtet.

bb) Bestimmtheitsgrundsatz. Der in früheren Entscheidungen des BGH[341] angesprochene sog Bestimmtheitsgrundsatz besagte, dass Mehrheitsbeschlüsse auch ohne ausdrückliche gesellschaftsvertragliche Regelung auf Grund ergänzender Vertragsauslegung dann gefasst werden könnten, wenn für jeden einzelnen Beschlussgegenstand, für den das Prinzip der Einstimmigkeit beseitigt werden solle, ein dahingehender Vertragswille eindeutig feststellbar sei, wobei es für den Fall von Mehrheitsentscheidungen nicht für erforderlich erachtet wurde, dass jeder Gesellschafter das Beschlussprotokoll unterschreiben müsse.[342]

---

[333] *Loritz/Wagner,* Konzeptionshandbuch, Bd. 2, Rn. 174.
[334] BGHZ 14, 264, 269 ff.
[335] BGHZ 20, 363, 369.
[336] *Flume,* Die Personengesellschaft, 1977, S. 210.
[337] Überblick bei Ulmer in MüKoBGB, 4. Aufl. 2004, § 709 Rn. 65 f. und *Wagner,* Die Massenkommanditgesellschaft, S. 54–59.
[338] BGHZ 20, 363, 370.
[339] BGHZ 48, 163, 169 ff.
[340] BGH LM, § 723 BGB, Nr. 11; BGHZ 46, 291.
[341] BGHZ 66, 82, 85; BGHZ 69, 160, 166.
[342] BGHZ 66, 82, 87.

Der Bestimmtheitsgrundsatz gilt aber nach der Rechtsprechung des BGH bei Publikumspersonengesellschaften im Grundsatz nicht mehr.[343] Allerdings müssen gesellschaftsvertragliche Mehrheitsklauseln, die vom Einstimmigkeitsprinzip abweichen sollen, sehr wohl dem Bestimmtheitsgrundsatz entsprechen.[344]

217 Den **Grundsatz der Einstimmigkeit,** der nur in vorgenannten Fällen ergänzender Vertragsauslegung zugunsten von Mehrheitsbeschlussfassungen abbedungen werden konnte, kehrte der BGH in seiner Entscheidung vom 13.3.1978[345] in den Grundsatz der Zulässigkeit von Mehrheitsentscheidungen um. Regelt der Gesellschaftsvertrag nichts anderes (§ 709 Abs. 2 BGB), sind Beschlüsse grundsätzlich einstimmig zu fassen (§§ 161 Abs. 2, 105 Abs. 3 HGB, 709 Abs. 1 BGB). *Ob* der Gesellschaftsvertrag von diesem Einstimmigkeitsgrundsatz abweichend Mehrheitsbeschlüsse zulässt, muss sich entweder aus dem Wortlaut des Gesellschaftsvertrages oder aus dessen Auslegung ergeben.[346] *Welche* Mehrheit wofür erforderlich ist, muss sich ebenfalls aus dem Gesellschaftsvertrag oder dessen Auslegung ergeben.[347] Soll eine gesellschaftsvertragliche Mehrheitsklausel geändert werden, so hat der BGH zur Frage der Mehrheitserfordernisse entsprechender Beschlussfassungen Folgendes entschieden: Ob Mehrheitsklauseln in einem Gesellschaftsvertrag, die für bestimmte Beschlussgegenstände eine qualifizierte vorgeben, nur mit derselben Mehrheit beseitigt werden können, hat der BGH noch offen gelassen.[348] Schreibt der Gesellschaftsvertrag für bestimmte Beschlussgegenstände Einstimmigkeit aller Gesellschafter vor, so kann die Abänderung dieser gesellschaftsvertraglichen Regelung per Beschluss – auch im schriftlichen Umlaufverfahren – erfolgen und dabei eine qualifizierte Mehrheit ausreichen, sofern Beschlussgegenstand nicht Eingriffe in Sonderrechte von Gesellschaftern oder in den Kernbereich von Gesellschafterrechten gegeben sind; im letzteren Fall wäre Einstimmigkeit aller Gesellschafter erforderlich.[349] Sind die formalen Voraussetzungen erfüllt, ist quasi auf einer zweiten Ebene zu prüfen, ob der gefasste Beschluss eine treuwidrige Ausübung der Mehrheitsmacht darstellt.[350]

218 Der Grundsatz der Zulässigkeit von Mehrheitsentscheidungen wurde vom BGH inzwischen weiter verfestigt. So können Gesellschafter vereinbaren, dass der Gesellschaftsvertrag, auch soweit er die Grundlagen des Gesellschaftsverhältnisses regelt, mit Mehrheit geändert werden kann, ohne dass sie gleichzeitig die Beschlussgegenstände im Einzelnen bezeichnen müssten.[351] Mehrheitsbeschlüsse, die in den Kernbereich von Rechten der Gesellschafter eingreifen, sind auch ohne deren Zustimmung wirksam, wenn sie gemäß § 242 BGB eigentlich verpflichtet wären, solchen Beschlüssen zuzustimmen,[352] womit die frühere Zustimmungsverpflichtung[353] in eine **Rechtfertigung von Mehrheitsbeschlussfassungen** abgewandelt wurde. Und schließlich können Beschlüsse zur Entnahme von Liquidität sogar mit einfacher Mehrheit gefasst werden.[354]

---

[343] BGHZ 66, 82; BGHZ 69, 160, 165 f.; BGHZ 71, 53, 58; BGH NJW 1985, 972, 973; BGH DB 2013, 49 Rn. 25; kritisch *K. Schmidt* ZGR 2008, 1, 13 f.

[344] BGHZ 170, 283 Rn. 9: zB Mehrheitsentscheidungen betr. Nachschüsse, mit denen in den Kernbereich eingegriffen wird. Zur Kernbereichslehre: *K. Schmidt* ZGR 2008, 1, 17 f. und Belastungsverbot aaO S. 19 f.

[345] BGHZ 71, 53, 58; vgl. *Stimpel,* FS Fischer, S. 771, 779; *Kellermann,* FS Stimpel, S. 295, 301.

[346] BGH DB 2013, 49 Rn. 22.

[347] BGH NZG 2013, 57 Rn. 23.

[348] BGH NZG 2013, 57 Rn. 27.

[349] BGH NZG 2013, 57 Rn. 37–38.

[350] BGH NZG 2013, 57 Rn. 35, 39, 41.

[351] BGHZ 85, 350, 358; so auch außerhalb der Publikums-KG *K. Schmidt* ZHR 158 (1954), 205, 206 ff. mwN.

[352] BGH NJW 1985, 974.

[353] BGHZ 64, 253, 237 f.

[354] BGH DB 1982, 1104; zum derzeitigen Stand der Diskussion siehe Überblick in BGH ZIP 1994, 1942, 1943 mwN; *K. Schmidt* ZHR 158 (1994), 205; *Herrmann* ZGR 1996, 103; *Kraffel/König* DStR 1996, 1130 jeweils mwN.

*Heid*[355] hat dargelegt, Mehrheitsbeschlüsse böten sich bei Publikums-KGs als Instrument des Kapitalanlegerschutzes an, da die Anleger in der Regel in der Mehrheit seien. Vor diesem Hintergrund stelle sich dann aber nachträglich das Problem des Schutzes der Gründungsgesellschafter als Minderheitengesellschafter, weshalb *Heid* regelmäßig einen Beschlussgrund fordert, weil nur auf diese Weise eine Willkürherrschaft der Mehrheit der Kapitalanleger verhindert werden könne. Zudem müsse beachtet werden, dass sich eine Abweichung vom Gesellschaftsvertrag kraft Mehrheitsbeschlussfassung nur anbiete, wenn dies im Interesse des Verbandes, also der Gesellschaft – die er nicht mit den Interessen der Gesellschafter gleichsetzt –, erforderlich sei.

Mehrheitsbeschlüsse böten sich auch dafür an, unwirksame Bestimmungen des Gesellschaftsvertrages oder Vertragslücken zu ersetzen bzw. auszufüllen.[356]

cc) Inhaltskontrolle. Mit Urteil vom 14.4.1975,[357] also noch vor Inkrafttreten des AGB-Gesetzes Ende 1976, hatte der BGH entschieden, Gesellschaftsverträge einer Publikums-KG unterlägen einer Inhaltskontrolle nach § 242 BGB. Darunter wird eine **gerichtliche Billigkeits- bzw. Angemessenheitskontrolle** vertraglicher Regelungen verstanden, womit eine der Sittenwidrigkeitsschranke vorgelagerte Vertragskontrolle ausgeübt wird.[358]

Diese Rechtsprechung des BGH[359] stellte einen gravierenden Eingriff in das Vertragsrecht dar, in welchem der Grundsatz galt, dass die Vertragsparteien selbst bestimmen können, was sie für angemessen oder unangemessen hielten, sodass jeder Vertragspartner die Freiheit hatte – aus welchen Gründen auch immer –, einen für sich selbst auch nachteiligen Vertrag abzuschließen. Waren Verträge im Übrigen lückenhaft, so waren sie unter Ermittlung des Willens der Vertragsparteien auszulegen.

Mit der Inhaltskontrollrechtsprechung des BGH wurde von diesen Grundsätzen für die Publikums-KG abgewichen, indem das Gericht die Angemessenheit von Vertragsklauseln vermeintlich objektiv ermittelte, sodass das Instrument der **ergänzenden Vertragsauslegung** unter Einbeziehung des subjektiven Willens der Beteiligten für diesen Bereich abgeschafft wurde.[360]

Folglich ist diese Rechtsprechung des BGH auf herbe Kritik, aber auch auf Zustimmung, gestoßen. Kritikpunkte waren ua: Die gerichtliche Inhaltskontrolle sei eine Einschränkung der Privatautonomie, ohne dass es einen allgemeinen Rechtssatz des Inhalts gebe, dass vertragliche Gestaltungen unterhalb der Schwelle der Sittenwidrigkeit nichtig, weil unangemessen seien. Gemäß § 23 Abs. 1 AGB (jetzt § 310 Abs. 4 BGB) finde das **AGB-Gesetz** auf Gesellschaftsverträge keine Anwendung, sodass folglich eine Inhaltskontrolle außerhalb dieses Gesetzes die Wertentscheidungen des Gesetzgebers negiere.[361]

Ausgehend vom **Schutzbedürfnis der Kapitalanleger**, die gegenüber den Gründungsgesellschaftern in anonymer Rechtsbeziehung stehen und keinen Einfluss auf die gesellschaftsvertragliche Gestaltung haben, ist das Bemühen des BGH um einen Interessenausgleich positiv zu würdigen. Ein gewisses Unbehagen bleibt aber bezüglich der nicht ausreichenden rechtsdogmatischen Absicherung: Zwar hat das BVerfG in seiner Entscheidung vom 1.3.1979[362] zur Frage des gesellschaftsvertraglichen Typenzwangs bei größeren Kapitalgesellschaften der Rechtsprechung gewisse Freiheiten eingeräumt; es fragt sich jedoch, ob dies auf den Komplex der Inhaltskontrolle bei Publikumspersonenhandelsgesellschaften qua Richterrecht so ohne weiteres übertragen werden kann, da der Gesetzgeber es

---

[355] Mehrheitsbeschluss, S. 104–133.
[356] *Heid,* Mehrheitsbeschluss, S. 136–353.
[357] BGHZ 64, 238, 241.
[358] *Kreutz* ZGR 1983, 109, 113.
[359] Fortgeführt in BGHZ 81, 263; BGHZ 84, 11; BGH DB 1988, 1375; BGHZ 102, 172; 104, 50.
[360] Für die Möglichkeit ergänzender Vertragsauslegung bei geschlossenen Immobilienfonds: OLG Frankfurt ZIP 2013, 975.
[361] *Kreutz* ZGR 1983, 109, 113–117.
[362] BVerfGE 50, 290, 355.

in der Hand gehabt hätte, jedenfalls insoweit das AGB-Recht auf das Gesellschaftsrecht anzuwenden. Dies hat er aber ausweislich § 310 Abs. 4 BGB gerade nicht getan.

226 Diese auf die Grundsatzentscheidung des Gesetzgebers zielende Frage, die §§ 305 ff. BGB auf das Gesellschaftsrecht nicht anzuwenden (§ 310 Abs. 4 BGB), tritt verfassungsrechtlich seit der Entscheidung des BVerfG vom 19.10.1993[363] zurück, die Zivilgerichten bei der Konkretisierung von § 138 und § 242 BGB ausdrücklich die Pflicht auferlegt, eine Inhaltskontrolle dort durchzuführen, wo strukturelle ungleiche Verhandlungspositionen gegeben sind. Dies ist auch und gerade bei Publikumsgesellschaften gegeben, wo der Kapitalanleger überhaupt nicht verhandeln kann, sondern sich nur für oder gegen den Beitritt entscheiden kann, womit die Inhaltskontrollrechtsprechung des BGH nunmehr auch verfassungsrechtlich abgesichert ist.

227 dd) **Wirksamkeit von Beschlüssen.** Werden Beschlüsse gefasst, die gegen den Gesellschaftsvertrag verstoßen, so sind diese grundsätzlich unwirksam, da Gesellschafter nur im Rahmen des gesellschaftsvertraglich Zulässigen an Beschlüsse gebunden werden können. Leitet mithin ein Gesellschafter aus Beschlüssen, statt aus dem Gesellschaftsvertrag, Rechte ab, dann hat er insoweit die materiellen und formellen Voraussetzungen darzutun.[364] Ob und inwieweit das Thema satzungsdurchbrechender Beschlüsse analog auf Beschlüsse in der Publikums-KG angewandt werden kann, wenn solche Beschlüsse abseits der gesellschaftsvertraglichen Regelungen mit einer für Gesellschaftsvertragsänderungen ausreichenden qualifizierten Mehrheit erfolgen, ist für die Publikums-KG noch abschließend entschieden. Entschieden ist lediglich, dass die langjährige Änderung einer bestimmten Gesellschafterpraxis zu einer stillschweigenden Änderung des Gesellschaftsvertrages führen kann.[365]

228 Beruft sich ein Gesellschafter auf die Nichtigkeit von Beschlüssen, hat er **substantiiert** Gründe darzulegen.[366] Nicht ausreichend ist die Behauptung, nicht ordnungsgemäß geladen worden zu sein, wenn nicht zugleich dargelegt wird, in wieweit dies die Abstimmung beeinflusst habe.[367]

229 Kommt es zum Streit über die Wirksamkeit von Beschlüssen der Gesellschafter, ist ein solcher Streit im Wege der Festellungsklage[368] auch bei der Publikums-KG unter den Gesellschaftern und nicht mit der Gesellschaft auszutragen,[369] es sei denn, im Gesellschaftsvertrag ist geregelt, dass eine solche Klage gegen die Gesellschaft zu richten ist[370] oder die Gesellschafterversammlung fasst diesbezüglich ad hoc einen entsprechenden Beschluss.[371] Bei entsprechender gesellschaftsvertraglicher Regelung erfordert ein solcher Beschluss eine ¾-Mehrheit der abgegebenen Stimmen,[372] wobei die Beschlussfassung auch im schriftlichen Verfahren erfolgen kann und dann statt dessen auf die Mehrheit der sich am schriftlichen Beschlussverfahren beteiligenden Gesellschafter abzustellen ist.[373] Die Komplementär-

---

[363] BVerfG DNotZ 1994, 523 (BVerfGE 89, 214) mit kritischer, zutreffender Anmerkung von *Loritz*. Dazu auch zusammenfassend: *Wagner* HdB, Fach 4310, Rn. 44–50.

[364] BGH WM 1982, 608.

[365] BGH NZG 2005, 625.

[366] BGB DB 1987, 1037.

[367] BGH DB 1987, 1037 f.

[368] BGH NJW 1999, 3113: Im Personengesellschaftsrecht gibt es diesbezüglich keine sich an § 246 I AktG orientierende Klagefrist, maßgebend können nur die Grundsätze der Verwirkung sein (BGH WM 1990, 675, 676 f.; BGHZ 112, 339, 344), es sei denn, dies wäre im Gesellschaftsvertrag anders geregelt (BGH ZIP 1995, 460; BGHZ 68, 212, 216). Ferner: BGH 1.3.2011 – II ZR 83/09, WM 2011, 544 Rn. 19.

[369] BGH NJW 1999, 3113; BGH 1.3.2011 – II ZR 83/09, WM 2011, 544 Rn. 19; *Mülbert/Gramse* WM 2002, 2085, 2089.

[370] BGH WM 1990, 675, 676; BGH WM 1995, 615, 616; BGH 1.3.2011 – II ZR 83/09, WM 2011, 544 Rn. 19; BGH DB 2013, 49 Rn. 14; *Mülbert/Gramse* WM 2002, 2085, 2089.

[371] BGH WM 1990, 309, 310; *Mülbert/Gramse* WM 2002, 2085, 2090.

[372] BGH DB 2013, 49 Rn. 17.

[373] BGH DB 2013, 49 Rn. 18.

GmbH bzw. der Komplementär ist nicht alleine deshalb befugt, Gesellschafter bei einem solchen Streit zu vertreten, weil man seitens des Komplementärs bevollmächtigt war oder ist, Beitrittsverträge mit neu beitretenden Gesellschaftern abzuschließen. Eine Ausnahme von diesen Grundsätzen gilt dann, wenn im Gesellschaftsvertrag selbst bestimmt ist,[374] dass die Nichtigkeit von Gesellschafterbeschlüssen gegenüber der Gesellschaft geltend zu machen ist[375] oder die Gesellschaft berechtigt sein soll, die Wirksamkeit von Beschlüssen gegenüber den diese bestreitenden Gesellschaftern feststellen zu lassen.[376]

**e) Geschäftsführender Kommanditist.** Geschlossene Fonds in der Rechtsform der Publikums - GmbH & Co. KG mit unmittelbar beteiligten Kapitalanlegern als Kommanditisten setz(t)en oft einen geschäftsführenden Kommanditisten ein, um die steuerlichen Einordnung der Fondseinkünfte als gewerbliche Einkünfte zu entgehen.[377] Da Kommanditisten normalerweise gem. § 164 HGB von der organschaftlichen Geschäftsführung ausgeschlossen sind, geschieht dies durch entsprechende gesellschaftsrechtliche Regelungen wie auch dem geschäftsführenden Kommanditisten zusätzlich Prokura eingeräumt wird. Diskutiert wird, ob und falls ja, unter welchen Voraussetzungen, ein geschäftsführender Kommanditist einer Prospekthaftung ausgesetzt sein kann.[378]

**5. Kapitalsicherung. a) Beitragssplitting.** Unter diesem von *Brandes*[379] verwandten Begriff wird die Verpflichtung des Anlegers verstanden, seinen Kapitalbeitrag in aufgeteilter Form zu erbringen, zB als Kommanditeinlage nebst Darlehen oder stille Beteiligung. Die Gründe waren teils gesellschaftsrechtlicher, teils steuerlicher Natur.

Da die Erbringung der Geldleistungen in der Regel für die Erreichung des Gesellschaftszwecks der Publikums-KG unerlässlich ist,[380] ist der BGH bei einer solchen Koppelung von einer Zusammenrechnung der Einlageverpflichtungen ausgegangen[381] und zwar iS einer Vermutung einer **zusammengesetzten Pflichteinlage**.[382]

Als Folge dieser Koppelung haben stille Beteiligungen bzw. Darlehen wie auch die Kommanditeinlage Eigenkapital- und nicht Fremdkapitaleigenschaft,[383] wie beide auch Bestandteil einer Haftsumme sein können.[384]

**b) Ausschüttungen.** Kapitalanleger werden oft mit bestimmten Prozentsätzen jährlich zu erwartender Ausschüttungen geworben, obwohl sich dahinter oft nur Auszahlung von **Liquidität statt Gewinn** verbirgt.[385] Man spricht in solchen Fällen auch von – im Insolvenzfall der KG anfechtbaren – ausgeschütteten Scheingewinnen.[386] Gesellschaftsrechtlich ist dabei folgendes zu beachten:

Das HGB wie auch die Mehrzahl von Gesellschaftsverträgen differenziert bei Kommanditisten zwischen dem **Kapitalkonto** und dem **Gewinnkonto**. Das in der Regel festgeschriebene Kapitalkonto I. hat zunächst die Funktion, die geleistete Einlage zu verdeutlichen und daran auch die Beteiligung des Kommanditisten am Wert der Gesellschaft sowie

---

[374] BGH NJW 1999, 3113: Bei einer fehlenden Regelung kann im Wege der Auslegung ermittelt werden, ob der Gesellschaftsvertrag davon ausgeht.
[375] BGH ZIP 1995, 460; BGH NJW 1999, 3113.
[376] BGH WM 1983, 785.
[377] *Kind/Oertel* BKR 2009, 329, 330 mwN.
[378] *Kind/Oertel* BKR 2009, 329.
[379] WM 1987, Beilage 1, S. 13.
[380] BGHZ 70, 61, 63; BGH WM 1978, 898; 1980, 332; 1981, 761; 1982, 742f.; BGHZ 93, 159, 161.
[381] BGHZ 69, 160, 170.
[382] BGHZ 70, 61, 63; 93, 159, 161.
[383] BGH DB 1985, 480.
[384] BGH DB 1982, 1818; nach BGH BB 1988, 1084 gilt dies inzwischen auch für die „normale" GmbH & Co. KG.
[385] *Wagner* DStR 2008, 563. Zu Ausschüttungen in Verlustjahren bei Publikums-KGs siehe *Loritz* NZG 2008, 887.
[386] BGH WM 2011, 659 Rn. 8f.

seine Stimmrechte auszurichten; zugleich soll in der Regel das Kapitalkonto I. als gesellschaftsvertraglich vorgegebener Gewinn- und Verlustverteilungsschlüssel dienen. Gewinne sollen dagegen regelmäßig dem Kapitalkonto II. zugeschrieben werden (§ 167 Abs. 2 HGB). Werbliche Anpreisungen von jährlich mindestens 6%igen Ausschüttungen mit Steigerungsprozentsätzen würden mithin bedeuten, dass der sich aus Kapitalkonto II. ergebende jährliche Gewinn dem entsprechen und sich auf Kapitalkonto II. wiederfinden müßte.[387] Dies ist in der Praxis aber nicht immer der Fall, sodass „Ausschüttungen", die über die aus Kapitalkonto II. ersichtlichen Gewinne hinausgehen, in Wirklichkeit bezüglich des überschießenden Betrages Entnahmen sind, die, wenn das Kapitalkonto II. bei voll ausgeschütteten Gewinnen auf Null steht, eine haftungsschädliche Einlagenrückgewähr bedeuten, wenn dadurch die im Handelsregister eingetragene Haftsumme unterschritten wird.[388]

**236** Getrennt von diesem Haftungsrisiko ist das bei notleidenden geschlossenen Publikums-KGs aufgetretene Problem zu sehen, dass solche Ausschüttungen, die keine Gewinnausschüttungen sind, mitunter Jahre später zurückgefordert werden,[389] sei es durch die Publikums-KG bzw. deren Insolvenzverwalter[390] direkt, sei es nach Zession durch Zessionare. Handelte es sich bei „Ausschüttungen" um keine Gewinnausschüttungen sondern um die Entnahme von Liquidität, so war dieser Umstand wie auch dessen Folgen für den Kapitalanlagevertrieb und Gründungsgesellschafter aufklärungspflichtig und zudem im Prospekt ausweispflichtig.[391] Zwar besteht gem. § 169 Abs. 1 Satz 1 HGB für Kommanditisten ein gewinnunabhängiges Entnahmeverbot, aber dieses ist disponibel. Wurde im Gesellschaftsvertrag und Prospekt geregelt bzw. ausgewiesen, dass eine gewinnunabhängige Entnahme von Liquidität möglich sein soll und wurde über die Folgen aufgeklärt, dann war/ist dies nicht zu beanstanden und Rückforderungen solcher Ausschüttungen wären nicht statthaft gewesen.[392] Weil dies aber nicht der Regelfall war, führte dies zur Rückforderung von Ausschüttungen, dem betroffene Anleger kapitalanlagerechtliche Schadensersatzansprüche bzw. Prospekthaftungsansprüche hätten entgegenhalten können.[393]

**237** Inzwischen hat der BGH[394] bei der Rückforderung gewinnunabhängiger Ausschüttungen, die Kommanditisten gewährt worden waren, für eine erfreuliche Klarstellung gesorgt. Eine solche Rückforderung habe nur dann zu erfolgen, wenn der Gesellschaftsvertrag dies deutlich vorsehe. Dieserhalb bestehende Unklarheiten des Gesellschaftsvertrages gingen im Rahmen der Inhaltskontrolle zu Lasten der Gesellschaft.

**238** Solche Haftungsrisiken sind sicherlich bei unechten Treuhandkonzeptionen für mittelbar beteiligte Kapitalanleger vermieden, weil für diese § 172 Abs. 4 HGB direkt nicht gilt. Aber abgesehen davon, dass die werbliche Anpreisung einer zB 6%igen Ausschüttung in solchen Fallen nicht zutreffend ist, wenn ein Teil des Ausgeschütteten in Wirklichkeit Entnahme von Liquidität bzw. Einlagerückgewähr ist, ist es jeweils eine Frage der gesellschaftsvertraglichen Gestaltung, ob und inwieweit der uU von Gläubigern in Anspruch genommene Treuhandkommanditist im Falle wieder aufgelebter Haftung im Innenverhältnis zu seinen Treugebern in Höhe der Haftungsinanspruchnahme diese weitergeben kann,[395] wenn er einen vertraglichen oder gesetzlichen Freistellungsanspruch (§§ 675, 670, 257 BGB) gegen diese geltend macht.

**239** Erfolgen Ausschüttungen nicht aus Gewinnen sondern mangels Gewinnen in Form von Liquidität, dann handelt es sich handelsrechtlich um Einlagerückgewähr und steuerrecht-

---

[387] *Loritz* NZG 2008, 887, 888; *Wagner* DStR 2008, 563.
[388] Zum Gesamtkomplex der Gesellschafterkonten *Huber* ZGR 1988, 1; *Loritz* NZG 2008, 887, 891.
[389] *Wagner* DStR 2008, 563.
[390] *Wagner* DStR 2008, 563.
[391] *Wagner* DStR 2008, 563 f.
[392] *Wagner* DStR 2008, 563, 564 f.
[393] *Wagner* DStR 2008, 563, 565 f.
[394] BGH NZG 2013, 738.
[395] Z. B. in anderem Zusammenhang BGHZ 76, 127.

lich um nicht steuerbare Rückzahlungen des eingezahlten Kapitals statt um steuerpflichtige Scheinrenditen.[396]

**c) Gesellschafterdarlehen.** Gerade durch die Rechtsprechung des BGH zur Behandlung von Darlehen beim Beitragssplitting hat für die Publikums-GmbH & Co. KG § 172a HGB sowie die Rechtsprechung des BGH zur Kapitalsicherung besondere Bedeutung erlangt. Die Folge der rechtlichen Einordnung eines Gesellschafterdarlehens als **kapitalersetzend** ist, dass dieses in der Insolvenz der Publikums-GmbH & Co. KG nicht angemeldet werden kann, die Auszahlung für 1 Jahr der Insolvenzanfechtung unterliegt und dann, wenn das Darlehen zu einem Zeitpunkt zurückgezahlt wird, zu dem das Vermögen der GmbH & Co. KG das Stammkapital der GmbH nicht mehr deckt, zusätzlich zugunsten der KG ein Erstattungsanspruch analog § 31 GmbHG entsteht.[397]

Ähnliches gilt, wenn das dem Kommanditisten gemäß Kapitalkonto II. zustehende Guthaben auf Grund der gesellschaftsvertraglichen Regelungen als kapitalersetzendes Gesellschafterdarlehen zu bezeichnen ist,[398] was sich dann auf mittelbar beteiligte Kapitalanleger auswirkt, wenn diese im Falle der Beteiligung wie ein Kommanditist zur Rückzahlung ebenso verpflichtet wären wie der Treuhandkommanditist selbst.

**d) Haftung.** Der Kommanditist schuldet gegenüber der KG bzw. seinen Mitgesellschaftern die im Gesellschaftsvertrag vereinbarte Einlage (Pflichteinlage). Er haftet gegenüber Dritten in Höhe der im Handelsregister eingetragenen Summe (Haftsumme),[399] sofern er seine diesbezügliche Einlage (noch) nicht erbracht hat (§§ 171 Abs. 1, 172 Abs. 1 HGB) oder sie wieder entnommen hat (§ 172 Abs. 4 HGB).[400] Zu letzterem wird man auch zählen müssen, wenn an Kommanditisten „Ausschüttungen" von Liquidität vorgenommen werden, obwohl es keinen ausschüttungsfähigen Gewinn gibt.[401] Wird ein Kommanditist, der seine Einlage nicht voll erbracht hat oder dem sie zurückgewährt worden ist, an Stelle der KG in Anspruch genommen, dann kann er Einwendungen gegen einen gegen die KG ergangenen rechtskräftigen Titel nicht mehr geltend machen, die die materielle Berechtigung der titulierten Forderungen betreffen. Insoweit erstreckt sich die Rechtskraftwirkung der gegen die Gesellschaft ergangenen Entscheidung auch auf ihn. Ihm bleiben insoweit nur die Einwendungen, die auch von der Gesellschaft (etwa im Wege der Vollstreckungsgegenklage nach ZPO § 767) noch geltend gemacht werden können.[402]

Fraglich ist, ob es gem. § 172 Abs. 4 HGB haftungsrechtliche Folgen hat, wenn die Publikums-KG durch (Sonder-)Abschreibungen über erhebliche steuerliche Verluste verfügt, die steuerlich zu negativen Kapitalkonten führen, und gleichwohl Ausschüttungen an Kommanditisten getätigt werden.[403]

Gem. § 167 Abs. 3 HGB nimmt der Kommanditist am Gewinn und Verlust bis zum Betrag seines Kapitalanteils und seiner noch rückständigen Einlagen teil, womit die Pflichteinlage gemeint ist. § 167 Abs. 1 HGB verweist auf § 120 HGB, wonach der Gewinn und Verlust sowie der Anteil eines jeden Gesellschafters daran auf Grund einer Bilanz ermittelt

---

[396] *Loritz* NZG 2008, 887, 892.
[397] BGHZ 67, 171; 90, 370; umfassend: *H. P. Westermann*, FS Fleck, S. 423.
[398] *Huber* ZGR 1988, 1, 37.
[399] *Peters* RNotZ 2002, 425, 426.
[400] Haftet ein Kommanditist Dritten nicht, zahlt aber gleichwohl an Stelle der KG auf eine Schuld der KG, so kann er nicht nur die KG gemäß § 110 HGB auf Aufwendungsersatz in Anspruch nehmen, sondern kann den Komplementär nach § 426 BGB in gleicher Weise in Anspruch nehmen, als hätte er selbst auch die Stellung eines Komplementärs: BGH NZG 2002, 232. Wird ein nicht zweckgebundenes Agio an den Kommanditisten zurückgezahlt, führt dies nicht zum Wiederaufleben der Kommanditistenhaftung: LG Hamburg 3.6.2004 – 326 O 209/03, NZG 2005, 76; *Bollensen/Dörner* NZG 2005, 66 f.
[401] Zur persönlichen Kommanditistenhaftung bei Agiorückzahlung: BGH 5.5.2008 – II ZR 105/07, NZG 2008, 506.
[402] OLG Düsseldorf NZG 2001, 890.
[403] *Weimar* DStR 1997, 1730, 1731.

wird. Dies ist gem. §§ 242 Abs. 1 Satz 1, 266 HGB die Handelsbilanz, von der im Grundsatz auszugehen ist, sodass es nicht auf die Steuerbilanz ankommt. Es kann aber passieren, dass steuerrechtliche Vergünstigungen davon abhängig sind, dass sie in der Handelsbilanz berücksichtigt worden sind (umgekehrte Maßgeblichkeit der Steuerbilanz für die Handelsbilanz). Und für diese Fälle stellt sich die von *Weimar*[404] thematisierte Frage, ob Ausschüttungen trotz negativer Kapitalkonten, wenn damit im Handelsregister eingetragenen Haftsummen unterschritten werden, zum Wiederaufleben der Haftung gem. § 172 Abs. 4 HGB wegen Einlagenrückgewähr führen.

245 Der BGH judizierte 1989, im Verhältnis zu Gläubigern habe der Kommanditist Vermögen,

„das die geleistete Haftsumme abdeckt, der Gesellschaft ebenso zu belassen wie Gewinne, die benötigt werden, um eine verlustbedingte Unterdeckung der geleisteten Haftsumme abdeckt, der Gesellschaft ebenso zu belassen wie Gewinne, die benötigt werden, um eine verlustbedingte Unterdeckung der geleisteten Haftsumme auszugleichen (§ 172 Abs. 4 HGB)."[405]

246 Und dazu zählt der BGH auch Ausschüttungen, die trotz negativer Kapitalkonten erfolgen, welche auf Grund Sonderabschreibungen entstanden sind[406] bzw. wenn im Interesse von Steuervergünstigungen keine von der Steuerbilanz abweichende Handelsbilanz aufgestellt worden ist, die Gewinne und Verluste unbeeinflusst von Sonderabschreibungen ausweist.[407] An dieser Rechtsprechung hat der BGH festgehalten.[408]

247 **e) Nachschüsse.**[409] Bei Nachschüssen muss man zwei Fragen auseinander halten:
– Handelt es sich dabei um verlorene Zuschüsse oder um Einlagenerhöhungen?
– Unter welchen Voraussetzungen sind Nachschüsse zulässig?

248 Von der rechtlichen Nachschussthematik nicht erfasst wird der Fall, dass Kommanditisten zur Abwendung der Krisensituation der KG freiwillig Verbindlichkeiten der KG begleichen und im Gegenzug einen Erstattungsanspruch gegen die KG erhalten (§ 110 HGB), der geltend gemacht werden kann, wenn es der KG wieder besser geht.[410] Ebenfalls verneint der BGH[411] eine Verpflichtung von Kommanditisten, aus Gründen gesellschafterlicher Treuepflicht zur Durchführung eines zeitlich ungewissen Sanierungskonzepts darin einzuwilligen, den Gesellschaftsvertrag in der Weise abzuändern, dass ein Teil der Haftsumme der Kommaditisten in eine Zahlungspflicht gegenüber der KG umgewandelt wird.

249 *Qualität von Nachschüssen:* Der BGH[412] verweist zunächst auf den Grundsatz des § 707 BGB, wonach ein Gesellschafter *nicht* verpflichtet ist, vereinbarte Beiträge zu erhöhen oder durch Verlust verminderte Einlagen zu ergänzen. Der BGH sieht in einer Nachschussanforderung das Verlangen zu einer „Beitragserhöhung".[413] Nachschüsse sind mithin keine (verlorenen) Zuschüsse.[414] Eine gesellschaftsvertragliche Regelung zur Verlustbeteiligung ist zudem nicht als Pflicht zur Beitragserhöhung auszulegen, da beides nicht identisch ist.[415]

---

[404] *Weimar* DStR 1997, 1730, 1731.
[405] BGHZ 109, 334, 339.
[406] BGHZ 109, 334, 341 ff.
[407] BGHZ 109, 334, 343.
[408] BGH NZG 2009, 746 Rn. 9; so auch OLG Stuttgart 14.11.2012 – 14 U 12/12, Rn. 90 ff. (Juris).
[409] Dazu umfassend *Wagner* WM 2006, 1273; *Wagner* DStR 2006, 1044; *Wagner* in Schmider/Wagner/Loritz, Handbuch der Bauinvestitionen und Immobilienkapitalanalagen (HdB), 5/2006, Fach 0306.
[410] BGH DStR 2005, 1197.
[411] BGH NZG 2007, 860.
[412] BGH BB 1961, 7; so auch OLG Düsseldorf NJW-RR 1991, 1385, 1386; OLG Stuttgart OLGR 2000, 120, 121.
[413] BGH BB 1979, 12; BGH NZG 2005, 753.
[414] *Wagner/von Heymann* WM 2003, 2257, 2258.
[415] OLG Karlsruhe GmbHG 1986, 387, 389; OLG Düsseldorf NJW-RR 1991, 1385, 1386.

Nachschussverpflichtungen bei Publikumspersonengesellschaften müssen im Gesellschaftsvertrag eindeutig in einer Weise geregelt sein, indem Ausmaß und Umfang der möglichen Belastung erkennbar sein müssen und Angaben zu einer Obergrenze im Gesellschaftsvertrag vorhanden sein müssen oder die Festlegung sonstiger Kriterien, die das Erhöhungsrisiko eingrenzen.[416] Enthält aber der Gesellschaftsvertrag keine den Anforderungen der BGH-Rechtsprechung entsprechende Regelung für einen Nachschussbeschluss, stimmt aber ein Gesellschafter einem Nachschussbeschluss zu, dann wird das Grundrecht aus § 707 BGB gleichwohl nicht berührt[417] und der zustimmende Gesellschafter ist an seine Zustimmung gebunden.[418]

Sind die Einlagen im Gesellschaftsvertrag für jeden Gesellschafter betragsmäßig festgelegt, dann bildet mit dem OLG Stuttgart[419] ein Beschluss der Gesellschafterversammlung auf Leistung von Nachschüssen eine Beitragserhöhung und damit eine Änderung des Gesellschaftsvertrages. Dies bedürfe in der Regel der Zustimmung jedes einzelnen Gesellschafters, da damit in den Kernbereich der Gesellschafterrechte eingegriffen werde.

„Dabei kommt es weniger auf die Anwendbarkeit oder Unanwendbarkeit des Bestimmtheitsgrundsatzes an ... als vielmehr darauf, ob die gesellschaftsrechtliche Mehrheitsklausel als antizipiertes Einverständnis mit dem Eingriff in das „relativ unentziehbare" Recht angesehen werden kann ... Hierfür muss die Vertragsbestimmung eindeutig sein und sowohl Ausmaß als auch Umfang des möglichen Eingriffs erkennen lassen; bei Beitragserhöhungen ist die Angabe einer Obergrenze oder sonstiger Kriterien, die das Erhöhungsrisiko eingrenzen, unabdingbar..."[420]

Das OLG Stuttgart betont damit, dass dann, wenn der Gesellschaftsvertrag nach diesen Vorgaben keine Nachschussanforderungen ermöglicht, darüber auch nicht durch einen Mehrheitsbeschluss hinweg gegangen werden könne, sondern die Zustimmung „aller Gesellschafter erforderlich sei".[421] Setze allerdings ein Gesellschaftsvertrag für die Geltendmachung der Nichtigkeit eine bestimmte Frist voraus, dann sei diese auch für nichtige Beschlüsse betreffend Nachschüsse beachtlich.[422] Davon grenzt sich der BGH[423] ab, wenn er von einer nicht fristgebundenen Feststellungsklage betreffend die Feststellung der Unwirksamkeit eines Nachschussbeschlusses spricht. Inzwischen hat auch der BGH[424] in diese Richtung iudiziert. Auch bei Publikumspersonengesellschaften seien nachträgliche Beitragserhöhungen nur zulässig, wenn die gesellschaftsvertraglichen Bestimmungen dazu eindeutig seien. Dazu sei es erforderlich, dass Ausmaß und Umfang möglicher zusätzlicher Belastungen wie auch eine Obergrenze erkennbar seien. Dabei macht der BGH[425] zwischen einer diesbezüglichen antizipierten gesellschaftsvertraglichen Zustimmung und einer dort angelegten Unterwerfung unter einen Mehrheitsbeschluss keinen Unterschied. Fehlte es dagegen an einer diesen Anforderungen entsprechenden gesellschaftsvertraglichen Regelung, so kann eine solche nicht nachträglich dadurch geschaffen werden, indem auf Grund einer schlichten Mehrheitsklausel der Gesellschaftsvertrag im Hinblick auf eine Nachschussregelung geändert wird und dann ein Mehrheitsbeschluss zur Einforderung von Nachschüssen gefasst wird. Vielmehr ist auch in einem solchen Fall wegen § 707 BGB die Zustimmung des Betroffenen erforderlich.[426]

---

[416] BGH NZG 2007, 381 Rn. 13; BGH NZG 2007, 382 Rn. 17, 21; BGH NZG 2008, 65 Rn. 17; BGHNZG 2008, 335 Rn. 5 f.; *K. Schmidt* ZGR 2008, 1, 12 f.; *Wilde* NZG 2012, 215.
[417] BGH NZG 2008, 336 Rn. 7.
[418] BGH NZG 2009, 862 Rn. 19; *Wilde* NZG 2012, 215, 216.
[419] OLG Stuttgart OLGR 2000, 120, 121.
[420] OLG Stuttgart OLGR 2000, 120, 121; so auch OLG Stuttgart NZG 2000, 835.
[421] OLG Stuttgart NZG 2000, 835, 836.
[422] OLG Stuttgart NZG 2000, 835, 836.
[423] BGH NZG 2007, 381 Rn. 16–17.
[424] BGH NZG 2005, 753; BGH NZG 2007, 381 Rn. 13.
[425] BGH NZG 2005, 753; BGH NZG 2006, 540 Rn. 13.
[426] BGH NZG 2007, 620 Rn. 14 f.

**252** Von diesen Grundsätzen zu trennen ist die Nachschusspflicht im Zuge der Auseinandersetzung der GbR gemäß § 735 BGB. Wenn mithin im Zuge der Liquidation der GbR deren Vermögen nicht ausreicht, die Schulden der Gesellschaft zu decken, dann müssen Gesellschafter der Gesellschaft per Nachschuss in dem Verhältnis zur Schuldendeckung beitragen, in welchem Sie nach dem Gesellschaftsvertrag zur Verlusttragung verpflichtet sind. *Diese* Nachschusspflicht des § 735 BGB hat nichts mit Beitragserhöhungen zu tun. Um die Höhe *dieser* Nachschusspflicht zu klären, ist seitens der Gesellschaft eine „Auseinandersetzungsrechnung" zu erstellen.[427]

**253** Es lässt sich also im Grundsatz festhalten, dass Nachschussanforderungen während einer bestehenden werbenden Gesellschaft von engen Voraussetzungen abhängig ist und geleistete Nachschüsse zur Einlagenerhöhung führen. Dagegen sind Nachschüsse, die aufgrund einer durchgeführten Liquidation gezahlt werden, zur Abwicklung der Liquidation erforderlich und haben mit Beitrags- oder Einlagenerhöhung nichts zu tun.

**254** *Zulässigkeit von Nachschussanforderungen:* Gemäß § 707 BGB ist ein Gesellschafter weder zur Erhöhung des vereinbarten Beitrages noch zur Ergänzung der durch Verlust verminderten Einlage verpflichtet. Der BGH[428] sieht keinen Fall des § 707 BGB als gegeben an, wenn Beiträge nachgefordert werden, um den sachlich und wirtschaftlich von vornherein begrenzten Gesellschaftszweck zu erreichen. Weiter heißt es in dieser Entscheidung:

„Geht die Beitragsverpflichtung nach dem Gesellschaftsvertrag zahlenmäßig nur so weit, wie sie in einem bestimmten Finanzierungsplan festgelegt ist, so verletzt ein Gesellschafter, der sich weigert, darüber hinausgehende Beiträge zu leisten, nicht den Gesellschaftsvertrag. Kann in einem solchen Fall der Gesellschaftszweck nicht erreicht werden, weil die Einlagen, wie sie ursprünglich vereinbart waren, nicht ausreichen, so bleibt nur die Möglichkeit der Auflösung der Gesellschaft. Die Weigerung eines Gesellschafters, über seine ursprüngliche Verpflichtung hinaus Nachschüsse zu leisten, gibt anderen Gesellschaftern in einem solchen Fall keinen wichtigen Grund zur Ausschließung und – als deren Folge – zur Übernahme des Gesellschaftsvermögens."

**255** Diese Ausführungen des BGH zu § 707 BGB sind gemäß §§ 161 Abs. 2, 105 Abs. 3 HGB auf die Kommanditgesellschaft entsprechend anzuwenden.[429]

**256** Die Vorinstanz zur Entscheidung des BGH vom 28.9.1978[430] hatte judiziert, dass bei Vermögensverfall der Personen(handels-)gesellschaft Nachschüsse nicht mehr der Erhaltung und Fortführung des Betriebs dienten. Zur Gläubigerbefriedigung wäre die Einforderung von Nachschüssen nur dann zulässig, wenn dies ausdrücklich im Gesellschaftsvertrag geregelt wäre. Dem stimmt der BGH zu.[431] Indem er eine Nachschussforderung als Beitragserhöhung ansieht, die gesellschaftsvertraglich geregelt sein muss, judiziert der BGH, sie müsste dem Betrieb des Unternehmens und dem Gesellschaftszweck dienen. Zur Leistung von Nachschüssen bei Vermögensverfall der Gesellschaft könne der Gesellschafter jedoch nur verpflichtet werden, wenn dies „deutlich (im Gesellschaftsvertrag) auch für diesen Fall vorgesehen ist".[432] Für die Frage, ob ein Vermögensverfall der Gesellschaft gegeben sei, komme es auf *den* Zeitpunkt an, zu dem das Erhöhungsverlangen gestellt werde.

**257** Das OLG Karlsruhe[433] verweist bezüglich einer Kommanditgesellschaft darauf, man müsse unterscheiden zwischen der Außenhaftung von Gesellschaftern und dem, wozu sich Gesellschafter untereinander im Innenverhältnis verpflichtet haben.

**258** Dies gilt auch für eine GbR. Gesellschaftsvertragliche Nachschussregelungen betreffen das Innenverhältnis der Gesellschafter. Existiert eine solche gesellschaftsvertragliche Nach-

---

[427] BGH WM 1993, 1340.
[428] BGH BB 1961, 7.
[429] *Müller* DB 2005, 95.
[430] BGH BB 1979, 12.
[431] BGH BB 1979, 12.
[432] So auch OLG München NZG 2004, 807. Ähnlich BGH NJW 1983, 164 betreffend die Verlustausgleichspflicht eines Gesellschafters.
[433] OLG Karlsruhe BB 1982, 327, 328f.

schussregelung nicht und erfolgt eine Nachschussverpflichtung durch Mehrheitsbeschluss, dann müsse sie sich an den gesellschaftsvertraglichen Anforderungen für Mehrheitsbeschlüsse orientieren und mit den guten Sitten vereinbar sein.[434]

Das OLG Karlsruhe[435] verweist ferner darauf, dass eine gesellschaftsvertragliche Regelung der Verlustbeteiligung bei der (noch) nicht liquidierten Gesellschaft nicht als Regelung über eine Nachschusspflicht angesehen werden könne. Die Frage der Verlustbeteiligung betreffe lediglich den Zeitpunkt, ab dem nach Ausgleich der Verluste wieder eine Teilhabe am Gewinn erfolge, sie regele aber weder die Pflicht zum Ausgleich eines negativen Kapitalkontos noch eine Nachschusspflicht, sofern nicht ausdrücklich der Gesellschaftsvertrag anderes regele.[436] Das vom OLG Karlsruhe insoweit zur stillen Gesellschaft Ausgeführte gilt bei der KG und GbR entsprechend. Nachschüsse als Beitragserhöhungen können mit dem OLG Stuttgart[437] nur dann per Beschlussfassung eingefordert werden, wenn die oben dazu dargelegten und vom OLG Stuttgart beschriebenen Voraussetzungen gegeben sind. Hinzu kommt: 259

„Die Verpflichtung der Beklagten, eine weitere Einlage zu leisten, kann auch nicht darauf gestützt werden, sie sei auf Grund ihrer gesellschaftsrechtlichen Treuepflicht[438] gehalten gewesen, der Beschlussfassung über die Einzahlung weitere 2,5 % des Eigenkapitals zum Ausgleich der Unterdeckung zuzustimmen. Ein Gesellschafter ist zur Hinnahme von den Kernbereich der Gesellschaft berührenden Eingriffen nur dann verpflichtet, wenn diese im Gesellschaftsinteresse geboten und dem Gesellschafter unter Berücksichtigung seiner eigenen schutzwürdigen Belange zumutbar sind ... Für die Bejahung einer aus der Treuepflicht abgeleiteten Verpflichtung zur Teilnahme an einer Beitragserhöhung sind aber besonders hohe Anforderungen zu stellen. Der Umstand, dass das Unternehmen sanierungsbedürftig ist, reicht für sich genommen nicht aus, denn ein Gesellschafter kann grundsätzlich nicht zu neuen Vermögensopfern gezwungen werden ... Besondere Umstände, die ausnahmsweise die Verpflichtung der Beklagten begründen könnten, sich an dem Finanzierungsmehrbedarf durch entsprechende Nachschüsse zu beteiligen, sind aber weder dargetan noch ersichtlich."[439]

Gesellschafter haben, sofern der Gesellschaftsvertrag nichts anderes regelt, die Wahl, ob sie eine von Ihnen angenommene Unwirksamkeit eines Nachschussbeschlusses im Wege der Feststellungsklage geltend machen wollen[440] oder die Nachschusszahlung verweigern und sich auf die Unwirksamkeit eines Nachschussbeschlusses berufen.[441] Möchte ein dissentierender Gesellschafter die Unwirksamkeit des Nachschussbeschlusses durch eine nicht fristgebundene Feststellungsklage geltend machen, so hat er – fehlt es an einer entsprechenden gesellschaftsvertraglichen Regelung – die Wahl, ob er die Feststellungsklage gegen jeden einzelnen Mitgesellschafter richtet oder gegen die Gesellschaft.[442] Es geht hierbei nicht um die Feststellung der Unwirksamkeit des Beschlusses als solchem sondern um die Feststellung der Unwirksamkeit des Nachschussbeschlusses gegenüber dem dissentierenden Gesellschafter.[443] 260

Verweigert ein Gesellschafter die Leistung von Nachschüssen und wird er deshalb aus der Gesellschaft ausgeschlossen, stellt sich die Frage, ob er deswegen aus wichtigem Grund 261

---

[434] OLG Karlsruhe BB 1982, 327, 329.
[435] OLG Karlsruhe GmbHR 1986, 387.
[436] OLG Karlsruhe GmbHR 1986, 387, 388.
[437] OLG Stuttgart OLGR 2000, 120, 121 f.
[438] Gemäß BGH NZG 2005, 129 hat der BGH judiziert, dass ein Gesellschafter einer Personengesellschaft auf Grund seiner gesellschafterlichen Treuepflicht in besonders gelagerten Ausnahmefällen sogar gehalten sein kann, einer Änderung des Gesellschaftsvertrages zuzustimmen.
[439] OLG Stuttgart OLGR 2000, 120, 121 f.; so auch OLG Stuttgart NZG 2000, 835, 836. Ebenso *Müller* DB 2005, 95.
[440] BGH NZG 2007, 381 Rn. 15 f. Nach OLG München NZG 2004, 807, 808 ist diese nicht von der Einhaltung einer Frist abhängig, sofern im Gesellschaftsvertrag nicht anders geregelt.
[441] BGH 5.3.2007 – II ZR 282/05, NZG 2007, 381 Rn. 17; OLG München NZG 2004, 807.
[442] BGH NZG 2007, 381 Rn. 16–17; siehe auch *K. Schmidt* ZGR 2008, 1, 27 f.
[443] BGH NZG 2006, 540 Rn. 15.

aus der Gesellschaft ausgeschlossen werden kann. Dies wird im Fachschrifttum verneint.[444] Dagegen bestehen grundlegende Bedenken, wenn man sich einmal die Konsequenzen dieser Meinung vor Augen führt: Entweder würden die anderen Gesellschafter für den Nachschussunwilligen die entsprechenden Beträge aufbringen müssen, wollen sie die Gesellschaft am Leben erhalten oder sie wären gezwungen, die Gesellschaft zu liquidieren. Käme ein entsprechender Beschluss nicht zustande (§ 131 Abs. 1 Nr. 2 HGB), bliebe nichts anderes übrig, als auf den Insolvenzantrag eines Gläubigers zu warten (§ 131 Abs. 1 Nr. 3 HGB).

262   Dagegen bestanden grundlegende Bedenken: Die vorgenannte Rechtsprechung verneinte im Grunde eine Nachschusspflicht des Einzelnen damit, selbst unter Berücksichtigung der Treuepflicht könne ihm ein neues Vermögensopfer nicht aufgezwungen werden. Man vermisst in dieser Rechtsprechung jedoch eine Auseinandersetzung damit, dass das Recht auf Verweigerung von Nachschusszahlungen damit den Mitgesellschaftern ein Vermögensopfer aufbürdet, die an der Sanierung der KG zwecks Werterhaltung zwar ein Interesse haben würden, nicht aber um den Preis, dass daran sich nicht beteiligende Trittbrettfahrer partizipieren sollen. Es hätte folglich vorgenannter Rechtsprechung gut angestanden, unter Treuepflichtgesichtspunkten das Vermögensopfer des Nachschussunwilligen gegen die Vermögensopfer der Nachschusswilligen für den Fall abzuwägen, dass eine Sanierung der KG unterbleibt, weil Nachschusswillige nicht bereit sind, die notwendigen finanziellen Mittel für Nachschussunwillige aufzubringen, wenn sie riskieren müssen, dafür bei diesen keinen Rückgriff nehmen zu können.

263   Dem hat inzwischen der BGH für folgenden Fall Rechnung getragen.[445] Beschließt die Gesellschafterversammlung eines notleidenden Fonds die Kapitalherabsetzung samt sich anschließender Kapitalerhöhung in der Weise, dass ein nicht sanierungswilliger Gesellschafter ausscheiden muss, so sind nicht zahlungsbereite Gesellschafter aus Gründen der Kernbereichslehre verpflichtet, zuzustimmen, wenn sie im Falle des Sanierungskonzeptes finanziell nicht schlechter stehen, als sie im Falle sofortiger Liquidation stünden. Davon zu unterscheiden ist die Situation, dass gesellschaftsvertraglich geregelt ist, dass im Krisenfall nicht zustimmungswillige Gesellschafter eine Verringerung ihres Beteiligungsverhältnisses hinzunehmen haben.[446]

264   Von der Frage der Wirksamkeit des Ausschlusses auf Grund verweigerter Nachschüsse zu trennen ist die, ob für den Fall der Bejahung der Wirksamkeit eines Ausschlusses aus wichtigem Grund wegen nicht geleisteter Nachschüsse die nicht geleisteten Nachschüsse in der Abschichtungsbilanz aufgeführt werden dürfen. Und in diesem Zusammenhang ist fraglich, ob ausgeschiedene Gesellschafter im Hinblick auf die Abschichtungsbilanz die behauptete Unwirksamkeit von Nachschussbeschlüssen einwenden können, wenn sie während ihrer Mitgliedschaft als Gesellschafter eine solche Unwirksamkeit nicht geltend gemacht hatten. *Wagner/von Heymann*[447] verneinen dies. Denn wenn der ausgeschlossene Gesellschafter während seiner Mitgliedschaft in der Gesellschaft die angeforderten bzw. beschlossenen Nachschüsse nicht angegriffen habe, könne ihm der Einwand angeblich unberechtigter Nachschussanforderungen nicht zugestanden werden, wenn er diese erstmals rückwirkend einwende, nachdem er aus der Gesellschaft ausgeschieden sei. Auch kann in diesem Fall der Einwand der Unwirksamkeit von Nachschussbeschlüssen verwirkt sein.[448] Die Rechtsprechung des BGH[449] weist jedoch inzwischen in eine andere Richtung. Danach soll ein dissentierender Gesellschafter, der den Nachschussbeschluss nicht gesondert per Feststellungs-

---

[444] *Müller* DB 2005, 95, 96.
[445] BGH NZG 2009, 1347; dazu *Goette* GWR 2010, 1; *Wagner* NZG 2009, 1378; *Wagner* WM 2010, 1684; *Westermann* NZG 2010, 321.
[446] BGH NZG 2011, 510.
[447] Eingehend *Wagner/von Heymann* WM 2003, 2257, 2262.
[448] OLG München NZG 2004, 807, 808.
[449] BGH NZG 2007, 381 Rn. 17; BGH NZG 2007, 582 Rn. 10.

klage als unwirksam gerichtlich angegangen ist, berechtigt sein, die Unwirksamkeit des Beschlusses auch dann einzuwenden, wenn er auf Zahlung verklagt wird. Dies legt es nahe, dass ein ausgeschiedener Gesellschafter auch betr. die Abschichtungsbilanz die Unwirksamkeit des Nachschussbeschlusses einwenden kann.

**f) Actio pro socio.** Mit der actio pro socio kann ein Gesellschafter Sozialansprüche der Gesellschaft auf Leistung an die Gesellschaft geltend machen, ohne dass der Beklagte einwenden könnte, der klagende Gesellschafter habe selbst Sozialansprüche der Gesellschaft zu erfüllen.[450] Inzwischen wird sogar vertreten, einzelne Gesellschafter könnten auch Gesellschaftsforderungen gegen Nichtgesellschafter auf Leistung an die Gesellschaft einklagen, wenn die Gesellschaft deren Einziehung aus gesellschaftswidrigen Gründen verweigere und der beklagte Nichtgesellschafter daran beteiligt sei.[451] Damit wandelt sich die actio pro socio von einem Recht des einzelnen Gesellschafters auf Geltendmachung von Sozialansprüchen gegen Mitgesellschafter[452] zu einem davon losgelösten Klagerecht gegen Dritte, wobei es sich insoweit nicht um Sozialansprüche handelt.[453] Während die Rechtsprechung und *Kort*[454] darin einen Fall der gesetzlichen Prozessstandschaft – bzw. mit *Kort*[455] als Fall der Notgeschäftsführung – sehen, gehen *Bork/Oepen* von einem Fall der gewillkürten Prozeßstandschaft aus.[456] Die actio pro socio ist auch dann möglich, wenn die Gesellschaft sich im Liquidationsstadium befindet.[457]

265

Diese Grundlagen sind wichtig für in die Krise geratene Fonds, deren Zweckverwirklichung nicht mehr möglich ist und die auf Grund §§ 161 Abs. 2, 105 Abs. 3 HGB, 726 BGB zur Liquidationsgesellschaft geworden sind, wenn die geschäftsführungsbefugten und vertretungsberechtigten Gesellschafter untätig bleiben. Dann können sich einzelne Gesellschafter helfen, wenn es darum geht, Forderungen gegen Dritte auf Leistung an die Gesellschaft einzuklagen.

266

**6. Mittelbare Beteiligung.**[458] Von einer unmittelbaren Beteiligung spricht man, wenn der Kapitalanleger unmittelbar als Kommanditist an der Publikums-KG beteiligt ist. Von einer mittelbaren Beteiligung kann man sprechen, wenn dies nicht der Fall ist. Und dies ist nicht nur dann der Fall, wenn Kapitalanleger über einen Treuhandkommanditisten an der Publikums-KG beteiligt sind, sondern letztlich auch dann, wenn Kapitalanleger an einer GbR beteiligt sind, die ihrerseits an einer Publikums-KG direkt als Kommanditistin beteiligt ist. Letzteres ist nunmehr in der Diskussion:

267

So betont BGH inzwischen die Eigenständigkeit der GbR im Sinne der Flumeschen Gruppentheorie[459]. Inzwischen kann auch eine GbR Gesellschafterin einer *GbR*[460] und KG[461] sein. In einem solchen Falle sind neben der GbR als solcher auch die ihr zum Zeitpunkt ihres Beitritts zu der Kommanditgesellschaft angehörenden Gesellschafter mit Namen, Geburtstag und Wohnort (entspr. BGB § 106 Abs 2) zur Eintragung in das Han-

268

---

[450] BGH NZG 2000, 199; *Bork/Oepen* ZGR 2001, 515.
[451] OLG Dresden NZG 2000, 248; OLG Düsseldorf NZG 2000, 475; *Bork/Oepen* ZGR 2001, 515 f.; *Kort* DStR 2001, 2162, 2166 lässt dies nicht nur bei kollusivem Zusammenwirken zu, sondern bereits dann, wenn der Dritte Kenntnis von der Untätigkeit der geschäftsführungs- bzw. vertretungsbefugten Gesellschafter hat.
[452] *Bork/Oepen* ZGR 2001, 515, 516: „Dieser Anspruch resultiert aus dem Gesellschaftsvertrag, indem sich die Gesellschafter untereinander zur Erfüllung von Sozialansprüchen verpflichten."
[453] *Bork/Oepen* ZGR 2001, 515, 516.
[454] BGHZ 39, 14; *Kort* DStR 2001, 2162, 2163.
[455] *Kort* DStR 2001, 2162.
[456] *Bork/Oepen* ZGR 2001, 515, 516 ff.
[457] *Bork/Oepen* ZGR 2001, 515, 539 u. H. a. BGHZ 10, 91, 101; BGH NJW 1984, 1455; KG Berlin GmbHR 1993, 818, 819; OLG Düsseldorf NZG 1999, 989.
[458] *Wagner* ZfIR 1997, 199.
[459] *Flume*, Allgemeiner Teil des bürgerlichen Rechts – Die Personengesellschaft, 1977.
[460] BGH WM 1997, 2220.
[461] BGHZ 148, 291; so zuvor schon BayObLG BB 2000, 2380.

delsregister anzumelden; entsprechendes gilt für jeden späteren Wechsel in der Zusammensetzung der Gesellschafter bürgerlichen Rechts.[462]

**269** Die frühere Rechtslage, wonach an einem GbR-Fonds Kapitalanleger mittels einer GbR beteiligt werden konnten, während dies bei einem KG-Fonds nicht der Fall war, weswegen deshalb bei letzterem vorsichtshalber Treuhandlösungen präferiert wurden,[463] hat sich mithin überholt. Treuhandbeteiligungen an Publikums-KGs werden heute alleine noch deshalb gewählt, um nicht registerrechtlichen Formalien beim Ein- oder Austritt von Anlegern ausgesetzt zu sein.

**270** Mittelbaren Beteiligungen von Kapitalanlegern an geschlossenen Fonds liegen verschiedene Modelle zu Grunde. Einerseits wird vom Quasi-Gesellschafter bzw. Als ob-Gesellschafter bei einem offenen Treuhandverhältnis gesprochen, wenn durch eine Vertragsgestaltung mit den Gesellschaftern der Fonds-Gesellschaft bzw. weil dies von vornherein im Gesellschaftsvertrag der Fonds-Gesellschaft so vorgesehen ist die mittelbar Beteiligten so gestellt werden, als ob sie Gesellschafter wären.[464] Andererseits spricht der BGH spricht auch von einem von gesellschaftsrechtlichen Beziehungen überlagerten Treuhandverhältnis.[465] Das, was vom BGH mal so oder so bezeichnet wird, hat mit *Wiedemann*[466] unterschiedliche dogmatische Einordnungen. Im ersteren Fall wird der mittelbar Beteiligte quasi mitgliedschaftlich in die Hauptgesellschaft integriert, im letzteren Fall dagegen wird die Rechtsposition des mittelbar Beteiligten „in das Mitgliedschaftsverhältnis des Treuhänders eingebettet."[467]

**271** Hält ein Treuhandkommanditist seinen Gesellschaftsanteil treuhänderisch für nur mittelbar beteiligte Kapitalanleger, so haftet der Treuhandkommanditist der Publikums-KG für die Erbringung der ihn betreffenden Einlage, es sei denn, durch den Treuhandvertrag mit den mittelbar Beteiligten und auf Grund gesellschaftsvertraglicher Regelungen sollen an Stelle des Treuhandkommanditisten die mittelbar Beteiligten zur Einlagenerbringung verpflichtet sein.[468] Mittelbare Treuhand-Beteiligungen bei Publikums-KGs werden in der Praxis so ausgestaltet, dass der Kapitalanleger im Innenverhältnis zu den Gesellschaftern vermögens-, einlage- und stimmrechtsmäßig wie ein echter Gesellschafter gestellt wird.[469] Die Konsequenzen sind: Der Treuhandkommanditist ist im Handelsregister eingetragener Gesellschafter ohne eigene Mitgliedschaftsrechte, der mittelbar beteiligte Kapitalanleger ist nicht im Handelsregister eingetragen und verfügt über alle Mitgliedschaftsrechte. Da dies mit dem BGH gesellschaftsrechtlich gestaltbar ist, führt dies zu der Frage, ob damit nicht der im Handelsregister *nicht* eingetragene Kapitalanleger mangels Haftungsbegrenzungsmöglichkeiten quasi unbemerkt zum Vollhafter wird.[470] Dass dadurch zugleich aufgrund dann unbeschränkter Haftung § 15a EStG für ihn steuerlich wegfallen würde, wäre für ihn ein schwacher Trost. Rechtsdogmatisch – steuerrechtlich wie gesellschaftsrechtlich – aber auch praktisch lauern hier ungeklärte Fragen. Die Entwicklung ist jedoch in eine andere Richtung gegangen, wobei zwischen der rechtlichen Einordnung des Treugeberes im Innenverhältnis und Fragen der Haftung unterschieden wird:

**272** Werden die Rechte und Pflichten eines Treugbers auch im Gesellschaftsvertrag geregelt, sodass er zum sog Quasi-Gesellschafter wird, dann hat der Treugeber mit dem BGH im Innenverhältnis die Stellung eines unmittelbaren Gesellschafters.[471]

---

[462] BGHZ 148, 291.
[463] Zu diesbezüglichen Risiken siehe *Wagner* ZfIR 1997, 199; *Weimar* DStR 1997, 1730.
[464] BGH WM 1987, 811 f.; BGH WM 2003, 1614; BGH WM 2011, 2327 Rn. 16–17 mwN; *Wiedemann* ZIP 2012, 1786, 1787.
[465] BGH WM 2011, 2327 Rn. 18.
[466] *Wiedemann* ZIP 2012, 1786.
[467] *Wiedemann* ZIP 2012, 1786, 1787.
[468] OLG Jena NZG 2007, 460 f.
[469] BGH 11.10.2011 – II ZR 242/09, NZG 2011, 1432; *Wagner/von Heymann* WM 2003, 2222, 2224 f.; *Brömmelmeyer* NZG 2006, 529 f.
[470] *Wagner* ZfIR 1997, 199.
[471] BGH NZG 2011, 1432 Rn. 16.

Mittelbar an geschlossenen Fonds Beteiligte unterliegen aber mit der Rechtsprechung 273 *rechtlich* keiner direkten Außenhaftung.[472] Aber mittelbar an geschlossenen Fonds Beteiligte unterliegen unter bestimmten Voraussetzungen *wirtschaftlich* einer Innenhaftung, die dadurch zur Außenhaftung werden kann, dass der Treuhandgesellschafter vertragliche bzw. gesetzliche Freistellungsansprüche (§§ 675, 670 BGB) an Gläubiger des Fonds abtritt, die aus diesen zedierten Freistellungsansprüchen gegen mittelbar Beteiligte auf Zahlung klagen.[473] Denn Freistellungsansprüche werden für den Fall der Abtretung zu Zahlungsansprüchen.[474] Solche Freistellungsansprüche eines Treuhandkommanditisten verjähren binnen 3 Jahren, die bei vertraglichen und gesetzlichen Freistellungsansprüchen zum Ende des Jahres zu laufen beginnt, in welchen die Drittforderung fällig geworden ist, von der freizustellen ist.[475]

Gegen die neuere Rechtsprechung des BGH, mittelbar Beteiligte zu Quasi-Gesell- 274 schaftern zu machen, hat *Wagner*[476] folgende Kritik erhoben:
– Bei der Gesellschaft, derentwegen der BGH zu entscheiden hatte, handelte es sich um eine Publikums-OHG, die auf Grund des Verkaufs ihrer einzigen Immobilie zur Liquidations-OHG geworden war. Wann endet in einem solchen Fall das Treuhandverhältnis, wenn über das Ende weder im Gesellschaftsvertrag noch im Treuhandvertrag eine Regelung gegeben war? Schließlich kann nicht einfach unterstellt werden, dass der mittelbar Beteiligte sich mittelbar an einer Liquidations-OHG hätte beteiligen wollen. Und wäre mit der Veräußerung der Immobilie die OHG zur Liquidationsgesellschaft geworden, sodass dadurch das Treuhandverhältnis geendet hätte, dann wäre die BGH-Entscheidung nicht nachvollziehbar, dass der mittelbar Beteiligte den Treuhandgesellschafter von der Haftungsinanspruchnahme eines Gläubigers der OHG im Liquidationsstadium der OHG freizustellen hätte.
– Der unmittelbar beteiligte Treuhandgesellschafter hat für den Fall seiner Haftungsinan- 275 spruchnahme durch einen Gläubiger der Gesellschaft primär einen Haftungsfreistellungsanspruch gegen die Gesellschaft und subsidiär gegenüber den anderen unmittelbar Beteiligten. In welchem Verhältnis stehen diese Haftungsfreistellungsansprüche gegenüber einem vermeintlichen Haftungsfreistellungsanspruch des Treuhandgesellschafters gegenüber dem mittelbar Beteiligten?
– Mitgliedschaftliches Anteilseigentum ist verfassungsrechtliches Eigentum iSd Art. 14. 276 Abs. 1 Satz 1 GG.[477] Wenn der BGH den mittelbar Beteiligten zum Quasi-Gesellschafter macht, dann unterfällt auch diese Art der mittelbaren Beteiligung dem Art. 14 Abs. 1 Satz 1 GG. Warum soll dann aber ein solcher mittelbar Beteiligter schlechter als ein unmittelbar Beteiligter gestellt werden können, indem dem unmittelbar Beteiligten der Subsidiäreinwand zusteht, dem mittelbar Beteiligten jedoch der Einwand versagt wird,

---

[472] BGH BB 1961, 988 (gegen Haftung bei gesellschaftsrechtlicher Treuhand); BGH BB 1964, 327 (gegen Haftung von stillen Gesellschaftern); BGH BGHZ 45, 204 und BGHZ 60, 324 (gegen unbeschränkte Kommanditistenhaftung); BGH ZIP 2008, 2354, 2356 (dazu *Wagner* NZG 2009, 213 mwN); BGH NZG 2009, 380 Rn. 35; BGH NZG 2009, 746; BGH WM 2010, 1555, 1557; BGH DB 2011, 1099 Rn. 10; BGH BB 2011, 1807 Rn. 11 mwN; OLG Frankfurt WM 2010, 673, 674; OLG Karlsruhe ZIP 2009, 1810, 1811. So auch *Armbrüster* NJW 2009, 2167, 2168; *Armbrüster* ZIP 2009, 1885; *Nobbe* WN 2007, Beilage 1, S. 2, 10; *Wagner* ZNotP 2009, 101, 103; *Wagner* NZG 2009, 213 mwN; *Wagner* NZG 2009, 733; *Wagner* WM 2010, 1684, 1689 mwN; *Wagner* in Schmider/Wagner/Loritz, Handbuch der Bauinvestitionen und Immobilienkapitalanlagen (HdB), 10/2009, Fach 7330 Rn. 137 f.
[473] BGH NZG 2010, 192 Rn. 10; BGHZ 185, 310 Rn. 12, 18; BGH WM 2011, 897 Rn. 14; BGH WM 2011, 2327 Rn. 33, 35; *Brömmelmeyer* NZG 2006, 529, 531.
[474] BGH WM 2012, 2186 Rn. 40.
[475] BGH NZG 2010, 192 Rn. 13; BGH NZG 2010, 790 Rn. 22; OLG Karlsruhe NZG 2010, 151.
[476] *Wagner* NZG 2012, 58.
[477] BVerfG NZG 2011, 1379 Rn. 16; BVerfG AG 2012, 625 f.; BVerfG WM 2012, 1683, 1684.

der Treuhandgesellschafter solle sich für den Fall seiner Haftungsinanspruchnahme zunächst auf Freistellung an die Gesellschaft, dann subsidiär an seine unmittelbar beteiligten Mitgesellschafter richten? Wo ist für diesen Fall der Schlechterstellung von mittelbar beteiligten Quasi-Gesellschaftern die gesetzliche Grundlage iSd Art. 14 Abs. 1 Satz 2 GG, zumal diese neue rückwirkend belastende Rechtsprechung mittelbar Beteiligte erstmals jetzt nach Jahrzehnten rückwirkend schlechter stellt, ohne dass sie daran auf Grund eigener Privatautonomie mitgewirkt hätten !?

277 Mittelbare Beteiligungen und Treuhandbeteiligungen sind nicht zwingend identisch. Sind Kapitalanleger direkt als Kommanditisten in einer Publikums-KG beteiligt, lassen aber ihre Rechte von einem Treuhandkommanditisten wahrnehmen,[478] so ist im weiteren Sinne eine Treuhandbeteiligung,[479] nicht aber eine mittelbare Beteiligung[480] gegeben. Von letzterer spricht man, wenn Kapitalanleger über einen Treuhandkommanditisten beteiligt werden, ohne selbst Kommanditist zu sein. Hier gibt es unterschiedliche rechtliche Ausgestaltungen:

278 **a) Art der Beteiligung – Treuhand oder Unterbeteiligung.** [481] In einer ersten Stufe ist zunächst zu ermitteln, ob die mittelbare Beteiligung eine Treuhand- oder eine Unterbeteiligung ist. Eine Treuhandbeteiligung hat zum Ziel, letztlich an der Publikums-KG beteiligt zu werden, während die Unterbeteiligung zum Ziel hat, am Gesellschaftsanteil des Treuhandkommanditisten beteiligt zu werden. Auf die begriffliche Bezeichnung kommt es nicht entscheidend an, sondern auf die inhaltliche Ausgestaltung des Vertragsverhältnisses zwischen Kapitalanleger und Treuhandkommanditisten *(vertikale Ebene)*. Der BGH differenziert wie folgt:

279 „Hält der Hauptbeteiligte[482] den Anteil an der Gesellschaft in vollem Umfange für den anderen Beteiligten[483] wird es in ihrem Verhältnis zueinander[484] regelmäßig an der für ein Gesellschaftsverhältnis[485] typischen Verfolgung eines gemeinsamen Zwecks fehlen, sodass die vertraglichen Beziehungen den auftragsrechtlichen Beziehungen unterstehen".[486] In diesem Fall wäre mithin ein Treuhandverhältnis gegeben.

280 „Dagegen liegt ein zur Anwendung der §§ 705 ff. BGB führendes Vertragsverhältnis vor, wenn der hauptbeteiligte Gesellschafter nur einen Teil seines Anteils für den mittelbar Beteiligten hält, im Übrigen aber *eigene Interessen* in der Gesellschaft verfolgt".[487] Dann wäre ein mittelbares Beteiligungsverhältnis gegeben.

281 Der BGH legt mithin Gewicht darauf, ob dann, wenn der Treuhandkommanditist seine Beteiligung anteilig hält, er fremde Interessen vertritt – dann Treuhandfall – oder auch eigene Interessen vertritt – dann mittelbare Beteiligung! –.

282 Die Rechtsbeziehung des Treugebers zum Treuhänder beurteilen sich – so der BGH – schuldrechtlich (Auftragsrechtsverhältnis), die Rechtsbeziehungen des Haupt- zum mittelbar Beteiligten dagegen gesellschaftsrechtlich (§§ 705 ff. BGB). Indizien für letzteres sei die Formulierung einer Beteiligung des Kapitalanlegers am *Anteil* des Treuhandkommanditisten, die Beteiligung *„über"* den Treuhandkommanditisten ohne *„unmittelbare"* Rechtsbeziehungen zur KG, die *„interne"* Behandlung des Unterbeteiligten, *„wie einen Kommanditisten"*, die *mittelbare* Beteiligung am Gesellschaftsvermögen etc.[488] Für diesen Fall eines mittelbaren Beteiligungsverhältnisses geht der BGH zwischen Treuhandkommanditist und

---

[478] *Bälz* ZGR 1980, 1, 34 f.
[479] Auch unechte Treuhand genannt.
[480] Auch echte Treuhand genannt.
[481] BGH WM 1994, 1477; *Küßmann* DB 1994, 2520.
[482] Treuhandkommanditist.
[483] Kapitalanleger.
[484] Vertikales Rechtsverhältnis.
[485] Zwischen Treuhandkommanditisten und Kapitalanleger.
[486] BGH WM 1994, 1477.
[487] BGH WM 1994, 1477, 1478 mwN.
[488] BGH WM 1994, 1477, 1478.

mittelbar Beteiligtem (= vertikale Rechtsbeziehung) von einer Gesellschaft bürgerlichen Rechts als Innengesellschaft aus, für die das Kündigungsrecht aus wichtigem Grund (§ 723 Abs. 3 BGB) nicht ausgeschlossen werden könne, sondern wirksamkeitserhaltend auf die gesetzliche Regelung reduziert werde.[489]

Ist mithin – nach dieser Rechtsprechung des BGH – der Kapitalanleger mittelbar in der Weise beteiligt, dass ihm Rechte und Ansprüche nicht unmittelbar gegen die KG zugestanden werden, sondern nur mittelbar über den Treuhandkommanditisten, dann ist nach Meinung des BGH kein Treuhand- sondern ein mittelbares Beteiligungsverhältnis als Gesellschaft bürgerlichen Rechts in der Rechtsform einer Innengesellschaft auf vertikaler Ebene gegeben. **283**

Dies schließt aber nicht so ohne weiteres aus, dass ein Treugeber auch schuldrechtlich – statt gesellschaftsrechtlich – „über" den Treuhandkommanditisten an der KG beteiligt werden kann, wenn dies gesellschaftsvertraglich entsprechend geregelt ist, dabei deutlich wird, dass der Treugeber gerade nicht am Anteil des Treuhandkommanditisten, sondern auf Grund der Verzahnung von Treuhandvertrag und Gesellschaftsvertrag unmittelbar in der KG beteiligt werden soll etc. **284**

**b) Unterschiedliche Arten der Treuhandbeteiligung.** Ist dagegen der Kapitalanleger an der Publikums-KG, obwohl nicht selbst Gesellschafter, in der Weise beteiligt, dass ihm trotz mittelbarer Beteiligung *unmittelbare* Rechte und Ansprüche gegen die KG zustehen, so wäre nach vorgenannter BGH-Rechtsprechung[490] – so wird man dies wohl verstehen müssen – eine nach Auftragsrecht zu beurteilende schuldrechtliche Treuhandbeteiligung in vertikaler Rechtsbeziehung gegeben. Dem kann in dieser Allgemeinheit so nicht zugestimmt werden, wenn man einmal näher untersucht, dass eine Treuhandbeteiligung aus vermögensmäßiger Beteiligung, Einlageverpflichtung sowie Stimm-, Informations- und Kontrollrechten besteht, die in ihrer Ausgestaltung sehr unterschiedlich sein können.[491] **285**

aa) Vermögensmäßige Beteiligung. Nach hM ist die KG Rechtssubjekt.[492] Demnach ist § 124 HGB nicht nur Rechtsträgerausweis, sondern Vermögenszuordnungsnorm, sodass das Gesellschaftsvermögen der KG selbst und nicht nur ihren Gesellschaftern zusteht.[493] Die Teilhabe des einzelnen *Gesellschafters* am Gesellschaftsvermögen der KG wird durch seinen Kapitalanteil ausgewiesen,[494] der eine Rechnungs- und Bilanzziffer darstellt, die wiederum Aufschluss über den Vermögensanteil des Gesellschafters am Gesellschaftsvermögen der KG gibt (§§ 120 Abs. 2, 121 HGB).[495] **286**

Andererseits muss zwar jeder Gesellschafter zwingend einen Gesellschaftsanteil, nicht zwingend aber einen Vermögensanteil haben.[496] Dann aber ist es auch gestaltbar, den Treuhandkommanditisten vermögensmäßig nicht, den Kapitalanleger als Treugeber allerdings sehr wohl unmittelbar am Gesellschaftsvermögen zu beteiligen.[497] Treugeber-Kapitalanlegern und nicht dem Treuhandkommanditisten würden in diesem Falle die gesellschaftsvertraglich regelbaren Rechnungskennziffern im Rahmen deren unmittelbarer Beteiligung am Gesellschaftsvermögen zugeordnet.[498] *Loritz/Wagner*[499] leiten daraus die Überlegung ab, der nur mittelbar an der KG beteiligte Kapitalanleger könne – wenn so gestaltet – jedoch unmittelbar einen Kapitalanteil am Gesellschaftsvermögen der KG halten. Dies wäre dann aber *vermögensmäßig* keine Treuhand-, sondern eine unmittelbare Beteiligung. **287**

---

[489] BGH WM 1994, 1477, 1479.
[490] BGH WM 1994, 1477.
[491] Im Einzelnen siehe *Loritz/Wagner*, Konzeptionshandbuch, Bd. 2, Rn. 103–176.
[492] BGHZ 10, 91, 100; BGH BB 1973, 1506 f.; s. o. § 23 Rn. 10.
[493] *Loritz/Wagner*, Konzeptionshandbuch, Bd. 2, Rn. 115, 116.
[494] *K. Schmidt,* Gesellschaftsrecht, S. 1139 f., 1282.
[495] *Huber,* Vermögensanteil, S. 228; *Loritz/Wagner,* Konzeptionshandbuch, Bd. 2, Rn. 120 f.
[496] *Loritz/Wagner,* Konzeptionshandbuch, Bd. 2, Rn. 122.
[497] *Loritz/Wagner,* Konzeptionshandbuch, Bd. 2, Rn. 122.
[498] *Loritz/Wagner,* Konzeptionshandbuch, Bd. 2, Rn. 122.
[499] *Loritz/Wagner,* Konzeptionshandbuch, Bd. 2, Rn. 131 ff.

288 Diese Erkenntnis würde dann aber dazu führen, dass eine vermögensmäßige Beteiligung des nur mittelbar an der KG beteiligten Kapitalanlegers dann, wenn sie „*über*" den Treuhandkommanditisten erfolgt, nach Meinung des BGH keine Treuhand-, sondern eine gesellschaftsrechtliche Unterbeteiligung wäre und im Falle einer direkten Vermögensbeteiligung des mittelbar beteiligten Kapitalanlegers gerade wegen der „direkten Vermögensbeteiligung" *insoweit* ebenfalls keine Treuhandbeteiligung wäre. Dies gibt keinen Sinn.

289 Die Rechtsprechung des BGH zum sogenannten „als ob Kommanditisten"[500] spielt hier keine Rolle, da sie sich nicht mit der *vermögensmäßigen* Beteiligung mittelbar beteiligter Kapitalanleger befasst.

290 bb) Einlage. Im Handelsregister eingetragener Gesellschafter ist der Treuhandkommanditist, nicht eingetragen sind die Treugeber-Kapitalanleger. Die im Handelsregister eingetragene Haftsumme – oft fälschlich „Hafteinlage" genannt – wirkt mithin nur für und gegen den Treuhandkommanditisten. Ungeachtet dessen kann in der Verzahnung von Gesellschaftsvertrag der Publikums-KG und Treuhandvertrag zwischen Kapitalanlegern und Treuhandkommanditisten geregelt sein, dass an Stelle des Treuhandkommanditisten die Kapitalanleger direkt die (Pflicht)-Einlage in das Gesellschaftsvermögen der KG zu erbringen haben, wobei die Zahlung über den Treuhandkommanditisten diesen als Zahlstelle ausweist. Bei ihm sammeln sich alle Einlagezahlungen, die er an die KG – weiterleitend – erst dann freigeben darf, wenn die treuhand- und gesellschaftsvertraglich geregelten Freigabevoraussetzungen kumulativ erfüllt sind.[501]

291 Geht *nach* diesem Zeitpunkt der Erfüllung aller Freigabevoraussetzungen die Publikums-KG in die Insolvenz, sodass das Anlageprojekt nicht mehr verwirklicht werden kann und haben Kapitalanleger trotz vorhandener Zahlungsverpflichtung bis zu diesem Zeitpunkt noch nicht an den Treuhandkommanditisten gezahlt, der seinerseits mit Eintritt aller Freigabevoraussetzungen in der Verpflichtung zur Erfüllung der Pflichteinlage in Höhe der Zeichnungsbeträge steht, so bleibt der Kapitalanleger zur Erbringung der Pflichteinlage verpflichtet.[502]

292 Scheitert umgekehrt das Anlageprojekt, weil zB die Publikums-KG insolvent wurde, *bevor* alle Mittelfreigabekriterien eingetreten waren, so ist der Kapitalanleger nicht mehr verpflichtet, die Einlage zu erbringen.[503]

293 cc) Stimm-, Informations- und Kontrollrechte. Diese sind getrennt von der vermögensmäßigen Beteiligung und der Einlageverpflichtung zu würdigen. Grundsätzlich kann zwar der Treuhandkommanditist von seinem gesellschafterlichen Mitgliedschaftsrecht seine Stimm-, Informations- und Kontrollrechte nicht abspalten (sog Abspaltungsverbot),[504] aber der BGH hat dies bei der Publikums-KG ausnahmsweise dann doch zugelassen, wenn dem alle *Gesellschafter* zustimmen.[505]

294 Umstritten ist, ob es sich dabei um eine Ausnahme vom Verbot der Abspaltung von Mitgliedschaftsrechten handelt,[506] oder ob zwar die Abspaltung von Stimm-, Informations- und Kontrollrechten zulässig sei, dies aber nicht als Abspaltung von Mitgliedschaftsrechten zu verstehen sei[507] bzw. eine diesbezügliche Mitberechtigung der Kapitalanleger neben dem Treuhandkommanditisten besteht.[508] Der BGH[509] begründet dieses im Wege der Aus-

---

[500] BGHZ 10, 44, 49; BGH NJW 1987, 2677; NJW 1988, 1903.
[501] *Loritz/Wagner*, Konzeptionshandbuch, Bd. 2, Rn. 149.
[502] BGH WM 1992, 685, 688.
[503] BGH DStR 1993, 365, 366.
[504] BGHZ 3, 354, 357.
[505] BGH NJW 1987, 2677. Im Einzelnen dazu: *Loritz/Wagner*, Konzeptionshandbuch, Bd. 2, Rn. 167; s. o. § 23 Rn. 195 ff.
[506] So wohl *Loritz/Wagner*, Konzeptionshandbuch, Bd. 2, Rn. 162–174.
[507] So wohl BGH NJW 1987, 2677; *Fleck*, FS Fischer, 1979, S. 107, 117 ff.; *K. Schmidt*, Gesellschaftsrecht, S. 1534, 1537.
[508] So wohl *P. Ulmer*, FS Fleck, 1988, S. 383, 388; s. o. § 23 Rn. 195 ff.
[509] BGH NZG 2013, 379 Rn. 12. Zum Auskunftsklageanspruch des unmittelbar an einer GmbH & Co. KG Beteiligten: BGH ZIP 2013, 619.

§ 17 Die Beteiligung an Publikums-Kommanditgesellschaften

kunftsklage durchsetzbare Auskunftsrecht eines mittelbar an einer GmbH & Co. KG Beteiligten inzwischen damit, dass Treugeber den unmittelbar beteiligten Gesellschaftern gleichgestellt seien und ein Auskunftsrecht ein unentziehbares mitgliedschaftliches Recht der unmittelbar beteiligten Gesellschafter sei.

dd) Haftung. Mittelbar an einer Publikums KG Beteiligte unterliegen mit der Rechtsprechung *rechtlich* keiner direkten Außenhaftung.[510] Der Treuhandkommanditist als unmittelbar beteiligter Gesellschafter der Publikums-KG kann einer direkten Außenhaftung gegenüber Gläubigern der Publikums-KG nicht ausgesetzt sein, wenn und soweit er seine Einlage geleistet hat (§ 171 Abs. 1 HGB) und es zu keiner Einlagerückgewähr gekommen ist, durch die die im Handelsregister eingetragene Haftsumme unterschritten wurde bzw. der Treuhandkommanditist keine Entnahme getätigt hat, die zur Unterschreitung der im Handelsregister eingetragenen Haftsumme geführt hat (§ 172 Abs. 4 HGB). Und Gläubiger der Publikums-KG können keinen direkten Außenhaftungsanspruch gegen nur mittelbar Beteiligte haben, da diese nicht unmittelbar beteiligt sind und für mittelbar Beteiligte die §§ 171, 172 HGB keine Anwendung finden, auch nicht analog. Denn selbst wenn sich die Rechtsposition eines mittelbar Beteiligten nicht wesentlich von der eines unmittelbar Beteiligten unterscheiden sollte, so wird er deshalb nicht zum Vollgesellschafter. Und die gesetzliche Haftungsverfassung setzt – so der BGH – zwingend eine „wirkliche Gesellschafterstellung" voraus.[511] Und zu einer wirtschaftlichen Innenhaftung von mittelbar Beteiligten, wenn es darum geht, den Treuhandkommanditisten von Außenhaftungsrisiken freizustellen, kommt es dann nicht, wenn der Treuhandkommanditist keiner Außenhaftung unterliegt.[512]

Steht dem Treuhandkommanditisten gegen mittelbar Beteiligte ein Freistellungsanspruch zu, wenn der Treuhandkommanditist aus Außenhaftung von einem Gläubiger der KG in Anspruch genommen wird, dann kann der Treuhandkommanditist diesen Freistellungsanspruch an diesen Gläubiger abtreten, ohne gegen § 399 BGB zu verstoßen.[513]

Auch in folgendem Fall liegt kein Verstoß gegen § 399 BGB vor: Hat ein Treuhandkommanditist eines geschlossenen Fonds an mittelbar Beteiligte „Ausschüttungen" mit Mitteln vorgenommen, die beim Treuhandkommanditisten zur Einlagenrückgewähr und Unterschreitung seiner im Handelsregister eingetragenen Haftsumme führte (§ 172 Abs. 4 Satz 1 HGB), sodass der Treuhandkommanditist der Außenhaftung ausgesetzt ist,[514] so steht dem Treuhandkommanditisten ein Freistellungsanspruch gegen die mittelbar Beteiligten zu. Dieser Freistellungsanspruch ist im Insolvenzfall der Publikums-KG vom Treuhandkommandisten ohne Verstoß gegen § 399 BGB an den Insolvenzverwalter der KG abtretbar, der aus abgetretenem Recht auf Zahlung gegen die mittelbar Beteiligten vorgehen kann.[515]

---

[510] BGH BB 1961, 988 (gegen Haftung bei gesellschaftsrechtlicher Treuhand); BGH BB 1964, 327 (gegen Haftung von stillen Gesellschaftern); BGHZ 45, 204 und BGHZ 60, 324 (gegen unbeschränkte Kommanditistenhaftung); BGH ZIP 2008, 2354, 2356 (dazu *Wagner* NZG 2009, 213 mwN); BGH WM 2009, 593 Rn. 35; BGH DB 2009, 1397; BGH WM 2010, 1555, 1557; BGH DB 2011, 1099 Rn. 10; BGH BB 2011, 1807 Rn. 11 mwN; OLG Frankfurt WM 2010, 673, 674; OLG Karlsruhe ZIP 2009, 1810, 1811; *Gottschalk* NZG 2012, 461. So auch *Armbrüster* NJW 2009, 2167, 2168; *Armbrüster* ZIP 2009, 1885; *Nobbe* WM 2007, Beilage 1, S. 2, 10; *Wagner* BKR 2008, 57; *Wagner* ZNotP 2009, 101, 103; *Wagner* NZG 2009, 213 mwN; *Wagner* NZG 2009, 733; *Wagner* WM 2010, 1684, 1689 mwN; *Wagner* ZNotP 2011, 201, 292; *Wagner* in Schmider/Wagner/Loritz, Handbuch der Bauinvestitionen und Immobilienkapitalanlagen (HdB), 10/2009, Fach 7330 Rn. 137f. aA *Kindler* ZIP 2009, 1146; *Pfeifle/Heigl* WM 2008, 1485, 1491.
[511] BGHZ 178, 271 Rn. 21.
[512] OLG München WM 2012, 446, 448.
[513] BGHZ 185, 310 Rn. 12, 18; BGH WM 2011, 897 Rn. 14; BGH WM 2011, 2327 Rn. 33; OLG Celle WM 2009, 935, 937.
[514] OLG Koblenz 2009, 939, 942.
[515] OLG Koblenz WM 2009, 939, 940; OLG Jena WM 2009, 937, 938f.; OLG Celle WM 2009, 935, 937; OLG Karlsruhe NZG 2009, 1108.

**298** Wird ein Treuhandkommanditist im Wege der Außenhaftung in Anspruch genommen, so hat er wegen der Gefahr für mittelbar Beteiligte, auf Freistellung in Anspruch genommen zu werden, vorab die mittelbar Beteiligten über die Außenhaftungsinanspruchnahme zu informieren. Unterlässt der Treuhandkommanditist dies, so kann dies zu Gunsten von mittelbar Beteiligten zu Schadensersatzansprüchen gegen den Treuhandkommanditisten führen, wenn dieser bei unberechtigter Haftungsinanspruchnahme durch einen Gläubiger der Publikums-KG sich dagegen nicht wehrt,[516] sondern sogar noch per Vereinbarung angebliche Freistellungsansprüche, die der Treuhandkommanditist gegenüber mittelbar Beteiligten zu haben glaubt, an den Gläubiger der Publikums-KG abtritt, der diese dann gegen mittelbar Beteiligte gerichtlich geltend macht. Denn der Treuhandkommanditist hat für den Fall unberechtigter Haftungsinanspruchnahme eine Verpflichtung, sich dagegen zu wehren und die mittelbar Beteiligten von der unberechtigten Inanspruchnahme in Kenntnis zu setzen, damit diese zur Abwehr unberechtigter Ansprüche beitragen können.[517]

**299** Unterliegt dagegen der Treuhandkommanditist der unmittelbaren Außenhaftung gegenüber Gläubigern der Publikums-KG, weil es bei ihm zu einer Einlagenrückgewähr oder Entnahme mit Unterschreitung der im Handelsregister eingetragenen Haftsumme gekommen ist, stellt sich die Frage, ob und inwieweit der Treuhandkommanditist gegenüber wem wegen der Haftungsinanspruchnahme Freistellung verlangen kann.

**300** (1) Primärer Freistellungs-/Rückgriffsanspruch des Treuhandkommanditisten gegen die Publikums-KG (§§ 161 Abs. 2, 110 Abs. 1 HGB) und subsidiärer Freistellungs-/Rückgriffsanspruch gegen unmittelbar beteiligte Gesellschafter. – Wird ein Treuhandkommanditist von einem Gläubiger der Publikums-KG haftungsmäßig in Anspruch genommen, weil wegen Einlagenrückgewähr bzw. Entnahme die im Handelsregister eingetragene Haftsumme unterschritten wurde, so kann der Teuhandkommanditist sich wegen Freistellung primär an die Publikums-KG und sekundär an die anderen unmittelbar Beteiligten wenden und Freistellung verlangen.[518] Und hat der Treuhandkommanditist im Rahmen seiner Haftungsinanspruchnahme Aufwendungen für die Publikums-KG an deren Gläubiger getätigt, dann steht dem Treuhandkommanditisten ein Auslagenerstattungsanspruch gem. § 110 Abs. 1 HGB primär gegen die Publikums-KG zu, ohne dass sich der Gesellschafter einen von ihm zu tragenden Verlustanteil anrechnen lassen müsste, denn § 110 HGB soll ja gewährleisten, dass der haftungsmäßig in Anspruch genommene Gesellschafter nicht entgegen § 707 BGB mit einem Sonderopfer belastet wird.[519]

**301** Weigert sich die KG oder ist sie dazu nicht in der Lage, den Aufwendungsersatzanspruch gem. § 110 HGB zu erfüllen, dann und auch erst dann und kann der haftungsmäßig in Anspruch genommene Kommanditist subsidiär gegen die anderen unmittelbar beteiligten Gesellschafter der KG in Höhe deren jeweiliger Verlustanteile vorgehen.[520] Zwar setzt – so der BGH[521] – § 426 BGB voraus, dass mehrere Gesellschafter im Außenverhältnis den Gesellschaftsgläubigern gesamtschuldnerisch haften. Aber der BGH[522] lässt § 426 Abs. 1 Satz 1 BGB auch dann eingreifen, wenn ein Kommanditist freiwillig Schulden der KG gegenüber einem Gläubiger der KG tilgt und dadurch wie ein Komplementär handelt. In einem solchen Fall kann der haftungsmäßig in Angriff genommene Kommanditist dann, wenn die primär in Anspruch genommene KG nicht ihm dies nicht erstattet – weil sie nicht kann

---

[516] OLG München WM 2009, 2309, 2312, wenn die Treuhandgesellschafterin ihre Rechte aus § 129 HGB gegenüber Gläubigern der Gesellschaft nicht geltend gemacht hat; *Wagner* WM 2010, 1684, 1690.

[517] BGH BB 2011, 1745 mit Anm. *Ayad/Schnell*; *Wagner* ZNotP 2012, 45, 47.

[518] BGH WM 2011, 889 Rn. 40; BGH WM 2011, 1658 Rn. 59 f.; *Wagner* WM 2010, 1684, 1686 mwN; *Wagner* NZG 2011, 1058, 1059; *Wagner* ZNotP 2012, 45, 46.

[519] BGHZ 10, 44, 55; BGHZ 39, 319, 324 oben; BGH WM 2002, 291, 292.

[520] BGH WM 2002, 291, 293.

[521] BGH WM 2002, 291, 293.

[522] BGH WM 2002, 291, 293.

oder nicht will –, den Komplementär subsidiär entsprechend § 426 Abs. 1 Satz 1 BGB in Anspruch nehmen.[523]

(2) Folgen der rechtlichen Außenhaftung des Treuhandkommanditisten für mittelbar Beteiligte. – Wurde eine Treuhandkommanditistin im Falle von Ausschüttungen bzw. Entnahmen, die zu Haftsummenunterschreitungen führen,[524] haftungsmäßig in Anspruch genommen, so hat sie auf Grund des mit dem mittelbar Beteiligten geschlossenen Treuhandvertrages iVm §§ 675, 670 BGB gegen diesen als Quasi-Gesellschafter einen Freistellungsanspruch bzw. sofern sie an den Gläubiger gezahlt haben sollte, einen Erstattungsanspruch.[525] Damit ist der mittelbar Beteiligte zwar *rechtlich* keiner Außenhaftung gegenüber Gläubigern der Gesellschaft ausgesetzt, wohl aber einer *wirtschaftlichen* Außenhaftung.[526] Mittelbar Beteiligte können sich mit dem BGH[527] dadurch verteidigen,
– dass sie entweder einwenden, der eingeforderte Betrag werde für die KG bzw. deren Liquidation nicht gebraucht oder
– dass sie auf § 129 HGB verweisen.

Mittelbar beteiligte Anleger unterliegen mithin wie in diesem Beitrag verdeutlicht, inzwischen keinem Haftungsschutz, da an die Stelle der nicht vorhandenen Außenhaftung die Innenhaftung getreten ist, die nach Abtretung solcher Ansprüche der Außenhaftung vergleichbar ist.[528] Und mittelbar Beteiligte werden inzwischen haftungsmäßig sogar ungleich schlechter behandelt als unmittelbar haftende Gesellschafter, sodass die im Fachschrifttum anzutreffende Aussage unzutreffend ist, es sei auf Grund der „begrüßenswürdigen" (?) jüngeren Rechtsprechung quasi zu einer Gleichstellung von mittelbar und unmittelbar Beteiligten gekommen.[529] Hinzu kommt, dass mittelbar Beteiligte sog Quasi-Gesellschafter mit der Rechtsprechung des BGH auch den Risiken der §§ 735, 739 BGB ausgesetzt sein können,[530] falls vertraglich nicht ausgeschlossen. Für künftige Fonds-Konzeptionen hat dies zur Folge, dass im Prospektbeiblatt, im Prospekt und vor allem im Gespräch mit Anlageinteressenten dort auf diesen Umstand deutlich aufmerksam gemacht werden muss, wo mittelbare Beteiligungen konzeptionell vorgesehen sind. Und in Anbetracht dessen ist dies mit einem deutlichen worst-case-Hinweis[531] zu versehen, im Prospektbeiblatt, im Prospekt und vor allem im Gespräch mit Anlageinteressenten. Mithin haben auch Prospektprüfer bei Erstattung eines Prospektprüfungsgutachtens gemäß den Grundsätzen des IDW S 4 sich dieser Thematik anzunehmen.

ee) Schadensersatzrechtliche Rückabwicklung einer mittelbaren Beteiligung. Kommt es zur schadensersatzrechtlichen Rückabwicklung einer mittelbaren Beteiligung, so soll es nach der Rechtsprechung des XI. Senates des BGH reichen, dass der mittelbar Beteiligte lediglich Zug um Zug die Rechte aus seiner mittelbaren Beteiligung abtritt.[532]

---

[523] Zur primären Inanspruchnahmepflicht der Gesellschaft und sekundären Inanspruchnahmemöglichkeit der Gesellschafter jeweils auf Befreiung bzw. Rückgriff siehe BGH WM 2007, 2289 Rn. 17, 19.
[524] BGH WM 2011, 897 Rn. 19: Der Umfang, in dem die Haftung des Kommanditisten gem. § 172 Abs. 4 HGB wieder auflebt, ist in 3-facher Hinsicht begrenzt: (1) durch die im Handelsregister eingetragene Haftsumme, (2) durch die Höhe des ausgezahlten bzw. entnommenen Betrages und (3) durch das Ausmaß der Haftsummenunterdeckung.
[525] BGHZ 76, 127, 131 f.; BGHZ 185, 310 Rn. 11.
[526] BGH WM 2011, 2327 Rn. 35.
[527] BGH WM 2011, 2327 Rn. 36.
[528] *Deutscher* ZfIR 2009, 631; *Deutscher* ZfIR 2012, 346: Einen umfassenden Haftungsschutz gibt es für mittelbar Beteiligte nicht.
[529] *Stumpf* BB 2012, 1429, 1430.
[530] *Deutscher* ZfIR 2012, 346, 348 f., 351 f.
[531] BGH NJW-RR 2007, 1329 Rn. 13 f.; BGH WM 2007, 1503 Rn. 14 f.; BGH Rn. 8 (Juris); BGH 6.3.2008 – III ZR 219/06, Rn. 8 (Juris); BGH 6.3.2008 – III ZR 256/06, Rn. 9 (Juris).
[532] BGH NJW 2012, 2951 Rn. 11.

305 ff) **Fehlerhafte Beteiligung bei einer mittelbaren Beteiligung?.** Auf mittelbare Beteiligungen werden die Grundsätze der fehlerhaften Gesellschaft nicht angewandt.[533]

306 c) „**Zusammenschlüsse**". Sieht man von der direkten Kommanditbeteiligung von Kapitalanlegern einmal ab, so finden sich in der Praxis immer wieder vertragliche Formulierungen, wonach die mittelbar oder still beteiligten Kapitalanleger ihre Rechte erst nach Beschlussfassungen mit entsprechenden Mehrheitsverhältnissen geltend machen können, obwohl der einzelne Kapitalanleger lediglich einen individualrechtlichen „Treuhandvertrag" bzw. stillen Beteiligungsvertrag abgeschlossen hat. Dies leitet zu der in der Praxis wichtigen Frage über, ob außer den vertikalen Rechtsbeziehungen des Kapitalanlegers zum Treuhänder, Hauptbeteiligten oder zur Kommanditgesellschaft (zB bei stiller Beteiligung) noch *horizontale* Rechtsbeziehungen der Kapitalanleger untereinander bestehen und welcher Art diese sind.

307 aa) **Rechtliche Relevanz von „Zusammenschlüssen".** Soweit in Treuhandverträgen die **horizontalen Rechtsbeziehungen** nicht ausdrücklich geregelt sind, gelten die gesetzlichen Regelungen, was wiederum voraussetzt, dass eine rechtliche Einordnung möglich ist. Von der richtigen Einordnung hängen folglich die jeweiligen Rechtsfolgen ab, womit die rechtliche Relevanz der richtigen Beurteilung und Zuordnung solch horizontaler Rechtsbeziehungen (hier verkürzt „Zusammenschlüsse" genannt) verdeutlicht ist.

308 bb) **Gesellschaft bürgerlichen Rechts als Innen- oder Außengesellschaft.** Ob die Summe aller Treugeber, die ggf. in einer **Treugeber-Versammlung** Beschlüsse fassen sollen, eine Gesellschaft bürgerlichen Rechts (§§ 705 ff. BGB) oder eine Gemeinschaft (§§ 741 ff. BGB) ist, hängt davon ab, ob die Treugeber einen gemeinsamen (dann Gesellschaft bürgerlichen Rechts) oder nur einen gemeinschaftlichen Zweck (dann Gemeinschaft) verwirklichen wollen.

309 Begreift man den „gemeinsamen Zweck" als das konstituierende Element einer Gesellschaft bürgerlichen Rechts (§ 705 BGB), dann können Gesellschafter einer Gesellschaft bürgerlichen Rechts gerade wegen dieser Zweckbindung nur in ihrer Verbundenheit (= „gemeinsam") auftreten und handeln, sodass der Begriff der „Gesamthand" Ausdruck einer solchen Handlungseinheit ist,[534] der nichts mit der von der Rechtsprechung vorgenommenen Zuordnung des Gesamthandsbegriffs zum Gesamthandsvermögen zu tun hat.

310 Die entscheidende Frage ist mithin, ob Treugeber, die zu ihrem Treuhandkommanditisten in einer Beschlussfassung einer Treugeberversammlung abhängig gemacht werden, eine Gesamthand im zuvor beschriebenen Sinne darstellen.

311 *Wagner*[535] kommt zu dem Ergebnis, dass die Kapitalanleger untereinander in keiner Vertrauensbeziehung stehen, sich in der Regel überhaupt nicht kennen und den im Prospekt beschriebenen Zweck auf sich selbst beziehen, nämlich persönlich eine bestimmte Rendite oder Steuervorteile zu avisieren; zur Realisierung dieses jeweils eigenen Zweckes leisten sie einen Kapitalbeitrag.[536] Allerdings kann jeder Treugeber diesen seinen Primärzweck nur verwirklichen, wenn auch weitere Kapitalanleger (= Treugeber) vorhanden sind, um mit ihrer gesamten Kapitalaufbringung den Zweck der Beteiligung – die Objektverwirklichung – realisieren zu können, denn ohne diese gäbe es für den einzelnen ja weder Rendite noch Steuervorteile.

312 So gesehen wird man aber die Kapitalanleger als Treugeber lediglich als die Zusammenfassung aller gleichgerichteten singulären Primärzwecke der Anleger iS einer gemeinschaftlichen und nicht als einer gemeinsamen Zwecksetzung sehen müssen.[537] Infolgedessen bildet – in Ermangelung einer anderweitigen Regelung – die Summe der Kapitalanleger eine

---

[533] OLG Frankfurt 17.9.2012 – 23 U 190/11 (Juris) = BeckRS 2012, 20459.
[534] *Flume*, Die Personengesellschaft, 1977, S. 68 ff.; *Wagner*, Die Massenkommanditgesellschaft, S. 46.
[535] Die Massenkommanditgesellschaft, S. 85–91.
[536] *Wagner*, Die Massenkommanditgesellschaft, S. 85.
[537] *Wagner*, Die Massenkommanditgesellschaft, S. 89.

Gemeinschaft,[538] nicht eine GbR, sodass sich die weitergehende Frage erübrigt, ob es eine Innen- oder Außengesellschaft wäre.

cc) **Gemeinschaftsverhältnisse.** Ist mit zuvor dargelegtem zwischen den Treugebern keine horizontale Rechtsbeziehung durch einen entsprechenden Vertrag in der Rechtsform der Gesellschaft bürgerlichen Rechts gegeben – es sei denn, es ist ausdrücklich etwas anderes vertraglich geregelt –, sodass die Kapitalanleger (= Treugeber) ihre Zweckgemeinschaft nur in einer Interessengemeinschaft sehen, auf die die §§ 741 ff. BGB Anwendung finden,[539] dann ist es möglich und in der Praxis auch vermehrt anzutreffen, dass die Treugeber sich in Form der **Bruchteilsgemeinschaft** über den Treuhandkommanditisten an der Publikums-KG beteiligen, mit der Folge, dass der jeweilige Treugeber eine vom Treuhandkommanditisten vermittelte mitgliedschaftsorientierte Stellung – nicht nur eine steuerrechtliche Mitunternehmerstellung – in der Publikums-KG erhält.[540] Dies wird dadurch besonders verdeutlicht, dass einerseits im Gesellschaftsvertrag auf die mittelbare Stellung und die Mitwirkungsmöglichkeiten sowie zB die Teilhabe der an den Treuhandkommanditisten angebundenen Treugeber am Liquidationserlös gesondert hingewiesen wird und andererseits die Regelungen des Gesellschaftsvertrages in dem zwischen Treuhandkommanditist und Treugeber abgeschlossenen Treuhandvertrag ausdrücklich mit einbezogen werden. Ohne direkt Gesellschafter zu sein, werden mithin besagte Treugeber mit Rechten und Pflichten wie ein Gesellschafter der Publikums-KG ausgestattet. 313

dd) **Unterbeteiligungen.** Soweit in der Praxis in dem zwischen Treugeber und Treuhandkommanditisten abgeschlossen Treuhandvertrag und im Gesellschaftsvertrag keine so weitgehenden Regelungen enthalten sind, dem Treugeber quasi eine mitgliedschaftliche Stellung in der Publikums-KG zu vermitteln und statt dessen zwischen Publikums-KG und Treugeber zwar eine steuerliche Mitunternehmerstellung, jedoch ansonsten keine Rechtsbeziehung hergestellt werden soll, dann wird beabsichtigt sein, die Rechtsstellung des Treugebers ausschließlich an der des Treuhandkommanditisten zu orientieren. In solchen Fällen kann rechtlich statt der dargestellten Konzeption die einer Unterbeteiligung des Treugebers avisiert sein,[541] mit der Folge, dass die Treugeber untereinander und gegenüber dem sog Treuhandkommanditisten in einer sog **einheitlichen Unterbeteiligungsgesellschaft** stehen.[542] 314

ee) **Einheitlich stille Gesellschaft.** Gehen Kapitalanleger stille Beteiligungsverhältnisse ein, so finden sich auch hier in der Praxis häufig horizontale Rechtsbeziehungen wie Anlegergemeinschaftsversammlungen, Beschlussfassungen usw., obwohl das stille Beteiligungsverhältnis nach seiner Grundkonzeption ein zweigliedriges Rechtsverhältnis des still Beteiligten zum Inhaber des Handelsgeschäftes ist.[543] 315

Der BGH[544] geht insoweit von der Konzeption einer einheitlich stillen Gesellschaft aus, indem er trotz vieler still Beteiligter von einem Gesellschaftsvertrag und einer stillen Gesellschaft ausgeht, was gesellschaftsvertragliche Gestaltungen mit horizontalen Rechtsbeziehungen auch zwischen still Beteiligten zulässt. 316

**7. KWG-rechtliche Einordnung des Treuhandkommanditisten.** Zum Bauherrenmodell war die Frage entstanden, ob der Treuhänder in der Entgegennahme von Eigenkapital der Bauherren ein genehmigungspflichtiges Einlagengeschäft im Sinne des § 1 Abs. 1 Satz 2 Nr. 1 KWG betreibe. Dies hat die Rechtsprechung[545] ua mit dem Argument ver- 317

---

[538] So auch OLG Frankfurt NZG 1999, 819.
[539] OLG Frankfurt NZG 1999, 819; *Wagner,* Die Massenkommanditgesellschaft, S. 93; *Wagner* DStR 1996, 1008.
[540] *Ropeter,* Die Beteiligung als Bruchteilsgemeinschaft, S. 1, 136, 174.
[541] BGH WM 1994, 1477.
[542] *Ulbrich,* Die Unterbeteiligungsgesellschaft, S. 67.
[543] *Wagner* KTS 1979, 53, 54.
[544] BGH NJW 1972, 338.
[545] OVG Berlin WM 1984, 865; VG Berlin BB 1986, 963 mit Anm. *Wagner; Loritz/Wagner,* Konzeptionshandbuch, Bd. 1, Rn. 901–926.

neint, ein solcher Treuhänder sei in seinem Auftreten nicht als ein Bankgeschäfte betreibendes Kreditinstitut anzusehen, das KWG diene nicht der Kontrolle des Geldverkehrs, sondern der Überwachung von Bankgeschäften.

318  Mit gleicher Begründung unterfällt auch die Tätigkeit von Treuhandkommanditisten in geschlossenen Immobilien-Fonds nicht dem Begriff der „Bankgeschäfte" (§ 1 Abs. 1 KWG) und ist folglich ebenfalls nicht erlaubnispflichtig gemäß § 32 KWG.[546]

319  **8. Fazit.** Insbesondere die Publikums-GmbH & Co. KG wurde in den letzten Jahren immer mehr den Kapitalgesellschaften angenähert, obwohl sie als Kommanditgesellschaft zu den Personenhandelsgesellschaften gehört. *Ulmer*[547] sieht darin eine richterliche Rechtsfortbildung mangels effektiver gesetzlicher Regelungen,[548] die insbesondere folgende Akzente geprägt habe: die Inhaltskontrolle anhand der Maßstäbe des Aktienrechts, der Grundsatz des Mehrheitsprinzips sowie das einseitige Austrittsrecht getäuschter bzw. in zentralen Fragen überstimmter Gesellschafter. Hinzu käme die analoge Anwendung folgender Regelungen aus dem GmbH-Recht: der obligatorische Rechtsformzusatz im Firmennamen, die Grundsätze der Kapitalerhaltung sowie die Behandlung von Gesellschafterdarlehen als Kapitalersatz. Auch im Bereich des Innenrechts sei bei der GmbH & Co. KG eine Annäherung an die GmbH zu verzeichnen.

320  **9. Künftige Kommanditgesellschaften.** *Wiedemann*[549] hat in einem lesenwerten Beitrag die durch das KAGB vorgegebenen offenen und geschlossenen Investmentkommanditgesellschaft (InvestKGs) mit herkömmlichen Kommanditgesellschaften verglichen. Diese Gegenüberstellung lässt sich wie folgt zusammenfassen:

321  – An einer offenen InvestKG können sich nur professionelle oder semiprofessionelle Anleger beteiligen (§ 125 Abs. 2 Satz 2 KAGB), während „normale" Anleger sich nur an geschlossenen InvestKGs – unmittelbar oder mittelbar – beteiligen dürfen (§§ 149 ff. KAGB).

322  – Offene und geschlossene InvestKGs müssen einen schriftlichen Gesellschaftsvertrag haben (§§ 125 Abs. 1, 150 Abs. 1 KAGB) und der im Gesellschaftsvertrag festgelegte Unternehmensgegenstand muss ausschließlich die Anlage und Verwaltung von Mitteln nach einer festgelegten Anlagestrategie und dem Grundsatz der Risikomischung aufweisen (§§ 125 Abs. 2, 150 Abs. 2 KAGB).

323  – Wird zu Gesellschafterversammlungen geladen, müssen die Beschlussgegenstände vollständig der Ladung beigefügt sein (§§ 125 Abs. 3, 150 Abs. 3 KAGB).

324  – Eine haftungsbegründende Einlagerückgewähr darf nur mit Zustimmung der Kommanditisten erfolgen, die *zuvor* auf die damit verbundenen Haftungsrisiken gegenüber Gläubigern hinzuweisen sind (§§ 127 Abs. 2, 152 Abs. 2 KAGB).

325  – Die InvestKG muss mindestens 2 Geschäftsführer haben, deren Zuverlässigkeit und fachliche Eignung feststehen muss (§§ 128, 153 KAGB).

326  – Direkt beteiligte Anleger-Kommanditisten haften bei nicht vollständig erbrachter Einlage Dritten erst mit der Eintragung als Kommanditist im Handelsregister, sodass § 176 HGB ausgeschlossen ist (§§ 127 Abs. 4, 152 Abs. 4 KAGB). Ferner dürfen für Kommanditisten auch keine Nachschusspflichten begründet werden (§§ 127 Abs. 3, 152 Abs. 3 KAGB).

327  – Hat allerdings der Kommanditist seine Einlagepflicht erfüllt, erlischt seine Haftung (§§ 127 Abs. 3, 152 Abs. 3 KAGB) wie auch die Zahlung einer Abfindung bei seinem Ausscheiden aus der geschlossenen InvestKG seine Haftung (§ 172 Abs. 4 HGB) nicht wieder aufleben lässt (§ 152 Abs. 5 KAGB).

328  – Anleger können sich an geschlossenen InvestKGs auch mittelbar über einen Treuhänder beteiligen (§ 152 Abs. 1 Satz 2 KAGB). In diesem Fall hat der mittelbar beteiligte Anle-

---

[546] *Loritz/Wagner*, Konzepitonshandbuch, Bd. 2, Rn. 177.
[547] Festschrift zur 600-Jahr-Feier der Universität Heidelberg, S. 404.
[548] Zur Frage der Erforderlichkeit einer gesetzlichen Regelung: *Krieger*, FS Stimpel, S. 307 ff.
[549] *Wiedemann* NZG 2013, 1041.

ger im Innenverhältnis zur InvestKG und gegenüber den Gesellschaftern die gleiche Stellung wie ein Kommanditist (§ 152 Abs. 1 Satz 3 KAGB). Dabei sei – so *Wiedemann*[550] – von dem Stand der Rechtsprechung und Rechtslehre zur mittelbaren Beteiligung auszugehen.
– Kündigt ein Privatgläubiger die Beteiligung des Kommanditisten oder gerät ein Kommanditist in die Insolvenz, so scheidet er aus der offenen/geschlossenen InvestKG aus (§§ 125 Abs. 4, 150 Abs. 4 KAGB).
– Kommanditisten offener InvestKGs haben gesetzlich einmal pro Jahr ein ordentliches Kündigungsrecht ihrer Beteiligung (§ 133 Abs. 1 KAGB), Mitglieder einer geschlossenen InvestKG dagegen statt der Gestaltungsklage (§ 133 HGB) lediglich ein außerordentliches Kündigungsrecht (§ 161 Abs. 1 KAGB).
– Kommanditisten offener/geschlossener InvestKGs haften nach Beendigung der Liquidation nicht für Verbindlichkeiten der InvestKG (§§ 138 Abs. 2, 161 Abs. 2 KAGB).

**III. Steuerliche Besonderheiten**

Steuerrechtliche Gegebenheiten waren - wie dargelegt - auslösendes Moment für gesellschaftsrechtliche Entwicklungen,[551] an die die Rechtsprechung des BFH anknüpfte. Der derzeitige Sachstand ist folgender:

**1. Einkommensteuer oder Körperschaftssteuer bei der Publikums(GmbH & Co.) KG.** Mit der Entscheidung des Großen Senats des BFH vom 25.6.1984[552] ist auch steuerlich davon auszugehen, dass eine Publikums-GmbH & Co. KG weder eine Kapitalgesellschaft noch ein nicht rechtsfähiger Verein, sondern eine Personengesellschaft ist.

Bei steuerorientierten Publikums-Fonds[553] ist oft von „garantierten Ausschüttungen" die Rede. Nur Gewinne schüttet man aus. Sind diese vorhanden, kann man sie ausschütten und sind sie nicht vorhanden, kann der Fonds sie nicht garantieren. Soweit in letzteren Fällen doch ausgeschüttet wird, handelt es sich gesellschaftsrechtlich um Entnahmen. Steuerlich spricht man in solchen Fällen von *Schein-Renditen*. Inzwischen geht die Finanzrechtsprechung dazu über, solche „Schein-Renditen" als steuerpflichtige Einkünfte zu behandeln[554].

**2. Einkünfte und Betätigungen. a) Allgemeines.** Wenn auch die Publikums-KG sich steuerlich in allen Einkunftsarten betätigen kann, ist am verbreitetsten die Erzielung von Einkünften aus Gewerbebetrieb, Vermietung und Verpachtung und Kapitalvermögen. Unterschiede in der steuerlichen Behandlung ergeben sich je nachdem, ob die jeweilige Einkunftsart dem Bereich der sog **Gewinn-Einkünfte** oder dem der sog **Überschuss-Einkünfte** zugeordnet wird. Bei den Gewinneinkünften wird die Vermögensmehrung bzw. der Vermögenszuwachs besteuert, bei den Überschuss-Einkünften dagegen das Einkommen als Überschuss der Einnahmen zB aus Vermietung und Verpachtung oder Kapitalvermögen über die Werbungskosten.

Zu den steuerlichen Einkünften wird auch gezählt, wenn ein Gesellschafter sich Gewinnanteile gutschreiben lässt und wieder anlegt – was bei der KG zur Erhöhung der Pflichteinlage führt –, selbst wenn diese Gewinnanteile nicht bestehen, weil dem Kapitalanleger Gewinnanteile nur vorgespiegelt wurden. Wird dem gutgläubigen Anleger erklärt, dass der diesem gutgeschriebene und wiederangelegte Betrag auf dessen (vermeintlichen)

---

[550] *Wiedemann* NZG 2013, 1041, 1044.
[551] *Knobbe-Keuk*, Das Steuerrecht – eine unerwünschte Rechtsquelle des Gesellschaftsrechts, S. 1.
[552] BStBl. II 1984, 751, 757, 760.
[553] *Schiefer* DStR 1997, 119, 164.
[554] BFH 22.7.1997, BStBl. II 1997, 755, 762, 767; BFH/NV 1998, 958; BFH/NV 2002, 1576; FG Münster EFG 1996, 102; FG Münster EFG 1996, 427; FG Münster EFG 1996, 1037; FG Münster EFG 1996, 825; aA FG Köln EFG 1997, 1434; FG Münster EFG 1997, 611; *Popp/Wagner* DStR 1998, 1156.

Anspruch auf Gewinnbeteiligung geleistet werde, so ist die betreffende Geldsumme als Kapitalertrag und nicht als Kapitalrückzahlung zu qualifizieren.[555] Werden ferner bei geschlossenen Immobilienfonds Ausschüttungen vorgenommen, die *tatsächlich* keine *Gewinn*ausschüttungen betreffen, sondern Liquidität, so wird man in Anbetracht dieser Rechtsprechung diesbezüglich *steuerlich* ebenfalls sehr wohl von Gewinnausschüttungen ausgehen müssen.

**337** Welche Einkünfte die Publikums-KG erzielt, wird entweder durch ihre Tätigkeit (§ 15 Abs. 3 Nr. 1 EStG) oder danach bestimmt, inwieweit ihr eine Kapitalgesellschaft als Komplementär das Gepräge gibt (§ 15 Abs. 3 Nr. 2 EStG). Selbst wenn mithin eine Publikums-KG keine gewerbliche Tätigkeit im handelsrechtlichen Sinne sondern statt dessen Vermögensverwaltung betreibt, wird steuerlich doch eine gewerbliche Tätigkeit angenommen, wenn einziger persönlich haftender Gesellschafter eine Kapitalgesellschaft ist. Bei gleicher Konstellation ist jedoch steuerlich eine Einkunftserzielung der Publikums-GmbH & Co. KG aus Vermietung und Verpachtung gegeben, wenn die Komplementär-GmbH nicht alleine geschäftsführungsbefugt ist (§ 15 Abs. 3 Nr. 2 EStG).[556]

**338** „Die Vermietung von Grundbesitz bleibt auch dann Vermögensverwaltung, wenn der Besitz sehr umfangreich ist, an eine Vielzahl von Mietern vermietet und zur Verwaltung ein in kaufmännischer Weise eingerichteter Geschäftsbetrieb unterhalten wird (vgl. *Schmidt,* Einkommensteuergesetz, 15. Aufl. 1996, § 15 Rz. 81, mwN). Zusatzleistungen des Vermieters führen erst dann zum Überschreiten der Grenze zur Gewerblichkeit, wenn sie das bei langfristigen Vermietungen übliche Maß überschreiten."[557]

**339** Folglich ist die Bestimmung der steuerlichen Einkunftsart konzeptionell gestaltbar.

**340** Die Publikums-KG ist zwar Rechtssubjekt und Steuersubjekt, steuerpflichtig sind jedoch gemäß § 1 EStG die Gesellschafter.[558] Die Art der Einkünfte wird durch die Tätigkeit der Gesellschaft bestimmt, was allerdings nichts daran ändert, dass die Einkünfte der Beteiligten, bei denen die Beteiligung zum notwendigen oder gewillkürten Betriebsvermögen gehört oder die kraft Rechtsform gewerbliche Einkünfte erzielen, insoweit auch als Einkünfte aus Gewerbebetrieb zu qualifizieren sind.[559] Man spricht hier von der **Umqualifizierung der Einkünfte** bei betrieblicher Beteiligung und von einer sog Zebra-Gesellschaft.[560]

**341** Nach der Rechtsprechung des BFH[561] erfolgt die Umqualifizierung der Einkünfte auf Gesellschaftsebene, also innerhalb der gesonderten Feststellung der Einkünfte, nach Mei-

---

[555] BFH 22.7.1997, BStBl. II 1997, 755 u. H. a. BFH 10.6.1975, BStBl. II 1975, 847; FG Niedersachsen DStRE 2001, 79.
[556] BFH 23.5.1996, BStBl. II 1996, 523; FG Münster EFG 1993, 719. Maßgebend ist die organschaftliche Geschäftsführungsbefugnis, die auch einem Kommanditisten auf gesellschaftsvertraglicher Ebene zugeordnet werden kann. Dazu *Breithecker/Zisowski* BB 1998, 508.
[557] BFH/NV 1997, 762, 763
[558] BFH 25.6.1984, GrS BStBl. II 1984, 751, 761–762.
[559] BFH 25.6.1984, GrS BStBl. II 1984, 751, 763; 19.8.1986, BStBl. II 1987, 212; 20.11.1990, BStBl. II 1991, 345; BMF 29.4.1994, BB 1994, 898. So kann zB ein Gesellschafter durch Immobilienverkäufe außerhalb der Gesellschaft zum gewerblichen Grundstückshändler geworden sein. Dazu und zu verfahrensrechtlichen Fragen der Einkunftsermittlung einer sog Zebra-Gesellschaft siehe *Kohlhaas* DStR 1998, 1458.
[560] *Kohlhaas* DStR 1998, 1458; *Schmider,* Geschlossene Immobilienfonds, Rn. 92 ff.; *Söffing* DB 1998, 896.
[561] BFH BB 1996, 2287; BFH/NV 2001, 254; BFH/NV 2002, 308; aA BFH 11.12.1997, BStBl. II 1999, 401, wonach die im Festellungsbescheid insoweit getroffenen Feststellungen für Folgebescheide keine Bindungswirkung haben. BFH/NV 2000, 306: „Bei einer sog Zebragesellschaft obliegt die Ermittlung der Höhe gemeinsam erzielter Einkünfte dem Gesellschaftsfinanzamt, während die Art der Einkünfte durch das Gesellschafterfinanzamt bestimmt wird (Anschluss im AdV-Verfahren an BFH-Urteil vom 11. Dezember 1997 III R 14/96, BFHE 185, 177, BStBl. II 1999, 401)." (Leitsatz) Soweit mit BMF 8.6.1999, DB 1999, 1352 dagegen ein Nichtanwendungserlass erging, bezeichnet BFH/NV 2000, 828 diesen als „eindeutig rechtswidrig".

nung der Finanzverwaltung[562] dagegen erst auf der Ebene des entsprechenden Gesellschafters.

**b) Änderung der Einkunftsart bei Anzahlungs-/Konservierungsfonds.** Bei Anzahlungs/ Konservierungs-Fonds ist es vorgekommen, dass eine aus zwei GmbHs bestehende GbR (also eine steuerlich gewerblich geprägte GbR) ein Grundstück erworben hat und darauf Anzahlungen geleistet hat, auf die sie Sonder-AfA beanspruchen konnte (§ 4 I 5 FördG)[563]. Diese gewerblich geprägten GbRs haben alsdann Kapitalanleger als Gesellschafter beitreten lassen, wodurch aus ihnen steuerlich vermögensverwaltende Fonds wurde. Das BMF[564] sowie der der dem BMF angehörende *Stuhrmann*[565] vertraten die Auffassung, die vermögensverwaltende Gesellschaft sei mit der gewerblich geprägten nicht identisch, indem eine identitätsaufhebende Umwandlung *fingiert* werde, und sei daher nicht in der Lage, die Sonder-AfA der gewerblich geprägten GbR fortzuführen. Habe die gewerblich geprägte GbR die Sonder-AfA nicht in Anspruch genommen, so sei sie für die vermögensverwaltende GbR verloren. Diese Auffassung ist gesellschaftsrechtlich abwegig und widerspricht der Rechtsprechung des BFH:

Traten Kapitalanleger einer steuerlich gewerblich geprägten GbR als Gesellschafter bei, so wurden sie gesellschaftsrechtlich gemäß § 738 BGB per Anwachsung Gesellschafter und Beteiligte des Gesamthandsvermögens. Zudem wurden sie mit dem Zeitpunkt des Beitritts außerhalb des Grundbuches Gesamthandseigentümer. Die Eintragung im Grundbuch war für diese materiellrechtliche Gesamthandseigentümerstellung nicht erforderlich.[566] Gesellschaftsrechtlich wurde auch bei Beitritt von Kapitalanlegern als Gesellschaftern, einerlei, ob sie zusätzlich zu den oder an Stelle der bisherigen Gesellschafter beitraten, die GbR identitätswahrend fortgeführt, zumal inzwischen der BGH verstärkt von einer Rechtsfähigkeit der GbR ausgeht, die als gesamthänderisches Rechtssubjekt selbst Rechte erwerben und Schuldnerin sein kann[567]. Daraus wird denn auch zusätzlich abgeleitet, dass sich auch daraus die Verselbständigung der Gesamthand gegenüber ihren Mitgliedern ergebe und bei der GbR auch beim Auswechseln von Mitgliedern von der Identität der Personengesellschaft und der Aufrechterhaltung des ihr zugeordneten Gesamthandsvermögens auszugehen sei. Folglich kann auf die identitätswahrende Fortführung der GbR auch nicht das UmwG Anwendung finden, da kein Umwandlungsfall vorliegt.

*Stuhrmann* und BMF blieben vor diesem gesellschaftsrechtlichen Ausgangspunkt eine rechtlich nachvollziehbare Begründung schuldig, auf welche Rechtsgrundlage sie ihre Auffassung stützten, beim Wechsel der Einkunftsart der GbR eine identitätsaufhebende Umwandlung anzunehmen. Es war auch nicht nachvollziehbar, wodurch vor diesem Hintergrund der Griff zur analogen Anwendung des § 24 UmwStG gerechtfertigt gewesen sein soll[568].

Aber auch, wenn man von der Rechtsprechung des BFH ausgeht, war die Auffassung von *Stuhrmann*[569] und BMF[570] nicht nachvollziehbar und nur als der untaugliche Versuch zu werten, jenseits rechtlicher Gegebenheiten auf Sonder-AfA zuzugreifen, um damit zu Verunsicherungen für den Kapitalanlegvertrieb zu sorgen:

Zunächst einmal knüpfte die Gewährung der Sonder-AfA nicht an eine bestimmte Einkunftsart an, sodass nicht nachvollziehbar war, warum der Wechsel der Einkunftsart zu ih-

---

[562] BMF 29.4.1994, BStBl. I 1994, 282; FM Niedersachsen 27.12.1996, BB 1997, 309.
[563] *Wagner* BB 1997, 1974, 1977.
[564] BMF 17.9.1998, BStBl. I 1998, 1128, 1129.
[565] *Stuhrmann* DStR 1997, 103, 105; *Stuhrmann* BB 1998, 2346, 2347.
[566] BGH NJW 1998, 1220, 1221; BayObLG NJW-RR 1992, 228, 229.
[567] BGHZ 116, 86, 88 (GbR als Mitglied einer Genossenschaft); BGH NJW 1997, 2754 (Scheckfähigkeit der GbR); BGH NJW 1998, 376 (GbR als Gesellschafter einer GbR); BGH NJW 2001, 1056 (Partei- und Rechtsfähigkeit).
[568] Ablehnend: *Wagner* BB 1997, 1974, 1977.
[569] *Stuhrmann* DStR 1997, 103, 105; *Stuhrmann* BB 1998, 2346, 2347.
[570] BMF 17.9.1998, BStBl. I 1998, 1128, 1129.

rem Wegfall sollte führen können⁵⁷¹. Zudem ging auch der BFH – in Übereinstimmung mit dem BGH – von der identitätswahrenden Fortführung der GbR aus, selbst wenn es zum Wechsel auf Gesellschafterebene kam⁵⁷². Zudem widersprach die von *Stuhrmann* und BMF *fingierte* Beendigung der gewerblich geprägten GbR im Zeitpunkt des Beitritts von Kapitalanlegern der Rechtsprechung des BFH⁵⁷³, wonach eine Beendigung einen erkennbar geäußerten Beendigungswillen voraussetzt, sodass der Wechsel der Einkunftsart sicherlich nicht dazu gehört.

**347** Und schließlich sei auf folgendes verwiesen: In einem vom BFH⁵⁷⁴ entschiedenen Fall hatte eine GmbH vermögensverwaltende Tätigkeiten ausgeübt, indem sie mehrere bebaute Grundstücke und eine geringe Anzahl von Wertpapieren verwaltete (sog *vermögensverwaltende GmbH*). Diese GmbH wurde *auf* eine KG umgewandelt. Der BFH judizierte, diese KG verzeichne nicht deshalb Einkünfte aus Gewerbebetrieb, weil die Vermögensverwaltung vorher von einer GmbH durchgeführt worden sei.

**348** „Die Umwandlung der GmbH *auf* die (KG) hatte nicht zur Folge, dass das übergegangene Betriebsvermögen der GmbH gewerbliches Betriebsvermögen in der Hand der KG wurde"⁵⁷⁵. Die Gewerblichkeit der GmbH kraft Rechtsform im Bereich der GmbH strahle nicht auf die anschließende Tätigkeit der übernehmenden Personengesellschaft aus⁵⁷⁶, da entscheidend darauf abzustellen sei, ob die KG Vermögensverwaltung durch Vermietung und Verpachtung unbeweglichen Vermögens betreibe. Da auch die GmbH zuvor schon eine vermögensverwaltende Tätigkeit ausgeübt hatte, kam es mit dem BFH für die nach Umwandlung der GmbH auf die KG einzuordnende Einkunftsart nur darauf an, dass die KG diese Tätigkeit nunmehr fortführte und nicht darauf, ob vorher die GmbH ein gewerbliches Betriebsvermögen hatte oder die Gesellschafter nach Umwandlung die Absicht erklärt hatten, die KG werde sich künftig gewerblich betätigen. Selbst wenn folglich das BMF die identitätswahrende Fortführung der GbR gegen BGH und BFH negierte, hätte es sich doch damit befassen müssen, dass auch die gewerblich geprägte GbR eine vermögensverwaltende Tätigkeit ausübte, die sich durch den Wechsel der Einkunftsart nicht änderte, ganz abgesehen davon, dass die die Gewährung der Sonder-AfA nach dem FördG sowohl bei gewerblichen wie auch bei Einkünften aus Vermietung und Verpachtung gewährt wurde.

**349** **c) Treuhandschaft im Steuerrecht.**⁵⁷⁷ Die fiduziarische Vollrechtstreuhand ist ua dann gegeben, wenn ein Gesellschafter als Treuhänder Inhaber einer gesellschaftlichen Beteiligung mit der Maßgabe ist, die Rechte aus der Beteiligung *nur* unter Beachtung eines mit dem Treugeber geschlossenen Treuhandvertrages auszuüben⁵⁷⁸. Sie besteht aus der (dinglichen) Gesellschafterstellung des Treuhänders und dem schuldrechtlichen Treuhandvertrag mit dem Kapitalanleger. Dieses dingliche Rechtsverhältnis kann nach dem Verständnis des BFH⁵⁷⁹ in drei verschiedenen Formen zustande kommen:

**350** – Als Übertragungstreuhand durch Abtretung der Beteiligung vom Treugeber an den Treuhänder.

**351** – Als Erwerbstreuhand durch Erwerb der Beteiligung seitens des Treuhänders für Rechnung und im Auftrag des Treugebers von einem Dritten.

**352** – Als Vereinbarungstreuhand wenn ein Gesellschafter mit dem Treugeber vereinbart, die eigene gesellschaftliche Beteiligung für diesen künftig als Treuhänder zu halten.

---

⁵⁷¹ *Wagner* BB 1997, 1974, 1978.
⁵⁷² ZB BFH 8.11.1995, BStBl. 1996, 256 (V. Senat); BFH 12.12.1996, BStBl. II 1997, 299 (II. Senat).
⁵⁷³ BFH DStR 1998, 238.
⁵⁷⁴ BFH DStRE 1997, 757.
⁵⁷⁵ BFH DStRE 1997, 757, 758.
⁵⁷⁶ BFH DStRE 1997, 757, 758.
⁵⁷⁷ BFH BB 1997, 1983; umfassend *Tavenrath-Kruckau*, HdB, 2. Aufl., Fach 1013.
⁵⁷⁸ BFH BB 1997, 1983, 1985.
⁵⁷⁹ BFH BB 1997, 1983, 1985.

– Daneben gibt es in der Praxis noch die von *Wagner*[580] beschriebene Treuhand, bei der 353
der Treuhandkommanditist formal im Handelsregister eingetragener Gesellschafter ist,
die gesellschafterlichen Mitgliedschaftsrechte aber vom Treuhänder auf den mittelbar beteiligten Kapitalanleger übertragen worden sind; der Treuhandkommanditist übt für den
Kapitalanleger nur noch die Stimmrechte aus und soll durch das im Handelsregister Eingetragensein des Treuhandkommanditisten den mittelbar beteiligten Kapitalanleger von
Haftungen abschirmen.

Ob man hier noch von einer dinglichen Gesellschafterstellung des Treuhandkommandi- 354
tisten sprechen kann, ist als zweifelhaft[581]. Während das Rechtsverhältnis des mittelbar
Beteiligten zur Gesellschaft und den direkt Beteiligten gesellschaftsrechtlich zu würdigen
sein wird, ist die Rechtsbeziehung des mittelbar Beteiligten zum Treuhandkommanditisten, der ausschließlich im Interesse des mittelbar Beteiligten tätig ist, auftragsrechtlich zu würdigen.[582]

Daneben gibt es noch den Stimmrechtstreuhänder, der lediglich die Stimmrechte für 355
Treugeber ausübt, ohne Inhaber der gesellschafterlichen Beteiligung zu sein.[583]

Voraussetzungen für steuerrechtlich anzuerkennende Treuhandverhältnisse (§ 39 Abs. 2 356
Nr. 1 AO) sind:[584]
– Der Treugeber muss das Treuhandverhältnis tatsächlich und rechtlich beherrschen. Das
  Treuhandverhältnis muss ernst gemeint sein.
– Das Treuhandverhältnis muss auf einer nachweisbaren, wirksam abgeschlossenen, und
  tatsächlich durchgeführten Vereinbarung zwischen Treugeber und Treuhänder beruhen.
– Weisungsgebundenheit des Treuhänders.
– Jederzeitige Rückgabemöglichkeit des Treuguts.

Sind Treuhandverhältnisse gegeben, so ist grundsätzlich ein gesondertes Gewinnfeststel- 357
lungsverfahren hinsichtlich der Treuhandverhältnisse erforderlich[585]. Dies bedeutet, dass ein
zweistufiges Feststellungsverfahren durchzuführen ist[586]. In der ersten Stufe ist per Feststellungsbescheid der Gewinn und Verlust der KG festzustellen und auf die unmittelbar beteiligten Gesellschafter nach dem Verteilungsschlüssel zu verteilen (§ 180 Abs. 1 Nr. 2a AO).
In der zweiten Stufe ist per Feststellungsbescheid der Gewinn-/Verlustanteil des Treuhandkommanditisten entsprechend § 179 Abs. 2 Satz 3 AO auf die Treugeber zu verteilen.[587]
Die Feststellungen der 1. Stufe haben Bindungswirkung für die 2. Stufe (§ 175 Abs. 1
Nr. 1. iVm § 182 Abs. 1 AO). Beide Stufen lassen sich zwar zusammenfassen, die Rechte
der Beteiligten und die Klagebefugnis ändert sich dadurch aber nicht.[588] In den unterschiedlichen Stufen ist folgendes festzustellen:
– 1. Stufe 358
  Gesellschafter der KG können beanstanden, der auf der 1. Stufe ermittelte und den
  unmittelbar beteiligten Gesellschaftern zugewiesene Gewinn/Verlust habe anders festgestellt werden müssen und anders auf die unmittelbar beteiligten Gesellschafter verteilt werden müssen.[589]

  Da der Treuhandkommanditist die Merkmale der Mitunternehmerinitiative und des
  Mitunternehmerrisikos nicht erfüllt, ist der Treuhandkommanditist steuerlich nicht
  Mitunternehmer.[590] Ob die Treugeber die Merkmale der Mitunternehmerinitiative

---

[580] *Wagner* ZfIR 1997, 199.
[581] *Wagner* ZfIR 1997, 199.
[582] BGH WM 1994, 1477; *Brandes* WM 1998, 261, 269.
[583] OLG Karlsruhe DB 1999, 735.
[584] BFH DStRE 2008, 1028 f.
[585] BFH/NV 1998, 416 u. H. a. BFH 13.3.1986, BStBl. II 1986, 584; BFH/NV 2002, 614.
[586] BFH/NV 2002, 614; FG Düsseldorf EFG 2008, 429.
[587] FG Düsseldorf EFG 2008, 429, 430.
[588] BFH/NV 1995, 81; FG Düsseldorf EFG 2008, 429, 430 mit Anm. *Braun*.
[589] BFH/NV 1995, 303; BFH/NV 1995, 759; FG Düsseldorf EFG 2008, 429, 430.
[590] FG Düsseldorf EFG 2008, 429, 430 mwN.

und des Mitunternehmerrisikos erfüllen und daher steuerlich Mitunternehmer sind, wird auf der 1. Stufe mit entschieden.[591]

359 – 2. Stufe
Der Treugeber kann geltend machen, die Verteilung des auf der ersten Stufe ermittelten Gewinn/Verlustes habe, soweit er auf der 1. Stufe dem Treuhandkommanditisten zugewiesen worden sei, gegenüber den Treugebern in anderer Weise vorgenommen werden müssen.[592]

360 **d) Eigenkapitalvermittlungsprovisionen bei geschlossenen Immobilien-Fonds.** Haben sich Kapitalanleger an einer gewerblich geprägten Immobilienfonds-KG beteiligt, so sind gezahlte Eigenkapitalvermittlungsprovisionen in der Steuerbilanz der KG in voller Höhe als Anschaffungs- oder Herstellungskosten der Fondsimmobilie zu behandeln, wenn sich die Kommanditisten auf Grund eines vom Projektanbieter vorformulierten Vertragswerks an dem Fonds beteiligt haben.[593]

361 Für Fonds der Einkunftsart Vermietung und Verpachtung hat dann bezüglich der sofortigen Abzugsfähigkeit als Werbungskosten entsprechendes zu gelten[594]. Auch der BFH folgt dem BMF bezgl. der Begrenzung der Eigenkapitalvermittlungsprovision auf 6 % nicht.[595] Eine von der *Höhe* zu trennende Frage ist aber, ob dem Rechtsgrunde nach Eigenkapitalvermittlungsprovisionen überhaupt als Werbungskosten bzw. Betriebsausgaben geltend gemacht werden können. Bei gesellschaftlichen Immobilienkapitalanlagemodellen in der Einkunftsart Vermietung und Verpachtung verneint dies im Grundsatz – von Ausnahmen abgesehen – der IX. Senat des BFH,[596] während für einen geschlossenen Immobilienfonds als GmbH & Co. KG der IV. Senat des BFH den Betriebsausgabenabzug bejahen möchte und deshalb diese Frage dem Großen Senat des BFH vorgelegt hatte.[597] Diese Vorlage wurde zurückgenommen.[598]

362 **3. Unternehmereigenschaft der Publikums-KG.** Einkünfte aus Gewerbebetrieb (§ 2 Abs. 1 Nr. 2 EStG) sind nach § 15 Abs. 1 Satz 1 Nr. 1 EStG „Einkünfte aus gewerblichen Unternehmen", wozu auch die Gewinnanteile der Gesellschafter einer KG gehören (§ 15 Abs. 1 Satz 1 Nr. 2 EStG). Von einem gewerblichen Unternehmen kann aber nach der Rechtsprechung des BFH nur dann die Rede sein, wenn eine **Gewinnerzielungsabsicht** vorliegt, sodass alleine das Streben nach steuerlichen Vorteilen das Merkmal der Gewinnerzielungsabsicht, welche zugleich Voraussetzung für die Unternehmereigenschaft der Publikums-KG ist, nicht mehr erfüllt.[599] Das Gewinnerzielungsabsichtsmerkmal muss sowohl bei der KG wie auch bei ihren Gesellschaftern gegeben sein.[600]

363 Kann von der Unternehmereigenschaft der Publikums-KG wegen Fehlens vorgenannter Merkmale nicht ausgegangen werden, liegen bereits keine Einkünfte aus Gewerbebetrieb vor, sodass auch eine solche KG im Hinblick auf die in § 15 Abs. 1 Nr. 1 UStG ua geforderte Unternehmereigenschaft nicht vorsteuerabzugsberechtigt sein kann.[601]

364 Insoweit hat der BFH einer Publikums-KG als Beteiligungsgesellschaft die Unternehmereigenschaft nicht zuerkannt.[602]

---

[591] FG Düsseldorf EFG 2008, 429, 430; aA *Braun* EFG 2008, 431.
[592] BFH/NV 2003, 1283; FG Düsseldorf EFG 2008, 429, 430.
[593] BFH 28.6.2001, BStBl. II 2001, 717; aA BMF 31.8.1990, BStBl. I 1990, 366 Tz. 7.1 iVm Tz. 7.8.
[594] BFH 4.2.1987, BStBl. II 1987, 810; 4.2.1992, BStBl. II 1992, 883; BFH/NV 1992, 648.
[595] BFH 4.2.1992, BStBl. II 1992, 883 (IX. Senat); *zweifelnd* BFH/NV 1994, 370 (IV. Senat).
[596] BFH/NV 1992, 648.
[597] BFH 29.4.1999, BStBl. II 1999, 828. Dazu *Winter* GmbHR 1999, R 273.
[598] BFH BB 2001, 2051.
[599] BFH 25.6.1984, GrS BStBl. II 1984, 751, 765–766.
[600] BFH/NV 1999, 1336.
[601] BFH DB 1988, 1250.
[602] BFH DB 1988, 1250, 1252 unter Hinweis auf BFH DB 1985, 792.

Vorgenanntem entspricht es, wenn der BFH[603] für den Bereich der Überschusseinkünfte 365
eine einkommensteuerlich relevante Betätigung nur dann als gegeben ansieht, wenn die
Absicht besteht, auf Dauer nachhaltig Überschüsse zu erzielen (= **positives Gesamtergebnis der voraussichtlichen Vermögensnutzung**).

Allerdings scheint neuere Rechtsprechung einfacher Senate des **BFH** darauf hinzudeuten, 366
von der Vorgabe des Großen Senats des **BFH** (positives *Gesamt*ergebnis der *voraussichtlichen* Vermögensnutzung) abrücken zu wollen[604], indem Veranlagungszeiträume mit Verlusten außer Betracht bleiben sollen und nur die Zeiträume relevant sein sollen, ab denen mit großer Wahrscheinlichkeit Gewinne erwartet werden können[605].

**4. Mitunternehmerschaft.** Einkünfte aus Gewerbebetrieb kann neben dem Gesell- 367
schafter auch der Mitunternehmer haben (§ 15 Abs. 1 Satz 1 Nr. 2 EStG),[606] sodass bei
mittelbarer Beteiligung über einen Treuhandkommanditisten (auch) der Treugeber Mitunternehmer sein kann.[607] Die vom BFH geforderten Merkmale der Mitunternehmerstellung, nämlich „**Mitunternehmerinitiative**" und „**Mitunternehmerrisiko**",[608] müssen
in der Person des Treugebers gegeben sein, damit dieser einkommensteuerlich als Zurechnungssubjekt angesehen werden kann.[609] Es reicht also nicht, dass diese Eigenschaften allein
beim Treuhandkommanditisten[610] vorliegen wie auch umgekehrt die Mitunternehmerstellung des Treugebers nicht die des Treuhandkommanditisten ausschließt.[611] Liegt allerdings
eine rein fremdnützige Treuhandschaft des Treuhandkommanditisten vor, so ist dieser nicht
Mitunternehmer.[612]

---

[603] BFH 25.6.1984, GrS BStBl. II 1984, 751, 766.

[604] Dazu eingehend *Loritz* DB 1992, 1156; *Loritz/Wagner*, Konzeptionshandbuch, Bd. 2, Rn. 284.

[605] BFH 21.8.1990, BStBl. II 1991, 564; 10.9.1991, BStBl. II 1992, 328; 12.12.1995, BStBl. II 1996, 219; BFH/NV 1996, 395.

[606] Mit FG Niedersachsen EFG 1998, 735 kann Mitunternehmer auch ein faktischer Gesellschafter sein.

[607] BFH 25.6.1984, GrS BStBl. II 1984, 751, 768–769.

[608] BFH 25.6.1984, GrS BStBl. II 1984, 751, 769; BFH 21.4.1988, BStBl. II 1989, 722; 10.12.1992, BStBl. II 1993, 538. Bei starker Mitunternehmerinitiative kann nach BFH/NV 1997, 840 auch dann eine Mitunternehmerstellung gegeben sein, wenn keine Beteiligung am Verlust und den stillen Reserven gegeben ist. *Schulze zur Wiesche* DB 1997, 244, 245 f.: Mitunternehmerinitiative = Beteiligung an der laufenden Geschäftsführung im Gesellschaftsinteresse bzw. wo davon ausgeschlossen, Innehabung von informations- und Kontrollrechten. Mitunternehmerrisiko = Beteiligung am Totalgewinn i S e Beteiligung an der Bildung stiller Reserven und des Firmenwertes. Bei starker Ausprägung der Mitunternehmerinitiative ist die Beteiligung am Bilanzgewinn ausreichend.

[609] Dazu eingehend *Loritz* DB 1992, 1156; *Loritz/Wagner*, Konzeptionshandbuch, Bd. 2, Rn. 284.

[610] Nach FG Saarland EFG 1998, 1679 kann sich auch bei fremdnütziger Treuhandschaft ein zusätzliches Unternehmerrisiko aus der Unterbeteiligung des Treuhänders an einem anderen Kommanditanteil ergeben.

[611] BFH 17.11.1987 GmbHR 1988, 242.

[612] BFH/NV 2000, 427: „... bei einer fremdnützigen Treuhand über den Kommanditanteil an einer gewerblichen KG ist nach der gefestigten Rechtsprechung des BFH nur der Treugeber Mitunternehmer; der Treuhänder übt die Gesellschafterrechte zwar im eigenen Namen, im Innenverhältnis aber gemäß §§ 676, 665 des Bürgerlichen Gesetzbuchs (BGB) nach Weisung des Treugebers und ausschließlich auf dessen Rechnung aus, sodass sich auf diese Weise allein in der Person des Treugebers Mitunternehmerrisiko und Mitunternehmerinitiative verwirklichen (Beschluss vom 25. Februar 1991 GrS 7/89, BFHE 163, 1, BStBl. II 1991, 691; Urteile vom 1. Oktober 1992 IV R 130/90, BFHE 170, 36, BStBl. II 1993, 574; vom 10. Dezember 1992 XI R 45/88, BFHE 170, 487, BStBl. II 1993, 538; vom 16. Mai 1995 VIII R 18/93, BFHE 178, 52, BStBl. II 1995, 714). In der Person des Treuhänders ist bei einer fremdnützigen Treuhand keines derjenigen Merkmale erfüllt, die kumulativ zu der Gesellschafterstellung vorliegen müssen, um die Mitunternehmereigenschaft bejahen zu können." So auch BFH 28.10.1999, BStBl. II 2000, 183.

**368** Abzulehnen ist die Auffassung des IV. Senats des BFH,[613] von einer steuerlichen Mitunternehmerschaft auf eine Gesellschafterstellung schließen zu können, da die Beurteilung einer Gesellschafterstellung sich allein aus dem Gesellschaftsrecht und nicht aus dem Steuerrecht erschließt.[614] Von der Frage der Schlussfolgerung von der Mitunternehmerstellung auf eine Gesellschafterstellung zu trennen ist der Ausgangspunkt der Rechtsprechung, dass umgekehrt eine Mitunternehmerstellung eine Gesellschafterstellung oder ein vergleichbares Gemeinschaftsrechtsverhältnis[615] voraussetzt.[616]

**369** Dass im Übrigen auch gesellschaftsrechtlich, ohne Gesellschafter zu sein, jemand wie ein Gesellschafter behandelt werden kann, ist auch vom BGH[617] anerkannt worden, sodass seitens des BFH bei seiner bereits eingeleiteten Hinwendung zum Personengesellschaftsrecht zu überdenken wäre, ob die Kriterien der Mitunternehmerschaft nicht besser an denen vom BGH[618] genannten Kriterien ausgerichtet werden sollten, statt an denen der „Mitunternehmerinitiative" und des „Mitunternehmerrisikos" festzuhalten.[619]

**370** Unruhe ausgelöst hatte die Entscheidung des IX. Senates des **BFH** vom 27.1.1993[620], in welcher zum Fall eines Grundbuchtreuhänders bei einer Fonds-GbR Kriterien vorgegeben wurden, die mit den zuvor aufgezeigten teilweise wenig gemein haben. Es ist fraglich, ob diese Rechtsprechung so ohne weiteres auf Treuhandbeteiligungen bei Publikums-*KGs* übertragen werden kann.[621]

**371** **5. Verlustzurechnung.** Hierunter wird die Zurechnung des Ergebnisses aus der steuerrechtlich erheblichen Betätigung der Gesellschaft – nicht einzelner Geschäftsvorfälle – an ihre Gesellschafter verstanden[622] und zwar unter Beachtung des § 15a EStG.[623] Hier geht es mithin um die Frage, ob und inwieweit dem einzelnen Kommanditisten bzw. Mitunternehmer Verluste zugerechnet werden können.

Insoweit sind unterschiedliche Problemkreise zu beachten:

**372** **a) Anwendungsbereich des § 15a EStG.** Dieser wurde im Jahre 1980 in das EStG eingefügt[624] und hatte zum Ziel, Verluste auf das Maß der Haftung zu begrenzen, wenn die im Handelsregister eingetragene Haftsumme die *geleistete* Pflichteinlage[625] übersteigt (§ 15a Abs. 1 Satz 2 EStG).[626]

---

[613] BFH 2.9.1985, BStBl. II 1986, 10: „Die Ausführungen des BFH müssen dahin verstanden werden, dass beim Vorliegen der genannten Voraussetzungen [Mitunternehmereigenschaft] der Abschluss eines Gesellschaftsvertrages zu vermuten ist." Ähnlich BFH/NV 1999, 295.
[614] *Knobbe-Keuk,* Das Steuerrecht – eine unerwünschte Rechtsquelle des Gesellschaftsrechts, S. 34 f. Kritisch im Übrigen auch *Walz,* Steuergerechtigkeit, S. 351.
[615] BFH/NV 1986, 17: „zB Erben- oder Gütergemeinschaft".
[616] BFH GrS 25.6.1984, BStBl. II 1984, 751; 31.1.1985, BFH/NV 1986, 17; BFH 6.8.1985, BFH/NV 1985, 79; BFH 2.9.1985, BStBl. II 1986, 10; *Schulze zur Wiesche* DB 1997, 244.
[617] BGHZ 10, 44, 49 ff.; BGHZ 76, 127, 131–132; BGHZ 77, 322, 296; BGH BB 1987, 1527.
[618] BGHZ 10, 44, 49 ff.; BGHZ 76, 127, 131–132; BGHZ 77, 322, 396; BGH BB 1987, 1527.
[619] Zur Kritik an der abseits des Gesetzeswortlautes vorgenommenen Handhabung des Mitunternehmerbegriffes durch den BFH s. *Messmer,* FS Döllerer, S. 429.
[620] BFH DB 1993, 1166; dazu *Wagner* DStR 1996, 1008, 1012.
[621] Vorsichtig warnend: *Loritz/Wagner,* Konzeptionshandbuch, Bd. 2, Rn. 264–275.
[622] BFH 19.8.1986, BStBl. II 1987, 212, 214.
[623] Zur Konzeption und zum Verständnis des § 15a EStG *Knobbe-Keuk,* Bilanz- und Unternehmenssteuerrecht, 9. Aufl., S. 482–504; *Loritz/Wagner,* Konzeptionshandbuch, Bd. 2, Rn. 335–369.
[624] Gesetz vom 20.8.1980, BGBl. I 1980, 1524 f.
[625] BFH BStBl. II 1988, 5, 10; 14.5.1991, BStBl. II 1992, 167. Nach BFH 29.8.1996, DStRE 1997, 240 gilt: „Die tatsächlich geleistete Einlage eines Kommanditisten bestimmt das positive Kapitalkonto eines Kommanditisten. Nur bei Vorliegen der Voraussetzungen des § 15a Abs. 1 Sätze 2 und 3 EStG ist ein Verlustausgleich auch über die geleistete Einlage hinaus bis zum Betrag der weitergehenden Außenhaftung – einen Eintrag im Handelsregister vorausgesetzt – gegeben. Die Einlage muss nach handelsrechtlichen Grundsätzen „tatsächlich geleistet" sein. Eine Einlage ist iS von § 171 Abs. 1 HGB und damit auch des § 15a EStG geleistet, wenn der Gesellschaft ein der Einlage entsprechender Betrag zur Verfügung gestellt wird, wenn also ein Gegenwert in ihr Vermögen fließt. Gesellschafts-

Gehen Verluste darüber hinaus, so sind sie mit Gewinnen aus der Kommanditbeteiligung **373** bezüglich späterer Wirtschaftsjahre lediglich verrechenbar (§ 15a Abs. 2 EStG),[627] können aber nicht bereits im Entstehungsjahr mit sonstigen Gewinnen verrechnet werden. Eine einkommensteuerliche Zurechnung von Verlustanteilen einer KG setzt aber voraus, dass zu erwarten ist, dass künftige Gewinnanteile anfallen werden.[628]

Waren Verluste zunächst wegen geleisteter Einlage steuerlich abzugsfähig, wird aber spä- **374** ter das Eigenkapital durch Entnahmen reduziert, sodass ein negatives Kapitalkonto entsteht oder sich erhöht, wirken sich Entnahmen steuerlich unmittelbar aus. Der frühere Verlustabzug muss nachversteuert und in einen verrechenbaren Verlust umgestaltet werden (§ 15a Abs. 3 EStG).[629]

Maßgebend ist nur das aus der Steuerbilanz abgeleitete *echte* Kapitalkonto samt evtl. vor- **375** handener Ergänzungsbilanzen,[630] während Sonderbetriebsvermögen unberücksichtigt zu bleiben hat;[631] ein Darlehenskonto genügt nicht.[632]

Da § 15a EStG an § 15 Abs. 1 Satz 1 Nr. 2 EStG anknüpft, muss zur formalen Gesell- **376** schafterstellung als Kommanditist eine Mitunternehmerstellung hinzutreten. Bei mittelbar beteiligten Kapitalanlegern als Treugeber wird über § 39 Abs. 2 Nr. 1. AO die Beteiligung dem Treugeber zugerechnet, wenn bei diesem die Eigenschaften einer Mitunternehmers gegeben sind[633] und der Treuhänder im Innenverhältnis für Rechnung des Treugebers handelt und auf Grund des Treuhandvertrages weisungsunterworfen ist.[634] Dass der Treugeber nicht im Handelsregister eingetragen ist und insoweit keinen Haftungsrisiken ausgesetzt ist, ist unschädlich.[635]

---

rechtlich ist nicht erforderlich, dass diesem Vermögenszufluss auf Ebene der Gesellschaft ein Abfluss aus dem Vermögen des Kommanditisten gegenübersteht." (JURIS-Orientierungssatz).
Zum Umfang des Kapitalkontos im Sinne des § 15a EStG BMF 30.5.1997, BStBl. I 1997, 627. Nach *Pyszka* BB 1999, 665 erhöht ein von einem Kommanditisten gewährter Finanzplankredit sein steuerliches Kapitalkonto iSd § 15a EStG und damit das steuerliche Verlustausgleichsvolumen.
Mit BGH WM 1994, 2242 können die Gesellschafter vereinbaren, dass die Pflichteinlage, statt in Geld, durch Übernahme einer Bürgschaft oder dadurch geleistet wird, dass an einen Bürgschaftsgläubiger gezahlt wird. Damit ist aber noch nicht gesagt, ob der Gesellschafter dadurch von seiner Kommanditistenhaftung gem §§ 171 I, 172 HGB frei geworden ist (so auch *Brandes* WM 1998, 261, 269). Würde der Gesellschafter trotz erbrachter Pflichteinlage nicht von seiner Kommanditistenhaftung frei werden, so stellt sich die Frage, worauf bei § 15a EStG abzustellen ist: Auf die geleistete Pflichteinlage oder auf diese zuzüglich des noch fortbestehenden Haftungsvolumens?

[626] *Claudy/Steger* DStR 2004, 1504, 1505; *Eckert* BB 2011, 1055. Zur Zurechnung von Verlusten bei negativem Kapitalkonto eines Kommanditisten und der Frage der Nachversteuerung aufgelöster negativer Kapitalkonten: OFD Frankfurt 1.8.1996, HdB, Fach 77170. Zur gesonderten und einheitlichen Feststellung verrechenbarer Verluste nach § 15 IV EStG bei Änderung der Rechtsform siehe OFD Kiel 21.6.1996, HdB, Fach, 77169.
[627] BFH/NV 1997, 109: „Die Frage, ob zu den Gewinnen, mit denen die nicht ausgleichsfähigen Verluste verrechnet werden können, auch die Gewinne aus dem Sonderbetriebsvermögen, insbesondere Tätigkeitsvergütungen, gehören, ist höchstrichterlich noch nicht entschieden." FG Baden-Württemberg EFG 1998, 945: „Sondervergütungen von Kommanditisten sind nicht Bestandteil des ‚Verlustes am Anteil der KG' iS von § 15a Abs. 1 EStG."
[628] OFD Hannover 4.9.1997, BB 1998, 152.
[629] *Hemepe/Siebels/Obermaier* DB 2004, 1460.
[630] BFH 30.3.1993, BStBl. II 1993, 706, 708; BMF 24.11.1993, BStBl. II 1993, 934; *Loritz/Wagner*, Konzeptionshandbuch, Bd. 2, Rn. 339–342.
[631] BFH 14.5.1991, BStBl. II 1992, 167; BMF 30.5.1997, BStBl. I 1997, 627, 628; FG München EFG 1998, 945; *Loritz/Wagner*, Konzeptionshandbuch, Bd. 2, Rn. 340.
[632] BMF 24.11.1993, BStBl. I 1993, 934; *Loritz/Wagner*, Konzeptionshandbuch, Bd. 2, Rn. 342; *Brandenberg* DB 1993, 2301; aA *Hey* BB 1997, 2251.
[633] BFH GrS 26.6.1984, BStBl. II 1984, 751; GrS 25.2.1991, BStBl. II 1991, 691; *Stuhrmann* DStR 1997, 1716f.
[634] BFH/NV 2000, 427; BFH 28.10.1999, BStBl. II 2000, 183.
[635] *Stuhrmann* DStR 1997, 1716, 1717 mwN.

**377**  **b) Erweiterter Verlustausgleich.** Dieser ist in § 15a Abs. 1 Satz 2 EStG geregelt. Hier waren die Irritationen eingetreten, die oben schon dargestellt wurden.[636]

**378**  **c) Saldierung von Ergebnissen.** Wie dargelegt hat der **BFH** mit seiner Entscheidung vom 14.5.1991[637] ausgeführt, das Sonderbetriebsvermögen (positiv wie negativ) des Kommanditisten habe bei der *Ermittlung* des Kapitalkontos gemäß § 15a Abs. 1 Satz 1 EStG außer Betracht zu bleiben.[638] Dazu zählt die Finanzverwaltung ua nicht abgerufene Gewinnanteile eines Kommanditisten, die seine Einlagepflicht übersteigen und daher einem weiteren Konto (zB Forderungs- oder Darlehenskonto) gutgeschrieben werden,[639] es sei denn, es handele sich um ein gesellschaftsvertraglich geregeltes Kapitalkonto II, das dann doch wieder zur Ermittlung des steuerlichen Kapitalkontos gemäß § 15a Abs. 1 Satz 1 EStG hinzuzuziehen ist.[640]

**379**  Für letzteres spreche nach dem BMF insbesondere, wenn gesellschaftsvertraglich vorgegeben sei, auch auf Kapitalkonto II sich dort aufhäufende Gewinne zunächst mit Verlusten zu verrechnen. Was mithin zur *Ermittlung* des steuerlichen Kapitalkontos gemäß § 15a Abs. 1 Satz 1 EStG heranzuziehen ist, ist nach Auffassung des **BMF** je nach Einzelfall und Gestaltung zu entscheiden.[641]

**380**  Was die steuerliche Einordnung eines Darlehenskontos bei einer GmbH & Co. KG betrifft, hat der BFH[642] dazu folgendes judiziert: Wird neben dem festen Kapitalkonto lediglich ein weiteres Konto zu Erfassung von Gewinnen, Einlagen und Entnahmen des Kommanditisten geführt, handelt es sich nicht um ein Darlehenskonto, wenn auf dem Konto auch Verluste verbucht werden, die stehengelassene Gewinne aufzehren können. Denn ein Darlehen schließt eine Verlustbeteiligung aus.[643]

**381**  In solchen Fällen ist unabhängig von der Bezeichnung des Kontos von einem Kapitalkonto II auszugehen. Zinszahlungen der KG an ihre Gesellschafter stellen mithin eine Gewinnvorwegzuweisung dar[644]. Werden jedoch keine Verluste gebucht, kann dies ein Indiz für das Vorliegen eines verdeckten Darlehenskontos sein.[645]

**382**  Getrennt von dieser Frage, was alles zur *Ermittlung* des steuerlichen Kapitalkontos herangezogen werden kann (Sonderbetriebsvermögen nicht), ist die zu sehen, inwieweit Gewinne und Verluste[646] aus dem Gesellschaftsvermögen mit solchen aus dem Sonderbetriebs-

---

[636] Zur Kritik an dieser Entwicklung siehe ferner *Loritz/Wagner*, Konzeptionshandbuch, Bd. 2, Rn. 347 ff.; *Kaligin* NJW 1994, 1456, 1457.

[637] BFH 14.5.1991, BStBl. II 1992, 167. Verluste, die der Gesellschafter im Bereich seines Sonderbetriebsvermögens erleidet, sind unbeschränkt ausgleichsfähig und abzugsfähig.

[638] Zur Ermittlung des Kapitalkontos BFH 15.10.1996, BStBl. II 1997, 250: „Bei der Anwendung des § 15a EStG auf die Werbungskostenüberschüsse einer vermögensverwaltenden KG aus den Einkünften aus Vermietung und Verpachtung sind bei der Ermittlung des Kapitalkontos positive Überschüsse aus anderen Einkunftsarten zu berücksichtigen. Dabei ist das Kapitalkonto jedes Gesellschafters selbständig zu ermitteln, wobei von den von den einzelnen Gesellschaftern geleisteten Einlagen auszugehen ist. Diese Einlagen sind um spätere Einlagen sowie um die positiven Einkünfte der Vorjahre zu erhöhen und um die Entnahmen und negativen Einkünfte der Vorjahre zu vermindern. Es ist nicht gerechtfertigt, für jeden Gesellschafter für jede Einkunftsart (Vermietung und Verpachtung, Kapitaleinkünfte) ein gesondertes Kapitalkonto zu ermitteln." (JURIS-Orientierungssatz)

[639] BMF 24.11.1993, BStBl. I 1993, 934.

[640] BMF 24.11.1993, BStBl. I 1993, 934, 935.

[641] BMF 24.11.1993, BStBl. I 1993, 934, 935.

[642] BFH 27.6.1996, BStBl. II 1997, 36, 37.

[643] So auch BGH WM 1982, 1311; *Huber*, Vermögensanteil, Kapitalanteil und Gesellschaftsanteil an Personengesellschaften des Handelsrechts, 1970, S. 248.

[644] *Winter* GmbHR 1997, R 101.

[645] BFH/NV 2002, 1383.

[646] BFH 23.9.1999, BStBl. II 1999, 592: „Die Feststellung eines verrechenbaren Verlusts (§ 15a Abs. 4 EStG) und die gesonderte und einheitliche Feststellung der Einkünfte einer KG sind zwei selbständige Verwaltungsakte mit unterschiedlichen Regelungsgegenständen. Dies gilt auch dann, wenn die Bescheide gemäß § 15a Abs. 4 Satz 5 EStG miteinander verbunden werden (vgl. Urteile

vermögen *saldiert* werden dürfen.⁶⁴⁷ Aufgrund des zuvor dargestellten verweist das **BMF** darauf, dass nur der aus § 15a Abs. 1 EStG verbleibende ausgleichs- bzw. abzugsfähige Verlust, der ohne Sonderbetriebsvermögen *ermittelt* wurde, mit Gewinnen aus Sonderbetriebsvermögen saldiert werden könne. Ergäben sich im Übrigen in späteren Jahren Gewinne aus dem Gesellschaftsvermögen incl. einer Ergänzungsbilanz, so seien diese – so das **BMF** – zunächst mit verrechenbaren Verlusten der Vorjahre zu verrechnen (§ 15a Abs. 2 EStG) und nur ein dann noch verbleibender Gewinn aus Gesellschaftsvermögen incl. Ergänzungsbilanz könne dann noch mit Verlusten aus Sonderbetriebsvermögen saldiert werden.⁶⁴⁸

Diese Ausführungen der Finanzverwaltung waren Gegenstand heftiger Diskussionen.⁶⁴⁹

**d) Verlustabschichtung.** Insbesondere bei KG-Fonds der Einkunftsart Vermietung und Verpachtung wird unter „Verlustabschichtung" die Zurechnung vonseiten der KG erzielter Verluste auf Gesellschafter bzw. Mitunternehmer verstanden, die zu unterschiedlichen Zeitpunkten eines Veranlagungsjahres oder auch unterschiedlicher Veranlagungsjahre beitreten, aber unabhängig von ihrem Beitrittszeitpunkt die prospektiv ausgewiesenen Verluste ebenso erhalten sollen wie die schon früher Beigetretenen. Hier gilt es, unterschiedliche Konstellationen zu unterscheiden: 383

aa) Keine Beteiligung an vor dem Beitritt entstandenen Gewinnen und Verlusten. Dies ist der Standpunkt der BFH-Rechtsprechung.⁶⁵⁰ Ein steuerrechtlicher Rückbezug sei nicht zulässig. 384

bb) Zulässige Änderung des Gewinn- und Verlustverteilungsschlüssels.⁶⁵¹ Allerdings hält es der **BFH**⁶⁵² für zulässig, dass durch eine Änderung des Gewinn- und Verlustverteilungsschlüssels für später beitretende Gesellschafter auf die Zukunft gerichtete in der Relation höhere Gewinne bzw. Verluste verteilt werden, sodass uU *wirtschaftlich* – aber eben nicht rechtlich – vergleichbare Ergebnisse erzielt werden wie beim unzulässigen einkommensteuerlichen Rückbezug. 385

Da aber Vertriebsgesellschaften und Initiatoren daran interessiert sind, unterschiedlich beitretenden Anlegern in Relation zur Höhe ihrer Beteiligung gleiche bzw. vergleichbare Verluste zukommen zu lassen und ein zeitlicher Rückbezug nicht zulässig ist, wird dies dadurch erreicht, dass man Ergebnisse späterer Perioden nur noch den später beitretenden Anlegern so lange zurechnet, bis auch diese der Höhe nach – ohne zeitliche Rückwirkung – so gestellt sind wie die Altgesellschafter. 386

---

des Bundesfinanzhofs – BFH – vom 11. Mai 1995 IV R 44/93, BFHE 177, 466, Betriebs-Berater – BB – 1995, 1520; vom 3. März 1998, VIII R 43/95, BFH/NV 1998, 1358; vom 8. April 1998, VIII R 40/95, BFH/NV 1998, 1363, und vom 13. Oktober 1998, VIII R 78/97, BFHE 187, 227)."

⁶⁴⁷ *Offen gelassen* in BFH 12.9.1996, BB 1997, 1997. *Ablehnend:* FG Münster EFG 1992, 523 und BMF 15.12.1993, BStBl. I 1993, 976 und OFD München 23.3.1998, DB 1998, 752 (die aber AdV zulässt).

⁶⁴⁸ BMF 15.12.1993, BStBl. I 1993, 976.

⁶⁴⁹ *Prinz/Thiel* DStR 1994, 341; *Grögler* DStR 1994, 679; *Prinz/Thiel* DStR 1994, 682.

⁶⁵⁰ BFH 8.11.1972, BStBl. II 1973, 287; 25.10.1979, BStBl. II 1980, 66, 68 f.; 31.1.1980, BStBl. II 1980, 277, 278; 7.7.1983, BStBl. II 1984, 53; 17.3.1987, BStBl. II 1987, 558; 12.5.1993, BStBl. II 1993, 538, 541.

⁶⁵¹ Nach BFH 13.10.1998, BStBl. 1999, 284 ist eine Komplementär-Vergütung kein Gewinnvorab, sondern eine Sondervergütung iSd § 15 Abs. 1 Satz 1 Nr. 2, 2. Halbsatz EStG, wenn dies im Gesellschaftsvertrag oder in einem zwischen der KG und ihrer Komplementär-GmbH geschlossenen Dienstvertrag ausdrücklich so vereinbart wurde (so auch BGHZ 17, 299, 301). Die Komplementärvergütung wird dann als Aufwand der KG behandelt und zwar gerade dann, wenn sie auch dann gezahlt werden soll, wenn ein Verlust erwirtschaftet wird. Dies spricht dann nämlich dafür, dass es sich gerade nicht um einen Gewinn-Vorab handelt. Dazu siehe *Tulloch/Wellisch* DStR 1999, 1093.

⁶⁵² BFH 27.7.2004, BStBl. II 2005, 53 gegen BMF-Schreiben vom 24.12.1996, BStBl. I 1996, 1516, Tz. 6.

387 Dies hat der BFH für zulässig erachtet.[653]

388 **6. Verlustverwendung.** Dieser Begriff spricht die Frage an, ob die auf der Ebene der Gesellschaft erzielten und den Gesellschaftern zugerechneten Verluste bei diesen ausgleichs- oder abzugsfähig sind.[654] Auf § 15a EStG wird verwiesen.[655]

389 **7. Ende der Beteiligung. a) Auflösung der Publikums-KG.** Wird eine Publikums-KG aufgelöst bzw. liquidiert, liegt eine **Betriebsaufgabe** vor, mit der Folge eines begünstigten Gewinns gemäß §§ 16, 34 EStG, der allerdings auf der Ebene der Gesellschaft zu ermitteln ist.

390 Ist zum Zeitpunkt der Betriebsaufgabe auf der Ebene des Kommanditisten ein durch einkommensteuerliche Verlustzurechnungen entstandenes negatives Kapitalkonto vorhanden, führt dies bei Wegfall desselben beim Kommanditisten in Höhe dieses negativen Kapitalkontos zu einem steuerpflichtigen Gewinn.[656]

391 **b) Ausscheiden aus der Publikums-KG.** Scheidet ein Kommanditist zB auf Grund Kündigung aus der KG aus, so wächst seine Beteiligung den anderen Gesellschaftern an (§§ 161 Abs. 2, 105 Abs. 2 HGB, 738 Abs. 1 BGB). Steuerrechtlich behandelt der BFH den Anwachsungserwerb vergleichbar der Übertragung eines Mitunternehmeranteils, ohne dass dadurch ein Anwachsungsgewinn entsteht.[657] Gleichwohl sind trotz Anwachsung nicht alle Gesellschafter zum Ausgleich des negativen Kapitalkontos verpflichtet, sondern nur der Komplementär, es sei denn, es ist gesellschaftsvertraglich etwas anderes vereinbart.[658] Denn eine gesellschaftsvertragliche Ausgleichspflicht des negativen Kapitalkontos soll den ausgeschiedenen Kommanditisten nur dann und insoweit treffen, wie er durch Entnahmen einer Außenhaftung gemäß § 172 Abs. 4 HGB ausgesetzt war, während im Übrigen ein negatives Kapitalkonto an Gewinnausschüttungen erst dann teilnehmen darf, wenn das negative Kapitalkonto ausgeglichen – worden ist.[659] Wird auf Grund einer bestehenden Ausgleichspflicht das negative Kapitalkonto ausgeglichen, so führt dies weder bei der Gesellschaft noch bei den Gesellschaftern zu einem steuerpflichtigen Gewinn.[660]

392 **c) Veräußerung der Beteiligung.** Veräußert ein Anleger seinen Gesellschafts- bzw. Mitunternehmeranteil und tritt ihn an den Erwerber ab, so erzielt der Veräußerer gemäß §§ 16, 34 EStG einen **begünstigten Veräußerungsgewinn,** sofern er mehr als den Nominalbetrag seines Kapitalkontos erzielt.[661] Bei den übrigen Gesellschaftern ergeben sich keine Auswirkungen.

393 Beim Veräußerer entsteht auch dann ein Veräußerungsgewinn gemäß § 16 EStG, wenn er sich durch die Veräußerung seines Anteils seines negativen Kapitalkontos entledigt. Dies ist zB dann der Fall, wenn auf Grund des negativen Kapitalkontos eine Ausgleichsforderung gegen den ausscheidenden Gesellschafter besteht und die KG auf diese Ausgleichsforderung verzichtet.[662] Alleine das Vorhandensein eines negativen Kapitalkon-

---

[653] BFH 7.7.1983, BStBl. II 1984, 53; 17.3.1987, BStBl. II 1987, 558; BFH 27.7.2004, BStBl. II 2005, 53; siehe ferner *Loritz* DStR 1994, 87; *Loritz/Wagner,* Konzeptionshandbuch, Bd. 2, Rn. 329–334 mwN.
[654] *Schmider,* Geschlossene Immobilienfonds, Rn. 239.
[655] *Knobbe-Keuk,* Bilanz- und Unternehmenssteuerrecht, 9. Aufl., S. 487–498, 500–503 mwN; zur sinngemäßen Anwendung des § 15a EStG bei Einkünften aus Vermietung und Verpachtung s. BMF 9.2.1981, BStBl. I 1981, 75; 8.5.1981, BStBl. I 1981, 308; 14.9.1981, BStBl. I 1981, 620; *Schmider,* Geschlossene Immobilienfonds, Rn. 239–260; *Richter* HdB, Fach 3520.
[656] BFH 11.11.1980, GrS BStBl. II 1981, 164.
[657] BFH 14.9.1994, BStBl. II 1995, 407; 24.10.1996, BStBl. II 1997, 241.
[658] OLG Karlsruhe BB 1982, 327.
[659] BFH 24.10.1996, BStBl. II 1997, 241, 242.
[660] BFH 24.10.1996, BStBl. II 1997, 241, 242.
[661] *Zimmermann/Reyher/Hoffmann,* Die Personengesellschaft im Steuerrecht, 2. Aufl., S. 595.
[662] FG Berlin-Brandenburg 3.4.2012 – 6 K 6267/05 B, Rn. 26, 29f. (Juris)

tos bewirkt noch keine Ausgleichspflicht des Ausscheidenden gegenüber der KG,[663] sofern gesellschaftsvertraglich nichts anderes geregelt ist. Denn ein negatives Kapitalkonto hat normalerweise nur zur Folge, dass für den Fall der seitens der KG erzielten Gewinne die anteilig auf den Kommanditisten entfallenden Gewinne mit dem negativen Kapitalkonto zu verrechnen sind, so lange dieses negativ ist (§ 169 Abs. 1 Satz 2 Alt. 2 HGB).[664] Ein gesetzliches Kapitalerhaltungsgebot besteht für einen Kommanditisten nicht,[665] sodass ein ausscheidender Kommanditist bei negativem Kapitalkonto bei fehlender gesellschaftsvertraglicher Ausgleichspflicht nicht von einer Ausgleichsverpflichtung befreit wird.[666]

Ist aber das Kapitalkonto eines aus der KG ausscheidenden Kommanditisten in der Steuerbilanz der KG durch ausgleichs- und abzugsfähige Verluste negativ genworden, dann führt der Wegfall des negativen Kapitalkontos beim ausscheidenden Kommanditisten gem. § 52 Abs. 33 Satz 3 EStG zu einem steuerpflichtigen Veräußerungsgewinn auch dann, wenn der Kommanditist nicht zum Ausgleich des negativen Kapitalkontos verpflichtet ist.[667] **394**

Durch die Übernahme eines Verlustanteils liegt seitens des Erwerbers zudem bewertungsrechtlich kein Aufwand vor, der zur Realisierung eines Geschäftswertes führt.[668] **395**

**8. Weitere steuerliche Besonderheiten. a) Schein-Renditen.** Bei steuerorientierten Publikumsfonds[669] ist oft von „garantierten Ausschüttungen" die Rede. Nur Gewinne schüttet man aus. Sind diese vorhanden, kann man sie ausschütten und sind sie nicht vorhanden, kann der Fonds sie nicht garantieren. Soweit in letzteren Fällen doch ausgeschüttet wird, handelt es sich gesellschaftsrechtlich um Entnahmen. Steuerlich spricht man in solchen Fällen von *Schein-Renditen*. Inzwischen geht die Finanzrechtsprechung dazu über, solche „Schein-Renditen" als steuerpflichtige Einkünfte zu behandeln.[670] Die Steuerpflicht setzt mithin nicht mehr an gesetzlichen Grundlagen an, sondern an der subjektiven Einschätzung des Empfängers von einer echten Ausschüttung (Gesinnungssteuerrecht).[671] Einfachrechtlich und verfassungsrechtlich fehlt dafür jede Grundlage. **396**

**b) Kapitalkonto II oder Darlehenskonto?.** Was die steuerliche Einordnung eines Darlehenskontos bei einer GmbH & Co. KG betrifft, hat der BFH[672] dazu Folgendes judiziert: Wird neben dem festen Kapitalkonto lediglich ein weiteres Konto zu Erfassung von Gewinnen, Einlagen und Entnahmen des Kommanditisten geführt, handelt es sich nicht um ein Darlehenskonto, wenn auf dem Konto auch Verluste verbucht werden, die stehengelassene Gewinne aufzehren können. Denn ein Darlehen schließt eine Verlustbeteiligung aus.[673] In solchen Fällen ist unabhängig von der Bezeichnung des Kontos von einem Kapi- **397**

---

[663] FG Berlin-Brandenburg 3.4.2012 – 6 K 6267/05 B, Rn. 27 (Juris); *Weipert* in Ebenroth/Boujong/Joost/Strohn, HGB, 2. Aufl. 2008, § 169 Rn. 27; aA *Schilling*, HGB-GK, 4. Aufl. (Stand: 1.4.1987), § 169 Rn. 2.
[664] FG Berlin-Brandenburg 3.4.2012 – 6 K 6267/05 B, Rn. 27 (Juris).
[665] *Schilling*, HGB-GK, 4. Aufl. (Stand: 1.4.1987), § 169 Rn. 2.
[666] FG Berlin-Brandenburg 3.4.2012 – 6 K 6267/05 B, Rn. 27 (Juris).
[667] FG Berlin-Brandenburg 3.4.2012 – 6 K 6267/05 B, Rn. 28 (Juris).
[668] BFH 29.10.1986, BStBl. II 1987, 97.
[669] *Schiefer* DStR 1997, 119, 164.
[670] BFH 22.7.1997, BStBl. II 1997, 755, 762, 767; BFH/NV 1998, 958; BFH 14.12.2004, BStBl. II 2005, 746; BFH 14.12.2004, BStBl. II 2005, 739; FG Münster EFG 1996, 102; FG Münster EFG 1996, 427; FG Münster EFG 1996, 1037; FG Münster EFG 1996, 825; FG Münster EFG 1997, 1434; aA FG Köln EFG 1997, 1434; FG Münster EFG 1997, 611; FG Nürnberg EFG 2000, 1124; *Popp/Wagner* DStR 1998, 1156.
[671] BFH 14.12.2004 – VIII R 5/02, DStRE 2005, 1124, 1126; BFH 14.12.2004 – VIII R 81/03, DStRE 2005, 1130, 1131.
[672] BFH 27.6.1996, BStBl. II 1997, 36, 37.
[673] So auch BGH WM 1982, 1311; *Huber*, Vermögensanteil, Kapitalanteil und Gesellschaftsanteil an Personengesellschaften des Handelsrechts, 1970, S. 248.

§ 18                       5. Kapitel. Beteiligungen an Gesellschafter

talkonto II auszugehen. Zinszahlungen der KG an ihre Gesellschafter stellen mithin eine Gewinnvorwegzuweisung dar.[674]

## § 18 Die Beteiligung als stiller Gesellschafter

### Übersicht

|  | Rn. |
|---|---|
| I. Darstellung | 1–52 |
|   1. Die Abgrenzung der typischen von der atypischen stillen Gesellschaft | 7 |
|     a) Handelsrecht | 7 |
|     b) Steuerrecht | 14 |
|   2. Abgrenzung zu anderen Rechtsformen | 21 |
|     a) Stille Gesellschaft und partiarisches Darlehen | 22 |
|     b) Stille Gesellschaft und Genussrecht | 31 |
|     c) Stille Gesellschaft und Unterbeteiligung | 40 |
|   3. Stille Gesellschaft als Publikums-Gesellschaft | 41 |
|   4. KWG | 48 |
| II. Beteiligungsmöglichkeiten | 53–86 |
|   1. Kombination von Kommandit- und stiller Beteiligung bei der Publikums-KG | 53 |
|   2. Unternehmensbeteiligungen | 62 |
|   3. GmbH & Still | 63 |
|     a) Immobiliendevelopment & Still mit Projektbeteiligung | 68 |
|     b) Immobiliendevelopment & Still mit Beteiligung an Projekt-GmbH | 70 |
|   4. AG & Still | 72 |
|   5. Die fehlerhafte Beteiligung | 78 |
|     a) Rechtsfolgen | 80 |
|     b) Schadensersatz | 83 |
| III. Steuerliche Besonderheiten der atypisch stillen Gesellschaft | 87–104 |
|   1. Steuerliche Voraussetzungen der atypisch stillen Gesellschaft | 87 |
|   2. Steuerliche Behandlung der atypisch stillen Gesellschaft | 92 |
|     a) Steuersubjekteigenschaft | 92 |
|     b) Stille Projekt-/Objektbeteiligung | 99 |
|     c) Vermögensverwaltende atypisch stille Gesellschaft | 100 |
|   3. Rendite – Scheinrendite | 104 |

**Schrifttum:** *Armbrüster,* Haftung der Immobilien-AG gegenüber still Beteiligten, ZfIR 2004, 929; *Armbrüster/Joos,* Die Abwicklung fehlerhafter stiller Beteiligungen, ZIP 2004, 189; *Bachmann/Veil,* Grenzen atypischer stiller Beteiligung an einer Aktiengesellschaft, ZIP 1999, 348; *Bayer/Riedel,* Kapitalbeteiligungen an Personengesellschaften und Anlegerschutz – zugleich ein Beitrag zur Dogmatik der fehlerhaften stillen Gesellschaft, NJW 2003, 2567; *Behrens/Karkowski,* Verlustabzug auf Ebene des stillen Gesellschafters auch ohne voraussichtlich dauernde Wertminderung seiner im Betriebsvermögen gehaltenen typisch stillen Beteiligung, DB 2001, 1059; *Berninger,* Keine Haftung des atypisch stillen Gesellschafters im Außenverhältnis für Verbindlichkeiten des Handelsgeschäftsinhabers nach §§ 128, 171 HGB, DStR 2010, 2359; *Bitz,* Aktuelle Entwicklungen bei der GmbH & Still, GmbHR 1997, 769; *Blaurock,* Handbuch der Stillen Gesellschaft, 6. Aufl. 2003; *ders.,* Haftung eines atypisch stillen Gesellschafters, NZG 2010, 974; *Bornemann,* Stille Publikumsgesellschaften im Spannungsfeld von Gesellschafts- und Bankaufsichtsrecht, ZHR 166 (2002), 211; *Brinkmeier,* GmbH & atypisch Still im Steuerrecht, GmbH-StB 2002, 301; *Crezelius,* Atypisch stille Beteiligungen, JFAfSt 1994/95, 300; *Fichtelmann,* GmbH & Still im Steuerrecht, 3. Aufl. 1990; *Flume,* Die Personengesellschaft, 1977; *Frantzen,* Genußscheine, 1993; *Geißler,* Aktuelle und fortdauerde Rechtsprobleme bei der GmbH & Still, GmbHR 2008, 515; *Groh,* Verluste in der stillen Gesellschaft, DB 2004, 668; *Gschwendtner,* Die atypisch stille Gesellschaft als beschränkt rechtsfähiges Steuerrechtssubjekt im Einkommensteuerrecht, DStZ 1998, 335; *Geuenich,* Steuerliche Verlustzuweisung bei nicht eingezahlter Einlage des stillen Gesellschafters – Wechselwirkung zwischen Bilanzierung und Ergebniszuweisung, DStR 1998, 57; *Hey,* Keine Anwendung der Grundsätze über die fehlerhafte Gesellschaft auf die stille Gesellschaft?, NZG 2004, 1097; *Hitzemann,* Die atypische stille Gesellschaft und § 15a EStG, DStR 1998, 1708; *Hohaus,* Die atypische Unterbeteiligung an einer GmbH – Wirtschaftliches Eigentum nach § 39 Abs. 2 AO, GmbHR 2002, 883; *Hommelhoff,* Stille Beteiligungen, JFAfSt 1994/95, 615; *W. Horn,*

---
[674] *Winter* GmbHR 1997, R 101.

§ 18 Die Beteiligung als stiller Gesellschafter

Abgrenzung des stillen Gesellschafters von der Stellung des atypisch stillen Gesellschafters, insbesondere aufgrund der Ausweitung der Informations- sowie Kontrollrechte gem. § 716 BGB, GmbHR 2000, 711; *Horn,* Die GmbH & Still als Verfahrensbeteiligte im Steuerrecht, GmbHR 2001, 138; *Horn/Maertius,* GmbH & atypisch Still, GmbHR 1994, 147; *Huber,* Gesellschafterkonten in der Personengesellschaft, ZGR 1988, 1; *Iber,* Die mehrgliedrig stille Gesellschaft als Unternehmensform zur freiwilligen Beteiligung von Arbeitnehmern, RdA 1973, 303; *Jebens,* Stille Beteiligung an einer Kapitalgesellschaft, BB 1996, 701; *Jestädt,* Partiarische Darlehen oder Stille Gesellschaft?, DStR 1993, 387; *Knobbe-Keuk,* Bilanz- und Unternehmenssteuerrecht, 9. Aufl. 1993; *Kort,* Das Informations- und Prüfungsrecht des stillen Gesellschafters gemäß § 233 HGB, DStR 1997, 1372; *Kuck,* Die Verlustverrechnung bei der typisch stillen Gesellschaft – gestalterische Implikationen aus dem BFH-Urteil vom 23.7.2002 – VIII R 36/01, DStR 2003, 235; *Laux,* Zur Bewertung von typisch stillen Beteiligungen in Beteiligungs-Sondervermögen, DB 1985, 849; *Lindwurm,* Gewinnverteilung und Gewinnfeststellung bei der Kumulation von stillen Gesellschaften, DStR 2000, 53; *Loritz,* Verlustabgrenzung bei unterjährigem Beitritt?, DStR 1994, 87; *Loritz,* Stille Beteiligungen und Einlagenbegriff des Kreditwesengesetzes, ZIP 2001, 309; *Loritz,* Ein neuer Sonderweg bei Rückabwicklung stiller Gesellschafter, DB 2004, 2459; *Loritz/Wagner,* Konzeptionshandbuch der steuerorientierten Kapitalanlage, Bd. 2, 1995; *Morshäuser/Dietz-Vellmer,* Formelle und inhaltliche Anforderungen bei stiller Beteiligung an einer GmbH, NZG 2011, 1135; *Mylich,* Ansprüche gegen stille Gesellschafter nach Auszahlung von Scheingewinnen, ZIP 2011, 2182; *Neu,* Einsatzmöglichkeiten und Risiken der GmbH & Still, GmbH-StB 1999, 13; *Pougin,* Genußrechte, 1987; *Plate,* Zur Beurkundungsbedürftigkeit von Treuhandverträgen aus steuerlicher Sicht bei der GmbH & Still, GmbHR 1995, 367; *Pyszka,* Atypisch stille Beteiligung an einzelnen Unternehmenssegmenten, DStR 2003, 857; *C. Renner,* Die Stellung des atypisch stillen Gesellschafters in der Insolvenz des Geschäftsinhabers, ZIP 2002, 1430; *Riegger/Weiperk,* Münchener Handbuch des Gesellschaftsrechts, 1991; *Rohlfing,* Widerruf einer atypisch stillen Beteiligung und die so genannte fehlerhafte Gesellschaft, NZG 2003, 854; *Roos,* Die Veranlagung der GmbH & atypisch Still im Spiegel der Rechtsprechung des BFH, DStR 2001, 1592; *Rubau,* Die atypische stille Gesellschaft im Ertragssteuerrecht, DStR 1995, 637; *Schaub,* Treuhand an GmbH-Anteilen, DStR 1996, 65; *Schmidt,* Stille Gesellschaft und AGBG, ZHR 159 (1995), 734; *Schmidt-Ott,* Nochmals: Publizität und stille Beteiligung am Unternehmen einer GmbH?, GmbHR 2002, 784; *K. Schmidt,* Gesellschaftsrecht, 3. Aufl. 1997; *Schmidt-Ott,* Publizitätserfordernisse bei atypisch stillen Beteiligungen an dem Unternehmen einer GmbH?, GmbHR 2001, 182; *Schön,* Typisch/atypisch Still, ZGR 1990, 225; *Schoor,* Die GmbH & Still im Steuerrecht, 1992; *Schulte/Waechter,* Atypische stille Beteiligungen und § 294 AktG – neue Fassung, alte Probleme?, GmbHR 2002, 189; *Schulze zur Wiesche,* Die GmbH & Still, 2. Aufl. 1994; *ders.,* Die GmbH & atypisch Still, GmbHR 1999, 902; *ders.,* Völlige Gleichstellung der atypisch stillen Gesellschaft mit der Personenhandelsgesellschaft?, DStZ 1998, 285; *ders.,* Die GmbH & atypisch still – ein großer Verlierer der neuen Steuergesetzgebung, BB 2003, 713; *ders.,* Die GmbH & Still in der aktuellen Rechtsprechung, DB 2011, 1477; *Söffing,* Besteuerung der Mitunternehmer, 2. Aufl. 1983; *Wälzholz,* Die fehlerhafte stille Gesellschaft und deren Rückabwicklung, DStR 2003, 1533; *Wagner,* Der atypisch stille Gesellschafter im Konkurs der Massengesellschaft, KTS 1979, 53; *ders.,* Der stille Gesellschafter im Vergleichsverfahren des Geschäftsinhabers, KTS 1980, 203; *ders.,* Die Massenkommanditgesellschaft als Mittel zur Vermögensbeteiligung der Arbeitnehmer, 1985; *ders.,* Arbeitnehmervermögensbeteiligung an geschlossenen Immobilienfonds?, HdB Fach 3537; *ders.,* Management Buy Out, Führungskräftebeteiligung, Arbeitnehmerbeteiligung, 1993; *Wagner/Loritz,* Konzeptionshandbuch der steuerorientierten Kapitalanlage, Bd. 1, 1993; *Walter,* Verlustnutzung beim atypisch stillen Gesellschafter trotz ausstehender Einlage, GmbHR 1997, 823; *Wehrheim,* Die einkommensteuerliche Qualifikation der Einkünfte des atypisch stillen Gesellschafters einer GmbH & Still, DStR 1998, 1533; *Weigl,* Anwendungs- und Problemfelder der stillen Gesellschaft, DStR 1999, 1568; *ders.,* Zur Eintragungspflicht einer GmbH & Still im Handelsregister, GmbHR 2002, 778; *Weimar,* GmbH & Still im Fortschritt des Gesellschaftsrechts, ZIP 1993, 1509; *Winkeljohann/Halfar,* Gewerbesteuerliche Vorzüge der GmbH & atypisch Still, DB 1994, 2471; *Zacharias/Hebig/Rinnewitz,* Die atypisch stille Gesellschaft, 2. Aufl. 2000; *Ziebe,* Kapitalbeschaffung durch Genußscheine, BB 1988, 225.

## I. Darstellung

Für das Sammeln von Kapital bietet sich neben der Publikums-(GmbH & Co.) KG auch die stille Gesellschaft als geeignetes Rechtsgebilde an.[1] Stille Beteiligungen als Kapitalanla-

---

[1] *Geißler* GmbHR 2008, 515.

gen werden nicht durch Beschlussfassung der Gesellschafterversammlung der GmbH oder AG begründet, da still Beteiligte nicht in sondern an der Gesellschaft beteiligt werden, sondern durch Beteiligungsverträge zwischen dem Unternehmen als Hauptbeteiligtem und den Stillen.[2] Stille Gesellschaften sind keine Außengesellschaften, treten nach außen nicht in Erscheinung und haben kein eigenes Vermögen.[3] Während früher der Theorienstreit im Vordergrund stand, ob die stille Gesellschaft notwendig zweigliedrig sei[4] oder auch mehrgliedrig bzw. einheitlich Still,[5] hat man sich inzwischen von diesen Fragen abgewandt und Phantasien in Gestaltungsvielfalt gelegt.

2 So kann sich der Stille beteiligen am Gewinn (und Verlust)
– eines Unternehmens,
– der Geschäfte einzelner Niederlassungen, eines Zweigbetriebes oder Geschäftszweiges eines Unternehmens
– bestimmter Projekte.[6]

3 Werden Stillen für den Fall, dass mangels Gewinns kein Gewinnauszahlung erfolgt, gleichwohl Auszahlungen vom Hauptbeteiligten zugesagt, so ist umstritten, um was es sich dabei handelt. Einerseits wird vertreten, es handele sich insoweit um ein Schenkungsversprechen, das der notariellen Beurkundung bedürfe.[7] Andererseits soll es sich um eine Sonderzahlung „causa societatis" handeln, die nicht der notariellen Beurkundung bedürfe.[8] Diese Streitfrage hat inzwischen der BGH[9] dahingehend entschieden, dass es sich um kein Schenkungsversprechen handele, denn Verpflichtungen oder Zuwendungen des Hauptbeteiligten an seine still Beteiligten unterfalle nicht dem § 516 Abs. 1 BGB.[10]

4 Nicht zulässig ist eine stille Beteiligung an einzelnen Geschäften, Geschäftswerten oder Kostenpositionen eines Unternehmens, da es insoweit am Vorliegen eines Handelsgewerbes fehlt. In diesen Fällen mag eine GbR als Innengesellschaft in Form eines Meta-Geschäftes vorliegen, nicht aber eine stille Gesellschaft.[11]

5 Wie darzustellen sein wird, ist die Rechtsform der stillen Gesellschaft in vielfältiger und unterschiedlicher Weise zum Zweck der Kapitalaufbringung verwandt worden, zumal durch die Gestaltungsfreiheit, frei von Register- oder Beurkundungszwängen, zwischen typisch oder atypisch stiller Beteiligungsform wählen zu können, auch ein flexibles Anpassen an steuerliche Gegebenheiten möglich ist.

6 Ziel dieser Darstellung ist nicht, die Besonderheiten der stillen Gesellschaft aufzuzeigen, wozu auf weitergehende Literatur verwiesen wird.[12] Vielmehr sind Besonderheiten aufzuzeigen, die für am freien Kapitalanlagemarkt emittierte stille Beteiligungen von Interesse sein können.

7 **1. Die Abgrenzung der typischen von der atypischen stillen Gesellschaft.**[13]
**a) Handelsrecht.** Bei der stillen Gesellschaft wird zwischen dem Inhaber eines Handelsgeschäfts und dem stillen Gesellschafter zur Erreichung eines gemeinsamen Zwecks ein Ge-

---

[2] OLG Frankfurt NZG 2001, 270; *Bayer/Riedel* NJW 2003, 2567.
[3] *Schulze zur Wiesche* DB 2011, 1477.
[4] RGZ 25, 41, 45; *Blaurock*, Handbuch der stillen Gesellschaft, Rn. 225 f.; *Staub/Zutt,* HGB-GK, § 230 Rn. 45; *K. Schmidt* DB 1976, 1705; *Rohlfing* NZG 2003, 854, 856.
[5] BGH NJW 1972, 338; BGH WM 1980, 868; BGH NJW 1988, 413, 414; BGH NJW 1990, 2684, 2685; BGH NJW 1994, 1156; BGH NJW 1995, 1353, 1355; *Blaurock* NJW 1972, 1119; *Wagner* KTS 1979, 53, 54.
[6] BFH/NV 1990, 19, 20; BFH DStR 1996, 463; BFH 6.12.1995, BStBl. II 1998, 685.
[7] OLG Hamburg NZG 2011, 619.
[8] OLG Schleswig NZG 2011, 620, 621 f.
[9] BGH NZG 2013, 53 Rn. 18 f.
[10] BGH NZG 2013, 53 Rn. 20.
[11] Staub/*Zutt*, HGB-GK, § 230 Rn. 45; *Loritz/Wagner,* Konzeptionshandbuch, Bd. 2, Rn. 894.
[12] *Blaurock*, Handbuch der Stillen Gesellschaft, 6. Aufl. 2003; *Rieggot/Weipert,* Münchener Handbuch des Gesellschaftsrechts, Bd. 2, 2. Aufl. 2004, 4. Teil.
[13] *Bitz* GmbHR 1997, 769 f.; *Horn* GmbHR 2000, 711.

§ 18 Die Beteiligung als stiller Gesellschafter

sellschaftsvertrag geschlossen, in dem sich der still Beteiligte mit seiner Einlage beteiligt,[14] die in das Vermögen des Hauptbeteiligten erbracht wird (§ 230 Abs. 1 HGB). Die Einlage wird mithin durch den still Beteiligten erbracht, damit der Hauptbeteiligte sie entsprechend der gemeinsamen Zwecksetzung verwendet, anderenfalls er sich dem stillen Beteiligten gegenüber schadensersatzpflichtig macht.[15] Die Verjährung des Einlageanspruchs richtet sich nach den §§ 195, 199 BGB und nicht analog § 19 Abs. 6 GmbHG bzw. § 54 Abs. 4 AktG.[16]

Der still Beteiligte erhält eine Gewinnbeteiligung, wobei es eine Gestaltungsfrage ist, ob daneben zusätzlich eine Verzinsung der Einlage und eine Verlustbeteiligung vereinbart wird.[17]

Die stille Gesellschaft ist mithin Personengesellschaft ohne Gesellschafts- bzw. Gesamthandsvermögen. Sie ist **Innengesellschaft,** wobei in der Praxis zur Vermeidung von Irrtümern zu beachten ist, dass zwar jede stille Gesellschaft eine Innengesellschaft ist, umgekehrt aber nicht jede Innengesellschaft zwangsläufig eine stille Gesellschaft sein muss.

Die stille Gesellschaft erschöpft sich nicht in der Erbringung der Einlage, sondern geht als Organisationsverhältnis darüber hinaus, wie auch die Einlage seitens des Hauptbeteiligten nur entsprechend der gemeinsamen Zweckbestimmung zu verwenden ist, was stille Beteiligungen von sog „blind pools" ausschließt.

Der **typisch still Beteiligte** ist am Gewinn des Hauptbeteiligten bzw. dessen Handelsgewerbe, nicht aber an stillen Reserven, beteiligt. Dabei ist es eine Frage des Vertragsinhaltes, an *welchem* Gewinn der Stille beteiligt sein soll: Dem gesamten ausschüttungsfähigen Gewinn des Hauptbeteiligten oder nur am Gewinn aus operativer Tätigkeit etc..[18] Davon getrennt ist die Frage im Beteiligungsvertrag zu regeln, *wie* dieser Gewinn zu ermitteln ist: Sollen nur die Wertansätze der Jahresbilanz gelten oder sich der zu verteilende Gewinn aus der Jahresbilanz ergeben[19] (Handelsbilanz oder Steuerbilanz), oder soll die Gewinnermittlung unabhängig von der Jahresbilanz nach festgelegten Kriterien erfolgen? Und schließlich gilt es – aus steuerlichen Gründen – noch die Angemessenheit des steuerlich anerkennungsfähigen Gewinns unter Berücksichtigung des Interessengegensatzes der Vertragsbeteiligten zu bestimmen, der 15 % Rendite nicht übersteigen sollte.[20]

Hat der still Beteiligte nicht nur eine Einlage zu erbringen und ist am Gewinn beteiligt, sondern partizipiert er auch am Gesellschaftsvermögen des Hauptbeteiligten bzw. an der Geschäftsführung, dann spricht man von **einer atypisch stillen Beteiligung.** Letzteres ist

---

[14] OLG Hamm WM 1997, 2323: „1. Die Einlage eines atypisch an einer Kommanditgesellschaft beteiligten stillen Gesellschafters, dem intern eine Rechtsstellung wie einem Kommanditisten eingeräumt ist, ist Teil der Eigenkapitalgrundlage der Gesellschaft und steht deshalb den Gesellschaftsgläubigern als Haftkapital zur Verfügung. 2. Diese Voraussetzungen sind aber nicht gegeben, wenn der stille Beteiligte zwar schuldrechtlich wie ein Kommanditist am Vermögen der Gesellschaft beteiligt ist und ihm auch das Recht auf eine jederzeit mögliche Umwandlung seiner Einlage in eine Kommanditbeteiligung eingeräumt ist, ihm jedoch keinerlei Rechte auf Mitwirkung bei der gesellschaftsinternen Willensbildung zustehen." (JURIS-Orientierungssatz). Ebenso OLG Frankfurt GmbHR 1997, 892, wonach zusätzlich ein solch atypisch still Beteiligter im Kapitalersatzrecht wie ein Gesellschafter zu behandeln ist.
[15] BGH NJW 1988, 413.
[16] BGH NZG 2010, 823 Rn. 9.
[17] Nach BFH 28.5.1997, BStBl. II 1997, 724 sind laufende Verlustanteile eines stillen Gesellschafters einer GmbH ua nur dann bis zur Höhe der Einlage als Werbungskosten bei den Einkünften aus Kapitalvermögen abziehbar, wenn sie von der Einlage abgebucht worden sind.
[18] BGHZ 127, 176, 181; OLG Frankfurt/Main NZG 2001, 696.
[19] OLG Frankfurt/Main NZG 2001, 696.
[20] BFH 21.9.2000, BStBl. II 2001, 299: „Fehlt es mithin an dem zwischen fremden Dritten üblicherweise bestehenden Interessengegensatz, kann ein Betriebsausgabenabzug nur insoweit erfolgen, als die Ausgaben eine angemessene Gegenleistung für die Einlage des stillen Gesellschafters bilden."

zB dann gegeben, wenn der still Beteiligte auch an den Wertsteigerungen von Immobilienvermögen des Hauptbeteiligten partizipiert.[21]

13 Werden eine Vielzahl stiller Beteiligungen begründet, dann unterliegen vorformulierte Vertragsbedingungen – unabhängig von der Bereichsausnahme des § 310 Abs. 4 BGB – gemäß BGB §§ 157, 242 einer ähnlichen objektiven Auslegung und Inhaltskontrolle wie Allgemeine Geschäftsbedingungen.[22]

14 **b) Steuerrecht.** Da der typisch Stille sich letztlich nur kapitalmäßig beteiligt, erzielt er mit seinen Gewinnanteilen gemäß § 20 Abs. 1 Nr. 4 EStG Einkünfte aus Kapitalvermögen, sofern die stille Beteiligung nicht zu einem eigenen Gewerbebetrieb des Stillen gehört. Gewerbliche Einkünfte hat im Übrigen nur der Inhaber des Handelsgeschäfts (sog Hauptbeteiligte), sodass dessen Gewinn um den Gewinnanteil des Stillen als Betriebsausgabe gemindert wird. Ein beim Erwerb einer stillen Beteiligung an den Geschäftsinhaber entrichtetes **Agio** gehört zu den Anschaffungskosten der stillen Beteiligung und ist nicht als Werbungskosten bei den Einkünfte aus Kapitalvermögen abziehbar.[23] Alle Vorteile, die der Stille während seiner Beteiligung als Vorteile für die Kapitalüberlassung (Einlage) erhält, sind steuerbar. Dagegen sind Überschüsse, die außerhalb der Spekulationsfrist iS von § 23 Abs. 1 EStG aus der Veräußerung einer im Privatvermögen gehaltenen stillen Beteiligung erzielt werden, nicht steuerbar, weil aus einer Verwertung – und nicht aus einer Nutzungsüberlassung – der Kapitaleinlage stammen.[24] Folglich sind auch alle Aufwendungen, die die Kapitaleinlage des stillen Gesellschafters betreffen, keine Werbungskosten bei den Einkünften aus Kapitalvermögen, sondern nicht von § 9 EStG (Werbungskosten) erfasste Aufwendungen auf das Vermögen, also Anschaffungskosten.[25]

15 Die stille Einlage ist bei dem Hauptbeteiligten Fremdkapital, nicht Eigenkapital. Ein vom Stillen gezahltes Agio gehört zu den Anschaffungskosten der stillen Beteiligung und ist nicht als Werbungskosten bei den Einkünften aus Kapitalvermögen abziehbar.[26]

16 Soweit das Bayerische Finanzministerium[27] und weite Kreise in der Finanzverwaltung meinten, unter Hinweis auf eine Entscheidung des BFH vom 27.5.1982[28] die Auffassung vertreten zu müssen, die Geldhingabe durch den stillen Gesellschafter sei als umsatzsteuerpflichtige sonstige Leistung anzusehen (**§ 3 Abs. 9 UStG**), war dies unzutreffend.

17 Der BFH vertrat stets die Auffassung der Umsatzsteuerfreiheit[29] und hat in seiner Entscheidung vom 27.5.1982 mit keinem Wort oder Zitat angedeutet, von dieser bisherigen Auffassung abrücken zu wollen. Auch hatte sich der BFH nicht mit einer stillen Gesellschaft, sondern mit einer Innengesellschaft besonderer Art befasst, sodass die Finanzverwaltung übersehen hatte, dass zwar jede stille Gesellschaft eine Innengesellschaft ist, nicht aber jede Innengesellschaft ein stille Gesellschaft sein muss. Inzwischen ist die Fehlauffassung der Finanzverwaltung durch die Einfügung des § 4 Nr. 8j UStG auch durch den Gesetzgeber bereinigt worden.

18 Anders als bei der typisch stillen Gesellschaft wird bei der atypisch stillen Gesellschaft das Handelsgeschäft des Hauptbeteiligten im Innenverhältnis auf gemeinsame Rechnung und Gefahr von Geschäftsinhaber und Stillem geführt. Steuerrechtlich wird eine Stellung des atypisch Stillen vergleichbar zu der eines Kommanditisten[30] angenommen, weshalb der

---

[21] OLG Frankfurt/Main NZG 2001, 696.
[22] BGH NJW 2001, 1270.
[23] BFH 23.2.2000, BStBl. II 2001, 24.
[24] BFH 11.2.1981, BStBl. II 1981, 465; BFH/NV 1996, 125.
[25] BFH 23.2.2000, BStBl. II 2001, 24.
[26] BFH DStR 2000, 2037; FG Düsseldorf EFG 1998, 1573.
[27] Schreiben vom 12.12.1985, DStR 1986, 160.
[28] DB 1982, 2274.
[29] BFH 18.12.1975, BStBl. II. 1976, 265; BFH 14.12.1995, BStBl. II 1996, 250. Siehe auch BFH DStR 1996, 422.
[30] BFH 10.8.1978, BStBl. II 1979, 74; 25.6.1981, BStBl. II 1982, 59; *Söffing*, Besteuerung der Mitunternehmer, S. 26 mwN.

atypisch still Beteiligte als Mitunternehmer iS des § 15 Abs. 1 Satz 1 Nr. 2 EStG angesehen wird.[31] Der ausgleichsfähige Verlust ist durch § 15a Abs. 1 Satz 1 EStG grundsätzlich auf den Betrag der tatsächlich geleisteten Einlage[32] beschränkt.[33] Dazu gehört auch eine aufgrund einer Nachschusspflicht geleistete Einlage.[34]

Zivilrechtlich spricht für eine atypisch stille Gesellschaft, wenn deren wesentliche Voraussetzungen wie eine quotale Beteiligung des Stillen am Vermögen der Gesellschaft, seine Verlustbeteiligung und seine Mitwirkungsrechte bei der Geschäftsführung erfüllt sind.

Dem steht nicht entgegen, dass Anlass für die Vereinbarung war, dass der Stille, der seine Darlehensrückzahlungsansprüche in Gefahr sah, in die Lage versetzt werden sollte, etwaige Verluste aus seinem finanziellen Engagement in der Gesellschaft steuermindernd gegenüber dem Finanzamt geltend zu machen.[35] Für die Annahme einer Mitunternehmerschaft geht der BFH beim atypisch still Beteiligten von dem Vorliegen der Merkmale des **„Mitunternehmerrisikos"** und der **„Mitunternehmerinitiative"** aus, die ua dann gegeben sein sollen, wenn der still Beteiligte am laufenden Erfolg teilnimmt, für den Fall des Ausscheidens an den stillen Reserven und am Geschäftswert beteiligt ist und im Übrigen über Kontrollrechte, vergleichbar denen eines Kommanditisten, verfügt.[36] Dies gilt auch bei einer zivilrechtlich fehlerhaften stillen atypisch stillen Gesellschaft.[37] Diese ist erkennbar vollzogen, nachdem die Einlage geleistet wurde und dies in der Bilanz des Hauptbeteiligten als atypisch stilles Beteiligungsverhältnis ausgewiesen wurde.[38]

**2. Abgrenzung zu anderen Rechtsformen.** Die stille Gesellschaft bedarf der Abgrenzung zu anderen Rechtsformen. Maßgebend ist nicht wie Parteien ein Rechtsverhältnis bezeichnet haben, sondern was sie gewollt haben und wie folglich das in die Tat Umgesetzte rechtlich einzuordnen ist, was nach dem Gesamtbild der Verhältnisse zu beurteilen ist.[39]

**a) Stille Gesellschaft und partiarisches Darlehen.** Der Unterschied zwischen der stillen Gesellschaft und dem partiarischen Darlehen besteht darin, dass bei ersterer eine Verbindung zu einem gemeinsamen Zweck, nämlich zum Betrieb des *Handelsgewerbes* durch den Geschäftsinhaber im Interesse der stillen Gesellschaft eingegangen und zu diesem

---

[31] BFH 12.11.1985, BStBl. II 1986, 311; 27.5.1993, BStBl. II 1994, 700; 10.8.1994, BStBl. II 1995, 171; 6.7.1995, BStBl. II 1996, 269; 1.8.1996, BStBl. II 1997, 272; BFH/NV 1999, 773; FG München DStRE 1998, 468. Zum beschränkten Verlustabzug bei Innengesellschaften siehe FG München EFG 1998, 1262. Nach BFH 15.10.1998, BStBl. II 1999, 286 und FG Köln DStRE 1998, 385 ist die GmbH-Beteiligung eines atypisch stillen Gesellschafters einer GmbH & Still als Sonderbetriebsvermögen des atypisch Stillen zu behandeln. Zur Frage, inwieweit eine atypisch stille Gesellschaft Sonderbetriebsvermögen haben kann: *Wehrheim* DStR 1998, 1533. *Knobbe-Keuk,* Bilanz- und Unternehmenssteuerrecht, S. 402.
[32] Nach *Geuenich* DStR 1998, 57 ist eine steuerliche Verlustzuweisung bei nicht eingezahlter Einlage des Stillen Gesellschafters nicht möglich.
[33] BFH/NV 1998, 823; BFH/NV 1998, 576. Mit BFH/NV 1998, 1078 wird über die Frage, wer an dem von einer atypisch stillen Gesellschaft erzielten Gewinn oder Verlust beteiligt ist und wie sich dieser Gewinn oder Verlust auf die einzelnen Gesellschafter verteilt, im Bescheid über die einheitliche und gesonderte Feststellung der Einkünfte mit bindender Wirkung für das Feststellungsverfahren nach § 15a Abs. 4 EStG entschieden. Der Feststellungsbescheid ist insoweit Grundlagenbescheid für den Folgebescheid über die Feststellung des verrechenbaren Verlusts. Zur atypisch stillen Gesellschaft und § 15a EStG siehe *Hitzemann* DStR 1998, 1708.
[34] BFH/NV 1998, 576; BFH/NV 1998, 823; *Hitzemann* DStR 1998, 1708.
[35] OLG Hamburg NZG 1999, 66.
[36] BGH BB 1992, 1954; BGH NJW 1994, 1156; BFH 22.1.1981, BStBl. II 1981, 424; 2.9.1985, BStBl. II 1986, 10; 12.11.1985, BStBl. II 1986 311; 5.6.1986, BStBl. II 1986, 802; 22.10.1987, BStBl. II 1988, 62; BFH/NV 1993, 647, 648; BFH 27.5.1993, BStBl. II 1994, 700, 701; 15.12.1992, BStBl. II 1994, 702, 704 f.; 1.8.1996, BStBl. II 1997, 272; 2.10.1997, BStBl. II 1998, 137; *Schulze zur Wiesche* DB 2011, 1477 f.
[37] BFH 3.3.1998, BStBl. II 1998, 401; BFH GmbHR 2010, 1169, 1170.
[38] *Schulze zur Wiesche* DB 2011, 1477.
[39] BGH NJW 1951, 308; BFH GmbHR 1988, 157 f.; BFH 28.10.2008, BStBl. II 2009, 190, 194.

Zweck zweckgebunden die Einlage dem Hauptbeteiligten vom Stillen zur Verfügung gestellt wird,[40] während diese gemeinsame Zweckbindung bei der Geldhingabe im Rahmen eines partiarischen Darlehens fehlt.[41] Ist eine Verlustbeteiligung vereinbart, liegt schon deshalb eine stille Gesellschaft vor.[42] Der stille Gesellschafter hat kraft Gesetzes (§ 233 HGB) **Kontrollrechte,** der Darlehensgeber nicht. Bei der stillen Gesellschaft ist eine **Verlustbeteiligung** vereinbar, beim partiarischen Darlehen nicht.

23   Daraus ergeben sich wichtige rechtliche Folgerungen:[43]

Der stille Gesellschafter kann verlangen, dass seine Einlage dem gemeinsamen Zweck entsprechend verwendet wird; der Darlehensgeber kann dies mangels gemeinsamer Zwecksetzung nicht verlangen.

24   Eine Kündigung des stillen Beteiligungsverhältnisses ist, sofern nichts gesondertes vereinbart ist, nur in den Grenzen des § 234 Abs. 1 HGB möglich, während beim Darlehen kürzere Kündigungsfristen bestehen.

25   Der Darlehensgeber kann seine Forderung im Zweifel abtreten, der still Beteiligte bedarf wegen der gesellschaftsrechtlichen Zweckbindung zur Abtretung im Zweifel der Zustimmung des Hauptbeteiligten.

26   Der Darlehensgeber kann im Zweifel bei Verschlechterung der Vermögensverhältnisse des Darlehensnehmers das Darlehen widerrufen. Ein vergleichbares Recht hat der still Beteiligte bei bereits geleisteter Einlage nicht.

27   Der Darlehensgeber kann in der Insolvenz des Darlehensnehmers die volle Darlehensforderung als Insolvenzforderung geltend machen, der normal still Beteiligte dagegen im Falle der Verlustbeteiligung nur die um die Verlustbeteiligung geminderte Einlage.[44]

28   Die Abgrenzung der stillen Beteiligung vom partiarischen Darlehen ist aber ferner auch aus KWG-rechtlichen und steuerlichen Gründen erforderlich:

29   Handelt es sich bei im freien Kapitalanlagemarkt emittierten stillen Beteiligungen in Wirklichkeit um (partiarische) Darlehen, so wird es ihnen in der Regel am Kriterium der vom Emittenten gewährten banküblichen Sicherheit fehlen, sodass Erlaubnispflicht gegeben wäre (§ 1 Abs. 1 Satz 2 Nr. 1 iVm § 32 Abs. 1 Satz 1 KWG). Dies führt zwar nicht zur Nichtigkeit des (partiarischen) Darlehens,[45] wohl aber zur Zuständigkeit der Bundesanstalt für Finandienstleistungsaufsicht (BaFin) und gibt dieser die Möglichkeit des Einschreitens.[46] Erbringt dagegen der Anleger nicht nur eine Vermögenseinlage, sondern ist er auch am laufenden Verlust beteiligt, dann scheidet einerseits ein partiarisches Darlehen aus wie auch andererseits kein genehmigungspflichtiges Einlagengeschäft iSd KWG vorliegt.[47]

30   Steuerrechtlich wird der Unterschied seitens des BFH daran festgemacht, ob eine Gewinnbeteiligung oder nur eine Verzinsung der Einlage angestrebt wird.[48]

31   **b) Stille Gesellschaft und Genussrecht.** Genussrechte – bzw. in verbriefter Form Genußscheine – stellen ihrer Rechtsnatur nach **Gläubigerrechte** dar, aus denen der Inhaber schuldrechtliche Ansprüche herleiten kann. Sie verschaffen, ggf. gegen Gewährung von Beiträgen, Vermögensrechte wie zB Teilnahme am Gewinn- bzw. am Liquidationserlös oder möglicherweise Bezugsrechte.[49]

32   Stille Gesellschaft und Genussrecht unterscheiden sich in folgendem:

---

[40] BGH NJW 1988, 413; BGH BB 1992, 1954; OLG Hamburg WM 1994, 499, 500 – BFH DStRE 2006, 239, 240.
[41] OLG Schleswig NZG 2000, 1176; *Geißler* GmbHR 2008, 515, 516.
[42] OLG Schleswig NZG 2000, 1176.
[43] *Jestädt* DStR 1993, 387.
[44] Zur Abgrenzung BFH GmbHR 1988, 157.
[45] BGH WM 1990, 54, 55f. = WuB I. K 1. § 46 KWG 1.90 *Sonnenhol; Loritz/Wagner,* Konzeptionshandbuch, Bd. 2, Rn. 953–960.
[46] Keine Amtshaftung der BaFin gegenüber stillen Gesellschaftern: BGH WM 2005, 1362.
[47] BGH NJW 1984, 2691; OLG Dresden WM 2004, 726, 728; *Loritz* ZIP 2001, 309, 312.
[48] BFH DB 1994, 125.
[49] *Pougin,* Genussrechte, S. 1; *Ziebe* BB 1988, 225 ff.; *Frantzen,* Genussscheine, S. 1–6.

Stille Gesellschaft kann gesellschaftsrechtliche Mitverwaltungsrechte einräumen, das Genußrecht nicht, da es hier an einer Zweckgemeinschaft fehlt.[50]   33

Bei der stillen Gesellschaft wird auf Grund der gemeinsamen Zwecksetzung die Einlage an den Hauptbeteiligten zweckgebunden erbracht,[51] beim Genussrecht fehlt es an einer Zweckgemeinschaft.   34

Forderungen aus der stillen Beteiligung sind auf Grund der Zweckgemeinschaft mit dem Hauptbeteiligten nicht ohne weiteres ohne dessen Zustimmung frei abtretbar; Genussrechte und Genussscheine in der Regel sehr wohl.   35

Die stille Gesellschaft ist gemäß § 234 HGB kündbar, während dies beim Genussrecht gesondert zu regeln ist bzw. in der Regel eine bestimmte Laufzeit bestimmt ist.   36

Bei der stillen Gesellschaft darf für den Fall ihrer Beendigung die Rückzahlung der Einlage in der gewährten Höhe zugesagt werden, beim Genussrecht bzw. Genussschein zB für den Fall der Inanspruchnahme der Möglichkeiten des 5. VermBG dagegen nicht.[52]   37

Im Falle der stillen Beteiligung sind bereits kraft Gesetzes Kontrollrechte (§ 233 HGB) gegeben, bei Genussrechten nicht.   38

Genussrechte mit Verlustbeteiligungen sind ebenso wenig als stille Gesellschaften zu qualifizieren[53] wie auch umgekehrt stille Beteiligungen mit Verlustbeteiligungen keine Genußrechte sind.[54] Der Unterschied zwischen einem Genussrecht und einer stillen Beteiligung ist darin begründet, dass die stille Beteiligung gesellschaftsrechtliche Mitgliedschaftsrechte (zB Informations-, Kontroll- und Mitspracherechte bei Änderung oder Aufgabe des Unternehmensgegenstandes) begründen[55] wie auch stille Beteiligungen an einer AG Teilgewinnabführungsverträge gemäß § 292 Abs. 1 Nr. 2 AktG sind, die den Regeln der §§ 293 ff. AktG unterliegen.[56]   39

c) **Stille Gesellschaft und Unterbeteiligung.** Die stille Gesellschaft setzt die Beteiligung des Stillen am Handelsgewerbe des Hauptbeteiligten voraus (§ 230 Abs. 1 HGB),[57] während der Unterbeteiligte sich am Gesellschafts- bzw. Geschäftsanteil eines Gesellschafters beteiligt.[58]   40

**3. Stille Gesellschaft als Publikums-Gesellschaft.** Beteiligen sich eine Vielzahl von Kapitalanlegern still an einer Gesellschaft, so geht der BGH davon aus, dass es sich um *eine* stille Gesellschaft handelt, weil die zwischen den Anlegern bestehende stille Gesellschaft angesichts der Vielzahl von Mitgliedern und ihrer körperschaftsähnlichen Struktur eine Massenpublikumsgesellschaft darstellt. Er wendet auf diese aktienrechtliche Vorschriften analog an.[59] Ob für das Rechtsverhältnis der Stillen untereinander Gesellschaftsrecht (§§ 705 ff. BGB) oder Gemeinschaftsrecht (§§ 741 ff. BGB) gilt, hängt davon ab, wie diese Rechtsbeziehungen vertraglich gestaltet wurden.   41

Bei stillen Gesellschaften als Publikums-Gesellschaften ist es nicht ungewöhnlich, dass ein sogenannter Mittelverwendungstreuhänder eingeschaltet wird, der in einem Vertrags-   42

---

[50] BFH DStR 2008, 1629, 1630; FG Baden-Württemberg 3.12.2004 – 10 K 225/01, EFG 2005, 530.
[51] BGH NJW 1988, 413.
[52] BMF 31.8.1987, BStBl. I 1987, 639, 642 zu (7) und 643 zu (12).
[53] BGHZ 156, 38, 42.
[54] BGHZ 156, 38, 43.
[55] OLG Hamburg NZG 2004, 715: Das Informationsrecht während Bestehens der stillen Gesellschaft gem. § 233 HGB reduziert sich nach Beendigung der stillen Gesellschaft in ein Einsichtsrecht gem. § 810 BGB.
[56] BGHZ 156, 38, 43 f.
[57] Für die Unterbilanzprüfung einer GmbH als Hauptbeteiligter wird eine atypisch stille Beteiligung wie ein eigenkapitalersetzendes Gesellschafterdarlehen als „Verbindlichkeit" behandelt, so OLG Brandenburg NZG 1998, 306.
[58] *App* DStR 1994, 291; *Hohaus* GmbHR 2002, 883 zur atypischen Unterbeteiligung und ihrer steuerlichen Einordnung.
[59] BGH NJW 1998, 1946: So wendet er zB auf die Einladung § 121 Abs. 4 Satz 1, 2. Halbs. AktG entsprechend an.

verhältnis zum Beteiligungsverhältnis steht. Ein solcher Vertrag entfaltet zugleich Wirkungen gegenüber den still Beteiligten gemäß § 328 BGB.[60]

43 Auch das Beteiligungsunternehmen gehört zum Kreis der potentiellen Prospekthafter, wenn zur Einwerbung still Beteiligter ein Prospekt emittiert worden ist und dieses unvollständige, falsche oder täuschende Angaben über die Verwendung der Einlagen und die sonstige Mittelverwendung, den bisherigen Betriebsverlauf und die garantierten Verlustzuweisungen und Ausschüttungen enthält und verschweigt, dass das Unternehmen sich noch in der Aufbauphase befindet mit der Folge entsprechender besonderer Aufwendungen und eines geringen Investitionsanteils des eingebrachten Kapitals in Anlagevermögen.[61] Der Geschäftsführer eines solchen Beteiligungsunternehmens kann zudem in einem solchen Fall gemäß § 826 BGB persönlich haften.[62] Gleiches gilt für den Geschäftsführer einer Anlagevermittlungsgesellschaft, die exclusiv den Vertrieb der stillen Beteiligungen vorgenommen hat und das Werbekonzept wesentlich bestimmt hat oder nicht dafür gesorgt hat, dass eine gebotene Aufklärung in Schriftform erfolgte und damit bewusst die Möglichkeit unvollständiger oder verharmlosender Risikohinweise eröffnet hat.[63]

44 Werden am freien Kapitalmarkt stille Beteiligungen angeboten, die einen Mindestgewinn unter Ausschluss einer Verlustbeteiligung zum Gegenstand haben, so kann schon zivilrechtlich fraglich sein, ob es sich dabei um stille Beteiligungen oder nicht eher um Darlehen handelt.[64] Denn Gewinne können nur ausgeschüttet werden, wenn sie ausschüttungsfähig vorhanden sind. Garantierte Gewinne bedeuten, dass Zahlungen auch dann erfolgen sollen, wenn keine Gewinne (ausschüttungsfähig) vorhanden sind. Wird einer Vielzahl von Kapitalanlegern unabhängig von Gewinn und Verlust eine Ausschüttung garantiert,[65] dann kommt zwar wegen der vereinbarten Verlustbeteiligung kein Darlehen in Betracht, eine garantierte Ausschüttung ist aber aus vorgenannten Gründen auch keine Gewinnbeteiligung, die wiederum für eine stille Gesellschaft wesensnotwendig ist (§ 231 Abs. 1 HGB). Es kann sich dann um ein sonstiges Austauschverhältnis handeln (§ 311 Abs. 1 BGB).[66] Bei garantierten Gewinnausschüttungen ohne Verlustbeteiligung bedarf es der Abgrenzung zum partiarischen Darlehen.[67]

45 Jedenfalls kann es sich dann um ein erlaubnispflichtiges Einlagegeschäft im Sinne des § 32 KWG handeln.[68] Ermangelt es dieser Genehmigung und handelt es sich auch zivilrechtlich um keine stille Gesellschaft, so kann das Bundesaufsichtsamt für das Kreditwesen (BAKred) gemäß § 37 KWG anordnen, weitere Geschäfte zu unterlassen bereits abgeschlossene Geschäfte rückabzuwickeln.[69] Für eine solche Rückabwicklung sowie ein für „Stille" bestehenden Rückzahlungsanspruch auf das Geleistete gem. § 812 Abs. 1 BGB kommen die Grundsätze der faktischen Gesellschaft ex nunc nicht in Betracht.

46 Stille Gesellschafter unterliegen im Grundsatz gegenüber dem Hauptbeteiligten (GmbH) nicht einer Kapitalaufbringungs- und Kapitalerhaltungspflicht (§ 31 GmbHG).[70] Aber je nach vertraglicher Gestaltung können still Beteiligte einer Nachschusspflicht unterliegen.[71]

---

[60] OLG Hamburg WM 2001, 299.
[61] OLG Hamburg WM 2001, 299; OLG Karlsruhe NZG 2001, 234; *Bayer/Riedel* NJW 2003, 2567, 2568.
[62] OLG Hamburg WM 2001, 299.
[63] BGH ZIP 2001, 2276; *Bayer/Riedel* NJW 2003, 2567, 2569.
[64] OLG Dresden NZG 2000, 302.
[65] *Bornemann* ZHR 166 (2002), 211, 214.
[66] OLG Schleswig NZG 2000, 1176.
[67] *Bornemann* ZHR 166 (2002), 211, 214.
[68] VG Berlin DB 1999, 1377.
[69] *Bornemann* ZHR 166 (2002), 211, 212. Zu den strafrechtlichen Folgen unerlaubten Betreibens von Bank- und Finanzdienstleistungsgeschäften: *Schröder* NStZ 1998, 552, 553 ff.
[70] OLG Saarbrücken NZG 1999, 155.
[71] OLG Schleswig GmbHR 2009, 1164, 1165 f.

Auch bei der stillen Gesellschaft stellt sich die Frage der Einkünfteerzielungsabsicht bzw. ob es sich dabei um eine Verlustzuweisungsgesellschaft handelt.[72]

**4. KWG.** In seiner Entscheidung vom 15.3.1984 hatte der BGH[73] stille Gesellschafter nicht zu denen durch die staatliche Bankenaufsicht geschützten Einlagegläubigern gezählt. Der BGH bezog dies jedoch auf gesellschaftsrechtliche Einlagen von Stillen, die als Gesellschafter am Gewinn und Verlust teilnehmen.[74] In seiner späteren Rechtsprechung iudizierte er, die Bestimmung der Entgegennahme von Geldern als Einlage und ihre Einordnung als Bankgeschäfte sei auf Grund einer Wertung aller Umstände des einzelnen Falles unter Berücksichtigung bankwirtschaftlicher Verkehrsanschauungen zu entscheiden.[75] Und in seiner Entscheidung vom 9.3.1995[76] führte der BGH zu § 1 Abs. 1 Satz 2 Nr. 1 KWG aus, nicht jede Annahme von fremden Geldern sei ein Einlagegeschäft.

„Selbst wenn fremde Gelder auf Grund typisierter Verträge und ohne Bestellung banküblicher Sicherheiten entgegengenommen worden sind, lässt dies keine abschließende Bewertung dahin zu, dass diese Vorgänge bei umfassender Würdigung aller Umstände des Einzelfalles unter Berücksichtigung der bankwirtschaftlichen Verkehrauffassung als Einlagegeschäft anzusehen sind (BVerwG aaO)."

Und der BGH[77] weist ferner darauf hin, dass bei einer Einlage die Verkehrsanschauung von einer Verfügbarkeit und einer „relativen Sicherheit" ausgehe. Ein Kapitalanleger dagegen erwarte keinen entsprechenden Schutz nach dem KWG und sei daher nicht in gleichem Maße schutzbedürftig, wie die vom KWG angesprochenen Sparer sowie Inhaber von Lohn-, Gehalts-, Renten- und Pensionskonten; ein Kapitalanleger tätige aus Sicht des verständigen Betrachters eine Investition, „die mit dem vollen Risiko verbunden ist, das sich aus einer möglichen Zahlungsunfähigkeit des Empfängers der Gelder ergibt." Dies gelte in Anbetracht des „auf Spekulation angelegten risikobehafteten Kapitalanlagegeschäftes" auch dann, wenn eine Gewinngarantie zugesagt worden sei.[78]

Das BAKred ist seinerzeit vermehrt dazu übergegangen, stille Beteiligungen ohne Verlustbeteiligung bzw. mindestverzinst als Einlagegeschäft und damit als erlaubnispflichtiges Bankgeschäft einzuordnen und für den Fall fehlender Erlaubnis gemäß § 32 KWG nach § 37 KWG vorzugehen.[79]

Die Annahme rückzahlbarer Gelder des Publikums stellt ein gemäß § 32 Abs. 1 KWG erlaubnispflichtiges Einlagegeschäft dar, wenn der durch die Annahme begründete An-

---

[72] BFH 3.3.1998, BStBl. II 1998, 401: „Im Streitfall sind aus den vorliegenden Unterlagen, insbesondere aus dem Beteiligungsangebot, keine Umstände ersichtlich, die auf das Vorliegen einer typischen Verlustzuweisungsgesellschaft hindeuten. Aus der Art der in Aussicht genommenen gewerblichen Betätigung (Finanzdienstleistungen) ergibt sich nicht, dass die Gesellschafter mit außergewöhnlich hohen geschäftlichen Risiken rechnen mussten. Im Prospekt werden lediglich für das erste Jahr der Beteiligung (1990) Verlustzuweisungen in Höhe von 100 vH der Einlage zugesagt; für die folgenden Jahre der Beteiligung werden Gewinne in Aussicht gestellt. Liegt aber eine typische Verlustzuweisungsgesellschaft nicht vor, so ist von der tatsächlichen Vermutung auszugehen, dass die Gesellschaft mit der Absicht der Gewinnerzielung gegründet wurde (BFH-Urteile vom 19. November 1985 VIII R 4/83, BFHE 145, 375, BStBl. II 1986, 289; in BFHE 179, 335, BStBl. II 1996, 219). Diese Vermutung ist nicht schon dann widerlegt, wenn in den ersten Jahren der unternehmerischen Tätigkeit Verluste auftreten (Beschluss in BFHE 141, 405, 436, BStBl. II 1984, 751)." Ferner: BFH/NV 1999, 169.
[73] BGHZ 90, 310.
[74] BGHZ 90, 310, 313 f.
[75] BGH NJW 1994, 1801, 1805. So auch BVerwG WM 1984, 1364, 1367; OVG Berlin WM 1984, 865, 867.
[76] BGHZ 129, 90, 94.
[77] BGHZ 129, 90, 96 f.
[78] Kritisch *Bornemann* ZHR 166 (2002), 211, 250 f.
[79] BVerfG NJW-RR 2001, 414; VG Berlin DB 1999, 1377; *Bornemann* ZHR 166 (2002), 211, 214, 216, 235 f. mwN; kritisch *Loritz* ZIP 2001, 309.

spruch auf Rückzahlung nicht in Order- oder Inhaberpapieren verbrieft ist (§ 1 Abs. 1 Satz 2 Nr. 1 KWG). Bei stillen Beteiligungen mit Gewinn- und Verlustbeteiligungen besteht ein Gewinnausschüttungsanspruch, der aufgrund der Verlustbeteiligung gemindert sein oder völlig ausfallen kann. Ob eine Verlustbeteiligung bei Ende der stillen Beteiligung zudem zu einer Minderung des Rückzahlungsanspruches der Einlage führen kann, bedarf gesonderter vertraglicher Regelung.[80] Ist dies der Fall, handelt es sich bei der Einlage des Stillen um keine Einlage iSd § 1 Abs. 1 Satz 2 Nr. 1 KWG. Ist dies jedoch nicht der Fall, weil entweder keine Verlustbeteiligung vereinbart wurde oder bei vereinbarter Verlustbeteiligung diese den gesellschaftsrechtlichen Einlagrückzahlungsanspruch nicht mindern soll, so ist von einem Einlagegeschäft iSd § 1 Abs. 1 Satz 2 Nr. 1 KWG auszugehen.[81]

52    Streitig ist, ob bereits die einem stillen Beteiligungsverhältnis zugrunde liegende „gesellschaftsrechtliche Verbundenheit" dafür maßgebend ist, ein Einlagegeschäft iSd § 1 Abs. 1 Satz 2 Nr. 1 KWG zu verneinen.[82] Für stille Beteiligungen des freien bzw. grauen Kapitalmarktes ist der Gesetzgeber davon ausgegangen, dass diese der Erlaubnisanforderung des § 32 Abs. 1 KWG und der Bankenaufsicht bedarf, indem dort die stille Beteiligung ausdrücklich angesprochen ist.[83] Einen ausreichenden Ausdruck im Gesetzeswortlaut hat dies allerdings nicht gefunden.

## II. Beteiligungsmöglichkeiten

53    **1. Kombination von Kommandit- und stiller Beteiligung bei der Publikums-KG.** Bei der Publikums-KG war schon seit den Zeiten der sog Abschreibungsgesellschaften die Beteiligungskonzeption anzutreffen, wonach Anleger ihre Beteiligung teils als Kommanditeinlage, teils als Einlage im Rahmen einer stillen Beteiligung zu erbringen hatten. Mit dieser Aufteilung war beabsichtigt, Zahlungen an Kapitalanleger noch vor der Wiederauffüllung des Einlagenkontos zu ermöglichen, ohne die Haftungsfolgen der §§ 171 Abs. 1, 172 Abs. 4 HGB auszulösen,[84] so wie man – quasi als Nebeneffekt – davon ausging, dem still Beteiligten stünde im Falle der Insolvenz der Publikums-KG insoweit eine Insolvenzgläubigerstellung gemäß § 236 HGB zu. Der BGH[85] hat Einlagen von atypisch Stillen als Eigenkapital eingeordnet, wenn es sich um „gesplittete" Einlagen dergestalt handelt, dass Kommanditisten auf Grund gesellschaftsvertraglicher Regelung sich zusätzlich als Stille zu beteiligen haben. Mit einer solchen stillen Beteiligung – so der BGH – werde quasi die Kommanditeinlage erhöht. Vergleichbares hat der BGH angenommen, wenn atypisch Stille an einer KG, nicht jedoch zugleich auch als Kommanditisten in der KG, beteiligt sind, und solchen atypisch Stillen „in atypischer Weise weitreichende Befugnisse zur Einflussnahme an der Geschäftsführung und Gestaltung der KG" eingeräumt werden und damit atypisch Stille berechtigt sind, die Geschicke der KG mitzubestimmen.[86] Solche atypisch Stille könnten nicht als Drittgläubiger des Geschäftsinhabers behandelt werden.[87]

54    Da bei atypisch stiller Beteiligung Kapitalanleger, ebenso wie bei der Kommanditbeteiligung, **steuerlich** als **Mitunternehmer** angesehen werden, war es insbesondere bei der

---

[80] Zu den unterschiedlichen Ausgestaltungen der Verlustbeteiligungen *Habersack* ZGR 2000, 384.
[81] *Bornemann* ZHR 166 (2002), 211, 214, 227. Offen gelassen in: BGH WM 2005, 1362 f.
[82] Gegen Einlagegeschäft: *Blaurock*, Handbuch der Stillen Gesellschaft, § 19 Rn. 19.85; *Loritz* ZIP 2001, 309, 311 f.; *Schneider* DB 1991, 1865, 1868. Für Einlagegeschäft: *Bornemann* ZHR 166 (2002), 211, 214, 228 f. für den Fall fehlender Verlustbeteiligung bzw. vereinbarter Mindestverzinsung.
[83] BR-Drucks. 963/96, S. 57; BR-Drucks. 417/97, S. 3 f.; *Bornemann* ZHR 166 (2002), 211, 248.
[84] Keine Außenhaftung von Stillen gegenüber Gesellschaftsgläubigern einer KG: BGH 1.3.2010 – II ZR 249/08, NZG 2010, 823 Rn. 2; OLG Celle 29.10.2008 – 9 U 68/08, NZG 2009, 1075, 1076; OLG Schleswig 30.10.2008 – 5 U 66/08, NZG 2009, 256 f.; *Berninger* DStR 2010, 2359; *Blaurock* NZG 2010, 974.
[85] BGH NJW 1980, 1522, 1523; BGH NJW 1981, 2251; BGH NJW 1983, 1855, 1856; *C. Renner* ZIP 2002, 1430, 1431.
[86] BGH NJW 1985, 1079.
[87] BGH NJW 1985, 1079, 1080; *C. Renner* ZIP 2002, 1430, 1431.

§ 18 Die Beteiligung als stiller Gesellschafter

Publikums-GmbH & Co. KG in der Form der Abschreibungsgesellschaft ein scheinbar geeignetes Instrument, die organisatorische Trennung von Gründungs- und Anlagegesellschafter noch effizienter als bei der normalen Publikums-KG zu ermöglichen, ohne bezüglich der stillen Beteiligungen einer Gründerprüfung und registerrechtlichen Aufsicht zu unterliegen und gleichwohl vertraglich relativ frei gestalten zu können.[88]

Die Rechtsprechung des BGH ist dieser Entwicklung entgegengetreten und hat insoweit mittels Richterrecht die Privatautonomie außer Kraft gesetzt: **55**

Bejahte der BGH noch in seinem Urteil vom 29.11.1952[89] auch bei einer stillen Gesellschaft die grundsätzliche Befugnis, im **Innenverhältnis** die Rechtsbeziehung frei zu gestalten, so wurde diese Freiheit bei der Massengesellschaft durch die richterliche Inhaltskontrolle ersetzt. **56**

Werden stille Beteiligungen notwendigerweise mit der Beitrittsverpflichtung als Kommanditist verknüpft, indem stille- und Kommanditbeteiligung nur gemeinsam bestehen können, dann stellen nach Auffassung des BGH stille- und Kommanditeinlage „die Pflichteinlage des (Anleger-)Kommanditisten dar".[90] Damit meint der BGH wohl – ohne es ausdrücklich angesprochen zu haben –, es handele sich um die auf Kapitalkonto I zu buchende Pflichteinlage, die unter Anrechnung auf die im Handelsregister eingetragene Haftsumme zur Verfügung gestellt werde,[91] sodass der BGH sie für das **Außenverhältnis** als haftungsbefreiende Einlage gemäß §§ 171, 172 HGB ansieht, unabhängig davon wie deren Zuordnung auf die einzelnen Kapitalkonten im Innenverhältnis vereinbart ist. **57**

Die Unselbständigkeit der mit der Kommanditbeteiligung gekoppelten stillen Beteiligung bei der Publikums-KG wird auch aus folgenden Entscheidungen deutlich: **58**

Hatte der BGH noch in seiner Entscheidung vom 24.2.1969[92] für den Fall des Vergleichsverfahrens des Geschäftsinhabers[93] ausgeführt, trotz Vergleichseröffnung werde ein stilles Beteiligungsverhältnis davon nicht betroffen, diene doch das Vergleichsverfahren der Aufrechterhaltung und nicht der Liquidierung des Geschäftsbetriebes, kehrte er diese Feststellung im Falle der Liquidation einer Publikums-KG zu Lasten eines an dieser still Beteiligten um und ließ auch dort trotz Liquidation der Publikums-KG kein außerordentliches Kündigungsrecht des still Beteiligten zu, da „die Einlage des Stillen zum größten Teil das Kapital zum Erwerb der Beteiligung bildete".[94] Dies überzeugte nicht, denn wenn von einer stillen Beteiligung auszugehen ist, dann war gemeinsamer Zweck derselben der Betrieb der Gesellschaft (= Hauptbeteiligter) und auf diese Zweckbestimmung war die Gewährung der Einlage durch den Stillen ausgerichtet.[95] Von diesem gemeinsamen Zweck ist jedoch die Liquidation des Hauptbeteiligten nicht mehr gedeckt, sodass dann dem still Beteiligten ein **außerordentliches Kündigungsrecht** der Beteiligung zustehen muss,[96] unabhängig davon, ob er sich an einer Publikums-KG oder an einer „einfachen" Gesellschaft beteiligt hat. Die gemeinsame Zweckbestimmung der in einer stillen Gesellschaft zusammengefassten Beteiligten ist allein schon wegen der zweckbestimmten Einlagengewährung entscheidend und nicht nur das Motiv, sich mit einer Einlage beteiligen zu können. **59**

Mit seiner Entscheidung vom 5.11.1979 hielt jedoch der BGH[97] an seiner Auffassung fest, indem er, ohne nach der gemeinsamen Zwecksetzung im Rahmen der stillen Beteili- **60**

---

[88] *Knobbe-Keuk*, Bilanz- und Unternehmenssteuerrecht, S. 402 f.; *Walz*, Steuergerechtigkeit und Rechtsanwendung, 1980, S. 346 f.
[89] BGHZ 8, 157, 160.
[90] BGHZ 69, 160, 170.
[91] *Huber* ZGR 1988, 1, 21.
[92] BGHZ 51, 350, 352.
[93] *Wagner* KTS 1980, 203.
[94] BGHZ 84, 379, 383.
[95] BGH NJW 1988, 413.
[96] Für ein Kündigungsrecht aus wichtigem Grund bzw. für eine Beendigung der stillen Gesellschaft im Falle eines Liquidationsvergleichs:, *Wagner* KTS 1980, 203, 209.
[97] NJW 1980, 1522 f.

gung zu fragen, für den Fall der Liquidation einer Publikums-KG stille Beteiligungen Kommanditeinlagen gleichstellte; nicht im Einklang damit steht die vom BGH in seiner Entscheidung vom 29.6.1987 betonte Zweckbestimmung der Einlagengewährung.[98] Einerseits hebt der BGH die Zwecksetzungsbestimmung der Parteien hervor, andererseits ersetzt er sie qua Rechtsprechung[99] durch den Gesellschaftszweck des Hauptbeteiligten. Die Liquidation der Publikums-KG beendet nach der Rechtsprechung des BGH weder das stille Beteiligungsverhältnis, noch gibt sie einen wichtigen Grund zur Beendigung der stillen Beteiligung, vielmehr kann der Liquidator ausstehende Einlagen aus dem stillen Beteiligungsverhältnis einfordern, nicht weil es dem gemeinsamen Zweck des stillen Beteiligungsverhältnisses entspräche, sondern weil die Einlage zur Befriedigung der Gesellschaftsgläubiger des Hauptbeteiligten benötigt wird.

**61** Diese Grundzüge wurden – ohne aufgetretene Widersprüche zu bereinigen – durch die Entscheidung des BGH vom 9.2.1981[100] verfestigt, indem die Einlage auf Grund stiller Beteiligung als Teil der gesellschaftsvertraglichen Einlage des Kommanditisten deklariert wird, sodass es dann nicht mehr der Erörterung des gemeinsamen Zwecks der stillen Beteiligung bedarf, sondern vom BGH nur noch festgestellt wird, dass auch diese finanziellen Mittel zur Erreichung des Gesellschaftszwecks der Publikums-KG unerlässlich seien. Die stille Einlage wird als Eigenkapital der Publikums-KG behandelt, sodass damit § 236 Abs. 1 HGB ausgeschaltet wird.[101] Diese Rechtsprechung wurde durch das Urteil des BGH vom 17.12.1984[102] erneut bestätigt.

**62** **2. Unternehmensbeteiligungen.** Hierunter werden, bezogen auf das hier zu behandelnde Kapitel, stille Beteiligungen an Unternehmen durch Kapitalanlage- bzw. Investmentgesellschaften und Unternehmensbeteiligungsgesellschaften verstanden. Aber auch hier sind vergleichbare Probleme zu beklagen wie bei anderen über den freien Kapitalmarkt angebotenen Kapitalanlagen auch. So werden etwa Kapitalanleger getäuscht, wenn ihnen vorgespiegelt wird, trotz in Aussicht gestellter Verlustzuweisungen erwirtschafte das Beteiligungsunternehmen auch Gewinne, die Ausschüttungen ermöglichten. Diese aber wiederum sind nur dann möglich, wenn durch neu zu vertreibende stille Beteiligungen in der Art eines Schneeballsystems ausreichend Liquidität eingesammelt wird, um solche „Ausschüttungen" zu bedienen. Das LG Bremen sieht den ersatzfähigen Schaden in der Leistung der Einlage ohne Gewinnaussicht.[103]

**63** **3. GmbH & Still.**[104] Die GmbH & Still hat sich zu einer eigenständigen Unternehmensform entwickelt, indem einerseits die Haftungsbeschränkung mittels GmbH genutzt werden kann, ohne andererseits auf die ertragsteuerlichen Vorteile einer Personengesellschaft verzichten zu müssen, mit dem zusätzlichen Vorteil, im Gegensatz zur GmbH & Co. KG als Innengesellschaft nach außen nicht in Erscheinung treten zu müssen. Wenn aber die stillen Beteiligungsverträge die stillen Gesellschafter hinsichtlich der vermögensmäßigen Beteiligung und der Einflussnahme auf die Geschicke der GmbH als Hauptbeteiligtem wie GmbH-Gesellschafter behandeln, dann haben auch die stillen Gesellschafter die Kapitalerhaltungsregelungen zu beachten, sodass § 30 GmbHG auf still Beteiligte analog anwendbar ist.[105]

**64** Bei einer GmbH mit mehr als 150 stillen Gesellschaftern spricht man von einer Massenpublikumsgesellschaft. Bei einer solchen Gesellschaft sind die Stillen nicht entsprechend § 51 GmbHG[106] sondern entsprechend § 121 AktG einzuladen, sofern der Gesellschafts-

---

[98] BGH NJW 1988, 413.
[99] BGH NJW 1980, 1522 f.
[100] NJW 1981, 2251.
[101] AA *Wagner*, KTS 1979, 53.
[102] NJW 1985, 1079.
[103] LG Bremen WM 1997, 2077.
[104] BGH NZG 1998, 463.
[105] BGH NZG 2006, 341, 343; BGH NZG 2010, 823 Rn. 10; OLG Stuttgart NZG 2009, 259.
[106] BGH ZIP 1995, 738, 743.

vertrag keine abweichenden Regelungen enthält[107]. Auch auf atypisch stille Gesellschafter können die Regelungen des Eigenkapitalersatzes anwendbar sein. Dann muss sich der atypische stille Gesellschafter die Wirkungen der kapitalmäßigen Bindung seiner Einlage entgegenhalten lassen, obwohl er als Stiller nicht zum Kreis der Gesellschafter gehört.

„Im Fall der atypischen stillen Beteiligung ist dies anders als bei einem typisch stillen Beteiligten geboten, wenn die Beteiligung durch schuldrechtliche Vereinbarung derart der Stellung eines Gesellschafters einer GmbH oder einer GmbH & Co KG angenähert ist, dass dem Stillen in atypischer Weise die Teilhabe am Gesellschaftsvermögen und eine Einflußnahme auf die interne Willensbildung der Gesellschaft eingeräumt wird. In diesem Fall führt die atypische Ausgestaltung dazu, dass der Stille eine bei wirtschaftlicher Betrachtung dem Gesellschafter so weit angenäherte Stellung einnimmt, dass ihm die in den Eigenkapitalersatzregeln zum Ausdruck kommende Mitverantwortung für die Folgen der gewählten Unternehmensfinanzierung auferlegt werden muss."[108]

**65** Sieht die Satzung einer GmbH vor, dass die Begründung von stillen Beteiligungen und dem folgend der Abschluss entsprechender stiller Beteiligungsverträge einer Satzungsänderung bedarf, dann bedarf es zur Wirksamkeit eines entsprechenden satzungsändernden Beschlusses der Eintragung desselben im Handelsregister (§ 54 Abs. 3 GmbHG). Der BGH[109] hat in seiner Entscheidung vom 24.10.1988 entschieden, dass bei Beherrschungs- und Gewinnabführungsverträgen die §§ 54, 10 GmbHG entsprechend anzuwenden seien. Im Fachschrifttum wird vertreten, dass sowohl bei der typisch stillen Beteiligung[110] wie auch bei der atypisch stillen Beteiligung[111] § 54 Abs. 3 GmbHG nicht entsprechend anzuwenden sei. *Schmidt-Ott*[112] meint aber, dass entsprechend der Entscheidung des BGH vom 24.10.1988 jedoch dann eine Eintragung eines satzungsändernden Beschlusses erforderlich sei, wenn es um atypisch stille Beteiligungen gehe und die Satzung der GmbH vorsehe, dass die Stillen den gesamten Gewinn des Hauptbeteiligten erhalten. Da Satzungsänderungen für einzugehende stille Beteiligungen keine Änderungen der Firma, des Sitzes, des Unternehmensgegenstandes, der Stammkapitalziffer, der Vertretungsbefugnis oder der Dauer der Gesellschaft zur Folge haben werden (§ 10 Abs. 1 und 2 GmbHG), wäre bezüglich der Eintragung in dem von *Schmidt-Ott* beschriebenen Fall – würde man ihm folgen – nach § 54 Abs. 2 Satz 1 GmbHG zu verfahren.[113]

**66** Der BGH hat atypisch stille Beteiligungsverträge bei der GmbH & Still (bisher) nicht als Teilgewinnabführungsverträge mit der Folge einer analogen Anwendung des § 294 Abs. 2 AktG angesehen. Vielmehr hat er in seiner Entscheidung vom 24.10.1988[114] die §§ 54, 10 GmbHG entsprechend angewandt.[115] *Schmidt-Ott*[116] verweist nicht ganz zu Unrecht darauf, dass dann, wenn man eine Analogie zu § 294 Abs. 2 AktG bejahen wollte, dann auch gem. § 294 Abs. 1 Satz 1 AktG die Höhe des abzuführenden Gewinns zur Eintragung in das Handelsregister angemeldet werden müsste; von einer **stillen** Beteiligung könne dann aber keine Rede mehr sein.[117]

---

[107] BGH NJW 1998, 1946; LG Bremen WM 1997, 2077; *Binz* GmbHR 1997, 769.
[108] OLG Hamm NZG 2001, 125 (JURIS-Orientierungssatz).
[109] BGHZ 105, 324, 330 ff.
[110] *Schneider/Reusch* DB 1989, 713, 716; *K. Schmidt* ZGR 1984, 295, 308.
[111] *Ulmer* in Hachenburg, GmbHG, 8. Aufl. 1997, § 53 Rn. 160; *Zutt* in Staub, HGB-GK, 4. Aufl. 1990, § 230 Rn. 59.
[112] *Schmidt-Ott* GmbHR 2001, 182, 184.
[113] Zur streitigen Frage der Eintragungspflicht einer GmbH & Still im Handelsregister ferner: *Schulte/Waechter* GmbHR 2002, 189, 190; *Weigl* GmbHR 2002, 778 (für Eintragungspflicht) und *Schmidt-Ott* GmbHR 2002, 784 (gegen Eintragungspflicht).
[114] BGHZ 105, 324, 330 ff.
[115] *Schmidt-Ott* GmbHR 2001, 182, 185, der in Fn. 29 auf entgegenstehendes Fachschrifttum allerdings aus der Zeit vor BGHZ 105, 324, 330 ff. verweist.
[116] *Schmidt-Ott* GmbHR 2001, 182, 186.
[117] Gleichwohl eine Eintragungspflicht bejahend: *Schulte/Waechter* GmbHR 2002, 189, 190.

**67** Im Kapitalanlagebereich finden sich beispielsweise nachfolgende Möglichkeiten, Kapitalanleger mittels eines „stillen Fonds" zu beteiligen:

**68** **a) Immobiliendevelopment & Still mit Projektbeteiligung.** Beim Immobiliendevelopment in Eigenregie[118] errichtet der Developer eine Immobilie im eigenen Namen und auf eigene Rechnung, aber unter Berücksichtigung der wirtschaftlichen Eckdaten, auf die institutionelle Kapitalanleger als spätere Käufer dieser Immobilie als *Kapitalanlage* Wert legen. Mithin realisieren Developer zB Gewerbeimmobilien als Kapitalanlagen, um sie dann später vermietet an Großinvestoren, institutionelle Anleger, geschlossene oder offene Immobilienfonds etc. zu veräußern.[119]

**69** Möchte ein solcher Developer die dazu erforderliche Vorfinanzierung vermeiden, so kann er zB mit Kapitalanlegern projektbezogen und damit tranchenweise stille Beteiligungen eingehen und diese am Gewinn (und Verlust) *projektbezogen* beteiligen.[120]

**70** **b) Immobiliendevelopment & Still mit Beteiligung an Projekt-GmbH.** Statt projektbezogener stiller Beteiligung kann der Developer auch projektbezogene GmbH s gründen, an denen er die Kapitalanleger typisch oder atypisch still beteiligt. Während im zuvor angesprochenen Fall die Kapitalanleger ihren stillen Beteiligungs*vertrag* mit dem Developmentunternehmen abschließen, jedoch nicht am Gewinn (Verlust) dieses Unternehmens, sondern der von ihm realisierten Projekte beteiligt werden, schließen im letzteren Falle die Kapitalanleger ihren stillen Beteiligungsvertrag mit der jeweiligen Projekt-GmbH ab und werden an deren Gewinn (Verlust) beteiligt, nicht am Gewinn (Verlust) des Projektes.[121]

**71** In diesen Fällen wird der Initiator idR Vorrats-GmbH s im Vorfeld von Projektrealisierungen gründen, die jedoch den Anforderungen zu entsprechen haben wie sie jüngst vom BGH vorgegeben wurden.[122]

**72** **4. AG & Still**[123]. Die Begründung einer AG & Still bedarf zu ihrer Wirksamkeit eines qualifizierten Beschlusses der Hauptversammlung der AG (§ 293 Abs. 1 Satz 1 AktG)[124] und als Teilgewinnabführungsvertrag (§ 292 I Nr. 2 AktG)[125] der Eintragung im Handelsregister.[126] Der Teilgewinnabführungsvertrag bedarf der Schriftform des § 126 BGB, sodass bei Auslagerung von Erklärungen in Beitrittserklärungen bzw. Zeichnungsschein diese mit mit dem Beteiligungsvertrag verbunden sein müssen.[127] Werden solche Voraussetzungen nicht beachtet, konnte deshalb ein wirksames stilles Beteiligungsverhältnis nicht begründet werden, ist aber die stille Gesellschaft durch Erbringung der Einlageschuld durch den Stil-

---

[118] *Wagner/Loritz,* Konzeptionshandbuch, Bd. 1, Rn. 2345 ff.

[119] *Loritz/Wagner,* Konzeptionshandbuch, Bd. 2, Rn. 930.

[120] *Loritz/Wagner,* Konzeptionshandbuch, Bd. 2, Rn. 930; zur steuerlichen Unbedenklichkeit BFH/NV 1990, 19, 20; BFH DStR 1996, 463. Zur Zuordnung von Gewinnen und Verlusten: *Groh,* in FS Ludwig Schmidt, S. 439, 442, 443.

[121] *Loritz/Wagner,* Konzeptionshandbuch, Bd. 2, Rn. 932.

[122] BGHZ 117, 323; dazu *Ebenroth/Müller* DNotZ 1994, 75; *Loritz/Wagner,* Konzeptionshandbuch, Bd. 2, Rn. 948 ff.

[123] OLG Düsseldorf AG 1996, 473; *Loritz/Wagner,* Konzeptionshandbuch, Bd. 2, Rn. 1041–1072; *Loritz/Wagner,* Rechtsprechung steuerorientierte Kapitalanlagen 1996, RWS 1997, Rn. 303–314.

[124] OLG Celle AG 1996, 370; KG Berlin NZG 2002, 818; LG Berlin AG 2001, 95, 96: Eine einheitliche Beschlussfassung über eine Vielzahl von seitens der AG abzuschließender stiller Beteiligungsverträge ist rechtlich zulässig, wenn ein enger Sachzusammenhang besteht.

[125] OLG Düsseldorf AG 1996, 473; LG Berlin AG 2001, 95, 96, da die AG verpflichtet ist, einen Teil ihres Gewinns oder den Gewinn einzelner Betriebe bzw. Projekte abzuführen. Ferner: *Rohlfing* NZG 2003, 854, 858; *Wälzholz* DStR 2003, 1533, 1534.

[126] BGH NZG 2005, 261, 262; OLG Celle AG 1996, 370; NZG 2000, 85; OLG Düsseldorf AG 1996, 473; OLG Stuttgart NZG 2000, 93; *Rohlfing* NZG 2003, 854, 858; *Wälzholz* DStR 2003, 1533, 1534; zu den Grenzen atypisch stiller Beteiligungen an einer AG siehe *Bachmann/Veil* ZIP 1999, 348; *Schulte/Waechter* GmbHR 2002, 189, 190.

[127] OLG Stuttgart NZG 2000, 93, 94; *Rohlfing* NZG 2003, 854, 858 f.

§ 18 Die Beteiligung als stiller Gesellschafter

len in Vollzug gesetzt worden, so finden die Grundsätze der fehlerhaften (faktischen) Gesellschaft mit der Folge Anwendung.[128] Bei einer in Vollzug gesetzten stillen Gesellschaft in Form eines Teilgewinnabführungsvertrages hängt deren Behandlung als fehlerhafte Beteiligung nicht von der Hauptversammlungszustimmung und auch nicht von der Handelsregistereintragung ab. Die Folge ist, dass die AG als Geschäftsinhaberin – wie auch der jeweilige Anleger – berechtigt ist, sich jederzeit für die Zukunft (also ex nunc) durch Kündigung von der stillen Gesellschaft zu trennen. Einer Berufung auf die Fehlerhaftigkeit des Gesellschaftsvertrages der stillen Gesellschaft als Kündigungsgrund bedarf es nicht,[129] wenngleich sich die Rechtsfolgen nach den Grundsätzen der fehlerhaften Gesellschaft richten.[130] Die Frage, ob dem nach Kündigung ausgeschiedenen Stillen ein Abfindungsguthaben zusteht, richtet sich im Falle des Haustürwiderrufes nicht nach § 3 Abs. 1 Satz 1 HWiG bzw. nunmehr §§ 356f. BGB, sondern danach, ob eine Gesamtbrechnung bzw. Abschichtungsbilanz ein solches Guthaben ausweist. Nichts anderes gilt für § 812 Abs. 1 BGB im Falle der §§ 138 BGB bzw. 123, 142 Abs. 1 BGB.[131] Weil es sich um Teilgewinnabführungsverträge handelt, haben die Aktionäre bezüglich der zu begründenden stillen Beteiligungen kein Bezugsrecht.[132] Denn stille Beteiligungen greifen in die Mitgliedschaftsrechte der AG nicht ein wie ihnen auch kein Stimmrecht in der Hauptversammlung zusteht. Stille Beteiligungen, die die Voraussetzungen des § 14 Abs. 4 KWG erfüllen, werden KWG-rechtlich dem haftenden Eigenkapital der AG zugerechnet.[133]

**73** § 307 AktG ist als gesetzlicher Vertragsbeendigungsgrund auf den wirksamen stillen Gesellschaftsvertrag nicht anwendbar[134].

**74** Darüber hinaus stellt sich die Frage, ob stille Gesellschaftsverträge der AG & Still, bei denen Stille *nicht* am Gewinn und Verlust der *AG* beteiligt sind, sondern am Gewinn und Verlust von *Projekten* der AG oder einer von ihr beherrschten *Projekt-GmbH*[135] Teilgewinnabführungsverträge sind. In diesen Fällen wäre nämlich die AG gerade nicht verpflichtet, *ihren* Gewinn an Stille abzuführen, sodass der Wortlaut des § 292 I Nr. 2 AktG nicht einschlägig wäre. Von dieser Fragestellung hängen entscheidende Weichenstellungen ab. Denn wenn stille Beteiligungsverhältnisse mit Gewinn- bzw. Verlustbeteiligungen an Projekten der AG oder deren Projekt-GmbH's nicht zu den „anderen Unternehmensverträgen" des § 292 AktG gehören würden, dann wären auch nicht die §§ 293 ff. AktG einschlägig[136].

**75** Die Begründung eines stillen Beteiligungsverhältnisses bedarf eines zumindest stillschweigend abgeschlossenen Beteiligungsvertrages, um steuerlich anerkannt zu werden. Ein daraus resultierendes Gesellschaftsverhältnis liegt dann vor, wenn ein Unternehmen auf gemeinsame Rechnung und Gefahr betrieben wird, dh, wenn die Beteiligten an den unternehmerischen Entscheidungen teilhaben und am Erfolg oder Misserfolg des Unternehmens beteiligt sind.[137] Für die Annahme einer Mitunternehmerschaft und eines Gesellschaftsverhältnisses ist es dagegen nicht erforderlich, dass der als Gesellschaftsvertrag zu qualifizierende Vertragsabschluss allen formellen Anforderungen des Zivilrechts genügt. Auch bei einer fehlerhaft zustande gekommenen Gesellschaft handelt es sich zivilrechtlich um ein Gesellschaftsverhältnis. Solches kann bei der AG & Still der Fall sein, wenn folgende Voraussetzungen nicht beachtet worden sind: Nach hM[138] ist die Aufnahme eines stillen Gesellschafters durch eine AG als Unternehmensvertrag (Teilgewinnabführungsvertrag) iS von § 292 Abs. 1 Nr. 1 AktG zu

---

[128] BGH NZG 2005, 261, 262; OLG Stuttgart NZG 2000, 93; *Rohlfing* NZG 2003, 854, 858f.
[129] OLG Celle NZG 2000, 85.
[130] OLG Hamm WM 2004, 129.
[131] BGH NZG 2005, 261, 262.
[132] BGHZ 156, 36, 42f.; LG Berlin AG 2001, 95, 96.
[133] LG Berlin AG 2001, 95, 96.
[134] OLG Düsseldorf AG 1996, 473; *Loritz/Wagner*, Konzeptionshandbuch, Bd. 2, Rn. 303–314.
[135] Für die GmbH & Still siehe *Loritz/Wagner*, Konzeptionshandbuch, Bd. 2, Rn. 897, 930–933.
[136] *Loritz/Wagner*, Konzeptionshandbuch, Bd. 2, Rn. 312–314.
[137] *Priester*, FS L. Schmidt, 1993, 331, 345.
[138] *Koppensteiner* in KölnKommAktG, 2. Aufl., 1987, § 292 Rz. 53, mwN; *Jebens* BB 1996, 701.

würdigen. Ein solcher Unternehmensvertrag bedarf zu seiner Wirksamkeit der Zustimmung der Hauptversammlung (§ 293 Abs. 1 AktG) und der Eintragung in das Handelsregister (§ 294 Abs. 2 AktG).[139] Ist dies nicht beachtet worden, liegt zwar zivilrechtlich kein wirksames stilles Beteiligungsverhältnis vor,[140] wohl aber ein faktischer Gesellschaftsvertrag. Ein solcher wird steuerlich gleichwohl anerkannt, selbst wenn zB die Hauptversammlung der AG den Verträgen über die Beteiligung der atypisch stillen Gesellschafter nicht zugestimmt hat bzw. die Verträge nicht im Handelsregister eingetragen wurden.[141]

**76** Aufgrund der Neuregelung des § 294 Abs. 1 AktG vom 10.12.2001[142] muss bei einer Vielzahl angemeldeter atypisch stiller Beteiligungen nicht mehr jeder Stille mit Namen und Wohnort in das Handelsregister eingetragen werden, vielmehr reicht auch eine andere den stillen Beteiligungsvertrag konkret bestimmende Bezeichnung.[143] Auf die Eintragung des Gewinnabführungsmodus kann verzichtet werden.[144] Insoweit ist es ausreichend, wenn dies aus denen bei den Grundakten vorhandenen Vertragsunterlagen ersichtlich ist.[145] Es bleibt allerdings bei der Pflicht der Handelsregister zur materiellen Prüfung der Wirksamkeit von angemeldeten Verträge, ohne dass mit der Eintragung fehlerhafter Verträge im Handelsregister eine Heilungswirkung eintreten würden.[146]

**77** Stillen Beteiligten können Mitwirkungsrechte bei bestimmten Geschäftsführungsmaßnahmen bzw. Vetorechte eingeräumt werden, wenn die Voraussetzungen des § 293 AktG eingehalten wurden. Damit können bestimmte Rechtsgeschäfte oder Rechtshandlungen von der Zustimmung oder Genehmigung der stillen Gesellschafter abhängig gemacht werden.[147] Dies gilt unabhängig davon, ob es sich um typisch oder atypisch stille Beteiligungen handelt.[148]

**78** **5. Die fehlerhafte Beteiligung.** Die Grundsätze der fehlerhaften Beteiligung finden auch auf stille Gesellschaftsverhältnisse Anwendung.[149] Diese gelten als wirksam, wenn sie trotz Wirksamkeitsmängel in Vollzug gesetzt worden sind (zB durch Zahlung der Einlage) und gegen kein gesetzliches Verbot verstoßen wurde.[150] Dies ist dann der Fall, wenn die stille Gesellschaft in Vollzug gesetzt worden ist, indem zB die Einlageleistung geleistet wurde,[151] und Vereinbarung zur Begründung einer stillen Beteiligung an Mängeln leidet, die nach dem BGB zur Anfechtbarkeit oder Nichtigkeit führen[152] oder ein Fall des Haustürwiderrufs vorliegt.[153] Kommt es wegen solcher Mängel bzw. Pflichtverletzungen zur Kündi-

---

[139] *Schulte/Waechter* GmbHR 2002, 189, 190.
[140] BGHZ 55, 5; *K. Schmidt*, Gesellschaftsrecht, 3. Aufl. 1997, S. 143 ff.; *Goette* DStR 1996, 266.
[141] BFH 3.3.1998, BStBl. II 1998, 401 u. H. a. § 41 I 1 AO.
[142] BT-Drucks. 942/01; BGBl. I 2001, 3422 ff.
[143] Dazu *Schulte/Waechter* GmbHR 2002, 189, 190 f.
[144] BT-Drucks. 14/6855, S. 21.
[145] BT-Drucks. 14/6855, S. 22.
[146] *Schulte/Waechter* GmbHR 2002, 189, 191.
[147] LG Berlin AG 2001, 95, 97.
[148] LG Berlin AG 2001, 95, 97 f.
[149] BGHZ 8, 157; BGHZ 55, 5, 8 f.; BGHZ 62, 234, 237; BGHZ 75, 214, 217 f.; BGH NJW 1992, 2696, 2698; BGH NJW 1993, 2107; BGH NZG 2005, 261; BGH NZG 2005, 467, 468; BGH NZG 2005, 472, 473; BGH NZG 2005, 476, 477; BGH NZG 2005, 1166, 1167; BGH NZG 2006, 57, 58; BGH WM 2005, 2228, 2230; BGH ZIP 2013, 1761 Rn. 17; OLG Hamm NZG 2003, 228, 229; OLG Braunschweig NZG 2003, 526, 527; OLG Hamburg NZG 2003, 436, 437; OLG Braunschweig NZG 2003, 1156; OLG Stuttgart NZG 2003, 1160; OLG Braunschweig BKR 2003, 987, 988; OLG Jena NZG 2004, 131, 132; OLG Frankfurt NZG 2004, 136; OLG Braunschweig NZG 2004, 126; OLG München ZIP 2012, 2344; OLG München NZG 2013, 65; OLG Hamburg ZIP 2013, 1864; *Bayer/Riedel* NJW 2003, 2567, 2570; *Gehrlein* WM 2005, 1489; *Kiethe* DStR 2005, 924; *Wagner* NZG 2005, 499; *Wertenbruch* NJW 2005, 2823.
[150] BGH ZIP 2013, 1761.
[151] BGH WM 2005, 1166, 1167.
[152] *Armbrüster/Joos* ZIP 2004, 189.
[153] BGH NZG 2005, 261.

gung oder Auflösung stiller Beteiligungen, so ist eine Vertragsbeendigung lediglich für die Zukunft möglich.[154] Es bedarf dann der Auseinandersetzung zwischen Hauptbeteiligtem und Stillem ex nunc, eine Rückabwicklung der Beteiligung ist ausgeschlossen.[155] Es ist eine Auseinandersetzungsbilanz zu erstellen, in die alle Ansprüche zwischen Hauptbeteiligtem und Stillen als unselbständige Rechnungsposten einzustellen sind und damit nicht eigenständig gerichtlich geltend gemacht werden können.[156] Die Abschichtungsbilanz ist eine Vermögensbilanz, in die, wenn vertraglich nichts gegenteiliges vereinbart wurde, bei der atypisch stillen Gesellschaft nicht die Buchwerte, sondern die wirklichen Werte des Betriebsvermögens einzustellen sind. Hinzu kommen der tatsächliche Geschäftswert und die offenen Rücklagen.[157] Ein einklagbarer Anspruch besteht nur auf das Auseinandersetzungsguthaben.[158] Man muss unterscheiden, welches die Folgen einer fehlerhaften Beteiligung für die Beteiligung selbst hat und der davon zu trennenden Frage, ob und inwieweit der Anleger auf Grund der Umstände, die zu einer fehlerhaften Beteiligung geführt haben, Schadensersatzansprüche hat. Und bei letzterem stellt sich die Frage, ob diese nur unselbständige Rechnungsposten in der Auseinandersetzungsbilanz sind, daneben selbständig geltend gemacht werden können oder ob sich für den Fall von Schadensersatzansprüchen diese nach Maßgabe der Auseienandersetzungsbilanz errechnen.

Eine wirksame fehlerhafte stille Beteiligung kann unter Berufung auf einen Vertragsmangel durch eine sofort wirksame Kündigung beendet werden (§§ 234 Abs. 1 HGB, 723 BGB), wenn die Kündigung auch auf einen Vertragsmangel gestützt werden kann und der Kündigende diesen Fehler „geltend macht."[159]

**a) Rechtsfolgen.** Zu einer fehlerhaften Beteiligung kann es aus vielerlei Gründen kommen, wozu allerdings nicht alleine eine schlechte wirtschaftliche Entwicklung der Gesellschaft zählt.[160] Dazu kann gehören eine arglistige Täuschung durch Geschäftsführung/Vorstand des Hauptbeteiligten (§ 123 Abs. 1 BGB) bzw. durch den Kapitalanlagevertrieb (§ 123 Abs. 2 BGB),[161] eine Verschleierung einer Disparität von Chancen und Risiken bzw. der Anlagestrategie und der damit verbundenen Risiken im Emissionsprospekt,[162] unzureichende Information über die mit Anlegergeldern verfolgten Zwecke,[163] ausgeübter Haustürwiderruf[164] etc. Für die Anwendundung der Grundsätze der fehlerhaften Gesellschaft bei unwirksamem aber vollzogenen Beitritt ist es unerheblich, ob es sich bei der stillen Beteiligung um eine zweigliedrige oder um eine mehrgliedrige stille Gesellschaft handelt.[165] Finden die Grundsätze der fehlerhaften Gesellschaft Anwendung, so ist nur eine Kündigung der Beteiligung aus wichtigem Grund ex nunc möglich.[166] Das OLG Jena[167] lässt eine solche Kündi-

---

[154] BGH WM 2005, 1166, 1167.
[155] OLG München ZIP 2012, 2344; OLG München ZIP 2012, 2346.
[156] *Armbrüster/Joos* ZIP 2004, 189, 195.
[157] OLG Braunschweig NZG 2004, 325, 326; *Armbrüster/Joos* ZIP 2004, 189, 195.
[158] *Bayer/Riedel* NJW 2003, 2567, 2569.
[159] BGH ZIP 2013, 1761 Rn. 23.
[160] OLG Braunschweig NZG 2003, 1156; *Rohlfing* NZG 2003, 854, 856.
[161] OLG Braunschweig NZG 2003, 1156; *Rohlfing* NZG 2003, 854, 856.
[162] OLG Schleswig BKR 2002, 1004; OLG Braunschweig NZG 2003, 1156.
[163] OLG Schleswig NZG 2003, 166: „Das Ankreuzen einer vorformulierten Frage in einem Belehrungsprotokoll ersetzt keinen substanziierten Vortrag über eine Belehrung."
[164] BGH NZG 2005, 261; OLG Jena NZG 2004, 131, 132; aA OLG Stuttgart OLGR 1999, 430, 431; OLG Rostock ZIP 2001, 1009, 1011, wonach in Fällen des HWiG keine fehlerhafte Beteiligung eingreifen soll. Dagegen aber außerhalb der fehlerhaften stillen Beteiligung bei geschlossenen Fonds BGHZ 148, 201, 207, wonach auch im Falle des Haustürwiderrufs die Grundsätze der fehlerhaften Beteiligung zur Anwendung kommen. Ferner: *Rohlfing* NZG 2003, 854, 855 f.; *Armbrüster/Joos* ZIP 2004, 189, 193 f.; *Wagner* NZG 2005, 499.
[165] OLG Frankfurt NZG 2004, 136.
[166] OLG Hamm WM 2004, 129.
[167] OLG Jena NZG 2004, 131, 132 u. H. a. BGHZ 55, 5, 9; BGH NJW-RR 1988, 1379.

gung aus wichtigem Grund ex **nunc** jedoch nur zu, wenn die Gefahr einer Schädigung von Gesellschaftsgläubigern oder eine Ungleichbehandlung von Mitgesellschaftern ausgeschlossen ist. Die Rechtsprechung sieht darin keinen Verstoß gegen den Verbraucherschutz.[168] Die Grundsätze der fehlerhaften Beteiligung können nach OLG Hamm[169] bei der AG & Still bereits zur Anwendung kommen, bevor dieser Teilgewinnabführungsvertrag (§ 292 Abs. 1 Nr. 2 AktG) mit Zustimmung der Hauptversammlung im Handelsregister eingetragen wird, bevor folglich der stille Beteiligungsvertrag vollzogen wurde.[170] Dem widerspricht das OLG Braunschweig[171] und schränkt den Zeitraum, innerhalb dessen u.H.a. die Fehlerhaftigkeit der Beteiligung ein „rücktrittsähnliches Gestaltungsrecht" geltend gemacht werden kann, ein. Erfolgt eine Kündigung aus wichtigem Grund, so ist seitens der Gesellschaft, an der der Stille beteiligt ist, eine Abschichtungsbilanz zu erstellen. Ob in diesem Zusammenhang dem ausscheidenden Anleger seine Einlage zu erstatten ist, ist umsstritten. So vertritt das OLG Hamm die Meinung,[172] dass dem Gesellschafter, der durch ein dem Geschäftsinhaber zuzurechnendes schadensersatzpflichtiges Verhalten (zB Aufklärungspflichtverletzung) zum Beitritt veranlasst wurde, im Rahmen der Auseinandersetzung auch dann der gesamte Betrag der geleisteten Einlage auszuzahlen sei, wenn die Einlage nicht mehr in voller Höhe im Vermögen des Geschäftsinhabers vorhanden sei. Im Gegensatz dazu wird vertreten,[173] dass das schädigende Ereignis lediglich ein Kündigungsrecht aus wichtigem Grund nach den Grundsätzen der fehlerhaften Beteiligung gibt und nur das verlangt werden kann, was Ergebnis der Auseinandersetzungsbilanz ist; ein Schadensersatzanspruch könne allenfalls in die Auseinandersetzungsberechnung einbezogen werden.[174]

81 Diese Streitfragen hat der BGH inzwischen entschieden. Für Kapitalanleger, die ein stilles Beteiligungsverhältnis begründen, war das HWiG anwendbar.[175] Davon wird auch für die §§ 312 ff. BGB auszugehen sein. Ein wirksamer Widerruf führt zur Anwendung der Grundsätze über die fehlerhafte Gesellschaft und zwar unabhängig davon, ob es sich um eine typisch oder atypisch stille Gesellschaft handelt.[176] Der einen Haustürwiderruf aussprechende stille Gesellschafter ist nicht schutzbedürftiger, als derjenige Stille, der sich auf Grund vorabgegangener arglistiger Täuschung von seiner stillen Beteiligung zu trennen gedenkt.[177] Folglich steht dem Anleger kein Rückgewähranspruch auf die Einlage zu, sondern es ist nach gesellschaftsrechtlichen Grundsätzen das Abfindungsguthaben zu ermitteln.[178] Dies jedenfalls dann, wenn die stille Gesellschaft in Vollzug gesetzt wurde, weil die Einlageschuld erfüllt wurde.[179]

82 Davon abzugrenzen ist die Frage, ob und wann Anleger ausnahmsweise sich darauf berufen können, ex **tunc** auszuscheiden oder reklamieren können, von Anfang an nicht beigetreten zu sein, also keine stille Beteiligung begründet zu haben. Beruht eine Disparität von Chancen und Risiken maßgeblich auf der gewählten gesellschaftsrechtlichen Konzeption und wird dadurch auch gegen grundlegende Strukturprinzipien des Gesellschaftsrechts verstoßen, dann hat nach OLG Schleswig[180] § 138 BGB Vorrang vor den Grundsätzen der

---

[168] BGH NJW 2001, 2718; OLG Dresden BKR 2002, 1001; OLG Hamburg NZG 2003, 436, 437.
[169] OLG Hamm NZG 2003, 228, 229 f.
[170] Dazu *Wälzholz* DStR 2003, 1533, 1534.
[171] OLG Braunschweig NZG 2004, 126, 127.
[172] OLG Hamm WM 2004, 129.
[173] OLG Stuttgart NZG 2003, 1160; OLG Braunschweig BKR 2003, 987, 988.
[174] OLG Braunschweig BKR 2003, 987, 989; *Wälzholz* DStR 2003, 1533, 1535.
[175] BGH NZG 2005, 35; BGH NZG 2005, 261.
[176] BGH NZG 2005, 261, 262.
[177] BGH NZG 2005, 261, 262.
[178] BGH NZG 2005, 261.
[179] BGH NZG 2005, 261, 262; BGH NZG 2005, 472, 473.
[180] OLG Schleswig BKR 2002, 1001, 1004; aA OLG Dresden WM 2004, 726, wonach eine Nichtigkeit ex tunc gemäß § 138 BGB nur dann anzunehmen ist, wenn der Gesellschaftszweck gegen die guten Sitten verstößt.

§ 18 Die Beteiligung als stiller Gesellschafter

fehlerhaften Gesellschaft. Der Anleger kann sich dann darauf berufen, ex tunc keine stille Bteiligung begründet zu haben und nicht nur ex nunc die Beteiligung aus wichtigem Grund kündigen. Die Folge davon ist, dass der Anleger unter solchen Voraussetzungen einen Anspruch auf Ersatz der von ihm erbrachten Einlage hat.[181]

**b) Schadensersatz.** Machen stille Gesellschafter gegenüber dem Hauptbeteiligten geltend, durch ihn im Hinblick auf die Begründung der stillen Beteiligung getäuscht worden zu sein,[182] so ist umstritten, welches die Rechtsfolgen sind. Einerseits wird vertreten, dass bereits in Vollzug gesetzte stille Beteiligungen bei Schadensersatzansprüchen aus cic ex nunc nach den Grundsätzen der faktischen Gesellschaft abzuwickeln seien.[183] Andererseits sollen Schadensersatzansprüche gänzlich entfallen, wenn die Grundsätze der fehlerhaften Gesellschaft zur Anwendung kommen.[184] Und schließlich wird vertreten, dass die Grundsätze der fehlerhaften Beteiligung nicht und statt dessen nur Schadensersatzansprüche zur Anwendung kommen[185] bzw. Schadensersatzansprüche durch die Grundsätze der fehlerhaften Beteiligung nicht eingeschränkt würden,[186] wenn das Unternehmen, mit dem die stille Beteiligung begründet wurde, wegen Prospekthaftung bzw. Beratungsverschulden einzustehen hat. Und für den Fall des Schadensersatzanspruches sei der Geschädigte so zu stellen, wie er ohne pflichtwidriges Verhalten gestanden hätte.[187] Im Übrigen können Kapitalanleger auf Schadensersatz aus Prospekthaftung[188] und § 826 BGB bzw. gegen den Treuhänder des Emittenten aus § 311 Abs. 3 BGB (früher cic iVm § 328 BGB) und unter bestimmten Voraussetzungen auch gegen den Vorstand vorgehen.[189]

83

Diese Streitfragen hat inzwischen der BGH[190] entschieden. Hat ein still Beteiligter zB wegen Informationspflichtverletzung einen Schadensersatzanspruch gegen den Hauptbeteiligten, weil ihm zB anlässlich seiner Beitrittsentscheidung entscheidungserhebliche Umstände betreffend Nachteile und Risiken, die mit der Beteiligung verbunden sein können, dann unterliegt sein Einlagrückgewähranspruch nicht den Beschränkungen nach den Grundsätzen der fehlerhaften Gesellschaft. Auf die Werthaltigkeit der Beteiligung komme es nicht an. Auch komme es nicht darauf an, dass bei einer AG & Still als Teilgewinnabführungsvertrag iSd § 292 Abs. 1 Nr. 2 AktG die stille Beteiligung erst mit ihrer Eintragung im Handelsregister wirksam werde. Im Falle von § 311 Abs. 3 BGB (früher cic iVm § 328 BGB) ist der Schadensersatzanspruch auf das negative Interesse gerichtet, sodass der Anleger die Rückzahlung geleisteter Beträge sowie einen Anspruch auf Freistellung von in der Abschichtungsbilanz belastenden Sollpositionen haben soll.[191] Letzterem ist allerdings nicht zu

84

---

[181] OLG Schleswig BKR 2002, 1001, 1004.
[182] zB weil (so OLG Hamburg EWiR 2000, 609, *Schäfer*) der Prospekt keine zutreffenden Angaben über die Verwendung der Einlagen der Stillen macht, der Prospekt nicht über sämtliche gezahlten „soft costs" aufklärte und negative Geschäftsergebnisse bilanziell durch steuerliche Verlustzuweisungen an stille Gesellschafter ausgeglichen wurden. Siehe auch OLG Schleswig NZG 2003, 166, 167.
[183] OLG Hamburg DStR 1999, 2043; OLG Stuttgart NZG 2003, 1160; OLG Hamburg NZG 2003, 436, 437; OLG Bamberg NZG 2004, 129; OLG Frankfurt NZG 2004, 136; OLG Hamburg NZG 2004, 859; OLG Bamberg NZG 2004, 861, 862.
[184] OLG Hamm NZG 2003, 228, 230; OLG Braunschweig NZG 2004, 325; OLG München NZG 2013, 65, 66–67.
[185] OLG Schleswig BKR 2003, 36.
[186] BGH WM 2005, 2228, 2230; OLG Jena NZG 2004, 131, 135; OLG Frankfurt NZG 2004, 323; *Bayer/Riedel* NJW 2003, 2567, 2571 f.
[187] OLG Jena NZG 2004, 131, 135.
[188] *Wälzholz* DStR 2003, 1533, 1536.
[189] KG Berlin NZG 2002, 383; OLG Hamburg OLGR Hamburg 2000, 378 = EWiR 2000, 609 mit Kritik von *Schäfer* (EWiR 2000, 609) zu diesem Ansatz.
[190] BGH NZG 2004, 961; BGH NZG 2005, 261; BGH NZG 2005, 467, 468; BGH NZG 2005, 472, 473; BGH NZG 2005, 476, 478; BGH WM 2005, 2228, 2230; BGH NZG 2006, 57, 58; kritisch dazu *Armbrüster* ZfIR 2004, 929; *Hey* NZG 2004, 1097; *Loritz* DB 2004, 2459; *Wagner* NZG 2005, 499.
[191] OLG Frankfurt NZG 2004, 323.

folgen: Dass der Anleger einen Freistellungsanspruch von einem sich aus der Abschichtungsbilanz ergebenden Fehlbetrag hat, sofern er vertraglich zum Ausgleich des Fehlbetrages verpflichtet wäre,[192] ist nachvollziehbar, wobei dann, wenn eine solche vertragliche Regelung nicht gegeben ist, keine Verlustausgleichspflicht besteht, sofern die Einlage erbracht worden war (§ 232 Abs. 2 Satz 1 HGB).[193] Woher aber ein Freistellungsanspruch von in der Abschichtungsbilanz enthaltenen Sollpositionen (= unselbständige Rechnungsposten) kommen soll, ist rechtlich nicht nachvollziehbar und wird vom OLG Frankfurt[194] auch nicht näher begründet. Beansprucht allerdings der Anleger als Schadensersatz die Rückzahlung seiner Einlage, so steht ihm ein Auseinandersetzungsguthaben gegen die Gesellschaft nicht zu. Denn damit begehrt der Anleger, so gestellt zu werden, als ob er niemals stiller Gesellschafter geworden wäre., woran der Anleger sich dann übrigens auch gegenüber Prospekt- und Vertriebsverantwortlichen festhalten lassen muss.[195]

85 Der Schadensersatzanspruch ist damit mit dem BGH[196] nicht unselbständiger und nicht einklagbarer Rechnungsposten einer Abschichtungsbilanz, sondern ein eigenständiger selbständiger und auch selbständig einklagbarer Anspruch, der von der der Frage der Abschichtungsbilanz nicht berührt wird.

86 Indem Kündigungen aus wichtigem Grund nach den Grundsätzen der fehlerhaften Beteiligung und Schadensersatzansprüche nebeneinander bestehen können, ohne dass zudem der Gedanke eine Rolle spielt, ob dadurch die Gefahr einer Schädigung von Gesellschaftsgläubigern oder eine Ungleichbehandlung von Mitgesellschaftern entstehen kann,[197] werden dort, wo ein Systemmangel besteht, folgende Konsequenzen eintreten können: Der Hauptbeteiligte wird über den entschiedenen Fall hinaus Rückstellungen bilden müssen, wenn die Voraussetzungen des § 249 HGB gegeben sind. Dies kann zur Insolvenz des Hauptbeteiligten führen, sodass die Kummulation von Kündigungen aus wichtigem Grund und SchadensersatzansprüchenAnlegern nicht viel helfen wird. Zudem wird das sog Windhundrennenprinzip[198] hoffähig werden, wonach allenfalls der schnellere Anleger noch etwas erhält, der langsamere dagegen nicht.[199] Deshalb ist es überlegenswert, die Frage nach den horizontalen Rechtsbeziehungen der Stillen untereinander zu stellen und zu klären, ob daraus nicht wechselseitige Rücksichtnahmepflichten abzuleiten sind.[200]

### III. Steuerliche Besonderheiten der atypisch stillen Gesellschaft

87 **1. Steuerliche Voraussetzungen der atypisch stillen Gesellschaft.** Ein **atypisch** stiller Gesellschafter ist steuerlich nur dann Mitunternehmer (§ 15 Abs. 1 Satz 1 Nr. 2 iVm § 20 Abs. 1 Nr. 4 EStG), wenn er Mitunternehmerrisiko trägt und Mitunternehmerinitiative entfalten kann.[201] Beide müssen vorliegen, wobei die geringere Ausprägung eines Merkmals im Rahmen der gebotenen Gesamtbeurteilung der Umstände des Einzelfalls durch eine stärkere Ausprägung des anderen Merkmals ausgeglichen werden kann. Je weitreichender die Mitunternehmerinitiative ausgebildet ist, umso schwächer kann das Mitunternehmerrisiko ausgeprägt sein, ohne dass deshalb steuerlich die Mitunternehmerschaft

---

[192] *Bayer/Riedel* NJW 2003, 2567, 2569.
[193] *Armbrüster/Joos* ZIP 2004, 189, 195.
[194] OLG Frankfurt NZG 2004, 323, 324.
[195] BGH NZG 2006, 185, 186.
[196] BGH NZG 2004, 961; BGH NZG 2005, 261; BGH NZG 2005, 472, 475; BGH NZG 2006, 57, 58.
[197] Dieser Gedanke findet sich bei OLG Jena NZG 2004, 131, 132; *Armbrüster/Joos* ZIP 2004, 189, 192 f., 194, 198.
[198] *Armbrüster* ZfIR 2004, 929, 931.
[199] *Wagner* NZG 2005, 499, 501.
[200] *Wagner* NZG 2005, 499, 501 f.
[201] Zur fehlenden Mitunternehmerschaft, wenn ein Garantiegewinn zugesagt wird: FG Hamburg 23.8.2004 – III 286/01, EFG 2005, 437.

verloren geht.²⁰² Bezüglich der **Mitunternehmerinitiative** reichen bloße Zustimmungsvorbehalte oder nur faktische, rechtlich nicht abgesicherte Möglichkeiten der Einflussnahme auf die Unternehmensführung nicht aus.²⁰³ Dafür genügt es nicht, dass zB die Kontrollbefugnisse des § 233 HGB bezüglich der Rechte nach § 716 BGB ausgedehnt werden. Erforderlich ist vielmehr nach der Rechtsprechung des BFH, dass dem Stillen – sei es als Geschäftsführer, sei es als Prokurist oder leitender Angestellter – Aufgaben der Geschäftsführung, mit denen ein nicht unerheblicher Entscheidungsspielraum und damit auch Einfluss auf grundsätzliche Fragen der Geschäftsleitung verbunden ist, zur selbständigen Ausübung übertragen werden; der stille Gesellschafter muss wie ein Unternehmer auf das Schicksal des Unternehmens Einfluss nehmen können. Dies kann zwar auch bei Einräumung umfassender Weisungsrechte zu bejahen sein. Nicht ausreichend sind hingegen bloße Zustimmungsvorbehalte oder nur faktische – dh rechtlich nicht abgesicherte – Möglichkeiten der Einflussnahme auf die Unternehmensführung.²⁰⁴

Die Teilhabe am **Unternehmerrisiko** ist dann gegeben, wenn der Stille am laufenden Unternehmenserfolg beteiligt ist (§ 231 Abs. 2, Halbsatz 2 HGB)²⁰⁵ und auf Grund des Gesellschaftsvertrages entsprechend seinem Gewinnanteil am Ende der Gesellschaft an den stillen Reserven sowie dem Zuwachs des Firmenwerts teil hat.²⁰⁶ Die Teilhabe am Verlust kann – nicht muss – vereinbart werden (§ 231 Abs. 1 HGB),²⁰⁷ empfielt sich aber, um deutlich die atypisch stille Beteiligung vom partiarischen Darlehen abzugrenzen.²⁰⁸

Es reicht folglich nicht, den Stillen nur am Betriebsvermögen oder nur an einzelnen Kostenbestandteilen – etwa ua an den Vertriebskosten – zu beteiligen. Andererseits kann auch ohne Beteiligung an den stillen Reserven eine Mitunternehmerschaft vorliegen, wenn dem stillen Gesellschafter eine hohe Beteiligung am Bilanzgewinn zusteht und ihm typische Unternehmerentscheidungen der laufenden Geschäftsführung übertragen sind.²⁰⁹

Die Voraussetzungen für einen erweiterten Verlustausgleich über den Betrag der geleisteten Einlage hinaus sind bei einer stillen Gesellschaft gemäß § 20 Abs. 1 Nr. 4 Satz 2 iVm § 15a Abs. 1 Satz 1 EStG möglich. Der die Einlage übersteigende Verlustanteil kann zwar nicht als Werbungskosten bei den Einkünften aus Kapitalvermögen abgezogen werden, aber die Zurechnung erfolgt beim Stillen – nicht beim Geschäftsinhaber – und zwar vermittels eines negativen Kapitalkontos. Der dort ausgewiesene Verlust ist jährlich zum Bilanzstichtag als verrechenbarer Verlust gesondert festzustellen. Später anfallende Gewinnanteile des Stillen werden folglich erfolgsneutral mit dem neagtiven Kapitalkonto verrechnet, sodass bei Gewinnen steuerpflichtige Einküfte aus Kapitalvermögen erst dann gegeben sind, wenn das negative Kapitalkonto ausgeglichen worden ist.²¹⁰

Der steuerliche Gewinn einer atypisch stillen Gesellschaft wird anhand einer Steuerbilanz des Hauptbeteiligten ermittelt und nach § 180 Abs. 1 Nr. 2a AO 1977 einheitlich und gesondert festgestellt. Dieser Feststellungsbescheid ist nach § 182 Abs. 1 AO 1977 zugleich Grundlagenbescheid für die Veranlagung des Hauptbeteiligten.²¹¹

---

²⁰² FG Düsseldorf EFG 2007, 704 f.
²⁰³ BFH/NV 2003, 601; FG Münster DStRE 2002, 415.
²⁰⁴ BFH/NV 2003, 601; BFH 27.7.2009 – IV B 124/08, BFH/NV 2009, 1981, 1982.
²⁰⁵ Nach FG Hamburg 23.8.2004 – III 383/01, EFG 2005, 447 kann eine Einkunftserzielungsabsicht auch bei vorgespiegelten Scheingewinnen gegeben sein.
²⁰⁶ BFH/NV 2003, 36; BFH/NV 2003, 601.
²⁰⁷ BFH/NV 2003, 601.
²⁰⁸ Zur Abgrenzung: FG Sachsen 23.10.2003 – 2 K 2212/01, EFG 2005, 553.
²⁰⁹ FG Rheinland-Pfalz DStRE 2002, 604.
²¹⁰ BFH 23.7.2002, BStBl. II 2002, 858, 860. Dazu kritisch und zur früheren gegenteiligen Rechtslage *Kuck* DStR 2003, 235, 236 f. mwN.
²¹¹ BFH/NV 2002, 1447.

**92** **2. Steuerliche Behandlung der atypisch stillen Gesellschaft.**[212] **a) Steuersubjekteigenschaft.** Die atypisch Stille Gesellschaft stellt eine Mitunternehmerschaft iSd § 15 Abs. 1 Nr. 2 EStG dar.[213] Sie ist materiellrechtlich selbständiges Subjekt der Gewinnerzielung, Gewinnermittlung und Einkünftequalifikation.[214] Die stille Gesellschaft kann jedoch als Innengesellschaft nicht Beteiligte eines die einheitliche Feststellung der Einkünfte betreffenden finanzgerichtlichen Verfahrens sein; dies könnten nur der Hauptbeteiligte, (atypisch) stille Gesellschafter und Empfangsbevollmächtigte sein.[215] *Gschwendtner*[216] beschreibt folgende 3 Stufen des Einkünftetatbestandes:

**93** – Die Gesellschaft als „Subjekt der Gewinn- bzw. Überschusserzielung."[217]

**94** – Die Gesellschaft als „Subjekt der Einkünftequalifikation."[218]

**95** – Die Gesellschaft als „Subjekt der Gewinn- bzw. Überschussermittlung."[219]

**96** Der Gewinn der atypisch stillen Gesellschaft wird an Hand der Steuerbilanz der Gesellschaft, also des Hauptbeteiligten, ermittelt (1. Stufe),[220] der das Ergebnis des Sonderbetriebsvermögens der Gesellschafter umfasst.[221] Die atypisch stille Gesellschaft wird folglich steuerlich wie eine GmbH & Co. KG und der Stille wie ein Kommanditist behandelt.[222]

**97** Die atypisch stille Gesellschaft kann durch den tätigen Gesellschafter gewerblich geprägt werden.[223]

**98** Haben sich stille Gesellschafter am gesamten Betrieb des Inhabers des Handelsgeschäfts und nicht nur an einzelnen Betriebszweigen oder Geschäftsbereichen beteiligt, so handelt es sich um gemeinschaftlichen Einkünfte der Stillen, die einheitlich und gesondert festzustellen sind.[224] Der BFH bejaht eine Gewinnerzielungsabsicht auch dann, wenn verlustverursachenden Umstände dem Hauptbeteiligten bzw. seiner Geschäftsführung bekannt sind, diese Umstände sich jedoch den einzelnen Gesellschaftern nicht aufdrängen.[225] Selbst ein Vertragsverhältnis mit einem Kapitalanlagebetrüger kann als stille Gesellschaft im Sinne des § 20 Abs. 1 Nr. 4 Satz 1 Alt. 1 EStG zu qualifizieren sein, wenn der Betrüger die von ihm vorgegebenen Geschäfte von Anfang an nicht durchführt, dies aber für die Stillen nicht erkennbar war.[226]

**99** **b) Stille Projekt-/Objektbeteiligung.** Von einer stillen Gesellschaft spricht § 230 HGB, wenn sich jemand als stiller Gesellschafter an dem Handelsgewerbe eines anderen

---

[212] BFH DStR 1997, 815; BFH 3.3.1998, BStBl. II 1998, 401; BFH 6.12.1995, BStBl. II 1998, 685; FG Münster EFG 1996, 977; FG Münster EFG 1998, 560; HessFG EFG 1998, 1080; *Mösbauer* DStZ 1997, 813; *Gschwendtner* DStZ 1998, 335.
[213] BFH GrS 25.6.1984, BStBl. II 1984, 751; 10.8.1994, BStBl. II 1995, 171; FG Düsseldorf EFG 2007, 704; *Schulze zur Wiesche* DStZ 1998, 285; *Pyszka* DStR 2003, 857, 858.
[214] BFH GrS 25.6.1984, BStBl. II 1984, 751; BFH/NV 1999, 169. Zur Gewinnerzielungsabsicht: FG München EFG 1997, 1176. *Gschwendtner* DStZ 1998, 335. Zu § 15a V Nr. 1 EStG bei der atypisch stillen Gesellschaft siehe *Walter* GmbHR 1997, 823, 825; *Pyszka* DStR 2003, 857, 858.
[215] BFH 3.3.1998, BStBl. II 1998, 401; BFH 10.7.2001, BStBl. II 2002, 339; FG Rheinland-Pfalz 16.6.2004 – 1 K 2209/02, EFG 2005, 297, 298.
[216] *Gschwendtner* DStZ 1998, 335, 336 f.
[217] BFH GrS 3.7.1995, BStBl. II 1995, 617; *Gschwendtner* DStZ 1998, 335, 338 f., 343.
[218] BFH GrS 3.7.1995, BStBl. II 1995, 617; *Gschwendtner* DStZ 1998, 335, 340 f., 343.
[219] BFH DB 1996, 2059; *Gschwendtner* DStZ 1998, 335, 343; *Schulze zur Wiesche* DStZ 1998, 285.
[220] BFH DStRE 2002, 1339, 1341.
[221] *Pyszka* DStR 2003, 857, 858 f.
[222] *Schulze zur Wiesche* BB 2003, 713.
[223] BFH BStBl. II 1998, 328; BFH/NV 1999, 169; BFH 15.10.1999 BStBl. II 1999, 286. Zuvor schon zur Beteiligung eines atypisch Stillen an einer gewerblich geprägten vermögensverwaltenden Personengesellschaft: BFH 11.5.1989, BStBl. II 1989, 792. Dazu *Gschwendtner* DStZ 1998, 335, 343 f.; *Schulze zur Wiesche* DStZ 1998, 285, 288: „Die Gleichstellung einer GmbH & atypisch Still ist jedoch nicht möglich."
[224] BFH/NV 2002, 1447.
[225] BFH/NV 2002, 1447.
[226] FG Schleswig-Holstein EFG 2003, 1162.

beteiligt. Geschäftsinhaber des Handelsgewerbes können Einzelpersonen oder Handelsgesellschaften sein. Sind mehrere Personen oder Personengruppen als atypisch stille Gesellschafter beteiligt, so geht der BFH davon aus, sie als Einheit zu behandeln, „wenn der Zweck der atypisch stillen Gesellschaften jeweils darauf gerichtet ist, die *gesamten* unter der Firma des Inhabers des Handelsgeschäftes ausgeübten Tätigkeiten gemeinsam (als Mitunternehmer) zusammen mit dem Inhaber des Handelsgeschäftes auszuüben"[227] Nun können Konzeptionen und Beteiligungsverhältnisse aber auch so aussehen, dass ein Teil der atypisch Stillen am Handelsgeschäft zB einer GmbH beteiligt sind, während andere wiederum an einem Projekt der GmbH[228] bzw. an einer Projekt-GmbH der GmbH beteiligt sind[229]. Still Beteiligte sind dann nur am Ergebnis des jeweiligen Geschäftsbereichs beteiligt.[230] In diesen Fällen geht der BFH davon aus, dass je nach Tranche jeweils getrennte (teileinheitliche) Gewerbebetriebe gegeben sind.[231]

**c) Vermögensverwaltende atypisch stille Gesellschaft.** Ist ein Kapitalanleger an einer ausschließlich vermögensverwaltenden GmbH atypisch Still beteiligt, so soll nach einer rechtskräftigen Entscheidung des FG Münster[232] der atypisch Stille gleichwohl nicht Einkünfte aus Gewerbebetrieb haben, sondern Einkünfte aus Vermietung und Verpachtung haben. Für das FG Münster könnte die oben angesprochene Entscheidung des IV. Senates des BFH[233] sprechen, die die vermögensverwaltende Tätigkeit einer GmbH betont. Gegen die Meinung des FG Münster könnte die oben angesprochene Entscheidung des VIII. Senates des BFH[234] sprechen, die die gewerbliche Prägung des für die atypisch stille Gesellschaft Handelnden betont. **100**

Mit Urteil vom 12.12.1985[235] hat der BFH entscheiden, dass bei einer atypisch stillen Gesellschaft gewerbesteuerlich nur der Inhaber des Handelsgeschäftes Steuerschuldner ist (§ 5 Abs. 1 GewStG) und nicht die atypisch stille Gesellschaft oder die an ihr beteiligten Personen. Dem hat sich die Finanzverwaltung angeschlossen.[236] **101**

Ertragsteuerlich erzielt, wenn der Hauptbeteiligte eine GmbH ist, der an ihr atypisch still Beteiligte gewerbliche Einkünfte, unabhängig davon, ob die Beteiligten des atypisch stillen Beteiligungsverhältnisses bezüglich ihrer Tätigkeit den Gewerbebetriebsbegriff des § 15 Abs. 2 EStG erfüllen.[237] **102**

Im Klageverfahren gegen einen Gewinnfeststellungsbescheid sind atypisch stille Gesellschaften nicht klagebefugt,[238] sondern nur der Hauptbeteiligte und atypisch still Beteiligte.[239] Der BFH[240] hat die Rechtsprechung beibehalten, dass die atypisch stille Gesellschaft als Innegesellschaft nicht Beteiligte eines finanzgerichtlichen Verfahrens sein kann, was die einheitliche Feststellung der Einkünfte betrifft. Folglich kann die stille Gesellschaft auch nicht durch den Hauptbeteiligten vertreten werden. Die stille Gesellschaft hat keine Organe und keine Bevollmächtigten. Beteiligte eines Steuerrechtsstreits können deshalb grund- **103**

---

[227] BFH 6.12.1995, BStBl. II 1998, 685, 686.
[228] *Pyszka* DStR 2003, 857.
[229] *Loritz/Wagner*, Konzeptionshandbuch, Bd. 2, Rn. 893–897.
[230] *Pyszka* DStR 2003, 857.
[231] BFH 6.12.1995, BStBl. II 1998, 685, 687.
[232] FG Münster EFG 1996, 977 (AdV-Verfahren); FG Münster EFG 1998, 560 (Hauptsache-Verfahren). Dagegen Revision eingelegt: BFH IV R 18/98.
[233] BFH DStRE 1997, 757.
[234] BFH DStR 1997, 815, 816.
[235] BStBl. II 1986, 311.
[236] BMF 26.11.1987 BB 1988, 48.
[237] BMF 26.11.1987, BB 1988, 48 unter Hinweis auf BFH 8.8.1979, BStBl. II 1979, 768; 10.10.1985, BStBl. II 1986, 68.
[238] BFH 29.7.1987, NV 1988, 101 f.; BFH 14.9.1989, NV 1990, 591.
[239] BFH 12.11.1985, BStBl. II 1986, 31.
[240] BFH 3.3.1998, BStBl. II 1998, 401; BFH/NV 2001, 578; aA HessFG EFG 1998, 1080, wonach an Stelle der Gesellschaft der Inhaber des Handelsgeschäftes klagebefugt sein soll.

## § 19

### 5. Kapitel. Beteiligungen an Gesellschaften

sätzlich nur der Inhaber des Handelsgeschäfts und die atypisch stillen Gesellschafter sein.[241] Einspruchs-/klagebefugt ist nunmehr der Empfangsbevollmächtigte iSd § 352 II AO, sofern die übrigen Feststellungsbeteiligten über die Einspruchsbefugnis des Empfangsbevollmächtigten belehrt worden sind (§ 352 II 3 AO) bzw. I Nr. 2 und 4 AO.

**104** **3. Rendite – Scheinrendite.** Wird bei Kapitalanlagemodellen mit stillen Beteiligungen Kapitalanlegern die Wahl zwischen der sofortigen Auszahlung bzw. der Wiederanlage von Zinsen überlassen und erfolgt in letzterem Fall eine Gutschrift – die zur Erhöhung der Einlage des still Beteiligten führt –, so kann die darin liegende Schuldumschaffung (Novation) zu einem Abfluss beim Hauptbeteiligten und einem Zufluss der Zinsen beim still Beteiligten führen.[242] War im Zeitpunkt dieser Novation der Hauptbeteiligte grundsätzlich in der Lage, besagte Zinsen auszuzahlen, dann liegt ein Zufluss auch dann vor, wenn der Hauptbeteiligte uU nicht in der Lage gewesen wäre, alle Stillen aufeinmal zu bedienen.[243] Für den BFH kommt es dabei nicht darauf an, ob die Novationsabrede wirksam erfolgte oder auf Grund arglistiger Täuschung nichtig ist.[244] Ob es sich dabei um ein sog Schneeballsystem handelt, ist für die Finanzrechtsprechung für die Frage der Steuerpflicht solcher „Auszahlungen" im Novationsfall ohne Bedeutung.[245] Und irrelevant ist ferner, wenn die ursprünglich realisierbaren Zinsforderungen zu einem späteren, nach Ablauf des Streitzeitraumes eingetretenen Zeitpunkt, uneinbringlich wurden. Bei diesem Forderungsausfall handele es sich um einen im Rahmen der Einkünfte aus Kapitalvermögen irrelevanten privaten Vermögensverlust.[246]

## § 19 Sonstige Beteiligungen an Gesellschaften

### Übersicht

| | Rn. |
|---|---|
| I. Die Publikums-GbR | 1–157 |
| 1. Organisationsformen | 1 |
| a) Die direkte Publikums-GbR | 11 |
| b) Die GbR mit vorgeschaltetem Treuhänder | 13 |
| 2. Grundlagen | 34 |
| a) Der Gesellschaftsvertrag | 34 |
| b) Der gemeinsame Zweck | 38 |
| c) „Gesamthand" und „Gesamthandsvermögen" | 50 |
| d) Schulden - Haften | 52 |
| e) Beitragspflichten | 84 |
| f) Beteiligung am Gewinn und Verlust | 95 |
| g) Beitritt zur Gesellschaft | 97 |
| h) Kündigung, Ausscheiden und Auflösung | 108 |
| i) Geschäftsführung und Vertretung | 122 |
| j) Gesellschafterversammlung | 132 |
| k) Beurkundungsbedürftigkeit von Gesellschaftsverträgen und Anteilsübertragungen | 138 |
| l) Beendigung der GbR/Beteiligung | 140 |
| m) Grundbuchrechtliche Fragen | 149 |
| n) Informationen | 157 |

---

[241] BFH 24.11.1988, BStBl. II 1989, 145; BFH 15.12.1992, BStBl. II 1994, 702; BFH 3.3.1998, BStBl. II 1998, 401; BFH/NV 2001, 578; BFH/NV 2001, 1272; BFH/NV 2002, 1447; FG Nürnberg DStRE 2002, 82.
[242] BFH 22.7.1997, BStBl. II 1997, 755; BFH 22.7.1997, BStBl. II 1997, 761; BFH/NV 2001, 1119.
[243] BFH 22.5.1973, BStBl. II 1973, 815, betreffend Buchgutschrift, und BFH/NV 1988, 224, 225; BFH/NV 2001, 1119; FG Niedersachsen DStRE 2001, 79.
[244] BFH/NV 2001, 1119; aA FG Nürnberg EFG 2000, 1124.
[245] BFH/NV 2001, 1119; BFH 30.10.2001, BStBl. II 2002, 138.
[246] BFH/NV 2001, 1119.

§ 19 Sonstige Beteiligungen an Gesellschaften § 19

| | Rn. |
|---|---|
| II. Steuerliche Besonderheiten der Publikums-GbR | 158–184 |
| 1. Der Beschluss des Großen Senats des BFH vom 25.6.1984 | 159 |
| 2. Das Geprägegesetz | 168 |
| 3. § 15a EStG | 175 |
| 4. Ist die GbR Steuerrechtssubjekt? | 178 |
| 5. Zurechnung von Einkünften bei Treuhandverhältnissen | 181 |

**Schrifttum:** Zur Publikums-GbR: *Albers*, Die GbR im Grundstücksverkehr nach dem ERV-GBG, ZfIR 2010, 705; *Altmeppen*, Haftung der Gesellschafter einer Personengesellschaft für Delikte, NJW 1996, 1017; *ders.*, Verfassungswidrigkeit der akzessorischen Haftung in der GbR?, NJW 2004, 1563; *ders.*, Rechtsentwicklung der GbR trotz § 899a BGB nicht aufzuhalten, NJW 2011, 1905; *ders.*, Die Dogmatik der Grundbuchfähigkeit der GbR, ZIP 2011, 1937; *Arlt*, Nachschusspflicht bei Publikumsgesellschaften – neue BGH-Entscheidung, BTR 2005, 252; *Armbrüster*, Zur Nachhaftung ausgeschiedener Gesellschafter von Personengesellschaften, DZWiR 1997, 55; *ders.*, Grundstücksbezogene Treuhandverhältnisse und Formzwang nach § 313 Satz 1 BGB, DZWiR 1997, 281; *ders.*, Nachschusspflicht im Personengesellschaftsrecht, ZGR 2009, 1; *ders.*, Haftung des Treugebers für Gesellschaftsschulden bei fehlerhaftem Fondsbeitritt, NJW 2009, 2167; *ders.*, Der Gesellschafter hinter dem Gesellschafter – zur Treugeberhaftung in der Personengesellschaft, ZIP 2009, 1885; *ders.*, Rückabwicklung von Fondsbeteiligungen – deutsches Gesellschaftsrecht modifiziert europäisches Verbraucherschutzrecht, EuZW 2010, 614; *ders.*, Die Entwicklung der Rechtsfähigkeit der GbR seit „ARGE Weißes Ross", ZGR 2013, 366; *Armbrüster/Jansen*, Aktuelle Tendenzen im Personengesellschaftsrecht, DStR 1999, 1907; *Arnold/Dötsch*, Persönliche Haftung für Altschulden beim Eintritt in eine GbR, DStR 2003, 1398; *Bacina/Redeker*, „Sanieren oder ausscheiden" – Die Treuepflicht des Gesellschafters in Sanierungsfällen, DB 2010, 996; *Ballerstedt*, Der gemeinsame Zweck als Grundbegriff des Rechts der Personengesellschaft, JuS 1963, 253; *Barta/Geiseler-Bonse*, Nachzahlungsforderungen bei geschlossenen Immobilienfonds im Unterdeckungsmodelll, BKR 2006, 265; *Bartels/Wagner*, Die Scheingesellschaft als „Teilnehmerin" am Rechtsverkehr, ZGR 2013, 482; *Baumann*, Die Einmann-Personengesellschaft, BB 1998, 225; *Baumann/Rößler*, Haftung des einer GbR beitretenden Gesellschafters für Altschulden analog § 130 HGB?, NZG 2002, 793; *Beck*, Analoge Anwendung bürgschaftsrechtlicher Normen auf die Haftung von BGB-Gesellschaftern, WM 1999, 1753; *Behr*, Die Vollstreckung in Personengesellschaften, NJW 2000, 1137; *Benecke*, Inhaltskontrolle im Gesellschaftsrecht oder: „Hinauskündigung" und das Anstandsgefühl aller billig und gerecht Denkenden, ZIP 2005, 1437; *Berndt/Boin*, Zur Rechtsnatur der Gesellschaft bürgerlichen Rechts, NJW 1998, 2854; *Bestelmeyer*, Die erwerbende GbR im Grundstücksrecht: Ein Machtwort des BGH contra legem?, ZIP 2011, 1389; *Beuthien*, Warum eigentlich keine GbRmbH?, WM 2012, 1; *Blenske*, Die Haftung der Gesellschafter einer GbR mbH, NJW 2000, 3170; *Blum/Schellenberger*, Die Gesellschaft bürgerlichen Rechts ist grundbuchfähig, BB 2009, 400; *Boehme*, Neue Grundsätze zur Haftung des Beitretenden für alte GbR-Schulden, NZG 2003, 764; *Böken*, Die Immobilien-GbR, DStR 2004, 558; *Boin*, Die Rechtsfähigkeit der BGB-Gesellschaft – eine never ending story?, GmbHR 2001, 513; *Böttcher*, Die Gesellschaft bürgerlichen Rechts im Grundstücksrecht, ZfIR 2009, 613; *Brandes*, Die Rechtsprechung des Bundesgerichtshofes zur Personengesellschaft, WM 1990, 1221 und WM 1994, 569; *ders.*, Die Rechtsprechung des Bundesgerichtshofes zur Personengesellschaft, WM 1998, 261; *Crezelius*, Die Gesellschaft bürgerlichen Rechts mbH, JFAfSt 1994/95, 289; *Dauner-Lieb*, Die BGB-Gesellschaft mit beschränkter Haftung – Phantom oder zulässige Spielart der GbR?, DStR 1998, 2014; *dies.*, Das Ende der BGB-Gesellschaft mit beschränkter Haftung – was nun?, DStR 1999, 1992; *dies.*, Ein neues Fundament für die BGB-Gesellschaft, DStR 2001, 356; *Decker*, Der Cashpool als Gesellschaft bürgerlichen Rechts, ZGR 2013, 392; *Demuth*, Grundbuchfähigkeit der BGB-Gesellschaft – logische Folge der jüngsten BGH-Rechtsprechung, BB 2002, 1555; *Deutscher*, Aktuelle Rechtsprechung des III. Zivilsenates zur Vermittlung geschlossener Fondsbeteiligungen, WM 2010, 2010; *Dißars*, Gesellschaftsrechtliche Haftung der Gesellschafter für steuerliche Verbindlichkeiten von Personengesellschaften, DStR 1995, 1510; *Dörrie*, Kreditgeschäfte mit Grundbesitzgesellschaften bürgerlichen Rechts, ZfIR 2001, 1; *Dümig*, Die rechtsfähige GbR als „mehrere" iSd § 47 GBO – ein tertium des Grundbuchrechts, ZfIR 2002, 796; *Eickmann*, Grundbuchfähigkeit der GbR, ZfIR 2001, 433; *Eisolt/Kämpf*, Sonder-AfA auf Anzahlungen von „Ein-Objekt-GbR's", DStR 1997, 1475; *Elsing*, Alles entschieden bei der Gesellschaft bürgerlichen Rechts? Die Rechtsprechung zwischen Mosaik- und Meilenstein, BB 2003, 909; *Esch*, Einheitlichkeit der Personengesellschaftsbeteiligung, BB 1996, 1621; *Fehrenbacher/Herr*, Die BGB-Gesellschaft – eine natürliche Person im Sinne des Verbraucherschutzrechts?, BB 2002, 1006; *Felix*, Gepräge-OHG, Gepräge-KG und Gepräge-GbR – Verborgene Blüten im kautelarjuristischen Blickfeld?, NJW 1997, 1040; *Fleischmann,* Widersprüchliche BFH-Rechtsprechung, DStR 1993, 907 und DStR 1994, 1065; *Flume,* Die persönliche Haftung der Gesellschafter einer BGB-Gesellschaft für deliktisches Handeln der geschäftsführenden Gesellschafter, DB 2003, 1775; *Flume,* Die Personengesellschaft, 1977; *Föster,* Höhe der Anschaffungskosten bei Anwachsung, DB 1997, 241; *Frings,* Neues zur gespaltenen Beitragspflicht der Personengesellschaften, NZG 2008, 218; *Geibel,* Die Lehre von der fehlerhaften Gesellschaft als Beschränkung von Schadensersatzansprüchen?, BB 2005, 1009; *Geyrhalter,* Neues Haftungssystem in der Gesellschaft bürgerlichen Rechts, GmbHR 2003, R 241; *Gesmann-Nuissel,* Die Rechts- und Parteifähigkeit sowie Haftungsverfassung der Gesellschaft bürgerlichen Rechts nach dem Urteil des BGB II ZR 331/00 = WM 2001, 408; WM 2001, 973; *Görlich,* Grundbuchtreuhand im geschlossenen Immobilienfonds, DB 1988, 1102; *Gronau/Konold,* Die „GmbH & Co. GbR mbH" – Ende einer Rechtsform?, DStR 1999, 1965; *dies.,* Merkwürdigkeiten zur steuerlichen Behandlung der GmbH & Co. GbRmbH oder: „Was nicht sein darf, das nicht sein kann", DStR 2001, 1926; *Grobe,* Die Haftungsbeschränkung für die geschlossene Immobilienfonds-GbR – eine Kritik, WM 2011, 2078; *Grunewald,* Das Beurkundungserfordernis nach § 313 BGB bei Gründung und Beitritt zu einer Personengesellschaft, FS Hagen, 1999, S. 277; *Grunst,* Untreue zum Nachteil von Gesamthandsgesellschaften – Auswirkungen der BGH-Entscheidung zur Rechtsfähigkeit der GbR auf den strafrechtlichen Vermögensschutz, BB 2001, 1537; *Gummert,* Haftungsbeschränkung bei der GbR, ZIP 1993, 1063; *Gutmann,* Wundersames zur Haftung des Neugesellschafters für Altverbindlichkeiten der GbR, NZG 2005, 544; *Hasenkamp,* Die akzessorische Haftung ausscheidender und eintretender Gesellschafter bürgerlichen Rechts, DB 2002, 2632; *Habersack,* Haftung der Mitglieder einer GbR für Bürgschaftsverpflichtungen der Gesellschaft, BB 1999, 61; *Habersack,* Die Anerkennung der Rechts- und Parteifähigkeit der GbR und der akzessorischen Gesellschafterhaftung durch den BGH, BB 2001, 477; *Habersack/Schürnbrand,* Die Haftung des eintretenden Gesellschafters für Altverbindlichkeiten der Gesellschaft bürgerlichen Rechts – BGH NJW 2003, 1803, JuS 2003, 739; *Hadding,* Zur Rechtsfähigkeit und Parteifähigkeit der (Außen-)Gesellschaft bürgerlichen Rechts sowie zur Haftung ihrer Gesellschafter für Gesellschaftsverbindlichkeiten, ZGR 2001, 712; *Hartmann,* GbR und Grundbesitzerwerb – welche Fragen bleiben?, RNotZ 2011, 401; *Hasenkamp,* Die formularvertragliche Haftungsbeschränkung bei der Gesellschaft bürgerlichen Rechts, BB 2004, 230; *Heermann,* Haftungsbeschränkung in der BGB-Außengesellschaft, BB 1994, 2421; *Heil,* Zur Haftungsbeschränkung in der GbR: Bestätigung oder Abschied von der Gruppenlehre?, MittRhNotK 1999, 337; *ders.,* Parteifähigkeit der GbR – Durchbruch der Gruppenlehre, NZG 2001, 300; *ders.,* Das Grundeigentum der Gesellschaft bürgerlichen Rechts – res extra commercium?, NJW 2002, 2158; *Heinze,* Die Gesellschaft bürgerlichen Rechts im Grundbuchverkehr, RNotZ 2010, 289; *ders.,* Die GbR im Grundbuch: Der Erwerb im Anwendungsbereich des § 20 GBO, ZNotP 2010, 409; *Hennrichs/Kießling,* Die „GbR ohne persönliche Gesellschafterhaftung", WM 1999, 877; *Hofmeister,* Zur Auswirkung des neuen Verjährungsrechts auf die Nachhaftung der Gesellschafter, NZG 2002, 851; *Holler,* Sanierung aus wichtigem Grund – Neues zur mehrheitlichen Vertragsänderung und Beschlusskontrolle in (Publikums-) Personengesellschaften, ZIP 2010, 1678; *Hommelhoff,* Wider das Akzessorietätsdogma in der Gesellschaft bürgerlichen Rechts, ZIP 1998, 8; *Huber,* Vermögensanteil, Kapitalanteil und Gesellschaftsanteil an Personengesellschaften des Handelsrechts 1970; *Janssen,* Haftung von GbR-Gesellschaftern, DStZ 1994, 276 und BB 1994, 1699; *Jacoby,* Die Folgen der GbR-Rechtsfortbildung in Altprozessen, NJW 2003, 1644; *Jauernig,* Zur Rechts- und Parteifähigkeit der Gesellschaft bürgerlichen Rechts, NJW 2001, 2231; *Jungbauer,* Das aktuelle BGH-Urteil zur BGB-Gesellschaft, JurBüro 2001, 284; *Kaligin,* Das Geprägegesetz, HdB, Fach 3536; *Kemke,* Die Gesellschaft bürgerlichen Rechts im Prozess – Parteibezeichnung und Kostendrittwiderklage gegen die Gesellschafter, NJW 2002, 2218; *Kießling,* Rechtsformwechsel zwischen Personengesellschaften, WM 1999, 2391; *Kindl,* Der Streit um die Rechtsnatur der GbR und seine Auswirkungen auf die Haftung der Gesellschafter für rechtsgeschäftlich begründete Gesellschafterverbindlichkeiten, NZG 1999, 517; *ders.,* Abschied von der Doppelverpflichtungstheorie bei der BGB-Gesellschaft, WM 2000, 697; *Klein,* Haftung der BGB-Gesellschafter für Steuerschulden der Gesellschaft, DStR 2009, 1963; *Kleindiek,* Eintrittshaftung in der BGB-Gesellschaft, FS Röhricht, 2005, 315; *Klerx,* Haftung der GbR-Gesellschafter für Delikte wegen Vertrauens in die Rechtsform?, NJW 2004, 1907; *Klimke,* Die quotale Haftung der Gesellschafter geschlossener Immobilienfonds für Gesellschafterdarlehen, WM 2010, 492; *Kögel,* Möglichkeiten der Haftungsbeschränkung, DB 1995, 2201; *Koch,* Zur Vermeidung der Haftung des als Treuhänder tätigen Steuerberaters für Prospektmängel, DStR 1999, 1617; *Kohlhaas,* Gewerblicher Grundstückshandel und Gewinnfeststellungsbescheide bei Zebragesellschaften, DStR 1997, 93; *ders.,* Die Einkünftezuordnung bei Zebragesellschaften durch das Wohnsitzfinanzamt, DStR 1999, 1722; *Kraft/Kreutz,* Gesellschaftsrecht, 5. Aufl.

1983; *Kremer,* Die Gesellschaft bürgerlichen Rechts im Grundbuchverkehr, RNotZ 2004, 239; *Krüger,* Die Gesellschaft bürgerlichen Rechts und das Grundbuch – causa infinita, NZG 2010, 801; *ders.,* Die Gesellschaft bürgerlichen Rechts und das Grundbuch, ZNotP 2012, 42; *Kurth,* Der geschlossene Immobilienfonds, 1986; *Lange,* Die Haftung des Gesellschafters einer GbR für Altverbindlichkeiten, NZG 2002, 401; *Lange,* Haftung des eintretenden GbR-Gesellschafters für Altschulden, NJW 2002, 2002; *Lang/Fraenkel,* Die Gesellschaft bürgerlichen Rechts – Eine Betrachtung zum Stand der Rechtsprechung unter besonderer Berücksichtigung der sichtweise der Kreditwirtschaft, WM 2002, 260; *Lautner,* Auswirkungen der Rechts- und Parteifähigkeit der (Außen-)Gesellschaft bürgerlichen Rechts auf die notarielle Tätigkeit im Grundstücksverkehr, MittBayNot 2001, 425; *Lautner,* Rechtsfähigkeit ohne Grundbuchfähigkeit? – Das Dilemma der Außengesellschaft bürgerlichen Rechts im Grundstücksrecht, MittBayNot 2005, 93; *ders.,* Grundstückserwerb durch Gesellschaften bürgerlichen Rechts unter Geltung der gesetzlichen Neuregelung des ERVGBGB, MitBayNot 2010, 286; *ders.,* Aktuelle Rechtsprechung zur Gesellschaft bürgerlichen Rechts im Grundstücksverkehr, MittBayNot 2011, 32; *ders.,* Die rechtsfähige GbR in der notariellen Praxis – Grundbuchverfahren und weitere Problemfelder, DNotZ 2011, 643; *Lingl,* Haftung von Gesellschaft und Gesellschaftern bei der Außen-Gesellschaft bürgerlichen rechts (GbR), JuS 2005, 595; *Loddenkemper,* Die „quotale Haftung" von Gesellschaftern geschlossener Immobilienfonds in der Rechtsform der GbR, ZfIR 2006, 707; *Loritz/Wagner,* Sammelklagen geschädigter Kapitalanleger mittels BGB-Gesellschaft, WM 2007, 477; *Lücke,* Prozeßführung bei Streitigkeiten im Innenverhältnis der BGB-Gesellschaft, ZGR 1994, 266; *Lüneborg,* Die Nachhaftung des ausgeschiedenen Personengesellschafters für Altverbindlichkeiten, ZIP 2012, 2229; *Lutz,* Vereinbarung von Haftungsbeschränkungen bei Fonds-GbRs: Praxisfolgen aus den Urteilen des BGH zur quotalen Haftung, GWR 2011, 249; *Mecklenbrauck,* Abfindungsbeschränkungen in Gesellschaftsverträgen, BB 2000, 2001; *Maier-Reimer,* Nachhaftungsbegrenzung und neues Verjährungsrecht, DB 2002, 1818; *Miras,* Die Grundbuchfähigkeit der GbR nach dem ERVGBG, DStR 2010, 604; *ders.,* Nachträgliche Zahlungspflichten des Gesellschafters eines in der Rechtsform der GbR betriebenen geschlossenen Immobilienfonds, DStR 2011, 318; *Mösbauer,* Die Haftung des BGB-Gesellschafters für die Steuerschulden der Gesellschaft, DStZ 1997, 813; *Mülbert/Gramse,* Gesellschafterbeschlüsse bei der rechtsfähigen Personengesellschaft, WM 2002, 2085; *Münch,* Die Gesellschaft bürgerlichen Rechts im Grundbuch und Register, DnotZ 2001, 535; *Nagel,* Grundeigentum und Grundbucheintragung der GbR, NJW 2003, 1646; *Nitschke,* Die körperschaftlich strukturierte Personengesellschaft, 1970; *Ott,* Zur Grundbuchfähigkeit der GbR und des nicht eingetragenen Vereins, NJW 2003, 1223; *Paulus,* Die GbR als Steuerschuldner der Gewerbesteuer, DStR 1994, 544; *Peres,* Abschied von der Doppelverpflichtungslehre und persönliche Haftung der Gesellschafter freiberuflicher Sozietäten bürgerlichen Rechts, DStR 2000, 639; *Petersen,* Die GmbH & Co. GbR, GmbHR 1997, 1088; *Petersen/Rothenfußer,* Die GbRmbH im System des Gesellschafts- und Steuerrechts, GmbHR 2000, 801; *Pfeifer,* Der BGH und die GbRmbH – Rückschlag oder Fortschritt auf dem Weg zum Verständnis der Gesamthand?, NZG 2001, 193; *ders.,* Rechtsfähigkeit und Rechtssubjektivität der Gesamthand – die GbR als oHG?, NZG 2001, 296; *ders.,* Gesamtschuldnerausgleich und Verjährung, NJW 2010, 23; *Prister,* Quotenhaftung bei der Publikums-GbR, DStR 2011, 1278; *Prütting,* Ist die Gesellschaft bürgerlichen Rechts insolvenzfähig?, ZIP 1997, 1725; *Reiff,* Wider die unternehmenstragende Gesellschaft bürgerlichen Rechts ohne Gesellschafterhaftung, ZIP 1999, 517; *ders.,* Die Beschränkung der persönlichen Gesellschafterhaftung in der GbR nach der Akzessorietätstheorie, ZIP 1999, 1329; *ders.,* Die unbeschränkte Gesellschafterhaftung in der (Außen-)Gesellschaft bürgerlichen Rechts und ihre Ausnahmen, ZGR 2003, 550; *Römermann,* Schriftformerfordernisse in Gesellschaftsverträgen, NZG 1998, 978; *Ruhwinkel,* Die GbR im Grundbuch – was nun?, MittBayNot 2009, 177; *ders.,* Gesetzliche Neuregelung der Behandlung von Gesellschaften bürgerlichen Rechts im Immobiliarverkehr, MittBayNot 2009, 421; *Rutschmann,* Treuhänder in GbR-/OHG-Publikumsgesellschaften – Zur Außenhaftungsfreistellung und ihrer Verjährung, DStR 2010, 555; *Schäfer,* Offene Fragen der Haftung des BGB-Gesellschafters, ZIP 2003, 1225; *ders.,* Quotenhaftung in der Publikums-GbR?, NZG 2010, 241; *ders.,* Haustürwiderruf und fehlerhafte Gesellschaft, ZGR 2011, 352; *Scherer,* Neuregelung für Grundstücksgeschäfte mit einer GbR – Rückschritt auf dem Weg zur Rechtsfähigkeit der GbR, NJW 2009, 3063; *Schimansky,* Unerlaubte Rechtsberatung durch beauftragte Geschäftsführer einer Publikums-GbR, WM 2005, 2209; *Schleicher,* Persönliche Haftung der BGB-Gesellschafter von geschlossenen Immobilienfonds im Außenverhältnis, ZfIR 2002, 430; *K. Schmidt,* Gesellschaftsrecht, 3. Aufl. 1997; *ders.,* Quotenhaftung von BGB-Gesellschaftern, NJW 1997, 2201; *ders.,* Personengesellschaft und Grundstücksrecht, ZIP 1998, 2; *ders.,* Die BGB-Außengesellschaft: rechts- und parteifähig, NJW 2001, 993; *ders.,* Die Gesellschafterhaftung bei der Gesellschaft bürgerlichen Rechts als gesetzliches Schuldverhältnis, NJW 2003, 1897; *ders.,* Zur

Verjährung der Verlustausgleichshaftung von Personengesellschaftern nach §§ 735, 739 BGB, DB 2010, 2093; *ders.*, Echte und unechte Quotenhaftung von Personengesellschaftern, NJW 2011, 2001; *Schmidt/Bierly*, Gesellschaft bürgerlichen Rechts als Gesellschafterin einer Personenhandelsgesellschaft, NJW 2004, 1210; *Schmidt-Morsbach/Dicks*, Die Anwendbarkeit des RBerG auf den externen Geschäftsbesorger einer GbR, BKR 2005, 424; *Schöpflin*, die Grundbuchfähigkeit der Gesellschaft bürgerlichen Rechts, NZG 2003, 117; *Schöpflin*, Entsprechende Anwendung des § 31 BGB und persönliche Haftung für gesetzliche Verbindlichkeiten bei der GbR, DStR 2003, 1349; *L. Schmidt*, EStG, 19. Aufl. 2000; *Schneider*, BGH unternimmt Abgrenzung zu „Sanieren oder ausscheiden", NZG 2011, 575; *Scholz*, Die BGB-Gesellschaft nach dem Grundsatzurteil des BGH vom 29.1.2001, NZG 2002, 153; *Schubert*, Die BGB-Gesellschaft (GbR) im Grundbuch – Folgen für die Praxis der Vertragsjuristen und der Grundbuchämter, ZNotP 2009, 178; *Steffek*, Die Gesellschaft bürgerlichen Rechts im Grundbuch, ZIP 2009, 1445; *Steinbeck*, Zur „Einheitlichkeit" der Mitgliedschaft in der Personengesellschaft, DB 1995, 761; *ders.*, Die Gesellschaft bürgerlichen Rechts als Gesellschafterin einer Personenhandelsgesellschaft, DStR 2001, 1162; *Sproß*, Die Gesellschaft bürgerlichen Rechts ohne persönliche Gesellschafterhaftung, DStZ 1999, 642; *Tebben*, Kalrsruhe locuta causa finita: Die Gesellschaft bürgerlichen Rechts im Grundbuch, NZG 2009, 288; *Timm*, Rechtsfähigkeit der GbR und ihre Haftungsverfassung, NJW 1995, 3209; *Timme/Hülk*, Rechts- und Parteifähigkeit der Gesellschaft bürgerlichen Rechts – BGH NJW 2001, 1056, JuS 2001, 536; *Tulloch/Wellisch*, Die Bedeutung von Ergebnisverteilungsabreden für die Gesellschafter von vermögensverwaltenden Personengesellschaften, DStR 1999, 1093; *P. Ulmer*, Wege zum Ausschluß der persönlichen Gesellschafterhaftung in der Gesellschaft bürgerlichen Rechts, ZIP 1999, 509; *ders.*, Gesellschafterhaftung in der Gesellschaft bürgerlichen Rechts: Durchbruch der Akzessorietätstheorie?, ZIP 1999, 554; *ders.*, Die höchstrichterlich „enträtselte" Gesellschaft bürgerlichen Rechts, ZIP 2001, 585; *Ulmer*, Die Haftungsverfassung der BGB-Gesellschaft, ZIP 2003, 1113; *ders.*, Die rechtsfähige GbR: auf Umwegen im Grundbuch angekommen, ZIP 2011, 1689; *Ulmer/Löbbe*, Zur Anwendbarkeit des § 313 BGB im Personengesellschaftsrecht, DNotZ 1998, 711; *Ulmer/Steffek*, Grundbuchfähigkeit einer rechts- und parteifähigen GbR, NJW 2002, 330; *Viskorf*, die GbR als grunderwerbsteuerliches Gestaltungsinstrument, DStR 1994, 6; *Voigt*, Freier Zugang zu Anlegerdaten?, NZG 2011, 256; *Wälzholz*, Die haftungsbeschränkende private Gesellschaft bürgerlichen Rechts – Phoenix aus der Asche?, MittBayNot 2009, 35; *Wagner*, Die Außengesellschaft im Bauherrenmodell, BlGBW 1981, 201; *ders.*, Die Massenkommanditgesellschaft als Mittel zur Vermögensbeteiligung der Arbeitnehmer, 1985; *ders.*, Arbeitnehmervermögensbeteiligung an geschlossenen Immobilienfonds?, HdB, Fach 3537; *ders.*, Voraussetzungen und Grenzen rechtsfortbildenden Richterrechts, BB 1986, 465; *ders.*, Gesellschafts- und steuerrechtliche Aspekte mittelbarer Beteiligung bei geschlossenen Immobilienfonds als Publikums-GbRs, DStR 1996, 1008; *ders.*, Not leidende geschlossene GbR-Immobilienfonds: Gesellschaftsrechtliche Folgen für ausgeschiedene und verbliebene Anleger, ZfIR 2005, 605; *ders.*, Nachschusspflichten bei notleidenden geschlossenen GbR-Immobilienfonds, WM 2006, 1273; *ders.*, Zur Aufspaltung von Beitragspflichten bei der GbR als Publikumspersonengesellschaft, DStR 2006, 1044; *ders.*, Zur Grundbuchfähigkeit der Außen-GbR, ZNotP 2006, 408; *ders.*, Berlin-Fonds und denkbare Folgen bei Grundbuchtreuhandkonzeptionen, in: Schmider/Wagner/Loritz, Handbuch der Bauinvestitionen und Immobilienkapitalanlagen (HdB), 09/2011, Fach 0310; *ders.*, Verfassungsrechtliche Überlegungen zur Haftungsrechtsprechung des BGH betreffend mittelbar Beteiligte an geschlossenen Fonds, NZG 2012, 58; *ders.*, Haften an geschlossenen GbR-Fonds mittelbar Beteiligte persönlich?, BKR 2008, 57; *ders.*, Keine Haftung mittelbar Beteiligter, NZG 2009, 213; *ders.*, Die neuere OLG-Rechtsprechung zu Rückgriffsansprüchen gegen mittelbar beteiligte Kapitalanleger, NZG 2009, 1215; *ders.*, Notleidende geschlossene Fonds: Sanieren oder Ausscheiden, NZG 2009, 1378; *ders.*, Neuere gesellschaftsrechtliche Entwicklungen in Rechtsprechung und Fachschrifttum zu notleidenden geschlossenen Immobilienfonds, WM 2010, 1684; *ders.*, Eintragungsvoraussetzungen für GbR in der Rechtsprechung der Oberlandesgerichte, ZNotP 2011, 172; *ders.*, Zur These des BGH über fehlende Aufklärungspflichten objektfinanzierender Kreditinstitute gegenüber GbRs bzw. deren Anleger-Gesellschaftern in Sachen fehlender Anschlussförderung, NZG 2011, 847; *ders.*, Zur Haftung dirket beteiligter Anleger-Gesellschafter bei Berlin-Fonds, NZG 2011, 1058; *Wagner/von Heymann*, Umgang mit Not leidenden geschlossenen Immobilienfonds, WM 2003, 2222, 2257; *Wagner/Loritz*, Berlin-Fonds: Verfassungsrechtliche Fragen der unbeschränkten persönlichen Anlegerhaftung infolge der Rechtsprechungsänderung des BGH, WM 2009, 2149; *Waldner*, Anwendung des § 31 BGB auf die GbR – der vorletzte Schritt auf dem Weg zur OHG, NZG 2003, 620; *Wangler*, Abfindungsregelungen in Gesellschaftsverträgen: Zum aktuellen Stand in Literatur, Rechtsprechung und Vertragspraxis, DB 2001, 1763; *Weber*, Die Gesellschaft bürgerlichen Rechts – Begriff, Voraussetzungen, JuS 2000, 313; *Weigl*, Die GbR im Grundstücksverkehr – erneuter Ruf nach dem Gesetzgeber?, NZG 2010, 1053; *Weimer,* Der Grundstückserwerb durch eine GbR – eine Frage des materiellen Rechts, NZG 2010, 335; *Wertenbruch,* Die BGB-Gesellschaft als Kommanditistin – oder: Der lange Weg zur Anerkennung im Rechtsverkehr, BB 2001, 737; *Wertenbruch,* Die Parteifähigkeit der GbR – die Änderung für die Gerichts- und Vollstreckungspraxis, NJW 2002, 324; *ders.,* Publizität der Vertretungsmacht eines GbR-Geschäftsführers, DB 2003, 1099; *ders.,* Die organschaftliche Vertretung der GbR, NZG 2005, 462; *ders.,* Erfasst § 899a BGB auch das Verpflichtungsgeschäft beim Immobiliarrechtserwerb von GbR?, ZIP 2010, 1884; *H. P. Westermann,* Erste Folgerungen aus der Anerkennung der Rechtsfähigkeit der BGB-Gesellschaft, NZG 2001, 289; *ders.,* Die Enttäuschung um die quotale Haftung des BGB-Gesellschafters, NZG 2011, 1041; *ders.,* Die Gesellschaft bürgerlichen Rechts auf dem Weg in die Rechtsfähigkeit, WM 2013, 441; *Wilde,* Nachschusspflichten in KG und GbR, NZG 2012, 215; *Wilhelm,* Die Grundbuchfähigkeit der Gesamthandsgesellschaft bürgerlichen Rechts, NZG 2011, 801; *Wössner,* Akzessorische Gesellschafterhaftung und „Vielgestaltigkeit" der Gesellschaft bürgerlichen Rechts – ein Widerspruch?, ZIP 2003, 1235; *Wolf,* Ausbau des Gläubigerschutzes statt Totalverbots der „GbR mit beschränkter Haftung", WM 2000, 704; *Wunderlich,* Das Ende der Doppelverpflichtungstheorie?, WM 2002, 271; *Wunderlich,* Kreditnehmende Gesellschaften des bürgerlichen Rechts als Verbraucher?, BKR 2002, 304; *Zacharias,* Die neue BGH-Rechtsprechung zur Haftung neuer GbR-Gesellschafter für Altverbindlichkeiten – Existenzbedrohung für Freiberufler?, BB 2003, 1916.

## I. Die Publikums-GbR[1]

**1. Organisationsformen.** Als Alternative zur Publikums-(GmbH & Co.) KG bietet sich in der Praxis die Gesellschaft bürgerlichen Rechts als Publikums-Gesellschaft (= Publikums-GbR) an. Sie ist insbesondere bei **Investitionen in Großimmobilien** und andere Großwirtschaftsgüter wie Shopping-Center, Bürohäuser, Kommunalbauten, Bohrinseln und Schiffen, aber auch bei sog Blind Pools und im Venture Capital Bereich anzutreffen. Seit der Entscheidung des BGH vom 29.1.2001[2] ist die GbR selbst Träger von Rechten und Pflichten,[3] sie ist in Zivilprozessen aktiv- und passivlegitimiert[4] und ihre Gesellschafter haften für Verbindlichkeiten der GbR akzessorisch – untereinander als Gesamtschuldner – entsprechend den §§ 128f. HGB.[5] Für vor dem 29.1.2001 damals noch von oder gegen Gesamthänder angestrengte Klagen ist in anhängigen Verfahren nach dem 29.1.2001 zwecks Anpassung an die Rechtslage kein Parteiwechsel sondern eine Rubrumsberichtigung vorzunehmen.[6]

1

Die GbR als selbständige Trägerin von Rechten und Pflichten kann folglich auch Kommanditistin einer Kommanditgesellschaft[7] und deren Komplementärin sein.[8]

2

Im Hinblick auf einen von einer Fonds GbR aufgenommenen Kredit ist für die Kreditwirtschaft deren Kontofähigkeit von Bedeutung.[9] Danach wurde nach Vorgabe des Bundesaufsichtsamtes für Finanzdienstleistungen und dem Bundesfinanzministerium bei der Kontoeröffnung für eine GbR die Legitimation der Gesellschafter nach Maßgabe des § 154 Abs. 2 AO überprüft.[10] Seit der Entscheidung des BGH vom 29.1.2001[11] ist aber Verfügungsberechtigter iSd § 154 Abs. 2 AO die GbR als solche, es sind nicht mehr ihre Gesellschafter. Folglich spricht viel dafür, dass auch die GbR als solche kontofähig ist.[12]

3

---

[1] *Wenz* MittRhNotK 1996, 377.
[2] BGH NJW 2001, 1056. Zu den dadurch bedingten Änderungen für die Gerichts- und Vollstreckungspraxis: *Wertenbruch* NJW 2002, 324. Zur Parteibezeichnung im Prozess *Kemke* NJW 2002, 2218.
[3] *Lang/Fraenkel* WM 2002, 260.
[4] *Lang/Fraenkel* WM 2002, 260, 261 f.
[5] *Lang/Fraenkel* WM 2002, 260, 262 f.; *Scholz* NZG 2002, 153.
[6] BGH NJW 2003, 1043.
[7] BGH NJW 2001, 3121.
[8] LG Berlin NZG 2003, 580. Dazu *Schmidt/Bierly* NJW 2004, 1210.
[9] *Lang/Fraenkel* WM 2002, 260, 269.
[10] *Lang/Fraenkel* WM 2002, 260, 269 mwN.
[11] BGH NJW 2001, 1056.
[12] *Hadding* ZGR 2001, 712, 722; *K. Schmidt* NJW 2001, 993, 1002.

**4** Mithin **kann** bei einem von der GbR aufgenommenen Kredit nicht mehr ein Gemeinschaftskonto als Und-Konto eingerichtet werden, vielmehr ist ein Einzelkonto der GbR möglich.[13] Gleichwohl wird an der Praxis festgehalten, bei Kontoeröffnungsformularen für den Abschluss und die Änderung von Kreditverträgen eine Vereinbarung mit allen Gesellschaftern zu fordern.[14]

**5** Da für offene Fonds die AG bzw. GmbH als Rechtsform vorgegeben ist,[15] findet sich die Publikums-GbR im Bereich der geschlossenen Fonds als Kapitalsammelstelle, wenn entweder im Rahmen sog Eigenkapitalfonds das Investitionsvolumen nahezu ausschließlich aus Eigenmitteln der Anleger aufgebracht werden soll oder im Rahmen von sog Fremdkapitalfonds bei geringem Eigenkapitaleinsatz der Anleger ein hoher Fremdmittelanteil bei guter Bonität und persönliche Haftungsbereitschaft der Anleger einzusetzen ist.

**6** Werden mit dem Mittel der persönlichen Haftung Steuervorteile erstrebt, spricht man zudem von **steuerorientierten Fonds,** steht dagegen die Rentierlichkeit der Fondsbeteiligung im Vordergrund, spricht man von **Renditefonds.**[16]

**7** Fraglich ist, ob eine Publikums-GbR selbst Verbraucher iSd § 13 BGB ist. Der XI. Senat des BGH hat dies in seiner Entscheidung vom 23.10.2001[17] bejaht. Dagegen bestehen aber folgende Bedenken:

**8** Der XI. Senat des BGH hat zwar in seiner Entscheidung vom 23.10.2001 ausgeführt, auch eine GbR könne Verbraucher sein.[18] Der EuGH[19] dagegen hat nur wenige Tage später judiziert, Verbraucher könne nur eine natürliche Person sein. Würde der XI. Senat des BGH ungeachtet dessen bei seiner Rechtsprechung bleiben und wäre auch ein Kapitalanleger als Verbraucher einzuordnen, dann würde zB ein Beitrittsvertrag zwischen einem GbR-Fonds und einem Kapitalanleger zwischen zwei Verbrauchern geschlossen worden sein. Da aber ein Verbrauchervertrag nur dann vorliegt, wenn ein Vertrag zwischen einem Unternehmer und einem Verbraucher geschlossen wurde (Art. 229 § 5 Satz 1 EGBGB, § 24a Satz 1 AGBGB bei Altfällen = § 310 Abs. 3 Satz 1 BGB für Neufälle), nicht aber bei einem Vertrag zwischen zwei Verbrauchern, könnte ein Kapitalanleger-Verbraucher seine Beitrittserklärung zu einem GbR-Fonds nicht gemäß § 312 Abs. 1 BGB (früher Art. 229 § 5 Satz 1 EGBGB, § 1 Abs. 1 HWiG) widerrufen.

**9** Denn mit dem Haustürwiderrufsgesetz (jetzt § 312 BGB) wurde die Richtlinie 85/577/EWG des Rates betreffend den Verbraucherschutz im Falle von außerhalb von Geschäftsräumen geschlossenen Verträgen vom 20. Dezember 1985 (im folgenden: Haustürgeschäftsrichtlinie) in nationales Recht umgesetzt,[20] wobei weder diese Richtlinie noch das nationale Recht davon ausgehen, dass der Verbraucher vor dem Verbraucher geschützt werden müsse. Die Entscheidung des BGH vom 23.10.2001 würde mithin im Ergebnis dazu führen, dass dann, wenn Kapitalanleger und GbR jeweils Verbraucher wären, Kapitalanleger der Rechte aufgrund § 312 BGB (früher Art. 229 § 5 Satz 1 EGBGB, § 1 Abs. 1 HWiG) gegenüber dem GbR-Fonds verlustig gehen würden. Darauf könnte sich zB die Fonds-GbR berufen und reklamieren, dass die Rechtsprechung des BGH weder mit der Haustürgeschäftsrichtlinie 85/577/EWG noch mit der Rechtsprechung des EuGH[21] in Einklang stünde. Würde dies weder vom LG noch OLG korrigiert, die von Amts wegen

---

[13] OLG Köln WM 2001, 2340, 2341.
[14] AA und nur für eine erweiterte Prüfungspflicht: *Lang/Fraenkel* WM 2002, 260, 270.
[15] § 2 Abs. 1 UBGG, § 1 Abs. 2 KAGG.
[16] *Loritz/Wagner,* Konzeptionshandbuch, Bd. 2. Rn. 33–45.
[17] BGH BGHZ 149, 80 = NJW 2002, 368; *Wunderlich* BKR 2002, 304.
[18] Zustimmend: *Röhricht* in Gesellschaftsrechtliche Vereinigung, Gesellschaftsrecht in der Diskussion 2002, 2003, Seite 3, 4 f. *Verneinend: Wagner* BKR 2003, 649 f.; *Wagner/von Heymann* WM 2003, 2222, 2227; *Wagner* WM 2004, 2240, 2241 f.
[19] EuGH 22.11.2001 – Rs. C-541/99 und C-542/99 (Cape/Idealservice), Slg. 2001, I-9049.
[20] BGH WM 2003, 64.
[21] EuGH 22.11.2001 – Rs. C-541/99 und C-542/99 (Cape/Idealservice), Slg. 2001, I-9049.

Gemeinschaftsrecht vor dem nationalen Recht anzuwenden haben,[22] so kann dies auch zum Gegenstand der Begründung im Nichtzulassungsbeschwerdeverfahren beim BGH gemacht werden. Denn auch insoweit ist der BGH als letztinstanzliches Gericht verpflichtet, Gemeinschaftsrecht von Amts wegen anzuwenden[23][24]

Eine ganz andere Frage ist jedoch, ob und inwieweit Verbraucherschutzrecht auf das Sonderrecht der Publikums-Personengesellschaft nimmt bzw. inwieweit deutsches Gesellschaftsrecht europäisches Verbraucherschutzrecht modifizieren kann.[25] Insoweit hat der EuGH[26] entschieden, dass die Haustürgeschäftsrichtlinie 85/577/EWG auch auf Fonds-Beitrittsverträge anwendbar ist, wenn der Zweck eines solchen Beitrittsvertrages vorrangig nicht darin bestehe, Gesellschafter zu werden, sondern Kapital anzulegen. Damit unterfällt die Fondsbeteiligung nicht nur dem Anwendungsbereich des europäischen Verbraucherschutzrechts, sondern in einem weiteren Schritt ließ es der EuGH zu, dass dieses europäische Verbraucherschutzrecht durch die Rechtsprechung des BGH modifiziert wurde, wonach die Rechtsfolgen eines Verstoßes auf Grund des Konstrukts der fehlerhaften Gesellschaft nur ex nunc wirkt (teleologische Reduktion der RiL).[27] **10**

**a) Die direkte Publikums-GbR.** Schließen sich eine Vielzahl von Kapitalanlegern – vermittelt durch den Kapitalanlagenvertrieb – in einer Publikums-GbR zusammen, in der in aller Regel ein Treuhänder die Geschäftsführung und Vertretung ausübt, und beteiligen sich die in der GbR zusammengefassten Kapitalanleger direkt, so ist eine direkte Publikums-GbR gegeben. **11**

Das gleiche Ergebnis ist darstellbar, wenn zunächst zwei Gründungsgesellschafter eine GbR gründen, wovon einer der (spätere) Treuhänder der Kapitalanleger ist, während der zweite Gründungsgesellschafter seine Beteiligung anteilig an Kapitalanleger verkauft und überträgt, die somit Gesellschafter in der Publikums-GbR mit Treuhänder werden. **12**

**b) Die GbR mit vorgeschaltetem Treuhänder.** In der Praxis sind Konzeptionen anzutreffen, bei denen entweder der Treuhänder – mit anderen in einer Gesellschaft zusammengefasst – das eigentliche Beteiligungsgeschäft betreibt, sodass dieser für die Kapitalanleger, die wiederum in einer GbR zusammengefasst sind, seine Beteiligung treuhänderisch hält[28] oder aber der Treuhänder handelt nach außen im eigenen Namen allein, im Innenverhältnis jedoch für Rechnung der Kapitalanleger, die in einer Publikums-GbR zusammengefasst sind.[29] Im ersten Falle vermittelt der Treuhänder den Kapitalanlegern in der GbR das **wirtschaftliche Eigentum** an seiner Gesellschaftsbeteiligung (= Beteiligungstreuhänderschaft), im zweiten Falle dagegen am Beteiligungsgegenstand (= Grundbuchtreuhänderschaft).[30] Diese Art von Publikums-GbR hat ihre Ursache darin, den Aufwand **13**

---

[22] EuGH 13.11.1990 – Rs. C- 106/89 (Marleasing), Slg. 1990, I-4135 Rn. 8; EuGH 16.12.1992 – Rs. C-334/92 (Wagner Miret), Slg. 1993, I-6911 Rn. 20; EuGH 11.7.2002 – Rs. C-62/00 (Marks Spencer), Slg. 2002, I-6325 Rn. 24; BVerfG WM 2001, 749; *Wagner* BKR 2003, 649, 655 mwN.

[23] EuGH 4.6.2002 – Rs. C-99/00 (Kenny Roland Lyckeskog), Rn. 18: „Stellt sich eine Frage nach der Auslegung oder der Gültigkeit einer gemeinschaftsrechtlichen Vorschrift, so ist das oberste Gericht nach Artikel 234 Absatz 3 EG verpflichtet, dem Gerichtshof entweder im Stadium der *Zulassungsprüfung* oder in einem späteren Stadium eine Vorabentscheidungsfrage vorzulegen." (Kursivsetzung durch den Autor).

[24] Zu weiteren Bedenken gegen die Verbrauchereigenschaft einer GbR: *Fehrenbacher/Herr* BB 2002, 1006.

[25] *Armbrüster* EuZW 2010, 614.

[26] EuGH 15.4.2010 – Rs. C-215/08 (Friz), NZG 2010, 501 Rn. 30; *Armbrüster* EuZW 2010, 614.

[27] EuGH 15.4.2010 – Rs. C-215/08 (Friz), NZG 2010, 501 Rn. 45f.; *Armbrüster* EuZW 2010, 615f.

[28] *Loritz/Wagner*, Konzeptionshandbuch, Bd. 2, Rn. 396–399; *Wagner* DStR 1996, 1008.

[29] *Görlich* DB 1988, 1102; *Loritz/Wagner*, Konzeptionshandbuch, Bd. 2, Rn. 400–403; *Wagner* DStR 1996, 1008, 1009.

[30] *Wagner* in Schmider/Wagner/Loritz, Handbuch der Bauinvestitionen und Immobilienkapitalanlagen (HdB), (09/2011), Fach 0310.

zu vermeiden, der bei einer direkten Beteiligung von Kapitalanlegern mit der Eintragung eines jeden Einzelnen im Grundbuch[31] unter Angabe des Gemeinschaftsverhältnisses[32] verbunden ist.

**14** In beiden Fällen ist zwischen dem Gesellschaftsvertrag der Kapitalanleger in der Publikums-GbR einerseits und dem Treuhandvertrag mit dem Treuhänder andererseits zu unterscheiden. Bei letzterem ist wiederum danach zu differenzieren, ob der Treuhänder einen Treuhandvertrag mit jedem einzelnen Kapitalanleger der GbR oder mit der GbR selbst abgeschlossen hat.[33] In aller Regel handelt es sich jedoch um eine Vereinbarungstreuhand, womit der Treuhänder es Kapitalanlegern ermöglicht, sich an einem bereits vorhandenen Vermögensgegenstand zu beteiligen.[34]

**15** Sind die Kapitalanleger in einer Publikums-GbR zusammengefasst, um zB dort ihre Stimmrechte, Kontrollrechte usw. auszuüben, während jeder einzelne Kapitalanleger seine Verpflichtung zur Mittelaufbringung im **singulären Treuhandvertrag** mit dem Treuhänder regelt, wie auch die GbR über kein Gesellschaftsvermögen verfügt, dann ist der Treuhänder für den einzelnen Kapitalanleger tätig, während die Publikums-GbR in der Regel als Innengesellschaft konzipiert ist.[35]

**16** Sind dagegen die Kapitalanleger in einer Publikums-GbR zusammengefasst und haben dort ihre Kapitaleinlage als Beitrag zu leisten, wie sie auch Gewinnausschüttungen aufgrund ihrer gesellschafterlichen Beteiligung erhalten, während der Treuhandvertrag zwischen Treuhänder und der GbR geschlossen wird, dann wird die GbR als Außengesellschaft konzipiert sein.

**17** Hat sich ein Kapitalanleger singulär – ohne mit anderen Kapitalanlegern eine GbR zu bilden – mittelbar über einen Treuhänder an einer GbR beteiligt, so vermittelt ein solcher Treuhandvertrag die gesellschafterliche Beteiligung. Insoweit ist es gestaltbar, dass dem mittelbar beteiligten Anleger neben der Teuhandvereinbarung mit dem Treuhänder die Gesellschafter des GbR-Fonds dem Anleger unmittelbare gesellschaftsrechtliche Rechte und Ansprüche einräumen.[36] Man spricht dann beim mittelbar Beteiligten vom sog Quasi- oder Als-ob-Gesellschafter. Auch wenn solche mittelbar Beteiligten rechtlich nicht analog § 128 HGB für Verbindlichkeiten der GbR gegenüber Gläubigern der GbR im Wege der Außenhaftung direkt haften,[37] ist der BGH[38] den Weg der wirtschaftlichen Innenhaftung gegangen, indem der direkt haftende Treuhandgesellschafter von mittelbar Beteiligten Freistellung auf Grund vertraglicher Freistellungsvereinbarung im Treuhandvertrag oder kraft Gesetzes gem. §§ 675, 670, 257 BGB verlangen kann, was nach Abtretung eines solchen Anspruches an den Gläubger der GbR dann doch wieder zur Außenhaftung wird.[39]

---

[31] OLG Düsseldorf NJW 1997, 1991.
[32] KG Berlin DNotZ 1997, 744, wonach dies bereits für die Eintragung der Vormerkung gilt.
[33] *Loritz/Wagner*, Konzeptionshandbuch, Bd. 2, Rn. 401; *Wagner* DStR 1996, 1008.
[34] *Armbrüster* DZWiR 1997, 281, 282, 285: Treuhandvertrag ist nicht beurkundungsbedürftig.
[35] BGH WM 2009, 231 Rn. 14.
[36] BGHZ 10, 44, 49; BGH NZG 2003, 915 f.; *Wagner* ZfIR 1997, 199.
[37] BGH BB 1961, 988 (gegen Haftung bei gesellschaftsrechtlicher Treuhand); BGH BB 1964, 327 (gegen Haftung von stillen Gesellschaftern); BGHZ 45, 204 und BGHZ 60, 324 (gegen unbeschränkte Kommanditistenhaftung); BGH ZIP 2008, 2354, 2356 (dazu *Wagner* NZG 2009, 213 mwN); BGH WM 2009, 593 Rn. 35; BGH DB 2009, 1397; BGH WM 2010, 1555, 1557; BGH DB 2011, 1099 Rn. 10; BGH BB 2011, 1807 Rn. 11 mwN; OLG Frankfurt WM 2010, 673, 674; OLG Karlsruhe ZIP 2009, 1810, 1811. – So auch *Armbrüster* NJW 2009, 2167, 2168; *Armbrüster* ZIP 2009, 1885; *Nobbe* WM 2007, Beilage 1, S. 2, 10; *Wagner* BKR 2008, 57; *Wagner* ZNotP 2009, 101, 103; *Wagner* NZG 2009, 213 mwN; *Wagner* NZG 2009, 733; *Wagner* WM 2010, 1684, 1689 mwN; *Wagner* in Schmider/Wagner/Loritz, Handbuch der Bauinvestitionen und Immobilienkapitalanlagen (HdB), 10/2009, Fach 7330 Rn. 137 f. aA *Pfeifle/Heigl* WM 2008, 1485, 1491.
[38] BGH NZG 2011, 1432.
[39] Zu grundlegenden, auch verfassungsrechtlichen, Bedenken siehe *Wagner* NZG 2012, 58.

Im Einzelnen: **18**
Unmittelbar beteiligte Gesellschafter einer GbR bzw. OHG haften für Verbindlichkeiten der Gesellschaft gem. § 128 HGB (analog) akzessorisch.[40] Ist nichts anderes vertraglich bezüglich einer quotalen Außenhaftung geregelt, so haften die Gesellschafter auf Grund eines echten Gesamtschuldverhältnisses gesamtschuldnerisch, worauf § 426 Abs. 1 BGB Anwendung findet.[41] Wird ein solcher Gesellschafter von einem Gläubiger der Gesellschaft wegen einer Verbindlichkeit der Gesellschaft in Anspruch genommen, so hat er einen primären Befreiungs- bzw. Rückgriffsanspruch gegen die Gesellschaft und falls diese nicht freistellt bzw. erstattet, einen sekundären Befreiungs- und Rückgriffsanspruch gegen die Mitgesellschafter, sei es auf Grund vertraglicher Regelung sei es kraft Gesetzes (§ 257 Satz 1 BGB),[42] wobei im letzteren Fall der Ersatzpflichtige statt Befreiung von einer noch nicht fälligen Verbindlichkeit statt dessen Sicherheit leisten kann (§ 257 Satz 2 BGB). Ein diesbezüglicher Freistellungsanspruch entsteht bereits mit der Entstehung des Gesamtschuldverhältnisses (§ 426 Abs. 1 Satz 1 BGB).[43] Und dies ist bei einer fälligen Forderung des Gläubigers der Gesellschaft dann der Fall,
– wenn die ernsthafte Möglichkeit besteht, dass der Gesellschafter vom Gläubiger der Gesellschaft in Anspruch genommen wird und
– nachdem die Gesellschaft eine Freistellung abgelehnt hat, weil sie nicht zahlen kann oder nicht will.[44]

Mit der Begründung der Gesamtschuld beginnt nach Maßgabe des § 199 BGB die Verjährung für den Freistellungs- bzw. Rückgriffsanspruch, nicht mit dem Zeitpunkt der Zahlung durch den Gesamtschuldner.[45] Und ein Anspruch ist gegen einen Gesamtschuldner iSd § 199 Abs. 1 BGB entstanden, sobald er geltend gemacht und notfalls per Klage durchgesetzt werden kann. Ausreichend ist die Möglichkeit der gerichtlichen Geltendmachung per Feststellungsklage.[46] Ist der Ausgleichsanspruch eines in Anspruch genommenen Gesamtschuldners gegen die GbR bzw. subsidiär gegen die Mitgesellschafter noch unverjährt, dann ändert sich daran nichts, wenn der Anspruch des Gläubigers der Gesellschaft gegen einen anderen Gesamtschuldner inzwischen verjährt ist.[47] Auch kann der solchermaßen im Wege des Ausgleichsanspruchs in Anspruch genommene Gesamtschuldner nicht einwenden, der Ausgleichsberechtigte hätte dem Gläubiger der Gesellschaft die Einrede der Verjährung entgegen halten können.[48] **19**

Wird ein Gesellschafter betreffend eine Verbindlichkeit der Gesellschaft haftungsmäßig gemäß/analog § 128 HGB in Anspruch genommen, dann ist er zwecks Meidung der Geltendmachung eines Freistellungsanspruches verpflichtet, alles zur Abwehr unbegründeter Haftungsinanspruchnahme erforderliche zu unternehmen. Zugleich muss der auf Haftung in Anspruch genommene denjenigen informieren, den er als zur Freistellung Verpflichteten ansieht.[49] Entspricht der auf Haftung in Anspruch genommene diesen Anforderungen nicht, macht er sich gegenüber dem Freistellungsverpflichteten gemäß §§ 280 Abs. 1, 3, 281 Abs. 1 Satz 1, Abs. 2 BGB schadensersatzpflichtig.[50] **20**

---

[40] BGH NZG 2011, 1023: Dies gilt auch, wenn Anleger unmittelbar an einer Außen-GbR beteiligt sind, die den Fondskredit aufgenommen hat, sich aber die Immobilie im Eigentum des Grundbuchtreuhänders befindet.
[41] BGH WM 2007, 2289 Rn. 14. Zur einheitlichen Verjährung des Ausgleichsanspruchs unter Gesamtschuldner BGH WM 2009, 1852 Rn. 11 f., 13, 17.
[42] BGH WM 2007, 2289 Rn. 14 ff.; *Wagner* WM 2010, 1684, 1686.
[43] BGH NJW 2010, 60 Rn. 12.
[44] BGH WM 2007, 2289.
[45] BGH NJW 2010, 60 Rn. 13 f.; *Pfeiffer* NJW 2010, 23; *Hartmann/Lieschke* WM 2011, 205.
[46] BGH NJW 2010, 60 Rn. 19.
[47] BGH NJW 2010, 62.
[48] BGH NJW 2010, 435.
[49] BGH BB 2011, 1745 mit Anm. *Ayad/Schnell*; *Wagner* ZNotP 2012, 45, 47.
[50] BGH BB 2011, 1745 mit Anm. *Ayad/Schnell*; *Wagner* ZNotP 2012, 45, 47.

**21** Wird der Gläubiger der Gesellschaft vom haftenden Gesellschafter befriedigt, dann wandelt sich der Freistellungsanspruch in einen Zahlungsanspruch um.[51]

**22** Der BGH hat sich bisher mit folgenden Fragen nicht befasst:
Würde ein Kapitalanleger als unmittelbar Beteiligter durch einen Gläubiger der Gesellschaft in Anspruch genommen, so könnte er primär die Gesellschaft und subsidiär die Mitgesellschafter (§ 426 Abs. 1 Satz 1 BGB) auf Freistellung in Anspruch nehmen[52] bzw. wenn er den Gläubiger der Gesellschaft bereits bezahlt hätte, im Wege des Zahlungsrückgriffes in Anspruch nehmen. Dass dem mittelbar Beteiligten als Quasi-Gesellschafter vergleichbare Möglichkeiten zugestanden werden, wenn dieser vom unmittelbar haftenden Gesellschafter auf Zahlung bzw. Rückgriff in Anspruch genommen wird, sollte dieser durch einen Gläubiger der Gesellschaft in Anspruch genommen worden sein, hat der BGH bisher nicht entschieden, was beanstandet wurde.[53] Denn immerhin gilt es Folgendes zu bedenken:

**23** In der Entscheidung des BGH[54] vom 17.12.2001 war ein an einer KG als atypisch stiller Gesellschafter Beteiligter gesellschaftsvertraglich einem Kommanditisten gleichgestellt worden. Er war mithin ebenfalls Quasi-Gesellschafter der KG. Und in diesem Fall gestand der BGH diesem Quasi-Gesellschafter einen Primäranspruch gegen die KG gem. § 110 HGB und einen Subsidiäranspruch gegen Mitgesellschafter (den Komplementär) analog § 426 Abs. 1 Satz 1 BGB sogar in Anbetracht des Umstandes zu, obwohl normalerweise die Regressvorschrift des § 426 BGB voraussetzt, dass mehrere Gesellschafter im Außenverhältnis den Gesellschaftsgläubigern im Außenverhältnis gesamtschuldnerisch haften, was im Entscheidungsfall nicht gegeben war.

**24** Statt diesen Gedanken für mittelbar Beteiligte als wirtschaftlich Haftende weiter zu entwickeln, erklärt der BGH[55] die mittelbar Beteiligten zwar zu Quasi-Gesellschaftern, macht sie aber zu wirtschaftlich haftenden gegenüber dem Treuhändern bzw. nach Zession gegenüber dem Gläubiger der Gesellschaft, an den der Treuhandgesellschafter eigene Freistellungs- bzw. Rückgriffsansprüche zediert hat, ohne zu entscheiden, warum der Treuhandgesellschafter nicht verpflichtet gewesen sei, zuvor Primäransprüche gegen die Gesellschaft und Sekundäransprüche gegen die Mitgesellschafter geltend zu machen. Die von *Wagner*[56] beanstandete Folge ist, dass mittelbar Beteiligte als wirtschaftlich Haftende ungleich schlechter stehen, als unmittelbar Beteiligte bzw. als Quasi-Gesellschafter bei einem KG-Fonds.[57] Auf solche Haftungsrisiken hat solche mittelbar an GbR-Fonds Beteiligte vor ihrem Beitritt niemand hingewiesen wie auch eine verfassungsrechtlich bedenkliche rückwirkende wirtschaftliche Haftung begründet wird, ohne dass es dafür eine ausreichende gesetzliche Grundlage iSd Art. 14 Abs. 1 Satz 2 GG gibt.[58]

**25** Ein weiteres kommt hinzu: Ein haftungsmäßig in Anspruch genommener Gesellschafter zB einer GbR kann primär die GbR und subsidiär deren Gesellschafter – also seine Mitgesellschafter – auf Freistellung in Anspruch nehmen. Dies bei einer werbenden GbR. Anders ist dies jedoch bei einer Liquidations-GbR. Bei dieser sind nämlich Ansprüche gegen die Gesellschaft bzw. Mitgesellschafter unselbständige Rechnungsposten in der Schlussabrechnung und nicht eigenständig durchsetzbar[59] wie auch unmittelbar Beteiligte gesetzlich zum Nachschuss verpflichtet sind (§ 735 BGB), wenn Fehlbeträge es erforderlich machen, gemeinschaftliche Schulden zu begleichen,[60] sofern gesellschaftsvertraglich nicht ausge-

---

[51] BGH NJW 2010, 60 Rn. 12.
[52] BGH WM 2007, 2289 Rn. 17; BGH NZG 2011, 580 Rn. 40; BGH WM 2011, 765 Rn. 14; *Wagner* WM 2010, 1684, 1686; *Wagner* ZNotP 2012, 45, 46 f.
[53] *Wagner* NZG 2011, 291, 292; *Wagner* NZG 2012, 58; *Wagner* ZNotP 2012, 45, 46.
[54] BGH WM 2002, 291, 292 f.
[55] BGH WM 2011, 2327.
[56] *Wagner* NZG 2012, 58.
[57] BGH WM 2002, 291, 292 f.
[58] *Wagner* NZG 2012, 58, 61 f.
[59] BGH WM 2011, 765; *Wagner* ZNotP 2011, 291, 293.
[60] BGH WM 2011, 2327; BGH 11.10.2011 – II ZR 248/09 (Juris); *Deutscher* ZfIR 2012, 346, 348.

schlossen. Dagegen sind lt. BGH[61] Freistellungsansprüche eines Treuhandgesellschafters einer Liquidations-OHG gegen mittelbar Beteiligte – also gegen Quasi-Gesellschafter – eigenständig durchsetzbar.[62]

Fehlt es an einem vertraglichen Freistellungsanspruch des haftungsmäßig in Anspruch genommenen Gesellschafters gegenüber mittelbar Beteiligten, dann soll diesem gegen mittelbar Beteiligte ein gesetzlicher Freistellungsanspruch (§ 257 Satz 1 BGB) zustehen,[63] der sich in dem Moment in einen Zahlungsanspruch wandelt, in welchem er seitens des Treuhandgesellschafters abgetreten wird.[64] In der Rechtsprechung ungeklärt ist die rechtliche Schlechterstellung mittelbar Beteiligter gegenüber unmittelbar Beteiligten.[65] Denn ein haftungsmäßig in Anspruch genommener Gesellschafter kann seine unmittelbar beteiligten Mitgesellschafter nur subsidiär auf Freistellung in Anspruch nehmen, nachdem er zuvor seinen primären Freistellungsanspruch gegenüber der Gesellschaft nicht durchsetzen konnte. Einen solchen Subsidiäreinwand gesteht der BGH nur mittelbar Beteiligten bei deren Freistellungsinanspruchnahme nicht zu. 26

Die überwiegende Rechtsprechung der OLGs bejaht die rechtlich zulässige vertragliche Haftungsfreistellung.[66] Einzig der 23. Senat des OLG Frankfurt[67] hat in einer von dieser OLG Rechtsprechung unberücksichtigt gelassenen Entscheidung im Rahmen der Inhaltskontrolle eine solche Vertragsklausel wegen Verstoßes gegen §§ 3, 9 AGBG für unwirksam erklärt. Auch der BGH[68] hat inzwischen die Verpflichtung zur Freistellung aufgrund treuhandvertraglicher Regelung iVm §§ 675, 670 BGB bejaht. Er ist dabei der Rechtsprechung des OLG Frankfurt zur Inhaltskontrolle und zum Verstoß gegen §§ 3, 9 AGBG ausdrücklich nicht gefolgt. 27

Der Freistellungsanspruch verjährt ab dem Ende des Jahres in 3 Jahren, in dem die Drittforderung fällig geworden ist, wenn es sich um einen gesetzlichen Freistellungsanspruch (§ 257 BGB) handelt (§§ 199, 195 BGB).[69] Ist dagegen ein vertraglicher Freistellungsanspruch gegeben, so ist die Rechtsprechung des BGH zu § 257 BGB nicht so ohne weiteres zu übertragen, sondern für den Beginn der Verjährungsfrist auf den Zeitpunkt abzustellen, zu dem vertraglich der Freistellungsanspruch fällig wird, wenn die Auslegung des Vertrages zu diesem Ergebnis führt.[70] 28

Wenn die Voraussetzungen eines Haustürgeschäftes für den Abschluss eines solchen Vertrages vorliegen, sind auf einen solchen, die gesellschafterliche Beteiligung vermittelnden, Vertrag die Besonderheiten der §§ 312f. BGB[71] anzuwenden, wenn er nach dem 1.1.2002 abgeschlossen worden ist. Auf vor dem 1.1.2002 abgeschlossene Verträge ist das HWiG an- 29

---

[61] BGH WM 2011, 2327.
[62] *Wagner* ZNotP 2011, 291, 294.
[63] *Wagner* WM 2010, 1684, 1690.
[64] BGH NZG 2010, 192 Rn. 10; *Wagner* NZG 2011, 489, 492.
[65] *Wagner* NZG 2012, 58.
[66] OLG Düsseldorf ZIP 1991, 1494, 1499; OLG Rostock 19.12.2007 – 6 U 132/07, BeckRS 2008, 13693; OLG München 17.1.2008 – 7 U 21118/06, n.V.; OLG Nürnberg 17.1.2008 – 2 U 782/07, BeckRS 2009, 04123, Rn. 75; OLG Koblenz WM 2009, 939, 941; OLG Frankfurt WM 2010, 673, 674; OLG Stuttgart WM 2010, 1077, 1078. Dazu *Wagner* NZG 2009, 1215; *Wagner* WM 2010, 1684, 1690.
[67] OLG Frankfurt NJW-RR 2004, 991. Dazu *Wagner* NZG 2009, 1215, 1216; *Wagner* WM 2010, 1684, 1690.
[68] BGHZ 185, 310 Rn. 11, 14f.; *Wagner* WM 2010, 1684, 1690.
[69] BGH WM 2010, 72 Rn. 13; BGHZ 185, 310 Rn. 22; BGH WM 2011, 897 Rn. 23; *Wagner* WM 2010, 1684, 1686; *Wagner* NZG 2011, 489, 492. Zur Rechtslage des Verjährungsrechts betr. Freistellungsansprüchen aus der Zeit vor BGH WM 2010, 72 Rn. 13 siehe zusammenfassend *Link* BB 2012, 856f.
[70] BGH WM 2010, 72 Rn. 15; *Wagner* NZG 2011, 489, 492. *Link* BB 2012, 856, 857f. zum streitigen Meinungsstand im Fachschrifttum.
[71] Vormals des HWiG.

wendbar (Art. 229 § 5 Satz 1 EGBGB). Folglich bedarf es dann einer den gesetzlichen Grundlagen entsprechenden Belehrung über den möglichen Widerruf.[72] Daran ändert sich nicht deshalb etwas, weil die Finanzierung einer Beteiligung erfolgt ist und diese nach dem Verbraucherschutzrecht der §§ 355 ff. BGB bzw. dem VerbrKrG zu beurteilen ist. Denn „das VerbrKrG einerseits und das HaustürWG andererseits in ihrem Bestreben, Verbraucher vor Überrumpelung und Übereilung zu schützen, (knüpften) an gänzlich unterschiedliche Sachverhalte (an) und es (kann) dem Gesetzgeber von Verfassung wegen nicht verwehrt sein, den Kunden in stärkerem Maße zu schützen, welcher in einer Situation und einer Umgebung ein Geschäft abschließt, in welcher gesetzestypisch die naheliegende Gefahr besteht, dass er nicht hinreichend überlegt, ob er sich auf den ihm angebotenen Vertrag einlassen soll."[73]

**30** Erfolgt ein solcher Widerruf der eigenen Beitrittserklärung zum Fonds zu Recht, so ist der entsprechende Anleger Gesellschafter des Fonds nach den Grundsätzen der fehlerhaften Beteiligung und erhält damit ein Kündigungsrecht ex nunc, aus dem Fonds auszuscheiden. Mit seinem Ausscheiden wächst seine Beteiligung den verbleibenden Gesellschaftern gemäß § 738 Abs. 1 BGB an und auf Grund einer seitens des Fonds zu erstellenden Gesamtabrechnung ist zu ermitteln, ob der solchermaßen aus dem Fonds Ausgeschiedene gegen die Fonds-GbR noch eine Abfindungsforderung hat (§ 738 Abs. 1 Satz 2 BGB) oder ihr gegenüber in einer Fehlbetragshaftung (§ 739 BGB) steht. Hat der Ausgeschiedene eine Abfindungsforderung, so haften ihm dafür allerdings die im Fonds verbliebenen Gesellschafter trotz einer an sich bestehenden akzessorischen Außenhaftung analog § 128 HGB nicht. Dies, weil nach der Rechtsprechung des BGH[74] bei Publikumsgesellschaften im Fonds verbleibende Gesellschafter für auf Beitrittsmängel oder arglistige Täuschungen durch Initiatoren oder Gründer der Gesellschaft beruhende Abfindungsforderungen von Mitgesellschaftern nicht haften.

**31** Aber der BGH hat sich nicht mit der Frage befasst, ob die Beitrittsvereinbarung zu einem geschlossenen Immobilienfonds nicht zu den „Verträgen über andere Rechte an Immobilien" handelt, auf die gemäß Art. 3 Abs. 2a) die RiL 85/577/EWG nicht anwendbar ist. Wäre dem so, dann würde das Widerrufsrecht bei Haustürgeschäften in § 312 BGB (= § 1 Abs. 1 HWiG) jedenfalls nicht aufgrund Transformation einer europäischen Richtlinie in nationales Recht bestehen, sondern originär auf Grund einer nationalen gesetzlichen Regelung.

**32** Gemäß § 312 Abs. 3 Nr. 3 BGB (= § 1 Abs. 2 Nr. 3 HWiG) besteht kein Widerrufs- und Rückgaberecht, wenn Willenserklärungen von einem Notar beurkundet worden sind. Dass ein Widerrufsrecht gänzlich entfallen kann, sieht die europäische Haustürgeschäfterichtlinie (85/577/EWG) nicht vor.

**33** Ein Verstoß gegen diese Richtlinie liegt folglich nur dann nicht vor, wenn die notarielle Beurkundung eine strengere Vorschrift i.S. von Art. 8 dieser Richtlinie ist. Dies ist derzeit ungewiss.

**34** **2. Grundlagen. a) Der Gesellschaftsvertrag.** Gesellschaftsverträge, bei denen der gemeinsame Zweck auf den Erwerb einer bestimmten Immobilien gerichtet sind, bedürfen der notariellen Beurkundung.[75] Dies gilt auch dann, wenn Kapitalanleger zum Zeitpunkt ihres Beitritts verpflichtet werden, zum späteren Zeitpunkt ihres Ausscheidens oder früher eine bestimmte Eigentumswohnung der dann real nach WEG in Wohnungseigentum aufgeteilten Immobilie zu erwerben. Auch diese bereits zum Zeitpunkt des Beitritts eingegangene mittelbare Erwerbsverpflichtung löst die Warnfunktion des § 311b I BGB (= § 313 BGB aF) aus.

---

[72] BGH NJW 2001, 2718.
[73] BGH NJW 2001, 2718 u. Ha. BGH NJW 2001, 1056.
[74] BGH NJW 2003, 2821, 2824.
[75] BGH DStR 2001, 1711. Ist dagegen der gemeinsame Zweck eines Gesellschaftsvertrages nur auf das Verwalten und Verwerten einer Immobilie gerichtet, so bedarf der Gesellschaftsvertrag nicht der notariellen Beurkundung: BGH WM 1997, 2220.

Wenn es in § 705 BGB heißt, durch den Gesellschaftsvertrag würden sich die Gesellschafter gegenseitig verpflichten, wird damit impliziert, die Gesellschafter hätten zu diesem Zweck auch an der Gestaltung des Gesellschaftsvertrages mitgewirkt. Da dies bei der Publikums-GbR in aller Regel nicht der Fall sein wird, indem den Kapitalanlegern ohne deren Mitwirkung ein fertiger Gesellschaftsvertrag textlich vorgegeben wird, den sie nur akzeptieren oder aber von der Beteiligung Abstand nehmen können, wird auch hier die Rechtsprechung von dem **Korrektiv der Inhaltskontrolle** Gebrauch machen.[76] Da Kapitalanleger, die sich an solchermaßen vorgeprägten Publikumspersonengesellschaften beteiligen, sich gegenüber der Initiatoren- bzw. Anbieterseite in einer sog strukturellen Unterlegenheit befinden, sind solche Fondsgesellschaftsverträge grundrechtswidrig, wenn sie unausgewogen sind und man auch hierauf die Maßstäbe der neueren Rechtsprechung des BVerfG anwendet.[77] Es gilt mithin zwischen *Unwirksamkeit* und *Grundrechtswidrigkeit* zu unterscheiden. Dabei trifft eine diesbezügliche Inhaltskontrolle nicht nur die Gerichte, sondern bereits im Vorfeld des Vertragsabschlusses im Falle der Beurkundung von Gesellschaftsverträgen den Notar.[78]

Zwar wird in einer lange dauernden tatsächlichen Abweichung vom Gesellschaftsvertrag eine einvernehmliche Änderung desselben gesehen,[79] doch wird eine solche Fallgestaltung bei Fondsgesellschaftsverträgen idR nicht vorkommen.

Ist es zu einem fehlerhaft geschlossenen Gesellschaftsvertrag gekommen, die Gesellschaft aber in Vollzug gesetzt worden, dann spricht man von einer fehlerhaften Gesellschaft, die als wirksam behandelt wird. Dies gilt auch dann, wenn Anleger auf Grund fehlerhaften Beitritts Gesellschafter geworden sind. In diesen Fällen können fehlerhaft beigetretene Gesellschafter sich sich lediglich mit Wirkung ex nunc von der Gesellschaft lösen.[80] Die Grundsätze der fehlerhaften Gesellschaft werden vom BGH[81] auch auf mittelbare Beteiligungen angewandt.

**b) Der gemeinsame Zweck.** Während die Kommanditgesellschaft nach der Rechtsprechung des BGH ein **eigenständiges Rechtssubjekt** ist, wurde früher die Rechtssubjektqualität bei der GbR verneint. Dies hat sich seit der Entscheidung des BGH vom 29.1.2001[82] geändert, indem seit dieser Entscheidung die GbR materiellrechtlich Rechtssubjekt ist und verfahrensrechtlich Rechtssubjekt ist. Und seit der Entscheidung des BGH vom 7.4.2003[83] haften Gesellschafter einer GbR akzessorisch für die Verbindlichkeiten der Gesellschaft, auch für vor dem Beitritt entstandene Verbindlichkeiten (§ 130 HGB). Aus Gründen des Vertrauensschutzes wollte der BGH[84] dies jedoch nur auf künftige Beitrittsfälle anwenden. Diese Vertrauensschutzrechtsprechung gab der BGH[85] kurz danach rückwirkend wieder auf, was auf Kritik stieß, da es in der Rechtsprechung des BGH bis dahin noch nicht vorgekommen war, dass der BGH rückwirkend eine eigene Vertrauensrechtsprechung aufgehoben hatte.[86]

Hinter der Bezeichnung „Gesellschaft bürgerlichen Rechts" verbirgt sich der durch Vertrag erfolgte Zusammenschluss mehrerer Personen zu einem gemeinsamen Zweck, der je

---

[76] *Wagner/Sommer* WM 1995, 561.
[77] BVerfGE 81, 242, 255; 89, 214, 231 ff.; BVerfG NJW 1994, 2749; *Wagner* HdB, Fach 4310, Rn. 44–54.
[78] *Wagner* DStR 1995, 807 f.
[79] Zur stillschweigenden Änderung eines Gesellschaftsvertrages: BGHZ 70, 331, 332. Zur Vermutung der Änderung eines Gesellschaftsvertrages: BGHZ 132, 362. Zur konkludenten Änderung auch der Schriftformklausel: BGHZ 132, 362.
[80] BGH NZG 2010, 991 Rn. 35.
[81] BGH NZG 2010, 991 Rn. 36 ff.
[82] BGH NJW 2001, 1056 = BGHZ 146, 341.
[83] BGHZ 154, 370.
[84] BGHZ 154, 370, 377.
[85] BGH WM 2006, 187, 188.
[86] *Gutmann* NZG 2005, 544; *Wagner/Loritz* WM 2009, 2149.

nach Gesellschafterzusammensetzung neu zu beantworten ist, indem die Gemeinsamkeit von der Vorstellung und Zusammensetzung der Gesellschafter nicht getrennt werden kann. Dabei darf man sich aber nach *Flume*[87] und *Ballerstedt*[88] den Gesellschaftszweck nicht derart aufgeteilt denken, dass jeder Gesellschafter nach Maßgabe seiner Beteiligung seinen eigenen, im Übrigen aber einen ihm fremden Zweck fördert, vielmehr solle der Zweck nach dem übereinstimmenden Willen der Partner unteilbar und eine Unterscheidung in Eigen- und Fremdzweck nicht angängig sein.

40 Dies scheint für die Publikums-GbR überholt. Zum einen wirken die Kapitalanleger an der Formulierung des Gesellschaftsvertrages und damit an der Artikulierung des gemeinsamen Zwecks nicht mit, zum anderen interessiert die Kapitalanleger der eigentliche Zweck, der mit den aufgebrachten Mitteln verfolgt werden soll, oft nur nachrangig, sofern der avisierte Steuervorteil oder die versprochene Rendite bezüglich der eigenen Beteiligung des Kapitalanlegers eingehalten wird.[89]

41 Hier deuten sich zwei Entwicklungen an, die noch der Konkretisierung durch die Rechtsprechung bedürfen:

42 Der **Kapitalanlageprospekt** dient neben dem Aspekt der gründungsrechtlichen Publizität der Konkretisierung eines gesellschaftsvertraglich abstrakt beschriebenen Gesellschaftszwecks,[90] sodass sich in diesem Prospekt Primär- und Sekundärzwecke von Initiatoren, Gründungsgesellschaften und Kapitalanlegern zusammenfinden. Wenn „gemeinsamer Zweck" auch ein solchermaßen abstrahierter Zweck sein kann, dann ist es auch nicht mehr notwendig, den gemeinsamen Zweck von der Vorstellung und Zusammensetzung der einzelnen Gesellschafter abhängig zu machen. Gesellschafterwechsel und Fungibilität des Beteiligungsan- und -verkaufs bei der Publikums-GbR wäre damit von der Zweckbestimmung losgelöst. Deshalb ist aber der gemeinsame Zweck nicht bedeutungslos. Denn wenn zB der gemeinsame Zweck einer GbR darauf gerichtet ist, von beigetretenen Gesellschaftern Anlagebeträge entgegen zu nehmen, um diese in Finanzinstrumente anzulegen, dann wird darin eine Finanzdienstleistung durch eben diese GbR gesehen (§ 1 Abs. 1a Satz 2 Nr. 3 KWG), die der Erlaubnis der BaFin gemäß § 32 Abs. 1 KWG bedarf.[91]

43 Die Verselbständigung der Publikums-GbR kann rechtsdogmatisch ferner durch die Theorie von *Flume* abgestützt werden, die GbR als Gruppe zu sehen.[92]

44 Darunter versteht *Flume* die Verbundenheit der Gesellschafter zu einer Gruppe als Rechtssubjekt,[93] jedoch mit der Folge der Abstrahierung des gemeinsamen Zwecks durch die Vorgabe zB eines Prospekts als gemeinsamer Grundlage für die Gruppenmitglieder.[94]

45 Eine solche rechtliche Verselbständigung der GbR findet sich inzwischen auch in der Rechtsprechung des BGH.[95] In seiner grundlegenden Entscheidung vom 29.1.2001 hat der BGH[96] schließlich der GbR als Außengesellschaft nunmehr Rechtsfähigkeit zugestanden, soweit sie durch Teilnahme am Rechtsverkehr eigene Rechte und Pflichten begründet. In

---

[87] Die Personengesellschaft, S. 38 f.
[88] JuS 1963, 253, 255.
[89] Zweifelnd, ob insoweit noch von einer Gesamthandsgesellschaft gesprochen werden kann: *Wagner*, Die Massenkommanditgesellschaft, S. 83–91 (für vergleichbares Problem bei der Publikums-KG).
[90] *Wagner*, Die Massenkommanditgesellschaft, S. 84.
[91] BVerwG NZG 2005, 265, 267.
[92] *Flume,* Die Personengesellschaft, S. 56.
[93] Ähnlich *Brandes* WM 1989, 1357, 1359; *Hadding* WuB II.D § 15 GenG 1.92.
[94] Ähnlich *Nietzschke,* Die körperschaftlich strukturierte Personengesellschaft, S. 342.
[95] BGHZ 136, 254 (Scheckfähigkeit der GbR); BGH NJW 1997, 376 (GbR als Gesellschafterin einer GbR); BGH NJW 1992, 499 (GbR als Gesellschafterin einer juristischen Person); BGH NZG 2001, 983 (GbR als Mitglied einer Patentanwalts-GmbH).
[96] BGH NJW 2001, 1056. Dazu *Scholz* NZG 2002, 153; *Wunderlich* WM 2002, 271.

diesem Rahmen hat er sie zugleich im Zivilprozess als aktiv- und passiv parteifähig bezeichnet.[97] Soweit Gesellschafter für die Verbindlichkeiten der Gesellschaft bürgerlichen Rechts persönlich haften, entspricht das Verhältnis zwischen der Verbindlichkeit der Gesellschaft und der Haftung des Gesellschafters derjenigen bei der OHG (Akzessorietät). Die rechtliche Situation hat sich folglich für Gesellschafter (auch) einer Publikums-GbR – mit Rückwirkung – grundlegend gewandelt:

– Eine Haftungsbegrenzung als GbRmbH ist nicht (mehr) möglich,[98] sodass die Beibealtung der Haftungsbegrenzung und die steuerlich gewerbliche Prägung durch Umwandlung der GbR in eine GmbH & Co. KG gesucht wird (§ 2 Satz 2 HGB). **46**

– Die GbR ist als Außengesellschaft selbständig rechtsfähig und im Zivilprozess aktiv und passiv parteifähig.[99] Davon macht der BGH im Hinblick auf das RDG bzw. RBerG allerdings dann eine Ausnahme, wenn alleiniger Zweck einer GbR darin besteht, die zur Einziehung auf fremde Rechnung abgetretenen Forderungen ihrer Gesellschafter geltend zu machen.[100] Damit erledigen sich solche GbR-Fonds, die von sog Anlegerschutzanwälten mitunter als Ausweichmöglichkeit wegen nicht vorhandener Sammelklagemöglichkeiten gedachte Forderungsdurchsetzungs-Fonds.[101] **47**

– Die GbR kann folglich auch eigenständig Kommanditist einer Kommanditgesellschaft sein.[102] **48**

Indem der BGH[103] die akzessorische Haftung der Gesellschafter im Verhältnis zur GbR nicht als echtes Gesamtschuldverhältnis mit unmittelbarer Anwendung der §§ 420 ff. BGB einordnet – nur die für die Verbindlichkeiten der GbR haftenden Gesellschafter stehen **untereinander** in einem echten Gesamtschulderhältnis gem. §§ 420 ff. BGB –, sondern die akzessorische Gesellschafterhaftung gemäß den §§ 128 f. HGB für einschlägig erachtet, können Gesellschafter, die für Verbindlichkeiten der GbR haften sollen, Einwendungen gemäß § 129 HGB erheben. Aus Vollstreckungstiteln gegen die GbR findet eine Zwangsvollstreckung gegen die Gesellschafter der GbR nicht statt (§ 129 Abs. 4 HGB), weshalb in aller Regel die GbR und deren Gesellschafter verklagt werden, also vollstreckbare Titel gegen beide angestrebt werden.[104] Umso wichtiger ist es, als mitverklagter oder isoliert verklagter Gesellschafter eigenständig bei der eigenen Verteidigungsposition § 129 HGB im Auge zu haben. Gemäß § 130 HGB haften auch beigetretene Gesellschafter für vor ihrem Beitritt begründete Verbindlichkeiten.[105] **49**

c) „Gesamthand" und „Gesamthandsvermögen". Nach der früher hM waren Träger von Rechten und Pflichten die Gesellschafter in ihrer Verbundenheit als Gesellschafter.[106] Gesellschafter kann auch eine andere GbR sein.[107] Das Gesamthandsprinzip wurde als Vermögenszuordnungsprinzip verstanden, nachdem die gesetzlichen Regelungen, die die Gesamthand ausgestalten, ausschließlich vermögensrechtliche Bestimmungen **50**

---

[97] Nach OLG Dresden NJW-RR 2002, 544 soll es auch nach der neueren Rechtsprechung des BGH zur Parteifähigkeit der GbR weiterhin möglich sein, als Gesellschafter im Wege der Streitgenossenschaft zu klagen.
[98] Nach OLG Stuttgart NZG 2002, 84 auch nicht per AGB, weil gegen § 307 Abs. 2 Nr. 1 BGB verstoßend. Krritisch gegenüber dieser Entwicklung: *Beuthien* WM 2012, 1.
[99] BGH NJW 2001, 1056.
[100] BGH WM 2013, 1559.
[101] So schon *Loritz/Wagner* WM 2007, 477.
[102] BGH NJW 2001, 3121.
[103] BGH NJW 2001, 1056.
[104] BGH NJW 2006, 2191 Rn. 11 f.: Bei der Zwangsvollstreckung auf Grund eines gegen die GbR gerichteten Titels in das Gesellschaftsvermögen der GbR ist der Vollstreckungstitel an den Geschäftsführer der GbR oder, wenn ein solcher nicht bestellt ist, an einen ihrer Gesellschafter zuzustellen.
[105] Zur Eintrittshaftung bei GbRs: *Kleindiek*, FS Röhricht, 2005, S. 315.
[106] BGHZ 34, 293, 296.
[107] BGH WM 1997, 2220.

enthalten.[108] Das Gesamthandsvermögen ist ein Sondervermögen, das sachenrechtlich den verbundenen Gesellschaftern zusteht, wobei jedoch die Höhe der versprochenen bzw. geleisteten Einlage für die Höhe der Mitberechtigung des einzelnen Gesellschafters am Gesellschaftsvermögen nicht maßgebend ist, sodass die Höhe der Gesamthandsvermögensbeteiligung gerade auch bei der Publikums-GbR der gesonderten vertraglichen Festlegung bedarf. Was sich daran ändern könnte, da mit der neueren Rechtsprechung des BGH[109] die GbR selbst Träger von Rechten und Pflichten ist, ist derzeit ungeklärt.[110] Konsequent wäre es, mit der Rechtssubjektivität der GbR das, was bisher Gesamthandsvermögen der Gesellschafter war, nunmehr als Gesellschaftsvermögen der Gesellschaft anzusehen, woran die Gesellschafter in der Größenordnung von Rechnungskennziffern beteiligt wären.

51   Folglich kommt die (noch) hM zu folgenden Feststellungen:
– Gesamthandsgesellschaften sind Außengesellschaften;
– Innengesellschaften sind niemals Gesamthandsgesellschaften;[111]
– Außengesellschaften sind immer Gesamthandsgesellschaften, da nur Außengesellschaften mit einem eigenen Vermögen am Rechtsverkehr teilnehmen können.

52   **d) Schulden – Haften.** Es ist wie folgt zu unterscheiden: Man **schuldet** die Begleichung eigener Verbindlichkeiten und man **haftet** für die Begleichung fremder Verbindlichkeiten.[112] Sind Verträge mit der GbR als **Außen-Gesellschaft** geschlossen worden, so schuldet diese – die GbR – die Begleichung der damit begründeten Verbindlichkeiten; die Gesellschafter der GbR haften für diese Verbindlichkeiten der GbR akzessorisch gemäß §§ 128 f. HGB.[113] Aus Sicht des Gläubigers der GbR verfügt dieser folglich über mehrere Forderungen: Eine gegen die GbR und jeweils eine gegen jeden einzelnen akzessorisch haftenden Gesellschafter der GbR.[114]

53   Ist ein Gesellschafter aus der bestehenden Gesellschaft ausgeschieden, hat aber nichts gegen den Rechtsschein unternommen, noch Gesellschafter zu sein, so kann ein solch ausgeschiedener Gesellschafter aus 2 Gründen für Verbindlichkeiten der Gesellschaft haften: Aus Gründen der Nachhaftung (§ 736 Abs. 2 BGB) bzw. als Scheingesellschafter.[115]

54   Von der Frage, wer wofür schuldet bzw. haftet, ist zu trennen, was dem Vollstreckungszugriff des Gläubgers als „Haftungs"-Masse unterliegt.[116]

55   Inzwischen hat der BGH[117] die vormals umstrittene Verjährungsfrage geklärt: Gesellschaftsschuld und akzessorische Gesellschafterhaftung verjähren in gleicher Zeit und unter gleichen Voraussetzungen.

56   Sind die Kapitalanleger einer Publikums-GbR in einer **Innengesellschaft** zusammengefasst[118] und wurden mit Ihnen singulär Verträge geschlossen, so schuldet jeder einzelne Kapitalanleger die Begleichung der Verbindlichkeit, die er in seinem jeweiligen Vertrag ver-

---

[108] ZB Verfügungsbegrenzungen gemäß § 719 Abs. 1 BGB; Vollstreckungsbegrenzungen gemäß §§ 736, 859 Abs. 1 ZPO; An- und Abwachsungsprinzip gemäß §§ 738 ff. BGB; Liquidationsnormen gemäß §§ 731 ff. BGB.
[109] BGH NJW 2001, 1056.
[110] Dazu *Beuthien* NJW 2005, 855, 856.
[111] ZB eine Aktionärsvereinigung als GbR-Innengesellschaft: BGH NZG 2010, 62.
[112] Zur Haftung der Gesellschafter der GbR für Steuerschulden der GbR: BFH/NV 2005, 1141 bzw. für USt-Verbindlichkeiten der GbR: BFH/NV 2005, 827.
[113] BGH NJW 2001, 1056; OLG Hamm NZG 2002, 282; *Böken* DStR 2004, 558; *Schleicher* ZfIR 2002, 430, 431. Zu verfassungsrechtlichen Einwänden gegen die akzessorische Haftung in der GbR: *Altmeppen* NJW 2004, 1563.
[114] *Schleicher* ZfIR 2002, 430, 431.
[115] BGH WM 2012, 323 Rn. 18; *Bartels/Wagner* ZGR 2013, 482, 484.
[116] BGH NZG 2007, 139 zur Zustellung (§ 750 Abs. 1 ZPO) an den geschäftsführenden Gesellschafter der GbR.
[117] BGH NZG 2010, 264.
[118] Dies ist idR bei Bauherrengemeinschaften der Fall gewesen: BGHZ 74, 240; BGH NJW 1985, 619; BGH WM 1988, 661; *Brandes* WM 1998, 261.

§ 19 Sonstige Beteiligungen an Gesellschaften    57–60 § 19

einbart hat. Ob die Kapitalanleger daneben auch noch für die Verbindlichkeiten der anderen Kapitalanleger haften, hängt davon ab, ob es sich insoweit um einen Fall des § 420 BGB handelt oder eine gesamtschuldnerische Einstandspflicht in den jeweiligen Verträgen mit dem Gläubiger vereinbart wurde.

Eine gesamtschuldnerische Einstandspflicht gegenüber dem Vertragspartner folgt aber nicht daraus, dass die Kapitalanleger Mitglied einer Gesellschaft bürgerlichen Rechts als Innengesellschaft zusammengefasst sind; denn bei einer Innengesellschaft, die nach Außen nicht im Rechtsverkehr auftritt, haften die Mitglieder der Innengesellschaft nicht aus der gesellschafterlichen Verbundenheit nach außen, sodass sich im Falle der Schlecht- bzw. Nichterfüllung auch nicht Fragen der Außenhaftung (seien es teil- oder gesamtschuldnerische Haftungen) stellen können. Von der Frage, was die Kapitalanleger auf Grund geschlossener schuldrechtlicher Verträge den Gläubigern schulden, ist zu trennen, was die Kapitalanleger als Gesellschafter einer GbR als Innengesellschaft untereinander und zueinander schulden. Dies wiederum ergibt sich aus dem Gesellschaftsvertrag, der, da es sich bei einer Innengesellschaft um keine Gesamthandsgesellschaft handelt,[119] zwischen den Gesellschaftern nur schuldrechtliche Rechtsbeziehungen begründet. 57

Ist dagegen die Publikums-GbR als **Außengesellschaft** konstituiert, muss zwischen der Frage, wer haftet und der anderen Frage, womit gehaftet wird, unterschieden werden. 58

Wenn die Publikums-GbR als solche Verträge abgeschlossen hat, dann **schuldet** nur sie deren Erfüllung bzw. hat bei Schlecht- bzw. Nichterfüllung dieser Verträge einzustehen. Jeder einzelne Gesellschafter der GbR haftet akzessorisch für die gesamte Schuld der GbR entsprechend §§ 128 f. HGB in voller Höhe.[120] Eine von der Zustimmung des Gläubigers der Fonds-GbR unabhängige Haftungsbeschränkung – zB durch den Namenszusatz „GbR mbH" – ist mithin grundsätzlich nicht (mehr) möglich.[121] Aber es stellt sich die Frage, ob jeder einzelne Gesellschafter für die gesamte Schuld der GbR haften soll oder nur entsprechend einer Quote.[122] Letzteres ist nicht (nur) im Gesellschaftsvertrag zu vereinbaren, sondern auch in den jeweiligen Verträgen mit den Vertragspartnern der GbR.[123] Und dort ist dann auch zu regeln, was die Bemessungsgrundlage der quotalen Haftung sein soll, ob zB die Quote bemessen an der ausgereichten Darlehensvaluta zzgl. Zinsen und Kosten oder bemessen an der Restvaluta etc.[124] Ist eine quotale Haftungsbeschränkungsvereinbarung mit dem Gläubiger vergessen worde, so gilt folgendes: Für den Fall der **Bauherren- bzw. Wohnungseigentümergemeinschaft** hat die Rechtsprechung bereits entschieden, dass auf Grund der beiderseitigen Erwartungen der Vertragsparteien davon auszugehen sei, dass der Anleger bzw. Wohnungseigentümer sich nur anteilig habe verpflichten wollen, sodass nicht von einer gesamtschuldnerischen, sondern nur von einer teilschuldnerischen Einstandspflicht des Einzelnen gesprochen werden könne.[125] 59

Solange dies (noch) nicht – auf Grund vergleichbarer Erwartungshaltung – für die **Publikums-GbR** auch außerhalb des Bau- bzw. Wohnungseigentumsbereichs durch die Rechtsprechung entschieden ist, empfiehlt es sich, vertraglich die teilschuldnerische Einstandspflicht der Mitglieder der Publikums-GbR entsprechend der gesondert festzule- 60

---

[119] *Scholz* NZG 2002, 153, 154.
[120] BGH NJW 2001, 1056; OLG Saarbrücken NZG 1998, 303; OLG Hamm NZG 2002, 282; *K. Schmidt*, Gesellschaftsrecht, S. 1488; *Schleicher* ZfIR 2002, 430, 431; *Scholz* NZG 2002, 153.
[121] BGH 24.11.2004 – XII ZR 113/01, DStR 2005, 529; *Lang/Frenkel* WM 2002, 260, 264 f.; *Schleicher* ZfIR 2002, 430, 431. Zur Darstellung der „alten" Rechtslage: *Böken* DStR 2004, 558 f.
[122] *Loddenkemper* ZfIR 2006, 707.
[123] BGH DStR 1999, 1704; BGH DStR 2005, 529, 530; BGH DB 2013, 281 Rn. 16, 19; *Loddenkemper* ZfIR 2006, 707, 708; *Schleicher* ZfIR 2002, 430, 433; *Wagner* ZfIR 2005, 605, 616 f.
[124] BGH 17.4.2012 – II ZR 95/10, NZG 2012, 701 Rn. 25 f.
[125] BGH NJW 1959, 2160; NJW 1977, 294 f.; NJW 1977, 1964; NJW 1979, 2101; BGH WM 1996, 1004; BGHZ 150, 1; *Ulmer* in MüKoBGB, 4. Aufl. 2004, § 712 Rn. 41. Für eine entsprechende Anwendbarkeit, wenn Bauherren sich in einer Gesamthandsgesellschaft bürgerlichen Rechts zusammengeschlossen haben: *K. Schmidt* NJW 1997, 2201.

genden Quote der Höhe nach mit dem jeweiligen Vertragspartner der GbR zu regeln.[126] Dort ist auch zu regeln, ob und in welchem Umfang Tilgungen aus dem Gesellschaftsvermögen oder Erlöse aus der Verwertung des Gesellschaftsvermögen nicht nur auf die Schuld der Gesellschaft sondern auch auf die quotale Haftung des jeweils einzelnen Gesellschafters anzurechnen ist.[127] Geschieht dies nicht, findet keine quotale Anrechnung statt.[128]

**61** Unter einer Quotenhaftung versteht man folglich, dass, bezogen auf das Fondsvolumen, Gesellschafter entsprechend ihrer Beteiligungsquote mit dem Gesellschaftsvermögen und Privatvermögen teilschuldnerisch und nicht gesamtschuldnerisch akzessorisch für Schulden der GbR haften.[129] Wurde jedoch in der Vereinbarung der quotalen Haftung – und sei es durch Bezugnahme auf den Gesellschaftsvertrag – mit dem Vertragspartner der Gesellschaft keine prozentuale Haftungsquote für Gesellschafter vereinbart, sondern eine betragsmäßige Haftungsquote, so so kann der Vertragspartner keine Anpassung der der Haftungsquote verlangen, nur weil zB nicht alle Gesellschaftsanteile gezeichnet wurden.[130]

**62** Die *einerseits* im Gesellschaftsvertrag und *andererseits* seitens der Fonds GbR mit ihrem Vertragspartner zu vereinbarende quotale Haftungsbeschränkungsvereinbarung[131] kann sich beziehen auf
– eine Haftungsbeschränkung auf das Gesellschaftsvermögen und damit auf einen Haftungsausschluss betreffend das Privatvermögen eines jeden Gesellschafters,[132]
– bezüglich der Haftung mit dem Privatvermögen auf eine betragsmäßige „Deckelung" der Quote etc.[133] Wurde diese betragsmäßige „Deckelung" vergessen und nur eine prozentuale quotale Haftungsbegrenzung vereinbart, dann führte dies nicht zu einem nach oben hin offenen und damit variablen Haftungsrahmen, „sondern zu einer summenmäßigen Haftungshöchstgrenze für das Privatvermögen in Höhe von … %" des gewährten Darlehens.[134]

**63** Geregelt werden sollte ferner, ob die quotale Haftungsbeschränkungsvereinbarung sich auf die Quote beziehen soll, die zum Zeitpunkt des Beitritts des Anlegers zur Fonds GbR vorhanden war oder die Quote, welche zum Zeitpunkt der Haftungsinanspruchnahme gegeben ist.[135] Was gilt, wenn dies vergessen worden ist, ist im Wege ergänzender Vertragsauslegung zu ermitteln. Mit dem BGH ist im Regelfall von der Quote = summenmäßige Begrenzung auszugehen, wie sie bei Beitritt bzw. Inanspruchnahme des Kredites vorhanden war.[136]

---

[126] BGHZ 134, 224: „Haben die Gesellschafter einer Gesellschaft bürgerlichen Rechts die Haftung mit ihrem Privatvermögen auf die Höhe ihrer Beteiligungsquote beschränkt (sog quotale Haftungsbeschränkung), so findet bei Teilleistungen aus dem Gesamthandsvermögen an den Gesellschaftsgläubiger zugleich eine Anrechnung auf die jeweilige quotale Verbindlichkeit des Privatvermögens der einzelnen Gesellschafter nach Maßgabe der BGB §§ 366, 367 statt." (Leitsatz) Zur Kritik am Begründungsansatz des BGH: *K. Schmidt* NJW 1997, 2201. - Zur Notwendigkeit individualvertraglicher Vereinbarung einer Haftungsbeschränkung: BGH DStR 1999, 1704; BGH DStR 2005, 529, 530; BGH 17.4.2012 – II ZR 95/10, NZG 2012, 701 Rn. 25 f.; BGH NZG 2013, 214 Rn. 16, 19.
[127] BGH 8.2.2011 – II ZR 263/09, NZG 2011, 583.
[128] BGH 8.2.2011 – II ZR 243/09, NZG 2011, 580.
[129] BGHZ 134, 224, 226; *Wagner* ZfIR 2005, 605, 616.
[130] BGH DB 2013, 281 Rn. 19–20.
[131] BGH DStR 1999, 1704; BGH DStR 2005, 529, 530; *Gesmann-Nuissl* WM 2001, 973, 978; *Hadding* ZGR 2001, 712, 741; *Lang/Fraenkel* WM 2002, 260, 265; *Hadding* ZGR 2001, 712, 741. Zur Frage der konkludenten Vereinbarung einer quotalen Haftungsbeschränkung: *Lang/Fraenkel* WM 2002, 260, 267 f.
[132] *Wagner* ZfIR 2005, 605, 617.
[133] *Schleicher* ZfIR 2002, 430, 433.
[134] BGHZ 134, 224, 226; *Klimke* WM 2010, 492; *Schäfer* NZG 2010, 241; *Wagner* ZfIR 2005, 605, 616.
[135] *Schleicher* ZfIR 2002, 430, 434.
[136] BGHZ 134, 224, 226; *Wagner* ZfIR 2005, 605, 616.

Umstritten war, ob eine quotale Haftungsbeschränkung iVm durch Allgemeine Geschäftsbedingungen vereinbart werden kann.[137] Der BGH fordert eine individualvertragliche Haftungsbeschränkungsvereinbarung mit dem Vertragspartner.[138]

Für sog Altverträge, die eine Fonds GbR vor dem Urteil des BGH vom 27.9.1999[139] abgeschlossen wurden, gilt eine im Gesellschaftsvertrag geregelte quotale Haftungsbeschränkung zu Gunsten von Gesellschaftern der GbR, wenn die Haftungsbeschränkung dem Vertragspartner zumindest erkennbar war.[140]

Von der Frage, wer wie haftet, ist die zu trennen, womit gehaftet wird. Der Gesetzgeber hat nicht normiert, ob bei Vorhandensein nur mit dem **Gesamthandsvermögen** oder daneben auch mit dem **Privatvermögen** gehaftet werden müsse,[141] sodass sich dazu unterschiedliche Auffassungen entwickelt haben.[142]

Die früher einmal anerkannt gewesene Auffassung, dass im rechtsgeschäftlichen Bereich die Haftung in der Weise eingegrenzt werden kann, dass der zB in einer Publikums-GbR als Außengesellschaft eingebundene Kapitalanleger nur teilschuldnerisch *und* unter Ausschluss der Haftung seines Privatvermögens nur anteilig mit seinem Gesellschaftsvermögen haften können soll[143] oder eine Haftung ganz generell nur auf das Gesellschaftsvermögen eingrenzbar sein soll (sog GbR-mbH), hat sich durch die Entscheidung des BGH vom 27.9.1999[144] im rechtsgeschäftlichen Bereich erledigt.[145]

Welche Folgen diese Rechtsprechung des BGH, die allgemein auch als Wechsel von der Doppelverpflichtungstheorie zur Akzessorietätstheorie interpretiert wird,[146] für gegen die Gesellschafter einer GbR gerichtete **gesetzlichen** Ansprüche haben wird, ist inzwischen geklärt, indem einerseits die GbR sich deliktisches Handeln ihrer geschäftsführenden Gesellschafter gemäß § 31 BGB zurechnen lassen muss und andererseits die Gesellschafter einer GbR für gesetzliche Verbindlichkeiten der GbR akzessorisch und untereinander ge-

---

[137] Nachweise bei *Lang/Fraenkel* WM 2002, 260, 268.
[138] BGHZ 142, 315. Die Notwendigkeit einer individualvertraglichen Vereinbarung ergibt sich bereits aus dem Leitsatz dieser Entscheidung. *Hasenkamp* BB 2004, 230 dagegen meint, auf Grund dieser BGH-Entscheidung sei nur die Unzulässigkeit einer einseitigen Haftungsbeschränkung, nicht aber die einer – von ihr bei Publikumsgesellschaften für zulässig gehaltenen – formularvertraglichen Haftungsbeschränkung abzulesen. Dem ist – zumindest aus Gründen des gerade im Kapitalanlagerecht zu beachtenden Grundsatzes des sichersten Weges – nicht zu folgen. Zur individualvertraglichen Notwendigkeit einer Haftungsbeschränkungsvereinbarkeit ferner: BGH DStR 2005, 529, 530.
[139] BGHZ 142, 315.
[140] BGHZ 150, 1; dazu *Reiff* ZGR 2003, 550.
[141] BGHZ 61, 338, 342.
[142] Nach *Kraft/Kreutz*, Gesellschaftsrecht, S. 114 kommt als Haftungsobjekt neben dem Gesellschaftsvermögen auch das Privatvermögen jedes einzelnen Gesellschafters in Betracht. Darstellung der Theorien bei *Wiedemann*, Gesellschaftsrecht I, S. 276–291 mwN. Zur Darstellung der Rechtsprechungsentwicklung: *Wagner* ZfIR 2005, 605, 613 ff.
[143] Zur Haftungsbeschränkung von GbR-Gesellschaftern: *Gummert* ZIP 1993, 1063; *Janssen* DStZ 1994, 276; *Janssen* BB 1994, 1698; *Heermann* BB 1994, 2421; *Kögel* DB 1995, 2201; *Crezelius* JFAfSt 1994/95, 289.
[144] Zur gesellschaftsrechtlichen Unwirksamkeit einer solchen Haftungsbeschränkung: BGH ZIP 1999, 1755; zur wettbewerbsrechtlichen Unzulässigkeit einer solchen Haftungsbeschränkung: OLG München NZG 1998, 899; zur registerrechtlichen Unzulässigkeit einer solchen Haftungsbeschränkung wegen Irreführungsgefahr: BayObLG NZG 1999, 21. Gegen eine GbRmbH bereits *Dauner-Lieb* DStR 1998, 2014. Ferner *Armbruster/Jansen* DStR 1999, 1907, 1910 f.; *Dauner-Lieb* DStR 1999, 1992; *Hennrichs/Kießling* WM 1999, 877; *Reiff* ZIP 1999, 517; *Reiff* ZIP 1999, 1329; *P. Ulmer* ZIP 1999, 509.
[145] Bis dahin war eine Haftungsbeschränkung auf das Gesellschaftsvermögen rechtlich möglich und wirksam, wenn die Haftungsbeschränkung nach außen hin erkennbar war: BGH WM 1990, 1035, 1037 f.; BGH WM 1990, 1113, 1114; BGH WM 1994, 237; BGH WM 1997, 1666.
[146] *P. Ulmer* ZIP 1999, 554. *Heil* MittRhNotK 1999, 337 fragt dagegen, ob damit die Gruppenlehre bestätigt oder von ihr Abschied genommen werde. Ähnlich *Kindl* NZG 1999, 517.

samtschuldnerisch mit ihrem Privatvermögen einzustehen haben.[147] Ob dies allerdings auch bei Gesellschaftern einer Publikums-GbR der Fall ist, ist im Hinblick auf die Rechtsprechung des BGH zur Teilschuldnerschaft bei Bauherrengemeinschaften und Wohnungseigentümergemeinschaften und die Haftungseingrenzung auf eine bestimmte Quote noch nicht abschließend geklärt.[148]

**69** Davon zu trennen ist die Frage, ob Anleger als Gesellschafter einer GbR dann akzessorisch persönlich mit ihrem Privatvermögen getäuschten Anleger-Gesellschaftern gegenüber haften, wenn Anleger-Gesellschafter von Gründungsgesellschaftern der Fonds-GbR getäuscht worden sind. Da seitens des BGH[149] das Handeln der Gründungsgesellschafter den Anleger-Gesellschaftern nicht zugerechnet wird, können in diesem Fall getäuschte Anlegergesellschafter nur gegen besagte Gründungsgesellschafter vorgehen.

**70** Eine zivilrechtliche Haftung des Gesellschafters mit dem Privatvermögen für vor seinem Beitritt begründete Verbindlichkeiten (sog Altverbindlichkeiten) fand nach früherer Rechtsprechung des BGH nicht statt, ausgenommen in den Fällen, dass Gesellschafter einen Schuldbeitritt zur Projektfinanzierung erklärt hatten oder beim Vertragsabschluss mitgewirkt hatten oder beim Vertragsabschluss durch den geschäftsführenden Gesellschafter mit entsprechender Vertretungsmacht vertreten worden waren.[150] Indem der BGH mit seiner Entscheidung vom 29.1.2001[151] die akzessorische Haftung der Gesellschafter einer GbR entsprechend den §§ 128 f. HGB einordnete, hafteten auch dann solche Gesellschafter der GbR nicht für Altverbindlichkeiten analog § 130 HGB, weil der BGH bis dahin nicht haftenden Gesellschaftern Vertrauensschutz zugestand.[152] Diese Vertrauensschutzrechtsprechung hob der BGH in seiner Entscheidung vom 12.12.2005[153] rückwirkend auf, was dazu führte, dass Anleger-Gesellschafter von Fonds-GbRs auch dort gem. § 130 HGB für Altverbindlichkeiten persönlich hafteten, wo sie vorher auf Grund der BGH-Rechtsprechung vom 30.4.1979[154] nicht persönlich gehaftet hatten.[155] Gegen diese rückwirkende Aufhebung seiner Vertrauensschutzrechtsprechung durch den BGH wurden verfassungsrechtliche Einwände erhoben, mit denen sich der BGH nicht befasste bzw. befasst hatte.[156] Das BVerfG nahm eine entsprechende Verfassungsbeschwerde nicht an.[157] Aber in der Rechtsprechung wird eine Ausnahme zugelassen: Hatte zB ein GbR-Fonds einen Darlehensvertrag abgeschlossen, wobei die Vollmacht des für den GbR-Fonds handelnden Geschäftsbesorgers wegen Verstoßes gegen Art. 1 § 1 RBerG unwirksam war (§ 134 BGB) und blieb, weil bei Vertragsabschluss dem Kreditinstitut die Vollmacht nicht im Orginal bzw. in notarieller Ausfertigung vorlag, sodass die §§ 171, 172 BGB nicht einschlägig waren, dann war

---

[147] BGH NJW 2003, 1445, 1446 f.; dazu *Altmeppen* NJW 2003, 1553; *Habersack/Schürnbrand* JuS 2003, 739; *Ulmer* ZIP 2003, 1113; *K. Schmidt* NJW 2003, 1897; *Schäfer* ZIP 2003, 1225; aA *Flume* DB 2003, 1775.
[148] Für eine vergleichbare Behandlung bei GOA: *K. Schmidt*, Gesellschaftsrecht, S. 1511. *Klerx* NJW 2004, 1907, 1908 befürwortet eine Haftungsbeschränkung, die Begründung ist aber rechtlich nicht ausreichend nachvollziehbar.
[149] BGH NJW 1973, 1604 zu IV.; BGHZ 63, 338, 348.
[150] BGHZ 74, 240 f.; BGH NJW 1979, 1821; BAG DB 1988, 125; *Wagner* ZNotP 2009, 101; *Wagner* ZNotP 2011, 291, 292.
[151] BGH NJW 2001, 1056. Dazu *Hadding* ZGR 2001, 712; *K. Schmidt* NJW 2001, 993; *Ulmer* ZIP 2001, 585; *Habersack* BB 2001, 477.
[152] BGH NZG 2003, 577.
[153] BGH NZG 2006, 106. Kritisch dazu *Segna* NJW 2006, 1566.
[154] BGHZ 74, 240 f.
[155] Nach KG Berlin NZG 2006, 706 jedoch keine Haftung eines GbR-Gesellschafters analog § 128 HGB für Bereicherungsansprüche, wenn dem ein Verstoß gegen Art. 1 § 1 RBerG, § 134 BGB zugrunde lag.
[156] *Wagner* ZNotP 2009, 101; *Wagner/Loritz* WM 2009, 2149. Zum gesamten siehe ferner: *Wagner* NZG 2011, 1058, 1059; *Wagner* ZNotP 2011, 291, 292 f.
[157] BVerfG WM 2012, 2273.

der zwischen dem Kreditinstitut und der Fonds-GbR geschlossene Kreditvertrag unwirksam. Der vom Kreditinstitut gegen den GbR-Fonds gerichtete Bereicherungsanspruch führte nicht zu einer persönlichen Haftung der Gesellschafter der GbR analog § 128 HGB, weil der Schutzzweck des RBerG es gem. § 242 BGB verwehrte, Gesellschafter der GbR analog § 128 HGB persönlich in Anspruch zu nehmen.[158]

Dies gilt auch für GbR-Gesellschafter § 130 HGB.[159] Demnach haften der GbR beigetretene Gesellschafter auch für vor ihrem Beitritt begründete Verbindlichkeiten und zwar nicht nur mit dem eigenen Anteil am Gesellschaftsvermögen, sondern (als Folge auch der Bejahung des Akzessorietätsprinzips) in entsprechender Anwendung des HGB § 130 auch mit dem eigenen Privatvermögen.[160] Gleichwohl ist eine differenzierende Betrachtungsweise geboten:[161] **71**

Viele Anleger-Gesellschafter sind in den 90er Jahren geschlossenen GbR-Immobilienfonds beigetreten, wobei zuvor – also vor ihrem Beitritt – Initiatoren des Fonds als Gründungsgesellschafter bereits Objekt-/Projektfinanzierungsverträge mit Kreditinstituten in Millionenhöhe abgeschlossen hatten. Und heute, da die Fonds Not leidend geworden sind, wollen Kreditinstitute besagte Anleger-Gesellschafter als akzessorisch haftende Gesellschafter der GbR persönlich, also auch mit ihrem Privatvermögen, in Anspruch nehmen. Hier muss man die Rechtslage bei Beitritt der heutigen Rechtslage gegenüberstellen. **72**

Bis zur Entscheidung des BGH vom 29.1.2001[162] war die GbR als Außengesellschaft nicht eigenständig rechtsfähig. Die Gesellschafter bildeten eine gesamthänderisch gebundene Gemeinschaft, die Gesamthandsgemeinschaft, mit einem Sondervermögen, dem sog Gesamthandsvermögen der gesamthänderisch gebundenen Gesellschafter. Zuordnungssubjekt der die Gesellschaft betreffenden Rechte und Pflichten war nicht die GbR als Gesellschaft, sondern es waren ihre Gesellschafter.[163] Es hafteten folglich früher nicht wie jetzt die Gesellschafter für Verbindlichkeiten der Gesellschaft, sondern es schuldeten die Gesellschafter in ihrer gesamthänderischen Verbundenheit den Ausgleich von Verbindlichkeiten, wobei allerdings die Einstandspflicht nur mit dem Gesellschaftsvermögen, also dem Gesamthandsvermögen, erfolgte. Eine persönliche Gesellschafterhaftung des einzelnen Gesellschafters für Verbindlichkeiten der Gesamthandsgemeinschaft mit dem Privatvermögen fand jedoch nicht statt. Denn nach der Rechtsprechung des BGH[164] setzte eine persönliche Haftung von Gesellschaftern auch mit dem Privatvermögen voraus, dass Gesellschafter **73**
– entweder am Vertragsabschluss mitgewirkt hatten,
– oder der geschäftsführende und vertretungsberechtigte Gesellschafter mit einer entsprechenden Vertretungsmacht für sie den Vertrag abgeschlossen hatten
– oder nachträglich den Schuldbeitritt erklärt hatten.

Man nannte dies die sog Doppelverpflichtung. Bei vielen geschlossenen Immobilienfonds der 90er Jahren hatten jedoch die Initiatoren solcher Fonds, die zugleich ihre Gründungsgesellschafter waren, Kreditverbindlichkeiten in Millionenhöhe begründet, ohne dass im Hinblick auf die ja erst später beigetretenen Anleger-Gesellschafter eine der vorgenannten Voraussetzungen gegeben gewesen wäre. Und dies erklärt, warum bei vielen – inzwischen Not leidend gewordenen – geschlossenen Immobilienfonds der frühen 90er Jahre **74**

---

[158] BGH 17.6.2008 – XI ZR 112/07, WM 2008, 1356 Rn. 18 f.; auch nach KG Berlin 6.6.2006 – 4 U 115/05, NZG 2006, 706 keine Haftung eines GbR-Gesellschafters analog § 128 HGB für Bereicherungsansprüche, wenn dem ein Verstoß gegen Art. 1 § 1 RBerG, § 134 BGB zugrunde lag.
[159] KG Berlin WM 2005, 553; aA *Lange* NZG 2002, 401.
[160] BGH NJW 2003, 1803; OLG Hamm NZG 2002, 282; KG Berlin WM 2005, 553; *Schleicher* ZfIR 2002, 430, 432; aA OLG Düsseldorf NZG 2002, 284. Dazu *Baumann/Rößler* NZG 2002, 793; *Lange* NJW 2002, 2002.
[161] Dazu umfassend *Wagner* ZfIR 2005, 605, 614 ff.
[162] BGHZ 146, 341; dazu *Arnold/Dötsch* DStR 2003, 1398.
[163] BGHZ 146, 341, 344.
[164] BGHZ 74, 240, 241.

Schuldbeitrittserklärungen von Anleger-Gesellschaftern zu Objekt-/Projektfinanzierungsverträgen anzutreffen sind, weil auf diese Weise erreicht werden sollte, dass diese Anleger-Gesellschafter dadurch nachträglich – nämlich mit diesen Schuldbeitrittserklärungen – auch mit ihrem Privatvermögen haften sollten, was ohne diese Schuldbeitrittserklärungen nicht der Fall gewesen wäre. Umgekehrt bedeutet dies, dass jene Anleger-Gesellschafter, die in den 90iger Jahren geschlossenen GbR-Immobilienfonds beitraten, ohne dass eine der genannten 3 Voraussetzungen – und sei es eine Schuldbeitrittserklärung – vorlagen, eben nicht mit ihrem Privatvermögen hafteten und sich dort auch nicht die Frage der analogen Anwendung des § 130 Abs. 1 HGB bezüglich einer Haftung von Anleger-Gesellschaftern mit ihrem Privatvermögen für vor ihrem Beitritt begründete Altkreditverbindlichkeiten stellen konnte.[165]

75  Wenn allerdings in der Folgezeit – noch vor dem 29.1.2001 – der BGH judizierte, Gesellschafter einer GbR würden für Verbindlichkeiten der GbR auch persönlich und mit ihrem Privatvermögen haften,[166] ohne auf seine Entscheidung vom 30.4.1979[167] zu verweisen, so irritierte dies: Sollte dies nämlich bedeuten, dass dies plötzlich generell gelten sollte oder dass nach wie vor nach der Rechtsprechung des BGH[168] der Grundsatz galt, dass eine persönliche Haftung von Gesellschaftern auch mit dem Privatvermögen voraussetzte, dass Gesellschafter
– entweder am Vertragsabschluss mitgewirkt hatten,
– oder der geschäftsführende und vertretungsberechtigte Gesellschafter mit einer entsprechenden Vertretungsmacht für sie den Vertrag abgeschlossen hatten
– oder nachträglich den Schuldbeitritt erklärt hatten.[169]

76  Der Unterschied ist im Ansatz deutlich: Wenn vorgenannter Grundsatz weiter galt, hafteten Anleger-Gesellschaft generell nicht mit ihrem Privatvermögen für Projekt-/Objektfinanzierungen,[170] sofern keine der vorgenannten 3 Voraussetzungen vorlagen. Wenn vorgenannter Grundsatz aber nicht mehr galt, dann hafteten sie unabhängig auch dann mit ihrem Privatvermögen, wenn keine der drei vorgenannten Voraussetzungen vorlagen, wobei sie allerdings für vor ihrem Beitritt begründete sog Altkreditverbindlichkeiten deshalb nicht hafteten, weil nach wie vor auf Grund der Rechtsprechung des BGH vom 30.4.1979[171] § 130 HGB nicht anwendbar war.[172]

77  Dies änderte sich in dem Moment, als der BGH mit seiner Entscheidung vom 29.1.2001[173] der GbR eine eigene Rechtsfähigkeit mit einem eigenem Gesellschaftsvermögen zuordnete und judizierte, dass die Gesellschafter der GbR für die Verbindlichkeiten der GbR akzessorisch persönlich und auch mit dem Privatvermögen hafteten.[174] Dies führte zu der Frage, wie sich dies auf Altgesellschafter auswirkte. Sollten diese plötzlich auch mit ihrem Privatvermögen haften, obwohl sie seit ihrem Beitrittszeitpunkt – wenn keine Schuldbeitrittserklärung abgegeben worden war – nicht mit ihrem Privatvermögen hafteten? Und sollten diese sog Altgesellschafter plötzlich zusätzlich auch für vor ihrem Beitrittszeitpunkt begründet gewesene Altkreditverbindlichkeiten mit ihrem Privatvermögen haften, weil § 130 Abs. 1 HGB heranzuziehen war, obwohl auch dies bisher kein Thema war?

---

[165] BGHZ 74, 240, 243; aA OLG Dresden DB 2005, 277. Dazu umfassend *Wagner* ZfIR 2005, 605, 614 ff.
[166] BGHZ 142, 315, 318. So auch BGH WM 2005, 284 f. für einen Fall aus der Zeit vor dem 29.1.2001.
[167] BGHZ 74, 240, 241.
[168] BGHZ 74, 240, 241.
[169] *Wagner* ZfIR 2005, 605, 614 ff.
[170] Zur Anlegerhaftung bei Objektfinanzierungen in geschlossenen Immobilienfonds: *Lehleiter/Hoppe* WM 2005, 2213; *Wagner* ZfIR 2005, 605.
[171] BGHZ 74, 240, 243.
[172] *Wagner* ZfIR 2005, 605, 614 ff.
[173] BGHZ 146, 341.
[174] So auch BGHZ 150, 1, 3.

Auf erstere Frage gibt die Rechtsprechung des BGH für Altgesellschafter keine eindeutige Antwort,[175] wohl aber auf letztere.[176]

Ob nämlich Anleger-Gesellschafter für Objekt-/Projektfinanzierungen der GbR, die deren Gründungsgesellschafter bereits vor Beitritt durch Eintritt oder per Anteilserwerb der Anleger begründet haben, haftungsmäßig einzustehen haben, hängt in einem ersten Schritt zunächst einmal davon ab, ob diesbezüglich § 130 Abs. 1 HGB entsprechend anzuwenden ist, was, wenn § 130 HGB einschlägig wäre, gemäß § 130 Abs. 2 HGB ohne Mitwirkung des Gläubigers auch nicht abdingbar wäre. Der BGH bejaht in seiner Entscheidung vom 7.4.2003[177] die Einschlägigkeit des § 130 Abs. 1 HGB bei der GbR als Folge seiner zuvor angesprochenen Entscheidung vom 29.1.2001.[178] Aber: Der BGH[179] weist auch darauf hin, dass der Vertrauensschutz es gebiete, 78

> „den Grundsatz der persönlichen Haftung des in eine Gesellschaft bürgerlichen Rechts Eintretenden für Altverbindlichkeiten der Gesellschaft erst auf künftige Beitrittsfälle anzuwenden."

Folglich haften dort, wo sonst keine Besonderheiten bestehen, Anleger-Gesellschafter für die zu ihrem GbR-Beitrittszeitpunkt bereits begründet gewesenen Objekt-/Projektfinanzierungen (sog „Altverbindlichkeiten") mit ihrem Privatvermögen jedenfalls deshalb nicht, weil für sie aus Vertrauensschutzgründen § 130 Abs. 1 HGB nicht einschlägig ist, sofern ihr Beitritt vor dem 7.4.2003 erfolgt ist.[180] Dies gilt dann ebenfalls, wenn solche Gesellschafter aus dem Fonds ausscheiden, so dass diese dann auch nicht per Nachhaftung (§ 736 Abs. 2 BGB) für vor ihrem Beitritt begründete Altkreditverbindlichkeiten mit ihrem Privatvermögen haften.[181] Allerdings wird diese Einschränkung aus Vertrauensschutzgründen verneint, wenn bei Beitritt bekannt war bzw. sein musste, dass sich die persönliche Gesellschafterhaftung auch auf eine vor Beitritt begründete Objekt-/Projektfinanzierung erstreckt.[182] 79

Unabhängig von zuvor dargelegtem bestehen bei geschlossenen Immobilienfonds in der Rechtsform der direkten Publikums-GbR Risiken der mittelbaren Haftungserweiterungen bei dinglicher Mithaftung, wenn die Gesellschafts- bzw. Gesellschafterfremdfinanzierung auf dem Fondsgrundstück dinglich abgesichert ist und der Kapitalgeber als Gesellschafter der GbR Grundstückseigentümer ist; denn kommt ein Mitgesellschafter seinen Verpflichtungen nicht nach, kann das finanzierende Kreditinstitut unter Umständen die Versteigerung des Grundstückes auch zu Lasten derjenigen betreiben, die ihre Verpflichtungen erfüllt haben. 80

---

[175] In BGHZ 146, 341, 358 heißt es: „Soweit der Gesellschafter für die Verbindlichkeiten der Gesellschaft auch persönlich haftet (BGHZ 142, 315, 318), ist der jeweilige Bestand der Gesellschaftsschuld also auch für die persönliche Haftung maßgebend." Und in BGHZ 142, 315, 318 hatte der BGH ausgeführt, die Gesellschafter einer GbR würden kraft Gesetzes für Verbindlichkeiten der GbR auch persönlich mit ihrem Privatvermögen haften, ohne allerdings auszuführen, ob insoweit für das Zustandekommen der Haftung mit dem Privatvermögen noch BGHZ 74, 240, 241 gelten sollte oder nicht.
[176] *Wagner* ZfIR 2005, 605, 614 ff.
[177] BGHZ 154, 370, 373 ff. Dass im Grundsatz § 130 Abs. 1 HGB beim Eintritt in die GbR im technischen Sinne wie auch per rechtsgeschäftlichem Anteilserwerb gilt, siehe *K. Schmidt* in MüKoHGB, 2004, § 130 Rn. 13–14 mwN. Ferner *Arnold/Dötsch* DStR 2003, 1398.
[178] BGHZ 146, 341.
[179] BGHZ 154, 370, 377; dazu *Boehme* NZG 2003, 764, 765 f.
[180] LG Frankenthal BKR 2005, 28. Anleger-Gesellschafter, die nach dem 4.7.2003 dem GbR-Fonds beigetreten sind, müssen sich allerdings § 130 Abs. 1 HGB entgegenhalten lassen, so dass diese für vor ihrem Beitritt begründete Altkreditverbindlichkeiten auch mit ihrem Privatvermögen haften. Folglich handelt es sich insoweit auch um einen prospektierungspflichtigen Tatbestand. OLG Dresden DB 2005, 277, 278 bejaht § 130 HGB bei quotaler Haftung.
[181] *Wagner* ZfIR 2005, 605, 614 ff.
[182] KG Berlin WM 2005, 553; OLG Dresden NZG 2005, 549.

**81** Solche Risiken können minimiert werden, wenn zB Zweckbestimmungsvereinbarungen mit dem Kreditinstitut getroffen werden, die dingliche Haftung nur für objektbezogene Ansprüche eingreifen zu lassen, Zusatzsicherheiten durch Garantien Dritter vorgesehen werden oder das Kreditinstitut sich jedenfalls auf Subsidiaritätsvereinbarungen einlässt, die zunächst eine abschließende vorherige Inanspruchnahme des Gesellschafters vorsehen, der seinen Verpflichtungen nicht nachgekommen ist.[183]

**82** Der BGH[184] ist jedoch einen anderen Weg gegangen, indem er mittelbar an GbR- bzw. OHG-Fonds Beteiligte im Wege einer rückwirkenden Haftungserweiterung zu *wirtschaftlich* Haftenden erklärt hat, nachdem er eine direkte *rechtliche* Außenhaftung verneint.[185] Dies u. H. a. darauf, dass der Treuhandgesellschafter gegen mittelbar Beteiligte Freistellungs- bzw. Rückgriffsansprüche gem. §§ 675, 670 iVm 257 BGB bzw. auf Grund vertraglicher Freistellungsvereinbarungen habe. Dagegen wurde ua eingewandt, dass damit mittelbar Beteiligte rückwirkend haftungsmäßig schlechter gestellt werden als unmittelbar Beteiligte und dies ohne eine ausreichende gesetzliche Grundlage gem. Art. 14 Abs. 1 Satz 2 GG.[186] Denn während unmittelbar Beteiligten Freistellungs- bzw. Rückgriffsansprüche im Wege des Primäranspruchs gegen die Gesellschaft und im Wege des Sekundäranspruchs gem. § 426 Abs. 1 Satz 1 BGB gegen Mitgesellschaftern zustehe,[187] sei dies mittelbar Beteiligten verwehrt.[188]

**83** Von der zuvor angesprochenen Haftung von Gesellschaftern für Verbindlichkeiten der GbR zu trennen ist die Haftung organschaftlicher Vertreter der GbR gegenüber Anlageinteressenten im Falle von unzutreffenden Informationen. Nach den Grundsätzen der cic (jetzt § 311 Abs. 1 BGB) haften organschaftliche Vertreter der GbR dann Anlageinteressenten, wenn sie diesen gegenüber persönlich auftreten und Vertrauen in Anspruch nehmen und dabei entweder über wesentliche Umstände nicht oder unzutreffend informieren.[189]

**84** **e) Beitragspflichten.** Terminologisch ist zwischen den Begriffen „**Beitrag**" und „**Einlage**" zu unterscheiden. Bei der Publikums-GbR wird unter der Beitragspflicht des einzelnen Gesellschafters die Leistung der Einlage in die Gesellschaft verstanden. Die Höhe der versprochenen bzw. geleisteten Einlage ist, sofern nichts anderes vereinbart ist, für die Höhe der Mitberechtigung am Gesellschaftsvermögen nicht ausschlaggebend, da sie nur den Ausgangsbestand des Gesellschafters für dessen Kapitalanteil bildet.[190] Da aber der Kapitalanteil sich aus Einlagen, Gewinn- und Verlustanteilen sowie Entnahmen des Gesellschafters zusammensetzt[191] und ständigen Schwankungen unterworfen ist, bietet es sich an, die geleistete Einlage als feste Größe für die Stimmrechte und ggf. für einen Gewinn- und Verlustverteilungsschlüssel sowie die Beteiligungsquote am Wert der Gesellschaft gesellschaftsvertraglich vorzusehen. Kommt ein Gesellschafter seiner Beitrags- bzw. Einlagever-

---

[183] *Loritz/Wagner*, Konzeptionshandbuch, Bd. 2, Rn. 414–415.
[184] BGH NZG 2011, 1432.
[185] BGH BB 1961, 988 (gegen Haftung bei gesellschaftsrechtlicher Treuhand); BGH BB 1964, 327 (gegen Haftung von stillen Gesellschaftern); BGHZ 45, 204 und BGHZ 60, 324 (gegen unbeschränkte Kommanditistenhaftung); BGH ZIP 2008, 2354, 2356 (dazu *Wagner* NZG 2009, 213 mwN); BGH WM 2009, 593 Rn. 35; BGH DB 2009, 1397; BGH WM 2010, 1555, 1557; BGH DB 2011, 1099 Rn. 10; BGH BB 2011, 1807 Rn. 11 mwN; OLG Frankfurt WM 2010, 673, 674; OLG Karlsruhe ZIP 2009, 1810, 1811. So auch *Armbrüster* NJW 2009, 2167, 2168; *Armbrüster* ZIP 2009, 1885; *Nobbe* WM 2007, Beilage 1, S. 2, 10; *Wagner* ZNotP 2009, 101, 103; *Wagner* NZG 2009, 213 mwN; *Wagner* NZG 2009, 733; *Wagner* WM 2010, 1684, 1689 mwN; *Wagner* in Schmider/Wagner/Loritz, Handbuch der Bauinvestitionen und Immobilienkapitalanlagen (HdB), 10/200, Fach 7330 Rn. 137 f.
[186] *Wagner* NZG 2012, 58, 61 f.
[187] BGH 15.10.2007 – II ZR 136/06, WM 2007, 2289 Rn. 14–17.
[188] Dazu *Wagner* NZG 2012, 58.
[189] BGH NZG 2008, 661.
[190] *Huber*, Vermögensanteil, S. 191, 199.
[191] *Huber*, Vermögensanteil, S. 191.

pflichtung nicht nach und sorgt der geschäftsführung- und vertretungsberechtigte Gesellschafter nicht dafür, können auch statt dessen andere Gesellschafter im Wege der actio pro socio diese auf Leistung an die GbR geltend machen.[192] Dies betrifft auch Zinsforderungen auf rückständige Einlagen, die in diesem Fall als Sozialanspruch zu qualifizieren sind, weil sie eine aus dem Gesellschaftsverhältnis der Parteien herrührende Verpflichtung betreffen.[193]

Haben Gesellschafter einer GbR Aufwendungen für diese getätigt, die sie für erforderlich halten durften, dann haben sie dieserhalb einen Aufwendungsersatzanspruch gegenüber der GbR.[194]  **85**

Bezüglich Nachschüssen, die unmittelbar und mittelbar Beteiligte treffen können,[195] ist zu unterscheiden zwischen solchen bei einer werbenden Gesellschaft und solchen bei einer Liquidationsgesellschaft. Bei einer werbenden Gesellschaft gilt zunächst der Grundsatz, dass Gesellschafter zu Nachschüssen nicht verpflichtet sind (§ 707 BGB),[196] weshalb unter Treuepflichtgesichtspunkten hohe Anforderungen daran gestellt werden, wenn es darum geht, zu klären, ob Gesellschafter verpflichtet sind, Beitragserhöhungen zuzustimmen.[197] Aber § 707 BGB ist unter engen Grenzen dispositiv.[198] Nachschüsse können wegen des damit verbundenen Eingriffs in den Kernbereich der Gesellschafterstellung durch Mehrheitsbeschluss nur dann begründet werden, wenn dazu eine eindeutige gesellschaftsvertragliche Grundlage gegeben ist, die Art, Anlass und Ausmass von Nachschussanforderungen objektiv bestimmbar erkennen lässt und eine Obergrenze der finanziellen Belastung festlegt bzw. bestimmt worden ist, wie das Erhöhungsrisiko begrenzt wird.[199] Die notwendige Bestimmbarkeit kann sich auch aus dem Gesellschaftsvertrag im Zusammenhang mit der Beitrittserklärung ergeben.[200] Vor diesem Hintergrund ist eine Nachschussanforderung nur dann begründet, wenn dies einerseits im Gesellschaftsinteresse geboten ist und den Gesellschaftern unter Berücksichtigung eigener schutzwürdiger Belange zumutbar sind. Und wird unter diesen Voraussetzungen eine Mehrheitsbeschluss betr. Nachschussanforderungen gefasst, dann kann der Ausschluss der überstimmten Gesellschafter mit beschlossen werden, wenn dadurch die Ausgeschlossenen nicht schlechter stehen, als im Falle der Zwangsliquidation.[201] Wurde dagegen im Gesellschaftsvertrag geregelt, dass die Gesellschafter sich verpflichtet haben, entsprechend ihrer Beteiligung an der Gesellschaft das zur Erreichung des Gesellschaftszwecks Erforderliche beizutragen, bedarf es keines Gesellschafterbeschlusses, weil die Einforderung von Nachschüssen dann Sache des Geschäftsführers ist.[202] Auch verstößt es nicht gegen § 707 BGB, wenn gesellschaftsvertraglich geregelt wurde, einerseits  **86**

---

[192] Zur Treubindung der actio pro socio: BGH NZG 2010, 783.
[193] BGH NJW 2001, 1210.
[194] BGH NZG 2011, 502.
[195] OLG Celle WM 2006, 30; *Wagner* DStR 2006, 1044.
[196] BGH BKR 2007, 339, 340; BGH NZG 2006, 306 Rn. 14; BGH NZG 2006, 379 Rn. 14; BGH NZG 2007, 382 Rn. 17; BGH NZG 2008, 65 Rn. 17; BGH NZG 2008, 335 Rn. 5f.; KG Berlin ZIP 2007, 183; *Armbrüster* ZGR 2009, 1; *Wagner* WM 2006, 1273; *Wagner* DStR 2006, 1044.
[197] BGH NZG 2006, 306 Rn. 24; BGH NZG 2006, 379 Rn. 23–24. Dazu *Wagner* WM 2006, 1273. Bei Nachschussforderungen bei geschlossenen Immobilienfonds wird auch vom „Unterdeckungsmodell" gesprochen: *Barta/Geiseler-Bonse* BKR 2006, 265.
[198] KG Berlin ZIP 2007, 183; *Armbrüster* ZGR 2009, 1, 8f.; *Wagner* WM 2006, 1273.
[199] BGH NZG 2006, 306 Rn. 12–14, 19; BGH NZG 2006, 379 Rn. 20; BGH NZG 2007, 381 Rn. 13; BGH NZG 2007, 382 Rn. 17, 21; BGH BKR 2007, 339, 341; BGH WM 2007, 2381 Rn. 17f.; BGH NZG 2008, 335 Rn. 5f.; KG Berlin ZIP 2007, 183, 184; *Wagner* WM 2006, 1273, 1274; *Wagner* DStR 2006, 1044f.
[200] BGH NZG 2008, 335 Rn. 7–9.
[201] BGH NZG 2009, 1347 Rn. 23; *Wagner* WM 2006, 1273, 1276f.; *Wagner* DStR 2006, 1044.
[202] BGH BKR 2007, 339, 340; BGH NZG 2006, 306 Rn. 14; BGH NZG 2006, 379 Rn. 14; BGH NZG 2007, 382 Rn. 17; BGH WM 2007, 2381 Rn. 17; *Wagner* DStR 2006, 1044, 1045.

eine betragsmäßig festgelegte Einlage und andererseits laufende Beträge zu erbringen,[203] wobei die laufenden Beiträge aus dem Gesellschaftsvertrag eindeutig hervorgehen müssen.[204] Eine gesellschaftsvertragliche Regelung kann nicht Gegenstand einer Nachschussverpflichtung sein, die nur darauf gerichtet ist, zu Nachschusszahlungen nur deshalb verpflichtet zu sein, „soweit die laufenden Einnahmen die laufenden Ausgaben nicht decken."[205] Wohl aber kann eine Nachschusspflicht auf Grund Treuepflicht dann gegeben sein, wenn die ansonsten drohende Zerschlagung wirtschaftlicher Chancen ökonomisch sinnlos ist.[206] Ob dies auch mittels eines sog gesellschaftsvertragsdurchbrechenden Beschlusses bzw. ohne gesellschaftsvertragliche Grundlage erfolgen kann, ist zweifelhaft, es sei denn, alle Gesellschafter haben dem zugestimmt. bzw. überstimmte Gesellschafter hätten aus Treuegesichtspunkten zustimmen müssen.[207] Fehlte es im Gesellschaftsvertrag an einer entsprechenden gesellschaftsvertraglichen Regelung für einen Nachschussbeschluss, dann kann eine schlichte Mehrheitsklausel im Gesellschaftsvertrag keine ausreichende Legitimationsgrundlage für die Änderung des Gesellschaftsvertrages zwecks Einführung einer Nachschusspflicht sein. Denn der Betroffene hätte in einem solchen Fall als überstimmter Gesellschafter einer Änderung der gesellschaftsvertraglichen Nachschussregelung nicht (antizipiert) zugestimmt.[208] Und hat eine Gesllschafter seine Beteiligung wirksam widerrufen (§ 3 HWiG aF = §§ 355, 312 BGB), trifft den faktischen Gesellschafter aus EU-rechtlichen Gründen keine Nachschusspflicht.[209] Enthält der Gesellschaftsvertrag keine den Anforderungen der BGH- Rechtsprechung entsprechende Regelung für einen Nachschussbeschluss, stimmt aber ein Gesellschafter einem Nachschussbeschluss zu, dann wird das „mitgliedschaftliche Grundrecht" aus § 707 BGB[210] nicht berührt.[211]

87 Derjenige, der sich gegen eine Nachschussanforderung wenden kann, ist nicht gehalten, dies innerhalb bestimmter Fristen zu tun, sondern kann Einwände jederzeit dem Zahlungsanspruch entgegen halten.[212]

88 Von den dort dargelegten Grundsätzen zu trennen ist die Nachschusspflicht im Zuge der Liquidation der **GbR** gemäß § 735 BGB.[213] Wenn mithin im Zuge der Liquidation der GbR deren Vermögen nicht ausreicht, die Schulden der Gesellschaft zu decken, dann müssen Gesellschafter der Gesellschaft per Nachschuss in dem Verhältnis zur Schuldendeckung beitragen, in welchem Sie nach dem Gesellschaftsvertrag zur Verlusttragung verpflichtet sind, sofern § 735 BGB gesellschaftsvertraglich nicht abbedungen wurde.. *Diese* Nachschusspflicht des § 735 BGB hat nichts mit Beitragserhöhungen zu tun. Um die Höhe *dieser* Nachschusspflicht zu klären, ist seitens der Gesellschaft eine „Auseinandersetzungsrechnung" zu erstellen.[214] Nachschussanforderungen während einer bestehenden Gesellschaft sind mithin von engen Voraussetzungen abhängig ist. Dagegen sind Nachschüsse, die aufgrund einer durchgeführten Liquidation gezahlt werden, zur Abwicklung der Liquidation erforderlich und haben mit Beitrags- oder Einlagenerhöhung nichts zu tun.

---

[203] BGH NZG 2006, 379 Rn. 14; BGH NZG 2007, 382 Rn. 17; BGH WM 2007, 2381 Rn. 17; *Wagner* DStR 2006, 1044, 1045.
[204] BGH WM 2007, 2381 Rn. 17.
[205] BGH NZG 2006, 379 Rn. 26.
[206] BGH NZG 2007, 582 Rn. 7; OLG Celle NZG 2006, 17, 18; OLG Celle NZG 2006, 225, 226.
[207] *Wagner* WM 2006, 1273, 1274 f.; *Wagner* DStR 2006, 1044, 1045 f.; *Deutscher* ZfIR 2008, 41, 45 f.
[208] BGH NZG 2007, 620 Rn. 14 f.; ähnlich KG Berlin WM 2009, 2174.
[209] OLG München NZG 2007, 225.
[210] BGH NZG 2008, 65 Rn. 17; BGH NZG 2008, 335 Rn. 5; *Armbrüster* ZGR 2009, 1, 2.
[211] BGH NZG 2008, 336 Rn. 7; BGH NZG 2009, 501 Rn. 15.
[212] BGH NZG 2009, 501 Rn. 16.
[213] OLG Karlsruhe NZG 2009, 1426: Zur Verjährung eines Nachschussanspruches in 5-Jahresfrist analog § 160 HGB. *Armbrüster* ZGR 2009, 1, 2.
[214] BGH WM 1993, 1340.

Nachschüsse berühren das **Innenverhältnis** der GbR, also das Verhältnis der Gesellschafter der GbR zueinander. Die Nachschussanforderung betrifft mithin eine Forderung der GbR als Gesamthand gegen alle Gesellschafter der Gesamthand im **Innenverhältnis,** damit die **GbR** ihren Verpflichtungen im Außenverhältnis nachkommen kann. Wären nun Nachschussforderungen gegenüber den Gesellschaftern auf Grund der Maßstäbe der Rechtsprechung unzulässig und würden Gesellschafter die Leistung von Nachschüssen verweigern, dann würden der GbR im **Innenverhältnis** die liquiden Mittel fehlen, die erforderlich wären, seitens der GbR im **Außenverhältnis** ihren Verpflichtungen nachzukommen. die Folgen wären dann einfach: **89**

— *Entweder* alle Gesellschafter der GbR müssten dann im Wege der akzessorischen **Außenhaftung** für die Verbindlichkeiten der GbR aufkommen,[215] soweit im Gesellschaftsvertrag keine Haftungsbegrenzung auf das Gesellschaftsvermögen enthalten ist. **90**

— *Oder* die GbR müsste wegen Zweckverfehlung (§ 726 BGB) **liquidiert** werden. Dies hätte zur Folge, dass alle Gesellschafter gemäß § 735 Abs. 1 Satz 1 BGB im Innenverhältnis entsprechend ihrer quotalen gesetzlichen Nachschusspflicht für einen entstehenden Verlust aufzukommen haben und zudem für alle Verbindlichkeiten der GbR im Wegen der akzessorischen **Außenhaftung** entsprechend § 128 HGB aufkommen müssen, abzüglich eines Veräußerungserlöses der Immobilie, soweit im Gesellschaftsvertrag keine Haftungsbegrenzung auf das Gesellschaftsvermögen enthalten ist. **91**

Mit Nachschüssen im Innenverhältnis der werbenden GbR vermeiden mithin die Gesellschafter einer GbR dort, wo eine Haftungsbegrenzung auf das Gesellschaftsvermögen im Gesellschaftsvertrag *nicht* geregelt war, im Wege der Außenhaftung herangezogen zu[216] und auf Grund § 735 BGB kraft Gesetzes doch zum Nachschuss herangezogen zu werden, sofern § 735 BGB nicht gesellschaftsvertraglich abbedungen wurde. Dort jedoch, wo eine Haftungsbegrenzung auf das Gesellschaftsvermögen im Gesellschaftsvertrag geregelt war, scheidet eine Außenhaftung der Gesellschafter mit dem Privatvermögen aus.[217] Beschließen die Gesellschafter die Liquidation, trifft sie die quotale Nachschusspflicht für Verluste im Innenverhältnis der GbR (§ 735 Abs. 1 Satz 1 BGB), die nichts mit der Außenhaftungsbegrenzung zu tun hat. Würden die Gesellschafter diese Nachschusspflicht vermeiden wollen, indem sie keine Liquidation der GbR beschließen, dann könnte zB die Bank, die der GbR einen Kredit gegeben hatte, entweder die Zwangsversteigerung der Immobilie betreiben oder gegenüber der GbR Insolvenzantrag stellen (§ 11 Abs. 2 Nr. 1 InsO).[218] Dessen Folge wiederum wäre, dass der ursprünglich gesellschaftsvertraglich vereinbarte Gesellschaftszweck dauerhafter Vermietung und Verpachtung unmöglich geworden wäre. Gemäß § 726 BGB würde damit die GbR enden, was jedoch nicht Beendigung sondern Auflösung und Liquidation bedeuten würde, die vom Insolvenzverwalter der GbR nach den §§ 730 ff. BGB durchzuführen wäre.[219] Und infolge dessen würde der Insolvenzverwalter im *Innenverhältnis* der GbR gegenüber den Gesellschaftern die quotale Nachschusspflicht für Verluste gemäß § 735 Abs. 1 Satz 1 BGB geltend machen. Dies hat nichts mit § 93 InsO zu tun, bei dem es um die Geltendmachung von Ansprüchen durch den Insolvenzverwalter betreffend Außenhaftungsansprüchen geht, während es bei § 735 Abs. 1 Satz 1 BGB um die interne quotale Nachschusspflicht für Verluste der GbR geht.[220] **92**

---

[215] BGH NJW 2001, 1056. Gerichtsstand für seine solche Haftungsklage von Gläubigern der GbR gegenüber den akzessorisch haftenden Gesellschaftern ist der Erfüllungsort der Gesellschaftsschuld: BayObLG BB 2002, 2295.
[216] BGH WM 2002, 958.
[217] BGH WM 2002, 958.
[218] BGH WM 2007, 122 zur Geltendmachung von Haftungsansprüchen von Gläubigern der GbR gegen haftende Gesellschafter gem. § 93 InsO.
[219] Ulmer in MüKoBGB, 4. Aufl., § 726 R.n. 8.
[220] BGH WM 2007, 122. Zur Frage der Rechtsmissbräuchlichkeit eines Antrages auf Insolvenzeröffnung über das Vermögen der GbR und der Beschwerdebefugnis von Gesellschaftern der GbR für den Fall der Insolvenzeröffnung siehe BGH 21.6.2007 – IX ZB 51/06, NZG 2007, 623.

**93** Schlägt ein Beschluss zwecks Einforderung von Nachschüssen fehl, sodass eine notleidende Fonds-GbR nicht saniert werden kann, sodass es zur Liquidation des Fonds kommt, dann endet steuerlich die Einkunfts-/Überschusserzielungsabsicht und bis dahin seitens beteiligter Anleger erlangter Steuervorteile können rückwirkend verlustig gehen, sofern nicht schon Verjährung eingetreten ist.[221] Einer neueren Rechtsprechung des BFH[222] ist zu entnehmen, dass trotz langjähriger Verluste gleichwohl eine Gewinnerzielungsabsicht gegeben sein kann, wenn die vom Steuerpflichtigen veranlasste Umstrukturierungsmaßnamen geeignet waren, in einem überschaubaren Zeitraum in die Gewinnzone zurückzukehren.

**94** Über das Risiko von Nachschusszahlungsverpflichtungen bei werbenden GbR-Fonds – falls gesellschaftsvertraglich geregelt – und für den Fall der Liquidation – sofern § 735 BGB gesellschaftsvertraglich nicht abbedungen wurde – ist vor Beitritt von Anlegern aufzuklären. Dabei ist für die Intensität der Aufklärung auf den Zeitpunkt der Anlageentscheidung abzustellen und auf die Wahrscheinlichkeit des Risikoeintritts.[223]

**95** **f) Beteiligung am Gewinn und Verlust.** Es empfiehlt sich, im Gesellschaftsvertrag der Publikums-GbR die Quote eines jeden Gesellschafters für dessen Beteiligungsverhältnis am Gewinn bzw. Verlust festzulegen, da sonst mangels vertraglicher Regelungen gemäß **§ 722 Abs. 1 BGB** jeder Gesellschafter kraft Gesetzes ohne Rücksicht auf Art und Größe seines Beitrages bzw. der geleisteten Einlage „nur" einen gleichen Anteil am Gewinn und Verlust hat. Hier bietet es sich an, den Gesellschafter entsprechend dem Verhältnis der (geleisteten) Einlage zum Gesamtgesellschaftskapital vertraglich teilhaben zu lassen, wobei jedoch auch andere Beteiligungsschlüssel denkbar sind.

**96** Ist darüber hinaus nichts gesondert vereinbart, richtet sich nach dem zuvor genannten Gewinnverteilungsschlüssel auch die Beteiligung am Wert der Gesellschaft wie sie ua bei der Verteilung von Liquidationsüberschüssen zum Ausdruck kommt.[224]

**97** **g) Beitritt zur Gesellschaft.** Der Beitritt zur Publikums-GbR erfolgt je nach Konzeption unterschiedlich. Sollen die Kapitalanleger die Publikums-GbR gründen, wird in aller Regel der Treuhänder ermächtigt, unter Befreiung von § 181 BGB den Gesellschaftsvertrag abzuschließen, wenn ein ausreichendes Investitionsvolumen durch Kapitalanleger repräsentiert wird, um den Fonds zu schließen. Der Gesellschaftsvertrag ist dann bereits inhaltlich vorgegeben.

**98** Haben Gründungsgesellschafter bereits eine GbR geschlossen und sollen die Kapitalanleger beitreten, wird mit ihnen ein Aufnahmevertrag vereinbart, der den Beitritt zur Gesellschaft und die Zustimmung des Beitritts weiterer Gesellschafter beinhaltet.

**99** Verkauft einer der Gründungsgesellschafter anteilig seine Beteiligung an Kapitalanleger, liegt insoweit ein Kauf nebst Abtretung von Gesellschaftsbeteiligungen vor.[225] War der verkaufende Gründungsgesellschafter zu Unrecht im Grundbuch eingetragen, so wird der erwerbende Kapitalanleger nach Maßgabe des § 899a BGB kraft guten Glaubens Grundstückseigentümer.

**100** Gründungsgesellschaftern eines GbR-Fonds obliegen auf Grund gesellschaftlichen Treuepflichten gegenüber beitretenden Anleger-Gesellschaftern gesonderte Informationspflichten.[226] Die Treuepflicht, die Gesellschaftern einer Gesellschaft bürgerlichen Rechts gegenüber den Mitgesellschaftern obliegt, dauert vom Beitritt bis zur vollständigen Beendigung des Gesellschaftsverhältnisses. Die Treuepflicht verlangt von den Gesellschaftern, die Belange der Mitgesellschafter nicht zu beeinträchtigen. Hierzu gehört es, Mitgesellschafter

---

[221] *Wagner* WM 2006, 1273, 1278 f.
[222] BFH/NV 2011, 1865.
[223] OLG München ZfIR 2006, 419, 420; kritischer *Hoppe* ZfIR 2006, 421 f.
[224] *Ulmer* in MüKoBGB, 4. Aufl., § 734 Rn. 6.
[225] Zur Problematisierung der Formfreiheit der Anteilsübertragung: *Ulmer/Löbbe* DNotZ 1998, 711.
[226] Entsprechend BGHZ 30, 195, 201; BGHZ 44, 40; BGHZ 64, 253, 257; BGHZ 68, 81, 82; BGH NZG 2003, 73.

über Vorgänge vollständig und zutreffend zu informieren, die deren mitgliedschaftliche Vermögensinteressen berühren, ihnen aber nicht bekannt sein können.[227]

Werden Anleger bei Beitritt nicht vollständig informiert oder unter Täuschung von Gründungsgesellschaftern oder Dritten zum Beitritt veranlasst, so können die Grundsätze der fehlerhaften Beteiligung zur Anwendung kommen. Im Anschluss an die Rechtsprechung des Reichsgerichts judizierte der BGH,[228] dass trotz Nichtigkeit oder Anfechtung eines Gesellschaftsvertrages die in Vollzug gesetzte Personen(handels)gesellschaft im Verhältnis der Gesellschafter untereinander wie auch nach außen[229] als existent anzusehen sei. Denn die Parteien hätten den tatsächlichen Zustand herbeigeführt, so dass die Gesellschaft im Handels- und Geschäftsverkehr aufgetreten sei. Folglich findet auch § 130 HGB Anwendung.[230] Diese Grundsätze der fehlerhaften Gesellschaft gelten auch bei einem irrtümlich für wirksam gehaltenen fehlerhaften Beitritts,[231] der unterlassenen Haustürwiderrufsbelehrung[232] wie auch beim fehlerhaften Ausscheiden eines Gesellschafters.[233]

Davon hat der BGH dann eine Ausnahme gemacht, wenn die Nichtigkeit des Gesellschaftsvertrages auf einem Gesetzesverstoß (§ 134 BGB) beruht, insbesondere wenn die rechtliche Anerkennung des tatsächlichen Zustandes mit gewichtigen Interessen der Allgemeinheit oder einzelner schutzwürdiger Personen in Widerspruch gerät.[234] Solches hat der BGH ferner angenommen, wenn eine besonders grobe Sittenwidrigkeit festgestellt wird, oder sich ein Gesellschafter durch Drohung oder Täuschung einen besonders günstigen Gewinn- oder Liquidationsanteil zugestehen lässt und folglich ein in die Auseinandersetzungsrechnung einzustellender Schadensersatzanspruch keinen ausreichenden Ausgleich ermöglicht.[235]

Im Grundsatz basiert die Rechtsprechung des BGH zur fehlerhaften Gesellschaft folglich auf der Anerkennung des Vorranges des Vertrauensschutzes der Allgemeinheit vor dem Rechtsschutzinteresse des Einzelnen.[236]

Als Folge des Grundsatzes der Existenz der fehlerhaften Gesellschaft wird zwar der Beitritt zur Gesellschaft[237] wie auch das tatsächlich geschaffene Gemeinschaftsverhältnis der Gesellschafter untereinander und nach außen anerkannt, aber für die Zukunft ein Lösungsrecht gegeben,[238] folglich § 142 BGB im Grundsatz ausgeschlossen.[239] Dies gilt selbst für die Fälle der arglistigen Täuschung bei Beitritt,[240] des Betruges,[241] des Verstoßes gegen das HWiG[242] und einen bei Beitritt vorhandenen Verstoß gegen das RBerG.[243] Das Gesell-

---

[227] BGH NZG 2003, 73.
[228] BGHZ 3, 285, 287 f. (Kommanditgesellschaft); BGHZ 8, 157, 167 f. (atypisch stille Gesellschaft); BGHZ 44, 235, 236 (OHG); BGH BB 1968, 268 (atypisch stille Gesellschaft); BGHZ 55, 5, 8 f. (typisch stille Gesellschaft); BGH WM 1988, 418, 419.
[229] BGHZ 13, 320, 322.
[230] BGHZ 44, 235, 237.
[231] BGH WM 1988, 414; BGH WM 1988, 418, 419; BGH WM 1992, 490, 491; BGH ZIP 2001, 1364, 1366; BGHZ 153, 214, 221.
[232] BGH 29.11.2004 – II ZR 06/03, NZG 2005, 261; BGH 5.5.2008 – II ZR 292/06, NZG 2008, 460 (Vorlagebeschluss des BGH zum EuGH); *Wagner* NZG 2008, 447 (zur Einordnung der fehlerhaften Gesellschaft nach der HaustRL und VerbrRL).
[233] BGH WM 1988, 418, 419.
[234] BGHZ 3, 285, 288; BGHZ 13, 320, 323; BGHZ 62, 234, 241 f.; BGH NJW 1982, 877, 879; BGHZ 153, 214, 222.
[235] BGHZ 13, 320, 323.
[236] BGHZ 13, 320, 323 f.; BGHZ 26, 330, 335; BGHZ 55, 5, 9 f.
[237] BGH NJW 1976, 894 f.
[238] BGHZ 3, 285, 291 f.; BGHZ 13, 320, 324; BGHZ 55, 5, 8.
[239] BGHZ 13, 320, 323; BGHZ 44, 235, 236; BGH BB 1974, 1501; BGH NJW 1976, 894 f.
[240] BGHZ 13, 320, 322; BGHZ 26, 330, 335; BGH NJW 1973, 1604; BGH BB 1974, 1501.
[241] BGHZ 26, 330, 336; BGHZ 55, 5, 10.
[242] BGHZ 148, 201, 207; BGH BB 2005, 624, 625 f.
[243] BGHZ 153, 214, 222.

schaftsverhältnis wird im Grundsatz mithin nicht rückgängig gemacht, sondern auseinandergesetzt.[244] Bei der Publikumspersonengesellschaft kann folglich das Gesellschaftsverhältnis bei Vorliegen eines wichtigen Grundes für die Zukunft beendet werden, ohne dass eine Auflösungsklage erforderlich ist.[245] Dies geschieht durch fristlose Kündigung aus wichtigem Grund.[246] Eine noch nicht erbrachte Einlage ist seitens des faktischen Gesellschafters zu erbringen und die Zahlung des auf ihn entfallenden Verlustanteils an der Gesellschaft kann von ihm nicht unter Berufung auf Treu und Glauben verweigert werden, wenn ihn nur ein Gesellschafter getäuscht hat und diese Täuschung den anderen Gesellschaftern nicht zugerechnet werden kann.[247]

**105** Die Grundsätze der fehlerhaften Gesellschaft gelten auch für das Ausscheiden aus der Gesellschaft.[248] Dies ist dann der Fall, wenn das Ausscheiden tatsächlich, wenngleich rechtlich fehlerhaft, vollzogen worden ist und die Beteiligten das Ausscheiden für wirksam gehalten haben.[249]

**106** Dies alles verdeutlicht, dass haftungsmäßig und im Hinblick auf Fragen des Gesamtschuldnerausgleiches kein Unterschied besteht, ob ein Gesellschafter wirksam beigetreten bzw. ausgeschieden ist oder er nach Beitritt als faktischer Gesellschafter einzuordnen ist bzw. als solcher ausgeschieden ist, selbst wenn ein solcher durch Betrug oder durch arglistige Täuschung zum Beitritt veranlasst worden war, sieht man einmal davon ab, dass der Ausgeschiedene nur für vor dem Zeitpunkt seines Ausscheidens begründete Verbindlichkeiten haftet.

**107** Führt schon *eine* fehlerhafte Beteiligung eines Gesellschafters dazu, dass die GbR finanzierungsmäßig nicht (mehr) geschlossen ist, dann erst recht auch, wenn alle Gesellschafter fehlerhaft beteiligt sind. Aus einer Publikums-GbR würde dann (unbemerkt) eine finanzierungsmäßig nicht geschlossene Liquidations-GbR.[250]

**108** **h) Kündigung, Ausscheiden und Auflösung.**[251] Bei der Kündigung muss unterschieden werden zwischen der Kündigung der Gesellschaft durch Gesellschafter mit der Folge der Liquidation der Gesellschaft einerseits und der Kündigung der eigenen oder fremden Mitgliedschaft der gesellschafterlichen Beteiligung mit der Folge des Ausscheiden des Gekündigten andererseits.[252] Publikums-GbRs im Kapitalanlagenbereich werden oft auf unbestimmte Zeit gegründet, wobei den Gesellschaftern das Recht der Beteiligungsabtretung bzw. der Kündigung der eigenen Mitgliedschaft nach einer bestimmten Zeit (zB 20 Jahren) gesellschaftsvertraglich zugestanden wird. Mit letzterem befristeten Kündigungsrecht wird das jederzeitige gesetzliche Kündigungsrecht des § 723 Abs. 1 Satz 1 BGB zeitlich limitiert,[253] was dann nicht § 723 Abs. 3 BGB zugeordnet wird, wenn die Frist bis zur Kündigung nicht übermäßig lange ist. Der BGH[254] hat einen zeitweiligen Ausschluss des Kündigungsrechts von 5 Jahren für zulässig erachtet. Ob auch ein darüberhinausgehender Ausschluss des Kündigungsrechts im Hinblick auf § 723 Abs. 3 BGB noch wirksam ist und wo die Grenze zur Unwirksamkeit ist, ist ungeklärt. Jedenfalls ist eine 31-jährige ordentli-

---

[244] BGHZ 13, 320, 323 f.
[245] BGH NJW 1976, 894 f.; BGH NJW 1982, 877, 879.
[246] BGHZ 153, 214, 223.
[247] BGH NJW 1973, 1604.
[248] BGH NJW 1992, 1503; BGH NZG 2003, 276.
[249] BGH NJW 1988, 1321; BGH NZG 2003, 276.
[250] BGH WM 1994, 1798.
[251] *Brandes* WM 1998, 261, 264
[252] BGH BB 1999, 1181, wonach eine Rechtsfortbildung unzulässig ist, „die eine faktische Aufhebung der Gesellschafterrechte bei rechtlichem Fortbestand der Gesellschaft bedeutet oder, im Ergebnis gleichstehend, den Ausschluss eines Gesellschafters ohne wichtigen Grund, wenn nicht einmal der Gesellschaftsvertrag dies gestattet (zur Inhaltskontrolle derartiger Klauseln vgl. BGHZ 105, 213, 216 f.; 107, 351, 353; 125, 74, 79 f.)". Zur Kündigung einer Treuhandbeteiligung an einem als GbR betriebenen geschlossenen Immobilienfonds: OLG Hamm NZG 2000, 501.
[253] Beispiel bei *Kurth*, Der geschlossene Immobilienfonds, S. 49.
[254] BGH DStR 2006, 1005 Rn. 11.

che Kündigungsfrist unwirksam.²⁵⁵ Auch ist unklar, ob die Unwirksamkeit des Ausschlusses des Kündigungsrechts (§ 723 Abs. 3 BGB) dadurch „geheilt" werden kann, dass statt dessen gesellschaftsvertraglich die jederzeitige Abtretbarkeit der Beteiligung vorgesehen wird. Auch sind in Anbetracht des § 723 Abs. 3 BGB solche gesellschaftsvertragliche Regelungen unwirksam, die geradezu davor abschrecken sollen, von einem Kündigungsrecht Gebrauch zu machen, indem an die Ausübung des Kündigungsrechts schwerwiegende Nachteile geknüpft werden.²⁵⁶

Das Recht zur Kündigung aus wichtigem Grund kann nicht abbedungen werden. Zur Beurteilung eines wichtigen Grundes ist stets eine Gesamtbetrachtung anzustellen.²⁵⁷

Da die Kündigung des Gesellschaftsverhältnisses die Auflösung der Publikums-GbR zur Folge hätte, wird in der Regel gesellschaftsvertraglich eine **Fortsetzungsklausel** vorgesehen, wonach die Gesellschaft unter den verbleibenden Gesellschaftern fortgesetzt wird (§ 736 BGB).

Wird dem Gesellschafter durch seine Mitgesellschafter – nicht durch die Gesellschaft – oder umgekehrt den Gesellschaftern durch einen Gesellschafter gekündigt (sog Hinauskündigung),²⁵⁸ oder kündigt ein Gesellschafter seine eigene Mitgliedschaft, so scheidet der betreffende Gesellschafter aus der Publikums-GbR aus.²⁵⁹ Sein Anteil am Gesellschaftsvermögen wächst gemäß § 738 Abs. 1 Satz 1 BGB den übrigen Gesellschaftern zu, die ihrerseits dem Ausscheidenden dafür eine **Abfindung** zukommen lassen müssen,²⁶⁰ es sei den die Abfindung ist negativ, sodass der Fehlbetragshaftungsfall eintritt (§ 739 BGB),²⁶¹ wobei die gesetzlichen Vorgaben in §§ 738 Abs. 1 Satz 2, Abs. 2, 739,²⁶² 740 BGB gesellschaftsvertraglich durch eine andere angemessene Regelung ersetzt werden können.²⁶³ Ist nichts anderes gesellschaftsvertraglich geregelt worden, so hat der ausgeschiedene Gesellschafter gegen die Gesellschaft einen Freistellungsanspruch von Verbindlichkeiten der Gesellschaft, für die er analog § 128 HGB haftet, nicht aber von Sozialansprüchen.²⁶⁴

Sog gesellschaftsvertragliche Hinauskündigungsklauseln sind zwar idR wegen § 138 Abs. 1 BGB nichtig.²⁶⁵ Ausnahmsweise können Hinauskündigungsklauseln bzw. auf Ausschließung gerichtete Beschlüsse (§ 737 BGB), auf denen Hinauskündigungen basieren, wirksam sein, wenn die Hinauskündigung von sachlich gerechtfertigten Umständen abhängig gemacht wird.²⁶⁶

---

²⁵⁵ BGH NZG 2012, 984 Rn. 12 ff.
²⁵⁶ BGH DStR 2006, 1005 Rn. 11.
²⁵⁷ BGH NJW 2000, 3491; BGH 22.5.2012 – II ZR 2/11, NZG 2012, 903 Rn. 28 f.
²⁵⁸ Nach BGH NZG 2005, 968, 969 und BGH NZG 2005, 971, 972 sind gesellschaftsvertragliche Hinauskündigungsklauseln allerdings dann unwirksam, wenn diese eine Hinauskündigung ohne sachlichen Grund ermöglichen. Zur Inhaltskontrolle von Hinauskündigungsklauseln: *Benecke* ZIP 2005, 1437.
²⁵⁹ Die Nachhaftung des ausscheidenden Gesellschafters regelt sich nunmehr nach § 736 II BGB. Der BGH hält an seiner Nachhaftungsrechtsprechung bei Dauerschuldverhältnissen iSd Kündigungstheorie nicht mehr fest: BGHZ 142, 324. Ferner *Armbruster/Jansen* DStR 1999, 1907, 1910.
²⁶⁰ BGH NZG 2011, 858: Die Abfindungszahlungsklage des ausgeschiedenen Gesellschafters kann auch die Frage klären, in welcher Höhe Aktiv- und Passivposten bei der Berechnung des Abfindungsguthabens zu berücksichtigen sind.
²⁶¹ BGH NZG 2009, 581: Der ausgeschiedene Gesellschafter ist im Falle des §§ 738 Abs. 1 Satz 2, 739 BGB darlegungs- und beweispflichtig dafür, dass Schulden der Gesellschaft bestehen, von denen freizustellen ist. Zur 3-jährigen Verjährung (§ 195 BGB) der Fehlbetragshaftungsforderung der GbR gem. § 739 BGB siehe BGH NZG 2011, 828.
²⁶² Zur Abschichtungsbilanz bei negativem Kapitalkonto und Fehlbetragshaftung gem. § 739 BGB: BGH NJW 1999, 2438.
²⁶³ Zu Problemen bei Abfindungsklauseln: *Brandes* WM 1998, 261, 264 f. mwN.
²⁶⁴ BGH NZG 2010, 383.
²⁶⁵ BGH WM 2005, 2043, 2044; BGH WM 2005, 2046, 2047.
²⁶⁶ BGH WM 2005, 2043, 2044; BGH WM 2005, 2046, 2047. Zu neuen Denkansätzen der Inhaltskontrolle im Gesellschaftsrecht im Hinblick auf die Kontrolle der Hinauskündigung: *Benecke* ZIP 2005, 1437.

**113** Die Auflösung einer Publikums-GbR wird in den Gesellschaftsverträgen in der Praxis vernachlässigt, sodass dafür dann die gesetzlichen Regelungen gemäß §§ 730 ff. BGB herhalten müssen.[267] Bei Auflösung einer GbR stellen die Einzelnen auf dem Gesellschaftsverhältnis beruhenden Ansprüche unselbständige Rechnungsposten der Auseinandersetzungsrechnung dar und können, wenn ein Ausnahmefall nicht vorliegt, nicht mehr selbständig geltend gemacht werden.[268] Solche Ansprüche sind idR nicht isoliert gerichtlich verfolgbar.[269] Allenfalls kann auf Feststellung geklagt werden, dass einzelne Posten der Auseinandersetzungsrechnung – nicht früherer Schlussrechnungen – aus im Einzelnen aufzuführenden Gründen beanstandet werden.[270] Die Ermittlung des Auseinandersetzungsbetrages ist eine vertretbare Handlung.[271]

**114** Eine Auflösung der Gesellschaft kann nicht nur dadurch erfolgen, dass die Liquidation beschlossen wird, sondern auch dadurch, dass der ursprünglich vereinbarte gemeinsame Zweck (§ 705 BGB) nicht mehr erreicht werden kann (§ 726 BGB). So zeichnen sich zB Not leidende geschlossene Immobilienfonds dadurch aus, dass die Immobilie oft (partiell) Leerstand aufweist, jedenfalls aber nicht mehr so viele Mieteinnahmen erwirtschaftet, um damit die Kosten – insbesondere den Kapitaldienst – decken zu können. Hinzu kommt, dass u. H. a. Rechtsprechung[272] Gesellschafter die erforderlichen Nachschüsse verweigern, so dass auch damit Unterdeckungen nicht ausgeglichen werden können.

**115** Dies führt im Ergebnis dazu, dass dann, wenn Gesellschafter sich zudem einem Krisenmanagement bzw. Sanierungskonzept verweigern, bei dem Fonds ein dauerhafter Kapitalmangel eintritt, ungeachtet des Umstandes, dass Gläubiger der GbR mit oben Ausgeführtem sich uU in der einen oder anderen Weise auf Grund akzessorischer Außenhaftung an die Gesellschafter der GbR halten können.

**116** Gemeinsamer Zweck der Gesellschafter eines geschlossenen GbR-Fonds (§ 705 BGB) war/ist die Vermietung und Verpachtung der Immobilie, jedoch zum Zwecke der Gewinnerzielung, auch wenn dies in manchen Gesellschaftsverträgen nicht ausdrücklich erwähnt wurde. Denn die heute Not leidenden geschlossenen Immobilienfonds der frühen 90er Jahre waren steuerorientierte Fonds, deren Steuerorientierung eine Gewinnerzielungs- bzw. Überschusserzielungsabsicht voraussetzte.[273] Kann auf Grund der zuvor beschriebenen Entwicklung bei Not leidenden geschlossenen Immobilienfonds wirtschaftlich mit einer Gewinnerzielung langfristig nicht mehr gerechnet werden und bleibt es beim Kapitalmangel der Fonds-GbR, weil Gesellschafter Beitragserhöhungen, Nachschüsse, Krisenmanagement bzw. Sanierungskonzepte verhindern, dann wird dadurch die Zweckverwirklichung unmöglich. Als Folge endigt dadurch die GbR (§ 726 BGB).[274] Das in § 726 BGB angesprochene Wort „endigt" führt aber nicht zur Vollbeendigung der GbR, sondern nur zur Auflösung der GbR. Sie mutiert zur Liquidationsgesellschaft.[275] Und mangels abweichender

---

[267] Zu Fragen von Auseinandersetzungsguthaben und Abfindungen: *Brandes* WM 1998, 261, 265 f. mwN.
[268] BGH DStR 2002, 228.
[269] BGH NZG 2003, 215.
[270] BGH DStR 2002, 228. Zur Umdeutung, wonach in einer Zahlungsklage ein Feststellungsantrag enthalten sein kann: BGH NJW 1995, 188; BGH NZG 2003, 215.
[271] OLG Köln NZG 2003, 74.
[272] BGH BB 1961, 7; BGH BB 1979, 12; BGH 19.10.2009 – II ZR 240/08, NZG 2009, 1347; OLG Karlsruhe BB 1982, 327, 329; OLG Karlsruhe GmbHR 1986, 387; OLG Stuttgart OLGR 2000, 120, 121; OLG NZG 2000, 835. Dazu im Einzelnen *Wagner/von Heymann* WM 2003, 2257, 2258 f.
[273] BFH 8.12.1998, BStBl II 1999, 468; BFH 5.9.2000, BStBl II 2000, 676; BFH 21.11.2000, BStBl II 2001, 789; *Spindler* ZfIR 2001, 237; *Wagner* NZG 2001, 527.
[274] *Westermann* in Erman, BGB, 11. Aufl. 2004, § 726 Rn. 1; *Ulmer* in MüKoBGB, 4. Aufl. 2004, § 726 Rn. 5.
[275] *Westermann* in Erman, BGB, 11. Aufl. 2004, § 726 Rn. 2; *Ulmer* in MüKoBGB, 4. Aufl. 2004, § 726 Rn. 7.

gesellschaftsvertraglicher Regelungen erfolgt die Liquidation nach den §§ 730 ff. BGB.[276] Die Fonds-GbR gilt zu Zwecken der Auseinandersetzung als fortbestehend (§ 730 Abs. 2 Satz 1 BGB) und die bisherige nach Gesellschaftsvertrag oder Beschluss der Gesellschafterversammlung geregelte Geschäftsführungsbefugnis erlischt und an ihre Stelle tritt Gesamtgeschäftsführungsbefugnis aller Gesellschafter (§ 730 Abs. 2 Satz 2 BGB). Entsprechend ändert sich die Vertretungsmacht.[277] Und diejenigen Gesellschafter, die sich unter Hinweis auf Rechtsprechung bei der werbenden GbR Nachschüssen verweigert haben, werden sich nunmehr darauf einrichten müssen, dass sie wie alle anderen Gesellschafter der Fonds-GbR auch, kraft Gesetzes für den Fehlbetrag entsprechend dem Verlustverteilungsschlüssel aufzukommen haben (§ 735 Satz 1 BGB),[278] ohne dass ihnen dabei die Rechtsprechung zu Nachschüssen auf Grund Gesellschaftsvertrages oder Beschlüssen der Gesellschafterversammlung weiter helfen würde.

Dieser gesetzliche Nachschussanspruch steht der GbR zu und in diesen können Gläubiger der GbR – ungeachtet ggf. daneben fortbestehender Außenhaftungsansprüche – bei Vorliegen eines Titels gegenüber der GbR im Wege der Vollstreckung zugreifen und sich nach §§ 829, 835 ZPO zur Einziehung überweisen lassen.[279] Weigern sich Gesellschafter in Anbetracht der Gesamtgeschäftsführungsbefugnis und Gesamtvertretungsmacht, daran mitzuwirken, dass die Liquidations-GbR solche gesetzliche Nachschussansprüche geltend machen kann, können statt der GbR auch einzelne Gesellschafter diesen im Wege der actio pro socio auf Zahlung an die GbR gerichtlich geltend machen.[280] Die gesetzliche Nachschusspflicht setzt die Ermittlung des Fehlbetrages auf Grund einer Schlussabrechnung voraus.[281]

Ist eine Gesellschaft gemäß § 726 BGB aufgelöst, weil sie den vertraglich vereinbarten Gesellschaftszweck als werbende GbR nicht mehr erreichen kann, dann kann die zuvor beschriebene Eigenschaft einer Liquidationsgesellschaft nur dadurch vermieden werden, dass dass die Gesellschafter der GbR die Fortsetzung der GbR mit einer geänderten Zweckbestimmung – also einer anderen Zweckbestimmung als der der Liquidation – beschließen.[282] Für eine solche Beschlussfassung ist eine für den Gesellschaftsvertrag ändernde Mehrheit erforderlich.

Das Streben nach Erweiterung des Kündigungsrechts aus wichtigem Grund ohne gesonderte gesellschaftsvertragliche Regelung, wenn etwa der Gesellschaftszweck nicht mehr erreicht werden kann, hat der BGH verneint,[283] weil sonst gerade dann, wenn die Risikogemeinschaft der Gesellschafter sich bewähren muss, jeder durch Kündigung die Last der Verantwortung den verbleibenden Gesellschaftern aufbürden könnte.

Eine Alternative zu dem zuvor Ausgeführten kann in folgendem gesehen werden: Die Gesellschafter können mit einer für eine Änderung des Gesellschaftsvertrages erforderlichen Mehrheit beschließen, die Gesellschaft dadurch zu sanieren, dass dass Kapital herabgesetzt wird und es den Gesellschaftern freigestellt wird, an einer Kapitalerhöhung teilzunehmen. Nicht zahlungsbereite Gesellschafter werden dann ausgeschlossen, wenn ihre Zahlungsweigerung gegen die gesellschafterliche Treuepflicht verstößt. Und dies ist dann der Fall, wenn

---

[276] *Ulmer* in MüKoBGB, 4. Aufl. 2004, § 726 Rn. 8.
[277] *Westermann* in Erman, BGB, 11. Aufl. 2004, § 730 Rn. 8; *Ulmer* in MüKoBGB, 4. Aufl. 2004, § 730 Rn. 43.
[278] *Westermann* in Erman, BGB, 11. Aufl. 2004, § 735 Rn. 1; *Ulmer* in MüKoBGB, 4. Aufl. 2004, § 735 Rn. 4.
[279] *Ulmer* in MüKoBGB, 4. Aufl. 2004, § 735 Rn. 2.
[280] *Westermann* in Erman, BGB, 11. Aufl. 2004, § 735 Rn. 1; *Ulmer* in MüKoBGB, 4. Aufl. 2004, § 735 Rn. 5. Zur gesellschafterlichen Treubindung bei der actio pro socio BGH 26.4.2010 – II ZR 69/09, NZG 2010, 783.
[281] *Westermann* in Erman, BGB, 11. Aufl. 2004, § 735 Rn. 1; *Ulmer* in MüKoBGB, 4. Aufl. 2004, § 735 Rn. 1.
[282] BGH WM 1963, 728, 730; BGH NZG 2004, 227.
[283] BGHZ 69, 160, 163.

der für den Fall ihres Ausscheidens auf sie entfallende Fehlbetrag (§ 739 BGB) höher wäre, als der Beitrag im Falle der Teilnahme an der Kapitalerhöhung.[284]

**121** Ist jedoch im Gesellschaftsvertrag geregelt, dass auch im Krisenfall eine Kapitalerhöhung nur durch alle Gesellschafter einstimmig beschlossen werden kann, so sind Gesellschafter nicht auf Grund gesellschafterlicher Treuepflicht verpflichtet, dem zuzustimmen, wie besagter Gesellschafter auch nicht ausgeschlossen werden kann. Die Gesellschafter, die der Kapitalerhöhung nicht zustiummen, setzen ihre Mitgliedschaft unter Verwässerung ihres Gesellschaftsanteils fort.[285] Und reicht das beschlossene Kapital der Kapitalerhöhung zur Sanierung der GbR nicht aus, muss sie liquidiert werden (§ 726 BGB).[286]

**122** **i) Geschäftsführung und Vertretung**[287]. Das Gesetz sieht in §§ 709 Abs. 1, 714 BGB Gesamtgeschäftsführungsbefugnis und Gesamtvertretungsmacht aller Gesellschafter vor,[288] eine natürliche Konsequenz der vom Gesetzgeber typisiert angenommenen Gleichberechtigung aller Gesellschafter in der Verfolgung eines ungeteilten gemeinsamen Zwecks, sodass Einzelgeschäftsführungsbefugnis und Einzelvertretungsmacht gesellschaftsvertraglich gesondert zu regeln sind. Man nennt dies organschaftliche Vertretung. Eine organschaftliche Vertretungsmacht kann einem Gesellschafter nicht nur ausdrücklich auf Grund gesellschaftsvertraglicher Regelung oder auf Grund Beschlusses der Gesellschafterversammlung erteilt werden, sondern auch konkludent. Dies kann zB dann der Fall sein, wenn Gesellschafter einem der ihren gestatten, nahezu sämtliche Verträge (allein unter Ausschluss der §§ 714, 709 BGB) namens der GbR abzuschließen.[289] Es kann jedoch vorkommen, dass seitens der GbR ein Vertrag geschlossen werden soll, wonach für den Vertragsgegner erkennbar der Vertrag so geschlossen werden soll, dass alle Gesellschafter betroffen werden. Dies ist zB der Fall, wenn durch den Vertrag in den Kernbereich eines jeden Gesellschafters eingegriffen würde, weshalb ein gesellschaftsinterner Mehrheitsbeschluss für die Wirksamkeit eines solchen Vertragsabschlusses nicht ausreichend wäre. Mit dem BGH[290] kommt in einem solchen Fall ein Vertrag im Zweifel erst dann zustande, wenn der letzte Gesellschafter eine zustimmende Willenserklärung abgegeben hat, auch wenn vorher schon ein einzelvertretungsberechtigter Gesellschafter dem vertragsabschluss zugestimmt hat.

**123** Eine vollmachtlose Vertretung ist nicht nur dann gegeben, wenn man ohne rechtsgeschäftliche oder gesetzliche Vertretung auftritt, sondern auch dann, wenn jemand im Namen einer nicht vorhandenen Person vertragliche Vereinbarungen trifft, der angeblich Vertretene mithin nicht existiert.[291]

**124** Davon sind diejenigen Fälle zu unterscheiden, bei denen der Geschäftspartner den Vertreter für den Betriebsinhaber hält oder sonst unrichtige Vorstellungen über die Person des Betriebsinhabers hat.[292] In diesen Fällen soll Vertragspartner der wahre Betriebsinhaber werden. Hatte nun in der Vergangenheit der Komplementär einer Publikums-KG als Schein-KG Verträge abgeschlossen, die als KG nicht existierte, da sie materiellrechtlich keine KG war, müssten mit dieser Rechtsprechung alle Verträge mit der GbR zustande gekommen sein. Dabei wird aber nur der Wille der Geschäftspartner ins Blickfeld genom-

---

[284] BGH NZG 2009, 1347 f.; dazu *Bacina/Redeker* DB 2010, 996; *Deutscher* ZfIR 2010, 481; *Dorka/Derwald* NZG 2010, 694; *Holler* ZIP 2010, 2429; *Wagner* NZG 2009, 213; *Wagner* NZG 2009, 1378. Zuvor schon *Wagner* NZG 1998, 289; *Wagner* NZG 1998, 657; *Wagner* NZG 1999, 503; *Wagner* WM 2006, 1273.
[285] BGH NZG 2011, 510 Rn. 15.
[286] BGH NZG 2011, 510 Rn. 27.
[287] BGH WM 1996, 592; WM 1996, 2233.
[288] *Brandes* WM 1998, 261, 262.
[289] BGH NZG 2005, 345; dagegen *Wertenbruch* NZG 2005, 462.
[290] BGH DStR 2008, 1741 Rn. 26.
[291] BGHZ 105, 283, 285; BGH WM 1996, 592, 593.
[292] BGHZ 62, 216, 221; 64, 11, 15; 91, 148, 152 f.; 92, 259, 268; BGH WM 1996, 592, 593.

men und nicht dem Umstand Rechnung getragen, dass aus vielerlei Gründen Kapitalanleger eines KG-Fonds nicht ohne weiteres Gesellschafter eines GbR-Fonds sein wollen. Diese Rechtsprechung löste mithin die damit verbundenen Fragen,[293] auch im Hinblick auf § 105 Abs. 2 HGB nF,[294] nicht, insbesondere nicht die damit verbundenen sachenrechtlichen Fragen.[295]

Für die Praxis der Publikums-GbR wird die Gesamtgeschäftsführungsbefugnis und Gesamtvertretungsmacht jedoch als unzweckmäßig erachtet, sodass die Geschäftsführung und Vertretung oftmals einem Dritten (zB einem Geschäftsbesorger) überlassen wird, ohne dass dieser selbst Gesellschafter wäre. Nach der Rechtsprechung des II. Senates[296] und des XI. Senates[297] des BGH soll eine umfassende Vollmacht, die einem Geschäftsbesorger, der nicht Gesellschafter der GbR ist, von der GbR bzw. deren Gesellschaftern zwecks Vertretung der GbR eingeräumt wurde, nicht gegen das RBerG verstoßen, ohne dass dies näher begründet wird und dies, obwohl der BGH ansonsten iudiziert, dass Geschäftsbesorger, die auch zum Abschluss von Verträgen ermächtigt sind, als vollmachtloser Vertreter handelt, wenn dessen Handeln gegen Art. 1 § 1 RBerG verstieß.[298] Es hat den Anschein, als ob mit dieser Rechtsprechung seitens der Fonds-GbR geschlossene Objektfinanzierungskreditverträge bezüglich deren Wirksamkeit nicht in Frage stellen wollte.[299] Und selbst wenn bei Abschluss von Darlehensverträgen der Geschäftsbesorger der Fonds-GbR gegen Art. 1 § 1 RBerG verstoßen haben sollte, führt dies mit dem BGH nicht zur Nichtigkeit der ihm erteilten Vollmacht, wenn der finanzierenden Bank bei Abschluss der Darlehensverträge eine Ausfertigung der notariellen Vollmachtsurkunde oder die Vollmacht im Orginal vorlag.[300] 125

Waren Treuhandvertrag und Vollmacht wegen Verstoßes gegen Art. 1 § 1 RBerG unwirksam (§ 134 BGB), ohne dass eine Heilung gem. §§ 171, 172 BGB möglich war,[301] weil bei Abschluss des Darlehensvertrages für die GbR dem Kreditgeber keine Ausfertigung der notariellen Vollmachtsurkunde bzw. keine Vollmacht im Orginal vorlag, dann wurde der Kreditvertrag nicht wirksam geschlossen, sodass die GbR als Darlehensnehmer erbrachte Zins- und Tilgungsleistungen im Wege der Leistungskondiktion kondizieren kann[302] bzw. Forderungen der Bank die Unwirksamkeit des Darlehensvertrages entgegenhalten kann. Die Bank hat dann gegen die GbR keinen Bereicherungsanspruch, wenn die Darlehensvaluta nicht auf eine wirksame Weisung hin an einen Dritten bezahlt wurde; in 126

---

[293] *Wagner/Sommer* WM 1995, 561.
[294] *Wagner* WM 1998, 894, 895 f.
[295] *Wagner/Sommer* WM 1995, 561, 563 ff.
[296] BGH NZG 2006, 745 Rn. 18 ff.
[297] BGH WM 2005, 1698, 1700; BGH NZG 2007, 140 Rn. 12, 29. Kritisch dazu *Ulmer* ZIP 2005, 1341; *Habersack* BB 2005, 1695; *Schmidt-Morsbach/Dicks* BKR 2005, 424. Diese Rechtsprechung des BGH verteidigend: *Schimansky* WM 2005, 2209.
[298] BGH WM 2001, 2260, 2262; BGH WM 2002, 1273, 1274; BGH WM 2003, 1064; BGH ZflR 2004, 562 f.; BGH WM 2004, 372, 375; BGH WM 2005, 1520, 1521; BGH WM 2012, 312 Rn. 16–17.
[299] Ähnlich die fragwürdige Rechtsprechung des XI. Senates des BGH, wonach für objektfinanzierende Kreditinstitute gegenüber Fonds-GbRs und deren Gesellschafter per se keine Aufklärungspflichten bestanden haben sollen, um damit Ansprüche von Anlegern gegen objektfinanzierende Kreditinstitute wegen Aufklärungspflichtverletzung bereits von Beginn an zu verneinen: *Wagner* NZG 2011, 847.
[300] BGH NZG 2007, 140 Rn. 20; BGH WM 2012, 312 Rn. 17, 26. AA OLG Karlsruhe ZIP 2006, 1128, wonach ein Verstoß gegen Art. 1 § 1 RBerG angenommen wird und mit einer Anschlussvereinbarung kein neuer Rechtsgrund geschaffen wird, sondern lediglich eine Konditionenanpassung erfolgt.
[301] Zur Beweislast des Anlegers für das Fehlen der Voraussetzungen der §§ 171, 172 BGB siehe BGH WM 2008, 2158.
[302] Zur Verjährung solcher Ansprüche BGH WM 2008, 2155; OLG Celle ZIP 2006, 2163.

diesem Fall hat die GbR die Darlehensvalute nicht „empfangen"[303] und muss die ausgezahlte Darlehensvaluta beim Zahlungsempfänger zurückfordern.[304]

**127** Davon zu trennen sind Fragen betr. das Verbot der Drittorganschaft. Das Verbot der **Drittorganschaft** untersagt, dass sämtliche Gesellschafter einer GbR von der Geschäftsführung und Vertretungsmacht ausgeschlossen und diese Funktionen unter Ausschluss aller Gesellschafter von einem Dritten wahrgenommen werden.[305] Es stellt jedoch keinen Verstoß gegen das Verbot der Drittorganschaft dar, wenn alle oder eine gewisse Anzahl von Gesellschaftern – ja sogar nur ein einziger Gesellschafter – geschäftsführungsbefugt und vertretungsberechtigt bleiben, aber per Beschluss oder im Gesellschaftsvertrag selbst einen Dritten mit der **Ausübung** der Geschäftsführung betrauen und ihm umfassende Vollmacht einräumen.[306] Entscheidend ist, dass die Gesellschafter sich nicht insgesamt der Geschäftsführung und Vertretung begeben, sondern lediglich die Ausübung derselben überlassen wird.[307] wie auch die Generalbevollmächtigung des Dritten die Gesellschafter nicht aus ihrer Vertretungsbefugnis insgesamt ausschließen darf, sondern diese sich aus dieser bei den Gesellschaftern verbliebenen Vertretungsmacht in besonderer inhaltlicher Gestaltung ableiten können lassen muss.[308]

**128** Von der Frage der Ausübung der Geschäftsführung in einer GbR ist die zu trennen, nach welchen Mehrheitsverhältnissen diese auszuüben ist. Soweit in der Publikums-GbR gesellschaftsvertraglich das Mehrheitsprinzip festgelegt ist, sollte geregelt werden, woran die Stimmrechte orientiert werden, da sonst im Zweifel gemäß § 709 Abs. 2 BGB die Zahl der Gesellschafter maßgebend ist.

**129** Die Frage der rechtswirksamen Vertretungsmacht bei einer Publikums-GbR hat auch ganz wesentliche Bedeutung, wenn es darum geht, zu bestimmen, wer gegenüber Bescheiden über die einheitliche und gesonderte Feststellung von Besteuerungsgrundlagen klagebefugt ist. Der BFH[309] hat zur Publikums-GbR folgendes entschieden:

**130** Wenn bei einer Publikums-GbR Gesamtvertretungsmacht aller Gesellschafter bestehen sollte, fehle es an einem zur Vertretung berufenen Geschäftsführer zumindest dann, wenn keine Person vorhanden sei, die ein von den Gesellschaftern der GbR abgeleitetes, die gerichtliche Vertretung umfassendes Geschäftsführungs- und Vertretungsrecht erlangt habe. In einer solchen Situation fehle es an Personen, die – entsprechend dem gesetzlichen Leitbild des vertretungsberechtigten Geschäftsführers – in der Lage seien, kurzfristig für die Gesellschaft zu handeln. Wenn folglich § 48 I Nr. 1 FGO nicht gegeben sei, richte sich die Klagebefugnis nach den anderen Vorgaben des § 48 FGO.[310] Dass einer Person/Gesellschaft von den Gesellschaftern der Publikums-GbR die Vertretungsbefugnis für deren Vertretung vor den Finanzbehörden eingeräumt worden sei, rechtfertige nicht automatisch deren Übertragbarkeit auf das finanzgerichtliche Verfahren.

**131** Ähnlich hat der BGH[311] entschieden, dass die GbR gerichtlich durch alle Gesellschafter vertreten wird, denen Geschäftsführungsbefugnis und Vertretungsmacht zusteht.

---

[303] Hatte zB ein Berlin-Fonds (GbR) unter Verstoß gegen Art. 1 § 1 RBerG einen Kreditvertrag geschlossen, der deshalb unwirksam war (§ 134 BGB), weil die Voraussetzungen der §§ 171, 172 BGB nicht gegeben waren, und erfolgte die Zahlung der Darlehensvaluta nicht an die GbR, sondern den Grundbuchtreuhänder, dann hat die GbR, den Kredit nicht empfangen und kann bereicherungsrechtlich bezüglich der selbst gezahlten Zinsen und Tilgungen gegen die Bank vorgehen. Ähnlich OLG Celle ZIP 2006, 2163.

[304] BGH WM 2008, 1211 Rn. 9.

[305] *Altmeppen* ZIP 2006, 1; *Habersack* BB 2005, 1695; *Ulmer* ZIP 2005, 1341; *Wertenbruch* NZG 2005, 462. Dies möchte *Schimansky* WM 2005, 2209 nicht wahrhaben.

[306] BGHZ 36, 292, 294; BGH WM 1982, 40, 41; BGH WM 1982, 394, 396 f.; WM 1982, 583; BGHMittRhNotK 1994, 224.

[307] *Brandes* WM 1998, 261, 263.

[308] BGHZ 36, 292; BGH DB 1982, 218; BGH DB 1982, 1395.

[309] BFH/NV 1998, 994.

[310] Dazu BFH 19.8.1999, BStBl. II 2000, 85.

[311] BGH NZG 2010, 1021.

**j) Gesellschafterversammlung.** Die Darstellung zur Gesellschafterversammlung bei 132
der Publikums-KG kann für Gesellschafterversammlungen bei der Publikums-GbR analog
Anwendung finden.

Umstritten ist, ob es sich bei einem von der Gesellschafterversammlung einer GbR gefass- 133
ten Beschluss um eine vertragsförmige Kollektiventscheidung oder oder um einen organschaftlichen Beschluss handelt.[312] So hat das BGB darauf verzichtet, die Gesellschafterversammlung als Organ anzusehen und Vorschriften für deren Zuständigkeit und Verfahren zu
regeln.[313] Dies ändert nichts daran, dass im Gesellschaftsvertrag etwas anderes vereinbart worden sein kann.[314] Der praktische Unterschied erweist sich in folgendem: Handelt es sich bei
einem von der Gesellschafterversammlung um eine vertragsförmige Kollektiventscheidung,
wäre eine Beschlussanfechtungsklage gegen alle Gesellschafter zu richten. Würde es sich dagegen um einen organschaftlichen Beschluss handeln, so wäre die Beschlussanfechtungsklage
gegen die rechts- und parteifähige GbR zu richten.[315] Folglich stellt sich diese Frage dort, wo
entweder im Gesellschaftsvertrag keine oder keine eindeutige Regelung festzustellen ist.

Im Gesellschaftsvertrag ist von einer organschaftlichen Beschlussfassung der Gesellschaf- 134
terversammlung auszugehen, wenn

– im Gesellschaftsvertrag geregelt worden ist, dass Beschlussfeststellungs- und Statusklagen 135
  gegen die Gesellschaft zu richten sind,[316]
– im Gesellschaftsvertrag Fragen der gesellschaftsinternen Organisation nach GmbH- 136
  rechtlichem oder aktienrechtlichem Vorbild gestaltet wurden, zB beim Verfahrensablauf
  der Gesellschafterversammlung oder bei Bestimmungen über die Anfechtung von Gesellschafterbeschlüssen.[317]

Für Publikumsgesellschaften wie es ein GbR-Fonds ist, wird im Zweifel vermutet, dass 137
eine organschaftliche Beschlussfassung gewollt sei.[318] Gesellschafter unterliegen auch bei
einer Personengesellschaft einem Stimmverbot, wenn es um Beschlussfassungen über die
Entlastung des betreffenden Gesellschafters geht, wenn gegen ihn gerichtliche oder außergerichtliche Ansprüche geltend gemacht werden bzw. es um die Befreiung von einer Verbindlichkeit geht.[319]

**k) Beurkundungsbedürftigkeit von Gesellschaftsverträgen[320] und Anteilsüber-** 138
**tragungen[321].** Eine Beurkundungspflicht des Gesellschaftsvertrages ist erst und nur dann
gegeben, wenn die Gesellschafter sich im Gesellschaftsvertrag mittelbar oder unmittelbar
zum Erwerb eines *bestimmten* Grundstückes verpflichtet haben und der Erwerbsvorgang
noch nicht in die Wege geleitet worden ist.[322] Alleine laut Gesellschaftsvertrag Grundstücke
verwalten und verwerten zu sollen, erfüllt noch nicht die Voraussetzungen des § 311b
Abs. 1 BGB und alleine der Umstand, auf Grund Beitrittes zu einer Gesellschaft auch Gesamthandseigentümer der Immobilie zu werden, ebenfalls nicht.[323]

Tritt ein Anleger einem geschlossenen Immobilienfonds bei, einerlei ob durch Begrün- 139
dung einer Beteiligung oder durch Anteilsabtretung, dann ist dieser Beitritt nicht beurkundungsbedürftig,[324] auch wenn der Gesellschaftsvertrag beurkundungsbedürftig war.

---

[312] Nachweise bei *Mülbert/Gramse* WM 2002, 2085, 2086.
[313] *Ulmer* in MüKoBGB, 4. Aufl. 2004, § 709 Rn. 50.
[314] *Mülbert/Gramse* WM 2002, 2085, 2091.
[315] *Mülbert/Gramse* WM 2002, 2085, 2090.
[316] BGH NJW-RR 1990, 474; OLG Celle NZG 1999, 64.
[317] *Mülbert/Gramse* WM 2002, 2085, 2092.
[318] OLG Celle NZG 1999, 64 f. (zur Publikums-KG); *Mülbert/Gramse* WM 2002, 2085, 2092.
[319] BGH NZG 2012, 625 Rn. 16 mwN.
[320] BGH NJW 1996, 1279.
[321] BGH NJW 1996, 1279; OLG Frankfurt OLGR 1996, 136; *Armbrüster* DZWiR 1997, 281;
*Ulmer/Löbbe* DNotZ 1998, 711.
[322] BGH NJW 1996, 1279, 1280.
[323] BGH NJW 1996, 1279, 1280.
[324] BGHZ 86, 367, 369 ff.; BGH NJW 1996, 1279, 1280.

**140** **l) Beendigung der GbR/Beteiligung**[325]. Wird eine GbR aufgelöst,[326] so ist eine Auseinandersetzungsbilanz zu erstellen; Ansprüche der Gesellschafter gegeneinander oder gegen die Gesellschaft sind im Rahmen dieser Auseinandersetzungsbilanz unselbständige Rechnungsposten, sodass sich ein Zahlungsanspruch alleine auf den abschließenden Saldo beziehen kann.[327] Dazu ist in 2 Stufen vorzugehen:

**141** 1. Stufe:
Ist im Gesellschaftsvertrag für die Beschlussfassung über die Auseinandersetzungsbilanz keine Regelung über eine qualifizierte Mehrheit vorhanden, so reicht die einfache Mehrheit.[328] Welches Mehrheitserfordernis gilt, ist durch Auslegung des Gesellschaftsvertrages zu ermitteln.

**142** 2. Stufe:
Auf der 2. Stufe ist zu klären, ob die getroffene Mehrheitsentscheidung wirksam ist oder ob zB die Mehrheitsmacht treupflichtwidrig ausgeübt wurde.[329]

**143** Eine solche Auseinandersetzungsbilanz ist ausnahmsweise dann entbehrlich, wenn es nur noch um Verlustausgleichsansprüche geht (§ 735 BGB), weil die Gesellschaft vermögenslos ist. Dies darf aber nicht zu dem Irrtum führen, die gelte auch für einen insolventen geschlossenen Immobilien-Fonds, denn mit der vorhandenen Immobilie ist ja noch Vermögen vorhanden.

**144** Ist die vom Gesellschaftsvertrag vorausgesetzte und nach dem Gesellschaftszweck erforderliche Zusammenarbeit zwischen den Gesellschaftern *endgültig* nicht mehr möglich, kann jeder Gesellschafter aus wichtigem Grund die *Gesellschaft* (oder seine gesellschafterliche Beteiligung) aus wichtigem Grund kündigen (§ 723 Abs. 1 Satz 2 BGB)[330]. Die Frage ist, wann bei einem krisengeschüttelten Fonds die Zusammenarbeit der Gesellschafter *endgültig* nicht mehr möglich ist, ob also zuvor die Möglichkeiten eines Krisenmanagements[331] eruiert werden müssen. Bejaht man dies, stellt sich die Folgefrage, was alles im Rahmen dessen versucht worden sein muss, um dann besagte „Endgültigkeit" zu bejahen.

**145** Scheidet ein Anleger aus einer Fonds-GbR aus, so ist gesellschaftsvertraglich vorgesehen, dass die Fonds-GbR unter den verbleibenden Gesellschaftern fortgesetzt wird. Der Anteil des ausgeschiedenen Gesellschafters wächst den verbleibenden Gesellschaftern an (§ 738 Abs. 1 Satz 1 BGB) und der Ausgeschiedene hat einen Anspruch gegen die Gesellschaft auf Befreiung von den Verbindlichkeiten der Gesellschaft, für die er sonst analog § 128 HGB haften würde (§ 738 Abs. 1 Satz 2 BGB). Aufgrund einer aus Anlass des Ausscheidens seitens der Fonds GbR zu erstellenden Gesamtabrechnung (sog „Abschichtungsbilanz") steht dem Ausgeschiedenen ein Abfindungsguthaben zu (§ 738 Abs. 1 Satz 2 BGB) oder er haftet für einen Fehlbetrag (§ 739 BGB). Dies betrifft die Rechtsbeziehungen des Ausgeschiedenen zur GbR. Daneben haftet der ausgeschiedene Gesellschafter Gläubigern der Gesellschaft im Rahmen der Nachhaftung (§§ 736 Abs. 2 BGB, 140 HGB) akzessorisch für die bis zum Zeitpunkt des Ausscheidens bestehenden Verbindlichkeiten der GbR, wenn sie vor Ablauf von 5 Jahren fällig geworden und gerichtlich geltend gemacht worden sind,[332] kann aber im Innenverhältnis gegenüber der Gesellschaft Befreiung verlangen (§ 738 Abs. 1 Satz 2 BGB). Die 5-Jahresfrist beginnt zu dem Zeitpunkt, zu dem der Gläubiger vom Aus-

---

[325] BGH DStR 1996, 31; BGH DStR 1998, 1724; BGH BB 1998, 2330; OLG Dresden DB 1996, 2327.
[326] Dass eine GbR vorhanden war, ist vorab zunächst festzustellen. Besteht darüber Streit, so ist dies per Rechtsstreit – ggf. per Grundurteil – zu klären: BGH NJW 2001, 224.
[327] BGH DStR 1996, 31 mit Anm. *Goette;* BGH DStR 2002, 228; BGH 15.11.2011 – II ZR 266/09, NZG 2012, 393 Rn. 34; *Wagner* ZfIR 2005, 605, 608 f.
[328] BGH NZG 2012, 393 Rn. 16 f.; BGH NZG 2012, 397 Rn. 23 f.
[329] BGH NZG 2012, 397 Rn. 25 mwN.
[330] BGH BB 1998, 2330, 2331.
[331] *Wagner* NZG 1998, 289; *Wagner* NZG 1998, 657.
[332] *Lang/Fraenkel* WM 2002, 260, 263 f.; *Schleicher* ZfIR 2002, 430, 432.

scheiden des Gesellschafters Kenntnis erlangt.³³³ Dies gilt auch für vor dem Ausscheiden durch die GbR begründete Dauerschuldverhältnisse.³³⁴ Wird allerdings ein solches Dauerschuldverhältnis nach Ausscheiden des Gesellschafters zwischen Bank und GbR verlängert, so gilt dies als Neuabschluss, wodurch der Altgesellschafter nicht weiter verpflichtet werden kann.³³⁵

Für die Verjährung von Nachhaftungsverpflichtungen gemäß § 736 Abs. 2 BGB gilt es, eine zweistufige Prüfung vorzunehmen: Aufgrund der akzessorischen Außen- und Nachhaftung haftet ein ausgeschiedener Gesellschafter für die Verbindlichkeiten der GbR. **146**

In einer ersten Stufe ist zu prüfen, ob ein ausgeschiedener und nachhaftender Gesellschafter sich gemäß § 129 Abs. 1 HGB einer der GbR zustehende Einrede der Verjährung zu eigen machen kann. Dies folgt aus §§ 736 Abs. 2 BGB, 159 Abs. 1 HGB („kürzere Verjährung"). Hier ist zB zu prüfen, ob die GbR sich einem Gläubiger gegenüber auf die Verjährung gemäß §§ 195, 197 BGB berufen könnte, was der ausgeschiedene Nachhafter sich gemäß § 129 Abs. 1 HGB zu eigen machen könnte.³³⁶ Wenn dies nicht der Fall ist, ist als nächstes zu prüfen, ob der ausgeschiedene Nachhafter sich gemäß § 736 Abs. 2 BGB auf § 160 HGB berufen kann.³³⁷ **147**

Davon getrennt zu würdigen ist die Frage der Verjährung des Befreiungsanspruchs der ausgeschiedenen Gesellschafters gegen die Gesellschaft von Verbindlichkeiten der Gesellschaft, für die der Ausgeschiedene analog §§ 736 Abs. 2 BGB, 128 HGB haften würde. Hier beginnt die Verjährungsfrist gemäß § 199 Abs. 1 BGB, sobald seitens Gläubigern der Gesellschaft erstmals Haftungs-Ansprüche gegen den Ausgeschiedenen geltend gemacht oder mit einer Klage durchgesetzt werden können.³³⁸ **148**

**m) Grundbuchrechtliche Fragen**³³⁹. Ist eine vormalige Schein KG im Grundbuch eingetragen gewesen, so war das Grundbuch unrichtig, weil materiellrechtlich eine GbR vorhanden war, deren Gesellschafter aber nicht unter Angabe ihres Gemeinschaftsverhältnisses im Grundbuch eingetragen waren³⁴⁰. Ob § 105 Abs. 2 HGB nF für diese „Altfälle" ex nunc *sachenrechtliche* Heilungswirkung hat, wird wohl eher zu verneinen sein³⁴¹. Die Folge könnte mithin sein, dass dann, wenn die Gesellschafter dieser Schein-KG (alt) = GbR irgendwann einmal ihre Gesellschaftsanteile an Dritte veräußern, besagter Dritter Gesamthandseigentum am Grundstück nicht auf Grund des öffentlichen Glaubens des Grundbuches erwerben können,³⁴² folglich auch für sie nicht rechtswirksam eine Vormerkung eingetragen werden kann.³⁴³ **149**

Mit der Entscheidung des BGH vom 29.1.2001³⁴⁴ war die GbR rechtsfähig und Träger von Rechten und Pflichten geworden. Damit ist materiellrechtlich Grundstückseigentümer die GbR selbst,³⁴⁵ womit sich das Gesamthandseigentum ihrer Gesellschafter erledigt hat. Folglich hätte auch nur die GbR als solche im Grundbuch eingetragen werden müssen und nicht mehr alle Gesellschafter mit dem Zusatz „in Gesellschaft bürgerlichen Rechts." Diese **149a**

---

³³³ BGHZ 117, 168; OLG Dresden NJW-RR 1997, 162; *Hadding* ZGR 2001, 712, 740; *Lang/Fraenkel* WM 2002, 260, 263 f.; *K. Schmidt* NJW 2001, 993, 999.
³³⁴ BGHZ 142, 324; *Lang/Fraenkel* WM 2002, 260, 264.
³³⁵ BGHZ 142, 324; *Lang/Fraenkel* WM 2002, 260, 264.
³³⁶ *Hofmeister* NZG 2002, 851.
³³⁷ *Hagen* NZG 2002, 851. Zuvor schon siehe OLG Dresden DB 1996, 2327; dazu *Armbrüster* DZWiR 1997, 55.
³³⁸ BGH NZG 2010, 1020 Rn. 8.
³³⁹ Zur GbR im Grundbuchverkehr siehe den Überblick von *Kremer* RNotZ 2004, 239.
³⁴⁰ *Wagner/Sommer* WM 1995, 561. Ferner OLG Düsseldorf DNotZ 1997, 737; KG DNotZ 1997, 745.
³⁴¹ *Wagner* WM 1998, 694, 695 f.
³⁴² BGH WM 1997, 480; *Dümig* ZfIR 2002, 796; aA *Heil* NJW 2002, 2158 f.
³⁴³ *Dümig* ZfIR 2002, 796.
³⁴⁴ BGH NJW 2001, 1056.
³⁴⁵ BGH NZG 2006, 939 Rn. 10; dazu *Kazemi* ZfIR 2007, 101 f.

Frage war lange Zeit umstritten.³⁴⁶ In diese Richtung hatte zunächst der BGH iudiziert, indem er es zuließ, dass eine GbR unter ihrer gesellschaftsvertraglichen Bezeichnung im Grundbuch eingetragen werden konnte.³⁴⁷

**150** Der Gesetzgeber hat sich abweichend von vorgenannter BGH-Entscheidung in § 899a BGB dafür entschieden, die GbR und deren Gesellschafter im Grundbuch einzutragen.³⁴⁸ Dies hat zur Folge, dass mit jedem Beitritt bzw. Ausscheiden eines Kapitalanlegers das Grundbuch zu berichtigen und gemäß § 47 GBO auszuweisen ist, wer Mitglied der GbR ist,³⁴⁹ ohne dass die Anteilshöhe bzw. Veränderungen bei der Anteilshöhe im Grundbuch einzutragen sind.³⁵⁰ Der Nachweis von Existenz, Identität und Vertretungsberechtigung müssen in der Form des § 29 GBO vorgenommen werden.³⁵¹ Erwirbt eine Fonds-GbR eine Immobilie, so soll es „ausreichen," wenn die GbR und ihre Gesellschafter in der Auflassungsurkunde benannt werden und erklären, die alleinigen Gesellschafter zu sein, ohne dass weitere Nachweise betr. Existenz, Identität und Vertretungsverhältnisse gegenüber dem Grundbuchamt geführt werden müssen.³⁵²

**151** In Anbetracht der in der Vergangenheit vorhandenen grundbuchlichen Unsicherheiten bei Beitritt neuer Gesellschafter bzw. dem Ausscheiden vorhandener Gesellschafter wurde/wird bei GbR-Fonds vermehrt von der Möglichkeit mittelbarer Beteiligungen von Anlegern Gebrauch gemacht. Welche haftungsrechtlichen Probleme für mittelbar Beteiligte in Anbetracht der neueren Rechtsprechung die Folge sein können, wurde oben angesprochen. GbR-Fonds haben mithin für die Zukunft folgende Probleme:

**152** – Ist konzeptionell vorgesehen, Anleger als Gesellschafter am GbR-Fonds unmittelbar zu beteiligen, so sind solche Anleger ohne die Möglichkeit einer GbRmbH einer unmittelbaren Außenhaftung ausgesetzt, entweder gesamtschuldnerisch oder quotal. Hinzu kommen bei der Vielzahl von beteiligten Anlegern grundbuchlich zu beachtende Formalien, die nach wie vor noch Fragen aufwerfen.

**153** – Ist dagegen konzeptionell vorgesehen, Anleger mittelbar zu beteiligen (sog Quasi-Gesellschafter), sind solche mittelbar beteiligten Anleger zwar keiner unmittelbaren Außenhaftung ausgesetzt und wegen solcher mittelbar Beteiligten gibt es auch keine grundbuchlich zu beachtenden Vorgaben. Aber es bestehen hier für mittelbar Beteiligte für diese uU unüberschaubare dargestellte Innenhaftungsprobleme, die bei Abtretung solcher Ansprüche durch den Treuhandgesellschafter dann doch wieder zur Außenhaftung führen.

**154** Zwischenzeitlich war die Frage virulent geworden, ob eine existente GbR grundbuchrechtlich Immobilieneigentum erwerben konnte.³⁵³ Diese Frage wurde inzwischen vom

---

³⁴⁶ Für eine Grundbuchfähigkeit der GbR nach BGH NJW 2001, 1056: *Demuth* BB 2002, 1555; *Dümig* ZfIR 2002, 796, 798; *Eickmann* ZfIR 2001, 433, 436 f.; *Lautner* MittBayNot 2005, 93; *Ulmer/Steffek* NJW 2002, 330; *G. Wagner* ZIP 2005, 637; *K.-R. Wagner* ZNotP 2006, 408. Gegen eine Grundbuchfähigkeit der GbR auch nach BGH NJW 2001, 1056: *Heil* NJW 2002, 2158. Unklar *Schöpflin* NZG 2003, 117.
³⁴⁷ BGH NZG 2009, 137. Dazu *Blum/Schellenberger* BB 2009, 400; *Böttcher* ZfIR 2009, 613; *Ruhwinkel* MittBayNot 2009, 177; *Ruhwinkel* MittBayNot 2009, 421; *Schubert* ZNotP 2009, 178.
³⁴⁸ Dazu *Heinze* RNotZ 2010, 289; *Heinze* ZNotP 2010, 409; *Heinze* ZfIR 2010, 713; *Lautner* MittBayNot 2010, 286; *Miras* DStR 2010, 604; *Ruhwinkel* MittBayNot 2009, 421; *Schubert* ZNotP 2009, 178; *Scherer* NJW 2009, 3063; *Steffek* ZIP 2009, 1445. Kritisch: *Altmeppen* NJW 2011, 1905; *Altmeppen* ZIP 2011, 1937; *Bestelmeyer* ZIP 2011, 1389; *Wagner* ZNotP 2011, 316. Zu weiterhin offenen Fragen: *Hartmann* RNotZ, 401.
³⁴⁹ OLG München 11.12.2009 – 34 Wx 106/09, NZG 2012, 342; OLG München 5.2.2010 – 34 Wx 116/09, NZG 2010, 341. Zur Nachweispflicht gegenüber dem Grundbuchamt, auf welcher Grundlage der Grundbuchberichtigungsanspruch beruht: OLG Jena FGPrax 2001, 12. Ferner *Albers* ZfIR 2010, 705.
³⁵⁰ OLG München DNotZ 2005, 923.
³⁵¹ OLG München NZG 2010, 1065. Dazu *Hügel/Knobloch* DB 2010, 2433.
³⁵² BGH 28.4.2011 – V ZB 194/10, NZG 2011, 698; OLG München 15.6.2011 – 34 Wx 158/10, MittBayNot 2011, 396.
³⁵³ Zusammenfassend: *Wagner* ZNotP 2011, 172.

BGH[354] bejaht. Dieser iudizierte, für die Eintragung eines Eigentumswechsels in das Grundbuch reiche es aus, wenn die GbR und ihre Gesellschafter in der notariellen Auflassungsverhandlung benannt worden seien und die für die GbR Handelnden erklärten, dass sie deren alleinige Gesellschafter seien; weiterer Nachweise betreffend die Existenz, Identität und der Vertretungsverhältnisse bezüglich der GbR bedürfe es gegenüber dem Grundbuchamt nicht.

Damit hat sich die einmal vorhanden gewesene und seit der letzten Auflage differente Rechtsprechung und Meinung im Fachschrifttum um die Frage der Grudbuchfähigkeit der GbR inzwischen erledigt. 155

Scheidet ein Gesellschafter aus einer GbR bei deren Fortbestand aus, so ist dieser grundbuchlich zu löschen, ohne dass es dazu der Bewilligung der verbleibenden Gesellschafter bedarf.[355] 156

n) **Informationen.** Gesellschafter einer GbR haben ua einen nicht disponiblen Anspruch darauf, Namen und Anschriften ihrer Mitgesellschafter zu erfahren (§ 716 Abs. 1 BGB).[356] Und wenn diese Informationen in einer EDV-Anlage gespeichert sind, richtet sich dieser Anspruch (auch) auf einen EDV-Ausdruck.[357] 157

## II. Steuerliche Besonderheiten der Publikums-GbR[358]

Bei Verlustzuweisungsgesellschaften vermutet der VIII. Senat des BFH[359], dass sie bei ihrer Gründung keine *sofortige* Gewinnerzielungsabsicht hat, sondern nur die Möglichkeit einer späteren Gewinnerzielung in Kauf nimmt. Dies hat gravierende Auswirkungen bei gewerblichen Fonds, zumal damit eine Beweislastumkehr verbunden ist. Dem hat sich der für die Einkünfte aus Vermietung und Verpachtung zuständige IX. Senat des BFH[360] in seiner Entscheidung vom 21.11.2000 angeschlossen: 158

**1. Der Beschluss des Großen Senats des BFH vom 25.6.1984.**[361] Bei dem Ausgangsfall, der dem Großen Senat des BFH zur Entscheidung vorlag, handelte es sich um eine gewerblich tätige Publikums-GmbH & Co. KG, sodass nachfolgend aufzuzeigen ist, inwieweit die Entscheidungsgrundlagen des Großen Senats zu den einzelnen ihm gestellten Rechtsfragen auf die Publikums-GbR übertragbar sind: 159

Zur Rechtsfrage Nr. 1 hatte der Große Senat die **körperschaftsteuerpflichtige Einordnung** der Publikums-GmbH & Co. KG als Kapitalgesellschaft damit verneint, es handele sich um eine Personengesellschaft iS des § 15 Abs. 1 Satz 1 Nr. 2 EStG, da es gelte, die zivilrechtliche Rechtsform auch im Steuerrecht zu beachten. 160

Der Große Senat äußerte sich in diesem Zusammenhang zur im Handelsregister eingetragenen KG, die keine vollkaufmännische Betätigung betreibe und die er als Schein-KG bezeichnet, sodass nach Auffassung des Großen Senats insoweit zivilrechtlich eine GbR vorliege. 161

Dies ist zivilrechtlich zwar nicht ganz zutreffend, da zwischen Schein-KG einerseits und der KG kraft Eintragung gem. § 5 HGB andererseits zu unterscheiden war aber besagte Ausführungen des Großen Senats des BFH lassen dessen Einstellung zur rechtlichen Behandlung einer (Publikums-)GbR zu dieser Rechtsfrage erkennen, die er ebenfalls als Personengesellschaft eingeordnet sehen möchte. 162

---

[354] BGH NZG 2011, 698. Zuvor *Krüger* NZG 2010, 801.
[355] OLG Jena ZIP 2011, 1962; KG Berlin ZIP 2011, 1961.
[356] BGH NZG 2010, 61 Rn. 7 f., 10.
[357] BGH NZG 2010, 61 Rn. 9.
[358] BFH 22.11.1994, BStBl. II 1996, 93; BFH 12.12.1995, BStBl. II 1996, 219.
[359] BFH 12.12.1995, BStBl. II 1996, 219. Zustimmend: *Kohlhaas* DStR 1996, 945. Ablehnend: *Loritz* BB 1997, 1281.
[360] BFH NZG, 523 mit Anm. *Wagner*.
[361] BStBl II 1984, 751.

**163** Ebenso wenig wie die Publikums-GmbH & Co. KG – so die Rechtsfrage Nr. 2 – ist auch die Publikums-GbR als nicht rechtsfähige Personenvereinigung anzusehen, indem auch hier der Große Senat an der zivilrechtlichen Einordnung der Gesellschaft anknüpft.[362]

**164** Bezüglich der **Gewerblichkeit der Einkünfte** einer Personengesellschaft kraft Rechtsform – so die Rechtsfrage Nr. 3 – nimmt der Große Senat von seiner bisherigen Geprägerechtsprechung Abstand.

**165** Die Art der Einkünfte der Gesellschafter einer Personengesellschaft werde in erster Linie durch die Tätigkeit der Gesellschafter in ihrer gesamthänderischen Verbundenheit, mithin durch die Tätigkeit der Gesellschaft, bestimmt[363] und nicht durch die Rechtsform der Gesellschaft. Dies möchte der Große Senat nicht nur für die GmbH & Co. KG festgestellt wissen,[364] sodass dies gleichermaßen auch für die Publikums-GbR gilt.

**166** Entsprechend der Rechtsfrage Nr. 4 fordert der Große Senat die **Gewinnerzielungsabsicht** als Merkmal eines gewerblichen Unternehmens bei diesem selbst,[365] wobei er Personengesellschaften schlechthin anspricht[366] und die GmbH & Co. KG nur gesondert hervorhebt.

**167** Zur Rechtsfrage Nr. 5 befasst sich der Große Senat mit der auch für Beteiligungen an Publikums-GbR bedeutsamen Frage, wie ein Gesellschafter steuerlich zu behandeln ist, dessen Beteiligung befristet ist und der auf Grund dessen ggf. an **Betriebsvermögensmehrungen** nicht (mehr) teilnehmen kann.[367] Für Gesellschafter einer Publikums-GbR wird diese Frage dann von Interesse sein, wenn die Beteiligung jederzeit veräußerbar ist bzw. die Befristung bezüglich der ersten Ausübung des Kündigungsrechts ansteht. Gerade im letzteren Falle gilt es bezüglich dieser Frist einerseits die zivilrechtliche Wirksamkeit nicht in Frage zu stellen, andererseits aber Zeit genug zur Dokumentation einer ggf. steuerlich relevant werdenden Gewinnerzielungsabsicht vorzusehen, da ja das Erstreben von Gewinn in Form von Steuervorteilen nicht (mehr) ausreicht.[368] Auch hier äußert sich der Große Senat generell zu Personengesellschaften und damit auch zur Publikums-GbR, ein Gesellschafter mit befristeter Beteiligung sei dann nicht Mitunternehmer iS des § 15 Abs. 1 Satz 1 Nr. 2 EStG,[369] wenn für ihn gerade wegen der Befristung eine Beteiligung am Gewinn nicht zu erwarten sei. Aus diesem Grund werden auch idR die über einen Sekundärmarkt verkäuflichen steuerorientierten gesellschaftlichen Beteiligungen das Risiko steuerlicher Liebhaberei in sich tragen.[370]

**168** **2. Das Geprägegesetz.**[371] Durch die Einfügung des § 15 Abs. 3 EStG nF wurde die vom Großen Senat des BFH in seiner Entscheidung vom 25.6.1984 abgeschaffte Geprägerechtsprechung des BFH durch den Gesetzgeber quasi wieder eingeführt. Danach würde – bezogen auf die Publikums-GbR als „andere Personengesellschaft" – diese einen Gewerbebetrieb im einkommensteuerlichen Sinne darstellen, wenn sie keine Tätigkeit iS des Abs. 1 Nr. 1 ausübt und bei ihr ausschließlich eine oder mehrere Kapitalgesellschaften persönlich haftende Gesellschafter sind und nur diese Personen oder Personen, die nicht Gesellschafter sind, zur Geschäftsführung befugt sind.

**169** Misst man diesen Gesetzeswortlaut an den oben dargestellten zivilrechtlichen Grundlagen einer (Publikums-)GbR, bedeutet dies Folgendes:

---

[362] BFH 25.6.1984, GrS BStBl. II 1984, 751, 758–760.
[363] BFH 25.6.1984, GrS BStBl. II 1984, 751, 761.
[364] BFH 25.6.1984, GrS BStBl. II 1984, 751, 763 f.
[365] BFH 25.6.1984, GrS BStBl. II 1984, 751, 766.
[366] BFH 25.6.1984, GrS BStBl. II 1984, 751, 765.
[367] BFH 25.6.1984, GrS BStBl. II 1984, 751, 767.
[368] BFH 25.6.1984, GrS BStBl. II 1984, 751, 767.
[369] Zu den Voraussetzungen der Mitunternehmerstellung von Gesellschaftern einer GbR: BFH HFR 2006, 874 f.
[370] *Loritz/Wagner*, Konzeptionshandbuch, Bd. 2, Rn. 438–441.
[371] Zusammenfassende Darstellung bei *Kaligin* HdB, Fach 3536 mwN.

Gem. § 709 Abs. 1 BGB steht, wenn der Gesellschaftsvertrag nichts anderes regelt, die **170** Geschäftsführungsbefugnis in einer GbR allen Gesellschaftern gemeinsam zu. Bei Fonds-GbRs wird in der Praxis die Geschäftsführungsbefugnis idR gesellschaftsvertraglich auf einen oder wenige Gesellschafter eingegrenzt (§ 710 Satz 1 BGB). Zivilrechtlich unzulässig wäre es, alle Gesellschafter der GbR von der Geschäftsführungsbefugnis auszuschließen und diese auf eine Person, die nicht Gesellschafter ist, zu übertragen. Es würde sich insoweit um eine unwirksame Vertragsgestaltung handeln, weil damit gegen das Verbot der Drittorganschaft verstoßen würde,[372] was automatisch zum Wiederaufleben der Gesamtgeschäftsführungsbefugnis des § 709 Abs. 1 BGB führen würde. Zulässig wäre es dagegen, dass geschäftsführungsbefugte Gesellschafter unter Beibehaltung ihrer Geschäftsführungsbefugnis einen Dritten mit der *Ausübung* der Geschäftsführung betrauen.[373] Folglich kann es keine – in § 15 Abs. 3 Nr. 2 Satz 1 EStG angesprochene – wirksame Gestaltung in der GbR gebe, wonach alle Gesellschafter von der Geschäftsführung ausgeschlossen wären und diese ausschließlich einem Dritten zusteht.

Seit der Entscheidung des BGH vom 27.9.1999[374] ist auch keine zivilrechtlich wirksame **171** Fonds-GbR-mbH mehr denkbar, sodass zwar noch eine quotale „Haftungsbeschränkung" betreffend Gesellschaftsvermögen *und* Privatvermögen denkbar ist, nicht aber mehr gesellschaftsvertraglich eine gänzliche Haftungsbeschränkung auf das Gesellschaftsvermögen unter Vermeidung der Haftung mit dem Privatvermögen umsetzbar ist.[375] Also haften Gesellschafter einer Fonds-GbR mit dem Gesellschafts- und dem Privatvermögen.

Damit verbleibt für den Regelungsbereich des § 15 Abs. 3 Nr. 2 Satz 1 EStG als gewerb- **172** lich geprägter GbR, dass zB bei einer an sich vermögensverwaltend tätigen Fonds-GbR nur noch Kapitalgesellschaften Gesellschafter sind und zumindest eine von ihnen die Geschäftsführungsbefugnis hat.[376] Solche Gestaltungen sind anzutreffen, wenn eine dieser Kapitalgesellschaften ihre Beteiligung treuhänderisch für Kapitalanleger hält. In dieser Konstellation sind gewerblich geprägte Fonds-GbRs weiterhin denkbar.

Es zeigte sich mithin, dass die Annahme des Gesetzgebers, bei OHG, KG und GbR **173** sei von gleichen bzw. vergleichbaren gesellschaftsrechtlichen Voraussetzungen auszugehen, so nicht zutreffend war, da zwar, soweit im HGB keine gesonderten Regelungen vorgesehen sind, die §§ 161 Abs. 2 bzw. 105 Abs. 3 HGB auf die §§ 705 ff. BGB verweisen, nicht aber für die GbR die Regelungen der Personenhandelsgesellschaften analoge Anwendung finden konnten, was sich zivilrechtlich, aber auch steuerrechtlich, bemerkbar machen konnte. Dies hat sich durch die Entscheidung des BGH vom 29.1.2001[377] geändert, indem dort für die akzessorische Haftung der Gesellschafter auf die §§ 128 f. HGB verwiesen wird.[378] Im Übrigen verweist auch § 736 Abs. 2 BGB für die Nachhaftung auf die §§ 159 f. HGB.

Die von einer gewerblich geprägten GbR erzielten Einkünfte aus der Verpachtung eines **174** Gebäudes sind Einkünfte aus Gewerbebetrieb, weil das verpachtete Wirtschaftsgut zum Betriebsvermögen gehört. Der VIII. Senat des BFH[379] stellt folglich auf die Betriebsvermögenseigenschaft des verpachteten Gegenstandes aufgrund gewerblicher Prägung des GbR und nicht auf die Vermietung und Verpachtung ab.

---

[372] BGH NJW 1982, 877; BGH DStR 1993, 1918.
[373] BGHZ 36, 292; BGH NJW 1982, 877; BGH DStR 1993, 1918; BGH 17.10.2006 – XI ZR 19/05, NZG 2006, 140 Rn. 12.
[374] BGH ZIP 1999, 1755.
[375] Diese von *Felix* NJW 1997, 1040, 1043 angesprochene Konstellation gehört mithin der Vergangenheit an, ebenfalls die von *Petersen* GmbHR 1997, 1088, 1091 f. diskutierte GmbH & Co. GbR m. b. H.
[376] BFH 22.11.1972, BStBl II 1973, 405; BFH 22.11.1994, BStBl. II 1996, 93.
[377] BGH NJW 2001, 1056.
[378] FG Rheinland-Pfalz DStRE 2002, 467.
[379] BFH 22.11.1994, BStBl. II 1996, 93, 94.

**175** **3. § 15a EStG.** Gemäß § 15a Abs. 5 Nr. 2 EStG gelten § 15a Abs. 1 Satz 1, Abs. 2, Abs. 3 Sätze 1, 2 und 4 sowie Abs. 4 EStG bei Gesellschaftern einer GbR sinngemäß, soweit die Inanspruchnahme des Gesellschafters für Schulden im Zusammenhang mit dem Betrieb durch Vertrag ausgeschlossen oder nach Art und Weise des Geschäftsbetriebes unwahrscheinlich ist. Folglich gilt die sinngemäße Anwendung des § 15a EStG auch bei Gesellschaftern einer privaten Immobilien-GbR.[380]

**176** Damit ist in der ersten Variante der vertragliche Ausschluss der persönlichen Haftung mit dem Privatvermögen bzw. die Haftungsbegrenzung auf das Gesellschaftsvermögen gemeint. Möchte man dies vermeiden, ist zumindest die quotale Haftung mit dem Privatvermögen erforderlich.

**177** Zur zweiten Variante wird ua die Einschaltung einer im eigenen Namen, aber für Rechnung der GbR handelnden Kapitalgesellschaft (zB Treuhänder) gezählt.

**178** **4. Ist die GbR Steuerrechtssubjekt?** Umsatzsteuerlich kann die GbR, sofern sie Unternehmer im umsatzsteuerlichen Sinne ist, Steuerschuldner sein.[381] Daneben haftet auch der Gesellschafter einer GbR für die Umsatzsteuerschulden der Gesellschaft,[382] wobei der BFH insoweit auf das Zivilrecht verweist.

**179** Auch grunderwerbsteuerlich ist Steuerschuldner die *GbR* in ihrer jeweiligen personalen Zusammensetzung, wenn das Grundstück durch die GbR gekauft wurde.[383] Dies gilt selbst dann, wenn durch Abtretung der Gesellschaftsanteile alle Gesellschafter ausgewechselt wurden.[384]

**180** In beiden vorgenannten Fällen ist mithin die GbR selbst rechtsfähig und verfahrensrechtlich beteiligungsfähig, sodass – mit Ausnahme des Einkommensteuerrechts, wo die Gesellschafter selbst steuerpflichtig sind – steuerlich bereits partiell das umgesetzt ist, was zivilrechtlich durch *Flume* im Rahmen seiner Gruppentheorie erst angeschoben wurde und inzwischen durch den BGH nachvollzogen wurde.[385] Daneben haften aber zusätzlich die Gesellschafter der GbR für deren Steuerschulden.[386] In den Fällen, in denen die GbR selbst Steuersubjekt ist, ist auch nur sie selbst gegenüber an sie gerichteten Steuerbescheiden einspruchs- und klagebefugt.[387] Folglich ist ein Gesellschafter grundsätzlich nicht befugt, in eigenem Namen zB gegen einen Umsatzsteuer- und Gewerbesteuermessbetragsbescheid, der gegen eine Personengesellschaft gerichtet ist, Klage zu erheben. Daher muss eine Klage gemäß §§ 709 Abs. 1, 714 BGB im Namen der Gesellschaft durch alle Gesellschafter gemeinschaftlich erhoben werden.[388] Dies gilt auch dann, wenn die Personengesellschaft zivilrechtlich vollbeendet wird, da dies auf die steuerrechtliche Existenz der Gesellschaft keinen Einfluss hat; denn die Personengesellschaft ist steuerrechtlich so lange als materiell-rechtlich existent anzusehen, wie gegen sie noch Umsatz- und Gewerbesteueransprüche geltend gemacht werden.[389]

**181** **5. Zurechnung von Einkünften bei Treuhandverhältnissen.**[390] Für den Fall eines Grundbuchtreuhänders mit nachgeschaltetem geschlossenen Immobilienfonds in der Rechtsform einer GbR rechnet der BFH die Einkünfte des Grundbuchtreuhänders steuer-

---

[380] FG Köln DStRE 2002, 1057.
[381] BFH 16.10.1986, NV 1987, 618 f.
[382] BFH 23.10.1985, BStBl. II 1986, 156; BFH 9.5.2006, – VII R 50/05, ZIP 2006, 1860.
[383] BFH 22.10.1986, BStBl. II 1987, 183; 11.2.1987, BStBl. II 1987, 325.
[384] BFH 12.12.1996, BStBl. II 1997, 299.
[385] BGH NJW 2001, 1056.
[386] BFH/NV 1988, 615; NV 1988, 622; BFH 27.3.1990, BStBl. II 1990, 939, 940; BFH/NV 1992, 87, 89; BFH BB 1994, 1281.
[387] BFH/NV 2001, 178.
[388] BFH/NV 1995, 86; BFH/NV 1996, 690; BFH/NV 2001, 178; BFH/NV 2001, 1220.
[389] BFH 24.3.1987, BStBl. II 1988, 316; BFH/NV 1995, 86; BFH/NV 1999, 445; BFH/NV 2001, 178.
[390] *Wagner* DStR 1996, 1008, 1012 f.

rechtlich nur dann den Kapitalanlegern in GbR zu, wenn diese das Treuhandverhältnis beherrschen und der Treuhänder den Mietvertrag ausschließlich auf Rechnung und Gefahr des Treugebers abschließt und durchführt.[391] Nicht der Treuhänder, sondern der Treugeber muss die Leistungsbeziehungen beherrschen. Diese Beherrschung muss sich mithin auf das Treuhandverhältnis (Innenbeziehung) sowie auf die im Außenverhältnis abgeschlossenen Verträge beziehen wie auch die wirtschaftlichen Vorteile die Treugeber treffen müssen, die zudem den Risiken der Nachschusspflicht ausgesetzt sein müssen.[392]

Die Finanzverwaltung ist dem gefolgt.[393] Eine ähnliche Tendenz ist der Entscheidung des FG Rheinland Pfalz vom 28.5.1993[394] zu entnehmen, wenn dort die Auffassung vertreten wird, Steuerpflichtige, die nicht selbst Grundstückseigentümer seien, könnten nur dann steuerrechtlich Einkünfte aus Vermietung und Verpachtung erzielen, wenn zwischen ihnen und dem Grundstückseigentümer eine GbR bestehe, die in ihrer Gesamthänderischen Verbundenheit Einkünfte aus Vermietung und Verpachtung erzielten, oder wenn man gemeinsam mit dem Grundstückseigentümer als Verpächter auftrete.

Da diese Voraussetzungen für geschlossene Immobilienfonds in der Rechtsform einer GbR mit Grundbuchtreuhänder in der Praxis oft nur schwer umzusetzen sein werden, wird in dieser Konstellation die Einkunftsart Vermietung und Verpachtung kaum sicherzustellen sein, was möglicherweise mit dieser Rechtsprechung auch beabsichtigt wird, denn eine gesetzliche Grundlage für solche Vorgaben fehlt.

Unsicherheit erzeugt diese Rechtsprechung jedoch deshalb, weil derzeit nicht abschätzbar ist, inwieweit solche Vorgaben von der Rechtsprechung auf den Beteiligungstreuhänder (bei der GbR) bzw. auf mittelbare Beteiligungen (bei der KG) übertragen werden, was dort zivilrechtlich auf Schwierigkeiten stoßen würde: Bei der GbR, um nicht in Probleme verbotener Drittorganschaft[395] zu geraten, denn die nachgeschalteten Treugeber wären Dritte und nicht Gesellschafter der GbR und bei der KG, weil selbst Kommanditisten von Geschäftsführung und organschaftlicher Vertretung ausgeschlossen sind (§ 164 Satz 1 HGB); um wie viel mehr muss dies für Treugeber gelten, die als nur mittelbar Beteiligte noch nicht einmal Gesellschafter sind.

---

[391] BFH 27.1.1993, BStBl. II 1994, 616, 617 f.; BFH/NV 1998, 994.
[392] BFH 27.1.1993, BStBl. II 1994, 615, 618; BFH/NV 1998, 994.
[393] BMF 1.9.1994, BStBl. I 1994, 604. Dazu insgesamt *Loritz/Wagner,* Konzeptionshandbuch, Bd. 2, Rn. 449–454; *Fleischmann* DStR 1993, 828; *Hemmelrath/Busch* DStR 1993, 1347; *Wagner* DStR 1996, 1008, 1012 f.
[394] FG Rheinland-Pfalz EFG 1994, 153.
[395] *Wagner* DStR 1996, 1008, 1012.

# 6. Kapitel. Termingeschäfte und Derivate

## § 20 Derivate

### Übersicht

| | Rn. |
|---|---|
| I. Konzeptionelle Behandlung von Termingeschäften durch den Gesetzgeber seit 1896 | 1–18 |
| 1. Einführung | 1 |
| 2. Konzept des Börsengesetzes 1896 | 3 |
| 3. Konzept des Börsengesetzes 1908 | 6 |
| 4. Konzept des Börsengesetzes 1989 | 10 |
| 5. Konzept des Vierten Finanzmarktförderungsgesetzes 2002 | 12 |
| 6. Aufgabe der standardisierten Risikoaufklärung durch das Finanzmarktrichtlinie-Umsetzungsgesetz 2007 | 17 |
| II. Der Begriff des Finanztermingeschäfts | 19–26 |
| 1. Nach dem Vierten FinanzmarktförderungsG 2002 | 19 |
| 2. Nach dem Finanzmarktrichtlinie-UmsetzungsG 2007 | 23 |
| 3. Bedeutung des Begriffs des Derivats | 25 |
| 4. Neuer Regulierungsfokus für Derivate durch EU | 26 |
| III. Verhältnis des Finanztermingeschäfts zum Spiel- und Wetteinwand | 27 |
| IV. Verbot von Finanztermingeschäften und Schiedsvereinbarungen | 28–32 |
| 1. Verbotene Finanztermingeschäfte | 28 |
| 2. Schiedsvereinbarungen | 29 |

**Schrifttum:** *Assmann/Schneider* (Hrsg.), WpHG, 6. Aufl. 2012; *Assmann,* Börsentermingeschäftsfähigkeit, Festschrift für Heinsius, 1991, S. 1; *Balzer,* Die Verjährung von Schadensersatzansprüchen nach § 37a WpHG, Festschrift für Horn, 2006, S. 649 ff.; *Balzer/Siller,* Finanztermingeschäfte, in *Hellner/Steuer* (Hrsg.), BuB, 2004; *Benicke,* Wertpapiervermögensverwaltung, 2006; *Berger,* Schiedsgerichtsbarkeit und Finanztermingeschäfte – Der „Schutz" der Anleger vor der Schiedsgerichtsbarkeit durch § 37h WpHG, ZBB 2003, 77 ff.; *Binder,* Daytrading als Finanztermingeschäft, ZHR 169 (2005), 329 ff.; *Brandner,* Sinn und Unsinn der Termingeschäftsfähigkeit von Privatanlegern nach § 53 Abs. 2 BörsG, Festschrift für Schimansky, 1999, S. 581; *Brandt,* Kreditderivate, BKR 2002, 243 ff.; *Casper,* Das neue Recht der Termingeschäfte, WM 2003, 161 ff.; *Clouth,* Rechtsfragen der außerbörslichen Finanz-Derivate, 2001; *Fleckner,* Finanztermingeschäfte in Devisen – Zum Anwendungsbereich der §§ 37 d ff. WpHG im Devisenhandel nach den Anlegerschutzverbesserungen, ZBB 2005, 96 ff.; *ders.,* Die Lücke im Recht des Devisenterminhandels – Viertes Finanzmarktförderungsgesetz: außerbörsliche Devisentermingeschäfte als Finanztermingeschäft iSd § 2 Abs. 2a WpHG und Anwendbarkeit der §§ 37 d ff. WpHG, WM 2003, 168 ff.; *Fleischer,* Das Vierte Finanzmarktförderungsgesetz, NJW 2002, 2977 ff.; *Fuchs* (Hrsg.), WpHG, 2009; *Stefan Geibel,* Der Kapitalanlegerschaden, 2002; *Glade,* Anlegerschutz bei Börsentermingeschäften, 2002; *Hartenfels,* Die VO (EU) Nr. 648/2012 über OTC-Derivate, zentrale Gegenparteien und Transaktionsregister („EMIR"), ZHR 178 (2014), 173; *Hirte/Möllers* (Hrsg.), Kölner Kommentar WpHG, 2. Aufl. 2014; *Hopt/Rudolph/Baum,* Börsenreform: Eine ökonomische, rechtsvergleichende und rechtspolitische Untersuchung, 1997; *Horn/Balzer,* Anlegerschutz durch Information bei Finanztermingeschäften nach neuem Recht, Festschrift für Kümpel, 2003, S. 275 ff.; *Köhling/Adler,* Der neue europäische Regulierungsrahmen für OTC-Derivate, WM 2012, 2125 ff. und 2173 ff.; *Köndgen,* Die Entwicklung des privaten Bankrechts in den Jahren 1999–2003, NJW 2004, 1288 ff.; *Kümpel/Wittig* (Hrsg.), Bank- und Kapitalmarktrecht, 4. Aufl. 2011; *N. Lang,* Doppelnormen im Recht der Finanzdienstleistungen, ZBB 2004, 289 ff.; *V. Lang,* Informationspflichten bei Wertpapierdienstleistungen, 2003; *Lenenbach,* Kapitalmarktrecht, 2. Aufl. 2010; *Melzer,* Zum Begriff des Finanztermingeschäfts, BKR 2003, 366 ff.; *Merkt,* Empfiehlt es sich, im Interesse des Anlegerschutzes und zur Förderung des Finanzplatzes Deutschland das Kapitalmarkt- und Börsenrecht neu zu regeln? Gutachten G für den 64. DJT, 2002; *Mülbert,* Außengesellschaften – manchmal ein Verbaucher? WM 2004, 905 ff.; *ders.,* Der (zukünftige) Gesellschafter – stets ein Verbraucher?, Festschrift für Hadding, 2004, S. 575 ff.; *ders./Böhmer,* Ereignisbezogene Finanzprodukte, WM 2006, 937 ff. und 985 ff.; *Pfüller/Koehler,* Handel per Erscheinen – Rechtliche Rahmenbedingungen beim Kauf von Neuemissionen auf dem Graumarkt, WM 2002, 781 ff.; *Pankoke/Wallus*, Europäische Derivateregulierung und M&A, WM 2014, 4; *Pohl* (Hrsg.), Deutsche Börsengeschichte, 1992; *Puderbach/Zenke*, Der Handel mit Warenderivaten in Europa und Deutschland, BKR 2003, 360 ff.; *Reiner*, Daytrading im Niemandsland zwischen Kassa- und Termingeschäft, ZBB 2002, 211 ff.; *Samtleben*, Das Börsentermingeschäft ist tot – es lebe das Finanztermingeschäft? ZBB 2003, 69 ff.; *Schäfer/Hamann* (Hrsg.), Kapitalmarktgesetze – Kommentar Loseblatt 2013; *F. Schäfer*, Das neue Recht der Finanztermingeschäfte – Plädoyer für seine Abschaffung, in: Festschrift für Immenga, 2004, S. 689 ff.; *U. Schäfer*, Fragen der Darlegungslast, Beweispflicht und Tatsachenfeststellung im Prozeß zwischen Anleger und Wertpapierdienstleistungsunternehmen, in *Ellenberger/Schäfer* (Hrsg.), Fehlgeschlagene Wertpapieranlagen, 2006, S. 349 ff.; *Schäfer/Lang*, Zur Reform des Rechts der Börsentermingeschäfte, BKR 2002, 197 ff.; *Schnyder*, Internationales Kapitalmarktrecht, in Münchner Kommentar zum BGB, Bd. 11, 4. Aufl. 2006; *Schröter/Bader*, Zur Reform des Terminrechts, Festschrift für Schimansky, 1999, S. 717; *Schulz*, Das deutsche Börsengesetz, 1994; *Schuster/Ruschkowski*, EMIR – Überblick und ausgewählte Aspekte, ZBB 2014, 123; *Schwark/Zimmer* (Hrsg.), Kapitalmarktrechts-Kommentar, 4. Aufl. 2010; *Schwintowski/Schäfer*, Bankrecht, 2. Aufl. 2004; *Sethe*, Anlegerschutz im Recht der Vermögensverwaltung, 2005; *Teuber/Schöpp*, Derivate-Regulierung EMIR: Auswirkungen auf Unternehmen in Deutschland, RdF 2013, 209; *Welter/Lang*, Handbuch der Informationspflichten im Bankverkehr, 2005; *Zerey* (Hrsg.), Finanzderivate, 3. Aufl. 2013; *Zimmer*, Schadensersatz im Termingeschäftsrecht – eine anreizökonomische Fehlkonstruktion? JZ 2003, 22 ff.; *Zimmer/Unland*, Vertretung beim Abschluß von Termingeschäften nach neuem Recht, BB 2003, 1445 ff.

## I. Konzeptionelle Behandlung von Termingeschäften durch den Gesetzgeber seit 1896

**1. Einführung.** Im Laufe der Jahrhunderte hat das Recht der Termingeschäfte[1] vielfältige Änderungen erfahren. Ausgangspunkt waren nach der Gründung des zweiten deutschen Reiches im Jahre 1871 eine Vielzahl von Missständen im Bereich der Börsen- und Börsentermingeschäfte. Diese führten 1892 zu einer Börsenenquête-Kommission, die eine umfassende Börsenreform ausarbeiten sollte. Im Bereich des Terminhandels war damals treibende Kraft die Landwirtschaft, die in dem Terminhandel mit landwirtschaftlichen Produkten einen wesentlichen Grund dafür sah, dass sich die Landwirtschaft nicht positiv entwickelte[2]. Dies führte 1896 zur Verabschiedung eines Börsengesetzes, das zum 1. Januar 1897 in Kraft trat.

Seither hat der Gesetzgeber in den Jahren 1908, 1989 sowie 2002 grundlegende Änderungen in der konzeptionellen Behandlung von Termingeschäften vorgenommen. Dies ist darauf zurückzuführen, dass zwar einerseits immer Einigkeit darüber bestand, dass Termingeschäfte auf Grund ihrer Eignung und damit gleichzeitig Verlockung zur Spekulation eine besondere Gefahr bergen, die eine gesetzgeberische Maßnahme erfordert, jedoch andererseits ständig streitig war, welche Maßnahmen angemessen waren, einen hinreichenden Schutz der Termingeschäftsteilnehmer zu gewährleisten, ohne die berechtigten Belange des Börsenhandels und die volkswirtschaftlich positiven Wirkungen der Termingeschäfte zu stark zu beeinträchtigen.

**2. Konzept des Börsengesetzes 1896.** Das Börsengesetz 1896 verfolgte das Konzept, **Börsentermingeschäfte zu definieren** und diese so definierten Geschäfte für beide Parteien nur dann für verbindlich zu erklären, wenn beide Vertragspartner **termingeschäftsfähig** waren. § 48 BörsG 1896 definierte Börsentermingeschäfte wie folgt: „Als Börsentermingeschäfte in Waren oder Wertpapieren gelten Kauf- und sonstige Anschaffungsgeschäfte auf eine festbestimmte Lieferungszeit oder mit einer festbestimmten Lieferungsfrist, wenn sie nach Geschäftsbedingungen geschlossen werden, die von dem Börsenvorstande für den Terminhandel festgesetzt sind, und wenn für die an der betreffenden Börse geschlossenen Geschäfte solcher Art eine amtliche Feststellung von Terminpreisen

---

[1] Hierunter sollen im Folgenden sowohl die Börsentermingeschäfte in ihrer Fassung seit 1896 wie auch die Finanztermingeschäfte seit 2002 verstanden werden.
[2] Vgl. *Gömmel* in Pohl, Deutsche Börsengeschichte, 1992, S. 135 ff.

(§§ 29, 35) erfolgt". Termingeschäftsfähig war jeder, der sich – gegen eine damals erhebliche Gebühr – in ein Börsenregister eintragen ließ, das bei dem für die Führung eines Handelsregisters zuständigen Gericht eingerichtet war (§ 54 BörsG 1896). Für Personen, die qua Selbstqualifikation durch Eintragung in das **Börsenregister** börsentermingeschäftsfähig geworden waren, sah § 66 BörsG 1896 vor, dass die Termingeschäfte verbindlich waren[3].

4   Im Ergebnis bedeutete dies, dass über die – relativ enge – Definition der Börsentermingeschäfte zunächst ein **Bereich** abgegrenzt wurde, **für den ein besonderer Schutz des Publikums** für erforderlich gehalten wurde. Der Schutz wurde dadurch gewährleistet, dass die in diesem Bereich abgeschlossenen Geschäfte grundsätzlich Naturalverbindlichkeiten darstellten und die Geschäfte nur dadurch wirksam wurden, dass beide Parteien auf den Schutz verzichteten, indem sie sich selbst als börsentermingeschäftsfähig qualifizierten.

5   Das **BörsG 1896** verfolgte damit eine grundsätzlich **liberale** Grundhaltung, indem es einerseits einen Bereich absteckte, in dem es besondere Gefahren für die Teilnehmer am Börsenhandel sah, andererseits es jedoch jedem freistellte, auf diesen Schutz zu verzichten. Einzig die relativ hohen Gebühren für die Eintragung in das Börsenregister – nach § 57 BörsG 1896: 150 Mark[4] – stellten eine faktische Hürde für fast mittellose Personen dar, auf den Schutz des Gesetzes zu verzichten.

6   **3. Konzept des Börsengesetzes 1908.** Die beschränkten Vorschriften des § 48 BörsG 1896 konnten in der Praxis leicht durch abweichende Geschäftsgestaltungen umgangen werden. Dies führte dazu, dass das Reichsgericht schon bald eine Reihe von Definitionsmerkmalen der Börsentermingeschäfte wie in § 48 BörsG 1896 enthalten aufgab und den Begriff der Börsentermingeschäfte deutlich erweiterte[5]. Aufgrund der Diskussion um den Begriff des Börsentermingeschäftes und der Entscheidungen des Reichsgerichts entschied sich der Gesetzgeber des Börsengesetzes 1908 dafür, die Legaldefinition des Börsentermingeschäftes aufzugeben und er überlies es Lehre und Rechtsprechung, den Begriff zu bestimmen[6].

7   Gleichzeitig trug er der Erkenntnis Rechnung, dass sich nur relativ wenige Privatpersonen in das Börsenregister hatten eintragen lassen[7], was zur Folge gehabt hatte, dass auch die unter den Banken dominierenden Privatbankiers keine Eintragung vornahmen, da dies dazu geführt hätte, dass lediglich ihre Kunden, nicht jedoch sie selbst gegenüber diesen Kunden geschützt worden wären[8]. Dies wiederum hatte zur Folge, dass die Kassageschäfte an deutschen Börsen zu- und der Terminhandel abnahm (letzterer wanderte an ausländische Börsen ab). Der mit dem verstärkten Kassahandel verbundene erhöhte Kapitalbedarf wurde zunehmend durch Bankkredite gedeckt. Um diese Entwicklungen aufzuhalten und trotzdem das Schutzkonzept der Termingeschäftsfähigkeit nicht aufgeben zu müssen, ging der Gesetzgeber dazu über, eine **Termingeschäftsfähigkeit kraft Status** einzuführen. Termingeschäftsfähig sollten nunmehr **alle im Handelsregister eingetragenen bzw. nach § 36 HGB nicht eintragungsbedürftigen Kaufleute** sein sowie eingetragene Genossenschaften. Diesen gleichgestellt waren – weil ebenso wenig schutzwürdig – Personen, die entweder Börsentermingeschäfte oder Bankiersgeschäfte berufsmäßig betrieben oder

---

[3] Vgl. *Mülbert* in Assmann/Schneider, WpHG, 4. Aufl. 2006, Vor § 37d Rn. 5; *Schäfer* in Schwintowski/Schäfer, Bankrecht, § 20 Rn. 3 f.

[4] Dies entspricht (auf der Basis eines Vergleiches des Bruttosozialproduktes von 1896 mit RM 507 pro Einwohner mit dem von 2013 mit rd. EUR 26 300 pro Einwohner) heute einem Betrag von EUR 7000 bis EUR 8000.

[5] Vgl. RGZ 43, 91, 92; RGZ 44, 103; RGZ 47, 104.

[6] Vgl. *Zimmer* in Schwark, KMRK, 3. Aufl. 2004, WpHG vor § 37d Rn. 2 f. mwN.

[7] Im Jahre 1900 waren es 175 Firmen und Personen für Wertpapiere und 212 für Waren – vgl. *Schulz*, Das Deutsche Börsengesetz, 1994, S. 502.

[8] *Gömmel* in Pohl, Deutsche Börsengeschichte, S. 133, 177.

zum Börsenhandel zugelassen waren (sog. Börsenleute) oder die weder Wohnsitz noch Niederlassung im Inland hatten[9].

Die Konzeption des BörsG 1908 beruht damit weiterhin auf der Systematik, dass bestimmte Geschäfte auf Grund ihrer Gefährlichkeit nur für bestimmte Personenkreise verbindlich sein sollten. Allerdings verzichtete der Gesetzgeber nunmehr darauf, den Kreis der für besonders gefährlich erachteten Geschäfte präzise festzulegen. Zudem ging er dazu über, den Kreis der nicht schutzwürdigen Personen, für die also die Geschäfte **verbindlich** sein sollten, **kraft Status** (Börsenleute, Kaufleute) festzulegen und sonstigen Personen den Abschluss von verbindlichen Börsentermingeschäften nur unter der Voraussetzung zu eröffnen, dass diese Sicherheiten unter Beachtung bestimmter Formerfordernisse (§ 54 BörsG 1908) leisteten. Durch das Erfordernis der **vorgängigen Sicherheitsleistung** erreichte der Gesetzgeber die Wirkung, dass eine Spekulation ohne Eigenkapital nur den qua Status termingeschäftsfähigen Personen eröffnet wurde. Zudem bewirkte das Formerfordernis bei der Sicherheitstellung noch einmal eine Erinnerung des nicht Termingeschäftsfähigen an die Risiken von Börsentermingeschäften.

Das Konzept des BörsG 1908 war damit deutlich weniger von liberalen Grundgedanken geprägt als noch das von 1896. Zum einen erweiterte es den Schutzbereich deutlich durch die Aufgabe der Definition des Börsentermingeschäftes. Zum anderen behielt es die Konzeption der Unverbindlichkeit von Börsentermingeschäften als Schutzkonzept bei. Durch die Einführung der Termingeschäftsfähigkeit qua Status (Kaufleute, Börsenleute) und die Ermöglichung des verbindlichen Abschlusses von Börsentermingeschäften für nicht börsentermingeschäftsfähige Personen durch die Beschränkung auf die Leistung einer Vorkasse (Sicherheitenstellung) wurde faktisch der Kreis der grundsätzlich für Börsentermingeschäfte im Betracht kommenden Personen eng gezogen.

**4. Konzept des Börsengesetzes 1989.** Nach der **Aussetzung des Terminshandels** infolge der Weltwirtschaftskrise **1929** und des zweiten Weltkrieges wurde dieser in Deutschland faktisch erst ab dem 1. Juli 1970 in Form der „risikobegrenzenden Form des börsenmäßigen Optionsgeschäftes" nach amerikanischem Vorbild wiedereingeführt[10]. Die mit der Wiedereinführung des Terminhandels erhoffte volkswirtschaftliche Wirkung blieb jedoch aus. Da andere Terminbörsen in den USA, Großbritannien, Frankreich und der Schweiz äußerst erfolgreich eröffnet wurden, sollte im Jahre 1990 auch in Frankfurt die Deutsche Terminbörse eröffnet werden[11]. Da ersichtlich war, dass eine Terminbörse wirtschaftlich nur reüssieren würde, wenn eine deutlich größere Anzahl an Personen Geschäfte an dieser tätigten, war es erklärtes Ziel der **Börsengesetznovelle 1989,** Termingeschäfte für größere Anlegerkreise zugänglich zu machen[12]. Dies wurde dadurch erreicht, dass die Börsenrechtssphäre, also die **Börsentermingeschäftsfähigkeit,** über die **termingeschäftsfähigen Personen kraft Status hinaus** erweitert wurde um **termingeschäftsfähige Personen kraft Information.** Gleichzeitig wurde die „partielle Termingeschäftsfähigkeit" kraft geleisteter Sicherheit aufgegeben. Die Information über die Termingeschäfte hatte von einem einer gesetzlichen Banken- oder Börsenaufsicht unterstehenden Kaufmann erteilt zu werden durch Aushändigung einer vom Anleger zu unterzeichnenden standardisierten Informationsschrift über einen abschließenden Katalog typischer Risiken von Börsentermingeschäften. – Der Begriff des **Börsentermingeschäftes wurde weiterhin durch das Gesetz nicht definiert** sondern blieb Rechtsprechung und Lehre überlassen, die sich jedoch in Ermangelung einer wirtschaftlichen Relevanz in dem vorangegangenen halben Jahrhundert damit kaum beschäftigt hatte. In der Neufassung des BörsG wurde al-

---

[9] Vgl. *Mülbert* in Assmann/Schneider, WpHG, 4. Aufl. 2006, Vor § 37d Rn. 6; *Schäfer* in Schwintowski/ Schäfer, Bankrecht, § 20 Rn. 5.
[10] *Rudolph* in Pohl, Deutsche Börsengeschichte, S. 293, 315 f.; *Schäfer* in Schwintowski/Schäfer, Bankrecht, § 20 Rn. 8 ff.
[11] Vgl. dazu *Schäfer* in der 2. Aufl., § 17 Rn. 14 f.
[12] Vgl. dazu *Zimmer* ZHR 162 (1998), 685 ff. mwN.

lerdings mit § 50 Abs. 1 Satz 2 BörsG 1989 die Regelung eingefügt, dass zu den Börsentermingeschäften „auch Geschäfte gehören, die wirtschaftlich gleichen Zwecken dienen, auch wenn sie nicht auf Erfüllung ausgerichtet sind". Diese gesetzliche Erweiterung eines gesetzlich nicht definierten Begriffes ist zu Recht kritisiert worden[13].

11  Durch die Erweiterung der Börsenrechtssphäre kraft Status um eine Börsenrechtssphäre kraft Information revidierte der Gesetzgeber seine äußerst restriktive Haltung aus dem Jahre 1908. Er konzedierte mit der Börsenrechtssphäre kraft Information, dass auch andere Personen als Kauf- und Börsenleute **bei hinreichender Information nicht mehr schutzwürdig** sind. Allerdings setzte er die Grenzen für eine „informierte Entscheidung" von nicht bereits statusbedingt börsentermingeschäftsfähigen Personen sehr eng, indem er eine regelmäßige Wiederholung der Information (erstmals nach einem Jahr, sodann jeweils nach drei Jahren) für eine kontinuierliche Termingeschäftsfähigkeit kraft Information forderte. Das gesetzgeberische Ziel der Verbreiterung der Basis der Teilnehmer an Börsentermingeschäften wurde durch diesen Schritt in vollem Umfange erreicht. Andererseits führte dies auch – wie nicht anders vorauszusehen – zu einer **Vielzahl von Prozessen** über diverse Einzelfragen der Termingeschäftsfähigkeit kraft Information.

12  **5. Konzept des Vierten Finanzmarktförderungsgesetzes 2002.** Der Ansatz des Gesetzgebers, die Börsenrechtssphäre auszudehnen durch eine **Termingeschäftsfähigkeit kraft Information,** wurde bereits früh als **halbherzig** und **unsystematisch** kritisiert[14]. Zum einen wurde ihm entgegengehalten, dass der formale Akt der Unterzeichnung einer Informationsschrift keine Informationsvermittlung darstellt, so dass die hierdurch hergestellte Termingeschäftsfähigkeit letztlich ein **reiner Skripturakt** sei[15]. Zum anderen wurde moniert, dass die Verletzung einer Aufklärungs- bzw. Informationspflicht typischerweise nicht damit sanktioniert wird, dass das Rechtsgeschäft eine **Naturalverbindlichkeit** darstellt, sondern dass Aufklärungspflichtverletzungen mittels **Schadensersatzpflichten** sanktioniert werden.

13  Fast zeitgleich mit dieser Kritik hatte der Gesetzgeber durch die **§§ 31 ff. WpHG aufsichtsrechtliche Aufklärungs- und Informationspflichten** für sämtliche Geschäfte in Finanzinstrumenten, also auch in Finanztermingeschäften, eingeführt. Zudem hatte die Rechtsprechung zivilrechtliche vorvertragliche Aufklärungspflichten im Zusammenhang mit Geschäften in Finanzinstrumenten statuiert[16]. Insbesondere die **Ausgestaltung der Aufklärungspflichten** durch die **Rechtsprechung** begründete ein **zweistufiges Schutzmodell** bei Finanztermingeschäften. Zum einen führte das standardisierte Informationsmodell zur Termingeschäftsfähigkeit und damit **Verbindlichkeit der Geschäfte.** Zum anderen führten die individuellen einzelvertraglichen Aufklärungs- und Beratungsverpflichtungen in ihrer Ausprägung durch die Rechtsprechung dazu, dass ihre Verletzung trotz rechtlicher Verbindlichkeit des Geschäftes **Schadensersatzpflichten** auslösten[17].

14  Mit dem **Vierten Finanzmarktförderungsgesetz**[18] nahm der Gesetzgeber erneut einen Paradigmenwechsel vor. Mit Blick auf die an dem Modell des Börsengesetzes 1989 geäußerte Kritik und der zunehmenden Kenntnisse über Finanztermingeschäfte in breite-

---

[13] Vgl. nur *Irmen* in Schäfer, WpHG/BörsG/VerkProspG, 1999, vor §§ 50–70 BörsG Rn. 26 mwN.

[14] Ausführlich zu der Kritik *Mülbert/Assmann* in Assmann/Schneider, WpHG, Vor § 37e Rn. 9 ff. muwN.

[15] *Brandner,* FS für Schimansky, S. 581, 588; *Schröter/Bader,* FS für Schimansky, S. 717, 729; *Schäfer/Lang* BKR 2002, 197, 201 mwN.

[16] Vgl. etwa BGH WM 1996, 1260, 1261; BGH WM 1998, 1441; BGH WM 1997, 811, 812.

[17] Vgl. *Mülbert* in Assmann/Schneider, WpHG, 4. Aufl. 2006, Vor § 37d Rn. 15; *Schäfer* in Schwintowski/Schäfer, Bankrecht, § 20 Rn. 103 f.; *Schwintowski* ZBB 1999, 385, 386 sieht sogar eine Dreistufigkeit (Börsentermingeschäftsfähigkeit/Allgemeine vertragliche Aufklärungspflichten/Beratungsvertrag).

[18] V. 21.6.2002, BGBl. I, S. 2010 v. 26.6.2002.

ren Anlegerkreisen[19] entschloss sich der Gesetzgeber im Rahmen des Vierten Finanzmarktförderungsgesetzes, das **Modell der Börsenrechtssphäre** und der Sanktionierung von außerhalb der Börsenrechtssphäre geschlossenen Geschäften durch das Verdikt der Naturalobligation **aufzugeben**. Dementsprechend wurde die bisher im Börsengesetz enthaltene Regelung der Börsentermingeschäfte gänzlich gestrichen, diese in den – zutreffenderen[20] – **Begriff der Finanztermingeschäfte** umbenannt und eine Neuregelung in den §§ 37d bis 37g WpHG eingefügt. Mit der Aufgabe des Konzeptes der Börsenrechtssphäre und der Qualifizierung eines Termingeschäftes außerhalb derselben als Naturalobligation ist der Gesetzgeber noch über das liberale Modell des Jahres 1896 hinaus gegangen. Finanztermingeschäfte waren nunmehr grundsätzlich rechtswirksam und damit hatte jedermann Zugang zum Terminhandel[21].

Gleichzeitig mit der Abschaffung der Börsentermingeschäftsfähigkeit hatte der Gesetzgeber in § 37d Abs. 1 WpHG jedoch eine **Verpflichtung zur Information** – wiederum in formalisierter Weise – statuiert. Deren **Verletzung** war durch § 37d Abs. 4 WpHG mit einer **Pflicht zum Ersatz des daraus entstehenden Schadens** sanktioniert. Dabei sind die Informationspflichten nach § 37d Abs. 1 Satz 1 WpHG identisch mit denen, die zur Herbeiführung der Börsentermingeschäftsfähigkeit des Anlegers nach § 53 BörsG aF führten[22]. **15**

Zum Teil wurde die Änderung durch das Vierte Finanzmarktförderungsgesetz als Verflachung des Schutzmodells von einem zweistufigen Modell (Börsentermingeschäftsfähigkeit/schadensersatzbewehrte Informationspflicht) zu einem einstufigen Modell (schadensersatzbewehrte Informationspflichten) gewertet[23]. Mehrheitlich wurde darin jedoch eine Fortgeltung des zweistufigen Schutzmodells in modifizierter Form gesehen. Die **erste Stufe** war eine **schadensersatzbewehrte allgemeine Informationspflicht** gem. § 37d WpHG und die **zweite Stufe** die wiederum **schadensersatzbewehrte individuelle Kundenaufklärung** gem. §§ 31 ff. WpHG bzw. gem. den Verpflichtungen aus Beratungsvertrag[24]. Da die Pflicht zur Information in standardisierter Weise regelmäßig mit umfasst wurde von einer Pflicht zur individuellen Information auf der Basis der tatsächlichen Kenntnisse und Erfahrungen eines Anlegers, lief die standardisierte Information letztlich leer und hatte keine eigenständige Berechtigung. Aus diesem Grunde wurde schon bald die Abschaffung der Regelungen der Finanztermingeschäfte in §§ 37d ff. WpHG gefordert worden[25]. **16**

**6. Aufgabe der standardisierten Risikoaufklärung durch das Finanzmarktrichtlinie-Umsetzungsgesetz 2007.** Durch das Finanzmarktrichtlinie-Umsetzungsgesetz[26] (FRUG) wurde mit Wirkung zum 1. November 2007 der Kritik der Literatur[27] Rechnung **17**

---

[19] Zum Menschenbild, das der Gesetzgeber der Neuregelung zugrunde legt, vgl. ausführlich *Benicke*, Wertpapiervermögensverwaltung, S. 402 ff., 419 ff.
[20] Zu Recht war kritisiert worden, dass die „außerbörslichen Börsentermingeschäfte" wie von § 50 Abs. 1 S. 1 BörsG 1989 vorausgesetzt ein begriffliches Paradoxon darstellten – vgl. *Assmann*, FS für Heinsius, 1991, S. 1, 8, sowie *Irmen* in Schäfer, WpHG/BörsG/VerkProspG, vor §§ 50–70 BörsG, Rn. 25.
[21] *Mülbert/Assmann* in Assmann/Schneider, WpHG, Vor 37e Rn. 1.
[22] Ausführlich zu den §§ 37d bis 37g WpHG: *Schäfer*, Vorauflage § 19 Rn. 17 bis 57.
[23] So insb. *Mülbert* in Assmann/Schneider, WpHG, 4. Aufl. 2006, Vor § 37d Rn. 15; *Mülbert/Assmann* in Assmann/Schneider, WpHG, Vor 37e Rn. 15.
[24] So insb. *Samtleben* ZBB 2003, 69, 74; *Zimmer* JZ 2003, 22, 24; *Köndgen* NJW 2004, 1288, 1301; *Kümpel*, Bank- und Kapitalmarktrecht, 3. Aufl. 2004, Rn. 15 252; *Balzer/Siller* in BuB, Rn. 7/265; *Horn/Balzer*, FS für Kümpel, S. 275, 282 f.
[25] *Schäfer/Lang* BKR 2002, 197, 211 f.; *Schäfer*, FS für Immenga, S. 689 ff.; *Mülbert* in Assmann/Schneider, WpHG, 4. Aufl. 2006, Vor § 37d Rn. 30; kritisch auch *Horn/Balzer*, FS für Kümpel, S. 275 ff.
[26] BGBl. I 2007, 1330.
[27] Dazu → Rn. 16.

getragen und anlässlich der **Umsetzung der Finanzmarktrichtlinie** in deutsches Recht auch das Erfordernis der **standardisierten Risikoaufklärung aufgegeben** durch Aufhebung von § 37d WpHG. Von der gesonderten Behandlung der Finanztermingeschäfte verbleibt – bis heute – nur § 37e WpHG mit dem Ausschluss des Spiel- und Wetteinwandes gem. § 762 BGB gegen Termingeschäfte, die Ermächtigung des Bundesministeriums der Finanzen durch § 37g WpHG, bestimmte Finanztermingeschäfte zu verbieten, sowie das Verbot von Schiedsvereinbarungen in § 37h WpHG[28]. Für diese drei Normen definiert § 37e Satz 2 WpHG Finanztermingeschäfte weiterhin als Derivate iSv § 2 Abs. 2 WpHG und Optionsscheine, während die für letztere durch das Vierte Finanzmarktförderungsgesetz in § 2 Abs. 2a WpHG 2002 eingefügte Definition dort entfiel.

18   Durch das FRUG wurden die Finanztermingeschäfte endgültig zu „normalen" Finanzinstrumenten und ihre Sonderbehandlung durch das WpHG entfiel weitestgehend, weil der Gesetzgeber es für ausreichend hielt, dass sie aufsichtsrechtlich den – zwischenzeitlich stark erweiterten – allgemeinen Verhaltensregeln der §§ 31 ff. WpHG unterfallen. Die Rechtsprechung zu den Pflichten eines Kreditinstitutes im Rahmen einer Anlageberatung zu Wertpapieren erstreckte sich zunehmend auch auf Fälle mit Derivaten, insb. Swaps, und konkretisierte die Anforderungen an eine anleger- und objektgerechte Beratung.

## II. Der Begriff des Finanztermingeschäfts

19   **1. Nach dem Vierten FinanzmarktförderungsG 2002.** Mit dem Übergang des Anlegerschutzes von dem Modell der Naturalverbindlichkeit zu einer schadensersatzbewehrten Informations- und Aufklärungspflicht ging einher die Einführung von und erste Ansätze zu einer **Definition des Begriffs des Finanztermingeschäftes.** § 2 Abs. 2a WpHG definierte Finanztermingeschäfte, auf die sich die Informationspflicht des § 37d WpHG 2002 bezog, als **„Derivate und Optionsscheine"** und definiert in § 2 Abs. 2 WpHG 2002 Derivate als „als **Festgeschäfte oder Optionsgeschäfte ausgestaltete Termingeschäfte,** deren Preis unmittelbar oder mittelbar abhängt von
– dem Börsen- oder Marktpreis von Wertpapieren,
– dem Börsen- oder Marktpreis von Geldmarktinstrumenten,
– Zinssätzen oder anderen Erträgen,
– dem Börsen- oder Marktpreis von Waren oder Edelmetallen oder
– dem Preis von Devisen."
Streitig war, ob **Kreditderivate,** also sog. Credit Default Swaps und Credit Linked Notes Finanztermingeschäfte iSd § 2 WpHG darstellten. Zum Teil wurde dies bereits deshalb verneint, weil das „versicherte" Kreditereignis (also die Unterlassung der Rückzahlung einer Kreditverbindlichkeit durch einen Dritten) keinen Basiswert iSd § 2 Abs. 2 WpHG darstellte[29]. Mit Umsetzung der Richtlinie über Märkte für Finanzinstrumente[30] (MiFID) wurde die Frage dahingehend geregelt, dass auch „derivative Instrumente für den Transfer von Kreditrisiken" Finanzinstrumente sind[31]. Gleichfalls ein **geeigneter Basiswert** für Finanztermingeschäfte waren Devisen. **Devisen** sollten bis zum Erlass des Anlegerschutzverbesserungsgesetzes im Oktober 2004[32] nur dann als geeigneter Basiswert in Betracht kommen, wenn die Devisentermingeschäfte an einem organisierten Markt gehandelt wurden (vgl. § 2 Abs. 2 Nr. 2 WpHG 2002). Da Devisentermingeschäfte in Deutschland jedoch ausschließlich außerbörslich gehandelt wurden und werden, waren diese faktisch von

---

[28] Dazu → Rn. 29 ff.
[29] *Beck* in Schwark, KMRK, 3. Aufl. 2004, WpHG § 2 Rn. 19; aA *Brandt* BKR 2002, 243, 251.
[30] RL 2004/39/EG des Europäischen Parlaments und des Rates v. 21.4.2004, ABl. EG Nr. L 145 v. 30.4.2004, S. 1 ff., geändert durch RL 2006/31/EG des Europäischen Parlaments und des Rates v. 5.4.2006, ABl. EG Nr. L 114, S. 60 ff.
[31] Vgl. RL Anh. I Abschn. C Nr. 8.
[32] BGBl. I, 2630.

dem Begriff der Derivate ausgenommen. Die dadurch entstehende Schutzlücke wurde durch das Anlegerschutzverbesserungsgesetz[33] geschlossen[34].

Ausgangspunkt der Definition der Derivate war der der „als Festgeschäfte oder Optionsgeschäfte ausgestalteten Termingeschäfte". Grundelement war das Termingeschäft, das vom Gesetz weiterhin nicht definiert wurde. Keine Entsprechung fand § 50 Abs. 1 Satz 2 BörsG 1989, demzufolge zu den Börsentermingeschäften „auch Geschäfte gehören, die wirtschaftlich gleichen Zwecken dienen, auch wenn sie nicht auf Erfüllung ausgerichtet sind"[35]. Auch die von § 50 Abs. 1 Satz 1 BörsG 1989 vorausgesetzten „außerbörslichen Börsentermingeschäfte" fanden keine Entsprechung mehr im WpHG. Die gesetzliche Erweiterung der nicht definierten Termingeschäfte um gleichgestellte Geschäfte konnte entfallen, da die Abhängigkeit der Termingeschäfte von Preisen von anderen Basiswerten („Underlying") sämtliche denkbaren Formen der Termingeschäfte erfasst. Die „außerbörslichen Börsentermingeschäfte" konnten definitorisch entfallen, weil die Termingeschäfte nunmehr auf den „Börsen- oder Marktpreis" von Basiswerten oder unmittelbar auf Zinssätze oder Preise abstellten und damit unabhängig waren von Börsenpreisen.

20

Bei **Festgeschäften** (auch Festpreisgeschäfte genannt)[36] verpflichten sich beide Parteien bindend, zu einem späteren Zeitpunkt die bereits eingegangenen Verpflichtungen zum Kauf resp. Verkauf zu dem bereits fest vereinbarten Preis bzgl. des Basiswertes zu erfüllen. Bei **Optionsgeschäften** räumt der Optionsverkäufer (sog. Stillhalter) dem Optionskäufer (Optionsberechtigten) gegen Zahlung einer Prämie das Recht ein, von dem Stillhalter entweder die Lieferung oder die Abnahme des Basiswertes zu einem bereits fest vereinbarten Preis zu verlangen.[37] Hat der Stillhalter den Basiswert zu liefern, wird er als Stillhalter in Papieren bezeichnet; hat der Stillhalter den Basiswert abzunehmen, wird er als Stillhalter im Geld bezeichnet[38]. Eine Option, die zum Bezug des Basiswertes berechtigt, wird als **Call-Option** bezeichnet, und eine Option, die zur Andienung des Basiswertes berechtigt, als **Put-Option**. – Fest- wie Optionsgeschäfte werden meist nicht tatsächlich ausgeführt, sondern es erfolgt ein **Ausgleich der Differenz** des vereinbarten Preises (Festpreises bzw. Optionsausübungspreises) zu dem Preis des Basiswertes in Geld. Diese Ausgestaltung der Termingeschäfte als **offene Differenzgeschäfte** warf die Frage auf, ob insoweit der Differenzeinwand gem. § 764 BGB geltend gemacht werden konnte. Durch das 4. Finanzmarktförderungsgesetz wurde § 764 BGB ersatzlos aufgehoben und damit diese Frage gegenstandslos[39].

21

Gleichfalls **keine Definition** enthielt das Vierte FinanzmarktförderungsG für den Begriff der **Optionsscheine**. Dieser war sowohl in § 2 Abs. 2a WpHG enthalten im Rahmen der Definition der Finanztermingeschäfte wie auch in § 2 Abs. 1 Nr. 1 WpHG im Rahmen der Definition der Wertpapiere. Da die Optionsscheine in den Begriff der Wertpapiere einbezogen wurden, konnten sie von § 2 Abs. 2 WpHG nicht als Derivat bezeichnet werden. **Wirtschaftlich** stellen sie jedoch verbriefte **Derivate** dar[40]. Damit war ihre Einbeziehung in den Begriff der Finanztermingeschäfte erforderlich[41]. Gleichzeitig wurde durch die Einbeziehung von Derivaten und Optionsscheinen in den Begriff der Finanztermingeschäf-

22

---

[33] BGBl. I 2004, 2630 ff.
[34] Vgl. *Fleckner* WM 2003, 168 ff.; *Fleckner* ZBB 2005, 96 ff.; zur Rechtslage vor dem Anlegerschutzverbesserungsgesetz *Schäfer* in Schwintowski/Schäfer, Bankrecht, § 20 Rn. 63.
[35] Vgl. dazu bereits → bei Rn. 11 f.
[36] Vgl. *Rudolph* in Kümpel/Wittig, Bank- und Kapitalmarktrecht, Rn. 19.17 ff. mwN.
[37] *Lenenbach*, Kapitalmarktrecht, Rn. 13.45 ff.
[38] Unstr., vgl. nur *Schäfer* in Schwintowski/Schäfer, Bankrecht, § 20 Rn. 14 f. mwN.
[39] Zu der früheren Regelung vgl. *Schäfer/Lang* BKR 2002, 197, 200 mwN.
[40] Jedenfalls soweit sie die in § 2 Abs. 2 WpHG aufgeführten Voraussetzungen erfüllten. War dies nicht der Fall, wie zB bei „ereignisbezogenen Finanzprodukten" (zB Ergebnis eines Fußballspiels), wurde allein durch die Verbriefung der „Wette" in einem Optionsschein daraus kein Finanztermingeschäft – vgl. dazu *Mülbert/Böhmer* WM 2006, 937 ff., 985 ff.
[41] Vgl. BR-Drs. 936/01, S. 237.

te klargestellt, dass es für diesen nicht auf die Verbriefung ankam[42]. Zentraler Begriff von § 2 Abs. 2 WpHG war jedoch weiterhin der des Termingeschäftes, da es sich bei den Festgeschäften oder Optionsgeschäften lediglich um Ausgestaltungen des Termingeschäftes handelt. Dieser zentrale Begriff wurde vom Gesetz weiterhin nicht definiert[43].

23  **2. Nach dem Finanzmarktrichtlinie-UmsetzungsG 2007.** Gleichzeitig mit der Abschaffung der Sonderbehandlung der Finanztermingeschäfte im WpHG führte der Gesetzgeber wieder eine **Definition der Termingeschäfte** ein. Der Begriff der **Finanztermingeschäfte** in § 37e Satz 2 WpHG verweist auf Derivate, die seit dem FRUG in § 2 Abs. 2 WpHG im Kern definiert werden als „Kauf, Tausch oder anderweitig ausgestaltete Festgeschäfte oder Optionsgeschäfte, die zeitlich verzögert zu erfüllen sind und deren Wert sich unmittelbar oder mittelbar vom Preis oder Maß eines Basiswertes ableitet (Termingeschäft)" und die erweitert werden um „finanzielle Differenzgeschäfte" und „Kreditderivate". **Entscheidende Merkmale** für ein Finanztermingeschäft sind damit die **Abhängigkeit** eines Vertrages von einer Referenzgröße, die Schwankungen unterliegt (dem sog. **Basiswert**), und dem **Zeitmoment** der hinausgeschobenen Erfüllung des Geschäfts, das die Nutzung der Schwankungen des Basiswertes überhaupt erst ermöglicht. Die konkrete vertragliche Ausgestaltung als Kauf, Tausch, Vertrag sui generis etc. oder die Höhe des einzusetzenden Kapitals, die Hebelwirkung oder die Höhe des Verlustrisikos sowie der Ort des Geschäftsabschlusses (Börse; OTC) treten demgegenüber in den Hintergrund. Als **Basiswerte** kommen nach § 2 Abs. 2 Nr. 1 WpHG in Betracht „Wertpapiere oder Geldmarktinstrumente, Devisen oder Rechnungseinheiten, Zinssätze oder andere Erträge, Indices der vorgenannten Finanzinstrumente oder andere Finanzindices oder Finanzmessgrößen sowie Derivate." Nach § 2 Abs. 2 Nr. 2 WpHG kommen als Basiswerte in Betracht „Waren, Frachtsätze, Emissionsberechtigungen, Klima- oder andere physikalische Variablen, Inflationsraten oder andere volkswirtschaftliche Variablen oder sonstige Vermögenswerte, Indices oder Messwerte", allerdings nur dann, wenn sie entweder „durch Barausgleich zu erfüllen sind bzw. dies von einer Partei verlangt werden kann" oder „an der Börse oder auf einem MTF geschlossen" werden oder „nach Maßgabe von Art. 38 Art. 1 VO (EU) Nr. 1287/2006 Merkmale anderer Derivate aufweisen und nichtkommerziellen (= nicht realwirtschaftlichen) Zwecken dienen und nicht Art. 28 Abs. 4 VO unterfallen".

24  In der **Praxis** hat sich zwischenzeitlich eine kaum noch überschaubare **Vielzahl von Derivaten** entwickelt, so zB die unbedingten Derivate wie Zinsswaps, -Caps, -Floors, Collars, Zins-Forwards (sog. FRA), Währungs-Forwards, Total Return Swaps (sog. TRS) oder die bedingten Derivate wie Zins- oder Währungsoptionen, Credit Default Swaps (sog. CDS), Credit Linked Notes (CLN). Daneben haben sich hoch komplexe Derivate entwickelt wie Barrier-Optionen und Knock-in Optionen, Constant Maturity Swaps (sog. CMS), Bermuda Swaptions, synthetische CDOs, Credit Default Swaptions, Inflationsderivate und viele mehr[44]. Systematisiert werden die Derivate typischerweise nach den Kriterien des Basiswertes, dem Ort des Handels und dem Risikoprofil.

25  **3. Bedeutung des Begriffs des Derivats.** Die Abschaffung des standardisierten Informationsmodells wurde von dem Gesetzgeber damit begründet, er diene dem „Bürokratieabbau und der Flexibilisierung im Bereich der Anlageberatung"[45] und ein hinreichender Anlegerschutz wurde durch die allgemeinen Verhaltenspflichten auch im Bereich des Han-

---

[42] *Casper* WM 2003, 161, 164; *Fleckner* WM 2003, 168, 170.
[43] Vgl. zum Begriff des Termingeschäfts und den dazu vertretenen Auffassungen ausführlich Vorauflage, § 19 Rn. 24 bis 29.
[44] Vgl. die Überblicke bei *Läger* sowie *de Corbavia-Perisic/Maier*, beide in Zerey, Finanzderivate, S. 68 ff. und S. 73 ff.; *Jahn* in Schimansky/Bunte/Lwowski, BankR HdB Bd. II, 4 Aufl. 2011, § 114 Rn. 2 ff.; *Rudolf* in Kümpel/Wittig, Bank- und Kapitalmarktrecht, 4. Aufl. 2011, Rn. 19, 23 ff.; *Clouth*, Rechtsfragen der außerbörslichen Finanz-Derivate, S. 13 ff., 32 ff., 62 ff. (mit guter Systematik); *Lenenbach*, Kapitalmarktrecht, Rn. 5.35 ff.
[45] RegBegr. FRUG, BT-Drs. 16/4028, S. 78.

dels mit Derivaten erreicht⁴⁶. Zu ergänzen ist, dass neben diese aufsichtsrechtlichen Pflichten die **zivilrechtliche Pflicht zur anleger- und objektgerechten Beratung** tritt, die heute den **effektivsten Anlegerschutz** gewährt. Im Ergebnis ist damit seit dem FRUG der Begriff des Derivats und dessen Einbeziehung in die Finanzinstrumente zur entscheidenden Schaltstelle für die aufsichtsrechtlichen Verhaltenspflichten der §§ 31 ff. WpHG geworden. Entsprechendes gilt für die zivilrechtlichen Pflichten einer Anlageberatung zu Derivaten⁴⁷.

**4. Neuer Regulierungsfokus für Derivate durch EU.** Während die Regulierung 26 der Derivate mit Blick auf den **individuellen Anlegerschutz** auf nationaler Ebene zunehmend abgebaut wurde, erfolgte eine **verstärkte Regulierung** der Derivate auf internationaler sowie EU-Ebene. Diese bereits vor der Finanzmarktkrise begonnene Entwicklung setzte sich verstärkt fort im Gefolge der **Finanzmarktkrise**⁴⁸. Dabei lag der Fokus jedoch nicht auf dem individuellen Anlegerschutz, sondern vielmehr in einer **Regelung der Marktstrukturen und eine Sicherung des Marktes gegen Ausfälle von großen Marktteilnehmern** mit Konsequenzen für den Gesamtmarkt. Ein neuer europäischer Regulierungsrahmen für OTC-Derivate wurde durch die als Verordnung von der EU verabschiedete „European Market Infrastructure Regulation" – kurz: **EMIR** – eingeführt⁴⁹ zur Verminderung systemischer Risiken im bisher ungeregelten OTC-Derivatemarkt. Ergänzt wird die VO (EU) durch technische **Regulierungs- und Durchführungsstandards der ESMA**⁵⁰. EMIR verfolgt das Ziel, das aus einer ungenügenden Besicherung folgende Kontrahentenrisiko zu reduzieren sowie eine Transparenz über den gesamten OTC-Markt zu geben. Zu diesem Zweck führt EMIR eine **Clearingpflicht** für OTC-Derivate für bedeutende Teilnehmer am Markt ein durch die Vorgabe, dass standardisierte Derivate nicht mehr bilateral abgeschlossen sondern über eine zentrale Gegenpartei (Central Counterparty, **CCP**) abzuwickeln sind. Zweiter zentraler Punkt von EMIR ist das **Risikomanagement** der nicht in das Clearing einbezogenen OTC-Derivate durch wesentliche Marktteilnehmer. Dritte Säule von EMIR ist die Einführung von **Meldepflichten**, die der mangelnden Transparenz des OTC-Derivatemarktes abhelfen sollen⁵¹.

### III. Verhältnis des Finanztermingeschäfts zum Spiel- und Wetteinwand

Als Nachfolgevorschrift von § 58 BörsG aF sieht § 37e WpHG vor, dass gegen Ansprü- 27 che aus Finanztermingeschäften, bei denen mindestens ein Vertragsteil ein Unternehmen ist, das gewerbsmäßig oder in einem Umfang, der einen in kaufmännischer Weise eingerichteten Geschäftsbetrieb erfordert, Finanztermingeschäfte abschließt oder deren Abschluss vermittelt oder die Anschaffung, Veräußerung oder Vermittlung von Finanztermingeschäften betreibt, der **Spiel- und Wetteinwand** des § 762 BGB **nicht erhoben** werden kann. Hierdurch wird – wie bereits zu Zeiten des Börsengesetzes aF – eine **rechtssichere Sphäre für Finanztermingeschäfte** geschaffen. Anders als noch § 58 BörsG aF bedurfte es jedoch keiner Erstreckung mehr auf den Differenzeinwand gem. § 764 BGB, da dieser

---

⁴⁶ RegBegr. FRUG, aaO.
⁴⁷ Vgl. dazu *Edelmann* → § 3 Rn. 59 ff.
⁴⁸ Vgl. zB den Beschluss des G20-Gipfels vom 25.9.2009 in Pittsburgh.
⁴⁹ VO (EU) Nr. 648/2012 des Europäischen Parlaments und des Rates vom 4.7.2012, ABl. Nr. L 201 vom 27.7.2012, S. 1 ff.
⁵⁰ DurchführungsVO (EU) 1247/2012, ABl. EU L 352, S. 20 ff.; DurchführungsVO (EU) 1248/2012, ABl. EU L 352, S. 30; DurchführungsVO (EU) 1249/2012, ABl. EU L 352, S. 32; DurchführungsVO (EU) 148/2013, ABl. EU L 52, S. 1; DurchführungsVO (EU) 149/2013, ABl. EU L 52, S. 11; DurchführungsVO (EU) 150/2013, ABl. EU L 52, S. 25; DurchführungsVO (EU) 151/2013, ABl. EU L 52, S. 33; DurchführungsVO (EU) 152/2013, ABl. EU L 52, S. 37; DurchführungsVO (EU) 153/2013, ABl. EU L 52, S. 41.
⁵¹ Vgl. *Hartenfels* ZHR 178 (2014), 173 ff.; *Köhling/Adler* WM 2012, 2125 ff. und 2173 ff.; *Pankoke/Wallus* WM 2014, 4 ff.; *Schuster/Ruschkowski* ZBB 2014, 123 ff.; *Teuber/Schöpp* RdF 2013, 209 ff.

durch das 4. Finanzmarktförderungsgesetz per 1. Juli 2002 aufgehoben wurde. Für Finanztermingeschäfte zwischen zwei Verbrauchern gilt der Ausschluss des Spiel- und Wetteinwandes des § 762 BGB jedoch nicht[52]. Ebenso wenig gilt der Ausschluss für den Abschluss von Finanztermingeschäften zwischen zwei Unternehmen, wenn keines von beiden den aufgeführten Anforderungen entspricht[53].

### IV. Verbot von Finanztermingeschäften und Schiedsvereinbarungen

**28**  **1. Verbotene Finanztermingeschäfte.** § 37g WpHG ermächtigt das **Bundesministerium der Finanzen,** durch Rechtsverordnung **Finanztermingeschäfte zu verbieten** oder zu beschränken, soweit dies zum Schutz der Anleger erforderlich ist. Das BMF hat hiervon bisher keinen Gebrauch gemacht. Eine praktische Relevanz der Norm besteht daher derzeit nicht. Ein Finanztermingeschäft, das einer etwaigen Rechtsverordnung des BMF widerspräche, ist nichtig. Entsprechendes gilt für die Bestellung von Sicherheiten und sonstige mit dem nichtigen Geschäft im Zusammenhang stehende Geschäfte (vgl. § 37g Abs. 2 WpHG)[54].

**29**  **2. Schiedsvereinbarungen.** Noch zu Zeiten des Börsentermineinwandes wurde – insbesondere von ausländischen Wertpapierdienstleistungsunternehmen – versucht, die Geltung der deutschen Rechtsordnung dadurch zu umgehen, dass **ausländische Schiedsgerichte** zur Entscheidung über etwaige Streitigkeiten aus Börsentermingeschäften berufen wurden[55]. Zudem kann durch die Vereinbarung eines Schiedsgerichts ein zwingender Verbrauchergerichtsstand überspielt werden, da das Derogationsverbot der Art. 17, 23 Abs. 5 EuGVO für Schiedsvereinbarung nicht gilt[56]. Da bereits die Rechtsprechung zum BörsG den Termineinwand zunehmend nicht mehr als Teil des Ordre Public angesehen hat[57], sah sich der deutsche Gesetzgeber zum Handeln veranlasst.

**30**  Nach § 37h WpHG können Schiedsvereinbarungen über künftige Rechtsstreitigkeiten aus Finanztermingeschäften nur verbindlich zwischen Parteien geschlossen werden, die beide Kaufleute oder juristische Personen des öffentlichen Rechts sind[58]. Damit wird einem in Deutschland ansässigen **Verbraucher die subjektive Schiedsfähigkeit aberkannt.** Dies hat zur Folge, dass er auch bei Geltung ausländischen Rechts nicht wirksam Schiedsverträge über Finanztermingeschäfte abschließen kann. Da nach Art. V (1) a des UN-Übereinkommens über Schiedsverfahren die subjektive Schiedsfähigkeit den Vertragsstaaten überlassen wird, setzt sich § 37h WpHG gegen sämtliches ausländisches Recht durch[59].

**31**  Über **zukünftige Rechtsstreitigkeiten** aus Finanztermingeschäften können **nur Kaufleute**[60] **oder juristische Personen des öffentlichen Rechts**[61] Schiedsvereinbarungen abschließen. Ist jedoch einmal ein Streit zwischen einem Verbraucher und einem Unternehmen entstanden, kann der Verbraucher durchaus auf den Schutz des § 37h WpHG verzichten und in concreto eine Schiedsvereinbarung zur Beilegung der Streitigkeit

---

[52] *Zimmer* in Schwark/Zimmer, KMRK, WpHG § 37e Rn. 1; *G. Roth* in KölnKomm. WpHG, § 37e Rn. 18.
[53] *G. Roth* in KölnKomm. WpHG § 37e Rn. 18; *Mülbert/Böhmer* WM 2006, 937, 945 ff.
[54] Vgl. *G. Roth* in KölnKomm. WpHG, § 37g, Rn. 7 ff.
[55] Vgl. *Samtleben,* Börsentermingeschäfte in Hopt/Rudolph/Baum, Börsenreform: Eine ökonomische, rechtsvergleichende und rechtspolitische Untersuchung, 1997, S. 469, 523.
[56] *Berger* ZBB 2003, 77, 79.
[57] BGH ZIP 2005, 478 ff.
[58] Vgl. ausführlich *Sethe* in Assmann/Schneider, WpHG, § 37h Rn. 11 ff. mwN.
[59] Vgl. *Samtleben* ZBB 2003, 69, 77 mwN; *Berger* ZBB 2003, 77, 82; *Zimmer* in Schwark/Zimmer, KMRK, WpHG § 37h Rn. 3.
[60] Vgl. zur Bestimmung des Kaufmannsbegriffs *Zimmer* in Schwark/Zimmer, KMRK, WpHG § 37h Rn. 11.
[61] Vgl. zum Begriff *Sethe* in Assmann/Schneider, WpHG, § 37h Rn. 29.

treffen. Eine Streitigkeit gilt als entstanden, wenn zwischen den Parteien eine rechtliche Sachfrage streitig ist und ein Rechtsstreit hierüber unmittelbar bevorsteht[62].

Rechtsfolge eines Verstoßes gegen § 37h WpHG ist die **Unwirksamkeit der Schieds- 32 vereinbarung.** Die Unwirksamkeit ist bei einem inländischen Schiedsverfahren dadurch geltend zu machen, dass der Anleger im Falle einer Klage des Unternehmens vor einem Schiedsgericht bis zur Bildung des Schiedsgerichtes vor dem staatlichen Gericht Klage auf Feststellung der Unzulässigkeit des Schiedsverfahrens gem. § 1032 Abs. 2 ZPO erhebt. Nach Bildung des Schiedsgerichtes hat er dessen Unzuständigkeit vor dem Schiedsgericht zu rügen. Wenn sich das Gericht jedoch für zuständig erklärt, muss der Anleger gem. § 1040 Abs. 3 Satz 2 ZPO eine Entscheidung des staatlichen Gerichts beantragen[63].

## § 21 Leerverkäufe und Geschäfte in bestimmten Kreditderivaten

### Übersicht

| | Rn. |
|---|---|
| I. Begriff, Einsatzmöglichkeiten und Abgrenzung zu Termingeschäften | 1–6 |
| II. Das Zivilrecht der Leerverkäufe | 7, 8 |
| III. Das Aufsichtsrecht der Leerverkäufe | 9–23 |
|    1. Geschichtliche Entwicklung | 9 |
|    2. Geltende Rechtslage | 13 |
|       a) Überblick | 13 |
|       b) Verbotstatbestände | 15 |
|       c) Transparenzpflichten | 20 |
|       d) Sanktionen | 22 |

**Schrifttum:** *Brouwer,* Neue Transparenzvorgaben auf dem Weg zum Kapitalmarkt – Leerverkäufe und Beteiligungstransparenz stehen auf dem Prüfstand –, AG 2010, 404; *Bruns,* Leerverkäufe und missbräuchliche Gestaltungen, DStR 2010, 2061; *Findeisen/Tönningsen,* Das Verbot ungedeckter Leerverkäufe – Regelungsgehalt und Reichweite des § 30h WpHG –, WM 2011, 1405; *Heinemann/Weinberger,* Das Verbot ungedeckter Leerverkäufe und seine Grenzen, in Koschky/Leible/ K. Schäfer (Hrsg.), Anlegerschutz und Stabilität der Finanzmärkte, 2012, S. 99; *Henssler,* Risiko als Vertragsgegenstand, 1994; *Hirte/Möllers* (Hrsg.), Kölner Kommentar zum WpHG, 2. Aufl. 2014; *Juurikkala,* Credit Default Swaps and the EU Short Selling Regulation: A Critical Analysis, ECFR 2012, 307; *Koziol,* Eine ökonomische Analyse der Regulierung von Leerverkäufen, in Koschyk/ Leible/K. Schäfer (Hrsg.), Anlegerschutz und Stabilität der Finanzmärkte, 2012, S. 91; *Krüger/ Ludewig,* Leerverkaufsregulierung – Aktueller Stand in Deutschland und Ausblick auf die europäische Regulierung unter besonderer Berücksichtigung der aktuellen Vorschläge zu den ausgestaltenden Rechtsakten –, WM 2012, 1942; *Ludewig/Geilfus,* EU-Leerverkaufsregulierung: ESMA-Guidelines bestimmen neuen Rahmen der Ausnahmeregelungen für Market-Maker und Primärhändler, WM 2013, 1533; *Melzer,* Zum Begriff des Finanztermingeschäfts, BKR 2003, 366; *Mittermeier,* Grundlagen und Regulierungsperspektiven von Leerverkäufen, ZBB 2010, 139; *Mock,* Das Gesetz zur Vorbeugung gegen missbräuchliche Wertpapier- und Derivategeschäfte, WM 2010, 2248; *Möllers/Christ/ Harrer,* Nationale Alleingänge und europäische Reaktion auf ein Verbot ungedeckter Leerverkäufe, NZG 2010, 1167; *Mülbert/Sajnovits,* Das künftige Regime für Leerverkäufe und bestimmte Aspekte von Credit Default Swaps nach der Verordnung (EU) Nr. 236/2012, ZBB 2012, 266; *Orator,* Die unionsrechtliche Zulässigkeit von Eingriffsbefugnissen der ESMA im Bereich von Leerverkäufen, EuZW 2013, 852; *Trüg,* Ist der Leerverkauf von Wertpapieren strafbar?, NJW 2009, 3202; *Tyrolt/ Bingel,* Short Selling – Neue Vorschriften zur Regulierung von Leerverkäufen, BB 2010, 1419; *Veil,* Europäisches Kapitalmarktrecht, 2. Aufl. 2014; *Walla,* Kapitalmarktrechtliche Normsetzung durch Allgemeinverfügung?, DÖV 2010, 853; *Weick-Ludewig/Sajnovits,* Der Leerverkaufsbegriff nach der Verordnung (EU) Nr. 236/2012 (EU-LVVO), WM 2014, 1521; *Zimmer/Beisken,* Die Regulierung von Leerverkäufen de lege lata und de lege ferenda, WM 2010, 485; *Zimmer,* Gutachten G zum 68.

---

[62] Vgl. *Sethe* in Assmann/Schneider, WpHG, § 37h Rn. 37 mwN.
[63] Vgl. *Sethe* in Assmann/Schneider, WpHG, § 37h Rn. 43 ff. mwN.

DJT: Finanzmarktregulierung – Welche Regelungen empfehlen sich für den deutschen und europäischen Finanzsektor?, 2010.

### I. Begriff, Einsatzmöglichkeiten und Abgrenzung zu Termingeschäften

**1** Unter Leerverkauf (Englisch: **short sale**) versteht man herkömmlich den Verkauf eines Wertpapiers durch einen Marktteilnehmer, das **im Zeitpunkt des Verkaufs nicht im wirtschaftlichen Eigentum des Marktteilnehmers steht**[1]. Ähnlich definieren §§ 205, 265, 283 Abs. 1 Satz 1 Nr. 2 KAGB den Leerverkauf als einen „Verkauf von Vermögensgegenständen, die im Zeitpunkt des Geschäftsabschlusses dem Fonds nicht gehören". Bei dem Verkauf durch den Leerverkäufer handelt es sich **immer** um ein **Kassageschäft,** das in den für Kassageschäfte geltenden kurzen Lieferfristen, in Deutschland idR zwei Tage, dinglich erfüllt werden muss. Demgegenüber definiert das US-amerikanische Bundesrecht[2] Leerverkäufe wie folgt: „The term *Short Sale* shall mean any sale of a security which the seller does not own or any sale which is consummated by the delivery of a security borrowed by, or for the account of, the seller". Im Einzelnen wird sodann definiert, wann eine Person als „Owner" eines Wertpapieres gilt. Die **US-amerikanische Definition** erfasst damit als Leerverkauf auch die Situation, in der ein Marktteilnehmer zwar Eigentümer der von ihm veräußerten Wertpapiere ist, er diese jedoch im Rahmen einer Wertpapierleihe gem. § 607 BGB oder als Sicherheit von Dritten erhalten hat und sie dementsprechend zu einem späteren Zeitpunkt zurückgeben muss. Mit Wirkung seit 1. November 2012 definiert auch das **EU-Recht**[3] einen „Leerverkauf" als einen „Verkauf von Aktien oder Schuldinstrumenten, die sich **zum Zeitpunkt des Eingehens der Verkaufsvereinbarung nicht im Eigentum des Verkäufers befinden, einschließlich eines Verkaufs, bei dem der Verkäufer zum Zeitpunkt des Eingehens der Verkaufsvereinbarung die Aktien oder Schuldinstrumente geliehen hat** oder eine Vereinbarung getroffen hat, diese zu leihen, um sie bei der Abwicklung zu liefern". Hieran anknüpfend werden Leerverkäufe heute präziser definiert als „Transaktionen, bei denen dem Verkäufer nach Vertragsschluss eine offene, wertvariable Verbindlichkeit in Aktien oder anderen Finanzinstrumenten verbleibt, der eine wertkonstante Forderung in Geld gegenübersteht"[4].

**2** Von einem **ungedeckten Leerverkauf** oder **Naked Short Sale** spricht man, wenn der Verkäufer einen Leerverkauf tätigt, ohne sich die Wertpapiere zuvor in Wege des Wertpapierdarlehens oder anderweitig gesichert zu haben[5]. Hat der Leerverkäufer überhaupt nicht vor, rechtzeitig zu liefern, spricht man von Abusive Naked Short Sales[6], die eine Marktmanipulation gem. § 20a WpHG darstellen können[7]. Hat der Verkäufer jedoch Wertpapiere zuvor entliehen und ist sichergestellt, dass der Verkauf des Wertpapiers durch die Lieferung der entliehenen Wertpapiere erfüllt werden kann, spricht man von einem **gedeckten Leerverkauf** oder **Covered Short Sale.** Statt eines Wertpapierdarlehens kann der Verkäufer etwa auch Wertpapiere liefern, die ihm seinerseits von seinen Kunden zur Besiche-

---

[1] *Zimmer/Beisken* WM 2010, 485; *Koziol* in Koschyk/Leible/K. Schäfer (Hrsg.), Anlegerschutz und Stabilität der Finanzmärkte, 2012, S. 91, 93; *Heinemann/Weinberger* in Koschyk/Leible/K. Schäfer (Hrsg.), Anlegerschutz und Stabilität der Finanzmärkte, 2012, S. 99, 100; *Reiter* in Kümpel/Wittig, Bank- und Kapitalmarktrecht, 4. Aufl. 2011, Rn. 9.95.
[2] Regulation SHO [17 CFR 242.200].
[3] VO (EU) Nr. 236/2012 des Europäischen Parlaments und des Rates vom 14. März 2012 über Leerverkäufe und bestimmte Aspekte von Credit Default Swaps, ABl. L 86, S. 1 vom 24.3.2012.
[4] *Trüg* NJW 2009, 3202, 3203; *Tyrolt/Bingel* BB 2010, 1419; *Walla* in Veil, Europäisches Kapitalmarktrecht, 2. Aufl. 2014, § 15 Rn. 1.
[5] *Zimmer/Beisken* WM 2010, 485, 486; *Walla* in Veil, Europäisches Kapitalmarktrecht, 2. Aufl. 2014, § 15 Rn. 4 – alle mwN.
[6] Dazu *Möllers/Christ/Harrer* NZG 2010, 1167, 1168 f.; *Zimmer*, Gutachten für 68. DJT, S. G 83 ff.; *Trüg* NJW 2009, 3202, 3204; *Walla* in Veil, Europäisches Kapitalmarktrecht, 2. Aufl. 2014, § 15 Rn. 9.
[7] Vgl. dazu *Trüg* NJW 2009, 3202, 3204 f. mwN; *Zimmer/Beisken* WM 2010, 485, 488.

rung von deren Verbindlichkeiten sicherungsübereignet wurden. Bei einem ungedeckten Leerverkauf muss sich der Verkäufer zum Ende der – sehr kurzen – Lieferfrist das Wertpapier im Markt zu dem dann bestehenden Kurs besorgen[8].

Der **Zweck eines Leerverkaufs** ist die Begründung einer Short-Position, die es dem Verkäufer ermöglicht, im Falle eines – von ihm erwarteten – **sinkenden Marktwertes** des Wertpapieres einen **Gewinn** zu erzielen. Bei einem Naked Short Sale ist dies unmittelbar ersichtlich, da der Leerverkäufer hofft, sich zum Ende seiner Lieferfrist für einen geringeren Preis im Markt einzudecken als er als Kaufpreis bei dem Leerverkauf erzielte. Aber auch bei gedeckten Leerverkäufen spekuliert der Verkäufer auf sinkende Kurse, da er die durch ein Wertpapierdarlehen erhaltenen Wertpapiere zum aktuellen Marktkurs verkauft und hofft, diese bei Fälligkeit (Rückzahlbarkeit) des Wertpapierdarlehens im Markt für weniger erwerben zu können als er bei dem Verkauf als Erlös erzielte. Besonders deutlich wird die **Spekulation auf fallende Kurse** bei einem intra-day Verkauf, in dem etwa ein Händler bei Eröffnung des Marktes ein Wertpapier leer verkauft und sich am Nachmittag zu einem niedrigeren Preis eindeckt. Kauf und Verkauf werden dann im selben settlement cycle über Nacht abgewickelt und heben sich auf.[9] 3

Leerverkäufe können jedoch auch zu **Absicherungszwecken** eingesetzt werden[10]. Hat etwa ein Anleger eine Wandelschuldverschreibung oder Aktienanleihe im Bestand und befürchtet er, dass der Marktwert der Aktien, die der Wandelschuldverschreibung bzw. Aktienanleihe zu Grunde liegen, fallen und der Emittent entsprechend am Fälligkeitstag Aktien liefern wird, kann sich der Anleger die Aktien leihen, sie verkaufen und im Falle der Andienung der Aktien durch den Emittenten der Wandelschuldverschreibung oder Aktienanleihe diese zur Rückzahlung des Wertpapierdarlehens verwenden („short against the box"). Gleichermaßen kann etwa ein Anleger, der Aktien als Sicherheit für ein Wertpapierdarlehen übereignet hat und diese nicht austauschen kann, jedoch einen Wertverfall der Aktien befürchtet, für die Aktien ein Wertpapierdarlehen aufnehmen, die Aktien veräußern und bei Freiwerden der sicherungsübereigneten Aktien das Wertpapierdarlehen mit diesen zurückzahlen. 4

Leerverkäufe können mit **geringem finanziellen Aufwand** getätigt werden, da sie „nur" Transaktionskosten und ggfls. ein Darlehensentgelt verursachen (zumindest soweit der Leerverkäufer grundsätzlich darlehenswürdig ist). Wenn jedoch die Kurse entgegen der Erwartung des Leerverkäufers nicht fallen sondern steigen, trifft ihn ein theoretisch unbegrenztes Verlustrisiko. Dieses kommt insbesondere bei einem sog. Short Squeeze zum tragen, wenn im Markt mehr Leerverkäufe erfolgten, als Wertpapiere verfügbar sind, um die Leerverkäufe zu bedienen[11]. Dies geschah zB mit der Aktie der Volkswagen AG im Oktober 2008, als die Porsche AG versuchte, die Volkswagen AG zu übernehmen und der Aktienkurs innerhalb weniger Tage von EUR 250 auf über EUR 1000 stieg[12]. Ohne aufsichtsrechtliche Regulierung kann es sogar dazu kommen, dass durch ungedeckte Leerverkäufe am Markt mehr Wertpapiere verkauft werden, als insgesamt ausgegeben wurden. 5

Auch wenn das Risiko aus Leerverkäufen dem von Derivaten entspricht, handelt es sich bei dem Leerverkauf nach hM **nicht um ein Derivat**[13]. Da Leerverkäufe innerhalb der 6

---

[8] Dies kann entweder durch ein Intra-day-Geschäft erfolgen, das in demselben settlement cycle über Nacht abgewickelt wird, oder durch ein OTC-Geschäft, bei dem individuell kürzere Erfüllungsfristen vereinbart werden – vgl. *Mittermeier* ZBB 2010, 139f. mwN.
[9] Vgl. dazu auch → Rn. 15.
[10] Vgl. dazu *Henssler*, Risiko als Vertragsgegenstand, S. 587ff.
[11] Vgl. *Findeisen/Tönningsen* WM 2011, 1405; *Heinemann/Weinberger* in Koschyk/Leible/K. Schäfer (Hrsg.), Anlegerschutz und Stabilität der Finanzmärkte, 2012, S. 99, 100.
[12] Vgl. zu diesem Fall ausführlich *Mittermeier* ZBB 2010, 139, 140 mwN; *Zimmer*, Gutachten 68. DJT, 2010, S. G 82f. mit FN 253; *Möllers/Christ/Harrer* NZG 2010, 1167, 1168 mit Fn. 18.
[13] *Henssler*, Risiko als Vertragsgegenstand, S. 585ff.; *Kumpan* in Schwark/Zimmer, KMRK, § 2 WpHG Rn. 54; *Melzer* BKR 2003, 366, 370; *G. Roth* in KölnKom. WpHG, 2. Aufl. 2014, § 2 Rn. 120.

üblichen Erfüllungsfristen zu beliefern sind, **fehlt** es Ihnen an dem für Derivate erforderlichen **hinausgeschobenen Erfüllungszeitpunkt.** Soweit jedoch im Rahmen der gesetzlichen Verbote Kreditderivate (Credit Default Swaps) zu den Leerverkäufen zählen[14], ist auch ein Leerverkauf ausnahmsweise ein Derivat.

## II. Das Zivilrecht der Leerverkäufe

7   Bei einem Leerverkauf geht der Verkäufer die Verpflichtung ein, Finanzinstrumente an den Käufer zu liefern, und hat nach Vertragsschluss eine **offene, wertvariable Verbindlichkeit in dem Finanzinstrument,** dem eine **wertkonstante Forderung in Geld** gegenübersteht[15]. Mit anderen Worten: der Verkäufer muss Finanzinstrumente übereignen, die entweder nicht in seinem Eigentum stehen oder die er – soweit sie in seinem Eigentum stehen – in gleichem Umfange an einen Dritten (rück-)übereignen muss. Beauftragt ein Kommittent einen Kommissionär mit der Veräußerung von Finanzinstrumenten, die der Kommittent nicht in seinem Depot vorrätig hat, kann der Kommissionär nach Nr. 4 SB Wp verlangen, dass zuvor ein entsprechender Bestand angeschafft wird. Ein **Kommissionär** kann daher die Durchführung von Leerverkäufen **verweigern**[16]. Ein Kommissionär ist jedoch nicht verpflichtet, einen Vorschuss zu verlangen und kann daher auch einen **Leerverkauf** des Kommittenten als Kommissionsgeschäft **durchführen.** Da der Kommissionär zwar auf fremde Rechnung jedoch im eigenen Namen handelt und demensprechend seinerseits gegenüber dem Käufer zur Lieferung innerhalb der usancenmäßigen Fristen verpflichtet ist, wird er einen Leerverkauf des Kommittenten nur dann durchführen, wenn zwischen Kommissionär und Kommittent eine Vereinbarung darüber getroffen wird, wie der Kommittent seinen Lieferpflichten nachzukommen gedenkt. Die Vereinbarung kann entweder darin bestehen, dass der **Kommissionär dem Kommittenten** für dessen Leerverkauf automatisch ein **Wertpapierdarlehen einräumt** und dadurch den Kommittenten in die Lage versetzt, fristgerecht dinglich zu erfüllen. Oder der Kommissionär kann von dem Kommittenten verlangen, dass dieser über OTC Geschäfte sicherstellt, dass der Kommittent seinen Lieferverpflichtungen fristgerecht nachkommen kann. In beiden Konstellationen übernimmt der **Kommissionär** jedoch durch die Eingehung einer eigenen Lieferverpflichtung gegenüber dem Käufer das **Kreditrisiko des Kommittenten.** Dementsprechend wird der Kommissionär Leerverkäufe für den Kommittenten nur durchführen, wenn dem Kommittenten eine entsprechende Kreditlinie eingeräumt wurde.

8   Entsprechendes gilt, wenn der Verkäufer nicht als Kommittent einen Kommissionsauftrag zum Verkauf der von ihm nicht gehaltenen Finanzinstrumente gibt, sondern er mit seinem Kreditinstitut unmittelbar ein **Festpreisgeschäft** schließt. In dieser Konstellation geht das kaufende Kreditinstitut zwar nicht die Verpflichtung zur Lieferung der Finanzinstrumente gegenüber Dritten als veräußernder Kommissionär ein. Das **Kreditrisiko,** welches der Käufer eingeht, ist jedoch **dasselbe,** da das kaufende Kreditinstitut bei einem Ausfall des Verkäufers (zB weil dieser sich nicht rechtzeitig eindecken kann) das Marktpreisrisiko der erworbenen Finanzinstrumente im Falle einer Glattstellungsnotwendigkeit trägt.

## III. Das Aufsichtsrecht der Leerverkäufe

9   **1. Geschichtliche Entwicklung.** Während das **US-amerikanische Bundesrecht** bereits seit **1934** eine – einschränkende – Regelung der Zulässigkeit von Leerverkäufen enthält[17], sah das deutsche und europäische Recht bis zur Finanzmarktkrise keine aufsichtsrechtliche Beschränkung für Leerverkäufe vor. Da **Leerverkäufe** meist eine **Spekulation auf fallende Kurse** darstellen, verstärkt eine derartige Spekulation im Falle eines ohnehin

---

[14] Vgl. dazu ausführlich → Rn. 18 f.
[15] Vgl. → Rn. 1 aE.
[16] Vgl. dazu ausführlich → § 13 Rn. 63 mwN.
[17] Vgl. dazu *Henssler*, Risiko als Vertragsgegenstand, S. 582 ff. mwN.

stattfindenden Kursverfalls diesen uU erheblich[18]. Als im Zuge der Finanzmarktkrise die Börsenkurse insb. für Banken und Versicherungen zunehmend verfielen, wollte die **Bundesanstalt für Finanzdienstleistungsaufsicht** der den Kursverfall verstärkenden Wirkung von Leerverläufen entgegentreten und erließ am 17./19. September 2008 ein **Verbot ungedeckter Leerverkäufe** von 11 im DAX und MDAX notierten Unternehmen, zunächst befristet bis 31. Dezember 2008[19]. Die BaFin stützte diese Verfügung auf § 4 Abs. 1 WpHG und begründete sie damit, dass „bei der derzeitigen Lage der Kapitalmärkte ein Einwirken auf die Marktpreise von Aktien bestimmter Kreditinstitute, Börsenbetreiber, Versicherungsunternehmen und weiterer Unternehmen der Finanzbranche zu exzessiven Preisbewegungen führe, welche die Stabilität des Finanzsystems gefährden und somit zu erheblichen Nachteilen für den Finanzmarkt führen könnten"[20]. Die **BaFin verlängerte das Verbot** auf Basis von § 4 Abs. 1 WpHG mehrfach. Zwischenzeitlich war das zunächst nur auf anfänglich 11 und später 10 Aktien beschränkte Verbot **erweitert** worden um ein Verbot ungedeckter Leerverkäufe in **Schuldtiteln von Mitgliedsstaaten der EU, deren gesetzliche Währung der Euro** ist, um Spekulationen gegen in Euro denominierenden Staatsanleihen von EU-Staaten zu erschweren, sowie eine **Transparenzpflicht für Leerverkäufe verfügt** worden[21].

Die auf zweifelhafter Ermächtigungsgrundlage von der BaFin „Ad-hoc" verfügten, eingeschränkten Verbote ungedeckter Leerverkäufe wurden zum 27. Juli 2010 bzw. 26. März 2012 ersetzt durch das **Gesetz zur Vorbeugung gegen missbräuchliche Wertpapier- und Derivategeschäfte**[22]. Dieses führte §§ 30h ff. WpHG ein und enthielt in § 30h und § 30j WpHG Verbotsregelungen sowie in § 30i WpHG Transparenzpflichten hinsichtlich bestimmter Leerverkäufe und Kreditderivate[23]. Dabei erfasste das **Verbot ungedeckter Leerverkäufe** sämtliche an einer inländischen Börse zum Handel im regulierten Markt zugelassenen **Aktien** sowie **Schuldtitel von Zentral- und Regionalregierungen** von Mitgliedstatten der EU, deren gesetzlichen Währung der Euro ist, insb. also Portugal, Irland, Italien, Griechenland und Spanien (im Börsenjargon: die PIIGS-Staaten). § 30j WpHG sah ein generelles **Verbot für Sicherungsnehmer vor, Credit Default Swaps auf Verbindlichkeiten von Zentral- und Regionalregierung der EU,** deren gesetzliche Währung der Euro ist, abzuschließen, soweit der Abschluss nicht der unmittelbaren Absicherung einer eigenen Position diente[24]. Zudem führte das Gesetz eine ordnungsgemäße Ermächtigungsgrundlage für die BaFin als § 4a WpHG ein.

Die §§ 30h ff. WpHG hatten nur eine **kurze Geltungsdauer.** Da im Zuge der Finanzmarktkrise viele der EU-Mitgliedsstaaten höchst unterschiedlich ausgestaltete Regulierungen von Leeverkäufen vornahmen, hatte bereits im September 2010 die EU-Kommission nach Vorarbeiten von CESR einen Entwurf für eine Verordnung über Leerverkäufe und bestimmte Aspekte von Credit Default Swaps vorgelegt[25]. Die §§ 30h ff. WpHG

---

[18] Vgl. *Mittermeier* ZBB 2010, 139, 141 f.; *Mock* WM 2010, 2248, 2249; vgl. auch die RegBegr. des Gestzes zur Vorbeugung gegen missbräuchliche Wertpapier- und Derivategeschäfte vom 21.7.2010, BT-Drs. 17/1952, S. 1.
[19] Vgl. BaFin, Allgemeinverfügung vom 19. September 2008 sowie BaFin-Journal 9/2008 S. 7 f.
[20] Zu Recht kritisch zu der von der BaFin herangezogenen Ermächtigungsgrundlage *Walla* DÖV 2010, 853 ff.; *Zimmer*, Gutachten für 68. DJT, S. G 84 ff.; *Möllers/Christ/Harrer* NZG 2010, 1167, 1169 mwN.
[21] Vgl. Allgemeinverfügungen der BaFin vom 4. März 2010 und 31. Januar 2011.
[22] BGBl. I 2010, S. 945.
[23] Vgl. dazu *Findeisen/Tönningsen* WM 2011, 1405 ff.; *Heinemann/Weinberger* in Koschyk/Leible/K. Schäfer, Anlegerschutz und Stabilität der Finanzmärkte, S. 100, 102 ff.; *Krüger/Ludewig* WM 2012, 1942 ff.; *Mock* WM 2010, 2248 ff.; *Möllers/Christ/Harrer* NZG 2010, 1167 ff.; *Zimmer/Beisgen* WM 2010, 485 ff.
[24] Vgl. *Möllers/Christ/Harrer* NZG 2010, 1167 ff.
[25] Vgl. KOM (2010) 482 endg.; zu dem Entwurf *Möllers/Christ/Harrer* NZG 2010, 1167 ff. sowie *Krüger/Ludewig* WM 2012, 1942, 1946 ff.

wurden zum **1. November 2012** abgelöst durch die VO (EU) Nr. 236/2012 des Europäischen Parlaments und des Rates vom 14. März 2012[26] (im Folgenden: **EU-Leerverkaufs-VO**) sowie zwei delegierte Verordnungen zur Festlegung technischer Regulierungsstandards und eine technische Standards festlegende Durchführungsverordnung[27]. Daneben hat die Kommission eine weitere delegierte Verordnung erlassen[28], so dass neben der eigentlichen EU-LeerverkaufsVO **vier konkretisierende Rechtsakte** bestehen. Auf nationaler Ebene wurde die EU-Regelung ergänzt durch das Gesetz zur Ausführung der Verordnung (EU) Nr. 236/2012, das sogenannte „EU-Leerverkaufs-Ausführungsgesetz"[29], durch das insb. die Sanktionen für Verstöße gegen die EU-Verordnung sowie die innerstaatlichen Zuständigkeiten festgelegt werden, und die Netto-LeerverkaufspositionsVO der BaFin vom 17. Dezember 2012[30]. In Ergänzung hierzu hat die **ESMA** eine Liste mit Fragen und Antworten zur **Handhabung der Leerverkaufsregulierung** und Leitlinien zur Tätigkeit von Market-Makers und Primärmarkttätigkeiten nach der EU-LeerverkaufsVO vorgelegt[31]. Damit ist ein **äußerst komplexes** und für den Rechtsunterworfenen nicht leicht zugängliches **System** der Regelung von Leerverkäufen und bestimmten Credit Default Swaps entstanden.

**12** Gegen die Delegation von Aufgaben auf die ESMA durch Art. 28 der EU-LeerverkaufsVO hatte Großbritannien Nichtigkeitsklage erhoben, die von den Schlussanträgen des Generalanwalts unterstützt wurde[32]. Der EuGH hat die Klage abgewiesen und demensprechend die Ausführungsmaßnahmen der ESMA für rechtens erkannt[33]. Im Ergebnis steht damit fest, dass die EU-Regelungen auf der ersten, zweiten und dritten Ebene Wirksamkeit entfalten.

**13** **2. Geltende Rechtslage. a) Überblick.** Sehr ähnlich der vorangehenden deutschen Regelung der §§ 30hff. WpHG beruht das **Konzept der EU-LeerverkaufsVO** auf zwei Säulen. Zum einen bestehen für **Netto-Leerverkaufspositionen Transparenzgebote** und für **ungedeckte Leerverkäufe** in Aktien und Schuldtiteln bestimmter öffentlicher Emittenten und ungedeckte CDS **Verbotsregelungen.** Ergänzt werden diese beiden Säulen durch Ausnahmen für Market-Making-Tätigkeiten und Primärmarkttätigkeiten auf Grund von deren Liquiditätsfunktionen für die Wertpapiermärkte. Ergänzt werden diese Regelungen durch der ESMA übertragene Konkretisierungen sowie Notfallkompetenzen. Von Art. 1 Abs. 1 EU-LeerverkaufsVO werden jedoch nur **Finanzinstrumente** erfasst, die zum **Handel an einem Handelsplatz in der EU zugelassen** sind, allerdings auch wenn diese Finanzinstrumente außerhalb eines Handelsplatzes gehandelt werden, **nicht** jedoch Finanzinstrumente, die ausschließlich in den **Freiverkehr** einbezogen sind oder auf einem nicht als Börse zugelassenen multilateralen Handelssystem gehandelt werden[34]. Dabei werden jedoch Aktien, deren Hauptshandelsplatz außerhalb der EU liegt, von den

---

[26] ABl. L 86, S. 1 vom 24.3.2012.
[27] Delegierte VO (EU) Nr. 826/2012 der Kommission vom 29. Juni 2012, ABl. L 251, S. 1 vom 18.9.2012; Delegierte VO (EU) Nr. 919/2012 der Kommission vom 5. Juli 2012, ABl. L 274, S. 16 vom 9.10.2012; Durchführungsverordnung (EU) Nr. 827/2012 der Kommission vom 29. Juni 2012, ABl. L 251, S. 11 vom 18.9.2012.
[28] Delegierte VO (EU) Nr. 918/2012 der Kommission vom 5. Juli 2012, ABl. EU L 274, S. 1 vom 9.10.2012.
[29] BGBl. 2012 I, S. 2286.
[30] BGBl. I, S. 2699.
[31] Vgl. ESMA/2012/573 vom September 2012 (Q&A) mit Ergänzung ESMA/2013/159 vom Januar 2013; ESMA/2013/74 vom 2.4.2013 – Leitlinien zu Ausnahme für Market-Making-Tätigkeiten und Primärmarkttätigkeiten.
[32] Schlussanträge des Generalanwalts Jääskinen vom 12.9.2013 – Rs. C-270/12, auszugsweise abgedruckt in RdF 2013, 339 f. m. Anm. *von Livonius;* BeckRS 2013, 81781.
[33] EuGH, Urt. v. 22.1.2014 – C-270/12, NJW 2014, 1359 ff. = NZG 2014, 266 ff. = JZ 2014, 244 ff. = VersR 2014, 441 ff.; dazu *Orator* EuZW 2013, 852 ff.; *Frisch* EWiR 2014, 237 f.
[34] *Mülbert/Sajnovits* ZBB 2012, 266, 268 f.; *Walla* in Veil, Europäisches Kapitalmarktrecht, 2. Aufl. 2014, § 15 Rn. 13.

Transparenz- und Verbotsreglungen ausgenommen. Ergänzend gelten Regelungen zum Eindeckungsverfahren bei **Settlement Fehlern**[35].

Die EU-LeerverkaufsVO hat **extra territoriale Geltung**. Dh, es werden weltweit alle Geschäfte erfasst unabhängig von dem Ort des Geschäftes oder der Nationalität oder dem Sitz des Leerverkäufers, wenn nur das Finanzinstrument grundsätzlich von den Vorschriften der EU-LeerverkaufsVO erfasst ist. **14**

**b) Verbotstatbestände.** Art. 2 Abs. 1 lit. b) EU-LeerverkaufsVO definiert „**Leerverkauf**" im Zusammenhang mit Aktien oder Schuldinstrumenten zunächst als „einen **Verkauf** von Aktien oder – näher definierten – Schuldinstrumenten, die sich zum Zeitpunkt des Eingehens der Verkaufsvereinbarung **nicht im Eigentum des Verkäufers** befinden, **einschließlich** eines Verkaufs, bei dem der Verkäufer zum Zeitpunkt des Eingehens der Verkaufsvereinbarung die Aktien oder Schuldinstrumente **geliehen** hat oder eine Vereinbarung getroffen hat, diese zu leihen, um sie bei der Abwicklung zu liefern"[36]. Ausdrücklich **ausgenommen** werden der Verkauf mit Rückkaufvereinbarung **(Repo-Geschäft)**, die Übertragung von Wertpapieren im Rahmen einer Wertpapierleihvereinbarung sowie der Abschluss eines Derivats über den Verkauf von Wertpapieren. Abweichend von der früheren deutschen Regelung werden damit **auch** sog. **Intraday-Geschäfte** erfasst, bei denen ein Leerverkauf und eine Eindeckung der leer verkauften Position innerhalb desselben Tages und damit vor Beginn eines Settlement Zyklus erfolgt[37]. Wann ein Finanzinstrument sich „nicht im Eigentum des Verkäufers befindet" wird durch Art. 3 Abs. 1 der Delegierten VO (EU) Nr. 918/2012 konkretisiert. Fallen rechtliches und wirtschaftliches Eigentum auseinander, gilt als Eigentümer der „an letzter Stelle stehende wirtschaftliche Eigentümer", was bei deutschem Recht unterliegenden Fällen insb. für Treuhandkonstellationen von Bedeutung ist. Als „wirtschaftlicher Eigentümer" wird derjenige Anleger bezeichnet, der das mit dem Erwerb eines Finanzinstruments verbundene wirtschaftliche Risiko trägt. Konsequent stellt nach Art. 2 Abs. 1 EU-LeerverkaufsVO der Verkauf von geliehenen Finanzinstrumenten einen Leerverkauf dar[38]. **15**

Das **Verbot für ungedeckte Leerverkäufe in Aktien** ist in Art. 12 EU-LeerverkaufsVO, das Verbot für ungedeckte Leerverkäufe von öffentlichen Schuldtiteln in Art. 13 EU-LeerverkaufsVO und das Verbot für ungedeckte CDS auf bestimmte öffentliche Schuldtitel in Art. 14 EU-LeerverkaufsVO enthalten. Eine der VO unterfallende Aktie darf nach Art. 12 EU-Leerverkaufs-VO nur dann leer verkauft werden, wenn entweder die Aktie bereits geliehen wurde oder eine alternative Vorkehrung mit gleichem rechtlichen Ergebnis getroffen wurde oder bzgl. der Aktie eine Leihvereinbarung getroffen wurde oder ein vertragsrechtlicher oder eigentumsrechtlich unbedingt durchsetzbarer Anspruch auf Übertragung des Eigentums an einer entsprechenden Anzahl von Aktien besteht, so dass das Geschäft bei Fälligkeit abgewickelt werden kann, oder der Leerverkäufer von einem Dritten die Zusage erhalten hat, dass die Aktie lokalisiert wurde und dass dieser Dritte die Maßnahmen gegenüber anderen Dritten ergriffen hat, die notwendig sind, damit das Geschäft bei Fälligkeit abgewickelt werden kann. Die letztgenannten **Locate-Vereinbarungen** werden konkretisiert durch Art. 6 DurchführungsVO (EU) Nr. 827/2012[39]. Wann eine Wertpapierleihe oder „alternative Vorkehrungen" vorliegen wird durch Art. 5 DurchführungsVO (EU) Nr. 827/2012 im Detail geregelt und wann eine hinreichende Locate-Vereinbarung vorliegt durch Art. 6 derselben VO. **16**

Das grundsätzliche **Verbot des Leerverkaufs von öffentlichen Schuldtiteln** wird durch Art. 13 EU-LeerverkaufsVO statuiert. Öffentliche Schuldtitel werden von Art. 2 **17**

---

[35] Diese werden im Folgenden nicht behandelt; vgl dazu *Mülbert/Sajnovits* ZBB 2012, 266, 284 mwN.
[36] Vgl. dazu *Weick-Ludewig/Sajnovits* WM 2014, 1521 ff. mwN.
[37] Vgl. dazu bereits → Rn. 3.
[38] Vgl. *Weick-Ludewig/Sajnovits* WM 2014, 1521, 1522.
[39] Vgl. auch *Mülbert/Sajnovits* ZBB 2012, 266, 272.

Abs. 1 lit. f EU-LeerverkaufsVO definiert als Schuldinstrumente, die „von einem öffentlichen Emittenten begeben werden". Öffentlicher Emittent wird wiederum durch Art. 2 Abs. 1 lit. d EU-LeerverkaufsVO definiert als die EU selbst, ein Mitgliedstaat einschließlich eines Ministeriums, einer Agentur oder einer Zweckgesellschaft dieses Mitgliedstaates, Gliedstaaten eines bundesstaatlich organisierten Mitgliedstaates (also in Deutschland die Bundesländer), eine für mehrere Mitgliedsstaaten tätige Zweckgesellschaft (insb. also der ESM sowie der ESFS), ein von zwei oder mehr Mitgliedstaaten gegründetes internationales Finanzinstitut sowie die europäische Investitionsbank (EIB). Schuldverschreibungen von Kommunen unterfallen somit nicht dem Verbot[40]. Die Ausnahmen von dem Verbot von Leerverkäufen hinsichtlich der öffentlichen Schuldtitel sind in Art. 13 EU-LeerverkaufsVO dieselben wie in Art. 12 EU-LeerverkaufsVO hinsichtlich der Aktien. Zusätzlich wird als gedeckter und damit nicht dem Verbot unterfallender Leerverkauf durch Art. 13 Abs. 2 EU-LeerverkaufsVO akzeptiert, wenn zwar nicht die verkauften Schuldtitel im Eigentum des Verkäufers stehen, dieser jedoch eine Long-Position in Schuldinstrumenten eines öffentliches Emittenten hält, deren Kurse eine hohe Korrelation mit den Kursen der leer verkauften öffentlichen Schuldtiteln aufweisen. „Long-Position" wird von Art. 3 Abs. 2 EU-LeerverkaufsVO definiert als das Halten eines entsprechenden Schuldinstruments oder ein Bezugsrecht hierauf oder eine Transaktion, „die sich auf ein solches anderes Schuldinstrument bezieht und deren Wirkung oder eine deren Wirkungen darin besteht, dass der Positionsinhaber im Falle einer Kurs- oder Wertsteigerung des Schuldinstrumentes einen finanziellen Vorteil erzielt". Mit dieser umständlichen Formulierung sind insb. Derivate, Termingeschäfte sowie Anteile an Publikumssondervermögen wie in Anhang I Teil 1 der Delegierten VO (EU) Nr. 918/2012 gemeint, vgl. Art. 8 Abs. 2 Delegierte VO (EU) Nr. 918/2012[41]. Diese Regelung erscheint konsequent, da ein Leerverkauf eines bestimmten Schuldtitels häufig auch zur Absicherung von stark korrelierenden Schuldtiteln desselben Emittenten verwendet werden kann[42].

**18** Das in Art. 14 EU-LeerverkaufsVO enthaltene **Verbot** für den Abschluss **von ungedeckten CDS auf öffentliche Schuldtitel** entspricht im wesentlichen den Leerverkaufsverboten für Aktien und öffentliche Schuldtitel. Credit Default Swap wird von Art. 2 Abs. 1 lit c) EU-LeerverkaufsVO definiert als Derivatekontrakt, „bei dem eine Partei einer anderen Partei eine Prämie zahlt als Gegenleistung für eine Zahlung oder einen anderen Vorteil im Falle eines Ereignisses mit Bezug auf einen Referenzschuldner oder bei jedem anderen Zahlungsausfall im Zusammenhang mit diesem Derivatekontrakt, der eine vergleichbare wirtschaftliche Wirkung hat". Anders als die vorangehende deutsche Regulierung erfasst das **Verbot ungedeckter CDS sämtliche öffentlichen Schuldtitel** (wie in Art. 2 Abs. 1 lit d), f) EU-LeerverkaufsVO definiert) und somit **nicht nur** solche, die **in Euro** denominieren. Verboten ist ein Abschluss eines CDS jedoch nur, wenn er zu einer ungedeckten Position in öffentlichen Schuldtiteln gem. Art. 4 EU-LeerverkaufsVO führt. Dieser definiert „ungedeckte Position" dahingehend, dass der CDS nicht dazu dient, eine Long-Position in den öffentlichen Schuldtiteln des betreffenden Emittenten abzusichern oder in öffentlichen Schuldtiteln des Emittenten, die mit den unter dem CDO vereinbarten öffentlichen Schuldtiteln eine Korrelation aufweisen. Wann eine Absicherung von Vermögensverwerten und Verbindlichkeiten vorliegt und die geforderte Korrelation besteht, wird durch Artt. 17 bis 19 Delegierte VO (EU) Nr. 918/2010 detailliert geregelt.

**19** Der jeweiligen **nationalen Aufsichtsbehörde** wird durch Art. 14 Abs. 2 EU-LeerverkaufsVO die Möglichkeit eingeräumt, das **Verbot** ungedeckter CDS auf öffentliche Schuldtitel **vorübergehend aufzuheben** für diejenigen öffentlichen Schuldtitel, für die die jeweilige nationale Aufsichtsbehörde zuständig ist, wenn der Markt für diesen öffentli-

---

[40] Vgl. *Walla* in Veil, Europäisches Kapitalmarktrecht, 2. Aufl. 2014, § 15 Rn. 19.
[41] Zur Berechnung der „hohen Korrelation" siehe Art. 8 Abs. 4 und 5 Delegierte VO (EU) Nr. 918/2012.
[42] Vgl. zu dem Absicherungszweck bereits → Rn. 4.

chen Schuldtitel nicht ordnungsgemäß funktioniert und das Verbot ungedeckter CDS die Kreditaufnahmekosten der öffentlichen Emittenten erhöht oder die Fähigkeit der öffentlichen Emittenten beeinträchtigt, neue Schuldtitel zu emittieren. Als Indikatoren für diese Voraussetzungen nennt Art. 14 Abs. 2 Satz 2 EU-LeerverkaufsVO hohe oder steigende Zinsen des öffentlichen Schuldtitels, größer werdende Zinsmargen im Vergleich zu öffentlichen Schuldtiteln anderer öffentlicher Emittenten, größer werdende Margen von CDS auf die öffentlichen Schuldtitel im Vergleich zur eigenen Kurve und zu anderen öffentlichen Emittenten, die Zeitdauer für die Rückkehr des Preises des öffentlichen Schuldtitels zum ursprünglichen Gleichgewicht nach einer umfangreichen Transaktion sowie den Umfang der handelbaren öffentlichen Schuldtitel, jedoch ohne dass diese Indikatoren abschließenden Charakter haben. Beabsichtigt eine nationale Behörde von dieser Ermächtigung Gebrauch zu machen, ist die ESMA und sind die anderen zuständigen Behörden hiervon zu unterrichten und die ESMA hat hierzu innerhalb von 24 Stunden nach der Meldung Stellung zu nehmen und die Stellungnahme auf ihrer Website zu veröffentlichen. Die Aufhebung darf höchstens für 12 Monate erfolgen und kann jeweils um Zeiträume von höchstens sechs Monaten verlängert werden, sofern die Gründe für die Aufhebung weiterhin gegeben sind. Im Falle der Aufhebung eines Verbots ungedeckter CDS gilt für den dann zulässigen Abschluss von CDS nach Art. 8 der EU-Leerverkaufs-VO automatisch das Transparenzgebot und die Meldepflicht für die Position (dazu so gleich).

c) **Transparenzpflichten.** Wie bereits das vorangehende deutsche Recht sehen Artt. 5 bis 11 EU-LeerverkaufsVO ein **Transparenzregime für Netto-Leerverkaufspositionen** in Aktien und öffentlichen Schuldtiteln (sowie im Falle von Art. 14 Abs. 2 EU-LeerverkaufsVO für **ausnahmsweise erlaube ungedeckte CDS**) vor. Signifikante Netto-Leerverkaufspositionen in Aktien, öffentlichen Schuldtiteln und im Falle von Art. 14 Abs. 2 EU-LeerverkaufsVO in ausnahmsweise zulässigen ungedeckten Positionen in CDS sind der jeweils **zuständigen Behörde mitzuteilen** (Artt. 5, 7 und 8 EU-Leerverkaufs-VO) und im Falle von signifikaten Netto-Leerverkaufspositionen in Aktien nach Art. 6 EU-LeerverkaufsVO zudem der Öffentlichkeit, also dem **Kapitalmarkt und seinen Teilnehmern**. Die **Meldeschwelle** für die Mitteilung von Netto-Leerverkaufspositionen in Aktien an die zuständigen Behörden liegt nach Art. 5 Abs. 2 EU-LeerverkaufsVO bei 0,2% und danach jeweils in Intervallen von 0,1% des ausgegebenen Aktienkapitals des betreffenden Unternehmens. Für Netto-Leerverkaufspositionen in öffentlichen Schuldtiteln liegt die Meldeschwelle für die Unterrichtung der zuständigen Behörden nach Art. 7 EU-LeerverkaufsVO iVm Art. 21 Abs. 7 Delegierte VO (EU) Nr. 918/2012 bei 0,1% für den Fall, dass der ausstehende Gesamtbetrag der ausgegebenen öffentlichen Schuldtitel EUR 500 Mrd. nicht übersteigt und bei 0,5% für den Fall, dass der ausstehende Gesamtbetrag der ausgegebenen öffentlichen Schuldtitel über EUR 500 Mrd. liegt oder es für den betreffenden öffentlichen Schuldtitel einen liquiden Futures-Markt gibt[43]. Für ungedeckte Positionen in CDS gelten dieselben Meldeschwellen wie für die Netto-Leerverkaufspositionen in öffentlichen Schuldtiteln. Für die Unterrichtung des Kapitalmarktes sieht Art. 6 Abs. 2 EU-LeerverkaufsVO als Offenlegungsschwelle den Prozentsatz von 0,5% vor und danach jeweils in Intervallen von 0,1% des ausgegebenen Aktienkapitals des betreffenden Unternehmens. Der **Kapitalmarkt** wird somit deutlich **später unterrichtet** als die jeweils zuständigen **Behörden**.

Wann eine Short- und eine Long-Position vorliegt, wird durch Art. 3 EU-LeerverkaufsVO definiert[44]. Für die **Feststellung der Nettopositionen** sind die Long- und die Short-Positionen nach Art. 3 Abs. 4, 5 EU-LeerverkaufsVO gegeneinander zu verrechnen. Dies geschieht dergestalt, dass von Short-Positionen die Long-Positionen abgezogen wer-

---

[43] Vgl. ausführlich *Mülbert/Sajnovits* ZBB 2012, 266, 276 ff.; *Walla* in Veil, Europäisches Kapitalmarktrecht, 2. Aufl. 2014, § 15 Rn. 20 ff.; *Krüger/Ludewig* WM 2012, 1942, 1946 ff.; *Juurikkala* ECFR 2012, 307, 314 ff.

[44] *Mülbert/Sajnovits* ZBB 2012, 266, 276 f.

den und durch die Gesamtzahl der ausgegebenen Aktien bzw. die Gesamtzahl der ausgegebenen Schuldtitel dividiert werden[45]. Berechnungszeitpunkt für die Netto-Leerverkaufspositionen ist 24 Uhr am Ende eines Handelstages, an dem die betreffende Position gehalten wird. Nach Art. 9 Abs. 2 EU-LeerverkaufsVO hat die Meldung an die jeweils zuständige Behörde bzw. die Offenlegung gegenüber der Kapitalmarkt am folgenden Handelstag bis spätestens um 15.30 Uhr zu erfolgen. **Mitteilungspflichtig** ist jeweils der **Positionsinhaber.** Dieser hat nach § 3 der Netto-Leerverkaufspositionsverordnung (NLPosV)[46] die dort aufgeführten Daten über sich zu melden und eine Kontaktperson für Rückfragen zur Verfügung zu stellen. Die NLPosV regelt zudem die Art und Weise der Übermittlung und enthält allgemeine Bestimmungen über die Art der Veröffentlichung insb. bei Einschaltung von Dritten.

22   **d) Sanktionen.** Wer gegen die Vorgaben der EU-LeerverkaufsVO verstößt, indem er vorsätzlich oder leichtfertig signifikante Netto-Leerverkaufspositionen in Aktien, öffentlichen Schuldtiteln oder CDS den zuständigen Behörden nicht, nicht richtig, nicht vollständig oder nicht rechtzeitig meldet oder diese nicht, nicht richtig, nicht vollständig oder nicht rechtzeitig dem Kapitalmarkt offen legt oder gegen die Verbote von ungedeckten Leerverkäufen in Aktien, öffentlichen Schuldtiteln oder CDS verstößt, oder vollziehbaren Anordnungen zu wider handelt, begeht nach § 39 Abs. 2d, Abs. 3a WpHG eine **Ordnungswidrigkeit,** die nach § 39 Abs. 4 WpHG mit einer **Geldbuße bis zu T€ 500** und in den übrigen Fällen mit einer Geldbuße bis zu T€ 200 geahndet werden kann.

23   **Verstöße** gegen die Leerverkaufsverbote führen **nicht** zur **Nichtigkeit** der Zivilrechtlichen Verträge nach § 134 BGB, da es sich insoweit nicht um ein gesetzliches Verbot handelt, das eine Nichtigkeit herbeiführen will[47]. Ebenso wenig stellen weder die Leerkaufsverbote noch die Offenlegungsvorschriften Schutzgesetze iSd § 823 Abs. 2 BGB dar[48].

---

[45] Vgl. im Einzelnen *Mülbert/Sajnovits* ZBB 2012, 266, 277 f.; *Krüger/Ludewig* WM 2012, 1942, 1947 f.

[46] Vom 17. Dezember 2012, BGBl. I, S. 2699.

[47] So unter Verweis auf die Gesetzesbegründung von §§ 30h, 30i WpHG aF *Mülbert/Sajnovits* ZBB 2012, 266, 283 f.

[48] Überzeugend *Mülbert/Sajnovits* ZBB 2012, 266, 283 f.

# 7. Kapitel. Investmentgeschäfte

## § 22 Investmentgeschäft und -vertrieb

### Übersicht

| | Rn. |
|---|---|
| I. Definition des Investmentgeschäfts unter dem KAGB | 1–6 |
| II. Anwendungsbereich des KAGB: Das Investmentvermögen | 7–32 |
|    1. Organismus für gemeinsame Anlagen | 8 |
|    2. Anzahl von Anlegern | 14 |
|    3. Einsammeln von Kapital | 16 |
|    4. Festgelegte Anlagestrategie | 21 |
|    5. Investition zum Nutzen der Anleger | 24 |
|    6. Kein operativ tätiges Unternehmen außerhalb des Finanzsektors (Negativkriterium) | 26 |
| III. Bereichsausnahmen und Anwendungsbeschränkungen | 33–43 |
|    1. Bereichsausnahmen | 35 |
|      a) Holdinggesellschaften | 35 |
|      b) Verbriefungszweckgesellschaften | 36 |
|      c) Arbeitnehmerbeteiligungssysteme oder Arbeitnehmersparpläne | 37 |
|      d) Konzernunternehmen | 38 |
|    2. Anwendungsbeschränkungen | 39 |
|      a) Kleine AIF (De-minimis-Regelungen) | 39 |
|      b) Europäische Risikokapitalfonds | 42 |
|      c) Europäische Fonds für soziales Unternehmertum | 43 |
| IV. Arten von Investmentvermögen | 44–71 |
|    1. Publikumsinvestmentvermögen und Spezial-AIF | 45 |
|    2. Offene und geschlossene Investmentvermögen | 46 |
|    3. Organisationsformen | 47 |
|    4. Typen von Investmentvermögen | 51 |
|      a) OGAW | 51 |
|      b) Publikums-AIF | 55 |
|      c) Spezial-AIF | 58 |
|      d) Feeder- und Master-Investmentvermögen | 62 |
|      e) Unterscheidung nach dem Herkunftsstaat des Investmentvermögens | 63 |
|    5. Kategorien von Investmentvermögen | 64 |
|      a) Verbot der Irreführung – Fondskategorien im engeren Sinn | 64 |
|      b) Unterscheidung nach der Anlagestrategie | 66 |
|      c) Unterscheidung nach dem Anlagehorizont | 70 |
|      d) Unterscheidung nach der Ertragsverwendung | 71 |
| V. Arten von Anlegern | 72–77 |
|    1. Professionelle Anleger | 74 |
|    2. Semiprofessionelle Anleger | 75 |
|    3. Privatanleger | 77 |
| VI. Kapitalverwaltungsgesellschaft und Verwahrstelle | 78–99 |
|    1. Kapitalverwaltungsgesellschaft | 78 |
|      a) Begriff | 79 |
|      b) Erlaubnispflicht | 84 |
|      c) Haftung der KVG | 87 |
|         aa) Haftungsgrundlagen | 87 |
|         bb) Geltendmachung von Ansprüchen der Anleger | 88 |
|    2. Verwahrstelle | 90 |
|      a) OGAW-Verwahrstelle | 91 |
|      b) AIF-Verwahrstelle | 94 |
|      c) Haftung der Verwahrstelle | 97 |
| VII. Vertrieb von Investmentvermögen | 100–113 |
|    1. Vertriebswege | 100 |
|    2. Rechtliche Rahmenbedingungen des Vertriebs | 101 |
|      a) Vertriebsbegriff | 102 |

| | Rn. |
|---|---|
| b) Negativkatalog | 106 |
| c) Einschränkung des Vertriebsbegriffes | 107 |
| 3. Vertriebsanzeigen und Anzeigeverfahren | 108 |
| a) Vertrieb von OGAW | 109 |
| b) Vertrieb von AIF | 110 |
| aa) Zulässigkeit des Vertriebs | 110 |
| bb) Anzeigepflicht und -verfahren | 111 |
| VIII. Anlegerschutz im Investmentrecht | 114–136 |
| 1. Verkaufsunterlagen | 115 |
| a) Verkaufsunterlagen bei OGAW | 117 |
| b) Verkaufsunterlagen bei AIF | 118 |
| c) Besonderheiten bei Dach-Hedgefonds | 119 |
| 2. Widerrufsrecht des Anlegers | 120 |
| a) Voraussetzungen | 121 |
| b) Ausschluss des Widerrufsrechts | 122 |
| c) Ausübung des Widerrufsrechts | 123 |
| d) Rechtsfolgen | 124 |
| e) Besonderheiten bei geschlossenen Investmentvermögen | 125 |
| 3. Prospekthaftung und Haftung für wesentliche Anlegerinformationen | 126 |
| a) Fehlerhafter Verkaufsprospekt | 128 |
| b) Fehlerhafte wesentliche Anlegerinformationen | 131 |
| c) Rechtsfolgen | 132 |
| 4. Aufsichts- und zivilrechtliche Vorgaben für die Anlageberatung in Bezug auf Investmentvermögen | 135 |

**Schrifttum:** Hinsichtlich des umfangreichen älteren Schrifttums zum Gesetz der Kapitalanlagegesellschaften (KAGG), zum Auslandsinvestment-Gesetz (AuslInvestmG) und zum Investmentgesetz (InvG) bis zum Jahre 2007 wird auf die Vorauflagen verwiesen.

*Althanns,* Genossenschaftliche Modelle bei der Realisierung von Anlagen der erneuerbaren Energien, ZfBR-Beil. 2012; *Aurich,* Neues Maßnahmenpaket für den grauen Kapitalmarkt, GWR 2014, 295; *Bärenz/Käpplinger,* Anlageverwaltung als neuer KWG-Erlaubnistatbestand, ZBB 2009, 277; *Bäuml,* Investmentvermögen im neuen Kapitalanlagegesetzbuch (Teil I), FR 2013, 640; *Bäuml,* AIFM-Steueranpassungsgesetz: Die geplante Besteuerung von Investmentvermögen (Teil II), FR 2013, 746; *Baur/Ziegler,* Das Investmentgeschäft, Sonderdruck aus dem Losblattwerk „Bankrecht und Bankpraxis", 2. Aufl. 2008; *Böhme,* Die Vertretung der extern verwalteten Investmentkommanditgesellschaft, BB 2014, 2380; *Bolz,* Zur Umsetzung des Förderauftrags in Energiegenossenschaften, ZfgG 61 (2011), 289; *Boxberger,* Regulierung „light" unter dem KAGB-Regime, GWR 2013, 415; *Boxberger/Klebeck,* Anforderungen an die Vergütungssysteme von AIF-Kapitalverwaltungsgesellschaften, BKR 2013, 441; *Bremer,* Neue Entwicklungen in Brüssel, NZG 2013, 813; *Burgard/Heimann,* Das neue Kapitalanlagegesetzbuch, WM 2014, 821; *Bußalb,* Die Kompetenzen der BaFin bei der Überwachung der Pflichten aus dem KAGB, in: Möllers/Kloyer (Hrsg.), Das neue Kapitalanlagegesetzbuch, 2013, S. 221; *Bußalb/Unzicker,* Auswirkungen der AIFM-Richtlinie auf geschlossene Fonds, BKR 2012, 309; *Conradi/Mcalister,* REIT-AGs sind keine Investmentvermögen im Sinne des KAGB, WM 2014, 733; *Decker,* Sicherheitenstellung nach EMIR sowie AIFMD und die Auswirkung auf deutsche Investmentfonds und deren Depotbanken, RdF 2014, 23; *Demleitner,* Aufsichtsrechtliche Folgen eines verkannten AIF, BB 2014, 2058; *Dietrich/Malsch,* KAGB-Übergangsregelungen und ihre Auswirkungen auf die Rechnungslegung geschlossener Investmentvermögen, RdF 2014, 240; *Eckhold,* Struktur und Probleme des Aktienrechts der Investmentaktiengesellschaft unter Berücksichtigung des Entwurfs des Investmentänderungsgesetzes, ZGR 2007, 654; *Elicker/Rech,* Luxemburgisches AIFMG: Kann das kleine Großherzogtum an seine Erfolge mit dem OGAW-Label anknüpfen? RdF 2014, 106; *Emde/Dreibus,* Der Regierungsentwurf für ein Kapitalanlagegesetzbuch, BKR 2013, 89; *Engert,* Kapitalanlagegesellschaften sind keine Banken: Die Ausgliederung der kollektiven Vermögensverwaltung aus dem Kreditwesengesetz, Der Konzern 2007, 477; *Escher,* Die Regulierung der geschlossenen Fonds im KAGB, Bankrechtstag 2013, 123; *Fischer/Friedrich,* Investmentaktiengesellschaft und Investmentkommanditgesellschaft unter dem Kapitalanlagegesetzbuch, ZBB 2013, 153; *Fleischer/Hupka,* in: Wymeersch (Hrsg.), Alternative Investments Fund Regulation, 2012, „Germany", S. 183; *Fleischer/Schmolke,* Klumpenrisiken im Bankaufsichts-, Investment- und Aktienrecht, ZHR 173 (2009), 649; *Freitag,* Die „Investmentkommanditgesellschaft" nach dem Regierungsentwurf für ein Kapitalanlagegesetzbuch, NZG 2013, 329; *Gerstner/Leitner,* Geschlossene Immobilienfonds und kollektive Immobilien-Investments im Fokus des AIFMG, ÖBA 2013, 566; *Geßler,* Das

Recht der Investmentgesellschaften und ihrer Zertifikatsinhaber, WM-Sonderbeilage Nr. 4/1957, 10; *Geurts/Schubert*, KAGB kompakt, 2014; *Görke/Ruhl*, Neuregelung der offenen Immobilienfonds nach dem Regierungsentwurf des Kapitalanlagegesetzbuches: Bestandsaufnahme und erste Bewertung, BKR 2013, 142; *Haisch/Helios*, Investmentsteuerrechtsreform aufgrund AIFMD und KAGB, BB 2013, 23; *Hartott/Goller*, Immobilienfonds nach dem Kapitalanlagegesetzbuch, BB 2013, 1603; *Herringer/Loff*, Die Verwaltung alternativer Investmentvermögen nach dem KAGB-E, DB 2012, 2029; *Hübner*, Immobilienanlagen unter dem KAGB, WM 2014, 106; *Jesch*, BB-Gesetzgebungs- und Rechtsprechungsreport zur Fondsregulierung 2013, BB 2013, 3075; *Jesch*, Private-Equity-Fonds – Strukturierung und Vertrieb unter dem KAGB, RdF 2014, 180; *Jesch/Aldinger*, EU-Verordnungsvorschlag über Europäische Risikokapitalfonds (EuVECA) – Wer wagt, gewinnt?, RdF 2012, 217; *Jesch/Alten*, Erlaubnisantrag für KVGen nach §§ 21 ff. KAGB – bisherige Erkenntnisse und offene Fragen, RdF 2013, 191; *Jesch/Geyer*, Die Übergangsbestimmung der AIFM-Richtlinie, BKR 2012, 359; *Kammel*, Alternative Investment Fund Manager Richtlinie – „Another European Mess"?, ÖBA 2011, 18 (zu Österreich); *Kammel*, Alternative Investmentfonds Manager-Gesetz (AIFMG) & Co, ÖBA 2013, 483 (zu Österreich); *Kamptner*, Auswirkungen der AIFM-Richtlinie auf Spezialfonds, ÖBA 2013, 127; *van Kann/Redeker/Keiluweit*, Überblick über das Kapitalanlagengesetzbuch (KAGB), DStR 2013, 1483; *Kapteina/Davis*, Die ordnungsgemäße Verwahrung durch Verwahrstellen und Unterverwahrer nach dem neuen Kapitalanlagegesetzbuch, WM 2013, 1977; *Kaube/Oulds*, Das neue Investmentgesetz, ZBB 2004, 116; *Kind/Haag*, Der Begriff des Alternative Investment Fund nach der AIFM-Richtlinie – geschlossene Fonds und private Vermögensanlagegesellschaften im Anwendungsbereich?, DStR 2010, 1526; *Klebeck*, Auslagerungen von Anlageverwaltungsfunktionen, RdF 2012, 225; *Klebeck*, Side Pockets, ZBB 2012, 30; *Klebeck/Eichorn*, OGAW-Konformität von AIF, RdF 2014, 16; *Klebeck/Kolbe*, Aufsichts- und Arbeitsrecht im KAGB, BB 2014, 707; *Klebeck/Meyer*, Drittstaatenregulierung der AIFM-Richtlinie, RdF 2012, 95; *Klebeck/Zollinger*, Compliance-Funktion nach der AIFM-Richtlinie, BB 2013, 459; *Kloyer*, Der Anwendungsbereich des KAGB nach § 1 Abs. 1 des Gesetzes in der Beratungspraxis, in: Möllers/Kloyer (Hrsg.), Das neue Kapitalanlagegesetzbuch, 2013, S. 97; *Kloyer*, Strukturierung von geschlossenen Fonds in Deutschland vor dem Hintergrund der Regelungen des KAGB, in: Möllers/Kloyer (Hrsg.), Das neue Kapitalanlagegesetzbuch, 2013, S. 313; *Kobbach/Anders*, Umsetzung der AIFM-Richtlinie aus Sicht der Verwahrstellen, NZG 2012, 1170; *Koch*, Die Neuordnung von Private Equity durch das KAGB, in: Möllers/Kloyer (Hrsg.), Das neue Kapitalanlagegesetzbuch, 2013, S. 111; *Koch*, Das Kapitalanlagegesetzbuch: Neue Rahmenbedingungen für Private-Equity-Fonds – Transparenz, gesellschaftsrechte Maßnahmen und Finanzierung, WM 2014, 433; *Kohabe*, Geschlossene Fonds in Deutschland nach den Regelungen des KAGB, in: Möllers/Kloyer (Hrsg.), Das neue Kapitalanlagegesetzbuch, 2013, S. 331; *Kolbe*, Arbeitnehmer-Beteiligung nach der geplanten Richtlinie über die Verwalter alternativer Investmentfonds, DB 2009, 1874; *Köndgen/Schmies*, Die Neuordnung des deutschen Investmentrechts, WM 2004, Sonderbeilage Nr. 1; *Kort*, Die Regelung von Risikomanagement und Compliance im neuen KAGB, AG 2013, 582; *Kramer/Recknagel*, Die AIFM-Richtlinie – Neuer Rechtsrahmen für die Verwaltung alternativer Investmentfonds, DB 2011, 2077; *Krause/Klebeck*, Family Office und AIFM-Richtlinie, BB 2012, 2063; *Krause/Klebeck*, Fonds(anteils)begriff nach dem Entwurf des AIFM-Umsetzungsgesetzes, RdF 2013, 201; *Krismanek/Kol*, „Genussrechtefonds" aus Liechtenstein – Alternative Investmentfonds für deutsche Anleger und Anbieter? BB 2014, 153; *Kuper*, Die einschlägigen Rechtsquellen – die Level-2-Maßnahmen zur AIFM-Richtlinie, in: Möllers/Kloyer (Hrsg.), Das neue Kapitalanlagegesetzbuch, 2013, S. 51; *Kurz*, Vertrieb von Finanzprodukten in Deutschland, DB 2013, 501; *Lehmann/Manger-Nestler*, Die Vorschläge zur neuen Architektur der europäischen Finanzaufsicht, EuZW 2010, 87; *Liebrich/Bos*, Project Bonds – eine Finanzierungsform für Sachwerte und die Rolle des KAGB, RdF 2013, 201; *Loff/Klebeck*, Fundraising nach der AIFM-Richtlinie und Umsetzung in Deutschland durch das KAGB, BKR 2012, 353; *Loritz/Uffmann*, Der Geltungsbereich des Kapitalanlagegesetzbuches (KAGB) und Investmentformen außerhalb desselben, WM 2013, 2193; *Maas/Renz/Jäger*, Compliance bei geschlossenen Fonds – Ein Überblick, CCZ 2014, 63; *Majcen*, Auswirkungen des AIFMG auf Fondsmanager und den Vertrieb der von ihnen verwalteten Alternativen Investmentfonds in Österreich, ÖBA 2013, 493 (zu Österreich); *Merkt*, Fallen REIT-Aktiengesellschaften unter das KAGB, BB 2013, 1986; *Möllers*, Das Haftungssystem des KAGB, in: Möllers/Kloyer (Hrsg.), Das neue Kapitalanlagegesetzbuch, 2013; *Möllers/Hailer*, Management- und Vertriebsvergütungen bei Alternativen Investmentfonds – Überlegungen zur Umsetzung der Vergütungsvorgaben der AIFM-RL in das deutsche Recht, ZBB 2012, 178; *Möllers/Harrer/Krüger*, Die Regelung von Hedgefonds und Private Equity durch die neue AIFM-Richtlinie, WM 2011, 1537; *Möllers/Seidenschwann*, Das neue Kapitalanlagegesetzbuch (KAGB) – Großer Wurf oder historische Schule des 19. Jahrhunderts?, in: Möllers/Kloyer (Hrsg.), Das neue Kapitalanlagegesetzbuch, 2013, S. 1; *Mujan,* Neue Anforderungen an Boni in Fonds- und Portfolioverwaltungen – Institutsvergütungsverordnung 2.0?, BB 2013, 1653; *Najork,* Der Facility Management-Vertrag, NJW 2006, 2881; *Nelle/Klebeck,* Der „kleine" AIFM – Chancen und Risiken der neuen Regulierung für deutsche Fondsmanager, BB 2013, 2499; *Nietsch/Graef,* Aufsicht über Hedgefonds nach dem AIFM-Richtlinienvorschlag, ZBB 2010, 12; *Niewerth/Rybarz,* Änderung der Rahmenbedingungen für Immobilienfonds – das AIFM-Umsetzungsgesetz und seine Folgen, WM 2013, 1154; *Ohl,* Die Rechtsbeziehungen innerhalb des Investment-Dreiecks 1987; *Parmentier,* Die Entwicklung des europäischen Kapitalmarktrechts 2012–2013, EuZW 2014, 50; *Patzner/Wiese,* Neuordnung der Investmentbesteuerung bei der Umsetzung der AIFM-Richtlinie durch das AIFM-Steueranpassungsgesetz, IStR 2013, 73; *Poelzig/Volmer,* „Der Bundesminister der Finanzen warnt" – Ein Überblick zum neuen Kapitalanlagegesetzbuch, DNotZ 2014, 483; *Polivanova-Rosenauer,* Umsetzung der AIFM-Richtlinie und neuer steuerlicher Fondsbegriff in Österreich, RdF 2014, 38; *Reuter,* Investmentfonds und die Rechtsstellung der Anteilsinhaber, 1965; *Schaffelhuber,* Regulierung des „Schattenbankensystems", GWR 2011, 488; *Schaubach,* Family Office: Ein Beitrag zur Begriffsfindung, ÖBA 2003, 897; *Schnauder,* Regimewechsel im Prospekthaftungsrecht bei geschlossenen Publikumsfonds, NJW 2013, 3207; *Schneider,* Der Anwendungsbereich des neuen KAGB in Möller/Kloyer (Hrsg.), Das neue Kapitalanlagegesetzbuch, 2013, S. 78; *Scholz/Appelbaum,* Bedeutung der AIFM-Umsetzung für Family Offices und Reichweite des Holding-Privilegs, RdF 2013, 268; *Schuhmacher,* Debt Push Down und § 418 BGB im Rahmen von Akquisitionsfinanzierungen, BRK 2013, 270; *Seibt/Jander-Mcalister,* Club Deals mit Family Offices nach der AIFM-Regulierung (Teil 1), DB 2013, 2374; *Seibt/Jander-Mcalister,* Club Deals mit Family Offices nach der AIFM-Regulierung (Teil 2), DB 2013, 2433; *Siering,* BaFin: Durchschau auf den Privatanleger bei der „Vermögensverwaltung", Blog Investmentrecht; *Siering/Izzo-Wagner,* „Praktische Hürden" der EUVECA-Verordnung, BKR 2014, 242; *Söhner,* Beteiligungstransparenz, Hebelfinanzierung und asset stripping nach der AIFM-Richtlinie, WM 2011, 2121; *Spindler/Tancredi,* Die Richtlinie über Alternative Investmentfonds (AIFM-Richtlinie) Teil I, WM 2011, 1393; *Spindler/Tancredi,* Die Richtlinie über Alternative Investmentfonds (AIFM-Richtlinie) Teil II, WM 2011, 1441; *Sprengnether/Wächter,* Risikomanagement nach dem Kapitalanlagegesetzbuch (KAGB), WM 2014, 877; *Timmerbeil/Spachmüller,* Anforderungen an das Risikomanagement nach der AIFM-Richtlinie, DB 2012, 1425; *Viciano-Gofferje,* Neue Transparenzforderungen für Private Equity Fonds nach dem Kapitalanlagegesetzbuch, BB 2013, 2506; *Voigt,* Die deutsche Umsetzung der AIFM-Richtlinie durch das KAGB, in: Möllers/Kloyer (Hrsg.), Das neue Kapitalanlagegesetzbuch, 2013, S. 61; *Voigt/Busse,* Die Übergangsvorschriften für geschlossene Fonds nach dem Regierungsentwurf zum AIFM-Umsetzungsgesetz, BKR 2013, 184; *Volhard/Kruschke,* Die Regulierung von Private Equity Fonds-Manager durch den Europäischen Gesetzgeber – Ausgewählte Aspekte der AIFM-Richtlinie und der VC-Verordnung im Überblick, EWS 2012, 21; *Volhard/Kruschke,* Zur geplanten Regulierung der Vergütungsstrukturen bei Private Equity Fonds durch die AIFM-RL, DB 2011, 264; *Volhard/Wilkens,* Neue Entwicklung zur Erlaubnispflicht für kollektive Anlagemodelle, DB 2008, 2411; *vom Berge und Herrendorff,* Der Schutz des Investmentsparers, 1962; *Volz,* ZfgG 61 (2011), 289; *Wagner,* Aktuelle Fragen und Probleme bei Publikumspersonengesellschaften, NJW 2013, 198; *Walla,* Die Europäische Wertpapier- und Marktaufsichtsbehörde (ESMA) als Akteur bei der Regulierung der Kapitalmärkte Europas – Grundlagen, erste Erfahrungen und Ausblick, BKR 2012, 265; *Wallach,* Alternative Investment Funds Managers Directive – ein neues Kapitel des europäischen Investmentrechts, RdF 2011, 80; *Wallach,* Die Regulierung offener Fonds im KAGB, Bankrechtstag 2013, S. 95; *Wallach,* The Alternative Investment Fund Managers Directive – European Regulation of Alternative Investment Funds, ZBB 2013, 210; *Wallach,* Umsetzung der AIFM-Richtlinie in deutsches Recht – erste umfassende Regulierung des deutschen Investmentrechts, RdF 2013, 92; *Wallach,* Die Regulierung von Personengesellschaften im Kapitalanlagegesetzbuch, ZGR 2014, 289; *Weigel,* Die Rechte der Inhaber von Anteilen an Immobilienanlagegesellschaften, 1966; *Weiser/Hüwel,* Verwaltung alternativer Investmentfonds und Auslagerung nach dem KAGB-E, BB 2013, 1091; *Werder/Li,* Aktuelle Entwicklungen bei Managementbeteiligungsprogrammen im Rahmen von Leveraged Buy Outs, BB 2013, 1736; *Weiser/Jang,* Die nationale Umsetzung der AIFM-Richtlinie und ihre Auswirkungen auf die Fondsbranche in Deutschland, BB 2011, 1219; *Weitnauer,* Die AIFM-Richtlinie und ihre Umsetzung, BKR 2011, 143; *Weitnauer,* Das Übernahmesonderrecht des KAGB und seine Auswirkungen auf die Private-Equity-Branche, AG 2013, 672; *Weitnauer,* Die Verordnung über Europäische Risikokapitalfonds („EuVECA-VO"), GWR 2014, 139; *Weitnauer,* Pools und Investment-Clubs: Strukturen und Erlaubnispflichten nach KAGB und KWG, GWR 2014, 1; *Weitnauer/Boxberger,* Wer ist nicht betroffen?, VentureCapital 2013, 20; *Wilkens/Rohleder,* Die wirtschaftliche Bedeutung von

Investmentfonds für Anleger, 2013; *Wollenhaupt/Beck,* Das neue KAGB, DB 2013, 1950; *Zetzsche,* Anteils- und Kontrollerwerb an Zielgesellschaften durch Verwalter alternativer Investments, NZG 2012, 1164; *Zetzsche* (Hrsg.), The Alternative Investment Fund Managers Directive – European Regulation of Alternative Investment Funds, 2012; *Zetzsche,* Das Gesellschaftsrecht des Kapitalanlagegesetzbuches, AG 2013, 613; *Zetzsche,* Grundprinzipien des KAGB, in: Möllers/Kloyer (Hrsg.), Das neue Kapitalanlagegesetzbuch, 2013, S. 131; *Zetzsche,* Fondsregulierung im Umbruch – ein rechtsvergleichender Rundblick zur Umsetzung der AIFM-Richtlinie, ZBB 2014, 22; *Zetzsche,* Das liechtensteinische AIFM-Gesetz, RIW 2013, 265 (zu Liechtenstein); *Zetzsche/Preiner,* Was ist ein AIF?, WM 2013, 2101.

## I. Definition des Investmentgeschäfts unter dem KAGB

Kapitalanlagen können durch Kapitalanleger individuell (Individualanlage) oder kollektiv 1 (Kollektivanlage) erfolgen. Gegenstand des Investmentrechts ist die **Kollektivanlage**.[1] Gemeinhin wird diese Form der Kollektivanlage als **Investmentfonds** (§ 3 KAGB) bezeichnet, wenn ein Geldmittelbestand durch mehrere Kapitalanleger für bestimmte Anlagezwecke mit dem Ziel der Kapitalwertsicherung und Ertragssteigerung bereitgestellt wird.[2] Wirtschaftlich verbirgt sich dahinter die Möglichkeit, unter Ausnutzung von Skaleneffekten *(economics of scale)* gemeinsam mit anderen an einer kostengünstigen **kollektiven Vermögensverwaltung** (§ 1 Abs. 19 Nr. 24 KAGB) zu partizipieren.[3] Rechtlich verstanden das KAGG und InvG als Vorgängerregelungen des KAGB darunter die kollektive und risikodiversifizierte Kapitalanlage, treuhänderisch verwaltet durch einen Dritten.[4] Investmentfonds waren in Deutschland ursprünglich nur in der vertraglichen Organisationsform eines verwalteten Sondervermögens bekannt (Vertragstypus, jetzt § 1 Abs. 10 KAGB → Rn. 78), bis erstmals 1998 auch gesellschaftsrechtliche Organisationsformen Eingang in das KAGB gefunden haben (Gesellschaftstypus, jetzt § 1 Abs. 11 KAGB, → Rn. 78), die aber erst mit dem InvG im Laufe der Zeit zu in der Praxis handhabbaren Strukturen ausgebaut wurden.[5] Die Reform des deutschen Investmentrechts durch das InvG war damals geprägt von der Umsetzung der Harmonisierungsvorgaben der sogenannten OGAW-RL[6] zur Förderung einer wettbewerbsfähigen Fondsindustrie in Deutschland[7]. Eine Regelung alternativer Investmentformen sahen die europäischen Vorgaben indes nicht vor und auch das deutsche Recht kannte kein geschlossenes Regelungssystem. Es verblieben deshalb zahlreiche Formen der Kollektivanlage, die dem Bereich des sogenannten „Grauen Kapitalmarktes" zu-

---

[1] Siehe zur historischen Entwicklung *Baur,* Voraufl., § 20 Rn. 1 ff.; *Baur,* Investmentgesetze, Einl. I und Vor § 1 Rn. 1 ff.; *Jesch/Klebeck/Bragrock* in Jesch/Klebeck/Dobrauz (Hrsg.), Investmentrecht, A. Rn. 1 ff.; zum Investmentänderungsgesetz und den Hintergründen für den Wegfall der „Bankeneigenschaft" vgl. *Engert* Der Konzern 2007, 477.
[2] *Baur,* Investmentgesetze, Vor § 1 Rn. 63; *Zeller* in Berger/Steck, KAGG, Einl KAGG Rn. 1, je mwN.
[3] Einzelheiten zur Ökonomie des Investmentgeschäfts bei *Köndgen/Schmies* in: Schimansky/Bunte/Lwowski, Bankrechts-Hdb, § 113 Rn. 1 ff.; *Köndgen* in Berger/Steck/Lübbehüsen, InvG/InvStG, Einl InvG Rn. 1 f.; eingehend *Wilkens/Rohleder,* Die wirtschaftliche Bedeutung von Investmentfonds für Anleger, in Möllers/Kloyer (Hrsg.), Das neue Kapitalanlagegesetzbuch, 2013, Rn. 37 ff.
[4] *Emde* in Emde/Dornseifer/Dreibus/Hölscher, InvG, Einl. Rn. 1 f. mwN.
[5] *Eckhold* ZGR 2007, 654 ff.
[6] RICHTLINIE 2009/65/EG DES EUROPÄISCHEN PARLAMENTS UND DES RATES vom 13. Juli 2009 zur Koordinierung der Rechts- und Verwaltungsvorschriften betreffend bestimmte Organismen für gemeinsame Anlagen in Wertpapieren (OGAW) (Neufassung), ABl. L 302 v. 17.11.2009, S. 32, zuletzt geändert durch RICHTLINIE 2014/91/EU v. 23. Juli 2014, ABl. L 257 v. 28.8.2014 (sog. OGAW V). Die OGAW V ist bis zum 18. März 2016 umzusetzen und regelt unter anderem die Zulassung, Tätigkeit und Haftung von Verwahrstellen (Depotbanken), die das Fondsvermögen verwahren. Darüber hinaus sollen Anforderungen an Vergütungssysteme von Fondsgesellschaften den Regelungen der AIFM-Richtlinie angeglichen werden.
[7] Vgl. hierzu und zu den Entwicklungen der OGAW-RL I bis V etwa *Jesch/Klebeck/Bragrock* in Jesch/Klebeck/Dobrauz (Hrsg.), Investmentrecht, A. Rn. 45 ff., 54 ff., 65 ff. mwN.

**§ 22** 2

geordnet wurden, der keine explizite und vor allem geschlossene gesetzliche Regelung und staatliche Aufsicht kennt.[8]

2 Erneut bedingt durch europarechtliche Vorgaben zur Harmonisierung der regulierten Tätigkeiten im Finanzsektor hat der deutsche Gesetzgeber zur Umsetzung der AIFM-RL[9] zum 22. Juli 2013 das InvG aufgehoben und dessen Regelungen in überarbeiteter Form zusammen mit neu aufgenommenen Regelungen zur Umsetzung der AIFM-RL in das KAGB überführt.[10] Das KAGB regelt nunmehr in Vereinigung der Umsetzung der Vorgaben der OGAW- und der AIFM-RL **„alle"**[11] **zulässigen Formen des Investmentgeschäfts,**[12] worunter die kollektive Vermögensverwaltung (§ 1 Abs. 19 Nr. 24 KAGB), ggf. kombiniert (§ 20 Abs. 4 KAGB) mit den in § 20 Abs. 2 und 3 KAGB genannten Dienstleistungen und Nebendienstleistungen verstanden werden (Umkehrschluss aus § 15 Abs. 1 KAGB), abschließend und in sich „geschlossen" (wobei zahlreiche europäische Richtlinien durch Verweis in das KAGB „einbezogen" werden).[13] Zielsetzung der AIFM-RL und damit im Ergebnis auch des KAGB ist es, bislang dem „Grauen Kapitalmarkt" zugeordnete Kollektivanlagen einer einheitlichen und europaweit harmonisierten Regelung als sogenannte „alternative Investmentfonds" (§ 1 Abs. 3 KAGB) zuzuführen.[14] Das InvG ist entsprechend mit Ablauf des 21. Juli 2013 außer Kraft getreten; Übergangsfristen sind überwiegend bereits abgelaufen oder laufen spätestens zum 21. Januar 2015 ab (§§ 343 ff. KAGB).[15] Das KAGB schafft damit für Deutschland erstmals ein einheitliches, geschlossenes **Regelwerk für alle Investmentfondsmanager und alle Typen von Investmentfonds** (→ Rn. 44 ff.). Ziel ist es, systemische Risiken abzuwehren und generell Risiken auf der Makro- und Mikroebene möglichst zu verhindern sowie institutionellen Anlegerschutz zu gewährleisten.[16]

---

[8] Vgl. zum sog. Grauen Kapitalmarktes konzis *Assmann*, → § 1 Rn. 92 ff.; *Seiler/Kniehase* in Schimansky/Bunte/Lwowski, Bankrechts-Hdb, Vor § 104 Grundlagen des Kapitalmarkt Rn. 8 f.; vgl. auch Reg.Begr. Anlegerschutzverbesserungsgesetz (AnSVG) BT-Drucks. 15/3174, 27 f.; zu weiteren aktuellen Regelungsansätzen, die verbleibende Regelungslücken weiter schließen sollen, vgl. etwa *Aurich* GWR 2014, 295; zur Frage, ob die AIFM-RL dazu beiträgt „Schattenbanken" einer Regulierung zuführen, siehe *Schaffelhuber* GWR 2011, 488.
[9] RICHTLINIE 2011/61/EU DES EUROPÄISCHEN PARLAMENTS UND DES RATES vom 8. Juni 2011 über die Verwalter alternativer Investmentfonds und zur Änderung der Richtlinien 2003/41/EG und 2009/65/EG und der Verordnungen (EG) Nr. 1060/2009 und (EU) Nr. 1095/2010, ABl. L 174 v. 1.7.2011, S. 1.
[10] Zu den Hintergründen konzis *Jesch/Klebeck/Bragrock* in Jesch/Klebeck/Dobrauz (Hrsg.), Investmentrecht, A. Rn. 77 ff.; rechtsvergleichender Überblick über die Umsetzungen der AIFM-RL bei *Zetzsche* ZBB 2014, 22; zu steuerlichen Auswirkungen siehe *Bäuml* FR 2013, 746; *Haisch/Helios* BB 2013, 23; *Patzner/Wiese* IStR 2013, 73.
[11] Kritisch hierzu mit beachtlichen Argumenten *Loritz/Uffmann* WM 2013, 2193.
[12] Erwägungsgrund 4 AIFM-RL; *Assmann*, → § 1 Rn. 105; *Emde/Dreibus* BKR 2013, 89, 89 ff.; *Wallach* RdF 2013, 92, 103; *BaFin*, Fragenkatalog zu erwerbbaren Vermögensgegenständen (Eligible Assets); *Nelle/Klebeck* BB 2013, 2499.
[13] BegRegE, BT-Drucks. 17/12294, S. 187; Beschlussempfehlung und Bericht des Finanzausschusses, BT-Drucks. 17/13395, S. 2; für eine erste Bewertung des Ansatzes etwa *Möllers/Seidenschwarz*, Das neue Kapitalanlagegesetzbuch (KAGB) – Großer Wurf oder historische Schule des 19. Jahrhunderts? in Möllers/Kloyer (Hrsg.), Das neue Kapitalanlagegesetzbuch, 2013, Rn. 1 ff.; zum unionsrechtlichen Hintergrund siehe etwa *Niewerth/Rybarz* WM 2013, 1154, 1155.
[14] Zu den Hintergründen der AIFM-RL vgl. *Tollmann* in Dornseifer/Jesch/Klebeck/Tollmann, AIFM-RL, Einleitung; dazu, dass das KAGB den Anwendungsbereich über die AIFM-RL hinaus erstreckt, siehe *Zetzsche*, Grundprinzipien des KAGB, in: Möllers/Kloyer (Hrsg.), Das neue Kapitalanlagegesetzbuch, 2013, Rn. 316.
[15] Überblick zu den Übergangsregelungen bei *Jesch/Geyer* BKR 2012, 359; *Voigt/Busse* BKR 2013, 184; siehe ferner *BaFin*, Häufige Fragen zu den Übergangsvorschriften nach den §§ 343 ff. des KAGB (Stand: 18.6.2013).
[16] Erwägungsgrund 2, 3 und 98 AIFM-RL; *Loritz/Uffmann* WM 2013, 2193.

Investmentfonds unterfallen damit entweder den nationalen Umsetzungen der OGAW-RL oder der AIFM-RL, daneben treten europäische sowie nationale Ergänzungs- und Sonderregelungen (→ Rn. 4).[17] Regelungsgegenstand des KAGB ist dem Ansatz der AIFM-RL entsprechend einerseits die **Geschäftstätigkeit der Verwalter** von Investmentfonds und andererseits, dem Schwerpunkt der OGAW-RL entsprechend, die verwalteten **Vermögensgegenstände** *("eligible assets")*.[18] Damit regelt das KAGB über den Ansatz der AIFM-RL hinaus nicht nur die Verwalter,[19] sondern, was Art. 1 AIFM-RL ausdrücklich zulässt,[20] die Finanzprodukte „Fonds" selbst.[21] Die Durchführung des Investmentgeschäfts bedarf der **Erlaubnis** (§ 20 Abs. 1 KAGB → Rn. 84)[22] oder – soweit Ausnahmen oder Privilegierungen eingreifen – jedenfalls der **Registrierung** (§ 44 KAGB iVm § 2 Abs. 4, 4a und 5 KAGB (→ Rn. 85). Dabei legt das KAGB einen „materiellen Investmentfondsbegriff"[23] (→ Rn. 7) zugrunde, um zu gewährleisten, dass jede kollektive Vermögensverwaltung im Inland den Anforderungen des KAGB entsprechen muss.[24] Genügt sie diesen nicht, handelt es sich um **unerlaubtes Investmentgeschäft** (§ 15 Abs. 1 KAGB), gegen das die BaFin einschreiten kann (§ 15 Abs. 2, 16 KAGB) und das unter Strafe steht (§ 339 KAGB).[25] Hinzu treten zivilrechtliche Konsequenzen, da die Erlaubnispflicht nach der Rechtsprechung individualschützende Wirkungen entfaltet (zur Haftungssituation insgesamt → Rn. 87 ff., 97 ff.).[26]

Flankiert werden die Regelungen des KAGB, der OGAW-RL und der AIFM-RL durch weitere nationale und europäische **Ergänzungs- und Sonderregelungen**,[27] namentlich vor allem der DerivateV, Kapitalanlage-Rechnungslegungs- und BewertungsV (KARBV), Kapitalanlage-Verhaltens- und OrganisationsV (KAVerOV), Kapitalanlage-PrüfberichteV (KAPrüfbV), Verordnung zum elektronischen Anzeigeverfahren für inländische Investmentvermögen und EU-Investmentvermögen nach dem KAGB (EAKAV), Kapitalanlagenschlichtungsverordnung (KASchlichtV) sowie auf europäischer Ebene der sog Level II Verordnung, die unmittelbar zu beachtendes Recht ist (siehe schon *Assmann*, → § 1

---

[17] Vgl. schon Erwägungsgrund 3 AIFM-RL; näher auch *Emde/Dreibus* BKR 2013, 89, 90; *Möllers/Seidenschwann*, Das neue Kapitalanlagegesetzbuch (KAGB) – Großer Wurf oder historische Schule des 19. Jahrhunderts? in Möllers/Kloyer (Hrsg.), Das neue Kapitalanlagegesetzbuch, 2013, Rn. 6; *Voigt*, Die deutsche Umsetzung der AIFM-Richtlinie durch das KAGB, in Möllers/Kloyer (Hrsg.), Das neue Kapitalanlagegesetzbuch, 2013, Rn. 129; *Wollenhaupt/Beck* DB 2013, 1950.

[18] Vgl. zu den zulässigen Vermögensgegenständen auch *BaFin*, Fragenkatalog zu erwerbbaren Vermögensgegenständen (Eligible Assets) (Stand: 22.7.2013).

[19] Zum Hintergrund des Regelungsansatzes der AIFM-RL *Spindler/Tancredi* WM 2011, 1393, 1395 f.

[20] Erwägungsgrund 10 AIFM-RL; *Bußalb/Unzicker* BKR 2012, 309, 310; *Niewerth/Rybarz* WM 2013, 1154, 1155 f.

[21] *Kann/Redeker/Keiluweit* DStR 2013, 1483; *Loritz/Uffmann* WM 2013, 2193; zu eng *Poelzig/Volmer* DNotZ 2014, 483.

[22] Überblick bei *Jesch/Alten* RdF 2013, 191.

[23] Begr. RegE KAGB, BT-Drucks. 17/12294, S. 118; dazu etwa *Niewerth/Rybarz* WM 2013, 1154, 1156.

[24] Ebenso *Emde/Dreibus* BKR 2013, 89, 90; *Wallach* ZGR 2014, 289, 291; *Wollenhaupt/Beck* DB 2013, 1950.

[25] *Niewerth/Rybarz* WM 2013, 1154, 1156; *Wallach* RdF 2013, 92, 94; zu den Kompetenzen der BaFin siehe *Bußalb*, Die Kompetenzen der BaFin bei der Überwachung der Pflichten aus dem KAGB, in Möllers/Kloyer (Hrsg.), Das neue Kapitalanlagegesetzbuch, 2013, Rn. 577 ff.

[26] Insoweit bewertet der BGH § 32 KWG in st. Rspr. (zB BGH, Urteil vom 5.12.2013 – III ZR 73/12, Tz. 13) als Schutzgesetz und es ist davon auszugehen, dass dies auch für die Erlaubnistatbestände des KAGB gilt, vgl. noch zum InvG auch BGH, Urteil vom 7.12.2009 – II ZR 15/08, Tz. 16 iVm 13; zu § 7 InvG bejahend zB *Steck/Gringel* in Berger/Steck/Lübbehüsen, InvG, InvStG, § 7 Rn. 5.

[27] Vgl. ua die Durchführungsrechtsakte der EU-Kommission: Verordnung (EU) Nr. 583/2010, Verordnung (EU) Nr. 584/2010, RICHTLINIE 2010/43/EU, RICHTLINIE 2010/44/EU.

Rn. 105)²⁸. Zudem können bestimmte AIF (**Europäische Risikokapitalfonds**, → Rn. 42) über ein freiwilliges *Opt In*-Verfahren sich der EuVECA-VO²⁹ unterstellen (§§ 2 Abs. 6, 337 KAGB), womit sie letztlich von den strengeren Anforderungen des KAGB an Transparenz und Organisation befreit werden und der weniger einschneidenden Regulierung der EuVECA-VO unterliegen, sofern nicht noch zusätzlich Anlagevermögen verwaltet werden, die der OGAW-RL unterfallen (Art. 2 Abs. 3 EuVECA-VO iVm § 2 Abs. 6 Satz 1 Nr. 2 KAGB).³⁰ Hierdurch soll „kleineren" *Venture Capital*-Fonds, insbesondere im Vergleich zu *Private Equity*-Fonds, durch ein einheitliches europaweites Regelwerk der Vertrieb und damit die Kapitalbeschaffung erleichtert werden. Schließlich können bestimmte AIF (**Europäische Fonds für soziales Unternehmertum** – *social undertaking*, *social business* oder *social enterprise*) einer privilegierte Regelung durch die EuSEF-VO³¹ unterfallen, sofern diese in erster Linie in europäischen Sozialunternehmen investieren und vorwiegend soziale Zwecke verfolgen (§§ 2 Abs. 7, 338 KAGB → Rn. 43).³² Die EuSEF- wie EuVECA-VOen stellen hierbei Spezialregelungen für grundsätzlich als AIF zu qualifizierende Kollektivanlagen dar, die das KAGB durch Verweis in seinen Regelungsgegenstand einbezieht; die Verordnungen bilden dabei bereits unmittelbar anwendbares Recht.³³

5    Das KAGB erfasst folglich in Anlehnung an die aufgezeigten europarechtlichen Vorgaben durch die OGAW- und AIFM-RLen zwei Obergruppen von Investmentfonds, die stets als Investmentvermögen organisiert sein müssen: Erstens solche in der Form eines **Organismus für gemeinsame Anlagen in Wertpapiere** (**OGAW**, § 1 Abs. 2 KAGB – *undertakings for collective investment in transferable securities*, UCITS) und zweitens in der Form eines **alternativen Investmentfonds** (**AIF**, § 1 Abs. 3 KAGB – *alternative investment funds*, *AIF*). Erstere beruht auf der OGAW-RL, die zweite auf der AIFM-RL, mit der eine flächendeckende Auffangregulierung beabsichtigt ist, und den besonderen Ausprägungen von AIF unter der EuVECA-VO respektive EuSEF-VO, soweit nicht die OGAW-RL eingreift.³⁴ Das KAGB bringt dieses Stufenverhältnis darin zum Ausdruck, dass AIF alle Investmentvermögen sind, die keine OGAW sind (§ 1 Abs. 3 KAGB). Innerhalb der beiden Obergruppen gibt es diverse Untergruppen, abhängig von der jeweiligen Ausgestaltung des Investmentfonds (→ Rn. 44 ff.).

6    Gemeinsam ist allen Investmentfondsarten, dass sich die kollektive Vermögensverwaltung auf ein Investmentvermögen bezieht (§ 1 Abs. 1 KAGB). Unter **kollektiver Vermögensverwaltung** versteht das KAGB hierbei „die Portfolioverwaltung, das Risikomanagement, administrative Tätigkeiten, den Vertrieb von eigenen Investmentanteilen sowie bei AIF Tätigkeiten im Zusammenhang mit den Vermögensgegenständen des AIF" (§ 1 Abs. 19 Nr. 24 KAGB). Die Verwaltung eines Investmentvermögens liegt dabei vor, wenn mindes-

---

²⁸ Delegierte Verordnung (EU) Nr. 231/2013 v. 19.12.2012, ABl. L 83 v. 22.3.2013; Einzelheiten zu den Level 2-Maßnahmen bei *Kuper*, Die einschlägigen Rechtsquellen – die Level-2-Maßnahmen zur AIFM-Richtlinie, in Möllers/Kloyer (Hrsg.), Das neue Kapitalanlagegesetzbuch, 2013, Rn. 103 ff.

²⁹ VERORDNUNG (EU) Nr. 345/2013 DES EUROPÄISCHEN PARLAMENTS UND DES RATES vom 17. April 2013 über Europäische Risikokapitalfonds, ABl. L 115, S. 1.

³⁰ Vgl. dazu *Weitnauer* GWR 2014, 139; *Siering/Izzo-Wagner* BKR 2014, 242; *Boxberger* GWR 2013, 415; *Volhard/Kruschke* EWS 2012, 21.

³¹ VERORDNUNG (EU) Nr. 346/2013 DES EUROPÄISCHEN PARLAMENTS UND DES RATES vom 17. April 2013 über Europäische Fonds für soziales Unternehmertum, ABl. L 115, S. 18.

³² Vgl. dazu *Sittmann/Springer* in Weitnauer/Boxberger/Anders, KAGB, § 338 Rn. 1 ff.

³³ Weitere auf den AIFM-Regelungswerk aufsetzende Sonderregelungen sind bereits in der Diskussion, vgl. etwa für *European Long-term Investment Funds* (ELTIF) den Kommissionsvorschlag vom 23.6.2013, COM(2013) 462 final; dazu *Bremer* NZG 2013, 813 f.; für *Money Market Funds* den Kommissionsvorschlag vom 4.9.2013, COM(2013) 615 final; dazu *Parmentier* EuZW 2014, 50, 56; für einen Gesamtüberblick der diversen Regelungsansätze siehe *Jesch* BB 2013, 3075 ff.; Einordnung wie hier bei *Zetzsche/Preiner* WM 2013, 2101, 2103 f., 2110.

³⁴ Erwägungsgrund 3 AIFM-RL; siehe auch *Krause/Klebeck* RdF 2013, 4, 6.

tens die Portfolioverwaltung oder das Risikomanagement für ein oder mehrere Investmentvermögen erbracht wird (§ 15 Abs. 1 Satz 2 KAGB). Es kommt abweichend von bisherigen nationalen Regelungen nicht mehr darauf an, dass das Investmentvermögen risikodiversifiziert angelegt werden soll (→ Rn. 1), vielmehr sollen auch Investmentfonds mit Risikokonzentration unabhängig von ihrem Anlagefokus (Private Equity-, Hedge-, Infrastruktur- oder Immobilienfonds) erfasst werden, bis hin zu Investmentfonds, die nur einen Vermögensgegenstand halten (etwa Schiffsfonds → Rn. 7). Hiervon abzugrenzen sind die Fälle der „Verwaltung einzelner in Finanzinstrumente angelegter Vermögen für andere mit Entscheidungsspielraum" (§ 1 Abs. 1a Satz 2 Nr. 4 KWG), die als individuelle Vermögensverwaltung aufsichtsrechtlich als **Finanzportfolioverwaltung** dem KWG unterfallen (→ Rn. 9), und die **Anlageverwaltung** (§ 1 Abs. 1a Satz 2 Nr. 11 KWG). Unter Letzterer versteht das KWG „die Anschaffung und die Veräußerung von Finanzinstrumenten außerhalb der Verwaltung eines Investmentvermögens im Sinne des § 1 Abs. 1 KAGB für eine Gemeinschaft von Anlegern, die natürliche Personen sind, mit Entscheidungsspielraum bei der Auswahl der Finanzinstrumente, sofern dies ein Schwerpunkt des angebotenen Produktes ist und zu dem Zweck erfolgt, dass diese Anleger an der Wertentwicklung der erworbenen Finanzinstrumente teilnehmen". Hierbei erscheint der Grenzverlauf zwischen kollektiver Vermögensverwaltung und Anlageverwaltung nicht eindeutig geklärt (→ Rn. 14 und 19).[35] Entsprechend kommt der Auslegung der einzelnen Merkmale eines Investmentvermögens eine zentrale Bedeutung zu, da hierdurch maßgeblich der Anwendungsbereich des KAGB definiert wird.

### II. Anwendungsbereich des KAGB: Das Investmentvermögen

Unter einem **Investmentvermögen** ist nach der Legaldefinition des KAGB zu verstehen: jeder (1.) Organismus für gemeinsame Anlagen, der (2.) von einer Anzahl von Anlegern (3.) Kapital einsammelt, um es gemäß einer (4.) festgelegten Anlagestrategie (5.) zum Nutzen dieser Anleger zu investieren und der (6.) kein operativ tätiges Unternehmen außerhalb des Finanzsektors ist (§ 1 Abs. 1 Satz 1 KAGB).[36] Die Merkmale eines Investmentvermögens müssen kumulativ gegeben sein.[37] Es gilt damit ein **materieller Investmentfondsbegriff** in Abkehr vom formellen Investmentfondsbegriff bisheriger nationaler Regelungen.[38] Bedeutung erlangt dies vor allem für AIF, da OGAW seit langem ohnehin einem formalisierten Gründungsprozess unterworfen sind. So werden für OGAW die verschiedenen Voraussetzungen des Investmentvermögens über die in Bezugnahme der OGAW-RL weiter einengend konkretisiert (§ 1 Abs. Abs. 2 KAGB); für AIF sollen die Anforderungen der AIFM-RL mit dem KAGB umfassend in nationales Recht transformiert worden sein (§ 1 Abs. 3 KAGB).[39] Insbesondere setzt ein **OGAW im Unterschied**

7

---

[35] Zur Anlageverwaltung als offenbar subsidiäre Form kollektiver Kapitalanlage siehe *BaFin*, Merkblatt – Hinweise zum Tatbestand der Anlageverwaltung (Stand: 26.7.2013); *Weitnauer* GWR 2014, 1, 5.

[36] In der Sache übereinstimmend Art. 4 Abs. 1 lit a) AIFM-RL, aber ohne ausdrückliches Negativkriterium, dass kein operativ tätiges Unternehmen außerhalb des Finanzsektors vorliegt; die Weite dieses Ansatzes hinterfragend etwa *Görke/Ruhl* BKR 2013, 142, 143.

[37] Dies aus Sicht der AIFM-RL klarstellend ESMA/2013/600, Final report – Guidelines on key concepts of the AIFMD, 2013, S. 30 f.; ESMA/2013/611, Leitlinien zu Schlüsselbegriffen der Richtlinie über die Verwalter alternativer Investmentfonds (AIFMD), 2013, Rn. 11; zustimmend *Volhard/Jang* in Weitnauer/Boxberger/Anders, KAGB, § 1 Rn. 8.

[38] Sowohl das Kapitalanlagegesetz (KAGG) als auch das Investmentgesetz (InvG) sahen einen formellen Fondsbegriff vor (vgl. dazu *Baur*, Vorauf. § 20 Rn. 87), während der materielle Fondsbegriff auch schon dem Auslandsinvestmentgesetzt (AuslInvestmG) bekannt war (dazu *Baur*, Vorauf. § 20 Rn. 88). Der AIFM-RL (auch) einen formellen Fondsbegriff entnehmend hingegen *Kramer/Recknagel* DB 2011, 2077, 2079.

[39] Zum Unterschied zwischen einem OGA und einem OGAW vgl. auch *Kind/Haag* DStR 2010, 1526.

**zum AIF** voraus, dass die gemeinsame Anlage in Wertpapiere und wenige weitere bestimmte liquide Finanzanlagen (Art. 50 OGAW-RL; §§ 192ff. KAGB) nach dem Grundsatz der Risikomischung erfolgt (Art. 1 Abs. 2 lit. a OGAW-RL).[40] Hingegen kann der Grundsatz der Risikomischung oder Risikostreuung (**Risikodiversifikation**) für AIF kein konstituierendes Wesensmerkmal sein, da dies Kollektivanlagen bezogen auf nur einen Vermögensgegenstand (**Ein-Objekt-Fonds**) ausschließt, die von der AIFM-RL gerade erfasst werden sollen (→ Rn. 6).[41] Folglich kann anders als noch unter der Geltung des InvG eine Kollektivanlage nicht dadurch aus dem Anwendungsbereich des KAGB herausgenommen werden, dass auf eine Risikomischung verzichtet wird.[42] Weiter wird in der OGAW-RL präzisiert, dass die gemeinsame Kapitalanlage erfordert, dass diese auf gemeinsame Rechnung erfolgt (Art. 1 Abs. 2 lit. a OGAW-RL) und in Abgrenzung zu AIF ein OGAW zwingend eine Rücknahmepflicht vorsehen muss (Art. 1 Abs. 2 lit. b OGAW-RL). Weitergehend spricht die OGAW-RL davon, dass die Anlage sich ans Publikum wenden muss (Art. 1 Abs. 2 lit. a, Art. 3 lit. b OGAW-RL). Folgerichtig ergibt sich die vom KAGB gezogene Konsequenz, dass ein OGAW stets als offenes Publikumsinvestmentvermögen aufgebaut sein muss (§ 1 Abs. 4 Nr. 1, Abs. 6 Satz 2 KAGB → Rn. 46f.). Darüber hinaus fehlt es an einer gesetzlichen Konkretisierung, sodass für die Praxis vor allem den Interpretationshilfen der ESMA und der BaFin faktische Bindungswirkung zukommt.[43]

**8    1. Organismus für gemeinsame Anlagen.** Weder die OGAW- oder AIFM-RL noch das KAGB liefern eine Konkretisierung dafür, wann ein **Organismus für gemeinsame Anlagen (OGA** – *„collective investment undertaking"*) vorliegt.[44] Hieran hält das KAGB bewusst fest, um mit dieser rechtsformneutralen Anknüpfung jedes Vorhaben der gemeinsamen Kapitalanlage vom Ausgangspunkt her zu erfassen. Erst auf der zweiten Ebene erfolgt sodann die Abgrenzung zwischen AIF und OGAW. Entsprechend folgt ein eigenständiger, abgrenzungsfähiger Bedeutungsgehalt nicht aus dem Merkmal „Organismus" *(„undertaking")*, sondern aus dem Merkmal der „gemeinsamen Anlage" *(„collective investment")*,[45] dem kollektiven Element.[46] ESMA und dieser sich anschließend die BaFin verstehen unter einem OGA jedes Vehikel, in dem von Anlegern *(„investors")* eingesammeltes Kapital zur gemeinschaftlichen Kapitalanlage gebündelt *(„pooled")* wird, um einen gemeinschaftlichen Ertrag *(„pooled re-*

---

[40] Zum vergleichbaren bisherigen Ansatz des InvG vgl. *Baur,* Voraufl. § 20 Rn. 87; → Rn. 1.

[41] Gleichwohl behält der Grundsatz der Risikostreuung für zahlreiche Investmentfonds seine Bedeutung, vgl. etwa §§ 110, 125, 209, 210, 214, 219, 243, 262 und 282 KAGB, wobei die §§ 243 und 262 KAGB sogar nähere produktspezifische Ausgestaltungen des Grundsatzes enthalten.

[42] Vgl. dazu noch BaFin, Schreiben v. 28.7.2009 an den BVI, WA 41-Wp 2136-2008/0001, abgedruckt in Beckmann/Scholtz/Vollmer, Investment HdB, Kz. 412 Nr. 66; *Baum* in Weitnauer/Boxberger/Anders, KAGB, § 214 Rn. 6.

[43] ESMA/2013/600, Final report, Guidelines on key concepts of the AIFMD, 23. Mai 2013; *BaFin,* Auslegungsschreiben zum Anwendungsbereich des KAGB und zum Begriff des „Investmentvermögens" (Stand: 27.8.2014); vgl. zum rechtlichen und faktischen Bedeutungsgehalt der Auslegung durch die ESMA *Walla* BKR 2012, 265, 267; *Lehmann/Manger-Nestler* EuZW 2010, 87, 90; *Loritz/Uffmann* WM 2013, 2193, 2195.

[44] Zum Begriff des Organismus unter der OGAW-RL und seiner Abgrenzung zur AIFM-RL siehe *Kind/Haag* DStR 2010, 1526, 1527f.

[45] Entsprechend zeigt ein Vergleich der englischen Sprachfassungen der maßgeblichen Richtlinien, dass sich die Definition eines AIF auch sprachlich von der eines UCITS abgrenzt, vgl. *Kind/Haag* DStR 2010, 1526, 1527ff.

[46] Wie hier *Krause/Klebeck* RdF 2013, 4, 7; *Zetzsche/Preiner* WM 2013, 2101, 2103; vgl. auch schon *Kind/Haag* DStR 2010, 1526, 1527ff.; zu kurz greifend deshalb die Kritik von *Burgard/Heimann* WM 2014, 821, 822 an einer fehlenden Definition von „Organismus", da sich der Bedeutungsgehalt erst aus dem Zusatz „für gemeinsame Anlagen" erschließt; entsprechend sprechen die englische Fassungen der OGAW- und AIFM-RL auch schlicht von *„collective investment undertakings"* (Art. 1 OGAW-RL und Art. 4 Abs. 1 lit. a AIFM-RL).

*turn")* zu generieren.⁴⁷ Es geht darum, dass der Verwalter für das Anlagekollektiv und nicht den einzelnen Anleger handelt.⁴⁸ Dies grenzt den OGA zugleich von einer **Bruchteilsgemeinschaft (§§ 741 ff. BGB)** ab.⁴⁹ Mit der gemeinschaftlichen Kapitalanlage ist ein Zuordnungswechsel aus dem Anleger- in das Fondsvermögen verbunden, denn mit der Bündelung werden die Anlagebeträge einzelner Anleger untrennbar vermengt und rechtlich verselbstständigt.⁵⁰ Unverzichtbar ist danach für die Annahme eines Organismus nur, dass ein **rechtlich oder wirtschaftlich** (zB durch einen getrennten Rechnungskreis) **verselbständigtes, „gepooltes" Vermögen** aufgelegt wird.⁵¹ Der Organismus dient der Identifikation und Abgrenzung des Anlegervermögens,⁵² was sich insbesondere im gemeinsamen Schicksal der Anlegergelder ausdrückt.⁵³ Entsprechend kann allein von der Einrichtung (interner) Rechnungskreise nicht auf einen OGA geschlossen werden, sondern der Rechnungskreis muss der Zuordnung zu einer Anlegergruppe und deren gemeinsamem Investitionsziel dienen.⁵⁴ Ob dies innerhalb einer gesellschafts-, mitgliedschafts- oder schuldrechtlichen Struktur (einschließlich der im deutschen Recht unbekannten Trusts) erfolgt, ist hingegen gleichgültig. Zwar sind für inländische Investmentvermögen (§ 1 Abs. 7 KAGB) nur bestimmte Rechtsformen zulässig, doch die Frage, ob der Organismus erlaubnisfähig ist, ist von der Einstufung als OGA zu trennen (→ Rn. 84 ff.).

Eine reine Stimmrechtspoolung oder **Stimmrechtsvereinbarung** beinhaltet keine 9 rechtliche oder wirtschaftliche Zusammenlegung der Vermögen der Stimmrechtsinhaber und genügt zur Annahme eines Organismus nicht.⁵⁵ Ebenso wenig werden rein **bilaterale Rechtsbeziehungen** wie zwischen Vermögensverwalter und Kunde (sog *Managed Accounts*) und parallele Beteiligungen an einem Vermögensgegenstand ohne rechtliche Vermischung (sog *Club Deals*⁵⁶ → Rn. 19) erfasst, solange es an einer gemeinschaftlichen Anlage fehlt **(Parallelinvestitionen).**⁵⁷ Ggf. handelt es sich in diesen Fällen um eine (indi-

---

⁴⁷ ESMA/2013/600, Final report – Guidelines on key concepts of the AIFMD, 2013, S. 29, 31; „the undertaking pools together capital raised from its investors for the purpose of investment in view to generating a *pooled return* for those investors"; hierauf Bezug nehmend, allerdings abweichend von ESMA sprachlich zwischen „Organismus" und „gemeinsamer Anlage" aufspaltend und daher missverständlich *BaFin*, Auslegungsschreiben zum Anwendungsbereich des KAGB und zum Begriff des „Investmentvermögens", (Stand: 27.8.2014) unter I.1; *BaFin*, Fragenkatalog zu erwerbbaren Vermögensgegenständen (Eligible Assets).
⁴⁸ Vgl. ESMA/2013/611, Leitlinien zu Schlüsselbegriffen der Richtlinie über die Verwalter alternativer Investmentfonds (AIFMD), 2013, Rn. 12; *Krause/Klebeck* RdF 2013, 4, 7; zuvor schon *Volhard/Wilkens* DB 2008, 2411, 2414; auch *Bärenz/Käpplinger* ZBB 2009, 277, 280.
⁴⁹ *Krause/Klebeck* RdF 2013, 4, 7.
⁵⁰ *Zetzsche/Preiner* WM 2013, 2101, 2103; *Zetzsche* in Zetzsche (Hrsg.), The Alternative Investment Fund Managers Directive – European Regulation of Alternative Investment Funds, 2012, Chapter 3, Ziff. 2.1.2; wohl ebenso, aber missverständlich *Poelzig/Volmer* DNotZ 2014, 483, 484, die von einer Poolung „externen" Vermögens sprechen.
⁵¹ *BaFin*, Auslegungsschreiben zum Anwendungsbereich des KAGB und zum Begriff des „Investmentvermögens", (Stand: 27.8.2014), unter I.1.; *Schneider*, Der Anwendungsbereich der neuen KAGB in Möllers/Kloyer (Hrsg.), Das neue Kapitalanlagegesetzbuch 2013, Rn. 196; *Wollenhaupt/Beck* DB 2013, 1950, 1951.
⁵² *Kloyer*, Der Anwendungsbereich des KAGB nach § 1 Abs. 1 des Gesetzes in der Beratungspraxis, in Möllers/Kloyer (Hrsg.), Das neue Kapitalanlagegesetzbuch, 2013, Rn. 228.
⁵³ *Zetzsche/Preiner* WM 2013, 2101, 2103, unter Abstellung auf eine insolvenzrechtliche Betrachtung.
⁵⁴ Insoweit mit berechtigter Kritik am Abgrenzungskriterium des „Rechnungskreises" *Kloyer*, Der Anwendungsbereich des KAGB nach § 1 Abs. 1 des Gesetzes in der Beratungspraxis, in Möllers/Kloyer (Hrsg.), Das neue Kapitalanlagegesetzbuch, 2013, Rn. 232.
⁵⁵ Ebenso *Weitnauer* GWR 2014, 1, 4.
⁵⁶ Hierzu, bei erweiterter Definition eines *Club Deals*, wodurch diese vom KAGB teilweise erfasst werden können, *Seibt/Jander-McAlister* DB 2013, 2374 und DB 2013, 2433.
⁵⁷ Zutreffend *Wallach* RdF 2011, 80, 292; *Wallach* RdF 2013, 92, 93; wohl auch *Kloyer*, Der Anwendungsbereich des KAGB nach § 1 Abs. 1 des Gesetzes in der Beratungspraxis, in Möllers/Kloyer

viduelle) **Finanzportfolioverwaltung** (§ 1 Abs. 1a Satz 2 Nr. 3 KWG), nicht aber um eine gemeinsame Anlage unter kollektiver Vermögensverwaltung.[58] Hier wird die einzelne Anlage des Anlegers nicht auf der Ebene des gebündelten Vermögens angesammelt und dem Anleger als anteilige Beteiligung zugeschrieben, sondern ihm wird im Rahmen seiner individuellen Vermögensanlage ein Wert auf seinem individuellen Depot/Konto zugeordnet. Hieran ändert sich nichts dadurch, dass der Finanzportfolioverwalter einzelne Kundenanlagen nach einer einheitlichen Strategie gemeinsam tätigt, zB im Rahmen einer **standardisierten Vermögensverwaltung**.[59] Die Verbindung über eine identische Anlagestrategie, ohne dass die Anlegergelder ein gemeinsames Schicksal teilen, genügt nicht.[60]

10   Vereinbarungen über Gemeinschaftsunternehmen oder Unternehmenskooperationen, also über ein gemeinsames Vorhaben (*Joint Venture*-**Vereinbarungen**), werden jedenfalls dann nicht erfasst, wenn über das *Joint Venture* zumindest bei Grundlagenentscheidungen gemeinsame Kontrolle ausgeübt wird und in dem genutzten Vehikel keine Gelder gebündelt werden (→ Rn. 38).[61] So verstanden stellt ein *Joint Venture* ein planmäßiges Zusammenwirken von zwei oder mehreren, rechtlich und wirtschaftlich voneinander unabhängigen Parteien unter Erbringung eines Beitrags zur Erreichung eines gemeinsamen Ziels dar,[62] bei dem die Partner die Führungsverantwortung und das finanzielle Risiko gemeinsam tragen. Ohnehin sind die Beteiligten eines *Joint Venture* regelmäßig zugleich Kapitalsammler- und -geber, sodass es auch am Kriterium des Einsammelns von Kapital fehlt (→ Rn. 16).[63]

11   Auch **Leasing-Objektgesellschaften** im Sinne des § 2 Abs. 6 Satz 1 Nr. 17 KWG, also Unternehmen, die als einzige Finanzdienstleistung im Sinne des § 1 Abs. 1a Satz 2 KWG das Finanzierungsleasing betreiben, nur als Leasing-Objektgesellschaft für ein einzelnes Leasingobjekt tätig werden, keine eigenen geschäftspolitischen Entscheidungen treffen und von einem Institut mit Sitz im Europäischen Wirtschaftsraum verwaltet werden, das nach dem Recht des Herkunftsstaates zum Betrieb des Finanzierungsleasing zugelassen ist, sind keine OGA, wenn an der Leasing-Objektgesellschaft nur die Leasinggebergruppe und der Leasingnehmer beteiligt sind. Die Leasing-Objektgesellschaft ist dann ein reines Finanzierungsvehikel, zumindest dann, wenn die Leasing-Objektgesellschaft über die strukturell erforderliche Mindesteinlage hinaus kein Kapital einsammelt und das Leasingobjekt von einem Kreditinstitut fremdfinanziert wird.[64] Hierbei nimmt die BaFin an, der Charakter als reines Finanzierungsvehikel werde jedenfalls nicht dadurch in Frage gestellt, dass der Leasingnehmer im Einzelfall an der Leasing-Objektgesellschaft beteiligt ist und über die Mindesteinlage hinaus weiteres Kapital in die Gesellschaft einbringt. Sind an der Leasing-

---

(Hrsg.), Das neue Kapitalanlagegesetzbuch, 2013, Rn. 233; für *Managed Accounts* auch *BaFin,* Fragenkatalog zu erwerbbaren Vermögensgegenständen (Eligible Assets) (Stand: 22.7.2013); *Krause/Klebeck* RdF 2013, 4, 7.

[58] Fehlt es nicht an einer gemeinschaftlichen Anlage, sondern lediglich an der Einwerbung des Kapitals, ist eine Anlageverwaltung gem. § 1 Abs. 1a Satz 2 Nr. 11 KWG zu prüfen (→ Rn. 19).

[59] Ebenso *Tollmann* in Dornseifer/Jesch/Klebeck/Tollmann, AIFM-RL, Art. 2 Rn. 16; *Volhard/Jang* in Weitnauer/Boxberger/Anders, KAGB, § 1 Rn. 6.

[60] Ebenso *Zetzsche/Preiner* WM 2013, 2101, 2103.

[61] Ohne Konkretisierung Erwägungsgrund 8 AIFM-RL; Begr. RegE KAGB, BT-Drucks. 17/12298, S. 205; mit Konkretisierung *BaFin,* Auslegungsschreiben zum Anwendungsbereich des KAGB und zum Begriff des „Investmentvermögens" (Stand: 27.8.2014) unter I.1., *Schneider,* Der Anwendungsbereich des neuen KAGB in Möllers/Kloyer (Hrsg.), Das neue Kapitalanlagegesetzbuch, 2013, Rn. 197; zustimmend und für eine allgemeine Marginalausnahme *Zetzsche/Preiner* WM 2013, 2101, 2103 f., 2109; *Bäuml* FR 2013, 640; offenbar weitergehend *Wallach* RdF 2013, 92, 94.

[62] *Haisch/Helios* BB 2013, 23, 26; *Kloyer,* Der Anwendungsbereich des KAGB nach § 1 Abs. 1 des Gesetzes in der Beratungspraxis, in Möllers/Kloyer (Hrsg.), Das neue Kapitalanlagegesetzbuch, 2013, Rn. 231.

[63] *Zetzsche/Preiner* WM 2013, 2101, 2109.

[64] *BaFin,* Auslegungsschreiben zum Anwendungsbereich des KAGB und zum Begriff des „Investmentvermögens", (Stand: 27.8.2014), unter II.5.

Objektgesellschaft neben der Leasinggebergruppe und dem Leasingnehmer dagegen noch weitere Personen beteiligt, käme grundsätzlich eine Qualifizierung als Investmentvermögen in Betracht. Entscheidendes Kriterium ist hierbei regelmäßig, ob aufgrund der Beteiligung des Dritten Kapital eingesammelt wird (→ Rn. 16 f.).[65]

Ein OGA setzt unabhängig von seiner rechtlichen Erscheinungsform voraus, dass Anlegergelder in einer selbständigen Einheit gebündelt werden,[66] um durch das gemeinschaftliche Kaufen, Halten und Verkaufen von Vermögensgegenständen eine **gemeinsame Rendite zu erzielen** *("pooled return")*.[67] Letztlich wird damit die wirtschaftliche Konsequenz der kollektiven Vermögensanlage in ein rechtliches Tatbestandsmerkmal transferiert. Folgerichtig nehmen ESMA und BaFin an, dass eine gemeinsame Anlage dann vorliegt, wenn die Anleger an den Chancen und Risiken des Organismus beteiligt werden sollen.[68] Dies ist gegeben, wenn sowohl eine Gewinn- als auch eine Verlustbeteiligung der Anleger an der Wertentwicklung der Vermögensgegenstände vorliegt, in die der OGA – das Anlagekollektiv – investiert ist. Entgegen vereinzelten Überlegungen in der Literatur nehmen ESMA und BaFin dies auch an, wenn die Gewinn- und/oder Verlustbeteiligung des Anlegers vertraglich begrenzt ist.[69] Es genüge, wenn das „Entgelt" für die Kapitalüberlassung des Anlegers nicht betragsmäßig fixiert, sondern erfolgsbezogen ausgestaltet sei. Habe der Anleger dagegen einen **unbedingten Kapitalrückzahlungsanspruch,** sei das Merkmal „für gemeinsame Anlagen" nicht erfüllt.[70] Dies sei aber nicht schon dann der Fall, wenn Mindestzahlungszusagen bestehen (sog **„Garantiefonds"**) oder vergleichbare Anlagestrategien vereinbart werden, aber das Verlustrisiko nicht gänzlich ausgeschlossen wird (Rückschluss aus § 20 Abs. 2 Nr. 7 KAGB).[71] Ersteres führe zwar dazu, dass in dem Fall, in dem der Anteilswert des Investmentvermögens am Garantiestichtag nicht den garantierten Mindestrücknahmepreis erreiche, die KVG verpflichtet sei, den Unterschiedsbetrag aus ihren eigenen Mitteln in das Investmentvermögen zu zahlen (Ersatzpflicht als Sicherungsmittel), ändere aber nicht, dass der Anleger im Fonds zunächst den Verlust tragen muss und ihm die Chance auf (unbeschränkte) Gewinne verbleibt: Garantiegeber ist die KVG, nicht das Investmentvermögen.[72] Erst recht mag zwar die Vereinbarung einer bestimmten Anlagestrategie das Verlustrisiko minimieren, beseitigen kann sie dieses aber nicht, sodass sich (allein) hierdurch die Einstufung als OGA nicht ändert.

Entsprechend werden **Gesellschaftereinlagen** als gemeinsame Kapitalanlage erfasst, wenn diese eine Gewinn- und Verlustbeteiligung vermitteln, unabhängig davon, ob es sich um eine Beteiligung an einer Kapitalgesellschaft oder Personengesellschaft handelt. Denn

---

[65] *BaFin,* Auslegungsschreiben zum Anwendungsbereich des KAGB und zum Begriff des „Investmentvermögens" (Stand: 27.8.2014), unter II.5.
[66] *Wallach* ZGR 2014, 289, 292.
[67] ESMA/2013/600, Final report – Guidelines on key concepts of the AIFMD, 2013, S. 29, 31; *BaFin,* Auslegungsschreiben zum Anwendungsbereich des KAGB und zum Begriff des „Investmentvermögens" (Stand: 27.8.2014), unter I.2.
[68] ESMA/2013/600, Final report – Guidelines on key concepts of the AIFMD, 2013, S. 29, 31; *BaFin,* Auslegungsschreiben zum Anwendungsbereich des KAGB und zum Begriff des „Investmentvermögens" (Stand: 27.8.2014), unter I.2.; zustimmend zB *Volhard/Jang* in Weitnauer/Boxberger/Anders, KAGB, § 1 Rn. 7; *Kloyer,* Der Anwendungsbereich des KAGB nach § 1 Abs. 1 des Gesetzes in der Beratungspraxis, in Möllers/Kloyer (Hrsg.), Das neue Kapitalanlagegesetzbuch, 2013, Rn. 235.
[69] Vgl. die Überlegungen bei *Krause/Klebeck* RdF 2013, 4, 12.
[70] *BaFin,* Auslegungsschreiben zum Anwendungsbereich des KAGB und zum Begriff des „Investmentvermögens" (Stand: 27.8.2014), unter I.2.
[71] *BaFin,* Auslegungsschreiben zum Anwendungsbereich des KAGB und zum Begriff des „Investmentvermögens" (Stand: 27.8.2014), unter I.2.; zustimmend *Wallach,* Die Regulierung offener Fonds im KAGB, Bankrechtstag, 2013, S. 95, 99; *Volhard/Jang* in Weitnauer/Boxberger/Anders, KAGB, § 1 Rn. 7.
[72] Zutreffend betont *Wallach,* Die Regulierung offener Fonds im KAGB, Bankrechtstag, 2013, S. 95, 99, dass jegliche Finanzierungszusage Dritter aus Mitteln, die außerhalb des OGA stammen, bei der Qualifikation eines OGA als Investmentvermögen unberücksichtigt bleiben müssen.

Gesellschaftereinlagen, die in Erfüllung der gesellschaftsvertraglichen Verpflichtung zur Erbringung des Eigenkapitals geleistet werden, sind keine (unbedingt) rückzahlbaren Gelder.[73] Dies gilt auch für **stille Beteiligungen** (§ 230 Abs. 1 HGB), wenn diese eine Gewinn- und Verlustbeteiligung des stillen Gesellschafters vorsehen. Sollte aber eine Verlustbeteiligung des stillen Gesellschafters ganz ausgeschlossen sein (§ 231 Abs. 2 HGB), fehlt es an der erforderlichen Risikoübernahme.[74] Das gleiche gilt, wenn ein Anleger als **Darlehensgeber** mit dem Organismus einen Darlehensvertrag abschließt oder der Anleger einen sonstigen unbedingten Rückzahlungsanspruch erwirbt, wenn auch im Übrigen keine Gewinn- und Verlustbeteiligung des Anlegers vereinbart wird, denn in diesen Fällen soll der Anleger das Kapital, das er dem Organismus zur Verfügung gestellt hat, am Ende der Laufzeit in voller Höhe zurückerhalten, unabhängig davon, ob der Organismus einen Verlust erlitten hat oder nicht.[75] Hieran ändert selbst ein **qualifizierter Rangrücktritt** nichts, solange der Anleger nicht generell am Verlust des Organismus beteiligt wird, sondern er sich lediglich verpflichtet, das zur Verfügung gestellte Kapital nicht zurückzufordern *(pactum de non petendo),* wenn dadurch ein Grund für die Eröffnung des Insolvenzverfahrens herbeigeführt würde.[76] Solange die Erfüllung des Anspruchs des Anlegers nicht die Insolvenz des Organismus auslöst, hat der Anleger einen Anspruch auf Rückzahlung seines zur Verfügung gestellten Kapitals in voller Höhe, unabhängig davon, ob der Organismus zwischendurch Verluste erlitten hat oder nicht. Gleiche Überlegungen gelten nach Ansicht der BaFin für **Genussrechte und Namensschuldverschreibungen,**[77] während Teile der Literatur annehmen, dass das KAGB keine Anwendung finden können soll, sobald ein (theoretischer) Teil der Wertentwicklung des Investmentvermögens nicht transferiert wird.[78] Letzteres erscheint zweifelhaft, da eine solche formale Verengung des Anwendungsbereich des KAGB dem materiellen Fondsbegriff und der hierdurch erzwungenen wertenden Betrachtung nicht Rechnung trägt. Hingegen ist es, wie die BaFin aus § 96 Abs. 1 KAGB folgert, unerheblich für die Einordnung als gemeinsame Anlage, wenn die Beteiligungen unterschiedliche Ausgestaltungsmerkmale insbesondere hinsichtlich der Ertragsverwendung, des Ausgabeaufschlags, des Rücknahmeabschlags, der Währung der Beteiligung, der Verwaltungsvergütung, der Mindestanlagesumme oder einer Kombination dieser Merkmale aufweisen.

**14** **2. Anzahl von Anlegern.** Ein OGA dient der gemeinschaftlichen Anlage *("collective investment"),* setzt also für sich schon zwingend voraus, dass das Kapital von mehr als einem Anleger gebündelt *("pooled")* wird. Zwei oder mehr Anleger genügen damit in jedem Fall. Dennoch wurde in der Definition des Investmentvermögens das Erfordernis des OGA um das Erfordernis einer **Anzahl von Anlegern** ergänzt. Eine Anzahl von Anlegern soll aber nach der Legaldefinition schon immer dann vorliegen, wenn die Anlagebedingungen, die Satzung oder der Gesellschaftsvertrag des OGA die Anzahl möglicher Anleger nicht auf einen Anleger begrenzen (§ 1 Abs. 1 Satz 2 KAGB, der allerdings keine Entsprechung in der AIFM-RL hat).[79] ESMA und folgend die BaFin nehmen insoweit an, dass es nicht dar-

---

[73] *Schäfer* in Bose/Fischer/Schulte-Mattler, KWG, 4. Aufl. 2012, § 1 KWG Rn. 40; sich anschließend *BaFin,* Auslegungsschreiben zum Anwendungsbereich des KAGB und zum Begriff des „Investmentvermögens", (Stand: 27.8.2014), unter I.2.a.

[74] Im Ergebnis ebenso *Schneider,* Der Anwendungsbereich des neuen KAGB in Möllers/Kloyer (Hrsg.), Das neue Kapitalanlagegesetzbuch, 2013, Rn. 199.

[75] *BaFin,* Auslegungsschreiben zum Anwendungsbereich des KAGB und zum Begriff des „Investmentvermögens" (Stand: 27.8.2014), unter I.2.

[76] *BaFin,* Auslegungsschreiben zum Anwendungsbereich des KAGB und zum Begriff des „Investmentvermögens" (Stand: 27.8.2014), unter I.2.

[77] Vgl. *Krause/Klebeck* RdF 2013, 4, 11.

[78] *Krause/Klebeck* RdF 2013, 4, 12.

[79] Vgl. zur AIFM-RL etwa *Bußalb/Unzicker* BKR 2012, 309, 311; *Weiser/Jang* BB 2011, 1219, 1219; kritisch zur deutschen Umsetzung des § 1 Abs. 1 Satz 2 KAGB *Haisch/Helios* BB 2013, 23, 24, da dieser „nur" auf einer Auslegungsrichtlinie des ESMA beruht.

auf ankommt, ob tatsächlich mehrere Anleger an dem OGA beteiligt sind, sondern es ausreicht, wenn theoretisch die Möglichkeit besteht, dass sich mehrere Anleger an dem OGA beteiligen können.[80] Unter dieser Prämisse werden **Ein-Anleger-Fonds** erfasst, solange deren konstitutive Dokumente die Aufnahme weiterer Anleger nicht ausschließen.[81] Dies geht auch über den Tatbestand der Anlageverwaltung (§ 1 Abs. 1a Satz 2 Nr. 11 KWG) hinaus, wo mindestens zwei Anleger beteiligt sein müssen.[82] Über das vermeintlich zusätzlich begrenzende Merkmal einer Anzahl von Anlegern wird so tatsächlich der Anwendungsbereich des KAGB erweitert.[83] Zu beachten ist indes, dass ein OGAW das Beschaffen des Anlagevermögens beim Publikum voraussetzt (→ Rn. 7), womit ein **Ein-Anleger-OGAW** ausgeschlossen ist, der dann zwingend als Ein-Anleger-AIF qualifiziert werden und als solcher auch zulässig sein muss.[84] Hierbei nimmt die BaFin an, dass zB der **geschäftsführende Kommanditist** oder der **Komplementär einer GmbH & Co KG**, die von dem Initiator strukturell gestellt werden müssen, um die GmbH & Co KG überhaupt als Gesellschaft gründen zu können, nicht als Anleger in diesem Sinne zählen, sofern sie sich nicht weiter – abgesehen von einer ggf. gesellschaftsrechtlich erforderlichen Minimalbeteiligung – am OGA beteiligen können.[85]

Entsprechend der materiellen statt der formalen Betrachtung bewertet die BaFin unter Hinweis auf ESMA auch **Treuhandkonstruktionen** materiell, indem sie durch den Treuhänder auf die Anleger „durchschaut" *(look through)*. Beteiligen sich daher mehrere Anleger über einen Treuhänder an dem OGA, liegt (materiell) eine Anzahl von Anlegern auch dann vor, wenn sich laut Satzung, Gesellschaftsvertrag oder den Anlagebedingungen (formal) nur der Treuhänder als Anleger an dem OGA beteiligen darf.[86] Die „Anlegergemeinschaft" erwächst aus der Bündelung (Pooling) der investierten Vermögen der Anleger, sodass es unerheblich ist, ob Treuhänder oä zwischen Verwalter und Anleger geschaltet sind, Genussrechte oder Schuldverschreibungen ausgegeben oder Zertifikate emittiert werden.[87] Letztlich ist damit ein Ein-Anleger-Fonds erfasst, wenn bei Hinwegdenken des einen Anlegers eine Mehrzahl an Anlegern beteiligt wäre, der eine Anleger also die hinter ihm stehende Vielzahl repräsentiert.[88] Dies erfasst auch ein Feeder-AIF bei **Master-/Feederkonstruktionen** oder einen Dachfonds bei **einer Funds-of-Funds-Struktur**.[89] Eine Abgrenzung muss dabei auch zu Holdingstrukturen erfolgen, die nur in Ausnahmefällen nicht erfasst sein sollen (§ 2 Abs. 1 Nr. 1 KAGB, → Rn. 35).

---

[80] ESMA/2013/600, Final report – Guidelines on key concepts of the AIFMD, 2013, S. 32; *BaFin*, Auslegungsschreiben zum Anwendungsbereich des KAGB und zum Begriff des „Investmentvermögens", 2013, unter I.4. Insoweit geht der Tatbestand des Investmentvermögens über den der Anlageverwaltung (§ 1 Abs. 1a Satz 1 Nr. 11 KWG) hinaus, da hier mindestens zwei Anleger gegeben sein müssen.
[81] *Wollenhaupt/Beck* DB 2013, 1950, 1951.
[82] Vgl. nur *Schäfer* in Boos/Fischer/Schulte-Mattler, KWG, § 1 Rn. 150m.
[83] Freilich entspricht dies schon der bisherigen Praxis der BaFin, vgl. Fragenkatalog zum Anwendungsbereich des Investmentgesetzes nach § 1 Satz 1 Nr. 3 InvG und zum Rundschreiben 14/2008 (WA) v. 21.1.2010, Frage 6; zur noch weiter zurückreichenden Aufsichtspraxis siehe *Tollmann* in Dornseifer/Jesch/Klebeck/Tollmann, AIFM-RL, Art. 2 Rn. 48.
[84] Ähnlich *Volhard/Jang* in Weitnauer/Boxberger/Anders, KAGB, § 1 Rn. 13; vgl. auch *Zetzsche/Preiner* WM 2013, 2101, 2101.
[85] *BaFin*, Auslegungsschreiben zum Anwendungsbereich des KAGB und zum Begriff des „Investmentvermögens" (Stand: 27.8.2014), unter I.4.
[86] *BaFin*, Auslegungsschreiben zum Anwendungsbereich des KAGB und zum Begriff des „Investmentvermögens" (Stand: 27.8.2014), unter I.4.; *Wollenhaupt/Beck* DB 2013, 1950, 1951.
[87] Vgl. dazu aus Sicht der Anlageverwaltung *Schäfer* in Boose/Fischer/Schulte-Mattler, KWG, § 1 Rn. 150m.
[88] *Zetzsche/Preiner* WM 2013, 2101, 2104 mwN.
[89] ESMA/2013/600, Final report – Guidelines on key concepts of the AIFMD, 2013, S. 29; ESMA/2013/611, Leitlinien zu Schlüsselbegriffen der Richtlinie über die Verwalter alternativer Investmentfonds (AIFMD), 2013, Rn. 19; *Krause/Klebeck* RdF 2013, 4, 7.

**16** **3. Einsammeln von Kapital.** BaFin und ESMA nehmen ein **Einsammeln von Kapital** *("raising capital")* an, wenn ein OGA oder eine Person oder Unternehmen für Rechnung dieses OGA direkte oder indirekte Schritte unternimmt, um **gewerblich** bei einem oder mehreren Anlegern Kapital zu beschaffen, um es gemäß einer festgelegten Anlagestrategie anzulegen (Kausalzusammenhang).[90] Das Einsammeln von Kapital muss danach mit Gewinnerzielungsabsicht erfolgen, ohne dass es auf den Erfolg oder die Häufigkeit der Kapitaleinwerbung ankommt, sodass auch ein einmaliges Einwerben oder der einmalige Versuch des Einwerbens von Kapital genügt.[91] Für ein **Einwerben** reicht jedwede Kommunikation an potentielle Anleger oder Aktivität gegenüber Anlegern, sei es durch persönliche Ansprache, per Internet, Anzeige oder durch sonstige Maßnahmen.[92] Kapital meint hierbei nicht nur Geld, sondern ebenso jede Art von **Sacheinlage**.[93] Einer (aktiven) Einzahlungshandlung seitens des Anlegers bedarf es nicht, sodass auch ein (passives) **Stehenlassen** von Kapital bei einem ausgelaufenen Fonds zur Neuanlage als Einwerben genügen kann.[94] Hieraus wird teilweise gefolgert, dass in den Fällen, in denen sich Personen initiativ zusammenfinden, um gemeinsam zu investieren, wie es zB regelmäßig bei einem *Joint Venture* (→ Rn. 10, 38) sein wird, es an einem Einsammeln von Kapital fehlt, sodass kein Investmentvermögen vorliegt.[95]

**17** Kein Einsammeln von Kapital nimmt die BaFin unter Hinweis auf Erwägungsgrund 7 AIFM-RL an, wenn eine Wertpapierfirma, wie zB ein (Single-)**Family-Office-Vehikel**,[96] das Privatvermögen von (mehreren) Familienangehörigen investiert, ohne Kapital von Dritten zu beschaffen.[97] Es fehle ein gewerbsmäßiges Einwerben von Kapital, sofern die Initiative für die Auflegung eines Vehikels für Anlagen innerhalb von Mitgliedern einer Familie stattfinde. Plakativ lässt sich von **Familienvermögen** statt Anlegervermögen sprechen, die

---

[90] *BaFin,* Auslegungsschreiben zum Anwendungsbereich des KAGB und zum Begriff des „Investmentvermögens" (Stand: 27.8.2014), unter I.3.; ESMA/2013/600, Final report – Guidelines on key concepts of the AIFMD, 2013, S. 32; ESMA/2013/611, Leitlinien zu Schlüsselbegriffen der Richtlinie über die Verwalter alternativer Investmentfonds (AIFMD), 2013, Rn. 13; vgl. dazu auch *Zetzsche/Preiner* WM 2013, 2101, 2104; Überblick zum *fund raising* siehe *Loff/Klebeck* BKR 2012, 353.

[91] ESMA/2013/600, Final report – Guidelines on key concepts of the AIFMD, 2013, S. 32; zustimmend etwa *Poelzig/Volmer* DNotZ 2014, 483, 485.

[92] ESMA/2012/117, Discussion paper – Key concepts of the Alternative Investment Fund Managers Directive and types of AIFM, 2012, S. 9 f.; *ESMA,* Consultation paper – Guidelines on key concepts of the AIFMD 2013/611, 2013, S. 91; *Haisch/Helios* BB 2013, 23, 24; *Volhard/Jang* in Weitnauer/Boxberger/Anders, KAGB, § 1 Rn. 14; wohl weitergehend *Zetzsche* in Zetzsche (Hrsg.), The Alternative Investment Fund Managers Directive – European Regulation of Alternative Investment Funds, 2012, Chapter 3, Ziff. 2.2.1.2.

[93] ESMA/2013/600, Final report – Guidelines on key concepts of the AIFMD, 2013, S. 32; ESMA/2013/611, Leitlinien zu Schlüsselbegriffen der Richtlinie über die Verwalter alternativer Investmentfonds (AIFMD), 2013, Rn. 12.

[94] Ebenso *Volhard/Jang* in Weitnauer/Boxberger/Anders, KAGB, § 1 Rn. 14; *Tollmann* in Dornseifer/Jesch/Klebeck/Tollmann, AIFM-RL, Art. 4 Rn. 13; *Krause/Klebeck* RdF 2013, 4, 8: „Universalsukzession".

[95] *Krause/Klebeck* RdF 2013, 4, 8; vgl. aus Sicht des Joint Ventures *Zetzsche/Preiner* WM 2013, 2101, 2103 f., 2109.

[96] Zur Bestimmung eines Family Offices kann die Auslegung der BaFin im Merkblatt zur Erlaubnispflicht gem. § 32 Abs. 1 KWG für Family Offices (Stand: 10.12.2009) herangezogen werden (so auch *Spindler/Tancredi* WM 2011, 1393, 1398); die Frage des Erlaubnisvorbehaltes für die Finanzportfolioverwaltung bleibt hiervon zu unterscheiden. Vgl. für einen Bestimmungsansatz auch *Schaubach* ÖBA 2003, 897.

[97] *BaFin,* Auslegungsschreiben zum Anwendungsbereich des KAGB und zum Begriff des „Investmentvermögens" (Stand: 27.8.2014), unter I.4.; vgl. auch *Scholz/Appelbaum* RdF 2013, 268 mwN; aA *Tollmann* in Dornseifer/Jesch/Klebeck/Tollmann, AIFM-RL, Art. 2 Rn. 129 ff., wonach bei mehreren Vermögensinhabern auch aus einer Familie der Anwendungsbereich der AIFM-RL eröffnet sein soll.

lediglich bankunabhängig verwaltet werden. Im Ergebnis gleich, aber in der Begründung abweichend definiert ESMA *family offices* als *pre-existing group,* also als bereits vor der Investition bestehende Gruppe, womit es an einem Einwerben von Kapital fehlt. Gemeint ist damit, dass Familienvermögen kraft familienrechtlicher Beziehung bereits verbunden sind und nicht erst durch das „Kapitalsammeln" des Intermediärs verbunden werden.[98] Die Familie umfasst (jedenfalls) Ehegatten, Lebenspartnerschaften und nahe Angehörige wie Eltern, Geschwister, Kinder, Neffen, Nichten und Enkel, Onkel und Tanten, Cousinen und Cousins ersten Grades und die jeweiligen Hinterbliebenen, unabhängig davon, wann sie ihr Vermögen in das Family-Office einbringen.[99] Während die BaFin nur von Lebenspartnerschaften im Sinne des LPartG spricht, erfasst die ESMA auch **eheähnliche Gemeinschaften,** was sachgerecht erscheint, da auch hier der Schutzzweck des KAGB nicht greift.[100] Allerdings besteht in diesen Fällen uU eher ein Abgrenzungsproblem mit Konfliktpotential, da es an einem vergleichbaren formalen Akt wie bei der Begründung respektive Beendigung einer Lebenspartnerschaft fehlt. Die Zugehörigkeit zur Familie muss zum Zeitpunkt der Investition bestehen; ein späterer Fortfall der Zugehörigkeit führt erst bei einer Neuinvestition (wozu ein Stehenlassen von Kapital genügen kann → Rn. 16), nicht aber rückwirkend bei bereits getätigten Altinvestitionen zu einem Einsammeln von Kapital. Auch können nach Auffassung von ESMA Familienmitglieder, deren Vermögen zunächst nicht vom Family Office verwaltet wurden, ihr Vermögen später in das Family Office oder in einzelne „Familieninvestitionen" einbringen.[101] Werden aber familienfremde Dritte mit einbezogen *(„family and friends"),* greift das Privileg für Familienangehörige nach Auffassung der Aufsicht insgesamt nicht.[102] Hieran wird kritisiert, dass so jenseits des KAGB gängige Anreizstrukturen, wie die Mitanlage des Verwalters, verhindert werden, wodurch sich jedenfalls die Kosten für die Verwaltung von Familienvermögen erhöhen.[103]

ESMA weist unter der vorgenannten Prämisse mit Recht darauf hin, dass auch Vermögen, welche über einen Familien**trust** *(„family trust")* in ein verwaltendes Family Office eingebracht wird, die Privilegierung in Anspruch nehmen können, da es nicht auf die Rechtsform, sondern – als Konsequenz der materiellen Betrachtung – nur darauf ankommt, dass die Begünstigten *(„beneficiaries")* Familienmitglieder sind.[104] Es kann nicht entscheidend sein, wem formal-rechtlich das Eigentum am Trustvermögen zugeordnet ist, sondern es muss entscheidend sein, wem das Trustvermögen wirtschaftlich zuzurechnen ist. Entsprechendes muss danach für die **Stiftungen** oder andere Formen der Gestaltung gel-

---

[98] *Zetzsche/Preiner* WM 2013, 2101, 2105. Diesen Aspekt verkennt *Tollmann* in Dornseifer/Jesch/Klebeck/Tollmann, AIFM-RL, Art. 2 Rn. 129 ff., wenn er den Fremdbezug der Dienstleistung des Family Offices bejaht.
[99] Im Ergebnis wohl ebenso *BaFin,* Auslegungsschreiben zum Anwendungsbereich des KAGB und zum Begriff des „Investmentvermögens" (Stand: 27.8.2014), unter I.4. unter Hinweis auf ESMA/2013/600, Final report – Guidelines on key concepts of the AIFMD, 2013, S. 30; die Vorgaben der Aufsicht als willkürlich ansehend *Zetzsche/Preiner* WM 2013, 2101, 2105.
[100] ESMA/2013/600, Final report – Guidelines on key concepts of the AIFMD, 2013, S. 5 f. und insb. 30; ESMA/2013/611, Leitlinien zu Schlüsselbegriffen der Richtlinie über die Verwalter alternativer Investmentfonds (AIFMD), 2013, S. 3; ebenso *Volhard/Jang* in Weitnauer/Boxberger/Anders, KAGB, § 1 Rn. 16.
[101] ESMA/2013/611, Leitlinien zu Schlüsselbegriffen der Richtlinie über die Verwalter alternativer Investmentfonds (AIFMD), 2013, S. 4.
[102] ESMA/2013/600, Final report – Guidelines on key concepts of the AIFMD, 2013, S. 30; zustimmend *Scholz/Appelbaum* RdF 2013, 268, 271.
[103] *Zetzsche/Preiner* WM 2013, 2101, 2105, unter Hinweis darauf, dass sich die Family-Office-Privilegierung des US-Rechts auf Co-Investments erstreckt: Securities and Exchange Commission, Rule 202(a)(11)(G)-1 [17 CFR 275.202(a)(11)(G)-11, wonach Leitungspersonen wirtschaftlich (nicht kontrollierend) am Family Office beteiligt sein dürfen.
[104] ESMA/2013/600, Final report – Guidelines on key concepts of the AIFMD, 2013, S. 5 f. und 30, im Rahmen der Definition einer *pre-existing group.*

ten. Allerdings soll die Beteiligung von Nicht-Familienmitgliedern dazu führen, dass alle gemeinsam investierenden Anleger als AIF gesehen werden müssen.[105] Dieses Verständnis bedingt, dass **Multi-Family-Offices,** bei denen Vermögen mehrerer Familien verwaltet werden, nicht aus der Definition des Investmentvermögens ausgenommen sein sollen.[106] Richtigerweise ist bei Multi-Family-Offices zu hinterfragen, ob eine die (verschiedenen) Familienvermögen bündelnde *(pooling)* Verwaltung erfolgt (dann kollektive Vermögensverwaltung[107]), oder ob die Familienvermögen getrennt (sei es auch nach derselben Anlagestrategie → Rn. 21) verwaltet werden (dann Finanzportfolioverwaltung).[108] Ohnehin ist zu sehen, dass Marktteilnehmer unter Family Offices oft auch Dienstleistungsanbieter verstehen, die inhaltlich nur als Controller und/oder Berater agieren, wo also die Familienvermögen schon nicht verwaltet werden (sei es individuell oder kollektiv). Solche Dienstleistungen sind vom KAGB per se nicht erfasst, können aber eine Erlaubnispflicht nach dem KWG auslösen.

19 Die BaFin nimmt weiter an, dass „unter bestimmten, engen Voraussetzungen" bei **Investmentclubs** das Tatbestandsmerkmal „Einsammlung von Kapital" fehlen könne. Als Investmentclubs werden von der BaFin Vereinigungen von natürlichen Personen bezeichnet, die sich für die gemeinsame Anlage ihres privaten Vermögens in Wertpapieren oder anderen Finanzinstrumenten zusammengefunden haben.[109] Unter der Voraussetzung, dass kein Mitglied gewerbsmäßig angeworben worden ist,[110] und der Investmentclub auch weiterhin davon absieht, an den Markt heranzutreten, um weitere Mitglieder gewerbsmäßig anzuwerben, sei das Tatbestandsmerkmal „Einsammeln von Kapital" nicht erfüllt. Solche Investmentclubs seinen dann nicht als Investmentvermögen zu qualifizieren;[111] wohl aber möchte die BaFin diese offenbar als Anlageverwaltung (§ 1 Abs. 1a Satz 2 Nr. 11 KWG) qualifizieren, wenn sie an natürliche Personen als Anleger anknüpft.[112] Letztlich nimmt die BaFin so Investmentclubs als schon bestehende Investorengruppen *(pre-existing groups* → Rn. 17) aus dem Anwendungsbereich des KAGB aus. Weitergehend dürfte es bei Investmentclubs, bei denen alle Anleger – als Gruppe – und ohne Mitwirkung von Dritten (Nicht-Anlegern) an den Anlageentscheidungen im Tagesgeschäft mitwirken, schon an einem OGA fehlen (→ Rn. 8).[113] Ob es hierbei, wie die BaFin anzunehmen scheint, darauf ankommt, dass Clubmitglieder nur natürliche und nicht juristische Personen sind, ist zweifelhaft.[114] Es

---

[105] ESMA/2013/600, Final report – Guidelines on key concepts of the AIFMD, 2013, S. 32.

[106] Für eine Herausnahme von Multi-Family-Offices noch *Krause/Klebeck* BB 2012, 2063, 2067; dagegen *Tollmann* in Dornseifer/Jesch/Klebeck/Tollmann, AIFM-RL, Art. 2 Rn. 129 f.; *Seibt/Jander-McAlister* DB 2013, 2433; *Zetzsche/Preiner* WM 2013, 2101.

[107] Beispiel: Familienvermögen der Familien A und B werden zunächst in ein Investitionsvehikel eingebracht, welches sodann die eigentliche Investition vornimmt, wobei hier dann die weiteren Ausnahmetatbestände zu prüfen sind.

[108] So auch *Zetzsche/Preiner* WM 2013, 2101, 2105; ähnlich, aber noch darüber hinausgehend *Scholz/Appelbaum* RdF 2013, 268, 270 und 271 f., die selbst eine gemeinsame Anlage verschiedener Familienvermögen aus dem Anwendungsbereich des KAGB ausnehmen wollen.

[109] Näher zu Investmentclubs *Weitnauer* GWR 2014, 1; *Seibt/Jander-McAlister* DB 2013, 2433, 2435 ff.; zurückhaltend und eher für die Anwendbarkeit des KAGB *Kloyer,* Der Anwendungsbereich des KAGB nach § 1 Abs. 1 des Gesetzes in der Beratungspraxis, in Möllers/Kloyer (Hrsg.), Das neue Kapitalanlagegesetzbuch, 2013, Rn. 244 f.

[110] Vgl. auch ESMA/2013/611, Leitlinien zu Schlüsselbegriffen der Richtlinie über die Verwalter alternativer Investmentfonds (AIFMD), 2013, Rn. 15 f.

[111] *BaFin,* Auslegungsschreiben zum Anwendungsbereich des KAGB und zum Begriff des „Investmentvermögens" (Stand: 27.8.2014), unter I.4.; *Weitnauer* GWR 2014, 1, 5.

[112] Ähnlich wohl der Ausgangspunkt der Überlegung bei *Weitnauer* GWR 2014, 1, 5.

[113] Ähnlich *Zetzsche/Preiner* WM 2013, 2101, 2103 und 2105 f., die wegen der Eigenverwaltung die Fremdverwaltung verneinen; vgl. auch ESMA/2013/611, Leitlinien zu Schlüsselbegriffen der Richtlinie über die Verwalter alternativer Investmentfonds (AIFMD), 2013, Rn. 12.

[114] Wie hier *Weitnauer* GWR 2014, 1, 5, offenbar enger *Seibt/Jander-McAlister* DB 2013, 2433, 2435.

macht in der Sache keinen Unterschied, wenn der einzelne Anleger für die Investition aus steuerlichen oder erbrechtlichen Gründen eine **Einmann-Gesellschaft** einschaltet. Wie bei der materiellen Betrachtung eines Familientrusts (→ Rn. 18) kommt es auch bei einem Investmentclub alleine auf den ultimativ wirtschaftlich Begünstigten an.[115] Hingegen stellt ein *„Blind Pool"* (→ Rn. 21), der für die Einwerbung von Investoren genutzt wird, regelmäßig ein Investmentvermögen dar. Bei diesen fehlt es auch nicht an einer festgelegten Anlagestrategie, wenn jedenfalls eine gattungsmäßige Festlegung eines bestimmten Investmentfokus, etwa auf Eigenkapital- bzw. Mezzanine-Beteiligungen an kleinen und mittleren Unternehmen, entsprechend Art. 3 lit. e EuVECA-VO vereinbart wird.[116]

Vor diesem Hintergrund erscheint es auch zweifelhaft, dass das Merkmal des Einsammelns von Kapital bei **Managementbeteiligungsgesellschaften**[117] *(co-investment vehicle)* erfüllt ist, etwa wenn im Rahmen einer *Private Equity*-Transaktion das Management der operativen Gesellschaft (also der Zielgesellschaft – *Target*) beteiligt ist (→ Rn. 37).[118] Solche Vehikel dienen dem Zweck, die Interessen des Managements des operativen Unternehmens mit denen der Investoren in Einklang zu bringen, indem das Management unternehmerische Risiken als Parallelinvestor mit übernimmt und gleichzeitig an den durch das Management geschaffenen unternehmerischen Gewinnchancen partizipiert. Es steht nicht das Gewinnerzielungsinteresses als OGA, sondern die Schaffung des Interessengleichlaufs und das unternehmerische Einbringen des Managements im Vordergrund. Letzten Endes kann es keinen Unterschied machen, ob sich aus operativen und steuerlichen Gesichtspunkten heraus das Management gemeinschaftlich oder jeder Manager sich unmittelbar (Wegfall eines OGA, da Beteiligung an einem operativen Unternehmen → Rn. 26) oder über eine Einmann-Gesellschaft (Wegfall einer Anzahl von Anlegern → Rn. 14) an den unternehmerischen Risiken und Chancen beteiligt. Der gegen diese Argumentation vorgebrachte Umkehrschluss aus § 1 Abs. 19 Nr. 33 lit. b KAGB geht fehl:[119] Alleine der Umstand, dass Geschäftsleiter oder Mitarbeiter einer AIF-Verwaltungsgesellschaft als semiprofessionelle Anleger eingestuft werden, wenn diese in von der AIF-Verwaltungsgesellschaft verwaltete AIF investieren,[120] besagt nichts darüber, ob das Co-Investment die AIF-Eigenschaft begründet. Die Regelung des § 1 Abs. 19 Nr. 33 lit. b KAGB setzt vielmehr voraus, dass ein AIF auch ohne die Mitarbeiterbeteiligung vorliegen würde. Es sollen hierdurch Mitarbeiterbeteiligungen an AIF ermöglicht werden, an denen Mitarbeiter als Privatanleger (§ 1 Abs. 19 Nr. 31 KAGB) andernfalls nicht beteiligt werden könnten.[121]

**4. Festgelegte Anlagestrategie.** Der OGA muss das von Anlegern eingesammelte Kapital „gemäß einer festgelegten Anlagestrategie" zum Nutzen dieser Anleger investieren.[122] Hierbei enthalten weder OGAW- oder AIFM-RL noch das KAGB genauere Vorgaben,

---

[115] Vgl. auch ESMA/2013/611, Leitlinien zu Schlüsselbegriffen der Richtlinie über die Verwalter alternativer Investmentfonds (AIFMD), 2013, Rn. 15.
[116] Vgl. *Weitnauer* GWR 2014, 1, 5: *Seibt/Jander-McAlister* DB 2013, 2433, 2434 *Zetzsche/Preiner* WM 2013, 2101, 2106; *Kloyer*, Der Anwendungsbereich des KAGB nach § 1 Abs. 1 des Gesetzes in der Beratungspraxis, in Möllers/Kloyer (Hrsg.), Das neue Kapitalanlagegesetzbuch, 2013, Rn. 250.
[117] Überblick hierzu bei *Werder/Li* BB 2013, 1736.
[118] Verneinend etwa FCA Handbook, PERG, Chapter 16.2, Question 2.52; *Bäuml* FR 2013, 640, 644; *Weitnauer/Boxberger* VentureCapital 2013, 20, 21; *Haisch/Helios* BB 2013, 23, 26; *Boxberger/Röder* in Weitnauer/Boxberger/Anders, KAGB, § 2 Rn. 12; wohl bejahend aber *Zetzsche/Preiner* WM 2013, 2101, 2105.
[119] AA und für den Umkehrschluss *Zetzsche/Preiner* WM 2013, 2101, 2105.
[120] Nichts anderes gilt für die zweite Fallgruppe, wenn ein Mitglied der Geschäftsführung oder des Vorstands einer extern verwalteten Investmentgesellschaft, in die extern verwaltete Investmentgesellschaft investieren.
[121] Vgl. zum Hintergrund von § 1 Abs. 19 Nr. 33 KAGB Begr. RegE KAGB, BT-Drucks. 17/12294, S. 204.
[122] Kritisch zur Einbeziehung dieses Kriteriums *Loritz/Uffmann* WM 2013, 2193, 2199.

wann von einer festgelegten Anlagestrategie ausgegangen werden muss. Immerhin werden wirtschaftlich motivierte Tätigkeiten in aller Regel auf der Grundlage einer Strategie und Leitlinie, worin das Geschäft bestehen und wie es ausgeführt werden soll, vorgenommen.[123] Eine Anlagestrategie setzt jedenfalls **Anlageziele** und die dafür eingesetzten Konzepte, also die **Anlagepolitik**(en) und deren Verwirklichung, ggf. innerhalb eines gesetzten **Zeitrahmens,** voraus. Allerdings ist es unerheblich, auf welches Anlageobjekt sich die Strategie bezieht.[124] In Betracht kommen Finanzinstrumente oder andere Vermögenswerte wie unbewegliche oder bewegliche Sachen, Unternehmensbeteiligungen, Darlehen oder immaterielle Wirtschaftsgüter. ESMA sieht eine festgelegte Anlagestrategie deshalb als gegeben an, wenn der OGA im Rahmen einer Strategie festlegt, wie das gemeinschaftliche Kapital verwaltet werden muss, damit es einen gemeinsamen Ertrag für die Anleger generiert. ESMA und dem folgend die BaFin nehmen an, dass die folgenden **Merkmale** einzeln oder kumulativ auf das Vorliegen einer Anlagestrategie hindeuten:

– die Strategie ist spätestens zu dem Zeitpunkt festgelegt, zu dem die Beteiligung des Anlegers bindend geworden ist;
– die Strategie ist in einem Dokument ausgeführt, das Teil der Anlagebedingungen oder der Satzung respektive des Gesellschaftsvertrags des OGA ist oder auf das in den Anlagebedingungen, der Satzung oder dem Gesellschaftsvertrag Bezug genommen wird;
– der OGA hat eine rechtlich bindende und von den Anlegern durchsetzbare Verpflichtung, die Strategie den Anlegern gegenüber einzuhalten;
– die Strategie konkretisiert die Richtlinien, nach denen die Anlage zu erfolgen hat (zB Anlage in bestimmte Kategorien von Vermögensgegenständen, Beschränkungen bei der Portfolio-Strukturierung *(asset allocation),* Verfolgung bestimmter Strategien, Anlage in bestimmte geografische Regionen, Beschränkungen der Hebelwirkung *(Leverage),* bestimmte Haltefristen oder sonstige Risikodiversifikationsvorgaben).[125]

**22** Die Gesetzesmaterialien zum KAGB lassen erkennen, dass das Vorliegen einer festgelegten Anlagestrategie voraussetzt, dass die Kriterien, nach denen das eingesammelte Kapital angelegt werden soll, in einem über den einer **allgemeinen Geschäftsstrategie** (im Folgenden **„Unternehmensstrategie"**) hinausgehenden Umfang schriftlich genau bestimmt sind.[126] Eine festgelegte Anlagestrategie unterscheidet sich damit von einer allgemeinen Unternehmensstrategie dadurch, dass die Anlagekriterien genau bestimmt und die Handlungsspielräume des AIFM in den Anlagebedingungen, der Satzung oder im Gesellschaftsvertrag eingeschränkt sind.[127] Deshalb kann alleine aus dem Unternehmensgegenstand und dem Vorhandensein eines Geschäftsplans nicht zwingend auf eine festgelegte Anlagestrategie geschlossen werden.[128] Umgekehrt wird bei wertender Betrachtung nicht verlangt werden können, dass die Anlagestrategie einen über einen Geschäftsplan hinausgehenden Konkretisierungsgrad voraussetzt.[129] Gleichzeitig betont das Merkmal der festgelegten Anlagestrategie, dass **keine laufende Ermessens- bzw. Kontrollbefugnis der Anleger**

---

[123] Kritik an dieser Perspektive bei *Krause/Klebeck* RdF 2013, 4, 9.
[124] *Spindler/Tancredi* WM 2011, 1393, 1396; *Weiser/Jang* BB 2011, 1219; *Bußalb/Unzicker* BKR 2012, 309, 311.
[125] ESMA/2013/600, Final report – Guidelines on key concepts of the AIFMD, 2013, S. 33; ESMA/2013/611, Leitlinien zu Schlüsselbegriffen der Richtlinie über die Verwalter alternativer Investmentfonds (AIFMD), 2013, Rn. 20; *BaFin,* Auslegungsschreiben zum Anwendungsbereich des KAGB und zum Begriff des „Investmentvermögens" (Stand: 27.8.2014), unter I.5.; kritisch hierzu *Zetzsche/Preiner* WM 2013, 2101, 2106.
[126] Begr. RegE KAGB, BT-Drucks. 17/12294, S. 201; für Schriftlichkeit offenbar auch *Bußalb/Unzicker* BKR 2012, 309, 311.
[127] *BaFin,* Auslegungsschreiben zum Anwendungsbereich des KAGB und zum Begriff des „Investmentvermögens" (Stand: 27.8.2014), unter I.5.; ESMA/2013/600, Final report – Guidelines on key concepts of the AIFMD, 2013, S. 33.
[128] *Haisch/Helios* BB 2013, 23, 25; wohl auch *Krause/Klebeck* RdF 2013, 4, 9.
[129] So aber *Krause/Klebeck* RdF 2013, 4, 9.

besteht, die Strategie vielmehr vom OGA selbst oder dessen externen Verwaltern im Rahmen der kollektiven Vermögensverwaltung umgesetzt wird.[130] ESMA mahnt vor diesem Hintergrund, der Umstand, dass Anlageentscheidungen in das freie Ermessen des Verwalters gestellt werden, es also zum Zeitpunkt der Anlageentscheidung weder bestimmt ist, in welchen Vermögensgegenstand investiert wird, noch eine allgemeine Investitionsbeschreibung besteht („*Blind Pool*" → Rn. 19), sollte nicht zu der Annahme verleiten, es läge kein Investmentvermögen vor.[131]

Umstritten ist, ob **REIT-AGen** im Sinne des REITG mangels Unternehmensstrategie 23 (zusätzlich) vom KAGB erfasst werden.[132] Nachdem die BaFin im Konsultationsentwurf zu ihrem „Auslegungsschreiben zum Anwendungsbereich des KAGB und zum Begriff des Investmentvermögens" noch annahm, eine REIT-AG sei stets als Investmentvermögen einzuordnen, hat sie in der endgültigen Fassung des Auslegungsschreibens die Auffassung eingenommen, dass dies nicht pauschal und einheitlich entschieden werden könne, sondern eine Einzelfallprüfung erforderlich sei.[133] Begründet wird dies damit, dass der Detaillierungsgrad des in § 1 Abs. 1 REITG aufgeführten Unternehmensgegenstandes dem eines Unternehmensgegenstandes eines Immobilien-Sondervermögens ähnlich sei, womit REIT-AGen (regelmäßig) eine festgelegte Anlagestrategie und keine Unternehmensstrategie verfolgen sollen, aber Ausnahmen denkbar seien (→ Rn. 27 ff., insb. 29). Dagegen wird in der Literatur vertreten, das REIT-AGen per se nicht als Investmentvermögen bewertet werden können, da diese (ausreichende) eigenständige gesetzliche Regelungen erfahren hätten. Die Anwendung des KAGB würde zu Wertungswidersprüchen, gesetzessystematischen Friktionen und sogar logischen Brüchen führen, die sich in einer Schwächung der Rechtsposition der REIT-Aktionäre kulminierten.[134] Das Hauptargument der BaFin, es liege regelmäßig eine festgelegte Anlagestrategie vor, verkenne Unterschiede zwischen dem Unternehmensgegenstand und der Unternehmensstrategie, wobei eine REIT-AG eine (hinreichend flexible) Unternehmensstrategie verfolgen könne.[135] Die dogmatisch überzeugenderen Argumente sprechen dafür, dass eine REIT-AG regelmäßig nicht als Investmentvermögen qualifiziert werden kann, doch erscheint ebenso der Rückschluss einer generellen Unanwendbarkeit des KAGB wiederum als zu weit gehend. Es empfiehlt sich für die Praxis, im Zweifel eine Einzelfallabstimmung mit der BaFin zu suchen.

**5. Investition zum Nutzen der Anleger.** Ein OGA investiert (der festgelegten An- 24 lagestrategie für die gemeinsame Vermögensanlage entsprechend) zum Nutzen seiner Anleger und damit nicht zum Nutzen des eigenen Unternehmens.[136] Der Abgrenzungsgehalt dieses Tatbestandsmerkmals ist begrenzt und in seiner Reichweite ungeklärt.[137] Investitio-

---

[130] ESMA/2013/600, Final report – Guidelines on key concepts of the AIFMD, 2013, S. 31.
[131] ESMA/2013/600, Final report – Guidelines on key concepts of the AIFMD, 2013, S. 30; ähnlich *Volhard/Jang* in Weitnauer/Boxberger/Anders, KAGB, § 1 Rn. 20; vgl. auch die kritischen Überlegungen bei *Krause/Klebeck* RdF 2013, 4, 9; reine „Blind Pools" nicht mehr für möglich haltend *Kohabe*, Geschlossene Fonds in Deutschland nach den Regelungen des KAGB, in Möllers/Kloyer (Hrsg.), Das neue Kapitalanlagegesetzbuch, 2013, Rn. 917.
[132] Vgl. zu Einordnung unter das InvG *BaFin*, REITs-Anteile als Wertpapiere iSd InvG (Stand: 9.5.2005).
[133] Vgl. *BaFin*, Konsultation 03/2013, GZ: WA 41-Wp 2137 – 2013/0001 („Konsultationsentwurf"), S. 8 f. einerseits und nun *BaFin*, Auslegungsschreiben zum Anwendungsbereich des KAGB und zum Begriff des „Investmentvermögens" (Stand: 27.8.2014), unter II.2. andererseits, wobei letzteres den Standpunkt der EU-Kommission, FAQ zu AIFIVID, ID 1171, entspricht.
[134] *Conradi/McAlister* WM 2014, 733; siehe auch *Merkt* BB 2013, 1986.
[135] Vgl. dazu insbesondere *Merkt* BB 2013, 1986, 1999 ff.; siehe allgemein auch *Escher*, Die Regulierung der geschlossenen Fonds im KAGB, 2013, 133.
[136] *BaFin*, Auslegungsschreiben zum Anwendungsbereich des KAGB und zum Begriff des „Investmentvermögens" (Stand: 27.8.2014), unter I.6.
[137] Kritisch etwa *Hartott/Goller* BB 2013, 1603, 1604; *Loritz/Uffmann* WM 2013, 2193, 2199 f.; *Wallach* RdF 2013, 92, 93.

§ 22   25                                                          7. Kapitel. Investmentgeschäfte

nen zum Nutzen des OGA sind mittelbar nämlich zugleich zum Nutzen der Anleger. Die Verfolgung eigenwirtschaftlicher Zwecke eines (operativen) Unternehmens beinhaltet ebenso Wertschöpfung im Interesse der Gesellschafter.[138] Dennoch bringt das Tatbestandsmerkmal zum Ausdruck, dass der Zweck der Kollektivanlage (zumindest auch, aber nicht nur) der **Erzielung eines Vermögenszuwachses** sein muss, mag dieser auch aus steuerlichen Privilegierungen oder der Nutzung durch die Anlage generierter steuerlicher Verlustvorträge bestehen.[139] Hingegen genügen **ausschließlich nicht kommerzielle Ziele** nicht.[140] Die Kollektivanlage ist auch dann nicht zum Nutzen der Anleger, wenn die Wertentwicklung des OGA nicht mit der Wertentwicklung der für den OGA erworbenen Vermögensgegenstände korrespondiert[141] oder eine Korrelation zwischen Ein- und Auszahlungen nicht gegeben ist.[142] Eine kollektive Vermögensanlage setzt voraus, dass das Ergebnis der Investoren mit der kollektiven Vermögensverwaltung verknüpft ist.[143] Es kommt hingegen nicht darauf an, dass keinerlei wirtschaftliches Eigeninteresse des Investitionsunternehmens oder Emittenten besteht.[144] Entsprechend nimmt die BaFin an, dass zB **Mittelständische Beteiligungsgesellschaften**[145] keine Investmentvermögen darstellen, wenn sie nicht zum Nutzen ihrer Anleger investieren, sondern nur im öffentlichen Interesse für die Zwecke der Wirtschaftsförderung tätig werden, wobei das Merkmal „öffentliches Interesse" nicht zwingend einen öffentlich-rechtlichen Gesellschafterkreis erfordert.[146] Die Bedeutung des Tatbestandsmerkmals zum Nutzen der Anleger liegt damit vor allem in der Abgrenzung zu verschiedenen Zertifikaten und der Ausgrenzung von Vermögensanlagen, deren Erträge anderen Personen als den Kapitalgebern zukommen (zB auch **Stiftungen**[147]). Inhaberschuldverschreibungen zur Finanzierung der allgemeinen Geschäftstätigkeit eines Unternehmens sind deshalb regelmäßig vom KAGB nicht erfasst.[148]

25   Emittiert zB eine Bank, so das Beispiel der BaFin[149], eine Schuldverschreibung in Form eines **Zertifikats,** dessen Wertentwicklung an verschiedene Wertpapiere als Basiswert *(Underlying)* oder an einen selbst erstellten Index gekoppelt ist, liegt keine Investition zum Nutzen der Anleger vor, wenn die Bank in der Verwendung der Anlegergelder frei ist und dem

---

[138] *Krause* in Beckmann/Scholtz/Vollmer, Investment HdB, vor 405 Rn. 27.
[139] *Tollmann* in Dornseifer/Jesch/Klebeck/Tollmann, AIFM-RL, Art. 4 Rn. 25.
[140] *ESMA,* Discussion paper – Key concepts of the Alternative Investment Fund Managers Directive and types of AIFM, 2012, S. 10; *Tollmann* in Dornseifer/Jesch/Klebeck/Tollmann, AIFM-RL, Art. 4 Rn. 25.
[141] *Krause* in Beckmann/Scholtz/Vollmer, Investment HdB, vor 405 Rn. 28; *Volhard/Jang* in Weitnauer/Boxberger/Anders, KAGB, § 1 Rn. 21.
[142] *Zetzsche/Preiner* WM 2013, 2101, 2106; ähnlich *Krause* in Beckmann/Scholtz/Vollmer, Investment HdB, vor 405 Rn. 28.
[143] *Zetzsche* in Zetzsche (Hrsg.), The Alternative Investment Fund Managers Directive – European Regulation of Alternative Investment Funds, 2012, Chapter 3, Ziff. 2.2.4; *Wallach* ZBB 2013, 210, 211.
[144] Wie hier *Kloyer,* Der Anwendungsbereich des KAGB nach § 1 Abs. 1 des Gesetzes in der Beratungspraxis, in Möllers/Kloyer (Hrsg.), Das neue Kapitalanlagegesetzbuch, 2013, Rn. 251 f.
[145] Nach der Stellungnahme BRat KAGB, BT-Drucks. 17/12294, S. 325, sind hierunter Beteiligungsgesellschaften zu verstehen, deren Tätigkeit sich auf die Versorgung mittelständischer Unternehmen mit Eigenkapital und eigenkapitalähnlichen Instrumenten konzentriert mit dem Ziel der regionalen Wirtschaftsförderung.
[146] *BaFin,* Auslegungsschreiben zum Anwendungsbereich des KAGB und zum Begriff des „Investmentvermögens" (Stand: 27.8.2014), unter II.6.; zustimmend *Volhard/Jang* in Weitnauer/Boxberger/Anders, KAGB, § 1 Rn. 30.
[147] *Zetzsche/Preiner* WM 2013, 2101, 2106, anders, wenn die Stiftung dem Stifter zugutekommen soll.
[148] *Poelzig/Volmer* DNotZ 2014, 483, 486.
[149] *BaFin,* Auslegungsschreiben zum Anwendungsbereich des KAGB und zum Begriff des „Investmentvermögens" (Stand: 27.8.2014), unter I.6.

Anleger nicht verspricht, die Anlegergelder etwa in den selbsterstellten Index oder dem Referenzportfolio zugrundeliegende Vermögenswerte zu investieren. Letzteres nimmt ein Teil der Literatur allerdings schon zum Anlass, eine festgelegte Anlagestrategie zu verneinen.[150] In diesem Fall verfolge die Bank lediglich eine eigene Gewinnerzielungsabsicht. Eine Anlage zum Nutzen der Anleger soll weiter regelmäßig auch dann nicht vorliegen, wenn die Bank einen Teil der über die Zertifikate eingenommenen Gelder in das Referenzportfolio investiert oder über einen Swap mit einem Dritten abbildet, wenn die Investition bzw. die Abbildung über den Swap ausschließlich zu dem Zweck erfolgt, die eigenen Verlustrisiken gegenüber dem Inhaber des Zertifikats abzusichern *(Hedging)*.

**6. Kein operativ tätiges Unternehmen außerhalb des Finanzsektors (Negativkriterium).** Unternehmungen, die allgemeinen kommerziellen und industriellen Zwecken *(general commercial or industrial purpose)* und nicht (nur) Anlagezwecken dienen, sollen nicht dem KAGB unterstellt werden.[151] Deshalb sind **operativ tätige Unternehmen außerhalb des Finanzsektors** nicht als Investmentvermögen zu qualifizieren, selbst wenn sie die sonstigen Tatbestandsmerkmale eines Investmentvermögens erfüllen. ESMA, der sich die BaFin anschließt, sieht insbesondere solche Unternehmen als operativ tätig an, die überwiegend Güter und Handelswaren produzieren, kaufen, verkaufen, tauschen, Immobilien errichten oder sonstige Dienstleistungen außerhalb des Finanzsektors anbieten respektive Kombinationen dieser Tätigkeiten nachgehen.[152] Auch Unternehmen, die sich im Rahmen ihrer operativen Tätigkeit fremder Dienstleister oder gruppeninterner Gesellschaften bedienen, sind danach als operativ tätig anzusehen, solange die unternehmerischen Entscheidungen im laufenden Geschäftsbetrieb bei dem Unternehmen selbst verbleiben. Wenn ein operatives Unternehmen zusätzlich zu der operativen Tätigkeit noch Investitionen zu Anlagezwecken tätigt (zB Anlage in Finanzinstrumente), ist das unschädlich, solange dies nicht die Haupttätigkeit darstellt.[153] Diese einfachen Grundsätze werfen in der Praxis Abgrenzungsschwierigkeiten auf, wobei die BaFin durch Bildung von Beispielsfällen aus dem Immobilien- und Schiffsbereich versucht, eine Konkretisierung der Grundsätze zu erreichen. Es zeichnet sich ab, dass der Abgrenzung zwischen operativen und (vermeintlich) nicht operativen Unternehmen besondere Praxisrelevanz zukommt. Allerdings lassen die von der BaFin verwendeten Beispiele erkennen, dass das Abgrenzungspotential weniger in der Ermittlung einer operativen Tätigkeit als vielmehr in der **Zuordnung oder Nicht-Zuordnung zum Finanzsektor** liegt, denn auch Investitionsunternehmen sind in ihrem Wirtschaftsbereich in dem diesem Zweck angepassten Umfang operativ tätig.[154] Letztlich bildet das Kriterium der unternehmerischen Tätigkeit in gewisser Weise die Kehrseite des Kriteriums der festgelegten Anlagestrategie,[155] sodass eine trennscharfe Unterscheidung beider Kriterien fehlt, diese vielmehr miteinander „interagieren".

---

[150] *Wallach* RdF 2013, 92, 93; diesem zustimmend *Wollenhaupt/Beck* DB 2013, 1950, 1952.
[151] Vgl. dazu auch Begr. RegE KAGB, BT-Drucks. 17/12294, S. 201.
[152] *BaFin,* Auslegungsschreiben zum Anwendungsbereich des KAGB und zum Begriff des „Investmentvermögens" (Stand: 27.8.2014), unter I.7.; ESMA/2013/600, Final report – Guidelines on key concepts of the AIFMD, 2013, S. 29; ESMA/2013/611, Leitlinien zu Schlüsselbegriffen der Richtlinie über die Verwalter alternativer Investmentfonds (AIFMD), 2013, S. 3; kritisch *Zetzsche/Preiner* WM 2013, 2101, 2106 ff.; ähnlich kritisch und mit verfassungsrechtlichen Bedenken *Loritz/Uffmann* WM 2013, 2193, 2201.
[153] *BaFin,* Auslegungsschreiben zum Anwendungsbereich des KAGB und zum Begriff des „Investmentvermögens" (Stand: 27.8.2014), unter I.7.
[154] Vgl. *Kloyer,* Der Anwendungsbereich des KAGB nach § 1 Abs. 1 des Gesetzes in der Beratungspraxis, in Möllers/Kloyer (Hrsg.), Das neue Kapitalanlagegesetzbuch, 2013, Rn. 254 ff.
[155] Ebenso schon *Wallach* RdF 2013, 92, 93; ähnlich *Wallach,* Die Regulierung offener Fonds im KAGB, Bankrechtstag, 2013, S. 95, 101, mit dem zusätzlichen Hinweis, dass das Kriterium sich nicht in der AIFM-RL findet und schon deshalb im Rahmen des Kriteriums der festgelegten Anlagestrategie zu berücksichtigen sei; ähnlich ferner *Zetzsche/Preiner* WM 2013, 2101, 2107, mit dem zusätzlichen Hinweis, dass die Abgrenzung auch im Begriff „Anlage" angelegt ist.

27  Während der Fall der Errichtung einer Immobilie sich unproblematisch als operative Tätigkeit aus dem Anwendungsbereich des KAGB ausgrenzen lässt, können andere Tätigkeiten im Immobilienbereich Fragen aufwerfen. Die BaFin hält deshalb beispielhaft fest,[156] dass auch der **Betrieb einer Immobilie** (zB eines Hotels oder einer Pflegeeinrichtung) als operative Tätigkeit anzusehen ist.[157] Hingegen wird in dem bloßen Erwerb, der Vermietung oder Verpachtung, der Verwaltung sowie im Verkauf von Immobilien keine operative Tätigkeit gesehen. Geht es nicht um das Halten oder den bloßen Erwerb und Weiterverkauf einer Immobilie, sondern um die Konzeption, den Ankauf, die Entwicklung der Immobilie und den anschließenden Verkauf der selbst entwickelten Immobilie **(Projektentwicklung),** steht ebenfalls die operative Seite der Tätigkeit und nicht die bloße Vermögensanlage im Vordergrund. Vergleichbares gilt für eine **Wohnungsgenossenschaft** (auch „Bauverein" oder „Baugenossenschaft"), deren Geschäftsbetrieb sich auf die Herstellung, den Erwerb, die Veräußerung und die Vermittlung sowie auf die Vermietung, den Betrieb, die Bewirtschaftung und die Betreuung von Gebäuden aller Art und Nutzungsformen beziehen kann oder die immobilienwirtschaftliche, städtebauliche und infrastrukturelle Aufgaben übernimmt.[158] Typischerweise ist der Unternehmensgegenstand einer Wohnungsgenossenschaft hierüber hinausgehend auf die Versorgung ihrer Mitglieder mit Wohnraum ausgerichtet,[159] worin die BaFin einen hinreichende operative Ausrichtung erkennt.[160] Tatsächlich wird sich bei einer solchen Zwecksetzung die „operative Tätigkeit" nicht dem Finanzsektor zuordnen lassen können, da die investive Zielsetzung der Genossenschaft als gemeinsamer Investitionsorganismus bei wertender Betrachtung eine Renditeorientierung übersteigt.[161] Verallgemeinernd lässt sich festhalten, dass ein operativer, unternehmerischer Betrieb vorliegt, wenn das Betreiben über Ankauf, Fruchtgenuss, Halten und Verkauf der Immobilien (aber auch anderer Anlagegüter) hinaus geht.[162]

28  Beispiele für operative Dienstleistungen im Immobilienbereich sieht die BaFin im *Facility management,* ohne dies näher auszuführen. Entsprechend der aufgezeigten Grundsätze und unter Zugrundelegung der Beschreibungen des *Facility Managements* in der DIN EN 15221-1 als die Integration von Prozessen, die das Hauptgeschäft einer Organisation unterstützen, dürfte damit die Liegenschaftsverwaltung gemeint sein. Bei dieser geht es um die Bewirtschaftung von Gebäuden, Anlagen und Einrichtungen (Liegenschaften), also das Betreiben und die Instandhaltung der technischen Anlagen einer Liegenschaft,[163] regelmäßig ohne deren Eigentümer zu sein. Weitere nicht vom KAGB erfasste Dienstleistungen im Immobilienbereich erkennt die BaFin in **Makler- und Bewertungstätigkeiten** oder der

---

[156] Vgl. zu den nachfolgenden Beispielen *BaFin,* Auslegungsschreiben zum Anwendungsbereich des KAGB und zum Begriff des „Investmentvermögens" (Stand: 27.8.2014), unter I.7.a.

[157] Zu Überlegungen, ob hierdurch sowie das Ausgrenzungsmerkmal des „operativen Unternehmens" Kollektivanlagen aus dem Anwendungsbereich des KAGB herausgenommen werden, die bislang als geschlossene Fonds bewertet wurden, vgl. *Escher,* Die Regulierung der geschlossenen Fonds im KAGB, Bankrechtstag 2013, 131 f.

[158] Vgl. nur *Geibel* in Henssler/Strohn, Gesellschaftsrecht, § 1 Rn. 27 mwN.

[159] Vgl. *Fandrich* in Pöhlmann/Fandrich/Bloehs, GenG, § 1 Rn. 43 mwN.

[160] *BaFin,* Auslegungsschreiben zum Anwendungsbereich des KAGB und zum Begriff des „Investmentvermögens" (Stand: 27.8.2014), unter II.3.

[161] Ähnlich wohl *Kloyer,* Der Anwendungsbereich des KAGB nach § 1 Abs. 1 des Gesetzes in der Beratungspraxis, in Möllers/Kloyer (Hrsg.), Das neue Kapitalanlagegesetzbuch, 2013, Rn. 258.

[162] *Zetzsche/Preiner* WM 2013, 2101, 2103 f., 2110; ähnlich auch *Krause/Klebeck* RdF 2013, 4, 10, unter Betonung des Merkmals des „passiven Haltens" statt aktiver unternehmerischer Tätigkeit.

[163] Vgl. zum Facility Managment-Vertrag *Najork* NJW 2006, 2881 ff.; siehe ferner die Definition des Deutschen Verbandes für Facility Management e.V. in GEFMA 100-1, danach handelt es sich um einen unternehmerischen Prozess, der durch die Integration von Planung, Kontrolle und Bewirtschaftung von Gebäuden, Anlagen und Einrichtungen und unter Berücksichtigung von Arbeitsplatz und Umfeld eine verbesserte Nutzungsflexibilität, Arbeitsproduktivität und Kapitalrentabilität zum Ziel hat.

**Finanzierungsberatung** im Zusammenhang mit dem Kauf oder Verkauf einer Immobilie.[164]

Diese Abgrenzungskriterien legt die BaFin auch bei der Beurteilung von (börsennotierten) **Immobilienaktiengesellschaften und REIT-AGen** (→ Rn. 23) zugrunde: Solange der Unternehmensgegenstand einer Immobilienaktiengesellschaft oder einer REIT-AG operativ ausgerichtet sei (→ Rn. 28 f.), liege kein Investmentvermögen vor. Wohl aber könnten Immobilienaktiengesellschaften oder REIT-AGen als Investmentvermögen einzustufen sein, die (hauptsächlich) auf den Erwerb, die Vermietung, die Verpachtung, die Verwaltung sowie den Verkauf von Immobilien ausgerichtet sind (→ Rn. 27), wenn dies auf der Grundlage einer festgelegten Anlagestrategie erfolge.[165]

Ein weiteres Abgrenzungsbeispiel erörtert die BaFin für den Schiffsbereich, wo zunächst die Tätigkeit des Charterer, der für die Auslastung des Schiffes verantwortlich ist, und des Vertragsreeders als operative Tätigkeiten aus dem Anwendungsbereich des KAGB ausgegrenzt wird. Fraglich sei aber, ob die bloße **Gebrauchsüberlassung des Schiffes** als unternehmerisch operative Tätigkeit gelten könne. Die BaFin bejaht dies bei einem Time-Charter, wenn dieser als Vercharterer dem Charterer ein voll ausgerüstetes, bemanntes und einsatzfähiges Schiff zur vertraglich vorgesehenen kommerziellen Nutzung auf Zeit überlässt. Da die technisch-nautische Betriebsführungspflicht grundsätzlich beim Vercharterer liege, der in nautischen Angelegenheiten gegenüber dem Kapitän weisungsbefugt ist, die Pflege und Instandhaltung des Schiffes zu überwachen und für die Seetüchtigkeit des Schiffes und einen funktionierenden Schiffsbetrieb zu sorgen hat, sei dieser als operativ tätig anzusehen.[166]

Insgesamt zeigt sich, dass das Abgrenzungskriterium des operativen Unternehmens wenig trennscharf ist. Es beinhaltet für sich Abgrenzungsprobleme, sodass abzuwarten bleibt, ob es der BaFin gelingt, durch Ausbildung einer kasuistischen Verwaltungspraxis die erforderliche Trennschärfe zu gewinnen. Etwa ist es keineswegs selbsterklärend, warum die BaFin bei einer **Energiegenossenschaft,** deren Unternehmensgegenstand auf die Errichtung und Unterhaltung von Anlagen zur Erzeugung von Energien sowie auf den Absatz der gewonnenen Energien gerichtet ist und bei der die Mitglieder vom Unternehmensgewinn eine Dividende auf ihre Einlage erhalten, ein Investmentvermögen annehmen möchte, sofern sie die Anlagen nicht selbst betreibt.[167] Allein die Inanspruchnahme von Verwaltungsleistungen von Dritten im Wege des Outsourcings bedeutet nicht, dass die Genossenschaft die Anlage nicht mehr „selbst" betreibt, also nicht operativ tätig ist, wenn allein sie die unternehmerischen Risiken des Anlagenbetriebs treffen (im Unterschied zur Verpachtung). Soll das Beispiel der BaFin dahin gehend verstanden werden, dass es an der Selbstverwaltung der Genossenschaft fehlt oder außer der Dividendenzahlung keine sonstige Förderleistung der Genossen vorliegt (Dividendengenossenschaft), fehlt es schon an einer zulässigen Genossenschaftsform.[168] Werden aber die genossenschaftlichen Prinzipien eingehalten, verfolgt die Energiegenossenschaft einen anzuerkennenden Förderzweck und gewährt ihren Mitgliedern die genossenschaftlichen Mitgliedsrechte, kann darin nicht ohne Weiteres ein Investmentvermögen erkannt werden. Insoweit kann der BaFin zwar darin zugestimmt werden, dass die Genossenschaft nicht als Vehikel zur Umgehung des KAGB degeneriert

---

[164] *BaFin,* Auslegungsschreiben zum Anwendungsbereich des KAGB und zum Begriff des „Investmentvermögens" (Stand: 27.8.2014), unter I.7.a.
[165] *BaFin,* Auslegungsschreiben zum Anwendungsbereich des KAGB und zum Begriff des „Investmentvermögens" (Stand: 27.8.2014), unter II.1.; zur Kritik → Rn. 23.
[166] *BaFin,* Auslegungsschreiben zum Anwendungsbereich des KAGB und zum Begriff des „Investmentvermögens" (Stand: 27.8.2014), unter I.7.b.; zustimmend
[167] *BaFin,* Auslegungsschreiben zum Anwendungsbereich des KAGB und zum Begriff des „Investmentvermögens" (Stand: 27.8.2014), unter II.3.; zustimmend *Volhard/Jang* in Weitnauer/Boxberger/Anders, KAGB, § 1 Rn. 27.
[168] Vgl. zur Energiegenossenschaft, ihren unterschiedlichen Ausprägungen und zur Unzulässigkeit der Dividendengenossenschaft *Althanns* ZfBR-Beil. 2012, 36, insb. 38; siehe ferner *Volz* ZfGG 61, 289–304 (2011).

werden darf, aber es ist Zurückhaltung geboten, in einer genossenschaftlich zulässigen Organisation ein Investmentvermögen zu erkennen. Allerdings ist zu sehen, dass das KAGB nur in bestimmten Fällen Einschränkungen des Regulierungsumfangs anerkennt, woraus zu schließen ist, dass der Gesetzgeber bei deren Nichteingreifen die Anwendbarkeit des KAGB grundsätzlich bejaht (§ 2 Abs. 4b KAGB → Rn. 41). Entsprechendes gilt für **Bürgerenergieprojekte,** sei es in der Rechtsform der Genossenschaft oder der GmbH & Co. KG, wo nicht vorschnell aus der Inanspruchnahme von Drittverwaltungsleistungen auf eine fehlende Eigenverwaltung geschlossen werden darf.[169]

32 Ebenso ist Zurückhaltung geboten, Gesellschaften, die am Markt Kapital aufnehmen, um damit einen Vermögensgegenstand zu erwerben und anschließend über diesen einen **Finanzierungs- oder Operate-Leasingvertrag** als Leasinggeber abzuschließen, als Investmentvermögen zu qualifizieren. Die BaFin erkennt zwar zurecht sowohl beim Finanzierungsleasing als auch beim Operateleasing in der Nutzungsüberlassung des Leasinggegenstands durch den Leasinggeber an den Leasingnehmer eine Anlagetätigkeit.[170] Insofern kommen diese grundsätzlich auch als Investmentvermögen in Betracht, wenn alle Tatbestandsmerkmale des § 1 Abs. 1 Satz 1 KAGB erfüllt sind. Allerdings liegt nicht schon in jeder Mittelaufnahme des Leasinggerbers zur Finanzierung der allgemeinen Geschäftstätigkeit ein Einsammeln von Kapital im Sinne des KAGB (→ Rn. 24 f.). Überdies muss hinzutreten, dass die Anleger am Gewinn und Verlust des Leasinggebers partizipieren, dieser über eine festgelegte Anlagestrategie verfügt und er kein operativ tätiges Unternehmen außerhalb des Finanzsektors ist.

### III. Bereichsausnahmen und Anwendungsbeschränkungen

33 Unabhängig vom Vorliegen eines Investmentvermögens sind in Umsetzung der AIFM-RL bestimmte Formen der kollektiven Vermögensanlage aus dem Anwendungsbereich des KAGB ausgenommen (**Bereichsausnahmen,** § 2 Abs. 1 und 3 KAGB), bei anderen wird die Anwendung des KAGB beschränkt (**Anwendungsbeschränkungen,** § 2 Abs. 4 bis 7 KAGB): Bereichsausnahmen lassen hierbei eine Erlaubnispflicht entfallen, im Falle der Anwendungsbeschränkung wird die Erlaubnispflicht durch eine **Registrierungspflicht** ersetzt, an die eingeschränkte Informationspflichten gegenüber der BaFin und reduzierte Eingriffsbefugnisse der BaFin anknüpfen (→ Rn. 71).[171] Das KAGB gilt u. a. nicht für die Europäische Zentralbank, die Europäische Investitionsbank, der Europäische Investitionsfonds, die europäischen Entwicklungsfinanzierungsinstitute und bilaterale Entwicklungsbanken, die Weltbank, den Internationalen Währungsfonds oder andere supranationale Einrichtungen, soweit sie Investmentvermögen im öffentlichen Interesse verwalten (§ 2 Abs. 1 Nr. 3 KAGB).[172] Ebenso sind nationale Zentralbanken (§ 2 Abs. 1 Nr. 4 KAGB), staatliche Stellen und Gebietskörperschaften oder andere Einrichtungen, die Gelder zur Unterstützung von Sozialversicherungs- und Pensionssystemen aufwenden, wie etwa Unterstützungskassen, Versorgungswerke oder Versorgungseinrichtungen, (§ 2 Abs. 1 Nr. 5 KAGB[173]) ausgenommen. Auch wird sichergestellt, dass Kredit- und Finanzdienstleistungsinstitute ihre Wertpapierdienstleistungen (§ 2 Abs. 3 WpHG) gegenüber einem AIF (alleine) im Rahmen ihrer Erlaubnis nach dem KWG erbringen können, ohne zusätzlich die Vorgaben des KAGB beachten zu müssen (§ 2 Abs. 2 KAGB). Eine „Doppelregulierung"

---

[169] Insoweit offenbar ebenfalls eher zurückhaltend *BaFin,* Auslegungsschreiben zum Anwendungsbereich des KAGB und zum Begriff des „Investmentvermögens" (Stand: 27.8.2014), unter II.7.; kritisch *Zetzsche/Preiner* WM 2013, 2101, 2107, mit dem Vorschlag einer Marginalquote.

[170] *BaFin,* Auslegungsschreiben zum Anwendungsbereich des KAGB und zum Begriff des „Investmentvermögens" (Stand: 27.8.2014), unter II.4.

[171] *Kramer/Recknagel* DB 2011, 2077, 2080; *Spindler/Tancredi* WM 2011, 1393, 1398.

[172] Kritisch mit Blick auf die Ausklammerung nationaler Fördereinrichtungen *Weitnauer/Boxberger* VentureCapital 2013, 20; *Boxberger/Röder* in Weitnauer/Boxberger/Anders, KAGB, § 2 Rn. 9.

[173] Begr. RegE KAGB, BT-Drucks. 17/12294, S. 205; *Boxberger/Röder* in Weitnauer/Boxberger/Anders, KAGB, § 2 Rn. 11.

soll vermieden werden. Allerdings gilt auch für Kredit- und Finanzdienstleistungsinstitute, dass der Vertrieb von Investmentanteilen unter Beachtung des KAGB erfolgen muss.[174]

Für die **Privatwirtschaft** von Bedeutung sind die nachstehend erläuterten Bereichsausnahmen für Holdinggesellschaften (§ 2 Abs. 1 Nr. 1 KAGB → Rn. 35), Arbeitnehmerbeteiligungssysteme oder Arbeitnehmersparpläne (§ 2 Abs. 1 Nr. 6 KAGB → Rn. 37), Verbriefungszweckgesellschaften[175] (§ 2 Abs. 1 Nr. 7 KAGB → Rn. 36) und das sog Konzernprivileg (§ 2 Abs. 3 KAGB → Rn. 38). Ebenso von erheblicher praktischer Bedeutung für die Privatwirtschaft sind die beschränkte Anwendbarkeit des KAGB auf „kleine" AIF (§ 2 Abs. 5 KAGB → Rn. 39 ff.) sowie Europäische Risikokapitalfonds (→ Rn. 4), also bestimmte „Venture Capital-AIF" (§ 2 Abs. 6 KAGB → Rn. 42). Daneben ist der Anwendungsbereich des KAGB für Europäische Fonds für soziales Unternehmertum (→ Rn. 4) beschränkt, deren praktische Bedeutung sich erst noch erweisen muss (§ 2 Abs. 7 KAGB → Rn. 43). 34

**1. Bereichsausnahmen. a) Holdinggesellschaften.** Holdinggesellschaften, also nach der Definition des KAGB Gesellschaften, die an einem oder mehreren anderen Unternehmen Beteiligungen halten und deren Unternehmensgegenstand darin besteht, durch ihre Tochterunternehmen, verbundene Unternehmen oder Beteiligungen jeweils eine **Geschäftsstrategie** zu verfolgen, um den **langfristigen Wert** dieser Unternehmen zu fördern, sollen nicht dem Anwendungsbereich des KAGB unterworfen sein (§ 2 Abs. 1 KAGB).[176] Die Holdinggesellschaft muss entweder (1.) auf **eigene Rechnung** (also nicht für Dritte)[177] tätig und deren Anteile zum **Handel auf einem geregelten Markt** in der EU oder dem EWR zugelassen sein (positive Formulierung), oder (2.) ausweislich ihres Jahresberichts oder anderer amtlicher Unterlagen nicht mit dem **Hauptzweck** gegründet worden sein, ihren Anlegern durch **Veräußerung ihrer Tochterunternehmen oder verbundenen Unternehmen** eine Rendite zu verschaffen (negative Formulierung).[178] Hierin soll keine operative Tätigkeit liegen.[179] Die vom KAGB verwendeten Abgrenzungskriterien setzten damit an der Definition des Investmentvermögens an, denn Holdinggesellschaften verfolgen **keine Anlagestrategie,** sondern eine davon abweichende Geschäftsstrategie (→ Rn. 21 ff.).[180] Das Kriterium der Langfristigkeit soll eine Abgrenzung zu *Private Equity*-Strukturen ermöglichen, da eine Holdinggesellschaft, wie sich insbesondere auch aus den weiteren Anforderungen ergibt, ihre Beteiligungen nicht mit dem Primärzweck der Weiterveräußerung hält.[181] 35

**b) Verbriefungszweckgesellschaften.** Verbriefungszweckgesellschaften, deren **einziger Zweck** darin besteht, eine oder mehrere **Verbriefungen** und weitere zur Erfüllung dieses Zwecks geeignete Tätigkeiten durchzuführen (§ 1 Abs. 19 Nr. 36 KAGB), sind nicht Gegenstand der Regulierung von Investmentvermögen und ihrer KVG.[182] Verbriefungen werden dabei unter Bezugnahme auf die EU-ZentralbankV[183] einer komplexen Definition 36

---

[174] Erwägungsgrund 9 AIFM-RL; *Boxberger/Röder* in Weitnauer/Boxberger/Anders, KAGB, § 2 Rn. 15.
[175] Hierzu aus Sicht der Debatte um „Schattenbanken" *Schaffelhuber* GWR 2011, 488.
[176] Vgl. auch Erwägungsgrund 8 AIFM-RL.
[177] EU-Kommission, ID 1146. Scope and exemptions (abrufbar unter http://ec.europa.eu/yqol/index.cfm?fuseaction=question.show&questionId=1146, Stand: 10/2014); vgl. *Boxberger/Röder* in Weitnauer/Boxberger/Anders, KAGB, § 2 Rn. 5.
[178] *Zetzsche/Preiner* WM 2013, 2101, 2107.
[179] *Tollmann* in Dornseifer/Jesch/Klebeck/Tollmann, AIFM-RL, Art. 4 Rn. 115.
[180] *Zetzsche/Preiner* WM 2013, 2101, 2107, mit kritischen Gegenbeispielen.
[181] *Zetzsche/Preiner* WM 2013, 2101, 2108; vgl. auch *Klebeck/Frick* in Dornseifer/Jesch/Klebeck/Tollmann, AIFM-RL, Art. 37 Rn. 36 f.
[182] *Geurts/Schubert* KAGB kompakt, 2014, S. 34.
[183] Verordnung (EG) Nr. 24/2009 der Europäischen Zentralbank vom 19. Dezember 2008 über die Statistik über die Aktiva und Passiva von finanziellen Mantelkapitalgesellschaften, die Verbriefungsgeschäfte betreiben, ABl. L 15 v. 20.1.2009, S. 1.

unterstellt, wonach es vereinfacht darauf ankommt, dass Kreditrisiken einer Sicherheit oder eines Sicherheitenpools auf die Zweckgesellschaft übertragen und von dieser im Wege der Verbriefung an Investoren weitergegeben werden.[184] Um die Ausnahme für Verbriefungszweckgesellschaften zu erfüllen, ist demzufolge im Kern nur erforderlich, dass eine Sicherheit auf ein Vehikel übertragen wird, welches Schuldtitel ausgibt. Eine Tranchierung ist ebenso wenig Tatbestandsvoraussetzung wie die Beschränkung auf Kreditrisiken.[185]

37 **c) Arbeitnehmerbeteiligungssysteme oder Arbeitnehmersparpläne.** Praxisrelevant ist auch die Ausklammerung von **Arbeitnehmerbeteiligungssystemen oder Arbeitnehmersparplänen**, bei denen das KAGB der AIFM-RL folgend von einer näheren Definition absieht, um eine weite Auslegung der Bereichsausnahme zu ermöglichen. Unter die Ausnahme des § 2 Abs. 1 Nr. 6 KAGB sollten daher, wird nicht ohnehin schon ihre Qualifikation als Investmentvermögen verneint (→ Rn. 20), auch **Managementbeteiligungsgesellschaften** subsumiert werden.[186] Es ist nicht ersichtlich, weshalb Managementbeteiligungen abweichend von Arbeitnehmerbeteiligungen bewertet werden sollten, zumal es widersinnig wäre, Arbeitnehmerbeteiligungen den Schutz des KAGB zu versagen, jedoch Managementbeteiligungen der Personen, die Leitungsfunktion in der operativ tätigen Gesellschaft wahrnehmen, dem Schutz des KAGB zu unterstellen.

38 **d) Konzernunternehmen.** Ebenfalls aus dem Anwendungsbereich des KAGB ausgenommen sind solche AIF-KVG (§ 1 Abs. 16 KAGB), die einen oder mehrere AIF verwalten, deren Anleger die AIF-KVG selbst (§ 2 Abs. 3 Nr. 1 lit. a KABG) oder Konzernunternehmen (§ 2 Abs. 3 Nr. 1 lit. b bis d KAGB) sind. Konzernzugehörig sind Mutter- (§ 2 Abs. 3 Nr. 1 lit. b, § 1 Abs. 19 Nr. 26 KAGB), Tochter- (§ 2 Abs. 3 Nr. 1 lit. c, § 1 Abs. 19 Nr. 35 KAGB) und Schwesterunternehmen (§ 2 Abs. 3 Nr. 1 lit. d KAGB) der AIF-KVG **(Konzernprivileg).** Die Definition der Konzernzugehörigkeit greift hierbei zurück auf § 290 HGB, sodass es maßgeblich auf mittelbaren oder unmittelbaren beherrschenden Einfluss ankommt.[187] Da eine Mehrmütterherrschaft möglich ist, lassen sich so auch – soweit diese überhaupt erfasst werden (→ Rn. 10) – *Joint Venture* aus dem Anwendungsbereich des KAGB ausnehmen, wenn seine Mitglieder gemeinsam beherrschenden Einfluss ausüben.[188] Weiter werden als praxisrelevantes Beispiel für den Ausnahmetatbestand in der Literatur *Corporate-VCs* oder auch Fonds mit öffentlichem Förderhintergrund (bei denen häufig eine Förderbank Alleingesellschafter ist) genannt.[189] Hierbei dürfen konzernangehörige Anleger nicht selbst als AIF zu qualifizieren sein (§ 2 Abs. 3 Nr. 2 KAGB), um auszuschließen, dass ein Anleger der konzerninternen Kapitalsammelstelle aufgrund seiner Beherrschung durch die Konzernmutter zwar dem Konzern zugerechnet wird, er selbst aber Drittgelder konzernfremder Anleger verwaltet.[190] Abweichend von der Sichtweise von BaFin und ESMA bei *Family Office*-Strukturen (→ Rn. 17), soll die Ausnahme hinsichtlich der konzerneigenen AIF auch dann eingreifen, wenn die KVG gleichzeitig konzernfremde AIF verwaltet.[191] Ungeklärt ist, ob die Ausnahmeregelung zwingend oder dispositiv ist. Letzteres würde den betroffenen AIF-KVGs erlauben, sich freiwillig dem KAGB zu unterwerfen *(Opt-in)*.[192]

---

[184] Näher etwa *Haisch/Helios* BB 2013, 23, 25.
[185] *Krause/Klebeck* RdF 2013, 4, 11.
[186] Ebenso *Boxberger/Röder* in Weitnauer/Boxberger/Anders, KAGB, § 2 Rn. 12; im Ergebnis auch FCA Handbook, PERG, Chapter 16.2, Question 2.35; wohl aA *Tollmann* in Dornseifer/Jesch/Klebeck/Tollmann, AIFM-RL, Art. 2 Rn. 96.
[187] *Boxberger/Röder* in Weitnauer/Boxberger/Anders, KAGB, § 2 Rn. 16.
[188] *Boxberger/Röder* in Weitnauer/Boxberger/Anders, KAGB, § 2 Rn. 16.
[189] *Weitnauer* BKR 2011, 143, 144; zustimmend *Boxberger/Röder* in Weitnauer/Boxberger/Anders, KAGB, § 2 Rn. 16.
[190] *Boxberger/Röder* in Weitnauer/Boxberger/Anders, KAGB, § 2 Rn. 17.
[191] *Boxberger/Röder* in Weitnauer/Boxberger/Anders, KAGB, § 2 Rn. 18: Wortlautargument „... soweit sie ...".
[192] Einzelheiten bei *Boxberger/Röcker* in Weitnauer/Boxberger/Anders, KAGB, § 2 Rn. 19.

**2. Anwendungsbeschränkungen. a) Kleine AIF (De-minimis-Regelungen).** Erleichterungen gelten vorbehaltlich eines *Opt-In* (§ 2 Abs. 4 Nr. 3 und Abs. 5 Satz 2 Nr. 3 KAGB) zunächst für KVGs, die **kleine Spezial-AIF**[193] (§ 2 Abs. 4 Nr. 1 KAGB → Rn. 58), deren Volumen unter Berücksichtigung von Leverage (§ 1 Abs. 19 Nr. 25 KAGB) insgesamt den Schwellenwert von EUR 100 Mio. (§ 2 Abs. 4 Nr. 2 lit. a KAGB) nicht überschreitet, verwalten *(Assets under Management)*.[194] Die Wertschwelle verschiebt sich auf EUR 500 Mio., falls keiner der AIF mit Fremdkapital finanziert ist (Leverage) und den Investoren kein Recht auf Rückgabe ihrer Anteile innerhalb von fünf Jahren nach Konstituierung des Fonds zusteht (§ 2 Abs. 4 Nr. 2 lit. b KAGB).[195] Die Wertschwellen berücksichtigen, dass Anleger von Spezial-AIF aufgrund ihrer Erfahrungen und Kenntnisse weniger schutzbedürftig sind, denn nur semi- oder professionellen Anlegern (→ Rn. 72 ff.) ist der Zugang zu Spezial-AIF gestattet (§ 1 Abs. 6 KAGB). Hingegen gelten Erleichterungen bei der Verwaltung von (auch) **kleinen Publikums-AIF** nur dann und nur in einem geringeren Umfang (§ 2 Abs. 5 Satz 1 KAGB)[196], wenn deren Volumen unter Berücksichtigung von Leverage (§ 1 Abs. 19 Nr. 25 KAGB) insgesamt den Schwellenwert von EUR 100 Mio. nicht überschreitet (§ 2 Abs. 5 Satz 2 Nr. 2 KAGB). Bei der Bestimmung der Wertschwellen ist eine **Konzernbetrachtung** vorzunehmen, dh direkt und indirekt verwaltete AIF sind zusammen zu betrachten (§ 2 Abs. 4 Nr. 1, Abs. 5 Satz 2 Nr. 1 KAGB), um Umgehungen des KAGB durch Aufspaltung der verwalteten Vermögen zu verhindern.[197] Die Wertgrenzen berechnen sich hierbei nach Art. 2 bis 5 der Delegierten Verordnung (EU) Nr. 231/2013.[198]

Weiter sind **kleine geschlossene interne Publikums-AIF** (→ Rn. 55 ff.) einer eingeschränkten Regulierung unterworfen, wenn ihr Volumen weniger als EUR 5 Mio. (einschließlich Leverage) beträgt und sich nicht mehr als fünf Anleger an ihnen beteiligen (§ 2 Abs. 4a Nr. 1 und 2 KAGB). Der Gesetzgeber will damit **unverhältnismäßige Kosten** zur Einhaltung der regulatorischen Anforderungen vermeiden, da bei derart geringer Anlegerzahl zu vermuten sei, dass sich die Anleger und die KVG untereinander kennen und gegenseitig einschätzen können, welche Strategien und Risiken mit der beabsichtigten Investition verbunden und gewollt sind, sodass auch nur ein **reduziertes Schutzbedürfnis** bestehe.[199] Die Anleger seien hier in der Lage, sich entsprechend zu informieren und eine qualifizierte Anlegerentscheidung zu treffen, womit auf weiter gehende Regelungen verzichtet werden könne. Allerdings steht auch diese Anwendungsbeschränkung unter dem Vorbehalt, dass die KVG sich nicht freiwillig dem KAGB unterworfen hatte. Die Wertgrenzen berechnen sich erneut nach Art. 2 bis 5 der Delegierten Verordnung (EU) Nr. 231/2013.

Schließlich sieht das KAGB für **interne geschlossene Publikums-AIF in der Rechtsform der Genossenschaft** Erleichterungen vor, wenn diese ein Volumen von EUR 100 Mio. (einschließlich Leverage) nicht überschreiten (§ 2 Abs. 4b Nr. 2 KAGB), eine Nachschusspflicht ausgeschlossen ist (§ 2 Abs. 4b Nr. 1 lit. a KAGB), eine mindestens einjährige Kündigungsfrist bestimmt wird (§ 2 Abs. 4b Nr. 1 lit. b KAGB) und aufgrund gesetzlicher Regelungen (etwa dem Erneuerbare-Energien-Gesetz) ein Mindestertrag aus der Nutzung des Sachwerts, in der der von der internen AIF-KVG verwaltete Publikums-AIF direkt oder indirekt investiert ist, langfristig sichergestellt ist (§ 2 Abs. 4b Nr. 4

---

[193] Überblick hierzu bei *Nelle/Klebeck* BB 2013, 2499; vgl. aus Sicht der AIFM zB *Bußalb/Unzicker* BKR 2012, 309, 312.
[194] Vgl. dazu auch *Volhard/Kruschke* EWS 2012, 21, 22.
[195] Vgl. *Nelle/Klebeck* BB 2013, 2499, 2500.
[196] *Boxberger/Röder* in Weitnauer/Boxberger/Anders, KAGB, § 2 Rn. 36.
[197] *Nelle/Klebeck* BB 2013, 2499, 2501; *Boxberger/Röder* in Weitnauer/Boxberger/Anders, KAGB, § 2 Rn. 25, mit Überlegungen zu Strukturen, um die Wertschwellen einzuhalten.
[198] Überblick dazu bei *Bußalb/Unzicker* BKR 2012, 309, 312.
[199] Beschlussempfehlung des Finanzausschusses zum KAGB, BT-Drucks. 17/13 395, 402.

KAGB). Die Wertgrenzen berechnen sich ebenfalls nach Art. 2 bis 5 der Delegierten Verordnung (EU) Nr. 231/2013. Ziel ist es, sogenannte Bürgerbeteiligungen, an Energieprojekten, zu ermöglichen.[200] Es bleibt abzuwarten, ob diese erst spät im Gesetzgebungsverfahren aufgenommene Beschränkung nicht kontraproduktiv ist, da sie nahezulegen scheint, dass Bürgerbeteiligungen ansonsten dem KAGB vollumfänglich zu unterstellen sind. Tatsächlich sollte aber zunächst sorgfältig geprüft werden, ob in diesen Fällen überhaupt ein Investmentvermögen vorliegt (→ Rn. 31).

**42** **b) Europäische Risikokapitalfonds.** Europäische Risikokapitalfonds (**EuVECA-AIF**) können auf Antrag eine privilegierte Behandlung erfahren (§ 2 Abs. 6 KAGB, 337, → Rn. 4) und hierdurch die Anforderungen an Transparenz und Organisation herabsetzen. Damit soll sichergestellt werden, dass der Markt weiterhin **Venture Capital** bereitstellt, das typischerweise der Anschubfinanzierung kleinerer Unternehmen dient, die ein starkes Wachstums- und Expansionspotenzial aufweisen. Die EU-Kommission erwartet sich von Risikokapitalfonds die Vermittlung und Schaffung von Know-how und Kenntnissen, Geschäftskontakten, Markenwerten und strategischer Beratung.[201] Risikokapitalfonds sollen durch ihre Finanzierung und Beratung von Unternehmens- und Existenzgründungen das Wirtschaftswachstum stimulieren, zur Schaffung von Arbeitsplätzen und zur Kapitalbeschaffung beitragen, die Entstehung und Entwicklung innovativer Unternehmen und deren Investitionen in Forschung und Entwicklung fördern. Entsprechend ist die Privilegierung an bestimmte Schwellenwerte und Zwecksetzungen geknüpft, die im einzelnen in der EuVECA-VO niedergelegt sind.[202] Hinsichtlich des Einsammelns von Venture Capital unterliegt der Kreis der zulässigen Anleger besonderen Beschränkungen (Art. 6 EuVECA-VO), die sich auch von denen des KAGB unterscheiden (→ Rn. 72 ff.). Darüber hinaus wird vertreten, dass auch *Private Equity*-**Fonds**, die an sich nur der BaFin-Registrierung unterliegen, sich freiwillig der EuVECA-VO unterstellen können, um von „**Gütesigel-EuVECA**" und vom EU-Vertriebspass zu profitieren.[203]

**43** **c) Europäische Fonds für soziales Unternehmertum.** Weiter werden Europäische Fonds für soziales Unternehmertum (**EuSEF-AIF**) unter den Voraussetzungen der EuSEF-VO privilegiert (§§ 2 Abs. 7, 338 KAGB → Rn. 4). Diese sollen bestimmten semi- und professionellen Anlegern (Art. 6 EuSEF-VO), deren Definition von denen des KAGB abweicht (→ Rn. 72 ff.), Anlagemöglichkeiten schaffen, die sich für soziale Ziele einsetzen wollen, ohne sich ausschließlich am finanziellen Ertrag zu orientieren, um in der EU den Markt für Sozialinvestitionen zu fördern *(Social Impact Investing)*.[204] Diese Fonds sollen Sozialunternehmen finanzieren, die durch innovative Lösungen für soziale Probleme den sozialen Wandel vorantreiben, indem sie zB dazu beitragen, die sozialen Folgen der Finanzkrise zu bewältigen, und indem sie einen wertvollen Beitrag zur Erreichung der Ziele der Strategie „Europa 2020" leisten.[205] Um eine förderungswürdige Zwecksetzung zu gewährleisten, bestimmt die EuSEF-VO bestimmte qualifizierte Anlagen, in die ein solcher AIF mit mindestens 70% seines Kapitals investiert sein muss (Art. 3 EuSEF-VO). Die durch die EuSEF-VO gesetzten Qualitätsstandards sollen insoweit auch als „**Gütesigel-EuSEF**" dienen.[206]

---

[200] Beschlussempfehlung des Finanzausschusses zum KAGB, BT-Drucks. 17/13 395, 402.
[201] Erwägungsgrund 1 EuVECA-VO.
[202] Vgl. allg. ESMA, Questions and Answers Application of the EuSEF and EuVECA Regulations, ESMA/2014/311; erste Überlegungen zur EuVECA-VO aus deutscher Sicht bei *Weitnauer* GWR 2014, 139; *Siering/Izzo-Wagner* BKR 2014, 242; *Boxberger* GWR 2013, 415; *Volhard/Kruschke* EWS 2012, 21; *Jesch/Aldinger* RdF 2012, 217.
[203] *Weitnauer/Boxberger* VentureCapital 2013, 20; *Nelle/Klebeck* BB 2013, 2499, 2505.
[204] Näher *Boxberger/Röder* in Weitnauer/Boxberger/Anders, KAGB, § 2 Rn. 42 ff.
[205] Erwägungsgrund 2 EuSEF-VO.
[206] ESMA, Questions and Answers Application of the EuSEF and EuVECA Regulations, ESMA/2014/311.

### IV. Arten von Investmentvermögen

**44** Das KAGB unterteilt Investmentvermögen **strukturell in offene und geschlossene Publikumsinvestmentvermögen und Spezial-AIF (§ 1 Abs. 4 bis 6 KAGB).**[207] Bedeutung entfaltet die Unterscheidung für die **Anlage- und Vertriebsregeln.** Die Anlageregeln geben vor, in welche Vermögensgegenstände die Investmentfonds investiert sein dürfen (Anlagespektrum – Assets und Asset-Klassen), welche Anlagestrategien oder Anlagepolitik, Aussteller- und Anlagegrenzen dabei einzuhalten sind, etwa ob Leerverkäufe und in welchem Umfang der Einsatz von Leverage (§ 1 Abs. 19 Nr. 25 KAGB) zulässig sind. Die Vertriebsregelungen betreffen die Rahmenbedingungen, unter denen die Platzierung von Investmentanteilen zulässig ist. Hierzu gehört einerseits zB welche Anleger in ein Investmentvermögen investieren können, welche Verkaufsunterlagen dem Erwerbsinteressenten zur Verfügung zu stellen sind oder auch die Einräumung von Widerrufsrechten bei bestimmten Vertriebssituationen (Einzelheiten → Rn. 72 ff., 100 ff. und 114 ff.).

**45** **1. Publikumsinvestmentvermögen und Spezial-AIF.** Offene wie geschlossene Investmentfonds können sich an eine unbeschränkte Vielzahl von Anlegern, also das gesamte Anlegerpublikum (**Publikumsinvestmentvermögen,** § 1 Abs. 6 Satz 2 KAGB: OGAW und Publikums-AIF), oder nur an einen beschränkten, speziellen Anlegerkreis (**Spezial-AIF,** § 1 Abs. 6 Satz 1 KAGB) wenden. Letzteres ist nach dem KAGB immer dann gegeben, wenn ein Investmentvermögen ausschließlich von semiprofessionellen (§ 1 Abs. 19 Nr. 33 KAGB) oder professionellen (§ 1 Abs. 19 Nr. 32 KAGB), nicht aber von Privatanlegern (§ 1 Abs. 19 Nr. 31 KAGB) erworben werden darf (§ 1 Abs. 6 KAGB → Rn. 72). Entsprechend zielen die Regelungen für Publikumsinvestmentvermögen darauf ab, eine Eignung für den Erwerb durch Privatanleger durch Implementierung geeigneter Mindestanforderungen sicherzustellen (hohes Schutzniveau → Rn. 51 ff.). Hingegen belassen die Regelungen für Spezial-AIF dem Fondsmanagement deutlich mehr Handlungsspielraum, was mit höheren Anlagerisiken einhergehen kann (niedriges Schutzniveau → Rn. 57 ff.). Das KAGB setzt hier auf das Konzept, die **Regulierungstiefe der Schutzbedürftigkeit der verschiedenen Anlegergruppen anzupassen** und geht davon aus, dass semi- und professionelle Anleger selbst in der Lage sind, die erhöhten Risiken einzuschätzen und zu beherrschen (→ Rn. 72 ff.). Konkretisierungen erfahren die Publikumsinvestmentvermögen in den §§ 162 bis 272; die Spezial-AIF in den §§ 273 bis 293 KAGB. Bereits der unterschiedliche Regelungsumfang lässt erkennen, dass Publikumsinvestmentvermögen gegenüber Spezial-AIF einer ungleich höheren Regelungsdichte und Regelungstiefe unterliegen.

**46** **2. Offene und geschlossene Investmentvermögen.** Unter **offenen Investmentvermögen** versteht das KAGB einen OGAW oder AIF, dessen Anteile vor Beginn der Liquidations- oder Auslaufphase auf Ersuchen eines Anteilseigners direkt oder indirekt aus den Vermögenswerten des OGAW (Art. 1 Abs. 2 lit. b OGAW-RL) oder des AIF (Art. 1 Abs. 2 DVO (EU) Nr. 694/2014) und nach den Verfahren und mit der Häufigkeit, die in den Vertragsbedingungen (Vertragstypus), der Satzung oder dem Gesellschaftsvertrag (Gesellschaftstypus), dem Prospekt oder den Emissionsunterlagen festgelegt sind, zurückgekauft oder zurückgenommen werden (**Rücknahmepflicht,** § 1 Abs. 4 KAGB). Mindesthaltefristen *(lock-up period),* Aussetzungsmöglichkeiten oder sonstige Beschränkungen der Rücknahmepflicht bleiben hierbei ebenso unberücksichtigt wie das etwaige Bestehen eines Sekundärmarktes. Es genügt, wenn überhaupt eine solche Rücknahmepflicht und damit aus Sicht des Anlegers ein Rückgaberecht besteht, unabhängig von der zeitlichen Häufigkeit. Die Einräumung eines solchen (grundsätzlich jederzeitigen) Rückgaberechtes ist für OGAW gegenüber ihren Anlegern verpflichtend (→ Rn. 7), während AIF hierauf verzichten können und dann zwangsläufig als **geschlossene Investmentvermögen** behandelt

---

[207] Vgl. allg. zur Strukturierung der geschlossenen Fonds *Kloyer,* Strukturierung von geschlossenen Fonds in Deutschland vor dem Hintergrund der Regelungen des KAGB, in Möllers/Kloyer (Hrsg.), Das neue Kapitalanlagegesetzbuch, 2013, Rn. 856 ff.

werden.[208] Wie im Verhältnis OGAW zu AIF (→ Rn. 5) bedient sich das KAGB zur Unterscheidung von offenen und geschlossenen AIF einer Negativdefinition, wonach geschlossene AIF alle AIF sind, die nicht offene AIF sind (§ 1 Abs. 5 KAGB).

47    3. **Organisationsformen.** Die **Organisationsformen** für offene Investmentvermögen sind in den §§ 91 bis 138 KAGB geregelt; die für geschlossene Investmentvermögen in den §§ 139 bis 161 KAGB. Danach können offene Investmentvermögen in der Satzungs- und Gesellschaftsform als **Investmentaktiengesellschaft mit veränderlichem Kapital** (InvAG mvK, §§ 108 bis 123 KAGB), offene **Investmentkommanditgesellschaft** (InvKG, §§ 124 bis 138 KAGB) oder in der Vertragsform als **Sondervermögen** (§§ 92 bis 107 KAGB) aufgelegt werden;[209] Immobilienfonds gem. § 91 Abs. 3 KAGB dürfen nur in Form des Sondervermögens aufgelegt werden.[210] Für geschlossene Investmentvermögen stehen die Satzungsform der (totgeglaubten, aber wieder auferstandenen)[211] Investmentaktiengesellschaft mit fixem Kapital (InvAG mfK, §§ 140 bis 148 KAGB) sowie die erstmals eingeführte Gesellschaftsform der geschlossenen Investmentkommanditgesellschaft (InvKG, §§ 149 bis 161 KAGB) zur Verfügung.[212] Ein geschlossenes Sondervermögen kann nicht gebildet werden;[213] für OGAW-Sondervermögen folgt dies auch aus Art. 1 Abs. 3 und Art. 3 lit. a OGAW-RL. Außerdem kann eine offene InvKG nur als Spezial-AIF ausgestaltet werden (§ 91 Abs. 2 KAGB); Publikumsinvestmentvermögen lassen sich nur als Sondervermögen oder InvAG mvK organisieren (§ 91 Abs. 1 KAGB).[214]

48    Korrespondierend zu den Organisationsvorgaben schützt das KAGB bestimmte investmentrechtliche Begriffe, mit denen Anleger in Kollektivanlagen einen Mindeststandard an gesetzlicher und aufsichtsrechtlicher Kontrolle verbinden (§ 3 KAGB). Entsprechend sind die Bezeichnungen KVG, Investmentvermögen, Investmentfonds und Investmentgesellschaft den dem KAGB unterworfenen Organisationsformen vorbehalten **(Bezeichnungsschutz).** Auch die Bezeichnung Investmentaktiengesellschaft (InvAG) und Investmentkommanditgesellschaft (InvKG) dürfen nur Gesellschaften führen, die dem KAGB unterstellt sind (§ 3 Abs. 2 KAGB).

49    Keine eigenständige Organisationsform, wohl aber eine besondere Form der Unterorganisation bietet die sog **Umbrella-Konstruktion.** Bei dieser werden mehrere Investmentvermögen, die sich hinsichtlich der Anlagepolitik oder eines anderen Ausstattungsmerkmals unterscheiden **(Teilinvestmentvermögen),** unter einem „Schirm" *(Umbrella)* zusammengefasst (§ 96 Abs. 2 Satz 1 und §§ 117, 132 KAGB). Über die Bildung von **Anteilklassen** hinaus, die sich durch unterschiedliche Ausgestaltung der Investmentanteile auszeichnen, insbesondere hinsichtlich der Ertragsverwendung, des Ausgabeaufschlags, des Rücknahmeabschlags, der Währung des Anteilswertes, der Verwaltungsvergütung, der Mindestanlagesumme oder einer Kombination dieser Merkmale (§ 96 Abs. 1 KAGB), dürfen sich Teilinvestmentvermögen auch mit Blick auf die Vermögensgegenstände und die Anlagepolitik unterscheiden. Die Umbrella-Konstruktion führt dazu, dass jedes Teilinvestmentvermögen entsprechend dessen jeweiliger Anlagepolitik investiert und getrennt vom Vermögen der anderen Teilinvestmentvermögen verwaltet wird. Hintergrund der Teilinvestmentvermögen

---

[208] Vgl. zu den vorangegangenen Überlegungen des deutschen Gesetzgebers, an eine jährliche Rücknahmepflicht anzuknüpfen und einer typisierenden Betrachtung *Escher,* Die Regulierung der geschlossenen Fonds im KAGB, Bankrechtstag 2013, 127 ff.; *Volhard/Jang* in Weitnauer/Boxberger/Anders, KAGB, § 1 Rn. 36 und 38.

[209] Vgl. zur Investmentaktiengesellschaft und Investmentkommanditgesellschaft *Fischer/Friedrich* ZBB 2013, 153; *Freitag* NZG 2013, 329; zum Gesellschaftsrecht des KAGB insg. etwa *Zetzsche* AG 2013, 613.

[210] *Wollenhaupt/Beck* DB 2013, 1950, 1952 f.; kritisch zum Rechtsformzwang *Klebeck/Kolbe* BB 2014, 707, 708.

[211] Vgl. zu deren Abschaffung 2007 *Eckhold* ZGR 2007, 654 ff. mwN.

[212] Wie Fn. 209.

[213] Vgl. etwa *Zetzsche* AG 2013, 613.

[214] Einzelheiten bei *Fischer/Friedrich* ZBB 2013, 153, 160 f.; *Freitag* NZG 2013, 329.

ist vor allem die Möglichkeit, kostengünstig zwischen den einzelnen Teilinvestmentvermögen zu wechseln.

Hierbei unterscheidet das KAGB zwischen Investmentvermögen in Vertragsform, die **50** **Teilsondervermögen** bilden können (§ 96 Abs. 2 KAGB), und denen in der Gesellschaftsform der InvAG mvK und offenen InvKG (nicht InvAG mfK oder geschlossene InvKG)[215], die **Teilgesellschaftsvermögen** (§§ 117, 132 KAGB) voneinander abgrenzen können. Während bei Teilsondervermögen nahezu derselbe Rechtszustand auch durch Auflage mehrerer (einzelner) Sondervermögen hergestellt werden kann,[216] eröffnen Teilgesellschaftsvermögen eine Organisation von nicht bloß ungleichen Gesellschafterrechten an demselben Gesellschaftsvermögen, sondern an verschiedenen Vermögensmassen ein und derselben Gesellschaft, die allein mit gesellschaftsrechtlichen Mitteln nicht darstellbar ist.[217] Es entstehen bei Teilinvestmentvermögen **organisatorisch, haftungs- und vermögensrechtlich eigenständige Teilvermögensmassen** eines Gesamtinvestmentvermögens, woraus sich insbesondere bei Investmentgesellschaften (§ 1 Abs. 11 KAGB) eine Mischform aus interner und externer Verwaltung ergibt.[218] So darf eine selbstverwaltete Investmentgesellschaft keine „fremden" Fonds extern verwalten, wohl aber mehrere „eigene" Teilgesellschaftsvermögen (ggf. mit mehreren Anteilsklassen).[219]

**4. Typen von Investmentvermögen. a) OGAW.** OGAW[220] als **zwingend offene** **51** **Publikumsinvestmentvermögen,** die insbesondere dem Investmentsparen von Privat(Klein)anlegern dienen (→ Rn. 5 f.), sind den weitreichendsten Anlageregeln unterworfen. Sämtliche Grenzziehungen verfolgen den Zweck, die OGAW durch europaweite Mindeststandards (auch) für den (europaweiten) öffentlichen Vertrieb an Privatanleger geeignet zu machen.[221] Diesem Zweck entsprechend ist es der BaFin zudem möglich, den inländischen und EU-OGAW (§ 1 Abs. 7 und 8 KAGB) Fonds aus Drittstaaten gleichzustellen, wenn diese den OGAW-Anforderungen genügen (§ 296 KAGB).[222] Die Ausgestaltung eines OGAW ist durch die OGAW-RL vorgegeben und hatte unter der Bezeichnung als „richtlinienkonformes Sondervermögen" (das bislang gemeinhin als Investmentfonds bezeichnet wurde) bereits Eingang in das KAGG und zuletzt das InvG gefunden.[223] Zentrale Elemente des (Privat-)Anlegerschutzes sind die Begrenzung der zur Anlage zugelassenen Vermögensgegenstände (Anlagespektrum), Beschränkungen der möglichen Anlagestrategie und die **Gewährleistung einer angemessenen Risikomischung** (Aussteller- und Anlagegrenzen). Durch Kombination dieser Elemente soll ein homogener Rahmen geschaffen werden, der europaweit ein Mindestmaß an Anlegerschutz verbürgt und so auch einer „Aufsichtsarbitrage" entgegenwirken soll, aber gleichzeitig den KVGs hinreichende Flexibilität zur optimalen Ertragssteigerung belässt.[224]

---

[215] Vgl. etwa *Fischer/Friedrich* ZBB 2013, 153, 155, 160.
[216] Vgl. schon zur bisherigen Rechtslage *Schmitz* in Berger/Steck/Lübbehüsen InvG/InvStG, § 34 Rn. 27; *Schott* in Emde/Dornseifer/Dreibus/Hölscher, InvG, § 34 Rn. 26; siehe zur neuen Rechtslage *Anders* in Weitnauer/Boxberger/Anders, KAGB, § 96 Rn. 11.
[217] Siehe zusammenfassend aus Sicht der InvAG noch unter dem InvG *Eckhold* ZGR 2007, 654, 664 f.; aus Sicht der InvAG und der InvKG unter dem KAGB siehe *Lorenz* in Weitnauer/Boxberger/Anders, KAGB, § 117 Rn. 3 ff. und § 132 Rn. 4 ff.
[218] *Zetzsche* AG 2013, 613, 614.
[219] *Zetzsche* AG 2013, 613, 614, unter Hinweis auf § 94 Abs. 2 iVm §§ 108 Abs. 4, 124 Abs. 2, 140 Abs. 3, 149 Abs. 2 KAGB.
[220] Die Terminologie des KAGB ist uneinheitlich. Während § 1 Abs. 2 KAGB nur vom OGAW spricht, findet sich an anderer Stelle auch die Begrifflichkeit OGAW-Investmentvermögen (so zB in § 1 Abs. 19 Nr. 3 lit. b KAGB), womit sich aber eine unnötige Doppelung verbindet, da jeder OGAW per se ein Investmentvermögen darstellt.
[221] Vgl. *Kayser/Schlicker* in Emde/Dornseifer/Dreibus/Hölscher, InvG, Vor §§ 46–65 Rn. 4 ff.
[222] Einzelheiten bei *Klebeck/Eichorn* RdF 2014, 16; *Klebeck/Meyer* RdF 2012, 95.
[223] Vgl. *Baur*, Voraufl. § 20 Rn. 90.
[224] *Brümmer* in Berger/Steck/Lübbehüsen, InvG/InvStG, Vor § 46 Rn. 6, 10.

**52** Das **Anlagespektrum** von OGAW ist auf **liquide Vermögensgegenstände** verengt. Um dies sicherzustellen, zählt das KAGB in Umsetzung der OGAW-RL Wertpapiere, Geldmarktinstrumente, Bankguthaben, bestimmte Investmentanteile und Derivate[225] sowie bis zu maximal 10% näher bestimmte, weniger liquide oder sichere sonstige Anlageinstrumente als zulässige Vermögensgegenstände auf, nicht dagegen ausdrücklich zB Edelmetalle und Zertifikate über Edelmetalle (§§ 192 bis 198 KAGB). Entsprechend finden sich in der Praxis vor allem Aktien- und Rentenfonds sowie Mischfonds (→ Rn. 61 ff.). Der Gefahr, dass in illiquide oder aus sonstigen Gründen zu risikoreiche andere Investmentfonds investiert wird, soll vorgebeugt werden, indem nur eine Anlage in andere Investmentanteile zulässig ist, die ihrerseits ein einem OGAW gleichwertiges und unter öffentlicher Aufsicht stehendes Schutzniveau sowie hinreichende Liquidität bieten (§ 196 KAGB). Ebenso müssen sich Derivate, die zu Investmentzwecken erworben werden sollen, auf Vermögensgegenstände beziehen, in die der OGAW auch unmittelbar hätte investieren dürfen (§ 197 KAGB). Insbesondere die Einordnung von Zertifikaten wirft in der Praxis vielfältige Abgrenzungsfragen auf.[226]

**53** Außerdem bestehen **Einschränkungen** hinsichtlich der Einbindung finanzwirtschaftlicher (Neben-)Geschäfte in die **Anlagestrategie,** namentlich für die Aufnahme von Darlehen, die Gewährung von Wertpapierdarlehen und die Durchführung von Pensionsgeschäften (§§ 199 bis 204 KAGB). Insbesondere durch die Beschränkung der Kreditaufnahme soll eine Steigerung des Investitionsgerades durch Aufnahme von Fremdkapital **(Fremdkapital-Leverage)** begrenzt werden.[227] Dies verfolgt dasselbe Ziel wie die Begrenzung des Einsatzes von Derivaten zur Vermeidung risikoreicher Steigerungen des Investitionsgerades **(Derivate-Leverage)** durch die Vorgabe, dass sich das Marktrisikopotential nicht mehr als verdoppeln darf (§ 197 Abs. 2 KAGB).[228] Ungedeckte **Leerverkäufe** *(short selling)* sind als zu risikoreich insgesamt verboten (§ 205 KAGB).[229]

**54** Ergänzend zu den Vorgaben zu zulässigen Vermögensgegenständen und der Begrenzung der Anlagestrategie wird der Grundsatz der Risikomischung durch quantitative **Aussteller- und Anlagegrenzen** abgesichert (§§ 206 bis 211 KAGB). Hierdurch soll gewährleistet werden, dass Risiken mit Blick auf das durch den OGAW adressierte Anlegerpublikum adäquat gestreut und Klumpen- oder Konzentrationsrisiken vermieden werden.[230] Unterschieden werden hierbei Emittentengrenzen (§§ 206, 208 KAGB), emittentenbezogene Anlagegrenzen (§ 210 KAGB), Grenzen für den Erwerb von Investmentanteilen (§ 207 KAGB) und besondere Grenzen für **Wertpapierindex-OGAW**.[231] Um hinreichende Flexibilität bemüht sind außerdem besondere Regelungen zur Wahrnehmung von Kapitalmaßnahmen oder Bezugsrechten bei bereits erworbenen Aktien (§ 211 KAGB).

**55 b) Publikums-AIF.** Publikums-AIF bei offener Ausgestaltung (→ Rn. 46) entsprechen im Grundsatz den sog. nicht-richtlinienkonformen Investmentvermögen des InvG.[232] Ihre inhaltliche Ausgestaltung wurde aber in Reaktion auf Negativerfahrungen in Krisensituationen angepasst und der **Typenzwang** verschärft:[233] Offene Publikums-AIF

---

[225] Zu Derivaten vgl. allgemein *F. Schäfer,* § 20.
[226] Vgl. *BaFin,* Fragenkatalog zu erwerbbaren Vermögensgegenständen (Eligible Assets) (Stand: 27.8.2014), Teil 1.
[227] *Kayser/Schlicker* in Emde/Dornseifer/Dreibus/Hölscher, InvG, Vor §§ 46–65 Rn. 6.
[228] *Kayser/Schlicker* in Emde/Dornseifer/Dreibus/Hölscher, InvG, Vor §§ 46–65 Rn. 6.
[229] Zum Begriff des Leerverkaufs und des allgemeinen Verbots bestimmter Leerverkäufe durch die EU-LeerverkaufsV 236/2012, ABl. L 86, S. 1 v. 24.3.2012 siehe *F. Schäfer,* § 21.
[230] *Fleischer/Schmolke* ZHR 173 (2009), 649, 652; *Köndgen/Schmies* WM 2004, Sonderbeilage Nr. 1, S. 11; *Kaube/Oulds* ZBB 2004, 116.
[231] *Kayser/Holleschek* in Weitnauer/Boxberger/Anders, KAGB, § 209 Rn. 1 ff.
[232] *Burgard/Heimann* WM 2014, 821, 823; vgl. Begr. RegE KAGB BT-Drucks. 17/12294, S. 190, 265 f.
[233] Ähnlich *Wollenhaupt/Beck* DB 2013, 1950, 1953.

müssen ebenfalls nach dem Grundsatz der Risikomischung angelegt sein und dürfen nur als Gemischte Investmentvermögen (§§ 218 und 219 KAGB), als Sonstige Investmentvermögen (§§ 220 bis 224 KAGB), als Dach-Hedgefonds (§§ 225 bis 229 KAGB) oder als Immobilien-Sondervermögen (§§ 230 bis 260 KAGB)[234] aufgelegt werden (§ 214 KAGB).[235] Bislang geregelte Altersvorsorge-, Infrastruktur- oder Mitarbeiterbeteiligungsfonds wurden mangels praktischer Relevanz gestrichen.[236] Eine Abweichung zu OGAW liegt darin, dass Publikums-AIF einen angemessenen Leverage einsetzen dürfen, wobei dies durch die BaFin überwacht und unter bestimmten Voraussetzungen beschränkt werden soll (§ 215 KAGB). Zudem bestehen für alle offenen Publikums-AIF Regelungen zur Bewertung der zum AIF gehörenden Vermögensgegenstände (§§ 216, 217 KAGB). Dabei steht einem Publikums-AIF ein über das eines OGAW hinausgehendes Spektrum an Vermögensgegenständen zur Anlage offen (→ Rn. 51 f.).

**Gemischten Investmentvermögen** steht das Anlagespektrum eines OGAW (→ Rn. 52), erweitert um die Möglichkeit einer Anlage in andere Investmentanteile von Gemischten oder Sonstigen Investmentvermögen zur Verfügung (§ 219 Abs. 1 Nr. 2 KAGB), abweichend vom InvG aber nicht mehr in andere Hedgefonds.[237] Letztere werden in den Gesetzesmaterialien als derart risikoreich eingestuft, dass Privatanleger in diese nur noch mittelbar über **Dach-Hedgefonds** (§§ 225 bis 229 KAGB) investieren können sollen.[238] Ebenfalls aus einer Risikobewertung heraus dürfen Publikums-AIF nicht in Immobilien-Sondervermögen investieren, da diese mangels kurzfristiger Rückgabemöglichkeit der Investmentanteile als illiquide angesehen werden.[239] Für **Sonstige Investmentvermögen** werden die Anlagebeschränkungen und -grenzen nochmals gelockert, sodass nicht nur andere OGAW, Gemischte Investmentvermögen und Sonstige Investmentvermögen (§ 221 Abs. 1 Nr. 2 KAGB), sondern zB erweitert Derivate erworben werden können (§ 221 Abs. 1 Nr. 1 KAGB).[240] Darüber hinaus darf in Edelmetalle und unverbriefte Darlehensforderungen investiert werden (§ 221 Abs. 1 Nr. 3 und 4 KAGB), im Unterschied zu den Sonstigen Sondervermögen des InvG aber nicht mehr in Unternehmensbeteiligungen oder Hedgefonds.[241] Unternehmensbeteiligungen bleiben wegen ihrer Illiquidität geschlossenen Investmentfonds vorbehalten (§ 261 Abs. 1 KAGB).[242] Publikums-AIF in der Form eines offenen **Immobilien-Sondervermögens** sollten zunächst abgeschafft werden, wurden schließlich aber in das KAGB integriert (§§ 230 bis 260 KAGB).[243] Im Vergleich zum InvG hat der Gesetzgeber sich weitgehend auf Detailänderungen beschränkt.[244] Allerdings wurden die Bewertungsregelungen an die Vorgaben der AIFM-RL angepasst und die Rückgaberegelungen weiter eingeschränkt. Es entfällt für Investmentanteile an Immobilien-Sondervermögen, die nach dem 21. Juli 2013 erworben wurden, das Kleinanleger-

---

[234] Dazu mit Kritik *Görke/Ruhl* BKR 2013, 142.
[235] Vgl. Begr. RegE KAGB BT-Drucks. 17/12294, S. 263.
[236] *Emde/Dreibus* BKR 2013, 89, 94.
[237] Kritisch zur Streichung *Wallach* RdF 2013, 92, 99.
[238] Begr. RegE KAGB BT-Drucks. 17/12294, S. 191, 264; *Wollenhaupt/Beck* DB 2013, 1950, 1954; Überblick über die Regelungen der Hedgefonds bei *Möllers/Harrer/Krüger* WM 2011, 1537.
[239] Begr. RegE KAGB BT-Drucks. 17/12294, S. 190; *Wollenhaupt/Beck* DB 2013, 1950, 1953; kritisch *Wallach* RdF 2013, 92, 99.
[240] Zu Grenzfragen vgl. *BaFin,* Fragenkatalog zu erwerbbaren Vermögensgegenständen (Eligible Assets) (Stand: 22.7.2013), Teil 3.
[241] *Burgard/Heimann* WM 2014, 821, 824.
[242] Begr. RegE KAGB BT-Drucks. 17/12294, S. 265; *Baum* in Weitnauer/Boxberger/Anders, KAGB, § 220 Rn. 3.
[243] Erste Bewertung der Neuregelung der offenen Immobilienfonds bei *Görke/Ruhl* BKR 2013, 142; vgl. zu Immobilienfonds allg. auch *Hartott/Goller* BB 2013, 1603; *Niewerth/Rybarz* WM 2013, 1154; *Hübner* WM 2014, 106.
[244] Systematischer Überblick bei *Wind/Kautenburger-Behr* in Weitnauer/Boxberger/Anders, KAGB, vor §§ 230–260 KAGB Rn. 17 ff.

Privileg, welches Rückgaben bis zu EUR 30 000 pro Kalenderhalbjahr ohne Einhaltung der Mindesthaltefrist ermöglichte, sodass die Mindesthaltefrist von 24 Monaten künftig ohne Ausnahme für alle Anleger gilt (§ 255 Abs. 3 KAGB).[245]

**57** **Publikums-AIF bei geschlossener Ausgestaltung** (→ Rn. 46) haben kein Gegenstück im InvG (→ Rn. 2). Ihr Anlagespektrum bezieht sich auf verschiedene liquide Vermögenswerte (§ 261 Abs. 1 Nr. 7 KAGB), Sachwerte (§ 261 Abs. 1 Nr. 1[246], Abs. 2[247] KAGB), ÖPP-Projektgesellschaften (§ 261 Abs. 1 Nr. 2 KAGB), andere in Sachwerten investierte Gesellschaften (§ 261 Abs. 1 Nr. 3 KAGB) Unternehmensbeteiligungen (§ 261 Abs. 1 Nr. 4 KAGB: insb. *Private Equity*[248]) sowie bestimmte andere Publikums-AIF (§ 261 Abs. 1 Nr. 5 KAGB) oder Spezial-AIF (Dachfonds, § 261 Abs. 1 Nr. 6 KAGB). Soll der geschlossene Publikums-AIF auch an Privatanleger vertrieben werden, ist ein konkretisierter, wenn nicht **modifizierter Grundsatz der Risikomischung** einzuhalten, wonach entweder in mindestens drei Sachwerte (etwa Immobilien,[249] Infrastruktur, Wald, Agrarland, Flugzeuge, Schiffe, Container, erneuerbare Energien) investiert werden muss und die Anteile jedes einzelnen Sachwertes am Wert des gesamten AIF im Wesentlichen gleichmäßig verteilt sind (§ 262 Abs. 1 Nr. 1 KAGB) oder bei wirtschaftlicher Betrachtungsweise eine Streuung des Ausfallrisikos gewährleistet ist (§ 262 Abs. 1 Nr. 2 KAGB). Dieses ohnehin eingeschränkte Erfordernis der Risikodiversifikation entfällt insgesamt, wenn der Publikums-AIF nicht in *Private Equity* (§ 261 Abs. 1 Nr. 4 KAGB) investiert (§ 262 Abs. 2 Nr. 1 KAGB), und die Investmentanteile nur von **bestimmten Privatanlegern** erworben werden, die alle Anforderungen an einen semiprofessionellen Anleger (→ Rn. 75) erfüllen, außer dass der an sich erforderliche **Mindestinvestitionsbetrag** nicht TEUR 200, sondern nur $^1/_{10}$, namentlich TEUR 20, betragen muss (§ 262 Abs. 2 Nr. 2 KAGB → Rn. 76). Trotz des missverständlichen Wortlautes (§ 262 Abs. 2 Nr. 2 KAGB: „... nur von solchen Privatanlegern"), ist davon auszugehen, dass daneben auch andere semiprofessionelle oder professionelle Anleger (→ Rn. 74) in den geschlossenen Publikums-AIF investiert sein dürfen. Folglich sind **Ein-Objekt-Publikums-AIF** nur zulässig, wenn diese entweder nicht an Privatanleger, sondern nur an semi- und professionelle Anleger vertrieben werden, wobei der Mindestinvestitionsbetrag nur TEUR 20 betragen muss (§ 262 Abs. 2 Nr. 2 KAGB), oder das Objekt selbst – zB wegen einer diversifizierten Nutzungsstruktur – den Grundsatz der Risikomischung durch eine Streuung des Ausfallrisikos erfüllen kann (§ 262 Abs. 1 Nr. 2 KAGB).[250] Hierbei ist ein Kontrollerwerb an nicht börsennotierten Unternehmen (§ 1 Abs. 19 Nr. 27 KAGB) zulässig (§ 261 Abs. 7 KAGB), was auch Privatanlegern vor allem die Möglichkeit verschafft, in *Private Equity* Fonds zu investieren (→ Rn. 61).[251] Geschäfte mit Derivaten sind nur zur Absicherung von gehaltenen Vermögensgegenständen gegen Wertverlust erlaubt (§ 261 Abs. 3 KAGB). Der Einsatz von Leverage durch Fremdkapitalaufnahme ist begrenzt (§ 263 KAGB);[252] Leerverkäufe sind verboten (§ 265 KAGB). Mangels gesetzlicher Regelung wird in der Literatur angenommen, dass Umbrella-Konstruktionen mit mehreren Teilinvestmentvermögen (→ Rn. 49)

---

[245] *Wollenhaupt/Beck* DB 2013, 1950, 1954.
[246] Vgl. zu Project Bonds als Sachwerte *Liebrich/Bos* RdF 2013, 201.
[247] § 261 Abs. 2 KAGB ist nicht abschließend, wohl aber § 261 Abs. 1 KAGB, missverständlich insoweit *Wollenhaupt/Beck* DB 2013, 1950, 1954; vgl. auch *Emde/Dreibus* BKR 2013, 89, 94.
[248] Vgl. zB *Emde/Dreibus* BKR 2013, 89, 94.
[249] Zu geschlossenen Immobilienfonds etwa *Gerstner/Leitner* ÖBA 2013, 566; *Hübner* WM 2014, 106, 109.
[250] Begr. RegE KAGB, BT-Drucks. 17/12294, S. 271; *Wollenhaupt/Beck* DB 2013, 1950, 1954; ähnlich, aber zu eng und ohne § 262 Abs. 2 KAGB zu problematisieren *Burgard/Heimann* WM 2014, 821, 824.
[251] *Burgard/Heimann* WM 2014, 821, 824; *Emde/Dreibus* BKR 2013, 89, 94; *Weitnauer* AG 2013, 672, 694 f.
[252] Hierzu *Silberger* in Weitnauer/Boxberger/Anders, KAGB, § 263 Rn. 3 ff.; siehe auch *Koch* WM 2014, 433, 437.

nicht möglich sind.²⁵³ Geschlossene Publikums-AIF dürfen nicht Feeder-AIF in einer **Master-Feeder-Konstruktion** (→ Rn. 62) sein (§ 261 Abs. 8 KAGB).

**c) Spezial-AIF.** Spezial-AIF sind AIF, deren Anteile aufgrund von schriftlichen Vereinbarungen mit der Verwaltungsgesellschaft oder aufgrund der konstituierenden Dokumente des AIF nur von professionellen und semiprofessionellen Anlegern (→ Rn. 72 ff.) erworben werden dürfen (§ 1 Abs. 6 KAGB). Diese sind somit abzugrenzen von Publikumsinvestmentvermögen und eröffnen mit Rücksicht auf ihren engeren Anlegerkreis das **breiteste Anlagespektrum** bis hin zur völligen Unbeschränktheit, die **freiesten Anlagestrategien** und **geringsten Aussteller- und Anlagegrenzen** (→ Rn. 45).²⁵⁴ Auch die Regelungen zum Leverage sind gelockert und zur Belastung von Vermögensgegenständen verzichtet das KAGB auf die Festlegung einer festen Grenze (§ 275 Abs. 1 KAGB). Eine völlig freie Anlagestrategie ist aber selbst für Spezial-AIF nicht zulässig, denn der Grundsatz der Risikomischung bleibt (in einer besonderen Ausprägung) zu beachten (§§ 282 Abs. 1, 284 Abs. 1 KAGB)²⁵⁵ und – mit Ausnahme von Hedgefonds (→ Rn. 59) – dürfen keine Leerverkäufe vorgenommen werden (§ 276 KAGB).²⁵⁶ 58

Das KAGB unterscheidet bei den **offenen Spezial-AIF** drei Unterarten: allgemeine offene Spezial-AIF (§ 282 KAGB), Hedgefonds (§ 283 KAGB) und offene Spezial-AIF mit festen Anlagebedingungen (§ 284 KAGB).²⁵⁷ **Allgemeine offene Spezial-AIF** stellen die liberalste Art der offenen Spezial-AIF dar und können in alle Vermögensgegenstände (Finanzinstrumente, Beteiligungen in jeder Form, Edelmetalle, Sachwerte, unverbriefte Forderungen etc.) investieren, deren Verkehrswert ermittelt werden kann (§ 282 Abs. 2 KAGB), wobei ein Kontrollerwerb an nicht börsennotierten Unternehmen (§ 1 Abs. 19 Nr. 27 KAGB) unzulässig bleibt (§ 282 Abs. 3 KAGB). Dies erlaubt es, dass allgemeine offene Spezial-AIF auf die Anforderungen einzelner Anleger zugeschnitten werden.²⁵⁸ **Hedgefonds** gehören ebenfalls zur Gruppe der allgemeinen offenen Spezial-AIF (§ 283 Abs. 1 KAGB),²⁵⁹ doch ist diesen zusätzlich und in Abgrenzung zu allgemeinen offenen Spezial-AIF der Einsatz von Leverage „in beträchtlichem Umfang" (§ 283 Abs. 1 Nr. 1 KAGB) und/oder Leerverkäufe (§ 283 Abs. 1 Nr. 2 KAGB) erlaubt.²⁶⁰ Hedgefonds sind damit die einzigen Fonds, die Leerverkäufe tätigen dürfen, und von einem Einsatz von Leverage in „beträchtlichem Umfang" ist erst auszugehen, wenn das Engagement des AIF seinen Nettoinventarwert dreifach übersteigt (Art. 111 Delegierte Verordnung (EU) Nr. 231/2013). **Offene Spezial-AIF mit festen Anlagebedingungen** sind vergleichbar den Spezialfonds nach dem InvG.²⁶¹ Es gelten für diese im Grundsatz dieselben Anlagebeschränkungen wie für OGAW und offene Publikums-AIF (§ 284 Abs. 1 KAGB), von denen aber mit Zustimmung der Anleger (§ 284 Abs. 2 Nr. 1 KAGB) unter Berücksichtigung bestimmter Mindestanforderungen, insbesondere der Beschränkung auf enumerativ festgelegte Vermögensgegenstände (§ 284 Abs. 2 Nr. 2 KAGB), abgewichen werden darf.²⁶² Unberührt bleibt zudem die Begrenzung des Derivate-Leverage (§ 284 Abs. 2 Nr. 3 iVm § 197 Abs. 2 KAGB → Rn. 53), das Verbot der Leerverkäufe (§ 284 Abs. 2 59

---

²⁵³ *Wollenhaupt/Beck* DB 2013, 1950, 1953; *Wallach* RdF 2013, 92, 100.
²⁵⁴ Vgl. zu Grenzfragen *BaFin*, Fragenkatalog zu erwerbbaren Vermögensgegenständen (Eligible Assets) (Stand: 22.7.2013).
²⁵⁵ Begr. RegE KAGB, BT-Drucks. 17/12294, S. 276; kritisch dazu *Baum* in Weitnauer/Boxberger/Anders, KAGB, § 282 Rn. 4 ff.
²⁵⁶ Zu allgemeinen Grenzen bei Leerverkäufen siehe *F. Schäfer* § 21.
²⁵⁷ *Emde/Dreibus* BKR 2013, 89, 94.
²⁵⁸ Ebenso schon *Baum* in Weitnauer/Boxberger/Anders, KAGB, § 282 Rn. 3.
²⁵⁹ Kritisch zu dieser Einordnung *Emde/Dreibus* BKR 2013, 89, 94 Fn. 37.
²⁶⁰ Überblick über die Regelungen der Hedgefonds bei *Möllers/Harrer/Krüger* WM 2011, 1537.
²⁶¹ Begr. RegE KAGB, BT-Drucks. 17/12294, S. 192; *Burgard/Heimann* WM 2014, 821, 824; siehe auch *Kamptner* ÖBA 2013, 127 zu den Auswirkungen der AIFM-RL auf Spezialfonds.
²⁶² Die Regelung als überflüssig betrachtend *Baum* in Weitnauer/Boxberger/Anders, KAGB, § 284 Rn. 1 und 4; aA offenbar *Burgard/Heimann* WM 2014, 821, 824.

Nr. 3 iVm § 276 Abs. 1 KAGB), die Begrenzung bei der Darlehensvergabe (§ 284 Abs. 2 Nr. 3 iVm § 240 KAGB und § 284 Abs. 2 KAGB) und der Belastung von Vermögensgegenständen (§ 284 Abs. 2 Nr. 3 iVm § 260 Abs. 3 KAGB). Auch werden bestimmte Aussteller- und Anlagegrenzen festgeschrieben (§ 284 Abs. 2 Nr. 4, Abs. 3 KAGB).

**60** **Geschlossene Spezial-AIF** haben kein Gegenstück im InvG, sondern werden durch das KAGB erstmals gesetzlich geregelt. Sie stehen nur semi- und professionellen Anlegern (→ Rn. 74f.) offen und unterliegen nahezu keinen Beschränkungen. Vielmehr kann der geschlossene Spezial-AIF in alle Vermögensgegenstände investieren, deren Verkehrswert ermittelt werden kann (§ 285 KAGB), ohne dass hierbei andere als sich freiwillig auferlegte Anlagegrenzen zu beachten sind.[263] Auch der Grundsatz der Risikomischung bedarf keiner Beachtung, sodass auch jegliche Form von geschlossenen Ein-Objekt-Spezial-AIF möglich ist. Leverage darf unbegrenzt eingesetzt werden, allerdings kann der Einsatz im Einzelfall durch die BaFin beschränkt werden (§ 274 iVm § 215 Abs. 2 KAGB).[264] Weiter bleiben auch geschlossenen Spezial-AIF – anders als Hedgefonds (→ Rn. 59) – der Einsatz von Leerverkäufen verwehrt (§ 276 KAGB). Sofern der geschlossene Spezial-AIF die Kontrolle über nicht börsennotierte Unternehmen (§ 1 Abs. 19 Nr. 27 KAGB) und Emittenten erlangt, gelten zum Schutz des Unternehmens zusätzlich die §§ 287ff. KAGB. In der Praxis werden geschlossene Investmentvermögen vor allem für Anlagen in Immobilien, *Private Equity* und Infrastruktur genutzt.[265]

**61** Letztlich lassen sich **Private Equity-Fonds**,[266] die entweder allein oder gemeinsam aufgrund einer Vereinbarung die Erlangung von Kontrolle (§ 288 Abs. 1 KAGB) über ein nicht börsennotiertes Unternehmen (§ 1 Abs. 19 Nr. 27 KAGB) zum Ziel haben, nur als geschlossene Publikums- oder Spezial-AIF umsetzen.[267] Unabhängig von den sich aus der Begrenzung des Anlegerpublikums und den Organisationsanforderungen des KAGB ergebenden Veränderungen[268] sind zum Schutz des Zielunternehmens und des Anlegerpublikums mit der Erlangung der Kontrolle Mitteilungs- (§ 289 KAGB) und Offenlegungspflichten (§ 290 KAGB) gegenüber der BaFin, dem betroffenen Unternehmen und unter bestimmten Voraussetzungen den Anteilseignern des Unternehmens sowie erweiterte Berichtspflichten (§ 291 KAGB) vorgesehen.[269] Zudem werden die Gesellschafterrechte des AIF dahingehend beschränkt, dass Ausschüttungen, Kapitalherabsetzungen sowie die Rücknahme von Anteilen durch das Zielunternehmen für einen Zeitraum von 24 Monaten nicht möglich sind, um der Zerschlagung des Zielunternehmens *(asset stripping)* entgegenzuwirken.[270]

**62** **d) Feeder- und Master-Investmentvermögen.** Ziel der Regelung von Master-Feeder-Konstruktionen ist die Effizienzsteigerung von Fonds durch Vergrößerung der Fondsvolumina.[271] Hierbei definiert das KAGB **Feederfonds** als Sondervermögen, InvAG mvK respektive deren Teilgesellschaftsvermögen oder EU-OGAW, die mindestens 85 Prozent ihres Vermögens in einem Masterfonds anlegen (§ 1 Abs. 19 Nr. 11 KAGB). Ein **Masterfonds** ist ein OGAW oder ein Sonstiges Investmentvermögen (→ Rn. 55f.), das Investmentanteile an mindestens einen Feederfonds ausgegeben hat, selbst kein Feederfonds ist und keine Investmentanteile eines Feederfonds hält. Folglich unterscheiden sich Master-

---

[263] *Wollenhaupt/Beck* DB 2013, 1950, 1955.
[264] *Koch* WM 2014, 433, 437; *Burgard/Heimann* WM 2014, 821, 824.
[265] *Jesch/Klebeck/Bragrock* in Jesch/Klebeck/Dobrauz (Hrsg.), Investmentrecht, A. Rn. 105.
[266] Vgl. dazu auch *Koch*, Die Neuordnung von Private Equity durch das KAGB, in Möllers/Kloyer (Hrsg.), Das neue Kapitalanlagegesetzbuch, 2013, Rn. 261 ff.; *Koch* WM 2014, 433.
[267] *Wollenhaupt/Beck* DB 2013, 1950, 1955; *Emde/Dreibus* BKR 2013, 89, 94f.; *Zetzsche* NZG 2012, 1164.
[268] Vgl. zusammenfassend etwa *Koch* WM 2014, 433ff.
[269] *Wollenhaupt/Beck* DB 2013, 1950, 1955.
[270] *Wollenhaupt/Beck* DB 2013, 1950, 1955; *Koch*, WM 2014, 433, 437; *Emde/Dreibus* BKR 2013, 89, 95; *Söhner* WM 2011, 2121; *Viciano-Gofferje* BB 2013, 2506.
[271] *Verfürth/Emde* in Emde/Dornseifer/Dreibus/Hölscher, InvG, § 2 Rn. 236.

und Feederfonds dadurch, dass Feederfonds in einen Masterfonds investieren, wohingegen der Masterfonds sich per Definition dadurch auszeichnet, dass er Investmentanteile an mindestens einen Feederfonds ausgegeben hat, selbst kein Feederfonds ist und keine Investmentanteile an Feederfonds hält. Masterfonds bilden damit das Gegenstück zum Feederfonds.[272] Während ein Feederfonds nur in einen Masterfonds investieren darf, darf ein Masterfonds Anteile nicht nur an einen, sondern durchaus an mehrere Feederfonds ausgeben.[273] Davon abzugrenzen sind **Feeder-AIF** und **Master-AIF**. Ein Feeder-AIF muss entweder mindestens 85% seines Wertes in Investmentanteilen eines Master-AIF anlegen, mindestens 85% seines Wertes in mehr als einem Master-AIF anlegen, die jeweils identische Anlagestrategien verfolgen, oder anderweitig ein Engagement von mindestens 85% seines Wertes in einem Master-AIF haben (§ 1 Abs. 19 Nr. 13 KAGB). Master-AIF sind AIF, an denen ein Feeder-AIF Anteile hält (§ 1 Abs. 19 Nr. 14 KAGB).

**e) Unterscheidung nach dem Herkunftsstaat des Investmentvermögens.** Unabhängig von der vorstehend erörterten strukturellen Unterscheidung der Investmentvermögen, unterteilt das KAGB diese nach ihrem Herkunftsstaat: Die dem deutschen Recht und damit insbesondere vollständig dem KAGB unterliegenden Investmentvermögen nennt das KAGB schlicht **inländische Investmentvermögen** (§ 1 Abs. 7 KAGB). **EU-Investmentvermögen** sind solche, die dem Recht eines anderen Mitgliedstaates der Europäischen Union oder eines anderen Vertragsstaates des Abkommens über den Europäischen Wirtschaftsraum unterliegen (§ 1 Abs. 8 KAGB). Investmentvermögen, die weder Inländische noch EU-Investmentvermögen sind, werden als **ausländische AIF** bezeichnet, die dem Recht eines Drittstaates unterliegen (§ 1 Abs. 9 KAGB). Bedeutung hat diese Unterscheidung für den Anwendungsbereich des KAGB, das hinsichtlich EU- und Ausländischen Investmentvermögen nur dessen Vertrieb im Inland oder die grenzüberschreitende Verwaltung inländischer Investmentvermögen regeln kann. EU-Investmentvermögen profitieren hierbei vom sog **Europäischen Pass,** der Ausdruck der Harmonisierung des Investmentrechts ist (→ Rn. 109).[274] Entsprechend betreffen sämtliche Erläuterungen inländische Investmentvermögen, soweit es nicht ausdrücklich um den Vertrieb von EU- und ausländischen Investmentvermögen geht.

**5. Kategorien von Investmentvermögen. a) Verbot der Irreführung – Fondskategorien im engeren Sinn.** Vor dem Hintergrund, dass die vorstehend erläuterten strukturellen Unterscheidungen nicht ohne Weiteres erkennen lassen, welche Anlagestrategie verfolgt wird, haben sich in der Praxis Fondskategorien eingebürgert, aus deren Bezeichnung sich der Anlageschwerpunkt erkennen lässt. Dem trägt das KAGB (wie schon zuvor das InvG) dahingehend Rechnung, dass die Bezeichnung eines Investmentfonds, sei es in der Form eines Sondervermögens, einer InvAG oder einer InvKG nicht irreführen darf (§ 4 Abs. 1 KAGB). Dies hat die BaFin durch Erlass der Fondskategorien-Richtlinie[275] konkretisiert. Danach besteht die **Grundregel,** dass die Verwendung einer Fondskategorie (zB Aktienfonds, *Equity Fund,* Rentenfonds, Bonds Fund, Immobilienfonds, *Private Equity Fund* etc.) voraussetzt, dass das Investmentvermögen sich zu mindestens 51% seines Wertes aus solchen Vermögenswerten zusammensetzt, die namensprägend sind (Art. 2 Fondskategorien-RL).

Bei **Dachfonds** (*Fund of Funds* etc.) müssen zumindest 51% Zielfondsanteile enthalten sein (Art. 3 Nr. 1 Fondskategorien-RL mit weiteren Anforderungen). **Indexfonds** müssen mit mindestens 95% ihres Wertes einen Index nachbilden (Art. 3 Nr. 1 und Art. 4 Abs. 3 Fondskategorien-RL). Auch für **Geldmarktfonds** (*Money Market Funds*) und ihre spezielle Ausprägung mit kurzer Laufzeitstruktur *(short-term Money Market Fund)* bestehen konkrete

---

[272] *Verfürth/Emde* in Emde/Dornseifer/Dreibus/Hölscher, InvG, § 2 Rn. 240.
[273] Siehe dazu schon *Verfürth/Emde* in Emde/Dornseifer/Dreibus/Hölscher, InvG, § 2 Rn. 242.
[274] Zu Sonderregelungen siehe insbesondere § 56 KAGB.
[275] Richtlinie zur Festlegung von Fondskategorien gemäß § 4 Abs. 2 KAGB und weitere Transparenzanforderungen an bestimmte Fondskategorien vom 22. Juli 2013.

Vorgaben (Art. 3 Nr. 3 und 4 Fondskategorien-RL).[276] Schließlich finden sich konkrete Vorgaben für den ETF *(Exchange-Traded Fund)*, also einen Investmentfonds, der an einer Börse gehandelt wird, in verschiedenen Ausprägungen (Art. 3 Nr. 5 und 6, Art. 4 Fondskategorien-RL). Insgesamt verfolgt dabei die Fondskategorien-RL primär das Ziel, die Bezeichnung von Publikumsfonds und damit den Privatanlegern offenstehenden Investmentfonds (→ Rn. 46) transparent zu gestalten. Angesichts der Vielfalt denkbarer und tatsächlich auch verbreiteter Fondskategorien und Unterscheidungsmerkmalen ist die Fondskategorien-RL nicht abschließend und schon innerhalb der genannten Fondskategorien lassen sich Unterkategorien bilden, etwa für Spezialitäten- oder Branchenfonds, Rohstofffonds, Technologiefonds oder Länderfonds. Gleichwohl gibt die Fondskategorien-RL insgesamt Anhaltspunkte dazu, welcher Zusammenhang zwischen der Fondsbezeichnung und dem Fondsinhalt zu bestehen hat.

66 **b) Unterscheidung nach der Anlagestrategie. Standard-Aktienfonds** investieren typischerweise mit breiter Streuung in allgemein anerkannte Qualitätswerte *(Blue Chips)*, während spezielle Aktienfonds sich auf bestimmte Ausschnitte des Aktienmarktes konzentrieren, zB als Branchenfonds auf Aktien bestimmter Industriezweige oder Wirtschaftssektoren wie Energie, Rohstoffe oder Technologie. Verbreitet sind auch **Small-Cap-Fonds** auf Aktien mittlerer und kleinerer Unternehmen (Nebenwerte) oder **Aktien-Indexfonds,** die mit ihrem Wertpapiervermögen die Struktur und Gewichtung eines Aktienindex nachbilden (zB DAX, Dow Jones, EURO STOXX 50 etc.).[277]

67 **Standard-Rentenfonds** investieren überwiegend in verzinsliche Wertpapiere mit unterschiedlichen (oft aber festen) Zinssätzen und Laufzeiten und zwar fast ausschließlich in solche mit guter bis sehr guter Bonität des Emittenten. Da bei einem Rentenfonds ein wesentliches Anlageziel der laufende Ertrag darstellt, wird er häufig als **Renditefonds** bezeichnet.[278] Hingegen konzentrieren sich **spezielle Rentenfonds** auf bestimmte Ausschnitte des Rentenmarktes, zB auf niedrig verzinsliche Anleihen *(Low-Coupon*-Rentenfonds) oder Wertpapiere mit kurzen Restlaufzeiten. **Renten-Indexfonds** bilden einen bestimmten Rentenindex (zB REX, PEX, AIRDAX etc.) nach.

68 Entsprechend kombinieren **Mischfonds** verschiedene Anlagestrategien und können in unterschiedlichen Arten von Wertpapieren oder anderen zulässigen Vermögensgegenständen investiert sein. Im Vergleich zu reinen Aktien- oder Rentenfonds spielen Mischfonds allerdings eine bislang untergeordnete Rolle bei Publikumsfonds.

69 **Spezialitätenfonds** werden solche Investmentvermögen genannt, die von der Konzeption her oft ein geringes Maß an Risikostreuung aufweisen (daher auch die Bezeichnung Spezial-AIF Rn. 55 ff.), indem sie ihre Anlagen auf ganz bestimmte Märkte, Instrumente oder Kombinationen daraus konzentrieren.[279] Beispiele sind Rohstofffonds, Technologiefonds oder Länderfonds (→ Rn. 66), die eine geographische Anlagekonzentration aufweisen (etwa USA-Fonds) und andere „Themenfonds". Konzentrieren sich Spezialitätenfonds auf Schwellenländer, werden sie oft auch als *Emerging-Market-*Fonds bezeichnet. Im weiteren Sinne lassen sich auch Ethikfonds oder Ökofonds als Spezialitätenfonds qualifizieren.[280]

70 **c) Unterscheidung nach dem Anlagehorizont.** Weitere Unterscheidungen sind anhand des Anlagehorizonts üblich. So wird je nach Eingrenzung des **geographischen Anlagehorizonts** unterschieden zwischen Länderfonds (→ Rn. 66, zB Japan-Fonds), Regionenfonds (zB Europa-Fonds) und internationalen Fonds, die weltweit an den Kapital-

---

[276] Hinzuweisen ist hier auch auf die Initiative der EU-Kommission zur besonderen Regelung von für *Money Market Funds,* Kommmissionsvorschlag vom 4.9.2013, COM(2013) 615 final; dazu *Parmentier* EuZW 2014, 50, 56.
[277] Vgl. dazu auch allg. *Kayser/Holleschek* in Weitnauer/Boxberger/Anders, KAGB, § 209 Rn. 1 ff.
[278] Vgl. *Baur,* Voraufl. § 20 Rn. 103.
[279] Vgl. etwa *Köndgen* in Berger/Steck/Lübbehüsen, InvG/InvStG, § 1 Rn. 27.
[280] Vgl. *Baur,* Voraufl. § 20 Rn. 112.

märkten anlegen. Soweit der Anlagehorizont eine zeitliche Begrenzung vorsieht, wird von **Laufzeitfonds** (vgl. etwa § 162 Abs. 2 Nr. 7 KAGB[281]) gesprochen.

**d) Unterscheidung nach der Ertragsverwendung.** Ein weiteres Unterscheidungskriterium bildet das Ausschüttungsverhalten bzw. die Ertragsverwendung eines Investmentfonds. Ob und in welchem Umfang die Erträge eines Investmentfonds ausgeschüttet werden sollen, hängt von der Anlagepolitik und dem Charakter des Investmentfonds ab und ist in den jeweiligen Anlagebedingungen dokumentiert. Sog **Ausschüttungsfonds** gewähren dem Anleger in der Regel jährlich eine Ausschüttung, wodurch sich der Anteilspreis der Investmentfonds am Tag der Ausschüttung um diesen Betrag vermindert. **Thesaurierungsfonds,**[282] die auch akkumulierende Investmentfonds genannt werden, schütten Erträge nicht aus, sondern behalten diese im Fondsvermögen. Hierdurch kann der Fonds die Erträge zum Erwerb weiterer Vermögensgegenstände investieren. 71

**V. Arten von Anlegern**

Das KAGB unterscheidet im Grundsatz[283] **drei Anlegerkategorien:** Privatanleger (§ 1 Abs. 19 Nr. 31 KAGB), semi- (§ 1 Abs. 19 Nr. 33 KAGB) und professionelle Anleger (§ 1 Abs. 19 Nr. 32 KAGB). Eine ähnliche Unterscheidung ist mit Blick auf Wertpapierdienstleistungen aus dem WpHG bekannt, was nicht verwundert, da AIFM-RL und KAGB zur Definition des professionellen Anlegers die MiFID-RL[284] in Bezug nehmen, die mit den Regelungen im WpHG umgesetzt wurden (§ 31a Abs. 2 und 3 WpHG).[285] Gleichwohl führt das KAGB mit der Anlegerkategorie des semiprofessionellen Anlegers eine Neuerung ein, die das WpHG so nicht kennt.[286] Indes lehnt sich diese neue Anlegerkategorie dennoch an Vorbilder an, namentlich die EuVECA-VO und EuSEF-VO, wo ebenfalls eine „Zwischenkategorie" zu den in der MiFID-RL vorgesehenen eingeführt wird.[287] Letztlich ergeben sich hierdurch sogar weitere Unterscheidungen, da die Definitionen der Eu-VECA-VO und EuSEF-VO nicht deckungsgleich mit der des KAGB sind (→ Rn. 75f.), das KAGB gleichwohl aber in Teilen auf Europäische Risikokapitalfonds (EuVECA-AIF) und Europäische Fonds für soziales Unternehmertum (EuSEF-AIF) anzuwenden ist (→ Rn. 42f.). Tatsächlich soll auch für European Long Term Investment Fund (ELTIF) die von der EuVECA- und EuSEF-VO verwendete Zwischenkategorie eingeführt werden, die 72

---

[281] Dazu aus Sicht des § 43 InvG aF etwa *Rozok* in Emde/Dornseifer/Dreibus/Hölscher, InvG, § 43 Rn. 109f.
[282] Zum früher verwendeten Begriff des Wachstumsfonds vgl. *Baur,* Voraufl. § 20 Rn. 114.
[283] Weitere Differenzierungen ergeben sich im Einzelfall für bestimmte Fondsarten, zB bei geschlossenen Publikums-AIF, wenn dort vom Grundsatz der Risikomischung abgewichen werden kann, wenn in diesen nur bestimmte Privatanleger investieren dürfen (§ 262 Abs. 2 KAGB → Rn. 76).
[284] RICHTLINIE 2004/39/EG DES EUROPÄISCHEN PARLAMENTS UND DES RATES vom 21. April 2004 über Märkte für Finanzinstrumente, zur Änderung der Richtlinien 85/611/EWG und 93/6/EWG des Rates und der Richtlinie 2000/12/EG des Europäischen Parlaments und des Rates und zur Aufhebung der Richtlinie 93/22/EWG des Rates, ABl. L 145 v. 30.4.2004, S. 1.
[285] Einzelheiten bei *J. Koch* in Schwark/Zimmer, Kapitalmarktrechts-Kommentar, § 31a; *Möllers* in KK-WpHG, § 31a.
[286] Allerdings hält auch das WpHG letztlich drei Kundengruppen vor, wobei zwischen Privatkunden (§ 31a Abs. 3 WpHG) und professionellen Kunden (§ 31a Abs. 2 WpHG) sowie der geeigneten Gegenpartei (§ 31a Abs. 4 WpHG) unterschieden wird. Anders als das WpHG fügt das KAGB indes die neue Anlegergruppe des semiprofessionellen Anlegers mit mittlerer Schutzbedürftigkeit zwischen dem Privatanleger und dem professionellen Anleger ein, während das WpHG in der geeigneten Gegenpartei ein Kundengruppe kennt, die noch weniger als professionelle Kunden schutzbedürftig ist; näher *J. Koch* in Schwark/Zimmer, Kapitalmarktrechts-Kommentar § 31a Rn. 24.
[287] Begr. RegE KAGB, BT-Drucks. 17/12294, S. 204; *Boxberger* GWR 2013, 415; *Volhard/Jang* in Weitnauer/Boxberger/Anders, KAGB, § 1 Rn. 103; *Zetzsche,* Grundprinzipien des KAGB, in Möllers/Kloyer (Hrsg.), Das neue Kapitalanlagegesetzbuch, 2013, Rn. 319.

in der bisher allein vorliegenden englischen Sprachfassung sogar als „*semi-professional Investor*" bezeichnet werden.[288]

**73** Die neue Kategorie des semiprofessionellen Anlegers wurde während des Gesetzgebungsverfahrens in das KAGB aufgenommen, nachdem Bedenken vorgebracht worden waren, dass die Anforderungen an einen professionellen Anleger von institutionellen Anlegern wie Stiftungen, Versorgungswerken oder vermögenden Privatpersonen nicht erfüllt werden, diese aber gleichwohl nicht wie Privatanleger eingestuft werden könnten.[289] Hintergrund der Unterscheidung zwischen Anlegergruppen ist deren **unterschiedliche Schutzbedürftigkeit**, die sodann die Regelungsintensität gegenüber den einzelnen Arten von Investmentvermögen vorgibt, in welche die einzelnen Anlegergruppen investieren dürfen (→ Rn. 45). Ausgangspunkt ist die gesetzlich vermutete Schutzwürdigkeit des Publikumsanlegers,[290] die mit der Einführung der Anlegerkategorie des semiprofessionellen Anlegers eine weitere Ausdifferenzierung erfährt. Hierbei ist zu sehen, dass nach Auffassung der BaFin offenbar auch in den Fällen, wo Dritte für den Anleger den Erwerb tätigen (zB bei der Finanzportfolioverwaltung, Treuhand) auf den dahinterstehenden Anleger abzustellen ist **(Durchschau)**.[291] Gleiches soll gelten, wenn der Anleger die Anlage über eine Gesellschaft tätigt.[292] Diese Sichtweise ist jedenfalls dann problematisch, wenn es lediglich um die Erfahrungen zur Abschätzung der getätigten Vermögensanlage geht. Die Legaldefinition der Anlegerkategorien erfolgt hierbei vom professionellen über den semiprofessionellen Anleger hin zum Privatanleger, dh vom geringsten Schutzbedürfnis hin zum höchsten Schutzbedürfnis.

**74** **1. Professionelle Anleger. Professionelle Anleger** (§ 1 Abs. 19 Nr. 32 KAGB) sind die in Anhang II MiFID-RL ausdrücklich Genannten (geborene professionelle Anleger) oder aufgrund der dort angegebenen Kriterien als solche eingestufte Anleger. **Geborene professionelle Anleger** sind danach insbesondere Kreditinstitute oder andere zugelassene Finanzinstitute, andere OGA und KVG, große Unternehmen oder institutionelle Anleger (zB Pensionskassen).[293] **Gekorene professionelle Anleger** sind solche, die von der KVG als solche anerkannt werden, weil sie mindestens zwei der drei nachfolgenden Kriterien erfüllen: Wertpapiervermögen von mehr als TEUR 500, einjährige berufstypische Erfahrung oder praktische Handelserfahrung (in den letzten zwölf Monaten mindestens zehn Transaktionen von erheblichem Umfang je Quartal). Streitig ist, ob die **Heraufstufung** einen Antrag des Anlegers voraussetzt oder diese allein von der KVG vorgenommen werden kann, wenn die entsprechenden Kriterien objektiv vorliegen.[294] Gegen das Antragserfordernis lässt sich systematisch anführen, dass auch das Einstufungsverfahren für semiprofessionelle Anleger nicht in allen Fällen eine entsprechende Erklärung des Anlegers erfordert (siehe insb. § 1 abs. 19 Nr. 33 lit. c KAGB → Rn. 75) und dies allein mit dem Hinweis auf fehlende Schutzbedürftigkeit begründet wird.[295] Ungeklärt ist weiter, ob sich

---

[288] Insoweit hat das EU-Parlament am 17. April 2014 dem Bericht des Wirtschaftsausschusses zur Einführung von ETIFE – zugestimmt und den Text einer entsprechenden Verordnung angenommen, die noch zu verabschieden ist, vgl. Beschluss des EU-Parlaments 2013/0214(COD).
[289] *Volhard/Jang* in Weitnauer/Boxberger/Anders, KAGB, § 1 Rn. 104; *Wollenhaupt/Beck* DB 2013, 1950, 1953; *Bäuml* FR 2013, 640, 664, mit Nachweisen auf die Gesetzesmaterialien.
[290] *Zetzsche* AG 2013, 613.
[291] Vgl. dazu *Siering*, BaFin: Durchschau auf den Privatanleger bei der „Vermögensverwaltung", Blog Investmentrecht, abrufbar unter http://plattform-compliance.de/blog/bafin-durchschau-auf-den-privatanleger-bei-der-vermoegensverwaltung/ (zuletzt abgerufen 10/2014); siehe allg. *Koller* in Assmann/Schneider, WpHG, § 31a Rn. 21 ff.
[292] Vgl. aus Sicht des § 31a WpHG zB KK-WpHG/*Möllers*, § 31a Rn. 29.
[293] *Tollmann* in Dornseifer/Jesch/Klebeck/Tollmann, AIFM-RL, Art. 4 Rn. 224 ff.; *Weitnauer* AG 2013, 672, 673.
[294] Str., Antrag voraussetzend *Volhard/Jang* in Weitnauer/Boxberger/Anders, KAGB, § 1 Rn. 102; keinen Antrag fordernd *Tollmann* in Dornseifer/Jesch/Klebeck/Tollmann, AIFM-RL, Art. 4 Rn. 231.
[295] Vgl. Beschlussempfehlung und Bericht des Finanzausschusses, BT-Drucks. 17/13395, S. 401.

professionelle Anleger freiwillig als semiprofessionelle oder sogar als Privatanleger einstufen lassen können **(Herabstufung)**. Hierfür könnte sprechen, dass das KAGB und die AIFM-RL insgesamt auf den Anhang II MiFID-RL verweisen, wonach eine Herabstufung zulässig sein muss; dagegen spricht, dass das KAGB wie auch die AIFM-RL nur die Heraufstufung ausdrücklich aufgenommen haben.

**2. Semiprofessionelle Anleger.** Semiprofessionelle Anleger (§ 1 Abs. 19 Nr. 33 KAGB) sind zunächst solche,[296] die (1.) sich verpflichten, mindestens TEUR 200 zu investieren, (2.) die schriftlich in einem vom Vertrag über die Investitionsverpflichtung getrennten Dokument angeben, dass sie sich der Risiken im Zusammenhang mit der beabsichtigten Verpflichtung oder Investition bewusst sind **(Kompetenzerklärung)**[297], (3.) und die auch von der KVG als anhand objektiver Kriterien als semiprofessionell (und nicht professionell) bewertet werden (§ 1 Abs. 19 Nr. 33 lit. a KAGB). Die Einstufung muss dem (dann semiprofessionellen) Anleger schriftlich mitgeteilt werden. Zudem bewertet das KAGB Geschäftsleiter, Risikoträger und bestimmte weitere Mitarbeiter der KVG als (mindestens) semiprofessionelle Anleger (§ 1 Abs. 19 Nr. 33 lit. b KAGB). Schließlich wird bei allen Anlegern, die mindestens EUR 10 Mio. in ein Investmentvermögen investieren **ohne Kompetenzerklärung** unterstellt, dass diese semiprofessionell sind (§ 1 Abs. 19 Nr. 33 lit. c KAGB). Dem liegt offenbar die Vorstellung zugrunde, dass Vermögensanlagen in einer derartigen Größenordnung nur durch einen erfahrenen oder jedenfalls durch weitere Dritte, etwa ein Family Office,[298] gut beratene Anleger getätigt werden.[299]

Hiervon zu unterscheiden sind *„semi-professional Investors"* im Sinne der EuVECA- und EuSEF-VO respektive der bevorstehenden ETIF-VO (→ Rn. 72). Denn dies sind bereits solche Anleger, die sich verpflichten, mindestens TEUR 100 zu investieren und schriftlich in einem vom Vertrag über die Investitionsverpflichtung getrennten Dokument angeben, dass sie sich der Risiken im Zusammenhang mit der beabsichtigten Verpflichtung bewusst sind. Es kommt damit zwar auch auf eine Art der Kompetenzerklärung an, jedoch bedarf es keiner weiteren Einstufung durch die KVG anhand objektiver Kriterien und es genügt ein um die Hälfte geringerer Anlagebetrag, als dies für die Einstufung als semiprofessioneller Anleger im Sinne des KAGB erforderlich ist. Auch kennen die europäischen Regelungen keine „Vermutungsregelungen" die an der fachlichen Qualifikation oder einem festen (hohen) Anlagebetrag ansetzen. Es zeigt sich, dass über einen Mindestanlagebetrag in Abhängigkeit von den typischen Risiken bestimmter Fondsarten die Zulassung oder Nicht-Zulassung von Anlegern zu bestimmten Investmentfonds gesteuert werden soll.[300] Dies spiegelt sich auch in dem im KAGB an anderer Stelle zu findenden Ansatz wieder, dass Anlageregelungen gelockert werden, wenn bestimmte Mindestzeichnungsbeträge und Anforderungen für die Zulassung eines Anlegers zur Zeichnung vorgesehen werden, zB in § 262 Abs. 2 KAGB (→ Rn. 57).

**3. Privatanleger.** Privatanleger (§ 1 Abs. 19 Nr. 31 KAGB) werden von den semi- und professionellen Anlegern negativ abgegrenzt, womit dies alle Anleger sind, die nicht einer der beiden anderen Anlegergruppen zugeordnet werden müssen. Entsprechend sieht das KAGB vor, dass private Anleger ihr Vermögen nicht in bestimmte, von Gesetzgeber als (zu) risikoreich eingestufte Spezial-AIF (§ 1 Abs. 6 KAGB) einbringen dürfen. Dies erfor-

---

[296] Für eine Sonderform des semiprofessionellen Anlegers siehe auch § 262 Abs. 2 KAGB.
[297] *Volhard/Jang* in Weitnauer/Boxberger/Anders, KAGB, § 1 Rn. 105.
[298] *Weitnauer* AG 2013, 672, 674; zu beachten ist aber die Auffassung der BaFin, dass im Falle der Finanzportfolioverwaltung auf den dahinter stehenden Anleger abzustellen sei → Rn. 72.
[299] Die Regelung wurde erst auf Vorschlag des Finanzausschusses in den Gesetzesentwurf aufgenommen, der diese lediglich mit dem Hinweis auf ein fehlendes Schutzbedürfnis begründete, BT-Drucks. 17/13 395, S. 401.
[300] Vermutlich deshalb unterscheiden OGAW- und AIFM-RL sprachlich nicht zwischen Privatlegern und professionellen Anlegern, sondern zwischen Kleinanlegern und professionellen Anlegern, deutlich Art. 4 lit. aj AIFM-RL.

dert es, dass bei jedem Anleger die Einstufungskriterien zum semi- und professionellen Anleger (→ Rn. 74 f.) überprüft werden müssen, soll der Anleger in eine andere Art von Investmentvermögen investieren als ein **Publikumsinvestmentvermögen,** also primär in OGAW und sekundär in Publikums-AIF.

### VI. Kapitalverwaltungsgesellschaft und Verwahrstelle

**78** **1. Kapitalverwaltungsgesellschaft.** Das Investmentgeschäft wird von Kapitalverwaltungsgesellschaften (KVG) betrieben. Der nunmehr im KAGB verwendete Begriff der KVG entspricht der Kapitalanlagegesellschaft (KAG) iSv § 6 Abs. 1 S. 1 InvG aF. Die KVG bilden durch formularmäßigen Vertrag mit dem Anleger **Sondervermögen (Vertragstypus),** daneben können Investmentvermögen auch in Gestalt der **Investmentgesellschaft (Gesellschaftstypus)** als InvAG bzw. InvKG (§ 1 Abs. 11 KAGB) gebildet werden.[301]

**79** **a) Begriff.** Nach § 17 Abs. 1 KAGB sind KVG Unternehmen mit satzungsmäßigem Sitz und Hauptverwaltung im Inland, deren Geschäftsbetrieb darauf gerichtet ist, inländische Investmentvermögen, EU-Investmentvermögen oder ausländische AIF zu verwalten (§ 1 Abs. 7 bis 9 KAGB → Rn. 63). Die Definition in § 17 Abs. 1 KAGB ist im Zusammenspiel mit den Begriffsbestimmungen in § 1 Abs. 14 bis 18 KAGB zu sehen, die ua nach der Art des verwalteten Investmentvermögens (OGAW oder AIF) unterscheiden (→ Rn. 44 ff.). Die Verwaltung eines Investmentvermögens liegt vor, wenn mindestens die **Portfolioverwaltung** oder das **Risikomanagement** für ein oder mehrere Investmentvermögen erbracht wird (§ 17 Abs. 1 S. 2 KAGB). Der Begriff der Portfolioverwaltung bezeichnet dabei nicht die in § 1 Abs. 1a S. 2 Nr. 3 KWG bzw. § 2 Abs. 3 Nr. 7 WpHG geregelte Finanzportfolioverwaltung, dh die Verwaltung von Portfolios auf Einzelkundenbasis mit Ermessensspielraum.[302] Gemeint ist vielmehr die gemeinsame Portfolioverwaltung iSv Art. 2 Abs. 1b) OGAW-RL (→ Rn. 6, 9), wie sie schon bislang als gesetzliche Pflicht der KAG in § 9 Abs. 1 InvG aF niedergelegt war.[303] Die gemeinsame Portfolioverwaltung besteht insoweit in der Anschaffung, der Veräußerung von und der Einkunftserzielung aus Vermögensgegenständen für gemeinschaftliche Rechnung der Anleger.[304] Das Risikomanagement der KVG war bislang in § 7 Abs. 2 InvG aF nicht als zulässige Geschäftstätigkeit vorgesehen, sondern lediglich in § 9a Abs. 1 Nr. 1 InvG aF als Organisationspflicht erfasst.[305] Die inhaltliche Konkretisierung der Anforderungen an ein ordnungsgemäßes Risikomanagement der KVG findet sich in § 29 KAGB.[306] Erforderlich ist neben einer sachgerechten *Due Diligence* im Hinblick ua auf die Auswahl der für Rechnung des Investmentvermögens getätigten Anlagen insbesondere auch eine **organisatorische und strukturelle Trennung** der Risikomanagementfunktion vom Portfoliomanagement.[307]

---

[301] Vgl. allg. zur Organisationsverfassung des Investmentgeschäfts *Köndgen/Schmies* in Schimansky/Bunte/Lwowski, Bankrechts-HdB, § 113 Rn. 10 f.; *Baur/Ziegler,* Bankrecht und Bankpraxis (BuB), Rn. 9/73 ff.

[302] So *Winterhalder* in Weitnauer/Boxberger/Anders, KAGB, § 17 Rn. 20 unter Verweis auf Erwägungsgrund 20 AIFM-RL.

[303] Vgl. *Winterhalder* in Weitnauer/Boxberger/Anders, KAGB, § 17 Rn. 20; zur Verwaltungspflicht nach § 9 Abs. 1 InvG aF eingehend *Steck* in Emde/Dornseifer/Dreibus/Hölscher, InvG, § 9 Rn. 11 ff.

[304] *Köndgen* in Berger/Steck/Lübbehüsen, InvG/InvStG, § 9 InvG Rn. 21; *Steck* in Emde/Dornseifer/Dreibus/Hölscher, InvG, § 9 Rn. 14 ff.

[305] Vgl. zum angemessenen Risikomanagement nach § 9a Abs. 1 S. 2 Nr. 1 InvG aF *Steck* in Emde/Dornseifer/Dreibus/Hölscher, InvG, § 9a Rn. 11 ff.

[306] Überblick zu der Neuregelung bei *Sprengnether/Wächter* WM 2014, 877; *Kort* AG 2013, 582; *Kort/Lehmann,* Risikomanagement und Compliance im neuen KAGB – juristische und ökonomische Aspekte, in Möllers/Kloyer (Hrsg.), Das neue Kapitalanlagegesetzbuch, 2013, Rn. 479 ff.; aus der Perspektive der AIFM-RL *Timmerbeil/Spachmüller* DB 2012, 1425.

[307] Vgl. hierzu *Swoboda* in Weitnauer/Boxberger/Anders, KAGB, § 29 Rn. 19 ff.; *Sprengnether/Wächter* WM 2014, 877, 880 ff.

Vor dem Hintergrund des im Investmentrecht geltenden **Spezialitätsgrundsatzes**,[308] 80
der darin zum Ausdruck kommt, dass die KVG grundsätzlich auf einen einzigen Geschäftszweig, und zwar die Verwaltung von Investmentvermögen beschränkt ist, sieht
§ 20 Abs. 2 u. 3 KAGB vor, dass die KVG daneben nur noch die dort genannten
**(Neben-)Dienstleistungen** erbringen darf. Die Aufzählung in § 20 Abs. 2 u. 3 KAGB
ist abschließend, sie gilt allein für externe KVG, für interne KVG sieht § 20 Abs. 7
KAGB vor, dass ausschließlich die Verwaltung des Investmentvermögens erbracht werden darf (zur Abgrenzung externe/interne KVG → Rn. 81). Die Erlaubnis für die Verwaltung von Investmentvermögen umfasst nicht die Erbringung der **Finanzportfolioverwaltung** iSv § 20 Abs. 2 Nr. 1, Abs. 3 Nr. 1 KAGB, hierfür ist eine gesonderte Erlaubnis der BaFin erforderlich. Es handelt sich insoweit aber nicht um eine Erlaubnis
nach § 32 Abs. 1 KWG, vielmehr wird die KAGB-Zulassung um diese Dienstleistung
erweitert.[309]

In Umsetzung von Art. 5 Abs. 1 S. 2a u. b AIFM-RL greift § 17 Abs. 2 KAGB die 81
schon im Geltungsbereich des InvG bestehende **Unterscheidung zwischen Selbst- und
Fremdverwaltung** auf. § 17 Abs. 2 KAGB sieht insoweit vor, dass es sich bei der KVG
um eine interne oder eine externe KVG (§ 1 Abs. 12 f. KAGB) handeln kann. Als **externe
KVG** definiert § 17 Abs. 2 Nr. 1 KVG eine vom Investmentvermögen oder im Namen des
Investmentvermögens bestellte KVG, die auf Grund der Bestellung für die Verwaltung des
Investmentvermögens zuständig ist. Eine externe Verwaltung setzt daher voraus, dass
entweder das Investmentvermögen über eine eigene Rechtspersönlichkeit verfügt (wie
zB die InvAG) oder ansonsten der Fondsinitiator im Namen des Sondervermögens ein
Unternehmen zur KVG bestellt.[310] Der Begriff der **Bestellung** ist dabei nicht im organschaftlichen Sinne zu verstehen,[311] es handelt sich vielmehr um einen geschäftsbesorgungsrechtlichen Vertrag, durch den die KVG sich den Rechten und Pflichten des KAGB unterwirft.[312] Der im Rahmen der Bestellung geschlossene Vertrag ist nicht identisch mit dem
Investmentvertrag, der zwischen Anleger und KVG mit dem erstmaligen Erwerb eines Anteils oder einer Aktie an einem Investmentvermögen zustande kommt.[313] Die zwingenden
aufsichtsrechtlichen Regelungen des KAGB können durch den der Bestellung zugrunde
liegenden Vertrag nicht abbedungen werden.[314] Die bloße Erteilung der Erlaubnis als KVG
(zur Erlaubnispflicht → Rn. 84 ff.) ist nicht mit der Bestellung nach § 17 Abs. 2 Nr. 1
KAGB gleichzusetzen.[315]

Sofern die Rechtsform des Investmentvermögens eine interne Verwaltung zulässt und 82
Vorstand oder Geschäftsführung des Investmentvermögens entscheiden, keine externe
KVG zu bestellen, handelt es sich um eine **interne KVG** nach § 17 Abs. 2 Nr. 2 KAGB.
Als interne KVG kommen insoweit nur Investmentvermögen mit eigener Rechtspersönlichkeit wie die InvAG sowie die InvKG in Betracht. Sofern sich Vorstand oder Geschäftsführung entscheiden, keine externe KVG zu bestellen, hat dies zur Folge, dass die
Regelungen für die KVG auf das Investmentvermögen selber anzuwenden sind.[316] Die in-

---

[308] Geregelt ist dieser Grundsatz ua in Art. 6 Abs. 1 OGAW-RL sowie Art. 6 Abs. 2 u. 3 iVm
Anhang I AIFM-RL.
[309] Zutreffend *Winterhalder* in Weitnauer/Boxberger/Anders, KAGB, § 20 Rn. 7 unter Verweis auf
§ 2 Abs. 1 Nr. 3b, Abs. 6 Nr. 5a KWG.
[310] Vgl. *Tollmann* in Dornseifer/Jesch/Klebeck/Tollmann, AIFM-RL, Art. 5 Rn. 15.
[311] *Zetsche* AG 2013, 614.
[312] Ähnlich *Tollmann* in Dornseifer/Jesch/Klebeck/Tollmann, AIFM-RL, Art. 5 Rn. 15.
[313] Anders offenbar *Winterhalder* in Weitnauer/Boxberger/Anders, KAGB, § 17 Rn. 36. Allg. zum
Investmentvertrag *Baur/Ziegler*, Bankrecht und Bankpraxis (BuB), Rn. 9/269 ff.
[314] *Tollmann* in Dornseifer/Jesch/Klebeck/Tollmann, AIFM-RL, Art. 5 Rn. 15; im Ergebnis – allerdings bezogen auf den Investmentvertrag – auch *Winterhalder* in Weitnauer/Boxberger/Anders,
KAGB, § 17 Rn. 39.
[315] *Winterhalder* in Weitnauer/Boxberger/Anders, KAGB, § 17 Rn. 37.
[316] *Tollmann* in Dornseifer/Jesch/Klebeck/Tollmann, AIFM-RL, Art. 5 Rn. 18.

vestmentrechtliche Verwaltungstätigkeit wird in diesem Fall vom Vorstand oder der Geschäftsführung ausgeführt.[317]

83 Von einer externen Verwaltung iSv § 17 Abs. 2 Nr. 1 KAGB abzugrenzen ist eine **Auslagerung,** die unter den Voraussetzungen des § 36 KAGB zulässig ist.[318] Maßgeblich ist insoweit, wer die Verantwortung gegenüber Dritten (dh im Außenverhältnis) für die erbrachte Tätigkeit trägt.[319] Das Auslagerungsunternehmen ist im Außenverhältnis gegenüber Dritten nicht verantwortlich, da die KVG nach § 36 Abs. 4 KAGB für ein Verschulden des Auslagerungsunternehmens wie für eigenes Verschulden haftet. Eine Begrenzung der Haftung der KVG auf ein bloßes Auswahl- oder Überwachungsverschulden ist unwirksam.[320] Der Begriff der Auslagerung wird im KAGB nicht definiert, maßgeblich ist insoweit, dass eine dem Geschäftsbetrieb der KVG dienende Funktion nicht oder nicht mehr vollständig von dieser selbst ausgeführt wird, sondern organisatorisch getrennt durch ein Auslagerungsunternehmen erbracht wird.[321] Die in § 16 InvG aF vorgesehene Beschränkung, dass eine Auslagerung nur bei der Übertragung wesentlicher Aufgaben vorliegt, findet sich in § 36 KAGB nicht.[322] Allerdings soll § 36 KAGB auf bloße **Hilfsaufgaben** der KVG wie rein unterstützende Tätigkeiten oder technische Funktionen keine Anwendung finden.[323] Eine Auslagerung liegt aber bereits vor, wenn die KVG die in Anhang I Nr. 2 AIFM-RL genannten Funktionen (zB administrative Tätigkeiten; Tätigkeiten im Zusammenhang mit den Vermögenswerten eines AIF wie Facility Management und Immobilienverwaltung) durch einen Dritten wahrnehmen lässt.[324] Eine Auslagerung der Portfolioverwaltung bzw. des Risikomanagements ist nach § 36 Abs. 1 Nr. 3 KAGB zulässig, sofern das Auslagerungsunternehmen über eine entsprechende **Zulassung** für die Vermögensverwaltung oder Finanzportfolioverwaltung verfügt.[325] Bei AIF-Verwaltungsgesellschaften besteht nach § 36 Abs. 1 Nr. 3 aE KAGB für die Auslagerungsunternehmen die Möglichkeit, die Portfolioverwaltung bzw. das Risikomanagement alternativ über eine **Genehmigung** der BaFin auszuüben.[326] Unzulässig ist nach § 36 Abs. 3 u. 7 KAGB wegen der damit verbundenen Interessenkonflikte u. a. die Auslagerung der Portfolioverwaltung und des Risikomanagements auf die Verwahrstelle. Eine solche Auslagerung hätte zur Folge, dass die Verwahrstelle ihre eigene Tätigkeit im Rahmen der Portfolioverwaltung oder des Risikomanagements zu überwachen hätte.[327] Das **Konzernprivileg** nach § 2 Abs. 6 S. 1 Nr. 5 KWG findet im Rahmen der Auslagerung keine Anwendung, sodass auch für Konzernunternehmen die Vorgaben des § 36 Abs. 1 S. 1 Nr. 3 KAGB gelten. Als Grenze für die Auslagerung sieht § 36 Abs. 5 KAGB vor, dass die

---

[317] *Winterhalder* in Weitnauer/Boxberger/Anders, KAGB, § 17 Rn. 50.
[318] Vgl. auch *Weiser/Hüwel* BB 2013, 1091.
[319] Vgl. *BaFin,* Häufige Fragen zum Thema Auslagerung gemäß § 36 KAGB (Stand: 12.5.2014), Ziff. 14.
[320] Vgl. *Tollmann* in Dornseifer/Jesch/Klebeck/Tollmann, AIFM-RL, Art. 20 Rn. 142; *Volhard/Jang* in Weitnauer/Boxberger/Anders, KAGB, § 36 Rn. 43.
[321] *Eyles* WM 2000, 1217, 1220; *Steck* in Berger/Steck/Lübbehüsen, InvG/InvStG, § 16 InvG Rn. 7.
[322] Kritisch zu § 16 InvG vor dem Hintergrund von Art. 13 OGAW-RL *Tollmann* in Dornseifer/Jesch/Klebeck/Tollmann, AIFM-RL, Art. 20 Rn. 24; zur Abgrenzung von wesentlichen und nicht wesentlichen Aufgaben *Steck* in Berger/Steck/Lübbehüsen, InvG/InvStG, § 16 InvG Rn. 9 ff.; zum Auslagerungsbegriff der AIFM-RL allg. auch *Klebeck* RdF 2012, 225.
[323] Vgl. Erwägungsgrund 31 S. 2 AIFM-RL; hierzu auch *Tollmann* in Dornseifer/Jesch/Klebeck/Tollmann, AIFM-RL, Art. 20 Rn. 24.
[324] *BaFin,* Häufige Fragen zum Thema Auslagerung gemäß § 36 KAGB (Stand: 12.5.2014), Ziff. 1; aA *Tollmann* in Dornseifer/Jesch/Klebeck/Tollmann, AIFM-RL, Art. 20 Rn. 27, der daher eine Verantwortung der KVG weder für die Auswahl noch für die laufende Überwachung des eingeschalteten Dienstleisters annimmt.
[325] Vgl. zu den Einzelheiten *Volhard/Jang* in Weitnauer/Boxberger/Anders, KAGB, § 36 Rn. 20.
[326] OGAW-Verwaltungsgesellschaften dürfen demgegenüber das Portfoliomanagement nur an lizensierte Auslagerungsunternehmen auslagern.
[327] *Tollmann* in Dornseifer/Jesch/Klebeck/Tollmann, AIFM-RL, Art. 20 Rn. 113.

KVG hierdurch nicht zu einer **Briefkastenfirma** werden darf. Inwieweit dies der Fall ist, bestimmt sich nach Art. 82 Level II-VO anhand quantitativer und qualitativer Kriterien. Nicht möglich ist es insoweit, dass die KVG die Portfolioverwaltung und das Risikomanagement vollständig auslagert und nur noch administrative Tätigkeiten für alle Investmentvermögen ausübt.[328] Eine andere Beurteilung kommt aber in Betracht, wenn die KVG mehrere Investmentvermögen verwaltet und nur in Bezug auf ein Investmentvermögen die Portfolioverwaltung und das Risikomanagement vollständig auslagert.[329] Bei Immobilien-Sondervermögen kann die Portfolioverwaltung vollständig ausgelagert werden, sodass auch die Anlageentscheidungen zum Kauf oder Verkauf von Immobilien durch das Auslagerungsunternehmen getroffen werden können.[330]

**b) Erlaubnispflicht.** Der Geschäftsbetrieb einer KVG bedarf nach § 20 Abs. 1 S. 1 KAGB der schriftlichen Erlaubnis der BaFin, wobei §§ 21, 22 KAGB jeweils separate Erlaubnisanforderungen für OGAW- und AIF-Kapitalverwaltungsgesellschaften festlegen. Eine Erlaubnispflicht besteht bereits dann, wenn mindestens die Portfolioverwaltung *oder* das Risikomanagement für ein oder mehrere Investmentvermögen erbracht wird.[331] Von der Erlaubnispflicht abzugrenzen ist die Frage der **Erlaubnisfähigkeit**. Nach § 18 Abs. 1 KAGB dürfen externe KVG nur in der Rechtsform der AG, GmbH oder GmbH & Co. KG betrieben werden. Die bislang in § 6 Abs. 1 S. 2 InvG aF geregelte Begrenzung zulässiger Rechtsformen wird somit um die GmbH & Co. KG erweitert, um den praktischen Bedürfnissen sowie den typischen Strukturen geschlossener AIF zu entsprechen.[332] Die für eine Erlaubnis vorausgesetzte Rechtsform ist allerdings kein Merkmal einer KVG. Ein Unternehmen, das der Begriffsbestimmung in § 17 Abs. 1 KAGB unterfällt, ist daher auch ohne Einhaltung der vorgeschriebenen Rechtsform als KVG zu qualifizieren.[333] Das Fehlen der gesetzlich vorgeschriebenen Rechtsform würde bei Gründung einer KVG aber dazu führen, dass die erforderliche Erlaubnis seitens der BaFin nicht erteilt wird. Im Fall eines nachträglichen Rechtsformwechsels in eine unzulässige Rechtsform wäre die BaFin nach § 23 Nr. 11 KAGB zur **Aufhebung der Erlaubnis** berechtigt.[334]

Einer Erlaubnis als KVG bedarf es nicht, soweit ein Unternehmen nach § 2 KAGB von der Aufsicht freigestellt ist. Dies betrifft insbesondere „kleine" AIF-KVG iSv § 2 Abs. 4 u. 5 KAGB, für die lediglich eine **Registrierungspflicht** nach § 44 KAGB besteht.[335] Aus der Gesetzessystematik ist abzuleiten, dass die in § 20 Abs. 2 u. 3 KAGB aufgeführten (Neben-)Dienstleistungen nur von externen KVG erbracht werden dürfen, die über eine Erlaubnis der BaFin verfügen, eine bloße Registrierung nach § 44 KAGB genügt insoweit nicht.[336]

Die inhaltlichen Anforderungen an den **Erlaubnisantrag** werden in § 21 KAGB für die OGAW-Verwaltungsgesellschaft und in § 22 KAGB für die AIF-Verwaltungsgesellschaft

---

[328] *BaFin*, Häufige Fragen zum Thema Auslagerung gemäß § 36 KAGB (Stand: 12.5.2014), Ziff. 11.
[329] Vgl. *BaFin*, Häufige Fragen zum Thema Auslagerung gemäß § 36 KAGB (Stand: 12.5.2014), Ziff. 11 mit der Einschränkung, dass im Übrigen den qualitativen Kriterien in Art. 82 Abs. 1d) i) bis vii) Level II-VO Rechnung getragen ist.
[330] *BaFin*, Häufige Fragen zum Thema Auslagerung gemäß § 36 KAGB (Stand: 12.5.2014), Ziff. 15. Zu der Frage, ob die Erwägungen der BaFin auf andere Sachwerte übertragbar sind, vgl. *Volhard/Jang* in Weitnauer/Boxberger/Anders, KAGB, § 36 Rn. 50.
[331] *Winterhalder* in Weitnauer/Boxberger/Anders, KAGB, § 17 Rn. 15; aA *Tollmann* in Dornseifer/Jesch/Klebeck/Tollmann, AIFM-RL, Art. 4 Rn. 175, der eine Erlaubnispflicht nur annimmt, wenn beide Tätigkeiten erbracht werden.
[332] Begr. RegE KAGB, BT-Drucks. 17/12294, S. 212.
[333] *Thole* in Emde/Dornseifer/Dreibus/Hölscher, InvG, § 6 Rn. 10.
[334] Vor diesem Hintergrund sieht § 34 Abs. 3 Nr. 5 KAGB eine Anzeigepflicht bei Änderungen von Satzung und Gesellschaftsvertrag vor.
[335] Vgl. zu diesem Registrierungsverfahren *Boxberger* in Weitnauer/Boxberger/Anders, KAGB, § 44 Rn. 33 ff.
[336] *Winterhalder* in Weitnauer/Boxberger/Anders, KAGB, § 20 Rn. 42.

festgelegt.³³⁷ Die BaFin muss der KVG die beantragte **Erlaubnis versagen**, soweit die Voraussetzungen nach § 23 KAGB vorliegen.³³⁸ Die Aufzählung der Versagungsgründe in § 23 KAGB ist abschließend, vor dem Hintergrund der durch Art. 12 GG geschützten Berufsfreiheit ist es der BaFin daher nicht möglich, das Instrument der Erlaubnisversagung nach Belieben zum Zweck der präventiven Aufsicht anzuwenden, vielmehr können bei Fehlen eines Versagungsgrundes Rechtsverstöße allein im Rahmen der laufenden Aufsicht geahndet werden.³³⁹ Nach § 23 Nr. 10 KAGB ist die Erlaubnis zu versagen, wenn die KVG die Portfolioverwaltung erbringt, ohne auch das Risikomanagement zu erbringen, dasselbe gilt im umgekehrten Fall. Der Begriff der Erbringung ist dabei aber nicht als tatsächliche Erbringung zu versehen, sondern lediglich als Fähigkeit, beide Tätigkeiten ausüben zu können.³⁴⁰ Die KVG muss daher beide Tätigkeiten nicht selber ausüben, sondern kann sie – im Rahmen der gesetzlichen Möglichkeiten – auf ein anderes Unternehmen auslagern (→ Rn. 69).³⁴¹

**87** c) **Haftung der KVG.** aa) Haftungsgrundlagen. Neben einer möglichen **Prospekthaftung** der KVG (→ Rn. 126 ff.) können sich Ansprüche der Anleger gegen die KVG insbesondere aus dem zwischen den Parteien bestehenden **Investmentvertrag** ergeben. Zwischen dem Anleger eines Sondervermögens und der KVG wird nach allgemeiner Ansicht ein solcher Investmentvertrag geschlossen, bei dem es sich um einen Geschäftsbesorgungsvertrag handelt, der auf eine Dienstleistung gerichtet ist (§§ 675 Abs. 1, 611 BGB).³⁴² Durch den Investmentvertrag wird die KVG gegenüber dem Anleger berechtigt und verpflichtet, das Sondervermögen zu verwalten.³⁴³ Das Zustandekommen des Investmentvertrages bestimmt sich nach den allgemeinen Regelungen der §§ 145 ff. BGB. Das Angebot auf Abschluss des Investmentvertrages erfolgt in Fällen des **Ersterwerbs** regelmäßig durch den Anleger, indem er einen Auftrag zum Erwerb der Anteile oder Aktien erteilt.³⁴⁴ Dieses Angebot nimmt die KVG durch die Übersendung der Abrechnung an.³⁴⁵ Beim Erwerb von Anteilscheinen, die bereits früher ausgegeben worden sind **(Zweiterwerb)**, wird kein neuer Investmentvertrag begründet, vielmehr liegt lediglich ein Rechtskauf iSv § 453 Abs. 1 BGB vor.³⁴⁶ Eine Schlechterfüllung von Pflichten aus dem Investmentvertrag kann – mit der Rechtsfolge einer Haftung der KVG nach § 280 Abs. 1 BGB – zB vorliegen bei einem Verstoß gegen die Vertragsbedingungen sowie einer mit den Methoden einer effi-

---

³³⁷ Vgl. hierzu den Überblick bei *Bußalb*, Die Kompetenzen der BaFin bei der Überwachung der Pflichten aus dem KAGB in Möllers/Kloyer (Hrsg.), Das neue Kapitalanlagengesetzbuch, 2013, Rn. 596 ff.

³³⁸ Einen Ermessensspielraum hat die BaFin insoweit nicht, vgl. *Thole* in Emde/Dornseifer/Dreibus/Hölscher, InvG, § 7b Rn. 2.

³³⁹ *Bußalb* Die Kompetenzen der BaFin bei der Überwachung der Pflichten aus dem KAGB in Möllers/Kloyer, (Hrsg.), Das neue Kapitalanlagengesetzbuch, 2013, Rn. 600; zur früheren Rechtslage auch *Thole* in Emde/Dornseifer/Dreibus/Hölscher, InvG, § 7b Rn. 3.

³⁴⁰ Vgl. *Bußalb* Die Kompetenzen der BaFin bei der Überwachung der Pflichten aus dem KAGB in Möllers/Kloyer (Hrsg.), Das neue Kapitalanlagengesetzbuch, 2013, Rn. 602.

³⁴¹ *Winterhalder* in Weitnauer/Boxberger/Anders, KAGB, § 23 Rn. 22.

³⁴² *Baur/Ziegler*, Bankpraxis und Bankpraxis (BuB), Rn. 9/269; *Schödermeier/Baltzer* in Brinkhaus/Scherer, KAGG/AuslInvestmG, § 15 KAGG Rn. 8; *Geßler* WM-Sonderbeilage Nr. 4/1957, 10, 20; *Reuter*, S. 109; *Weigel*, S. 94; für die Einordnung des Vertrages als Vertrag sui generis mit geschäftsbesorgungsrechtlichen Elementen *Köndgen/Schmies* in Schimansky/Bunte/Lwowski, Bankrechts-HdB, § 113 Rn. 115.

³⁴³ Dieser Vertrag ist nicht identisch mit dem infolge der Bestellung der KVG geschlossenen Geschäftsbesorgungsvertrag, aA wohl *Winterhalder* in Weitnauer/Boxberger/Anders, KAGB, § 17 Rn. 36.

³⁴⁴ *Baur/Ziegler*, Bankrecht und Bankpraxis (BuB), Rn. 9/271; zu weitgehend *Polifke* in Weitnauer/Boxberger/Anders, KAGB, § 162 Rn. 6, der die Auffassung vertritt, dass das Angebot immer vom Anleger ausgehen muss.

³⁴⁵ *Schödermeier/Baltzer* in Brinkhaus/Scherer, KAGG/AuslInvestmG, § 15 KAGG Rn. 9.

³⁴⁶ *Polifke* in Weitnauer/Boxberger/Anders, KAGB, § 162 Rn. 7; *Schödermeier/Baltzer* in Brinkhaus/Scherer, KAGG/AuslInvestmG, § 15 KAGG Rn. 9.

zienten Portfolio-Verwaltung nicht genügenden Diversifizierung.[347] Allein der Umstand, dass sich eine Anlage negativ entwickelt, begründet demgegenüber keine Haftung der KVG, da es sich insoweit um ein generelles Risiko der Vermögensanlage handelt, das von den Anlegern selbst getragen werden muss.[348] Eine Haftung der KVG nach Vertragsgrundsätzen kommt auch bei einem Verstoß gegen die Wohlverhaltenspflichten nach § 26 KAGB in Betracht, sofern diesen nicht eine allein aufsichtsrechtliche Bedeutung zukommt.[349] Ein Pflichtverstoß der KVG kann auch bei **fehlerhaften Anlagebedingungen** vorliegen, da es sich insoweit um eine dem Anleger auch vertraglich geschuldete Information handelt.[350] Ein Schadensersatzanspruch der Anleger gegen die KVG kann sich auch bei Verletzung des zivilrechtlichen Anspruchs auf Auskunft und Rechnungslegung nach §§ 675 Abs. 1, 666 BGB ergeben, der durch die aufsichtsrechtliche Rechnungslegung nicht ersetzt wird.[351] In Betracht kommen zudem **deliktische Ansprüche** gegen die KVG nach § 823 Abs. 2 BGB, soweit die Regelungen des KAGB als **Schutzgesetze** zu bewerten sind. Eine Haftung der KVG aus § 823 Abs. 2 BGB wird zB im Fall **fehlerhafter Jahresberichte** angenommen.[352]

bb) Geltendmachung von Ansprüchen der Anleger. Nach § 78 Abs. 1 Nr. 1 KAGB ist **88** die Verwahrstelle (→ Rn. 90) berechtigt und verpflichtet, im eigenen Namen Ansprüche der Anleger wegen Verstößen gegen gesetzliche Vorgaben des KAGB oder die Anlagebedingungen gegen die OGAW-Verwaltungsgesellschaft geltend zu machen, in Bezug auf AIF-Verwaltungsgesellschaften findet sich eine entsprechende Regelung in § 89 Abs. 1 Nr. 1 KAGB. Es handelt sich um einen Fall der **gesetzlichen Prozessstandschaft**,[353] der seine Grundlage in der Treuhänderstellung der Verwahrstelle zugunsten der Anleger findet.[354] Die Prozessstandschaft erstreckt sich nur auf gegen die KVG gerichtete Ansprüche, die Geltendmachung von Ansprüchen der KVG gegen Dritte (zB auf Lieferung von Wertpapieren in das Sondervermögen) wird von §§ 78 Abs. 1 Nr. 1, 89 Abs. 1 Nr. 1 KAGB nicht erfasst.[355] Da im Fall einer **Auslagerung** die KVG nach § 36 Abs. 4 KAGB für das Auslagerungsunternehmen wie für eigenes Verschulden haftet,[356] sind auch solche Ansprüche von der Prozessstandschaft erfasst.[357] Soweit im Einzelfall unmittelbare Ansprüche des Anlegers gegen das Auslagerungsunternehmen bestehen,[358] kommt jedenfalls eine analoge Anwendung von §§ 78 Abs. 1 Nr. 1, 89 Abs. 1 Nr. 1 KAGB in Betracht.[359]

Nach §§ 78 Abs. 1 S. 2, 89 Abs. 1 S. 2 KAGB ist die Geltendmachung von Ansprüchen **89** gegen die OGAW- oder AIF-Verwaltungsgesellschaft durch die Anleger nicht ausgeschlossen. Umstritten ist insoweit, ob es sich um Ansprüche des einzelnen Anlegers handelt oder

---

[347] *Köndgen/Schmies* in Schimansky/Bunte/Lwowski, Bankrechts-HdB, § 113 Rn. 138.
[348] Vgl. *vom Berge und Herrendorff*, S. 110; *Baur/Ziegler*, Bankrecht und Bankpraxis (BuB), Rn. 9/647.
[349] *Köndgen* in Berger/Steck/Lübbehüsen, InvG/InvStG, § 28 InvG Rn. 5.
[350] *Möllers*, Das Haftungssystem des KAGB in Möllers/Kloyer (Hrsg.), Das neue Kapitalanlagengesetzbuch, 2013, Rn. 647.
[351] Vgl. *Klusak* in Weitnauer/Boxberger/Anders, KAGB, § 78 Rn. 8; für einen Haftungsanspruch der Anleger bei Verstoß gegen die Pflicht zur Auskunft und Rechenschaftslegung auch *Köndgen* in Berger/Steck/Lübbehüsen, InvG/InvSt, § 28 InvG Rn. 5.
[352] Vgl. *Möllers*, Das Haftungssystem des KAGB in Möllers/Kloyer (Hrsg.), Das neue Kapitalanlagengesetzbuch, 2013, Rn. 647, der insoweit insbesondere darauf abstellt, dass ein Verstoß nach § 340 Abs. 12b KAGB bußgeldbewehrt ist.
[353] *Klusak* in Weitnauer/Boxberger/Anders, KAGB, § 78 Rn. 9; vgl. zur früheren Rechtslage auch *Alfes* in Emde/Dornseifer/Dreibus/Hölscher, InvG, § 28 Rn. 11.
[354] *Ohl*, S. 61; *Alfes* in Emde/Dornseifer/Dreibus/Hölscher, InvG, § 28 Rn. 11.
[355] So zum früheren Recht *Alfes* in Emde/Dornseifer/Dreibus/Hölscher, InvG, § 28 Rn. 12.
[356] Das Auslagerungsunternehmen ist rechtlich als Erfüllungsgehilfe der KVG zu qualifizieren, vgl. *Volhard/Jang* in Weitnauer/Boxberger/Anders, KAGB, § 36 Rn. 43.
[357] Vgl. *Alfes* in Emde/Dornseifer/Dreibus/Hölscher, InvG, § 28 Rn. 20.
[358] Da die Auslagerung nach Art. 75c) Level II-VO nicht dazu führen darf, dass die Verantwortung oder Haftung der KVG ausgeschlossen wird, dürfte dies nur im Anwendungsbereich von § 826 BGB in Betracht kommen.
[359] So zur früheren Rechtslage auch *Alfes* in Emde/Dornseifer/Dreibus/Hölscher, InvG, § 28 Rn. 20.

lediglich um gemeinschaftliche Ansprüche, die von einem einzelnen Anleger im Wege der *actio pro socio* geltend gemacht werden können. Weiterhin besteht Uneinigkeit, ob die Ansprüche auf **Leistung an den einzelnen Anleger** oder auf **Leistung in das Sondervermögen** gerichtet sind.[360] Dafür, dem Anleger einen Anspruch auf Leistung an sich selbst zuzubilligen,[361] spricht, dass ein Pflichtverstoß der OGAW- oder AIF-Verwaltungsgesellschaft zB auch zur Folge haben kann, dass es (nur) beim einzelnen Anleger zu steuerlichen Nachteilen kommen kann, sodass die Ebene des Investmentvermögens nicht berührt ist.[362]

90 **2. Verwahrstelle.** Der bislang in § 2 Abs. 7 InvG aF definierte Begriff der Depotbank ist im Zuge der Umsetzung der AIFM-RL durch den Begriff der Verwahrstelle abgelöst worden, ohne dass sich im KAGB aber eine Legaldefinition findet. Übernommen wird der Begriff der Verwahrstelle aus Art. 22 OGAW IV-RL sowie Art. 21 AIFM-RL, dies erfolgt mit dem Ziel, das KAGB an die europäische Diktion anzupassen.[363] Das KAGB unterscheidet zwischen den Regelungen für OGAW-Verwahrstellen (§§ 68 ff. KAGB) und AIF-Verwahrstellen (§§ 80 ff. KAGB), wobei die Vorschriften weit gehend deckungsgleich sind.[364] Die OGAW-Verwahrstelle handelt bei der Wahrnehmung ihrer Aufgaben unabhängig von der KVG und ausschließlich im Interesse der Anleger (§ 70 Abs. 1 KAGB), die AIF-Verwahrstelle hat neben den Interessen der Anleger auch die Interessen des AIF zu wahren (§ 85 Abs. 1 KAGB).

91 **a) OGAW-Verwahrstelle.** Nach § 68 Abs. 1 S. 1 KAGB hat die OGAW-Verwaltungsgesellschaft sicherzustellen, dass für jeden von ihr verwalteten OGAW eine Verwahrstelle beauftragt wird, hierbei muss es sich um ein **Kreditinstitut** iSv § 68 Abs. 2 KAGB handeln. Die Beauftragung der Verwahrstelle ist in einem schriftlichen Vertrag zu vereinbaren (§ 68 Abs. 1 S. 2 KAGB). Bei diesem **Verwahrstellenvertrag** handelt es sich um einen gemischt-typischen Vertrag, der sowohl Elemente eines auf eine Dienstleistung gerichteten Geschäftsbesorgungsvertrages iSv §§ 675 Abs. 1, 611 BGB als auch depotvertragliche Elemente aufweist.[365] Umstritten ist die Rechtsnatur des Verwahrstellenvertrages im Verhältnis zum Anleger. Verschiedentlich wird eine Qualifizierung als **Vertrag zugunsten Dritter** iSv § 328 BGB vorgenommen,[366] vorzugswürdig erscheint aber die Auffassung, dass es sich um ein **gesetzliches Schuldverhältnis** zwischen der Verwahrstelle und den Anlegern handelt.[367] Für den Verwahrstellenvertrag ist bis auf die Regelungen zum Informationsaustausch nach § 68 Abs. 1 S. 3, Abs. 6 S. 1 KAGB sowie die Beauftragung der OGAW-Verwaltungsgesellschaft an das Kreditinstitut, als Verwahrstelle tätig zu werden, kein gesetzlicher **Mindestinhalt** vorgegeben, in der Praxis ist es allerdings üblich, die Pflichten der Verwahrstelle durch eine pauschale Bezugnahme auf das KAGB einzubeziehen.[368] Anzutreffen sind ferner ergänzende Vereinbarungen zB in Form von *Service Level Agreements,* in denen ua auch

---

[360] Vgl. zum Streitstand im Rahmen von § 28 Abs. 1 S. 2 InvG aF *Alfes* in Emde/Dornseifer/Hölscher, InvG, § 28 Rn. 32; *Köndgen* in Berger/Steck/Lübbehüsen, InvG/InvStG, § 9 InvG Rn. 16 f.

[361] So mit eingehender Begründung auch *Köndgen* in Berger/Steck/Lübbehüsen, InvG/InvStG, § 9 InvG Rn. 17.

[362] *Klusak* in Weitnauer/Boxberger/Anders, KAGB, § 78 Rn. 12; aA *Alfes* in Emde/Dornseifer/Dreibus/Hölscher, InvG, § 28 Rn. 34, der lediglich Ansprüche der Gemeinschaft der Anleger annimmt, die der einzelne Anleger im Wege der *actio pro socio* geltend machen kann.

[363] Begr. RegE KAGB, BT-Drucks. 17/12294, S. 336, vgl. auch *Kapteina/Davis* WM 2013, 1977, 1980 mit dem zutreffenden Hinweis, dass es ohne Weiteres möglich gewesen wäre, den Begriff der Depotbank beizubehalten.

[364] Zum Hintergrund vgl. *Kapteina/Davis* WM 2013, 1977, 1980.

[365] *Köndgen/Schmies* in Schimansky/Bunte/Lwowski, Bankrechts-HdB, § 113 Rn. 133; *Baur/Ziegler,* Bankrecht und Bankpraxis (BuB), Rn. 9/120.

[366] Vgl. *Baur/Ziegler,* Bankrecht und Bankpraxis (BuB), Rn. 9/121; *Geßler* WM-Sonderbeil. Nr. 4/1957, 10, 22.

[367] *Canaris,* Bankvertragsrecht, Rn. 2464; *Köndgen/Schmies* in Schimansky/Bunte/Lwowski, Bankrechts-HdB, § 113 Rn. 133; *Klusak* in Weitnauer/Boxberger/Anders, KAGB, § 68 Rn. 10.

[368] In diesem Sinne zum bisherigen Depotbankvertrag *Baur/Ziegler,* Bankrecht und Bankpraxis (BuB), Rn. 9/122 f. mit Hinweisen zum üblichen Mindestinhalt.

technisch-operative Aspekte geregelt werden.[369] Die **Auswahl** sowie jeder **Wechsel der OGAW-Verwahrstelle** bedarf nach § 69 Abs. 1 S. 1 KAGB der Genehmigung der BaFin.

Die **Pflichten** der Verwahrstelle sind in §§ 71 ff. KAGB geregelt. Eine wesentliche Verpflichtung der Verwahrstelle ist zum einen die **Ausgabe und Rücknahme von Anteilen oder Aktien** eines inländischen OGAW, § 71 Abs. 1 KAGB. Es handelt sich hierbei nicht um eine von der OGAW-Verwaltungsgesellschaft an die Verwahrstelle ausgelagerte Aufgabe, sondern um eine originäre Zuständigkeit der Verwahrstelle.[370] Die Verwahrstelle wird bei der Ausgabe und Rücknahme insoweit als gesetzlicher Vertreter der OGAW-Verwaltungsgesellschaft tätig.[371] Weiterhin normiert § 76 KAGB die **Kontrollfunktion** der Verwahrstelle. Die Vorschrift enthält allerdings keine vollständige und abschließende Darstellung der insoweit maßgeblichen Aufgaben der Verwahrstelle, vielmehr ergänzt § 76 KAGB lediglich die in anderen Vorschriften enthaltenen Kontrollrechte und -pflichten, soweit dies im Hinblick auf den bezweckten **Schutz der Anleger** erforderlich ist.[372] Im Hinblick auf **Weisungen** der OGAW-Verwaltungsgesellschaft enthält § 76 Abs. 2 KAGB eine eingeschränkte Kontrollfunktion der Verwahrstelle. Die Weisungen sind auszuführen, soweit diese nicht gegen gesetzliche Vorschriften und die Anlagebedingungen verstoßen. Hieraus kann aber nicht abgeleitet werden, dass die Verwahrstelle auch die allgemeine wirtschaftliche Vertretbarkeit von Anlageentscheidungen der KVG zu überprüfen hat,[373] vielmehr beinhaltet § 76 Abs. 2 KAGB eine reine **Rechtmäßigkeitskontrolle** der Verwahrstelle.[374] Ein Zweckmäßigkeitskontrolle, ob Anlageentscheidungen der KVG wirtschaftlich sinnvoll sind, ist durch die Verwahrstelle demgegenüber nicht vorzunehmen.[375] Von der Verwahrstelle sind daher keine Anlageziele oder Entscheidungen der Portfolioverwaltung einschließlich der Anlagepolitik zu überprüfen, im Hinblick auf die Anlagebedingungen beschränkt sich die Prüfungspflicht auf klar eingrenzbare und durch eindeutige Zahlenwerte oder Rechtsbegriffe definierte Grundsätze.[376]

Die Kontrollfunktion wird ergänzt durch einen Katalog von Geschäften, die die OGAW-Verwaltungsgesellschaft nur mit **Zustimmung der Verwahrstelle** durchführen darf (§ 75 Abs. 1 KAGB). Die Verwahrstelle hat dabei zu prüfen, ob die tatbestandlichen Voraussetzungen für die Geschäfte erfüllt sind und ob sie mit den weiteren Vorschriften des KAGB sowie den Anlagebedingungen übereinstimmen (§ 75 Abs. 2 KAGB). Eine fehlende Zustimmung der Verwahrstelle führt lediglich im Verhältnis zu den Anlegern zu einer **Unwirksamkeit der Verfügung**.[377]

**b) AIF-Verwahrstelle.** Das Regelungskonzept für AIF-Verwahrstellen in §§ 80 ff. KAGB entspricht im Wesentlichen den Vorschriften für OGAW-Verwahrstellen (→ Rn. 91 f.). Die Regelungen zur AIF-Verwahrstelle fallen indes detaillierter aus, was die im Vergleich zur OGAW-RL wesentliche höhere Regelungsdichte der AIFM-RL und das breitere Anlagespektrum von AIF-Verwaltungsgesellschaften widerspiegelt.[378]

---

[369] Vgl. *Klusak* in Weitnauer/Boxberger/Anders, KAGB, § 68 Rn. 6; *Baur/Ziegler*, Bankrecht und Bankpraxis (BuB), Rn. 9/122.
[370] *Klusak* in Weitnauer/Boxberger/Anders, KAGB, § 71 Rn. 4.
[371] Vgl. zur früheren Rechtslage nach § 23 Abs. 1 InvG aF *Köndgen* in Berger/Steck/Lübbehüsen, InvG/InvStG, § 23 InvG Rn. 5.
[372] *Klusak* in Weitnauer/Boxberger/Anders, KAGB, § 76 Rn. 2.
[373] So aber *Köndgen* in Berger/Steck/Lübbehüsen, InvG/InvStG, § 22 InvG Rn. 5.
[374] *Dreibus/Simmering* in Emde/Dornseifer/Dreibus/Hölscher, InvG, § 22 Rn. 17; *Klusak* in Weitnauer/Boxberger/Anders, KAGB, § 77 Rn. 12.
[375] OLG Frankfurt WM 1997, 364, 367; vgl. auch *BaFin*, Entwurf Verwahrstellenrundschreiben (Stand: 17.4.2014), Ziff. 7.1.3.
[376] Vgl. *Klusak* in Weitnauer/Boxberger/Anders, KAGB, § 76 Rn. 15 mN.
[377] Darüber hinaus kann die fehlende Zustimmung auch zu Schadensersatzansprüchen des OGAW bzw. der Anleger des OGAW führen, vgl. *Klusak* in Weitnauer/Boxberger/Anders, KAGB, § 75 Rn. 12.
[378] Vgl. den Überblick bei *Kobabe*, Geschlossene Fonds in Deutschland nach den Regelungen des KAGB in Möllers/Kloyer (Hrsg.), Das neue Kapitalanlagegesetzbuch, 2013, Rn. 1007 ff.

95 Mit den Regelungen in § 80 Abs. 3 u. 4 KAGB hat der deutsche Gesetzgeber von der Befugnis in Art. 21 Abs. 3c Unterabs. 3 AIFM-RL Gebrauch gemacht, wonach unter bestimmten Voraussetzungen für geschlossene AIF auch **Treuhänder** wie zB Notare, Rechtsanwälte, Steuerberater und Wirtschaftsprüfer **als Verwahrstelle** eingesetzt werden können. Der Gesetzgeber will mit der Möglichkeit der Treuhänder-Verwahrstelle der gegenwärtigen Praxis bei bestimmten Arten von geschlossenen AIF Rechnung tragen und insoweit die Expertise ausgewählter Berufsgruppen nutzen.[379]

96 Die Aufgaben der AIF-Verwahrstelle umfassen die **Verwahrung** (§ 81 KAGB) sowie die **Kontrollfunktion** (§ 83 KAGB), die durch einen **Katalog zustimmungspflichtiger Geschäfte** der AIF-Verwaltungsgesellschaft ergänzt werden (§ 84 KAGB). Eine Zahlstellenfunktion, wie sie § 74 KAGB für die OGAW-Verwahrstelle vorsieht,[380] findet sich für die AIF-Verwahrstelle nicht.

97 **c) Haftung der Verwahrstelle.** Für die Verantwortlichkeit der Verwahrstelle gegenüber einem inländischen OGAW sowie dessen Anlegern sieht § 77 Abs. 2 KAGB einen **allgemeinen Haftungstatbestand** vor. Hiernach haftet die Verwahrstelle für alle Verluste, die bei einer schuldhaften Verletzung ihrer Pflichten entstanden sind. Die Haftungsregelung erstreckt sich lediglich auf Tätigkeiten der Verwahrstelle für den OGAW oder die OGAW-Verwaltungsgesellschaft, die zu den gesetzlichen Aufgaben gehören. § 77 Abs. 2 KAGB umfasst daher zB nicht Ansprüche aus einer Tätigkeit der Verwahrstelle als Dienstleister im Rahmen eines Wertpapierliefer- oder Abrechnungssystems.[381] Für die Haftung der Verwahrstelle gegenüber dem inländischen AIF sowie dessen Anlegern enthält § 88 Abs. 2 KAGB eine gleich lautende Haftungsregelung. Die gesetzliche Haftung nach §§ 77 Abs. 2, 88 Abs. 2 KAGB kann vertraglich **nicht abbedungen** werden, da ansonsten der bezweckte Anlegerschutz ins Leere laufen würde.[382]

98 Im Gegensatz zu §§ 77 Abs. 2, 88 Abs. 2 KAGB sehen die §§ 77 Abs. 1, 88 Abs. 1 KAGB eine **verschuldensunabhängige Haftung der Verwahrstelle** vor, sofern ein verwahrtes Finanzinstrument abhanden kommt. Die Verwahrstelle kann sich allerdings nach §§ 77 Abs. 1 S. 3, 88 Abs. 1 S. 3 KAGB exkulpieren, wenn sie nachweist, dass das Abhandenkommen auf äußere Ereignisse zurückzuführen ist, deren Konsequenzen trotz aller angemessenen Gegenmaßnahmen unabwendbar waren. Hinsichtlich der Rechtsfolgen eines Pflichtverstoßes ist davon auszugehen, dass der Anspruch auf Zahlung eines Geldbetrages nicht subsidiär ist, sondern dem OGAW, dem AIF oder den Anlegern ein **Wahlrecht** zusteht, ob alternativ die Rückgabe eines Finanzinstruments gleicher Art verlangt wird.[383]

99 Die Geltendmachung der Ansprüche gegen die (OGAW- und AIF-)Verwahrstellen ist in §§ 78 Abs. 2, 89 Abs. 2 KWG geregelt. Die KVG ist demnach berechtigt und verpflichtet, die Ansprüche im eigenen Namen geltend zu machen. Ebenso wie im umgekehrten Fall der Geltendmachung von Ansprüchen gegen die KVG (→ Rn. 88 f.) wird auch die Verwahrstelle im Wege der **gesetzlichen Prozessstandschaft** tätig.[384] Im Gegensatz zur Geltendmachung von Ansprüchen gegen die KVG sehen allerdings §§ 78 Abs. 2 S. 2, 89 Abs. 2 S. 2 KAGB vor, dass jeder einzelne Anleger seinen individuellen Schaden gegenüber der Verwahrstelle geltend machen kann. Praktisch bedeutsam wird dieses individuelle Klagerecht insbesondere dann, wenn der Verwahrstelle angelastet wird, die Überwachung ge-

---

[379] Begr. RegE KAGB, BT-Drucks. 17/12294, S. 232.
[380] Vgl. zum Regelungskonzept in § 74 KAGB *Klusak* in Weitnauer/Boxberger/Anders, KAGB, § 74 Rn. 2 ff.
[381] *Klusak* in Weitnauer/Boxberger/Anders, KAGB, § 76 Rn. 14.
[382] So unter Verweis auf § 77 Abs. 4 KAGB *Klusak* in Weitnauer/Boxberger/Anders, KAGB, § 77 Rn. 7.
[383] *Klusak* in Weitnauer/Boxberger/Anders, KAGB, § 77 Rn. 20.
[384] Vgl. *Klusak* in Weitnauer/Boxberger/Anders, KAGB, § 78 Rn. 20; *Alfes* in Emde/Dornseifer/Dreibus/Hölscher, InvG, § 28 Rn. 36.

setzwidrigen oder vertragswidrigen Verhaltens der KVG versäumt zu haben, da in diesen Fällen die Durchsetzung von Ansprüchen gegen die KVG nicht Erfolg versprechend erscheint.[385]

### VII. Vertrieb von Investmentvermögen

**1. Vertriebswege.** Für den Vertrieb von Anteilen und Aktien an Investmentvermögen bestehen zahlreiche Absatzwege.[386] Da nur wenige KVG über eigene Vertriebsorganisationen aus angestellten Mitarbeitern verfügen, erfolgt der Vertrieb vielfach über **Kreditinstitute,** bei denen es sich häufig um Gesellschafterbanken der KVG oder jedenfalls zum gleichen Konzern gehörende Institute handelt. Daneben erfolgt vielfach eine Zusammenarbeit mit **freiberuflich tätigen Anlageberatern und -vermittlern** sowie **Vertriebsgesellschaften,** hierbei handelt es sich meist um Gewerbetreibende mit einer Erlaubnis nach § 34f GewO, die ihre Vertriebsaktivitäten im Rahmen der Bereichsausnahme des § 2 Abs. 6 S. 1 Nr. 8 KWG bzw. § 2a Abs. 1 Nr. 7 WpHG ausüben. Zunehmend an Bedeutung gewinnt der Vertrieb von Investmentanteilen über **Direktbanken,** die sich insbesondere an Anleger wenden, die beratungsfreie Wertpapiergeschäfte tätigen wollen.[387]  100

**2. Rechtliche Rahmenbedingungen des Vertriebs.** Im Zuge der Neuordnung des Investmentrechts infolge der Umsetzung der AIFM-RL (→ Rn. 2) haben auch die bislang in §§ 121ff. InvG aF geregelten Vertriebsvorschriften umfassende Neuerungen erfahren. § 293 Abs. 1 S. 1 KAGB enthält nunmehr eine **Definition des Vertriebsbegriffes,** die ihre Grundlage in Art. 4 Abs. 1x, Art. 43 AIFM-RL findet. Anders als § 2 Abs. 11 InvG aF knüpft § 293 Abs. 1 S. 1 KAGB nicht daran an, dass ein öffentlicher Vertrieb erfolgt. Die bislang im Rahmen des Vertriebsrechts erforderliche **Abgrenzung** zwischen einem **öffentlichen Vertrieb** und einer **Privatplatzierung,** die zahlreiche Probleme aufwarf,[388] ist daher im Anwendungsbereich von § 293 KAGB hinfällig.  101

**a) Vertriebsbegriff.** Nach § 293 Abs. 1 S. 1 ist Vertrieb das direkte oder indirekte **Anbieten oder Platzieren** von Anteilen oder Aktien eines Investmentvermögens.[389] Ein Anbieten liegt nicht erst dann vor, wenn es sich um ein (bindendes) Angebot iSv §§ 145ff. BGB handelt, vielmehr wird auch eine *invitatio ad offerendum,* die sich an eine Vielzahl von Anlageinteressenten richtet, von § 293 Abs. 1 S. 1 KAGB erfasst.[390] Auch die **Werbung** für ein Investmentvermögen unterfällt, wie der Rückschluss aus § 302 KAGB belegt, als Anbieten bereits § 293 Abs. 1 S. 1 KAGB.[391] Von einem Platzieren ist nicht bereits auszugehen, wenn lediglich ein Auftrag des Anlegers weiter geleitet wird, wie dies bei einer Anlagevermittlung der Fall ist.[392] Ein Platzieren ist indes gegeben, wenn der Platzierende den  102

---

[385] *Köndgen* in Berger/Steck/Lübbehüsen, InvG/InvStG, § 22 InvG Rn. 15.
[386] Vgl. hierzu die Übersicht bei *Baur/Ziegler,* Bankrecht und Bankpraxis (BuB), Rn. 9/616ff.
[387] *Köndgen/Schmies* in Schimansky/Bunte/Lwowski, Bankrechts-HdB, § 113 Rn. 26. Zu haftungsrechtlichen Aspekten bei der Ausführung beratungsfreier Aufträge über Direktbanken vgl. zuletzt BGH BKR 2014, 245.
[388] Vgl. *Köndgen* in Berger/Steck/Lübbehüsen, InvG/InvStG, § 2 Rn. 68ff.
[389] Über § 293 Abs. 2 KAGB werden Teilinvestmentvermögen (hierzu gehören neben Teilsondervermögen i.S. von § 96 KAGB auch Teilgesellschaftsvermögen, vgl. §§ 117, 132 KAGB) den Investmentvermögen grundsätzlich gleichgestellt.
[390] *Paul* in Weitnauer/Boxberger/Anders, KAGB, § 293 Rn. 5; vgl. auch *BaFin,* Häufige Fragen zum Vertrieb und Erwerb von Investmentvermögen nach dem KAGB (Stand: 22.1.2014), Ziff. 1.1.
[391] So auch *Paul* in Weitnauer/Boxberger/Anders, KAGB, § 293 Rn. 6; offen gelassen von *Geurts/Schubert,* KAGB kompakt, S. 210. Zur Frage, wann eine Werbung in Textform nach § 302 Abs. 2 KAGB vorliegt, vgl. *BaFin,* Häufige Fragen zum Vertrieb und Erwerb von Investmentvermögen nach dem KAGB (Stand: 22.1.2014), Ziff. 3.8.
[392] So wohl auch *BaFin,* Häufige Fragen zum Vertrieb und Erwerb von Investmentvermögen nach dem KAGB (Stand: 22.1.2014), Ziff. 1.1., wonach das bloße Reagieren auf die Order eines Anlegers keinen Vertrieb darstellt.

Zeichnungsvertrag abschließt und hierbei als **Abschlussvermittler** im fremden Namen und für fremde Rechnung handelt.[393]

103 Von § 293 Abs. 1 S. 1 KAGB erfasst ist nur ein das Anbieten oder Platzieren, das sich auf ein **konkretes Investmentvermögen** bezieht. Maßgeblich ist nach Ansicht der BaFin insoweit, dass das Investmentvermögen schon aufgelegt ist, angebotsreif ist oder bereits unter einem bestimmten Namen firmiert.[394] Erforderlich ist daher stets die Möglichkeit, die Anteile am Investmentvermögen bereits zeichnen zu können.[395] Ein Vertrieb liegt daher nicht vor, wenn noch gar kein Investmentvermögen vorliegt oder eine Zeichnungsmöglichkeit erst zu einem zukünftigen Zeitpunkt besteht. Dies ist zB der Fall, wenn lediglich allgemeine **Musteranlagebedingungen** vorgelegt werden und die einzelnen Klauseln noch zu verhandelnde Lücken enthalten.[396] In diesen Fällen kann aber bereits ein **beabsichtigter Vertrieb** gegeben sein, für den eine Anzeigepflicht nach § 316 Abs. 1 KAGB besteht (→ Rn. 108).

104 Nach § 293 Abs. 1 S. 1 KAGB liegt ein Vertrieb unabhängig davon vor, ob das Anbieten oder die Platzierung des Investmentvermögens **direkt** oder **indirekt** erfolgt. Von einem direkten Anbieten oder Platzieren ist zB auszugehen, wenn dies über eine (externe) KVG selber erfolgt, die Anteile an einem von ihr verwalteten Investmentvermögen anbietet oder platziert. Ein indirekter Vertrieb liegt demgegenüber zB vor, wenn die KVG Anteile an einem Investmentvermögen einem Intermediär (zB Bank oder Finanzdienstleister) zu dem Zweck vorstellt, dass dieser die Anteile an Interessenten vertreibt. Sofern die KVG die Anteile allerdings mit der Zielsetzung vorstellt, dass auch der Intermediär selber erwirbt, handelt es sich um einen direkten Vertrieb.[397]

105 Die **Veräußerung eigener Anteile oder Aktien** an einem Investmentvermögen durch den Anleger selber ist im Regelfall kein Vertrieb iSv § 293 Abs. 1 S. 1 KAGB. Dies ergibt sich zwar nicht daraus, dass Adressat der Vertriebsvorschriften stets nur die KVG oder von ihr beauftragte Dritte sind,[398] da § 293 Abs. 1 S. 1 den Vertriebsbegriff insoweit gerade nicht daran anknüpft, dass das Anbieten oder die Platzierung durch eine bestimmte Personengruppe erfolgen. Lediglich im Rahmen von § 293 Abs. 1 S. 3 KAGB erfährt der Vertriebsbegriff eine Einschränkung, da ein Vertrieb an semi- und professionelle Anleger (→ Rn. 74 f.) nur dann gegeben ist, wenn dieser auf Initiative oder im Auftrag der Verwaltungsgesellschaft erfolgt (→ Rn. 107). Allerdings legt die Gesetzessystematik den Schluss nahe, dass auch im Rahmen von § 293 Abs. 1 S. 1 KAGB der Verkauf eigener Anteile oder Aktien an einem Investmentvermögen durch den Anleger selber nicht als Vertrieb anzusehen ist.[399] Hierfür spricht zum einen, dass die für einen Vertrieb von AIF ua an Privatanleger (→ Rn. 77) erforderliche Anzeige von der KVG selber erfolgen muss (§§ 295, 316 Abs. 1 KAGB), sodass die Annahme, die Veräußerung eigener Anteile sei als Vertrieb zu bewerten, zu einem **Veräußerungsverbot** führen würde. Zum anderen kommen die Vorschriften über ein Widerrufsrecht beim Erwerb von Anteilen oder Aktien an einem offenen Investmentvermögen (→ Rn. 120) auch dann zur Anwendung, wenn der Verkauf

---

[393] *Paul* in Weitnauer/Boxberger/Anders, KAGB, § 293 Rn. 9. Die Abschlussvermittlung wird seit dem 19.7.2014 nicht mehr von der Bereichsausnahme des § 2 Abs. 6 S. 1 Nr. 8 KWG erfasst, es ist daher insoweit auch beim Vertrieb von Investmentvermögen eine Zulassung der BaFin nach § 32 Abs. 1 KWG erforderlich, da eine gewerberechtliche Erlaubnis nach § 34f GewO nicht mehr ausreicht.

[394] *BaFin*, Häufige Fragen zum Vertrieb und Erwerb von Investmentvermögen nach dem KAGB (Stand: 22.1.2014), Ziff. 1.1.

[395] *Paul* in Weitnauer/Boxberger/Anders, KAGB, § 293 Rn. 7.

[396] *Geurts/Schubert*, KAGB kompakt, S. 212; *BaFin*, Häufige Fragen zum Vertrieb und Erwerb von Investmentvermögen nach dem KAGB (Stand: 22.1.2014), Ziff. 1.1.

[397] Vgl. zu dieser Differenzierung auch *Paul* in Weitnauer/Boxberger/Anders, KAGB, § 293 Rn. 10 f.

[398] So aber *Geurts/Schubert*, KAGB kompakt, S. 212.

[399] Vgl. hierzu mit eingehender Begründung *Paul* in Weitnauer/Boxberger/Anders, KAGB, § 293 Rn. 12 ff.

durch den Anleger selber erfolgt (§ 305 Abs. 6 KAGB). Die Vorschrift geht daher von der Zulässigkeit einer Veräußerung durch den Anleger selber aus, die indes nicht möglich wäre, sofern diese als Vertrieb iSv § 293 Abs. 1 S. 1 KAGB zu bewerten wäre. Der generelle Ausschluss von Anteilsübertragungen an oder unter Privatanlegern aus dem Regelungsbereich von § 293 Abs. 1 S. 1 KAGB darf allerdings nicht dazu führen, dass die Vertriebsvorschriften umgangen werden. Eine solche **Umgehung,** bei der von einem Vertrieb nach § 293 Abs. 1 S. 1 KAGB auszugehen ist, liegt nach Ansicht der BaFin jedenfalls dann vor, wenn ein Vermittler die Anteile oder Aktien des Investmentvermögens zunächst auf die eigenen Bücher nimmt und sie erst anschließend an seine Kunden vertreibt.[400]

**b) Negativkatalog.** § 293 Abs. 1 S. 2 KAGB enthält in Anlehnung an § 2 Abs. 11 InvG aF einen **Negativkatalog** bestimmter Fallgestaltungen, die nicht als Vertrieb gelten. Zu beachten ist allerdings, dass die Ausnahmen insoweit unter dem Vorbehalt stehen, dass darüber hinaus kein Vertrieb iSv § 293 Abs. 1 S. 1 KAGB erfolgt. Selbst bei Vorliegen der Voraussetzungen nach § 293 Abs. 1 S. 2 Nr. 1 bis 7 KAGB kann daher ein Vertrieb gegeben sein, wenn daneben Tätigkeiten entfaltet werden, die entweder bereits für sich gesehen oder im Zusammenwirken mit den Ausnahmetatbeständen den allgemeinen Vertriebsbegriff nach § 293 Abs. 1 S. 1 KAGB erfüllen.[401] Die **Benennung eines Investmentvermögens** ist für sich allein kein Vertrieb (vgl. § 293 Abs. 1 S. 2 Nr. 1 KAGB), wird sie aber zB mit einer konkreten **Anlageempfehlung** gegenüber einem Interessenten verbunden, erfüllt dies den Begriff des Vertriebs iSv § 293 Abs. 1 S. 1 KAGB. Gleiches gilt, sofern lediglich die Nettoinventarwerte sowie Ausgabe- und Rücknahmepreise genannt werden (§ 293 Abs. 1 S. 1 Nr. 2 KAGB). Die Privilegierung nach § 293 Abs. 1 S. 1 Nr. 1 u. 2 KAGB greift allerdings nur dann, wenn sich die Veröffentlichung auf die genannten Angaben beschränkt, sodass darüber hinausgehende Angaben zu einer Qualifizierung als Vertrieb führen.[402] Nicht als Vertrieb gilt nach § 293 Abs. 1 S. 2 Nr. 3 KAGB auch die bloße Verwendung von **Verkaufsunterlagen zu Teilinvestmentvermögen,** die nicht oder nur an bestimmte Anlegergruppen iSv § 1 Abs. 19 Nr. 31 bis 33 KAGB vertrieben werden dürfen. Erforderlich ist in diesem Fall aber, dass in den Verkaufsunterlagen jeweils[403] drucktechnisch herausgestellt an hervorgehobener Stelle darauf hingewiesen wird, dass die Anteile oder Aktien der weiteren Teilinvestmentvermögen (insgesamt) nicht vertrieben werden dürfen bzw. im Hinblick auf welche Anlegergruppe ein solches Vertriebsverbot besteht.[404] Sofern die Verkaufsunterlagen allerdings verwendet werden, um entgegen eines Vertriebsverbots Anteile an Teilinvestmentvermögen zu vermitteln,[405] handelt es sich um einen Vertrieb iSv § 293 Abs. 1 S. 1 KAGB.[406] Die **Übermittlung von Informationen** an einen Anleger, der bereits in das Investmentvermögen investiert ist, stellt unter den Voraussetzungen des § 293 Abs. 1 S. 2 Nr. 6 KAGB ebenfalls keinen Vertrieb dar. Erfasst wird insoweit aber nur die ausschließliche Erfüllung der regelmäßigen Informationspflichten nach dem KAGB gegenüber bereits in das Investmentvermögen investierten Anlegern. Nicht unter § 293 Abs. 1 S. 2 Nr. 6 KAGB fallen mangels Regelmäßigkeit Jahresberichte, die auf Anfrage des Anlegers vorgelegt werden.[407] Ein Vertrieb iSv § 293 Abs. 1 S. 1 KAGB liegt daher regel-

---

[400] *BaFin,* Häufige Fragen zum Vertrieb und Erwerb von Investmentvermögen nach dem KAGB (Stand: 22.1.2014), Ziff. 1.3.
[401] *Paul* in Weitnauer/Boxberger/Anders, KAGB, § 293 Rn. 16.
[402] So schon zu § 2 Abs. 11 InvG aF *Verfürth/Emde* in Emde/Dornseifer/Dreibus/Hölscher, InvG, § 2 Rn. 171 f.
[403] Vgl. zu der Frage, inwieweit alle Verkaufsunterlagen iSv § 297 Abs. 5 KAGB den geforderten Hinweis enthalten müssen, *Paul* in Weitnauer/Boxberger/Anders, KAGB, § 293 Rn. 21.
[404] Zu den entsprechenden Anforderungen an Form und Gestaltung des Hinweises *Paul* in Weitnauer/Boxberger/Anders, KAGB, § 293 Rn. 22.
[405] Dies kann zB der Fall sein, wenn die Teilinvestmentvermögen überhaupt nicht vertrieben werden dürfen, oder wenn der Vertrieb an Anlegergruppen erfolgt, an die nicht vertrieben werden darf.
[406] Vgl. *Paul* in Weitnauer/Boxberger/Anders, KAGB, § 293 Rn. 20.
[407] *Paul* in Weitnauer/Boxberger/Anders, KAGB, § 293 Rn. 25.

mäßig dann vor, wenn – außerhalb des Anwendungsbereichs von § 293 Abs. 1 S. 2 Nr. 6 KAGB – einem Anleger Informationen zB durch Zusendung eines Verkaufsprospekts über das Investmentvermögen mit dem Ziel übermittelt werden, ihn zum Erwerb weiterer Anteile oder Aktien desselben Investmentvermögens zu veranlassen.[408]

107  c) **Einschränkung des Vertriebsbegriffes.** Der Vertriebsbegriff erfährt durch § 293 Abs. 1 S. 3 KAGB eine Einschränkung, sofern der Vertrieb (nur) an **semi-** und **professionelle Anleger** (→ Rn. 74 ff.) erfolgt. Die Regelung des § 293 Abs. 1 S. 3 KAGB knüpft an Art. 43 Abs. 1 AIFM-RL an, der den EU-Mitgliedstaaten die Option einräumt, im Wege des sog *goldplating* für den Vertrieb an Kleinanleger strengere Voraussetzungen als für den Vertrieb an andere Anlegergruppen zu schaffen.[409] Ein Vertrieb an semi- und professionelle Anleger ist nur gegeben, wenn er auf **Initiative der Verwaltungsgesellschaft** oder in deren Auftrag erfolgt. Vertriebsaktivitäten, die nicht auf einer Initiative der Verwaltungsgesellschaft beruhen, sind daher der sog **passiven Dienstleistungsfreiheit** zuzurechnen.[410] Nicht als Vertrieb anzusehen ist es, wenn die Vermittlung der Anteile oder Aktien eines Investmentvermögens durch einen nicht von der Verwaltungsgesellschaft beauftragten Dritten erfolgt oder das Investment auf alleinigen ausdrücklichen Wunsch des Anlegers zustande kommt.[411] Die von § 293 Abs. 1 S. 3 KAGB geforderte Initiative der Verwaltungsgesellschaft ist allerdings schon dann gegeben, wenn der Vermittler für den Vertrieb der Investmentvermögen eine Vergütung (zB in Form einer Vertriebsprovision) erhält. Nicht unter § 293 Abs. 1 S. 3 KAGB fallen mangels Initiative oder Beauftragung durch die Verwaltungsgesellschaft **Zweitmarktfonds**, die Anteile anbieten oder platzieren.[412] Da § 293 Abs. 1 S. 3 KAGB beim Vertrieb an semi- bzw. professionelle Anleger daran anknüpft, dass diese ihren **Wohnsitz oder Sitz im Inland** haben, liegt kein nach deutschem Recht relevanter Vertrieb vor, wenn Anleger im Nicht-EU/EWR-Ausland angesprochen werden.[413]

108  **3. Vertriebsanzeigen und Anzeigeverfahren.** Die Umsetzung der AIFM-RL hat zu zahlreichen Neuerungen bei den Vertriebsvorgaben geführt, da jedenfalls in Bezug auf AIF nunmehr vor Aufnahme des Vertriebs stets ein **Anzeigeverfahren** zu durchlaufen ist. Die Regelungen zu Vertriebsanzeigen und -untersagungen basieren dabei zum einen auf der AIFM-RL und zum anderen auf nationalen Regelungen des deutschen Gesetzgebers. Das KAGB unterscheidet insoweit danach, ob es sich um einen OGAW oder EU-OGAW, einen inländischen Publikums- oder Spezial-AIF, einen EU-AIF oder einen ausländischen AIF handelt (→ Rn. 44 ff.). In Bezug auf AIF wird zwischen dem Vertrieb an Privatanleger einerseits (§§ 316 ff. KAGB) sowie dem Vertrieb an semiprofessionelle und professionelle Anleger andererseits (§§ 321 ff. KAGB) unterschieden. Mit dieser Regelungsstruktur sollen die Anforderungen für die Zulassung zum Vertrieb auf die jeweilige Fallkonstellation dergestalt abgestimmt werden, dass der angestrebte Anlegerschutz für alle Anlegergruppen gewährleistet ist.[414]

109  **a) Vertrieb von OGAW.** Für den Vertrieb von OGAW (→ Rn. 51 ff.) in Deutschland haben sich durch das KAGB keine wesentlichen Änderungen ergeben. Der Vertrieb von inländischen OGAW im Inland erfordert nach wie vor kein Anzeigeverfahren. Für den Vertrieb von EU-OGAW durch eine EU-OGAW-Verwaltungsgesellschaft oder eine OGAW-Kapitalverwaltungsgesellschaft regelt § 310 KAGB – in weit gehender Übereinstimmung mit § 132 InvG aF – das Anzeigeverfahren. Der Vertrieb von EU-OGAW

---

[408] *BaFin*, Häufige Fragen zum Vertrieb und Erwerb von Investmentvermögen nach dem KAGB (Stand: 22.1.2014), Ziff. 1.4.
[409] *Jesch* in Dornseifer/Jesch/Klebeck/Tollmann, AIFM-RL, Art. 43 Rn. 4.
[410] *Wallach* RdF 2013, 92, 101.
[411] Vgl. *Volhard/Jang* DB 2013, 273.
[412] *Paul* in Weitnauer/Boxberger/Anders, KAGB, § 293 Rn. 28.
[413] *Volhard/Jang* DB 2013, 273.
[414] *Kobabe*, Geschlossene Fonds in Deutschland nach den Regelungen des KAGB in Möllers/Kloyer (Hrsg.), Das neue Kapitalanlagegesetzbuch, 2013, Rn. 1033.

erfolgt somit weiterhin einheitlich für alle Anlegerkategorien auf der Grundlage des **Europäischen Passes** entsprechend den Vorgaben der OGAW-RL.[415] Auf Grund einer Vereinbarung zwischen der BaFin und der Eidgenössischen Finanzmarktaufsicht (FINMA), die mit Wirkung zum 1.1.2014 in Kraft getreten ist, findet § 310 KAGB auch auf den **Vertrieb von Schweizer Effektenfonds** in Deutschland Anwendung.

**b) Vertrieb von AIF.** aa) Zulässigkeit des Vertriebs. § 295 Abs. 1 S. 1 KAGB stellt klar, dass der Vertrieb von Anteilen oder Aktien an inländischen Publikums-AIF an Privatanleger, semi- und professionelle Anleger nur dann zulässig ist, wenn die Voraussetzungen des § 316 KAGB erfüllt sind. Anders als § 295 Abs. 1 S. 1 KAGB, der nicht zwischen den verschiedenen Anlegergruppen differenziert, verweist § 295 Abs. 1 S. 2 KAGB in Bezug auf den Vertrieb von Anteilen oder Aktien an EU-AIF und ausländischen AIF an **Privatanleger** (→ Rn. 77) darauf, dass dieser nur unter den Voraussetzungen der §§ 317 ff. KAGB zulässig ist. Soweit Verwaltungsgesellschaften, die AIF verwalten, die Voraussetzungen für einen Vertrieb an Privatanleger nicht erfüllen, müssen sie wirksame Vorkehrungen treffen, die verhindern, dass Anteile oder Aktien an AIF an Privatanleger vertrieben werden. Nach Ansicht der BaFin ist insoweit insbesondere erforderlich, dass im Prospekt und allen weiteren Informationsmaterialien einschließlich Werbung ein drucktechnisch herausgestellter Hinweis entsprechend § 293 Abs. 1 S. 2 Nr. 3 KAGB aufzunehmen ist.[416] Es ist unter Berücksichtigung des Vertriebswegs zudem darauf zu achten, dass die betreffenden AIF nicht an Privatanleger vertrieben werden können. Hierzu gehört zB beim **Online-Vertrieb,** dass getrennte und zugangsgesicherte Verkaufsportale für die jeweiligen Anlegergruppen eingerichtet werden.[417] Generell ist zu fordern, dass die Verwaltungsgesellschaft Kontrollinstanzen schafft, die ihr die Prüfung ermöglichen, ob sich die eingeschalteten Intermediäre auch an Privatanleger richten.[418] Nach § 295 Abs. 1 S. 3 2. Hs. KAGB erstreckt sich die Verpflichtung der Verwaltungsgesellschaft, wirksame Vorkehrungen zu treffen, auch auf den Fall, dass für den Vertrieb unabhängige Unternehmen eingeschaltet werden, die für den AIF Wertpapierdienstleistungen iSv § 2 Abs. 3 WpHG erbringen. Erfasst werden hierdurch insbesondere mit dem Vertrieb der Anteile und Aktien an AIF betraute Vertriebsgesellschaften sowie deren Untervermittler.[419] Im Rahmen der von der Verwaltungsgesellschaft zu treffenden Vorkehrungen reicht ein Hinweis gegenüber den Vertriebspartnern nicht aus, erforderlich ist vielmehr eine vertragliche Verpflichtung im Vertriebsvertrag.[420] Für den Fall, dass der Vertriebspartner seinerseits berechtigt ist, weitere Untervermittler einzuschalten, ist sicherzustellen, dass das Verbot des Vertriebs an Privatanleger auch in dieser Vertriebskette weiter gegeben wird.[421]

bb) Anzeigepflicht und -verfahren. Die Pflichten einer AIF-Verwaltungsgesellschaft beim beabsichtigten Vertrieb von Anteilen und Aktien an einem von ihr verwalteten inländischen Publikums-AIF im Inland sind in § 316 KAGB geregelt. Hintergrund der Regelung ist Art. 31 Abs. 1 AIFM-RL, der vorsieht, dass Anteile und Aktien an AIF – vorbehaltlich einer nach Art. 43 Abs. 1 S. 1 AIFM-RL möglichen nationalen Bestimmung – grundsätzlich nur noch an professionelle Anleger vertrieben werden dürfen. Art. 31 AIFM-RL enthält insoweit keine Ausnahmeregelung für EU-AIF, die im Herkunftsland des EU-AIFM

---

[415] Vgl. zu diesem Anzeigeverfahren nach § 132 InvG aF *Baum* in Emde/Dornseifer/Dreibus/Hölscher, InvG, § 132 Rn. 7 ff.
[416] *BaFin,* Häufige Fragen zum Vertrieb und Erwerb von Investmentvermögen nach dem KAGB (Stand: 22.1.2014), Ziff. 1.5.
[417] Vgl. *BaFin,* Häufige Fragen zum Vertrieb und Erwerb von Investmentvermögen nach dem KAGB (Stand: 22.1.2014), Ziff. 1.5.
[418] *Paul* in Weitnauer/Boxberger/Anders, KAGB, § 295 Rn. 22.
[419] Für die Erstreckung von § 295 Abs. 1 S. 3 KAGB auf jede Art von Untervertrieb, der unabhängig von der Verwaltungsgesellschaft erbracht wird, *Paul* in Weitnauer/Boxberger/Anders, KAGB, § 295 Rn. 9.
[420] *BaFin,* Häufige Fragen zum Vertrieb und Erwerb von Investmentvermögen nach dem KAGB (Stand: 22.1.2014), Ziff. 1.5.
[421] So auch *Paul* in Weitnauer/Boxberger/Anders, KAGB, § 295 Rn. 22.

aufgelegt worden sind, sodass auch beim beabsichtigten Vertrieb von inländischen AIF eine **Anzeigepflicht** der AIF-Verwaltungsgesellschaft besteht. EU-AIF und ausländische AIF, die durch eine AIF-Kapitalverwaltungsgesellschaft verwaltet werden, können nicht zum Vertrieb an Privatanleger im Inland angezeigt werden.[422] § 316 Abs. 1 S. 2 KAGB enthält Vorgaben zu den Angaben und Unterlagen, die das Anzeigeschreiben enthalten muss. Die BaFin hat innerhalb einer Frist von 20 Arbeitstagen nach Vorliegen der Voraussetzungen nach § 316 Abs. 2 S. 2 Nr. 1–3 KAGB zu überprüfen, ob die im Rahmen der Anzeige übermittelten Unterlagen und Angaben vollständig sind.[423] Zulässig ist es, dass die in § 316 Abs. 1 S. 2 Nr. 2 KAGB aufgeführten **Anlagebedingungen,** die noch nicht genehmigt sind, zeitgleich mit der Vertriebsanzeige eingereicht werden. In diesem Fall beginnt die Frist für die Vertriebsanzeige nach § 316 Abs. 2 S. 2, Abs. 3 S. 1 KAGB jedoch erst ab der Genehmigung von Anlagebedingungen und Verwahrstelle durch die BaFin.[424]

**112** § 317 Abs. 1 Nr. 1 KAGB fordert bei grenzüberschreitenden Sachverhalten für die Zulässigkeit des Vertriebs an Privatanleger, dass der AIF und seine Verwaltungsgesellschaft ihren Sitz in demselben Staat haben müssen. Hintergrund ist, dass eine **grenzüberschreitende Verwaltung** von Publikums-AIF angesichts des **Fehlens harmonisierter Produktregelungen** als nicht angemessen angesehen wird.[425] Erforderlich ist zudem, dass sowohl der AIF als auch die Verwaltungsgesellschaft einer wirksamen öffentlichen Aufsicht zum Schutz der Anleger unterliegen. Hiervon kann in der Regel – sofern keine Hinweise auf einen mangelnden Vollzug der aufsichtsrechtlichen Normen vorliegen – ausgegangen werden, wenn das Aufsichtsorgan im Heimatstaat mit hinreichenden Befugnissen zur Durchsetzung der aufsichtsrechtlichen Bestimmungen ausgestattet ist.[426] Erforderlich ist nach § 317 Abs. 1 Nr. 4 KAGB zudem, dass die AIF-Verwaltungsgesellschaft ein inländisches Kreditinstitut oder eine zuverlässige und fachlich geeignete Person mit Sitz oder Wohnsitz im Inland benennt, die hinreichend ausgestattet ist, um die **Compliance-Funktion** nach § 57 Abs. 3 S. 3 KAGB wahrnehmen zu können. Erforderlich ist insoweit, dass dem Repräsentanten eine kontinuierliche vertrauliche Kommunikation mit der Verwaltungsgesellschaft möglich ist und die für die Aufgabe erforderlichen Rechts- und Fachkenntnisse im Investmentwesen vorhanden sind.[427] Nach Ansicht der BaFin muss der Repräsentant bei mangelnder Kooperationsbereitschaft der Verwaltungsgesellschaft sein Mandat niederlegen, wodurch eine der gesetzlichen Voraussetzungen für die Vertriebszulassung entfällt.[428]

**113** In Bezug auf den Vertrieb an **semi- und professionelle Anleger** enthalten die §§ 321 ff. KAGB differenzierte Regelungen, die einerseits an die Art des Investmentvermögens (u.a. Spezial-AIF, EU-AIF sowie ausländischer AIF) und andererseits an den Sitz der Verwaltungsgesellschaft anknüpfen.[429] Für den Vertrieb bestimmter (insbesondere ausländischer) AIF müssen zudem die Voraussetzungen des sogenannten **Drittstaaten-**

---

[422] *BaFin,* Häufige Fragen zum Vertrieb und Erwerb von Investmentvermögen nach dem KAGB (Stand: 22.1.2014), Ziff. 2.2.1.
[423] Zum Anzeigeverfahren vgl. *Kobabe,* Geschlossene Fonds in Deutschland nach den Regelungen des KAGB in Möllers/Kloyer (Hrsg.), Das neue Kapitalanlagegesetzbuch, 2013, Rn. 1035 ff.
[424] Vgl. *BaFin,* Häufige Fragen zum Vertrieb und Erwerb von Investmentvermögen nach dem KAGB (Stand: 22.1.2014), Ziff. 2.2.2.
[425] Begr. RegE KAGB, BT-Drucks. 17/12294, S. 499. Vgl. hierzu auch *Wallach* RdF 2013, 92, 101 mit dem Hinweis, dass dies nicht im Widerspruch steht zur Möglichkeit von AIF-KVG und AIF-Verwaltungsgesellschaften, AIF in einem anderen Mitgliedstaat oder in einem Drittstaat zu verwalten.
[426] *Erhard* in Berger/Steck/Lübbehüsen, InvG/InvStG, § 136 InvG Rn. 5.
[427] *BaFin,* Häufige Fragen zum Vertrieb und Erwerb von Investmentvermögen nach dem KAGB (Stand: 22.1.2014), Ziff. 2.3.1.; vgl. auch *Dieske* in Weitnauer/Boxberger/Anders, KAGB, § 317 Rn. 13.
[428] Vgl. *BaFin,* Häufige Fragen zum Vertrieb und Erwerb von Investmentvermögen nach dem KAGB (Stand: 22.1.2014), Ziff. 2.3.1.
[429] Vgl. hierzu den Überblick bei *Wallach* RdF 2013, 92, 101 ff. und *Volhard/Jang* DB 2013, 273, 275 ff.; zur Auswahl des einschlägigen Anzeigeverfahrens auch *BaFin,* Häufige Fragen zum Vertrieb und Erwerb von Investmentvermögen nach dem KAGB (Stand: 22.1.2014), Ziff. 2.1.1.

Vertriebspasses erfüllt sein (vgl. zB § 322 Abs. 1 Nr. 1 bis 3 KAGB). Erforderlich ist insoweit ua, dass geeignete Vereinbarungen zwischen der BaFin und den Aufsichtsbehörden des Drittstaates bestehen, unter denen zumindest ein effizienter Informationsaustausch zwischen den Behörden gewährleistet ist.[430]

### VIII. Anlegerschutz im Investmentrecht

Die gesetzlichen Vorgaben des Investmentrechts zielen insbesondere auch auf einen Schutz **114** der Anleger ab, der auf unterschiedliche Weise verwirklicht wird. Dieser Schutz wird ua gewährleistet durch die **Trennung von KVG und Verwahrstelle** (→ Rn. 78, 90), aber auch durch die in § 163 KAGB vorgesehene **Genehmigungspflicht der BaFin für Anlagebedingungen** von Publikumsfonds.[431] Daneben kommt auch der **Information des Anlegers** eine erhebliche Bedeutung zu. Diese spielt nicht nur im Rahmen der **allgemeinen Beratungshaftung** (→ Rn. 136) eine Rolle, vielmehr regelt § 297 KAGB – ähnlich wie zuvor schon § 121 InvG aF – umfassende Informations-, Hinweis- und Auskunftspflichten gegenüber Anlegern und Erwerbsinteressenten, mit denen ihnen eine sachgerechte Anlageentscheidung ermöglicht werden soll. Die Pflichten aus § 297 KAGB werden ergänzt durch ein **Widerrufsrecht** des Anlegers, das an bestimmte Vertriebssituationen anknüpft (§ 305 KAGB), sowie die in § 306 KAGB geregelte investmentrechtliche **Prospekthaftung**.

**1. Verkaufsunterlagen.** § 297 KAGB regelt – unter Differenzierung zwischen Anteilen **115** oder Aktien an **OGAW** und **AIF** –, welche Verkaufsunterlagen dem Anleger bzw. Erwerbsinteressenten zur Verfügung zu stellen sind. Beim Vertrieb und Erwerb von **fondsgebundenen Lebensversicherungen** oder **Finanzinstrumenten** wie zB Zertifikaten, die Investmentanteile abbilden, bestehen die Informationspflichten nach § 297 KAGB nicht.[432] Der Begriff der Verkaufsunterlagen wird in § 297 Abs. 5 S. 1 KAG definiert, er umfasst die **wesentlichen Anlegerinformationen**, den **Verkaufsprospekt, Jahres- und Halbjahresbericht,** ferner **Anlagebedingungen** und ggf. Satzung, Gesellschafts- und Treuhandvertrag. Die in § 297 KAGB aufgeführten Pflichten richten sich an **Wertpapierdienstleistungsunternehmen** und **Versicherungsunternehmen**, darüber hinaus aber auch an alle Intermediäre, die im Rahmen des Vertriebs gewerblich tätig werden.[433] Die Informationspflichten nach § 297 KAGB sind daher auch von einem **Finanzanlagenvermittler** mit einer Erlaubnis nach § 34f GewO zu erfüllen, der im Rahmen der Bereichsausnahme nach § 2 Abs. 6 S. 1 Nr. 8 KWG tätig wird. In Bezug auf die **Finanzportfolioverwaltung** iSv § 1 Abs. 1a S. 2 Nr. 3 KWG sieht § 297 Abs. 8 KAGB vor, dass die Informationspflichten gegenüber Erwerbsinteressenten nicht bestehen.[434] Dies ist insoweit sachgerecht, als der Anleger hier keine eigene Anlageentscheidung trifft, sondern durch den nach eigenem Ermessen handelnden Vermögensverwalter bei der Auswahl der Anlagen vertreten wird.[435] Eine Verletzung

---

[430] Eingehend zu den drittstaatenbezogenen Voraussetzungen *Klebeck/Frick* in Dornseifer/Jesch/Klebek/Tollmann, AIFM-RL, Art. 37 Rn. 164 ff.; allg. zur Drittstaatenregulierung der AIFM-RL auch *Klebeck/Meyer* RdF 2012, 95 ff.
[431] Vgl. zum Genehmigungsverfahren und den Genehmigungsvoraussetzungen *Polifke* in Weitnauer/Boxberger/Anders, KAGB, § 163 Rn. 3 ff.; zum früheren Recht auch *Rozok* in Emde/Dornseifer/Dreibus/Hölscher, InvG, § 43 Rn. 32 ff.
[432] *BaFin*, Häufige Fragen zum Vertrieb und Erwerb von Investmentvermögen nach dem KAGB (Stand: 22.1.2014), Ziff. 3.1; so auch *Baur*, Investmentgesetze, § 19 Rn. 2a; *Ewers* in Berger/Steck/Lübbehüsen, InvG/InvStG, § 121 InvG Rn. 8.
[433] In diesem Sinne auch *Paul* in Weitnauer/Boxberger/Anders, KAGB, § 297 Rn. 5; *Müchler* in Emde/Dornseifer/Dreibus/Hölscher, InvG, § 121 Rn. 7.
[434] Vgl. aber den zutreffenden Hinweis von *Paul* in Weitnauer/Boxberger/Anders, KAGB, § 297 Rn. 40, dass die aufgeführten Informationspflichten jedenfalls dann zur Anwendung kommen, wenn sie Anleger und nicht nur Erwerbsinteressenten betreffen.
[435] Vgl. auch *Müchler* in Emde/Dornseifer/Dreibus/Hölscher, InvG, § 121 Rn. 28 mit dem Hinweis, dass der gebotene Anlegerschutz in diesem Fall bereits durch die vor Abschluss des Vermögens-

der Informationspflichten kann einen zivilrechtlichen **Schadensersatzanspruch des Anlegers** nach § 280 Abs. 1 BGB begründen,[436] zu weitgehend erscheint es aber, § 297 KAGB als deliktisches Schutzgesetz iSv § 823 Abs. 2 BGB zu qualifizieren.[437]

**116** Die Vorschrift des § 297 KAGB dient dem Schutz von Anlegern und Erwerbsinteressenten, sodass ein genereller Ausschluss der Pflichten nicht zulässig ist.[438] Unzulässig ist es daher, zB innerhalb einer Rahmenvereinbarung oder eines schriftlichen Beratungsvertrages einen entsprechenden Verzicht des Anlegers auf die Verkaufsunterlagen im Vorfeld zu regeln. Nach Ansicht der BaFin ist aber ein **Verzicht** des Anlegers **im Einzelfall** möglich,[439] wenn dieser in der konkreten Vertriebssituation zu erkennen gibt, dass er die Unterlagen nicht wünscht. Da § 297 KAGB nicht an eine Anlageberatung anknüpft und daher auch im beratungsfreien Geschäft grundsätzlich anwendbar ist,[440] kann ein Verzicht des Erwerbsinteressenten zB darin liegen, dass er einen konkreten Auftrag erteilt und hierdurch zu erkennen gibt, dass er die entsprechenden Informationen für seine Anlageentscheidung nicht (mehr) benötigt.[441] Ein Verzicht des Anlegers ist allerdings allein im Rahmen von § 297 KAGB möglich, nicht aber bei den daneben bestehenden aufsichtsrechtlichen Verhaltenspflichten der §§ 31 ff. WpHG.[442] Bei der **Anlageberatung** durch ein Wertpapierdienstleistungsunternehmen sind daher nach § 31 Abs. 3a WpHG die wesentlichen Anlegerinformationen auf Grund der aufsichtsrechtlichen Zielsetzung der Verpflichtung zwingend dem Kunden zur Verfügung zu stellen, ohne dass die Möglichkeit eines Verzichts besteht.[443]

**117** **a) Verkaufsunterlagen bei OGAW.** Nach § 297 Abs. 1 KAGB sind dem am Erwerb eines Anteils oder einer Aktie an einem OGAW Interessierten rechtzeitig vor Vertragsschluss die wesentlichen Anlegerinformationen zur Verfügung zu stellen, darüber hinaus ist ihm **auf Verlangen** der Verkaufsprospekt sowie der letzte veröffentlichte Jahres- oder Halbjahresbericht kostenlos zur Verfügung zu stellen. Die Art und Weise der Zurverfügungstellung wird durch § 297 Abs. 5 KAGB geregelt,[444] erforderlich ist insoweit, dass der Erwerbsinteressent die unmittelbare Möglichkeit der Kenntnisnahme erlangt.[445] Die Rechtzeitigkeit ist gegeben, wenn der Erwerbsinteressent die Informationen sorgfältig studieren und in seine Anlageentscheidung einbeziehen kann.[446]

---

verwaltungsvertrages zu erfüllenden (aufsichtsrechtlichen) Informationspflichten nach § 31 Abs. 3 WpHG gewährleistet wird.

[436] So auch *Müchler* in Emde/Dornseifer/Dreibus/Hölscher, InvG, § 121 Rn. 33; *Baur/Ziegler*, Bankrecht und Bankpraxis (BuB), Rn. 9/499.

[437] Für eine Schutzgesetzeigenschaft aber OLG Hamm BeckRS 2007, 14182; LG Frankfurt WM 2006, 1103 (jeweils zu § 19 KAGG aF); offen gelassen für § 121 InvG von *Müchler* WM 2012, 974, 982 (Fn. 47).

[438] *Paul* in Weitnauer/Boxberger/Anders, KAGB, § 297 Rn. 4.

[439] *BaFin*, Häufige Fragen zum Vertrieb und Erwerb von Investmentvermögen nach dem KAGB (Stand: 22.1.2014), Ziff. 3.1.

[440] So wohl auch *Müchler* in Emde/Dornseifer/Dreibus/Hölscher, InvG, § 121 Rn. 8.

[441] Im Ergebnis wohl auch *Müchler* in Emde/Dornseifer/Dreibus/Hölscher, InvG, § 121 Rn. 15, der insoweit aber darauf abstellt, dass der Zweck der wesentlichen Informationen in diesem Fall nicht mehr erreicht werden kann.

[442] Unklar insoweit *Möllers* in KK-WpHG, § 31 Rn. 294, der in Bezug auf OGAW und AIF davon ausgeht, dass § 297 KAGB den Pflichten nach § 31 Abs. 3 WpHG vorgeht.

[443] Dies ergibt sich bereits daraus, dass ein Verstoß gegen die Pflicht aus § 31 Abs. 3a WpHG eine bußgeldbewehrte Ordnungswidrigkeit darstellt (§ 39 Abs. 2 Nr. 15a WpHG). Eine mit § 31 Abs. 3a WpHG weitgehend inhaltsgleiche – und ebenfalls nicht dispositive – Verpflichtung besteht nach § 15 FinVermV für Gewerbetreibende mit einer Erlaubnis nach § 34 f GewO.

[444] Sofern dies mittels eines dauerhaften Datenträgers iSv § 1 Abs. 19 Nr. 8 KAGB erfolgt, müssen die Vorgaben in § 167 KAGB berücksichtigt werden.

[445] *Müchler* in Emde/Dornseifer/Dreibus/Hölscher, InvG, § 121 Rn. 13.

[446] *Paul* in Weitnauer/Boxberger/Anders, KAGB, § 297 Rn. 18; vgl. auch *Müchler* in Emde/Dornseifer/Dreibus/Hölscher, InvG, § 121 Rn. 13.

**b) Verkaufsunterlagen bei AIF.** Die Informationspflichten im Vorfeld des Anteilserwerbs an einem AIF nach § 297 Abs. 2 KAGB stimmen inhaltlich weitgehend mit den Vorgaben für OGAW überein. Allerdings regelt § 297 Abs. 2 KAGB nur Informationspflichten gegenüber **Privatanlegern,** zudem sind – vorbehaltlich eines Verzichts – zusätzlich und **ohne besonderes Verlangen** dem Erwerbsinteressenten der Verkaufsprospekt sowie der Jahres- und Halbjahresbericht rechtzeitig vor Vertragsschluss zur Verfügung zu stellen.[447] Die Informationspflicht erstreckt sich nach § 297 Abs. 2 S. 1 KAGB zudem auf den jüngsten Nettoinventarwert des Investmentvermögens oder den jüngsten Marktpreis (§§ 271 Abs. 1, 168 Abs. 2 u. 3 KAGB).[448] Soweit es – wie zB bei einem geschlossenen Investmentvermögen – keinen Marktpreis gibt, ist der Nettoinventarwert des Investmentvermögens zu nennen.[449]

118

**c) Besonderheiten bei Dach-Hedgefonds.** § 297 Abs. 7 KAGB stellt besondere Anforderungen für den Vertrieb von Anteilen bzw. Aktien an einem Dach-Hedgefonds (§§ 225 ff. KAGB) sowie an vergleichbaren EU-AIF bzw. ausländischen AIF auf, die dem Umstand Rechnung tragen sollen, dass diese Investments als besonders risikoreich gelten. Die **Verkaufsunterlagen** sind nicht nur zur Verfügung zu stellen, sondern **auszuhändigen,** ohne dass es insoweit auf ein vorhergehendes Verlangen des Erwerbsinteressenten ankommt.[450] Der Erwerb eines Anteils oder einer Aktie bedarf nach § 297 Abs. 1 S. 1 KAGB der **Schriftform.** Erforderlich ist daher, dass der Erwerbsvertrag insgesamt – und nicht nur die Willenserklärung des Erwerbsinteressenten – hinsichtlich der Form den Vorgaben in § 126 Abs. 1 BGB entspricht, ist das nicht der Fall, hat dies nach § 125 S. 1 BGB die Unwirksamkeit des Vertrages zur Folge.[451] Nach § 297 Abs. 7 S. 3 KAGB muss gegenüber dem Erwerbsinteressenten ein **ausdrücklicher Hinweis** auf die Risiken des Anteilserwerbs erfolgen. Es genügt daher nicht, dem Erwerbsinteressenten den Verkaufsprospekt, der nach § 228 Abs. 2 KAGB einen entsprechenden Risikohinweis enthalten muss, auszuhändigen.[452] Erforderlich ist vielmehr entweder ein gesonderter Warnhinweis oder jedenfalls ein ausdrücklicher Hinweis auf die im Prospekt enthaltene Warnung.[453] Im Hinblick auf die in § 297 Abs. 7 S. 4 KAGB vorgesehene **Beweislastumkehr** erscheint es geboten, die Erfüllung der Hinweispflicht – zB durch Einholung einer gesonderten Unterschrift – zu dokumentieren.[454]

119

**2. Widerrufsrecht des Anlegers.** § 305 KAGB regelt – weit gehend identisch mit § 126 InvG aF – ein Widerrufsrecht beim Kauf (Abs. 1) bzw. Verkauf (Abs. 6) von Anteilen oder Aktien eines **offenen Investmentvermögens.** In Bezug auf Anteile und Aktien eines **geschlossenen Investmentvermögens** findet § 305 KAGB gemäß Abs. 7 keine Anwendung, inwieweit ein Widerrufsrecht des Anlegers besteht, bestimmt sich daher nach den allgemeinen Regeln, insbesondere nach § 312g Abs. 1 BGB. Das Widerrufsrecht nach § 305 KAGB ist zwingend, ein **Verzicht** nach § 305 Abs. 5 KAGB nicht möglich. Allerdings regelt § 305 Abs. 5 KAGB nur einen im Vorfeld (zB bereits mit der zum Vertragsabschluss führenden Erklärung) geäußerten Verzicht. Nach Vertragsbeginn muss es dem Käu-

120

---

[447] In Bezug auf Halbjahresberichte geht die Informationspflicht nach § 297 Abs. 2 S. 2 KAGB ins Leere, wenn ein solcher für das betreffende Investmentvermögen nicht erstellt werden muss, vgl. BaFin, Häufige Fragen zum Vertrieb und Erwerb von Investmentvermögen nach dem KAGB (Stand: 22.1.2014), Ziff. 3.3.
[448] Das Wahlrecht in Bezug auf den Inhalt der Information hat der Informationspflichtige, vgl. *Paul* in Weitnauer/Boxberger/Anders, KAGB, § 297 Rn. 21.
[449] *BaFin,* Häufige Fragen zum Vertrieb und Erwerb von Investmentvermögen nach dem KAGB (Stand: 22.1.2014), Ziff. 3.2.
[450] *Müchler* in Emde/Dornseifer/Dreibus/Hölscher, InvG, § 121 Rn. 24.
[451] So auch *Müchler* in Emde/Dornseifer/Dreibus/Hölscher, InvG, § 121 Rn. 25; *Paul* in Weitnauer/Boxberger/Anders, KAGB, § 297 Rn. 37.
[452] *Paul* in Weitnauer/Boxberger/Anders, KAGB, § 297 Rn. 37.
[453] Vgl. *Paul* in Weitnauer/Boxberger/Anders, KAGB, § 297 Rn. 37.
[454] *Müchler* in Emde/Dornseifer/Dreibus/Hölscher, InvG, § 121 Rn. 26.

fer demgegenüber möglich sein, auf die Ausübung des Widerrufs zu verzichten, sofern hierdurch die zwingende Schutzfunktion des Widerrufsrechts nicht beeinträchtigt wird.[455]

121 **a) Voraussetzungen.** Es besteht kein generelles Widerrufsrecht des Anlegers, vielmehr knüpft dieses daran an, dass der Kauf oder Verkauf unter den Voraussetzungen des § 305 Abs. 1 KAGB erfolgt, die von den allgemeinen Vorschriften für Außergeschäftsraum- und Fernabsatzverträge nach §§ 312 ff. BGB in wesentlichen Punkten abweichen. Ein Widerrufsrecht des Käufers besteht nach § 305 Abs. 1 BGB nur dann, wenn er durch mündliche Verhandlungen außerhalb der ständigen Geschäftsräume desjenigen, der die Anteile oder Aktien verkauft oder den Verkauf vermittelt hat, dazu bestimmt worden ist, eine auf den Kauf gerichtete Willenserklärung abzugeben. Erforderlich für einen Rückgriff auf § 305 KAGB ist stets, dass ein gewerbsmäßiges Handeln des Verkäufers oder Vertriebsmittlers vorliegt, sodass bei Anteilsverkäufen auf privater Basis kein Widerrufsrecht besteht.[456] Wie sich aus § 305 Abs. 1 S. 2 KAGB ergibt, ist der Anwendungsbereich der Vorschrift auch dann eröffnet, wenn ein **Fernabsatzgeschäft** iSv § 312c Abs. 1 BGB vorliegt. Es ist daher für einen Rückgriff auf § 305 Abs. 1 BGB nicht erforderlich, dass die mündlichen Verhandlungen in einer Präsenzsituation geführt werden.[457] Unter § 305 Abs. 1 KAGB fallen daher auch fernkommunikative Verhandlungen, die zB mittels Telefon oder auch im Rahmen einer Videokonferenz geführt werden, allerdings scheitert ein Widerrufsrecht des Anlegers in diesen Fällen regelmäßig an § 312g Abs. 2 Nr. 8 BGB.[458] Ein Widerrufsrecht des Anlegers nach § 305 Abs. 1 BGB setzt voraus, dass die mündlichen Verhandlungen für die Abgabe seiner Willenserklärung zumindest mitursächlich waren. Ein Widerrufsrecht besteht daher nicht, wenn der Käufer bereits vor den mündlichen Verhandlungen fest entschlossen war, die Investmentanteile zu erwerben. Gleiches gilt, wenn sich der Käufer allein auf Grund von schriftlichen Informationen, die ihm außerhalb der Geschäftsräume übergeben worden sind, zum Kauf der Anteile entscheidet.[459]

122 **b) Ausschluss des Widerrufsrechts.** Das Widerrufsrecht besteht nach § 305 Abs. 3 Nr. 1 KAGB nicht, wenn der Käufer kein Verbraucher iSv § 13 BGB ist. Zu berücksichtigen ist hierbei die **Änderung des Verbraucherbegriffes** mit Wirkung zum 13.6.2014, maßgeblich ist nunmehr, ob das Geschäft jedenfalls überwiegend nicht der gewerblichen oder selbstständigen beruflichen Tätigkeit des Käufers dient.[460] Nach § 305 Abs. 3 Nr. 2 KAGB besteht das Widerrufsrecht auch dann nicht, wenn der Verkäufer bzw. der Verkaufsmittler den Käufer erst auf Grund einer vorherigen Bestellung des Käufers aufgesucht hat. Eine solche Bestellung des Käufers ist nur dann gegeben, wenn es zur Verhandlung über den Anteilskauf nicht auf Initiative des Verkäufers, sondern auf Wunsch des Käufers gekommen ist.[461] Maßgeblich ist insoweit, dass die vorherige Bestellung ein Widerrufsrecht nur dann ausschließt, wenn diese auf einem freien Entschluss des Käufers beruht.[462] Die Beweislast für das Eingreifen der Ausschlussgründe nach § 305 Abs. 3 Nr. 1 u. 2 KAGB trägt der Verkäufer bzw. Verkaufsvermittler.[463]

---

[455] In diesem Sinne auch *Paul* in Weitnauer/Boxberger/Anders, KAGB, § 305 Rn. 29 unter Verweis auf eine mögliche Aufgabe des Widerrufsrecht durch Erlassvertrag oder im Wege eines Vergleichs; im Ergebnis auch *Schmies* in Beckmann/Scholtz/Vollmer, § 126 InvG Rn. 21.
[456] So schon zur früheren Rechtslage nach § 126 InvG *Schmies* in Beckmann/Scholtz/Vollmer, Investment HdB, § 126 InvG Rn. 6.
[457] *Paul* in Weitnauer/Boxberger/Anders, KAGB, § 305 Rn. 11.
[458] Vgl. allg. zum Ausschluss des Widerrufsrechts bei Verträgen im Zusammenhang mit der Erbringung von Finanzdienstleistungen *Wendehorst* in MüKoBGB, § 312d Rn. 45.
[459] *Schmies* in Beckmann/Scholtz/Vollmer, Investment HdB, § 126 InvG Rn. 7.
[460] Vgl. zur Änderung von § 13 BGB eingehend *Bülow* WM 2014, 1 ff.
[461] *Paul* in Weitnauer/Boxberger/Anders, KAGB, § 305 Rn. 27 mit krit. Hinweis auf die Bezugnahme nach § 55 Abs. 1 GewO.
[462] *Schmies* in Beckmann/Scholtz/Vollmer, Investment HdB, § 126 InvG Rn. 15; dies entspricht auch der Rechtsauffassung zu § 312 Abs. 3 Nr. 1 BGB aF, vgl. hierzu *Masuch* in MüKoBGB, § 312 Rn. 104.
[463] Vgl. *Schmies* in Beckmann/Scholtz/Vollmer, Investment HdB, § 126 InvG Rn. 16.

c) **Ausübung des Widerrufsrechts.** Sofern die Tatbestandsvoraussetzungen des § 305 **123** Abs. 1 KAGB erfüllt sind, besteht ein Widerrufsrecht des Anlegers, das innerhalb einer **Frist** von zwei Wochen ausgeübt werden kann. Die Berechnung der Frist bestimmt sich nach § 305 Abs. 2 S. 2 KAGB, sie beginnt daher erst zu laufen, wenn dem Käufer die Durchschrift des Antrags auf Vertragsschluss ausgehändigt oder eine Kaufabrechnung übersandt worden ist, dies aber nur dann, wenn hierin eine den Anforderungen des Art. 246 Abs. 3 S. 2 u. 3 EGBGB entsprechende Widerrufsbelehrung enthalten ist. Eine der Durchschrift oder der Kaufabrechnung lediglich beigefügte Widerrufsbelehrung soll den Beginn der Frist nicht auslösen.[464] Anders als im Rahmen von Art. 246a § 1 Abs. 2 S. 2, Art. 246b § 2 Abs. 3 EGBGB gibt es keine gesetzlichen Muster für die Widerrufsbelehrung, mit denen die geschuldete Information rechtssicher erteilt werden kann. Nach § 305 Abs. 2 S. 1 KAGB genügt zur Wahrung der Widerrufsfrist die rechtzeitige **Absendung der Widerrufserklärung**. Das Erfordernis eines Zugangs der Widerrufserklärung wird durch § 305 Abs. 2 S. 1 KAGB nicht abbedungen, unerheblich ist lediglich, ob der **Zugang** innerhalb Widerrufsfrist erfolgt. Das Risiko eines Verlusts der Widerrufserklärung trägt daher auch bei rechtzeitiger Absendung der Käufer.[465] Der Widerruf ist schriftlich zu erklären, maßgeblich ist daher, dass die Form des § 126 Abs. 1 BGB eingehalten wird. **Adressat der Widerrufserklärung** ist die **Verwaltungsgesellschaft** oder ein **Repräsentant** iSv § 319 KAGB. Die Erklärung des Widerrufs gegenüber einem Vertriebsmittler (zB Bank oder Finanzdienstleister) genügt daher nicht, sofern dieser nicht als (Empfangs-)Vertreter iSv § 164 Abs. 3 BGB tätig wird. Sofern der Käufer den nicht als Vertreter tätig werdenden Vertriebsmittler für die Übermittlung der Widerrufserklärung als (Erklärungs- oder Empfangs-)Boten einschaltet, trägt er nach allgemeinen Grundsätzen das Risiko einer Verfristung seiner Erklärung.[466]

d) **Rechtsfolgen.** Die Rechtsfolgen des wirksamen Widerrufs bestimmen sich nach **124** § 305 Abs. 4 KAGB, der sich inhaltlich weitgehend an § 126 Abs. 4 InvG aF anlehnt, ohne aber sachgerecht hinsichtlich der unterschiedlichen Fallgestaltungen zu differenzieren, auf die sich die **Rückabwicklung** beziehen kann. Schwierigkeiten bereitet in diesem Zusammenhang insbesondere die Rückabwicklung nach erklärtem Widerruf, wenn es sich im einen originären Erwerb von KG-Beteiligungen oder Aktien einer Investmentgesellschaft handelt, da hier der durch das Widerrufsrecht des Anlegers vorgesehene Schutz mit dem Schutz der Gläubiger, der sich insbesondere auch in der gesetzlich vorgeschriebenen Anfangs- und Eigenkapitalausstattung manifestiert, kollidiert.[467] Unproblematisch ist die Rückabwicklung demgegenüber beim Erwerb von Anteilen an offenen Investmentvermögen. Hier besteht eine Verpflichtung der Verwaltungsgesellschaft, dem Käufer – ggf. Zug um Zug gegen Rückübertragung der erworbenen Anteile – die bezahlten Kosten und einen Betrag auszuzahlen, der dem Wert der bezahlten Anteile am Tag nach Eingang der Widerrufserklärung entspricht. Ein Anspruch des Käufers auf Erstattung des entrichteten Kaufpreises ergibt sich aus § 305 Abs. 4 KAGB demgegenüber nicht, der Käufer ist nicht (wie im Rahmen einer schadensersatzrechtlichen Rückabwicklung) so zu stellen, als hätte er die Anlage nicht getätigt. Zu den erstattungspflichtigen Kosten zählt der Ausgabeaufschlag, darüber hinaus aber auch alle Gebühren und Belastungen, die im Zusammenhang mit dem Anteilserwerb vom Anleger erhoben worden sind.[468] Sofern der Anleger innerhalb der Widerrufsfrist noch keine Zahlungen geleistet

---

[464] In diesem Sinne *Paul* in Weitnauer/Boxberger/Anders, KAGB, § 305 Rn. 20.
[465] *Schmies* in Beckmann/Scholtz/Vollmer, Investment HdB, § 126 InvG Rn. 12.
[466] Vgl. zu den unterschiedlichen Zugangszeitpunkten bei Einschaltung eines Empfangs- oder Erklärungsboten *Einsele* in MüKoBGB, § 130 Rn. 25.
[467] Vgl. zu den hieraus sich ergebenden Fragestellungen *Paul* in Weitnauer/Boxberger/Anders, KAGB, § 305 Rn. 41 ff.
[468] Wie hier *Schödermeier/Baltzer* in Brinkhaus/Scherer, KAGG, § 23 Rn. 11; enger aber *Schmies* in Beckmann/Scholtz/Vollmer, Investment HdB, § 126 InvG Rn. 19.

hat, führt die Ausübung des Widerrufsrechts dazu, dass er nicht mehr zur Kaufpreiszahlung verpflichtet ist.[469]

**125** **e) Besonderheiten bei geschlossenen Investmentvermögen.** Beim Erwerb von Anteilen und Aktien eines geschlossenen Investmentvermögens greift hinsichtlich eines Widerrufs nicht § 305 KAGB ein, vielmehr ist nach § 305 Abs. 7 KAGB anhand der allgemeinen Regelungen des BGB zu prüfen, ob ein Widerrufsrecht besteht. Maßgeblich ist insoweit, ob der Vertrag in einer **Außergeschäftsraumsituation** (§ 312b BGB) oder im Wege des **Fernabsatzes** (§ 312c BGB) zustande gekommen ist.[470] Anders als § 305 Abs. 1 KAGB enthält § 305 Abs. 7 KAGB keine Regelung hinsichtlich des Widerrufsadressaten, dieser ist – auch bei treuhänderischen Beteiligungen – gegenüber der Verwaltungsgesellschaft zu erklären.[471] Bei der Beteiligung an einer geschlossenen Investment-KG führt der Widerruf des Anlegers zur Anwendung der **Grundsätze der fehlerhaften Gesellschaft**.[472]

**126** **3. Prospekthaftung und Haftung für wesentliche Anlegerinformationen.** § 306 KAGB regelt die Haftung für fehlerhafte sowie nicht veröffentliche Verkaufsprospekte und fehlerhafte wesentliche Anlegerinformationen. Die Vorschrift, die zahlreiche Parallelen zu § 127 InvG aF aufweist, richtet sich zunächst an **Privatkunden** als Käufer von Anteilen und Aktien an einem OGAW oder AIF, über § 307 Abs. 3 KAGB sind die Vorschriften für **semiprofessionelle und professionelle Anleger** in Bezug auf AIF-Anteile und Aktien eingeschränkt anwendbar.

**127** Adressaten der Haftung sind neben der **Verwaltungsgesellschaft** auch diejenigen, die die Anteile oder Aktien im eigenen Namen verkauft haben (§ 306 Abs. 2 S. 1 KAGB), daneben aber auch die gewerbsmäßigen **Anlagevermittler** (§ 306 Abs. 3 S. 1 KAGB). Unterschiede bestehen allerdings hinsichtlich des Verschuldensmaßstabs, da die Anspruchsgegner nach § 306 Abs. 3 S. 1 KAGB nur bei positiver Kenntnis haften, die sich auf die Unrichtigkeit oder Unvollständigkeit des Verkaufsprospekts bzw. die Unrichtigkeit der wesentlichen Anlegerinformationen beziehen muss, während hinsichtlich der übrigen Anspruchsgegner auch grob fahrlässige Unkenntnis genügt.[473]

**128** **a) Fehlerhafter Verkaufsprospekt.** Die Haftung nach § 306 Abs. 1 KAGB setzt voraus, dass in einem Verkaufsprospekt Angaben, die für die Beurteilung der Anteile oder Aktien von wesentlicher Bedeutung sind, unrichtig oder unvollständig sind. Die Anwendbarkeit der Vorschrift setzt zunächst voraus, dass ein Verkaufsprospekt iSd KAGB gegeben ist, sonstige vertriebsbegleitende Unterlagen wie zB Werbeschreiben begründen, selbst wenn ihnen Prospektqualität iS einer bürgerlich-rechtlichen Prospekthaftung zukommt, jedenfalls keine Haftung nach § 306 Abs. 1 KAGB.[474]

**129** **Unrichtig** iSv § 306 Abs. 1 S. 1 KAGB sind Angaben, wenn sie nicht mit der Wirklichkeit übereinstimmen, eine **Unvollständigkeit** ist gegeben, wenn Informationen zu einem für die Urteilsbildung des Anlegers relevanten Aspekt völlig fehlen oder wenn die im Prospekt enthaltenen Angaben den Sachverhalt nur in Teilen abbilden.[475] Von einer Unrichtigkeit bzw. Unvollständigkeit des Prospekts kann auch dann ausgegangen werden, wenn dieser zwar sämtliche wesentlichen Angaben inhaltlich zutreffend wiedergibt, die Darstellung aber unklar und unübersichtlich ist.[476] Entscheidend für die Feh-

---

[469] *Schmies* in Beckmann/Scholtz/Vollmer, Investment HdB, § 126 InvG Rn. 20.
[470] Vgl. hierzu allg. *Brönneke/Schmidt* VuR 2014, 3 ff.; *Wendehorst* NJW 2014, 577, 581.
[471] Vgl. *Paul* in Weitnauer/Boxberger/Anders, KAGB, § 305 Rn. 46, der dieses Ergebnis im Fall der Beteiligung über einen Treuhandkommanditisten auch aus § 152 KAGB ableitet.
[472] *Paul* in Weitnauer/Boxberger/Anders, KAGB, § 305 Rn. 48.
[473] Es handelt sich insoweit um eine Verschuldenshaftung mit Beweislastumkehr, vgl. *Heisterhagen* in Emde/Dornseifer/Dreibus/Hölscher, InvG, § 127 Rn. 42; *Baur*, Investmentgesetze, § 20 Rn. 26.
[474] Denkbar ist in diesen Fällen aber, dass die Grundsätze der bürgerlich-rechtlichen Prospekthaftung eingreifen, vgl. hierzu *Heisterhagen* in Emde/Dornseifer/Dreibus/Hölscher, InvG, § 127 Rn. 48 ff.
[475] Vgl. *Schmies* in Beckmann/Scholtz/Vollmer, Investment HdB, § 127 InvG Rn. 9.
[476] So auch *Schmies* in Beckmann/Scholtz/Vollmer, Investment HdB, § 127 InvG Rn. 9.

lerhaftigkeit ist das durch den Verkaufsprospekt vermittelte **Gesamtbild** der angebotenen Investmentanteile.[477] Maßstab für die Beurteilung der Fehlerhaftigkeit ist der **durchschnittliche Anleger,** für den die Angaben bestimmt sind.[478]

Ein Anspruch des Anlegers aus § 306 Abs. 1 S. 1 KAGB setzt voraus, dass er die Aktien oder Anteile **auf Grund** des Verkaufsprospekts erworben hat. Es muss daher ein ursächlicher Zusammenhang zwischen dem Verkaufsprospekt und dem Erwerbsgeschäft bestehen, die **Beweislast** für die **Kausalität** liegt insoweit beim Anspruchsteller.[479] Die Ursächlichkeit ist bereits dann gegeben, wenn die Vorlage des Verkaufsprospekts die Anlageentscheidung des Käufers mitbestimmt hat, auch wenn diese im Übrigen zB durch eine gezielte Werbung der KVG veranlasst worden ist.[480] 130

**b) Fehlerhafte wesentliche Anlegerinformationen.** Die wesentlichen Anlegerinformationen sind fehlerhaft, wenn sie irreführend, unrichtig oder mit den einschlägigen Stellen des Verkaufsprospekts nicht vereinbar sind (§ 306 Abs. 2 S. 1 KAGB). Von einer **Irreführung** ist auszugehen, wenn die Angaben in den wesentlichen Anlegerinformationen zwar sachlich zutreffend sind, ihre Darstellung aber unklar oder unverständlich ist und daher beim Anleger ein unzutreffender Eindruck entsteht,[481] wobei zur Bewertung auch die zu § 5 UWG entwickelten Grundsätze herangezogen werden können.[482] Eine Unvereinbarkeit mit dem Verkaufsprospekt ist dann anzunehmen, wenn die Darstellung in den wesentlichen Anlegerinformationen von dem durch den Verkaufsprospekt aufgeworfenen Gesamtbild abweicht.[483] Auch eine Haftung wegen fehlerhafter wesentlicher Anlegerinformationen kommt nur in Betracht, wenn das Kausalitätserfordernis erfüllt ist (→ Rn. 130). 131

**c) Rechtsfolgen.** Die investmentrechtliche Prospekthaftung nach § 306 KAGB unterscheidet hinsichtlich der Rechtsfolgen danach, ob der Käufer noch Inhaber des Anteils oder der Aktie ist oder bereits eine (Weiter-)Veräußerung erfolgt ist. Soweit der Käufer noch Inhaber ist, besteht die Verpflichtung des Anspruchsgegners, die Anteile bzw. Aktien Zug um Zug gegen **Erstattung des gezahlten Betrages** – einschließlich der Nebenkosten des Erwerbs – zu übernehmen (§ 306 Abs. 1 S. 1 KAGB). Es handelt sich bei diesem **Rückgabeanspruch** nicht um ein gesetzliches Rücktrittsrecht iSv §§ 346 ff. BGB, das nur gegenüber dem Vertragspartner bestehen kann, zu denen aber insbesondere die in § 306 Abs. 3 S. 1 KAGB genannten Anspruchsgegner nicht gehören.[484] Wie beim Widerrufsrecht nach § 305 KAGB bestehen auch im Rahmen der Rückabwicklung infolge Prospekthaftung nach § 306 KAGB Probleme bei der intern verwalteten Investmentgesellschaft, da der Gesetzgeber die gesellschaftsrechtlichen Besonderheiten nicht berücksichtigt hat (→ Rn. 125). 132

Sofern der Anleger nicht mehr Inhaber der Anteile oder Aktien ist, steht ihm ein Anspruch auf Zahlung des Betrages zu, um den der von ihm gezahlte Betrag den Rücknahmepreis der Anteile im Zeitpunkt der **Veräußerung** übersteigt (§ 306 Abs. 1 S. 3 KAGB). Eine Veräußerung liegt auch bei einer unentgeltlichen Weitergabe – z.B. in Form einer Schenkung – vor.[485] Sofern ein Rücknahmepreis nicht besteht, kann der Anleger die Differenz zum Anteilswert im Zeitpunkt der Veräußerung verlangen.[486] 133

---

[477] Vgl. BGH NJW 1982, 2823, 2824.
[478] *Paul* in Weitnauer/Boxberger/Anders, KAGB, § 306 Rn. 17; vgl. auch OLG Frankfurt NJW-RR 1994, 946, 947.
[479] Es handelt sich – entgegen *Schnauder* NJW 2013, 3207, 3210 – insoweit nicht um ein Versehen des Gesetzgebers.
[480] So auch *Heisterhagen* in Emde/Dornseifer/Dreibus/Hölscher, InvG, § 127 Rn. 36; *Baur/Ziegler*, Bankrecht und Bankpraxis (BuB), Rn. 9/528 ff.
[481] *Müchler* WM 2012, 974, 978.
[482] *Paul* in Weitnauer/Boxberger/Anders, KAGB, § 306 Rn. 28.
[483] *Müchler* WM 2012, 974, 978; *Heisterhagen* in Emde/Dornseifer/Dreibus/Hölscher, InvG, § 127 Rn. 31.
[484] *Baur/Ziegler*, Bankrecht und Bankpraxis (BuB), Rn. 9/531 ff.
[485] *Schmies* in Beckmann/Scholtz/Vollmer, § 127 InvG Rn. 23; *Heisterhagen* in Emde/Dornseifer/Dreibus/Hölscher, InvG, § 127 Rn. 45.
[486] *Paul* in Weitnauer/Boxberger/Anders, KAGB, § 306 Rn. 25.

**134** Für die **Verjährung** der Ansprüche aus § 306 KAGB gelten die allgemeinen Verjährungsregeln nach §§ 195, 199 BGB. Der Anspruch des Anlegers entsteht bereits mit der Anlageentscheidung,[487] die Verjährung beginnt aber erst zu laufen, wenn auch die subjektiven Voraussetzungen nach § 199 Abs. 1 Nr. 2 BGB (Kenntnis bzw. grob fahrlässige Unkenntnis) gegeben sind.

**135** **4. Aufsichts- und zivilrechtliche Vorgaben für die Anlageberatung in Bezug auf Investmentvermögen.** Der Schutz der Anleger wird auch außerhalb des KAGB durch aufsichtsrechtliche Regelungen und zivilrechtliche Pflichtenstandards gewährleistet. Für Wertpapierdienstleistungsunternehmen iSv § 2 Abs. 4 WpHG enthalten die **Wohlverhaltensregeln** der §§ 31 ff. WpHG einen Pflichtenrahmen, der bei der Erbringung von Wertpapierdienstleistungsunternehmen zu beachten ist. Diese Normen des **Aufsichtsrechts** sind öffentlich-rechtlicher Natur und daher grundsätzlich nicht geeignet, einen zivilrechtlichen Schadensersatzanspruch des einzelnen Anlegers zu begründen.[488] Der BGH hat sich allerdings in einer aktuellen Entscheidung auf den Standpunkt gestellt, dass auch in zivilrechtlicher Hinsicht eine Bank verpflichtet ist, die tragenden Grundprinzipen des Aufsichtsrechts zu beachten.[489] Im Ergebnis haben daher Normen des Aufsichtsrechts jedenfalls dann Einfluss auf das individuelle Schuldverhältnis gegenüber dem einzelnen Anleger, wenn er erwarten kann, dass die Bank diese als allgemeines Rechtsprinzip auch ihm gegenüber beachtet.[490] Für Gewerbetreibende mit einer Erlaubnis nach § 34 f GewO, die den Verhaltenspflichten der §§ 31 ff. WpHG nicht unterfallen, enthalten die §§ 11 ff. FinVermV seit dem 1.1.2013 einen weit gehend identischen Pflichtenstandard.[491]

**136** In zivilrechtlicher Hinsicht kommt insbesondere der inhaltlichen Konkretisierung der **Pflicht zur anleger- und objektgerechten Beratung,** die sich aus dem mit dem Anleger regelmäßig konkludent geschlossenen **Beratungsvertrag** ergibt, Bedeutung zu.[492] Im Zusammenhang mit Investmentanteilen hat in den letzten Jahren die **Kick-Back-Rechtsprechung** des BGH für erhebliche Diskussionen gesorgt, durch die Banken verpflichtet werden, Anleger im Rahmen einer Anlageberatung ungefragt über die Höhe der an sie fließenden **Rückvergütungen** aufzuklären.[493] In Bezug auf **offene Immobilienfonds** ist eine Bank nach Ansicht des BGH verpflichtet, den Anleger im Rahmen der Beratung ungefragt über die Möglichkeit einer zeitweiligen **Aussetzung der Anteilsrücknahme** durch die Fondsgesellschaft aufzuklären, damit der Anleger das hiermit verbundene Liquiditätsrisiko einschätzen kann.[494]

---

[487] Vgl. BGHZ 162, 306 = ZIP 2005, 802.
[488] BGH WM 2013, 1983; BGH BKR 2001, 38, 40; zur Rechtsnatur der Verhaltenspflichten nach §§ 31 ff. WpHG vgl. auch *Schäfer* in Schäfer, WpHG/BörsG/VerkProspG, 1999, vor § 31 WpHG Rn. 8; *Köndgen* ZBB 1996, 360, 361.
[489] So in Bezug auf die Offenlegung von Innenprovisionen BGH BKR 2014, 370, 373 mit Anm. *Balzer/Lang* BKR 2014, 377.
[490] Kritisch hierzu auch vor dem Hintergrund des Gewaltenteilungsgrundsatzes *Balzer/Lang* BKR 2014, 377, 381.
[491] Vgl. zu diesen Pflichten *Weisner/Friedrichsen/Heimberg* DStR 2012, 1034 ff.; *Kuhlen/Tiefensee* GewA 2013, 17 ff.
[492] Vgl. hierzu bereits eingehend *Edelmann*, → § 3 Rn. 15 ff.; zu den entsprechenden Beratungsstandards beim Vertrieb von Investmentanteilen auch *Köndgen/Schmies* in Schimansky/Bunte/Lwowski, Bankrechts-HdB, § 113 Rn. 91 f.
[493] Grundlegend BGHZ 170, 226 = ZIP 2007, 518 (XI. Zivilsenat); zur Unanwendbarkeit der Rechtsprechungsgrundsätze auf „freie", nicht bankgebundene Anlageberater vgl. BGHZ 185, 185 = BGH ZIP 2010, 919 (III. Zivilsenat). Im Zusammenhang mit der Offenlegungspflicht über Rückvergütungen kann sich eine Bank bereits seit dem Jahr 1984 nicht mehr auf einen unvermeidbaren Rechtsirrtum berufen, der das Verschulden entfallen lassen würde, vgl. BGH ZIP 2014, 1672.
[494] BGH ZIP 2014, 1324.

# 8. Kapitel. Delegation von Anlagegeschäften

## § 23 Vermögensverwaltung

### Übersicht

| | Rn. |
|---|---|
| I. Begriff und Bedeutung der Vermögensverwaltung | 1–13 |
| 1. Geldvermögen und seine Verwaltung in Deutschland | 1 |
| 2. Der Begriff der individuellen Vermögensverwaltung | 3 |
| 3. Abgrenzung zu anderen Wertpapierdienstleistungen | 7 |
| a) Anlageberatung | 7 |
| b) Anlageverwaltung | 9 |
| c) Anlage- und Abschlussvermittlung | 11 |
| d) Depotverwaltung | 12 |
| e) Financial Planning | 13 |
| II. Zivilrechtliche Erscheinungsformen der Vermögensverwaltung | 14–17 |
| 1. Eigentumsrechtliche Ausprägungen der Vermögensverwaltung | 14 |
| a) Vertretermodell | 14 |
| b) Treuhandmodell | 15 |
| 2. Schuldrechtliche Qualifikation der Vermögensverwaltung | 16 |
| a) Vertretermodell | 16 |
| b) Treuhandmodell | 17 |
| III. Aufsichtsrecht der Vermögensverwaltung | 18–25 |
| 1. Aufsichtsregime | 18 |
| 2. Aufsichtsrechtliche Qualifizierung der Vermögensverwaltung | 19 |
| a) Vertretermodell | 19 |
| b) Treuhandmodell | 20 |
| aa) Bank- und Finanzdienstleistung nach KWG | 20 |
| bb) Wertpapierdienstleistung nach WpHG | 22 |
| 3. Internationaler Anwendungsbereich des deutschen Aufsichtsrechts | 23 |
| IV. Pflichten des Vermögensverwalters bei Abschluss des Vermögensverwaltungsvertrags | 26–39 |
| 1. Zivilrechtliche Pflichten | 26 |
| a) Grundlage | 26 |
| b) Exploration des Kunden (know your customer) | 27 |
| c) Informations- und Beratungspflichten | 28 |
| 2. Aufsichtsrechtliche Pflichten | 30 |
| a) Exploration des Kunden | 31 |
| b) Allgemeine Informationen zur Vermögensverwaltung | 34 |
| c) Conflict-of-Interest-Policy | 36 |
| d) Best-Execution-Policy | 38 |
| e) Kein Anlageberatungsprotokoll | 39 |
| V. Der Vermögensverwaltungsvertrag | 40–58 |
| 1. Vertragsabschluss | 40 |
| a) Formvorschriften | 40 |
| b) Stellvertretung | 42 |
| c) Verbraucherverträge | 43 |
| 2. Vertragsinhalt | 47 |
| a) Regelungsgegenstände | 47 |
| b) Vermögensverwaltungsvertrag und AGB-Recht | 51 |
| 3. Beendigung des Vermögensverwaltungsvertrags | 55 |
| VI. Pflichten der Vertragsparteien bei Durchführung des Vermögensverwaltungsvertrags | 59–93 |
| 1. Zivilrechtliche Pflichten des Vermögensverwalters | 59 |
| a) Anlagerichtlinien und Weisungen | 59 |
| b) Grundsätze ordnungsgemäßer Vermögensverwaltung | 63 |
| aa) Produktive Verwaltung | 64 |
| bb) Spekulationsverbot | 68 |
| cc) Risikostreuung durch Diversifikation | 69 |
| c) Interessenwahrungspflicht | 71 |
| aa) Unzulässige Verhaltensweisen | 71 |
| bb) Umgang mit Interessenkonflikten | 75 |

|   | Rn. |
|---|---|
| d) Informations- und Rechenschaftspflichten | 78 |
| e) Herausgabepflicht | 81 |
| 2. Aufsichtsrechtliche Pflichten des Vermögensverwalters | 82 |
|     a) Leistungserbringung | 82 |
|     b) Umgang mit Interessenkonflikten | 83 |
|     c) Zuwendungen | 86 |
|     d) Rechenschaftspflichten nach § 31 Abs. 8 WpHG | 88 |
|     e) Dokumentationspflichten | 89 |
| 3. Pflichten des Vermögensinhabers | 90 |
| VII. Haftung des Vermögensverwalters für Pflichtverletzungen | 94–123 |
| 1. Anspruchsgrundlagen und Anspruchsgegner | 94 |
|     a) Anspruchsgrundlagen | 94 |
|     b) Anspruchsgegner | 96 |
| 2. Pflichtverletzung | 98 |
| 3. Verschulden und Mitverschulden des Anlegers | 103 |
|     a) Verschulden | 103 |
|     b) Mitverschulden | 106 |
| 4. Schaden | 109 |
|     a) Verletztes Interesse | 109 |
|     b) Saldierung von Vor- und Nachteilen | 112 |
|     c) Entgangener Gewinn | 115 |
|     d) Sonstige Schadenspositionen | 117 |
| 5. Verjährung | 118 |
|     a) Sonderverjährung gemäß § 37a WpHG aF | 118 |
|     b) Regelverjährung | 119 |

**Schrifttum:** *Arendts,* Die Haftung der Banken für fehlerhafte Anlageberatung nach der neueren deutschen Rechtsprechung, ÖBA 1994, 251; *Armbrüster,* Kapitalanleger als Verbraucher? Zur Reichweite des europäischen Verbraucherschutzrechts, ZIP 2006, 406; *Assmann,* Interessenkonflikte und „Inducements" im Lichte der Richtlinie über Märkte für Finanzinstrumente (MiFID) und der MiFID-Durchführungsrichtlinie, ÖBA 2007, 40; *ders.,* Interessenkonflikte aufgrund von Zuwendungen, ZBB 2008, 21; *Assmann/Uwe H. Schneider* (Hrsg.), WpHG, 6. Aufl. 2012; *Balzer,* Vermögensverwaltung durch Kreditinstitute, 1999; *ders.,* Aufklärungs- und Beratungspflichten bei der Vermögensverwaltung, WM 2000, 441; *ders.,* Anlegerschutz bei Verstößen gegen die Verhaltenspflichten nach §§ 31 ff. WpHG, ZBB 1997, 260; *ders.,* Anmerkung zu LG Stuttgart (WM 1997, 163), EWiR 1997, 295; *Barnes,* Stock Market Efficiency, Insider Dealing and Market Abuse, 2009; *ders.,* Anmerkung zu LG Freiburg (WM 2004, 124), EWiR 2004, 215; *Benicke,* Pflichten des Vermögensverwalters beim Investitionsprozess, ZGR 2004, 760; *ders.,* Wertpapiervermögensverwaltung, 2006; *Birnbaum,* Stichwort „Churning", wistra 1991, 253; *Bönneke,* Der Anwendungsbereich der Vorschriften über die besonderen Vertriebsformen nach Umsetzung der Verbraucherrechterichtlinie, VuR 2014, 1; *Boos/Fischer/Schulte-Mattler* (Hrsg.), KWG 4. Aufl. 2012; *Bracht,* Die Pflicht von Wertpapierdienstleistungsunternehmen zur bestmöglichen Ausführung von Kundenaufträgen (Best Execution), 2009; *Braunschmidt,* Der Widerruf im Bankrecht – Richtlinienkonforme Auslegung und Belehrungswirren, NJW 2014, 1558; *Bülow,* Ein neugefasster § 13 BGB – überwiegende Zweckbestimmung, WM 2014, 1; *Coing,* Rechtsformen der privaten Vermögensverwaltung, AcP 167 (1967), 99; *ders.,* Die Treuhand kraft privaten Rechtsgeschäfts, 1973; *Derleder,* Anmerkung zu BGH (ZIP 2010, 1548), EWiR 2010, 665; *Ebenroth/Boujong/Joost/Strohn* (Hrsg.), HGB, Bd. 2, 2. Auflage 2009; *Edelmann,* Anmerkung zu OLG Düsseldorf (WM 2006, 1576), WuB I G 9.-1.06; *Eichhorn,* Anmerkung zu LG Nürnberg-Fürth (WM 1996, 1579), WuB I G 9. – 1.96; *Einsiedler,* Rückvergütungen und verdeckte Innenprovisionen, WM 2013, 1109; *Ekkenga* in MüKoHGB, Bd. 6, 3. Aufl. 2014, Effektengeschäft; *Elixmann,* Anmerkung zu OLG Düsseldorf, Urt. v. 31.1.2008 – I-6 U 21/07, EWiR 2008, 271; *Ellenberger/Schäfer/Clouth/Lang* (Hrsg.), Praktikerhandbuch Wertpapier- und Derivategeschäft, 4. Aufl. 2011; *Farkas-Richling/Fischer/Richter* (Hrsg.), Private Banking und Family Office, 2. Aufl. 2012; *Fink,* Anmerkung zu OLG Köln (WM 2007,1067), WuB I G 9.-1.07; *Fleischer/Schmolke,* Klumprisiken im Bankaufsichts-, Investment- und Aktienrecht, ZHR 173 (2009), 649; *Fuchs* (Hrsg.), WpHG, 2009; *Gaßner/Escher,* Bankpflichten bei der Vermögensverwaltung nach Wertpapierhandelsgesetz und BGH-Rechtsprechung, WM 1997, 93; *Geibel,* Der Kapitalanlegerschaden, 2002; *Göhmann,* Verhaltenspflichten von Banken gegenüber ihren Kunden bei der Durchführung von Effektengeschäften, 2006; *Habersack/Schürnbrand,* Verwirkung des Widerrufsrechts aus einem Verbraucherdarlehensvertrag bei fehlerhafter Widerrufsbelehrung, ZIP 2014, 749; *Hadding,* Zu einer „Behaltensklausel" betreffend

Vertriebsvergütungen an Wertpapierdienstleistungsunternehmen, FS Nobbe, 2009, S. 565; *ders.,* Sind Vertriebsvergütungen von Emittenten an Kreditinstitute geschäftsbesorgungsrechtlich an den Kunden herauszugeben?, ZIP 2008, 529; *Heinsius,* Anlageberatung durch Kreditinstitute, ZHR 145 (1981), 177; *ders.,* Pflichten und Haftung der Kreditinstitute bei der Anlageberatung, ZBB 1994, 47; *Held/Schulz,* Fernabsatz von Finanzdienstleistungen, BKR 2005, 270; *Hettenbach,* Voraussetzungen der Verjährung eines Schadensersatzanspruchs wegen unterlassener Aufklärung über Rückvergütungen, BB 2013, 2763; *Hilgard,* Churning, WM 2006, 409; *Hirte/Möllers* (Hrsg.), Kölner Kommentar WpHG, 2. Aufl. 2014; *Hölldampf,* Rechtsmissbräuchliche Ausübung des Verbraucherwiderrufsrechts durch den Darlehensnehmer, WM 2014, 1659; *Holl/Kessler,* Die US-amerikanische Churning-Doktrin im Recht der Termingeschäfte, RIW 1995, 983; *Hopt,* Berufshaftung der Vermögensverwalter, FS für R. Fischer, 1979, S. 237; *ders.,* Kapitalanlegerschutz im Recht der Banken, 1976; *ders.,* Grundsatz- und Praxisprobleme nach dem Wertpapierhandelsgesetz, ZHR 159 (1995), 135; *ders.,* Interessenwahrung und Interessenkonflikte im Aktien-, Bank- und Berufsrecht, ZGR 2004, 1; *ders.,* Europäisches und deutsches Insiderrecht, ZGR 1991, 17; *ders.,* Funktion, Dogmatik und Reichweite der Aufklärungs-, Warn- und Beratungspflichten der Kreditinstitute, in Hadding/Hopt/Schimansky (Hrsg.), Bankrechtstag 1992, 1993, S. 1; *Horn/Schimansky* (Hrsg.), Bankrecht 1998, 1998; *Horn,* Die Aufklärungs- und Beratungspflichten der Banken, ZBB 1997, 139; *Janal,* Alles neu macht der Mai: Erneute Änderungen im Recht der besonderen Vertriebsformen, WM 2012, 2314; *Knop,* Vermögensverwaltung im zweiten Jahr der MiFID, AG 2009, S. 357; *Köndgen,* Wieviel Aufklärung braucht ein Wertpapierkunde, ZBB 1996, 361; *Koller,* Zu den Grenzen des Anlegerschutzes bei Interessenkonflikten, ZBB 2007, 197; *Krämer,* Bankenhaftung im Bereich der Vermögensverwaltung, FS für Gerd Nobbe, 2009, S. 619; *Kritter,* Die Verjährung nach § 37a WpHG – eine Zwischenbilanz, BKR 2004, 261; *Kübler,* Müssen Anlageempfehlungen anlegergerecht sein?, FS für Coing, Bd. II, 1982, S. 193; *Lang/Balzer,* Anmerkung zu BGH, Beschl. v. 20.1.2009 – XI ZR 510/09, ZIP 2009, 459; *Lang,* Informationspflichten bei Wertpapierdienstleistungen, 2003; *Langenbucher/Bliesener/Spindler* (Hrsg.), Bankrechtskommentar, 2013; *Lenenbach,* Kapitalmarktrecht, 2. Aufl. 2010; *Lerbinger,* Aktienkursprognose durch Linienchart-Formationen und Trendlinien, AG 1988, 7; *Loff/Hahne,* Vermögensverwaltung und Anlageberatung unter MiFID II, WM 2012, 1512; *Mann,* Rückvergütungen, Provisionen und Gewinnmargen: Zur Aufklärungspflicht des bankgebundenen Anlageberaters nach der Entscheidung BGH WM 2012, 1520 – Lehman II, WM 2013, 727; *Miebach,* Private Vermögensverwaltung und Erlaubniserfordernis nach § 1 KWG, DB 1991, 2069; *Möllers,* Vermögensbetreuungsvertrag, graue Vermögensverwaltung und Zweitberatung – Vertragstypen zwischen klassischer Anlageberatung und Vermögensverwaltung, WM 2008, 93; *Müchler,* Die neuen Kurzinformationsblätter – Haftungsrisiken im Rahmen der Anlageberatung, WM 2012, 974; *Mülbert,* Behaltensklauseln für Vertriebsvergütungen in der institutsinternen Vermögensverwaltung – mit einem Seitenblick auf die orderbegleitende Anlageberatung, WM 2009, 481; *Nikolaus/d'Oleire,* Aufklärung über „Kickbacks" in der Anlageberatung, WM 2007, 2129; *Nobbe/Zahrte* in MüKoHGB, Bd. 6, 3. Aufl. 2014, Anlageberatung; *Nodoushani,* Keine Stärkung des Anlegerschutzes bei der Verwahrung von Kundengeldern durch Wertpapierdienstleistungsunternehmen, NZG 2010, 1133; *Philipp,* Die Dokumentationspflichten von Wertpapierdienstleistungsunternehmen im Rahmen der Anlageberatung, 2013; *Renz/Hänse* (Hrsg.), Wertpapier-Compliance in der Praxis, 2010; *Reschke-Kessler,* Bankenhaftung bei der Anlageberatung über neue Finanzprodukte, WM 1993, 1830; *Rodloff/Drahe,* Die Verwaltung von Stiftungsvermögen durch Vorstand und Vermögensverwalter, ZIP 2003, 2284; *Rössner/Arendts,* Die Haftung wegen Kontoplünderung durch Spesenschinderei (Churning), WM 1996, 1517; *Roll,* Vermögensverwaltung durch Kreditinstitute, 1983; *Rothenhöfer,* Interaktion zwischen Aufsichts- und Zivilrecht, in Baum/Fleckner/Hellgardt (Hrsg.), Perspektiven des Wirtschaftsrechts, 2008, S. 55; *Rotter/Placzek,* Bankrecht, 2009; *Schäfer/Müller,* Haftung für fehlerhafte Wertpapierdienstleistungen, 1999; *Schäfer/Sethe/Lang* (Hrsg.), Handbuch der Vermögensverwaltung, 2012; *Schäfer,* Sind die §§ 31 ff. WpHG nF Schutzgesetze iSv § 823 Abs. 2 BGB?, WM 2007, 1872; *ders.,* Anlegerschutz und die Sorgfalt eines ordentlichen Kaufmanns bei der Anlage der Sondervermögen durch Kapitalanlagegesellschaften, 1986; *ders.,* Vereinbarungen über Benachrichtigungspflichten in Vermögensverwaltungsverträgen, WM 1995, 1009; *ders.,* Pflicht zur Protokollierung des Anlageberatungsgesprächs gemäß § 34 Abs. 2a, 2b WpHG, FS für Hopt, Bd. 2, 2010, S. 2427; *ders.,* Vermögensverwaltung nach der MiFID in Hadding/Hopt/Schimansky (Hrsg.), Bankrechtstag 2006, 2007, S. 31; *Schaller,* Der perfekte Vermögensverwaltungsvertrag, AJP/PJA 2012, 56; *ders.,* Handbuch des Vermögensverwaltungsrechts, 2013; *Schanze,* Anlegerschutz bei Aktienfonds: Das Indexfonds-Konzept, AG 1977, 102; *Schimansky/Bunte/Lwowski* (Hrsg.), Bankrechts-Handbuch, 4. Aufl. 2011; *Schödermeier,* Nachforschungspflichten einer Bank als Vermögensverwalterin zur Person ihres Kunden, WM 1995, 2053;

*Schomburg*, Mehr Verbraucherschutz bei Kosten für Nebenleistungen – Die Regelungen des neuen § 312a Abs. 1 bis 6 BGB, VuR 2014, 18; *Schwark*, Anmerkung zu OLG Karlsruhe, Urteil v. 16. Dezember 1998 (1 U 11/89), EWiR 1999, 211; *Schwark/Zimmer* (Hrsg.), Kapitalmarktrechts-Kommentar, 4. Aufl. 2010; *Schwennicke*, Anmerkung zu OLG Karlsruhe (WM 2001, 805), WuB I G 9.-2.01; *Schwennicke/Auerbach* (Hrsg.), KWG, 2. Aufl. 2013; *Schwintowski*, Grundsätze ordnungsgemäßer Anlage von Stiftungsvermögen, FS für Hadding, 2004, S. 271; *Schwintowski* (Hrsg.), Bankrecht, 4. Aufl. 2014; *Seebach*, Die Reichweite des Marktortprinzips im Inlandsmerkmal des § 32 Abs. 1 Satz 1 KWG – zugleich methodische Anmerkungen zu BVerwG WM 2009, 1553, WM 2010, 733; *Sethe*, Anlegerschutz im Recht der Vermögensverwaltung, 2005; *ders.*, Die funktionale Auslegung des Bankaufsichtsrechts am Beispiel der Vermögensverwaltung im Treuhandmodell in FS Uwe H. Schneider, 2011, S. 1239; *Sprenger*, Depots in Deutschland: Wachsendes Wertpapiervermögen, Bank 6/2013; *Sprockhoff*, Die Bankenhaftung bei Abschluss und Umsetzung eines Vermögensverwaltungsvertrags in der richterlichen Praxis, WM 2005, 1739; *Tamm*, Informationspflichten nach dem Umsetzungsgesetz zur Verbraucherrechterichtlinie, VuR 2014, 9; *Teuber*, Finanzmarkt-Richtlinie (MiFID) – Auswirkungen auf Anlageberatung und Vermögensverwaltung im Überblick, BKR 2006, S. 429; *Tonner*, Die Umsetzung der Verbraucherrechterichtlinie – Auswirkungen der Vollharmonisierung, VuR 2014, 23; *Unzicker*, Anmerkung zu BVerwG, ZIP 2008, 911, ZIP 2008, 919; *Veil*, Vermögensverwaltung und Anlageberatung im neuen Wertpapierhandelsrecht – eine behutsame Reform der Wohlverhaltensregeln?, ZBB 2008, 34; *Voge*, Zum Tatbestand der Anlageverwaltung im Sinne des § 1 Abs. 1a Satz 2 Nr. 11 KWG, WM 2010, 913; *von Randow*, Urteilsanmerkung zu LG Nürnberg-Fürth (WM 1996, 1579), EWiR 1996, 1021; *Weber-Rey/Holl*, OLG Frankfurt aM – Pflichten bei der Vermögensverwaltung, WiB 1996, 856; *Welter/Lang* (Hrsg.), Handbuch der Informationspflichten im Bankverkehr, 2005; *Wendehorst*, Das neue Gesetz zur Umsetzung der Verbraucherrechterichtlinie, NJW 2014, 577; *Werkmüller* (Hrsg.), Family Office Management als (Bank-)Dienstleistung für vermögende Privatkunden, 2. Aufl. 2010; *Witte/Hildebrand*, Haftung für die nicht erfolgte Offenlegung von Kick-Back-Zahlungen, DStR 2009, 1759; *Wolf/Lindacher/Pfeiffer* (Hrsg.), AGB-Recht, 6. Aufl. 2013; *Wolters*, Anmerkung zu OLG Stuttgart (ZIP 2014, 213), EWiR 2014, 271; *Zeller*, Anmerkung zu OLG Düsseldorf (WM 2003, 1263), WuB I G 1.-1.04; *Zimmermann*, Vermögensverwaltung durch Nachlasspfleger und Betreuer, ZEV 2014, 76; *Zoller*, Die Haftung bei Kapitalanlagen, 2. Aufl. 2014.

## I. Begriff und Bedeutung der Vermögensverwaltung

**1. Geldvermögen und seine Verwaltung in Deutschland.** Unter der Vermögensverwaltung als Dienstleistung versteht man die Verwaltung von Vermögen, das dem Vermögensverwalter wirtschaftlich nicht als eigenes zusteht. Der Vermögensverwalter trifft die Entscheidung über die Anlage von Geldern bzw. über die Verwendung des Vermögens im Interesse des Anlegers/Vermögensinhabers. Mitte 2013 hielten die privaten Haushalte in der Bundesrepublik an Bargeld, Einlagen, Wertpapieren und Ansprüchen gegen Versicherungen netto rund EUR 3500 Mrd.[1] Privatpersonen hielten Ende 2012 in ca. 24,5 Mio. Depots Wertpapiere im Wert von rund EUR 766 Mrd.[2] Es wird geschätzt, dass von diesen rund EUR 766 Mrd. Depotbeständen der privaten Haushalte in **Deutschland** zwischen EUR 100 Mrd. und EUR 200 Mrd. im Rahmen einer Vermögensverwaltung betreut werden. Für die **Schweiz** wird geschätzt, dass sich das insgesamt verwaltete Vermögen auf ca. CHF 500 bis 650 Mrd. beläuft.

**Anbieter** einer Vermögensverwaltung sind in Deutschland neben Banken, Sparkassen und Genossenschaftsbanken rund 530 unabhängige Vermögensverwalter[3], also Unternehmen, die nicht gleichzeitig Bankgeschäfte betreiben. In der Schweiz gibt es rund 3100 unabhängige Vermögensverwalter. Die Vermögensverwaltung durch Angehörige der rechts- und steuerberatenden Berufe wie Rechtsanwälte, Steuerberater oder Wirtschaftsprüfer bzw. Wirtschaftsprüfungsgesellschaften fällt demgegenüber, zumindest in Deutschland, nicht ins Gewicht[4].

---

[1] Vgl. BBank, Monatsbericht Januar 2014, S. 55.
[2] *Sprenger* Bank 6/2013.
[3] Vgl. BaFin, Jahresbericht 2013, S. 94.
[4] Zur geschichtlichen Entwicklung der Vermögensverwaltung vgl. *Sethe* in Schäfer/Sethe/Lang, Hdb. Vermögensverwaltung, § 2; zur Geschichte der Vermögensverwaltung in der Schweiz vgl. *Schaller*, Hdb. Vermögensverwaltungsrechts, S. 7 ff.

**2. Der Begriff der individuellen Vermögensverwaltung.** § 1 Abs. 1a Satz 2 Nr. 3 **3**
KWG definiert für das Aufsichtsrecht die Vermögensverwaltung (dort als „Finanzportfolioverwaltung" bezeichnet) als „die Verwaltung einzelner in Finanzinstrumenten angelegter Vermögen für andere mit Entscheidungsspielraum". Hiermit wird die **individuelle Vermögensverwaltung** umschrieben, bei der der einzelne Anleger sein Vermögen getrennt von dem Vermögen anderer Anleger individuell von einem Vermögensverwalter verwalten lässt und über den mit dem Verwalter geschlossenen Vermögensverwaltungsvertrag – im Rahmen von Anlagerichtlinien bis hin zu Einzelweisungen – Einfluss auf die Verwaltung seines Vermögens nimmt. Im Gegensatz dazu spricht man von **kollektiver Vermögensverwaltung,** wenn der Vermögensinhaber durch den Erwerb von (Investment-)Fondsanteilen oder den Abschluss von Versicherungsverträgen die Verwaltung seines Vermögens, „gepoolt" mit dem Vermögen anderer Anleger, einer Kapitalanlagegesellschaft oder Versicherungsgesellschaft überträgt. Hier sind Einflussnahmemöglichkeiten des Einzelnen auf die Anlageentscheidungen des Vermögensverwalters regelmäßig ausgeschlossen, da die Verwaltung für alle an dem „Vermögenspool" beteiligten Anleger einheitlich nach denselben Richtlinien erfolgt. Der Anleger kann lediglich den „Vermögenspool" nach Maßgabe der vorgegebenen Anlagerichtlinien wählen. Durch die Zusammenfassung vieler Einzelvermögen wird das verwaltete Vermögen jedoch idR so groß, dass eine Diversifizierung der Vermögensanlagen in einem Maße möglich ist, das sich bei kleineren Vermögen nicht darstellen lässt. Demgemäß kann die Teilnahme an einer kollektiven Vermögensverwaltung in Form eines Investmentfonds oder einer fondsgebundenen Versicherung bereits mit Kleinstbeträgen erfolgen. Dagegen liegt – auch wegen der mit einer Vermögensverwaltung verbundenen Kosten – die **Mindestzielgröße** für eine individuelle Vermögensverwaltung, je nach Vermögensverwalter, bei EUR 100 000,00 bis EUR 5 Mio.

Die **individuelle Vermögensverwaltung** kann sich – anders als die Finanzportfolio- **4** verwaltung iSv § 1 Abs. 1a Satz 2 Nr. 3 KWG – auf jeden dem rechtsgeschäftlichen Verkehr zugänglichen **Gegenstand** beziehen. Zu den in Betracht kommenden Gegenständen zählen insb. Wertpapier- und Barvermögen, aber auch Immobilien, Gesellschaftsbeteiligungen (zB Kommanditanteile an Immobilien-, Schiffs- oder Filmfonds), Kunstsammlungen, Münzen, Edelmetalle etc. Nicht zur Vermögensverwaltung im hier behandelten Sinne gehören Verwaltungen auf gesetzlicher Grundlage oder sonstige gesetzlich geregelte Formen der Verwaltung, wie Testamentsvollstreckung, Nachlassverwaltung und -pflegschaft, die Verwaltung von Mündelvermögen[5] etc, in denen die Verwalter nicht vom Vermögensinhaber mandatiert sind, sondern ihr Amt kraft Gesetzes (zB Vermögenssorge im Eltern-Kind Verhältnis), durch Anordnung eines Dritten (zB Testamentsvollstreckung) oder aufgrund gerichtlicher Bestellung (Vormundschaft, Pflegschaft, Betreuung) innehaben[6].

Aufgrund seiner Ausrichtung auf Person und Aufgaben des Verwalters ist das Recht der **5** **individuellen Vermögensverwaltung** nicht das Recht einer bestimmten Kapitalanlageart, sondern das **Recht eines Finanzintermediärs**[7]. Versteht man Kapitalanlagerecht als den Rahmen für die Projektierung, das öffentliche Angebot und den Vertrieb von Kapitalanlagen einerseits und die Erfüllung der daraus erwachsenden Rechtsverhältnisse andererseits, stünde das Recht der Vermögensverwaltung außerhalb des Kapitalanlagerechts. Es ist jedoch Teil des darüber hinausgehenden Kapitalmarktrechts, insofern der **„Financial Intermediary"** in den Vorgang der Kapitalanlage als aktiver Teilnehmer am Kapitalmarkt eingeschaltet ist[8].

Die (individuelle) Vermögensverwaltung von Finanzinstrumenten iSv § 1 Abs. 11 **6** KWG als eine (auch) von Banken angebotene Dienstleistung findet sich unter dem Be-

---

[5] Vgl. zu dieser *Zimmermann* ZEV 2014, 76.
[6] *Sethe* in Schäfer/Sethe/Lang, Hdb. Vermögensverwaltung, § 14 Rn. 49; zur Verwaltung von Stiftungsvermögen vgl. OLG Dresden, WM 2004, 1278; *Rodloff/Drahe* ZIP 2003, 2284 ff.; *Schwintowski* FS Hadding, S. 271 ff.; *Müller/Teuber* in Ellenberger/Schäfer/Clouth/Lang, Praktikerhdb. Wertpapier- und Derivategeschäft, Rn. 706 ff.
[7] ISv „Financial Intermediary" und nicht des „Anlagevermittlers" ieS bzw. iSd KWG oder WpHG.
[8] Vgl. dazu ausführlich → *Assmann,* § 1 Rn. 1 ff.

griff der **Finanzportfolioverwaltung** erst seit 1998 in § 1 Abs. 1a Satz 2 Nr. 3 KWG als Finanzdienstleistung und in § 2 Abs. 3 Nr. 7 WpHG als Wertpapierdienstleistung[9]. Gemäß Anhang A Ziffer 3 der Wertpapierdienstleistungsrichtlinie[10] zählt zu den Wertpapierdienstleistungen die „individuelle Verwaltung einzelner Portefeuilles mit einem Ermessensspielraum im Rahmen eines Mandats der Anleger, sofern die betreffenden Portefeuilles eines oder mehrere der in Abschnitt B genannten Instrumente enthalten". Durch die Beschränkung auf die „in Abschnitt B genannten Instrumente" (insbes. Wertpapiere, Geldmarktinstrumente, Finanztermínkontrakte und Derivate) wird der Begriff der Vermögensverwaltung in der Wertpapierdienstleistungsrichtlinie entsprechend den Intentionen des Richtliniengebers enger gefasst, als es dem in Deutschland üblichen Sprachgebrauch entspricht. Die Wertpapierdienstleistungsrichtlinie wurde abgelöst durch die Richtlinie über Märkte für Finanzinstrumente (MiFID)[11], die in Art. 4 Abs. 1 Nr. 2 iVm Anhang 1 Abschnitt A die bisherige Begrifflichkeit fortführt. Die MiFID ist seit 1.11.2007 in deutsches Recht umgesetzt. Sie wird durch die „Markets in Financial Instruments Directive II" – MiFID II[12] mit Wirkung ab dem 3. Januar 2017 ersetzt, die bis zum 3. Juli 2016 in deutsches Recht umzusetzen ist.

**7** **3. Abgrenzung zu anderen Wertpapierdienstleistungen. a) Anlageberatung.** Die Vermögensverwaltung lässt sich zweifelsfrei von der Anlageberatung unterscheiden. Beiden ist zwar gemeinsam die Sorge um das Vermögen des Anlegers. Die Mittel hierzu sind aber grundsätzlich verschieden. Ein Vermögensverwalter erfüllt seine Sorge um das Vermögen des Anlegers, indem er selbst über dessen Vermögen **ohne vorherige Rücksprache** im Einzelfall **disponiert.** Demgegenüber unterstützt der Anlageberater den Anleger durch Informationen, Empfehlungen oder **Ratschläge** bei der eigenen Entscheidungsfindung, **ohne** selbst **Dispositionsbefugnis** über das Vermögen des Anlegers zu haben. Im Rahmen einer Anlageberatung bleibt die Verfügungsbefugnis uneingeschränkt beim Vermögensinhaber. Zivilrechtlich erfolgt die Anlageberatung auf Basis eines – zumeist konkludenten – **Beratungsvertrages.** Ein solcher wird nach den vom BGH infolge der „Bond-Rechtsprechung" entwickelten Grundsätzen idR bereits durch die Aufnahme eines Beratungsgesprächs geschlossen, wobei unerheblich ist, von welchem Vertragsteil die Gesprächsinitiative ausgeht. Ein Beratungsgespräch kommt zustande, wenn entweder der Anlageinteressent an die Bank/den Berater oder die Bank/der Berater an den Anlageinteressenten herantritt, um über die Anlage eines Geldbetrages beraten zu werden bzw. zu beraten[13]. Da der Anlageberater keine Dispositionsbefugnis über das Anlageobjekt besitzt, enden seine Pflichten spätestens mit der Anlageentscheidung des Kunden. Eine nachvertragliche Beratungs- oder Betreuungspflicht ist – vorbehaltlich abweichender Vereinbarung – nicht anzunehmen[14]. Demgegenüber handelt es sich bei der Vermögensverwaltung um einen vertraglichen Zustand, der auf eine gewisse Dauer angelegt ist und den Vermögensverwalter zu einer dauernden Leistungserbringung – bis zur Beendigung des Vertragsverhältnisses – verpflichtet[15].

---

[9] In Umsetzung der Wertpapierdienstleistungsrichtlinie, RiLi 93/22/EWG des Rates vom 10. Mai 1993 über Wertpapierdienstleistungen, abgedr. ua AG 1993, 394 ff.

[10] Wertpapierdienstleistungsrichtlinie, RiLi 93/22/EWG des Rates vom 10. Mai 1993 über Wertpapierdienstleistungen, abgedr. ua AG 1993, 394 ff.

[11] RiLi 2004/39/EG des Europäischen Parlaments und des Rates vom 21. April 2004 über Märkte für Finanzinstrumente, ABl. EG Nr. L 145, S. 1 ff.

[12] RiLi 2014/65/EU des Europäischen Parlaments und des Rates vom 15. Mai 2014 über Märkte für Finanzinstrumente sowie zur Änderung der Richtlinien 2002/92/EG und 2011/61/EU, ABl. Nr. L 173, S. 349 ff.; dazu *Loff/Hahne* WM 2012, 1512 ff.

[13] BHGZ 123, 126 = ZIP 1993, 1148 = WM 1993, 1455 = NJW 1993, 2433 (Bond); *Bracht* in Schwintowski, Bankrecht, § 18 Rn. 33 ff.; *Nobbe/Zahrte* in MüKoHGB, Anlageberatung Rn. 75 ff.

[14] OLG München, WM 1997, 1802, 1806; *Nobbe/Zahrte* in MüKoHGB, Anlageberatung Rn. 286 – unstrittig.

[15] *Benicke,* Wertpapiervermögensverwaltung, S. 28, 215 ff. mwN.

Gleichwohl bestehen zwischen Anlageberatung und Vermögensverwaltung auch **Ge-** 8
**meinsamkeiten**. So ist der Vermögensverwalter – ebenso wie der Anlageberater – verpflichtet, bei Abschluss oder Änderung des Vermögensverwaltungsvertrags, insb. der Anlagerichtlinien, die Grundsätze der anleger- und anlagegerechten Beratung zu beachten[16]. Auch der Vermögensverwalter ist in diesem Rahmen verpflichtet, eine Kundenexploration vorzunehmen[17], den Vermögensverwaltungskunden im Hinblick auf die zu vereinbarenden Anlagerichtlinien nach dessen Verhältnissen zu beraten und eine Grundaufklärung über die für die Vermögensverwaltung beabsichtigten Produktgattungen zu geben.

b) **Anlageverwaltung.** Als **zwischen** den klassischen Formen der **Anlageberatung** 9
und der **Vermögensverwaltung** anzusiedelnde aufsichtsrechtliche Kategorie hat der Gesetzgeber in § 1 Abs. 1a Satz 2 Nr. 11 KWG die sog. Anlageverwaltung geschaffen. Ihr Gegenstand ist „die Anschaffung und die Veräußerung von Finanzinstrumenten [...] für eine Gemeinschaft von Anlegern, die natürliche Personen sind, mit Entscheidungsspielraum bei der Auswahl der Finanzinstrumente, sofern dies ein Schwerpunkt des angebotenen Produktes ist und zu dem Zweck erfolgt, dass diese Anleger an der Wertentwicklung der erworbenen Finanzinstrumente teilnehmen". Anlass für die Einführung dieses **aufsichtsrechtlichen Tatbestandes** im März 2009 war ein Urteil des BVerwG[18], das die Qualifizierung eines kollektiven Anlagemodells als Finanzkommissionsgeschäft ablehnte. Klägerin war ein Unternehmen, das nach seiner Satzung „die Durchführung von Transaktionen in Finanzinstrumenten [...] im eigenen Namen und für eigene Rechnung" betrieb und interessierten Anlegern den Erwerb von Indexzertifikaten in Gestalt von Namens- oder Inhaberschuldverschreibungen anbot. Dieses Geschäftsmodell liegt dem Tatbestand der Anlageverwaltung zugrunde. Bei der Anlageverwaltung werben juristische Personen oder Personenhandelsgesellschaften Eigenkapital und/oder Fremdkapital ein und legen die daraus resultierenden Mittel im eigenen Namen primär in Finanzinstrumenten an. Die Anleger partizipieren an den Anlageerfolgen bzw. -misserfolgen der Gesellschaft über ihre Eigenkapitalbeteiligung oder – als Fremdkapitalgeber – über gewinnabhängige Vergütungen. Wirtschaftlich handelt es sich bei der Anlageverwaltung um eine **Form der kollektiven Vermögensanlage** durch Gesellschaften, die als „Quasi-Investmentgesellschaften" agieren.

Verhaltensaufsichtsrechtlich wird die Anlageverwaltung iSv § 1 Abs. 1a Satz 2 Nr. 11 10
KWG durch § 2 Abs. 3 Satz 3 WpHG der Finanzportfolioverwaltung teilweise gleichgestellt, indem die §§ 9, 31 bis 34, 34b bis 36b WpHG sowie Artikel 7 und 8 VO (EG) Nr. 1287/2006 für entsprechend anwendbar erklärt werden. Die nur Gleichstellung mit Wertpapierdienstleistungen statt Aufnahme in deren Katalog wird damit begründet[19], dass es sich bei der Anlageverwaltung um eine durch nationales Recht geschaffene Kategorie ohne Vorgabe durch EU-Recht handelt, während der Begriff der Wertpapierdienstleistung europarechtlich harmonisierten Tätigkeiten vorbehalten bleiben soll[20].

c) **Anlage- und Abschlussvermittlung.** Bei der Anlagevermittlung handelt es sich 11
nach § 1 Abs. 1a Satz 2 Nr. 1 KWG um „die Vermittlung von Geschäften über die Anschaffung und die Veräußerung von Finanzinstrumenten" und bei der Abschlussvermittlung nach § 1 Abs. 1a Satz 2 Nr. 2 KWG um „die Anschaffung und Veräußerung von Finanzinstrumenten im fremden Namen für fremde Rechnung". Bei der **Abschlussvermittlung** wird der Vermittler somit in **offener Stellvertretung** iSv § 164 Abs. 1 Satz 1 BGB für den Anleger tätig, während bei der **Anlagevermittlung** lediglich **Aufträge** des

---

[16] *F. Schäfer/Lang* in Schäfer/Sethe/Lang, Hdb. Vermögensverwaltung, § 1 Rn. 19 mwN.
[17] *Lang* in Schäfer/Sethe/Lang, Hdb. Vermögensverwaltung, § 6 Rn. 9 ff.
[18] BVerwG, WM 2008, 1359 = ZIP 2008, 911; dazu *Voge* WM 2010, 913 ff.; *Unzicker* ZIP 2008, 919 ff.; *F. Schäfer* in Boos/Fischer/Schulte-Mattler, KWG, § 1 Rn. 150k mwN.
[19] RegBegr., BR-Drs. 703/08, S. 80; *Assmann* in Assmann/Uwe H. Schneider, WpHG, § 2 Rn. 121b.
[20] Vgl. BT-Drs. 16/11130, S. 47.

Anlegers, die sich auf die Anschaffung und Veräußerung von Finanzinstrumenten beziehen, entgegen genommen und **übermittelt** werden. Sowohl bei der Anlage- wie bei der Abschlussvermittlung wird der Vermittler aufgrund eines konkreten Auftrages des Vermögensinhabers tätig. Wie bei der Anlageberatung bleibt der **Anleger „Herr des Verfahrens"**. Er trifft die Anlageentscheidungen selbst und delegiert sie nicht – wie ihm Rahmen der Vermögensverwaltung – auf den Intermediär.

12   d) **Depotverwaltung.** Nach § 1 Abs. 1 Satz 2 Nr. 5 KWG ist „die Verwahrung und die Verwaltung von Wertpapieren für andere", also das sogenannte Depotgeschäft, ein **Bankgeschäft.** Die im Rahmen eines Depotvertrages geschuldete **depotgeschäftliche Verwaltung** unterscheidet sich von der Wertpapiervermögensverwaltung dadurch, dass sie auf die Geltendmachung der Rechte aus den im Depot befindlichen Wertpapieren sowie auf Maßnahmen und Information zum Erhalt der Wertpapiere und der aus ihnen folgenden Rechte beschränkt ist[21]. Die Depotverwaltung umfasst weder die Pflicht zur vollumfänglichen Betreuung der im Depot verbuchten Wertpapiere noch die Beratung des Depotinhabers im Hinblick auf diesbezüglich uU erforderliche Anlageentscheidungen. Auch nach Ziffer 16 der Sonderbedingungen für Wertpapiergeschäfte der Banken besteht nur die Pflicht zur Weiterleitung von Informationen, nicht aber zu Hinweisen auf deren wirtschaftliche Bedeutung oder Konsequenzen[22]. Bei der Depotverwaltung handelt es sich somit um eine weitgehend standardisierten Regeln folgende **technische Verwaltung** bezogen auf den jeweiligen Vermögensbestand. Die wirtschaftliche Verwaltung, also die Entscheidung über die Zusammensetzung des Depots, bleibt dem Depotinhaber oder einem von ihm bevollmächtigten Vermögensverwalter vorbehalten.

13   e) **Financial Planning.** Das Financial Planning ist aufsichtsrechtlich nicht als eigene Kategorie erfasst[23]. Man versteht darunter Dienstleistungen im Rahmen einer „ganzheitlichen Planungs- und Beratungsphilosophie", die idR für großvolumige und komplexe (Familien-)Vermögen erbracht werden. Angeboten wird das Financial Planning sowohl von Banken als auch von unabhängigen Family Offices[24]. Es ist gerichtet auf die Erarbeitung von Strukturkonzepten mit **wirtschaftlichen Handlungsempfehlungen** und umfasst den Gesamtprozess von der Datenaufnahme über die Vermögensanalyse und -planung bis hin zur Dokumentation sowie ggfls. Begleitung des Kunden bei der Umsetzung der Empfehlungen[25]. Von der Vermögensverwaltung unterscheidet sich das Financial Planning dadurch, dass der Auftragnehmer idR **nicht** selbst **das Vermögen** des Kunden **verwaltet,** sondern gfls. die Einrichtung einer Vermögensverwaltung durch einen vom Vermögensinhaber zu beauftragenden Dritten begleitet[26]. Das Financial Planning bleibt insoweit hinter der Vermögensverwaltung zurück, geht in anderer Hinsicht aber über diese hinaus, indem es sich nicht auf Aspekte der reinen Vermögensanlage beschränkt.

**II. Zivilrechtliche Erscheinungsformen der Vermögensverwaltung**

14   **1. Eigentumsrechtliche Ausprägungen der Vermögensverwaltung. a) Vertretermodell.** Sachenrechtlich sind zwei verschiedene Formen der Vermögensverwaltung zu unterscheiden. In der Praxis die Regel ist das sog. Vollmacht- oder Vertretermodell. Bei dieser Gestaltung ist der **Anleger** der **Eigentümer** des zu verwaltenden Vermögens und

---

[21] *Benicke,* Wertpapiervermögensverwaltung, S. 31; vgl. auch OLG Karlsruhe, WM 1992, 577; *F. Schäfer/Lang* in Schäfer/Sethe/Lang, Hdb. Vermögensverwaltung, § 1 Rn. 25.

[22] BGH, BKR 2005, 330 = WM 2005, 270 = ZIP 2005, 435.

[23] Vgl. jedoch BaFin, Merkblatt zur Erlaubnispflicht gem. § 32 Abs. 1 KWG für Family Offices, 2/2009.

[24] Vgl. zu den von Family Offices angebotenen Leistungen div. Autoren in *Werkmüller,* Family Office Management, Rn. 99 ff., sowie div. Autoren in *Farkas-Richling/Fischer/Richter* (Hrsg.), Private Banking und Family Office, S. 494 ff.

[25] *Balzer* in Welter/Lang, Hdb. Informationspflichten im Bankverkehr, Rn. 6.2.

[26] *F. Schäfer/Lang* in Schäfer/Sethe/Lang, Hdb. Vermögensverwaltung, § 1 Rn. 28 mwN.

bleibt es während der Dauer der Vermögensverwaltung. Mit Erteilung des Vermögensverwaltungsauftrags bevollmächtigt der Vermögensinhaber den Vermögensverwalter, die für die Verwaltung notwendigen Rechtsgeschäfte als sein Vertreter vorzunehmen. Der Vermögensverwalter handelt in **offener Stellvertretung** im Namen des Vermögensinhabers[27]. Funktional verwandt mit der offenen Stellvertretung ist die Ermächtigungstreuhand oder **verdeckte** (mittelbare) **Stellvertretung,** bei der der Vermögensverwalter im eigenen Namen fremde Rechte ausübt[28].

**b) Treuhandmodell.** Beim Treuhandmodell dagegen erwirbt der **Vermögensverwalter** vom Vermögensinhaber **Eigentum** an dem zu verwaltenden Vermögen. Im Rahmen der Vermögensverwaltung verfügt der Vermögensverwalter über dieses Vermögen als eigenes im eigenen Namen[29]. Lediglich im Innenverhältnis zum Anleger, für den er wirtschaftlich handelt, ist der Verwalter durch die Treuhandabrede gebunden und unterliegt in diesem Rahmen grundsätzlich den gleichen Pflichten wie bei Ausgestaltung der Verwaltung als Vertretermodell. Der Grund für die geringe Verbreitung des Treuhandmodells in Deutschland gegenüber beispielsweise den USA, Großbritannien oder der Schweiz dürfte ua in der unsicheren Rechtsstellung der Parteien im Außenverhältnis, insb. gegenüber den Gläubigern des jeweils anderen Vertragsteils, liegen[30].

**2. Schuldrechtliche Qualifikation der Vermögensverwaltung. a) Vertretermodell.** Die Vermögensverwaltung in Gestalt des Vertretermodells wird als **Geschäftsbesorgung iSd § 675 BGB** qualifiziert, die auf die Erbringung einer Dienstleistung gerichtet ist[31]. Der Anleger erteilt dem Vermögensverwalter den Auftrag[32], sein Vermögen im Rahmen der (regelmäßig vereinbarten) Anlagerichtlinien ohne vorherige Rücksprache mit ihm zu disponieren. Auch wenn der Vermögensverwalter das verwaltete Vermögen mehren soll, hat er **nicht** für einen bestimmten **Erfolg** seiner Tätigkeit, sondern nur für die **pflichtgemäße Durchführung der Verwaltung** einzustehen. Als fremdnützige Tätigkeit hat sich die Verwaltung ausschließlich an den Interessen des Vermögensinhabers zu orientieren. Erfolgt die Vermögensverwaltung durch eine Bank, bei der der Anleger Konten und Wertpapierdepots unterhält, wird die Bank in doppelter Funktion tätig, nämlich als Kreditinstitut im Rahmen des allgemeinen Bankverhältnisses und als Vermögensverwalter auf Basis eines entsprechenden Geschäftsbesorgungsvertrages. Um in dieser Doppelrolle das bei ihr geführte Depot des Vermögensverwaltungskunden disponieren zu können, muss sie von dem **Verbot des Selbstkontrahierens** gem. § 181 BGB befreit sein. Eine solche Befreiung sehen Vermögensverwaltungsverträge mit Banken regelmäßig vor.

**b) Treuhandmodell.** Das Treuhandmodell basiert auf dem Abschluss eines schuldrechtlichen Vertrags (Treuhandvertag oder Treuhandabrede), der die Rechte und Pflichten des Treuhänders festlegt[33] und die Rechtsmacht des Treuhänders im Innenverhältnis begrenzt[34], nebst dem/den Rechtsgeschäft(en), mit dem/denen der Anleger dem Verwalter das zu verwaltende Vermögen überträgt. Neben den Anspruch des Anlegers auf vertrags-

---

[27] Unstr., vgl. nur *Benicke,* Wertpapiervermögensverwaltung, S. 52 ff.; *Balzer,* Vermögensverwaltung, S. 33 ff.
[28] Vgl. *Schramm* in MüKoBGB, 6. Aufl. 2012, Vor § 164 Rn. 28 ff., 38 ff.
[29] Vgl. als Beispiel BGH, NJW 1999, 1026.
[30] *Bernicke,* Wertpapiervermögensverwaltung, S. 53, 244 f.; *F. Schäfer/Lang* in Schäfer/Sethe/Lang, Hdb. Vermögensverwaltung, § 1 Rn. 38.
[31] BGH, WM 2008, 112; BGH, WM 2002, 913 = BKR 2002, 397 = ZIP 2002, 795; BGH, WM 1998, 21 = ZIP 1997, 2149; BGH, WM 1994, 834 = ZIP 1994, 693; BGHZ 46, 268 = NJW 1967, 876; *Sethe,* Anlegerschutz, S. 104 f.; *Benicke,* Wertpapiervermögensverwaltung, S. 176 ff., 192 ff.; *Hopt* FS R. Fischer, S. 237, 239 f.
[32] Eine Konto- und Depotvollmacht allein enthält keinen Vermögensverwaltungsauftrag – OLG München, WM 1994, 1425.
[33] *Coing,* Treuhand, S. 106; *Balzer,* Vermögensverwaltung, S. 47; *Lang,* Informationspflichten, § 21 Rn. 14.
[34] *Balzer,* Vermögensverwaltung, S. 47 f.

gemäße Verwaltung tritt der Anspruch auf Herausgabe dessen, was der Vermögensverwalter im Rahmen seiner Tätigkeit für den Anleger erlangt hat, also grundsätzlich auf Rückübertragung des überlassenen Vermögens[35], allerdings in der Menge, Art und Güte, in der es sich am Ende der Vermögensverwaltung befindet[36]. Die Rechtsnatur des schuldrechtlichen Vertrags ist umstritten. Zum Teil wird das Treuhandmodell als unregelmäßige Verwahrung gem. § 700 Abs. 1 BGB qualifiziert[37]. Näherliegend erscheint es, den Treuhandvertrag als **Vertrag sui generis** zu qualifizieren[38]. Als solcher enthält er neben der Rückübertragungspflicht zugleich die sonstigen für die Vermögensverwaltung kennzeichnenden Elemente der Geschäftsbesorgung. Auch beim Treuhandmodell ist der Vermögensverwalter als Beauftragter den Interessen des Auftraggebers verpflichtet.

### III. Aufsichtsrecht der Vermögensverwaltung

**18**  1. **Aufsichtsregime.** Das geltende Recht kennt kein einheitliches Aufsichtsrecht für die Vermögensverwaltung[39]. Die Vorschriften des KWG, WpHG und EAEG gelten nur für Kredit- und Finanzdienstleistungsinstitute[40] und damit nur für Vermögensverwalter, die gewerbsmäßig tätig sind bzw. deren Tätigkeit einen in kaufmännischer Weise eingerichteten Gewerbebetrieb erfordert[41]. Darüber hinaus **differenziert** das aufsichtsrechtliche Regime nach der Art des verwalteten Vermögens. Die (auch gewerbsmäßige) Vermögensverwaltung von Immobilien, Kunstobjekten oder Edelmetallen unterliegt nur den allgemeinen gewerberechtlichen Bestimmungen, insb. § 34a GewO. Von der Erlaubnispflicht nach § 32 KWG, der institutionellen Aufsicht nach dem KWG und der Verhaltensaufsicht nach dem WpHG erfasst ist nur die gewerbsmäßige Verwaltung von Geldern, Geldmarktinstrumenten, Devisen und Wertpapieren[42].

**19**  2. **Aufsichtsrechtliche Qualifizierung der Vermögensverwaltung. a) Vertretermodell.** Die in offener Stellvertretung durchgeführte Vermögensverwaltung ist kein Bankgeschäft iSv § 1 Abs. 1 KWG[43]. Sie ist der „klassische" Anwendungsfall der **Finanzportfolioverwaltung** als Finanzdienstleistung nach § 1 Abs. 1a Satz 2 Nr. 3 KWG und als Wertpapierdienstleistung nach § 2 Abs. 3 Nr. 7 WpHG. Bankenunabhängige Vermögensverwalter können aufsichtsrechtlich auch nur diese Form der Vermögensverwaltung anbieten[44]. Bei der Treuhandverwaltung führt die Übertragung von Geld und/oder Wertpapieren zu Eigentum des Vermögensverwalters (→ Rn. 15) zu einer Erlaubnispflicht nach § 1 Abs. 1 KWG (→ Rn. 21). Außerdem gilt für Vermögensverwalter, die keine Bankgeschäfte betreiben, das Gebot der getrennten Vermögensverwahrung gem. § 34a WpHG.

**20**  **b) Treuhandmodell.** aa) Bank- und Finanzdienstleistung nach KWG. Die fehlende Nennung der Vermögensverwaltung in der (abschließenden) Aufzählung der Bankgeschäfte in § 1 Abs. 1 KWG bedeutet nicht, dass die Vermögensverwaltung in ihrer konkreten Ausgestaltung nicht auch Bankgeschäft sein kann. Bei der Treuhandverwaltung überträgt der

---

[35] *Coing* AcP 167 (1967), 99, 122 ff.; *Müller/Teuber* in Ellenberger/Schäfer/Clouth/Lang, Praktikerhdb. Wertpapier- und Derivategeschäft, Rn. 620; *Lang*, Informationspflichten, § 21 Rn. 13; BGH, WM 1972, 383, 384.
[36] *F. Schäfer/Lang* in Schäfer/Sethe/Lang, Hdb. Vermögensverwaltung, § 1 Rn. 40; *Balzer*, Vermögensverwaltung, S. 48.
[37] *Miebach* DB 1991, 2069.
[38] *Balzer*, Vermögensverwaltung, S. 49; *Lang*, Informationspflichten, § 21 Rn. 14 aE; *Benicke*, Wertpapiervermögensverwaltung, S. 245.
[39] *Sethe* in Schäfer/Sethe/Lang, Hdb. Vermögensverwaltung, § 4 Rn. 1 ff.
[40] § 1 Abs. 1, 1a KWG, § 2 Abs. 4 WpHG, § 2 EAEG.
[41] Zu den Kriterien: *Sethe* in Schäfer/Sethe/Lang, Hdb. Vermögensverwaltung, § 4 Rn. 47.
[42] Zur Bereichsausnahme für Angehörige freier Berufe § 2 Abs. 6 Nr. 10 KWG.
[43] *Sethe* in Schäfer/Sethe/Lang, Hdb. Vermögensverwaltung, § 4 Rn. 36, 40, 42; **aA** für die verdeckte Stellvertretung *Voge* WM 2010, 913, 917 bei Fn. 44.
[44] *Sethe* in Schäfer/Sethe/Lang, Hdb. Vermögensverwaltung, § 4 Rn. 48.

Anleger an den Vermögensverwalter Geld und/oder Wertpapiere jeweils zu Eigentum des Vermögensverwalters. Insofern kommen – neben der Finanzdienstleistung der **Finanzportfolioverwaltung** gem. § 1 Abs. 1a Satz 2 Nr. 3 KWG – als Bankgeschäfte iSv § 1 Abs. 1 Satz 2 KWG das Einlagengeschäft (Nr. 1), das Finanzkommissionsgeschäft (Nr. 4) und das Depotgeschäft (Nr. 5) in Betracht[45].

Ob die Treuhandverwaltung die Merkmale des **Einlagengeschäfts** erfüllt, ist streitig[46]. 21 Zwar nimmt der Vermögensverwalter die zu verwaltenden Gelder in den seltensten Fällen „als Einlagen" entgegen. Unklar ist jedoch, welche Bedeutung der Auffangtatbestand des § 1 Abs. 1 Satz 2 Nr. 1 2. Alt. KWG (Entgegennahme „anderer unbedingt rückzahlbarer Gelder des Publikums") für die treuhänderische Vermögensverwaltung hat. Der Tatbestand des Bankgeschäfts in Gestalt des **Finanzkommissionsgeschäfts** wird nach zutreffender hL nicht erfüllt, da der Treuhandvermögensverwalter nicht im fremden Namen, sondern im eigenen Namen, wenn auch wirtschaftlich auf fremde Rechnung, tätig ist[47]. Ein Treuhandvermögensverwalter betreibt jedoch mit der Art der von ihm erbrachten Verwahrung des Kundenvermögens das **Depotgeschäft,** da der Tatbestand der „Verwahrung und Verwaltung von Finanzinstrumenten für andere" einer funktionalen und keiner sachenrechtlichen Betrachtungsweise folgt[48]. Es spielt deshalb keine Rolle, dass der Vermögensverwalter als Eigentümer der ihm treuhänderisch überlassenen Vermögenswerte formal „für sich" handelt. Die Vermögensverwaltung in Gestalt des Treuhandmodells ist damit erlaubnispflichtig nach § 32 Abs. 1 iVm § 1 Abs. 1 KWG, unabhängig davon, ob sie zugleich den Tatbestand der Finanzportfolioverwaltung erfüllt.

bb) Wertpapierdienstleistung nach WpHG. Die Finanzportfolioverwaltung wird in § 2 22 Abs. 3 Nr. 7 WpHG wortlautidentisch mit der Regelung in § 1 Abs. 1a Satz 2 Nr. 3 KWG als „die Verwaltung einzelner oder mehrerer in Finanzinstrumenten angelegter Vermögen für andere mit Entscheidungsspielraum" definiert[49]. Auch ein Treuhandverwalter unterliegt damit den (verhaltens-)aufsichtsrechtlichen Pflichten eines Vermögensverwalters nach dem WpHG, wenn man bei der Auslegung des Tatbestandsmerkmals der Verwaltung „für andere" einer **funktionalen Betrachtung** folgt[50]. Denn der Treuhandverwalter ist zwar Eigentümer der von ihm verwalteten Gelder und Finanzinstrumente und legt diese im eigenen Namen an, er handelt dabei aber für Rechnung des Anlegers. Im Hinblick auf die Definition der Finanzportfolioverwaltung iSv § 2 Abs. 3 Nr. 7 WpHG wird deshalb zwischen dem Vertreter- und dem Treuhandmodell nicht unterschieden[51]. Zur getrennten Vermögensverwahrung nach § 34a WpHG ist der Treuhandverwalter allerdings nicht verpflichtet, wenn er die Erlaubnis zum Betreiben des Einlagengeschäfts (§ 34a Abs. 1 WpHG) bzw. des Depotgeschäfts (§ 34a Abs. 2 WpHG) hat.

**3. Internationaler Anwendungsbereich des deutschen Aufsichtsrechts.** Das deut- 23 sche Aufsichtsrecht **differenziert** für seine Anwendbarkeit im Hinblick auf im Ausland ansässige Vermögensverwalter danach, ob es sich bei dem ausländischen Unternehmen um ein solches in einem Mitgliedstaat der EU oder des EWR handelt oder um ein Un-

---

[45] *Sethe* FS U. Schneider, S. 1239, 1245 ff.
[46] Vgl. ausführlich *Sethe* in Schäfer/Sethe/Lang, Hdb. Vermögensverwaltung, § 4 Rn. 14 ff. muwN.
[47] So überzeugend *Sethe* in Schäfer/Sethe/Lang, Hdb. Vermögensverwaltung, § 4 Rn. 38 ff. mwN; **aA** für die Ermächtigungstreuhand/verdeckte Stellvertretung *Voge* WM 2010, 913, 917 bei Fn. 44.
[48] RegBegr., BR-Drs. 963/96, S. 66; *Sethe* in Schäfer/Sethe/Lang, Hdb. Vermögensverwaltung, § 4 Rn. 43 ff. mwN; *F. Schäfer* in Boos/Fischer/Schulte-Mattler, KWG, § 1 Rn. 66; *Schwennicke* in Schwennicke/Auerbach, KWG, § 1 Rn. 110; dies gilt auch, wenn der Vermögensverwalter die Wertpapiere bei einem anderen Institut verwahren lässt und die wirtschaftliche Berechtigung des Kunden nicht offenlegt - *Sethe* FS U. Schneider, S. 1239, 1259.
[49] Lediglich die Definition der Finanzinstrumente ist in § 1 Abs. 11 KWG und § 2 Abs. 2b WpHG nicht vollständig identisch.
[50] Vgl. dazu *Sethe* in Schäfer/Sethe/Lang, Hdb. Vermögensverwaltung, § 4 Rn. 54 ff.
[51] *Sethe* FS U. Schneider, S. 1239, 1246 mwN.

ternehmen aus einem Drittstaat, also einem Staat, der nicht Mitglied der EU oder des EWR ist. Rechtswahlklauseln in Vermögensverwaltungsverträgen mit Unternehmen mit Sitz im Ausland haben keine Auswirkungen auf das anzuwendende Aufsichtsregime, sondern durch sie wird – bei Wirksamkeit der Rechtswahl – nur das Vertragsstatut bestimmt.

24 Wenn der Heimatstaat des Vermögensverwalters ein **Mitgliedstaat der EU oder des EWR** ist, benötigt der Vermögensverwalter im Inland keine Erlaubnis nach § 32 Abs. 1 KWG, wenn ihm der Heimatstaat eine entsprechende Erlaubnis erteilt hat (Prinzip der Heimatlandkontrolle) und eine Notifikation gegenüber der BaFin über die Aufnahme der grenzüberschreitenden Erbringung der Vermögensverwaltung nach § 53b KWG erfolgt ist. Auch die Verhaltensaufsicht richtet sich grundsätzlich nach dem **Recht des Heimatstaates.** Insoweit gilt seit Umsetzung der MiFID mit Wirkung zum 1. November 2007 das sog Herkunftslandprinzip, nachdem durch die MiFID die Wohlverhaltensregeln für Wertpapierdienstleister EU-weit hinreichend harmonisiert sind, um einen einheitlichen Anlegerschutz unabhängig von nationalen Aufsichtsnormen zu gewährleisten[52]. Im Inland errichtete **Zweigniederlassungen** des ausländischen Vermögensverwalters (§ 53b Abs. 2 KWG) haben allerdings nach § 36a Abs. 1 Satz 1 WpHG die Wohlverhaltensregeln des 6. Abschnitts des WpHG zu beachten mit Ausnahme von § 31 Abs. 1 Nr. 2, §§ 31f, 31g, 33 Abs. 1 bis 3 und 4, 33b, 34a und 34b Abs. 5 sowie §§ 34c und 34d WpHG. Hierdurch werden Artt. 32 und 62 der MiFID dergestalt umgesetzt, dass für Zweigniederlassungen das Prinzip der Heimatlandkontrolle gilt, soweit organisatorische Pflichten betroffen sind, während hinsichtlich der Wohlverhaltenspflichten deutsches Aufsichtsrecht Anwendung findet[53]. Nach § 36a Abs. 2 Satz 1 wird die Einhaltung der für die Zweigniederlassungen geltenden Wohlverhaltenspflichten durch die BaFin überwacht[54].

25 Vermögensverwalter in **Drittstaaten,** die nicht Mitglied der EU oder des EWR sind, also insb. Schweizer Vermögensverwalter, benötigen für eine grenzüberschreitende Erbringung der Vermögensverwaltung im Inland eine Erlaubnis nach § 32 Abs. 1 KWG[55]. Die Anwendung der Verhaltensregeln des WpHG auf Unternehmen in Drittstaaten ist in § 31 Abs. 10 WpHG geregelt. Danach gelten § 31 Abs. 1 Nr. 1, Absätze 2 bis 9 sowie §§ 31a, 31b, 31d und 31e WpHG entsprechend für Vermögensverwalter mit Sitz in einem Drittstaat, die Verwaltungsleistungen gegenüber Kunden erbringen, die ihren gewöhnlichen Aufenthalt oder ihre Geschäftsleitung im Inland haben, sofern nicht die Vermögensverwaltung einschließlich der damit zusammenhängenden Nebenleistungen ausschließlich in einem Drittstaat erbracht werden. Die BaFin geht von einer **Leistungserbringung „ausschließlich in einem Drittstaat"** nur aus, wenn nicht der geringste Inlandsbezug besteht. Werden zB Kontoauszüge, Wertpapierabrechnungen, Performanceberichte oä an den Kunden nach Deutschland versandt, soll die Wertpapierdienstleistung nicht mehr ausschließlich im Drittstaat erbracht werden. Anderes soll nur gelten, wenn die Informationen dem Kunden nicht geschickt werden, sondern er sie sich zB über das Internet von einer Website des Vermögensverwalters im Drittsaat abrufen muss. Nach Auffassung der BaFin würden in diesem Fall Informationen nicht gezielt ins Inland erteilt. Nach § 35 Abs. 2

---

[52] Vgl. *Grundmann* in Ebenroth/Boujong/Joost/Strohn, HGB, BankR VI 274; *Möllers* in KölnKommWpHG, § 31 Rn. 431; RegE BT-Drs. 16/4028, S. 65.
[53] *Haussner* in KölnKommWpHG, § 36a Rn. 1.
[54] Vgl. *Haussner* in KölnKommWpHG, § 36a Rn. 22 ff.
[55] Zu der Frage, wann eine grenzüberschreitende Erbringung von Finanzdienstleistungen vorliegt, vgl. BVerwG, WM 2009, 1553 sowie das Marktblatt „Hinweise zur Erlaubnispflicht nach § 32 Abs. 1 KWG in Verbindung mit § 1 Abs. 1 und Abs. 1a KWG von grenzüberschreitend betriebenen Bankgeschäften und/oder grenzüberschreitend erbrachten Finanzdienstleistungen" der BaFin (Stand: April 2005), bestätigt durch das Merkblatt „Hinweise zum Tatbestand der Finanzportfolioverwaltung" der BaFin (Stand: August 2012), S. 6, sowie das „Merkblatt über die Erteilung einer Erlaubnis zum Betreiben von Bankgeschäften gemäß § 32 Abs. 1 KWG" der BBank (Stand: Dezember 2007), S. 16; *Seebach* WM 2010, 733 ff.

WpHG kann die BaFin zur Überwachung der Einhaltung der Verhaltenspflichten gem. § 31 Abs. 10 WpHG „Auskünfte und die Vorlage von Unterlagen auch von Unternehmen mit Sitz in einem Drittstaat verlangen".

**IV. Pflichten des Vermögensverwalters bei Abschluss des Vermögensverwaltungsvertrags**

**1. Zivilrechtliche Pflichten. a) Grundlage.** Die zivilrechtlichen Pflichten des Vermögensverwalters vor und bei Abschluss eines Vermögensverwaltungsvertrags sind nicht gesetzlich geregelt, sondern einzelfallbezogen aus den Grundsätzen der anleger- und anlagegerechten Beratung zu entwickeln. Streitig ist ihre vertragliche Grundlage. Während in der Literatur zum Teil die Auffassung vertreten wird, es gäbe einen dem Vermögensverwaltungsvertrag vorgeschalteten **Beratungsvertrag**[56], geht die wohl überwiegende Lehre von **vorvertraglichen Pflichten** des Vermögensverwalters zur Information und Beratung aus[57]. Zu Gunsten der herrschenden Meinung spricht, dass für die Anwendung eines dem Vermögensverwaltungsvertrag vorgelagerten Beratungsvertrags keine Notwendigkeit besteht und die Qualifizierung der Vertragsanbahnungsphase als eigenständiges Vertragsverhältnis überkonstruiert wirkt. Auch ist zu berücksichtigen, dass der Vermögensverwalter im Hinblick auf die Inhalte des abzuschließenden Vertrags nicht in der Rolle des unabhängigen Beraters sondern der des künftigen Vertragspartners handelt. Von praktischer Bedeutung ist der Meinungsstreit nicht, da Inhalt und Umfang der in Rede bestehenden Informations- und Beratungspflichten nicht von der Konstruktion eines konkludent geschlossenen unentgeltlichen Beratungsvertrags oder eines gesetzlichen Schuldverhältnisses als Rechtsgrundlage abhängig sind. Gleiches gilt für die Feststellung, ob im Einzelfall überhaupt Beratungsleistungen nachgefragt oder angeboten werden.

**b) Exploration des Kunden (know your customer).** Im Rahmen der Anlageberatung ist seit langem anerkannt, dass der Anlageberater eine „anlegergerechte" Beratung schuldet[58]. Dh Inhalt und Umfang der Beratung richten sich nicht nur nach dem Anlageobjekt, sondern auch nach der **Person des Kunden.** Der Anlageberater hat sich deshalb nach den Verhältnissen des Anlegers zu erkundigen. Dazu zählen zum einen, um die Geeignetheit einer Anlageempfehlung beurteilen zu können, die Anlageziele des Anlegers, seine Risikoneigung, seine Einkommens- und Vermögenssituation, seine Risikotragfähigkeit etc. sowie zum anderen, im Hinblick auf den Informationsbedarf des Anlegers, die für die beabsichtigten Anlagegeschäfte relevanten Kenntnisse und Erfahrungen des Anlegers. Diese mit dem Gebot „kenne den Kunden" bezeichnete Erkundigungspflicht gilt idR ebenso oder erst recht für den Vermögensverwalter[59], der nicht nur punktuell Anlagerat erteilen, sondern das Vermögen des Anlegers über einen längeren Zeitraum für diesen disponieren will. Der Vermögensverwalter muss grundsätzlich in der Lage sein zu verstehen, welche Anlageziele der Kunde verfolgt, welche Anlagestrategien sich im Hinblick auf

---

[56] *Lang* in Schäfer/Sethe/Lang, Hdb. Vermögensverwaltung, § 6 Rn. 42; *Balzer*, Vermögensverwaltung, S. 51; *Lang*, Informationspflichten, S. 267; *Müller/Teuber* in Ellenberger/Schäfer/Clouth/Lang, Praktikerhdb. Wertpapier- und Derivategeschäft, Rn. 682; *Gaßner/Escher* WM 1997, 93, 96.
[57] *F. Schäfer* in Schäfer/Sethe/Lang, Hdb. Vermögensverwaltung, § 7 Rn. 30; *Horn* in Horn/Schimansky, Bankrecht 1998, S. 265, 284 f.; *Horn* ZBB 1997, 139, 141; *Heinsius* ZBB 1994, 47, 49; *Sethe*, Anlegerschutz, S. 877 in Fn. 487; *Weber-Rey/Holl* WiB 1996, 856; wohl auch BGH, WM 2002, 913 f. = BKR 2002, 397 f.; statt einer vorvertraglichen Beratungspflicht will *Benicke*, Wertpapiervermögensverwaltung, S. 578 f., eine entsprechende Hauptleistungspflicht aus dem noch abzuschließenden Vermögensverwaltungsvertrag herleiten.
[58] BGHZ 123, 123, 126 = ZIP 1993, 1148, 1149 = WM 1993, 1455 (Bond); BGH, WM 2011, 2268 = ZIP 2011, 2246 = BKR 2011, 508; *Heinsius* ZHR 145 (1981), 177, 188 ff.; *Kübler* FS Coing Bd. II, S. 193 ff.; *Nobbe/Zahrte* in MüKoHGB, Anlageberatung Rn. 86 ff.
[59] *Benicke*, Wertpapiervermögensverwaltung, S. 589 ff.; *Schödermeier* WM 1995, 2053 f.; *Hopt*, Kapitalanlegerschutz im Recht der Banken, S. 436 ff.

die Anlageziele eignen und von welchem Verständnishorizont des Kunden er ausgehen kann[60]. Da Professionalität und Informationsbedarf des Anlegers in einem reziproken Verhältnis zu einander stehen, können je nach Wissensstand und Erfahrung des Anlegers die zur Verfügung zu stellenden Informationen von Fall zu Fall erheblich variieren[61]. Vermögensinhaber, die sich bezogen auf die beabsichtigten Geschäfte als erfahren gerieren, sind grundsätzlich insoweit nicht aufklärungsbedürftig[62]. Handelt der Anleger durch einen **Vertreter,** so bestimmt sich der Informationsbedarf nach den Kenntnissen und dem Verständnishorizont des Vertreters (§ 166 Abs. 1 BGB), und zwar unabhängig davon, ob es sich um eine gewillkürte oder gesetzliche Vertretung handelt[63].

**28** **c) Informations- und Beratungspflichten.** Im Rahmen der vom Vermögensverwalter geschuldeten **anlagebezogenen Information** geht es – je nach Wissensstand des Kunden (→ Rn. 27) – um die Darstellung der Anlagestrategien und der Finanzinstrumente, die für die Vermögensverwaltung in Betracht kommen, so wie deren Möglichkeiten und Risiken. Der Vermögensverwalter ist verpflichtet, dem Vertragspartner ein zutreffendes Bild von den Chancen und Risiken der beabsichtigten Vermögensverwaltung und der in ihrem Rahmen auszuführenden Geschäfte zu vermitteln[64]. Die den Pflichtenstandard insoweit konkretisierende **Rechtsprechung zur Anlageberatung** ist kaum überschaubar[65]. Sie gilt im Grundsatz auch für die Vermögensverwaltung; allerdings ergeben sich aus dem Wesen der Vermögensverwaltung **Modifikationen**[66]. So können, da der Vermögensverwaltungskunde selbst keine Anlageentscheidungen trifft, sondern diese in das Ermessen des Vermögensverwalters delegiert, die zu erwerbenden Finanzinstrumente idR nur nach allgemeinen Merkmalen wie Gattung[67], Markt[68] oder Währung spezifiziert werden, es sei denn, dass die Anlagerichtlinien bereits konkrete Anlageentscheidungen vorgeben. Gleiches gilt für die Risikoaufklärung. Auch diese kann sich nur auf die mit jeder Vermögensanlage verbundenen allgemeinen Risiken[69] sowie die spezifischen Risiken der intendierten Anlagestrategie beziehen[70]. Dagegen muss im Rahmen der auf eine Vermögensverwaltung gerichteten Beratung grundsätzlich **nicht** über die **Einzelrisiken** eines jeden möglichen Anlageobjekts aufgeklärt werden. Konsequent sieht § 297 Abs. 8 Satz 1 KAGB vor, dass wesentliche Anlegerinformationen, also die Verkaufsunterlagen für OGAW-Fonds, bei einem Erwerb im Rahmen einer Vermögensverwaltung nicht zur Verfügung zu stellen sind[71]. Zur „Grundaufklärung" können die von der Kreditwirtschaft entwickelten und von der Bank-Verlag GmbH, Köln, herausgegebenen „Basisinformationen über Wertpapiere und

---

[60] BGH, BKR 2002, 397, 398 = WM 2002, 913, 914; *Müller/Teuber* in Ellenberger/Schäfer/Clouth/Lang, Praktikerhbd. Wertpapier- und Derivategeschäft, Rn. 682ff.; *Gaßner/Escher* WM 1997, 93, 97; *Sprockhoff* WM 2005, 1739ff.

[61] *Lang* in Schäfer/Sethe/Lang, Hdb. Vermögensverwaltung, § 6 Rn. 45ff.

[62] BGH, WM 2011, 2268, 2271 = ZIP 2011, 2246 = BKR 2011, 508; BGH, WM 2004, 2205, 2206 = ZIP 2004, 2178; *Nobbe/Zahrte* in MüKoHGB, Anlageberatung Rn. 275 mwN.

[63] BGH, WM 2001, 1758, 1761; OLG Nürnberg, BKR 2013, 469 (Anlageberatung).

[64] BGH, BKR 2002, 397 = WM 2002, 913; OLG Frankfurt/M., ZIP 2013, 1710f. = WM 2013, 2070.

[65] Vgl. die Zusammenstellungen bei *Fuchs* in Fuchs, WpHG, § 31 Rn. 152 bis 182; *Braun/Lang/Loy* in Ellenberger/Schäfer/Clouth/Lang, Praktikerhdb. Wertpapier- und Derivategeschäft, Rn. 317 bis 377; *Nobbe/Zahrte* in MüKoHGB, Anlageberatung Rn. 217ff.

[66] Vgl. auch *Zoller,* Haftung bei Kapitalanlagen, S. 75f.

[67] Also zB verzinsliche Wertpapiere, Aktien, Zertifikate, Investmentanteilscheine, Optionsscheine, unverbriefte Derivate etc.

[68] Land und/oder Banche.

[69] Insb. also Konjunktur-, Inflations- bzw. Deflations-, Länder-, Transfer-, Volatilitäts-, Liquiditäts-, Markt-, Abwicklungs- und Kostenrisiken.

[70] OLG Frankfurt/M., ZIP 2013, 1710f. = WM 2013, 2070; *Mösslein* in Langenbucher/Bliesener/Spindler, Bankrecht, 34. Kap. Rn. 26 mwN.

[71] Insoweit kodifiziert das KAGB die hL zu dieser Frage – vgl. zu dieser *Müchler* WM 2012, 974, 975 in Fn. 26 mwN; OLG Frankfurt/M., ZIP 2013, 2070, 2071.

weitere Kapitalanlagen"[72] eingesetzt werden[73], die zwar grundsätzlich angemessen über die wirtschaftlichen Zusammenhänge und Risiken der dort behandelten Möglichkeiten der Vermögensanlage informieren[74]. Allerdings sind sie nicht in dem Sinne umfassend, dass sie verlässlich alle potentiell relevanten Risiken und mit der notwendigen Deutlichkeit erwähnen[75]. Es sind stets die besonderen Umstände des Einzelfalls maßgeblich.

Neben die Information des Anlegers über Möglichkeiten und Risiken der beabsichtigten Vermögensverwaltung tritt – soweit im Einzelfall gewünscht oder angeboten – die Beratung des Anlegers zur **Geeignetheit** der vorgesehenen **Anlagestrategie**. Auch insoweit beziehen sich Information und Aufklärung – anders als bei der Anlageberatung – nicht auf konkrete Anlageinstrumente, sondern auf die Ausgestaltung der für die Durchführung der Vermögensverwaltung maßgeblichen Anlagerichtlinien[76]. Besondere Hinweise können zB erforderlich sein bei Wahl einer kreditfinanzierten Vermögensanlage[77] oder bei Wahl einer besonders riskanten Anlagestrategie[78]. Riskant für den Anleger ist auch der Verzicht auf Anlagerichtlinien überhaupt[79], selbst wenn der Vermögensverwalter Vorstellungen im Hinblick auf das von ihm beabsichtigte Vorgehen äußert. Denn legt sich der Vermögensverwalter auf keine Vorgaben und Einschränkungen bei der Durchführung der Vermögensverwaltung fest, muss der Anleger wissen, dass der Verwalter jederzeit die Möglichkeit eines mit dem Anleger nicht abzustimmenden Strategiewechsels hat und damit die bei Vertragsschluss durchgeführte Geeignetheitsprüfung weitgehend ihren Sinn verliert. Auch Interessenkonflikte des Vermögensverwalters, die bei Durchführung der Vermögensverwaltung auftreten und die Entscheidung des Vermögensinhabers über Abschluss und Inhalt des Vermögensverwaltungsvertrags beeinflussen können, müssen vor Vertragsabschluss offengelegt werden[80].

**2. Aufsichtsrechtliche Pflichten.** Während die dargestellten zivilrechtlichen Pflichten (→ Rn. 26 ff.) grundsätzlich für jede Art der individuellen rechtsgeschäftlichen Vermögensverwaltung gelten, betreffen die in §§ 31 ff. WpHG und der Wertpapierdienstleistungs-Verhaltens- und OrganisationsVO (WpDVerOV) vom 20. Juli 2007[81] niedergelegten aufsichtsrechtlichen Pflichten nur die **Wertpapiervermögensverwalter** oder **Finanzportfolioverwalter** iSv § 1 Abs. 1a Satz 2 Nr. 3 KWG bzw. § 2 Abs. 3 Nr. 7 WpHG.

**a) Exploration des Kunden.** Die aufsichtsrechtliche Pflicht des Vermögensverwalters zur Exploration des Anlegers und (potentiellen) Kunden vor Abgabe einer Empfehlung ist in § 31 Abs. 4 WpHG geregelt. Danach muss der Vermögensverwalter „von den Kunden alle Informationen einholen über Kenntnisse und Erfahrungen der Kunden in Bezug auf Geschäfte mit bestimmten Arten von Finanzinstrumenten oder Wertpapierdienstleistungen, über die Anlageziele der Kunden und über ihre finanziellen Verhältnisse, die erforderlich sind, um den Kunden [...] eine für sie geeignete Wertpapierdienstleistung empfehlen zu können". Die Geeignetheit beurteilt sich danach, ob die konkrete Vermögensverwaltung „den Anlagezielen des betreffenden Kunden entspricht, die hieraus erwachsenden Anlagerisiken für den Kunden seinen Anlagezielen entsprechend finanziell tragbar sind und der Kunde mit seinen Kenntnissen und Erfahrungen die hieraus erwachsenden Anlagerisiken

---

[72] Aktuell 10. Ausgabe 2012, Stand: Juni 2012 mit Ergänzung „Offene Immobilienfonds" Stand: Juli 2013.
[73] *Fuchs* in Fuchs, WpHG, § 31 Rn. 131 ff.
[74] OLG Frankfurt/M., Beschl. v. 17. November 2004 – 23 U 62/04 (unveröffentlicht).
[75] Wie das Beispiel BGH, WM 2014, 1221 = ZIP 2014, 1324 zeigt.
[76] *Balzer,* Vermögensverwaltung, S. 83; *F. Schäfer* in Schäfer/Sethe/Lang, Hdb. Vermögensverwaltung, § 7 Rn. 36.
[77] Vgl. *Sethe,* Anlegerschutz, S. 877 ff.
[78] BGH, WM 2002, 913, 914 f. = BKR 2002, 397, 398 f.
[79] OLG Köln, NZG 1999, 1177; dazu *Balzer* EWiR 2000, 169; *Müller/Teuber* in Ellenberger/Schäfer/Clouth/Lang, Praktikerhdb. Wertpapier- und Derivategeschäft, Rn. 687 ff.
[80] Dazu → Rn. 75 ff.
[81] Zuletzt geändert durch Art. 1 der VO vom 15. Juli 2014 (BGBl. I S. 956).

verstehen kann"⁸². Begrenzt wird die Reichweite der Erkundigungspflicht durch ihren Zweck, dh Informationen sind ausdrücklich nur insoweit einzuholen, als sie zur Durchführung der Geeignetheitsprüfung benötigt werden (**Vorbehalt der Erforderlichkeit**)⁸³. Bei professionellen Kunden iSd § 31a Abs. 2 WpHG beschränkt § 31 Abs. 9 WpHG die Explorationspflicht nach § 31 Abs. 4 WpHG generell dahingehend, dass der Vermögensverwalter davon ausgehen darf, dass die Kunden „für die Produkte, Geschäfte oder Dienstleistungen, für die sie als professionelle Kunden eingestuft sind, über die erforderlichen Kenntnisse und Erfahrungen verfügen, um die mit […] der Finanzportfolioverwaltung einhergehenden Risiken zu verstehen, und dass für sie etwaige mit […] der Finanzportfolioverwaltung einhergehende Anlagerisiken entsprechend ihren Anlagezielen finanziell tragbar sind". Die einzuholenden Kundenangaben werden in § 6 WpDVerOV konkretisiert und in der Praxis meist mittels eines für die Anlageberatung und Vermögensverwaltung gleichermaßen verwendeten Explorationsbogen dokumentiert⁸⁴.

**32** Der Vermögensverwalter ist nicht verpflichtet, die ihm vom Kunden mitgeteilten Angaben auf **Richtigkeit** zu überprüfen⁸⁵. Sind die Angaben jedoch evident unglaubhaft oder widersprüchlich, darf er sie einer Empfehlung nicht zu Grunde legen⁸⁶. § 31 Abs. 6 WpHG formuliert dies dahingehend, dass der Vermögensverwalter „die Fehlerhaftigkeit oder Unvollständigkeit der Angaben seiner Kunden nicht zu vertreten [hat], es sei denn, die Unvollständigkeit oder Unrichtigkeit der Kundenangaben ist ihm bekannt oder in Folge grober Fahrlässigkeit unbekannt". Fraglich ist, ob der Gesetzgeber mit dieser Regelung (auch) einen Maßstab für das Verschulden im Rahmen von (zivilrechtlichen) Schadensersatzansprüchen regeln oder lediglich klarstellen wollte, dass fehlerhafte Kundeninformationen grundsätzlich keine aufsichtsrechtlichen Beanstandungen rechtfertigen. Ein Teil der Literatur scheint § 31 Abs. 6 WpHG als „Haftungsregelung" zu verstehen⁸⁷. Da nach den Gesetzesmaterialien zum Finanzmarktrichtlinie-Umsetzungsgesetz⁸⁸ mit § 31 Abs. 6 WpHG jedoch lediglich Art. 37 Abs. 3 der Richtlinie zur Durchführung der MiFID⁸⁹ in deutsches Recht umgesetzt werden sollte, wonach „eine Wertpapierfirma berechtigt ist, sich auf die von ihren Kunden oder potentiellen Kunden übermittelten Informationen zu verlassen, es sei denn, ihr ist bekannt oder müsste bekannt sein, dass die Informationen offensichtlich veraltet, unzutreffend oder unvollständig sind", liegt die Annahme näher, dass vom Gesetzgeber trotz des verwendeten Begriffs **„Vertretenmüssen"** keine – zudem systemwidrige – zivilrechtliche Regelung beabsichtigt war. § 31 Abs. 6 WpHG dürfte dahingehend zu verstehen sein, dass es ein Vermögensverwalter gegenüber der Aufsichtsbehörde (BaFin) grundsätzlich nicht zu vertreten hat, wenn er zum Zwecke seiner Anlageempfehlungen ungeprüft fehlerhafte Kundenangaben verwendet, deren Fehlerhaftigkeit er nicht

---

⁸² Vgl. dazu *Müller/Teuber* in Ellenberger/Schäfer/Clouth/Lang, Praktikerhdb. Wertpapier- und Derivategeschäft, Rn. 665 ff.

⁸³ *Lang,* Informationspflichten, § 9 Rn. 16 und § 10 Rn. 22; *Balzer* in Welter/Lang, Hdb. Informationspflichten im Bankverkehr, Rn. 7.18 und 9.22; *Fuchs* in Fuchs, WpHG, § 31 Rn. 198 f.; *Hannöver* in Schimansky/Bunte/Lwowski, BankR HdB, § 110 Rn. 45 ff.; *Möllers* in KölnKommWpHG, § 31 Rn. 355 ff.

⁸⁴ Vgl. zu den im Einzelnen zu erhebenden Informationen ausführlich *Lang* in Schäfer/Sethe/Lang, Hdb. Vermögensverwaltung, § 6 Rn. 45 ff., 49 ff., 56 ff., 60 ff.

⁸⁵ *Fuchs* in Fuchs, WpHG, § 31 Rn. 204; *Rothenhöfer* in Schwark/Zimmer, KMRK, WpHG § 31 Rn. 316; *Möllers* in KölnKommWpHG, § 31 Rn. 365 ff.; *Ekkenga* in MüKoHGB, Effektengeschäft Rn. 379.

⁸⁶ BGH, WM 2007, 2228, 2229 f.; *Fuchs* in Fuchs, WpHG, § 31 Rn. 204; *Köndgen* ZBB 1996, 361, 363; *Horn* ZBB 1997, 139, 150.

⁸⁷ *Rothenhöfer* in Schwark/Zimmer, KMRK, WpHG § 31 Rn. 312 ff.; *Möllers* in KölnKommWpHG, § 31 Rn. 392 f.

⁸⁸ BT-Drs. 16/4028, S. 65.

⁸⁹ Richtlinie 2006/73/EG der Kommission vom 10. August 2006 zur Durchführung der Richtlinie 2004/39/EG, ABl. EU Nr. L 241, S. 26 ff.

erkennen konnte[90]. Damit bestätigt § 31 Abs. 6 WpHG den Grundsatz, dass – vorbehaltlich besonderer Umstände – keine aufsichtsrechtliche Pflicht besteht, die Richtigkeit oder Plausibilität von Kundenangaben durch eigene Nachforschungen zu überprüfen oder Nachweise vom Kunden anzufordern.

Der Anleger hat keine Verpflichtung, die nach § 31 Abs. 4 WpHG für eine Anlageempfehlung erforderlichen Angaben zu machen. **Verweigert** er eine **Exploration,** was bei Inhabern großer Vermögen, insb. wenn sie durch ein Family Office vertreten werden, nicht selten vorkommt, darf der Vermögensverwalter nach § 31 Abs. 4 Satz 3 WpHG „im Zusammenhang mit einer Finanzportfolioverwaltung keine Empfehlung abgeben". Der Vermögensverwalter kann dann nur darlegen, wie er den Anlagebetrag unter Berücksichtigung der Vorgaben des Anlegers investieren würde. Soll der Vermögensverwalter zB mit der Verwaltung eines bestimmten Betrages zur Anlage in europäischen oder US-amerikanischen Aktien betraut werden, darf er nicht zu anderen Produktgattungen, zB Anleihen raten, sondern muss im Rahmen des – dann reinen – Informationsgesprächs Auskunft geben, nach welchen Kriterien er Aktien erwerben, halten oder veräußern würde. Wird ihm das Verwaltungsmandat erteilt, ist er durch § 31 Abs. 4 Satz 3 WpHG an der Durchführung der Vermögensverwaltung nicht gehindert. Insofern unterscheiden sich die Konsequenzen des § 31 Abs. 4 Satz 3 WpHG bei Vermögensverwaltung und Anlageberatung[91]. Während der Anlageberater ohne die Möglichkeit der Abgabe von Anlageempfehlungen keine Beratungsleistung erbringen kann – und somit § 31 Abs. 4 Satz 3 WpHG unter den dort genannten Umständen ein aufsichtsrechtliches Tätigkeitsverbot normiert –, steht es dem Anleger frei, auch ohne vorherige Beratung eine Vermögensverwaltung einzurichten, ebenso wie er Effektenorders im beratungsfreien Geschäft platzieren kann. Diese Freiheit muss der Anleger als Ausfluss des „allgemeinen Persönlichkeitsrechts" haben[92]. Insofern genügt es, wenn er dem Vermögensverwalter Richtlinien für die Durchführung der Vermögensverwaltung an die Hand gibt, die er selbst verantwortet oder zu denen er sich anderweitig hat beraten lassen. Dem Vermögensverwalter ist jedoch zu raten, die Verweigerung der Exploration zu dokumentieren[93].

**b) Allgemeine Informationen zur Vermögensverwaltung.** Nach § 31 Abs. 3 WpHG sind Vermögensverwalter verpflichtet, ihre Kunden „rechtzeitig und in verständlicher Form" mit bestimmten vom Gesetzgeber vorgegeben Informationen zu versorgen. Nach der gesetzlichen Regelung soll die Informationspflicht dazu dienen, dass die Anleger „nach vernünftigem Ermessen die Art und die Risiken der ihnen angebotenen oder von ihnen nachgefragten Arten von […] Wertpapierdienstleistungen verstehen und auf dieser Grundlage ihre Anlageentscheidungen treffen" können. Die Informationen dürfen – wie in der Praxis die Regel – in **standardisierter Form** erfolgen. Inhaltlich müssen sie sich beziehen auf (i) den Vermögensverwalter und seine Dienstleistungen, (ii) die Arten von Finanzinstrumenten und vorgeschlagenen Anlagestrategien einschließlich der damit verbundenen Risiken, (iii) die Ausführungsplätze für Wertpapiergeschäfte und (iv) die Kosten und Nebenkosten der Vermögensverwaltung (§ 31 Abs. 3 Satz 3 WpHG). Weitere Einzelheiten werden in hohem Detaillierungsgrad von § 5 WpDVerOV vorgegeben. Speziell für die Vermögensverwaltung gelten die Informationserfordernisse des § 5 Abs. 2 Satz 2 Nr. 2 WpDVerOV mit Angaben zur Benchmark (lit. a)), zu Anlagezielen, Risikoniveau[94] sowie etwaigen Ermessenseinschränkungen (lit. b)), zu Art und Weise sowie Häufigkeit der Be-

---

[90] So wohl auch *Fuchs* in Fuchs, WpHG, § 31 Rn. 203f.; *Ekkenga* in MüKoHGB, Effektengeschäft Rn. 379.
[91] *Fuchs* in Fuchs, WpHG, § 31 Rn. 206f.; *Lang* in Schäfer/Sethe/Lang, Hdb. Vermögensverwaltung, § 6 Rn. 89.
[92] *Lang* in Schäfer/Sethe/Lang, Hdb. Vermögensverwaltung, § 6 Rn. 86f. mwN.
[93] *Lang* in Schäfer/Sethe/Lang, Hdb. Vermögensverwaltung, § 6 Rn. 86 mwN.
[94] Vgl. zur (zivilrechtlichen) Auslegung der Begriffe „Wachstum" und „Chance" im Rahmen der Anlageberatung OLG Stuttgart, ZIP 2014, 213, 214f.

wertung der Finanzinstrumente (lit. c)), zu Einzelheiten über eine Delegation der Vermögensverwaltung (zB durch den Einsatz von Investmentfonds oder Unterverwaltern) (lit. d)) sowie zur Art der Finanzinstrumente, die in die Vermögensverwaltung aufgenommen, und zur Art der Geschäfte, die ausgeführt werden können (lit. e)). Die Informationen sind grundsätzlich vor Abschluss des Vermögensverwaltungsvertrags auf einem dauerhaften Datenträger iSv § 3 WpDVerOV zur Verfügung zu stellen (§ 5 Abs. 3, 5 WpDVerOV). Sollen mehrere Vermögensverwaltungsdepots parallel durch sog. „Blockorders" disponiert werden, so stellt dies einen Aspekt der „Managementziele" iSv § 31 Abs. 3 Satz 3 Nr. 2 WpHG iVm § 5 Abs. 2 Satz 2 Nr. 2 lit. b) WpDVerOV dar, so dass auch die Information hierüber gem. § 31c Abs. 1 Nr. 4 WpHG iVm § 10 Abs. 1 WpDVerOV vorab zu erfolgen hat[95]. Üblicherweise geschieht dies im Rahmen der Best-Execution-Policy (dazu → Rn. 38), in der auch die Grundsätze der Zuteilung einer nur teilweise ausgeführten Blockorder niedergelegt werden.

35 Die Informationen sind nach § 31 Abs. 3 WpHG bzw. § 5 Abs. 1, 2 und 3 WpDVerOV **„zur Verfügung zu stellen".** Denselben Terminus verwendet § 3 Abs. 1 WpDVerOV, während § 4 Abs. 1 WpDVerOV von Informationen spricht, die Wertpapierdienstleistungsunternehmen ihren Kunden „zugänglich machen", und § 5 Abs. 4 WpDVerOV von Informationen, die „mitzuteilen" sind. Mit „zur Verfügung stellen" dürfte gemeint sein, dass die Informationen derart in den Herrschaftsbereich des Kunden gelangen, dass er von ihnen Kenntnis nehmen kann. Dies ist bei Verwendung der Papierform oder anderer Speichermedien (sofern nach § 3 Abs. 2 WpDVerOV zulässig) durch Übergabe oder das Angebot der Übergabe bzw. bei Fernkommunikation durch Übersendung, auch per E-Mail mit entsprechenden Dateianhängen, möglich. Demgegenüber läge nur ein – nicht genügendes – „Zugänglichmachen" vor, wenn sich der Kunde die Information „aneignen", also aus eigener Initiative „mitnehmen" oder elektronisch, zB von einer Website, abrufen muss[96].

36 **c) Conflict-of-Interest-Policy.** Der Vermögensverwalter ist als Geschäftsbesorger im (ausschließlichen) Interesse des Kunden tätig. Vor diesem Hintergrund stellt jede Konfliktsituation beim Verwalter eine Gefahr für die vertragsgemäße Durchführung der Vermögensverwaltung dar. Zum Schutz der Kundeninteressen vor dem Risiko der Beeinträchtigung durch Interessenkonflikte besteht vorrangig die aufsichtsrechtliche Pflicht, Interessenkonflikte zu vermeiden (dazu → Rn. 83 ff.). Eine aufsichtsrechtliche Pflicht zur **Offenlegung von Interessenkonflikten** besteht nach § 31 Abs. 1 Nr. 2 WpHG nur, „soweit die organisatorischen Vorkehrungen nach § 33 Abs. 1 Satz 2 Nr. 3 WpHG nicht ausreichen, um nach vernünftigem Ermessen das Risiko der Beeinträchtigung von Kundeninteressen zu vermeiden". In diesem Fall sind „vor Durchführung von Geschäften für den Kunden diesen die allgemeine Art und Herkunft der Interessenkonflikte eindeutig darzulegen". Von der Verpflichtung, sich um die **Vermeidung von Interessenkonflikten** durch Organisation zu bemühen, wird der Vermögensverwalter durch die Information nicht frei[97]. Die verbreitet als „Conflict of Interest Policy" bezeichnete Information dient ausschließlich dazu, dem Kunden eine Entscheidung über die Beauftragung des Vermögensverwalters auf informierter Grundlage zu ermöglichen. Entsprechend klar, eindeutig und unmissverständlich sind die nach Art und Ausrichtung der jeweiligen Geschäftstätigkeit denkbaren Interessenkonflikte aufzuführen. Zwar erlaubt § 13 Abs. 4 WpDVerOV eine Unterrichtung des Kunden differenziert „unter Berücksichtigung seiner Einstufung als Privatkunde, professioneller Kunde oder geeignete Gegenpartei". In der Praxis verwenden Vermögensverwalter aus Gründen der Effizienz idR eine einheitliche, auf Privatkunden – als die am umfänglichsten zu informierende Kundengruppe – abstellende Information.

---

[95] Vgl. zur Blockorder *F. Schäfer* in Schäfer/Sethe/Lang, Hdb. Vermögensverwaltung, § 7 Rn. 22 ff.; zum Zustimmungserfordernis vgl. → Rn. 38.

[96] So i.Ergb. wohl auch *Fuchs* in Fuchs, WpHG, § 31 Rn. 134 ff.; *Koller* in Assmann/Uwe H. Schneider, WpHG, § 31 Rn. 116 mit Blick auf die „Rechtzeitigkeit" der Information.

[97] Vgl. auch *Assmann* ÖBA 2007, 40, 46 mwN.

Ein **Verstoß** gegen die Pflicht nach § 31 Abs. 2 Nr. 2 WpHG, nicht durch Organisation 37
zu beseitigende Interessenkonflikte dem Kunden offenzulegen, ist gem. § 39 Abs. 2 Nr. 15
WpHG eine Ordnungswidrigkeit, die nach § 39 Abs. 4 WpHG mit einer Geldbuße bis zu
EUR 50 000 geahndet wird. Als zivilrechtliche Sanktion schlägt *Assmann*[98] ein Rücktrittsrecht des Kunden vor, wenn die rechtzeitige Information („vor Durchführung von Geschäften für den Kunden") unterbleibt[99]. Im Rahmen der Vermögensverwaltung würde
einem solchen Rücktrittsrecht jedoch nur geringe praktische Bedeutung zu kommen[100], da
der Vermögensinhaber idR jederzeit berechtigt ist, den Vermögensverwaltungsvertrag mit
sofortiger Wirkung zu kündigen oder geänderte – zB weniger interessenkonfliktbehaftete –
Anlagerichtlinien vorzugeben.

**d) Best-Execution-Policy.** Ein Wertpapierdienstleistungsunternehmen, das Aufträge 38
seiner Kunden zum Kauf oder Verkauf von Finanzinstrumenten ausführt, muss nach den
aufsichtsrechtlichen Vorschriften in § 33a Abs. 1 bis 7 WpHG Vorkehrungen treffen, um
die Aufträge bestmöglich auszuführen. Für Vermögensverwalter, die Aufträge nicht selbst
ausführen, gilt die Pflicht zur bestmöglichen Ausführung von Kundenaufträgen nach den
Maßgaben in § 33a Abs. 8 WpHG entsprechend. Der Vermögensverwalter muss angemessene Vorkehrungen treffen, dass der von ihm im Namen des Vermögensinhabers beauftragte Kommissionär (bei Kreditinstituten als Vermögensverwalter idR mit diesem personen-
identisch) die Aufträge bestmöglich ausführt, er muss die Einrichtungen, die er mit der
Ausführung beauftragt, nennen und die Art und Weise der Ausführung der Aufträge durch
diese überprüfen und überwachen. Vor Aufnahme der Vermögensverwaltung muss er den
Vermögensinhaber nach § 33a Abs. 6 Nr. 1 WpHG über seine Ausführungsgrundsätze –
sog. Best-Execution-Policy – informieren, die Zustimmung des Vermögensinhabers zu den
Grundsätzen einholen und wesentliche Änderungen derselben unverzüglich mitteilen[101].
Die Zustimmung gilt als erteilt, wenn der Kunde den mitgeteilten Grundsätzen nicht widerspricht[102]. Bankenunabhängige Vermögensverwalter beschränken sich typischerweise
darauf, die Best-Execution-Policy der das Depot des Kunden führenden und mit der Ausführung von Aufträgen beauftragten Bank auf ihre Eignung zu überprüfen und ggfls. ergänzende Weisungen zu geben.

**e) Kein Anlageberatungsprotokoll.** Nach § 34 Abs. 2a WpHG hat ein Wertpapier- 39
dienstleistungsunternehmen über jede Anlageberatung gegenüber einem Privatkunden ein
schriftliches Protokoll anzufertigen[103]. Soweit vor Abschluss eines Vermögensverwaltungsvertrags eine Beratung stattfindet (→ Rn. 26), besteht eine Protokollpflicht nach § 34
Abs. 2a WpHG nach ganz hL grundsätzlich nicht[104]. Die Protokollpflicht bezieht sich auf
die Wertpapierdienstleistung der Anlageberatung, wie sie in § 2 Abs. 3 Satz 1 Nr. 9 WpHG
definiert wird. Unter Anlageberatung versteht danach das Gesetz „die Abgabe von persönlichen Empfehlungen an Kunden oder deren Vertreter, die sich auf Geschäfte mit bestimm-

---

[98] *Assmann* ÖBA 2007, 40, 46; *Assmann* ZBB 2008, 21, 30 f.
[99] Ebenso *Göhmann,* Verhaltenspflichten von Banken, S. 136.
[100] Allenfalls mit Blick auf § 346 BGB hinsichtlich der Pflicht zur Erstattung von Gebühren, nicht jedoch – zumindest beim Vertretermodell – hinsichtlich etwaiger zwischenzeitlich im Depot eingetretener Verluste.
[101] Vgl. ausführlich *Bracht,* Pflicht von Wertpapierdienstleistungsunternehmen zur bestmöglichen Ausführung von Kundenaufträgen, S. 151 ff. mwN.
[102] Dies wird nach allg. Meinung im Umkehrschluss daraus hergeleitet, dass § 33a Abs. 5 Satz 2 WpHG für eine Best-Execution-Policy, die die Ausführung von Aufträgen außerhalb organisierter Märkte vorsieht, die „ausdrückliche Einwilligung" des Kunden verlangt.
[103] Dazu umfassend *Philipp,* Die Dokumentationspflichten von Wertpapierdienstleistungsunternehmen, S. 147 ff.
[104] *Balzer* in Schäfer/Sethe/Lang, Hdb. Vermögensverwaltung, § 12 Rn. 45 ff.; *Koller* in Assmann/Uwe H. Schneider, WpHG, § 31 Rn. 172, § 34 Rn. 11; *Müller/Teuber* in Ellenberger/Schäfer/Clouth/Lang, Praktikerhdb. Wertpapier- und Derivategeschäft, Rn. 714 ff.; *F. Schäfer* FS Hopt, Bd. 2, S. 2427, 2432; **aA** *Kindsmüller/Grosenick* in Renz/Hänse, Wertpapier-Compliance, S. 718 (ohne Argumente).

ten Finanzinstrumenten beziehen". Diese Definition passt auf die Beratung bei Abschluss eines Vermögensverwaltungsvertrags nicht. Diese bezieht sich nicht „auf Geschäfte mit bestimmten Finanzinstrumenten", sondern auf die Bestimmung einer Anlagestrategie sowie deren Umsetzung durch Festlegung geeigneter Anlagerichtlinien. Ausnahmsweise anders verhält es sich, wenn im Einzelfall konkrete Finanzinstrumente für die Vermögensverwaltung vorgesehen werden und diesbezüglich eine Beratung erfolgt. In diesem Fall ist nicht nur die Beratung zu dem oder zu den konkreten Finanzinstrument(en) nach § 34 Abs. 2a WpHG zu protokollieren, sondern die in dem Kontext erfolgende Beratung insgesamt, also auch bzgl. der Anlagerichtlinien[105]. Gleiches gilt, wenn es im Verlauf einer Vermögensverwaltung zu Einzelweisungen des Vermögensinhabers an den Vermögensverwalter kommt und ausnahmsweise vor Erteilung einer solchen Weisung ein Beratungsgespräch stattfindet[106].

### V. Der Vermögensverwaltungsvertrag

**40**  1. **Vertragsabschluss. a) Formvorschriften.** Der Abschluss eines Vermögensverwaltungsvertrags ist **zivilrechtlich** formlos möglich[107], sofern sich keine Formbedürftigkeit aus vertragsgegenständlichen Geschäften, wie dem Erwerb von GmbH-Anteilen oder Grundstücken, ergibt. Dementsprechend kann der Vertrag auch stillschweigend durch konkludentes Verhalten geschlossen werden. Zum stillschweigenden Abschluss eines Vermögensverwaltungsvertrags kann es etwa kommen, wenn der Vermögensinhaber Verwaltungshandlungen in seinem Depot duldet, obwohl dem depotführenden Kreditinstitut keine Dispositionsbefugnis eingeräumt wurde (sog. graue Vermögensverwaltung)[108]. Allein in der Erteilung einer Konto- und Depotvollmacht liegt jedoch kein konkludenter Abschluss eines Vermögensverwaltungsvertrags[109]. Denn als abstraktes Rechtsgeschäft gilt die Vollmacht losgelöst von Existenz und Inhalt eines zugrundeliegenden Auftragsverhältnisses.

**41**  **Aufsichtsrechtlich** sind Vermögensverwalter nach § 34 Abs. 2 Satz 1 WpHG verpflichtet, „Aufzeichnungen zu erstellen über Vereinbarungen mit Kunden". Im Verhältnis zu Privatkunden iSv § 31a Abs. 3 WpHG gilt zusätzlich § 34 Abs. 2 Satz 2 WpHG. Danach ist vor Aufnahme der Vermögensverwaltung der „Abschluss einer schriftlichen Rahmenvereinbarung [...] zu dokumentieren", die „mindestens die wesentlichen Rechte und Pflichten" der Parteien enthält. Mittelbar besteht damit die Verpflichtung, jedenfalls mit neuen Privatkunden eine schriftliche Rahmenvereinbarung abzuschließen, was einem (aufsichtsrechtlichen) Schriftformerfordernis nahekommt[110]. Für die in der Praxis ohnehin übliche Schriftlichkeit von Vermögensverwaltungsverträgen[111] spricht zudem das beiderseitige Interesse an Rechtssicherheit und Rechtsklarheit in Anbetracht der Vielzahl möglicher Vertragsgestaltungen.

**42**  b) **Stellvertretung.** Ein Vermögensverwaltungsvertrag kann auch durch einen Stellvertreter des Vermögensinhabers abgeschlossen werden. Allerdings setzt dies voraus, dass der Vertreter berechtigt ist, Untervollmacht zu erteilen[112]. Der Stellvertreter kann den Vermögensverwalter von den Beschränkungen des § 181 BGB befreien, sofern ihm selbst diese Befreiung erteilt worden ist[113].

---

[105] So jetzt auch die BaFin, MaComp BT 6.2 Nr. 5.
[106] *Balzer* in Schäfer/Sethe/Lang, Hdb. Vermögensverwaltung, § 12 Rn. 49.
[107] Unstr., vgl. nur *Balzer* in Welter/Lang, Hdb. Informationspflichten im Bankverkehr, Rn. 9.5; *Kienle* in Schimansky/Bunte/Lwowski, BankR HdB, § 111 Rn. 13.
[108] OLG Karlsruhe, ZIP 2000, 2060; *Balzer,* Vermögensverwaltung, S. 45.
[109] OLG München, WM 1994, 1424, 1425; *Möllers* WM 2008, 93, 94 f.
[110] *Balzer/Lang* in Schäfer/Sethe/Lang, Hdb. Vermögensverwaltung, § 5 Rn. 5; *F. Schäfer* in Hadding/Hopt/Schimansky, Bankrechtstag 2006, S. 31, 46 f.; *Fuchs* in Fuchs, WpHG, § 34 Rn. 18 f.
[111] *Sethe,* Anlegerschutz, S. 79; *Balzer,* Vermögensverwaltung, S. 45; *Müller* in Schäfer/Müller, Haftung für fehlerhafte Wertpapierdienstleistungen, Rn. 210.
[112] *Lang,* Informationspflichten, § 22 Rn. 8; *Müller* in Schäfer/Müller, Haftung für fehlerhafte Wertpapierdienstleistungen, Rn. 213; *Balzer* in Schäfer/Sethe/Lang, Hdb. Vermögensverwaltung, § 5 Rn. 4.
[113] *Balzer,* Vermögensverwaltung, S. 47.

**c) Verbraucherverträge.** Als Verträge, die – regelmäßig – eine entgeltliche Leistung 43 zum Gegenstand haben, können Vermögensverwaltungsverträge, wenn sie mit Verbrauchern iSv § 13 BGB[114] geschlossen werden, Verbraucherverträge iSv § 312 Abs. 1 BGB sein. Zwar ist der in § 312 Abs. 5 BGB verwendete Begriff der „Finanzdienstleistung" nicht mit dem der Finanzdienstleistung iSv § 1 Abs. 1a KWG identisch[115], sondern umfasst „Bankdienstleistungen sowie Dienstleistungen im Zusammenhang mit einer Kreditgewährung, Versicherung, Altersversorgung [...], Geldanlage oder Zahlung". Vermögensverwaltungsverträge gehören jedoch unstreitig zu den Vertragsverhältnissen über **Finanzdienstleistungen iSd Verbraucherrechts**[116].

Kernstück des am 13. Juni 2014 in Kraft getretenen Gesetzes zur Umsetzung der Ver- 44 braucherrechte-Richtlinie und zur Änderung des Gesetzes zur Regelung der Wohnungsvermittlung vom 20. September 2013[117] sind die Vorschriften für „außerhalb von Geschäftsräumen geschlossene Verträge" und Fernabsatzverträge in §§ 312b bis 312h BGB[118]. Durch die Ersetzung des früheren Haustürgeschäfts durch den „außerhalb von Geschäftsräumen geschlossenen Vertrag" (**Außergeschäftsraumvertrag** oder AGV) hat der Anwendungsbereich des Verbraucherrechts eine deutliche Ausweitung erfahren[119]. Während Vermögensverwaltungsverträge als Haustürgeschäfte eher selten waren[120], weil bei Vertragsabschlüssen in den Privat- oder Geschäftsräumen des Kunden idR eine Bestellung des Verbrauchers iSv § 312 Abs. 3 Nr. 1 BGB aF vorausging, knüpfen die Informationspflichten gem. § 312d Abs. 2 BGB und das Widerrufsrecht nach § 312g Abs. 1 BGB an jeden Vertragsabschluss außerhalb der stationären oder beweglichen Geschäftsräume des Unternehmers an, wobei sogar ein unter diesen Umständen vom Verbraucher unterbreitetes Angebot genügt (§ 312b Abs. 1 Nr. 2 BGB). Das **Fernabsatzrecht** gilt dagegen im Wesentlichen unverändert, dh kommt zur Anwendung, wenn der Vertrag unter ausschließlicher Verwendung von Fernkommunikationsmitteln gem. § 312c Abs. 2 BGB abgeschlossen wird[121]. Um diese Voraussetzung zu erfüllen, darf während der gesamten Zeit der Vertragsanbahnung, der Vertragsverhandlung und des Vertragsabschlusses kein persönlicher Kontakt mit dem Kunden stattgefunden haben. Selbst wenn dies der Fall ist, liegt kein Fernabsatz vor, wenn „der Vertragsschluss nicht im Rahmen eines für den Fernabsatz organisierten Vertriebs- oder Dienstleistungssystems erfolgt"[122]. Das Fernabsatzrecht ist damit nur bei Vermögensverwaltern relevant, die über die betrieblichen Voraussetzungen für regelmäßige Geschäftsabschlüsse im Fernabsatz verfügen[123]. Als negatives Tatbestandsmerkmal hat das Fehlen dieser Voraussetzungen im Streitfall der Verwalter zu beweisen[124].

---

[114] Ab dem 13. Juni 2014 geltenden Neufassung vgl. *Bülow* WM 2014, S. 1 ff.
[115] Unstr., vgl. nur *Balzer/Lang* in Schäfer/Sethe/Lang, Hdb. Vermögensverwaltung, § 5 Rn. 61 m. Fn 1.
[116] Zur Vorgängerregelung: *Wendehorst* in MüKoBGB, 6. Aufl. 2012, § 312b Rn. 26.
[117] Dazu *Wendehorst* NJW 2014, 577 ff.; *Janal* WM 2012, 2314 ff.; *Bönneke* VuR 2014, 3 ff.; *Tamm* VuR 2014, 9 ff.; *Schomburg* VuR 2014, 18 ff.; *Tonner* VUR 2014, 23 ff.; *Grüneberg* in Palandt, BGB, 73. Aufl. 2014, §§ 312 nF ff.
[118] Die eher marginalen Regelungen für sämtliche Verbraucherverträge (also nicht nur Außergeschäftsraum- und Fernabsatzverträge) finden sich in § 312a – als Verträge über Finanzdienstleistungen sind Vermögensverwaltungsverträge von den Informationspflichten gem. § 312a Abs. 2 BGB ausgenommen – und § 312j BGB.
[119] *Wendehorst* NJW 2014, 577, 581; *Janal* WM 2012, 2314, 2315.
[120] Vgl. *Balzer/Lang* in Schäfer/Sethe/Lang, Hdb. Vermögensverwaltung, § 5 Rn. 76.
[121] Vgl. *Held/Schulz* BKR 2005, 270, 271; Hans. OLG Hamburg, WM 2014, 1538.
[122] Kritisch hierzu *Janal* WM 2012, 2314, 2316 bei Fn. 25.
[123] Nach Erwägungsgrund 20 der Richtlinie 2011/83/EU des Europäischen Parlaments und des Rates vom 25. Oktober 2011 (Verbraucherrechterichtlinie) ist damit die Nutzung eines von einem Dritten angebotenen Fernabsatz- oder Dienstleistungssystems gemeint. Webseiten, mit denen der Unternehmer lediglich Informationen über seine Dienstleistungen und seine Kontaktdaten anbietet, sollen nicht genügen.
[124] *Balzer/Lang* in Schäfer/Sethe/Lang, Hdb. Vermögensverwaltung, § 5 Rn. 62.

**45** Bei Außergeschäftsraumverträgen und bei Fernabsatzverträgen hat der Verbraucher ein **Widerrufsrecht** gem. §§ 355 f. BGB iVm § 312g Abs. 1 BGB. Nach § 312g Abs. 2 Nr. 8 BGB besteht allerdings ein Widerrufsrecht nicht bei Verträgen, die „die Erbringung von […] Finanzdienstleistungen zum Gegenstand haben, deren Preis von Schwankungen auf dem Finanzmarkt abhängt, auf die der Unternehmer keinen Einfluss hat und die innerhalb der Widerrufsfrist auftreten können, insb. Dienstleistungen im Zusammenhang mit Aktien, mit Anteilen an offenen Investmentvermögen […] und mit anderen handelbaren Wertpapieren, Devisen, Derivaten oder Geldmarktinstrumenten". Für Vermögensverwaltungsverträge dürfte diese Ausnahme nicht gelten, und zwar auch dann nicht, wenn es sich um eine klassische Wertpapiervermögensverwaltung handelt. Denn die Finanzdienstleistung „Vermögensverwaltung", die Gegenstand des Vermögensverwaltungsvertrags ist, hat selbst keinen von Schwankungen auf dem Finanzmarkt abhängigen Preis. Nur Dienstleistungen, deren Preis unmittelbar von Preisschwankungen auf dem Finanzmarkt abhängt, werden von der Ausnahmeregelung erfasst[125]. Eine vorsorglich erteilte Widerrufsbelehrung führt dazu, dass iSv § 312g Abs. 1 BGB „ein anderes bestimmt ist"[126].

**46** Die **Widerrufsfrist** richtet sich nach § 355 Abs. 2 BGB iVm § 356 Abs. 3 BGB. Sie beträgt 14 Tage und beginnt ab Vertragsschluss, jedoch nicht bevor der Vermögensverwalter den Kunden über das Bestehen des Widerrufsrechts belehrt[127] und die ihm obliegenden vorvertraglichen Informationspflichten im Wesentlichen erfüllt hat[128]. Die vorvertraglichen Informationspflichten ergeben sich aus § 312d Abs. 2 BGB, der auf den Katalog in Art. 246b § 1 und § 2 EGBGB verweist. Von diesen gehören der Katalog in Art. 246b § 1 Abs. 1 und die Informationspflicht nach Art. 246b § 2 Abs. 1 Nr. 1 EGBGB zu den Mitteilungspflichten, deren Erfüllung erst den Lauf der Widerrufsfrist in Gang setzt. Ohne ordnungsgemäße Erfüllung der Informationspflichten beginnt die Widerrufsfrist nicht zu laufen. Dem Vermögensinhaber steht in diesem Fall – wie bisher – ein „ewiges", allerdings dem Einwand des Rechtsmissbrauchs und der Verwirkung unterliegendes[129], Widerrufsrecht zu[130]. Der Fristbeginn ist im Streitfall vom Vermögensverwalter zu beweisen.

**47** **2. Vertragsinhalt. a) Regelungsgegenstände.** Der Vermögensverwaltungsvertrag regelt die Rechte und Pflichten von Vermögensinhaber und Vermögensverwalter[131]. Der **Detaillierungsgrad** der regelmäßig in schriftlicher Form (→ Rn. 40 f.) geschlossenen Verträge ist in der Praxis unterschiedlich. Aus Sicht des Vermögensverwalters muss der Vertrag abgestimmt sein auf die betriebsinternen Abläufe für die Umsetzung der Anlageentscheidungen und das Berichtswesen, die Compliance-Anforderungen sowie die EDV-technischen Vorgaben zur Steuerung der übernommenen Verpflichtungen (zB die Benachrichtigung des Anlegers von vereinbarten Verlustschwellen). Insb. bei international tätigen vermögensverwaltenden Kreditinstituten sind Vertragsdokumentationen keine Seltenheit, die, inklusive Anlagen, eine mittlere zweistellige Zahl von Seiten erreichen.

---

[125] Zur Vorgängerregelung: *Wendehorst* in MüKoBGB, 6. Aufl. 2012, § 312d Rn. 46; vgl. auch *Armbrüster* ZIP 2006, 406, 412, der den Zweck der Ausnahmeregelung im Schutz des Unternehmers vor kurzfristigen Spekulationsgeschäften sieht; anders möglicherweise *Balzer/Lang* in Schäfer/Sethe/Lang, Hdb. Vermögensverwaltung, § 5 Rn. 69.
[126] Zur Vorgängerregelung: *Wendehorst* in MüKoBGB, 6. Aufl. 2012, § 312d Rn. 18.
[127] Siehe § 356 Abs. 3 Satz 1 2. Alt. BGB iVm Art. 246b § 2 Abs. 1 Nr. 2, § 1 Abs. 1 Nr. 12 EGBGB, wobei hierfür das Muster gem. Art. 246b § 2 Abs. 3 EGBGB zur Verfügung steht.
[128] *Grüneberg* in Palandt, BGB, 73. Aufl. 2014, § 356 nF Rn. 7.
[129] *Grüneberg* in Palandt, BGB, 73. Aufl. 2014, § 356 nF Rn. 8; dazu *Braunschmidt* NJW 2014, 1558, 1560; *Habersack/Schürnbrand* ZIP 2014, 749 ff.; *Hölldampf* WM 2014, 1659 ff.; OLG Düsseldorf, NJW 2014, 1599.
[130] S. § 356 Abs. 3 Satz 3 BGB.
[131] Ausführlich *Balzer/Lang* in Schäfer/Sethe/Lang, Hdb. Vermögensverwaltung, § 5 Rn. 7 ff.; zu dem Inhalt von Vermögensverwaltungsverträgen in der Schweiz vgl. *Schaller* AJP/PJA 2012, 56 ff. mwN; *Schaller*, Hdb. Vermögensverwaltungsrecht, S. 103 ff.

Ein zentraler Bestandteil des Vermögensverwaltungsvertrags sind die **Anlagerichtlinien** 48 (→ Rn. 59 ff.) bzw. sollten es sein (→ Rn. 29). Sie sind häufig in einer Anlage zum Vermögensverwaltungsvertrag niedergelegt und definieren den Rahmen, in dem der Vermögensverwalter von der ihm eingeräumten Verfügungsbefugnis über das Vermögen des Vermögensinhabers Gebrauch machen darf. Eine Pflicht zur Vereinbarung von Anlagerichtlinien besteht allerdings nicht. Demgegenüber soll nach Auffassung von *Sethe*[132] aus den aufsichtsrechtlichen Pflichten des Vermögensverwalters zur Interessenwahrnehmung (§ 31 Abs. 1 Nr. 1 WpHG) und Informationserteilung (§ 5 Abs. 2 Satz 2 Nr. 2 lit. b) und Abs. 3 WpDVerOV) zu folgern sein, dass die Rechtsbeziehungen der Parteien eindeutig geregelt werden müssen und damit auch Anlagerichtlinien zum notwendigen Vertragsinhalt gehören. Dagegen spricht, dass es sich bei den genannten Vorschriften um Aufsichtsrecht handelt. Allerdings ist jedem Vermögensverwalter und jedem Vermögensinhaber anzuraten, entsprechend dem jeweiligen Marktstandard Anlagerichtlinien zu vereinbaren. Auf diese Weise werden beim Vertragsabschluss die Interessen fokussiert und spätere Streitigkeiten eher vermieden.

**Weitere Aspekte,** die im Rahmen einer Vermögensverwaltung regelungsbedürftig sind 49 und zu denen sich ein schriftlicher Vertrag äußern sollte, sind die Einstufung des Kunden bzw. seines (gesetzlichen oder gewillkürten) Vertreters nach § 31a WpHG, ggfls. die Festlegung von Funktion und Kompetenzen des gewillkürten Vertreters, verbindliche Angaben zum Wohnsitz des Vermögensinhabers (zB aus steuerlichen Gründen), sonstige Angaben zu den persönlichen und finanziellen Verhältnisse des Kunden, soweit für die Verwaltung relevant, sowie der zulässige Umfang und eventuelle Modalitäten der Erteilung von Weisungen. Im Interesse des Kunden von großer Bedeutung sind Konkretisierungen der Rechenschafts- und Auskunftspflichten des Vermögensverwalters nach § 666 BGB – wie Form und Intervalle der Rechnungslegung, Durchführung von und Maßstab für Bewertungsvergleiche (Benchmark-Vergleiche), Festlegung der Verlustschwellen für Benachrichtigungspflichten –, für die aufsichtsrechtlich nur Mindeststandards vorgegeben sind (→ Rn. 88 f.). Empfehlenswert sind zudem – unabhängig vom Umfang der aufsichtsrechtlichen Vorgaben – Regelungen zu Einzelheiten der Auftragsabwicklung bei Erwerb und Veräußerung von Finanzinstrumenten (zB nur börslich oder auch außerbörslich; Zulässigkeit von Blockorders etc.), zu Mitteilungspflichten nach WpHG[133] oder AWG oder zur Ausübung von Rechten im Hinblick auf das der Verwaltung unterliegende Vermögen (zB Teilnahme an Gesellschafterversammlungen; Ausübung von Stimmrechten[134]; Anmeldung von Ansprüchen in US-amerikanischen Class Actions).

Weitere Kernbestandteile eines Vermögensverwaltungsvertrags sind Regelungen zur Vergütung[135], ggfls. zum Umgang mit Rückvergütungen und Provisionen (→ Rn. 81, 86 f.), zum Haftungsmaßstab und zu den Voraussetzungen und Folgen der Beendigung des Vermögensverwaltungsvertrags. Ebenfalls sollten Standardklauseln wie Erfüllungsort, Gerichtsstand, Teilnichtigkeit, Kommunikationsmittel, Datenschutz, Vertraulichkeit und (ggfls.) Rechtswahl nicht fehlen[136].

**b) Vermögensverwaltungsvertrag und AGB-Recht.** Vermögensverwaltungsverträge 51 werden in ihrem Kern regelmäßig für eine Vielzahl von Vertragsabschlüssen vorformuliert und unterliegen insoweit als Allgemeine Geschäftsbedingungen der Kontrolle nach Maßga-

---

[132] *Sethe,* Anlegerschutz, S. 870 ff.; ihm folgend *Veil* ZBB 2008, 34, 36; ebenso für die Schweiz *Schaller,* Hdb. Vermögensverwaltungsrecht, S. 105 f. unter Hinweis auf Rn. 7.2 FINMA-Rundschr. 2009/1, Stand: 7/2013, zu den „Eckwerten zur Vermögensverwaltung"; *Schaller,* AJP/PJA 2012, 56, 59.
[133] ZB §§ 15a und 21 WpHG.
[134] ZB im Hinblick auf § 22 Abs. 1 Nr. 6 WpHG und § 30 Nr. 6 WpÜG.
[135] Dazu *F. Schäfer* in Schäfer/Sethe/Lang, Hdb. Vermögensverwaltung, § 11 Rn. 1 ff., 4 ff.; *Balzer/Lang* in Schäfer/Sethe/Lang, Hdb. Vermögensverwaltung, § 5 Rn. 56 („weiter Gestaltungsspielraum").
[136] Zu den zusätzlichen Anforderungen bei Verbraucherverträgen → Rn. 43 ff.

be der §§ 305 ff. BGB[137]. Gegenüber Verbrauchern iSv § 13 BGB finden die Regelungen der §§ 305c Abs. 2, 306 und 307 bis 309 BGB – ggfls. iVm Art. 46b EGBGB – bereits dann Anwendung, wenn die vorformulierten Vertragsbedingungen nur zur einmaligen Verwendung bestimmt sind und soweit der Verbraucher aufgrund der Vorformulierung keinen Einfluss auf ihren Inhalt nehmen konnte (§ 310 Abs. 3 Nr. 2 BGB).

52 Von den AGB-rechtlichen Restriktionen betroffen sind vor allem **Vereinbarungen über Haftungsbeschränkungen.** Nach §§ 276, 280 Abs. 1 Satz 2 BGB hat der Vermögensverwalter grundsätzlich Vorsatz und jede Form der Fahrlässigkeit zu vertreten. Nicht nur die Verletzung von Hauptleistungspflichten, sondern auch die Verletzung von leistungsbezogenen Nebenpflichten unterliegt diesem Haftungsmaßstab[138]. Vermögensverwaltungsverträge sehen nicht selten die Beschränkung der Haftung für die Verletzung vertraglicher Pflichten auf Vorsatz und grobe Fahrlässigkeit vor. Derartige Klauseln müssen sich an § 309 Nr. 7 BGB und der hierzu ergangenen Rechtsprechung messen lassen. Nach dem Gesetzeswortlaut ist eine Haftungsbeschränkung bei Vorsatz und grober Fahrlässigkeit unzulässig, der Ausschluss oder die Begrenzung der Haftung im Falle leichter Fahrlässigkeit aber zulässig. Es entspricht jedoch ständiger Rechtsprechung, dass im Falle einer Verletzung vertragswesentlicher Pflichten (Kardinalpflichten) auch ein Ausschluss der Haftung des Verwenders für leichte Fahrlässigkeit unangemessen und daher nach § 307 Abs. 2 Nr. 2 BGB unwirksam ist[139]. **Kardinalpflichten** sind alle Pflichten, deren Einschränkung die Erreichung des Vertragszwecks gefährden würde. Dementsprechend kommen nicht nur die typischerweise im Gegenseitigkeitsverhältnis stehenden Hauptpflichten als Kardinalpflichten in Betracht sondern auch Nebenpflichten, bei denen „eine Freizeichnung die angemessene Risikoverteilung empfindlich stören würde"[140]. Unter diesem Aspekt lässt sich weder für die **Missachtung der Anlagerichtlinien**[141] noch für die **fehlerhafte Auswahl von Anlageprodukten** innerhalb des durch die Anlagerichtlinien vorgegebenen Rahmens die Haftung für Fahrlässigkeit ausschließen. Soweit die Rechtsprechung die fehlerhafte Auswahl von Anlageprodukten nur als Nebenpflichtverletzung ansieht, für die eine Haftungsbeschränkung wirksam vereinbart werden könne[142], kann dem nicht gefolgt werden. Auch die Auswahl der Anlageprodukte in den Grenzen der durch die Anlagerichtlinien definierten Vorgaben gehört zu den „Kardinalpflichten" des Vermögensverwalters[143]. Generell sind kaum Pflichten des Vermögensverwalters denkbar, die nicht Hauptpflichten oder zumindest wesentliche Nebenpflichten sind, bei denen eine Freizeichnung die angemessene Risikoverteilung empfindlich stören würde, weshalb eine Haftungsbeschränkung auf Vorsatz und grobe Fahrlässigkeit in (standardisierten) Vermögensverwaltungsverträgen idR leerlaufen wird[144].

---

[137] *Müller* in Schäfer/Müller, Haftung für fehlerhafte Wertpapierdienstleistungen, Rn. 213; *Roll*, Vermögensverwaltung, S. 86 ff.; *Balzer/Lang* in Schäfer/Sethe/Lang, Hdb. Vermögensverwaltung, § 5 Rn. 48; für die Schweiz vgl. *Schaller* AJP/PJA 2012, 56, 57 f.
[138] Vgl. allgemein *Grüneberg* in Palandt, BGB, 73. Aufl. 2014, § 280 Rn. 22 f. mwN.
[139] BGH, NJW 2002, 673; BGH, NJW 1993, 335; OLG Düsseldorf, WM 1995, 1488, 1495; *Dammann* in Wolf/Lindacher/Pfeiffer, § 309 Nr. 7 Rn. 96 ff. mwN.
[140] BGH, NJW 1992, 2016, 2017.
[141] OLG Karlsruhe, ZIP 2000, 2060, 2063; OLG Frankfurt/M., WM 1996, 665, 668; OLG Düsseldorf, WM 1991, 94, 96; vgl. auch BGH, WM 1998, 21.
[142] LG Stuttgart, WM 1997, 163, 164; Vgl. auch LG Nürnberg-Fürth, WM 1996, 1579, 1580.
[143] Ebenso *Balzer* EWiR 1997, 295, 296; *Müller* in Schäfer/Müller, Haftung für fehlerhafte Wertpapierdienstleistungen, Rn. 304; vgl. auch BGH, ZIP 1988, 360, 362 f.; OLG Karlsruhe, ZIP 2000, 2060, 2061; *Horn* in Horn/Schimansky, Bankrecht, S. 265, 281; *von Randow* EWiR 1996, 1021, 1022; *Eichhorn* WuB IG 9.–1.96; *Balzer/Lang* in Schäfer/Sethe/Lang, Hdb. Vermögensverwaltung, § 5 Rn. 53; offengelassen von OLG Düsseldorf, WM 1991, 94, 96.
[144] OLG Düsseldorf, WM 1991, 94, 96; OLG Düsseldorf, WM 1995, 1488, 1495; OLG Frankfurt, WM 1996, 665, 668; OLG Karlsruhe, WM 2001, 805, 810; aA LG Stuttgart, WM 1997, 163, 164; aus der Literatur: *Lang*, Informationspflichten, § 23 Rn. 57 ff. mwN; *Balzer*, Vermögensverwaltung, S. 174 f.; **aA** *Benicke*, Wertpapiervermögensverwaltung, S. 873 ff.

Auch Klauseln, die die Auskunfts- und Rechenschaftspflichten des Vermögensverwalters 53
aus § 666 BGB beschränken, sind an § 307 Abs. 1 und Abs. 2 BGB zu messen. Wesentliche Beschränkungen sind unwirksam, wie etwa die Freistellung des Vermögensverwalters von Berichtspflichten während und nach Beendigung der Vermögensverwaltung oder die Vereinbarung von Verlustschwellen als Auslöser von Benachrichtigungspflichten, die so weit gefasst sind, dass es faktisch zu keiner relevanten Benachrichtigung kommt[145]. Bei der klassischen Finanzportfolioverwaltung dürften derartige Beschränkungen allerdings in Anbetracht der aufsichtsrechtlichen Berichtspflichten nach § 31 Abs. 8 WpHG iVm § 9 WpDVerOV praktisch kaum anzutreffen sein.

Streitig ist, ob und gfls. unter welchen Voraussetzungen „**Behaltensvereinbarungen**" 54
in Allgemeinen Geschäftsbedingungen wirksam sind[146]. Gegenstand solcher Vereinbarungen ist der Ausschluss von Herausgabeansprüchen des Vermögensinhabers bezogen auf Vertriebs- und/oder Vertriebsfolgeprovisionen, die dem Vermögensverwalter von dritter Seite aus Geschäften zufließen, die er im Rahmen der Vermögensverwaltung für den Vermögensinhaber tätigt (→ Rn. 81). Üblich sind Klauseln, die den Kunden von der Tatsache der Zahlung von Vergütungen an den Vermögensverwalter informieren und in denen der Kunde vorab sein Einverständnis damit erklärt, dass derartige Zahlungen, soweit sie anfallen, dem Vermögensverwalter verbleiben Die AGB-rechtliche Wirksamkeit einer solchen in einer Rahmenvereinbarung für die Anlageberatung verwendeten Klausel hat der BGH[147] bestätigt. Die Entscheidungsgründe sind auch für die Beurteilung von Behaltensklauseln in Vermögensverwaltungsverträgen wegweisend. Eine unangemessene Benachteiligung des Kunden iSv § 307 Abs. 1 Satz 1, Abs. 2 BGB sieht der BGH nicht. Er lässt offen, ob die (unterstellte) Herausgabepflicht überhaupt zu den wesentlichen Grundgedanken des Geschäftsbesorgungsrechts gehört, denn die Vermutung des § 307 Abs. 2 Nr. 1 BGB ist durch eine umfassende **Interessenabwägung** widerlegbar[148]. Ein vorab erklärter Herausgabeverzicht führt insb. dann nicht zu einer unangemessenen Benachteiligung des Kunden, wenn die Abweichung vom gesetzlichen Leitbild sachlich gerechtfertigt und der gesetzliche Schutzzweck auf andere Weise sichergestellt ist. In diesem Zusammenhang spielen die transparente und rechtzeitige Information über Voraussetzungen und Wirkung des Verzichts sowie die nachträgliche Rechenschaftspflicht eine entscheidende Rolle[149].

**3. Beendigung des Vermögensverwaltungsvertrags.** Gründe für die Beendigung 55
des Vermögensverwaltungsvertrags können sein Zeitablauf, Aufhebung oder Kündigung sowie Tod oder Insolvenz einer Vertragspartei[150]. Die meisten Vermögensverwaltungsverträge enthalten eine **Kündigungsregelung** dergestalt, dass der Kunde berechtigt ist, den Vermögensverwaltungsvertrag jederzeit ohne Einhaltung einer Frist zu kündigen. Da § 675 BGB nicht auf § 671 Abs. 1 BGB verweist, wäre auch die Vereinbarung einer längeren Kündigungsfrist für den Vermögensinhaber denkbar, §§ 675, 621 BGB. Es macht jedoch keinen Sinn, den Vermögensinhaber an einem Vermögensverwaltungsvertrag festzuhalten, der nicht mehr seinen Wünschen entspricht, zumal wenn er Weisungen geben und damit die Handlungen des Vermögensverwalters determinieren kann. Wird auch dem Vermögensverwalter ein jederzeitiges fristloses Kündigungsrecht eingeräumt, darf er dieses nach §§ 675, 671 Abs. 2 BGB nur in der Art ausüben, dass dem Vermögensinhaber genügend

---

[145] *Ellenberger* in Schäfer/Sethe/Lang, Hdb. Vermögensverwaltung, § 13 Rn. 16f.; *F. Schäfer* WM 1995, 1009, 1013; *Balzer/Lang* in Schäfer/Sethe/Lang, Hdb. Vermögensverwaltung, § 5 Rn. 55.
[146] *Ellenberger* in Schäfer/Sethe/Lang, Hdb. Vermögensverwaltung, § 13 Rn. 22 bei Fn. 8; *Mülbert* WM 2009, 481, 487ff.; *Hadding* FS Nobbe, S. 565, 569ff.; BGH, WM 2014, 307 = ZIP 2014, 310.
[147] BGH, WM 2014, 307 = ZIP 2014, 310.
[148] Ebenso *Balzer/Lang* in Schäfer/Sethe/Lang, Hdb. Vermögensverwaltung, § 5 Rn. 60.
[149] BGH, WM 2014, 307, 312f. = ZIP 2014, 310, 315f.; vgl. auch *Balzer/Lang* in Schäfer/Sethe/Lang, Hdb. Vermögensverwaltung, § 5 Rn. 60 sowie → Rn. 81.
[150] Ausführlich *Balzer* in Schäfer/Sethe/Lang, Hdb. Vermögensverwalter, § 15 Rn. 1ff.

Zeit bleibt, für die Verwaltung des Vermögens anderweitig Fürsorge zu treffen. Zum Teil wird daher in der Literatur die Auffassung vertreten, dass der Vermögensverwalter eine Mindestkündigungsfrist von zwei Wochen einhalten muss, will er sich nicht nach § 671 Abs. 2 Satz 2 BGB schadensersatzpflichtig machen[151]. Zur Vermeidung der aus dem unbestimmten Rechtsbegriff der Kündigung zur Unzeit resultierenden Unsicherheit werden in der Praxis häufig Kündigungsfristen für den Vermögensverwalter zwischen sechs Wochen und drei Monaten vereinbart.

**56** Anders als der **Tod** des Vermögensverwalters gem. §§ 675, 673 BGB führen Tod oder Geschäftsunfähigkeit des Vermögensinhabers nach §§ 675, 672 BGB im Zweifel nicht zum Erlöschen des Vermögensverwaltungsvertrags. Für den Vermögensinhaber bzw. seine Erben ist diese gesetzliche Regelung interessengerecht. Eine abweichende vertragliche Regelung könnte zur Folge haben, dass ein zeitliches Vakuum entsteht zwischen dem Ende der Vermögensverwaltung und der Aufnahme der Verwaltungstätigkeit durch die Erben des Vermögensinhabers oder einen für den Vermögensinhaber bestellten Betreuer. Andererseits hat der Vermögensverwalter das Risiko, dass er mit dem Ableben des Vermögensinhabers das Vermögen für den/die Erben verwaltet, dessen/deren persönliche Verhältnisse, Erfahrungen und Risikoneigung er (noch) nicht kennt. Auch wenn er sich diese Informationen unverzüglich besorgen muss, kann dies Zeit in Anspruch nehmen. Unterdessen ist er gehalten, die Verwaltung vorsichtig durchzuführen und unabhängig von der Risikoneigung des verstorbenen Vermögensinhabers dem Vermögenserhalt Vorrang einzuräumen.

**57** Anders gelagert sind die Interessen auf Seiten der Vertragsparteien im Falle der **Insolvenz**. Die Insolvenz des Vermögensinhabers führt gem. §§ 116, 115 Abs. 1 InsO dazu, dass mit der Verfahrenseröffnung der Vermögensverwaltungsvertrag erlischt. Das Vermögen steht zur Disposition des Insolvenzverwalters. Die Insolvenz des Vermögensverwalters hat dagegen die Beendigung des Vertragsverhältnisses nicht zur Folge, dürfte aber idR für den Vermögensinhaber einen wichtigen Grund zur fristlosen Kündigung des Vermögensverwaltungsvertrags darstellen[152].

**58** Mit der Beendigung des Vermögensverwaltungsvertrags erlischt – vorbehaltlich abweichender Vereinbarung – nach § 168 Satz 1 BGB die dem Verwalter erteilte **Vollmacht**. Der Vermögensinhaber muss mit sofortiger Wirkung die Disposition seines Depots selbst übernehmen oder anderweitig regeln. Notbesorgungspflichten hat der Vermögensverwalter nur bei Tod oder Geschäftsunfähigkeit des Vermögensinhabers unter den Voraussetzungen von §§ 675 Abs. 1, 672 Satz 2 BGB. Die Herausgabepflicht des Geschäftsbesorgers gem. §§ 675 Abs. 1, 667 BGB spielt im Wesentlichen nur bei der Treuhandverwaltung eine Rolle, sofern die Eigentumsübertragung nicht auflösend bedingt durch die Vertragsbeendigung erfolgt ist[153]. Zur Herausgabe dessen, was der Verwalter aus der Verwaltung erlangt, siehe ergänzend → Rn. 81.

**VI. Pflichten der Vertragsparteien bei Durchführung des Vermögensverwaltungsvertrages**

**59** **1. Zivilrechtliche Pflichten des Vermögensverwalters. a) Anlagerichtlinien und Weisungen.** Die Befugnis des Vermögensverwalters, nach eigenem Ermessen ohne vorherige Rücksprache mit dem Vermögensinhaber über dessen Vermögen zu verfügen, wird begrenzt durch die Pflicht, von dieser Befugnis nur im (fremden) Interesse des Vermögensinhabers Gebrauch zu machen. Zur Konkretisierung des Rahmens, in dem der Vermögensverwalter danach handeln darf, dienen die Anlagerichtlinien[154].

---

[151] Vgl. *Balzer*, Vermögensverwaltung, S. 203 f.; *ders.* in Schäfer/Sethe/Lang, Hdb. Vermögensverwaltung, § 15 Rn. 21 ff.; *Lang*, Informationspflichten, § 28 Rn. 5; OLG Düsseldorf, WM 1977, 546, 547.

[152] *Balzer* in Schäfer/Sethe/Lang, Hdb. Vermögensverwaltung, § 15 Rn. 31.

[153] *Balzer*, Vermögensverwaltung, S. 233.

[154] Vgl. BGH, WM 1998, 21; OLG Düsseldorf, WM 1981, 94; OLG Hamm, BKR 2013, 159.

Die wohl hL sieht in den Anlagerichtlinien **allgemeine Weisungen** des Anlegers an 60
den Vermögensverwalter iSv § 665 BGB[155]. Der Vermögensinhaber kann die in den Anlagerichtlinien formulierten allgemeinen Weisungen jederzeit durch konkrete Weisungen aufheben oder modifizieren. Zu Recht wird darauf hingewiesen, dass es sich bei den Anlagerichtlinien aber auch um eine **vertragliche Vereinbarung** handeln kann[156]. Dies wird der Fall sein, wenn das Einzelweisungsrecht ausgeschlossen und auch der Vermögensinhaber – vorbehaltlich des Rechts zur Beendigung der Vermögensverwaltung – an die Anlagerichtlinien gebunden sein soll. Solche Vereinbarungen liegen der sog. standardisierten Vermögensverwaltung (zB fondsbasierter Verwaltung) zugrunde, bei der der Anleger zwar einen individuellen Vermögensverwaltungsvertrag abschließt, der Vermögensverwalter das Depot aber nach von ihm vorgegebenen Richtlinien disponiert, die er einheitlich in einer Mehrzahl oder Vielzahl von Fällen anwendet.

Den Vertragsparteien ist zu raten, in den Anlagerichtlinien klarzustellen, inwieweit der 61
Vermögensinhaber dem Vermögensverwalter von den Anlagerichtlinien **abweichende Weisungen** erteilen darf und wie der Vermögensverwalter bei kollidierenden Weisungen vorzugehen hat. Weicht der Vermögensverwalter von den Anlagerichtlinien ab, ohne dass der Vermögensinhaber widerspricht, kann darin eine konkludente **Änderung der Anlagerichtlinien** liegen. Allein dass der Vermögensinhaber die in der Vergangenheit getroffenen Maßnahmen gutheißt, etwa weil die anlagerichtlinienwidrigen Dispositionen Gewinne gebracht haben, bedeutet dies jedoch nicht ohne Weiteres, dass auch in Zukunft entsprechend verfahren werden darf[157]. Die Implementierung einer neuen, von der bisherigen abweichenden, Anlagestrategie kommt nur in Betracht, wenn dem Vermögensinhaber die mit der Änderung verbundenen Risiken bekannt sind und er sie erkennbar in Kauf nehmen will.

Die Anlagerichtlinien definieren die mit der Vermögensverwaltung zu verfolgenden An- 62
lageziele. Die klassischen Anlageziele einer Vermögensverwaltung sind der Vermögenserhalt (Sicherheit), die Vermögensmehrung (Rentabilität) und die Verfügbarkeit des Vermögens (Liquidität)[158]. Mittels der Anlagerichtlinien kann der Vermögensinhaber die Bedeutung der genannten Aspekte für die individuelle Verwaltung gewichten und das dem Vermögensverwalter erlaubte Risiko detaillieren[159]. Zur **Festlegung der Risikoparameter** ist die Verwendung allgemeiner Risikoformulierungen wie „konservativ"[160], „Ertrag generieren"[161], „Wachstum" oder „Chance"[162] üblich. Für eine konservative, auf Substanzsicherung und kontinuierlichen Vermögenszuwachs ausgerichtete Anlagestrategie soll gelten, dass der Anteil an Standardaktien nicht mehr als 30% des verwalteten Vermögens betragen darf[163]. Den Begriff „Standardwert" hat das OLG München definiert als „umsatzstarke Aktien von substanzstarken, großen, international bekannten und weltweit bedeutenden Unternehmen, deren Kursentwicklung regelmäßig auch in die Berechnung der wichtigsten Aktienindizes an den Hauptbörsen eingeht."[164]. Welchen Detaillierungsgrad die Parteien wählen, bleibt ihnen überlassen. Grundsätzlich empfehlenswert sind Angaben zum zugelassenen Anlageuniversum. Allerdings weisen selbst Anlageprodukte ein und derselben Anla-

---

[155] *Balzer,* Vermögensverwaltung, S. 81; *Lang,* Informationspflichten, § 23 Rn. 47; *F. Schäfer* in Schäfer/Sethe/Lang, Hdb. Vermögensverwaltung, § 8 Rn. 3; *Sethe,* Anlegerschutz, S. 876 f.
[156] *Benicke,* Wertpapiervermögensverwaltung, S. 560 ff.; *Müller* in Schäfer/Müller, Haftung für fehlerhafte Wertpapierdienstleistung, Rn. 284 ff.
[157] BGH, WM 2002, 1177, 1178.
[158] Auch als „magisches Dreieck" der Vermögensanlage bezeichnet.
[159] Vgl. *Benicke* ZGR 2004, 760, 796 ff.
[160] Vgl. OLG Düsseldorf, WM 1991, 94; LG Stuttgart, WM 1997, 163; LG München, WM 1999, 179.
[161] Vgl. OLG München, ZIP 2011, 1655.
[162] Vgl. OLG Stuttgart, ZIP 2014, 213 (Anlageberatung im Rahmen einer Anlagestrategie „Wachstum") m. Anm. *Wolters* EWiR 2014, 271.
[163] OLG Düsseldorf, WM 1991, 94, 95 f.
[164] OLG München, NJOZ 2006, 1063, 1065.

gegattung keineswegs immer einheitliche Risikocharakteristika auf. In Zeiten steigender Zinsen kann bspw. eine 30-jährige Staatsanleihe mit festem Zinssatz bei mittelfristigem Anlagehorizont risikoreicher sein als ein „Bluechip"-Wert eines großen Industrieunternehmens[165]. Deshalb enthalten Anlagerichtlinien häufig auch Vorgaben zur **Produktauswahl** innerhalb einer Anlagegattung (zB Anleihen nur von „Staaten oder staatliche Institutionen mit einem Rating von AA oder besser"), Ge- oder Verbote im Hinblick auf besondere Geschäftsarten (zB keine Inanspruchnahme von Kredit, Derivate nur zu Absicherungszwecken, keine Wertpapierleihgeschäfte und Leerverkäufe etc.) oder **Anlagehöchstgrenzen** für bestimmte Anlageformen oder -gattungen, die prozentual bezogen auf das Depot (zB maximal 40% Aktien) oder als absolute Beträge vereinbart werden können. Wird im zuletzt genannten Fall die für eine Anlagegattung vereinbarte Höchstgrenze überschritten – entweder durch Gewinne dieser Gattung oder durch Verluste bei anderen Gattungen –, muss der Vermögensverwalter tätig werden, weil das von den Anlagerichtlinien vorgegebene Risikoprofil nicht mehr gewahrt ist[166]. Oft sehen Vermögensverwaltungsverträge für die Wiederherstellung vereinbarter Höchstgrenzen einen Zeitraum vor[167].

**63** **b) Grundsätze ordnungsgemäßer Vermögensverwaltung.** Neben der Befolgung der im Vermögensverwaltungsvertrag niedergelegten Anlagerichtlinien sind im Rahmen der Durchführung der Vermögensverwaltung die Grundsätze ordnungsgemäßer Vermögensverwaltung zu beachten. In der Schweiz hat die Schweizerische Bankiervereinigung durch die Herausgabe der „Richtlinien für Vermögensverwaltungsaufträge"[168] Konkretisierungen hierzu vorgenommen, die auf Grund ihres Ansatzes als Standesregeln jedoch recht allgemein gehalten sind. In Deutschland haben Rechtsprechung und Literatur, teilweise unter Rückgriff auf die Erkenntnisse der Wirtschaftswissenschaften, eine Reihe von **Handlungsmaximen** entwickelt, die die Sachkenntnis, Sorgfalt und Gewissenhaftigkeit des Vermögensverwalters bei der Umsetzung der Anlagerichtlinien näher umschreiben. Diese sind

– das Gebot einer produktiven Vermögensverwaltung;
– das Verbot der Spekulation; sowie
– das Gebot der Risikoreduktion durch Diversifikation[169].

**64** aa) Produktive Verwaltung. Das Gebot der **produktiven Verwaltung** verpflichtet den Vermögensverwalter, das ihm anvertraute Vermögen beständig daraufhin zu **überwachen,** dass es in Werten und auf Märkten angelegt ist, die geeignet sind, die Ziele der Vermögensverwaltung zu erreichen[170]. Stellt sich heraus, dass die Zusammensetzung des Portfolios nicht (mehr) den Anforderungen genügt, hat der Vermögensverwalter tätig zu werden und die Depotstruktur durch Umschichtungen anzupassen. Allein aus einer (vermeintlichen) **Untätigkeit** des Vermögensverwalters kann dennoch nicht auf eine Verletzung der Pflicht zur produktiven Verwaltung geschlossen werden[171]. Solange als Ergebnis der Beobachtung des Portfolios im Interesse des Vermögensinhabers kein Änderungsbedarf besteht, muss nicht gehandelt werden. Selbst bei **Eintritt von Verlusten** im Portfolio indiziert eine In-

---

[165] Ebenso mag man über die These streiten, dass ein Bonus-Zertifikat wegen der Sicherheitspuffers „deutlich konservativer" als ein entsprechendes Investment in Aktien sei und deshalb in eine konservative Anlagestrategie passt – vgl. Hans. OLG Hamburg, WM 2011, 351.
[166] Unzutreffend daher insoweit LG Karlsruhe, BeckRS 2005, 08712 (sub I. 2. b)).
[167] Vgl. Hans. OLG Hamburg, WM 2011, 351, 352.
[168] Abrufbar auf der Website der Schweizerischen Bankiersvereinigung www.swissbanking.org, dort unter „Publikationen"; vgl. auch *Schaller,* Hdb. Vermögensverwaltungsrecht, S. 107 ff.
[169] Vgl. zu den Grundsätzen umfassend *Benicke* ZGR 2004, 760 ff.; *ders.* Wertpapiervermögensverwaltung, S. 762 ff.; *Müller/Teuber* in Ellenberger/Schäfer/Clouth/Lang, Praktikerhdb. Wertpapier- und Derivategeschäft, Rn. 723 ff., 732 ff., 748 ff.
[170] Etwa BGH, WM 2008, 112; OLG Celle, WM 2009, 1652, 1654; OLG Frankfurt/M., BKR 2008, 341, 344; *Hopt,* Vermögensverwaltung der Schweizer Banken, S. 135, 156; ebenso Art. 7 der Richtlinien für Vermögensverwaltungsaufträge der Schweizerischen Bankiervereinigung.
[171] OLG Frankfurt, BKR 2008, 341, 344 f.

aktivität keine Pflichtverletzung[172]. Allerdings geben Verluste eher Anlass zum Handeln als Gewinne[173].

Die bestmögliche Verwaltung setzt hinreichende **Kenntnis** der im Depot befindlichen bzw. der für die Anlagestrategie in Betracht kommenden Anlageobjekte und der Märkte, auf denen sie gehandelt werden, voraus. Im Einzelnen gehört dazu die Kenntnis der mit einer Anlage verbundenen Kredit-, Produkt-[174] und Marktrisiken sowie das Verständnis von deren Einfügung in die Risikostruktur des Portfolios. Soweit sich der Vermögensverwalter hierzu auf Angaben Dritter verlässt und verlassen muss, hat er sich davon zu überzeugen, dass die **Drittangaben** zuverlässig und nicht von zweifelhafter Herkunft sind. Er wird differenzieren zwischen Angaben, die von dem Emittenten selbst stammen, Angaben von interessierten Dritten, wie Vertriebsmittlern, und Angaben von sachkundigen Informanden wie Wirtschaftsprüfern, Revisoren, Rating Agenturen oder staatlichen Aufsichtsorganen. Erscheinen dem Verwalter Drittangaben nicht hinreichend aussagekräftig oder verlässlich, hat er eigene Nachforschungen vorzunehmen[175]. Führen auch diese nicht zu einem befriedigenden Ergebnis, darf der Vermögensverwalter die betreffende Anlage nicht tätigen, wenn ein vernünftiger Anleger Wert auf eine zweifelsfreie Informationsbasis legen würde. Hält der Verwalter selbst die Anlageentscheidung trotz des **Informationsdefizits** für richtig, muss er die Billigung des Vermögensinhabers einholen[176]. Hierzu muss er diesen informieren und auf seine Bedenken hinweisen. **65**

Der Vermögensverwalter muss die Entwicklung der seiner Verwaltung unterliegenden Vermögenswerte sowie die der Märkte, auf denen sie gehandelt werden, **ständig beobachten**. Für Kurs- und Marktprognosen kann er die Theorien heranziehen, die die Wirtschaftswissenschaften hierzu entwickelt haben[177]. Diese haben jedoch keinen rechtlich verbindlichen Charakter. Der Vermögensverwalter ist weder verpflichtet, **Prognosetheorien,** wie zB die Charttechnik, seinen Anlageentscheidungen zugrunde zu legen, noch gibt es rechtliche Maßstäbe im Hinblick auf die Geeignetheit der verschiedenen Theorien als Instrumente einer produktiven Verwaltung. Zu verlangen ist jedoch, dass der Kenntnisstand des Verwalters im Wesentlichen dem Stand der wissenschaftlichen Diskussion entspricht[178] und er die Theorien, soweit er ihnen folgt, *lege artis* einsetzt. Das Risiko jedweder Prognose, nämlich dass sie sich nicht realisiert, liegt beim Vermögensinhaber. **66**

Mechanismen zur **Verlustbegrenzung,** wie Stop-Loss-Marken, können in den Anlagerichtlinien vorgesehen werden, sind aber nicht generell verpflichtend[179]. Dies folgt aus den nachteiligen Wirkungen, die gegen die Vorteile abgewogen werden müssen. Hält etwa der Vermögensverwalter, insb. bei langfristigen Kapitalanlagen, eine Verlustphase für weitgehend beendet, würde eine kursabhängige Verkaufspflicht dazu führen, dass im Falle des Wiederanstiegs der Kurse dem Vermögensinhaber Gewinne entgehen, weil ein Rückkauf, schon bedingt durch die Kosten, allenfalls die Möglichkeit bietet, teilweise an den Kurssteigerungen **67**

---

[172] Börsianerspruch: *Bulls and Bears never get hurt, only Pigs.*
[173] *Sethe,* Anlegerschutz, S. 911.
[174] Vgl. zu Finanzinnovationen *Reschke-Kessler* WM 1993, 1830 ff.
[175] Vgl. ausführlich *Balzer,* Vermögensverwaltung, S. 106.
[176] LG Frankfurt/M., Urt. v. 19. November 2011 (2–25 O 436/19).
[177] Vgl. dazu *Lerbinger* AG 1988, 7 ff.; *Schanze* AG 1977, 102 ff.; *F. Schäfer,* Anlegerschutz und die Sorgfalt eines ordentlichen Kaufmanns, S. 58 f. mwN; *F. Schäfer* in Schäfer/Sethe/Lang, Hdb. Vermögensverwaltung, § 10 Rn. 1 ff. muwN; *Barnes,* Stock Market Efficiency, S. 40 ff.; *Benicke* ZGR 2004, 760, 765 ff.
[178] *Arendts* ÖBA 1994, 251, 255.
[179] BGH, ZIP 2002, 795, 797 = WM 2002, 913, 915 (abhängig ua vom konkreten Sachverhalt); BGH, ZIP 2004, 2178, 2179 (abhängig ua vom konkreten Kundenprofil); BGH, WM 2008, 112, 114 = ZIP 2008, 168, 169 = BKR 2008, 83, 85 (keine generelle Pflicht, Stop-Loss-Marken zu setzen); vgl. auch BGH, WM 2006, 851, 853 (Anlagerat, Finanzinstrumente nach Eintritt von Verlusten zu halten); OLG Frankfurt/M., BKR 2008, 341, 346 f.; OLG Köln, WM 2007, 1067; OLG München, Urt. v. 28. November 2008, BeckRS 2008, 24579; LG Freiburg, WM 2004, 124.

zu partizipieren. Eine Vereinbarung eines defensiven Einsatzes von Derivaten zu Absicherungszwecken enthält keine Pflicht, eine permanente Absicherung vorzunehmen, sondern besagt nur, dass die Vornahme im Ermessen des Vermögensverwalters steht[180]. Der Nachteil auch dieser Strategie ist, dass sie Kosten verursacht und Gewinnmöglichkeiten verringert.

**68** bb) Spekulationsverbot. Das **Verbot der Spekulation** ist der Vermögensverwaltung immanent, insofern sich die Idee der „Verwaltung" kaum mit einer extrem risikogeneigten Anlagestrategie verträgt[181]. Anders als jedoch im Stiftungsrecht und im Rahmen der mündelsicheren Geldanlage (§§ 1806 f. BGB), in denen der Grundsatz des Kapitalerhalts der Maßstab für die erlaubten Anlageobjekte ist, bedeutet das Spekulationsverbot in der Vermögensverwaltung **nicht** den **Ausschluss risikobehafteter Anlagen** *per se*. Vorbehaltlich gegenteiliger Weisungen des Vermögensinhabers soll die Vermögensverwaltung eine angemessene Mischung zwischen riskanten und weniger riskanten Anlagen sicherstellen[182] und nicht riskante Strategien gezielt zum Zwecke des Ausnutzens kurzfristiger Marktschwankungen (Day Trading oder gar High Frequency Trading) verfolgen[183]. Auch der Einsatz von Derivaten in der Vermögensverwaltung ist nicht prinzipiell verboten. Häufig wird in den Anlagerichtlinien der zulässige Rahmen für den Einsatz von Derivaten bestimmt. Oft wird dabei die Eingehung der Position eines Stillhalters im Geld, die mit einem grundsätzlich unbeschränkten Risiko verbunden ist, das in seiner Struktur dem eines Leerverkaufs entspricht, ausgeschlossen, zB auch durch Klauseln, die den Einsatz von Derivaten „zum Zweck der Absicherung, der effizienten Portfolio-Steuerung und der Erzielung von Zusatzerträgen" erlauben. Der Einsatz von Derivaten auf ungesicherte Positionen (zB Verkauf von Call-Optionen ohne Underlying) ist angesichts einer solchen Vereinbarung nicht *lege artis*[184].

**69** cc) Risikostreuung durch Diversifikation. Das **Gebot der Diversifikation** (Risikostreuung) wirkt auf zwei Ebenen, nämlich durch Streuung der Anlageklassen und durch Streuung innerhalb der Anlageklassen[185]. Ersteres wird vom BGH angesprochen, wenn er konstatiert[186], dass eine professionelle Vermögensverwaltung vernünftigerweise nicht ausschließlich auf hoch riskante Geschäfte setze, sondern Wert auf eine **angemessene Mischung** mit konservativeren Anlageformen wie Aktien und festverzinslichen Wertpapieren lege[187]. Innerhalb der Anlageklassen geht es um die Reduzierung der Emittenten-, Markt- und Branchenrisiken durch Investition in **unterschiedliche Anlagetitel**[188]. Der Ansatz, der darüber hinaus eine Pflicht zur Berücksichtigung von Korrelationskoeffizienten diskutiert[189], dürfte angesichts des ungesicherten Erkenntniswerts der zugrunde liegenden Portfoliotheorie zu weitgehend sein[190].

---

[180] OLG Frankfurt/M., BeckRS 2007, 19781.
[181] *Müller/Teuber* in Ellenberger/Schäfer/Clouth/Lang, Praktikerhdb. Wertpapier- und Derivategeschäft, Rn. 723; *Benicke* ZGR 2004, 760, 763.
[182] BGH, WM 1994, 834, 836 = ZIP 1994, 693, 694 f.; *Benicke* ZGR 2004, 760, 763 f., 777 f.; *Müller/Teuber* in Ellenberger/Schäfer/Clouth/Lang, Praktikerhdb. Wertpapier- und Derivategeschäft, Rn. 725.
[183] *Müller/Teuber* in Ellenberger/Schäfer/Clouth/Lang, Praktikerhdb. Wertpapier- und Derivategeschäft, Rn. 723, 725 f.; *Benicke* ZGR 2004, 760, 763 f., 777 f.; *Balzer,* Vermögensverwaltung, S. 108.
[184] OLG Celle, WM 2009, 1652.
[185] *Müller/Teuber* in Ellenberger/Schäfer/Clouth/Lang, Praktikerhdb. Wertpapier- und Derivategeschäft, Rn. 741 ff.
[186] BGH, WM 1994, 834, 836 f. = ZIP 1994, 693, 694 f.; zustimmend *Sethe,* Anlegerschutz, S. 900 f.
[187] Ebenso OLG Düsseldorf, WM 2006, 1576 f.
[188] Das OLG Nürnberg, BKR 2013, 469, 472 f., will bei der Feststellung eines Klumpenrisikos zudem die Laufzeit der Anlage berücksichtigen (zweifelhaft).
[189] Dazu *Benicke* ZGR 2004, 760, 769 f.
[190] *Müller/Teuber* in Ellenberger/Schäfer/Clouth/Lang, Praktikerhdb. Wertpapier- und Derivategeschäft, Rn. 736; **aA** *Fleischer/Schmolke* ZHR 173 (2009), 649, 670.

Das Maß der erforderlichen Diversifikation bleibt der **Würdigung des Einzelfalls** 70
überlassen[191]. Einen Anhaltspunkt kann § 206 Abs. 1 KAGB geben, der für Investmentfonds vorschreibt, dass im Ergebnis in mindestens sechzehn Titel investiert werden muss[192]. Bedingt durch die Größe des verwalteten Vermögens ist die Diversifikation bei Investmentfonds höher als bei Einzeldepots[193]. Bei Vermögen, die zu klein für eine Mindestdiversifikation sind, kann der Vermögensverwalter verpflichtet sein, den Grad der Diversifikation durch Erwerb von Investmentfonds zu erhöhen. Allerdings sind auch dieser Strategie Grenzen gesetzt. Bei offenen Immobilienfonds sind die sich aus §§ 255, 257 KAGB (vormals §§ 80c, 81 InvG) ergebenden Liquiditätsrisiken zu beachten[194]. Grenzen der Portfoliooptimierung durch Diversifikation ergeben sich auch aus den damit verbundenen Transaktionskosten, die die Rendite mindern und gegen die Diversifikationsvorteile abzuwägen sind[195]. Im Hinblick auf Anteile an Investmentvermögen, bei denen der Vermögensverwalter zugleich das Management der Kapitalanlagegesellschaft berät, können sich zudem Interessenkonflikte ergeben (→ Rn. 77).

c) **Interessenwahrungspflicht.** aa) Unzulässige Verhaltensweisen. Als fremdnützige 71
Tätigkeit ist die Vermögensverwaltung am **Interesse des Vermögensinhabers** auszurichten. Unzulässig ist jedes Verhalten, das der Wahrnehmung der Interessen des Vermögensverwalters oder Dritter, zB anderer Kunden des Vermögensverwalters, dient. Rechtsprechung und Lehre haben **Fallgruppen** von Verhaltensweisen entwickelt, die unter diesem Aspekt als Verstöße gegen die Interessenwahrungspflicht zu qualifizieren sind. Die Fallgruppenbildung ist nicht abschließend, so dass auch andere unzulässige Verhaltensweisen denkbar sind. Unschädlich ist ein Verhalten des Vermögensverwalters, das unter strikter Wahrung der Interessen des Vermögensinhabers *auch* dem Interesse eines Dritten zugutekommt. Eine Drittbegünstigung kann damit allenfalls Indiz für ein pflichtwidriges Handeln sein.

Unzulässig sind Verhaltensweisen, die als „**Abladen**" und „**Auskaufen**" bezeichnet 72
werden, sowie allgemein der Einsatz von Kundenvermögen zu **Kurspflegemaßnahmen**[196]. Der Vermögensverwalter „lädt" Wertpapiere im Depot des Kunden ab, wenn er sie für das Depot kauft ausschließlich oder hauptsächlich zu dem Zweck, für eigene Wertpapiere oder Wertpapiere Dritter möglichst kursschonend einen Abnehmer zu finden[197]. Von einem Auskaufen des Kunden spricht man, wenn der Vermögensverwalter Wertpapierbestände des Kunden verkauft, um für sich oder einen Dritten ein größeres Paket an Wertpapieren ohne Auswirkungen auf den Kurs zu erwerben.

Ein anderer Fall unzulässigen Verhaltens ist das sog. Drehen (im englischen Sprachgebrauch: **Churning**)[198]. Man bezeichnet hiermit die Umschichtung von Depots nicht aufgrund von rationalen Anlageentscheidungen, sondern zum Zwecke der Erzielung von provisionspflichtigen Umsätzen. Der Vermögensverwalter handelt in diesem Fall nicht in 73

---

[191] Beispiele BGH, WM 1994, 834 = ZIP 1994, 693; OLG Köln, NZG 1999, 1177; OLG Düsseldorf, WM 2006, 1576.
[192] Die Zahl ergibt sich aus den prozentualen Verhältnissen – die in §§ 206ff. KAGB zusätzlich aufgestellten Grenzen (zB 10% aller Wertpapiere einer Emission oder eines Emittenten) dürften in der Vermögensverwaltung idR keine Rolle spielen – vgl. auch *Fleischer/Schmolke* ZHR 173 (2009), 649, 668ff.
[193] BGH, WM 2002, 1177, 1178 = BKR 2002, 538, 540 = NJW 2002, 2556, 2557.
[194] *Müller/Teuber* in Ellenberger/Schäfer/Clouth/Lang, Praktikerhdb. Wertpapier- und Derivategeschäft, Rn. 747; BGH, WM 2014, 1221 = ZIP 2014, 1324.
[195] *Müller/Teuber* in Ellenberger/Schäfer/Clouth/Lang, Praktikerhdb. Wertpapier- und Derivategeschäft, Rn. 737 ff.; *Fleischer/Schmolke* ZHR 173 (2009), 649, 669 f.
[196] Dh die Verhinderung starker Kursausschläge in beide Richtungen.
[197] Dies kann zB vorkommen, wenn das Unternehmen des Vermögensverwalters größere Bestände an bestimmten Wertpapieren auf Grund einer Teilnahme an einem Emissionskonsortium besitzt oder größere Verkaufsaufträge möglichst kursschonend durchführen will.
[198] Dazu ausführlich *Benicke*, Wertpapiervermögensverwaltung, S. 690ff.

Verfolgung einer Anlagestrategie des Vermögensinhabers, sondern im eigenen wirtschaftlichen Interesse[199]. Die Schwierigkeit besteht darin, die Pflichtwidrigkeit, also eine übermäßig häufige Umsetzung des Portfolios, festzustellen[200]. Ob eine exzessive **Transaktionshäufigkeit** gegeben ist, wird sich letztlich nur nach Maßgabe der **Anlageziele** des Kunden und der vereinbarten **Anlagestrategie** beurteilen lassen[201]. Bei Publikumsfonds, die herkömmliche Anlagestrategien verfolgen, hielt es das Bundesaufsichtsamt für das Kreditwesen als Vorgängerin der BaFin für unschädlich, wenn der Fonds im Schnitt ein bis maximal zwei Mal pro Jahr umgesetzt wird. Eine höhere Umsatzhäufigkeit soll bei nicht tradingorientierten Anlagestrategien ein durch Provisionsinteressen motiviertes Drehen indizieren. In den USA gilt eine „turn over ratio" von sieben (dh in einem Jahr wird das Portfolio sieben Mal neu investiert) bei einer zulässigen aggressiven Anlagestrategie als nicht zu beanstanden. Dagegen wird bei herkömmlichen Anlagestrategien bereits eine „turn over ratio" von sechs als exzessiv angesehen[202].

**74** Eine dritte Gruppe unzulässigen Verhaltens umfasst die Fälle des **Vor- bzw. Gegenlaufens.** In diesen Konstellationen erwartet der Vermögensverwalter, dass er mit Dispositionen über ein von ihm verwaltetes Vermögen kurserhöhende oder -mindernde Wirkung auslösen kann. In Antizipation dieses Effektes kauft bzw. verkauft er die betroffenen Wertpapiere für oder aus dem Kundendepot zugunsten oder zulasten des Eigenbestands oder des Bestands von anderen Vermögensverwaltungskunden, um aus den erwarteten Kursbewegungen entsprechende Gewinne zu erzielen. Disponiert der Vermögensverwalter nur oder primär zu dem Zweck, Kursbewegungen auszulösen und für sich oder Dritte auszunutzen, verstößt er gegen die Pflicht, die Interessen der Vermögensinhaber wahrzunehmen. Nicht anders ist der Fall zu beurteilen, dass die Dispositionen im Verwaltungsdepot zwar durch rationale Anlageentscheidungen veranlasst sind, der Vermögensverwalter die von ihm beabsichtigten Anlageentscheidungen aber zu einem Vor- oder Gegenlaufen ausnutzt. Denn solche im eigenen oder Drittinteresse vorgenommenen Dispositionen können ihrerseits kursbeeinflussende Wirkung haben und dadurch den Vermögensinhaber schädigen[203].

**75** bb) Umgang mit Interessenkonflikten. Ein weiterer Aspekt der Interessenwahrungspflicht ist der **Umgang** mit für den Kunden potentiell nachteiligen **Interessenkonflikten.** Allein das Bestehen einer konfliktträchtigen Situation führt nicht zu einem Tätigkeitsverbot. Denn die Interessenwahrungspflicht wird nur durch tatsächlich dem Kundeninteresse zuwiderlaufende Maßnahmen verletzt. Als Mittel des **präventiven Schutzes** des Vermögensinhabers vor (potentiell) interessenwidrigem Handeln dient die Offenlegungspflicht. Sie soll dem Vermögensinhaber die Möglichkeit geben, selbst zu entscheiden, wie er mit der **Interessengefährdung** umgeht. Er kann sich auf die Pflichtentreue des Vermögensverwalters verlassen wollen oder ihm Weisungen geben. Damit billigt er kein interessenwidriges Verhalten, nimmt aber das Risiko eines solchen und die Schwierigkeit, es gfls. beweisen zu können, in Kauf.

---

[199] BGH, WM 2004, 1768 = ZIP 2004, 1699 (zur Anlageberatung); BGH, WM 2002, 1177, 1178 f.; BGH, WM 1999, 2249 = ZIP 1999, 1838; BGH, WM 1995, 100 = ZIP 1995, 18; OLG Düsseldorf, ZIP 1994, 1765; LG Regensburg, WM 2009, 847 = BKR 2009, 434; aus der Literatur: *Benicke,* Wertpapiervermögensverwaltung, S. 690 ff.; *Hilgard* WM 2006, 409 ff.; *Lang,* Informationspflichten, § 24 Rn. 17; *Birnbaum* wistra 1991, 253 ff.; *Holl/Kessler* RIW 1995, 983 f.; *Sethe,* Anlegerschutz, S. 894 ff.; *Rössner/Arendts* WM 1996, 1517 ff.

[200] Dazu ausführlich *Benicke,* Wertpapiervermögensverwaltung, S. 702 ff.; *Möllers* in KölnKomm WpHG, § 31 Rn. 163 mwN.

[201] Vgl. auch *Rössner/Arendts* WM 1996, 1517, 1520 sowie OLG Karlsruhe, EWiR 1999, 211 (m. Anm. *Schwark*).

[202] *Benicke,* Wertpapiervermögensverwaltung, S. 704 f. mwN.

[203] IE zustimmend *Benicke,* Wertpapiervermögensverwaltung, S. 630 ff., 661 ff.; *Hopt* in Hadding/Hopt/Schimansky, Bankrechtstag 1992, S. 1, 18; *Hopt* ZGR 1991, 17, 34 f. (der das Ergebnis mittels des Insiderrechts begründet); *Hopt* FS Fischer, S. 237, 248 ff.

**76** In diesen Kontext gehört die Pflicht des Vermögensverwalters, den Vermögensinhaber über die Möglichkeit des Erhalts von **Rückvergütungen**[204] und ggfls. **Innenprovisionen**[205] aufzuklären. Diese Aufklärung schuldet der Vermögensverwalter grundsätzlich bereits vor Abschluss des Vermögensverwaltungsvertrags. Denn die Information ist erforderlich, um dem Vermögensinhaber die **selbstbestimmte Entscheidung** darüber zu ermöglichen, ob und ggfls. mit welchem Inhalt er einen Vermögensverwaltungsauftrag erteilt. Dem Wesen der Vermögensverwaltung entsprechend kann die Aufklärung jedoch nicht in dem Detaillierungsgrad erfolgen, der für die Anlageberatung gilt[206]. Da mit Abschluss des Vermögensverwaltungsvertrags in der Regel noch keine Investitionsentscheidungen getroffen werden, steht zu diesem Zeitpunkt allenfalls fest, ob zum zulässigen Anlageuniversum auch „rückvergütungsbelastete" Wertpapiere gehören. Konkrete produktbezogene Angaben sind – ebenso wie im Rahmen der Risikoaufklärung (→ Rn. 28 f.) – nicht möglich, solange ungewiss ist, welche Titel im Rahmen der Vermögensverwaltung erworben werden. Sowohl die Palette der in Betracht kommenden Produkte als auch die Höhe der diesbezüglich dem Vermögensverwalter zufließenden Zahlungen können sich zudem im Zeitverlauf ändern. Es ist deshalb als ausreichend anzusehen, dass der Vermögensinhaber vor Abschluss des Vermögensverwaltungsvertrags **in allgemeiner Form** darauf hingewiesen wird, dass und in welcher Art Vertriebsvergütungen zu erwarten sind, um den potentiellen Einfluss derartiger Zahlungen auf die Ermessensausübung des Vermögensverwalters einschätzen zu können[207]. Er kann danach jederzeit im Wege der **Auskunft** gem. § 666 BGB den Umfang der tatsächlich geflossenen Provisionen in Erfahrung bringen[208]. Auch hat der Vermögensverwalter hierüber im Rahmen der periodischen **Rechenschaftslegung** zu berichten (→ Rn. 88). Diese Informationen geben dem Vermögensinhaber die Möglichkeit, erforderlichenfalls im Nachhinein die Anlagerichtlinien zu ändern oder die Zusammenarbeit mit dem Vermögensverwalter zu beenden. In jedem Fall kann er, soweit keine Behaltensklausel vereinbart wurde, die Herausgabe etwaiger aus der Verwaltung seines Depots resultierender Zahlungen an den Vermögensverwalter verlangen (→ Rn. 81).

**77** Die Pflicht zur Aufdeckung potentieller Interessenkonflikte beschränkt sich nicht auf das Thema der Vergütungen. Grundsätzlich gilt sie für jede **Gefährdung der fremdnützigen Verwaltung,** die sich aus widerstreitenden Interessen ergeben kann. Gegenstand der Aufklärung sind die konkreten Umstände, die zu einer Interessengefährdung führen können. Eine Aufklärungspflicht besteht nur, wenn die Umstände dem Vermögensinhaber nicht bekannt sind oder er trotz der ihm bekannten Umstände die daraus resultierende Gefährdung seiner Interesse nicht ermessen kann[209]. Ein vermögensverwaltungsspezifischer Interessenkonflikt kann zB daraus resultieren, dass der Vermögensverwalter eine Kapitalanlagegesellschaft im Sinne des KAGB bei der Verwaltung ihres Investmentvermögens gegen Entgelt berät und sodann **Anteile** an der **Kapitalverwaltungsgesellschaft** oder an von dieser verwalteten Sondervermögen (Investmentfonds) für den Vermögensverwaltungskunden im Rahmen der individuellen Vermögensverwaltung erwirbt. Über die gebührenmäßigen Effekte dieser Gestaltung[210] ist der Vermögensinhaber aufzuklären. Die Interessenwahrungspflicht kann auch betroffen sein, wenn der Vermögensverwalter für Kundenportfolios

---

[204] Zum Begriff *Ellenberger* in Ellenberger/Schäfer/Clouth/Lang, Praktikerhdb. Wertpapier- und Derivategeschäfte, Rn. 1058 ff.
[205] Zur diesbezüglichen Aufklärungspflicht des Anlageberaters: BGH, WM 2014, 1382; zum Begriff auch: *Einsiedler* WM 2013, 1109 ff.; *Mann* WM 2013, 727 ff.
[206] *Müller/Teuber* in Ellenberger/Schäfer/Clouth/Lang, Praktikerhdb. Wertpapier- und Derivategeschäfte, Rn. 795 unter Verweis auf die Notwendigkeit der Einzelfallprüfung; OLG Karlsruhe, WM 2010, 1119, 1120 f.
[207] In diesem Sinne im Zusammenhang mit Behaltensklauseln BGH, WM 2014, 307, 311 f. = ZIP 2014, 310, 314 f.
[208] BGH, WM 2014, 307, 313 = ZIP 2014, 310, 316.
[209] *F. Schäfer* in Schäfer/Sethe/Lang, Hdb. Vermögensverwaltung, § 9 Rn. 38.
[210] Dazu *F. Schäfer* in Schäfer/Sethe/Lang, Hdb. Vermögensverwaltung, § 11 Rn. 7.

Finanzinstrumente erwirbt an Unternehmen, zu denen er **personelle oder wirtschaftliche Verflechtungen** unterhält[211]. Auch in solchen Fällen können Loyalitätskonflikte dazu führen, dass sachfremde Erwägungen den Ausschlag für die Anlageentscheidung geben. Die Beispiele zeigen, dass die Notwendigkeit eines Hinweises auf potentielle Interessenkonflikte auch während der Dauer der Vermögensverwaltung auftreten kann.

78   **d) Informations- und Rechenschaftspflichten.** Nach §§ 675, 666 BGB hat der Vermögensverwalter die Pflicht, dem Vermögensinhaber die erforderlichen Nachrichten zu geben (Benachrichtigungspflicht), auf Verlangen über den Stand des Geschäfts Auskunft zu erteilen (Auskunftspflicht) und nach Ausführung des Auftrags Rechenschaft abzulegen (Rechenschaftspflicht).

79   Die Pflicht des Vermögensverwalters, auch ohne Nachfrage „erforderliche" **Nachrichten** zu geben, soll sicherstellen, dass der Vermögensinhaber „Herr des Geschäfts" bleibt. Sein Weisungs- und sein Kündigungsrecht als Korrektiv zur Dispositionsfreiheit des Vermögensverwalters liefen leer, wenn er auf wesentliche sein Vermögen betreffende Umstände nicht oder nur verspätet reagieren könnte. Praktisch bedeutsam ist in diesem Zusammenhang die Pflicht, den Vermögensinhaber bei Gefährdungen seines Vermögens sofort zu informieren. Diese Pflicht ist nicht durch Allgemeine Geschäftsbedingungen abdingbar[212]. Der Vermögensverwalter muss deshalb bei **Eintritt erheblicher Verluste** den Anleger unabhängig von der turnusmäßigen Berichterstattung unverzüglich unterrichten[213]. Wann Verluste als „erheblich" anzusehen sind, ist in Abhängigkeit von der Risikofreudigkeit des Anlegers zu beurteilen. Der BGH[214] hat eine Benachrichtigungspflicht in einem Fall angenommen, in dem innerhalb von fünf Monaten ein Wertverlust von rund 21 % eingetreten ist. Je nach Anlagestruktur kommt auch unter diesem Wert eine Benachrichtigungspflicht in Betracht[215]. Der Verlust muss sich nicht realisiert haben, sondern auch Buchverluste lösen die Benachrichtigungspflicht aus[216]. Berechnungsbasis für die Bestimmung der Erheblichkeit ist das gesamte vom Vermögensverwalter disponierte Portfolio[217], und zwar zu dem Wert, der dem Anleger in der letzten periodischen Rechnungslegung mitgeteilt wurde[218]. Die Praxis ist dazu übergegangen, die Einzelheiten der Verlustbenachrichtigungspflicht im Vermögensverwaltungsvertrag zu regeln.

80   Neben der auf Verlangen zu erfüllenden Auskunftspflicht besteht – abweichend von § 666 3. Fall BGB – eine **periodische Rechenschaftspflicht**[219]. Auch ohne ausdrückliche Regelung im Vermögensverwaltungsvertrag gilt eine solche als stillschweigend vereinbart, nicht zuletzt deshalb, weil dem Anleger Kenntnis der diesbezüglichen aufsichtsrechtlichen Pflicht[220] des Vermögensverwalters zu unterstellen ist und er von einem gesetzeskonformen

---

[211] OLG Köln, NZG 1999, 1177 (Aufsichtsratsvorsitz); OLG Düsseldorf, EWiR 2008, 271 (m. Anm. *Elixmann*); ebenso LG Düsseldorf, BeckRS 2005, 10899.

[212] Vgl. dazu → Rn. 53.

[213] BGH, WM 1994, 834, 835f. = ZIP 1994, 693, 694; BGH, WM 2008, 112, 114 = BKR 2008, 83, 85; *Ellenberger* in Schäfer/Sethe/Lang, Hdb. Vermögensverwaltung, § 13 Rn. 4; *F. Schäfer* WM 1995, 1009, 1011.

[214] BGH, WM 1994, 834, 835f. = ZIP 1994, 693, 694.

[215] *Ellenberger* in Schäfer/Sethe/Lang, Hdb. Vermögensverwaltung, § 13 Rn. 5f. mwN; *Müller/Teuber* in Ellenberger/Schäfer/Clouth/Lang, Praktikerhdb. Wertpapier- und Derivategeschäft, Rn. 858.

[216] *Ellenberger* in Schäfer/Sethe/Lang, Hdb. Vermögensverwaltung, § 13 Rn. 9; *F. Schäfer* WM 1995, 1009, 1011; *Sethe*, Anlegerschutz, S. 914; *Rotter/Placzek*, Bankrecht, § 15 Rn. 48; *Krämer* FS Nobbe, S. 619, 629; *Balzer* in Welter/Lang, Hdb. Informationspflichten im Bankverkehr, Rn. 9.51f.

[217] BGH, WM 2008, 112, 114 = BKR 2008, 83, 85; LG Freiburg, WM 2004, 124, 126; *Balzer* EWiR 2004, 215, 216; LG Stuttgart, WM 1997, 163, 164; *Sethe*, Anlegerschutz, S. 914; *F. Schäfer* WM 1995, 1009, 1011; **aA** nur *Rotter/Placzek*, Bankrecht, § 15 Rn. 52.

[218] *Ellenberger* in Schäfer/Sethe/Lang, Hdb. Vermögensverwaltung, § 13 Rn. 7.

[219] *Ellenberger* in Schäfer/Sethe/Lang, Hdb. Vermögensverwaltung, § 13 Rn. 21.

[220] Zum Aufsichtsrecht vgl. → Rn. 88.

Verhalten des Vermögensverwalters ausgehen darf. Enthält der Vermögensverwaltungsvertrag keine Vorgaben zur Ausgestaltung der periodischen Berichte, richten sich Inhalt und Umfang derselben nach § 259 BGB iVm § 242 BGB[221]. Die Rechnungslegung hat schriftlich zu erfolgen, muss übersichtlich gestaltet und in sich verständlich sein.

**e) Herausgabepflicht.** Der Vermögensverwalter hat gem. §§ 675 Abs. 1, 667 Fall 2 **81** BGB die Pflicht, dem Vermögensinhaber alles, was er aus der Verwaltung erlangt, herauszugeben. Die Vorschrift regelt den Verbleib von Zahlungen und sonstigen Vorteilen, die der Vermögensverwalter aus dem Einsatz des verwalteten Vermögens generiert[222]. Hierzu gehören auch Vertriebs- und/oder Vertriebsfolgeprovisionen, die dem Vermögensverwalter, der zugleich Kreditinstitut ist, von dritter Seite aus Geschäften zufließen, die er im Rahmen der Vermögensverwaltung für den Vermögensinhaber tätigt[223]. Die Vorschrift des § 667 Fall 2 BGB ist dispositiv, dh eine Herausgabepflicht für Vertriebsprovisionen kann durch sog. **Behaltensklauseln** grundsätzlich abbedungen werden[224]. Zur Verwendung von Behaltensklauseln in Allgemeinen Geschäftsbedingungen siehe → Rn. 54.

**2. Aufsichtsrechtliche Pflichten des Vermögensverwalters. a) Leistungserbrin-** **82** **gung.** Die zivilrechtliche Pflicht zur ordnungsgemäßen Vermögensverwaltung findet ihre aufsichtsrechtliche Entsprechung in § 31 Abs. 1 WpHG, der von jedem Wertpapierdienstleistungsunternehmen verlangt, dass es seine Leistungen mit der „erforderlichen **Sachkenntnis, Sorgfalt und Gewissenhaftigkeit im Interesse der Kunden**" erbringt.

**b) Umgang mit Interessenkonflikten.** Interessenkonflikte können zwischen dem **83** Vermögensverwalter, seinen Organen und Mitarbeitern sowie konzernverbundenen Gesellschaften einerseits und dem Vermögensverwaltungskunden andererseits entstehen, aber auch im Verhältnis der Kunden des Vermögensverwalters untereinander. Man unterscheidet daher zwischen Konflikten, die durch **Eigeninteressen** auf Seiten des Verwalters hervorgerufen werden, und solchen, die aus **kollidierenden Fremdinteressen** resultieren[225]. Interessenkonflikte aufgrund divergierender Interessen der Kunden des Vermögensverwalters untereinander sind idR knappheits- oder reaktionsbedingt. Beispiele sind die Zuteilung von Neuemissionen im Falle von Repartierungen oder die Zuteilung von nur teilweise ausgeführten Blockorders. Konflikte mit Eigeninteressen des Vermögensverwalters treten zB auf, wenn mit dem für den Kunden beabsichtigten Geschäftsabschluss finanzielle oder sonstige Anreize für den Vermögensverwalter verbunden sind, oder der Vermögensverwalter personelle oder wirtschaftliche Verflechtungen mit Unternehmen unterhält, von denen er Anteile für das Kundenportfolio erwirbt (→ Rn. 77).

Die gesetzliche Regelung folgt einem **dreistufigen Verfahren** bestehend aus den Ele- **84** menten des Erkennens, Verhinderns und Offenlegens[226]. Nach § 33 Abs. 1 Satz 2 Nr. 3 WpHG iVm § 13 Abs. 1 WpDVerOV muss der Vermögensverwalter die für Kunden potentiell nachteiligen Konfliktsituationen analysieren, um die aufgrund seiner Geschäftstätigkeit konkret möglichen Arten von Interessenkonflikten zu erkennen. Nach § 31 Abs. 1

---

[221] BGH, WM 1985, 1098, 1099 = NJW 1985, 2699; *Grüneberg* in Palandt, BGB, 73. Aufl. 2014, § 259 Rn. 8; *Ellenberger* in Schäfer/Sethe/Lang, Hdb. Vermögensverwaltung, § 13 Rn. 24.
[222] *Mülbert* WM 2009, 481, 484.
[223] *Mülbert* WM 2009, 481, 483 ff.; *Ellenberger* in Schäfer/Sethe/Lang, Hdb. Vermögensverwaltung, § 13 Rn. 22; *F. Schäfer* in Schäfer/Sethe/Lang, Hdb. Vermögensverwaltung, § 11 Rn. 27. Der in BGH, WM 2014, 307, 308 f. aufgearbeitete Meinungsstand betrifft die Anlageberatung. Der Gedanke der Verdrängung des Herausgabeanspruchs durch Aufklärung – zB *Fuchs* in Fuchs, WpHG, § 31d Rn. 54; *Hadding* ZIP 2008, 529, 534 ff. – ist auf die Vermögensverwaltung nicht ohne weiteres übertragbar, da idR vor einer konkreten Anlageentscheidung keine Aufklärung mehr stattfindet und auch nicht stattfinden muss.
[224] Unstreitig – vgl. nur *Mülbert* WM 2009, 481, 487 sowie BGH, WM 2014, 307, 309 = ZIP 2014, 310, 312.
[225] Vgl. *Hopt* ZGR 2004, 1, 9 mwN; ausführlich *Benicke*, Wertpapiervermögensverwaltung, S. 597 ff.
[226] *F. Schäfer* in Schäfer/Sethe/Lang, Hdb. Vermögensverwaltung, § 9 Rn. 15 ff., 22 ff.

Nr. 2 WpHG hat er sich „um die Vermeidung von Interessenkonflikten zu bemühen". § 33 Abs. 1 Satz 2 Nr. 3 WpHG verpflichtet ihn, „auf Dauer wirksame Vorkehrungen für angemessene Maßnahmen [zu] treffen, um Interessenkonflikte bei der Erbringung von Wertpapierdienstleistungen […] zwischen ihm selbst einschließlich seiner Mitarbeiter und der mit ihm direkt oder indirekt […] verbundenen Personen und Unternehmen und seinen Kunden oder zwischen seinen Kunden zu erkennen und eine Beeinträchtigung der Kundeninteressen zu vermeiden". Diese Pflicht wird durch § 13 Abs. 2 WpDVerOV dahingehend konkretisiert, dass Wertpapierdienstleistungsunternehmen „ihrer Größe und Organisation sowie der Art, des Umfangs und der Komplexität ihrer Geschäftstätigkeit entsprechend angemessene Grundsätze für den Umgang mit Interessenkonflikten auf einem dauerhaften Datenträger festlegen und dauerhaft anwenden" müssen. Reichen die organisatorischen Vorkehrungen nach § 33 Abs. 1 Satz 2 Nr. 3 WpHG nicht aus, besteht die Offenlegungspflicht nach § 31 Abs. 1 Nr. 2 WpHG, die vor Aufnahme der Vermögensverwaltung zu erfüllen ist (→ Rn. 36).

85 Die **Verletzung** der Pflichten aus §§ 31 Abs. 1 Nr. 2, 33 Abs. 1 Satz 2 Nr. 3 WpHG, § 13 WpDVerOV zur Erkennung und zur Vermeidung von Interessenkonflikten wird – anders als der als Ordnungswidrigkeit geahndete Verstoß gegen die Offenlegungspflicht (→ Rn. 36) – vom WpHG nicht sanktioniert.

86 c) **Zuwendungen.** Den aufsichtsrechtlichen Umgang mit Zuwendungen regelt § 31d WpHG. „Zuwendungen" im Sinne von § 31d WpHG sind nach dessen Abs. 2 „Provisionen, Gebühren oder sonstige Geldleistungen sowie alle geldwerten Vorteile"[227]. Für die so definierten Zuwendungen enthält § 31d Abs. 1 WpHG ein **grundsätzliches Annahmeverbot.** Eine Ausnahme von dem Annahmeverbot besteht unter den Voraussetzungen des § 31d Abs. 1 Nr. 1 und Nr. 2 WpHG, die kumulativ vorliegen müssen. Zu den Voraussetzungen gehört, dass dem Kunden „Existenz, Art und Umfang der Zuwendung oder, soweit sich der Umfang noch nicht bestimmen lässt, die Art und Weise seiner Berechnung, […] vor der Erbringung der Wertpapierdienstleistung […] in umfassender, zutreffender und verständlicher Weise offengelegt" wird. Die Offenlegung kann nach § 31d Abs. 3 WpHG „in Form einer Zusammenfassung der wesentlichen Bestandteile der Vereinbarungen über Zuwendungen erfolgen, sofern das Wertpapierdienstleistungsunternehmen dem Kunden die Offenlegung näherer Einzelheiten anbietet und auf Nachfrage gewährt." Mit dem Zeitpunkt „vor Erbringung der Wertpapierdienstleistung" ist die Aufnahme der Tätigkeit der Vermögensverwaltung gemeint und damit ein Zeitpunkt, der nach dem für die zivilrechtliche Offenlegungspflicht maßgeblichen Zeitpunkt des Abschlusses des Vermögensverwaltungsvertrags liegen kann.

87 Mit Umsetzung von Art. 24 Abs. 8 der „Markets in Financial Instruments Directive II" (MiFID II)[228] wird sich für Vermögensverwalter das aufsichtsrechtliche Regime der Zuwendungen ändern. Art. 24 Abs. 8 MiFID II verbietet das Entgegennehmen und Behalten von Gebühren, Provisionen und anderen geldwerten und nicht geldwerten Vorteilen, die dem Vermögensverwalter im Zusammenhang mit der Erbringung seiner Dienstleistung von Dritter Seite zufließen[229].

88 d) **Rechenschaftspflichten nach § 31 Abs. 8 WpHG.** Aufsichtsrechtlich ist der Vermögensverwalter nach § 31 Abs. 8 WpHG verpflichtet, über die erbrachte Finanzportfolioverwaltung zu berichten. Diese Berichtspflicht wird konkretisiert durch § 9 WpDVerOV. Danach ist dem Kunden periodisch eine Aufstellung auf einem dauerhaften Datenträger zur Verfügung zu stellen. Die Aufstellung hat ua zu enthalten die Zusammensetzung des Port-

---

[227] Zur Konkretisierung vgl. F. *Schäfer* in Schäfer/Sethe/Lang, Hdb. Vermögensverwaltung, § 11 Rn. 24.
[228] → Rn. 6.
[229] „When providing portfolio management the investment firm shall not accept and retain fees, commissions or any monetary or non-monetary benefits paid or provided by any third party or a person acting on behalf of a third party in relation to the provision of the service to clients".

folios mit Marktwert und Kontostand zu Beginn und Ende des Berichtszeitraums sowie die Wertentwicklung des Portfolios während des Berichtszeitraums, einen aufgeschlüsselten Gesamtbetrag der in dem Berichtszeitraum angefallenen Gebühren und Entgelte (einschließlich der vom Vermögensverwalter vereinnahmten Zuwendungen), den Vergleich mit einer Benchmark, falls eine solche vereinbart wurde, den Gesamtbetrag der Dividenden-, Zins- und sonstigen Zahlungen, die zu Gunsten des verwalteten Vermögens eingegangen sind, sowie Informationen zu allen Maßnahmen und Geschäften, die für den Kunden durchgeführt wurden. Der Zeitraum der periodischen Rechnungslegung beträgt nach § 9 Abs. 3 WpDVerOV grundsätzlich sechs Monate, und der Kunde ist darauf hinzuweisen, dass der Zeitraum auf Verlangen auf drei Monate verkürzt werden kann. Handelt es sich bei dem Vermögensverwaltungsdepot um ein kreditfinanziertes Depot oder lässt der Vermögensverwaltungsvertrag Finanzinstrumente mit Hebelwirkung, insb. also Derivate, zu, beträgt der Zeitraum für die periodische Rechnungslegung höchstens einen Monat. Darüber hinaus trifft den Vermögensverwalter nach § 9 Abs. 5 WpDVerOV die Pflicht, bei Überschreiten vereinbarter Schwellenwerter für Verluste den Vermögensinhaber „spätestens am Ende des Geschäftstages, an dem der Schwellenwert überschritten wird, zu benachrichtigen"[230].

**e) Dokumentationspflichten.** Nach § 34 Abs. 2 WpHG hat der Vermögensverwalter Aufzeichnungen zu erstellen „über Vereinbarungen mit Kunden, die die Rechte und Pflichten der Vertragsparteien sowie die sonstigen Bedingungen festlegen", zu denen er seine Dienstleistungen erbringt. Hierbei handelt es sich um eine fortlaufende Pflicht, die auch während der Durchführung der Vermögensverwaltung zu beachten ist. Die im Geschäft mit Privatkunden von § 34 Abs. 2 Satz 2 WpHG vor Aufnahme der Vermögensverwaltung geforderte „schriftliche Rahmenvereinbarung, die mindestens die wesentlichen Rechte und Pflichten" der Vertragsparteien" enthält, ist bereits in dem Vermögensverwaltungsvertrag selbst zu sehen (→ Rn. 41). 89

**3. Pflichten des Vermögensinhabers.** Den Anleger trifft nach §§ 675, 611 BGB die Pflicht, die vereinbarte **Vermögensverwaltungsgebühr** zu zahlen. Die Gebühr wird idR quartalsmäßig, halbjährlich oder jährlich im Nachhinein erhoben. Dem Vermögensverwalter wird regelmäßig das Recht eingeräumt, sie aus dem verwalteten Vermögen zu entnehmen. 90

Häufig wird die Verwaltungsgebühr als fester **Prozentsatz** des verwalteten Vermögens bei gleichzeitiger Vereinbarung von **Mindestgebühren** festgelegt. Gelegentlich sind auch **erfolgsabhängige Vermögensverwaltungsgebühren** anzutreffen. Bei dieser Variante erhält der Vermögensverwalter – oft neben einer sehr geringen festen Verwaltungsgebühr – nur dann eine Vergütung, wenn das von ihm verwaltete Vermögen einen bestimmten Wertzuwachs erreicht oder übersteigt. Je nach Höhe des verwalteten Vermögens sind in der Praxis erfolgsabhängige Gebühren von 10 % bis 40 % des Wertzuwachses, ggfls. erst nach Erreichen eines ausschließlich dem Anleger zustehenden Mindestwertzuwachses, anzutreffen. Dabei werden Verluste typischerweise vorgetragen, dh sie müssen zunächst durch Gewinne späterer Verwaltungsperioden kompensiert werden, bevor der Vermögensverwalter (wieder) eine Erfolgsbeteiligung erhält[231]. Bei bankenunabhängigen Vermögensverwaltern, die keine weiteren Einkommensquellen haben, wird die Vereinbarung einer ausschließlich erfolgsabhängigen Vermögensverwaltungsgebühr von der BaFin aufsichtsrechtlich idR für 91

---

[230] Vgl. zum Ganzen *Ellenberger* in Schäfer/Sethe/Lang, Hdb. Vermögensverwaltung, § 13 Rn. 22 f., 25 ff., 33; *Müller/Teuber* in Ellenberger/Schäfer/Clouth/Lang, Praktikerhdb. Wertpapier- und Derivategeschäft, Rn. 837 ff. 844, 846, 848 f.; *Möllers* in KölnKommWpHG, § 31 Rn. 417 ff.; *Koller* in Assmann/Uwe H. Schneider, WpHG, Rn. 194 ff.; *Fuchs* in Fuchs, WpHG, Rn. 313 ff., 266a.

[231] Durch die bloße Vereinbarung einer erfolgsabhängigen Gebühr wird aus dem Geschäftsbesorgungsvertrag, der einen Dienstvertrag zum Gegenstand hat, kein Geschäftsbesorgungsvertrag, der einen Werkvertrag zum Gegenstand hat.

unzulässig gehalten, da eine solche Vereinbarung bei mehreren aufeinanderfolgenden Verlustjahren die ordnungsgemäße Durchführung der Vermögensverwaltung gefährden kann.

92 Von der Vermögensverwaltungsgebühr nicht umfasst sind Depot- und Kontoführungsgebühren, Transaktionskosten sowie sonstige Spesen, Provisionen und Courtagen, die bei Durchführung der Vermögensverwaltung anfallen. Sind Vermögensverwalter und kontoführendes Institut identisch, sind abweichende Vereinbarungen wie Transaktionspauschalen oder eine sog. **„all-in-fee"** möglich[232]. Das „all-in" einer solchen Vereinbarung bezieht sich jedoch nur auf die Zahlungspflicht des Kunden. An den Vermögensverwalter von dritter Seite fließende Zahlungen werden damit nicht *per se* ausgeschlossen.

93 Pflichten des Vermögensinhabers in Bezug auf die Durchführung der Vermögensverwaltung können sich aus dem **Gebot der Rücksichtnahme** ergeben. Obwohl der Vermögensinhaber grundsätzlich jederzeit Weisungen erteilen und Entnahmen tätigen darf, sollte er sich bewusst sein, dass er damit die Anlagestrategie der Vermögensverwaltung erheblich stören kann. Der Vermögensinhaber sollte sich deshalb mit eigenen Dispositionen über das verwaltete Vermögen zurückhalten oder solche nur in Abstimmung mit dem Vermögensverwalter tätigen. Zu den Obliegenheiten des Vermögensinhabers, denen er im eigenen Interesse nachkommen sollte, gehört es, erforderlichenfalls den Vermögensverwalter über Änderungen seiner persönlichen und/oder finanziellen Verhältnisse zu informieren, wenn diese für die Umsetzung der Anlagerichtlinien relevant sind.

### VII. Haftung des Vermögensverwalters für Pflichtverletzungen

94 **1. Anspruchsgrundlagen und Anspruchsgegner. a) Anspruchsgrundlagen.** Anspruchsgrundlage für vertragliche Schadensersatzansprüche wegen fehlerhafter Erbringung von Dienstleistungen im Zusammenhang mit einer Vermögensverwaltung sind die §§ 280, 311 Abs. 2 BGB. Sie umfassen die Verletzung vertraglicher und vorvertraglicher Pflichten.

95 Eine weitere Anspruchsgrundlage kann sich für Ansprüche des Anlegers gegen den Vermögensverwalter aus § 823 Abs. 2 BGB iVm einem Schutzgesetz ergeben. In „kriminellen" Fällen können Schutzgesetze § 246 StGB (Unterschlagung), § 266 StGB (Untreue), § 263 StGB (Betrug) oder ggfls. § 264a StGB (Kapitalanlagebetrug) sein. Streitig ist, ob die Normen der §§ 31 ff. WpHG Schutzgesetze iSv § 823 Abs. 2 BGB sind. Die Lehre beantwortet die Frage der **Schutzgesetzeigenschaft** je nach Zweck der einzelnen Vorschriften differenzierend[233]. Der BGH hat die Frage zunächst mehrfach offengelassen[234], sie jedoch inzwischen für § 31 Abs. 1 Nr. 2 WpHG aF[235], für § 32 Abs. 2 Nr. 1 WpHG aF[236], für § 34a Abs. 1 WpHG[237] sowie für § 31d WpHG[238] verneint. Er begründet seine Auffassung damit, dass die §§ 31 ff. WpHG aufsichtsrechtlicher Natur sind. Als solche dienten sie zwar auch dem Anlegerschutz, es sei aber keine Tendenz des Gesetzgebers ersichtlich, an die Verletzung des geschützten Interesses die deliktische Einstandspflicht des Schädigers mit allen damit zusammenhängenden Beweiserleichterungen für den Geschädigten zu knüp-

---

[232] *F. Schäfer* in Schäfer/Sethe/Lang, Hdb. Vermögensverwaltung, § 11 Rn. 3.
[233] Vgl. *Hopt* ZHR 159 (1995), 135, 160 ff.; *Nodoushani* NZG 2010, 1133 ff.; *Kumpan* in Baumbach/Hopt, HGB, 36. Aufl. 2014, WpHG Einl. Rn. 7 ff.; *Schäfer* WM 2007, 1872 ff.; zu § 31d WpHG vgl. einerseits *Assmann* ZBB 2008, 21, 30 f.; *Rothenhöfer* in Perspektive des Wirtschaftsrechts, S. 55, 64 f.; *Lenenbach,* Kapitalmarktrecht, Rn. 5458; *Witte/Hillebrand* DStR 2009, 1759, 1765 f.; *Nikolaus/d'Oleire* WM, 2007, 2129, 2130; andererseits *Fuchs* in Fuchs, WpHG, § 31d Rn. 60; *J. Koch* in Schwark/Zimmer, KMRK, WpHG § 31d Rn. 106; *Koller* ZBB 2007, 197, 200; *Lang/Balzer* ZIP 2009, 456, 459 f.; zu § 33a vgl. *Zimmermann* in Fuchs, WpHG, § 33a Rn. 13; *Bracht,* Pflicht von Wertpapierdienstleistungsunternehmen zur bestmöglichen Ausführung von Kundenaufträgen, S. 189 ff.
[234] BGH, WM 2004, 1872, 1874 f.; BGH, WM 2004, 24, 26.
[235] BGH, WM 2007, 487 = ZIP 2007, 518 = BKR 2007, 160.
[236] BGH, WM 2008, 825 = ZIP 2008, 873 = BKR 2008, 294.
[237] BGH, WM 2010, 1393 = ZIP 2010, 1433.
[238] BGH, WM 2013, 1983, 1985 ff.

fen²³⁹. Für die Praxis dürfte damit die Streitfrage für die Verhaltens-, Organisations- und Transparenzpflichten in der gegenwärtigen Ausgestaltung der §§ 31 ff. WpHG entschieden sein. Dagegen ist unstreitig, dass § 32 KWG mit dem Erfordernis, vor Erbringung von Bank- oder Finanzdienstleistungen eine Erlaubnis der BaFin zu erhalten, ein Schutzgesetz iSv § 823 Abs. 2 BGB ist²⁴⁰. § 826 BGB (vorsätzliche sittenwidrige Schädigung) kann als Anspruchsgrundlage bei unzulässigen Verhaltensweisen²⁴¹ in Betracht kommen.

**b) Anspruchsgegner.** Ist Vertragspartner des Vermögensinhabers eine juristische Person oder Personenhandelsgesellschaft, ist diese für Schadensersatzansprüche Anspruchsgegner. Die für die Gesellschaft handelnden Organe und Erfüllungsgehilfen haften grundsätzlich nicht persönlich. Eine Haftung von Vorständen, Geschäftsführern oder Angestellten der juristischen Person oder Personenhandelsgesellschaft kommt nur in Betracht, wenn diese als „*procurator in rem suam*" agieren oder besonderes persönliches Vertrauen in Anspruch nehmen (§ 311 Abs. 3 BGB). Die Voraussetzungen hierfür sind selten erfüllt²⁴². Ausnahmsweise kann sich eine Haftung des Handelnden ergeben, wenn er eine persönliche „Gewähr" für die Geeignetheit und den Erfolg des Geschäfts übernimmt²⁴³. 96

Ist der Vermögensverwaltungsgesellschaft eine vorsätzliche sittenwidrige Schädigung des Anlegers vorzuwerfen, haften auch das handelnde Organmitglied oder der handelnde Angestellte persönlich²⁴⁴. Da die Pflicht, eine Erlaubnis der BaFin nach § 32 KWG einzuholen, nicht nur die juristische Person bzw. Personenhandelsgesellschaft sondern auch deren gesetzliche Vertreter trifft und § 32 KWG ein Schutzgesetz iSv § 823 Abs. 2 BGB ist²⁴⁵, haften bei einem unerlaubten Betreiben der Vermögensverwaltung durch eine juristische Person auch deren Geschäftsführungsorgane persönlich²⁴⁶. 97

**2. Pflichtverletzung.** Der Vermögensverwalter haftet dem Vermögensinhaber für Pflichtverletzungen, die er im Vorfeld des Vertragsabschlusses, während der Vermögensverwaltung sowie ggfls. im Zusammenhang mit der Beendigung des Vertragsverhältnisses begeht. Die **Beweispflicht** für die einer behaupteten Pflichtverletzung zu Grunde liegenden (positiven und negativen) Tatsachen liegt grundsätzlich beim Vermögensinhaber²⁴⁷. 98

Zur Konkretisierung der vorvertraglichen Informations- und Beratungspflichten des Vermögensverwalters kann im **Ausgangspunkt** auf die **Rechtsprechung zur Anlageberatung** zurückgegriffen werden²⁴⁸. Eine fehlende Exploration des Anlegers ist nur aufsichtsrechtlich durch § 31 Abs. 4 Satz 3, Abs. 4a WpHG sanktioniert. Zivilrechtlich entsteht eine Haftung nur, wenn dem Anleger tatsächlich eine für ihn ungeeignete Empfehlung gegeben wird²⁴⁹. Die Grundsätze zur Konkretisierung des Vorwurfs der fehlerhaften Durchführung der Vermögensverwaltung haben dagegen, dem Wesen der Vermögensverwaltung entsprechend, **keine Parallele im Bereich der Anlageberatung.** Allerdings gilt für den Anlageberater wie für den Vermögensverwalter in gleicher Weise, dass sie keinen Anla- 99

---

²³⁹ BGH, WM 2013, 1983, 1985; BGH, WM 2014, 1382, 1385; vgl. auch *Nobbe/Zahrte* in MüKo-HGB, Anlageberatung, Rn. 56 ff.
²⁴⁰ St. Rspr., BGH, WM 2011, 17; BGH, WM 2010, 262; BGH, WM 1994, 896; BGH, WM 2005, 1217 = ZIP 2005, 1223 = BKR 2005, 506; BGH, WM 2006, 1696 = ZIP 2006, 1764; BGH, WM 2006, 1898 = ZIP 2006, 1761 = BKR 2007, 251; BGH, WM 2006, 497.
²⁴¹ Dazu → Rn. 71 ff.
²⁴² BGH, WM 1983, 950; BGH, WM 2006, 2301 = ZIP 2006, 2221; OLG Koblenz, WM 2003, 186.
²⁴³ BGH, WM 2006, 2301 = ZIP 2006, 2221 („sichere Anlage zu 6 % pa").
²⁴⁴ BGH, WM 2001, 2313 = ZIP 2001, 2274; BGH, WM 2008, 825, 828 = ZIP 2008, 873 = BKR 2008, 294; OLG Celle, DB 2006 1841.
²⁴⁵ → Rn. 95 aE.
²⁴⁶ BGH WM 2006, 1896 = ZIP 2006, 1764.
²⁴⁷ Einzelheiten bei *U. Schäfer* in Schäfer/Sethe/Lang, Hdb. Vermögensverwaltung, § 21 Rn. 67 ff.
²⁴⁸ → Rn. 28 f.
²⁴⁹ *Wolters* EWiR 2014, 271, 272; da es sich bei den genannten Bestimmungen nicht um Schutzgesetze iSd § 823 Abs. 2 BGB handelt (Rn. 95), scheidet auch eine deliktische Haftung aus.

geerfolg schulden[250]. Daraus folgt, dass der Eintritt von Verlusten – weder bezogen auf das eingesetzte Vermögen als Ganzes noch bezogen auf einzelne Titel – eine Pflichtverletzung indiziert.

**100**  Im Hinblick auf die **Informationsquellen,** die der Vermögensverwalter auswerten und im Rahmen seiner Anlageentscheidungen berücksichtigen muss, gibt die Rechtsprechung zur Anlageberatung einen Mindeststandard vor[251]. Anders als der Anlageberater[252] kann sich der Vermögensverwalter jedoch nicht damit rechtfertigen, dass ihm Informationen nicht zur Verfügung gestanden hätten. Der Vermögensverwalter hat im Rahmen der Ausübung der Verwaltungstätigkeit keinen Ermessensspielraum im Hinblick auf das Maß der von ihm anzuwendenden Sorgfalt und Gewissenhaftigkeit[253] und kann deshalb nicht eigenmächtig zu Lasten des Vermögensinhabers das „Informationsniveau" herabsetzen. Der Anlageberatungskunde ist diesbezüglich in einer anderen Situation, insofern er fehlende Informationen anderweitig beschaffen und/oder von der Anlageentscheidung Abstand nehmen kann.

**101**  Oberstes Gebot für den Vermögensverwalter ist die **Befolgung der Anlagerichtlinien**[254]. Als Weisungen des Vermögensinhabers[255] sind die Anlagerichtlinien für den Vermögensverwalter bindend. Erkennt der Vermögensverwalter im Einzelfall die Notwendigkeit, von den Anlagerichtlinien abweichen zu wollen, muss er die Zustimmung des Vermögensinhabers einholen. Den Anlagerichtlinien zuwider handelt der Vermögensverwalter zB dann, wenn er Wertpapiere anschafft, die einer nicht vereinbarten Gattung oder Risikoklasse angehören[256], oder wenn der Anteil einer bestimmten Gattung von Wertpapieren auf einen bestimmten Prozentsatz des Depotwerts begrenzt ist, der vom Vermögensverwalter überschritten wird[257]. Bewegen sich die Anlageentscheidungen im Rahmen der durch die Anlagerichtlinien vorgegebenen Grenzen, richten sich behauptete Pflichtverletzungen idR auf den **Vorwurf des Ermessensfehlgebrauchs.** Der Nachweis einer ermessensfehlerhaften Entscheidung hat allerdings vergleichsweise selten Erfolg. Betrifft die kritisierte Anlageentscheidung den Erwerb eines im Anlageuniversum der Vermögensverwaltung grundsätzlich zugelassenen Titels, kann sie ermessensfehlerhaft sein, zB wenn der Titel auf Grund konkret ihn betreffender und *ex ante* erkennbarer Umstände für die Zwecke der Vermögensverwaltung ungeeignet war[258]. Geht es um die Entscheidung zwischen Verkauf oder Halten eines aktuell negativ beurteilten Titels ist das Potential einer Verlustaufholung in die Ermessensentscheidung einzubeziehen. Typischerweise betreffen Haftungsfälle im Rahmen der Vermögensverwaltung jedoch nicht einzelne Anlageentscheidungen, sondern die **Beurteilung der Portfoliostruktur** insgesamt[259]. Vorwürfe wie Untätigkeit, unzureichende Verlustbegrenzung, übermäßiger Einsatz riskanter Anlageformen (Missachtung des Spekulationsverbots), Verstoß gegen das Verbot der Diversifikation stehen dabei im Spannungsfeld mit den erlaubten Risiken und den Prognoseungewissheiten, die in der Regel den Vorwurf eines Ermessensfehlgebrauchs ausschließen. Insofern gilt für die Anlageentscheidungen des Vermögensverwalters – wie für die Anlageempfehlungen des Anlageberaters –, dass sie *ex ante* betrachtet

---

[250] BGH, NJW 2006, 2041 f. = WM 2006, 851, 852 f.; BGH, WM 1987, 531, 532.
[251] Vgl. uN bei *Nobbe/Zahrte,* in MüKoHGB, Anlageberatung, Rn. 131 ff.
[252] Vgl. etwa BGH, WM 1998, 1441 = ZIP 1998, 1183; BGH, WM 1998, 1391 = ZIP 1998, 1120; BGH, WM 1998, 274 = ZIP 1998, 284; BGH, WM 1996, 906 = ZIP 1996, 872.
[253] Die Frage, ob der Sorgfaltsmaßstab der Eigenüblichkeit vereinbart werden kann, ist im Bereich der Finanzportfolioverwaltung theoretischer Natur, da *qua* Aufsichtsrecht das Gebot der Anwendung der *erforderlichen* Sachkenntnis, Sorgfalt und Gewissenhaftigkeit gilt (§ 31 Abs. 1 Nr. 1 WpHG).
[254] BGH, BKR 2002, 538 = WM 2002, 1177; BGH, WM 2002, 913 = ZIP 2002, 795 = BKR 2002, 397; BGH, WM 1998, 21 = ZIP 1997, 2149; *Sethe,* Anlegerschutz, S. 898 ff.
[255] Zur Rechtsnatur der Anlagerichtlinien → Rn. 60.
[256] Bspw. OLG München, NJOZ 2006, 1063.
[257] Bspw. BGH, WM 1998, 21.
[258] Etwa auf Grund negativer Berichterstattung.
[259] Bspw. indem Grenzwerte für Anlagegattungen überschritten oder Klumpenrisiken eingegangen wurden.

nicht objektiv unvertretbar gewesen sein dürfen²⁶⁰. Erkenntnisse, die sich im Nachhinein ergeben, dürfen in der Rückschau keine Berücksichtigung finden. Eine sekundäre Darlegungslast, warum er im Hinblick auf die vereinbarten Anlagerichtlinien bestimmte Entscheidungen getroffen hat, hat der Vermögensverwalter nicht²⁶¹.

Das **Bestehen von Interessenkonflikten** ist kein Pflichtverstoß und indiziert kein pflichtwidriges Verhalten. Schadensersatzansprüche können begründet sein, wenn sich der Interessenkonflikt in einem nachweislich interessenwidrigen Handeln manifestiert hat oder eine (präventive) Pflicht zur Offenbarung des Interessenkonflikts bestand.²⁶² **102**

**3. Verschulden und Mitverschulden des Anlegers. a) Verschulden.** Als natürliche **103** Person haftet der Vermögensverwalter für eigenes Verschulden. Als juristische Person oder Personenhandelsgesellschaft haftet er im vertraglichen Bereich für seine Vertretungsorgane und Mitarbeiter als Erfüllungsgehilfen (§ 278 Satz 1 BGB). Im deliktischen Bereich folgt seine Verantwortung für Dritte aus § 31 bzw. § 831 BGB. Auch das Organisationsverschulden juristischer Personen ist Fremdverschulden. Es liegt vor, wenn es der Vermögensverwalter durch das Handeln oder Unterlassen seiner Vertretungsorgane oder Mitarbeiter versäumt, den Geschäftsbetrieb zum Schutze des Rechtsverkehrs so zu organisieren, dass vorhandenes Wissen an den Stellen zur Verfügung steht, an denen es benötigt wird, und dort auch genutzt wird²⁶³.

Verschulden liegt vor, wenn der Vermögensverwalter die ihm obliegende Sorgfalt eines **104** ordentlichen Kaufmannes verletzt²⁶⁴. Im Rahmen vertraglicher Schadensersatzansprüche wird das Verschulden vermutet (§ 280 Abs. 1 Satz 2 BGB). Dies gilt auch, wenn im Einzelfall – etwa auf Grund vertraglicher Vereinbarung – ein qualifiziertes Verschulden, zB mindestens grobe Fahrlässigkeit, erforderlich ist²⁶⁵.

Nur ein unvermeidbarer Rechtsirrtum schließt das Verschulden aus. Ein solcher liegt **105** vor, wenn dem Schuldner bei einer Haftung für eigenes Verschulden oder dem Erfüllungsgehilfen bei einer Haftung für fremdes Verschulden das Bewusstsein der Rechtswidrigkeit seines Handelns oder Unterlassens fehlt²⁶⁶. War der Rechtsirrtum vermeidbar, bleibt die Haftung wegen Fahrlässigkeit. An die Feststellung der Unvermeidbarkeit eines Irrtums stellt die Rechtsprechung hohe Anforderungen²⁶⁷.

**b) Mitverschulden.** Es entspricht ständiger Rechtsprechung und übereinstimmender **106** Auffassung in der Literatur, dass der Vermögensinhaber – auch bei regelmäßiger Übersendung von Transaktionsbelegen und Abrechnungen – keine Pflicht hat, die Dispositionen des Vermögensverwalters laufend auf Vereinbarkeit mit den Anlagerichtlinien zu überprüfen²⁶⁸. Denn mit der Einrichtung einer Vermögensverwaltung will sich der Vermögensin-

---

[260] BGH, WM 2006, 851, 852 = NJW 2006, 2041 f.; OLG München, BKR 2013, 338, 341 f. = WM 2013, 612, 614.
[261] BGH, WM 2008, 112, 114.
[262] → Rn. 71 ff.
[263] BGHZ 135, 202, 205 ff.; BGH, WM 2009, 1274, 1275 = NJW 2009, 2298 f.; OLG Düsseldorf, WM 1997, 562, 565.
[264] BGH, WM 1989, 1368, 1370; OLG Düsseldorf, WM 1997, 562, 565; *Möllers* WM 2008, 93, 100.
[265] BGH, WM 2009, 1274, 1275 f.; *H. P. Westermann* in Erman, BGB, 14. Aufl. 2014, § 280 Rn. 31; *Nobbe/Zahrte* in MüKoHGB, Anlageberatung, Rn. 308; einschränkend OLG Stuttgart, WM 2013, 377; OLG Karlsruhe, WM 2012, 1860; OLG Frankfurt/M., NZG 2013, 1111, 1112 und WM 2014, 1675, 1677.
[266] BGHZ 118, 201, 208; BGH, WM 2009, 1274, 1275.
[267] BGH, WM 2010, 1694 (für Aufklärungspflicht über Rückvergütungen); andererseits BGH, WM 2014, 1382 (für Aufklärungspflicht über versteckte Innenprovisionen); *Nobbe/Zahrte* in MüKoHGB, Anlageberatung, Rn. 311.
[268] BGH, WM 1998, 21 ff.; OLG Frankfurt/M., WM 1996, 665, 668; OLG Düsseldorf, WM 1991, 94, 96; *Lang*, Informationspflichten, § 23 Rn. 55; *Müller* in Schäfer/Müller, Haftung für fehlerhafte Wertpapierdienstleistungen, Rn. 300; *Benicke*, Wertpapiervermögensverwaltung, S. 882 ff., 885 ff.

haber gerade von der Verwaltung seines Vermögens entlasten, weshalb er die Verantwortung dem Vermögensverwalter überträgt. Wollte man eine laufende Kontrollpflicht auf Seiten des Vermögensinhabers annehmen, würde dieser Zweck zumindest teilweise verfehlt. Auch eine diesbezügliche Obliegenheit des Vermögensinhabers besteht nicht. Folglich kann ein Schweigen des Vermögensinhabers auf anlagerichtlinienwidrige Dispositionen des Vermögensverwalters grundsätzlich auch dann kein Mitverschulden des Vermögensinhabers begründen, wenn die Pflichtverletzung bei Anwendung eigenüblicher Sorgfalt hätte auffallen müssen.

**107** Etwas anderes kann gelten, wenn der Vermögensinhaber **positive Kenntnis** von einer Pflichtverletzung seines Vermögensverwalters erlangt hat oder sich das Vorliegen einer Pflichtverletzung aufdrängt, etwa weil der Verstoß evident ist. Ein als evident anzusehender Fehler wäre zB, wenn dem Vermögensverwalter untersagt ist, Optionsscheine zu erwerben, und plötzlich solche im Depot erscheinen[269], oder wenn die Anlagerichtlinien eine maximale Aktienquote von 30% vorsehen und diese erkennbar 70% erreicht. Äußert sich der Vermögensinhaber in einem solchen Fall positiv über die mit der nicht richtlinienkonformen Anlagestrategie erzielten Resultate, kann darin eine ausdrückliche oder konkludente **Genehmigung** liegen, die schon die Pflichtverletzung entfallen lässt[270].

**108** Grundlage für ein Mitverschulden kann die Erkenntnis einer erheblichen Verfehlung einer Benchmark sein, wenn eine solche im Vermögensverwaltungsvertrag vereinbart wurde[271]. Die Verfehlung gibt dem Vermögensinhaber Anlass, beim Vermögensverwalter kritisch nachzufragen, wie es zu diesem Ergebnis kommt. Eine Benchmark-Verfehlung kann ihren Grund darin haben, dass der Vermögensverwalter im Auswahlprozess Pflichten verletzt oder suboptimale Anlagen ausgewählt hat. Unterlässt der Vermögensinhaber die Nachfrage, kann dies eine Obliegenheitsverletzung sein. Diese relativiert zwar nicht die bereits geschehenen Schadensursachen, kann aber den **Umfang des** zu ersetzenden **Schadens** beeinflussen, wenn die mangelnde Intervention des Vermögensinhabers dazu führt, dass der Vermögensverwalter das pflichtwidrige Verhalten fortsetzt oder korrigierende Maßnahmen unterlässt. Insofern unterscheiden sich periodische von transaktionsbezogenen Kontrollen: während erstere idR nur die Vertiefung eines bereits eingetretenen Schadens verhindern können, wirken letztere uU schon der Entstehung eines Schadens entgegen, wenn sich negative Folgen des schadensursächlichen Verhaltens noch abwenden lassen.

**109** **4. Schaden. a) Verletztes Interesse.** Schadensersatzansprüche resultieren aus einer Pflichtverletzung oder unerlaubten Handlung nur, wenn das beanstandete Verhalten zu einem Schaden geführt hat. Der haftungsbegründende Zusammenhang zwischen der Pflichtverletzung und dem behaupteten Schaden (haftungsbegründende Kausalität[272]) wird ermittelt nach der *conditio-sine-qua-non*-Formel, bei der man den tatsächlichen Geschehensablauf mit dem hypothetischen Geschehensablauf bei Hinwegdenken des pflichtwidrigen Verhaltens bzw. Hinzudenken der geschuldeten Pflichterfüllung vergleicht[273]. Bei einer vertraglichen Haftung des Vermögensverwalters liegt das schädigende Ereignis entweder in der pflichtwidrigen Einwirkung auf die Willensbildung des Vermögensinhabers durch Verletzung von Informations-, Aufklärungs- oder Beratungspflichten oder in der fehlerhaften Durchführung der Vermögensverwaltung selbst. Ein Schadensersatzanspruch setzt im ersten Fall voraus, dass der Vermögensinhaber durch die unterbliebene oder unzureichende In-

---

[269] *Schäfer* in Schäfer/Müller, Haftung für fehlerhafte Wertpapierdienstleistungen, Rn. 55; *Balzer*, Vermögensverwaltung, S. 170 f.; *Benicke*, Wertpapiervermögensverwaltung, S. 882 f.; *Lang*, Informationspflichten, § 23 Rn. 54 ff.

[270] So der Fall BGH, WM 2002, 1177 ff.

[271] *Balzer/Lang* in Schäfer/Sethe/Lang, Hdb. Vermögensverwaltung, § 5 Rn. 31.

[272] *Möllers* WM 2008, 93, 99; zur Abgrenzung zwischen haftungsbegründender und haftungsausfüllender Kausalität bei Verletzung reiner Vermögensinteressen: *Geibel*, Kapitalanlegerschaden, S. 161 ff.

[273] *Geibel*, Kapitalanlegerschaden, S. 145, 162; ausführlich *U. Schäfer* in Schäfer/Sethe/Lang, Hdb. Vermögensverwaltung, § 21 Rn. 40 ff.

formation, Aufklärung oder Beratung zu der für ihn nachteiligen Vermögensdisposition veranlasst wurde, also bei gehöriger Information – je nach Fall – den Vermögensverwaltungsvertrag nicht oder anders abgeschlossen, ihn geändert oder früher beendet hätte[274]. Im zweiten Fall setzt ein Schadensersatzanspruch voraus, dass die Vermögensverwaltung, dh die Gesamtheit oder einzelne Anlageentscheidungen des Vermögensverwalters bei pflichtgemäßem Verhalten anders ausgefallen wären[275]. Je nach Inhalt der verletzten Pflicht kommt der Ersatz des „negativen" oder „positiven" Vertragsinteresses in Betracht[276].

Das **negative Interesse** wird bei Verletzung von Aufklärungspflichten geschuldet, wenn feststeht, dass der Vermögensinhaber den Vermögensverwaltungsvertrag bei richtiger und vollständiger Aufklärung nicht geschlossen hätte[277]. Einen Anspruch auf Ersatz des negativen Interesses gewährt die Rechtsprechung dem Vermögensinhaber auch, wenn der Vermögensverwalter ohne die nach § 32 Abs. 1 KWG erforderliche Erlaubnis tätig geworden ist (→ Rn. 95). Auch wenn in einem solchen Fall die Durchführung der (unerlaubten) Vermögensverwaltung *lege artis* war, wird unterstellt, dass der Vermögensinhaber bei Kenntnis der Tatsache, dass der Vertragspartner die für die Tätigkeit als Vermögensverwalter benötigte Erlaubnis nicht besitzt, den Vertrag nicht abgeschlossen hätte. Das negative Interesse umfasst sämtliche Vermögensnachteile, die dem Vermögensinhaber infolge des Abschlusses des Vermögensverwaltungsvertrags entstanden sind[278]. Hat der Vermögensinhaber die Vermögensverwaltung beendet und die erworbenen Wertpapiere veräußert, entspricht grundsätzlich der realisierte Verlust seinem Schaden[279]. Der Ersatz des zu einem Stichtag ermittelten Buchverlustes als Alternative scheidet aus[280]. Der bei Festhalten am Vertrag als Schaden zu ersetzende Differenzwert kann nicht anhand von Kurswerten ermittelt werden[281]. Der Grundsatz des Schadensrechts, dass der Geschädigte nicht die Rückabwicklung des Geschäfts wählen muss, sondern stattdessen seine Mehraufwendungen ersetzt verlangen kann[282], gilt nur für bezifferbare Mehraufwendungen. Vorübergehende Kursverluste stellen keine solchen dar. **110**

Das **positive Interesse** wird geschuldet, wenn der Vermögensinhaber Schadensersatz verlangt für die Verletzung einer Leistungspflicht des Vermögensverwalters aus dem Vermögensverwaltungsvertrag[283]. Auch Fehler bei der Beratung über den Inhalt des abzuschließenden Vermögensverwaltungsvertrags (→ Rn. 110) können ausnahmsweise zum Ersatz des positiven Interesses führen, wenn feststeht, dass der Vertrag bei ordnungsgemäßer Beratung mit einem anderen Inhalt zustande gekommen wäre[284]. Der Umfang des positiven Interesses ist davon abhängig, worauf sich die schadensursächliche Pflichtverletzung bezieht. Bei Pflichtverletzungen im Rahmen der Durchführung der Vermögensverwaltung, dh bei der Umsetzung der Anlagerichtlinien, können einzelne Anlageentscheidungen oder die Anlagestrategie in Teilen oder insgesamt betroffen sein. Geht es um den Schaden aus Geschäften, die der Vermögensverwalter richtlinienwidrig oder ermessensfehlerhaft vorge- **111**

---

[274] Bspw. BGH, WM 2008, 112 = BKR 2008, 83 = ZIP 2008, 168; OLG Köln, WM 2003, 338; OLG Köln, WM 2006, 2130; KG, ZIP 2006, 1497.
[275] Bspw. BGH, WM 1998, 21 = NJW 1998, 449; BGH, WM 2008, 112 = BKR 2008, 83 = ZIP 2008, 168; OLG München, NJOZ 2006, 1063; LG Karlsruhe, BeckRS 2005, 08712.
[276] **AA** für die Vermögensverwaltung: *Benicke,* Wertpapiervermögensverwaltung, S. 834.
[277] BGH, WM 2001, 297, 298 = ZIP 2001, 230, 231; *Balzer,* Vermögensverwaltung, S. 168, *Geibel,* Kapitalanlegerschaden, S. 33, 65 – zur Beweislast für die haftungsbegründende Kausalität bei Aufklärungspflichtverletzung: BGH, WM 2009, 1274, 1276 = NJW 2009, 2298, 2300.
[278] BGH, WM 2001, 297, 298 = ZIP 2001, 230, 231 m. Anm. *Balzer,* ZIP 2001, 232.
[279] *Sprockhoff* WM 2005, 1739, 1744 f.
[280] **AA** *Geibel,* Kapitalanlegerschaden, S. 134 ff.; *Sprockhoff* WM 2005, 1739, 1745; Überblick über die Rechtsprechung und Literatur bei *Geibel,* Kapitalanlegerschaden, S. 129 ff.
[281] BGH, WM 1982, 862, 866; *Geibel,* Kapitalanlegerschaden, S. 137 f.
[282] BGH, WM 1989, 416, 417 f.; BGH, WM 1992, 143.
[283] *Benicke,* Wertpapiervermögensverwaltung, S. 834; *Geibel,* Kapitalanlegerschaden, S. 32 f.
[284] *Benicke,* Wertpapiervermögensverwaltung, S. 834 f.

nommen hat[285], hat der Vermögensinhaber keinen Anspruch darauf, so gestellt zu werden, wie er stünde, wenn die pflichtwidrig investierten Mittel gar nicht investiert worden wären[286]. Denn dies käme wirtschaftlich einer teilweisen Lösung von dem abgeschlossenen Vermögensverwaltungsvertrag gleich[287], an den der Vermögensinhaber jedoch gebunden ist. Der Schadensersatzanspruch aus einer positiven Verletzung des Vermögensverwaltungsvertrags ist darauf gerichtet, zugunsten des Vermögensinhabers den Zustand herzustellen, der bestehen würde, wenn der Vermögensverwalter seinen Vertragspflichten ordnungsgemäß nachgekommen wäre[288]. Folglich ist im Rahmen der Schadensermittlung zu berücksichtigen, wie sich das verwaltete Vermögen darstellen würde, wenn der Vermögensverwalter der Pflicht Anlagegeschäfte zu tätigen, ordnungsgemäß nachgekommen wäre. Danach ist zB bei der Überschreitung von Höchstgrenzen für bestimmte Wertpapiere zu berücksichtigen, dass nur der Teil der Kursverluste als Schaden in Betracht kommt, der auf den die Höchstquote übersteigenden Teil der Anlagen entfällt[289]. Generell ist zu berücksichtigen, dass bei pflichtgemäßem Verhalten zwar die pflichtwidrige Anlage unterblieben wäre, der Vermögensverwalter stattdessen aber eine andere Anlage getätigt hätte[290]. Nach den gleichen Grundsätzen müssen bei Beratungsfehlern im Vorfeld des Vermögensverwaltungsvertrags im Rahmen des positiven Interesses die Anlagerichtlinien berücksichtigt werden, welche der Vermögensinhaber bei zutreffender Beratung gewählt hätte[291]. Dies führt dazu, dass der Schaden des Vermögensinhabers ganz entfallen oder deutlich geringer sein kann, als der aus dem beanstandeten Geschäft realisierte Verlust, nämlich dann wenn auch die pflichtgemäße Durchführung der Verwaltung oder die bei pflichtgemäßer Beratung vereinbarten Anlagerichtlinien zu Vermögensverlusten geführt hätte[292]. Zutreffend weist *Benicke* darauf hin, dass der Schaden sowohl größer aber auch kleiner sein kann als der Wertverlust, den die pflichtwidrige Anlage bei isolierter Betrachtung hat[293].

112   b) **Saldierung von Vor- und Nachteilen.** Pflichtwidrige Anlagegeschäfte des Vermögensverwalters sind mit pflichtgemäßen Anlagegeschäften nicht zu saldieren[294]. Verbieten bspw. die Anlagerichtlinien den Erwerb von Optionsscheinen und erwirtschaftet der Vermögensverwalter mit richtlinienwidrig erworbenen Optionsscheinen Verluste, kann er sich nicht ganz oder teilweise damit entlasten, dass die übrigen (richtlinienkonformen) Anlagen zu Gewinnen geführt haben.[295] Es fehlt in Fällen dieser Art an einem ursächlichen Zusammenhang zwischen den positiven und negativen Folgen der Vermögensverwaltung. Ebenso wenig wie Verluste aus pflichtgemäßen Geschäften zu ersetzen sind, dürfen Gewinne hieraus dem Vermögensinhaber entzogen werden.

113   Streitig ist, in welchem Umfang Gewinne und Verluste aus pflichtwidrigen Anlagegeschäften zu verrechnen sind. Jedenfalls dann, wenn die Pflichtwidrigkeit auf einem den gesamten Vertrag erfassenden Mangel beruht (fehlerhafte Beratung bei Festlegung der Anlagerichtlinien; Tätigkeit des Vermögensverwalters ohne Erlaubnis nach § 32 KWG), findet

---

[285] BGH, WM 1998, 21, 23; *Benicke,* Wertpapiervermögensverwaltung, S. 837 f.
[286] **AA** *Schwennicke,* WuB I G 9.-1.98, S. 316
[287] Vgl. *Oetker* in MüKoBGB, 6. Aufl. 2012, § 249 Rn. 131.
[288] Für Vertragsverletzungen allgemein: *Oetker* in MüKoBGB, 6. Aufl. 2012, § 249 Rn. 128.
[289] OLG Düsseldorf, WM 1991, 94, 96.
[290] *Benicke,* Wertpapiervermögensverwaltung, S. 834.
[291] *Benicke,* Wertpapiervermögensverwaltung, S. 384 m. Fn. 115.
[292] *Benicke,* Wertpapiervermögensverwaltung, S. 833 ff.
[293] *Benicke,* Wertpapiervermögensverwaltung, S. 385.
[294] So wohl BGH, WM 1998, 21, 23; OLG, Köln WM 2007, 1067, 1068 mit Anm. *Fink* WuB I G 9.-1.07; OLG Düsseldorf, WM 1991, 94, 96; LG München, WM 1999, 179, 180; *Benicke,* Wertpapiervermögensverwaltung, S. 840 f.; *Schäfer* in Schäfer/Müller, Haftung für fehlerhafte Wertpapierdienstleistungen, Rn. 63; *Balzer,* Vermögensverwaltung, S. 166; *Lang,* Informationspflichten, § 25 Rn. 4; *Sprockhoff* WM 2005, 1739, 1745; **aA** LG Stuttgart, WM 1997, 163, 164; ähnlich OLG Frankfurt/M., WM 1996, 665, 668.
[295] *Fink* WuB I G 9.-1.07 mwN.

eine Gesamtbetrachtung statt mit der Folge, dass als Schaden nur der Saldo aus Gewinnen und Verlusten zu ersetzen ist. Andernfalls könnte der Vermögensinhaber auf Kosten des Vermögensverwalters spekulieren[296]. Gleiches muss gelten, wenn partiell gegen die Anlagerichtlinien verstoßen wird und die von dem Verstoß betroffenen Anlageentscheidungen teils zu Gewinnen und teils zu Verlusten führen[297].

Haftet der Vermögensverwalter aus unerlaubter Handlung, etwa weil er die Vermögensverwaltung durch Churning oä in sittenwidriger Weise zum Nachteil der Vermögensinteressen des Vertragspartners handelt, kommt in der Regel nur eine vollständige Rückabwicklung des Vermögensverwaltungsvertrags und damit der Ersatz aller aus der rechtswidrigen Vermögensverwaltung entstandenen Verluste in Betracht[298]. Die Berücksichtigung eines rechtmäßigen Alternativverhaltens des Vermögensverwalters widerspricht in diesen Fällen dem Schutzzweck der verletzten Normen. Auch die Möglichkeit, dass der Vermögensinhaber mit einer rechtmäßigen Vermögensverwaltung eines Dritten ebenfalls Verluste erlitten hätte, lässt den Schaden nicht entfallen[299]. **114**

**c) Entgangener Gewinn.** Ersatzfähig ist grundsätzlich auch der dem Vermögensinhaber durch das schädigende Ereignis entgangene Gewinn. Nach § 252 Satz 2 BGB gilt als entgangen der Gewinn, welcher nach dem gewöhnlichen Lauf der Dinge oder nach den besonderen Umständen, insb. nach den getroffenen Anstalten und Vorkehrungen, mit Wahrscheinlichkeit erwartet werden konnte. Im Rahmen des positiven Vertragsinteresses erfolgt der Ersatz des entgangenen Gewinns bereits dadurch, dass sich der Schaden nach dem Vergleich zwischen tatsächlichem und hypothetischem Ergebnis der Vermögensverwaltung bemisst. Hätten die anstelle der pflichtwidrigen Anlagen zu berücksichtigenden richtlinienkonformen und ermessensfehlerfreien Anlageentscheidungen Gewinne gebracht, erhöhen diese den zu ersetzenden Schaden[300]. **115**

Grundsätzlich bietet § 252 BGB dem Geschädigten zwei Möglichkeiten der Schadensberechnung, nämlich die abstrakte Methode nach dem „gewöhnlichen Lauf der Dinge" oder die konkrete Methode, nach der ein Anspruch nur in Betracht kommt, wenn der Geschädigte durch die schädigende Handlung an der Durchführung bestimmter (anderer) Geschäfte gehindert wurde, die ihm Gewinn gebracht hätten[301]. Im Bereich des Kapitalanlagerechts ging der BGH vor gut 20 Jahren noch davon aus, dass der Anleger seinen Zinsschaden abstrakt berechnen könne nach dem Grundsatz, dass Eigenkapital erfahrungsgemäß nicht ungenutzt bleibt, sondern zu einem auf dem Kapitalmarkt allgemein üblichen Zinssatz angelegt wird[302]. Hieran hält der BGH nicht fest und verlangt für die Wahrscheinlichkeit einer Gewinnerzielung durch eine alternative Investitionsentscheidung grundsätzlich eine konkrete Berechnung[303]. Für diese Sichtweise spricht, dass nicht (mehr) davon ausgegangen werden kann, dass Alternativanlagen in jedem Fall zum Erfolg geführt hätten. Prak- **116**

---

[296] OLG Düsseldorf, WM 2003, 1263, 1264 m. Anm. *Zeller*, WuB I G 1.-1.04; OLG, Köln WM 2007, 1067 m. Anm. *Fink* WuB I G 9.-1.07.

[297] OLG Düsseldorf, WM 2003, 1263f.; OLG Düsseldorf, WM 2006, 1576 mit Anm. *Edelmann* WuB I G 9.-1.06; OLG Köln, WM 2007, 1067 mit Anm. *Fink* WuB I G 9.-1.07; *Sprockhoff* WM 2005, 1739, 1745; teilweise aA *Benicke*, Wertpapiervermögensverwaltung, S. 842; zum Ganzen *U. Schäfer* in Schäfer/Sethe/Lang, Hdb. Vermögensverwaltung, § 21 Rn. 46ff.

[298] BGH, NJW 2004, 3423, 3426; differenzierend *Benicke*, Wertpapiervermögensverwaltung, S. 854ff., 859ff.

[299] OLG Köln, WM 2003, 338, 341 = BKR 2002, 541, 542 (für den Anspruch auf das negative Interesse wegen verschwiegener „Kick-backs").

[300] BGH, WM 2002, 1177, 1178 = BKR 2002, 538, 540; OLG Düsseldorf, WM 2006, 1576, 1577; *Benicke*, Wertpapiervermögensverwaltung, S. 835.

[301] BGH, WM 1974, 304, 305 f.; BGH, WM 2001, 2010, 2011; BGH, NJW 1983, 758; BGH, WM 2002, 909 = BKR 2002, 499.

[302] BGH, WM 1974, 128, 129; BGH, WM 1992, 143, 144.

[303] BGH, NJW 2004, 1868, 1870; BGH, NJW 2012, 2266, 2267; ebenso OLG Celle, BeckRS 2011, 00532 (S. 26 f.).

tisch hängt die Durchsetzung des Anspruchs auf entgangenen Gewinn davon ab, welche Anforderungen man ihm Rahmen von § 252 Satz 2, Fall 2 BGB an den Beweis der behaupteten hypothetischen Alternativanlage stellt[304].

**117**  **d) Sonstige Schadenspositionen.** Weitere im Zusammenhang mit Schadensersatzansprüchen aus rechtswidriger oder fehlerhafter Vermögensverwaltung relevante Schadenspositionen sind die mit dem Vermögensverwaltungsvertrag verbundenen Einbußen im sonstigen Vermögen des Anlegers[305]. Dies können zB Finanzierungskosten sein[306]. In Betracht kommen auch zusätzliche Steuerbelastungen[307].

**118**  **5. Verjährung. a) Sonderverjährung gemäß § 37a WpHG aF.** § 37a WpHG aF wurde durch das 3. Finanzmarktförderungsgesetz vom 24. März 1998 in das WpHG eingefügt und ist durch das Schuldverschreibungsgesetz vom 31. Juli 2009 mit Wirkung zum 5. August 2009 aufgehoben worden[308]. Nach der Übergangsregelung des § 43 WpHG ist § 37a WpHG nur noch auf Ansprüche anzuwenden, die in der Zeit vom 1. April 1998 bis zum Ablauf des 4. August 2009 entstanden sind. Ihre praktische Bedeutung hat die Vorschrift damit verloren.

**119**  **b) Regelverjährung.** Für Schadensersatzansprüche, die außerhalb des zeitlichen oder sachlichen Anwendungsbereichs des § 37a WpHG aF liegen, gilt die Regelverjährung gemäß §§ 195, 199 BGB. Die Regelverjährung gilt danach einschränkungslos für alle Schadensersatzansprüche, die nach Außerkrafttreten des § 37a WpHG aF (→ Rn. 118) entstanden sind. Für die Zeit davor gilt die Regelverjährung für alle Ansprüche, die nicht der Sonderverjährung des § 37a WpHG aF unterfallen[309]. Das sind Ansprüche, die sich gegen Schuldner richten, denen die Sonderverjährung nicht zu Gute kommt, Ansprüche wegen fehlerhafter Umsetzung der Anlagerichtlinien und Ansprüche, die auf eine vorsätzliche Falschinformation oder Falschberatung des Vermögensverwalters zurückzuführen sind.

**120**  Für die Entstehung des Schadensersatzanspruchs iSv § 199 Abs. 1 Nr. 1 BGB kommt es auf den Zeitpunkt der haftungsbegründenden Vermögensdisposition an, unabhängig davon, wann erstmals (Buch-)Verluste eintreten[310]. Insoweit unterscheidet sich die Rechtslage von der im Anwendungsbereich des § 37a WpHG aF nicht.

**121**  Weiteres Erfordernis im Rahmen der Regelverjährung ist die **subjektive Komponente** des § 199 Abs. 1 Nr. 2 BGB. Die erforderliche Kenntnis muss grundsätzlich nur die den Schadensersatzanspruch begründenden tatsächlichen Umstände umfassen. Nicht erforderlich ist in der Regel, dass der Gläubiger aus den ihm bekannten Tatsachen die zutreffenden rechtlichen Schlüsse zieht. Nur ausnahmsweise kann die Rechtsunkenntnis des Gläubigers den Verjährungsbeginn hinausschieben, wenn eine unsichere und zweifelhafte Rechtslage vorliegt, die selbst ein rechtskundiger Dritter nicht zuverlässig einzuschätzen vermag. In diesem Fall fehlt es an der Zumutbarkeit der Klageerhebung als übergreifende Voraussetzung für den Verjährungsbeginn[311]. Im Falle einer unterbliebenen Aufklärung gehören zu den anspruchsbegründenden Tatsachen die Umstände einschließlich der wirtschaftlichen Zusammenhänge, aus denen sich die Pflicht zur Aufklärung ergibt. Dies bedeutet, dass die Verjährung von Schadensersatzansprüchen, die im Zusammenhang mit dem Abschluss eines Vermögensverwaltungsvertrags darauf gestützt werden, nicht oder nicht ausreichend

---

[304] *U. Schäfer* in Schäfer/Sethe/Lang, Hdb. Vermögensverwaltung, § 21 Rn. 50.
[305] Übersicht bei *Geibel*, Kapitalanlegerschaden, S. 293 ff.
[306] *Geibel*, Kapitalanlegerschaden, S. 303 ff.
[307] OLG Karlsruhe, WM 2001, 805 m. Anm. *Schwennicke*, WuB I G 9.-2.01; *U. Schäfer* in Schäfer/Sethe/Lang, Hdb. Vermögensverwaltung, § 21 Rn. 51.
[308] *Fuchs* in Fuchs, WpHG, § 37a Rn. 1 ff.; *Fett* in Schwark/Zimmer, KMRK, § 37a WpHG, Rn. 1.
[309] Dazu *U. Schäfer* in Schäfer/Sethe/Lang, Hdb. Vermögensverwaltung, § 21 Rn. 54 ff.
[310] Zu § 37a WpHG aF: BGH, WM 2005, 929, 930 = ZIP 2005, 802, 803 = BKR 2005, 236, 237 m. Anm. *F. Schäfer* BKR 2005, 238.
[311] BGH, WM 2010, 1399; BGH, WM 2009, 506.

über Rückvergütungen an den Vermögensverwalter informiert worden zu sein, jedenfalls mit dem Ende des Jahres zu laufen beginnt, in dem der Vermögensinhaber von der Tatsache Kenntnis erlangt, dass es derartige Zahlungen an den Vermögensverwalter gibt[312]. Diese Kenntnis hat der Vermögensinhaber spätestens, sobald der Vermögensverwalter erstmals über von ihm vereinnahmte Vertriebsprovisionen Rechnung legt. Im Rahmen von § 199 Abs. 1 Nr. 2 BGB kann sich der Vermögensinhaber nicht darauf berufen, dass eine volle Kenntnis des Sachverhalts erst vorliege, wenn er auch von der Höhe der an den Vermögensverwalter gezahlten Vergütungen wisse. Dies mag im Rahmen der Feststellung der Pflichtverletzung eine Rolle spielen, für die Feststellung der Kenntnis der anspruchsbegründenden Tatsachen genügt es, dass der Vermögensinhaber weiß, dass ihm dieser Umstand pflichtwidrig nicht offengelegt wurde. Dabei spielt keine Rolle, welche Vorstellungen sich der Vermögensinhaber im Hinblick auf die Höhe der Vergütungen gemacht hat.[313] Anders verhält es sich, wenn das pflichtwidrige Verhalten in einer falschen Information über Rückvergütungen liegt[314].

**Grob fahrlässige Unkenntnis** im Sinne des § 199 Abs. 1 Nr. 2 BGB liegt (nur) vor, wenn dem Geschädigten die Kenntnis der den Schadensersatzanspruch begründenden tatsächlichen Umstände deshalb fehlt, weil er die im Verkehr erforderliche Sorgfalt in ungewöhnlich grobem Maß verletzt[315]. Eigene Nachforschungen schuldet der Anleger nicht und ist deshalb auch grundsätzlich nicht verpflichtet, einen Anlageprospekt, der Hinweise auf anspruchsbegründende Umstände enthalten kann, nachträglich durchzulesen. Diese Aussage lässt sich jedoch nicht auf jede Art von Unterlagen, die einem Anleger ausgehändigt werden, übertragen. Der BGH stützt seine Entscheidung wesentlich auf die Detailfülle und teilweise hohe fachliche Spezialisierung eines Anlageprospekts im Verhältnis zu dem, was dem Anleger von „seinem" Berater oder Vermittler gesagt worden ist. Damit ist nicht entschieden, ob ein Vermögensverwaltungskunde zB Hinweise in den Vertragsunterlagen bzw. in späteren Rechenschaftsberichten zur Kenntnis nehmen muss[316]. Grundsätzlich besteht die Erwartung, dass der Vermögensinhaber Unterlagen, die bestimmungsgemäß seiner Unterrichtung dienen, zur Kenntnis nimmt[317]. In Fällen, in denen vom Anleger nicht selbst erwartet wird, dass er sich die notwendige Kenntnis verschafft, ist ihm, sobald er einen Fachmann (Anwalt/Steuerberater) aufsucht, dessen Kenntnis zuzurechnen. Allerdings ist das Nichtaufsuchen eines Anwalts nicht als grobe Fahrlässigkeit einzustufen[318]. 122

Geht es um den **Vorwurf mehrerer Pflichtverstöße,** sind Beginn und Ablauf der Verjährungsfrist für jeden Pflichtverstoß getrennt zu prüfen. Aus der Kenntnis eines Pflichtverstoßes kann nicht auf Kenntnis oder fahrlässige Unkenntnis der weiteren Pflichtverstöße geschlossen werden[319]. Daraus folgt allerdings nicht, dass im Rahmen einer Vermögensverwaltung mit jeder Wertpapiertransaktion eine neue Verjährungsfrist zu laufen beginnt. Sukzessive sich verwirklichende Teilschäden beginnen mit dem Eintritt des ersten Schadens zu verjähren[320]. Ebenso wenig verlängert sich die Verjährungsfrist, wenn der Vermögensinha- 123

---

[312] Vgl. BGH, BKR 2012, 513, 515; BGH, WM 2013, 609, 611 f.; BGH, BKR 2014, 200, 202; BGH, ZIP 2014, 1117, 1119 f.; OLG Düsseldorf, BeckRS 2011, 02541 (Rn. 34 ff.).
[313] BGH, ZIP 2014, 1117, 1120.
[314] Zur Beweislast *Hettenbach* BB 2013, 2763, 2766.
[315] BGH, BeckRS 2008, 22079; BGH, WM 2010, 1690, 1692; BGH, ZIP 2010, 1548, 1550 f. = NJW 2010, 3292, 3294 ff. m. Anm. *Derleder* EWiR 2010, 665; Hans. OLG Hamburg, ZIP 2014, 911, 912.
[316] Bejahend LG Düsseldorf, Urt. v. 11.11.2010 – 8 O 320/10 für einen Hinweis auf Vergütungen und geldwerte Vorteile in den Kontoeröffnungsunterlagen.
[317] Bspw. OLG Düsseldorf, BeckRS 2010, 16341 (S. 20 f.); OLG Frankfurt/M., VuR 2012, 151, 152.
[318] BGH, WM 2010, 1690, 1693.
[319] BGH, WM 2010, 1690, 1693.
[320] OLG Frankfurt/M., BKR 2006, 501, 503; BGH, NJW 1992, 2766, 2767; *Kritter* BKR 2004, 261, 261.

ber geltend macht, der Vermögensverwalter habe eine auf Dauer gerichtete Pflicht fortwirkend verletzt.

## § 24 Anlageverwaltung

### Übersicht

| | Rn. |
|---|---|
| I. Begriff, Bedeutung und zivilrechtliche Erscheinungsformen .................................. | 1–7 |
| II. Tatbestand der Anlageverwaltung .................................................................... | 8–20 |
|    1. Aufsichtsrechtliche Tatbestandsmerkmale ..................................................... | 8 |
|    2. Anwendung der Aufsichtsnormen auf zivilrechtliche Strukturen ................... | 16 |
|    3. Ausnahme und Übergangsregelungen ........................................................... | 19 |

**Schrifttum:** *Assmann/Schneider*, WpHG, 6. Auflage 2012; *Bärenz/Käpplinger*, Anlageverwaltung als neuer KWG-Erlaubnistatbestand, ZBB 2009, 277; *Beck/Samm/Kokemoor*, KWG, Loseblatt, Stand: Dezember 2013; *Boos/Fischer/Schulte-Mattler* (Hrsg.), KWG, 4. Aufl. 2012; *Hirte/Möllers* (Hrsg.), Kommentar zum WpHG, 2. Aufl. 2014; *Klebeck/Kolbe*, Anlageverwaltung und Finanzmarktaufsicht, ZIP 2010, 215; *Langenbucher/Bliesener/Spindler*, Bankrechts-Kommentar, 2013; *Lenenbach*, Kapitalmarktrecht, 2. Aufl. 2010; *Lüdicke/Arndt* (Hrsg.), Geschlossene Fonds, 6. Aufl. 2013; *Luz/Neus/Schaber/Scharpf/Schneider/Weber* (Hrsg.), Kreditwesengesetz, 2. Aufl. 2011; *Reischauer/Kleinhans*, KWG, Loseblatt, Stand: März 2014; *Sahavi*, Kollektive Anlagemodelle und das Finanzkommissionsgeschäft im Sinne von § 1 Abs. 1 Satz 2 Nr. 4 KWG, ZIP 2005, 929; *Schwark/Zimmer* (Hrsg.), Kapitalmarktrechtskommentar, 4. Aufl. 2010; *Schwennicke/Auerbach*, KWG, 2. Aufl. 2013; *Voge*, Schuldrechtlich ausgestaltete Anlagemodelle als Finanzkommissionsgeschäft im Sinne des § 1 Abs. 1 Satz 2 Nr. 4 KWG, WM 2007, 1640; *Voge*, Zum Tatbestand der Anlageverwaltung im Sinne des § 1 Abs. 1a Satz 2 Nr. 11 KWG, WM 2010, 913; *Volhard/Wilkens*, Änderung des KWG: Anlageverwaltung in Grieser/Heemann (Hrsg.), Bankaufsichtsrecht, 2010, S. 705; *Volhard/Wilkens*, Neue Entwicklungen zur Erlaubnispflicht für kollektive Anlagemodelle, DB 2008, 2411; *von Livonius/Bernau*, Der neue Tatbestand der „Anlageverwaltung" als erlaubnispflichtige Finanzdienstleistung, WM 2009, 1216; *Zenke/Schäfer*, Energiehandel in Europa, 3. Auflage 2012.

### I. Begriff, Bedeutung und zivilrechtliche Erscheinungsformen

1 Bei der Anlageverwaltung handelt es sich um einen **aufsichtsrechtlichen Begriff** zur Erfassung von zivilrechtlichen Erscheinungsformen der Verwaltung von Vermögen für Dritte, die nicht durch andere aufsichtsrechtliche Begriffe erfasst werden. § 1 Abs. 1a Satz 2 Nr. 11 KWG definiert die Anlageverwaltung als „die Anschaffung und Veräußerung von Finanzinstrumenten außerhalb der Verwaltung eines Investmentvermögens im Sinne des § 1 Abs. 1 KAGB für eine Gemeinschaft von Anlegern, die natürliche Personen sind, mit Entscheidungsspielraum bei der Auswahl der Finanzinstrumente, sofern dies ein Schwerpunkt des angebotenen Produktes ist und zu dem Zweck erfolgt, dass diese Anleger an der Wertentwicklung der erworbenen Finanzinstrumente teilnehmen". Durch die Erfassung der Anlageverwaltung als **Finanzdienstleistung** wird die hierunter zu subsumierende Tätigkeit zu einer Finanzdienstleistung und bedarf im Falle ihrer gewerbsmäßigen Erbringung oder der Erbringung in einem Umfang, der einen in kaufmännischer Weise eingerichteten Geschäftsbetrieb erfordert, nach § 32 Abs. 1 KWG der schriftlichen Erlaubnis der BaFin.

2 Die Anlageverwaltung wurde eingeführt durch Art. 2 Nr. 2 des Gesetzes zur Fortentwicklung des Pfandbriefrechts[1] mit **Wirkung zum 26. März 2009**[2]. Grund für die Einführung der Anlageverwaltung als Finanzdienstleistung war die frühere Verwaltungspraxis der BaFin, kollektive Anlageformen außerhalb des (damals geltenden) InvG in gesellschaftsrechtlicher oder rein schuldrechtlicher Form (zB in Form von Zertifikaten oder

---

[1] BGBl. I 2009, S. 607.
[2] Und Übergangsregelung in § 64l KWG für solche Produkte, für die bis zum 24. September 2008, dem Zeitpunkt des Beschlusses der Bundesregierung zur Einführung des Tatbestandes der Anlageverwaltung, ein Verkaufsprospekt veröffentlicht wurde.

Genussrechten oder Anteilen an Aktiengesellschaften) als Bankgeschäfte in der Form des Finanzkommissionsgeschäftes zu qualifizieren. Dabei verstand die **BaFin** beim Finanzkommissionsgeschäft das Tatbestandselement des **Handelns „für fremde Rechnung" wirtschaftlich,** auch wenn rechtlich eigene Geschäfte betrieben wurden[3]. In drei Entscheidungen folgte das Bundesverwaltungsgericht dieser Auffassung der BaFin jedoch nicht, sondern schloss sich der herrschenden Meinung in der Literatur an, die dem Begriff des Finanzkommissionsgeschäftes den Typus des Kommissionsgeschäftes gemäß §§ 383 ff. HGB zugrunde legte. Diese Typusmerkmale erfüllten die meisten Anlagemodelle nicht, da sie darauf beruhten, dass Finanzinstrumente für eigene Rechnung erworben und veräußert wurden[4]. Obwohl das **BVerwG** die kollektiven Anlagemodelle anders als die BaFin nicht als erlaubnispflichtiges Finanzkommissionsgeschäft qualifizierte konzedierte es, dass „die Verwaltungspraxis der Bundesanstalt dem Anlegerschutz dient, aber dafür keine ausreichende rechtliche Grundlage vorhanden" sei[5], was den Gesetzgeber aktiv werden ließ.

**Ziel der Erlaubnispflicht** der Anlageverwaltung ist die Erfassung von zivil- oder gesellschaftsrechtlichen Strukturen, die Kapital von einer Vielzahl von Anlegern einsammeln, in einem Pool zusammenfassen und sodann den Pool im wirtschaftlichen Interesse der Anleger in Finanzinstrumenten investieren und diese verwalten[6]. Wurden hierdurch zunächst insbesondere **Produkte des grauen Kapitalmarktes** erfasst, werden diese seit dem 22. Juli 2013 in weitem Umfang vom **KAGB** erfasst und unterfallen insoweit nicht mehr dem Begriff der Anlageverwaltung im KWG[7], wodurch der Anwendungsbereich der Anlageverwaltung deutlich reduziert wurde[8].   3

**Soweit nicht das KAGB eingreift,** erfasst die Anlageverwaltung **zivilrechtliche** und **gesellschaftsrechtliche Strukturierungen** der Poolung von Anlegervermögen. Dies kann etwa erfolgen durch **Treuhandsammelkonten,** die Begebung von **Genussscheinen** oder **Gewinnschuldverschreibungen** durch eine juristische Person, wenn die juristische Person die Erlöse aus der Emission in Finanzinstrumenten investiert und die Erwerber der Genussscheine oder Gewinnschuldverschreibungen an den Ergebnissen der Verwaltung partizipieren sollen. Gleiches gilt für sog. **„Managed Certificates"**[9], bei denen die gepoolten Anlegergelder von dem Zertifikateemittenten verwaltet werden. Gleichermaßen können jedoch auch gesellschaftsrechtliche Strukturen der Anlageverwaltung unterfallen, so etwa die Begebung von Kommanditanteilen, Anteilen an GmbHs oder die Begebung von Aktien, wenn die jeweiligen Gesellschaften die durch die Emission der Eigenkapitalinstrumente erzielten Erlöse in Finanzinstrumenten zum Zwecke der Gewinnerzielung für die jeweiligen Gesellschafter einsetzt. Nochmals zu betonen ist, dass diese Strukturen überhaupt nur dann als Anlageverwaltung in Betracht kommen, **wenn sie *nicht* bereits vom KAGB als Investmentvermögen erfasst werden.** Dies gilt unabhängig davon, ob die als Investmentvermögen iSd KAGB erfassten Investmentvermögen zu einer Erlaubnispflicht nach KAGB führt oder aufgrund der Ausnahmen des KAGB keine erlaubnispflichtige Tätigkeit darstellen.   4

Eine Qualifizierung einer Anlagestruktur als Anlageverwaltung hat weitreichende **Auswirkungen.** Da sie regelmäßig gewerblich sein wird, führt sie nach § 32 Abs. 1 KWG zu einer **Erlaubnispflichtigkeit** der Tätigkeit. Wird sie ohne die erforderliche Genehmigung erbracht, liegt ein Verstoß gegen § 32 KWG vor. Dieser stellt nach § 54 Abs. 1 Nr. 2 KWG eine **Straftat** dar, die mit Freiheitsstrafe bis zu fünf Jahren oder mit Geldstrafe bestraft werden kann. Zivilrechtlich gilt § 32 KWG als **Schutzgesetz iSd § 823 Abs. 2**   5

---

[3] Vgl. *Sahavi* ZIP 2005, 929, 933 ff.; *Voge* WM 2007, 1640, 1642 ff.
[4] BVerwG, Urteil vom 27.2.2008 – 6 C 11.07 und 6 C 12.07, BVerwGE 130, 262 = WM 2008, 1359 = ZIP 2008, 911; BVerwG, Urteil vom 8.7.2009 – 8 C 4.09.
[5] Vgl. auch BT-Drs. 16/11130, S. 26.
[6] Vgl. *Jakovou* in Langenbucher/Bliesener/Spindler, Bankrechts-Kommentar, 39. Kap., Rn. 19.
[7] RegBegr., BR-Drs. 791/12, S. 569; *Brogl* in Reischauer/Kleinhans, KWG, Loseblatt, § 1 Rn. 257.
[8] Vgl. dazu → Rn. 9.
[9] Vgl. dazu aber → Rn. 18.

**BGB**[10] mit der Folge einer Schadensersatzpflicht des Emittenten und idR auch der Organe des Emittenten[11].

6 Eine Erlaubnis nach § 32 KWG für die Anlageverwaltung führt jedoch **nicht** zu einem sog. **„Europäischen Pass"** nach § 24a KWG für das Finanzdienstleistungsunternehmen, da es sich bei der Anlageverwaltung nicht um eine Finanzdienstleistung aufgrund von europäischen Vorgaben sondern um eine national unter Verbot mit Erlaubnisvorbehalt gestellte Finanzdienstleistung handelt. Korrespondierend besitzt im Falle einer grenzüberschreitend aus einem Mitgliedstaat der EU oder des EWR erbrachten Anlageverwaltung der ausländische Finanzdienstleister auch keinen EU-Pass gem. § 53b KWG und bedarf dafür gleichermaßen einer Genehmigung nach § 32 KWG[12].

7 Zudem hat eine Qualifizierung eines Produkts als Anlageverwaltung nach § 2 Abs. 3 Satz 3 WpHG zur Folge, dass die §§ 9, 31 bis 34 und 34b bis 36b WpHG sowie Art. 7 und 8 VO (EG) Nr. 1287/2006 auf die erlaubnispflichtige Anlageverwaltung Anwendung finden. Die **Anlageverwaltung** wird insoweit **begrenzt mit der Finanzportfolioverwaltung gleichgestellt**. Trotz Qualifizierung der Anlageverwaltung als Finanzdienstleistung iSd KWG wurde sie nicht als Wertpapierdienstleistung iSd WpHG qualifiziert sondern lediglich einige Regelungen des WpHG für anwendbar erklärt, weil der Begriff der Wertpapierdienstleistung nur den durch europäisches Gemeinschaftsrecht harmonisierten Tätigkeiten vorbehalten bleiben soll[13]. Voraussetzung der entsprechenden Anwendung ist, dass die Vorschrift auch auf die Tätigkeit des Dienstleisters übertragbar ist und von diesem tatsächlich erfüllt werden kann[14].

**II. Tatbestand der Anlageverwaltung**

8 **1. Aufsichtsrechtliche Tatbestandsmerkmale.** Das erste Tatbestandsmerkmal ist das der **„Anschaffung und Veräußerung von Finanzinstrumenten"**. Wie der Gesetzesbegründung zu entnehmen ist, muss sich diese Tätigkeit als **Dienstleistung** für den Anleger darstellen[15]. Kein „Anschaffen und Veräußern" liegt vor, wenn lediglich Finanzinstrumente erworben und im Wesentlichen **bis zu ihrer Fälligkeit gehalten** werden[16]. Gleiches gilt, wenn etwa das **Ergebnis eines Zertifikats** einen von einem Dritten errechneten Index wie zB den DAX **abbildet,** was bei Änderungen der Zusammensetzung des Index auch Anschaffungen und Veräußerung von Finanzinstrumenten nach sich ziehen kann, jedoch keinen aktiven Handel darstellt[17]. Heute im Wesentlichen unstreitig ist, dass es auch ein Anschaffen und Veräußern von Finanzinstrumenten darstellt, wenn das emittierende Anlagevehikel sämtliche Gelder in eine **Tochtergesellschaft,** zB eine GmbH, investiert und diese ihrerseits Finanzinstrumente anschafft und veräußert[18]. Zudem genügt **die Anschaffung oder die**

---

[10] Vgl. dazu → § 23 Rn. 95. mwN.
[11] Vgl. dazu → § 23 Rn. 97 mwN.
[12] RegBegr., BT-Drs. 11130, S. 44; *Voge* WM 2010, 913, 916; *Volhard/Wilkens* in Grieser/Heemann, Bankaufsichtsrecht, S. 705, 716 f.; *Schäfer* in Boos/Fischer/Schulte-Mattler, KWG, 4. Aufl. 2012, § 1 Rn. 150k.
[13] Vgl. RegBegr., BT-Drs. 16/11130, S. 1, 47.
[14] Hierauf weisen zutreffend hin *Assmann* in Assmann/Schneider, WpHG, 6. Aufl. 2012, § 2 Rn. 121b mwN; *Baum* in KölnKommWpHG, 2. Aufl. 2014, § 2 Rn. 195.
[15] RegBegr., BT-Drs. 16/11130, S. 43; *von Livonius/Bernau* WM 2009, 1216, 1218; *Bärenz/Käpplinger* ZBB 2009, 277, 279; *Klebeck/Kolbe* ZIP 2010, 215, 216.
[16] RegBegr., BT-Drs. 16/11130, S. 43; *von Livonius/Bernau* WM 2009, 1216, 1218; *Bärenz/Käpplinger* ZBB 2009, 277, 279; *Klebeck/Kolbe* ZIP 2010, 215, 216.
[17] Im Übrigen dürfte es in dem Beispielsfall an dem Tatbestandsmerkmal des „Entscheidungsspielraums" fehlen – dazu → Rn. 13.
[18] Bejahend (wegen sonst gegebener Umgehungsmöglichkeiten des Tatbestandes der Anlageverwaltung) *Voge* WM 2010, 913, 915; wohl auch RegBegr., BT-Drs. 16/11130, S. 43; *Reschke* in Beck/Samm/Kokemoor, KWG, § 1 Rn. 757; *Bärenz/Käpplinger* ZBB 2009, 277, 281 ff.; *Klebeck/Kolbe* ZIP 2010, 215, 217 f.; ggf. aA *Assmann* in Assmann/Schneider, WpHG, 6. Aufl. 2012, § 2 Rn. 121d (zu der Bestimmung der nur mittelbar beteiligten natürlichen Personen).

**Veräußerung** von Finanzinstrumenten, was auch unter teleologischen Gesichtspunkten als zutreffend erscheint[19]. Dabei genügt, dass sich die Anschaffung und Veräußerung *auch* auf Finanzinstrumente erstreckt, so dass **nicht *nur* Finanzinstrumente** erworben werden müssen[20]. Der Begriff der Finanzinstrumente bestimmt sich nach § 1 Abs. 11 KWG[21].

Als **Negativmerkmal** sieht § 1 Abs. 1a Satz 2 Nr. 11 KWG vor, dass die Anlageverwaltung „**außerhalb der Verwaltung eines Investmentvermögens** iSd § 1 Abs. 1 KAGB" erfolgen muss. Dieses Tatbestandsmerkmal wurde durch das AIFM-UmsG eingefügt und soll klarstellen, dass kollektive Vermögensverwaltungen iSd KAGB nach diesem und nicht nach dem KWG beaufsichtigt werden sollen[22]. Dieser Klarstellung mit Wirkung ab 4. Juli 2013 bedurfte es, weil das vor dem KAGB geltende InvG nur offene und nicht geschlossene Fonds erfasste[23]. Dabei ist „Investmentvermögen" iSv § 1 Abs. 1 Satz 1 KAGB „jeder Organismus für gemeinsame Anlagen, der von einer Anzahl von Anlegern Kapital einsammelt, um es gemäß einer festgelegten Anlagestrategie zum Nutzen diese Anleger zu investieren und der kein operativ tätiges Unternehmen außerhalb des Finanzsektors ist". Angesichts dieser **weiten Definition des Investmentvermögens**[24] werden die meisten Fälle der bisher als Anlageverwaltung qualifizierten Strukturen **zukünftig dem KAGB unterfallen**[25]. Allerdings erfordert das negative Tatbestandsmerkmal, dass die Anschaffung und die Veräußerung von Finanzinstrumenten „außerhalb der Verwaltung" eines Investmentvermögens iSv § 1 Abs. 1 KAGB erfolgen muss. Damit wird zur **weiteren Voraussetzung** für das Vorliegen des negativen Tatbestandsmerkmals, dass es sich nicht nur um ein Investmentvermögen iSd § 1 Abs. 1 Satz 1 KAGB handeln muss, sondern dass **zugleich der Erwerb oder die Veräußerung „außerhalb der Verwaltung" eines Investmentvermögens** vorliegen muss. Was der Gesetzgeber damit gemeint hat, ist dunkel, genügt doch das bloße Vorliegen eines Investmentvermögens nach dem Wortlaut nicht für eine Unanwendbarkeit des Begriffs der Anlageverwaltung. Naheliegend erscheint, dass der Gesetzgeber davon ausgegangen ist, dass es bei jedem Investmentvermögen einen Verwalter gibt und deshalb entscheidend auf das Vorliegen eines „Investmentvermögens" abzustellen ist.

Weiter muss die Anschaffung oder Veräußerung von Finanzinstrumenten „**für eine Gemeinschaft von Anlegern, die natürliche Personen sind,** erfolgen". Der Gesetzgeber intendiert mit diesem Tatbestandsmerkmal eine Klarstellung dahingehen, dass die Anschaffung und Veräußerung der Finanzinstrumente letztlich wirtschaftlich zugunsten oder zulasten einer Gemeinschaft von Anlegern erfolgen muss. Damit führt der Gesetzgeber erstmals den Begriff des „**Anlegers**" in das KWG ein, **ohne ihn zu definieren.** Dies führt zu der Frage, ob es sich noch um einen „Anleger" handelt, wenn im Rahmen eines gesellschaftsrechtlichen Modells eine wesentliche Beteiligung (10%) oder gar eine Sperrminorität (25%) an einer Aktiengesellschaft gehalten werden. Die durch derart wesentliche Beteiligungen vermittelten Einflussmöglichkeiten auf die Gesellschaft und deren Entscheidungsträger lässt zweifeln, ob es sich dann noch um einen „Anleger" oder schon um einen „**Unternehmer**" handelt[26].

---

[19] *BaFin*, Merkblatt – Hinweise zum Tatbestand der Anlageverwaltung, Stand: 07/2013, S. 3; *Baum* in KölnKommWpHG, 2. Aufl. 2014, § 2 Rn. 196; *Schwennicke* in Schwennicke/Auerbach, KWG, 2. Aufl. 2013, § 1 Rn. 153; *Reschke* in Beck/Samm/Kokemoor, KWG, § 1 Rn. 755; *Assmann* in Assmann/Schneider, WpHG, 6. Aufl. 2012, § 12 Rn. 121e.

[20] *Assmann* in Assmann/Schneider, WpHG, 6. Aufl. 2012, § 2 Rn. 121e (auch zu den Rechtsformen der Anschaffung und Veräußerung).

[21] Vgl. dazu *BaFin*, Merkblatt – Hinweise zu Finanzinstrumenten nach § 1 Abs. 11 Nrn. 1 bis 7 KWG und Merkblatt – Hinweise zu Finanzinstrumenten nach § 1 Abs. 11 Satz 4 KWG.

[22] RegBegr., BR-Drs. 791/12, S. 569.

[23] *Brogl* in Reischauer/Kleinhans, KWG, § 1 Rn. 257.

[24] Vgl. zu diesem ausführlich *BaFin*, Auslegungsschreiben zum Anwendungsbereich des KAGB und zum Begriff des „Investmentvermögens" v. 14. Juni 2013.

[25] Vgl. auch bereits → Rn. 3.

[26] Vgl. auch *von Livonius/Bernau* WM 2009, 1216, 1219, die von „der Eröffnung eines Gestaltungsspielraums" sprechen.

**11** Unerheblich ist die **rechtliche Struktur der "Gemeinschaft** von Anlegern". Die Gemeinschaft kann gleichermaßen durch gleichgerichtete Gläubigerrechte begründet werden wie durch *verbandsrechtliche,* mitgliedschaftliche Rechte[27]. Die Gemeinschaft der Anleger muss nach dem Gesetzeswortlaut aus "natürlichen Personen" bestehen. Insoweit besteht weitgehend Einigkeit, dass es sich um **mindestens zwei natürliche Personen** als Anleger handeln muss[28]. Eine **Beteiligung juristischer Personen** an der "Gemeinschaft" ist insoweit **unschädlich,** da Privatanlegern nicht nachträglich der Schutz der Regelung entzogen werden sollte[29]. Aus der Verwendung des Begriffs des Anlegers leitet *Assmann* her, dass es sich nur dann um eine Gemeinschaft von Anlegern handeln kann, wenn die **natürliche Person** der Gemeinschaft "**durch das öffentliche marktbezogene Anbieten der Leistung des Anlageverwalters beigetreten ist**"[30], dass somit „auf gesetzliche Weise oder ohne solche Ansprache gebildete Gemeinschaften nicht als Gemeinschaft von Anlegern iSv § 2 Abs. 3 Satz 3 WpHG zu betrachten" sind. Offen bleibt dabei, ob damit ein Gleichlauf zwischen dem Begriff des öffentlichen Angebots iSd WpPG gemeint ist und dementsprechend nicht öffentlich angebotene Finanzinstrumente automatisch keine "Gemeinschaft von Anlegern" iSd KWG darstellen[31].

**12** Nur **mittelbare Beteiligungen** natürlicher Personen an Produkten – zB über Treuhandkommanditisten – sollen hierfür **ausreichend** sein[32]. Richtet sich ein Produkt jedoch zunächst nur an institutionelle Anleger, die keine natürliche Personen sind, und erwerben von diesen später mindestens zwei natürliche Personen das Produkt, fällt das Produkt dadurch nicht in den Bereich der Anlageverwaltung[33].

**13** Dem Anlageverwalter muss ein **"Entscheidungsspielraum bei der Auswahl der Finanzinstrumente"** eingeräumt sein. Dieses Tatbestandsmerkmal entspricht dem der Einräumung eines Entscheidungsspielraums bei der Finanzportfolioverwaltung gemäß § 1 Abs. 1a Satz 2 Nr. 3 KWG. Ein Entscheidungsspielraum liegt nicht vor, wenn die Gemeinschaft der Anleger jede Entscheidung des Anlageverwalters vorher genehmigen muss oder dem Anlageverwalter deshalb kein Entscheidungsspielraum eingeräumt ist, weil er einen bestimmten Index, zB den DAX, abzubilden hat[34]. Dabei ist unerheblich, ob die Ermes-

---

[27] Unstrittig, vgl. nur RegBegr., BT-Drs. 16/11130, S. 43; *Kumpan* in Schwark/Zimmer, KMRK, 4. Aufl. 2010, WpHG § 2 Rn. 102; *von Livonius/Bernau* WM 2009, 1216, 1919; *Reschke* in Beck/Samm/Kokemoor, KWG, § 1 Rn. 761; *Schwennicke* in Schwennicke/Auerbach, KWG, 2. Aufl. 2013, § 1 Rn. 155; *Assmann* in Assmann/Scheider, WpHG, 6. Aufl. 2012, § 2 Rn. 121d; enger *Bärenz/Käpplinger* ZBB 2009, 277, 280 (Gemeinschaft erfordert gemeinsame Verwaltung zu im Wesentlichen inhaltsgleichen Bedingungen sowie „Verbindung der Anleger in irgendeiner Weise, zB durch Verband oder kollektive Verbindung durch SchVerschG").

[28] *Baum* in KölnKommWpHG, 2. Aufl. 2014, § 2 Rn. 197; *Schwennicke* in Schwennicke/Auerbach, KWG, 2. Aufl. 2013, § 1 Rn. 155; *Voge* WM 2010, 913, 915; *Assmann* in Assmann/Schneider, WpHG, 6. Aufl. 2012, § 2 Rn. 121d; *Brogl* in Reischauer/Kleinhans, KWG, § 1 Rn. 256; aA *von Livonius/Bernau* WM 2009, 1216, 1219 (eine natürliche Person).

[29] *BaFin*, Merkblatt – Hinweise zum Tatbestand der Anlageverwaltung; Stand: 07/2013, S. 3; *Baum* in KölnKommWpHG, 2. Aufl. 2014, § 2 Rn. 197; *Kumpan* in Schwark/Zimmer, KMRK, 4. Aufl. 2010, WpHG § 2 Rn. 201; aA *Assmann* in Assmann/Schneider, WpHG, 6. Aufl. 2012, § 2 Rn. 121d.

[30] *Assmann* in Assmann/Schneider, WpHG, 6. Aufl. 2012, § 2 Rn. 121d.

[31] So wohl *Bärenz/Käpplinger* ZBB 2009, 277, 283 f., wenn sie für eine teleologische Reduktion des Tatbestandes für Anlagemodelle außerhalb einer öffentlich-rechtlichen Prospektpflicht plädieren.

[32] *BaFin*, Merkblatt – Hinweise zum Tatbestand der Anlageverwaltung, Stand: 07/2013, S. 3; *Bärenz/Käpplinger* ZBB 2009, 277, 280 f.; *Lenenbach*, Kapitalmarktrecht, 2. Aufl. 2010, Rn. 13.63; aA *Assmann* in Assmann/Schütze, WpHG, 6. Aufl. 2012, § 2 Rn 121d mit Fn. 5.

[33] *Baum* in KölnKommWpHG, 2. Aufl. 2014, § 2 Rn. 197; *BaFin*, Merkblatt - Hinweise zum Tatbestand der Anlageverwaltung, Stand: 7/2013, S. 3; *Reschke* in Beck/Samm/Kokemoor, KWG, § 1 Rn. 759.

[34] Vgl. *BaFin*, Merkblatt – Hinweise zum Tatbestand der Anlageverwaltung, Stand: 07/2013, S. 4; *Reschke* in Beck/Samm/Kokemoor, KWG, § 1 Rn. 762; *Brogl* in Reischauer/Kleinhans, KWG, § 1 Rn. 258.

sensentscheidung von dem Anlageverwalter selbst oder einem Dritten ausgeübt wird[35]. Der Entscheidungsspielraum des Anlageverwalters muss sich auf die „Auswahl der Finanzinstrumente" beziehen. Hierdurch sollen insb. solche – sicherlich seltenen – Fälle ausgeschlossen werden, in denen der Anlageverwalter nur konkret festgelegte Finanzinstrumente erwerben oder veräußern darf, zB wenn ein Dachfonds in bestimmte Zielfonds zu investieren hat[36].

Weiter ist Voraussetzung für das Vorliegen einer Anlageverwaltung, dass die Anschaffung **14** und Veräußerung von Finanzinstrumenten **„einen Schwerpunkt des angebotenen Produktes"** darstellt. Keinen Schwerpunkt begründet etwa die Verwaltung von dauerhaften Liquiditätsreserven oder die Anlage von Geldern in Finanzinstrumenten während bestimmter Projektphasen oder von Geldern durch Treasury-Abteilungen von Industrieunternehmen. Von „*einem*" Schwerpunkt wird jedenfalls dann auszugehen sein, wenn der Erwerb oder die Veräußerung von Finanzinstrumenten **mehr als 50 % der Gesamtsumme des Produktes** ausmacht[37].

Letztes Tatbestandsmerkmal für das Vorliegen einer Anlageverwaltung ist, dass es **Zweck** **15** des Produktes sein muss, dass die **Anleger an der Wertentwicklung** der erworbenen Finanzinstrumente **teilnehmen.** Hierdurch wird klargestellt, dass die Anleger materiell das Risiko der Geschäfte zu tragen haben, ihnen also die materiellen Vor- und Nachteile der Anschaffung oder Veräußerung der Finanzinstrumente zugute kommen bzw. zur Last fallen. Nach der Gesetzesbegründung verfolgt ein Produkt **nicht** den Zweck der Teilhabe an der Wertentwicklung der erworbenen Finanzinstrumente, wenn eine **typische Kapitalanlage** gewollt ist, wie dies etwa bei der Tätigkeit von Private-Equity-Fonds der Fall sein soll[38].

**2. Anwendung der Aufsichtsnormen auf zivilrechtliche Strukturen.** Hinsichtlich **16** der **Private-Equity-Fonds** und der **Ventures-Capital-Fonds** macht bereits die Gesetzesbegründung deutlich, dass diese nicht dem Begriff der Anlageverwaltung unterfallen sollten, weil deren Investitionsstrategie nicht auf einen Erwerb oder Veräußerung von Finanzinstrumenten sondern eine Beteiligung mit unternehmerischer Entscheidung gerichtet sei[39]. Gleiches gilt unstreitig für **Immobilien-, Schiffs-, Flugzeug- oder Filmfonds**[40]. Die meisten dieser geschlossenen Fonds werden heute voraussichtlich als Investmentvermögen iSd KAGB zu qualifizieren sein und schon deshalb nicht dem Tatbestand der Anlageverwaltung unterfallen.

Ebenso ist unstreitig, dass die **Treasury-Abteilungen von Industrieunternehmen,** **17** selbst wenn auf eigene Tochtergesellschaften ausgelagert und Liquidität in Finanzinstru-

---

[35] *BaFin*, Merkblatt – Hinweise zum Tatbestand der Anlageverwaltung, Stand: 7/2013, S. 4; *Reschke* in Beck/Samm/Kokemoor, KWG, § 1 Rn. 763.
[36] Vgl. RegBegr., BT-Drs. 16/11130, S. 74; *von Livonius/Bernau* WM 2009, 1216, 1220, 1223.
[37] Vgl. zum Ganzen *von Livonius/Bernau* WM 2009, 1216, 1220; *Voge* WM 2010, 913, 916; *Schwennicke* in Schwennicke/Auerbach, KWG, 2. Aufl. 2013, § 1 Rn. 158; (wohl einen noch geringeren Prozentsatz ausreichen lassend) *Bärenz/Käpplinger* ZBB 2009, 277, 283; (Tätigkeitsschwerpunkt ab einem Drittel des Fondsvolumens) *Kind* in Lüdicke/Arndt, Geschlossene Fonds, 6. Aufl. 2013, S. 185; *Brogl* in Reischauer/Kleinhans, KWG, § 1 Rn. 259; *Volhard/Wilkens* in Grieser/Heemann, Bankaufsichtsrecht, S. 704, 711 f.
[38] BT-Drs. 16/11130, S. 63 f.; *Volhard/Wilkens* DB 2008, 2411, 2413; *Volhard/Wilkens* in Grieser/Heemann, Bankaufsichtsrecht, S. 704, 713; *von Livonius/Bernau* WM 2009, 1216, 1219; *Bärenz/Käpplinger* ZBB 2009, 277, 283.
[39] RegBegr., BT-Drs. 16/11130, S. 43 f.; *Assmann* in Assmann/Schneider, WpHG, 6. Aufl. 2012, § 1 Rn. 121 f.; *Bärenz/Käpplinger* ZBB 2009, 277, 283; *Brogl* in Reischauer/Kleinhans, KWG, § 1 Rn. 259; *Klebeck/Kolbe* ZIP 2010, 215, 216; *Reschke* in Beck/Samm/Kokemoor, KWG, § 1 Rn. 766; *Schwennicke* in Schwennicke/Auerbach, KWG, 2. Aufl. 2013, § 1 Rn. 158; *von Livonius/Bernau* WM 2009, 1216, 1222.
[40] RegBegr., BT-Drs. 16/11130, S. 43; *Volhard/Wilkens* in Grieser/Heemann, Bankaufsichtsrecht, S. 705, 713; *Weber/Seifert* in Luz/Neus/Schaber/Scharpf/Schneider/Weber, KWG, 2. Aufl. 2011, § 1 Rn. 47d.

menten investierend, nicht dem Begriff der Anlageverwaltung unterfallen, da sie kein Produkt anbieten, dessen Schwerpunkt die Anschaffung und Veräußerung von Finanzinstrumenten ist und zudem typischerweise keine natürlichen Personen die Anleger sind[41]. Auch für **Family-Offices** sollte die Einführung der Anlageverwaltung keine Auswirkungen zeitigen sondern es insoweit bei der bisherigen Behandlung belassen[42]. Ebenso sollten **Emissionsvehikel** bzw. **Zweckgesellschaften** von Kreditinstituten von dem Tatbestand der Anlageverwaltung nicht erfasst werden, weil sie sich ihrerseits nicht an das Publikum wenden sondern an die Kreditinstitute (zum Zweck des Vertriebs ihrer Emissionen) und deren Beaufsichtigung ausreichend sei[43]. Die von einigen Energieunternehmen aufgelegten **Stromfonds** unterfielen – jedenfalls bisher – nicht dem Tatbestand der Anlageverwaltung, weil sie sich nicht an natürliche Personen richteten[44].

18 Zielrichtung des Tatbestandes der Anlageverwaltung war neben den gesellschaftsrechtlichen Strukturen (KG, AG etc.) die Begebung von Genussscheinen oder Schuldverschreibungen – häufig in der Form von Zertifikaten – durch eine Gesellschaft, die jeweils die Teilnahme am Anlageerfolg der Gesellschaft an die Anleger ermöglichen[45]. Viele dieser Emissionen werden jedoch zukünftig bereits als Investmentvermögen iSv § 1 Abs. 1 KAGB zu qualifizieren sein und deshalb nicht mehr dem Tatbestand der Anlageverwaltung unterfallen.

19 **3. Ausnahme und Übergangsregelungen.** Als **Ausnahmeregelung** wurde eingeführt § 2 Abs. 6 Nr. 18 KWG, nach dem nicht als Finanzdienstleistungsinstitut gilt ein Unternehmen, **das als Finanzdienstleistungen nur die Anlageverwaltung betreibt und dessen Mutterunternehmen die KfW oder ein näher bezeichnetes Institut ist.** Als Mutterinstitut qualifizieren sich insoweit Finanzdienstleistungsinstitute mit der Erlaubnis für die Anlageverwaltung oder CRR-Institute mit Sitz in einem anderen Staat der EU oder des EWR, wenn dort die Erlaubnis für vergleichbare Geschäfte erteilt worden ist, oder ein Institut in einem Drittstaat, wenn dieses für die Geschäfte der Anlageverwaltung nach § 2 Abs. 4 KWG von einer Erlaubnispflicht nach § 32 KWG freigestellt ist. Hierdurch werden insbesondere erfasst **Emissionsvehikel,** wenn es sich bei diesen um Tochtergesellschaften von Kreditinstituten handelt[46]. Gleichfalls nicht als Finanzdienstleistungsinstitute gelten nach § 2 Abs. 6 Nr. 5a, Nr. 5b KWG **Kapitalverwaltungsgesellschaften** iSv § 17 Abs. 1 KAGB, **extern verwaltete Investmentgesellschaften** iSv § 1 Abs. 13 KAGB, **EU-Verwaltungsgesellschaften** iSv § 1 Abs. 17 KAGB und **ausländische AIF-Verwaltungsgesellschaften** iSv § 1 Abs. 18 KAGB, wenn sie die kollektive Vermögensverwaltung iSv § 1 Abs. 19 Nr. 24 KAGB erbringen oder neben dieser im Falle der Kapitalverwaltungsgesellschaften und extern verwalteten Investmentgesellschaften ausschließlich die in § 20 Abs. 2 und 3 KAGB aufgeführten Dienstleistungen oder Nebendienstleistungen bzw. im Falle der EU-Verwaltungsgesellschaften und ausländischen AIF-Verwaltungsgesellschaften ausschließlich die in Art. 6 Abs. 3 Richtlinie 2009/65/EG[47] oder die in Art. 6 Abs. 4 Richtlinie 2011/61/EU[48] aufgeführten Dienstleistungen oder Nebendienstleistungen erbringen. Hierdurch wird erreicht, dass die dem KAGB unterfallenden Gesellschaften nicht auch dem KWG als Finanzdienstleistungsinstitute unterfallen.

---

[41] RegBegr., BT-Drs. 16/11130, S. 44; *Reschke* in Beck/Samm/Kokemoor, KWG, § 1, Rn. 767; *Volhard/Wilkens* in Grieser/Heemann, Bankaufsichtsrecht, S. 705, 714; *von Livonius/Bernau* WM 2009, 1216, 1223.

[42] RegBegr., BT-Drs. 16/11130, S. 40; *Assmann* in Assmann/Schneider, WpHG, 6. Aufl. 2012, § 2 Rn. 121g.

[43] RegBegr., BT-Drs. 16/11130, S. 43; *Bärenz/Käpplinger* ZBB 2009, 277, 281; *Voge* WM 2010, 913, 918; *Volhard/Wilkens* in Grieser/Heemann, Bankaufsichtsrecht, S. 705, 713, 720 f.

[44] *du Buisson/Zenke/Dessau* in Zenke/Schäfer, Energiehandel in Europa, 3. Aufl. 2012, § 9 Rn. 61.

[45] Vgl. nur *von Livonius/Bernau* WM 2009, 1216, 1223; *Volhard/Wilkens* in Grieser/Heemann, Bankaufsichtsrecht, S. 705, 722.

[46] Vgl. *von Livonius/Bernau* WM 2009, 1216, 1220 f.; *Voge* WM 2010, 913, 916 f.

[47] Sog. OGAW-Richtlinie, ABl. L 302 v. 17.11.2009, S. 32.

[48] Sog. AIFM-Richtlinie, ABl. L 174 v. 1.7.2011, S. 1.

Nach der **Übergangsvorschrift** des § 64l KWG bedarf ein Institut keiner **Erlaubnis** 20
für die Erbringung der Anlageverwaltung, wenn es am 25. März 2009, dem Tag vor dem
Inkrafttreten des Tatbestandes der Anlageverwaltung[49] die Erlaubnis für das Finanzkommissionsgeschäft, den Eigenhandel oder die Finanzportfolioverwaltung besaß, da für die Inhaber derartiger Erlaubnisse auch die Erlaubnis für das Betreiben der Anlageverwaltung als zu diesem Zeitpunkt erteilt gilt. **Produktbezogen** sieht § 64l Satz 2 KWG vor, dass eine Erlaubnispflicht für die Anlageverwaltung auch nicht besteht für die Verwaltung solcher Produkte, für die bis zum 24. September 2008 ein Verkaufsprospekt veröffentlicht wurde. Zu diesem Zeitpunkt erfolgte der Beschluss der Bundesregierung zur Einführung des Tatbestandes der Anlageverwaltung und Emittenten, die in dem Vertrauen darauf, dass lediglich eine Prospekt- aber keine Erlaubnispflicht für die Begebung und Verwaltung derartiger Produkte besteht, sollten in ihrem guten Glauben daran geschützt werden.

---

[49] Vgl. BGBl. I 2009, S. 607.

# 3. Teil. Anlegerprozesse

## § 25 Prozessführung bei Anlagegeschäften

### Übersicht

|  | Rn. |
|---|---|
| I. Besonderheiten des Anlegerprozesses | 1–4 |
|   1. Mehrheit gleichermaßen Berechtigter | 2 |
|   2. Unterschiedliche rechtliche Beurteilung verschiedener Anlageformen in kollisionsrechtlicher Hinsicht | 4 |
| II. Schieds- und Gerichtsstandsvereinbarungen in Kapitalanlageverträgen | 5–43 |
|   1. Vor- und Nachteile der Schiedsvereinbarung bei Kapitalanlagegeschäften | 5 |
|     a) Faires Verfahren | 7 |
|     b) Spezielle Sachkunde | 8 |
|     c) Verfahrensdauer | 10 |
|     d) Kosten | 11 |
|     e) Verfahrensgestaltung | 12 |
|     f) Vertraulichkeit | 13 |
|     g) Präzedenzwirkung | 14 |
|     h) Durchsetzbarkeit des Schiedsspruchs | 15 |
|   2. Die Schiedsvereinbarung | 16 |
|     a) Objektive Schiedsfähigkeit | 16 |
|     b) Subjektive Schiedsfähigkeit | 18 |
|     c) Das Zustandekommen der Schiedsvereinbarung | 21 |
|     d) Wegfall der Schiedsvereinbarung | 26 |
|     e) Kompetenz-Kompetenz | 32 |
|   3. Die Gerichtsstandsvereinbarung | 35 |
|     a) Kollisionsrechtliche Beurteilung | 38 |
|     b) Zulässigkeit und Wirkungen | 39 |
|     c) Abschluss | 42 |
| III. Klägermehrheit | 44–74 |
|   1. Prozessführung vor ordentlichen Gerichten | 46 |
|     a) Musterprozess | 47 |
|     b) Abtretung | 50 |
|     c) Gewillkürte Prozessstandschaft | 54 |
|     d) Keine class action | 56 |
|     e) KapMuG | 57 |
|   2. Prozessführung vor Schiedsgerichten | 67 |
|     a) Mehrparteienschiedsverfahren | 68 |
|     b) Einbeziehung Dritter in das Schiedsverfahren | 69 |
|     c) Musterschiedsverfahren und Abtretung | 74 |
| IV. Besonderheiten des Verfahrens vor den ordentlichen Gerichten | 75–107 |
|   1. Zuständigkeit | 75 |
|     a) Internationale und örtliche Zuständigkeit | 76 |
|     b) Gerichtsstände | 78 |
|       aa) Gerichtsstand der Zweigniederlassung | 79 |
|       bb) Gerichtsstand der unerlaubten Handlung | 82 |
|       cc) Vermögensgerichtsstand | 86 |
|       dd) Verbrauchergerichtsstände | 89 |
|       ee) Kapitalmarktrechtlicher Gerichtsstand | 90 |
|     c) Verfahrenskonkurrenzen | 91 |
|       aa) Parallelverfahren bei Parteienidentität | 92 |
|       bb) Parallelverfahren ohne Parteienidentität | 93 |
|   2. Zustellungen | 95 |
|   3. Beweislast und Beweismaß | 99 |
|     a) Aufklärung im Rahmen der Prospekthaftung | 100 |
|     b) Aufklärung im Rahmen allgemeiner Anlageberatung | 102 |
|   4. Beweiserhebung | 106 |

|  | Rn. |
|---|---|
| V. Arrest zur vorläufigen Sicherung der Ansprüche von Anlegern .................................... | 108–116 |
|    1. Arrestgrund ........................................................................................................ | 109 |
|    2. Arrestanspruch .................................................................................................. | 114 |
|    3. Arrestverfahren und Schiedsvereinbarung ...................................................... | 115 |
| VI. Besonderheiten des Verfahrens vor Schiedsgerichten ............................................ | 117–139 |
|    1. Bestellung des Schiedsgerichts .......................................................................... | 117 |
|    2. Auswahl der Schiedsrichter .............................................................................. | 119 |
|    3. Anwendbares Recht ........................................................................................... | 123 |
|       a) Schiedsverfahrensrecht ................................................................................. | 124 |
|       b) Materielles Recht .......................................................................................... | 129 |
|    4. Das Verfahren im Einzelnen .............................................................................. | 134 |
|       a) Zustellungen ................................................................................................... | 135 |
|       b) Beweiserhebung ............................................................................................ | 136 |
|       c) Kosten und Kostenerstattung .................................................................... | 137 |
| VII. Anerkennung und Vollstreckbarerklärung ausländischer Zivilurteile ................ | 140–149 |
|    1. Internationale Zuständigkeit ............................................................................ | 141 |
|       a) Transient Jurisdiction .................................................................................. | 142 |
|       b) Long Arm Statutes ....................................................................................... | 143 |
|       c) Security Class Actions ................................................................................. | 144 |
|    2. Ordre public Klausel .......................................................................................... | 145 |
|       a) Verstoß gegen den materiellrechtlichen ordre public ............................. | 146 |
|       b) Verstoß gegen den prozessualen ordre public ......................................... | 147 |
| VIII. Anerkennung und Vollstreckbarerklärung ausländischer Schiedssprüche ........ | 150–154 |
|    1. Rechtswirksamkeit des Schiedsspruchs .......................................................... | 151 |
|    2. Ordre public Klausel .......................................................................................... | 153 |
|    3. Die Doppelexequierung ausländischer Schiedssprüche ................................ | 154 |

**Schrifttum:** *Basedow/Hopt/Kötz/Baetge*, Die Bündelung gleichgerichteter Interessen im Prozess (1999); *Eichholtz*, Die US-amerikanische Class action und deutsche Funktionsäquivalente (2002); *Hess*, Sammelklagen im Kapitalmarktrecht, AG, 2003, 113 ff.; *Michailidou*, Kollektiver Rechtsschutz im Europäischen Justizraum, Diss. Heidelberg, 2005; *Reuschle*, Möglichkeiten und Grenzen kollektiver Rechtsverfolgung, WM 2004, 966 ff.; *ders.*, Das Kapitalanleger-Musterverfahrensgesetz, NZG 2004, 590 ff.; *ders.*, Das Kapitalanleger-Musterverfahrensgesetz (2006); *Wanner*, Das KapMuG als allgemeine Regelung für Massenverfahren (2009); *Wunderlich*, Zivilprozessuale Möglichkeiten für ein gemeinschaftliches Vorgehen geschädigter Kapitalanleger, DB 1993, 2269 ff.; *Zypries*, Ein neuer Weg zur Bewältigung von Massenprozessen, ZRP 2004, 177 ff.

## I. Besonderheiten des Anlegerprozesses

1 Der Anlegerprozess ist gesetzlich nicht zusammenfassend geregelt. Er kann als die Gesamtheit der Normen der zivilprozessualen Durchsetzung von Ansprüchen aus Kapitalanlagegeschäften verstanden werden. Die Prozessführung bei Anlagegeschäften ist insbesondere durch zwei Besonderheiten gekennzeichnet.

2 **1. Mehrheit gleichermaßen Berechtigter.** Ansprüche aus der Vermittlung von Kapitalanlagegeschäften und den Geschäften selbst stehen regelmäßig einer Vielzahl gleichermaßen Berechtigter zu. Fehlerhafte Ad-hoc-Mitteilungen, falsche Angaben in Prospekten sowie sonstige Fehlinformationen der Öffentlichkeit, etwa im Rahmen von Äußerungen von Präsentationen, Analystenbesprechungen oder in der Hauptversammlung, betreffen nicht nur einen kleinen Personenkreis der Anleger, sondern die Gesamtheit der Kapitalanleger. So sind bei der Prospekthaftung alle Anleger, die eine Investitionsentscheidung auf Grund falscher Prospektangaben getroffen haben, anspruchsberechtigt. Ebenso sehen die Vorschriften der §§ 37b und 37c WpHG standardisierte Ansprüche gegen den Emittenten wegen unterlassener oder unwahrer Ad-hoc-Mitteilungen vor. Auch durch die unzulässige Werbung für Kapitalanlagegeschäfte werden regelmäßig nicht einzelne, sondern ganze Gruppen geschädigt, da der unseriöse Vermittler zwar einzelne Geschäfte abschließt, dabei aber immer „dieselbe Masche" benutzt.

Falsche Darstellungen gegenüber dem Kapitalmarkt verursachen in der Regel Streuschä- 3
den mit vielen Geschädigten und vergleichsweise geringen Schadensersatzsummen.[1] Die
Durchsetzung der materiellen Ansprüche durch einzelne Anleger stößt daher wegen des
hohen forensischen Aufwands an die Grenze der Wirtschaftlichkeit und verliert sich letztlich in einem rationalen Desinteresse.[2] Dadurch verliert das kapitalmarktrechtliche Haftungsrecht seine Steuerungsfunktion, nämlich die Abschreckungs- und Schadensvermeidungsfunktion.[3] Das Kapitalanleger-Musterverfahrensgesetz dient daher als neue kollektive
Rechtsschutzform die staatliche Finanzmarktaufsicht als sog. zweite Spur zu verstärken.
Den geschädigten Anlegern kommt dabei eine wesentliche Rolle bei der Durchsetzung des
Marktordnungsrechts zu, soweit dieses individuelle Ansprüche der Kapitalanleger vorsieht.

**2. Unterschiedliche rechtliche Beurteilung verschiedener Anlageformen in** 4
**kollisionsrechtlicher Hinsicht.** Eine weitere Besonderheit des Anlegerprozesses ist es,
dass die verschiedenen Erscheinungsformen der Kapitalanlage kollisionsrechtlich unterschiedlich zu behandeln sind. Die einzelnen Anlageformen sind so unterschiedlich, dass ein
internationales Kapitalanlagerecht entstanden ist, das die Gesamtheit der Normen des IPR
der Kapitalanlagen umfasst. Das bringt für den Nachweis und die Feststellung ausländischen
Rechts im Prozess zuweilen besondere Probleme.[4]

### II. Schieds- und Gerichtsstandsvereinbarungen in Kapitalanlageverträgen

#### 1. Vor- und Nachteile der Schiedsvereinbarung bei Kapitalanlagegeschäften 5

**Schrifttum:** *Berger*, Schiedsgerichtsbarkeit und Finanztermingeschäfte – Der „Schutz" der Anleger
vor der Schiedsgerichtsbarkeit durch § 37h WpHG, ZBB 2003, 77 ff.; *Hahnkamper/Preidl*, Schiedsgerichtsbarkeit für die Finanzmärkte, Zeitschrift für das gesamte Bank- und Börsenwesen 2013, 383 ff.;
*Iffland*, Börsenschiedsgerichtsbarkeit in Deutschland und Russland, 2008; *Jordans*, Schiedsgerichtsbarkeit bei Termingeschäften und Anlegerschutz, 2007; *Kronke*, Entwicklungen des internationalen
Kapitalmarktrechts und Schiedsgerichtsbarkeit, FS für Böckstiegel, 2000, S. 431 ff.; *Lehmann*, Wertpapierhandel als schiedsfreie Zone? – Zur Wirksamkeit von Schiedsvereinbarungen nach § 37h WpHG,
SchiedsVZ 2003, 219 ff.; *Loritz*, Schiedsgerichtsbarkeit bei Kapitalanlagen, Festschrift für Geimer,
2002, S. 569 ff.; *Niedermeier*, Schiedsgerichtsbarkeit und Finanztermingeschäfte – Anlegerschutz durch
§ 37h WpHG und andere Instrumente, SchiedsVZ 2012, 177 ff.; *Quinke*, Börsenschiedsvereinbarungen und prozessualer Anlegerschutz, 2005; *Samtleben*, Schiedsgerichtsbarkeit und Finanztermingeschäfte – Der Schutz der Anleger vor der Schiedsgerichtsbarkeit durch § 37h WpHG, IPRax 2011,
469 ff.; *Sethe*, Schiedsvereinbarungen, in: Assamnn/Schneider (Hrsg.), Wertpapierhandelsgesetz,
6. Aufl., 2012, S. 1904 ff.; *Werner*, Arbitration and Finance Arbitration in International Capital Markets: The ISDA Perspective, 8. Petersberger Schiedstage, 2012, (Vortrag).

Im Rahmen von Kapitalanlagegeschäften finden sich häufig Schiedsvereinbarungen[5]. Die 6
Gründe hierfür sind mannigfaltig[6].

---

[1] *Fleischer*, Gutachten F des 64. DJT, F 116; *Schäfer* in Basedow/Hopt/Kötz/Baetge, Die Bündelung gleichgerichteter Interessen im Prozess, 1999, S. 67, 68 f.; Bericht der Regierungskommission „Corporate Governance", BT-Drs. 14/7515, Rn. 188.
[2] *Eichholtz*, Die US-amerikanische Class action und deutsche Funktionsäquivalente, S. 11; *Reuschle*, Das Kapitalanleger-Musterverfahrensgesetz, NZG 2004, 590 ff.; *Zypries*, Ein neuer Weg zur Bewältigung von Massenprozessen, ZRP 2004, 177, 178.
[3] *Fleischer*, Gutachten F des 62. DJT, F 116.
[4] Vgl. dazu *Schütze* in Wieczorek/Schütze, ZPO, 4. Aufl., 2013, § 293 Rn. 18 ff. mwN.
[5] Vgl. dazu *Weihe*, Der Schutz der Verbraucher im Recht der Schiedsgerichtsbarkeit, 2005, S. 36 ff.
[6] Vgl. dazu *Pörnbacher/Wortmann*, Schiedsgerichtsbarkeit: Eine wertvolle Alternative zu staatlichen Gerichtsverfahren, ZKM 2012, 144 ff. (145 ff.); *Schütze*, Verbesserungen des Zivilgerichtsverfahrens aus Erfahrungen mit der Schiedsgerichtsbarkeit in Gilles, Effiziente Rechtsverfolgung, 1987, S. 65 ff.; *ders.*, Schiedsgericht und Schiedsverfahren, 5 Aufl., 2012, Rn. 29 ff.; *Schütze*, Effektivität des Rechtsschutzes vor den Schiedsgerichten in Gottwald, Effektivität des Rechtsschutzes vor staatlichen und privaten Gerichten, 2006, S. 171 ff.; *Stumpf*, Vor- und Nachteile des Verfahrens vor Schiedsgerichten gegenüber Verfahren vor Ordentlichen Gerichten, FS für Bülow, 1981, S. 217 ff.

7   **a) Faires Verfahren.** Staatliche Gerichte sind in einigen Teilen dieser Welt zuweilen korrupt oder fremdenfeindlich[7]. Hier ist die Schiedsgerichtsbarkeit häufig der einzige Ausweg. Nun gibt es zwar auch korrupte, parteiliche und bestechliche Schiedsrichter. Das Bestellungsverfahren minimiert dieses Problem jedoch, da – selbst wenn jede Partei einen parteilichen Schiedsrichter ernennt – der neutrale Versitzende das *casting vote* hat.

8   **b) Spezielle Sachkunde.** Gewisse Kapitalanlageformen erfordern eine Sachkunde, die von Richtern der ordentlichen Gerichtsbarkeit nicht vorausgesetzt werden kann. Das System des gesetzlichen Richters bringt es mit sich, dass Richter über Sachverhalte entscheiden müssen, die ihnen fremd sind und deren Durchführung, Usancen pp. sie nicht überblicken. So wird schon die Terminologie von Optionsgeschäften einem Richter an einem deutschen Landgericht regelmäßig ein Buch mit sieben Siegeln sein, wenn es sich nicht gerade um eine spezialisierte Kammer eines Landgerichts an einem Börsenplatz – etwa Frankfurt – handelt.

9   Die Schiedsgerichtsbarkeit bietet die Möglichkeit, den Rechtsstreit durch private Richter mit besonderer Sachkenntnis entscheiden zu lassen. So ist der publizitätsträchtige Streit der 80er Jahre um Wertpapierpensionsgeschäfte einer Frankfurter Bank durch ein Schiedsgericht entschieden worden.

10  **c) Verfahrensdauer**[8]. Das Schiedsverfahren ist seiner Konzeption nach schneller[9] – da es von den seltenen Fällen der Vereinbarung eines Oberschiedsgerichts angesehen[10] – nur eine Instanz kennt. Der Vorteil kann aber durch die Notwendigkeit des Vollstreckbarerklärungsverfahrens (§§ 1060 ff. ZPO) und das Fehlen von Zwangsmitteln des Schiedsgericht ausgeglichen werden. Auch stehen einer böswilligen Partei mehr Möglichkeiten der Verzögerung (zB Nichteinzahlung von Vorschüssen, Anträge auf Vernehmung von Zeugen durch das ordentliche Gericht pp.) im Schiedsverfahren als im ordentlichen Prozess zur Verfügung.

11  **d) Kosten.** Schiedsverfahren sind nicht kostengünstiger als Verfahren vor den ordentlichen Gerichten. Die behaupteten Kostenvorteile sind vielfach Erfindungen von Möchtegernschiedsrichtern ohne eigene Erfahrungen. Auch konzeptionelle Kostenvorteile des einstufigen Schiedsverfahrens werden durch das Vollstreckbarerklärungsverfahren häufig ausgeglichen.[11]

12  **e) Verfahrensgestaltung.** Die Parteien und das Schiedsgericht sind in der Verfahrensgestaltung freier als das ordentliche Gericht. Das kann insbesondere bei internationalen Verfahren zur Beschleunigung und Vereinfachung führen.

13  **f) Vertraulichkeit.** Schiedsverfahren sind nicht öffentlich. Schiedssprüche werden nicht veröffentlicht. Bei Kapitalanlagegeschäften, bei denen die Beteiligten häufig ein Interesse daran haben, dass ihre Streitigkeiten und darüber die abgeschlossenen Geschäfte nicht allgemein bekannt werden, kann der Gesichtspunkt der Vertraulichkeit eine Rolle spielen.

14  **g) Präzedenzwirkung.** Schiedssprüche haben keine Präzedenzwirkung.[12] Wollen die Parteien eine grundsätzliche Klärung einer Streitigkeit – zB ein institutioneller Anleger – so ist die Schiedsgerichtsbarkeit ungeeignet.

---

[7] Vgl. dazu *Schütze*, Richterwahlsponsoring. Überlegungen zur ordre public Widrigkeit von Urteilen US-amerikanischer Staatsgerichte, ZVglRWiss 100 (2001), 464 ff.

[8] Vgl. dazu *Briner*, Reflections on Duration of Arbitral Proceedings, FS für Sandrock, 2000, S. 137 ff.

[9] Vgl. zu den Beschleunigungsmechanismen im einzelnen *Genz*, Der Faktor Zeit im Schiedsverfahren, 2013.

[10] Vgl. dazu *Schütze/Tscherning/Wais*, Handbuch des Schiedsverfahrens, 2. Aufl. 1990, Rn. 122; *Schwab/Walter*, Schiedsgerichtsbarkeit, 7. Aufl. 2005, Kap. 22 Rn. 1 ff.; zur Diskussion *Weber*, Für und Wider einer Berufungsinstanz im Schiedsverfahren, FS für Geimer, 2002, S. 1145 ff.

[11] Vgl. dazu die sorgfältigen Untersuchungen von *Lachmann*, Handbuch für die Schiedsgerichtspraxis, 3. Aufl. 2008 Rn. 4666 ff.

[12] Vgl. *König*, Präzedenzwirkung ausländischer Schiedssprüche – Dogmatisch-empirische Analysen zur Investitions- und Handelsschiedsgerichtsbarkeit, Diss. Berlin (Humboldt), 2013; *Schütze*, Zur Präzedenzwirkung von Schiedssprüchen, FS für Glossner, 1994, S. 333 ff.; *Schütze*, Journal of International Arbitration, 11 (1994) No. 3, 69 ff.

**h) Durchsetzbarkeit des Schiedsspruchs.** Schiedssprüche sind international freizügiger als Gerichtsurteile. Allerdings ist bei Kapitalanlagegeschäften – früher insbesondere Börsentermingeschäften – eine gewisse Feindseligkeit der Gerichte nicht zu verkennen.[13]

**2. Die Schiedsvereinbarung. a) Objektive Schiedsfähigkeit**

**Schrifttum:** *Böcker,* Das neue Recht der objektiven Schiedsfähigkeit, 1998; *Bork,* Der Begriff der objektiven Schiedsfähigkeit, ZZP 100 (1987) 249 ff.; *Schlosser,* Die Schiedsfähigkeit im engeren und weiteren Sinne, DIS-MAT IV (1998) S. 49 ff.; *Schulze,* Grenzen der objektiven Schiedsfähigkeit im Rahmen des § 1030 ZPO, 2003; *Schwab,* Wandlungen der Schiedsfähigkeit, FS für Henckel, 1995, S. 803 ff.

Schiedsfähig sind alle vermögensrechtlichen Ansprüche (§ 1030 Abs. 1 Satz 1 ZPO). Diese Ansprüche sind generell einer Schiedsvereinbarung zugänglich, ohne dass es – wie nach früherem Recht – auf die Zulässigkeit eines Vergleichs über sie ankäme. Deshalb schließen Vergleichs- und Verzichtsverbote, wie sie sich teilweise im Gesellschaftsrecht finden, die objektive Schiedsfähigkeit nicht aus[14]. Hier ergeben sich bei Kapitalanlagegeschäften regelmäßig keine Probleme, auch nicht bei Finanztermingeschäften. Die Zulässigkeit von Schiedsvereinbarungen für derartige Transaktionen ergibt sich incidenter aus § 37h WpHG. Nach dieser Bestimmung ist die Vereinbarung der Zuständigkeit eines Schiedsgerichts über künftige Rechtsstreitigkeiten aus Wertpapierdienstleistungen, Wertpapiernebendienstleistungen oder Finanztermingeschäften nur verbindlich, *„wenn beide Vertragsteile Kaufleute oder juristische Personen des öffentlichen Rechts sind"*. Würde man die objektive Schiedsfähigkeit von Streitigkeiten aus derartigen Geschäften generell verneinen, so könnten auch Kaufleute und juristische Personen des öffentlichen Rechts keine Schiedsvereinbarung abschließen. Das aber lässt § 37h WpHG gerade zu.[15]

**b) Subjektive Schiedsfähigkeit**

**Schrifttum:** *Berger,* Schiedsgerichtsbarkeit und Finanztermingeschäfte – Der „Schutz" der Anleger vor der Schiedsgerichtsbarkeit durch § 37h WpHG, ZBB 2003, 77 ff.; *Ebbing,* Zur Schiedsfähigkeit von Börsengeschäften und Börsentermingeschäften, WM 1999, 1264 ff.; *Lehmann,* Wertpapierhandel als schiedsfreie Zone? – Zur Wirksamkeit von Schiedsvereinbarungen nach § 37h WpHG, SchiedsVZ 2003, 219 ff.; *Quinke,* Börsenschiedsvereinbarungen und prozessualer Anlegerschutz, 2005; *Samtleben,* Das Börsentermingeschäft ist tot – es lebe das Finanztermingeschäft, ZBB 2003, 69 ff.; *ders.,* Schiedsgerichtsbarkeit und Finanztermingeschäfte – Der Schutz der Anleger vor der Schiedsgerichtsbarkeit durch § 37h WpHG, IPRax 2011, 469 ff.; *Sethe,* Schiedsvereinbarungen, in: Assmann/Schneider (Hrsg.), Wertpapierhandelsgesetz, 6. Aufl. 2012, S. 1904 ff.; zur Literatur zu § 38 BörsG aF vgl. die Schrifttumsübersicht 2. Aufl., zu § 29.

Die subjektive Schiedsfähigkeit ist Ausfluss der *Geschäftsfähigkeit*. Die Parteien der Schiedsvereinbarung müssen persönlich fähig sein, sich durch einen Vertrag zu verpflichten. Bei internationalen Schiedsvereinbarungen ist die subjektive Schiedsfähigkeit nach Art. 7 EGBGB zu beurteilen.[16] Für Beschränkungen der subjektiven Schiedsfähigkeit gilt damit das Heimatrecht.[17]

Probleme ergeben sich für die subjektive Schiedsfähigkeit nach deutschem Recht bei Streitigkeiten aus Wertpapierdienstleistungen, Wertpapiernebendienstleistungen und Finanzierungsgeschäften. § 37h WpHG – eingeführt durch das Vierte Finanzmarktförderungs-

---

[13] Vgl. *Schütze* JbPdS 1 (1987) 94 ff. zum alten Recht. Die Hostilität und das Misstrauen scheinen aber unter neuem Recht nicht geringer geworden.

[14] Vgl. auch Begründung zum Schiedsverfahrensneuregelungsgesetz, BT-Drucks. 13/5274, S. 34.

[15] Vgl. für diese Argumentation nach früherem Recht (§ 28 BörsG) *Bork/Stöve,* Schiedsgerichtsbarkeit bei Börsengeschäften, 1992, S. 32; *Schütze* JbPdS 1 (1987) 96 f.

[16] Vgl. *Schütze,* Schiedsgericht und Schiedsverfahren, 5. Aufl. 2012, Rn. 145; *Schütze/Tscherning/Wais,* Handbuch des Schiedsverfahrens, 2. Aufl. 1990, Rn. 562; *Schwab/Walter,* Schiedsgerichtsbarkeit, 7. Aufl. 2005, Kap. 44, Rn. 18.

[17] Vgl. zum Theorienstreit *Samtleben* BB 1974, 1616 ff., 1618.

gesetz – ersetzt § 28 BörsG aF, der für Börsentermingeschäfte eine Einschränkung der subjektiven Schiedsfähigkeit auf börsentermingeschäftsfähige Personen vorsah. Nach § 37h WpHG sind nur Kaufleute und juristische Personen des öffentlichen Rechts für derartige Streitigkeiten subjektiv schiedsfähig. Mit der Ausdehnung des Kreises der risikoträchtigen Geschäfte, die nicht – jedenfalls nicht vor Entstehen der Streitigkeit – schiedsfähig sein sollen, auf Wertpapierdienstleistungen und Wertpapiernebendienstleitungen geht § 37h WpHG über § 28 BörsG aF unnötig hinaus[18]. Auf einen weitere Schwachpunkt der Regelung weist *Quinke*[19] hin. Wegen der Anknüpfung der subjektiven Schiedsfähigkeit an Art. 7 EGBGB können deutsche Privatanleger in Deutschland keine wirksamen Schiedsvereinbarungen über die in § 37h WpHG genannten Geschäfte abschließen, während ein solcher Abschluss ausländischen Privatanlegern in Deutschland offen steht.

**21**  **c) Das Zustandekommen der Schiedsvereinbarung.** Während sich die Wirkungen einer Schiedsvereinbarung allein nach der lex fori bestimmen,[20] beurteilt sich ihr Zustandekommen nach der lex causae.[21] Nach hL ist die Schiedsvereinbarung als *materiellrechtlicher Vertrag* über einen prozessrechtlichen Gegenstand zu qualifizieren.[22]

**22**  Nach deutschem IPR können die Parteien deshalb das auf die Schiedsvereinbarung anwendbare Recht durch Rechtswahl bestimmen (Art. 3 Rom I-VO analog). Dabei umfasst die Rechtswahl für das Rechtsverhältnis, das Gegenstand der Schiedsvereinbarung ist, regelmäßig – jedoch nicht notwendigerweise – auch die Schiedsvereinbarung.[23]

**23**  Probleme der Rechtswahl ergeben sich bei Schiedsvereinbarungen über Streitigkeiten aus Finanztermingeschäften. Der BGH hat die Rechtswahl für ein Börsentermingeschäft im Hinblick auf § 61 aF BörsG als unzulässig angesehen.[24] *Mann*[25] hat diese Rechtsprechung mit beachtlichen Argumenten kritisiert.

**24**  Die Neufassung des § 61 BörsG hatte dann einige Klarheit gebracht. Rechtswahlklauseln waren plötzlich zulässig. Die Vereinbarung der Zuständigkeit eines ausländischen Schiedsgerichts war nun auch zulässig, wenn dieses – auf Grund einer Rechtswahlklausel – ausländisches Recht anwenden wurde, das den Differenzeinwand nicht kennt.[26] Der BGH hatte daraufhin eingelenkt und war von seiner früheren Rechtsprechung behutsam abgedrückt.[27] Er suchte die Lösung über die Versagung der Wirkungserstreckung oder Aufhebung eines Schiedsspruchs. Das alles ist seit dem 4. Finanzmarktförderungsgesetz Rechtsgeschichte geworden. Die fehlplazierte Regelung der Börsentermingeschäfte in §§ 50–70 BörsG[28] ist durch §§ 37d–37h WpHG ersetzt worden, die das früher diskutierte Problem obsolet haben werden lassen.

---

[18] Vgl. *Sethe* in Assmann/Schneider Wertpapierhandelsgesetz, § 37h Rn. 3.

[19] Börsenschiedsvereinbarungen und prozessualer Anlegerschutz, S. 387 ff.

[20] Im deutschen Recht begründet die Schiedsvereinbarung eine prozesshindernde Einrede, § 1032 Abs. 1 ZPO.

[21] Vgl. *Basedow* JbPdS 1 (1987) 3 ff.; *Fouchard*, L Arbitrage Commercial International, 1965, Nr. 226; *Schütze/Tscherning/Wais,* Handbuch des Schiedsverfahrens, 2. Aufl. 1990, Rn. 559.

[22] Vgl. BGHZ 23, 198, 200; BGHZ 40, 320; *Hartmann* in Baumbach/Lauterbach, § 102 Rn. 10; *Lachmann,* Handbuch für die Schiedsgerichtspraxis, 3. Aufl. 2008, Rn. 266; *Maier,* Handbuch der Schiedsgerichtsbarkeit, 1979, Rn. 20; *Schütze,* Schiedsgericht und Schiedsverfahren, 5. Aufl. 2012, Rn. 180; *Schütze* in Wieczorek/Schütze, ZPO, 4. Aufl., § 1029 Rn. 4 ff. Die Rechtsnatur der Schiedsvereinbarung ist jedoch höchst umstritten, vgl. dazu *Hausmann* in Reithmann/Martiny, Internationales Vertragsrecht, 7. Aufl. 2010, Rn. 6552 mwN.

[23] Vgl. *Hausmann* in Reithmann/Martiny, Internationales Vertragsrecht, 7. Aufl. 2010, Rn. 6645.

[24] Vgl. die Zusammenstellung bei *Bundschuh* WM 1986, 725 ff., 727 f.; weiter *Veltins* JbPdS 3 (1989) 126 ff., 132 f.

[25] Vgl. *Mann,* FS für von Caemmerer, S. 737 ff.

[26] Vgl. *Bork/Stöve,* Schiedsgerichtsbarkeit, S. 37.

[27] Vgl. BGH WM 1991, 1248 mit Anm. *Schütze* WuB VII B 3, ZPO 1.91 und *Koller* EWiR 1991, 559.

[28] Vgl. *Sethe* in Assmann/Schneider, WpHG, § 37h, Rn. 1 f.

Probleme ergeben sich in der Praxis daraus, dass die Rechtsprechung zuweilen mutmasst, **25** dass ein Schiedsgericht bei Schiedsort im Ausland deutsches zwingendes Recht nicht anwenden oder falsch interpretieren werde[29]. So hat der BGH einer internationalen Schiedsvereinbarung für ein ausländisches Börsentermingeschäft die Anerkennung versagt[30]. Der Leitsatz dieser Entscheidung ist programmatisch: *"Die Vereinbarung eines ausländischen Schiedsgerichts aus einem Vertrag über Termingeschäfte an ausländischen Börsen, die zugleich Differenzgeschäfte sind, ist nicht anzuerkennen, wenn sie in Verbindung mit einer Rechtswahlklausel zur Folge hätte, dass das Schiedsgericht den Termin- und Differenzeinwand nicht beachtet".* Die Rechtsprechung zu den Termin- und Differenzgeschäften ist zwischenzeitlich zwar überholt. Das Prinzip hält sich aber hartnäckig[31]. Diese Rechtsprechung ist nicht zu billigen Nach der UN-Konvention 1958 muss Deutschland Schiedsvereinbarungen anerkennen, die die Voraussetzungen des Übereinkommens erfüllen, ohne dies von einer „Spökenkiekerei" abhängig zu machen.

**d) Wegfall der Schiedsvereinbarung.** Die Schiedsvereinbarung kann einverständlich **26** aufgehoben oder durch Rücktritt oder Anfechtung nach den allgemeinen Regeln über Rechtsgeschäfte beseitigt werden.[32] Darüber hinaus ist eine Kündigung aus wichtigem Grund möglich[33] Wichtiger Grund ist jeder, der es einer Partei unzumutbar macht, an der Schiedsvereinbarung festzuhalten. Hierbei handelt es sich im wesentlichen um die Fälle, in denen eine böswillige oder eine mittellose Partei ihre Verpflichtung zur Förderung des Verfahrens durch Zahlung von Vorschüssen nicht erfüllen will oder nicht erfüllen kann.

Kann der Schiedskläger nach Abschluss der Schiedsvereinbarung den Vorschuss nicht **27** erbringen und/oder sich keinen Rechtsanwalt „leisten", weil er nach Abschluss der Schiedsvereinbarung verarmt, so kann er die Schiedsvereinbarung kündigen.[34]

Auch Armut bei Abschluss der Schiedsvereinbarung gibt ein Kündigungsrecht. Der **28** BGH hat das Kündigungsrecht zunächst auf die Fälle begrenzt, in denen die arme Partei hoffte, im Zeitpunkt der Durchführung des Schiedsverfahrens ausreichende Mittel zu besitzen.[35] Die andere Partei kann die Kündigung verhindern, wenn sie sich verpflichtet, dem mittellosen Schiedskläger die Verfahrenskosten vorzustrecken.

Bei Armut des Schiedsbeklagten liegt die Problematik nur scheinbar anders.[36] Der **29** Schiedskläger kann zunächst auch in diesem Fall die Verfahrenskosten vorschießen, so die Durchführung des Schiedsverfahrens erzwingen und die Kündigung der Schiedsvereinbarung durch die arme Partei verhindern. Im Übrigen bestehen für ihn zwei Möglichkeiten:
– Er kann die Schiedsvereinbarung kündigen, weil die Rechtsverfolgung vor dem Schiedsgericht für ihn unzumutbar geworden ist.
– Er kann unmittelbar vor dem Staatsgericht klagen und der Einrede der Schiedsvereinbarung (§ 1032 Abs. 1 ZPO) die Gegeneinrede der Arglist entgegensetzen.[37]

Kollisionsrechtlich sind die Wirkungen der Armut nach dem auf die Schiedsvereinba- **30** rung anwendbaren Recht zu beurteilen. Misst dieses der Armut keine Bedeutung bei, so ist dies hinzunehmen. Das Festhalten der Parteien an die Schiedsvereinbarung verstößt weder gegen den deutschen ordre public, noch gegen Art. 6 EMRK[38].

---

[29] Vgl. *Hausmann* in Reithmann/Martiny, Rn. 6762; *Schütze* in Wieczorek/Schütze, § 1030, Rn. 24 f.
[30] Vgl. BGH WM 1987, 1153.
[31] Vgl. zB OLG München 17.5.2006 – 7 U1781/06 – DIS Datenbank (zu § 89b HGB).
[32] Vgl. iE *Schütze/Tscherning/Wais*, Handbuch des Schiedsverfahrens, 2. Aufl. 1990, Rn. 136 ff.
[33] Vgl. BGHZ 41, 108; 94, 92; BGH WM 1986, 402; 1988, 478 mit Anm. *Schütze* WuB VII A. § 1027a ZPO 1.88; LG Kassel IPRax 1993, 219; *Schütze* in Wieczorek/Schütze, ZPO, 4. Aufl., § 1029 Rn. 80.
[34] Vgl. BGHZ 41, 104; BGH WM 1988, 478.
[35] Vgl. BGHZ 77, 65.
[36] Vgl. *Schütze* in Wieczorek/Schütze, ZPO, 4. Aufl., § 1029 Rn. 87 f.
[37] Vgl. BGH WM 1988, 478.
[38] Vgl. *Schütze,* Armut im internationalen Schiedsverfahren – kollisionsrechtliche Aspekte, FS für Schlosser, 2005, S. 867 ff.

**31** Nach der neueren Rechtsprechung des BGH,[39] der sich das Kammergericht[40] und die Oberlandesgerichte Düsseldorf[41] und Köln[42] angeschlossen haben kann bei Armut einer Partei die Schiedsvereinbarung iSv § 1032 Abs. 1 Hs. 3 undurchführbar werden und der Weg zu den staatlichen Gerichten ohne Kündigung gegeben sein. Die Rechtsprechung ist problematisch und hat – zu Recht – Widerspruch in der Literatur hervorgerufen.[43] Sie führt zur Rechtsunsicherheit. Insbesondere steht das Abwendungsrecht der anderen – nicht armen – Partei in Frage.

**32**  **e) Kompetenz-Kompetenz.** Die Parteien können die Entscheidung über die Wirksamkeit einer Schiedsvereinbarung dem Schiedsgericht selbst übertragen (§ 1040 ZPO). Es handelt sich aber nur um eine unechte Kompetenz-Kompetenz Klausel. Die Letzte Zuständigkeit zur Entscheidung über die Zuständigkeit des Schiedsgerichts und die Wirksamkeit einer Schiedsvereinbarung bleibt beim staatlichen Gericht. Die Kompetenz-Kompetenz des Schiedsgerichts besteht in doppelter Hinsicht:
– Es kann über die Wirksamkeit der Schiedsvereinbarung und die Bestellung des Schiedsgerichts und
– über Einreden der Parteien – zB das Nichtunterfallen einer Streitigkeit unter die Schiedsvereinbarung – entscheiden.

**33** Voraussetzung ist immer, dass eine Partei die mangelnde Zuständigkeit des Schiedsgerichts rügt (§ 1040 Abs. 2 ZPO).

**34** Bejaht das Schiedsgericht die Wirksamkeit der Schiedsvereinbarung oder das Unterfallen einer Streitigkeit unter die Schiedsvereinbarung, so entscheidet es durch Zwischenentscheid (§ 1040 Abs. 3 ZPO)[44]. Dieser ist kein Schiedsspruch[45]. Verneint das Schiedsgericht dagegen seine Zuständigkeit oder ist es der Ansicht, dass die Streitigkeit nicht unter die Schiedsvereinbarung fällt, so weist es die Schiedsklage durch Endschiedsspruch als unzulässig ab.

**35**  **3. Die Gerichtsstandsvereinbarung.** Gerichtsvereinbarungen finden sich bei Kapitalanlagegeschäften häufig. Sie sind wegen der regelmäßig bei Streitigkeiten auftretenden gleichen Fallkonstellation für zahlreiche Anleger sinnvoll. Das gilt insbesondere dann, wenn für die Entscheidung Kenntnisse einer besonderen Anlageform oder eines ausländischen Rechts erforderlich sind.

**36** So vertrieb in den 70er Jahren eine bedeutende Gesellschaft für Auslandsgrundbesitz Häuser und Appartements im Ausland, insbesondere in Spanien. Die Verträge mit den Erwerbern unterlagen spanischem Recht. Als Gerichtsstand war Stuttgart vereinbart. Die Bündelung zahlreicher Prozesse bei dem Landgericht und Oberlandesgericht Stuttgart führte dazu, dass ein Gutachten zum spanischen Grundstücksrecht eingeholt wurde, das Grundlage der Entscheidung zahlreicher Prozesse in den Folgejahren war. Bei der Ungeschicklichkeit mancher Gerichte im Umgang mit ausländischem Recht brachten die Gerichtsstandsvereinbarungen in dem Fall den Vorteil, dass ein Gericht entschied, das die notwendigen Kenntnisse im spanischen Recht hatte. Auch ein anderer Gesichtspunkt ist nicht zu unterschätzen. Gerichtsstandsvereinbarungen mindern das Risiko, dass gleich gelagerte Fälle unterschiedlich entschieden werden, was das Vertrauen in die Rechtspflege beeinträchtigen kann.

---

[39] Vgl. BGHZ 145, 116 = BGH NJW 2000, 3720 = JZ 2001, 258 mit a. A. *Schlosser* = LM § 1032 ZPO Nr. 11 mit Anm. *Wagner* = ZZP 114 (2001) mit Anm. *Walter*.

[40] Vgl. KG SchiedsVZ 2003, 239.

[41] Vgl. OLG Düsseldorf, ZIP 2004, 1956.

[42] Vgl. OLG Köln SchiedsVZ 2003, 239.

[43] Vgl. *Ebbing*, Private Zivilgerichte, S. 125, Fn. 318; *Risse*, Undurchführbarkeit der Schiedsvereinbarung bei Mittellosigkeit des Klägers RPS BB-Beil. Nr. 6/2001, 11 ff.; *Schlosser* JZ 2001, 260; *Walter* ZZP 114 (2001), 99 ff.; *Zöller/Geimer* § 1029, Rn. 98.

[44] Vgl. *Schwab*, Das Uncitral-model law und das deutsche Recht, FS für Nagel, 1987, S. 425 ff. (433); *Zöller/Geimer*, § 1040, Rn. 8.

[45] Vgl. OLG Hamburg, SchiedsVZ 2009, 71.

Allerdings sind Gerichtsstandsvereinbarungen für Ansprüche, die dem sachlichen Geltungsbereich des KapMuG unterfallen unzulässig, da § 32b ZPO eine ausschließliche Zuständigkeit für die Geltendmachung derartiger Ansprüche beinhaltet. **37**

**a) Kollisionsrechtliche Beurteilung.** Zulässigkeit und Wirkungen einer internationalen Gerichtsstandsvereinbarung bestimmen sich nach der lex fori, ihr Zustandekommen jedoch nach dem Vertragsstatut.[46] Zu beachten ist dabei, dass kollisionsrechtlich eine Doppelprüfung nach den Rechten des Staates, dessen Zuständigkeit prorogiert und des Staates, dessen Zuständigkeit derogiert wird, notwendig ist. Zuweilen schlägt eine Gerichtsstandsvereinbarung fehl, weil zwar die Prorogation wirksam ist, die Derogation aber nicht oder umgekehrt.[47] **38**

**b) Zulässigkeit und Wirkungen.** Die Zulässigkeit von Gerichtsstandsvereinbarungen bestimmt sich im deutschen Recht nach § 38 ZPO. Probleme ergaben sich auch hier – ebenso wie bei der Schiedsvereinbarung – für Börsentermingeschäfte. Nach § 61 BörsG aF hatte der BGH Gerichtsstandsvereinbarungen für unzulässig gehalten, die – in Verbindung mit einer Rechtswahlklausel – befürchten ließen, dass das ausländische prorogierte Gericht den Termineinwand nicht beachten würde.[48] Diese – schon bisher zweifelhafte – Ansicht ließ sich nach der Novellierung des BörsG nicht mehr halten. Gerichtsstandsvereinbarungen unterliegen keinen über das allgemeine Recht hinausgehenden Beschränkungen. **39**

Sonderregelungen für Gerichtsstandsvereinbarungen bringen Artt. 25 VO (EU) Nr. 1215/2012[49]/LugÜ II, 17 EuGVÜ/LugÜ I. Diese Regelungen sind im Rahmen ihres Geltungsbereichs an die Stelle von § 38 ZPO getreten. Diese Normen gelten insoweit nicht – auch nicht subsidiär.[50] Die Prorogationsfreiheit wird in Verbraucherschutzsachen durch Artt. 17 VO (EU) Nr. 1215/2012/LugÜ II, 13 Abs. 1 Nr. 1, 3; 14 EuGVÜ/LugÜ I eingeschränkt[51]. Der BGH misst den Verbraucherprivilegien einen hohen Stellenwert bei.[52] Nun mag man füglich zweifeln, ob es sich bei dem Personenkreis, der sich regelmäßig bei Anlagegeschäften – insbesondere Finanztermin- und Warentermingeschäften – engagiert, um schutzwürdige Konsumenten handelt. Symptomatisch ist der sog. Koestlerfall, in dem ein Ministerialrat im Bundesverteidigungsministerium während eines mehrjährigen Frankreichsaufenthalts verlustreiche Börsentermingeschäfte tätigte.[53] Ist das der klassische schutzwürdige Verbraucher?[54] **40**

Die Wirkungen einer internationalen Gerichtsstandsvereinbarung bestimmen sich allein nach der lex fori. **41**

---

[46] Vgl. BGHZ 49, 384; BGH NJW 1971, 323 mit Anm. *Geimer*; BGHZ 57, 72 = NJW 1972, 391 mit Anm. *Geimer*; BGHZ 59, 23; BAG JZ 1979, 647; *Hausmann* in Reithmann/Martiny, Internationales Vertragsrecht, 7. Aufl. 2010, Rn. 6356; *Schütze*, Deutsches Internationales Zivilprozessrecht, 2. Aufl. 2005, Rn. 166 mwN.

[47] Vgl. dazu *Schütze* DZWir 1992, 89 ff., 90 f.

[48] Vgl. BGH NJW 1984, 2037; ebenso OLG Frankfurt/Main WM 1993, 1670. Das Schrifttum war kritisch, vgl. zB *Häuser/Welter* WM 1985, Sonderbeil. 8, 9 ff.

[49] Mit Wirkung vom 10.1.2015 wird die VO (EG) Nr. 44/2001 durch die VO (EU) Nr. 1215/2012 ersetzt werden. Vgl. dazu *Cadiet* EuZW 2013, 218; *Geimer*, Das Anerkennungsregime der neuen Brüssel I Verordnung (EU) Nr. 1215/2012, FS für Torggler, 2013, S. 311 ff.; *Geimer*, Die neue Brüssel I Verordnung, FS für Delle Karth, 2013, S. 319 ff.; *Pohl* IPRax 2013, 109 ff.

[50] Vgl. BGHZ 82, 110; *Hausmann* in Wieczorek/Schütze, ZPO, 3. Aufl., § 38 Rn. 44 mwN.

[51] Vgl. dazu auch *Kowalke*, Die Zulässigkeit von internationalen Gerichtsstands-, Schiedsgerichts- und Rechtswahlklauseln bei Börsentermingeschäften, 2002.

[52] Vgl. BGH WM 1987, 1173: „Diese Vorschrift (Art. 29 EGBGB) zeigt – unabhängig davon, ob sie auf die Rechtsgeschäfte der vorliegenden Art anzuwenden ist oder nicht –, welch hoher Stellenwert dem Schutz des Verbrauchers in der Sozialordnung der Bundesrepublik Deutschland zukommt."

[53] Vgl. OLG Köln IPRspr. 1979 Nr. 12b; dazu auch *Samtleben* RabelsZ 45 (1981 218 ff.

[54] Vgl. dazu kritisch *Roth*, Wer ist im Europäischen Zivilprozessrecht ein Verbraucher?, FS für von Hoffmann, 2011, S. 715 ff.; *Schütze*, Der Verbraucher im europäischen Justizraum oder: die Zweiklassenjustiz im europäischen Zivilprozessrecht, FS für Graf von Westphalen, 2010, S. 621 ff.

**42** **c) Abschluss.** Gerichtsstandsvereinbarungen im vollkaufmännischen Geschäftsverkehr sind formfrei.[55] Im Übrigen bedürfen sie – soweit überhaupt zulässig – der Schriftform (§ 38 Abs. 3 ZPO). Hat eine der Parteien keinen allgemeinen Gerichtsstand im Inland so genügt die halbe Schriftform (formfreie Vereinbarung mit schriftlicher Bestätigung, § 38 Abs. 2 ZPO).

**43** Im Geltungsbereich VO (EU) Nr. 1215/2012, EuGVÜ und des Lugano-Übereinkommens ist nach Art. 23 bzw. 17 volle oder halbe Schriftform erforderlich.[56] Im Übrigen lassen die Regelungen seit der Revision 1978 des EuGVÜ lässt nunmehr auch stillschweigende Gerichtsstandsvereinbarungen zu, die „im internationalen Handelsverkehr in einer Form geschlossen werden, die den internationalen Handelsbräuchen entspricht, die den Parteien bekannt sind oder von ihnen als bekannt angesehen werden müssen". Diese Erleichterung macht auch eine Prorogation über AGB in gewissem Rahmen möglich.[57]

## 44 III. Klägermehrheit

**Schrifttum:** *Bergmeister,* Kapitalanleger-Musterverfahrensgesetz (KapMuG), Diss. 2008; *Hanisch,* Das Kapitalanleger-Musterverfahrensgesetz (KapMuG), Diss. Berlin 2010; *Haufe,* Das Kapitalanleger-Musterverfahrensgesetz („KapMuG"), Diss. Regensburg 2010; *Hess,* Sammelklagen im Kapitalmarktrecht, AG 2003, 113 ff.; *ders./Reuschle/Rimmelspacher,* Kölner Kommentar zum KapMuG, 2. Aufl. (2014); *Michailidou,* Kollektiver Rechtsschutz im Europäischen Justizraum, Diss. Heidelberg 2005; *Reuschle,* Möglichkeiten und Grenzen kollektiver Rechtsverfolgung, WM 2004, 966 ff.; *ders.,* Das Kapitalanleger-Musterverfahrensgesetz (2006); *Wunderlich,* Zivilprozessuale Möglichkeiten für ein gemeinsames Vorgehen geschädigter Kapitalanleger, DB 1993, 2296 ff.

**45** In Anlegerprozessen besteht ein mehrfaches Interesse, die Ansprüche in gleich gelagerten Fällen einheitlich geltend zu machen. Dafür spricht zum einen ein Kosteninteresse, zum anderen stehen den gleichermaßen Interessierten weitergehende Informationen aus dem Gesamtkomplex zur Verfügung als diese dem einzelnen bekannt sind. Schließlich werden durch ein gemeinsames Vorgehen abweichende Entscheidungen verhindert, was im Interesse ordnungsgemäßer Rechtspflege liegt

**46** **1. Prozessführung vor ordentlichen Gerichten.** Die Möglichkeiten eines gemeinsamen Vorgehens von Anlegern sind im deutschen Zivilprozess beschränkt.[58]

**47** **a) Musterprozess.** Die ZPO enthält keine gesonderten Regelungen über die Organisation eines Musterprozesses. Die Durchführung eines Musterprozesses kann daher nur auf Basis einer privatautonomen Vereinbarung durchgeführt werden. Die Beteiligten eines Anlagegeschäfts können vereinbaren, dass eine Streitigkeit nur in einem Fall rechtshängig gemacht und entschieden wird und die Entscheidung für alle anderen Fälle maßgeblich sein soll. Derartige Musterprozessabreden sind zulässig[59] aber in den meisten Fällen unzweckmäßig. Da eine Zustimmung aller Beteiligter – regelmäßig aller gleichermaßen Geschädigter – praktisch nicht zu erlangen ist, schafft die Musterprozessabrede meist keine endgültige Klarheit. Vor allem stößt die Musterprozessabrede im eskalierten Konflikt auf Widerstände des betroffenen Emittenten oder sonstigen Anbieters einer Vermögensanlage.

**48** Die Musterprozessabrede hat den Nachteil, dass das Verfahren nur für den rechtshängig gemachten Anspruch verjährungshemmend wirkt. Hier kann ein Verzicht auf die Einrede der Verjährung durch den Schuldner Abhilfe schaffen. Das größte Problem besteht aber darin, dass nur der Musterprozessführer einen Titel erlangt und die übrigen aus der bloßen

---

[55] Vgl. *Hausmann* in Wieczorek/Schütze, ZPO, 3. Aufl., § 38 ZPO Rn. 38 mwN.

[56] Vgl. dazu *Geimer/Schütze,* Internationale Urteilsanerkennung, Bd. I/1, 1983, S. 473 ff.; *Geimer/Schütze,* Europäisches Zivilverfahrensrecht, 3. Aufl. 2010, Art. 23 Rn. 95 ff. mwN.

[57] Vgl. dazu *Geimer/Schütze,* Europäisches Zivilverfahrensrecht, Art. 23 Rn. 85 ff. mwN; *Rauscher* ZZP 104 (1991) 271 ff.; *Schütze* DZWir 1992, 89 ff., 91.

[58] Vgl. dazu *Wunderlich* DB 1993, 2269 ff.

[59] Vgl. dazu *Kempf* ZZP 73 (1960) 342 ff.; *Hirte* ZZP 104 (1991) 11 ff., 55; *Wunderlich* DB 1993, 2269 ff., 2270.

Zusage des Schuldners, entsprechend dem Ausgang des Musterprozesses leisten zu wollen, nicht vollstrecken können. Der Weg über eine vollstreckbare notarielle Urkunde (§ 794 Abs. 1 Nr. 5 ZPO)[60] ist völlig unpraktikabel (und kostspielig). De lege lata scheitert eine Musterprozessabrede an der fehlenden Dispositionsbefugnis der Parteien über die Rechtskraft.[61]

Für gewisse kapitalmarktrechtliche Schadensersatzansprüche schafft das KapMuG nunmehr die Möglichkeit, eine bindende Entscheidung in einem Musterverfahren zu erhalten (vgl. dazu → Rn. 36 ff.). Dabei räumt der Gesetzgeber einem binnenjustiziellen Bündelungsmechanismus den Vorzug gegenüber einer privatautonomen Musterprozessabrede ein.[62]

**b) Abtretung.** Die Nachteile des Musterprozesses werden durch die treuhänderische Abtretung der Ansprüche an den Kläger vermieden. In diesem Fall werden alle Ansprüche rechtshängig. Die Verjährung wird für alle Ansprüche unterbrochen, alle werden durch ein Urteil tituliert. Allerdings wächst das Kostenrisiko, wennschon mit degressiven Gebühren.

Die Geltendmachung von treuhänderisch abgetretenen Ansprüchen ist in der Praxis nicht selten. Aktionäre,[63] Kommanditisten[64] und Bauherrn[65] mit gleich gelagerten Ansprüchen haben von dieser Möglichkeit Gebrauch gemacht.[66]

Die Zulässigkeit der Geltendmachung treuhänderisch abgetretener Ansprüche hat ihre Grenze im Rechtsmissbrauch. Ist der klägerische Zessionar vermögenslos und nicht in der Lage, einen eventuellen Kostenerstattungsanspruch des obsiegenden Beklagten zu erfüllen, so ist regelmäßig von einer rechtsmissbräuchlichen Abtretung auszugehen.[67] Die Anleger können den Bannstrahl des Rechtsmissbrauchs vermeiden, in dem sie den Zessionar durch Barmittel oder Garantien in den Stand versetzen, etwaige Kostenerstattungsansprüche (für alle Instanzen) zu befriedigen.[68]

Soweit die Geltendmachung treuhänderisch abgetretener Ansprüche nicht geschäftsmäßig erfolgt, stehen ihr Bedenken aus dem Gesichtspunkt des Rechtsdienstleistungsgesetz[69] nicht entgegen. Die Geltendmachung zur Einziehung abgetretener Forderungen fällt zwar unter § 2 Abs. 1 RDG, ist aber nur erlaubnispflichtig, soweit sie „geschäftsmäßig" erfolgt. Eine derartige Forderungsabtretung scheiterte früher an Art. 1 § 1 RBerG.[70] Seit dem 1.1.2002 können jedoch auch Verbraucherzentralen und Verbraucherverbände nach Art. 1 § 3 Nr. 8 RBerG zu Einziehungszwecken abgetretene Forderungen von Verbrauchern gerichtlich geltend machen. Diese Ausgangslage hat das Rechtsdienstleistungsgesetz nicht geändert. § 79 Abs. 2 Nr. 3 ZPO ermächtigt nunmehr explizit Verbraucherverbände im Rahmen ihres Aufgabenbereichs zur Einziehung. Dagegen werden andere Verbände oder gar private Interessengemeinschaften nicht gleichermaßen privilegiert.

**c) Gewillkürte Prozessstandschaft.** Die Geltendmachung von Ansprüchen durch einen zur Einziehung berechtigten Dritten setzt ein eigenes rechtliches – nicht nur wirtschaftliches – Interesse der klagenden Dritten voraus.[71] Ein solches Interesse fehlt bei dem Anlegerprozess regelmäßig. Insbesondere ist nicht ersichtlich, inwieweit die Rechtsstellung des prozessführenden Anlegers durch die gleichzeitige Geltendmachung von Ansprüchen Dritter – mögen sie auch in gleich gelagerten Sachverhalten ihren Rechtsgrund haben –

---

[60] Vgl. dazu *Wunderlich* DB 1993, 2259 ff., 2270.
[61] Vgl. *Jacoby,* Musterprozessvertrag (2000), S. 1 ff.; *Lange, Das begrenzte Gruppenverfahren* (2011), S. 56 ff.
[62] Vgl. KK-KapMuG/*Reuschle* § 9 Rn. 1 ff.
[63] Vgl. LG Düsseldorf WM 1991, 1955.
[64] Vgl. BGHZ 83, 222.
[65] Vgl. BGH NJW 1990, 2461.
[66] Vgl. *Wunderlich* DB 1993, 2259 ff., 2271.
[67] Vg. BGH NJW 1990, 1117.
[68] Vgl. BGH NJW 1990, 1117, *Wunderlich* DB 1993, 2269 ff., 2271.
[69] RechtsberatungneuregelungsG vom 12.12.2007, BGBl. 2007 I 2840 in Kraft seit dem 1.7.2008.
[70] BGH ZIP 1993, 1708.
[71] Vgl. für Nachweise *Hausmann* in Wieczorek/Schütze, ZPO, 3. Aufl., Vor § 50 Rn. 77.

die Rechtsstellung des Klägers verbessern sollte. Die größere „bargaining power" im Hinblick auf einen Vergleichsabschluss genügt nicht.[72]

55 Anders ist die Rechtslage, wenn ein Verband im Rahmen seiner satzungsmäßigen Aufgaben Ansprüche im Wege der gewillkürten Prozessstandschaft geltend macht. In diesen Fällen ist das rechtliche Interesse zu bejahen.[73]

56 **d) Keine class action.** Die Prozessführungsbefugnis ist als Prozessvoraussetzung nach der lex fori zu beurteilen.[74] Für die Prozessstandschaft ist[75] zu differenzieren. Nur insoweit sie sich aus einer prozessualen Norm ergibt kommt die lex fori zur Anwendung. Das ist bei der class action des US-amerikanischen Zivilprozesses der Fall.[76] Bei der class action[77] macht der Kläger die Rechte einer Gruppe gleichermaßen Geschädigter, die durch keine Rechtsbeziehungen materieller Art verbunden sind, geltend. Das deutsche Recht kennt die class action nicht. Sie steht zur gemeinsamen Durchsetzung von Ansprüchen im Anlegerprozess nicht zur Verfügung.

57 **e) KapMuG.** Seit dem 1.11.2005 ermöglicht das Gesetz zur Einführung von Kapitalanleger-Musterverfahren v. 16.8.2005[78] die Durchführung von Musterprozessen in Verfahren über Ansprüche von Kapitalanlegern[79]. Nachdem in Schweden eine Gruppenklage nach dem amerikanischen Vorbild der class action eingeführt worden ist[80] und auch England[81], Niederlanden[82], Spanien[83] und Portugal[84] bereits Kollektivklagen kennen, ruhte auch der deutsche – stets zur Verbraucherprivilegierung bereite – Gesetzgeber nicht. Den Anstoß zur Neuregelung haben die Klagen von Telekom Aktionären gegeben[85], bei denen eine Vielzahl von Klagen zu Problemen der Bewältigung durch das Gericht führte und das Prozesskostenrisiko für die Parteien durch aufwendige Gutachten unkalkulierbar wurde.

58 Das KapMuG 2005 enthielt eine sog. sunset-Klausel, nach der das Gesetz am 1.11.2011 außer Kraft treten sollte (Art. 9 Abs. 2).[86] Ziel dieser sunset-Klausel war es, das neue In-

---

[72] Vgl. *Wunderlich* DB 1993, 2269 ff., 2270.
[73] Vgl. für Nachweise *Hausmann* in Wieczorek/Schütze, ZPO, 3. Aufl., Vor § 50 Rn. 84.
[74] Vgl. *Geimer,* Internationales Zivilprozessrecht, 6. Aufl. 2009, Rn. 2234; *Schütze,* Deutsches Internationales Zivilprozessrecht, 3. Aufl. 2009, Rn. 192; *Wieczorek/Schütze,* ZPO, 3. Aufl., Einl. Rn. 168.
[75] Vgl. dazu iE *Fragistas,* Die Prozessstandschaft im internationalen Prozessrecht, FS für Lewald, 1953, S. 471 ff.; *Wunderlich,* Zur Prozessstandschaft im internationalen Recht, Diss. München 1970.
[76] Vgl. *Schack,* Internationales Zivilverfahrensrecht, 4. Aufl. 2006, Rn. 556; *Schütze,* Deutsches Internationales Zivilprozessrecht, 2. Aufl. 2005, Rn. 193.
[77] Vgl. dazu *Greiner,* Die Class Action im amerikanischen Recht und deutscher ordre public, 1998; *Koch,* Kollektiver Rechtsschutz im Zivilprozess. Die class action amerikanischen Rechts und deutsche Reformprobleme, 1976; *Schack,* Einführung in das US-amerikanische Zivilprozessrecht, 4. Aufl. 2011, Rn. 202 ff.; *Schlurmann,* Die Class Action im Recht der USA, Diss. Köln 1978; *Schneider,* Class Actions: Rechtspolitische Fragen in den USA und Anerkennung in Deutschland, 1999; *Witzsch* JZ 1975, 277 ff.
[78] BGBl. I 2005, 2437.
[79] Vgl. dazu *Braun/Rotter* BKR 2004, 296 ff.; *Duve/Pfitzner* BB 2005, 673 ff.; *Franklin/Heydn,* KapMuG: Class Actions vor deutschen Gerichten?, ZVg/RWiss 105 (2006) 313 ff.; *Hecker* ZBB 2004, 503 ff.; *Hein* RIW 2004, 602 ff.; *Hess* WM 2004, 2329 ff.; *Hess/Michailidou* ZIP 2004, 1381 ff.; *Möllers/Weichert* NJW 2005, 2737 ff.; *Reuschle,* Das Kapitalanleger-Musterverfahrensgesetz, 2006; *Reuschle* WM 2004, 2334 ff.; *Reuschle* NZG 2004, 590 ff.; *Reuschle* WM 2004, 966 ff.; *Sessler* WM 2004, 2344 ff.; *Vorwerk/Wolf* KapMuG, 2007; *Zimmer* BKR 2004, 421 ff.; *Zypries* ZRP 2004, 177 ff.
[80] Vgl. dazu *Stadler,* Gruppen- und Verbandsklagen auf dem Vormarsch?, FS für Schlosser, 2005, S. 939 ff.; *Stengel/Hartmann* RIW 2004, 221 ff.
[81] Vgl. dazu *Andrews* ZZPInt 5 (2000) 2000, 3 ff.
[82] Vgl. die in Art. 3: 305a–c Burgerlijk Wetboek geregelte Gruppenklage sowie die in Art. 7:907 – 910 Burgerlijk Wetboek geregelte Allgemeinverbindlichkeitserklärung einer Einigung zwischen Geschädigten und Schädiger bei Massenschäden. Ausführlich auch KK/KapMuG/*Hess* Einl. Rn. 47 ff.
[83] Vgl. dazu *Fröhlingsdorf/Lincke* RIW 2001, 356 ff.; *Ramos* ZZPInt 2000, 95 ff.
[84] Vgl. *Reuschle* WM 2004, 2334 ff., 2334, Fn. 3.
[85] Vgl. *Möllers/Weichert* NJW 2005, 2737 ff., 2737.
[86] Vgl. Art. 9 Einführungsgesetz zum KapMuG, BGBl. 2005 I 2347.

strumentarium zur gerichtlichen Bewältigung von Massenschäden auf seine Praxistauglichkeit zu überprüfen. Das entsprechende Fachgutachen zur Evaluation des KapMuG wurde im Oktober 2009 vorgelegt,[87] die sunset-Klausel wurde zwischenzeitlich verlängert.[88] Im Frühjahr 2011 folgte der Regierungsentwurf zur Reform des KapMuG[89], der in der Fassung der Beschlussempfehlung des Rechtsausschusses[90] vom Deutschen Bundestag am 28.6.2012 verabschiedet wurde. Die Reform und Neufassung des KapMuG 2012 ist am 1.11.2012 in Kraft getreten.[91]

**59** Der sachliche Anwendungsbereich des KapMuG umfasst erstinstanzliche Verfahren betreffend Schadensersatzansprüche wegen falscher, irreführender oder unterlassener öffentlicher Kapitalmarktinformationen, wegen Verwendung einer falschen oder irreführenden öffentlichen Kapitalmarkinformation sowie Erfüllungsansprüche aus Vertrag, der auf einem Angebot nach dem Wertpapiererwerbs- und Übernahmegesetz beruht (§ 1 Abs. 1 KapMuG). Nach dem ausdrücklichen Willen des Gesetzgebers ist der Anwendungsbereich des KapMuG 2012 auch für Fälle der Anlageberatung eröffnet. Damit wird es ermöglicht, dass Fälle der Prospekthaftung im engeren wie auch im weiteren Sinne in einem Musterverfahren zusammengefasst werden können.

**60** Entscheidender Anknüpfungsgegenstand in § 1 Nr. 1 und Nr. 2 KapMuG ist die öffentliche Kapitalmarktinformation. Die Bedeutung dieses erst durch das KapmuG neu geschaffenen Begriffs ergibt sich daraus, dass nur bei Vorliegen einer öffentlichen Kapitalmarktinformation der Anwendungsbereich des KapMuG eröffnet ist. Der Begriff der öffentlichen Kapitalmarktinformation findet eine Legaldefinition in § 1 Abs. 2 KapMuG. Danach muss es sich um eine für eine Vielzahl von Kapitalanlegern bestimmte Information über Tatsachen, Umstände, Kennzahlen und sonstige Unternehmensdaten handeln, die einen Emittenten von Wertpapieren oder Anbieter von sonstigen Vermögensanlagen betreffen. Das Gesetz zählt derartige Tatsachen, Umstände pp. beispielhaft in § 1 Abs. 2 S. 2 KapMuG auf. Aufgrund der Ausdehnung der öffentlichen Kapitalmarktinformation auf alle Formen von Vermögensanlagen folgt, dass es für die Annahme einer Kapitalmarktinformation weder auf die Art der Kapitalanlage noch auf besondere Eigenschaften des Emittenten ankommt. Erfasst werden auch Anlagen des Grauen Kapitalmarkts.[92]

**61** Das Verfahren besteht aus drei Abschnitten: dem Vorlageverfahren (§§ 1–8 KapMuG), dem Musterverfahren (§§ 9–21 KapMuG) und der Fortsetzung der Individualrechtsstreite nach rechtskräftigem Musterentscheid.

**62** Der erste Verfahrensabschnitt erfolgt vor dem Prozessgericht. Dieses leitet aufgrund eines sog. Musterverfahrensantrags (§ 2 KapMuG) das **Vorlageverfahren** ein. Das Vorlageverfahren bezweckt die Herbeiführung der Entscheidung über die Zulassung des Musterverfahrens. Jede der Parteien kann bei dem angerufenen Landgericht – ausschließlich zuständig ist das Gericht nach § 32b ZPO – einen Musterverfahrensantrag einreichen. Der Antragsteller muss darlegen, dass die Klärung der Musterfrage auf andere Rechtsstreite Beitenwirkung entfalten kann (§ 2 Abs. 3 S. 2 KapMuG). Eine derartige Breitenwirkung ist anzunehmen bei einer vom Emittenten verursachten „Anlagestimmung", die eine Kausalität zwischen einem Börsenprospekt und dem Erwerb des Wertpapiers begründet.[93] Der Musterverfahrensantrag muss nach § 2 Abs. 2 KapMuG das Feststellungsziel und die öffentliche Kapitalmarktinformation, auf Grund derer das Verfahren geführt werden soll, enthalten. Darüber hinaus sind sämtliche zur Begründung des Feststellungsziels dienenden Tatsachen und Beweismittel anzugeben. Um einer Prozessverschleppung vorzubeugen enum-

---

[87] *Halfmeier/Rott/Fees,* Evaluation des Kapitalanleger-Musterverfahrensgesetzes (2009).
[88] Art. 5 iVm Art. 9 Abs. 2 des Gesetzes vom 24.7.2010, BGBl. 2010 I 977.
[89] Vgl. BT-Drs. 17/8799.
[90] Vgl. BT-Drs. 17/10160.
[91] BGBl. 2012 I 2182.
[92] Vgl. BT-Drs. 15/5091 S. 23.
[93] Restriktiv BGH, Urt. v. 4.6.2007, NZG 2007, 708 (ComROAD IV).

meriert § 3 Abs. 1 KapMuG vier Gründe der Unzulässigkeit des Musterverfahrensantrags: fehlende Entscheidungserheblichkeit der Musterfrage für den Ausgangsprozess; Ungeeignetheit der bezeichneten Beweismittel; fehlende Darlegung der Bedeutung für weitere Rechtsstreitigkeiten; die Prozessverschleppungsabsicht des Antragstellers. Der zulässige Musterverfahrensantrag ist vom Prozessgericht im elektronischen Bundesanzeiger unter der Rubrik „Klageregister nach dem Kapitalanleger- Musterverfahrensgesetz" (Klageregister) öffentlich bekanntzumachen (§ 3 Abs. 2 KapMuG).[94] Über die Bekanntmachung entscheidet das Prozessgericht durch unanfechtbaren Beschluss (§ 3 Abs. 2 S. 1 KapMuG). Mit der Bekanntmachung im Klageregister wird das Verfahren unterbrochen (§ 5 KapMuG). Ziel der Unterbrechung ist es, die prozessuale Bündelung gleichgerichteter Interessen in einem einzigen Musterverfahren zu gewährleisten und eine Vorwegnahme der im Musterverfahren etwa durchzuführenden Beweisaufnahme zu verhindern. Das Prozessgericht führt durch Beschluss eine Entscheidung des im Rechtszug übergeordneten OLG über den Musterverfahrensantrag herbei (Musterentscheid). Bei mehreren Musterfeststellungsanträgen entscheidet die zeitliche Priorität (§ 6 Abs. 2 KapMuG). Voraussetzung für einen Musterentscheid ist es, dass innerhalb von sechs Monaten nach der ersten Bekanntmachung im elektronischen Klageregister sich weitere neun Kläger dem Musterverfahrensantrag anschließen (§ 6 KapMuG). Maßgeblich ist dabei nicht die Zahl der Verfahren, sondern die Summe der parallel gestellten Musterverfahrensanträge.[95] Liegen zehn gleichgerichtete Musterverfahrensanträge vor, erlässt das Prozessgericht einen Vorlagebeschluss, der den Gegenstand des Musterverfahrens festlegt. Mit Erlass des Vorlagebeschlusses ist die Einleitung eines weiteren Musterverfahrens für die gem. § 8 KapMuG auszusetzenden Verfahren unzulässig (§ 7 KapMuG). Nach § 8 KapMuG setzen alle parallel befassten Prozessgerichte rechtshängige Rechtsstreite aus, deren Entscheidung vom Ausgang des Musterverfahrens abhängt. Wird das Quorum hingegen nicht erreicht, setzt das Prozessgericht das Verfahren fort (§ 6 Abs. 5 S. 1 KapMuG).[96]

**63** Das Musterverfahren wird als Zwischenverfahren (§ 6 Abs. 1 KapMuG)[97] vor dem im Rechtszug übergeordneten Oberlandesgericht geführt. Im Musterverfahren entscheidet das OLG über das im Vorlagebeschluss bestimmte Feststellungsziel. Zu diesem Zweck bestimmt es nach billigem Ermessen aus den Klägern einen Musterkläger, wobei es nach § 9 Abs. 2 KapMuG berücksichtigen muss: die Eignung des Klägers, das Musterverfahren unter Berücksichtigung der Interessen der Beigeladenen angemessen zu führen, eine eventuelle Verständigung mehrerer Kläger auf einen Musterkläger sowie die Höhe des Anspruchs, soweit er Gegenstand des Musterverfahrens ist. Nach Bestimmung des Musterklägers werden die Musterparteien sowie das Aktenzeichen des Musterverfahrens im elektronischen Klageregister bekannt gemacht (§ 10 Abs. 1). Die anderen Parallelkläger werden im Musterverfahren nach § 9 Abs. 3 von Amts wegen beigeladen. Aufgrund dieser Verfahrensstellung sind sie abhängige Nebenparteien und bleiben im Musterverfahren Dritte (§ 14 KapMuG).[98] Die Beigeladenen müssen das Verfahren in der Lage annehmen, in der es sich zum Zeitpunkt der Beiladung befindet. Die Stellung des Beigeladenen ähnelt derjenigen des Streitverkündeten. Er kann Angriffs- und Verteidigungsmittel vorbringen und Prozesshandlungen vornehmen, so-

---

[94] http://www.bundesanzeiger.de. Das beim Bundesanzeiger online abrufbare Klageregister schafft im Hinblick auf die dort aufgeführten Verfahren (dh Vorlagebeschlüsse, gerichtliche Verfügungen, Hinweisbeschlüsse und Musterentscheide) eine im deutschen Prozessrecht bisher nicht erreichte Dokumentation des Verlaufs aller nach dem KapMuG abgewickelten Verfahren.
[95] BGHZ 176, 170 = ZIP 2008, 1197; LG Stuttgart, Vorlagebeschluss vom 3.7.2006, Az. 21 O 408/05 = ZIP 2006, 1731; *Assmann,* FS M. Vollkommer (2006), S. 130. AA OLG München, Beschluss vom 9.2.2007, Az. W (KapMu) 1/06, ZIP 2007, 647.
[96] Die Entscheidung des Prozessgerichts, das Verfahren wegen Nichterreichen des Quorum fortzusetzen, ist im Interesse einer Beschleunigung der Ausgangsverfahren unanfechtbar (§ 6 Abs. 5 S. 2 KapMuG).
[97] Legislatives Vorbild ist § 93a VwGO.
[98] Zur Rechtsstellung der Beigeladenen vgl. *Rimmelspacher,* FS Canaris II (2007), S. 343 ff.

weit sie nicht in Widerspruch zu Erklärungen und Handlungen des Musterklägers stehen (§ 14 KapMuG). Der Beigeladene kann seine Klage zur Vermeidung von Kosten zurücknehmen (§ 8 Abs. 2 KapMuG). Ein späterer Musterentscheid entfaltet auch Bindungswirkung gegenüber den Beigeladenen, die ihre Klage im Ausgangsverfahren während des Musterverfahrens zurückgenommen haben. Das OLG entscheidet durch Musterentscheid aufgrund mündlicher Verhandlung (§ 16 KapMuG). Gegen den Musterentscheid ist die Rechtsbeschwerde zum BGH gegeben (§ 20 KapMuG). Die Sache hat stets grundsätzliche Bedeutung iSv § 574 Abs. 2 Nr. 1 ZPO.

Im dritten Verfahrensabschnitt werden die Individualverfahren vor dem Landgericht (§ 22 Abs. 4 KapMuG) fortgesetzt; er endet mit einer streitigen Entscheidung oder einer einvernehmlichen Beilegung des Rechtsstreits sowie einer Entscheidung über die Kosten des Musterverfahrens. Der Musterentscheid bindet die Prozessgerichte, deren Entscheidung von der im Musterverfahren zu klärenden Rechtsfrage abhängt (§ 22 KapMuG).[99] Die Bindung umfasst nicht nur den Tenor des Musterentscheids, sondern auch dessen tatsächliche und rechtliche Grundlagen.[100] Sie wirkt für und gegen den Beigeladenen (§ 22 Abs. 5 KapMuG). Soweit der Beigeladene den Entscheid im Musterverfahren nicht beeinflussen konnte, greift die Bindungswirkung aus Gründen des rechtlichen Gehörs nicht ein (§ 22 Abs. 3 KapMuG).

Die Regelung der Kosten nimmt Bedacht auf die besondere Situation der Parteien im Musterverfahren, die auch für die Beigeladenen die „Kastanien aus dem Feuer holen" oder „dort schmoren lassen". Die Beigeladenen können zwar selbständig Angriffs- und Verteidigungsmittel vorbringen und Prozesshandlungen vornehmen, die Hauptlast der Prozessführung liegt aber bei den Parteien des Musterverfahrens. Über die Kosten entscheidet jedoch nicht das Oberlandesgericht im Musterverfahren, sondern das jeweilige Prozessgericht nach rechtskräftigem Abschluss des Musterverfahrens (§ 16 Abs. 2 KapMuG). § 24 KapMuG regelt sodann die Frage, wie die im erstinstanzlichen Musterverfahren angefallenen Kosten auf die einzelnen Ausgangsverfahren zu verteilen ist.[101]

Die Neufassung des KapMuG 2012 hat gegenüber dem KapMuG 2005 drei wesentliche Änderungen bewirkt: Der sachliche Anwendungsbereich wurde auf Schadensersatzansprüche wegen mangelhafter Anlageberatung erweitert (§ 1 Abs. 1 Nr. 2 KapMuG). Zur Verschlankung des Musterverfahrens im zweiten Verfahrensabschnitt hat der Gesetzgeber ferner die Möglichkeit geschaffen, dass die Antragsteller zur Hemmung der Verjährung nicht mehr selbst Klage erheben müssen, sondern ihre Ansprüche beim Oberlandesgericht zum laufenden Musterverfahren anmelden können (§ 10 Abs. 2 KapMuG, § 204 Abs. 1 Nr. 6a BGB nF). Mit der Anspruchsanmeldung wird der Anmelder nicht Nebenpartei im Musterverfahren, sondern hemmt lediglich die Verjährung. Schließlich hat der Gesetzgeber die Möglichkeiten eines Vergleichsabschlusses neu ausgestaltet. Die §§ 17 bis 19, 23 KapMuG regeln, dass für die Wirksamkeit eines Vergleichs – anders als noch in § 14 Abs. 3 S. 2 KapMuG aF – nicht mehr die Zustimmung aller Beteiligten einschließlich der Beigeladenen erforderlich ist, sondern eine Einigung zwischen den Musterparteien für alle Beteiligten gilt, wenn weniger als 30 Prozent der Beigeladenen ihren Austritt innerhalb eines Monats nach Zustellung des Vergleichs erklären. Bleibt der Anteil unter 30% und genehmigt das Gericht den Vergleich, so wird er wirksam.

**2. Prozessführung vor Schiedsgerichten.** Das Schiedsverfahren ist weitgehend ungeeignet für eine Prozessführung mit Klägermehrheit, da die Schiedsvereinbarung nur die Parteien bindet und eine Einbeziehung Dritter in ein Schiedsverfahren nur mit Zustimmung aller Beteiligten möglich ist.

---

[99] Die Bindung des Musterklägers selbst folgt unmittelbar aus der Rechtskraft des Musterentscheids, dazu *W. Lüke* ZZP 119 (2006), 131, 147 ff.
[100] Dazu *Gebauer* ZZP 119 (2006), 159, 169 ff.; *W. Lüke* ZZP 119 (2006), 131, 151 ff.; KK-KapMuG/*Hess* § 22 Rn. 11 ff.
[101] Vgl. zum Regelungsgegenstand KK-KapMuG/*Kruis* Rn. 1.

**68**   a) **Mehrparteienschiedsverfahren**[102]. Mehrere Parteien können auf Grund eines gemeinsam geschlossenen Vertrages mit einer gemeinsamen Schiedsvereinbarung in einem einheitlichen Schiedsverfahren klagen oder verklagt werden. Die Mehrparteienschiedsgerichtsbarkeit[103] hat den entscheidenden Nachteil, dass die Beteiligten sich auf ein Schiedsgericht einigen müssen, was nachträglich (nach Entstehen der Streitigkeit) nahezu unmöglich ist. Einigen sie sich bereits in der Schiedsvereinbarung, so kann praktisch nur der Vertragspartner der Anleger den oder die Schiedsrichter bestimmen, was im Hinblick auf die Unzulässigkeit der Schiedsrichterbestellung durch eine Partei[104] zu Problemen führen mag. Die institutionellen Schiedsgerichte versuchen – ohne viel Erfolg – Lösungen anzubieten[105]. Im Anschluss an die Dutco-Entscheidung der französischen Cour de Cassation[106] sehen verschiedene institutionelle Schiedsgerichtsordnungen vor, dass bei mangelnder Einigung der „Mehrpartei" auf einen Schiedsrichter die Institution alle Schiedsrichter benennt[107]. Dadurch können die Schiedsbeklagten, die Schiedsrichterbestellung durch den Schiedskläger beseitigen – eine unangemessene Benachteiligung des vertragstreuen Schiedsklägers gegenüber den nicht vertragstreuen Schiedsbeklagten, die keine Einigung auf einen Schiedsrichter bewirken.

**69**   b) **Einbeziehung Dritter in das Schiedsverfahren.** Eine Beteiligung Dritter am Schiedsverfahren ist nur bei Zustimmung aller Beteiligten möglich.

**70**   Deshalb ist die Streitverkündung nur zulässig, wenn der Streitverkündete durch die Schiedsvereinbarung gebunden ist. Andernfalls treten die prozessualen Wirkungen der §§ 74 Abs. 3, 68 ZPO nicht ein[108]. Die Zulässigkeit der Streitverkündung hängt daran, dass sich der Streitverkündete der Entscheidungsfindung des Schiedsgerichts unterworfen hat, was in der Schiedsvereinbarung oder später geschehen kann[109]. Immer muss es sich aber um dieselbe Schiedsvereinbarung handeln, die Grundlage des Schiedsverfahrens zwischen den Parteien ist. Es genügt nicht, dass der Streitverkündete mit den Parteien andere gesonderte Schiedsvereinbarungen abgeschlossen hat.

**71**   Problematisch ist, dass der Streitverkündete – auch wenn er durch dieselbe Schiedsvereinbarung gebunden ist – keinen Einfluss auf die Besetzung des Schiedsgerichts hat[110]. Der Streitverkündete muss deshalb der Streitverkündung ausdrücklich oder stillschweigend zugestimmt haben. Diese Zustimmung liegt jedenfalls immer dann vor, wenn er dem Schiedsverfahren beitritt.

---

[102] Vgl. dazu *Böckstiegel/Berger/Bredow*, Die Beteiligung Dritter an Schiedsverfahren, 2005 (mit Beiträgen von *Böckstiegel, Wagner, von Schlabrendorff, Geimer, Sandrock, Borris* und *von Hoffmann*).

[103] Vgl. dazu *Diesselhorst*, Mehrparteienschiedsverfahren: Internationale Schiedsverfahren unter Beteiligung von mehr als zwei Parteien, 1994; *von Hoffmann*, Mehrparteienschiedsgerichtsbarkeit und Internationale Handelskammer, FS für Nagel, 1987, S. 112 ff.; *Laschet*, Die Mehrparteienschiedsgerichtsbarkeit, FS für Bülow, 1981, S. 85 ff.; *Luther*, Das Drei-Mann-Schiedsgericht bei der Entscheidung zwischen drei und mehr Vertragspartnern, FS für von Caemmerer, 1978, S. 571 ff.; *Markfort*, Mehrparteien-Schiedsgerichtsbarkeit im deutschen und ausländischen Recht, 1994; *Massuuras*, Dogmatische Strukturen der Mehrparteienschiedsgerichtsbarkeit, 1998; *Oswald*, Probleme der Mehrparteienschiedsgerichtsbarkeit, 1999; *Sandrock*, Arbitration Agreements and Groups of Companies, FS für Lalive, 1993, S. 625 ff.

[104] Vgl. dazu auch BGHZ 54, 392, BGH JZ 1989, 588.

[105] Vgl. zu den Arbeiten der ICC *von Hoffmann*, FS für Nagel, 1987, S. 112 ff.

[106] Rev. Arb. 1992, 470.

[107] Vgl. Art. 12 Abs. 8 ICC Rules, dazu *Reiner/Aschauer*, ICC Rules in Schütze, Institutional Arbitration, 2013, Art. 12 Rn. 245 ff.; § 13.2 DIS SchO, dazu *Theune*, DIS Rules, ebenda, § 13, Rn. 110 ff.

[108] Vgl. *Maier* Rn. 90; *Schütze/Tscherning/Wais* Rn. 363; *Schwab/Walter* Kap. 16, Rn. 18; weitergehend *Lachmann* Rn. 2830, der die Streitverkündung im Schiedsverfahren schon im Ansatz als verfehlt ansieht.

[109] Vgl. *Elsing*, Streitverkündung und Schiedsverfahren, SchiedsVZ 2004, 88 ff. (90 ff.); *Hamann/Lennarz*, Parallele Verfahren mit identischem Schiedsgericht als Lösung für Mehrparteienkonflikte?, SchiedsVZ 2006, 289 ff. (291); *Zöller/Geimer* § 1042, Rn. 42

[110] Hierauf weisen *Hamann/Lennarz* SchiedsVZ 2006, 289 ff. (292) besonders hin.

Auch der Beitritt als Streithelfer setzt das Bestehen einer – ausdrücklichen oder still- 72
schweigenden – Schiedsvereinbarung mit allen Beteiligten voraus[111]. Da der Nebeninterve-
nient sich dem Verfahren anschliessen will und dadurch seinen Willen bekundet, sich dem
Spruch des Schiedsgerichts zu unterwerfen, kommt es nur noch auf die Zustimmung der
Parteien an[112]. Unerheblich ist im Fall der Nebenintervention die mangelnde Mitwirkung
des Streithelfers bei der Besetzung des Schiedsgerichts, da er selbst den prozessualen Weg
wählt. Das OLG Stuttgart hat eine stillschweigende Zustimmung aller Beteiligten für ausreichend erachtet[113]. Im Verfahren nach § 1040 allerdings ist die Nebenintervention auch
ohne Bindung an die Schiedsvereinbarung zulässig[114]. Denn es handelt sich nicht um ein
Schiedsverfahren, sondern einen Zivilprozess über die Wirksamkeit einer Schiedsvereinbarung und die Zulässigkeit eines Schiedsverfahrens.

Nur bei Zustimmung aller Beteiligten sind der Eintritt einer neuen Partei durch Haupt- 73
intervention (§§ 63 ff.) und die Prozessübernahme durch den benannten Urheber (§§ 76 f.)
zulässig[115]. *Martens*[116] geht von einer Zulässigkeit von Haupt- und Nebenintervention auch
ohne Bindung an die Schiedsvereinbarung aus mit der Begründung, dass der Gesetzgeber
diese Rechtsinstitute als einseitig erzwingbare Rechte ausgestaltet habe. Das mag für das
Verfahren vor den staatlichen Gerichten so sein, kann aber auf das Schiedsverfahren nicht
übertragen werden. Auch hier gilt – wie beim Streithelfer – dass niemand sich den Parteien
des Schiedsverfahrens „aufdrängen" kann.

**c) Musterschiedsverfahren und Abtretung.** Für die Geltendmachung von Ansprü- 74
chen in einem Musterschiedsverfahren gilt dasselbe wie für den Musterprozess vor den
ordentlichen Gerichten. Bei der Abtretung von Ansprüchen an den Schiedskläger und der
Geltendmachung durch ihn kommt es für die Zulässigkeit darauf an, ob die abgetretenen
Ansprüche derselben Schiedsvereinbarung unterliegen wie die des Schiedsklägers. Das ist
regelmäßig nicht der Fall, so dass diese Form der gemeinsamen Prozessführung im Schiedsverfahren – von Ausnahmen abgesehen – ausscheidet.

## IV. Besonderheiten des Verfahrens vor den ordentlichen Gerichten

**1. Zuständigkeit.** Der Anlegerprozess weist zuständigkeitsrechtliche Besonderheiten 75
insbesondere in den Fällen auf, in denen Ansprüche gegen ausländischen Broker aus Geschäften über deutsche Vermittler geltend gemacht werden.

**a) Internationale und örtliche Zuständigkeit.** Die internationale Zuständigkeit ist 76
in der ZPO nur unvollständig geregelt. Als Faustregel gilt, dass jede örtliche Zuständigkeit
eines deutschen Gerichts deutsche internationale Zuständigkeit begründet.[117] Nach ständiger Rechtsprechung des BGH[118] unterliegt die internationale Zuständigkeit nicht dem
Nachprüfungsverbot der örtlichen Zuständigkeit nach § 545 Abs. 2 ZPO.

---

[111] Vgl. *Glossner/Bredow/Bühler* Rn. 413.
[112] Vgl. *Hamann/Lennarz* SchiedsVZ 2006, 289 ff. (290 f.); ähnlich *Nacimiento/Geimer (G.)* Eins zu
Null für die Verbandsschiedsgerichtsbarkeit des Deutschen Fussballbundes, SchiedsVZ 2003, 88 ff. (89)
mangelnder Widerspruch der unterstützten Partei.
[113] Vgl. OLG Stuttgart, SchiedsVZ 2003, 84 mit Anm. *Nacimiento/Geimer (G)* Eins zu Null für die
Verbandsschiedsgerichtsbarkeit des Deutschen Fußballbundes, ebenda, 88 ff.
[114] Vgl. OLG Frankfurt/Main SchiedsVZ 2013, 119.
[115] Vgl. *Schütze/Tscherning/Wais* Rn. 365.
[116] Vgl. *Martens*, Wirkungen der Schiedsvereinbarung und des Schiedsverfahrens auf Dritte, Diss.
Kiel, 2003.
[117] Vgl. BGHZ 44, 46; im übrigen für die Rechtsprechung *Müller-Gindullis*, Das internationale
Privatrecht in der Rechtsprechung des Bundesgerichtshofs, 1971, S. 83 ff.; aus dem Schrifttum *Geimer*,
Internationales Zivilprozessrecht, 6. Aufl. 2009, Rn. 943 ff.; *Schack*, Internationales Zivilverfahrensrecht, 6. Aufl., 2014, Rn. 266; *Schütze*, Deutsches Internationales Zivilprozessrecht, 2. Aufl. 2005,
Rn. 107 ff.
[118] Vgl. BGHZ 115, 90; BGH WM 1993, 1109; 1995, 100; BGH NJW 2003, 426; BGH NJW
2003, 2917.

**77** Im Geltungsbereich der VO (EU) Nr. 1215/2012/LugÜ II und des EuGVÜ/LugÜ I gelten nur die dort normierten Zuständigkeiten. VO (EU) Nr. 1215/2012, EuGVÜ und LugÜ I und II sind an die Stelle der nationalen Zuständigkeitsordnungen getreten.[119]

**78** **b) Gerichtsstände.** Für die Geltendmachung von Ansprüchen im Anlegerprozess sind besonders der Gerichtsstand der Zweigniederlassung, der Deliktsgerichtsstand und der Gerichtsstand des Vermögens bedeutsam.

**79** *aa) Gerichtsstand der Zweigniederlassung.* § 21 ZPO eröffnet eine Zuständigkeit am Ort der Zweigniederlassung betriebsbezogene Klagen.[120] Diese Zuständigkeit wegen „doing business" wird häufig auf Klagen gegen ausländische Broker angewendet, wenn Anlagegeschäfte durch inländische Gesellschaften vermittelt worden sind. Die Rechtsprechung lässt eine Repräsentanz genügen,[121] in teilweise sehr extensiver Auslegung des § 21 ZPO, um dem Anleger einen inländischen Gerichtsstand zu eröffnen. Der Leitsatz der Entscheidung des BGH v. 13.7.1987 spricht für sich:

*„Erweckt eine US-Brokerfirma in ihrer Werbung den Anschein, bei ihren „Büros" in der Bundesrepublik Deutschland handle es sich um von ihr unterhaltene Geschäftseinrichtungen, kann sie sich nicht darauf berufen, sie würden nicht in ihrem Namen und für ihre Rechnung betrieben.*

*Die internationale Zuständigkeit deutscher Gerichte gem. § 21 ZPO setzt eine Niederlassung voraus, deren Leitung das Recht haben muss, aus eigener Entscheidung Geschäfte abzuschließen. Agenturen zur bloßen Vermittlung von Vertragsofferten genügen nicht."*

**80** Demgegenüber fordert das LG Darmstadt[122] in einer Entscheidung aus dem Jahre 2004 nicht einmal eine Abschlussvollmacht, lässt vielmehr allein den äußeren Eindruck genügen und denaturiert damit § 21 ZPO – aus Gründen der Verbraucherprivilegierung[123] – zu einer reinen Anscheinszuständigkeit[124]. Das OLG Koblenz[125] stellt ebenfalls auf den Rechtsschein ab, verschärft aber die Anforderungen hieran.

**81** Im Geltungsbereich der VO (EU) Nr. 1215/2012/LugÜ II und EuGVÜ/LugÜ I treten jeweils Art. 5 bzw. 7 Nr. 5 an die Stelle von § 21 ZPO. Diese Normen entsprechen nach ihren Voraussetzungen weitgehend § 21 ZPO.[126] Zu beachten ist jedoch, dass der EuGH – stärker als der anlegerschutzbestrebte BGH – schärfere Anforderungen an die Anbindung der Agentur und Zweigniederlassung an das Stammhaus stellt. Diese müssen der Aufsicht und Leitung des Stammhauses unterliegen.[127] Der EuGH misst dem Rechtsschein Bedeutung bei[128], jedoch genügt die mit c./o. bezeichnete Korrespondenzadresse auf dem Firmenstempel nicht[129].

**82** *bb) Gerichtsstand der unerlaubten Handlung.* Ansprüche aus Anlagegeschäften sind zu einem großen Teil deliktischer Natur, so die aus Prospekthaftung, falscher Anlagenberatung und -vermittlung, Churning[130] pp. Nach § 32 ZPO ist für Deliktsklagen eine

---

[119] Vgl. *Geimer,* Eine neue Zuständigkeitsordnung für Europa, NJW 1976, 441 ff.; *Geimer/Schütze* Europäisches Zivilverfahrensrecht, 3. Aufl. 2010, A1, Einl., Rn. 55 ff.; *Wieczorek/Schütze/Schütze,* ZPO, Bd. XII, 2013, Der internationale Zivilprozess, Rn. 64 mwN.

[120] Vgl. dazu insbes. *Geimer,* Die inländische Niederlassung als Anknüpfung für die internationale Zuständigkeit, WM 1976, 136 ff.; *Müller,* Die Gerichtspflichtigkeit wegen „doing business", 1992.

[121] Vgl. BGH RIW 1987, 790 mit Anm. *Geimer* RIW 1988, 221 und *Samtleben* IPRax 1989, 148; OLG Düsseldorf NJW-RR 1989, 433 mit Anm. *Wach* EWiR 1989, 513.

[122] Vgl. LG Darmstadt EWiR Art. 15 EuGVVO 2/04, 1221 mit Kurzkommentar *Mankowski*.

[123] Vgl. *Mankowski* EWiR Art. 15 EuGVVO 2/04, 1221 f.

[124] Ebenso LG Darmstadt ZIP 2004, 1924 mit Kurzkommentar *Geimer* EwiR Art. 15 EuGVVO 1/04, 971.

[125] Vgl. OLG Koblenz WM 2006, 484.

[126] Vgl. dazu *Wieczorek/Schütze/Hausmann,* ZPO, 3. Aufl., Anh. I § 40, Art. 5 Rn. 72 ff.

[127] Vgl. EuGH Rs. 14/76 – De Bloos v. Boyer – EuGHE 1976, 1497 = RIW/AWD 1977, 42 mit Anm. *Linke*.

[128] Vgl. iE *Geimer/Schütze,* Europäisches Zivilverfahrensrecht, 3. Aufl., 2010, A 1, Art. 5, Rn. 296 ff.

[129] Vgl. LG Wuppertal NJW-RR 1994, 191.

[130] Vgl. BGH WM 1995, 100.

§ 25 Prozessführung bei Anlagegeschäften

Zuständigkeit am Begehungsort gegeben. Der Begriff des Begehungsortes umfasst sowohl den Handlungs- als den Erfolgsort. Bei Mittäterschaft genügt es, wenn einer der Mittäter im Inland handelt. Das hat der BGH zuletzt für die Spesenreiterei (churning) entschieden.[131] Bei Auseinanderfallen von Handlungs- und Erfolgsort hat der Kläger die Wahl (§ 35 ZPO), welches Gericht er anrufen will. Er wird dabei die im Rahmen des forum shopping relevanten Motivationen abwägen und das Forum wählen, das ihm die besten Erfolgschancen bietet.[132] Die anlegerfreundliche deutsche Rechtsprechung wird dabei regelmäßig den Ausschlag für die Wahl der Prozessführung in Deutschland geben.

Der Ort des Schadenseintritts ist nicht zuständigkeitsbegründend.[133] Er ist nicht Begehungsort.[134] 83

Nach Art. 7 Nr. 3 VO (EU) Nr. 1215/2012/Art. 3 Nr. 3 LugÜ II, EuGVÜ/LugÜ I wirkt der Gerichtsstand der unerlaubten Handlung auch im Rahmen der europäischen Zuständigkeitsordnung zuständigkeitsbegründend.[135] Bei dem Deliktsgerichtsstand handelt es sich um einen konkurrierenden Gerichtsstand.[136] Der Kläger (Anleger) hat das Wahlrecht zwischen diesem oder einem anderen daneben gegebenen Gerichtsstand, etwa des Sitzes oder Wohnsitzes des Beklagten. 84

Die Qualifikation des Anspruchs ist vertragsautonom vorzunehmen.[137] Dadurch wird der innere Entscheidungseinklang gewährleistet. Ebenso wie nach deutschem autonomem Recht begründen Handlungs- und Erfolgsort gleichermaßen internationale Zuständigkeit.[138] Hinsichtlich der Voraussetzungen des Deliktsgerichtsstandes besteht deshalb praktisch kein Unterschied zwischen § 32 ZPO und Art. 5 Nr. 3 VO (EG) Nr. 44/2001/LugÜ II, EuGVÜ/LugÜ I. 85

cc) Vermögensgerichtsstand. Nach § 23 ZPO begründet Vermögen im Gerichtssprengel internationale Zuständigkeit für Klagen wegen vermögensrechtlicher Ansprüche gegen eine im Inland nicht domizilierte Person.[139] Für die Zuständigkeit nach § 23 ZPO reicht jedes vermögenswerte Gut, ungeachtet ihres Wertes aus. Hat der ausländische Broker, gegen den Ansprüche geltend gemacht werden, etwa ein kleines Konto bei einer Frankfurter Bank, so können Ansprüche in unbegrenzter Höhe dort gegen ihn eingeklagt werden. 86

Der BGH hat im Anschluss an eine Entscheidung des OLG Stuttgart[140] den in der Literatur teilweise – zu Unrecht – heftig kritisierten[141] Gerichtsstand in seinem Anwendungs- 87

---

[131] Vgl. BGH WM 1995, 100.
[132] Vgl. dazu *Schütze*, Deutsches Internationales Zivilprozessrecht, 2. Aufl. 2005, Rn. 114 ff.; *ders.*, Rechtsverfolgung im Ausland, 4. Aufl. 2009, Rn. 79 ff.; *Siehr*, „Forum Shopping" im internationalen Rechtsverkehr, ZfRV 25 (1984) 124 ff.
[133] Vgl. BGH NJW 1977, 1950; OLG Karlsruhe MDR 1960, 56.
[134] Vgl. dazu *Hausmann* in Wieczorek/Schütze, ZPO, 3. Aufl. § 32 Rn. 33.
[135] Vgl. dazu *Geimer/Schütze*, Internationale Urteilsanerkennung, Bd. I, 1 (1983), S. 604 ff.; *Geimer/Schütze*, Europäisches Zivilverfahrensrecht, A I, Art. 5, Rn. 201 ff.
[136] Vgl. EuGH Rs. 21/76 – Bier v. Mines de Potasse d Alsace – EuGHE 1976, 1735 = RIW/AWD 1977, 356 mit Anm. *Linke*.
[137] Vgl. EuGH NJW 1988, 3088 mit Anm. *Geimer*.
[138] Vgl. EuGHE 1976, 1735.
[139] Vgl. dazu *Geimer*, Zur Rechtfertigung des Vermögensgerichtsstandes, JZ 1984, 979 ff.; *Kropholler*, Möglichkeiten einer Reform des Vermögensgerichtsstandes, ZfRV 23 (1982) 1 ff.; *Rammos*, Der Gerichtsstand des Vermögens und das Ausländerforum nach vergleichendem Recht, 1930, *Schack*, Vermögensbelegenheit als Zuständigkeitsgrund – Exorbitant oder sinnvoll?, ZZP 97 (1994) 46 ff.; *Schütze*, Das Vermögen als Anknüpfungspunkt für die internationale Zuständigkeit, FS für Ishikawa, 2001, S. 493 ff.
[140] Vgl. OLG Stuttgart RIW 1990, 829 = IPRax 1991, 170 mit Anm. *Fricke*, ebenda, 159 ff.; dazu auch *Fischer*, Zur internationalen Zuständigkeit deutscher Gerichte nach § 23 ZPO, RIW 1990, 794 ff.
[141] Vgl. dazu insbesondere *Schumann*, Aktuelle Fragen des Gerichtsstands des Vermögens (§ 23 ZPO) – Zugleich ein Beitrag über Gerichtsverfahren gegen ausländische Staaten, ZZP 93 (1980), 408 ff.; *Schumann*, Der internationale Gerichtsstand des Vermögens und seine Einschränkungen, FS für Liebmann, Bd. II, 1979, S. 839 ff.

bereich drastisch reduziert.¹⁴² Nach der Ansicht des BGH wirkt Vermögen nur dann zuständigkeitsbegründend, wenn eine Inlandsbeziehung gegeben ist. Diese Inlandsbeziehung kann auch durch inländischen Wohnsitz des Klägers hergestellt werden, so dass bei Klagen deutscher Anleger gegen ausländische Brokerfirmen, Anlagevermittler pp. keine Probleme entstehen.¹⁴³

88 Der Vermögensgerichtsstand ist im Geltungsbereich der VO (EG) Nr. 44/2001/LugÜ II und des EuGVÜ/LugÜ I unanwendbar. Art. 3 Abs. 2 VO (EG) Nr. 44/2001 und die entsprechenden Normen in EuGVÜ und LugÜ schließen die Anwendbarkeit von § 23 ZPO ausdrücklich aus.

89 dd) Verbrauchergerichtsstände. Soweit die Geschäfte, die Grundlage der Anlegeransprüche sind, Verbrauchersachen darstellen, stellen ZPO, VO (EG) Nr. 44/2001, EuGVÜ und LugÜ I und II besondere Verbrauchergerichtsstände zur Verfügung¹⁴⁴. Die besonderen kompetenzrechtlichen Privilegien der Verbraucher greifen jedoch nur ein, wenn die andere Vertragspartei ihren Wohnsitz in einem Mitgliedstaat des Geltungsbereichs der Verordnung bzw. der Staatsverträge hat oder so zu behandeln ist, als ob dies der Fall wäre (entschieden zum Churning).¹⁴⁵

90 ee) Kapitalmarktrechtlicher Gerichtsstand. Für die Geltendmachung von Ansprüchen nach dem KapMuG schafft § 32b ZPO einen ausschließlichen Gerichtsstand am Sitz des Emittenten, des Anbieter von Vermögensanlagen sowie der Zielgesellschaft. Dieser Gerichtsstand ist für alle Ansprüche auf Schadensersatz wegen falscher, irreführender oder unterlassener öffentlicher Kapitalmarktinformation, wegen Verwendung einer falschen oder irreführenden öffentlichen Kapitalmarktinformation oder wegen Unterlassung der gebotenen Aufklärung, dass eine öffentliche Kapitalmarktinformation falsch oder irreführend ist, und solche auf Erfüllung von Verträgen, die auf Angeboten nach dem Wertpapiererwerbs- und Übernahmegesetz beruhen, gegeben. Zu beachten ist, dass die Einschränkung in § 32b Abs. 1 ZPO am Ende, wonach zumindest auch gegen den Emittenten die Klage gerichtet ist, lediglich in Fällen der Anlageberatung und der Anlagevermittlung zum Tragen kommt.¹⁴⁶ In den Fallgruppen des § 32b Abs. 1 Nr. 1 und Nr. 3 ZPO ist der Einschränkung keine Bedeutung beizumessen. Daraus folgt, dass alle Kapitalmarktakteure als Veranlasser öffentlicher Kapitalmarktinformationen am Sitz des im wertpapierrechtlichen Sinne zu verstehenden Emittenten, auf den sich die beanstandete Information bezieht, zu verklagen sind, auch wenn der betroffene Emittent nicht mitverklagt wird.¹⁴⁷ Der Gerichtsstand ist doppelfunktional und begründet sowohl örtliche als auch internationale Zuständigkeit (vgl. Rn. 76). Dabei ist jedoch zu beachten, dass im Geltungsbereich von VO (EG) Nr. 44/2001, EuGVÜ und LugÜ § 32b ZPO nicht gerichtsstandsbegründend wirkt. Der deutsche Gesetzgeber konnte die europäische Zuständigkeitsordnung nicht ändern.

---

¹⁴² Vgl. BGHZ 115, 90 = IPRax 1992, 160 mit Anm. *Schlosser,* ebenda, S. 140 ff. = ZZP 105 (1992) 314 mit Anm. *Lüke* = DZWir 1991, 245 mit Anm. *Schütze,* ebenda, S. 237 ff. = JZ 1992, 54 mit Anm. *Schack* = WuB VII A § 23 ZPO 2.91, S. 1483 mit Anm. *Thode.*

¹⁴³ Vgl. dazu auch BGH IPRax 1995, 98 und *Koch,* Verbrauchergerichtsstand nach dem EuGVÜ und Vermögensgerichtsstand nach der ZPO für Termingeschäfte?, IPRax 1995, 71 ff.

¹⁴⁴ Vgl. dazu *Kowalke,* Die Zulässigkeit von internationalen Gerichtsstands-, Schiedsgerichts- und Rechtswahlklauseln bei Börsentermingeschäften, 2002. Zur Kritik an den kompetenzrechtlichen Privilegien von Verbrauchern und dem extensiven Verbraucherbegriff, der auch Luxusgegenstände Verbrauchergeschäfte sein lässt vgl. *Roth,* Wer ist im Europäischen Prozessrecht ein Verbraucher?, FS für von Hoffmann, 2011, S. 715 ff. (715); *Schütze,* Der Verbraucher im europäischen Justizraum oder: die Zweiklassenjustiz im europäischen Zivilprozessrecht, FS für Graf von Westphalen, 2010, S. 621 ff.

¹⁴⁵ Vgl. BGH WM 1995, 100.

¹⁴⁶ Vgl. BGH WM 2013, 1643, 1644 f. unter Bezugnahme auf die Entstehungsgeschichte und den Zweck der Norm.

¹⁴⁷ Vgl. LG Stuttgart, WM 2011, 1511 ff.; *Reuschle,* Der Gerichtsstand nach § 32b ZPO – Anwendungsfälle aus der Praxis, FS Simotta (2012), 471, 478 ff. Im Ergebnis mit unzutreffender Begründung LG Stuttgart ZIP 2014, 726 (juris Rn. 121).

**c) Verfahrenskonkurrenzen.** Die Sperrwirkung des § 7 KapMuG bringt Probleme 91
hinsichtlich der Konkurrenz von in- und ausländischen Kapitalanlegerprozessen.

aa) Parallelverfahren bei Parteienidentität. Sind die Parteien im in- und ausländischen 92
Verfahren identisch, versucht der Anleger etwa sein Glück vor deutschen und US-amerikanischen Gerichten, um seine Erfolgschancen zu erhöhen, so gelten die allgemeinen Regeln internationaler Litispendenz. Im Geltungsbereich der VO (EG) Nr. 44/2001/LugÜ II gilt Art. 27, im Geltungsbereich von EuGVÜ und LugÜ I Art. 21. Danach hat das Verfahren vor dem zuerst angerufenen Gericht Priorität. Das später angerufene Gericht hat das Verfahren von Amts wegen auszusetzen, bis die Zuständigkeit des zuerst angerufenen Gerichts feststeht[148]. Das gilt unabhängig davon, ob auf das deutsche Verfahren das KapMuG Anwendung findet. Außerhalb des Geltungsbereichs von VO (EG) Nr. 44/2001, LugÜ II, EuGVÜ und LugÜ I ist nach der h. L.[149] darauf abzustellen, ob das im ausländischen Verfahren zu erwartende Urteil anerkennungsfähig ist. Da Deutschland allerdings in § 32b ZPO eine ausschließliche Zuständigkeit für Ansprüche nach dem KapMuG in Anspruch nimmt, kann ausländische Rechtshängigkeit für derartige Ansprüche nie in einem deutschen Verfahren nach dem KapMuG berücksichtigt werden. Denn es fehlt für eine Anerkennungsfähigkeit an der internationalen Zuständigkeit nach § 328 Abs. 1 Nr. 1 ZPO.[150]

bb) Parallelverfahren ohne Parteienidentität. Nach der Bekanntmachung des Musterverfahrens 93
werden alle Verfahren ausgesetzt, deren Entscheidung von der im Musterverfahren zu stellenden Rechtsfrage abhängt (§ 7 KapMuG). Die Kläger in diesen Verfahren erhalten die Stellung eines Beigeladenen, die der eines Streitverkündeten ähnlich ist aber nicht voll entspricht[151]. Jedenfalls entfaltet das Musterverfahren Sperrwirkung. Diese Sperrwirkung gilt jedoch nicht gegenüber Verfahren vor ausländischen Gerichten.

Mangels Parteienidentität scheidet eine Berücksichtigung des deutschen Verfahrens außerhalb 94
des europäischen Justizraums aus, da der Litispendenzeinwand voraussetzt, dass der Rechtsstreit zwischen denselben Parteien anhängig ist. In den Rechtsordnungen, die die Lehre von forum non conveniens praktizieren, können das deutsche Musterverfahren und seine Wirkung für den Beigeladenen allenfalls als ein Element der Überlegungen dienen, ob der ausländische Gerichtsstand non convenient ist, was insbesondere im deutsch-amerikanischen Verhältnis wenig Erfolg versprechend ist.[152]

**2. Zustellungen.** Zustellungen im deutschen Anlegerprozess an im Ausland domizilierte 95
Beklagte erfolgen nach §§ 270, 183 Abs. 1 Nr. 2 ZPO. Die Zustellung wird von der zuständigen Behörde im Zustellungsstaat oder der dortigen deutschen konsularischen oder diplomatischen Vertretung durchgeführt.[153] Sie setzt ein Ersuchen voraus. Zuständig für dessen Erlass ist der Vorsitzende des Prozessgerichts.

Im Übrigen ist die Auslandszuteilung weitgehend staatsvertraglich geregelt. Neben den 96
Haager Zivilprozesskonventionen von 1905 und 1954[154] sind heute vor allem Europäische Zustellungsverordnung (VO (EG) Nr. 1348/2000) und das Haager Zustellungsübereinkommen[155] bedeutsam, insbesondere weil letzteres auch im Verhältnis zu den USA gilt.

---

[148] Vgl. iE *Geimer/Schütze*, Europäisches Zivilverfahrensrecht, 3. Aufl. 2010, A 1, Art. 27, Rn. 1 ff.
[149] Vgl. für Nachweise *Schütze*, Die Wirkungen ausländischer Rechtshängigkeit in inländischen Verfahren, ZZP 104 (1991) 136 ff.; *Schütze*, Zur internationalen Rechtshängigkeit im deutschen Recht, FS für Beys, 2003, S. 1501 ff. (selbst ablehnend).
[150] Vgl. *Hass/Zerr* RIW 2005, 721 ff., 727; *Hess* WM 2004, 2329 ff., 2332.
[151] Vgl. *Reuschle* WM 2004, 2334 ff., 2338.
[152] Vgl. *Schütze*, Forum non conveniens und Rechtschauvinismus, FS für Jayme (2004), S. 1021 ff.
[153] Vgl. iE *Hecker*, Handbuch der konsularischen Praxis, 1982, S. 367 ff.
[154] Haager Zivilprozessabkommen v. 17.7.1905 (RGBl. 19909, 409) und Haager Zivilprozessübereinkommen v. 1.3.1954 (BGBl. II 1985, 577), abgedruckt und kommentiert bei *Geimer/Schütze*, Internationaler Rechtsverkehr, 3. Aufl., 100.1 ff.
[155] Haager Übereinkommen über die Zustellung gerichtlicher und außergerichtlicher Schriftstücke in Zivil- und Handelssachen v. 15.11.1965 (BGBl. II 1977, 1453).

Probleme hat es in den ersten Jahren im deutsch-amerikanischen Rechtsverkehr gegeben,[156] die auch heute noch nicht vollständig beseitigt sind[157]. Der US-Supreme Court hat in der Sache Volkswagenwerk AG v. Schlunk[158] die ausschließliche Anwendung des Übereinkommens abgelehnt.[159]

97  Werden deutsche Anleger vor einem ausländischen Gericht auf Zahlung aus Termingeschäften verklagt, denen aus deutscher Sicht Einwände im Hinblick auf den verfahrensrechtlichen oder materiellrechtlichen ordre public entgegenstehen, so kann sich der Anleger dennoch nicht gegen die Zustellung der Klage wehren. In einer Entscheidung aus dem Jahr 1989 hat das OLG München[160] die Zustellung (entschieden zu punitive damages) für zulässig gehalten und den Beklagten auf die Geltendmachung des ordre public Einwandes in das Anerkennungs- und Vollstreckbarerklärungsverfahren verwiesen. Das BVerfG hat entschieden, dass die Zustellung einer solchen Klage den Beklagten nicht in verfassungswidriger Weise in seinen Rechten[161] verletzt.[162] Das Bundesverfassungsgericht hat – was häufig übersehen wird – nur die verfassungsrechtliche Frage entschieden, nicht aber über die Zulässigkeit der Zustellung im Übrigen befunden. Diese kann nach Art. 13 HZÜ unzulässig sein[163]. Problematisch ist die Zustellung von Sammelklagen. Diese ist durch einen Beschluss des Bundesverfassungsgerichts aus dem Jahre 2003 im „Napster-Fall" zunächst untersagt worden[164]. Zu einer endgültigen Entscheidung des Bundesverfassungsgerichts ist es aber nicht gekommen, da die Antragstellerin (Bertelsmann) den Antrag zurückgenommen hat[165].

98  Einwendungen gegen die Zulässigkeit einer Zustellung in einem ausländischen Anlegerprozess können durch Antrag auf gerichtliche Entscheidung nach § 23 EGGVG und Antrag auf einstweilige Anordnung gem. § 29 Abs. 2 EGGVG in Verbindung mit § 49 FamFG bei dem Oberlandesgericht geltend gemacht werden Ist die Zustellung einmal erfolgt, so ist noch nicht alles verloren. In diesem Fall kann der Antrag auf gerichtliche Entscheidung und einstweilige Anordnung auf die Nichtübermittlung des Zustellungszeugnisses gerichtet werden[166].

---

[156] Vgl. zur Anwendung im deutsch-amerikanischen Rechtsverkehr *Born/Westin*, International Civil Litigation in United States Courts, 1989, S. 136 ff.; *Hollmann*, Auslandszustellung in US-amerikanischen Zivil- und Verwaltungssachen, RIW 1982, 784 ff.; *Pfeil-Kammerer*, Deutsch-amerikanischer Rechtsverkehr in Zivil- und Handelssachen, 1987; *Wölki*, Das Haager Zustellungsübereinkommen und die USA, RIW 1985, 530 ff.
[157] Vgl. dazu *Schütze*, Zum Stand des deutsch-amerikanischen Justizkonfliktes, RIW 2004, 162 ff.; *Schütze*, Zur Zustellung US-amerikanischer Klagen in Deutschland, FS für Boguslawskij, 2004, S. 325 ff.
[158] Nr. 86–1052; October Term 1987.
[159] Vgl. dazu *Heidenberger/Barde*, Die Entscheidung des U.S.-Supreme Court zum Haager Zustellungsübereinkommen, RIW 1988, 683 ff.
[160] Vgl. OLG München NJW 1989, 3102 mit Anm. *Greger*; ebenso OLG München RIW 1993, 70.
[161] Art. 2 GG in Verbindung mit dem Rechtsstaatsprinzip.
[162] Vgl. BVerfG WM 1995, 216.
[163] Vgl. dazu insbes. *Merkt*, Abwehr der Zustellung von „punitive damages" Klagen, 1995 mit umfangreichen Nachweisen.
[164] Vgl. BVerfG RIW 2003, 874; dazu *Hess*, Transatlantischer Justizkonflikt heute: Von der Kooperation zum Konflikt?, JZ 2003, 923 ff.; *Oberhammer*, Deutsche Grundrechte und Zustellung US-amerikanischer Klagen im Rechtshilfeweg, IPRax 2004, 40 ff.; *Rothe*, Zustellung einer US-amerikanischen Schadensersatzklage nach dem HZÜ: Verstoß gegen Rechtsstaatsprinzip?, RIW 2003, 859 ff.; *Zekoll*, Neue Maßstäbe für Zustellungen nach dem Haager Zustellungsübereinkommen, NJW 2003, 2885 ff.
[165] Vgl. dazu auch *Schütze* Deutsche Parteien in US-amerikanischen Sammelklagen wegen falscher Kapitalmarktinformation Gedächtnisschrift für Konuralp, Bd. 1, 2009, S. 943 ff.
[166] Vgl. *Schütze*, Klagen vor US-Gerichten – Probleme und Abwehrstrategien, RIW 2005, 579 ff., (582).

**3. Beweislast und Beweismaß.** Beweislastfragen werden im Anlegerprozess besonders 99
für die unterschiedlichen Informations-, Aufklärungs- und Beratungspflichten und -obliegenheiten bedeutsam.[167]

**a) Aufklärung im Rahmen der Prospekthaftung.** Die Beweislast für die Fehlerhaf- 100
tigkeit von Prospektangaben trifft den Anleger. Der Anleger muss die Fehlerhaftigkeit als
Anspruchsvoraussetzung darlegen und beweisen.

Beweiserleichterungen bestehen dagegen für den Anleger, soweit es sich um die Kausali- 101
tät falscher Prospektangaben für seine Investitionsentscheidung (haftungsbegründende Kausalität) und den Nachweis, dass die falschen Prospektangaben zu dem geltend gemachten
Schaden geführt haben (haftungsausfüllende Kausalität) geht.

**b) Aufklärung im Rahmen allgemeiner Anlageberatung.** Der BGH fordert im 102
„Bond"-Urteil[168] von der Bank allgemeine Aufklärung und Beratung im Hinblick auf den
Wissensstand des Anlegers (kundenspezifische Beratung) und im Hinblick auf die Bonität
des Anlageobjekts (objektspezifische Beratung).

Die Beweislast dafür, dass die Bank den Anleger überhaupt beraten hat, trifft die Bank. 103
Der Anleger muss allerdings substantiiert darlegen, dass und unter welchen Umständen er
das Geschäft ohne Beratung getätigt hat. Die Beweislast dafür, dass die Beratung, Information, Aufklärung fehlerhaft oder unvollständig war trifft den Anleger.

Beweiserleichterungen bestehen für die haftungsbegründende und haftungsausfüllende 104
Kausalität. Für den Kausalnexus von falscher Beratung und Investitionsentscheidung streitet
der Beweis des ersten Anscheins. Dagegen wird zwar geltend gemacht, bei Informationspflichtverletzungen seien die Regeln des Anscheinsbeweises ausgeschlossen, weil
individuelle Willensentschlüsse nicht typisierbar seien.[169] Diese Betrachtungsweise berücksichtigt nicht, dass Anleger zwar gelegentlich risikofreudig sind, aber nicht generell uneinsichtig. Bestünde keine Lebenserfahrung, dass ein Anleger seine Anlageentscheidung auf
Grund der Information trifft, dann wären die Informations-, Beratungs- und Aufklärungspflichten überflüssig. Mit *Bruske* ist deshalb davon auszugehen, dass im Rahmen der haftungsbegründenden Kausalität der Anscheinsbeweis anwendbar ist.[170]

Für die haftungsausfüllende Kausalität gelten dieselben Grundsätze wie bei der Pro- 105
spekthaftung.

**4. Beweiserhebung.** Bei Anlegerprozessen über ausländische Investitionen oder gegen 106
ausländische Banken und Broker – zB im Fall des Churning – ist eine Beweiserhebung
„über die Grenze" erforderlich. Diese ist weitgehend europarechtlich[171] und staatsvertraglich geregelt.[172] Probleme haben sich dabei im deutsch-amerikanischen Rechtsverkehr ergeben[173]. Während das Haager Beweisübereinkommen von deutscher Seite als ausschließ-

---

[167] Vgl. iE *Bruske*, Beweiswürdigung und Beweislast bei Aufklärungspflichtverletzungen im Bankrecht, 1994; *Roth*, Beweismaß und Beweislast bei der Verletzung bankvertraglicher Aufklärungs- und Beratungspflichten, ZHR 154 (1990), 513 ff.; *Schäfer*, Fragen der Darlegungslast, Beweispflicht und Tatsachenfeststellung im Prozess zwischen Anleger und Wertpapierdienstleistungsunternehmen in Ellenberger/Schäfer, Fehlgeschlagene Wertpapieranlagen, 2006, S. 351 ff.
[168] Vgl. BGH WM 1993, 1455.
[169] Vgl. für Nachweise *Bruske*, Beweiswürdigung und Beweislast, S. 46 ff.
[170] Vgl. *Bruske*, Beweiswürdigung und Beweislast, S. 55 ff., 163.
[171] Vgl. VO (EG) Nr. 1206/2001. Zur Durchführung im deutschen Zivilprozess vgl. §§ 1072 ff. ZPO.
[172] Vgl. insbes. das Haager Zivilprozessabkommen v. 17.7.1905 (RGBl. 1909, 409), das Haager Zivilprozessübereinkommen v. 1.3.1954 (BGBl. II 1958, 557) und das Haager Beweisübereinkommen v. 18.3.1970 (BGBl. II 1977, 1453), sämtlich abgedruckt auch bei *Geimer/Schütze*, Internationaler Rechtsverkehr, 200.1 ff.; 100.1 ff.; 370.1 ff.
[173] Vgl. dazu *Schütze*, Zum Stand des deutsch-amerikanischen Justizkonfliktes, RIW 2004, 162 ff.; *Trittmann*, Anwendungsprobleme des Haager Beweisübereinkommens im Rechtshilfeverkehr zwischen der Bundesrepublik Deutschland und den Vereinigten Staaten von Amerika, 1989; *Trittmann/Leitzen*, Haager Beweisübereinkommen und pre-trial discovery: Die zivilprozessuale Sachverhaltsermittlung

lich angesehen wird,¹⁷⁴ haben die US-amerikanischen Gerichte die Beweiserhebung nach diesem Übereinkommen¹⁷⁵ nur als einen weiteren Weg betrachtet, Beweise im Wege der Rechtshilfe zu erheben.¹⁷⁶

**107** Die Beweiserhebung in den USA im deutschen Anlegerprozess bereitet regelmäßig keine Probleme. Schwierigkeiten können auftreten, wenn deutsche Anleger von Brokern oder Banken in den USA verklagt werden. Hier besteht eine Palette von Möglichkeiten, sich gegen unzulässige Beweiserhebungen zu schützen,¹⁷⁷ die bis zur Erwirkung einer einstweiligen Verfügung in Deutschland gehen.¹⁷⁸

### V. Arrest zur vorläufigen Sicherung der Ansprüche von Anlegern

**108** Bei betrügerischen Kapitalanlagefirmen besteht die Gefahr, dass Vermögenswerte im Fall drohender oder schwebender Kapitalanlegerprozesse verschoben und beiseite geschafft werden. Diese Gefahr ist bei ausländischen Brokerfirmen, die im Inland nur durch Agenturen oder Niederlassungen, die schnell aufzulösen sind, ihre Geschäfte betreiben, besonders groß. Das Arrestverfahren bietet die Möglichkeit, schnellen Zugriff auf Vermögenswerte zu erhalten. Allerdings ist es nicht geeignet, die Rechtsposition gegenüber anderen Gläubigern zu verbessern.

Im Anlegerprozess gelten folgende Besonderheiten:

**109** **1. Arrestgrund.** Der Erlass eines Arrestes setzt eine Gefährdung des Anspruchs voraus, die immer dann gegeben ist wenn die Gefahr besteht, dass der Schuldner durch Beiseiteschaffen von Vermögensgegenständen die Vollstreckung aus einem Titel vereiteln oder erschweren würde. Der Arrest soll vor unlauterem Verhalten des Schuldners schützen. Das muss die Leitlinie bei der Bestimmung des Arrestgrundes nach § 917 ZPO sein.

**110** Die Rechtsprechung hat ein solches unlauteres Verhalten gesehen bei Verschiebung von Vermögenswerten ins Ausland,¹⁷⁹ Beiseiteschaffen von Vermögenswerten,¹⁸⁰ Wegzug ins Ausland,¹⁸¹ was der Auflösung einer inländischen Niederlassung eines ausländischen Brokers oder Anlagevermittlers entspricht pp.

**111** Nicht ausreichend für die Begründung eines Arrestgrundes ist jedoch die bloße Tatsache, dass der Schuldner betrügerisch gehandelt und eine Straftat begangen hat.¹⁸² Auch genügt es nicht, dass der Schuldner Verbindlichkeiten hat, die sein Vermögen übersteigen. Hat ein betrügerischer Anlagevermittler zahlreiche Anleger geschädigt, so kann sich nicht einer über den Arrest eine Vorzugsstellung verschaffen. Immerhin ist die Praxis bei Gewährung von Arresten gegen Betrüger relativ großzügig, da in dem Begehen der Straftaten ein Indiz dafür liegen mag, dass Vermögenswerte beiseite geschafft werden oder ihr Verbleib verschleiert wird.

---

unter Berücksichtigung der jeweiligen Zivilprozessreformen im Verhältnis zwischen den USA und Deutschland, IPRax 2003, 7 ff.

¹⁷⁴ Vgl. *Schütze*, Zur Verteidigung im Beweiserhebungsverfahren in US-amerikanischen Zivilprozessen, WM 1986, 633 ff.
¹⁷⁵ Vgl. iE *Trittmann*, Anwendungsprobleme des Haager Beweisübereinkommens im Rechtshilfeverkehr zwischen der Bundesrepublik und den Vereinigten Staaten von Amerika, 1989.
¹⁷⁶ Vgl. zu den Entscheidungen in den Sachen Aerospatiale, Anschütz und Messerschmitt *Heidenberger*, Entscheidungen des U.S. Supreme Court über die Anwendung des Haager Beweisübereinkommens, RIW/AWD 1987, 540 f.
¹⁷⁷ Vgl. iE *Schütze* WM 1986, 633 ff.
¹⁷⁸ Vgl. aus der Rechtsprechung LG Kiel RIW 1983, 206; dazu *Stiefel/Petzinger*, Deutsche Parallelprozesse zur Abwehr amerikanischer Beweiserhebungsverfahren?, RIW 1983, 242 ff.; *Bosch*, Das Bankgeheimnis im Konflikt zwischen US-Verfahrensrecht und deutschem Recht, IPRax 1984, 127 ff.
¹⁷⁹ Vgl. OLG Köln ZIP 1988, 969.
¹⁸⁰ Vgl. OLG Düsseldorf NJW-RR 1994, 454.
¹⁸¹ Vgl. KG FamRZ 1985, 731.
¹⁸² Vgl. OLG Düsseldorf NJW-RR 1986, 1192; OLG Koblenz WM 1987, 313; *Thümmel* in Wieczorek/Schütze, ZPO, 4. Aufl., 2014, § 917 Rn. 11.

Bei Anlagevermittlern, Brokern oder sonstigen Schuldnern des Anlegers mit Sitz im Ausland bietet § 917 Abs. 2 ZPO den erleichterten Arrestgrund der Auslandsvollstreckung.[183], wenn und soweit die Gegenseitigkeit nicht verbürgt ist. Dieser Gerichtsstand greift nicht ein, wenn der Schuldner hinreichendes Vermögen im Inland besitzt und kein Anlass zur Annahme besteht, dass er es dem Zugriff des Gläubigers entziehen will.[184]

Der Gerichtsstand des § 917 Abs. 2 ZPO findet keine Anwendung im Geltungsbereich der VO (EU) Nr. 1215/2012, des LugÜ II, sowie EuGVÜ[185] und LugÜ I. Nachdem der EuGH in diesem Sinne entschieden hat, ist eine lang anhaltende Diskussion beendet und sind ganze Bibliotheken zu Makulatur geworden. Der Gesetzgeber hat im Anschluss an die Rechtsprechung des EuGH durch die Novelle v. 4.11.2003 den Anwendungsbereich des § 917 Abs. 2 auf die Notwendigkeit der Auslandsvollstreckung in Staaten, zu denen die Gegenseitigkeit nicht verbürgt ist, beschränkt[186].

**2. Arrestanspruch.** Die Darlegung des Arrestanspruchs bereitet im Anlegerprozess regelmäßig keine Schwierigkeiten. Der Anspruch (zB Schadensersatz wegen falscher Beratung) muss unter Darstellung des anspruchsbegründenden Tatbestandes glaubhaft gemacht werden, was durch eidesstattliche Versicherung geschehen kann.

**3. Arrestverfahren und Schiedsvereinbarung.** Eine Schiedsvereinbarung schließt nicht aus, dass ein an sich der Schiedsvereinbarung unterliegender Anspruch Gegenstand eines Verfahrens des einstweiligen Rechtsschutzes vor den ordentlichen Gerichten ist.[187]

Ansprüche im Anlegerprozess können deshalb durch einen dinglichen Arrest eines ordentlichen Gerichts gesichert werden, auch, wenn das Rechtsverhältnis einer Schiedsvereinbarung unterliegt.

## VI. Besonderheiten des Verfahrens vor Schiedsgerichten

**1. Bestellung des Schiedsgerichts.** Einer der wesentlichen Vorteile des Schiedsverfahrens gegenüber dem Verfahren vor den ordentlichen Gerichten ist die Möglichkeit, Schiedsrichter mit besonderer Sachkunde für das spezifische Gebiet, das Gegenstand einer Streitigkeit ist, auszuwählen.[188] Das ist bei Kapitalanlagegeschäften besonders wichtig, besteht doch hierdurch die Chance, den Spruchkörper mit Personen zu besetzen, denen Begriffe wie LIBOR, FIBOR, Swap pp. nicht fremd sind.

Die Parteien können sich auf einen Einzelschiedsrichter einigen oder ein Mehrpersonenschiedsgericht bestimmen. Bei der zuweilen verwendeten Klausel, wonach der vom Schiedskläger benannte Schiedsrichter als Einzelschiedsrichter entscheiden soll, wenn der

---

[183] Vgl. dazu *Kienle*, Arreste im internationalen Rechtsverkehr, Diss Tübingen 1990.
[184] Vgl. OLG Hamburg AWD 1973, 101; OLG Hamburg RIW/AWD 1982, 670; OLG Frankfurt/Main RIW 1990, 582; *Geimer*, Internationales Zivilprozessrecht, 6 Aufl., 2009, Rn. 1213.
[185] Vgl. EuGH Rs. C-398/92 – Mund & Fester v. Hatrex Internationaal Transport – EWS 1994, 95; dazu *Gieseke*, Neue Entwicklungen zum Arrestgrund der Auslandsvollstreckung im Europarecht, EWS 1994, 149 ff.; *Thümmel*, Der Arrestgrund der Auslandsvollstreckung im Fadenkreuz des Europäischen Rechts, EuZW 1994, 242 ff.
[186] Kritisch *Mankowski*, Entwicklungen im internationalen Privat- und Prozessrecht 2003/2004 (Teil 2), RIW 2004, 587 ff., 590 f.
[187] Vgl. §§ 1033, 1041 ZPO. Die Reform 1998 hat die Zulässigkeit einstweiligen Rechtsschutzes im Sinne konkurrierender Zuständigkeit von staatlichen und Schiedsgerichten geregelt, vgl. dazu *Bandel*, Einstweiliger Rechtsschutz im Schiedsverfahren, 2000; *Schroth*, Einstweiliger Rechtsschutz im deutschen Schiedsverfahren, SchiedsVZ 2003, 102 ff.; *Schütze*, Einstweiliger Rechtsschutz im Schiedsverfahren, BB 1998, 1650 ff.
[188] Vgl. dazu *Schütze*, Verbesserungen des Zivilgerichtsverfahrens, S. 66; Wiecorek/Schütze/*Schütze* ZPO, 4. Aufl., 2014, § 1025, Rn. 13 ff. mwN vgl. auch *Weihe*, Der Schutz der Verbraucher im Recht der Schiedsgerichtsbarkeit, S. 122: „In historisch-soziologischer Perspektive passt die private Schiedsgerichtsbarkeit gut zur kaufmännisch-korporativen Autonomie des Börsenwesens, soweit es um Börseninsider geht ...".

Schiedsbeklagte innerhalb der in der Schiedsvereinbarung bestimmten Frist nicht „seinen" Schiedsrichter benennt, ist zu differenzieren. Der BGH hat eine solche Klausel bei inländischen Schiedsverfahren für ordre public widrig gehalten,[189] bei ausländischen dagegen nicht unbedingt.[190] Die Ansicht des BGH begegnet Bedenken.[191] Entweder ist die Entscheidung durch einen von einer Partei ernannten Schiedsrichter für die deutsche Rechtsordnung untragbar oder nicht. Auf die Nationalität des Schiedsverfahrens kann es nicht ankommen. Richtigerweise wird man jegliche Klausel für zulässig halten müssen, die eine Entscheidung durch einen von einer Partei ernannten Schiedsrichter vorsieht, solange der Gegner Gelegenheit hat, selbst einen Schiedsrichter in den Spruchkörper zu entsenden.

**119** **2. Auswahl der Schiedsrichter.** Die Parteien können den oder die Schiedsrichter bereits in der Schiedsvereinbarung namentlich bezeichnen. In einem solchen Fall ist für einen Ersatzschiedsrichter Sorge zu tragen.

**120** Die Parteien können die die Auswahl des oder der Schiedsrichter auch einem Dritten (zB OLG-Präsident, IHK-Präsident, Börsenvorstand pp.) sei es generell, sei es für den Fall der Nichternennung durch die ernennungsberechtigte Partei oder der Nichteinigung der Schiedsrichter auf den Obmann, überlassen.[192] In einem solchen Fall ist darauf zu achten, dass der Dritte in der Lage ist, für den spezifischen Streitstoff sachgerecht einen Schiedsrichter zu ernennen. Bei Kapitalanlagegeschäften sollte zweckmäßigerweise eine Persönlichkeit aus dem Bank- oder Börsenwesen zum Dritten bestimmt werden. Auch ist es sinnvoll, vor der Bestimmung des Dritten sein Einverständnis einzuholen, die Ernennung vorzunehmen.[193] Sonst kann der Dritte die Ernennung ablehnen – was verschiedentlich vorgekommen ist[194] – und die Schiedsvereinbarung damit zwar nicht mehr – wie nach dem Recht vor der Reform – hinfällig werden aber zu einem Bestellungsverfahren durch das Gericht führt.

**121** Bei der Übertragung des Ernennungsrechts auf einen Dritten sollten die Parteien zweckmäßigerweise ausschließen, dass dieser Dritte sich selbst ernennt, wie es der Präsident des OLG Köln in dem von *Coeppicus*[195] berichteten Fall getan hat. Wenn die Parteien dem Dritten das Ernennungsrecht übertragen, dann wollen sie, dass er ernennt, nicht aber als Schiedsrichter tätig ist.

**122** Die Stellung des Dritten bestimmt sich nach der lex arbitri.[196] Nur dem anwendbaren Schiedsverfahrensrecht kann die Rechtsposition des Dritten entnommen werden. Dieses Recht entscheidet allein darüber, wann und in welcher Weise die Schiedsrichterbenennung durchzuführen ist, ob die Übertragung der Schiedsrichterbenennung auf einen Dritten zulässig ist und welche Rechte und Pflichten der Dritte hat, ob er zumindest überschlägig überprüfen muss, ob eine gültige Schiedsvereinbarung vorliegt.[197] Das bedeutet für das deutsche Recht, dass der Dritte die Ernennung eines Schiedsrichters für einen Rechtsstreit

---

[189] Vgl. BGHZ 54, 392.
[190] Vgl. BGHZ 98, 70.
[191] Vgl. *Schütze* EWiR Art. 5 UNÜ 1/86, 835; vgl. auch *Kornblum*, „Ordre public transnational", „ordre public international" und „ordre public interne" im Recht der privaten Schiedsgerichtsbarkeit, FS für Nagel, 1987, S. 140 ff., der eine Differenzierung ablehnt.
[192] Vgl. dazu *Mann*, Zur Ernennung von Schiedsrichtern durch vertraglich bezeichnete Dritte, Liber amicorum Schnitzer, 1979, S. 325 ff.; *Schütze* in Wieczorek/Schütze, ZPO § 1035 Rn. 17 ff.
[193] Vgl. für ein Muster *Schütze/Tscherning/Wais*, Handbuch, Rn. 570.
[194] Vgl. dazu *Mann*, Liber amicorum Schnitzer (Fn. 130), S. 327 f.; *Schütze* in Wieczorek/Schütze, ZPO, § 1035 Rn. 18.
[195] Vgl. *Coeppicus* Schiedsgerichtsbarkeit durch Justizamgehörige, ZRP 1995, 203 f.; vgl. auch *Lachmann*, Handbuch für die Schiedsgerichtspraxis, 3. Aufl., 2008, Rn. 808 Fn. 3.
[196] Vgl. *Klein*, Zur Ernennung von Schiedsrichtern durch im Voraus bezeichnete Dritte, IPRax 1986, 53 ff., 55 (mit der Einschränkung, dass es sich nicht um „Magistratspersonen" handelt); *Schütze*, Schiedsgericht und Schiedsverfahren, Rn. 46; *Schütze/Tscherning/Wais*, Handbuch, Rn. 571; aA *Mann*, Liber amicorum Schnitzer, S. 326, der auf das Recht abstellt, dem der Dritte untersteht.
[197] So *Sieg*, Hilfstellung Dritter im schiedsrichterlichen Verfahren, JZ 1958, 719 ff., 720.

über Ansprüche aus Finanztermingeschäften ablehnen muss, wenn die Schiedsvereinbarung nach § 37h WpHG unwirksam ist.

**3. Anwendbares Recht.** Bei der Durchführung des Schiedsverfahrens ist zwischen dem auf das Verfahren anwendbaren Recht (Schiedsverfahrensrecht) und dem anwendbaren materiellen Recht zu unterscheiden.

**a) Schiedsverfahrensrecht.** Die Parteien können die Ausgestaltung des Verfahrens weitgehend selbst bestimmen, sei es durch detaillierte Vorgaben verfahrensrechtlicher Art für die Schiedsrichter in der Schiedsvereinbarung oder im Schiedsrichtervertrag, sei es durch Übernahme einer Musterschiedsverfahrensordnung,[198] oder Wahl der Schiedsordnung eines institutionellen Schiedsgerichts durch dessen Bestimmung.

Noch so detaillierte Regelungen des Schiedsverfahrens machen die Bestimmung des anwendbaren Schiedsverfahrensrechts jedoch nicht überflüssig. Dieses kommt zur Lückenausfüllung, zur Bestimmung der unabdingbaren Verfahrensnormen und für die gerichtliche Kontrolle und Aushilfe zur Anwendung.

Der Sitz des Schiedsgerichts bestimmt das anwendbare Verfahrensrecht. Nach § 1025 Abs. 1 S. 1 sind die Vorschriften des 10. Buchs dann anzuwenden, wenn der Schiedsort in Deutschland liegt. Darüber hinaus sind einige Normen des deutschen Schiedsverfahrensrechts auch bei Schiedsort im Ausland oder noch nicht bestimmtem Schiedsort anzuwenden. Das deutsche Schiedsverfahrensrecht kann bei Sitz des Schiedsgerichts im Inland hinsichtlich seiner zwingenden Normen nicht abbedungen werden (§ 1042 Abs. 3). Das Gesetz führt drei unabdingbare Grundsätze des deutschen Schiedsverfahrensrechts in § 1042 Abs. 1 und 2 ausdrücklich auf: Die Parteien sind gleich zu behandeln. Jeder Partei ist rechtliches Gehör zu gewähren und Rechtsanwälte dürfen als Bevollmächtigte nicht ausgeschlossen werden. Diese Aufzählung ist nur beispielhaft, nicht abschließend.

Trotz dieser weitgehenden Regelungsmacht müssen die Parteien bei der Verfahrensgestaltung gewisse rechtsstaatliche Mindestnormen berücksichtigen:
– Keine Partei darf ihre wirtschaftliche oder soziale Überlegenheit dazu ausnutzen, dem anderen Teil eine bestimmte Verfahrensordnung aufzunötigen, insbesondere hinsichtlich der Ernennung oder Ablehnung der Schiedsrichter. Bei der Vielzahl von Anlagemöglichkeiten und der Konkurrenzsituation auf dem Markt ist ein solches Abhängigkeitsverhältnis des Anlegers kaum denkbar. Die einseitige Gestaltung der Verfahrensordnung (zB Schiedsrichter muss Banker sein) genügt nicht.
– Die Unabhängigkeit der Schiedsrichter muss gewahrt sein.
– Das Verfahren muss rechtsstaatlichen Grundsätzen entsprechen, insbesondere muss die Gewährung rechtlichen Gehörs in umfassendem Maße sichergestellt sein. Die Rechtsprechung leitete dies aus § 138 BGB her, den der BGH bei schwerwiegenden Einschränkungen des Rechtsschutzes angewendet hat.[199] Jetzt ordnet § 1042 Abs. 3 ZPO dies ausdrücklich an.
– Rechtsanwälte dürfen als Bevollmächtigte nicht ausgeschlossen werden ( § 1042 Abs. 2 ZPO).

Die Gerichte neigen dazu, diese Grundsätze zugunsten von Kapitalanlegern extensiv auszulegen. Bei Schiedsvereinbarungen im Zusammenhang mit Kapitalanlagegeschäften ist deshalb darauf Bedacht zu nehmen, dass diese Grundsätze in der von der Partei gewählten oder gestalteten Verfahrensordnung genau beachtet werden. Empfehlenswert ist die Vereinbarung, dass die Bestimmungen über das Verfahren 1. Instanz vor den Landgerichten entsprechend anwendbar sein sollen.[200] Damit ist das Verfahren unangreifbar.

---

[198] Als Musterschiedsverfahrensordnung kommen zB die UNCITRAL-Rules in Betracht, vgl. dazu *Patocchi*, UNCITRAL-Arbitration Rules in Schütze, Institutional Arbitration, 2013, S. 1007 ff. mwN.
[199] Vgl. BGH JZ 1989, 588 mit Anm. *Walter* ebenda und *Schütze* WuB VII A. § 1025 1.89.
[200] Vgl. in diesem Sinne *Schütze/Tscherning/Wais*, Handbuch, Rn. 579.

**129** **b) Materielles Recht.** Die Parteien können das anwendbare materielle Recht wählen, soweit dies kollisionsrechtlich zulässig ist. Hier liegt die crux des Schiedsverfahrens. Es ist zweifelhaft, ob internationale Schiedsgerichte eine lex fori haben.[201]

**130** § 1051 ZPO enthält nunmehr eine Kollisionsnorm zur Bestimmung des anwendbaren materiellen Rechts im Schiedsverfahren. Damit ist die nach früherem Recht notwendige Suche nach der lex fori internationaler Schiedsgerichte[202] und deren Bestimmung[203] überflüssig geworden. Soweit §§ 1025ff. ZPO zur Anwendung kommen (weil der Sitz des Schiedsgerichts in Deutschland liegt), ist das anwendbare Recht nach der Kollisionsnorm des § 1051 ZPO zu bestimmen. Die Diskussion über das anwendbare Kollisionsrecht ist damit für Schiedsverfahren mit Schiedsort in Deutschland obsolet. Für das von vielen Autoren favorisierte Ermessen des Schiedsgerichts bei der IPR Wahl[204] ist im Anwendungsbereich des § 1051 ZPO kein Raum[205].

**131** Keine Anwendung findet die Rom I VO[206] Zwar ist Art. 3 Rom I-VO (früher Art. 27 EGBGB) nachgebildet.[207] Das war wegen der völkerrechtlichen Verpflichtungen, die Deutschland im Rahmen des EG Übereinkommens v. 19.6.1980 über das auf vertragliche Schuldverhältnisse anwendbare Recht[208] übernommen hat, wohl unausweichlich.[209] Dennoch ist die Rom I-VO im Schiedsverfahren kraft ausdrücklicher Regelung in Art. 1 Abs. 2 lit. e Rom I-VO nicht anwendbar[210]. Im Übrigen gilt: wenn § 1051 eine echte Kollisionsklausel ist, kann für die Anwendung der Rom I-VO kein Raum sein[211]. Insbesondere ist auch die Verbraucherschutzklausel (besser: Verbraucherprivilegierungsklausel) des Art. 6 Rom I-VO nicht anwendbar. Auf sie ist in § 1051 nicht Bezug genommen[212]. Da auch Art. 3 Abs. 3 Rom I-VO mit der Verdrängung der Rom I-VO durch § 1051 keine Anwendung findet, können auch die AGB-Regeln der §§ 305ff. BGB – auch in Inlandsfällen – ausgeschlossen werden[213].

---

[201] Vgl. dazu *Gentinetta*, Die lex fori internationaler Handelsschiedsgerichte, 1973; zur Regelung im Europäischen Übereinkommen über die Handelsschiedsgerichtsbarkeit *Gentinetta*, Befreiung der internationalen Handelsschiedsgerichtsbarkeit von der „nationalen Umklammerung"?, RIW/AWD 1969, 46ff.

[202] Vgl. dazu *Gentinetta*, Was ist „lex fori" privater internationaler Schoiedsgerichte?, ZSR N. F. 84 I, 1965, S. 139ff.; *Gentinetta*, Die lex fori internationaler Handelsschiedsgerichte, (1973).

[203] Vgl. dazu *Basedow*, Vertragsstatut und Arbitrage nach neuem IPR Jahrbuch für die Praxis der Schiedsgerichtsbarkeit 1 (1987), S. 3ff., 16ff.; *Böckstiegel*, Die Bestimmung des anwendbaren Rechts in der Praxis internationaler Schiedsverfahren, FS für Beitzke, 1979, S. 443ff.

[204] So *Sandrock*, Welche Kollisionsnormen hat ein internationales Schiedsgericht anzuwenden?, RIW 1992, 785ff.; *Solomon*, Das vom Schiedsgericht in der Sache anzuwendende Recht nach dem Entwurf eines Gesetzes zur Neuregelung des Schiedsverfahrensrechts, RIW 1997, 981ff., 986ff.

[205] Vgl. für viele *Pfeiffer*, Die Abwahl des deutschen AGB-Rechts in Inlandsfällen bei Vereinbarung eines Schiedsverfahrens, NJW 2012, 1169ff.

[206] Vgl. dazu *Hausmann*, Anwendbares Recht vor deutschen und italienischen Schiedsgerichten – Bindung an die Rom I-Verordnung oder Sonderkollisionsrecht?, FS für von Hoffmann, 2011, S. 971ff. (977ff.); *Mankowski*, Rom I-VO und Schiedsverfahren, RIW 2011, 30ff.; *Pfeiffer*, Die Abwahl des deutschen AGB-Rechts in Inlandsfällen bei Vereinbarung eines Schiedsverfahrens, NJW 2012, 1169ff.

[207] Vgl. dazu (kritisch) *Solomon* RIW 1997, 981ff.

[208] BGBl. 1986 II, 809.

[209] Vgl. Begründung, BTDrucks. 13/5274, S. 52.

[210] Vgl. *Hausmann*, Anwendbares Recht vor deutschen und italienischen Schiedsgerichten – Bindung an die Rom I-Verordnung oder Sonderkollisionsrecht?, FS für von Hoffmann, 2011, S. 971ff. (977f.); *Kronke*, Internationale Schiedsverfahren nach der Reform, RIW 1998, 257ff. (262f.) (für das EVÜ); aA *Mankowski*, Schiedsgerichte und die Verordnungen des europäischen Internationalen Privat- und Verfahrensrechts, FS für von Hoffmann, 2011, S. 1012ff., 1023ff.

[211] Vgl. *Pfeiffer* NJW 2012, 1169ff.

[212] *Münch* passt die ganze Diskussion nicht. Er meint, dass der deutsche Gesetzgeber übersehen habe, dass § 1051 für Handelsgeschäfte gedacht war und fordert eine teleologische Reduktion der Anwendung der Norm, vgl. *Münch* in MüKoZPO § 1051, Rn. 16ff.

[213] Vgl. *Pfeiffer* NJW 2012, 1169ff.

Die Parteien können das Schiedsgericht auch von der Anwendbarkeit eines bestimmten materiellen Rechts befreien und auf allgemeine Grundsätze der lex mercatoria verweisen.[214] 132

Die Parteien können auch eine Billigkeitsentscheidung durch einen amiable compositeur anordnen.[215] Bei derartigen Vereinbarungen ist bei Anlegergeschäften aber Vorsicht geboten. Nachdem der BGH mit allen Mitteln den Anleger über die Verweigerung der Wirkungserstreckung eines Schiedsspruchs schützen will, sind die lex mercatoria und die amiable composition – abgesehen von den übrigen Bedenken[216] – für den Anlegerprozess untauglich. 133

**4. Das Verfahren im Einzelnen.** Hinsichtlich des Verfahrens im Einzelnen ergeben sich bei Streitigkeiten im Zusammenhang mit Kapitalanlagegeschäften keine Besonderheiten. Insbesondere hat das Schiedsgericht die Darlegungs- und Beweislastregeln wie ein staatliches Gericht anzuwenden. Probleme können nur bei Zustellungen und Beweiserhebungen über die Grenze auftreten, soweit vom deutschen Recht gemissbilligte Geschäfte Gegenstand des Schiedsverfahrens sind. 134

**a) Zustellungen.** Im Gegensatz zum Verfahren vor staatlichen Gerichten bedürfen nur wenige Akte im Schiedsverfahren der förmlichen Zustellung. Das Schiedsgericht ist – hierin liegt einer der konzeptionellen Vorteile des Schiedsverfahrens gegenüber dem Verfahren vor den staatlichen Gerichten[217] – in der Wahl der Zustellungsform frei. Es kann die Zustellung durch einfachen, eingeschriebenen oder Brief mit Rückschein wählen, die Hilfe eines Kurierdienstes in Anspruch nehmen oder auch einen Rechtsanwalt oder eine andere Person als process server beauftragen.[218] Wählt das Schiedsgericht die förmliche Zustellung, so war nach der rigiden Auffassung des BGH zu befürchten, dass die staatlichen Organe die Mitwirkung an der Zustellung ablehnen würden, soweit ein unzulässiges Finanztermingeschäft Gegenstand des Schiedsverfahrens ist. Das lässt sich nach der neueren Rechtsprechung des Bundesverfassungsgerichts nicht mehr halten.[219] Der Anleger ist auf die Geltendmachung seiner Einwendungen in das Verfahren der Anerkennung und Vollstreckbarerklärung eines gegen ihn ergehenden Schiedsspruchs verwiesen. Nach der einstweiligen Anordnung des BVerfG im „Napster Fall"[220] ist das allerdings für erpresserische Sammelklagen zweifelhaft. 135

**b) Beweiserhebung.** Soweit das anwendbare Schiedsverfahrensrecht nicht eine Bindung des Schiedsgerichts vorsieht, ist dieses in der Beweiserhebung frei. Das Schiedsgericht kann die Beweiserhebung im Ausland selbst durchführen oder auch nach der Europäischen BeweisVO oder dem Haager Übereinkommen über die Beweisaufnahme im Ausland in Zivil- und Handelssachen v. 18.3.1970[221] durchführen lassen.[222] Eine Ablehnungsmöglich- 136

---

[214] Vgl. dazu *Dasser*, Internationale Schiedsgerichte und lex mercatoria, 1989; *von Hoffmann*, Grundsätzliches zur Anwendung der „lex mercatoria" durch internationale Schiedsgerichte, FS für Kegel II, 1987, S. 215 ff.; *Lorenz*, Die Lex Mercatoria: Eine internationale Rechtsquelle?, FS für Neumayer, 1985, S. 407 ff.; *Schilf*, Allgemeine Vertragsgrundregeln als Vertragsstatut, (2005); *Triebel/Petzold*, Grenzen der lex mercatoria in der internationalen Schiedsgerichtsbarkeit, RIW 1988, 245 ff.; *Weise*, Lex mercatoria, 1990.
[215] Vgl. aus der abundanten Literatur *Landolt*, Rechtsanwendung und Billigkeitsentscheid durch den Schiedsrichter in der privaten internationalen Schiedsgerichtsbarkeit, 1955; *Riedberg*, Der amiable compositeur im internationalen privaten Schiedsverfahren, 1962; *Sandrock*, „Ex aequo et bono" – und „amiable composition" – Vereinbarungen: ihre Qualifikation, Anknüpfung und Wirkungen, JbPdS 2 (1988) 120 ff.; *Schulze*, Billigkeitsentscheidungen im internationalen Schiedsrecht auf der Grundlage von § 1051 Abs. 3 ZPO, FS für Kaissis, 2012, S. 875 ff.
[216] Vgl. dazu *Schütze*, Schiedsgericht und Schiedsverfahren, 5. Aufl., 2012, Rn. 397 ff.
[217] Vgl. dazu *Schütze*, Verbesserungen des Zivilgerichtsverfahrens, S. 71 ff.
[218] Vgl. dazu *Schütze/Tscherning/Wais*, Handbuch, Rn. 595.
[219] Vgl. BVerfG WM 1995, 216.
[220] Vgl. BVerfG RIW 2003, 874.
[221] BGBl. II 1977, 1453.
[222] Vgl. Deutsche Denkschrift zum Haager Beweisübereinkommen, BT-Drucks. VII Nr. 4892; *Saathoff*, Möglichkeiten und Verfahren gerichtlicher Hilfe bei der Beweisaufnahme zugunsten fremdnationaler Handelsschiedsverfahren mit internationaler Beteiligung, Diss. Köln 1987.

keit der Weiterleitung oder Durchführung eines Beweisersuchens bei gemissbilligten Kapitalanlagegeschäften wird man – wie bei Zustellungsersuchen – nach der ratio decidendi von BVerfG WM 1995, 216 nicht annehmen können. Einwendungen bleiben dem Verfahren der Wirkungserstreckung vorbehalten. Anders mag das bei erpresserischen Sammelklagen sein.

**137**  c) **Kosten und Kostenerstattung.** Die Kosten des Schiedsverfahrens[223] sind – zumindest bei ad hoc Schiedsverfahren – regelmäßig nicht geringer als die Kosten eines Verfahrens vor den ordentlichen Gerichten. Sie sind häufig sogar höher.[224] Die Vergütung des Schiedsgerichts wird im Schiedsrichtervertrag vereinbart. Sie erfolgt in Deutschland meist nach der Gebührenordnung der DIS – auch bei ad hoc Schiedsverfahren. Die Vergütungsmodelle sind vielfach.[225] Angemessen erscheint die „Stuttgarter Übung", wonach der Vorsitzende und die Schiedsrichter feste Gebühren unabhängig von der Tätigkeit erhalten. Durch eine solche Pauschalregelung werden überflüssige Verfahrensakte, zB Beweisaufnahmen, aus Gebührengründen, vermieden. Bei institutionellen Schiedsgerichten besteht regelmäßig eine Gebührenordnung, die auch die Verwaltungskosten der Trägerorganisation regelt.[226]

**138**  Die Kostenerstattung ist im 10. Buch der ZPO nur unvollkommen geregelt. § 1057 ZPO überlässt die Kostenentscheidung dem billigen Ermessen des Schiedsgerichts, gibt dem Schiedsgerichts allerdings als Segelanweisung auf, ua den Ausgang des Verfahrens zu berücksichtigen. Auch wenn die Parteien keine entsprechende Anwendbarkeit der §§ 91 ff. ZPO vereinbart haben, entscheidet das Schiedsgericht unter Anwendung der dort manifestierten Grundsätze nach dem Maß des Obsiegens und Unterliegens.[227] Der Grundsatz costs follow the event ist ein Basisprinzip jeglicher rechtsstaatlicher Prozessordnung[228]. Es ist mit der prozessualen Gerechtigkeit unvereinbar, dass der obsiegende Kläger seine eigenen Kosten trägt und der zu Unrecht Beklagte auf seinen Kosten „hängenbleibt". Die Kostenerstattung ist auch ein Gebot des fairen Verfahrens iS Art. 6 Abs. 1 EMRK. §§ 91 ff. ZPO sind ein Ausdruck der deutschen Auffassung von der Kostengerechtigkeit, der auch das Leitmotiv für Schiedsverfahren nach deutschem Recht sein muss.

**139**  Dies entspricht auch der materiellen Rechtslage, wobei ein Verschulden jedoch zuweilen problematisch sein kann.[229] Institutionelle Schiedsgerichte begrenzen in ihrer Verfahrensordnung die Kostenerstattungspflicht zuweilen auf die Kosten des Schiedsgerichts und erklären außergerichtliche Kosten, insbesondere für anwaltliche Vertretung, für nur begrenzt oder nicht erstattungsfähig.[230]

---

[223] Vgl. dazu *Bredow* (Hrsg.), Kosten im Schiedsgerichtsverfahren, DIS-MAT X (2005) mit Beiträgen zum deutschen und zahlreichen ausländischen Rechten.

[224] Vgl. für einen Vergleich *Lachmann,* Handbuch für die Schiedsgerichtspraxis, 3. Aufl. (2008), Rn. 4666 ff.; *Schütze/Tscherning/Wais,* Handbuch, Rn. 10.

[225] Vgl. dazu *Breetzke,* Vertrag und Vergütung des Schiedsrichters, NJW 1968, 1113 ff.; *Schütze/Tscherning/Wais,* Handbuch, Rn. 234 ff.

[226] Vgl. zur Regelung im ICC-Schiedsverfahren eingehend *Bühler,* Grundsätze und Praxis des Kostenrechts im ICC-Schiedsverfahren, ZVglRWiss, 87 (1988) 431 ff.

[227] Vgl. Wieczorek/Schütze/*Schütze,* ZPO, § 1057 Rn. 3.

[228] Vgl. *Schütze,* Kostenerstattung und ordre public-Überlegungen zur deutsch-amerikanischen Urteilsanerkennung, FS für Németh, 2003, S. 795 ff.; *Schütze,* Armenrecht Kostenerstattung und faires Verfahren, FS für Machacek und Matscher, 2008, S. 919 ff., 924 f.

[229] Vgl. *Maier,* Handbuch, S. 440.

[230] So war früher eine Erstattung der außergerichtlichen Kosten nach der Schiedsordnung der chinesischen Außenhandelsarbitrage ausgeschlossen; vgl. *Schütze,* Die Schiedsgerichtsbarkeit des chinesischen Außenhandelsschiedsgerichts in Beijing, WM 1989, 161 ff.; vgl. zur aktuellen Situation *Stricker-Kellerer/Moser,* Schiedsordnung der China International Economic and Trade Arbitration Commission (CIETAC) in Schütze (Hrsg.), Institutionelle Schiedsgerichtsbarkeit, 2. Aufl., 2011, Art. 46 Rn. 2.

## VII. Anerkennung und Vollstreckbarerklärung ausländischer Zivilurteile

Die Anerkennung und Vollstreckbarerklärung ausländischer Urteile in Kapitalanlegerprozessen nach §§ 328, 722 f. ZPO[231] bringt spezifische Probleme im Hinblick auf die internationale Zuständigkeit (§ 328 Abs. 1 Nr. 1 ZPO) und die Vereinbarkeit mit dem deutschen ordre public (§ 328 Abs. 1 Nr. 4 ZPO). 140

**1. Internationale Zuständigkeit.** Werden ausländische Anlegerprozesse in einem Gerichtsstand geführt, der dem deutschen Recht unbekannt ist, so fehlt es an der internationalen Zuständigkeit iSd § 328 Abs. 1 Nr. 1 ZPO, wenn nicht eine andere Zuständigkeit aus deutscher Sicht gegeben ist (Spiegelbildgrundsatz). Im Geltungsbereich der VO (EU) Nr. 1215/2012, des LugÜ II, sowie von EuGVÜ/ LugÜ I treten heute angesichts der Vereinheitlichung der Zuständigkeitsordnung keine Probleme mehr auf. Schwierigkeiten ergeben sich jedoch immer wieder bei US-amerikanischen Anlegeprozessen.[232] 141

**a) Transient Jurisdiction.** Die Zustellung der Klageschrift im Gerichtssprengel begründet internationale Zuständigkeit.[233] § 28 Restatement 2nd Conflict of Laws definiert: *„A State has power to exercise judicial jurisdiction over an individual who is present within his territory, whether permanently or temporarily"*.[234] 142

**b) Long Arm Statutes.** Nach den long arm statutes, die sich in fast allen Bundesstaaten finden, begründet die geschäftliche Tätigkeit des Beklagten internationale Zuständigkeit.[235] Dabei wird der Begriff des „doing business" zuweilen in uferloser Weise ausgedehnt. Die Aktivitäten des Beklagten müssen aber „continuous and substantial sein".[236] Immerhin können auch Anlagegeschäfte darunter fallen. 143

**c) Security Class Actions.** In security class actions nehmen US-amerikanische Gerichte eine Zuständigkeit insbesondere dann an, wenn Wertpapiere deutscher Emittenten an amerikanischen Börsen gehandelte werden und Anleger Ansprüche aus irreführenden oder falschen Kapitalmarktinformationen des Emittenten geschädigt worden sind[237]. Soweit es sich um Ansprüche handelt, die in den sachlichen Geltungsbereich des KapMuG fallen, ist eine internationale Zuständigkeit US amerikanischer Gerichte nie gegeben, da § 32b ZPO einen ausschließlichen Gerichtsstand begründet und nach dem Spiegelbildprinzip jegliche Zuständigkeit eines ausländischen Gerichts iSv § 328 Abs. 1 Nr. 5 ZPO ausschließt.[238] 144

---

[231] Vgl. dazu neben den Kommentaren zur ZPO insbes. *Geimer*, Anerkennung ausländischer Entscheidungen in Deutschland, 1995; *Geimer/Schütze*, Internationale Urteilsanerkennung, Bd. I/2, 1984; *Martiny*, Handbuch des Internationalen Zivilverfahrensrechts, Bd. III/1, 1984, *Schütze*, Das internationale Zivilprozessrecht in der ZPO, 2. Aufl., 2011, § 328, Rn. 1 ff.

[232] Vgl. iE *Schütze*, Deutsch-amerikanische Urteilsanerkennung, 1992; *Schütze*, Überlegungen zur Anerkennung und Vollstreckbarerklärung US-amerikanischer Zivilurteile in Deutschland – Zur Kumulierung von ordre-public Verstößen, FS für Geimer, 2002, S. 1025 ff.

[233] Vgl. dazu *Bernstein*, Prozessuale Risiken im Handel mit den USA (Ausgewählte Fragen zu § 328 ZPO), FS für Ferid, 1978, S. 75 ff.; *Ehrenzweig*, The Transient Rule of Personal Jurisdiction, 65 Yale L.J. 289 (1959); *Nadelmann*, Jurisdictionally Improper Fora, Legal Essays in Honor of Hessel E. Yntema, 1961, S. 321 ff.; *Schütze*, Konzeptionelle Unterschiede der Prozessführung vor US-amerikanischen und deutschen Gerichten, WM 1983, 1078 ff.

[234] Es ist einer deutschen Partei deshalb dringend anzuraten, nicht in die USA zu reisen, wenn eine Streitigkeit schwebt, in der eine Klageerhebung droht. Deutsche Anleger, die ihre amerikanischen Broker zu Verhandlungen aufgesucht haben, mussten schon bittere Erfahrungen machen.

[235] Vgl. dazu *Bernstein*, Der lange Arm amerikanischer Gerichte, UFITA 76 (1976) 195 ff.; *Casad*, Long Arm and Convenient Forum, 20 Kan. L. Rev. 1 (1971).

[236] Vgl. *Schack*, Einführung in das US-amerikanische Zivilprozessrecht, 4. Aufl. (2010), Rn. 71.

[237] Vgl. *Hass/Zerr*, Forum Shopping in den USA nach Erlass des KapMuG, RIW 2005, 721 ff., 723 f.; *Hein* RIW 2004, 602 ff., 603.

[238] Vgl. *Hass/Zerr* RIW 2005, 721 ff., 727; *Hein* RIW 2004, 602 ff., 604 ff.; *Hess* WM 2004, 2329 ff., 2332.

**145** **2. Ordre public Klausel.** Die Anerkennung ausländischer Anlageurteile kann am ordre pulic Vorbehalt des § 328 Abs. 1 Nr. 4 ZPO scheitern. Verstöße kommen sowohl gegen den materiellrechtlichen als auch gegen den verfahrensrechtlichen ordre public in Betracht:

**146** **a) Verstoß gegen den materiellrechtlichen ordre public.** Ein Verstoß gegen den materiellrechtlichen ordre public kann bei Verstößen gegen Regeln zu Finanztermingeschäften vorliegen[239], aber auch bei Wuchergeschäften gegeben sein.[240]

**147** **b) Verstoß gegen den prozessualen ordre public.** In der extensiven pre-trial discovery insbesondere des US-amerikanischen Zivilprozesses kann ein Verstoß gegen den verfahrensrechtlichen ordre public liegen.[241] Ein Verstoß liegt immer dann vor,
– wenn die Beweisermittlungsmaßnahme im Einzelfall eine unzulässige Ausforschung beinhaltet,
– die Ausforschungsmaßnahme für die Entscheidung kausal war und
– die ausgeforschte Partei der Maßnahme nicht zugestimmt hat.

**148** Im Übrigen liegt ein Verstoß immer dann vor, wenn die Beweisermittlung unter Verletzung der Bestimmungen des Haager Beweisübereinkommens durchgeführt worden ist.

**149** Soweit ein Urteil in einer class action ergangen ist, verstößt es gegen die Grundsätze der Dispositionsmaxime und des Verbots der Popularklage und damit gegen den prozessualen ordre public.[242]

### VIII. Anerkennung und Vollstreckbarerklärung ausländischer Schiedssprüche

**150** Das deutsche Recht schließt eine révision au fond ausländischer Schiedssprüche sowohl nach autonomem Recht (§ 1061 ZPO) als auch nach den Staatsverträgen aus.[243] Eine Nachprüfung ausländischer Schiedssprüche ist nur in eingeschränktem Maße möglich, insbesondere bei einem Verstoß gegen den ordre public.[244] Hier ergaben sich im Rahmen internationaler Kapitalanlagegeschäfte früher Probleme bei Börsentermingeschäften.[245] Nachdem der BGH die Anerkennungsfähigkeit ausländischer Urteile, die den Differenz- und Termineinwand nicht beachten, wegen Verstoßes gegen den ordre public verneinte,[246] war davon auszugehen, dass die Rechtsprechung auch entsprechenden Schiedssprüchen die Anerkennung verweigern würde. Das Problem ist durch die Novellierung des Rechts der Finanztermingeschäfte entschärft worden. Immerhin mögen gravierende Verstöße gegen § 37h WpHG zur Annahme von ordre public Verstößen führen.

**151** **1. Rechtswirksamkeit des Schiedsspruchs.** Nach § 1061 ZPO iVm Art. V Abs. 1 lit. e UN-Übereinkommen ist die Verbindlichkeit des ausländischen Schiedsspruchs Erfor-

---

[239] Vgl. BGH NJW 1975, 1600 (zu Börsentermingeschäften).

[240] Vgl. *Horn*, Der Wuchereinwand bei gewerblichen Darlehen und im internationalen Finanzmarkt, BKR 2006, 1 ff.

[241] Str. vgl. BGH VersR 1992, 1285; LG Berlin DB 1989, 2120, iE *Hök*, Discovery-proceedings als Anerkennungshindernis, Diss. Göttingen 1993; *Schütze*, Die Anerkennung und Vollstreckbarerklärung US-amerikanischer Zivilurteile, die nach einer pre-trial discovery ergangen sind, in der Bundesrepublik Deutschland, FS für Stiefel, 1987, S. 697 ff.; *Schütze*, Überlegungen zur Anerkennung und Vollstreckbarerklärung US-amerikanischer Zivilurteile in Deutschland, FS für Geimer, 2002, 1025 ff., 1032 ff.

[242] Vgl. *Mann*, Die Anerkennungsfähigkeit von US-amerikanischen „class-action"-Urteilen, NJW 1994, 1187 ff.

[243] Vgl. RG HRR 1928, 2057; *Schütze/Tscherning/Wais*, Handbuch, Rn. 646; *Schütze* in Wieczorek/Schütze, ZPO, § 1061, Rn. 108 ff.

[244] Vgl. dazu *von Heymann*, Der ordre public in der privaten Schiedsgerichtsbarkeit, 1969; *Köhn*, Schiedsgerichtsbarkeit und ordre public im zwischenstaatlichen Handelsverkehr, KTS 1956, 129 ff.; 166 ff.; *Kornblum*, „Ordre public transnational", „ordre public international" und „ordre public interne" im Recht der privaten Schiedsgerichtsbarkeit, FS für Nagel, 1987, S. 140 ff.; *Roth*, Der Vorbehalt des Ordre Public gegenüber fremden gerichtlichen Entscheidungen, 1967.

[245] Vgl. dazu *Schütze* JbPdS 1 (1987) 98 ff.

[246] Vgl. BGH WM 1975, 676 = RIW/AWD 1975, 500 mit Anm. *Samtleben*.

dernis für seine Wirkungserstreckung. Dies setzt voraus, dass der Schiedsspruch keiner Aufhebung oder Abänderung durch schiedsgerichtlichen oder staatsgerichtlichen Rechtsbehelf unterliegt.[247] Die Verbindlichkeit ist nach erststaatlichem Recht zu beurteilen.

Geht man davon aus, so ist zu beachten, dass nach bisheriger ständiger Rechtsprechung des BGH die Rechtsunwirksamkeit eines ausländischen Schiedsspruchs wegen Fehlens einer wirksamen Schiedsvereinbarung nach § 1061 iVm Art. V Abs. 1 lit. a dann nicht mehr geltend gemacht werden konnte, wenn der Schuldner des Schiedsspruchs von einem nach dem anwendbaren ausländischen Schiedsverfahrensrecht möglichen befristeten Rechtsbehelf keinen Gebrauch gemacht hatte.[248] Der Schuldner eines New Yorker Schiedsspruchs in einem Verfahren nach den Regeln der AAA über Streitigkeiten in einem Börsentermingeschäft[249] musste unter altem Recht den nach New Yorker Recht gegebenen befristeten Rechtsbehelf[250] ergreifen, ohne eine Obsiegenschance in New York zu haben. Die Situation hat sich durch die neuere Rechtsprechung des BGH zur Präklusion geändert. Der BGH hält an seiner Präklusionsrechtsprechung nicht mehr fest. Nachdem der BGH seine Rechtsprechung 2008 bereits „entschärft" und den Abschieds von der Präklusion eingeläutet hatte[251] hat er das Erfordernis er Geltendmachung des Einwands der mangelnden Schiedsvereinbarung im Erststaat nunmehr zu Recht fallen gelassen[252]. Der Spruchschuldner kann im Vollstreckbarerklärungsverfahren den Mangel einer Wirksamkeit einer Schiedsvereinbarung – und auch andere Einwendungen - ohne Einschränkung geltend machen.

**2. Ordre public Klausel.** Nach § 1061 ZPO iVm dem UN-Übereinkommen 1958 und den entsprechenden Bestimmungen in den Staatsverträgen[253] ist die Wirkungserstreckung eines ausländischen Schiedsspruchs bei Verstoß gegen den deutschen ordre public ausgeschlossen. Es gilt hier im Hinblick auf Schiedssprüche in Kapitalanlageverfahren dasselbe wie für ausländische Zivilurteile für oder gegen Kapitalanleger.

---

[247] Vgl. BGH NJW 1984, 2763; dazu *Schütze,* Jahrbuch für die Praxis der Schiedsgerichtsbarkeit 3 (1989), S. 118 ff.

[248] Vgl. BGHZ 52, 184; BGHZ 55, 164; BGHZ 57, 153; BGH WM 1984, 1014; BGH WM 1987, 739; anders jetzt die Rechtsprechung einiger Oberlandesgerichte, vgl. OLG Schleswig RIW 2000, 706 mit Anm. *Werder,* offen gelassen in OLG Rostock IPRax 2002, 401; Die Rechtsprechung des BGH wird seit jeher in der Literatur kontrovers beurteilt; zustimmend ua *Mezger,* Vollstreckung ausländischer Schiedssprüche, AWD 1970, 258 ff.; *Mezger,* Die Beschränkung des Geltungsbereichs des § 1044 ZPO durch internationale Übereinkommen?, AWD 1971, 322 ff.; *Schlosser,* Das Recht der internationalen privaten Schiedsgerichtsbarkeit, 2. Aufl. 1989, Rn. 800; ablehnend ua *Bülow,* Der Schiedsvertrag im Verfahren der Vollstreckbarerklärung eines ausländischen Schiedsspruchs, NJW 1971, 1486 ff.; *Bülow,* Der Schiedsvertrag im Exequaturverfahren NJW 1972, 415 ff.; *Schütze,* Die Bedeutung eines ausländischen Urteils über die Wirksamkeit eines Schiedsspruchs für dessen Exequierung im Inland, Jahrbuch für die Praxis der Schiedsgerichtsbarkeit 3 (1989) S. 118 ff., 122; *Schwab/Walter,* Schiedsgerichtsbarkeit, 7. Aufl. 2005, Kap. 30 Rn. 19.

[249] Vgl. zur Wirksamkeit von Schiedsvereinbarungen in den USA im Zusammenhang mit Börsentermin- und Wertpapiergeschäften insbes. die Entscheidung des US Supreme Court in Sachen Fritz Scherk v. Alberto Culver Company U.S. 41 L.Ed.2d, 270 (1974), dargestellt und erläutert bei *Howaldt/Howe,* Schiedsklauseln in internationalen Verträgen und deren Anerkennung in den USA, RIW/AWD 1975, 135 ff.; vgl. dazu weiter *Borris,* Die internationale Handelsschiedsgerichtsbarkeit in den USA, 1987, S. 45 ff.

[250] Vgl. zur befristeten Anfechtungsmöglichkeit nach New Yorker Recht BGH RIW 1984, 557 mit Anm. *Dielmann* und *Schütze* RIW 1984, 734 ff. sowie BGH RIW 1984, 644 mit Anm. *Mezger.*

[251] Vgl. BGH RIW 2008, 474; dazu *Kryvanger,* Vollstreckbarerklräung eines ausländischen Schiedsspruchs: Einwendungen des Antragsgegners und Gegeneinwand der unzulässigen Rechtsausübung, SchiedsVZ 2008, 301 ff.

[252] Vgl. BGH RIW 2011, 404; dazu *Schütze,* Der Abschied von der Präklusionsrechtsprechung bei der Anerkennung ausländischer Schiedssprüche, RIW 2011, 417 ff.; vgl. schon früher *Schütze,* Die Anerkennung und Vollstreckbarerklärung ausländischer Schiedssprüche, die ohne wirksame Schiedsvereinbarung ergangen sind, FS für Bucher, 2009, S. 699 ff.

[253] Vgl. zB Art. V Abs. 2b UN-Übereinkommen.

**154**  **3. Die Doppelexequierung ausländischer Schiedssprüche.** Nach der Rechtsprechung des BGH seit 1984 sollte der Gläubiger eines ausländischen Schiedsspruchs, der im Erststaat durch ein Urteil für vollstreckbar erklärt worden ist, ein Wahlrecht haben, ob er die Wirkungserstreckung des ausländischen Schiedsspruchs nach § 1061 ZPO oder den einschlägigen Staatsverträgen oder die Anerkennung und Vollstreckbarerklärung des Exequaturs nach §§ 328, 722 f. ZPO oder etwa bestehender staatsvertraglicher Regelung betreiben will.[254] Erforderlich war allein, dass das Exequaturs den Inhalt des Schiedsspruchs in sich aufnimmt (merger), was zB bei einem judgment on the award im US-amerikanischen Recht regelmäßig der Fall ist.[255] Der BGH hat nun unter Berücksichtigung der harschen Kritik des Schrifttums[256] eine Kehrtwendung vollzogen und hält an der bisherigen Rechtsprechung nicht mehr fest. In einem Urteil vom 2.7.2009 hat der BGH entschieden, dass ein Doppelexequatur von Schiedssprüchen auch dann unzulässig ist, wenn das Recht des Exequaturs (im entschiedenen Fall das Recht Kaliforniens) der doctrine of merger folgt[257].

---

[254] Vgl. BGH RIW 1984, 557 mit Anm. *Dielmann* und *Schütze* RIW 1984, 734 ff.; BGH RIW 1984, 644 mit Anm. *Mezger;* weiter *Schütze* in Wieczorek/Schütze, § 1061 Rn. 11 f.

[255] Vgl. *Borris,* Die internationale Handelsschiedsgerichtsbarkeit in den USA, 1987, S. 116 mwN in Fn. 20; *Kilgus,* Zur Anerkennung und Vollstreckbarerklärung ausländischer Schiedssprüche in Deutschland, 1995, S. 121 ff. zur entsprechenden Regelung im englischen Recht.

[256] Vgl. *Dolinar,* Vollstreckung aus einem ausländischen, einen Schiedsspruch bestätigenden Exequaturs, FS für Schütze, 1999, S. 187 ff. (204); *Geimer* IZPR Rn. 3107; *Schwab/Walter,* Schiedsgerichtsbarkeit, Kap. 30, Rn. 15; *Schütze,* Urteilsanmerkung, RIW 1984, 734 ff.; *Zöller/Geimer,* § 1061, Rn. 8 f.

[257] Vgl. BGH NJW 2009, 2826; vgl. dazu *Plassmeier* SchiedsVZ 2010, 82 ff.; *Schütze* RIW 2009, 817 ff.; *Weller,* Aufstieg und Fall des Doppelexequaturs in der deutschen Rechtsprechung, FS für von Hoffmann, (2011), S. 1087 ff.

# 4. Teil. Schutz der Anleger bei der Insolvenz von Finanzdienstleistern

## § 26 Einlagensicherung und Anlegerentschädigung

### Übersicht

| | Rn. |
|---|---|
| I. Konzeptionelle Grundlagen der Einlagensicherung und Anlegerentschädigung | 1–28 |
|   1. Die Risiken von Kapitalanlagen und ihre rechtliche Erfassung | 1 |
|     a) Das unternehmerische Risiko | 1 |
|     b) Das Risiko der Insolvenz des Finanzintermediärs | 3 |
|     c) Schutzmechanismen | 6 |
|   2. Ökonomischer Hintergrund der Einlagensicherung und Anlegerentschädigung | 9 |
|     a) Mikro- und makroprudentielle Ebene und systemisches Risiko | 9 |
|     b) Einlagensicherung und Anlegerentschädigung als Faktor des Wettbewerbs | 10 |
|   3. Historische Entwicklung der Einlagensicherung und Anlegerentschädigung | 12 |
|   4. Überlegungen zur Ausgestaltung der Sicherung | 19 |
|   5. Internationale Entwicklungen | 26 |
| II. Europarechtlicher Hintergrund der Einlagensicherung und Anlegerentschädigung | 29–46 |
|   1. Die Richtlinien | 29 |
|   2. Die Umsetzung der Richtlinien in deutsches Recht | 32 |
|   3. Die Schutzrichtung der Richtlinien | 33 |
|   4. Die Fortentwicklung der Richtlinien | 34 |
|     a) Notwendigkeit einer Reform | 34 |
|     b) Richtlinie 2009/14/EG | 36 |
|     c) Richtlinie 2014/49/EG | 37 |
|     d) Vorschlag zur Änderung der Anlegerentschädigungsrichtlinie | 46 |
| III. Das deutsche System der Einlagensicherung und Anlegerentschädigung im Überblick | 47–54 |
|   1. Kreditgenossenschaften | 48 |
|   2. Sparkassen, Landesbanken/Girozentralen und Landesbausparkassen | 49 |
|   3. Private Banken | 50 |
|   4. Öffentliche Banken | 52 |
|   5. Private Bausparkassen | 53 |
|   6. Sonstige Institute | 54 |
| IV. Die Entschädigungseinrichtungen | 55–124 |
|   1. Anschlusszwang | 55 |
|     a) Erfasste Institute | 55 |
|     b) Verfahren | 62 |
|     c) Ausnahmen vom Anschlusszwang | 63 |
|   2. Die Basisdeckung durch die gesetzlichen Entschädigungseinrichtungen | 64 |
|     a) Sondervermögen | 64 |
|     b) Beliehene Entschädigungseinrichtungen | 66 |
|     c) Entschädigungseinrichtung der Wertpapierhandelsunternehmen | 68 |
|     d) Änderung der Zuordnung | 69 |
|   3. Die Anschlussdeckung durch freiwillige Einlagensicherungsfonds | 70 |
|   4. Aufgaben und Pflichten der gesetzlichen Entschädigungseinrichtungen | 79 |
|   5. Finanzierung der gesetzlichen Entschädigungseinrichtungen | 83 |
|     a) Beitragspflicht | 83 |
|     b) Höhe der Beiträge | 84 |
|     c) Haftung für Verbindlichkeiten | 89 |
|     d) Anlage des Vermögens | 90 |
|   6. Aufsicht über die gesetzlichen Entschädigungseinrichtungen und die institutssichernden Einrichtungen | 91 |
|   7. Pflichten der angeschlossenen Institute | 95 |
|     a) Pflichten gegenüber den Kunden | 95 |
|     b) Pflichten gegenüber der Entschädigungseinrichtung | 105 |
|     c) Unzulässigkeit der Werbung mit Einlagensicherung und Anlegerentschädigung | 108 |

|  | Rn. |
|---|---|
| 8. Die Sicherung von Kunden ausländischer Zweigstellen im Inland | 112 |
|     a) Zweigstellen von Instituten aus einem anderen EU-Mitgliedstaat oder EWR-Staat | 112 |
|     b) Zweigstellen von Instituten aus Drittstaaten | 118 |
| 9. Ausschluss eines Instituts/einer Zweigstelle aus einer gesetzlichen Entschädigungseinrichtung | 119 |
|     a) Ausschluss eines inländischen Instituts | 119 |
|     b) Ausschluss einer Zweigstelle aus einem anderen EU-Mitgliedstaat oder EWR-Staat | 122 |
|     c) Ausschluss einer Zweigstelle aus einem Drittstaat | 123 |
|     d) Folgen des Ausschlusses | 124 |
| V. Der Entschädigungsfall und -anspruch | 125–175 |
|   1. Entschädigungsfall | 125 |
|   2. Anspruchsberechtigte | 126 |
|     a) Kontoinhaber, wirtschaftlich Berechtigte und Treuhänder | 126 |
|     b) Ausgenommene Gläubigergruppen | 127 |
|   3. Entschädigungsanspruch | 128 |
|     a) Einlagen | 128 |
|     b) Verbindlichkeiten aus Wertpapiergeschäften | 130 |
|     c) Nicht gesicherte Ansprüche | 146 |
|   4. Umfang des Entschädigungsanspruchs | 157 |
|     a) Umfang des Entschädigungsanspruchs bei inländischen Instituten | 157 |
|     b) Umfang des Entschädigungsanspruchs bei Zweigstellen deutscher Institute in EU- und EWR-Staaten | 166 |
|     c) Umfang des Entschädigungsanspruchs bei Zweigstellen aus EU-Staaten | 167 |
|     d) Umfang des Entschädigungsanspruchs bei Zweigstellen aus Drittstaaten | 168 |
|   5. Geltendmachung des Entschädigungsanspruchs, Verjährung, Ausschlussfrist und cessio legis | 169 |
|     a) Subjektives Recht | 169 |
|     b) Verfahren | 170 |
|     c) Verjährung | 173 |
|     d) Cessio legis | 175 |
| VI. Pflicht der Finanzintermediäre, Treuhänder und Angehörigen freier Berufe zur bestmöglichen Sicherung | 176–179 |

**Schrifttum:** *Adkins,* The EEC Rules on Prudential Supervision of Banks, 7 (5) JIBL 1992, 175; *Assmann,* Konzeptionelle Grundlagen des Anlegerschutzes, ZBB 1989, 49; *Bader,* Die EG-Bankrechtsharmonisierung – Stand und Ausblick, in Hadding/Welter (Hrsg.), Rechtsfragen bei Bankleistungen im europäischen Binnenmarkt, Schriftenreihe der Europäischen Rechtsakademie Trier, Bd. 5, 1994, S. 173; *Barth/Caprio/Levine,* The Regulation and Supervision of Banks Around the World, World Bank Policy Research Working Paper No. 2588, 2001; *Beck,* Deposit Insurance as Private Club: Is Germany a Model?, World Bank Policy Research Working Paper No. 2559, 2000; *Behnke,* Der Vorschlag der Europäischen Kommission zur Überarbeitung der Einlagensicherungsrichtlinie, ZgKW 2011, 750; *Berger,* Zur Verfassungsmäßigkeit der Jahresbeiträge zur Finanzierung der Entschädigungseinrichtungen nach dem Einlagensicherungs- und Anlegerentschädigungsgesetz, WM 2003, 949; *Bigus/Leyens,* Einlagensicherung und Anlegerentschädigung, Reformüberlegungen aus ökonomischer und rechtsvergleichender Sicht, 2008; *Bigus/Leyens,* Reform der Anlegerentschädigung und Einlagensicherung – Empfehlungen aus rechtsökonomischer Perspektive, ZBB 2008, 277; *Binder,* Bankeninsolvenzen im Spannungsfeld zwischen Bankaufsichts- und Insolvenzrecht, 2005; *Binder,* Aufsicht, Entschädigungseinrichtungen und Sonderprüfer: Kooperationsdreieck mit Haftungsbefreiung?, WM 2010, 145; *Böttger,* Die Einlagensicherungsfonds des Bundesverbands deutscher Banken – Zum vertraglichen Anspruch auf Entschädigung, BKR 2011, 485; *Brenncke,* Regelung der Werbung im Bank- und Kapitalmarktrecht, 2013; *Breunig,* Nichtablehnbarkeit von Giralgeld und Einlagensicherung, Diss. Würzburg 1986; *Brüker,* Probleme der Einlagensicherung inländischer Filialen ausländischer Kreditinstitute, 1995; *Burghof/Rudolph,* Bankaufsichtsrecht, 1996, S. 43 ff., 73 ff.; *Canaris,* Bankvertragsrecht, in Großkommentar Handelsgesetzbuch, Bd. III/3, 3. Aufl. 2. Bearb. 1981, Rn. 2722 ff.; *Claessens,* Systemic Bank and Corporate Restructuring – Experiences and Lessons, in Worldbank, Building Effective Insolvency Systems, 1999, http://siteresources.worldbank.org/GILD/ConferenceMaterial/20154501/Developing%20Countries%20-%20Claessens.pdf (abgerufen am 17.9.2014); *Cremer,* Staatshaftung für den Verlust von Bankeinlagen, JuS 2001, 643; *Cull/Senbet/Sorge,* Deposit Insurance and Financial Development, World Bank Policy Research Working Paper No. 2682, 2000; *Dahl/Thomas,* Die Phoenix-Insolvenz in Rechtsprechung und Praxis, GWR 2011, 179; *Dale,* The Regulation of International Banking, 1984, S. 64; *Dale,* Deposit Insurance: Policy

Clash over EC and US Reforms, in Goodhart (ed.), The Emerging Framework of Financial Regulation, 1998, S. 559; *Dassesse/Isaacs/Penn*, EC Banking Law, 1994, Rn. 31.1; *Dehejia/Lleras-Muney*, Financial Development and Pathways of Growth: State Branching and Deposit Insurance Laws in the United States from 1900 to 1940, Journal of Law and Economics 50 (2007), 239; *Demirgüç-Kunt/Detragiache*, Does Deposit Insurance Increase Banking System Stability? An Empirical Investigation, World Bank Policy Research Working Paper No. 2247, 1999; *Demirgüç-Kunt/Kane*, Deposit Insurance Around The Globe – Where Does It Work?, World Bank Policy Research Working Paper No. 2679, 2001; *Deutsche Bundesbank*, Die Einlagensicherung in der Bundesrepublik Deutschland, Monatsbericht Juli 1992, S. 30; *Deutsche Bundesbank*, Einlagensicherung und Anlegerentschädigung in Deutschland, Monatsbericht Juli 2000, S. 29; *Dreher*, Sicherungseinrichtungen im Kreditsektor zwischen Instituts-, Einlagen- und Herrschaftssicherung, ZIP 1992, 1597; *Dreher*, Die neue Einlagensicherung im Bereich der privaten Banken und das Europarecht, ZIP 1998, 1777; *Dreher*, Wirtschaftsaufsicht über Kreditinstitute durch Private?, FS Peltzer, 2001, S. 69; *Dreymann/Schnatmeyer*, Das Einlagensicherungs- und Anlegerentschädigungsgesetz, 2000; *Dowe*, Einlagensicherungssysteme in Deutschland, Frankreich und Großbritannien, 2000; *Ebke*, Einlagensicherung, Bankenaufsicht und Wettbewerb in den USA und in der Europäischen Union, ZVglRWiss 94 (1995), 1; *Erlei/Springmann*, Agency-Probleme und Einlagensicherung, in v. Delhaes-Guenther/Hartwig/Vollmer (Hrsg.), Monetäre Institutionenökonomik, 2001, S. 117; *Fischer zu Cramburg*, EU-Kommission legt Vorschläge zur Einlagensicherung und Anlegerentschädigung vor, NZG 2010, 936; *Franke*, Die Auswirkungen der EU-Einlagensicherungsrichtlinie für deutsche Kreditinstitute, ZgKW 1994, 732; *Fröhlich*, Die freiwillige Einlagensicherung der privaten Banken, 2008; *T. Fuchs*, Unzureichende Einlagensicherung und Staatshaftung im Europäischen Wirtschaftsraum, EWS 2010, 516; *T. Fuchs*, Unbestimmtheit als Methode der Rechtsetzung im Bereich der Einlagensicherung? – „Icesave", EWS 2011, 334; *T. Fuchs*, Anm. zum Urteil des EFTA-Gerichtshofs v. 28.1.2013, E-16/11, EWS 2013, 93 ff.; *Gropp/Vesala*, European Central Bank, Deposit Insurance and Moral Hazard – Does the Counterfactual Matter?, ECB Working Paper No. 47, 2001; *Gropp/Vesala*, Deposit Insurance, Moral Hazard and Market Monitoring, ECB Working Paper No. 302, 2004; *W. Grundmann*, Die Einlagensicherung als Element des europäischen Finanzmarkts, ZgKW 1993, 72; *Grüneberg*, Zur Anlegerentschädigung nach dem Einlagensicherungs- und Anlegerentschädigungsgesetz – der Fall „Phoenix", WM 2012, 1365; *Grünewald/Weber*, Bail-in: Zaubertrank oder Pandorabüchse der Bankensanierung?, SZW 2013, 554 ff.; *Grünewald*, The Resolution of Cross-Border Banking Crises in the European Union, 2014; *Gutsche*, Beiträge zur Entschädigungseinrichtung der Wertpapierhandelsunternehmen und ihre Wirkung für mittelständische Kreditinstitute, BKR 2003, 696; *Gutzwiller-Dietler*, Das schweizerische Einlagensicherungssystem im Vergleich mit den Systemen Deutschlands, der USA und der Europäischen Union, Diss. Basel 1994; *Habscheid*, Die Sicherung von Bankeinlagen trotz fehlenden Rechtsanspruchs und ausgeschlossener Amtshaftung?, BB 1988, 2328; *H. J. Hahn*, Einlagensicherung als Staatsaufgabe, Gedächtnisschrift für Geck, 1989, S. 301; *O. Hahn*, Bankenkooperation als Instrument der Einlagensicherung, ZfgG 1981, 124; *Hanten/Görke*, Novellierung des Einlagensicherungs- und Anlegerentschädigungsgesetzes, ZBB 2010, 128; *Hellwig*, Systemic Aspects of Risk Management in Banking and Finance, Swiss Journal of Economics and Statistics 131 (1995), 723; *Hellwig*, Systemische Risiken im Finanzsektor, in Duwendag (Hrsg.), Finanzmärkte im Spannungsfeld von Globalisierung, Regulierung und Geldpolitik, 1998, S. 123; *Hellwig*, Banks, Markets, and the Allocation of Risks in an Economy, Journal of Institutional and Theoretical Economics, 154 (1998), 328; *Herdegen*, Das deutsche Einlagensicherungs- und Entschädigungsgesetz aus europarechtlicher Perspektive, WM 1999, 1541; *Hissnauer*, Die Reform der Einlagensicherung und Anlegerentschädigung in Deutschland, 2013; *Hochfellner*, Einlagensicherung und Anlegerentschädigung, Diss. Graz 2001; *Hoeren*, Einlagenschutz in Europa – Der Entwurf einer Richtlinie über Einlagensicherungssysteme, EuZW 1993, 183; *Hoeren*, Einlagensicherung in Europa, EuZW 1994, 750; *Hoeren*, Selbstregulierung im Banken- und Versicherungsrecht, 1995; *Hofmann*, Einlagensicherung: Der Vorschlag der EU-Kommission zur Beitragskalkulation ist viel zu detailliert und damit zu theoretisch, ZgKW 2011, 760; *D. Hoffmann*, Bank- und Börsenrecht der EWG, 1990, S. 97 ff.; *Holtorf/Rudolf*, Zum 25. Geburtstag des Einlagensicherungsfonds in Deutschland, Finanzmarkt und Portfolio Management 13 (1999), 249; *Hopt*, Kapitalanlegerschutz im Recht der Banken, 1975; *Hottner*, Einlagenschutz in Europa, ZgKW 1992, 229; *Jäger*, Der Fall Kaupthing: Grenzen der Einlagensicherung, AG 2008, R487; *Kaiser*, Einlagensicherung und Lender of Last Resort – Theorie und institutionelle Rahmenbedingungen, Wirtschaftswissenschaftliches Studium 25 (1996), S. 641; *Kaserer*, Der Fall der Herstatt-Bank 25 Jahre danach, VSWG 87 (2000), 166; *C. A. Keller*, Strategische Grundlagen zur Einlagensicherung durch den Garantieverbund der deutschen Kreditbanken, 1991; *Kessel*, EU-Richtlinie über Systeme für die Entschädigung der

Anleger, AG 1997, 313; *Kleinert,* Einlagensicherungssysteme nach deutschem und U.S.-amerikanischem Recht, 1999; *Klöhn,* Kein Anspruch auf Einlagensicherung? Wie ein Gerichtsurteil eine Institution gefährdet, ZIP 2011, 109; *Kluth,* Anstaltslast und Gewährträgerhaftung öffentlicher Finanzinstitute angesichts des gemeinschaftsrechtlichen Beihilfeverbots, Bitburger Gespräche – Jahrbuch 2002/I, S. 111; *Kronester,* Einlagensicherung bei deutschen Kreditinstituten, Diss. München 1983; *Laeven,* The Political Economy of Deposit Insurance, World Bank Policy Research Working Paper No. 3247, 2004; *Leikeb,* Einlagensicherung und Eigenkapitalregulierung von Banken, 2006; *Lexis,* Die Bankenenquete und die Depositenfrage, Jahrbücher für Nationalökonomie und Statistik, 40 (1910), S. 584; *Linden,* Besonderheiten des Bankeninsolvenzrechts, ZInsO 2008, 583; *Lutter,* Europäisches Unternehmensrecht, 3. Aufl. 1991, 4. Aufl. 1996; *Massenberg,* Die im Richtlinienentwurf vorgesehene Harmonisierung schießt weit über das Ziel hinaus, ZgKW 2011, 762; *Matthiesen/Fest,* Haftungsverbund: Risikoorientierte Beiträge und Aufstockung des Volumens, Sparkasse 2004, 155; *Meißner,* Zur Verfassungsmäßigkeit der Jahresbeiträge zur Finanzierung der Entschädigungseinrichtungen nach dem Einlagensicherungs- und Anlegerentschädigungsgesetz, WM 2003, 1977; *Merbecks/Bauer-Behrschmidt,* Einlagensicherungssysteme – Ökonomische Analyse unterschiedlicher institutioneller Ausgestaltungsformen, Diskussionsbeitrag Nr. 297 des Fachbereichs Wirtschaftswissenschaft der FernUniversität Hagen, 2000, https://www.fernuni-hagen.de/csf/download/diskussionspapier_nr_297.pdf (abgerufen am 17.9.2014); *Möschel,* Monopolverband und Satzungskontrolle, 1978; *Möschel,* Public Law of Banking, in International Encyclopedia of Comparative Law, Vol. IX/3, ed. by Ziegel, 1991, Rn. 225 ff.; *Möschel,* Banken und Wettbewerb, FS Raisch, 1995, S. 469; *Münstermann,* Zur Zukunft der Sparkassen, ZKF 2001, 194; *Neeff,* Einlagensicherung bei Bankinsolvenzen, Diss. Köln 1980; *Nicklisch,* Rechtsfragen der Einlagensicherung im Kreditgewerbe, 1979; *Niehoff,* Zum Stand der Rechtsangleichung in der EG auf dem Gebiet der Einlagensicherung, Sparkasse 1993, 25; *Nodoushani,* Der Einlagensicherungsfonds des Bankenverbandes im Lichte der Finanzmarktkrise, BKR 2011, 1; *Nötzold/Ciesielska,* EAEG: Nach der Novelle ist vor der Novelle, ZgKW 2011, 768; *Obermüller,* Insolvenzrecht in der Bankpraxis, 8. Aufl. 2011; *Pannen,* Krise und Insolvenz bei Kreditinstituten, 3. Aufl. 2010; *Pannen,* Die Reform des EAEG im Überblick, ZInsO 2010, 929; *Papenthin,* Der Zugang zur Einlagensicherung des privaten Bankgewerbes, 1999; *Parke,* Funktion, Aufbau und Aufgabe der Einlagensicherung und der Aufsicht der US-amerikanischen Kreditinstitute – Eine rechtliche Darstellung des US-Kreditwesens unter Berücksichtigung neuerer Gesetze und Entwicklungstendenzen, 1992; *Pecchioli,* Bankenaufsicht in den OECD-Ländern – Entwicklungen und Probleme, 1989, S. 226 ff.; *Pehla,* Die Institutssicherung nach dem Einlagensicherungs- und Anlegerentschädigungsgesetz, ZgKW 2006, 298; *Pehla,* Der Haftungsverbund der Sparkassen-Finanzgruppe – Eine Untersuchung der Institutssicherung der Sparkassen und Landesbanken unter besonderer Berücksichtigung des Einlagensicherungs- und Anlegerentschädigungsgesetzes, 2006; *Pöcker,* Rechtsprobleme der Beitragspflicht zur Entschädigungseinrichtung der Wertpapierhandelsunternehmen (EdW), ZBB 2002, 513; *Quardt,* Zur Abschaffung der Anstaltslast und Gewährträgerhaftung, EuZW 2002, 424; *Reiser,* Deposit Insurance and its Contribution to System Stability, SZW 2014, 20; *Ricke/Rudolph,* Stichwort: Einlagensicherung, BKR 2002, 899; *Roth* Einlagensicherung im Binnenmarkt, ZBB 1997, 373; *Ruzik,* Bankenkrisen und -insolvenzen – Ein besonderes Phänomen, BKR 2009, 133; *Ruzik,* EU-RL: Sanierung und Liquidation von Kreditinstituten, RdW 2009, 623; *Ruzik,* Finanzmarktintegration durch Insolvenzrechtsharmonisierung, 2010; *Schlierbach/Püttner,* Das Sparkassenrecht in der Bundesrepublik Deutschland, 5. Aufl. 2003; *Schlösser-Christen,* Die Sicherungseinrichtungen der Kreditgenossenschaften, Diss. Köln 1985; *D. Schmidt,* Unsere erfolgreiche Einlagensicherung, ZgKW 1990, 278; *D. Schmidt,* Die neue Sicherungseinrichtung der Kreditgenossenschaften, Sparkasse 1977, 207; *R. Schmidt,* Der Einlagensicherungsfonds deutscher Banken als Berufsschranke, ZHR 146 (1982), 48; *Schnabel,* Macroeconomic Risks And Financial Crises – A Historical Perspective, Diss. Mannheim 2003; *Uwe H. Schneider,* Europäisches Bankaufsichtsrecht und internationale Einlagensicherung, EuZW 1990, 361; *Uwe H. Schneider,* Die Sanierung von Kreditinstituten und die Angleichung der aufsichtsrechtlichen Sanierung in der Europäischen Gemeinschaft, FS Steindorff, 1990, S. 1393; *Scholl,* Einlagensicherung bei Kreditinstituten, JuS 1981, 88; *Schöner,* Einlagensicherung, Grundsatz und Wettbewerb, 1997; *Schöning/Nolte,* Zur Reform der Einlagensicherung von Genossenschaftsbanken, ZfgG 2004, 205; *Schöning/Nolte,* Modifikationen der freiwilligen Einlagensicherung in Deutschland, BankArchiv 2004, 421; *Schöning/Nolte,* Reform der bankengruppenspezifischen Einlagensicherung in Deutschland, WiSt 2005, 37; *Schoenmaker,* Internationalisation of Banking Supervision and Deposit Insurance, 8 (3) JIBL 1993, 106; *Schultze-Kimmle,* Zur Frage der Einlagensicherung, Sparkasse 1968, 348; *Schwark,* Anlegerschutz durch Wirtschaftsrecht, 1979, S. 223 ff.; *Schwark,* Einlagensicherung bei Banken, NJW 1974, 1849; *Seifert,* Privilegierung und Regulierung im Bankwesen – ein Beitrag zur ordnungspolitischen

§ 26 Einlagensicherung und Anlegerentschädigung                                1  § 26

Problematik branchenorientierter Strukturpolitik, 1984; *Sethe*, Einlagensicherung und Anlegerentschädigung nach europäischem und deutschem Recht, ZBB 1998, 305; *Sethe*, Europarechtswidrige Kollusion von Gesetzgeber und Bankwirtschaft?, ZIP 1999, 1461; *Sethe*, Anlegerschutz im Recht der Vermögensverwaltung, 2005, S. 656 ff.; *Sethe*, Die Verfassungsmäßigkeit des Haftungsausschlusses für fehlerhafte Bankaufsicht, FS Hopt, 2010, 2549; *Sethe*, Ein Indianer kennt keinen Schmerz – Reaktionen der Schweiz auf Finanzmarktkrise und Steuerstreit, ZBB 2011, 106; *Sethe*, Einlagensicherung und Systemstabilität – Einige Gedanken zur Reform des Schweizer Einlegerschutzes, SZW 2012, 507; *Seubert*, Die Brüsseler „Verständigung" zu Anstaltslast und Gewährträgerhaftung, 2005; *Steden*, Marktorientierte Bankenregulierung, 2002, S. 123 ff., 165 ff.; *Steffen*, Rechtmäßigkeit der Sonderzahlungen zur Finanzierung des Entschädigungsfalls „Phoenix", ZBB 2011, 274; *Steffen/Sachse*, Mehr Anlegerschutz zu Lasten der Rendite von Investmentfonds? Eine kritische Auseinandersetzung mit dem Vorschlag der EU-Kommission zur Änderung der Anlegerentschädigungsrichtlinie 97/9/EG, ZBB 2011, 33; *Stephan*, Insolvenzrechtliche Erfassung von Bankgeschäften und Finanzdienstleistungsverträgen, 2014; *Steuer*, Das Gesetz zur Umsetzung der EG-Einlagensicherungs- und Anlegerentschädigungsrichtlinie und seine Umsetzung in der Praxis, WM 1998, 2449; *Strenge*, Kalkulation von Einlagensicherungsbeiträgen – eine kritische Analyse unter besonderer Berücksichtigung der Finanzierungs- und Lenkungsfunktion, 2005; *Szagunn/Voigt*, Einlagensicherung in der Kreditwirtschaft, 1966; *Tetzlaff*, Phoenix Kapitaldienst GmbH – Der K(r)ampf geht in eine neue Runde: Auseinandersetzungen zwischen der EdW Entschädigungseinrichtung der Wertpapierhandelsunternehmen und ihren Zwangsmitgliedern, ZInsO 2009, 369; *Thonfeld*, Die Zuordnung von Anlageberatern zur gesetzlichen Entschädigungseinrichtung der Wertpapierhandelsunternehmen, ZIP 2007, 2302; *Tigert-Helfer*, What Deposit Insurance Can and Cannot Do, Finance and Development 36 (1999), 22; *Veldhoff*, Die Haftung von Kreditinstituten für die fehlerhafte Aufklärung und Beratung von Privatkunden beim Erwerb von Zertifikaten, 2012; *Vogelsang*, Der Einlagensicherungsfonds des Bundesverbandes deutscher Banken im Lichte des Versicherungsrechts, 1990; *Volhard*, „Musterhaft in Freud' und Qual" – Altes und Neues zur Einlagensicherung und Anlegerentschädigung, FS Döser, 1999, S. 421; *Wagner*, Die Einlagensicherung bei Banken und Sparkassen nach dem Einlagensicherungs- und Anlegerentschädigungsgesetz, 2004; *Weber*, Einlagensicherung europaweit, Die Bank 1994, 476; *Weber*, Das neue Einlagensicherungs- und Anlegerentschädigungsgesetz, Die Bank 1998, 470; *Weber*, Der Kunde in der Insolvenz seiner Bank, ZInsO 2009, 628; *Wenger/Kaserer*, Einlagensicherung und Bankenregulierung auf dem Prüfstand – zwei ordnungspolitische Beiträge, Diskussionsbeiträge des Betriebswirtschaftlichen Instituts Nr. 16–1997, Universität Würzburg, 1997; *White*, Deposit Insurance, World Bank Policy Research Working Paper No. 1541, 1995; *Wiesel*, Sparkassen und Landesbanken auf dem Prüfstand des europäischen Wettbewerbsrechts, ZBB 2002, 288; *Wintzen*, Einlagensicherung in der EG, Die Bank 1987, 266; *Wolf*, Depositenverträge, Einlagensicherung und die Vermeidung von Bank-Runs, 1999; *Zetzsche/Grünewald*, Staatsgarantie für die Einlagensicherung, Icesave und der Weg zur grenzüberschreitenden Einlagensolidarität, WM 2013, 1337; *Zimmer*, Bankenregulierung: Zur Begründung und Ausgestaltung der Einlagensicherung, 1993; *Zimmer*, Der EG-Richtlinienentwurf über Einlagensicherungssysteme: Chancen zur Verbesserung der deutschen Einlagensicherung?, ZBB 1992, 289.

## I. Konzeptionelle Grundlagen der Einlagensicherung und Anlegerentschädigung

**1. Die Risiken von Kapitalanlagen und ihre rechtliche Erfassung. a) Das unternehmerische Risiko.** Kapitalanlagen, also Geld**einlagen** und **Anlagen** in Finanzinstrumenten, sind mit dem Risiko des Substanzverlusts[1] behaftet. Einen völligen oder teilweisen Substanzverlust kann der Anleger durch die Insolvenz der Gesellschaft, deren Anteile er gekauft hat, oder die Insolvenz des Kredit- oder Finanzdienstleistungsinstituts, das seine Einlagen und Anlagen betreut, erleiden. Der jeweils mit einer Anlageart verbundene Schutz vor einem Substanzverlust stellt aus Anlegersicht daher einen ganz entscheidenden Faktor bei der Auswahl von Kapitalanlagen dar, wobei man sich darüber im Klaren sein muss, dass die Aufmerksamkeit, die durchschnittliche Anleger dem Faktor Sicherheit im Insolvenzfall zumessen, nach Krisen regelmäßig höher ist als in lang anhaltenden Perioden ohne Gefährdungen.

1

---

[1] Zur Terminologie *Hopt*, Kapitalanlegerschutz, S. 82 ff., der Substanzerhaltungsrisiko, Informationsrisiko, Abwicklungsrisiko, Interessenvertretungsrisiko und Konditionenrisiko unterscheidet.

**2** Ein vollständiger Schutz vor einer Insolvenz der Gesellschaft, deren Anteile ein Anleger erworben hat, besteht nicht. Zwar gewährleisten eine Vielzahl von Kapitalaufbringungs- und Kapitalerhaltungsvorschriften sowie Haftungstatbeständen einen weitgehenden Schutz der Gläubiger und damit indirekt auch der Anleger[2]. Gesellschafts- und kapitalmarktrechtliche Publizitätsvorschriften beseitigen zu Lasten von Anlegern vorhandene Informationsasymmetrien[3]. Das darüber hinaus bestehende **unternehmerische Risiko** verbleibt jedoch beim Anleger[4].

**3** **b) Das Risiko der Insolvenz des Finanzintermediärs.** Von diesem unternehmerischen Risiko zu trennen ist die Gefahr einer Insolvenz des Finanzintermediärs, der Kapitalanlagen für den Anleger betreut. Dieses Risiko verwirklicht sich bei Geldeinlagen anders als bei Wertpapiergeschäften:

(1) Hat eine Bank Kundengelder als Einlagen entgegen genommen, steht dem Kunden (Einleger) grundsätzlich nur ein Anspruch auf Rückzahlung zu, der im Insolvenzfall des Instituts nur eine gewöhnliche Insolvenzforderung (§ 38 InsO) ist[5]. Ein Aussonderungsrecht (§ 47 InsO) an Kontoguthaben bejaht die Rechtsprechung nur bei Treuhandkonten. Auf Kapitalanlagen gemünzt bedeutet dies, dass ein Aussonderungsrecht nur vorliegt, wenn der Finanzintermediär bei einem anderen Institut für einen Kunden ein Treuhandkonto führt und die dort eingezahlten Gelder vertragsgemäß als Treugut behandelt[6]. Tut er dies nicht, entfällt das Aussonderungsrecht. Sofern dem Kunden kein Aussonderungsrecht zusteht und seine Forderung daher nur eine gewöhnliche Insolvenzforderung darstellt, wird er in der Praxis den Großteil seiner Einlagen einbüßen. Die Einlagensicherung dient dazu, diese Lücke im Kundenschutz (ganz oder teilweise) zu schließen.

**4** (2) Etwas komplexer ist der Schutz von Depotwerten ausgestaltet, die einem Institut anvertraut werden. Der Kunde (Anleger) kann im Falle der Insolvenz eines Kreditinstituts, das als Verwahrer, Kommissionär oder Eigenhändler tätig wurde, die Aussonderung von solchen Wertpapieren verlangen, die sich im Besitz der Bank befinden und deren (Mit-)Eigentümer er ist (§ 47 InsO)[7]. Damit er in den Genuss der Regelung kommt, muss sichergestellt werden, dass er auch Eigentümer der Wertpapiere wird. Dies wird durch eine ganze Reihe von Regelungen gewährleistet, die eine **Trennung von Kundenvermögen und Vermögen des Finanzintermediärs** bewirken. Aus diesem Grund enthält das Depotgesetz einen Katalog zulässiger Verwahrungsarten für Wertpapiere (§§ 2 ff. DepotG). Es beschränkt die Entstehung von Pfand- und Zurückbehaltungsrechten Dritter und schreibt die Zustimmung der Eigentümer zur Übereignung (§ 13 DepotG) vor. Weiterhin wird die Art der Buchführung vorgegeben, um Risiken aus einer unzureichenden Dokumentation auszuschließen. Das Gesetz erfasst zudem die Einkaufskommission (§§ 18 ff. DepotG) und schreibt unabdingbar (§ 28 DepotG) vor, dass innerhalb einer Woche das Stückeverzeichnis zu übersenden ist und das Eigentum spätestens dann auf den Kunden übergeht. Auch § 92 Abs. 1 Satz 2, Abs. 2 KAGB setzt zum Schutz der Anleger das Prinzip der Vermögenstrennung ein. Dieses Prinzip findet gemäß § 34a WpHG auch auf solche Wertpapierdienstleistungsunternehmen Anwendung, die keine Erlaubnis zum Betreiben des Einlagengeschäfts oder des Depotgeschäfts

---

[2] *Hopt*, Kapitalanlegerschutz, S. 290 ff.
[3] Dazu *Assmann* ZBB 1989, 49, 59 ff.
[4] So im Ergebnis zutreffend BGH WM 2005, 325, 327 (zu § 1 Abs. 4 EAEG aF). Nicht jedes Risiko kann und soll dem Anleger abgenommen werden, denn effektives Kapitalmarktrecht bedeutet – entgegen den in Krisensituationen immer wieder erhobenen Forderungen – nicht die Schaffung von völlig risikolosen Anlagen. Vielmehr hängen Rendite und Risiko voneinander ab.
[5] LG Berlin ZIP 2004, 2396 f. m. Anm. *Pannen* EWiR § 47 InsO 3/04, S. 989 f., das im Falle der Insolvenz des Kreditinstituts ein Aussonderungsrecht an dem Kontoguthaben ablehnte und zwar auch für den Fall, dass es sich um ein Treuhandkonto handelte.
[6] BGH ZIP 2011, 777, 778 ff.; BGH ZIP 2011, 2187, 2190; BGH ZIP 2013, 2421; *Pannen* EWiR § 47 InsO 3/04, S. 980.
[7] *Obermüller* Rn. 1.835.

besitzen[8]. Fällt das für einen Kunden kommissionsweise tätige Institut in Konkurs, gelten gemäß § 392 Abs. 2 HGB die Forderungen auf Lieferung von Effekten, die der Bank gegen einen Dritten aus einem Ausführungsgeschäft zustehen, als Forderungen des Kunden,[9] so dass dieser Aussonderung verlangen kann (und muss, wenn er die Forderung geltend machen will)[10]. Wurde ein Wertpapiergeschäft nur teilweise erfüllt (der Kunde ist noch nicht bzw. nicht mehr Eigentümer der Wertpapiere, hat aber seine Verpflichtung gegenüber der Bank bereits erfüllt), steht dem Kunden ein Vorrang durch Befriedigung aus einer Sondermasse zu (§ 32 DepotG), die aus den vorhandenen Effekten dieser Art und den Ansprüchen auf Lieferung solcher Effekten gebildet wird. Reicht die Masse nicht aus, werden die Kunden anteilig befriedigt und müssen ihre nicht gedeckten Forderungen zur Insolvenzmasse anmelden. Steht dem Kunden kein Aussonderungsrecht zu und stellt seine Forderung daher nur eine gewöhnliche Insolvenzforderung dar, wird er in der Praxis den Großteil seiner Werte in der Insolvenz des Finanzintermediärs einbüßen. Diese Lücke im Kundenschutz wird (ganz oder teilweise) durch die Anlegerentschädigung geschlossen.

Einen Teil- oder Totalverlust der Kapitalanlage kann ein Ein-/Anleger auch dadurch erleiden, dass der Finanzintermediär das fremde Vermögen unterschlägt. Dieses Risiko wird herkömmlich als **Abwicklungs- und Verwaltungsrisiko** bezeichnet. Aufgrund seiner Sachnähe zum Substanzerhaltungsrisiko wird es von den Systemen zur Einlagensicherung und Anlegerentschädigung miterfasst. Dies ist konsequent, da die Erfahrungen zeigen, dass vor allem bei drohender Insolvenz vermehrt Veruntreuungen stattfinden, um „Löcher zu stopfen".

**c) Schutzmechanismen.** Neben das Prinzip der Vermögenstrennung tritt der Erhalt der **Haftungsgrundlage** der Institute, die dann für eventuelle Zugriffe oder Regresse der Anleger zur Verfügung steht. Die wirtschaftliche Solidität von Kredit- oder Finanzdienstleistungsinstituten wird in erster Linie durch die Anforderungen sichergestellt, die das Kreditwesengesetz in Form von **Gründungsvorschriften** und einer **Aufsicht** über den fortlaufenden Betrieb eines solchen Instituts vorschreibt. Die §§ 45 ff. KWG sehen zudem besondere Maßnahmen zur Bewältigung von Liquiditätskrisen bei Instituten vor[11] und es gibt besondere Insolvenzregeln[12]. Trotz all dieser Schutzmechanismen zeigt die Erfahrung, dass die Möglichkeiten der Bank- und Kapitalmarktaufsicht die Insolvenz eines Instituts nicht vollständig verhindern können, so dass ein Restrisiko des Substanzverlusts verbleibt[13]. Das Aufsichtsrecht gewährt insbesondere keinen Schutz vor strafrechtlich relevantem Ver-

---

[8] Diese Vorschrift verbietet insbesondere so genannte Omnibus-Konten bei Nicht-CRR-Kreditinstituten. Hierbei handelt es sich um Konten, auf die Vermögensverwalter kurzfristig das Geld mehrerer Kunden überweisen, um damit eine einzige Anlage zu tätigen. Diese Konten hat die Bundesanstalt für unzulässig erklärt, selbst wenn das Finanzdienstleistungsinstitut durch Vertrag zu einem solchen Vorgehen ermächtigt worden ist, da es sich um einen Verstoß gegen § 34a WpHG handelt (Rundschreiben des Bundesaufsichtsamtes für den Wertpapierhandel – heute: Bundesanstalt für Finanzdienstleistungsaufsicht – v. 21.10.1998). Mit dem Verbot soll insbesondere der Gefahr begegnet werden, dass nicht gedeckte Verluste eines Kunden, zB im Falle eines „margin-calls", mit werthaltigen Positionen, die anderen Kunden zuzurechnen sind, ausgeglichen werden. Das BVerwG WM 2002, 1919 ff., bestätigte die Rechtsauffassung der Aufsicht und stellte fest, dass das Verbot der Omnibuskonten nicht gegen die Vorgaben der Wertpapierdienstleistungsrichtlinie verstößt.
[9] *Obermüller* Rn. 1.835.
[10] BGH NJW 1988, 3203, 3204; *Hopt* in Baumbach/Hopt, HGB, § 392 Rn. 9.
[11] Dazu *Ruzik*, Insolvenzrechtsharmonisierung, S. 831 ff.; *Binder*, Bankeninsolvenzen, S. 129 ff., 197 ff.; *Weber* ZInsO 2009, 628 ff. Erwähnenswert ist auch die Möglichkeit einer Liquiditätshilfe durch die Liquiditäts-Konsortialbank GmbH, die allerdings in der Praxis kaum eine Bedeutung hat, vgl. *Linden* ZInsO 2008, 583, 593.
[12] Dazu *Binder*, Bankeninsolvenzen, S. 99 ff.; *Linden* ZInsO 2008, 583 ff.; *Ruzik*, Insolvenzrechtsharmonisierung, S. 773 ff., 829 ff.; *Ruzik* RdW 2009, 623 ff.
[13] Zu den Besonderheiten von Bankenkrisen und -insolvenzen *Ruzik* BKR 2009, 133, 134 ff.; *Ruzik*, Insolvenzrechtsharmonisierung, S. 818 ff.

halten der Mitarbeiter. Dies hat sich etwa an den Konkursen der Bank of Credit and Commerce International (BCCI) im Jahre 1991[14] und des traditionsreichen Bankhauses Barings im Jahre 1995[15] gezeigt, die gleichzeitig Beleg dafür sind, dass Zusammenbrüche sich nicht immer nur auf kleinere Banken beschränken[16] und der Erfahrungssatz „too big to fail"[17] nicht in allen Fällen Gültigkeit beanspruchen kann, wie auch die Insolvenz von Lehman Brothers belegt. Auch ist das Risiko der Insolvenz nicht notwendig auf „schlechte Zeiten" beschränkt. Dies belegt der Fall des Bankhauses Herstatt, das in gesamtwirtschaftlicher guter Lage im Jahr 1974 insolvent wurde. Schließlich kann es passieren, dass aufgrund des Ansteckungseffekts auch wirtschaftlich an sich gesunde Banken in den Abgrund gesogen werden[18] und dass trotz einer staatlichen Beaufsichtigung ganze Banksparten zusammenbrechen, wie etwa die Savings & Loans Associations in den USA[19]. Der typische Kleinanleger hat in der Regel keine Möglichkeit, die Bonität von Instituten umfassend zu prüfen. Außerdem ist ein solcher Kunde wegen seines geringen Vermögens auch nicht in der Lage, seine Mittel ausreichend zu **diversifizieren.** Da im heutigen Alltag die Nutzung von Giro- und Sparkonten unverzichtbar ist, benötigen Gehaltsempfänger und Kleinsparer zur **Sicherung ihrer Existenz** einen Schutz vor Verlusten durch die Insolvenz „ihres" Kreditinstituts. Sie sind nicht nur auf den Schutz ihres bei Instituten angelegten Vermögens angewiesen, sondern auch auf eine rasche Freigabe der Mittel im Sicherungsfall. Neben die oft fehlende Möglichkeit des Selbstschutzes tritt eine **sozialpolitische Komponente.** Wenn der Staat zunehmend Wert darauf legt, dass seine Bürger Eigenvorsorge für das Alter treffen, muss eine ausreichende Sicherung der dafür langfristig eingesetzten Mittel erfolgen[20]. Die Einlagensicherung und Anlegerentschädigung dienen daher dem **Individualschutz** von Kleinanlegern[21].

7   Darüber hinaus wird ihr aber auch die Funktion zugeschrieben, dem **Funktionenschutz** zu dienen. Der Schutz der Kunden vor Verlust von Forderungen erweise sich als

---

[14] *Long* (ed.), Banking scandals – The S & LS and BCCI, 1993; *Truell/Gurwin,* BCCI – The Inside Story of the World's Most Corrupt Financial Empire, 1992.

[15] *Körnert,* The Barings crises of 1890 and 1995 – Causes, Courses, Consequences and the Danger of Domino Effects, 13 (3) Journal of international financial markets, institutions & money (2003), 187–209; *Marquardt,* Der Fall Barings, Singapur, 1999; *Hunt/Heinrich,* Barings Lost – Nick Leeson and the Collapse of Barings plc., 1996; *Fay,* The Collapse of Barings, 1996.

[16] Ein weiterer Beleg ist die in den USA zu beobachtende Entwicklung. Im Jahr 1983 brachen 47 Banken zusammen, 1984 schon 79, 1989 waren es 206, 1991 dann 124. Trotz der zwischen 1989 und 1991 gesunkenen Zahl der Insolvenzen stieg das durchschnittliche betroffene Vermögen von 142 Mio. US-$ im Jahr 1989 auf 509 Mio. US-$ im Jahr 1991, vgl. *Eckert,* Die Liberalisierung internationaler Finanzdienstleistungen durch das General Agreement on Trade in Services (GATS), 1997, S. 34.

[17] Gerade die Bankenkrise von 1931 ist ein Beleg für diesen Erfahrungssatz, vgl. *Schnabel,* Macroeconomic Risks, S. 127 f. Siehe auch *Dale,* Deposit Insurance, S. 559, 567 f., zu der US-amerikanischen Praxis vor der grundlegenden Reform 1991.

[18] *Reiser* SZW 2014, 20, 22.

[19] Ausführlich dazu *E. J. Kane,* The S & L Insurance Mess: How Did It Happen?, Washington 1989; *A. F. Cottrell/M. S. Lawlor/J. H. Wood* (eds.), The Causes and Costs of Depository Institution Failures, Boston, London, Dordrecht 1995; *Hellwig,* Systemische Risiken, S. 123, 129; *Hellwig,* Journal of Institutional and Theoretical Economics, 154 (1998), 328, 336. Zur Einlagensicherung in den USA vgl. die Arbeiten von *Gutzwiller-Dietler; Kleinert; Hochfellner, Parke; Wenger/Kaserer* sowie *Ebke* ZVglRWiss 94 (1995), 1 ff.

[20] Ebenso *Binder,* Bankeninsolvenz, S. 111 f. mwN. Ob das derzeitige deutsche System hierzu ausreichend in der Lage ist, muss an dieser Stelle offen bleiben. Während fondsgestützte Alterssicherungen durch das KAGB ausreichend geschützt sind, erscheint dies für langfristige Sparpläne angesichts des Sicherungsumfangs von § 4 Abs. 2 Satz 1 EAEG als fraglich.

[21] Rechtspolitisch umstritten ist daher der vom Einlagensicherungsfonds des Bundesverbands deutscher Banken gewährte Schutz pro Einleger von mind. 1,5 Mio. EUR (→ Rn. 51 und → Rn. 73), da sich Personen mit einem solch großen Vermögen durchaus selbst schützen können, etwa durch eine Diversifizierung des Vermögens. Ebenso jetzt auch *Binder,* Bankeninsolvenzen, S. 487.

notwendig, um das **Vertrauen** der Kunden in das System zu erhalten und dieses vor einem Run zu schützen[22]. Denn es bestehe eine Ansteckungsgefahr; Kunden, die von der Krise ihres Instituts hörten, gerieten in Panik und würden massenhaft Einlagen bei diesem Institut, aber auch bei anderen Instituten abziehen. Die für einen Schutz des Vertrauens aufgewendeten Kosten seien deshalb im Vergleich zu denen eines Runs auf ein oder alle Institut(e) gering. Allerdings wird die These, dass die Schieflage *eines* Instituts zu einem Run führe, stark angezweifelt[23]. Zunächst wird zu Recht darauf hingewiesen, dass der massenhafte Abzug von Kundengeldern bei dem in der Krise befindlichen Institut keine irrationale Entwicklung ist, die es zu stoppen gilt. Denn ein Rückzug der Gläubiger in der Krise eines Unternehmens ist völlig normal[24]. Davon zu trennen ist allerdings der Abzug der Gelder bei anderen Instituten, also die *Ansteckungsgefahr*[25]. Auch deren Existenz wird bezweifelt, denn in den Fällen, in denen es zu einem Run kam, ging der Kollaps des Instituts immer mit einer gesamtwirtschaftlich katastrophalen Lage einher, so dass nicht der Zusammenbruch des einzelnen Instituts, sondern die Kombination mehrerer Faktoren ausschlaggebend war[26]. Als Beleg gegen das Bestehen einer Ansteckungsgefahr gilt der Fall Herstatt. Unter Hinweis auf die 1974 nahezu fehlende Einlagensicherung und die dennoch ausbleibende Panik nach der Herstatt-Insolvenz wird argumentiert, die Gefahr eines Runs bestehe nicht – wie häufig angenommen – bereits bei dem Zusammenbruch eines Instituts, sondern nur dann, wenn ein allgemeiner Vertrauensverlust in das *gesamte* Kreditgewerbe vorliege. Bei der auf ein Institut begrenzten Insolvenz würden Kundengelder lediglich zu anderen Banksparten umgeschichtet. Dieser Einwand überzeugt deshalb nicht, weil er den Umstand nicht berücksichtigt, dass die Einlagensicherung gerade das *frühzeitige* Eintreten eines Vertrauensverlusts in die gesamte Banksparte oder gar zu allen Banken verhindert. Je sicherer die Einlagen der Kunden sind, desto weniger wahrscheinlich ist eine Panikreaktion der Öffentlichkeit. Gerade wegen der Einlagensicherung kann die Öffentlichkeit darauf vertrauen, dass die anderen Banksparten sicher sind. Einlagen werden deshalb umgeschichtet und nicht mit nach Hause genommen[27]. Sicherlich ist die Einlagensicherung nicht in

---

[22] Das bislang größte und bekannteste Beispiel ist der Zusammenbruch von rund 5000 US-amerikanischen Banken während der großen Depression in den dreißiger Jahren, vgl. *Eckert*, Die Liberalisierung internationaler Finanzdienstleistungen durch das General Agreement on Trade in Services (GATS), 1997, S. 34. Der Zusammenbruch der argentinischen Banco de Intercambio Regional im Jahre 1980 ließ ebenfalls das Bankensystem fast zusammenbrechen. Die spät einsetzende Stützungsaktion der Zentralbank verschlang 27% der Geldbasis des Landes, vgl. *Kaiser* WiSt 25 (1996) 641, 642.
[23] Vgl. die Ergebnisse der Studie von *Schnabel*, Macroeconomic Risks, S. 126 f.; sowie *Binder*, Bankeninsolvenz, S. 115 mwN auch zum US-amerikanischen Schrifttum.
[24] *Hellwig*, Systemische Risiken, S. 123, 128; *Möschel*, Wirtschaftsrecht, S. 250.
[25] Der Begriff der Ansteckungsgefahr wird häufig in doppeltem Sinne verwendet als Überschwappen der Krise auf ein anderes Institut durch Panikreaktion der Kunden *(contagion through information)* und als Ansteckung durch Versagen der Zahlungs- und Wertpapierabrechnungssysteme bzw. durch Ausfall von Forderungen anderer Institute *(contagion through interbank liability)*, vgl. *Binder*, Bankeninsolvenz, S. 120, 122; *Hellwig*, Systemische Risiken, S. 123, 125 f.; *Schnabel*, Macroeconomic Risks, S. 12 f. Nur erstere wird nachfolgend untersucht, da die Aufrechterhaltung der Zahlungs- und Wertpapierabrechnungssysteme auf anderem Wege als durch Einlagensicherung erfolgt und Interbankforderungen von der Einlagensicherung regelmäßig ausgenommen sind.
[26] Zum Folgenden *Binder*, Bankeninsolvenz, S. 114 ff.; *Hellwig*, Systemische Risiken, S. 123 ff.; *Wenger/Kaserer*, Einlagensicherung, S. 20 ff.; *Kaserer* VSWG 87 (2000), 166, 176 ff.
[27] Häufig wird auf die relative Ruhe im deutschen Bankensektor seit dem Zweiten Weltkrieg als Beleg für diese These hingewiesen, vgl. die Nachweise bei *Binder*, Bankeninsolvenz, S. 118 f. *Binder* widerspricht dieser Argumentation, da bei uns bislang nur kleinere Institute insolvent geworden seien. Allerdings untersucht *Binder* umgekehrt auch nicht Staaten, in denen große Institute der Insolvenz anheim fielen, weshalb seine Gegenthese ebenfalls unbelegt ist. *Schnabel*, Macroeconomic Risks, S. 127, weist nach, dass Anleger in der Bankenkrise von 1931 ihre Einlagen zu soliden Instituten umgeschichtet haben.

der Lage, jeden Run zu unterbinden, denn wenn die gesamtwirtschaftliche Lage so schlecht ist, dass das Vertrauen der Bevölkerung ohnehin verloren ist, wird die Einlagensicherung kaum einen Meinungsumschwung bewirken, wie das Beispiel Northern Rock 2008 gezeigt hat, als die Bevölkerung wegen der Finanzkrise auch kein Zutrauen mehr zur Einlagensicherung hatte. Solange die gesamtwirtschaftliche Lage aber einigermaßen stabil ist, kommt der Einlagensicherung bei Bankenkrisen durchaus eine vertrauensbildende Funktion zu[28]. Zusammenfassend kann man daher feststellen, dass die Einlagensicherung nur in einem bestimmten Bereich vertrauensbildend wirkt, nämlich in Fällen, die zwischen der Krise eines einzelnen Instituts auf der einen Seite und einer gesamtwirtschaftlichen Krise auf der anderen Seite liegen. Die entscheidende ökonomische Frage ist, ob der Preis für eine solche begrenzte vertrauensbildende Funktion der Einlagensicherung ihren Nutzen übersteigt. Diese Frage kann im Rahmen dieses Beitrags, der in erster Linie der Darstellung des geltenden Rechts dienen soll, nicht beantwortet werden.

**8** Der Schutz der Kunden eines Instituts kann entweder durch Maßnahmen zur Krisenvermeidung („Unternehmenssicherung" oder „indirekte Einlagensicherung") oder durch solche zur Krisenbewältigung („direkte Einlagensicherung") erfolgen[29]. Die im Folgenden darzustellenden Systeme zur Einlagensicherung und Anlegerentschädigung regeln allein den Schutz der Anleger im Falle der Insolvenz eines Kredit- oder Finanzdienstleistungsinstituts. Diese gesetzgeberische Entscheidung, nicht den Bestand der Institute zu garantieren, sondern allein die Anleger vor den Folgen der Insolvenz des Instituts abzusichern, überzeugt, da die Bestandssicherung von Unternehmen aus ordnungspolitischen Gründen nur ausnahmsweise bei gesamtwirtschaftlichen Zwängen erfolgen sollte. Ansonsten würde eine Unternehmenssicherung den **Ausleseprozess des Wettbewerbs** teilweise unterbinden und dazu führen, dass die Beiträge zu einer Sicherungseinrichtung der Existenzsicherung eines selbstverschuldet in Not geratenen Konkurrenten dienen[30].

**9** **2. Ökonomischer Hintergrund der Einlagensicherung und Anlegerentschädigung. a) Mikro- und makroprudentielle Ebene und systemisches Risiko.** Die Einlagensicherung deckt nur die mikroprudentielle Ebene ab, da sie an das Risiko des Einzelinstituts anknüpft. Sie ist von ihrer heutigen Konzeption her nur in der Lage, den Zusammenbruch einzelner kleinerer und mittlerer Banken zu schultern; es besteht Einigkeit, dass sie überfordert wäre, wenn es eine systemrelevante Bank träfe[31]. Nicht erfasst wird auch das von Instituten ausgehende systemische Risiko (makroprudentielle Ebene), das vor allem durch Interbankenverbindlichkeiten und Derivatgeschäfte geschaffen wird. Es spielte bislang weder bei der Bemessung der Beiträge zur Einlagensicherung eine Rolle noch werden solche Geschäfte abgesichert (§ 3 Abs. 2 EAEG). Um die systemischen Risiken in die Anreizsteuerung für Institute einzubeziehen, wurde die Bankenabgabe geschaffen, mit der der Restrukturierungsfonds für Kreditinstitute finanziert wird[32].

**10** **b) Einlagensicherung und Anlegerentschädigung als Faktor des Wettbewerbs.** Das Vorhandensein und die Höhe einer Einlagensicherung und Anlegerentschädigung stel-

---

[28] Ebenso *Brenncke,* Werbung, S. 101 ff.
[29] Zur Terminologie *Schöner,* Einlagensicherung, S. 26 mwN. Die Einlagensicherungsrichtlinie verwendet hierfür die Begriffe „Schutzsysteme" einerseits (Erwägungsgrund 11 und Art. 3 Abs. 1) und „Einlagensicherung" andererseits. Zu den verschiedenen Formen der Einlagensicherung *Szagunn/Voigt,* Einlagensicherung, S. 29 ff.
[30] Ausführlich aus betriebswirtschaftlicher Sicht *Keller,* Einlagensicherung, S. 170 ff., 206; ebenso OLG Köln, DZWiR 1993, 196, 198; LG Bonn, DB 1992, 879, 880; *Binder,* Bankeninsolvenz, S. 112 f.; *Dreher* ZIP 1992, 1597, 1602, 1607; *Hopt,* Kapitalanlegerschutz, S. 303 f.; *Schöner,* Einlagensicherung, S. 62 ff.
[31] Statt vieler *Fischer* in Bankrechts-Handbuch, § 133 Rn. 50.
[32] Gesetz zur Errichtung eines Restrukturierungsfonds für Kreditinstitute (Restrukturierungsfondsgesetz – RStruktFG) v. 9.12.2010, BGBl. I 1900, 1921, zuletzt geändert durch Artikel 3 des Gesetzes v. 20.12.2012, BGBl. I S. 2777. Zu Einzelheiten *Fischer* in Bankrechts-Handbuch § 133 Rn. 35 ff.; *Hanten/München* WM 2011, 1925 ff.

§ 26 Einlagensicherung und Anlegerentschädigung

len wichtige Faktoren im Wettbewerb der Institute dar[33]. Verfügen beispielsweise nur CCR-Kreditinstitute über einen Schutz im Insolvenzfalle, kann dieser Umstand ein Faktor sein, das **Abwandern** von Kunden zu Nichtbanken, also etwa Wertpapierhandelsunternehmen, zu verhindern. Dieser Effekt könnte sogar noch verstärkt werden, wenn Werbung mit der Zugehörigkeit zur Einlagensicherung unbegrenzt erlaubt wäre[34]. Wettbewerbsverzerrungen können nicht nur zwischen „einlagengesicherten" und „nichtgesicherten" Instituten auftreten, sondern auch innerhalb der Gruppe der „einlagengesicherten" Institute. Wenn die Finanzierung der Einlagensicherung über weitgehend risikounabhängige Beiträge erfolgt, könnten risikofreudige Banken hohe Renditen versprechen und viele Kunden anziehen, faktisch aber ihr Risiko auf die Sicherungseinrichtung abwälzen und sich damit zu Lasten anderer Institute Wettbewerbsvorteile verschaffen[35]. Unterliegen **Zweigstellen ausländischer Institute** im Inland anderen Einlagensicherungsbedingungen als inländische Institute, wirkt dies ebenfalls wettbewerbsverzerrend. Die Ausgestaltung der Einlagensicherung kann sogar dazu benutzt werden, angeschlossene Institute zu reglementieren und auf diese Weise den Wettbewerb zu beschränken[36] oder Marktzutrittsschranken zu schaffen.

Schließlich besteht die Gefahr, dass eine Einlagensicherung und Anlegerentschädigung, die 100% der Einlagen deckt, Kapitalanleger zu einer Gleichgültigkeit im Hinblick auf die Bonität eines Instituts veranlasst **(„moral hazard")**. Die Anleger werden selbst dann das Institut mit dem höchsten Zinsangebot wählen, wenn sie positiv wissen, dass das Institut nicht so solide ist wie die Konkurrenz. Das Institut wiederum kann diesen Faktor aktiv für seine Geschäftspolitik nutzen und gleichsam einkalkulieren. Die Einlagensicherung und Anlegerentschädigung werden damit indirekt zu einem Instrument der Subventionierung schwacher Institute. Ob sich allerdings eine solche Anreizstruktur dadurch ändern lässt, dass man einen Selbstbehalt oder eine Sicherungshöchstgrenze einführt, muss zumindest für **Kleinanleger** bezweifelt werden[37]. Diese können die Bonität und Risiken zumeist nicht einschätzen. Zudem büßen die Einlagensicherung und die Anlegerentschädigung durch den Selbstbehalt einen ihrer wesentlichen Vorteile ein. Die Furcht vor dem Verlust des Selbstbehalts kann nämlich Anlass zu massiven Geldtransfers geben und damit die Krise eines Instituts verschärfen. Es ist daher konsequent, dass der Gesetzgeber den Selbstbehalt bei der Einlagensicherung 2009 abgeschafft hat (→ Rn. 36); derjenige in der Anlegerentschädigung dürfte mit Umsetzung der geplanten Reform der AERL (→ Rn. 46) wohl auch fallen. Folge des Selbstbehalts können auch **Wettbewerbsnachteile** für kleinere Institute sein, weil Anleger größere und damit wahrscheinlich krisensichere Institute, die bislang eine implizite Staatsgarantie besaßen, bevorzugen werden. Eine Einbeziehung der Höhe des Risikos in die Entscheidung von Kleinanlegern ließe sich nur erreichen, wenn die Risiken ausdrücklich offen gelegt würden, etwa indem die Kunden zwischen verschieden geschützten Kontenarten und infolgedessen unterschiedlichen Kontoführungsgebühren wählen könnten[38]. Aber auch diese Lösung erweist sich als nicht zufriedenstellend, denn es wäre dann Aufgabe des Anlegers, der ein ungeschütztes oder nur teilweise geschütztes

---

[33] *Pecchioli*, Bankenaufsicht, S. 227 f.; *Schöner*, Einlagensicherung, S. 66 ff.
[34] Zu den Grenzen der Werbung mit der Sicherung unten Rn. 108 ff. sowie *Brenncke*, Werbung, S. 344 ff., 380 ff., 411 ff.
[35] *Steden*, Bankenregulierung, S. 123 ff., 165 ff.; *Zimmer* ZBB 1992, 286, 295; *Ricke/Rudolph* BKR 2002, 899, 902. Eine derartige Abwälzung war eine der Ursachen der Krise der Savings & Loans Associations in den USA, vgl. *Deutsche Bundesbank*, Monatsbericht Juli 1992, S. 30, 35.
[36] Einzelheiten bei *Schöner*, Einlagensicherung, S. 66 ff.
[37] Zu Recht kritisch deshalb auch *Bader*, EG-Bankrechtsharmonisierung, S. 173, 185; *Dale*, International Banking, S. 65 f.; *Dale*, Deposit Insurance, S. 559, 564; *Deutsche Bundesbank*, Monatsbericht Juli 2000, S. 31; *Möschel*, Public Law of Banking, Rn. 230; *Zimmer*, Bankenregulierung, S. 259 f.; *Zimmer* ZBB 1992, 286, 289; *U.H. Schneider* EuZW 1990, 361; aA *Wenger/Kaserer*, Einlagensicherung, S. 22 ff.; anders offenbar auch *Pecchioli*, Bankenaufsicht, S. 228, für den gegen einen Selbstbehalt nur das Fortbestehen der Gefahr massiver Einlagenabzüge spricht.
[38] *Gutzwiller-Dietler*, Einlagensicherungssystem, S. 159 ff.

Konto wählt, sich laufend über die Bonität des Instituts zu informieren. Hierfür fehlen dem Kleinanleger aber wiederum die Mittel. Um die Gefahr eines moral hazard zu bannen, sollte die Einlagensicherung zwischen Kleinanlegern und anderen Anlegern differenzieren und gewährleisten, dass nur die Kleinanleger eine umfassende Absicherung erhalten. Zu beachten ist dabei insbesondere die sozialpolitische Komponente (→ Rn. 6), so dass die bei Instituten angelegte Alterssicherung ebenfalls eines besonderen Schutzes bedarf, soweit den Einzahlenden keine Diversifikationsmöglichkeiten offen stehen. Für Anleger, die in der Lage sind, sich selbst ausreichend zu schützen, sollten dagegen Anreize geschaffen werden, die zur Eigenvorsorge anhalten. Dies kann durch einen Selbstbehalt oder über eine Risikoprämie geschehen. Denn ein umfassender Schutz, der sämtliche Forderungen ohne Eigenbeteiligung abdeckt, führt zur Sorglosigkeit oder gar zum Ausnutzen der Sicherung auf Kosten anderer[39]. Der umfassende Schutz, den die deutsche Anschlussdeckung (→ Rn. 70ff.) derzeit noch bietet, birgt die Gefahr solcher negativen Anreize.

**3. Historische Entwicklung der Einlagensicherung und Anlegerentschädigung.** Frühe Formen der Institutssicherung finden sich bereits im Spätmittelalter. So kannte der Baseler Stadtwechsel aus dem Jahre 1503 eine städtische Garantie der Rückzahlung der eingelegten Gelder[40]. Das **erste gesetzliche Einlagensicherungssystem** wurde 1829 im Staate New York errichtet. Weitere fünf Bundesstaaten folgten in der Zeit bis 1858. In den Jahren unmittelbar vor dem Ersten Weltkrieg richteten acht Bundesstaaten Einlagensicherungssysteme ein[41]. Nicht alle erwiesen sich als erfolgreich, da in manchen Bundesstaaten eine wirksame Bankaufsicht fehlte, so dass die hohe Zahl der Insolvenzen die Systeme überforderte. Auf Bundesebene wurde die Einführung einer Einlagensicherung seit 1886 sehr kontrovers diskutiert[42]. Vor dem Hintergrund massenhafter Bankinsolvenzen in der Weltwirtschaftskrise einigte man sich schließlich im Jahre 1933 auf ein auf Bundesebene gesetzlich verankertes Einlagensicherungssystem. § 8 des Glass-Steagall-Act schuf die Federal Deposit Insurance Corporation[43], der alle Mitgliedsbanken des Federal Reserve Systems angehören mussten; State Banks konnten bei ausreichender Bonität ebenfalls beitreten. Das System und seine Sicherungsgrenzen wurden seitdem mehrfach angepasst. Die **Berechtigung der Einlagensicherung** in den USA ist jedoch nach wie vor **umstritten.** Kritiker werfen dem System vor, es diene nur der Sicherung des Status Quo der Bankenlandschaft, das Problem eines moral hazard sei nicht gelöst und ein wirksamer Schutz der Kunden könne nur über eine Liberalisierung der Marktbedingungen erreicht werden[44].

In Deutschland wurde die Schaffung einer Einlagensicherung im Zuge der Beratung zum Depotgesetz im Juni 1896 erstmals diskutiert und auf die mangelnde Sicherung der Einlagen im Konkurs hingewiesen[45]. Im Ergebnis verneinte man jedoch ein Regulierungsbedürfnis[46], zumal Kleinsparer über die Anstaltslast bei Sparkassen gesichert seien. Auch die Banken-Enquête von 1909 lehnte die Forderung nach Schaffung einer gesetzlichen Einla-

---

[39] Statt vieler *Dale,* Deposit Insurance, S. 559, 562ff.
[40] *Hallauer,* Der Baseler Stadtwechsel 1504 – 1746, Ein Beitrag zur Geschichte der Staatsbanken, Diss. Bern, 1903, erschienen Basel 1904, S. 41, 45; *Sethe,* Anlegerschutz, S. 217f.
[41] *White,* Deposit Insurance, S. 5, 17. Zur Entwicklung der Einlagensicherung in den USA vgl. außerdem die in → Rn. 6 Fn. 19 genannten Beiträge. Eine Liste der Bundesstaaten mit Einlagensicherung vor und nach dem Ersten Weltkrieg findet sich bei *Dehejia/Lleras-Muney,* Journal of Law and Economics 50 (2007), 239, 241.
[42] *White,* Deposit Insurance, S. 6.
[43] Dazu *Schöner,* Einlagensicherung, S. 109ff.
[44] *White,* Deposit Insurance, S. 12.
[45] Bericht der IX. Kommission, Verhandlungen des Reichstags, 9. Legislaturperiode, 4. Session, 1895/97, Anlagen zum Stenograph. Bericht. Nr. 342, S. 1777, 1779.
[46] So Vertreter der IX. Kommission, Verhandlungen des Reichstags, 9. Legislaturperiode, 4. Session, 1895/97, Anlagen zum Stenograph. Bericht. Nr. 342, S. 1767ff., 1770f.; *Lexis,* Jahrbücher für Nationalökonomie und Statistik, 40 (1910), S. 579f.

gensicherung ab⁴⁷. Nach einer Reihe von Bankinsolvenzen wurde im Schrifttum erneut die Schaffung einer Depositenversicherung gefordert⁴⁸, allerdings wieder vergebens, da das Ausmaß der Schädigung von Einlegern gering war⁴⁹. Der bemerkenswerte Versuch des Bankhauses Gebrüder Schwarzhaupt, München, das eine private Depositenversicherung abgeschlossen hatte, scheiterte aufgrund zu hoher Prämien und zu weit reichender Aufsichtsbefugnisse der Versicherungsgesellschaft⁵⁰. Nach dem Ersten Weltkrieg und vor allem in der **Weltwirtschaftskrise** wurde das Thema diskutiert⁵¹, ohne dass dies jedoch in entsprechende Aktivitäten des Gesetzgebers oder der Branche mündete. Nur im Bereich der Genossenschaftsbanken wurden ab 1929 vereinzelt regionale **Stützungsfonds** und **Garantiegemeinschaften** der Genossenschaftsverbände gegründet⁵². Die Volksbanken und die Raiffeisenbanken errichteten 1937 und 1941 mit dem **Kreditgenossenschaftlichen Garantiefonds** des deutschen Genossenschaftsverbands bzw. dem **Genossenschaftlichen Hilfsfonds** des deutschen Raiffeisenverbandes e. V. zentrale Garantiefonds⁵³. Diese dienten nicht nur der Einlagensicherung, sondern sollten vor allem die Genossen vor einer Inanspruchnahme aus ihrer – damals noch überwiegend unbeschränkten – Haftpflicht schützen⁵⁴ und gleiche Wettbewerbsbedingungen zu den Sparkassen herstellen. Denn die Gläubiger der (1931 mit eigener Rechtspersönlichkeit versehenen) Sparkassen waren durch die Gewährträgerhaftung⁵⁵ und indirekt durch die schon zuvor bestehende Anstaltslast gesichert⁵⁶. Diese boten den Vorteil, dass der Bestand des Instituts gesichert war und damit sämtliche Einlagen und Ansprüche aus Wertpapiergeschäften abgesichert waren. Dieser Umstand stellte einen nicht unerheblichen Wettbewerbsvorteil für die Sparkassen dar.

Nach dem Zweiten Weltkrieg flammte die Diskussion über die Einführung einer Einlagensicherung in unregelmäßig wiederkehrenden Abständen⁵⁷ auf. So führte der Verband der privaten Kreditinstitute in Bayern e. V. (seit 1969 Bayerischer Bankenverband e. V.) 1959 einen **Bankenfonds** ein⁵⁸. 1959 schlug das Bundesverwaltungsgericht⁵⁹ in seiner Entschei-

---

⁴⁷ *Schultze-Kimmle*, Sparkasse 1968, 348.
⁴⁸ *Mayr*, Kapitalbedarf und Kapitalbeschaffung der Industrie in Mannheim, Ludwigshafen a. Rh. und Frankenthal, Heidelberger Volkswirtschaftliche Abhandlungen, I. Band, 2. Heft, 1910, S. 97 ff.; *Mayr*, Zur Frage der Depositen-Versicherung, BankA 11 (1911/12), 292, 293 ff.; *Hetz*, Die Depositenversicherung der Kreditgenossenschaften, 1913, S. 3 ff. (bezogen allein auf Kreditgenossenschaften); sa *Lexis*, Jahrbücher für Nationalökonomie und Statistik, 40 (1910), S. 584; aA *Meltzer*, Das Depositenwesen in Deutschland, 1912, S. 116; *o. V.* Blätter für Genossenschaftswesen 1912, 605, 606 f.; kritisch auch *Arons*, Die Frage der Erhaltung des Privatbankiersstandes, BankA 14 (1914/15), 159 f.
⁴⁹ Nach Aussage der Mitinhabers der Diskontogesellschaft Dr. Salomonsohn verloren Einleger zwischen 1894 und 1907 24 Mio. Mark aufgrund von Bankinsolvenzen. Dies entspracht 0,9 % der durchschnittlichen Einlagen, vgl. *Lexis*, Jahrbücher für Nationalökonomie und Statistik, 40 (1910), S. 578 f.
⁵⁰ *Arons* BankArch 14 (1914/15), 159 f.; *Schultze-Kimmle*, Sparkasse 1968, 348, 349.
⁵¹ Nachweise bei *Schöner*, Einlagensicherung, S. 49 f.
⁵² *Fischer* in Bankrechts-Handbuch, § 133 Rn. 39.
⁵³ *Schöner*, Einlagensicherung, S. 50 f.; *Fischer* in Bankrechts-Handbuch, § 133 Rn. 39; Details zu ihrer Entstehung bei *Bähre* ÖBA 1981, 187 ff.; *Schultze-Kimmle*, Sparkasse 1968, 348, 349; sa *Brendel*, http://genossenschaftsgeschichte.info/sicherungseinrichtung-volksbanken-raiffeisenbanken-jubilaeum-mit-zweifeln-1678.
⁵⁴ *Bähre* ÖBA 1981, 186.
⁵⁵ Verordnung des Reichspräsidenten zur Sicherung von Wirtschaft und Finanzen und zur Bekämpfung politischer Ausschreitungen vom 6.10.1931, Fünfter Teil, Kapitel I Art. 1 § 2 Abs. 1 S. 1, RGBl. I 537 (554).
⁵⁶ *Papenthin*, Einlagensicherung, S. 13.
⁵⁷ Die der Diskussion zugrunde liegenden Insolvenzen beschreiben *Wenger/Kaserer*, Einlagensicherung, S. 10 ff.; *Reischauer/Kleinhans*, KWG (Stand 12/2004), Einl. Anm. 5 (= S. 13 ff.).
⁵⁸ http://www.bayerischer-bankenverband.de/bayerischer-bankenverband/geschichte; *Fröhlich* S. 37 Fn. 118. Der Fonds bestand bis 1970 und wurde dann aufgelöst, als der Fonds des Bundesverbands deutscher Banken etabliert war.
⁵⁹ BVerwG NJW 1959, 590, 592.

dung zur Unzulässigkeit einer Bedürfnisprüfung bei der Zulassung neuer Kreditinstitute vor, wirtschaftliche Krisen und „Runs" aufgrund von Bankinsolvenzen durch eine straffe Bankaufsicht kombiniert mit einer Einlagenversicherung nach US-amerikanischem Vorbild zu verhüten. Im Zuge der Beratungen zum Kreditwesengesetz 1961 gewann das Thema erneut an Bedeutung. Der Bundesrat und der Wirtschaftsausschuss des Bundestages schlugen eine Regelung der Einlagensicherung vor[60]. Der Bundestag empfahl einstimmig die Annahme der Entschließung des Wirtschaftsausschusses[61]. Die Bundesbank hingegen beurteilte das Vorhaben skeptisch[62], so dass man sich letztlich gegen eine gesetzliche Regelung der Einlagensicherung entschied. Der private Bankensektor führe zwar 1965 einen **Gemeinschaftsfonds** ein. Dieser deckte in seinen Anfängen jedoch nur Forderungen in Höhe von maximal 10 000 DM, ab 1974 dann 20 000 DM ab[63]. Gesichert waren nur Kleinanleger. Sobald das Guthaben des Anlegers die Sicherungsgrenze von 20 000 DM überstieg, fiel der Kontoinhaber aus dem Schutz der Sicherung völlig heraus („Fallbeilprinzip")[64]. Der 1968 erstattete „Bericht der Bundesregierung über die Untersuchung der Wettbewerbsverschiebungen im Kreditgewerbe und über eine Einlagensicherung" bemängelte das Fehlen einer ausreichenden Einlagensicherung[65] und den strukturell bedingten Wettbewerbsvorsprung durch die staatliche Sicherung öffentlich-rechtlicher Institute. Daraufhin errichteten die Sparkassen- und Giroverbände 1969 den Stützungsfonds.

**15** Aufgrund der **Insolvenz der Herstatt-Bank** im Juni 1974, bei der die Bilanzunterdeckung 1,2 Mrd. DM betrug[66], forderte die Politik einen deutlichen Ausbau des Schutzes der Ein-/Anleger. Die betroffene Branche kam einer gesetzlichen Regelung durch mehrere Maßnahmen zuvor. 1974 gründeten die Bundesbank und die Spitzenverbände der Kreditwirtschaft die Liquiditäts-Konsortialbank GmbH, deren Aufgabe es ist, die Abwicklung des Zahlungsverkehrs im Inland und mit dem Ausland sicherzustellen. Dazu werden einem an sich gesunden, aber vorübergehend in Zahlungsschwierigkeiten geratenen Institut Kredite zur Überbrückung des Engpasses zur Verfügung gestellt. 1976 wurde der Garantiefonds des Bundesverbands deutscher Banken in den **Einlagensicherungsfonds** umgestaltet und sicherte 30% des haftenden Eigenkapitals der jeweiligen angeschlossenen Bank[67]. Die Genossenschaftsbanken ergänzten im gleichen Jahr die Garantiefonds durch einen überregionalen Garantieverbund[68]. Auch die Sparkassen schufen 1975 für die regional operierenden Stützungsfonds einen überregionalen Haftungsverbund. Die Landesbanken und Girozentralen bildeten eine Sicherungsreserve, die ebenfalls in den Haftungsverbund einbezogen wurde. Auch der 1991 errichtete Sicherungsfonds der Landesbausparkassen wurde in den Verbund einbezogen. Damit waren die privaten Banken sowie die Sparkassen, Landesbanken, Landesbausparkassen und Genossenschaften sehr

---

[60] BT-Drucks. 3/1114, S. 53 f.; BT-Drucks. 3/2563, S. 2, sowie *Lauscher* in 230. Sitzung des Bundesrats v. 29.3.1961, Sitzungsprotokolle 3. Wahlperiode, S. 69 D, der unter Hinweis auf die zunehmende Zahl von Spar-, Lohn- und Gehaltskonten von Kleinanlegern die Dringlichkeit einer Sicherung betonte.

[61] Verhandlungen des Deutschen Bundestags, Stenograph. Berichte Bd. 48, 3. Wahlperiode 152. Sitzung v. 16.3.1961, S. 8678 C. Auch *Gnam* ZgKW 1959, 311, bemängelte, dass der Entwurf des KWG keine Regelung der Einlagensicherung enthielt und empfahl, zu diesem Zweck die Gewinne der Bundesbank in einen Fonds einzubringen.

[62] *Deutsche Bundesbank,* Monatsbericht August 1961, S. 3, 9 f.

[63] *Fröhlich* S. 39.

[64] *Wagner,* Einlagensicherung, S. 9.

[65] BT-Drucks. V/3500, S. 143. Die aufgrund des Berichts ergriffenen freiwilligen Maßnahmen des Kreditgewerbes beschreibt *Günther* Bank-Betrieb 1970, 2 f.

[66] Einzelheiten bei *Kaserer* VSWG 87 (2000), 166 ff.

[67] *Fröhlich* S. 40.

[68] *Kaserer* VSWG 87 (2000), 166, 175; *D. Schmidt,* Sparkasse 1977, 207 ff.; *Scholl* JuS 1981, 88, 93 f.

weitgehend gesichert[69]. Daneben existierten jedoch eine Reihe weiterer öffentlich-rechtlicher Institute, die bis dato über keinerlei Einlagensicherung verfügten. Sie waren zwar durch Anstaltslast und Gewährträgerhaftung gesichert, mussten sich damit aber auch den Vorwurf gefallen lassen, im Vergleich zu anderen Instituten über einen ungerechtfertigten Wettbewerbsvorteil zu verfügen[70]. Denn sie ersparten sich Beitragszahlungen für eine Einlagensicherung. Dies und die Privatisierung der Postbank im Jahre 1994 führten dazu, dass der Bundesverband der Öffentlichen Banken e.V. einen eigenen Einlagensicherungsfonds gründete.

Vor dem Hintergrund der eher schleppenden Einführung einer Einlagensicherung und der fehlenden Absicherung von Wertpapierdienstleistungen im Insolvenzfalle wird verständlich, warum man in Deutschland lange Zeit die Frage diskutierte[71], inwieweit die Sicherung zum Schutze des Publikums und zum Erhalt der Funktionsfähigkeit der Wirtschaft eine **Aufgabe des Staates** sei oder der betroffenen Branche überlassen werden könne. Die Bundesregierung war der Ansicht, dass es keiner gesetzlichen Regulierung bedürfe und das bestehende deutsche System ausreichend sei. Konsequent lehnte Deutschland daher auch spätere Bestrebungen auf europäischer Ebene ab, eine Einlagensicherung einzuführen. Deutschland konnte sich mit seiner ablehnenden Haltung[72] jedoch nicht durchsetzen und es kam 1993 zur Verabschiedung der **EG-Einlagensicherungsrichtlinie** (im Folgenden ESRL, dazu → Rn. 29 ff.)[73]. Obwohl es in Deutschland bis dahin keine Sicherung der Ansprüche von Wertpapierkunden im Falle der Insolvenz des Finanzdienstleisters gab, lehnte Deutschland auch die 1997 verabschiedete **Anlegerentschädigungsrichtlinie** (im Folgenden AERL, dazu → Rn. 29 ff.)[74] ab, blieb aber auch insoweit erfolglos. 1998 setzte man beide Richtlinien in deutsches Recht um. Die Einlagensicherung stellt sich seitdem als ein **Mischsystem aus staatlich vorgeschriebener Basisdeckung und freiwilliger Anschlussdeckung** der Bankwirtschaft dar. Die neu eingeführte Anlegerentschädigung ist eine gesetzlich vorgeschriebene Basissicherung. Eine freiwillige Anschlussdeckung fehlt.

Beschwerden aus der betroffenen Branche veranlassten die EG-Kommission zu einer Überprüfung der **Anstaltslast und Gewährträgerhaftung** unter dem Gesichtspunkt des Beihilfeverbots (Art. 87 EG). Diese wurden in ihrer damaligen Form als unzulässige staatliche Beihilfen eingeordnet[75]. Nach langem politischen Ringen verpflichtete sich Deutsch-

---

[69] Die Sicherungen werden im Detail beschrieben bei *Kleinert*, Einlagensicherungssysteme, S. 131 ff.; *Wagner*, Einlagensicherung, S. 38 ff.; *Fischer* in Boos ua, KWG, § 23a Rn. 16 ff.; *Scholl* JuS 1981, 88, 91 ff.
[70] Diesen Vorwurf halten *Schlierbach/Püttner*, Sparkassenrecht, S. 146 f., für unberechtigt.
[71] Wettbewerbsenquête, BT-Drucks. V/3500, S. 141 ff.; *H.J. Hahn*, Einlagensicherung als Staatsaufgabe, Gedächtnisschrift Geck, 1989, S. 301, 303 ff.; *O. Hahn* ZfgG 1981, 124, 125; *Hopt*, Kapitalanlegerschutz, S. 303 f.; *Schöner*, Einlagensicherung, S. 46 ff. Die Diskussion endete erst mit der Einführung der gesetzlichen Einlagensicherung im Jahre 1998. Seitdem ist klar, dass diese die staatliche Aufgabe übernimmt und der Einlagensicherungsfonds eine private, *Fröhlich* S. 66 f.
[72] Diese ging so weit, dass Deutschland Nichtigkeitsklage gegen die Einlagensicherungsrichtlinie erhob, damit aber scheiterte, s. EuGH, Rs. C-233/94, ZIP 1997, 1016 (Deutschland ./. Europäisches Parlament und Rat der Europäischen Union); dazu *Sethe* ZBB 1998, 305, 308.
[73] Richtlinie (94/19/EWG) des Europäischen Parlaments und des Rates v. 30.5.1994 über Einlagensicherungssysteme, ABl. EG Nr. L 135 v. 31.5.1994, S. 5. Dazu etwa *Franke* ZgKW 1994, 732 ff.; *Hoeren* EuZW 1994, 750 ff.; *Sethe* ZBB 1998, 305, 309 ff.; *Weber* Die Bank 1994, 476 ff.
[74] Richtlinie (97/9/EG) des Europäischen Parlaments und des Rates v. 3.3.1997 über Systeme für die Entschädigung der Anleger, ABl. EG Nr. L 84 v. 26.3.1997, S. 22; dazu *Kessel* AG 1997, 313 ff.; *Sethe* ZBB 1998, 305, 309 ff.
[75] Schreiben der EG-Kommission an den Bundesaußenminister vom 8.5.2001, SG (2001) D/288482; http://ec.europa.eu/eu_law/state_aids/comp-2000/e010-00-1.pdf (abgerufen am 17.9.2014). Zur Vorgeschichte und zur rechtswissenschaftlichen Diskussion *Schlierbach/Püttner*, Sparkassenrecht, S. 150 ff. mwN; *Münstermann* ZKF 2001, 194 ff.

land durch die Verständigungen vom 17.7.2001 und 28.2.2002[76] zur Abschaffung der Gewährträgerhaftung für alle ab dem 19.7.2005 begründeten Verbindlichkeiten. Altverbindlichkeiten bleiben bis zum 31.12.2015 geschützt. Außerdem wurde die Anstaltslast ab dem 19.7.2005 durch eine Finanzierung ersetzt, die derjenigen des privaten Eigentümers einer Bank entspricht[77]. Kapitalzuführungen im Sanierungsfall sind seitdem am EU-Beihilferecht zu messen und müssen ggf. der Kommission angezeigt und von dieser genehmigt werden. Die Sparkassenorganisation stockte daraufhin die Mittel des Haftungsverbunds auf 4,2 Mrd. EUR pro Stützungsfall auf, führte ein Risikomonitoring sowie eine risikoorientierte Beitragsbemessung ein und legte fest, dass zunächst die Mittel der Sicherungsreserve der Landesbanken bzw. des regionalen Stützungsfonds einschließlich der Nachschusspflicht ausgeschöpft werden müssen, bevor der überregionale Haftungsverbund zur Leistung herangezogen werden kann[78]. Bei der Sanierung einer Landesbank besteht keine Haftung der Regionalverbände außerhalb des Geschäftsgebietes der betroffenen Landesbank mehr[79]. Mit dieser grundlegenden Modernisierung der Institutssicherung wollte man ua erreichen, dass die Ratingagenturen der Sparkassenorganisation trotz des Wegfalls von Anstaltslast und Gewährträgerhaftung weiterhin ein positives Rating erteilen, was auch gelang.

**18** Die **Finanzkrise** 2008 hat zahlreiche alte und neue Probleme ins Zentrum der Aufmerksamkeit gerückt. (1) So ist eine Diskussion um die Frage entbrannt, wer bei grenzüberschreitenden Krisen von Banken die Lasten zu tragen hat bzw. wie diese zu verteilen sind[80]. Beispielhaft genannt sei die **Krise isländischer Banken,** die einen großen Anteil an britischen und niederländischen Kunden hatten, die nach dem Zusammenbruch der drei großen isländischen Banken von der isländischen Einlagensicherung nicht entschädigt wurden, da deren Mittel nicht ausreichten[81]. In der Folge sprangen die niederländische und britische Einlagensicherung ein und verlangten von Island Ersatz. Ein entsprechendes Abkommen wurde von der Bevölkerung jedoch gleich zwei Mal per Referendum abgelehnt. Die Niederlande und Großbritannien waren der Ansicht, Island habe die Einlagensicherungsrichtlinie unzureichend umgesetzt und müsse bei Unterfinanzierung der Einlagensicherung als Ausfallschuldner haften. Der EFTA-Gerichtshof[82] entschied daraufhin im Fall „Icesave", dass die Einlagensicherungsrichtlinie (→ Rn. 29) die Mitgliedstaaten und EWR-Staaten nur verpflichte, ein Sicherungssystem zu errichten. Der Staat hafte nach der Richtlinie aber nicht subsidiär, falls dieses nicht in der Lage sei, die Ansprüche der Ein-/Anleger zu erfüllen. (2) Die von den 2007–2010 nötig werdenden Stützungsmaßnahmen[83] zur Bankenrettung betroffenen Staaten haben sich endlich dazu durchgerungen, sich mit dem Thema Staat als **„lender of the last resort"** zu beschäftigen und Lösungen für eine ge-

---

[76] http://ec.europa.eu/competition/elojade/isef/case_details.cfm?proc_code=3_E10_2000 (abgerufen am 17.9.2014). Statt vieler hierzu *Kluth,* Anstaltslast und Gewährträgerhaftung, S. 111 ff.; *Quardt* EuZW 2002, 424 ff.; *Seubert,* Die Brüsseler „Verständigung"; *Wiesel* ZBB 2002, 288 ff.

[77] Zu den entsprechenden Gesetzesänderungen *Schlierbach/Püttner,* Sparkassenrecht, S. 153 Fn. 1 und 3 mwN. Das niedersächsische Sparkassengesetz bestimmt beispielsweise, dass die Anstaltslast mit dem 18.7.2005 ausläuft (§ 32 Abs. 2 Nds. SpkG). Ab diesem Zeitpunkt unterstützt der Träger die Sparkasse bei der Erfüllung ihrer Aufgaben; ein Anspruch der Sparkasse, wonach der Träger ihr Mittel zur Verfügung zu stellen hat, besteht nicht (§ 5 Abs. 1 Nds. SpkG). Die Sparkasse haftet für ihre Verbindlichkeiten mit ihrem gesamten Vermögen. Der Träger der Sparkasse haftet nicht für deren Verbindlichkeiten (§ 5 Abs. 2 Nds. SpkG).

[78] *Hissnauer,* Reform, S. 77 ff.; *Matthiesen/Fest,* Sparkasse 2004, 155 f.; *Pannen,* Krise, Kap. 4 Rn. 40 ff.; *Schöning/Nolte* BankArchiv 2004, 421, 423 ff., 430 f.; *Schöning/Nolte* WiSt 2005, 37, 39.

[79] *Schöning/Nolte* WiSt 2005, 37, 39.

[80] Umfassend *Grünewald,* Resolution, passim.

[81] *Jäger* AG 2008, R487 ff.; *Zetzsche/Grünewald* WM 2013, 1337 ff.

[82] EFTA-Gerichtshof v. 28.1.2013, E-16/11, http://www.eftacourt.int, mit Anm. *T. Fuchs* EWS 2013, 93 ff.; *T. Fuchs* EWS 2010, 516 ff.; *T. Fuchs* EWS 2011, 334 ff.; *Grünewald,* Resolution, S. 145 ff.; *Zetzsche/Grünewald* WM 2013, 1337 ff.

[83] Zu deren Umfang vgl. die Zahlen bei *Sethe* ZBB 2011, 106, 116 Abb. 7.

§ 26 Einlagensicherung und Anlegerentschädigung

ordnete Abwicklung von Großbanken zu suchen[84]. Einigen Staaten wurde zudem bewusst, dass ihr Bankensektor um ein Vielfaches größer ist als das Bruttoinlandprodukt (zB Island, Schweiz), so dass die Banken **„too big to be rescued"** sind[85]. (3) Die EU und zahlreiche Drittstaaten beschlossen kurzfristige **Reformen der Einlagensicherung**[86]. (4) Schließlich provozierte die Rettung des zypriotischen Finanzsektors die Frage, in welchem Umfang Kontoinhaber zur Bankensanierung herangezogen werden sollen und dürfen (**„Bail in"**)[87]. Der erste Vorschlag vom 16.3.2013 sah vor, alle Bankkunden mit einem Abschlag von 6,75 % ihres Kontoguthabens bis 100 000 EUR zu belasten, was einen öffentlichen Aufschrei zur Folge hatte und dazu führte, dass man politisch zurückrudern musste und nur noch Einlagen über 100 000 EUR heranzog[88]. Man hatte damit letztlich das Vertrauen, das man durch die 2009 und 2010 vorgenommenen Erhöhungen der Einlagensicherung auf 50 000 EUR und dann auf 100 000 EUR gerade erzeugt hatte (→ Rn. 36), wieder verspielt.

**4. Überlegungen zur Ausgestaltung der Sicherung.** Die Diskussion um die Berechtigung und Ausgestaltung der Einlagensicherung und Anlegerentschädigung ist mit den Neuerungen der letzten Jahre keineswegs zur Ruhe gekommen. So wird diskutiert, ob die mit der freiwilligen Anschlussdeckung verbundenen Prüfungsmöglichkeiten überdurchschnittlich streng bei kleineren Banken eingesetzt worden sind, so dass die Einlagensicherung **Konzentrationstendenzen** im Bankgewerbe gefördert und den Marktzutritt neuer Banken behindert habe[89, 90]. Allerdings ist die Konzentration im Bankenbereich auch auf veränderte Marktbedingungen und die Verschärfung des Aufsichtsrechts zurückzuführen, das vor allem kleinere Institute belastete[91]. Daher kann ein monokausaler Zusammenhang nicht dargelegt werden. Weiterhin wird auf die Gefahr hingewiesen, dass missliebi-

---

[84] EU: Richtlinie 2014/59/EU des Europäischen Parlaments und des Rates vom 15.5.2014 zur Festlegung eines Rahmens für die Sanierung und Abwicklung von Kreditinstituten und Wertpapierfirmen …, ABl. EU Nr. L 173 v. 12.6.2014, S. 173 ff.; Deutschland: Gesetz zur Restrukturierung und geordneten Abwicklung von Kreditinstituten, zur Errichtung eines Restrukturierungsfonds für Kreditinstitute und zur Verlängerung der Verjährungsfrist der aktienrechtlichen Organhaftung (Restrukturierungsgesetz – RStruktG) vom 9.12.2010, BGBl. I 1900; Schweiz: Bundesgesetz über die Banken und Sparkassen (Bankengesetz, BankG) (Stärkung der Stabilität im Finanzsektor; too big to fail) – Änderung vom 30.9.2011; Großbritannien: siehe Final Report of the Independent Commission on Banking (ICB) vom Sept. 2011, http://bankingcommission.s3. amazonaws.com/wp-content/uploads/2010/07/ICB-Final-Report.pdf.; rechtsvergleichend: *Binder* ZBB 2009, 19 ff.
[85] *Sethe* ZBB 2011, 106, 107 f.
[86] Zur Entwicklung in der EU → Rn. 36 und 37 ff.; zur Entwicklung in der Schweiz *Sethe* SZW 2012, 507 ff.; *Reiser* SZW 2014, 20 ff. Vgl. im Übrigen *Financial Stability Board,* Thematic Review on Deposit Insurance Systems – Peer Review Report vom 8.12.2012, S. 11 ff., http://www.financialstabilityboard.org/publications/r_120208.pdf.
[87] Grundlegend zum Bail-in *Grünewald/Weber* SZW 2013, 554 ff.
[88] Einzelheiten bei *Zetzsche/Grünewald* WM 2013, 1337, 1343 mwN.
[89] Nach *Fröhlich,* Die freiwillige Einlagensicherung der privaten Banken, S. 189 ff., hält die Regelung in der Satzung des Einlagensicherungsfonds des Bundesverbands deutscher Banken über die Aufnahme neuer Mitglieder einer Inhaltskontrolle nicht stand. Zudem weist er, S. 126 ff., nach, dass die dem Einlagensicherungsfonds zustehende Möglichkeit der Institutssicherung kartellrechtswidrig ist. Kritisch sieht er auch die Zwangsmitgliedschaft im Prüfungsverband und deren zusätzliche Kontrolle neben derjenigen der BaFin, die sich nach vergleichbaren Kriterien richtet, aber dennoch häufig strenger ausfällt (S. 231 ff.).
[90] Die hierzu vorgetragenen Fakten scheinen diesen Vorwurf zumindest für die 1970er Jahre zu bestätigen, zumal auch das Bundeskartellamt eingeschritten ist, vgl. o. V. Neue Prüfungsrichtlinien für den Einlagensicherungsfonds der deutschen Banken WuW 1977, 617. *Kleinert,* Einlagensicherungssysteme, S. 185 ff. mwN, führt eine Reihe weiterer Fälle auf, in denen ein Missbrauch der Einlagensicherung nahe liegt.
[91] *D. Schmidt* ZgKW 1990, 278.

gen Wettbewerbern der Zugang zur freiwilligen Anschlussdeckung verwehrt werden könnte[92].

20 Auch wird bezweifelt, ob die von den Einlagensicherungseinrichtungen angesparten Summen ausreichen, eine ernste Bankenkrise zu bewältigen[93]. Durch die starke Aufsplitterung der Einlagensicherung auf verschiedene Systeme ist das Versichertenkollektiv teilweise zu klein, um die Aufgabe zu bewältigen. Leider hat sich diese Befürchtung schmerzlich bewahrheitet, da sich sowohl im Fall „Phoenix Kapitaldienst GmbH" als auch im Fall der deutschen Tochter von „Lehman Brothers" in Frankfurt die angesparten Summen in der gesetzlichen Einlagensicherung bzw. im Einlagensicherungsfonds des Bundesverbands deutscher Banken als unzureichend erwiesen haben[94]. Eine **Überlaufregelung** zwischen den verschiedenen gesetzlichen Sicherungen besteht gerade nicht[95]. Sie ist nur innerhalb des Sparkassensektors und innerhalb des Genossenschaftssektors bekannt. Alle übrigen Entschädigungseinrichtungen stehen unverbunden nebeneinander, was die Forderung nach einem Haftungsverbund ausgelöst hat[96]. Trotz dieser erkennbaren Schwäche sieht das Bundesverfassungsgericht die Aufspaltung als noch im Rahmen des dem Gesetzgeber zukommenden Gestaltungsspielraums[97].

21 Bedenklich stimmt auf den ersten Blick die Ausgestaltung der Institutssicherung im Bereich der Sparkassen und der Genossenschaftsbanken, die verhindert, dass Institute überhaupt insolvent werden können[98]. Die Auslesefunktion des Wettbewerbs wird so unterlaufen. Da jedoch die in eine Krise geratenen Institute zumeist mit anderen fusioniert werden oder zumindest das Management ausgetauscht wird, kommt es faktisch doch zu einer Auslese. Kritisch zu bewerten ist aber der Umstand, dass auch professionelle Einleger geschützt werden, obwohl diese in der Lage sind, sich selbst zu schützen[99]. Wenn zudem die Beiträge zu den Sicherungseinrichtungen dieser Banksparten nicht risikoabhängig ausgestaltet werden, wie dies in der Vergangenheit über lange Jahre der Fall war[100], fördert dies den Anreiz, ein Institut extrem risikoreich zu managen, um möglichst hohe Erträge zu erzielen. Die Risikoerhöhung schlägt sich nicht in einer finanziellen Mehrbelastung des Instituts nieder und das Risiko einer Insolvenz wird auf die Wettbewerber verlagert (**Externalisierung**

---

[92] *Binder*, Bankeninsolvenzen, S. 486 mwN, der diese Gefahr durch den vereinsrechtlichen Gleichbehandlungsgrundsatz allerdings für gebannt hält (S. 487). Kritischer dagegen *Fröhlich* S. 231 ff., der neben dem Vereinsrecht auch das Kartellrecht ins Spiel bringt.

[93] *Holtorf/Rudolf*, Finanzmarkt und Portfolio Management 13 (1999), 249, 253; *Binder*, Bankeninsolvenzen, S. 453 f.; *Hissnauer*, Reform, S. 135 ff.

[94] Einzelheiten bei *Nodoushani* BKR 2011, 1, 2 f.; *Sethe* SZW 2012, 507, 517 ff. Im Falle des Zusammenbruchs einer Einlagensicherung haftet der Staat nicht subsidiär, vgl. die Nachweise in Fn. 82. Das LG Berlin hat zudem eine Schadensersatzklage eines Phoenix-Opfers abgewiesen, der in der mangelnden Finanzausstattung der EdW eine richtlinienwidrige Umsetzung sah, LG Berlin ZIP 2009, 906.

[95] Der *Bundesverband deutscher Banken* ZBB 1998, 212, hält die bisherige Sicherung für ausreichend. Die *Deutsche Bundesbank*, Monatsbericht Juli 1992, S. 30, 33, teilt diese Auffassung und weist das Problem der Krise eines ganzen Bankenzweigs dem Gesetzgeber zu. Sehr viel zurückhaltender ist der Monatsbericht Juli 2000, S. 29, 38, formuliert. Zu Recht sehr kritisch auch *Hissnauer*, Reform, S. 123 ff. Die Schaffung einer Überlaufregelung ist Teil des Reformvorschlags von *Bigus/Leyens* ZBB 2008, 278, 282 f.

[96] Ein solche Regelung halten *Keller*, Einlagensicherung, S. 193 ff., 207; *Zimmer*, Bankenregulierung, S. 265; *Zimmer* ZBB 1992, 286, 289; *Sethe* ZBB 1998, 305, 309, 321 f.; *Sethe*, Anlegerschutz, S. 713; *Sethe* SZW 2012, 507, 520, für sinnvoll.

[97] BVerfG WM 2010, 17, 21 f.; zustimmend *Fischer* in Bankrechts-Handbuch § 133 Rn. 62.

[98] Die durch die Institutssicherung ausgelöste Wettbewerbsverzerrung bemängeln *Bigus/Leyens* ZBB 2008, 278, 279; *Hissnauer*, Reform, S. 130 ff.

[99] Zu Recht kritisch daher *Merbecks/Sodinger*, Presentation, S. 30.

[100] Erst im Jahre 2003 haben der Bundesverband der Deutschen Volksbanken und Raiffeisenbanken und die Sparkassenorganisation die Einführung risikoabhängiger Beiträge beschlossen. Zu beidem *Schöning/Nolte* BankArchiv 2004, 421, 423 ff., 430 f.; *Schöning/Nolte* WiSt 2005, 37, 38 f.

**der Risiken)**[101]. Diese für das deutsche Recht in der Vergangenheit sicherlich zutreffende Aussage[102] wird durch neuere vergleichende Untersuchungen zur Einlagensicherung in verschiedenen Rechtsordnungen bestätigt[103]. Nur wenn die Kosten für eine Insolvenz nicht auf Dritte verlagert werden können, also die Prämien der Einlagensicherung abhängig vom Geschäftsrisiko des einzelnen Instituts ausgestaltet werden, kann die Einlagensicherung der ihr zugedachten Aufgabe gerecht werden. Die Beitragsbemessung sollte daher nicht allein an die Höhe der Kundeneinlagen gekoppelt werden, sondern das Marktrisiko berücksichtigen[104]. Im Ergebnis muss damit die staatliche Bankenaufsicht mit einer effizienten Risikokontrolle der Sicherungseinrichtungen der Banksparten einhergehen[105].

Als Alternative zu einer Einlagen(ver)sicherung werden **Insolvenzvorrechte** diskutiert. Modell stehen könnte hier das schweizerische Recht. Es sieht solche Vorrechte für sog. privilegierte Einlagen (definiert in Art. 37a Abs. 1 BankG, 24 BIV-FINMA) bis zu einem Einlagenbetrag von 100 000 SFr. vor (Art. 37b BankG) vor. Damit dieser Anspruch auf sofortige Auszahlung finanziert werden kann, muss jede Bank und jeder Effektenhändler im Umfang von 125 % ihrer bzw. seiner privilegierten Einlagen ständig inländisch gedeckte Forderungen oder übrige in der Schweiz belegene Aktiven halten (Art. 37a Abs. 6 BankG). Sollten die Aktiva einer Bank oder eines Effektenhändlers im Konkursfall die Summe der privilegierten Forderungen nicht decken, weil gegen diese Pflicht verstoßen wurde, setzt die FINMA die sofort auszuzahlende Summe privilegierter Einlagen entsprechend herab; für die Differenz greift die Einlagensicherung ein (Art. 37h BankG). Die übrigen Banken und Effektenhändler[106] müssen innerhalb von 20 Tagen den fehlenden Betrag aufbringen, wobei die Obergrenze der Haftung für die gesamte Branche auf insgesamt 6 Mrd. SFr.[107] begrenzt ist[108]. Die Schweizer Lösung bietet den Vorteil der schnelleren Auszahlung und der Vereinfachung des Insolvenzverfahrens, da die Kleinanleger zahlenmäßig die Masse der Forderungen im Konkurs stellen. Sind diese bereits befriedigt, müssen sie nicht mehr am Konkursverfahren beteiligt werden. Ist die Einlagensicherung eingesprungen, gehen die entschädigten Forderungen auf diese über (Art. 37i BankG) und deren Vertreter nimmt im Gläubigerausschuss Einsitz (Art. 14 Abs. 2 BIV-FINMA). Insoweit ist die Regelung der

---

[101] *Schöning/Nolte* ZfgG 2004, 205 f.
[102] Die hohe Zahl krisengeschüttelter Institute im Genossenschaftssektor hat sogar die Aufsicht veranlasst, eine Verbesserung der Risikosituation anzumahnen, *BAKred*, Jahresbericht 2001, 2002, S. 30 ff. Zu den deshalb im Bereich der Einlagensicherung erfolgten Reformen *Schöning/Nolte* Bank-Archiv 2004, 421, 423 ff.
[103] *Erlei/Springmann*, Agency Probleme, S. 117 ff.; *Bigus/Leyens* ZBB 2008, 278, 286 ff.
[104] *Merbecks/Sodinger*, Presentation, S. 34; *Holtorf/Rudolf*, Finanzmarkt und Portfolio Management 13 (1999), 249, 250. *Ricke/Rudolph* BKR 2002, 899, 902, plädieren für die Einführung anreizkompatibler Sicherungsverträge, aus denen die Bank das für sie passende Sicherungsmodell auswählen kann. *Dale*, Deposit Insurance, S. 559, 565 f., plädiert entweder für eine am Risiko ausgerichtete Eigenkapitalunterlegung oder eine am Risiko ausgerichtete Einlagensicherung.
[105] In diesem Sinne auch *Deutsche Bundesbank*, Monatsbericht Juli 2000, S. 31. *Hellwig*, Systemische Risiken, S. 123, 123 ff., weist darauf hin, dass die Bankenaufsicht neu ausgerichtet werden müsse, denn bislang setze die Aufsicht bei der einzelnen Bank an, berücksichtige die Zusammenhänge zwischen verschiedenen Risikoarten nicht ausreichend und vernachlässige damit insbesondere das Gesamtrisiko des Bankensektors für die übrige Wirtschaft und den Einfluss von Konjunktur-, Zins- oder Währungsschocks auf die Banken. Sa *Hellwig*, Swiss Journal of Economics and Statistics 131 (1995), 723 ff.; *Hellwig*, Journal of Institutional and Theoretical Economics, 154 (1998), 328, 341 ff. Demgegenüber ist *Dale*, Deposit Insurance, S. 559, 563, skeptisch, ob die Bankenaufsicht in der Lage ist, risikoreiche Geschäfte ausreichend zu kontrollieren.
[106] Vermögensverwalter und Anlageberater sind derzeit nicht Mitglieder dieses Systems.
[107] Die Systemobergrenze gilt nicht pro Schadensfall oder für eine bestimmte Zeitspanne. Sie bildet vielmehr die maximale Sicherung, die je aufzubringen ist.
[108] Ausführlich zum schweizerischen Recht *Eidgenössische Bankenkommission*, Bankenkonkurs und Einlagensicherung, Bulletin 48/2006 v. 18.6.2006, http://www.finma.ch/archiv/ebk/f/publik/bulletin/pdf/bull48.pdf (abgerufen am 17.9.2014); *Sethe* SZW 2012, 507 ff.

deutschen vergleichbar, denn in Höhe der von der Einlagensicherung an die Bankkunden ausgezahlten Gelder geht die Forderung auf die jeweilige Sicherungseinrichtung über (§ 5 Abs. 5 EAEG und Nr. 20 Abs. 4 der AGB-Banken[109]), die sie dann gegenüber dem Insolvenzverwalter geltend machen kann. Aus Sicht des Kleinanlegers kann eine Überlegenheit der Insolvenzvorrechte gegenüber der Einlagensicherung also nur in Bezug auf die wesentlich schnellere Auszahlung, nicht aber in Bezug auf die Sicherungshöhe festgestellt werden[110]. In beiden Systemen werden die Einlagen – soweit als möglich – aus der Insolvenzmasse beglichen[111] und nur soweit diese nicht reicht, muss letztlich die von Wettbewerbern mitfinanzierte Einlagensicherung den Schaden tragen.

23 Einen gravierenden Nachteil hat die Schweizer Lösung allerdings[112]. Die Finanzierung der Schweizer Einlagensicherung erfolgt nicht durch Prämien, die jährlich ex ante eingezogen werden, sondern spontan im Krisenfall, also ex post. Es ist jedoch anerkannt, dass eine **Ex-ante-Finanzierung** deutliche Vorzüge aufweist[113]: (1) Die ex-ante aufgebrachten Mittel bieten den Vorteil eines schon vorhandenen Geldpuffers, so dass in einer Krise der Ruf nach dem Staat als *lender of the last resort* nicht sofort erfolgt. (2) Der Geldpuffer kann für eine sofortige Auszahlung genutzt werden, so dass die Anleger schneller entschädigt werden können. (3) Eine Ex-ante-Finanzierung entfaltet im Gegensatz zur Ex-post-Finanzierung keine prozyklischen Effekte, da in einer Krisensituation den anderen Banken nicht noch zusätzliche Liquidität abgezogen werden muss, um die Einlagensicherung *ad hoc* zu finanzieren. Daher ist die gegenwärtig in der Schweiz vorgesehene Ex-post-Finanzierung der Einlagensicherung als gravierende Schwäche der Stabilität des Bankensystems anzusehen. Gleiches gilt für die in Deutschland zu beobachtende unzureichende Ex-ante-Finanzierung der EdW, die aufgrund des enormen Entschädigungsfalls „Phoenix Kapitaldienst GmbH" faktisch in eine teilweise Ex-post-Finanzierung umgeschlagen ist, da Sonderbeiträge und sogar Sonderzahlungen erhoben werden müssen, um die vom Staat gewährten Notfallkredite zu bedienen. (4) Durch risikoorientierte Prämien kann eine Steuerungswirkung in Bezug auf den Risikoappetit der Banken bewirkt werden. Diese verhaltenssteuernde Wirkung setzt zusätzliche Anreize neben der im Zuge von Basel III erfolgten Verschärfung der Eigenmittelanforderungen, der Einführung einer Leverage Ratio sowie verschärfter Liquiditätsvorschriften für Grossbanken.

24 Die unterschiedliche Finanzierung der Einlagensicherung führt zu einer **Wettbewerbsverzerrung**. 17 der EU-Staaten kennen eine Ex-ante-Finanzierung[114], 6 eine ex-post-Finanzierung[115] und 5 ein Mischsystem[116]. Finanzdienstleister, die die Vorzüge des Europäischen Passes nutzen können, werden geradezu dazu einladen, in Staaten umzuziehen, die

---

[109] Die dogmatische Herleitung des Forderungsübergangs ist streitig, Einzelheiten bei *Pannen,* Krise, Kap. 4 Rn. 91 ff.
[110] So auch *Binder,* Bankeninsolvenzen, S. 512 ff., 515 f.
[111] *Binder,* Bankeninsolvenzen, S. 512, meint, im schweizerischen Modell würden die Einlagen stärker aus der Insolvenzmasse beglichen als in Deutschland. Da aufgrund des Forderungsübergangs im deutschen Recht letztlich auch die Insolvenzmasse haftet, hängt es vom Einzelfall (Verhältnis des Umfangs der privilegierten Einlagen zum Umfang sonstiger Forderungen) ab, ob dieser Befund zutrifft.
[112] Eine grundlegende Reform des Schweizer Systems durch Einführung eines 2009 vorgeschlagenen Bankeinlagensicherungsgesetzes scheiterte. Stattdessen kam es 2011 nur zu Detailanpassungen, *Sethe* SZW 2012, 507, 513 ff.
[113] Zum Folgenden schon *Sethe* SZW 2012, 507, 521 f.
[114] Belgien, Bulgarien, Deutschland, Estland, Finnland, Frankreich, Griechenland, Irland, Kroatien, Lettland, Litauen, Portugal, Schweden, Slowakei, Spanien, Tschechien und Ungarn, vgl. den Bericht der EU-Kommission Estimating the effects of changing the funding mechanisms of EU Deposit Guarantee Schemes, Feb. 2007, Annex III. sowie *Financial Stability Board,* Thematic Review on Deposit Insurance Systems vom 8.2.2012, 21 ff., http://www.financialstabilityboard.org/publications/r_120208.pdf, sowie *Grünewald,* Resolution, S. 141.
[115] Italien, Luxemburg, Niederlande, Österreich, Slowenien und das Vereinigte Königreich.
[116] Dänemark, Malta, Polen, Rumänien und Zypern.

eine (kurzfristig) vorteilhafte Beitragsbemessung kennen (**"Sicherungs-Shopping"**). Dies ist bei Instituten zu beobachten, die der deutschen EdW angeschlossen sind und nun für die Folgen der Phoenix-Pleite mit sehr hohen Beiträgen, Sonderbeiträgen und Sonderzahlungen belastet werden. Einige haben ihren Standort nach Österreich verlegt. Bislang existieren noch keine international einheitlichen Vorgaben für die Finanzierung der Systeme. Die vom Basel Committee on Banking Supervision und der International Association of Deposit Insurers im Juni 2009 vorgelegten "Core Principles for Effective Deposit Insurance Systems" enthalten zur Frage, ob eine Ex-ante- oder eine Ex-post-Finanzierung vorzugswürdig ist, keine Aussage (principle 11)[117]. Die EU hat diese Frage mit der Richtlinie 2014/49/EG erstmals harmonisiert (→ Rn. 42).

Während die bisherigen Argumente die Ausgestaltung der Einlagensicherung und ihre Effekte auf den Wettbewerb betreffen, spielt noch eine andere Form der Anreizverzerrung eine Rolle, nämlich die Frage, ob der Staat eine **Haftung für fehlerhafte Bankenaufsicht** ausschließen (vgl. § 4 Abs. 4 FinDAG) und gleichzeitig die Höhe der gesetzlichen Einlagensicherung so gering ausgestalten darf, dass eine Vielzahl von Bankkunden bei Fehlern der Bankaufsicht praktisch ungesichert ist. Der Ausschluss der Haftung des Staates für fehlerhafte Bankenaufsicht wird ua[118] damit gerechtfertigt, dass der Kunde ohnehin das Insolvenzrisiko seines Vertragspartners trage und der Staat keineswegs eine Haftung übernehmen müsse, nur weil er das Insolvenzrisiko der Anleger mindern wolle. Es könne daher nicht darauf ankommen, ob der Staat die Insolvenz des Instituts hätte verhindern können oder nicht[119]. Dieser Gedanke überzeugt jedoch nur solange, als der Staat das Risiko der Insolvenz nicht erhöht. Daher wird man den Ausschluss der staatlichen Haftung nicht mehr rechtfertigen können, wenn der Staat durch eine gesetzlich nicht gebotene, unverhältnismäßig strenge Aufsicht ein Institut in den Ruin führt und dadurch Anleger schädigt[120]. Verwehrt man in dieser Situation dem Anleger einen Amtshaftungsanspruch, wäre er mittelbar-faktischen Grundrechtseingriffen der BaFin in sein Eigentum schutzlos ausgeliefert. Es wurde daher festgestellt, dass der Staat seine Haftung nur dann wirksam ausschließen könne, wenn er die Bedingungen der gesetzlichen Einlagensicherung so deutlich verbessert, so dass typische Schäden abgedeckt sind. Geschädigte Anleger könne er dann auf die Ersatzleistungen der Entschädigungseinrichtungen verweisen und müsse keine Amtshaftung befürchten, da die Einlagensicherung auch den Fall erfasst, dass der Staat die Insolvenz verursacht hat[121]. Dies hat der Gesetzgeber zwischenzeitlich getan, indem er die Sicherungsgrenze von 90% der Einlagen, maximal 20 000 EUR auf 100% der Einlagen, maximal 100 000 EUR erhöht hat, so dass diese Bedenken ausgeräumt sind[122].

**5. Internationale Entwicklungen.** Die rechtswissenschaftliche Diskussion konzentriert sich hauptsächlich auf die Vermeidung von Bankenkrisen im nationalen Kontext. Die Ansteckungsgefahr besteht jedoch auch bei ausländischen Bankenkrisen und dem Zusammenbruch der Staatsfinanzen ausländischer Staaten. Diese systemischen Risiken können das weltweite Finanzsystem gefährden. Seit den 70er Jahren wurden 112 derartige Krisen in 93 Staaten gezählt, die den Steuerzahler sehr große Summen gekostet und die Wirtschaft geschädigt haben (im Falle Indonesiens betrug der Schaden 50% des Bruttoinlandsprodukts)[123]. Zwar hat sich die Zahl der Staaten, die eine Einlagensicherung kennen, seit der

---

[117] http://www.bis.org/publ/bcbs156.pdf.
[118] Einzelheiten zur umfangreichen Diskussion, die an dieser Stelle nicht wiedergegeben werden kann, bei *Sethe,* Anlegerschutz, S. 956 ff.; *Sethe,* FS Hopt, 2010, 2549 ff.
[119] So im Ergebnis *Binder,* Bankeninsolvenzen, S. 671 f.
[120] Ob der Haftungsausschluss auch in diesem Fall greift, erscheint fraglich, vgl. *Sethe,* FS Hopt, 2010, 2549, 2562, 2567 f.
[121] *Sethe* in Assmann/Schütze, Handbuch Kapitalanlagerecht, 3. Aufl., § 25 Rn. 20. Aus anderen Gründen befürwortet auch *Binder,* Bankeninsolvenz, S. 455, eine Erhöhung der Sicherungsgrenzen.
[122] *Sethe,* FS Hopt, 2010, 2549, 2559 ff.
[123] *Claessens,* Systemic Bank and Corporate Restructuring; *Demirgüç-Kunt/Kane,* Deposit Insurance, S. 3.

erstmaligen gesetzlichen Einführung der Einlagensicherung in den USA (→ Rn. 12) auf rund 80 Staaten erhöht[124]. Häufig wird die Einlagensicherung jedoch nicht mit einem funktionierenden Bankaufsichtsrecht kombiniert[125] und die Prämien werden nicht risikoadäquat bemessen. Die Einführung einer solchen Einlagensicherung beruhigt zwar die Öffentlichkeit in den jeweiligen Staaten, bewirkt aber langfristig die bereits beschriebene Gefahr eines moral hazard. Die Banken können das Insolvenzrisiko auf andere abwälzen und sind daher geneigt, eine riskantere Geschäftspolitik einzugehen[126]. In diesem Fall wirkt sich die Einlagensicherung destabilisierend aus[127]. Gerade die Tatsache, dass sich in Staaten mit schwach ausgeprägtem Aufsichtsrecht und wenig finanzstarken Banken die höchsten Sicherungen finden[128], dürfte ein Beleg für diese Wirkung sein. Um die **internationale Ansteckungsgefahr** zu verringern, reicht die bloße Einführung von Einlagensicherungen in möglichst vielen Staaten also nicht aus[129]. Vielmehr muss **mit der Einlagensicherung ein funktionierendes Bankaufsichtsrecht einhergehen.** Die Risikoverursacher müssen die Kosten der Einlagensicherung entsprechend ihres Risikoanteils tragen und die Sicherung muss professionelle Anleger ausschließen, um eine Externalisierung von Insolvenzrisiken zu verhindern[130]. Um eine unnötige Bürokratisierung und wettbewerbsbeeinflussende staatliche Beihilfen zu verhindern und um die Identifikation der angeschlossenen Institute mit der Einlagensicherung zu erreichen, sollte die betroffene Branche die Entschädigungssysteme verwalten[131].

**27** Betrachtet man die zunehmenden grenzüberschreitenden Aktivitäten von Banken, erweist sich auch die Tatsache als problematisch, dass außerhalb der EU die Einlagensicherung über Zweigstellen vielfach dem **Gastlandprinzip,** die Bankenaufsicht über die Bankzentrale und ihre Zweigstellen dagegen dem **Heimatlandprinzip** folgt[132]. Aufgrund dessen belasten die Kosten einer schlechten Bankenaufsicht nicht nur den Staat, der das Institut beaufsichtigt hat, sondern auch das Gastland. Eine internationale Regulierung der Einlagensicherung sollte daher eine Sicherung aller Zweigstellen durch das Heimatland vorsehen[133]. Die EU hat diese Frage mit der Richtlinie 2014/49/EG entsprechend harmonisiert (→ Rn. 44).

**28** Die Finanzkrise hat zum einen dazu geführt, dass es zu einer gewissen Konvergenz bei der Ausgestaltung der Einlagensicherungssysteme kam. Sie hat eine rege Diskussion über die Frage des weiteren Vorgehens ausgelöst[134].

---

[124] *Demirgüç-Kunt/Kane,* Deposit Insurance, S. 33 ff.
[125] Einen Überblick über das Bankaufsichtsrecht in 107 Staaten geben *Barth/Caprio/Levine,* The Regulation and Supervision of Banks, S. 3 ff.
[126] Zu Recht kritisch daher *Demirgüç-Kunt/Kane,* Deposit Insurance, S. 3 ff.
[127] Dies belegen die Untersuchungen von *Cull/Senbet/Sorge,* Deposit Insurance; *Demirgüç-Kunt/Detragiache,* Does Deposit Insurance Increase Banking System Stability?.
[128] *Laeven,* The Political Economy of Deposit Insurance, S. 27 f.
[129] In diesem Zusammenhang wird diskutiert, ob der Regelungsansatz des deutschen Rechts nachahmenswert ist. Dabei ist man sich einig, dass eine Übertragung des gesamten Systems der Einlagensicherung auf andere Staaten ausscheidet, dass aber der geringe Staatseinfluss auf die Einlagensicherung und die Systeme mit risikoabhängiger Prämie vorbildlich sind, vgl. *Beck,* Deposit Insurance, S. 24 f.
[130] So im Ergebnis auch *Tigert-Helfer,* Finance and Development 36 (1999), S. 22 ff.
[131] *D. Schmidt* ZgKW 1990, 278, 283 f.
[132] Zwar werden Zweigstellen in Drittstaaten als eigenständige Institute behandelt, doch zieht die Insolvenz des Mutterinstituts immer auch die Zweigstellen mit in die Insolvenz.
[133] Im Ergebnis auch *Schoenmaker* 8 (3) JIBL 1993, 106 ff.; *Adkins* 7(5) JIBL 1992, 175, 181.
[134] Stellvertretend: *Financial Stability Board,* Thematic Review on Deposit Insurance Systems – Peer Review Report vom 8.12.2012, S. 11 ff., http://www.financialstabilityboard.org/publications/r_120208.pdf (abgerufen am 19.8.2014).

## II. Europarechtlicher Hintergrund der Einlagensicherung und Anlegerentschädigung

**1. Die Richtlinien.** Das in Deutschland bestehende System der freiwilligen Einlagensicherung wurde zum 1.8.1998 einer gesetzlichen Neuregelung unterworfen[135], mit der der Gesetzgeber die ESRL[136] und die AERL[137] in deutsches Recht umgesetzt hat. Die Regelung des deutschen Rechts lässt sich daher nur vor dem Hintergrund der beiden Richtlinien und der von der EU im Bereich des Kapitalmarktrechts verfolgten Regelungsphilosophie verstehen[138]. Da es sich bei dem Einlagensicherungs- und Anlegerentschädigungsgesetz um die Umsetzung von Sekundärrecht handelt, ist zudem eine richtlinienkonforme Auslegung der gesetzlichen Bestimmungen geboten. 29

Die EG-Kommission stellte bereits im Segré-Bericht von 1966 fest, dass nicht nur die Verwirklichung der Kapitalverkehrsfreiheit (Art. 67ff. EGV aF), sondern die **Integration der Kapitalmärkte** insgesamt notwendige Voraussetzung für die Realisierung der Warenverkehrs-, Dienstleistungs- und Niederlassungsfreiheit und damit für die Vollendung des Binnenmarkts ist[139]. Diesem Ziel diente eine Vielzahl von Richtlinien, mit denen die Union rechtliche Hemmnisse im Bereich des Bank-, Börsen-, Wertpapier- und Investmentrechts beseitigt hat. Die Einlagensicherungs- und die Anlegerentschädigungsrichtlinie sind Teil dieses komplexen Regelungsgebäudes. Während die Einlagensicherungsrichtlinie Kreditinstitute erfasst, betrifft die Anlegerentschädigungsrichtlinie Wertpapierfirmen. Diese Zweiteilung beruht auf einem unterschiedlichen Harmonisierungstempo im Hinblick auf diese Finanzintermediäre. Die Kommission orientierte sich bei den Richtlinien zunächst nicht am Modell der Universalbank, sondern legte einen sehr engen Begriff des Kreditinstituts zugrunde. Von der Bankrechtsharmonisierung sind nur Institute erfasst, die Einlagen entgegennehmen und Kredite für eigene Rechnung vergeben[140]. Wertpapierdienstleistungen blieben deshalb zunächst ausgeklammert und wurden erst mit der Wertpapierdienstleistungsrichtlinie von 1993[141] vergleichbaren Bedingungen unterworfen, wie sie für Kreditin- 30

---

[135] Gesetz zur Umsetzung der EG-Einlagensicherungsrichtlinie und der EG-Anlegerentschädigungsrichtlinie v. 16.7.1998, BGBl. I 1842. Das in seinem Art. 1 enthaltene EAEG wurde zuletzt geändert durch Art. 6 des Gesetzes zur Anpassung von Gesetzen auf dem Gebiet des Finanzmarktes (FMAnpG) vom 15.7.2014, BGBl. I, 934.
[136] → Rn. 16 Fn. 73.
[137] → Rn. 16 Fn. 74.
[138] Auf die Wiedergabe des Inhalts der Richtlinien wird an dieser Stelle verzichtet, vgl. stattdessen *Sethe* ZBB 1998, 305, 309ff.
[139] *Kommission der Europäischen Gemeinschaften*, Der Aufbau eines Europäischen Kapitalmarkts: Bericht einer von der EWG-Kommission eingesetzten Sachverständigengruppe, Brüssel 1966, S. 15ff., 39ff.
[140] Dies ergab sich zunächst aus Art. 1, 1. Spiegelstrich der Ersten Richtlinie (77/780/EWG) des Rates v. 12.12.1977 zur Koordinierung der Rechts- und Verwaltungsvorschriften über die Aufnahme und Ausübung der Tätigkeit der Kreditinstitute, ABl. EG Nr. L 322 v. 17.12.1977, S. 30. Der Begriff des Kreditinstituts (im Folgenden CRR-Kreditinstitut) findet sich mittlerweile in Art. 4 Abs. 1 Nr. 1 der VO 575/2013.
[141] Richtlinie (93/22/EWG) des Rates v. 10.5.1993 über Wertpapierdienstleistungen, ABl. EG Nr. L 141 v. 11.6.1993, S. 27ff. Die Wertpapierdienstleistungsrichtlinie wurde durch die Richtlinie 2004/39/EG des Europäischen Parlaments und des Rates v. 21.4.2004 über Märkte für Finanzinstrumente, zur Änderung der Richtlinien 85/611/EWG und 93/6/EWG des Rates und der Richtlinie 2000/12/EG Europäischen Parlaments und des Rates und zur Aufhebung der Richtlinie 93/22/EWG des Rates, ABl. EG Nr. L 145 v. 30.4.2004, S. 1ff., abgelöst, die nun wiederum ersetzt wurde durch die Richtlinie 2014/65/EU des Europäischen Parlaments und des Rates vom 15.5.2014 über Märkte für Finanzinstrumente sowie zur Änderung der Richtlinien 2002/92/EG und 2011/61/EU (Neufassung), ABl. EU L 173 vom 12.6.2014, S. 349ff., und die Verordnung (EU) Nr. 600/2014 des Europäischen Parlaments und des Rates vom 15.5.2014 über Märkte für Finanzinstrumente und zur Änderung der Verordnung (EU) Nr. 648/2012, ABl. EU L 173 vom 12.6.2014, S. 84ff.

stitute schon seit der 2. Bankrechtskoordinierungs-Richtlinie von 1989[142] galten. Die einmal begonnene Zweiteilung der Regelung setzte die Kommission konsequent auch im Bereich der Sicherung der Ein-/Anleger für den Fall der Insolvenz eines CRR-Kreditinstituts oder einer Wertpapierfirma fort. In beiden Richtlinien verfolgte die Kommission jedoch einem vergleichbaren Regelungsanliegen.

**31** Die **Liberalisierung und Deregulierung** des Dienstleistungs- und Niederlassungsrechts der Kreditinstitute und Wertpapierfirmen brachte eine Zunahme des Preiswettbewerbs und gleichzeitig eine Erhöhung des Insolvenzrisikos für Anleger mit sich[143]. Ein Mindestschutz von Kapitalanlegern im Falle der Insolvenz eines Kreditinstituts oder einer Wertpapierfirma erwies sich damit als notwendig, zumal die Mitgliedstaaten eine Empfehlung der Kommission zur Einlagensicherung aus dem Jahr 1986[144] weitgehend unbeachtet ließen. Nicht alle Mitgliedstaaten verfügten über ein System zur Einlagensicherung und die bereits vorhandenen Systeme waren zu uneinheitlich[145]. Deshalb und wegen des zwischenzeitlich eingetretenen Zusammenbruchs der BCCI[146] wählte die Kommission den Weg einer Harmonisierung über Richtlinien. Sie ordnete den durch Einlagensicherung und Anlegerentschädigung vermittelten Anlegerschutz als ebenso wichtig für die Vollendung des Binnenmarktes ein wie die Harmonisierung des Aufsichtsrechts[147]. Der Schutz wurde zwischenzeitlich auch auf den Bereich der Sanierung und Liquidation von Kreditinstituten ausgedehnt[148].

**32** **2. Die Umsetzung der Richtlinien in deutsches Recht.** Die gesetzliche Neuregelung zur Umsetzung der beiden EG-Richtlinien in deutsches Recht erfolgte mit dem Einlagensicherungs- und Anlegerentschädigungsgesetz (im Folgenden EAEG)[149]. Daneben wurden zahlreiche Vorschriften im Kreditwesengesetz, Wertpapierhandelsgesetz und Steuerrecht angepasst, die die Einlagensicherung und Anlegerentschädigung berühren. Der Gesetzgeber verfolgte das Ziel, nur die **Mindeststandards** der beiden EG-Richtlinien umzusetzen und die zulässigen Ausnahmen zu nutzen, um die Belastung der Institute möglichst gering zu halten[150]. Der betroffen Branche sollte die Möglichkeit einer freiwilligen höheren Sicherung der Einleger erhalten bleiben. Das Gesetz erlaubt daher neben den gesetzlichen Entschädigungseinrichtungen auch freiwillige Einlagensicherungsfonds, die eine Anschlussdeckung anbieten. Zuvor bestehende Strukturen der Einlagensicherung sollten genutzt, die zu schaffenden Sicherungssysteme möglichst finanzstark ausgestaltet werden. Der Gesetzgeber war zudem bestrebt, eine wettbewerbsneutrale Umsetzung zu erreichen.

---

[142] Zweite Richtlinie (89/646/EWG) des Rates vom 15.12.1989 zur Koordinierung der Rechts- und Verwaltungsvorschriften über die Aufnahme und Ausübung der Tätigkeit der Kreditinstitute und zur Änderung der Richtlinie 77/780/EWG, ABl. EG Nr. L 386 vom 30.12.1989, S. 1.
[143] *Lutter,* Europäisches Unternehmensrecht, 4. Aufl., S. 434.
[144] Empfehlung der Kommission v. 22.12.1986 zur Einführung von Einlagensicherungssystemen in der Gemeinschaft (87/63/EWG), ABl. EG Nr. L 33 vom 4.2.1987, S. 16; dazu *Bader,* EG-Bankrechtsharmonisierung, S. 173, 184; *Wintzen* Die Bank 1987, 266 ff.; *D. Schmidt* ZgKW 1990, 278, 289 f.; *Lutter,* Europäisches Unternehmensrecht, 3. Aufl., S. 115.
[145] Ein Überblick findet sich bei *Deutsche Bundesbank,* Monatsbericht Juli 1992, S. 30, 36; *W. Grundmann* ZgKW 1993, 72, 79; *Pecchioli,* Bankenaufsicht, S. 226 ff.; *Schöner,* Einlagensicherung, S. 38 ff.
[146] → Rn. 6 mwN.
[147] Erwägungsgründe Nrn. 2, 4 der ESRL. Siehe auch Erwägungsgrund Nr. 4 der AERL.
[148] Vgl. insbesondere Erwägungsgrund Nr. 5 der Richtlinie 2001/24/EG des Europäischen Parlaments und des Rates vom 4.4.2001 über die Sanierung und Liquidation von Kreditinstituten, ABl. EG Nr. L 125 vom 5.5.2001, S. 15 ff., und Erwägungsgrund Nr. 71 der Richtlinie 2014/59/EU des Europäischen Parlaments und des Rates vom 15.5.2014 zur Festlegung eines Rahmens für die Sanierung und Abwicklung von Kreditinstituten und Wertpapierfirmen ..., ABl. EU Nr. L 173 v. 12.6.2014, S. 173 ff.
[149] Vgl. → Rn. 29 Fn. 135.
[150] BT-Drucks. 13/10188, S. 13 f.

§ 26 Einlagensicherung und Anlegerentschädigung

Das Gesetz ist auf alle nach dem 25.9.1998 eingetretenen Entschädigungsfälle anwendbar (§ 18 Abs. 1 EAEG).

**3. Die Schutzrichtung der Richtlinien.** Klärungsbedürftig war die Frage, ob die Richtlinien nur auf eine Verbesserung des Funktionenschutzes oder auch auf eine Verbesserung des unmittelbaren Individualschutzes gerichtet sind. Innerhalb kürzester Zeit nach Verabschiedung der Richtlinien wurde diese Frage gleich in zwei Mitgliedstaaten virulent. Da die Bundesrepublik die Frist zur Umsetzung der ESRL hatte verstreichen lassen[151], wurde sie von Einlegern der insolventen und nicht einlagengesicherten BVH-Bank, Düsseldorf, auf Schadensersatz wegen verspäteter Richtlinienumsetzung bis zur Höhe der Deckungssumme von 20 000 EUR in Anspruch genommen[152]. Weitergehende Ansprüche wegen fehlerhafter Beaufsichtigung der BVH-Bank wurden untergerichtlich unter Hinweis auf § 6 Abs. 4 KWG (heute § 4 Abs. 4 FinDAG) abgewiesen[153]. Im Zuge des von den Klägern angestrengten Revisionsverfahrens legte der BGH dem EuGH die Frage vor, ob die ESRL oder die auf Richtlinien beruhende Bankenaufsicht insgesamt dem Schutz individueller Anleger dienten[154]. **Der EuGH verneinte eine solche drittschützende Wirkung** der ESRL und der 1. Bankrechtskoordinierungsrichtlinie[155]. In der anschließenden Sachentscheidung erklärte der BGH § 4 Abs. 4 FinDAG für verfassungsgemäß[156] und verneinte die weitergehenden Ansprüche der Anleger. In Großbritannien stellte sich nach dem Zusammenbruch der BCCI[157] die vergleichbare Problematik, ob sec. 1 (4) des Banking Act 1987 europarechtskonform sei. Der Court of Appeal (Civil Division) urteilte, dass dem einzelnen Kunden keine individuellen Rechte aus der 1. Bankrechtskoordinierungsrichtlinie zuständen und sich daher die Frage der Wirksamkeit des Ausschlusses einer Haftung der Aufsichtsbehörde gar nicht stelle[158]. Auch das House of Lords[159] lehnte eine Haftung

---

[151] Zur ursprünglich vorgesehenen, dann aber nicht verwirklichten Rückwirkung des Gesetzes auf den Zeitpunkt der in der Richtlinie vorgesehenen Umsetzungsfrist siehe *Sethe* ZBB 1998, 305, 308 Fn. 34.

[152] LG Bonn, Urt. v. 31.3.2000 (unveröffentlicht); LG Bonn ZIP 1999, 959, mit überwiegend zust. Anm. von *Hafke* WuB I L 6. Sonstiges (RL 94/19/EG) 1.00, und krit. Anm. von *Gratias* NJW 2000, 786; *Sethe* EWiR Art. 249 EGV 1/99, 883; *Cremer* JuS 2001, 643; LG Bonn ZIP 1999, 2051, m. überwiegend zust. Anm. von *Hafke* WuB I L 6. Sonstiges (RL 94/19/EG) 2.00; mit krit. Anm. *Sethe* EWiR Art. 249 EG 2/2000, 233; LG Bonn VA 2000, 19 (Zusammenfassung von *Mann*). Ebenso OLG Köln ZIP 2001, 645 ff., dazu *Balzer* WuB I L 1 § 6 KWG 1.01; *Sethe* EWiR Art. 34 GG 1/2001, 961. Die Thematik ist ausführlich besprochen bei *Sethe*, Anlegerschutz, S. 934 ff.

[153] Nachweise in Fn. 152.

[154] BGH ZIP 2002, 1136; zust. *Hafke* WuB I L 6. RL 94/19/EG 1.03; kritisch *Rohlfing* WM 2005, 311 ff.; sa *Hanten* EWiR 2002, 961 f.

[155] EuGH, Rs. C-222/02, ZIP 2004, 2039 – *Peter Paul ua ./. Bundesrepublik Deutschland*, mit Anm. *Pott* EWiR § 4 FinDAG 1/05, 219. Zustimmend *Kilgus* BB 2004, 2431 f.; *Grote* VersR 2005, 103 f.; *Häde* EuZW 2005, 39 ff.; eher kritisch dagegen *Hanten* BKR 2005, 33, 35; zum Antrag der GA: zustimmend *Dreher/Görner* EWiR 2004, 63 f.; krit. *Schwintowski* VuR 2004, 90 ff.

[156] BGH ZIP 2005, 287, 291 ff.; aA etwa *Cremer* JuS 2001, 643, 649; kritisch auch *Sethe* EWiR Art. 34 GG 1/2001, 961, 962; *Sethe*, Anlegerschutz, S. 956 ff. Durch die Anhebung der Sicherungshöhe ist diese Kritik inzwischen überholt, vgl. *Sethe*, FS Hopt, 2010, 2549 ff.

[157] → Rn. 6 mwN.

[158] *Three Rivers District Council and others v. Governor and Company of the Bank of* (No 3), The Times 10.12.1998.

[159] *Three Rivers District Council and others v. Governor and Company of the Bank of England* (No 3), [2000] 2 WLR 1220 (House of Lords) = [2000] 3 C.M.L.R. 205; [2001] UKHL 16 (House of Lords); dazu *Andenas*, Liability for Supervisors and Depositors' Rights: The BCCI and the Bank of England, Comp. Law 2001, 22(8), 226 ff.; *Andenas/Fairgrieve*, Misfeasance In Public Office, Governmental Liability, and European Influences, ICLQ 2002, 51, 757 ff.; *Blyth/Cavalli*, The Liability of the Financial Services Authority after Three Rivers, JIFM 2001, 3(5), 199 ff.; *Brent*, Civil Liability for Regulatory Failure: the case of the Bank of England and the collapse of BCCI, Bus. L.I. 2002, 3 (Sep), 269 ff.; *Dharmananda/Dzakpasu*, Central Bank Liability to Depositors: Three Rivers may not open Floodgates, JIBL 2002, 17(2), 41 ff.

wegen einer Verletzung von EG-Recht ab[160]; eine Vorlage an den EuGH wurde unter Hinweis auf die acte-clair-doctrine verneint. Auch im Hinblick auf die MiFID[161] hat der EuGH inzwischen entschieden, dass diese keine zivilrechtlichen, sondern nur aufsichtsrechtliche Regeln enthalte[162]. Im Ergebnis werden damit die bank- und wertpapieraufsichtsrechtlichen Richtlinien als lediglich funktionenschützend eingeordnet.

**34    4. Die Fortentwicklung der Richtlinien. a) Notwendigkeit einer Reform.** Gemäß Art. 7 Abs. 5 ESRL soll die Angemessenheit des Betrags der Mindestsicherung in regelmäßigen Abständen überprüft werden. Am 14.7.2005 leitete deshalb die Kommission erstmals einen Konsultationsprozess hierüber ein[163]. Am 18.11.2005 veröffentlichte sie einen ersten Bericht zur Situation der Einlagensicherung in den alten und neuen Mitgliedstaaten[164]. Dabei kam sie zu der vorläufigen Schlussfolgerung, dass das Streben nach harmonisierten Bedingungen für den Schutz von Einlagen durch das Festlegen eines einheitlichen Mindestdeckungsniveaus für alle Mitgliedstaaten nicht erreicht wurde, da die Unterschiede zwischen den gemäß der Richtlinie errichteten Einlagensicherungssystemen in Europa sehr groß sind. Die starre Sicherungshöhe von 20 000 EUR erwies sich nach Ansicht der Kommission aus zwei Gründen als problematisch. Zum einen nehme der Sicherungsumfang durch die Inflation ab. Zum anderen führe eine Bemessung an absoluten Zahlen vor dem Hintergrund der unterschiedlichen Wirtschaftskraft der verschiedenen Mitgliedstaaten zu Verzerrungen in der Wirkung der Richtlinien. Setze man die Einlagensicherung in Relation zum Bruttosozialprodukt, bedeute eine starre Mindestsicherungshöhe von 20 000 €, dass in den vergleichsweise armen baltischen Staaten prozentual deutlich mehr Ersparnisse pro Kopf gesichert seien als in den reicheren Mitgliedstaaten. Will man aber den jeweils typischen Kleinanleger schützen, könnte man überlegen, ob man die Sicherungssumme nicht in ein Verhältnis zur Wirtschaftskraft setzt. Hiergegen spricht jedoch, dass dies tendenziell grenzüberschreitende Anlagen erschwert oder behindert. Da sich die verfügbaren Informationen jedoch als nicht ausreichend erwiesen, hat man endgültige Schlussfolgerungen zurückgestellt.

**35**    Am 28.11.2006 legte die Kommission dann eine umfangreiche Stellungnahme zur Frage einer Reform der Einlagensicherung vor, die noch recht optimistisch davon ausging, dass freiwillige Maßnahmen der Mitgliedstaaten ohne Richtlinienänderung ausreichen würden und man weitere Schritte in Ruhe überlegen solle[165]. Im Februar 2007 folgte dann eine erste Folgenabschätzung über die Finanzierung der Einlagensicherungssysteme[166] und im Mai 2008 eine Untersuchung über die Effizienz der Einlagensicherungssysteme in der EU[167]. Um die Einführung risikoabhängiger Beiträge zu Einlagensicherungssystemen zu konkretisieren, wurde untersucht, wie die Mitgliedstaaten die Finanzierung der Sicherung

---

[160] Kritisch zu der Art und Weise, in der dies geschah, *Andenas/Fairgrieve*, Misfeasance In Public Office, Governmental Liability, And European Influences, ICLQ 2002, 51, 757 ff.

[161] Fundstelle so Rn. 30 Fn. 141.

[162] EuGH, Rs. C-604/11, ZIP 2013, 1417, Rn. 57 – Genil 48 SL ua ./. Bankinter SA.

[163] Review of the Deposit Guarantee Schemes Directive (94/19/EC) v. 14.7.2005 (DGS 001/2005), http://ec.europa.eu/internal_market/bank/docs/guarantee/consultationpaper_en.pdf (abgerufen am 17.9.2014).

[164] Report on the minimum guarantee level of Deposit Guarantee Schemes Directive 94/19/EC, v. 18.11.2005, http://ec.europa.eu/internal_market/bank/docs/guarantee/report_en.pdf (abgerufen am 17.9.2014).

[165] Mitteilung der Kommission an das Europäische Parlament und den Rat zur Überprüfung der Richtlinie 94/19/EG über Einlagensicherungssysteme v. 27.11.2006, KOM(2006) 729 endgültig.

[166] Scenario Analysis: Estimating the effects of changing the funding mechanisms of EU Deposit Guarantee Schemes v. Feb. 2007, http://ec.europa.eu/internal_market/bank/guarantee/index_de.htm (abgerufen am 20.8.2014).

[167] Investigating the efficiency of EU Deposit Guarantee Schemes, May 2008, http://ec.europa.eu/internal_market/bank/guarantee/index_de.htm (abgerufen am 20.8.2014).

seinerzeit handhabten[168]. Nach einer öffentlichen Konsultation folgte im Juni 2009 ein Bericht über die mögliche Ausgestaltung der risikobasierten Beiträge zur Einlagensicherung[169].

**b) Richtlinie 2009/14/EG.** Ausgelöst durch die Finanzkrise, änderte die Kommission 36 ihre Meinung und legte am 15.10.2008 einen Vorschlag[170] zur Reform der ESRL vor, um das Vertrauen in die Stabilität des Finanzsystems wiederherzustellen. Dieser wurde im Eiltempo beraten und bereits im März 2009 verabschiedete man die **Richtlinie 2009/14/EG**[171]. Sie hob die Entschädigungsobergrenze von 20 000 EUR auf 50 000 EUR und in einem zweiten Schritt ab 31.12.2010 auf 100 000 EUR oder einen äquivalenten Betrag in der nationalen Währung von Nicht-Euro-Staaten an (Art. 1 Nr. 3). Dieser Betrag war als Maximalharmonisierung zu verstehen[172], so dass die Mitgliedstaaten seitdem keine höheren Sicherungen mehr anbieten dürfen. Der bislang vorgesehene Selbstbehalt von 10% entfiel ersatzlos. Damit trug man der massiven Kritik an dieser Regelung Rechnung[173]. Die Institutssicherung und die freiwillige Anschlussdeckung waren weiterhin erlaubt[174]. Man verkürzte die Frist zur Feststellung des Entschädigungsfalls von 21 auf fünf Arbeitstage ab Feststellung der Zahlungseinstellung (Art. 1 Nr. 1). Die bisherige Auszahlungsfrist von drei Monaten, die auf neun Monate verlängert werden konnte, wurde auf 20 Arbeitstage verkürzt. Dieser Zeitraum kann nur in Ausnahmefällen und nach Zustimmung der zuständigen Behörden um 10 Tage verlängert werden (Art. 1 Nr. 6). Die Informationspflichten wurden präzisiert (Art. 6 Nr. 5). Zudem sollten die Mitgliedstaaten sicherstellen, dass Bankkunden innerhalb von 3 Tagen angemessene Beträge sofort ausgezahlt erhalten, um deren Versorgung zu gewährleisten[175]. Eine sofortige Reform der AERL wurde bewusst zurückgestellt, da man zunächst die Reform der Einlagensicherung umsetzen und mit ihr Erfahrung sammeln wollte. Dies war sinnvoll, da die AERL der ESRL nachgebildet ist. Zudem wollte man noch den kurz zuvor veröffentlichten Bericht über die Effizienz der Einlagensicherungssysteme auswerten[176]. Deutschland setzte die Richtlinie am 25.6.2009 um[177], nutzte aber die Gelegenheit auch, um einige inhaltliche und redaktionelle Fehler des Gesetzes zu beseitigen und gerichtlichen Zweifeln an der Rechtsgrundlage für die Beitragserhebung Rechnung zu tragen[178].

---

[168] *European Commission Directorate General – Joint Research Centre,* Risk-based contributions in EU Deposit Guarantee Schemes: current practices v. Juni 2008, http://ec.europa.eu/internal_market/bank/guarantee/index_de.htm (abgerufen am 20.8.2014).
[169] *European Commission – Joint Research Centre,* Possible models for risk-based contributions to EU Deposit Guarantee Schemes v. Juni 2009, http://ec.europa.eu/internal_market/bank/guarantee/index_de.htm (abgerufen am 20.8.2014).
[170] Vorschlag für eine Richtlinie des Europäischen Parlaments und des Rates zur Änderung der Richtlinie 94/19/EG über Einlagensicherungssysteme im Hinblick auf Deckungssumme und Auszahlungsfrist v. 15.10.2008, KOM(2008) 661 endgültig.
[171] Richtlinie 2009/14/EG des Europäischen Parlaments und des Rates vom 11.3.2009 zur Änderung der Richtlinie 94/19/EG über Einlagensicherungssysteme im Hinblick auf die Deckungssumme und die Auszahlungsfrist, ABl. EU Nr. L 68 v. 13.3.2009, S. 3 ff.
[172] Erwägungsgrund Nr. 4 der Richtlinie 2009/14/EG.
[173] Einzelheiten → Rn. 11 sowie *Hanten/Görke* ZBB 2010, 128, 130.
[174] Erwägungsgrund Nr. 8 der Richtlinie 2009/14/EG.
[175] Erwägungsgrund Nr. 13 der Richtlinie 2009/14/EG.
[176] *European Commission Directorate General – Joint Research Centre,* Risk-based contributions in EU Deposit Guarantee Schemes: current practices v. Juni 2008, http://ec.europa.eu/internal_market/bank/guarantee/index_de.htm (abgerufen am 20.8.2014).
[177] Gesetz zur Änderung des Einlagensicherungs- und Anlegerentschädigungsgesetzes und anderer Gesetze v. 25.6.2009, BGBl. I 1528, berichtigt BGBl I 1682. Dazu umfassend *Pannen* ZInsO 2010, 929 ff.; *Hanten/Görke* ZBB 2010, 128 ff.; zur Prüfung durch die Entschädigungseinrichtungen *Binder* WM 2010, 145, 152 ff.
[178] → Rn. 56.

**37** **c) Richtlinie 2014/49/EG.** Aufgrund der Eile, mit der die Richtlinie 2009/14/EG verabschiedet worden war, blieb nur Zeit für die dringendsten Anliegen. Die Richtlinie 2009/14/EG enthielt daher die Vorgabe, alle Aspekte der Einlagensicherungssysteme zu überprüfen, was in der Folge geschah. Am 12.7.2010 veröffentlichte die Kommission einen Vorschlag zur Neufassung der Richtlinie über Einlagensicherungssysteme[179] samt Begleitbericht[180] und Folgenabschätzung[181]. Der Vorschlag erfuhr einige Änderungen. Eine politische Einigung erfolgte am 28.2.2014 im Rat. Die **Richtlinie 2014/49/EG** wurde am 16.4.2014 verabschiedet[182] und trat am 3.7.2014 in Kraft. Die meisten Vorgaben sind bis zum 3.7.2015 umzusetzen, die übrigen bis 31.5.2016. Sie enthält folgende wesentliche **Neuerungen:**

**38** (1) Die Richtlinie erfasst alle gesetzlichen Einlagensicherungssysteme, alle amtlich anerkannten Einlagensicherungssysteme und alle amtlich anerkannten Institutssicherungen sowie alle Kreditinstitute (Art. 1 Abs. 1). Von der Richtlinie ausgenommen sind alle Einlagensicherungssysteme und alle Institutssicherungen, die nicht amtlich anerkannt sind. Diese verbietet die Richtlinie also nicht, gewährt ihnen aber auch nicht die Vorteile der Richtlinie.

**39** (2) Die Höchstdeckungssumme für alle Einlagen desselben Einlegers (Art. 7 Abs. 1) beträgt künftig 100 000 EUR (Art. 6 Abs. 1) und erfasst nun alle Währungen (Art. 6 Abs. 4 und 5). Mit dieser Deckungssumme erhalten 95% aller Kontoinhaber in der EU im Falle einer Bankeninsolvenz ihre gesamten Ersparnisse zurück. Angesichts dieses hohen Deckungsgrads, der bereits 2009 erfolgten Abschaffung des Selbstbehalts und der Abschaffung der Aufrechnung der Sicherungseinrichtung mit Verbindlichkeiten des Kunden gegenüber dem Institut (dazu sogleich) entfällt für die große Masse der Kunden jeglicher Anlass für einen Bank Run. Die Vorgabe stellt eine Vollharmonisierung dar, denn in der Finanzkrise haben Einleger ihre Einlagen in Staaten verlagert, die höhere Deckungssummen hatten, so dass es zu Wettbewerbsverzerrungen kam. Zudem können sich Einleger künftig für ein Produkt in einem beliebigen Mitgliedstaat entscheiden, ohne die jeweiligen Unterschiede bei der Einlagensicherung berücksichtigen zu müssen. Auch für Banken stellt die Vollharmonisierung eine Erleichterung dar, denn sie können in der Union Produkte anbieten, ohne dass Unterschiede in der Einlagensicherung zu einem Faktor der Produktgestaltung oder gar zu einem Hemmnis werden. Über die Höchstdeckung hinaus dürfen die Mitgliedstaaten für Einlagen, die bestimmten besonderen Zwecken dienen (zB solche aus Immobilientransaktionen, Auszahlung von Rentenversicherungen etc.), eine Absicherung für 3 bis 12 Monate nach Gutschrift des Betrags auf dem Konto vorsehen. Anders als bei der Vorgängerrichtlinie sieht der Einlagenbegriff nicht mehr vor, dass das Kundenguthaben sofort mit eventuellen Verbindlichkeiten des Kunden gegenüber dem Institut verrechnet wird (Art. 2 Abs. 1 Nr. 3).

**40** (3) Um die Abwicklungsverfahren zu beschleunigen, werden die Kriterien für den Ausschluss von Gläubigergruppen drastisch vereinfacht (Art. 5). Die Einlagensicherung er-

---

[179] Vorschlag für eine Richtlinie .../.../EU des Europäischen Parlaments und des Rates über Einlagensicherungssysteme [Neufassung], v. 12.7.2010, KOM(2010)368 endgültig. Dazu *Asmussen* ZgKW 2011, 758 f.; *Behnke* ZgKW 2011, 750 ff.; *Fischer zu Cramburg* NZG 2010, 936; *Mátray* ZgKW 2011, 756 f.; *Simon* ZgKW 2011, 754 f. sowie verschiedene Stellungnahmen der Kreditwirtschaft ZgKW 2011, 760 ff.

[180] Report from the Commission to the European Parliament and to the council Review of Directive 94/19/EC on Deposit Guarantee Schemes v. 12.7.2010, KOM(2010)369 final.

[181] Commission Staff Working Document Impact Assessment accompanying document to the Proposal for a Directive .../.../EU of the European Parliament and of the Council on Deposit Guarantee Schemes [recast] and to the Report from the Commission to the European Parliament and to the council Review of Directive 94/19/EC on Deposit Guarantee Schemes v. 12.7.2010, SEC(2010)834 final und SEC(2010)835 final.

[182] Richtlinie 2014/49/EU des Europäischen Parlaments und des Rates vom 16.4.2014 über Einlagensicherungssysteme (Neufassung), ABl. EU Nr. L 173 v. 12.6.2014, S. 149 ff.

streckt sich nun auch auf Einlagen von Unternehmen. Ausgenommen sind etwa noch Eigenmittel und Einlagen von institutionellen Anlegern, Finanzinstituten und Behörden, Pensions- und Rentenfonds, Gelder aus Geldwäschestraftaten, Schuldverschreibungen eines Kreditinstituts und Verbindlichkeiten aus eigenen Akzepten und Solawechseln.

(4) Die Auszahlungsfristen wurden grundsätzlich auf sieben Tage ab der Feststellung des Entschädigungsfalls verkürzt (Art. 8 Abs. 1). Es bedarf keines Antrags mehr (Art. 8 Abs. 6). Zudem findet sich eine einlegerfreundliche Sprachregelung für die Korrespondenz mit dem Sicherungssystem (Art. 8 Abs. 7).

(5) Für die Verbesserung der Finanzierung von Einlagensicherungssystemen ist ein mehrstufiges Verfahren geplant (Art. 10): Innerhalb von zehn Jahren müssen Einlagensicherungssysteme eine Reserve in Höhe von 0,8 % der gedeckten Einlagen aufbauen. Falls diese Summe nicht ausreicht, um anstehende Entschädigungsfälle zu finanzieren, besteht eine Sonderbeitragspflicht der Institute in Höhe von bis zu 0,5 % der gedeckten Einlagen pro Kalenderjahr und ergänzend die Möglichkeit von Kreditaufnahmen unter den Systemen (Art. 12). Die Beitragsberechnung ist ebenfalls geregelt (Art. 13).

(6) Einlagensicherungssysteme können sich unter bestimmten Voraussetzungen an der Rettung der Bank beteiligen (Art. 11 Abs. 3).

(7) Die Einlagensicherungssysteme sichern auch die Einlagen, die bei Zweigstellen in anderen Mitgliedstaaten liegen. Um Bürokratie abzubauen, erhalten Einleger einer solchen Zweigstelle ihre Einlagen unabhängig vom Sitz des Instituts von ihrem nationalen Einlagensicherungssystem zurück, das sich seinerseits die Beträge von dem Einlagensicherungssystem des Heimatlands der Bank zurückerstatten lässt (Art. 14 Abs. 1 und 2). Das bislang vorgesehene Topping-up entfällt, da die Deckungssumme für alle Mitgliedstaaten vereinheitlicht wurde.

(8) Information der Einleger und Werbung mit der Einlagensicherung werden klarer geregelt (Art. 16).

**d) Vorschlag zur Änderung der Anlegerentschädigungsrichtlinie.** Ebenfalls am 12.7.2010 legte die Kommission einen Vorschlag zur Änderung der AERL[183] samt Folgenabschätzung[184] vor, der folgende Änderungen vorsieht: Die Deckungssumme wird von 20 000 EUR auf 50 000 EUR pro Anleger erhöht; der Selbsthalt von 10 % entfällt. (2) Die Entschädigungsfrist wird auf neun Monate nach Eintritt der Zahlungsunfähigkeit einer Wertpapierfirma verkürzt. (3) Die Finanzierung der Sicherung wird geregelt. Vorgesehen ist eine ex-ante aufgebrachte Mindestausstattung. Bei Bedarf können die Systeme Kredite in begrenzter Höhe bei anderen Systemen aufnehmen oder auf andere Finanzierungsmöglichkeiten zurückgreifen. (4) Zudem soll der Schutz von Depotkunden verbessert werden. Wann die Reform verabschiedet werden wird, ist derzeit noch offen.

### III. Das deutsche System der Einlagensicherung und Anlegerentschädigung im Überblick

Das deutsche System der Einlagensicherung und Anlegerentschädigung ist sehr gut ausgebaut. Es ist aufgrund der unterschiedlichen Sicherungssysteme der einzelnen Bankensparten und der verschiedenen Sicherungen innerhalb dieser Sparten sehr komplex, weshalb nachfolgend zunächst ein nach Sparten gegliederter Überblick gegeben wird, bevor die Details der gesetzlichen Regelung dargelegt werden (dazu → Rn. 55 ff.).

---

[183] Vorschlag für eine Richtlinie des Europäischen Parlaments und des Rates zur Änderung der Richtlinie 97/9/EG des Europäischen Parlaments und des Rates über Systeme für die Entschädigung der Anleger v. 12.7.2010, KOM(2010) 371 endgültig. Dazu *Steffen/Sachse* ZBB 2011, 33.
[184] Commission Working Document Impact Assessment accompanying document to the Proposal for a Directive of the European Parliament and of the Council amending Directive 1997/9/EC on investor-compensation schemes v. 12.7.2010, SEC(2010)845 und SEC(2010)846.

**48  1. Kreditgenossenschaften.** Die Kreditgenossenschaften, die DZ-Bank, die Westdeutsche Genossenschafts-Zentralbank, die genossenschaftlichen Hypothekenbanken und die Bausparkasse Schwäbisch Hall sind dem Garantiefonds und Garantieverbund des Bundesverbands deutscher Volks- und Raiffeisenbanken e. V. angeschlossen. Deren Ziel ist die **Institutssicherung,** dh die Verhinderung einer Insolvenz des Instituts. Da bei den angeschlossenen Instituten deshalb keine Gefahr einer Insolvenz besteht, sind sie von der gesetzlichen Basissicherung befreit (zu Einzelheiten → Rn. 63). Aufgrund des Ziels der Institutssicherung sind alle Arten von Einlagen und Verbindlichkeiten des Instituts vollständig geschützt.

**49  2. Sparkassen, Landesbanken/Girozentralen und Landesbausparkassen.** Die Sparkassen sind über die von den regionalen Sparkassen- und Giroverbänden unterhaltenen Sparkassenstützungsfonds gesichert. Zudem unterhält der Deutsche Sparkassen- und Giroverband eine Sicherungsreserve für die Landesbanken/Girozentralen und einen Sicherungsfonds für die Landesbausparkassen. Diese Einrichtungen stehen untereinander in einem Haftungsverbund. Die an die Sparkassenstützungsfonds angeschlossenen Institute sind vor einer Insolvenz geschützt und daher von der gesetzlichen Basissicherung befreit (zu Einzelheiten → Rn. 63). Die **Institutssicherung** schützt alle Arten von Einlagen und Verbindlichkeiten des Instituts.

**50  3. Private Banken.** Der Bundesverband deutscher Banken e. V. nutzt die Möglichkeit der Beleihung (zu Einzelheiten → Rn. 64 ff.) und bietet allen privaten CRR-Kreditinstituten über seine hundertprozentige Tochtergesellschaft, die Entschädigungseinrichtung deutscher Banken GmbH, die nach dem Einlagensicherungs- und Anlegerentschädigungsgesetz vorgeschriebene **Basissicherung** für Einlagen (= 100% der Einlagen, maximal aber 100 000 €) und Verbindlichkeiten aus Wertpapiergeschäften (= 90%, maximal aber 20 000 €) an (zu Einzelheiten → Rn. 64 ff.).

**51**  Daneben führt der Bundesverband seinen schon vor der gesetzlichen Neuregelung bestehenden Einlagensicherungsfonds fort (zu Einzelheiten → Rn. 70 ff.). Alle angeschlossenen Mitglieder erlangen dort eine über die gesetzliche Basissicherung hinausgehende **Anschlussdeckung** für Einlagen. Die Sicherungsgrenze beträgt derzeit je Gläubiger 30% des haftenden Eigenkapitals der jeweiligen Bank, also mindestens 1,5 Mio. EUR je Einleger (vgl. § 33 Abs. 1 Satz 1 Nr. 1 lit. d KWG)[185]. Der Einlagensicherungsfonds bietet bei Verbindlichkeiten aus Wertpapiergeschäften keinen Schutz.

**52  4. Öffentliche Banken.** In gleicher Weise verfährt der Bundesverband Öffentlicher Banken Deutschlands e. V. Auch er nutzte die Möglichkeit der Beleihung (zu Einzelheiten → Rn. 64 ff.) und bietet über seine hundertprozentige Tochtergesellschaft, die Entschädigungseinrichtung des Bundesverbands Öffentlicher Banken Deutschlands GmbH, die gesetzlich vorgeschriebene **Basissicherung** für Einlagen (= 100% der Einlagen, maximal aber 100 000 €) und Verbindlichkeiten aus dem Wertpapierhandel (= 90%, maximal aber 20 000 €) an. Da die Sparkassen, Landesbanken/Girozentralen und die Landesbausparkassen aufgrund der Institutssicherung vom Anschlusszwang ausgenommen sind (dazu soeben → Rn. 49), ist die Zahl der dort angeschlossenen Mitglieder recht gering. Der Bundesverband bietet darüber hinaus eine **Anschlussdeckung** über seinen Einlagensicherungsfonds (zu Einzelheiten → Rn. 70, 76 ff.). Die Sicherungsleistung erfasst nur Einlagen von Nichtkreditinstituten. Für diese ist keine absolute Begrenzung der Höhe der Sicherungsleistung pro Sicherungsfall vorgesehen, so dass die Leistungen nur durch die Höhe der Mittel des Fonds begrenzt werden. Der Einlagensicherungsfonds bietet für Verbindlichkeiten aus Wertpapiergeschäften keinen Schutz.

**53  5. Private Bausparkassen.** Die privatrechtlich verfassten Bausparkassen sind (mit Ausnahme der Bausparkasse Schwäbisch Hall, die der genossenschaftlichen Sicherung ange-

---

[185] *Binder,* Bankeninsolvenzen, S. 488 f., kritisiert diese Sicherungshöhe, weil sie dazu führen könne, dass der Einlagensicherungsfonds „ausblute". Im Fall der deutschen Tochter des Bankhauses Lehman Brothers ist genau das später auch passiert (→ Rn. 20).

hört) der Basissicherung der Entschädigungseinrichtung deutscher Banken (→ Rn. 50) zugeordnet. Zur Absicherung von darüber hinaus gehenden Ansprüchen hat der Verband der privaten Bausparkassen zwei Sicherungsfonds eingerichtet[186]: Der Einlagensicherungsfonds für Bank-Bausparkassen sichert die Einlagen in unbegrenzter Höhe. Der Bausparkassen-Einlagensicherungsfonds e. V. schützt Bauspareinlagen in voller Höhe und sonstige Einlagen bis maximal 250 000 EUR pro Einleger.

**6. Sonstige Institute.** Alle sonstigen Institute, also Nicht-CRR-Kreditinstitute und Finanzdienstleistungsinstitute, genießen **allein** den Schutz der **gesetzlichen Basissicherung** (zu Einzelheiten → Rn. 64 ff.). Die Sicherung hat ein aufgrund der gesetzlichen Vorgaben errichtetes Sondervermögen bei der Kreditanstalt für Wiederaufbau (Entschädigungseinrichtung der Wertpapierhandelsunternehmen – EdW) übernommen (→ Rn. 68). Eine Anschlussdeckung für diese Institute besteht nicht.

### IV. Die Entschädigungseinrichtungen

**1. Anschlusszwang. a) Erfasste Institute.** Die vom Einlagensicherungs- und Anlegerentschädigungsgesetz erfassten Institute sind verpflichtet, der für sie zuständigen gesetzlichen Entschädigungseinrichtung anzugehören (§§ 2, 6 Abs. 1 Sätze 1 und 2 EAEG)[187]. Diese Verpflichtung gilt für alle **CRR-Kreditinstitute,** denen die Erlaubnis zur Erbringung des Einlagen- und Kreditgeschäfts[188] erteilt worden ist (§ 1 Abs. 1 Nr. 1 EAEG iVm § 1 Abs. 3d Satz 1 KWG). Sofern diese Institute zusätzlich die Zulassung für die Erbringung von Finanzdienstleistungen erhalten haben, sind sie auch im Hinblick auf diese Geschäfte gesichert[189].

Weiterhin erfasst sind alle **sonstigen Kredit- und Finanzdienstleistungsinstitute, die Finanzdienstleistungen erbringen** (§ 1 Abs. 1 Nrn. 2 und 3 EAEG). Als Finanzdienstleistungen gelten das Finanzkommissionsgeschäft, das Emissionsgeschäft, die Anlagevermittlung, die Anlageberatung, der Betrieb eines MTF, das Platzierungsgeschäft, die Abschlussvermittlung, die Finanzportfolioverwaltung und der Eigenhandel iSd § 1 Abs. 1 Satz 2 Nrn. 4 und 10, Abs. 1a Nrn. 1–4 KWG. Die Leistung muss sich auf Finanzinstrumente iSv § 1 Abs. 11 KWG beziehen[190]. Dabei spielt es keine Rolle, ob die Institute die Befugnis haben, sich Besitz oder Eigentum an Kundengeldern zu verschaffen[191]. Denn das Gesetz wollte auch den Fall erfassen, dass ein Finanzdienstleistungsunternehmen sich unter Verstoß gegen die Bedingungen seiner Zulassung Eigentum an Kundenvermögen verschafft und es anschließend zu einer Veruntreuung kommt[192]. Dem Anschlusszwang unterliegen deshalb auch die Finanzportfolioverwalter (= individuelle Vermögensverwalter), die mittels eingeschränkter Außenvollmacht Kundendepots bei Banken verwalten. Sie haben zwar in aller Regel keine Möglichkeit der **Veruntreuung** von Kundengeldern oder -papieren, da das konto- und depotführende Kreditinstitut die Einhaltung der Vollmacht überwacht. Diese Überwachung gelingt jedoch nicht immer. Auch ist in der Praxis zu beobachten, dass Vermögensverwalter bisweilen von Kunden Bargeld annehmen, so dass das konto- und depotführende Kreditinstitut gar nicht eingeschaltet wird. Der Fall der Untreue mag zwar selten sein, er kann aber durchaus vorkommen. Die von einigen Finanzdienstleistern einge-

---

[186] Einzelheiten bei *Hissnauer,* Reform, S. 110 ff.
[187] Der Anschlusszwang ist verfassungsgemäß, BVerfG WM 2010, 17.
[188] Zur Definition des Einlagengeschäfts und Kreditgeschäfts *Wagner,* Einlagensicherung, S. 21 ff.
[189] BT-Drucks. 13/10188, S. 15, sowie → Rn. 64.
[190] Die Erweiterung des Begriffs der Finanzinstrumente um Vermögensanlagen führt dazu, dass nun auch einige Finanzdienstleister des grauen Kapitalmarkts als Institut gelten (sofern nicht die Ausnahme von §§ 2 Abs. 8 lit. e KWG, 2a Abs. 1 Nr. 7 lit. e WpHG greift) und der EdW zugeordnet sind, *Hanten/Reinholz* ZBB 2012 36, 48.
[191] BT-Drucks. 13/10188, S. 15.
[192] BT-Drucks. 13/10188, S. 16 und 17; BR-Drucks. 936/01 (neu), S. 395; *Fischer* in Boos ua, KWG, § 23a Rn. 5; *Pannen,* Krise, Kap. 4 Rn. 68.

legten Widersprüche gegen die Bescheide über den Anschlusszwang mit der Begründung, sie würden zu einer Sicherung gegen ein faktisch ausgeschlossenes Risiko gezwungen und die **Heranziehung zu Beiträgen** sei verfassungswidrig, hatten deshalb keinen Erfolg[193]. Die Rechtsprechung ordnete die entsprechende Passage des Einlagensicherungs- und Anlegerentschädigungsgesetzes als richtlinien- und verfassungskonform ein. Weder der Einwand, es handele sich bei den Beiträgen zur Entschädigungseinrichtung um eine unzulässige Sonderabgabe, noch der Einwand, man wende sich nur an institutionelle Kunden, überzeugten. Seitdem konzentriert sich die Klagewelle der Finanzdienstleister, die sich aufgrund des Entschädigungsfalles „Phoenix Kapitaldienst GmbH" mit sehr hohen Beträgen konfrontiert sehen, auf die Rechtmäßigkeit der Beitragsbemessung. Die laufenden Beiträge sind bislang rechtmäßig festgesetzt worden[194]. Unbeanstandet blieb auch die Einmalzahlung, die bei Aufnahme in die Entschädigungseinrichtung zu leisten ist (§ 8 Abs. 2 Satz 2 EAEG)[195]. Sehr umstritten war bis zur gesetzlichen Klarstellung (→ Rn. 84 ff.) auch die Zulässigkeit der Erhebung von Sonderbeiträgen[196] und Sonderzahlungen[197].

57 **Externe Kapitalverwaltungsgesellschaften** sind erfasst, wenn sie mit entsprechender Erlaubnis gemäß § 20 Abs. 2 Nrn. 1 bis 3 oder Abs. 3 Nrn. 2 bis 5 KAGB die **Finanzportfolioverwaltung**[198] und als Nebendienstleistungen die Anlageberatung, Anlagevermittlung und das Depotgeschäft erbringen (§ 1 Abs. 1 Nr. 4 lit. b EAEG)[199]. Gleiches gilt wegen des Bestandsschutzes für Kapitalanlagegesellschaften iSd InvG aF, die **Finanzportfolioverwaltungen** und als Nebendienstleistung Anlageberatungen sowie das Depotgeschäft erbringen durften, sofern diese Erlaubnis gemäß § 345 KAGB noch fortbesteht (§ 1 Abs. 1 Nr. 4 lit. a EAEG).

58 Als **Verwahrstelle von Investmentvermögen** ist ein zugelassenes[200] CRR-Kreditinstitut zu bestellen (§§ 68 Abs. 2 KAGB, 1 Abs. 3d Satz 1 KWG). Solche Institute müssen nach § 1 Abs. 1 Nr. 1 EAEG einer Sicherungseinrichtung angehören. Allerdings greift § 3

---

[193] BVerwG WM 2004, 2108 ff.; VG Berlin BKR 2003, 722 ff.; OVG Berlin v. 31.10.2002 – 1 S 17.02 (juris); ebenso *Berger* WM 2003, 949 ff.; *Pannen*, Krise, Kap. 4 Rn. 6; aA *Meißner* WM 2003, 1977 ff.; *Gutsche* BKR 2003, 696 ff.; zur Verfassungsmäßigkeit der BeitragsVO *Pannen*, Krise, Kap. 4 Rn. 19 ff.; *Pöcker* ZBB 2002, 513 ff.

[194] **1998–2000:** OVG Berlin v. 11.12.2008, 1 B 22.03; **2001:** OVG Berlin v. 18.11.2009, 1 B 24.08; **2006:** VG Berlin ZIP 2009, 908; **2007:** VG Berlin v. 18.12.2009, 1 L 579.09; OVG Berlin v. 1.4.2010, 1 S 52.09; VG Berlin v. 19.8.2009, 1 A 277.07; **2008:** VG Berlin v. 3.11.2009, 1 L 294.09; **2009:** VG Berlin v. 18.3.2011, 4 K 555.10; OVG Berlin v. 6.3.2014; 1 B 24.12 und 1 B 18.12; **2010:** OVG Berlin v. 8.5.2014, 1 B 19.12 und 1 B 20.12; **2011:** VG Berlin v. 3.6.2014, 1 S 230.13.

[195] VG Berlin, 26.11.2008, 1 A 242.07 (kein Verstoß gegen höherrangiges Recht).

[196] VG Berlin ZIP 2008, 2064, erachtete die Festsetzung von Sonderbeiträgen als rechtswidrig. Inzwischen hat der Gesetzgeber eine ausreichende Grundlage geschaffen, so dass dieses Urteil keine praktische Bedeutung für künftige Fälle haben wird. Auch bezweifelte das Gericht die Fälligkeit der Sonderbeiträge, da die EdW wegen der beim BGH anhängigen Rechtsstreitigkeiten gar nicht auszahlte. Inzwischen hat der BGH jedoch alle offenen Rechtsfragen geklärt.

[197] OVG Berlin, ZIP 2014, 717 ff. (Bescheid rechtmäßig); ebenso OVG Berlin v. 23.6.2014, 1 S 229.13 und 1 S 231.13 für 2012; VG Berlin v. 14.9.2012, 4 K 334.11 für 2010.

[198] Zur Diskussion über die Frage, ob die Verwaltung der Mittel einer Investmentaktiengesellschaft durch eine Kapitalverwaltungsgesellschaft (§ 112 Abs. 1 KAGB) unter das EAEG fällt, *Steck/Fischer* ZBB 2009, 188, 193 ff. (zum InvG).

[199] Zu Frage des Umfangs der Erlaubnis, die für die Beitragsbemessung bei der EdW maßgebend ist, *Hanten/Görke* ZBB 2010, 128, 136 ff.

[200] Dies verdeutlicht die gesetzliche Formulierung „denen eine Erlaubnis gemäß § 1 Absatz 1 Satz 2 Nummer 1 und 2 des Kreditwesengesetzes erteilt ist", die mit dem 4. FinanzmarktförderungsG eingeführt wurde. Sie soll zum Ausdruck bringen, dass es nicht auf die materielle Institutseigenschaft ankommt, sondern auf die formelle Zulassung, um die Beitragspflicht, aber auch um die Ansprüche von Personen, die bei einem Institut ohne Zulassung Einlagen getätigt haben, auszuschließen vgl. RegE 4. FFG, BR-Druck 936/01 (neu), S. 394. Ob tatsächlich von der Lizenz Gebrauch gemacht wurde, ist unerheblich, VG Berlin v. 26.11.2008, 1 A 242.07 (juris); *Schäfer* in Boos ua, KWG, § 1 Rn. 193.

Abs. 2 Nr. 3 EAEG ein, der Ansprüche der Kapitalverwaltungsgesellschaften ausschließt, so dass Ansprüche der Kapitalverwaltungsgesellschaften letztlich doch nicht gesichert sind. Auch die Anleger haben keinen Anspruch gegen die Entschädigungseinrichtung iSd EAEG, denn die Geschäfte mit der Verwahrstelle werden ja gerade im Namen der Kapitalverwaltungsgesellschaften und nicht der Anleger getätigt. Eigene Ansprüche stehen den Anlegern nur zu, wenn verwahrte Finanzinstrumente abhandenkommen (§ 77 Abs. 1 Satz 1 KAGB), doch sieht diese Spezialregelung ein eigenes Entschädigungsverfahren vor und verdrängt daher Ansprüche nach dem EAEG.

Auch **reine Depotbanken** iSd § 1 Abs. 1 Satz 2 Nr. 5 KWG unterfallen nicht dem EAEG[201], da sie nicht in § 1 Abs. 1 EAEG genannt sind[202]. Soweit aber ein Institut aus anderen Gründen unter § 1 Abs. 1 EAEG fällt, und dieses Institut neben den die Institutseigenschaft begründenden Geschäften auch das Depotgeschäft betreibt, stehen den Depotinhabern im Entschädigungsfall Ansprüche nach dem EAEG zu, wenn verwahrte Finanzinstrumente nicht herausgegeben werden können[203]. Aus diesem Grund umfasst der Begriff des Wertpapiergeschäfts in § 1 Abs. 3 EAEG gerade auch das Depotgeschäft. Außerdem wird das Depotgeschäft noch in einem weiteren Fall erfasst, nämlich als Nebendienstleistung bei externen Kapitalverwaltungsgesellschaften, die die Finanzportfolioverwaltung anbieten (→ Rn. 57). 59

Dass diese Ausgangslage der Ausklammerung *reiner* Depotbanken aus Anlegersicht misslich ist, hat sich im Konkurs von Lehman Brothers gezeigt, als Depotbanken Defizite bei den verwahrten Effekten feststellen mussten. Der Reformvorschlag zur AERL erfasst daher auch das Depotgeschäft[204]. 60

Erstaunlicherweise vom Gesetz nicht erfasst sind Institute, die die **Anlageverwaltung** iSd § 1 Abs. 1a Satz 2 Nr. 11 KWG erbringen[205]. Dieser Tatbestand dient der Verhinderung der Umgehung der Erlaubnispflicht für die Finanzportfolioverwaltung[206] und hätte aufgrund seiner Sachnähe zur Finanzportfolioverwaltung einbezogen werden müssen. 61

**b) Verfahren.** Der Anschlusszwang zu Entschädigungseinrichtungen bedingt, dass die Zulassung neuer Kredit- oder Finanzdienstleistungsinstitute durch die Bundesanstalt für Finanzdienstleistungsaufsicht nicht nur einen begünstigenden Verwaltungsakt für das Institut darstellt, sondern zugleich die jeweils einschlägige Entschädigungseinrichtung belastet, der ein neues Mitglied zugewiesen wird. Daher hat der Gesetzgeber die **Pflicht zur Anhörung der Entschädigungseinrichtung** im Verfahren über die Zulassung neuer Institute vorgesehen (§ 32 Abs. 3 KWG). Er räumt der Entschädigungseinrichtung sogar das Recht ein, das eine Zulassung beantragende Institut auf seine wirtschaftliche Solidität hin zu überprüfen (§ 9 Abs. 3 EAEG). Im Schrifttum ist umstritten, ob der Gesetzgeber damit der Entschädigungseinrichtung nur ein subjektives Recht auf Anhörung[207] oder eine echte Mitwirkungsbefugnis zugestehen wollte, aus der auch das Recht folgt, den belastenden 62

---

[201] Verwahrstellen und Depotbanken sind jedoch sehr häufig bei der freiwilligen Anschlussdeckung versichert.
[202] Ungenau daher *Steffen/Sachse* ZBB 2011, 33, 34.
[203] Dies zeigt auch die Beitragsberechnung. Erträge aus dem Depotgeschäft sind solche aus Wertpapiergeschäften iSd § 1 Abs. 3 EAEG und werden deshalb gerade nicht aus der Bemessungsgrundlage der EdW BeitragsVO ausgenommen, vgl. dort § 2 Abs. 2 Nr. 4.
[204] Vorschlag für eine Richtlinie des Europäischen Parlaments und des Rates zur Änderung der Richtlinie 97/9/EG des Europäischen Parlaments und des Rates über Systeme für die Entschädigung der Anleger v. 12.7.2010, KOM(2010) 371 endgültig. Punkt 4.3.2.
[205] Kritisch auch *Hanten/Görke* ZBB 2010, 128, 138.
[206] Einzelheiten bei *Sethe* FS Uwe H. Schneider, 2011, 1239 ff.
[207] *R. Schmidt* ZHR 146 (1982), 48, 52; *Fischer* in Boos ua, KWG, § 32 Rn. 56; *Hissnauer*, Reform, S. 42 f.; *Pannen*, Krise, Kap. 4 Rn. 124; *Sethe* in Schäfer/Sethe/Lang, Handbuch der Vermögensverwaltung, § 4 Rn. 174 (die von mir in ZBB 1998, 305, 320, vertretene gegenteilige Ansicht wird aufgegeben); mit anderer Begründung auch *Wagner*, Einlagensicherung, S. 36 ff. und im Ergebnis auch *Dreymann/Schnatmeyer*, Einlagensicherungs- und Anlegerentschädigungsgesetz, S. 37.

Verwaltungsakt ggf. anzufechten[208]. Ein Anfechtungsrecht setzt die **Betroffenheit in eigenen Rechten** voraus (§ 42 Abs. 2 VwGO). Die Zuerkennung subjektiver Rechte an öffentlich-rechtliche Einrichtungen hängt davon ab, ob ihnen nach ihrem gesetzlichen Auftrag eigenständige Aufgaben zustehen und wem gegenüber diese geltend gemacht werden können[209]. Die Entschädigungseinrichtungen haben keine eigene Rechtsfähigkeit, können aber klagen und verklagt werden (§ 6 Abs. 1 Satz 3 EAEG). Betrachtet man die Rechtsstellung der Einrichtung insgesamt, fällt auf, dass ihr nicht nur bei der Zulassung eines Instituts ein Anhörungs- und Prüfungsrecht (§§ 32 Abs. 3 KWG, 9 Abs. 3 EAEG) zusteht. Sie besitzt zudem das Recht, im Zusammenwirken mit der BaFin Institute wegen der Verletzung der Beitrags- und Mitwirkungspflichten von der Einlagensicherung auszuschließen (§ 11 Abs. 1 EAEG). Dies hat das Erlöschen der Zulassung als Kredit- oder Finanzdienstleistungsinstitut zur Folge (§ 35 Abs. 1 Satz 2 KWG). Da der Ausschluss aus einer Entschädigungseinrichtung nur im Zusammenwirken von BaFin und Entschädigungseinrichtung erfolgen kann, steht der Entschädigungseinrichtung ein im Verhältnis zur BaFin unabhängiger Entscheidungsspielraum zu. Fraglich ist jedoch, ob dieser auch bei dem actus contrarius, also der Aufnahme neuer Institute, bestehen soll. Billigt man der Entschädigungseinrichtung die Möglichkeit einer Anfechtung der Entscheidung der BaFin über die Zulassung neuer Institute zu, räumt man ihr damit gleichsam ein Vetorecht für den Fall ein, dass die Entschädigungseinrichtung bei der Prüfung des eine Zulassung beantragenden Instituts mangelnde wirtschaftliche Voraussetzungen feststellt. Für ein solches Vetorecht könnte der Gedanke sprechen, dass die Folgen einer zulassenden Entscheidung der BaFin gerade die anderen angeschlossenen Beitragszahler der Entschädigungseinrichtung treffen. Will man verhindern, dass die Einlagensicherung eine Verzerrung des Wettbewerbs zwischen den Instituten bewirkt (→ Rn. 9 f.), muss man die Zulassung von vornherein unsolider Institute verhindern. Gegen ein Vetorecht spricht, dass es Aufgabe der BaFin ist, den Marktzutritt unsolider Institute zu verhindern. Zudem räumt der Gesetzgeber den Entschädigungseinrichtungen gerade kein Mandat ein, die Interessen der bereits angeschlossenen Institute gegenüber der BaFin wahrzunehmen. Der Auftrag der Entschädigungseinrichtungen ist vielmehr eng begrenzt (vgl. § 6 Abs. 3 EAEG). Außerdem kann man aus dem Vergleich von § 32 Abs. 3 KWG und § 11 Abs. 1 EAEG ableiten, dass im Verwaltungsverfahren über die Zulassung neuer Institute **gerade nur ein Anhörungs- und kein Zustimmungsrecht** der Entschädigungseinrichtung gewollt war. Der Entschädigungseinrichtung steht daher nur ein subjektives Recht auf Anhörung, nicht aber ein Vetorecht gegen die Entscheidung der BaFin nach § 32 KWG zu.

**63** **c) Ausnahmen vom Anschlusszwang.** Beide Richtlinien enthalten die Option, dass die Mitgliedstaaten solche Kreditinstitute vom Anschlusszwang zu einer Entschädigungseinrichtung ausnehmen können, die einer **institutssichernden Einrichtung** angehören (Art. 3 Abs. 1 UAbs. 2 ESRL, Art. 2 Abs. 1 UAbs. 2 AERL). Unter einer solchen versteht man eine Einrichtung, die aufgrund ihrer Satzung im Krisenfall den Bestand eines Instituts sichert, dieses also saniert und seine Solvenz und Liquidität sicherstellt. Von der Option der Richtlinie hat der deutsche Gesetzgeber in § 12 EAEG Gebrauch gemacht. Von der Mitgliedschaft in einer Entschädigungseinrichtung sind die CRR-Kreditinstitute befreit, die den Sicherungseinrichtungen der Sparkassen- und Giroverbände und des Bundesverbandes der Deutschen Volksbanken und Raiffeisenbanken angehören[210] und die den Anlegern

---

[208] *Weber* Die Bank 1998, 470, 474.
[209] Dies verkennt *Fischer* in Boos ua, KWG, § 32 Rn. 56, der nicht die Aufgaben der Entschädigungseinrichtung untersucht, sondern die Zuordnung des beantragenden Instituts zu einer solchen Einrichtung als eine solche kraft Gesetzes nach § 6 Abs. 1 EAEG einordnet, weshalb die Einrichtung nur reflexartig betroffen sei. Ohne zulassenden Verwaltungsakt wird aber gerade diese Zuordnung zu einer Entschädigungseinrichtung nicht ausgelöst. Zu recht kritisch daher *Wagner*, Einlagensicherung, S. 37.
[210] Zu diesen → Rn. 15, 48 f. mwN. Aufbau und Finanzierung der Sicherungseinrichtungen werden beschrieben bei *Fischer* in Boos ua, KWG, § 23a Rn. 35 ff., 44 ff.; *Schöning/Nolte* BankArchiv 2004, 421, 423 ff.

einen der gesetzlichen Sicherung zumindest gleichwertigen Schutz bieten[211]. Die Ausnahme bezieht sich eindeutig nur auf CRR-Kreditinstitute iSd § 1 Abs. 1 Nr. 1 EAEG. Eine Zuordnung von anderen Instituten zu den Sicherungseinrichtungen der Sparkassen- und Giroverbände und des Bundesverbandes der Deutschen Volksbanken und Raiffeisenbanken analog § 12 EAEG ist ausgeschlossen[212]. Die Institutssicherung ihrerseits unterliegt der Aufsicht der BaFin (§ 12 Abs. 2 Satz 1 EAEG).

**2. Die Basisdeckung durch die gesetzlichen Entschädigungseinrichtungen. 64
a) Sondervermögen.** Das Gesetz sieht vor, dass bei der Kreditanstalt für Wiederaufbau drei nicht rechtsfähige Sondervermögen errichtet werden (§ 6 Abs. 1 EAEG), denen jeweils bestimmte Institutstypen zugeordnet sind[213]. Die Zuordnung richtet sich nach der Rechtsform des Instituts und der Art der erlaubten Bankgeschäfte. § 6 Abs. 1 Satz 2 Nr. 1 erfasst die privatrechtlichen, seine Nr. 2 die öffentlich-rechtlichen CRR-Kreditinstitute iSd § 1 Abs. 1 Nr. 1 EAEG. Dabei decken die Sondervermögen auch die von den CRR-Kreditinstituten erbrachten Finanzdienstleistungen ab[214]. Das dritte **Sondervermögen** erfasst alle übrigen Institute, die Wertpapiergeschäfte betreiben, ohne CRR-Kreditinstitute zu sein. Gemeint sind also die in § 1 Nrn. 2 bis 4 EAEG genannten Kredit- und Finanzdienstleistungsinstitute und externen Kapitalverwaltungsgesellschaften (vgl. auch § 21 Abs. 3 KAGB). Durch die Einbindung der Sondervermögen in die Kreditanstalt für Wiederaufbau nutzte man deren schon vorhandene Organisationsstrukturen. Die Bildung von Sondervermögen verhindert, dass Gläubiger Entschädigungsansprüche unmittelbar von der Kreditanstalt für Wiederaufbau einfordern können. Klagen sind vielmehr direkt gegen das jeweilige Sondervermögen zu richten (§ 6 Abs. 1 Satz 3 EAEG).

Da die Richtlinien die Anzahl der Entschädigungseinrichtungen in den einzelnen Mit- 65
gliedstaaten nicht vorgeben, konnte der Gesetzgeber die Aufspaltung in drei Sondervermögen vornehmen. Um nur die jeweiligen Risiken einer Bankgruppe zu erfassen, eine Identifikation der angeschlossenen Institute mit „ihrer" Sicherungseinrichtung zu ermöglichen und Institute davor zu schützen, branchenfremde Risiken mittragen zu müssen[215], hätte sich eine weitaus stärkere Ausdifferenzierung angeboten. Dem stand das Regelungsziel gegenüber, möglichst finanzstarke Entschädigungseinrichtungen zu schaffen[216], weshalb die Anzahl der Sondervermögen gering zu halten war, um ihnen einen größeren Anteil am Gesamtbeitragsvolumen zu sichern[217]. Die Beschränkung auf nur drei Sondervermögen ist daher als Kompromiss zu verstehen. Das Bundesverfassungsgericht[218], das über die infolge des Entschädigungsfalls „Phoenix-Kapitaldienst GmbH"[219] enorm angestiegenen Beiträge zur EdW zu entscheiden hatte, hat die **Aufspaltung in drei Sondervermögen** als verfassungskonform gebilligt, aber die langfristige Tragfähigkeit dieses Konzepts bezweifelt, weil die der EdW angeschlossenen Institute unverhältnismäßig höher belastet werden; hierüber war aber im konkreten Verfahren nicht zu entscheiden. Dass die Aufspaltung in drei Sondervermögen zu Problemen bei der Abwicklung größerer Entschädigungsfälle führen und

---

[211] Zur Frage eines Rechtsanspruchs der Institute bzw. Ein- und Anleger auf Entschädigungszahlungen Pehla ZgKW 2006, 298 ff.
[212] VG Berlin vom 5.3.2010 – 4 K 47.10 (juris).
[213] Aufgrund der Möglichkeit der Beleihung (→ Rn. 66 f.) kam es tatsächlich nur zur Errichtung eines Sondervermögens für Institute, die Wertpapiergeschäfte betreiben, ohne CRR-Kreditinstitute zu sein (dazu sogleich → Rn. 68).
[214] Hiermit wollte man dem Universalbankensystem Rechnung tragen, BT-Drucks. 13/10188, S. 19.
[215] Diesen Gesichtspunkt betont etwa D. Schmidt ZgKW 1990, 278, 283.
[216] BT-Drucks. 13/10188, S. 19.
[217] Ebenso Dreymann/Schnatmeyer, Einlagensicherungs- und Anlegerentschädigungsgesetz, S. 34.
[218] BVerfG WM 2010, 17, 22. Eine mögliche Lösung kann eine Überlaufregelung sein, → Rn. 20.
[219] Zu den Hintergründen des Falles vgl. die Sachverhalte von BGH ZIP 2009, 480, OLG Stuttgart WM 2008, 1303; Tetzlaff ZInsO 2009, 369; v. Hiller FAZ vom 19.3.2009, S. 21; Antwort der BReg auf eine Kleine Anfrage, BT-Drucks. 16/4352.

daher ein Haftungsverbund zwischen den Entschädigungseinrichtungen nötig sein würde, war von Anfang an abzusehen;[220] der Gesetzgeber hat zu sehr Rücksicht auf die Bankenverbände genommen.

66  **b) Beliehene Entschädigungseinrichtungen.** Die Einlagensicherungsrichtlinie gestattet den Mitgliedstaaten, vorhandene Sicherungssysteme an die neue Regelung anzupassen. Die Richtlinie überlässt den Mitgliedstaaten insbesondere die Regelung der Organisation und der Art der Finanzierung von Entschädigungssystemen. Deshalb konnte der deutsche Gesetzgeber eine Regelung schaffen, die die Bankwirtschaft in die neuen rechtlichen Rahmenbedingungen einbindet. Der Gesetzgeber erlaubt daher die Übertragung der gesetzlichen Aufgaben einer Entschädigungseinrichtung im Wege der **Beleihung** auf eine juristische Person des Privatrechts (§ 7 EAEG). Voraussetzung der Beleihung ist, dass die juristische Person sich bereit erklärt, die Aufgabe einer Entschädigungseinrichtung zu übernehmen, und sie die Gewähr für eine hinreichende Erfüllung der Ansprüche der Anleger bietet (vgl. im Einzelnen § 7 Abs. 1 Satz 1 EAEG)[221]. Im Falle der Beleihung tritt die private Sicherungseinrichtung an die Stelle des Sondervermögens und übernimmt deren Rechte und Pflichten (§ 7 Abs. 2 EAEG). Beliehene Entschädigungseinrichtungen sichern die nach dem Einlagensicherungs- und Anlegerentschädigungsgesetz geforderte **Basisdeckung.** Zu den Pflichten, die übernommen werden, zählt auch der gesetzliche Aufnahmezwang für Kredit- und Finanzdienstleistungsinstitute, denn die Zugehörigkeit zu einer Entschädigungseinrichtung ist für diese Institute Pflicht.

67  Die Bankwirtschaft hat die Möglichkeit der Beleihung in zwei Fällen genutzt. Die **Entschädigungseinrichtung deutscher Banken GmbH,** eine hundertprozentige Tochtergesellschaft des Bundesverbands Deutscher Banken e. V., übernimmt die Sicherung privatrechtlicher CRR-Kreditinstitute und Bausparkassen iSd § 6 Abs. 1 Satz 2 Nr. 1 EAEG[222]. Für die öffentlich-rechtlichen CRR-Kreditinstitute hat der Bundesverband Öffentlicher Banken Deutschlands e. V., Bonn, den gleichen Weg eingeschlagen. Seine hundertprozentige Tochtergesellschaft, die **Entschädigungseinrichtung des Bundesverbands Öffentlicher Banken Deutschlands GmbH,** übernimmt die gesetzliche Basisdeckung der öffentlich-rechtlichen Institute iSd § 6 Abs. 1 Satz 2 Nr. 2 EAEG[223].

68  **c) Entschädigungseinrichtung der Wertpapierhandelsunternehmen.** Im Fall des dritten Sondervermögens, das die übrigen Institute iSd § 6 Abs. 1 Satz 2 Nr. 3 EAEG sichern soll, erfolgte keine Beleihung. Die Kreditanstalt für Wiederaufbau hat daher die **Entschädigungseinrichtung der Wertpapierhandelsunternehmen** (EdW) als Sondervermögen errichtet, dem die Wertpapierhandelsbanken, Finanzdienstleistungsinstitute und Kapitalverwaltungsgesellschaften zugeordnet sind. Diese Einrichtung hat zwischen 1998 und 2013 insgesamt 17 Entschädigungsfälle abgeschlossen und noch drei in Bearbeitung (ua den Fall „Phoenix Kapitaldienst GmbH"). Es wurden bislang 4227 Anleger mit 19,307 Mio. EUR entschädigt[224]. Im Fall Phoenix beträgt das Entschädigungsvolumen rund 270 Mio. €, die die EdW über zwei Kredite vom Bund vorfinanziert hat.

69  **d) Änderung der Zuordnung.** Die Bundesanstalt für Finanzdienstleistungsaufsicht kann ein Institut oder alle Institute einer Gruppe auf Antrag einer anderen Entschädigungseinrichtung zuordnen (§ 6 Abs. 2 EAEG). Voraussetzung ist, dass für den Wechsel ein be-

---

[220] Ein entsprechende Forderung findet sich bei *Sethe* ZBB 1998, 305, 321 mwN und *v. Hiller* FAZ vom 19.3.2009, S. 21.

[221] Zu den übrigen Voraussetzungen einer Beleihung *Hoeren,* Selbstregulierung, S. 94 ff. mwN.

[222] Die Beleihung erfolgte durch die Verordnung über die Zuweisung von Aufgaben und Befugnissen einer Entschädigungseinrichtung an die Entschädigungseinrichtung deutscher Banken GmbH v. 24.8.1998, BGBl. I 2391.

[223] Verordnung über die Zuweisung von Aufgaben und Befugnissen einer Entschädigungseinrichtung an die Entschädigungseinrichtung des Bundesverbandes Öffentlicher Banken Deutschlands GmbH v. 24.8.1998, BGBl. I 2390.

[224] *EdW* Tätigkeitsbericht 2013, S. 26 f., http://www.e-d-w.de/download/EdW-Taetigkeitsbericht 2013.pdf (abgerufen am 1.6.2014).

rechtigtes Interesse besteht, dass die Aufgabe der bisherigen Entschädigungseinrichtung nicht gefährdet wird und dass die neue Entschädigungseinrichtung zustimmt. Als berechtigtes Interesse ist etwa ein **Rechtsformwechsel** des Instituts anzusehen[225]. Beantragen alle Institute einer Gruppe den Wechsel zu dem Sondervermögen einer anderen Gruppe, geben sie damit zu erkennen, dass sie keine eigene Risikozuordnung wünschen und auf den mit § 6 Abs. 1 EAEG gewährten Schutz verzichten wollen. Im Falle des Wechsels der ganzen Institutsgruppe zu einer anderen Entschädigungseinrichtung wird die alte Entschädigungseinrichtung aufgelöst. Die Einzelheiten sind einer Rechtsverordnung des Bundesministers der Finanzen vorbehalten. Wird ein Institut neu zugeordnet, verbleiben die bisher geleisteten Beiträge, Sonderbeiträge und Sonderzahlungen bei der vorherigen Entschädigungseinrichtung (§ 6 Abs. 2 Satz 3 EAEG). Damit muss das wechselnde Institut auch den Aufnahmebeitrag erneut leisten[226]. Zu beachten ist außerdem § 23a Abs. 2 KWG[227].

**3. Die Anschlussdeckung durch freiwillige Einlagensicherungsfonds.** Die Richtlinien schreiben den Mitgliedstaaten vor, gesetzliche Sicherungseinrichtungen zu schaffen (Basissicherung). Sie sehen daneben jedoch auch Möglichkeit von freiwilligen Sicherungseinrichtungen vor. Der deutsche Gesetzgeber stellt es daher der Branche frei, ihre freiwilligen Sicherungseinrichtungen mit der umfangreichen Sicherung **zusätzlich** zur gesetzlich vorgeschriebenen anzubieten[228]. Will ein Kreditinstitut eine solche, über den gesetzlichen Mindestschutz von 100 000 EUR für Einlagen hinausgehende Sicherung erlangen, muss es sowohl der gesetzlichen als auch der freiwilligen Einlagensicherung (Anschlussdeckung) angehören. Eine Zugehörigkeit allein zu einem freiwilligen Einlagensicherungsfonds ist nicht ausreichend, um eine Zulassung nach dem Kreditwesengesetz zu erlangen, denn es handelt sich nicht um eine Entschädigungseinrichtung im Sinne der Richtlinien und des Einlagensicherungs- und Anlegerentschädigungsgesetzes[229]. 70

Der **Einlagensicherungsfonds des Bundesverbands deutscher Banken e. V.** nutzt die Möglichkeit der Schutzerhöhung und bietet eine **Anschlussdeckung** an die gesetzliche Einlagensicherung an. Voraussetzung der Mitwirkung am Einlagensicherungsfonds ist die Mitgliedschaft im Bundesverband deutscher Banken e. V. Aufgenommen werden auch Zweigstellen ausländischer Banken aus EU-Staaten[230]. Weiterhin hat das jeweilige Mitglied die Voraussetzungen des Statuts des Einlagensicherungsfonds[231], insbesondere dessen § 3, zu erfüllen. Danach muss das Institut über ein haftendes Eigenkapital verfügen, das den Anforderungen der §§ 32f. KWG entspricht, sowie über zwei geeignete und zuverlässige Geschäftsleiter. Aus bedeutenden Beteiligungen am Institut darf keine Gefährdung einer soliden und umsichtigen Geschäftsführung folgen. Schließlich ist das Institut verpflichtet, ein ausgeglichenes Geschäftsergebnis im laufenden Geschäftsjahr und die notwendige Liquidität vorzuweisen und Bankgeschäfte entsprechend den Vorgaben des KWG ordnungsgemäß durchzuführen. Die genannten Voraussetzungen unterscheiden sich im Ergebnis damit nicht von denen, die ein Kreditinstitut ohnehin nach dem KWG zu erfüllen hat. Zusätzlich ist jedoch der Beitritt des Instituts zum Prüfungsverband deutscher Banken e. V. erforder- 71

---

[225] BT-Drucks. 13/10188, S. 20. Beispielsweise wechselte die Deutsche Postbank AG mit Wirkung zum 1.1.2005 aus der Basissicherung und Anschlussdeckung des VÖB in die des Bundesverbandes deutscher Banken e. V. (BdB).
[226] Hanten/Görke ZBB 2010, 128, 136. Die gegenteilige Entscheidung VG Berlin v. 12.2.2009, 1 A 275.07 (juris) ist durch die nachfolgende (Art. 1 Nr. 5 lit. a des EAEGÄndG v. 25.6.2009, BGBl I 1528) Einfügung von § 6 Abs. 2 Satz 3 EAEG überholt.
[227] Langen in Schwennicke/Auerbach, KWG § 23a Rn. 27.
[228] BT-Drucks. 13/10188, S. 17, 19.
[229] BT-Drucks. 13/10188, S. 19.
[230] Für sie gilt neben dem Statut des Einlagensicherungsfonds (Stand Juli 2013) noch dessen Anhang „Zusatzregelung für die Mitwirkung von Zweigstellen ausländischer Banken aus EWR- und EFTA-Staaten an der Einlagensicherung".
[231] Statut des Einlagensicherungsfonds (Stand Juli 2013), http://www.bdb.de (abgerufen am 21.4.2014).

lich, der die Institute bei der Aufnahme prüft (§ 8 des Statuts). Außerdem muss das Institut sich jährlich entsprechend den „Grundsätzen für das Klassifizierungsverfahren" einer Risikoklasse zuordnen lassen (§ 4a des Statuts). Die **Prüfung dient der Frühwarnung** und der Eingruppierung der Institute für die Bemessung der Umlagen. Eine erstmalige Aufnahme in den Einlagensicherungsfonds erfolgt nur, wenn die Bank mindestens in Klasse BBB+ eingruppiert wird (§ 3 Nr. 1 lit. g des Statuts). Die Finanzierung erfolgt über eine Umlage, die 0,6‰ des Bilanzpostens „Verbindlichkeiten gegenüber Kunden" ausmacht (vgl. im Einzelnen § 5 Nr. 1 des Statuts). Institute, die in Klasse A oder schlechter eingruppiert sind, werden zu höheren Umlagen herangezogen (§ 5 Nr. 1a des Statuts), um zu verhindern, dass Banken ihre erhöhten Risiken auf den Fonds abwälzen. Institute, die mit AA+ oder AAA bewertet sind, erhalten eine Ermäßigung. Neu aufgenommene Institute müssen eine Einmalumlage von 1,8‰ entrichten (§ 5 Nr. 2 des Statuts). Institute, die bereits mehr als 20 Jahresumlagen eingezahlt haben und mindestens in BBB+ eingruppiert sind, können von weiteren Zahlungen befreit werden (§ 5 Nr. 3 Satz 2 des Statuts).

**72** Der **Einlagensicherungsfonds sichert** nach § 6 Nr. 1 seines Statuts solche Verbindlichkeiten gegenüber Nichtkreditinstituten, die im Bilanzposten „**Verbindlichkeiten gegenüber Kunden**" auszuweisen sind, wie Sicht-, Termin- und Spareinlagen sowie auf den Namen lautende Sparbriefe[232]. Anders als bei der Basissicherung (§ 4 Abs. 1 Satz 2 EAEG) greift die Anschlussdeckung unabhängig von der Währung der Verbindlichkeiten ein. Gesichert sind weiterhin Verbindlichkeiten gegenüber Kapitalanlagegesellschaften und deren Depotbanken, soweit es um Teile des Fondsvermögens geht (§ 6 Nr. 1 des Statuts)[233]. Gesichert sind auch – im Gegensatz zur Basissicherung (vgl. § 3 Abs. 2 EAEG) – Forderungen der öffentlichen Hand sowie der institutionellen Anleger (mit Ausnahme anderer Kreditinstitute). **Nicht gesichert** sind Verbindlichkeiten, über die das Institut Inhaberschuldverschreibungen ausgestellt hat (§ 6 Nr. 1a des Statuts). Forderungen aus Wertpapiergeschäften (zB Ersatz wegen Veruntreuung der Wertpapiere) werden ebenfalls nicht gesichert, da insoweit das Depotgesetz ausreichenden Schutz bietet und der Fall einer Unterschlagung von Kundenpapieren nur selten vorkommt. Auch Schadensersatzforderungen wegen einer Falschberatung werden nicht abgedeckt. Verbindlichkeiten aus Wertpapierpensions- und Repogeschäften sowie Rücklieferungsverpflichtungen aus Wertpapierleihgeschäften sind auch dann nicht gesichert, wenn sie im Bilanzposten „Verbindlichkeiten gegenüber Kunden" auszuweisen sind (§ 6 Nr. 1a des Statuts). In die Sicherung einbezogen sind dagegen Zinsen in marktüblicher Höhe (§ 6 Nr. 5 des Statuts).

**73** Die Sicherungsgrenze beträgt bis Ende 2014 je Gläubiger 30% des haftenden Eigenkapitals iSv Art. 72 CRR, das zum Zeitpunkt des letzten Jahresabschlusses bestand. Nimmt man als Beispiel ein Kreditinstitut mit dem Mindestkapital von derzeit 5 Mio. EUR (§ 33 Abs. 1 Satz 1 Nr. 1 lit. d KWG), bedeutet dies eine Sicherungsobergrenze von 1,5 Mio. EUR je Einleger. Die genaue Höhe der Einlagensicherung der einzelnen angeschlossenen Institute lässt sich auf der Homepage des Bundesverbandes abfragen. Im Falle des insolvent gewordenen Bankhauses Lehman Brothers AG in Frankfurt hatte beispielsweise jeder Einleger Anspruch auf 285,1 Mio. €[234]. Nachdem der Fall Lehman Brothers gezeigt hat, dass solch hohe Entschädigungssummen unrealistisch sind und den Einlagensicherungsfonds in eine Schieflage bringen können, wurde das **Haftungsniveau abgesenkt:** Vom 1.1.2015 bis 31.12.2019 beträgt es 20%, dann bis zum 31.12.2024 15% und ab dem 1.1.2025 nur noch 8,75% des für die Einlagensicherung maßgeblichen haftenden Eigenkapitals der Bank. Bereits vorhandene Einlagen sind bis zur Fälligkeit oder bis zur nächstmöglichen Kündigung nach der Information über die Herabsetzung mit der alten Sicherungsgrenze geschützt (§ 6 Nr. 9 Satz 5 des Statuts). Für alle ab 1.1.2012 begründeten Einlagen gelten

---

[232] Einzelheiten zum Umfang der Sicherung bei *Bunte* in Bankrechts-Handbuch, § 25 Rn. 9 ff. Siehe zur Berechnung auch KG WM 2013, 158 ff.; Vorinstanz LG Berlin WM 2010, 1742 ff.
[233] Die Terminologie des Statuts vom Juli 2013 entspricht noch nicht derjenigen des KAGB.
[234] *Bunte* in Bankrechts-Handbuch, § 25 Rn. 6.

§ 26 Einlagensicherung und Anlegerentschädigung

hingegen die neuen Sicherungsgrenzen (§ 6 Nr. 1 Satz 7 des Statuts). Nach der in § 6 Nr. 11 des Statuts enthaltenen **Subsidiaritätsklausel** entschädigt der Einlagensicherungsfonds Anleger nur insoweit, als sie nicht schon von einer anderen Sicherungseinrichtung oder der gesetzlichen Entschädigungseinrichtung, die Ansprüche bis zu 100 000 EUR sichert, Deckung erhalten. Soweit bestimmte Gläubiger von der gesetzlichen Sicherung ganz ausgeschlossen sind, das Statut des Fonds sie dagegen schützt (zB Einlagen in Nicht-EU-Währungen[235]), übernimmt der Einlagensicherungsfonds die Deckung in vollem Umfang bis zur Sicherungsobergrenze[236]. Weder die dem Einlagensicherungsfonds angehörende Bank (§ 10 des Statuts) noch die Einleger (§ 6 Nr. 10 des Statuts) haben einen **Rechtsanspruch** auf die Leistungen des Einlagensicherungsfonds. Einen derartigen Ausschluss von Ansprüchen einzelner Kunden hielt die Rechtsprechung schon vor Erlass des Einlagensicherungs- und Anlegerentschädigungsgesetzes für zulässig[237]. Auch wenn dieser Standpunkt in der Lehre bisweilen auf Kritik gestoßen ist, wird man auf jeden Fall nach der Einführung der gesetzlichen Sicherung feststellen müssen, dass die Anschlussdeckung eine freiwillige ist[238] und deshalb nur zu den Konditionen erfolgen muss, die die Satzung des jeweiligen Fonds vorgibt. Diese Sichtweise hat die jüngste obergerichtliche Rechtsprechung nochmals bestätigt[239]. Die Einleger müssen nach § 23a Abs. 1 KWG über diese Rechtslage zudem ausreichend aufgeklärt werden (→ Rn. 95 ff.). Die Institute werden außerdem vom Bundesverband verpflichtet, auf die Zugehörigkeit und den Schutzumfang in ihren **AGB** hinzuweisen (§ 5 Nr. 4 des Statuts).

Ein **Ausschluss** von Kreditinstituten ist unter den Voraussetzungen von § 4 des Statuts möglich. Ein Institut kann ua dann ausgeschlossen werden, wenn es in die Klasse B- einge-

---

[235] § 4 Abs. 1 Satz 2 EAEG erfasste bis zum 1.7.2002 auch die Währungen der EWR-Mitgliedstaaten (Liechtenstein, Island, Norwegen). Da in Liechtenstein Schweizer Franken gesetzliches Zahlungsmittel sind, die Schweiz aber nicht Mitglied des EWR ist, herrschte insoweit Rechtsunsicherheit. Der Gesetzgeber meinte, zur Herstellung von „absoluter Klarheit" gleich alle EWR-Währungen aus dem Schutzbereich des Gesetzes streichen zu müssen, RegE des 4. FFG, BT-Drucks. 14/8017, S. 140. Siehe auch → Rn. 156.
[236] Dies gilt nicht für bestimmte Inhaberpapiere, Verbindlichkeiten aus Wertpapierpensions- und Repogeschäften sowie Rücklieferungsverpflichtungen aus Wertpapierleihgeschäften, selbst wenn sie im Bilanzposten „Verbindlichkeiten gegenüber Kunden" auszuweisen sind (§ 6 Nr. 1a des Statuts).
[237] OLG Köln DZWiR 1993, 196, mit zust. Anm. *Claussen* S. 203; OLG Köln v. 9.1.1986, 12 U 11/85 (zitiert nach *Bunte* in Bankrechts-Handbuch § 25 Rn. 20); ebenso *Deutsche Bundesbank* Monatsbericht Juli 1992, S. 30, 32; *Baumbach/Hopt* HGB, BankGesch Rn. A/57a; *Hissnauer*, Reform, S. 112 ff.; *Hoeren*, Selbstregulierung, S. 116 ff.; *Schöner*, Einlagensicherung, S. 61; *Habscheid* BB 1988, 2328 ff.; *Peterek* in Kümpel/Wittig, Bank- und Kapitalmarktrecht, Rn. 6.542; aA *Binder*, Bankeninsolvenzen, S. 472 ff.; *Canaris*, Bankvertragsrecht, 2. Bearb. 1981, Rn. 2725; *Dreher* ZIP 1992, 1597, 1610 f.; *Vogelsang*, Einlagensicherungsfonds, S. 133 ff., 148 f.; wohl auch *Bunte* in Bankrechts-Handbuch, § 25 Rn. 22 (jeweils Vertrauenshaftung). *Horn* in Wolf/Horn/Lindacher, AGBG (4. Aufl.), § 23 Rn. 779, nimmt eine Anscheinsvollmacht der Bank für den BdB an; differenzierend *Nicklisch*, Einlagensicherung, S. 38 ff. *Pannen*, Krise, Kap. 4 Rn. 78 ff., 100, bejaht eine Pflicht zur Gleichbehandlung der Anleger und ggf. eine Vertrauenshaftung. *Bunte* in Bankrechts-Handbuch § 25 Rn. 21; *Pamp* in Wolf/Lindacher/Pfeiffer, AGB-Recht (6. Aufl.), Klauseln B 92, verneinen einen Anspruch, bejahen aber eine Pflicht zur Gleichbehandlung, wenn an einzelne Kunden ausgezahlt wurde. Sa *Schwark*, Anlegerschutz, S. 227; *Schwark* NJW 1974, 1849, 1852 f.; *Fischer* in Fischer/Klanten, Bankrecht Rn. 3.54; *Fischer* im Bankrechts-Handbuch § 133 Rn. 82, die einen Vertrag zugunsten Dritter bejahen. Wollte man dem Aspekt einer Vertrauenshaftung folgen, ist dieser seit der Neufassung von Nr. 20 der AGB-Banken im April 2009 hinfällig, ebenso *Casper* in Derleder ua (Hrsg.), Handbuch Bankrecht, § 3 Rn. 117; *Hissnauer*, Reform, S. 112 ff.; *Sethe*, Anlegerschutz, S. 667.
[238] Zur Ausnahme des topping-up → Rn. 113 ff.
[239] BGH WM 2008, 830, 831 f.; KG WM 2013, 158 f.; Vorinstanz LG Berlin WM 2010, 1742; ebenso *Nodoushani* BKR 2011, 1 ff.; aA *Böttger* BKR 2011, 485 ff. (vertraglicher Anspruch); *Binder* EWiR 2010, 769 f.; *Klöhn* ZIP 2011, 109 ff. (jeweils Vertrauenshaftung); sa *Hanten* WuB I L 3 § 6 SEF 1.11; *Steiner* ZgKW 2011, 425.

stuft worden ist und eine Besserung nicht erwartet werden kann (§ 4 Nr. 2 lit. b des Statuts). Allerdings ist bei der Entscheidung über den Ausschluss der Gleichbehandlungsgrundsatz[240] und die Tatsache zu beachten, dass es sich um Einrichtungen mit **Monopolcharakter oder überragender Machtstellung** handelt. Daher unterliegt die Satzung der Einrichtung einer richterlichen Inhaltskontrolle nach §§ 242, 315 BGB[241]. An einen Ausschluss sind aufgrund des Monopolcharakters strengere Anforderungen als bei gewöhnlichen Vereinen zu stellen. Er muss durch sachliche Gründe gerechtfertigt sein. Dem Verein steht aufgrund seiner Vereinsautonomie zwar ein Beurteilungsspielraum zu. Da ein Ausschluss aber um so eher unbillig sein wird, je wichtiger für den Betroffenen die Mitgliedschaft ist, sind diesem Beurteilungs- oder Ermessensspielraum des Vereins jedoch enge Grenzen gesetzt[242]. Die Gläubiger sind vom Ausscheiden des Instituts aus dem Fonds zu unterrichten (§ 23a Abs. 2 KWG).

**75** Gehört ein Institut dem freiwilligen Einlagensicherungsfonds an, erhalten seine inländischen Einleger angesichts der hohen Entschädigungssummen faktisch einen fast[243] vollständigen Schutz. Der Bundesverband deutscher Banken e.V. gleicht auf diese Art den **Wettbewerbsnachteil** gegenüber öffentlich-rechtlich organisierten Instituten und Genossenschaftsbanken aus, die über einen Institutsschutz verfügen (→ Rn. 13 ff., 48 f., 63), der jegliches Insolvenzrisiko der Kunden faktisch ausschließt[244]. Um sein hohes Schutzniveau aufrechterhalten zu können, wird der Einlagensicherungsfonds seine **strengen Aufnahmekriterien** beibehalten, die er durch den Prüfungsverband Deutscher Banken e. V. kontrollieren lässt. Es dürfte deshalb immer einige privatrechtliche Institute geben, denen eine Aufnahme in den Einlagensicherungsfonds verweigert wird und die daher nur über die gesetzlich vorgesehene Basissicherung verfügen.

**76** Auch der **Bundesverband Öffentlicher Banken Deutschlands** e.V. bietet eine **Anschlussdeckung** an. Die Satzung seines Einlagensicherungsfonds[245] bestimmt in § 5, dass öffentlich-rechtliche Kreditinstitute, die Mitglied des Verbands sind, dem Fonds beitreten können. Voraussetzung ist, dass sie die Satzung des Fonds anerkennen und den Nachweis geordneter wirtschaftlicher Verhältnisse erbringen (§ 5 Nr. 2 der Satzung). Sie dürfen zudem nicht schon einer Sicherungseinrichtung des Deutschen Sparkassen- und Giroverbands angeschlossen sein (§ 5 Nr. 1 der Satzung). Die Mitglieder verpflichten sich, ihre Kunden in den AGB über die Art und Höhe der Sicherung zu informieren (§ 8 der Satzung). Der Fonds wird über Beiträge der angeschlossenen Institute finanziert (§§ 9 ff. der Satzung). Ein Ausschluss von Instituten ist aus den in § 6 Nr. 3 der Satzung genannten Gründen möglich. Die Gläubiger sind vom Ausscheiden des Instituts aus dem Fonds zu unterrichten (§ 23a Abs. 2 KWG).

**77** Die Sicherungsleistung, auf die weder die angeschlossenen Institute noch deren Kunden einen **Rechtsanspruch** haben (§ 14 der Satzung), erfasst Einlagen von Nichtkreditinstituten, soweit der Kunde nicht bereits von der gesetzlichen Einlagensicherung entschädigt wurde (§ 15 Nr. 1 der Satzung). Forderungen aus Finanzdienstleistungen (zB Schadensersatz wegen Falschberatung oder Veruntreuung der Wertpapiere) sind nicht gesichert. Ausgeschlossen sind Verbindlichkeiten, über die Inhaberschuldverschreibungen ausgestellt wurden, Rücklieferungsverpflichtungen aus Wertpapierleihgeschäften, Verbindlichkeiten

---

[240] *D. Schmidt* ZgKW 1990, 278, 289.
[241] BGHZ 105, 306, 316 ff.
[242] BGHZ 102, 265, 276 f.
[243] Nur Gläubiger, die Finanzdienstleistungen in Anspruch nehmen oder deren Einlagenforderungen die Deckungsobergrenze des Einlagensicherungsfonds übersteigen, sind nicht bzw. nicht vollständig geschützt. Außerdem enthält § 6 Nr. 3 des Statuts den Ausschluss von Gläubigern, die der Geschäftsführung des Instituts angehören oder diesen nahe stehen oder die einen beherrschenden Einfluss auf das Institut besitzen.
[244] Die von der Einlagensicherungsrichtlinie verursachte Wettbewerbsverzerrung (dazu *Sethe* ZBB 1998, 305, 310) wird auf diese Art kompensiert.
[245] Bundesverband Öffentlicher Banken Deutschlands e. V., Satzung für den Einlagensicherungsfonds, Stand 22.1.2014, http://www.voeb.de (abgerufen am 11.6.2014).

§ 26 Einlagensicherung und Anlegerentschädigung 78–80 § 26

aus Pfandbriefen, Kommunalobligationen und sonstige Schuldverschreibungen (§ 15 Nr. 3 Sätze 1 und 2 der Satzung) sowie Forderungen des Bundes, der Länder und deren Sondervermögen sowie Forderungen der Geschäftsführung der Bank und ihr nahe stehender Personen (§ 15 Nr. 3 Satz 3 lit. a bis f der Satzung).

Eine absolute Begrenzung der Höhe der Sicherungsleistung pro Sicherungsfall ist nicht **78** vorgesehen, so dass die Leistungen nur durch die Höhe der Mittel des Fonds begrenzt werden. Dieser kennt begrenzte Nachschusspflichten (§ 11 Nr. 5 der Satzung). Soweit der Sicherungsfonds Mittel an das Institut oder dessen Einleger erbringt, muss das Institut dem Fonds diese Mittel nach seiner erfolgreichen Sanierung erstatten (§ 18 Nr. 1 der Satzung). Besteht für ein Kreditinstitut eine sonstige öffentlich-rechtliche Sicherungsform[246] (außer Anstaltslast oder Gewährträgerhaftung) oder befindet sich das Institut in Mehrheitsbesitz oder wird von einem Dritten beherrscht, werden Leistungen des Fonds nur ausgezahlt, wenn zuvor die genannten Körperschaften oder Personen die Rückzahlung der Leistungen garantieren (§ 17 Nr. 3 der Satzung).

**4. Aufgaben und Pflichten der gesetzlichen Entschädigungseinrichtungen.** Die **79** Entschädigungseinrichtungen sind verpflichtet, die Beiträge der ihnen zugeordneten Institute einzuziehen, die Mittel nach Maßgabe des § 8 EAEG anzulegen (→ Rn. 90) und im Entschädigungsfall die Gläubiger zu benachrichtigen und zu entschädigen (§ 6 Abs. 3 EAEG).

Weiterhin sind sie gehalten, regelmäßig und bei gegebenem Anlass **Prüfungen** der ihr **80** zugeordneten Institute vorzunehmen, um die Gefahr eines Entschädigungsfalls abzuschätzen. Diese Prüfungspflicht wurde mit der Reform von 2009 verschärft, was einer Forderung des Schrifttums entspricht[247]. Die Intensität und Häufigkeit von Prüfungen ist an der Wahrscheinlichkeit des Eintritts eines Entschädigungsfalls bei dem betreffenden Institut und an der Höhe des voraussichtlichen Entschädigungsvolumens auszurichten (§ 9 Abs. 1 EAEG). Die Prüfung erfolgt anhand von Prüfungsrichtlinien, die die jeweilige Entschädigungseinrichtung mit Genehmigung durch die BaFin festlegt (§ 9 Abs. 5 EAEG)[248]. Um der Entschädigungseinrichtung die Prüfung zu ermöglichen, sind die Institute verpflichtet, der Entschädigungseinrichtung den festgestellten Jahresabschluss mit dem dazugehörigen Prüfungsbericht unverzüglich einzureichen. Weiterhin sind sie gemäß § 9 Abs. 2 und 6 EAEG zur Mitwirkung und Duldung der dort genannten Maßnahmen verpflichtet. Die Entschädigungseinrichtung darf nicht nur die ihr zugeordneten Institute prüfen, sondern auch Unternehmen, die einen Erlaubnisantrag gemäß § 32 Abs. 1 Satz 2 KWG bei der BaFin eingereicht haben und die ihr im Falle einer Erlaubniserteilung voraussichtlich zugeordnet werden. Diese Prüfung hat zum Ziel, die Gefahr eines Entschädigungsfalles für den Fall einer Erlaubniserteilung einzuschätzen (§ 9 Abs. 3 EAEG). Erhält die Entschädigungseinrichtung im Rahmen einer Prüfung Kenntnis von Umständen, dass die Gefahr eines Entschädigungsfalls bei einem Institut besteht, muss sie diese Information unverzüglich der BaFin mitteilen (§ 8 Abs. 8 EAEG). Diese Pflicht besteht parallel[249] zu derjenigen aus § 26 Abs. 2 KWG, wonach der Prüfer oder Prüfverband ebenfalls der BaFin unverzüglich das Ergebnis seiner Prüfung einzureichen hat. Umgekehrt sieht das Gesetz auch die Verpflichtung der BaFin vor, die Entschädigungseinrichtung zu informieren, wenn sie Anhaltspunkte für die Gefahr eines Entschädigungsfalls sieht (§ 6 Abs. 7 EAEG). Mit diesen wechselsei-

---

[246] Denkbar sind beispielsweise Sicherungen aufgrund öffentlich-rechtlicher Bürgschaften und Garantien. Zu diesen vgl. *Schmitz* in Stelkens/Bonk/Sachs, VwVfG, § 1 Rn. 107; *Bonk/Neumann* in Stelkens/Bonk/Sachs, VwVfG, § 62 Rn. 43 mwN; LG Frankfurt, NvWZ 1984, 267, mit Anm. *Zuleeg* JuS 1985, 107 ff.
[247] *Bigus/Leyens* ZBB 2008, 277, 289 f.
[248] *EdW* Prüfungsrichtlinien gemäß § 9 Abs. 5 Satz 1 EAEG vom 17.11.2009, http://www.e-d-w.de/download/Pruefungsrichtlinie-17-11-2009.pdf.; *EdB* Prüfungsrichtlinien gemäß § 9 Abs. 5 Satz 1 EAEG vom Januar 2008, http://www.edb-banken.de/downloads/PruefgsRL_EdB.pdf.; *EdVÖB* Prüfungsrichtlinien vom Oktober 2009, nicht im Internet zugänglich.
[249] So auch *Binder* WM 2010, 145, 153.

tigen Informationspflichten will man einen Teil der Defizite beheben, die der Fall „Phoenix" ans Licht gebracht hat[250].

**81** Die der EdW zugeordneten Institute werden durch die Deutsche Bundesbank geprüft. Damit weicht der Gesetzgeber von der bisherigen Praxis ab, bei der private Wirtschaftsprüfer beauftragt wurden, die – anders als die im öffentlichen Interesse tätige Bundesbank – für eventuelle Fehler haften mussten[251]. Die beiden beliehenen Entschädigungseinrichtungen (→ Rn. 67) werden vom Gesetzgeber liberaler behandelt und dürfen die Prüfungen durch eigene sachkundige Prüfer oder geeignete Dritte vornehmen lassen (§ 9 Abs. 4 Sätze 1 bis 4 EAEG). Beauftragen sie geeignete Dritte[252], dürfen keine Umstände vorliegen, die bei diesen Personen im Hinblick auf die zu prüfenden Institute den Anschein von Interessenkonflikten begründen können. Die Dritten sind verpflichtet, der beliehenen Entschädigungseinrichtung das Vorliegen solcher Umstände unverzüglich mitzuteilen (§ 9 Abs. 4 Satz 5 EAEG). Um Interessenkonflikte auszuschließen, dürfen die Prüfungen auch nicht durch den Abschlussprüfer oder den Prüfer der Meldepflichten und Verhaltensregeln des Instituts durchgeführt werden (§ 9 Abs. 4 Satz 6 EAEG). Die für Prüfungen entstehenden Kosten haben die geprüften Unternehmen der jeweiligen Entschädigungseinrichtung zu erstatten (§ 9 Abs. 4 Satz 7 EAEG). Die Entschädigungseinrichtungen haben ihrerseits den Dritten bzw. der Deutschen Bundesbank den Personal- und Sachaufwand zu ersetzen (§ 9 Abs. 4 Satz 8 EAEG).

**82** § 15 EAEG verpflichtet die Mitarbeiter der Entschädigungseinrichtungen und die für sie sonst tätigen Personen zur **Verschwiegenheit** im Hinblick auf alle fremden Betriebs- und Geschäftsgeheimnisse. Da die angeschlossenen Institute der Entschädigungseinrichtung ihre Geschäftspolitik und ihre Risiken offen legen müssen, ist der Schutz der Betriebs- und Geschäftsgeheimnisse elementar für die Institute und damit für ein Funktionieren der Einlagensicherung und Anlegerentschädigung. Der vom Gesetz vorgegebene weite Kreis der Verpflichteten ist schon deshalb erforderlich, weil sich die Entschädigungseinrichtung zur Prüfung der Institute Dritter bedienen darf[253]. Eigene strafrechtliche Sanktionen verbindet das Einlagensicherungs- und Anlegerentschädigungsgesetz mit dieser Regelung nicht. Insoweit sind die §§ 11 Abs. 1 Nr. 2, 203 Abs. 2 StGB sowie § 1 des Verpflichtungsgesetzes vom 2. März 1974[254] einschlägig.

**83** **5. Finanzierung der gesetzlichen Entschädigungseinrichtungen. a) Beitragspflicht.** Die Entschädigungseinrichtungen werden durch die an sie angeschlossenen Institute[255] finanziert[256] (§ 8 Abs. 1 Sätze 1 und 2 EAEG). Die Beitragspflicht beginnt mit der

---

[250] *Binder* WM 2010, 145, 154, der zu Recht bemängelt, dass die ebenfalls nötige Verzahnung mit § 44 KWG nicht gut gelungen ist. Er bejaht jedoch einen Vertrag mit Schutzwirkung zugunsten Dritten (= Entschädigungseinrichtung), da der von der BaFin beauftragte Prüfer aufgrund von § 6 Abs. 7 EAEG nF nun davon ausgehen müsse, dass die Entschädigungseinrichtung in den Schutzbereich der Prüfung nach § 44 KWG einbezogen sei. Damit sei das gegenteilige Urteil des BGH WM 2009, 1128, 1131 Rn. 21, überholt. Zu diesem Urteil auch kritisch *Köndgen* JZ 2010, 418 ff.
[251] Kritisch daher *Binder* WM 2010, 145, 153.
[252] Die EdB hat ihren Prüferverband beauftragt. Diese Delegation der Prüfung beleuchtet *Dreher* FS Peltzer, 2001, S. 69 ff., kritisch. Auch *Papenthin*, Einlagensicherung, S. 163 f., kommt zu dem Ergebnis, dass der Bundesverband deutscher Banken es in der Hand habe, unliebsame Konkurrenz durch eine strenge Prüfung die Aufnahme in den Einlagensicherungsfonds zu verweigern oder die Aufnahme ungebührlich zu verzögern. Kritisch auch *Möschel*, FS Raisch, 1995, S. 469, 475. Noch weitergehend ist die Kritik von *Fröhlich* S. 126 ff., 188 ff., der neben zahlreichen kartellrechtlichen Bedenken auch noch eine fehlerhafte Rechtsform konstatiert.
[253] Kritisch hierzu *Dreher* ZIP 1998, 1777, 1782 Fn. 54.
[254] BGBl. 1974 I 469, 547.
[255] Nach Ansicht des VG Berlin BKR 2003, 722, 724 (li. Sp.), ist diese Art der Finanzierung europarechtlich geboten, da die Alternative, nämlich eine staatliche Finanzierung, im Hinblick auf Art. 87 Abs. 1 EG bedenklich sei.
[256] Die gesetzliche Regelung über Beiträge und Beitragspflichtige ist nach Ansicht des BVerwG verfassungsgemäß und europarechtskonform, → Rn. 56 mwN.

Zuordnung des Instituts zu einer Entschädigungseinrichtung. Sie endet mit der rechtskräftigen Feststellung des Entschädigungsfalls. Weiterhin endet sie mit dem Entzug oder der Rückgabe der Erlaubnis, da ab diesem Moment das öffentlich-rechtliche Verhältnis zwischen Institut und Entschädigungseinrichtung beendet ist (selbst wenn die Entschädigungseinrichtung noch gemäß § 11 Abs. 1 Satz 4, Abs. 2 EAEG oder § 13 Abs. 4 Satz 2 EAEG für zuvor begründete Einlagen und Verbindlichkeiten haftet)[257]. Widerspruch und Anfechtungsklage gegen Beitragsbescheide haben keine aufschiebende Wirkung. Die Beitragsbescheide werden nach dem VwVG vollstreckt (§ 8 Abs. 9 EAEG). Nicht zuletzt aufgrund des Falles „Phoenix Kapitaldienst GmbH", der zu einem massiven Ansteigen der Beiträge und der Erhebung von Sonderbeiträgen und Sonderzahlungen geführt hat, gehört die Beitragspflicht und die Bemessung der Beiträge zu den konfliktträchtigen Bereichen der Einlagensicherung und Anlegerentschädigung[258]. Mit der 2009 erfolgten gesetzlichen Klarstellung der Rechtsgrundlagen sollten diese Konflikte hoffentlich bald der Vergangenheit angehören. Mit der Regelung über Sonderzahlungen verdeutlicht der Gesetzgeber zudem, dass der Staat nicht als Ausfallbürge hinter der Einlagensicherung und Anlegerentschädigung steht, sondern die Beitragszahler selbst die Finanzierung auch in schweren Zeiten schultern müssen[259].

**b) Höhe der Beiträge.** Die Höhe der Beiträge, der einmaligen Zahlungen, eventueller Sonderbeiträge und Sonderzahlungen hat der Bundesfinanzminister im Wege der Rechtsverordnung[260] nach den in § 8 Abs. 8 EAEG genannten Kriterien festgelegt, die seit der Reform von 2009 auch an dem Risiko zu orientieren sind, das sich aus den Geschäften ergibt (Art und Umfang der gesicherten Geschäfte, Geschäftsvolumen und Anzahl, Größe, Geschäftsstruktur sowie das Risiko, einen Entschädigungsfall herbeizuführen). Die Beiträge sind so zu bemessen, dass sie mögliche Entschädigungsansprüche, die Verwaltungskosten und sonstige Kosten der Entschädigungseinrichtung decken (§ 8 Abs. 1 Satz 3 EAEG). Damit sie keine existenzgefährdende Höhe erreichen, ist in der BeitragsVO eine Obergrenze festzulegen (§ 8 Abs. 2 Satz 3 EAEG)[261]. Sofern die Mittel der Entschädigungseinrichtung ausreichen, kann diese die in den Verordnungen festgelegten Beiträge nach Zustimmung durch die Bundesanstalt für Finanzdienstleistungsaufsicht ermäßigen oder aussetzen (§ 8 Abs. 2 Satz 5 EAEG) oder sie nach einer solchen Reduzierung wieder auf das in der Verordnung festgelegte Niveau anheben, falls der Finanzbedarf zwischenzeitlich wieder gestiegen ist. Erstmals beitragspflichtige Institute müssen eine Einmalzahlung (**„Aufnahmegebühr"**) leisten (§ 8 Abs. 2 Satz 4 EAEG)[262].

Sobald die Entschädigungseinrichtung von der BaFin über einen Entschädigungsfall gemäß § 5 Abs. 1 Satz 5 EAEG unterrichtet wird, hat sie unverzüglich den Mittelbedarf festzustellen. Reichen das angesparte Vermögen und die laufenden Beiträge voraussichtlich[263]

---

[257] *Hissnauer,* Reform, S. 68; abweichend die Formulierung von *Hanten/Görke* ZBB 2010, 128, 132, wonach die Beitragspflicht besteht, solange noch „Einlagen sowie Verbindlichkeiten … vorhanden sind, bei denen im Entschädigungsfall ein Entschädigungsanspruch nach § 3 Abs. 1 EAEG gegeben ist."

[258] Vgl. die in → Rn. 56 zitierte Rechtsprechung.

[259] Dies entspricht dem Urteil des EFTA-Gerichtshofs in Sachen „Icesave", EFTA-Gerichtshof v. 28.1.2013, E-16/11, http://www.eftacourt.int.

[260] VO über die Beiträge zur Entschädigungseinrichtung deutscher Banken GmbH v. 10.7.1999, BGBl. I 1540, zuletzt geändert durch Art. 5 der Verordnung vom 30.1.2014, BGBl. I S. 322); VO über die Beiträge zur Entschädigungseinrichtung des Bundesverbandes Öffentlicher Banken Deutschlands GmbH v. 10.7.1999, BGBl. I 1538, zuletzt durch Art. 4 der Verordnung vom 30.1.2014, BGBl. I S. 322; VO über die Beiträge zur Entschädigungseinrichtung der Wertpapierhandelsunternehmen bei der Kreditanstalt für Wiederaufbau v. 19.8.1999, BGBl. I 1891, zuletzt durch Art. 1 der Verordnung vom 16.7.2014, BGBl. I S. 1035, BGBl. I 849.

[261] Zu deren Berechnung vgl. *Hanten/Görke* ZBB 2010, 128, 133 f.; *Hissnauer,* Reform, S. 47, 49, 52.

[262] Zu deren Berechnung vgl. *Hanten/Görke* ZBB 2010, 128, 133.

[263] Notwendig ist eine Berechnung des Gesamtschadens bzw. bei ungewisser Aktenlage eine Schätzung anhand vergleichbarer Fälle (§ 8 Abs. 3a Sätze 3 und 4 EAEG).

nicht aus, um diesen Entschädigungsfall abzuwickeln, muss sie im Umfang der benötigten Mittel unverzüglich **Sonderbeiträge** erheben (§ 8 Abs. 3 Satz 1 EAEG)[264]. § 8 Abs. 6 EAEG enthält detaillierte Maßstäbe, nach denen die Sonderbeiträge zu berechnen sind[265]. Sofern sich das Entschädigungsverfahren hinzieht, sind die Sonderbeiträge in Teilbeträgen zu erheben, deren Berechnung sich nach der voraussichtlichen Dauer des Verfahrens, nach der Größe und nach den Umständen des Entschädigungsfalls richtet (§ 8 Abs. 3 Satz 2 EAEG). Um für die Beitragspflichtigen Planungssicherheit zu schaffen, muss die Entschädigungseinrichtung im Fall der Erhebung von Teilbeträgen die betroffenen Institute über die von ihr beabsichtigte weitere Vorgehensweise informieren (§ 8 Abs. 3 Satz 3 EAEG). Stellt die Entschädigungseinrichtung fest, dass der Mittelbedarf trotz der Sonderbeiträge noch nicht gedeckt ist, muss sie weitere Sonderbeiträge erheben (§ 8 Abs. 3a S 5 EAEG). Anstelle der Sonderbeiträge kann die Entschädigungseinrichtung einen Kredit aufnehmen, wenn zu erwarten ist, dass dieser Kredit einschließlich der Zinsen und Kosten innerhalb des laufenden und des darauf folgenden Abrechnungsjahres aus dem verfügbaren Vermögen vollständig zurückgeführt werden kann, ohne dass eine Erhebung von Sonderzahlungen (dazu sogleich → Rn. 86) erforderlich wird (§ 8 Abs. 4 Satz 4 EAEG).

86 Reichen weder das angesparte Vermögen noch die laufenden Beiträge aus, um ein Entschädigungsverfahren abzuwickeln, und kann die Finanzlücke auch nicht *rechtzeitig* durch die Erhebung von Sonderbeiträgen geschlossen werden, muss die Entschädigungseinrichtung **Kredite** aufnehmen (§ 8 Abs. 4 Satz 1 EAEG). Kann die Entschädigungseinrichtung den Kredit voraussichtlich nicht aus dem verfügbaren Vermögen bedienen, hat sie für Tilgung, Zins und Kosten **Sonderzahlungen** zu erheben. Deren Berechnung regelt § 8 Abs. 6 EAEG[266]. Sonderzahlungen werden jeweils sechs Wochen vor Fälligkeit der Kreditleistungen fällig, frühestens jedoch zwei Wochen nach der Bekanntgabe der Sonderzahlungsbescheide (§ 8 Abs. 4 Satz 3 EAEG).

87 Die Entschädigungseinrichtung kann innerhalb eines Abrechnungsjahres **mehrfach** Sonderbeiträge und Sonderzahlungen erheben, muss aber die Höchstgrenzen in Art. 8 Abs. 6 Sätze 6–8 EAEG beachten. Die Kumulation aus Beitragspflicht, (uU mehrmaligen) Sonderbeiträgen und Sonderzahlungen kann ein Institut in eine finanzielle Schieflage bringen, so dass sich die Einlagensicherung und Anlegerentschädigung selbst destabilisierend auswirken könnte. Um dies zu verhindern, sieht § 8 Abs. 6 Satz 8 EAEG die Möglichkeit vor, dass die Entschädigungseinrichtung mit Zustimmung der BaFin ein Institut von den Sonderbeiträgen und Sonderzahlungen befreit. Dies wird vor allem in Situationen vorkommen, in denen bei dem beitragspflichtigen Institut selbst ein Moratorium angeordnet ist[267].

88 Nach Abschluss jedes Entschädigungsverfahrens hat die Entschädigungseinrichtung den angeschlossenen Instituten Rechenschaft über die Verwendung der erhobenen Sonderbeiträge und Sonderzahlungen zu erstatten. Soweit sie diese Mittel nicht benötigt hat, um den konkreten Entschädigungsfall abzuwickeln bzw. die Kredite zu bedienen, muss sie diese den Instituten nach Abschluss des Entschädigungsverfahrens zurückerstatten (§ 8 Abs. 7 EAEG).

89 c) **Haftung für Verbindlichkeiten.** Für Entschädigungszahlungen haften die Entschädigungseinrichtungen nur mit ihrem Vermögen (§ 8 Abs. 10 Satz 1 EAEG). Da die Entschädigungseinrichtung EdW als Sondervermögen ausgestaltet ist, haftet die Kreditanstalt für Wiederaufbau nicht mit ihrem sonstigen Vermögen für Verbindlichkeiten der EdW (→ Rn. 64).

90 d) **Anlage des Vermögens.** § 8 Abs. 1 Satz 4 EAEG verpflichtet die Entschädigungseinrichtungen, die eingenommenen Beiträge abzüglich der Verwaltungskosten nach den

---

[264] Zu Beginn und Ende der Pflicht zur Zahlung von Sonderbeiträgen und Sonderzahlungen vgl. § 8 Abs. 5 EAEG, dazu *Hanten/Görke* ZBB 2010, 128, 135 f.
[265] Einzelheiten bei *Hanten/Görke* ZBB 2010, 128, 135.
[266] Einzelheiten bei *Hanten/Görke* ZBB 2010, 128, 135.
[267] *Hanten/Görke* ZBB 2010, 128, 134 f.

§ 26 Einlagensicherung und Anlegerentschädigung

Grundsätzen der Risikomischung so anzulegen, dass eine möglichst hohe Sicherheit, eine ausreichende Liquidität und angemessene Rentabilität gewährleistet ist. Eine längerfristige Anlage der eingenommenen Gelder kommt sicherlich nur für einen kleinen Teil in Betracht, weil die Entschädigungseinrichtung so organisiert sein muss, dass sie innerhalb von 20 Tagen Entschädigungszahlungen leisten kann (§ 5 Abs. 4 Satz 2 EAEG). Die Einzelheiten der Anlagepolitik können im Wege einer Rechtsverordnung festgelegt werden (§ 8 Abs. 8 Satz 2 EAEG). Beliehene Entschädigungseinrichtungen (→ Rn. 67) müssen das Sicherungsvermögen von ihrem übrigen Vermögen trennen (§ 8 Abs. 10 Satz 2 EAEG). Das zur Entschädigung angesammelte Vermögen darf nicht gefährdet werden (§ 7 Abs. 3 Satz 2 EAEG).

**6. Aufsicht über die gesetzlichen Entschädigungseinrichtungen und die institutssichernden Einrichtungen.** Handelt es sich bei der Entschädigungseinrichtung um ein **Sondervermögen,** untersteht dieses der Verwaltung der Kreditanstalt für Wiederaufbau, die ihrerseits der Aufsicht der Bundesanstalt für Finanzdienstleistungsaufsicht untersteht (§ 6 Abs. 4 EAEG). **Beliehene Einrichtungen** unterstehen der Fachaufsicht[268] der Bundesanstalt, die Missständen entgegenzuwirken hat (§ 7 Abs. 3 EAEG). Dazu kann die Bundesanstalt geeignete Anordnungen treffen. Ihr stehen die in § 44 Abs. 1 KWG genannten Kompetenzen zu. Durch Rechtsverordnung kann sich das Bundesfinanzministerium die Genehmigung der Satzung und von Satzungsänderungen vorbehalten (§ 7 Abs. 1 Satz 3 EAEG). 91

Auch die **institutssichernden Einrichtungen** unterliegen der Aufsicht durch die Bundesanstalt (§ 12 Abs. 2 EAEG), um sicherzustellen, dass die Einrichtungen die Voraussetzungen erfüllen, unter denen die von ihnen geschützten Institute von der Pflichtzugehörigkeit zu einer Entschädigungseinrichtung befreit werden. Der BaFin stehen die in § 44 Abs. 1 KWG genannten Kompetenzen zu (§§ 12 Abs. 2 Satz 1, 2. Halbs., 7 Abs. 3 Satz 4 EAEG). Die Bundesanstalt unterrichtet das Bundesfinanzministerium, wenn Tatsachen die Annahme rechtfertigen, dass eine institutssichernde Einrichtung aufgrund ihrer Zielsetzung und Finanzausstattung nicht mehr in der Lage ist, die Unternehmenssicherung zu gewährleisten. Nach Anhörung der betroffenen institutssichernden Einrichtung kann der Bundesminister die Befreiung vom Anschlusszwang rückgängig machen (§ 12 Abs. 2 Sätze 3 und 4 EAEG) mit der Folge, dass die Pflichtmitgliedschaft für die bislang befreiten Institute wieder auflebt. Sie müssen sich dann der für sie vorgesehenen Entschädigungseinrichtung anschließen. 92

Um eine Aufsicht zu ermöglichen, haben alle gesetzlichen Entschädigungseinrichtungen (Sondervermögen und beliehene Einrichtungen) und die institutssichernden Einrichtungen jährlich einen **Geschäftsbericht** aufzustellen (§§ 10 Abs. 1, 12 Abs. 2 Satz 1 EAEG), wobei § 10 Abs. 1 Satz 4 EAEG Vorgaben hinsichtlich seines zwingenden Mindestinhalts macht. Der Bericht ist der Bundesanstalt für Finanzdienstleistungsaufsicht und der Bundesbank jeweils bis zum 31.5. einzureichen (§ 10 Abs. 2 Satz 1 EAEG). Richtigkeit und Vollständigkeit des Berichts sind von einem unabhängigen Wirtschaftsprüfer oder einer unabhängigen Wirtschaftsprüfungsgesellschaft zu prüfen. Die Bundesanstalt kann die Bestellung eines anderen Prüfers verlangen, wenn dies zur Erreichung des Prüfungszwecks geboten ist (§ 10 Abs. 1 Satz 3 EAEG). Widerspruch und Anfechtungsklage gegen diesen Bescheid haben keine aufschiebende Wirkung. Der Prüfer hat seinen Bericht unverzüglich nach Ende der Prüfung der Bundesanstalt und der Bundesbank einzureichen (§ 10 Abs. 2 Satz 2 EAEG). 93

Da die Entschädigungseinrichtungen einer eigenständigen Aufsicht nach dem Einlagensicherungs- und Anlegerentschädigungsgesetz unterstehen, stellt § 16 EAEG klar, dass sie 94

---

[268] BT-Drucks. 13/10188, S. 20; *Hissnauer,* Reform, S. 40 f.; *Wagner,* Einlagensicherung, S. 125 f.; *Sethe* ZBB 1998, 305, 318; aA *Weber* Die Bank 1998, 470, 472, der eine reine Missbrauchsaufsicht annimmt.

nicht zusätzlich noch dem Versicherungsaufsichtsgesetz unterfallen[269]. Diese Klarstellung erwies sich als nötig, weil der Versicherungsbegriff sehr streitig ist[270].

95  **7. Pflichten der angeschlossenen Institute. a) Pflichten gegenüber den Kunden.** Die Kredit- und Finanzdienstleistungsinstitute unterliegen bestimmten **Informationspflichten** gegenüber solchen Kunden, die selbst keine Institute sind (§ 23a Abs. 1 KWG). Diese Pflichten sind bußgeldbewehrt (§ 56 Abs. 2 Nr. 7 KWG)[271]. Sie beziehen sich auf Informationen über die Zugehörigkeit zu gesetzlichen Entschädigungseinrichtungen und zu darüber hinaus bestehenden freiwilligen Einrichtungen[272]. Zweck der Regelung ist es, dem Kunden bei der Auswahl der Institute die notwendigen Informationen zur Verfügung zu stellen und ihn während einer schon laufenden Vertragsbeziehung über den Umfang der Sicherung aufzuklären, damit er dies bei Eröffnung einer Kontobeziehung oder der Vornahme bestimmter Geschäfte bedenkt.

96  Aufgrund dieser Zielsetzung und unter Berücksichtigung der weiten Vorgaben der Art. 9 Abs. 1 ESRL und Art. 10 Abs. 1 AERL ist **die Informationspflicht des § 23a Abs. 1 KWG weit zu verstehen** und umfasst nicht nur die Aufklärung über die gesetzliche Basissicherung, sondern auch über die freiwillige Anschlussdeckung[273]. Auch Institute, die einer institutssichernden Einrichtung und damit keiner Entschädigungseinrichtung iSd § 6 Abs. 1 EAEG angehören, müssen ihre Kunden über den Schutzumfang aufklären[274]. Da hier jedoch 100% der Einlagen und Forderungen aus Wertpapiergeschäften gedeckt sind, reicht eine vereinfachte Information[275].

97  Die Regelung des § 23a Abs. 1 KWG differenziert zwischen Alt- und Neukunden. Die Richtlinien schreiben hingegen eine für Alt- und Neukunden gleiche Information vor (Art. 9 Abs. 1 ESRL, Art. 10 Abs. 1 AERL). Daher muss auch der nach nationalem Recht vorgeschriebene Informationsgehalt für beide Kundengruppen gleich sein[276].

98  **Altkunden** sind im Preisaushang über die Zugehörigkeit zu einer Sicherungseinrichtung zu unterrichten (§ 23a Abs. 1 Satz 1 KWG). Im Wege der richtlinienkonformen Auslegung muss man Satz 1 dahingehend auslegen, dass auch über die Art der Basissicherung und ggf. der Anschlussdeckung oder institutssichernden Einrichtung, die Art der geschützten Vermögenswerte, die Höhe der Sicherung und des Selbstbehalts und ausgeschlossene Vermögenswerte zu informieren ist. Weiterhin muss der Kunde darauf hingewiesen werden, dass An-

---

[269] Die Sicherungseinrichtungen werden zudem von der Körperschaft- und Gewerbesteuer (§ 5 Abs. 1 Nr. 16 KStG, § 3 Nr. 21 GewStG) sowie Versicherungssteuer (dazu *Wagner*, Einlagensicherung, S. 130) ausgenommen.

[270] *Dreher* ZIP 1992, 1597, 1599 Fn. 26; *Habscheid* BB 1988, 2328, 2329; *Reifner* JZ 1993, 273, 275, verneinen eine Einordnung der Einlagensicherung als Versicherung; aA *Vogelsang*, Einlagensicherungsfonds, S. 45 ff., 172 f. mwN, der jedoch für eine Befreiung der Einlagensicherung vom VAG plädiert (S. 222); ebenso *Hoeren*, Selbstregulierung, S. 191. So auch *Schöner*, Einlagensicherung, S. 28 ff. zu den Kriterien des Versicherungsbegriffs.

[271] Diese Pflichten sind über §§ 280, 823 Abs. 2 BGB auch schadensersatzbewehrt (ebenso *Wagner*, Einlagensicherung, S. 123 f.; *Pannen*, Krise, Kap. 4 Rn. 46), doch erleidet der Anleger einen kausalen Schaden erst dann, wenn das Institut insolvent ist. In diesem Falle aber ist der Schadensersatzanspruch zumeist wertlos. Ist das Institut allerdings haftpflichtversichert, kann der Kunde seine durch diese Versicherung abgedeckten Regressansprüche nach § 110 VVG direkt gegenüber der Versicherung geltend machen, vgl. die Fallgestaltung in BGH WM 2009, 1647.

[272] BT-Drucks. 13/10188, S. 25.

[273] Unstreitig, vgl. *Fischer* in Boos ua, KWG, § 23a Rn. 61, 68; *Langen* in Schwennicke/Auerbach, KWG § 23a Rn. 22; *Schelm* in Kümpel/Wittig, Bank- und Kapitalmarktrecht, Rn. 2.261; *Wagner*, Einlagensicherung, S. 118 f.

[274] BT-Drucks. 13/10188, S. 25; *Fischer* in Boos ua, KWG, § 23a Rn. 62 f.; *Fischer* in Bankrechts-Handbuch, § 131 Rn. 28, § 133 Rn. 71.

[275] Im Ergebnis ebenso *Fischer* in Bankrechts-Handbuch, § 133 Rn. 71; *Langen* in Schwennicke/Auerbach, KWG, § 2a Rn. 13.

[276] *Langen* in Schwennicke/Auerbach, KWG, § 23a Rn. 10, teilt diesen Standpunkt, ordnet die Frage aber als wenig praxisrelevant ein.

sprüche auf Schadensersatz nicht gesichert sind[277]. Auf die Tatsache, dass der Kunde auf die Leistungen der Anschlussdeckung keinen Rechtsanspruch hat (→ Rn. 73, 77), ist ebenfalls hinzuweisen. Außerdem verfügt der Einlagensicherungsfonds des Bundesverbands deutscher Banken e. V. über eine Sicherungsobergrenze, über die der Kunde zu informieren ist.

Die Einlagensicherungsfonds der Anschlussdeckung schreiben vor, dass die angeschlossenen Institute in ihren AGB auf die Mitgliedschaft in den Fonds hinweisen und dazu einen vorgeschriebenen Text verwenden (§ 5 Nr. 4 des Statuts des Einlagensicherungsfonds, § 8 Nr. 1 der Satzung des Fonds des Bundesverbands Öffentlicher Banken). In diesem überarbeiteten Text, der in Nr. 20 der AGB-Banken vom Oktober 2009 eingegangen ist, fehlt jedoch eine ausdrückliche Information über den fehlenden Rechtsanspruch auf die Leistungen der Anschlussdeckung[278]. Außerdem vermisst man jeden Hinweis darauf, dass Kunden in Bezug auf Wertpapiergeschäfte nicht gesichert sind[279]. Den gesetzlichen Anforderungen des § 23a Abs. 1 KWG genügt die Nr. 20 der AGB-Banken daher nicht[280]. Der bloße Hinweis auf § 6 des Statuts des Einlagensicherungsfonds heilt den Mangel nicht, denn die Richtlinien verlangen gerade, dass die Informationen in leicht verständlicher Form zur Verfügung stehen müssen.

**Neukunden** sind vor Aufnahme der Geschäftsbeziehung schriftlich in leicht verständlicher Form über die Art der Basissicherung und ggf. der Anschlussdeckung oder institutssichernden Einrichtung[281], die Art der geschützten Vermögenswerte, die Höhe der Sicherung und des Selbstbehalts und ausgeschlossene Vermögenswerte zu informieren (§ 23a Abs. 1 Satz 2 KWG[282]). Dazu gehört auch der Hinweis, dass Ansprüche auf Schadensersatz nicht gesichert sind[283] und, dass der Kunde auf die Leistungen der Anschlussdeckung keinen Rechtsanspruch hat (→ Rn. 73, 77, 98). Außerdem verfügt der Einlagensicherungsfonds des Bundesverbands deutscher Banken e. V. über eine Sicherungsobergrenze, über die der Kunde zu informieren ist. Der Vorschrift kommt eine anlegerschützende **Funktion** zu[284]. Eine Information in den AGB reicht aus, wenn im Kontoeröffnungsformular oder Auftragsformularen ausdrücklich auf die Regelung zur Einlagensicherung in den AGB hingewiesen wird[285]. Einer gesonderten Unterschrift bedarf es nicht[286]. Der Hinweis in den AGB ist jedoch dann nicht ausreichend, wenn der Kunde im Rahmen einer Anlageberatung seine Bank darauf hinweist, dass ein besonderes Interesse am Erhalt des Vermögensstamms besteht. In diesem Fall stellt es einen **Beratungsfehler** dar, wenn die Bank eine Anlage bei sich selbst empfiehlt und sie nur mit der gesetzliche Mindestdeckung nach dem Einlagensicherungs- und Anlegerentschädigungsgesetz gesichert ist, der Anlagebetrag aber diese Sicherungsgrenzen übersteigt[287].

---

[277] *Dreymann/Schnatmeyer,* Einlagensicherungs- und Anlegerentschädigungsgesetz, S. 54.
[278] *Fischer* in Boos ua, KWG, § 23a Rn. 69.
[279] Neukunden werden hierüber ausdrücklich in Kenntnis gesetzt, vgl. *Fischer* in Bankrechts-Handbuch, § 131 Rn. 30.
[280] So auch *Fischer* in Boos ua, KWG, § 23a Rn. 69; aA *Bunte* in Bankrechts-Handbuch, § 25 Rn. 2; *Pamp* in Wolf/Lindacher/Pfeiffer, AGB-Recht (6. Aufl.), Klauseln B 92, die behaupten, der BGH habe entschieden, dass Nr. 20 der AGB-Banken, die den Hinweis auf die Anschlussdeckung enthält, den Vorgaben von § 23a Abs. 1 S. 2 KWG genüge. Der BGH hatte in der zitierten Entscheidung jedoch über eine Klausel zur Basissicherung zu entscheiden, BGH WM 2009, 1647 ff. AA auch *A. Fuchs* in Ulmer/Brandner/Hensen, AGB-Recht, 11. Aufl. 2011, (2) Banken (Kreditinstitute) Rn. 74 – allerdings ohne detailliertere Prüfung dieser Punkte.
[281] *Fischer* in Boos ua, KWG, § 23a Rn. 66 ff.
[282] § 32 KAGB erstreckt die Pflicht – allerdings ohne Bußgeldbewehrung – auf Kapitalverwaltungsgesellschaften mit der Erlaubnis zur Finanzportfolioverwaltung.
[283] *Dreymann/Schnatmeyer,* Einlagensicherungs- und Anlegerentschädigungsgesetz, S. 54.
[284] BGH WM 2009, 1647, 1648 f. Rn. 23 f.
[285] BGH WM 2009, 1647, 1649 Rn. 31.
[286] BGH WM 2009, 1647, 1650 Rn. 33 ff.
[287] BGH WM 2009, 1647, 1651 ff.; zustimmend *Michel* EWiR 2009, 623 f.; *Veldhoff,* Haftung, S. 163 f.; aA *Fischer* in Boos ua, KWG, § 23a Rn. 59, der hierin ein Geschäftsverbot sieht und meint, dass alle Banken entsprechenden Anlegern keine Bankschuldverschreibungen mehr anbieten dürften;

**101** Soweit Einlagen oder rückzahlbare Gelder nach anderen Vorschriften nicht gesichert sind, muss das Institut **Alt- und Neukunden** hierüber im Preisaushang, in den AGB und an hervorgehobener Stelle in den Vertragsunterlagen informieren (§ 23a Abs. 1 Satz 3 KWG). Dies gilt insbesondere für nicht gedeckte Inhaberschuldverschreibungen und Gelder in Währungen von Nicht-EU-Staaten[288] (zB Anlagen in Dollar oder Schweizer Franken). Da sich die Information an Kunden richtet, die nicht Institute sind, muss der Empfängerhorizont eines Laien zugrunde gelegt werden. Da ein Laie nicht von den Ausschlussgründen des § 3 Abs. 2 EAEG betroffen ist, muss über diese Ausschlusstatbestände nicht aufgeklärt werden[289]. Der Kunde muss bestätigen, dass er diese Informationen erhalten hat (§ 23a Abs. 1 Satz 4 KWG). Der schriftlichen Bestätigung, die so gestaltet sein muss, dass sie nicht mit anderen Inhalten vermischt wird oder im Text untergeht, kommt eine **Beweis-**[290] und **Warnfunktion** zu, um zu erreichen, dass Kunden bei der Wahl zwischen verschiedenen Instituten den Umfang und die Höhe der Sicherung in ihre Entscheidung einbeziehen.

**102** **Auf Anfrage** müssen die Institute Informationen über die Bedingungen der Sicherung einschließlich der Formalitäten zur Geltendmachung der Ansprüche erteilen (§ 23a Abs. 1 Satz 5 KWG[291]). Dieser Bestimmung kommt vor allem im Falle einer nachträglichen Veränderung der Bedingungen der Sicherung sowie im Entschädigungsfall Bedeutung zu.

**103** Vergleicht man die Formulierung des § 23a Abs. 1 KWG mit den Vorgaben der Richtlinien (Art. 9 Abs. 1 ESRL, Art. 10 Abs. 1 AERL), fällt eine gewisse Diskrepanz auf. Die Richtlinien verlangen, dass nicht nur die potentiellen, sondern auch die vorhandenen Kunden über die Bestimmungen der Sicherung *einschließlich ihres Umfangs und ihrer Höhe* zu unterrichten sind. Diese Formulierung macht deutlich, dass eine aktive Unterrichtung durch das Institut erfolgen muss; eine bloße Information auf Anfrage genügt nicht. Weiterhin muss die Aufklärung mehr umfassen, als nur die Angabe der Sicherungsobergrenze und der Beschränkungen der Anspruchsberechtigung[292]. Der Wortlaut des § 23a Abs. 1 KWG genügt diesen Anforderungen nicht. Altkunden werden deutlich schlechter informiert, obwohl auch sie noch das Institut wechseln könnten und daher auf Informationen angewiesen sind. Man kann die Vorschrift jedoch im Wege richtlinienkonformer Auslegung dahingehend interpretieren, dass auch die Altkunden in den AGB und im Preisaushang umfassend über die Bestimmungen der Sicherung einschließlich ihres Umfangs und ihrer Höhe zu informieren sind[293]. Da der Gesetzgeber die Richtlinie korrekt umsetzen wollte, kommt man mit Hilfe der historischen Auslegung zu dem Ergebnis, dass die Sätze 2 und 3 der Bestimmung weit zu verstehen sind[294]. Für diese Auslegung spricht auch der Sinn und

---

aA auch *Faßbender* WuB I G 1 Anlageberatung 1.10; *Langen* in Schwennicke/Auerbach, KWG, § 23a Rn. 5; *Langen* BB 2009, 2000.

[288] → Rn. 73 Fn. 235.

[289] *Langen* in Schwennicke/Auerbach, KWG § 23a Rn. 19; *Fischer* in Boos ua, KWG, § 23a Rn. 65, leicht abweichend aber Rn. 67.

[290] Das Institut kann mit Hilfe des Dokuments die Aufklärung des Kunden belegen, wodurch spätere Regressansprüche des Kunden wegen fehlender Aufklärung ausgeschlossen würden. Solche Regressansprüche werden aber nur aktuell, wenn das Institut zahlungsunfähig wird. Verfügt dieses über eine Haftpflichtversicherung, kann der Kunde seine durch diese Versicherung abgedeckten Regressansprüche nach § 110 VVG direkt gegenüber der Versicherung geltend machen, vgl. die Fallgestaltung in BGH WM 2009, 1647.

[291] § 32 KAGB erstreckt die Pflicht – allerdings ohne Bußgeldbewehrung – auf Kapitalverwaltungsgesellschaften mit der Erlaubnis zur Finanzportfolioverwaltung.

[292] So auch *Brüker*, Einlagensicherung, S. 36.

[293] *Sethe* ZBB 1998, 305, 322 f.

[294] Die Vorfrage, ob man der richtlinienkonformen Auslegung nur Bedeutung innerhalb des klassischen Auslegungskanons bemisst oder ob man ihr eine Funktion zubilligt, die die Grenzen nationaler Auslegungsmethoden überwindet (vgl. statt vieler *S. Grundmann*, EG-Richtlinie und nationales Privatrecht, JZ 1996, 274, 281 f. mwN), kann hier dahingestellt bleiben, da auch mit Hilfe des nationalen Kanons ein richtlinienkonformes Ergebnis erreicht wird.

Zweck der Vorschrift. Ihre Warnfunktion hat nicht nur bei der Aufnahme von Vertragsbeziehungen mit einem Institut Bedeutung, sondern auch bei der Frage der Beibehaltung bereits bestehender Vertragsbeziehungen. Das Ziel eines aufgeklärten Kunden würde teilweise verfehlt, wenn die Masse der Altkunden ausgeklammert bliebe. Somit ist die Norm im Sinne der Richtlinien zu interpretieren. Der Gesetzgeber sollte sich jedoch zu einer Klarstellung und Neuformulierung der Norm entschließen, zumal der Weg der Aufklärung von Altkunden über den Preisaushang unzureichend ist, da der Normalkunde im Preisaushang Entgeltregelungen, nicht aber sonstige Informationen vermutet. Er wird Änderungen des Preisaushangs daher nur dann zur Kenntnis nehmen, wenn ihn die Höhe außergewöhnlicher Gebühren interessiert, nicht aber im laufenden „Kontobetrieb". Die Richtlinie wird insoweit also **mit untauglichen Mitteln umgesetzt**[295].

Während § 23a KWG den Fall regelt, dass der Kunde selbst ein Konto oder Depot eröffnet, regelt § 34a Abs. 1 Satz 5, Abs. 2 Satz 2 WpHG die Situation, dass ein Wertpapierdienstleistungsunternehmen ohne Befugnis zum Einlagengeschäft oder Depotgeschäft Gelder oder Finanzinstrumente des Kunden bei einem anderen Institut verwahren lässt. Das Wertpapierdienstleistungsunternehmen muss in diesem Fall seine Kunden darüber informieren, bei welchem Drittinstitut es Kundengelder und Kundenwertpapiere bucht und über welche Sicherung dieses Institut verfügt. Diese Pflicht erstreckt sich nach ihrem Wortlaut nicht nur auf die Basissicherung und erfasst daher auch Informationen über die Anschlussdeckung. Schließlich findet sich im WpHG noch eine allgemeine Informationspflicht, die alle Wertpapierdienstleistungsunternehmen bei der Erbringung von Wertpapierdienstleistungen trifft. § 31 Abs. 3 WpHG iVm § 5 Abs. 2 Satz 2 Nr. 1g) WpDVerOV verlangt eine Beschreibung der wesentlichen Maßnahmen, die das Wertpapierdienstleistungsunternehmen zum Schutz der bei ihm verwahrten Finanzinstrumente oder Gelder seiner Kunden trifft, einschließlich Angaben zu etwaigen Anlegerentschädigungs- oder Einlagensicherungssystemen, denen das Wertpapierdienstleistungsunternehmen aufgrund seiner Tätigkeit in einem Mitgliedstaat angeschlossen sein muss. Diese Pflicht bezieht sich ihrem Wortlaut nach nur auf die Basissicherung. Beim Fernabsatz von Finanzdienstleistungen verpflichtet Art. 246b Abs. 1 Nr. 19 EGBGB die Institute, auf die Anschlussdeckung oder Institutssicherung hinzuweisen. Gründe für diese Differenzierung sind nicht ersichtlich.

**b) Pflichten gegenüber der Entschädigungseinrichtung.** Um der Entschädigungseinrichtung eine **Einschätzung der Risiken** und eine **Festsetzung der Beiträge** zu ermöglichen, verpflichtet § 9 Abs. 2 Satz 1 EAEG die angeschlossenen Institute, der Entschädigungseinrichtung ihre festgestellten Jahresabschlüsse mit Prüfungsvermerk unverzüglich zur Verfügung zu stellen. Die Mitarbeiter des Instituts haben auf Verlangen alle notwendigen Auskünfte zu erteilen und Unterlagen vorzulegen. Ein Mitarbeiter kann die Auskunft allerdings insoweit verweigern, als er sich oder seine Angehörigen belasten müsste; hierüber ist er zu belehren (§ 9 Abs. 2 Sätze 3 und 4 EAEG). Die Auskunfts- und Vorlagepflichten sind bußgeldbewehrt (§ 17 EAEG) und können mit Zwangsmitteln durchgesetzt werden (§ 17a EAEG).

Die Entschädigungseinrichtung soll Prüfungen zur Einschätzung der Risiken durchführen und darf zu diesem Zweck die Geschäftsräume des Instituts betreten (→ Rn. 80f.).

Kommt es zu einem Entschädigungsverfahren, hat das betroffene Institut der Entschädigungseinrichtung alle Aufwendungen zur Durchführung oder Vorbereitung eines Entschädigungsverfahrens zu ersetzen (§ 9 Abs. 7 EAEG).

**c) Unzulässigkeit der Werbung mit Einlagensicherung und Anlegerentschädigung.** Die Richtlinien verpflichten die Mitgliedstaaten, die Werbung der Institute mit ihrer Zugehörigkeit zu Sicherungseinrichtungen zu reglementieren. Diese Vorgabe wurde vom deutschen Gesetzgeber nicht in einer gesonderten Vorschrift umgesetzt, da er davon ausging, das schon vorhandene Recht reiche insoweit aus[296]. Das Bundesfinanzministerium

---

[295] Ebenso jetzt auch *Wagner*, Einlagensicherung, S. 120 f.
[296] BT-Drucks. 13/10188, S. 25 f.

teilt diese Auffassung und erklärte, § 23 Abs. 1 KWG enthalte eine sachlich ausreichende Blankoermächtigung an die BaFin, im Einzelfall Missstände in der Werbung der Institute zu unterbinden und bei vermehrtem[297] Auftreten von Missständen in Ausführung des § 23 Abs. 1 KWG entsprechende Verwaltungsvorschriften zu erlassen[298]. Unstreitig ist, dass jede Werbung, die das Vertrauen in der Öffentlichkeit in die Funktions- und Leistungsfähigkeit der Sicherungssysteme untergräbt, als Missstand einzuordnen ist[299]. Streitig ist dagegen, ob eine Werbung mit der Sicherheit der dem Institut anvertrauten Einlagen immer auch die Behauptung enthält, die bei anderen Instituten liegenden Gelder seien weniger sicher[300].

**109** Die Art. 9 Abs. 3 ESRL, Art. 10 Abs. 3 AERL[301] verpflichten die Mitgliedstaaten jedoch ausdrücklich *Regeln* aufzustellen, um die Werbung mit der Einlagensicherung zu begrenzen[302]. Eine bloße Änderung der Verwaltungspraxis reicht zur Umsetzung dieser Verpflichtung nicht aus, da sie weder publiziert ist noch ein ausreichendes Maß an Rechtssicherheit bietet[303]. Daher kann auch der Erlass von Verwaltungsvorschriften durch die Bundesanstalt für Finanzdienstleistungsaufsicht keine korrekte Umsetzung der Richtlinienvorgaben bewirken. Zwar hat der Europäische Gerichtshof im Verfahren „TA-Luft" festgestellt, dass die Umsetzung einer Richtlinie in nationales Recht nicht wörtlich und förmlich in einem Gesetz erfolgen müsse. Je nach Inhalt der Richtlinie könne ein allgemeiner rechtlicher Rahmen genügen, sofern er tatsächlich die vollständige Anwendung der Richtlinie garantiere. Dies müsse in so klarer und bestimmter Weise geschehen, dass – soweit die Richtlinie Ansprüche des Einzelnen begründen solle – die Begünstigten in der Lage seien, von all ihren Rechten Kenntnis zu erhalten und diese ggf. gerichtlich geltend zu machen[304]. Könne der Betroffene seine Rechtsstellung nicht mit der notwendigen Klarheit ermitteln, reiche der Erlass von Verwaltungsvorschriften nicht aus, da dies die Richtlinie nicht mit der nötigen Verbindlichkeit umsetze. Denn den Verwaltungsvorschriften käme nur interne Bindungswirkung und keine unmittelbare Wirkung gegenüber Dritten zu. Zudem verbleibe der Verwaltung ein Ermessen, von diesen Verwaltungsvorschriften in besonders gelagerten Fällen abzuweichen. Solange die Bundesrepublik nicht dartun könne, dass einer Generalermächtigung und den sie ergänzenden Verwaltungsvorschriften faktisch eine der Rechtsverordnung vergleichbare Verbindlichkeit zukomme, sei die Richtlinienumsetzung fehlerhaft. Der Betroffene müsse Gewissheit darüber haben, wie seine Rechtsstellung ausgestaltet sei[305]. Da in dem vom EuGH entschiedenen Fall diese Verbindlichkeit fehlte, erklärte er die Richtlinienumsetzung durch bloße Verwaltungsvorschrift für unzureichend.

**110** Wendet man diese Kriterien auf die Umsetzung der Einlagensicherungs- und der Anlegerentschädigungsrichtlinie an, zeigt sich, dass die erforderliche Klarheit und Verbindlichkeit ebenfalls fehlt. Die Richtlinienvorgaben bezweckten eine Unterbindung solcher Wer-

---

[297] In Deutschland blieben solche Missstände bislang aus, da § 5 Nr. 13 des Statuts des Einlagensicherungsfonds des Bundesverbands deutscher Banken und § 7 Nr. 1 der Satzung des Einlagensicherungsfonds des Bundesverbands Öffentlicher Banken entsprechende Werbeverbote enthalten.
[298] Telefonische Auskunft des zuständigen Referenten an den Verfasser vom 4.8.1998.
[299] *Brenncke,* Werbung, S. 344 ff.
[300] Hierzu mit weiteren Fallbeispielen aus der Werbung mit der Einlagensicherung *Brenncke,* Werbung, S. 380 ff., 386 ff., 411 ff.; *Brocker* in Schwennicke/Auerbach, KWG, § 23 Rn. 19 f.
[301] Zu deren Anwendungsbereich *Brenncke,* Werbung, S. 277 ff.
[302] Die Richtlinie 2014/49/EG beschränkt Werbung mit Einlagensicherungssystemen künftig auf einen kurzen sachlichen Hinweis (Erwägungsgrund 14 und Art. 16 Abs. 5), dazu *Brenncke,* Werbung, S. 399 ff.
[303] Zur Rechtsprechung des EuGH → Rn. 121 mwN.
[304] EuGH, Rs. 239/85 (Giftmüll bzw. Kommission ./. Belgien), Slg. 1986, 3645, 3659 Rn. 7; Rs. C-361/88 (TA-Luft bzw. Kommission ./. Deutschland), Slg. 1991, I-2567, I-2600 Rn. 15; Rs. C-365/93 (Hochschuldiplome bzw. Kommission ./. Griechenland), Slg. 1995, I-499, I-507 f. Rn. 9.
[305] EuGH, Rs. C-361/88 (TA-Luft bzw. Kommission ./. Deutschland), Slg. 1991, I-2567, I-2602 Rn. 20.

bemaßnahmen, die einen Vertrauensverlust der Ein-/Anleger hervorrufen und damit zu einer Erschütterung der Stabilität des Bankensystems und Finanzsektors führen können[306]. Um es auch ausländischen Zweigstellen zu ermöglichen, den Rahmen zulässiger Werbung im Voraus zu bestimmen, sollte dieses Ziel nach Ansicht des Richtliniengebers durch eine generell-abstrakte Regelung erreicht werden. Die derzeitige Fassung von § 23 Abs. 1 KWG entspricht dem nicht, da die von der Regelung Betroffenen von den Einzelfallentscheidungen der BaFin immer erst im Nachhinein erfahren[307]. Der Erlass von Verwaltungsvorschriften stellt ebenfalls keine geeignete Abhilfe dar. Er würde zwar das gerade beklagte Informationsdefizit beseitigen, jedoch fehlt es weiterhin an der Verbindlichkeit der Vorschriften, da es sich bei § 23 Abs. 1 KWG um eine reine Ermessensvorschrift handelt. Selbst wenn man sich auf den Standpunkt stellt, das Ermessen sei wegen der Vorgabe der Richtlinien auf null reduziert, ist dies nach der im Falle der „TA-Luft" vertretenen Ansicht des EuGH nicht ausreichend. Gestützt wird dieses Ergebnis durch eine weitere Überlegung. Das Ziel der Richtlinien war die Schaffung gleicher Wettbewerbsbedingungen für alle Marktteilnehmer und Transparenz für die Ein-/Anleger. Dieses Ziel wird durch eine richtlinienkonforme Praxis allein nicht erreicht. Denn § 23 KWG regelt die Pflichtenstellung der Kreditinstitute und Finanzdienstleistungsinstitute sowie die komplementären Rechte der Mitbewerber nicht hinreichend verbindlich und klar. Dies unterscheidet die Vorschrift von der auf den ersten Blick gleich gelagerten Regelung des § 35 Abs. 4 WpHG, die den Erlass von Verwaltungsrichtlinien ohne Außenwirkung zur Ausführung der §§ 31ff. WpHG erlaubt. Die wesentlichen Pflichten der Rechtsunterworfenen sind jedoch schon mit der notwendigen Bestimmtheit in den §§ 31ff. WpHG niedergelegt.

Auch die Erwägungsgründe der Richtlinien stützen das Ergebnis, wonach § 23 Abs. 1 **111** KWG keine **richtlinienkonforme Regelung der Werbung** enthält. Sie bringen unmissverständlich zum Ausdruck, dass die Mitgliedstaaten *bindende Mindestvorschriften* hinsichtlich der Information der Anleger und hinsichtlich der Beschränkung der Werbung zu erlassen haben[308]. Den Mitgliedstaaten wird insoweit also gerade nicht die volle Wahl der Mittel zur Umsetzung in nationales Recht überlassen. Hinzu kommt, dass die beiden Richtlinien in ihren einzelnen Artikeln immer sehr deutlich differenzieren zwischen Kompetenzen, die der nationalen Aufsicht zur Verfügung gestellt werden dürfen, und der Verpflichtung der Mitgliedstaaten zum Erlass generell-abstrakter Vorschriften. Dies macht die Notwendigkeit einer Regelung mit Außenwirkung sogar noch deutlicher als im Fall der „TA-Luft". Es fehlt damit an einer für die Regelungsunterworfenen verbindlichen und klaren Umsetzung der Richtlinienvorgaben; die schon vorhandene Regelung des § 23 Abs. 1 KWG genügt insoweit nicht[309]. Die deshalb bestehende Lücke im nationalen Recht wird auch nicht durch das Gesetz gegen den unlauteren Wettbewerb geschlossen, da das UWG andere Regelungsziele als das KWG verfolgt[310] und sich zudem der territoriale Anwendungsbereich des UWG auf den inländischen Markt beschränkt[311].

**8. Die Sicherung von Kunden ausländischer Zweigstellen im Inland. a) Zweig-** **112**
**stellen von Instituten aus einem anderen EU-Mitgliedstaat oder EWR-Staat.** Die inländischen Kunden einer Zweigstelle eines Instituts aus einem anderen EU-Mitgliedstaat oder EWR-Staat sind über die Einlagensicherung und Anlegerentschädigung des Instituts in dessen Herkunftsland gesichert. Sofern die Höhe oder der Umfang der Sicherung im

---

[306] Die Vorschrift dient damit dem Funktionenschutz. Dies verkennt *Reich* in Derleder ua (Hrsg.), Handbuch Bankrecht (1. Aufl.), § 59 Rn. 161, der nur den Aspekt des Individualschutzes in Gestalt des Verbraucherschutzes vor Augen hat.
[307] Die bislang erlassenen Anordnungen zur Werbung finden sich bei *Consbruch/Möller/Bähre/Schneider*, KWG (Stand 01/2014), unter 12.01 ff.
[308] Erwägungsgründe Nr. 21 ESRL und Nr. 21 AERL.
[309] So auch *Brenncke*, Werbung, S. 243 ff.
[310] Einzelheiten bei *Brenncke*, Werbung, S. 915 ff., 1006 ff.
[311] *Köhler* in Köhler/Bornkamp, UWG, Einl UWG Rn. 5.1, 5.33.

Herkunftsland niedriger ist als in Deutschland, konnten sich Zweigstellen solcher Institute einer deutschen Entschädigungseinrichtung anschließen (§ 13 EAEG) und die **Differenz**[312] zwischen der im Herkunftsland und der in Deutschland vorgesehenen Sicherung bei der deutschen Entschädigungseinrichtung abdecken **(topping-up)**. Inländische Kunden einer Zweigstelle eines Instituts aus einem anderen EU-Mitgliedstaat oder EWR-Staat waren damit zu den für Kunden deutscher Institute geltenden Bedingungen gesichert. Seit der Verabschiedung der Richtlinie 2009/14/EG ist die Einlagensicherungssumme zunächst auf eine *Mindest*summe von 50 000 EUR und dann ab 31.12.2010 einheitlich auf eine *Deckungs*summe von 100 000 EUR festgesetzt worden; den Mitgliedstaaten ist damit heute weder ein Über- noch ein Unterschreiten dieser Summe erlaubt (Erwägungsgrund Nr. 3 und Art. 1 Abs. 3a der Richtlinie). Dem topping-up kommt im Bereich der gesetzlichen Einlagensicherung also keine Bedeutung mehr zu. Nur noch für die Anlegerentschädigung kann es theoretisch relevant werden, doch hat Deutschland hier nur die Mindestsicherung aus der AERL übernommen, so dass es an einer praktischen Bedeutung fehlt.

**113** Es ist streitig, ob das topping-up nur bei Entschädigungseinrichtungen möglich ist, die die gesetzliche Basissicherung anbieten, oder auch bei Einrichtungen der freiwilligen Anschlussdeckung. Der überwiegende Teil des Schrifttums[313] vertritt die Ansicht, das Einlagensicherungs- und Anlegerentschädigungsgesetz erfasse nur die gesetzlichen Entschädigungseinrichtungen. Weil die Bundesrepublik ohnehin nur den Mindeststandard der Richtlinien umgesetzt habe, sei **kein Raum für eine Höherversicherung** von Zweigstellen der Institute aus anderen Mitgliedstaaten und EWR-Staaten bei der deutschen Einlagensicherung[314].

**114** Diese Ansicht erweist sich als zu eng, da sie den Aspekt der durch die Anschlussdeckung möglichen **Wettbewerbsverzerrung** vernachlässigt. Diese wollten die Richtlinien aber gerade beseitigen. So heißt es in den Erwägungsgründen der ESRL: „[12] Mehrere Mitgliedstaaten verfügen über Einlagensicherungssysteme, die Berufsverbänden unterstehen. Andere Mitgliedstaaten verfügen über solche Systeme, die gesetzlich vorgeschrieben sind und verwaltet werden, wieder andere über Systeme, die, obgleich im Wege der Vereinbarung entstanden, teilweise durch Gesetz geregelt werden. Die unterschiedliche Rechtsform dieser Systeme führt jedoch nur in Bezug auf die Pflichtmitgliedschaft der Institute und deren Ausschluss von der Einlagensicherung zu Problemen. Daher sind Bestimmungen vorzusehen, die die Befugnisse der Systeme in dieser Hinsicht beschränken. [13] Die Beibehaltung von Systemen, die den Einlegern eine über der harmonisierten Mindestdeckung liegende Sicherung anbieten, kann in ein und demselben Hoheitsgebiet zu unterschiedlich hohen Entschädigungen und zu unterschiedlichen Wettbewerbsbedingungen für inländische Institute einerseits und Zweigstellen von Instituten aus einem anderen Mitgliedstaat andererseits führen. Zur Abhilfe dieser unliebsamen Begleiterscheinungen ist es angebracht, den Anschluss von Zweigstellen an ein System des Aufnahmemitgliedstaats mit dem Zweck zu genehmigen, es diesen zu ermöglichen, ihren Einlegern die gleiche Sicherung anzubieten, wie sie durch das System des Niederlassungsstaats angeboten wird."[315] Auch die Erwägungsgründe der AERL enthalten vergleichbare Ausführungen: „(14) Die Systeme eini-

---

[312] Dabei hat die Bundesrepublik von einer Option der Richtlinien Gebrauch gemacht und schließt Devisen und Rechnungseinheiten von der Sicherung aus. Ausgeschlossen sind auch Termingeschäfte, deren Preis von Waren oder Edelmetallen abhängt, da diese Geschäfte nicht in den Anwendungsbereich der Anlegerentschädigungsrichtlinie fallen.

[313] *Fischer* in Bankrechts-Handbuch, § 133 Rn. 54; *Herdegen* WM 1999, 1541, 1542 ff.; *Hissnauer*, Reform, S. 118 f.; *Kleinert*, Einlagensicherungssysteme, S. 223; *Kümpel*, Bank- und Kapitalmarktrecht (3. Aufl.), Rn. 19.199; *Pannen*, Krise, Kap. 4 Rn. 51 ff.; *Steuer* WM 1998, 2449, 2453 f.; *Wagner*, Einlagensicherung, S. 132 ff.; *Weber* Die Bank 1998, 470, 473.

[314] Dagegen hält *Dreher* ZIP 1998, 1777 ff., § 13 EAEG für eine europarechtswidrige Umsetzung der ESRL; aA *Sethe* ZIP 1999, 1461 ff.; aus anderen Gründen im Ergebnis auch *Fischer* in Bankrechts-Handbuch, § 133 Rn. 54.

[315] Erwägungsgründe 12 und 13 der ESRL.

§ 26 Einlagensicherung und Anlegerentschädigung    115  § 26

ger Mitgliedstaaten bieten eine höhere Deckung als der harmonisierte Mindestschutzbetrag nach dieser Richtlinie. Es dürfte jedoch nicht zweckmäßig sein, eine diesbezügliche Änderung dieser Systeme vorzuschreiben. (15) Bei Beibehaltung von Systemen in der Gemeinschaft, die den Anlegern eine über der harmonisierten Mindestdeckung liegende Sicherheit anbieten, kann in ein und demselben Hoheitsgebiet zu unterschiedlich hohen Entschädigungen und zu unterschiedlichen Wettbewerbsbedingungen für inländische Wertpapierfirmen einerseits und Zweigstellen von Wertpapierfirmen aus einem anderen Mitgliedstaat andererseits führen. Zur Abhilfe dieser unliebsamen Begleiterscheinungen ist es angebracht, den Anschluss von Zweigstellen an ein System des Aufnahmemitgliedstaats mit dem Zweck zu genehmigen, es diesen zu ermöglichen, ihren Anlegern die gleiche Deckung anzubieten, wie sie durch das System des Niederlassungsstaats angeboten wird. ..."[316].

Beseitigen lässt sich die Wettbewerbsverzerrung durch eine **weite Auslegung des § 13 EAEG,** wonach Zweigstellen der Institute aus anderen Mitgliedstaaten und EWR-Staaten zu den gleichen[317] Bedingungen, die auch deutsche Institute erfüllen müssen, ein Anspruch auf Aufnahme in die freiwillige Anschlussdeckung zusteht[318]. Gerade wenn die Richtlinien die bestehenden Systeme der Einlagensicherung[319] nicht abschaffen wollten, sondern stattdessen die Mitgliedstaaten dazu verpflichteten, solchen Zweigstellen den Zugang zum deutschen Markt unter gleichen Bedingungen wie einheimischen Instituten zu gewähren[320], bedeutet dies, dass Zweigstellen von Instituten aus anderen EU-Mitgliedstaaten und EWR-Staaten ein Aufnahmeanspruch auch bei der freiwilligen Anschlussdeckung zustehen muss. Ein solcher ist in Art. 4 Abs. 2 ESRL, 7 Abs. 2 UAbs. 2 AERL niedergelegt. Diese Bestimmungen verpflichten die Mitgliedstaaten, ein amtlich anerkanntes System zu errichten, dem die Zweigstellen zu den gleichen Konditionen, wie sie für einheimische Institute gelten, beitreten können. Gegen einen Aufnahmeanspruch lässt sich einwenden, dass die freiwilligen Einlagensicherungsfonds des Bundesverbands deutscher Banken und des Bundesverbands Öffentlicher Banken keine amtlich anerkannten Systeme darstellen. Dies wäre jedoch nur ein Argument für eine richtlinienwidrige Umsetzung ins deutsche Recht[321]. Die Erwägungsgründe betonen, dass sich die bestehenden Systeme hinsichtlich ihrer Freiheit zu Aufnahme und Ausschluss nun Beschränkungen gefallen lassen müssen[322]. Die Richtlinien gebieten also die Schaffung eines Anspruchs für Zweigstellen von Instituten anderer Mitgliedstaaten und EWR-Staaten auf Höherversicherung bei Einrichtungen des Gastlands. Da der Richtliniengeber **alle damals bestehenden Sicherungseinrichtungen** im Auge hatte, mithin also auch die freiwilligen Einlagensicherungsfonds in Deutschland, sind diese ebenfalls von den Richtlinien erfasst. Anhaltspunkte dafür, dass der Richtliniengeber beim topping-up nur staatliche, nicht aber auch private Sicherungssysteme erfassen wollte, sind gerade nicht ersichtlich[323]. Man könnte argumentieren, der Richtliniengeber habe nur die öffentliche Aufgabe einer Mindestsicherung regeln wollen. Diese öffentliche Aufgabe habe Deutschland mit dem Einlagensicherungs- und Anlegerentschädigungsgesetz umgesetzt. Für diese Sichtweise spricht sicherlich der Umstand, dass die

115

---

[316] Erwägungsgründe 14 und 15 der AERL.
[317] So schon *Sethe* ZBB 1998, 305, 323; *Sethe* ZIP 1999, 1461, 1467; dies verkennt *Wagner*, Einlagensicherung, S. 134, 146, 148, bei seiner Kritik an dem hier vertretenen Standpunkt.
[318] *Sethe* ZBB 1998, 305, 323; *Sethe* ZIP 1999, 1461 ff.; *Sethe*, Anlegerschutz, S. 681 ff. Zur Gegenposition ausführlich *Wagner*, Einlagensicherung, S. 132 ff.
[319] Genannt werden in den Erwägungsgründen gerade auch die von Berufsverbänden geschaffenen Systeme, die heute in Deutschland als freiwillige Anschlussdeckung fortbestehen.
[320] Vgl. Anhang II der ESRL und der AERL.
[321] Wenn *Wagner*, Einlagensicherung, S. 132 ff., den hier vertretenen Standpunkt ablehnt, so hätte er der Frage nachgehen müssen, ob nicht der Standpunkt von *Dreher* ZIP 1998, 1777 ff., zutreffend ist, der eine richtlinienwidrige Umsetzung annimmt.
[322] Vgl. den in → Rn. 114 zitierten Erwägungsgrund 12 der ESRL.
[323] AA *Fröhlich* S. 323.

Richtlinien gerade nur eine Mindestsicherung vorschreiben. Davon zu trennen ist aber die Frage der Wettbewerbsverzerrung, die die Richtlinien insgesamt regeln wollten. Diese Verzerrung entstand dadurch, dass einzelne Mitgliedstaaten eine privatrechtliche, deutlich höhere Sicherung anboten als andere. Mit anderen Worten: Die Wettbewerbsverzerrung entstand gerade in dem über der Mindestsicherung liegenden nichtstaatlichen „Marktsegment" der Sicherung. Wollte man nun argumentieren, dass die Mitgliedstaaten das topping-up nur für den Bereich der Mindestsicherung einführen müssen und ihren Instituten aber eine freiwillige Höherversicherung erlauben können, würde gerade die Wettbewerbsverzerrung zementiert, die man mit den Richtlinien beseitigen wollte. Die Regelung des topping-up in den Richtlinien wäre überflüssig. Zusammenfassend kann man daher feststellen, dass die Richtlinien jede durch unterschiedliche Sicherungshöhen verursachte Wettbewerbsverzerrung dadurch beseitigen wollen, dass sie den Instituten im Gastland den Zugang zur dort höheren Sicherung ermöglichen.

**116** Eine **richtlinienkonforme Auslegung** des § 13 EAEG **setzt voraus,** dass die Norm des nationalen Rechts überhaupt **auslegungsbedürftig** ist. Das Einlagensicherungs- und Anlegerentschädigungsgesetz wurde, um weitere Schadensersatzforderungen wegen verspäteter Richtlinienumsetzung zu vermeiden (→ Rn. 33), in großer Eile verabschiedet[324]. Es enthält deshalb einige Umsetzungsdefizite[325]. Wie an anderer Stelle dargelegt wurde[326], spricht der Wortlaut „Entschädigungseinrichtung" dafür, dass nur die gesetzliche Basissicherung gemeint ist. Allerdings ist die Begriffsbildung des Gesetzgebers bei dem Gesetzgebungsvorhaben insgesamt wenig überzeugend gewesen[327]. Auch die subjektive Auslegung ergibt ein uneinheitliches Bild. Einerseits spricht der Gesetzgeber in den Materialien zu § 13 EAEG die Anschlussdeckung nicht ausdrücklich an[328]. An anderer Stelle des Regierungsentwurfs betonte der Gesetzgeber aber, dass die Umsetzung wettbewerbsneutral erfolgen sollte[329]. Es ist davon auszugehen, dass der Gesetzgeber den grundsätzlichen Willen hatte, die Richtlinien ordnungsgemäß umzusetzen. Gerade die beiden letzten Aspekte sprechen für eine weite Auslegung des § 13 EAEG. Auch der Sinn und Zweck der Regelung, nämlich die Verhinderung von Wettbewerbsverzerrungen[330], erfordern eine Einbeziehung der Anschlussdeckung in den Anwendungsbereich des § 13 EAEG. Man kann also durchaus bereits aufgrund des **traditionellen Auslegungskanons** zu dem Ergebnis kommen, dass die Anschlussdeckung unter die Norm fällt. Schließt man sich jedoch den Zweiflern an, die den Wortlaut der Vorschrift und Willen des Gesetzgebers dahingehend verstehen, dass § 13 EAEG nur die Basissicherung meine, muss man berücksichtigen, dass der Sinn und Zweck der Regelung des § 13 EAEG gerade in der Verhinderung von Wettbewerbsverzerrungen besteht. Dieser Zweck lässt sich aber nur erreichen, wenn man die Norm weit versteht[331]. Damit sprächen die historische und die Wortlautauslegung gegen, die teleologische Auslegung für einen Aufnahmeanspruch. Kommen die herkömmlichen Auslegungsmethoden zu keinem eindeutigen Ergebnis, ist im Zweifel die **richtlinienkon-**

---

[324] *Sethe* ZIP 1999, 1461, 1463.
[325] Einzelheiten bei *Sethe* ZBB 1998, 305, 329.
[326] *Sethe* ZIP 1999, 1461, 1466 f.
[327] Einzelheiten bei *Sethe* ZIP 1999, 1461, 1466 f.; aA *Wagner*, Einlagensicherung, S. 135.
[328] Hieraus kann man ableiten, dass sie aus dem Anwendungsbereich des § 13 EAEG nicht ausgeschlossen worden sei, *Sethe* ZIP 1999, 1461, 1466 f.; es wird aber auch das Gegenteil vertreten, *Wagner*, Einlagensicherung, S. 136 f.
[329] RegE BR-Drucks. 257/98, S. 19.
[330] Dass die Verhinderung von Wettbewerbsverzerrungen notwendig ist, gestehen die Vertreter der Gegenansicht faktisch dadurch zu, dass sie einen Aufnahmeanspruch über § 20 Abs. 5 GWB bejahen (dazu sogleich → Rn. 117).
[331] Dies bezweifelt *Wagner*, Einlagensicherung, S. 137 ff. Er hält den sogleich in → Rn. 117 beschriebenen Weg für gleichwertig und meint daher, dass alle Auslegungsmethoden für eine enge Auslegung von § 13 EAEG sprächen. Dabei übersieht er aber die Unterschiede, die zwischen dem Weg über die richtlinienkonforme Auslegung und dem Weg über § 20 Abs. 5 GWB bestehen.

**forme Auslegung** zu wählen[332]. Hiergegen könnte man einwenden, dass die freiwilligen Einlagensicherungsfonds gerade kein staatlich anerkanntes System iSd Richtlinien seien. Der Ausdruck „staatlich anerkannt" ist nicht gleichzusetzen mit „staatlich betrieben". Daher sind auch privatrechtliche Systeme unter staatlicher Aufsicht zugelassen. Den Bankenverbänden war gerade daran gelegen, ihren Einfluss auf die von ihnen betriebenen Systeme zu erhalten. Sie wollten daher die Aufspaltung in die Basissicherung und die Anschlussdeckung. Dieser Weg war – nach den Vorgaben der Richtlinien – nur um den Preis eines Aufnahmezwangs für die Zweigstellen aus den anderen EU-Staaten zu haben. In diesen Weg haben die Bankenverbände während des Gesetzgebungsverfahrens eingewilligt, indem sie sich für den Erhalt ihrer freiwilligen Systeme für die Anschlussdeckung und die neu geschaffene Beleihungsmöglichkeit für die Basissicherung eingesetzt haben. Im Übrigen zeigt gerade das Statut des Einlagensicherungsfonds des Bundesverbands deutscher Banken, dass dieser sich seiner diesbezüglichen Verantwortung durchaus bewusst ist, denn das Statut sieht die Aufnahmemöglichkeit von Zweigstellen der Institute aus anderen Mitgliedstaaten der EU ausdrücklich vor.

Eine vermittelnde Meinung lehnt zwar die richtlinienkonforme Auslegung ab, kommt aber zu einem Aufnahmeanspruch der Zweigstellen in die Anschlussdeckung über **§ 20 Abs. 5 GWB** bzw. **Art. 102 AEUV**, denn die freiwilligen Entschädigungseinrichtungen genießen im Bereich der Anschlussdeckung eine marktbeherrschende Stellung[333]. Zwar wird durch diese Ansicht faktisch das Ergebnis erzielt, dass die Richtlinien erreichen wollen[334]. Jedoch stellt dieser Weg keine korrekte Art der Richtlinienumsetzung dar. Der Zweigstelle werden durch die Richtlinien subjektive Rechte eingeräumt. Ihr Aufnahmeanspruch ist an das Tatbestandsmerkmal der höheren Sicherung im Gastland gekoppelt. Eine marktbeherrschende Stellung der Sicherungseinrichtung muss die Zweigstelle nach den Richtlinien gerade nicht dartun. Im Übrigen darf die Zweigstelle nur unter den engen, in § 13 Abs. 3 EAEG niedergelegten Voraussetzungen ausgeschlossen werden. Die Anwendung des Kartellrechts allein garantiert keinen derartigen Schutz, da hier die Einlagensicherungseinrichtung allein über den Ausschluss entscheidet und nur das dabei ausgeübte Ermessen einer inhaltlichen Kontrolle unterzogen wird[335]. Schließlich sind auch die Kompetenzen unterschiedlich. Für den Ausschluss einer Zweigstelle aus einem anderen Mitgliedstaat oder EWR-Staat aus der Entschädigungseinrichtung wäre nach dem Einlagensicherungs- und Anlegerentschädigungsgesetz die BaFin zuständig. Wendet man dagegen Art. 102 AEUV an, wäre die EG-Kommission zuständig. Ein kartellrechtlich durchsetzbarer Aufnahmeanspruch verwirklicht also nur einen Teil der in beiden Richtlinien enthaltenen Vorgaben und Ziele. Diese Ansicht ist daher abzulehnen. Im Ergebnis enthält also § 13 EAEG auch einen Aufnahmeanspruch für Zweigstellen bei den in Deutschland existierenden, die Anschlussdeckung anbietenden freiwilligen Einlagensicherungsfonds. Will die Zweigstelle das topping-up nutzen, unterliegt sie den **für inländische Institute geltenden Aufnahmebedingungen** dieser Einlagensicherungsfonds.

**b) Zweigstellen von Instituten aus Drittstaaten.** Zweigstellen von Instituten mit Sitz in einem Drittstaat gelten gemäß § 53 Abs. 1 Satz 1 KWG als eigenständige Institute. Sie fallen damit unter § 1 EAEG und müssen einer gesetzlichen Entschädigungseinrichtung angeschlossen sein. Der Schutzumfang **(Basissicherung)** für Kunden dieser Zweigstellen

---

[332] Zum Teil wird behauptet, die richtlinienkonforme Auslegung verdränge auch die klassischen Auslegungsmethoden, Einzelheiten bei *Sethe* ZIP 1999, 1461, 1465 mwN. Dann bestünde das Ergebnis in jedem Fall in einer weiten Auslegung des § 13 EAEG.

[333] *Deutsche Bundesbank,* Monatsbericht Juli 2000, S. 29, 43; *Fröhlich* S. 324 ff.; *Herdegen* WM 1999, 1541, 1544; *D. Schmidt* ZgKW 1990, 278, 284; *Steuer* WM 1998, 2449, 2454; *Wagner,* Einlagensicherung, S. 132 ff. Die Rechtsprechung hat einen Aufnahmezwang bei Monopolverbänden und Verbänden mit überragender Machtstellung bejaht, vgl. BGHZ 63, 282; 93, 151; 140, 74.

[334] So auch *Wagner,* Einlagensicherung, S. 140 ff.

[335] → Rn. 74 mwN.

entspricht damit dem von Kunden inländischer Institute. Ein Aufnahmeanspruch der Zweigstellen ausländischer Institute in die Einrichtungen der freiwilligen **Anschlussdeckung** lässt sich nur über § 20 Abs. 5 GWB begründen. Dazu müssen die Zweigstellen die in der Satzung der Einrichtung der freiwilligen Einlagensicherung vorgesehenen Aufnahmevoraussetzungen erfüllen. Die Aufnahmevoraussetzungen dürfen ihrerseits nicht diskriminierend sein und müssen – gemessen an der wirtschaftlichen Machtstellung des Verbandes – auf sachlich nachvollziehbaren Erwägungen beruhen[336]. Der Einlagensicherungsfonds des Bundesverbands deutscher Banken sieht eine Aufnahmemöglichkeit für Zweigstellen von Instituten aus Drittstaaten vor, wenn die Zweigstelle aufgrund einer Verfügung der Aufsicht einer Zweigstelle aus einem EU-Staat bankaufsichtsrechtlich gleichgestellt ist.

119   **9. Ausschluss eines Instituts/einer Zweigstelle aus einer gesetzlichen Entschädigungseinrichtung. a) Ausschluss eines inländischen Instituts.** Gemäß § 11 EAEG können Institute bei Verstößen gegen die nach §§ 8, 9 EAEG bestehenden Beitrags- oder Mitwirkungspflichten aus einer Entschädigungseinrichtung ausgeschlossen werden. Nicht als Ausschlussgrund gelten dagegen Verstöße gegen die kundenbezogenen Pflichten (wie etwa §§ 23a KWG, 32 KAGB). Diese Differenzierung ist richtlinienkonform, denn die Art. 3 ESRL, Art. 5 AERL benennen weder die Pflichtverstöße, die zum Ausschluss berechtigen, noch die Pflichten der Institute im Detail. Die Richtlinien enthalten deshalb insoweit einen Umsetzungsspielraum. Die Bundesrepublik durfte den Ausschluss auf den Fall des Verstoßes gegen Beitrags- oder Mitwirkungspflichten beschränken und bei Verstößen gegen kundenbezogene Pflichten andere Sanktionen vorsehen[337].

120   Ein Ausschluss ist nur bei Einhaltung des folgenden **Verfahrens** zulässig. Bei Verstößen gegen die Beitrags- und Mitwirkungspflichten muss die Entschädigungseinrichtung die Bundesanstalt für Finanzdienstleistungsaufsicht und die Bundesbank informieren. Die Bundesanstalt setzt dem Institut eine Frist von einem Monat zur Erfüllung seiner Verpflichtungen gegenüber der Entschädigungseinrichtung. Kommt das Institut der Aufforderung nicht nach, kann die Entschädigungseinrichtung ankündigen, das Institut mit einer Frist von zwölf Monaten auszuschließen. Das Einlagensicherungs- und Anlegerentschädigungsgesetz verlangt dabei keine ausdrückliche Zustimmung der BaFin zu dieser Ankündigung (dazu sogleich → Rn. 121). Erfüllt das Institut die Verpflichtung auch innerhalb der Kündigungsfrist nicht, kann die Entschädigungseinrichtung das Institut mit Zustimmung der BaFin ausschließen. In diesem Fall erlischt gemäß § 35 Abs. 1 Satz 2 KWG die Zulassung als Kredit- oder Finanzdienstleistungsinstitut. Eine entsprechende Regelung findet sich für Kapitalverwaltungsgesellschaften, die Finanzportfolioverwaltungen und weitere Nebendienstleistungen anbieten, (§ 39 Abs. 2 KAGB).

121   Die mit § 11 Abs. 1 EAEG erfolgte Richtlinienumsetzung ist nicht vollständig, da das Einlagensicherungs- und Anlegerentschädigungsgesetz entgegen den Vorgaben der Richtlinien (Art. 3 Abs. 3 ESRL, Art. 5 Abs. 2 AERL) keine ausdrückliche Zustimmung der BaFin zur Ankündigung des Ausschlusses verlangt. Ein solches Zustimmungserfordernis lässt sich auch nicht im Wege richtlinienkonformer Auslegung in das Gesetz hineininterpretieren; Wortlaut und Gesetzesmaterialien lassen hierfür keinen Raum. Zwar könnte die Entschädigungseinrichtung eine richtlinienkonforme Praxis herstellen, indem sie vor der Androhung des Ausschlusses die Zustimmung der Bundesanstalt einholt. Eine „Heilung" des Richtlinienverstoßes durch den Gesetzgeber bewirkt dieses Vorgehen jedoch nicht. Es verhindert nur, dass sich das betroffene Institut in einem Prozess über die Rechtmäßigkeit eines Ausschlusses auf die fehlerhafte Richtlinienumsetzung berufen kann, da die Kausalität im konkreten Fall fehlt. Denn selbst wenn man davon ausgeht, dass die Richtlinienbestimmung unmittelbare Wirkung[338] gegenüber dem durch sie geschützten Institut entfaltet,

---

[336] *Dorß* in Loewenheim/Meessen/Riesenkampff, Kartellrecht, § 20 Rn. 183 f.
[337] *Sethe* ZBB 1998, 305, 320.
[338] Einzelheiten bei *Ruffert* in Calliess/Ruffert, EUV/AEUV, AEUV 288 Rn. 47 ff.

entbindet dies den Mitgliedstaat nicht von der Pflicht zur ordnungsgemäßen Umsetzung der Richtlinien in ein Gesetz oder eine Verordnung[339]. Eine reine Änderung der Verwaltungspraxis stellt keine vollständige Umsetzung dar, weil sie nicht die notwendige Rechtssicherheit und -klarheit bietet[340]. Die Praxis kann jederzeit geändert werden und ihr fehlt zudem die notwendige Publizität. Gegen dieses Ergebnis spricht auch nicht die Tatsache, dass es sich bei den Art. 3 Abs. 3 ESRL, Art. 5 Abs. 2 AERL um eine Option handelt. Das Erfordernis zweimaliger Zustimmung der Aufsichtsbehörde dient dem Schutz der Institute. Insoweit eröffnet die Richtlinie gerade keinen Umsetzungsspielraum. Die Mitgliedstaaten können die Option der Richtlinien nur im Ganzen ausüben. § 11 Abs. 1 EAEG stellt also eine **unzureichende Umsetzung der Richtlinien** dar.

**b) Ausschluss einer Zweigstelle aus einem anderen EU-Mitgliedstaat oder EWR-Staat.** Beim **topping-up** unterliegt die Zweigstelle den Bedingungen der inländischen Entschädigungseinrichtung. Erfüllt sie ihre Verpflichtungen gegenüber der Entschädigungseinrichtung nicht, unterrichtet diese die BaFin und die Bundesbank. Die BaFin fordert die Zweigstelle zur Einhaltung ihrer Verpflichtungen auf. Kommt die Zweigstelle dieser Aufforderung nicht nach, informiert die BaFin die Herkunftslandaufsicht und ergreift gemeinsam mit dieser alle notwendigen Maßnahmen (§ 13 Abs. 3 EAEG). Reagiert die Herkunftslandaufsicht nicht oder erfüllt die Zweigstelle weiterhin ihre Pflichten nicht, kann die Entschädigungseinrichtung mit Zustimmung der Herkunftslandaufsichtsbehörde die Zweigstelle mit einer Frist von zwölf Monaten **ausschließen** (§ 13 Abs. 4 EAEG). Der Wortlaut der Vorschrift lässt nicht klar erkennen, ob die Zustimmung der Herkunftslandaufsichtsbehörde schon zur Erklärung des Ausschlusses oder erst zu dessen Wirksamwerden erforderlich ist. Eine richtlinienkonforme Auslegung ergibt, dass die Zustimmung noch nicht zur Ausschlusserklärung, sondern erst zum Wirksamwerden des Ausschlusses notwendig ist. Denn Art. 4 Abs. 4 ESRL und Art. 7 Abs. 2 AERL enthalten insoweit eine klare zeitliche Reihenfolge. Auch entspricht eine solche Auslegung dem Zweck der Norm, die eine Schutzvorschrift zugunsten der Zweigstelle darstellt. Würde man nämlich die Zustimmung schon zum Zeitpunkt der Erklärung des Ausschlusses verlangen, wüsste die Herkunftslandaufsichtsbehörde nicht, ob die Zweigstelle innerhalb der einjährigen Frist nicht doch noch ihren Verpflichtungen nachkam. Deshalb ist es zum Schutz der Zweigstelle geboten, die Norm dahingehend auszulegen, dass die Zustimmung erst eingeholt werden muss, wenn die Kündigungsfrist abgelaufen ist. Auf diese Weise kann die Herkunftslandaufsichtsbehörde die Sachlage prüfen.

**c) Ausschluss einer Zweigstelle aus einem Drittstaat.** Zweigstellen von Instituten mit Sitz in einem Drittstaat gelten gemäß § 53 Abs. 1 Satz 1 KWG als eigenständige Institute. Für sie gilt daher das Ausschlussverfahren für inländische Institute entsprechend (→ Rn. 119 ff.).

**d) Folgen des Ausschlusses.** Alle vor dem Wirksamwerden des Ausschlusses getätigten Einlagen und Forderungen bleiben geschützt. Dies gilt auch für den Fall, dass die Institutszulassung nicht durch Ausschluss, sondern aus sonstigen Gründen entfällt (§ 11 Abs. 2 EAEG). Die Gläubiger sind vom Ausscheiden des Instituts aus der Entschädigungseinrichtung gemäß § 23a Abs. 2 KWG zu unterrichten[341]. Diese Pflicht ist bußgeldbewehrt (§ 56 Abs. 2 Nr. 7 KWG).

---

[339] *Ruffert* in Calliess/Ruffert, EUV/AEUV, AEUV 288 Rn. 27, 32 ff.
[340] Vgl. etwa EuGH, Rs. 102/79 (Kommission ./. Belgien), Slg. 1980, 1473; Rs. C-361/88 (TA-Luft bzw. Kommission ./. Deutschland), Slg. 1991, I-2567, insbesondere I-2603 f. Rn. 24; *Schmidt* in von der Groeben/Schwarze, EU/EG-Vertrag, Art. 249 Rn. 40; *Ruffert* in Calliess/Ruffert, EUV/AEUV, AEUV 288 Rn. 37 ff.
[341] § 32 KAGB erstreckt die Pflicht – allerdings ohne Bußgeldbewehrung – auf Kapitalverwaltungsgesellschaften mit der Erlaubnis zur Finanzportfolioverwaltung.

### V. Der Entschädigungsfall und -anspruch

**125**  **1. Entschädigungsfall.** Den Gläubigern eines Instituts steht im Entschädigungsfall ein Entschädigungsanspruch zu. Ein solcher Entschädigungsfall liegt vor, wenn die Bundesanstalt für Finanzdienstleistungsaufsicht[342] feststellt, dass ein Institut aus finanziellen Gründen gegenwärtig und künftig nicht in der Lage ist, Einlagen zurückzuzahlen und Verbindlichkeiten aus Wertpapiergeschäften zu erfüllen (§ 1 Abs. 5 EAEG). Diese Feststellung muss die Bundesanstalt unverzüglich, spätestens aber innerhalb von 5 Arbeitstagen ab dem Zeitpunkt treffen, ab dem sie Kenntnis davon hat, dass das Institut keine Einlagen mehr zurückzahlen kann. Kann das Institut seine Verbindlichkeiten aus Wertpapiergeschäften gegenüber Kunden nicht erfüllen, beträgt die Frist 21 Arbeitstage (§ 5 Abs. 1 Satz 1 EAEG). Außerdem hat die BaFin den Entschädigungsfall festzustellen, wenn ein von ihr angeordnetes Moratorium nach § 46 Abs. 1 Satz 2 Nrn. 4–6 KWG länger als sechs Wochen andauert (§ 5 Abs. 1 Satz 2 EAEG)[343]. Schließlich liegt ein Entschädigungsfall vor, wenn die BaFin zwar keinen Insolvenzantrag stellt, dafür aber die Erlaubnis des Instituts aufhebt und dessen Abwicklung verlangt[344]. Widerspruch und Anfechtungsklage gegen die Verfügung haben keine aufschiebende Wirkung (§ 5 Abs. 1 Satz 3 EAEG). Das Gesetz ist auf alle nach dem 25.9.1998 eingetretenen Entschädigungsfälle anwendbar (§ 18 Abs. 1 EAEG)[345].

**126**  **2. Anspruchsberechtigte. a) Kontoinhaber, wirtschaftlich Berechtigte und Treuhänder.** Anspruchsberechtigt ist jeder Gläubiger eines Instituts, dessen Ansprüche auf Rückzahlung von Einlagen oder Erfüllung von Verbindlichkeiten aus Wertpapiergeschäften vom Institut nicht mehr beglichen werden (§§ 3 Abs. 1, 4 Abs. 1 EAEG). Dies ist typischerweise der Vertragspartner des Instituts, also der Kontoinhaber bei Einlagen und der Anleger bei Wertpapiergeschäften. Hat dieser für Rechnung eines Dritten gehandelt, ist mit dem Begriff des „Gläubigers" der **wirtschaftlich Berechtigte** erfasst, nicht der formale Inhaber eines Kontos oder Depots (§§ 3 Abs. 2 Satz 2, 4 Abs. 6 EAEG). Der Treuhandcharakter eines Kontos muss allerdings aus der Kontobezeichnung ersichtlich sein. Nicht notwendig ist es jedoch, dass dies schon bei Kontoeröffnung geschieht. Vielmehr kann dem Institut auch nach der Kontoeröffnung (aber noch vor Eintritt des Entschädigungsfalls) der Treuhandcharakter des Kontos mitgeteilt werden[346]. Die Identität des Treugebers muss nicht offenbart werden[347], jedoch ist dies ratsam, um Beweisschwierigkeiten im Entschädigungsverfahren zu vermeiden[348]. Das Erfordernis der ex-ante-Erkennbarkeit des Treuhandverhältnisses verhindert Manipulationen nach Eintritt des Entschädigungsfalls, mit denen ansonsten der Gesamtsaldo eines Einlegers wirtschaftlich auf mehrere Personen „umgeschichtet" werden könnte, um die Entschädigungshöchstgrenzen pro Person zu umgehen. Im Entschädigungsfall bleibt der formale Konto-/Depotinhaber Anspruchsberechtigter. Er muss die geleisteten Zahlungen an den wirtschaftlich berechtigten Treugeber weiterleiten[349]. Der Regelung der Treuhandkon-

---

[342] Das deutsche Recht kennt keine isolierte Feststellung der Zahlungsunfähigkeit oder Überschuldung eines Instituts durch ein Gericht (vgl. § 46b Abs. 1 S. 4 KWG), sondern setzt zwingend die Mitwirkung der BaFin voraus. Deshalb konnte der Gesetzgeber sich darauf beschränken, den Entschädigungsfall durch die Bundesanstalt feststellen zu lassen, und musste den zweiten in den Richtlinien vorgesehenen Auslöser des Entschädigungsfalls (Feststellung durch ein Gericht) nicht regeln.
[343] Eingefügt durch Art. 15 Nr. 3 des Gesetzes zur weiteren Fortentwicklung des Finanzplatzes Deutschland (Viertes Finanzmarktförderungsgesetz) v. 21.6.2002, BGBl. I, 2010, 2316.
[344] VG Köln WM 2001, 1612, 1617; *Pannen*, Krise, Kap. 4 Rn. 59.
[345] Zur Haftung für die verspätete Umsetzung der ESRL → Rn. 33 mwN.
[346] Dass hierin uU ein Verstoß gegen § 154 AO liegt, ist aus Sicht des EAEG unbeachtlich. Erst wenn die Grenze zur Geldwäsche überschritten wurde, ist der Gläubiger ausgeschlossen (§ 3 Abs. 2 Nr. 10 EAEG).
[347] BT-Drucks. 13/10188, S. 17.
[348] *Dreymann/Schnatmeyer*, Einlagensicherungs- und Anlegerentschädigungsgesetz, S. 77.
[349] BT-Drucks. 13/10188, S. 17; *Dreymann/Schnatmeyer*, Einlagensicherungs- und Anlegerentschädigungsgesetz, S. 77.

ten kommt eine große praktische Bedeutung zu, da diese Kontoart vor allem bei Angehörigen freier Berufe, aber auch im Bereich der Vermögensverwaltung häufig anzutreffen ist. Der formale Konto-/Depotinhaber muss ohnehin aus Gründen der Geldwäschebekämpfung und aus standesrechtlichen Gründen die wirtschaftliche Berechtigung an derartigen Konten klarstellen. Versäumt er dies, macht er sich schadensersatzpflichtig, falls der Treugeber wegen dieses Versäumnisses nicht als wirtschaftlich Berechtigter iSd § 4 Abs. 6 EAEG behandelt wird und deshalb Einlagen oder Forderungen aus Wertpapiergeschäften einbüßt[350].

**b) Ausgenommene Gläubigergruppen.** Das Gesetz nimmt bestimmte Gläubiger (Kredit- und Finanzdienstleistungsinstitute[351], Versicherungsunternehmen, Investmentfonds, Organmitglieder etc.) von der Anspruchsberechtigung aus (§ 3 Abs. 2 EAEG)[352], da diese Kundenkreise sich entweder als professionelle Anleger selbst schützen können oder aber wesentlich zur Krise des Instituts beigetragen bzw. Straftaten begangen haben. Bei der Prüfung, ob ein Ein-/Anleger zu den von der Anspruchsberechtigung ausgeschlossenen Gläubigern gehört, ist bei Treuhandkonten auf den wirtschaftlich Berechtigten und nicht auf den formalen Kontoinhaber abzustellen (§ 3 Abs. 2 Satz 2 EAEG). 127

**3. Entschädigungsanspruch. a) Einlagen.** Das Gesetz sichert Einlagen und Verbindlichkeiten aus Wertpapiergeschäften. § 1 Abs. 2 EAEG definiert eine **Einlage** als Guthaben, die sich aus den auf einem Konto verbliebenen Beträgen und Zwischensalden ergeben und die aufgrund Gesetzes oder Vertrags rückzahlbar sind. Voraussetzung ist weiterhin, dass es sich bei dem Institut um ein CRR-Kreditinstitut handelt und der Anspruchsteller ein Konto bei diesem unterhält[353]. 128

Als Einlage erfasst sind auch verbriefte Forderungen. Das Institut muss über die Forderung eine Urkunde ausgestellt haben, aus der sich die Verpflichtung zur Zahlung ergibt (§ 1 Abs. 2 Satz 2 EAEG). Die bloße Quittung oder Mitteilung eines Instituts über geleistete Zahlungen an Dritte stellt keine derartige Urkunde dar[354], denn sie verbrieft keinen Zahlungsanspruch, sondern nur das Erlöschen eines solchen. Aus dem Kreis der verbrieften Forderungen hat der Gesetzgeber die vom Institut ausgestellten Inhaber- und Orderschuldverschreibungen[355], Schuldverschreibungen, welche die Voraussetzungen des Art. 52 Abs. 4 der Richtlinie 2009/65/EG vom 13.7.2009 zur Koordinierung der Rechts- und Verwaltungsvorschriften betreffend bestimmte Organismen für gemeinsame Anlagen in Wertpapieren[356] erfüllen[357], und Solawechsel ausgenommen. **Aus dem Einlagenbegriff ausgeklammert** sind auch Gelder, die zu den Eigenmitteln des zahlungsunfähig gewordenen Instituts zu rechnen sind. Dies belegen die Gesetzesmaterialien, die als Einlagen nur unbedingt rückzahlbare Gelder bezeichnen[358]. Damit sind auch Genussscheine und stille Einlagen, die das Institut emittiert hat, vom Anwendungsbereich des § 1 EAEG ausgenommen[359]. 129

---

[350] *Sethe*, Anlegerschutz, S. 693.
[351] Zu den Schwierigkeiten im Fall Phoenix, diesen Begriff zu bestimmen, vgl. *Grüneberg* WM 2012, 1365, 1367.
[352] Der Gesetzgeber hat fast alle ihm nach Art. 7 Abs. 2, Anhang I der ESRL, Art. 4 Abs. 2, Anhang I der AERL zustehenden Optionen ausgenutzt. Nicht umgesetzt ist Nr. 10 des Anhangs der ESRL, die nicht auf Namen lautende Einlagen ausschließt. Damit wurde erreicht, dass auch CpD-Konten geschützt sind, vgl. BT-Drucks. 13/10188, S. 16.
[353] BGH WM 2005, 325, 326.
[354] BGH WM 2005, 325, 326 f.
[355] Kritisch hierzu *Dreher* ZIP 1992, 1597, 1602; *Deutsche Bundesbank,* Monatsbericht Juli 1992, S. 30, 34, weil sich eine empfindliche Lücke im Schutz von Kleinanlegern auftue.
[356] ABl. EU Nr. L 302 v. 17.11.2009, S. 32, berichtigt ABl. EU Nr. L 269 v. 13.10.2010, S. 27.
[357] Gemeint sind damit Kommunal- und Bankinhaberschuldverschreibungen sowie Pfandbriefe iSv § 206 Abs. 3 KAGB.
[358] BT-Drucks. 13/10188, S. 16.
[359] *Fischer* in Boos ua, KWG, § 23a Rn. 5.

**130** **b) Verbindlichkeiten aus Wertpapiergeschäften.** Kunden von Finanzdienstleistungsunternehmen genießen ebenfalls den Schutz einer Sicherung. Der Schutz ist allerdings auf folgende Wertpapiergeschäfte beschränkt: Finanzkommissionsgeschäft, Depotgeschäft, Emissionsgeschäft, Anlagevermittlung, Anlageberatung, Betrieb eines MTF, Platzierungsgeschäft, Abschlussvermittlung, Finanzportfolioverwaltung und Eigenhandel (§ 1 Abs. 3 EAEG). Weiterhin erfasst sind Finanzportfolioverwaltungen und als Nebendienstleistungen die Anlageberatung, Anlagevermittlung und das Depotgeschäft, die von Kapitalverwaltungsgesellschaften erbracht werden[360].

**131** Geschützt sind **Verbindlichkeiten** aus Wertpapiergeschäften, also Verpflichtungen eines Instituts auf Rückzahlung von Geldern, die Anlegern aus Wertpapiergeschäften geschuldet werden oder gehören und die das Institut im Zusammenhang mit Wertpapiergeschäften für Rechnung des Kunden hält (§ 1 Abs. 4 Satz 1 EAEG[361]). Gesichert sind weiterhin Ansprüche von Anlegern auf Herausgabe von Finanzinstrumenten, die im Eigentum des Anlegers stehen und die das Institut für dessen Rechnung im Zusammenhang mit Wertpapiergeschäften hält oder verwahrt (§ 1 Abs. 4 Satz 2 EAEG). Der Begriff des Finanzinstruments entspricht demjenigen des § 1 Abs. 11 KWG. Nicht geschützt sind **Scheingewinne,** die bei einem Schneeballsystem entstanden sind. Weder der darüber ausgestellte Kontoauszug noch ein (vermeintlicher) Auszahlungsanspruch sind schutzwürdig. Hier steht dem Einleger nur ein Anspruch in Höhe seines tatsächlich eingezahlten Geldes zu[362].

**132** Der Anleger genießt bei einem **Finanzkommissionsgeschäft**[363] folgenden Schutz:
(1) Hat der Kunde (Kommittent) eine **Kauforder** erteilt und den Kaufpreis an den Kommissionär vorgeleistet, kam es aber dann vor Eintritt des Entschädigungsfalls **nicht mehr zum Ausführungsgeschäft mit dem Dritten,** steht dem Kunden mangels Forderung gegen einen Dritten noch kein Aussonderungsrecht aus § 392 Abs. 2 HGB iVm § 47 InsO zu. Statt dessen hat der Anleger gegenüber der Entschädigungseinrichtung einen Entschädigungsanspruch. Der Anleger hat einen Anspruch auf den Wert der nicht vermittelten Finanzinstrumente zum Zeitpunkt des Entschädigungsfalls (§ 4 Abs. 3 Satz 1 EAEG)[364], nicht aber einen Anspruch darauf, so gestellt zu werden, als wäre die Order ordnungsgemäß ausgeführt worden. Er kann also **keinen entgangenen Gewinn** durch Kurssteigerungen zwischen Eintritt des Entschädigungsfalls und Auszahlung des Entschädigungsbetrags verlangen. Dies ergibt sich aus §§ 1 Abs. 4, 3 Abs. 1 EAEG, die – ebenso wie Art. 2 Abs. 2 UAbs. 2 AERL – nicht den Anspruch auf Erfüllung schützen, sondern nur auf Wertersatz vorsehen.

**133** Im Insolvenzverfahren über das Vermögen des mit der Effektenkommission betrauten Instituts steht dem Anleger bei der Effektenkommission ein Insolvenzvorrecht zu, da dieses auch gilt, wenn der Kunde den Kaufpreis bereits vollständig entrichtet hatte, der Kommissionär aber die Wertpapiere noch nicht angeschafft hatte (§ 32 Abs. 1 Nr. 1 Halbs. 2 DepotG). Erfüllt die Entschädigungseinrichtung den Anspruch des Anlegers, geht der durch das Insolvenzvorrecht begründete Anspruch auf die Entschädigungseinrichtung über (§ 5 Abs. 5 EAEG).

**134** (2) Hat der Kunde (Kommittent) eine **Kauforder** erteilt und wird der Geschäftsbetrieb des Instituts unmittelbar nach Ausführung der Kauforder, aber **vor der Erfüllung des Geschäfts durch den Dritten** (vgl. §§ 18, 24 Abs. 2 DepotG) eingestellt, greift § 392

---

[360] Zum Zeitpunkt der Drucklegung enthielt § 1 Abs. 3 EAEG immer noch den überholten Hinweis auf § 7 InvG. Zutreffend wäre der Verweis auf § 20 Abs. 2 Nrn. 1 bis 3 oder Abs. 3 Nrn. 2 bis 5 KAGB.

[361] Der heutige Wortlaut der Bestimmung beruht auf einer Klarstellung durch Art. 15 Nr. 1 lit. b des 4. FFG (→ Rn. 125 Fn. 343).

[362] BGH WM 2011, 257 ff.

[363] Dabei ist der Begriff aufsichtsrechtlich zu bestimmen, Einzelheiten bei *Grüneberg* WM 2012, 1365, 1366.

[364] Ebenso *Fischer* in Boos ua, KWG, § 23a Rn. 6.

Abs. 2 HGB ein; der Anleger kann die Aussonderung bzw. Ersatzaussonderung (§§ 47f. InsO) der Forderung gegen den Dritten verlangen. Ein Insolvenzvorrecht nach § 32 DepotG steht ihm nicht zu.

(3) Stellt das Institut **zwischen der Ausführung der Kauforder, der Lieferung der Finanzinstrumente an das Institut, aber vor deren Übereignung** an den Anleger (vgl. §§ 18, 24 Abs. 2 DepotG) den Geschäftsbetrieb ein, steht dem Anleger kein Recht mehr aus § 392 Abs. 2 HGB und damit keine Aussonderungsmöglichkeit zu[365]. Statt dessen gebührt ihm gegen die Entschädigungseinrichtung ein Anspruch auf Ersatz des Wertes der Finanzinstrumente zum Zeitpunkt des Entschädigungsfalls. Dem Kunden steht zudem ein Insolvenzvorrecht zu (§ 32 Abs. 1 Nr. 1 Halbs. 1 DepotG). Erfüllt die Entschädigungseinrichtung den Anspruch des Anlegers, geht der durch das Insolvenzvorrecht begründete Anspruch auf die Entschädigungseinrichtung über (§ 5 Abs. 5 EAEG).

(4) Ist der Anleger bereits **Eigentümer der georderten Finanzinstrumente** geworden, steht ihm ein Anspruch auf Herausgabe gegen das Institut zu. Ist das Institut insolvent, muss er Aussonderung oder Ersatzaussonderung verlangen (§§ 47f. InsO). Diese Rechte sind lex specialis zum Insolvenzvorrecht nach § 32 DepotG[366]; angesichts der Möglichkeit der Aussonderung steht dem Anleger zudem kein Entschädigungsanspruch iSd §§ 3 Abs. 1, 4 EAEG zu (→ Rn. 146)[367].

(5) Ein Entschädigungsanspruch kann in der Fallkonstellation der schon an den Anleger übereigneten Finanzinstrumente aus den in der vorigen Randnummer genannten Erwägungen daher nur eintreten, wenn die Finanzinstrumente **unterschlagen** oder **veruntreut** wurden[368]. Dem Anleger ist der Wert der Finanzinstrumente im Zeitpunkt der Feststellung des Entschädigungsfalls zu ersetzen (§ 1 Abs. 4 Satz 2 EAEG). Dem Kunden steht zudem ein Insolvenzvorrecht zu (§ 32 Abs. 1 Nr. 2 DepotG). Erfüllt die Entschädigungseinrichtung den Anspruch des Anlegers, geht der durch das Insolvenzvorrecht begründete Anspruch auf die Entschädigungseinrichtung über (§ 5 Abs. 5 EAEG).

(6) Hat der Anleger eine **Verkaufsorder** erteilt und wurde diese nicht mehr rechtzeitig vor Eintritt des Entschädigungsfalls ausgeführt, wird nicht sein Anspruch auf Erfüllung geschützt. Vielmehr hat er seine Eigentümerstellung an den Finanzinstrumenten noch nicht verloren und kann deshalb im Falle der Insolvenz ein Aussonderungsrecht oder Ersatzaussonderungsrecht (§§ 47f. InsO) geltend machen. Wurden die Wertpapiere unterschlagen oder veruntreut, steht dem Anleger ein Entschädigungsanspruch zu (§ 1 Abs. 4 Satz 2 EAEG).

(7) Hat der Anleger eine **Verkaufsorder** erteilt und wurde diese vor Eintritt des Entschädigungsfalls ausgeführt, der **Erlös aber vom Dritten noch nicht überwiesen,** gilt die Forderung im Insolvenzfall des Kommissionärs als eine solche des Kommittenten (§ 392 Abs. 2 HGB fällt), so dass er Aussonderung verlangen kann[369].

(8) Hat der Anleger eine **Verkaufsorder** erteilt, wurde diese vor Eintritt des Entschädigungsfalls ausgeführt und der **Erlös dem Konto des Instituts gutgeschrieben,** setzt sich die Fiktion des § 392 Abs. 2 HGB nicht am Guthaben auf dem Girokonto des Instituts fort[370]. Vielmehr steht dem Anleger ein Geldanspruch gegen das Institut zu, für den er nach § 1 Abs. 4 Satz 1 EAEG zu entschädigen ist[371]. Ein Insolvenzvorrecht nach

---

[365] *Scherer,* DepotG, § 32 Rn. 2.
[366] *Scherer,* DepotG, § 32 Rn. 3.
[367] Ebenso *Wagner,* Einlagensicherung, S. 85f. Dazu auch KG Berlin vom 25.1.2011 – 9 U 117/10 (juris).
[368] Diese beiden Fälle sind vom Schutz des § 1 EAEG erfasst, → Rn. 56 und → Rn. 152.
[369] *Scherer* in Ebenroth/Boujong/Joost/Strohn, HGB, § 32 DepotG Rn. VI 647.
[370] St. Rspr., zuletzt BGH NJW 2010, 3578, 3579 Rn. 15; sowie *Häuser* in MüKoHGB, § 392 Rn. 43 mwN auch zur Gegenauffassung.
[371] Ein Insolvenzvorrecht nach § 32 DepotG steht ihm nicht zu, da dieses nur die Einkaufskommission, nicht aber die Verkaufskommission schützt, *Scherer,* DepotG, 2012, § 32 Rn. 2.

§ 32 Abs. 1 DepotG besteht nicht, da dieser nicht für die Verkaufskommission gilt[372]. Wurde ein CRR-Kreditinstitut mit der Verkaufsorder beauftragt, ist zu beachten, dass im Entschädigungsfalle der Geldanspruch nicht mehr als Verbindlichkeit, sondern als Einlage[373] gilt und als solche geschützt sind (§ 4 Abs. 2 Satz 2 EAEG).

**141** Weiterhin schützt das Einlagensicherungs- und Anlegerentschädigungsgesetz die Kunden von **Anlage- und Abschlussvermittlern, Finanzportfolioverwaltern und Eigenhändlern.** Hier ist danach zu unterscheiden, ob der Anleger sich eines Kreditinstituts oder aber eines Finanzdienstleistungsinstituts bedient:

**142** (1) Handelt es sich bei dem beauftragten Institut um ein **CRR-Kreditinstitut,** darf dieses die Geschäfte, die zur Ausführung der Anlage- und Abschlussvermittlung, Finanzportfolioverwaltung und des Eigenhandels erforderlich sind, selbst vornehmen. Eine Vermögenstrennung iSd § 34a Abs. 1 und 2 WpHG ist nicht geboten. Das Institut darf Kundengelder auf einem bei sich für den Kunden geführten Konto buchen. Es gelten die oben gemachten Ausführungen (→ Rn. 132 ff.) sinngemäß, wobei zu beachten ist, dass im Entschädigungsfalle Kundengelder aus Wertpapiergeschäften nicht mehr als Verbindlichkeit, sondern als Einlage[374] gelten und als solche geschützt ist (§ 4 Abs. 2 Satz 2 EAEG).

**143** (2) Beauftragt der Anleger ein **Finanzdienstleistungsinstitut,** das keine Erlaubnis zur Verschaffung von Besitz oder Eigentum an Kundengeldern oder Wertpapieren besitzt, muss dieses ein weiteres Institut zur Führung des Kontos bzw. zur Ausführung der Order und Verwahrung der Wertpapiere einschalten. Denn Kundengelder und -wertpapiere sind nach § 34a Abs. 1 und 2 WpHG vom eigenen Vermögen zu trennen. Im Falle der Insolvenz des vermittelnden Finanzdienstleistungsinstituts erleidet der Anleger keinen Verlust, da seine Einlagen und seine Wertpapiere bei einem anderen Institut verwahrt werden. Ein Verlust kann daher nur unter besonderen Umständen entstehen: War das Finanzdienstleistungsinstitut aus Zeitmangel bei Eintritt des Entschädigungsfalls zur Vermögenstrennung nicht mehr in der Lage oder hat es gar systematisch gegen § 34a Abs. 1 und 2 WpHG verstoßen, liegt eine Verbindlichkeit nach § 1 Abs. 4 Satz 1 EAEG vor[375]. Denn das Gesetz schützt auch Ansprüche gegen ein Institut, wenn dieses sich bei der Erbringung von Finanzdienstleistungen weder Eigentum noch Besitz an Kundengeldern und Wertpapieren verschaffen durfte, dies aber unter **Verstoß gegen seine Zulassung** dennoch tat[376]. Weiterhin ist der Kunde geschützt, wenn das Finanzdienstleistungsinstitut Kundengelder oder -wertpapiere **unterschlägt** oder **veruntreut.** Unter Anwendung dieser Grundsätze wurde von BGH die erste Entscheidung zum Einlagensicherungs- und Anlegerentschädigungsgesetz gefällt, bei der ein Institut eine Wertpapieremission platzierte und anschließend zeitgleich sowohl das Institut als auch der Emittent insolvent wurden: Die Frage, ob der Anleger einen Entschädigungsanspruch erhält, hängt davon ab, an wen er seine Einlage gezahlt hat. Wurde an das Institut geleistet, genießt der Anleger Schutz, auch wenn das Institut mit der Entgegennahme des Geldes gegen die Bedingungen seiner Zulassung verstieß. Wurde dagegen direkt an den Emittenten gezahlt, hat sich das unternehmerische Risiko verwirklicht, das gerade nicht durch das Einlagensicherungs- und Anlegerentschädigungsgesetz geschützt werden soll[377].

**144** (3) Bedient sich der Kunde eines Finanzdienstleistungsinstituts, das eine Erlaubnis zur Verschaffung von Besitz oder Eigentum an Kundengeldern oder Wertpapieren besitzt, be-

---

[372] *Scherer,* DepotG, § 32 Rn. 2.
[373] Diese Einordnung hat Bedeutung für die Berechnung der Entschädigungshöchstgrenzen, → Rn. 157 ff.
[374] Diese Einordnung hat Bedeutung für die Berechnung der Entschädigungshöchstgrenzen, → Rn. 157 ff.
[375] *Dreymann/Schnatmeyer,* Einlagensicherungs- und Anlegerentschädigungsgesetz, S. 69.
[376] BT-Drucks. 13/10188, S. 16.
[377] BGH WM 2005, 325 ff.

steht keine Pflicht zur Vermögenstrennung (§ 34a Abs. 2 WpHG). Einlagen und Verbindlichkeiten der Kunden aus Wertpapiergeschäften sind bei Insolvenz dieses Instituts ebenfalls nach dem Einlagensicherungs- und Anlegerentschädigungsgesetz gesichert.

Schließlich schützt das Einlagensicherungs- und Anlegerentschädigungsgesetz die Kunden von **Anlageberatern.** Da Anlageberater weder Einlagen entgegennehmen noch Wertpapiergeschäfte ausführen, sondern nur beraten, löst die Insolvenz des Anlageberaters keine Entschädigungsansprüche aus. Ist der Beratungsvorgang fehlerhaft, stehen dem Kunden Schadensersatzansprüche zu, die aber nicht nach dem EAEG geschützt werden (→ Rn. 152). 145

**c) Nicht gesicherte Ansprüche.** Von der Entschädigung nicht erfasst werden **Aussonderungsrechte.** Denn die Einlagensicherung und Anlegerentschädigung soll Forderungen der Anleger gegen Institute nur insoweit absichern, als ihnen im Insolvenzfall nicht Anspruch auf Rückzahlung oder Rückgabe ihres Eigentums zusteht. Sofern also eine Rechtsposition des Kunden durch ein Aussonderungsrecht geschützt ist, gehört diese nicht zur Insolvenzmasse und der Insolvenzverwalter kann – wenn das Aussonderungsgut noch vorhanden ist – die Ansprüche des Ein-/Anlegers noch erfüllen. Dem Kunden entsteht damit kein entschädigungsfähiger Schaden iSd EAEG[378]. Im Entschädigungsverfahren muss daher zunächst geklärt werden, ob Aussonderungsrechte bestehen, bevor die Auszahlung des Entschädigungsanspruchs berechnet werden kann[379]. Um zu verhindern, dass sich ein Anleger ein Wahlrecht zwischen Aussonderung und Entschädigung durch die Hintertür verschafft, kommt es nach Ansicht des KG nicht darauf an, ob der Anspruchsteller Aussonderungsrechte geltend gemacht, auf diese verzichtet oder ihre Forderungen in voller Höhe zur Insolvenztabelle angemeldet hat[380]. Er soll es gerade nicht in der Hand haben, durch sein Verhalten bei bestehender Möglichkeit eines Aussonderungsrechts zu Lasten der Sicherungseinrichtung einen Entschädigungsanspruch zu begründen. Man kann diesen Gedanken noch fortentwickeln und demjenigen, der bewusst einen Aussonderungsanspruch vereitelt oder nicht geltend macht, auch den Anspruch auf Entschädigung versagen, da er den Entschädigungsfall erst herbeigeführt hat (§ 254 BGB)[381]. Ein Recht auf Aussonderung steht dem Kunden allerdings nur zu, wenn die Vermögenswerte noch in seinem Eigentum stehen. Hat das Institut bei Treuhandkonten die treuhänderische Bindung missachtet und das Geld des Kunden als eigenes behandelt oder mit eigenem vermischt, scheidet es aus dem Vermögen des Treugebers aus. Damit endet auch das Aussonderungsrecht[382]. 146

Legt das Institut das Kundenvermögen in Finanzinstrumenten an und erwirtschaftet dabei **Kursverluste,** kann der Anleger diese Verluste nicht als ersatzfähigen Schaden nach § 4 Abs. 1 EAEG geltend machen, denn die Sicherungseinrichtung schuldet gemäß § 4 Abs. 3 Satz 1 EAEG nur den Marktwert der Finanzinstrumente im Zeitpunkt des Entschädigungsfalls[383]. Der Kunde erhält also nicht das ursprünglich eingesetzte Vermögen zurück, son- 147

---

[378] BT-Drucks. 13/10188, S. 17; BGH WM 2011, 2176 Rn. 41 ff.; KG WM 2011, 931, 934 ff.; *Grüneberg* WM 2012 1365, 1368; *Sethe/Fahrländer* WuB I L 3. § 4 EAEG 1.11.

[379] Der dadurch verursachten Verzögerung will man bei der Reform der AERL durch die Einführung von Abschlagzahlungen von einem Drittel Rechnung tragen, vgl. Vorschlag für eine Richtlinie des Europäischen Parlaments und des Rates zur Änderung der Richtlinie 97/9/EG des Europäischen Parlaments und des Rates über Systeme für die Entschädigung der Anleger v. 12.7.2010, KOM(2010) 371 endgültig, Punkt 4.3.9.

[380] KG WM 2011, 931, 937; *Sethe/Fahrländer* WuB I L 3. § 4 EAEG 1.11.

[381] *Sethe/Fahrländer* WuB I L 3. § 4 EAEG 1.11.

[382] BGH WM 2011, 798 ff.

[383] BGH WM 2011, 257 Rn. 31; BGH WM 2011, 2219 Rn. 29; *Grüneberg* WM 2012 1365, 1368. Die Entscheidung BGH WM 2011, 364 Rn. 13, steht dem nicht entgegen. Das betrügerisch handelnde Institut hatte dem Anleger vor der Insolvenz die geleistete Einlage zzgl. der Scheingewinne aus dem Schneeballsystem ausbezahlt. Die Scheingewinne forderte der Insolvenzverwalter zurück, womit er gerichtlich Erfolg hatte. Später wollte der Insolvenzverwalter nicht nur Rückzahlung der Scheingewinne, sondern auch die der real erwirtschafteten, höheren Verluste, was der BGH im konkreten Fall als Verstoß gegen § 242 BGB ansah.

dern das im Zeitpunkt des Entschädigungsfalls noch vorhandene. Beruhen die Kursverluste auf einer fehlerhaften Beratung oder Anlagestrategie des Instituts, stehen dem Anleger nur Schadensersatzansprüche gegen das (insolvente) Institut zu. Diese werden allerdings nicht vom EAEG gesichert (→ Rn. 152).

**148** Der Entschädigungsanspruch umfasst gemäß § 4 Abs. 3 Satz 1 EAEG nur den tatsächlich vorhandenen Marktwert der Finanzinstrumente im Zeitpunkt des Entschädigungsfalls, nicht aber auch höhere **Scheingewinne,** die das Institut in den übersandten Kontoauszügen oder Saldomitteilungen ausgewiesen hat, um sein „Schneeballsystem" zu verschleiern[384]. Dies belegt der eindeutige Wortlaut von § 1 Abs. 4 Satz 1 EAEG und es ergibt sich auch aus dem Schutzzweck des Gesetzes[385].

**149** Ein vom Anleger bei der Vornahme des Wertpapiergeschäfts entrichtetes **Agio** dient nicht der Anlage in Finanzinstrumenten, sondern ist das Entgelt für den Verwaltungsaufwand des Instituts. Es ist also nicht Teil der Anlagesumme und damit nicht ersatzfähig[386]. Hatte das Institut von vornherein vor, ein Schneeballsystem zu errichten, steht dem Anleger nach Ansicht des BGH hinsichtlich des Agios ein Schadensersatzanspruch zu. Dieser unterfällt allerdings nicht dem Schutzzweck des Gesetzes (→ Rn. 152). Die Begründung des BGH erweist sich im Ergebnis als richtig, greift jedoch etwas kurz. Ist der Vertrag wegen eines Schnellballsystems sittenwidrig, steht dem Anleger nämlich auch ein Bereicherungsanspruch im Hinblick auf das Agio zu[387]. Aber ein solcher Anspruch führt ebenfalls nicht zum Erfolg, denn § 1 Abs. 4 Satz 1 EAEG erfasst seinem Wortlaut nach unter „Verbindlichkeiten aus Wertpapiergeschäften" die Gelder, die der Anleger dem Institut *zur Anlage in Wertpapiergeschäften* übergeben hat; maßgebend ist also das mit der Geldübergabe verfolgte Ziel. Unerheblich für die Erstattung ist dagegen die Rechtsnatur des Anspruchs (→ Rn. 152 aE). Da das Agio als Entgelt gedacht war, ist es folglich auch bei sittenwidrigen Verträgen nicht nach §§ 3, Abs. 1, 4 Abs. 1 EAEG zu erstatten.

**150** Fraglich erscheint, ob dem Agio die vertraglich vereinbarten **Verwaltungsgebühren, Bestandsprovisionen, Handelsprovisionen** etc. und Ansprüche des Instituts auf **Erstattung von Aufwendungen** des Instituts gegen den Anleger gleich zu stellen sind. Dies hat der Bundesgerichtshof abgelehnt, da § 1 Abs. 4 Satz 1 EAEG nach seinem Wortlaut unter „Verbindlichkeiten aus Wertpapiergeschäften" die Gelder fasst, die der Anleger dem Institut zur Anlage in Wertpapiergeschäften übergeben hat (→ Rn. 149). Gegenansprüche sind erst bei der Bemessung des Entschädigungsanspruchs zu beachten, in dem nach § 4 Abs. 1 Satz 1 EAEG etwaige Aufrechnungs- und Zurückbehaltungsrechte des Instituts zu prüfen sind (→ Rn. 157 f.).

**151** Nicht erfasst werden **Schadensersatzansprüche,** die daraus erwachsen, dass die BaFin ein **Moratorium** erlässt und deshalb Aufträge des Kunden nicht mehr oder nicht mehr rechtzeitig ausgeführt werden[388]. Dies hat die Neufassung des § 1 Abs. 4 EAEG aus dem Jahre 2002[389] klargestellt.

**152** Nicht gesichert sind weiterhin Ansprüche auf Schadensersatz wegen **Verletzung vertraglicher Pflichten vor Eintritt des Entschädigungsfalles** (Beratungsfehler, abspra-

---

[384] BGH WM 2011, 257 Rn. 22 ff.; *Grüneberg* WM 2012 1365, 1368.

[385] Hat das Institut die Scheingewinne bereits ausgezahlt, kann der Insolvenzverwalter diese als objektiv unentgeltliche Leistung nach § 134 Abs. 1 InsO anfechten und vom Anleger zurückfordern, BGH WM 2009, 178 Rn. 6; BGH WM 2010, 1887 Rn. 6; BGH WM 2011, 364 Rn. 6 ff. Dabei sind ausgeschüttete Zinsen und Erträge im Rahmen eines als Schneeballsystem geführten Anlagemodells zunächst auf ausgewiesene Scheingewinne und erst danach auf die geleistete Einlage anzurechnen, BGH WM 2011, 659 Rn. 8 ff.

[386] BGH WM 2011, 257 Rn. 30; BGH WM 2011, 2219 Rn. 29; *Grüneberg* WM 2012, 1365, 1367.

[387] *Sethe/Fahrländer* WuB I L 3. § 4 EAEG 1.11.

[388] *Fischer* in Boos ua, KWG, § 23a Rn. 5; *Lindemann* in Boos ua, KWG, § 46 Rn. 136; *Pannen,* Krise, Kap. 4 Rn. 68.

[389] → Rn. 131 Fn. 361.

chewidrige Anlage durch den Vermögensverwalter etc.)[390]. Angesichts der Zielsetzung des Einlagensicherungs- und Anlegerentschädigungsgesetzes, das einen Schutz der Kapitalanlagen von Ein-/Anlegern für den Fall der Zahlungsunfähigkeit des Instituts erreichen will, ist diese Einschränkung des **Schutzbereichs** konsequent. Sie ist auch europarechtskonform. Die Bestimmung beruht auf Art. 2 Abs. 2 UAbs. 2 AERL. Dieser bestimmt, dass dem Anleger **Gelder,** die er dem Institut zur Durchführung von Wertpapiergeschäften überlassen hat oder die das Institut aus Wertpapiergeschäften für Rechnung des Kunden erlöst hat, im Falle der Insolvenz erstattet werden. Weiterhin gewährleistet er, dass dem Anleger die Finanzinstrumente **zurückgegeben** werden, die diesem gehören oder für seine Rechnung im Zusammenhang mit Wertpapiergeschäften gehalten, verwahrt oder verwaltet werden. Die Richtlinie schützt dagegen nicht den Anspruch des Anlegers auf Erfüllung von Geschäften oder auf Schadensersatz. Wie weit die Einschränkung des Schutzbereichs allerdings im Einzelfall reicht, war vor allem im Hinblick auf Wertpapiergeschäfte unklar. Nach der Gesetzesbegründung sollen nur solche Ansprüche in den Schutzbereich fallen, die zu den vertraglichen Hauptleistungspflichten gehören[391]. Deshalb seien Schadensersatzansprüche aus Beratungsfehlern bei Wertpapiergeschäften nicht gedeckt. Diese Stellungnahme in den Materialien erweist sich als ungeeignet zur Eingrenzung des Schutzbereichs, da Beratungspflichten im Einzelfall durchaus auch Hauptleistungspflichten darstellen können[392]. Ein Verstoß gegen die in einem Vermögensverwaltungsvertrag niedergelegten Anlagerichtlinien stellt ebenfalls die Verletzung einer Hauptleistungspflicht dar; die daraus resultierenden Schadensersatzansprüche fallen aber nicht in den Schutzbereich des Einlagensicherungs- und Anlegerentschädigungsgesetzes. Die Eingruppierung einer Pflicht als Haupt- und Nebenleistungspflicht ist also kein taugliches Unterscheidungskriterium[393]. Entscheidend ist vielmehr das Ziel des vom Kunden geltend gemachten Anspruchs, das wiederum von der Art der Vertragsverletzung abhängt. Ist **Ziel des Anspruchs** der Ersatz entgangenen Gewinns oder der Ausgleich von Verlusten, die aufgrund von Vertragspflichtverletzungen entstanden sind, ist der Anspruch im Falle der Zahlungsunfähigkeit des Instituts nicht vom Einlagensicherungs- und Anlegerentschädigungsgesetz geschützt. Denn ein solcher Anspruch richtet sich nicht unmittelbar auf die **Verschaffung von Rechten, Besitz oder Eigentum an Geldern oder Wertpapieren,** sondern auf die Kompensation eines Fehlverhaltens des Instituts und der ihm zurechenbaren Mitarbeiter. Anders ist die Ausgangslage, wenn die Verletzung vertraglicher Pflichten gerade darin besteht, dass ein Mitarbeiter Gelder oder Wertpapiere, die im Eigentum des Kunden standen, veruntreut hat, und damit die Ansprüche des Kunden auf die Verschaffung von Rechten, Besitz oder Eigentum an Geldern oder Wertpapieren vereitelt. Derartige Missbrauchsfälle sollen nach den Gesetzesmaterialien in den Schutzbereich des Einlagensicherungs- und Anlegerentschädigungsgesetzes fallen[394]. Für eine solche Eingrenzung des Schutzbereichs spricht weiterhin, dass § 1 Abs. 4 Satz 2 EAEG gerade nicht danach differenziert, ob der „Verschaffungsanspruch" des Kunden auf § 985 BGB, § 607 BGB, § 812 BGB oder gar auf § 280 Abs. 1 iVm § 249 BGB gestützt wird. Deshalb kann es keinen Unterschied machen, ob die Kundengelder aus dem Verkauf von Wertpapieren auf einem Konto gebucht sind und wegen Zahlungsunfähigkeit des Instituts nicht ausgezahlt werden können, oder ob Wertpapiere veruntreut wurden und der Ersatzanspruch nicht mehr erfüllt werden kann. In beiden Fällen handelt es sich um einen Verschaffungsanspruch, der aufgrund der Zahlungsunfähigkeit des Instituts nicht beglichen werden wird[395]. Im Ergebnis kommt es, wie schon in Rn. 149 gezeigt,

---

[390] BGH WM 2011, 257 Rn. 24; *Pannen,* Krise, Kap. 4 Rn. 68; *Grüneberg* WM 2012 1365, 1367.
[391] BT-Drucks. 13/10188, S. 16.
[392] So jetzt auch *Grüneberg* WM 2012 1365, 1367.
[393] Zustimmend *Wagner,* Einlagensicherung, S. 84 f.; aA *Dreymann/Schnatmeyer,* Einlagensicherungs- und Anlegerentschädigungsgesetz, S. 67 f., die an dem Kriterium festhalten.
[394] → Rn. 56 mwN.
[395] Im Ergebnis auch BT-Drucks. 13/10188, S. 17 (rechte Spalte).

nicht auf die Rechtsnatur des Anspruchs an, sondern darauf, welches **Ziel der Anspruchsteller verfolgt.** Will er zu Anlagezwecken überlassene Gelder oder Ersatz für ihm zustehende Finanzinstrumente zurück, ist er geschützt, will er andere Gelder zurück (Agio, Verwaltungsgebühren etc.) oder Ersatz für Vertragsverletzungen, ist er nicht geschützt.

153  Nicht geschützt sind schließlich solche Schadensersatzansprüche, die erst **nach Eintritt des Entschädigungsfalls** entstehen.

154  Da die Anlegerentschädigung nur vor einer Insolvenz des Finanzintermediärs schützen soll, erfasst das Einlagensicherungs- und Anlegerentschädigungsgesetz auch keine Ansprüche, die sich aus der **Insolvenz des Emittenten** ergeben[396].

155  Nicht geschützt sind auch die bei einer reinen **Depotbank** oder bei der **Verwahrstelle** einer Kapitalverwaltungsgesellschaft angelegten Vermögenswerte (→ Rn. 58 f.).

156  Ausgeschlossen sind schließlich Einlagen und Gelder, die nicht in Währungen der EU-Staaten oder Euro lauten (§ 4 Abs. 1 Satz 2 EAEG)[397], zB Anlagen in Dollar oder Schweizer Franken[398].

157  **4. Umfang des Entschädigungsanspruchs. a) Umfang des Entschädigungsanspruchs bei inländischen Instituten.** Der Entschädigungsanspruch bemisst sich nach Höhe und Umfang der Einlagen oder Verbindlichkeiten aus Wertpapiergeschäften (§ 4 Abs. 1 Satz 1 EAEG) (→ Rn. 128 ff.). Maßgebend ist der Betrag der Einlagen auf dem Konto bzw. der Marktwert der Wertpapiere zum Zeitpunkt des Eintritts des Entschädigungsfalls (§ 4 Abs. 3 Satz 1 EAEG).

158  Die Entschädigungseinrichtung kann die dem Institut zustehenden **Aufrechnungs- und Zurückbehaltungsrechte** geltend machen. Es gelten die allgemeinen Vorschriften, also für die Aufrechnung die §§ 387 ff. BGB. Die Gegenforderung muss also gleichartig sein. Das Merkmal der Gegenseitigkeit wird durch § 4 Abs. 1 Satz 1 EAEG modifiziert, da kraft Gesetzes anstelle der ursprünglichen Forderung nun der Entschädigungsanspruch in das Aufrechnungsverhältnis einrückt. Die zur Aufrechnung gestellte Forderung muss vollwirksam und fällig sein, dh es muss sich um eine Forderung handeln, deren Erfüllung erzwungen werden kann und die frei von Einwendungen oder Einreden ist (§ 390 BGB)[399]. Im Fall „Phoenix" ließ der BGH den Einwand der Verwirkung zu und verneinte damit den von der Entschädigungseinrichtung geltend gemachten Gegenanspruch auf eine Bestandsprovision (dazu schon → Rn. 150), weil das Institut durch das Schneeballsystem in schwerwiegender Weise seine Vertragspflichten verletzt hat[400]. Die Aufrechnung durch die Entschädigungseinrichtung war daher ausgeschlossen. Auch in Bezug auf Zurückbehaltungsrechte gelten die allgemeinen Vorschriften, also die §§ 273, 320 BGB.

159  Handelt es sich bei dem Konto um ein Mietkautionskonto, das verpfändet wurde, setzt sich das Pfandrecht des Vermieters nicht an dem, dem Mieter zustehenden Entschädigungsanspruch fort, da es sich um einen selbständigen Anspruch handelt, der nicht unter § 401 BGB fällt[401].

160  Vom Entschädigungsanspruch umfasst sind auch **Zinsen** für Einlagen oder Verbindlichkeiten für die Zeitspanne vom Eintritt des Entschädigungsfalles bis zur Auszahlung der Entschädigung, längstens aber bis zur Eröffnung des Insolvenzverfahrens über das Institut (§ 4

---

[396] *Deutsche Bundesbank,* Monatsbericht Juli 2000, S. 30; im Ergebnis auch BGH WM 2005, 325 ff., dazu oben Rn. 143 aE.

[397] Zur Änderung des § 4 Abs. 1 Satz 2 EAEG → Rn. 73 Fn. 235.

[398] Diese Bestimmung verfolgt den Zweck, eine Anlage in den Währungen der Mitgliedstaaten zu fördern und diese damit zu stärken. Dies ist nach Ansicht des VG Berlin BKR 2003, 722, 730 (re. Sp.), zulässig. Die Regelung dürfte jedoch gegen Art. 40, 42 Abs. 1 des Abkommens über den Europäischen Wirtschaftsraum vom 13.12.1993, ABl. EG Nr. L 1 v. 3.1.1994, S. 1 ff., verstoßen, da sie die Anlage von Vermögen in den drei EWR-Staaten behindert, was das VG Berlin nicht geprüft hat.

[399] BGH WM 2011, 2219 Rn. 30; *Grüneberg* WM 2012, 1365, 1369.

[400] BGH WM 2011, 2219 Rn. 32 ff.; *Grüneberg* WM 2012, 1365, 1369.

[401] BGH WM 2008, 830 ff.; *Baumbach/Hopt,* HGB, BankGesch Rn. A/57.

Abs. 3 Sätze 2 und 3 EAEG⁴⁰²). Ein Zinsanspruch wird daher vor allem in der Zeit eines Moratoriums relevant (→ Rn. 125). Der Gesetzgeber hatte 2002 eine Regelung zur **Zinshöhe** eingeführt, die an die Verzugszinsenregelung des § 288 BGB anknüpfte⁴⁰³. Dieser Verweis entpuppte sich aus vielerlei Gründen als sehr unglücklich⁴⁰⁴ und wurde daher vom Gesetzgeber 2009 zu Recht ersatzlos gestrichen⁴⁰⁵. Der Gesetzgeber hat auf eine ausdrückliche Regelung der Zinshöhe nun ganz verzichtet. Maßgebend ist daher der vertraglich vereinbarte Zins⁴⁰⁶, wie er bei Termingeldern, Spareinlagen, aber auch bei Schuldverschreibungen (soweit sie überhaupt unter das EAEG fallen) vorkommt. Wurde kein Zins vereinbart (wie etwa bei der Wertpapieranlage in Aktien), schuldet die Entschädigungseinrichtung folglich auch keinen Zins. Da das Gesetz auch keinen Anspruch auf entgangenen Gewinn (etwa für eingebüßte Kursgewinne) vorsieht (→ Rn. 132), ist dies für viele Anleger sehr misslich, aber nach der Konzeption des Gesetzes als subsidiäre Ausfallhaftung nachvollziehbar.

**161** Dem Gedanken der subsidiäre Ausfallhaftung entspricht es auch, dass der Entschädigungsanspruch herabgesetzt wird, soweit der durch den Entschädigungsfall eingetretene Vermögensverlust des Anspruchsberechtigten durch **Leistungen Dritter** ausgeglichen wird. Dies ist etwa der Fall, wenn es dem Anspruchsberechtigten erfolgreich gelingt, Schadensersatzansprüche gegen einen Vermittler durchzusetzen⁴⁰⁷.

**162** Der so berechnete gesetzliche Entschädigungsanspruch ist auf 100% der Einlagen, maximal aber auf 100 000 EUR (oder bei einer anderen mitgliedstaatlichen Währung deren Gegenwert) sowie auf 90% der Verbindlichkeiten aus Wertpapiergeschäften, maximal aber den Gegenwert von 20 000 EUR begrenzt (§ 4 Abs. 2 Satz 1 EAEG). Die **Obergrenzen** beziehen sich auf die Gesamtheit aller Ansprüche eines Kunden gegen das Institut, unabhängig von der Zahl der Konten, der Währung und dem Ort, an dem die Konten geführt und die Wertpapiere verwahrt werden (§ 4 Abs. 4 Satz 1 EAEG). Bei Gemeinschaftskonten ist der jeweilige Anteil des einzelnen Inhabers für die Berechnung der Obergrenze maßgebend (§ 4 Abs. 5 Satz 1 EAEG). Gemäß § 4 Abs. 5 Satz 2 EAEG sind gleiche Anteile zugrunde zu legen, sofern sich keine andere Aufteilung feststellen lässt, so dass beispielsweise einem Ehepaar mit einem Gemeinschaftskonto bis zu 200 000 EUR Entschädigung zustehen können. Die Mitglieder von nicht rechtsfähigen Vereinigungen, wie Investmentclubs, sind einzeln anspruchsberechtigt, da das Clubkonto als Gemeinschaftskonto gilt⁴⁰⁸. Ihnen stehen die Deckungsobergrenzen deshalb pro Person zur Verfügung, sofern die Mitglieder der Vereinigung individualisiert werden können. Gleiches gilt für die Mitglieder einer Wohnungseigentümergemeinschaft (§ 4 Abs. 5 Satz 3 EAEG). Von den Obergrenzen der Sicherung unberührt bleiben Aussonderungsrechte in der Insolvenz, so dass Wertpapiere im Eigentum des Kunden unabhängig von den Höchstgrenzen des Einlagensicherungs- und Anlegerentschädigungsgesetzes ausgesondert werden können⁴⁰⁹.

**163** Die **Entschädigungsobergrenzen** gelten **pro Person**. Bei Treuhandkonten ist die Person des Treugebers maßgeblich, nicht die des Treuhänders (→ Rn. 126). Hat nun der

---

⁴⁰² Die Regelung wurde durch Art. 15 Nr. 2 lit. b des 4. FFG (→ Rn. 125 Fn. 343) grundlegend umgestaltet. Zu den Hintergründen *Wagner*, Einlagensicherung, S. 88 f.; wenig aussagekräftig dagegen die Gesetzesbegründung, RegE BR-Drucks. 936/01 (neu), S. 395 f.
⁴⁰³ Eingeführt durch Art. 15 Nr. 2 lit. b des 4. FFG (→ Rn. 125 Fn. 343).
⁴⁰⁴ Einzelheiten bei *Sethe* in Assmann/Schütze, Handbuch des Kapitalanlagerechts, 3. Aufl., § 25 Rn. 114 mwN.
⁴⁰⁵ Art. 1 Nr. 3 lit. b des Gesetzes zur Änderung des Einlagensicherungs- und Anlegerentschädigungsgesetzes und anderer Gesetze v. 25.6.2009, BGBl. I 1528.
⁴⁰⁶ RegE des Gesetzes zur Änderung des Einlagensicherungs- und Anlegerentschädigungsgesetzes und anderer Gesetze, BR-Druck. 170/09, S. 13; *Pannen* ZInsO 2010, 929, 931 f.
⁴⁰⁷ RegE des Gesetzes zur Änderung des Einlagensicherungs- und Anlegerentschädigungsgesetzes und anderer Gesetze, BR-Druck. 170/09, S. 13.
⁴⁰⁸ BT-Drucks. 13/10846, S. 24.
⁴⁰⁹ BT-Drucks. 13/10188, S. 17; *Weber* Die Bank 1998, 470, 471.

Treugeber zusätzlich ein Konto unter eigenem Namen und wird der Höchstbetrag von 100 000 EUR für Einlagen und/oder von 20 000 EUR für Verbindlichkeiten aus Wertpapiergeschäften überschritten, stellt sich die Frage, an wen die Entschädigung auszuzahlen ist und auf wen welcher Anteil entfällt. Denn bei Treuhandkonten wird die Entschädigung an den Treuhänder ausgezahlt, der es an den Treugeber nach Maßgabe des zwischen beiden bestehenden Rechtsverhältnisses weiterleiten muss; bei den übrigen Konten wird an den Inhaber selbst ausgezahlt. Solange der Treuhänder zahlungsfähig ist und seine Stellung nicht missbraucht, erscheint die Frage, an wen welcher Anteil zu zahlen ist, rein theoretischer Natur. Wird jedoch der Treuhänder zwischen Auszahlung der Entschädigung und Weiterreichung an den Treugeber insolvent oder veruntreut er das Geld, kommt es auf diese Frage durchaus an. Auch aus Sicht der Entschädigungseinrichtung ist die Frage bedeutend, denn die Einrichtung wird wissen wollen, an wen und in welchem Umfang sie befreiend leisten kann. In der geschilderten Konstellation kann die Entschädigung analog § 4 Abs. 5 EAEG nach dem Verhältnis der Einlagen auf beiden Konten zueinander verteilt werden[410].

164 Ein Kontoinhaber, der aufgrund eines von der BaFin angeordneten Moratoriums von den Zahlungsschwierigkeiten seines Instituts erfährt, könnte die Entschädigungsobergrenzen pro Person **umgehen,** indem er kurz vor Eintritt des Entschädigungsfalls seine die Grenze übersteigenden Forderungen gegen das Institut an einen oder mehrere Dritte abtritt. Derartige Abtretungen in Kenntnis eines Moratoriums werden als rechtsmissbräuchlich eingeordnet[411].

165 Falls ein CRR-Kreditinstitut ein Wertpapiergeschäft erbringt, das sich auf die Verschaffung von Besitz oder Eigentum an Geldern bezieht (zB Verkaufsorder), kann es zu Überschneidungen zwischen dem Begriff der Einlage und der Verbindlichkeit kommen. Um eine eindeutige Zuordnung bei der Berechnung der Obergrenze zu ermöglichen, erklärt § 4 Abs. 2 Satz 2 EAEG solche Gelder zu Einlagen[412]. Demgegenüber kann es bei Wertpapierhandelsbanken definitionsgemäß (vgl. § 1 Abs. 3d Sätze 1 und 5 KWG) keine Einlagen geben, so dass es nicht zu Überschneidungen zwischen dem Begriff der Einlage und der Verbindlichkeit kommt.

166 **b) Umfang des Entschädigungsanspruchs bei Zweigstellen deutscher Institute in EU- und EWR-Staaten.** Das Einlagensicherungs- und Anlegerentschädigungsgesetz sichert auch Ansprüche von Ein-/Anlegern gegen die Zweigstellen deutscher Institute in EU- und EWR-Staaten. Es sind die deutschen Sicherungsgrenzen für den Umfang des Entschädigungsanspruchs bei Zweigstellen deutscher Institute in EU- und EWR-Staaten maßgebend.

167 **c) Umfang des Entschädigungsanspruchs bei Zweigstellen aus EU-Staaten.** Zweigstellen von Instituten mit Sitz in einem EU-Staat sind über die Heimatsicherung des Instituts abgesichert, so dass das dortige Einlagensicherungs- und Anlegerentschädigungsrecht gilt. Soweit eine Zweigstelle vom topping-up Gebrauch gemacht hat (→ Rn. 112 ff.), ist die Differenz zwischen Heimatlandsicherung und Sicherung in Deutschland durch die hiesige Entschädigungseinrichtung zu begleichen (§ 13 Abs. 2 Satz 1 EAEG). Nicht gesichert sind Bankgeschäfte oder Finanzdienstleistungen mit Devisen und Rechnungseinheiten (§ 13 Abs. 2 Satz 2 EAEG).

168 **d) Umfang des Entschädigungsanspruchs bei Zweigstellen aus Drittstaaten.** Zweigstellen von Instituten mit Sitz in einem Drittstaat gelten gemäß § 53 Abs. 1 Satz 1 KWG als eigenständige Institute. Der Umfang der Entschädigung bestimmt sich damit nach den für inländische Institute geltenden Bestimmungen (→ Rn. 157 ff.).

169 **5. Geltendmachung des Entschädigungsanspruchs, Verjährung, Ausschlussfrist und cessio legis. a) Subjektives Recht.** Den Ein-/Anlegern steht nach §§ 3 Abs. 1, 4 Abs. 1 EAEG ein Anspruch auf Entschädigung zu. Der Gesetzgeber hat mit dieser ein-

---

[410] Ebenso *Wagner,* Einlagensicherung, S. 86 f.
[411] *Pannen,* Krise, Kap. 4 Rn. 70 f.
[412] → Rn. 140, 142.

deutigen Regelung die Kontroverse[413], ob die Richtlinien ein subjektives Recht auf Entschädigung gewähren, für das deutsche Recht entschieden. Mit Feststellung des Entschädigungsfalls kommt ein gesetzliches Schuldverhältnis zwischen dem Gläubiger und der Entschädigungseinrichtung zustande[414]. Aufgrund der sachlichen Nähe des Entschädigungsanspruchs zum Zivilrecht[415] eröffnet § 3 Abs. 4 EAEG bei Streitigkeiten des Ein-/Anlegers mit der Entschädigungseinrichtung den Zivilrechtsweg[416]. Insoweit sind auch die Sondervermögen prozessfähig (§ 6 Abs. 1 Satz 3 EAEG).

**b) Verfahren.** Im Entschädigungsfall ist das Institut verpflichtet, der Entschädigungseinrichtung unverzüglich, spätestens jedoch innerhalb einer Woche alle notwendigen Unterlagen zur Verfügung zu stellen, die diese benötigt, um die Gläubiger entschädigen zu können (§ 5 Abs. 2 Satz 2 EAEG). Um diese kurze Frist einhalten zu können, sind alle angeschlossenen Institute gezwungen, Vorkehrungen zu treffen und die notwendigen Daten regelmäßig zusammenzustellen[417]. Die Entschädigungseinrichtung unterrichtet die Gläubiger von der Feststellung des Entschädigungsfalls und weist sie darauf hin, dass Ansprüche innerhalb einer Ausschlussfrist von einem Jahr ab der Mitteilung an die Gläubiger schriftlich anzumelden sind (§ 5 Abs. 2 Satz 1, 1. Halbs., Abs. 3 Satz 1 EAEG). Nach Ablauf der einjährigen **Ausschlussfrist** ist eine Entschädigung ausgeschlossen, es sei denn, der Gläubiger hat die Fristversäumung nicht zu vertreten (§ 5 Abs. 3 Satz 2 EAEG). Die Beweislast hierfür trägt der Gläubiger.

Die Entschädigungseinrichtung trifft damit eine **organisatorische Pflicht,** die eine schnelle Abwicklung von Entschädigungsfällen gewährleisten soll[418]. Von dieser Pflicht zur Organisation der Einrichtung selbst zu trennen ist die Pflicht zur Prüfung, Berechnung und Auszahlung der einzelnen Entschädigungsansprüche: Die Entschädigungseinrichtung ist gemäß § 5 Abs. 4 EAEG verpflichtet, die angemeldeten Ansprüche unverzüglich zu prüfen. Ordnungsgemäß geprüfte Ansprüche, die auf die Entschädigung von Einlagen gerichtet sind, hat die Entschädigungseinrichtung spätestens 20 Arbeitstage nach der Feststellung des Entschädigungsfalls durch die Bundesanstalt zu erfüllen (§ 5 Abs. 4 Satz 2 EAEG)[419]. Ansprüche, die später als zwei Wochen nach der Feststellung des Entschädigungsfalls angemeldet werden, hat die Entschädigungseinrichtung spätestens innerhalb von 20 Arbeitstagen nach dem Eingang der Anmeldung zu erfüllen (§ 5 Abs. 4 Satz 3 EAEG). In besonderen Fällen kann die Frist nach den Sätzen 2 und 3 mit Zustimmung der Bundesanstalt auf bis zu 30 Arbeitstage verlängert werden (§ 5 Abs. 4 Satz 5 EAEG). Ansprüche, die auf die Entschädigung von Verbindlichkeiten des Instituts aus Wertpapiergeschäften gerichtet sind, hat die Entschädigungseinrichtung spätestens drei Monate, nachdem sie die Berechtigung und die Höhe der Ansprüche festgestellt hat, zu erfüllen. In besonderen Fällen kann diese Frist mit Zustimmung der Bundesanstalt um bis zu drei Monate verlängert werden (§ 5 Abs. 4 Sätze 6 und 7 EAEG). Sofern eine Anschlussdeckung besteht, wird das Verfahren der gesetzlichen und der freiwilligen Einlagensicherung zusammen abgewickelt[420].

Für die Fälligkeit ist – wie insbesondere ein Vergleich des § 5 Abs. 4 EAEG mit § 5 Abs. 1 EAEG zeigt – nicht der Erlass eines förmlichen Entschädigungsbescheides erforder-

---

[413] Dargestellt bei *Sethe* ZBB 1998, 305, 313 f.
[414] BT-Drucks. 13/10188, S. 16; *Sethe* ZBB 1998, 305, 325; *Sethe,* Anlegerschutz, S. 692.
[415] BT-Drucks. 13/10188, S. 17.
[416] Dieser gilt auch für Untätigkeitsklagen gegen die Entschädigungseinrichtung, BVerfG WM 2010, 822.
[417] RegE EAEGÄndG BT-Drucks. 16/12255, S. 12; *Hanten/Görke* ZBB 2010, 128, 131. Welche Schwierigkeiten das Erstellen solcher „Einreicherdateien" verursacht, zeigen *Nötzold/Ciesielska* ZgKW 2011, 768 ff. auf.
[418] BT-Drucks. 13/10188, S. 18.
[419] Die Auszahlungsfrist wurde bei der Reform des EAEG von 2009 zu Recht deutlich verkürzt, vgl. *Pannen* ZInsO 2010, 929, 931.
[420] *Pannen,* Krise, Kap. 4 Rn. 73, 96. Zum Zusammenwirken zwischen den Entschädigungseinrichtungen für die Basissicherung und die Anschlussdeckung sa *Wagner,* Einlagensicherung, S. 95 f.

lich[421]. Unklar ist nach dem Gesetzeswortlaut, wann genau der Anspruch fällig ist. Bei Einlagen muss die Entschädigungseinrichtung unverzüglich prüfen und den ordnungsgemäß geprüften Anspruch spätestens nach 20 Tagen erfüllen. Leider hat der Gesetzgeber dann noch die Formulierung aufgenommen „nach der Feststellung des Entschädigungsfalls durch die Bundesanstalt". Gemeint sein muss „nach der Feststellung der Berechtigung". Dass es sich um ein Redaktionsversehen handeln muss, zeigt der Vergleich zur parallelen Regelung bei den Forderungen aus Wertpapiergeschäften. Solche Ansprüche hat die Entschädigungseinrichtung spätestens drei Monate, nachdem sie die Berechtigung und die Höhe der Ansprüche festgestellt hat, zu erfüllen. Da die Fälligkeit somit von einem subjektiven Moment, nämlich der unverzüglichen Prüfung abhängt, sieht der BGH die Entschädigungseinrichtung als verpflichtet an, alles ihr zumutbare zu tun, um die Berechtigung tatsächlich und rechtlich schnell zu klären[422]. Bei der Beurteilung der „Unverzüglichkeit" sind die Anzahl der geschädigten Anleger und der angemeldeten Ansprüche zu berücksichtigen. Der Zeitraum für die Prüfung der Berechtigung und der Höhe des angemeldeten Anspruchs schließt eine angemessene Überlegungszeit ein. Wenn die Berechtigung des Gläubigers von einer ungeklärten Rechtsfrage abhängt, muss die Entschädigungseinrichtung rasch eine gerichtliche Klärung herbeiführen und notfalls von sich aus einen Musterprozess anstrengen. Bei einer schuldhaften Verzögerung des Abschlusses des Prüfverfahrens beginnt die Dreimonatsfrist (§ 5 Abs. 4 Satz 6 EAEG) in dem Zeitpunkt, in dem die Entschädigungseinrichtung die Berechtigung und die Höhe des angemeldeten Anspruchs bei ordnungsgemäßem Geschäftsgang hätte feststellen müssen. Im Falle der Untätigkeit[423] der Entschädigungseinrichtung muss der geschädigte Anleger nicht einen zur Entscheidungsfindung erforderlichen fiktiven Zeitraum abwarten, bevor er selbst Zahlungsklage erhebt; vielmehr kann er sofort klagen und der Entschädigungseinrichtung ist die Berufung auf den Einwand fehlender Fälligkeit gemäß § 242 BGB verwehrt. Für den Fall, dass die Entschädigungseinrichtung nicht rechtzeitig leistet, stellt sich die bislang ungeklärte Frage, ob der Gläubiger einen Verzugsschaden nach § 286 BGB[424] oder einen Amtshaftungsanspruch[425] geltend machen kann.

**173** c) **Verjährung.** Der Entschädigungsanspruch verjährt in fünf Jahren (§ 3 Abs. 3 EAEG)[426]. Im Zuge der Vereinheitlichung der Verjährungsvorschriften war eine Streichung des § 3 Abs. 3 EAEG geplant, so dass die regelmäßige Verjährung des § 195 BGB Anwendung finden sollte[427]. Dieser Entwurf ist am 10.11.2004 vom Bundesfinanzministerium aufgrund der Kritik der Praxis und des Schrifttums zurückgezogen worden. Die Forderung wurde später wiederholt[428], konnte sich aber nicht durchsetzen, so dass die Vorschrift bis heute unverändert ist. Der Beginn der **Verjährungsfrist** ist im Einlagensicherungs- und Anlegerentschädigungsgesetz nicht ausdrücklich festgelegt. Als Anknüpfungszeitpunkte kommen entweder die Feststellung des Entschädigungsfalls oder die Feststellung der Berechtigung des Ein-/Anlegers durch die Entschädigungseinrichtung in Betracht. Die Gesetzesmaterialien[429] und die systematische Stellung der Vorschrift belegen, dass maßgeblicher Zeitpunkt die Feststellung des Entschädigungsfalls nach § 3 Abs. 1 EAEG und nicht erst die Anmeldung konkreter Entschädigungsansprüche nach § 5 Abs. 3 EAEG sein soll. Theoretisch ist es also möglich, dass ein Ein-/Anleger wegen einer mehrjährigen Abwesenheit

---

[421] BGH WM 2011, 2176 Rn. 53; *Grüneberg* WM 2012, 1365, 1367, 1369.
[422] Hierzu und zum Folgenden BGH WM 2011, 2176 Rn. 55 ff.; KG vom 25.1.2011 – 9 U 117/10 Rn. 53 ff. (juris).*Grüneberg* WM 2012, 1365, 1367, 1369.
[423] Zur Untätigkeitsklage → Rn. 169 Fn. 416.
[424] *Grüneberg* WM 2012, 1365, 1370.
[425] KG WM 2012, 1526.
[426] Kritisch zur Länge der Verjährungsfrist *Sethe* ZBB 1998, 305, 326 Fn. 156.
[427] Art. 3 des DiskE eines Gesetzes zur Verbesserung der Haftung für falsche Kapitalmarktinformationen (Kapitalmarktinformationshaftungsgesetz), NZG 2004, 1042.
[428] RefE eines Schuldverschreibungsgesetzes, ZBB 2008, 200.
[429] BT-Drucks. 13/10188, S. 16 f.; BT-Drucks. 13/10846, S. 24.

keine Kenntnis vom Entschädigungsfall erlangt, deshalb seine Ansprüche nicht anmelden kann und diese trotzdem verjähren. Da die Verjährung von den Richtlinien nicht vorgegeben war, konnte der Gesetzgeber eine solche Lösung wählen, zumal er die Verjährungsfrist so lang bemessen hat, dass auch extreme Fälle angemessen erfasst sind. Zudem ist es Aufgabe der Ein-/Anleger, bei längerer Abwesenheit für die Nachsendung der Post zu sorgen. Von der Verjährung zu trennen ist die Ausschlussfrist. Bei einer schuldhaften Versäumung kommt es auf die Verjährung nicht mehr an, da der Entschädigungsanspruch bereits nach § 5 Abs. 3 Satz 2 EAEG erloschen ist[430].

Die Entschädigungseinrichtung kann das **Verfahren aussetzen,** solange ein Ermittlungs- oder Strafverfahren wegen des Verdachts der **Geldwäsche** betrieben wird (§ 5 Abs. 6 EAEG). Die Verjährungsfrist ist mit fünf Jahren lang bemessen. Erfährt jedoch der Berechtigte erst spät vom Entschädigungsfall und zieht sich das gegen ihn eingeleitete Ermittlungsverfahren in die Länge, wird die Frage der Verjährung relevant. Die im früheren Schuldrecht für derartige Fallgestaltungen enthaltene Hemmungsregelung des § 202 Abs. 1, 2. Alt. BGB aF ist entfallen, da man der Ansicht war, dass eine Vielzahl tatbestandlich erfasster Konstellationen bereits aus anderen Gründen nicht verjährte[431], zB aufgrund fehlender Fälligkeit. Dies trifft auch auf den vorliegenden Fall zu. § 5 Abs. 6 EAEG erlaubt der Entschädigungseinrichtung, die Leistung der Entschädigung auszusetzen. Während dieser Zeitspanne ist die Leistung nicht fällig, so dass die Verjährung nach § 200 Satz 1 BGB nF nicht zu laufen beginnt. **174**

**d) Cessio legis.** Soweit die Entschädigungseinrichtung den Gläubiger befriedigt, gehen dessen Ansprüche gegen das Institut auf die Einrichtung über (§ 5 Abs. 5 EAEG). **175**

## VI. Pflicht der Finanzintermediäre, Treuhänder und Angehörigen freier Berufe zur bestmöglichen Sicherung

Soweit Finanzintermediäre und Treuhänder aufgrund ihrer vertraglichen Pflichten zur getrennten Anlage von Kundenvermögen auf Konten und Depots verpflichtet sind, müssen sie darauf achten, dass das Kundenvermögen bei einem Institut angelegt wird, das über die für das Kundenvermögen größtmögliche Einlagensicherung bzw. Anlegerentschädigung verfügt[432]. Denn Finanzintermediäre und Treuhänder sind ihren Kunden bzw. Treugebern gegenüber verpflichtet, das überlassene oder von Dritten erlangte Vermögen in seinem Bestand zu sichern und zu erhalten[433]. Sie haben deswegen bei der Verwahrung von Fremdgeldern unnötige Risiken zu vermeiden. Nach Ansicht der Rechtsprechung müssen dabei die Anforderungen umso höher sein, je größer der mögliche Schaden und je wahrscheinlicher die Gefahr eines Verlustes ist[434]. Zu diesen vermeidbaren Risiken gehört auch die erhöhte Verlustgefahr, wenn das Institut, bei dem die Gelder angelegt werden sollen, im Gegensatz zu den meisten anderen Instituten nur die gesetzliche Mindestsicherung nach dem Einlagensicherungs- und Anlegerentschädigungsgesetz bietet und die anvertrauten Gelder den Sicherungshöchstbetrag von 100 000 EUR übersteigen. In dieser Situation ist der Intermediär bzw. Treuhänder verpflichtet, das Kunden- bzw. Treuhandkonto bzw. -depot bei einem Institut zu eröffnen, das über eine im Verhältnis zu den angelegten Werten ausreichende Sicherung verfügt. **176**

Daher ist wie folgt zu differenzieren: Liegt der anzulegende Betrag unter 100 000 €, kommt jedes Institut in Frage, da hier die gesetzliche Mindestsicherung greift. Liegt er über diesem Betrag, kommen Sparkassen und Genossenschaftsbanken in Betracht (→ Rn. 48f.), **177**

---

[430] Ebenso BT-Drucks. 13/10188, S. 17.
[431] Begr. RegE BT-Drucks. 14/6040, S. 118; *Peters/Zimmermann,* Verjährungsfristen, in Bundesminister der Justiz (Hrsg.), Gutachten und Vorschläge zur Überarbeitung des Schuldrechts, Bd. 1, 1981, S. 77, 254; *Grothe* in MüKoBGB, § 205 Rn. 1.
[432] BGH ZIP 2006, 272, 274.
[433] BGHZ 32, 67, 70; BGH NJW 1959, 1820, 1821; BGH ZIP 2006, 272, 274 mwN.
[434] BGH ZIP 2006, 272, 274.

die über die Institutssicherung und damit über einen lückenlosen Schutz verfügen. In Betracht kommen weiterhin auch Kreditinstitute, die über eine Anschlussdeckung durch einen der beiden freiwilligen Einlagensicherungsfonds verfügen (→ Rn. 50 ff.). Diese Sicherung erfasst auch höhere Beträge (→ Rn. 70 ff.). Nur wenn der anzulegende Betrag so groß ist, dass auch die Sicherungsobergrenzen der freiwilligen Einlagensicherungsfonds erreicht werden, scheiden auch diese Institute aus und es bleibt nur die Anlage bei Sparkassen oder Genossenschaftsbanken sowie die Diversifizierung auf verschiedene Institute übrig.

**178** Zu beachten ist weiterhin, dass die gesetzliche Sicherung von Wertpapiergeschäfte auf 90 % der Verbindlichkeiten, maximal aber 20 000 EUR begrenzt ist. Im bestmöglichen Interesse des Kunden ist jedoch nur ein 100-prozentiger Schutz. Da die freiwilligen Einlagensicherungsfonds bei Wertpapiergeschäften keinen Schutz bieten (→ Rn. 51 f.), kommen bei der Anlage von Finanzinstrumenten für Kunden damit nur die Sparkassen oder Genossenschaftsbanken in Frage. Denn bei allen anderen Instituten wird nur die Basissicherung von 20 000 EUR mit 10-prozentigem Selbstbehalt angeboten.

**179** Der gleiche Pflichtenstandard gilt für die **Angehörigen der freien Berufe.** Zwar regeln die Berufsordnungen die Pflicht zur bestmöglichen Sicherung vor der Insolvenz des Instituts nicht ausdrücklich, doch ergibt sich diese Pflicht schon aus der allgemeinen Sorgfaltspflicht beim Umgang mit Mandantengeldern[435].

---

[435] So jetzt ausdrücklich für Notare BGH ZIP 2006, 275, 277.

# 5. Teil. Steuern

## § 27 Die Besteuerung von Kapitalanlagevermögen

### Übersicht

| | Rn. |
|---|---|
| A. Einführung | 1–14 |
| B. Anteile an Kapitalgesellschaften | 15–142 |
|   I. Überblick | 15–19 |
|   II. Anteile an Kapitalgesellschaften im Betriebsvermögen von Körperschaften | 20–58 |
|     1. Gewinnanteile und ähnliche Bezüge | 20 |
|       a) Körperschaftsteuer | 20 |
|       b) Gewerbesteuer | 38 |
|     2. Veräußerung von Anteilen an Kapitalgesellschaften | 40 |
|       a) Veräußerung und andere Entstrickungstatbestände | 40 |
|       b) Körperschaftsteuer | 42 |
|       c) Gewerbesteuer | 51 |
|     3. Versagung der Anwendung des § 8b Abs. 1 bis 6 KStG | 52 |
|       a) Kreditinstitute, Finanzdienstleistungsinstitute und Finanzunternehmen gemäß § 8b Abs. 7 KStG | 52 |
|       b) Kapitalanlagen bei Lebens- und Krankenversicherungsunternehmen | 54 |
|       c) Kompensationszahlungen bei Wertpapierleihe und Wertpapierpensionsgeschäften | 57 |
|       d) Anteile an G-REIT | 58 |
|   III. Anteile an Kapitalgesellschaften im Betriebsvermögen natürlicher Personen | 59–72 |
|     1. Gewinnanteile und ähnliche Bezüge | 59 |
|       a) Einkommensteuer | 59 |
|       b) Gewerbesteuer | 65 |
|     2. Veräußerung von Anteilen an Kapitalgesellschaften | 66 |
|       a) Einkommensteuer | 66 |
|       b) Gewerbesteuer | 72 |
|   IV. Anteile an Kapitalgesellschaften im Privatvermögen natürlicher Personen | 73–132 |
|     1. Gewinnanteile und ähnliche Bezüge | 73 |
|       a) Sachliche Steuerpflicht | 73 |
|       b) Ermittlung der steuerpflichtigen Einkünfte | 76 |
|       c) Kapitalertragsteuer | 79 |
|     2. Veräußerung von Anteilen an Kapitalgesellschaften | 80 |
|       a) Einkünfte gemäß § 20 Abs. 2 Nr. 1 EStG (private Kapitaleinkünfte | 81 |
|       b) Einkünfte gemäß § 17 EStG („Wesentliche Beteiligung") | 86 |
|       c) Veräußerungsverlust | 102 |
|       d) Einbringungsgeborene Anteile gemäß § 21 UmwStG aF | 104 |
|       e) Wegzugsbesteuerung gemäß § 6 AStG | 121 |
|   V. Anteile an ausländischen Zwischengesellschaften iSv §§ 7 ff. AStG | 133–142 |
|     1. Überblick | 133 |
|     2. Anwendungsvoraussetzungen | 135 |
|       a) Persönliche Voraussetzungen | 135 |
|       b) Sachliche Voraussetzungen | 136 |
|     3. Besteuerung der Anteilseigner | 141 |
| C. Investmentanteile | 143–290 |
|   I. Überblick | 143–146 |
|   II. Überblick über die Besteuerung von Investmentvermögen nach dem InvStG und dessen sachlicher Anwendungsbereich für Investmentfonds | 147–180 |
|     1. Sachlicher Anwendungsbereich des InvStG in Abhängigkeit des KAGB | 147 |
|     2. Ausnahmen zum sachlichen Anwendungsbereich des InvStG | 150 |
|     3. Differenzierung der Rechtsfolgen des InvStG nach Art der Investmentvermögens | 151 |
|     4. Selbständiger steuerlicher Begriff des „Investmentfonds | 157 |
|       a) Investmentaufsicht | 158 |

| | Rn. |
|---|---|
| b) Rückgaberecht | 159 |
| c) Passive Vermögensverwaltung | 160 |
| d) Risikomischung | 161 |
| e) Anlage in taugliche Vermögensgegenstände | 162 |
| f) Liquiditätsbezogene Beteiligungsgrenzen | 164 |
| g) Begrenzung auf Streubesitzbeteiligungen | 165 |
| h) Kreditaufnahme | 167 |
| i) Dokumentation in den Anlagebedingungen | 168 |
| 4. Anerkennung und Änderung der Besteuerung als „Investmentfonds" | 169 |
|     a) Kein steuerliches Verfahren zur Feststellung der Erfüllung der Voraussetzungen als Investmentfonds | 169 |
|     b) Folgen der Änderung der Anlagebedingungen oder Verstoß gegen die Voraussetzungen eines Investmentfonds | 170 |
|     c) Umwandlung einer Investitionsgesellschaft in einen Investmentfonds | 171 |
|     d) Anerkennung als „offene Investmentkommanditgesellschaft" („Pension-Asset-Pooling") | 172 |
| 5. Zeitlicher Anwendungsbereich | 175 |
| III. Steuerliche Behandlung des Investmentfonds bei ordnungsmäßiger Bekanntgabe von Besteuerungsgrundlagen | 181–271 |
| 1. Steuerliche Behandlung des Investmentfonds | 181 |
|     a) Steuerbefreites Zweckvermögen | 181 |
|     b) Ermittlungen der Einkünfte des Investmentfonds | 184 |
|     c) Behandlung von Verlusten | 190 |
|     d) Ausschüttungsreihenfolge | 194 |
| 2. Steuerliche Behandlung der Anleger | 196 |
|     a) Überblick | 196 |
|     b) Laufende Besteuerung der Anleger | 197 |
|     c) Steuerabzug vom Kapitalertrag | 224 |
|     d) Behandlung ausländischer Einkünfte | 234 |
|     e) Besteuerung der Veräußerung von Investmentanteilen | 238 |
|     f) Bekanntmachungspflichten | 258 |
| IV. Steuerliche Behandlung bei Bekanntmachungsmängeln | 272–276 |
| 1. Besteuerung bei fehlender Bekanntgabe steuerbelastender Tatsachen | 272 |
| 2. Besteuerung bei lediglich fehlender Bekanntgabe steuerentlastender Tatsachen | 276 |
| V. Dach-Investmentfonds | 277–290 |
| 1. Begriff | 277 |
| 2. Pauschalbesteuerung nach § 6 InvStG | 281 |
| 3. Keine Anwendung von Teileinkünfteverfahren (§ 3 Nr. 40 EStG) bzw. Beteiligungsprivileg (§ 8b KStG) | 283 |
| 4. Aktiengewinn | 285 |
| 5. Verlustverrechnung | 287 |
| D. Personen-Investitionsgesellschaften und andere geschlossene Fonds | 291–461 |
| I. Einführung | 291–297 |
| 1. Geschlossene Fonds – Anlagekonzept | 291 |
| 2. Steuerliche Aspekte geschlossener Fonds | 293 |
| 3. Personen-Investitionsgesellschaften – Steuerliche Behandlung nach dem AIFM-StAnpG | 295 |
| II. Immobilienfonds | 298–356 |
| 1. Steuerliche Behandlung des Fonds | 298 |
|     a) Rechtsform | 298 |
|     b) Steuerliche Transparenz | 299 |
|     c) Steuerliche Qualifikation des Fonds: Abgrenzung Vermögensverwaltung – Gewerbebetrieb | 301 |
|     d) Abgrenzung Anschaffungs-/Herstellungskosten – Werbungskosten/Betriebsausgaben | 308 |
|     e) Gewerbesteuer | 319 |
| 2. Steuerliche Behandlung der Anleger | 322 |
|     a) Überblick | 322 |
|     b) Steuerliche Behandlung von Überschüssen/Gewinnen des Immobilienfonds | 323 |
|     c) Steuerliche Behandlung von Verlusten des Immobilienfonds | 328 |
|     d) Veräußerung von Fondsanteilen | 346 |
| 3. Grunderwerbsteuer | 351 |
|     a) Grunderwerbsteuerpflichtige Tatbestände | 351 |
|     b) Ausnahmen | 354 |
| 4. Erbschaftsteuer | 355 |

§ 27 Die Besteuerung von Kapitalanlagevermögen  § 27

| | Rn. |
|---|---|
| III. Medienfonds | 357–379 |
|   1. Konzeption des Medienfonds | 357 |
|   2. Steuerliche Behandlung des Fonds | 361 |
|     a) Überblick | 361 |
|     b) Qualifikation des Medienfonds | 362 |
|     c) Wirtschaftliches Eigentum | 369 |
|     d) Rechtsfolgen | 371 |
|   3. Steuerliche Behandlung des Anlegers | 376 |
|   4. Ausländische Betriebsstätte | 377 |
| IV. Schiffsfonds | 380–391 |
|   1. Konzeption | 380 |
|   2. Steuerliche Behandlung | 381 |
|     a) Überblick | 381 |
|     b) Voraussetzungen für die Anwendung des § 5a EStG | 382 |
|   3. Rechtsfolgen | 387 |
|     a) Schiffsfonds | 387 |
|     b) Anleger | 390 |
| V. Private Equity – Venture Capital | 392–461 |
|   1. Überblick | 392 |
|   2. Struktur eines inländischen Private Equity-/Venture Capital-Fonds | 400 |
|   3. Steuerliche Behandlung des Fonds | 402 |
|     a) Anwendbarkeit des Investmentsteuergesetzes | 402 |
|     b) Anwendung des KAGB | 403 |
|     c) Abgrenzung privater Vermögensverwaltung von gewerblicher Tätigkeit | 405 |
|     d) Wagniskapitalbeteiligungsgesellschaften | 426 |
|     e) Steuerliche Konsequenzen | 432 |
|   4. Steuerliche Behandlung der Anleger | 436 |
|     a) Anteile im Privatvermögen | 436 |
|     b) Anteile im Betriebsvermögen | 447 |
|     c) Ausländischer Anleger | 455 |
|   5. Besteuerung des Carried Interest | 457 |
| E. Kapital-Investitionsgesellschaft | 462–483 |
|   I. Überblick | 462, 463 |
|   II. Besteuerung | 464–478 |
|     1. Steuerliche Behandlung der Kapital-Investitionsgesellschaft | 464 |
|       a) Betroffene Investmentvermögen | 464 |
|       b) Rechtsfolgen | 467 |
|     2. Steuerliche Behandlung des Anlegers | 470 |
|       a) Ausschüttungen | 470 |
|       b) Veräußerung von Anteilen | 476 |
|       c) Kapitalertragsteuer | 478 |
|   III. Fragen des Übergangs | 479–483 |
| F. Deutsche Immobilienaktiengesellschaft mit börsennotierten Anteilen – German Real Estate Investment Trust (G-REIT) | 484–504 |
|   I. Überblick | 484–487 |
|   II. Regulatorische Rahmenbedingungen | 488–491 |
|   III. Besteuerung | 492–504 |
|     1. Anwendbarkeit des InvStG | 492 |
|     2. Steuerliche Behandlung des G-REIT | 493 |
|     3. Steuerliche Behandlung des Anlegers | 497 |
|       a) Ausschüttungen | 497 |
|       b) Veräußerung von Anteilen | 500 |
|     4. Exit Tex | 501 |
| G. Stille Beteiligung | 505–586 |
|   I. Überblick und zivilrechtliche Grundlagen | 505–508 |
|   II. Steuerliche Behandlung der typisch stillen Gesellschaft | 509–541 |
|     1. Abgrenzung der typisch stillen Gesellschaft | 509 |
|       a) Abgrenzung der typisch stillen Gesellschaft von der atypisch stillen Gesellschaft | 509 |
|       b) Abgrenzung der typisch stillen Gesellschaft vom partiarischen Darlehen | 512 |
|     2. Steuerliche Behandlung | |
|       a) Steuersubjekt | 514 |

| | Rn. |
|---|---:|
| b) Besteuerung des Geschäftsinhabers | 515 |
| c) Besteuerung des typisch stillen Gesellschafters | 519 |
| III. Steuerliche Behandlung der atypisch stillen Gesellschaft | 542–559 |
|    1. Einkommensteuer/Körperschaftsteuer | 542 |
|       a) Steuersubjekt | 542 |
|       b) Steuerliche Gewinnermittlung der stillen Gesellschaft | 543 |
|       c) Einkünfte des atypisch stillen Gesellschafters | 546 |
|    2. Gewerbesteuer | 555 |
|       a) Sachliche und persönliche Steuerpflicht | 555 |
|       b) Besteuerungsgrundlage | 557 |
|       c) Gewerbeverlust | 559 |
| IV. Stille Gesellschaft mit Auslandsbezug | 560–562 |
|    1. Typische stille Beteiligung | 560 |
|    2. Atypische stille Beteiligung | 561 |
| V. Die GmbH & Still | 563–586 |
|    1. Anforderungen an die Gestaltung und steuerliche Motivation | 563 |
|    2. Ertragsteuerliche Besonderheiten bei der GmbH & typisch Still | 567 |
|       a) Verdeckte Gewinnausschüttungen/Verdeckte Einlagen | 567 |
|       b) Anwendungsfälle | 570 |
|       c) Gesellschafterfremdfinanzierung (§ 8a KStG aF) | 573 |
|       d) Zinsschranke | 574 |
|    3. Ertragsteuerliche Besonderheiten bei der GmbH & atypisch Still | 579 |
|       a) Mitunternehmerschaft | 579 |
|       b) Verdeckte Gewinnausschüttungen | 580 |
|       c) Sonderbetriebsvermögen des Stillen | 581 |
|       d) Zinsschranke | 582 |
| H. Wandelschuldverschreibungen, Gewinnschuldverschreibungen und andere obligationsähnliche Genussrechte | 587–698 |
|   I. Überblick und zivilrechtliche Grundlagen | 587–590 |
|  II. Rechtsformen hybrider Anleiheformen | 591–598 |
|    1. Überblick | 591 |
|    2. Wandelschuldverschreibung | 593 |
|       a) Wandelanleihe | 594 |
|       b) Optionsanleihe | 595 |
|       c) Umtauschanleihe | 596 |
|       d) Pflichtwandelanleihe | 597 |
|    3. Gewinnschuldverschreibung | 598 |
| III. Genussrechte – Abgrenzungen | 599–613 |
|    1. Genussrechte – Abgrenzungen | 599 |
|    2. Abgrenzung zwischen Eigenkapital und Fremdkapital | 603 |
|       a) Überblick – Anforderungen an die Qualifizierung als Eigenkapital | 603 |
|       b) Beteiligung am Gewinn | 605 |
|       c) Beteiligung am Liquidationserlös | 608 |
|    3. Abgrenzung zur stillen Beteiligung | 612 |
| IV. Steuerliche Behandlung beim Emittenten | 614–630 |
|    1. Ausgabe | 614 |
|       a) Wandelanleihe/Optionsanleihe | 614 |
|       b) Umtauschanleihen | 618 |
|       c) Gewinnschuldverschreibungen und andere obligationsähnliche Genussrechte | 619 |
|    2. Laufende Vergütungen | 620 |
|       a) Betriebsausgaben | 620 |
|       b) Gewerbesteuer | 621 |
|       c) Kapitalertragsteuer | 623 |
|    3. Ausübung von Wandlungs- und Optionsrechten | 627 |
|       a) Wandelanleihe/Optionsanleihe | 627 |
|       b) Umtauschanleihe | 630 |
| V. Steuerliche Behandlung beim Anleger | 631–691 |
|    1. Betriebliche Anleger | 632 |
|       a) Anschaffung | 632 |
|       b) Laufende Einkünfte | 641 |
|       c) Ausübung von Wandlungs-, Options- und Umtauschrechten | 642 |

|  | Rn. |
|---|---|
| d) Veräußerung von Wandelschuldverschreibungen, Gewinnschuldverschreibungen und anderen obligationsähnlichen Genussrechten | 645 |
| e) Veräußerung der Basiswerte | 646 |
| 2. Privatanleger | 647 |
| a) Abgeltungsteuer | 647 |
| b) Laufende Vergütungen | 649 |
| c) Ausübung von Wandelungs-, Options- und Umtauschrechten | 652 |
| d) Zwischenveräußerung | 659 |
| e) Veräußerung der Basiswerte | 675 |
| 3. Ausländischer Anleger | 686 |
| a) Laufende Vergütungen | 686 |
| b) Veräußerungsgewinne | 690 |
| VI. Mitarbeiterbeteiligung | 692–698 |
| 1. Konzeption | 692 |
| 2. Lohnsteuerlicher Zuflusszeitpunkt | 693 |
| 3. Ermittlung des geldwerten Vorteils | 697 |
| 4. Steuerliche Förderung | 698 |
| I. Termingeschäfte | 699–768 |
| I. Überblick | 699–710 |
| 1. Begriffsbestimmung außerhalb des Steuerrechts | 699 |
| 2. Der Begriff des „Termingeschäfts" im Steuerrecht | 707 |
| 3. Folge der Darstellung | 710 |
| II. Besteuerung von Termingeschäften im Privatvermögen | 711–752 |
| 1. Rechtslage vor 2009 | 711 |
| 2. Optionsgeschäfte | 714 |
| a) Begriff | 714 |
| b) Kaufoption | 717 |
| c) Verkaufsoption | 726 |
| d) Besonderheiten bei range warrants | 730 |
| 3. Unbedingte Termingeschäfte (Forwards and Futures) | 732 |
| a) Begriff | 732 |
| b) Besteuerung | 734 |
| c) Besonderheiten bei Devisentermingeschäften | 737 |
| 4. Swapgeschäfte | 740 |
| 5. Termingeschäfte als Sicherungsgeschäfte | 745 |
| 6. Besteuerung von Aktienoptionen an Mitarbeiter | 746 |
| a) Grundkonzeption von Aktienoptionen | 746 |
| b) Steuerliche Behandlung von Aktienoptionen | 747 |
| III. Besteuerung von Termingeschäften im Betriebsvermögen | 753–768 |
| 1. Zugehörigkeit zum Betriebsvermögen | 753 |
| 2. Steuerbilanzielle Behandlung von Termingeschäften | 756 |
| a) Offene Positionen | 756 |
| b) Geschlossene Positionen (Bewertungseinheiten) | 760 |
| 3. Steuerliche Verlustabzugsbeschränkung gemäß § 15 Abs. 4 EStG | 763 |
| a) Grundsatz | 763 |
| b) Ausnahme von der Verlustbeschränkung | 765 |
| c) Rückausnahme des § 15 Abs. 4 Satz 5 EStG beim Hedging von Aktiengeschäften | 768 |
| J. Sonstige Kapitalforderungen | 769–804 |
| I. Überblick | 769–774 |
| II. Steuerliche Behandlung beim unbeschränkt steuerpflichtigen Privatanleger | 775–799 |
| 1. Begriff der Kapitalforderung | 775 |
| a) Abgrenzung | 775 |
| b) Einzelfälle von sonstigen Kapitalforderungen jeder Art | 777 |
| 2. Erträge aus sonstigen Kapitalanforderungen jeder Art iSd § 20 Abs. 1 Nr. 7 EStG | 788 |
| 3. Gewinne aus der Veräußerung von sonstigen Kapitalforderungen jeder Art iSd § 20 Abs. 2 Nr. 7 EStG | 794 |
| 4. Kapitalertragsteuer (Zinsabschlag) | 799 |
| III. Steuerliche Behandlung beim beschränkt steuerpflichtigen Privatanleger | 800–804 |
| K. Steuerliche Abzugsfähigkeit von Aufwendungen im Zusammenhang mit der Kapitalanlage | 805–813 |
| I. Überblick | 805–807 |
| 1. Einkünfte aus Kapitalvermögen | 805 |

| | Rn. |
|---|---|
| 2. Einkünfte aus Investmentvermögen | 806 |
| 3. Gewinneinkünfte | 807 |
| II. Ausschluss des Werbungskostenabzuges und Pauschbetrag | 808 |
| III. Aufwand im Rahmen der Gewinnermittlung nach § 20 Abs. 4 EStG | 809–811 |
| IV. Werbungskostenabzug im Rahmen des Veranlagungsverfahrens | 812, 813 |

## A. Einführung

1   Dem Variantenreichtum möglicher Kapitalanlagen sind kaum Grenzen gesetzt. Dabei gilt es, das Interesse der Anleger an der Investition der ihnen verfügbaren finanziellen Mittel mit dem Kapitalbedarf von Unternehmen und Initiatoren von Fonds in Einklang zu bringen. Je nach Risikobereitschaft wählt der Kapitalgeber zwischen risikoreduzierten Anlageformen mit sicherer Verzinsung bis hin zur spekulativen Hingabe von Kapital mit ungewisser Verzinsung und der Gefahr von Kapitalverlusten. In diese Bandbreite möglicher Kapitalanlagen lassen sich einordnen Beteiligungen an Kapitalgesellschaften, Investmentanteile, Beteiligungen an Personen-Investitionsgesellschaften, Mezzanine-Finanzierungen, stille Beteiligungen, hybride Schuldverschreibungen und Genussrechte, Beteiligungen an Private Equity-Fonds und Venture Capital-Fonds, Termingeschäfte (Derivate) oder Finanzinnovationen.

2   Die Wahl der Kapitalanlage wird für den Anleger einerseits von der Renditeerwartung und andererseits vom anlageimmanenten Risiko bestimmt. Entscheidungsrelevant ist allerdings auch die steuerliche Behandlung einer Kapitalanlage. Die steuerlichen Konsequenzen der verschiedenen Kapitalanlagemöglichkeiten waren vor dem Jahr 2009 sehr unterschiedlich. Für einzelne Kapitalanlagen hatte der Gesetzgeber auch bewusst steuerliche Vergünstigungen eingeräumt.[1] Andere Kapitalanlagen waren unabhängig von einer gesetzgeberischen Intention darauf zugeschnitten, bestehende steuerliche „Lücken" und Vorteile zu nutzen.

3   Durch das Unternehmensteuerreformgesetz 2008 vom 14.8.2007[2] hat der Gesetzgeber die Besteuerung privater Kapitalanlagen im Sinne einer umfassenden Besteuerung privater Kapitalerträge neu geregelt, um eben diese Lücken zu schließen und eine gleichmäßige Besteuerung der meisten Kapitalanlageformen zu erreichen. Insbesondere gilt seit 2009 für private Kapitalerträge ein pauschaler Abgeltungsteuersatz von 25% (zzgl. Solidaritätszuschlag und ggf. Kirchensteuer): steuerlich bis dahin nicht erfasste Kapitalerträge werden den Einkünften aus Kapitalvermögen (§ 20 EStG) zugeordnet und private Veräußerungsgewinne aus Kapitalanlagen werden unabhängig von der bis dahin geltenden Jahresfrist des § 23 EStG stets besteuert und ebenfalls den Einkünften aus Kapitalvermögen (§ 20 EStG) zugeordnet. Ein Berücksichtigung der tatsächlichen Werbungskosten ist im Rahmen der pauschalen Abgeltungsteuer ausgeschlossen, § 20 Abs. 9 EStG.

4   Bei allem Bemühen um eine gleichmäßige Besteuerung der Kapitalanlageerträge bleibt die Besteuerung entsprechend der Gestaltung des Investments äußerst facettenreich. Im Überblick gilt somit heute:

5   – Neben dem Grundsatz der Abgeltungsteuer für privat gehaltene Anteile an Kapitalgesellschaften werden durch das Teileinkünfteverfahren (Beteiligungsprivileg) bestimmte Einkünfte aus Anteilen an Kapitalgesellschaften[3] bei natürlichen Personen zu 40% von der Besteuerung ausgenommen (vor 2009 bei im Betriebsvermögen gehaltenen Anteilen an Kapitalgesellschaften zu 50%; „Halbeinkünfteverfahren").

6   – Bei der Anlage in Investmentanteile[4] wird der Anleger weitestgehend so behandelt, als habe er die Einkünfte des Investmentfonds aus Kapitalvermögen, Vermietung und Ver-

---

[1] Siehe hierzu *Sagasser* in Kapitalanlage-Handbuch, 2. Auflage § 3.
[2] Vgl. BGBl. I 2007, 1912.
[3] Vgl. dazu Abschnitt B.
[4] Vgl. dazu Abschnitt C.

pachtung etc. unmittelbar selbst erzielt (Tranzparenzprinzip). Dies ermöglicht die Besteuerung nach dem individuellen Steuersatz des Anlegers. Ungeachtet der Tranzparenz der Fonds sind bestimmte Gewinne des Fonds erst bei der Veräußerung der Investmentanteilen steuerpflichtig. Dies gilt grundsätzlich für Einkünfte aus inländischen und ausländischen Investmentvermögen. Die Änderungen zum Investmentsteuergesetz infolge des AIFM-Steueranpassungsgesetzes[5] haben diese Grundstruktur nicht verändert, auch wenn die steuerlichen Voraussetzungen für die Behandlung als Investmentfonds entsprechend der Systematik des Kapitalanlagegesetzbuches[6] angepasst wurden.

– Die Besteuerung der Anleger geschlossener Fonds oder sogenannter „Personen-Investitionsgesellschaften"[7] zB für Investments in Immobilien, Schiffe oder Medien folgt zwar formal ebenfalls den Vorgaben des neugefassten InvStG, richtet sich aber immer noch nach den allgemeinen steuerrechtlichen Regelungen (§ 18 InvStG), die für gewerbliche oder vermögensverwaltende Personengesellschaften gelten. So besteht für Anleger weiterhin grundsätzlich die Möglichkeit der Nutzung der steuerlichen Verluste des Fonds. Die sich hieraus ergebenden Steuerstundungsvorteile wurden allerdings durch die Vorschriften des § 2a EStG, § 15a EStG und § 15b EStG immer weiter eingeschränkt.[8]

– Entsprechendes gilt für Private Equity-Fonds[9] und Venture Capital-Fonds, soweit sie als Personengesellschaften strukturiert sind. Durch die umfassende steuerliche Erfassung privater Veräußerungsgeschäfte im Rahmen der Abgeltungsteuer ergibt sich eine den Einkünften aus Kapitalgesellschaften entsprechende Besteuerung, soweit der Fonds als vermögensverwaltend qualifiziert wird.

– Erfüllt das Investmentvermögen nicht die Voraussetzungen, die das InvStG an einen Investmentfonds stellt (zB ausländische Spezialfonds) und handelt es sich nicht um eine Personen-Investitionsgesellschaft gelten die Regelungen für Kapital-Investitionsgesellschaften[10] und damit Bestimmungen, die die Vorteile hinsichtlich der Besteuerung von Veräußerungsgewinnen einschränken.

– Die Regelungen des InvStG sind nicht auf *Real Estate Investment Trusts* (REIT) anzuwenden: für diese Kapitalanlageform gelten weiterhin die steuerlichen Sonderregelungen im Gesetz über deutsche Immobiliengesellschaften mit börsennotierten Anteilen (REITG) vom 28.5.2007.[11]

– Für die steuerliche Behandlung von Mezzanine-Finanzierungen[12] ist die Einordnung des zur Verfügung gestellten Kapitals als Eigenkapital oder als Fremdkapital ausschlaggebend.

– Bei Termingeschäften[13] steht für den privaten Anleger die Erzielung von Gewinne aus der Glattstellung oder Veräußerung von Termingeschäften im Vordergrund. Durch die umfassende Besteuerung privater Kapitalerträge seit 2009 haben Termingeschäfte den Vorteil der Steuerfreiheit verloren.

– Bis 31.12.2008 bestand die Möglichkeit für Privatanleger mit bestimmten „Finanzinnovationen"[14] im Ursprung steuerpflichtige Nutzungserträge in steuerfreie Wertzuwachsleistungen umzuwandeln. Diesen Finanzinnovationen ist durch die seit 2009 geltende umfassende Steuerpflicht privater Veräußerungsgewinne der Boden entzogen, soweit sie nicht nur zu einer Verlagerung der Besteuerung in die Zukunft dienen sollen.

---

[5] AIFM-Steueranpassungsgesetz vom 18.12.2013, BGBl. I 2013, 4318.
[6] AIFM-Umsetzungsgesetz vom 4.7.2013, BGBl. I 2013, 1981.
[7] Vgl. dazu Abschnitt D. I.-IV.
[8] Vgl. BGBl. I 2005, 3683.
[9] Vgl. dazu Abschnitt D V.
[10] Vgl. dazu Abschnitt E.
[11] Vgl. BGBl. I 2007, 914. Vgl. dazu Abschnitt F.
[12] Zu stillen Beteiligungen vgl. Abschnitt G; zu Genussrechten und anderen hybriden Schuldverschreibungen vgl. Abschnitt H.
[13] Vgl. dazu Abschnitt I.
[14] Vgl. dazu Abschnitt J.

**14** Die aufgezählten Anlageformen und ihre genannten steuerlichen Problembereiche werden im Folgenden ausführlich erläutert. Dabei wird jeweils danach unterschieden, ob die Kapitalanlage zum Betriebsvermögen einer Kapitalgesellschaft oder einer natürlichen Person gehört, oder ob sie dem Privatvermögen des Anlegers zuzurechnen ist. Die steuerliche Behandlung laufender Einkünfte wird getrennt von der Besteuerung der Erfolge aus einer Veräußerung der in Rede stehenden Kapitalanlage dargestellt. Die für private Kapitalerträge seit 2009 geltenden Regelungen der Abgeltungsteuer werden den bis 31.12.2008 geltenden Regelungen gegenüber gestellt. Die Kenntnis der vor 2009 geltenden Rechtslage ist jedenfalls erforderlich, soweit die jeweilige Kapitalanlage vor diesem Zeitpunkt angeschafft wurde.

### B. Anteile an Kapitalgesellschaften

**Schrifttum:** *Behrens/Schmitt,* Übertragung wesentlicher Betriebsgrundlagen im Vorfeld von Einbringungen nach §§ 20, 24 UmwStG, FR 2002, 549; *Blümich,* EStG/KStG/GewSt-Kommentar, 122. Auflage 2014; BMF Schreiben v. 14.5.2004: Schreiben betreffend Grundsätze zur Anwendung des AStG, BStBl. I 2004, Sonder-Nr. 1, S. 3; BMF Schreiben v. 5.1.2004: Anwendung des § 8b Abs. 4 KStG auf Beteiligungen in einem eingebrachten Betriebsvermögen, BStBl. I 2004, 44; BMF-Schreiben v. 16.12.2003: Zweifelsfragen zu den Änderungen durch das StSenkG und das UntStFG, BStBl. I 2003, 786; BMF Schreiben v. 28.4.2003: Anwendung des § 8b KStG 2002 und Auswirkungen auf die Gewerbesteuer, BStBl. I 2003, 292; BMF Schreiben v. 3.4.1990: Ertragsteuerliche Behandlung vom Wertpapierleihgeschäften, DB 1990, 863; BMF Schreiben v. 25.7.2002, Behandlung des Aktieneigenhandels nach § 8b Abs. 7 KStG idF des Gesetzes zur Änderung des Investitionszulagengesetzes, BStBl. I 2002, 712; BMF Schreiben v. 25.3.1998: Schreiben betreffend Umwandlungssteuergesetz 1995, Zweifels- und Auslegungsfragen, BStBl. I 1998, 268; *Bogenschütz/Tibo,* Erneute Änderung des § 8b KStG und weiterer Vorschriften betreffend den Eigenhandel von Banken und Finanzdienstleistern – Auswirkungen auf Unternehmen außerhalb der Kreditwirtschaft, DB 2001, 8; *Buchna/Sombrowski,* Aufwendungen mit Eigenkapitalersatzcharakter als nicht zu berücksichtigende Gewinnminderungen nach § 8b Abs. 3 KStG nF, DB 2004, 1956; *Bünning/Slabon,* Die Erzielung „kurzfristiger Eigenhandelserfolge" iSd § 8b Abs. 7 Satz 2 KStG durch Holdinggesellschaften und vermögensverwaltende Kapitalgesellschaften, FR 2003, 174; *Crezelius,* Währungsgewinne bei § 17 EStG, DB 2005, 1924 ff.; *Desens,* Die Besteuerung des Anteilseigners bei grenzüberschreitenden Gewinnausschüttungen – Überblick und Grundprobleme, IStR 2003, 613; *Dötsch/Pung,* Richtlinien-Umsetzungsgesetz: Die Änderungen des EStG, des KStG und des GewStG, DB 2005, 10; *ders.,* § 8b Abs. 1 bis 6 KStG: Das Einführungsschreiben des Bundesfinanzministeriums, DB 2003, 1016; *ders.,* Organschaftsbesteuerung: Das Einführungsschreiben des BMF v. 26.8.2003 und weitere aktuelle Entwicklungen, DB 2003, 1970; *ders.,* Dötsch/Eversberg/Joost/Witt, Kommentar zum KStG/UmwStG, § 8b KStG, Stand Januar 2005; *Dreyer/Herrmann,* Besteuerung des Eigenhandels nach § 8b Abs. 7 KStG, DStR 2002, 1837; *ders.,* Die Besteuerung von Aktien-, Wandel- und Umtauschanleihen, BB 2001, 705; *Düll/Fuhrmann/Eberhard,* Aktuelles Beratungs-Know-how mittelständischer Kapitalgesellschaften, DStR 2002, 1977; *Eder,* Aktuelle Aspekte der Vorabausschüttung, BB 1994, 1260; *Eilers/Schmidt,* Die Steuerbefreiung von Dividenden und Veräußerungsgewinnen nach § 8b KStG Praxis-Kommentierung zum BMF-Schr. v. 28.4.2003 (GmbHR 2003, 603) zur Anwendung des § 8b KStG 2002 und zu Auswirkungen auf die Gewerbesteuer, GmbHR 2003, 613; *Eilers/Wienands,* Steuersenkungsgesetz: Anteilsveräußerungen durch Körperschaften nach der Neufassung von § 8b Abs. 2 KStG, GmbHR 2000, 1229; *Frotscher,* Anwendung des § 8b KStG, INF 2003, 457; *ders.,* in: *Frotscher/Maas,* (Hrsg.), KStG/UmwStG: Körperschaftsteuergesetz, Umwandlungssteuergesetz. Kommentar, Stand November 2004; *Füger/Rieger,* Anwendungserlass zu § 8b KStG – Ausgewählte Zweifelsfragen (Teil 1), FR 2003, 543; *ders.,* Anwendungserlass zu § 8b KStG – Ausgewählte Zweifelsfragen (Teil 2), FR 2003, 589; *Hahn,* § 8a KStG und gemeinschaftsrechtlicher Erstattungsanspruch – zugleich ein Beitrag zur Dogmatik des § 37 Abs. 2 AO im Kontext des Europarechts, DStZ 2003, 489; *Gail ua,* Aktuelle Entwicklungen des Unternehmenssteuerrechts, DB 1998, Beilage 19; *Gondert/Behrens,* Vereinbarungen über den Gewinn des laufenden Geschäftsjahres bei der Veräußerung von GmbH-Anteilen, GmbHR 1997, 682; *Haritz,* Einbringungsgeborene Anteile a.D., DStR 2004, 889; *Haritz/Menner,* Umwandlungssteuergesetz, 3. Aufl. 2009; *Haritz/Wisniewski,* Kommentar zum BMF-Schreiben v. 5.1.2004, GmbHR 2004, 267; *Häuselmann/Wagner,* Pensions- und Wertpapierleihgeschäfte unter dem Halbeinkünfteverfahren, FR 2003, 331; *Häuselmann/ Wagner,* Grenzen der Einbeziehung von Aktienderivaten in das Halbeinkünfteverfahren, BB 2002, 2170; *Henze,* Entwicklungen der Rechtsprechung des BGH im GmbH-Recht – Freud und Leid der Kommentatoren, GmbHR 2000, 1069; *Herzig*, Aktuelle Entwicklungen bei § 8b KStG und § 3c EStG, DB 2003, 1459; *ders.*, Aspekte der Rechtsformwahl für mittelständische Unternehmen nach der Steuerreform, WPg 2001, 253; *Herzig/Förster*, Steuerentlastungsgesetz 1999/2000/2002: Die Änderungen in § 17 und § 34 EStG mit ihren Folgen, DB 1999, 711; *Hoffmann*, Steuersenkungsgesetz: die Bilanzierung von Beteiligungen an Kapitalgesellschaften, DB 2000, 1931; *Grotherr*, Änderungen bei der Besteuerung von Einkünften aus ausländischen Beteiligungen durch das Steuersenkungsgesetz, IWB 2000/22 Fach 3 Gruppe 1, 1697; *Hörger/Scheipers*, Steuersenkungsgesetz: Einschränkung der Steuerfreiheit für Veräußerungsgewinne gem. § 8b Abs. 2 KStG durch § 8b Abs. 4 KStG, DB 2000, 1988; *Jakobs/Wittmann*, Steuersenkungsgesetz: Besteuerung von Anteilsveräußerungen, GmbHR 2000, 910; *Kaminski/Schunk*, Die steuerliche Behandlung von Aufwand im Zusammenhang mit Kapitalgesellschaftsbeteiligungen nach Änderung des § 8b KStG v. 1.1.2004, BB 2004, 689; *Kesler/Eicke*, Tredy-Shopping – Quo vadis? Kritische Anmerkungen zu § 50d Abs. 3 EStG-E, IStR 2006, 577; *Kinzl/Georg*, Wegzugsbesteuerung – Abhilfe durch BMF-Schreiben v. 6. Februar 2004, IStR 2005, 450; *Knebel/Seltenreich*, Ende der vermögensverwaltenden Kapitalgesellschaft?, Stbg 2003, 63; *Körner*, Das „Bosal"-Urteil des EuGH – Vorgaben für die Abzugsfähigkeit der Finanzierungsaufwendungen des Beteiligungserwerbs, BB 2003, 2436; *ders.*, Europarecht und Wegzugsbesteuerung – das EuGH-Urteil „de Lasteyrie du Saillant", IStR 2004, 424; *Kusterer*, Die Bewertung einbringungsgeborener Anteile bei freiwilliger Enthaftung, DStR 1998, 319; *Leip*, Die Veräußerung von Anteilen an Kapitalgesellschaften durch Kapitalgesellschaften, BB 2002, 1839; *Lohmann/Heerdt*, Umwandlungsvorgänge im Anwendungsbereich der Wegzugsbesteuerung iSd § 6 Abs. 5 S. 5 AStG, IStR 2014, 153; *Maiterth/Semmler*, Kritische Anmerkungen zur geplanten Substitution des körperschaft-steuerlichen Anrechnungssystems durch das so genannte „Halbeinkünfteverfahren" im Zuge des Steuersenkungsgesetzes, BB 2000, 1377; *Meichelbeck/Vollath*, Veräußerung einbringungsgeborener Anteile durch natürliche Personen und Personengesellschaften mit natürlichen Personen als Anteilseigner, DStR 2001, 2189; *Mensching*, Holdinggesellschaft als Finanzunternehmen iSd § 1 Abs. 3 KWG?, DB 2002, 2347; *Milatz*, Steuerfreiheit von Anteilsveräußerungen durch vermögensverwaltende Beteiligungsgesellschaften, BB 2001, 1066; *Mühlhäuser/Stoll*, Besteuerung von Wertpapierdarlehens- und Wertpapierpensionsgeschäften, DStR 2002, 1597; *Müller*, Industrielle Holdinggesellschaften – Behandlung des Eigenhandels von Anteilen an Kapitalgesellschaften entsprechend § 8b Abs. 7 KStG, BB 2003, 1309; *Nacke/Intemann*, Ausgewählte Probleme des Halbeinkünfteverfahrens, DB 2002, 756; *Neu/Watermeyer*, Steuerlicher Handlungsbedarf zum Jahreswechsel 2002/2003, DStR 2002, 2101; *Patt*, Anwendung des Halbeinkünfteverfahrens auf einbringungsgeborene Anteile, FR 2004, 561; *Patt/Rasche*, Unternehmenssteuerreform: Tarifermäßigung nach § 34 EStG für Einbringungsgewinne (§§ 20 Abs. 5 und 24 Abs. 3 UmwStG) sowie für Gewinne aus der Veräußerung einbringungsgeborener Anteile (§ 21 UmwStG), FR 2001, 175; *Prinz/Schürner*, Tracking Stocks und Sachdividenden – ein neues Gestaltungsinstrument für spartenbezogene Gesellschaftsrechte, DStR 2003, 181; *Pyszka/Bauer*, Einschränkung der Steuerbefreiung von Dividenden und Veräußerungsgewinnen bei Holdinggesellschaften, BB 2002, 1669; *Prinz/Simon*, Kuriositäten und Ungereimtheiten der UntStFG/Ungewollte Abstraffung des gewerbesteuerlichen Schachtelprivilegs für Kapitalgesellschaften DStR 2002, 149 *Pyszka*, DStR-Fachliteratur-Auswertung: Bilanzen und Gewinnermittlung, DStR 1998, 1160; *Reuter/Klein*, Erschüttert Gerritses Trommeln die deutsche Dividendenbesteuerung?, IStR 2003, 634; *Rödder/Schumacher*, Unternehmenssteuerreform 2001: Wesentliche Änderungen des Steuersenkungsgesetzes gegenüber dem Regierungsentwurf und Regeln zu seiner erstmaligen Anwendung, DStR 2000, 1453; *ders.*, Der Regierungsentwurf eines Gesetzes zur Fortentwicklung des Unternehmensteuerrechts, DStR 2001, 1634; *ders.*, Das BMF-Schreiben zu § 8b KStG, DStR 2003, 909; *Rödder/Stangl*, Wertminderungen eigenkapitalersetzender Darlehen im Betriebsvermögen einer Kapitalgesellschaft und § 8b Abs. 3 Satz 3 KStG, DStR 2005, 345; *Rosenbach*, Organschaft und Holding – Zweifelsfragen zu §§ 8b KStG und 3c EStG, WPg-Sonderheft 2003, 3; *Schaumburg*, Internationales Steuerrecht 1998; *Sagasser/Bula/Brünger*, Umwandlungen, 4. Auflage 2011; *Schaumburg/Rödder*, Unternehmenssteuerreform 2001; *Schild/Eisele*, Die Steuerbefreiung nach § 8b KStG – Das neue BMF-Schreiben v. 28.4.2003, DStZ 2003, 443; *Schmidt, L.*, EStG-Kommentar, 33. Aufl. 2014; *Schmidt/Hageböke*, Der Verlust von eigenkapitalersetzenden Darlehen und § 8b Abs. 3 KStG – Anmerkungen zum Arbeitsentwurf eines BMF-Schreibens zu § 8b KStG, DStR 2002, 1202; *Schmitt*, Die Auswirkung einer Verschmelzung von Schwesterkapitalgesellschaften auf „gesperrte" Anteile nach § 8b Abs. 4 KStG, BB 2002, 435; *Schnitger*, Teilweise Aufgabe des Territorialitätsprinzips als europarechtlicher Rechtfertigungsgrund?, FR 2003, 1149; *Schumacher*, Private Veräußerungsgeschäfte nach § 23 EStG für Minderheitsaktionäre als steuerliche Folge beim sog. „Squeeze-out"?, DB 2002, 1626; *Schwedhelm/Olbing/Binnewies*, Gestaltungsüberlegungen zum Jahreswechsel 2002/2003 rund um die GmbH, GmbHR 2002, 1157; *Seifried*, Unternehmenssteuerreform 2001: Ausgewählte Zweifelsfragen, DStR 2001, 240; *Steinbeck*, Zur systematischen Einordnung des Finanzplankredits: Besprechung des Urteils BGH WM 1999, 1568, ZGR 2000, 503; *Strunk/Kaminski*, Anwendung des § 8b KStG 2002 und Auswirkungen auf die Gewerbesteuer, NWB Fach 4, 4731; *Thömmes*, Verstoß der französischen Wegzugsbesteuerung gegen Grundfreiheiten des EG-Vertrags, IWB Fach 11a, 749; *Waclawic*, Ausgeschlossen und dennoch veräußert? – Die einkommensteuerlichen Folgen der „Steuerfalle Squeeze-out" bei Privatanlegern, DStR 2003, 447; *Wagner*, Das „Bosal"-Urteil des EuGH und die Abzugsfähigkeit von Finanzierungskosten bei grenzüberschreitenden Konzernstrukturen, DStZ 2004, 185; *Wagner*, Probleme bei der Umsetzung der Sonderregelung des § 8b Abs. 7 KStG, StBp 2002, 361; *Wassermeyer*, Nochmals: Aufwendungen mit Eigenkapitalersatzcharakter als nicht zu berücksichtigende Gewinnminderungen nach § 8b Abs. 3 KStG nF, DB 2004, 2715; *Watermeyer*, Gewerbesteuer auf Dividenden aus Streubesitzanteilen, GmbH-StB 2002, 200; *ders.*, § 8b KStG-Anwendungsschreiben des BMF, GmbH-StB 2003, 194; *ders.*, in *Herrmann/Heuer/Raupach* (Hrsg:), EStG/KStG-Kommentar § 8b KStG; *Weber*, Zurechnung von Dividendeneinkünften bei Veräußerung von GmbH-Anteilen, GmbHR 1995, 494; *Wendt*, Steuerentlastungsgesetz 1999/2000/2002: Änderungen bei betrieblichen und privaten Veräußerungsgeschäften, FR 1999, 333; *Wichmann*, Die Bedeutung des § 20 Abs. 2a EStG für die Zurechnung von Gewinnausschüttungen bei Übertragung von GmbH-Anteilen, GmbHR 1995, 426; *Widmann/Mayer*, UmwG/UmwStG-Kommentar, Stand Dezember 2013.

## I. Überblick

**15**  Die Kapitalgesellschaft als Rechtsform der unternehmerischen Aktivität verbindet für den Anteilseigner die Beschränkung der Haftung auf die Höhe der Einlage bei gleichzeitiger Möglichkeit der Teilnahme an unternehmerischen Entscheidungen. Aber auch für den weniger unternehmerisch geprägten Anleger ist der Erwerb von Anteilen an Kapitalgesellschaften, nicht zuletzt aufgrund der Verbesserung des Anlegerschutzes, als Investitionsmöglichkeit interessant.

**16**  Aus steuerlicher Sicht umfasst der Begriff der Anteile an Kapitalgesellschaften zunächst Aktien, GmbH-Anteile, Anteile an der europäischen Aktiengesellschaft sowie Anteile an Gesellschaften ausländischen Rechts, die nach dem Typenvergleich einer deutschen Kapitalgesellschaft entsprechen. Die bezeichneten Instrumente vermitteln eine Beteiligung am Nennkapital einer Kapitalgesellschaft. Des Weiteren werden auch eigenkapitalähnliche Finanzierungsinstrumente steuerlich den Anteilen an Kapitalgesellschaften gleichgestellt. Das gilt vor allem für Genussrechte, sofern diese mindestens eine Beteiligung am Gewinn und am Liquidationserlös vermitteln und damit Eigenkapitalcharakter haben, § 8 Abs. 3 Satz 2 KStG.

**17**  Die steuerliche Behandlung von Erträgen aus Anteilen an Kapitalgesellschaften hängt von der Art der Erträge (Dividenden/Veräußerungsgewinne) sowie davon ab, ob die Anteile zum Betriebsvermögen einer Kapitalgesellschaft, einer Mitunternehmerschaft bzw. eines Einzelunternehmens oder zum Privatvermögen einer natürlichen Person gehören. Während Einnahmen aus Anteilen in einem Betriebsvermögen stets steuerlich beachtlich sind, gilt für Anteile an Kapitalgesellschaften, die im Privatvermögen natürlicher Personen gehalten werden eine von vielen Gesetzesänderungen gezeichnete Rechtslage:
So gilt für nach dem 31.12.2008 im Privatvermögen angeschaffte Anteilen an Kapitalgesellschaften, dass im Grundsatz alle laufenden Einkünfte wie auch Veräußerungsgewinne der Abgeltungsteuer unterliegen. Dies gilt auch für Veräußerungsgewinne, die im Rahmen des § 23 Abs. 1 Nr. 2 EStG aF früher als Spekulationsgewinne erfasst wurden (Veräußerung innerhalb eines Jahres nach Anschaffung).[15]

**18**  Von diesem Grundsatz abgesehen bestehen weitere Besonderheiten für Veräußerungsgewinne:
Sofern es sich um Anteile oder Vorgänge handelt im Sinne des § 17 EStG[16] (Beteiligungen von mindestens 1%), des § 21 UmwStG aF („einbringungsgeborene" Anteile) bzw. des

---

[15] Vgl *Weber-Grellet* in Schmidt EStG-Kommentar, § 20 EStG Rn. 126, 127, § 23 EStG Rn. 22.
[16] Zum Sonderfall der Wegzugsbesteuerung, § 6 AStG, vgl. Rn. 121 ff.

§ 22 UmwStG idF des SEStEG („umwandlungsgeborene" Anteile)[17] gilt ein sog. Teileinkünfteverfahren.

Im Übrigen bleiben Veräußerungsgewinne aus dem Verkauf von Anteilen an Kapitalgesellschaften im Privatvermögen natürlicher Personen steuerfrei, soweit die Anteile bis zum 31.12.2008 erworben wurden (sog. „Altfälle").[18]

## II. Anteile an Kapitalgesellschaften im Betriebsvermögen von Körperschaften

**1. Gewinnanteile und ähnliche Bezüge. a) Körperschaftsteuer. aa) Ermittlung der steuerpflichtigen Einnahmen. aaa) Bezüge.** Gehören Aktien, GmbH-Anteile oder Genussrechte[19], mit denen das Recht am Gewinn und Liquidationserlös einer Kapitalgesellschaft verbunden ist zum Vermögen einer Körperschaft, so umfasst der steuerliche Gewinn dieser Körperschaft jegliche Gewinnanteile (Dividenden) und Ausbeuten aus diesen Anteilen, § 8 Abs. 1 KStG iVm § 20 Abs. 1 Nr. 1, 2, 9 und 10 Buchst. a) EStG. Das gilt für Anteile an inländischen wie an ausländischen Kapitalgesellschaften gleichermaßen. Erfasst werden ordentlich ausgeschüttete Gewinne einschließlich Vorabausschüttungen[20], nicht aber thesaurierte Gewinnanteile. Zu den Gewinnanteilen gehören auf der Ebene der empfangenden Körperschaft auch Sachdividenden.[21] Neben offenen Gewinnausschüttungen sind zudem verdeckte Gewinnausschüttungen[22] im steuerlichen Gewinn der Körperschaft zu erfassen, § 8 Abs. 1 KStG iVm § 20 Abs. 1 Nr. 1 Satz 2 EStG.

Als steuerlicher Gewinn werden auch sog „Dividendenkompensationszahlungen" erfasst, § 8 Abs. 1 KStG iVm § 20 Abs. 1 Nr. 1 Satz 4 EStG. Dies sind Zahlungen, die an sich keine Dividenden darstellen, sondern in Fällen von „Leerverkäufen" oder wirtschaftlich entsprechenden Vorgängen von Dritten als Ausgleich geleistet werden, wenn Aktien mit Dividendenberechtigung vom Käufer erworben wurden, aber bei Erfüllung ohne Dividendenanspruch geliefert werden (auch „cum-ex-Geschäfte").[23] Die Zahlungen unterliegen der Kapitalertragsteuer, die allerdings durch Einschaltung von ausländischen Finanzinstituten entfallen konnte.[24]

Ausschüttungen, für die eine inländische Körperschaft bzw. eine EU-Kapitalgesellschaft[25] Beträge ihres steuerlichen Einlagekontos gemäß § 27 KStG verwendet hat, sind steuerlich zunächst mit dem Beteiligungsbuchwert zu verrechnen.[26] Erst ein den Beteiligungsbuchwert übersteigender Betrag erhöht den steuerlichen Gewinn, der dann der Beteiligungsgewinnbefreiung nach § 8b Abs. 2 KStG unterliegt.[27]

Der steuerliche Gewinn des Anteilseigners erfasst ferner Bezüge aus der Kapitalherabsetzung oder Liquidation einer unbeschränkt steuerpflichtigen Körperschaft bzw. einer EU-

---

[17] Vgl. Gesetz über steuerliche Begleitmaßnahmen zur Einführung der Europäischen Gesellschaft und zur Änderung weiterer steuerrechtlicher Vorschriften (SEStEG) v. 16.11.2006, BGBl. I 2006, 2782.
[18] Diese Steuerfreiheit stand neben dem Halb-/Teileinkünfteverfahren bzw. Beteiligungsprivileg, das zum 1.1.2001 das mit Europarecht nicht zu vereinbarende Anrechnungsverfahren ablöste (vgl. EuGH Urt. v. 6.3.2007, Rs. C-292 (Meilicke); EuGH Urt. v. 7.9.2004, Rs. C-319/02 (Manninen)).
[19] Ausführlich vgl. *Herrmann/Heuer/Raupach/Intemann*, EStG/KStG-Kommentar, § 20 EStG Rn. 50–58.
[20] Vgl. *Eder* BB 1994, 1260.
[21] Vgl. *Frotscher* in Frotscher/Maas, KStG/UmwStG-Kommentar, § 8b KStG Rn. 20.
[22] Zum Begriff vgl. BFH Urt. v. 22.2.1989 – I R 44/85, BStBl. II 1989, 475. Ausführlich vgl. *Schmidt/Weber-Grellet*, EStG-Kommentar, § 20 EStG Rn. 41–60; *Herrmann/Heuer/Raupach/Intemann*, EStG/KStG-Kommentar, § 20 EStG Rn. 87–99.
[23] *Herrmann/Heuer/Raupach/Intemann*, EStG/KStG-Kommentar, § 20 EStG Rn. 110–119.
[24] Vgl. im Weiteren → Rn. 37 sowie *Desens* DStZ 2012, 142 (153).
[25] Siehe dazu § 27 Abs. 8 KStG idF SEStEG.
[26] Vgl. *Füger/Rieger* FR 2003, 543, 544. AA *Rödder/Schumacher* DStR 2003, 909, 910.
[27] Vgl. BMF Schreiben v. 28.4.2003, BStBl. I 2003, 292 Tz. 6. Zur Kritik an dieser Einordnung vgl. *Füger/Rieger* FR 2003, 543.

Kapitalgesellschaft, die als Gewinnausschüttungen iSd § 28 Abs. 2 iVm § 27 Abs. 8 KStG gelten, § 20 Abs. 1 Nr. 2 EStG. Demgegenüber wird der ausgeschüttete Abwicklungserlös bei Liquidation einer ausländischen Kapitalgesellschaft als Veräußerungspreis der Beteiligung behandelt.[28]

24 Zum steuerlichen Gewinn gehören zudem Gewinne aus der Veräußerung von Dividendenscheinen und sonstigen Ansprüchen iSd § 20 Abs. 2 Satz 1 Nr. 2 Buchst. a) EStG ebenso wie Einnahmen aus der Abtretung von Dividendenansprüchen oder sonstigen Ansprüchen nach § 20 Abs. 2 Satz 2 EStG, wenn die dazugehörenden Aktien oder sonstigen Anteile nicht mitveräußert werden.

25 Der steuerliche Gewinn der Körperschaft umfasst außerdem die Ausgabe von Freianteilen (Gratisaktien), soweit sie aus der Umwandlung von Gewinnen in Nennkapital entstehen, § 20 Abs. 3 EStG.[29] Demgegenüber führt die Ausgabe von Freianteilen nicht zu steuerpflichtigen Einkünfte, soweit die Anteile aus einer Kapitalerhöhung aus Gesellschaftsmitteln resultieren, § 1 KapErhStG.[30]

26 bbb) Umfang der Einnahmen. Die steuerpflichtigen Einnahmen nach § 20 Abs. 1 Nr. 1 EStG werden durch den vereinnahmten Ausschüttungsbetrag (Bardividende) zuzüglich eventuell einbehaltener Kapitalertragsteuer bestimmt. Einbehaltene Kapitalertragsteuer stellt keine abzugsfähige Ausgabe dar, § 12 Nr. 3 EStG. Die von der ausschüttenden Kapitalgesellschaft gezahlte Körperschaftsteuer erhöht die steuerpflichtigen Einnahmen anders als unter Geltung des früheren Anrechnungsverfahrens nicht mehr.

27 ccc) Steuerbefreiung. Gemäß § 8b Abs. 1 Satz 1 KStG bleiben die bezeichneten Bezüge bei der Ermittlung des Einkommens einer Körperschaft außer Ansatz. Für sonstige Bezüge iSv § 20 Abs. 1 Nr. 1 Satz 2 EStG sowie Einnahmen gemäß § 20 Abs. 1 Nr. 9, Nr. 10 Buchst. a EStG greift die Steuerbefreiung allerdings nur, soweit sie die Bezüge der leistenden Körperschaft nicht gemindert haben, § 8b Abs. 1 Satz 2 KStG. Die Regelung des § 8b Abs. 1 KStG ist auf Bezüge aus inländischen und ausländischen Körperschaften gleichermaßen anzuwenden. Die Steuerbefreiung nach § 8b Abs. 1 Satz 1 KStG bezieht sich nicht auf einen Währungsgewinn, der zwischen der Einbuchung der Forderung auf Gewinnanteile und deren Erfüllung entsteht.[31] Wird die Beteiligung an der Körperschaft über eine Personengesellschaft gehalten, so gelten § 8b Abs. 1 und 5 KStG auch für die Bezüge, die dem Steuerpflichtigen mit dem Gewinnanteil aus der Personengesellschaft[32] zugerechnet werden, § 8b Abs. 6 Satz 1 KStG.

28 Bei Ausschüttungen, für die eine inländische Kapitalgesellschaft bzw. eine EU-Kapitalgesellschaft gemäß § 27 KStG Beträge ihres Einlagenkontos verwendet, ist auf den den Beteiligungsbuchwert übersteigenden Betrag der Ausschüttung nach Ansicht der Finanzverwaltung nicht § 8b Abs. 1 Satz 1 KStG, sondern § 8b Abs. 2 KStG anzuwenden.[33] Für Bezüge aus der Kapitalherabsetzung oder Liquidation einer unbeschränkt steuerpflichtigen Körperschaft oder einer EU-Kapitalgesellschaft[34] ist § 8b Abs. 1 KStG anzuwenden, soweit diese nicht in der Rückzahlung von echtem Nennkapital bestehen oder aus dem steuerli-

---

[28] Vgl. *Ratschow* in Blümich, EStG/KStG/GewSt-Kommentar, § 20 EStG Rn. 191.
[29] Vgl. BFH Urt. v. 17.9.1957, BStBl. III 1957, 401; BFH Urt. v. 27.3.1979, BStBl. II 1979, 560.
[30] Vgl. auch *Stegemann* BB 2000, 953; *Altfelder* FR 2000, 443.
[31] Vgl. BFH Urt. v. 7.11.2001 – I R 3/01, BFH/NV 2002, 398.
[32] Zur Beteiligung über eine ausländische Personengesellschaft vgl. *Grotherr* IWB 2000/22 Fach 3, Gruppe 1, 1697, 1706. Zur Beteiligung über eine gewerblich geprägte Personengesellschaft vgl. etwa *Schwedhelm/Olbing/Binnewies* GmbHR 2002, 1157, 1160. Zum Vorgehen bei vermögensverwaltenden Personengesellschaften vgl. BMF Schreiben v. 28.4.2003, BStBl. I 2003, 292 Tz. 56; sowie auch *Frotscher* in Frotscher/Maas, KStG/UmwStG-Kommentar, § 8b KStG Rn. 105; *Schwedhelm/Olbing/Binnewies* GmbHR 2002, 1157, 1160.
[33] Vgl. BMF Schreiben v. 28.4.2003, BStBl. I 2003, 292 Tz. 6. Zur Kritik an dieser Einordnung vgl. *Füger/Rieger* FR 2003, 543.
[34] Siehe dazu § 27 Abs. 8 KStG idF SEStEG.

§ 27 Die Besteuerung von Kapitalanlagevermögen

chen Einlagekonto nach § 27 KStG stammen.[35] Für Rückzahlungen von echtem Nennkapital oder Rückzahlungen des steuerlichen Einlagekonto nach § 27 KStG gilt auch bei der Kapitalherabsetzung oder Liquidation § 8b Abs. 2 KStG. Demgegenüber sind Bezüge aus der Kapitalherabsetzung oder Liquidation einer Nicht-EU-Körperschaft vollumfänglich nach § 8b Abs. 2 KStG zu behandeln.[36]

Die Anwendung des § 8b Abs. 1 KStG setzt anders als DBA-Freistellungsregelungen keine Mindesthaltefrist voraus.[37] Hingegen gilt für Ausschüttungen seit dem 28. Februar 2013, dass die Bezüge sich aus einer Beteiligung ergeben müssen, die mindestens 10% des Grund- oder Stammkapitals der ausschüttenden Gesellschaft beträgt, § 8b Abs. 4 KStG.[38] Die Voraussetzung einer Mindestbeteiligung zur Gewährung einer Steuerbefreiung nach § 8b Abs. 1 KStG wurde zur Umsetzung der EuGH-Entscheidung vom 20. Oktober 2011[39] durch Gesetz vom 21.3.2013[40] eingeführt, betrifft aber nur Dividenden und laufende Bezüge nach § 20 Abs. 1 Nr. 2, 9 und 10 Buchstabe a EStG, nicht hingegen Veräußerungsgewinne. Bei zwischengeschalteten Mitunternehmerschaften gilt die Mindestbeteiligung als ob der Mitunternehmer unmittelbar beteiligt wäre, § 8b Abs. 4 Satz 4 KStG. Der Steuerbefreiung nach § 8b Abs. 1 KStG ist durch außerbilanzielle Ergebniskorrektur Rechnung zu tragen.[41] Sie wirkt sich daher nicht auf die Gewinnermittlung in Handelsbilanz und Steuerbilanz aus.

bb) Persönliche Steuerpflicht – Zurechnung. Gemäß § 20 Abs. 5 EStG (bis 31.12.2008: § 20 Abs. 2a EStG aF) erzielt Einkünfte aus Anteilen an Kapitalgesellschaften iSd § 20 Abs. 1 Nr. 1 EStG derjenige, dem die Anteile im Zeitpunkt des Gewinnausschüttungsbeschlusses nach § 39 AO zuzurechnen sind. Bei Auseinanderfallen von rechtlichem und wirtschaftlichem Eigentum bestimmt sich die Zurechnung iSv § 39 AO nach dem wirtschaftlichen Eigentum.

Bei Wertpapierleihgeschäften stehen Dividenden, die während der Dauer der Wertpapierleihe gezahlt werden, dem Entleiher zu, § 20 Abs. 5 EStG (bis 31.12.2008: § 20 Abs. 2a EStG aF).[42] Bei echten Wertpapierpensionsgeschäften sind die durch Pensionsgeschäfte übertragenen Wertpapiere steuerlich analog zu § 340b Abs. 1 HGB dem Pensionsgeber zuzurechnen.[43] Bestimmte steuerliche Gestaltungsformen der Wertpapierleihe bzw. des Wertpapierpensionsgeschäftes wurden durch Einführung des § 8b Abs. 10 KStG unterbunden.[44]

cc) Betriebsausgaben im Zusammenhang mit steuerfreien Bezügen. Gemäß § 8b Abs. 5 KStG gelten von den Bezügen iSd § 8b Abs. 1 KStG, die bei der Ermittlung des Einkommens nach § 8b Abs. 1 KStG außer Ansatz bleiben, 5% als nicht abzugsfähige Betriebsausgaben. Ebenfalls anzuwenden ist § 8b Abs. 5 Satz 1 KStG auf Dividenden, die lediglich durch ein DBA befreit sind, ihrer Art nach aber Bezüge iSd § 8b Abs. 1 KStG sind.[45] Bei Anwendung des § 8b Abs. 5 Satz 1 KStG werden 5% der Einnahmen iSd § 8b Abs. 1 KStG selbst dann dem Einkommen der Körperschaft hinzugerechnet, wenn bei der be-

---

[35] Vgl. BMF Schreiben v. 28.4.2003, BStBl. I 2003, 292 Tz. 7.
[36] Vgl. *Rödder/Schumacher* DStR 2003, 909, 910. Kritisch auch *Füger/Rieger* FR 2003, 543, 545: Verstoß gegen Niederlassungsfreiheit.
[37] Vgl. BMF Schreiben v. 28.4.2003, BStBl. I 2003, 292, Tz. 4.
[38] Vgl im Einzelnen *Rengers* in Blümich, EStG/KStG/GewSt-Kommentar, § 8b KStG Rn. 116ff sowie *Benz/Jetter* DStR 2013, 489ff.
[39] Urteil vom 20.10.2011, C-284/09, BeckRS 2011, 81517.
[40] BGBl. 2013 I, S. 561.
[41] Vgl. etwa *Herzig* DB 2003, 1459, 1460.
[42] Vgl. BMF Schreiben v. 3.4.1990, DB 1990, 863.
[43] Vgl. *Weber-Grellet* in Schmidt, EStG-Kommentar, § 5 EStG Rn. 270 *„Pensionsgeschäfte“*. AA noch BFH Beschl. v. 29.11.1982, BStBl. II 1983, 272. Nicht ausdrücklich geklärt durch BFH Urt. v. 15.12.1999 I R 29/97, BStBl. II 2000, 527.
[44] → Rn. 57.
[45] Vgl. *Dötsch* in Eversberg/Jost/Witt/Dötsch/Pung, KStG Kommentar, § 8b KStG Tz. 112.

trachteten Körperschaft keine oder nur niedrigere Aufwendungen im Zusammenhang mit der Beteiligung an der ausschüttenden Körperschaft angefallen sind.[46] Die Regelung des § 8b Abs. 5 Satz 1 KStG schlägt auf die Gewerbesteuer durch, § 7 Satz 1 GewStG.[47]

33  dd) Nachsteuer gemäß § 37 Abs. 3 KStG. Für Ausschüttungen, die vor dem 31.12.2006 beschlossen wurden, sind die Regelungen des § 37 Abs. 1 bis 3 KStG zu beachten. Verwendete eine unbeschränkt steuerpflichtige Körperschaft für Gewinne, die sie nach dem 31.12.2005 ausschüttete, noch vorhandenes Körperschaftsteuerguthaben aus Altbeständen an EK 40, so mindert sich ihre Körperschaftsteuer.[48] Ist Empfängerin dieser Ausschüttung eine unbeschränkt steuerpflichtige Körperschaft, bei der die Einnahmen iSd § 20 Abs. 1 Nr. 1 oder 2 EStG nach § 8b Abs. 1 KStG außer Ansatz bleiben, so erhöht sich nach § 37 Abs. 3 KStG die Körperschaftsteuer der Empfängerin.[49] Zugleich erhöht sich das Körperschaftsteuerguthaben der die Bezüge empfangenden Körperschaft.

34  Abweichend davon wird das zum 31.12.2006 noch bestehende Körperschaftsteuerguthaben über einen zehnjährigen Auszahlungszeitraum (2008–2017) ratierlich ausgezahlt, § 37 Abs. 4 bis 6 KStG idF des SEStEG[50]. Auf diese ratierliche Auszahlung des Körperschaftsteuerguthabens ist die Regelung des § 37 Abs. 3 KStG nicht anzuwenden.

35  ee) Kapitalertragsteuer. Auf die bezeichneten Bezüge[51] iSd § 20 Abs. 1 u. 2 EStG ist Kapitalertragsteuer zu erheben, § 43 Abs. 1 Nr. 1, Nr. 7a und 7b, Abs. 4 EStG. Die Kapitalertragsteuer beträgt in den Fällen des § 43 Abs. 1 Nr. 1 und 7a EStG 25% (bis 31.12.2008: 20%), § 43a Abs. 1 Nr. 1 EStG und – in den Fällen des § 43 Abs. 1 Nr. 7b EStG 15%, § 43a Abs. 1 Nr. 2 EStG. Bei Ausschüttungen an ausländische Anteilseigner kann die Höhe der einzubehaltenden Kapitalertragsteuer durch ein DBA reduziert werden, Art. 10 Abs. 2 Satz 1 Buchst. a) u. b) OECD-MA. Dabei sind die Bedingungen des § 50d Abs. 3 EStG zu beachten, durch die ausländischen Gesellschaften eine Herabsetzung der Kapitalertragsteuer nicht gewährt wird, soweit Personen ohne einen solchen Anspruch an ihr beteiligt sind, und für die Einschaltung der ausländischen Gesellschaft wirtschaftliche oder sonst beachtliche Gründe fehlen oder die ausländische Gesellschaft nicht mehr als 10% ihrer gesamten Bruttoerträge aus eigener Wirtschaftstätigkeit erzielt, oder sie nicht mit einem für ihren Geschäftszweck angemessen eingerichteten Geschäftsbetrieb am allgemeinen wirtschaftlichen Verkehr teilnimmt.[52] Von Kapitalerträgen iSd § 20 Abs. 1 Nr. 1 EStG, die an eine EU-Muttergesellschaft fließen, darf in Deutschland keine Kapitalertragsteuer einbehalten werden, § 43b Abs. 1 EStG. Sofern § 43b EStG nicht anzuwenden ist und der beschränkt steuerpflichtige Anteilseigner in Deutschland nicht veranlagt wird, hat die erhobene Kapitalertragsteuer abgeltende Wirkung, § 32 Abs. 1 Nr. 2 KStG, § 50 Abs. 5 Satz 1 EStG.

36  Bezieht die inländische Körperschaft Bezüge iSd § 8b Abs. 1 KStG einer inländischen Kapitalgesellschaft, kann sie die Kapitalertragsteuer nach § 36 Abs. 2 Nr. 2 EStG anrech-

---

[46] Zur Europarechtswidrigkeit der Pauschalierung vgl. auch BFH Urt. v. 9.8.2006 – I R 95/05, DStR 2006, 2079. Zur Nichtanwendung dieses Urt. auf Drittstaaten vgl. BMF-Schreiben v. 21.3.2007, DStR 2007, 340. Zur Europawidrigkeit des § 8b KStG aF iVm § 3c EStG vgl. EuGH Urt. v. 23.2.2006 C-471/04 (Keller-Holding), IStR 2006, 235 sowie dazu *Friedrich/Nagler* IStR 2006, 217; *Forsthoff* IStR 2006, 222. Zur Europarechtswidrigkeit des § 8b Abs. 7, Abs. 5 KStG aF vgl. BFH Urt. v. 13.6.2006 – I R 78/04, DStR 2007, 360 sowie Niedersächsisches Finanzgericht Beschl. v. 18.7.2005 – 6 V 127/05, EFG 2006, 135.
[47] Bestätigt durch BFH Urt. v. 25.1.2006 – I R 104/04, IStR 2006, 316.
[48] Zu den Änderungen durch das Gesetz über steuerliche Begleitmaßnahmen zur Einführung der Europäischen Gesellschaft und zur Änderung weiterer steuerrechtlicher Vorschriften (SEStEG) vgl. *Förster/Felcher* DStR 2006, 1725 f.
[49] Zur Anwendung bei fehlender Feststellung vgl. BFH Beschl. v. 5.4.2005, DStR 2005, 774.
[50] Gesetz über steuerliche Begleitmaßnahmen zur Einführung der Europäischen Gesellschaft und zur Änderung weiterer steuerrechtlicher Vorschriften (SEStEG) v. 16.11.2006.
[51] → Rn. 20 f.
[52] Vgl. BMF Schreiben v. 3.4.2007, DStR 2007, 719; *Kessler/Eicke* DStR 2007, 719; *Grotherr* RIW 2006, 398 (906 ff.); *Günkel/Lieber* DB 2006, 2197. *Kessler/Eicke* IStR 2006, 577.

nen; Überhänge werden erstattet. Bezieht eine im Inland unbeschränkt steuerpflichtige Körperschaft hingegen Dividenden oder ähnliche Gewinnanteile aus Anteilen an einer ausländischen Körperschaft, so ist die ausländische Quellensteuer im Ergebnis nicht anrechenbar, § 34c Abs. 1 Satz 2 bis 5 EStG.[53] Die ausländische Quellensteuer kann daher lediglich als Betriebsausgabe bei der Ermittlung des steuerpflichtigen Einkommens abgezogen werden, § 34c Abs. 2 EStG iVm § 26 Abs. 6 KStG.

Nach § 44 Abs. 1 Satz 3 EStG vorzunehmen hat den Steuerabzug für Rechnung des Gläubigers (1) in den Fällen des § 43 Abs. Nr. 1 und 1a EStG der Schuldner, (2) in dem Fall des § 20 Abs. 1 Nr. 1 Satz 4 und bei der Veräußerung von Dividendenscheinen das den (Leer-)Verkauf ausführende Institut[54], und (3) in den Fällen des § 43 Abs. 1 Nr 1a und 6 EStG die auszahlende Stelle (inländisches Kredit- oder Finanzdienstleistungsinstitut). Die Verpflichtung des Steuerabzuges besteht seit dem Jahr 2012 bei Zahlungen im Zusammenhang mit Leerverkäufen und Kompensationszahlungen ins Ausland bei der inländischen „Sammelbank".[55] Ziel des Gesetzgebers war es in Fällen des Dividendenstrippings und von cum-ex-Geschäften die Kapitalertragsteuerpflicht und Steueranrechnung zur Deckung zu bringen. Von „Cum-ex-Geschäften" spricht man bei einem Handel von Aktien mit („cum") und ohne („ex") Dividendenberechtigung rund um einen Dividendenstichtag, der bei bestimmter Gestaltung die Gefahr einer doppelten/mehrfachen Anrechnung von (einmal erhobener) Kapitalertragsteuer in sich trägt. Dagegen wendet sich nun das Urteil des Bundesfinanzhofs vom 16.4.2014[56]: beim Handel von Aktien im Rahmen von „Cum-ex-Geschäften" kommt im Fall eines fremdfinanzierten Weiterverkaufs ohne Marktpreisrisiko mangels wirtschaftlichen Eigentums des Anteilserwerbers keine mehrfache Anrechnung von Kapitalertragsteuer in Betracht. 37

**b) Gewerbesteuer.** Ausgangsbasis für die Ermittlung des Gewerbeertrages ist der Gewinn aus Gewerbebetrieb, gemindert um die nach § 8b Abs. 1 und 2 KStG außer Acht zu lassenden Bezüge. Dies gilt auch für Personengesellschaften, zu deren Betriebsvermögen Anteile an Kapitalgesellschaften gehören, soweit an der Personengesellschaft Kapitalgesellschaften beteiligt sind, § 7 Satz 4 GewStG idF des EURLUmsG.[57] 38

Nach § 8 Nr. 5 GewStG sind die nach § 8b Abs. 1 KStG außer Betracht bleibenden Gewinnanteile (Dividenden) und die diesen gleichgestellten Bezüge aus Anteilen an einer Kapitalgesellschaft dem Gewinn aus Gewerbebetrieb wieder hinzuzurechnen, soweit es sich nicht um Gewinne aus Anteilen an einer nicht steuerbefreiten inländischen Kapitalgesellschaft handelt und die Beteiligung zu Beginn des Erhebungszeitraums nicht mindestens 15%[58] beträgt, § 9 Nr. 2a GewStG. Für Gewinnanteile aus Anteilen an Kapitalgesellschaften mit Sitz und Geschäftsleitung im Ausland entfällt die Hinzurechnung, wenn die Beteiligung seit Beginn des Erhebungszeitraums ununterbrochen mindestens 15% beträgt und die ausländische Gesellschaft ferner eine aktive Tätigkeit iSv § 8 Abs. 1 Nr. 1 bis 6 AStG ausübt bzw. qualifizierte Beteiligungen hält, § 9 Nr. 7 iVm § 8 Nr. 5 GewStG. Eine Hinzurechnung nach § 8 Nr. 5 iVm § 9 Nr. 7 GewStG scheidet hingegen dann aus, wenn Gewinnanteile (Dividenden) und die diesen gleichgestellte Bezüge und erhaltene Leistungen aus ausländischen Gesellschaften durch ein DBA steuerfrei gestellt werden.[59] § 8 Nr. 5, § 9 Nr. 2a, 7 GewStG sind auf der Ebene einer Personengesellschaft anzuwenden, soweit 39

---

[53] Vgl. *Maiterth/Semmler* BB 2000, 1377, 1385; *Menhorn* DStR 2005, 1885.
[54] Siehe BMF 13.6.08 DStR 08, 1236/9.
[55] Gesetz zur Umsetzung der Amtshilferichtlinie sowie zur Änderung steuerlicher Vorschriften vom 29.06.2013, BGBl. 2013, Teil I Nr. 32, S. 1809.
[56] BFH, Urt. vom 16.4.2014 I R 2/12; becklink 1032133 – beck-online; ebenso *Weber-Grellet* in Schmidt, ESt-Kommentar, § 44 Rn. 4 aE.
[57] Zu den Schwierigkeiten bei der praktischem Umsetzung vgl. *Dötsch/Pung* DB 2005, 10, 14.
[58] Zur Ermittlung der Mindestbeteiligungsquote vgl. OFD Hannover Verfügung v. 15.7.2002, DB 2002, 1917; OFD Frankfurt a. M. Verfügung v. 14.10.2002, GmbHR 2003, 53.
[59] Vgl. *Watermeyer* GmbH-StB 2002, 200, 202; *Strunk/Kaminski* NWB Fach 4, 4731, 4733.

an ihr Kapitalgesellschaften beteiligt sind.[60] Die hinzuzurechnenden Gewinnanteile und Bezüge sind um im wirtschaftlichen Zusammenhang stehende Betriebsausgaben zu kürzen, soweit sie nicht bereits nach § 8b Abs. 5 KStG, § 3c EStG außer Betracht geblieben sind.

Die nach § 8b Abs. 5 KStG bei der Ermittlung des Einkommens der Körperschaft pauschal hinzugerechneten Betriebsausgaben (5%) bleiben im Gewerbeertrag enthalten. Eine Kürzung dieser Beträge nach § 9 Nr. 2a GewStG scheidet aus, § 9 Nr. 2a Satz 4 GewStG.

**40** **2. Veräußerung von Anteilen an Kapitalgesellschaften. a) Veräußerung und andere Entstrickungstatbestände.** Bei Veräußerung von Anteilen an Kapitalgesellschaften entstehende positive oder negative Erfolgsbeiträge in Höhe des Unterschiedsbetrags zwischen Kaufpreis (gemeinem Wert, Teilwert) und Buchwert der Anteile gehören zum steuerlichen Gewinn der veräußernden Körperschaft. Veräußerung im bürgerlich-rechtlichen Sinne ist die Übertragung des rechtlichen bzw. wirtschaftlichen Eigentums gegen Entgelt. Steuerlich umfasst der Begriff der Veräußerung außerdem den Tausch sowie die Abwicklung der Kapitalgesellschaft. Daneben kann es ohne Gewährung einer Gegenleistung zu einer Aufdeckung stiller Reserven in Anteilen an Kapitalgesellschaften kommen, etwa durch Entnahme (verdeckte Gewinnausschüttung), verdeckte Einlage, Formwechsel in eine Personengesellschaft, Verschmelzung oder Spaltung, Sitzverlegung ins Ausland oder Überführung in eine ausländische Betriebsstätte gemäß § 4 Abs. 1 Satz 3 EStG idF des SEStEG[61] oder in ein ausländisches Stammhaus. Ebenfalls zum steuerlichen Gewinn gehören Erfolgsbeiträge aus der Entstrickung einbringungsgeborener Anteile iSv § 21 Abs. 2 UmwStG aF bzw. aus der Veräußerung mit einer Sperrfrist behafteter Anteile nach § 22 UmwStG nF.[62]

**41** Ausländische Kapitalgesellschaften unterliegen mit entsprechenden Einkünften aus Anteilen an im Inland unbeschränkt steuerpflichtigen Kapitalgesellschaften nur dann der beschränkten Steuerpflicht, wenn die Voraussetzungen des § 17 EStG erfüllt werden oder die Anteile iSv § 22 UmwStG. sperrfristbehaftet sind, § 49 Abs. 1 Nr. 2 Buchst. e), Nr. 8 Buchst. b) EStG. Bei Bestehen eines DBA wird das Besteuerungsrecht regelmäßig dem ausländischen Sitzstaat der Kapitalgesellschaft zugewiesen.

**42** **b) Körperschaftsteuer.** aa) Steuerbefreiung. Bei der Ermittlung des (steuerpflichtigen) Einkommens einer Körperschaft bleiben gemäß § 8b Abs. 2 Satz 1 KStG Gewinne aus der Veräußerung eines Anteils an einer Körperschaft oder Personenvereinigung, deren Leistungen bei den Empfängern zu Einnahmen iSv § 20 Abs. 1 Nr. 1, 2, 9 und 10 Buchst. a) EStG gehören, oder eines Anteils an einer Organgesellschaft iSd §§ 14, 17 oder 18 KStG außer Ansatz. Wie § 8b Abs. 1 KStG so ist auch § 8b Abs. 2 KStG außerbilanziell bei der Ermittlung des zu versteuernden Einkommens zu berücksichtigen. Die Regelung gilt ebenfalls für Gewinne, die dem Steuerpflichtigen im Rahmen des Gewinnanteils aus einer Mitunternehmerschaft zugerechnet werden. Sie greift zudem für die Veräußerung oder Aufgabe eines Mitunternehmeranteils, soweit dabei ein erzielter Veräußerungserfolg bzw. Aufgabeerfolg auf nachgeschaltete Beteiligungen an Körperschaften entfällt, § 8b Abs. 6 Satz 1 KStG.

**43** Anzuwenden ist § 8b Abs. 2 KStG auf Veräußerungen im bürgerlich-rechtlichen Sinne sowie auf andere Realisationstatbestände, wie Tausch,[63] Abwicklungsgewinne, Gewinne aus der Überführung in eine ausländische Betriebsstätte bzw. aus der Überführung von einer inländischen Betriebsstätte in ein ausländisches Stammhaus, verdeckte Gewinnausschüttun-

---

[60] Vgl. Rn. 42; *Prinz/Simon* DStR 2002, 149, 150.
[61] Vgl. BFH Urt. v. 30.5.1972 – VIII R 111/69, BStBl. II 1972, 760; BMF v. 24.12.1999, IV B 4 – S 1300-111/99, BStBl. I 1999, 1076, Tz. 2.6.1; zur Kritik siehe *Wassermeyer* in Debatin/Wassermeyer, DBA, Art. 7 OECD-MA, Rn. 243 ff. mwN.
[62] → Rn. 103 f.
[63] Vgl. BMF Schreiben v. 28.4.2003, BStBl. I 2003, 292 Tz. 20.

gen⁶⁴ sowie nach § 8b Abs. 2 Satz 3 KStG auch auf die verdeckte Einlage. Begünstigt ist gleichermaßen die Veräußerung eigener Anteile.⁶⁵ Ebenfalls von § 8b Abs. 2 Satz 1 KStG erfasst wird der Gewinn aus der Ausschüttung von Anteilen an anderen Körperschaften als Sachdividenden.⁶⁶ Ferner befreit werden durch § 8b Abs. 2 Satz 3 KStG Gewinne aus der Wertaufholung gemäß § 6 Abs. 1 Satz 1 Nr. 2 Satz 3 EStG nach vorausgegangener steuerlich nicht abzugsfähiger Abschreibung einer Beteiligung auf den niedrigeren Teilwert von der Körperschaftsteuer.

bb) Einschränkung der Steuerbefreiung. Die Steuerbefreiung von Veräußerungsgewinnen nach § 8b Abs. 2 KStG wurde für Anteile, die auf vor dem 12.12.2006 durchgeführte Einbringungen iSd § 20 UmwStG unter dem Teilwert beruhen (einbringungsgeborene Anteile) und für Anteile im Sinne des § 8b Abs. 4 Satz 1 Nr. 2 KStG, die auf einer Übertragung durch einen nicht von § 8b Abs. 2 KStG begünstigten Steuerpflichtigen bis zum 12.12.2006 beruhen, durch § 8b Abs. 4 KStG aF eingeschränkt, § 34 Abs. 7a KStG.

Bis zur Gesetzesänderung war auf einbringungsgeborene Anteile die Steuerbefreiung gemäß § 8b Abs. 2 KStG nicht anzuwenden, § 8b Abs. 4 Satz 1 Nr. 1 KStG aF. Mit Antrag auf Entstrickung nach § 21 Abs. 2 Satz 1 Nr. 1 UmwStG aF verloren die Anteile ihre Einbringungsgeborenheit. Nach Antragstellung entstehende stille Reserven waren insofern nicht mehr körperschaftsteuerpflichtig.⁶⁷ Die Steuerbefreiung des § 8b Abs. 2 KStG galt darüber hinaus weiterhin nicht für solche Anteile, die von einem nicht nach § 8b Abs. 2 KStG Begünstigten unter dem Teilwert erworben wurden, § 8b Abs. 4 Satz 1 Nr. 2 KStG aF. Bei den nicht nach § 8b Abs. 2 KStG Begünstigten handelt es sich vor allem um natürliche Personen sowie Mitunternehmerschaften mit natürlichen Personen als Gesellschaftern. Die Regelung galt ebenfalls für Gewinne, die dem Steuerpflichtigen im Rahmen des Gewinnanteils aus einer Mitunternehmerschaft zugerechnet werden, sowie ferner für die Veräußerung oder Aufgabe eines Mitunternehmeranteils selbst, soweit dabei ein erzielter Veräußerungserfolg bzw. Aufgabeerfolg auf nachgeschaltete Beteiligungen an Körperschaften entfällt, § 8b Abs. 6 Satz 1 KStG.

Von den in § 8b Abs. 4 Satz 1 Nr. 1 u. 2 KStG aF aufgeführten Ausnahmen von der Steuerbefreiung bestanden bestimmte Rückausnahmen, bei deren Erfüllung der Gewinn aus der Veräußerung von Anteilen an Körperschaften schlussendlich von der Körperschaftsteuer befreit wurde, § 8b Abs. 4 Satz 2 KStG aF. So konnten Anteile an Kapitalgesellschaften – ungeachtet ihrer Einbringungsgeborenheit sowie ihrer Herkunft – nach Ablauf von sieben Jahren körperschaftsteuerfrei veräußert werden, § 8b Abs. 4 Satz 2 Nr. 1 KStG aF. Des Weiteren konnten selbst innerhalb der Siebenjahresfrist solche Anteile an Kapitalgesellschaften steuerfrei veräußert werden, die unabhängig von einem Betrieb oder Teilbetrieb als mehrheitsvermittelnde Anteile in eine inländische Kapitalgesellschaft (§ 20 Abs. 1 Satz 2 UmwStG aF) oder in eine EU-Kapitalgesellschaft (§ 23 Abs. 4 UmwStG aF) durch einen gemäß § 8b Abs. 2 KStG Begünstigten unter dem Teilwert eingebracht wurden (Anteilstausch), § 8b Abs. 4 Satz 2 Nr. 2 KStG aF.⁶⁸ Schließlich konnten gemäß § 8b

---

⁶⁴ Vgl. BMF Schreiben v. 28.4.2003, BStBl. I 2003, 292 Tz. 21; vgl. auch BFH Beschl. v. 6.7.2000, BStBl. II 2002, 490. Siehe ferner *Füger/Rieger* FR 2003, 543, 548; *Herzig* DB 2003, 1459, 1461.

⁶⁵ Ausführlich zur steuerlichen Behandlung zur Einziehung erworbener eigener Anteile sowie zur Verwendung eigener Anteile zur Bedienung von Mitarbeiteroptionen vgl. *Dötsch* in Eversberg/Jost/ Witt/Dötsch/Pung, KStG Kommentar, § 8b KStG Rn. 24–28a.

⁶⁶ Vgl. BMF Schreiben v. 28.4.2003, BStBl. I 2003, 292 Tz. 22. Siehe auch *Prinz/Schürner* DStR 2003, 181, 183; *Frotscher* INF 2003, 457, 459.

⁶⁷ Vgl. BMF Schreiben v. 28.4.2003, BStBl. I 2003, 292 Tz. 35. Siehe auch *Rödder/Schumacher* DStR 2001, 1634; *Herrmann/Heuer/Raupach/Watermeyer*, EStG/KStG-Kommentar § 8b KStG, Rn. R 62.

⁶⁸ Vgl. *Dötsch* in Eversberg/Jost/Witt/Dötsch/Pung, KStG-Kommentar, § 8b KStG Rn. 95a; *Hörger/ Scheipers* DB 2000, 1988, 1989; Widmann/Mayer/*Widmann*, UmwStG-Kommentar § 20 UmwStG (StSenkG/UntStFG) Rn. 21. Zur Interpretation des unverständlichen Wortlauts des § 8b Abs. 4 Satz 2 Nr. 2 KStG aF vgl. *Widmann* in Widmann/Mayer, UmwStG-Kommentar, § 20 UmwStG (StSenkG/ UntStFG) Rn. 13.1.; *Füger/Rieger* FR 2003, 589, 595; *Eilers/Schmidt* GmbHR 2003, 613, 631.

Abs. 4 Satz 2 Nr. 2 KStG aF auch solche Anteile von der aufnehmenden Körperschaft steuerfrei veräußert werden, die von einem nach § 8b Abs. 2 KStG Begünstigten zusammen mit einem Betrieb oder Teilbetrieb nach § 20 Abs. 1 Satz 1 UmwStG aF unter dem Teilwert eingebracht wurden.[69]

**47** Die Regelung des § 8b Abs. 4 KStG wurde durch das Gesetz über steuerliche Begleitmaßnahmen zur Einführung der Europäischen Gesellschaft und zur Änderung weiterer steuerrechtlicher Vorschriften (SEStEG) aufgehoben. Die Besteuerung von Anteilen, die auf durch Einbringungen unter dem Teilwert oder auf Übertragungen von nicht durch § 8b Abs. 2 KStG berechtigten Steuerpflichtigen nach dem 12.12.2006 beruhen, wird nun insgesamt im Umwandlungssteuergesetz geregelt, § 22 Abs. 1 und 2 UmwStG.[70] Die für die Fassung des UmwStG vor dem SEStEG kritisierte Problematik der Verdopplung stiller Reserven (im übernehmenden Betriebsvermögen und in den für die Übertragung gewährten Anteilen)[71] wird nach § 22 UmwStG vermieden. Schädliche Realisierungstatbestände (zB Weiterveräußerung) haben nicht mehr die Nichtanwendung des Beteiligungsprivilegs des § 8b Abs. 2 KStG zur Folge. Stattdessen wird die Einbringung unter dem Teilwert/ Übertragung durch Nichtberechtigte rückwirkend zum gemeinen Wert besteuert, § 22 Abs. 1 Satz 1, Abs. 2 Satz 1 UmwStG (Einbringungsgewinn I/II)[72].

**48** cc) *Abzug von Betriebsausgaben und Gewinnminderungen im Zusammenhang mit steuerfreien Einnahmen.* Gemäß § 8b Abs. 3 Satz 1 KStG gelten 5% des Gewinns iSd § 8b Abs. 2 Satz 1, 3 und 6 KStG als nicht abzugsfähige Betriebsausgaben.[73] Das Abzugsverbot des § 8b Abs. 3 Satz 1 KStG greift pauschal, dh, selbst wenn tatsächlich niedrigere Aufwendungen im Zusammenhang mit den bezeichneten Gewinnen gemäß § 8b Abs. 2 KStG angefallen sind. Unklar ist, ob § 8b Abs. 3 Satz 1 KStG auch auf den Teil des Gewinns anzuwenden ist, der infolge einer vorausgegangenen steuerwirksamen Teilwertabschreibung gemäß § 8b Abs. 2 Satz 4 KStG steuerpflichtig ist.[74]

**49** Über das pauschalierende Abzugsverbot von Betriebsausgaben hinaus sind Gewinnminderungen im Zusammenhang mit dem in § 8b Abs. 2 KStG genannten Anteil nach § 8b Abs. 3 Satz 3 KStG bei der Ermittlung des Einkommens nicht zu berücksichtigen. Unter § 8b Abs. 3 Satz 3 KStG zu subsumieren sind Abschreibungen von Anteilen an Körperschaften auf den niedrigeren Teilwert, Verluste aus der Veräußerung von Anteilen, Verluste aus der Kapitalherabsetzung oder der Auflösung der Körperschaft, an der die Anteile bestehen, sowie Abzugsbeträge nach § 6b EStG.[75] Das Abzugsverbot greift selbst während des Siebenjahreszeitraums, in dem Anteile infolge der Anwendung des § 8b Abs. 4 Satz 1 KStG aF nicht steuerfrei veräußert werden können.[76]

**50** Durch das Jahressteuergesetz 2008 vom 20.12.2007[77] wurde § 8b Abs. 3 KStG um die Sätze 4 bis 8 ergänzt, wonach auch Gewinnminderungen im Zusammenhang mit einer

---

[69] Vgl. BMF Schreiben v. 5.1.2004, BStBl. I 2004, 44, 45. Siehe dazu auch *Haritz/Wisniewski* GmbHR 2004, 266, 268; *Patt* FR 2004, 561, 571; *Herzig* DB 2003, 1195, 1197; *Eilers/Schmidt* GmbHR 2003, 613, 632. Zur Gestaltung vgl. *Behrens/Schmitt* FR 2002, 549, 557; *Schild/Eisele* DStZ 2003, 443, 445; *Rosenbach* WPg-Sonderheft 2003, 3, 12.
[70] Vgl. *Schlösser* in Sagasser/Bula/Brünger, Umwandlungen, § 11 Rn. 605 ff.
[71] Zur Vereinbarkeit mit Europarecht (Verdoppelung stiller Reserven) vgl. etwa *Haritz* DStR 2004, 889. Siehe auch FG Baden-Württemberg Urt. v. 17.2.2005, IStR 2005, 278.
[72] Vgl. *Schlösser* in Sagasser/Bula/Brünger, Umwandlungen, § 11 Rn. 605 ff.
[73] Zur Kritik vgl. etwa *Kaminski/Schunk* BB 2004, 689.
[74] Verneinend *Dötsch* in Eversberg/Jost/Witt/Dötsch/Pung, KStG-Kommentar, § 8b KStG Rn. 47 c.
[75] Zur erstmaligen Anwendung auf Anteile an ausländischen Kapitalgesellschaften vgl. FG Rheinland-Pfalz Urt. v. 29.9.2005 – 6 K 2727/04.
[76] Vgl. BMF Schreiben v. 28.4.2003, BStBl. I 2003, 292 Rn. 27, 33. Siehe auch *Jakobs/Wittmann* GmbHR 2000, 910, 914. AA *Frotscher* in Frotscher/Maas, KStG/UmwStG-Kommentar, § 8b KStG aF, Rn. 61c, 66b; *Rödder/Schumacher* DStR 2000, 1453, 1556; *Watermeyer* GmbH-StB 2003, 194, 196; *Eilers* GmbHR 2003, 613, 624.
[77] Vgl. BGBl. I 2007, 3150.

Darlehensforderung oder der Inanspruchnahme von Sicherheiten, die für ein Darlehen gegeben wurden, beim Anteilseigner als nicht abzugsfähige Betriebsausgaben nach § 8b Abs. 3 Satz 3 KStG gelten. Das Abzugsverbot gilt für Anteilseigner, die zu mehr als einem Viertel unmittelbar oder mittelbar am Grund- oder Stammkapital der Kapitalgesellschaft beteiligt sind, der das Darlehen gewährt wurde. Dies gilt auch für dem Anteilseigner nahestehende Personen im Sinne des § 1 Abs. 2 AStG oder für Gewinnminderungen aus dem Rückgriff eines Dritten. Das Abzugsverbot greift nicht ein, wenn nachgewiesen wird, dass auch ein fremder Dritter das Darlehen bei sonst gleichen Umständen gewährt hätte; dabei sind Sicherungsmittel des Anteilseigners nicht zu berücksichtigen. Die Erweiterung des Abzugsverbots des § 8b Abs. 3KStG auf Gesellschafterdarlehen ist fiskalisch motiviert und systematisch mit dem Teil-/Halbeinkünfteverfahren nicht vereinbar.[78]

**c) Gewerbesteuer.** Die Regelungen des § 8b Abs. 2, 3 und 4 KStG schlagen unmittelbar auf die Gewerbesteuer durch, § 7 Satz 4 GewStG. Insofern bleiben Gewinne iSd § 8b Abs. 2 KStG unter den Voraussetzungen des § 8b Abs. 4 KStG aF und unter Beachtung des § 8b Abs. 3 Satz 1 KStG zu 95 % von der Gewerbesteuer befreit. Umgekehrt können Verluste und Teilwertabschreibungen auf Anteile an Kapitalgesellschaften iSv § 8b Abs. 3 Satz 3 KStG iVm § 7 Satz 4 GewStG den Gewerbeertrag nicht mindern.[79] Die Hinzurechnung nach § 8 Nr. 5 GewStG ist auf Gewinne iSv § 8b Abs. 2 KStG nicht anzuwenden.

Ist Anteilseigner eine Personengesellschaft, zu deren Betriebsvermögen Anteile an Kapitalgesellschaften gehören, so sind § 8b Abs. 2, 3 und 4 KStG bei der Ermittlung des Gewerbeertrags der Personengesellschaft anzuwenden, soweit an der Personengesellschaft Kapitalgesellschaften beteiligt sind, § 7 Satz 4 GewStG.[80]

**3. Versagung der Anwendung des § 8b Abs. 1 bis 6 KStG. a) Kreditinstitute, Finanzdienstleistungsinstitute und Finanzunternehmen gemäß § 8b Abs. 7 KStG.** § 8b Abs. 1 bis 6 KStG ist nicht anzuwenden auf Anteile, die bei Kreditinstituten und Finanzdienstleistungsinstituten nach § 1a des KWG dem Handelsbuch[81] zuzurechnen sind, § 8b Abs. 7 Satz 1 KStG.[82] Gleiches gilt für Anteile, die von Finanzunternehmen iSd KWG mit dem Ziel der kurzfristigen Erzielung eines Eigenhandelserfolges[83] erworben werden, § 8b Abs. 7 Satz 2 KStG. Als Finanzunternehmen iSd § 8b Abs. 7 Satz 2 KStG können auch Holdinggesellschaften, Factoringgesellschaften, Leasinggesellschaften oder Unternehmensberatungsgesellschaften zu qualifizieren sein.[84] Die Regelung des § 8b

---

[78] Siehe etwa *Rödder/Stangl* DStR 2005, 345 (mwN siehe Fn. 22); *Wassermeyer* DB 2004, 2715; *Rosenbach* WPg Sonderheft 2003, 3, 11; *Schmidt/Hageböke* DStR 2002, 1202, 1203; *Herzig* WPg 2001, 253, 269. Zumindest zweifelhaft. *Dötsch/Pung* DB 2003, 1016, 1022; *Leip* BB 2002, 1839, 1841.
[79] Vgl. dazu FG Hamburg Urt. v. 8.6.2006 – 3 K 97/05, EFG 2007, 140 Rev. BFH-IR 76/06.
[80] Vgl. *Dötsch/Punk* DB 2005, 10, 14. Zur Behandlung vor 2004 siehe BFH Urt. v. 9.8.2006 – I R 95/05, sowie auch *Schild/Eisele* DStZ 2003, 443, 450.
[81] Vgl. *Wagner* StBp 2002, 361, 365; *Bogenschütz/Tibo* DB 2001, 8, 10; *Watermeyer* in Herrmann/Heuer/Raupach, EStG/KStG Kommentar, § 8b KStG, Rn. R 122; zum Vorgehen bei Verzicht auf das Führen eines Handelsbuchs nach § 2 Abs. 11 KWG vgl. Herrmann/Heuer/Raupach/*Watermeyer*, EStG/KStG Kommentar, § 8b KStG Rn. R 162; BMF Schreiben v. 25.7.2002, BStBl. I 2002, 712.
[82] Vgl. dazu BMF Schreiben v. 25.7.2002, BStBl. I 2002, 712. Kritisch *Bogenschütz/Tibo* DB 2002, 8. Zu Gestaltungen mit dem Ziel der Vermeidung des § 8b Abs. 7 KStG sieht *Düll/Fuhrmann/ Eberhard* DStR 2002, 1977, 1981.
[83] Vgl. BMF Schreiben v. 25.7.2002, BStBl. I 2002, 712, Abschnitt C. II. Siehe auch *Bogenschütz/ Tibo* DB 2001, 8, 10; *Eilers/Schmidt* GmbHR 2003, 613, 641; *Bünning/Slabon* FR 2003, 174, 179; *Dreyer/Herrmann* DStR 2002, 1837, 1840; *Watermeyer* in Herrmann/Heuer/Raupach, EStG/KStG Kommentar, § 8b KStG, Rn. R 164. Zu den Rechtsfolgen bei Umwidmung vgl. BMF Schreiben v. 25.7.2002, BStBl. I 2002, 712, Abschnitt C. II.; *Wagner* StBp 2002, 361, 366; *Pyszka/Bauer* DStR 2003, 277, 288. AA *Neu/Watermeyer* DStR 2002, 2101, 2103; *Deyer/Herrmann* DStR 2002, 1837, 1840, 1841.
[84] Vgl. BMF Schreiben v. 25.7.2002, BStBl. I 2002, 712, Abschnitt C. I.; kritisch vgl. *Milatz* BB 2001, 1066; *Knebel/Seltenreich* Stbg 2003, 63, 65; *Bünning/Slabon* FR 2003, 174, 180.

Abs. 7 Satz 2 KStG gilt ebenfalls für Kreditinstitute, Finanzdienstleistungsinstitute und Finanzunternehmen mit Sitz in einem anderen EG-Mitgliedsstaat oder in einem anderen Vertragsstaat des EWR-Abkommens.[85] Bei Anwendung von 8b Abs. 7 KStG können Veräußerungsverluste ebenso wie Teilwertabschreibungen von den betroffenen Unternehmen steuerlich geltend gemacht werden. Betriebsausgaben im Zusammenhang mit Dividendeneinnahmen oder Veräußerungsgewinnen sind uneingeschränkt abzugsfähig.

53 Demgegenüber kommen die in Rede stehenden Unternehmen ungeachtet des § 8b Abs. 7 KStG in den Genuss eines DBA-Schachtelprivilegs.[86] Zudem sind Dividenden und ähnliche Bezüge bei solchen Unternehmen nicht von § 8b Abs. 7 KStG betroffen, die in den Anwendungsbereich der Mutter-Tochter-Richtlinie fallen (Anlage 2 EStG), § 8b Abs. 9 KStG idF des EURLUmsG.

54 **b) Kapitalanlagen bei Lebens- und Krankenversicherungsunternehmen.** Gemäß § 8b Abs. 8 KStG greift § 8b Abs. 1 bis 7 KStG nicht für Anteile, die bei Lebens- und Krankenversicherungen den Kapitalanlagen[87] zuzurechnen sind. Ausgenommen sind Dividenden und ähnliche Bezüge bei solchen Unternehmen, die in den Anwendungsbereich der Mutter-Tochter-Richtlinie fallen (Anlage 2 EStG), § 8b Abs. 9 KStG.

55 Nach § 8b Abs. 8 Satz 2 KStG werden davon abweichend Gewinne iSv § 8b Abs. 2 KStG aus der Veräußerung von Anteilen steuerfrei gestellt, die den Kapitalanlagen zuzurechnen sind, soweit in früheren Jahren eine Teilwertabschreibung iSv § 8b Abs. 3 KStG auf die betreffenden Anteile steuerlich unberücksichtigt geblieben ist und diese Minderung nicht bereits durch Zuschreibungen auf einen höheren Wert ausgeglichen worden ist. Nach Auffassung der Finanzverwaltung bezieht sich § 8b Abs. 8 Satz 2 KStG ausschließlich auf Teilwertabschreibungen vor Einführung des § 8b Abs. 8 KStG, die nach § 8b Abs. 3 KStG steuerlich nicht geltend gemacht werden konnten.

56 Schließlich sind nach § 8b Abs. 8 Satz 3 KStG solche Gewinnminderungen steuerlich nicht berücksichtigungsfähig, die im Zusammenhang mit Anteilen iSd § 8b Abs. 8 Satz 1 KStG stehen und die die Gesellschaft von einem verbundenen Unternehmen iSd § 15 AStG erworben hat. Dies gilt nur, soweit ein Veräußerungsgewinn für das verbundene Unternehmen bei der Ermittlung des Einkommens außer Ansatz geblieben ist.

57 **c) Kompensationszahlungen bei Wertpapierleihe und Wertpapierpensionsgeschäften.** Die mit dem UntStReformG 2008 eingefügte Regelung des § 8b Abs. 10 KStG dient der körperschaftsteuerlichen Erfassung von Wertpapierleihgeschäften bzw Wertpapierpensionsgeschäften zwischen nach § 8b Abs. 1–6 KStG steuerbefreiten Körperschaften und denen, die nach Abs. 7 oder 8 die Steuerbefreiung nicht zu beanspruchen haben.[88] Das hier bezahlte Kompensationsentgelt gilt als nicht abzugsfähige Betriebsausgabe, soweit es nicht der Kapitalertragsteuer unterlag.[89] Auf steuerpflichtige Zinserträge aufgrund eines Wertpapierleihgeschäfts ist § 8b Abs. 10 KStG nicht anwendbar.[90]

58 **d) Anteile an G-REIT.** Nicht anzuwenden sind die Regelungen des § 8b Abs. 1 bis 6 KStG auf die Aktiengesellschaften, die den Status des German Real Estate Investment Trust (G-REIT) erwerben, § 19 Abs. 3 REITG.[91]

---

[85] Zur Anwendung auf Unternehmen in Drittstaaten vgl. *Pyszka/Bauer* BB 2002, 1669, 1673; *Dreyer/Herrmann* DStR 2002, 1837, 1838.
[86] AA *Müller* BB 2003, 1309, 1313.
[87] Vgl. RechVersV v. 8.11.1994, BStBl. I 1994, 3378.
[88] Vgl. *Rengers* in Blümich § 8b KStG Rn. 500–525; *Häuselmann* DStR 2007, 1379.
[89] Vgl. Rn. 37 zu „Cum-ex"-Geschäften.
[90] Vgl. *Füllbier* BB 2012, 1769.
[91] Siehe Entwurf eines Gesetzes zur Schaffung deutscher Immobilien-Aktiengesellschaften mit börsennotierten Anteilen v. 25.9.2006.

### III. Anteile an Kapitalgesellschaften im Betriebsvermögen natürlicher Personen

**1. Gewinnanteile und ähnliche Bezüge. a) Einkommensteuer. aa) Sachliche** 59
**Steuerpflicht.** Gehören Anteile an Kapitalgesellschaften zum Betriebsvermögen einer natürlichen Person, so rechnen zu den Einkünften aus Gewerbebetrieb Gewinnanteile (Dividenden), Ausbeuten und sonstige Bezüge (§ 20 Abs. 1 Nr. 1 Satz 1 iVm § 20 Abs. 8 EStG bzw. § 20 Abs. 3 EStG aF), ebenso wie Einkünfte aus der Veräußerung von Dividendenscheinen und sonstigen Ansprüchen auf Kapitalerträge, wenn die dazu gehörenden Aktien oder sonstigen Anteile nicht mitveräußert werden, § 20 Abs. 2 Satz 1 Nr. 2 EStG.[92] Gemäß § 20 Abs. 1 Satz 1 Nr. 2 EStG gehören zu den Einkünften aus Gewerbebetrieb ferner Bezüge, die nach der Auflösung einer unbeschränkt steuerpflichtigen Körperschaft oder Personenvereinigung iSd § 20 Abs. 1 Satz 1 Nr. 1 EStG anfallen und die nicht in der Rückzahlung von Nennkapital bestehen.

Betriebsvermögen ist dabei das notwendige und gewillkürte Betriebsvermögen eines 60 Einzelunternehmers. Des Weiteren gehören zum Betriebsvermögen natürlicher Personen auch Anteile im Gesamthandvermögen einer Mitunternehmerschaft zuzüglich des Sonderbetriebsvermögens. Beim Sonderbetriebsvermögen handelt es sich um solche Wirtschaftsgüter, die rechtlich oder zumindest wirtschaftlich im Eigentum des Mitunternehmers stehen und dazu geeignet und bestimmt sind, dem Betrieb der Personengesellschaft zu dienen, oder zumindest der Beteiligung des Gesellschafters an der Personengesellschaft förderlich sind.[93]

**bb) Ermittlung der steuerpflichtigen Einkünfte. aaa) Einnahmen.** Seit Beginn des Veran- 61
lagungszeitraums 2002 werden die steuerpflichtigen Einnahmen nach § 20 Abs. 1 Nr. 1 EStG durch den vereinnahmten Ausschüttungsbetrag (Bardividende) vor Abzug der Kapitalertragsteuer bestimmt.

**bbb) Teil-/Halbeinkünfteverfahren.** 40% (bis 31.12.2008: Die Hälfte) des vereinnahm- 62
ten, um Kapitalertragsteuer erhöhten Ausschüttungsbetrags ist steuerfrei gestellt, § 3 Nr. 40 Buchst. d) EStG.[94] Begünstigt sind insoweit nicht nur offene und verdeckte Gewinnausschüttungen, sondern darüber hinaus ebenfalls Gewinne (bis 31.12.2008: Einnahmen) aus der Veräußerung von Dividendenscheinen sowie aus der Abtretung von Dividendenansprüchen, § 3 Nr. 40 Buchst. g) und Buchst. h) EStG. Die Kürzung nach § 3 Nr. 40 Buchst. d) EStG greift auch dann, wenn die Anteile nicht direkt, sondern über eine Personengesellschaft gehalten werden. Für sonstige Bezüge iSv § 20 Abs. 1 Nr. 1 Satz 2 EStG sowie Einnahmen gemäß § 20 Abs. 1 Nr. 9 EStG greift die Steuerbefreiung allerdings nur, soweit sie das Einkommen der leistenden Körperschaft nicht gemindert haben, § 3 Nr. 40 Buchst. d) Satz 2 EStG idF des SEStEG.

Ausgenommen von der 40%-igen (bis 31.12.2008 hälftigen) Steuerbefreiung nach § 3 Nr. 40 EStG sind Ausschüttungen und sonstige Bezüge, die von Kredit- oder Finanzdienstleistungsinstituten oder Beteiligungsgesellschaften, die nicht die Voraussetzungen des KWG erfüllen, erzielt werden (§ 3 Nr. 40 S. 3 und 4 EStG) bzw. sich aus Anteilen an in- oder ausländischen Real Estat Investment Trusts ergeben (§ 19 Abs. 3 REITG).

**ccc) Betriebsausgaben und sonstige Abzüge.** Betriebsausgaben, die mit nach § 3 Nr. 40 63
EStG zu 40% (bis 31.12.2008: zur Hälfte) steuerfrei gestellten Einnahmen in wirtschaftlichem Zusammenhang stehen, können unter Beachtung des § 3c Abs. 2 EStG nur zu 60% (bis 31.12.2008 hälftig) abgezogen werden. Diese Abzugsbeschränkung des § 3c Abs. 2 EStG greift für laufende Betriebsausgaben ebenso wie für Abschreibungen von Anteilen an Kapitalgesellschaften auf den niedrigeren Teilwert, § 6 Abs. 1 Satz 1 Nr. 2 iVm § 3c Abs. 2 Satz 1 EStG. Entsprechendes gilt für Teilwertabschreibungen auf Anteile an einer Organge-

---

[92] Vgl. schon → Rn. 20 f.
[93] Vgl. etwa BFH Urt. v. 19.10.2000 – IV R 73/99, BStBl. II 2001, 335; BFH Urt. v. 18.12.2001 – VIII R 27/00, BStBl. II 2002, 733.
[94] Zum Teileinkünfteverfahren vgl. Unternehmensteuerreformgesetz 2008, BT-Drs. 16/4841 S. 33.

sellschaft, die nicht auf Gewinnausschüttungen zurückzuführen sind, § 3c Abs. 2 Satz 2 EStG. Das Abzugsverfahren ist unabhängig davon anzuwenden, in welchem Veranlagungszeitraum die entsprechenden Einnahmen anfallen, § 3c Abs. 2 Satz 1 EStG. Nicht vom Abzugsverbot des § 3c Abs. 2 Satz 2 EStG betroffen sind Fremdwährungsverluste sowie Kurssicherungskosten.[95]

**64**  cc) **Kapitalertragsteuer.** Bei unbeschränkt Steuerpflichtigen ist die einbehaltene Kapitalertragsteuer ungeachtet des § 3 Nr. 40 EStG in voller Höhe als Vorauszahlung auf die Einkommensteuer anrechenbar, § 36 Abs. 2 Nr. 2 EStG. Entsprechendes gilt für ausländische Anteilseigner, deren Anteile zu einem inländischen Betriebsvermögen gehören, § 50 Abs. 5 Satz 3 EStG.

**65**  b) **Gewerbesteuer.** Bei Ermittlung des Gewerbeertrags bleiben Gewinne aus Anteilen an inländischen Kapitalgesellschaften in voller Höhe außer Acht, wenn die Beteiligung an der Kapitalgesellschaft zu Beginn des Erhebungszeitraums mindestens 15 % (bis 31.12.2007: 10 %) beträgt, § 9 Nr. 2a GewStG. Ausgenommen von der Kürzung sind Ausschüttungen von Real Estat Investment Trusts. Handelt es sich um Anteile an ausländischen Kapitalgesellschaften, so ist Voraussetzung für eine Kürzung nach § 9 Nr. 7 GewStG, dass die Beteiligung seit Beginn des Erhebungszeitraums ununterbrochen mindestens 15 % (bis 31.12.2007: 10 %) ausmacht und die ausländische Gesellschaft eine bestimmte aktive Tätigkeit entfaltet. In unmittelbarem Zusammenhang mit Gewinnanteilen stehende Aufwendungen mindern den Kürzungsbetrag, § 9 Nr. 2a Satz 3 GewStG idF des JStG 2007.[96]

**66**  2. **Veräußerung von Anteilen an Kapitalgesellschaften. a) Einkommensteuer.** aa) Sachliche Steuerpflicht. aaa) Realisationstatbestände. Der Gewinn/Verlust aus der Veräußerung von Anteilen an Kapitalgesellschaften im Betriebsvermögen[97] natürlicher Personen gehört zum steuerlichen Gewinn des Betriebsinhabers. Als Veräußerung ist auch der Tausch von Anteilen an Kapitalgesellschaften anzusehen. Dabei sind die hingegebenen Wirtschaftsgüter, dh hier die Anteile an Kapitalgesellschaften, mit ihrem gemeinen Wert anzusetzen, § 6 Abs. 6 Satz 1 EStG. Dem Tausch steuerlich gleichgesetzt wird die verdeckte Einlage in eine Kapitalgesellschaft, § 6 Abs. 6 Satz 2 EStG.

**67**  Zur Entstehung steuerlicher Gewinne/Verluste kommt es ferner durch Entnahme von Anteilen an Kapitalgesellschaften, dh bei der Überführung der Anteile aus dem Betriebsvermögen ins Privatvermögen. Entnahmen sind mit dem Teilwert anzusetzen, § 6 Abs. 1 Nr. 4 EStG. Einer Entnahme gleichgestellt wird die Überführung in eine ausländische Betriebsstätte, § 4 Abs. 1 Satz 3 EStG idF des SEStEG.[98] Zugleich wird dem unbeschränkt Steuerpflichtigen die Möglichkeit zur Bildung eines Ausgleichspostens iH der aufgedeckten stillen Reserven eingeräumt, der in den folgenden fünf Geschäftsjahren aufzulösen ist, § 4g EStG idF des SEStEG.[99] Keine Entnahme hingegen stellt die Überführung von Anteilen an Kapitalgesellschaften von einem Betriebsvermögen in ein anderes Betriebsvermögen desselben Steuerpflichtigen dar, § 6 Abs. 5 Satz 1 EStG.[100] Insofern gilt die Überführung aus dem eigenen Betriebsvermögen des Steuerpflichtigen in dessen Sonderbetriebsvermögen bei einer Mitunternehmerschaft und umgekehrt nicht als Entnahme, § 6 Abs. 5 Satz 2 EStG. Gleiches gilt für die Überführung zwischen verschiedenen Sonderbetriebsvermögen desselben Steuerpflichtigen bei verschiedenen Mitunternehmerschaften, § 6 Abs. 5 Satz 2 EStG. Ebenfalls nicht als Entnahme gilt die Überführung aus einem Betriebsvermögen

---

[95] Vgl. *Dötsch* in Eversberg/Jost/Pung/Witt, § 3c EStG Rn. 14a.
[96] Anders noch BFH Urteil v. 25.1.2006 – I R 104/04, IStR 2006, 316, abweichend zu Abschn. 61 Abs. 1 Satz 12 GewStR 1998.
[97] Zum Begriff des Betriebsvermögens siehe → Rn. 60.
[98] Siehe etwa *Rödder/Schumacher* DStR 2006, 1481 f.; vgl. BFH Urt. v. 30.5.1972 – VIII R 111/69, BStBl. II 1972, 760; BMF v. 24.12.1999 – IV B 4 – S 1300-111/99, BStBl. I 1999, 1076, Tz. 2.6.1; Zur Kritik siehe *Wassermeyer* in Debatin/Wassermeyer, DBA, Art. 7 OECD-MA, Rn. 243 ff. mwN.
[99] Siehe dazu etwa *Hoffmann* DB 2007, 652; *Kessler/Winterhalter/Huck* DStR 2007, 133.
[100] Vgl. BFH Urt. v. 9.12.1986 – VIII R 26/80, BStBl. II 1987, 342.

bzw. Sonderbetriebsvermögen des Mitunternehmers in das Gesamthandvermögen einer Mitunternehmerschaft und umgekehrt, sofern diese Überführung unentgeltlich oder gegen Gewährung (Minderung) von Gesellschaftsrechten durchgeführt wird, § 6 Abs. 5 Satz 3 Nr. 1 und 2 EStG. Auch die Überführung zwischen den jeweiligen Sonderbetriebsvermögen verschiedener Mitunternehmer derselben Mitunternehmerschaft stellt keine Entnahme dar, § 6 Abs. 5 Satz 3 Nr. 3 EStG. Zur Aufdeckung stiller Reserven in Anteilen an Kapitalgesellschaften kann es darüber hinaus durch Umwandlungen iSd UmwStG kommen.[101] Allerdings kann die 100% des Nennkapitals umfassende Kapitalgesellschaftsbeteiligung neben einer Übertragung nach § 6 Abs. 5 EStG auch Gegenstand einer Einbringung nach § 24 UmwStG sein. Dies gilt zB im Falle einer Übertragung aus dem Sonderbetriebsvermögen in das Gesamthandsvermögen bei derselben Mitunternehmerschaft. Dabei ist das Konkurrenzverhältnis zwischen den beiden Regelungen zugunsten der Spezialvorschrift des § 24 UmwStG aufzulösen.[102]

bbb) Ermittlung der steuerpflichtigen Einkünfte. (1) Kürzung nach § 3 Nr. 40 EStG. Bei der Ermittlung des steuerlichen Gewinns bleiben 40% (bis 31.12.2008 die Hälfte) der Betriebsvermögensmehrungen, der Einnahmen aus der Veräußerung oder der Entnahme von Anteilen an Kapitalgesellschaften steuerfrei, § 3 Nr. 40 Buchst. a) EStG.[103] Nicht begünstigt ist der Veräußerungsgewinn, soweit er auf den Ansatz eines niedrigeren Teilwerts zurückzuführen ist, der in vollem Umfang zu einer Gewinnminderung geführt hat und diese Gewinnminderung nicht bereits durch Wertaufholung ausgeglichen wurde, § 3 Nr. 40 Buchst. a) Satz 2 EStG.

Die Steuerbefreiung nach § 3 Nr. 40 Buchst. a) EStG ist nur anzuwenden, soweit die Anteile nicht iSd § 21 UmwStG aF einbringungsgeboren sind, § 3 Nr. 40 Satz 3 EStG aF, § 52 Abs. 4d Satz 2 EStG. Diese Ausnahme greift nicht, wenn der die Gewinnrealisierung verursachende Vorgang mehr als sieben Jahre nach der Entstehung der einbringungsgeborenen Anteile stattfindet, § 3 Nr. 40 Satz 4 Buchst. a) EStG aF. Der Zeitraum von sieben Jahren endet, wenn ein Antrag auf Entstrickung gestellt wird, § 3 Nr. 40 Satz 4 Buchst. a) EStG aF. Die Ausnahme von der Steuerbefreiung greift ferner dann nicht, wenn die betreffenden einbringungsgeborenen Anteile aus einem Anteilstausch iSv § 20 Abs. 1 Satz 2 UmwStG aF bzw. § 23 Abs. 4 UmwStG aF resultieren, § 3 Nr. 40 Satz 4 Buchst. b) EStG aF. Durch das SEStEG wurde im Zuge der Abschaffung einbringungsgeborener Anteile die Regelung des § 3 Nr. 40 Satz 3 u. 4 EStG aF aufgehoben. Die Vorschriften bleiben jedoch für Altfälle relevant, § 52 Abs. 4d Satz 2 EStG.

Die Vergünstigung nach § 3 Nr. 40 Buchst. a) und b) EStG ist ferner nicht anzuwenden für Anteile, die bei Kreditinstituten und Finanzdienstleistungsinstituten nach § 1 Abs. 12 KWG dem Handelsbuch zuzurechnen sind, § 3 Nr. 40 Satz 3 EStG. Sie gilt ebenso nicht für Anteile, die von Finanzunternehmen iSd KWG mit dem Ziel der kurzfristigen Erzielung eines Eigenhandelserfolgs erworben werden. Der Gesetzeswortlaut erfaßt damit auch reine Beteiligungsgesellschaften.[104] § 3 Nr. 40 S. 4 dehnt diesen Ausschluss auf Kreditinstitute, Finanzleistungsinstitute und Finanzunternehmen mit Sitz in einem anderen Mitgliedstaat der EU oder in einem Vertragstaat des EWR-Abkommens aus.[105] Entsprechendes gilt für Anteile an in- oder ausländischen Real Estate Investment Trusts, § 19 Abs. 3 REITG.

(2) Betriebsausgaben. Den verbleibenden steuerpflichtigen Betriebsvermögensmehrungen ist der Buchwert der Anteile gegenüber zu stellen. Allerdings dürfen nach § 3c Abs. 2 Satz 1 EStG Betriebsvermögensminderungen, Betriebsausgaben und Veräußerungskosten, die mit den dem § 3 Nr. 40 EStG zugrunde liegenden Betriebsvermögensmehrungen in

---

[101] Vgl. *Rödder/Schumacher* DStR 2006, 316 ff.
[102] Vgl. *Raiser/Schierle* DStR 2013, 113–116.
[103] Vgl. Unternehmensteuerreformgesetz 2008, BT-Drs. 16/4841 S. 33.
[104] Vgl. *Heinicke* in Schmidt, EStG-Kommentar, § 3 EStG „Halbeinkünfte-/Teileinkünfteverfahren" Anm. 4.d)(3).
[105] Vgl. *Erhard* in Blümich EStG/KStG/GewStG-Kommentar, § 3 Nr. 40 EStG Rn. 36.

wirtschaftlichem Zusammenhang stehen, bei Ermittlung der Einkünfte nur zu 60% (bis 31.12.2008 hälftig) abgezogen werden. Das gilt unabhängig davon, in welchem Veranlagungszeitraum die Betriebsvermögensmehrungen anfallen. Das Abzugsverbot ist selbst dann zu beachten, wenn die entsprechenden Betriebseinnahmen infolge der Einbringungsgeborenheit der Anteile nicht anteilig steuerfrei gestellt werden, § 3c Abs. 2 Satz 3 EStG. Allerdings ist in diesen Fällen das Abzugsverbot iSd § 3c Abs. 2 Satz 1 EStG nur auf Betriebsvermögensminderungen, Betriebsausgaben bzw. Veräußerungskosten anzuwenden, soweit sie die Betriebsvermögensmehrung bzw. Einnahme iSv § 3 Nr. 40 Buchst. a) EStG übersteigen, § 3c Abs. 2 Satz 4 EStG. Die Regelung des § 3c Abs. 2 EStG greift auch für Teilwertabschreibungen auf Anteile an Kapitalgesellschaften. Dessen ungeachtet dürfen Teilwertabschreibungen auf Anteile an Kapitalgesellschaften aus „Drittstaat" sowie negative Einkünfte aus deren Veräußerung oder Entnahme nur mit positiven Einkünften derselben Art aus demselben Staat ausgeglichen werden, § 2a Abs. 1 Nr. 3 EStG. Als Drittstaaten gelten Staaten, die nicht Mitgliedstaaten der EU sind oder dem EWR angehören und aufgrund von Vereinbarungen die Auskünfte erteilen, die erforderlich sind, um die Besteuerung durchzuführen, § 2a Abs. 2a EStG.[106]

72   **b) Gewerbesteuer.** Der unter Beachtung von § 3 Nr. 40 Buchst. a) EStG und § 3c Abs. 2 EStG ermittelte Gewinn der Veräußerung von Anteilen an Kapitalgesellschaften unterliegt der Gewerbesteuer, § 7 Satz 4 GewStG. Eine Kürzung dieser Gewinnanteile nach § 9 Nr. 2a, 7 GewStG scheidet aus.

### IV. Anteile an Kapitalgesellschaften im Privatvermögen natürlicher Personen

73   **1. Gewinnanteile und ähnliche Bezüge. a) Sachliche Steuerpflicht. aa)** Bezüge. Gehören Anteile an Kapitalgesellschaften zum Privatvermögen einer natürlichen Person, so rechnen Gewinnanteile (Dividenden), Ausbeuten und sonstige Bezüge (§ 20 Abs. 1 Nr. 1 Satz 1 EStG) ebenso wie Einkünfte aus der Veräußerung von Dividendenscheinen und sonstigen Ansprüchen auf Kapitalerträge, wenn die dazu gehörenden Aktien oder sonstigen Anteile nicht mitveräußert werden (§ 20 Abs. 2 Satz 1 Nr. 2 EStG) zu den Einkünften aus Kapitalvermögen.[107] Gemäß § 20 Abs. 1 Satz 1 Nr. 2 EStG umfassen die Einkünfte aus Kapitalvermögen ebenfalls Bezüge, die nach der Auflösung einer unbeschränkt steuerpflichtigen Körperschaft oder Personenvereinigung iSd § 20 Abs. 1 Satz 1 Nr. 1 EStG anfallen und die nicht in der Rückzahlung von Nennkapital bestehen, § 28 Abs. 2 S. 2 u. 4 KStG.

74   Keine steuerpflichtigen Einnahmen aus Kapitalvermögen stellen Ausschüttungen unbeschränkt steuerpflichtiger Körperschaften sowie EU-Kapitalgesellschaften dar, für die Beträge aus dem steuerlichen Einlagekonto gemäß § 27 KStG als verwendet gelten, § 20 Abs. 1 Nr. 1 Satz 3 EStG.[108] Ausschüttungen anderer ausländischer Körperschaften gehören, auch soweit Einlagen zurückgezahlt werden, zu den steuerpflichtigen Einkünften nach § 20 Abs. 1 Nr. 1 Satz 1 EStG.[109]

75   **bb) Zuflusszeitpunkt.** Einnahmen aus Anteilen an Kapitalgesellschaften im Privatvermögen werden im Zeitpunkt ihres Zuflusses gemäß § 11 EStG steuerpflichtig. Zugeflossen sind diese Einnahmen in dem Zeitpunkt, in dem der Anteilseigner die Verfügungsmacht über die finanziellen Mittel erhält. Nach bisheriger Rechtsprechung des BFH soll in bestimmten Fällen eine widerlegbare Zuflussfiktion nach Jahresabschlussfeststellung und Gewinnverwendungsbeschluss bestehen. Wie weit diese Fiktion reicht, ist nach der neueren Rechtsprechung des BFH zweifelhaft. Da sich die Erlangung der wirtschaftlichen Verfügungsmacht

---

[106] Die Einfügung des § 2a Abs. 2a EStG erging infolge der Entscheidung des EuGH Urt. v. 29.3.2007 Rs. C-347/04 (REWE Zentralfinanz); siehe im Weiteren *Heinicke* in Schmidt EStG-Kommentar, § 2a EStG Rn. 8.
[107] Zum Umfang → näher Rn. 20 f.
[108] Siehe aber zu § 17 EStG → Rn. 86.
[109] Vgl. *Herrmann/Heuer/Raupach/Intemann*, EStG/KStG-Kommentar, § 20 EStG Rn. 102; *Ratschow* in Blümich EStG/KStG/GewSt-Kommentar, § 20 EStG Rn. 137.

nach den tatsächlichen Verhältnissen richtet, kann das Zufließen grundsätzlich nicht fingiert werden.[110] Eine Ausnahme soll lediglich bei beherrschenden Gesellschaftern einer Kapitalgesellschaft gelten. Bei diesen wird angenommen, dass sie es in der Hand haben sich Ausschüttungen nach Gewinnausschüttungsbeschluss auszahlen zu lassen.[111] Eine Fiktion des Zuflusses in Fällen von nicht beherrschenden Gesellschaftern oder Minderheitsgesellschaftern, bei der lediglich die Möglichkeit des Zuflusses ausreichen soll, ist abzulehnen.[112]

**b) Ermittlung der steuerpflichtigen Einkünfte.** aa) Einnahmen. Zu den Einkünften aus Kapitalvermögen gehören Ausschüttungen zuzüglich eventuell einbehaltener Kapitalertragsteuer.

bb) Abgeltungsteuer. Seit 2009 unterliegen offene und verdeckte Gewinnausschüttungen, Liquidationsraten, Einnahmen bei Kapitalherabsetzung sowie aus der Veräußerung von Dividendenscheinen sowie aus der Abtretung von Dividendenansprüchen der Abgeltungsteuer (Abgeltungsteuersatz 25 % zzgl. Solidaritätszuschlag und ggf. Kirchensteuer, § 32d EStG). Dem Abgeltungscharakter folgend unterbleibt eine Einbeziehung dieser Einnahmen in die persönliche Steuerveranlagung des privaten Anteilseigners. Nach § 32d Abs. 6 EStG erfolgt jedoch auf Antrag des Anteilseigners eine Günstigerprüfung, wonach die Einnahmen den veranlagten Einkünften hinzugerechnet werden und dem persönlichen Einkommensteuertarif des Anteilseigners unterworfen werden, sofern dies zu einer niedrigen Einkommensteuer führt. Die Günstigerprüfung bezieht sich allein auf den persönlichen Einkommensteuertarif, Werbungskosten können nicht berücksichtigt werden.

cc) Werbungskosten und sonstige Abzüge. Seit dem Veranlagungszeitraum 2009 entfällt der Werbungskostenabzug im Rahmen der pauschalen Abgeltungsteuer; dem Steuerpflichtigen steht ein Sparer-Pauschbetrag von 801 EUR bzw. bei Zusammenveranlagung von 1602 EUR zu, § 20 Abs. 9 Satz 1 EStG. Insbesondere bei hoch fremdfinanzierten Anteilen kann dies trotz des niedrigen Abgeltungsteuersatzes von 25 % zzgl. Solidaritätszuschlag und ggf. Kirchensteuer zu einer steuerlichen Mehrbelastung des privaten Anteilseigners im Vergleich zur Situation bis 31.12.2008 führen. Für bestimmte Konstellationen kann jedoch gemäß § 32d Abs. 2 Nr. 3 EStG die Berücksichtigung von Werbungskosten im Rahmen des Veranlagungsverfahrens beantragt werden. Nach § 32d Abs. 2 Satz 1 Nr. 3a) und b) EStG sind Kapitalerträge des § 20 Abs. 1 Nr. 1 und 2 EStG (insbesondere Dividenden) einschließlich der damit in wirtschaftlichem Zusammenhang stehenden Werbungskosten auf Antrag bei der persönlichen Einkommensteuerveranlagung des Anteilseigners zu berücksichtigen, wenn der Anteilseigner zu mindestens 25 % an der Kapitalgesellschaft beteiligt ist (§ 32d Abs. 2 Satz 1 Nr. 3a) EStG) oder der Anteilseigner zu mindestens 1 % an der Kapitalgesellschaft beteiligt ist und beruflich für diese tätig ist (§ 32d Abs. 2 Satz 1 Nr. 3b) EStG).

**c) Kapitalertragsteuer.** Auf Kapitalerträge iS des § 20 Abs. 1 Nr. 1 u. 2 EStG wird Kapitalertragsteuer iHv 25 % erhoben, § 43 Abs. 1 Nr. 1 iVm § 43a Abs. 1 Nr. 1 EStG. Die Kapitalertragsteuer hat im Rahmen der Abgeltungsteuer Abgeltungswirkung, § 43 Abs. 5 Satz 1 EStG. Bei beschränkt steuerpflichtigen Anteilseignern mit Wohnsitz in einem DBA-Staat wird die Kapitalertragsteuer regelmäßig auf einen niedrigeren Satz gesenkt, Art. 10 Abs. 2 Satz 1 Buchst. b) OECD-MA, § 50d EStG, und gilt die Einkommensteuer auf Dividenden und ähnliche Einkünfte aus einer deutschen Kapitalgesellschaft mit der einbehaltenen Kapitalertragsteuer als abgegolten, § 50 Abs. 5 Satz 1 EStG.

**2. Veräußerung von Anteilen an Kapitalgesellschaften.** Gehören Anteile an Kapitalgesellschaften zum Privatvermögen des Anteilseigners, sind stille Reserven in diesen Anteilen steuerpflichtig bei Erfüllung der Tatbestandsvoraussetzungen des § 17 EStG (1%ige Beteiligung), des § 6 AStG (Wegzugsbesteuerung) und des § 21 UmwStG aF (einbringungsgeborene Anteile). Im Übrigen bleiben die Veräußerungsgewinne steuerfrei. Seit 2009 angeschaffte Anteile sind hingegen nach den Regelungen des Unternehmensteuerre-

---

[110] Vgl. BFH, Urt. vom 15.05.2013 – VI R 24/12, BFH/NV 2013, 1694.
[111] Vgl. BFH VIII R 13/06, BFH/NV 2007, 2249; BFH VIII B 46/11 BFH/NV 2012, 597.
[112] Vgl. *Krüger* in Schmidt EStG/KStG-Kommentar § 11 Rn. 15, 50.

formgesetzes 2008 und der damit einhergehenden umfassenden Besteuerung privater Kapitalerträge nach § 20 Abs. 2 Nr. 1 EStG stets und unabhängig von einer Behaltefrist steuerpflichtig. Die Steuertatbestände des § 17 EStG, § 6 AStG und § 21 UmwStG aF sind allerdings aufgrund der Subsidiarität der Kapitaleinkünfte vorrangig, § 20 Abs. 8 EStG.

**81**   a) **Einkünfte gemäß § 20 Abs. 2 Nr. 1 EStG (private Kapitaleinkünfte)** aa) Überblick. Seit dem 1.1.2009 sind Gewinne aus der Veräußerung von privat gehaltenen Anteilen an Kapitalgesellschaften gemäß § 20 Abs. 2 Nr. 1 EStG den Einkünften aus Kapitalvermögen zugeordnet. Private Veräußerungsgewinne sind somit unabhängig von der bis 31.12.2008 geltenden Jahresfrist des § 23 EStG steuerpflichtig. Die erzielten Veräußerungsgewinne werden pauschal der Abgeltungsteuer mit 25% (zzgl. Solidaritätszuschlag und ggf. Kirchensteuer) unterworfen.

**82**   bb) Persönliche Steuerpflicht. Für unbeschränkt Steuerpflichtige iSv § 1 Abs. 1 bis 3 EStG gilt § 20 Abs. 2 Nr. 1 EStG unabhängig davon, ob es sich um Anteile an inländischen oder ausländischen Kapitalgesellschaften handelt. Beschränkte Steuerpflicht besteht für Beteiligungen iSv § 17 Abs. 1 EStG an einer Kapitalgesellschaft mit Sitz oder Geschäftsleitung im Inland bzw. für solche Anteile, bei deren Erwerb nach § 13 Abs. 2 UmwStG aF oder § 21 Abs. 2 UmwStG aF nicht der gemeine Wert angesetzt wird, § 49 Abs. 1 Nr. 2e) EStG.

**83**   cc) Sachliche Steuerpflicht. Sämtliche Erträge aus privaten Veräußerungsgeschäften aus Anteilen an Kapitalgesellschaften sind steuerpflichtig, § 20 Abs. 2 Nr. 1 EStG. Die Tatbestandsmerkmale der Veräußerung und der Anschaffung entsprechen der bisherigen Rechtslage. Durch Satz 2 der Vorschrift wird auch die Veräußerung von Genussrechten, von Anteilen iSd § 20 Abs. 1 Nr 1. EStG ähnlichen Beteiligungen und von Anwartschaften auf Anteile iSd § 20 Abs. 1 Nr 1. EstG erfasst.[113]

**84**   dd) Ermittlung der steuerpflichtigen Einkünfte. Die Ermittlung der steuerpflichtigen Einkünfte entspricht grundsätzlich der bisherigen Rechtslage, § 20 Abs. 4 EStG. Insbesondere sind im Unterschied zu der Besteuerung laufender privater Erträge (Dividenden, vgl. § 20 Abs. 9 Satz 1 EStG) die mit der Veräußerung in unmittelbaren sachlichen Zusammenhang stehenden Ausgaben (Anschaffungskosten, Veräußerungskosten) abzugsfähig.

**85**   ee) Veräußerungsverluste. Verluste aus privaten Veräußerungsgeschäften können gemäß § 20 Abs. 6 Satz 5 EStG nur mit entsprechenden Gewinnen aus der Veräußerung von Anteilen an Kapitalgesellschaften ausgeglichen werden, verbleibende Verluste mindern jedoch (nur) die Kapitaleinkünfte folgender Veranlagungszeiträume.

**86**   b) **Einkünfte gemäß § 17 EStG („Wesentliche Beteiligung")**. aa) Überblick. Die Regelung des § 17 EStG ist auch nach dem Unternehmensteuerreformgesetzes auf wesentliche Beteiligungen vorrangig anzuwenden. Die für seit 2009 angeschaffte Anteile an Kapitalgesellschaften geltende Besteuerung privater Anteile an Kapitalgesellschaften gemäß § 20 Abs. 2 Nr. 1 EStG ist subsidiär zu § 17 EStG, § 20 Abs. 8 EStG. Sind Anteile an Kapitalgesellschaften einbringungsgeboren iSv § 21 UmwStG aF, fallen sie in den Anwendungsbereich des § 16 EStG, § 21 Abs. 1 Satz 1 UmwStG aF. Der Veräußerungsgewinn nach § 17 EStG gehört zu den Einkünften aus Gewerbebetrieb, unterliegt indes nicht der Gewerbesteuer. Auf den Veräußerungsgewinn nach § 17 EStG ist der volle Steuersatz anzuwenden; § 34 EStG greift nicht (mehr) für Gewinne nach § 17 EStG.

**87**   bb) Persönliche Steuerpflicht. Die Regelung des § 17 EStG ist anzuwenden auf Anteile an Kapitalgesellschaften im Privatvermögen des Veräußerers. Dazu gehören auch Anteile im Gesamthandvermögen von vermögensverwaltenden Personengesellschaften. In diesem Fall sind die Anteile und daraus resultierende Veräußerungsgewinne den Gesellschaftern der Personengesellschaft anteilig zuzurechnen.[114] Bei unbeschränkt Steuerpflichtigen werden von § 17 EStG Veräußerungen von Anteilen an inländischen sowie an ausländischen Ka-

---

[113] Vgl. *Weber-Grellet* in Schmidt, § 20 EStG Rn. 127; *Herrmann/Heuer/Raupach/Intemann,* EStG/KStG-Kommentar, § 20 EStG Rn. 50–58.
[114] Vgl. BFH Urt. v. 7.4.1976, BStBl. II 1976, 557.

pitalgesellschaften erfasst. Ist der Veräußerer hingegen beschränkt steuerpflichtig, fallen in den Anwendungsbereich des § 17 EStG lediglich Anteile an Kapitalgesellschaften mit Sitz oder Geschäftsleitung im Inland sowie solche Anteile, bei deren Erwerb nach § 13 Abs. 2 oder § 21 Abs. 2 Satz 3 Nr. 2 UmwStG nicht der gemeine Wert angesetzt werden muss. § 49 Abs. 1 Nr. 2 Buchst. e) EStG. Bei Bestehen eines DBA mit dem Wohnsitzstaat des Veräußerers wird das Recht auf Besteuerung derartiger Veräußerungsgewinne allerdings meist dem Wohnsitzstaat des Anteilseigners zugewiesen, Art. 13 OECD-MA.

cc) Sachliche Steuerpflicht. aaa) Anteile an Kapitalgesellschaften. Von § 17 EStG erfasst **88** werden Anteile an Kapitalgesellschaften. Als solche werden durch § 17 Abs. 1 Satz 3 EStG bezeichnet Aktien, GmbH-Anteile, Genussschein oder ähnliche Anteile sowie Anwartschaften auf solche Beteiligungen. Als solche Anwartschaft gilt auch eine Call-Option auf eine wesentliche Beteiligung eines Gesellschafters einer Kapitalgesellschaft.[115]

bbb) Beteiligungsverhältnisse. (1) Grundfall. Gemäß § 17 Abs. 1 Satz 1 EStG gehört zu den **89** Einkünften aus Gewerbebetrieb der Gewinn aus der Veräußerung von Anteilen[116] an einer Kapitalgesellschaft, wenn der Veräußerer innerhalb der letzten fünf Jahre am Kapital der Gesellschaft unmittelbar oder mittelbar zu mindestens 1% beteiligt war.[117] Maßgebend für die Steuerpflicht einer Veräußerung sind die Beteiligungsverhältnisse innerhalb der letzten fünf Jahre, § 17 Abs. 1 Satz 1 EStG. Für die Steuerpflicht nach § 17 EStG ist ausreichend, dass der Veräußerer innerhalb des Fünfjahreszeitraums lediglich während eines nur sehr kurzen Zeitraums in der erforderlichen Mindesthöhe an der Kapitalgesellschaft beteiligt war. Unschädlich ist selbst, wenn der Veräußerer während des Fünfjahreszeitraums zeitweise nicht mehr an der nämlichen Kapitalgesellschaft beteiligt war.[118] Nicht erforderlich ist hingegen, dass die maßgebliche Mindestbeteiligung auch im Veräußerungszeitpunkt noch besteht.[119]

Nach geltender Rechtslage setzt die Anwendung des § 17 EStG eine Beteiligung von **90** mindestens 1% voraus, § 17 Abs. 1 Satz 1 EStG. Bis zum 31.12.1998 wurden Veräußerungen von Kapitalanteilen lediglich dann von § 17 EStG erfasst, wenn der Veräußerer unmittelbar oder mittelbar zu mehr als 25% am Kapital einer Kapitalgesellschaft beteiligt war. Diese Schwelle wurde mit Wirkung ab dem 1.1.1999 auf eine unmittelbare oder mittelbare Beteiligung von mindestens 10% herabgesetzt. Seit den nach dem 31.12.2001 geltenden Veranlagungszeiträumen gilt die Relevanzschwelle von 1%.

Eine Übergangsregelung zur Vermeidung der Besteuerung in der Vergangenheit ent- **91** standener stiller Reserven bei in die herabgesetzte Wesentlichkeitsschwelle hineinwachsenden Anteilen bestand nicht. Insofern war nach Ansicht der Finanzverwaltung auch der Gewinn aus der Veräußerung einer Beteiligung von weniger als 1% im Veräußerungszeitpunkt steuerpflichtig, wenn innerhalb der letzten fünf Jahre während des Zeitraums der Geltung einer höheren Referenzschwelle eine Beteiligung von mehr als 1%, jedoch weniger als 10% bzw. 25% bestand.[120] Nach der Rechtsprechung des BFH in seinem Urteil[121]

---

[115] Vgl. FG Berlin Urt. v. 15.2.2006, 2 K 2393/02, DStRE 2006, 1260.
[116] Zu Anteilen aus einer Kapitalerhöhung vgl. FG Hamburg v. 11.7.2001, EFG 2001, 1435. Ausnahme bei Alleingesellschafter einer GmbH bei Anspruch auf Übernahme des erhöhten Kapitals vgl. BFH Urt. v. 5.3.1986 – I R 218/81 – nv.
[117] Zur Europarechtswidrigkeit bei Anteilen an ausländischen Kapitalgesellschaften 2001 vgl. FG Hamburg Urt. v. 20.9.2006 – 5 K 206/03, IStR 2007, 110.
[118] Vgl. BFH Urt. v. 20.4.1999, BStBl. II 1999, 650.
[119] Vgl. BFH Urt. v. 24.4.1997, BStBl. II 1999, 342.
[120] Vgl. BFH Urt. v. 1.3.2005 – VIII R 25/02, BStBl. II 2005, 436; R 140 Abs. 2 EStR; H 140 Abs. 2 EStH „Fünfjahreszeitraum"; OFD Düsseldorf Verfügung v. 5.11.2001 DB 2002, 69. AA FG Baden-Württemberg Urt. v. 8.12.2000, EFG 2001, 292; FG Düsseldorf Urt. v. 6.6.2001, EFG 2001, 1216; FG Baden Württemberg Urt. v. 19.3.2002, GmbHR 2002, 939.
[121] Vgl. BFH Urt. v. 1.3.2005 – VIII R 25/02, BStBl. II 2005, 436; Verfassungsbeschwerde eingelegt: Az. 2 BvR 748/05; BFH Urt. v. 1.3.2005 – VIII R 92/03, BStBl. II 2005, 398; Verfassungsbeschwerde eingelegt: Az. 2 BvR 753/05. Siehe auch OFD Hannover Verfügung v. 20.7.2005 – S 2244 – 64 – StO 243, DB 2005, 1996 f.

vom 1.3.2005 war das Tatbestandsmerkmal der wesentlichen Beteiligung „innerhalb der letzten fünf Jahre" iSd § 17 Abs. 1 EStG id Fassung des StEntlG nicht für jeden abgeschlossenen Veranlagungszeitraum nach der jeweils geltenden Beteiligungsgrenze iSd § 17 Abs. 1 Satz 4 EStG aF zu bestimmen, sondern richtete sich nach der im Jahr der Veräußerung geltenden Wesentlichkeitsgrenze. Das vorgenannte BFH-Urteil vom 1. März 2005 wurde mit BVerfG Beschluss vom 7. Juli 2010 aufgehoben.[122] Demnach dürfen Wertzuwächse, die bis zum Tag der Verkündung des StEntlG am 31. März 1999 entstanden sind, nicht in die Veräußerungsgewinnermittlung iSd § 17 Abs. 2 EStG mit einbezogen werden. Diesem veranlagungszeitraumbezogenen Beteiligungsbegriff folgt die Finanzverwaltung für Fälle der Absenkung der Beteiligungsgrenze von mehr als 25 vH auf mindestens 10 vH mit Schreiben des BMF vom 27. Mai 2013.[123] Hingegen soll nach Auffassung der Finanzverwaltung eine analoge Anwendung des veranlagungszeitraumbezogenen Beteiligungsbegriffs auf die Absenkung der Beteiligungsgrenze auf mindestens 1 vH durch StSenkG nicht in Betracht kommen.[124] Die Frage der Verfassungsmäßigkeit der Beteiligungsgrenze von 1 vH gem. § 17 Abs. 1 Satz 1 EStG idF des StSenkG ist derzeit Gegenstand einer weiteren Verfassungsbeschwerde[125].

92  Der Veräußerer muss am Nennkapital der Kapitalgesellschaft zu mindestens 1 % beteiligt sein. Bei der Berechnung der Beteiligungsquote ist vom um eigene Anteile verminderten Nennkapital der Kapitalgesellschaft auszugehen.[126] Bei der Berechnung der Anteilsquote sind auch solche Anteile des Anteilseigners mit einzubeziehen, die er neben seiner Beteiligung im Privatvermögen im Betriebsvermögen hält.[127] Einzubeziehen sind ebenfalls Anteile, die über eine zwischengeschaltete Kapitalgesellschaft oder über eine gewerbliche[128] oder vermögensverwaltende Personengesellschaft gehalten werden, an der der Veräußerer beteiligt ist.[129] Gehören die Anteile zu einem Gesamthandvermögen (Personengesellschaft, Erbengemeinschaft), so sind sie den Gesamthändern nach Maßgabe des § 39 Abs. 2 Nr. 2 AO anteilig zuzurechnen.

93  (2) Anteile aus Umwandlungen. Ungeachtet des Umfangs der Beteiligung des Veräußerers innerhalb der letzten fünf Jahre sind seit Beginn des Veranlagungszeitraums 2007 ferner die Veräußerung solcher Anteile nach § 17 Abs. 1 Satz 1 EStG steuerpflichtig, die auf Grund einer Einbringung iSd UmwStG zu einem Wert unter dem gemeinen Wert erworben wurden, sofern die eingebrachten Anteile die Voraussetzungen des § 17 Abs. 1 Satz 1 EStG erfüllten oder die Anteile auf einer Sacheinlage nach § 21 Abs. 1 UmwStG beruhen, § 17 Abs. 6 EStG idF des SEStEG.

94  ccc) Veräußerung und gleichgestellte Tatbestände. Von § 17 EStG erfasst wird die Veräußerung von Anteilen[130] an einer Kapitalgesellschaft. Veräußerung iSd § 17 Abs. 1 Satz 1 EStG ist dabei jedes vermögensrechtliche Geschäft, auf Grund dessen das rechtliche und/oder wirtschaftliche[131] Eigentum an Anteilen auf einen anderen Rechtsträger gegen Ent-

---

[122] BVerfG Beschluss vom 7. Juli 2010, 2 BvR 748/05, 2 BvR 753/05, 2 BvR 1738/05, BStBl. 2011 II S. 86.
[123] BMF Schreiben vom 27. Mai 2013, BStBl. I S. 721.
[124] BMF Schreiben vom 27. Mai 2013, BStBl. I S. 721 und zuletzt OFD Niedersachsen S 2244-136-St 244 vom 20. September 2013, DStR 2014 S. 532; unter Verweis auf das Urteil des FG Niedersachsen vom 28. Februar 2012 12 K 10250/09, Revision eingelegt Az. BFH: IX R 19/12.
[125] Siehe Az. BVerfG: 2 BvR 364/13; vorgehend BFH-Urteil vom 24. Oktober 2012, BStBl. II 2013 S. 164.
[126] Vgl. BFH Urt. v. 24.9.1970, BStBl. II 1971, 89.
[127] Vgl. BFH Urt. v. 10.11.1992, BStBl. II 1994, 222.
[128] Vgl. BFH Urt. v. 10.2.1982, BStBl. II 1982, 392.
[129] Vgl. BFH Urt. v. 9.5.2000, BStBl. II 2000, 686.
[130] Zu Anteilen aus einer Kapitalerhöhung vgl. FG Hamburg v. 11.7.2001, EFG 2001, 1435. Ausnahme bei Alleingesellschafter einer GmbH bei Anspruch auf Übernahme des erhöhten Kapitals vgl. BFH Urt. v. 5.3.1986 – I R 218/81, nv.
[131] Zum Übergang des wirtschaftlichen Eigentums vgl. BFH Urt. v. 11.7.2006 – VIII R 32/04, DStR 2006, 2163.

gelt¹³² übertragen wird.¹³³ Der typische Fall der Veräußerung ist der Verkauf, die Zwangsversteigerung, Verpfändung oder Sicherheitsübereignung. Als Veräußerung iSv § 17 Abs. 1 Satz 1 EStG anzusehen ist ferner der Tausch.¹³⁴ Die Vereinbarung einer Rückübertragungsverpflichtung¹³⁵ oder eines Rücktrittsrechts beeinträchtigt das Vorliegen einer Veräußerung iSd § 17 EStG nicht. Um eine Veräußerung handelt es sich auch bei der Einlage von Anteilen an einer Kapitalgesellschaft in das Gesamthandvermögen einer Personengesellschaft gegen Gewährung von Gesellschaftsrechten.¹³⁶ Keine Veräußerung iSv § 17 Abs. 1 Satz 1 EStG stellt hingegen die Einlage von Anteilen an Kapitalgesellschaften in das Sonderbetriebsvermögen einer Personengesellschaft dar. Bei teilentgeltlicher Veräußerung, etwa durch gemischte Schenkung, ist der Vorgang in eine voll entgeltliche Veräußerung sowie eine unentgeltliche Übertragung aufzuteilen.

Der Veräußerung iSd § 17 Abs. 1 Satz 1 EStG gleichgestellt werden die verdeckte Einlage¹³⁷ von Anteilen in eine Kapitalgesellschaft (§ 17 Abs. 1 Satz 2 EStG), die Auflösung¹³⁸ der Kapitalgesellschaft, die Rückzahlung von Kapital bei Kapitalherabsetzung sowie die Rückzahlung bzw. Ausschüttung von Beträgen aus dem steuerlichen Einlagenkonto, § 17 Abs. 4 Satz 1 EStG. Durch das SEStEG¹³⁹ wird als Veräußerung ferner angesehen die Beschränkung oder der Ausschluss des Besteuerungsrechts Deutschlands aus dem Gewinn bei Veräußerung von Anteilen an einer Kapitalgesellschaft, die daraus resultieren, dass letztere ihren Sitz oder den Ort ihrer Geschäftsleitung in einen anderen Staat verlegt, § 17 Abs. 5 EStG idF des SEStEG. Die Anwendung dieser Regelung setzt voraus, dass die Gesellschaft durch die Sitzverlegung nicht bereits in Deutschland als liquidiert gilt. Nicht unter die Veräußerungsfiktion des § 17 Abs. 5 Satz 1 EStG-E fallen allerdings identitätswahrende Sitzverlegungen einer Europäischen Gesellschaft und Sitzverlegungen in einen anderen EU-Mitgliedsstaat.¹⁴⁰

dd) Ermittlung der steuerpflichtigen Einkünfte. aaa) Überblick. Veräußerungsgewinn¹⁴¹ iSv § 17 Abs. 1 EStG ist der Betrag, um den der Veräußerungspreis nach Abzug der Veräußerungskosten die Anschaffungskosten übersteigt, § 17 Abs. 2 Satz 1 EStG. Maßgebend für die Entstehung des Veräußerungsgewinns ist die Übertragung mindestens des wirtschaftlichen Eigentums iSd § 39 Abs. 2 Nr. 1 AO an den nämlichen Anteilen auf den Erwerber.¹⁴² Das Zuflussprinzip des § 11 EStG gilt im Anwendungsbereich des § 17 EStG nicht.¹⁴³ Daher ist es für die Bestimmung des Veräußerungsgewinns unerheblich, ob der Veräußerungspreis sofort voll gezahlt oder aber ganz oder teilweise gestundet bzw. in Raten zu zahlen ist. Nachträgliche Änderungen des für die Veräußerung maßgebenden Sachverhalts

---

¹³² Zur Übertragung von Anteilen mit einem Wert von 0 EUR oder weniger zum Preis von 0 EUR, vgl. BFH Urt. v. 29.7.1997, BStBl. II 1997, 727 mwN.
¹³³ Vgl. etwa BFH Urt. v. 21.10.1999, BStBl. II 2000, 424; BFH Urt. v. 29.7.1997, BStBl. II 1997, 727 mwN.
¹³⁴ Vgl. BFH Urt. v. 17.10.1974, BStBl. II 1975, 581.
¹³⁵ Vgl. BFH Urt. v. 7.3.1995, BStBl. II 1995, 693.
¹³⁶ Vgl. BFH Urt. v. 19.10.1998, BStBl. II 2000, 230. Siehe auch BMF Schreiben v. 29.3.2000, BStBl. I 2000, 462 sowie BMF Schreiben v. 26.11.2004, BStBl. I 2004, 1190.
¹³⁷ Vgl. etwa BFH Urt. v. 16.4.1991, BStBl. II 1992, 234.
¹³⁸ Vgl. BFH Urt. v. 3.6.1993, BStBl. II 1994, 162; BFH Urt. v. 14.6.2000, DStRE 2001, 300.
¹³⁹ Gesetz über steuerliche Begleitmaßnahmen zur Einführung der Europäischen Gesellschaft und zur Änderung weiterer steuerrechtlicher Vorschriften (SEStEG) v. 16.11.2006.
¹⁴⁰ Vgl. Begründung zu § 17 EStG idF des Gesetzes über steuerliche Begleitmaßnahmen zur Einführung der Europäischen Gesellschaft und zur Änderung weiterer steuerrechtlicher Vorschriften (SEStEG) v. 16.11.2006.
¹⁴¹ Zur Behandlung von Anteilen in fremder Währung und der Nichterfassung von Wechselkursgewinnen nach § 17 EStG vgl. zuletzt *Crezelius* DB 2005, 1924 ff.
¹⁴² Vgl. BFH Urt. v. 21.10.1999, BStBl. II 2000, 424; BFH Urt. v. 18.12.2001, BFH/NV 2002, 640.
¹⁴³ Vgl. BFH Urt. v. 8.4.1998, BStBl. II 1998, 660.

können als rückwirkende Ereignisse iSv § 175 Abs. 1 Satz 1 Nr. 2 AO auf die ursprüngliche Bemessung des Veräußerungsgewinns zurückwirken.[144]

97 bbb) **Steuerpflichtige Einnahmen.** Der Veräußerungspreis entspricht dem gemeinen Wert der Gegenleistung, die der Veräußerer durch den Abschluss des Veräußerungsgeschäfts erlangt.[145] Zum Veräußerungspreis gehört alles, was der Veräußerer für die Veräußerung der Anteile erhält. Der Veräußerungspreis umfasst auch ein Entgelt für ein Wettbewerbsverbot ohne eigene wirtschaftliche Bedeutung.[146] Ebenfalls zum Veräußerungspreis gehört ein etwaiges Entgelt für den Anspruch des Veräußerers (bei Vereinbarung gemäß § 101 Nr. 2, 2. Halbs. BGB) auf einen zeitanteiligen Gewinn bei unterjähriger Veräußerung. Bei verdeckter Einlage gemäß § 17 Abs. 1 Satz 2 EStG tritt an die Stelle des Veräußerungspreises der gemeine Wert der Anteile iSd § 9 BewG, § 17 Abs. 2 Satz 1 EStG.[147] Im Fall der Auflösung einer Kapitalgesellschaft sowie der Kapitalherabsetzung mit anschließender Rückzahlung frei werdenden Vermögens und daraus folgender Anwendung des § 17 Abs. 4 Satz 1 EStG tritt an die Stelle des Veräußerungspreises der gemeine Wert des dem Steuerpflichtigen zugeteilten Vermögens, § 17 Abs. 4 Satz 2 EStG. Entsprechendes gilt bei Rückzahlung bzw. Ausschüttung von Beträgen des steuerlichen Einlagekontos gemäß § 27 KStG.

98 Der maßgebende Veräußerungspreis bzw. gemeine Wert ist bei der Ermittlung des Veräußerungsgewinns zu 40% anzusetzen, § 3 Nr. 40 Buchst. c) EStG. Die Steuerbefreiung von 40% nach § 3 Nr. 40 Buchst. c) EStG ist nur anzuwenden, soweit die Anteile nicht iSd § 21 UmwStG aF einbringungsgeboren[148] sind, § 3 Nr. 40 Satz 3 EStG aF, § 52 Abs. 46 Satz 2 EStG. Diese Ausnahme greift nicht, wenn der die Gewinnrealisierung verursachende Vorgang mehr als sieben Jahre nach der Entstehung der einbringungsgeborenen Anteile stattfindet, § 3 Nr. 40 Satz 4 Buchst. a) EStG aF. Der Zeitraum von sieben Jahren verkürzt sich, wenn zuvor ein Antrag auf Entstrickung gestellt wird, § 3 Nr. 40 Satz 4 Buchst. a) EStG aF. Die Ausnahme von der 40%igen Steuerbefreiung greift ferner dann nicht, wenn die betreffenden einbringungsgeborenen Anteile aus einem Anteilstausch iSv § 20 Abs. 1 Satz 2 UmwStG aF bzw. § 23 Abs. 4 UmwStG aF resultieren, § 3 Nr. 40 Satz 4 Buchst. b) EStG aF. Die Regelung des § 3 Nr. 40 Satz 3 und 4 EStG aF wurde durch das Gesetz über steuerliche Begleitmaßnahmen zur Einführung der Europäischen Gesellschaft und zur Änderung weiterer steuerrechtlicher Vorschriften (SEStEG) aufgehoben und durch einen neuen § 22 Abs. 2 UmwStG[149] ersetzt werden. Für Altfälle bleibt die Regelung des § 3 Nr. 40 Satz 3 u. 4 EStG aF weiterhin zu beachten, § 52 Abs. 4d Satz 2 EStG.

99 ccc) **Anschaffungskosten.** Zur Bestimmung des Veräußerungsgewinns ist der ggf. nach § 3 Nr. 40 Buchst. c) EStG gekürzte Veräußerungspreis um die Anschaffungskosten zu mindern, § 17 Abs. 2 Satz 1 EStG. Anschaffungskosten sind sämtliche Aufwendungen, die geleistet werden, um ein Wirtschaftsgut zu erwerben und es in einen dem angestrebten Zweck entsprechenden Zustand zu versetzen.[150] Zu den Anschaffungskosten gehören der Anschaffungspreis, die Anschaffungsnebenkosten[151] sowie die nachträglichen Anschaffungskosten. Zu nachträglichen Anschaffungskosten führt auch der Ausfall einer Forderung des Gesellschafters gegen die Gesellschaft, sofern dieser Ausfall im Gesellschaftsverhältnis begründet ist.[152] Glei-

---

[144] Vgl. etwa BFH Urt. v. 19.7.1993, BStBl. II 1993, 894, 897; BFH Urt. v. 21.12.1993, BStBl. II 1994, 648.
[145] Vgl. insbes. BFH Urt. v. 12.10.1982, BStBl. II 1983, 128. Bei Zwangsversteigerung vgl. BFH Urt. v. 10.12.1969, BStBl. II 1970, 310.
[146] Vgl. BFH Urt. v. 21.9.1982, BStBl. II 1983, 289; BFH Urt. v. 11.3.2003, BFH/NV 2003, 1162.
[147] Vgl. *Weber-Grellet* in Schmidt, § 17 EStG Rn. 139.
[148] → Rn. 104 f.
[149] → Rn. 105.
[150] Vgl. BFH Urt. v. 18.12.2001, BStBl. II 2002, 733; BFH Urt. v. 23.5.2000, BFH/NV 2001, 23. Zu den Anschaffungskosten beim Wechsel in die unbeschränkte Steuerpflicht vgl. etwa BFH Urt. v. 18.1.1999, BStBl. II 1999, 486.
[151] Vgl. etwa *Vogt* in Blümich, § 17 EStG S. 72 Rn. 555.
[152] Vgl. BFH Urt. v. 9.6.1997, BStBl. II 1998, 307.

ches gilt für den Verzicht des Gesellschafters auf eine nicht mehr werthaltige Forderung[153] bzw. die Inanspruchnahme aus einer Bürgschaft.[154] Bei Begründung der unbeschränkten Steuerpflicht durch Zuzug aus einem ausländischen Staat, in dem der Steuerpflichtige einer der Wegzugsbesteuerung gemäß § 6 AStG[155] vergleichbaren Besteuerung unterlegen hat, tritt an die Stelle der Anschaffungskosten der Wert, der vom ausländischen Staat der Wegzugsbesteuerung zugrundegelegen hat, § 17 Abs. 2 Satz 3 EStG idF des SEStEG.[156]

Die Anschaffungskosten sind nach § 3c Abs. 1 Satz 1 EStG bei der Ermittlung des maßgebenden Veräußerungsgewinns nur zu 60% (bis 31.12.2008: 50%) abzugsfähig, sofern § 3 Nr. 40 Buchst. c) EStG anzuwenden ist.

ddd) *Veräußerungskosten.* Der Unterschiedsbetrag zwischen zu 60% angesetztem Veräußerungspreis und zu 60% angesetzten Anschaffungskosten ist um die Veräußerungskosten zu mindern, § 17 Abs. 2 Satz 1 EStG. Dabei gehören zu den Veräußerungskosten sämtliche Aufwendungen des Veräußerers, die in einem Veranlassungszusammenhang mit der Veräußerung stehen.[157] Als Veräußerungskosten anzusehen sind vor allem Notar- und Anwaltskosten, Vermittlungsgebühren, sonstige Beraterkosten, aber auch Vorfälligkeitsentschädigungen[158] für die vorzeitige Ablösung eines Kredits. Nicht als Veräußerungskosten abzugsfähig sind hingegen fehlgeschlagene Ausgaben. Zinsen für ein Darlehen, das zum Erwerb einer Beteiligung an einer Kapitalgesellschaft aufgenommen wurde, stellen keine Veräußerungskosten dar, sondern begründen Werbungskosten bei den Einkünften aus Kapitalvermögen.[159] Gemäß § 3c Abs. 2 Satz 1 EStG dürfen die Veräußerungskosten, die mit den dem § 3 Nr. 40 Buchst. c) EStG zugrundeliegenden Einnahmen zusammenhängen, unabhängig davon, in welchem Veranlagungszeitraum sie anfallen, bei der Ermittlung der Einkünfte nur zu 60% abgezogen werden.

eee) *Freibetrag.* Gemäß § 17 Abs. 3 Satz 1 EStG wird ein Veräußerungsgewinn zur Einkommensteuer nur herangezogen, soweit er den Teil von 9060 EUR übersteigt, der dem veräußerten Anteil an der Kapitalgesellschaft entspricht. Der Freibetrag ermäßigt sich dabei um den Betrag, um den der Veräußerungsgewinn den Teil von 36 100 EUR übersteigt, der dem veräußerten Anteil an der Kapitalgesellschaft entspricht. Unterstellt, ein Steuerpflichtiger veräußert Anteile an einer Kapitalgesellschaft im Umfang von 30% mit einem Gewinn von 12 000 EUR. In diesem Fall ist der Freibetrag von 2718 EUR (= 9060 EUR * 30%), bezogen auf 30% veräußerte Anteile, zu kürzen um den Teil des Veräußerungsgewinns, der den Betrag von 10 830 EUR (= 36 100 EUR * 30%) übersteigt. Die Differenz zwischen dem Veräußerungsgewinn (12 000 EUR) und dem genannten Schwellenwert (10 830 EUR) beträgt 1170 Euro. Dem Steuerpflichtigen steht somit im betrachteten Beispiel ein Freibetrag von 1548 EUR (= 2718 EUR − 1170 EUR) zu.

c) **Veräußerungsverlust.** Verluste aus der Veräußerung von Anteilen an Kapitalgesellschaften, die die Voraussetzungen des § 17 Abs. 1 EStG erfüllen, können vom Veräußerer steuerlich geltend gemacht und mit positiven Einkünften aus Gewerbebetrieb oder anderen Einkunftsarten desselben Veranlagungszeitraums ausgeglichen werden. Auf die ermittelten Verluste ist § 3 Nr. 40 EStG anzuwenden.[160] Für nicht ausgeglichene Verluste gilt § 10d EStG. Nicht steuerlich geltend gemacht werden können allerdings diejenigen Verluste aus

---

[153] Vgl. BFH Urt. v. 29.7.1998, BStBl. II 1998, 652.
[154] Zur Bürgschaftsübernahme bei mittelbarer Beteiligung vgl. FG Köln Urt. v. 24.8.2006 – 10 K 4708/02, DStRE 2007, 468 (Rev. BFH – VIII R 45/06).
[155] → Rn. 121.
[156] Gesetz über steuerliche Begleitmaßnahmen zur Einführung der Europäischen Gesellschaft und zur Änderung weiterer steuerrechtlicher Vorschriften (SEStEG) v. 16.11.2006.
[157] Vgl. BFH Urt. v. 25.1.2000, BStBl. II 2000, 458. Zu einer engeren Definition noch BFH Urt. v. 1.12.1992, BFH/NV 1993, 520; BFH Urt. v. 17.4.1997, BStBl. II 1998, 102.
[158] Vgl. BFH Urt. v. 25.1.2000, BStBl. II 2000, 458.
[159] Vgl. BFH Urt. v. 8.10.1985, BStBl. II 1986, 481.
[160] Zu Gestaltungen zur Vermeidung einer nur hälftigen Verlustverrechnung siehe FG Münster Urt. v. 30.5.2006, DStRE 2007, 218 (Rev. BFH-VIII 33/06).

der Veräußerung von Anteilen an einer Kapitalgesellschaft, die die Bedingungen des § 17 Abs. 2 Satz 6 EStG erfüllen. Danach ist ein Verlust aus der Veräußerung solcher Anteile an einer Kapitalgesellschaft nicht zu berücksichtigen:[161]
– die der Steuerpflichtige innerhalb der Fünfjahresfrist unentgeltlich erworben hatte; es sei denn, der Rechtsvorgänger hätte den Veräußerungsverlust geltend machen können;
– die der Steuerpflichtige zwar entgeltlich erworben hat, die aber nicht innerhalb des gesamten Fünfjahreszeitraums zu einer Beteiligung iSd § 17 Abs. 1 Satz 1 EStG gehört haben.[162] Nicht davon betroffen sind indes solche Anteile, die zwar innerhalb des Fünfjahreszeitraums erworben wurden, deren Erwerb aber zur Begründung einer Beteiligung iSv § 17 Abs. 1 Satz 1 EStG geführt hat, oder wenn die Anteile nach Begründung einer solchen maßgeblichen Beteiligung erworben wurden.

**103** Ungeachtet dessen dürfen Verluste aus der Veräußerung, Liquidation oder Kapitalherabsetzung bei Anteilen an Kapitalgesellschaften aus „Drittstaaten" nur mit positiven Einkünften derselben Art aus demselben Staat ausgeglichen werden, § 2a Abs. 1 Nr. 4 EStG. Als Drittstaaten gelten Staaten, die nicht Mitgliedstaaten der EU sind oder dem EWR angehören und aufgrund von Vereinbarungen die Auskünfte erteilen, die erforderlich sind, um die Besteuerung durchzuführen, § 2a Abs. 2a EStG.[163]

**104** **d) Einbringungsgeborene Anteile gemäß § 21 UmwStG aF.** aa) Überblick. Anteile an einer Kapitalgesellschaft, die der Steuerpflichtige oder – bei unentgeltlichem Erwerb der Anteile – der Rechtsvorgänger durch eine Sacheinlage bis zum 31.12.2006 gemäß §§ 20 Abs. 1, 23 Abs. 1 bis 4 UmwStG aF unter dem Teilwert oder aus Formwechsel einer Personengesellschaft in eine Kapitalgesellschaft nach § 25 UmwStG aF erworben hat, stellen sog. einbringungsgeborene[164] Anteile dar.[165] Der Sacheinlage muss die Einbringung eines (Teil)Betriebs, eines Mitunternehmeranteils oder einer qualifizierten Beteiligung an einer Kapitalgesellschaft zugrunde liegen. Das bezeichnete Vermögen muss zu einem unter seinem Teilwert liegenden Wert eingebracht worden sein, also zum Buchwert oder zu einem Zwischenwert. Als Gegenleistung für die Einbringung müssen neue Anteile an der aufnehmenden Kapitalgesellschaft gewährt worden sein. Empfänger des eingebrachten Vermögens kann eine unbeschränkt steuerpflichtige Kapitalgesellschaft gemäß § 1 Abs. 1 Nr. 1 KStG (§ 20 Abs. 1 UmwStG aF) oder eine EU-Kapitalgesellschaft sein (§ 23 UmwStG aF). Sogenannte derivative einbringungsgeborene Anteile entstehen durch das Überspringen stiller Reserven bei Kapitalerhöhung gegen unterbewertete Gesellschaftereinlagen.[166] Werden einbringungsgeborene Anteile an einer Kapitalgesellschaft veräußert, so gilt der Betrag, um den der Veräußerungspreis nach Abzug der Veräußerungskosten die Anschaffungskosten übersteigt, als Veräußerungsgewinn iSv § 16 EStG, § 21 Abs. 1 Satz 1 UmwStG aF.

**105** Durch Einbringungsvorgänge nach dem 31.12.2006 werden keine einbringungsgeborenen Anteile mehr entstehen können. Stattdessen wird mit § 22 UmwStG idF des SEStEG

---

[161] Vgl. dazu *Herzig/Förster* DB 1999, 711; *Wendt* FR 1999, 333, 347.

[162] Zur Veräußerung zu unterschiedlichen Zeitpunkten erworbener Anteile vgl. BFH Urt. v. 20.4.2004, BStBl. II 2004, 556.

[163] Die Einfügung des § 2a Abs. 2a EStG erging infolge der Entscheidung des EuGH Urt. v. 29.3.2007 Rs. C-347/04 (REWE Zentralfinanz); BMF v. 11.6.2007, BStBl. I 2007, 488; v. 4.8.2008, IV B 5 – S 2118 – a/07/10012; siehe im Weiteren *Heinicke* in Schmidt EStG-Kommentar, § 2a EStG Rn. 8.

[164] Zu einer Übersicht vgl. etwa *Witt/Patt* in Dötsch/Eversberg/Jost/Pung, § 21 UmwStG S. 15–28 Rn. 15–34.

[165] Zur Vereinbarkeit mit Europarecht (Verdoppelung stiller Reserven) vgl. etwa *Haritz* DStR 2004, 889. Siehe auch FG Baden-Württemberg Urt. v. 17.2.2005, IStR 2005, 278.

[166] Vgl. BFH Urt. v. 8.4.1992, BStBl. II 1992, 761, 764 (Wertabspaltungstheorie); BMF Schreiben v. 25.3.1998, BStBl. I 1998, 268, Tz. 21.14. Vgl. auch *Haritz/Menner/Haritz*, § 21aF UmwStG S. 1091–1100 Rn. 19–59; *Witt/Patt* in Dötsch/Eversberg/Jost/Pung, § 21 UmwStG S. 28–40 Rn. 35–50.

das Konzept sperrfristbehafteter Anteile eingeführt.[167] Die Regelung des § 21 UmwStG aF in der bisherigen Fassung gilt indes für bereits entstandene einbringungsgeborene Anteile weiter, § 27 Abs. 3 Nr. 3 UmwStG.

bb) Persönliche Steuerpflicht. Von § 21 UmwStG aF werden Anteile im Privatvermögen **106** wie im Betriebsvermögen erfasst. Auf beschränkt Steuerpflichtige ist § 21 UmwStG aF anzuwenden, sofern sie in einem Nicht-DBA-Staat ansässig sind, der Deutschland das Besteuerungsrecht an den Anteilen zuweist oder im Inland eine Betriebsstätte unterhalten, der die einbringungsgeborenen Anteile zuzurechnen sind. Darüber hinaus ist § 21 UmwStG auf beschränkt Steuerpflichtige dann anzuwenden, sofern (ausnahmsweise) das mit ihrem Ansässigkeitsstaat geschlossene DBA das Besteuerungsrecht an Gewinnen aus diesen Anteilen Deutschland zuweist, die Anteile an einer inländischen Kapitalgesellschaft bestehen und sie ferner zugleich die Voraussetzungen des § 17 EStG erfüllen.

cc) Sachliche Steuerpflicht. Zu steuerpflichtigen Veräußerungsgewinnen iSv § 16 EStG **107** iVm § 21 UmwStG aF kommt es bei Veräußerung einbringungsgeborener Anteile sowie bei Erfüllung von Ersatztatbeständen nach § 21 Abs. 2 UmwStG aF.[168] Veräußerung iSd § 21 Abs. 1 Satz 1 UmwStG aF ist dabei jedes vermögensrechtliche Geschäft, auf Grund dessen das rechtliche und/oder wirtschaftliche Eigentum an Anteilen auf einen anderen Rechtsträger gegen Entgelt übertragen wird.[169] Keine entgeltliche Veräußerung iSv § 21 Abs. 1 Satz 1 UmwStG aF ist die verdeckte Einlage in eine Kapitalgesellschaft. Hier greift indes ein Ersatztatbestand.

Die Rechtsfolgen des § 21 Abs. 1 Satz 1 UmwStG aF treten auch ohne Veräußerung **108** ein, wenn der Anteilseigner dies beantragt, § 21 Abs. 2 Satz 1 Nr. 1 UmwStG aF. Ein solcher Antrag kann vom Anteilseigner einbringungsgeborener Anteile jederzeit und formlos gestellt werden.

Ebenso treten die Rechtsfolgen des § 21 Abs. 1 Satz 1 UmwStG aF auch ohne Veräuße- **109** rung ein, wenn das Besteuerungsrecht der Bundesrepublik Deutschland hinsichtlich des Gewinns aus der Veräußerung der Anteile ausgeschlossen wird, § 21 Abs. 2 Satz 1 Nr. 2 UmwStG aF. Die Regelung des § 21 Abs. 2 Satz 1 Nr. 2 UmwStG aF ist vor allem dann anzuwenden, wenn der Anteilseigner einbringungsgeborener Anteile seinen Wohnsitz in einen DBA-Staat verlegt, dem das Besteuerungsrecht an diesen Anteilen zugewiesen wird. Die Regelung des § 21 UmwStG aF ist insoweit lex specialis zu § 6 EStG. § 21 Abs. 1 Satz 1 Nr. 2 UmwStG aF ist zudem anzuwenden auf Einbringung in eine ausländische Betriebsstätte, deren Besteuerung dem ausländischen Betriebsstättenstaat obliegt.

Ferner treten die Rechtsfolgen des § 21 Abs. 1 Satz 1 UmwStG aF auch ohne Veräuße- **110** rung ein, wenn gemäß § 21 Abs. 2 Satz 1 Nr. 3 UmwStG aF:
– die Kapitalgesellschaft, an der die Anteile bestehen, aufgelöst und abgewickelt wird oder
– das Kapital dieser Gesellschaft herabgesetzt und an die Anteilseigner zurück gezahlt wird oder
– Beträge aus dem steuerlichen Einlagekonto gemäß § 27 KStG ausgeschüttet oder zurückgezahlt werden,

soweit die Bezüge nicht die Voraussetzungen des § 20 Abs. 1 Nr. 1 oder 2 EStG erfüllen. Auch treten die Rechtsfolgen des § 21 Abs. 1 Satz 1 UmwStG aF ohne Veräußerung ein, wenn der Anteilseigner die Anteile verdeckt in eine Kapitalgesellschaft einlegt, § 21 Abs. 2 Satz 1 Nr. 4 UmwStG aF.

Nicht zu einer Aufdeckung stiller Reserven kommt es hingegen gemäß § 21 Abs. 4 **111** Satz 1 UmwStG aF, wenn einbringungsgeborene Anteile offen oder verdeckt in das Betriebsvermögen eines Einzelunternehmens oder das Gesamthandvermögen bzw. das Sonderbetriebsvermögen einer Personengesellschaft überführt werden. Vielmehr sind die ein-

---

[167] → Rn. 120.
[168] Vgl. dazu die Ausführungen unter → Rn. 110.
[169] Vgl. etwa BFH Urt. v. 21.10.1999, BStBl. II 2000, 424; BFH Urt. v. 29.7.1997, BStBl. II 1997, 727 mwN.

gebrachten Anteile in diesen Fällen mit ihren Anschaffungskosten iSv § 20 Abs. 4 UmwStG aF anzusetzen, § 21 Abs. 4 Satz 1 UmwStG aF.

**112** dd) Ermittlung der steuerpflichtigen Einkünfte. Der nach § 21 Abs. 1 Satz 1 UmwStG aF maßgebende Veräußerungsgewinn ergibt sich aus dem Betrag, um den der Veräußerungspreis nach Abzug der Veräußerungskosten[170] die Anschaffungskosten übersteigt. Er ist als Einkünfte aus Gewerbebetrieb iSv § 16 EStG zu qualifizieren, § 21 Abs. 1 Satz 1 UmwStG. Bei Erfüllung der Ersatztatbestände des § 21 Abs. 2 Satz 1 Nr. 1–4 UmwStG aF tritt an die Stelle des Veräußerungspreises der gemeine Wert der einbringungsgeborenen Anteile im Zeitpunkt der Erfüllung des Tatbestandsmerkmals, § 21 Abs. 2 Satz 2 UmwStG aF. Das Zuflussprinzip des § 11 EStG greift im Geltungsbereich des § 21 UmwStG aF nicht.[171]

**113** ee) Besteuerung. aaa) Einkommensteuer/Körperschaftsteuer. Ein Gewinn aus einbringungsgeborenen Anteilen gehört zu den Einkünften aus Gewerbebetrieb gemäß § 16 EStG, § 21 Abs. 1 Satz 1 UmwStG aF.[172] Bei natürlichen Personen oder vermögensverwaltenden Personengesellschaften als Anteilseigner sind demnach Gewinne aus einbringungsgeborenen Anteilen selbst dann als Einkünfte aus Gewerbebetrieb zu qualifizieren, wenn die einbringungsgeborenen Anteile dem Privatvermögen des Anteilseigners zuzuordnen waren.

**114** Die Anwendung des Teileinkünfteverfahrens nach § 3 Nr. 40 EStG bzw. des Beteiligungsprivilegs nach § 8b KStG ist ausgeschlossen, wenn einbringungsgeborene Anteile innerhalb von sieben Jahren nach dem Zeitpunkt der Einbringung veräußert werden, § 3 Nr. 40 Satz 2 und 3 Buchst. a) EStG. Entsprechendes gilt für Entstrickungsgewinne bei Erfüllung der Tatbestände des § 21 Abs. 2 Satz 1 Nr. 1–4 UmwStG aF innerhalb der Siebenjahresfrist. Entsteht durch die Veräußerung einbringungsgeborener Anteile durch natürliche Personen innerhalb der Siebenjahresfrist ein voll steuerpflichtiger Gewinn, bleiben diesen Anteilen zuzurechnende Anschaffungskosten und Veräußerungskosten in voller Höhe abzugsfähig. Ergibt sich durch die Veräußerung hingegen ein Verlust, so kann dieser nur zur 60% steuerlich geltend gemacht werden, § 3c Abs. 2 Satz 4 EStG. Die Einbringungsgeborenheit von Anteilen an Kapitalgesellschaften ist bei Veräußerung innerhalb der Siebenjahresfrist für die Anwendung der hälftigen Steuerbefreiung dann unschädlich, wenn diese Anteile aus einem Anteilstausch nach § 20 Abs. 1 Satz 2 oder § 23 Abs. 4 UmwStG hervorgegangen sind, § 3 Nr. 40 Satz 2 und 3 Buchst. b) EStG, § 8b Abs. 4 Satz 2 Nr. 2 KStG.

**115** Handelt es sich beim Veräußerer um eine natürliche Person, kann der Steuerpflichtige bei Ermittlung seiner steuerpflichtigen Einkünfte gemäß § 16 EStG aus der Veräußerung einbringungsgeborener Anteile den Freibetrag nach § 16 Abs. 4 EStG beanspruchen.[173] Danach wird, sofern der Steuerpflichtige das 55. Lebensjahr vollendet hat oder dauernd berufsunfähig ist, der Veräußerungsgewinn nur zur Besteuerung herangezogen, soweit er 45 000 EUR übersteigt. Der Freibetrag ermäßigt sich um den Betrag, um den der Veräußerungsgewinn 136 000 EUR übersteigt. Der Freibetrag nach § 16 Abs. 4 EStG steht einem Steuerpflichtigen nur einmal im Leben zu, § 16 Abs. 4 Satz 2 EStG.

**116** Für Gewinne aus einbringungsgeborenen Anteilen natürlicher Personen greift die Tarifermäßigung nach § 34 Abs. 1, Abs. 2 Nr. 1 EStG nur dann, wenn die Anwendung des Teileinkünfteverfahrens ausgeschlossen ist.[174] Die Anwendung der Tarifermäßigung nach § 34 Abs. 1, Abs. 2 Nr. 1 EStG setzt weiter voraus, dass der Gewinn sämtlicher vom Anteilseigner gehaltener einbringungsgeborener Anteile realisiert wird.[175]

**117** In den Fällen des § 21 Abs. 2 Satz 1 Nr. 1, 2 und 4 UmwStG aF kann die auf den Entstrickungsgewinn entfallende Einkommensteuer (Körperschaftsteuer) in jährlichen Teil-

---

[170] Vgl. BFH Urt. v. 25.1.2000, BStBl. II 2000, 458.
[171] Zum Gewinnrealisationszeitpunkt nach § 21 Abs. 2 Satz 1 Nr. 1–4 UmwStG, vgl. *Witt/Patt* in Dötsch/Eversberg/Jost/Pung, § 21 UmwStG S. 109 ff. Rn. 199 ff.
[172] Zur Besteuerung bei Kapitalgesellschaften als Anteilseigner → Rn. 40, 45.
[173] IE vgl. *Witt/Patt* in Dötsch/Eversberg/Jost/Pung, § 21 UmwStG S. 70 f., Rn. 117 ff.
[174] Vgl. BMF Schreiben v. 16.12.2003, BStBl. I 2003, 786, Tz. 21.
[175] Vgl. *Patt/Rasche* FR 2001, 175, 179 f.

beträgen von mindestens je einem Fünftel entrichtet werden, wenn die Entrichtung der Teilbeträge sichergestellt ist, § 21 Abs. 2 Satz 3 UmwStG aF.[176] Die Stundung wird zinslos für die Dauer von höchstens fünf Jahren gewährt, § 21 Abs. 2 Satz 4 UmwStG aF. Die Stundung endet vorzeitig,[177] wenn die einbringungsgeborenen Anteile während des Stundungszeitraums veräußert werden oder die Kapitalgesellschaft, an der die einbringungsgeborenen Anteile bestehen, aufgelöst und abgewickelt, oder das Kapital dieser Gesellschaft herabgesetzt und an die Anteilseigner zurückgezahlt oder wenn die Kapitalgesellschaft umgewandelt wird, § 21 Abs. 2 Satz 5 UmwStG aF.

Erzielt eine natürliche Person aus der Veräußerung oder der Entstrickung gemäß § 21 Abs. 2 Satz 1 Nr. 1–4 UmwStG einen Verlust, so ist dieser im Entstehungszeitraum unter Beachtung von § 3c Abs. 2 Satz 4 EStG mit anderen Einkünften ausgleichbar. In dieser Form berücksichtigt werden können auch Verluste, die aus einem Entstrickungsantrag resultieren[178] oder solche, die durch verdeckte Einlage[179] ausgelöst sind.

bbb) Gewerbesteuer. Ein Gewinn aus der Veräußerung oder Entstrickung von einbringungsgeborenen Anteilen unterliegt nur dann der Gewerbesteuer, wenn die Anteile zum Betriebsvermögen eines Gewerbebetriebs gehören. Der Gewinn aus einbringungsgeborenen Anteilen, die zum Betriebsvermögen einer natürlichen Person oder einer Personengesellschaft mit natürlichen Personen als Anteilseignern gehören, unterliegt dann nicht der Gewerbesteuer, wenn auch der Einbringungsvorgang selbst, aus dem die Anteile stammen, bei Aufdeckung stiller Reserven keine Gewerbesteuer ausgelöst hätte.[180] Eine Stundungsmöglichkeit für anfallende Gewerbesteuer besteht nicht.

ff) Sperrfristbehaftete Anteile nach § 22 UmwStG idF des SEStEG. Das Besteuerungskonzept einbringungsgeborener Anteile nach § 21 UmwStG aF wurde für Einbringungen nach dem 31.12.2006 durch § 22 UmwStG idF des SEStEG ersetzt.[181] Zugleich wurden die Regelungen des § 3 Nr. 40 Satz 3 und 4 EStG aF und § 8b Abs. 4 KStG aF aufgehoben. Nach § 22 Abs. 1 UmwStG ist, soweit in den Fällen einer Sacheinlage eines Betriebs, Teilbetriebs oder Mitunternehmeranteils in eine Kapitalgesellschaft unter dem gemeinen Wert (§ 20 Abs. 2 Satz 2 UmwSt) der Einbringende die erhaltenen Anteile innerhalb eines Zeitraums von sieben Jahren nach dem Einbringungszeitpunkt im Sinne von § 20 Abs. 6 veräußert, der Einbringungsgewinn rückwirkend als Gewinn aus Veräußerung iSd § 16 EStG zu versteuern (Einbringungsgewinn I). Der für die Besteuerung relevante Einbringungsgewinn I entspricht dabei der Differenz zwischen dem gemeinen Wert des übertragenen, der inländischen Besteuerung unterliegenden Betriebsvermögens im Zeitpunkt der Einbringung im Sinne von § 20 Abs. 6 UmwStG und dem Wert, mit dem die übernehmende Gesellschaft dieses eingebrachte Betriebsvermögen angesetzt hat. Er ist zudem für jedes seit dem Einbringungszeitpunkt abgelaufene Zeitjahr um ein Siebtel zu mindern. Der im Zeitpunkt der Anteilsveräußerung maßgebende Einbringungsgewinn gilt als Veräußerungsgewinn des Einbringenden im Sinne von § 16 EStG und als nachträgliche Anschaffungskosten der erhaltenen Anteile; § 16 Abs. 4 und § 34 EStG sind auf den Einbringungsgewinn I nicht anzuwenden. Der den Einbringungsgewinn übersteigende Veräußerungsgewinn unterliegt § 3 Nr. 40 EStG, § 8b KStG. Korrespondierend kann die aufnehmende Gesellschaft den Einbringungsgewinn auf Antrag als Erhöhungsbetrag ansetzen, § 23 Abs. 2 UmwStG. Eine Verdopplung stiller Reserven, wie sie durch das Regelungskonzept der einbringungsgeborenen Anteile gem. § 21 UmwStG aF eintrat, wird durch

---

[176] Vgl. auch BFH Urt. v. 4.12.1991, BStBl. II 1993, 362.
[177] Zur Begrenzung auf die gesetzlich normierten Fälle vgl. BFH Urt. v. 4.12.1991, BStBl. II 1993, 362; BFH Urt. v. 5.5.1998, BStBl. II 2000, 430.
[178] Vgl. BMF Schreiben v. 25.3.1998, BStBl. I 1998, 268, Tz. 21.07.
[179] Vgl. BFH Urt. v. 28.2.1990, BStBl. II 1990, 615 (unter C.4.).
[180] Vgl. BMF Schreiben v. 25.3.1998, BStBl. I 1998, 268, Tz. 21.13.
[181] Vgl. *Schlösser* in Sagasser/Bula/Brünger, Umwandlungen, § 11 Rn. 605 ff.; *Rödder/Schumacher* DStR 2006, 1525, 1538.

§ 22 UmwStG vermieden. Entsprechendes gilt für die Anteile, die durch die übernehmende Gesellschaft im Zuge einer Sacheinlage nach § 20 Abs. 2 Satz 2 UmwStG oder eines Anteilstauschs iSv § 21 Abs. 1 Satz 2 UmwStG unter dem gemeinen Wert von einer nicht durch § 8b KStG begünstigten Person erworben werden, § 22 Abs. 2 UmwStG (Einbringungsgewinn II). Sofern diese Anteile innerhalb von sieben Jahren nach ihrem Erwerb durch die übernehmende Gesellschaft veräußert werden, ist der nach den oben erläuterten Grundsätzen ermittelte Einbringungsgewinn rückwirkend als Gewinn des Einbringenden aus Veräußerung von Anteilen zu versteuern.

121   e) **Wegzugsbesteuerung gemäß § 6 AStG.** aa) Überblick. Bei Verlegung des Wohnsitzes oder gewöhnlichen Aufenthalts (Wegzug) einer natürlichen Person ins Ausland oder Erfüllung von Ersatztatbeständen wird durch § 6 AStG die steuerpflichtige Aufdeckung stiller Reserven in Anteilen iSd § 17 EStG verlangt. Der EuGH hat in seinen Entscheidungen vom 11.3.2004[182] sowie vom 7.9.2006[183] die Unvereinbarkeit ähnlicher Regelungen zur Wegzugsbesteuerung im französischen bzw. niederländischen Steuerrecht mit der Niederlassungsfreiheit laut Art. 43 EG-Vertrag festgestellt.[184] Die EU-Kommission hatte zwischenzeitlich wegen § 6 AStG aF ein Vertragsverletzungsverfahren auch gegen Deutschland eingeleitet. Im Vorgriff auf eine gesetzliche Neuregelung wurde vom BMF die Möglichkeit der zinslosen Stundung von Steuern bei Wegzug eingeräumt.[185] Durch das Gesetz über steuerliche Begleitmaßnahmen zur Einführung der Europäischen Gesellschaft und zur Änderung weiterer steuerrechtlicher Vorschriften (SEStEG) vom 16.11.2006 wurde die Regelung des § 6 AStG neu gefasst.

122   bb) Persönliche Steuerpflicht. Die Regelung des § 6 AStG ist anzuwenden auf natürliche Personen, die in Deutschland insgesamt mindestens zehn Jahre nach § 1 Abs. 1 EStG unbeschränkt einkommensteuerpflichtig waren. Zur Bestimmung des 10-Jahres-Zeitraums sind im Fall von Unterbrechungen die einzelnen Zeiträume zusammen zu rechnen, während derer die unbeschränkte Steuerpflicht bestand.[186] Hat der Steuerpflichtige Anteile unentgeltlich erworben, muss er sich Zeiträume unbeschränkter Steuerpflicht des Rechtsvorgängers zurechnen lassen, § 6 Abs. 2 AStG.

123   cc) Sachliche Steuerpflicht. Die Regelung des § 6 AStG ist anzuwenden auf Anteile iSd § 17 Abs. 1 Satz 1 EStG. Im Unterschied zu § 6 AStG aF greift die Neuregelung auch für Anteile an ausländischen Kapitalgesellschaften. Sofern die unbeschränkte Steuerpflicht durch Aufgabe des Wohnsitzes oder gewöhnlichen Aufenthalts endet, ist § 17 EStG auch ohne Veräußerung anzuwenden. Die Rechtsfolgen des § 6 AStG greifen in diesen Fällen selbst dann, wenn das Besteuerungsrecht Deutschland nach dem Wegzug nicht durch ein DBA eingeschränkt ist, wie nach Art. 4 Abs. 6 Buchst. a) DBA Schweiz. § 6 AStG ist selbst bei Wegfall der unbeschränkten Steuerpflicht durch Begründung des Wohnsitzes oder gewöhnlichen Aufenthalts in einem Staat anzuwenden, mit dem kein DBA besteht. Bei Wegzug in einen DBA-Staat kommt § 6 AStG nur zur Anwendung, wenn der Steuerpflichtige nach dem jeweiligen DBA als in dem anderen Staat ansässig anzusehen ist.

124   Zur Anwendung kommt § 6 AStG des Weiteren
   – bei Übertragung der Anteile im Wege der Schenkung oder von Todes wegen auf eine nicht unbeschränkt steuerpflichtige Person,
   – bei Einlage in einen ausländischen Betrieb oder eine ausländische Betriebsstätte des Steuerpflichtigen oder
   – bei Ausschluss der Besteuerungsrechts Deutschlands aus anderen Gründen.

---

[182] Vgl. EuGH Urt. v. 11.3.2004, Rs. C-9/02, (Hughes de Lasteyrie du Saillant) DStR 2004, 551.
[183] Vgl. EuGH Urt. v. 9.6.2006, Rs. C-470/04 – N, IStR 2006, 702.
[184] Vgl. dazu etwa *Schnitger* BB 2004, 804, 808; *Wassermeyer* GmbHR 2004, 613; *Lausterer* DStZ 2004, 299 f.; *Meilicke* GmbHR 2004, 511 f.
[185] Vgl. BMF v. 8.6.2005 – IV B 5 – S 1348-35/05, BStBl. I 2005, 714, DStR 2005, 1056.
[186] Vgl. BMF Schreiben v. 14.5.2004, BStBl. I 2004, Sonder-Nr. 1, Rn. 6.2.2.

Beruht die Beendigung der unbeschränkten Steuerpflicht auf vorübergehender Abwesenheit und wird der Steuerpflichtige innerhalb von fünf Jahren seit der Beendigung der unbeschränkten Steuerpflicht wieder unbeschränkt steuerpflichtig, so entfällt der Steueranspruch, soweit die Anteile nicht veräußert, durch unentgeltliches Rechtsgeschäft im Wege der Schenkung oder von Todes wegen übertragen und nicht in einen ausländischen Betrieb oder in eine ausländische Betriebsstätte des Steuerpflichtigen eingelegt worden sind, § 6 Abs. 3 Satz 1 AStG. Unter bestimmten Voraussetzungen kann die Fünfjahresfrist um höchstens fünf Jahre verlängert werden. Bei Wegzug in einen EU-Mitgliedsstaat und Wiederbegründung der unbeschränkten Steuerpflicht entfällt der Steueranspruch ohne Beachtung einer Frist, § 6 Abs. 3 Satz 4 AStG.

dd) Ermittlung der steuerpflichtigen Einkünfte. Gemäß § 6 Abs. 1 Satz 1 AStG ist bei Erfüllung der Anwendungsvoraussetzungen des § 6 AStG die Regelung des § 17 EStG auch ohne Veräußerung anzuwenden. Dabei tritt allerdings an die Stelle des Veräußerungspreises der gemeine Wert der Anteile, § 6 Abs. 1 Satz 4 AStG. Dementsprechend ergibt sich der nach § 6 AStG steuerpflichtige Gewinn aus der Differenz des gemeinen Werts der Anteile einerseits und deren Anschaffungskosten sowie den Veräußerungskosten andererseits. Zu einer Aufdeckung von Wertminderungen (Verlusten) in den betrachteten Anteilen kann die Anwendung des § 6 AStG nicht führen.[187]

Auf den zu ermittelnden Gewinn ist das Halbeinkünfteverfahren anzuwenden, § 3 Nr. 40 Buchst. c), § 3c Abs. 2 EStG.[188] Ferner ist der Freibetrag nach § 17 Abs. 3 EStG zu gewähren.[189]

ee) Stundung. Die Steuer auf den ermittelten Vermögenszuwachs iSd § 6 AStG ist mit Veranlagung zu erheben. Die nach § 6 Abs. 1 AStG geschuldete Einkommensteuer ist auf Antrag in regelmäßigen Teilbeträgen für einen Zeitraum von höchstens fünf Jahren seit Eintritt der erstmaligen Fälligkeit gegen Sicherheitsleistungen zu stunden, § 6 Abs. 4 Satz 1 AStG. Die Stundung nach § 6 Abs. 4 setzt allerdings voraus, dass die alsbaldige Erhebung der geschuldeten Steuer eine erhebliche Härte für den Steuerpflichtigen bedeutet. Die Stundung endet bei Veräußerung der betreffenden Anteile im Stundungszeitraum, § 6 Abs. 4 Satz 2 AStG.

ff) Besonderheit bei EU-Bürgern. Bei Wegzug in einen EU-Mitgliedstaat bzw. in einen EWR-Mitgliedstaat bestehen mit § 6 Abs. 5 u. 6, Abs. 3 Satz 4 AStG besondere Vorschriften, durch die die Wegzugsbesteuerung Europarechtskonform gestaltet werden soll. So ist bei Wegzug in einen EU-Mitgliedstaat bzw. in einen EWR-Mitgliedstaat die geschuldete Steuer zinslos, ohne Einräumung von Sicherheitsleistungen und ohne zeitliche Befristung zu stunden, sofern der Steuerpflichtige im Zuzugstaat einer der deutschen unbeschränkten Einkommensteuerpflicht vergleichbaren Steuerpflicht unterliegt § 6 Abs. 5 AStG. Die Stundung setzt zudem voraus, dass die Amtshilfe sowie die gegenseitige Unterstützung bei der Betreibung der Steuer zwischen Deutschland und dem betreffenden EU/EWR-Mitgliedstaat gewährleistet ist.

Die Stundung ist gemäß § 6 Abs. 5 Sätze 4 bis 7 AStG zu widerrufen bzw. der Vermögenszuwachs ist rückwirkend bei der Anwendung des § 10d EStG zu berücksichtigen, soweit:
– die Anteile veräußert oder verdeckt in eine Kapitalgesellschaft eingelegt werden oder einer der Tatbestände des § 17 Abs. 4 EStG (Auflösung der Kapitalgesellschaft, Kapitalherabsetzung) erfüllt ist;
– die Anteile auf eine nicht unbeschränkt steuerpflichtige Person übergehen, die nicht in einem EU/EWR-Mitgliedstaat einer der deutschen unbeschränkten Einkommensteuerpflicht vergleichbaren Steuerpflicht unterliegt,
– in Bezug auf die Anteile eine Entnahme oder ein anderer Vorgang verwirklicht wird, der nach inländischem Recht zum Ansatz des Teilwerts oder gemeinen Werts führt, oder

---
[187] Vgl. BFH Urt. v. 28.2.1990, BStBl. II 1990, 615.
[188] Vgl. BMF Schreiben v. 14.5.2004, BStBl. I 2004, Sonder-Nr. 1, Rn. 6.1.3.2.
[189] → Rn. 101.

– der Steuerpflichtige, sein Rechtsnachfolger oder eine Person, auf die die Anteile übergehen, durch Aufgabe des Wohnsitzes oder des gewöhnlichen Aufenthalts keine unbeschränkte Steuerpflicht mehr in einem EU/EWR-Mitgliedstaat besteht.

**131** Ein umwandlungsbedingter Anteilstausch gilt gemäß § 6 Abs. 5 Satz 5 AStG auf Antrag nicht als eine die Stundung beendende Veräußerung, wenn die erhaltenen Anteile mit den Anschaffungskosten der bisherigen Anteile angesetzt werden. Die erhaltenen Anteile treten dann (auch) für Zwecke des § 6 AStG an die Stelle der bisherigen Anteile.[190]

**132** Zudem kann eine möglicherweise realisierte Wertminderung nach Wegzug gemäß § 6 Abs. 6 AStG bei der Besteuerung in Deutschland nachträglich noch berücksichtigt werden. Ist der im Fall der Veräußerung oder verdeckten Einlage erzielte Gewinn im Zeitpunkt der Beendigung der Stundung niedriger als der Vermögenszuwachs nach § 6 Abs. 1 AStG und wird diese Wertminderung bei der Einkommensbesteuerung durch den Zuzugstaat nicht berücksichtigt, so ist der Steuerbescheid insoweit aufzuheben oder zu ändern. Dies gilt indes nur dann, wenn die Wertminderung nicht auf eine gesellschaftsrechtliche Maßnahme zurückzuführen ist, etwa nicht auf eine Gewinnausschüttung, § 6 Abs. 6 AStG.

### V. Anteile an ausländischen Zwischengesellschaften iSv §§ 7 ff. AStG

**133** **1. Überblick.** Besondere steuerliche Regelungen bestehen für unbeschränkt Steuerpflichtige, die in einem bestimmten Umfang an einer ausländischen Zwischengesellschaft beteiligt sind, §§ 7 ff. AStG. Sofern und soweit die ausländische Gesellschaft als Zwischengesellschaft zu qualifizieren ist, sind ihre Einkünfte dem unbeschränkt steuerpflichtigen Anteilseigner zuzurechnen und von ihm zu versteuern (Hinzurechnungsbesteuerung), § 7 Abs. 1 AStG. Durch §§ 7 bis 14 AStG sollen steuerliche Vorteile beseitigt werden, die unbeschränkt Steuerpflichtige durch die Zwischenschaltung niedrig besteuerter ausländischer Gesellschaften erzielen können. Ausländische Gesellschaften können im privaten Interessenbereich sowie im unternehmerischen Bereich mit dem Ziel eingesetzt werden, von ihnen erzielte Einkünfte von der deutschen Besteuerung „abzuschirmen".

**134** Die deutsche Hinzurechnungsbesteuerung dürfte mit EU-Recht unvereinbar sein.[191] So hat der EuGH mit Urteil[192] vom 12.9.2006 in der Rechtssache „Cadburry Schweppes" festgestellt, dass eine Hinzurechnungsbesteuerung nur rein künstliche Gestaltungen erfassen darf, die dazu bestimmt sind, die normalerweise geschuldete nationale Steuer zu vermeiden. Eine Hinzurechnungsbesteuerung ist dagegen insoweit nicht mit der Niederlassungsfreiheit vereinbar, als es sich auf der Grundlage objektiver und von dritter Seite nachprüfbarer Anhaltspunkte erweist, dass die ausländische Tochtergesellschaft ungeachtet des Vorhandenseins von Motiven steuerlicher Art tatsächlich im Aufnahmemitgliedstaat angesiedelt ist und dort wirklichen wirtschaftlichen Tätigkeiten nachgeht. Im Vorgriff auf eine Änderung der §§ 7 bis 14 AStG hat das BMF auf das Urteil des EuGH mit Schreiben vom 8.1.2007 reagiert.[193] Die aktuellere EuGH-Rechtsprechung grenzt die Hinzurechnungsbesteuerung weiter auf Missbrauchsfälle ein.[194]

**135** **2. Anwendungsvoraussetzungen. a) Persönliche Voraussetzungen.** Voraussetzung für die Hinzurechnungsbesteuerung nach §§ 7 ff. AStG ist die unmittelbare oder mittelbare Beteiligung eines unbeschränkt Steuerpflichtigen von mehr als 50% an einer ausländischen

---

[190] Vgl. *Lohmann/Heerdt* IStR 2014, 153.
[191] Siehe zuletzt *Axer* DStR 2007, 162. Sowie auch *Köhler/Eickler* DStR 2006, 1871; *Dautzenberg* FR 2000, 725; *Hahn* IStR 1999, 609; *Lang* IStR 2002, 217; *Saß* DB 2002, 2342; *Schön* DB 2001, 940; *Rätting/Protzen* IStR 2003, 195; *Rätting/Protzen* GmbHR 2003, 503; *Wassermeyer* IStR 2001, 113; *Werra* IStR 2001, 438; offen gelassen in BFH Urt. v. 19.1.2000 – I R 94/97, BStBl. II 2001, 222; BFH Urt. v. 19.1.2000 – I R 117/97, IStR 2000, 182.
[192] Siehe EuGH Urt. v. 12.9.2006, Rs. C-196/04 (Cadbury Schweppes), DStR 2006, 1686.
[193] Vgl. BMF-Schreiben v. 8.1.2007 – IV S 1351 – 1/07, BStBl. I 2007, 99.
[194] EuGH in der Rs. C-446/04, Test Claimants in the FII Group Litigation, IStR 2007, 69 – dazu Anm. EuGH: Kapitalverkehrsfreiheit trotz Mehrheitsbeteiligung in Drittstaat, IStR 2012, 924; EuGH, Urteil vom 21.1.2010 – C-311/08, BeckRS 2009, 70977.

Gesellschaft, § 7 Abs. 1 Satz 1 AStG. Soweit die ausländische Gesellschaft allerdings Zwischeneinkünfte mit Kapitalanlagecharakter[195] erzielt, reicht für die Hinzurechnung dieser Einkünfte eine direkte Beteiligung von mindestens 1% aus, § 7 Abs. 6 Satz 1 AStG. Erzielt die ausländische Zwischengesellschaft ausschließlich oder fast ausschließlich Zwischeneinkünfte mit Kapitalanlagecharakter, genügt eine direkte Inländerbeteiligung von weniger als 1%, § 7 Abs. 6 Satz 3 AStG. Ausgenommen sind börsennotierte Gesellschaften, bei denen vielmehr die Beteiligungsgrenze von mindestens 1% zu beachten ist, § 7 Abs. 6 Satz 3, 2. Halbs. AStG.

**b) Sachliche Voraussetzungen.** aa) Ausländische Gesellschaft. Die Regelungen zur Hinzurechnungsbesteuerung kommen zur Anwendung für die Einkünfte, für die die ausländische Gesellschaft Zwischengesellschaft ist. Ausländische Gesellschaft ist eine Körperschaft, Personenvereinigung oder Vermögensasse iSd KStG, die weder Geschäftsleitung noch Sitz in Deutschland hat und die nicht gemäß § 3 Abs. 1 KStG von der Körperschaftsteuerpflicht ausgenommen ist. Dem Grunde nach werden von § 7 Abs. 6 Satz 3 AStG zwar auch ausländische Investmentsfonds erfasst. Allerdings gehen insoweit die Regelungen des InvStG der Hinzurechnungsbesteuerung nach §§ 7–10 AStG vor, § 7 Abs. 7 AStG. Die Vorschriften der Hinzurechnungsbesteuerung bleiben indes uneingeschränkt auf Investmentfonds anwendbar, sofern deren Ausschüttungen sowie ausschüttungsgleiche Erträge nach einem DBA in Deutschland steuerfrei gestellt werden. 136

bb) Ausländische Zwischengesellschaft/Zwischeneinkünfte. Die Regelungen zur Hinzurechnungsbesteuerung kommen zur Anwendung für die Einkünfte, für die die ausländische Gesellschaft Zwischengesellschaft ist. Eine ausländische Gesellschaft ist Zwischengesellschaft für Einkünfte, die einer niedrigen Besteuerung unterliegen und nicht aus den in § 8 Abs. 1 Nr. 1 bis 9 AStG bezeichneten aktiven Tätigkeiten stammen, § 8 Abs. 1 AStG. 137

Eine niedrige Besteuerung liegt vor, wenn die Einkünfte der ausländischen Gesellschaft einer Belastung durch Ertragsteuern von weniger als 25% unterliegen, § 8 Abs. 3 AStG. Die Ertragsteuerbelastung ist durch die Gegenüberstellung der nach deutschem Steuerrecht ermittelten Zwischeneinkünfte und den von der ausländischen Gesellschaft entrichteten Steuern zu ermitteln.[196] Bei dieser Belastungsrechnung zu erfassen sind sämtliche von der ausländischen Gesellschaft als solche erhobenen Steuern. Nicht hierzu gehören Steuern auf Ausschüttungen der ausländischen Gesellschaft, die zu Lasten der inländischen Anteilsinhaber erhoben werden. Eine niedrige Besteuerung liegt des Weiteren dann vor, wenn der ausländische Staat für die betreffenden Einkünfte eine indirekte Steueranrechnung auf Einkünfte gewährt, § 8 Abs. 3, 2. Alt. AStG. 138

Vereinfachend dargestellt, gehören zu den aktiven Tätigkeiten iSd § 8 Abs. 1 AStG unter ergänzenden Voraussetzungen: 139
1. Land- und Forstwirtschaft,
2. Herstellung, Bearbeitung, Verarbeitung oder Montage von Sachen, der Erzeugung von Energie sowie dem Aufsuchen und der Gewinnung von Bodenschätzen,
3. Betrieb von Kreditinstituten oder Versicherungsunternehmen, die für ihre Geschäfte einen in kaufmännischer Weise eingerichteten Betrieb unterhalten,
4. der Handel, mit bestimmten Ausnahmen,
5. Dienstleistungen, mit bestimmten Ausnahmen,
6. Vermietung und Verpachtung, mit bestimmten Ausnahmen,
7. die Aufnahme und darlehensweise Vergabe von Kapital, unter einschränkenden Voraussetzungen,
8. Gewinnausschüttungen von Kapitalgesellschaften,
9. die Veräußerung eines Anteils an einer anderen Gesellschaft mit aktiver Tätigkeit sowie deren Auflösung oder der Herabsetzung ihres Kapitals.

---

[195] → Rn. 140.
[196] Siehe BMF Schreiben betr. Grundsätze zur Anwendung des Außensteuergesetzes v. 14.5.2004, BStBl. I 2004, Sondernr. 1, 3.

**140** Sämtliche nicht in § 8 Abs. 1 Nr. 1–9 AStG aufgezählte Tätigkeiten führen zu Einkünften aus passiver Tätigkeit. Innerhalb der Einkünfte aus passiven Tätigkeiten nehmen Zwischeneinkünfte mit Kapitalanlagecharakter eine besondere Stellung ein. Zwischeneinkünfte mit Kapitalanlagecharakter sind solche Einkünfte der ausländischen Zwischengesellschaft, die aus dem Halten, der Verwaltung, dem Werterhalt oder der Werterhöhung von Zahlungsmitteln, Forderungen, Wertpapieren, Beteiligungen oder ähnlichen Vermögenswerten stammen, § 7 Abs. 6a AStG. Die Qualifizierung als Zwischeneinkünfte mit Kapitalanlagecharakter scheidet dann aus, wenn der Steuerpflichtige nachweist, dass die Einkünfte aus einer Tätigkeit stammen, die einer unter § 8 Abs. 1 Nr. 1–6 AStG fallenden eigenen Tätigkeit der ausländischen Gesellschaft dient. Nicht als Zwischeneinkünfte mit Kapitalanlagecharakter einzuordnen sind ferner Gewinnausschüttungen von Kapitalgesellschaften sowie Gewinne aus der Veräußerung eines Anteils an einer anderen Gesellschaft mit aktiver Tätigkeit sowie aus deren Auflösung oder der Herabsetzung ihres Kapitals, die nach § 8 Abs. 1 Nr. 8 u. 9 AStG als Einkünfte aus aktiver Tätigkeit zu behandeln sind.

**141** **3. Besteuerung der Anteilseigner.** Sind die Anwendungsvoraussetzungen der §§ 7, 8 AStG erfüllt, so sind die Zwischeneinkünfte der ausländischen Zwischengesellschaft bei dem unbeschränkt steuerpflichtigen Anteilseigner entsprechend seinem Anteil am Nennkapital der Gesellschaft steuerpflichtig, § 7 Abs. 1 AStG. Anzusetzen sind die nach § 7 Abs. 1 AStG steuerpflichtigen passiven Einkünfte beim unbeschränkt Steuerpflichtigen mit dem Betrag nach Abzug der auf diese Einkünfte bei der ausländischen Gesellschaft erhobenen Steuern (Hinzurechnungsbetrag), § 10 Abs. 1 Satz 1 AStG. Der Hinzurechnungsbetrag ist unter Anwendung der deutschen Gewinnermittlungsvorschriften zu bestimmen. Ergibt sich ein negativer Betrag, so scheidet eine Hinzurechnung aus, § 10 Abs. 1 Satz 1 AStG.

**142** Der Hinzurechnungsbetrag rechnet beim unbeschränkt steuerpflichtigen Anteilseigner zu den Einkünften aus Kapitalvermögen iSv § 20 Abs. 1 Nr. 1 EStG, sofern die Anteile zum Privatvermögen einer natürlichen Person gehören, § 10 Abs. 2 Satz 1 AStG. Gehören die Anteile demgegenüber zum Betriebsvermögen, ist der Hinzurechnungsbetrag bei den Einkünften aus Gewerbebetrieb zu erfassen, § 10 Abs. 2 Satz 2 AStG. Auf den Hinzurechnungsbetrag ist das Teil- (bis 31.12.2008: Halb-)einkünfteverfahren nach § 3 Nr. 40, die Abgeltungsteuer nach § 32d EStG bzw. das Beteiligungsprivileg des § 8b Abs. 1 KStG für Kapitalgesellschaften nicht anwendbar, § 10 Abs. 2 Satz 3 AStG. Spätere tatsächliche Ausschüttungen der ausländischen Zwischengesellschaft sind in voller Höhe steuerfrei, § 3 Nr. 41 Buchst. a) EStG. Steuerbefreit ist ebenfalls der Gewinn aus der Veräußerung von Anteilen an einer Zwischengesellschaft, soweit zuvor Zwischengewinne beim Veräußernden der Hinzurechnungsbesteuerung unterlegen haben.

### C. Investmentanteile

**Schrifttum vor AIFM-StAnpG:** BAKred-Schreiben v. 30.8.1990: Beteiligungsfonds als Investmentvermögen iS von § 1 Abs. 1 AuslInvestmG, abgedruckt in: Beckmann/Scholtz, Nr. 448, S. 32; BAKred-Schreiben v. 28.8.1991: Beteiligungsfonds als Investmentvermögen iS von § 1 Abs. 1 AuslInvestmG, abgedruckt in: Beckmann/Scholtz, Nr. 448, S. 33; BMF-Schreiben v. 2.6.2005: Investmentsteuergesetz: Zweifels- und Auslegungsfragen IV C 1 – S 1980-1 – 87/05, BStBl. I 2005, 728; BMF Schreiben v. 15.2.2005: Zweifelsfragen zum Zwischengewinn und zum Begriff des ausländischen Investmentvermögens; *Brinkhaus/Scherer/Pfüller/Schmitt,* KAGG, AuslInvestmG, 2002; *Carlé,* Die Besteuerung von Kapitalerträgen nach dem Investmentsteuergesetz, DStZ 2004, 74 ff.; *Schimmelschmidt/Tauser,* Immobilieninvestitionen deutscher Investoren in französische REIT, IStR 2006, 120; *Kayser/Steinmüller,* Die Besteuerung von Investmentfonds ab 2004, FR 2004, 137 ff.; *Lindemann,* Derivatgeschäfte inländischer Investmentfonds in der Besteuerung, WM 2003, 1004 ff.; *Patzner/Kempf* InvStG Investmentsteuergesetz, 1. Auflage 2012; *Storg,* Die Besteuerung von Investmentvermögen, NWB 2004, Fach 3, S. 12999; *Strobl-Haarmann/Krause,* Gesellschaftsrecht Rechnungslegung Steuerrecht, in: Festschrift für Welf Müller, München 2001, S. 365 ff.; *Volckens/Panzer,* Die Auswirkungen des Einführungsschreibens zum InvStG auf das InvStG, IStR 2005, 449 ff.; *Volkhard/Wilkens,* Änderungen im Investmentrecht, DB 2008, 1195.

**Schrifttum zum AIFM-StAnpG:** *Beckmann/Scholtz/Vollmer,* Investment-Handbuch, Stand März 2014; BMF Schreiben vom 4.6.2014 IV C 1 – S 1980-1/13/10007 :002, DOK 2014/0500897 (Schreiben an Verbände) DStR 2014, 1168; *Elser/Stadler,* Einschneidende Änderungen der Investmentbesteuerung nach dem nunmehr in Kraft getretenen AIFM-Steuer-Anpassungsgesetz, IStR 2014, 233; *Haisch/Helios,* Investmentsteuerreform aufgrund KAGB und AIFM-StAnpG – Änderungen noch möglich, BB 2013, 1696; 779; *Kleutgens/Geißler,* Internationale Aspekte des Investmentsteuergesetzes auf der Grundlage des AIFM-Steuer-Anpassungsgesetzes; IStR 2014, 280; *Neugebauer/Fort,* Die neue Kommanditgesellschaft und die Umsetzung der AIFM-Richtlinie in Luxemburg, IStR 2014, 247; *Simonis/Grabbe/Faller,* Neuregelung der Fondsbesteuerung durch das AIFM-StAnpG, DB 2014, 20; *Watrin/Eberhardt,* Problembereiche der Anlegerbesteuerung bei Kapital-Investitionsgesellschaften, DB 2014, 795.

## I. Überblick

Investmentanteile stellen in erster Linie eine Anlageform für kleine und mittlere Kapitalanleger dar, da die Beteiligung an einem nach den Grundsätzen der Risikomischung angelegten Vermögens bereits mit geringem Kapitaleinsatz möglich ist. Verantwortlich für die Anlage des Geldes ist die Investmentgesellschaft, die der bankrechtlichen Aufsicht unterliegt. Daneben haben sich Kapitalsammelstellen in entsprechender Organisationsform gebildet, in denen im Interesse von Versicherungsnehmern oder Arbeitnehmern Anlagekapital für Spar- oder Altersversorgungspläne verwaltet wird. 143

Während Investmentfonds als sogenannte Organismen für die gemeinsame Anlage in Wertpapieren („OGAW") grundsätzlich immer einer Aufsicht und Regulierung unterworfen waren, bestanden ausserhalb dieses Regulierungsrahmens Kapitalsammelstellen, die weitestgehend ohne Regulierung und Aufsicht Kapitalanlagen insbesondere in Immobilien, Medien, Private Equity oder Schiffsbeteiligungen meist in der Form von Personengesellschaftsanteilen an private oder institutionelle Anleger vertrieben haben. Diese zuletztgenannten Anlageformen wurden entsprechend der Definition der „Alternativen Investmentfonds" von der Richtlinie 2011/61/EU des Europäischen Parlaments und des Rates vom 8. Juni 2011[197] („AIFM-Richtlinie") erfasst. Durch das AIFM-Umsetzungsgesetz vom 4. Juli. 2013[198] hat der deutsche Gesetzgeber das Kapitalanlagengesetzbuch geschaffen, das die aufsichtsrechtliche Behandlung für inländische und ausländische Investmentvermögen in der Form von Organismen für die gemeinsame Anlage in Wertpapieren („OGAW") als auch in Alternative Investmentfonds („AIF") zusammenfassend regelt. 144

Die steuerliche Behandlung des im Kapitalanlagengesetzbuch beschriebenen Investmentvermögens in entsprechender Zusammenfassung konnte nicht gleichzeitig in Kraft treten und wurde bis zur Verkündung des AIFM-Steuer-Anpassungsgesetzes[199] am 24. Dezember 2013 durch zwei BMF-Schreiben überbrückt[200]. 145

Die folgende Darstellung der nun seit dem 24. Dezember 2013 grundsätzlich für alle Arten von Investmentvermögen geltenden Rechtslage gliedert sich in die Erläuterung der Besteuerung der 146
- Investmentfonds (C.II-V)
- Personen-Investitionsgesellschaft (D.I)
  - Immobilienfonds (D.II.)
  - Medienfonds (D.III)
  - Schiffsfonds (D.IV)
  - Private Equity-Venture Capital (D.V)
- Kapital-Investitionsgesellschaft (E.)

Die weiterhin sondergesetzlich geregelte deutsche Immobilien-Aktiengesellschaften mit börsennotierten Anteilen (REITG) wird im Anschluss unter (F.) dargestellt.

---

[197] AIFM-Richtlinie ABl. L 174 vom 1.7.2011, S. 1.
[198] AIFM-Umsetzungsgesetz vom 4.7.2013, BGBl. I 2013, 1981.
[199] AIFM-Steueranpassungsgesetz vom 18.12.2013, BGBl. I 2013, 4318.
[200] BMF, Schreiben vom 18.7.2013, IV C 1 – S 1980-1/12/10011 und IV D 3 – S 7160-h/12/10001.

## II. Überblick über die Besteuerung von Investmentvermögen nach dem InvStG und dessen sachlicher Anwendungsbereich für Investmentfonds

**147** **1. Sachlicher Anwendungsbereich des InvStG in Abhängigkeit des KAGB.** Die vom InvStG erfassten Investmentvermögen werden in § 1 Abs. 1 und 2 positiv und negativ abgegrenzt. So werden die im Kapitalanlagengesetzbuch geregelten Organismen zur gemeinsamen Anlagen in Wertpapiere (OGAW) ebenso in Bezug genommen wie die Alternativen Investmentfonds (AIF) oder ihre Teilvermögen oder Teilfonds im Sinne des Kapitalanlagengesetzbuches. Im Sinne einer angestrebten weitestgehenden Anwendungskongruenz beider Regelwerke sind auf im Kapitalanlagengesetzbuch nicht erfasste Gesellschaften, Einrichtungen oder Organisationen auch die Regelungen des InvStG nicht anwendbar.

**148** In einem ersten Schritt wird im Rahmen der aufsichtsrechtlichen Funktion der BaFin bestimmt, ob eine Gesellschaft, Einrichtung oder Organisation die Voraussetzungen einer OGAW oder AIF erfüllt. Hier schon stellen sich schwierige Abgrenzungsprobleme insbesondere im Hinblick auf die Fragen,

- ob es sich um einen Organismus für gemeinsame Anlagen handelt,
- ob Kapital von einer Anzahl von Anlegern eingesammelt wird, um nach einer festgelegten Anlagestrategie Investitionen zum Nutzen der Anleger zu tätigen
- und ob es sich nicht um ein operativ tätiges Unternehmen außerhalb des Finanzsektors handelt.

**149** Die BaFin hat damit die Aufgabe als Vorfrage der steuerlichen Behandlung nach dem InvStG zu entscheiden, ob überhaupt der Anwendungsbereich des KAGB eröffnet ist. Als kontrovers diskutierte Beispiele lassen sich die Anwendung des KAGB auf Immobilienaktiengesellschaften, Schiffsfonds oder Fonds für Filmproduktionen nennen[201]. Hier mag oftmals die Qualifizierung als AIF ausscheiden, da das Unternehmen primär eigene „operative" Zwecke verfolgt, eine „Anlagestrategie" nur vage beschrieben ist und der Nutzen der Gesellschaft den Nutzen der Anleger überwiegt. G-REITS fallen nach so vertretener Meinung nicht unter den Begriff der OGAW oder des AIF, sind also schon aus dem Anwendungsbereich des KAGB ausgenommen. Dies wird entsprechend damit begründet, dass REITs nicht primär in Immobilien für ihre Anleger investieren, sondern vorrangig das Unternehmensinteresse des REIT verfolgen[202]. Die BaFin hat sich allerdings das Recht der Einzelfallentscheidung je nach Ausgestaltung der Immobilienaktiengesellschaft bzw des REIT vorbehalten[203]. Es ist also zu erwarten, dass besonders aggressiv angelegte Investment-Modelle aufgrund ihres unternehmerischen Charakters nicht der Investmentaufsicht unterliegen werden. Als steuerliche Konsequenz kommen damit auf diese Investment-Modelle die allgemeinen Besteuerungsgrundsätze für Kapitalgesellschaften bzw Personengesellschaften zur Anwendung.

**150** **2. Ausnahmen zum sachlichen Anwendungsbereich des InvStG.** In einem nächsten Schritt sind ausdrücklich geregelte Ausnahmen vom positiv bestimmten steuerlichen Regelungsrahmen zu berücksichtigen, § 1 Abs. 1a InvStG. So bestehen ausdrückliche Ausnahmen im Rahmen des KAGB, die wiederum nach § 1 Abs. 1a Nr. 1 InvStG vom InvStG übernommen werden, wie zB die Nichtanwendung des KAGB auf Verbriefungszweckgesellschaften nach § 1 Abs. 19 Nr. 36 KAGB. Ausdrücklich unterfallen die Unternehmensbeteiligungsgesellschaften sowie die von der öffentlichen Hand getragenen Mittelständischen Beteiligungsgesellschaften nicht dem InvStG.[204] Mangels Bezugnahme der

---

[201] Vgl. BaFin, Auslegungsschreiben vom 14.6.2013, WA 41 – Wp 2137-2013/0001, *Loritz/Uffmann* WM 2013, 2193 ff.
[202] Vgl. *Tollmann* in Dornseifer/Jesch/Klebeck/Tollmann, AIFM-Richtlinie 1. Auflage 2013, Rn. 135–139; *EPRA* unter http://www.esma.europa.eu/consultation/Key-concepts-Alternative-Investment-Fund-Managers-Directive-and-types-AIFM.
[203] Vgl. BaFin, Auslegungsschreiben vom 14.6.2013, WA 41 – Wp 2137-2013/0001, II.2.
[204] Vgl. BR-Drs. 740/13, S. 38.

Ausnahmeregelung auf § 2 Abs. 3 KAGB und §§ 2 Abs. 4 ff. KAGB sind allerdings solche AIF nicht vom Anwendungsbereich des InvStG ausgenommen, die unter die Konzernausnahme bzw. die *de minimis*-Regelungen fallen[205].

**3. Differenzierung der Rechtsfolgen des InvStG nach Art des Investmentvermögens.** Die Differenzierung nach Organismen zur gemeinsamen Anlagen in Wertpapiere (OGAW) und Alternativen Investmentfonds (AIF) oder Teilvermögen tritt im Weiteren für die Systematik der Besteuerung zurück. Nach dem InvStG hängt die Art Besteuerung des Investmentvermögens und seiner Anleger davon ab, ob die steuerlichen Voraussetzungen für sog. „Investmentfonds" iS des § 1 Abs. 1b und 1f InvStG erfüllt sind oder nicht (§ 1 Abs. 1c InvStG). 151

Durch den Verweis auf Abs. 1f wird die Besteuerung nach dem Transparenzprinzip auf „inländische" Investmentfonds beschränkt. Deren Abgrenzung von „ausländischen" Investmentfonds entspricht der Regelung in § 1 Abs 1a InvStG aF. Gleichzeitig formuliert § 1 Abs. 1f InvStG positiv, welche Rechtstypen inländischer Investmentfonds gebildet werden können und zwar Investmentfonds 152
– in der Form eines Sondervermögen iSv § 1 Abs 10 KAGB,
– in der Form einer Investmentaktiengesellschaft mit veränderlichem Kapital
– oder in der Form einer Investmentkommanditgesellschaft.

Die Verweisung auf § 1 Abs. 1c InvStG auf Abs. 1f ist erst im letzten Augenblick des Gesetzgebungsverfahrens ergänzt worden, wohl deshalb weil man die Investmentkommanditgesellschaft nur unter bestimmten weiteren Voraussetzungen in den Kreis der Investmentfonds aufgenommen hat. Gleichzeitig wollte man hier, ohne dies in der Gesetzesbegründung noch mal zu erwähnen, die Zäsur zwischen der Besteuerung inländischer und ausländischer Investmentvermögen zum Ausdruck bringen. 153

Bei Erfüllung der Voraussetzungen nach § 1 Abs. 1b und 1f InvStG unterliegen die Investmentanteile nämlich einer Regelbesteuerung, die grundsätzlich einem eingeschränkten Transparenzprinzip[206] entspricht. Danach sollen Anleger steuerlich weitgehend so behandelt werden, als hätten sie nicht in ein Investmentvermögen investiert, sondern das zugrunde liegende Investment selbst getätigt.[207] Der Grundsatz der Transparenz ist indes im InvStG ebenso wie in den Vorgängervorschriften des KAGG und AuslInvestmG nur eingeschränkt umgesetzt. So greift bei Veräußerungen von Anteilen an Investmentvermögen sowie bei der Verrechnung von Verlusten des Investmentvermögens das „Trennungsprinzip". 154

Werden die Kriterien für Investmentfonds nicht erfüllt, gelten die Investmentvermögen als sogenannte „Investitionsgesellschaften" iSd § 1 Abs. 1c InvStG und werden nicht nach dem eingeschränkten Transparenzprinzip besteuert, sondern als Personengesellschaften (vgl. hierzu im Weiteren D.) oder als Kapitalgesellschaften (mit einzelnen Besonderheiten vgl. hierzu im Weiteren E.). 155

Der sachliche Anwendungsbereich des InvStG erstreckt sich damit zwar in gleicher Weise auf inländische und ausländische Investmentfonds und Investititionsgesellschaften sowie auf inländische und ausländische Anteile an Investmentfonds und Investitionsgesellschaften. § 1 Abs. 1, 1g und 2 InvStG verweisen dabei auf das Kapitalanlagegesetzbuch, sehen aber im Hinblick auf die Frage, was als inländisch oder ausländisch gilt, in § 1 Abs 2 Satz 2–6 InvStG eine eigenständige Anknüpfung vor. Entsprechendes gilt für die Bestimmung von EU-Investmentfonds und EU-Investitionsgesellschaften in Abgrenzung zu den sonstigen ausländischen Investmentfonds und Investitionsgesellschaften iSd InvStG. Lediglich Sondervermögen, die von einer inländischen Zweigniederlassung einer EU-Verwaltungsgesellschaft direkt oder von einer EU-Verwaltungsgesellschaft iSd § 1 Abs. 17 KAGB mittels grenzüberschreitender Dienstleistung verwaltet werden gelten als inländischer Investmentfonds; dies bringt § 1 Abs 1g Satz 2 InvStG noch mal zum Ausdruck. Umgekehrt bedeutet 156

---

[205] Vgl. *Simonis/Grabbe/Faller* DB 2014, S. 16.
[206] Vgl. BT-Drucks. 15/1553, S. 120.
[207] Vgl. *Storg* NWB 2004, Fach 3, 12 999.

dies aber auch, dass alle anderen Formen ausländischer Investmentfonds – sei es in der Vertragsform oder Gesellschaftsform ausgestaltet – grundsätzlich als Investitionsgesellschaften besteuert werden und zwar als Personen-Investitionsgesellschaft, wenn sie in ihrer Rechtsform der Investmentkommanditgesellschaft oder vergleichbaren ausländischen Rechtsformen entsprechen[208] oder als Kapital-Investitionsgesellschaft in allen übrigen Fällen[209]. Hieraus ergeben sich zahlreiche Veränderungen der Besteuerung, die vor dem Hintergrund der Bekundung des Gesetzgebers, den vor dem AIFM-StAnpG geltenden steuerlichen Status quo bei der Besteuerung von geschlossenen und offenen Fonds beizubehalten[210], bereits deutliche Kritik ausgelöst haben[211].

```
                              Investmentvermögen
                                     |
                  ┌──────────────────┴──────────────────┐
            Investmentfonds                      Investitionsgesellschaften
     mit Voraussetzungen gem. § 1 Abs. 1b         ohne Voraussetzungen gem § 1 Abs. 1b
              S. 2 InvStG nF                             S. 2 InvStG nF
            ┌───────┴───────┐                    ┌───────────┴───────────┐
          OGAW            AIF              Kapital-Investitions-    Personen-Investitions-
                                           gesellschaften = alle        gesellschaften
                                       Investitionsgesellschaften, die keine
                                       Personen-Investitionsgesellschaften
                                                    sind
```

| In- und ausländische Kapitalgesellschaften (zB Investment AG, GmbH, Luxemburger SICAV, Irish PLC, UK Ltd., Start) | Inländisches Sondervermögen | Ausländische Sondervermögen oder vergleichbare Rechtsformen (zB Luxemburger FCP, frz; FCPR, NL-FGR) | Investment KG | Vergleichbare Ausländische Rechtsformen (zB US LP, UK LP, Luxemburger SCS) |

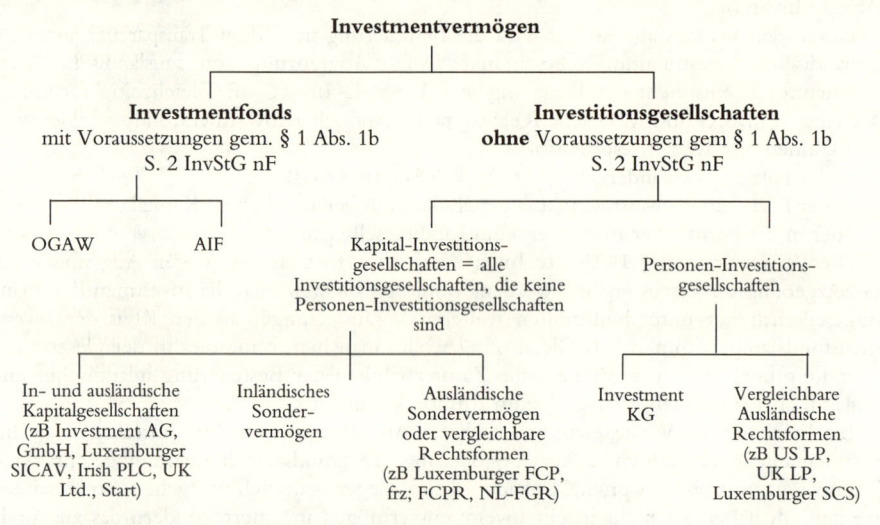

*Abb. 1. Steuerliche Zweiteilung von Investmentvermögen nach dem InvStG nF.*

**4. Selbständiger steuerlicher Begriff des „Investmentfonds".** Gemäß § 1 Abs. 1b InvStG unterliegen nur „Investmentfonds" der privilegierten Besteuerung nach dem eingeschränkten Transparenzprinzip (InvStG Abschnitt 1 bis 3 und 5). Hierzu muss der Fonds die folgenden materiellen Voraussetzungen erfüllen bzw. die Voraussetzungen, die sich nach den Anlagebestimmungen des KAGB als Anlagebedingungen für OGAWs ergeben. Bei Nichteinhaltung der Voraussetzungen kann die Finanzverwaltung einen Übergang zur Besteuerung einer Investitionsgesellschaft anordnen. Es gilt insofern für inländische wie ausländische Investmentvermögen im Sinne der Rechtssicherheit ein formell-materieller Fonds-Begriff, da im Grundsatz die Vermutung der Einhaltung der Voraussetzungen entsprechend ihrer Anlagebedingungen besteht.[212]

**a) Investmentaufsicht.** Der OGAW, der AIF oder der Verwalter des AIF muss in seinem Sitzstaat einer Investmentaufsicht unterstellt sein, § 1 Abs. 1b Nr. 1 InvStG. Für konzernverwaltete Investmentvehikel wird diese Anforderung nicht gestellt, da keine Veranlassung besteht diesen Investmentvermögen anders als in der Vergangenheit die Besteuerung nach dem Transparenzprinzip allein mangels einer Investmentaufsicht zu versagen.

**b) Rückgaberecht.** Das Rückgaberecht der Anteile ist das Kriterium, nachdem sich im Grundsatz „offene" von „geschlossenen" Fonds unterscheiden lassen. Durch die Verbin-

---

[208] Vgl. BR-Drs. 740/13, S. 51.
[209] Vgl. die wesentlichen Fälle in BR-Drs. 740/13, S. 51.
[210] Siehe BT-Drs. 18/68, S. 35.
[211] Vgl. *Elser/Stadler* DStR 2014, 233, 238; *Buge* in http://blog.handelsblatt.com/steuerboard/2014/01/24/rechtstypenvergleich-und-fonds-neues-bei-der-aifm-umsetzung/.
[212] Vgl. zum früheren Recht *Sagasser* in KapHdB, Rn. 150.

dung von Investmentaufsicht und Rückgaberecht anstelle einer alternativen Voraussetzung nach früherem Recht werden die Voraussetzungen für Investmentfonds iSd InvStG verschärft. Das Recht mindestens einmal im Jahr den Investmentanteil zurückgeben zu können kann auch durch die Möglichkeit eines Börsenhandels an einer Börse i.S des § 2 Abs 1 BörsG oder einer entsprechenden ausländischen Börse geschaffen werden. § 1 Abs. 1b Nr. 2 InvStG. Unschädlich sollen „lock-up" Perioden sein sowie Aussetzungen der Rücknahmeverpflichtung für nicht mehr als 36 Monate oder im Rahmen einer auf höchstens 60 Monate begrenzte Abwicklungsphase[213].

**c) Passive Vermögensverwaltung.** Eine „aktive unternehmerische Bewirtschaftung" 160 widerspricht dem Geschäftszweck der Anlage und Verwaltung eines Investmentvermögens für gemeinschaftliche Rechnung der Anteils- oder Aktieninhaber. Diese Anforderung des § 1 Abs. 1b Nr. 3 InvStG überschneidet sich mit der Negativ-Abgrenzung des § 1 Abs. 1 KAGB, nach der es sich bei einem Investmentvermögen des KAGB nicht um ein operativ tätiges Unternehmen außerhalb des Finanzsektors handeln kann[214]. Zum anderen stellt sich die Frage, in welchem Verhältnis die Kriterien der Gewerblichkeit, zB die „Drei-Objekt-Grenze" zu § 1 Abs. 1b Nr. 3 InvStG stehen. Es mag Fälle geben, in denen die BaFin den Fonds als „nicht operativ tätiges" Investmentvermögen ansieht und ihm die Tür ins KAGB öffnet, um ihn einer Regulierung zu unterwerfen, die Finanzverwaltung hingegen die aktive Vermögensverwaltung bejaht und dem Fonds damit die Qualität als „Investmentfonds" versagt. Vor dem Hintergrund derartiger Auslegungsschwierigkeiten ist die Ausnahmeregelung zu sehen, die in § 1 Abs. 1b Nr. 3 InvStG für Immobilienfonds formuliert, dass jedenfalls in einer Beteiligung an Immobiliengesellschaften noch nicht die aktive unternehmerische Bewirtschaftung gesehen werden kann. Entsprechend möchte das BMF die „passive Vermögensverwaltung" nicht in Frage stellen, wenn ein offener Immobilienfonds neben Mieterträgen aus direkt oder indirekt gehaltenen Immobilien, Erträge auch in Form von Zinsen, Dividenden sowie aus dem Wertzuwachs der Immobilien anstrebt.[215]

Eine Übertragung der allgemeinen Abgrenzungskriterien zwischen passiver Vermögensverwaltung und gewerblicher Tätigkeit sollte daher ausscheiden, da der Begriff „aktive unternehmerische Bewirtschaftung" normspezifisch auszulegen ist – ansonsten hätte der Gesetzgeber den Begriff der Gewerblichkeit heranziehen müssen[216].

**d) Risikomischung.** Das Vermögen ist nach dem Grundsatz der Risikomischung anzulegen, § 1 Abs. 1b Nr. 4 InvStG. Zur Auslegung dieses unbestimmten Rechtsbegriffes wird man sich mangels einer eigenständigen Begriffsbestimmung im InvStG nach den Tatbestandsmerkmalen orientieren müssen, die von der BaFin und der ESMA beschrieben werden[217]. Eine eigenständige steuerlich Auslegung des Begriffes ist nicht vorgesehen. Danach liegt eine Risikomischung vor, wenn das Vermögen in mindestens drei Vermögensgegenstände mit unterschiedlichen Anlagerisiken angelegt ist, wobei diese Anforderung nicht für die Investitions- und Desinvestitionsphase gilt[218]. Das Kriterium der Risikomischung des Investmentfonds ist auch erfüllt, wenn das Investmentvermögen mittelbar in risikodiversifizierte Investmentfonds angelegt ist[219]. Hierzu wird im Schreiben des BMF präzisiert,

---

[213] Vgl. BMF Schreiben vom 4.6.2014 IV C 1 – S 1980-1/13/10007 :002, DOK 2014/0500897 (Schreiben an Verbände) DStR 2014, 1169; siehe auch *Simonis/Grabbe/Faller* DB 2014, 16,18.
[214] → Rn. 148, 149.
[215] Siehe BMF Schreiben vom 4.6.2014 IV C 1 – S 1980-1/13/10007 :002, DOK 2014/0500897 (Schreiben an Verbände) DStR 2014, 1168, 1169.
[216] Vgl. auch *Elser/Stadler* DStR 2014, 233.
[217] Siehe *BaFin*, Auslegungsschreiben zum Anwendungsbereich des KAGB und zum Begriff des „Investmentvermögens" v. 14.6.2013, WA 41-Wp 2137-2013/0001; *ESMA*, Guidelines on key concepts of the AIFMD v. 24.5.2013, ESMA/2013/600.
[218] Vgl. BMF Schreiben vom 4.6.2014 IV C 1 – S 1980-1/13/10007 :002, DOK 2014/0500897 (Schreiben an Verbände) DStR 2014, 1168, 1169.
[219] Vgl. *Elser/Stadler* DStR 2014, 233; vgl. *Simonis/Grabbe/Faller* DB 2014, 16, 18.

dass bei weniger als vier Vermögensgegenständen oder bei Nichterfüllung der quantitativen Risikomischung (dh dem deutlichen Überwiegen des Wertes eines Vermögensgegenstandes innerhalb des Fondsvermögens, der keinen Anteil am Vermögen eines anderen Vermögens darstellt) der Grundsatz der Risikomischung eingehalten ist, wenn das Vermögen eines Investmentfonds wenigstens zu 50% in einem oder mehreren anderen risikodiversifi-zierten Vermögen investiert ist[220].

162 **e) Anlage in taugliche Vermögensgegenstände.** Um als Investmentfonds anerkannt zu werden, muss der Fonds nach § 1 Abs. 1b Nr. 5 InvStG mindestens 90% des Wertes in folgende Vermögensgegenstände investieren:
- Wertpapiere,
- Geldmarktinstrumente,
- Derivate,
- Bankguthaben,
- Grundstücke und grundstücksgleiche Rechte
- Beteiligungen an Immobilien-Gesellschaften
- Betriebsvorrichtungen und andere Bewirtschaftungsgegenstände
- Anteile oder Aktien an inländischen und ausländischen Investmentfonds,
- Beteiligungen an Projektgesellschaften im Rahmen öffentlich-privater Partnerschaften (sog. *„ÖPP-Projektgesellschaften"*)
- Edelmetalle
- unverbriefte Darlehensforderungen
- Beteiligungen an Kapitalgesellschaften,

Mit 90% wird eine Toleranzgrenze der Abweichung vom Grundsatz der Anlage in taugliche Vermögensgegenstände festgelegt, sog. *„Schmutzgrenze"*. Der Katalog entspricht nicht vollständig der früheren Rechtslage des § 2 Abs. 4 InvG. So gelten Unternehmensbeteiligungen nicht mehr rechtsformunabhängig als taugliche Vermögensgegenstände. Anlagen in Personengesellschaften grundsätzlich nicht mehr zulässig, soweit sie nicht unter die Definition eines anderen Vermögensgegenstandes fallen, so zB unter den Begriff der Immobiliengesellschaft oder des Investmentfonds, oder sich im Rahmen der *„Schmutzgrenze"* halten[221]. Zulässig sind allerdings Beteiligungen an vermögensverwaltenden Personengesellschaften, sofern diese nur Vermögensgegenstände im Sinne des § 1 Abs. 1b Nr. 5 InvStG halten[222]. Anteile an Investitionsgesellschaften sind erwerbbar, soweit es sich um Wertpapiere, Beteiligung an Kapitalgesellschaften oder Immobiliengesellschaften handelt[223]. Darüberhinaus wird ein Bestandsschutz für vor dem 28. November 2013 erworbene Beteiligungen gewährt (su).

163 Soweit im Übrigen die nun verwandten Begriffe mit § 248 KAGB übereinstimmen sind die Auslegungsgrundsätze der BaFin[224] und der ESMA[225] heranzuziehen. Weitere Einschränkungen ergeben sich für die jeweiligen Vermögensgegenstände aus den nachfolgenden Bestimmungen des § 1 Abs. 1b Nr. 6–8 InvStG.

164 **f) Liquiditätsbezogene Beteiligunggrenzen.** Der Investmentfonds darf höchstens 20% in Beteiligungen an Kapitalgesellschaften investieren, die weder zum Handel an einer

---

[220] Vgl. BMF Schreiben vom 4.6.2014 IV C 1 – S 1980-1/13/10007 :002, DOK 2014/0500897 (Schreiben an Verbände) DStR 2014, 1168, vgl. DStR 24/2014, 1168, 1169.
[221] Vgl. BMF Schreiben vom 4.6.2014 IV C 1 – S 1980-1/13/10007 :002, DOK 2014/0500897 (Schreiben an Verbände) DStR 2014, 1168, 1170.
[222] Siehe BMF Schreiben vom 4.6.2014 IV C 1 – S 1980-1/13/10007 :002, DOK 2014/0500897 (Schreiben an Verbände) DStR 2014, 1168, 1169 entsprechend der Gesetzesbegründung BT-Drucks. 17/12603, S. 27.
[223] Vgl. BMF Schreiben vom 4.6.2014 IV C 1 – S 1980-1/13/10007 :002, DOK 2014/0500897 (Schreiben an Verbände) DStR 2014, 1168, DStR 24/2014, 1168, 1170.
[224] Siehe *BaFin*, Fragenkatalog zu erwerbbaren Vermögensgegenständen (Eligible Assets) v. 22.7.2013, WA 41-Wp 2137-2013/0001.
[225] Siehe *ESMA* final report guidelines on key concepts of the AIFMD vom 14.5.2013 (ESMA/2013/600).

Börse zugelassen sind noch in einem anderen organisierten Markt zugelassen oder in diesen einbezogen sind, § 1 Abs. 1b Nr. 6 InvStG. Hierdurch soll eine Abgrenzung zwischen „geschlossenen Fonds" – insbesondere Private-Equity-Fonds und Venture Capital-Fonds – und der Tätigkeit von Investmentfonds vorgenommen werden. Hiervon ausgenommen sind Anlagen in Immobiliengesellschaften, die bis zu 100% des Wertes eines Investmentfonds umfassen können. Weiterhin gilt eine „*grandfathering*"-Vorschrift für Unternehmensbeteiligungen, die vor dem 28. November 2913 erworben wurden, § 1 Abs. 1b Nr. 6 Satz 3 InvStG. Für Dachfonds und Feeder-Fonds, die in Investmentfonds in der Rechtsform der Kapitalgesellschaft investieren soll es nach Auffassung des BMF ebenfalls nicht auf diese Beteiligungsgrenze ankommen[226].

**g) Begrenzung auf Streubesitzbeteiligungen.** § 1 Abs. 1b Nr. 7 InvStG enthält nunmehr eine emittentenbezogene Anlagegrenze, nach welcher die Beteiligung an einer Kapitalgesellschaft unter 10% des Kapitals der Gesellschaft liegen muss. Die Regelung gilt hingegen ausdrücklich nicht für Immobiliengesellschaften, ÖPP-Projektgesellschaften und Gesellschaften, deren Unternehmensgegenstand auf die Erzeugung erneuerbarer Energien gerichtet ist, § 1 Abs. 1b Nr. 7 Satz 2InvStG, was der zuvor geltenden Rechtslage entspricht. In der Vorschrift kommt der gesetzgeberische Wille zum Ausdruck, dass der Investmentfonds weder die Möglichkeit einer unternehmerischen Einflussnahme noch der Geltendmachung eines Schachtelprivilegs nach DBA oder der Mutter-Tochter-RL besitzen soll. 165

Mithin werden spätestens hierdurch typische Private-Equity-Fonds und Venture Capital-Fonds aus der Anwendung der Besteuerung von Investmentfonds ausgeklammert und als Investmentgesellschaften behandelt, soweit ihre Beteiligungen nicht unter dem Begriff anderer Vermögensgegenstände, zB als Wertpapiere erfasst werden können. In diesem Zusammenhang mag im Einzelfall bedeutsam sein, ob die Regelung nicht entsprechend der Gesetzesbegründung dahin einschränkend auszulegen ist, dass § 1 Abs. 1b Nr. 7 InvStG nur insoweit gilt, als in „nicht-börsennotierte" Kapitalgesellschaften investiert wird[227]. Schließlich ist nach Auffassung der Finanzverwaltung die emittentenbezogene Beteiligungsgrenze nicht anwendbar auf Investmentfonds, die als Feeder-Fonds an Master-Fonds in der Rechtsform der Kapitalgesellschaft beteiligt sind[228]. 166

**h) Kreditaufnahme.** Nach § 1 Abs. 1b Nr. 8 InvStG darf ein Investmentfonds nur kurzfristige Kredite bis zu maximal 30% des Wertes seines Investmentvermögens aufnehmen. Als kurzfristige Kredite nach der Praxis der BaFin gelten Kredite mit einer Laufzeit von längstens einem Jahr[229]. Anderes gilt für Immobilienfonds, die 50% Ihres Verkehrswertes durch langfristige Kredite finanzieren können. 167

**i) Dokumentation in den Anlagebedingungen.** Schließlich setzt die Anerkennung als Investmentfonds die Dokumentation der oben bezeichneten Anlagebestimmungen bzw. der für den OGAW nach dem KAGB geltenden Anlagebestimmungen in den Anlagebedingungen voraus. Dies schließt die Satzung, den Gesellschaftsvertrag oder ähnliche konstituierende Verträge mit ein. 168

**4. Anerkennung und Änderung der Besteuerung als „Investmentfonds". a) Kein steuerliches Verfahren zur Feststellung der Erfüllung der Voraussetzungen als Investmentfonds.** Die Erlaubnispflicht und Registrierung von OGAWs und AIFs regelt sich ausschließlich nach dem Kapitalanlagengesetzbuch und liegt damit verfahrensmäßig in der 169

---

[226] Vgl. BMF Schreiben vom 4.6.2014 IV C 1 – S 1980-1/13/10007 :002, DOK 2014/0500897 (Schreiben an Verbände) DStR 2014, 1168, 1170.
[227] So wohl BT-Drucks. 17/12603, S. 28 sowie BR-Drs. 740/13, S. 40; in diesem Sinne *Elser/Stadler* DStR 2014, 235; *Simonis/Grabbe/Faller* DB 2014, 16, 19; aA unter Hinweis auf den Gesetzeswortlaut BMF Schreiben vom 4.6.2014 IV C 1 – S 1980-1/13/10007 :002, DOK 2014/0500897 (Schreiben an Verbände) DStR 2014, 1168, 1171.
[228] Vgl. BMF Schreiben vom 4.6.2014 IV C 1 – S 1980-1/13/10007 :002, DOK 2014/0500897 (Schreiben an Verbände) DStR 2014, 1168, 1171.
[229] Vgl. *Simonis/Grabbe/Faller* DB 2014, 16, 19.

Zuständigkeit der BaFin, der ESMA oder der Aufsichtsbehörde, auf die das KAGB verweist. Dort entstehende Rechtsunsicherheiten werden somit ins Steuerrecht transportiert. Die Beurteilung, ob ein Investmentvermögen die Voraussetzungen des InvStG für Investmentfonds erfüllt liegt hinsichtlich der sondergesetzlich formulierten Voraussetzungen in der Verantwortung der Fondsinitiatoren. Ein gesondertes „steuerliches Erlaubnisverfahren" ist nicht vorgesehen. So sind im Rahmen der Feststellung der Besteuerungsgrundlagen gemäß § 13 InvStG alle Angaben zu machen, die der Qualifizierung als Investmentfonds entsprechen. Für Personen-Investitionsgesellschaften erfolgt hingegen die Veranlagung im Rahmen der Feststellung der Besteuerungsgrundlagen wie für Personengesellschaften (§ 18 InvStG), während die Besteuerung der Ausschüttungen und Veräußerungsgewinne bei Kapital-Investitionsgesellschaften unter Berücksichtigung von Sonderregelungen wie bei Kapitalgesellschaften erfolgt (§ 19 InvStG). Für die Anleger ergeben sich hieraus erhebliche steuerlich Risiken, da sie im Grundsatz eigenständig beurteilen müssen, ob das Investmentvermögen richtigerweise als „Investmentfonds" oder „Investitionsgesellschaft" qualifiziert. Derartige Risiken sind insbesondere beim Übergang vom alten zu neuen Recht entstanden, sodass der Gesetzgeber für nach altem Recht bestehende Investmentfonds Übergangsfristen geschaffen hat, um den Fondsinitiatoren und Anlegern die Zeit zur Neuordnung der Investmentgesellschaft und der Neubeurteilung der Besteuerungskonsequenzen zu geben[230].

**170 b) Folgen der Änderung der Anlagebedingungen oder Verstoß gegen die Voraussetzungen eines Investmentfonds.** § 1 Abs. 1c InvStG bestimmt die materiellrechtliche Folge, dass OGAWs und AIFs bei Nichteinhaltung der Voraussetzungen der Absätze 1b und 1f „Investitionsgesellschaften" seien. Die steuerlichen Folgen des Wechsels von der Besteuerung als Investmentfonds zur Besteuerung als Investitionsgesellschaft treten nach § 1 Abs. 1d InvStG bei Nichteinhaltung der Voraussetzungen nach § 1 Abs. 1b InvStG allerdings erst nach bestandskräftiger Entscheidung in einem Feststellungsverfahren ein. Zuständig ist das für die Besteuerungsgrundlagen zuständige Finanzamt bzw für ausländische Investmentfonds das Bundeszentralamt für Steuern. Die Folgen des Wechsels sind gravierend, da abgesehen von der Änderung der fortlaufenden Besteuerung der Erträge nach §§ 18 oder 19 InvStG eine Schlussbesteuerung des Investmentfonds nach § 8 Abs. 8 InvStG stattfinden hat. Das Vertrauen der Anleger auf die „prospektierte" Form der Besteuerung wird nachhaltig geschützt, indem
– einerseits nur „wesentliche" Verstöße gegen die Anlagebedingungen des § 1 Abs. 1b InvStG oder Änderungen der Anlagebedingungen im Widerspruch zu § 1 Abs. 1b InvStG zur Aberkennung der Besteuerung als Investmentfonds führen,
– der Feststellungsbescheid bestandkräftig sein muss
– und ein Besteuerungswechsel niemals rückwirkend, sondern erst mit Beginn des dem unanfechtbaren Feststellungsbescheid folgenden Geschäftsjahres eintritt.
Grundsätzlich sieht der Gesetzgeber eine derartige Entziehung des Rechtsstatus des „Investmentfonds" nur als „ultima ratio" vor und führt in der Gesetzesbegründung[231] aus, dass bei der Beurteilung von Verstößen gegen die Anlagebestimmungen des § 1 Abs. 1b InvStG insbesondere Folgendes berücksichtigt werden sollte:
– der Grad des Verschuldens des Verwalters bei Entstehung des Verstoßes
– die Zeitdauer des Verstoßes
– der wertmäßige Umfang des Verstoßes im Verhältnis zum Gesamtwert des Vermögens des AIF und –
– der Umfang der Bemühungen des Verwalters, die auf eine Beseitigung des Verstoßes gerichtet sind[232].

---

[230] Zum zeitlichen Anwendungsbereich → Rn. 175 f.
[231] Siehe BR-Drs. 740/13, S. 41 ff.
[232] So bei einer „passiven Grenzverletzung" beim Wechsel des Steuerstatus eines Zielfonds zu einer Investitionsgesellschaft: BMF Schreiben vom 4.6.2014 IV C 1 – S 1980-1/13/10007 :002, DOK 2014/0500897 (Schreiben an Verbände) DStR 2014, 1168, 1171.

Insbesondere Verstöße, die sich aus dem Tagesgeschäft des Investmentfonds durch Überschreitung von Anlagegrenzen ergeben, sollen regelmäßig „unwesentlich" sein. Als Konsequenz der Überschreitung von Anlagegrenzen kann der Fonds allerdings auch keine steuerlichen Vorteile zB in Form von Schachtelprivilegien geltend machen, § 1 Abs. 1e InvStG.

**c) Umwandlung einer Investitionsgesellschaft in einen Investmentfonds.** Der umgekehrte Fall des Wechsels des steuerlichen Rechtsstatutes der Investitionsgesellschaft in einen Investmentfonds ist als Umwandlung in § 20 InvStG neu geregelt. Entsprechend ist ein Feststellungsverfahren über das Vorliegen der Vorraussetzungen nach § 1 Abs. 1b InvStG vorgesehen. Zuständig ist das für die Investitionsgesellschaft zuständige Finanzamt oder im Übrigen das Bundeszentralamt für Steuern. Betrifft die Umwandlung eine Investitionsgesellschaft, die zuvor ihren Status als Investmentfonds verloren hatte, ist eine dreijährige Wartezeit einzuhalten. Mit Beginn des auf den Feststellungsbescheid folgenden Geschäftsjahres gilt der Anteil an der Investitionsgesellschaft als veräußert und der Anteil am Investmentfonds angeschafft. Die Zahlung der hierbei festgesetzten Steuer wird allerdings bis zur Veräußerung des Anteils gestundet, da ja durch den steuerlichen Systemwechsel eine Liquidität entsteht[233].

**d) Anerkennung als „offene Investmentkommanditgesellschaft" („Pension-Asset-Pooling").** Die „Offene Investmentkommanditgesellschaften" ist eine neu geschaffene Form inländischer Investmentfonds zur Bündelung von betrieblichem Altersversorgungsvermögen, die unter Erfüllung zusätzlicher Voraussetzungen als „Investmentfonds" transparent besteuert wird. Im Kern geht es darum, international tätigen Konzernen eine Möglichkeit einzuräumen, Kapitalanlagen zur Verwaltung eines konzernübergreifenden Altersversorgungssystems zu bündeln und dabei Steuervorteile nicht entfallen zu lassen, die bei einer in einem gepoolten Sondervermögen oder einer Investmentaktiengesellschaft entfielen, wenn mangels Transparenz bei Anwendung von Doppelbesteuerungsabkommen Ansprüche auf Rückerstattung von Quellensteuer nicht mehr geltend gemacht werden können[234].

Materiellrechtlich setzt die Anerkennung als offene Investmentkommanditgesellschaft voraus, dass der Gesellschafterkreis nicht 100 Anleger übersteigt, die nicht natürliche Personen sind und deren Gesellschaftszweck unmittelbar und ausschließlich der Abdeckung von betrieblichen Altersversorgungsverbindlichkeiten dient, § 1 Abs. 1f Nr. 3 InvStG. Der Wert der Anteile, die ein Anleger erwirbt darf den Wert der zum jeweiligen Erwerbszeitpunkt bestehenden betrieblichen Altersversorgungsverpflichtung nicht übersteigen. Hierzu haben die Anleger nach amtlichem Muster gegenüber der Investmentkommanditgesellschaft zu erklären, dass diese Voraussetzungen erfüllt sind, dh also insbesondere dass der Wert der übernommenen Anteile die bestehende Verbindlichkeit aus der betrieblichen Altersversorgung nicht übersteigt. Spätere Wertsteigerungen sind hingegen ohne Bedeutung[235].

Werden die Voraussetzungen des § 1 Abs. 1f Nr. 3 InvStG nicht mehr erfüllt, beteiligt sich also zB ein Kommanditist ohne hierdurch betrieblich Altersversorgungsverbindlichkeiten abzudecken, verliert die Investmentkommanditgesellschaft ihren Status als Investmentfonds und wird mindestens in den folgenden drei Geschäftsjahren als Personen-Investitionsgesellschaft besteuert. Im Übergang erfolgt eine Schlussbesteuerung der Investmentkommanditgesellschaft gemäß § 15a Abs. 1 iVm § 15 Abs. 3 InvStG. Ein Feststellungsverfahren nach § 1 Abs. 1d InvStG ist für diesen Fall hingegen nicht vorgesehen. Ungeregelt ist noch, in welcher Weise die Überprüfung der Erfüllung der Voraussetzungen des § 1 Abs. 1f Nr. 3 InvStG durch ausländische Anleger erfolgen soll. Nach Vorstellung des Bundesrates ist das Gesetz ggf. nachzubessern, soweit sich erweist, dass die Regelung einen unangemessenen Gestaltungsspielraum eröffnet[236].

---

[233] Siehe BR-Drs. 740/13, S. 52.
[234] Siehe BR-Drs. 740/13, S. 62; http://www.kpmg.com/DE/de/Documents/pension-asset-pooling-2014-KPMG.pdf.
[235] Siehe BR-Drs. 740/13, S. 43, 44.
[236] Siehe BR-Drs. 740/13, S. 62.

**175** **5. Zeitlicher Anwendungsbereich.** § 22 InvStG bestimmt den zeitlichen Anwendungsbereich des AIFM-StAnpG in weiten Teilen in Abweichung vom Tag der Verkündung des Gesetzes am 24. Dezember 2013: dabei wird einerseits aufgrund der verspäteten Verabschiedung des Gesetzes steuerlichen Übergangsregelungen Gesetzeskraft verliehen und andererseits Bestandschutz gewährt.

**176** Nachdem das KAGB zum 22. Juli 2013 in Kraft trat und mit diesem Datum das InvG ersetzte ergab sich eine Rechtslage, nach der den steuerlichen Vorschriften des InvStG die Anknüpfungspunkte entzogen waren. Das BMF hat mit Schreiben vom 18. Juli 2013[237] zunächst die sinngemäße Anwendung der Vorschriften des InvStG aF auf das KAGB angeordnet und zwar sowohl für Investmentvermögen und Anteile an Investmentvermögen im Sinne des InvG aF als auch für Investmentvermögen und Anteile an Investmentvermögen, die nach dem KAGB aufgelegt werden, wenn sie die Voraussetzungen des InvG aF an ein Investmentvermögen erfüllen. Soweit sich hieraus für den Steuerpflichtigen nachteilige Konsequenzen ergeben stellt sich die Frage der Rechtswirksamkeit der Rückwirkung. Die Kompetenz zur Anordnung einer derartigen „Gesetzesverlängerung" dürfte das BMF nicht gehabt haben.

**177** Diese Regelung ist nachträglich in § 22 Abs. 1 Satz 2 InvStG aufgenommen worden. Investmentfonds, die bis zum 23. Dezember 2013 aufgelegt wurden, genießen danach im Weiteren Bestandsschutz bis zum Ende des Geschäftsjahres, das nach dem 22. Juli 2016 endet, soweit sie die Voraussetzungen, die nach bisherigem Recht galten, weiter erfüllen und gegen die Anlagebestimmungen und Kreditaufnahmegrenzen nach dem InvStG aF nicht „wesentlich verstoßen"[238]. Keinen Bestandsschutz haben hingegen bestehende Investmentvermögen, die erstmalig die Anlagebedingungen für Hedgefonds erfüllen. Spätestens zum Ende der Übergangsfrist müssen die Anlagebedingungen an die neue Rechtslage angepasst werden. Hiervon sind insbesondere Spezialfonds in der Form des Sondervermögens betroffen, die regelmäßig die Voraussetzungen des § 1 Abs. 1b InvStG nicht vollständig erfüllen.

**178** Die Übergangsfrist gilt nach dem Wortlaut des Gesetzes nur für bislang anerkannte Investmentvermögen iS des InvStG aF; also nicht hingegen zB für ausländische Investmentfonds, die in der Vergangenheit idR als steuerlich transparent angesehen wurden, nun hingegen als AIF in den Regelungsbereich des InvStG nF einbezogen werden und nach neuem Recht als Kapital-Investitionsgesellschaft nach § 19 InvStG qualifiziert werden and damit den Vorteil steuerlicher Transparenz im Hinblick auf DBA-Vergünstigungen verlieren. Die Finanzverwaltung beabsichtigt allerdings jedenfalls die in Rn. 297 des BMF-Schreibens vom 18.8.2009 enthaltene Übergangsregelung für hier durch betroffene ausländische Investmentvermögen bis zum Ende der Frist des § 22 Abs. 1 Satz 1 InvStG fortzuführen[239]. Entsprechend gravierende Nachteile können sich unmittelbar für Private Equity-Fonds ergeben, die nicht als Personengesellschaften qualifiziert werden können und infolge als Kapital-Investitionsgesellschaften Beteiligungsertragsprivilegien für Dividenden und Veräußerungsgewinne nach § 8b KStG (bzw. § 3 Nr. 40 EStG) verlieren. Übergangsregelungen sind hier aber wohl nicht vorgesehen.

**179** Nach § 22 Absatz 3 Satz 2 InvStG ist die Neuordnung des Werbungskostenabzugs nach § 3 Absatz 3 InvStG erstmals auf Geschäftsjahre anzuwenden, die nach dem 31. Dezember 2013 beginnen. Die Finanzverwaltung wird es allerdings bei Publikums-Investmentfonds nicht beanstanden, wenn diese Zuordnung erst nach dem 31. März 2014 umgesetzt wird[240].

---

[237] BMF, Schreiben vom 18.7.2013, IV C 1 – S 1980-1/12/10011 und IV D 3 – S 7160-h/12/10001.
[238] Siehe BR-Drs. 740/13, S. 70: die Wertung entspricht der zu § 1 Abs. 1d InvStG §, vgl. BMF Schreiben vom 4.6.2014 IV C 1 – S 1980-1/13/10007 :002, DOK 2014/0500897 (Schreiben an Verbände) DStR 2014, 1168, 1172.
[239] Siehe BMF Schreiben vom 4.6.2014 IV C 1 – S 1980-1/13/10007 :002, DOK 2014/0500897 (Schreiben an Verbände) DStR 2014, 1168, 1172.
[240] http://www.bvai.de/rundmails/rundmail-xxvdezember-2013.html.

Die Regelung zur Ausschüttungsreihenfolge ist erstmals für Ausschüttungen anzuwenden, die nach dem 23. August 2014 abfließen, § 22 Absatz 4 InvStG.   180

### III. Steuerliche Behandlung des Investmentfonds bei ordnungsmäßiger Bekanntgabe von Besteuerungsgrundlagen

**1. Steuerliche Behandlung des Investmentfonds. a) Steuerbefreites Zweckvermögen.** Das Sondervermögen inländischer Investmentfonds, gleich welcher Rechtsform, stellt steuerlich Zeckvermögen iSv § 1 Abs. 1 Nr. 5 KStG iVm § 11 Abs. 1 InvStG dar und ist als solches steuerpflichtig; entsprechendes gilt für die Gewerbesteuer, § 2 Abs. 3 GewStG. Allerdings sind Investmentfonds iSv § 1 Abs. 1f InvStG von der Körperschaftsteuer bzw. der Gewerbesteuer befreit, § 11 Abs. 1 Satz 2 InvStG.   181

Bei ausländischen Fonds liegt keine unbeschränkte Steuerpflicht vor, sodass sie von der Regelung in § 11 Abs. 1 InvStG gar nicht betroffen sind. Klargestellt wird die Steuerbefreiung aber für EU-Investmentfonds die als „inländische Investmentfonds" behandelt werden, § 11 Abs. 1 Satz 5 InvStG.   182

Die Steuerbefreiung gilt hingegen nicht für die Einkünfte aus der Verwaltungstätigkeit, 11 Abs. 1 Satz 4 InvStG.   183

**b) Ermittlungen der Einkünfte des Investmentfonds.** Die ordnungsmäßige Besteuerung der Anleger erfordert auf der Ebene des Investmentfonds eine modifizierte Einnahmen/Überschuss-Rechnung, § 3 Abs. 1 InvStG iVm § 2 Abs. 2 Satz 1 Nr. 2 EStG. Diese Form der Ertragsermittlung auf Ebene des Investmentfonds ist unabhängig davon anzuwenden, ob Anteilsscheine von natürlichen Personen im Privatvermögen oder Betriebsvermögen bzw. von Kapitalgesellschaften gehalten werden.[241] Die Anwendung der Regelungen für Überschusseinkünfte auf Ebene des Investmentfonds hat keinen Einfluss auf die Qualität der Erträge des Fonds. Vielmehr kann der Investmentfonds bei Erfüllung der Bedingungen des § 15 Abs. 2 EStG Einkünfte aus gewerblicher Tätigkeit erzielen.[242] Ein solcher Fall kann insbesondere bei Überschreitung der Drei-Objekt-Grenze bei Grundstücksverkäufen oder bei umfangreichem Wertpapierhandel gegeben sein.[243] Die Erzielung auch gewerblicher Einkünfte – vor allem die Beteiligung an einer gewerblich tätigen oder gewerblich geprägten Personengesellschaft – führt nicht zu einer gewerblichen Infizierung sämtlicher Einkünfte des Fonds.[244] Einkünfte des Fonds aus gewerblichen Quellen werden vielmehr als sonstige Erträge gemäß § 1 Abs. 3 Satz 2 InvStG zu qualifizieren sein.[245] Es wird sich allerdings in derartigen Fällen die Frage stellen, ob der Investmentfonds noch die Voraussetzung der passiven Vermögensanlage erfüllt.   184

Bei Ermittlung des Überschusses der Einnahmen über die Werbungskosten des Investmentfonds gem. § 2 Abs. 2 Satz 1 Nr. 2 EStG ist das Zufluss- und Abflussprinzip gem. § 11 EStG heranzuziehen. Das Zufluss- und Abflussprinzip wird indes durch § 3 Abs. 2 InvStG für einzelne Ertragsarten des Investmentfonds modifiziert. Ferner bestehen nach § 3 Abs. 3 InvStG besondere Vorschriften für den Abzug von Werbungskosten bei der Ermittlung der Einkünfte des Investmentfonds. Bedeutsam ist insbesondere, dass nicht auf den Satz 2 des § 2 Abs. 2 EStG verwiesen wird. Damit wird klargestellt, dass die Anlage über Investmentfonds im Verhältnis zur Direktanlage seit 2009 insofern privilegiert ist, als der Werbungskostenabzug bei der Ergebnisermittlung des Fonds im Rahmen des § 9 EStG grundsätzlich möglich bleibt und keine Begrenzung durch den Sparer-Pauschbetrag erfährt.   185

Nach § 3 Abs. 2 Nr. 1 InvStG gelten Dividenden bereits am Tag des Dividendenabschlags als zugeflossen. Dabei handelt es sich um den Tag, an dem die Aktien erstmals als   186

---

[241] Vgl. BMF Schreiben v. 2.6.2005 – IV C 1 – S 1980 – 1 – 87/05, Tz. 42.
[242] Vgl. BMF Schreiben v. 2.6.2005 – IV C 1 – S 1980 – 1 – 87/05, Tz. 46.
[243] Vgl. BMF Schreiben v. 2.6.2005 – IV C 1 – S 1980 – 1 – 87/05, Tz. 46.
[244] Vgl. BMF Schreiben v. 2.6.2005 – IV C 1 – S 1980 – 1 – 87/05, Tz. 74, 46.
[245] Vgl. BMF Schreiben v. 2.6.2005 – IV C 1 – S 1980 – 1 – 87/05, Tz. 26.

ex-Dividende gehandelt werden.[246] Abweichend vom Zufluss- und Abflussprinzip sind Zinsen und Mieten periodengerecht abzugrenzen; die abgegrenzten Zinsen und Mieten gelten als zugeflossen, § 3 Abs. 2 Nr. 2 InvStG.

**187** **Werbungskosten** sind grundsätzlich im Abflusszeitpunkt geltend zu machen. Ihre steuerliche Behandlung ist allerdings für Zwecke der Einnahmen-/Überschussrechnung des § 3 InvStG danach zu unterscheiden, ob sie in einem unmittelbaren wirtschaftlichen Zusammenhang mit Einnahmen stehen oder Allgemeinkosten darstellen. So können solche Werbungskosten periodisch abgegrenzt, dh vorzeitig berücksichtigt werden, die mit bereits erfassten Einnahmen in unmittelbarem wirtschaftlichen Zusammenhang stehen. Sie müssen dann aber im folgenden Wirtschaftsjahr tatsächlich abfließen.[247] Auf in unmittelbarem wirtschaftlichen Zusammenhang mit Dividenden des Investmentfonds stehende Werbungskosten ist § 3c Abs. 2 EStG bzw. § 8b Abs. 3 u. 5 KStG anzuwenden. Diese Werbungskosten sind damit steuerlich lediglich zu 60 % bzw. überhaupt nicht abzugsfähig.[248]

**188** Zu den Werbungskosten des Investmentfonds gehören auch Absetzung für Abnutzung oder Substanzverringerung in den nach § 7 EStG zulässigen Höchstgrenzen für nicht zum Betriebsvermögen gehörenden Wirtschaftsgütern, § 3 Abs. 3 Satz 2 InvStG. Ein Wahlrecht hat der Investmentfonds für die Behandlung ausländischer Steuern. Nach § 4 Abs. 4 InvStG kann der Investmentfonds ausländische Steuern als Werbungskosten abziehen. Stattdessen kann es dem Anleger die Anrechnung überlassen. Inländischen Spezial-Investmentfonds steht dieses Wahlrecht nicht zu. Vielmehr bleibt dem Anleger die Ausübung dieses Wahlrechts vorbehalten, § 15 Abs. 1 InvStG.

**189** Für Werbungskosten, die nicht mit Einnahmen im unmittelbaren wirtschaftlichen Zusammenhang stehen, wird in § 3 Abs. 3 Satz 3 InvStG ein durch das AIMF-StAnpG neu gefasstes Verfahren vorgesehen:
– In einem ersten Schritt sind die mittelbaren Werbungskosten des Investmentfonds auszuscheiden, die in einem wirtschaftlichen Zusammenhang mit ausländischen, aufgrund eines DBA in Deutschland steuerbefreiten Einnahmen stehen, § 3 Abs. 3 Satz 2 Nr. 1 iVm § 4 Abs. 1 InvStG. Diese mit steuerfreien Einnahmen im wirtschaftlichen Zusammenhang stehenden Werbungskosten sind steuerlich nicht abzugsfähig. Sie sind indes steuersatzmindernd bei der Ermittlung des besonderen Steuersatzes des Anlegers im Rahmen des Progressionsvorbehalts zu berücksichtigen, § 4 Abs. 1 Satz 2 InvStG.[249] Zur Ermittlung des Umfangs dieser nicht abzugsfähigen Werbungskosten wird in § 3 Abs. 3 Satz 2 Nr. 1 InvStG ein Aufteilungsmaßstab festgelegt. Danach sind die Werbungskosten den ausländischen Einnahmen im Verhältnis des durchschnittlichen Vermögens[250] des vorangegangenen Geschäftsjahres, das Quelle der ausländischen Einnahmen ist, zum durchschnittlichen Gesamtvermögen des vorangegangenen Geschäftsjahres zuzuordnen. Bei der Ermittlung der Vermögensstruktur neu aufgelegter Investmentfonds kann aus Vereinfachungsgründen auf das aktuelle Wirtschaftsjahr abgestellt werden.[251]
– Von den verbleibenden mittelbaren Werbungskosten sind im zweiten Schritt abzugsfähige Werbungskosten zunächst nach § 3 Abs. 3 Satz 3 Nr. 2a) und dann nach § 3 Abs. 3 Satz 3 Nr. 2b) InvStG zu ermitteln. In beiden Fällen sind die mittelbaren Werbungskosten nach dem Verhältnis des durchschnittlichen Vermögens, das Quelle dieser Einnahmen ist, – bei Nr. 2b) nach Abzug des Quellvermögens nach Nr. 2a) – zum durch-

---

[246] Vgl. BMF Schreiben v. 2.6.2005 – IV C 1 – S 1980 – 1 – 87/05, Tz. 48.
[247] Vgl. BMF Schreiben v. 2.6.2005 – IV C 1 – S 1980 – 1 – 87/05, Tz. 52.
[248] Vgl. BMF Schreiben v. 2.6.2005 – IV C 1 – S 1980 – 1 – 87/05, Tz. 63. Siehe auch *Ramacker* in Littmann/Bitz/Pust, EStG-Kommentar, § 3 InvStG Rn. 11. AA *Zeller* DStR 2005, 899, 900.
[249] Vgl. BMF Schreiben v. 2.6.2005 – IV C 1 – S 1980 – 1 – 87/05, Tz. 59.
[250] Zur Frage der Qualifizierung als Netto- oder Bruttovermögen vgl. BMF Schreiben v. 2.6.2005 – IV C 1 – S 1980 – 1 – 87/05, Tz. 59.
[251] Vgl. BMF Schreiben v. 2.6.2005 – IV C 1 – S 1980 – 1 – 87/05, Tz. 68.

schnittlichen Gesamtvermögen des Investmentfonds des vorangegangenen Geschäftsjahres zuzuordnen.
- Basis der Zuordnung sind nach Nr. 2a):
 Erträge, auf die beim Anleger § 3 Nr. 4 0 EStG anwendbar ist, korrigiert um Gewinnminderungen gemäß § 3c Abs. 2 EStG.
- Basis der Zuordnung ist nach Nr. 2b):
 Erträge, auf die beim Anleger § 8b Abs. 1 KStG anwendbar ist oder ungeachtet des § 8b Abs. 4 KStG iVm. § 15 Abs. 1a InvStG anwendbar wäre.
– Im dritten Schritt sind die verbleibenden Werbungskosten in Anwendung von § 3 Abs. 3 Satz 4 InvStG von den verbleibenden laufenden Erträgen und sonstigen Gewinnen und Verlusten aus Veräußerungsgeschäften abziehbar.

Die Umsatzsteuer kann wie in den Fällen des Betriebsvermögensvergleichs behandelt werden.[252] Sie kann demzufolge bereits in ihrem umsatzsteuerrechtlichen Fälligkeitszeitpunkt als Werbungskosten angesetzt werden.

**c) Behandlung von Verlusten.** Im Gegensatz zum vor 2009 geltenden Recht können **190** sämtliche negativen Einkünfte des Investmentfonds nicht mehr an die einzelnen Anleger zur Verrechnung mit deren eigenen positiven Einkünften durchgeleitet werden. Bereits vor 2009 konnten sowohl Verluste aus Wertpapierverkäufen als auch Verluste aus Termingeschäften des Investmentfonds nur auf Fondsebene vorgetragen werden.

Seit 2009 sind nach § 3 Abs. 4 Satz 1 InvStG negative Einkünfte des Investmentfonds **191** zunächst mit dessen positiven Einkünften gleicher Art zu verrechnen. Dabei können positive und negative Einkünfte der einzelnen Einkunftsarten des Investmentfonds miteinander verrechnet werden, soweit für sie die steuerliche Behandlung beim Anteilseigner im Fall der Qualifizierung als ausgeschüttete oder als ausschüttungsgleiche Erträge gleich ist.[253] Die Regelung des § 10d Abs. 2 EStG zur Mindestbesteuerung sowie die Verlustausgleichsbeschränkung der §§ 22 Nr. 3, 23 Abs. 3 EStG sind auf Verluste des Investmentfonds nicht anzuwenden.[254] Insofern können etwa negative Einkünfte aus Veräußerungen von inländischen Immobilien mit positiven Zinseinkünfte verrechnet werden. Ein Ausgleich mit Dividenden ist hingegen allein dann zulässig, wenn ausnahmsweise das Teileinkünfteverfahren gemäß § 3 Nr. 40 EStG bzw. das Beteiligungsprivileg des § 8b Abs. 1 KStG nicht anwendbar sind.[255]

Nicht ausgeglichene negative Einkünfte eines Geschäftsjahres sind auf Fondsebene in **192** den folgenden Geschäftsjahren zu verrechnen, § 3 Abs. 4 Satz 2 InvStG.

Aufgrund der Beschränkung der Verlustverrechnung auf die Fondsebene verliert ein An- **193** teilsscheininhaber mit der Veräußerung seiner Anteilsscheine die Möglichkeit, in der Vergangenheit erlittene Verluste des Fonds mit künftigen positiven Erträge des Investmentfonds zu verrechnen. Die auf Fondsebene erlittenen, noch nicht verrechneten Verluste kommen vielmehr neu (indirekt) eintretenden Anteilsscheininhabern zugute.

**d) Ausschüttungsreihenfolge.** Durch das StAnpG neu eingeführt wurde eine Rege- **194** lung zur Ausschüttungsreihenfolge, die erstmals für Ausschüttungen anzuwenden ist, die nach dem 23. August 2014 abfließen, § 3a iVm. § 22 Abs. 4 InvStG. Dabei ist die Vorschrift im Zusammenhang mit der Verwendungsfiktion des § 1 Abs. 3 Satz 5 InvStG zu sehen. Danach gelten die steuerlichen Erträge und die Substanzbeträge in folgender Reihenfolge als verwendet:
1. Ausgeschüttete Erträge nach § 1 Abs. 3 Satz 2 InvStG des abgelaufenen Geschäftsjahres, sofern innerhalb von vier Monaten nach Ablauf des Geschäftsjahres ein Beschluss über die Verwendung der Erträge des abgelaufenen Geschäftsjahres gefasst wird;

---

[252] Vgl. BMF Schreiben v. 2.6.2005 – IV C 1 – S 1980 – 1 – 87/05, Tz. 51.
[253] Vgl. BMF Schreiben v. 2.6.2005 – IV C 1 – S 1980 – 1 – 87/05, Tz. 69.
[254] Vgl. BMF Schreiben v. 2.6.2005 – IV C 1 – S 1980 – 1 – 87/05, Tz. 69.
[255] Vgl. BMF Schreiben v. 2.6.2005 – IV C 1 – S 1980 – 1 – 87/05, Tz. 69 sowie dort Anlage 3.

2. Ausschüttungsgleiche Erträge nach § 1 Abs. 3 Satz 3 InvStG;
3. Substanzbeträge.

**195** Von einer weiteren Strukturierung der Verwendungsfiktion, wie noch im Rahmen des Gesetzgebungsverfahrens vorgeschlagen, wurde abgesehen.[256] Die Regelung gilt für Zwischen- und Endausschüttungen. Nach Auffassung der Finanzverwaltung können Liquiditätsüberhänge aufgrund von AfA und von Einlagenrückgewähr (§ 27 Abs. 1 KStG, § 27 Abs. 8 KStG) wie bisher vorrangig ausgeschüttet werden[257].

**196** **2. Steuerliche Behandlung der Anleger. a) Überblick.** Erfüllt der Investmentfonds seine steuerlichen Bekanntgabepflichten gem. § 5 Abs. 1 Satz 1 InvStG[258], so unterliegen die Anleger einer Regelbesteuerung. Die Ertragsbesteuerung beim Anleger betrachtet danach zunächst die laufenden Erträge des Investmentfonds. Zu unterscheiden sind hier ausschüttungsgleiche[259] Erträge sowie ausgeschüttete[260] Erträge des Investmentfonds. Ferner wird die Veräußerung von Investmentanteilen durch den Anleger steuerlich erfasst. Hier zu unterscheiden sind Zwischengewinne[261], Veräußerungsgewinne[262] sowie der sog. Aktiengewinn[263]. Die steuerlichen Folgen sowohl laufender Erträge des Investmentfonds als auch von Erfolgen bei Veräußerung von Anteilsscheinen hängen davon ab, ob die Anteile im Privatvermögen oder im Betriebsvermögen eines Einzel- oder Mitunternehmers bzw. einer Kapitalgesellschaft gehalten werden.

**197** **b) Laufende Besteuerung der Anleger. aa) Anteile im Privatvermögen. aaa) Ausschüttungsgleiche Erträge. (1) Begriff.** Schüttet der Investmentfonds Erträge nicht an die Anleger aus, sondern thesauriert sie, so werden Teile dieser Erträge als „ausschüttungsgleiche Erträge" behandelt. Die steuerliche Behandlung dieser in § 1 Abs. 3 Satz 3 InvStG definierten ausschüttungsgleichen Erträge richtet sich nach § 2 Abs. 1 und 2 InvStG.

**198** In § 1 Abs. 3 Satz 3 InvStG werden ausschüttungsgleiche Erträge bestimmt als von einem Investmentfonds nach Abzug von Werbungskosten nicht zur Ausschüttung verwendete
1. Kapitalerträge aus Kapitalvermögen mit Ausnahme
   – der Erträge aus Stillhalterprämien im Sinne des § 20 Abs. 1 Nr. 11 EStG,
   – Gewinne im Sinne des § 20 Abs. 2 Satz 1 Nr. 1 EStG (Veräußerungsgewinne aus Wertpapieren etc),
   – der Gewinne im Sinne des § 20 Abs. 2 Satz 1 Nr. 3 EStG (Gewinne aus Termin- und Differenzgeschäften)
   – und Gewinne im Sinne des § 20 Abs. 2 Satz 1 Nr. 7 EStG, dh aus sonstigen Kapitalforderungen, soweit sie nicht auf vereinnahmte Stückzinsen entfallen und oder es sich um Veräußerungsgewinne aus „schlechten" sonstigen Kapitalforderungen handelt.
2. Erträge aus der Vermietung und Verpachtung von Grundstücken und grundstücksgleichen Rechten, sonstige Erträge und Gewinne aus privaten Veräußerungsgeschäften im Sinne des § 23 Abs. 1 Satz 1 Nr. 1, Abs. 2 und 3 des Einkommensteuergesetzes, dh Veräußerungsgewinne bei einer Haltefrist von weniger als 10 Jahren.

Das vorstehende Ergebnis wird um die zur Ausschüttung verwendeten Erträge und um die Werbungskosten gemindert und ergibt die ausschüttungsgleichen Erträge, die dem Anleger zugerechnet werden.

---

[256] Siehe BR-Drs. 740/13 S. 53.
[257] Siehe BMF Schreiben vom 4.6.2014 IV C 1 – S 1980-1/13/10007 :002, DOK 2014/0500897 (Schreiben an Verbände) DStR 2014, 1168, 1171.
[258] → Rn. 258.
[259] → Rn. 197 f.
[260] → Rn. 206 f.
[261] → Rn. 239.
[262] → Rn. 244.
[263] → Rn. 247.

Die von der Ermittlung der ausschüttungsgleichen Erträge ausgenommenen Erträge sind insbesondere Gewinne aus Wertpapierveräußerungsgeschäften.[264] Die zu ausschüttungsgleichen Erträgen führenden nicht ausgeschütteten Erträge des Investmentfonds aus privaten Veräußerungsgeschäften beschränken sich auf solche iSv § 23 Abs. 1 Satz 1 Nr. 1 EStG. Darunter fallen Erträge aus Veräußerungen von Grundstücken bzw. grundstücksgleichen Rechten innerhalb von zehn Jahren nach ihrem Erwerb. Vom Investmentfonds thesaurierte Erträge aus Wertpapierveräußerungsgeschäften iSd § 23 Abs. 1 Satz 1 Nr. 2 EStG sind demzufolge beim Anleger ebenso steuerfrei wie thesaurierte Gewinne aus Wertpapierleerverkäufen. Dieses Privileg der Kapitalanlage über Investmentfonds im Verhältnis zur Direktanlage besteht grundsätzlich fort, wobei allerdings die Möglichkeit der Erzielung von Gewinne aus Leerverkäufen aufsichtsrechtlich beschränkt sein kann. **199**

Der Wortlaut des § 1 Abs. 3 Satz 3 InvStG lässt offen, ob außerdem Leerverkäufe von Bezugsrechten auf solche Anteile an Kapitalgesellschaften von der Behandlung als ausschüttungsgleiche Erträge ausgenommen sind, die keine Wertpapiere sind. Gewinne aus derartigen Verkäufen, etwa von GmbH-Anteilen, sind bei Ausschüttung steuerfrei, § 2 Abs. 3 Nr. 1 InvStG. Zur Vermeidung einer Schlechterstellung von Anteilsscheininhabern in thesaurierenden Investmentfonds gegenüber Anteilsscheininhabern ausschüttender Investmentfonds ist § 1 Abs. 3 Satz 3 InvStG dahingehend auszulegen, dass auch Gewinne aus Leerverkäufen von Bezugsrechten auf Anteile an Kapitalgesellschaften, die keine Wertpapiere sind, dem Anteilsscheininhabern nicht den ausschüttungsgleichen Erträgen zuzurechnen sind.[265] **200**

Gleichermaßen beim Anleger im Rahmen der ausschüttungsgleichen Erträge nicht besteuert werden thesaurierte Veräußerungsgewinne aus Termingeschäften. Unter die steuerfrei gestellten Erträge fallen zunächst solche aus Termingeschäften iSv § 20 Abs. 2 Satz 1 Nr. 3 EStG.[266] Das sind Termingeschäfte, durch die der Steuerpflichtige einen Differenzausgleich oder einen durch den Wert einer veränderlichen Größe bestimmten Geldbetrag oder Vorteil erhält. Dazu gehören auch Optionen und Swaps.[267] Des Weiteren als steuerfrei zu behandeln sind aber auch Devisentermingeschäfte sowie Leerverkäufe von Devisen.[268] Auch für die genannten Termingeschäfte besteht die Privilegierung der Anlage über Investmentfonds in 2009 fort. **201**

Der Grundsatz, dass Kapitalerträge aus der Veräußerung von sonstigen Kapitalforderungen aus den ausschüttungsgleichen Erträgen ausgenommen sind, wird für bestimmte „schlechte Kapitalforderungen" durchbrochen, und zwar soweit es sich um Kapitalforderungen handelt, **202**
– die eine Emissionsrendite haben,
– bei denen das Entgelt für die Kapitalüberlassung ausschließlich nach einem festen oder variablen Bruchteil des Kapitals bemessen und die Rückzahlung des Kapitals in derselben Höhe zugesagt oder gewährt wird, in der es überlassen wurde. Ein Emissionsdisagio oder Emissionsdiskont zur Feinabstimmung des Zinses bleibt dabei unberücksichtigt,
– bei denen weder eine auch nur teilweise Rückzahlung des Kapitalvermögens noch ein gesondertes Entgelt für die Überlassung des Kapitalvermögens zur Nutzung zugesagt oder gewährt wird und die Rückzahlung des Kapitals sich nach der Wertentwicklung einer einzelnen Aktie oder eines veröffentlichten Index für eine Mehrzahl von Aktien richtet und diese Wertentwicklung in gleichem Umfang nachgebildet wird,
– die solche im Sinne des Buchstaben b sind, bei denen der Inhaber neben der festen Verzinsung ein Recht auf Umtausch in Gesellschaftsanteile hat, oder bei denen der Inhaber

---

[264] Vgl. *Kayser/Steinmüller* FR 2004, 139; BMF Schreiben v. 2.6.2005 – IV C 1 – S 1980 – 1 – 87/05, Tz. 19.
[265] Vgl. *Kayser/Steinmüller* FR 2004, 139; BMF Schreiben v. 2.6.2005 – IV C 1 – S 1980 – 1 – 87/05, Tz. 19.
[266] Vgl. ausführlich → Rn. 699 f.
[267] Vgl. BMF Schreiben v. 2.6.2005 – IV C 1 – S 1980 – 1 – 87/05, Tz. 15.
[268] Vgl. BMF Schreiben v. 2.6.2005 – IV C 1 – S 1980 – 1 – 87/05, Tz. 19.

zusätzlich bei Endfälligkeit das Wahlrecht besitzt, vom Emittenten entweder die Kapitalrückzahlung oder die Lieferung einer vorher festgelegten Anzahl von Aktien eines Unternehmens zu verlangen, oder bei denen der Emittent zusätzlich das Recht besitzt, bei Fälligkeit dem Inhaber an Stelle der Rückzahlung des Nominalbetrags eine vorher festgelegte Anzahl von Aktien anzudienen,
- die Gewinnobligationen oder Genussrechte im Sinne des § 43 Abs. 1 Satz 1 Nr. 2 des Einkommensteuergesetzes sind, oder
- bei denen die Anschaffungskosten teilweise auf abtrennbare Optionsscheine und eine separat handelbare Anleihe entfallen.

**203** (2) Rechtsfolgen. Die ausschüttungsgleichen Erträge gehören bei dem Privatanleger zu den Einkünften aus Kapitalvermögen gem. § 20 Abs. 1 Nr. 1 EStG bzw. zu den Leistungen iSd § 22 Nr. 1 Satz 3a) aa) EStG iVm § 10 Abs. 1 Nr. 2b) EStG, § 22 Nr. 5 EStG, § 2 Abs. 1 Satz 1 InvStG. Die steuerliche Behandlung beim Anleger als Einkünfte aus Kapitalvermögen gilt ungeachtet möglicher in diesen ausschüttungsgleichen Erträgen enthaltener gewerblicher Einkünfte.[269]

**204** Auf die ausschüttungsgleichen Erträge privater Anleger ist das Teileinkünfteverfahren nach § 3 Nr. 40 EStG grundsätzlich nicht mehr anzuwenden. Die ausschüttungsgleichen Erträge unterliegen beim Privatanleger seit 2009 der Abgeltungsteuer, § 32d EStG. Sind bis 31.12.2008 in ausschüttungsgleichen Erträgen Dividenden oder ähnliche Einnahmen gemäß § 20 Abs. 1 Nr. 1, 2, Abs. 2 Satz 1 Nr. 2a Satz 2 EStG enthalten sind, greift noch das Halbeinkünfteverfahren gem. § 3 Nr. 40 EStG, § 2 Abs. 2 InvStG iVm § 43 Abs. 1 Satz 1 Nr. 1 Satz 2 EStG. Ausgenommen sind von diesen Vergünstigungen Ausschüttungen von Immobilienkapitalgesellschaften iSd REITG.

**205** Steuerlich gelten die ausschüttungsgleichen Erträge als den Anteilsscheininhabern am Ende desjenigen Geschäftsjahres des Investmentfonds als zugeflossen, in dem *dieses* die thesaurierten Erträge vereinnahmt hat, § 2 Abs. 1 Satz 2 InvStG. Bei Teilausschüttung sind ausschüttungsgleiche Erträge dem Anteilsscheininhaber zusammen mit der Teilausschüttung im Zeitpunkt der Ausschüttung zuzurechnen, § 2 Abs. 1 Satz 3 InvStG.

**206** bbb) Ausgeschüttete Erträge. (1) Begriff. Vom Investmentfonds geleistete Ausschüttungen führen zu steuerpflichtigen Einnahmen beim Anleger, soweit sie ausgeschüttete Erträge iSv § 1 Abs. 3 Satz 2 InvStG enthalten. Ausschüttungen des Investmentfonds sind dem Anleger tatsächlich gezahlte oder gutgeschriebene Beträge einschließlich einbehaltener Kapitalertragsteuer, § 1 Abs. 3 Satz 1 InvStG. Als ausgeschüttete Erträge definiert werden in § 1 Abs. 3 Satz 2 InvStG zur Ausschüttung verwendete Kapitalerträge[270], Erträge aus der Vermietung und Verpachtung von Immobilien, Gewinne aus Veräußerungsgeschäften und sonstige Erträge des Investmentfonds. Die seit 2009 geltende Verweisung in § 1 Abs. 3 Satz 2 InvG auf „Kapitalerträge" führt zu einer Erweiterung der grundsätzlich steuerbaren Investmenterträge um all diejenigen zusätzlichen Ertragsarten, die nach der Neufassung des § 20 EStG unter die Kapitalerträge zu subsumieren sind.[271] Ausgeschüttete Erträge umfassen des Weiteren auf die vom Investmentfonds vereinnahmten Zinsen und Dividenden entrichtete deutsche Kapitalertragsteuer einschließlich Solidaritätszuschlag sowie ausländische Quellensteuern, sofern letztere nicht auf Ebene des Fonds als Werbungskosten abgezogen wurden. Nicht steuerpflichtig sind solche Erträge, die bereits in einem vorangegangenen Besteuerungszeitraum als ausschüttungsgleiche Erträge besteuert worden sind.[272] Ebenfalls beim Anteilsscheininhaber nicht als steuerpflichtig zu erfassen sind Kapitalrückzahlungen.[273]

---

[269] Vgl. BMF Schreiben v. 2.6.2005 – IV C 1 – S 1980 – 1 – 87/05, Tz. 27.
[270] Zur Qualifizierung von Ausschüttungen einer Fondsgesellschaft beim ausländischen Dach-Fonds → Rn. 182.
[271] Vgl. *Elser/Breithecker* ua, UntStRefG, 2007, § 1 InvStG, Rn. 9.
[272] Vgl. bereits zum alten Recht *Strobl-Haarmann/Krause*, FS für Müller, S. 375. BMF Schreiben v. 2.6.2005 – IV C 1 – S 1980 – 1 – 87/05, Tz. 17.
[273] Vgl. InvStG Begründung, 144; BMF Schreiben v. 2.6.2005 – IV C 1 – S 1980 – 1 – 87/05, Tz. 16.

§ 27 Die Besteuerung von Kapitalanlagevermögen

Nach der allgemeinen Definition umfassen ausgeschüttete Erträge gemäß § 1 Abs. 3 Satz 2 **207**
InvStG insbesondere auch Gewinne aus Veräußerungsgeschäften. Zu den Veräußerungsgeschäften gehören sämtliche in § 20 Abs. 2 EStG und § 23 Abs. 1 EStG aufgeführten Sachverhalte, dh Veräußerungen von Grundstücken, Wertpapieren, Termingeschäften sowie Veräußerungsgeschäfte, bei denen die Veräußerung des Wirtschaftsguts früher erfolgt als der Erwerb. Unerheblich für die Begriffsbestimmung der ausgeschütteten Erträge nach § 1 Abs. 3 Satz 2 InvStG sind die in § 23 Abs. 1 Nr. 1 und Nr. 2 EStG aufgeführten zeitlichen Beschränkungen bei der Veräußerung von Grundstücken und grundstücksgleichen Rechten.[274]

Bis 31.12.2008 wurde für im Privatvermögen des Anlegers gehaltene Investmentanteile **208**
der in § 1 Abs. 3 Satz 2 InvStG definierte Umfang der steuerpflichtigen ausgeschütteten Erträge durch § 2 Abs. 3 InvStG eingeschränkt (sachliche Steuerbefreiung). So wurden zunächst zur Ausschüttung verwendete Gewinne aus der Veräußerung von Wertpapieren und Bezugsrechten auf Anteile an Kapitalgesellschaften sowie aus Termingeschäften beim Anteilsscheininhaber steuerfrei gestellt, § 2 Abs. 3 Satz 1 Nr. 1, 1. HS InvStG. Zu den insoweit steuerbefreiten Veräußerungsgewinnen gehörten Gewinne aus der Veräußerung von verbrieften sowie nicht verbrieften Anteilen an Kapitalgesellschaften, dh inländischen und ausländischen Aktien, GmbH-Anteile sowie mit GmbH-Anteilen vergleichbare Anteile an ausländischen Kapitalgesellschaften.[275] Gleichfalls als Gewinn aus der Veräußerung von Wertpapieren zu qualifizieren war die Veräußerung von Anteilen einer als Kapitalgesellschaft organisierten Fondsgesellschaft durch ein ausländisches Dach-Investmentvermögen.[276] Einschränkend wurden durch § 2 Abs. 3 Satz 1 Nr. 1, 2. HS InvStG hingegen Erträge aus der Veräußerung von Bezugsrechten auf Freianteile an Kapitalgesellschaften von der Steuerbefreiung ausgenommen, soweit diese Erträge Einkünfte aus Kapitalvermögen nach § 20 EStG darstellten. Nicht zu Einkünften aus Kapitalvermögen führte die Veräußerung von Bezugsrechten auf Freianteile, die aus einer Kapitalerhöhung durch Umwandlung von Rücklagen der Kapitalgesellschaft entstanden waren, §§ 1 ff. KapErhG.

Der bis 31.12.2008 geltende in § 2 Abs. 3 Satz 1 Nr. 1, 1. HS InvStG verwendete Begriff der „Termingeschäfte" umfasste nach Auffassung der Finanzverwaltung nicht allein Termingeschäfte iSd § 23 Abs. 1 Satz 1 Nr. 4 EStG. Bei Termingeschäften iSd § 23 Abs. 1 Satz 1 Nr. 4 EStG handelt es sich um solche Geschäfte, die auf einen Differenzausgleich oder auf einen durch den Wert einer veränderlichen Bezugsgröße bestimmten Vorteil gerichtet sind.[277] Die Finanzverwaltung hat sich vielmehr dafür ausgesprochen, den in § 2 Abs. 3 Satz 1 Nr. 1, 1. HS InvStG verwendeten Begriff der Termingeschäfte weit zu fassen. Insofern waren als Termingeschäfte iSv § 2 Abs. 3 Satz 1 Nr. 1, 1. HS InvStG auch Optionsgeschäfte und Swaps zu verstehen.[278] Damit wurden beim Privatanleger ebenfalls freigestellt etwa Erträge aus außerbörslich gehandelten sog. OTC-Optionen, die nicht am Ende oder während ihrer Laufzeit durch Abschluss von Gegengeschäften glattgestellt werden konnten.

Die seit 2009 geltende Neufassung des § 2 Abs. 3 InvG stellt allerdings klar, dass eine **210**
Steuerbefreiung bei Privatanlegern nur noch für Gewinne aus der Veräußerung von Grundstücken und grundstücksgleichen Rechten, soweit sie nicht unter § 23 Abs. 1 Satz 1 Nr. 1 und 3, Abs. 2 und 3 EStG fallen, gilt – gemeint sind hier Veräußerungen von Grundstücken und grundstücksgleichen Rechten mehr als zehn Jahre nach ihrem Erwerb sowie außerdem Leerverkäufe von Grundstücken.

(2) Rechtsfolgen. Die ausgeschütteten Erträge gehören beim Privatanleger zu den Ein- **211**
künften aus Kapitalvermögen gem. § 20 Abs. 1 Nr. 1 EStG bzw. zu den Leistungen iSd

---

[274] Vgl. BMF Schreiben v. 2.6.2005 – IV C 1 – S 1980 – 1 – 87/05, Tz. 15.
[275] Vgl. BMF Schreiben v. 2.6.2005 – IV C 1 – S 1980 – 1 – 87/05, Tz. 37.
[276] Vgl. BMF Schreiben v. 2.6.2005 – IV C 1 – S 1980 – 1 – 87/05, Tz. 37.
[277] Vgl. dazu iE *Lindemann* WM 2003, 1009.
[278] Vgl. BMF-Schreiben v. 2.6.2005 – IV C 1 – S 1980 – 1 – 87/05, Tz. 15. Siehe auch bereits *Lindemann* FR 2003, 898.

§ 22 Nr. 1 Satz 3a) aa) EStG iVm § 10 Abs. 1 Nr. 2b) EStG, § 22 Nr. 5 EStG, § 2 Abs. 1 Satz 1 InvStG. Als solche Einkünfte sind die ausgeschütteten Erträge einheitlich und unabhängig von der Qualifikation auf der Ebene des Sondervermögens einzuordnen.[279]

**212** Auf die ausgeschütteten Erträge ist das Teileinkünfteverfahren nach § 3 Nr. 40 EStG nicht mehr anzuwenden. Die ausgeschütteten Erträge unterliegen beim Privatanleger seit 2009 der Abgeltungsteuer, § 32d EStG. Bis 31.12.2008 war aber noch das Halbeinkünfteverfahren gemäß § 3 Nr. 40 EStG anzuwenden, soweit in den ausgeschütteten Erträgen Dividenden oder Einnahmen gemäß § 20 Abs. 1 Nr. 1 und 2 oder Abs. 2 Satz 1 Nr. 1, Satz 2 EStG enthalten waren, § 2 Abs. 2 InvStG.

**213** bb) Anteile im Betriebsvermögen eines Einzelunternehmers oder eines Mitunternehmers. aaa) Ausschüttungsgleiche Erträge. Ausschüttungsgleiche Erträge iSv § 1 Abs. 3 Satz 3 InvStG gehören bei betrieblichen Anlegern zu den Betriebseinnahmen, § 2 Abs. 1 Satz 1 InvStG.

**214** Bei Anteilsscheinen im Betriebsvermögen eines Einzelunternehmens oder eines Mitunternehmers entspricht die Besteuerung ausschüttungsgleicher Erträge der Besteuerung entsprechender Erträge aus Anteilsscheinen im Privatvermögen.[280] Insofern sind vom Investmentvermögen thesaurierte Kapitalerträge mit Ausnahme der Erträge aus Stillhalterprämien iSd § 20 Abs. 1 Nr. 11 EStG, aus Termingeschäften im Sinne des § 20 Abs. 2 Satz 1 Nr. 3 EStG, aus Wertpapierveräußerungsgeschäften[281], aus Erträgen aus der Vermietung und Verpachtung von Immobilien sowie aus sonstigen Erträgen und Gewinnen aus privaten Veräußerungsgeschäften iSd § 23 Abs. 1 Nr. 1 EStG, beim Anleger als ausschüttungsgleiche Erträge steuerpflichtig. Der Begriff des Wertpapierveräußerungsgeschäfts dürfte sich hier auf verbriefte wie unverbriefte Anteile an Kapitalgesellschaften erstrecken.[282]

**215** Soweit zu den ausschüttungsgleichen Erträgen Dividenden und ähnliche Erträge iSv § 20 Abs. 1 Satz 1 Nr. 1 und 2, Abs. 2 Satz 1 Nr. 2, Satz 2 EStG gehören, ist darauf das Teileinkünfteverfahren gemäß § 3 Nr. 40 EStG anzuwenden, § 2 Abs. 2 InvStG. Nicht begünstigt sind Ausschüttungen von Immobilienkapitalgesellschaften iSd REITG, § 19 Abs 3 REITG. Ist der betriebliche Anleger gewerbesteuerpflichtig, so greift nach Auffassung der Finanzverwaltung[283] für die nach § 3 Nr. 40 EStG außer Ansatz bleibenden Dividenden und ähnlichen Erträge die Hinzurechnung nach § 8 Nr. 5 GewStG. Von einer solchen Hinzurechnung könnte nur dann abgesehen werden, wenn die Investmentanteile die Voraussetzungen des § 9 Nr. 2a, bzw. 7 GewStG erfüllen. Gemäß § 9 Nr. 2a bzw. 7 iVm § 8 Nr. 5 GewStG ist für die Vermeidung der Hinzurechnung zu Beginn des Geschäftsjahres eine Beteiligung von mindestens 15 % an der ausschüttenden Gesellschaft erforderlich. Diese Bedingung ist nach Auffassung der Finanzverwaltung bei Investmentanteilen regelmäßig als nicht erfüllt anzusehen. Demzufolge unterliegen in ausschüttungsgleichen Erträgen enthaltene Dividenden und ähnliche Erträge beim betrieblichen Anleger in voller Höhe der Gewerbesteuer.

**216** aaa) Ausgeschüttete Erträge. Ausgeschüttete Erträge iSv § 1 Abs. 3 Satz 2 InvStG gehören beim betrieblichen Anteilsscheininhaber zu den Betriebseinnahmen, § 2 Abs. 1 Satz 1 InvStG.

**217** Insofern sind in Ausschüttungen eines Investmentvermögens enthaltene Kapitalerträge[284], Erträge aus der Vermietung und Verpachtung von Immobilien und sonstige Erträge

---

[279] Vgl. BMF Schreiben v. 2.6.2005 – IV C 1 – S 1980 – 1 – 87/05, Tz. 27.
[280] → Rn. 198 f.
[281] Zur Qualifizierung von Ausschüttungen der Fondsgesellschaften beim ausländischen Dach-Fonds → Rn. 182.
[282] So zumindest für Wertpapiere nach § 2 Abs. 3 Satz 1 Nr. 1 InvStG BMF Schreiben v. 2.6.2005 – IV C 1 – S 1980 – 1 – 87/05, Tz. 37.
[283] Vgl. BMF Schreiben v. 2.6.2005 – IV C 1 – S 1980 – 1 – 87/05, Tz. 42.
[284] Zur Qualifizierung von Ausschüttungen der Fondsgesellschaften beim ausländischen Dach-Fonds → Rn. 182.

sowie ausgeschüttete Gewinne aus Veräußerungsgeschäften steuerpflichtig, sofern die Anteilsscheine von einem Einzelunternehmer oder Mitunternehmer in seinem Betriebsvermögen gehalten werden. Bei im Betriebsvermögen gehaltenen Anteilsscheinen greifen die sachlichen Steuerbefreiungen[285] des § 2 Abs. 3 Nr. 1 und 2 InvStG nicht. Dementsprechend erstreckt sich der Umfang steuerpflichtiger ausgeschütteter Erträge beim betrieblichen Anleger auch auf Gewinne aus der Veräußerung von Wertpapieren, Termingeschäften, Bezugsrechten auf Anteile an Kapitalgesellschaften sowie von Grundstücken und grundstücksgleichen Rechten.

Der betriebliche Anleger kann auf in den ausgeschütteten Erträgen enthaltene Dividenden und ähnliche Erträge iSv § 20 Abs. 1 Satz 1 Nr. 1 und 2, Abs. 2 Satz 1 Nr. 1, Satz 2 EStG sowie auf Gewinne aus der Veräußerung von Anteilen an Kapitalgesellschaften das Teileinkünfteverfahren gemäß § 3 Nr. 40 EStG anwenden, § 2 Abs. 2, Abs. 3 Nr. 1 Satz 1 2. HS InvStG. Nicht begünstigt sind Anteile an Immobilienkapitalgesellschaften iSd REITG. Für gewerbesteuerliche Zwecke sind die gekürzten Dividenden und ähnlichen Erträge dem Gewerbeertrag wieder hinzuzurechnen, § 8 Nr. 5 GewStG[286]. Ebenso wie bei ausschüttungsgleichen Erträgen unterliegen auch in ausgeschütteten Erträgen enthaltene Dividenden und ähnliche Erträge demnach beim betrieblichen Anleger in voller Höhe der Gewerbesteuer. 218

cc) Anteile im Betriebsvermögen einer Kapitalgesellschaft. aaa) Ausschüttungsgleiche Erträge. Bei von einer Kapitalgesellschaft gehaltenen Anteilsscheinen an einem Investmentfonds stellen ausschüttungsgleiche Erträge[287], dh vom Fonds thesaurierte Kapitalerträge mit Ausnahme der Erträge aus Stillhalterprämien iSd § 20 Abs. 1 Nr. 11 EStG, aus Termingeschäften im Sinne des § 20 Abs. 2 Satz 1 Nr. 3 EStG und aus Wertpapierveräußerungsgeschäften[288], Erträge aus der Vermietung und Verpachtung von Immobilien, sonstige Erträge und Gewinne aus privaten Veräußerungsgeschäften iSd § 23 Abs. 1 Satz 1 Nr. 3 EStG, Betriebseinnahmen dar, § 2 Abs. 1 Satz 1 InvStG. Auf in den ausschüttungsgleichen Erträgen enthaltene Dividenden und ähnliche Erträge iSv § 20 Abs. 1 Satz 1 Nr. 1 und 2, Abs. 2 Satz 1 Nr. 2a und Nr. 2 Satz 2 EStG ist § 8b KStG nicht mehr anzuwenden. § 2 Abs. 2 InvStG. Während die vom Investmentvermögen vereinnahmte Dividenden und ähnliche Erträge beim körperschaftsteuerpflichtigen Anleger grundsätzlich steuerpflichtig bleiben, sind Veräußerungsgewinne weiterhin zu 95 % gemäß § 8b Abs. 2 KStG steuerbefreit. 219

Die Einschränkung der Geltung des § 8b Abs. 1 für Streubesitzdividenden gilt für Ausschüttungen seit dem 28. Februar 2013[289] Die Änderung des § 2 Abs 2 InvStG wurde zur Umsetzung der EuGH-Entscheidung vom 20. Oktober 2011[290] durch Gesetz vom 21.3.2013[291] („EuGH-Dividendenumsetzungsgesetz") eingeführt. Grundsätzlich nicht nach § 8b KStG begünstigt sind Anteile an Immobilienkapitalgesellschaften iSd REITG, § 19 Abs 3 REITG. 220

bbb) Ausgeschüttete Erträge. Ausgeschüttete Erträge iSv § 1 Abs. 2 Satz 2 InvStG auf von Kapitalgesellschaften gehaltene Investmentanteile stellen beim Anteilscheininhaber Betriebseinnahmen dar. Die sachlichen Steuerbefreiungen[292] des § 2 Abs. 3 InvStG, bezogen auf Gewinne aus der Veräußerung von Wertpapieren, Termingeschäften, Bezugsrechten auf Anteile an Kapitalgesellschaften sowie von Grundstücken und grundstücksgleichen Rechten, greifen für diese ausschüttungsgleichen Erträge nicht. 221

---

[285] → Rn. 200 f., 204.
[286] Vgl. BMF Schreiben v. 2.6.2005 – IV C 1 – S 1980 – 1 – 87/05, Tz. 42.
[287] → Rn. 191 f.
[288] Zur Qualifizierung von Ausschüttungen der Fondsgesellschaften beim ausländischen Dach-Fonds → Rn. 182.
[289] Vgl im Einzelnen *Rengers* in Blümich § 8b KStG Rn. 116 ff. sowie *Benz/Jetter* DStR 2013, 489 ff.
[290] Urteil vom 20.10.2011, C-284/09, BeckRS 2011, 81517.
[291] BGBl. 2013 I, S. 561.
[292] → Rn. 215 f., 219.

**222** Soweit in den einer Kapitalgesellschaft zuzurechnenden ausgeschütteten Erträgen Dividenden[293] und ähnliche Erträge iSv § 20 Abs. 1 Satz 1 Nr. 1 und 2, Abs. 2 Satz 1 Nr. 2, Satz 2 EStG enthalten sind, ist ebenfalls zu differenzieren, ob es sich um ausgeschüttete Dividenden und entsprechende Bezüge handelt oder um ausgeschüttete Veräußerungsgewinne. So sind seit dem 1. März 2013 an Kapitalgesellschaften ausgeschüttete Erträge des Investmentfonds lediglich zu 95 % steuerbefreit, soweit sie Gewinne aus der Veräußerung[294] von Anteilen an Kapitalgesellschaften umfassen, § 8b Abs. 2 und 3 KStG iVm § 2 Abs. 2. InvStG. Grundsätzlich nicht nach § 8b KStG begünstigt sind Anteile an Immobilienkapitalgesellschaften iSd REITG, § 19 Abs 3 REITG.

**223** Für gewerbesteuerliche Zwecke hat das EuGH-Dividendenumsetzungsgesetz zu einer Vereinheitlichung der Besteuerung geführt, da schon für vor dem 1. März 2013 nach § 8b KStG außer Ansatz gebliebene Dividenden und ähnliche Erträge iSv § 20 Abs. 1 Satz 1 Nr. 1 und 2, Abs. 2 Satz 1 Nr. 2, Satz 2 EStG dem Gewerbeertrag wieder hinzuzurechnen waren, § 8 Nr. 5 GewStG, da hier auch die Mindestbeteiligung von 15 % regelmäßig nicht erreicht werden konnte.[295]

**224** **c) Steuerabzug vom Kapitalertrag.** aa) Allgemeines. Von den Erträgen aus Investmentanteilen wird je nach Art der darin enthaltenen Erfolgsbestandteile Kapitalertragsteuer erhoben, § 7 InvStG. Die Vorschrift geht in ihrer Konzeption davon aus, dass alle Erträge iSd § 2 Abs. 1 InvStG, ob ausgeschüttete Erträge oder ausschüttungsgleiche Erträge,[296] dem Steuerabzug vom Kapitalertrag unterworfen werden. Nicht erfasst werden damit aber andererseits Erfolgsbestandteile, die im Rahmen der Ermittlung der ausschüttungsgleichen Erträge noch nicht zu erfassen sind (insb. Veräußerungsgewinne aus Wertpapieren und Grundstücken)[297] oder selbst im Falle ihrer Ausschüttung steuerfrei bleiben.[298] Soweit ausschüttungsgleiche Erträge der Kapitalertragsteuer unterliegen, aber nicht ausgeschüttet werden, regeln die weiteren Vorschriften über die „Teilausschüttung" wie der Steuerabzug vom Ausschüttungsbetrag vorzunehmen ist. Die Erträge sind nach Abzug von Werbungskosten und etwaiger Verlustverrechnungen dem Steuerabzug zu unterwerfen.[299] Der Steuerabzug beträgt nunmehr einheitlich 25 %, § 43 Abs. 1 Satz 1 Nr. 7 iVm § 43a Abs. 1 Nr. 1 EStG.

**225** bb) Bemessungsgrundlage. aaa) Ordnungsgemäße Ausschüttungen. Ausgeschüttete Erträge iSd § 2 Abs. 1 InvStG unterliegen der Kapitalertragsteuer, wobei allerdings folgende Besonderheiten bestehen:
– Nach § 7 Abs. 1 Nr. 1 Buchst. a) InvStG sind inländische Kapitalerträge iSd § 43 Abs. 1 Satz 1 Nr. 1 und 2 EStG von der Bemessungsgrundlage auszunehmen. Bei den so angesprochenen inländischen Kapitalerträgen gem. § 43 Abs. 1 Satz 1 Nr. 1 und 1a sowie Satz 2 EStG handelt es sich um Gewinnanteile und sonstige Vorteile aus Anteilen an Kapitalgesellschaften iSv § 20 Abs. 1 Nr. 1 und 2 sowie Abs. 2 Satz 1 Nr. 2a und Nr. 2 Satz 2 EStG. Weiterhin werden Vermietungserträge und Veräußerungsgewinne aus im Inland belegenen Grundstücken von der Bemessungsgrundlage ausgenommen. Die Regelung führt nicht zu einer Befreiung vom Steuerabzug, sondern bestimmt eine verfahrensrechtliche Ausnahme, nach der in diesen Fällen die Einbehaltung der Kapitalertragsteuer nach § 7 Abs. 3 InvStG zu erfolgen hat.[300]
– Nach § 7 Abs. 1 Nr. 1 Buchst. b InvStG sind von der Kapitalertragsteuer ferner die Erträge des Investmentfonds befreit, die bei Privatanlegern nach § 2 Abs. 3 InvStG nicht

---

[293] Zur Qualifizierung von Ausschüttungen der Fondsgesellschaften beim ausländischen Dach-Fonds → Rn. 182.
[294] Zur Qualifizierung von Veräußerungen der Anteile an Fondsgesellschaften beim ausländischen Dach-Fonds → Rn. 182.
[295] Vgl. BMF Schreiben v. 2.6.2005 – IV C 1 – S 1980 – 1 – 87/05, Tz. 42.
[296] Vgl. → Rn. 197, 206.
[297] Vgl. → Rn. 199.
[298] Vgl. → Rn. 206 f., 210.
[299] Vgl. *Hammer* in Blümich, § 7 InvStG Rn. 3.
[300] Vgl. → Rn. 229.

steuerbar sind.³⁰¹ Dazu gehören Gewinne aus der Veräußerung von bis zum 31.12.2008 angeschafften Wertpapieren und Bezugsrechten auf Anteile an Kapitalgesellschaften, aus Termingeschäften sowie aus der Veräußerung von Grundstücken und grundstücksgleichen Rechten mehr als zehn Jahre nach ihrem Erwerb. Zudem ist keine Kapitalertragsteuer zu erheben auf Ertragsbestandteile, die nach § 4 Abs. 1 InvStG infolge eines DBA steuerbefreit sind.³⁰²

bbb) Ausschüttung bei fehlender Bekanntmachung, § 6 InvStG. Die Ausnahmen vom Steuerabzug können nur bei ordnungsmäßiger Erfüllung der Bekanntgabepflichten nach § 5 Abs. 1 InvStG beansprucht werden.³⁰³ Bei Bekanntgabemängeln lediglich bezogen auf steuerentlastende Tatsachen sowie in den Fällen des § 5 Abs. 1 Satz 2 InvStG können die Ausnahmen vom Steuerabzug ebenfalls beansprucht werden.³⁰⁴

ccc) Besitzzeitanteilige akkumulierte ausschüttungsgleiche Erträge. Gemäß § 7 Abs. 1 Nr. 3 InvStG iVm § 5 Abs. 1 Satz 1 Nr. 4 InvStG ist der inländische Investmentfonds auch zum Steuerabzug auf die ausschüttungsgleichen Erträge verpflichtet. Für Dividenden gilt § 7 Abs. 3 InvStG. Hierzu ist die Berechnung besitzzeitanteilig durchzuführen, soweit die Anschaffungsdaten nachgewiesen werden.³⁰⁵

ddd) Zwischengewinn. Der Zwischengewinn unterliegt der Kapitalertragsteuer, § 7 Abs. 1 Nr. 4 InvStG. Das gilt auch für den pauschalen Zwischengewinn gemäß § 5 Abs. 3 Satz 2 InvStG ³⁰⁶

cc) Kapitalertragsteuer auf inländische Dividendenerträge sowie Erträge aus inländischen Immobilien. Soweit in ausgeschütteten oder ausschüttungsgleichen Erträgen eines inländischen Investmentfonds inländische Erträge iSv § 43 Abs. 1 Satz 1 Nr. 1 und Satz 2 EStG enthalten sind, ist darauf Kapitalertragsteuer iHv 25% einzubehalten, § 7 Abs. 3 InvStG. Bei den Erträgen iSv § 43 Abs. 1 Satz 1 Nr. 1 und Satz 2 EStG handelt es sich um Gewinnanteile und sonstige Vorteile aus Anteilen an Kapitalgesellschaften iSv § 20 Abs. 1 Nr. 1 und 2 EStG (Dividendenanteil) Entsprechendes gilt für Erträge aus Vermietung und Verpachtung von und Gewinne aus mit Veräusserungsgeschäften mit im Inland belegenen Grundstücken und grundstücksgleichen Rechten. Keine Kapitalertragsteuer ist hingegen auf entsprechende ausländische Erträge des inländischen Investmentfonds zu entrichten.

An die Regelung des § 7 Abs. 3 InvStG knüpft sich die Entrichtungspflicht des Kapitalertragsteuer, je nach dem, ob die Erträge ausgeschüttet oder thesauriert wurden, § 7 Abs. 3a–3d InvStG.

dd) Entrichtungspflichtiger. aaa) Vollausschüttung. In den Fällen der Ausschüttung inländischer Kapitalerträge iSd § 43 Abs. 1 Satz 1 Nr. 1 und 2 EStG sowie von Vermietungserträgen und Veräußerungsgewinnen aus im Inland belegenen Grundstücken, jeweils soweit sie nicht gemäß § 7 Abs. 1 Satz 1 Nr. 1b) InvStG grundsätzlich steuerfrei gestellt sind, liegt die Verpflichtung zum Einbehalt und zur Abführung der der Kapitalertragsteuer beim sogenannten „Entrichtungspflichtigen". Entrichtungspflichtiger ist das inländische Kreditinstitut, das Verwahrstelle der Investmentanteile ist oder ohne Verwahrstelle der Investmentanteile zu sein als Zahlstelle fungiert, § 7 Abs. 3a und 3c InvStG. Die Bestimmung, die zu Konflikten zwischen Verwahrstellen und Zahlstelle führen kann, wurde eingeführt um Missbräuchen bei der Abführung von Kapitalertragsteuer zu begegnen.³⁰⁷

---

³⁰¹ Vgl. dazu → Rn. 210.
³⁰² Vgl. dazu → Rn. 234.
³⁰³ Bei Nichterfüllung der Bekanntgabepflichten und Pauschalversteuerung vgl. → Rn. 272 f.
³⁰⁴ Vgl. → Rn 276.
³⁰⁵ Vgl. *Hammer* in Blümich, § 7 InvStG Rn. 5, 6; siehe auch OFD Frankfurt S 2406 A – 1 – St 54: Verfügung betr. Bemessung der Kapitalertragsteuer (bis VZ 2008: des Zinsabschlags) bei Kursdifferenzpapieren iSd § 20 Abs. 2 Nr. 4 EStG vom 26. Juni 2012 (StEd S. 457).
³⁰⁶ Vgl. dazu → Rn. 239.
³⁰⁷ Vgl. *Hammer* in Blümich, § 7 InvStG Rn. 12.

**231** bbb) **Vollthesaurierung.** Im Falle der vollen Thesaurierung gilt für den Steuerabzug der Kapitalertragsteuer für ausschüttungsgleichen Erträge die Vorschrift des § 7 Abs. 4 InvStG, soweit nicht wiederum die vorrangige Regelung des § 7 Abs. 3 eingreift (§ 7 Abs. 3b und 3d InvStG). Im Falle des § 7 Abs. 4 InvStG ist Entrichtungsverpflichteter die voraussichtliche Zahlstelle. Die Depotbank hat die entsprechenden Angaben dem Entrichtungspflichtiger auf dessen Anforderungen zur Verfügung zu stellen, § 7 Abs. 3b Satz 2 InvStG.[308] Das Verfahren gemäß § 7 Abs. 3b dient zur Verhinderung von Mehrfachanrechnungen von Kapitalertragsteuer im Zusammenhang mit *Cum/Ex Trades* über das Geschäftsjahresende, § 2 Abs. 1b InvStG.[309]

**232** ccc) Teilausschüttung.[310] Der Fall der Teilausschüttung ist in § 7 Abs. 2 InvStG gesondert geregelt, da zum einen der Steuerabzug bei ausgeschütteten Erträgen und bei ausschüttungsgleichen Erträgen unterschiedliche Entrichtungpflichtige anspricht und sich zum anderen die Frage ergibt, ob die Ausschüttung ausreicht, um den Betrag der Kapitalertragsteuer vollumfänglich abzudecken. Entsprechend sind bei einer Teilausschüttung, die für den Einbehalt des Steuerabzuges nicht ausreicht die Regeln über die Vollthesaurierung anzuwenden (§ 7 Abs. 3b, 3d und 4 InvStG), während im anderen Fall die Regeln über die Vollausschüttung zur Anwendung kommen (§ 7 Abs. 1, 3, 3a und 3c InvStG).

**233** ee) **Kapitalertragsteuererstattung an in- und ausländische Anteilseigner.**[311] Soweit trotz des Bestehens von Steuerbefreiungsvorschriften Kapitalertragsteuer einbehalten wurde, hat die inländische Investmentgesellschaft auf Antrag des Anlegers die Kapitalertragsteuer zu erstatten. § 7 Abs. 5 InvStG regelt die Inlandsfälle der Erstattung an natürliche Personen und Körperschaften, so zB die Erstattung an steuerbefreite Körperschaften und die öffentliche Hand, während § 7 Abs. 6 InvStG die Erstattung an ausländische Körperschaften und vergleichbare EU-Gesellschaften betrifft.

**234** **d) Behandlung ausländischer Einkünfte.** Die steuerliche Behandlung ausländischer Einkünfte des Investmentvermögens beim Anteilsscheininhaber wird durch § 4 InvStG geregelt.

aa) **Anwendung von Doppelbesteuerungsabkommen (DBA).** Enthalten ausgeschüttete oder ausschüttungsgleiche Erträge inländischer oder ausländischer Investmentfonds ausländische Einkünfte, so sind diese beim Anleger steuerfrei zu stellen, soweit sie aus einem ausländischen Staat stammen, mit dem Deutschland ein DBA mit Freistellungsmethode geschlossen hat, § 4 Abs. 1 InvStG. Dabei ist auf das von Deutschland mit dem Quellenstaat der Einkünfte geschlossene DBA abzustellen.[312] Bei natürlichen Personen wird die Steuerfreistellung nur unter Progressionsvorbehalt gewährt, § 4 Abs. 1 Satz 2 InvStG. Seit 2009 bezieht sich der Progressionsvorbehalt nur auf die nicht zu den Einkünften aus Kapitalvermögen gehörenden und damit der Abgeltungsteuer unterliegenden Erträge aus einem Investmentanteil, § 4 Abs. 1 Satz 2 EStG. Nach Ansicht der Finanzverwaltung[313] soll der Progressionsvorbehalt[314] ungeachtet dessen anzuwenden sein, ob das betreffende DBA einen solchen ausdrücklich vorsieht. Soweit Sitzstaat des Investmentfonds und Quellenstaat der ausländischen Einkünfte identisch sind, greift nach Auffassung der Finanzverwaltung für

---

[308] Vgl. *Hammer* in Blümich, § 7 InvStG Rn. 12.
[309] Vgl. BMF IV C 1 – S 2252/09/10003 :005: Schreiben betr. Kapitalertragsteuer bei Leerverkäufen von Aktien oder Investmentanteilen über den Dividendenstichtag[1] vom 3. März 2011 (DStR S. 477); *Hammer* in Blümich, § 7 InvStG Rn. 13; *Patzner, Nagler*: Praxisfragen zum Kapitalertragsteuererstattungsverfahren im Zusammenhang mit dem OGAW-IV-Umsetzungsgesetz IStR 2011, 804.
[310] Vgl. *Hammer* in Blümich, § 7 InvStG Rn. 12.
[311] Vgl. *Hammer* in Blümich, § 7 InvStG Rn. 15–17; Patzner, Nagler: Praxisfragen zum Kapitalertragsteuererstattungsverfahren im Zusammenhang mit dem OGAW-IV-Umsetzungsgesetz IStR 2011, 804.
[312] Vgl. BMF Schreiben v. 2.6.2005 – IV C 1 – S 1980 – 1 – 87/05, Tz. 75.
[313] Vgl. BMF Schreiben v. 2.6.2005 – IV C 1 – S 1980 – 1 – 87/05, Tz. 76.
[314] Zum negativen Progressionsvorbehalt wegen nicht abzugsfähiger Werbungskosten im Zusammenhang mit steuerfreien Einnahmen → Rn. 321.

diese ausländischen Einkünfte die DBA-Freistellung nur unter der Voraussetzung, dass die darauf erhobene ausländische Steuer mindestens dem Steuersatz nach § 23 Abs. 1 KStG von derzeit 15 % entspricht.[315]

bb) **Anrechnung ausländischer Steuern.** Sind in ausgeschütteten oder ausschüttungsgleichen Erträgen inländischer oder ausländischer[316] Investmentfonds ausländische Einkünfte enthalten, die aus solchen Staaten stammen, mit denen kein DBA oder ein DBA mit Anrechnungsmethode besteht, so ist gemäß § 4 Abs. 2 Satz 1 InvStG die festgesetzte, gezahlte und keinem Ermäßigungsanspruch mehr unterliegende ausländische Steuer beim unbeschränkt steuerpflichtigen Anleger auf seine deutsche Steuer entsprechend § 34c Abs. 1 EStG bzw. § 26 Abs. 1 KStG anzurechnen. Zu den anrechenbaren Steuern gehören auch fiktive ausländische Quellensteuern. Die ursprünglich nur für Anleger inländischer Investmentvermögen zulässige Anrechnung fiktiver Quellensteuer wurde durch Ergänzung des § 4 Abs. 2 InvStG im Zuge des EurLUmsG auch für Anleger ausländischer Investmentvermögen ermöglicht. Ebenfalls anrechenbar sind nach § 4 Abs. 2 Satz 5 InvStG solche ausländischen Quellensteuern, die im Sitzstaat eines ausländischen Investmentvermögens auf dessen ausgeschüttete Erträge erhoben werden. Sofern ausländische Investmentvermögen inländische Einkünfte beziehen, sind darauf erhobene deutsche Ertragsteuern beim inländischen Anleger entsprechend § 4 Abs. 2 Satz 1 InvStG anrechenbar. Für diese Zwecke werden durch § 4 Abs. 2 Satz 7 InvStG die deutschen Einkünfte als ausländische Einkünfte sowie die darauf erhobene deutsche Steuer als ausländische Steuer qualifiziert. 235

Der Höchstbetrag der anzurechnenden ausländischen Steuer ist unter Anwendung des § 34c EStG zu ermitteln. Dazu ist auf das jeweilige Investmentvermögen abzustellen und der Höchstbetrag für ausgeschüttete und ausschüttungsgleiche Erträge für jedes einzelne Investmentvermögen zusammengefasst zu berechnen, § 4 Abs. 2 Satz 3 InvStG. Statt einer Anrechnung ausländischer Steuern können die beim Anleger anrechenbaren oder abziehbaren ausländischen Steuern auch vom Investmentvermögen bei der Ermittlung der Erträge als Werbungskosten abgezogen werden, § 4 Abs. 4 Satz 1 InvStG. Wählt das Investmentvermögen den Abzug der ausländischen Steuern als Werbungskosten, entfällt die Anrechnung bzw. der Abzug der entsprechenden Steuern auf Anlegerebene, § 4 Abs. 4 Satz 2 InvStG. 236

Nicht zur Anrechnung oder zum Abzug zugelassen sind hingegen ausländische Steuern auf solche ausländischen Einkünfte, die im Inland aufgrund eines DBA nach § 4 Abs. 1 Satz 1 InvStG oder nach § 2 Abs. 2 und 3 InvStG vom Anleger steuerfrei vereinnahmt werden können, § 4 Abs. 3 InvStG. Bei nach § 2 Abs. 2 InvStG steuerfreien Einkünften handelt es sich um solche in ausgeschütteten bzw. ausschüttungsgleichen Erträgen enthaltene Einkünfte, auf die das Teileinkünfteverfahren nach § 3 Nr. 40 EStG bzw. das Beteiligungsprivileg nach § 8b KStG anwendbar ist.[317] Im Unterschied dazu sind ausländische Steuern auf (Direkt)Dividenden nach § 34c EStG in voller Höhe zu berücksichtigen.[318] Nach § 2 Abs. 3 InvStG können bestimmte Bestandteile ausgeschütteter Erträge bei Privatanlegern steuerfrei vereinnahmt werden.[319] 237

e) **Besteuerung der Veräußerung von Investmentanteilen.** aa) Anteile im Privatvermögen. Bei Veräußerung oder Rückgabe von Investmentanteilen im Privatvermögen ist zu unterscheiden zwischen dem sog. Zwischengewinn und dem diesen Zwischengewinn übersteigenden Veräußerungserfolg. 238

aaa) Zwischengewinn. Nach § 2 Abs. 1 Satz 5 InvStG gilt der Zwischengewinn als in den Einnahmen aus der Rückgabe oder Veräußerung eines Investmentanteils enthalten. 239

---

[315] Vgl. BMF Schreiben v. 2.6.2005 – IV C 1 – S 1980 – 1 – 87/05, Tz. 75.
[316] Vgl. BMF Schreiben v. 2.6.2005 – IV C 1 – S 1980 – 1 – 87/05, Tz. 77.
[317] Vgl. BMF Schreiben v. 2.6.2005 – IV C 1 – S 1980 – 1 – 87/05, Tz. 82; OFD Münster Kurzinfo ESt 019/2006 v. 13.9.2006, DStR 2006, 2216.
[318] Siehe R 34c Abs. 2 Satz 3 EStR 2005.
[319] → Rn. 219.

Zwischengewinn ist der Teil des Veräußerungsgewinns, der ein Entgelt für die vom Investmentvermögen unterjährig vereinnahmten, dem Anteilsscheininhaber aber steuerlich noch nicht zugerechneten Zinsen iSv § 20 Abs. 1 Nr. 7 EStG sowie Erträge aus Zinssurrogaten iSv § 20 Abs. 2 EStG, mit Ausnahme des § 20 Abs. 2 Satz 1 Nr. 2 Buchst. a) EStG (Veräußerung von Zinsscheinen und Zinsforderungen) sowie angewachsene Ansprüche des Investmentvermögens auf derartige Einnahmen darstellt, § 1 Abs. 4 InvStG.[320] Zur Berechnung des Zwischengewinns sind die bezeichneten Erträge um die zurechenbaren Werbungskosten zu mindern.

240   Die nach altem Recht (§ 39 Abs. 2 KAGG, § 17 AuslInvestmG) steuerpflichtige Erfassung des Zwischengewinns wurde zunächst mit der Einführung des InvStG aus Vereinfachungsgründen abgeschafft. Für Rückgaben, Veräußerungen und Erwerbe von Investmentanteilen im Privatvermögen nach dem 31.12.2004 wurde die Steuerpflicht des Zwischengewinns durch das EurLUmsG wieder eingeführt, § 2 Abs. 1 Satz 1 InvStG. Kein Zwischengewinn ist von Hedgefonds zu ermitteln, § 5 Abs. 3 Satz 4 InvStG.

241   Der Zwischengewinn ist für inländische und ausländische Investmentvermögen nach den gleichen Regeln zu ermitteln. Er ist vom Investmentvermögen bewertungstäglich zusammen mit dem Rücknahmepreis zu veröffentlichen, § 5 Abs. 3 Satz 1 InvStG. Bei Nichtveröffentlichung des Zwischengewinns ist der Besteuerung ein Ersatzwert zugrunde zu legen. Dieser beträgt 6% des Entgelts für die Rückgabe oder Veräußerung des Investmentanteils, § 5 Abs. 3 InvStG.

242   Bei Veräußerung oder Rückgabe von Investmentanteilen ist der Zwischengewinn beim Anteilsscheininhaber als Einkünfte aus Kapitalvermögen gemäß § 20 Abs. 1 Nr. 7, Abs. 2 EStG zu erfassen. Der Zwischengewinn ist steuerpflichtig unabhängig von der Haltedauer der Investmentanteile. Er unterliegt dem Zinsabschlag von 25%, § 7 Abs. 1 Satz 1 Nr. 4 InvStG. Ergibt sich ein negativer Zwischengewinn, so ist dem Anteilsscheininhaber ein Zwischengewinn von Null zuzurechnen.

243   Bei Erwerb von Investmentanteilen ist ein positiver Zwischengewinn als negative Einnahme aus Kapitalvermögen anzusetzen.[321]

244   bbb) Veräußerungsgewinn. Für nach dem 31.12.2008 erworbene Investmentanteile gehören Veräußerungsgewinne aus der Veräußerung oder Rückgabe von Investmentanteilen zu den Einkünften aus Kapitalvermögen iSd § 20 Abs. 2 Satz 1 Nr. 1 EStG, §§ 8 Abs. 5, 18 Abs. 2 Satz 2 InvStG. Die Veräußerungsgewinne unterliegen demnach unabhängig von einer Behaltefrist der Abgeltungsteuer, § 32d EStG. Unabhängig vom Umfang der Beteiligung ist auf Investmentanteile im Privatvermögen § 17 EStG nicht anzuwenden, § 8 Abs. 5, 2. Halbs. InvStG. Für Gewinne aus der Veräußerung von Investmentanteilen im Privatvermögen greift auch das Teileinkünfteverfahren nicht, § 8 Abs. 5, 2. Halbs. InvStG.

245   § 21 Abs. 2a InvStG enthält für sogenannte „Millionärsfonds" eine Sonderregelung zur vorgezogenen Anwendung der Abgeltungsteuer auf Veräußerungsgewinne. Die Anwendung der Abgeltungsteuer gilt danach bereits für die Veräußerung oder Rückgabe von Anteilen an inländischen Spezial-Sondervermögen, inländischen Spezial-Investment-Aktiengesellschaften oder ausländischen Spezial-Investmentvermögen, die ab dem 9.11.2007 erworben wurden, § 21 Abs. 2a Satz 1 InvStG. Entsprechendes gilt für die Veräußerung oder Rückgabe von Anteilen an anderen Investmentvermögen, bei denen durch Gesetz, Satzung, Gesellschaftsvertrag oder Vertragsbedingungen die Beteiligung natürlicher Personen von der Sachkunde des Anlegers abhängig oder für die Beteiligung eine Mindestanlagesumme von 100 000 EUR oder mehr vorgeschrieben ist.

246   bb) Anteile im Betriebsvermögen. aaa) Sachliche Steuerpflicht. Ein bei der Veräußerung oder Rückgabe von zu einem Betriebsvermögen gehörenden Investmentanteilen erzielter

---

[320] Zum Umfang des Zwischengewinns im Einzelnen vgl. BMF Schreiben v. 2.6.2005 – IV C 1 – S 1980 – 1 – 87/05, Tz. 22.
[321] Vgl. BMF Schreiben v. 2.6.2005 – IV C 1 – S 1980 – 1 – 87/05, Tz. 21.

Veräußerungsgewinn ist grundsätzlich voll steuerpflichtig.³²² Nicht zum steuerpflichtigen Veräußerungsgewinn gehören indes thesaurierte Erträge des Investmentvermögens, die beim Anleger bereits als ausschüttungsgleiche Erträge steuerpflichtig gewesen waren.³²³ Ausnahmen von der Steuerpflicht des Rückgabe- oder Veräußerungsgewinns bestehen lediglich dann, wenn das Investmentvermögen Aktiengewinne nach § 8 InvStG enthält und die erforderlichen Angaben bekannt gemacht werden.

bbb) Aktiengewinn. (1) Überblick. Für in einem Betriebsvermögen gehaltene Anteilscheine kann das Investmentvermögen dem Anleger die Inanspruchnahme von Besteuerungsprivilegien nach § 8 InvStG ermöglichen. Auf Beteiligungen des Investmentvermögens an anderen Investmentvermögen ist § 8 Abs. 1 Satz 1 InvStG entsprechend anzuwenden, § 8 Abs. 1 Satz 2 InvStG.³²⁴ **247**

Durch § 8 InvStG wird die steuerliche Behandlung des sog. Aktiengewinns geregelt. Eine entsprechende Vorschrift war nach früherem Recht in § 40a KAGG enthalten. Der Aktiengewinn nach § 8 InvStG umfasst abhängig von den Anlagegütern des Investmentvermögens einerseits den Aktiengewinn ieS sowie andererseits den sog. Immobiliengewinn.³²⁵ Auf den Aktiengewinn ieS ist das Teileinkünfteverfahren gemäß § 3 Nr. 40 EStG bzw. das Beteiligungsprivileg nach § 8b KStG anzuwenden. Die Inanspruchnahme einer eventuellen Freistellung nach einem DBA für Einkünfte aus ausländischem Grundvermögen gemäß § 4 Abs. 1 InvStG setzt die Bestimmung des Immobiliengewinns voraus. Der den Aktiengewinn ieS sowie den Immobiliengewinn übersteigende Veräußerungserfolg unterliegt beim Anleger der regulären Besteuerung. **248**

Die Inanspruchnahme des § 8 InvStG setzt voraus, dass der Aktiengewinn vom Investmentvermögen börsentäglich ermittelt und mit dem Rücknahmepreis als Vomhundertsatz veröffentlicht wird (Fondsaktiengewinn), § 5 Abs. 2 InvStG iVm §§ 36, 116 Satz 1 InvG. Die Angabe des Aktiengewinns als Vomhundertsatz dient dem für das Investmentvermögen unbekannten Anleger dazu, individuell seinen Aktiengewinn bei Einstieg in das Investmentvermögen bzw. Ausstieg aus dem Investmentvermögen zu berechnen (Anlegeraktiengewinn). Bei Spezial-Investmentfonds ist der Aktiengewinn bei jeder Bewertung des Sondervermögens zu ermitteln. Eine Bekanntgabe gegenüber dem einzelnen Anleger ist ausreichend, § 15 Abs. 1 Satz 2 InvStG. **249**

(2) Aktiengewinn ieS. (a) Positiver Aktiengewinn. Der (positive) Aktiengewinn ieS ist in § 8 Abs. 1 Satz 1 InvStG definiert als die dem Anleger noch nicht zugeflossenen oder nicht als zugeflossen geltenden Einnahmen iSv § 8b Abs. 1 KStG bzw. § 3 Nr. 40 EStG oder bereits realisierte oder noch nicht realisierte Gewinne aus der Beteiligung des Investmentvermögens an Körperschaften, Personenvereinigungen oder Vermögensmassen, deren Leistungen beim Empfänger zu den Einnahmen iSd § 20 Abs. 1 Nr. 1 EStG gehören. Der Aktiengewinn ieS umfasst insoweit zunächst noch nicht ausgeschüttete und nicht als ausgeschüttet geltende Dividenden und ähnliche Bezüge gemäß § 20 Abs. 1 Nr. 1 und 2, Abs. 2 Satz 1 Nr. 2, Satz 2 EStG des Investmentvermögens aus Anteilen an Kapitalgesellschaften etc., abzüglich anteiliger Kosten. Des Weiteren gehören zum Aktiengewinn vom Investmentvermögen noch nicht ausgeschüttete und nicht als ausgeschüttet geltende realisierte und noch nicht realisierte Wertsteigerungen bzw. Wertminderungen aus Anteilen an Kapitalgesellschaften etc.³²⁶ Die Einschränkung der Geltung des § 8b Abs. 1 für Streubesitzdividenden gilt für die Ermittlung des Aktiengewinnes seit dem 28. Februar 2013.³²⁷ Die Änderung des § 8 Abs. 1 InvStG wurde zur Umsetzung der EuGH-Entscheidung vom **250**

---

³²² Zur bilanziellen Behandlung vgl. etwa *Petersen* DStR 2006, 1674, 1676 ff.
³²³ Vgl. *Carlé* DStZ 2004, 77.
³²⁴ Zu Dach-Investmentfonds siehe → Rn. 277 f.
³²⁵ Vgl. BMF Schreiben v. 2.6.2005 – IV C 1 – S 1980 – 1 – 87/05, Tz. 111.
³²⁶ Vgl. BMF Schreiben v. 2.6.2005 – IV C 1 – S 1980 – 1 – 87/05, Tz. 112.
³²⁷ Vgl im einzelnen *Rengers* in Blümich § 8b KStG Rn. 116 ff. sowie *Benz/Jetter* DStR 2013, 489 ff.

20. Oktober 2011[328] durch Gesetz vom 21.3.2013[329] („EuGH-Dividendenumsetzungsgesetz") eingeführt. Dabei werden grundsätzlich Aktiengewinne getrennt für Zeiträume vor und nach dem 1. März 2013 ermittelt; für Spezial-Investmentfonds nach § 15 InvStG soll dies nicht erforderlich sein.[330]

251 Laufende Erträge aus Anteilen an Kapitalgesellschaften sowie Wertänderungen dieser Anteile gehen unterjährig in den Aktiengewinn ein. Bei Ausschüttung oder Thesaurierung am Geschäftsjahresende sind die laufenden Erträge vom Aktiengewinn abzusetzen. Ferner zu bereinigen ist der Aktiengewinn am Geschäftsjahresende um ausgeschüttete realisierte Wertsteigerungen.

252 Auf den Teil der Einnahmen aus der Veräußerung bzw. Rückgabe von Investmentanteilen im Betriebsvermögen, der dem positiven Aktiengewinn ieS entspricht, ist nach § 8 Abs. 1 Satz 1 InvStG das Teileinkünfteverfahren gemäß § 3 Nr. 40 EStG bzw. das Beteiligungsprivileg gemäß § 8b KStG anzuwenden. Nicht anwendbar sind diese Begünstigungen für Anteile an Immobilienkapitalgesellschaften iSd REITG.

253 (b) Negativer Aktiengewinn. Ein negativer Aktiengewinn resultiert aus Vermögensminderungen von Beteiligungen des Investmentvermögens an Körperschaften, Personenvereinigungen oder Vermögensmassen, deren Leistungen beim Empfänger zu den Einnahmen iSd § 20 Abs. 1 Nr. 1 EStG gehören, § 8 Abs. 2 InvStG. Beim betrieblichen Anleger kann dieser negative Aktiengewinn Teilwertabschreibungen auf die Investmentanteile erforderlich machen oder sich im Fall der Veräußerung oder Rückgabe der Investmentanteile auswirken. Soweit Teilwertabschreibungen oder Erfolge des Anlegers bei Veräußerung oder Rückgabe der Investmentanteile auf einen negativen Aktiengewinn zurückzuführen sind, sind darauf § 3c Abs. 2 EStG bzw. § 8b Abs. 3 KStG anzuwenden. Demzufolge kann der negative Aktiengewinn bei Anteilen im Betriebsvermögen eines Einzelunternehmers oder Mitunternehmers steuerlich nur zu 60% berücksichtigt werden, § 3c Abs. 2 EStG. Der negative Aktiengewinn aus Investmentanteilen im Betriebsvermögen von Kapitalgesellschaften kann demgegenüber steuerlich in voller Höhe nicht geltend gemacht werden, § 8b Abs. 3 KStG.[331]

254 (3) Immobiliengewinn. Als Immobiliengewinn sind bei Veräußerung oder Rückgabe von Investmentanteilen dem Anleger noch nicht zugeflossene oder als noch nicht zugeflossen geltende Mieteinnahmen sowie realisierte oder unrealisierte Wertänderungen des Investmentvermögens aus ausländischem Grundvermögen anzusehen, die nach einem mit dem jeweiligen Belegenheitsstaat abgeschlossenen DBA in Deutschland steuerfrei sind, § 4 Abs. 1 InvStG iVm § 8 Abs. 1 InvStG.[332] Über die bezeichneten Erfolge aus Grundvermögen hinaus kann der Immobiliengewinn zudem andere Erfolgskomponenten enthalten, die nach einem DBA mit dem jeweiligen Quellenstaat in Deutschland steuerfrei zu stellen sind.

255 Die bezeichneten Erfolgskomponenten gehen nur unterjährig in den Immobiliengewinn ein. Bei Thesaurierung oder Ausschüttung am Geschäftsjahresende sind sie vom Immobiliengewinn abzusetzen.

256 Der Immobiliengewinn iSv § 8 InvStG ist analog zum Aktiengewinn ieS zu ermitteln.[333] Ein bei Veräußerung oder Rückgabe der Anteilsscheine realisierter positiver Immobiliengewinn ist beim Anleger unter Progressionsvorbehalt steuerfrei zu stellen.[334] Ein negativer Immobiliengewinn darf umgekehrt – nach Auffassung des BMF – das Einkommen des

---

[328] Urteil vom 20.10.2011, C-284/09, BeckRS 2011, 81517.
[329] BGBl. 2013 I, S. 561.
[330] Siehe *Behrens/Faller* BB 2014, 219 ff.
[331] Vgl. *Schick/Bickert* BB 2006, 1999, 2002 ff.
[332] Vgl. BMF Schreiben v. 2.6.2005 – IV C 1 – S 1980 – 1 – 87/05, Tz. 113.
[333] Vgl. BMF Schreiben v. 2.6.2005 – IV C 1 – S 1980 – 1 – 87/05, Tz. 165.
[334] Vgl. zum Progressionsvorbehalt und der Änderung des § 4 Abs 1 Satz 2 InvStG nach dem AIFM- StAnpG die BR-Drs. 740/13, S. 53.

Anteilsscheininhabers nicht mindern.[335] Er ist hingegen bei der Bestimmung des besonderen Steuersatzes im Rahmen des Progressionsvorbehalts zu erfassen.

(4) Bestimmung des Anlegeraktiengewinns. Der Anlegeraktiengewinn ist zu ermitteln durch Gegenüberstellung des Fonds-Aktiengewinns im Zeitpunkt der Veräußerung oder Rückgabe einerseits und des Fonds-Aktiengewinns im Zeitpunkt des Erwerbs der Investmentanteile andererseits, § 8 Abs. 3 Satz 1 InvStG. Der Fonds-Aktiengewinn ist dabei durch Anwendung des vom Investmentvermögen veröffentlichten Prozentsatzes mit mindestens zwei Nachkommastellen[336] auf den jeweiligen Rücknahmepreis zu bestimmen.[337] Wurden die Investmentanteile zum Schluss des vorangegangenen Wirtschaftsjahres auf einen niedrigeren Rücknahmepreis (niedrigerer Teilwert gemäß § 6 Abs. 1 Satz 1 Nr. 2 EStG) abgeschrieben, tritt an die Stelle des Fonds-Aktiengewinns im Erwerbszeitpunkt der niedrigere Fonds-Aktiengewinn zum vorangegangenen Bilanzstichtag, soweit er sich auf den niedrigeren Bilanzansatz ausgewirkt hat, § 8 Abs. 3 Satz 1 InvStG.[338] Sind die veräußerten oder zurückzugebenden Investmentanteile zu verschiedenen Zeitpunkten erworben worden, ist für die Berechnung des Aktiengewinns von einem gewogenen Durchschnitt auszugehen. Von letzterem Vorgehen ist hingegen dann abzusehen, wenn der Anteilscheininhaber die Anschaffung der nämlichen Anteile nachweisen kann.[339]

**f) Bekanntmachungspflichten.** aa) Überblick. Die Besteuerungsfolgen nach §§ 2 bis 4, 7, 8 InvStG treten für den Anleger nur unter der Voraussetzung ein, dass die betreffende Investmentgesellschaft ihre Besteuerungsgrundlagen gemäß § 5 Abs. 1 InvStG ordnungsmäßig bekannt macht und veröffentlicht. § 5 Abs. 1 InvStG ist für inländische wie für ausländische Investmentgesellschaft gleichermaßen anwendbar. Die mit den Bekanntmachungspflichten verbundenen Verwaltungsaufwendungen dürften für ausländische Investmentgesellschaften ein wesentliches Entscheidungskriterium für den Vertrieb ihrer Anteilsscheine in Deutschland darstellen. Ausgenommen von den Bekanntmachungspflichten sind lediglich Spezial-Investmentfonds, § 15 Abs. 1 InvStG. Stattdessen findet bei Spezial-Investmentfonds ein besonderes Verfahren zur Feststellung von Besteuerungsgrundlagen statt, § 15 Abs. 1 Satz 3 InvStG iVm § 180 Abs. 1 Nr. 2 Buchst. a) AO.

Nach § 5 Abs. 1 Satz 1 InvStG hat die Investmentgesellschaft für jede Ausschüttung aber ebenso für die Zurechnung ausschüttungsgleicher Erträge einerseits bestimmte steuerbelastende Tatsachen sowie andererseits bestimmte steuerentlastende Tatsachen bekannt zu machen.

bb) Umfang. aaa) Steuerbelastende Tatsachen. Die Investmentgesellschaft ist veranlasst, bestimmte steuerbelastende Tatsachen bekannt zu machen und zu veröffentlichen, die die ordnungsmäßige Besteuerung beim Anteilsscheininhaber sowie die Erhebung von Kapitalertragsteuer ermöglichen.

Soweit die Investmentgesellschaft Erträge ausschüttet, gehören zu den steuerbelastenden Bekanntgabepflichten folgende Angaben, § 5 Abs. 1 Satz 1 Nr. 1 InvStG:
– der genaue Betrag der Ausschüttung (Buchst. a);
– der Betrag der ausgeschütteten Erträge (Buchst. b);
– der zur Anrechnung oder Erstattung von Kapitalertragsteuer berechtigende Teil der Ausschüttung (Buchst. d); sowie
– der Betrag der Absetzung für Abnutzung oder Substanzverringerung (Buchst. g).

Soweit bei teilthesaurierenden Investmentgesellschaften ausschüttungsgleiche Erträge anfallen, ist zusätzlich zum Betrag der Ausschüttung sowie der ausgeschütteten Erträge der Betrag der ausschüttungsgleichen Erträge bekannt zu machen, § 5 Abs. 1 Satz 1 Nr. 2 InvStG.

---

[335] Vgl. BMF Schreiben v. 2.6.2005 – IV C 1 – S 1980 – 1 – 87/05, Tz. 179.
[336] Vgl. BMF Schreiben v. 2.6.2005 – IV C 1 – S 1980 – 1 – 87/05, Tz. 166.
[337] Vgl. BMF Schreiben v. 2.6.2005 – IV C 1 – S 1980 – 1 – 87/05, Tz. 166 (mit Beispiel).
[338] Vgl. dazu iE BMF-Schreiben v. 2.6.2005 – IV C 1 – S 1980 – 1 – 87/05, Tz. 173–175.
[339] Vgl. BMF Schreiben v. 2.6.2005 – IV C 1 – S 1980 – 1 – 87/05, Tz. 168 ff. (mit Beispiel).

262  Von der Investmentgesellschaft empfangene und an Anleger weitergeschüttete Rückzahlungen aus dem Einlagekonto einer Kapitalgesellschaft sind als Ausschüttungen auszuweisen. Sie gehören indes zu den ausgeschütteten Erträgen nur soweit sie von der Investmentgesellschaft nicht mit den Anschaffungskosten der Beteiligung an der nämlichen Kapitalgesellschaft verrechnet werden.[340]

263  Die bezeichneten Angaben sind von ausschüttenden Investmentgesellschaften auch dann zu machen, wenn sie bei ihnen nicht vorkommen. Im letzteren Fall ist eine Negativerklärung erforderlich.[341] Für voll thesaurierende Investmentgesellschaften entfällt die Pflicht für die Angabe nach § 5 Abs. 1 Satz 1 Nr. 1 Buchst. a) und b) InvStG.

264  bbb) Steuerentlastende Tatsachen. Damit der Anteilscheininhaber anstelle einer vollen Besteuerung ausgeschütteter und ausschüttungsgleicher Erträge in den Genuss von Besteuerungsprivilegien kommen kann, hat das Investmentvermögen bestimmte steuerentlastende Bekanntgabepflichten zu erfüllen.

265  So hat das Investmentvermögen zunächst den Aktiengewinn nach § 8 InvStG bekannt zu machen.

266  Des Weiteren gehören zu den bekannt zu machenden steuerentlastenden Tatsachen die folgenden Angaben, § 5 Abs. 1 Satz 1 Nr. 1 Buchst. c) und f) InvStG:[342]
– nach der am 31.12.2008 geltenden Fassung des § 2 Abs. 3 Nr. 1 Satz 1 InvStG beim Privatanleger steuerfreie Gewinne aus der Veräußerung von Wertpapieren und Bezugsrechten auf Anteile an Kapitalgesellschaften sowie aus Termingeschäften (*);
– Erträge des Investmentvermögens, auf die das Teileinkünfteverfahren nach § 3 Nr. 40 EStG anzuwenden ist;
– Erträge des Investmentvermögens, auf die das Beteiligungsprivileg nach § 8b Abs. 1 KStG anzuwenden ist;
– Veräußerungsgewinne des Investmentvermögens, auf die das Teileinkünfteverfahren nach § 3 Nr. 40 EStG anzuwenden ist;
– Veräußerungsgewinne des Investmentvermögens, auf die das Beteiligungsprivileg nach § 8b Abs. 2 KStG anzuwenden ist;
– Erträge im Sinne des § 2 Abs. 3 Nr. 1 Satz 2 InvStG in der am 31.12.2008 geltenden Fassung aus der Veräußerung von Bezugsrechten auf Freianteile an Kapitalgesellschaften, soweit sie nicht als Einkünfte aus Kapitalvermögen zu qualifizieren sind (*);
– nach § 2 Abs. 3 Nr. 2 InvStG bei Privatanlegern steuerfreie Gewinne aus der Veräußerung von Grundstücken und grundstücksgleichen Rechten (*);
– Einkünfte, die nach einem mit dem jeweiligen ausländischen Staat geschlossenen DBA in Deutschland steuerfrei gestellt sind (§ 4 Abs. 1 InvStG);
– Einkünfte, die den Anleger zur Anrechnung der darauf entrichteten ausländischen Steuer nach § 4 Abs. 2 InvStG berechtigen und die das Investmentvermögen nicht nach § 4 Abs. 4 InvStG als Werbungskosten abziehen kann;
– Einkünfte, die nach einem DBA zum Abzug einer fiktiven Quellensteuer berechtigen;
– der Betrag der ausländischen Steuern iSv § 4 Abs. 2 InvStG, gegliedert nach anrechenbaren Steuern iSv § 34c Abs. 1 EStG und abziehbaren Steuern iSv § 34c Abs. 3 EStG sowie der Betrag der als ausländische Steuer fingierten inländischen Kapitalertragsteuer;
– bei thesaurierenden Investmentgesellschaften: besteuerte ausschüttungsgleiche Erträge der Vorjahre.

Die mit einem (*) bezeichneten Angaben entfallen bei voll thesaurierenden Investmentgesellschaften.

267  cc) Adressat und Form der Bekanntmachung. Die Besteuerungsgrundlagen gemäß § 5 Abs. 1 Satz 1 Nr. 1 und 2 InvStG sind gegenüber dem Anleger in deutscher Sprache und bezogen auf einen Investmentanteil bekannt zu machen. Bekannt zu machen sind die ge-

---

[340] Vgl. BMF Schreiben v. 2.6.2005 – IV C 1 – S 1980 – 1 – 87/05, Tz. 93.
[341] Vgl. BMF Schreiben v. 2.6.2005 – IV C 1 – S 1980 – 1 – 87/05, Tz. 92.
[342] Vgl. BMF Schreiben v. 2.6.2005 – IV C 1 – S 1980 – 1 – 87/05, Tz. 106.

forderten Angaben bei jeder Ausschüttung, § 5 Abs. 1 Satz 1 Nr. 1 InvStG. Soweit es sich um ausschüttungsgleiche Erträge handelt, sind die erforderlichen Angaben spätestens vier Monate nach Ablauf des entsprechenden Geschäftsjahres bekannt zu machen, § 5 Abs. 1 Satz 1 Nr. 2 InvStG. Die geforderten Angaben gelten als bekannt gemacht etwa durch Veröffentlichung im Jahresbericht, durch Einstellen auf die Internetseite des Investmentvermögens, per E-mail durch Rundschreiben oder durch Veröffentlichung im elektronischen oder papiermäßigen Bundesanzeiger.[343] Seit 2009 ist nach § 5 Abs. 2 Satz 4 InvStG die Regelung des § 4 Abs. 1 InvStG nur anzuwenden, wenn die Investmentgesellschaft den entsprechenden Teil des Aktiengewinns bewertungstäglich veröffentlicht.

Über die Bekanntmachung gegenüber den Anteilsscheininhabern hinaus hat das Investmentvermögen die erforderlichen Angaben im elektronischen Bundesanzeiger zu veröffentlichen, § 5 Abs. 1 Satz 1 Nr. 3 InvStG.[344] Bei mehreren Ausschüttungen im Geschäftsjahr ist eine einmalige Veröffentlichung aller Ausschüttungen innerhalb von vier Monaten nach Ablauf des Geschäftsjahres ausreichend.[345] Die im Bundesanzeiger veröffentlichten Angaben sind mit der Bescheinigung eines Wirtschaftsprüfers, Steuerberaters oder einer vergleichbaren Person zu versehen, § 5 Abs. 1 Satz 1 Nr. 3 InvStG.[346] Mit dieser Bescheinigung ist zu bestätigen, dass die bekannt gemachten Tatsachen nach den Regeln[347] des deutschen Steuerrechts ermittelt wurden. In § 5 Abs. 1 Satz 1 Nr. 3 InvStG ist eine Veröffentlichung zusammen mit dem Jahresbericht gefordert. Hat das Investmentvermögen gemäß §§ 45 Abs. 1, 122 Abs. 1 oder 2 InvG einen Jahresbericht zu erstellen und im elektronischen Bundesanzeiger zu veröffentlichen, so ist dieser Jahresbericht mit den nach § 5 Abs. 1 InvStG erforderlichen Angaben zusammen im elektronischen Bundesanzeiger zu publizieren. Hat die Investmentgesellschaft hingegen zwar einen Jahresbericht zu erstellen, indes anderweitig zu veröffentlichen, wird durch § 5 Abs. 1 Satz 1 Nr. 3 InvStG nicht etwa die (zusätzliche) Publizierung im Bundesanzeiger erforderlich.[348] Vielmehr ist im elektronischen Bundesanzeiger bei Veröffentlichung der nach § 5 Abs. 1 InvStG erforderlichen Angaben in diesem letzteren Fall lediglich der Hinweis aufzunehmen, wo der Jahresbericht veröffentlicht ist.[349]

dd) Zusätzliche Angaben ausländischer Investmentgesellschaften (einschließlich der einen EU-Investmentfonds in der Vertragsform verwaltenden Kapitalverwaltungsgesellschaften). Ausländische Investmentvermögen haben über die vorgenannten steuerbelastenden und steuerentlastenden Tatsachen hinaus die Summe der nach dem 31.12.1993 den Anlegern zugerechneten, aber noch nicht dem Kapitalertragsteuerabzug unterworfenen Erträge zu ermitteln.[350] Diese Erträge hat die ausländische Investmentgesellschaft zusammen mit dem Rücknahmepreis in der gleichen Frist wie die Besteuerungsgrundlagen nach § 5 Abs. 1 Satz 1 Nr. 1 und 2 InvStG zu veröffentlichen, § 5 Abs. 1 Satz 1 Nr. 4 InvStG. Zum öffentlichen Vertrieb zugelassene ausländische Investmentvermögen haben insoweit die aufsichtsrechtlichen Veröffentlichungsbedingungen zu beachten, § 299 KAGB.

Für die Zeit seit Anwendung des InvStG umfassen die nach § 5 Abs. 1 Nr. 4 InvStG erforderlichen Angaben die ausschüttungsgleichen Erträge nach § 1 Abs. 2 Satz 3 InvStG, die nach § 2 Abs. 1 Satz 4 InvStG als ausschüttungsgleiche Erträge zu behandelnden Ausschüttungen abzüglich der Erträge, von denen nach § 7 Abs. 1 Satz 1 Nr. 1 Buchst. a) und b) InvStG[351] keine Kapitalertragsteuer zu erheben ist.[352]

---

[343] Vgl. BMF Schreiben v. 2.6.2005 – IV C 1 – S 1980 – 1 – 87/05, Tz. 85.
[344] Vgl. auch LfSt Bayern v. 23.10.2006 – S 2252 – 32 – St 32/St 33, ESt-Kartei § 20 Karte 9.1.
[345] Vgl. BMF Schreiben v. 2.6.2005 – IV C 1 – S 1980 – 1 – 87/05 – Tz. 86.
[346] Vgl. iE BMF-Schreiben v. 2.6.2005 – IV C 1 – S 1980 – 1 – 87/05 – Tz. 88.
[347] Vgl. iE BMF-Schreiben v. 2.6.2005 – IV C 1 – S 1980 – 1 – 87/05, Tz. 87.
[348] Fraglich so *Kayser/Steinmüller*, S. 143.
[349] Vgl. BMF Schreiben v. 2.6.2005 – IV C 1 – S 1980 – 1 – 87/05 – Tz. 86.
[350] Vgl. iE BMF Schreiben v. 2.6.2005 – IV C 1 – S 1980 – 1 – 87/05, Tz. 87.
[351] → Rn. 195.
[352] Vgl. iE BMF Schreiben v. 2.6.2005 – IV C 1 – S 1980 – 1 – 87/05, Tz. 106.

271  Des Weiteren haben ausländische Investmentgesellschaften (sowie die einen EU-Investmentfonds der Vertragsform verwaltende Kapitalverwaltungsgesellschaften) auf Anforderung des Bundeszentralamtes für Steuern die Richtigkeit der nach § 5 Abs. 1 Satz 1 Nr. 1, 2 und 4 InvStG erforderlichen Besteuerungsgrundlagen innerhalb von drei Monaten nachzuweisen, § 5 Abs. 1 Satz 1 Nr. 5 InvStG.

### IV. Steuerliche Behandlung bei Bekanntmachungsmängeln

272  **1. Besteuerung bei fehlender Bekanntgabe steuerbelastender Tatsachen.** Kommt der Investmentfonds seiner Pflicht zur Veröffentlichung oder Bekanntgabe steuerbelastender Tatsachen gemäß § 5 Abs. 1 InvStG nicht nach, so kommt es zur Pauschalbesteuerung nach § 6 InvStG. Die Pauschalbesteuerung nach § 6 InvStG greift für Anleger inländischer wie ausländischer Investmentvermögen gleichermaßen. Bei ausländischen Investmentvermögen führt auch die fehlende Bekanntgabe der Angaben[353] nach § 5 Abs. 1 Nr. 4 InvStG zur Pauschalbesteuerung der Anleger. Nicht anzuwenden ist die Pauschalbesteuerung nach § 6 InvStG auf Spezial-Investmentfonds, § 15 Abs. 1 Satz 1 InvStG.

273  Gemäß § 6 InvStG sind beim Anleger einerseits die Ausschüttungen des Wirtschaftsjahres auf Anteile des Investmentvermögens sowie andererseits 70% der Wertsteigerungen der Investmentanteile steuerpflichtig.

274  Die Ausschüttungen gemäß § 6 Satz 1 InvStG erfassen die dem Anleger tatsächlich gezahlten oder gutgeschriebenen Beträge zuzüglich deutscher Kapitalertragsteuern und Solidaritätszuschlag sowie gezahlter ausländischer Quellensteuer, § 2 Abs. 3 Satz 1 InvStG.[354] Nicht dazu gehören ausschüttungsgleiche Erträge iSv § 2 Abs. 3 Satz 3 InvStG. An die Stelle ausschüttungsgleicher Erträge treten vielmehr 70% der Wertsteigerung der Investmentanteile. Die Wertsteigerung der Investmentanteile gemäß § 6 Satz 1 InvStG berechnet sich anhand des Mehrbetrags des letzten im Kalenderjahr festgesetzten Rücknahmepreises[355] zum ersten im Kalenderjahr festgesetzten Rücknahmepreis. Bei fehlender Bekanntmachung des Rücknahmepreises tritt an seine Stelle der Börsen- oder Marktpreis der Anteile, § 6 Satz 2 InvStG.[356] Mindestens ist der Berechnung eine Wertsteigerung von 6% des letzten im Kalenderjahr festgesetzten Rücknahmepreises zugrunde zu legen. Der so ermittelte Mindestbetrag ist um den Gesamtbetrag der vom Investmentvermögen geleisteten Ausschüttungen zu kürzen.

275  Der nach § 6 Satz 1 InvStG anzusetzende Mehrbetrag von 70% der Wertsteigerung gilt als mit Ablauf des jeweiligen Kalenderjahres ausgeschüttet und zugeflossen, § 6 Satz 3 InvStG. Der der Pauschalbesteuerung unterliegende Betrag gehört bei Privatanlegern zu den Einkünften aus Kapitalvermögen gemäß § 20 Abs. 1 Nr. 1 EStG. Bei betrieblichen Anlegern stellt der der Pauschalbesteuerung unterliegende Betrag Betriebseinnahmen dar. Auf den nach § 6 InvStG ermittelten Ertrag sind das Halbeinkünfteverfahren gemäß § 3 Nr. 40 EStG bzw. das Beteiligungsprivileg nach § 8b Abs. 1 KStG nicht anzuwenden.

276  **2. Besteuerung bei lediglich fehlender Bekanntgabe steuerentlastender Tatsachen.** Macht die Investmentgesellschaft lediglich steuerentlastende Tatsachen iSv § 5 Abs. 1 Satz 1 Nr. 1 Buchst. c) oder f) InvStG nicht bzw. nicht vollständig bekannt, so greift die Rechtsfolge des § 5 Abs. 1 Satz 2 InvStG. Danach sind ausgeschüttete sowie ausschüttungsgleiche Erträge des Investmentfonds beim Anleger nach § 2 Abs. 1 Satz 1 InvStG voll zu versteuern. Auf die ausgeschütteten sowie ausschüttungsgleichen Erträge können weder das Halbeinkünfteverfahren nach § 3 Nr. 40 EStG noch das Beteiligungsprivileg des § 8b KStG angewendet werden. Ferner kann § 4 InvStG nicht in Anspruch genommen werden.

---

[353] → Rn. 269.
[354] Vgl. BMF Schreiben v. 2.6.2005 – IV C 1 – S 1980 – 1 – 87/05, Tz. 124.
[355] Zum Umfang des relevanten Rücknahmepreises vgl. BMF Schreiben v. 2.6.2005 – IV C 1 – S 1980 – 1 – 87/05, Tz. 129.
[356] Vgl. BMF Schreiben v. 2.6.2005, Tz. 129.

Demzufolge kann der Anleger weder Steuerfreistellungen nach DBA beanspruchen noch ausländische Steuern anrechnen bzw. abziehen. Die Regelung hat damit eine gemilderte Pauschalbesteuerung zur Folge.[357]

## V. Dach-Investmentfonds

**1. Begriff.** Bei Dach-Investmentfonds handelt es sich um Investmentfonds, die in Anteile an anderen Investmentfonds investieren. Eine Definition von Dach-Investmentsfonds findet sich im KAGB nicht. Nach dem KAGB können Investmentfonds grundsätzlich in Investmentfonds investieren, zB als sonstiges Investmentvermögen iS von §§ 218 ff. InvG oder als gemischtes Investmentvermögen iS von §§ 220 ff. InvG. Terminologisch verwendet das KAGB nur den Begriff des „Dach-Hedgefonds nach §§ 225 ff. InvG".

Das AIFM-StAnpG hat die Bestimmung des § 10 InvStG übernommen, der in Anpassung an die neue Terminologie lautet: *„Bei Erträgen eines Anlegers aus Investmentanteilen, die aus Erträgen des Investmentfonds aus Anteilen an anderen Investmentfonds stammen, findet § 6 entsprechende Anwendung, soweit die Besteuerungsgrundlagen des Dach-Investmentfonds im Sinne des § 5 Abs. 1 nicht nachgewiesen werden. Soweit Ziel-Investmentfonds die Voraussetzungen des § 5 Absatz 1 nicht erfüllen, sind die nach § 6 zu ermittelnden Besteuerungsgrundlagen des Ziel-Investmentfonds den steuerpflichtigen Erträgen des Dach-Investmentfonds zuzurechnen."* Die Wortwahl war auch nach altem Recht unklar und bezog sich wechselnd auf „Dach-Sondervermögen" und „Investmentvermögen". Durch die Bezugnahme auf „Investmentfonds" ist nach neuem Recht jedenfalls klargestellt, dass auch Investmentaktiengesellschaften als Dach- und/oder Zielfonds auftreten können, § 1 Abs. 1f InvStG, aber auch offene Investmentkommanditgesellschaften. Durch die systematische Stellung gilt die Vorschrift auch für ausländische Investmentfonds.[358]

§ 10 InvStG gilt dabei nicht nur für „echte" Dach-Investmentfonds, sondern auch für „unechte „Dach-Investmentfonds". Als echte Dach-Investmentfonds gelten die vorrangig in andere Ziel-Investmentfonds investierenden Fonds wie „Sonstiges Investmentvermögen" iSv §§ 218 ff. InvG oder „Gemischtes Investmentvermögen" iSv §§ 220 ff. InvG sowie „Dach-Hedgefonds" nach §§ 225 ff. InvG. Als unechte Dach-Investmentfonds werden solche Investmentfonds angesehen, die im erlaubten gesetzlichen Umfang in andere Investmentfonds investieren.[359] Gleichzeitig ist durch die Bezugnahme auf den Begriff des „Investmentfonds" auch klargestellt, dass die Regelung nicht für Investitionsgesellschaften als Dach- oder Ziel-Investmentvermögen gilt.

Die Konsequenz der Regelung besteht in der Anwendung des Transparenzprinzips und zwar in der Form einer „Doppeltransparenz", allerdings auch nur im Rahmen der gesetzlich normierten Transparenzregelungen.[360] Wesentliche Fragen der Besteuerung von Dach-Investmentfonds sind durch das InvStG klarstellend geregelt worden. Dazu gehören vor allem die Anwendung der Pauschalbesteuerung nach § 6 InvStG, die Anwendung des Teileinkünfteverfahrens bzw. des Beteiligungsprivilegs auf Erträge des Dach-Investmentfonds aus Zielfonds sowie die Bestimmung des Aktiengewinns.

**2. Pauschalbesteuerung nach § 6 InvStG.** In der Vergangenheit war unklar, ob Bekanntgabemängel eines Zielfonds auf die Besteuerung der Anteilsscheine am Dach-Investmentfonds durchschlagen und insofern sämtliche Erträge dieses Pauschalbesteuerung unterliegen. Die Anwendung der Pauschalbesteuerung nach § 6 InvStG bei Bekanntgabemängeln ist für Dach-Investmentfonds seit dem Jahr 2010 in § 10 InvStG geregelt. Die Regelungen des § 10 InvStG gelten indes nicht nur für Dach-Investmentfonds, sondern für

---

[357] Vgl. *Lübbehusen* in Berger/Steck/Lübbehusen, § 5 InvStG Rn. 9, 176–183.
[358] Vgl. zur alten Rechtslage *Patzner/Kempf* Investmentsteuergesetz § 10 InvStG Rn. 1–3; *Petzschke* in Investmenthandbuch 420 § 10 Rn. 3.
[359] Vgl zur alten Rechtslage *Petzschke* in Investmenthandbuch 420 § 10 Rn. 4, 5.
[360] Vgl zur alten Rechtslage *Petzschke* in Investmenthandbuch 420 § 10 Rn. 6.

sämtliche Anteile eines Investmentvermögens an einem anderen Investmentvermögen.[361] Klarstellend verweist § 10 Satz 3 nunmehr auch auf Master-Feeder-Strukturen iSd. §§ 171–180 KAGB.

282 Gemäß § 10 Satz 1 InvStG findet § 6 InvStG entsprechend Anwendung auf Erträge eines Anlegers aus Investmentanteilen, die aus Erträgen dieses Investmentvermögens aus Anteilen an anderen Investmentvermögen stammen, soweit die Besteuerungsgrundlagen des Dach-Investmentfonds iSv § 5 Abs. 1 InvStG nicht nachgewiesen werden. Demnach unterliegen Ausschüttungen und anteilige Wertsteigerungen des Dach-Sondervermögens nur dann der Pauschalbesteuerung beim Anteilsscheininhaber, wenn das Dach-Sondervermögen selbst seine Besteuerungsgrundlagen nicht bekannt macht oder den erforderlichen Nachweis für seine Besteuerungsgrundlagen nicht erbringt. Veröffentlichungs- und Bekanntgabemängel auf der Ebene eines Zielfonds hingegen infizieren nicht sämtliche Ausschüttungen des Dach-Investmentfonds. Vielmehr verlangt § 10 Satz 2 InvStG lediglich, dass die nach § 6 InvStG zu ermittelnden Besteuerungsgrundlagen des Zielfonds den steuerlichen Erträgen des Dach-Investmentfonds zuzurechnen sind, soweit der Zielfonds die Voraussetzungen des § 5 Abs. 1 InvStG nicht erfüllt. Veröffentlichungs- und Bekanntgabemängel auf der Ebene eines oder mehrerer Zielfonds wirken sich damit lediglich auf der Ebene des Dach-Investmentfonds aus.[362]

283 **3. Keine Anwendung von Teileinkünfteverfahren (§ 3 Nr. 40 EStG) bzw. Beteiligungsprivileg (§ 8b KStG).** Bei Pauschalversteuerung der Besteuerungsgrundlagen eines oder mehrerer Zielfonds des Dach-Investmentfonds sind die Erträge des Zielfonds beim Dach-Investmentfonds als Einkünfte aus Kapitalvermögen iSv § 20 Abs. 1 Nr. 1 EStG zu qualifizieren.[363] Diese Qualifikation der Einkünfte des Zielfonds berechtigt hingegen nicht zur Anwendung des Teileinkünfteverfahrens gemäß § 3 Nr. 40 EStG bzw. des Beteiligungsprivilegs nach § 8b KStG auf der Ebene des Dach-Investmentfonds.

284 Anzuwenden sind § 3 Nr. 40 EStG bzw. § 8b KStG lediglich auf ausgeschüttete bzw. ausschüttungsgleiche Erträge aus Anteilsscheinen am Dach-Investmentfonds, soweit darin Erträge der Zielfonds enthalten sind, die ihrerseits aus Erträgen iSv § 20 Abs. 1 Nr. 1 und 2 EStG stammen, § 2 Abs. 2 InvStG.[364]

285 **4. Aktiengewinn.** Dem Dach-Investmentfonds steht ein Wahlrecht zur Bestimmung des Aktiengewinns nach § 8 InvStG zu. Eine Pflicht zur Ermittlung des Aktiengewinns besteht lediglich für Dach-Investmentfonds, die die Eigenschaft eines inländischen Spezial-Investmentfonds gemäß § 2 Abs. 3 InvG bzw. eines ausländischen Spezial-Investmentfonds gemäß § 16 InvStG haben.

286 Der Aktiengewinn nach § 8 InvStG ist sowohl für die Zielfonds als auch für das Dach-Investmentfonds selbst zu ermitteln.

287 **5. Verlustverrechnung.** Keine ausdrückliche Regelung findet sich im InvStG zu der Frage, ob Verluste eines Zielfonds auf Ebene des Dach-Investmentfonds mit positiven Erträgen anderer Zielfonds verrechnet werden können. Im Schrifttum[365] wird diese Frage teilweise mit Hinweis auf das Transparenzprinzip bejaht. Dieser Auffassung kann hingegen mit Verweis auf § 3 Abs. 4 InvStG nicht zugestimmt werden. Nach § 3 Abs. 4 InvStG sind negative Erträge des Investmentvermögens bis zur Höhe von positiven Erträgen mit diesen zu verrechnen. Nicht ausgeglichene negative Erträge eines Geschäftsjahres sind in den folgenden Geschäftsjahren auszugleichen. Aus § 3 Abs. 4 InvStG ergibt sich insofern eindeutig ein Gebot zur Verlustverrechnung auf der Ebene des Investmentvermögens, auf dem die Verluste entstanden sind. Nicht genutzt werden können die Verluste hingegen durch den

---

[361] Vgl. BMF Schreiben v. 2.6.2005 – IV C 1 – S 1980 – 1 – 87/05, Tz. 201.
[362] Zu Vereinfachungsmöglichkeiten bei Fristproblemen vgl. BMF Schreiben v. 2.6.2005, Tz. 203.
[363] Vgl. BMF Schreiben v. 2.6.2005 – IV C 1 – S 1980 – 1 – 87/05, Tz. 130.
[364] Vgl. BMF Schreiben v. 2.6.2005 – IV C 1 – S 1980 – 1 – 87/05, Tz. 205.
[365] Vgl. *Ebner* BB 2005, 295.

Anteilscheininhaber. Das gilt uE unabhängig davon, ob die Anteilsscheine unmittelbar vom Anleger bzw. von einem (zwischengeschalteten) Dach-Investmentfonds gehalten werden. Mangels abweichender ausdrücklicher gesetzlicher Regelung scheidet daher eine Verrechnung von Verlusten eines Zielfonds auf Ebene des Dach-Investmentfonds mit positiven Erträgen anderer Zielfonds aus.

Besondere Vorschriften sind in § 15 InvStG für Spezial-Investmentfonds enthalten. Spezial-Investmentfonds sind inländische Sondervermögen oder Investmentaktiengesellschaften mit veränderlichem Kapital, deren Anteile aufgrund einer schriftlichen Vereinbarung mit der Kapitalverwaltungsgesellschaft oder aufgrund ihrer Satzung jeweils von nicht mehr als 100 Anlegern gehalten werden, die nicht natürliche Personen sind, § 15 Abs. 1 Satz 1 InvStG.

Nach § 15 Abs. 1 Satz 1 InvStG sind die Regelungen des § 4 Abs. 4, § 5 Abs. 1 und § 6 InvStG auf Spezial-Investmentfonds nicht anzuwenden. Insofern steht das Wahlrecht auf Abzug oder Anrechnung ausländischer Steuern nicht dem Spezial-Investmentfonds, sondern allein dem Anteilseigner zu, § 4 Abs. 4 InvStG. Für Spezial-Investmentfonds greifen die Bekanntgabepflichten des § 5 Abs. 1 InvStG nicht. Vielmehr besteht für Spezial-Investmentfonds ein besonderes Verfahren zur Feststellung ihrer Besteuerungsgrundlagen, § 15 Abs. 1 Satz 3 InvStG. Zudem ist die Regelung des § 6 InvStG zur Pauschalversteuerung auf Spezial-Investmentfonds nicht anzuwenden. Des Weiteren ist der Aktiengewinn von Spezial-Investmentfonds bei jeder Bewertung des Sondervermögens zu bestimmen, § 15 Abs. 1 Satz 2 InvStG. Der Aktiengewinn ist vom Spezial-Investmentfonds nicht nach § 5 Abs. 2 InvStG zu veröffentlichen. Eine Bekanntmachung gegenüber den einzelnen Anlegern ist ausreichend.

Nach § 15 Abs. 2 InvStG sind darüber hinaus besondere Vorschriften für Spezial-Investmentfonds mit Immobilien zu beachten. So sind gemäß § 15 Abs. 2 Satz 1 InvStG Einkünfte aus Vermietung und Verpachtung des Spezial-Investmentfonds ebenso wie Gewinne aus privaten Veräußerungsgeschäften mit diesen Anlagegütern jeweils als Untergruppe der ausschüttungsgleichen sowie der ausgeschütteten Erträge in der Feststellungserklärung des Sondervermögens gesondert auszuweisen. Abweichend von § 2 Abs. 1 Satz 1 InvStG gehören diese Erträge bei beschränkt Steuerpflichtigen nicht zu den Einkünften aus Kapitalvermögen. Vielmehr rechnen die Mieterträge zu den Einkünften aus Vermietung und Verpachtung des beschränkt Steuerpflichtigen. Gewinne aus privaten Veräußerungsgeschäften der bezeichneten Anlagegüter stellen Einkünfte aus Gewerbebetrieb bzw. sonstige Einkünfte dar. Der beschränkt Steuerpflichtige wird insofern mit den bezeichneten Einkünften in Deutschland nach § 49 Abs. 1 Nr. 6 sowie § 49 Abs. 1 Nr. 2 f. bzw. § 49 Abs. 1 Nr. 8 EStG steuerpflichtig. Die Umqualifizierung der bezeichneten Einkünfte gilt auch für die Anwendung eines DBA.

### D. Personen-Investitionsgesellschaften und andere geschlossene Fonds

**Schrifttum:** BMF Schreiben v. 8.10.2004 – IV C 3 – S 2253 – 91/04, BStBl. I 2004, 933; BMF Schreiben v. 26.3.2004 – IV A 6 – S 2240 – 46/04, BStBl. I 2004, 434; BMF Schreiben v. 20.10.2003 – IV C 3 – S 2253a – 48/03, BStBl. I 2003, 546; BMF Schreiben v. 5.8.2003 – IV A 6 – S 2241 – 81/03, BStBl. I 2003, 406; BMF Schreiben v. 12.6.2002 – IV A 6 – S 2133a – 11/02, BStBl. I 2002, 614; BMF Schreiben v. 24.10.2001 – IV C 3 – S 2253a – 15/01, BStBl. I 2001, 780; BMF Schreiben v. 22.8.2001 – IV A 5 – S 2118b – 40/01, DStR 2001, 1611; BMF Schreiben v. 23.2.2001 – IV A 6 – S 2241 – 8/01, BStBl. I 2001, 175; BMF Schreiben v. 5.7.2000 – IV A 5 – S 2118b – 111/00, BStBl. I 2000, 1148; BMF Schreiben v. 5.7.1995 – IV C 5 – S 1300 – 73/95, BStBl. I 1995, 373; BMF Schreiben v. 31.8.1990 – IV B 3 – S 2253a – 49/90, BStBl. I 1990, 366; *Arndt*, Abzugsverbot von Eigenkapitalvermittlungsprovisionen geschlossener Immobilienfonds, BB 2002, 1617; Beck'sche Reihe, Handbuch der Personengesellschaften, 1999; *Beck*, Der neue Fondserlass – Das Aus für geschlossene Immobilienfonds, DStR 2002, 1846; *Behrens/Schmitt*, Beteiligung an geschlossenen Immobilienfonds über Treuhandkommanditisten, DStR 2005, 1429; *Bippus*, Raus aus der Mitunternehmerschaft, rein in die Körperschaftsteuer – Überlegungen zur steuerrechtlichen Konzeption der Personengesellschaften, DStR 1998, 749; *Blümich*, EStG/KStG/GewStG-Kommentar,

Stand Loseblatt: Mai 2005; *Duchardt/Gillitzer,* Aktuelle Übersicht des Marktes für steuerbegünstigte Kapitalanlagen 2001 – Wirtschaftliche Sinnfrage auf die Möglichkeiten eines Vermögensaufbaus, DStR 2000, 1624; *Fleischmann,* Der 5. Bauherren-Erlass – das Ende aller Fonds-Modelle? – Anmerkungen zum Entwurf eines neuen Bauherren- und Fondserlasses, DStR 2002, 1293; *ders.,* Der neue Liebhaberei-Erlass – Zum BMF Schreiben vom 8.10.2004, DB 2005, 67; *Fleischmann/Meyer-Scharenberg,* Regelungen über Bauherren- und Erwerber-Modelle und einem (neuen) Teil für alle Fonds mit einem (oder mehreren) konkreten Investitionsobjekt(en), DStR 2004, 21; *Grashoff/ Kleinmanns,* Aktuelles Steuerrecht 2014, 10. Auflage 2014; *Heisterhagen/Kleinert,* Neueste Entwicklungen und aktuelle Problemkreise im Bereich geschlossener Fonds, DStR 2004, 507; *Herrmann/ Heuer/Raupach,* EStG/KStG-Kommentar, Stand Loseblatt: Februar 2014; *Heß,* Der neue Fondserlass – Neue Regelungen im Einkommensteuerrecht für Bauherren- und Erwerbermodelle sowie geschlossene Fonds, DStR 2003, 1953; *Heuermann,* Entfärbungen – Reduktionen der Abfärbewirkung bei Beteiligungseinkünften, DB 2004, 2548; *Kempermann,* Bestandsaufnahme der jüngeren BFH-Rechtsprechung zur „Abfärberegelung" des § 15 Abs. 3 EStG, DStR 2002, 664; *Kirchhof,* Kompakt-Kommentar EStG, 5. Aufl. 2005; *Kranz,* Die Gewinnermittlung nach § 5a EStG (Tonnagesteuer) – Überlegungen zum sachlichen Umfang des pauschal ermittelten Gewinns, DStR 2000, 1215; *Kohlhaas,* Die Modellhaftigkeit im Sinne des § 2b EStG, DStR 2001, 1137; *Littmann/Bitz/ Pust,* EStG-Kommentar, Stand Loseblatt: August 2005; *Lüdicke/Arndt/Götz,* Geschlossene Fonds, 2. Aufl. 2002; *Lüdicke/Naujok,* Beschränkung der Verlustverrechnung im Zusammenhang mit Steuerstundungsmodellen, DB 2006, 744; *Lüdicke/Pannen,* Gewinnerzielungsabsicht und Mitunternehmerrisiko bei gewerblichen Fondsgesellschaften, DStR 2000, 2109; *Meyer-Scharenberg/Fleischmann,* Das Anwendungsschreiben des BMF zu § 2b EStG – Anmerkungen zum BMF-Schreiben v. 5.7.2000, IV A 5 – S 2118b – 111/00, DStR 2000, 1373; *Mitsch/Sondermann,* Vorüberlegungen zur Beteiligung an geschlossenen Immobilienfonds, INF 2003, 749, 787; *Münchener Handbuch des Gesellschaftsrechts,* Band 1: BGB-Gesellschaft, Offene Handelsgesellschaft, PartG EWIV, 3. Aufl. 2009; *Peter,* Der Begriff der Beteiligung an einer (vermögensverwaltenden) Personengesellschaft im Rahmen der Besteuerung privater Veräußerungsgeschäfte gemäß § 23 Abs. 1 Satz 4 EStG, DStR 1999, 1337; *Plewka/Söffing,* Die Entwicklungen des Steuerrechts, NJW 2002, 937; *Radau/Dümichen,* Die neuen Vorschriften des Medienerlasses zur Herstellereigenschaft von Film- und Fernsehfonds, BB 2003, 2261; *Sack,* Die neuere Entwicklung der BFH-Rechtsprechung zur Grunderwerbsteuer, DNotZ 2002, 907; *Scharvies,* Der 5. Bauherrenerlass – Mögliche Auswege für die Gestaltung von geschlossenen Immobilienfonds, BB 2004, 265; *Schultze,* Zweifelsfragen zur Besteuerung von Seeschiffen im internationalen Verkehr („Tonnagesteuer"), FR 1999, 977; *Schmidt,* EStG-Kommentar, 33. Auflage 2014; *Schmidt/Liebig,* Der Anleger im Immobilienfonds als Gewerbetreibender im Sinne des Einkommensteuergesetzes?, BB 1998, 563; *Seer/Schneider,* Die Behandlung der sogenannten Verlustzuweisungsgesellschaften nach dem neuen § 2b EStG, BB 1999, 872; *Söffing,* BB-Forum: Bemerkungen zum geplanten § 15b EStG, BB 2005, 1249; *ders.,* Gewerblicher Grundstückshandel – Anmerkungen zum BMF-Schreiben v. 26.3.2004, DStR 2004, 793; *Tewes,* Praxishandbuch Immobilienkapitalanlagen, Köln, Loseblatt-Stand: November 2003; *Tipke/Lang,* Steuerrecht, 17. Aufl. 2002; *Vogelsang,* Gewerblicher Grundstückshandel und Drei-Objekt-Grenze, BB 2004, 183; *Wagner,* Gewerbschafts- und steuerrechtliche Aspekte mittelbarer Beteiligungen bei geschlossenen Immobilienfonds, DStR 1996, 1008; *Wagner/ Heymann,* Umgang mit Not leidenden geschlossenen Immobilienfonds – Neuere Entwicklungen, WM 2003, 2222, 2257; *von Wallis/Schuhmacher,* Der neue Medienerlass – Darstellung der Änderung des sog. Medienerlasses v. 21.2.2001 durch das BMF-Schreiben v. 5.8.2003 mit kritischen Anmerkungen, DStR 2002, 1857; *dies.,* Das Ende der Medienfonds? – Anmerkung zu dem Entwurf des BMF-Schreibens v. Juli 2002 zur Erwerbereigenschaft von Fondsgesellschaften, DStR 2002, 1972; *Wehrheim/Brodthage,* Die Abfärbetheorie bei teilweise gewerblich tätigen Personengesellschaften, DStR 2003, 485; *Zacher,* Von Mitunternehmern, Mitherstellern und anderen Kommanditisten – Zur Neufassung des Medienerlasses, DStR 2003, 1861; *Zacher/Müller,* Medienfonds in Korsettstangen oder im Gesellschaftsanzug? – § 2b EStG und der neue Medienerlass, DStR 2001, 1185.

## I. Einführung

**291   1. Geschlossene Fonds – Anlagekonzept.** Bei geschlossenen Fonds handelt es sich um Personengesellschaften, an denen eine begrenzte Zahl von Anlegern beteiligt ist.[366] Regelmäßig wird die Personengesellschaft eigens zur Realisierung eines oder mehrerer

---

[366] Vgl. *Mitsch/Sondermann* INF 2003, 749, 750.

größerer Projekte errichtet. Das Investitionsvolumen des Projektes steht im Voraus fest. Die Projektgesellschaft erzielt Erträge allein aus dem im vor hinein definierten Projekten. Bei diesen Projekten kann es sich etwa um Immobilien, Schiffe, Medienprojekte (Filme), Windkraftwerke oder gar „gebrauchte" Lebensversicherungen[367] handeln.

Die Anleger stellen der Personengesellschaft Eigenkapital zur Finanzierung dieser Projekte zur Verfügung. Sie treten häufig als Kommanditisten auf, so dass ihre Haftung auf das der Gesellschaft zur Verfügung gestellte Kapital beschränkt ist. Anders als bei offenen Fonds[368] oder Aktien- und Rentenfonds ist das zur Verfügung stehende Eigenkapital der Höhe nach begrenzt. Sind alle Anteile verkauft, wird der Fonds geschlossen. Nach Ablauf der Zeichnungsfrist und Platzierung der Anteile sind damit keine Kapitalzuführungen mehr möglich. Der Investorenkreis ist damit limitiert.[369] Die Anteile an einem geschlossenen Fonds werden nicht über die Börse gehandelt. Daher können Anteile an einem geschlossenen Fonds vom Anleger nicht beliebig zurückgegeben oder veräußert werden. Neben dem Eigenkapital kann von der Personengesellschaft zur Finanzierung des Projektes auch Fremdkapital aufgenommen werden, das von Kreditinstituten zur Verfügung gestellt wird. 292

**2. Steuerliche Aspekte geschlossener Fonds.** Entsprechend eines höheren Investitionsrisikos besteht das vorrangige steuerliche Interesse bei der Errichtung geschlossener Fonds in deren steuerlicher Transparenz. Die steuerliche Transparenz des geschlossenen Fonds soll dem Anleger die Verrechnung der meist hohen Anlaufverluste der Projektgesellschaft ermöglichen. Die steuerliche Abzugsfähigkeit von Verlusten aus geschlossenen Fonds auf Ebene der Anleger ist in der Vergangenheit mehrfach eingeschränkt worden. Diese Beschränkungen resultierten in der Vergangenheit aus § 15a EStG, durch den die Verrechenbarkeit von Verlusten für beschränkt haftende Gesellschafter einer Personengesellschaft begrenzt, sowie aus § 2b EStG, durch den ein Verlustausgleich mit negativen Einkünften aus Verlustzuweisungsgesellschaften ausgeschlossen wurde. Die Regelung des § 2b EStG ist mit Wirkung v. 10.11.2005 von § 15b EStG idF des Gesetzes zur Beschränkung der Verlustverrechnung im Zusammenhang mit Steuerstundungsmodellen v. 22.11.2005 abgelöst worden.[370] Erheblich begrenzt wird die Geltendmachung von Verlusten des Fonds indes bereits dadurch, dass bestimmte Aufwendungen des Fonds nicht als Werbungskosten bzw. Betriebsausgaben abzugsfähig sind.[371] 293

Die Anleger geschlossener Fonds erzielen je nach Art des vom Fonds betriebenen Projektes Einkünfte aus Vermietung und Verpachtung (§ 21 EStG) oder aus Gewerbebetrieb (§ 15 EStG). Für die Qualifizierung der Einkünfte aus Anteilen an einem geschlossenen Fonds ist entscheidend, ob die Projektgesellschaft eine vermögensverwaltende Tätigkeit ausübt, oder ob sie gewerblich tätig ist.[372] Die Veräußerung der Anteile an einem geschlossenen Fonds kann beim Privatanleger steuerpflichtig sein, etwa wenn die Anteile innerhalb von zehn Jahren nach Errichtung der Immobilie der Projektgesellschaft veräußert werden, oder wenn die Häufigkeit der Veräußerungen auf Ebene des Fonds die Voraussetzungen des gewerblichen Grundstückshandels erfüllt. 294

**3. Personen-Investitionsgesellschaften – Steuerliche Behandlung nach dem AIFM-StAnpG.** Durch das AIFM-StAnpG werden geschlossene Fonds, soweit sie als „AIF" iSd. KAGB gelten, im Rahmen des InvStG steuerlich als sog. „Personen-Investitionsgesellschaften" behandelt. Entsprechend den Vorgaben des KAGB fallen aber nicht alle Formen eines geschlossenen Fonds in die Definition des AIF. So fallen insbesondere nur solche geschlossenen Fonds in der Rechtsform der Personengesellschaft in den Anwendungsbereich des KAGB, die als Kommanditgesellschaft organisiert sind, § 149 Abs. 1 295

---

[367] Vgl. dazu etwa *Meyer-Scharenberg* DStR 2006, 1437 ff.
[368] Vgl. dazu § 28 Abschnitt C.
[369] Vgl. BGH Urt. v. 21.1.2002 – II ZR 2/00, NJW 2002, 1642.
[370] Vgl. BGBl. I 2005, 3683.
[371] Vgl. dazu BMF Schreiben v. 20.10.2003 – IV C 3 – S 2253a – 48/03, BStBl. I 2003, 546.
[372] Vgl. BFH Urt. v. 26.6.2007 – IV R 49/04.

KAGB. Entsprechend gelten als Personen-Investitionsgesellschaften nach dem neu eingeführten § 18 InvStG nur Investitionsgesellschaften in der Rechtsform der „Investment-Kommanditgesellschaft" oder einer vergleichbaren ausländischen Rechtsform". Als AIF ausgeschlossen sind also zB BGB-Gesellschaften oder stille Gesellschaften.

**296** Sowohl für die Personen-Investitionsgesellschaften als auch andere Formen steuerlich transparenter Personengesellschaften gelten aber weiterhin die gleichen steuerlichen Rechtsfolgen einer Besteuerung nach den allgemeinen steuerrechtlichen Regelungen, sodass es in der nachfolgenden Darstellung der Besteuerung „geschlossener Fonds" für steuerliche Zwecke keiner Differenzierung bedarf, ob der geschlossene Fonds als „Personen-Investtitionsgesellschaft" gilt oder nicht.

**297** Im Folgenden werden die angesprochenen steuerlichen Problembereiche geschlossener Fonds ausgehend von Immobilienfonds im Einzelnen erläutert. Anschließend werden steuerliche Besonderheiten bei Medienfonds (III.), Schiffsfonds (IV.) und Private Equity Fonds (V.) dargestellt.

### II. Immobilienfonds

**298** **1. Steuerliche Behandlung des Fonds. a) Rechtsform.** Bei einem geschlossenen Immobilienfonds handelt es sich um eine Gesellschaft, deren Zweck darin besteht, ein Gebäude zu kaufen, zu bauen oder zu sanieren, um es dann durch Vermietung zu nutzen.[373] Üblicherweise werden geschlossene Fonds als Personengesellschaft, in der Rechtsform der BGB-Gesellschaft oder der Kommanditgesellschaft (Publikumskommanditgesellschaft) als GmbH & Co KG errichtet.[374]

**299** **b) Steuerliche Transparenz.** Bei einem als Personengesellschaft ausgestalteten Immobilienfonds gelten die allgemeinen Besteuerungsgrundsätze für Personengesellschaften. Die Personengesellschaft selbst ist nicht Subjekt der Einkommensteuer oder Körperschaftsteuer. Steuersubjekte sind vielmehr allein die Gesellschafter der Personengesellschaft.[375]

**300** Nach dem Urteil des Großen Senats des BFH[376] v. 25.6.1984 genießen Personengesellschaften zumindest für die Bestimmung des maßgeblichen Einkünftetatbestands eine begrenzte Steuersubjektsfähigkeit. Die Personengesellschaft wird als Subjekt der Einkünftequalifikation und als Subjekt der Gewinnermittlung behandelt. Damit hängt die Qualifikation der Tätigkeit des Immobilienfonds von der Tätigkeit der Gesellschafter in ihrer gesamthänderischen Verbundenheit ab.[377] Insofern ist für die Qualifikation der Einkünfte auf die Ebene der Personengesellschaft abzustellen. Die auf der Ebene der Personengesellschaft erwirtschafteten Einkünfte werden gesondert festgestellt und anschließend nach dem Transparenzprinzip unmittelbar dem Gesellschafter als Steuersubjekt zugerechnet.[378] Die Einkünfte der Personengesellschaft unterfallen so auf der Ebene der Gesellschafter der Einkommensteuer oder der Körperschaftsteuer.[379] Dies gilt nun ausdrücklich auch für geschlossene Fonds, in der Form der „Personen-Investitionsgesellschaften" nach § 18 Satz 2 und 3 InvStG, worin sich der Sinn der Regelung aber auch erschöpft.[380]

**301** **c) Steuerliche Qualifikation des Fonds: Abgrenzung Vermögensverwaltung – Gewerbebetrieb. aa) Tätigkeit des Fonds. aaa) Überblick.** Entscheidend für die steuerliche Behandlung des Fonds sowie für die steuerlichen Rechtsfolgen auf Ebene des Anlegers ist,

---

[373] Vgl. *Inhester* in MünchHdb. GesR I, § 9 Rn. 21.
[374] Vgl. *Tewes*, Praxishandbuch Immobilienkapitalanlagen, Teil 4/2, S. 9, 1.
[375] Vgl. *Erle* in BeckHdb. Personengesellschaften, § 6, Rn. 1; *Kirchhof/Reiß*, KompaktKommentar EStG, § 15 Rn. 200; *Littmann/Bitz/Pust/Bitz*, EStG-Kommentar, § 15 Rn. 7; *Tipke/Lang*, Steuerrecht, 17. Aufl. 2002, § 9 Rn. 500.
[376] Vgl. BFH Urt. v. 25.6.1984 – GrS 4/82, BStBl. II 1984, 751.
[377] Vgl. *Tewes*, Praxishandbuch Immobilienkapitalanlagen, Teil 6/2.2, S. 1.
[378] Vgl. *Bippus* DStR 1998, 749.
[379] Vgl. BFH Urt. v. 27.6.1978 – VIII R 168/73, BStBl. II 1978, 674.
[380] Vgl. BR-Drs. 740/13 S. 65.

ob die Tätigkeit des Fonds steuerlich als vermögensverwaltende Tätigkeit zu qualifizieren ist. Ist die Tätigkeit des Fonds hingegen als Gewerbebetrieb zu beurteilen, unterliegen seine Einkünfte der Gewerbesteuer. Die Qualifikation als Gewerbebetrieb bedingt darüber hinaus, dass ein Privatanleger bei Veräußerung der Fondsanteile steuerpflichtige Veräußerungsgewinne nach § 16 EStG erzielt. Demgegenüber kann der Privatanleger Fondsanteile bei vermögensverwaltender Tätigkeit des Fonds ggf. steuerfrei veräußern[381].

bbb) Vermietung und Verpachtung. Eine Fondsgesellschaft erzielt Einkünfte aus Vermietung und Verpachtung gemäß § 21 EStG, wenn ihre Tätigkeit auf eine reine Vermögensverwaltung beschränkt bleibt. Private Vermögensverwaltung ist anzunehmen, solange die zu beurteilende Tätigkeit in der Nutzung von Grundbesitz durch Fruchtziehung aus zu erhaltender Substanz besteht und die Ausnutzung substantieller Vermögenswerte nicht entscheidend in den Vordergrund tritt.[382] Die Tätigkeit ist vermögensverwaltend, wenn sie auf die Nutzung eines Grundstücks oder Gebäudes durch Vermietung gerichtet ist. Die Vermietung von Grundbesitz ist selbst dann noch als Vermögensverwaltung anzusehen, wenn der vermietete Grundbesitz sehr umfangreich ist und der Verkehr mit vielen Mietern erhebliche Verwaltungsarbeit mit sich bringt. Eine Vermietung von Grundbesitz überschreitet nur dann die Grenze der Vermögensverwaltung, wenn besondere Umstände hinzutreten. Dies erfordert, dass der Vermieter über die bloße Vermietungstätigkeit hinaus zusätzlich Leistungen wie Werbe-Service- und Wartungsarbeiten erbringt.[383] Darüber hinaus sind die Einkünfte aus Vermietung und Verpachtung dann in gewerbliche Einkünfte umzuqualifizieren, wenn entweder die sog. Drei-Objekt-Grenze überschritten ist, die Fondsgesellschaft gewerblich geprägt ist oder es zur Abfärbung durch auch gewerbliche Tätigkeit kommt.

ccc) Drei-Objekt-Grenze (gewerblicher Grundstückshandel). Sofern sich die Tätigkeit des Fonds nicht auf die Vermietung eines einzigen Objekts beschränkt, sondern er darüber hinaus Grundstücke an- und verkauft, kann diese Tätigkeit bei Überschreitung der sog. Drei-Objekt-Grenze über die private Vermögensverwaltung hinausgehen.[384] Der Fonds erzielt dann gewerbliche Einkünfte. Dabei ist entscheidend für die Abgrenzung der privaten Vermögensverwaltung vom gewerblichen Grundstückshandel das Gesamtbild der Verhältnisse.[385]

Der Bereich der privaten Vermögensverwaltung wird dann verlassen, wenn der Steuerpflichtige mehr als drei „Objekte" veräußert und zwischen dem Kauf bzw. der Errichtung des Objekts und dessen Verkauf ein enger zeitlicher Zusammenhang von in der Regel nicht mehr als fünf Jahren besteht („Drei-Objekt-Grenze").[386] Diese von der Rechtsprechung zunächst für natürliche Personen entwickelten Grundsätze sind auch auf Personengesellschaften anzuwenden. Maßgeblich für die Anwendung der Drei-Objekt-Grenze sind dabei nur die Veräußerungen der Personengesellschaft selbst.[387] Wird die Drei-Objekt-

---

[381] BFH v. 26.6.2007 IV R 49/04; v. 31.5.07 IV R 17/05; *Feyerabend/Vollmer* BB 2008, 1088, 1089.

[382] Vgl. BFH Urt. v. 9.12.1996 – VIII R 317/82, BStBl. II 1988, 244; BFH Urt. v. 11.4.1989 – VIII R 266/84, BStBl. II 1989, 621; BFH Urt. v. 7.12.1995 – IV R 112/52, BStBl. II 1996, 369; EStR 137 Abs. 1 Satz 2.

[383] Vgl. BFH Urt. v. 25.10.1988 – VIII R 262/80, BStBl. II 1989, 291; BFH Urt. v. 25.6.1976 – III R 167/73, BStBl. II 1976, 728; BFH Urt. v. 19.11.1990 – III R 31/87, BStBl. II 1990, 385.

[384] Vgl. BFH Urt. v. 5.5.2004 – XI R 7/02, BStBl. II 2004, 738; BFH Urt. v. 10.12.2001 – GrS 1/98, BStBl. II 2002, 241.

[385] Vgl. BFH Urt. v. 3.7.1995 – GrS 1/93, DStR 1995, 1339, 1340; ebenso *Weber-Grellet* DStR 1995, 1341.

[386] Vgl. *Wacker* in Schmidt, § 15 Rn. 48; BMF Schreiben v. 26.3.2004 – IV A 6 S 2240 – 46/04, BStBl. I 2004, 434, hierzu *Söffing* DStR 2004, 793; BFH Urt. v. 18.9.1991 – XI R 83/90, BStBl. II 1992, 135; zur Verfassungsmäßigkeit dieser Abgrenzung BVerfG-Beschl. v. 4.2.2005 – 2 BvR 1572/01, DStR 2005, 698.

[387] Vgl. BMF Schreiben v. 26.3.2004 – IV A 6 S 2240 – 46/04, Tz. 14. Siehe auch FG Hamburg Urt. v. 29.5.2006 – 5 K 120/03, DStRE 2007, 338 (Rev. BFH VIII R 31/06).

Grenze durch die Personengesellschaft überschritten, so erzielt der Fonds und damit auch der Anleger gewerbliche Einkünfte.[388]

**305** bb) **Keine gewerbliche Prägung.** Die Tätigkeit des Immobilienfonds ist nur dann als vermögensverwaltend zu qualifizieren, sofern die Fondsgesellschaft nicht die Voraussetzungen der gewerblichen Prägung nach § 15 Abs. 3 Nr. 2 EStG erfüllt.[389] Nach § 15 Abs. 3 Nr. 2 EStG gilt die mit Einkünfteerzielungsabsicht unternommene Betätigung einer nicht gewerblich tätigen Personengesellschaft unter bestimmten Voraussetzungen als Gewerbebetrieb. Die Anwendung des § 15 Abs. 3 Nr. 2 EStG setzt voraus, dass die Personengesellschaft nicht bereits eine gewerbliche Tätigkeit nach § 15 Abs. 1 Satz 1 Nr. 1 EStG ausübt. Gewerblich geprägt gemäß § 15 Abs. 3 Nr. 2 EStG ist eine Personengesellschaft, bei der ausschließlich eine oder mehrere Kapitalgesellschaften persönlich haftende Gesellschafter sind. Zudem dürfen nur diese Kapitalgesellschaft oder Personen, die nicht Gesellschafter sind, zur Geschäftsführung befugt sein.[390] Von § 15 Abs. 3 Nr. 2 EStG erfasst werden in erster Linie die vermögensverwaltend tätige GmbH & Co KG mit GmbH-Komplementär und die OHG, deren Gesellschafter ausschließlich Kapitalgesellschaften sind.[391]

**306** Keine gewerbliche Prägung ist demgegenüber dann gegeben, wenn ein nicht persönlich haftender Gesellschafter zur Geschäftsführung der Personengesellschaft befugt ist. Das gilt selbst dann, wenn der beschränkt haftende Gesellschafter neben dem persönlich haftenden Gesellschafter zur Geschäftsführung berechtigt ist.[392] Auf diese Weise kann die steuerliche Gewerblichkeit der GmbH & Co KG kraft Rechtsform ausgeschaltet werden.

**307** cc) **Abfärbewirkung.** Gemäß § 15 Abs. 3 Nr. 1 EStG gilt als Gewerbebetrieb die mit Einkünfteerzielungsabsicht unternommene Tätigkeit einer OHG, einer KG oder einer anderen Personengesellschaft, wenn die Gesellschaft *auch* eine Tätigkeit iS des § 15 Abs. 1 Satz 1 Nr. 1 EStG ausübt oder gewerbliche Einkünfte iSv § 15 Abs. 1 Satz 1 Nr. 2 EStG (insbesondere aus der Beteiligung an einer gewerblichen Personengesellschaft) bezieht. Die Abfärbe-/Infizierungswirkung von Beteiligungen an gewerblichen Personengesellschaften wurde erst durch das Jahressteuergesetz 2007[393] ausdrücklich in § 15 Abs. 3 Nr. 1 EStG aufgenommen, nachdem der Bundesfinanzhof mit Urteil vom 6.10.2004[394] entschieden hatte, dass nach § 15 Abs. 3 Nr. 1 EStG in der Fassung vor dem Jahressteuergesetz 2007 eine Beteiligung an einer gewerblichen Personengesellschaft grundsätzlich nicht zur gewerblichen Abfärbung/Infizierung einer nicht gewerblich tätigen Personengesellschaft führen könne, da nicht diese, sondern nur die gewerbliche Personengesellschaft eine gewerbliche Tätigkeit im Sinne der Vorschrift „ausübe". Bei enger Auslegung des § 15 Abs. 3 Nr. 1 EStG führt selbst eine geringfügige gewerbliche Tätigkeit der Personengesellschaft zur Umqualifizierung ihrer nicht gewerblichen Einkünfte in gewerbliche Einkünfte.[395] Nach Auffassung des BFH in seiner Entscheidung v. 10.8.1999[396] soll es aufgrund des Verhältnismäßigkeitsgrundsatzes in Abkehr von seiner bisherigen Rechtsprechung lediglich dann nicht zu einer Umqualifizierung in gewerbliche Einkünfte kommen, wenn die originär gewerbliche Nebentätigkeit von ganz untergeordneter Bedeutung ist. Dabei machten die

---

[388] Vgl. für diesen Fall → Rn. 319.
[389] Vgl. *Lüdicke/Arndt/Götz*, Geschlossene Fonds, 2. Aufl. 2002, S. 51.
[390] Vgl. BFH Urt. v. 20.11.2004 – IV R 5/02, BStBl. II 2004, 464; *Bitz* in Littmann/Bitz/Pust, § 15 Rn. 170; *Schmidt/Wacker*, § 15 Rn. 213.
[391] Vgl. *Wacker* in Schmidt, § 15 Rn. 47; *Bitz* in Littmann/Bitz/Pust, EStG-Kommentar, § 15 Rn. 170.
[392] Vgl. 138 Abs. 6 EstR; *Wacker* in Schmidt, § 15 Rn. 221.
[393] Vgl. Jahressteuergesetz 2007 v. 13.12.2006, BGBl. I 2006, 2878.
[394] Vgl. BFH Urt. v. 6.10.2004, BStBl. II 2005, 383; Nichtanwendungserlass BMF v. 18.5.2005, BStBl. I 2005, 698.
[395] Vgl. BFH Urt. v. 13.11.1997 – IV R 67/96, BStBl. II 1998, 254, 603; BFH Urt. v. 10.11.1983 – IV R 86/80, BStBl. II 1984, 152; *Erle* in BeckHdb. Personengesellschaft, § 6 Rn. 6.
[396] Vgl. BFH Urt. v. 11.8.1999 – XI R 12/98, BStBl. II 2000, 229; hierzu *Kempermann* DStR 2002, 664; *Wehrheim/Brodthage* DStR 2003, 458.

gewerblichen Einkünfte im entschiedenen Fall 1,25 % der Gesamtumsätze aus.[397] Wann eine solche Geringfügigkeit im rechtlichen Sinne vorliegt, ist derzeit ungeklärt.[398] Im Zweifel wird man von einer engen Auslegung ausgehen müssen, wonach eine Geringfügige gewerbliche Tätigkeit lediglich bei „reinen Bagatellfällen" angenommen wird (max. Umsatzanteil 2–3 % und absolute Einnahmen nicht höher als Freibetrag gem. § 11 Abs. 1 Satz 3 Nr. 1 GewStG).[399] Die Konsequenzen des § 15 Abs. 3 Nr. 1 EStG können durch eine Ausgliederung der gewerblichen Tätigkeit auf eine Schwestergesellschaft vermieden werden.[400]

**d) Abgrenzung Anschaffungs-/Herstellungskosten – Werbungskosten/Betriebsausgaben. aa) Überblick.** Der Immobilienfonds ist selbst Einkünfteermittlungsubjekt. Für die Ermittlung der Einkünfte des Immobilienfonds ist bedeutend, ob die Fondsgesellschaft als Bauherr oder als Erwerber anzusehen ist. Ausschlaggebend ist diese Qualifikation für die Behandlung vor allem in der Anfangsphase anfallender Nebenkosten als aktivierungspflichtige Anschaffungs-/Herstellungskosten oder als Werbungskosten/Betriebsausgaben der Fondsgesellschaft.[401] Bei einer Qualifikation dieser Aufwendungen als Betriebsausgaben bzw. Werbungskosten dürfen sie sofort von den Einnahmen des Fonds abgezogen werden. Demgegenüber müssen Anschaffungskosten/Herstellungskosten aktiviert und können nur über die Nutzungsdauer des Grundstücks durch Abschreibungen erfolgsmindernd steuerlich geltend gemacht werden. **308**

Zu der Behandlung von Nebenkosten als Anschaffungs-/Herstellungskosten oder als Werbungskosten/Betriebsausgaben hat die Finanzverwaltung im 5. Bauherrenerlass[402] v. 20.10.2003[403] Stellung genommen. Die hier geäußerte Finanzverwaltungsauffassung beruht auf zwei Entscheidungen des BFH v. 8.5.2001[404] und v. 28.6.2001[405]. In diesen Urteilen hat der BFH – abweichend von der früheren Auffassung der Finanzverwaltung[406] – die Ansicht vertreten, dass die aufgewendete Eigenkapitalprovision bei Platzierung bereits vollständig durchkonzipierten geschlossenen Immobilienfonds mit einem konkreten Investitionsobjekt steuerlich nicht sofort abgezogen werden darf, sondern aktiviert werden muss. Ausgehend von den bezeichneten Entscheidungen des BFH zur Eigenkapitalprovision hat die Finanzverwaltung die Abzugsfähigkeit der Kosten und Gebühren im Rahmen von Gesamtobjekten eingeschränkt. Der Erlass gilt nicht nur für geschlossene Immobilienfonds, sondern ist auf alle geschlossenen Fonds anzuwenden.[407] Sind anfallende Nebenkosten zu aktivieren, so können den Erträgen des Immobilienfonds selbst in der Anfangsphase nur geringe unmittelbar absetzbare Werbungskosten/Betriebsausgaben gegenüber gestellt werden. Folglich entstehen in der Anfangsphase des Fonds kaum noch durch die Anleger steu- **309**

---

[397] Vgl. hierzu *Drüen* FR 2000, 177; dem Verhältnismäßigkeitsgrundsatz zustimmend: *Wacker* in Schmidt, § 15 Rn. 188.
[398] Vgl. *Neu* DStR 99, 2109; *Schild* DStR 00, 576; *Wehrheim* DStR 03, 485, 488, FG Schleswig-Holstein 5 K 38/08 v. 25.8.2011, EFG 2012, 41 Rev. BFH IV R 54/11.
[399] Vgl. *Wacker* in Schmidt, § 15 Rn. 188.
[400] Vgl. BFH Urt. v. 29.11.2001 – IV R 19/99, BStBl. II 2002, 221; hierzu *Heuermann* DB 2004, 2548.
[401] Vgl. BMF Schreiben v. 20.10.2003 – IV C 3 – S 2253a – 48/03, DB 2003, 2406, Tz. 32; *Heuermann* in Blümich, EStG-Kommentar, § 21 Rn. 431; *Kulosa* in Schmidt, EStG-Kommentar, § 21 Rn. 132.
[402] Zur Entwicklung der vorhergehenden Bauherrenerlasse und der Rechtsprechung in diesem Bereich, vgl. *Inhester* in MünchHdb. GesR I, § 9 Rn. 8 f.
[403] Vgl. BMF Schreiben v. 20.10.2003 – IV C 3 – S 2253a 48/03, BStBl. I 2003, 546.
[404] Vgl. BFH Urt. v. 8.5.2001 – IX R 10/96, BStBl. II 2001, 720.
[405] Vgl. BFH Urt. v. 28.6.2001 – IV R 40/97, BStBl. II 2001, 717.
[406] Vgl. BMF Schreiben v. 31.8.1990 – IV B 3 – S 2253a – 49/90, BStBl. I 1990, 366 ff. (4. Bauherrenerlass).
[407] Vgl. BMF Schreiben v. 20.10.2003 – IV C 3 – S 2253a 48/03, BStBl. I 2003, 54a, Tz. 31; *Inhester* in MünchHdb. GesR I, § 9 Rn. 10.

erlich nutzbare Verluste. Die im 5. Bauherrenerlass v. 20.10.2003[408] geäußerte Auffassung der Finanzverwaltung wird im Ergebnis durch die Anwendung von § 2b EStG bzw. nunmehr § 15b EStG unterlaufen, durch die bei Verlustzuweisungsmodellen ein Verlustausgleich versagt wird.[409]

**310** bb) Abgrenzung Erwerber – Herstellereigenschaft des Fonds. Für die steuerliche Behandlung in der Anfangsphase angefallener Nebenkosten als Anschaffungs-/Herstellungskosten oder als Werbungskosten/Betriebsausgaben ist nach Auffassung der Finanzverwaltung[410] bei einem Immobilienkapitalanlagemodell danach zu differenzieren, ob der Fonds als Erwerber oder als Hersteller der jeweiligen Objekte anzusehen ist.[411] Ist der Fonds Erwerber eines oder mehrerer Grundstücke, so sind anfallende Kosten und Gebühren als Anschaffungskosten/Herstellungskosten zu aktivieren. Hingegen handelt es sich um sofort abzugsfähige Werbungskosten, wenn der Fonds als Hersteller des Objekts angesehen werden kann.

**311** Ein geschlossener Fonds ist nach der Ansicht der Finanzverwaltung immer dann als Erwerber eines Objekts anzusehen, wenn rechtliche Grundlage des gesellschaftsrechtlichen Zusammenschlusses zu einem Immobilienfonds ein Bündel vorformulierter Verträge („einheitliches Vertragswerk") ist, mit deren Abschluss sich die Anleger an dem Fonds beteiligen. Gibt der Initiator des Fonds den Anlegern ein einheitliches Vertragswerk vor, dann besitzen die Gesellschafter in ihrer gesellschaftsrechtlichen Verbundenheit keine Möglichkeit, auf die Durchführung des Bauvorhabens Einfluss zu nehmen.[412] Hat der Anleger keinen Einfluss auf das Bauvorhaben und auf die dabei anfallenden Kosten, dann ist er wirtschaftlich wie der Käufer eines Objekts anzusehen, der einen im Vorhinein bestimmten Kaufpreis zahlt. Demgegenüber ist eine ausreichende Einflussnahmemöglichkeit dann gegeben, wenn die Anleger tatsächlich und rechtlich in der Lage sind, wesentliche Teile des Konzepts zu ändern. Nicht ausreichend für die Annahme einer solchen Einflussnahmemöglichkeit ist nach Auffassung der Finanzverwaltung der Einfluss, den ein Mitunternehmer nach § 15 Abs. 1 Satz 1 Nr. 1 EStG ausüben kann. Vielmehr müssen die Gesellschafter faktisch in der Lage sein, auf wesentliche Vertragsbestimmungen und deren Umsetzung einzuwirken.[413] Dabei ist ausreichend, wenn der Initiator oder Geschäftsführer Entscheidungsalternativen für wesentliche Konzeptbestandteile anbietet. In diesem Fall ist das Vorliegen eines vorformulierten Vertragswerks unschädlich.

**312** Die dargestellte Auffassung der Finanzverwaltung stößt im Schrifttum[414] auf Kritik. Die geäußerte Kritik beruht vor allem darauf, dass bei Beurteilung der Erwerber- bzw. Herstellereigenschaft des Fonds auf die Gesellschafter der Personengesellschaft abgestellt wird. Tatsächlich aber werden die Verträge über das Immobilienprojekt durch die Fondsgesellschaft selbst abgeschlossen. Da die Fondsgesellschaft eigenständiges Einkünfteermittlungssubjekt ist, dürfte nach Auffassung des Schrifttums nur auf dieser Ebene ohne Berücksichtigung der Gesellschafter zu beurteilen sein, ob der Fonds Hersteller oder Erwerber des Grundvermögens ist.

**313** cc) Rechtsfolgen. aaa) Erwerbereigenschaft des Fonds. (1) Anschaffungskosten. Ist der Immobilienfonds nicht als Bauherr, sondern als Erwerber eines Grundstücks anzusehen, so sind diejenigen Ausgaben nicht als Werbungskosten/Betriebsausgaben abziehbar, die in unmittelbarem wirtschaftlichen Zusammenhang mit der Abwicklung des Projekts in der

---

[408] Vgl. BMF Schreiben v. 20.10.2003 – IV C 3 – S 2253a 48/03, BStBl. I 2003, 546.
[409] Vgl. *Fleischmann* DStR 2002, 1293, 1294; dazu im Weiteren → Rn. 328 f.
[410] Vgl. BMF Schreiben v. 20.10.2003 – IV C 3 – S 2253a 48/03, BStBl. I 2003, 546.
[411] Vgl. *Tewes*, Praxishandbuch Immobilienanlagen, Teil 6/2.1, S. 1; *Tipke/Lang*, Steuerrecht, 17. Aufl. 2002, § 9 Rn. 377.
[412] Vgl. BFH Urt. v. 14.4.2011 – IV R 8/10, DStRE 2011.864; BFH Urt. v. 28.6.2001 – IV E 40/97, BStBl. II 2001, 717; BFH Urt. v. 8.5.2001 – IX R 10/96, BStBl. II 2001, 720; *Kirchhof/Mellinghoff*, Kompaktkommentar EStG, § 15 Rn. 111.
[413] Dazu näher *Stuhrmann* in Blümich, EStG/KStG/GewStG-Kommentar, § 21 Rn. 261b.
[414] Vgl. *Arndt* BB 2002, 1617, 1626.

Investitionsphase anfallen.[415] Diese Ausgaben sind vielmehr als Anschaffungskosten zu aktivieren. Gemäß § 255 Abs. 1 HGB sind Anschaffungskosten die Ausgaben, die geleistet werden, um einen Vermögensgegenstand zu erwerben und ihn in einen betriebsbereiten Zustand zu versetzen, soweit sie dem Vermögensgegenstand einzeln zugeordnet werden können. Betroffen sind vom Verbot des Abzugs als Werbungskosten/Betriebsausgaben vor allem Baubetreuungskosten, Geschäftsführer- und Haftungsvergütungen, Vermittlungsprovisionen[416], Treuhandgebühren, Nennwertaufschlag, Gebühren für Beratung, Bearbeitung und Finanzierungsvermittlung, Zinsfreistellungsgebühren sowie Gebühren für die Übernahme von Garantien und Bürgschaften.[417] Die aktivierten Anschaffungskosten für Gebäude können nur durch Abschreibung steuerlich geltend gemacht werden.

(2) Werbungskosten/Betriebsausgaben. Ist der Immobilienfonds unter Beachtung der Auffassung der Finanzverwaltung als Erwerber des Grundvermögens anzusehen, sind als Werbungskosten lediglich diejenigen Ausgaben zu qualifizieren, die nicht auf den Erwerb des Grundstücks mit dem bezugsfertigen Gebäude gerichtet sind und die auch der (Einzel)Erwerber eines bebauten Grundstücks außerhalb eines Gesamtobjekts als Werbungskosten abziehen könnte.[418] Sofern sie an die Initiatoren des Fonds gezahlt werden, setzt die Abzugsfähigkeit als Werbungskosten/Betriebsausgaben nach Auffassung der Finanzverwaltung zudem voraus, dass bereits vor Zahlung klare Vereinbarungen über den Grund und die Höhe der Ausgaben bestehen. Eine Vergütung darf nur gewährt werden, wenn die Gegenleistung in Anspruch genommen wird; die rechtliche und tatsächliche Ausgestaltung der Leistung muss im Vertrag mit dem Initiator klar zum Ausdruck kommen. Des Weiteren müssen als Werbungskosten/Betriebsausgaben abziehbare Ausgaben von den übrigen Ausgaben abgrenzbar sein, die mit der Anschaffung des Erwerbsgegenstands in Zusammenhang stehen.[419]

Zu den unmittelbar als Werbungskosten/Betriebsausgaben abziehbaren Ausgaben gehören vor allem Ausgaben der Darlehenssicherung, Gebühren im Zusammenhang mit der Vermietung, Vergütungen an Steuer- und Rechtsberater, wenn deren Leistungen nicht im Zusammenhang mit dem Erwerb oder der Modernisierung des Objekts stehen, sowie Beiträge zu Sach- und Haftpflichtversicherungen. Des weiteren können Fremdfinanzierungskosten des Gesellschafters für den Erwerb der Anteile am geschlossenen Fonds als Werbungskosten/Betriebsausgaben abgezogen werden. Dies setzt allerdings voraus, dass der Gesellschafter sie aufgrund eigener Verpflichtung gegenüber dem Kreditinstitut eingegangen ist.[420]

bbb) Herstellereigenschaft des Fonds. Haben die Anleger eines geschlossenen Fonds wesentliche Einflussmöglichkeiten auf die Durchführung des Bauprojekts und übernehmen sie insofern das Risiko der Herstellung, ist der Fonds steuerlich als Hersteller der Immobilie zu qualifizieren. In diesem Fall ist nach den allgemeinen Kriterien des § 6 Abs. 1 Nr. 1 EStG zu unterscheiden, ob anfallende Ausgaben als Werbungskosten/Betriebsausgaben oder Herstellungskosten zu behandeln sind.[421]

(1) Anschaffungskosten/Herstellungskosten. Handelt es sich um einen Herstellungsfonds, sind als Anschaffungs- bzw. Herstellungskosten zu aktivieren Gebühren für die Vermittlung des Objekts oder des Eigenkapitals und des Treuhandauftrags, Abschlussgebühren, Courta-

---

[415] Vgl. BFH Urt. v. 8.5.2001 – IX R 10/96, FR 2001, 1005, 1006 mit Anmerkung *Fischer* FR 2001, 1006; insbes. die Eigenkapitalprovision betreffend: BMF-Schreiben v. 29.11.2002 – IV C 3 – S 2253a – 15/01, BStBl. I 2002, 1388; *Plewka/Söffing* NJW 2002, 937, 939.
[416] IE vgl. BMF Schreiben v. 20.10.2003, BStBl. I 2003, 546, Tz. 50.
[417] *Heß* DStR 2003, 1953, 1957.
[418] BMF Schreiben v. 20.10.2003 – IV C 3 – S 2253a – 48/03, BStBl. I 2003, 546, Tz. 5–7, 11–20.
[419] BMF Schreiben v. 20.10.2003 – IV C 3 – S 2253a – 48/03, BStBl. I 2003, 546, Tz. 11.
[420] *Inhester* in MünchHdb. GesR I, § 9 Rn. 14.
[421] BMF Schreiben v. 20.10.2003, BStBl. I 2003, 546, Tz. 41; BFH Urt. v. 14.11.1999 – IX R 197/84, BStBl. II 1990, 299.

ge, Agio, Beratungs- und Bearbeitungsgebühren sowie Platzierungsgebühren. Hinzu kommen Vorbereitungskosten für die Konzeption des Fonds.[422]

**318** (2) **Werbungskosten/Betriebsausgaben.** Bei Qualifizierung des Immobilienfonds als Herstellungsfonds sind diejenigen Ausgaben als Werbungskosten/Betriebsausgaben unmittelbar abzugsfähig, die auch bei Qualifizierung der Anleger als Erwerber als Werbungskosten/Betriebsausgaben anzusehen sind.[423] Ferner kann der Herstellungsfonds Provisionen für die Vermittlung des Eintritts von Gesellschaftern („Eigenkapitalvermittlungsprovisionen") bis zu 6% des Eigenkapitals als Werbungskosten/Betriebsausgaben abziehen.[424] Als Werbungskosten/Betriebsausgaben zu behandeln sind außerdem Haftungs- und Geschäftsführungsvergütungen, Gebühren für die Zwischen- und Endfinanzierung bis zu 2% der Darlehenssumme, Treuhandgebühren, soweit die Leistungen die Geldbeschaffung und die spätere Vermittlung betreffen (begrenzt auf 25% der Kosten für die Leistungen des Treuhänders und 0,5% der Gesamtaufwendungen), sowie Bürgschaftsgebühren für die Zwischen- und Endfinanzierung (2% pro Jahr der Hauptschuld) und Ausbietungsgarantien (0,5% der in Anspruch genommenen Darlehensmittel).[425]

**319** e) **Gewerbesteuer.** Übt der Immobilienfonds eine vermögensverwaltende Tätigkeit aus, unterliegen seine Einkünfte auf Fondsebene nicht der Gewerbesteuer.

Sollte der Immobilienfonds hingegen als Gewerbebetrieb zu qualifizieren sein, werden seine Einkünfte zur Gewerbesteuer herangezogen, § 2 Abs. 1 GewStG. Beanspruchen kann der Fonds in diesem Fall aber ggf. die Kürzung nach § 9 Nr. 1 Satz 2 GewStG. Danach steht dem Fonds eine Kürzung in Höhe des Teils des Gewerbeertrags zu, der auf die Verwaltung und Nutzung eigenen Grundbesitzes entfällt. Die Anwendung des § 9 Nr. 1 Satz 2 GewStG setzt voraus, dass der Fonds ausschließlich eigenen Grundbesitz sowie daneben eigenes Kapitalvermögen verwaltet und nutzt. Ferner kann der Fonds zur Inanspruchnahme der Kürzung nach § 9 Nr. 1 Satz 2 GewStG Wohnungsbauten betreuen oder Einfamilienhäuser, Zweifamilienhäuser und Eigentumswohnungen errichten und veräußern.

**320** Bei der Ermittlung des Gewerbeertrags sind bis Ende 2007 die Hälfte der Dauerschuldzinsen dem Gewinn aus Gewerbebetrieb wieder hinzuzurechnen. Durch das Unternehmensteuerreformgesetz 2008 wurde § 8 Nr. 1 GewStG dahingehend geändert, dass ab 2008 ein Viertel sämtlicher Entgelte für Schulden dem Gewinn aus Gewerbebetrieb wieder hinzuzurechnen sind.

**321** Gewerbesteuerliche Verluste eines gewerblichen Fonds können nur nach Maßgabe des § 10a Satz 1 GewStG auf künftige Erhebungszeiträume vorgetragen werden. Eine Verrechnung von Gewerbeverlusten des Fonds mit Gewerbeerträgen des Anlegers ist ausgeschlossen. Gemäß § 10a Satz 1 GewStG wird der maßgebende Gewerbeertrag bis zu einem Betrag von 1 Million EUR um die Fehlbeträge gekürzt, die sich bei der Ermittlung des maßgebenden Gewerbeertrags für die vorangegangenen Veranlagungszeiträume nach den Vorschriften der §§ 7 bis 10 GewStG ergeben haben, soweit die Fehlbeträge nicht bei der Ermittlung des Gewerbeertrags für die vorangegangenen Erhebungszeiträume berücksichtigt worden sind. Zudem ist gemäß § 10a Satz 2 GewStG der 1 Million EUR übersteigende maßgebende Gewerbeertrag bis zu 60% um nach Satz 1 nicht berücksichtigte Fehlbeträge der vorangegangenen Veranlagungszeiträume zu kürzen. Danach nicht verrechnete Beträge werden auf künftige Erhebungszeiträume vorgetragen.

**322** **2. Steuerliche Behandlung der Anleger. a) Überblick.** Die steuerliche Behandlung von Fondsanteilen beim Anleger hängt davon ab, ob die Beteiligung am Fonds zu einem Betriebsvermögen oder zum Privatvermögen des Anlegers gehört. Zu unterscheiden ist die Besteuerung laufender Überschüsse/Gewinne des Fonds von der steuerlichen Behandlung von Gewinnen aus der Veräußerung von Fondsanteilen. Die steuerliche Abzugsfähigkeit

---

[422] BMF Schreiben v. 20.10.2003, BStBl. I 2003, 546, Tz. 15.
[423] Vgl. BMF Schreiben v. 20.10.2003, BStBl. I 2003, 546, Tz. 5–7, 21–29.
[424] Vgl. BMF Schreiben v. 20.10.2003, BStBl. I 2003, 546, Tz. 43.
[425] Vgl. *Inhester* in MünchHdb. GesR I, § 9 Rn. 16.

von Verlusten aus Immobilienfonds wird durch § 15b EStG erheblich eingeschränkt. Die Regelung ersetzt die Vorschrift des § 2b EStG aF und geht ferner der Anwendung des § 15a EStG vor.

**b) Steuerliche Behandlung von Überschüssen/Gewinnen des Immobilienfonds.** aa) Anteile im Betriebsvermögen. Werden die Anteile an einem geschlossenen Immobilienfonds im Betriebsvermögen eines gewerblich tätigen Einzelunternehmers, einer gewerblichen Personengesellschaft oder einer Kapitalgesellschaft gehalten, liegen in Höhe der diesem Anleger zuzuordnenden Einkünfte des Fonds unabhängig von dessen steuerlichen Qualifizierung gewerblicher Einkünfte vor, § 15 Abs. 3 EStG. Handelt es sich um Anteile an einem vermögensverwaltenden Fonds, sind somit die Anteile am Überschuss der Fondsgesellschaft auf Ebene des Anlegers in gewerbliche Einkünfte umzuqualifizieren. Dabei ist die verbindliche Entscheidung über die Art und die Höhe der Einkünfte des an der vermögensverwaltenden Gesellschaft beteiligten betrieblichen Gesellschafters durch das für die persönliche Besteuerung dieses Gesellschafters zuständige Finanzamt zu treffen.[426] 323

Ob die Anteile an einer Grundstücksgesellschaft zu einem Betriebsvermögen gehören, ist auf Ebene des Gesellschafters unter Beachtung der Regelungen zur Drei-Objekt-Grenze für den gewerblichen Grundstückshandel zu beurteilen. Dabei sind die Anteile eines Gesellschafters an einer grundstücksverwaltenden Gesellschaft als ein Objekt mitzurechnen.[427] Die Mitrechnung der Anteile an der Grundstücksgesellschaft setzt nach Auffassung der Finanzverwaltung eine Beteiligung des Gesellschafters von mindestens 10% bzw. einen Verkehrswert der Beteiligung von mehr als 250 000 EUR voraus.[428] Die Grundstücksverkäufe einer Personengesellschaft können einem Gesellschafter, dessen Beteiligung nicht mindestens 10% beträgt und der auch eigene Grundstücke veräußert, jedenfalls auch dann als Objekte iSd Drei-Objekt-Grenze zugerechnet werden, wenn dieser Gesellschafter über eine Generalvollmacht oder aus anderen Gründen die Geschäfte der Grundstücksgesellschaft maßgeblich bestimmt.[429] 324

Anteile am Überschuss eines vermögensverwaltenden Fonds unterliegen beim betrieblichen Gesellschafter der Gewerbesteuer. Ist der Fonds hingegen selbst als Gewerbebetrieb einzustufen, greift beim Gesellschafter für seinen Gewinnanteil aus dem Fonds die Kürzung nach § 9 Nr. 2 GewStG. Danach ist der Gewerbeertrag um den Anteil am Gewinn einer inländischen Personenhandelsgesellschaft zu kürzen, bei der die Gesellschafter als Mitunternehmer anzusehen sind. Voraussetzung für die Anwendung des § 9 Nr. 2 GewStG ist, dass die Gewinnanteile bei der Ermittlung des steuerlichen Gewinns des Gesellschafters angesetzt worden sind. Natürlichen Personen als Anleger steht die Steuerermäßigung nach § 35 EStG zu. Danach ermäßigt sich die Einkommensteuer, soweit sie auf die gewerblichen Einkünfte entfällt, um das 3,8-fache des festgesetzten anteiligen Gewerbesteuer-Messbetrags. 325

bb) Anteile im Privatvermögen. Gehören die Anteile an einem Immobilienfonds zum Privatvermögen des Anlegers und ist die Tätigkeit des Fonds als vermögensverwaltend zu qualifizieren, so erzielt der Anleger Einkünfte aus Vermietung und Verpachtung nach § 21 EStG. Der Anleger kann die ihm zuzurechnenden Einnahmen um Sonderwerbungskosten mindern, die er dem Fonds zwecks Einkünfteermittlung mitzuteilen hat. 326

Ist demgegenüber der Fonds als Gewerbebetrieb anzusehen, so erzielt der Privatanleger mit seinem Gewinnanteil Einkünfte aus gewerblicher Tätigkeit nach § 15 Abs. 1 Satz 1 Nr. 2 EStG. Die ihm zuzurechnenden Einnahmen des Fonds kann der Anleger um Sonderbetriebsausgaben mindern, die er dem Fonds zu Einkünfteermittlung mitzuteilen hat. 327

---

[426] Vgl. BFH Beschl. v. 11.4.2005 – GrS 2/02 NWB Fach 2, S. 8813.
[427] Vgl. BMF Schreiben v. 26.3.2004 – BStBl. I 2004, 434, Tz. 14.
[428] Vgl. BMF Schreiben v. 26.3.2004 – BStBl. I 2004, 434, Tz. 14; krit. *Lüdicke/Naujok* DB 2004, 1796.
[429] Vgl. BFH-Urteil vom 12.7.2007, X R 4/04, BStBl. II 2007, 885.

Im Gegenzug für die Gewerbesteuerpflicht des gewerblichen Fonds steht dem Gesellschafter die Steuerermäßigung nach § 35 EStG zu.

**328**  **c) Steuerliche Behandlung von Verlusten des Immobilienfonds.** aa) Überblick. Verluste des Immobilienfonds können vom Anleger nur dann steuerlich genutzt werden, wenn die Tätigkeit des Fonds nicht als Liebhaberei einzuordnen ist. Ferner sind auf die dem Anleger zugewiesenen Verluste des Fonds die Regelungen des § 15b EStG (vormals § 2b EStG aF) sowie § 15a EStG anzuwenden.

**329**  bb) Abgrenzung Einkünfteerzielungsabsicht – Liebhaberei. Will der Privatanleger steuerliche Verluste der Fondsgesellschaft geltend machen, so setzt dies die Einkünfteerzielungsabsicht voraus. Ist die Beteiligung des Anlegers steuerlich hingegen lediglich als Liebhaberei anzusehen, scheidet eine steuerliche Geltendmachung der dem Anleger zugewiesenen Verluste aus. Zugleich sind indes auch spätere Gewinne aus der Anlage in den Investmentfonds beim Anleger steuerlich nicht zu berücksichtigen.

**330**  Von einer Einkünfteerzielungsabsicht ist dann auszugehen, wenn die relevante Betätigung oder Vermögensnutzung objektiv darauf gerichtet ist, auf Dauer gesehen nachhaltig Überschüsse zu erzielen.[430] Entscheidend ist das Streben nach einem Totalüberschuss innerhalb der voraussichtlichen Vermögensnutzung.[431] Dabei bleiben etwaige Wertsteigerungen des Vermögens zumindest dann außer Betracht, wenn der Fonds eine vermögensverwaltende Tätigkeit ausübt und die Anteile zum Privatvermögen des Anlegers gehören. Das Streben nach einem Totalüberschuss lässt sich durch realistische und betriebswirtschaftlich nachvollziehbare Erlösprognosen unter Einbeziehung einer künftigen Veräußerung des Fondsobjekts belegen. Die Einkünfteerzielungsabsicht muss auf der Ebene der Personenmehrheit und bei jedem Gesellschafter vorliegen.[432] Dabei ist keine getrennte Beurteilung notwendig.[433] Bei den Einkünften aus Vermietung und Verpachtung werden in der Regel erst nach einer längeren Verlustperiode positive Einkünfte erzielt. Dafür geht man von einer langen Nutzungsdauer der Einkunftsquelle aus.[434] Grundsätzlich spricht bei den Einkünften aus Vermietung und Verpachtung der Beweis des ersten Anscheins für das Vorliegen einer Einkünfteerzielungsabsicht.[435]

**331**  Gleichwohl kann die Einkünfteerzielungsabsicht verneint werden, wenn besondere Umstände gegen das Vorliegen einer Überschusserzielungsabsicht sprechen.[436] So kann ein Beweiszeichen für die Liebhaberei vorliegen, wenn die Vermietung und Verpachtung ausschließlich in der Absicht ausgeübt wird, Steuervorteile durch die Verrechnung von Verlusten mit anderen positiven Einkünften zu erreichen.[437] Die Erlangung von Steuervorteilen wird vermutet, wenn von Anbeginn der Vermietung eine Eigennutzung beabsichtigt wird oder von Anfang an eine Veräußerungsabsicht besteht.[438] Eine Überschusserzielungs-

---

[430] Vgl. BFH Urt. v. 25.6.1984 – GrS 4/82, BStBl. II 1984, 751, 76; BFH Urt. v. 26.8.1980 – VII 15/80, BStBl. II 1981, 37; BFH Urt. v. 21.10.1980 – IV R 53/77, BStBl. II 1980, 452; *Kirchhof/Mellinghoff*, § 21 Rn. 15; *Herrmann/Heuer/Raupach/Raupach/Schencking*, EStG-Kommentar, § 2, 376 ff.; *Tipke/Lang*, Steuerrecht, 17. Aufl. 2002, § 9 Rn. 124.

[431] Vgl. *Blümich/Heuermann*, EStG/KStG/GewStG-Kommentar, § 21 Rn. 150; *Kirchhof/Mellinghoff*, EStG-Kommentar, § 21 Rn. 15; *v. Reden* in Littmann/Bitz/Pust, EStG-Kommentar, § 21 Rn. 6.

[432] Vgl. BFH Urt. v. 8.12.1998 – IX R 49/95, BStBl. II 1999, 468; *Blümich/Heuermann*, EStG-Kommentar, § 21 Rn. 158; *Lüdicke/Pannen* DStR 2000, 2109.

[433] Vgl. BFH Urt. v. 8.12.1998 – IX R 49/95, BStBl. II 1999, 468.

[434] Vgl. BMF Schreiben v. 23.7.1992 – IV B 3 – S 2253-29/92, BStBl. I 1992, 434.

[435] Vgl. BMF Schreiben v. 23.7.1992 Fn. 19; *Kirchhof/Mellinghoff*, Kompaktkommentar EStG, § 21 Rn. 17 mwN.

[436] Vgl. *Kirchhof/Mellinghoff*, Kompaktkommentar EStG, § 21 Rn. 17; *Drenseck* in Schmidt, EStG-Kommentar, § 21 Rn. 11.

[437] Vgl. BFH Urt. v. 12.12.1995 – R 59/92, BStBl. II 1996, 219; *Inhester* in MünchHdb. GesR I, § 9 Rn. 23.

[438] Vgl. *Kirchhof/Söhn/Mellinghoff*, EStG-Kommentar, § 21 Rn. B 143; *Söffing/Fleischmann* DB 2004, 2533.

absicht ist daher bei Beteiligung an einem Mietkaufmodell häufig nicht gegeben.[439] Bei einem solchen Modell schließt der Anleger Verträge ab, die darauf gerichtet sind, nach einer Verlustphase das Objekt an die Mieter steuerfrei zu veräußern.

Die Finanzverwaltung stellt in ihrem Schreiben[440] zur Einkünfteerzielung bei Einkünften aus Vermietung und Verpachtung klar, dass bei einer auf Dauer angelegten Vermietungstätigkeit geschlossener Immobilienfonds eine Vermutung für die Einkünfteerzielungsabsicht besteht.[441] Zur Annahme einer Einkünfteerzielungsabsicht muss der Fonds für eine unbestimmte Zeit gegründet sein, der Initiator darf kein vorzeitiges Kündigungsrecht gegenüber den Gesellschaftern haben und der Fonds sollte keine günstige Ankaufoption eingeräumt haben.[442]

cc) Verluste in Zusammenhang mit Steuerstundungsmodellen (§ 15b EStG). aaa) Überblick. Mit § 15b EStG will der Gesetzgeber die Attraktivität von Steuerstundungsmodellen einschränken.[443] Die Regelung des § 15b EStG wurde mit Wirkung v. 10.11.2005 durch das Gesetz[444] zur Beschränkung der Verlustverrechnung im Zusammenhang mit Steuerstundungsmodellen v. 22.11.2005 eingeführt.[445] Sie ersetzt die Vorschrift des § 2b EStG aF. Ferner geht § 15b EStG den Regelungen des § 15a EStG vor, § 15b Abs. 1 Satz 3 EStG. Die Vorschrift des § 15b EStG gilt rückwirkend für Anteile an geschlossenen Fonds, denen der Anleger nach dem 10.11.2005 beigetreten ist bzw. die nach dem 10.11.2005 ihren Außenvertrieb aufgenommen haben. Sie ist ferner anzuwenden auf nach dem 10.11.2005 beschlossene Kapitalerhöhungen eines bestehenden Fonds bzw. nach dem 10.11.2005 beschlossene Reinvestitionen von Erlösen in neue Projekte, § 52 Abs. 33a EStG idF des Entwurfs eines Gesetzes zur Beschränkung der Verlustverrechnung im Zusammenhang mit Steuerstundungsmodellen.

Die Regelung des § 15b EStG hat nicht nur Bedeutung für gewerbliche Fonds sowie für Immobilienfonds, deren Anteile beim Anleger zum Betriebsvermögen gehören. Einbezogen werden darüber hinaus Einkünfte aus Land- und Forstwirtschaft und selbständiger Arbeit sowie aus nichtselbständiger Arbeit, aus Vermietung und Verpachtung, aus Kapitalvermögen sowie sonstige Einkünfte (zB Lebens- und Rentenversicherungsmodelle gegen fremdfinanzierten Einmalbetrag). Nicht anzuwenden ist § 15b EStG auf Private Equity-Fonds, Venture Capital-Fonds sowie Lebensversicherungsfonds.[446]

bbb) Anwendungsvoraussetzungen. Die Regelung des § 15b EStG ist anzuwenden auf Steuerstundungsmodelle. Nach § 15b Abs. 2 EStG liegt ein Steuerstundungsmodell vor, wenn aufgrund einer modellhaften Gestaltung steuerliche Vorteile in Form negativer Einkünfte erzielt werden sollen.[447] Das ist der Fall, wenn dem Steuerpflichtigen aufgrund eines vorgefertigten Konzepts, die Möglichkeit geboten werden soll, zumindest in der Anfangsphase der Investition Verluste mit übrigen Einkünften zu verrechnen. Dabei ist ohne Belang, auf welchen Vorschriften die negativen Einkünfte beruhen. Unter Beachtung des § 15b Abs. 2 EStG muss das Konzept des Fonds darauf gerichtet sein, dem Anleger negative Einkünfte zuzuweisen, die dieser mit anderen Einkünften ausgleichen kann. Nicht anzuwenden ist § 15b EStG somit auf Beteiligungen an ausländischen Immobilienfonds in

---

[439] Vgl. *Kulosa* in Schmidt § 21 Rz. 17: Mietkaufmodelle sowie Rückkauf- oder Weiterverkaufsgarantien haben heute in der Praxis allerdings keine Bedeutung mehr; BFH Urt. v. 24.4.1997 – VIII R 12/95, BFH/NV 1988, 292; *Heuermann* StuW 2003, 106 f.
[440] Vgl. BMF Schreiben v. 8.10.2004 – IV C 3 – S 2253 – 91/04, BStBl. I 2004, 933, Tz. 30.
[441] Vgl *Kulosa* in Schmidt § 21 Rz. 11.
[442] Vgl. *Fleischmann* DB 2004, 67, 68.
[443] Vgl. Deutscher Bundestag, Entwurf eines Gesetzes zur Beschränkung der Verlustverrechnung im Zusammenhang mit Steuerstundungsmodellen v. 29.11.2005, S. 4, zu I.
[444] Vgl. BGBl. I 2005, 3683.
[445] Vgl. hierzu Anwendungsschreiben BMF v. 17.7.2007 – IV B2 – S 2241b/07/0001 BStBl. 2007 I S. 542 ff.
[446] Vgl. *Seeger* in Schmidt § 15b Rn. 8.
[447] BMF Schreiben v. 17.7.2007 – IV B2 – S 2241b/07/0001 BStBl. 2007 I S. 542 ff.

DBA-Staaten oder auf Schiffsfonds, die ihren Gewinn nach § 15b EStG ermitteln. Für eine modellhafte Gestaltung spricht ein vorgefertigtes Konzept mit gleichartigen Leistungsbeziehungen.[448] Typischerweise wird ein solches Konzept mittels eines Anlegerprospekts oder vergleichbaren Unterlagen vermarktet.[449] Charakteristisch, aber nicht zwingend, für eine solche modellhafte Gestaltung ist ferner eine Bündelung von Verträgen und/oder Leistungen durch den Anbieter. Für die Annahme eines Steuerstundungsmodells spricht des Weiteren, dass die Anleger vorrangig eine kapitalmäßige Beteiligung ohne Interesse an einem Einfluss auf die Geschäftsführung anstreben.[450] Nicht relevant für die Anwendung des § 15b EStG ist, ob der Fonds als Hersteller oder als Erwerber des Wirtschaftsguts anzusehen ist, oder ob überhaupt ein Wirtschaftsgut erworben wird.[451]

336 Die Anwendung der Regelung des § 15b EStG setzt voraus, dass die Summe der prognostizierten Verluste in der Anfangsphase 10% des gezeichneten und nach dem Konzept auch aufzubringenden Kapitals[452] bzw. bei Einzelinvestoren des eingesetzten Kapitals übersteigt, § 15b Abs. 3 EStG. Als Anfangsphase iSd § 15b Abs. 3 EStG gilt der Zeitraum, innerhalb dessen nach dem Konzept keine nachhaltigen positiven Einkünfte erzielt werden. Nicht betroffen sind hingegen Verluste, die nach dem Konzept nicht abzusehen waren, wie unerwartete Mietausfälle oder Beschädigungen des Investitionsobjekts.[453]

337 Die Regelung des § 15b greift für geschlossene Fonds, auf die der Fondserlass[454] anzuwenden ist, sowie auf Einzelinvestoren, § 15b Abs. 3 EStG.[455] Bei geschlossenen Fonds stellt die jeweilige Beteiligung des Anlegers die Einkunftsquelle dar. Die Einkunftsquelle umfasst auch eventuell im Zusammenhang mit dem Steuerstundungsmodell stehendes Sonderbetriebsvermögen. Bei der Prüfung der Voraussetzungen sind die Verluste aus dem Sonderbetriebsvermögen – soweit dieses Bestandteil des Modells ist – mit einzubeziehen.

338 Anzuwenden ist die Regelung des § 15b EStG auf Steuerpflichtige iSd §§ 1, 1a EStG bzw. §§ 1, 2 KStG, also natürliche Personen sowie Körperschaften und Personenvereinigungen.[456] Ist der Anleger über einen Dachfonds an Unterfonds beteiligt und wird auf der Ebene des Dachfonds – unter Berücksichtigung der Einkünfte aus dem Unterfonds – die Verlustquote von 10% überschritten, so ist § 15b EStG zunächst auf der Ebene des Dachfonds anzuwenden. Darüber hinaus dürfte § 15b EStG aber auch auf die den Anlegern zugerechneten Erfolgsanteile an der Obergesellschaft anzuwenden sein, sofern entweder auf der Ebene des Dachfonds eine Verlustquote von 10% vorliegt, oder der Dachfonds an einem Unterfonds beteiligt ist, der den Anforderungen des § 15b EStG genügt.[457]

339 ccc) Rechtsfolgen. Nach § 15b Abs. 1 EStG dürfen Verluste in Zusammenhang mit einem Steuerstundungsmodell weder mit Einkünften aus Gewerbebetrieb noch mit Einkünften aus anderen Einkunftsarten ausgeglichen werden. Sie dürfen ferner nicht nach § 10d EStG abgezogen werden. Die Verluste gehen indes nicht vollständig verloren. Sie mindern vielmehr die Einkünfte, die der Steuerpflichtige in den folgenden Wirtschaftsjahren aus derselben Einkunftsquelle erzielt. Dabei gilt als Einkunftsquelle die Beteiligung am jeweili-

---

[448] BMF Schreiben v. 22.8.2001 – IV A 5 – S 2118b – 40/01 DStR 2001, 1611, Tz 17 ff.; BFH Urt. v. 26.2.2002 – IX R 20/98; DStR 2002, 948.
[449] Vgl. ausführlich *Lüdicke/Naujok* DB 2006, 744, 745.
[450] Vgl. Deutscher Bundestag, Entwurf eines Gesetzes zur Beschränkung der Verlustverrechnung im Zusammenhang mit Steuerstundungsmodellen v. 29.11.2005, Begründung; siehe auch *Tiedke/Striegel* FR 2002, 701 ff.
[451] Vgl. Deutscher Bundestag, Entwurf eines Gesetzes zur Beschränkung der Verlustverrechnung im Zusammenhang mit Steuerstundungsmodellen v. 29.11.2005, Begründung.
[452] Vgl. ausführlich *Lüdicke/Naujok* DB 2006, 744, 746.
[453] Vgl. BMF Schreiben v. 17.7.2007 – IV B2 – S 2241b/07/0001 BStBl. 2007 I S. 542 ff. Rz. 16.
[454] Vgl. BMF Schreiben v. 20.10.2003 – IV C 3 – S 2253a – 48/03, BStBl. I 03, 546.
[455] Siehe *Beck* DStR 2006, 61, 62 f.
[456] Vgl. *Lüdicke/Naujok* DB 2006, 744, 747.
[457] Vgl. *Pohl* DStR 2007, 382; aA *Lechner/Lemaitre* DStR 2006, 689 ff.

gen Steuerstundungsmodell.[458] Eine Verrechnung mit Überschüssen/Gewinnen aus anderen Steuerstundungsmodellen ist mithin ausgeschlossen. Die Verluste sind indes dann endgültig verloren, wenn der Fonds künftig den Anlegern keine für die Verrechnung notwendigen ausreichend hohen Gewinne zuweisen kann.

dd) Immobilienfonds als Verlustzuweisungsgesellschaft gemäß § 2b EStG. Die Geltendmachung von Anfangsverlusten der Fondsgesellschaft wurde in der Vergangenheit durch § 2b EStG eingeschränkt. Die Regelung wurde durch die Neueinführung von § 15b EStG ersetzt.[459]

ee) Verluste bei beschränkter Haftung (§ 15a EStG). Durch § 15a EStG wird Verlustausgleich iSv § 2 Abs. 1 EStG bzw. der Verlustabzug gemäß § 10d EStG mit anderen positiven Einkünften eingeschränkt. § 15a EStG wurde – ebenso wie § 2b EStG bzw. § 15b EStG – mit dem Ziel eingeführt, die Errichtung von Verlustzuweisungsgesellschaften zu begrenzen.[460] Im Gegensatz zu § 15b EStG bzw. § 2b EStG greift die Regelung des § 15a EStG indes allein in Fällen beschränkter Haftung des Anlegers. § 15a EStG ist dabei nicht nur auf Kommanditisten einer KG anzuwenden, sondern greift auch für andere Unternehmer, sofern deren Haftung mit der eines Kommanditisten vergleichbar ist, § 15a Abs. 5 EStG.

Gemäß § 15a Abs. 1 Satz 1 EStG darf der einem Kommanditisten zuzurechnende Anteil am Verlust einer KG weder mit anderen Einkünften aus Gewerbebetrieb noch mit Einkünften aus anderen Einkunftsarten ausgeglichen werden und auch nicht nach § 10d vor- oder zurückgetragen werden, soweit ein negatives Kapitalkonto des Kommanditisten besteht oder sich erhöht (Grundtatbestand).[461] Zu den von § 15a EStG betroffenen Verlusten gehören nicht Sonderbetriebsausgaben/Sonderwerbungskosten.[462] Soweit die Verluste nicht nach § 15a Abs. 1 Satz 1 EStG ausgleichsfähig oder abziehbar sind, ist eine Verlustverrechnung nur mit Gewinnanteilen späterer Jahre aus derselben Beteiligung möglich, § 15a Abs. 2 EStG (verrechenbare Verluste). Der verrechenbare Verlust ist jährlich gesondert festzustellen, § 15a Abs. 4 EStG.

Kapitalkonto iSv § 15a Abs. 1 Satz 1 EStG ist das Kapitalkonto in der Steuerbilanz der Kommanditgesellschaft zuzüglich dem Mehr- oder Minderkapital des Kommanditisten in einer möglichen Ergänzungsbilanz. Nicht zum steuerlichen Kapitalkonto iSv § 15a Abs. 1 Satz 1 EStG gehört das Sonderbetriebsvermögen.[463] Abzugrenzen ist das vom Kommanditisten gewährte Eigenkapital von dem der Kommanditgesellschaft zur Verfügung gestellten Fremdkapital. Führt eine Kommanditgesellschaft für die Kommanditisten mehrere Konten mit verschiedenen Bezeichnungen, ist anhand des Gesellschaftsvertrags zu ermitteln, welche zivilrechtliche Rechtsnatur diese Konten haben, dh ob sie Eigenkapital oder Schulden ausweisen.[464] Ein Kapitalkonto wird in der Regel dann angenommen, wenn auf dem Konto auch Verluste gebucht werden, die auf diese Weise stehen gebliebene Gewinne aufzehren können.[465] Das von einem Kommanditisten einer Kommanditgesellschaft gewährte „Darlehen" erhöht sein Kapitalkonto iSd § 15a Abs. 1 Satz 1 EStG auch dann, wenn es

---

[458] Vgl. Deutscher Bundestag, Entwurf eines Gesetzes zur Beschränkung der Verlustverrechnung im Zusammenhang mit Steuerstundungsmodellen v. 29.11.2005, Begründung.
[459] Siehe dazu 3. Auflage § 26 Rn. 304–311.
[460] Vgl. Bundestag Drucks. 694/76; *Wacker* in Schmidt, EStG-Kommentar, § 15a Rn. 30; kritisch dazu: *Kirchhof/von Beckerath,* Kompaktkommentar EStG, § 15a Rn. 11.
[461] Vgl. *Tewes,* Praxishandbuch Immobilienkapitalanlagen, Teil 8/2 S. 1.
[462] Vgl. BMF Schreiben v. 15.12.1993 – IV B 2 – S 2241a 57/931, DStR 1994, 59.
[463] Vgl. *Wacker* in Schmidt, § 15a Rn. 83.
[464] Vgl. BFH Urt. v. 3.2.1988 – I R 394/83, BFHE 152, 543, 546; BFH Urt. v. 27.6.1996 – IV R 80/95, BFHE 181, 148, 150 f.; FG Niedersachsen Urt. v. 5.10.2004 – 11 V 335/03, juris STRE 200471756, Rn. 32; BMF Schreiben v. 30.5.1997 – IV B 2 – S 2241a – 51/93 II, BStBl. I 1997, 627, 628, siehe auch FG Köln Urt. v. 23.6.2005 – 10 K 2325/04 (Rev. BFH IV R 46/05).
[465] Vgl. BFH Urt. v. 27.6.1996 – IV R 80/95, BFHE 181, 148, 150 f.; BMF-Schreiben v. 30.5.1997 – IV B 2 – S 2241a – 51/93 II, BStBl. I 1997, 627, 628.

den vertraglichen Bestimmungen zufolge während des Bestehens der Gesellschaft vom Kommanditisten nicht gekündigt werden kann und das Guthaben im Falle seines Ausscheidens oder der Liquidation der Gesellschaft mit einem eventuell bestehenden negativen Kapitalkonto verrechnet wird.[466]

**344** Entgegen § 15a Abs. 1 Satz 1 EStG kann der Verlustanteil eines Kommanditisten trotz Entstehung bzw. Erhöhung eines negativen Kapitalkontos ausgeglichen werden, soweit der Kommanditist am Bilanzstichtag den Gläubigern der Gesellschaft über seine Einlage hinaus aufgrund des § 171 HGB unmittelbar haftet, § 15a Abs. 1 Sätze 2 und 3 EStG. Durch § 15a Abs. 1 Sätze 2 und 3 EStG wird ein Verlustausgleich in Höhe der im Handelsregister eingetragenen Haftungssumme ermöglicht (erweiterte Außenhaftung). Ob eine erweiterte Außenhaftung besteht, bestimmt sich ausschließlich nach Handelsrecht. Der Kommanditist haftet den Gläubigern unmittelbar, wenn die bisher tatsächlich geleistete Einlage niedriger ist als die Haftungssumme, die Einlage zurückgezahlt worden ist (§ 172 Abs. 4 HGB) oder ein Kommanditist Gewinnanteile trotz der Minderung seines Kapitalanteils unter die geleistete Einlage entnimmt und deshalb gemäß § 172 Abs. 4 Satz 2 HGB die Einlage gegenüber den Gläubigern als nicht geleistet gilt.[467] Zur Anwendung des § 15a Abs. 1 Satz 1 EStG muss derjenige, dem der Verlustanteil einkommensteuerrechtlich zuzurechnen ist, im Handelsregister eingetragen sein. Ferner muss seine Haftung nachgewiesen werden. Negative Voraussetzung ist, dass die Vermögensminderung aufgrund der Haftung weder durch Vertrag ausgeschlossen noch nach Art und Weise des Geschäftsbetriebs unwahrscheinlich ist.

**345** § 15a Abs. 3 EStG enthält eine Regelung zur Missbrauchsvermeidung.[468] Um zu verhindern, dass durch kurzfristige Einlagen Verlustverrechnungsmöglichkeiten geschaffen werden, die nach dem Bilanzstichtag wieder abgezogen werden, ist in § 15a Abs. 3 Satz 1 EStG die Rückgängigmachung von Verlustverrechnungen für den Fall der Einlagenminderung vorgesehen.[469] So ist dem Kommanditisten nach § 15a Abs. 3 Satz 1 EStG der Betrag einer Einlagenminderung als Gewinn zuzurechnen, soweit durch die Einlagenminderung ein negatives Kapitalkonto entsteht oder sich erhöht (Einlagenminderung). Entsprechendes gilt, wenn der für den Kommanditisten eingetragene Haftungsbetrag nach § 15a Abs. 1 Satz 2 EStG im Anschluss an eine Zurechnung ausgleichs- und abzugsfähiger Verlustanteile gemindert wird (Haftungsminderung). Dem Kommanditisten wird dann der Betrag der Haftungsminderung als Gewinn zugerechnet.

**346** **d) Veräußerung von Fondsanteilen.** aa) Anteile im Betriebsvermögen. Gewinne aus der Veräußerung von Anteilen im Betriebsvermögen des Anlegers gehören ungeachtet der steuerlichen Qualifizierung des Immobilienfonds zu den gewerblichen Einkünften des Anlegers.[470]

**347** Gewinne aus der Veräußerung von Anteilen an einem gewerblichen Fonds gehören zudem zum Gewerbeertrag des Veräußerers, sofern es sich bei letzterem nicht um eine natürliche Person als unmittelbar beteiligten Mitunternehmer handelt, § 7 Satz 2 Nr. 2 GewStG. Daneben unterliegen nach Auffassung der Rechtsprechung[471] auch Gewinne aus der Veräußerung von Anteilen an gewerblichen Fonds ungeachtet der Rechtsform des Veräußerers beim Gesellschafter der Gewerbesteuer, wenn das Grundstück dem Umlaufvermögen des Immobilienfonds zuzuordnen ist.

---

[466] Vgl. BFH Urt. 7.4.2005 – IV R 24/03, EStB 2005, 280.

[467] Vgl. *Bitz* in Littmann/Bitz/Pust, EStG-Kommentar, § 15a Rn. 23 ff.; *Wacker* in Schmidt, EStG-Kommentar, § 15a Rn. 124.

[468] Vgl. *Wacker* in Schmidt, EStG-Kommentar, § 15a Rn. 150.

[469] Vgl. *Heuermann* in Blümich, EStG-Kommentar, § 15a Rn. 83; *Kirchhof/von Beckerath*, Kompaktkommentar EStG, § 15a Rn. 220; zur Einlagenminderung bei die Hafteinlage übersteigender Pflichteinlage FG Münster Urt. v. 25.1.2006 – 10 K 3140/04.

[470] Vgl. *Weber-Grellet* in Schmidt, EStG-Kommentar, § 23 Rn. 1.

[471] Vgl. FG Berlin Urt. v. 21.4.2004 6 K 6347/00 Rev. BFH – IV R 69/04; FG Nürnberg Urt. v. 8.12.2004 – V 3208/2002, DStRE 2005, 1020.

bb) Anteile im Privatvermögen. aaa) Vermögensverwaltender Immobilienfonds. Bei der 348
Veräußerung von Anteilen an einer vermögensverwaltenden Personengesellschaft erzielt der
Anleger unter den Voraussetzungen des § 23 Abs. 1 Satz 1 Nr. 1 EStG einen steuerpflichtigen Gewinn aus privaten Veräußerungsgeschäften.[472] Nach § 23 Abs. 1 Satz 4 EStG gilt die
Anschaffung und Veräußerung einer unmittelbaren oder mittelbaren Beteiligung an einer
Personengesellschaft als Anschaffung und Veräußerung der anteiligen Wirtschaftsgüter der
Personengesellschaft. Erfasst wird von § 23 Abs. 1 Satz 4 EStG der Erwerb und die Veräußerung von Anteilen an einem geschlossenen Immobilienfonds, sofern zwischen den beiden Rechtsvorgängen nicht mehr als zehn Jahre liegen. Ferner fallen unter § 23 Abs. 1
Satz 4 EStG unabhängig von der Besitzdauer der Gesellschaft die Anschaffung eines Anteils
an einer Personengesellschaft und die anschließende Veräußerung eines Grundstücks durch
den Fonds innerhalb von zehn Jahren. Ebenso wird von § 23 Abs. 1 Satz 4 EStG die Anschaffung eines Grundstücks durch die Gesellschaft und die Veräußerung des Gesellschaftsanteils durch den Anleger innerhalb von zehn Jahren erfasst.[473]

Die Veräußerung eines Anteils an einer vermögensverwaltenden Personengesellschaft 349
kann zudem unter Beachtung der sog. Drei-Objekt-Grenze beim Anleger zu gewerblichen Einkünften iSv § 16 Abs. 1 Nr. 2 EStG führen. So ist nach Auffassung der Finanzverwaltung die Veräußerung eines Anteils an einer vermögensverwaltenden Personengesellschaft wirtschaftlich einer Grundstücksveräußerung gleichzusetzen.[474] Dabei sind nur solche Anteile zu berücksichtigen, die entweder eine Beteiligung von mindestens 10% am
Gesellschaftsvermögen vermitteln bzw. einen Verkehrswert von mindestens 250 000 EUR
haben. Für die Anwendung der Drei-Objekt-Grenze kommt es dabei auf die Zahl der im
Gesellschaftsvermögen befindlichen Grundstücke an. Nach Ansicht der Finanzverwaltung
ist etwa die Veräußerung von zwei Beteiligungen an verschiedenen Gesellschaften innerhalb von vier Jahren nach dem Erwerb der Beteiligungen dann als gewerblich anzusehen,
wenn zum Gesellschaftsvermögen beider Gesellschaften jeweils mindestens zwei Grundstücke gehören. Ferner gilt nach dem Beschluss des BFH[475] vom 3.7.1995 der Verkauf eines
Grundstücks durch die Gesellschaft zugleich als Verkauf eines Objekts iSd Drei-Objekt-Grenze durch einen jeden ihrer Gesellschafter, und zwar unabhängig von dessen Beteiligungsquote. Dabei sollen die Grundstücke des Immobilienfonds nach Auffassung der Finanzverwaltung dann jeweils als ein Zahlobjekt bei der Beurteilung des Überschreitens der
Drei-Objekt-Grenze auf Gesellschafterebene mitzurechnen sein, wenn Verkehrswert des
Anteils an dem Grundstück mehr als 250 000 EUR beträgt.[476]

bbb) Gewerblicher Fonds. Die Veräußerung eines Anteils an einem gewerblichen Im- 350
mobilienfonds fällt unter § 16 Abs. 1 Nr. 2 EStG. Danach gehört zu den Einkünften aus
Gewerbebetrieb der Gewinn aus der Veräußerung des Anteils eines Gesellschafters, der als
Mitunternehmer des Betriebs iSv § 15 Abs. 1 Satz 1 Nr. 2 EStG anzusehen ist. Wird der
gesamte Anteil veräußert und hat der Steuerpflichtige das 55. Lebensjahr vollendet oder ist
er dauernd berufsunfähig, so wird der Veräußerungsgewinn auf Antrag nur herangezogen,
soweit er 45 000 EUR übersteigt, § 16 Abs. 4 EStG. Dieser Freibetrag ermäßigt sich um
den Betrag, um den der Veräußerungsgewinn den Betrag von 136 000 EUR übersteigt.
Der Freibetrag wird dem Steuerpflichtigen nur einmal im Leben gewährt. Ferner greift für
diese Einkünfte bei vollständiger Veräußerung des Mitunternehmeranteils die Fünftelrege-

---

[472] Zur Nichtanwendung von § 23 Abs. 1 Nr. 1 EStG auf Anteil an geschlossenen Immobilienfonds vgl. BFH Urt. v. 4.10.1990 – XR 148/88, BStBl. II 1992, 211.
[473] Vgl. *Herrmann/Heuer/Raupach/Musil*, EStG/KStG/GewStG-Kommentar, § 23 EStG Rn. 240 f.; *Kirchhof/Fischer*, Kompaktkommentar EStG, § 23 Rn. 8; BFH Urt. v. 4.10.1990 – X R 148/88, BStBl. II 1992, 211 ist durch § 23 Abs. 1 Satz 4 EStG überholt.
[474] Vgl. BMF Schreiben v. 26.3.2004 – IV A 6 – S 2240 – 46/04, BStBl. I 2004, 434, Tz. 18 f.; siehe auch BFH Urt. v. 28.11.2002 – III R 1/01, DStRE 2003, 266.
[475] Vgl. BFH Urt. v. 19.6.1996 – II R 83/92, BStBl. II 1995, 617.
[476] Kritisch *Söffing* DStR 2004, 793, 797.

lung des § 34 Abs. 1 Satz 2 EStG, § 34 Abs. 2 Nr. 1 EStG. Darüber hinaus unterliegt die Veräußerung der Gewerbesteuer, sofern zum Betriebsvermögen der Personengesellschaft, deren Anteile veräußert werden, Grundstücke gehören, die dem Umlaufvermögen zuzurechnen sind.[477]

**351** **3. Grunderwerbsteuer. a) Grunderwerbsteuerpflichtige Tatbestände.** Der Erwerb eines Grundstücks durch einen geschlossenen Immobilienfonds kann Grunderwerbsteuer auslösen. Die BGB-Gesellschaft ist als Gesamthandgemeinschaft eine selbständige Rechtsträgerin iSd GrEStG.[478] Die Personengesellschaft gilt als selbstständiges Subjekt der Grunderwerbsteuer; sie ist Steuerschuldnerin. Als Erwerb anzusehen ist für Zwecke der Grunderwerbsteuer der Abschluss eines Kaufvertrags oder eines anderen Rechtsgeschäfts, das den Anspruch auf Übereignung des Grundstücks begründet, § 1 Abs. 1 Nr. 1 GrEStG. Entsprechendes gilt bei Auflassung oder Übergang des Eigentums, wenn kein den Anspruch auf Übereignung begründendes Rechtsgeschäft vorausgegangen ist, § 1 Abs. 1 Nr. 2 u. 3 GrEStG.

**352** Darüber hinaus kann auch durch die Veräußerung von Anteilen an einer Fondsgesellschaft ein grunderwerbsteuerlicher Tatbestand erfüllt werden. So gilt nach § 1 Abs. 2a GrEStG die unmittelbare oder mittelbare Änderung des Gesellschafterbestands innerhalb von fünf Jahren dergestalt, dass mindestens 95 % aller Anteile am Gesellschaftsvermögen auf neue Gesellschafter übergehen, als ein auf die Übereignung eines Grundstücks gerichtetes Rechtsgeschäft und damit als grunderwerbsteuerpflichtig, sofern zum Vermögen einer Personengesellschaft ein inländisches Grundstück gehört.[479] Ändern kann sich der Gesellschafterbestand iSv § 1 Abs. 2a GrEStG durch die Übertragung von bestehenden Gesellschaftsanteilen auf neue Gesellschafter ebenso wie durch Eintritt neuer Gesellschafter in die Gesellschaft.[480] Die Regelung des § 1 Abs. 2a GrEStG bezieht sich auf Grundstücke, die während des Zeitraums, in dem sich der Gesellschafterbestand ändert, durchgängig zum Vermögen der Personengesellschaft gehören. Nach Auffassung der Finanzverwaltung gehört ein Grundstück bereits dann durchgängig zum Vermögen der Gesellschaft, wenn es im Zusammenhang mit einem vorgefassten Plan erst nach einem teilweise vollzogenen Gesellschafterwechsel erworben wurde.[481]

**353** Des Weiteren sind nach § 1 Abs. 3 Nr. 1 bis 4 GrEStG die unmittelbare oder mittelbare Vereinigung aller Gesellschaftsanteile an einer GmbH & Co KG bzw. die unmittelbare oder mittelbare Vereinigung in der Hand eines Gesellschafters, insbesondere die Anwachsung auf den letzten Gesellschafter als Grundstücksübertragungen zu behandeln.[482]

**354** **b) Ausnahmen.** Als nicht steuerbare Innenumsätze behandelt werden demgegenüber Grundstücksübertragungen zwischen der Gesellschaft und dem Gesellschafter und umgekehrt, §§ 5, 6 GrEStG. Geht ein Grundstück von mehreren Miteigentümern auf eine Gesamthand über, so wird die Steuer gemäß § 5 Abs. 1 GrEStG nicht erhoben, soweit der Anteil des einzelnen am Vermögen der Gesamthand Beteiligten seinem Bruchteil am Grundstück entspricht. Dies gilt auch, wenn das Grundstück von einem Alleineigentümer auf die Gesamthand übergeht, § 5 Abs. 2 GrEStG. Diese Steuervergünstigungen iSv § 5 Abs. 1 und 2 GrEStG sind nach § 5 Abs. 3 GrEStG nicht anzuwenden, wenn sich der Anteil des Veräußerers am Vermögen der Gesamthand innerhalb von fünf Jahren nach dem Übergang des Grundstücks auf die Gesamthand vermindert. § 6 GrEStG regelt Ausnahme-

---

[477] Vgl. BFH Urt. v. 14.12.2006, DStR 2007, 297.
[478] Vgl. *Erle* in BeckHdb. Personengesellschaften, § 6 Rn. 13; *Inhester* in MünchHdb. GesR I, § 9 Rn. 31; *Sack* DNotZ 2002, 9047, 908.
[479] Vgl. in diesem Zusammenhang zur Beteiligung eines Treuhandkommanditisten an einer Fonds-KG *Behrens/Schmitt* DStR 2005, 1429.
[480] Vgl. BMF Schreiben v. 26.2.2003, BStBl. I 2003, 271, Tz. 4.
[481] Vgl. BMF Schreiben v. 26.2.2003, BStBl. I 2003, 271, Tz. 3.
[482] Zu den Besonderheiten des § 1 Abs. 3 GrEStG bei Personengesellschaften vgl. etwa *Pahlke*, GrESt-Kommentar, § 1 GrEStG Rn. 32.

tatbestände für den umgekehrten Fall, dass ein Grundstück von einer Gesamthand auf an der Gesamthand beteiligte Personen übergeht. Gemäß § 6 Abs. 4 GrEStG gelten § 6 Abs. 1 bis 3 GrEStG nicht, soweit ein Gesamthänder innerhalb von fünf Jahren vor dem in Rede stehenden Übergang seinen Anteil an der Gesamthand durch Rechtsgeschäft unter Lebenden erworben hat.

**4. Erbschaftsteuer.** Zur Vereinfachung der Verwaltung der Fondsanteile beteiligen sich private Anleger häufig nicht direkt als Kommanditisten am Fonds. Vielmehr werden ihre Anteile über einen Treuhänder gehalten. Die treuhänderische Verwaltung der Anteile hat zudem den Vorteil, dass der Anleger im Handelsregister nicht namentlich genannt wird. 355

Für erbschaftsteuerliche und schenkungsteuerliche Zwecke stellen treuhänderisch gehaltene Anteile an geschlossenen gewerblichen Fonds nach Auffassung der Finanzverwaltung[483] kein Betriebsvermögen dar. Gegenstand der Zuwendung ist in diesen Fällen nach Ansicht der Finanzverwaltung vielmehr der Herausgabeanspruch des Treugebers nach § 667 BGB gegen den Treuhänder auf Rückübereignung des Treuguts. Insofern kommt es ausschließlich auf die Zivilrechtslage[484] an und nicht darauf, wem nach wirtschaftlicher Betrachtungsweise das Treugut nach § 39 Abs. 2 AO zuzurechnen ist. Der Herausgabeanspruch einer Kommanditbeteiligung stellt keine Beteiligung an der Personengesellschaft dar, sodass sein Erwerb nach Ansicht der Finanzverwaltung nicht als begünstigtes Vermögen iSv § 13a Abs. 4 Nr. 1, § 19a Abs. 2 Satz 1 Nr. 1 ErbStG behandelt werden kann. Demzufolge kann der Erbe oder Beschenkte die Vergünstigungen der §§ 13a, 19a ErbStG für treuhänderisch gehaltene Anteile an geschlossenen Fonds nicht beanspruchen. Ferner ist der Herausgabeanspruch nach Auffassung der Finanzverwaltung als Sachleistungsanspruch aus einem gegenseitigen Vertrag (hier: Treuhandvertrag) mit dem gemeinen Wert zu bewerten. Eine Bewertung mit dem Steuerwert des Gegenstands, auf den sich der Anspruch richtet, kommt nicht in Betracht, da es sich nicht um einen einseitigen Sachleistungsanspruch iS von R 92 Abs. 2 ErbStR handelt. 356

## III. Medienfonds

**1. Konzeption des Medienfonds.** Ein Medienfonds ist ein geschlossener Fonds zur Finanzierung von Film- und Fernsehproduktionen. Die Anleger finanzieren die jeweilige Produktion und werden anschließend am Einspielergebnis beteiligt. 357

Medienfonds werden meist in der Form einer GmbH & Co KG, einer AG & Co KG oder einer GbR begründet. Die Anleger des Fonds haben in der Regel die Stellung eines Kommanditisten iSv § 118 HGB bzw. eines Gesellschafters gemäß § 716 BGB. 358

Medienfonds unterhalten keinen eigenen Produktionsbetrieb. Vielmehr beauftragt der Medienfonds eine externe Produktionsgesellschaft mit den Dreharbeiten. Alternativ kann der Fonds mit mehreren Fremdgesellschaften die Produktion des Films vereinbaren. In diesem Fall entsteht der Film durch eine Koproduktion. Der Vertrieb des Films wird anschließend von einem Vertriebsunternehmen durch Abschluss eines Lizenzvertrages übernommen. 359

Aus steuerlicher Sicht erfüllen Medienfonds anders als Immobilienfonds regelmäßig die Voraussetzungen eines Gewerbebetriebs gemäß § 15 Abs. 2 EStG. Für die Anleger in Medienfonds ist entscheidend, ob die aus wirtschaftlicher Sicht in der Anfangsphase entstehenden Verluste steuerlich geltend gemacht werden können. Die steuerliche Entstehung von Verlusten auf Ebene des Medienfonds hängt entscheidend davon ab, ob der Fonds als Hersteller oder Erwerber des Films zu betrachten ist. Auch auf Medienfonds ist die Regelung des § 15b EStG anzuwenden. Im Folgenden wird auf diese bei Medienfonds im Vergleich zu Immobilienfonds bestehenden Besonderheiten eingegangen. 360

---

[483] Vgl. FinMin Baden-Württemberg Schreiben v. 27.6.2005 3-S 3806/51, DB 2005, 1439.
[484] Dazu vgl. BFH Urt. v. 25.1.2001 – II R 39/98, BFH/NV 2001, 908.

**361** **2. Steuerliche Behandlung des Fonds. a) Überblick.** Der Medienfonds produziert regelmäßig den Film nicht selbst, sondern beauftragt damit eine externe Produktionsgesellschaft. Abhängig davon, wer dem Vertrag mit der Produktionsgesellschaft zufolge letztlich die Entscheidungsgewalt und das wirtschaftliche Risiko der Filmproduktion trägt, kann der Fonds Hersteller oder Erwerber des Films sein. Die Qualifikation des Fonds als Hersteller oder Erwerber ist ausschlaggebend für die steuerliche Behandlung der in der Anfangsphase des Fonds anfallenden Verluste. Ist der Fonds als Erwerber zu qualifizieren, sind die angefallenen Ausgaben zu aktivieren. Hat der Fonds demgegenüber die Eigenschaft eines Herstellers, können die Ausgaben unter bestimmten Voraussetzungen unmittelbar als Betriebsausgaben geltend gemacht werden.

**362** **b) Qualifikation des Medienfonds.** aa) Echte Auftragsproduktion. Bei der echten Auftragsproduktion stellt der mit der Herstellung des Films beauftragte externe Produzent den Film eigenständig im Auftrag des Fonds im eigenen Namen und auf eigene Rechnung her.[485] Der Fonds erwirbt vom Produzenten zeitlich unbegrenzt sämtliche mit dem Film zusammenhängende Nutzungs- und Leistungsrechte.

**363** Bei einer solchen echten Auftragsproduktion hat der Medienfonds lediglich die Funktion einer Vertriebsgesellschaft. Er sichert lediglich die Finanzierung des Films und reduziert das wirtschaftliche Risiko des Produzenten. Sämtliche Entscheidungsbefugnisse bei der Herstellung des Films liegen hingegen bei der Produktionsgesellschaft. Insofern ist die Produktionsgesellschaft Hersteller des Films nach § 94 UrhG. Der Fonds erwirbt lediglich entgeltlich die Filmrechte und hat insofern Erwerbereigenschaft.

**364** bb) Unechte Auftragsproduktion. Damit der Medienfonds als Hersteller angesehen werden kann, muss der Fonds mit der Produktion des Films verbundene notwendige Entscheidungen treffen und die wirtschaftlichen Folgen tragen.[486] Insofern muss der Fonds unmittelbare Einflussmöglichkeiten auf die Produktion des Films haben. Diese Voraussetzungen sind meist bei der unechten Auftragsproduktion gegeben.

**365** Bei der unechten Auftragsproduktion wird die Produktionsgesellschaft im Unterschied zur echten Auftragsproduktion ggf. zwar im eigenen Namen, stets aber auf Rechnung des Medienfonds tätig. Zudem stehen dem Medienfonds bei der Herstellung des Films zumindest unterschiedliche Weisungs- und Kontrollrechte sowohl im organisatorischen als auch im künstlerischen Bereich zu. Ausreichend für die Qualifikation des Medienfonds als Hersteller ist es insoweit etwa, dass der Fonds das von der Produktionsgesellschaft erstellte Budget sowie den Abschluss der von letzterer vorbereiteten Verträge mit Mitwirkenden genehmigen muss. In der Praxis gilt der Fonds als Hersteller, wenn er über Drehbuch, Filmbesetzung, Drehplan und Budgetansatz entscheidet, der Produktionsdienstleister ein festes Honorar bekommt und er bei der Absicherung von Risiken Versicherungsnehmer ist.

**366** Entscheidend für die Qualifikation des Fonds als Hersteller ist zudem, dass auch die Gesellschafter des Fonds Einflussmöglichkeiten auf die Gestaltung des Films haben. Diese Bedingung ist regelmäßig dann als erfüllt anzusehen, wenn die Anleger als Mitunternehmer iSv § 15 Abs. 1 Satz 1 Nr. 2 EStG anzusehen sind.

**367** cc) Koproduktion. Bei der Koproduktion vereinbart der Medienfonds mit mehreren anderen Gesellschaften die Herstellung des Films. Durch diese Vereinbarung entsteht zwischen dem Medienfonds und den übrigen Gesellschaften eine Produktionsgemeinschaft oder Koproduktionsgesellschaft, die meist die Rechtsform einer GbR hat. Mitsprache-, Kontroll-, Veto- oder Weisungsrechte sind zwischen den einzelnen beteiligten Gesellschaften geregelt. Der Film kann durch eines der Mitglieder der Produktionsgemeinschaft oder durch eine dritte Produktionsgesellschaft erstellt werden.

**368** Bei einer solchen Koproduktion ist der Medienfonds dann Hersteller, sofern er entweder als Mitunternehmer der zwischen ihm und den übrigen Gesellschaften entstehenden Pro-

---

[485] Vgl. *Zacher/Müller* DStR 2001, 1185, 1186.
[486] Vgl. BFH Urt. v. 20.9.1995 – X R 225/93, BStBl. II 1997, 320.

duktionsgemeinschaft oder Koproduktionsgesellschaft anzusehen ist, oder er wesentlich an der Filmherstellung beteiligt ist oder mitwirkt. Anderenfalls hat der Medienfonds die Eigenschaften eines Erwerbers des Films.

**c) Wirtschaftliches Eigentum.** Selbst wenn der Fonds als Hersteller anzusehen ist, ist für die mögliche unmittelbare Abzugfähigkeit von Ausgaben weiter entscheidend, wem das wirtschaftliche Eigentum an dem hergestellten Film zuzurechnen ist. So werden Vertrieb und Vermarktung des fertiggestellten Films regelmäßig einem Vertriebsunternehmen übertragen. Für diese Nutzungsüberlassung und Verwertung der Filmrechte erhält der Fonds feste Lizenzzahlungen und/oder eine Beteiligung an den Vertriebserlösen. 369

Je nach Gestaltung dieser Nutzungsüberlassung kann das wirtschaftliche Eigentum an den Filmrechten auf die Vertriebsgesellschaft übergehen. Die Beurteilung, wer bei einer solchen Vorgehensweise wirtschaftlicher Eigentümer ist, richtet sich nach § 39 AO. Danach bleibt der Fonds rechtlicher und wirtschaftlicher Eigentümer der Filmrechte, wenn diese der Vertriebsgesellschaft zeitlich, örtlich oder gegenständlich eingeschränkt überlassen werden. Werden die Rechte der Vertriebsgesellschaft hingegen über ihre gesamte Nutzungsdauer überlassen, so ist die Vertriebsgesellschaft als wirtschaftliche Eigentümerin der Filmrechte anzusehen.[487] 370

**d) Rechtsfolgen.** aa) Herstellerfonds. aaa) Medienfonds als rechtlicher und wirtschaftlicher Eigentümer. Ist der Fonds steuerlich als Hersteller der Filmrechte anzusehen, so handelt es sich bei den von ihm „hergestellten" Urheberrechten iSv § 94 UrhG um ein immaterielles Wirtschaftsgut. Für die Behandlung der mit diesem immateriellen Wirtschaftsgut zusammenhängenden Ausgaben ist ausschlaggebend, ob das immaterielle Wirtschaftsgut dem Anlagevermögen oder dem Umlaufvermögen des Medienfonds zuzurechnen ist. 371

Ist das Filmrecht dem Anlagevermögen des Medienfonds zuzuordnen, so greift für die in Rede stehenden Ausgaben das Aktivierungsverbot des § 248 Abs. 2 HGB iVm § 5 Abs. 2 EStG für selbsterstellte immaterielle Wirtschaftsgüter des Anlagevermögens ein. Handelsrechtlich wie steuerrechtlich kann für immaterielle Wirtschaftsgüter des Anlagevermögens ein Aktivposten nur angesetzt werden, wenn sie entgeltlich erworben wurden. Fehlt es an einem entgeltlichen Erwerb, besteht handelsrechtlich wie steuerlich ein Aktivierungsverbot.[488] Steuerliche Folge des Aktivierungsverbotes ist, dass die Ausgaben im Zusammenhang mit der Herstellung des Films sofort abziehbare Betriebsausgaben gemäß § 4 Abs. 4 EStG sind. Aufgrund dieser unmittelbar steuerlich geltend zu machenden Betriebsausgaben erwirtschaftet der Medienfonds hohe Anfangsverluste, die vom Anleger unter Beachtung von §§ 15 b, 15 a EStG (früher § 2 b EStG) steuerlich geltend gemacht werden können. 372

Soll der Film hingegen nach Herstellung endgültig veräußert werden, sind die Urheberrechte iSv § 94 UrhG dem Umlaufvermögen des Fonds zuzurechnen. In diesem Fall greift das Aktivierungsverbot nach § 248 Abs. 2 HGB iVm § 5 Abs. 2 EStG nicht. Vielmehr ist für die angefallenen Herstellungskosten ein Aktivposten im Umlaufvermögen des Fonds anzusetzen. 373

bbb) Medienfonds als rechtlicher, nicht aber wirtschaftlicher Eigentümer. Ist der Fonds zwar rechtlicher Eigentümer der Urheberrechte, aber ist das wirtschaftliche Eigentum der Vertriebsgesellschaft zuzurechnen, so hat letztere die Filmrechte zu aktivieren. Zugleich hat die Vertriebsgesellschaft in Höhe der aktivierten Filmrechte eine Verbindlichkeit gegenüber dem Medienfonds anzusetzen. Diese Verbindlichkeit korrespondiert mit einer Forderung, die der Medienfonds gegenüber der Vertriebsgesellschaft zu aktivieren hat. Durch diese Forderung werden die Ausgaben des Fonds für die Herstellung der Filmrechte neutralisiert, die er eigentlich unmittelbar als Betriebsausgaben hätte geltend machen können.[489] Ist also der Medienfonds zwar Hersteller, aber nicht wirtschaftlicher Eigentümer der Urheberrech- 374

---

[487] Vgl. BMF v. 23.2.2001 – IV A 6 – S 2241 – 8/01, BStBl. I 2001, 175, Tz. 14–19; *Zacher/ Müller* DStR 2001, 1185, 1189.
[488] Vgl. *Förschle* in Beckscher Bilanzkommentar, § 248 HGB Rn. 15.
[489] → Rn. 372.

te, werden die Ausgaben für die Herstellung des Films durch Erträge in gleicher Höhe kompensiert und können so faktisch nicht unmittelbar als Betriebsausgaben geltend gemacht werden. In der Anfangsphase des Fonds werden unter diesen Bedingungen keine oder allenfalls geringe Anlaufverluste entstehen.

375 bb) **Erwerberfonds.** Ist der Fonds steuerlich als Erwerber der fertigen Filmrechte anzusehen, hat er die für den Erwerb der Filmrechte anfallenden Ausgaben nach § 5 Abs. 2 EStG zwingend zu aktivieren.[490] Die so aktivierten Filmrechte sind planmäßig linear abzuschreiben. Dabei beträgt die Nutzungsdauer von Filmrechten gem. § 94 Abs. 3 UrhG grundsätzlich 50 Jahre. Da es sich bei den Filmrechten nicht um ein bewegliches Wirtschaftsgut handelt, scheiden degressive Abschreibungen gem. § 7 Abs. 2 EStG aus. Infolge des bezeichneten Aktivierungsgebots und der langen Nutzungsdauer der Filmrechte können bei einem Erwerberfonds in der Anfangszeit keine wesentlichen Verluste entstehen, die von den Anlegern geltend gemacht werden könnten.

376 **3. Steuerliche Behandlung des Anlegers.** Die Anleger eines Medienfonds erzielen in der Regel Einkünfte aus Gewerbebetrieb, § 15 Abs. 1 Nr. 2 EStG. Die steuerlichen Folgen entsprechen denen bei der Beteiligung an einem gewerblichen Immobilienfonds.[491] Einer natürlichen Person als Anleger steht die Steuerermäßigung nach § 35 EStG in Höhe des 3,8 fachen (bis VZ 2007: 1,8-fache) des anteiligen Steuermessbetrags zu. Mögliche Anfangsverluste des Medienfonds kann ein Fondsgesellschafter unter Beachtung von § 15b, § 15a EStG nur geltend machen, wenn er die Stellung eines Mitunternehmers hat.[492]

Mitunternehmer iSd § 15 Abs. 1 Satz 1 Nr. 2 EStG ist, wer zivilrechtlich Gesellschafter einer Personengesellschaft ist und eine gewisse unternehmerische Initiative entfalten kann sowie unternehmerisches Risiko trägt.[493] Beide Merkmale können im Einzelfall mehr oder weniger ausgeprägt sein. Mitunternehmerinitiative bedeutet vor allem Teilhabe an unternehmerischen Entscheidungen. Ausreichend ist die Möglichkeit der Ausübung von Gesellschaftsrechten, die wenigstens den Stimm-, Kontroll- und Widerspruchsrechten angenähert sind, die einem Kommanditisten nach dem HGB zustehen oder die den gesellschaftsrechtlichen Kontrollrechten nach § 716 Abs. 1 BGB entsprechen. Ein Kommanditist ist zB nicht als Mitunternehmer anzusehen, wenn er kein Stimmrecht hat und sein Widerspruchsrecht durch den Gesellschaftsvertrag ausgeschlossen wird.[494] Mitunternehmerrisiko trägt, wer am Gewinn und Verlust des Unternehmens und an den stillen Reserven einschließlich eines etwaigen Geschäftsgewinns beteiligt ist. Ein Kommanditist, der nicht an den stillen Reserven beteiligt ist, trägt daher kein Mitunternehmerrisiko und kann auch nicht dann Mitunternehmer sein, wenn seine gesellschaftsrechtlichen Mitwirkungsrechte denjenigen eines Kommanditisten entsprechen.

377 **4. Ausländische Betriebsstätte.** Werden Filmprojekte des Medienfonds im Ausland produziert, ist zu prüfen, ob der Fonds dadurch eine ausländische Betriebsstätte begründet. Liegt eine solche Betriebsstätte vor und besteht mit dem Betriebsstättenstaat ein Doppelbesteuerungsabkommen (DBA) mit Freistellungsmethode, bleiben der ausländischen Betriebsstätte zuzurechnende steuerliche Verluste bei den deutschen Anlegern außer Betracht.[495] Sie sind indes in einen negativen Progressionsvorbehalt einzubeziehen. Besteht mit dem ausländischen Betriebsstättenstaat ein DBA mit Anrechnungsmethode oder liegt die Betriebsstätte in einem Nicht-DBA-Staat, können Verluste der in dem ausländischen Staat belegenen Betriebsstätte gem. § 2a Abs. 1 Nr. 2 EStG nur mit positiven Einkünften der

---

[490] Vgl. *Weber-Grellet* in Schmidt, EStG-Kommentar, § 5 Rn. 161.
[491] → Rn. 346 u. 350.
[492] Vgl. BMF Schreiben v. 23.2.2001 – IV A 6 – S 2241 – 8/01, BStBl. I 2001, 175, Tz. 25; zu § 15b EStG vgl. Rn. 297; zu § 15a EStG → Rn. 341.
[493] Vgl. H 15,8 Abs. 1 EStR.
[494] Vgl. BFH Urt. v. 11.10.1986, BStBl. II 1988, 762; H 138 Abs. 1 EStR.
[495] Zur Frage der Europarechtlichen Vereinbarkeit des Verlustabzugsverbots siehe BFH Beschluss v. 23.6.2006 I R 84/04, BB 2006, 2390.

jeweils selben Art und aus demselben Staat ausgeglichen werden. Sie dürfen nicht nach § 10d EStG abgezogen werden.

Eine Betriebsstätte ist nach Art. 7 DBA-OECD-MA bzw. § 12 Abs. 1 Satz 1 AO eine feste Geschäftseinrichtung oder Anlage, die der Tätigkeit eines Unternehmens dient. Keine solche Betriebsstätte wird begründet, wenn lediglich ein Subunternehmer im Ausland eingeschaltet wird und dabei die im jeweiligen DBA vorgesehenen Fristen nicht überschritten werden.[496] Insofern besteht regelmäßig bei der unechten Auftragsproduktion keine ausländische Betriebsstätte des inländischen Medienfonds. 378

Demgegenüber ist von der Begründung einer ausländischen Betriebsstätte dann auszugehen, wenn eine Koproduktionsgesellschaft mit Sitz im Inland den Film ganz oder teilweise in einem anderen Staat herstellt bzw. herstellen lässt, und zwar von einem Beteiligten (Mitunternehmer) der Koproduktionsgesellschaft in dessen ausländischer Betriebsstätte. Hier ist von der Begründung einer Betriebsstätte immer dann auszugehen, wenn die Leistung gegenüber der Koproduktionsgesellschaft zur Förderung des Gesellschaftszweckes erbracht wird.[497] Nur wenn ausnahmsweise die Leistung auf schuldrechtlicher Grundlage erbracht wird und damit lediglich, ein Joint Venture, eine Arbeitsgemeinschaft oder eine Bruchteilsgemeinschaft vorliegt, entsteht keine ausländische Betriebsstätte.[498] 379

## IV. Schiffsfonds

**1. Konzeption.** Die Initiatoren eines Schiffsfonds finanzieren den Bau oder Kauf eines Schiffes. Das Schiff wird nach der Anschaffung an eine Reederei verchartert und meist nach mehr als zehn Jahren wieder veräußert. Anschließend wird der Fonds liquidiert und die verbliebenen Gelder an die Anleger ausgezahlt. Die meisten Beteiligungen an Schiffsfonds valutieren in US-Dollar. Somit besteht während der gesamten Beteiligungsdauer ein Währungsrisiko. Die Finanzierung eines Schiffsfonds beruht indes nicht nur auf den eingesammelten Kommanditeinlagen der Anleger. Ein Großteil der Investition wird durch Schiffshypothekdarlehen finanziert, die ebenfalls in US-Dollar notieren. Damit basiert die gesamte Gewinn- und Verlustrechnung des Schiffsfonds auf US-Dollar, was das Währungsrisiko zumindest zum Teil wieder aufhebt. Fällt der Dollar, wirkt sich dies positiv auf den Nennwert der Hypothek sowie auf die laufenden Schuldzinsen aus. Steigt der Dollar, liegen laufende Einnahmen in EUR über dem Betrag, der in die kalkulierte Rendite eingeflossen ist. 380

**2. Steuerliche Behandlung. a) Überblick.** Für die steuerliche Gewinnermittlung eines Schiffsfonds bestehen zwei Möglichkeiten. Entweder wird der Erfolg des Schiffsfonds nach allgemeinen Gewinnermittlungsvorschriften gemäß § 4 Abs. 1, § 5 EStG ermittelt, oder der Fonds nutzt die Regelungen zur Tonnagebesteuerung nach § 5a EStG. Soweit die Gewinnermittlung nach allgemeinen Gewinnermittlungsvorschriften gemäß § 4 Abs. 1, § 5 EStG erfolgt oder sich zu einem späteren Zeitpunkt erweist, dass die Voraussetzungen für eine Gewinnermittlung nach § 5a EStG nicht vorgelegen haben, gelten die vorstehenden Ausführungen zu Immobilienfonds.[499] 381

**b) Voraussetzungen für die Anwendung des § 5a EStG.** Gemäß § 5a Abs. 1 Satz 1 EStG ist bei einem Gewerbebetrieb mit Geschäftsleitung im Inland, soweit er auf den Betrieb von Handelsschiffen im internationalen Verkehr entfällt, der Gewinn anstelle der Gewinnermittlung nach § 4 Abs. 1 bzw. § 5 EStG auf unwiderruflichen Antrag nach der in seinem Betrieb geführten Tonnage zu ermitteln. Die sogenannte Tonnagebesteuerung gem. 382

---

[496] Vgl. BFH v. 13.11.1962, BStBl. III 1963, 71.
[497] Vgl. BMF Schreiben v. 23.2.2001 – IV A 6 – S 2241 – 8/01, BStBl. I 2001, 175, Tz. 45c.
[498] Vgl. BMF Schreiben v. 23.2.2001 – IV A 6 – S 2241 – 8/01, BStBl. I 2001, 175, Tz. 45a.
[499] Vgl. Rn. 274 ff. sowie insbesondere BFH Urt. v. 14.4.2011 – IV R 8/10, DStRE 2011, 864 zur Abgrenzung zwischen Erwerber- und Herstellermodellen sowie BFH Urt v. 26.9.2013 – IV R 45/11, BeckRS 2014, 94030 zur Besteuerung bei vorrangig beabsichtigter Veräußerung des Schiffs.

§ 5a EStG normiert eine besondere Gewinnermittlungsart. Tonnagebesteuerung bedeutet eine Abkehr von den allgemeinen Gewinnermittlungsvorschriften nach den §§ 4 Abs. 1 iVm 5 EStG. Stattdessen wird auf einen fiktiv ermittelten pauschalierten Gewinn abgestellt, der dann für die Berechnung der Einkommensteuer und Gewerbesteuer maßgeblich ist. Dieser Gewinn richtet sich nach dem Frachtraum des Schiffes (Nettotonnage des Schiffes).[500] Der tatsächlich erwirtschaftete Gewinn bleibt bei der Besteuerung außer Betracht.

**383** Die Anwendung des § 5a Abs. 1 EStG erfordert, dass die Bereederung der Handelsschiffe im Inland durchgeführt wird.[501] Der für die Anwendung des § 5a EStG vorausgesetzte Betrieb von Handelsschiffen erfordert den Einsatz eigener oder gecharterter Handelsschiffe. Dazu gehören auch sämtliche Neben- und Hilfsgeschäfte.[502] Die Bereederung im Inland bedeutet die Geschäftsbesorgung des Betriebs in kommerzieller, technischer und personeller Hinsicht.[503]

**384** Unabdingbare Voraussetzung für die Anwendung des § 5a EStG ist die Absicht zur Gewinnerzielung.[504] § 5a EStG setzt die Absicht des Steuerpflichtigen zum langfristigen Betrieb von Handelsschiffen voraus. Die Vorschrift sieht zwar keine bestimmte Mindestzeit für den Betrieb von Handelsschiffen vor. Nach Ansicht des BFH ergibt sich aus dem Sinn und Zweck der Regelung, dass nur der langfristig angelegte Betrieb von Handelsschiffen begünstigt werden soll.[505] Bei der Prüfung dieser Gewinnerzielungsabsicht ist auf den Gewinn nach den §§ 4 Abs. 1, 5 EStG abzustellen. Dies gilt auch für die Zeiträume, in denen der Gewinn tatsächlich nach § 5a EStG ermittelt wird.[506] Der Umstand, ob die Gewinnermittlung nach den allgemeinen Regelungen oder nach § 5a EStG vorgenommen wird, wird bei der Beurteilung der Gewinnerzielungsabsicht nicht berücksichtigt.

**385** **c) Antrag auf Anwendung des § 5a EStG.** Die Gewinnermittlung nach § 5a Abs. 3 EStG muss vom Steuerpflichtigen ausdrücklich beantragt werden. Der Antrag auf Anwendung der Tonnagesteuer muss nach § 5a Abs. 3 EStG im Wirtschaftsjahr der Anschaffung oder Herstellung des Handelsschiffs (Indienststellung) mit Wirkung ab Beginn dieses Wirtschaftsjahres gestellt werden. Nach Antragstellung sind eventuelle Einkünfte vor der Indienststellung abgegolten.[507] Verluste sind weder ausgleichsfähig noch verrechenbar. Insofern ist der Antrag auf Tonnagebesteuerung in Verlustfällen ungünstig, weil die Verluste steuerlich nicht geltend gemacht werden können. Der Antrag auf Tonnagebesteuerung ist unwiderruflich und bindet den Steuerpflichtigen zehn Jahre lang (Bindungszeitraum).

**386** Nach den bisherigen Regelungen konnte der Antrag auf Anwendung der Tonnagebesteuerung ab dem jeweiligen Wirtschaftsjahr bis zum Ende des zweiten Wirtschaftsjahrs gestellt werden, das auf das Wirtschaftsjahr folgt, in dem der Steuerpflichtige durch den Gewerbebetrieb erstmals Einkünfte aus dem Betrieb von Handelsschiffen im internationalen Verkehr erzielte.[508] Dieses Wahlrecht ermöglichte es Schiffsfonds, in den ersten beiden Jahren ihre Gewinne zunächst nach §§ 4 Abs. 1 iVm 5 EStG zu ermitteln und anschließend auf die Tonnagebesteuerung umzustellen (Kombinationsmodell). Auf diese Weise konnten in der Investitionsphase erwirtschaftete Verluste den Anlegern zugewiesen und

---

[500] Vgl. *Duchardt/Gillitzer* DStR 2001, 1624, 1629; *Schultze* FR 1999, 977.
[501] Vgl. *Lüdicke/Arndt/Götz*, Geschlossene Fonds, 2. Aufl. 2002, S. 174.
[502] Vgl. *Hofmeister* in Blümich, EStG/KStG/GewStG-Kommentar, § 5a Rn. 42 ff.; *Seeger* in Schmidt, EStG-Kommentar, § 5a Rn. 8 ff.
[503] Vgl. BMF Schreiben v. 12.6.2002 – IV A 6 – S 2133a – 11/02, BStBl. I 2002, 614, Tz. 1; *Kirchhof/Gosch*, Kompaktkommentar EStG, § 5a Rn. 22.
[504] Vgl. BMF Schreiben v. 12.6.2002 – IV A 6 – S 2133a – 11/02, BStBl. I 2002, 614, Tz. 33. Siehe dazu auch → Rn. 292.
[505] BFH, Urteil vom 26.9.2013 – IV R 46/10, DStRE 2014, 326.
[506] Vgl. BMF Schreiben v. 12.6.2000 – IV A 6 – S 2133a – 11/02, BStBl. I 2002, 614, Tz. 33; *Hofmeister* in Blümich, EStG/KStG/GewStG-Kommentar, § 5a EStG Rn. 7; *Schultze* FR 1999, 977, 985.
[507] Vgl. *Seeger* in Schmidt, EStG-Kommentar, § 5a Rn. 20.
[508] Vgl. *Schultze* FR 1999, 977, 979.

anschließend die Vorteile der Tonnagesteuer genutzt werden.[509] Ab dem Wirtschaftsjahr, das nach dem 31.5.2005 endet, müssen sich hingegen neu aufgelegte Schiffsfonds zwischen den beiden Gewinnermittlungsarten entscheiden, § 5a Abs. 3 EStG nF. Ein späterer Wechsel ist dann nicht mehr möglich.

**3. Rechtsfolgen. a) Schiffsfonds.** Der Tonnagegewinn errechnet sich abhängig von 387 der Nettotonne pro Betriebstag je Handelsschiff nach einem bestimmten Eurobetrag, gestaffelt nach der Größe des Schiffs, § 5a Abs. 1 Satz 2 EStG. Verluste können bei Zugrundelegung der Tonnagenbesteuerung nicht entstehen.

Der Schiffsfonds unterliegt mit dem nach § 5a Abs. 1 EStG ermittelten Gewinn der 388 Gewerbesteuer. Hinzurechnungen und Kürzungen nach §§ 8, 9 GewStG greifen bei Anwendung der Tonnagenbesteuerung nicht.[510]

Bei einem Wechsel zur Tonnagebesteuerung ist für die bisher aufgelaufenen stillen Reserven eine Rücklage zu bilden. Dazu ist der Unterschiedsbetrag zwischen Buch- und Teilwert für jedes Wirtschaftsgut gesondert und einheitlich außerhalb der Bilanz in einem besonderen Verzeichnis festzuhalten, § 5a Abs. 4 Satz 1 EStG.[511] Der Unterschiedsbetrag nach Satz 1 ist dem Gewinn hinzuzurechnen: 389
– in den dem letzten Jahr der Anwendung des Absatzes 1 folgenden fünf Wirtschaftsjahren jeweils in Höhe von mindestens einem Fünftel,
– in dem Jahr, in dem das Wirtschaftsgut aus dem Betriebsvermögen ausscheidet oder in dem es nicht mehr unmittelbar dem Betrieb von Handelsschiffen im internationalen Verkehr dient,
– in dem Jahr des Ausscheidens eines Gesellschafters hinsichtlich des auf ihn entfallenden Anteils.

Der hinzuzurechnende Betrag unterliegt der Gewerbesteuer.

**b) Anleger.** Der Kapitalanleger eines Schiffsfonds erzielt Einkünfte aus Gewerbebetrieb 390 nach § 15 Abs. 1 Nr. 2 EStG. Der Anteil des Gesellschafters am nach § 5a Abs. 1 EStG ermittelten Gewinn des Schiffsfonds ist um Sonderbetriebseinnahmen zu ergänzen. Nicht zulässig ist demgegenüber die zusätzliche Berücksichtigung von Sonderbetriebsausgaben, also etwa Zinsen für die Fremdfinanzierung des Anteils.[512] Die Steuerermäßigung nach § 35 EStG für Einkünfte aus Gewerbebetrieb kann für den Gewinnanteil des Anlegers nicht beansprucht werden, § 5 Abs. 5 Satz 1 EStG.[513]

Veräußerungsgewinne sind gemäß § 5a Abs. 5 Satz 1 EStG durch die Gewinnermittlung nach § 5a Abs. 1 EStG abgegolten.

Auf Verlustanteile des Anlegers in Schiffsfonds ist § 15b EStG nur dann anzuwenden, 391 wenn der Fonds noch nach dem Kombinationsmodell zunächst seine Einkünfte nach § 4 Abs. 1 iVm § 5 EStG ermittelt. Auf Fonds, die ihren Gewinn von Anfang an nach § 5a EStG ermitteln, greift § 15b EStG nicht. Gemäß § 5a Abs. 4a) Satz 2 EStG greift ferner § 15a EStG bei der Tonnagebesteuerung. Dabei ist für die Anwendung des § 15a EStG auf den nach §§ 4 Abs. 1, 5 EStG ermittelten Gewinn abzustellen, § 5a Abs. 5 Satz 4 EStG. Dies erfordert es, parallel zur Gewinnermittlung nach der Tonnagesteuer die Steuerbilanz einschließlich der Kapitalkonten fortzuführen. Der verrechenbare Verlust wird jährlich festgestellt und mit den Ergebnissen der Steuerbilanz verrechnet.[514]

---

[509] Zu der gesetzlichen Regelung gibt es BMF Schreiben v. 24.6.1999 – IV C 2 – S 1900 – 65/99, BStBl. I 1999, 669; BMF-Schreiben v. 12.6.2002 – IV A 6 – S 2133a – 11/02, BStBl. I 2002, 614.
[510] Vgl. BFH Urt. v. 6.7.2005 – VIII R 72/02.
[511] Vgl. *Kirchhof/Fischer*, Kompaktkommentar EStG, § 5a Rn. 44; *Kranz* DStR 2000, 1215, 1216; *Schultze* FR 1999, 977, 981.
[512] Vgl. BFH Urt. v. 6.7.2005 – VIII R 74/02; siehe auch BMF Schreiben v. 12.6.2002 – IV A 6 – S 2133a – 11/02, BStBl. I 2002, 614, Tz. 29.
[513] Zur Anwendung des früheren § 32c EStG vgl. auch BFH Urt. v. 6.7.2005 – VIII R 74/02.
[514] Vgl. zu den Einzelheiten BMF Schreiben v. 12.6.2002 – IV A 6 – S 2133a – 11/02, BStBl. I 2002, 614, Tz. 32; vgl auch FG Hamburg Urt. v. 15.4.2005 – VII 247/02 (Rev. BFH VIII R 33/05).

## V. Private Equity – Venture Capital

**Schrifttum:** BMF Schreiben v. 18.5.2005 – IV B 2 – S 2241 – 34/05, DB 2005, 1143; BMF Schreiben v. 18.10.2004 – IV B 2 – S 2241 – 34/05, DB 2005, 1143; BMF Schreiben v. 16.12.2003 – IV A 6 – S 2240 – 153/03, BStBl. I 2004, 40; BMF Schreiben v. 18.8.2009 - IV C 1 - S 1980-1/08/10019; BMF Schreiben V. 16.4.2010 - IV B 2 – S 13000910003, BStBl. I S. 354; *Amann*, Aktuelle Entwicklungen zur Besteuerung von Venture Capital- und Private Equity Fonds, Finanz Betrieb 2004, 850; *Bachmeister*, Komplexität der Ertragsrechnung – Simplizität des Aktiengewinns – Eine Analyse des neuen Investmentrechts am Beispiel eines Dach-Hedgefonds, IStR 2004, 176; *Bärenz/Veith*, Das BMF-Schreiben zur Abgrenzung zwischen privater Vermögensverwaltung und gewerblicher Tätigkeit bei Private Equity Fonds, BB 2004, 251; *Bauer/Gemmeke*, Verabschiedung des Gesetzes zur Förderung von Wagniskapital – Einführung des Halbeinkünfteverfahrens für den Carried Interest der Initiatoren, DStR 2004, 1470; *Bauer/Gemmeke*, Zur einkommensteuerlichen Behandlung von Venture Capital und Private Equity Fonds nach dem BMF-Schreiben vom 16.12.2003, DStR 2004, 579; *ders.*, Zur einkommensteuerlichen Behandlung von Venture Capital und Private Equity Fonds nach dem BMF Schreiben v. 16.12.2003, DStR 2004, 579; Beck'sches Steuer- und Bilanzrechtslexikon, Edition 1/13; *Blümich*, EStG/KStG/GewStG-Kommentar, Stand: Mai 2005; *Blümich*, EStG, KStG, GewStG, 122. Auflage 2014; *Döllerer*, Fragen der Unternehmensbesteuerung – zugleich eine Besprechung des Handbuchs der Unternehmensbesteuerung, DStR 1991, 1275; *Geerling*, Die Aufweichung der Abfärbewirkung und die Auswirkung auf die Besteuerung des Carried Interest, DStR 2005, 1596; *Gerling/Kost*, Deutsche Investments in ausländische Privat Equity Fonds bzw. inländischen Parallelfonds und die Folgen für die Besteuerung des Carried interest, IStR 2005, 757 ff.; *Groh*, Nach der Wiedereinführung der Gepräghetheorie, DB 1987, 1006; *Herzig/Goksch*, Die steuerliche Behandlung von Übergewinnanteilen für Sponsoren inländischer Private Equity-Fonds, DB 2002, 600; *Heuermann*, Entfärbungen – Reduktionen der Abfärbewirkung bei Beteiligungseinkünften, DB 2004, 2548; *Kayser/Steinmüller*, Hedge-Fonds im Überblick, FR 2002, 1269; *Leopold*, Venture Capital – Das Eigenkapitalgeschäft mit kleinen und mittleren Unternehmen, DStR 1999, 470; *Lohr*, Aktuelles Beratungs-Know-how: Besteuerung von Kapitalvermögen, DStR 2003, 1240; *Lorenz*, Auswirkungen der Unternehmensteuerreform 2001 auf die Gestaltung von Venture-Capital-Fonds, DStR 2001, 821; *Lübbehüsen/Schmitt*, Vermögensanlage in inländische und ausländische Dachfonds – Kernpunkte der Ertragsbesteuerung in Deutschland – Teil I, IStR 2003, 397; *Melchior*, Überblick über das Richtlinien-Umsetzungsgesetz, DStR 2004, 2121; *Pfeifer*, Venture Capital als Finanzierungs- und Beteiligungsinstrument, BB 1999, 1665; *Rodin/Veith*, Zur Abgrenzung zwischen privater Vermögensverwaltung und gewerblicher Tätigkeit bei Private Equity-Pools, DB 2001, 883; *Rodin/Veith/Bärenz*, Abgrenzung zwischen privater Vermögensverwaltung und gewerblicher Tätigkeit bei Private Equity-Pools, DB 2001, 883; *Rödder/Schuhmacher*, Das BMF-Schreiben zu § 8b KStG, DStR 2003, 909; *Rudolph/Fischer*, Der Markt für Private Equity, Finanz Betrieb 2000, 49; *Schefczyk/Peterson*, Venture Capital-Fonds: Vermögensverwaltung oder Gewerbebetrieb, BB 2002, 805; *Schmidt*, EStG-Kommentar, 33. Aufl. 2014; *Schmitt/Hörtnagl/Stratz*, Umwandlungsgesetz Umwandlungsteuergesetz, 6. Aufl. 2013; *Stoschek/Protzen*, Gewinne aus Private Equity Fonds als nicht steuerbare Vermögensmehrungen – insbesondere zur Besteuerung von Beteiligungsveräußerungen, FR 2001, 816; *Süß/Mayer*, Was bleibt vom Private Equity-Erlass? Anmerkung zum Urteil des BFH v. 24.8.2011, I R 46/10; *Watrin*, Disquotale Gewinnverteilung bei Private Equity-Fonds, BB 2002, 811; *Watrin/Goksch*, Problembereiche der Besteuerung inländischer Private Equity-Fonds, DB 2002, 341; *Watrin/Struffert*, BB-Forum: Steuerbegünstigung für das Carried Interest, BB 2004, 1888; *Weitnauer*, Rahmenbedingungen und Gestaltung von Private Equity, Finanz Betrieb 2001, 258; *Wehrheim/Brodthage*, Die Abfärbetheorie bei teilweise gewerblich tätigen Personengesellschaften, DStR 2003, 485, 486; *Widmann/Mayer*, UmwStG-Kommentar, Stand Juli 2005; *Wiese/Klass*, Einkommensteuerliche Behandlung von Private Equity und Venture Capital Fonds, FR 2004, 324; *Wiese*, Besteuerung von Venture Capital und Private Equity Fonds in Deutschland, IWB 2001, 709.

**1. Überblick.** Bei einem Private Equity-Fonds schließen sich Kapitalanleger zum Zweck der Finanzierung von Unternehmen zusammen.[515] Private Equity ist eine Form des Beteiligungskapitals, bei der die vom Kapitalgeber eingegangene Beteiligung nicht an geregelten Märkten (Börsen) handelbar ist. Geldgeber sind vorwiegend institutionelle Investo-

---

[515] BMF Schreiben v. 16.12.2003 – IV A 6 – S 2240 – 153/03, BStBl. I 2004, 40, Tz. 1; *Pfeifer* BB 1999, 1665; *Watrin/Goksch* DB 2002, 341.

ren – etwa Pensionskassen, Banken, Versicherungen – aber auch vermögende Privatpersonen. Die Anleger beteiligen sich nicht selbst an einem der Ziel-(Portfolio)-Unternehmen, sondern werden lediglich Gesellschafter der Fondsgesellschaft. Der Fonds tritt als Vermittler zwischen Kapitalanleger einerseits und Portfolio-unternehmen andererseits. Er stellt den Portfoliounternehmen Eigenkapital oder eigenkapitalähnliche Mittel zur Verfügung. Bei den zur Verfügung gestellten Finanzmitteln handelt es sich damit um Risikokapital. Ein bedeutender Teilbereich des Private-Equity-Marktes ist das *Venture-Capital*, das in erster Linie zur Finanzierung junger Unterneh-men eingesetzt wird, die keinen Zugang zum Kapitalmarkt haben, sog. *Early Stage*-Finanzierung.[516]

Im deutschen Recht bestehen für die steuerliche Behandlung von Private Equity-Fonds oder Venture Capital-Fonds bzw. deren Anleger Sonderregelungen. Nach dem Gesetz über Unternehmensbeteiligungen (UBGG) sind Unternehmensbeteiligungsgesellschaften unabhängig von ihrer Rechtsform von der Gewerbesteuer befreit, § 3 Nr. 23 GewStG. Die engen Anlagevorschriften (insb. Verbot der Mehrheitsbeteiligung an Zielunternehmen, § 4 UBGG) verhindern jedoch in vielen Fällen eine Anerkennung von Private-Equity Fonds oder Venture Capital-Fonds als Unternehmensbeteiligungsgesellschaften. Weiter bestehen steuerliche Sonderregelungen für Wagniskapitalgesellschaften im Sinne des Gesetzes zur Förderung von Wagniskapitalbeteiligungen (WKBG).[517] Wagniskapitalgesellschaften dürfen nur in bestimmte Zielgesellschaften iSd § 2 Abs. 3 WKBG (insb. Eigenkapital unter 20 Mio. EUR, nicht älter als 10 Jahre, keine Börsennotierung) unter Beachtung der Anlagebestimmungen des § 9 WKBG investieren und bedürfen der Anerkennung durch die Bundesanstalt für Finanzdienstleistungsaufsicht (BaFin), § 14 WKBG. Bei Einhaltung der Anforderungen des WKBG gilt die Tätigkeit einer Wagniskapitalbeteiligungsgesellschaft in steuerlicher Hinsicht nach § 19 WKBG als vermögensverwaltend.[518].

Das AIFM-StAnpG hat für inländische Private Equity-Fonds nur eingeschränkt Bedeutung: zwar wird es sich in der Regel bei der Fondsstruktur – als AIF – um ein Investmentvermögen handeln, das üblicherweise als Kommanditgesellschaft oder einer ähnlichen ausländischen Rechtsform die steuerliche Transparenz sucht. Entsprechend den zuvor beschriebenen geschlossenen Fonds im Bereich Immobilien-, Schiffs oder Medienbeteiligungen werden damit Privat Equity-Fonds, auch wenn sie als Investmentvermögen behandelt werden, steuerlich nicht abweichend von den allgemeinen steuerrechtlichen Regelungen für Personengesellschaften besteuert, da diese nach § 18 InvStG für Personen-Investitionsgesellschaften ebenso ohne Modifikation gelten. Die Qualifizierung eines Private Equity-Fonds als AIF führt nur dann zu negativen steuerlichen Konsequenzen, falls die Struktur nicht als Personengesellschaft konzipiert ist. Ihre Behandlung in der Auffangvorschrift des § 19 InvStG als Kapital-Investitionsgesellschaft dürfte in aller Regel zu steuerlichen Mehrbelastungen für den Fonds und seine Anleger führen.

Aus steuerlicher Sicht besteht das wesentliche Ziel bei der Strukturierung eines Private Equity-Fonds oder Venture Capital-Fonds darin, private oder institutionelle Anleger so zu stellen, als wären sie unmittelbar an den Portfoliounternehmen beteiligt und ihnen die Inanspruchnahme persönlicher Steuerbegünstigungen zu ermöglichen. Für den inländischen Anleger eines inländischen Fonds ist es zur Erreichung dieses Zwecks zunächst erforderlich, dass der Fonds aus steuerlicher Sicht transparent ist. Dieses Ziel wird durch die Errichtung des Private Equity-Fonds oder Venture Capital-Fonds in der Rechtsform der Personengesellschaft, regelmäßig einer GmbH & Co. KG, erreicht. Institutionelle Anleger in der Rechtsform der Kapitalgesellschaft können unter dieser Bedingung gemäß § 8b Abs. 2, 3, 6 KStG, § 7 Satz 4 GewStG Gewinne aus der Veräußerung von Anteilen des Fonds an Portfoliogesell-

---

[516] *Rudolph/Fischer* FB 2000, 49; *Watrin/Goksch* DB 2002, 341; *Wiese* IWB 2001, 709, 710.
[517] Gesetz zur Modernisierung der Rahmenbedingung für Kapitalbeteiligungen (MoRaKG), Deutscher Bundestag vom 27.6.2008, BR-Drucksache 448/08, Zustimmung Bundesrat am 4.7.2008, BR-Drucksache 448/08(B).
[518] Zu Wagniskapitalbeteiligungsgesellschaften siehe im Weiteren → Rn. 426.

schaften unabhängig von dessen steuerlicher Qualifikation zu 95% steuerfrei vereinnahmen. Weitergehend ist es aus Sicht eines Privatanlegers zur Erzielung steuerbegünstigter Veräußerungsgewinne erforderlich, dass die Fondsgesellschaft steuerlich eine vermögensverwaltende Tätigkeit ausübt. Die Qualifizierung der Fondsgesellschaft als gewerblich führt dazu, dass der Anleger steuerpflichtige laufende Einkünfte aus Gewerbebetrieb nach § 15 Abs. 1 Nr. 2 EStG erzielt und ferner die Veräußerung der Anteile des Anlegers am Fonds nach § 16 EStG steuerpflichtig sind. Die Beteiligung an einem vermögensverwaltenden Fonds erlaubt es, dass der Privatanleger Gewinne aus der Veräußerung von Beteiligungen, die bis zum 31.12.2008 vom Fonds angeschafft wurden, steuerfrei nach § 23 Abs. 1 Nr. 2 aF EStG vereinnahmt werden. Die Steuerfreiheit von Gewinnen aus der Veräußerung von Anteilen an Portfoliogesellschaften des Fonds setzt dabei allerdings voraus, dass auch die Bedingungen des § 23 Abs. 1 Satz 1 Nr. 2 EStG aF (keine Veräußerung innerhalb eines Jahres nach Erwerb), des § 17 EStG (1%-Beteiligung) sowie des § 21 UmwStG aF (einbringungsgeborene Anteile) auf Ebene des Anlegers mit Blick auf die Beteiligungen des Fonds an Portfoliogesellschaften nicht erfüllt sind. Für seit 2009 vom Fonds angeschaffte Beteiligungen sind sämtliche Veräußerungen von Beteiligungen beim Privatanleger, unabhängig von der bis dahin geltenden Jahresfrist, im Rahmen der Abgeltungsteuer steuerpflichtig, § 20 Abs. 2 Nr. 1 EStG.[519] Insoweit bleibt aber die Vermeidung der Gewerblichkeit auch nach Einführung der Abgeltungsteuer im Vergleich der Besteuerung von Beteiligungserträgen im Rahmen eines Gewerbebetriebes weiterhin idR. vorteilhaft.

**396** Im Unterschied dazu kann die Beteiligung an ausländischen Private Equity-Fonds oder Venture Capital-Fonds inländischen Anlegern dann steuerfreie Einkünfte vermitteln, wenn der ausländische Fonds steuerlich als gewerblich zu qualifizieren ist, keine Betriebsstätte in Deutschland besteht und daher Vergünstigungen von deutschen Anlegern nach den Doppelbesteuerungsabkommen (DBA) in Anspruch genommen werden können.[520] In jeder anderen Rechtsform sind ausländische Private Equity Fonds als ausländische Spezialfonds von der neuen Regelung des § 19 InvStG betroffen, die diese als Kapital-Investitionsgesellschaft mit steuerlichen Nachteilen für den Fonds und seine Anleger behandelt.

**397** Keine Bedeutung für Private Equity-Fonds und Venture Capital-Fonds hat die Verlustverrechnungsbeschränkung für sog. Steuerstundungsmodelle nach § 15b EStG.[521]

**398** Gesondert eingegangen werden muss auf die steuerliche Behandlung des sog. *Carried Interest,* der nunmehr in § 1 Abs. 19 Nr. 7 KAGB wie folgt definiert ist: „Carried interest ist der Anteil an den Gewinnen des AIF, den eine AIF-Verwaltungsgesellschaft als Vergütung für die Verwaltung des AIF erhält; der carried interest umfasst nicht den Anteil der AIF-Verwaltungsgesellschaft an den Gewinnen des AIF, den die AIF-Verwaltungsgesellschaft als Gewinn für Anlagen der AIF-Verwaltungsgesellschaft in den AIF bezieht."

**399** Im Folgenden werden für Private Equity-Fonds in der Rechtsform der Personengesellschaft – ungeachtet ihrer Behandlung als Investmentvermögen – die Voraussetzungen für die Qualifizierung des Fonds als vermögensverwaltend oder gewerblich erläutert und die damit einhergehenden Konsequenzen für die Anleger dargestellt. Die Besteuerung von Kapital-Investitionsgesellschaften und ihrer Gesellschafter erfolgt in Abschnitt F.

**400** **2. Struktur eines inländischen Private Equity-/Venture Capital-Fonds.** Aus haftungsrechtlichen Erwägungen wird ein inländischer Private Equity-Fonds bzw. Venture Capital-Fonds meistens als GmbH & Co. KG errichtet.[522] Dabei ist die Komplementär-

---

[519] Vgl. Unternehmensteuerreformgesetz v. 14.8.2007, BGBl. I 2007, 1912.
[520] Vgl. BFH v. 24.8.2011, I R 46/10; DStR 2011, S. 2085 ff.
[521] Vgl. Abschnitt D → Rn. 328 f. zum Gesetz zur Beschränkung der Verlustverrechnung im Zusammenhang mit Steuerstundungsmodellen v. 22.12.2005; BGBl. I 2205, 3683 sowie *Heuermann* in Blümich, EStG, KStG, GewStG, EStG § 15b Rn. 26–27, 122. Auflage 2014; *Rauh* in Beck'sches Steuer- und Bilanzrechtslexikon, Edition 1/14.
[522] Vgl. zuvor Rn. 326 sowie *Herzig/Gokisch* DB 2002, 600; *Stoschek/Protzen* FR 2001, 816; *Weitnauer* Finanz Betrieb 2001, 258, 267; *Wiese/Klass* FR 2004, 324.

GmbH am Vermögen der KG nicht beteiligt. Die Anleger treten der GmbH & Co. KG als Kommanditisten bei. Die laufende Geschäftsführung übernimmt eine Management-Gesellschaft als Kommanditist mit Geschäftsführungsbefugnis („geschäftsführender Gesellschafter"). Die Geschäftsführung richtet sich auf die Prüfung der Beteiligung, die Überwachung der Beteiligungen, das Berichtswesen, die Kapitalabrufe und die Betreuung der Anleger. Der Geschäftsführer erhält für seine Tätigkeit eine Haftungs- und Geschäftsführungsvergütung, die zwischen 1,5% und 2,5% des Zeichnungskapitals beträgt.[523] Die Investitionsentscheidungen werden von einer weiteren GmbH & Co. KG getroffen, die als Initiator-GmbH & Co. KG tätig wird. Sie ist regelmäßig ebenfalls Kommanditistin der Fonds-GmbH & Co. KG. Die Initiatoren werden für ihre Anlageentscheidungen in der Initiator-KG und sonstigen immateriellen Gesellschafterbeiträge neben einem Gewinnanteil zusätzlich mit einem Entgelt von häufig 20% der Gewinne des Fonds vergütet *(„Carried Interest")*.[524] Dieser *Carried Interest* wird erst nach Zuweisung einer Basisvergütung an die Investoren *(„Hurdle Rate")* an die Managementgesellschaft ausgezahlt.

Der Fonds erwirbt Beteiligungen an den zu finanzierenden Zielunternehmen und erzielt daraus Dividenden sowie ggf. Zinsen. Nach Erreichen des Investitionszwecks wird die (im Wert gestiegene) Beteiligung (mit Gewinn) veräußert. Der Fonds hat regelmäßig eine Laufzeit von acht bis zwölf Jahren, während die Beteiligungen am Private Equity- bzw. Venture Capital-Fonds vom Anleger häufig über drei bis fünf Jahre gehalten werden.

**3. Steuerliche Behandlung des Fonds. a) Anwendbarkeit des Investmentsteuergesetzes.** Durch das AIFM-StAnpG werden Private Equity-Fonds unter der Voraussetzung ihrer Erfassung als Investmentvermögen und soweit sie in der Rechtsform der Kommanditgesellschaft oder einer entsprechenden ausländischen Rechtsform tätig sind, als Personen-Investitionsgesellschaften qualifiziert. Für solche gilt § 18 InvStG: die Einkünfte sind nach § 180 Abs. 1 Nr. 2 AO gesondert und einheitlich festzustellen. Im Übrigen sind die Einkünfte von den Anlegern nach den allgemeinen steuerrechtlichen Regelungen zu versteuern.

**b) Anwendung des KAGB.** Ob ein Private Equity-Fonds als „Investmentvermögen" gilt, und demnach das InvStG Anwendung finden, hängt von der Erfüllung der Voraussetzungen des KAGB ab: da Private Equity-Fonds grundsätzlich geschlossen sind wird keine Erfassung als OGAW in Betracht kommen. Hinsichtlich ihrer Erfassung als AIF wird es im Einzelfall darauf ankommen,
- ob Kapital von einer Anzahl von Anlegern eingesammelt wird, um nach einer festgelegten Anlagestrategie Investitionen zum Nutzen der Anleger zu tätigen
- und ob es sich nicht um ein operativ tätiges Unternehmen außerhalb des Finanzsektors handelt.

Anhaltspunkte für ein „operativ tätiges Unternehmen" können der beabsichtigte oder tatsächliche Erwerb von Mehrheitsbeteiligungen oder Sperrminoritäten sein, der Eintritt in den unternehmerischen Entscheidungs- und Verantwortungsbereich durch die Übernahme von Organfunktionen über die Ausübung von Aktionärsrechten in der Hauptversammlung hinaus, oder das Zusammenwirken mit Dritten in einer Weise, die geeignet ist, die Ausrichtung des Unternehmens dauerhaft oder erheblich zu beeinflussen. Die vorgenannten Anhaltspunkte für eine operative Tätigkeit können gleichzeitig Anhaltspunkte zur Annahme einer gewerblichen Tätigkeit des Private Equity-Fonds sein (siehe hierzu nachfolgend c)).

**c) Abgrenzung privater Vermögensverwaltung von gewerblicher Tätigkeit.** aa) Bedeutung. Ungeachtet der Anwendung des § 18 InvStG richten sich die steuerlichen Konsequenzen für den Fonds selbst sowie der Anleger danach, ob der Private Equity- bzw. Venture Capital-Fonds als vermögensverwaltend oder gewerblich zu qualifizieren ist.

Aus Sicht eines Privatanlegers eines inländischen Fonds ist wesentliche Voraussetzung für die steuerfreie Vereinnahmung von Gewinnen aus der Veräußerung von Anteilen an Portfo-

---
[523] *Watrin* BB 2002, 811.
[524] *Herzig/Goksch* DB 2001, 600, 601; *Kayser/Steinmüller* FR 2002, 1269, 1272; *Lorenz* DStR 2001, 821; *Watrin/Struffert* DStR 2001, 1888; *Wiese* IWB 2001, 709, 713.

liogesellschaften, die vor 2009 angeschafft wurden, bzw. für die Besteuerung nach den Grundsätzen der Abgeltungsteuer für später angeschaffte Anteile, dass der Fonds steuerlich als vermögensverwaltend zu qualifizieren ist. Die Fondsgesellschaft in der Rechtsform der GmbH & Co. KG ist dann als vermögensverwaltend anzusehen, wenn sie nicht die Voraussetzungen einer gewerblichen Prägung nach § 15 Abs. 3 Nr. 2 EStG erfüllt. Ferner darf der Fonds keine gewerbliche Tätigkeit nach § 15 Abs. 2 EStG ausüben. Schließlich dürfen die Einkünfte des Fonds nicht durch andere gewerbliche Einkünfte bzw. Beteiligungen an gewerblichen Personengesellschaften gewerblich infiziert werden *(Abfärbetheorie)*, § 15 Abs. 3 Nr. 1 EStG.

407 Im Unterschied dazu ist es bei Beteiligung an einem ausländischen Private Equity- bzw. Venture Capital-Fonds zur Inanspruchnahme von DBA-Vergünstigungen erforderlich, dass der ausländische Fonds als gewerblich einzustufen ist. Hierzu hat der BFH in seiner Entscheidung v. 24.8.2011 die Auffassung der Finanzverwaltung bestätigt,[525] dass die gewerbliche Prägung des Fonds nicht ausreichend ist. Vielmehr ist ausschließlich auf die Tätigkeit des Fonds abzustellen. Nur unter der Voraussetzung einer gewerblichen Tätigkeit begründet der Fonds im Ausland eine Betriebsstätte, deren Einkünfte durch ein DBA ggf. im Inland steuerfrei gestellt werden. Die Qualifizierung der Tätigkeit des Fonds richtet sich dabei wie bei inländischen Fondsgesellschaften nach den von der Finanzverwaltung mit Schreiben[526] v. 16.12.2003 konkretisierten Voraussetzungen.[527]

408 bb) Kriterien der Abgrenzung von Vermögensverwaltung und Gewerbebetrieb. aaa) Gewerbliche Prägung. Ein inländischer Private Equity- bzw. Venture Capital-Fonds wird regelmäßig als GmbH & Co. KG errichtet, die – wenn dem Anleger steuerfreie Einkünfte vermittelt werden sollen – nicht die Voraussetzungen der gewerblichen Prägung nach § 15 Abs. 3 Nr. 2 EStG erfüllen darf. Gem. § 15 Abs. 3 Nr. 2 EStG gilt als Gewerbebetrieb auch die mit Einkünfteerzielungsabsicht unternommene Betätigung einer Personengesellschaft, die zwar keine gewerbliche Tätigkeit iSv § 15 Abs. 1 Satz 1 Nr. 1 EStG ausübt, aber bei der ausschließlich eine oder mehrere Kapitalgesellschaften persönlich haftende Gesellschafter sind und nur diese oder Personen, die nicht Gesellschafter sind, zur Geschäftsführung befugt sind. Eine gewerbliche Prägung von Private Equity-/Venture Capital-Fonds ist nicht gegeben, wenn Personen zur Geschäftsführung befugt sind, die als Kommanditisten am Fonds beteiligt sind.[528] Bei Private Equity- und Venture Capital-Fonds wird deshalb die laufende Geschäftsführung einem Kommanditisten oder einem Dritten übertragen. Zum Teil wird im Schrifttum[529] die Auffassung vertreten, dass eine gewerbliche Prägung auch dann gegeben sei, wenn neben einer persönlich haftenden Kapitalgesellschaft auch eine Kapitalgesellschaft zur Geschäftsführung berechtigt ist, die als Kommanditistin am Fonds beteiligt ist. Diese Auffassung widerspricht dem Wortlaut des § 15 Abs. 3 Nr. 2 EStG.

409 bbb) Tätigkeit. Liegen bei inländischen Fonds die Voraussetzungen der gewerblichen Prägung nach § 15 Abs. 3 Nr. 2 EStG nicht vor, ist weiter zu prüfen, ob die Tätigkeit des Fonds dem Bereich der privaten Vermögensverwaltung zugeordnet werden kann. Die steuerliche Einordnung ausländischer Fonds hängt allein von dieser Beurteilung ihrer Tätigkeit ab.

410 Die Grenzen der privaten Vermögensverwaltung umschreibt der BFH[530] in ständiger Rechtsprechung wie folgt: Während bei einer gewerblichen Tätigkeit die Ausnutzung substantieller Vermögenswerte durch Umschichtung im Vordergrund steht, ist für die Vermö-

---

[525] Vgl. Vgl. BFH v. 24.8.2011, I R 46/10, DStR 2011 S. 2085ff sowie BMF Schreiben v. 16.12.2003 – IV A 6 – S 2240-153/03, BStBl. I 2004, 40.
[526] Anlehnend an die Grundsätze von BFH v. 25.7.2001 – X R 55/97, BStBl. II 2001, 809.
[527] → Rn. 411.
[528] *Rodin/Veith/Bärenz* DB 2004, 103, 108; *Wiese/Klass* FR 2004, 324, 331.
[529] Vgl. *Groh* DB 1987, 1006, 1010.
[530] BFH Urt. v. 29.10.1998 – XI R 80/97, BStBl. II 1999, 448; BFH Urt. v. 6.3.1991 – X R 39/88, BStBl. II 1991, 631; BFH Urt. v. 31.7.1990 – I R 173/83, BStBl. II 1991, 66; BFH Urt. v. 8.7.1982 – IV R 20/78, BStBl. II 1982, 700; BFH Urt. v. 4.3.1980 – VIII R 150/76, BStBl. II 1980, 389; BFH Urt. v. 29.3.1973 – I R 153/71, BStBl. II 1973, 661.

gensverwaltung die Nutzung von Vermögen iS einer Fruchtziehung aus zu erhaltender Substanz charakteristisch. Ob noch Vermögensverwaltung gegeben ist, kann nur nach den Umständen des Einzelfalls bestimmt werden. Die Tätigkeit ist als gewerblich zu qualifizieren, wenn sie dem Bild entspricht, das nach der Verkehrsauffassung einen Gewerbebetrieb ausmacht, dh wenn der Steuerpflichtige im Geschäftsverkehr wie ein Händler auftritt. Gewerblichkeit wird bei Wertpapiergeschäften erst beim Vorliegen besonderer Umstände begründet, wie durch das Anbieten von Wertpapiergeschäften gegenüber einer breiteren Öffentlichkeit das Unterhalten eines Büros oder einer Organisation zur Durchführung der Geschäfte und dergleichen.[531]

Die typischen Merkmale des gewerblichen Wertpapierhandels hat die Finanzverwaltung für Private Equity- bzw. Venture Capital-Fonds mit Schreiben[532] v. 16.12.2003 konkretisiert. Danach erfüllt der Fonds die Voraussetzungen einer vermögensverwaltenden Tätigkeit, sofern die folgenden Merkmale nicht vorliegen: **411**

– Einsatz von Bankkrediten statt Eigenkapital,
– Unterhaltung eines Büros oder einer Organisation zur Durchführung von Geschäften,
– Ausnutzung eines Marktes unter Einsatz beruflicher Erfahrungen,
– Anbieten von Wertpapiergeschäften einer breiten Öffentlichkeit gegenüber oder Wertpapiergeschäfte auch auf Rechnung Dritter,
– Eigenes unternehmerisches Tätigwerden in den Portfolio-Gesellschaften.[533]

Bei der Beurteilung ist auf das Gesamtbild der Tätigkeit des Fonds abzustellen; die einzelnen Kriterien sind im Zusammenhang zu würdigen.

– *Einsatz von Bankkrediten/Übernahme von Sicherheiten.* Charakteristisch für die private Vermögensverwaltung ist, dass der Fonds den Erwerb von Anteilen an der Portfolio-Gesellschaft aus Eigenmitteln finanziert.[534] Die Finanzierung durch Aufnahme von Fremdkapital hingegen ist schädlich. Von einer schädlichen Fremdfinanzierung ist auszugehen, wenn dem Fonds Fremdkapital durch Gesellschafterdarlehen oder Bankkredit gewährt wird. Zwar vertritt der BFH im Urteil v. 20.12.2000[535] die Meinung, dass eine Fremdfinanzierung von Wertpapiergeschäften auch in nennenswertem Umfang nicht zur Qualifikation als gewerbliche Tätigkeit führt. Doch ist diese Entscheidung nach Auffassung der Finanzverwaltung auf Fondsgestaltungen nicht übertragbar. **412**

Durch das Verbot der Aufnahme von Fremdkapital soll die Nutzung des sog. Leverage-Effekts vermieden werden. Dieser Hebeleffekt kann eintreten, wenn der Fonds durch die Aufnahme von Fremdkapital einen höheren Kapitalbetrag in die Zielgesellschaft investiert als ihm nach Zeichnung durch die Anleger zur Verfügung steht und dadurch eine über dem Fremdkapitalzins liegende Rendite erzielt. Allerdings lassen sich bei Private Equity-Beteiligungen die Fremdkapitalkosten nicht aus den laufenden Erträgen der Portfoliogesellschaften, sondern lediglich durch Veräußerung der Beteiligungen bestreiten. Insofern führt eine umfangreiche Fremdfinanzierung der Tätigkeit von Private Equity- bzw. Venture Capital-Fonds zu einer Betonung der Substanzwerte. Eine solche Fremdfinanzierung spricht daher für einen gewerblichen „Umschlag von Waren".[536] **413**

Als unschädlich für die Beurteilung als Vermögensverwaltung gelten allerdings Zwischenkredite und staatliche Förderungen, die als Darlehen strukturiert sind. Unschädlich dürfte des Weiteren auch die Aufnahme geringfügigen, kurzfristigen Fremdkapitals durch den Fonds sein, welches zur Besicherung etwaiger Aufwendungen des Fonds oder für kleinere Kapitaleinzahlungen in die Portfoliogesellschaften verwendet wird. **414**

---

[531] BFH Urt. v. 25.2.1982 – IV R 25/78, BStBl. II 1982, 461, 462; BFH Beschl. v. 3.7.1995 – GrS 1/93, BStBl. II 1995, 617.
[532] Anlehnend an die Grundsätze von BFH v. 25.7.2001 – X R 55/97, BStBl. II 2001, 809.
[533] BMF Schreiben v. 16.12.2003 – IV A 6 – S 2240-153/03, BStBl. I 2004, 40, Tz. 7ff.
[534] BMF Schreiben v. 16.12.2003 – IV A 6 – S 2240-153/03, BStBl. I 2004, 40, Tz. 9–10.
[535] X R 1/97, BStBl. II 2001, 706, 709.
[536] *Rodin/Veith/Bärenz* DB 2004, 103, 105.

415  Abgesehen von der Fremdfinanzierung darf der Privat Equity- bzw. Venture Capital-Fonds ferner keine Sicherheiten für Verbindlichkeiten der Portfoliogesellschaften übernehmen, wenn seine Tätigkeit als vermögensverwaltend gelten soll. Ebenso spricht eine Rückdeckung der Verbindlichkeiten der Zielgesellschaft durch den Fonds für eine gewerbliche Tätigkeit. Unschädlich ist hingegen die Übernahme von Rückdeckungen bzw. die Bestellung von Sicherheiten bis zur Höhe noch ausstehender Einlagen des Fonds bei der betreffenden Zielgesellschaft.

416  – *Eigene* Organisation. Soll der Fonds als vermögensverwaltend qualifiziert werden, darf er für die Verwaltung des Fondsvermögens keine umfangreiche eigene Organisation unterhalten.[537] Das Kriterium ist erfahrungsgemäß unproblematisch zu erfüllen, wenn nur der geschäftsführende Gesellschafter einen Büroraum oder Personal hat.[538] Auch ein eigenes Büro der Fondsgesellschaft und die Beschäftigung eigenen Personals dürften unschädlich sein, sofern dabei das für die Verwaltung von privatem Großvermögen übliche Ausmaß nicht überschritten wird. Nicht maßgebend für die Beurteilung, ob ein Gewerbebetrieb gegeben ist, ist der Umfang des Vermögens.

417  – *Ausnutzung des* Marktes *unter Einsatz beruflicher Erfahrung.* Für die Qualifizierung als Vermögensverwaltung darf der Fonds sich nicht eines Marktes bedienen und auf fremde Rechnung unter Einsatz beruflicher Erfahrungen tätig werden.[539] Die Nutzung lediglich beruflicher Kompetenz vermag keine Gewerblichkeit zu begründen. Auch die Inanspruchnahme von Branchenkenntnissen und Know-how durch die Geschäftsführungs-GmbH und die Initiatoren überschreitet nicht den Rahmen des für private Vermögensverwaltung Üblichen.[540] Dies entspricht der Rechtsprechung des BFH.[541]

418  – *Anbieten* gegenüber *breiter Öffentlichkeit/Handeln auf eigene Rechnung.* Zur Vermeidung der Qualifikation als Gewerbebetrieb darf der Fonds Beteiligungen an den Portfolio-Gesellschaften nicht gegenüber einer breiten Öffentlichkeit anbieten oder auf fremde Rechnung handeln.[542] Private Equity- bzw. Venture Capital-Fonds erwerben und verwerten ihre Beteiligungen auf eigene Rechnung, so dass diesem Kriterium kaum praktische Bedeutung zukommt.[543]

419  – *Kurzfristige Beteiligung.* Charakteristisch für eine Vermögensverwaltung und damit eine Fruchtziehung aus zu erhaltenen Substanzwerten ist das langfristige Halten einer Kapitalanlage. Insofern verlangt die Finanzverwaltung, dass der Fonds seine Beteiligungen mindestens mittelfristig, dh über drei bis fünf Jahre im Bestand hält.[544] Bei der Beurteilung dieses Merkmals sind sämtliche Beteiligungen einzubeziehen. Maßgebend ist die durchschnittliche Haltedauer bezogen auf das gesamte Beteiligungskapital.[545] Die Veräußerung einer einzelnen Beteiligung innerhalb von drei Jahren nach Erwerb führt noch nicht zur Qualifikation des Fonds als Gewerbebetrieb.

420  Eine Veräußerung stellt dabei auch eine Syndizierung dar, dh die spätere Aufteilung des Investitionsbetrages in eine Portfolio-Gesellschaft auf mehrere Fonds nach Erwerb der Beteiligung mit dem Ziel der Risikostreuung. Diese ist aber nur dann nicht für die Beurteilung der Haltedauer zu berücksichtigen, wenn die Aufteilung innerhalb von 18 Monaten nach Erwerb der Beteiligung durch den übertragenden Fonds zwischen Fonds desselben

---

[537] BMF Schreiben v. 16.12.2003 – IV A 6 – S 2240-153/03, BStBl. I 2004, 40, Tz. 11; *Wiese* IWB 2001, 709, 711.
[538] *Rodin/Veith/Bärenz* DB 2004, 103, 105; *Wiese/Klass* FR 2004, 324, 330.
[539] BMF Schreiben v. 16.12.2003 – IV A 6 – S 2240 – 153/03, BStBl. I 2004, 40, Tz. 12.
[540] *Rodin/Veith* DB 2001, 883, 886.
[541] BFH Urt. v. 20.12.2000 – X R 67/98, BFH/NV 2001, 1015, 1016; BFH Urt. v. 24.10.1969 – IV R 139/68, BStBl. II 1970, 411.
[542] BMF Schreiben v. 16.12.2003 – IV A 6 – S 2240 – 153/03, BStBl. I 2004, 40, Tz. 13.
[543] *Wiese/Klass* FR 2004, 324, 330.
[544] Siehe auch OFD Magdeburg Verf. v. 5.4.2006 S. 2240 – 58 – St 214, DStR 2006, 1505.
[545] *Rodin/Veith/Bärenz* DB 2004, 103, 106.

Initiators stattfindet.[546] Sie muss zu Anschaffungskosten zuzüglich einer marktüblichen Verzinsung durchgeführt werden.[547] Die grundsätzliche Behandlung von Syndizierungen als Veräußerungen soll die Verschiebung von stillen Reserven verhindern.[548]

– *Reinvestition von* Veräußerungserlösen. Für eine private Vermögensverwaltung spricht, **421** dass die erzielten Veräußerungserlöse nicht reinvestiert, sondern an die Anleger ausgeschüttet werden. Werden Veräußerungserlöse demgegenüber wieder angelegt, liegt ein Handel mit Beteiligungen vor, der wiederum für eine Gewerblichkeit spricht.[549] Jedoch dürfen Veräußerungserlöse in der Höhe reinvestiert werden, in der Kapitaleinzahlungen für die Finanzierung von Kosten und Ergebnisvorab für Geschäftsführung verwendet wurden. Außerdem dürfen Veräußerungsgewinne bis zur Höhe von 20 % des Zeichnungskapitals in Nachfinanzierungen von Portfolio-Gesellschaften investiert werden, an denen der Fonds schon beteiligt ist.[550]

– Unternehmerisches *Tätigwerden in Portfolio-Gesellschaften*. Zur Vermeidung der Gewerb- **422** lichkeit darf sich der Fonds nicht aktiv am Management der Portfolio-Gesellschaften beteiligen.[551] Allerdings sind solche Mitwirkungen in den Portfoliogesellschaften noch als private Vermögensverwaltung anzusehen, durch welche die Beteiligung gesichert wird.[552] Insoweit unschädlich ist die Einräumung von Zustimmungsvorbehalten entsprechend § 111 Abs. 4 Satz 2 AktG oder die Wahrnehmung von Aufsichtsratsfunktionen.[553] Dabei muss der Portfolio-Gesellschaft indes Raum für selbstständige Entscheidungen bleiben, damit eine Gewerblichkeit abzulehnen ist. Gleichwohl führt die Einschaltung eines sog. Inkubators (gewerbliche Entwicklungsgesellschaft), dessen Tätigkeit dem Fonds aufgrund schuldrechtlicher Verträge oder personeller Verflechtungen zuzurechnen ist, stets zur Gewerblichkeit des Fonds.

ccc) Abfärbewirkung. Vor allem bei inländischen Dachfonds ist zur Vermeidung der **423** Gewerblichkeit die Abfärbewirkung iSd § 15 Abs. 3 Nr. 1 EStG zu beachten. Bei Dachfonds handelt es sich um Fondsgesellschaften, die nicht unmittelbar Anteile an Portfoliogesellschaften halten, sondern vielmehr an anderen Private Equity- bzw. Venture Capital-Fonds beteiligt sind. Gemäß § 15 Abs. 3 Nr. 1 EStG ist die Tätigkeit einer OHG, KG oder einer anderen Personengesellschaft insgesamt als gewerbliche Tätigkeit zu qualifizieren, wenn die Gesellschaft *auch* eine Tätigkeit iSd § 15 Abs. 1 Satz 1 Nr. 1 EStG ausübt. Bei Erfüllung der Voraussetzungen des § 15 Abs. 3 Nr. 1 EStG ist mithin die gesamte Tätigkeit des Fonds als gewerblich zu qualifizieren. Nach der Rechtsprechung des BFH[554] und Auffassung der Finanzverwaltung[555] sollen die Voraussetzungen der gewerblichen Infizierung auch dann gegeben sein, wenn der Fonds an einer gewerblich tätigen oder einer gewerblich geprägten Personengesellschaft beteiligt ist. Dies gilt unabhängig davon, ob es sich um die Beteiligung an einer inländischen oder an einer ausländischen Personengesellschaft handelt. Hält der Fonds mitunternehmerische Beteiligungen im Portfolio, dh Beteiligungen an gewerblich tätigen oder gewerblich geprägten Personengesellschaften, werden sämtliche Einkünfte des Fonds als gewerblich behandelt.[556] Bei Beteiligung an doppelstöckigen Perso-

---

[546] Zu diesem Merkmal kritisch: *Bauer/Gemmeke* DStR 2004, 579, 582.
[547] BMF Schreiben v. 16.12.2003 – IV A 6 – S 2240 – 153/03, BStBl. I 2004, 40, Tz. 14 f.
[548] *Bärenz/Veith* BB 2004, 251, 253.
[549] *Bauer/Gemmeke* DStR 2004, 579, 582; *Rodin/Bärenz/Veith* DB 2004, 103, 107.
[550] BMF Schreiben v. 16.12.2003 – IV A 6 – S 2240 – 153/03, BStBl. I 2004, 40, Tz. 15; *Bärenz/Veith* BB 2004, 251, 253; *Wiese/Klass* FR 2004, 324, 330.
[551] BMF Schreiben v. 16.12.2003 – IV A 6 – S 2240 – 153/03, BStBl. I 2004, 40, Tz. 16.
[552] *Bauer/Gemmeke* DStR 2004, 579, 583.
[553] Siehe dazu auch OFD Magdeburg Verf. v. 5.4.2006 S 2240 – 58 – St 214, DStR 2006, 1505.
[554] BFH Urt. v. 8.12.1994 – IV R 7/92, BStBl. II 1996, 264.
[555] BMF Schreiben v. 13.5.1996 – IV B 2 – S – 224 – 33/96, BStBl. I 1996, 621.
[556] Nach Ansicht des Niedersächsischen FG Urt. v. 8.12.2010, 2 K 295/08, EFG 2011, S. 870 wird die Abfärbewirkung des § 15 Abs. 3 Nr. 1 Alt. 2 EStG bereits mit Beginn der mitunternehmerischen Beteiligung begründet.

nengesellschaften soll eine etwaige gewerbliche Tätigkeit der Untergesellschaft auf die Obergesellschaft abfärben.[557] Bisher hatte der BFH[558] die Abfärbewirkung lediglich dann verneint, wenn der Anteil der originär gewerblichen Einkünfte äußerst gering war.

**424** Von dieser früheren Auffassung hat sich der BFH in seinem Urteil[559] v. 6.10.2004 distanziert. In dieser Entscheidung lehnt der BFH die Abfärbewirkung des § 15 Abs. 3 Nr. 1 EStG für den Fall der doppelstöckigen Personengesellschaft mit dem Argument ab, dass diese Auslegung weder vom Wortlaut noch vom Sinn und Zweck der Vorschrift gedeckt ist. Wenn eine Personengesellschaft wie in dem dem Urteil zugrundeliegenden Fall nur vermögensverwaltende Tätigkeit ausübt und zudem an einer anderen, gewerblichen Personengesellschaft beteiligt ist, übt sie nach dem Wortlaut des § 15 Abs. 3 Nr. 1 EStG keine Tätigkeit nach § 15 Abs. 1 Nr. 1 EStG aus. Beteiligungseinkünfte könnten nach dieser Rechtsprechung keine gewerbliche Prägung herbeiführen, weil es sich um Einkünfte nach § 15 Abs. 1 Nr. 2 EStG handelt.[560] Die Änderung der höchstrichterlichen Rechtsprechung hätte für die Besteuerung der Private Equity- und Venture Capital-Fonds erhebliche Vorteile gebracht, da eine Beteiligung an einer gewerblich geprägten Personengesellschaft die Qualifizierung des Dachfonds nicht mehr beeinflussen würde. Jedoch hat das BMF mit Schreiben[561] v. 18.5.2005 die Entscheidung des BFH v. 6.10.2004 mit einem Nichtanwendungserlass belegt. Zudem wird § 15 Abs. 3 Nr. 1 EStG dahingehend ergänzt, dass auch das Beziehen gewerblicher Einkünfte zur Abfärbung führt. Damit ist die Rechtslage vor der Entscheidung des BFH v. 6.10.2004 wieder hergestellt.

**425** Um eine „Abfärbung" bei Beteiligung an gewerblichen Personengesellschaften zu vermeiden, kann eine Kapitalgesellschaft zwischengeschaltet werden. Die Gefahr der Infizierung kann auch dadurch begrenzt werden, dass der Fonds als Zielgesellschaften von vornherein nur Kapitalgesellschaften wählt.[562] Statt der Beteiligung über einen ausländischen Fonds, der steuerlich als gewerblich zu qualifizieren ist, bietet sich ferner die Einschaltung von Parallelfonds an.

**426** c) **Wagniskapitalbeteiligungsgesellschaften.** Durch das am 19. August 2008 in Kraft getretene Gesetz zur Modernisierung der Rahmenbedingungen für Kapitalbeteiligungen[563] (MoRaKG) vom 27. Juni 2008 wurden gesetzliche Vorschriften für den Private-Equity-Markt erlassen. Allerdings brachte das Gesetz keine umfassende gesetzliche Basis für den deutschen Private-Equity-Markt, wie es im Koalitionsvertrag vom 11. November 2005 ursprünglich vorgesehen war. Die Neuerungen beschränken sich auf das Teilsegment „Wagniskapital". Der Gesetzgeber hat als Kernstück des MoRaKG durch Art. 1 ein Gesetz zur Förderung von sogenannten Wagniskapitalbeteiligungsgesellschaften (WKBG) geschaffen. Dieses zielt auf eine Förderung von jungen und risikobehafteten Unternehmen ab, die naturgemäß Schwierigkeiten mit der Kapitalbeschaffung haben. Insoweit steht nun neben den Unternehmensbeteiligungsgesellschaften mit den Wagniskapitalbeteiligungsgesellschaften eine neue Form der Venture Capital Beteiligung zur Verfügung.

**427** Um den Status einer Wagniskapitalbeteiligungsgesellschaft nach § 3 WKBG zu erreichen, muss die Beteiligungsgesellschaft die Voraussetzungen des § 14 WKBG erfüllen. So muss nach § 4 WKBG der satzungsmäßige oder gesellschaftsvertragliche Gegenstand des Unternehmens im Erwerben, Halten, Verwalten und Veräußern von Wagniskapitalbeteiligungen liegen. Gemäß § 5 WKBG hat der Sitz und die Geschäftsleitung der Gesellschaft in

---

[557] BFH Urt. v. 8.12.1994, BStBl. II 1996, 264; BFH Urt. v. 18.4.2000 – VIII R 68/98, BStBl. II 2001, 359; *Wehrheim/Brodthage* DStR 2003, 485, 486.

[558] Näher dazu vgl. → Rn. 307.

[559] Vgl. BFH Urt. v. 6.10.2004 – IX R 53/01, BStBl. II 2005, 383; vgl. zu diesem Urteil auch *Heuermann* DB 2004, 2548, 2549.

[560] *Döllerer* DStR 1991, 1275, 1277.

[561] BMF Schreiben vom 18. Mai 2005 IV B 2-S 2241-34/05, BStBl. I 2005, 698.

[562] *Stoschek/Protzen* FR 2001, 816, 818.

[563] Vgl. BGBl. I 2008, 1672–1679.

Deutschland zu liegen und das Stammkapital der Wagniskapitalbeteiligungsgesellschaft muss nach § 6 WKBG mindestens EUR 1 Mio. betragen. Hiervon muss mindestens ein Viertel sofort und der Rest innerhalb von 12 Monate nach Anerkennung als Wagniskapitalbeteiligungsgesellschaft geleistet werden. Ferner unterliegt eine Wagniskapitalbeteiligungsgesellschaft der laufenden Aufsicht durch die BaFin.

Wagniskapitalbeteiligungsgesellschaft dürfen nur in bestimmte Zielgesellschaften investieren. Der Gesetzgeber fasst hierunter Kapitalgesellschaften mit Sitz und Geschäftsleitung innerhalb des EWR, die zum Zeitpunkt des Anteilserwerbs durch die Wagniskapitalbeteiligungsgesellschaft nicht mehr als EUR 20 Mio. Eigenkapital aufweisen und deren Gründung nicht mehr als zehn Jahre zurück liegt. Ferner darf die Zielgesellschaft zum Zeitpunkt des Anteilserwerbs keine börsennotierten Wertpapiere emittiert haben bzw. Unternehmen oder Unternehmensteile mittelbar oder unmittelbar betreiben, die älter als die Zielgesellschaft selbst sind. Auch dürfen während des Haltens der Beteiligungen keine Unternehmen oder Unternehmensteile durch Einzel- oder Gesamtrechtsnachfolge auf die Portfolio-Gesellschaft übergehen bzw. mittelbar oder unmittelbar gehalten werden, die älter als die Portfolio-Gesellschaft sind. Weiter setzt der Gesetzgeber voraus, dass die Portfoliogesellschaft während der Dauer des Haltens der Beteiligung kein Organträger oder Mitunternehmer eines Organträgers ist.

Soweit Wagniskapitalbeteiligungsgesellschaften in der Rechtsform einer Personengesellschaft nur in Kapitalgesellschaften investieren und ausschließlich Tätigkeiten nach § 4 Satz 1 WKBG ausüben, werden diese nach § 19 Satz 1 WKBG als vermögensverwaltend eingestuft. In § 19 Satz 2 WKBG befindet sich eine exemplarische, nicht abschließende Auflistung von Tätigkeiten[564], deren Ausübung zu einer Gewerblichkeit der Wagniskapitalbeteiligungsgesellschaft führt. Hierzu zählen bspw. die kurzfristige Veräußerung von Beteiligungen an Zielgesellschaften sowie der Handel mit Wertpapieren im Sinne von § 47 InvG, mit Geldmarktinstrumenten im Sinne des § 48 InvG und mit Investmentanteilen im Sinne des § 50 InvG. Schädlich sind im Sinne des § 8 Abs. 2 bis 6 WKBG auch über die reine Vermögensverwaltung hinausgehende Tätigkeiten im Bereich der Beratung, der Darlehensfinanzierung und der Kreditaufnahme durch die Zielgesellschaft selbst.

Soweit eine Wagniskapitalbeteiligungsgesellschaft an einer Zielgesellschaft in den letzen fünf Jahren mit mindestens 3%, höchstens jedoch mit 25% und für längstens zehn Jahre beteiligt war, kommt nach § 20 WKBG ein Freibetrag auf den Veräußerungsgewinn in Betracht. Auf Veräußerungsgewinne aus einer Beteiligung an einer Zielgesellschaft wird ein Freibetrag in Höhe desjenigen Bruchteils von EUR 200 000 gewährt, der der Beteiligungsquote der Wagniskapitalbeteiligungsgesellschaft an der Zielgesellschaft entspricht. Der Freibetrag ermäßigt sich allerdings um den Betrag, um den der Veräußerungsgewinn den Bruchteil von EUR 800 000 übersteigt, der der Beteiligungsquote entspricht.

Durch das MoRaKG hatte der Gesetzgeber ferner den § 8c KStG um einen zweiten Absatz ergänzt. § 8c Abs. 2 KStG regelt, dass Verluste einer Zielgesellschaft im Falle eines schädlichen Beteiligungserwerbs durch eine Wagniskapitalbeteiligungsgesellschaft weiterhin anteilig abgezogen werden können, soweit sie auf stille Reserven des steuerpflichtigen inländischen Betriebsvermögens der Zielgesellschaft entfallen. Da Abs. 2 lt. Entscheidung der EU-Kommission v. 30.9.09[565] eine mit Unionsrecht unvereinbare Beihilfe darstellt sind die Voraussetzungen für ein Inkrafttreten nicht erfüllt.[566] Abs. 2 hat damit bis heute keine Wirksamkeit erlangt..

**d) Steuerliche Konsequenzen.** aa) Inländische Fondsgesellschaft. Ist die Tätigkeit eines inländischen Fonds als Vermögensverwaltung zu qualifizieren, so fallen auf der Ebene

---

[564] Vgl. Gesetzesbegründung MoRaKG, BT-Drucks. 16/6311, 24. Hiernach gelten die Grundsätze des BMF-Schreibens vom 16.12.2003 (BStBl. I 2004, 40) weiter.
[565] EU-Kommission v. 30.9.09, PM v. 1.10.09 IP/09/1449.
[566] § 34 Abs 7c KStG nach Art. 8 Abs. 2 des MoRaKG; vgl. *Blümich*, § 8c KStG Rn. 3 sowie ausführlich *Dörr* NWB 09, 3499.

des Fonds keine Ertragsteuern an. Seine Einkünfte unterliegen bei ihm weder der Einkommensteuer/Körperschaftsteuer noch der Gewerbesteuer. Sie sind über eine einheitliche und gesonderte Feststellung den Anlegern zuzurechnen und dort zu besteuern.

**433** Ist demgegenüber die Tätigkeit des Fonds als gewerblich zu qualifizieren oder ist der Fonds gewerblich geprägt, so unterliegen seine Einkünfte der Gewerbesteuer, § 2 Abs. 1 Satz 2 des GewStG.[567] Bei der Ermittlung des Gewerbeertrages einer Mitunternehmerschaft sind die §§ 3 Nr. 40 EStG iVm 3c Abs. 2 EStG bzw. § 8b KStG anzuwenden.[568] Demzufolge sind Gewinne des Fonds aus der Beteiligung an einer Kapitalgesellschaft lediglich zu 60% der Gewerbesteuer unterworfen, soweit die Anleger natürliche Personen sind. Soweit Kapitalgesellschaften Mitunternehmer des Fonds sind, werden Gewinne aus der Veräußerung von Beteiligungen zu 95% von der Gewerbesteuer befreit. Daneben sind nach § 8 Nr. 5 Satz 1, 1. Halbs. GewStG Gewinnanteile und die ihnen gleichgestellten Bezüge und Leistungen aus Anteilen an Körperschaften unter bestimmten Voraussetzungen bei der Ermittlung des Gewerbeertrages wieder hinzuzurechnen, die wegen § 3 Nr. 40 EStG oder § 8b Abs. 1 KStG bei der Gewinnermittlung abgezogen worden sind. Eine Hinzurechnung scheidet hingegen aus, wenn nach § 8 Nr. 5 Satz 1, 2. Halbs. GewStG die Beteiligungserträge die Voraussetzungen der § 9 Nr. 2a) oder Nr. 7 GewStG erfüllen, dh für sie das Schachtelprivileg eingreift.[569] Dabei wird allerdings die seit dem 28. Februar 2013 für Kapitalgesellschaften geltende Einschränkung des § 8b Abs. 1 für Streubesitzdividenden, dh für Dividenden aus Beteiligungen, die durchgerechnet beim Anleger unter 10% des Grund- oder Stammkapitals betragen, schon dazu führen, dass es gar nicht zu einem Abzug kommt.[570]

**434** Betriebsausgaben, die mit den von der Hinzurechnung erfassten Beteiligungserträgen wirtschaftlich zusammenhängen und nach § 3c Abs. 2 EStG und § 8b Abs. 5 KStG bei der Gewinnermittlung unberücksichtigt bleiben, vermindern wiederum den hinzuzurechnenden Gewinnanteil, § 8 Nr. 5 Satz 1 GewStG. Nach Auffassung der Finanzverwaltung gilt es, die für geschlossene Fonds entwickelten Kriterien für die Abgrenzung von Anschaffungskosten und unmittelbar abzugsfähigen Kosten auf Private Equity Fonds zu übertragen.[571]

**435** bb) Ausländische Fondsgesellschaft. Ist der ausländische Fonds in einem DBA-Staat ansässig, ist zu prüfen, ob das deutsche Recht auf Besteuerung der Einkünfte des Fonds beschränkt ist. Dies ist dann der Fall, wenn auf den Fonds der Betriebsstättenartikel des jeweiligen DBA (Art. 7 OECD-MA) anzuwenden ist. Dabei setzt die Anwendung des Betriebsstättenartikels auf ausländische Fonds nach Auffassung der Finanzverwaltung[572] voraus, dass der Fonds eine gewerbliche Tätigkeit ausübt. Maßgebend für die Beurteilung der gewerblichen Tätigkeit des ausländischen Fonds sind die von der Finanzverwaltung mit Schreiben[573] v. 16.12.2003 zu Private Equity- bzw. Venture Capital-Fonds entwickelten Kriterien.[574] Übt der Fonds nach dieser Betrachtung eine gewerbliche Tätigkeit aus, sind seine Einkünfte je nach DBA in Deutschland beim inländischen Anleger (unter Progressionsvorbehalt) steuerfreigestellt oder ggf. lediglich ausländische Steuern in Deutschland anrechenbar. Zudem ist § 20 Abs. 2 AStG zu beachten[575].

---

[567] *Bärenz/Veith* BB 2004, 251.
[568] *Melchior* DStR 2004, 2121, 2124; zur Rechtslage vor EURLUmsG vgl. BMF Schreiben v. 28.4.2003 – IV A 2 – S 2750a – 7/03, BStBl. I 2003, 292, Tz. 57; *Rödder/Schumacher* DStR 2003, 909, 916; *Wiese/Klass* FR 2004, 324, 331. Zur Rechtslage vor EURLUmsG siehe auch FG Köln Urt. v. 31.8.2005 – 7 K 1000/04, DStRE 2006, 612; FG Düsseldorf Beschl. v. 12.1.2004 – 17 V 5799/03.
[569] *Hofmeister* in Blümich, EStG/KStG/GewStG-Kommentar, § 8 GewStG Rn. 575.
[570] Vgl im einzelnen *Rengers* in Blümich § 8b KStG Rn. 116 ff sowie *Benz/Jetter* DStR 2013, 489 ff.
[571] Vgl. OFD Frankfurt/M. Verf. v. 1.12.2006 – S 2241 A – 67 – St 210, DB 2007, 22.
[572] Vgl. BMF Schreiben v. 16.12.2003 – IV A 6 – S 2240 – 153/03, BStBl. I 2004, 40.
[573] Anlehnend an die Grundsätze von BFH v. 25.7.2001 – X R 55/97, BStBl. II 2001, 809.
[574] → Rn. 411 f.
[575] Siehe im Weiteren → Rn. 446.

In seinem Urteil vom 22.8.2011[576] hat sich der BFH zum ersten Mal zur Besteuerung von (institutionellen) Anlegern in ausländischen Private Equity-Fonds geäußert. Er ließ hierbei erkennen, dass er die Tätigkeit von Private Equity-Fonds in einem größeren Umfang als gewerblich einstuft, als es bisher die Praxis der Finanzverwaltung nach dem Private Equity-Erlass war. Der BFH stellte darauf ab, ob die Gesellschaft originär gewerbliche Einkünfte erzielt, weil für eine Anwendung des DBA-Artikels lediglich gewerblich geprägte Einkünfte iSd § 15 § 3 Nr. 2 EStG nicht ausreichen. Gründe, die für die Beurteilung der Tätigkeiten der Gesellschaft als originär gewerblich sprechen sind aus Sicht des BFH die Anzahl der erworbenen Beteiligungen, die durchschnittliche Haltedauer und die Fremdfinanzierung der Beteiligungen, sowie die Tatsache, dass der Gesellschaft die personellen und sachlichen Gegebenheiten bei der sachlich versierten und aufsichtsrechtlich zugelassenen Managementgesellschaft zuzurechnen seien. Eine genaue Bestimmung der Trennlinie zwischen Gewerblichkeit und Vermögensverwaltung nimmt die Entscheidung nicht vor.

Liegt lediglich eine gewerbliche Prägung des Private Equity-Fonds vor sind die Einkünfte des Fonds in Form von Dividenden, Zinsen und Veräußerungsgewinnen idR. entsprechend nach Art. 10, 11 oder 13 OECD-MA von den Anlegern zu versteuern.

**4. Steuerliche Behandlung der Anleger. a) Anteile im Privatvermögen.** Wesentlicher Gesichtspunkt bei der Besteuerung von Private Equity- und Venture Capital-Fonds ist die steuerliche Behandlung von Gewinnen aus der Veräußerung von Anteilen an Portfoliogesellschaften bei den Anlegern.[577] Bei der Besteuerung von Privatanlegern muss neben der Unterscheidung nach der Beteiligung an ausländischen und inländischen Private Equity- und Venture Capital-Fonds danach differenziert werden, ob der Fonds als vermögensverwaltend oder gewerblich zu qualifizieren ist.

aa) Vermögensverwaltender Fonds. aaa) Laufende Einkünfte. Ist die Tätigkeit des Fonds als vermögensverwaltend zu qualifizieren[578], gehören die laufenden Gewinnanteile der Beteiligten des Fonds in Form von Dividenden (und Zinsen) zu den Einkünften des Anlegers aus Kapitalvermögen gemäß § 20 EStG.[579] Dies gilt für Beteiligungen an inländischen wie an ausländischen Fonds gleichermaßen. Seit 2009 unterliegen die Kapitalvermögenseinkünfte der Abgeltungsteuer. Bei ausländischen Fonds mit vermögensverwaltender Tätigkeit hat Deutschland das Besteuerungsrecht an Dividenden (oder Zinsen) des Fonds (Art. 10, 11 OECD-MA). Schwierigkeiten ergeben sich dann, wenn der ausländische Staat die Fondsgesellschaft nicht als vermögensverwaltend einstuft und daher ihre Einkünfte ebenfalls besteuert.

bbb) Einkünfte aus der Veräußerung von Anteilen an Portfoliogesellschaften durch den Fonds. Für bis 31.12.2008 angeschaffte Portfoliogesellschaften: Ist der Fonds als vermögensverwaltend zu qualifizieren, dann erzielen Privatanleger mit Gewinnen aus der Veräußerung von Anteilen des Fonds an Portfoliogesellschaften steuerfreie Einkünfte, sofern die durchgerechnete Beteiligung des Anlegers an der Zielgesellschaft nicht die Voraussetzungen des § 23 Abs. 1 Satz 1 Nr. 2 EStG aF (Veräußerung innerhalb eines Jahres nach Erwerb), des § 17 EStG (1%-Beteiligung) sowie des § 21 UmwStG aF (einbringungsgeborene Anteile) erfüllt. Entsprechendes gilt regelmäßig bei direkter Beteiligung an einem ausländischen Fonds, dessen Tätigkeit als vermögensverwaltend einzuordnen ist (Art. 13 DBA-MA).

Eine Besteuerung nach § 17 EStG kommt nur dann in Betracht, wenn es sich um einen Anteil an einer Kapitalgesellschaft handelt und der Veräußerer innerhalb der letzten fünf Jahre am Kapital der Gesellschaft unmittelbar oder mittelbar zu mindestens 1% beteiligt war.[580] Im Rahmen des § 17 Abs. 1 EStG ist nicht auf den Anteil des Fonds an der Gesell-

---

[576] Vgl. BFH v. 24.8.2011, I R 46/10; DStR 2011 S. 2085 ff.
[577] *Watrin/Goksch* DB 2002, 341, 342.
[578] → Rn. 408 f.
[579] *Wiese* IWB 2001, 709, 713.
[580] Vgl. dazu Abschnitt B → Rn. 86.

schaft, sondern auf den Bruchteilsanteil der einzelnen Beteiligten des Fonds an der Portfolio-Gesellschaft abzustellen (sog. Bruchteilsbetrachtung).[581]

**440** Ein Gewinn aus der Veräußerung einer Beteiligung des Fonds an einer Portfoliogesellschaft ist dann durch den Anleger zu versteuern, wenn es sich um einen einbringungsgeborenen Anteil nach § 21 UmwStG handelt.[582] Einbringungsgeborene Anteile sind solche, die bei der Einbringung eines Betriebs, Teilbetriebs oder von Anteilen an Kapitalgesellschaften in eine andere Kapitalgesellschaft unter dem Teilwert entstanden sind.[583]

**441** Für nach dem 31.12.2008 angeschaffte Portfoliogesellschaften gilt: Gewinne aus der Veräußerung von Anteilen des Fonds an Portfoliogesellschaften sind bei privaten Anlegern den Einkünften aus Kapitalvermögen zugeordnet, § 20 Abs. 2 Nr. 1 EStG. Unabhängig von der Jahresfrist des § 23 Abs. 1 Nr. 2 EStG aF unterliegen solche Gewinne damit der Abgeltungsteuer von 25% (zzgl. Solidaritätszuschlag und ggf. Kirchensteuer).

**442** ccc) Einkünfte aus der Veräußerung von Anteilen an der Fondsgesellschaft. Nach § 23 Abs. 1 Satz 4 EStG aF gilt die Anschaffung und Veräußerung einer unmittelbaren oder mittelbaren Beteiligung an einer Personengesellschaft als Anschaffung und Veräußerung der anteiligen Wirtschaftsgüter. Auch nach Einbeziehung der Veräußerungsgewinne von Anteilen an Kapitalgesellschaften in die Einkünfte aus Kapitalvermögen, § 20 Abs. 2 Nr. 1 EStG gelten diese Grundsätze im Rahmen der Bruchteilsbetrachtung entsprechend. Insofern konnte die Veräußerung der Beteiligung an der Fondsgesellschaft bis 31.12.2008 dann der Einkommensteuer unterliegen, wenn zwischen der Anschaffung der Anteile des Fonds an Zielgesellschaften und der Veräußerung der Beteiligung an der Fondsgesellschaft nicht mehr als zwölf Monate lagen, § 23 Abs. 1 Nr. 2 EStG aF.[584] Dies galt unabhängig davon, ob die als vermögensverwaltend einzustufende Fondsgesellschaft im Inland oder Ausland ansässig war. Seit 2009 ist steuerlich in der Anschaffung der Anteile am Fonds die anteilige Anschaffung der Anteile an den Zielgesellschaften zu sehen, wonach Veräußerungsgewinne somit unabhängig von der Jahresfrist des § 23 Abs. 1 Nr. 2 EStG aF als Einkünfte aus Kapitalvermögen iSd § 20 Abs. 2 Nr. 1 EStG steuerpflichtig sind.

**443** bb) Gewerblicher Fonds. aaa) Inländische Fondsgesellschaft. Ist der Fonds als Gewerbebetrieb zu qualifizieren, gehören die dem Privatanleger zuzurechnenden Gewinnanteile des Fonds zu den steuerpflichtigen Einkünften aus Gewerbebetrieb nach § 15 Abs. 1 Satz 1 Nr. 2 EStG. Auf in diesem Gewinnanteil des Anlegers enthaltene Gewinne aus der Veräußerung von Anteilen an Kapitalgesellschaften und Dividenden ist das Teileinkünfteverfahren nach § 3 Nr. 40 Satz 1 Buchst. a), Satz 2 EStG aF anzuwenden. Der Fonds gilt nicht als Finanzunternehmen iSd KWG. Insofern ist die Anwendung des Halbeinkünfteverfahrens nicht nach § 3 Nr. 40 Satz 3 und 4 EStG ausgeschlossen. Zu beachten ist allerdings das eingeschränkte Abzugsverbot[585] von Ausgaben im Zusammenhang mit steuerfreien Einnahmen des § 3c Abs. 2 EStG. Die vom Fonds entrichtete Gewerbesteuer kann der Anleger nach § 8b EStG auf seine Einkommensteuer anrechnen. Natürlichen Personen als Anlegern steht die Steuerermäßigung nach § 35 EStG für gewerbliche Einkünfte zu.

**444** Veräußert der private Anleger seinen Anteil an einer gewerblich tätigen oder einer gewerblich geprägten Fondsgesellschaft, so gehört der Veräußerungsgewinn gemäß § 16 Abs. 1 Nr. 2 EStG zu den steuerpflichtigen Einkünften aus Gewerbebetrieb. Wird der gesamte Anteil veräußert und hat der Steuerpflichtige das 55. Lebensjahr vollendet, oder ist er dauernd berufsunfähig, so wird der Veräußerungsgewinn auf Antrag nur herangezogen, soweit er 45 000 EUR übersteigt, § 16 Abs. 4 EStG. Dieser Freibetrag ermäßigt sich um den Betrag, um den der Veräußerungsgewinn den Betrag von 136 000 EUR übersteigt.

---

[581] BFH Urt. v. 9.5.2000 – VIII R 41/99, BStBl. II 2000, 686; *Vogt* in Blümich, § 17 EStG Rn. 50.
[582] Vgl. dazu Abschnitt B → Rn. 104.
[583] *Schmitt* in Schmitt/Hörtnagl/Stratz, UmwStG-Kommentar, § 20 UmwStG Rn. 220; *Widmann* in Widmann/Mayer, UmwStG, § 21 Rn. 3.
[584] Vgl. insoweit *Weber-Grellet* in Schmidt, § 20 EStG, Tz. 127.
[585] Vgl. dazu Abschnitt B → Rn. 71.

Der Freibetrag wird dem Steuerpflichtigen nur einmal im Leben gewährt. Ferner greift für diese Einkünfte bei vollständiger Veräußerung des Mitunternehmeranteils die Fünftelregelung des § 34 Abs. 1 Satz 2 EStG, § 34 Abs. 2 Nr. 1 EStG. Die Veräußerung der Anteile an einen gewerblichen Fonds unterliegen beim Privatanleger nicht der Gewerbesteuer.

bb) **Ausländische Fondsgesellschaft.** Beteiligt sich ein inländischer Privatanleger an einem ausländischen Private Equity- oder Venture Capital-Fonds mit gewerblicher Tätigkeit[586], so ist die Betriebsstätte des Fonds jeweils anteilig den inländischen Anlegern zuzurechnen.[587] Ist der Fonds in einem DBA-Staat ansässig, wird das Besteuerungsrecht an den Betriebsstätteneinkünften regelmäßig dem ausländischen Betriebsstättenstaat zugewiesen (Art. 7 DBA-MA). Die ausländischen Einkünfte der Anleger werden in Deutschland entweder unter Progressionsvorbehalt steuerfrei gestellt (Art. 23 A DBA-MA) oder die ausländische Steuer wird auf die auf die ausländischen Einkünfte zu erhebende deutsche Steuer angerechnet (Art. 23B DBA-MA).

445

Die in einem DBA vorgesehene Freistellungsmethode für Betriebsstätteneinkünfte (Art. 23A DBA-MA) ist indes dann nicht anzuwenden, wenn die Voraussetzungen des § 20 Abs. 2 AStG erfüllt sind. Die Regelung des § 20 Abs. 2 AStG ist ihrem Wortlaut nach auf Betriebsstätteneinkünfte anzuwenden und greift daher für Einkünfte einer ausländischen gewerblichen Personengesellschaft gleichermaßen.[588] Nach § 20 Abs. 2 AStG ist statt der Freistellungsmethode auf ausländische Betriebsstätteneinkünfte die Anrechnungsmethode anzuwenden, wenn die Einkünfte der ausländischen Betriebsstätte im Fall des Bestehens einer Kapitalgesellschaft als Zwischeneinkünfte zu qualifizieren wären. Zwischeneinkünfte liegen dann vor, wenn die Einkünfte nicht in den Katalog aktiver Einkünfte in § 8 Abs. 1 AStG fallen und sie ferner einer Besteuerung von weniger als 25 % unterliegen, § 8 Abs. 3 AStG. Gewinnausschüttungen und Veräußerungen von Anteilen an Portfolio-Gesellschaften fallen aber regelmäßig in den Katalog aktiver Einkünfte nach § 8 Abs. 1 Nr. 8 u. 9 AStG.

446

b) **Anteile im Betriebsvermögen.** aa) Inländische Fondsgesellschaft. aaa) Einzelunternehmer/Mitunternehmer. Unabhängig von der Qualifikation der Tätigkeit des Fonds gehören laufende Gewinne aus Anteilen an Private Equity- bzw. Venture Capital-Fonds, die im Betriebsvermögen gehalten werden, zu den gewerblichen Einkünften des Anlegers. Sie unterliegen sowohl der Einkommensteuer als auch der Gewerbesteuer. Sofern der Fonds selbst gewerbesteuerpflichtig ist, ist der Gewerbeertrag des Anlegers um den Gewinnanteil aus dem Fonds zu kürzen, § 9 Nr. 2 GewStG.

447

Soweit in laufenden Gewinnanteilen Gewinne aus der Veräußerung von Anteilen an Portfoliogesellschaften in der Rechtsform der Kapitalgesellschaften und Dividenden enthalten sind, gilt für natürliche Personen als Anleger das Teileinkünfteverfahren nach § 3 Nr. 40 Satz 1 Buchst. a) sowie Satz 2 EStG. Demgegenüber steht das für Kreditinstitute und Finanzunternehmen in § 3 Nr. 40 Satz 3 und 4 EStG. enthaltene Verbot einer Anwendung des Teileinkünfteverfahrens auf Gewinne aus der Veräußerung von Anteilen an Portfoliogesellschaften durch Private Equity- bzw. Venture Capital-Fonds nicht entgegen.[589] Private Equity bzw. Venture Capital Fonds gelten nicht als Finanzunternehmen iSd KWG. Ausgaben im Zusammenhang mit den teilweise steuerfrei gestellten Einnahmen sind nur eingeschränkt abzugsfähig, § 3c Abs. 2 EStG.[590] Für die der Gewerbesteuer unterliegenden Einkünfte kann der Anleger die Steuerermäßigung nach § 35 EStG beanspruchen.

448

Veräußert der gewerbliche Anleger seinen Anteil an der Fondsgesellschaft, so gehört der Veräußerungserfolg zu den Einkünften des Anlegers aus Gewerbebetrieb, § 16 Abs. 1 Nr. 1

449

---

[586] → Rn. 435.
[587] Vgl. Vgl. BFH v. 24.8.2011, I R 46/10; DStR 2011 S. 2085 ff. sowie BMF Schreiben v. 25.12.1999 – IV B 4 – S 1300 – 111/99, BStBl. I 1999, 1076, Tz. 1.1.5.1.
[588] Vgl. BMF Schreiben v. 14.5.2004 – IV B 4 – S 1340 – 11/04, BStBl. I 2004, 3 (Sondernummer 1/2004), Tz. 20.2.
[589] BMF Schreiben v. 16.12.2003 – IV A 6 – S 2240 – 153/03, BStBl. I 2004, 40, Tz. 18.
[590] Vgl. dazu Abschnitt B → Rn. 71.

EStG. Der Veräußerungsgewinn unterliegt indes nicht der Gewerbesteuer, § 7 Satz 2 GewStG.

**450** bbb) **Kapitalgesellschaft.** Werden die Anteile an der Fondsgesellschaft von einer Kapitalgesellschaft nach § 1 Abs. 1 Nr. 1 KStG gehalten, sind Dividenden und Gewinne aus der Veräußerung von Anteilen des Fonds an Portfoliogesellschaften in der Rechtsform der Kapitalgesellschaft nach § 8b Abs. 1 und 2 KStG iVm § 8b Abs. 6 KStG zu 95% steuerfrei. Dabei sind allerdings die regelmäßig geltenden Einschränkungen des § 8b Abs. 1 für Streubesitzdividenden zu beachten, dh für Dividenden aus Beteiligungen, die durchgerechnet beim Anleger unter 10% des Grund- oder Stammkapitals betragen.[591] Die Änderung des § 8b Abs. 4 KStG wurde zur Umsetzung der EuGH-Entscheidung vom 20. Oktober 2011[592] durch Gesetz vom 21.3.2013[593] („EuGH-Dividendenumsetzungsgesetz") eingeführt. Während die vom Private Equity-Fonds vereinnahmten Dividenden und ähnlichen Erträge beim körperschaftsteuerpflichtigen Anleger damit idR. steuerpflichtig bleiben, sind Veräußerungsgewinne weiterhin zu 95% gemäß § 8b Abs. 2 und 3 KStG steuerbefreit.

**451** Dieser Steuerbefreiung steht § 8b Abs. 7 KStG nach Auffassung der Finanzverwaltung[594] nicht entgegen. Bei Fonds handelt es sich nicht um Kreditinstitute und Finanzdienstleister iSd KWG. Zudem strebt der Fonds nicht die kurzfristige Erzielung von Eigenhandelserfolgen an. Die Veräußerung von Fondsanteilen durch den Anleger unterliegt der Körperschaftsteuer und Gewerbesteuer (§ 7 Satz 2 Nr. 1 GewStG). Allerdings ist der Veräußerungsgewinn zu 95% steuerbefreit, soweit er auf Anteilen an Kapitalgesellschaften iSv § 8b Abs. 2 KStG entfällt, § 8b Abs. 6 Satz 1 KStG, § 7 Satz 4 GewStG.

**452** bb) **Ausländische Fondsgesellschaft.** Beteiligt sich ein inländischer betrieblicher Anleger an einem ausländischen Private Equity- oder Venture Capital-Fonds, so hängen die steuerlichen Folgen beim Anleger von der Qualifizierung der Tätigkeit des Fonds ab.

Ist die Tätigkeit des Fonds als vermögensverwaltend zu beurteilen, sind die dem inländischen Anleger für steuerliche Zwecke zuzurechnenden Einkünfte des Fonds im Inland steuerpflichtig (Art. 10, 11 u. 13 OECD-MA). Gewinne aus der Veräußerung von Anteilen des Fonds an Portfoliogesellschaften in der Rechtsform der Kapitalgesellschaften sowie Dividenden unterliegen je nach Rechtsform des Anlegers dem Teileinkünfteverfahren gemäß § 3 Nr. 40 EStG bzw. dem Beteiligungsprivileg nach § 8b KStG.

**453** Übt der ausländische Private Equity- oder Venture Capital-Fonds demgegenüber eine gewerbliche Tätigkeit aus,[595] und ist der Fonds in einem DBA-Staat ansässig, werden die ausländischen Einkünfte der Anleger in Deutschland entweder (unter Progressionsvorbehalt) steuerfrei gestellt (Art. 23A DBA-MA) oder die ausländische Steuer auf die auf die ausländischen Einkünfte zu erhebende deutsche Steuer angerechnet (Art. 23B DBA-MA).[596]

**454** Die in einem DBA vorgesehene Freistellungsmethode für Betriebsstätteneinkünfte (Art. 23A DBA-MA) ist indes dann nicht anzuwenden, wenn die Einkünfte der ausländischen Betriebsstätte im Fall des Bestehens einer Kapitalgesellschaft als Zwischeneinkünfte zu qualifizieren wären, § 20 Abs. 2 AStG.[597]

**455** c) **Ausländischer Anleger.** Werden Anteile an einer inländischen vermögensverwaltenden Fondsgesellschaft durch einen beschränkt Steuerpflichtigen mit Sitz in einem Nicht-DBA-Staat gehalten, so unterliegen Gewinne des Fonds aus der Veräußerung an Portfoliogesellschaften mit Sitz und Geschäftsleitung im Inland bei Erfüllung der Vorausset-

---

[591] Vgl im einzelnen *Rengers* in Blümich § 8b KStG Rn. 116 ff. sowie *Benz/Jetter* DStR 2013, 489 ff.
[592] Urteil vom 20.10.2011, C-284/09, BeckRS 2011, 81517.
[593] BGBl. 2013 I, S. 561.
[594] BMF Schreiben v. 16.12.2003 – IV A 6 – S 2240 – 153/03, BStBl. I 2004, 40, Tz. 18.
[595] → Rn. 435.
[596] Vgl. BFH v. 24.8.2011, I R 46/10; DStR 2011 S. 2085 ff.
[597] Vgl. → Rn. 446.

zungen des § 17 EStG⁵⁹⁸ der deutschen Besteuerung, § 49 Abs. 1 Nr. 2 Buchst. e), Nr. 8 Buchst. c) EStG aF. Diese Voraussetzungen können bezogen auf die Beteiligungen an Portfoliogesellschaften im Bestand des Fonds auch dann erfüllt sein, wenn der Anleger seine Anteile an der vermögensverwaltenden Fondsgesellschaft als solche veräußert, § 49 Abs. 1 Nr. 8 aF iVm § 23 Abs. 1 Satz 4 EStG aF. Besteht mit dem Wohnsitzstaat des Anlegers ein DBA, kann das Besteuerungsrecht für diese Einkünfte nach Art. 13 Abs. 4 OECD-MA dem ausländischen Staat zugeordnet sein.⁵⁹⁹

Ist der inländische Fonds als Gewerbebetrieb zu qualifizieren, unterliegen die gewerblichen Einkünfte beim Anleger nach § 49 Abs. 1 Nr. 2 Buchst. a) EStG der deutschen Besteuerung. Seit 2009 ist § 49 Abs. 1 Nr. 8 Buchst. c) EStG aufgehoben. Anteilsveräußerungserträge werden nun unabhängig von der bisherigen Jahresfrist des § 23 Abs. 1 Nr. 2 EStG als Kapitaleinkünfte nach § 49 Abs. 1 Nr. 5a) iVm § 20 Abs. 1 Nr. 1 EStG erfasst und der Abgeltungsteuer unterworfen. Die Veräußerung wesentlicher Beteiligungen fällt dagegen weiter unter § 49 Abs. 1 Nr. 2e) iVm § 17 EStG. **456**

**5. Besteuerung des Carried Interest.** Die Initiatoren, Manager oder Berater des Fonds erhalten für ihre Leistungen regelmäßig erfolgsabhängige Vergütungen auf der Grundlage ihrer Beteiligungen am Fonds, die als *Carried Interest* bezeichnet werden. Beim *Carried Interest* handelt es sich idR um einen – gemessen an der regelmäßigen Kapitalbeteiligung am Fonds – disproportionalen Anteil am Gewinn der Fondsgesellschaft. Solche inkongruenten Gewinnausschüttungen, die nicht mit den Beteiligungsverhältnissen korrespondieren, aber als zusätzliches Entgelt für andere Leistungen des Gesellschafters gewährt werden, werden als rechtlich und steuerlich zulässig angesehen.⁶⁰⁰ **457**

Der *Carried Interest* wurde gemäß BMF-Schreiben⁶⁰¹ v. 16.12.2003 als Entgelt für Management-Dienstleistungen behandelt, das als Einkünfte aus Gewerbebetrieb gemäß § 15 oder als Einkünfte aus selbständiger Arbeit nach § 18 EStG beim Empfänger in voller Höhe steuerpflichtig sein sollte. Nach Auffassung der Finanzverwaltung sollte es sich nicht um einen unmittelbar oder mittelbar zuzurechnenden Gewinnanteil für eine Kapitalbeteiligung handeln. Die Vergütung sollte vielmehr zum (progressiven) Steuersatz für laufende Einkünfte, dh ohne Anwendung des Teil- (bis 31.12.2008: Halb-)einkünfteverfahrens gemäß § 3 Nr. 40 EStG bzw. des Beteiligungsprivilegs nach § 8b Abs. 2 KStG zu versteuern sein.⁶⁰² **458**

Mit dem Gesetz zur Förderung von Wagniskapital v. 30.7.2004⁶⁰³ hat der Gesetzgeber die Auffassung der Finanzverwaltung korrigiert. Gemäß § 18 Abs. 1 Nr. 4 EStG wird der *Carried Interest* nunmehr unter die Einkünfte aus selbstständiger Arbeit subsumiert. Sind die Voraussetzungen des § 18 Abs. 1 Nr. 4 EStG erfüllt, ist der *Carried Interest* gemäß § 3 Nr. 40a) EStG zu 40% steuerfrei gestellt. Von §§ 18 Abs. 1 Nr. 4, 3 Nr. 40a) EStG erfasst wird lediglich der „Mehrgewinn", nicht aber der proportionale Gewinnanteil. Voraussetzung für die Anwendung des § 18 Abs. 1 Nr. 4 EStG ist, dass der Zweck der Fondsgesellschaft auf den Erwerb, das Halten und die Veräußerung von Anteilen an Kapitalgesellschaften gerichtet ist. Die Fondsgesellschaft muss also eine vermögensverwaltende Tätigkeit ausüben. Darüber hinaus sind §§ 18 Abs. 1 Nr. 4, 3 Nr. 40a) EStG auch dann anzuwen- **459**

---

⁵⁹⁸ Vgl. Abschnitt B → Rn. 86.
⁵⁹⁹ BMF Schreiben v. 16.12.2003 – IV A 6 – S 2240 – 153/03, BStBl. I 2004, 40, Tz. 23.
⁶⁰⁰ BFH Urt. v. 19.8.1999 – I R 77/96, DStR 1999, 1849, 1851; BMF Schreiben v. 7.12.2000 – IV A 2 – S 2810 – 4/00, BStBl. I 2001, 47.
⁶⁰¹ BMF Schreiben v. 16.12.2003 – IV A 6 – S 2240 – 153/03, BStBl. I 2004, 40, Tz. 24ff.; *Watrin/Struffert* BB 2004, 1888.
⁶⁰² AA *Herzig/Goksch* DB 2002, 600, 602; *Rodin/Veith/Bärenz* DB 2004, 103, 110; *Watrin/Goksch* DB 2002, 341, 344; *Watrin* BB 2002, 811, 812; *Wiese/Klass* FR 2004, 324, 333; zur Entwicklung vgl. *Bauer/Gehrnicke* DStR 2004, 1470.
⁶⁰³ BGBl. I 2004, 2013; hierzu *Hutter* in Blümich, EStG/KStG/GewStG-Kommentar, § 18 EStG Rn. 196; *Watrin/Struffert* BB 2004, 1888, 1889.

den, wenn der Fonds nach § 15 Abs. 3 Nr. 2 EStG gewerblich geprägt ist oder infolge der Abfärbewirkung iSv § 15 Abs. 3 Nr. 2 EStG als Gewerbebetrieb zu behandeln ist, § 18 Abs. 1 Nr. 4, 2. Halbs. EStG.[604] Für die Qualifikation als Einkünfte aus selbstständiger Arbeit muss die Vergütung für Leistungen zur Förderung des Gesellschafts- bzw. des Gemeinschaftszwecks gewährt werden. Schließlich muss die Vergütung unter der Voraussetzung eingeräumt werden, dass die Anleger ihr eingezahltes Kapital vollständig zurückerhalten haben. Die Regelungen der §§ 18 Abs. 1 Nr. 4, 3 Nr. 40a) EStG greifen unabhängig von der Rechtsform[605] des Empfängers des *Carried Interest*. Sie sind selbst dann anzuwenden, wenn der Carry-Holder eine Kapitalgesellschaft ist.[606] Die Regelungen der §§ 18 Abs. 1 Nr. 4, 3 Nr. 40a) EStG gelten unabhängig davon, ob der *Carried Interest* als gesellschaftsrechtlicher Gewinnanteil oder als Dienstleistungsentgelt vereinbart ist. Des Weiteren ist es unbeachtlich, ob der Carry-Holder nach der Bruchteilsbetrachtung zu mindestens 1% an der Portfoliogesellschaft beteiligt ist oder nicht.

**460** Ist der Initiator des vermögensverwaltenden Fonds im Ausland ansässig, so ist der *Carried Interest* im Inland nicht steuerpflichtig. Übt die Fondsgesellschaft dagegen eine gewerbliche Tätigkeit aus, gehört der *Carried Interest* zu den Einkünften aus Gewerbebetrieb und unterliegt der Gewerbesteuer. § 18 Abs. 1 Nr. 4 EStG ist in diesem Fall nicht anwendbar. Ausländische Initiativen sind mit ihrem *Carried interest* im Inland beschränkt steuerpflichtig, § 49 Abs. 1 Nr. 2a EStG.[607]

**461** Die relativ günstige Besteuerung des Carried Interest bleibt weiterhin umstritten: sowohl der Bundesrats-Entwurf des SteuervereinfachungsG 2013[608] als auch der CDU/CSU/SPD-Koalitionsvertrag aus dm Jahr 2013 zielen auf eine Abschaffung der steuerlichen Vergünstigungen für Initiatorenvergütungen von vermögensverwaltenden Private-Equity-Fonds.

### E. Kapital-Investitionsgesellschaft

**Schrifttum:** *Beckmann/Scholtz/Vollmer*, Investment-Handbuch, Stand März 2014; *Elser/Stadler*, Einschneidende Änderungen der Investmentbesteuerung nach dem nunmehr in Kraft getretenen AIFM-Steuer-Anpassungsgesetz, DStR 2014, 233; *ders.*, DStR 2013, 225 sowie DStR 2012, 2561; *Haisch/Helios*, Investmentsteuerreform aufgrund KAGB und AIFM-StAnpG – Änderungen noch möglich, BB 2013, 1696; *Kleutgens/Geißler*, Internationale Aspekte des Investmentsteuergesetzes auf der Grundlage des AIFM-Steuer-Anpassungsgesetzes; IStR 2014, 280; *Neugebauer/Fort*, Die neue Kommanditgesellschaft und die Umsetzung der AIFM-Richtlinie in Luxemburg, IStR 2014, 247; *Simonis/Grabbe/Faller*, Neuregelung der Fondsbesteuerung durch das AIFM-StAnpG, DB 2014, 20; *Watrin/Eberhardt*, Problembereiche der Anlegerbesteuerung bei Kapital-Investitionsgesellschaften, DB 2014, 795.

### I. Überblick

**462** Kapital-Investitionsgesellschaften sind nach § 19 InvStG alle Investitionsgesellschaften, die keine Personen-Investitionsgesellschaften iSd § 18 InvStG sind. Durch diese negative Abgrenzung[609] ist der Anwendungsbereich des § 19 InvStG sehr weit gezogen, da er als Auffangvorschrift typischerweise alle Investmentvermögen erfasst, die nicht die Voraussetzungen eines Investmentfonds erfüllen und nicht als Investmentkommanditgesellschaft oder vergleichbare ausländische Rechtsform strukturiert sind. Damit zählen zu den Kapital-Investitionsgesellschaften also zB deutsche Sondervermögen, die aber nicht als Investmentfonds qualifizieren, vor allem aber auch alle ausländischen offenen oder geschlossenen

---

[604] Vgl. *Geerling* DStR 2005, 1596, 1599.
[605] AA für Carry-Holder in der Rechtsform der Kapitalgesellschaft; vgl. *Geerling/Kost* IStR 2005, 757, 760.
[606] AA *Geerling/Kost* IStR 2005, 757, 760.
[607] Kritisch vgl. *Geerling/Kost* IStR 2005, 757, 761.
[608] Vgl. BR-Drs. 684/12 vom 2.11.2012.
[609] Vgl. BR-Drs. 740/13 S. 66.

§ 27 Die Besteuerung von Kapitalanlagevermögen

Fonds, die die Voraussetzungen des § 1 Abs. 1b InvStG mangels inländischer Rechtsform nicht erfüllen, also Luxemburgische FCPs, französische FCPRs sowie ohnehin SICAVs, LLCs oder UK Ltd.

§ 19 InvStG fingiert die Eigenschaft als Körperschaftsteuer und Gewerbesteuersubjekt für inländische Sondervermögen und alle ausländischen Kapital-Investitionsgesellschaften, die keine Kapitalgesellschaften sind.[610] Für Investitionsgesellschaften, die ohnehin als Kapitalgesellschaft ausgestaltet sind, ergibt sich die Körperschaftsteuer- und Gewerbesteuerpflicht unmittelbar aus dem KStG und GewStG. Rechtsfolge ist die unbeschränkte oder beschränkte Körperschaftsteuerpflicht der Investitionsgesellschaft sowie ihre Gewerbesteuerpflicht, soweit eine inländische Betriebsstätte betrieben wird. Die Besteuerung der Anleger richtet sich grundsätzlich nach den Regeln für Kapitalgesellschaften, wobei Besonderheiten für Ausschüttungen und Veräußerungsgewinne gelten. Der Verlust der steuerlichen Transparenz aus deutscher Sicht führt in verschiedensten Konstellationen zu steuerlichen Mehrbelastungen, die idR nicht durch Übergangsregelungen abgefedert wurden.[611]

**II. Besteuerung**

**1. Steuerliche Behandlung der Kapital-Investitionsgesellschaft. a) Betroffene Investmentvermögen.** In die Gruppe der Kapital-Investitionsgesellschaft nach § 19 InvStG fallen

- **Inländische offene Investmentvermögen,** die zwar als solche konzipiert sind, aber nicht alle Voraussetzungen des § 1 Abs. 1b oder 1f InvStG erfüllen, damit also im Wesentlichen
  - inländische Sondervermögen, auch soweit sie von EU-Verwaltungs-gesellschaften mittels Dienstleistungsvertrag oder inländische Zweigniederlassungen von EU-Verwaltungsgesellschaften verwaltet werden (§ 1 Abs. 1f Satz 1 Nr. 1 InvStG)
  - inländische Investmentaktiengesellschaften mit veränderlichem Kapital (§ 1 Abs. 1f Satz 1 Nr. 2 InvStG

  aber nicht Investmentkommanditgesellschaften iSv § 1 Abs. 1f Satz 1 Nr. 3 InvStG, da diese bei Nichterfüllung der Voraussetzungen § 1 Abs. 1b oder 1f InvStG als Personen-Investitionsgesellschaft gemäß § 18 InvStG zu besteuern wäre;
- **ausländischen offene Investmentvermögen,** die die Voraussetzungen des § 1 Abs. 1b oder 1f InvStG mangels ihrer „inländischen" Struktur nicht erfüllen, damit also im Wesentlichen
  - die ausländischen Sondervermögen in der Vertragsform wie zB ein luxemburgischer FCP, ein französischer FCPR oder der Schweizerische Anlagefonds,
  - die ausländischen Treuhandvermögen, insbesondere angel-sächsische Unit Trusts
  - wie auch ausländische Investmentgesellschaften zB die luxemburgische oder französische SICAV;
- **alle in und ausländischen geschlossenen Investmentvermögen,** die Voraussetzungen des § 1 Abs. 1b oder 1f InvStG typischerweise nicht erfüllen und nicht in der Rechtsform der Investmentkommanditgesellschaft oder einer vergleichbaren ausländischen Rechtsform organisiert sind, so insbesondere
  - die deutsche GmbH, AG und die Investmentaktiengesellschaft mit fixem Kapital
  - ausländische Kapitalgesellschaften wie die luxemburgische SICAV, SICARs oder SIFs oder die Irish PLC.

Fraglich ist, wie weit der Rahmen der „vergleichbaren ausländischen Rechtsformen" gezogen wird: so wird vertreten, dass die Rechtsform der „Personengesellschaft" für den Vergleichsmaßstab entscheidet[612]; dieser Auffassung ist beizutreten. Selbst wenn in

---

[610] Vgl. BR-Drs. 740/13 S. 66.
[611] → Rn. 175 f.
[612] Vgl. *Kleutgens/Geißler* IStR 2014, 280/282; *Watrin/Eberhardt* DB 2014, 795; zum Gesetzentwurf: *Elser* in Beckmann/Scholz/Vollmer Investment-Handbuch vor 420 Rn. 75.

Deutschland die Rechtsform der Kommanditgesellschaft als einzige Personengesellschaftsform für geschlossene Investmentvermögen zur Verfügung steht, § 139 KAGB, mag dies im Ausland so nicht zutreffen. Die Entscheidung des Gesetzgebers im KAGB kann im Weiteren aber keine Bedeutung für das Steuerrecht haben: damit wären auch die der OHG, GbR oder stillen Gesellschaft vergleichbaren Rechtsformen ausländischen Rechts nicht als Kapital-Investitionsgesellschaft, sondern als Personen-Investitionsgesellschaft zu besteuern. Nach der Gesetzesbegründung soll es für die Vergleichbarkeit darauf ankommen, ob die Anleger und ihre Beteiligungshöhe in ähnlicher Weise wie bei der Investmentkommanditgesellschaft ermittelt werden können.[613]

466    Jedenfalls wurden in Luxemburg weitere Fondsvehikel im Rahmen des dortigen AIFM-UmsGesetzes bereitgestellt, so durch die Neuregelung der bestehende Kommanditgesellschaft *société à commandite simple (SCS)* und durch die Schaffung der neuen Gesellschaftsform der *société en commandite spéciale (SCSp)*. Beide Rechtsformen sind der deutschen Komanditgesellschaft vergleichbar, entgehen in Deutschland der Besteuerung als Kapital-Investitionsgesellschaft und sind mit weiteren steuerlichen Anreizen versehen.[614]

467    **b) Rechtsfolgen.** Nach § 19 Abs. 1 Satz 1 InvStG gelten Kapital-Investitionsgesellschaften in der Rechtsform eines Sondervermögens als „Zweckvermögen" im Sinne des § 1 Absatz 1 Nummer 5 des Körperschaftsteuergesetzes und als „sonstige juristische Personen des privaten Rechts" im Sinne des § 2 Absatz 3 des Gewerbesteuergesetzes. Die Regelung hat Bedeutung für inländische Investmentvermögen in der Rechtsform des Sondervermögens und dehnt die Definition des § 11 Abs. 1 InvStG auch auf die Sondervermögen aus, die nicht die Vorraussetzungen eines Investmentfonds erfüllen. Allerdings sind diese Sondervermögen anders als die „privilegierten" Investmentfonds nicht von der Körperschaftsteuer und Gewerbesteuer befreit.

468    Ausländische Kapital-Investitionsgesellschaften, die keine Kapitalgesellschaften sind, gelten nun nach § 19 Abs. 1 Satz 3 InvStG als „Vermögensmassen" im Sinne des § 2 Nummer 1 des Körperschaftsteuergesetzes und als „sonstige juristische Person des privaten Rechts" im Sinne des § 2 Absatz 3 des Gewerbesteuergesetzes. Die Rechtslage hat sich insofern geändert als ausländische Sondervermögen bis zur Änderung durch das AIFM-StAnpG als steuerlich transparent angesehen wurden, da sie nicht unter die Definition des Zweckvermögens iSd § 11 Abs 1 Satz 1 InvG fielen. Deutsche Anleger wurden wie Beteiligte an einer Personengesellschaft behandelt und ausländische Anleger waren idR nicht der beschränkten deutschen Steuerpflicht unterworfen. Die Änderung hat auch deshalb erhebliche Bedeutung, da das ausländische Sondervermögen häufig nicht selbst abkommensberechtigt ist. Entsprechend der steuerlichen Transparenz kamen in der Vergangenheit die DBAs zwischen dem Staat des Anlegers und dem Zielland des Investments zur Anwendung. Aufgrund der nun gesetzlich angeordneten steuerlichen Abschirmwirkung werden Kapital-Investitionsgesellschaften auch von der Hinzurechnungsbesteuerung gemäß der §§ 7 ff. AStG erfasst.

469    In der Folge dieser Systemumstellung ergeben sich insbesondere für bei Inkrafttreten des AIFM-StAnpG bestehende ausländische Investmentfonds erhebliche Übergangsprobleme.[615] Im Einzelfall ist zu prüfen, ob die Übergangsfrist des § 22 Abs. 2 InvStG zur Anwendung kommt.

470    **2. Steuerliche Behandlung des Anlegers. a) Ausschüttungen.** aa) Beteiligung im Betriebsvermögen. Für Anleger, die ihre Beteiligung im Betriebsvermögen halten ergibt sich eine Besonderheit im Verhältnis zur Besteuerung von Kapitalgesellschaften im Hinblick auf die Anwendbarkeit des § 8b KStG und des § 3 Nr. 40 EStG.

471    Die Steuerbefreiungen werden nach § 19 Abs. 2 Satz 2 InvStG nur gewährt, wenn der Anleger nachweist, dass die Kapital-Investitionsgesellschaft

---

[613] Vgl. BR-Drs. 740/13 S. 65.
[614] *Jan Neugebauer/Eric Fort* IStR 2014, 247.
[615] Vgl. *Kleutgens/Geißler* IStR 2014, 280/282; *Elser/Stadler* DStR 2014, 233.

1. in einem Mitgliedstaat der Europäischen Union oder in einem anderen Vertragsstaat des Abkommens über den Europäischen Wirtschaftsraum ansässig ist und dort der Ertragsbesteuerung für Kapitalgesellschaften unterliegt und nicht von ihr befreit ist, oder
2. in einem Drittstaat ansässig ist und dort einer Ertragsbesteuerung für Kapitalgesellschaften in Höhe von mindestens 15 Prozent unterliegt, und nicht von ihr befreit ist.

Durch diese Anforderung des Nachweises einer steuerlichen Vorbelastung soll sichergestellt werden, dass die im Fonds thesaurierten Erträge einer Mindestbesteuerung unterliegen, da die Reichweite des AStG für nicht ausreichend erachtet wird, selbst wenn in § 19 Abs. 4 InvStG ausdrücklich die Anwendbarkeit der Regelungen der §§ 7 bis 14 AStG auf Kapital-Investitionsgesellschaften angeordnet wird.

Die Regelung zur Vorbelastung geht aber einerseits über das steuerrechtliche Ziel hinaus, da der Gesetzgeber lediglich auf die Vorbelastung auf Ebene der Investitionsgesellschaft abstellt und Vorbelastungen auf der unteren Konzernebene außer Acht lässt.[616] Auch ist unklar, ob eine konkrete Vorbelastung nachgewiesen werden muss oder eine abstrakte Vorbelastung ausreicht. Anderseits ist eine Umgehung der Regelung des § 19 Abs. 2 Satz 2 InvStG jedenfalls möglich über die Geltendmachung von DBA-Schachtel-Privilegien.

Schließlich sind die regelmäßig geltenden Einschränkungen des § 8b Abs. 1 für Streubesitzdividenden zu beachten, dh für Dividenden und entsprechenden Bezügen aus Beteiligungen, die unter 10% des Grund- oder Stammkapitals betragen.[617] Die Änderung des § 8b Abs. 4 KStG wurde zur Umsetzung der EuGH-Entscheidung vom 20. Oktober 2011[618] durch Gesetz vom 21.3.2013[619] („EuGH-Dividendenumsetzungs-Gesetz") eingeführt. Während die von der Kapital-Investitionsgesellschaft vereinnahmten Dividenden und ähnlichen Erträge beim körperschaftsteuerpflichtigen Anleger bei Unterschreiten der Mindestbeteiliging steuerpflichtig bleiben, sind Veräußerungsgewinne weiterhin zu 95% gemäß § 8b Abs. 2 und 3 KStG steuerbefreit.

Durch eine Rückausnahme zu § 7 Abs. 7 AStG wird die Hinzurechnungsbesteuerung bei Anlegern von ausländischen Kapital-Investitionsgesellschaften ermöglicht, die gleichzeitig Einkünfte als Zwischengesellschaft erzielen. Gerade in diesem Bereich passive sind Einkünfte mit Kapitalanlagecharakter gemäß § 7 Abs. 6a AStG möglich.[620] Dabei unterliegen nicht nur Einkünfte aus direkt gehaltenen Fonds dieser Hinzurechnung, sondern auch Einkünfte die auf Ebene nachgelagerter niedrig besteuerter Gesellschaften anfallen. Dies kann insbesondere bei ausländischen Fund-of-Funds (Dachfonds), die in eine Vielzahl verschiedener Fonds investieren, mit erheblichem Informationsbedarf und Aufwand verbunden sein. Soweit Hinzurechnungsbeträge nach § 10 Abs. 1 Satz 1 des AStG angesetzt worden sind, ist zur Vermeidung einer Doppelbelastung auf Ausschüttungen und Veräußerungsgewinne § 3 Nr. 41 EStG anzuwenden, § 19 Abs. 4 InvStG. Greift die Hinzurechnungsbesteuerung nicht ein, bleibt es bei der Besteuerung nach § 19 InvStG.

bb) Beteiligung im Privatvermögen. Bei Anlegern, die ihren Investitionsgesellschaftsanteil im Privatvermögen halten, gelten die Ausschüttungen der Kapital-Investitionsgesellschaft als Einkünfte im Sinne des § 20 Abs. 1 Nr. 1 EStG. Die Einkünfte sind der Abgeltungsbesteuerung unterworfen ohne die für betriebliche Anleger geltenden Verschärfungen. Insbesondere werden thesaurierte Gewinne – entgegen eines früheren Vorschlages im Referentenentwurf[621] für eine Straf- oder Pauschalbesteuerung – nicht einer gesonderten Besteuerung unterworfen. Die Regelungen der Hinzurechnungsbesteuerung können

---

[616] Zur Kritik im Einzelnen *Watrin/Eberhardt* DB 2014, 795.
[617] Vgl im einzelnen *Rengers* in Blümich § 8b KStG Rn. 116 ff. sowie *Benz/Jetter* DStR 2013, 489 ff.
[618] Urteil vom 20.10.2011, C-284/09, BeckRS 2011, 81517.
[619] BGBl. 2013 I, S. 561.
[620] Siehe *Watrin/Eberhardt* DB 2014, 795, 796.
[621] Vgl. hierzu *Elser/Stadler* DStR 2012, 2561.

allerdings zur Anwendung kommen und verdrängen insoweit die Abgeltungsteuer; auf Ausschüttungen und Veräußerungsgewinne ist § 3 Nr. 41 EStG anzuwenden, § 19 Abs. 4 InvStG.

**476** **b) Veräußerung von Anteilen.** aa) Beteiligung im Betriebsvermögen. Die Anforderung des Nachweises einer steuerlichen Vorbelastung besteht auch für die Geltendmachung der Steuerbefreiungen nach § 8b KStG und § 3 Nr. 40 EStG für den Fall der Rückgabe oder Veräußerung von Anteilen an Kapital-Investitionsgesellschaften. Als Veräußerung gilt auch die vollständige oder teilweise Liquidation der Kapital-Investitionsgesellschaft, § 19 Abs. 2 Satz 2 InvStG.

**477** bb) Beteiligung im Privatvermögen. Gewinne oder Verluste aus der Rückgabe oder Veräußerung von Kapital-Investitionsgesellschaftsanteilen, die nicht zu einem Betriebsvermögen gehören, sind Einkünfte im Sinne des § 20 Abs. 2 Satz 1 Nr. 1 EStG, § 19 Abs. 3 InvStG.. Als Veräußerung gilt auch die vollständige oder teilweise Liquidation der Kapital-Investitionsgesellschaft.

**478** **c) Kapitalertragsteuer.** Die inländische auszahlende Stelle hat von den Ausschüttungen einer Kapital-Investitionsgesellschaft Kapitalertragsteuer einzubehalten und abzuführen. Die für den Steuerabzug von Kapitalerträgen im Sinne des § 43 Abs. 1 Satz 1 Nr. 1 oder Nr. 1a sowie Satz 2 EStG geltenden Vorschriften des Einkommensteuergesetzes sind entsprechend anzuwenden. Bei Ausschüttungen von ausländischen Kapital-Investitionsgesellschaften sind die für den Steuerabzug von Kapitalerträgen im Sinne des § 43 Abs. 1 Satz 1 Nr. 6 EStG geltenden Vorschriften entsprechend anzuwenden, § 19 Abs. 2 Satz 5 InvStG. Die Einbehaltung der Kapitalertragsteuer durch die auszahlende Stelle ist nunmehr möglich, da eine Besteuerung thesaurierter Investmenterträge bei ausländischen Kapital-Investitionsgesellschaften nicht mehr vorgesehen ist.[622] Auf Veräußerungen sind die Regeln zum Abzug der Kapitalertragsteuer nach § 8 Abs. 6 InvStG entsprechend anzuwenden. Die vorstehenden Regeln über die Erhebung der Kapitalertragsteuer auf Veräußerungsgewinne setzen allerdings voraus, dass es sich bei den Anteilen an der Kapital-Investitionsgesellschaft um depotfähige Wirtschaftsgüter handelt.[623]

### III. Fragen des Überganges

**479** Negativ betroffen werden insbesondere ausländische Investmentvermögen, die nicht als Investmentfonds nach altem Recht galten und nicht als Personen-Investitionsgesellschaft angesehen werden können.

**480** Am Beispiel eines luxemburgischen FCP ergeben sich für dessen ausländische Anleger Nachteile, soweit der FCP künftig in Deutschland beschränkt körperschaftsteuerpflichtig wird und bei Bestehen einer Betriebsstätte auch der Gewerbesteuer unterliegt. Für deutsche Anleger, die die Anteile im Betriebsvermögen halten gelten die beschriebenen Konsequenzen bei einer fehlenden Vorbelastung gemäß § 19 Abs. 2 Satz 2 InvStG. Weitere Probleme ergeben sich bei FCPs, die in Immobilien investiert sind: aufgrund der aus deutscher Sicht nun geltenden Intransparenz des FCPs ergebn sich Qualifikationskonflikte, wenn Deutschland die Erträge des FCPs als Dividenden behandelt und Luxemburg Einkünfte aus unbeweglichem Vermögen annimmt.[624]

**481** Nicht geregelt ist insbesondere aber auch, welche Konsequenzen die durch den Gesetzgeber angeordnete Änderung der Zurechnung der Wirtschaftsgüter hat: immerhin wird durch die Schaffung des Steuerzuordnungssubjektes „Kapital-Investitionsgesellschaft" aus einer Beteiligung des Steuerpflichtigen an den von der zB FCP gehaltenen Wertpapieren oder Immobilien eine Beteiligung an einer „Kapital-Investitionsgesellschaft". Der vom Gesetzgeber des AIFM-StAnPG angeordnete Tauschvorgang ist grundsätzlich ein – wenn

---

[622] Vgl. zur früheren Rechtslage *Weber-Grellet* DStR 2013, 1412; *Delp* DB 2010, 526, 530.
[623] Vgl. BR-Drs. 740/13, S. 67.
[624] Vgl. *Kleutgens/Geißler* IStR 2014, 280 (282).

auch nicht beabsichtigter – steuerpflichtiger Realisierungsvorgang, soweit der Gesetzgeber keine Steuerbefreiung vorsieht.[625]

Als Anleger werden durch die Änderungen insbesondere steuerpflichtige Kapitalgesellschaften, Sach- und Unfallversicherungen sowie uU Privatanleger, die ihre Anteile über ein Betriebsvermögen (zB gewerbliche KG oder vermögensverwaltende Kapitalgesellschaft) halten, belastet. Im Interesse ihrer Anleger sind zahlreiche Fonds gefordert sich soweit wie möglich den neuen steuerlichen Gegebenheiten anzupassen, wobei gerade eine Übergangsfrist in den vorstehenden Fällen nicht vorgesehen ist.

Eine Übergangsfrist gilt nur bis zum Ende des Geschäftsjahres, das nach dem 22. Juli 2016 endet, zum Schutz von Anlegern, soweit der Fonds schon in der Vergangenheit als „Investmentvermögen" nach dem InvStG aF galt.[626]

### F. Deutsche Immobilienaktiengesellschaft mit börsennotierten Anteilen – German Real Estate Investment Trust (G-REIT)

**Schrifttum:** *Grashoff/Kleinmanns,* Aktuelles Steuerrecht 2014, 10. Auflage 2014; *Kroschewski/ Reiche,* Inbound Real Estate Investments – Besteuerung „atypischer" Investitionsstrukturen, IStR 2006, 230; *Schlacht/Gänsler,* Der deutsche Real Estate Investment Trust (REIT) als Anlageinstrument für den deutschen Immobilien- und Kapitalmarkt, DStR 2006, 1518 ff.; *Schmidt/Behnes,* Entwurf eines Gesetzes zur Schaffung deutscher REIT Immobilienaktiengesellschaften, BB 2006, 2329; *Schultz,* Der Referentenentwurf zum German Real Estate Investment Trust (G-REIT), DB 2006, 2144 ff.; *Sieker/Göckeler/Köster,* Das Gesetz zur Schaffung deutscher Immobiliengesellschaften mit börsennotierten Anteilen (REITG), DB 2007, 933 ff.; *Teske/Stock/Küppers,* Steuerliche Aspekte bei der geplanten Einführung eines deutschen Real Estate Investment Trusts. DB 2005, 906 ff.; *Dornseifer/Jesch/Klebeck/Tollmann,* AIFM-Richtlinie, 1. Auflage 2013.

### I. Überblick

Mit dem Gesetz über deutsche Immobilien-Aktiengesellschaften mit börsennotierten Anteilen (REITG) vom 28.5.2007[627] hat der Gesetzgeber die Grundlagen für den deutschen REIT geschaffen. Danach ist der deutsche REIT als in Deutschland ansässige Aktiengesellschaft (REIT-AG) ausgestaltet, deren Anteile an der Börse notiert sein müssen. Der Streubesitz soll durch eine dauerhafte Quote von 15 % gesichert werden („Mindeststreubesitz") § 11 Abs. 1 S. 1 u. 2 REITG. Auf diese Weise sollen deutsche REIT einem breiten Anlegerkreis zugänglich gemacht werden. Tatsächlich sind aber nur fünf G-REIT bis zum Jahr 2014 registriert worden.

Ob der G-REIT unter den Anwendungsbereich der AIFM-Richtlinie fällt kann nach Auffassung des BaFin nicht allgemein beantwortet werden.[628] Dies sei darin begründet, dass G-REITs ggf. nicht nur ihre Immobilien erwerben und verwalten, sondern uU auch als Projektentwickler oder Facility Manager eigene operative Tätigkeiten ausführen. Darüber hinaus wird sich die Frage stellen, ob der G-REIT nach einer festgelegten Anlagestrategie vorgeht oder eine allgemeine Unternehmensstrategie verfolgt. Die vorrangige Verfolgung des Unternehmensinteresses wurde im Rahmen der Konsultation der Verbände als Grund vorgetragen, warum der G-REIT nicht als Investmentvermögen gelte.[629]

Die REIT-AG ist von der Körperschaft- und Gewerbesteuer befreit, vorausgesetzt der REIT beschränkt seine Haupttätigkeit auf den Erwerb, die Bewirtschaftung und den Ver-

---

[625] So auch *Elser/Stadler* DStR 2013, 225 (226); aA *Kleutgens/Geißler* IStR 2014, 280/282; *Haisch/Helios* BB 2013, 1678 (1696).
[626] Zur zeitlichen Anwendung des AIFM-StAnpG → Rn. 175 f.
[627] Vgl. BGBl. 2007 I, 914.
[628] Vgl. BaFin, Auslegungsschreiben vom 14.6.2013, WA 41 – Wp 2137-2013/0001, II.2.
[629] Vgl. *Tollmann* in Dornseifer/Jesch/Klebeck/Tollmann, AIFM-Richtlinie 1. Auflage 2013, Rn. 135–139; *EPRA* unter http://www.esma.europa.eu/consultation/Key-concepts-Alternative-Investment-Fund-Managers-Directive-and-types-AIFM.

kauf von Immobilien. Besteuert werden die Erträge des REIT nach Ausschüttung direkt beim Anleger als Dividende. Das Halbeinkünfteverfahren nach § 3 Nr. 40 EStG bzw. das Beteiligungsprivileg des § 8b KStG greifen für die Ausschüttungen sowie für den Verkauf der Anteile an dem REIT nicht, § 19 Abs. 3 REITG (unter Vorbehalt von § 19a REITG). Zur Sicherstellung einer Besteuerung in Deutschland erwirtschafteter Erträge darf sich ein Aktionär an einer REIT-AG lediglich zu weniger als 10 % direkt beteiligen (Höchstbeteiligungsklausel), § 11 Abs. 4 Satz 1 REITG.

487  Zur Begünstigung des Übergangs von Grundvermögen auf den REIT ist eine so genannte Exit Tax vorgesehen, derzufolge die stillen Reserven nur zur Hälfte besteuert werden, § 3 Nr. 70 EStG. Die Exit Tax wird nur für Veräußerungen im Zeitraum vom 1.1.2007 bis zum 31.12.2009 gewährt.

## II. Regulatorische Rahmenbedingungen

488  Bei dem G-REIT handelt es sich um eine AG mit Sitz und Geschäftsleitung im Inland, § 9 REITG. Die Firma des REIT muss den Zusatz REIT-AG bzw. REIT-Aktiengesellschaft enthalten, § 6 REITG. Die Aktien des G-REIT müssen an einer Börse eines EWR-Mitgliedsstaats notiert sein, § 10 Abs. 1 REITG. Der G-REIT muss mit einem Grundkapital von mindestens 15 Mio. EUR ausgestattet sein, § 4 REITG. Mindestens 15 % der Aktien des G-REIT müssen sich im Streubesitz befinden, § 11 Abs. 1 Sätze 1 u. 2 REITG. Dabei bilden nur die Aktien derjenigen Aktionäre Streubesitz, denen weniger als 3 % der Stimmrechte zustehen, § 11 Abs. 1 Satz 3 REITG. Die Streubesitzquote ihrer Aktionäre ist vom G-REIT jährlich dem BaFin mitzuteilen, § 11 Abs. 2 REITG. Letztes meldet dem Bundeszentralamt für Steuern das Unterschreiten der Quote von 15 %, § 11 Abs. 2 Satz 2 REITG. Kein Anleger darf direkt 10 % oder mehr der Aktien des G-REIT halten, § 11 Abs. 4 Satz 1 REITG. Investoren können jedoch mittelbar mehr als 10 % an einem REIT halten.

489  Die Geschäftstätigkeit des G-REIT muss sich darauf beschränken, Eigentum oder dingliche Nutzungsrechte an in- und ausländischem unbeweglichem Vermögen mit Ausnahme von Bestandsmietwohnimmobilien zu erwerben, zu halten, im Rahmen der Vermietung, der Verpachtung und des Leasings einschließlich notwendiger immobiliennaher Hilfstätigkeiten zu verwalten und zu veräußern, § 1 Abs. 1 REITG. Bestandsimmobilien sind Immobilien, die überwiegend Wohnzwecken dienen und die vor dem 1.1.2007 erbaut worden sind, § 3 Abs. 9 REITG. Ferner kann der G-REIT Anteile an Immobilienpersonengesellschaften erwerben, halten, verwalten und veräußern, § 1 Abs. 1 REITG. Immobilienpersonengesellschaften sind Personengesellschaften mit einem dem REIT entsprechenden Unternehmensgegenstand und die nur unbewegliches Vermögen erwerben dürfen. Das gesamte Vermögen des G-REIT muss zu 75 % aus unbeweglichem Vermögen bestehen, § 12 Abs. 2 REITG. Grundlage für die Ermittlung dieser Strukturkennzahl ist der IFRS-Konzern-Abschluss nach § 315a HGB. Zur Ermittlung der Strukturkennzahlen ist das Vermögen in einer Nebenrechnung zeitweise zu bewerten. Zudem müssen 75 % der Bruttoerträge des G-REIT aus Vermietung, Leasing, Verpachtung und Veräußerung stammen, § 12 Abs. 3 REITG. Entgeltliche Nebentätigkeiten für Dritte darf der G-REIT ausschließlich über eine REIT-Dienstleistungsgesellschaft erbringen, § 12 Abs. 3 RE1TG.

490  Der G-REIT darf keinen Handel mit unbeweglichem Vermögen betreiben, § 14 Abs. 1 REITG. Von einem Handel mit unbeweglichem Vermögen ist allerdings dann auszugehen, wenn die innerhalb eines Zeitraums von fünf Jahren erzielten Bruttoerlöse aus der Veräußerung unbeweglichen Vermögens mehr als die Hälfte des Wertes des Bestands an unbeweglichem Vermögen innerhalb desselben Zeitraums ausmachen, § 14 REITG. Der G-REIT muss mit einem Mindesteigenkapital iHv 45 % bezogen auf den Zeitwert des unbeweglichen Vermögens gemäß IFRS-Abschluss ausgestattet sein, § 15 REITG.

491  Der G-REIT muss mindestens 90 % seines ausschüttungsfähigen Gewinns an seine Anteilseigner ausschütten, § 13 Abs. 1 REITG. Der ausschüttungsfähige Gewinn ist dabei

nach handelsrechtlichen Vorschriften zu ermitteln, wobei Grundvermögen lediglich linear mit einem Satz von 3% jährlich abgeschrieben werden darf. Gewinne aus der Veräußerung von Grundvermögen können bis zur Hälfte in eine gewinnmindernde Rücklage eingestellt werden (Reinvestitionsrücklage), § 13 Abs. 3 REITG. Diese Rücklage ist bis zum Ablauf des zweiten Geschäftsjahres nach ihrer Bildung aufzulösen.

### III. Besteuerung

**1. Anwendbarkeit des InvStG.** Das G-REIT-Gesetz sieht steuerrechtliche Sonderregelungen vor, die an die Rechtsform des G-REIT anknüpfen. Im Gesetz ungeregelt ist die Frage, ob das InvStG anstelle des G-REIT-Gesetzes oder daneben Anwendung findet, wenn der REIT als Investmentfonds oder als Investitionsgesellschaft qualifiziert. Nach dem Gesetzeswortlaut wäre dies möglich. Aus systematischen Gründen wird man einen Vorrang oder eine Konkurrenz der Regelungen des InvStG vor/mit denen des G-REIT-Gesetzes ablehnen müssen. Der Fall, dass der G-REIT als Investmentfonds anzusehen wäre, dürfte nur dann in Betracht kommen, wenn der REIT als Immobilienaktiengesellschaft mit veränderlichem Kapital strukturiert wird und alle Voraussetzungen des § 1 Abs 1b InvStG erfüllt. Eher denkbar ist tatsächlich eine Behandlung als Kapital-Investitionsgesellschaft; hier dürfte es aber nicht vom Gesetzgeber beabsichtigt gewesen sein, die Vorschriften des § 19 InvStG an die Stelle von oder neben Vorschriften des zum Teil ungünstigeren, zum Teil günstigeren G-REIT-Gesetz treten zu lassen.[630] Insofern ist davon auszugehen, dass die Vorschriften des InvStG grundsätzlich keine Anwendung auf G-REITs finden.

**2. Steuerliche Behandlung des G-REIT.** Ein REIT, der die genannten Voraussetzungen erfüllt und aufgrund seines Sitzes und seiner Geschäftsleitung im Inland dem Grunde nach unbeschränkt steuerpflichtig ist, ist nach § 16 Abs. 1 REITG von der Körperschaftsteuer und der Gewerbesteuer befreit. Die Steuerbefreiung tritt zu Beginn des Wirtschaftsjahres ein, in dem der G-REIT ins Handelsregister eingetragen wird, § 17 Abs. 1 REITG. Die Steuerbefreiung gilt nicht für REIT-Dienstleistungsgesellschaften.

Die Steuerbefreiung entfällt, wenn der G-REIT einen schädlichen Immobilienhandel betreibt, § 18 Abs. 2 REITG. Sie entfällt zudem, wenn sich in drei aufeinander folgenden Geschäftsjahren weniger als 15% der Anteile an dem G-REIT im Streubesitz befinden, oder während dreier aufeinanderfolgender Wirtschaftsjahre gegen die Höchstbeteiligungsquote von 10% verstoßen wird, § 18 Abs. 3 REITG. Gleiches gilt, wenn das erforderliche Mindesteigenkapital der G-REIT in drei aufeinanderfolgenden Geschäftsjahren nicht erreicht wird, § 18 Abs. 4 REITG. Erfüllt der G-REIT die Anforderungen an die Zusammensetzung seines Vermögens bzw. seiner Bruttoerträge nicht oder wird gegen die Mindestausschüttungsbedingung verstoßen, so werden zunächst Strafzahlungen erhoben, § 16 Abs. 3, 4 u. 5 REITG. Werden allerdings die Anforderungen an die Zusammensetzung des Vermögen bzw. der Bruttoerträge oder die Mindestausschüttungsbedingung in drei bzw. fünf aufeinander folgenden Geschäftsjahren nicht beachtet, so entfällt die Steuerbefreiung am Ende des dritten bzw. fünften Geschäftsjahres.

Besteht die Gesellschaft bereits vor Beginn der Steuerbefreiung, dann ist die künftige G-REIT mit Eintritt der Steuerbefreiung verpflichtet, die gesamten stillen Reserven ihres Vermögens durch Ansatz der Teilwerte in einer Schlussbilanz aufzudecken und zu versteuern, § 13 Abs. 1, Abs. 3 Satz 1 KStG, § 7 GewStG. Gehört zum Vermögen der Gesellschaft Grundvermögen, so kann die (künftige) G-REIT für die darin enthaltenen stillen Reserven unter bestimmten Voraussetzungen die Exit Tax gemäß § 3 Nr. 70 EStG beanspruchen, § 17 Abs. 2 REITG.

Bei Beendigung der Steuerbefreiung als G-REIT sind die Wirtschaftsgüter in der Anfangsbilanz der steuerpflichtigen Kapitalgesellschaft mit den fortgeführten Anschaffungskosten/Herstellungskosten anzusetzen, § 18 Abs. 6 REITG.

---

[630] Vgl. *Kleutgens/Geißler* IStR 2014, 280, 285, die die Anwendung der Regelungen des InvStG bei ausländischen REITs verneinen.

**497** **3. Steuerliche Behandlung des Anlegers. a) Ausschüttungen.** Die Ausschüttungen des G-REIT gehören beim Anleger zu den Einkünften aus Kapitalvermögen gemäß § 20 Abs. 1 Nr. 1 EStG, § 19 Abs. 1 REITG. Gleiches gilt für Kapitalherabsetzungen, bei der keine Einlagen zurückgewährt werden, § 19 Abs. 3 REITG. Das Halbeinkünfteverfahren nach § 3 Nr. 40 EStG bzw. das Beteiligungsprivileg des § 8b KStG greifen für die Ausschüttungen nicht, § 19 Abs. 3 REITG. Dabei wird nicht danach differenziert, ob die ausgeschütteten Gewinne durch den G-REIT selbst oder von einer steuerpflichtigen Dienstleistungsgesellschaft bzw. einer ausländischen Tochtergesellschaft erwirtschaftet wurden.[631] In gleicher Weise werden auch Ausschüttungen ausländischer REIT (§ 19 Abs. 5 REITG) von den Begünstigungen des § 3 Nr. 40 EStG bzw. des § 8b KStG ausgenommen, § 19 Abs. 1 bis 4 REITG. Bei Anteilen im Betriebsvermögen greift das gewerbesteuerliche Schachtelprivileg nach § 9.

**498** Auf Ausschüttungen des G-REIT wird Kapitalertragsteuer iHv 25% erhoben, § 20 Abs. 1 REITG. Vom Kapitalertragsteuerabzug kann nicht durch Verweis auf § 43b EStG (Mutter/Tochter-Richtlinie) abgesehen werden; aufgrund der Steuerbefreiung der G-REIT fehlen die Voraussetzungen für Qualifizierung als „Tochergesellschaft". Bei Ausschüttungen an ausländische Anteilseigner kann die Kapitalertragsteuer durch Anwendung eines DBA auf einen niedrigeren Satz herabgesetzt werden. Selbst wenn der ausländische Anteilseigner entgegen § 11 Abs. 4 REITG 10% oder mehr der Anteile des G-REIT hält, kann er DBA-Schachtelprivilegien nicht beanspruchen, § 16 Abs. 2 Sätze 2 und 3 REITG. Vielmehr wird die Kapitalertragsteuer stets mit dem Satz erhoben, der bei Halten von weniger als 10% der Anteile anzuwenden wäre. Auf diese Weise wird vermieden, dass inländische Einkünfte in Deutschland unbesteuert bleiben. Dies soll selbst bei indirekter Beteiligung zu mehr als 10% gelten, § 20 Abs. 4 Satz 2 REITG.

**499** Eine Anpassung des REITG an das für private Kapitalerträge seit 2009 geltende System der Abgeltungsteuer ist nicht erfolgt. Ausschüttungen von Immobilienkapitalgesellschaften iSd REITG unterliegen damit insofern im Vergleich zu sonstigen Immobilienkapitalgesellschaften einer bevorzugten Besteuerung, als die nach § 19 Abs. 1 REITG als Einkünfte aus Kapitalvermögen iSd § 20 Abs. 1 Nr. 1 EStG geltenden Ausschüttungen seit 2009 der Abgeltungsteuer iHv 25% (zzgl. Solidaritätszuschlag und ggf. Kirchensteuer) unterworfen werden, obwohl auf Ebene der Immobilienkapitalgesellschaft die ausgeschütteten Gewinne keiner körperschaftsteuerlichen Vorbelastung unterlegen haben.[632]

**500** **b) Veräußerung von Anteilen.** Die Veräußerung von Anteilen an einem G-REIT im Privatvermögen natürlicher Personen unterliegt lediglich unter den Voraussetzungen der §§ 22 Nr. 2 iVm 23 Abs. 1 Satz 1 Nr. 2 bzw. des § 17 EStG der Besteuerung; bei Anteilen im Betriebsvermögen natürlicher Personen oder von Kapitalgesellschaften ist der gesamte Veräußerungsgewinn steuerpflichtig, § 19 Abs. 2 REITG. Aufgrund der den allgemeinen Regelungen des § 20 Abs. 2 Nr. 1 EStG vorgehenden speziellen Regelung des § 19 Abs. 2 REITG sind Gewinne aus der Veräußerung an Anteilen an einer Immobiliengesellschaft iSd REITG im Privatvermögen natürlicher Personen auch nach 2009 nur zu versteuern, wenn die Veräußerung der Anteile innerhalb der Einjahresfrist des § 23 Abs. 1 Satz 1 Nr. 2 EStG erfolgt.[633] Das Halbeinkünfteverfahren nach § 3 Nr. 40 EStG bzw. das Beteiligungsprivileg des § 8b KStG greift für die Veräußerungsgewinne nicht, § 19 Abs. 3 REITG. Umgekehrt können durch die Nichtanwendung von § 3 Nr. 40 EStG bzw. § 8b KStG Verluste aus den Anteilen an einem G-REIT steuerlich genutzt werden.

**501** **4. Exit Tax.** Zur Erleichterung der Übertragung von Grundvermögen auf den G-REIT wird eine Steuerbegünstigung der in dem übertragenen Grundvermögen ruhenden stillen Reserven eingeräumt (sog. *exit tax*). Demnach unterliegt lediglich die Hälfte der

---

[631] Zur Kritik wg. fehlender Berücksichtigung der Vorbelastung vgl. *Sieker/Göckeler/Köster* DB 2007, 933 (942).
[632] Vgl. auch *Beck'sches Steuer- und Bilanzrechtslexikon*, Edition 1/14, REITS Rn. 25.
[633] Ebenso *Weber-Grellet* in Schmidt, § 20 Rz. 221; aA *Grubbe* DStR 2008, 950.

Betriebsvermögensmehrungen oder eines Gewinns aus der Veräußerung von Grundvermögen an einen G-REIT der Besteuerung. Voraussetzung für die Anwendung dieser *exit tax* ist, dass das betreffende Grundvermögen seit mindestens fünf Jahren zum Anlagevermögen eines inländischen Betriebsvermögens des Steuerpflichtigen gehört hat, § 3 Nr. 70 iVm § 3c Abs. 3 EStG idF des REITG. Nicht anwendbar ist die *exit tax* damit auf Grundvermögen von vermögensverwaltenden Personengesellschaften sowie von Kapitalanlagegesellschaften. Die *exit tax* kann nur beansprucht werden, wenn das obligatorische Verpflichtungsgeschäft nach dem 31.12.2006 und vor dem 1.1.2010 geschlossen wird.

Nicht beansprucht werden kann die *exit tax,* wenn der Steuerpflichtige seinen Betrieb veräußert oder aufgibt und der Veräußerungsgewinn nach § 34 EStG besteuert wird. Ebenfalls nicht beansprucht werden kann die *exit tax,* wenn der Steuerpflichtige von der Bildung einer steuerfreien Rücklage nach §§ 6b, 6c EStG Gebrauch macht.

Die hälftige Steuerbefreiung entfällt ua rückwirkend, wenn der Erwerber das Grundvermögen innerhalb von vier Jahren nach Erwerb veräußert. Gleiches gilt, wenn der G-REIT innerhalb dieser Frist nicht ins Handelsregister eingetragen wird. Für die anfallende Steuer haftet der Grundstückserwerber, § 3 Nr. 70 Satz 5 EStG idF des REITG.

Anders als nach französischem Vorbild wird keine Stundung für die Zahlung der anfallenden *exit tax* gewährt. Eine Befreiung von der Grunderwerbsteuer bei Übertragung von Grundvermögen auf den G-REIT ist nicht vorgesehen.

## G. Stille Beteiligung

**Schrifttum:** *Baumbach/Hopt,* HGB-Kommentar, 36. Aufl. 2014; *Bodden,* Einkünftequalifikation bei Mitunternehmern, FR 2002, 59; *Blaurock,* Handbuch der Stillen Gesellschaft, 6. Aufl. 2003; *Blümich,* EStG-/KStG/GewStG-Kommentar, 122. Auflage 2014; *ders.,* Die GmbH & Still im Steuerrecht, BB 1992, 1969; *Brüsch,* Erfolgsbesteuerung bei der GmbH & atypisch Still unter Berücksichtigung zivilrechtlicher Gestaltungsmöglichkeiten; *Burwitz, Gero,* Steuerliche Aspekte des MoRaKG – Gesetz zur Modernisierung der Rahmenbedingungen für Kapitalbeteiligungen (MoRaKG), NZG 2008, S. 586; *Fleischer/Thierfeld,* Stille Gesellschaft im Steuerrecht, 7. Aufl. 1998; *Förster,* Die Änderungen durch das StVergAbG bei der Einkommensteuer und der Körperschaftsteuer, DB 2003, 899; *Fries,* Internationales Schachtelprivileg für Vergütungen aus einer typischen stillen Beteiligung an einer Luxemburgischen Tochtergesellschaft, IStR 2005, 805; *Geuenich,* Steuerliche Verlustzuweisung bei nicht eingezahlter Einlage des stillen Gesellschafters – Wechselwirkung zwischen Bilanzierung und Ergebniszuweisung, DStR 1998, 57; *Gschwendtner,* Die atypisch stille Gesellschaft als beschränkt rechtsfähiges Steuerrechtssubjekt im Einkommensteuerrecht, DStZ 1998, 335; *Groh,* Eigenkapitalersatz in der Bilanz, BB 1993, 1882; *ders.,* Die atypisch stille Gesellschaft als fiktive Gesamthandsgesellschaft, FS für Heinrich Wilhelm Kruse, 2001, S. 375 ff.; *ders.,* Nach Wiedereinführung der Geprägetheorie, DB 1987, 1006; *Haag, Maximilian/Veith, Amos,* Das MoRaKG und seine Auswirkungen für Wagniskapitalin Deutschland – oder das was von einem Private-Equity-Gesetz geblieben ist, BB 2008, S. 1915; *Haase,* Eckpfeiler der GmbH & Atypisch Still im Steuerrecht, GmbHR 2002, 787; *Herrmann/Heuer/Raupach,* EStG/KStG-Kommentar, Stand Februar 2014; *Hitzemann,* Die atypisch stille Gesellschaft und § 15a EStG, DStR 1998, 1708; *Hoffmann,* Der wirtschaftliche Vorteil für die Kapitalgesellschaft als vGA – Anmerkungen zur neuen Definition der vGA durch den BFH, DStR 1996, 729; *Jacobs,* Internationale Unternehmensbesteuerung, 5. Aufl., 2002; *Jebens,* Die stille Beteiligung an einer Kapitalgesellschaft, BB 1996, 701; *Jestädt,* Partiarisches Darlehen oder Stille Gesellschaft – Gibt es nach der neuesten Rechtsprechung des BFH Vorteile für die eine oder andere Gestaltung, DStR 1994, 387; *Kessler,* Die stille Beteiligung als Instrument der Steuergestaltung nach der Unternehmenssteuerreform, StBJb 02/03, 375; *Kessler/Reitsam,* Die typisch stille Beteiligung als Alternative zur Organschaft – Analyse des aktuellen Rechts nach dem UntStFG sowie erste Überlegungen zu den geplanten Änderungen im Rahmen des StVergAbG (Teil I), DStR 2003, 269, 315; *Kirchhof/Söhn/Mellinghoff (K/S/M),* EStG-Kommentar, Stand Februar 2014; *Kuck,* Die Verlustverrechnung bei der typisch stillen Gesellschaft – gestalterische Implikationen aus dem BFH-Urteil v. 23.7.2000, VIII R 36/01, DStR 2003, 235; *Lang/Lüdicke,* Steueranrechnung und Betriebsstättendiskriminierungsverbot der DBA bei Dreieckssachverhalten, LStR 2006, 73; *Lieber/Stifter,* Die atypische stille Gesellschaft als Alternative zur Ausgliederung, FR 2003, 831; *Leinau/Lotz,* Die Abgrenzung zwischen stiller Gesellschaft und partiarischem Darlehen und die steuerlichen Konsequenzen, DStR 1991, 618; *Mensching,* Stille Beteiligung und § 8a KStG nF DStR 2004, 408; *Münchener Handbuch des Gesellschaftsrechts,*

Kommanditgesellschaft, GmbH & Co. KG, Publikums-KG, Stille Gesellschaft, Band 2, 4. Auflage 2014; *OFD Frankfurt am Main*, Verfügung v. 14.3.2001 – S 2241 A – 37 – St II 21, DStR 2001, 1159; *Pyszka*, Atypisch stille Beteiligung an einzelnen Unternehmenssegmenten, DStR 2003, 857; *Ruban*, Die atypische stille Gesellschaft im Ertragsteuerrecht – Tendenzen in der neueren Rechtsprechung des Bundesfinanzhofs, DStZ 1995, 637; *Schoor*, Die GmbH & Still im Steuerrecht, 3. Aufl. 2001; *Wacker*, Stille Beteiligung und Verlustverwertungsbeschränkungen gemäß § 15 Abs. 4 Sätze 6 ff., DB 2012, 1403; *Walter*, § 8a KStG und die GmbH & Atypisch Still, DStZ 1994, 113; *Wassermeyer*, Replik zu Hoffmann, DStR 1996, 733; *Wehrheim*, Die einkommensteuerliche Qualifikation der Einkünfte des atypisch stillen Gesellschafters, DStR 1998, 1533; *Zacharias/Hebig/Rinnewitz*, Die atypisch stille Gesellschaft, 2. Aufl. 2000.

### I. Überblick und zivilrechtliche Grundlagen

**505** Gesellschaftsrechtlich liegt eine stille Gesellschaft vor, wenn sich jemand an dem Handelsgewerbe eines Geschäftsinhabers mit einer Einlage beteiligt, die in das Vermögen des Inhabers des Handelsgewerbes übergeht, § 230 HGB. Bei der stillen Gesellschaft handelt es sich um eine reine Innengesellschaft ohne Gesamthandsvermögen.[634] Der Geschäftsinhaber und der stille Gesellschafter verbinden sich zu dem gemeinsamen Zweck, das Handelsgewerbe durch den Geschäftsinhaber im Interesse der Gesellschaft zu verfolgen.[635] Der Geschäftsinhaber muss Einzelkaufmann, eine Personenhandelsgesellschaft oder auch eine Kapitalgesellschaft sein.[636] In der Praxis interessant ist die stille Gesellschaft vor allem auch als mögliche Beteiligung an kleineren bzw. jüngeren Unternehmen durch Risikokapitalgeber.

**506** Der gesellschaftsrechtlichen Gestaltung der Beteiligung des stillen Gesellschafters am Handelsgewerbe des Geschäftsinhabers sind in der Praxis kaum Grenzen gesetzt. Am unteren Ende der vorstellbaren Bandbreite stiller Gesellschaften steht die gesetzliche Grundform der stillen Gesellschaft. Danach ist der stille Gesellschafter lediglich am laufenden Gewinn,[637] nicht aber am Gesellschaftsvermögen beteiligt.[638] Beim Ausscheiden hat der stille Gesellschafter mithin lediglich einen Anspruch auf Auszahlung seiner Einlage und des anteiligen Gewinns. Seine Beteiligung am Verlust hingegen ist ausgeschlossen, § 231 Abs. 2 HGB. Er hat lediglich Kontrollrechte inne. Am oberen Ende dürften sich Vereinbarungen finden, bei denen der stille Gesellschafter am Gewinn und Verlust sowie an den stillen Reserven einschließlich eines Geschäfts- oder Firmenwerts des Handelsgewerbes beteiligt ist und ihm ferner umfangreiche Mitspracherechte eingeräumt sind.

**507** Je nach Ausgestaltung wird handelsrechtlich und steuerrechtlich zwischen typischer stiller Gesellschaft bzw. atypischer stiller Gesellschaft unterschieden. Dabei sind allerdings die Begrifflichkeiten der beiden Rechtsgebiete nicht identisch.[639] Steuerlich steht der typische stille Gesellschafter weitgehend einem Fremdkapitalgeber gleich. Abzugrenzen ist die typische stille Beteiligung allerdings für gewerbesteuerliche Zwecke vom partiarischen Darlehen. Im Unterschied zur typischen stillen Beteiligung ist der atypische stille Gesellschafter steuerlich Mitunternehmer. Geschäftsinhaber und atypisch stiller Gesellschafter erzielen Einkünfte aus Gewerbebetrieb.

**508** Im Folgenden wird zunächst die steuerliche Behandlung der typisch stillen Gesellschaft und des partiarischen Darlehens dargestellt. Anschließend wird auf die Besteuerung der atypisch stillen Gesellschaft eingegangen. Dabei ist sowohl auf die Besteuerung der laufenden Erträge, als auch auf die Besteuerung bei Veräußerung der Einlage einzugehen. Ge-

---

[634] Vgl. *Baumbach/Hopt*, HGB-Kommentar, § 230 Rn. 2; *Gehrlein* in Ebenroth/Boujong/Joost, HGB-Kommentar, § 230 Rn. 4; *Kessler/Reitsam* DStR 2003, 269, 270.
[635] Vgl. BFH Urt. v. 7.12.1983 – I R 144/79, BStBl. II 1984, 373, 375; *Kessler/Reitsam* DStR 2003, 269, 270.
[636] Vgl. *Schoor*, Die GmbH & Still im Steuerrecht, Rn. 9.
[637] Vgl. BFH Urt. v. 22.1.1970 – IV R 178/68, BStBl. II 1970, 416.
[638] Vgl. *Bode* in Blümich, EStG/KStG/GewStG-Kommentar, § 15 EStG Rn. 316.
[639] Vgl. *Müller/Neu*, BeckHdb der Personengesellschaften, § 13 Rn. 5.

sondert dargestellt werden die steuerlichen Eigenheiten der GmbH & Still. Die GmbH & Still war in der Vergangenheit vor allem als Alternative zur Organschaft ein beliebtes Gestaltungsinstrument zur Erreichung einer Verrechnung von Verlusten der GmbH mit Gewinnen des Gesellschafters. Durch die Einführung des § 15 Abs. 4 Satz 6 EStG hat dieses Gestaltungsinstrument indes zumindest im Konzern an Interesse eingebüßt.

## II. Steuerliche Behandlung der typisch stillen Gesellschaft

**1. Abgrenzung der typisch stillen Gesellschaft. a) Abgrenzung der typisch stillen Gesellschaft von der atypisch stillen Gesellschaft.** Einkommensteuerrechtlich erzielt ein stiller Gesellschafter je nach Qualifizierung seiner Beteiligung Einkünfte aus Kapitalvermögen nach § 20 Abs. 1 Nr. 4 EStG oder Einkünfte als Mitunternehmer gemäß § 15 Abs. 1 Nr. 1 Nr. 2 EStG. Der stille Gesellschafter ist Mitunternehmer, wenn seine durch den Gesellschaftsvertrag begründete Rechtsstellung von §§ 230 ff. HGB in der Weise abweicht, dass sie nach dem Gesamtbild dem Typ eines Mitunternehmers entspricht.[640] Auf die vertragliche Bezeichnung kommt es dabei nicht an. Vielmehr ist aufgrund einer Gesamtbetrachtung unter Berücksichtigung aller Umstände des Einzelfalls zu entscheiden, ob die stille Beteiligung einer Mitunternehmerschaft gleichsteht.[641]

Eine Mitunternehmerschaft liegt immer dann vor, wenn der stille Gesellschafter im Innenverhältnis „wie ein Kommanditist" behandelt wird.[642] Die Rechtsprechung und die Finanzverwaltung gehen im Wesentlichen davon aus, dass ein stiller Gesellschafter dann Mitunternehmer ist, wenn er Mitunternehmerrisiko trägt und Mitunternehmerinitiative entfalten kann. Grundsätzlich müssen beide Merkmale der Mitunternehmerschaft vorhanden sein, jedoch kann ein schwach ausgeprägtes Mitunternehmerrisiko für die Annahme einer Mitunternehmerstellung ausreichen, wenn die Mitunternehmerinitiative besonders stark ausgeprägt ist und umgekehrt.[643] Ist ein stiller Gesellschafter am Gewinn und am Verlust sowie an den stillen Reserven und am Geschäftswert beteiligt, so ist er bereits dann Mitunternehmer, wenn ihm lediglich die Kontrollrechte nach § 233 HGB eingeräumt werden.[644] Daneben ist eine Mitunternehmerstellung auch dann zu bejahen wenn trotz gering ausgeprägtem Mitunternehmerrisiko, dh bei fehlender Beteiligung am Verlust, an den stillen Reserven und am Geschäftswert, die Möglichkeit zur Entfaltung der Mitunternehmerinitiative besonders stark vorhanden ist.[645] So kann der stille Gesellschafter selbst ohne Teilhabe an den stillen Reserven Mitunternehmer sein, wenn ihm – neben einer hohen Beteiligung am Bilanzgewinn – typische Unternehmerentscheidungen übertragen werden, die die laufende Geschäftsführung betreffen.[646] Davon abgesehen

---

[640] Vgl. BFH Urt. v. 3.2.1926, BFHE 18, 162; BFH Urt, v. 12.11.1985 – VIII R 364/83, BStBl. II 1986, 311; BFH Urt. v. 6.7.1995 – IV R 79/94, BStBl. II 1996, 269; *Schoor*, Die GmbH & Still im Steuerrecht, Rn. 77.

[641] OFD Frankfurt am Main v. 14.3.2001 – S 2241 A – 37 – St II 21, DStR 2001, 1159, Tz. 1.1; *Geuenich* DStR 1998, 57, 58.

[642] Siehe BGH Urt. v. 14.11.1977 – II ZR 183/75, NJW 1978, 424.

[643] Vgl. BFH Urt. v. 9.12.2002 – VIII R 20/01, BFH/NV 2003, 601, 602; BFH Urt. v. 11.12.1990 – VIII R 122/86, DStR 1991, 457, 458; *Haase* GmbHR 2002, 787; *Kessler* StBJb 02/03, 375, 380.

[644] Vgl. BFH Urt. v. 6.7.1995 – IV R 79/94, BStBl. II 1996, 269, 272; BFH Urt. v. 27.5.1993 – IV R 1/92, BStBl. II 1994, 700; BFH Urt. v. 11.12.1990 – VIII R 122/86, NJW 1992, 134; BFH Urt. v. 12.11.1985 – VIII R 364/83, BStBl. II 1986, 311; BFH Urt. v. 5.7.1978 – I R 22/75, BStBl. II 1978, 644.

[645] Vgl. BFH Urt. v. 15.12.1992 – VIII R 42/90, BStBl. II 1994, 702, sowie BFH Urt. v. 15.10.1998 – R 18/98, BStBl. II 1999, 286.

[646] BFH Urt. v. 16.12.2003 – VIII R 6/93 nv, DStR 2004, 933; BFH Beschl. v. 14.10.2003 – VIII B 281/02, BFH/NV 2004, 188; BFH Urt. v. 13.5.1998 – VIII R 81/96, BFH/NV 1999, 355; BFH Urt. v. 5.7.1978 – I R 22/75, BStBl. II 1978, 644.

sprechen indes der Ausschluss einer Verlustbeteiligung und der Ausschluss einer Beteiligung an den stillen Reserven für das Vorliegen einer typischen stillen Gesellschaft.[647] Stets ausgeschlossen ist eine atypische stille Beteiligung dann, wenn eine Gewinnbeteiligung fehlt.[648]

**511** Strittig ist, ob zur Beurteilung des Kriteriums „Mitunternehmerinitiative" auch sonstige wirtschaftliche und rechtliche Beziehungen zwischen dem Geschäftsinhaber und dem stillen Gesellschafter (zB Nennkapitalbeteiligung, Geschäftsführungs-, Pacht- oder Darlehensverträge, Bürgschaften) einzubeziehen sind.[649] Für die Einbeziehung auch sonstiger Beziehungen spricht die (gebotene) wirtschaftliche Betrachtungsweise, derzufolge auf die Gesamtumstände des Einzelfalls abzustellen ist. Gegen eine solche Einbeziehung auch sonstiger wirtschaftlicher und rechtlicher Beziehungen zwischen dem Geschäftsinhaber und dem stillen Gesellschafter spricht, dass im Steuerrecht unterschiedliche Rechtsverhältnisse getrennt voneinander zu beurteilen sind. Insofern darf die Mitunternehmerstellung des stillen Gesellschafters allein aufgrund des dem stillen Gesellschaftsverhältnis zu Grunde liegenden stillen Gesellschaftsvertrags begründet werden.[650]

**512** **b) Abgrenzung der typisch stillen Gesellschaft vom partiarischen Darlehen.** Abzugrenzen ist die typisch stille Beteiligung vom partiarischen Darlehen. Die Unterscheidung ist vor allem für gewerbesteuerliche Zwecke bedeutend.

Partiarische Darlehen sind solche, bei denen die Vergütung für die erbrachte Leistung vom Erfolg des Darlehensnehmers abhängt.[651] Ebenso wie bei der stillen Beteiligung hängt die Verzinsung des durch ein partiarisches Darlehen zur Verfügung gestellten Kapitals ab vom Gewinn des Handelsgewerbes.[652] Im Unterschied zur stillen Beteiligung verlangt eine Qualifikation als (partiarisches) Darlehen zwingend die Pflicht zur vollen Kapitalrückzahlung. So ist der Darlehensnehmer nach § 488 Abs. 1 Satz 2 BGB verpflichtet, bei Fälligkeit den zur Verfügung gestellten Geldbetrag zurückzuzahlen.[653] Demzufolge ist bei einem (partiarischen) Darlehen eine Beteiligung am Verlust nicht möglich. Wird eine Verlustbeteiligung vereinbart, so kann ein partiarisches Darlehen nicht vorliegen.[654]

**513** Schwierigkeiten ergeben sich dann, wenn ein partiarisches Darlehen von einer typisch stillen Gesellschaft ohne Verlustbeteiligung abzugrenzen ist. In diesen Fällen müssen als weitere Unterscheidungsmerkmale der Vertragszweck und die wirtschaftlichen Ziele der Vertragsparteien herangezogen werden.[655] Entscheidende Bedeutung kommt auch den Kontrollrechten zu. So handelt es sich um ein partiarisches Darlehen, wenn die Parteien ohne jeden gemeinsamen Zweck lediglich ihre Interessen verfolgen und ihre Beziehungen ausschließlich durch die Verschiedenheit ihrer Interessen bestimmt werden. Haben sich die Parteien hingegen durch den Vertrag zur Erreichung eines gemeinsamen Ziels verbunden, dann handelt es sich um eine stille Beteiligung.[656]

---

[647] Vgl. BFH Urt. v. 9.9.1954 – IV 574/53, BStBl. II 1954, 317; BFH Urt. v. 25.6.1981 – IV R 61/73, BStBl. II 1982, 59.
[648] BFH Urt. v. 9.7.1969 – I R 188/67, BStBl. II 1969, 670.
[649] So BFH Urt. v. 20.11.1990 – VIII R 10/87, DB 1991, 1052 ff.; OFD Frankfurt am Main Verfügung v. 14.9.2000 – S 2241 – A – 37 – St II 21, FR 2000, 1367, Tz. 1.3.
[650] Vgl. *Brüsch,* Erfolgsbesteuerung, 84 ff.
[651] Vgl. *Lienau/Lotz* DStR 1991, 618, 620.
[652] Vgl. *Ratschow* in Blümich, EStG/KStG/GewStG-Kommentar, § 20 EStG Rn. 252; *Weber-Grellet* in Schmidt, EStG-Kommentar, § 20 Rn. 76.
[653] Vgl. *Jestädt* DStR 1993, 387, 389.
[654] Vgl. auch FG Nieders. Urt. v. 25.6.2003 – 3 K 33/02, Beck RS 2003, 2601 4919.
[655] Vgl. BFH Urt. v. 19.10.2005 – I R 48/04, DStR 2006, 253; BFH Urt. v. 8.3.1984 – I R 31/80, BStBl. II 1984, 623, 625; BFH Urt. v. 10.2.1978 – III R 115/76, BStBl. II 1978, 256; *Baumbach/Hopt/Roth,* HGB-Kommentar, § 230 Rn. 4.
[656] Vgl. BFH Urt. v. 27.5.1993 – IV R 1/92, BStBl. II 1994, 700, 702; BFH Urt. v. 21.6.1983 – VIII R 237/80, BStBl. II 1983, 563, 565.

**2. Steuerliche Behandlung. a) Steuersubjekt.** Die typisch stille Gesellschaft unterliegt als solche nicht der Einkommensteuer. Subjekte der Einkommensteuer sind der Inhaber des Handelsgeschäfts einerseits und der stille Gesellschafter andererseits.[657]

**b) Besteuerung des Geschäftsinhabers.** aa) Bilanzielle Behandlung der Einlage. Der Geschäftsinhaber, in dessen Vermögen die Einlage des Stillen iSd § 230 HGB übergeht, betreibt ein Handelsgewerbe und erzielt daraus Einkünfte aus Gewerbebetrieb iSv § 15 EStG.[658] Der Geschäftsinhaber ermittelt seinen Gewinn durch Betriebsvermögensvergleich gemäß §§ 4 Abs. 1 und 5 EStG. Die Einlage des typisch stillen Gesellschafters ist beim Geschäftsinhaber unzweifelhaft dann als sonstige Verbindlichkeit iSv § 266 Abs. 3 HGB auszuweisen, wenn die Verlustbeteiligung des Stillen im Gesellschaftsvertrag ausgeschlossen ist.[659] Umstritten ist die bilanzielle Behandlung der Einlage hingegen bei Verlustbe-teiligung des Stillen. Zum Teil wird im Schrifttum die Auffassung vertreten, dass die Beteiligung des Stillen am Verlust des Geschäftsinhabers zum Ausweis der stillen Einlage als Eigenkapital führt.[660] Demgegenüber spricht für einen Ausweis als Fremdkapital[661] auch bei Verlustbeteiligung, dass der Stille im Insolvenzfall seine Forderung als Gläubiger geltend machen kann, soweit sie den Betrag des auf ihn entfallenden Verlustanteils übersteigt.[662]

bb) Vergütung des Stillen. Die dem stillen Gesellschafter zuzurechnenden Gewinnanteile sind bei der Ermittlung des steuerlichen Einkommens des Betriebsinhabers als Betriebsausgaben nach § 4 Abs. 4 EStG steuerlich abzugsfähig.

Ist der Inhaber des Handelsgeschäfts gewerbesteuerpflichtig (§ 2 Abs. 1 GewStG), so hat er bei Ermittlung seines Gewerbeertrages die Hinzurechnungsvorschrift des § 8 Nr. 1c) GewStG zu beachten. Danach werden dem Gewinn aus Gewerbebetrieb die Gewinnanteile des stillen Gesellschafters zu einem Viertel hinzugerechnet. Die Hinzurechnung nach § 8 Nr. 1c) GewStG setzt voraus, dass die Gewinnanteile der stillen Gesellschaft bei der Ermittlung des Gewinns aus dem Gewerbebetrieb abgezogen worden sind.

Im Unterschied zu den Gewinnanteilen für typische stille Beteiligungen sind Vergütungen für partiarische Darlehen nach § 8 Nr. 1 GewStG bis 31.12.2007 lediglich hälftig und unabhängig davon hinzuzurechnen, ob die Vergütung beim Darlehensgeber der Gewerbesteuer unterliegt. Ab 2008 unterliegen Vergütungen für partiarische Darlehen der Hinzurechnung zu einem Viertel gemäß § 8 Nr. 1 GewStG.

Einnahmen aus der Beteiligung an einem Handelsgewerbe als typisch stiller Gesellschafter unterliegen ebenso wie Zinsen aus partiarischen Darlehen dem Steuerabzug vom Kapitalertrag, sofern der Geschäftsinhaber unbeschränkt steuerpflichtig ist, §§ 43 Abs. 1 Satz 1 Nr. 3 iVm 43 Abs. 4 EStG. Die Kapitalertragsteuer beträgt 25 %, § 43a Abs. 1 Nr. 2 EStG. Der Geschäftsinhaber hat die Kapitalertragsteuer einzuhalten und an das Finanzamt abführen, § 44 Abs. 1 EStG. Er haftet für die Einbehaltung und Entrichtung der Steuer; Steuerschuldner ist jedoch der stille Gesellschafter als Gläubiger des Kapitalertrags.[663]

**c) Besteuerung des typisch stillen Gesellschafters.** aa) Gewinnanteile. aaa) Beteiligung im Privatvermögen. Der typisch Stille, der seine Beteiligung im Privatvermögen hält, unterliegt mit seinen Einkünften der Einkommensteuer, nicht aber der Gewerbesteuer. Auf seine persönliche Einkommensteuerschuld kann er die vom Geschäftsinhaber abgeführte

---

[657] Vgl. *Blaurock*, Handbuch der stillen Gesellschaft, § 22 Rn. 22.122; *Schönhaus* in MünchHdbStG, § 90 Rn. 2.
[658] Vgl. *Baumbach/Hopt/Roth*, HGB-Kommentar, § 230 Rn. 5; *Ebenroth/Boujong/Joost/Gehrlein*, HGB-Kommentar, § 230 Rn. 5.
[659] Vgl. *Fleischer/Thierfeld*, Stille Gesellschaft im Steuerrecht, 28.
[660] Vgl. *Knobbe-Keuk* ZIP 1983, 130.
[661] So auch OFD Rostock Verfügung v. 19.12.1999, DStR 2000, 591.
[662] Vgl. *Adler/Düring/Schmaltz (ADS)*, Rechnungslegung und Prüfung der Unternehmen, § 246 HGB Tz. 60.
[663] Vgl. *Blaurock*, Handbuch der Stillen Gesellschaft, § 22 Rn. 22.201; *Schönhaus* in MünchHdbStG, § 90 Rn. 7.

Kapitalertragsteuer anrechnen.⁶⁶⁴ Eine Steuerermäßigung nach § 35 EStG kommt nicht in Betracht.

**520** Die Gewinnanteile des typisch stillen Gesellschafters stellen Einkünfte aus Kapitalvermögen gem. § 20 Abs. 1 Nr. 4 EStG dar. Die Einkünfte aus Kapitalvermögen umfassen auch besondere Entgelte oder Vorteile des typisch stillen Gesellschafters, die ihm neben den laufenden Gewinnanteilen gemäß § 20 Abs. 1 Nr. 4 EStG gewährt werden, § 20 Abs. 2 Nr. 3 (bis 31.12.2008: Nr. 1) EStG. Von § 20 Abs. 2 Nr. 3 (bis 31.12.2008: Nr. 1) EStG als „besonderes Entgelt" erfasst werden die auf einer vertraglichen Geldwertklausel beruhenden oder auch aus sonstigen Gründen bei Beendigung der stillen Gesellschaft über den Nennbetrag der Einlage hinausgehenden Zahlungen des Geschäftsinhabers an den stillen Gesellschafter.⁶⁶⁵ Davon ausgenommen sind hingegen Zahlungen etwa als Gegenleistung für vorzeitige Vertragsauflösung.⁶⁶⁶

**521** In Höhe der Vergütungen aus einem partiarischen Darlehen erzielt der private Darlehensgeber Kapitaleinkünfte gemäß § 20 Abs. 1 Nr. 4 EStG. Soweit bei Rückzahlung des Darlehens der Rückzahlungsbetrag den Nennwert des Darlehens übersteigt, liegt ebenfalls eine Einnahme aus Kapitalvermögen vor. Sofern der Mehrbetrag einen künftig entgehenden Gewinnanteil ersetzen soll, kommt es hier zur Anwendung des hälftigen Steuersatzes nach §§ 24 Nr. 1, 34 Abs. 2 Nr. 2 EStG.

**522** Die Zurechnung des Gewinnanteils auf den stillen Gesellschafter bzw. der Zinsen aus einem partiarischen Darlehen auf den privaten Darlehensgeber richtet sich nach dem Zuflussprinzip des § 11 EStG.⁶⁶⁷ Einnahmen gelten als zugeflossen iSv § 11 Abs. 1 EStG, sobald der Steuerpflichtige über sie wirtschaftlich verfügen kann oder verfügt hat.⁶⁶⁸ Bei der stillen Beteiligung bzw. dem partiarischen Darlehen werden die Gewinnanteile am Schluss des Wirtschaftsjahres des Geschäftsinhabers berechnet. Die wirtschaftliche Verfügungsgewalt über seine Gewinnanteile erlangt der stille Gesellschafter bzw. der partia-rische Darlehensgeber jedoch in der Regel erst mit Gutschrift nach Bilanzerstellung.⁶⁶⁹

**523** bbb) Beteiligung im Betriebsvermögen. Gehört die Beteiligung des typisch stillen Gesellschafters zu dessen Betriebsvermögen, so hat der Stille seine Forderung unter dem Bilanzposten „Sonstige Ausleihungen" bzw. „Ausleihung an ein verbundenes Unternehmen" auszuweisen.⁶⁷⁰ Stets um Betriebsvermögen handelt es sich, wenn der typisch Stille eine inländische Kapitalgesellschaft ist, § 8 Abs. 2 KStG.

**524** Die Gewinnanteile des Stillen mit Beteiligung im Betriebsvermögen stellen Einkünfte aus Gewerbebetrieb nach § 15 EStG dar, § 20 Abs. 3 EStG.⁶⁷¹ Zu den gewerblichen Einkünften gehören auch über den Nennbetrag der Einlage hinausgehende Zahlungen bei Beendigung der stillen Gesellschaft.⁶⁷² Der Gewinnanteil des betrieblichen stillen Gesellschafters unterliegt der Gewerbesteuer. In diesem Fall entfällt bis 31.12.2007 für den Geschäftsinhaber die Hinzurechnung nach § 8 Nr. 3 GewStG aF. Ab 2008 ist die Hinzurechnung nach § 8 Nr. 1c) GewStG unabhängig von der Person des Stillen.

**525** Die Gewinnanteile sind am Ende desjenigen Geschäftsjahres als Forderungen in die Bilanz einzustellen, für das sie gewährt werden.⁶⁷³

Ebenso gehören die Vergütungen aus einem partiarischen Darlehen, das zum Betriebsvermögen, zu den gewerblichen Einkünften des Darlehensgebers, § 20 Abs. 3 EStG.

---

⁶⁶⁴ Vgl. *Schönhaus* in MünchHdbStG, § 90 Rn. 16.
⁶⁶⁵ Vgl. BFH Urt. v. 14.2.1984 – VIII R 126/82, BStBl. II 1984, 580, 582.
⁶⁶⁶ Vgl. FG Niedersachsen Urt. v. 1.12.2005 – 11 K 127/03.
⁶⁶⁷ Vgl. BFH Urt. v. 22.7.1997 – VIII R 57/95, BStBl. II 1997, 755.
⁶⁶⁸ Vgl. *Glenk* in Blümich, EStG-Kommentar, § 11 Rn. 10.
⁶⁶⁹ Vgl. BFH Urt. v. 24.1.1990 – I R 55/85, BStBl. II 1991, 147, 148; BFH Urt. v. 19.2.1991 – VIII R 106/87, BStBl. II 1991, 569, 570; *Schnittker* in MünchHdbStG, § 90 Rn. 21.
⁶⁷⁰ Vgl. *Schulze zur Wiesch*, FS für Budde, 588. AA IDW, WP-Handbuch 2000 I, Rn. F. 166, 170.
⁶⁷¹ Vgl. *Blaurock* BB 1992, 1969, 1972.
⁶⁷² Vgl. *Schönhaus* in MünchHdbStG, § 90 Rn. 15.
⁶⁷³ Vgl. *Schönhaus* in MünchHdbStG, § 90 Rn. 24.

**bb) Verlustbeteiligung des stillen Gesellschafters.** Der typisch Stille kann am Verlust des Handelsgewerbes beteiligt sein. Gemäß § 232 Abs. 2 Satz 1 HGB nimmt der stille Gesellschafter an einem Verlust nur bis zum Betrag seiner eingezahlten oder rückständigen Einlage teil. Abweichend von § 232 Abs. 2 Satz 1 HGB kann jedoch auch vereinbart werden, dass ein negatives Kapitalkonto entstehen darf, das durch spätere Gewinnanteile wieder aufzufüllen ist.[674] Steuerrechtlich ist bei der Verlustbeteiligung zwischen laufenden Verlusten bis zur Höhe der Einlage (1) und über die Einlage hinausreichenden Verluste (2) zu unterscheiden.[675] Bei modellhaften Gestaltungen ist darüber hinaus § 15b EStG zu beachten, § 20 Abs. 1 Nr. 4 EStG.

**aaa) Verluste bis zur Höhe der Einlage. (1) Einkünfte aus Kapitalvermögen.** Die Verlustanteile des typisch stillen Gesellschafters sind bei einer Beteiligung im Privatvermögen nach der herrschenden Meinung im Rahmen des § 20 Abs. 1 Nr. 4 EStG zu berücksichtigen. Strittig ist allerdings, ob es sich dabei um Werbungskosten[676] oder um negative Einnahmen[677] handelt. Gegen die Einordnung als negative Einnahmen spricht, dass dies eine Verpflichtung zur Rückzahlung der Einlage voraussetzt.[678] Eine solche Verpflichtung ergibt sich aus § 232 Abs. 2 Satz 2 HGB indes nicht. Seit 2009 kommt dieser Einordnung besondere Bedeutung zu, da die Verlustanteile des privaten typisch stillen Gesellschafters bei einer Einordnung als Werbungskosten nicht im Rahmen der Abgeltungsteuer geltend gemacht werden können, § 20 Abs. 9 EStG. Selbst wenn man allerdings davon ausgeht, dass die Verluste des typisch stillen Gesellschafters als Werbungskosten anzusehen sind, ist die Vorschrift des § 20 Abs. 9 EStG jedenfalls aus dem Gesetzeszweck heraus so auszulegen, dass ein Werbungskostenabzug möglich ist; anderenfalls würden die Vorschriften des § 15 Abs 4 Satz 6–8 und § 15a EStG für den stillen Gesellschafter leerlaufen, was der Gesetzgeber offensichtlich nicht beabsichtigte.[679]

Für den Zeitpunkt des Abzugs des Verlustes kommt es auf den im Gesellschaftsvertrag vereinbarten Verrechnungszeitpunkt an. Der Abfluss einer durch Verluste aufgezehrten Einlage setzt die Feststellung im Jahresabschluss sowie die entsprechende Abbuchung von der Kapitalanlage des stillen Gesellschafters voraus.[680]

Gehört die Einlage zum Betriebsvermögen des typisch stillen Gesellschafters, stellt sich die Frage, ob infolge der Verluste eine Teilwertabschreibung auf die geminderte Einlage vorgenommen werden kann. Gem. § 6 Abs. 1 Nr. 2 Satz 2 EStG kann der von den Anschaffungskosten abweichende niedrigere Teilwert angesetzt werden, wenn eine voraussichtlich dauernde Wertminderung vorliegt. In der Anlaufphase entstehende und dem typisch stillen Gesellschafter zugewiesene Verluste können eine dauernde Wertminderung nach der Rechtsprechung nicht rechtfertigen.[681]

**(2) Anwendung des § 15 Abs. 4 Sätze 6 bis 8 EStG.** Die Verrechenbarkeit von Verlusten des typisch stillen Gesellschafters ist durch § 15 Abs. 4 Sätze 6 bis 8 EStG idF des ProtErklG v. 22.12.2003[682] eingeschränkt worden. Nach § 20 Abs. 1 Nr. 4 Satz 2 EStG ist

---

[674] Vgl. *Baumbach/Hopt/Roth*, HGB-Kommentar, § 232 Rn. 6; *Gehrlein* in Ebenroth/Boujong/Joost, HGB-Kommentar, § 232 Rn. 1.
[675] Vgl. *Weber-Grellet* in Schmidt, EStG-Kommentar, § 20 Rn. 82 f.
[676] Vgl. BFH Urt. v. 10.11.1987 – VIII R 53/84, BStBl. II 1988, 186, 188; *Kessler/Reitsam* DStR 2003, 315, 316; *Kuck* DStR 2003, 235.
[677] Vgl. *Weber-Grellet* in Schmidt, EStG-Kommentar, § 20 Rn. 82; *Littmann/Bitz/Pust*, EStG-Kommentar, § 20 Rn. 204; *Schönhaus* in MünchHdbStG, § 90 Rn. 20 ff.
[678] Vgl. *Ratschow* in Blümich, EStG/KStG/GewStG-Kommentar, § 20 Rn. 234.
[679] Vgl. *Herrmann/Heuer/Intemann* EStG/KStG-Kommentar, § 20 Rn. 142; *Jochum* in K/S/M EStG-Kommentar, § 20 Rn. C/4 104.
[680] Vgl. *Ratschow* in Blümich, EStG-Kommentar, § 20 Rn. 206; *Kessler/Reitsam* DStR 2003, 315, 316; *Weber-Grellet* in Schmidt, EStG-Kommentar, § 20 Rn. 82; *Schönhaus* in MünchHdbStG, § 90 Rn. 23.
[681] Vgl. BFH Urt. v. 27.7.1998 – I R 104/84, BStBl. II 1989, 274, 275; *Schönhaus* in MünchHdbStG, § 90 Rn. 20.
[682] Vgl. BGBl. I 2003, 2840.

§ 15 Abs. 4 Sätze 6 bis 8 EStG auch auf die typisch stille Gesellschaft anzuwenden. Mit der Vorschrift wollte der Gesetzgeber Umgehungsmöglichkeiten nach Abschaffung der Mehrmütterorganschaft verhindern.[683] Unter Beachtung des § 15a EStG hat die Regelung des § 15 Abs. 4 Sätze 6 bis 8 EStG Bedeutung für Verluste bis zur Höhe der Einlage des Stillen.

**531** Gem. § 15 Abs. 4 Satz 6 EStG dürfen Verluste aus stillen Beteiligungen an Kapitalgesellschaften, weder mit Einkünften aus Gewerbebetrieb noch mit Einkünften aus anderen Einkunftsarten ausgeglichen werden. Sie dürfen auch nicht nach § 10d EStG abgezogen werden. Die bezeichneten Verluste aus stillen Beteiligungen können nach Maßgabe des § 10d EStG lediglich die Gewinnanteile des unmittelbar vorangegangenen Wirtschaftsjahres oder der folgenden Wirtschaftsjahre aus derselben stillen Beteiligung mindern, § 15 Abs. 4 Satz 7 EStG.

**532** Voraussetzung für die Anwendung des § 15 Abs. 4 Sätze 6 bis 8 EStG ist, dass der stille Gesellschafter die Rechtsform einer Kapitalgesellschaft hat.[684] Die Regelung greift nicht, wenn der Verlust auf eine natürliche Person als stillen Gesellschafter entfällt § 15 Abs. 4 Satz 8 EStG.

**533** (3) Verlust der Einlage durch Insolvenz oder Liquidation. Der Verlust der Einlage bzw. ein Vermögensverlust durch Insolvenz oder Liquidation beruht nicht auf einer gesellschaftsrechtlichen Verpflichtung zur Verlustübernahme. Der Verlust aus den bezeichneten Ursachen hat daher keine einkommensteuerrechtlichen Auswirkungen.[685] Wurde die stille Beteiligung dagegen nach 2008 veräußert, ist ein Veräußerungsverlust gemäß § 20 Abs. 2 Nr. 4 EStG zu berücksichtigen.

**534** bbb) Verluste über die Einlage hinaus – Anwendung des § 15a EStG. Die Verrechnung von Verlustanteilen des typisch stillen Gesellschafters ist ferner durch § 15a EStG iVm § 20 Abs. 1 Nr. 4 Satz 2 EStG beschränkt. Gemäß § 15a Abs. 1 Satz 1 EStG darf der dem stillen Gesellschafter zuzurechnende Anteil am Verlust der Gesellschaft weder mit anderen Einkünften aus Gewerbebetrieb, noch mit Einkünften aus anderen Einkunftsarten ausgeglichen werden, soweit ein negatives Kapitalkonto des stillen Gesellschafters entsteht oder sich erhöht. Ebensowenig kann der bezeichnete Verlust nach § 10d EStG abgezogen werden. Die so steuerlich nicht ausgleichbaren und abzugsfähigen Verluste gelten am Bilanzstichtag für den stillen Gesellschafter als verrechenbare Verluste.[686] Ein verrechenbarer Verlust ist von den Gewinnanteilen des stillen Gesellschafters in späteren Veranlagungszeiträumen abzuziehen. Nach § 15a Abs. 4 EStG sind die verrechenbaren Verluste gesondert festzustellen.

**535** In der Vergangenheit wurde teilweise die Auffassung vertreten, dass ein stiller Gesellschafter aufgrund der in § 232 Abs. 2 Satz 1 HGB getroffenen Regelung nicht über seine Einlage hinaus an den Verlusten des Geschäftsinhabers teilnehmen kann.[687] Nach § 232 Abs. 2 Satz 1 HGB nimmt der Stille bis zum Betrag seiner Einlage am Verlust des Geschäftsinhabers teil. Bei einem solchen Verständnis würde die Verweisung des § 20 Abs. 1 Nr. 4 Satz 2 EStG auf § 15a EStG ins Leere laufen.[688] Nach der Rechtsprechung des BGH ist aus § 232 Abs. 2 Satz 1 HGB indes nicht abzuleiten, dass damit der Stille aus einer Beteiligung am Verlust des Unternehmens ausgeschlossen werden soll. Gemeint ist damit lediglich, dass der Stille – vorbehaltlich abweichender Regelungen im Gesellschaftsvertrag –

---

[683] Vgl. *Ratschow* in Blümich, EStG/KStG/GewStG-Kommentar, § 20 EStG Rn. 245; *Schönhaus* in MünchHdbStG, § 90 Rn. 26a; *Förster* DB 2003, 899.

[684] Vgl. *Schönhaus* in MünchHdbStG, § 90 Rn. 26; *Förster* DB 2003, 899.

[685] Vgl. BFH Urt. v. 28.5.1997 – VIII R 25/96, BStBl. II 1997, 724; *Schönhaus* in MünchHdbStG, § 90 Rn. 33; *Weber-Grellet* in Schmidt, EStG-Kommentar, § 20 Rn. 87.

[686] Vgl. BFH Urt. v. 7.9.2002 – III R 33/96, BFH/NV 2001, 415; BFH Urt. v. 23.7.2002 – VIII R 36/01, DStR 2002, 1852, 1854; *Schönhaus* in MünchHdbStG, § 90 Rn. 27.

[687] Zusammenfassend hierzu: *Kuck* DStR 2003, 235, 236; *Schönhaus* in MünchHdbStG, § 90 Rn. 27f.

[688] Vgl. *Blaurock,* Handbuch der Stillen Gesellschaft, § 22 Rn. 22.154 ff.; vgl. zum Meinungsstand: *Kuck* DStR 2003, 235.

nicht zu Nachschüssen verpflichtet ist.[689] Unter Zugrundelegung dieser Auslegung kann auch für den typisch stillen Gesellschafter ein negatives Kapitalkonto zu bilden sein, auf das § 15a EStG analog anzuwenden ist.[690] Insofern kann in analoger Anwendung des § 15a Abs. 2 EStG ein solcher Verlustanteil nicht dem Geschäftsinhaber zugerechnet werden, der zu einem negativen Einlagekonto des stillen Gesellschafters führt oder ein solches erhöht.

536 Nach § 15a Abs. 3 EStG kann ein negatives Kapitalkonto auch durch eine Entnahme entstehen. Die Regelung ist auf die typisch stille Beteiligung analog anzuwenden. Insofern kann durch Rückzahlung der Vermögenseinlage die Beschränkung der Verlustverrechnung nicht umgangen werden.

537 Nicht auf die typisch stille Beteiligung anwendbar sind hingegen § 15a Abs. 1 Sätze 2 und 3 EStG, § 15a Abs. 5 EStG. Danach kann entgegen der Regelung des § 15a Abs. 1 Satz 1 EStG ein Verlustanteil trotz Entstehens oder Erhöhung eines negativen Kapitalkontos abgezogen werden, soweit der Kommanditist am Bilanzstichtag den Gläubigern unmittelbar haftet (überschießenden Außenhaftung). Nach ihrem Wortlaut greift die Regelung des § 15a Abs. 1 Satz 2 und 3 EStG ausschließlich für Kommanditisten.[691] Diese Möglichkeit zur überschießenden Außenhaftung besteht hingegen bei der stillen Gesellschaft nicht. Ein erweiterter Verlustausgleich kann bei einer stillen Gesellschaft nicht durch eine über die Einlage hinausgehende Haftung auf Grund der Eintragung im Handelsregister in Betracht kommen.[692]

538 Neben § 15a EStG gilt auch § 15b EStG sinngemäß für Verlustanteile des typisch stillen Gesellschafters, sofern die typisch stille Gesellschaft als Steuerstundungsmodell iSd § 15b EStG qualifiziert, § 20 Abs. 1 Nr. 4 Satz 2 EStG.

539 cc) Veräußerung der typisch stillen Beteiligung. aaa) Privatvermögen. Die Veräußerung einer stillen Beteiligung innerhalb eines Jahres nach Erwerb kann – nach nicht unumstrittener Auffassung – Gegenstand eines privaten Veräußerungsgeschäfts iSv § 23 Abs. 1 Nr. 2 EStG aF sein. Seit 2009 werden Veräußerungsgewinne für nach dem 31.12.2008 angeschaffte stille Beteiligungen unabhängig von der Einjahresfrist von § 20 Abs. 2 Satz 1 Nr. 4 EStG erfasst. Für vor 2009 erworben stille Beteiligungen gilt dies indes nicht, wenn die stille Beteiligung nicht veräußert, sondern gekündigt wird[693] Veräußert der typisch stille Gesellschafter seine vor 2009 erworbene Beteiligung außerhalb der Jahresfrist an einen Dritten, so wird der Veräußerungsgewinn als Vorgang in der privaten Vermögenssphäre steuerlich nicht erfasst.[694] In diesen Fällen handelt es sich bei dem erzielten Veräußerungserlös hnicht um Entgelt für die Kapitalüberlassung, sondern um einen Erlös aus der Verwertung des eingesetzten Kapitals. Soweit hingegen ein über den Betrag der Einlage hinausgehender Mehrerlös auf Gewinnanteile aus früheren Wirtschaftsjahren entfällt, erzielt der typisch Stille Einkünfte aus Kapitalvermögen gemäß § 20 Abs. 1 Nr. 4 EStG.[695] Erzielt der Stille aus der Veräußerung einen Verlust, der auf Verlustanteilen aus vorherigen Perioden beruht, ist für vor 2009 erworbene stille Beteiligungen von Werbungskosten auszugehen.[696] Für seit 2009 angeschaffte stille Beteiligungen würde diese Einordnung zu einer Nichtberücksichtigung des als Werbungskosten qualifizierenden Teils des Veräußerungsverlusts führen, § 20 Abs. 9 EStG. Aufgrund der Neuformulierung des § 20 Abs. 2 Satz 1 Nr. 4 EStG und der ergänzenden Regelungen in § 20 Abs. 2 Satz 2 EStG, ist jedoch die

---

[689] Vgl. BGH Urt. v. 29.6.1992 – II ZR 284/91, NJW 1992, 2696; *Blaurock*, Handbuch der Stillen Gesellschaft, 5. Aufl., Rn. 359, 892.
[690] Vgl. BFH Urt. v. 23.7.2002 – VIII R 36/01, DStR 2002, 1852.
[691] Vgl. BFH Urt. v. 26.5.1994 – IV B 4/93, BFH/NV 1994, 784.
[692] Vgl. *Schönhaus* in MünchHdbStG, § 90 Rn. 29; *Weber-Grellet* in Schmidt, EStG-Kommentar, § 15a Rn. 195.
[693] Siehe BFH Urt. v. 18.10.2006 – IX R 7/04, DStR 2006, 2206.
[694] Vgl. BFH Urt. v. 11.2.1981 – I R 98/76, BStBl. II 1981, 465.
[695] Vgl. BFH Urt. v. 9.3.1982 – VIII R 160/81, BStBl. II 1982, 540; *Stuhrmann* in Blümich, EStG/KStG/GewStG-Kommentar, § 20 EStG Rn. 231.
[696] *Ratschow* in Blümich, EStG/KStG/GewStG-Kommentar, § 20 EStG Rn. 214.

Veräußerung der stillen Beteiligung einheitlich unter § 20 Abs. 2 Satz 2 Nr. 4 EStG zu erfassen.

**540** Bei Beendigung der stillen Gesellschaft steht dem Stillen ein Auseinandersetzungsguthaben gemäß § 235 HGB zu. Dabei stellt für vor 2009 erworbene stille Beteiligungen eine Rückzahlung bis zur Höhe der Einlage einen Vorgang auf der privaten Vermögensebene dar. Ein möglicher, über den Betrag der stillen Einlage hinausgehender, Abfindungsbetrag ist als Vorteil iSv § 20 Abs. 2 Nr. 1 EStG steuerpflichtig.[697] Hierbei handelt es sich um ein zusätzliches Entgelt für die Überlassung einer Einlage. Für nach dem 31.12.2008 erworbene stille Beteiligungen sind Erlöse aus der Beendigung nach §§ 20 Abs. 2 Satz 1 Nr. 2 iVm 20 Abs. 2 Satz 2 EStG zu erfassen.

**541** bbb) Betriebsvermögen. Hält der stille Gesellschafter seine Beteiligung im Betriebsvermögen, gehört der bei Veräußerung der stillen Beteiligung über den Nominalwert der Einlage hinausgehende Betrag zu den steuerpflichtigen Einnahmen aus Gewerbebetrieb.

### III. Steuerliche Behandlung der atypisch stillen Gesellschaft

**542** **1. Einkommensteuer/Körperschaftsteuer. a) Steuersubjekt.** Die atypisch stille Gesellschaft steht wegen der Beteiligung des Stillen an den stillen Reserven des Betriebsvermögens und am Geschäftswert steuerlich einer Mitunternehmerschaft gleich.[698] Zwar ist die atypisch stille Gesellschaft kein Rechtssubjekt und daher nicht als solches einkommensteuerpflichtig. Steuersubjekte sind vielmehr die Mitunternehmer mit den von der Gesellschaft bezogenen Einkünften.[699] Doch ist die atypisch stille Gesellschaft aus steuerlicher Sicht Subjekt der Gewinnerzielung, Gewinnermittlung und Einkünftequalifizierung.[700] Aufgrund der Mitunternehmerstellung des Stillen ist dessen Gewinnanteil nicht als Betriebsausgabe vom Gesamtgewinn der Gesellschaft absetzbar.

**543** **b) Steuerliche Gewinnermittlung der stillen Gesellschaft.** aa) Einheitliche und gesonderte Gewinnfeststellung. Der steuerliche Erfolg der stillen Gesellschaft ist durch zweistufige Gewinnermittlung zu bestimmen. Dazu ist der auf der ersten Stufe ermittelte Erfolg des Geschäftsinhabers auf der zweiten Stufe um Sonderbetriebseinnahmen und Sonderbetriebsausgaben zu ergänzen.[701] Der so ermittelte steuerliche Gewinn ist gemäß §§ 179, 180 Abs. 1 Nr. 1, 2 Buchst. a) AO gesondert und einheitlich festzustellen.

**544** bb) Steuerbilanz. Für die Ermittlung des Erfolgs der ersten Gewinnermittlungsstufe ist fraglich, ob neben dem Geschäftsinhaber auch die atypisch stille Gesellschaft eine Handels- oder Steuerbilanz erstellen muss. Die Erstellung einer Handelsbilanz durch die stille Gesellschaft scheidet aus, da letztere nicht Kaufmann und gemäß § 238 HGB daher handelsrechtlich weder buchführungs- noch bilanzierungspflichtig ist. Da es sich nur um eine Innengesellschaft handelt, kann sie kein Gesellschaftsvermögen bilden. Ein handelsrechtlicher Jahresabschluss muss demzufolge nur vom Geschäftsinhaber, nicht indes von der stillen Gesellschaft (Mitunternehmerschaft) erstellt werden.[702]

**545** Umstritten ist, ob die atypisch stille Gesellschaft eine eigene Steuerbilanz erstellen muss, oder ob die steuerliche Gewinnermittlung auf der ersten Stufe ausschließlich auf der Steu-

---

[697] Vgl. BFH Urt. v. 14.2.1984 – VIII R 126/82, BStBl. II 1984, 580.

[698] Vgl. BFH Urt. v. 12.11.1985 – VIII R 364/83, BStBl. II 1986, 311, 315; *Schönhaus* in MünchHdbStG, § 90 Rn. 37.

[699] *Blaurock,* Handbuch der Stillen Gesellschaft, § 22 Rn. 22.5; *Schönhaus* in MünchHdbStG, § 90 Rn. 37.

[700] Vgl. BFH Urt. v. 26.11.1996 – VIII R 42/94, BStBl. II 1998, 328; BFH Urt. v. 5. 2; *Schönhaus* in MünchHdbStG, § 90 Rn. 38. 2002 – VIII R 31/01, BStBl. II 2002, 464; *Pyszka* DStR 2003, 857, 858; *Kessler* StBJb 02/03, 375, 383.

[701] OFD Frankfurt am Main v. 14.3.2001 – S 2241 A – 37 – St II 21, DStR 2001, 1159, 1160, Tz. 2.1.

[702] OFD Frankfurt am Main v. 14.3.2001 – S 2241 A – 37 – St II 21, DStR 2001, 1159, 1160; *Schönhaus* in MünchHdbStG, § 90 Rn. 40.

erbilanz des Geschäftsinhabers beruht. Eine Auffassung im Schrifttum geht aufgrund der Vergleichbarkeit der atypisch stillen Gesellschaft mit anderen Mitunternehmerschaften davon aus, dass die stille Gesellschaft eine eigene Steuerbilanz aufzustellen hat.[703] Demgegenüber ist der Gewinnanteil des stillen Gesellschafters gemäß § 15 Abs. 1 Nr. 2 EStG nach der Auffassung der Finanzverwaltung[704] mit Berufung auf den BFH[705] auf der Grundlage der Bilanz des Inhabers des Handelsgeschäfts zu ermitteln. Diese Ansicht begründet sich darauf, dass bei der atypisch stillen Gesellschaft anders als bei der OHG oder der KG ein Gesamthandsvermögen nicht vorhanden ist.

**c) Einkünfte des atypisch stillen Gesellschafters.** aa) Gewinnanteile. Bei Beteiligung am Gewerbebetrieb des Geschäftsinhabers erzielt der atypisch stille Gesellschafter Einkünfte aus Gewerbebetrieb gemäß § 15 Abs. 1 Satz 1 Nr. 2 EStG. Die atypisch stille Gesellschaft gilt als Mitunternehmerschaft, die eine gewerbliche Tätigkeit ausübt.[706] Übt der Geschäftsinhaber eine freiberufliche Tätigkeit aus, so erzielt die atypisch stille Gesellschaft Einkünfte aus selbständiger Arbeit. Beteiligt sich ein atypisch stiller Gesellschafter an einem Unternehmen, dessen Geschäftsinhaber neben einer freiberuflichen Tätigkeit auch eine gewerbliche Tätigkeit ausübt, so sind unter Beachtung der Abfärberegelung des § 15 Abs. 3 Nr. 1 EStG sämtliche Einkünfte der atypisch stillen Gesellschaft als gewerbliche zu behandeln.[707] Nach § 15 Abs. 3 Nr. 1 EStG gilt die Tätigkeit einer OHG, einer KG oder einer anderen Personengesellschaft in vollem Umfang als gewerblich, wenn sie auch eine Tätigkeit iSd § 15 Abs. 1 Satz 1 Nr. 1 EStG ausübt oder gewerbliche Einkünfte bezieht. Die atypisch stille Gesellschaft ist nach Auffassung des BFH eine „andere Personengesellschaft" iSd § 15 Abs. 3 Nr. 1 EStG.[708] Eine gewerbliche Umqualifizierung der Einkünfte der stillen Gesellschaft ist nur dann ausgeschlossen, wenn sich der atypisch stille Gesellschafter ausschließlich an den nicht-gewerblichen Einkünften des Geschäftsinhabers beteiligt.[709]

Steuerlich umfasst die Beteiligung des atypisch stillen Gesellschafters neben seiner Einlage auch Sonderbetriebsvermögen. Zum Sonderbetriebsvermögen gehören alle Wirtschaftsgüter, die im Eigentum eines Gesellschafters stehen und geeignet und bestimmt sind, dem Betrieb der Personengesellschaft zu dienen (Sonderbetriebsvermögen I).[710] Die Wirtschaftsgüter gehören zum Sonderbetriebsvermögen des Stillen, obwohl der stille Gesellschafter sie nicht der Gesellschaft, sondern nur dem Geschäftsinhaber überlässt.[711] Des Weiteren wird dem Stillen auch Sonderbetriebsvermögen II zugeordnet, zu dem die Wirtschaftsgüter zählen, die dem atypisch stillen Gesellschafter gehören und die der Begründung oder Stärkung seiner Beteiligung an der Personengesellschaft dienen.[712] Das Sonderbetriebsvermögen II des Stillen umfasst etwa auch die Fremdfinanzierung der Einlage des atypisch stillen Gesellschafters.

---

[703] *Groh*, FS für Kruse, 2001, S. 417, 423; *Gschwendtner* DStZ 1998, 335, 340.
[704] Vgl. etwa OFD Erfurt v. 23.10.2003 – S 2241 A – 08 – L 221, GmbHR 2004, 209, 211.
[705] Vgl. BFH Urt. v. 12.11.1985 – VIII R 364/83, BStBl. II 1986, 311; BFH Urt. v. 13.7.1993 – VIII R 85/91, BStBl. II 1994, 243; aA offenbar BFH Beschl. v. 5.7.2002 – IV B 42/02, DStRE 2002, 1339, 1341.
[706] Vgl. BFH Urt. v. 10.8.1994 – I R 133/93, BStBl. II 1995, 171; *Schönhaus* in MünchHdbStG, § 90 Rn. 43.
[707] Vgl. BFH Urt. v. 10.8.1994 – I R 133/93, BStBl. II 1995, 171; *Schönhaus* in MünchHdbStG, § 90 Rn. 44.
[708] Vgl. BFH Urt. v. 10.8.1994 – I R 133/93, BStBl. II 1995, 171, 173; *Blaurock*, Handbuch der Stillen Gesellschaft, § 22 Rn. 22.11; *Schönhaus* in MünchHdbStG, § 90 Rn. 44; *Wehrhahn/Brodthage* DStR 2004, 485.
[709] Vgl. BFH Urt. v. 10.8.1994 – I R 133/93, BStBl. II 1995, 171; *Blaurock*, Handbuch der Stillen Gesellschaft, § 22 Rn. 22.14; *Schönhaus* in MünchHdbStG, § 90 Rn. 44.
[710] Vgl. *Ruban* DStZ 2005, 637, 645; *Wacker* in Schmidt, EStG-Kommentar, § 15 Rn. 506.
[711] Vgl. *Pyszka* DStR 2003, 857, 859; *Schönhaus* in MünchHdbStG, § 90 Rn. 48.
[712] Vgl. *Schönhaus* in MünchHdbStG, § 90 Rn. 50.

**548** bb) Verlustanteile des atypisch stillen Gesellschafters. Über die einheitliche und gesonderte Gewinnfeststellung sind dem atypisch stillen Gesellschafter steuerliche Verluste zuzurechnen. Die steuerliche Geltendmachung dieser Verluste ist zunächst daran geknüpft, dass die stille Beteiligung nicht als Liebhaberei zu qualifizieren ist. Des Weiteren kann die Abzugsfähigkeit der Verlustanteile des Stillen durch § 15 Abs. 4 Sätze 6 bis 8 EStG sowie § 15a EStG eingeschränkt sein. Die Anwendungsvoraussetzungen des § 15b EStG dürften bei einer atypischen stillen Beteiligung nicht erfüllt sein.

**549** aaa) Keine Liebhaberei. Für die Geltendmachung von Verlusten der atypisch stillen Gesellschaft muss sowohl die Tätigkeit der Mitunternehmerschaft als auch die Beteiligung des Mitunternehmers an der gemeinschaftlichen Betätigung mit Gewinnerzielungsabsicht unternommen werden.[713] Die Beteiligung des atypisch stillen Gesellschafters darf nicht als Liebhaberei qualifiziert werden. Da bei einer stillen Gesellschaft die Innengesellschaft keine eigene Tätigkeit entfaltet, muss sich die Absicht der Gewinnerzielung nach der Tätigkeit und Betriebsführung des Geschäftsinhabers richten.

**550** Die stille Beteiligung ist als Liebhaberei zu qualifizieren, wenn bereits mit ihrem Eingehen abzusehen ist, dass kein Totalüberschuss erzielbar ist. Daneben ist von einer fehlenden Gewinnerzielungsabsicht dann auszugehen, wenn der stille Gesellschafter seine Beteiligung kurze Zeit nach der Nutzung der Anfangsverluste auf seinen Ehegatten oder seine Kinder überträgt, die einer viel geringeren Steuerbelastung unterliegen.[714]

**551** bbb) Anwendung des § 15a EStG. Nach § 15a Abs. 1 Satz 1 iVm Abs. 5 Nr. 1 EStG darf der atypisch stille Gesellschafter den ihm zuzurechnenden Anteil am Verlust weder mit anderen Einkünften aus Gewerbebetrieb, noch mit anderen Einkünften aus anderen Einkunftsarten ausgleichen, soweit ein negatives Kapitalkonto entsteht oder sich erhöht. Die bezeichneten Verluste können ebenfalls nicht nach § 10d EStG abgezogen werden. Verluste kann der atypisch stille Gesellschafter somit unter Beachtung des § 15a EStG lediglich bis zur Höhe seiner Einlage geltend machen. Die nach § 15a Abs. 1 Satz 1 EStG entstehenden verrechenbaren Verluste mindern die Gewinne, die dem atypisch Stillen in späteren Wirtschaftsjahren aus seiner Beteiligung zuzurechnen sind, § 15a Abs. 2 EStG. Nicht in den Anwendungsbereich des § 15a EStG fallen Sonderbetriebsausgaben des Stillen.[715]

Wie bei der typisch stillen Gesellschaft sind auch für die atypisch stille Beteiligung die Regelungen zur erweiterten Außenhaftung unbeachtlich.[716]

**552** Lange umstritten, aber mittlerweile höchstrichterlich entschieden ist die Frage, ob Sonderbetriebsvermögen bei der Ermittlung der Höhe des Kapitalkontos iSv § 15 Abs. 1 Satz 1 EStG des Kommanditisten und dann auch des atypisch stillen Gesellschafters einzubeziehen ist. Der BFH[717] hat in einem Grundsatzurteil v. 14.5.1991 entschieden, dass eine Einbeziehung des Sonderbetriebsvermögens gegen den Zweck des § 15a EStG sprechen würde. Der steuerliche Verlustausgleich soll durch § 15a EStG dem Haftungsumfang des Kommanditisten (stillen Gesellschafters) angeglichen werden. Demgegenüber haften der Kommanditist bzw. der atypisch stille Gesellschafter mit seinem Sonderbetriebsvermögen nicht. Daraus folgt, dass das Sonderbetriebsvermögen auf das Verlustausgleichspotential nach § 15a EStG keine Auswirkungen hat.

**553** ccc) Anwendung des § 15 Abs. 4 Satz 6 bis 8 EStG. Die Möglichkeit des atypisch Stillen zur steuerlichen Geltendmachung von Verlusten bis zur Höhe seiner Einlage wird zudem

---

[713] Kritisch vgl. BFH Beschl. v. 5.7.2002 – IV B 42/02 Nv, DStR 2002, 139; vgl. hierzu die Ausführungen zu Kapitel E I 3.

[714] *Zacharias/Hebig/Rinnewitz*, Die atypisch stille Gesellschaft, S. 150.

[715] Vgl. BMF Schreiben v. 15.12.1993 – IV B 2 – S 2241a 57/931, DStR 1994, 59.

[716] Vgl. BFH Urt. v. 11.3.2002 – VIII R 33/01, DStR 2003, 1238; BFH Urt. v. 26.5.1994 – IV B 4/93 BFH/NV 1994, 784; *Schönhaus* in MünchHdbStG, § 90 Rn. 57.

[717] VIII R 31/88, BStBl. II 1992, 167, 171; das BMF hat mit Schreiben v. 20.2.1992 – IV B 2 – S 2241a – 8/92, BStBl. I 1992, 123 die im Urteil enthaltenen Grundsätze für anwendbar erklärt.

durch § 15 Abs. 4 Sätze 6 bis 8 EStG eingeschränkt. Nach § 15 Abs. 4 Satz 6 EStG dürfen Verluste aus stillen Gesellschaften an Kapitalgesellschaften, bei denen der Gesellschafter oder Beteiligte als Mitunternehmer anzusehen ist, weder mit Einkünften aus Gewerbebetrieb noch mit anderen Einkünften ausgeglichen werden. Die bezeichneten Verluste dürfen auch nicht nach § 10d EStG abgezogen werden. Der Verlustanteil des Stillen kann gem. § 15 Abs. 4 Satz 7 EStG nur noch mit Gewinnen verrechnet werden, die der Gesellschafter oder unmittelbar Beteiligte in dem unmittelbar vorangegangenen Wirtschaftsjahr oder in den folgenden Wirtschaftsjahren aus derselben stillen Gesellschaft bezieht. Anzuwenden ist § 15 Abs. 4 Sätze 6 bis 8 EStG allein auf Kapitalgesellschaften als stille Gesellschafter. Ist der stille Gesellschafter hingegen eine natürliche Person, nach § 15 Abs. 4 Satz 8 EStG eine Verlustverrechnung weiterhin möglich sein.

cc) **Veräußerungsgewinne.** Die bei der Veräußerung oder Auflösung der stillen Beteiligung entstehenden Gewinne des atypisch stillen Gesellschafters sind gemäß § 16 Abs. 1 Nr. 2 EStG als Einkünfte aus Gewerbebetrieb zu qualifizieren. Der Veräußerungsgewinn ist in zweifacher Weise begünstigt. Gemäß § 16 Abs. 4 EStG wird dem atypisch stillen Gesellschafter auf Antrag ein Freibetrag für den Veräußerungsgewinn gewährt, wenn er das 55. Lebensjahr überschritten hat oder im sozialversicherungsrechtlichen Sinne dauernd berufsunfähig ist. Zudem ist bei Veräußerung der gesamten stillen Beteiligung die Fünftelregelung des § 34 Abs. 1 EStG anzuwenden.[718]

**2. Gewerbesteuer. a) Sachliche und persönliche Steuerpflicht.** Bei der atypisch stillen Gesellschaft fallen sachliche und persönliche Gewerbesteuerpflicht auseinander. Die atypisch stille Gesellschaft ist als Mitunternehmerschaft sachlich gewerbesteuerpflichtig, § 2 Abs. 1 Satz 1 GewStG. Ihre Tätigkeit gilt in vollem Umfang als Gewerbebetrieb. Selbst wenn mehrere atypisch stille Beteiligungen an einem Gewerbebetrieb bestehen, liegt gewerbesteuerlich nur ein Betrieb vor. Nur dann, wenn mehrere atypisch stille Gesellschafter an jeweils gesondert geführten Geschäftsbereichen beteiligt sind, besteht eine entsprechende Zahl von Gewerbebetrieben.[719]

Demgegenüber ist Schuldner der Gewerbesteuer iSd § 5 Abs. 1 GewStG der Inhaber des Handelsbetriebs.[720] Mangels vollstreckungsfähigem Gesellschaftsvermögen kann weder der stille Gesellschafter noch die stille Gesellschaft Steuerschuldner iSd § 5 Abs. 1 GewStG sein.[721] § 5 Abs. 1 Satz 3 GewStG ist einschränkend dahingehend auszulegen, dass die genannten Gesellschaften nur Gewerbesteuersubjekte sind, wenn es sich um Mitunternehmerschaften mit Gesellschaftsvermögen handelt.[722] Insofern sind Gewerbesteuerbescheide an den Inhaber des Handelsgewerbes zu richten und ihm gegenüber bekannt zu geben, §§ 184 Abs. 1, 122 Abs. 1 AO. Bei natürlichen Personen als atypisch stillen Beteiligten ist § 35 EStG anzuwenden.

**b) Besteuerungsgrundlage.** Ausgangsgröße für die Ermittlung des Gewerbeertrags ist der für die Mitunternehmerschaft ermittelte und einheitlich und gesondert festgestellte Gewinn. Dieser Gewinn umfasst auch die Sonderbetriebseinnahmen und Sonderbetriebsausgaben des stillen Gesellschafters.

Der atypisch stillen Gesellschaft steht als Personengesellschaft der Freibetrag von 24 500 EUR nach § 11 Abs. 1 Satz 3 Nr. 1 GewStG zu.[723]

---

[718] *Wacker* in Schmidt, EStG-Kommentar, § 34 Rn. 56.
[719] Vgl. BFH Urt. v. 6.12.1995 – I R 109/94, BStBl. II 1998, 685.
[720] BFH Urt. v. 12.11.1985 – VIII R 364/83, BStBl. II 1986, 311, 316; OFD Erfurt, Verfügung v. 23.10.2003 – S 2241 A – 08 – L 221, FR 2003, 1299, Tz. 4.2.1; *Gosch* in Blümich, EStG/KStG/GewStG-Kommentar, § 11 GewStG Rn. 9; *Schönhaus* in MünchHdbStG, § 90, Rn. 72.
[721] BFH Urt. v. 12.11.1985 – VIII R 364/83, BStBl. II 1986, 311, 316; bestätigt durch BFH Urt. v. 25.7.1995 – VIII R 54/93, BStBl. II 1995, 794; *Schönhaus* in MünchHdbStG, § 90 Rn. 72.
[722] BFH Urt. v. 12.11.1985 – VIII R 364/83, BStBl. II 1986, 311, 317.
[723] BMF Schreiben v. 10.11.1993 – I R 20/93, BStBl. II 1994, 327; *Gosch* in Blümich, EStG/KStG/GewStG-Kommentar, § 11 GewStG Rn. 9; *Schönhaus* in MünchHdbStG, § 90 Rn. 73.

**559** **c) Gewerbeverlust.** Erzielt die atypisch stille Gesellschaft einen Gewerbeverlust, so ist dieser nach § 10a GewStG gegenüber dem Inhaber des Handelsgeschäfts festzustellen.[724]

Die anschließende Nutzung der Gewerbeverluste ist an die Unternehmensidentität sowie die Unternehmeridentität geknüpft.[725] Scheidet der Stille aus, können mithin die Gewerbeverluste nicht mehr vom Inhaber des Handelsgeschäfts genutzt werden, soweit sie auf den Stillen entfallen.

### IV. Stille Gesellschaft mit Auslandsbezug

**560** **1. Typische stille Beteiligung.** Beteiligt sich ein Ausländer an einem inländischen Handelsgewerbe als typisch stiller Gesellschafter und besteht mit dem Sitzstaat des Stillen ein DBA, so sind seine Einkünfte nach Art. 10 OECD-MA regelmäßig als Dividenden zu qualifizieren. Seine Einkünfte stellen abkommensrechtlich keine Zinsen dar, die unter Art. 11 OECD-MA zu subsumieren wären. Angesichts der Qualifizierung als Dividenden unterliegen die Gewinnanteile des Stillen der deutschen Quellensteuer. Gleiches gilt nach Auffassung des Schrifttums für den Fall der typisch stillen Beteiligung eines Inländers an einem ausländischen Unternehmen. Demgegenüber vertritt die Finanzverwaltung die Ansicht, dass Art. 10 OECD-MA lediglich für die Höhe der Quellensteuer zu beachten ist; die Vergütungen im Übrigen aber in Deutschland steuerpflichtig sind.[726] Diese Auffassung der Finanzverwaltung wird durch die Einführung einer Switch-over-Klausel in § 50d Abs. 9 Satz 1 Nr. 2 EStG idF des JStG 2007 nunmehr auch gesetzlich geregelt. Danach können Vergütungen für eine typische Stille Beteiligung, die sich abkommensrechtlich als Dividenden qualifizieren, die bei der Gewinnermittlung der zahlenden Gesellschaft abgezogen wurden und von denen auch kein Steuerabzug erfolgt ist, in Deutschland nicht als Schachteldividenden vom abkommensrechtlichen internationalen Schachtelprivileg begünstigt werden.[727] Ebensowenig können auf diese Bezüge das Teil-/Halbeinkünfteverfahren nach § 3 Nr. 40 Buchst. d) EStG bzw. das Beteiligungsprivileg nach § 8b Abs. 1 KStG angewendet werden.

**561** **2. Atypische stille Beteiligung.** Ist die stille Beteiligung des Ausländers an einem deutschen Handelsgewerbe als atypisch zu qualifizieren, so erzielt der Stille Unternehmensgewinne, die in den Anwendungsbereich des Art. 7 OECD-MA fallen.[728] Die Beteiligung des Stillen wird insofern aus deutscher Sicht als Betriebsstätte qualifiziert. Seine Einkünfte aus der atypisch stillen Beteiligung unterliegen mithin der deutschen Besteuerung.

**562** Entsprechendes gilt aus deutscher Sicht im umgekehrten Fall der atypisch stillen Beteiligung eines in Deutschland unbeschränkt Steuerpflichtigen an einem ausländischen Handelsgewerbe.[729] Hier ist indes zu beachten, dass der ausländische Staat ungeachtet der deutschen Qualifikation als Betriebstätteneinkünfte die Gewinnbeteiligung des Stillen als Zinsen iSv Art. 11 OECD-MA oder Dividenden gem. Art. 10 OECD-MA einordnet. In diesen Fällen würde der ausländische Staat lediglich Quellensteuern auf die Einkünfte des Stillen erheben können. Nach bisheriger Rechtslage stellte Deutschland gegebenenfalls die Einkünfte des Stillen als Betriebsstätteneinkünfte iSv Art. 7 OECD-MA frei.[730] Mit der Einführung des § 50d Abs. 9 EStG idF des JStG 2007 werden die Einkünfte des atypisch Stillen in Deutschland in dem bezeichneten Fall entgegen Art. 10 OECD-MA nicht mehr

---

[724] Vgl. OFD Erfurt v. 23.10.2003 S 2241 A-08-L221 GmbHR 2004, 209, 214.

[725] Abschnitt 67 u. 68 GewStR.

[726] Vgl. zu typischen stillen Beteiligungen an einer luxemburgischen Gesellschaft *Fries* IStR 2005, 805 ff.

[727] Vgl. etwa *Grotherr* IStR 2007, 265.

[728] Vgl. so BFH Urt. v. 21.7.1999 – I R 110/98, BStBl. II 1999, 812. So auch BMF Schreiben v. 28.12.1999 – IV D 3 – S 1300 25/99, IStR 2000, 23; aA noch BFH Urt. v. 27.2.1991 – I R 15/89, BStBl. II 1991, 444.

[729] Zu Dreiecksverhältnissen siehe *Lang/Lüdicke* IStR 2006, 73 ff.

[730] Vgl. etwa *Jacobs*, Internationale Unternehmensbesteuerung, 1251.

freigestellt werden. Vielmehr sind die ausländischen Einkünfte unter Anrechnung der ausländischen Steuer in die deutsche Besteuerung einzubeziehen.

### V. Die GmbH & Still

**1. Anforderungen an die Gestaltung und steuerliche Motivation.** Die Gesellschafter einer Kapitalgesellschaft können sich zusätzlich zu ihrer Beteiligung am Stammkapital der GmbH auch als stille Gesellschafter an deren Handelsgewerbe beteiligen. In einem solchen Fall handelt es sich um eine Kapitalgesellschaft & Still.[731] Zivilrechtlich ist eine solche Gestaltung zulässig und wird meistens bei der GmbH verwendet; bei der AG kommt sie selten vor. In der Praxis spricht man daher von der „GmbH & Still".[732]

563

Die GmbH & Still kann die Inanspruchnahme diverser Steuervorteile ermöglichen, die auf der Selbständigkeit der GmbH als Steuersubjekt beruhen. So können die an den typisch stillen Gesellschafter zu leistenden Gewinnanteile bei der Ermittlung der körperschaftsteuerlichen Bemessungsgrundlage der GmbH als Betriebsausgaben abgezogen und dadurch möglicherweise Steuersatzunterschiede genutzt werden.[733] Bei der Veräußerung der Anteile und der typisch stillen Beteiligung an einer GmbH & Still entfällt regelmäßig auch ein Teil des Veräußerungsgewinns auf die stille Beteiligung. Soweit die stille Beteiligung im Privatvermögen gehalten wird und vor 2009 erworben wurde, bleibt damit ein Teil der Veräußerungsgewinne steuerfrei. Veräußerungsgewinne für seit 2009 erworbene stille Beteiligungen werden insgesamt von § 20 Abs. 2 Satz 1 Nr. 4 EStG erfasst. Besonders interessant war die GmbH & Still in der Vergangenheit als Instrument zum Transfer von Verlusten der GmbH auf ihren Gesellschafter, vor allem dort, wo die Errichtung einer Organschaft nicht möglich oder nicht gewollt war. Mit der Einführung des § 15 Abs. 4 Sätze 6 bis 8 EStG[734] und der umfassenden Besteuerung privater Veräußerungsgewinne nach in § 20 Abs. 2 Satz 1 Nr. 4 EStG dürfte GmbH & Still an Bedeutung verloren haben.

564

Die Nutzung von steuerlichen Vorteilen setzt stets voraus, dass die gesellschaftsrechtliche Gestaltung steuerlich anerkannt wird. Voraussetzung dafür ist, dass das Gesellschaftsverhältnis nachweisbar im Voraus klar und rechtswirksam vereinbart, und dementsprechend tatsächlich durchgeführt wird.[735]

565

Im Folgenden werden besondere steuerliche Fragen der GmbH & Still erläutert. Auch bei der GmbH & Still ist zwischen der typischen und der atypischen Form zu differenzieren.

566

**2. Ertragsteuerliche Besonderheiten bei der GmbH & typisch Still. a) Verdeckte Gewinnausschüttungen/Verdeckte Einlagen.** Bei Leistungen der GmbH an den stillen Gesellschafter, der zugleich GmbH-Anteile hält, ist die Problematik von verdeckten Gewinnausschüttungen und verdeckten Einlagen zu berücksichtigen. Gemäß § 8 Abs. 3 Satz 2 KStG mindern verdeckte Gewinnausschüttungen den Gewinn der Kapitalgesellschaft nicht.

567

Eine verdeckte Gewinnausschüttung ist jede Vermögensminderung bzw. verhinderte Vermögensmehrung, die durch das Gesellschaftsverhältnis veranlasst ist, sich auf die Höhe des Einkommens auswirkt und in keinem Zusammenhang zu einer offenen Ausschüttung steht.[736] Umgekehrt liegt eine verdeckte Einlage vor, wenn ein Gesellschafter oder eine

568

---

[731] BFH Urt. v. 15.12.1992 – VIII R 42/90, BStBl. II 1994, 702.
[732] *Blaurock,* Handbuch der Stillen Gesellschaft, § 21 Rn. 21.61.
[733] *Schoor,* Die GmbH & Still im Steuerrecht, Rn. 134.
[734] → Rn. 553.
[735] OFD Frankfurt a. M. v. 14.3.2001 – S 2241 A – 37 – St II 2, DStR 2001, 1159, Tz. 2.8; *Bode* in Blümich, EStG/KStG/GewStG-Kommentar, § 15 Rn. 320; *Wacker* in Schmidt, EStG-Kommentar, § 15, Rn. 355; zur Anerkennung der GmbH & Still ausführlich, vgl. *Blaurock,* Handbuch der Stillen Gesellschaft, § 21 Rn. 21.70 ff.
[736] BFH Urt. v. 22.2.1989 – I R 9/85, BStBl. II 1989, 631, 632; BFH Urt. v. 23.6.1993 – I R 72/92, BStBl. II 1993, 801; *Hoffmann* DStR 1996, 729; *Wassermeyer* DStR 1996, 733.

ihm nahestehende Person der Gesellschaft einen einlagefähigen Vermögensgegenstand zuwendet und die Zuwendung durch das Gesellschaftsverhältnis veranlasst ist. Entscheidendes Merkmal für beide Rechtsinstitute ist die Veranlassung durch das Gesellschaftsverhältnis, die objektiv durch einen Fremdvergleich festgestellt wird.[737] Maßstab ist, ob die Gesellschaft die Leistung bei Anwendung der Sorgfalt eines ordentlichen und gewissenhaften Geschäftsleiters einem fremden Dritten, der nicht Gesellschafter ist, unter sonst gleichen Umständen nicht zuwenden bzw. ob ein Nichtgesellschafter bei Anwendung der Sorgfalt eines ordentlichen Kaufmanns der Gesellschaft den Vermögensvorteil nicht einräumen würde.[738]

**569** Sofern der stille Gesellschafter bei Abschluss des stillen Gesellschaftsvertrags einen beherrschenden Einfluss auf die GmbH hat, nimmt die Rechtsprechung eine verdeckte Gewinnausschüttung ohne Berücksichtigung des Fremdvergleichs auch dann an, wenn es an klaren, im voraus getroffenen zivilrechtlich wirksamen und tatsächlich durchgeführten Vereinbarungen über die Höhe eines Entgelts für die Leistung des Gesellschafters fehlt.[739] Eine beherrschende Stellung des Gesellschafters wird immer dann angenommen, wenn er die Mehrheit der Stimmrechte besitzt. Bei Hinzutreten anderer Umstände kann indes auch eine Beteiligung von weniger als 50% für die Annahme eines beherrschenden Einflusses ausreichend sein.[740] So wird eine beherrschende Stellung bereits dann bejaht, wenn der Gesellschafter mit anderen Gesellschaftern gleichgerichtete Interessen verfolgt und mit diesen zusammen über eine Mehrheit verfügt.[741]

**570** **b) Anwendungsfälle.** aa) Über- oder Unterbewertung der Einlage. Zu einer verdeckten Gewinnausschüttung bzw. verdeckten Einlage kann die Über- oder Unterbewertung der Einlage führen, die der stille Gesellschafter zur Begründung des Gesellschaftsverhältnisses erbringen muss.[742] Eine Überbewertung der (Sach-)Einlage gegenüber ihrem Verkehrswert ist steuerrechtlich eine verdeckte Gewinnausschüttung, eine Unterbewertung hingegen eine verdeckte Einlage.

**571** bb) Unangemessene Gewinnverteilung. Eine unangemessen hohe Gewinnbeteiligung des Stillen kann zur Annahme einer verdeckten Gewinnausschüttung iSv § 8 Abs. 3 KStG führen. Gesellschaftsvertraglich sind der Geschäftsinhaber und der stille Gesellschafter frei, über die Höhe der Gewinn- und Verlustbeteiligung zu entscheiden.[743] Steuerlich hingegen ist die getroffene Vereinbarung unangemessen und führt zu einer verdeckten Gewinnausschüttung, wenn die Gewinnbeteiligung des stillen Gesellschafters objektiv einem Fremdvergleich nicht standhält. Dies kann dann der Fall sein, wenn der auf die stille Beteiligung entfallende Gewinnanteil den Anteil übersteigt, den die GmbH bei Anwendung der Sorgfalt eines ordentlichen und gewissenhaften Geschäftsleiters auch einem Nichtgesellschafter unter gleichen Umständen gewährt hätte.[744]

**572** Bei der Bestimmung der Angemessenheit der Vergütung des typisch Stillen ist vor allem auf die von den Gesellschaftern erbrachten Kapitalleistungen, die eingegangenen Risiken, der individuelle Arbeitseinsatz und die Ertragsaussichten des Unternehmens abzustellen, die je nach Einzelfall von verschiedenem Gewicht sind.[745] Die Angemessenheit der Vergütung

---

[737] *Rengers* in Blümich, EStG/KStG/GewStG-Kommentar, § 8 KStG Rn. 243; *Wilk* in Herrmann/Heuer/Raupach, EStG/KStG-Kommentar, § 8 KStG Rn. 100.
[738] Vgl. BFH Urt. v. 6.2.1980 – I R 50/76, BStBl. II 1980, 477, 478; *Blümich/Rengers*, EStG/KStG/GewStG-Kommentar, § 8 KStG, Rn. 243.
[739] BFH Urt. v. 21.7.1982 – I R 56/78, BStBl. II 1982, 761, 763; *Wilk* in Herrmann/Heuer/Raupach, EStG/KStG/GewStG-Kommentar, § 8 KStG Rn. 118.
[740] BFH Urt. v. 23.10.1985 – I R 247/81, BStBl. II 1986, 195.
[741] BFH Urt. v. 1.10.1986 – I R 54/83, BStBl. II 1987, 459; *Blaurock,* Handbuch der Stillen Gesellschaft, § 21 Rn. 21.82.
[742] *Blaurock,* Handbuch der Stillen Gesellschaft, § 21 Rn. 21.75.
[743] *Blaurock,* Handbuch der Stillen Gesellschaft, § 21 Rn. 21.93.
[744] BFH Urt. v. 6.2.1980 – I R 50/76, BStBl. II 1980, 477, 479; *Haase* GmbHR 2002, 787, 788.
[745] BFH Urt. v. 6.2.1980, aaO (Fn. 91).

des typisch Stillen ist durch Gegenüberstellung des Werts seiner Einlage und des wirklichen Werts des Gesamtunternehmens der GmbH im Zeitpunkt der Begründung der stillen Beteiligung zu ermitteln.[746] Von der Rechtsprechung und von der Finanzverwaltung[747] wie auch vom Schrifttum[748] wird im Falle einer Gewinnbeteiligung bei typisch stiller Beteiligung in der Regel eine Gewinnverteilungsabrede für angemessen gehalten, die im Zeitpunkt der Vereinbarung bei vernünftiger kaufmännischer Beurteilung eine durchschnittliche Rendite von 25 % der Einlage erwarten lässt, wenn der stille Gesellschafter nicht am Verlust beteiligt ist. Selbst 30 % können in diesem Fall noch angemessen sein.[749] Ist der stille Gesellschafter auch am Verlust beteiligt, so wird eine Gewinn-(und Verlust)beteiligung von bis zu 35 % der Einlage anerkannt.[750]

**c) Gesellschafterfremdfinanzierung (§ 8a KStG aF).** Bei Erfüllung der Voraussetzungen des § 8a Abs. 1 Satz 1 Nr. 1 oder Nr. 2 KStG aF waren solche Vergütungen für Fremdkapital als verdeckte Gewinnausschüttungen zu qualifizieren, die eine Kapitalgesellschaft nicht nur kurzfristig von einem Anteilseigner erhalten hat, der zu einem Zeitpunkt im Wirtschaftsjahr wesentlich beteiligt war. Die Regelung des § 8a KStG aF war letztmals auf Wirtschaftsjahre anzuwenden, die vor dem 26.5.2007 begannen und vor dem 1.1.2008 endeten, § 34 Abs. 6a) KStG.[751]

**d) Zinsschranke (§ 4h EStG).** Die Zinsschranke beruht auf einer allgemeinen Beschränkung des Abzugs betrieblicher Zinsen in Abhängigkeit vom Betriebsergebnis. Eine „Gesellschafterfremdfinanzierungssituation" wird nicht gefordert. An Stelle der Umqualifizierung von Vergütungen für eine Gesellschafterfremdfinanzierung in verdeckte Gewinnausschüttungen gilt eine allgemeine Beschränkung des Abzugs betrieblicher Fremdfinanzierungskosten.

Der Gesetzgeber hat den Begriff der Zinsaufwendungen nur dahingehend definiert, dass es sich um Vergütungen für Fremdkapital handeln muss, die den maßgeblichen Gewinn gemindert haben, § 4h Abs. 3 Satz 2 EStG. Da die Einlage des typischen stillen Gesellschafters Fremdkapital darstellt, § 230 HGB, werden auch die hierauf entfallenden Vergütungen von § 4h Abs. 3 Satz 2 EStG erfasst.[752]

Grundsätzlich greift die Zinsschranke nach § 4h EStG ein, wenn der negative Zinssaldo (Zinsaufwand abzüglich Zinsertrag) 1 Mio. EUR oder mehr (Freigrenze) beträgt und soweit der negative Zinssaldo 30 % des EBITDA (modifiziertes Betriebsergebnis: *Earnings before Interest Tax, Depreciations and Amortization*) übersteigt. Die Zinsschranke greift nicht ein, sofern der den Zinsabzug geltend machende Betrieb nicht zu einem Konzern gehört (§ 4h Abs. 2 Satz 1 b) EStG, Konzernklausel) oder die Eigenkapitalquote des Betriebs gleich hoch oder höher ist als die des Konzerns (§ 4h Abs. 2 Satz 1c) EStG, Escape-Klausel).[753]

Für Kapitalgesellschaften ergänzt § 8a KStG die Regelung des § 4h EStG. Demnach wird Kapitalgesellschaften die Berufung auf die Konzern- oder Escape-Klausel verwehrt,

---

[746] Vgl. BFH Urt. v. 6.2.1980 – I R 50/76, BStBl. II 1980, 477, BFH Urt. v. 12.12.1990 – I R 85/88, BFH/NV 1992, 59.

[747] Vgl. 15.9 (5) EStR unter Hinweis auf BFH Urt. v. 16.12.1981, BStBl. II 1982, 387.

[748] Vgl. *Achenbach* in Dötsch/Eversberg/Jost/Witt KStG-Kommentar, Anh. zu § 8 „Stille Gesellschaft"; *Frotscher* in Frotscher/Maas, KStG-Kommentar, Anhang vGA zu § 8 „stille Gesellschaft", jeweils unter Berufung auf BFH Urt. v. 14.2.1973, BStBl. II 1973, 395 bzw. BFH Urt. v. 16.12.1981, BStBl. II 1982, 387 sowie BFH Urt. v. 9.6.1994, BFH/NV 1995 S. 105.

[749] Vgl. *Achenbach* in Dötsch/Eversberg/Jost/Witt KStG-Kommentar, Anh. zu § 8 „Stille Gesellschaft" unter Berufung auf BFH Urt. v. 6.2.1980, BStBl. II 1980, 477.

[750] Vgl. BFH Urt. v. 16.12.1981, BStBl. II 1982, 387.

[751] BMF-Schreiben v. 17.11.1994 – IV B 7 – S 2742a – 63/94, BStBl. I 1995, 25, Tz. 44; *Menck* in Blümich, EStG/KStG/GewStG-Kommentar, § 8a KStG Rn. 121; zum Anwendungsbereich des § 8a KStG und der stillen Beteiligung, vgl. *Mensching* DStR 2004, 408.

[752] *Hick* in Herrmann/Heuer/Raupach, EStG/KStG-Kommentar, § 4h EStG, Rn. 75.

[753] Vgl. zum Prüfungsschema *Hick* in Herrmann/Heuer/Raupach, EStG/KStG-Kommentar § 4h EStG, Rn. 20.

wenn in bestimmten Umfang eine Gesellschafterfremdfinanzierung gegeben ist.[754] Dies ist dann der Fall, wenn die Vergütungen der Kapitalgesellschaft für Fremdkapital an einen zu mehr als einem Viertel unmittelbar oder mittelbar am Kapital Beteiligten, eine diesem nahe stehende Person iSd § 1 Abs. 2 AStG oder einen Dritten, der auf den mehr als zu einem Viertel Beteiligten oder eine diesem nahe stehende Person zurückgreifen kann, mehr als 10% des negativen Zinssaldos der Kapitalgesellschaft beträgt, § 8a Abs. 2, 3 KStG. Die GmbH & typisch Still kann demnach, wenn sie die Vergütungen für die stille Beteiligung mehr als 10% ihres negativen Zinssaldos betragen und an einen zu mehr als 25% beteiligten Gesellschafter, diesem nahe stehenden Personen oder rückgriffsberechtigte Dritte bezahlt werden, die betrieblichen Zinsen nur insofern abziehen, als der negative Zinssaldo weniger als 1 Mio. EUR beträgt oder 30% des EBITDA nicht überschreitet.[755]

**578** Zinsaufwendungen, die nach den Regelungen der Zinsschranke nicht abgezogen werden dürfen, sind in die folgenden Wirtschaftsjahre vorzutragen und erhöhen dort die Zinsaufwendungen, nicht aber den maßgeblichen Gewinn, § 4h Abs. 1 Satz 2, 3 EStG. Bei Kapitalgesellschaften gilt für den Fortbestand eines Zinsvortrags im Falle der Übertragung von Anteilen die Regel des § 8c KStG für den Verlustabzug entsprechend, § 8a Abs. 1 Satz 3 KStG.

**579** **3. Ertragsteuerliche Besonderheiten bei der GmbH & atypisch Still. a) Mitunternehmerschaft.** Streitig ist, ob die GmbH & atypisch Still nur dann steuerlich als Mitunternehmerschaft zu qualifizieren ist, wenn die Kapitalgesellschaft gewerbliche Einkünfte erzielt. Sofern die GmbH nur eine vermögensverwaltende Tätigkeit ausübt, besteht nach im Schrifttum[756] vertretener Ansicht kein Gewerbebetrieb bei der GmbH & Still. Insofern erzielt der an einer nur vermögensverwaltend tätigen GmbH beteiligte atypisch Stille keine gewerblichen Einkünfte. Begründet wird diese Ansicht damit, dass die GmbH lediglich gewerbliche Einkünfte kraft Rechtsform erzielt, § 8 Abs. 2 KStG.[757] Diese Qualifizierung kraft Rechtsform kann auf die Innengesellschaft keine Auswirkungen haben. Demgegenüber geht die Finanzverwaltung[758] davon aus, dass der an einer GmbH atypisch Beteiligte stets gewerbliche Einkünfte erzielt. Dies soll unabhängig davon gelten, ob die Tätigkeit der GmbH und des an ihr atypisch still beteiligten Gesellschafters die Voraussetzungen eines Gewerbebetriebs nach § 15 Abs. 2 EStG erfüllt. Bedeutung hat dies auch für die Anwendung der Zinsschranke gem. § 4h EStG, die nur für Gewinneinkünfte gilt.[759]

**580** **b) Verdeckte Gewinnausschüttung.** Nach Auffassung der Rechtsprechung sind die für typische stille Beteiligungen geltenden Grundsätze für die Prüfung der Angemessenheit der vereinbarten Gewinn- (und Verlust)beteiligungen auf die atypische stille Beteiligung an einer GmbH entsprechend anzuwenden.[760] Dementsprechend ist die Angemessenheit der Gewinnverteilung durch eine Gegenüberstellung des Werts der Einlagen der stillen Gesellschafter und des wirklichen Werts des Gesamtunternehmens der GmbH im Zeitpunkt der Vereinbarung der stillen Gesellschaft zu ermitteln. Dabei ist der Wert der Einlagen der stillen Gesellschafter mit dem Nennwert anzusetzen und das Gesamtunternehmen der Klägerin nach der sogenannten indirekten Methode zu bewerten. Dies entspricht dem arithmetischen Mittel aus Ertrags- und Substanzwert.

---

[754] Vgl. *Hick* in Herrmann/Heuer/Raupach, EStG/KStG-Kommentar, § 4h EStG Rn. 11.
[755] Siehe BMF-Schreiben vom 4.7.2008 IV C 7 – S 2742 – a/07/10 001 zur Zinsschranke.
[756] Vgl. *Bode* in Blümich, EStG/KStG/GewStG-Kommentar, § 15 EStG Rn. 321; *Geschwendtner* DStZ 1998, 335, 339.
[757] Vgl. *Rengers* in Blümich, EStG/KStG/GewStG-Kommentar, § 8 KStG Rn. 57; *Schallmoser* in Herrmann/Heuer/Raupach, EStG/KStG-Kommentar, § 8 KStG Rn. 39.
[758] OFD Frankfurt am Main v. 14.3.2001 – S 2241 A – 37 – St II 21, DStR 2001, 1159, Tz. 2; so auch schon BMF-Schreiben v. 26.11.1987 – IV B 2 – S 2241-61/87, BStBl. I 1987, 765; der Auffassung der Finanzverwaltung folgend: *Blaurock* BB 1992, 1969, 1973.
[759] Vgl. *Schmidt/Loschelder*, § 4h EStG Rn. 7.
[760] Vgl. FG Brandenburg Urt. v. 15.5.2002 – 2 K 1964/00, BeckRS 2002, 21011217; ebenso OFD Rostock Verfügung v. 19.12.1999 – S 2241 – St 23, DStR 2000, 591.

c) **Sonderbetriebsvermögen des Stillen.** Ist der atypisch stille Gesellschafter zugleich 581 Anteilseigner der GmbH, dann gehören seine GmbH-Anteile dem Sonderbetriebsvermögen I bei der Mitunternehmerschaft an.[761] An den Stillen gezahlte Vergütungen – etwa für die Tätigkeit als Geschäftsführer – sind dem steuerlichen Gewinn der Mitunternehmerschaft wieder hinzuzurechnen.[762] Veräußert der atypisch Stille seine Beteiligung an der GmbH einschließlich seiner stillen Beteiligung, so erzielt er insgesamt Einkünfte aus Gewerbebetrieb, § 16 Abs. 1 Satz 1 EStG. Bei Veräußerung der gesamten Beteiligung sind die Begünstigungen durch §§ 16 Abs. 4 und 34 Abs. 1 EStG zu berücksichtigen.[763]

d) **Zinsschranke (§ 4h EStG).** Die Zinsschranke ist auf die GmbH & atypisch Still 582–586 nicht anwendbar. Mitunternehmervergütungen gelten nicht als Zinsaufwendungen iSd Zinsschranke.[764]

## H. Wandelschuldverschreibungen, Gewinnschuldverschreibungen und andere obligationsähnliche Genussrechte

**Schrifttum:** *Angerer,* Genussrecht bzw. Genussscheine als Finanzierungsinstrument, DStR 1994, 41; *Blümich,* EStG/KStG/GewStG-Kommentar, Stand Oktober 2013; BMF v. 24.5.2000 – IV C 1 – S 2252-145/00, DStR 2000, 1227; BMF v. 7.10.1999 – IV C 1 – S 2252 – 589/99, DStR 1999, 2032; *Brokamp/Hölzer,* Innovative Finanzierungen mittels mezzaniner Finanzinstrumente, FR 2006, 272; *Bula,* Genussrechte – steuerlicher Abzug der Ausschüttungen bei handelsrechtlichem Ausweis als Eigenkapital, in: *Haarmann Hemmelrath* (Hrsg.), Gestaltung und Analyse in der Rechts-, Wirtschafts- und Steuerberatung von Unternehmen, S. 121 ff.; *Busch,* Steueroptimierte Wertpapieranlage im Rahmen der privaten Vermögensverwaltung, BB 2005, 1765, 1768; *Dautel,* Besteuerung von Mitarbeiterbeteiligungen, BB 2000, 1757; *Delp,* Kapitalertrag, Spekulationsgewinn oder Steuerfreiheit, INF 1998, 577; *Dreyer/Herrmann,* Die Besteuerung von Aktien-, Wandel- und Umtauschanleihen, BB 2001, 705; *Eisolt/Wickinger,* Mitarbeiterbeteiligungen: Endbesteuerung auch im Fall von Wandelschuldverschreibungen?, BB 2001, 122; *Emde,* Der Genußschein als Finanzierungsinstrument, 1987; *Groh,* Hände weg von Optionsanleihen? – Anmerkungen zum BFH-Urteil v. 16.5.2001 I R 102/00, DB 2002, 860; *ders.,* Eigenkapitalersatz in der Bilanz, BB 1993, 1882; *Haarmann,* Optionsanleihen, JbFStR 1991/92, 469; *Haisch,* Steueränderungsgesetz 2001 – Auswirkungen auf die Besteuerung von Finanzinnovationen, DStR 2002, 247; *Hahne,* Überlegungen zur Behandlung von Geschäften mit Wertpapieren im Regelungszusammenhang von § 8a KStG, DStR 2006, 1065 ff.; *Haisch,* Besteuerung von niedrigverzinslichen Optionsanleihen im Privatvermögen – Anmerkungen zu den Urteilen des BFH v. 16.5.2001 I R 102/00, und v. 24.10.2000, VIII R 28/99, DStR 2001, 1968; *Harrer/Janssen/Halbig,* Genussscheine – Eine interessante Form der Mezzanine-Mittelstandfinanzierung, FB 2005, 1; *Häuselmann,* Wandelanleihen in der Handels- und Steuerbilanz des Emittenten, BB 2000, 139; *Häuselmann/Wagner,* Steuerbilanzielle Erfassung aktienbezogener Anleihen: Options-, Wandel-, Umtausch- und Aktienanleihen, BB 2002, 2431; *Höreth/Zipfel,* Änderungen bei der Besteuerung von Aktien- und Umtauschanleihen, DStZ 2001, 653; *Hüffer,* AktG-Kommentar, 10. Aufl. 2012; *Kessler/Strnad,* Lohnsteuerlicher Zufluss bei Wandelschuldverschreibungen, INF 2000, 486; *Kirchhof/Söhn/Mellinghoff (K/S/M),* Kommentar EStG, Stand Februar 2014; *Koch/Vogel,* Zur handels- und steuerrechtlichen Behandlung von Optionsanleihen, BB 1986, Beilage 10, 1; *Korn,* Rechtfertigung einer unterschiedlichen Besteuerung von Wandel- und Umtauschanleihen?, FR 2003, 1101; *Leopold,* Wandelungsgewinne als Einkünfte aus nichtselbständiger Arbeit bei Wandelschuldverschreibungen an Arbeitnehmer, FR 2000, 1332; *Lohr,* Aktuelles Beratungs-Know-how Besteuerung von Kapitalvermögen, DStR 2004, 442; *Loritz,* Die Immobilien-Aktiengesellschaft mit Genussschein – eine innovative Anlageform, DStR 2000, 77; *Münchener Kommentar zum Bürgerlichen Gesetzbuch,* Band 2a, 6. Aufl. 2012; *Münchener Kommentar zum Aktiengesetz,* 3. Aufl. 2011; OFD Düsseldorf, Verfügung v. 23.3.2001 – S 2136 A – St 11, DB 2001, 1337; OFD München/Nürnberg, Verfügung v. 22.8.2000 AZ: OFD-M S 2136-1 St 41/42 und Az. OFD-N. 2136 – 1/St 31, BB 2000, 2628; OFD Frankfurt am Main v. 29.3.1995 – S 2150 A – 6 – St II 21, 1995, 1345; *Perridon/Steiner,* Finanzwirtschaft der Unternehmung, 9. Aufl 1997; *Prahl/Naumann,* Moderne Finanzierungsinstrumente im

---

[761] Vgl. FG Köln Urt. v. 20.2.1997 – 4 K 790/93, DStRE 1998, 385.
[762] Vgl. OFD Rostock Verfügung v. 19.12.1999, DStR 2000, 591.
[763] *Schoor,* Die GmbH & Still im Steuerrecht, Rn. 298 ff.
[764] Vgl. BMF-Schreiben v. 4.7.2008, IV C 7 – S 2742 – a/07/10001, Tz. 19.

Spannungsfeld zu traditionellen Rechnungslegungsvorschriften: Barwertansatz, Hedge-Accounting und Portfolio-Approach, Wpg 1992, 709; *Schanz,* Mitarbeiterbeteiligungsprogramme, NZA 2000, 626; *Scherrer,* Bilanzielle Behandlung von Schuldverschreibungen mit Emittententilgungswahlrecht, DStR 1999, 1205; *Scheurle,* Mißbrauchsbekämpfungs- und Steuerbereinigungsgesetz: Änderungen der Besteuerung von Kapitaleinkünften (Teil I), DB 1994, 445; *Schlitt/ Löschner,* Abgetrennte Optionsrechte und Naked Warrants, BKR 2002, 150; *Schrell/Kirchner,* Mezzanine Finanzierungsstrategien, BKR 2001, 17; *Schumacher,* Besteuerung von Umtauschanleihen und vergleichbaren Anleiheformen – Anmerkungen zum BMF-Schreiben v. 24.5.2000, DStR 2000, 1227; *ders.,* Die Besteuerung von Compound Instruments beim Privatanleger am Beispiel von Reverse Convertibles – Zugleich Anmerkung zum BMF-Schreiben v. 7.10.1999, DStR 1999, 2032; *Singer,* Besteuerung von Equity-Linked Notes und Equity-Structured Notes bei rückläufiger Aktienentwicklung, DStZ 1999, 281; *Sontheimer,* Die steuerliche Behandlung von Genußrechten, BB 1984, Beilage 19; *Steinlein,* Zweifelsfragen bei der Besteuerung privater Veräußerungsgeschäfte nach § 23 Abs. 1 Satz 1 Nr. 2 EStG – Anmerkungen zum BMF-Schreiben v. 25.10.2004, DStR 2005, 456; *Süß/Zankl,* Aktienerwerb durch Wandlung von Wandelanleihen: Anschaffung im Sinne des § 23 EStG?, DStR 2005, 547; *Watrin/Lühne,* Besteuerung von Genussrechten mit im Ausland ansässigen Inhabern, IWB Gruppe 4, Fach 3, 483; *Widmeyer,* Genussrechte als Instrument für grenzüberschreitende Finanzierungen, IStR 2001, 337; *Wiese/Dammer,* Zusammengesetzte Finanzierungsinstrumente der AG – Hybride Kapitalmaßnahmen, strukturierte Anleihen und Kreditderivate im Bilanz-, Ertragsteuer- und Aktienrecht, – Ein Überblick, DStR 1999, 867; *Windmöller/Breker,* Bilanzierung von Optionsgeschäften, Wpg 1995, 389; *Wüllenkemper,* Steuerliche Aspekte der Ausgabe von Optionsgenussscheinen, FR 1991, 473; *Ziebe,* Rechtsnatur und Ausgestaltung von Genussrechten, DStR 1991, 1594.

## I. Überblick und zivilrechtliche Grundlagen

**587** Zur mittel- oder langfristigen Beschaffung von Finanzmitteln stehen Unternehmen, neben Eigenkapital, Gesellschafterdarlehen oder Bankkrediten, hybride Finanzierungsinstrumente (Mezzaninefinanzierung) zur Verfügung. Mittels hybrider Finanzierungsinstrumente verschafft sich die emittierende Gesellschaft benötigtes Kapital zu einem Zinssatz, der unter dem bei Emission geltenden Marktzinssatz liegt. Aufgrund ihrer flexiblen Gestaltbarkeit sind diese hybriden Finanzierungsinstrumente nicht nur für große, sondern auch für mittelständische Unternehmen interessant.[765] Sie können nicht nur von Kapitalgesellschaften, sondern auch von Unternehmen anderer Rechtsform, dh auch von Personengesellschaften ausgegeben werden. Hybride Finanzierungsinstrumente weisen in unterschiedlicher Ausprägung Elemente sowohl von Eigenkapital als auch von Fremdkapital auf. Die folgende Betrachtung beschränkt sich auf Genussrechte, Wandel- und Gewinnschuldverschreibungen. Die Vergütung für diese hybriden Finanzierungsinstrumente besteht neben einer Zinskomponente aus einer zusätzlichen Vergütung, die dem Kapitalgeber die Möglichkeit der Teilnahme am Wertzuwachs des Unternehmens vermittelt (sog. *Equity Kicker*). Diese zusätzliche Vergütung kann etwa in einer Teilnahme am Gewinn und Verlust des finanzierten Unternehmens und/oder besonderen Entschädigungen bei Gründung, Sanierung oder Verschmelzung von Unternehmen bzw. am Liquidationserlös bestehen. Statt dessen bzw. ergänzend dazu kann auch eine Option oder ein Wandelrecht auf den Erwerb von Aktien eingeräumt werden. Die verschiedenen Gestaltungen eines *Equity Kickers* lassen sich miteinander kombinieren.

**588** Zivilrechtlich handelt es sich bei den hier angesprochenen hybriden Kapitalmaßnahmen entweder um Schuldverschreibungen iS der §§ 793 ff. BGB *("bonds")* oder um abstrakte Schuldverpflichtungen §§ 780 f. BGB. Ergänzende Regelungen zu Wandelschuldverschreibungen, Gewinnschuldverschreibungen und Genussrechten finden sich in § 221 AktG. Aus rechtlicher Sicht vermitteln die bezeichneten Instrumente keine Mitgliedschaftsrechte, sondern stellen reine Gläubigerrechte dar und enthalten auch keine Anwartschaft auf mitgliedschaftliche Beteiligung.[766] Allenfalls begründet werden kann ein passives Teilnahmerecht in

---
[765] Vgl. *Angerer* DStR 1994, 41; *Dautel* BB 2000, 1757, 1758.
[766] Vgl. BGH Urt. v. 5.10.1992, NJW 1993, 57; BGH Urt. v. 9.11.1992, BGHZ 120, 141.

Form eines Anwesenheitsrechts an Gesellschafterversammlungen. Infolge der dem Kapitalgeber neben Zinsen zusätzlich eingeräumten Vergütung zeichnen sich die hier angesprochenen hybriden Kapitalmaßnahmen indes durch eine Zwitterstellung aus, dh sie verbinden Eigen- und Fremdkapitalkomponenten miteinander.

Sofern Wandelschuldverschreibungen bzw. Gewinnschuldverschreibungen nicht als Genussrecht zu qualifizieren sind, liegt steuerlich stets Fremdkapital vor. Vergütungen für dieses Fremdkapital stellen steuerlich dem Grunde nach Betriebsausgaben dar. Handelt es sich demgegenüber zivilrechtlich um ein Genussrecht, und ist dieses Genussrecht steuerlich als Eigenkapital zu qualifizieren, werden die gewährten Vergütungen steuerlich wie Dividenden behandelt, § 8 Abs. 3 Satz 2 KStG. Die eingeräumten Vergütungen sind beim Emittenten (Darlehensnehmer) demzufolge steuerlich nicht als Betriebsausgaben abzugsfähig. Der Darlehensgeber hat die erhaltenen Vergütungen wie eine Ausschüttung unter Anwendung der Abgeltungsteuer, des Teil-/Halbeinkünfteverfahrens (§ 3 Nr. 40 EStG), bzw. des Beteiligungsprivilegs (§ 8b Abs. 1 KStG) zu versteuern.[767] 589

Die folgende Betrachtung beschränkt sich auf die hybriden Kapitalmaßnahmen, die steuerlich als Fremdkapital zu qualifizieren sind (obligationsähnliche Genussrechte). Gesondert eingegangen wird auf die steuerlichen Konsequenzen beim Einsatz von Schuldverschreibungen als Instrumente der Mitarbeiterbeteiligung. 590

## II. Rechtsformen hybrider Anleiheformen

**1. Überblick.** Nach § 793 Abs. 1 Satz 1 BGB sind Schuldverschreibungen Urkunden, in denen der Aussteller dem Gläubiger eine Leistung verspricht, die in der Regel in einem Geldbetrag und einer laufenden Verzinsung besteht. Regelmäßig, aber nicht zwingend, werden Schuldverschreibungen am Kapitalmarkt durch Emission von Wertpapieren aufgenommen. In diesen Fällen sind sie in handelbaren Teilschuldverschreibungen verbrieft. Teilschuldverschreibungen sind Wertpapiere über die Teile des Nennbetrags einer Anleihe.[768] Die klassischen Formen der Schuldverschreibung sind die mittelfristige Obligation und die langfristige Anleihe *(„straight bond")*, die mit einer laufenden Zinszahlung in Form eines jährlich einzulösenden Kupons ausgestattet sind und endfällig getilgt werden.[769] 591

Spezielle Formen von Schuldverschreibungen sind die Wandelschuldverschreibung *(„convertible bond")* und die Gewinnschuldverschreibung *(„participating bond")*. 592

**2. Wandelschuldverschreibung.** Bei Wandelschuldverschreibung handelt es sich um ein Gläubigerpapier, welches neben einer festen Verzinsung und einem vereinbarten Rückzahlungstermin mit einem Recht auf Wandlung in Gesellschaftsanteile versehen ist.[770] Sie sind zu unterscheiden in Wandelanleihe, Umtauschanleihe *(„exchangeable bond")* sowie Optionsanleihe *(„warrant bond")*. 593

**a) Wandelanleihe.** Das mit der Wandelanleihe verbundene Wandlungsrecht berechtigt den Anleger, anstelle der Rückzahlung der (verbrieften) Forderungen die Lieferung von Aktien der die Anleihe emittierenden Gesellschaft zu einem festgelegten Umtauschverhältnis unter Leistung etwaiger Zuzahlungen zu verlangen. Erforderliche Zuzahlungen repräsentieren die Differenz zwischen dem Nennbetrag der Wandelanleihe und dem Börsenwert der Aktie im Zeitpunkt der Ausgabe der Wandelanleihe.[771] Mit der Wandlung erlischt der Anspruch auf Rückzahlung des Nominalbetrags der Anleihe. Im Fall der Wandelung wird das Anleihekapital auf die Zahlung des Grundkapitals sowie eines Aufgelds angerechnet. 594

**b) Optionsanleihe.** Bei der Optionsanleihe gewährt der Gläubiger dem Schuldner ein Darlehen. Neben dem in der Anleihe verbrieften Rückzahlungsanspruch erhält er einen 595

---

[767] Vgl. dazu ausführlich § 28 Abschnitt B.
[768] Vgl. *Ratschow* in Blümich, EStG/KStG/GewStG-Kommentar, § 20 Rn. 324.
[769] Vgl. etwa *Perridon/Steiner*, Finanzwirtschaft der Unternehmung, 383 ff.
[770] Vgl. *Lindberg* in Blümich, EStG/KStG/GewStG-Kommentar, § 43 EStG Rn. 40.
[771] Vgl. *Eisolt/Wickinger* BB 2001, 122; *Krieger* in MünchHdbGesR IV, § 63 Rn. 4.

von der Anleihe getrennten Optionsschein, der selbständig gehandelt werden kann.[772] Der Optionsschein berechtigt den Gläubiger, durch Ausübung des Optionsrechts innerhalb einer bestimmten Frist, Aktien des Emittenten zu beziehen. Im Unterschied zur Wandelanleihe erlischt der Anspruch auf Rückzahlung des Nominalbetrags der Anleihe mit der Ausübung des Optionsrechts nicht. Die Anleihe ist vielmehr am Ende ihrer Laufzeit zum Nennwert zurückzuzahlen.[773]

596 **c) Umtauschanleihe.** Bei der Umtauschanleihe hat der Gläubiger, wie bei der Wandelanleihe, bei Fälligkeit das Wahlrecht, statt der Rückzahlung des überlassenen Kapitals die Lieferung einer im Voraus festgelegten Zahl von Aktien zu verlangen.[774] Im Unterschied zur Wandelanleihe bezieht sich dieses Recht indes nicht auf Aktien des Emittenten, sondern eines Drittunternehmens. Insofern ist mit der Umtauschanleihe keine Kapitalerhöhung bei der Emittentin verbunden. Mit der Ausübung der Option auf Umtausch erlischt der Anspruch auf Rückzahlung des Nominalbetrags der Anleihe.

597 **d) Pflichtwandelanleihe.** Neuerlich Bedeutung haben Wandel- und Optionsanleihen als Anleihen erlangt, die den Anleger zur Wandlung bzw zum Umtausch verpflichten. Das Instrument ist entsprechend des höheren Risikos für den Anleger mit einem höheren laufenden Zinssatz ausgestattet. Pflichtwandelanleihen wurden bislang schon als sog. „*Mandatory Convertible Bonds*" ausgegeben, wobei sie zwingend am Ende Ihrer Laufzeit in Aktien zurückgezahlt werden.[775] Als Instrument der Bankenfinanzierung werden nunmehr auch in Deutschland sog. „*Convertible Contingent Bonds*" („Cocos") ausgegeben, um erforderlichenfalls die Eigenkapitalquote der Banken zu verbessern. Das Wandlungsrecht des Emittenten hängt also vom Eintritt eines Ereignisses, so zB des Unterschreitens einer Eigenkapitalquote ab.[776]

598 **3. Gewinnschuldverschreibung.** Bei der Gewinnschuldverschreibung bzw. Gewinnobligation handelt es sich um Teilschuldverschreibungen, bei denen neben der festen Verzinsung eine Zusatzverzinsung eingeräumt wird, § 43 Abs. 1 Nr. 2 EStG. Die Zusatzverzinsung richtet sich nach der Höhe der Gewinnausschüttung des Schuldners der Anleihe. In ihrer Ausgestaltung stehen Gewinnschuldverschreibungen den Genussrechten sehr nahe.

### III. Genussrechte – Abgrenzungen

599 **1. Qualifikation als Genussrecht.** Genussrechte begründen schuldrechtliche Ansprüche des Genussberechtigten gegen die emittierende Gesellschaft.[777] Sind diese Rechte als Voraussetzung für den Börsenhandel in einer selbständigen Urkunde verbrieft, spricht man auch von Genussscheinen.[778]

600 Für die Qualifizierung eines hybriden Finanzierungsinstruments zivilrechtlich als Genussrecht ist allein der Inhalt der Vertragsbedingungen und nicht die von den Vertragsparteien gewählte Bezeichnung entscheidend. Der Rechtsprechung des BGH[779] zufolge kann ein Genussrecht nur dann vorliegen, wenn durch eine Schuldverschreibung oder ein abs-

---

[772] Vgl. *Lindberg* in Blümich, EStG/KStG/GewStG-Kommentar, § 43 EStG Rn. 40; *Haarmann* JbFStR 1991/'92, 469, 471; *Hüffer*, AktG-Kommentar, § 221 Rn. 6.
[773] Vgl. *Hüffer*, AktG-Kommentar, § 221 Rn. 6; *Schlitt/Löschner* BKR 2002, 150, 151; *Schumacher* DStR 2000, 1218, 1219.
[774] Vgl. *Dreyer/Herrmann* BB 2001, 705; *Höreth/Zipfel* DStZ 2001, 653, 658; *Schumacher* DStR 2000, 1218.
[775] Vgl. *Schanz* BKR 2011, 410.
[776] 27. Januar 2014: www.manager-magazin.de/immobilien/artikel/steuerstreit-bei-pflichtwandelanleihen-bremst-deutsche-banken-ausa-945735.html.
[777] Vgl. BGH WM 1959, 434/436; *Emde* BB 1988, 1214; *Ziebe* DStR 1991, 1594; vgl. auch etwa Haarmann Hemmelrath/*Bula*, 121, 122.
[778] Vgl. *Habersack* in MüKoAktG, § 221 Rn. 63.
[779] Vgl. BGH Urt. v. 5.10.1992 – II ZR 172/91, NJW 1993, 57, 58; BGH Urt. v. 9.11.1992 – II ZR 230/91, NJW 1993, 400.

traktes Schuldversprechen mindestens eines der folgenden aktionärstypischen Rechte eingeräumt wird:
- Partizipation am Gewinn der Gesellschaft;
- Teilnahme am Liquidationserlös der Gesellschaft, also den bei Abwicklung realisierten stillen Reserven;
- Umtausch bzw. Wandlung in Gesellschaftsrechte und/oder in andere Genussrechte an der Gesellschaft oder mit ihr verbundenen Unternehmen;
- Benutzung von Einrichtungen der Gesellschaft.

Zunehmende Bedeutung haben Genussrechte, die ein Wandlungsrecht in Aktien vermitteln oder mit einem Optionsrecht verbunden sind.[780] 601

Wird dem Anleger keines der genannten Rechte gewährt, liegt zivilrechtlich kein Genussrecht vor. Aus steuerlicher Sicht ist in diesem Fall zwingend Fremdkapital gegeben. Ist das hybride Finanzinstrument hingegen zivilrechtlich als Genussrecht einzuordnen, so ist für die steuerliche Behandlung eine Unterscheidung nach den Bedingungen des § 8 Abs. 3 Satz 2 KStG in Eigenkapital und Fremdkapital erforderlich. 602

**2. Abgrenzung zwischen Eigenkapital und Fremdkapital. a) Überblick – Anforderungen an die Qualifizierung als Eigenkapital.** Sowohl für die steuerliche Behandlung beim Emittenten als auch beim Anleger stellt sich die Frage, ob das Genussrecht steuerlich als Eigenkapital oder als Fremdkapital zu qualifizieren ist. Die steuerliche Abgrenzung richtet sich dabei nach § 8 Abs. 3 Satz 2 KStG. Umstritten ist, ob die Regelung des § 8 Abs. 3 Satz 2 KStG nur für Genussrechte an Kapitalgesellschaften[781] gilt, oder ob sie auch auf solche an anderen Körperschaften anzuwenden ist, was die Finanzverwaltung offensichtlich bejaht.[782] Nicht maßgebend für die steuerliche Behandlung ist die handelsrechtliche[783] Qualifizierung des Genussrechtskapitals. Die handelsrechtlich und steuerlich unterschiedlichen Qualifizierungskriterien ermöglichen einen handelsbilanziellen Ausweis von Genussrechtskapital als Eigenkapital unter gleichzeitiger steuerlicher Behandlung als Fremdkapital. Entsprechende Gestaltungen sind auch unter Anwendung des IAS 32.11 iVm 32.16 möglich.[784] 603

Gem. § 8 Abs. 3 Satz 2 KStG mindern Vergütungen das Einkommen der Kapitalgesellschaft dann nicht, wenn mit den Genussrechten eine Beteiligung am Gewinn und am Liquidationserlös der Kapitalgesellschaft verbunden ist. Genussrechte, die die genannten Voraussetzungen der Beteiligung am Gewinn und am Liquidationserlös kumulativ erfüllen, haben demnach Eigenkapitalcharakter.[785] Die Qualifizierung unter den genannten Voraussetzungen als Eigenkapital wurde vom RFH[786] damit begründet, dass der Genussrechtsinhaber im Falle der Beteiligung am Gewinn und am Liquidationserlös Rechte wie ein Aktionär inne hat, und ihm damit eine vergleichbare Stellung eingeräumt wird.[787] Fehlt demgegenüber entweder eine Beteiligung am Gewinn oder am Liquidationserlös, so handelt es sich bei dem betrachteten Genussrecht um Fremdkapital.[788] 604

---

[780] Vgl. für den Bankenbereich Aareal Bank 1. März 2014 entsprechend der Pflichtwandelanleihen, hierzu siehe → Rn. 597.
[781] Vgl. *Wassermeyer* FR 1990, 1; *Angerer* DStR 1994, 41.
[782] Vgl. *Dötsch, Pung, Möhlenbrock,* Kommentar zum KStG § 8 Abs. 3A Rn. 106; BMF Schreiben v. 8.12.1986 BB 1987, 667; *Frotscher/Maas* § 8 KStG Rn. 126; *Stein* in Herrmann/Heuer/Raupach, EStG/KStG-Kommentar, § 8 KStG, Rn. 170.
[783] Zu der abweichenden handelsrechtlichen Abgrenzung vgl. HFA 1/1994, WPg 1994, 420; siehe auch *Brokamp/Hölzer* FR 2006, 272, 273 f.; *Brenninger/Prinz* DStR 2006, 1345, 1347.
[784] Zur Behandlung nach IAS 32.16 vgl. *Harrer/Janssen/Halbig* FB 2005, 1, 5.
[785] Vgl. dazu ausführlich § 28 Abschnitt B.
[786] Vgl. RFH Urt. v. 17.4.1934, RStBl. 1934, 773.
[787] Fortgeführt durch BFH Urt. v. 19.1.1994 – I R 67/92, BStBl. II 1996, 77, 79; siehe auch *Rengers* in Blümich, EStG/KStG/GewStG-Kommentar, § 8 KStG Rn. 201.
[788] Vgl. BFH Urt. v. 19.1.1994 – I R 67/92, BStBl. II 1996, 77, 79; BFH v. 11.2.1987 – I R 43/83, BStBl. II 1987, 643, 644; *Rengers* in Blümich, EStG/KStG/GewStG-Kommentar, § 8 KStG Rn. 200; *Habersack* in MüKoAktG, § 221 Rn. 352.

**605** **b) Beteiligung am Gewinn.** Eine Beteiligung am Gewinn iSd § 8 Abs. 3 Satz 2 KStG ist gegeben, wenn der Genussrechtskapitalgeber am Risiko des Geschäftsbetriebs durch Begrenzung seines Kapitalnutzungsentgelts auf den vom Unternehmen erzielten Reinertrag teilnimmt.[789] Dabei ist hingegen eine Beteiligung am Verlust (Jahresfehlbetrag) nicht erforderlich.[790] Maßgebend für die Gewinnbeteiligung ist der erzielte handelsrechtliche Jahresüberschuss vor Bedienung der Genussrechte. Anstelle des Jahresüberschusses kann als Bezugsgröße zur Bemessung des Kapitalnutzungsentgelts für Genussrechtskapital auch der Steuerbilanzgewinn, die Dividende der Gesellschafter oder eine aus dem Jahresabschluss angeleitete Kennziffer vereinbart werden.

**606** Eine gewinnabhängige Vergütung wird selbst dann angenommen, wenn ein von der Höhe des Gewinns abhängiger gestaffelter Zins vereinbart wird.[791] Nicht als Gewinnbeteiligung iSd § 8 Abs. 3 Satz 2 KStG anzusehen ist hingegen ein Zins, der völlig unabhängig von der Ertragskraft des Unternehmens an den Genussrechtsgläubiger zu zahlen ist. Steht der Festzins indes unter dem Vorbehalt eines ausreichend hohen Gewinns, dürfte indessen eine gewinnabhängige Vergütung iSd § 8 Abs. 3 Satz 2 KStG vorliegen. Demgegenüber soll eine gewinnabhängige Vergütung dann nicht vorliegen, wenn in Jahren mit Gewinnausschüttungen obligatorische Festzinszahlungen zu leisten sind und Nachzahlungsverpflichtungen für in ausschüttungslosen Jahren ausgefallene Genussrechtsvergütungen vereinbart sind.[792]

**607** Eine Beteiligung am Gewinn besteht dann nicht zwingend, wenn mit dem Genussrechtsinhaber eine gleichbleibende Verzinsung neben einer Gewinnbeteiligung vereinbart wurde. Bei Bestehen einer solchen kombinierten Vergütung ist eine Zerlegung des Genussrechts in zwei Komponenten und folglich eine Aufsplittung der Vergütung in einen gewinnabhängigen und damit nicht abziehbaren Betrag einerseits und einen gewinnunabhängigen und demzufolge abzugsfähigen Betrag andererseits nicht zulässig. Vielmehr ist bei Kombination eines Festzinses mit einer gewinnabhängigen Vergütung insgesamt zu beurteilen, ob die wirtschaftliche Belastung des Unternehmens durch das vereinbarte Kapitalnutzungsentgelt einer Dividende oder Fremdkapitalzinsen ähnelt. Nach Auffassung des RFH[793] ist der Genussrechtsinhaber in einem solchen Fall lediglich dann iSd § 8 Abs. 3 Satz 2 KStG am Gewinn beteiligt, wenn die feste Verzinsung zuzüglich des Rechts auf Beteiligung am Gewinn die Gesellschaft in ungefähr der gleichen Weise belasten wie die angemessene gewinnunabhängige Verzinsung einer vergleichbaren Verpflichtung. Demgegenüber wird im Schrifttum[794] mit Bezug auf den BFH[795] in diesen Fällen vielmehr dann von einer Gewinnbeteiligung ausgegangen, wenn die gleichbleibende Verzinsung geringer ist als der üblicherweise erzielte Gewinn der Gesellschaft und demzufolge die gewinnabhängige Vergütung im Vordergrund steht.

**608** **c) Beteiligung am Liquidationserlös.** Genussrechtskapital ist steuerlich nur dann als Eigenkapital zu qualifizieren, wenn neben einer Beteiligung am Gewinn zusätzlich eine Beteiligung am Liquidationserlös eingeräumt ist, § 8 Abs. 3 Satz 2 KStG. Maßstab für die Beurteilung einer Beteiligung am Liquidationserlös ist der Vergleich mit der Belastung des Unternehmens durch Aktien- bzw. Stammkapital.[796] Aktien gewähren Rückzahlungsansprüche erst bei Auflösung der Gesellschaft. Während der Lebensdauer des Unternehmens haben Aktionäre keinerlei Anspruch auf Rückgewähr ihres eingezahlten Kapitals; sie haben kein außerordentliches Kündigungsrecht.

---

[789] Vgl. *Stein* in Herrmann/Heuer/Raupach, EStG/KStG-Kommentar, § 8 KStG Rn. 184.
[790] Vgl. RFH Urt. v. 16.12.1931, RStBl. 1932, 746.
[791] Vgl. *Emde*, Genußschein als Finanzierungsinstrument, 18; *Linscheidt* DB 1992, 1852, 1854.
[792] Vgl. *Harrer/Janssen/Halbig* FR 2005, 1, 6.
[793] Vgl. RFH Urt. v. 17.4.1934, RStBl. 1934, 773.
[794] Vgl. *Rengers* in Blümich, EStG/KStG/GewStG-Kommentar, § 8 KStG Rn. 202; *Sontheimer* BB 1984, Beil. 19, 1, 4 f.; *Gosch*, KStG-Kommentar, § 8 KStG Rn. 151.
[795] Vgl. BFH Urt. v. 28.6.1960 – I 85/60, HFR 1961, 13.
[796] Vgl. RFH Urt. v. 17.4.1934, RStBl. 1934, 773.

Insofern liegt eine Beteiligung am Liquidationserlös zunächst immer dann vor, wenn **609** dem Genussrechtsinhaber das Genussrechtskapital zuzüglich anteiliger stiller Reserven im Geschäftsvermögen des Emittenten zurückzuzahlen ist.[797] Eine Beteiligung am Liquidationserlös soll nach Auffassung der Finanzverwaltung[798] zudem dann anzunehmen sein, wenn die Rückzahlung des Genussrechtskapitals vor der Liquidation nicht verlangt werden kann. Dies ist etwa der Fall, wenn weder ein Kündigungsrecht noch eine Befristung der Kapitalüberlassung vereinbart ist. Das soll selbst dann gelten, wenn der Rückzahlungsbetrag abweichend vom Anspruch der Aktionäre mit dem Nennbetrag festgelegt wurde.[799] Daneben soll eine Beteiligung am Liquidationserlös in den Fällen anzunehmen sein, in denen die Rückzahlung überhaupt nicht verlangt werden kann oder der Rückzahlungsanspruch wirtschaftlich unbedeutend ist, weil er erst in ferner Zukunft fällig wird (nach mindestens 30 Jahren). Gleiches soll gelten, wenn der Alleingesellschafter auf die Rückzahlung des Genussrechtskapitals verzichtet.

Im Unterschied zur Auffassung der Finanzverwaltung verneint der BFH[800] in seiner Ent- **610** scheidung v. 19.1.1994 eine Beteiligung am Liquidationserlös, wenn ein Rückzahlungsanspruch nicht besteht.[801] Die Finanzverwaltung lehnt die Anwendung des Urteils vom 19.1.1994 über den entschiedenen Einzelfall hinaus ab.[802] Ist die Laufzeit des Genussrechts zeitlich befristet oder ist das Genussrecht mit einem Kündigungsrecht ausge- stattet, so bejaht die Finanzverwaltung[803] eine Beteiligung am Liquidationserlös unter der Voraussetzung, dass das Genussrecht unter Einbeziehung anteiliger stiller Reserven zurückzuzahlen ist.[804] Bei Zugrundelegung der Auffassung der Finanzverwaltung liegt ebenfalls bei sog. Pflichtwandelanleihen[805] regelmäßig eine Beteiligung am Liquidationserlös vor. Bei dieser Form der Anleihe wird eine Pflichtwandlung in Gesellschaftsrechte zu einem bereits zum Emissionszeitpunkt festgelegten Umtauschverhältnis vereinbart.

Die Vereinbarung, dass Genussrechtskapital erst nach Befriedigung der übrigen Gläubiger **611** zurückzuzahlen ist, verleiht dem Genussrecht noch keinen Beteiligungscharakter.[806]

**3. Abgrenzung zur stillen Beteiligung.** Ähnlichkeiten weisen Genussrechte sowohl **612** zur stillen Gesellschaft als auch zum partiarischen Darlehen auf. Beide Rechtsverhältnisse sind mit den Genussrechten indes nur bedingt vergleichbar. Neben der kapitalmäßigen Beteiligung einer Person am Handelsgewerbe eines anderen erfordert die stille Gesellschaft gemäß § 230 HGB, dass die Einlage zur Verfolgung eines gemeinsamen Zwecks mit gesellschaftlicher Bindung erbracht wird. Auch bei Genussrechten ist zwar das Merkmal der vermögensmäßigen Einlage erfüllt. Von der stillen Gesellschaft ist das Genussrechtsverhältnis jedoch aufgrund der fehlenden gemeinsamen Zielsetzung und der fehlenden gesellschaftsähnlichen Bindung zu unterscheiden.[807] Aufgrund dieses Unterschiedes lassen sich die Rechtsfolgen, die an eine stille Gesellschaft geknüpft sind, nicht auf Genussrechte übertragen.

Problematisch ist im Einzelfall die Abgrenzung eines Genussrechts zum partiarischen **613** Darlehen. Ansatzpunkt ist die beim Genussrecht gegebene Möglichkeit der unentgeltlichen

---

[797] Vgl. *Sontheimer* BB 1984, Beil. 19, 1, 5.
[798] Vgl. BMF v. 27.12.1995 IV B 7 – S 2742 – 76/95, BStBl. I 1996, 49.
[799] Vgl. mwN *Linscheidt* DB 1992, 1852, 1855.
[800] Vgl. BFH Urt. v. 19.1.1994 I R 67/92, BStBl. II 1996, 77, 79.
[801] Vgl. *Rengers* in Blümich, EStG/KStG/GewStG-Kommentar, § 8 KStG Rn. 203; *Angerer* DStR 1994, 651; *Lorenz* DStR 2000, 77; *Gosch*, KStG-Kommentar, § 8 KStG Rn. 151.
[802] Vgl. BMF Schreiben v. 27.12.1995 DB 1996, 68.
[803] Vgl. BMF Schreiben v. 8.12.1986, BB 1987, 687.
[804] Kritisch hingegen *Linscheidt* DB 1992, 1852, 1855; *Grieger* WM 1958, 917, 918.
[805] Begeben von der Daimler Benz AG im Jahr 1997 sowie von der Deutschen Telekom AG im Jahr 2003; vgl. *Dipplinger/Loistl/Neufeld* Die Bank 199, 120 ff.; *Röder* FB 2003, 240 ff.
[806] Vgl. BFH Urt. v. 14.6.2005 – VIII R 73/03, DStR 2005, 1847.
[807] Vgl. auch FG Baden-Württemberg Urt. v. 3.12.2004 – 10 K 225/01, EFG 2005, 230 (Rev. eingelegt: BFH Az. VIII R 3/05); siehe auch *Ziebe* DStR 1991, 1597.

Gewährung, während das partiarische Darlehen regelmäßig eine Beteiligung am Gewinn voraussetzt. Werden im Einzelfall dem Gläubiger weitere Rechte eingeräumt und ist insbesondere eine Beteiligung am Verlust der Gesellschaft vorgesehen, so spricht dies für das Vorliegen eines Genussrechts.[808]

### IV. Steuerliche Behandlung beim Emittenten

**614** **1. Ausgabe. a) Wandelanleihe/Optionsanleihe.** Handelsrechtlich und steuerlich sind als Fremdkapital zu qualifizierende Schuldverschreibungen beim Emittenten als Verbindlichkeit mit dem Rückzahlungsbetrag zu passivieren, § 253 Abs. 1 Satz 2 HGB.[809]

Unterschreitet der Ausgabepreis den Rückzahlungsbetrag der Anleihe, ist der Unterschiedsbetrag als Disagio zu aktivieren und über die Laufzeit der Anleihe abzuschreiben, § 250 Abs. 3 HGB.[810]

**615** Wird demgegenüber bei Ausgabe der Wandelanleihe bzw. der Optionsanleihe über den Rückzahlungsbetrag hinaus ein Aufgeld (Agio) erzielt, so ist dieses Aufgeld handelsrechtlich in die Kapitalrücklage der Emittentin einzustellen, § 272 Abs. 2 Nr. 2 HGB. Dies wird damit begründet, dass der auf das Wandlungs- oder Optionsrecht geleistete Betrag eine mitgliedschaftlich bedingte Vermögensmehrung darstellt.[811] Die Finanzverwaltung[812] hatte bislang steuerlich eine entsprechende Einstellung des Aufgelds in die Kapitalrücklage abgelehnt.[813] Der BFH[814] ist dieser Auffassung mit Entscheidung v. 30.11.2005 entgegengetreten. Dem genannten Urteil zufolge stellt ein Aufgeld bei der Ausgabe von Optionsanleihen auch steuerlich eine Einlage dar und ist demzufolge in die Kapitalrücklage einzustellen. Im Falle der Nichtausübung des Wandlungs- oder Optionsrechts bleibt dieser Betrag in der Kapitalrücklage.[815]

**616** Ebenfalls in die Kapitalrücklage einzustellen ist der Vorteil aus einer gegenüber dem Marktzins niedrigeren Verzinsung der Schuldverschreibung, § 272 Abs. 2 Nr. 2 HGB. Diese niedrigere Verzinsung der Schuldverschreibung stellt eine Gegenleistung für die Gewährung von Wandlungs- und Optionsrechten dar.

**617** Fraglich war die Behandlung der steuerlichen Abzugsfähigkeit von Zinsen bei Pflichtwandelanleihen. Die höhere Verzinsung könnte teilweise als Zahlung einer Optionsprämie (Stillhalterprämie) anzusehen sein, die der Emittent dem Anleiheinhaber als Gegenleistung für die Pflichtwandlung gewährt. Die geleisteten Zinszahlungen wären aber auch in diesem Fall im Zeitpunkt ihrer Leistung (Kuponzahlung) in voller Höhe als Betriebsausgaben anzusetzen, da die Zahlung auf die Optionsprämie als Kapitalbeschaffungskosten zu qualifizieren wäre, die an sich steuerlich abzugsfähig ist.[816] Die Finanzverwaltung hat daher auch bei „Convertible Contingent Bonds" die volle steuerliche Abzugsfähigkeit der Zinsen bejaht.[817]

**618** **b) Umtauschanleihen.** Die Verpflichtung aus der Umtauschanleihe ist in Höhe des Rückzahlungsbetrags als Verbindlichkeit zu passivieren, § 253 Abs. 1 Satz 2 HGB.[818]

---

[808] Vgl. *Ziebe* DStR 1991, 1594.
[809] Vgl. *Häuselmann* BB 2000, 139, 144; zur Behandlung nach IFRS 32, vgl. etwa *Padberg* StuB 2005, 104 f.
[810] Zur Behandlung bei einfachen Schuldverschreibungen allerdings FG Köln Urt. v. 17.3.2005 – 13 K 7115/00, DStRE 2005, 1057, Rev. eingel. Az. BFH: I R 46/05.
[811] *Förschle/Kofahl* in BeckBilanzkommentar, § 272 Rn. 65; *Häuselmann* BB 2000, 139, 141.
[812] Vgl. OFD Düsseldorf Schreiben v. 23.3.2001 – S 2136 A – St 11, DB 2001, 1337, 1338.
[813] Bestätigt durch FG München Urt. v. 4.2.2004, EFG 2004, 846; FG Düsseldorf Urt. v. 28.10.2003, EFG 2004, 288 (Rev. BFH I R 26/04).
[814] Vgl. BFH Urt. v. 30.11.2005 – I R 3/4, DStRE 2006, 259.
[815] Vgl. *Häuselmann/Wagner* BB 2002, 2431, 2432; *Habersack* in MüKoAktG, § 221 Rn. 327.
[816] Vgl. *Häuselmann* in Kessler/Kröner/Köhler, Konzernsteuerrecht, 2. Auflage 2008 Rn. 278 unter Hinweis auf BFH v. 17.5.2000, I R 21/99, BFH/NV 2001, 343; BFH v. 19.1.2000, I R 24/99, BStBl. II 2000, 545.
[817] http://www.n-tv.de/wirtschaft/Banken-bekommen-Coco-Bonds-article12640301.html.
[818] Vgl. *Häuselmann/Wagner* BB 2002, 2431, 2433.

Soweit der Marktwert der der Anleihe zugrundeliegenden Basiswerte den in der Umtauschanleihe vereinbarten Bezugspreis übersteigt und damit die Ausübung des Umtauschrechts wahrscheinlich wird, hat die Emittentin Rückstellung für ungewisse Verbindlichkeiten zu bilden, § 249 Abs. 1 Satz 1 1. Alt. HGB. Eine handelsrechtlich zu passivierende Rückstellung für ungewisse Verbindlichkeiten ist steuerlich anzuerkennen. Das steuerliche Passivierungsverbot des § 5 Abs. 4a EStG bezieht sich allein auf Rückstellungen für drohende Verluste aus schwebenden Geschäften und greift demnach hier nicht.[819] Auf den Ansatz einer solchen Verbindlichkeitsrückstellung ist handelsrechtlich zu verzichten, wenn der Emittent die betrachteten Basiswerte bereits in seinem Vermögen hält (kompensatorische Bewertung). Nach § 5 Abs. 1a EStG dürfte diese kompensatorische Bewertung auch steuerlich zu beachten sein. Auch steuerlich kann daher keine Verbindlichkeit passiviert werden.

**c) Gewinnschuldverschreibungen und andere obligationsähnliche Genussrechte.** Gewinnschuldverschreibungen und andere Genussrechte, die keine Wandelschuldverschreibungen sind, sind gem. § 253 Abs. 1 Satz 2 HGB mit dem Rückzahlungsbetrag zu passivieren. Ein Aufgeld aus einem über dem Rückzahlungsbetrag liegenden Ausgabebetrag ist passiv abzugrenzen und über die Laufzeit der Anleihe erfolgswirksam aufzulösen. Anders als bei Wandelanleihen und Optionsanleihen kommt hier eine Einstellung in die Kapitalrücklage nach § 272 Abs. 2 Nr. 2 HGB nicht in Frage. Ein mögliches Abgeld durch einen unter dem Rückzahlungsbetrag liegenden Ausgabepreis der Anleihe hingegen ist steuerlich aktiv abzugrenzen.[820]

619

**2. Laufende Vergütungen. a) Betriebsausgaben.** Sind Schuldverschreibungen (Genussrechte) steuerlich als Fremdkapital zu qualifizieren, sind darauf an die Anleger zu leistende Zinszahlungen bei der emittierenden Gesellschaft Betriebsausgaben, §§ 4 Abs. 4 EStG iVm 8 Abs. 1 KStG.[821] Angesichts der Qualifizierung als Fremdkapital kommt mithin das Abzugsverbot nach § 8 Abs. 3 Satz 2 KStG nicht zum Tragen.[822] Es kommt hingegen die Zinsschranke des § 4h EStG iVm § 8a KStG zur Anwendung.[823] Auf die für die Anleihe zu leistenden Zinsaufwendungen war bis zum 31.12.2008 § 8a KStG aF anzuwenden, wenn eine Wandelschuldverschreibung, Gewinnschuldverschreibung oder ein anderes obliationsähnliches Genussrecht von einem unmittelbar oder mittelbar wesentlich beteiligten Anteilseigner, einer diesem nahestehenden Person oder einem Dritten mit Rückgriffsrecht[824] eingeräumt wurde.[825] Der Abzug der Zinsaufwendungen ist heute unabhängig von einer gesellschaftsrechtlichen Beteiligung durch die Regelung der Zinsschranke (§ 4h EStG ggf. iVm § 8a KStG) eingeschränkt.[826] Grundsätzlich unterliegen alle Vergütungen für Fremdkapital der Zinsschranke, § 4h Abs. 3 Satz 2 EStG.[827] Zinszahlungen der emittierenden Gesellschaft sind insbesondere dann nicht abziehbar, wenn die Gesellschaft zu einem Konzern gehört und soweit der negative Zinssaldo die Freigrenze von 1 Mio. EUR bzw. 30% des EBITDA überschreitet. Im Falle der Zinszahlung an körperschaftsteuerpflichtige Gesellschafter ergeben sich aus der Anwendung des § 8a KStG weitere Abzugsbegrenzungen.[828]

620

---

[819] Vgl. *Häuselmann/Wagner* BB 2002, 2431, 2433.
[820] Vgl. BFH Urt. v. 29.11.2006 – I R 46/05, DStR 2007, 573.
[821] Vgl. *Habersack* in MüKoAktG, § 221 Rn. 337, 349.
[822] Zur Abgrenzung nach § 8 Abs. 3 Satz 2 KStG, vgl. Rn. 491.
[823] Vgl. *Heuermann* in Blümich, Kommentar, 98. Auflage, § 8a, Tz. 1.
[824] Vgl. BMF Schreiben v. 22.7.2005 – IV B 7 – S 2742a – 31/05, DStR 2005, 1410, Tz. 2–4.
[825] Vgl. BMF Schreiben v. 15.12.1994 – IV B 7 – S 2742a – 63/94, BStBl. I 1995, 25, 176; zur Anwendung des § 8a KStG auf Wandelschuldverschreibungen und Gewinnschuldverschreibungen kritisch *Hahne* DStR 2006, 1065.
[826] Vgl. im Einzelnen *Hick* in Herrmann/Heuer/Raupach, EStG/KStG-Kommentar, § 4h Rn. 4, 5.
[827] Vgl. zum Prüfungsschema *Hick* in Herrmann/Heuer/Raupach, EStG/KStG-Kommentar, § 4h EStG Rn. 20.
[828] Vgl. *Loschelder* in Schmidt, EStG-Kommentar, § 4h EStG Rn. 18.

**621** **b) Gewerbesteuer.** Bei der Ermittlung des Gewerbeertrags der Emittentin ist nach § 8 Nr. 1a) GewStG dem Gewinn aus Gewerbebetrieb ein Viertel der Entgelte für Schulden wieder hinzuzurechnen, soweit sie bei der Ermittlung des Gewinns abgesetzt worden sind.[829] Zu den bei der Ermittlung des Gewerbeertrags hinzuzurechnenden Entgelten gehören auch erfolgsabhängige Vergütungen auf Schuldverschreibungen und andere Genussrechte.[830]

**622** Für Kreditinstitute und Gewerbebetriebe, die ausschließlich bestimmte *Asset-Backed-Securities*-(ABS) Geschäfte betreiben, bestehen über § 19 GewStDV besondere Zurechnungsvorschriften. Bei der Erfüllung der dort genannten Voraussetzungen kann die Hinzurechnung von Entgelten für Schuldverschreibungen beim Emittenten nur eingeschränkt erforderlich sein.[831]

**623** **c) Kapitalertragsteuer.** Zinsen aus Wandelanleihen, Gewinnschuldverschreibungen und anderen obligationsähnlichen Genussrechten unterliegen dem Steuerabzug vom Kapitalertrag, § 43 Abs. 1 Nr. 2 EStG. Die Kapitalertragsteuer beträgt ebenfalls 25 % zzgl. Solidaritätszuschlag und gegebenenfalls Kirchensteuer, § 43a Abs. 1 Nr. 1 EStG.

**624** Nicht unter § 43 Abs. 1 Nr. 2 EStG, sondern unter § 43 Abs. 1 Nr. 7 Buchst. a) EStG fällt die Umtauschanleihe.[832] Der Wortlaut des § 43 Abs. 1 Nr. 2 EStG bezieht sich auf Zinsen aus Teilschuldverschreibungen, bei denen neben der festen Verzinsung ein Recht auf Umtausch in Gesellschaftsanteile der Emittentin besteht. Hier werden allerdings im Klammerzusatz allein Wandelanleihen erwähnt. Insofern können Zinsen auf Umtauschanleihen nur unter Anwendung des § 43 Abs. 1 Nr. 7 Buchst. a) EStG der Kapitalertragsteuer unterworfen werden. Danach ist Kapitalertragsteuer lediglich auf solche Anleihen zu erheben, die in ein öffentliches Schuldbuch oder ein ausländisches Register eingetragen sind, § 43 Abs. 1 Nr. 7 Buchst. a) EStG. Die Kapitalertragsteuer beträgt in diesem Fall 25 % zzgl. Solidaritätszuschlag und gegebenenfalls Kirchensteuer, § 43a Abs. 1 Nr. 1 EStG.

**625** Nicht der Kapitalertragsteuer unterworfen sind Zinsen für Pflichtwandeldarlehen, die von ausländischen Anlegern gehalten werden.[833]

**626** Seit dem 1.1.2009 hat die Kapitalertragsteuer Abgeltungswirkung und sind die Kapitaleinkünfte grundsätzlich nicht mehr in die Steuerveranlagung nach dem progressiven Tarif mit einzubeziehen.

**627** **3. Ausübung von Wandlungs- und Optionsrechten. a) Wandelanleihe/Optionsanleihe.** Die Ausübung des Wandlungsrechts bzw. des Optionsrechts durch den Anleger ist für die Emittentin der Anleihe erfolgsneutral. Übt der Anleger sein Recht auf Wandlung bzw. sein Optionsrecht aus, hat die Emittentin ihr Nennkapital zu erhöhen. Alternativ kann die Emittentin auch verfügbare eigene Anteile an den Anleger ausgeben.

**628** Die Ausübung des mit einer Wandelanleihe verbundenen Wandlungsrechts führt zum Wegfall der Rückzahlungsverpflichtung. Entsprechend ist die für die Rückzahlung der Anleihe passivierte Verbindlichkeit auszubuchen.[834] Der so auszubuchende Betrag ist zur Herstellung des neuen Nennkapitals zu verwenden. Eine mögliche Differenz zwischen dem höheren Buchwert der Verbindlichkeit und dem geringeren Ausgabebetrag der neuen Anteile iSd § 9 Abs. 1 AktG ist in die Kapitalrücklage nach § 272 Abs. 2 Nr. 1 HGB einzustellen.

**629** Handelsrechtlich wie steuerrechtlich[835] bleibt das bei Ausgabe der Anleihe über den Rückzahlungsbetrag hinaus vereinnahmte Agio unverändert in der Kapitalrücklage, § 272 Abs. 2 Nr. 2 HGB.

---

[829] Vgl. FG Rheinland-Pfalz Urt. v. 26.4.2001, DStR 2002, 28.
[830] Vgl. *Angerer* DStR 1994, 41, 44.
[831] Vgl. etwa *Hofmeister* in Blümich EStG/KStG/GewStG-Kommentar, § 8 GewStG Rn. 70 ff.
[832] *Dreyer/Herrmann* BB 2001, 705, 706.
[833] http://www.n-tv.de/wirtschaft/Deutsche-Bank-polstert-Kapital-auf-article12734146.html.
[834] Vgl. *Claussen/Korth* in KölnKomm, § 272 HGB Rn. 40.
[835] Vgl. BFH Urt. v. 30.11.2005 – I R ¾, DStRE 2006, 259.

**b) Umtauschanleihe.** Übt der Inhaber einer Umtauschanleihe sein Umtauschrecht aus, hat die Emittentin sowohl die passivierte Verbindlichkeit als auch die an den Anleger zu liefernden, aktivierten Aktien/Geschäftsanteile zum Buchwert auszubuchen. Übersteigt der Buchwert der Verbindlichkeit den Buchwert der zu liefernden Aktien/Geschäftsanteile, ist der sich ergebende positive Unterschiedsbetrag als Gewinn erfolgswirksam zu erfassen. Steuerlich unterfällt dieser Gewinn dem Beteiligungsprivileg des § 8b Abs. 2 KStG und ist mithin steuerfrei zu stellen. Ergibt sich umgekehrt in Höhe eines Unterschieds zwischen einem niedrigeren Buchwert der auszubuchenden Verbindlichkeit und dem höheren Buchwert der zu liefernden Aktien/Geschäftsanteile ein Verlust, so ist auf diesen Tilgungsverlust das Abzugsverbot des § 8b Abs. 3 KStG nicht anzuwenden.

### V. Steuerliche Behandlung beim Anleger

Die steuerliche Behandlung des Anlegers hängt davon ab, ob er die Schuldverschreibung bzw. die anderen Genussrechte im Betriebsvermögen oder im Privatvermögen hält.

**1. Betriebliche Anleger. a) Anschaffung. aa) Wandelanleihe.** Die Wandelanleihe wird als ein einheitlicher Vermögensgegenstand angesehen und ist als solcher mit den Anschaffungskosten einschließlich Anschaffungsnebenkosten zu aktivieren.[836]

**bb) Optionsanleihe.** Die (bilanz)steuerliche Behandlung von Optionsanleihen beim Anleger hängt davon ab, ob der Ersterwerb der Schuldverschreibung als Doppelerwerb (Zwei-Wirtschaftsgüter-Theorie)[837] oder Alleinerwerb zu qualifizieren ist.[838] Ob ein Doppelerwerb oder Alleinerwerb gegeben ist, ergibt sich nach Auffassung des BFH[839] aus den Anleihebedingungen. Zum Tragen kommt die Unterscheidung in Doppelerwerbstheorie und Alleinerwerbstheorie bei niedrig verzinslichen Anleihen. Beim Zweiterwerber sind stets die Grundsätze des Doppelerwerbs anzuwenden.

**aaa) Doppelerwerbstheorie.** Nach der Doppelerwerbstheorie[840] werden die Anleihe und das Optionsrecht im Paket zum Ausgabepreis erworben. Entsprechend ist der Ausgabepreis der Optionsanleihe beim Ersterwerber auf die „nackte" Anleihe einerseits und das Optionsrecht andererseits aufzuteilen. Maßgebend für die Aufteilung ist das Verhältnis des Verkehrswerts einer identischen „nackten" Anleihe zum Verkehrswert des Optionsrechts.[841] Vereinfachend können stattdessen die Anschaffungskosten des Optionsrechts als Differenz zwischen dem Ausgabepreis der Anleihe und dem Marktwert der „nackten" Anleihe bestimmt werden (Residualmethode). Dabei können die Anschaffungskosten der „nackten" Anleihe unter Zugrundelegung der Emissionsrendite oder der Rendite einer vergleichbaren Anleihe ohne Optionsrecht ermittelt werden.[842]

Wird die Anleihe marktüblich verzinst, wegen des Optionsrechts aber gegen Aufgeld emittiert, ist die „nackte" Anleihe beim bilanzierenden Anleger mit ihrem Nennwert und daneben das Optionsrecht mit dem offen geleisteten Aufgeld zu aktivieren.[843]

Entsprechend sind nach der Doppelerwerbstheorie bei niedrig verzinslichen Optionsanleihen die Anschaffungskosten von „nackter" Anleihe und Optionsrecht durch Aufteilung des Ausgabepreises der Optionsanleihe nach Maßgabe der Verkehrswerte beider Wirt-

---

[836] Vgl. etwa *Döllerer* BB 1988, 883; aA BeckBilanzkomm., § 250 HGB Rn. 79 ff.
[837] HM vgl. *Weber-Grellet* in Schmidt, EStG-Kommentar, § 5 EStG Rn. 270; *Uelner* JbFSt 1986/87, 14, 21; *Groh* DB 2002, 860.
[838] Vgl. BFH Urt. v. 16.5.2001 – I R 102/00, BStBl. II 2001, 710.
[839] Vgl. BFH Urt. v. 16.5.2001 – I R 102/00, BStBl. II 2001, 710.
[840] Vgl. BMF Schreiben v. 25.10.2004, BStBl. I 2004, 1034, Tz. 7 f.; so bereits *Harenberg* KFR Fach 3, § 20 EStG, 1704, S. 25, 26; *Kirchhof/von Beckerath*, Kompaktkommentar EStG, § 20 EStG Rn. 324.
[841] Vgl. BMF Schreiben v. 25.10.2004, BStBl. I 2004, 1034, Tz. 8; so auch *Groh* DB 2002, 860; *Kulosa* in Schmidt, EStG-Kommentar, § 6 Rn. 118.
[842] Vgl. BMF Schreiben v. 25.10.2004, BStBl. I 2004, 1034, Tz. 8.
[843] Vgl. OFD München Schreiben v. 22.8.2000 – S 2136 – 1 St 41/42 und OFD Nürnberg Schreiben v. 22.8.2000 – S 2136-1/St 31, BB 2000, 2628.

schaftsgüter aufzuteilen.[844] Davon abweichend soll nach Auffassung der Finanzverwaltung[845] die „nackte" Optionsanleihe in der Bilanz des betrieblichen Anlegers mit ihrem Nenn- bzw. Rückzahlungsbetrag anzusetzen sein. Zugleich soll in Höhe der Differenz zwischen dem höheren Nennbetrag der Anleihe und ihrem rechnerischen Emissionskurs ein Rechnungsabgrenzungsposten gemäß § 250 Abs. 2 HGB iVm § 5 Abs. 5 Satz 1 Nr. 2 EStG passiviert und über die Laufzeit der Anleihe gewinnerhöhend aufgelöst werden. Dieser Auffassung ist entgegen zu halten, dass die Bildung eines passivischen Abgrenzungspostens nach § 5 Abs. 5 Satz 1 Nr. 2 EStG zwar für neu begründete Darlehensforderungen zutreffend ist. Bei wie hier durch Kaufvertrag erworbenen Anleihen hingegen ist weder für den Ersterwerber noch für den Zweiterwerber eine zeitanteilige Abgrenzung eines Disagios möglich.[846]

637 bbb) **Alleinerwerbstheorie.** Ist hingegen in den Anleihebedingungen vorgesehen, dass das Optionsrecht als Ersatz für den Verzicht auf eine marktübliche Verzinsung gewährt wird, sind die Grundsätze der Alleinerwerbstheorie anzuwenden.[847]

638 Nach der Alleinerwerbstheorie erwirbt der Anleger die minderverzinsliche Optionsanleihe zum Nennwert (Rückzahlungsbetrag). Das Optionsrecht wird ihm dabei als vorausbezahlten Zinsersatz gewährt, der die niedrig verzinsliche Anleihe vollverzinslich macht. Die zum Nennbetrag aktivierte Anleihe soll wegen ihrer Minderverzinslichkeit außerplanmäßig abgeschrieben werden können, § 253 Abs. 2 Satz 3 HGB iVm § 6 Abs. 1 Nr. 1 Satz 2 EStG.[848] Der durch die Option verkörperte vorausbezahlte Zins soll durch Bildung eines passivischen Rechnungsabgrenzungspostens über die Laufzeit der Anleihe verteilt werden, § 250 Abs. 2 HGB, § 5 Abs. 5 Satz 1 Nr. 2 EStG.

639 cc) **Umtauschanleihe.** Die Umtauschanleihe ist beim betrieblichen Anleger mit ihren Anschaffungskosten einschließlich Anschaffungsnebenkosten zu aktivieren, §§ 253 Abs. 1 iVm 255 HGB.

640 dd) **Gewinnschuldverschreibung und andere obligationsähnliche Genussrechte.** Gewinnschuldverschreibungen und andere Genussrechte, die keine Wandelschuldverschreibungen sind, sind mit den Anschaffungskosten einschließlich Anschaffungsnebenkosten zu aktivieren.[849]

641 b) **Laufende Einkünfte.** Sämtliche Zinserträge aus Schuldverschreibungen und Genussrechten gehören beim betrieblichen Anleger zu den steuerpflichtigen Einkünften aus freiberuflicher Tätigkeit oder aus gewerblicher Tätigkeit, § 20 Abs. 8 iVm §§ 18, 15 EStG (bis 31.12.2008: § 20 Abs. 3 EStG aF iVm §§ 18, 15 EStG). Die Zinsen unterliegen je nach Rechtsform und Tätigkeit des Anlegers der Einkommensteuer bzw. Körperschaftsteuer sowie der Gewerbesteuer.

642 c) **Ausübung von Wandlungs-, Options- und Umtauschrechten.** aa) **Wandelanleihe.** Bei Ausübung des mit einer Wandelanleihe verbundenen Wandlungsrechts erhält der Anleger Aktien. Die Wandlungsberechtigung stellt keinen Tausch im zivilrechtlichen Sinne dar, sondern vielmehr eine Ersetzungsbefugnis *(facultas alternativa)*[850] des Gläubigers, statt der Darlehensrückzahlung eine Überlassung von Aktien zu verlangen.[851] Insofern ist die

---

[844] Vgl. *Krumm* in Blümich EStG/KStG-Kommentar, § 5 EStG Rn. 740 „Optionsanleihe".
[845] Vgl. OFD München Schreiben v. 22.8.2000 – S 2136 – 1 St 41/42 und OFD Nürnberg Schreiben v. 22.8.2000 – S 2136 – 1/St 31, BB 2000, 2628; *Groh* DB 2002, 860, 863; MüKoAktG/ *Habersack*, § 221 Rn. 342.
[846] Vgl. *Arndt/Muhler* DB 1988, 2167.
[847] Vgl. BFH Urt. v. 16.5.2001 – I R 102/00, DStR 2001, 1652; zuvor BGH Urt. v. 9.12.1997 – XI ZR 85–97, DB 1998, 467; siehe dazu auch *Muhler*, Optionsanleihen im Ertragsteuerrecht, 188; *Arndt/Muhler* DB 1988, 2169; *Kirchhof/v. Beckerath*, § 20 EStG Rn. 325; *Kirchhof/Söhn/Dötsch*, § 20 EStG Rn. I 123; *Stuhrmann* in Blümich, § 20 EStG Rn. 318.
[848] Vgl. *Groh* DB 2002, 860, 863.
[849] Vgl. etwa *Döllerer* BB 1988, 883, aA BeckBilanzkomm, § 250 HGB Rn. 79 ff.
[850] Zur Ersetzungsbefugnis im Zivilrecht, vgl. *Krüger* in MüKoBGB, 4. Aufl. 2003, § 262 Rn. 8.
[851] Anm. *Valentin* zu FG Düsseldorf v. 11.4.2001 – 3 V 6028/00 A (L), EFG 2001, 968, 969 f.

Wandelanleihe bei Ausübung des Wandlungsrechts zum Buchwert auszubuchen. Die Anschaffungskosten (Buchwert) der Wandelanleihe gelten als Anschaffungskosten der Aktien. Die im Zuge der Wandlung erhaltenen Aktien sind somit zum Buchwert der Wandelanleihe zu aktivieren.[852] Die Ausübung der Wandelanleihe ist mithin für den betrieblichen Anleger erfolgsneutral.

bb) **Optionsanleihe.** Bei Ausübung des an die Optionsanleihe gekoppelten, aber selbstständigen Optionsrechts bleibt die in der Anleihe verkörperte Forderung des Anlegers bestehen. Durch die Ausübung des Optionsrechts erwirbt der Anleger Aktien der Emittentin. Diese Aktien gelten nach der Doppelerwerbstheorie beim Ersterwerber der Anleihe bzw. durch den Folgeerwerber des Optionsrechts als zu den Anschaffungskosten des Optionsrechts zuzüglich etwaiger Zuzahlungen angeschafft.[853] Die Ausübung des Optionsrechts ist somit für den Anleger erfolgsneutral. Bei Heranziehen der Alleinerwerbstheorie hingegen wird man mangels Anschaffungskosten des Optionsrechts die erworbenen Aktien zum Ausübungspreis der Option aktivieren müssen. **643**

cc) **Umtauschanleihe.** Wird das mit der Umtauschanleihe verbundene Recht auf Umtausch der Anleihe in Aktien einer anderen Gesellschaft ausgeübt, liegt steuerlich ein Tausch vor. Die erworbenen Aktien gelten als zu ihrem gemeinen Wert (Börsenwert) im Fälligkeitszeitpunkt der Anleihe erworben. Der betriebliche Anleger erzielt mithin einen steuerpflichtigen Erfolg in Höhe des Unterschiedsbetrags zwischen dem Buchwert der Schuldverschreibung und dem gemeinen Wert (Börsenwert) der Aktien im Zeitpunkt des Umtausches. **644**

d) **Veräußerung von Wandelschuldverschreibungen, Gewinnschuldverschreibungen und anderen obligationsähnlichen Genussrechten.** Bei Veräußerung von Wandelschuldverschreibungen, Gewinnschuldverschreibungen und anderen obligationsähnlichen Genussrechten sind entstandene stille Reserven bzw. stille Lasten zu realisieren. Ein bei Veräußerung erzielter Gewinn ist in voller Höhe steuerpflichtig. Auf den so erzielten Veräußerungsgewinn sind das Teil-/Halbeinkünfteverfahren gemäß § 3 Nr. 40 EStG bzw. das Beteiligungsprivileg nach § 8b Abs. 2 KStG nicht anzuwenden. Schuldverschreibungen sowie Genussrechte, die nicht die Voraussetzungen des § 8 Abs. 3 Satz 2 KStG erfüllen, sind nicht als Anteile iS der § 3 Nr. 40 EStG bzw. § 8b Abs. 2 KStG anzusehen.[854] **645**

e) **Veräußerung der Basiswerte.** Werden die durch Ausübung von Wandelschuldverschreibungen bzw. anderen Genussrechten mit Wandlungsrecht erworbenen Aktien durch den betrieblichen Anleger veräußert, fallen erzielte Veräußerungsgewinne bzw. Veräußerungsverluste unter das Teil-/Halbeinkünfteverfahren (§ 3 Nr. 40, § 3c Abs. 2 EStG) bzw. das Beteiligungsprivileg (§ 8b Abs. 2 u. 3 KStG). Insofern sind je nach Rechtsform des Anlegers Veräußerungsgewinne zu 40 % oder zu 95 % steuerfrei zu stellen. Umgekehrt sind Veräußerungsverluste zu 40 % oder in voller Höhe steuerlich nicht abzugsfähig. **646**

2. **Privatanleger. a) Abgeltungsteuer.** Für die Besteuerung der Einkünfte eines privaten Anlegers aus Wandelschuldverschreibungen, Gewinnschuldverschreibungen und Genussrechten sind sämtliche Kapitaleinkünfte von § 20 Abs. 1 Nr. 7 und Abs. 2 Satz 1 Nr. 7 EStG erfasst und unterliegen der Abgeltungsteuer. Für Fälle vor Einführung der Abgeltungsteuer (Altfälle) war zwischen laufenden Kapitalerträgen (Zinsen), Einnahmen bei Fälligkeit der Schuldverschreibung, Einnahmen bei deren vorzeitiger Veräußerung sowie Einkünfte aus der Veräußerung der Basiswerte (Aktien) zu unterscheiden. **647**

Die umfassende Besteuerung privater Kapitalerträge aus Wandelschuldverschreibungen, Gewinnschuldverschreibungen und Genussrechten gilt grundsätzlich für nach dem 31.12.2008 zufließenden Kapitalerträge, § 52a Abs. 10 Satz 6 EStG. Jedoch ist nach § 52a Abs. 10 Satz 7 EStG auf Veräußerungsgewinne aus vor dem 1.1.2009 erworbenen Kapitalforderungen iSd § 20 Abs. 1 Nr. 7 EStG aF, die jedoch nicht unter § 20 Abs. 2 Nr. 4 EStG **648**

---

[852] Vgl. *Häuselmann/Wagner* BB 2002, 2431, 2432.
[853] Vgl. *Krumm* in Blümich, EStG/KStG/GewStG-Kommentar, § 5 EStG Rn. 740 „Finanzprodukte".
[854] Vgl. *Rengers* in Blümich, EStG/KStG/GewStG-Kommentar, § 8b KStG Rn. 212.

aF fallen, die Veräußerungsgewinnbesteuerung nach § 20 Abs. 2 Satz 1 Nr. 7 EStG noch nicht anwendbar. Damit wird für solche Kapitalanlagen die Möglichkeit zur steuerfreien Veräußerung beibehalten. Lediglich wenn die Voraussetzungen des § 23 Abs. 1 Satz 1 Nr. 2 EStG aF erfüllt wurden (Veräußerung innerhalb eines Jahres), liegt ein steuerpflichtiges privates Veräußerungsgeschäft vor. Die Steuerfreiheit von obligationsähnlichen Genussscheinen, die vor dem 1.1.2009 erworben wurden und die Rechtswidrigkeit des Steuerabzuges bei Erreichung eines Veräußerungsgewinnes wurde von der Rechtsprechung bestätigt.[855]

649 **b) Laufende Vergütungen.** aa) Allgemein. Zinsen aus Wandelschuldverschreibungen, Gewinnschuldverschreibungen sowie anderen obligationsähnlichen Genussrechten stellen beim Privatanleger Einkünfte aus Kapitalvermögen nach § 20 Abs. 1 Nr. 7 EStG dar.[856] So gehören zu den Einkünften aus Kapitalvermögen gemäß § 20 Abs. 1 Nr. 7 Satz 1 EStG Erträge aus sonstigen Kapitalforderungen jeder Art, wenn die Rückzahlung des Kapitalvermögens oder ein Entgelt für die Überlassung des Kapitalvermögens zur Nutzung zugesagt oder *geleistet* worden ist, auch wenn die Höhe *der Rückzahlung oder des Entgelts* von einem ungewissen Ereignis abhängt.

650 Wird die Anleihe zwischen den in den Anleihebedingungen festgelegten Zinszahlungsterminen veräußert, hat der Veräußerer Anspruch auf die Zinsen, die auf den Zeitraum zwischen dem letzten Zinszahlungstermin und dem Veräußerungszeitpunkt entfallen. Allerdings erhält der Anleiheerwerber zum Zinszahlungstermin die Zinsen für den gesamten Zinszahlungszeitraum.[857] Infolge des Erwerbs zwischen zwei Zinszahlungsterminen hat er indes Anspruch lediglich auf die nach dem Erwerbszeitpunkt bis zum Zinszahlungszeitpunkt aufgelaufenen Zinsen. Zum Ausgleich dieser Ansprüche zahlt der Erwerber der Anleihe an den Veräußerer neben dem Kaufpreis der Anleihe auch die bis dahin aufgelaufenen Zinsansprüche („Stückzinsen"). Der Erwerber kann diese Stückzinsen als negative Einnahmen aus Kapitalvermögen abziehen.[858] Vereinnahmte Stückzinsen werden wiederum als Kapitalforderungen iSd des § 20 Abs. 1 Nr. 7 iVm Abs. 2 Satz. 1 Nr. 7 EStG erfasst.[859]

651 bb) Besonderheiten bei Optionsanleihen. Nach der Alleinerwerbstheorie fließt dem Ersterwerber einer Optionsanleihe das Optionsrecht im Zeitpunkt der Ausgabe als Zinsersatz zu.[860] Dieser Zinsersatz ist nach § 20 Abs. 1 Nr. 7 EStG steuerpflichtiger Kapitalertrag. Aus Vereinfachungsgründen entfällt indes die Besteuerung, wenn die von der Finanzverwaltung im Schreiben[861] v. 24.11.1986 vorgegebenen Disagiosätze im Zeitpunkt der Emission nicht überschritten werden.

652 **c) Ausübung von Wandelungs-, Options- und Umtauschrechten.** Entscheidende Frage bei der Ausübung von Wandlungs-, Options- und Umtauschrechten ist, ob der Privatanleger mit der Ausübung seines Rechts steuerpflichtige Einnahmen nach § 20 Abs. 2 Satz 1 Nr. 7 EStG erzielt.

653 aa) Wandelanleihe. Mit der Anschaffung der Wandelanleihe hat der Anleger bereits das unwiderrufliche Recht auf Erwerb von Aktien der Emittentin erlangt. Die Wandlungsberechtigung stellt daher keinen Tausch im zivilrechtlichen Sinne dar. Sie verkörpert vielmehr eine Ersetzungsbefugnis *(facultas alternativa)*[862] des Gläubigers, statt der Darlehensrückzahlung eine Überlassung von Aktien zu verlangen.[863] Insofern entsteht für den Privanle-

---

[855] BFH I R 27/12, BStBl. II 2013, 682.
[856] Vgl. BMF-Schreiben v. 9.10.2012 – IV C 1 – S 2252/10/10013, BStBl. I S. 953 Tz. 7. Zu Optionsanleihen.
[857] Vgl. *Wiese/Dammer* DStR 1999, 867, 870.
[858] Vgl. *Ratschow* in Blümich, EStG/KStG/GewStG-Kommentar, § 20 EStG Rn. 319; *Kirchhof/von Beckerath*, Kompaktkommentar EStG, § 20 EStG Rn. 370; *Weber-Grellet* in Schmidt, EStG-Kommentar, § 20 EStG Rn. 145.
[859] Vgl. *Schmidt*, EStG-Kommentar, 27. Auflage 2008, § 20 Tz. 176.
[860] Vgl. *Arndt/Muhler* DB 1988, 2172 mwN; aA *Koch/Vogel* BB 1986, Beilage 10, 4.
[861] Vgl. BMF Schreiben v. 24.11.1986, BStBl. I 1986, 539.
[862] Zur Ersetzungsbefugnis im Zivilrecht vgl. MüKoBGB/*Krüger*, 6. Aufl. 2012, § 262 Rn. 8.
[863] Vgl. Anm. *Valentin* zu FG Düsseldorf v. 11.4.2001 – 3 V 6028/00 A (L), EFG 2001, 968, 969 f.

ger durch die Wandlung weder ein Kapitalertrag aus der Anleihe, noch liegt ein privates Veräußerungsgeschäft durch Tausch der Anleihe in Aktien vor. Übt der Anleger das Wandlungsrecht aus, schafft er vielmehr die Aktien des Schuldners im Wandlungszeitpunkt an. Die für den Erwerb der Anleihe aufgewendeten Anschaffungskosten ebenso wie eine ggf. zu leistende bare Zuzahlung gehören zu den Anschaffungskosten der Anleihe.[864] Diese Steuerneutralität der Ausübung des Wandlungsrechts hat der Gesetzgeber mit dem JStG 2010 in § 20 Abs. 4a Satz 3 EStG klargestellt: „… abweichend von Absatz 4 Satz 1 [ist] das Entgelt für den Erwerb der Forderung als Veräußerungspreis der Forderung und als Anschaffungskosten der erhaltenen Wertpapiere anzusetzen …".[865]

bb) Optionsanleihe. aaa) Ausübung des Optionsrechts. Bei einer Optionsanleihe besitzt der Inhaber neben dem Recht auf Rückzahlung des Nominalbetrags ein selbständig handelbares Optionsrecht auf Erwerb von Aktien des Emittenten. Übt der Inhaber des Optionsscheins das Optionsrecht aus, schafft er im Zeitpunkt der Ausübung den Basiswert an. Die Ausübung des Optionsrechts führt nicht zu steuerpflichtigen Einkünften des Privatanlegers, soweit der Inhaber der Option keinen Barausgleich erhält. Der Barausgleich wird als Termingeschäft iSd § 20 Abs. 2 Nr. 3a) EStG der Abgeltungsteuer unterworfen.[866] Die Anschaffungskosten und Anschaffungsnebenkosten der Option sind bei der Ermittlung des Gewinns gemäß § 20 Abs. 4 Satz 5 EStG zu berücksichtigen.

Nach der Doppelerwerbstheorie hat der Anleger dabei die für den Erwerb der Anleihe nebst Optionsschein aufgewendeten Anschaffungskosten aufzuteilen in Anschaffungskosten der „nackten" Anleihe einerseits und Anschaffungskosten des Optionsrechts andererseits. Bei Ausübung sind die so ermittelten Anschaffungskosten des Optionsrechts den angeschafften Aktien zuzuordnen.[867]

bbb) Rückzahlung der Anleihe. Nach der Doppelerwerbstheorie stellt der Unterschiedsbetrag zwischen den nach der Residualmethode ermittelten Anschaffungskosten der Anleihe und dem Rückzahlungsbetrag der Option beim durchhaltenden Ersterwerber Entgelt für die Kapitalüberlassung dar. Dieser Kapitalertrag war nach § 20 Abs. 2 Satz 1 Nr. 7 EStG steuerpflichtig, sofern er außerhalb der Disagiostaffel liegt.[868] Nach § 20 Abs. 2 Satz 1 Nr. 7 EStG gehören zu den Einnahmen aus Kapitalvermögen auch Einnahmen aus der Veräußerung abgezinster Kapitalforderungen durch den ersten und jeden weiteren Erwerber.[869] Die Optionsanleihe ist bei Zugrundelegung der Doppelerwerbstheorie als abgezinste Schuldverschreibung anzusehen. Steuerpflichtig war der Kapitalertrag im Zeitpunkt der Rückzahlung der Anleihe. Die Einlösung durch den zweiten oder jeden weiteren Erwerber führte zu einer Besteuerung der Differenz zwischen den Anschaffungskosten des Anleiheteils und den Einnahmen aus der Einlösung, § 20 Abs. 2 Nr. 7 EStG iVm § 20 Abs. 4 EStG.

Seit dem 1.1.2009 erzielt der Erwerber bei Rückzahlung der Anleihe Einkünfte iS des § 20 Abs. 2 Satz 1 Nr. 7 EStG, da sich dieser direkt auf Anlageformen nach § 20 Abs. 1 Nr. 7 EStG bezieht. Somit ist es ab dem 1.1.2009 irrelevant, ob die Kapitalforderung als abgezinste oder nicht abgezinste Anleihe im Sinne des § 20 Abs. 2 Satz 1 Nr. 4 Buchst. a) EStG aF angesehen wird.

---

[864] Vgl. BMF Schreiben v. 25.10.2004, BStBl. I 2004, 1034, Tz. 6; BFH Urt. v. 21.2.1973 – I R 106/71, BStBl. II 1973, 460; BFH Urt. v. 30.11.1999 – IX R 70/96, BStBl. II 2000, 262; *Korn* FR 2003, 1101, 1102; *Buge* in Herrmann/Heuer/Raupach, EStG/KStG-Kommentar, § 20 EStG, Rn. 586; *Habersack* in MüKoAktG, § 221 AktG Rn. 342.
[865] BStBl. I 2010, 1768.
[866] Vgl. BMF-Schreiben v. 9.10.2012 – IV C 1 – S 2252/10/10013, BStBl. I S. 953 Tz. 7; *Weber-Grellet* in Schmidt § 20 Rz. 136, 137.
[867] Vgl. BMF-Schreiben v. 9.10.2012 – IV C 1 – S 2252/10/10013, BStBl. I S. 953 Tz. 23, 86 sowie zur entsprechenden Rechtslage vor 2009: BMF Schreiben v. 25.10.2004, BStBl. I 2004, 1034, Tz. 8; entsprechend bereits *Schumacher* DStR 2000, 1218, 1219.
[868] Vgl. *Buge* in Herrmann/Heuer/Raupach, § 20 EStG Rn. 511; *Scheurle* DB 1994, 448.
[869] Vgl. BFH Urt. v. 13.10.1987 – VIII R 156/84, BStBl. 1988 II, 252.

**658** cc) **Umtauschanleihe.** Übt der Inhaber einer Umtauschanleihe sein Wahlrecht aus, dann bezieht er anstelle der Rückzahlung des überlassenen Kapitals eine vorher festgelegte Art und Anzahl von Aktien eines anderen Unternehmens. Mit diesem Umtausch erzielt der Privatanleger Einkünfte aus Kapitalvermögen nach § 20 Abs. 2 Satz 1 Nr. 7 iVm § 20 Abs. 2 Satz 2 iVm § 20 Abs. 4 EStG.[870] Der bei Ansatz des Marktpreises der Wertpapiere entstehende Gewinn wird allerdings neutralisiert: § 20 Abs. 4a Satz 3 EStG kommt auch auf Umtauschanleihen zur Anwendung.[871] Die mit dem Umtausch bezogenen Aktien gelten als mit dem Entgelt für den Erwerb der Umtauschanleihe angeschafft. Eine unterschiedliche Behandlung der Umtauschanleihe im Gegensatz zur Wandelanleihe erfolgt somit nicht mehr.[872]

**659** **d) Zwischenveräußerung.** Bei Veräußerung vor Fälligkeit durch den Ersterwerber war bis 31.12.2008 entscheidend, ob die Schuldverschreibung die Voraussetzung einer Finanzinnovation[873] erfüllte und die Einnahmen daher nach § 20 Abs. 2 Satz 1 Nr. 4 EStG aF steuerpflichtig waren, oder ob ein vereinnahmter Gewinn nach § 23 Abs. 1 Satz 1 Nr. 2 EStG aF lediglich dann versteuert werden muss, wenn zwischen Anschaffung und Veräußerung nicht mehr als ein Jahr liegt. Seit dem 1.1.2009 unterliegen Einnahmen aus der Zwischenveräußerung nach § 20 Abs. 2 Satz 1 Nr. 7 EStG stets der Besteuerung als Einkünfte aus Kapitalvermögen.

**660** aa) **Wandelanleihe.** Veräußerte der Privatanleger eine vor 2009 angeschaffte Wandelanleihe innerhalb eines Jahres nach ihrem Erwerb, so unterlag ein erzielter Veräußerungsgewinn als Einkünfte aus privaten Veräußerungsgeschäften mit Wertpapieren iSv § 23 Abs. 1 Satz 1 Nr. 2 EStG aF innerhalb der Spekulationsfrist der Einkommensteuer. Gewinne aus der Veräußerung von nach dem 31.12.2008 angeschafften Wandelanleihen sind nach § 20 Abs. 2 Satz 1 Nr. 7 EStG stets steuerpflichtig. Entsprechendes gilt für die Stückzinsen auch für vor 2009 angeschaffte Wandelanleihen.[874]

**661** bb) **Optionsanleihe.** aaa) Veräußerung der Anleihe ohne Optionsschein. Veräußert der Privatanleger seine Optionsanleihe ohne Optionsschein (ex), so war vor 2009 die steuerliche Behandlung eines dabei erzielten Erfolgs davon abhängig, ob es sich nach den der Anleihe zugrundeliegenden Emissionsbedingungen um einen Doppelerwerb oder einen Alleinerwerb handelt.[875] War bei Anschaffung der Optionsanleihe ein Doppelerwerb anzunehmen, so hat der Anleger die Differenz zwischen dem Ausgabebetrag der Anleihe und ihrem höheren Rückzahlungsbetrag nach § 20 Abs. 2 Satz 1 Nr. 4 Buchst. a) EStG aF zu versteuern, soweit sie auf seine Besitzzeit entfiel.[876] Nach der Doppelerwerbstheorie handelte es sich bei einer niedrigverzinslichen Optionsanleihe um eine abzuzinsende Kapitalforderung iSv § 20 Abs. 2 Satz 1 Nr. 4 Buchst. a) EStG aF. Die Einnahmen aus Kapitalvermögen bestanden in der rechnerisch auf die Besitzzeit des Veräußerers entfallenden sog. Emissionsrendite. Seit dem 1.1.2009 fallen die Erträge unter den § 20 Abs. 2 Satz 1 Nr. 7 EStG. Dann ist nur noch die Berechnung nach der Marktrendite möglich, die sich nach § 20 Abs. 4 EStG bestimmt.

**662** Sofern hingegen nach den Anleihebedingungen das Optionsrecht als Gegenleistung für die Minderverzinslichkeit der Optionsanleihe eingeräumt wird und damit ein sog. Alleinerwerb gegeben ist, war die Optionsanleihe keine abzuzinsende Kapitalforderung iSv § 20 Abs. 2 Satz 1 Nr. 4 Buchst. a) EStG aF. Insofern erzielt der Ersterwerber bei Veräußerung der vor 2009 angeschafften Optionsanleihe keine steuerpflichtigen Einkünfte aus Kapital-

---

[870] Vgl. BMF Schreiben v. 25.10.2004, BStBl. I 2004, 1034, Tz. 10; BMF Schreiben v. 2.3.2001 – IV C 1 – S 2252 – 56/01, BStBl. I 2001, 206; zur Kritik vgl. *Wagner* StBP 2002, 331, 334.
[871] BMF-Schreiben v. 9.10.2012 – IV C 1 – S 2252/10/10013, BStBl. I S. 953 Tz. 103.
[872] Vgl. zur Differenzierung, *Korn* FR 2003, 1101, 1103.
[873] Vgl. Abschnitt J.
[874] Vgl. BMF-Schreiben v. 9.10.2012 – IV C 1 – S 2252/10/10013, BStBl. I S. 953 Rz. 49, 50.
[875] Vgl. → Rn. 633.
[876] Vgl. BFH Urt. v. 16.5.2001 – I R 102/00, BStBl. II 2001, 710.

vermögen gemäß § 20 Abs. 2 Satz 1 Nr. 4 Buchst. a) EStG aF.[877] Bei Veräußerung der Optionsanleihe innerhalb eines Jahres nach ihrem Erwerb unterlag ein erzielter Gewinn als Einnahme aus privaten Veräußerungsgeschäften mit Wertpapieren gemäß § 23 Abs. 1 Nr. 2 EStG aF der Einkommensteuer. Ein bei Veräußerung innerhalb eines Jahres nach Erwerb der Anleihe erzielter Verlust kann gemäß § 23 Abs. 1 Satz 1 Nr. 2, Abs. 3 Satz 4 EStG aF geltend gemacht werden. Die Alleinerwerbstheorie kann indes allenfalls der steuerlichen Behandlung des Ersterwerbers zugrunde gelegt werden. Beim Zweiterwerber greift stets die Doppelerwerbstheorie.[878] Für seit 2009 angeschaffte Optionsanleihen sind private Veräußerungsgewinne stets nach § 20 Abs. 2 Satz 1 Nr. 7 EStG steuerpflichtig, soweit die Übergangsvorschriften nach § 52a Abs. 10 Satz 7 EStG nicht greifen.

Sofern die Voraussetzungen des § 17 Abs. 1 Satz 1 EStG erfüllt sind, soll die Veräußerung von Optionsanleihen als Anwartschaft auf eine Beteiligung an einer Kapitalgesellschaft nach § 17 EStG steuerpflichtig sein.[879] Dieser Auffassung kann indes nur dann zugestimmt werden, wenn das Optionsrecht bereits ausgeübt wurde und er damit auf die Anteile einwirken kann.[880]

bbb) Veräußerung der Anleihe mit Optionsschein. Wird eine vor 2009 angeschaffte Optionsanleihe zusammen mit dem Optionsschein veräußert (cum), erzielt der Anleger bei Veräußerung innerhalb eines Jahres nach Erwerb steuerpflichtige Einkünfte aus privaten Veräußerungsgeschäften nach § 23 Abs. 1 Satz 1 Nr. 2 EStG aF. Eine Versteuerung nach § 20 Abs. 2 Satz 1 Nr. 4 Buchst. a) EStG aF kommt nicht in Betracht. Veräußerungsgewinne aus seit 2009 angeschafften Optionsanleihen sind nach § 20 Abs. 1 Satz 1 Nr. 7 EStG steuerpflichtig, soweit die Übergangsvorschriften des § 52a EStG nichts Abweichendes regeln.

ccc) Veräußerung des Optionsscheins. Der mit einer Optionsanleihe verbundene Optionsschein ist selbständig handelbar. Wurde ein vor 2009 erworbener Optionsschein abgetrennt und innerhalb eines Jahres nach Erwerb veräußert, unterlag ein erzielter Gewinn als Einkünfte aus privaten Veräußerungsgeschäften mit Wertpapieren nach § 23 Abs. 1 Satz 1 Nr. 2 EStG aF der Einkommensteuer.[881] Allerdings sind die Übergangsvorschriften nach § 52a EStG zu beachten.

Veräußerungsgewinne aus seit 2009 angeschafften Optionsscheinen sind nach § 20 Abs. 2 Nr. 3 EStG steuerpflichtig.

cc) Umtauschanleihe. Veräußert der Privatanleger eine vor 2009 angeschaffte Umtauschanleihe mit fester Verzinsung, so gehören die dabei erzielten Gewinne nicht zu den Einkünften aus Kapitalvermögen nach § 20 Abs. 2 Satz 1 Nr. 4 Buchst. c) EStG aF Als Einkünfte aus Kapitalvermögen nach § 20 Abs. 2 Nr. 4 Buchst. c) EStG aF gelten solche Einnahmen aus der Veräußerung oder Abtretung von vor 2009 angeschafften Schuldverschreibungen, Schuldbuchforderungen und sonstigen Kapitalforderungen mit Zinsscheinen oder Zinsforderungen, wenn Stückzinsen nicht besonders in Rechnung gestellt werden oder bei denen die Höhe der Erträge von einem ungewissen Ereignis abhängt. Nach Auffassung der Finanzverwaltung erfüllen Umtauschanleihen mit fester Verzinsung nicht die Bedingungen des § 20 Abs. 2 Satz 1 Nr. 4 Buchst. c) EStG aF, da lediglich die Rendite iS eines unsicheren Umtauschgewinns, nicht aber die Höhe der Erträge ungewiss ist.[882] Inso-

---

[877] Vgl. BFH Urt. v. 1.7.2003 – VIII R 9/02 – nv.
[878] Vgl. *Groh* DB 2002, 860, 862.
[879] Vgl. *Weber-Grellet* in Schmidt, § 17 EStG, 1458, Rn. 28, 29; *Vogt* in Blümich, EStG/KStG/GewStG-Kommentar, § 17 EStG Rn. 209; *Herrmann/Heuer/Raupach/Eilers/Schmidt R.*, EStG/KStG-Kommentar, § 17 EStG E 93, Rn. 151; kritisch hingegen *Dötsch* in Dötsch/Eversberg/Jost/Witt/Pung, KStG-Kommentar, § 17 EStG Rn. 74.
[880] Vgl. hierzu ausführlich die Behandlung von Optionsrechten → Rn. 717f.
[881] Vgl. BMF Schreiben v. 27.11.2001 – IV C 3 – S 2256 – 265/01, BStBl. I 2001, 986, Tz. 12, 17.
[882] BMF Schreiben v. 24.5.2000 – IV C 1 – S 2252 – 145/00, DB 2000, 1153; BMF Schreiben v. 7.10.1999 – IV C 1 – S 225 – 589/99, DStR 1999, 2032; kritisch zu dieser Auffassung: *Schumacher* DStR 2000, 1218, 1219.

fern ist ein bei Veräußerung einer Umtauschanleihe mit fester Verzinsung erzielter Gewinn nur dann als Einkünfte aus privaten Veräußerungsgeschäften nach § 23 Abs. 1 Nr. 2 EStG aF steuerpflichtig, wenn die Veräußerung innerhalb eines Jahres nach Erwerb der Anleihe stattfindet. Seit dem 1.1.2009 fallen Veräußerungen von Umtauschanleihen unter die Veräußerung von sonstigen Kapitalforderungen und werden dann durch § 20 Abs. 2 Satz 1 Nr. 7 EStG geregelt; nach der Übergangsvorschrift des § 52a Abs. 10 Satz 7 EStG gilt dies nicht für vor 2009 angeschaffte Umtauschanleihen.

**668** Bei Erfüllung der Voraussetzungen des § 17 Abs. 1 Satz 1 EStG soll die Veräußerung von Umtauschanleihen als Anwartschaft auf eine Beteiligung an einer Kapitalgesellschaft nach § 17 EStG steuerpflichtig sein.[883] Dieser Auffassung kann nur eingeschränkt zugestimmt werden.[884]

**669** dd) Gewinnschuldverschreibungen und andere obligationsähnliche Genussrechte. Gewinne aus der Veräußerung von Gewinnschuldverschreibungen, sofern sie vor 2009 angeschafft wurden, unterlagen als Einkünfte aus privaten Veräußerungsgeschäften mit Wertpapieren der Besteuerung nach § 23 Abs. 1 Satz 1 Nr. 2 EStG aF, sofern zwischen Anschaffung der Schuldverschreibung und ihrer Veräußerung nicht mehr als ein Jahr liegt. Entsprechendes galt für andere obligationsähnliche Genussrechte, die keine Wandelschuldverschreibungen sind, wenn sie in Genussscheinen verbrieft sind und zwischen Anschaffung und Veräußerung nicht mehr als ein Jahr liegt. Weder die Veräußerung von Gewinnschuldverschreibungen noch die Veräußerung von anderen obligationsähnlichen Genussrechten, die keine Wandelschuldverschreibungen sind, führte zu Einkünften aus Kapitalvermögen nach § 20 Abs. 2 Satz 1 Nr. 4 Buchst. c) EStG, § 20 Abs. 2 Nr. 4 Satz 5 EStG aF.[885]

**670** Ungeachtet der Jahresfrist des § 23 Abs. 1 Satz 1 Nr. 2 EStG aF sind bei Veräußerung gesondert ausgewiesene Stückzinsen als Einkünfte aus Kapitalvermögen steuerpflichtig, § 20 Abs. 2 Satz 1 Nr. 7 EStG.[886]

**671** Seit dem 1.1.2009 fallen Gewinne aus der Veräußerung von Gewinnschuldverschreibungen und obligationsähnlichen Genussrechten unter die Einkünfte aus Kapitalvermögen nach § 20 Abs. 2 Satz 1 Nr. 7 EStG. Die Unterscheidung zwischen obligationsähnlichen Genussrechten und Genussrechten mit Eigenkapitalcharakter ist hinsichtlich der Besteuerungsfolgen für Anleger, die die Anteile im Privatvermögen halten, nicht mehr von Bedeutung: die Veräußerungsgewinne aus Genussrechten mit Eigenkapitalcharakter sind ebenfalls nach § 20 Abs. 2 Nr. 1 EStG der Abgeltungsteuer unterworfen. Die Übergangsvorschriften des § 52a EStG sind zu beachten.[887]

**672** ee) Anwendung des § 17 EStG. Die Veräußerung von Gewinnschuldverschreibungen und anderen obligationsähnlichen Genussrechten, die keine Wandelschuldverschreibungen sind, führt nicht zu nach § 17 EStG steuerpflichtigen Veräußerungsgewinnen. Mangels Aussicht auf Mitgliedschaftsrechte begründen Gewinnschuldverschreibungen und obligationsähnliche Genussrechte, die keine Wandelschuldverschreibungen sind, keine Anwartschaftsrechte.[888] Die Anwendung des § 17 Abs. 1 Satz 3 EStG auf die Veräußerung von Genussscheinen setzt voraus, dass die Genussrechte Eigenkapitalcharakter haben.[889]

**673** Demgegenüber soll die Veräußerung von Wandelschuldverschreibungen bei Erfüllung der Voraussetzungen des § 17 Abs. 1 Satz 1 EStG als Anwartschaft auf eine Beteiligung an

---

[883] Vgl. *Weber-Grellet* in Schmidt, EStG-Kommentar, § 17 EStG, 1458, Rn. 29; *Vogt* in Blümich, EStG/KStG/GewStG-Kommentar, § 17 EStG Rn. 209.

[884] Vgl. → Rn. 663.

[885] Vgl. *Habersack* in MüKoAktG, § 221 Rn. 349.

[886] Vgl. *Höreth/Zipfel* DStZ 2001, 653, 658.

[887] Siehe hierzu BFH I R 27/12, BStBl. II 2013, 682.

[888] Vgl. *Vogt* in Blümich, EStG/KStG/GewStG-Kommentar, § 17 EStG Rn. 212; *Eilers/Schmidt R.* in Herrmann/Heuer/Raupach, EStG/KStG-Kommentar, § 17 EStG E 93 Rn. 151; kritisch hingegen *Dötsch* in Dötsch/Eversberg/Jost/Witt/Pung, KStG-Kommentar, § 17 EStG Rn. 74.

[889] Vgl. *Vogt* in Blümich, EStG/KStG/GewStG-Kommentar, § 17 EStG Rn. 168; *Eilers/Schmidt R.* in Herrmann/Heuer/Raupach, EStG/KStG-Kommentar, § 17 EStG E 90 Rn. 146.

einer Kapitalgesellschaft steuerpflichtig sein.[890] Nach § 17 Abs. 1 Satz 1 EStG gehört zu den Einkünften aus Gewerbebetrieb auch der Gewinn aus der Veräußerung von Anteilen an einer Kapitalgesellschaft, wenn der Veräußerer innerhalb der letzten fünf Jahre am Kapital der Gesellschaft unmittelbar oder mittelbar zu mindestens 1% beteiligt war. Als Anteile an Kapitalgesellschaften gelten ebenfalls Anwartschaften auf solche Beteiligungen, § 17 Abs. 1 Satz 3 EStG. Die Behandlung von Wandelschuldverschreibungen als Anwartschaften iSv § 17 Abs. 1 Satz 3 EStG beruht auf einer Entscheidung des BFH v. 28.1.1976[891], in der es um die wirtschaftlich identischen Begriffe der Anteile an Kapitalgesellschaften in § 6b EStG aF und § 17 EStG ging. Ob diese Auffassung vor dem Hintergrund der späteren Rechtsprechung zu Wandelschuldverschreibungen[892] und Aktienoptionen[893] als Arbeitslohn noch haltbar ist, erscheint zweifelhaft. So handelt es sich nach der vom BFH im Urteil[894] v. 23.6.2005 vertretenen Auffassung im Zeitpunkt der Einräumung einer Wandelschuldverschreibung ebenso wie bei Gewährung von Aktienoptionen lediglich um die Einräumung einer Chance. Demgegenüber verkörpert die Anwartschaft die rechtlich gesicherte Aussicht auf einen Erwerb, die darauf beruht, dass der normale Erwerbstatbestand schon teilweise verwirklicht ist und seine Vollendung mit einiger Wahrscheinlichkeit erwartet werden kann.[895] Insofern wird die Veräußerung von Wandelschuldverschreibungen allenfalls dann als Veräußerung einer Anwartschaft auf eine Beteiligung unter § 17 Abs. 1 Satz 1 EStG zu subsumieren sein, wenn die Rechtsposition des Inhabers bereits soweit gefestigt ist, dass er an Vermögensmehrungen der Kapitalgesellschaft partizipieren kann.[896]

In die Ermittlung des Umfangs der maßgebenden Beteiligung einer Kapitalgesellschaft nach § 17 Abs. 1 Satz 1 EStG einzubeziehen sind solche Genussrechte, die unter Beachtung des § 8 Abs. 3 Satz 2 KStG Eigenkapitalcharakter haben.[897] Nicht bei der Bestimmung des maßgebenden Nennkapitals zu berücksichtigen sind hingegen Genussrechte, die mangels Beteiligung am Gewinn und am Liquidationserlös iSd § 8 Abs. 3 Satz 2 KStG steuerlich als Fremdkapital zu qualifizieren sind.[898]

**e) Veräußerung der Basiswerte.** Durch Ausübung von Wandlungs-, Options- und Umtauschrechten erhält der Anleihegläubiger Aktien (sogenannte „Basiswerte"). Die bei Veräußerung dieser Basiswerte erzielten Veräußerungsgewinne sind steuerpflichtig, sofern die Basiswerte nach dem 31.12.2008 angeschafft wurden (§ 20 Abs. 2 Satz 1 Nr. 7 EStG). Ferner besteht Steuerpflicht, soweit für vor dem 1.1.2009 erhaltene Basiswerte die Voraussetzungen des § 23 EStG aF (Veräußerung innerhalb eines Jahres nach Erwerb) oder des § 17 EStG (> 1%ige Beteiligung) bzw. des § 21 UmwStG (einbringungsgeborene Anteile) erfüllt sind. Die Übergangsregelungen nach § 52a Abs. 10 Satz 1 EStG sind zu beachten. Seit 2009 genießt § 17 EStG Vorrang vor § 20 Abs 2 EStG.[899]

---

[890] Vgl. *Weber-Grellet* in Schmidt, § 17 EStG Rn. 29; *Vogt* in Blümich EStG/KStG/GewStG-Kommentar, § 17 EStG Rn. 209; einschränkend aber → Rn. 89; *Häuselmann/Wagner* BB 2002, 2431, 2432.
[891] Vgl. BFH Urt. v. 28.1.1976 – IV R 209/74, BStBl. II 1976, 288.
[892] Vgl. BFH Urt. v. 23.6.2005 – VI R 124/99, DStRE 2005, 1047.
[893] Vgl. BFH Urt. v. 20.6.2001 – VI R 105/99, DStRE 2001, 909; BFH Urt. v. 24.1.2001 – I R 100/98, DStR 2001, 931; BFH Urt. v. 24.1.2001 – I R 119/98, DStR 2001, 934.
[894] Vgl. BFH Urt. v. 23.6.2005 – VI R 124/99, DStRE 2005, 1047.
[895] Vgl. BFH Urt. v. 20.2.1975 – IV R 15/71, BStBl. II 1975, 505.
[896] Einschränkend auch *Frotscher*, EStG-Kommentar, § 17 EStG Rn. 30; *Dötsch* in Dötsch/Eversberg/Jost/Witt/Pung, KStG-Kommentar, § 17 EStG Rn. 74.
[897] Vgl. *Weber-Grellet* in Schmidt, EStG-Kommentar, § 17 EStG Rn. 45; *Vogt* in Blümich, EStG/KStG/GewStG-Kommentar § 17 EStG Rn. 250; *Kirchhof/Gosch*, Kompaktkommentar EStG, § 17 Rn. 52.
[898] Vgl. *Weber-Grellet* in Schmidt, EStG-Kommentar, § 17 EStG Rn. 45; *Vogt* in Blümich, EStG/KStG/GewStG-Kommentar § 17 EStG Rn. 250; siehe so auch Niedersächsisches FG Urt. v. 16.7.2003 – 12 K 5/98 (Rev. eingelegt BFH Az. VIII R 73/03).
[899] Vgl. *Weber-Grellet* in Schmidt, EStG-Kommentar, § 17 EStG Rn. 14.

676 aa) § 23 Abs. 1 Satz 1 Nr. 2 EStG aF. aaa) Anschaffungszeitpunkt. Zur Berechnung der Jahresfrist des § 23 Abs. 1 Satz 1 Nr. 2 EStG aF gelten die Aktien als im Zeitpunkt der Ausübung des jeweiligen Rechts angeschafft. Bei der Wandelanleihe gelten die Aktien im Zeitpunkt der Ausübung des Wandlungsrechts als angeschafft.[900] Als Erwerbzeitpunkt gilt bei Optionsanleihen der Zeitpunkt der Ausübung des Optionsrechts.[901] Bei der Umtauschanleihe schafft der Inhaber den Basiswert bei der Ausübung des Umtauschrechts an.[902] Seit dem 1.1.2009 ist der Erwerbszeitpunkt der Aktien nicht mehr relevant, da diese nicht mehr steuerfrei veräußert werden können (§ 23 EStG aF), soweit nicht die Übergangsregelung nach § 52a EStG etwas Abweichendes bestimmt.

677 bbb) Steuerpflicht. Veräußerungen der durch Ausübung von Wandlungsrechten bei Wandelschuldverschreibungen bzw. Genussrechten oder der Ausübung von Optionsrechten erhaltenen Aktien innerhalb eines Jahres nach ihrem Erwerb unterliegen als Einkünfte aus privaten Veräußerungsgeschäften gemäß § 23 Abs. 1 Satz 1 Nr. 2 EStG aF der Einkommensteuer, sofern die Anschaffung der Basiswerte vor dem 1.1.2009 erfolgt ist, auch wenn der Gewinn erst nach dem 31.12.2008 realisiert wurde.

678 Dabei ist der Veräußerungserfolg auch dann nach § 23 Abs. 1 Satz 1 Nr. 2 EStG aF zu versteuern, wenn zugleich die Voraussetzungen des § 17 EStG erfüllt sind, § 23 Abs. 2 Satz 2 EStG aF. Bedeutung hat der Vorrang des § 23 Abs. 1 Satz 1 Nr. 2 EStG aF vor allem für die Behandlung von Veräußerungsverlusten. So dürfen nach § 23 Abs. 3 Satz 8 aF EStG Verluste nur bis zur Höhe des Gewinns ausgeglichen werden, die der Steuerpflichtige im gleichen Kalenderjahr aus privaten Veräußerungsgeschäften erzielt. Sie dürfen nicht nach § 10d EStG ausgeglichen werden. Die Verluste mindern nach Maßgabe des § 10d EStG die Einkünfte, die der Steuerpflichtige in dem unmittelbar vorangegangenen Veranlagungszeitraum oder in den folgenden Veranlagungszeiträumen aus privaten Veräußerungsgeschäften nach § 23 Abs. 1 EStG aF erzielt.

679 Für seit dem 1.1.2009 angeschaffte Basiswerte fallen Veräußerungsgewinne unabhängig von der Haltedauer unter die Besteuerung des § 20 Abs. 2 EStG. Die Übergangsregelungen nach § 52a EStG sind zu beachten.

680 ccc) Anschaffungskosten. Gewinn oder Verlust aus Veräußerungsgeschäften nach § 23 Abs. 1 Satz 1 EStG aF ist der Unterschiedsbetrag zwischen Veräußerungspreis der Aktien einerseits und deren Anschaffungskosten sowie den mit der Veräußerung verbundenen Werbungskosten andererseits, § 23 Abs. 3 Satz 1 EStG aF.

681 Zu den Anschaffungskosten der durch Ausübung des mit einer Wandelanleihe verbundenen Wandlungsrechts bezogenen Aktien gehören die für den Erwerb der Anleihe aufgewendeten Anschaffungskosten zuzüglich einer ggf. zu leistenden Barzahlung.[903] Dies gilt ausdrücklich nach § 20 Abs. 4a Satz 3 EStG.

682 § 20 Abs. 4a Satz 3 EStG gilt auch für Anschaffungskosten der Aktien, die durch Ausübung des mit einer Umtauschanleihe verbundenen Umtauschrechts erworben wurden.[904] Eine unterschiedliche Behandlung der Umtauschanleihe im Gegensatz zur Wandelanleihe erfolgt somit nicht mehr.[905]

683 Im Fall der Optionsanleihe umfassen die für die Anwendung des § 23 Abs. 3 Satz 1 EStG aF maßgebenden Anschaffungskosten der Basiswerte den Kaufpreis des Optionsscheins und die mit dessen Erwerb verbundenen Anschaffungsnebenkosten.[906] Wurde der Optionsschein zusammen mit der Optionsanleihe erworben, sind die Anschaffungskosten der Optionsan-

---

[900] Vgl. BMF Schreiben v. 25.10.2004 – IV C 3 – S 2256 – 238/04, BStBl. I 2004, 1034, Tz. 6.
[901] Vgl. BMF Schreiben v. 25.10.2004 – IV C 3 – S 2256 – 238/04, BStBl. I 2004, 1034, Tz. 8; Steinlein DStR 2005, 456, 457.
[902] Vgl. BMF Schreiben v. 25.10.2004 – IV C 3 – S 2256 – 238/04, BStBl. I 2004, 1034, Tz. 10.
[903] Vgl. BMF Schreiben v. 27.11.2001 – IV C 3 – S 256 – 265/01, BStBl. I 2001, 986, Tz. 6.
[904] Vgl. BMF-Schreiben v. 9.10.2012 – IV C 1 – S 2252/10/10013, BStBl. I S. 953 Tz. 103.
[905] Vgl. zur Differenzierung *Korn* FR 2003, 1101, 1103.
[906] Vgl. BMF Schreiben v. 27.11.2001 – IV C 3 – S 256 – 265/01, BStBl. I 2001, 986, Tz. 8.

leihe aufzuteilen in Anschaffungskosten der Anleihe und Anschaffungskosten des Optionsrechts.⁹⁰⁷

bb) § 17 EStG. Nach § 17 EStG gehört zu den Einkünften aus Gewerbebetrieb auch der Gewinn aus der Veräußerung von Anteilen an einer Kapitalgesellschaft, wenn der Veräußerer innerhalb der letzten fünf Jahre am Kapital der Gesellschaft unmittelbar oder mittelbar zu mindestens 1% beteiligt war. Erwirbt der Anleger durch Ausübung von Wandelschuldverschreibungen eine Beteiligung iSv § 17 Abs. 1 Satz 1 EStG, so ist ihre spätere (teilweise) Veräußerung bei Erfüllung der zeitlichen Voraussetzung des § 17 Abs. 1 Satz 1 EStG steuerpflichtig. Entsprechendes gilt, wenn eine bestehende Beteiligung nach Ausübung von Wandelschuldverschreibungen erhöht wird und dann die Voraussetzungen iSv § 17 Abs. 1 Satz 1 EStG erfüllt. Zu einer Steuerpflicht nach § 17 EStG kommt es indes für bis 2009 angeschaffte Basiswerte nur, wenn nicht zugleich die Anwendungsvoraussetzungen des § 23 Abs. 1 Satz 1 Nr. 1 EStG erfüllt sind, § 23 Abs. 2 Satz 2 EStG aF. Ab dem 1.1.2009 hat § 17 EStG Vorrang vor §§ 20, 23 EStG. Dann findet allerdings § 23 EStG aF keine Anwendung mehr auf die angesprochenen Anlageformen, da diese unter den neuen § 20 EStG fallen.

cc) § 20 Abs. 2, iVm § 20 Abs 4 EStG. Für seit 2009 angeschaffte Basiswerte fallen Veräußerungsgewinne unabhängig von der Haltedauer unter die Besteuerung des § 20 Abs. 2 Satz 1 Nr. 7 EStG. Der Veräußerungsgewinn bestimmt sich in diesen Fällen nach § 20 Abs. 4 EStG. Der Veräußerungsbegriff lehnt sich an §§ 17, 23 EStG aF. Hiernach bemisst sich der steuerpflichtige Gewinn als die Differenz zwischen den Einnahmen aus der Veräußerung, den Veräußerungskosten und den Anschaffungskosten.⁹⁰⁸

**3. Ausländischer Anleger. a) Laufende Vergütungen.** Ein im Ausland ansässiger Anleger ist im Inland mit laufenden Vergütungen aus Wandelschuldverschreibungen, Gewinnschuldverschreibungen und anderen obligationsähnlichen Genussrechten beschränkt steuerpflichtig, § 49 Abs. 1 Nr. 5 Buchst. c) Doppelbuchst. bb) iVm § 20 Abs. 1 Nr. 7 EStG.⁹⁰⁹ Auf die laufenden Vergütungen ist Kapitalertragsteuer iHv 25 % abzuführen, § 43 Abs. 1 Nr. 1, Nr. 7 Buchst. a) EStG, iVm § 43a Abs 1 Satz 1 Nr. 1 EStG. Unterhält der Anleger keine Betriebsstätte im Inland, der die Wandelschuldverschreibungen, Gewinnschuldverschreibungen und die anderen obligationsähnlichen Genussrechte zuzurechnen sind, ist die deutsche Steuer mit der erhobenen Kapitalertragsteuer abgegolten. Ein Abzug von Werbungskosten scheidet aus. Betriebsausgaben im Zusammenhang mit den bezeichneten Finanzierungsinstrumenten können nur dann im Inland steuerlich geltend gemacht werden, wenn das in Rede stehende Finanzierungsinstrument einer deutschen Betriebsstätte des Anlegers zuzurechnen ist.

Besteht mit dem Sitzstaat des Anlegers ein Doppelbesteuerungsabkommen (DBA), so sind laufende Vergütungen aus Wandelschuldverschreibungen, Gewinnschuldverschreibungen und anderen obligationsähnlichen Genussrechten regelmäßig als Zinsen iSd § 11 OECD-MA zu qualifizieren. Das Besteuerungsrecht dieser Einkünfte wird üblicherweise dem Sitzstaat zugewiesen. Der Quellenstaat kann lediglich eine Quellensteuer von maximal 10 % auf den Bruttobetrag der Zinsen erheben, Art. 11 Abs. 2 OECD-MA. Die den im jeweiligen DBA vorgesehenen Höchstsatz übersteigende Kapitalertragsteuer kann sich der Anleger unter den Bedingungen des § 50d EStG auf Antrag erstatten lassen.

Bei Zahlungen zwischen verbundenen Unternehmen verschiedener EU-Mitgliedstaaten kommt eine Entlastung von der Kapitalertragsteuer nach der Zins- und Lizenzrichtlinie in Betracht; ihrer Anwendung kann allerdings, § 50g Abs. 2 Nr. 1 Buchst. b) EStG entgegenstehen.

Kapitalertragsteuer ist auch dann zu erheben, wenn Vergütungen aus Wandelschuldverschreibungen, Gewinnschuldverschreibungen und anderen obligationsähnlichen Genuss-

---

⁹⁰⁷ Vgl. Vgl. BMF-Schreiben v. 9.10.2012 – IV C 1 – S 2252/10/10013, BStBl. I S. 953 Tz. 86; vgl. auch → Rn. 655.
⁹⁰⁸ Vgl. *Weber-Grellet* in Schmidt, EStG-Kommentar, 27. Auflage, § 20 EStG Rn. 195.
⁹⁰⁹ Vgl. FG Köln Urt. v. 23.5.1996 – 2 K 2536/94, EFG 1996, 836; FG Köln Urt. v. 29.4.1999 – 2 K 3998/95, EFG 1999, 1034.

rechten nach § 8a KStG aF in verdeckte Gewinnausschüttungen umzuqualifizieren sind, § 43 Abs. 1 Satz 1 Nr. 1 iVm § 43a Abs. 1 Nr. 1 EStG aF. Bei Zahlungen zwischen verbundenen Unternehmen verschiedener EU-Mitgliedstaaten kann in diesem Fall, bei Erfüllung der Anwendungsvoraussetzungen des § 43b EStG, auf die Erhebung der deutschen Kapitalertragsteuer verzichtet werden.[910]

**690   b) Veräußerungsgewinne.** Werden Wandelschuldverschreibungen, Gewinnschuldverschreibungen und andere obligationsähnliche Genussrechte durch einen ausländischen Anleger ohne Betriebsstätte in Deutschland veräußert, so unterlagen Gewinne aus dieser Veräußerung bis 31.12.2008 bei Erfüllung der Anwendungsvoraussetzungen des § 23 Abs. 1 Nr. 2 EStG aF (private Veräußerungsgeschäfte) der beschränkten Steuerpflicht im Inland, § 49 Abs. 1 Nr. 8, 2. Halbs. EStG aF Veräußerungsgewinne, die seit dem 31.12.2008 erzielt werden, fallen unter Einkünfte aus Kapitalvermögen nach § 49 Abs. 1 Nr. 5d) EStG. Besteht mit dem ausländischen Sitzstaat des Anlegers ein DBA, so wird das Besteuerungsrecht an diesen Veräußerungsgewinnen regelmäßig dem ausländischen Sitzstaat das Anlegers zugewiesen, Art. 13 Abs. 5 OECD-MA.

**691**   Gewinne aus der Veräußerung von Wandelschuldverschreibungen, Gewinnschuldverschreibungen und anderen obligationsähnlichen Genussrechten sind stets in Deutschland steuerpflichtig, wenn die Finanzierungsinstrumente einer deutschen Betriebsstätte des Anlegers zuzurechnen sind, § 49 Abs. 1 Nr. 2 Buchst. a) EStG. In diesem Fall unterliegt der Gewinn auch der Gewerbesteuer.[911]

### VI. Mitarbeiterbeteiligung

**692   1. Konzeption.** Wandelschuldverschreibungen, Umtauschanleihen und Optionsanleihen werden auch als Instrumente der Mitarbeiterbeteiligung eingesetzt. Besonderen Vorteil bieten diese Instrumente aufgrund ihrer hohen Gestaltungsflexibilität.[912] Mit der Begebung von Wandelschuldverschreibungen gewährt der Mitarbeiter der emittierenden Gesellschaft ein Darlehen. Denkbar ist auch die Gewährung eines obligationsähnlichen Genussrechtes. Im Unterschied zu Aktienoptionen hat der Mitarbeiter bei der Ausgabe einer Schuldverschreibung der Emittentin finanzielle Mittel (Darlehen) zur Verfügung zu stellen. Verbunden mit diesem Darlehen wird dem Mitarbeiter ein Wandlungs- oder Optionsrecht auf Aktien der Emittentin oder ein Umtauschrecht in Aktien einer anderen Gesellschaft (etwa der Muttergesellschaft der Arbeitgeberin) einräumt. Nach Ablauf einer bestimmten Frist kann der Mitarbeiter durch Ausübung des ihm eingeräumten Rechts eine bestimmte Zahl von Aktien zu einem im Voraus festgelegten Preis beziehen. Bei Gestaltung als Wandelanleihe bzw. Umtauschanleihe geht die Gläubigerstellung des Mitarbeiters unter; demgegenüber bleibt dessen Gläubigerstellung bei Einräumung einer Optionsanleihe bestehen.

**693   2. Lohnsteuerlicher Zuflusszeitpunkt.** Zentrale Frage bei Einsatz von Wandelschuldverschreibungen, Umtauschanleihen und Optionsanleihen zur Mitarbeiterbeteiligung ist, zu welchem Zeitpunkt dem Arbeitnehmer aus diesen Instrumenten Arbeitslohn gem. § 19 EStG im steuerlichen Sinne zufließt.

**694**   Bei der Ausgabe von Wandelanleihen wurde im Schrifttum[913] für den Zufluss von Arbeitslohn teilweise auf den Zeitpunkt der Begebung der Anleihe abgestellt (sog. Anfangsbesteuerung). Begründet wurde diese Auffassung damit, dass die Begebung der Wandelanleihe und die anschließende Wandlung einen einheitlichen Vorgang darstellen. Ist die Wandlung rechtlich nicht relevant, kann auch in diesem Moment kein Zufluss angenommen werden.

---

[910] Vgl. *Jesse* IStR 2005, 151; *Kessler* DB 2003, 2512; so zuletzt auch *Watrin/Lühn* IWB Fach 3, Gruppe 4, 483, 494.
[911] Vgl. *Scheipers/Kowallik* IWB Fach 3, Gruppe 4, 460.
[912] *Schanz* NZA 2000, 626, 628.
[913] *Eisolt/Wickinger* BB 2001, 122, 126.

Demgegenüber hat der BFH mit Urteil v. 23.6.2005, bestätigt durch das Urteil vom 20.5.2010[914] in Fortführung seiner Rechtsprechung zu Aktienoptionen die Auffassung vertreten, dass bei Begebung einer Wandelanleihe an Mitarbeiter lediglich eine Chance auf Erzielung eines geldwerten Vorteils eingeräumt wird. Insofern kann im Begebungszeitpunkt der Wandelanleihe nach Ansicht des BFH steuerlich kein Arbeitslohn zufließen. Daran ändert nach Auffassung des BFH auch der Umstand nichts, dass der Berechtigte aufgrund der durch das Wandlungsrecht gewährten Ersetzungsbefugnis die Anleihe jederzeit in ein auf Verschaffung der Mitgliedschaft gerichtetes Rechtsverhältnis umändern kann. Solange der Berechtigte die zur Ausübung erforderliche Willenserklärung noch nicht abgegeben hat, hat er nur einen Anspruch aus der Anleihe bzw. dem Genussrecht. Steuerlich fließt daher der Arbeitslohn in Form eines geldwerten Vorteils durch vergünstigten Erwerb von Aktien erst im Zeitpunkt der Wandlung zu. Dies gilt sowohl für handelbare[915] als auch nicht handelbare[916] Wandelanleihen bzw. Wandeldarlehen.[917] Dieses Ergebnis – so der BFH – entspricht dem Prinzip der Besteuerung nach der Leistungsfähigkeit. Anderenfalls müsste der Arbeitnehmer unrealisierte Vorteile versteuern.

Die erläuterten Grundsätze sind auf Umtauschanleihen und Optionsanleihen gleichermaßen anzuwenden. Begebung und Umtausch sind bei diesen Instrumenten zivilrechtlich nicht als einheitlicher Vorgang zu qualifizieren. Arbeitslohn fließt demnach im Zeitpunkt des Umtausches in Aktien bzw. Ausübung der Option zu.

**3. Ermittlung des geldwerten Vorteils.** Mit Wandlung/Umtausch bzw. Ausübung der Option bezieht der Mitarbeiter als Inhaber der Wandelschuldverschreibung Aktien zu einem festgelegten Kurs. Der geldwerte Vorteil ermittelt sich als Differenz zwischen dem Entgelt für den Erwerb der Forderung die im Rahmen der Wandlung oder des Tausches geleistet wird und dem gemeinen Wert der erlangten Beteiligung, dh dem Börsenkurs bzw. Marktpreis der Beteiligung, § 3 Nr. 39 EStG. Der geldwerte Vorteil fliesst mit Erlangung des wirtschaftlichen Eigentums an der Beteiligung zu. Verfügungsbeschränkungen *("Lock-up-Period")* können den Zuflusszeitpunkt verschieben.[918]

**4. Steuerliche Förderung.** Bei Überlassung von Wandelschuldverschreibungen bzw. Wandelgenussrechten an Arbeitnehmer kommt die Begünstigung des 5. VermBG sowie § 3 Nr. 39 EStG, der § 19a EStG abgelöst hat, zur Anwendung.[919] Der gewährte Vorteil ist gemäß § 3 Nr. 39 EStG steuerfrei, soweit er insgesamt 360 EUR im Kalenderjahr nicht übersteigt. Begünstigt sind Wandelschuldverschreibungen, die vom Arbeitgeber ausgegeben werden. Wandelschuldverschreibungen von anderen Unternehmen werden nur dann begünstigt, wenn sie an der deutschen Börse zum amtlichen Handel oder zum geregelten Markt zugelassen oder in den Freiverkehr einbezogen sind.

## I. Termingeschäfte

**Schrifttum:** *Bauer/Gemmeke,* Zur steuerlichen Behandlung von Aktienoptionsrechten nach dem Erlass des Finanzministeriums NRW v. 27.3.2003, DStR 2003, 1818;; *van Bebber,* Private Devisentermingeschäfte im Lichte der Neuregelung durch das Steuerentlastungsgesetz 1999/2000/2002; *Beck'scher Bilanz-Kommentar,* 7. Aufl. 2010; *Blümich,* EStG/KStG/GewStG-Kommentar, Stand Oktober 2013; BMF Schreiben v. 9.10.2012 – IV C 1 – S 2252/10/10013, BStBl. I 2012, S. 953; BMF Schreiben v. 23.9.2005 – IV B 2 – S 2119 – 7/05, DStR 2005, 1900; BMF Schreiben v. 25.10.2004 – IV C 3 – S 2256 – 238/04, BStBl. I 2004, 1034 = DStR 2004, 2009; BMF Schreiben v. 10.3.2003 – IV C 5 – S 2332 – 11/03, BStBl. I 2003, 234 = DStR 2003, 509; BMF Schreiben v. 27.11.2001 – IV C 3 – S 2256

---

[914] Vgl. BFH Urt. v. 20.5.2010 – VI R 12/08, NZA RR 2011, 92; BFH Urt. v. 23.6.2005 – VI R 124/99, BStBl. II 2005, 770.
[915] Vgl. BFH VI R 25 BStBl. II 2009, 382.
[916] Vgl. BFH I R 100/98 BStBl. II 2001, 509; BFH I R 119, BStBl. II 2001, 512.
[917] Vgl. BFH Urt. v. 20.5.2010 – VI R 12/08, NZA RR 2011, 92.
[918] Vgl. *Schmidt/Krüger* § 19 Rz. 100 „Ankaufsrecht".
[919] Vgl. zur Rechtsentwicklung des § 19a *Pflüger* in Herrmann/Heuer/Raupach, EStG/KStG-Kommentar, § 19a Rn. 1.

14– 265/01, BStBl. I 2001, 986; *Bredow,* Steuergünstige Gestaltung von Aktienoptionen für leitende Angestellte („stock options"), DStR 1996, 2033; *Dahm/Hamacher,* Termingeschäfte im EStG – Eine Besteuerungsruine, DStR 2014, 455; *Ebenroth/Boujong/Joost,* HGB-Kommentar, 2. Aufl. 2008; *Dautel,* Besteuerung von Mitarbeiterbeteiligungen, BB 2000, 1757, 1762; *Eckert,* Besteuerung von Stock Options, DB 1999, 2490; *Dietborn/Strnad,* Besteuerung von Aktienoptionen nach dem Erlass des Finanzministeriums NRW v. 27.3.2003 – erste Würdigung, BB 2003, 1094; *Dreyer/Broer,* Gewinnrealisierung bei Stillhalterprämien aus Optionsgeschäften – Zugleich Besprechung der Entscheidung des FG Hamburg v. 6.12.2001, DStR 2002, 1590; Finanzministerium Nordrhein-Westfalen v. 27.3.2003 – S 2332 – 109 – V B 3, DStR 2003, 689; *Fritsche/Bäumler,* Der Besteuerungszeitpunkt von Stock-Options: fortlaufende Probleme nach den Urteilen des BFH aus dem Jahre 2001 – Zugleich Anmerkung zu dem BMF-Schreiben v. 10.3.2003, DStR 2003, 509; *Geurts,* Besteuerung von Finanzderivaten im Privatvermögen, DB 2002, 110; *Glaser,* Besteuerung privater und betrieblicher Termingeschäfte, SteuerStud 2001, 576; *Grützner,* Zur Besteuerung von betrieblichen Termingeschäften nach dem StEntlG 1999/2000/2002, StuB 1999, 961; *Günkel,* Ausgewählte Probleme zum Bilanzsteuerrecht, StBJb 2002/2003, 275; *Haas,* Lohnsteuerliche Behandlung verschiedener Formen der Mitarbeiterbeteiligung, DStR 2000, 2018; *Haarmann* JbFSt 1994/95, 662; *Haarmann,* Aktuelle Probleme bei der Abgeltungsteuer, FS für Herzig 2010, 423; *Haisch,* Steuerliche Behandlung von Swapgeschäften, DStZ 2004, 51; *Harenberg,* Besteuerung von Optionsgeschäften und Financial Futures im Rahmen privater Vermögensverwaltung, NWB Fach 3, 11 695 (34/2001); *ders.,* Besteuerung von privaten Devisentermingeschäften, NWB Fach 3, 12 031 (26/2002); *Häuselmann/Wagner,* Grenzen der Einbeziehung von Aktienderivaten in das Halbeinkünfteverfahren, BB 2002, 2170; *Helios/Philipp,* Besteuerung von Optionsgeschäften im Abgeltungsteuersystem – Gestaltungsmissbrauch bei der Veräußerung von faktisch wertlosen Optionsscheinen? BB 2010, 95; *Henning/Bengard,* Steuerliche Änderungen des Investmentrechts durch das „Steuerentlastungsgesetz 1999/2000/2002", BB 1999, 1901; *Herrmann/Heuer/Raupach,* EStG/KStG-Kommentar, Stand Februar 2014; *Heuermann,* EUREX II: Besteuerung von Optionsgeschäften an Terminbörsen, DB 2004, 1848; *ders.,* Das Glattstellen von Aktienoptionsgeschäften als privates Veräußerungsgeschäft iS von § 23 Abs. 1 Satz 1 Nr. 2 EStG, DB 2003, 1919; *Kirchhof/Söhn/Mellinghoff, (K/S/M)* EStG-Kommentar, Stand Februar 2014; *Littmann/Bitz/Pust,* EStG-Kommentar, Stand April 2014; *Lenner/Dumser* DStR 2006, 2017; *Lohr,* Aktuelles Beratungs-Know-How Besteuerung von Kapitalvermögen, DStR 2002, 2082; *Meinert, Helios:* Die Abzugsfähigkeit vergeblicher Aufwendungen bei Termingeschäften im Privatvermögen - Zugleich Anmerkung zum BFH-Urteil vom 26.9.2012, IX R 50/09, DStR 2013, 508; Münchener Kommentar zum *Aktiengesetz,* 3. Aufl. 2011; *Menninger, J.:* Financial Futures und deren bilanzielle Behandlung, Frankfurt am Main 1993; Muscat, Private Stillhaltergeschäfte – steuerpflichtige private Veräußerungsgeschäfte oder sonstige Einkünfte, BB 2001, 2293; *Naumann,* Bewertung im Gewinnermittlungsrecht der Banken, 1995; *Peter,* Die steuerrechtliche Behandlung von Finanzinnovationen, FR 1998, 545; *Portner/Bödefeld,* Besteuerung von Arbeitnehmer-Aktien-Optionen, DStR 1995, 629; *Scheurle,* Missbrauchsbekämpfung und Steuerbereinigungsgesetz: Änderungen der Besteuerung von Kapitaleinkünften (Teil I), DB 1994, 445; *Schmid/Renner,* Bilanzielle und steuerliche Behandlung einer Kaufoption, DStR 2005, 815; *Schmidt,* EStG-Kommentar, 33. Aufl. 2014; *Schmittmann/ Wepler,* Voraussetzungen der Verlustausgleichsbeschränkung bei Termingeschäften im Betriebsvermögen, DStR 2001, 1783; *Schwark/Zimmer,* Kapitalmarktrechts-Kommentar, 4.Auflage 2010; *Sorgenfrei,* Zur Neuregelung der Besteuerung von Verlusten aus betrieblichen Termingeschäften, DStR 1999, 1928; *Tibo,* Die Besteuerung von Termingeschäften im Betriebsvermögen gem. § 15 Abs. 4 EStG, DB 2001, 2369; *Wendt,* Steuerentlastungsgesetz 1999/2000/2002 Änderungen bei betrieblichen und privaten Veräußerungsgeschäften, FR 1999, 333; *Wotschofsky/Thomas,* Besteuerung von Termingeschäften, Finanz Betrieb 2003, 31; *Zeller,* Die steuerliche Behandlung von Stillhalterprämien bei Investmentfonds nach dem InvStG, DB 2004, 1522.

## I. Überblick

**699  1. Begriffsbestimmung ausserhalb des Steuerrechts.** Als Termingeschäfte werden Rechtsgeschäfte (gegenseitige Verträge) bezeichnet, bei denen Abschluss und Erfüllung des Geschäfts zeitlich auseinander fallen. Die wesentlichen Kriterien des Termingeschäfts sind die zeitliche Verzögerung bei der Erfüllung und die unmittelbare oder mittelbare Abhängigkeit vom Preis oder Maß eines Basiswertes.[920] Durch Abschluss eines Termingeschäfts

---
[920] Vgl. *Kumpan* in Schwark/Zimmer, Kapitalmarktrechts-Kommentar, § 2 WpHG Rn. 34; *Förschle* in Beck'scher Bilanz-Kommentar, § 246 Rn. 150; *Buge* in Herrmann/Heuer/Raupach, EStG/KStG-Kommentar, § 20 Rn. 472.

haben private Anleger sowie Unternehmer die Möglichkeit, gegen Zahlung einer Prämie eine bestimmte Ware (Aktien, Anleihen, Gold, Öl etc.) oder einen bestimmten Wert (Dollar, Index, Zinssatz) an einem bestimmten Termin oder innerhalb einer bestimmten Frist zu einer im Voraus bestimmten Menge zu einem bereits festgelegten Preis zu kaufen oder zu verkaufen. Entscheidendes Merkmal aller Termingeschäfte ist, dass die Bewertung des Rechts, das in der Zukunft oder über einen zukünftigen Zeitraum geltend gemacht werden kann oder zu erfüllen ist, unmittelbar oder mittelbar von einem Basiswert abhängt, der seinerseits Preis- und Bewertungsschwankungen unterliegt. Je nach Basiswert handelt es sich um Finanz-, Waren- oder Devisentermingeschäfte.

Termingeschäfte sind in § 2 Abs. 2 WpHG als Unterform der Derivate definiert. Sie werden dabei als Kauf, Tausch oder anderweitig ausgestaltete Festgeschäfte oder Optionsgeschäfte beschrieben, die zeitlich verzögert zu erfüllen sind und deren Wert sich unmittelbar oder mittelbar vom Preis oder Maß eines Basiswertes ableitet, und zwar

a) nach § 2 Abs. 2 Nr. 1a)–e) WpHG Finanzinstrumente oder finanzielle Messgrößen als Basiswerte:
– Wertpapiere oder Geldmarktinstrumente
– Devisen oder Rechnungseinheiten,
– Zinssätze oder andere Erträge
– Indices der vorstehenden Basiswerte, andere Finanzindices oder Finanzmessgrößen
– oder Derivate

b) nach § 2 Abs. Nr. 2 WpHG physikalische oder volkswirtschaftliche Variablen als Basiswerte:
– Waren
– Frachtsätze
– Emissionsberechtigungen
– Klima- und andere physikalische Variablen
– Inflationsraten oder andere volkswirtschaftliche Variablen
– oder sonstige Vermögenswerte, Indices oder Messwerte.

c) Termingeschäfte, die die in Art. 39 MiFID-DVO genannten Basiswerte betreffen und die außerdem die unter § 2 Abs. 2 Nr. 2 WpHG genannten Bedingungen erfüllen.[921]

Termingeschäfte können standardisiert und damit an einer (Termin-)Börse handelbar sein. Nicht standardisierte Termingeschäfte (sog. *Forwards*) werden OTC = *over the counter* vertrieben[922]; hier können die Vertragspartner die Vertragsbedingungen frei vereinbaren.

Am Kapitalmarkt sind Termingeschäfte häufig als Rechtsgeschäfte ohne Lieferverpflichtung konzipiert. Diese sogenannten Differenzgeschäfte haben keinen Umsatz von Wirtschaftsgütern zum Inhalt. Je nach Art des Termingeschäfts ist zwar die Lieferung des Basiswertes häufig theoretisch möglich. Tatsächlich sind die Vertragsparteien indes bei diesen Differenzgeschäften vielmehr an einem Differenzausgleich *(cash-settlement)* zwischen Basispreis und aktuellem Marktwert interessiert. Insofern sind diese Differenzgeschäfte nur in der äußeren Gestalt effektive Umsatzgeschäfte.

Termingeschäfte können zu Spekulations- (sog. trading) oder Arbitragezwecken (sog. spreading) eingesetzt werden. Häufig aber besteht das wesentliche Motiv für den Abschluss

---

[921] In Art. 39 MiFID-DVO werden genannt: „a) Telekommunikations-Bandbreite; b) Lagerkapazität für Waren; c) Übertragungs- oder Transportkapazität in Bezug auf Waren, sei es nun über Kabel, Rohrleitung oder auf sonstigem Wege; d) eine Erlaubnis, ein Kredit, eine Zulassung, ein Recht oder ein ähnlicher Vermögenswert, der bzw. die direkt mit der Lieferung, der Verteilung oder dem Verbrauch von Energie in Verbindung stehen, die aus erneuerbaren Energiequellen gewonnen wird; e) eine geologische, eine umweltbedingte oder eine sonstige physikalische Variable; f) ein sonstiger Vermögenswert oder ein sonstiges Recht fungibler Natur, bei dem es sich nicht um ein Recht auf Dienstleistung handelt, der bzw. das übertragbar ist; g) ein Index oder ein Maßstab, der mit dem Preis, dem Wert oder dem Volumen von Geschäften mit einem Vermögenswert, einem Recht, einer Dienstleistung oder einer Verpflichtung in Verbindung steht".
[922] Vgl. *Dreyer/Broer* DStR 2002, 1590.

von Termingeschäften darin, sich gegen voraussichtliche Preisschwankungen abzusichern (sog. *hedging*). Dabei verzichtet der Anleger gleichzeitig auf Gewinne, die er aus Preissteigerungen erzielen könnte.

**706** Unbedingte Termingeschäfte (Festgeschäfte) begründen bindende Erfüllungsverpflichtung für beide Vertragspartner. In diese Kategorie der Termingeschäfte fallen Forwards, Futures und Swaps.[923] Demgegenüber kann bei einem bedingten Termingeschäft (Optionsgeschäfte) allein der Käufer sein Recht ausüben oder verfallen lassen.[924] Eine Verpflichtung besteht für den Verkäufer (Stillhalter) nur bei der Ausübung des Rechts durch den Käufer. Zu diesen bedingten Termingeschäften gehören Optionen.

**707** **2. Der Begriff des „Termingeschäfts" im Steuerrecht.** Bei den dem Privatvermögen zuzuordnenden Termingeschäften kam es bis zum 31.12.2008 nur bei Erfüllung der Voraussetzungen der § 23 Abs. 1 Satz 1 Nr. 4 EStG aF oder uU § 20 Abs. 1 Nr. 7 EStG aF zu einer Besteuerung. Eine Begriffsbestimmung war in diesen Vorschriften jedoch nicht enthalten. Die Finanzverwaltung entnahm die Definition des Termingeschäftes der Vorschrift des § 2 Abs. 2 WpHG aF. Seit 2009 kommt es durch die Neuordnung der Kapitaleinkünfte durch das Unternehmensteuerreformgesetz 2008 auch im Privatvermögen zu einer umfassenden Besteuerung von Gewinnen aus Termingeschäften nach § 20 Abs. 2 Nr. 3 EStG.

**708** Die Finanzverwaltung hat die kapitalmarktrechtliche Begriffsbestimmung, die in § 2 Abs. 2 WpHG aF enthalten war, trotz der Fortentwicklung der Definition wie folgt getroffen:[925]

„Der Begriff des Termingeschäfts umfasst sämtliche als Options- oder Festgeschäft ausgestaltete Finanzinstrumente sowie Kombinationen zwischen Options- und Festgeschäften, deren Preis unmittelbar oder mittelbar abhängt von
– dem Börsen- oder Marktpreis von Wertpapieren,
– dem Börsen- oder Marktpreis von Geldmarktinstrumenten,
– dem Kurs von Devisen oder Rechnungseinheiten,
– Zinssätzen oder anderen Erträgen oder
– dem Börsen- oder Marktpreis von Waren oder Edelmetallen.

Dabei ist es ohne Bedeutung, ob das Termingeschäft in einem Wertpapier verbrieft ist, an einer amtlichen Börse oder außerbörslich abgeschlossen wird. Zu den Termingeschäften gehören insbesondere Optionsgeschäfte, Swaps, Devisentermingeschäfte und Forwards oder Futures."

**709** Eine Anknüpfung im Steuerrecht an die heutige kapitalmarktrechtliche Begriffsbestimmung wäre aus Gründen der Bestimmtheit des Besteuerungssachverhaltes sicherlich vorzuziehen, selbst wenn aus der Zweckrichtung des WpHG bestimmte Wertungen nicht dem Steuerrecht entsprechen und daher anders zu treffen sind. Soweit bestimmte Termingeschäfte unter dem Gesichtspunkt des Schutzes der Anleger oder der Funktionsfähigkeit des Kapitalmarktes unzulässig sind, können sie doch als Termingeschäfte im steuerlichen Sinne erfasst werden.[926] Soweit man die Vorschrift des § 20 Abs. 2 Satz 1 Nr. 3 EStG als Auffangvorschrift begreift, werden heute bestimmte Sachverhalte, die bis 2008 als Termingeschäfte besteuert wurden heute vorrangig unter die Vorschrift des § 20 Abs. 2 Satz 1 Nr. 7 EStG subsumiert.[927]

**710** **3. Folge der Darstellung.** Im Folgenden wird die steuerliche Behandlung von Optionen, Futures bzw. Forwards und Swaps bei Privatanlegern näher erläutert. Bei Termingeschäften im Betriebsvermögen geht es zum einen um die Frage der zeitlichen Erfassung

---

[923] Vgl. *König* in Ebenroth/Boujong/Joost, Rn. VIII 3333; *Peter* FR 1998, 545, 547.
[924] Vgl. *König* in Ebenroth/Boujong/Joost, Rn. VIII 6363; *Harenberg* NWB Fach 3, 11 695.
[925] BMF Schreiben v. 9.10.2012 – IV C 1 – S 2252/10/10013 Rn. 9.
[926] *Buge* in Herrmann/Heuer/Raupach, EStG/KStG-Kommentar, § 20, Rn. 472.
[927] Zu Zertifikaten siehe im Weiteren → Rn. 778 f. *Buge* in Herrmann/Heuer/Raupach, EStG/KStG-Kommentar, § 20, Rn. 472.

von Erfolgen aus Termingeschäften, etwa von Optionsprämien. Zum anderen ist die steuerliche Behandlung von Verlusten maßgeblich und damit die Frage, ob und in welchem Umfang ein Zusammenhang zwischen den Grundgeschäften und den zu Sicherungszwecken *(hedging)* eingesetzten Termingeschäften steuerlich zu beachten ist.

## II. Besteuerung von Termingeschäften im Privatvermögen

**1. Rechtslage vor 2009.** Bis zum 31.12.2008 erzielte der private Anleger aus Termingeschäften dann steuerpflichtige Einkünfte, wenn die Voraussetzungen des § 23 Abs. 1 Satz 1 Nr. 2 bzw. Nr. 4 EStG aF erfüllt waren. Daneben konnte in bestimmten Fällen auch eine vorrangige Besteuerung nach § 20 Abs. 1 Nr. 7 EStG aF eingreifen.[928] Nach § 23 Abs. 1 Satz 1 Nr. 4 EStG aF erzielt der private Anleger Einkünfte aus privaten Veräußerungsgeschäften mit Termingeschäften, durch die der Steuerpflichtige einen Differenzausgleich oder einen durch den Wert einer veränderlichen Bezugsgröße bestimmten Geldbetrag oder Vorteil erlangt, sofern der Zeitraum zwischen Erwerb und Beendigung des Rechts auf einen Differenzausgleich, Geldbetrag oder Vorteil nicht mehr als ein Jahr beträgt. Dabei galten als Termingeschäfte nicht nur Waren- und Devisentermingeschäfte mit Differenzausgleich, sondern allgemein Geschäfte, die ein Recht auf Zahlung eines Geldbetrages oder auf einen sonstigen Vorteil einräumen, der sich nach anderen Bezugsgrößen bestimmt.[929] Erfasst wurden von § 23 Abs. 1 Satz 1 Nr. 4 EStG aF sowohl Geschäfte, die an der Börse gehandelt werden, als auch außerbörsliche Geschäfte.[930]

Vor Einführung des § 23 Abs. 1 Satz 1 Nr. 4 EStG aF waren nach der Rechtsprechung[931] Differenzgeschäfte ohne Lieferverpflichtung nicht als Einkünfte aus privaten Veräußerungsgeschäften mit Wertpapieren nach § 23 Abs. 1 Satz 1 Nr. 2 EStG zu subsumieren. Insofern kam es bei Termingeschäften, die nur einen Kursausgleich zum Inhalt hatten, nicht zu einer Besteuerung eventuell erzielter Erfolge. Diese Lücke schloss der Gesetzgeber mit Einführung des § 23 Abs. 1 Satz 1 Nr. 4 EStG aF durch das StEntlG 1999/2000/2002.[932] Die Abgrenzung eines Differenzgeschäfts vom Liefer-geschäft war damit für den Zeitraum 1999 bis 2008 unerheblich geworden, da beide Arten entweder nach § 23 Abs. 1 Satz 1 Nr. 2 EStG aF oder § 23 Abs. 1 Satz 1 Nr. 4 EStG aF steuerbar waren.[933]

Seit 2009 unterliegen nach § 20 Abs. 2 Satz 1 Nr. 3 EStG Wertzuwächse aus Termingeschäften einer umfassenden Besteuerung, unabhängig vom Zeitpunkt der Begründung und Beendigung des Rechts. Hiernach sind steuerfreie Veräußerungsgewinne nach § 23 Abs. 1 Satz 1 Nr. 4 EStG aF nicht mehr möglich. § 20 Abs. 2 Satz 1 Nr. 3 EStG gilt für Wertzuwächse aus Termingeschäften bei einem Rechtserwerb seit dem 31.12.2008, § 52a Abs. 10 Satz 3 EStG.

**2. Optionsgeschäfte. a) Begriff.** Bei einem Optionsgeschäft erwirbt der Käufer der Option *(Optionsnehmer)* vom Verkäufer der Option *(Optionsgeber, Stillhalter)* gegen Zah-lung einer Optionsprämie das Recht, aber nicht die Pflicht, eine bestimmte Anzahl eines Basiswerts (zB Aktien) am Ende der Laufzeit oder jederzeit innerhalb der Laufzeit der Option zum vereinbarten Basispreis entweder vom Stillhalter zu kaufen *(Kaufoption, Call)* oder an

---

[928] Siehe Beispiele bei *Weber-Grellet* in Schmidt, EStG-Kommentar, § 20 EStG Rn. 101.
[929] Vgl. BMF Schreiben v. 27.11.2001 – IV C 3 – S 2256 – 265/01, BStBl. I 2001, 986, Tz. 1; *Grützner* StuB 1999, 961, 962; *Harenberg* NWB Fach 3, 12 031, 12 032; *Wendt* FR 1999, 333, 351; kritisch zu der Definition des BMF: *Harenberg* in Herrmann/Heuer/Raupach, EStG/KStG Kommentar Stand 2009, § 23 EStG Rn. 182.
[930] Vgl. BMF Schreiben v. 27.11.2001 – IV C 3 – S 2256 – 265/01, BStBl. I 2001, 986, Tz. 31 ff.; außerbörsliche Geschäfte werden als OTC = Over the Counter-Geschäfte bezeichnet.
[931] Vgl. BFH Urt. v. 8.12.1981 – VIII R 125/79, BStBl. II 1982, 618; *Wendt* FR 1999, 333, 351.
[932] Vgl. BGBl. I 1999, 402; *Grützner* StuB 1999, 961, 962; *Hennig/Bengard* BB 1997, 1901.
[933] Vgl. *Harenberg* NWB Fach 3, 12 031, 12 032.

ihn zu verkaufen *(Verkaufoption, Put)*.[934] Mit diesem Recht des Optionskäufers korrespondiert die Verpflichtung des Optionsverkäufers, die Basiswerte zu liefern oder abzunehmen, wenn der Optionskäufer sein Optionsrecht ausübt.[935] Der Stillhalter erhält eine Optionsprämie für seine Verpflichtung, die Ausübung der Option abzuwarten und entsprechende Aktien zu kaufen bzw. zu liefern.[936] Charakteristisch für Optionen ist, dass die Parteien jeweils auf eine gegensätzliche Marktentwicklung spekulieren.

**715** Die Option erlischt durch Ausübung, an einer amtlichen Terminbörse (zB der EUREX) auch durch sog. Glattstellung mit Ablauf der Optionsfrist oder durch Verfall. Glattstellung bedeutet die Vornahme eines Gegengeschäfts des Anlegers. Der Inhaber einer Kauf- oder Verkaufsoption verkauft eine Option aus derselben Serie, aus der er zuvor gekauft hat.[937] Bezeichnet der Anleger diesen Vertragsabschluss als *Closing*-Geschäft, so erlöschen alle Rechte und Pflichten aus allen Rechtsgeschäften.[938]

**716** Handelsrechtlich wie steuerlich stellt das Optionsrecht ein eigenständiges Wirtschaftsgut dar.[939] Nach der vom BFH[940] vertretenen Zwei-Vertrags-Theorie sind das Optionsgeschäft einerseits und die aus der Ausübung der Option resultierende Übertragung des Optionsgegenstandes andererseits voneinander zu unterscheiden. Die steuerliche Behandlung einer Option hängt von der jeweiligen Grundpositionen ab:
– Kauf einer Kaufoption (Long Call),
– Verkauf einer Kaufoption (Short Call),
– Kauf einer Verkaufsoption (Long Put),
– Verkauf einer Verkaufsoption (Short Put).[941]

**717** **b) Kaufoption.** aa) Besteuerung des Optionskäufers. Beim Kauf einer Kaufoption zahlt der Erwerber eine Optionsprämie. Diese Optionsprämie stellt Anschaffungskosten für das Wirtschaftsgut „Optionsrecht" dar. Ebenfalls zu diesen Anschaffungskosten gehören die beim Erwerb der Option anfallenden Bankspesen, Provisionen und sonstigen Transaktionskosten.[942]

**718** Der Inhaber einer Kaufoption kann sein Optionsrecht ausüben. Stattdessen kann er das Optionsrecht aber auch veräußern, glattstellen oder verfallen lassen. Bei der Ausübung der Kaufoption kommt durch die einseitige Erklärung des Optionsnehmers ein Kaufvertrag zustande. Der Optionsberechtigte kann von seinem Vertragspartner innerhalb der Optionsfrist eine bestimmte Anzahl Basiswerte (zB Aktien) zu einem durch die Option festgelegten Ausübungspreis erwerben.

**719** Die Ausübung der Kaufoption selbst hat für den Privatanleger keine steuerlichen Konsequenzen. Übt der Inhaber das Optionsrecht zum Erwerb der Basiswerte aus, erhöhen die Anschaffungskosten des Optionsrechts die Anschaffungskosten für die erworbenen Basiswerte. Seit 2009 kommt es für Privatanleger in allen Fällen zur Besteuerung von Erträgen aus der Kaufoption. Der Erfolg aus der Option (soweit der tatsächliche Wert des Basiswerts den Erwerbspreis übersteigt, zählt nach § 20 Abs. 2 Satz 1 Nr. 3a) EStG zu den Einkünften aus Kapitalvermögen. Der nach § 20 Abs. 2 Satz 1 Nr. 3a) EStG zu versteuernde Vorteil ist nach der hier vertretenen Auffassung bereits mit Bezug des Basiswerts im Sinne des § 11

---

[934] Vgl. BMF Schreiben v. 9.10.2012 – IV C 1 – S 2252/10/10013 Rn. 11; BFH Urt. v. 24.6.2003 – IX R 2/02, DStR 2003, 1523, 1524; *Peter* FR 1998, 545, 548; *Scheurle* DB 1994, 445, 446.
[935] Vgl. *Harenberg* NWB Fach 3, 11 695.
[936] Vgl. *Häuselmann/Wagner* BB 2002, 2170.
[937] Vgl. *Geurts* DB 2002, 110; *Heuermann* DB 2003, 1919; *Peter* FR 1998, 545, 547.
[938] Vgl. *Harenberg* NWB Fach 3, 11 695, 11 696.
[939] Vgl. BFH I R 18/12, BStBl. II 2013, 588; BFH VIII R 14/06, NV 2008, 659; BFH Urt. v. 28.11.1990 – X R 197/87, BStBl. II 1991, 300.
[940] Vgl. BFH I R 18/12, BStBl. II 2013, 588; BFH VIII R 14/06, NV 2008, 659; BFH Urt. v. 28.11.1990 – X R 197/87, BStBl. II 1991, 300.
[941] Vgl. BMF-Schreiben v. 27.11.2001 – IV C 3 – S 2256 – 265/01, BStBl. I 2001, 986, Tz. 8; *Glenk* in Blümich, EStG/KStG/GewStG-Kommentar, § 23 EStG Rn. 69; *Lohr* DStR 2004, 2082, 2084.
[942] Vgl. BMF-Schreiben vom 9.10.2012, BStBl. I 2012, S. 953 Tz. 21.

EStG zugeflossen. Insbesondere ist gemäß dem Vorrang der Kapitaleinkünfte gegenüber den Einkünften aus privaten Veräußerungsgeschäften (§ 23 Abs. 2 Satz 1 EStG), der Erfolg aus der Option auch im Falle der Realisierung eines privaten Veräußerungsgeschäfts durch Veräußerung des Basiswerts nicht im Rahmen der sonstigen Einkünfte zu erfassen.[943] Als weitere Folge erhöhen sich die Anschaffungskosten des Basiswerts um den als Vorteil aus dem Termingeschäft nach § 20 Abs. 2 Satz 1 Nr. 3a) EStG versteuerten Wert.[944] Veräußert der Privatanleger den Basiswert steuerpflichtig (etwa nach §§ 20 Abs. 2 oder 23 EStG), reduziert sich entsprechend der Veräußerungsgewinn um den bereits vorab erzielten Vorteil aus dem Termingeschäft.

**720** Erhält der Inhaber einer Kaufoption anstelle des Basiswerts einen Barausgleich, so fällt dies als Einkünfte aus Kapitalvermögen unter § 20 Abs. 2 Satz 1 Nr. 3a) EStG. Die Veräußerung der Option ist nach § 20 Abs. 2 Satz 1 Nr. 3b) EStG ebenso wie die Glattstellung steuerpflichtig. Fraglich ist, ob die Optionsprämie im Rahmen der Abgeltungsteuer dem Verbot des Abzugs von Werbungskosten gemäß § 20 Abs. 9 Satz 1 EStG unterliegt. Nach der hier vertretenen Auffassung stellt die Optionsprämie bei Gewinnen aus Termingeschäften nach § 20 Abs. 2 Satz 1 Nr. 3 EStG eine Berechnungsgröße des Gewinns dar (vgl. § 20 Abs. 4 Satz 1 EStG).[945]

**721** Lässt der Optionsinhaber die Option verfallen, führt dies seit 2009 aufgrund der umfassenden Besteuerung von Erfolgen aus Optionsgeschäften zu einer steuerlichen Erfassung des Verlustes gemäß § 20 Abs. 2 Satz 1 Nr. 3a) iVm Abs. 4 Satz 5 EStG[946]. Dagegen könnte sprechen, dass der Gesetzgeber in § 20 Abs 9 EStG einen Werbungskostenabzug ausgeschlossen hat, während die Rechtsprechung des BFH den Verlust aus dem Verfall der Option den Werbungskosten zugeordnet hat. Nach der Rechtsprechung des BVerfG sollte allerdings dem Prinzip der Besteuerung nach der Leistungsfähigkeit entsprechend ein Abzug im Rahmen der Gewinnermittlung geboten sein.[947]

**722** bb) Besteuerung des Optionsverkäufers. Der Optionsverkäufer erhält in seiner Funktion als Stillhalter vom Inhaber der Option eine Optionsprämie.[948] Diese Optionsprämie wird für die Bindung und für die Risiken bezahlt, die der Stillhalter mit der Begründung des Optionsrechts einhergeht. In der einseitigen Übernahme des Kursrisikos durch den Stillhalter liegt ein Verhalten, das am Markt gegen Entgelt erbracht wird.[949] Bis 31.12.2008 stellte die Optionsprämie für den Stillhalter nach herrschender Auffassung[950] steuerlich ein Entgelt für eine sonstige Leistung gemäß § 22 Nr. 3 EStG dar. Eine Leistung iSd § 22 Nr. 3 EStG ist jedes Tun, Dulden oder Unterlassen, das Gegenstand eines entgeltlichen Vertrages sein kann und das eine Gegenleistung auslöst.[951] Seit 2009 ist die Optionsprämie in § 20 Abs. 1 Nr. 11 EStG erfasst, soweit die Übergangsregelung des § 52a EStG nicht etwas Abweichendes regelt.

**723** Übt der Inhaber die Kaufoption aus, dann hat der Stillhalter die dem Optionsrecht zugrundeliegenden Basiswerte an den Optionsinhaber zu liefern. Seit 2009 sollen die Fälle

---

[943] AA wohl *Weber-Grellet* in Schmidt, EStG-Kommentar, § 20 Rn. 162.
[944] Vgl. zu „stock-options", BMF Schreiben v. 25.10.2004, BStBl. 2004 I, 1034, Tz. 14.
[945] Vgl BMF-Schreiben vom 9.10.2012, BStBl. I 2012, S. 953 Tz. 13, 24.
[946] Ebenso *Weber-Grellet* in Schmidt, EStG-Kommentar, § 20 Rn. 136; *Dahm/Hamacher* DStR 2014, 455; *Helios/Philipp* BB 2010,95; aA BMF-Schreiben vom 9.10.2012, BStBl. I 2012, S. 953 Tz. 27.
[947] Zuletzt *Meinert, Helios*: Anmerkung zum BFH-Urteil vom 26.9.2012, IX R 50/09, DStR 2013, 508.
[948] Vgl. *Muscat* BB 2001, 2293.
[949] Vgl. BFH Urt. v. 18.12.2002 – I R 17/02, BStBl. II 2004, 126.
[950] Vgl. BFH Urt. v. 29.6.2004 – IX R 26/03, BStBl. II 2004, 995; BFH Urt. v. 18.12.2002 – I R 17/02, BStBl. II 2004, 126; BFH Urt. v. 26.5.1993 – X R 108/91, BStBl. II 1994, 26; BFH Urt. v. 28.11.1990 – X R 197/87, BStBl. II 1991, 300; *Harenberg* NWB Fach 3, 11 695, 11 701; *Heuermann* DB 2004, 1848, 1849; *Peter* FR 1998, 545, 549; *Zeller* DB 2004, 1522, 1523; kritisch zu dieser Einordnung: *Muscat* BB 2001, 2293.
[951] Vgl. *Weber-Grellet* in Schmidt, § 22, Rn. 131.

der Veräußerung vor Erwerb von § 20 EStG erfasst werden.[952] Für andere Basiswerte als die in § 20 EStG erfassten Kapitalanlagen ist dies jedoch nicht der Fall, sodass insofern private Veräußerungsgewinne nicht besteuert werden können.

**724** Soweit der Stillhalter im Rahmen von Glattstellungsgeschäften Stillhalterprämien zahlt, indem er eine Kaufoption derselben Serie mit *closing*-Vermerk anschafft, konnte er die mit der Glattstellung verbundenen Aufwendungen bis 31.12.2008 als Werbungskosten für die Erzielung der Optionsprämie nach § 22 Nr. 3 EStG geltend machen. Seit 2009 scheidet zwar nach § 20 Abs. 9 EStG ein Werbungskostenabzug aus. Die gezahlte Stillhalterprämie fällt zwar im Rahmen der Abgeltungsteuer nicht unter den Werbungskostenbegriff, mindert aber die steuerpflichtigen Einnahmen nach § 20 Abs. 1 Nr. 11EStG..[953]

**725** **c) Verkaufsoption.** aa) Besteuerung des Optionskäufers. Im Grundsatz wird der Kauf einer Verkaufsoption durch einen Privatanleger steuerlich ähnlich behandelt wie der Kauf einer Kaufoption. Die Optionsprämie ist den Anschaffungskosten der Verkaufsoption zuzurechnen, ebenso wie die übrigen Nebenkosten der Anschaffung der Option.

**726** Seit 2009 zählt der Gewinn aus der Verkaufsoption nach § 20 Abs. 2 Satz 1 Nr. 3a) EStG zu den Einkünften aus Kapitalvermögen. Dieser kann durch Ausübung der Option, durch einen Barausgleich oder durch einen Verkauf der Option erzielt werden. Die Optionsprämie stellt bei Gewinnen aus Termingeschäften nach § 20 Abs. 2 Satz 1 Nr. 3 EStG eine Berechnungsgröße des Gewinns dar (vgl. § 20 Abs. 4 Satz 1 EStG).[954]

**727** Lässt der Optionsinhaber die Option verfallen, führt dies seit 2009 zu einer steuerlichen Erfassung des Verlustes gemäß § 20 Abs. 2 Satz 1 Nr. 3a) EStG[955]. Dies ergibt sich aus der umfassenden Zuordnung sämtlicher Wertveränderungen im Zusammenhang mit Termingeschäften durch § 20 Abs. 2 Satz 1 Nr. 3 EStG zu den Einkünften aus Kapitalvermögen.

**728** bb) Besteuerung des Optionsverkäufers. Die Ausübung der Verkaufsoption durch den Optionsinhaber verpflichtet den Stillhalter zur Annahme der zu liefernden Basiswerte. Die Basiswerte gelten vom Stillhalter als im Zeitpunkt der Ausübung der Option durch den Optionsinhaber als angeschafft.[956] Veräußert der Stillhalter die so erworbenen Basiswerte, so erzielt er dabei Gewinne, die seit 2009 unabhängig von einer bestimmten Haltedauer durch § 20 Abs. 2 EStG erfasst werden.

**729** Eine Veräußerung oder Glattstellung der Option fällt unter § 20 Abs. 2 Satz 1 Nr. 3 Buchst. b) EStG.

**730** **d) Besonderheiten bei range warrants.** aa) Begriff. Als range warrant wird ein Bandbreiten-Optionsschein (Korridor-Optionsschein) bezeichnet, der dem Optionsinhaber dann einen Ertrag bringt, wenn sich der Kurs des entsprechenden Basisobjektes innerhalb einer vorgegebenen Kursspanne bewegt.

**731** bb) Besteuerung. Nach Auffassung der Finanzverwaltung[957] erfüllt ein range warrant die Voraussetzungen des § 20 Abs. 1 Nr. 7 EStG und ist damit als Finanzinnovation zu qualifizieren. Bei Veräußerung erzielt der Ersterwerber sowie jeder folgende Erwerber steuerpflichtige Einkünfte in Höhe des Unterschiedsbetrags zwischen Veräußerungspreis und Anschaffungskosten, § 20 Abs. 2 Satz 1 Nr. 7 EStG.

**732** **3. Unbedingte Termingeschäfte (Forwards and Futures). a) Begriff.** Forwards und Futures haben die vertragliche Vereinbarung zum Inhalt, zu einem bestimmten späteren Zeitpunkt eine bestimmte Anzahl eines Basiswertes zu einem festgelegten Preis zu lie-

---

[952] Vgl. Bundesrat Drucksache 220/07, 95.
[953] Ebenso *Jochum* in K/S/M § 20 Rn. C/11 8; *Weber-Grellet* in Schmidt, EStG-Kommentar, § 20 EStG Rn. 136; *Dahm/Hamacher* DStR 2014, 455; aA BMF-Schreiben vom 9.10.2012, BStBl. I 2012, S. 953 Tz. 26; zum alten Recht BFH Urt. v. 25.5.2010, IX B 179/09, DStRE 2010, 1334.
[954] Vgl. Entwurf Unternehmensteuerreformgesetz 2008, Bundesrat-Drucksache 220/07, 92.
[955] So auch *Weber-Grellet* in Schmidt, EStG-Kommentar, § 20 EStG Rn. 133, 136, mwN, aA wohl die Finanzverwaltung BMF BStBl. I 2012, 953 Rn. 27, 32.
[956] Vgl. BMF Schreiben v. 27.11.2001 – IV C 3 – S 2256 – 265/01, BStBl. I 2001, 986, Tz. 27.
[957] Vgl. BMF Schreiben v. 27.11.2001 – IV C 3 – S 2256 – 265/01, BStBl. I 2001, 986, Tz. 30.

fern bzw. abzunehmen. Im Gegensatz zu Optionen verkörpern Forwards und Futures für den jeweiligen Käufer oder Verkäufer die Verpflichtung zur Lieferung bzw. Abnahme.[958] Eine Lieferverpflichtung ist von vornherein fester Bestandteil des Rechtsgeschäfts. Insoweit fehlt es bei diesen Festgeschäften im Gegensatz zur Option an der Zweiaktigkeit des Rechtsgeschäfts.

Futures sind die an einer amtlichen Terminbörse gehandelten standardisierten Festgeschäfte. Mit dem Begriff Forwards hingegen werden die außerbörslich gehandelten individuell gestalteten Festgeschäfte bezeichnet.[959] Bei Futures handelt es sich regelmäßig um offene oder verdeckte Differenzgeschäfte. Bei verdeckten Differenzgeschäften ist zwar die Lieferung eines Basiswertes vereinbart. Tatsächlich sind die Vertragsparteien indes nur an einem Differenzausgleich durch Barzahlung interessiert. Bei offenen Differenzgeschäften handelt es sich bei dem *underlying* um nicht lieferbare Basiswerte, wie Indices etc.

**b) Besteuerung.** Seit 2009 fallen Wertzuwächse aus Termingeschäften unter die Besteuerung des § 20 Abs. 2 Satz 1 Nr. 3 EStG. Nach § 20 Abs. 2 Satz 1 Nr. 3a) EStG fällt der Gewinn aus einem Termingeschäft unter die Einkünfte aus Kapitalvermögen. Dies kann durch eine tatsächliche Ausübung oder einen Barausgleich erfolgen. Bei der Ausübung also der Lieferung des dem Termingeschäftes zugrundeliegenden Wirtschaftsgutes kommt § 23 EStG zu Anwendung.[960]

Eine Veräußerung eines Terminkontraktes führt zu Kapitaleinkünften nach § 20 Abs. 2 Satz 1 Nr. 3b EStG ebenso Glattstellungen mit Ausnahme der Glattstellung von Futures, die unter § 20 Abs. 2 Satz 1 Nr. 3a EStG fallen.

Die besondere Gewinnermittlungsvorschrift des § 20 Abs 4 Satz 5 EStG erfasst nur Termingeschäfte des § 20 Abs. 2 Satz 1 Nr. 3a EStG, bei denen im Rahmen des Differenzausgleiches Aufwendungen in Abzug gebracht werden können.[961]

**c) Besonderheiten bei Devisentermingeschäften.** aa) Begriff. Devisentermingeschäfte haben die Verpflichtung der Vertragsparteien zum Gegenstand, zwei vereinbarte Währungsbeträge zu einem zukünftigen Zeitpunkt zu einem vorher festgelegten Terminkurs auszutauschen.[962] Devisentermingeschäfte sind Kaufverträge.[963] Trotz dieser Eigenschaft als Kaufvertrag können Devisentermingeschäfte allein auf die Erzielung eines Differenzausgleichs gerichtet sein.

Nach Auffassung der Finanzverwaltung sprechen die folgenden Indizien für ein auf Differenzausgleich gerichtetes Devisentermingeschäft:[964]
– die wiederholte Unterlassung der effektiven Erfüllung vorheriger Devisentermingeschäfte,
– die Buchung und Zahlung lediglich eines Differenzausgleichs bei Fälligkeit des Devisentermingeschäfts
– ein auffallendes Missverhältnis zwischen Vermögen und Börsenengagement des Steuerpflichtigen und
– ein fehlendes sachliches Interesse des Käufers an den Devisen.

bb) Besteuerung. Seit 2009 fallen die Erfolge aus einem Devisentermingeschäft unter Einkünfte aus Kapitalvermögen nach § 20 Abs. 1 Nr. 3a) EStG. Erfolge aus der Veräußerung

---

[958] Vgl. BMF Schreiben v. 27.11.2001 – IV C 3 – S 2256 – 265/01, BStBl. I 2001, 986, Tz. 31; *Förschle* in Beck'scher Bilanz-Kommentar, § 246 Rn. 130; *Harenberg* NWB Fach 3, 11 695, 11 697.
[959] *König* in Ebenroth/Boujong/Joost, HGB-Kommentar, Rn. VIII 3535, VIII 5252; *Peter* FR 1998, 545, 547.
[960] Vgl. *Weber-Grellet* in Schmidt, EStG-Kommentar, § 20 EStG Rn. 133.
[961] Vgl. *Ratschow* in Blümich, EStG-Kommentar, § 20 EStG, Rn. 372.
[962] *Wiedmann* in Ebenroth/Boujong/Joost, HGB-Kommentar, § 253 Rn. 118 ff.; vgl. *Haisch* DStZ 2004, 511 zur Besteuerung von Swapgeschäften.
[963] Vgl. *v. Bebber* DStR 1999, 1756, 1757; *Buge* in Herrmann/Heuer/Raupach, EStG-Kommentar, § 20 Rn. 475; *Peter* FR 1998, 545, 547.
[964] Siehe auch BFH Urt. v. 8.12.1981, BStBl. 1982 II, S. 618, BFH Urt. v. 25.8.1987, BStBl. 1988 II, S. 248.

oder der Glattstellung derartiger Kontrakte werden ebenfalls als Kapitaleinkünfte erfasst (§ 20 Abs. 1 Nr. 3b) EStG. Soweit in Fremdwährung geliefert wurde, fallen etwaige Erlöse weiterhin unter den § 23 Abs. 1 Nr. 2 EStG.

**740**  **4. Swapgeschäfte.** Bei Swaps handelt es sich um den Austausch von Zahlungsströmen, die zinsähnlich auf einen Grundbetrag berechnet werden (Swap = Tausch). Die getauschten Zahlungsverpflichtungen bzw. Zahlungsansprüche können sowohl auf periodischen, auf den Nominalbetrag bezogenen Prozentsätzen (Zinsswaps) als auch auf Kapitalbeträgen (Währungsswaps) basieren. Die getroffenen Swapvereinbarungen werden nicht von den ihnen zugrundeliegenden Geschäften berührt. Swapgeschäfte entfalten ihre Wirkung ausschließlich im Innenverhältnis der an dem Swap beteiligten Parteien. Bei Zinsswaps und Währungsswaps handelt es sich um atypische Verträge gem. §§ 241, 305 BGB.

**741**  Bei einem Währungsswap vereinbaren die Parteien während der vertraglich vereinbarten Laufzeit den Austausch fester Zinsen, die auf unterschiedliche Währungen lauten und zusätzlich zu Beginn und am Ende der Laufzeit den Austausch des Swapgrundbetrages in einem vorher festgelegten Verhältnis, der ebenfalls auf unterschiedliche Währung lautet. Ein Währungsswap lässt sich somit in drei Transaktionen unterteilen: In der Anfangstransaktion tauschen die Swappartner Kapitalbeträge in unterschiedlichen Währungen. Das Tauschverhältnis wird durch den zu diesem Zeitpunkt gültigen Devisenkassakurs bestimmt. Diese Kapitalbeträge werden am Ende der Laufzeit zu demselben Kurs zurückgetauscht, zu dem sie auch zu Beginn der Laufzeit des Swaps transferiert wurden. Dieser Rücktausch wird als Schlusstransaktion bezeichnet. Neben der Anfangs- und der Schlusstransaktion werden zu im Voraus festgelegten Zeitpunkten fest vereinbarte Swapzinsen getauscht. Dieser Vorgang wird als Zinstransaktion bezeichnet. Die Anfangstransaktion ist dabei kein zwingender Bestandteil eines Währungsswaps. Die Vertragspartner können sich den benötigten Grundbetrag in fremder Währung ebensogut am Devisenkassamarkt besorgen.

**742**  Bei einem Zinsswap vereinbaren die Parteien während eines bestimmten Zeitraums den Austausch von Geldbeträgen, die sich in Bezug auf die Zinsberechnungsbasis (zB feste Zinsen gegen variable Zinsen) unterscheiden. Kapitalbeträge selbst werden nicht ausgetauscht, sondern dienen lediglich als Berechnungsbasis für die Ermittlung der auszutauschenden Geldbeträge.

**743**  Ein kombinierter Zins-/Währungsswap vereint die Merkmale von Zinsswaps und Währungsswaps in sich. Dabei handelt es sich um eine Vereinbarung über den Austausch von Geldzahlungen in unterschiedlichen Währungen, deren Berechnung auf unterschiedlicher Zinsbasis beruht. Zu Beginn und am Ende erfolgt ein Austausch der Kapitalbeträge, die der Berechnung der Zinszahlungen zugrunde gelegt wurden. Dieser Austausch wird zum Devisenkassakurs durchgeführt, der bei Eingehung des Swapgeschäfts herrschte.

**744**  Seit dem 1.1.2009 fallen Wertzuwächse aus Termingeschäften unter die Besteuerung nach § 20 Abs. 2 Satz 1 Nr. 3 EStG.[965] Erfolge aus Swap-Geschäften fallen unter die Einkünfte aus Kapitalvermögen nach § 20 Abs. 2 Satz 1 Nr. 3a) EStG. Soweit Swap-Kontrakte veräußert werden, werden Erfolge hieraus unter § 20 Abs. 2 Satz 1 Nr. 3b) EStG erfasst und sind somit ebenfalls Einkünfte aus Kapitalvermögen.

**745**  **5. Termingeschäfte als Sicherungsgeschäfte.** Termingeschäfte werden auch im Privatvermögen zu Sicherungszwecken, etwa gegen Währungsrisiken, Zinsrisiken oder Aktienkursrisiken eingesetzt. Hier stellt sich die Frage, ob dieser Sicherungscharakter von Termingeschäften bei der Ermittlung der daraus steuerpflichtigen Einkünfte zu beachten ist. Anders als im Betriebsvermögen ist indes im Privatvermögen nach Auffassung des BFH[966] ein lediglich abstrakter Kausalzusammenhang zwischen einem Grundgeschäft und einem Sicherungsgeschäft nicht geeignet, eine einheitliche Behandlung der beiden selbständigen

---

[965] Vgl. *Ratschow* in Blümich, EStG-Kommentar, § 20 EStG Rn. 367.
[966] Vgl. BFH Urt. v. 19.2.1974 – VIII R 131/72, BFHE 112, 135.

Rechtsverhältnisse zu rechtfertigen. Termingeschäft (Sicherungsgeschäft) und Grundgeschäft sind demnach unbeachtlich ihres wirtschaftlichen Zusammenhangs zu beurteilen.

**6. Besteuerung von Aktienoptionen an Mitarbeiter. a) Grundkonzeption von Aktienoptionen.** Aktienoptionen *(Stock Options)* gehören zu gängigen Vergütungsinstrumenten und stellen eine innovative Form der Mitarbeiterbeteiligung dar. Durch Stock Options wird dem Mitarbeiter das Recht eingeräumt, eine bestimmte Anzahl von Aktien seines Unternehmens zu einem Preis, dem sog. Basispreis, zu erwerben, der dem Börsenkurs der Aktie zu diesem Zeitpunkt entspricht. Diese Option kann während einer bestimmten Zeit ausgeübt werden. Die Ausübung ist häufig an Erfüllung bestimmter Erfolgskriterien oder an die Unternehmenszugehörigkeit gebunden. Sofern der Wert der Aktie bis zu diesem Zeitpunkt steigt, kann der Mitarbeiter durch Ausübung der Option an der Wertsteigerung teilnehmen.[967] Sinn und Zweck der Option ist es, dem Arbeitnehmer zusätzlich zur normalen Vergütung eine besondere Erfolgsmotivation für die Zukunft einzuräumen. Dem Arbeitnehmer drohen keine Nachteile, wenn erhoffte Leistungsziele nicht eintreten, sondern er verliert höchstens den möglichen Bonus in Gestalt des Ausübungsvorteils.[968] Der Mitarbeiter muss für den Erwerb der Option anders als bei Wandelschuldverschreibungen kein Kapital aufwenden. Erst bei Ausübung der Option zahlt er für die zu erwerbenden Aktien den vereinbarten Optionspreis. Das Beteiligungsunternehmen hat den Vorteil, dass für diese Art der Vergütung keine liquiden Mittel aufgewendet werden müssen.[969]

**b) Steuerliche Behandlung von Aktienoptionen. aa)** Einkünfte aus nichtselbständiger Arbeit. Im Falle der Gewährung von Stock Options können die erlangten Vorteile Einkünfte aus nicht selbstständiger Arbeit gemäß §§ 2 Abs. 1 Satz 1 Nr. 4 iVm 19 EStG sein,[970] wenn sie „für" eine Beschäftigung gewährt werden und sich die Leistung im weitesten Sinne als Gegenleistung für das Zurverfügungstellen der individuellen Arbeitskraft des Arbeitnehmers erweist.[971] Im Regelfall dürfte der Zusammenhang mit dem Arbeitsverhältnis bestehen und damit die Besteuerung gemäß § 19 EStG die Besteuerung nach § 20 EStG verdrängen.

Problematisch ist vor allem aber der Zuflusszeitpunkt des Arbeitslohns. Hier werden drei mögliche Zeitpunkte diskutiert: Der Zeitpunkt der Optionseinräumung, derjenige der erstmals möglichen Optionsausübung und der Zeitpunkt der tatsächlichen Optionsausübung. Mit der Finanzverwaltung ist dabei zwischen handelbaren und nicht handelbaren Aktienoptionsrechten zu unterscheiden. Mit Erlass v. 27.3.2003[972], der mit den anderen Ländern und dem BMF abgestimmt ist, hat das Finanzministerium Nordrhein-Westfalen zur steuerlichen Behandlung von Aktienoptionen zusammenfassend Stellung genommen.

**aaa) Nicht handelbare Aktienoptionen.** Der BFH hat in ständiger Rechtsprechung für nicht handelbare Optionen entschieden, dass dem Arbeitnehmer nicht bereits durch Einräumung des Optionsrechts, sondern erst bei dessen Ausübung ein geldwerter Vorteil zufließt.[973] Im Zeitpunkt der erstmaligen Ausübbarkeit hat der BFH einen Zufluss ausdrück-

---

[967] Vgl. *Thürmer* in Blümich, EStG/KStG/GewStG-Kommentar, § 19 EStG Rn. 280 („Ankaufsrecht"); *Bredow* DStR 1996, 2033; *Dautel* BB 2000, 1757, 1762; *Krüger* in Schmidt, EStG-Kommentar, § 19 Rn. 100 („Ankaufsrecht").
[968] Vgl. BFH Urt. v. 24.1.2001 – I R 100/98, BStBl. II 2001, 509, 512.
[969] Vgl. *Pflüger* in Herrmann/Heuer/Raupach, EStG-Kommentar, § 19 Rn. 213; *Portner/Bödefeld* DStR 1995, 629, 630.
[970] Vgl. *Dautel* BB 2000, 1757, 1762; *Fuchs* in MüKoAktG, 3. Aufl. 2011, § 192 AktG Rn. 119; *Krüger* in Schmidt, EStG-Kommentar, § 19 Rn. 100 („Ankaufsrecht"); zur sozialversicherungsrechtlichen Behandlung vgl. *Lenner/Dumser* DStR 2006, 2017.
[971] Vgl. BFH, Urt. vom 5.11.2013 – VIII R 20/11, BeckRS 2014, 94248.
[972] Vgl. Finanzministerium Nordrhein-Westfalen v. 27.3.2003 – S 2332 – 109 – V B 3, DStR 2003, 689.
[973] BFH Urt. v. 24.1.2001 – I R 100/98, BStBl. II 2001, 509; BFH Urt. v. 24.1.2001 – I R 119/98, BStBl. II 2001, 512; BFH Beschl. v. 23.7.1999 – IV B 116/99, DB 1999, 1932, 1933; Übersicht über die Rechtsprechung vgl. *Eckert* DB 1999, 2490.

lich verneint.[974] Eine nicht handelbare Arbeitnehmer-Option ist nach der Rechtsprechung kein Wirtschaftsgut. Der Arbeitnehmer erhält lediglich eine Chance eingeräumt, Aktien zu erwerben. Diese ist aber – entgegen der Definition des Wirtschaftsguts – nicht veräußerbar und nicht bewertbar.[975] Bei nicht handelbaren Aktienoptionsrechten ist Arbeitslohn iSv § 19 EStG mithin die unentgeltlich oder verbilligt überlassene Aktie.[976] Als zugeflossen gilt dieser Arbeitslohn, wenn nach den allgemeinen Regeln das wirtschaftliche Eigentum an den Aktien auf den Mitarbeiter übergegangen ist. Die Finanzverwaltung geht davon aus, dass der Vorteil mit Überlassung der Aktie zufließt, dh an dem Tag der Ausbuchung der Aktien aus dem Depot des Überlassenden.[977] Die Bewertung der Aktie erfolgt nach § 19a Abs. 2 Satz 2 ff. EStG. Danach ist grundsätzlich der Tag der Beschlussfassung über die Gewährung des Optionsrechts maßgeblich. Lediglich dann, wenn zwischen dem Tag der Beschlussfassung und dem Tag der Überlassung der Aktien mehr als neun Monate liegen, ist der Tag der Überlassung für die Bewertung maßgeblich, § 19a Abs. 2 Satz 5 EStG. Der steuerpflichtige Vorteil errechnet sich aus der Differenz zwischen dem Wert des Anteils zum Zeitpunkt der Ausübung der Option und den dem Arbeitnehmer bei Übertragung der Option tatsächlich entstandenen Kosten.[978]

**750** bbb) Handelbare Aktienoptionen. Handelbar ist ein Aktienoptionsrecht, das an einer Wertpapierbörse gehandelt wird.[979] Diese als „marktgängig" bezeichneten Optionen sind Wirtschaftsgüter.[980] Erwirbt der Mitarbeiter eine solche Aktienoption, so liegt insoweit steuerpflichtiger Arbeitslohn in Form eines Sachbezugs vor. Handelbare Aktienoptionen sind demzufolge im Zeitpunkt der Einräumung zu versteuern.[981] Der BFH hat sich bislang zu dieser Frage nicht eindeutig geäußert.[982] Der zu versteuernde Vorteil ist der Unterschiedsbetrag zwischen dem Geldwert des Optionsrechts und einem gegebenenfalls vom Arbeitnehmer gezahlten Entgelt.

**751** bb) Private Veräußerungsgeschäfte. Mit der Ausübung der Option erwirbt der Arbeitnehmer Aktien. Bis zum 31.12.2008 führt eine mögliche Weiterveräußerung dieser Aktien innerhalb der Frist von einem Jahr zu einem steuerpflichtigen Veräußerungsgeschäft gemäß § 23 Abs. 1 Satz 1 Nr. 2 EStG aF. Im Zuge der Einführung der Abgeltungsteuer wird die Besteuerung der Wertpapierveräußerungen umfassend in § 20 Abs. 2 EStG geregelt, wonach eine Besteuerung unabhängig einer bestimmten Haltedauer erfolgt. Die Aktien gelten am Tag der Ausübung des Rechts als angeschafft. Der Tag des Zuflusses des Vorteils aus der Einräumung der Aktienoption ist nicht maßgeblich.[983] Anschaffungskosten der Aktie sind neben der zu leistenden Zuzahlung der Wert, der als geldwerter Vorteil bei den Einkünften des Arbeitnehmers aus nicht selbstständiger Tätigkeit angesetzt wird

**752** cc) Einkünfte aus Kapitalvermögen. Nach der Ausübung der Option und Erwerb der Aktien des Arbeitgeber-Unternehmens stellen an den Mitarbeiter ausgeschüttete Dividenden bei ihm Einkünfte aus Kapitalvermögen nach § 20 Abs. 1 Nr. 1 EStG dar.

---

[974] BFH Urt. v. 20.6.2001 – VI R 105/99, BStBl. II 2001, 689.

[975] Vgl. zur Definition des Wirtschaftsguts *Weber-Grellet* in Schmidt, EStG-Kommentar, § 5 Rn. 94; zur Besteuerung von individuell gewährten Arbeitnehmeroptionen: *Haas* DStR 2000, 2018, 2019; *Pflüger* in Herrmann/Heuer/Raupach, EStG/KStG-Kommentar, § 19 Rn. 213.

[976] *Dietborn/Strnad* BB 2003, 1094.

[977] BMF Schreiben v. 10.3.2003 – IV C 5 – S 2332 – 11/03, DStR 2003, 509; Fin.Ministerium NRW v. 27.3.2003 – S 2332 – 109 – V B 3, DStR 2003, 689; *Pflüger* in Herrmann/Heuer/Raupach, EStG/KStG-Kommentar, § 19 Rn. 213; aA *Fritsche/Bäumler* DStR 2003, 1005, 1010: Tag der Einbuchung beim Arbeitnehmer.

[978] BFH Urt. v. 20.6.2001 – VI R 105/99, BStBl. II 2001, 689.

[979] *Bauer/Gemmeke* DStR 2003, 1818, 1819; *Dietborn/Strnad* BB 2003, 1094; *Pflüger* in Herrmann/Heuer/Raupach, EStG/KStG-Kommentar, § 19 Rn. 213.

[980] *Pflüger* in Herrmann/Heuer/Raupach, EStG/KStG-Kommentar, § 19, Rn. 213.

[981] *Bauer/Gemmeke* DStR 2003, 1818, 1819; *Dietborn/Strnad* BB 2003, 1094.

[982] Kritisch dazu *Bauer/Gemmeke* DStR 2003, 1818, 1819.

[983] BMF Schreiben v. 25.10.2004 – IV C 3 – S 2256 – 238/04, BStBl. I 2004, 1034, Tz. 13.

## III. Besteuerung von Termingeschäften im Betriebsvermögen

**1. Zugehörigkeit zum Betriebsvermögen.** Termingeschäfte gehören dann zum steuerlichen Betriebsvermögen, wenn nach Art, Inhalt und Zweck des zu beurteilenden Geschäfts ein Zusammenhang mit dem Betrieb eines Einzelunternehmers, einer gewerblich tätigen oder gewerblich geprägten Person oder einer Kapitalgesellschaft besteht.[984] Bei Kapitalgesellschaften sind Termingeschäfte der betrieblichen Sphäre zuzurechnen, da das Bestehen einer außerbetrieblichen Sphäre allgemein abgelehnt wird.[985] Tätigt eine Kapitalgesellschaft Risikogeschäfte (Devisentermingeschäfte), so rechtfertigt dies im Allgemeinen nicht die Annahme, die Geschäfte würden im privaten Interesse des (beherrschenden) Gesellschafters ausgeübt. Nach Auffassung des BFH ist die Kapitalgesellschaft vielmehr grundsätzlich darin frei, solche Geschäfte und die damit verbundenen Chancen, zugleich aber auch Verlustgefahren wahrzunehmen.[986] Die Besteuerung von Termingeschäften im Betriebsvermögen richtet sich nach §§ 8 Abs. 1 KStG iVm § 5 EStG.[987]

Bei gewerblichen Personengesellschaften gehören Wirtschaftsgüter des Gesamthandvermögens stets zum Betriebsvermögen. Über das Gesamthandvermögen hinaus werden dem steuerlichen Betriebsvermögen der Personengesellschaft auch diejenigen Wirtschaftsgüter zugerechnet, die Allein- oder Bruchteilseigentum der Gesellschafter und dem Betrieb der Personengesellschaft zu dienen bestimmt sind (Sonderbetriebsvermögen).[988] Nach der Rechtsprechung des BFH gehören zum notwendigen Betriebsvermögen branchentypische Geschäfte.[989] Handelt es sich bei dem Termingeschäft hingegen um ein branchenuntypisches Geschäft, so kann dies allenfalls dem gewillkürten Betriebsvermögen zugerechnet werden, wenn nach Art, Inhalt und Zweck ein Zusammenhang mit dem Betrieb besteht.[990] Bei Ausübung einer gewerblichen Tätigkeit ist die Zugehörigkeit zum notwendigen Betriebsvermögen unproblematisch, wenn die Termingeschäfte der Absicherung einer Position des Geschäftsbetriebs dienen.[991] Im Rahmen der Einkünfte aus §§ 13, 18 EStG hingegen ist eine solche Branchenzugehörigkeit in der Regel nicht gegeben, so dass hier eine ausdrückliche Willkürung erfolgen muss.

Im Folgenden wird zunächst die Abbildung von Optionen und Festgeschäften ohne Sicherungscharakter (sog. offene Positionen) im Jahresabschluss und in der Steuerbilanz dargestellt. Ergänzend dazu wird auf die Frage eingegangen, ob und unter welchen Voraussetzungen ein Sicherungszusammenhang zwischen einem Grundgeschäft und einem Termingeschäft durch die Bildung von Bewertungseinheiten erforderlich ist, § 5 Abs. 1a EStG. Erläutert werden darüber hinaus die Verlustausgleichsbeschränkungen nach § 15 Abs. 4 Satz 3 EStG.

**2. Steuerbilanzielle Behandlung von Termingeschäften. a) Offene Positionen.** aa) Optionen. Das entgeltlich erworbene Optionsrecht ist als immaterielles Wirtschaftsgut mit seinen Anschaffungskosten zu aktivieren.[992] Die Anschaffungskosten entsprechen der gezahlten Optionsprämie zuzüglich etwaiger Nebenkosten. Bei Ausübung einer Kaufoption erhöhen die aktivierten Anschaffungskosten des Optionsrechts die Anschaffungskosten

---

[984] *Wotschofsky/Thomas* Finanz Betrieb 2003, 31, 33.
[985] BFH Urt. v. 4.12.1996 – I R 54/96, DStR 1997, 492; BFH Urt. v. 8.7.1998 – I R 123/97, DStR 1998, 1749 betr. Devisentermingeschäfte; *Grützner* StuB 1999, 961.
[986] Vgl. BFH Urt. v. 8.8.2001 – I R 106/99, BStBl. II 2003, 487.
[987] *Glaser* SteuerStud 2001, 576, 581.
[988] R 13 Abs. 2 und 12 EStG.
[989] BFH Urt. v. 19.2.1997 – XI R 1/96, BStBl. II 1997, 399.
[990] BFH Urt. v. 19.2.1997 – XI R 1/96, BStBl. II 1997, 399, 403; *Schmidt* in Schmidt, EStG-Kommentar, § 15 Rn. 901; *Schmittmann/Wepler* DStR 2001, 1783, 1785.
[991] *Glaser* SteuerStud 2001, 576, 581; *Grützner* StuB 1999, 961, 963.
[992] Vgl. etwa IDW BFA 2/1995, WPg 1995, 421; BFH Urt. v. 18.12.2002 – I R 17/02, DStR 2003, 678; aA FG München v. 28.11.2000, EFG 2001, 274; siehe dazu auch *Schmid/Renner* DStR 2005, 815.

des erworbenen Wirtschaftsguts.⁹⁹³ Die Anschaffungskosten einer Verkaufsoption mindern bei deren Ausübung einen Erlös aus dem Verkauf des der Option zugrundeliegenden Wirtschaftsguts. Bei Nichtausübung der Option sind die Anschaffungskosten des Optionsrechts gewinnmindernd auszubuchen.

757 Der Stillhalter hat in Höhe der erhaltenen Optionsprämie eine sonstige Verbindlichkeit zu passivieren.⁹⁹⁴ Die vereinnahmte Optionsprämie ist somit zunächst erfolgsneutral zu erfassen. Bei Ausübung oder Verfall der Option durch den Optionsberechtigten ist die sonstige Verbindlichkeit gewinnerhöhend aufzulösen.⁹⁹⁵ Ist die Ausübung der Option durch den Optionsberechtigten wahrscheinlich, hat der Stillhalter handelsrechtlich eine Drohverlustrückstellung zu passivieren.⁹⁹⁶ Steuerlich kann diese Drohverlustrückstellung nicht berücksichtigt werden, § 5 Abs. 4a EStG.

758 bb) Forwards und Futures. Bei unbedingten Termingeschäften, wie Forwards oder Futures, handelt es sich um nicht aktivierungsfähige schwebende Geschäfte.⁹⁹⁷ Bei Financial Futures ist lediglich die *Initial Margin* (Kaution) zu aktivieren.⁹⁹⁸ Sofern nach den Verhältnissen des Bilanzstichtages die Erzielung eines Verlusts wahrscheinlich ist, ist handelsrechtlich eine Rückstellung für drohende Verluste aus schwebenden Geschäften zu passivieren. Steuerlich wird diese Drohverlustrückstellung nicht anerkannt, § 5 Abs. 4a EStG. Gewinne und Verluste aus Termingeschäften sind erst bei deren Erfüllung bzw. Glattstellung zu erfassen.

759 cc) Swaps. Swapgeschäfte stellen handelsrechtlich schwebende Geschäfte dar. Sie sind zunächst bilanziell nicht zu erfassen. Für künftig zu erwartende Verluste aus einem Swapgeschäft sind indes Drohverlustrückstellungen zu passivieren. Steuerlich sind diese Drohverlustrückstellungen indes nicht anzuerkennen, § 5 Abs. 4a EStG.

760 **b) Geschlossene Positionen (Bewertungseinheiten).** Termingeschäfte werden nicht nur im Bankbereich zur Sicherung der Devisen-, Zins- oder Aktienkurs-Risiken aus Forderungen, Verbindlichkeiten, Wertpapieren oder anderer Termingeschäfte eingesetzt. Zu unterscheiden ist dabei ein Micro-Hedge vom Macro-Hedge sowie vom Portfolio-Hedge. Beim Micro-Hedge wird ein einzelnes Grundgeschäft durch ein spezielles Gegengeschäft gesichert. Beim Macro-Hedge/Portfolio-Hedge wird eine Gruppe von Grundgeschäften mit gleichartigem Risiko durch ein Gegengeschäft gesichert. Wann und unter welchen Voraussetzungen solche Sicherungszusammenhänge in Handelsbilanz und Steuerbilanz zu berücksichtigen sind, ist weitgehend unklar. Handelsrechtlich anerkannt ist die Berücksichtigung des Micro-Hedge durch die Bildung von Bewertungseinheiten.⁹⁹⁹ Demgegenüber ist die Anerkennung von Macro-Hedge bzw. Portfolio-Hedge eher umstritten.¹⁰⁰⁰

761 Handelsrechtlich sind bei dieser Zusammenfassung von Grund- und Sicherungsgeschäften mit gegenläufigem Risiko im Zuge eines Micro-Hedges gegenläufige Erfolgskompetenzen zu saldieren (kompensatorische Bewertung). Führt die kompensatorische Bewertung insgesamt zu einem positiven Ergebnis, so bleibt dieses nach dem Realisationsprinzip gemäß § 252 Nr. 4 HGB außer Ansatz, ein negatives Ergebnis mindert dagegen den Gewinn.

---

⁹⁹³ Vgl IDW BFA 2/1995, WPg 1995, 421; *Häuselmann* DB 87, 1745; *Haarmann* JbFSt 1994/95, 662; aA *Schmid/Renner* DStR 2005, 815.

⁹⁹⁴ Vgl BFH Urt. v. 18.12.2002 – I R 17/02, BStBl. II 2004, 126; siehe dazu auch *Rau* DStR 2003, 1769.

⁹⁹⁵ Vgl. BFH Urt. v. 18.12.2002 – I R 17/02, BStBl. II 2004, 126.

⁹⁹⁶ Vgl. BMF Schreiben v. 12.1.2004 – IV A 6 – S 2133 – 17/03, DB 2004, 159.

⁹⁹⁷ BFH Urt. v. 4.7.1991 – IV R 29/88, BStBl. II 1992, 76; BFH Urt. v. 19.2.1997 – XI R 1/96, BStBl. II 1997, 399.

⁹⁹⁸ Vgl. *Menninger*, Financial Futures und deren bilanzielle Darstellung, 129 ff., mwN; *Rabenhorst* DB 1995, 741.

⁹⁹⁹ Vgl. etwa BFH Urt. v. 8.11.2000 – I R 10/98, BStBl. II 2001, 349; BFH Beschl. v. 23.6.1997 – GrS 2/93, BStBl. II 1997, 735.

¹⁰⁰⁰ Befürwortend *Naumann*, Bewertungseinheiten in Bankbilanzen; ablehnend *Günkel* StBJb 2002/03, 275, 280.

Voraussetzung für die Bildung einer solchen Bewertungseinheit ist, dass das Termingeschäft mit dem abzusichernden Grundgeschäft in einem unmittelbaren Zusammenhang steht und dazu geeignet ist, bestehende Preis- und Währungsrisiken auszuschließen oder zu minimieren.[1001] Umstritten ist dabei allerdings die Relation zwischen dem Termingeschäft und dem Grundgeschäft. Ein Teil des Schrifttums verlangt eine Kongruenz der beiden Geschäfte hinsichtlich Volumen, Laufzeit und Betrag.[1002] Eine andere Auffassung hingegen lässt eine lose Verbindung der beiden Geschäfte ausreichen.[1003]

Nach § 5 Abs. 1a EStG iFd Gesetzes zur Eindämmung missbräuchlicher Gestaltungen v. 7.4.2006 sind die Ergebnisse der in der handelsrechtlichen Rechnungslegung zur Absicherung finanzwirtschaftlicher Risiken gebildeten Bewertungseinheiten auch für die steuerliche Gewinnermittlung maßgebend.[1004] Steuerlich sind insofern die handelsrechtlich gebildeten Bewertungseinheiten zu berücksichtigen. Nach der Gesetzesbegründung soll dies nicht nur für Micro-Hedges, sondern auch für Macro-Hedges und Portfolio-Hedges gelten.[1005] Soweit ein negatives Ergebnis verbleibt, wird ein Ausweis als Drohverlustrückstellung entgegen dem Grundsatz in § 5 Abs. 4a Satz 1 EStG zugelassen. **762**

**3. Steuerliche Verlustabzugsbeschränkung gemäß § 15 Abs. 4 EStG. a) Grundsatz.** Im Rahmen des StEntlG hat der Gesetzgeber mit dem § 15 Abs. 4 Sätze 3 bis 5 EStG eine spezielle Vorschrift für den Ausgleich bzw. den Abzug von Verlusten aus betrieblichen Termingeschäften eingefügt.[1006] Nach § 15 Abs. 4 Satz 3 EStG dürfen Verluste aus Termingeschäften weder mit anderen Einkünften aus Gewerbebetrieb noch mit Einkünften aus anderen Einkunftsarten ausgeglichen werden (Verlustausgleichsbeschränkung). Sie dürfen lediglich mit Gewinnen ausgeglichen werden, die der Steuerpflichtige in dem unmittelbar vorangegangenen und in den folgenden Geschäftsjahren aus Termingeschäften erzielt. § 15 Abs. 4 Satz 3 EStG setzt voraus, dass die Termingeschäfte betrieblich veranlasst und Gewinne und Verluste somit solche aus Gewerbebetrieb sind. Die Regelung des § 15 Abs. 4 Satz 3 EStG greift nicht lediglich für Termingeschäfte, die auf einen Differenzausgleich gerichtet sind, sondern ist nach Auffassung der Finanzverwaltung ebenso auf Termingeschäfte anzuwenden, die auf physische Erfüllung zielen.[1007] **763**

Betrieblich veranlasste Verluste nach § 15 Abs. 4 Sätze 3 bis 5 EStG aus Termingeschäften entsprechen dem Saldo aus allen einschlägigen Termingeschäften eines Wirtschaftsjahres.[1008] **764**

**b) Ausnahme von der Verlustbeschränkung.** Ausnahmen von der Verlustausgleichsbeschränkung aus Termingeschäften bestehen für bestimmte Termingeschäfte von Kreditinstituten, Finanzdienstleistungsinstituten und Finanzunternehmen (sektoral-funktionale Ausnahme) sowie für Termingeschäfte, die zu Sicherungszwecken eingesetzt werden (funktionale Ausnahme). **765**

aa) Sektoral-funktionale Ausnahme. Nach § 15 Abs. 4 Satz 4 EStG ist die Verlustausgleichsbeschränkung des § 15 Abs. 4 Satz 3 EStG für solche Termingeschäfte nicht anzuwenden, die zum gewöhnlichen Geschäftsbetrieb bei Kreditinstituten, Finanzdienstleistungsinstituten und Finanzunternehmen iSd Gesetzes über das Kreditwesen gehören. Unklar ist, wie der Begriff des gewöhnlichen Geschäftsbetriebs auszulegen ist. Klarheit be- **766**

---

[1001] *Grutzner* StuB 1999, 961, 963; *Wacker* in Schmidt, § 15 Rn. 904.
[1002] *Glaser* SteuerStud 2001, 576, 582; *Grützner* StuB 1999, 961, 963; *Kirchhof/Reiß*, Kompakt-Kommentar EStG, § 15 Rn. 610; *Schmittmann/Wepler* DStR 2001, 1783, 1786.
[1003] *Tibo* DB 2001, 2369, 2372; *Wotschofsky/Thomas* Finanz Betrieb 2003, 31, 35.
[1004] Vgl. kritisch dazu *Prinz/Hick* DStR 2002, 771; vgl. FG Schleswig-Holstein v. 15.3.2000, EFG 2000, 1057 sowie BFH Gerichtsbescheid v. 19.3.2002 – I R 87/00.
[1005] Vgl. BT-Drucks. 16/634 v. 13.2.2006, 10.
[1006] *Tibo* DB 2001, 2369.
[1007] Vgl. BMF Schreiben v. 23.9.2005 – IV B 2 – S 2119 – 7/05, DStR 2005, 1900.
[1008] Vgl. *Intemann* in Herrmann/Heuer/Raupach, EStG/KStG-Kommentar, § 15 Anm. 1556; *Bitz* in Littmann/Bitz/Pust, EStG-Kommentar, § 15 Rn. 183.

steht lediglich insoweit, dass Gelegenheitsgeschäfte nicht zum gewöhnlichen Geschäftsbetrieb gehören.[1009] Teilweise wird im Schrifttum zur Definition des gewöhnlichen Geschäftsbetriebs auf die Kommentierung der §§ 275, 277 Abs. 1 HGB abgestellt. Demnach umfasst der gewöhnliche Geschäftsbetrieb nicht nur den satzungsmäßigen Unternehmensgegenstand, sondern darüber hinaus alle Geschäfte, mit denen der Steuerpflichtige aufgrund seiner tatsächlichen Absatz- und Dienstleistungsangebote regelmäßig am Markt auftritt.[1010] Nach anderer Auffassung geht der Begriff des gewöhnlichen Geschäftsbetriebs über die handelsrechtliche Abgrenzung hinaus.[1011]

**767** bb) Funktionale Ausnahme. Gemäß § 15 Abs. 4 Satz 4 2. Alt. EStG ist die Geltendmachung von Verlusten aus solchen Termingeschäften nicht beschränkt, die der Absicherung von Geschäften des gewöhnlichen Geschäftsbetriebs dienen *(hedging)*. Die Ausnahme des § 15 Abs. 4 Satz 4 2. Alt. EStG greift unabhängig von der Tätigkeit des Unternehmens und ist nicht auf Kreditinstitute, Finanzdienstleistungsinstitute und Finanzunternehmen iSd Gesetzes über das Kreditwesen begrenzt. Risiken des gewöhnlichen Geschäftsbetriebs sind etwa schwankende Zinssätze, Aktienkurse und/oder Währungskursänderungen. Einigkeit besteht darüber, dass Termingeschäfte auch der Absicherung von Geschäften des gewöhnlichen Geschäftsverkehrs dienen, wenn sie für erwartete Geschäfte abgeschlossen werden, es jedoch letztendlich nicht zu diesen Geschäften kommt.[1012]

**768** c) **Rückausnahme des § 15 Abs. 4 Satz 5 EStG beim Hedging von Aktiengeschäften.** Gemäß § 15 Abs. 4 Satz 5 EStG sind Verluste aus Termingeschäften wiederum nur beschränkt ausgleichsfähig, wenn sie der Absicherung von Aktiengeschäften dienen, bei denen der Veräußerungsgewinn nach dem Teil-/Halbeinkünfteverfahren gemäß § 3 Nr. 40 EStG zu 40% (bis 31.12.2008: Hälftig) oder nach § 8b Abs. 2 und 3 KStG zu 95% steuerfrei ist. Dies führt dann wieder zur Anwendung des § 15 Abs. 4 Satz 3 EStG.

### J. Sonstige Kapitalforderungen

**Schrifttum zur Rechtslage vor 2009:** BMF-Schreiben v. 27.11.2001: Einkommensteuerrechtliche Behandlung von Termingeschäften im Bereich der privaten Vermögensverwaltung (§§ 20, 22 und 23 EStG), IV C 3 – S 2256-265–01, DStR 2002, 172; BMF-Schreiben v. 16.3.1999: Einkünfte iS des § 20 Abs. 1 Nr. 7 EStG auch bei nur teilweiser Rückzahlung des Kapitalvermögens, IV C 1 – S 2252 – 87/99, DStR 1999, 936; BMF-Schreiben v. 24.11.1986: Emissionsdisagio, Emissionsdiskont, unverzinsliche Schatzanweisungen, IV B 4 – S 2252 – 180/86, BStBl. I 1986, 539; BMF-Schreiben v. 24.1.1985: Einkommensteuerpflichtiger Kapitalertrag aus Zero Coupon Bonds, die zu einem Privatvermögen gehören, IV B 4 – S 2252-2/83, BStBl. I 1985, 77; *Delp,* Besteuerung von Wertpapierkombinationen, BB 2003, 1594; *ders.,* Die Besteuerung von Finanzinnovationen nach dem Steueränderungsgesetz 2001, INF 2002, 170; *Hamacher,* Reversed Convertible Bonds, Umtauschanleihen und Partizipationsscheine, DB 2000, 2396; *Haisch/Danz,* Grundsätze der Besteuerung von Zertifikaten im Privatvermögen, DStR 2005, 2108; *Haarmann,* Aktuelle Probleme bei der Abgeltungsteuer, FS für Herzig 2010, 423; *Harenberg,* Besteuerung von Optionsgeschäften und Financial Futures im Rahmen privater Vermögensverwaltung, NWB Fach 3, 11 695; *ders.,* Besteuerung von Zertifikaten, Garantiezertifikaten, Garantiespannen-Zertifikaten und systemorientierten Finanzanlagen, NWB Fach 3, 12 151; *Helios/Link* DStR 2008, 386; *Lohr,* Besteuerung von Finanzinnovationen und sonstigen Kapitalforderungen iS von § 20 Abs. 1 Nr. 7 EStG, DB 2004, 643; OFD Frankfurt a. M., Rundverfügung v. 25.10.2005 betr. Bemessung des Zinsabschlags bei Kursdifferenzpapieren iSd § 20 Abs. 2 Nr. 4 EStG, S 2406 A – 1 – St II 1.04, DB 2005, 2608; OFD Frankfurt a.M., Rundverfügung v. 23.10.2003, S 2252 A – 42 – St II 3.04, DStZ 2004, 97; *Schmitt/Haiko/Krause,* Argentinien-bonds keine Finanzinnovation? – Anmerkungen zum BMF-Schreiben v. 14.7.2004, DStR 2004, 1339; *Wagner,* Die Besteuerung von Finanzinnovationen im Privatvermögen, StBP 2002, 300 (I), 331 (2). **Schrifttum zur Rechtslage seit 2009:** BMF Schreiben v. 9.10.2012 – IV C 1 –

---

[1009] Vgl. *Wacker* in Schmidt, EStG-Kommentar, § 15 Rn. 904.
[1010] Vgl. *Mayen* in Ebenroth/Boujong/Joost, HGB-Kommentar, § 116 Rn. 3; *Sorgenfrei* DStR 1999, 1928, 1931; *Tibo* DB 2001, 2369, 2372.
[1011] Vgl. *Schmittmann/Wepler* DStR 2001, 1783, 1786.
[1012] Vgl. *Kirchhof/Reiß,* KompaktKommentar EStG, § 15 Rn. 610; *Tibo* DB 2001, 2369, 2372.

S 2252/10/10013, BStBl. I 2012, S. 953; *Haarmann,* Aktuelle Probleme bei der Abgeltungsteuer, FS Herzig 2010, 423; *Hermann/Heuer/Raupach,* EStG/KStG-Kommentar, Stand Februar 2014; *Kirchhof/Söhn/Mellinghoff, (K/S/M)* EStG-Kommentar, Stand Februar 2014; *Schmidt,* EStG-Kommentar, 33. Aufl. 2014; *Weißbrodt/Michalke,* Sonstige Kapitalforderungen iS von § 20 Abs. 1 Nr 7. EStG, DStR 2012, 1533.

## I. Überblick

Die Erträge aus sonstigen Kapitalforderungen „jeder Art" werden in § 20 Abs. 1 Nr. 7 EStG erfasst; entsprechend werden Gewinne aus der Veräußerung von sonstigen Kapitalforderungen „jeder Art" in § 20 Abs. 2 Nr. 7 EStG der Besteuerung unterworfen. Durch den Begriff der „Erträge" in § 20 Abs. 1 Nr. 7 EStG schließt die Vorschrift dabei all diejenigen Veräußerungsvorgänge mit ein, die nach § 20 Abs. 2 EStG nicht der Besteuerung unterworfen werden. Der Auffangtatbestand ersetzt damit die Funktion des § 20 Abs. 1 Nr. 7 EStG aF, der für die vor dem 1.1.2009 strukturierten „Finanzinnovationen" galt. Unter Finanzinnovationen im steuerlichen Sinne wurden Produkte verstanden, bei denen das Entgelt für die Nutzungsüberlassung des Kapitals (Zinsen) von der Ertrags- auf die Vermögensebene verlagert wird und/oder die kein gleichmäßiges Entgelt für die Nutzungsüberlassung abwerfen.[1013] Vor Einführung der Abgeltungsteuer zum 1.1.2009 bestand das Ziel dieser Produkte regelmäßig darin, Privatanlegern einen steuerfreien (Kurs-, Spekulations- bzw.) Veräußerungsgewinn iSv § 23 EStG aF anstelle steuerpflichtiger Kapitalerträge (Zinsen) iSv § 20 EStG aF zu vermitteln. Aus diesem Grunde wurden diese Produkte häufig auch als Kursdifferenzpapiere bezeichnet. Durch die Abgeltungsteuer ergibt sich seit 2009 eine umfassende Besteuerung privater Kapitalerträge, einschließlich aller Erträge aus Finanzinnovationen, sodass es außer in Altfällen auf eine Differenzierung aufgrund der gleichen Rechtsfolge nicht mehr ankommt.

Die für die Besteuerung dieser Finanzinnovationen relevanten Vorschriften des § 20 Abs. 1 Nr. 7, Abs. 2 Satz 1 Nr. 4 EStG aF wurden bereits vor Einführung der Abgeltungsteuer mehrfach geändert und damit die Möglichkeit der Erzielung steuerfreier Veräußerungsgewinne anstelle steuerpflichtiger Kapitalerträge erheblich eingeschränkt Mit der Aufhebung der Jahresfrist für Gewinne aus privaten Wertpapiergeschäften nach § 23 Abs. 1 Satz 1 Nr. 2 EStG aF zum 1.1.2009 durch die Unternehmensteuerreform wurden auch die verbleibenden Möglichkeiten der Erzielung steuerbegünstigter Erfolge beseitigt. Dennoch bleiben Finanzinnovationen auch nach Einführung einer umfassenden Besteuerung privater Wertpapiergeschäfte interessant, soweit durch sie ein zeitliches Hinausschieben steuerpflichtiger Einkünfte auf spätere Veranlagungszeiträume ermöglicht wird.

Grundsätzlich wurde die Abgeltungsteuer erstmals für Erträge erhoben, die dem Steuerpflichtigen nach dem 31.12.2008 zuflossen. § 52a EStG enthält jedoch eine Übergangsregelung, die unter bestimmten Umständen die Fortgeltung des alten Rechts vorsah. Zur Anwendung der Übergangsvorschriften ist nunmehr auch eine höchstrichterliche Rechtsprechung ergangen[1014].

Nach § 52a Abs. 10 Satz 7 EStG ist auf Erträge aus Kapitalforderungen, die vor dem 1.1.2009 erworben wurden und unter den § 20 Abs. 1 Nr. 7 EStG aF, nicht aber unter den § 20 Abs. 1 Nr. 4 EStG aF fallen, der neue § 20 Abs. 2 Satz 1 Nr. 7 EStG nicht anzuwenden. Hierdurch wurde sichergestellt, dass bspw. festverzinsliche Schuldverschreibungen, die vor Einführung der Abgeltungsteuer erworben wurden, auch nach dem 31.12.2008 steuerfrei realisiert werden können, wenn die Kapitalforderungen über ein Jahr gehalten wurde (§ 23 EStG aF). Dies gilt insbesondere für festverzinsliche Wertpapiere, die unter dem Nennwert erworben wurden sowie nach altem Recht steuerfreie Disagiobeträge.[1015]

---

[1013] Vgl. *Delp* INF 2002, 170.
[1014] Vgl. BFH I R 27/12, BStBl. II 2013, 682.
[1015] Vgl. *Weber-Grellet* in Schmidt EStG-Kommentar § 52a Rn. 6.

**773** Für Kapitalforderungen, die die Voraussetzungen des neuen § 20 Abs. 1 Nr. 7 EStG, nicht aber die erweiterten Voraussetzungen des § 20 Abs. 1 Nr. 7 EStG aF erfüllten, waren die Regelungen nach § 20 Abs. 2 Satz 1 Nr. 7 EStG iVm § 20 Abs. 1 Nr. 7 EStG erst auf Kapitalerträge anzuwenden, die dem Steuerpflichtigen nach dem 30.6.2009 zufließen (§ 52a Abs. 10 Satz 8 EStG). Dies galt nicht, soweit die Anlage vor dem 15.3.2007 angeschafft wurde. Hierdurch konnten insbesondere Zertifikate ohne Kapitalgarantie, die nach dem 14.3.2007 erworben wurden, nur bis zum 30.6.2009 steuerfrei veräußert bzw. eingelöst werden.[1016]

**774** Im Folgenden wird die steuerliche Behandlung der Erträge aus sonstigen Kapitalforderungen sowie der Gewinne aus ihrer Veräußerung bei unbeschränkt steuerpflichtigen sowie beschränkt steuerpflichtigen Privatanlegern dargestellt.

### II. Steuerliche Behandlung beim unbeschränkt steuerpflichtigen Privatanleger

**775** **1. Begriff der Kapitalforderung. a) Abgrenzung.** Als Kapitalforderung gilt jede auf eine Geldleistung gerichtete Forderung ohne Rücksicht auf die Dauer der Kapitalüberlassung oder den Rechtsgrund des Anspruches.[1017] Als Kapitalforderung gilt daher jedes Wertpapier, jede Forderung an sich, jedes Fremdwährungsguthaben,[1018] nicht jedoch die Forderung auf Lieferung anderer Wirtschaftsgüter wie Schmuck, Gemälde, Briefmarken, Münzen oder von Wirtschaftsgütern des täglichen Gebrauchs.

**776** Außerhalb der Vermietung und Verpachtung von unbeweglichen Wirtschaftsgütern sind Erträge im Falle des Sachdarlehens oder im Falle der Vermietung beweglicher Gegenstände im Rahmen des § 22 Nr. 3 EStG steuerbar.[1019] Dies gilt zB auch für Schiffs-Container, da Einkünfte für die Nutzung des Containers erzielt werden und nicht für die Verwendung des vom Anleger bereitgestellten Kapitalvermögens.[1020] Die Abgrenzung zwischen Kapitalforderungen und anderen Wirtschaftsgütern hat erhebliche Bedeutung, da bei letzteren die Abgeltungsteuer weder für die Einkünfte aus der Vermietung oder Nutzung noch für die Veräußerungsgewinne Anwendung findet. Bei Erzielung eines Veräußerungsgewinnes aus dem Verkauf von Wirtschaftsgütern, die nicht als Kapitalforderungen gelten, also insbesondere Edelmetalle, werden diese weiterhin nur im Rahmen der einjährigen Spekulationsfrist des § 23 Abs. 1 Nr. 2 EStG besteuert.[1021] So fallen sog. „Goldanleihen", die auf die Lieferung einer bestimmten Menge physischen Goldes gerichtet sind und nur ersatzweise einen Ausgleich in Geld vorsehen, nicht unter § 20 Abs 1. Nr 7 EStG.[1022]

**777** **b) Einzelfälle von sonstigen Kapitalforderungen jeder Art.** Als klassische Kapitalforderungen gelten insbesondere Darlehen, Anleihen, Bankguthaben, einfache Sparguthaben, Bausparguthaben aber auch Kaufpreisforderungen im Privatvermögen. Sie werden als „sonstige" Kapitalforderungen behandelt, soweit nicht eine Besteuerung nach § 20 Abs. 1 Nr. 1–6 oder 8 EStG oder § 20 Abs. 2 EStG eingreift. Aufgrund des Gleichlaufes der Besteuerung im Rahmen der Abgeltungsteuer kommt es aber auf die vorrangige Zuordnung bei einem vorrangigen Tatbestand des § 20 EStG im Verhältnis zum Auffangtatbestand des § 20 Abs. 1 Nr. 7 EStG nicht mehr an.[1023]
Aufgrund seiner Funktion als Auffangtatbestand spiegelte sich in § 20 Abs. 1 Nr. 7 EStG der Variantenreichtum der Finanzprodukte wider, die mit dem Sammelbegriff der „Finanzinnovationen" bezeichnet wurden und den der Gesetzgeber als „finanzinnovative Wertpapiere" in § 20 Abs. 2 Satz 1 Nr. 4 EStG aF aufgegriffen hat. Diese Finanzinnovationen sind

---

[1016] Vgl. *Helios/Link* DStR 2008, 386, 390.
[1017] Vgl. *Weber-Grellet* in Schmidt EStG-Kommentar § 20 Rn. 100.
[1018] AA evt noch BMF Schreiben v. 9.10.2012 – IV C 1 – S 2252/10/10013 Rn. 39.
[1019] Vgl. *Buge* in Herrmann/Heuer/Raupach EStG/KStG-Kommentar, § 20 Anm. R 295.
[1020] Vgl. FG BaWü EFG 2010, 468.
[1021] Vgl. *Weber-Grellet* in Schmidt EStG-Kommentar § 23 Rn. 27.
[1022] Vgl. *Jochum* in K/S/M § 20 EStG Rn. C7/98.
[1023] Vgl zu Genussrechten mit Obligationscharakter: EFG 2011, 1522, Rev. VII R 20/11.

einerseits sicherlich auf den Erfindungsreichtum zurückzuführen, der in der Vergangenheit in Deutschland vom Bemühen getrieben war, laufende Einkünfte in nicht steuerpflichtige Veräußerungsgewinne umzuwandeln, sie sind aber andererseits auch Ausdruck der internationalen Finanzmärkte, die Anlageformen für sehr unterschiedliche Ertrags- und Risikoerwartungen der Anleger zur Verfügung stellen. Insofern ist die Vorschrift auch für die Erfassung von Erträgen aus ausländischen Kapitalforderungen bedeutsam.

Insofern werden als Kapitalforderungen heute von der Abgeltungsteuer betroffen: **778**
aa) Zertifikate. Sie sind zivilrechtlich als Schuldverschreibungen einzuordnen und bieten häufig keine laufende Verzinsung. Vielmehr verkörpern Zertifikate lediglich das Recht auf einmalige Zahlung eines Geldbetrags und/oder Lieferung von Wertpapieren am Laufzeitende. Der Inhaber des Scheins partizipiert an positiven sowie negativen Änderungen eines Basiswerts *(Underlying)*. Je nach Gestaltung hängt die Rückzahlung des zur Nutzung überlassenen Nennkapitals von einem ungewissen Ereignis ab, oder es wird eine bestimmte Kapitalrückzahlung garantiert.

aaa) Indexierte Zertifikate ohne Rückzahlungsgarantie („Nichtgarantie"-Zertifikate). **779**
Bei indexierten Zertifikaten ohne Rückzahlungsgarantie wird nicht nur der Zins (Kapitalertrag), sondern auch die Rückzahlung des eingesetzten Kapitals am Ende der Laufzeit von der Entwicklung eines bestimmten *Underlying* bestimmt. Als *Underlying* kommen einzelne Aktien, Anleihen, Währungen, Derivate auf Waren/Rohstoffe *(commodities)*, eine Zusammenstellung mehrere Aktien *(Basket)* oder Indexe in Betracht. Da sowohl die Rückzahlung des überlassenen Nennbetrags als auch die Zahlung eines Kapitalertrags für die Nutzung des überlassenen Kapitals von einem ungewissen Ereignis abhängen, muss der Anleger gegebenenfalls einen Totalausfall hinnehmen. Insofern wird auch von „Nichtgarantie"-Zertifikaten gesprochen. Typische Erscheinungsformen sind der Partizipationsschein (Indexzertifikat/Full-Index-Link-Anleihen), das Bonuszertifikat, bestimmte Hedgefondszertifikate und das (Aktien-)Discount-Zertifikat[1024].

bbb) Ebenfalls unter die „Nichtgarantie"-Zertifikate einordnen lassen sich *Credit Linked* **780**
*Notes*. Dabei handelt es sich um Wertpapiere, deren Rückzahlung abhängig ist vom Eintritt sogenannter Kreditereignisse bei einem oder mehreren Referenzschuldnern. Der Risikokäufer erhält zusätzlich zum Zins für die Bereitstellung des Kapitals eine Prämie für die Übernahme des Risikos, den Anleihebetrag bei Realisierung des Kreditrisikos nicht zurückzuerhalten. Tritt beispielsweise innerhalb von fünf Jahren beim Referenzschuldner kein Kreditereignis ein, erhält der Anleger eine jährliche Zinszahlung. Am Ende der Laufzeit fließt an den Anleger zudem dessen ursprünglich eingesetztes Kapital zurück. Kommt es hingegen beim Referenzschuldner während der Laufzeit der Anleihe zum Eintritt des Kreditrisikos, werden der Rückzahlungsbetrag der Anleihe und/oder die Höhe der Zinsen gemindert bzw. ausgesetzt.

ccc) Indexierte Zertifikate mit Rückzahlungsgarantie („Garantiezertifikate"). Im Un- **781**
terschied zu „Nichtgarantie"-Zertifikaten ist bei Garantiezertifikaten die (teilweise) Rückzahlung des überlassenen Nennkapitals zugesagt *(Money-Back-Zertifikat)*. Allerdings hängt ein möglicher zusätzlicher Ertrag von der Entwicklung des Kurses eines Basiswertes ab. Beispiele für diese Art von Zertifikaten sind GROI *(Guaranteed Return on Investment)* sowie PIP *(Protected Index Participation)* oder PEP *(Protected Equity Participation)*. Bei GROI wird das Verlustrisiko des Anlegers ausgeschlossen. Allerdings kann der Anleger nur bis zu einem Höchstbetrag an der Wertsteigerung etwa eines Indexes teilnehmen. Im Gegensatz dazu ist bei PIP oder PEP die maximal erzielbare Rendite nach oben nicht begrenzt.

Eine Sonderform des Garantiezertifikats stellen versicherte Indexzertifikate dar.[1025] Das **782**
dieser Anlageform zugrunde liegende Zertifikat ist ohne Kapitalrückzahlungsgarantie ausgestattet. Zugleich wird aber eine Wertpapierversicherung abgeschlossen, durch die das

---

[1024] Siehe etwa *Busch* BB 2005, 1765/1769.
[1025] Vgl. etwa *Delp* BB 2003, 1594, 1596.

Risiko des Kapitalverlustes ausgeglichen wird. Mit dieser Kombination wird wirtschaftlich ein Garantiezertifikat nachgebildet. Einziger Unterschied zum Garantiezertifikat ist, dass ein Kapitalverlust nicht durch den Emittenten des Zertifikats, sondern durch einen Dritten aufgefangen wird.

**783** ddd) Garantiespannen-Zertifikate. Bei Garantiespannen-Zertifikaten sagt der Emittent keine vollständige Kapitalrückzahlung zu. Allerdings wird das eingesetzte Kapital (Zertifikatpreis) am Ende der Laufzeit dann vollständig zurückgezahlt, wenn der Kursverlust innerhalb einer bestimmten Bandbreite liegt, beispielsweise zwischen 0% und 25% des eingesetzten Kapitals beträgt.

**784** bb) Verzinslichen Anleihen mit festem oder schwankendem Zins. Bei verzinslichen Anleihen mit festem oder schwankendem Zins ist die Rückzahlung des eingesetzten Kapitals gesichert. Lediglich die Höhe des aus der Anleihe zu erzielenden Kapitalertrags kann je nach Gestaltung des Produkts ungewiss sein.

aaa) Gleitzinsanleihen. Bei Gleitzinsanleihen handelt es sich um Schuldverschreibungen mit zunehmender oder abnehmender Verzinsung während der Laufzeit.

bbb) Kombizinsanleihen. Kombizinsanleihen stellen Anleihen dar, deren fehlende Verzinsung (Unverzinslichkeit) in den ersten Jahren durch überdurchschnittlich hohe Zinsen in den Folgejahren ausgeglichen wird.

ccc) Set-up Anleihen. Set-up Anleihen werden in den ersten Jahren unter dem Marktzins vergütet. Zum Ausgleich wird in den letzten Jahren ein weit überdurchschnittlicher Zins gewährt.

ddd) Floating Rate Notes. Bei *Floating Rate Notes* handelt es sich um festverzinsliche Schuldverschreibungen, bei denen der Zinssatz in bestimmten Abständen der Entwicklung des Kapitalmarktzinses (zB EURIBOR) angepasst wird. Der Zinssatz dieser Anleihen passt sich stets den aktuellen Kapitalmarktgegebenheiten an. Daher kann es bei diesen Produkten regelmäßig nicht zu nennenswerten Kurssteigerungen kommen.

eee) Reverse Floater. *Reverse Floater* sind variabel verzinsliche Schuldverschreibungen, bei denen die Zinsanpassung nicht unmittelbar an einem Referenzzins orientiert ist. Vielmehr wird die Verzinsung dadurch angepasst, dass der Referenzzins von einem (hohen) Nominalzins abgezogen wird.

fff) Drop-lock Floater. Bei *Drop-lock Floatern* handelt es sich um eine variabel verzinsliche Anleihe, die sich automatisch in eine nicht mehr rückgängig zu machende Festzinsanleihe mit bereits festgelegtem Zinscoupon wandelt, wenn der Marktzins einen vorher vereinbarten Referenzzins unterschreitet.

ggg) Dual Index Floating Rate Notes. *Dual Index Floating Rate Notes* werden zum jeweils höheren von zwei Referenzzinssätzen verzinst.

hhh) Count-down Floating Notes. *Count-down Notes* sind variabel verzinsliche Anleihen, bei denen sich die Aufschläge auf den Referenzzinssatz jährlich verringern. Die Verzinsung der Anleihe nimmt also über die Laufzeit ab.

iii) Capped Floater (Floorfloater). Bei einem *capped floater* handelt es sich um eine variable verzinsliche Anleihe, deren Verzinsung nach oben (unten) begrenzt ist.

jjj) Down-Rating Anleihen. Bei *Down-Rating Anleihen* steigt der Zins, wenn die Bonität des Emittenten als schlecht eingestuft wird.[1026]

**785** cc) Auf- oder abgezinsten Kapitalforderungen (Zerobonds). Zerobonds (Null Coupon-Anleihen) sind börsenfähige festverzinsliche Wertpapiere, bei denen während der Laufzeit keine Zinsen gezahlt werden. Der Zinsertrag besteht im Differenzbetrag zwischen Kaufkurs einerseits und Verkaufs- bzw. Einlösekurs andererseits. Zerobonds können als Abzinsungspapier oder Aufzinsungspapier gestaltet sein:
– Bei Abzinsungspapieren (Disagio-Anleihe) entspricht der Ausgabekurs des Zerobonds dem Nennwert abzüglich Zins- und Zinseszins. Der Zerobond wird zum Nennwert zurückgezahlt.

---

[1026] Vgl. *Harenberg* NWB Fach 3, 11717.

– Bei Aufzinsungspapieren (Agio-Anleihe) wird das Wertpapier zum Nennwert emittiert und am Ende seiner Laufzeit zu einem höheren Betrag zurückgezahlt.

Zu den abgezinsten Wertpapieren gehören auch Optionsanleihen[1027]. Sie können so verstanden werden als setzten sie sich zusammen aus einer niedrig verzinslichen Schuldverschreibung und einem dazugehörigen Recht auf Bezug bestimmter Basiswerte.

dd) Schuldverschreibungen mit Emittententilgungswahlrecht (Aktienanleihe). Bei Schuldverschreibungen mit Emittententilgungswahlrecht handelt es sich um Hochzinsanleihen, bei denen das Rückzahlungswahlrecht dem Emittenten obliegt. Tritt ein bestimmtes Ereignis ein, hat der Emittent das Recht zur Tilgung mit einer bestimmten Menge einer Aktie oder mit einem indexabhängigen Betrag anstelle des Nominalbetrags. Diese Produkte mit Emittententilgungswahlrecht werden auch als Aktienanleihe oder *reverse convertibles* bzw. *equity-linked notes* bezeichnet.[1028] Neuerlich werden auch sog. *Contingent Convertibles* („CoCo"s) von Banken emittiert, bei denen das Wahlrecht bedingt durch das Unterschreiten bestimmter Eigenkapitalquoten entsteht.[1029]

ee) Capped Warrants. Als *capped warrant* werden Optionsscheine bezeichnet, die mit einer Gewinnobergrenze ausgestattet sind (Kappung). Die Optionsscheine sehen nicht die Lieferung der vereinbarten Basiswerte vor; sie sind vielmehr auf eine Ausgleichszahlung (Differenzausgleich) gerichtet. Durch den aufeinander abgestimmten Kauf gekappter Kaufoptionsscheine *(Call)* und Verkaufoptionsscheine *(Put)* kann ein sicherer Ertrag generiert werden. Kauf- und Verkaufoptionsscheine mit Preisobergrenzen (Kappung) lauten dazu auf unterschiedlich hohe Basispreise. Ferner können die Optionsrechte nur am Fälligkeitstag ausgeübt werden.

**2. Erträge aus sonstigen Kapitalforderungen jeder Art iS des § 20 Abs. 1 Nr. 7 EStG.** Als Erträge gelten alle Entgelte oder Vorteile aus der Kapitalnutzung, seien es laufende oder einmalige Erträge. Bei Darlehen, Anleihen, Bankguthaben oder Spargutguthaben lässt sich der Ertrag einfach bestimmen. Gerade bei finanzinnovativen Wertpapieren fällt die Unterscheidung zwischen laufendem Ertrag und Wertzuwachs oftmals schwer. Dabei geht die Rechtsprechung davon aus, dass jede längerfristige Kapitalüberlassung gegen Gewährung einer üblichen Vergütung für die Nutzung verbunden ist. So sind Kaufpreis raten, deren Laufzeit mehr als ein Jahr betragen in einen Kapital- und Zinanteil zu zerlegen. Der Zinsanteil ist Ertrag iSv § 20 Abs. 1 Nr. 7 EStG.[1030]

Dabei werden seit dem 1.1.2009 auch Erträge erfasst, die weder rechtlich noch faktisch garantiert sind. Erträge fallen somit auch unter § 20 Abs. 1 Nr. 7 EStG, wenn die Höhe der Rückzahlung und des Entgelts von einem ungewissen Ereignis abhängt, § 20 Abs. 1 Nr. 7 Satz 1 2. HS EStG. Da durch die Neuformulierung des § 20 Abs. 1 Nr. 7 EStG seit 2009 nicht mehr unterschieden wird, ob *Zertifikate* eine Rückzahlungsgarantie haben oder nicht, hat dieses Abgrenzungsproblem für „Nichtgarantie"-Zertifikate und Garantiespannen-Zertifikate im Rahmen des § 20 Abs. 1 Nr. 7 EStG aF nur noch für den Bestandschutz in Altfällen Bedeutung.[1031]

Für Wertpapiere mit *festem oder schwankendem Zins* ergeben sich keine Besonderheiten, selbst wenn die laufende Verzinsung aufgrund der gegenläufigen Marktentwicklung über oder unter dem Marktzins liegt. Die Besteuerung folgt dem Zuflussprinzip, § 11 Abs. 1 EStG.

Das Zuflussprinzip gilt auch für *auf- oder abgezinsten Kapitalforderungen (Zerobonds).* Zinsen aus *auf- oder abgezinsten Kapitalforderungen (Zerobonds)* fliessen erst bei Einlösung oder Abtre-

---

[1027] Zur steuerlichen Behandlung vgl. → Rn. 614f.
[1028] Zu Aktienanleihen im Betriebsvermögen vgl. *Rau* DStR 2006, 627.
[1029] Vgl. → Rn. 597.
[1030] Vgl. *Buge* in Herrmann/Heuer/Raupach EStG/KStG-Kommentar, § 20 Rn. 295; *Weber-Grellet* in Schmidt EStG-Kommentar, § 20 Rn. 103.
[1031] Vgl zu Teil-Garantie-Zertifikaten *Buge* in Herrmann/Heuer/Raupach EStG/KStG-Kommentar, § 20 Rn. 301.

tung zu.[1032] Ein Zufluss kann aber vorliegen, wenn Zinsen dem Kapital zugeschlagen werden und der Berechtigte die wirtschaftliche Verfügungsmacht erlangt.

**792** Für die steuerliche Behandlung von *capped warrants* von zentraler Bedeutung ist die Frage, ob Call und Put isoliert oder als einheitliches Geschäft zu betrachten sind. Bei isolierter Betrachtung erfüllen die Optionsscheine nicht die Voraussetzungen einer Finanzinnovation nach § 20 Abs. 1 Nr. 7 EStG. Sie stellen vielmehr Termingeschäfte dar.[1033] Eine solche isolierte Betrachtung ist indes nur dann steuerlich zulässig, wenn jeder *capped warrant* nach Erwerb in einem gewissen zeitlichen Abstand einzeln verkauft wird.

**793** Seit 2009 werden derartige Einkünfte unter den § 20 Abs. 2 Satz 1 Nr. 7 EStG erfasst. Steuerpflichtig sind die erzielten Einnahmen in diesem Fall unabhängig von der Laufzeit seit Erwerb des Produkts. Zu berücksichtigen ist, dass durch die Einführung der Abgeltungsteuer die Unterscheidung nicht mehr vorgenommen werden muss, da nun auch im Falle einer isolierten Betrachtung der Optionen stets die Abgeltungsteuer Anwendung findet und so die Erzielung steuerfreier Veräußerungsgewinne ausscheidet.

**794** **3. Gewinne aus der Veräußerung von sonstigen Kapitalforderungen jeder Art iS des § 20 Abs. 2 Nr. 7 EStG.** Die Regelung fasst die Vorschriften des § 23 Abs. 1 Satz 1 Nr. 2 und § 20 Abs. 2 Satz 1 Nr. 4 EStG aF zusammen und unterwirft den Gewinn aus der Veräußerung von Kapitalforderungen iS des § 20 Abs. 1 Nr. 7 EStG der Abgeltung-steuer. Dabei wird der „Gewinn" als Bemessungsgrundlage als Differenz zwischen Einnahmen aus der Veräußerung und den Anschaffungskosten der Wertpapiere zugrundegelegt. Für jede einzelne Kapitalanlage ist eine gesonderte Gewinnermittlung durchzuführen, wobei allerdings eine Gruppenbildung, zB unter Zusammenfassung einer bestimmten Anzahl von Aktien eines Unternehmens, zulässig ist.[1034] Es gilt allerdings für die Gewinnermittlung in einem Wertpapierdepot das FiFo-Verfahren, § 20 Abs. 4 Satz 7 EStG; über die Grenzen eines Depots hinaus findet es allerdings keine Anwendung.[1035]

**795** Die Gewinnermittlung bestimmt sich nach § 20 Abs. 4 EStG. Dabei ist von Bedeutung, dass die Gewinnermittlung auch zu einem negativen Ergebnis führen kann, wenn die Einnahmen aus der Veräußerung niedriger sind als die Summe aus den Anschaffungskosten und Veräußerungskosten.[1036] Die negativen Einkünfte stehen insbesondere neben den Werbungskosten und unterliegen anders als die Werbungskosten nicht der Abzugsbegrenzung des § 20 Abs. 9 EStG. Aufgrund der unterschiedlichen Gewinnermittlungsart kann die Unterscheidung zwischen Erträgen aus § 20 Abs. 1 Nr. 7 EStG und Gewinnen aus der Veräußerung nach § 20 Abs. 2 Nr. 7 EStG bei einzelnen „Finanzinnovationen" weiter Bedeutung haben.

**796** Nach § 20 Abs. 4 Satz 1 2. HS. EStG sind bei Fremdwährungsgeschäften die Einnahmen und Anschaffungskosten in EUR anzusetzen.[1037] Damit werden Vermögensmehrungen oder -minderungen aufgrund von Wechselkursschwankungen – anders als vor 2009 – im Rahmen der Abgeltungsteuer mit berücksichtigt.

**797** Als Veräußerungsgewinne erfasst werden auch vereinahmte Stückzinsen, wobei die bezahlten Stückzinsen nicht als Anschaffungskosten, sondern als negative Einnahmen gelten sollen.[1038]

**798** Im Weiteren ist auch eine direkte Verrechnung von Veräußerungsverlusten aus dem Stammvermögen mit positiven Nutzungserträgen zulässig.[1039]

---

[1032] Vgl. BFM BStBl. I 1993, 343; BFH VIII R 13/91, BStBl. II 1993, 602.
[1033] Vgl. dazu Abschnitt H.
[1034] Vgl. *Buge* in Herrmann/Heuer/Raupach, § 20 Rn. 561.
[1035] Vgl. *Buge* in Herrmann/Heuer/Raupach, EStG/KStG-Kommentar, § 20 Rn. 575.
[1036] Vgl. *Buge* in Herrmann/Heuer/Raupach, EStG/KStG-Kommentar, § 20 Rn. 561; *Weber-Grellet* in Schmidt § 20 Rn. 161.
[1037] Vgl. BMF vom 13.6.2008, DStR 2008, 1236 Rn. 7.
[1038] Vgl. *Weber-Grellet* in Schmidt EStG-Kommentar, § 20 Rn. 145.
[1039] Vgl. *Weber-Grellet* in Schmidt EStG-Kommentar, § 20 Rn. 161.

**4. Kapitalertragsteuer (Zinsabschlag).** Seit 2009 beträgt der Kapitalertragsteuersatz 799
25 % zzgl. Solidaritätszuschlag und ggf. Kirchensteuer (§ 43a Abs. 1 Satz 1 Nr. 1 EStG). Als
Bemessungsgrundlage für die Abgeltungsteuer ist bei Veräußerungsgewinnen § 20 Abs. 4
EStG nur heranzuziehen, wenn die Wertpapiere von der die Kapitalerträge auszahlenden
Stelle erworben, veräußert und seitdem verwahrt oder verwaltet werden. Bei einem Depotwechsel können allerdings die Anschaffungsdaten auf die neue depotführende Stelle
übertragen werden.[1040] Sind die benötigten Anschaffungsdaten nicht nachgewiesen, bemisst
sich der Steuerabzug auf 30 % der Einnahmen aus der Veräußerung oder Einlösung der
Wirtschaftsgüter (§ 43a Abs. 2 S. 7 EStG).

### III. Steuerliche Behandlung beim beschränkt steuerpflichtigen Privatanleger

Ein Privatanleger ohne Wohnsitz oder gewöhnlichem Aufenthalt im Inland ist mit sei- 800
nen Erträgen aus sonstigen Kapitalforderungen jeder Art iSv § 20 Abs. 1 Nr. 7 EStG in
Deutschland nur dann einkommensteuerpflichtig, wenn
– die Kapitalforderungen entweder im Inland dinglich gesichert sind, § 49 Abs. 1 Nr. 5
 Buchst. c) lit. aa) EStG,
– es sich um Genussrechte mit Obligationscharakter handelt[1041], § 49 Abs. 1 Nr. 5
 Buchst. c) lit. bb) EStG oder
– ein sog. Tafelgeschäfte vorliegt, § 49 Abs. 1 Nr. 5 Buchst. d EStG.
Durch den Verweis in § 49 Abs. 1 Nr. 5 Satz 2 EStG auf § 20 Abs. 3 EStG wird der Besteuerungsrahmen klargestellt, der eben auch besondere Entgelte und Vorteile einschließt,
ohne einen neuen Besteuerungstatbestand zu begründen.[1042]

Als Tafelgeschäfte zu verstehen sind ua solche Erträge aus verbrieften und registrierten 801
Kapitalforderungen bzw. Kapitalerträge iS des § 20 Abs. 2 Satz 1 Nr. 7 EStG, die von einer
inländischen Zahlstelle (Schuldner oder inländisches Kreditinstitut bzw. Finanzdienstleistungsinstitut) gegen Aushändigung der Zinsscheine oder Übergabe der Wertpapiere einem
anderen als einem ausländischen Kreditinstitut oder einem ausländischen Finanzdienstleistungsinstitut ausgezahlt oder gutgeschrieben werden.

Seit 2009 findet der Abgeltungsteuersatz von 25 % zzgl. Solidaritätszuschlag auch auf in 802
Deutschland mit ihre Kapitaleinkünften beschränkt steuerpflichtige Personen Anwendung.

Sofern der Privatanleger in einem ausländischen Staat ansässig ist, mit dem Deutschland 803
ein Doppelbesteuerungsabkommen (DBA) abgeschlossen hat, wird das Besteuerungsrecht
an den Kapitalerträgen aus sonstigen Kapitalforderungen regelmäßig dem ausländischen
Wohnsitzstaat des Anlegers zugewiesen (Art. 11 OECD-MA). Die Quellensteuer (Kapitalertragsteuer), die Deutschland auf diese Einkünfte erheben darf, wird nach einem DBA
regelmäßig der Höhe nach beschränkt.

Bei Zahlungen von Zinsen an einen Privatanleger, der in einem EU-Mitgliedstaat[1043] an- 804
sässig ist, sind die Auskunftsrechte der Zinsinformationsverordnung zu beachten.

### K. Steuerliche Abzugsfähigkeit von Aufwendungen im Zusammenhang mit der Kapitalanlage

### I. Überblick

**1. Einkünfte aus Kapitalvermögen.** Mit Einführung der Abgeltungsteuer zum 805
1.1.2009 wurde auch die Abzugsfähigkeit von Werbungskosten neu geregelt. Während der
Abzug von Aufwendungen für Verwaltung, Schuldzinsen usw. im Rahmen der Gewinner-

---

[1040] Vgl. BMF vom 13.6.2008, DStR 2008, 1236 Rn. 7; BMF BStBl. I 2012, 953 Rn. 184 f.
[1041] Vgl. allerdings zur Einordnung FG Mchn. EFG 2011, 1522, Rev. VIII R 20/11.
[1042] Vgl. *Weber-Grellet* in Schmidt EStG-Kommentar, § 20 Rn. 156 und § 49 Rn. 103.
[1043] Vgl. BMF Schreiben v. 6.1.2005 – IV C 1 – 2000 – 63/04, BStBl. I 2005, 29, geändert durch
BMF Schreiben v. 13.6.2005, BStBl. I, 716; BMF Schreiben v. 12.10.2005 – IV C 1 – S 2402a –
46/05 und BMF Schreiben v. 27.1.2006 – IV C 1 – S 2402a – 4/06.

mittlung betrieblicher Kapitalanlageeinkünfte wie auch der Ermittlung von Vermietungsüberschüssen möglich bleibt, können private Anleger ihre Werbungskosten bei den Einkünften aus Kapitalvermögen nicht mehr ansetzen, § 20 Abs. 9 EStG. Stattdessen ist der ehemalige Werbungskostenpauschbetrag und Sparerfreibetrag zum sogenannten Sparerpauschbetrag zusammengefasst. Die den Sparerpauschbetrag von 801 EUR für Ledige und von 1602 EUR für Verheiratete übersteigenden Einkünfte, unterliegen der Abgeltungsteuer mit einem Satz von 25% zuzüglich Solidaritätszuschlag und ggf. Kirchensteuer. Daneben eröffnet allerdings § 20 Abs. 4 Satz 1 EStG die Möglichkeit des Abzuges von im unmittelbaren sachlichen Zusammenhang mit einem Veräußerungsgeschäft stehenden Aufwendungen. In bestimmten Fällen sollen auch die Geltendmachung von „negativen Einkünften" und Ihre Verrechnung mit positiven Einkünften möglich sein.

806    **2. Einkünfte aus Investmentvermögen.** Gegenüber der privaten Direktanlage wird die Kapitalanlage über Investmentvermögen insoweit privilegiert, als auf Fondsebene anfallende Werbungskosten auch nach 2008 und mit einigen Modifikationen ab 2014 durch das AIFM-StAnpG zum Abzug zugelassen werden.[1044]

807    **3. Gewinneinkünfte.** Die Abzugsfähigkeit von Aufwendungen im Rahmen der Einkünfte aus Betriebsvermögen richtet sich nach den allgemeinen Grundsätzen der betrieblichen Gewinnermittlung, § 2 Abs. 2 Satz 1 Nr. 1 EStG iVm §§ 4–7 EStG.

### II. Ausschluss des Werbungskostenabzuges und Pauschbetrag

808    Die Abgeltungsteuer für Kapitaleinkünfte ist vor den Hintergrund der Steuervereinfachung als Bruttobesteuerung ausgestaltet. Dementsprechend sieht § 20 Abs. 9 Satz 1 2. HS. EStG vor, dass der Abzug der tatsächlichen Werbungskosten ausgeschlossen ist. An dessen Stelle tritt der Sparer-Pauschbetrag iHv 801 EUR. Der Auscchluss des Werbungskostenabzuges gilt auch den Fällen, in denen der Steuerpflichtige den Antrag gemäß § 32d Abs. 6 EStG stellt und die Günstigerprüfung zur Durchführung des Veranlagungsverfahrens führt.

### III. Aufwand im Rahmen der Gewinnermittlung nach § 20 Abs. 4 EStG

Infolge der Nichtabzugsfähigkeit von Werbungskosten im Rahmen der Ermittlung des Überschusses der Einkünfte aus Kapitalvermögen, lassen sich bestimmte Aufwendungen seit 2009 allenfalls noch im Rahmen der Gewinnermittlung gemäß § 20 Abs. 2 iVm Abs. 4 EStG berücksichtigen. Die Regelung entspricht der Vorschrift des § 23 Abs. 3 Satz 1 EStG. Die abweichende Wortwahl – „Veräußerungskosten" statt „Werbungskosten" – soll keine Bedeutung haben.[1045]

809    Zu den Veräußerungskosten zählen zum einen Transaktionskosten. Soweit die Transaktionskosten vom Kreditinstitut als *„all-in fee"* belastet werden, sind sie zunächt von den nicht abzugsfähigen Depot- und Verwaltungsgebühren zu trennen. Die Finanzverwaltung lässt einen Abzug der Transaktionskosten zu, soweit der auf Wertpapierumsätze entfallende teil der *„all-in-fee"* nicht 50% der Gesamtvergütung übersteigt.[1046]

810    Weiterhin könnten aber auch uU Schuldzinsen, die im Zusammenhang mit dem Verkauf von Wertpapieren oder Kapitalforderungen angefallen sind abzugsfähig sein, wenn die Schuldzinsen nicht vorrangig mit entsprechenden Nutzungsentgelten im Zusammenhang standen. Ein sachlicher Zusammenhang mit der Veräußerung besteht zB bei der durch die Veräußerung anfallenden Vorfälligkeitentschädigung.

811    § 20 Abs. 4 Satz 5 EStG beschreibt eine weite Interpretation der Veräußerungskosten bei Ermittlung des Ergebnisses aus Termingeschäften. In der Gesetzesbegründung wird die Optionsprämie als unter die Definition der Veräußerungskosten fallend angesehen, was den

---

[1044] Vgl. zur Gewinnermittlung der Investmentfonds → Rn. 184f.
[1045] Vgl. *Buge* in Herrmann/Heuer/Raupach, EStG/KStG-Kommentar, § 20, Rn. 567.
[1046] BMF Schreiben v. 9.10.2012 – IV C 1 – S 2252/10/10013, BStBl. I 2012, S. 953 Tz. 96.

Eindruck vermittelt, dass auch im Rahmen der Abgeltungsteuer durch Einzelfallregelungen dem Grundsatz der Besteuerung nach der Leistungsfähigkeit Geltung verschafft werden soll.

### IV. Werbungskostenabzug im Rahmen des Veranlagungsverfahrens

Unter bestimmten Voraussetzungen können Werbungskosten dennoch zum Abzug zugelassen werden, sofern gem. § 32d Abs. 2 Nr. 1 EStG der Steuerpflichtige die Kapitalerträge zwingend im Veranlagungsverfahren mit dem persönlichen Steuersatz zu versteuern hat und somit die Abgeltungsteuer auf Einkünfte aus Kapitalerträgen keine Anwendung findet oder der Steuerpflichtige dies im Fall des § 32d Abs. 2 Nr. 3 EStG zur Vermeidung einer Härte beantragt.

**812** Der Ausnahmetatbestand des § 32d Abs. 2 Nr. 1 EStG betrifft Kapitalerträge im Sinne des § 20 Abs. 1 Nr. 4–7 sowie § 20 Abs. 2 Satz 1 Nr 4 und 7 EStG, also insbesondere Einkünfte aus partiarischen Darlehen, stillen Beteiligungen und aus sonstigen Kapitalforderungen, sofern zwischen Gläubiger und Schuldner besondere Beziehungen bestehen. Hier möchte der Gesetzgeber vermeiden, dass betriebliche Gewinne in pauschal besteuerte Kapitaleinkünfte umgewandelt werden.[1047] Die Abzugsfähigkeit der Werbungskosten ist damit nur eine logische Konsequenz der Versagung der Pauschalbesteuerung bei Anwendung dieser Steuervermeidungsvorschrift.

**813** Der Ausnahmetatbestand des § 32d Abs. 2 Nr. 3 EStG ist kein Fall der missbräuchlichen Inanspruchnahme der Abgeltungsteuer, sondern betrifft Kapitalerträge im Sinne des § 20 Abs. 1 Nr. 1 und 2 EStG, also Einkünfte aus Kapitalgesellschaften, die vom Gesellschafter in erheblichem Umfang fremdfinanziert wurden.[1048] Insbesondere beim *Management-Buy-Out* ist die Abzugsfähigkeit der Fremdfinanzierungszinsen für beteiligte Manager von erheblicher Bedeutung. Hier gewährt die Vorschrift die Möglichkeit des Werbungskostenabzuges im Rahmen des Teileinkünfteverfahrens, unter der Voraussetzung, dass die Beteiligung entweder 25% übersteigt oder bei einer geringeren Beteiligung von mindestens 1% der Steuerpflichtige in der Gesellschaft beruflich tätig ist. Das Veranlagungsverfahren wird auf Antrag durchgeführt und ist für die folgenden vier Veranlagungszeiträume bindend. Im Ergebnis können somit auf Antrag Schuldzinsen als Werbungskosten im Rahmen des Teileinkünfteverfahrens des § 3 Nr. 40 EStG geltend gemacht werden.

---

[1047] Vgl. *Weber-Grellet* DStR 2013, 1357, 1363.
[1048] BMF Schreiben v. 9.10.2012 – IV C 1 – S 2252/10/10013, BStBl. I 2012, S. 953 Tz. 138; *Weber-Grellet* in Schmidt EStG-Kommentar, § 32d Rn. 12.

# Sachverzeichnis

Die fetten Ziffern bezeichnen die Paragraphen, die mageren Ziffern bezeichnen die Randnummern

Abfärbewirkung
- § 15 Abs. 3 Nr. 1 EStG **27** 307, 423 f.

Abfindung
- Ausscheiden aus Publikums-GbR **19** 111
- Ausscheiden aus Publikums-KG **17** 124
- WpÜG **15** 63 ff.

Abgeltungsteuer
- Anteile am Privatvermögen natürlicher Personen **27** 77
- hybride Anleiheformen **27** 647 ff.
- Investmentanteile **27** 6
- Kapitalgesellschaftsanteile **27** 5, 77
- Neuregelung des Werbungskostenabzugs **27** 805
- sonstige Kapitalforderungen jeder Art **27** 778 ff.
- Unternehmensteuerreformgesetz **27** 3

Abschichtungsbilanz **17** 132

Abschlussprüfung
- Reformmaßnahmen **1** 44

Abschlussvermittlung
- Abgrenzung zur Vermögensverwaltung **23** 11
- Charakteristik **23** 11
- offene Stellvertretung **23** 11

Abschreibungsgesellschaften
- Anerkennung negativen Kapitalkontos **16** 36 ff.
- Aufgabe der Baupatenrechtsprechung **16** 64 ff.
- Aufgabe der Geprägerechtsprechung **16** 72 ff.
- Baupatenrechtsprechung **16** 42, 52, 64 ff.
- Begriff **16** 9
- Bericht der Bundesregierung **16** 75 ff.
- Beteiligungsvermittlung **3** 68 ff.
- Einnahmenerzielungsabsicht **17** 28
- Entwicklung **16** 1 ff.
- Finanzierungsaufklärung **4** 306
- Gepräge-Gesetz **16** 80 f.
- gewerbliche Verlustzuweisungsmodelle **16** 8 ff.
- Handelsgewerbe **17** 26
- Maßnahmen von Finanzverwaltung/Gesetzgeber **16** 28 ff.
- neuere Entwicklungen **16** 111 ff.
- Offenbarungspflichten bei Beteiligungsvermittlung **3** 68 ff.
- private Verlustzuweisungsmodelle **16** 22 ff.
- Publikumsgesellschaft **1** 11
- steuerliche Entwicklung **16** 8 ff., 42 ff.
- Verflechtungen **3** 68
- Verlustbegrenzung **16** 28 ff.

Abusive Squeeze **10** 50

Abwicklungsrisiko **26** 5

Abzahlungskauf
- Hinweispflichten **4** 283

Acting in concert **14** 31 ff.

Actio pro socio **17** 184, 265 f.

Ad hoc-Mitteilungen
- Aufschub **1** 42
- EuGH-Entscheidungen **1** 116
- Haftung für fehlerhafte Ad-hoc-Publizität **6** 5, 11 ff.
- Haftung für fehlerhafte Mitteilungen **1** 129
- Neuregelung **1** 42
- unrichtige Darstellung **6** 16 ff.
- Unterlassen **1** 39
- unwahrer Tatsachen **1** 39
- verspätete Mitteilung **1** 39
- Vorbeugung vor Insiderstraftaten **8** 176 f.
- Ziel **8** 114
- *sa Haftung für fehlerhafte Ad-hoc-Publizität*

AG & Still **18** 72 ff.

Agio **18** 14; **26** 149

Agio-Anleihe **27** 785

AIF
- ausländische AIF **22** 63
- Ein-Anleger-AIF **22** 14
- Ein-Objekt-Publikums-AIF **22** 57
- EuSEF-AIF **22** 43
- Feeder-AIF **22** 15, 58, 62
- geschlossener Publikums-AIF **5** 336 ff., 342
- Haftung bei fehlerhaften Informationen beim Vertrieb **5** 328
- KAGB **5** 19 ff.; **16** 492 ff.; **22** 5
- Master-AIF **22** 62
- Obergruppe von Investmentfonds **22** 5
- Publikums-AIF **22** 55 ff.
- Richtlinie **1** 90
- Spezial-AIF **22** 58 ff.
- Struktur **1** 88, 90
- Verkaufsunterlagen **22** 118
- Vertrieb **22** 110

AIFM-Richtlinie **16** 489 ff.

AIFM-Umsetzungsgesetz **1** 105; **5** 19 ff.; **16** 492

AIF-Verwahrstelle **22** 94 ff.

Aktien
- Inhaber- und Namensaktien **8** 27
- vinkulierte Namensaktien **8** 27

Aktienanleihe **27** 786

1419

# Sachverzeichnis

fette Zahlen = Paragraphen

Aktiengesellschaft
– Wachstum **1** 22
– zentrale Institution des Kapitalmarkts **1** 5 ff.
Aktiengewinn **27** 247 ff., 285
Aktien-Indexfonds **22** 66
Aktienoptionen
– Einkünfte aus nichtselbständiger Arbeit **27** 747 ff.
– Grundkonzeption **27** 746
– handelbare Optionen **27** 750
– nicht handelbare Optionen **27** 749
– private Veräußerungsgeschäfte **27** 751
– steuerliche Behandlung **27** 747 ff.
Aktienoptionsprogramme
– Insiderpapiere **8** 22
Aktientauschangebot **15** 13, 53 ff., 79
Aktionärsstruktur **1** 25
Aktionsplan Verbraucherschutz im Finanzmarkt **1** 3, 94
Alleinerwerbstheorie **27** 637 f.
Als ob-Gesellschafter **19** 17
Alternative Investmentfonds s. *AIF*
Altersversorgungsmodelle **16** 206
Altlastenproblematik **4** 321
Analyse von Finanzinstrumenten
– Marktmissbrauchsverordnung **1** 124
Anerkennung
– ausländischer Schiedssprüche **25** 150 ff.
– ausländischer Zivilurteile **25** 140 ff.
Anfechtung
– Beteiligungsverträge **4** 258 ff.
– Finanzierungsverträge **4** 258 ff.
– Kommissionsgeschäft **13** 35
– Projektbeteiligte als Dritte **4** 263
Angebotsunterlage
– Gestattungsverfahren **15** 37 ff., 67 ff.
– Inhalt **15** 8
– Maßnahmen vor Veröffentlichung **15** 45 ff.
– Veröffentlichung **15** 14
– WpÜG **5** 38
Anlageberatung
– Abgabe persönlicher Empfehlungen **3** 3
– Abgrenzung **3** 3 ff.
– Abgrenzung zur Vermögensverwaltung **23** 7 f.
– Auskunfts- und Beratungspflichten **3** 14
– bei ausländischen Investmentanteile/Anleihen **3** 62 f.
– Bankauskunft **3** 100
– bankgebundene Berater **3** 28
– banküblicher kritischer Sachverstand **3** 15, 51
– Beratungsprotokoll **3** 107; **13** 15
– Beratungsvertrag **3** 4, 100
– besondere Pflichten **3** 40 ff.
– Beteiligungserwerb **3** 46
– Beweislast **3** 107 ff.; **25** 102 ff.
– Bewertungen/Beurteilungen **3** 15
– Definition **3** 3 ff.
– deliktische Haftung **3** 97 f.
– Entgeltvereinbarung **3** 6
– Entwicklung **1** 11
– Falschberatung **1** 121
– freie bankungebundene Berater **3** 28
– Haftung bei geschlossenen Immobilienfonds **16** 426 ff.
– Haftung des Vertretenen/Vertreters **3** 90 ff.
– Haftung gegenüber Dritten **3** 99 ff.; **16** 426 ff.
– Haftungsgrundlagen **3** 85 ff.
– Haftungsumfang **3** 112 ff.
– Honorar-Anlageberatung **1** 123; **13** 9
– bei Immobilienanlagen **3** 45 ff.
– Informationsbeschaffungspflicht **3** 36
– Informationsblatt **1** 121
– Kollisionsrecht **7** 11 ff.
– Nachforschungspflicht **3** 34 ff.
– Nachfragepflicht **3** 27
– nachwirkende Informationspflicht **3** 43 ff.
– objektbezogene Kriterien **3** 16 ff.
– Offenbarungspflicht **3** 38 f.
– outgesourcte Berater **3** 28
– persönliche Verhältnisse des Anlegers **3** 16 ff.
– Pflichtenumfang **3** 14 ff.
– Plausibilitätsprüfung **3** 15, 41
– Produktbroschüren **3** 22
– Prospekt als Inhalt der Beratung **3** 23
– Prospekt über Kapitalanlage **3** 22 ff.
– Protokoll **23** 39
– Provisionsaufklärung **1** 122
– Risiken dieser Vermögensanlage **3** 45 ff.
– Risikobereitschaft des Kunden **3** 17
– schriftliches Protokoll **1** 120
– Schutzgesetzverletzungen **3** 97 f.
– Seriosität/Zuverlässigkeit der Fondsverantwortlichen **3** 21
– steuerorientierte Anlageformen **3** 48 ff.
– umfassende Informationspflichten **3** 15 ff.
– bei unternehmerischen Beteiligungen **3** 57 ff.
– Vermögensbildung in Arbeitnehmerhand **3** 64 ff.
– Vertrag mit Schutzwirkung für Dritte **3** 101 ff.
– vertragliche Haftung **3** 86
– Vorgaben nach KAGB **22** 135 f.
– Warn- und Nebenpflichtverletzungen **3** 87 ff.
– Wegfall der Sonderverjährungsregel **1** 120
– bei Wertpapieren **3** 51 ff.
– Wirtschaftlichkeit **3** 37
Anlageempfehlungen
– Marktmissbrauchsverordnung **1** 124
Anlagegesellschaften
– Beteiligung als unternehmerische Betätigung **4** 63 f.
Anlagehorizont
– Investmentvermögen **22** 70
Anlagerichtlinien
– Beachtenspflicht **23** 101
– Definition der Anlageziele **23** 62
– Vermögensverwaltung **23** 48, 59 ff.

magere Zahlen = Randnummern

# Sachverzeichnis

Anlagerisiken
- Begrenzung **4** 66 ff.
- bei Immobilienanlagen **4** 41 ff.
- Kapitalanlagen **4** 66 ff.
- bei Wertpapieren **4** 41

Anlagestimmung **6** 27 f.

Anlagestrategie
- allgemeine Geschäftsstrategie **22** 22
- Anlageziele **22** 21
- Ermessens- bzw. Kontrollbefugnis der Anleger **22** 22
- festgelegte Anlagestrategie **5** 359 ff.; **22** 21 ff.
- Marktmissbrauchsverordnung **1** 124
- Merkmale **22** 21
- bei Mischfonds **22** 68
- OGA **22** 21 ff.
- bei OGAW **22** 53
- REIT-AG **22** 23
- bei Spezial-AIF **22** 58
- Spezialitätenfonds **22** 69
- bei Standard-Aktienfonds **22** 66
- bei Standard-Rentenfonds **22** 67
- Unternehmensstrategie **22** 22
- Zeitrahmen **22** 21

Anlagevermittlung
- Abgrenzung **3** 7 ff.
- Abgrenzung zur Vermögensverwaltung **23** 11
- allgemeine Pflichten **3** 15 ff., 30 ff.
- Auskünfte **3** 8
- Auskunftsvertrag **3** 100
- Bankauskunft **3** 100
- Beratungsgebühr **3** 42
- besondere Pflichten **3** 40 ff.
- Beteiligung an Abschreibungsgesellschaften **3** 68 ff.
- Beweislast **3** 107 ff.
- Definition **3** 7 ff.
- deliktische Haftung **3** 97 f.
- Entfallen der Informationspflicht **3** 32
- Entwicklung **1** 11
- Grundstücksbelastung bei Immobilien **3** 71
- Haftung bei geschlossenen Immobilienfonds **16** 426 ff.
- Haftung des Vertretenen/Vertreters **3** 90 ff.
- Haftung gegenüber Dritten **3** 99 ff.; **16** 426 ff.
- Haftungsgrundlagen **3** 85 ff.
- Haftungsumfang **3** 112 ff.
- Immobilienfonds-Anteile **3** 73
- Informationsbeschaffungspflicht **3** 36
- Informationspflichten **3** 30 ff.
- Kollisionsrecht **7** 11 ff.
- Nachforschungspflicht **3** 34 ff.
- nachwirkende Informationspflicht **3** 43 ff.
- Offenbarungspflicht **3** 38 f.
- öffentliche Mittel **3** 77
- Plausibilitätsprüfung **3** 30, 41
- Prospekte **3** 30
- Schutzgesetzverletzungen **3** 97 f.
- Vermittlung von Geschäften **3** 7
- Vertrag mit Schutzwirkung für Dritte **3** 101 ff.
- vertragliche Haftung **3** 86
- Warenterminoptionen **3** 84
- Warn- und Nebenpflichtverletzungen **3** 87 ff.
- Wirtschaftlichkeit **3** 37
- Wirtschaftlichkeit bei Auslandsimmobilien **3** 74 ff.
- Wohnfläche bei Immobilienanlagen **3** 72

Anlageverwaltung
- Abgrenzung zur Vermögensverwaltung **23** 9 f.
- Anlagestruktur **24** 4 f.
- Anschaffung und Veräußerung von Finanzinstrumenten **24** 8 ff.
- ausgenommene Fonds **24** 16
- Ausnahmeregelung **24** 19
- Auswahlermessen **24** 13
- Begriff **24** 1
- Einführung **24** 2
- Erlaubnispflicht **24** 3, 6
- KWG **22** 6
- rechtliche Einordnung **24** 3
- als Schwerpunkt **24** 14
- Übergangsvorschrift **24** 20

Anlegeraktionär
- Interessen **15** 18 ff.
- *sa Wertpapiererwerbs- und Übernahmegesetz*

Anlegerentschädigung
- Agio **26** 149
- Anspruchsberechtigte **26** 126 ff.
- ausgenommene Gläubigergruppen **26** 127
- Ausschlussfrist **26** 170
- cessio legis **26** 175
- deutsches System **26** 47 ff.
- Einlagen **26** 128 f.
- Entschädigungsanspruch **26** 128 ff.
- Entschädigungseinrichtungen **26** 55 ff.
- Entschädigungsfall **26** 125 ff.
- bei Finanzkommissionsgeschäft **26** 132
- Fortentwicklung der Richtlinien **26** 34 ff.
- Funktionenschutz **26** 7
- Geltendmachung des Entschädigungsanspruchs **26** 169 ff.
- Gewinnentgang **26** 132
- Girozentralen **26** 49
- historische Entwicklung **26** 12 ff.
- Individualschutz **26** 6
- bei inländischen Instituten **26** 157 ff.
- internationale Entwicklungen **26** 26 ff.
- Konzeption **26** 1 ff.
- Kreditgenossenschaften **26** 48
- Kunden ausländischer Zweigstellen im Inland **26** 112 ff.
- Kursverluste **26** 147
- Landesbausparkassen **26** 49
- Leistungen Dritter **26** 161
- Mindeststandards **26** 32
- moral hazard **26** 11

1421

# Sachverzeichnis

fette Zahlen = Paragraphen

- nicht gesicherte Ansprüche **26** 146 ff.
- Obergrenzen **26** 162 ff.
- öffentliche Banken **26** 52
- ökonomischer Hintergrund **26** 9 ff.
- Pflicht zur bestmöglichen Sicherung **26** 176 ff.
- private Banken **26** 50 f.
- private Bausparkassen **26** 53
- Richtlinien **26** 29 ff.
- Richtlinienumsetzung **1** 126; **26** 32
- Risiken von Kapitalanlagen **26** 1 ff.
- Scheingewinne **26** 148
- Schutzmechanismen **26** 6 ff.
- Schutzrichtung der Richtlinien **26** 33
- Selbstbehalt **26** 11
- Sparkassen, Landesbanken **26** 49
- subjektives Recht **26** 169
- systemisches Risiko **26** 9
- Umfang des Entschädigungsanspruchs **26** 157 ff.
- Unzulässigkeit der Werbung **26** 108 ff.
- USA **26** 12
- Verbindlichkeiten **26** 130 ff.
- Verjährung des Anspruchs **26** 173
- Wettbewerbsfaktor **26** 10 f.
- wirtschaftlich Berechtigte **26** 126
- Zinsen **26** 160
- Zweigstellen aus EU-Staaten **26** 167
- Zweigstellen deutscher Institute im Ausland **26** 166
- sa Einlagensicherung

Anlegerentschädigungsrichtlinie **26** 16, 46

Anlegerfinanzierung
- bankinterne Kreditprüfung **4** 20
- Eigenkapitalfinanzierung **4** 24
- Finanzierungsberatung **4** 20
- Kreditprüfung **4** 20 f.
- steuerliche Auswirkungen **4** 22 f.
- Überschreiten der Realkreditgrenze **4** 19

Anlegerinteressengemeinschaft **16** 440 ff.

Anlegerkategorien
- nach KAGB **22** 72 ff.
- Privatanleger **22** 77
- professionelle Anleger **22** 74
- nach Schutzbedürftigkeit **22** 73
- semiprofessionelle Anleger **22** 75 f.
- Zwischenkategorie **22** 72

Anlegerprozess
- Arrestverfahren **25** 108 ff.
- Besonderheiten **25** 1 ff.
- Beweiserhebung **25** 106 f., 136
- Beweislast **25** 99 ff.
- Beweismaß **25** 99 ff.
- Gerichtsstandsvereinbarung **25** 35 ff.
- Klägermehrheit **25** 44 ff.
- Mehrheit gleichermaßen Berechtigter **25** 2 f.
- Musterprozessabrede **25** 47 ff.
- Prozessführung **25** 2 ff.

- Schiedsvereinbarung **25** 5 ff.
- Schiedsverfahren **25** 67 ff., 117 ff.
- Verfahren vor ordentlichen Gerichten **25** 75 ff.
- Zuständigkeit **25** 75 ff.
- Zustellungen **25** 95 ff., 135

Anlegerschutz im Investmentrecht
- Anlageberatung **22** 135 ff.
- Genehmigungspflicht der BaFin **22** 114
- Haftung für wesentliche Anlegerinformationen **22** 126 ff.
- Prospekthaftung **22** 126 ff.
- Trennung von KVG und Verwahrstelle **22** 50, 58, 114
- Verkaufsunterlagen **22** 115 ff.
- Widerrufsrecht des Anlegers **22** 120 ff.

Anlegerschutzverbesserung im Grauen Kapitalmarkt **16** 455 ff.

Anlegerschutzverbesserungsgesetz (AnSVG) **1** 41, 112; **16** 253

Anonyme Strafanzeigen **11** 14 ff.

Anscheinsvollmacht **4** 237 ff.; **17** 97

Anschlussdeckung
- Ausschluss von Kreditinstituten **26** 74
- Bundesverband Öffentlicher Banken Deutschlands e. V. **26** 76
- Einlagensicherungsfonds des Bundesverbands deutscher Banken e. V. **26** 71
- durch freiwillige Einlagensicherungsfonds **26** 70 ff.
- gesicherte Verbindlichkeiten **26** 72
- nicht gesicherte Verbindlichkeiten **26** 72
- öffentliche Banken **26** 52
- private Banken **26** 51
- Rechtsanspruch **26** 73, 77
- Sicherungsgrenze **26** 73
- Wettbewerbsnachteil **26** 75

Anschlusszwang von Entschädigungseinrichtungen **26** 55 ff.

Ansparfonds
- Eigen-/Fremdmittelrelationen **16** 119 ff.
- Entwicklung **16** 115 ff.
- Fonds-Konzeptionen **16** 116
- Werbungskosten **16** 126 ff.
- Zielgruppe **16** 115

Anzahlungsfonds **16** 90 ff.; **17** 342

Anzeigepflichten
- Marktmanipulationen **10** 138 ff.
- Prospektmangel **5** 186, 272
- Verdacht von Insidergeschäften **8** 171 ff.

Arbeitgeberbausparen **16** 207

Arbeitnehmersparpläne **22** 37

Arbeitnehmervermögensbeteiligungen
- Bereichsausnahme des KAGB **22** 37
- Beteiligungsform **16** 139 ff.
- Entwicklung **16** 132 ff.
- vermögenswirksame Leistungen **16** 136

Argentinien-Anleihen **3** 63

magere Zahlen = Randnummern

# Sachverzeichnis

Arrestverfahren
- Arrestanspruch **25** 114
- Arrestgrund **25** 108 ff.
- Besonderheiten **25** 109 ff.
- und Schiedsvereinbarung **25** 115 f.
- Zweck **25** 108

Asset Backed Securities-Geschäfte **27** 622

Atypisch stille Gesellschaft
- mit Auslandsbezug **27** 561 ff.
- Einkommensteuer **27** 542 ff.
- Einkünfte des stillen Gesellschafters **27** 546 ff.
- erweiterter Verlustausgleich **18** 90
- Gewerbesteuer **27** 555 ff.
- Gewerbeverlust **27** 559
- Gewinnanteile **27** 546 f.
- Gewinnbeteiligung **18** 12
- GmbH & atypisch Still **27** 581 ff.
- Körperschaftsteuer **27** 542 ff.
- Liebhaberei **27** 549 ff.
- Mitunternehmerinitiative **18** 87
- Partizipation am Gesellschaftsvermögen **18** 12
- Rendite **18** 104
- Scheinrendite **18** 104
- steuerliche Behandlung **18** 92 ff.; **27** 542 ff.
- steuerliche Gewinnermittlung **27** 543 ff.
- steuerliche Voraussetzungen **18** 87 ff.
- Steuersubjekt **27** 542
- Steuersubjekteigenschaft **18** 92 ff.
- StilleProjekt/Objektbeteiligung **18** 99
- Unternehmerrisiko **18** 88
- Veräußerungsgewinne **27** 554
- Verlustanteile **27** 548 ff.
- Vermögensverwaltende Gesellschaft **18** 100 ff.

Aufbewahrung von Verbindungsdaten **8** 174

Aufklärungspflichten
- Außenprovision **16** 241
- geschlossene Immobilienfonds **16** 391 ff.
- gesellschafterliche Aufklärungspflichten **16** 391 ff.
- Innenprovisionen **16** 223 ff.
- Negativberichterstattungen **16** 333 f.

Aufklärungspflichten der Bank
- beim Abzahlungskauf **4** 283
- Bank als Projektbeteiligte **4** 309 ff.
- Finanzierung von Abschreibungsgesellschaften **4** 306
- Finanzierung von Bauherren-/Erwerber-Modellen **4** 307
- Finanzierungsabwicklung **4** 297 f.
- bei Immobilienanlagen **4** 290 ff.
- bei Immobilien-Fonds **16** 298 ff.
- bei institutionalisiertem Zusammenwirken **4** 331 ff.
- Kauf vom Bauträger **4** 305
- Kommissionsgeschäft **13** 1 ff.
- der kreditfinanzierenden Bank **4** 275 ff.
- Kreditvertrag **4** 275
- Projektbeteiligte **4** 296
- Projektrisiken **4** 291 ff.
- bei schwerwiegendem Interessenkonflikt **4** 326 f.
- Sonderfälle **4** 308 ff.
- spezielle Anlegergefährdung **4** 315 ff.
- spezielle Gefährdung des Anlegers **4** 315 f.
- Umfang **4** 275 ff.
- bei Wissensvorsprung **4** 317 ff.

Aufklärungspflichten des Anlageberaters **3** 30 ff.; **16** 226

Aufklärungspflichten des Anlagevermittlers **3** 30 ff.

Aufklärungspflichten des Maklers **16** 225

Aufklärungspflichten des Treuhänders
- Prospekt **4** 383 ff.
- steuerliche Grundlagen **4** 379 ff.
- gegenüber Treugeber **4** 376 ff.
- Vertragsgrundlagen **4** 377 ff.

Aufklärungspflichtverletzungen
- Folgen **16** 335 f.

Aufnahmegebühr **26** 84

Aufschlagsproblematik **9** 27

Aufsicht
- beliehene Einrichtungen **26** 91
- Entschädigungseinrichtungen **26** 91 ff.
- Haftung für fehlerhafte Bankenaufsicht **26** 25
- institutssichernde Einrichtungen **26** 92
- Leerverkäufe **21** 9 ff.
- Zweck **26** 6
- sa Bankenaufsicht

Aufzeichnungspflichten
- Kommissionsgeschäft **13** 14 f.

Auskunfts- und Beratungspflichten
- Anlageberatung **3** 14

Auskunftserteilung
- Abgrenzung **3** 11 ff.
- Auskunftsvertrag **3** 12
- Fehlerfreiheit **3** 11
- bei laufenden Geschäftsverbindungen **3** 11 ff.
- Unverbindlichkeit **3** 13

Auskunftsvertrag
- bei Anlageberatung, -vermittlung **3** 100

Auskunftvertrag
- Zustandekommen **3** 12

Auslagerung
- Kapitalverwaltungsgesellschaften **22** 83 ff.

Ausländische AIF **22** 63

Ausländische Anleihen
- Anlageberatung **3** 62 f.

Ausländische Investmentanteile
- Anlageberatung **3** 62 f.

Ausländische Schiedssprüche
- Anerkennung **25** 150 ff.
- Doppelexequierung **25** 154
- Rechtswirksamkeit **25** 151 ff.
- Vollstreckbarerklärung **25** 150 ff.

Ausländische Warentermingeschäfte
- Entwicklung **1** 11

1423

# Sachverzeichnis

fette Zahlen = Paragraphen

Ausländische Zivilurteile
- Anerkennung **25** 140 ff.
- Vollstreckbarerklärung **25** 140 ff.

Auslegung
- Effektengeschäft **12** 25 ff.
- Gesellschaftsvertrag **17** 80 f.
- Kapitalanlagebetrug **11** 44
- Kapitalanlagegesetzbuch **5** 333 ff.
- Verbrauchereigenschaft **2** 16 ff.

Ausschuss für Finanzstabilität **1** 127

Ausschüttungen
- Publikums-KG **17** 234 ff.

Ausschüttungsfonds **22** 71

Außenprovisionen
- Aufklärungspflicht **16** 220, 241

Ausweispflicht
- Innenprovision **16** 235 ff.

Avisbank **7** 105

BaFin
- Aufgabe **8** 166
- Erweiterung der Befugnisse **1** 43
- integrierte Aufsicht **1** 38
- Organisationspflichten **8** 187
- Rechtsschutz gegen Verfügungen **15** 67 ff.
- Verbraucherbeirat **1** 3, 127
- Verfolgung von Insiderstraftaten **8** 166

Bail in **26** 18

Bankauskunft **3** 100

Banken
- allgemeine Pflichten **4** 267 ff.
- Aufklärungspflichten **4** 275 ff., 290 ff.
- Beteiligung am finanzierten Geschäft **4** 37
- Erfüllungsgehilfen von Projektbeteiligten **4** 341 ff.
- Hinweispflichten beim Abzahlungskauf **4** 283
- institutionalisiertes Zusammenwirken **4** 293, 331 ff.
- Kreditgeber **4** 36
- als Projektbeteiligte **4** 309 ff.
- Prüfungspflicht bei Immobilienanlagen **4** 287 ff.
- Prüfungspflichten **4** 268, 287 ff.
- Risiken finanzierender Banken **4** 69 ff.
- Sicherungsinteresse **4** 251
- Überschreitung der Kreditgeberrolle **4** 310
- Überwachungspflichten **4** 280 ff.

Bankenaufsicht
- Funktionssicherheit **26** 26
- Gastlandprinzip **26** 27
- Haftung für fehlerhafte Aufsicht **26** 25
- Heimatlandprinzip **26** 27

Bankenfonds **26** 14

Bankenunion
- CRD IV-Regelungspaket **1** 68
- Eigenmittelausstattung **1** 68
- einheitlicher Abwicklungsmechanismus **1** 66 ff.
- einheitlicher Aufsichtsmechanismus **1** 66 ff.
- einheitliches Einlagensicherungssystem **1** 68
- Schaffung **1** 66 ff.

Bankrechtskoordinierungsrichtlinie **26** 33

Barangebote **15** 77 f.

Basissicherung
- Änderung der Zuordnung **26** 69
- Aufspaltung in drei Sondervermögen **26** 65
- beliehene Entschädigungseinrichtungen **26** 66 f.
- Entschädigungseinrichtung der Wertpapierhandelsunternehmen **26** 68
- Nicht-CRR-Kreditinstitute/Finanzdienstleistungsinstitute **26** 54
- öffentliche Banken **26** 52
- private Banken **26** 50
- Sondervermögen **26** 64 ff.

Bauherrenmodell
- Auskunfts- und Informationspflichten **3** 45
- Bauherrenpflichten **4** 54 ff.
- Charakteristik **16** 24
- Entwicklung **1** 11
- Finanzierung **4** 307
- Hamburger Modell **16** 22, 25
- Kölner Modell **16** 22, 24
- Mitglieder der Bauherrengemeinschaft **4** 58
- privates Verlustzuweisungsmodell **16** 22 ff.
- Rechtsprechungsübertragung **16** 178 ff.
- Verwaltervergütung **4** 61

Baupatentrechtsprechung **16** 19, 42, 52, 64 ff.; **17** 27

Bausparfinanzierungen **4** 277

Bauträgerfinanzierung
- Bilanz **4** 7 ff.
- neue Bauvorhaben **4** 10
- objektbezogene Leistungsbilanz **4** 9
- Vermarktung/Vertrieb **4** 11

Bedeutende Beteiligungen
- an börsennotierten Gesellschaften **14** 1 ff.
- Meldepflichten **14** 1 ff.
- *sa Meldepflicht*

Beihilfeverbot **26** 17

Beirat
- Publikums-KG **17** 161 ff.

Beitragspflichten
- Publikums-GbR **19** 84 ff.

Beitragssplitting
- Publikums-KG **17** 231 ff.

Beitritt
- Anscheins- und Duldungsvollmacht **17** 97
- fehlerhafter Beitritt **17** 101
- Geschäftsunfähiger **17** 100
- Haustürgeschäft **4** 79 f.
- zur Publikums-GbR **19** 97 ff.
- zur Publikums-KG **17** 93 ff.
- Vermittler als Empfangsboten **17** 99
- Widerruf **4** 133 ff.; **16** 379 ff.

Beleihungswert **4** 26, 288

1424

magere Zahlen = Randnummern

# Sachverzeichnis

Beleihungswertermittlung **4** 26, 271
Benachrichtigungspflichten
– Kommissionsgeschäft **13** 68 f.
Beratungsgebühr
– bei Vermittlungstätigkeit **3** 42
Beratungsprotokoll
– Beweis-Aussagekraft **3** 107
Beratungsvertrag
– bei Anlageberatung **3** 4
– bei Anlageberatung, -vermittlung **3** 100
– Zustandekommen **3** 4
Bereichsöffentlichkeit **8** 56
Besteuerung
– Abzugsfähigkeit von Aufwendungen **27** 805 ff.
– atypisch stille Beteiligung **27** 542 ff.
– Ausschluss des Werbungskostenabzuges **27** 808
– Bekanntmachungsmängel **27** 272 ff.
– Dach-Investmentfonds **27** 277 ff.
– Genussrechte **27** 587 ff.
– geschlossenen Fonds **27** 291 ff.
– Gewinnermittlung nach § 20 Abs. 4 EStG **27** 807 ff.
– Gewinnschuldverschreibungen **27** 587 ff.
– GmbH & Still **27** 563 ff.
– G-REITs **27** 484 ff.
– Immobilienfonds **27** 298 ff.
– Investmentanteile **27** 143 ff.
– Investmentfonds **27** 147 ff.
– nach InvStG **27** 147 ff.
– Kapitalgesellschaftsanteile **27** 15 ff.
– Kapital-Investitionsgesellschaft **27** 462 ff.
– Medienfonds **27** 357 ff.
– Mitarbeiterbeteiligung **27** 692 ff.
– Personen-Investitionsgesellschaften **27** 291 ff.
– Private Equity-Fonds **27** 392 ff.
– Schiffsfonds **27** 380 ff.
– sonstige Kapitalforderungen **27** 769 ff.
– stille Gesellschaft mit Auslandsbezug **27** 560 ff.
– Termingeschäfte **27** 699 ff.
– typisch stille Gesellschaft **27** 509 ff.
– Venture Capital-Fonds **27** 392 ff.
– Wandelschuldverschreibungen **27** 587 ff.
– Werbungskostenabzug **27** 808, 812 f.
Best-Execution-Policy **13** 5 ff., 49 ff.; **23** 38 f.
Bestimmtheitsgrundsatz
– bei Mehrheitsbeschlüssen **18** 216
Beteiligungsprivileg **27** 5, 114, 142, 283 f.
Beteiligungstransparenz **1** 104
Beteiligungstreuhänderschaft **19** 13
Betrieb einer Immobilie **22** 27
Betriebsvermögensmehrung **16** 64, 156; **19** 167
Betrug (§ 263 StGB)
– Bedeutung im Anlegerschutz **11** 3
– Schutzgesetzcharakter **6** 18

Beurkundung
– Anteilsübertragungen **19** 138 f.
– Beschaffungsverpflichtung **4** 247 f.
– einheitliches Vertragswerk **4** 244 ff.
– Fehlerhaftigkeit **4** 241 ff.
– Gesellschaftsvertrag **17** 68; **19** 138 f.
– Treuhand- und Darlehensvertrag **4** 243
– Treuhand-/Baubetreuungsvertrag **4** 242
Beweiserhebung
– in Anlegerprozessen **25** 106 f.
– im Schiedsverfahren **25** 136
Bezugsrechte **8** 78; **11** 26
Bezugsrechtsemissionen **5** 122
Bilanzkontrollgesetz **1** 44
Bilanzrechtsreform **1** 44
Bilanzskandale **1** 44
Bilaterale Rechtsbeziehungen **22** 9
*Birnbaum*-Regel **6** 51
Blind Pools **19** 1; **22** 19, 21
*Bond*-Urteil **3** 16, 52; **25** 102
Börse **1** 5 ff.
Börsenrecht
– Reformmaßnahmen **1** 31
Börsenspekulationsgeschäfte
– Abgrenzung zur Kapitalanlage **9** 11
– Begriff **9** 6 ff.
– Geschäfte an ausländischen Börsen **9** 14
– Hedge-Geschäfte **9** 12
– Kassageschäfte **9** 13
– Unerfahrenheit **9** 15 ff.
– Verleitungsverbot **9** 2 ff.
Bretton-Woods-Abkommen **7** 40
Broschüren **5** 38, 376
Bundesanstalt für Finanzdienstleistungsaufsicht
s. *BaFin*
Bürgerenergieprojekte **22** 31

Capped Floater **27** 784
Capped Warrants **27** 787
Carried Interest **27** 457 ff.
Central Counterparty (CCP) **1** 87
Chancen-Risiko-Profil **3** 55
Chinese Walls **10** 28
Churning **3** 97; **23** 73
Circular orders **10** 114
Class action **25** 56
Club Deals **22** 9, 19
CMS-Ladder Swap **3** 55
Conflict-of-Interest-Policy **23** 36 f.
Conto pro Diverse **4** 252
Cornering **10** 50, 126
Corporate Governance **1** 48
Count-down Floating Notes **27** 784
CRD IV-Regelungspaket **1** 68
Credit Default Swaps **1** 85, 108
Credit Linked Notes **27** 780
Creeping in **15** 26
CRIM-MAD **8** 6

1425

# Sachverzeichnis

fette Zahlen = Paragraphen

Cross Currency Swaps **3** 55
Cross-Trades **10** 45
Crowd-Finanzierungen **1** 94

Dach-Hedgefonds **22** 56
– Aushändigung der Verkaufsunterlagen **22** 119
Dach-Investmentfonds
– Aktiengewinn **27** 285
– Begriff **22** 65; **27** 277 ff.
– Pauschalbesteuerung **27** 281 ff.
– Verlustverrechnung **27** 287 ff.
Darlehensauszahlung an Dritte
– Auszahlung ohne Auftrag/Vollmacht **4** 256 f.
– Forderungsbegründung durch Auszahlung **4** 253 ff.
– Gutschrift auf ein Conto pro Diverse **4** 252
– Sicherungsinteresse der Bank **4** 251
– Weisung des Kreditnehmers **4** 250
Darlehenskonto **17** 397
*Debraco*-Fall **7** 68, 80
Deliktische Haftung
– bei Anlageberatung, -vermittlung **3** 97 f.
Deliktsgerichtsstand **25** 82 ff.
Delkrederehaftung
– Kommissionsgeschäft **13** 44 ff.
Depotverwaltung
– Abgrenzung zur Vermögensverwaltung **23** 12
– Bankgeschäft **23** 12
– technische Verwaltung **23** 12
Deregulierung des Dienstleistungs- und Niederlassungsrechts **26** 31
Derivate
– Abwicklung standardisierter Geschäfte **1** 87
– Bedeutung **1** 86
– Bedeutung des Begriffs **20** 25
– Begriff des Finanztermingeschäfts **20** 19 ff.
– Central Counterparty (CCP) **1** 87
– europäische Regulierung **1** 86 ff.
– European Market Infrastructure Regulation (EMIR) **1** 86
– Finanzinstrument **8** 31 ff.
– Insiderpapiere **8** 21
– konzeptionelle Behandlung **20** 1 ff.
– Regulierung auf EU-Ebene **20** 26
– Schiedsvereinbarungen **20** 29
– Transaktionsregister **1** 87
– verbotene Finanztermingeschäfte **20** 28
– Verhältnis zum Spiel- und Wetteinwand **20** 27
Derivate-Leverage **22** 53
Designated Sponsoring **10** 44
Devisenhandelsgeschäfte
– Kollisionsrecht **7** 97 f.
Devisentermingeschäfte
– Begriff **27** 737 f.
– Besteuerung **27** 739

Directors' Dealings
– Pflicht zur Offenlegung von Geschäften **1** 39
– Vorbeugung vor Insiderstraftaten **8** 5, 178
Direktbanken **3** 5
Disagio **3** 45
Disagio-Anleihe **27** 785
Discount-Broker **3** 5
Diversifikation
– Vermögensverwaltung **23** 69 ff.
Dokumentationspflichten
– Vermögensverwaltung **23** 89
Dokumentenakkreditiv
– Kollisionsrecht **7** 102 ff.
– Rechtswahl **7** 37 ff.
Doppelbesteuerungsabkommen
– Anrechnung ausländischer Steuern **27** 235 ff.
– Anwendung **27** 234
Doppelerwerbstheorie **27** 634 ff.
Doppelexequierung ausländischer Schiedssprüche **25** 154
Doppelfinanzierung **4** 327
Doppelprovisionen
– Aufklärungspflichten bei Anlageberatung **3** 26
Down-Rating Anleihen **27** 784
Downratings **5** 56
Drei-Objekt-Grenze **27** 303
Drittorganschaftsverbot **19** 127
Drop-lock Floater **27** 784
Dual Index Floating Rate Notes **27** 784
Due Diligence-Prüfung **8** 137
Duldungsvollmacht **17** 97
Durchgriffshaftung
– Gesellschaftsstatut **7** 82 ff.
Durchsetzen eines Pflichtangebots
– gegen BaFin **15** 57 ff.
– gegen Bieter **15** 61 ff.

Effektengeschäft
– Abgrenzung **12** 22 ff.
– aufsichtsrechtliche Begrifflichkeiten **12** 13
– aufsichtsrechtliche Qualifizierung **12** 13 ff.
– Auslegungskriterien **12** 25 ff.
– Bankgeschäft **12** 13 ff.
– bankmäßiges Effektengeschäft **12** 17
– Festpreisgeschäft **12** 10, 16
– Finanzkommissionsgeschäft **12** 13 ff.
– Grundstrukturen **12** 7 ff.
– internationale Effektengeschäfte **7** 50 ff.
– Kollisionsrecht **7** 50 ff.
– Kommissionsgeschäft **12** 8
– mittelbare Stellvertretung **12** 10
– offene Stellvertretung **12** 11, 15
– Orderausführung in Derivaten **12** 12, 18
– Phänomenologie **12** 1 ff.
– verdeckte Stellvertretung **12** 15
Eheähnliche Gemeinschaften **22** 17
EHUG **1** 52

magere Zahlen = Randnummern  **Sachverzeichnis**

Eigenkapital
– Finanzierung **4** 24 f.
– Zahlung bei Bauherrenmodellen **4** 54
Eigenkapitalfonds **19** 5
Eigenmittelausstattung der Banken **1** 68
Ein-Anleger-AIF **22** 14
Ein-Anleger-Fonds **22** 14
Ein-Anleger-OGAW **22** 14
Einbringungsgeborene Anteile
– Besteuerung **27** 113 ff.
– sachliche Steuerpflicht **27** 106 ff.
– sperrfristbehaftete Anteile **27** 120
– Überblick **27** 103 ff.
Einheitlicher Abwicklungsmechanismus **1** 66 ff.
Einheitlicher Aufsichtsmechanismus **1** 66 ff.
Einheitliches Einlagensicherungssystem **1** 68
Einkaufsrabatt **3** 26
Einkaufsrabatte
– Aufklärungspflichten **13** 19 ff.
Einkommensteuer
– Anteile im Betriebsvermögen natürlicher Personen **27** 59 ff.
– atypisch stillen Gesellschaft **27** 542 ff.
– Betriebsausgaben **27** 71
– Betriebsausgaben bei steuerfreien Einnahmen **27** 63
– Kapitalertragsteuer **27** 64
– Mindestbesteuerung bei vertikalem Verlustausgleich **19** 99
– sachliche Steuerpflicht **27** 59 ff., 66 ff.
– steuerpflichtige Einkünfte **27** 61, 68 ff.
– Teil-/Halbeinkünfteverfahren **27** 62
– Veräußerung einbringungsgeborener Anteile **27** 113 ff.
– Veräußerung von Anteilen **27** 66 ff.
Einkünfteerzielungsabsicht
– Abgrenzung zur Liebhaberei **27** 329 ff.
– Definition **27** 329 ff.
Einlage
– EAEG **26** 128 f.
Einlagenrückgewähr **17** 130
Einlagensicherung
– Alternative **26** 22
– Anschlussdeckung **26** 51, 52, 70 ff.
– Anspruchsberechtigte **26** 126 ff.
– Ausgestaltung der Sicherung **26** 19 ff.
– Basissicherung **26** 50, 52, 54, 64 ff.
– Beratungsfehler angeschlossener Insitute **26** 100
– deutsches System **26** 47 ff.
– direkte Einlagensicherung **26** 8
– Einlagen **26** 128 f.
– Einschätzung der Risiken **26** 105
– Entschädigungsanspruch **26** 128 ff.
– Entschädigungseinrichtungen **26** 55 ff.
– Entschädigungsfall **26** 125 ff.
– Ex-ante-Finanzierung **26** 23
– Externalisierung der Risiken **26** 21

– Fortentwicklung der Richtlinien **26** 34 ff.
– freiwillige Einlagensicherung **26** 29
– Funktionenschutz **26** 7
– Geltendmachung des Entschädigungsanspruchs **26** 169 ff.
– historische Entwicklung **26** 12 ff.
– indirekte Einlagensicherung **26** 8
– Individualschutz **26** 6
– Institutssicherung **26** 48, 49
– internationale Entwicklungen **26** 26 ff.
– Konzentrationstendenzen **26** 19
– Konzeption **26** 1 ff.
– Kreditgenossenschaften **26** 48
– Kunden ausländischer Zweigstellen im Inland **26** 112 ff.
– mikroprudentielle Ebene **26** 9
– Mindestsicherungsbetrag **26** 34
– Mindeststandards **26** 32
– moral hazard **26** 11
– nicht gesicherte Ansprüche **26** 146 ff.
– öffentliche Banken **26** 52
– ökonomischer Hintergrund **26** 9 ff.
– Pflicht zur bestmöglichen Sicherung **26** 176 ff.
– Pflichten angeschlossener Institute **26** 95 ff.
– Pflichten der Entschädigungseinrichtungen **26** 79 ff.
– private Banken **26** 50 f.
– private Bausparkassen **26** 53
– Richtlinien **26** 29 ff.
– Richtlinienumsetzung **1** 126; **26** 32
– Risiken von Kapitalanlagen **26** 1 ff.
– Schutzmechanismen **26** 6 ff.
– Schutzrichtung der Richtlinien **26** 33
– Schweiz **26** 22
– Selbstbehalt **26** 11
– Sicherungs-Shopping **26** 24
– Sparkassen, Landesbanken/Girozentralen, Landesbausparkassen **26** 49
– Sparten **26** 47 ff.
– systemisches Risiko **26** 9
– topping-up **26** 112 f.
– Überlaufregelung **26** 20
– Umfang des Entschädigungsanspruchs **26** 157 ff.
– Unternehmenssicherung **26** 8
– Unzulässigkeit der Werbung **26** 108 ff.
– USA **26** 12
– Verbindlichkeiten **26** 130 ff.
– Wettbewerbsfaktor **26** 10 f.
– Wettbewerbsverzerrung **26** 24, 114
– *sa Anlegerentschädigung*
Einlagensicherungsfonds **26** 15, 71 ff.
Einlagensicherungsrichtlinie
– kein Drittschutz **26** 33
– Entwicklung **26** 16, 29 ff.
– Fortentwicklung **26** 34 ff.
– Schutzrichtung **26** 33

1427

# Sachverzeichnis

fette Zahlen = Paragraphen

Einmann-Gesellschaft **22** 19
Ein-Objekt-Publikums-AIF **22** 57
Einsammeln von Kapital **22** 16 ff.
Einwendungsdurchgriff
– Ablehnungsbegründung **4** 351 ff.
– Aufspaltungsrisiko **4** 352
– Einwendungen aus Grundgeschäft **4** 345
– bei Immobilien **4** 349 ff.
– Risikoverteilung **4** 346 ff.
– Rückforderungsdurchgriff **4** 360
– Schutzbedürftigkeit **4** 346 ff.
– Unzulässigkeit **4** 349 ff.
Emittentenhaftung
– aus deliktischer Verantwortlichkeit **6** 57
– für fehlerhafe Ad hoc-Mitteilungen **6** 40 ff.
– für fehlerhafte freiwillige Kapitalmarkt-
 information **6** 65
– für fehlerhafte Regelpublizität **6** 63
– aus WpHG **6** 40 ff.
Emittentenleitfaden **1** 132
Empfangsbote **17** 99
Empfehlungs- und Verleitungsverbot
– abstraktes Gefährdungsdelikt **8** 146
– bloßer Rat **8** 147
– Empfehlungsverbot **8** 144 ff.
– leichtfertiges Handeln **8** 151
– subjektiver Tatbestand **8** 149 ff.
– Tipps **8** 144
– Verleitungsverbot **8** 148
– Versuchsstrafbarkeit **8** 152
– Vollendung des Tatbestands **8** 146
– vorsätzliches Handeln **8** 149 f.
Energiegenossenschaft
– Unternehmensgegenstand **22** 31
Enforcementverfahren
– Zweistufigkeit **1** 45
Entgangener Gewinn
– Ersatzfähigkeit **23** 115
Entschädigung *s. Anlegerentschädigung*
Entschädigungseinrichtungen
– Anhörungsrecht bei Neuzulassungen **26** 62
– Anlage des Vermögens **26** 90
– Anlageverwaltung **26** 61
– Anschlussdeckung **26** 70 ff.
– Anschlusszwang **26** 55 ff.
– Aufgaben **26** 79 ff.
– Aufrechnungsrecht **26** 158
– Aufsicht **26** 91 ff.
– Ausnahmen vom Anschlusszwang **26** 63
– Ausschluss einer ausländischen Zweigstelle **26** 122
– Ausschluss einer Drittstaatenzweigstelle **26** 123
– Ausschluss eines inländischen Instituts **26** 119 ff.
– Ausschlussfolgen **26** 124
– Basisdeckung **26** 64 ff.
– Beliehene **26** 66

– Beratungsfehler angeschlossener Insitute **26** 100
– Depotbanken **26** 59
– erfasste Institute **26** 55 ff.
– externe Kapitalverwaltungsgesellschaften **26** 57
– Finanzierung **26** 83 ff.
– Finanzportfolioverwaltung **26** 57
– freiwillige Einlagensicherungsfonds **26** 70 ff.
– Geschäftsberichte **26** 93
– Haftung für Entschädigungszahlungen **26** 89
– Informationspflichten **26** 95 ff.
– institutssichernde Einrichtungen **26** 63
– Pflichten **26** 79 ff.
– Pflichten angeschlossener Institute **26** 95 ff.
– Prüfungspflicht **26** 80
– schnelle Abwicklung von Entschädigungs-
 fällen **26** 171
– Sondervermögen **26** 64 f.
– topping-up **26** 112 f., 122
– Verschwiegenheitspflicht **26** 82
– Verwahrstelle von Investmentvermögen **26** 58
– Wertpapierhandelsunternehmen **26** 68
– Zulassungsverfahren **26** 62
– Zuordnungsänderung **26** 69
– Zurückbehaltungsrechte **26** 158
Entsprechenserklärung
– Haftung für Fehlerhaftigkeit **6** 62
Erbschaftsteuer
– geschlossene Immobilienfonds **27** 355 f.
Erfüllung
– Kommissionsgeschäft **13** 72 ff.
Erfüllungsgehilfe
– Bank **4** 341 ff.
Erlaubnispflicht
– Anlageverwaltung **24** 3, 6
– Bankgeschäfte bei stiller Beteiligung **18** 45
– Investmentgeschäft **22** 3, 33
– Kapitalverwaltungsgesellschaft **22** 84 ff.
– Vermögensverwalter **23** 25
Ertragswert
– Definition **4** 28
– Ermittlung **4** 28
– Ertragswertmethode **4** 293
Erwerbskosten
– Auskunfts- und Informationspflichten **3** 44
Europäische Fonds für soziales Unternehmertum **22** 43
Europäische Risikokapital Fonds (EuVECA) **1** 88
Europäische Risikokapitalfonds **22** 4, 42 ff., 42
Europäische Wertpapieraufsichtsbehörde (ESMA) **1** 62, 82
Europäischer Ausschuss für Systemrisiken (ESRB) **1** 61
Europäischer langfristiger Investmentfonds (ELTIF) **1** 88
Europäischer Pass **22** 63, 109; **24** 6

magere Zahlen = Randnummern    **Sachverzeichnis**

Europäischer Stabilitätsmechanismus (ESM) **1** 59
Europäisches Finanzaufsichtssystem (ESFS)
– Aufsichtsbehörden **1** 62
– Einführung **1** 60 ff.
– Funktionieren **1** 63
– Zweck **1** 64
European Market Infrastructure Regulation (EMIR) **1** 86
EuSEF-AIF **22** 43
Exchange Contract **7** 41
Execution-only-Dienstleistungen **3** 5
Exit Tax **27** 501 ff.
Explorationspflichten
– Kommissionsgeschäft **13** 11 ff.
– Vermögensverwaltung **23** 27, 31 ff.

Facility Management **22** 28
Falschberatung **1** 121
Familientrust **22** 18
Familienvermögen **22** 17
Family Office **5** 354; **22** 17, 38
Feeder- und Master-Investmentvermögen
– Effizienzsteigerung **22** 62
– Feederfonds **22** 62
– Masterfonds **22** 62
Feeder-AIF **22** 15, 58, 62
Feederfonds **22** 62
Fehlerhafte Beteiligung
– Rechtsfolgen **18** 80 ff.
– Schadensersatz **18** 83
– stille Gesellschaftsverhältnisse **18** 78 ff.
Fehlerhafte Beurkundung **4** 241 ff.
Fehlerhafte Gesellschaft **17** 101, 305; **19** 37, 104 f.
Fehlerhafter Beitritt **17** 101, 108 ff.
Fernabsatzgeschäft
– Kommissionsgeschäft **13** 18, 24 ff.
– Pflichtangaben **13** 27 ff.
– Pflichten für Kommissionäre **13** 24, 25 ff.
– vorvertragliche Aufklärungspflichten **13** 18
– Widerrufsrecht **13** 29
Festgeldanlagen **7** 48
Festpreisgeschäft
– Abgrenzung **12** 22 ff.
– aufsichtsrechtlich Anforderungen **13** 86 ff.
– Definition **12** 10, 16; **13** 83 ff.
– Organisationspflichten **13** 86
Feststellungsklagen
– Subsidiarität **4** 76
Festverzinsliche Anlagen
– Kollisionsrecht **7** 48 f.
Financial Futures
– Kollisionsrecht **7** 91
Financial Intermediary **23** 5
Financial Planning
– Abgrenzung zur Vermögensverwaltung **23** 13
– Charakteristik **23** 13
– wirtschaftliche Handlungsempfehlungen **23** 13

Financial Services Action Plan **1** 51, 55
Finanzanlagenvermittler- und Vermögensanlagenrecht **1** 93, 96
Finanzberichte
– Haftung für Fehlerhaftigkeit **6** 61
Finanzierung gesetzlicher Entschädigungseinrichtungen
– Aufnahmegebühr **26** 84
– Beitragspflicht angeschlossener Institute **26** 83
– Höhe der Beiträge **26** 84
– mehrfache Erhebung von Beiträgen **26** 87
– Sonderbeiträge **26** 85
– Sonderzahlungen **26** 86
Finanzierung von Kapitalanlagegeschäften
– Anfechtung **4** 258 ff.
– Anlageformen **4** 3 ff.
– Anlagerisiken **4** 41 ff.
– Aufklärungspflichten der Bank **4** 275, 290 ff., 308 ff., 376 ff.
– Auszahlung des Darlehens an Dritte **4** 249 ff.
– Bank als Kreditgeber **4** 36
– Bauträgerfinanzierung **4** 7 ff.
– Beteiligung der Bank am finanzierten Geschäft **4** 37
– Beteiligung des Anlegers **4** 38 ff.
– Bevollmächtigungsprobleme **4** 222 ff.
– Einwendungsdurchgriff **4** 344 ff.
– fehlerhafte Beurkundung **4** 241 ff.
– Finanzierung und Haftung **4** 36 ff.
– Gesellschaftsbeteiligungen **4** 4
– Haftung der Bank aus Treuhandschaft **4** 366 ff.
– Haftung der lediglich kreditgebenden Bank **4** 266 ff.
– Hinweispflichten beim Abzahlungskauf **4** 283
– Immobilienanlagen **4** 5, 6 ff.
– Immobilienservice **4** 286
– Initiatorenfinanzierung **4** 7 ff.
– Pflichten der Bank als Kreditgeber **4** 267 ff.
– Prospekthaftung **4** 425 ff.
– Prüfungspflichten **4** 268 ff., 287 ff.
– Rechtsberatungsgesetz **4** 209 ff.
– Risiken der finanzierenden Bank **4** 69 ff.
– Risiken des Anlegers **4** 41 ff.
– Sicherungsinteresse der Bank **4** 251
– Überwachungspflichten **4** 280 ff.
– Verbraucherdarlehensrecht **4** 171 ff.
– Wertpapiere **4** 3
– Widerruf von Haustürgeschäften **4** 70 ff.
Finanzierungsberatung **4** 20, 277; **22** 28
Finanzierungsbestätigung
– Haftung **15** 51 f.
– Inhalt **15** 49 ff.
– rechtliche Einordnung **15** 49 ff.
– Vorlagepflicht **15** 47 ff.
Finanzierungs-Leasing **22** 32
Finanzinnovationen **27** 769 ff.
Finanzinstitutionen **1** 125 ff.

1429

# Sachverzeichnis

fette Zahlen = Paragraphen

Finanzinstrumente
- Begriff **8** 25 ff.; **10** 79, 81
- Derivate **8** 31 ff.
- Geldmarktinstrumente **8** 30
- Meldepflichten von Geschäften **8** 166
- Vermögensanlagen **8** 36
- Wertpapiere **8** 26 ff.
- Zeichnungsrechte auf Wertpapiere **8** 35

Finanzintermediär
- Insolvenzrisiko **26** 3 ff.
- Trennung Kundenvermögen/Vermögen des Finanzintermediärs **26** 4

Finanzkommissionsgeschäft
- Begriff **12** 13 ff.

Finanzkonglomerat **1** 65

Finanzmarkt
- Entwicklung **1** 5 ff.

Finanzmarktkrise **1** 56; **26** 18

Finanzmarktregulierung
- Bankenunion **1** 66 ff.
- Entwicklung nationalen Kapitalmarktrechts **1** 91 ff.
- Finanzaufsichtssystem **1** 60 ff.
- Marktmissbrauchsrichtlinie **1** 73 f.
- MiFID **1** 75 f.
- Prospektrichtlinie **1** 70 ff.
- Regelungsfelder europäischer Rechtsakte **1** 59 ff.
- Transparenzrichtlinie **1** 77 f.

Finanzmarktrichtlinie-Umsetzungsgesetz (FRUG) **20** 17

Finanzmarktwächter **1** 3

Finanzportfolioverwaltung **22** 6, 9; **23** 6

Finanztermingeschäft
- Begriff des Derivats **20** 25
- Begriff nach Finanzmarktrichtlinie-UmsetzungsG **20** 23 f.
- Begriff nach Viertem Finanzmarktförderungs G **20** 19 ff.
- Kollisionsrecht **7** 88 ff.
- Schutz von Kapitalanlegern **7** 88
- verbotene Geschäfte **20** 28
- Verhältnis zum Spiel- und Wetteinwand **20** 27
- Vertragsstatut **7** 89 f.

Floating Rate Notes **27** 784

Fonds
- Begriff **1** 92; **5** 20, 345

Fonds für soziales Unternehmertum (EuSEF) **1** 88

Fördergebietsgesetz **16** 145 ff.

Fortsetzungsklausel
- Kündigung des Gesellschaftsverhältnisses **19** 110

Forwards and Futures
- Begriff **27** 732 f.
- Besteuerung **27** 734 ff.
- Devisentermingeschäfte **27** 737 ff.

Freiwillige Einlagensicherungsfonds **26** 70 ff.

Freiwillige Kapitalmarktinformation
- Haftung für fehlerhafte Information **6** 64 f.
- Haftung für Fehlerhaftigkeit **6** 64 f.

Fremdkapitalfonds **19** 5

Fremdkapital-Leverage **22** 53

Frontrunning **8** 45, 71

Funds-of-Funds-Struktur **22** 15

Funktionenschutz
- Anlegerentschädigung **26** 7
- Einlagensicherung **26** 7
- Insiderhandelsverbot **8** 8 ff.

Funktionsfähigkeit des Kapitalmarkts **1** 112

Garantenstellung
- Prospekthaftung **5** 68, 79 ff.

Garantie
- Kollisionsrecht **7** 100 f.
- mehrstufige Garantieverhältnissen **7** 100
- Übernahme durch Treuhänder **4** 412

Garantiefonds **22** 12

Garantiegemeinschaften **26** 13

Garantiehaftung **4** 330

Garantiespannen-Zertifikate **27** 783

Garantiestatut **7** 100 f.

Garantiezertifikate **27** 781

Gebrauchsüberlassung eines Schiffes **22** 30

Geheimhaltungsinteressen
- Veröffentlichung von Prospektinformationen **5** 64 ff.

Geldmarktfonds **1** 88; **22** 65

Geldmarktinstrumente
- Finanzinstrument **8** 30

*Geltl*-Entscheidung **1** 117

Gemeinschaftsfonds **26** 14

Gemischte Investmentvermögen **22** 56

Generalunternehmervertrag **4** 55 ff.

Genossenschaftlicher Hilfsfonds **26** 13

Genussrechte
- Abgrenzung Eigen-/Fremdkapital **27** 603 ff.
- Abgrenzung zur Stillen Beteiligung **18** 31 ff.
- Abgrenzung zur stillen Beteiligung **27** 612 f.
- Beteiligung am Gewinn **27** 605 ff.
- Beteiligung am Liquidationserlös **27** 608 ff.
- Gläubigerrechte **18** 31
- Passivierung **27** 619
- Qualifikation **27** 599 ff.

*Georgakis*-Entscheidung **1** 118

Geprägegesetz **16** 80 f.; **19** 168 ff.

Geprägerechtsprechung **16** 72 ff.

Gerichtsstand
- Deliktsgerichtsstand **25** 82 ff.
- kapitalmarktrechtlicher Gerichtsstand **25** 90
- Produkthaftungsansprüche nach WpPG **5** 203 ff., 237
- Prospekthaftung nach KAGB **5** 441
- Prospekthaftung nach VermAnlG **5** 277 f.
- Prospekthaftungsansprüche **5** 114 f.

magere Zahlen = Randnummern

## Sachverzeichnis

- Prospekthaftung nach KAGB **5** 417
- Verbrauchergerichtsstände **4** 70; **25** 89
- Vermögensgerichtsstand **25** 86 ff.
- Widerruf von Haustürgeschäften **4** 70 ff.
- bei Widerruf von Haustürgeschäften **4** 70 ff.
- Zweigniederlassung **25** 79 ff.

Gerichtsstandsvereinbarung
- Abschluss **25** 42 f.
- Bedeutung **25** 35 ff.
- Form **25** 42
- Kollisionsrecht **25** 38
- Sonderregelungen **25** 40
- Unzulässigkeit **25** 37
- Wirkungen **25** 39 ff.
- Zulässigkeit **25** 39 ff.

German Real Estate Investment Trust (G-REIT)
- Anwendbarkeit des InvStG **27** 492
- Ausschüttungen **27** 497 ff.
- Besteuerung **27** 492
- Exit Tax **27** 501 ff.
- Körperschaftsteuer **27** 58
- Rahmenbedingungen **27** 488
- steuerliche Behandlung des Anlegers **27** 497 ff.
- steuerliche Behandlung des G-REIT **27** 493 ff.
- Überblick **27** 484 ff.
- Veräußerung von Anteilen **27** 500

Geschäftsführung
- Publikums-GbR **19** 122 ff.
- Publikums-KG **17** 161 ff., 230

Geschlossene Fonds
- Anlagekonzept **27** 291 f.
- Immobilienfonds **16** 1 ff.; **27** 298 ff.
- Medienfonds **27** 357 ff.
- Personen-Investitionsgesellschaften **27** 295 ff.
- Private Equity Fonds **27** 392 ff.
- Schiffsfonds **27** 380 ff.
- steuerliche Aspekte **27** 293

Geschlossene Immobilienfonds
- Abgrenzung Vermögensverwaltung/Gewerbebetrieb **27** 301 ff.
- Abgrenzung zu offenen Immobilienfonds **16** 151
- Abgrenzung zum Hamburger Modell **16** 26
- allgemeine Aufklärungspflichten **16** 310 ff.
- allgemeine Entwicklungen **16** 208 ff.
- anlagegerechte Information **16** 315 ff.
- Anschaffungs-/Herstellungskosten **27** 308 ff., 317
- Ansprüche bei Schlechterfüllung der Beratung/Vermittlung **16** 330
- Ansprüche bei Täuschung **16** 393
- Aufklärungspflichten von Banken **16** 298 ff.
- Aufklärungspflichtverletzungen **16** 335 f.
- Bauherrenmodell-Rechtsprechung **16** 178 ff.
- Besorgung fremder Rechtsangelegenheiten **16** 425
- eigenverantwortliche Prüfung des Anlegers **16** 331
- Einkünfte aus Vermietung/Verpachtung **27** 302
- Ende der Steuerorientierung **16** 105 ff.
- Entwicklung **16** 149 ff.
- Erbschaftsteuer **27** 355 f.
- Erwerbereigenschaft **27** 310 ff.; **37** 313
- EU-Gemeinschaftsrecht **16** 434 ff.
- GbR-mbH **16** 386 ff.
- Gesamtaufwand **16** 213 ff.
- gesellschafterliche Aufklärungspflichten **16** 391 ff.
- Gewerbesteuer **27** 319
- gewerbliche Prägung **27** 305 f.
- gewerblicher Fonds **27** 301 ff., 350
- Gewinnerzielungsabsicht **16** 167 ff.
- Grunderwerbsteuer **27** 351 f.
- Haftung des Anlageberaters/-vermittlers **16** 426 ff.
- Haftungsbeschränkung **16** 386
- Hamburger-Modell **16** 155 ff.
- Handelsrechts-ReformGesetz **16** 390
- Haustürgeschäft **16** 371 ff.
- Herstellereigenschaft **16** 182 f.; **27** 310 ff., 316 ff.
- Informationspflicht der Anbieterseite **16** 315 ff.
- Informationsvorsprung **16** 392
- Innenprovisionen **16** 220 ff.
- Insolvenzfähigkeit **16** 285 ff.
- konkludenter Beratungsvertrag **16** 305
- Krisenmanagement **16** 288
- mittelbare Beteiligungen **16** 192 ff., 409 ff.
- Mittelverwendungstreuhänder **16** 398
- Negativberichterstattungen **16** 333
- ordnungsgemäße Prospektierung **16** 320
- Pflichten von Fonds-Treuhändern **16** 395 ff.
- privates Verlustzuweisungsmodell **16** 22
- Prospektangaben **16** 318 f.
- Prospekthaftung **16** 242 ff.
- Prospektprüfung **16** 324
- Prüfungspflichten **16** 310 ff.
- Publikums-GbR **16** 413 ff.
- Publikums-KG **16** 403 ff.
- RBerG – RDG **16** 425
- Rechtsform **27** 298
- Risikoverlagerung **16** 332
- Schein-KG **16** 390
- Schiedsgerichtsverfahren **16** 384
- steuerliche Behandlung der Anleger **27** 322 ff.
- steuerliche Behandlung des Fonds **27** 298 ff.
- steuerliche Einordnung **16** 152 ff.
- steuerliche Qualifikation **27** 301 ff.
- steuerliche Transparenz **27** 299
- Treuhänder-Pflichten **16** 395 ff.
- überhöhte Preise/Finanzierungen **16** 211 ff.
- Überschusserzielungsabsicht **16** 167 ff.

1431

# Sachverzeichnis

fette Zahlen = Paragraphen

- Überschuss-/Gewinnbesteuerung **27** 323 ff.
- im Umbruch **16** 385 ff.
- unmittelbare Beteiligungen **16** 403 ff., 413 ff.
- Unterbeteiligung **16** 409
- Veräußerung von Fondsanteilen **27** 346 ff.
- Verbraucherkredit **16** 362 ff.
- Verbraucherschutz **2** 10 f.; **16** 339 ff., 348 ff.
- verbundene Verträge **16** 362
- Verlustausgleich (§ 15a EStG) **16** 184 ff.
- Verlustbehandlung **27** 328 ff.
- Verluste bei Steuerstundungsmodellen **27** 333 ff.
- Verlustzuweisungsgesellschaft **27** 340
- vermögensverwaltende Tätigkeit **27** 301 ff., 348 f.
- vermutete Überschusserzielungsabsicht **16** 169
- Werbungskosten/Betriebsausgaben **27** 308 ff., 314 f., 318
- Wohnimmobilien-Fonds **16** 155 ff.
- Zunahme des Bankenvertriebs **16** 209

Geschlossene Investmentvermögen **22** 46
Geschlossener Publikums-AIF
- KAGB **5** 342
- Verkaufsprospekte **5** 336 ff.

Gesellschafterdarlehen
- Publikums-KG **17** 240 ff.

Gesellschaftereinlagen
- als gemeinsame Kapitalanlage **22** 13

Gesellschafterfremdfinanzierung **27** 284 f., 573 ff.

Gesellschafterversammlung
- Publikums-GbR **19** 132 ff.
- Publikums-KG **17** 207 ff.

Gesellschaftsrechtliche Treupflicht **15** 62
Gesellschaftsstatut **7** 69 ff.
Gesellschaftsvertrag
- Auslegung **17** 76 ff.
- Beurkundungsbedürftigkeit **17** 68
- Form **17** 60 ff.
- Inhaltskontrolle **1** 13; **17** 79 ff., 221 ff.; **19** 35
- Publikums-GbR **16** 414; **19** 34 ff., 138
- Publikums-KG **17** 60 ff.

Gesetz zur Vorbeugung gegen missbräuchliche Wertpapier- und Derivategeschäfte (WpMiVoG) **1** 107

Gesetzliche Verbote
- Insiderhandelsverbot **13** 37
- Unwirksamkeit des Kommissionauftrages **13** 36 ff.

Gewerbebetrieb
- geschlossene Immobilienfonds **27** 301 ff.

Gewerbebetriebseigenschaft
- geschlossene Immobilienfonds **17** 32
- Immobilien-KG **17** 31 ff.
- Publikums-KG **17** 24 ff.

Gewerbesteuer
- Anteile am Betriebsvermögen natürlicher Personen **27** 65
- Anteile am Betriebsvermögen von Körperschaften **27** 38 f., 51
- atypisch stille Gesellschaft **27** 555 ff.
- Emittenten **27** 621 ff.
- Immobilienfonds **27** 319 ff.
- Veräußerung einbringungsgeborener Anteile **27** 119
- Veräußerung von Anteilen **27** 51, 72

Gewerbliche Tätigkeit
- Abgrenzung zur Vermögensverwaltung **27** 405 ff.

Gewerblicher Grundstückshandel **27** 303 ff.
Gewillkürte Prozessstandschaft **25** 54
Gewinnbeteiligung
- Publikums-GbR **19** 95

Gewinnerzielung
- Publikums-KG **17** 24 ff.

Gewinnerzielungsabsicht
- Geschlossene Immobilienfonds **16** 167 ff.
- Publikums-GbR **19** 166
- Publikums-KG **17** 362
- Vermutung **16** 169

Gewinnkonto **17** 235
Gewinnmargen
- Aufklärungspflichten **13** 19 ff.

Gewinnschuldverschreibungen **27** 598, 619
Gewinnzusagen
- internationales Wettbewerbsrecht **7** 10

Girosammelverwahrung
- grenzüberschreitende Geschäfte **7** 55 ff.

Gleitzinsanleihen **27** 784
GmbH & Still
- Beteiligungsmöglichkeit **18** 63 ff.
- ertragsteuerliche Besonderheiten **27** 567 ff., 581 ff.
- Gesellschafterfremdfinanzierung **27** 284 f., 573 ff.
- Gestaltungsanforderungen **27** 563 ff.
- GmbH & atypisch Still **27** 581 ff.
- GmbH & typisch Still **27** 567 ff.
- Immobiliendevelopment & Still mit Beteiligung an Projekt-GmbH **18** 70 f.
- Immobiliendevelopment & Still mit Projektbeteiligung **18** 68 f.
- Mitunternehmerschaft **27** 581
- Sonderbetriebsvermögen des Stillen **27** 583
- steuerliche Motivation **27** 563 ff.
- Über-/Unterbewertung der Einlage **27** 570
- unangemessene Gewinnverteilung **27** 571
- verdeckte Gewinnausschüttungen **27** 567 ff., 582
- Zinsschranke **27** 577 ff., 586

Grauer Kapitalmarkt
- Anlegerschutzverbesserung **16** 455 ff.
- Entwicklung **5** 7
- fehlende gesetzliche Ordnung **1** 12
- manipulative Vorgänge **1** 20
- Schutzes der Kleinanleger **1** 84

magere Zahlen = Randnummern

- Überführung in organisierten Kapitalmarkt **1** 92
- Vorreiterrolle **1** 8 ff.

*Grøngaard und Bang*-Entscheidung **1** 118; **8** 128
Grünbuch **1** 55
Grundbuch
- Eintragungen bei Publikums-GbR **19** 149 ff.
- Unrichtigkeit **19** 149

Grundbuchtreuhänderschaft **19** 13
Grunderwerbsteuer
- geschlossene Immobilienfonds **27** 351 ff.
- steuerbegünstigte Kapitalanlagen **16** 94 ff.

Grunderwerbsteuerlicher „Zwischenerwerber" **16** 94
Grundsätze ordnungsgemäßer Vermögensverwaltung
- Beachtenspflicht **23** 63 ff.
- produktive Verwaltung **23** 64 f.
- Verbot der Spekulation **23** 68

Grundstücksbelastungen
- Anlagevermittlung **3** 71

Gründungstheorie **7** 70
Gütesigel-EuVECA **22** 42, 43

Haftung der Bank aus Treuhandschaft
- Aufklärungspflichten gegenüber Treugeber **4** 376 ff.
- fehlende Vollmacht **4** 419 ff.
- Pfandrecht am Treuhandkonto **4** 423 f.
- Prüfungspflichten des Treuhänders **4** 374 f.
- Treuhandformen **4** 369 ff.
- Treuhandpflichten **4** 373
- Vertragspflichten gegenüber Bank **4** 417 ff.
- Wahrung allgemeiner Treugeberinteressen **4** 388 ff.
- Wahrung finanzieller Treugeberinteressen **4** 396 ff.
- Wahrung steuerlicher Treugeberinteressen **4** 413 ff.
- *sa Treuhandschaft*

Haftung der kreditgebenden Bank
- Abgrenzung der Risikosphären **4** 299 ff.
- Abschreibungsgesellschaftsfinanzierung **4** 306
- allgemeine Pflichten **4** 267 ff.
- Aufklärungspflichten **4** 287 ff.
- Bank als Erfüllungsgehilfe **4** 341 ff.
- Bank als Projektbeteiligte **4** 309 ff.
- Beweiserleichterungen **4** 331 ff.
- aus culpa in contrahendo **4** 266
- Finanzierung von Bauherren-/Erwerber-Modellen **4** 307
- Hinweispflichten **4** 283
- institutionalisiertes Zusammenwirken **4** 293, 331 ff.
- Kauf vom Bauträger **4** 305
- Prüfungspflichten **4** 287 ff.
- rollenbedingte Verantwortlichkeit **4** 299 ff.
- schwerwiegender Interessenkonflikt **4** 326 f.

## Sachverzeichnis

- spezielle Gefährdung des Anlegers **4** 315 f.
- Überschreiten der Kreditgeberrolle **4** 308
- Überschreitung der Kreditgeberrolle **4** 310
- Überwachungspflichten **4** 280 ff.
- vorvertragliche Pflichtverletzungen **4** 266 ff.
- Wissensvorsprung **4** 317 ff.

Haftung der Vorstandsmitglieder
- für fehlerhafte Ad-hoc-Mitteilungen **6** 11 ff.
- für fehlerhafte freiwillige Kapitalmarktinformation **6** 64
- für fehlerhafte Regelpublizität **6** 59 ff.
- Innen- und Außenverhältnis **6** 7 ff.
- kapitalmarktrechtliche Fehlinformationen **6** 6 ff.
- für kapitalmarktrechtliche Fehlinformationen **6** 6
- Organaußenhaftung **6** 9 ff.
- Verantwortlichkeit im Innenverhältnis **6** 39

Haftung des Anlageberaters
- aus Auskunfts-/Beratungsvertrag **3** 100
- Beweislast **3** 107 ff.
- deliktische Haftung **3** 97 f.
- Freizeichnung **3** 136
- bei geschlossenen Immobilienfonds **16** 426 ff.
- Haftung des Vertretenen/Vertreters **3** 90 ff.
- Haftung gegenüber Dritten **3** 99 ff.
- Haftungsumfang **3** 112 ff.
- Kausalität **3** 113 ff.
- Mitverschulden **3** 119 ff.
- Rechtskraft **3** 156
- Regelverjährung **3** 141
- Repräsentantenhaftung **3** 92
- Schaden **3** 123 ff.
- Schadensminderungspflicht **3** 132
- wegen Schutzgesetzverletzungen **3** 97 f.
- Verjährung **3** 137 ff.
- Verschulden **3** 116 ff.
- Verschulden bei Vertragsabschluss **3** 87 ff.
- bei Vertrag mit Schutzwirkung für Dritte **3** 101 ff.
- vertragliche Haftung **3** 86
- Verwirkung **3** 153 ff.
- Vorteilsausgleich **3** 133 ff.
- Warn- und Nebenpflichtverletzungen **3** 87 ff.

Haftung des Anlagevermittlers
- aus Auskunfts-/Beratungsvertrag **3** 100
- Beweislast **3** 107 ff.
- deliktische Haftung **3** 97 f.
- Freizeichnung **3** 136
- bei geschlossenen Immobilienfonds **16** 426 ff.
- Haftung des Vertretenen/Vertreters **3** 90 ff.
- Haftung gegenüber Dritten **3** 99 ff.
- Haftungsumfang **3** 112 ff.
- Kausalität **3** 113 ff.
- Mitverschulden **3** 119 ff.
- Rechtskraft **3** 156
- Regelverjährung **3** 141
- Repräsentantenhaftung **3** 92

1433

# Sachverzeichnis
fette Zahlen = Paragraphen

- Schaden **3** 123 ff.
- Schadensminderungspflicht **3** 132
- wegen Schutzgesetzverletzungen **3** 97 f.
- Verjährung **3** 137 ff.
- Verschulden **3** 116 ff.
- Verschulden bei Vertragsabschluss **3** 87 ff.
- bei Vertrag mit Schutzwirkung für Dritte **3** 101 ff.
- vertragliche Haftung **3** 86
- Verwirkung **3** 153 ff.
- Vorteilsausgleich **3** 133 ff.
- Warn- und Nebenpflichtverletzungen **3** 87 ff.

Haftung des Anlegers **4** 41 ff.
Haftung des Emittenten
- aus deliktischer Verantwortlichkeit **6** 57
- für fehlerhafte Ad-hoc-Mitteilungen **6** 40 ff.
- für fehlerhafte freiwillige Kapitalmarktinformation **6** 65
- für fehlerhafte Regelpublizität **6** 63
- für kapitalmarktrechtliche Fehlinformationen **6** 6

Haftung des Kommanditisten
- Publikums-KG **17** 242 ff.
- Treuhandkommanditist **17** 295 ff.

Haftung des Vermögensverwalters
- Anspruchsgegner **23** 96 f.
- Anspruchsgrundlagen **23** 94 f.
- entgangener Gewinn **23** 115 f.
- Mitverschulden **23** 106 ff.
- negatives Interesse **23** 110
- Pflichtverletzung **23** 98 ff.
- positives Interesse **23** 111
- Regelverjährung **23** 119 ff.
- Saldierung von Vor- und Nachteilen **23** 112 ff.
- Schaden **23** 109 ff.
- Sonderverjährung **23** 118
- Verjährung **23** 118 f.
- verletztes Interesse **23** 109 ff.
- Verschulden **23** 103 ff.

Haftung für fehlerhafte Ad hoc-Publizität
- aus bürgerlichrechtlicher Prospekthaftung **6** 38
- deliktische Verantwortlichkeit **6** 57 f.
- Haftung der Organmitglieder **6** 11 ff.
- Haftung des Emittenten **6** 40 ff.
- aus Schutzgesetzverletzung **6** 12 ff., 57
- Verantwortlichkeit im Innenverhältnis **6** 39
- aus vorsätzlicher sittenwidriger Schädigung **6** 19 ff., 57
- aus WpHG **6** 40 ff.

Haftung für fehlerhafte freiwillige Kapitalmarktinformation
- Haftung der Organmitglieder **6** 64
- Haftung des Emittenten **6** 65

Haftung für fehlerhafte Regelpublizität
- fehlerhafte Entsprechenserklärung **6** 62
- fehlerhafte Finanzberichte **6** 61
- fehlerhafter Jahresabschluss **6** 60
- Haftung der Organmitglieder **6** 59 ff.
- Haftung des Emittenten **6** 63

Halbeinkünfteverfahren **27** 62
Hamburger Modell
- Abgrenzung zum geschlossenem Immobilienfonds **16** 26
- Bauherrenmodell **16** 22
- Charakteristik **16** 25
- Gewerblichkeit **16** 161
- steuerliche Unsicherheit **16** 160 ff.
- Überschusserzielungsabsicht **16** 157

Hamburger-Modell
- Wohnimmobilienfonds **16** 155 ff.

*Hamilton*-Rechtssache **4** 105
Handelsrechts-Reform-Gesetz **16** 390
Haustürgeschäfte
- Anscheinsbeweis **4** 77
- Arbeitsplatz des Verbrauchers **4** 97
- Aufhebungsvertrag **4** 87
- Ausschlusstatbestände **4** 89, 102 f.
- Bauvertrag **4** 87
- beteiligungsfinanzierter Fondsbeitritt **16** 371 ff.
- Beweislast für Vertragsanbahnung **4** 77
- Deutlichkeitsgebot **4** 115
- eheliche Wohnung **4** 97
- Fondsbeitritt **16** 371 ff.
- Gaststättenbesuch **4** 97
- Gegenstand **4** 79
- Gerichtsstand **4** 70 ff.
- Geschlossene Immobilienfonds **16** 371 ff.
- Gesellschaftsbeitritt **4** 79 f.
- *Heininger*-Urteil **4** 89
- Maßgeblichkeit des Vertreters **4** 94
- Mitursächlichkeit der Haustürsituation **4** 95
- Nachweis der Haustürsituation **4** 77 f.
- Nachweis der Kausalität für Vertragsabschluss **4** 77 f.
- notarielle Beurkundung **4** 103
- ordnungsgemäße Belehrung **4** 112 ff.
- Privatwohnung des Unternehmers **4** 97
- Privatwohnung des Verbrauchers **4** 96 f.
- Sicherheitenbestellungen **4** 81
- situationsbedingte Erfordernisse **4** 95 ff.
- telefonische Kontaktaufnahme **4** 97
- Ursächlichkeit **4** 98 f.
- Verhältnis zum Verbraucherkreditrecht **4** 88 ff.
- vorhergehende Bestellung **4** 102
- werbemäßige Ansprechen eines Kunden **4** 96
- Widerruf **4** 70 ff.; **16** 376 ff.
- Zurechenbarkeit **4** 100 f.

Haustürgeschäfte-Richtlinie **4** 83
Hedgefonds **22** 59
Hedginggeschäfte **8** 99; **9** 12
Herausgabepflicht
- Vermögensverwaltung **23** 81

Herstatt-Bank **26** 15
Heuschrecken-Investoren **1** 26

magere Zahlen = Randnummern

**Sachverzeichnis**

Hinauskündigungsklauseln **17** 122 ff.; **19** 112
Hintermänner
– Prospekthaftung **5** 68, 76 ff.
Hinweispflichten
– Abzahlungskauf **4** 283
– der Bank als Kreditgeber **4** 283
Hinzurechnungsbesteuerung
– aktive Tätigkeiten **27** 139
– Anwendungsvoraussetzungen **27** 135 ff.
– ausländische Gesellschaft **27** 136
– ausländische Zwischengesellschaft **27** 137
– Besteuerung der Anteilseigner **27** 141 f.
– persönliche Voraussetzungen **27** 135
– sachliche Voraussetzungen **27** 136 ff.
– Überblick **27** 133 f.
– Zwischeneinkünfte **27** 137
Hochfrequenzhandel
– Risiken **1** 111
Holdinggesellschaften
– Definition des KAGB **22** 35
Honorar-Anlageberaterregister **1** 123
Honorar-Anlageberatung **1** 123; **13** 9
Hybride Finanzierungsinstrumente
– Abgeltungsteuer **27** 647 ff.
– Alleinerwerbstheorie **27** 637 f.
– Anschaffungskosten **27** 632 ff.
– Ausgabe **27** 614 ff.
– ausländischer Anleger **27** 686 ff.
– Ausübung von Wandlungs-/Optionsrechten **27** 627 ff., 652 ff.
– betriebliche Anleger **27** 632 ff.
– Betriebsausgaben **27** 620
– Doppelerwerbstheorie **27** 634 ff.
– Genussrechte **27** 599 ff., 619
– Gewerbesteuer **27** 621 ff.
– Gewinnschuldverschreibung **27** 598, 619 ff.
– Grundlagen **27** 587 ff.
– Kapitalertragsteuer **27** 623 ff.
– laufende Einkünfte **27** 641 ff.
– laufende Vergütungen **27** 469 ff., 620 ff., 686 ff.
– Mitarbeiterbeteiligungen **27** 692 ff.
– Privatanleger **27** 647 ff.
– Rechtsformen **27** 591 ff.
– steuerliche Behandlung beim Anleger **27** 631 ff.
– steuerliche Behandlung beim Emittenten **27** 614 ff.
– Veräußerung der Basiswerte **27** 646, 675 ff.
– Veräußerungsgeschäfte **27** 645 ff.
– Veräußerungsgewinne **27** 690 f.
– Wandelschuldverschreibung **27** 593 ff., 614 ff.
– zivilrechtliche Einordnung **27** 588
– Zwischenveräußerung **27** 659 ff.

*IKB*-Urteil **6** 30
Immobilienaktiengesellschaften
– und Investmentvermögen **22** 29

Immobilienanlagen
– Aufklärungspflichten bei Anlageberatung **3** 45 ff.
– Aufklärungspflichten bei Anlagevermittlung **3** 71 f.
– Grundstücksbelastung **3** 71
– internationale Geschäfte **7** 64 ff.
– Kollisionsrecht **7** 64 ff.
– Prüfungspflicht der Bank **4** 287 ff.
– steuersparende Anlagen **4** 287 ff.
– Vertragswerk **4** 51 f.
– Wohnfläche **3** 72
Immobilienanlagenfinanzierung
– Anlagerisiken **4** 66 ff.
– Anlegerfinanzierung **4** 18 ff.
– Bank als Kreditgeber **4** 36
– bankinterne Kreditprüfung **4** 20
– Beleihungswert **4** 26 ff.
– Beurteilung ausführender Firmen **4** 16 f.
– Beurteilung der Baumaßnahme **4** 12 ff.
– Beurteilung des Initiators/Bauträgers **4** 7 ff.
– Bewertung der Bonität des Darlehensnehmers **4** 31 ff.
– Bewertung des Objektes **4** 31 ff.
– Eigenkapitalfinanzierung **4** 24 f., 54
– Finanzierungsberatung **4** 20
– Investitionsrechnung **4** 16 f.
– Marktfähigkeit eines Objekts **4** 14
– Risiken der finanzierenden Bank **4** 69 ff.
– Risiken des Anlegers **4** 41 ff.
– Standort **4** 14
– steuerliche Auswirkungen **4** 22 f., 65
– Überschreiten der Realkreditgrenze **4** 19
– Verkehrswert **4** 29 f.
– Wirtschaftlichkeit des Objekts **4** 65 ff.
– *sa Finanzierung von Kapitalanlagen*
Immobilien-Anleihen **16** 487 ff.
Immobiliendevelopment **16** 205
Immobiliendevelopment & Still
– mit Beteiligung an Projekt-GmbH **18** 70 f.
– mit Projektbeteiligung **18** 68 f.
Immobilienfonds
– allgemeine Prüfungs- und Aufklärungspflichten **16** 310 ff.
– Anteilsvermittlung **3** 73
– Aufklärungspflichten von Banken **16** 298 ff.
– Beteiligung als unternehmerische Betätigung **4** 63 f.
– Entwicklung **1** 11
– *sa Geschlossene Immobilienfonds*
Immobilien-Leasingfonds **16** 204
Immobilienservice **4** 286
Improper Matched Orders **10** 46, 114
Indexfonds **22** 65
*Infomatec*-Entscheidungen **5** 35; **6** 1, 11
Informationsbeschaffungspflicht
– Anlageberatung, -vermittlung **3** 36

1435

# Sachverzeichnis

fette Zahlen = Paragraphen

Informationspflichten
- bei Anlageberatung **3** 15 ff.
- bei Anlagevermittlung **3** 30 ff.
- Kommissionsgeschäft **13** 1 ff.
- Vermögensverwaltung **23** 34 f., 78 ff.
- bei Vermögensverwaltung **23** 28 ff.

Inhaltskontrolle
- Gesellschaftsvertrag **19** 35
- Gesellschaftsverträge **1** 13; **17** 82 ff., 221 ff.
- Rechtswahlklauseln **7** 34

Initiatorenfinanzierung
- Bilanz **4** 7 ff.
- neue Bauvorhaben **4** 10
- objektbezogene Leistungsbilanz **4** 9
- Vermarktung/Vertrieb **4** 11

Innenprovisionen
- Abgrenzung zu Rückvergütungen **16** 222
- Aufklärungspflicht **3** 26, 33; **16** 223 ff.
- prospektive Ausweispflicht **16** 235 ff.
- Transparenzgebot zur Offenlegung **16** 220

Insiderfalle **8** 115

Insiderhandels-Richtlinien **8** 2

Insiderhandelsverbot
- abstraktes Gefährdungsdelikt **8** 13
- Änderungen **1** 42
- Anlegerschutz **8** 7
- CRIM-MAD **8** 6
- Empfehlungs- und Verleitungsverbot **8** 143 ff.
- Entstehungsgeschichte **8** 1 ff.
- EuGH-Entscheidungen **1** 116
- europarechtliche Grundlagen **8** 1 ff., 3
- Frontrunning **8** 45, 71
- Funktionenschutz **8** 8
- gesetzliches Verbot **8** 1; **13** 37
- Insidergeschäfte **8** 74 ff.
- Insiderinformation **8** 37 ff.
- Insiderpapiere **8** 18 ff.
- Insiderüberwachung **8** 172 ff.
- leichtfertiges Handeln **8** 5, 110, 140, 151, 154
- Marktdelikt **8** 7
- Marktmissbrauchs-Verordnung (MAR) **8** 6
- Primärinsider **8** 5, 14
- Regelungsansatz **8** 7 ff.
- Safe-Harbour-Regelung **8** 15
- Sanktionen **8** 153 ff.
- Scalping **8** 43, 45
- Schutzgesetzcharakter **8** 162
- Schutzzweck **8** 7 ff.
- Securities Exchange Act **8** 1
- Segré-Bericht **8** 3
- Sekundärinsider **8** 5, 14
- Sicherstellung der Chancengleichheit **8** 12
- strafrechtliche Sanktionen **8** 11, 153 ff.
- Umstandssittenwidrigkeit **8** 160
- Verbotsgesetzcharakter **8** 160
- Verfall **8** 155
- Verfolgung von Insiderstraftaten **8** 166 ff.
- Verhütungsmaßnahmen **8** 176 ff.

- Versuchsstrafbarkeit **8** 5, 111, 141 f., 152
- verwaltungsrechtliche Sanktionen **8** 157 ff.
- Verwendungsverbot **8** 13, 75 ff.
- vorsätzliches Handeln **8** 109, 138 f., 149 f., 153
- Weitergabeverbot **8** 112 ff.
- zivilrechtliche Folgen **8** 160 ff.

Insiderinformation
- Absichten, Pläne, Vorhaben **8** 47
- allgemeine Marktinformationen **8** 39
- äußere Tatsachen **8** 47
- Äußerungen von Organmitgliedern **8** 49
- Bagatellfälle **8** 63
- befugte Weitergabe **8** 129 ff.
- Bereichsöffentlichkeit **8** 56
- Drittbezug **8** 43 ff.
- Edelmetall- oder Warenderivate **8** 72
- Eignung zur Kursbeeinflussung **8** 63 ff.
- Emittentenbezug **8** 61
- Empfehlungen, Ratschläge, Tipps **8** 53
- Empfehlungs- und Verleitungsverbot **8** 143
- Erheblichkeit der Kursbeeinlussung **8** 65 f.
- Erheblichkeitsfeststellung **8** 67 ff.
- Frontrunning **8** 71
- Gerüchte **8** 54
- Haftung für fehlerhafte Ad hoc-Publizität **6** 40 ff.
- Information **8** 37 ff.
- innere Tatsachen **8** 47
- Insiderpapierbezug **8** 61 f.
- konkrete Information **8** 38 ff.
- künftige Umstände/Ereignisse **8** 40 ff., 70
- Marktinformationen **8** 62
- mehrstufige Entscheidungsprozesse **8** 52
- nicht öffentlich bekannt **8** 55 ff.
- Probability-Magnitude-Test **8** 70
- Prognosen **8** 52
- Regelbeispiele **8** 71 f.
- restricted-list **8** 186
- Tatsachen **8** 47
- Unmaßgeblichkeit der Informationsquelle **8** 59
- Unternehmensbewertungen **8** 50 f.
- unternehmensinterne Geschehniss **8** 60
- Verwendungsverbot **8** 74 ff.
- Weitergabeverbot **8** 112 ff.
- Werturteile, Ansichten, Meinungen **8** 48

Insiderpapiere
- Aktien **8** 27
- Ausführungart des Geschäfts **8** 24
- bevorstehende Zulassung **8** 23
- Derivate **8** 21, 31 ff.
- erfasste Finanzinstrumente **8** 25 ff.
- erfasste Märkte **8** 18 ff.
- Geldmarktinstrumente **8** 30
- inländische Märkte **8** 19
- Märkte in EU/EWR **8** 20
- Schuldtitel **8** 28

magere Zahlen = Randnummern

## Sachverzeichnis

- Vermögensanlagen **8** 36
- Wertpapiere **8** 26 ff.
- Zeichnungsrechte auf Wertpapiere **8** 35

Insider-Richtlinie **8** 4

Insiderstraftaten
- Anzeigepflichten **8** 171
- Aufbewahrung von Verbindungsdaten **8** 174
- Aufgaben der BaFin **8** 166
- internationale Zusammenarbeit **8** 175
- Meldepflichten **8** 167 ff.
- Verfolgung **8** 166 ff.
- Vorbeugung **8** 176 ff.

Insiderüberwachung
- Aufzeichnungspflichten **8** 172 f.
- Auskunftspflichten **8** 172 f.
- Bedeutung für Unternehmen **8** 16 f.
- Duldungspflichten **8** 172 f.
- Vorlagepflichten **8** 172 f.

Insiderverzeichnisse **8** 5, 179

Insolvenzfähigkeit
- geschlossener (Immobilien-)Fonds **16** 285 ff.

Insolvenzrisiko **26** 3 ff.

Insolvenzvorrechte
- Alternative zu Einlagensicherung **26** 22

Institutionalisiertes Zusammenwirken
- Beweiserleichterungen **4** 331 ff.
- Kreditfinanzierung **4** 293, 331 ff.
- ständige Geschäftsbeziehungen **4** 335 ff.
- Vorliegen **4** 335 ff.

Institutionelle Investoren
- Begriff **1** 26

Institutssicherung **26** 48, 49

Integration der Kapitalmärkte **1** 51; **26** 30

Integrierte Finanzdienstleistungsaufsicht **1** 38, 127

Interessenkonflikte
- Offenlegungspflicht **10** 22

Interessenwahrungspflicht
- Vermögensverwaltung **23** 71 ff.

Intermediäre **1** 125 ff.

International Overseas Services (IOS) **1** 10 f.

Internationale Zuständigkeit
- Anlegerprozess **25** 76

Internationales Kapitalanlagerecht
- Devisenvorschriften **7** 40 f.
- Form von Kapitalanlagegeschäften **7** 42 ff.
- Geschäftsrecht **7** 42
- gewöhnlicher Aufenthalt **7** 29
- Grenzen der Rechtswahlfreiheit **7** 36 ff.
- bei Inlandsgeschäften **7** 37 f.
- Ortsrecht **7** 42 ff.
- Parteiautonomie **7** 27 ff.
- Rechtswahlklauseln **7** 31 ff.
- Verbraucherverträgen **7** 35
- Wirkungsstatut **7** 42 ff.

Internationales Währungsrecht **7** 40 f.

Internationales Wettbewerbsrecht
- Gewinnzusagen **7** 10
- Werbemaßnahmen aus Ausland **7** 5 f.

- Werbung durch e-commerce **7** 8 f.
- Werbung durch inländische Repräsentanten **7** 7
- bei Werbung in Presseerzeugnissen **7** 3 f.

Investitionsrechnung **4** 16 f.

Investmentaktiengesellschaft
- mit veränderlichem Kapital **22** 47

Investmentanteile
- Anlageform für kleine/mittlere Kapitalanleger **27** 143
- Anteilsscheine **8** 29
- Besteuerung **27** 143 ff.

Investmentaufsicht **27** 158 ff.

Investmentclub **5** 355; **22** 19

Investmentfonds
- AIF **1** 90; **22** 5; **27** 144
- Änderung der Anlagebedingungen **27** 170
- Anlegerbesteuerung **27** 205 ff.
- ausländische Einkünfte **27** 233 ff.
- Ausschüttungsreihenfolge **27** 203 f.
- Bekanntmachung der Besteuerungsgrundlagen **27** 258 ff.
- Besteuerung der Anleger **27** 206 ff.
- Besteuerung von Investmentvermögen **27** 147 ff.
- Dach-Investmentfonds **27** 277 ff.
- Dokumentation in Anlagebedingungen **27** 168
- Ermittlungen der Einkünfte **27** 184 ff.
- europäische Regulierung **1** 88 ff.
- fehlende Bekanntgabe steuerbelastender Tatsachen **27** 272 ff.
- fehlende Bekanntgabe steuerentlastender Tatsachen **27** 276
- Fonds-Besteuerung **27** 181 ff.
- Geschäftätigkeit der Verwalter **22** 3
- geschlossene Fonds **27** 291 ff.
- KAGB als Regelwerk **22** 2
- Kollektivanlage **22** 1, 6
- Kreditaufnahme **27** 167
- liquiditätsbezogene Beteiligungsgrenzen **27** 164
- Nichteinhaltung der Voraussetzungen nach InvStG **27** 170
- offene Investmentkommanditgesellschaft **27** 172 ff.
- OGAW **1** 89; **22** 5; **27** 144
- passive Vermögensverwaltung **27** 160
- Personen-Investitionsgesellschaften **27** 291 ff.
- Risikomischung **27** 161
- Rückgaberecht der Anteile **27** 159
- selbständiger steuerlicher Begriff **27** 157 ff.
- Steuerabzug vom Kapitalertrag **27** 194 ff.
- Steuerbefreiung **27** 181 ff.
- Streubesitzbeteiligungen **27** 165
- taugliche Vermögensgegenstände **27** 162
- Typen **1** 88

1437

# Sachverzeichnis

fette Zahlen = Paragraphen

- Umwandlung einer Investitionsgesellschaft **27** 171
- Verlustbehandlung **27** 190 ff.
- Werbungskosten **27** 187 ff.
- sa Investmentvermögen

Investmentgeschäft
- Anlegerschutz **22** 114 ff.
- Anwendungsbeschränkungen nach KAGB **22** 33, 39 ff.
- Arten von Anlegern **22** 72 ff.
- Arten von Investmentvermögen **22** 44 ff.
- Bereichsausnahmen nach KAGB **22** 33, 35 ff.
- Definition nach KAGB **22** 1 ff.
- Erlaubnisbedürftigkeit **22** 3, 33
- internationale Geschäfte **7** 60 ff.
- Investmentvermögen **22** 7 ff.
- Kapitalverwaltungsgesellschaft **22** 78 ff.
- durch Kapitalverwaltungsgesellschaften **22** 78 ff.
- Kategorien von Investmentvermögen **22** 64 ff.
- Kollektivanlage **22** 1
- Kollisionsrecht **7** 60 ff.
- Privatanleger **22** 77
- professionelle Anleger **22** 74
- Reformmaßnahmen **1** 32, 40
- Registrierung **22** 3
- Registrierungspflicht **22** 33
- semiprofessionelle Anleger **22** 75 f.
- Typen von Investmentvermögen **22** 51 ff.
- Verkaufsunterlagen **22** 115 ff.
- Verwahrstelle **22** 90 ff.
- Vorgaben für Anlageberatung **22** 135 f.
- Widerrufsrecht des Anlegers **22** 120 ff.
- zulässige Formen **22** 2

Investmentkommanditgesellschaft **22** 47
Investmentmodernisierungsgesetz **1** 40
Investmentsparen
- Anlageform **1** 10

Investmentsteuergesetz (InvStG)
- Aktiengewinn **27** 247 ff., 285
- Änderung der Anlagebedingungen **27** 170
- Änderung der Besteuerung **27** 169 ff.
- Anerkennung als Investmentfonds **27** 169 ff.
- Anlegerbesteuerung **27** 205 ff.
- ausländische Einkünfte **27** 233 ff.
- Ausnahmen nach KAGB **27** 150
- Ausschüttungsreihenfolge **27** 203 f.
- Bekanntmachung der Besteuerungsgrundlagen **27** 258 ff.
- Dach-Investmentfonds **27** 277 ff.
- Einkünfteermittlung **27** 184 ff.
- fehlende Bekanntgabe steuerbelastender Tatsachen **27** 272 ff.
- fehlende Bekanntgabe steuerentlastender Tatsachen **27** 276
- Fonds-Besteuerung **27** 181 ff.
- Kapitalertragsteuer **27** 200 f.
- laufende Besteuerung der Anleger **27** 206 ff.

- Nichteinhaltung der Voraussetzungen nach InvStG **27** 170
- Pauschalbesteuerung **27** 281 ff.
- Rechtsfolgendifferenzierung **27** 151 ff.
- sachlicher Anwendungsbereich **27** 147 ff.
- Steuerabzug vom Kapitalertrag **27** 194 ff.
- steuerbefreites Zweckvermögen **27** 181 ff.
- steuerlicher Investmentfonds-Begriff **27** 157 ff.
- Veräußerung von Investmentanteilen **27** 238 ff.
- Verlustbehandlung **27** 190 ff.
- Verlustverrechnung **27** 287 ff.
- Werbungskosten **27** 187 ff.
- zeitlicher Anwendungsbereich **27** 175 ff.
- Zinsabschlag **27** 195 ff.

Investmentvermögen
- Anlagehorizont **22** 70
- Anlagestrategien **22** 66 ff.
- Anteile **1** 105 f.
- Anteilklassen **22** 49
- Anwendungs- und Abgrenzungsfragen **5** 367
- Anwendungsbereich des KAGB **5** 344 ff.; **22** 7 ff.
- Anzahl von Anlegern **5** 356 ff.; **22** 14 ff.
- Arten **22** 44 ff.
- Ausnahmen nach KAGB **5** 369 ff.
- Begriff **1** 106; **5** 344 ff.
- Besteuerung nach InvStG **27** 147 ff.
- Dachfonds **22** 65
- Einsammeln von Kapital **5** 353 ff.; **22** 16 ff.
- Einwerben **22** 16
- Ertragsverwendung **22** 71
- EU-Investmentvermögen **22** 63
- Feeder- und Master-Investmentvermögen **22** 62
- festgelegte Anlagestrategie **5** 359 ff.; **22** 21 ff.
- Finanzsektorzuordnung **22** 26
- Fondskategorien im engeren Sinn **22** 64
- Geldmarktfonds **22** 65
- gemischte Investmentvermögen **22** 55 ff.
- geschlossene Investmentvermögen **22** 46
- Indexfonds **22** 65
- inländische Investmentvermögen **22** 63
- Investition zum Nutzen der Anleger **22** 24 f.
- Investmentaktiengesellschaft mit veränderlichem Kapital **22** 47
- Investmentkommanditgesellschaft **22** 47
- Irreführungsverbot **22** 64 ff.
- Kategorien **22** 64 ff.
- kollektiver Vermögensverwaltung **22** 6
- Legaldefinition **22** 7 ff.
- Masterfonds **22** 62
- Merkmale **5** 347 ff.
- Negativkriterium **22** 26 ff.
- Nutzen der Anleger **5** 363 f.
- offene Investmentvermögen **22** 46
- OGA **22** 8 ff.
- OGAW **5** 348 ff.; **22** 8 ff., 51 ff.

magere Zahlen = Randnummern

# Sachverzeichnis

– operativ tätiges Unternehmen außerhalb Finanzsektor **5** 365 f.
– Organisationsformen **22** 47 ff.
– Publikums-AIF **22** 55 ff.
– Publikumsinvestmentvermögen **22** 45
– Rechtsfolgendifferenzierung nach InvStG **27** 151 ff.
– REITG **22** 23
– Sondervermögen **22** 47
– Spezial-AIF **22** 45, 58 ff.
– Stehenlassen von Kapital **22** 16
– strukturelle Unterscheidung **22** 44
– Teilinvestmentvermögen **22** 49
– Teilsondervermögen **22** 50
– Typen **22** 51 ff.
– Überbegriff für alle Fonds **5** 348
– Umbrella-Konstruktion **22** 49
– Unterscheidungskriterien **22** 66 ff.
– Verwaltung **22** 6, 79
Investmentvertrieb
– Anzeigeverfahren **22** 108 ff.
– Einschränkung des Vertriebsbegriffes **22** 107
– Negativkatalog **22** 106
– Rahmenbedingungen **22** 101
– Vertrieb von AIF **22** 110 ff.
– Vertrieb von OGAW **22** 109
– Vertriebsanzeigen **22** 108 ff.
– Vertriebsbegriff **22** 101, 102 ff.
– Vertriebswege **22** 100
IRR-Rendite **3** 23

Jahresabschluss
– Haftung für Fehlerhaftigkeit **6** 60 ff.
Jahresberichte
– Haftung für fehlerhafte Jahresberichte **22** 87
Joint Venture
– KAGB **22** 38
Joint Venture-Vereinbarungen **22** 10, 16, 38

KapAEG
– Reformmaßnahme **1** 34
Kapitalanlagebetrug
– abstraktes Gefährdungsdelikt **11** 17
– Anteile an Abschreibungsgesellschaften **11** 27
– Auslandstaten **11** 63
– Auslegungshilfe **11** 44
– Aussagen zu Steuervorteilen **11** 36
– Bedeutung im Anlegerschutz **11** 1
– Beschränkung auf bloße Täuschung **11** 3, 17
– Beweisschwierigkeiten **11** 3
– Bezugsrechte **11** 26
– Darstellungen **11** 51
– Deliktsstatut **7** 26
– echtes Unterlassungsdelikt **11** 38
– Entstehungsgeschichte **11** 6 ff.
– Erheblichkeit der Angaben/Tatsachen **11** 39 ff.
– erhobene Bedenken **11** 14

– geschütztes Rechtsgut **11** 19, 21 ff.
– gewerbliche Beteiligungen **11** 27 f.
– größerer Kreis von Personen **11** 55
– Gründungsschwindel **11** 9
– hypothetische Kausalität **11** 41
– Institutionenschutz **11** 22
– Kompensationsverbot **11** 46 ff.
– Konkurrenzen **11** 61
– Mietpool **11** 30
– partiarisches Darlehen **11** 28
– praktische Bedeutung **11** 4
– Prognosen **11** 34 ff.
– Prospekte **11** 51
– Regelungstechnik **11** 20
– sachlicher Anwendungsbereich **11** 24 ff.
– Schutz der Funktionsfähigkeit des Kapitalmarktes **11** 19, 22
– Schutzgutcharakter **6** 18; **11** 5, 65
– strafprozessuale Auswirkungen **11** 64
– Tatbestandsstruktur **11** 17
– Täter **11** 56 ff.
– Tathandlung **11** 33 ff.
– tätige Reue **11** 60
– Täuschung einer Vielzahl von Anlegern **11** 49 ff.
– Treuhandbeteiligungen **11** 31
– unrichtige vorteilhafte Angaben **11** 34 ff.
– Unzulänglichkeit des bis dato geltenden Rechts **11** 2 f.
– Verjährung **11** 62, 65
– Vermögensschutz **11** 19
– Vermögensschutz **11** 21 ff.
– Vermögensübersichten **11** 52
– Verschweigen nachteiliger Tatsachen **11** 38
– Vorsatz **11** 59
– Vorteilhaftigkeit **11** 37
– Wertpapiere **11** 25
– Werturteile **11** 35
– zivilrechtliche Auswirkungen **11** 65
– Zusammenhang mit Vertrieb **11** 53
Kapitalanlagegesetzbuch
– Anlegerschutz **22** 114 ff.
– Verkaufsunterlagen **22** 115 ff.
– Widerrufsrecht des Anlegers **22** 120 ff.
Kapitalanlagegesetzbuch (KAGB)
– angeglichenes Recht **5** 332
– Anlegerkategorien **22** 72 ff.
– Anwendungsbereich **1** 106; **5** 20
– Anwendungsbeschränkungen **22** 33, 39 ff.
– Arbeitnehmerbeteiligungssysteme **22** 37
– Arbeitnehmersparpläne **22** 37
– Bereichsausnahmen **22** 33, 35 ff.
– Ergänzungs- und Sonderregelungen **22** 4
– Europäische Fonds für soziales Unternehmertum **22** 43
– Europäische Risikokapitalfonds **22** 42
– Geschäftstätigkeit der Investmentfondsverwalter **22** 3

1439

# Sachverzeichnis

fette Zahlen = Paragraphen

- geschlossene AIF **16** 495 ff.
- Haftung bei fehlendem Verkaufsprospekt **5** 325 f., 442 ff.
- Haftung bei fehlerhaften Informationen beim Vertrieb von AIF **5** 328 ff.
- Haftung für fehlerhafte Verkaufsprospekte **5** 320 ff., 336 ff.; **22** 128 ff.
- Haftung für wesentliche Anlegerinformationen **5** 327, 418 ff.; **22** 131
- Holdinggesellschaften **22** 35
- kleine AIF **22** 39 ff.
- Konzernunternehmen **22** 38
- Legaldefinition Investmentvermögen **22** 7 ff.
- Normentwicklung **1** 105; **5** 6, 19, 320 ff.
- Organisationsformen offener Investmentvermögen **22** 47 ff.
- professionelle Anleger **22** 74
- Prospekthaftung **22** 126 ff.
- Rechtsanwendung **5** 332 ff.
- Rechtsquellen **5** 332; **16** 492 ff.
- Regelungsgegenstand **22** 3
- Regelungsinhalt **22** 2
- Regelwerk für Investmentfondsmanager/Investmentfonds **22** 2
- richtlinienkonforme Auslegung **5** 333 ff.
- Rücknahmepflicht **22** 46
- Schutzbedürftigkeitsgrad der Anleger **22** 73
- Spezial-AIF **16** 502
- Übergangszeit **16** 501
- Venture Capital **22** 42
- Verbriefungszweckgesellschaften **22** 36
- Verkaufsunterlagen **22** 115 ff.
- Vorgaben für Anlageberatung **22** 135 f.
- Widerrufsrecht des Anlegers **22** 120 ff.

Kapitalanlageprospekt
- gründungsrechtliche Publizität **19** 42

Kapitalanlagerecht
- Entwicklung **1** 4 ff.
- europäische Rechtsentwicklung **1** 4
- Gegenstand **1** 1 ff.
- Geschichte **1** 4 ff.
- Krisenentfaltung **1** 4
- Rechtsgrundlagen **1** 2
- Regelungsfelder **1** 3
- Sammelbezeichnung **1** 1

Kapitalanleger-Musterverfahren (KapMuG)
- Anknüpfungsgegenstand **25** 60
- Anwendungsbereich **25** 59, 66
- Einführung **16** 443; **25** 57
- Gerichtsstand **25** 90
- Individualverfahren **16** 444; **25** 64
- Kosten **25** 65
- Musterverfahrensantrag **16** 447; **25** 62
- Neufassung **1** 46, 131; **25** 66
- Parallelverfahren bei Parteienidentität **25** 92
- Parallelverfahren ohne Parteienidentität **25** 93 f.
- Rechtsschutz gegen Musterentscheid **16** 448

- Sperrwirkung **25** 91 ff.
- sunset-Klausel **25** 28
- Verfahren **25** 61 ff.
- Verfahrenskonkurrenzen **25** 91 ff.
- Vorlageverfahren **25** 62
- Zwischenverfahren **25** 63

Kapitalaufbringungspflicht **18** 46
Kapitalerhaltungspflicht **18** 46
Kapitalertragsteuer
- Anteile am Betriebsvermögen natürlicher Personen **27** 64
- Anteile am Betriebsvermögen von Körperschaften **27** 35
- Anteile am Privatvermögen natürlicher Personen **27** 79
- Ausschüttungen einer Kapital-Investitionsgesellschaft **27** 478
- hybride Finanzierungsinstrumente **27** 623 ff.
- Investmentfonds **27** 200 f.
- Kapitalgesellschaftsanteile **27** 35
- sonstige Kapitalforderungen jeder Art **27** 799

Kapitalforderungen jeder Art
- Auffangtatbestand **27** 769 ff.
- Begriff der Kapitalforderung **27** 775 ff.
- Besteuerung **27** 769 ff.
- Einzelfälle **27** 776
- unbeschränkt steuerpflichtige Privatanleger **27** 775 ff.
- verzinsliche Anleihen **27** 784 ff.
- Zertifikate **27** 778 ff.

Kapitalgesellschaftsanteile
- Abgeltungsteuer **27** 77
- an ausländischen Zwischengesellschaften **27** 133 ff.
- Besteuerung **27** 15 ff.
- Betriebsausgaben bei steuerfreien Bezügen **27** 32 ff., 48 ff.
- an Betriebsvermögen natürlicher Personen **27** 59 ff.
- an Betriebsvermögen von Körperschaften **27** 20 ff.
- Einkommensteuer **27** 59 ff., 66 ff., 80 ff., 113 ff.
- Entstrickungstatbestände **27** 40 ff.
- Gewerbesteuer **27** 38 f., 51, 65
- von Gewinnanteilen/ähnlichen Bezügen **27** 20 ff., 59 ff., 73 ff.
- Hinzurechnungsbesteuerung **27** 133 ff.
- Kapitalertragsteuer **27** 35, 64, 79
- Körperschaftsteuer **27** 20 ff., 42 ff.
- Körperschaftsteuerbefreiung **27** 27 ff., 42 ff.
- persönliche Steuerpflicht **27** 30 ff.
- an Privatvermögen natürlicher Personen **27** 73 ff.
- steuerpflichtige Einnahmen **27** 20 ff., 76 ff.
- Umfang der Einnahmen **27** 26
- Veräußerungsgeschäfte **27** 40 ff., 66 ff., 80 ff.

magere Zahlen = Randnummern

**Sachverzeichnis**

- Versagung der Körperschaftsteuerbefreiung nach § 8b KStG **27** 52 ff.
- Werbungskostenabzug **27** 78

Kapital-Investitionsgesellschaft
- Besteuerung **27** 464 ff.
- Charakteristik **27** 462 f.
- Kapitalertragsteuer **27** 478
- steuerliche Behandlung der Investitionsgesellschaft **27** 464 ff.
- steuerliche Behandlung des Anlegers **27** 470 ff.
- Veräußerung von Anteilen **27** 476

Kapitalkonto **17** 235
Kapitalkonto II **17** 397
Kapitalmarkrechtlicher Gerichtsstand **25** 90
Kapitalmarkt
- Ausweitung **1** 22
- Entwicklung **1** 5 ff.
- Entwicklung des deutschen Kapitalmarkts **1** 19
- Funktionsfähigkeit **1** 112
- rechtliche Erfassung/Ordnung **1** 5
- Spaltung **1** 20
- strukturelle Veränderungen **1** 25
- Wachstum **1** 22 ff.
- Weiterbildung **1** 20
- zentrale Institutionen **1** 7

Kapitalmarktbezogenes Verbands- und Vertriebsrechts **1** 15
Kapitalmarktinformationshaftungsgesetz (KapInHaG) **1** 50; **6** 2
Kapitalmarktrechtliche Informationshaftung
- Emittentenhaftung **6** 6
- Entwicklung **6** 1 f.
- fehlerhafte Ad-hoc-Publizität **6** 5
- Fehlinformationen im Primärmarkt **6** 4
- Fehlinformationen im Sekundärmarkt **6** 4
- Haftung für fehlerhafte Ad-hoc-Publizität **6** 11 ff.
- Haftung für fehlerhafte freiwillige Information **6** 64 f.
- Haftung für fehlerhafte Regelpublizität **6** 59 ff.
- konkurrierende Anspruchsgrundlagen **6** 3
- verschiedene Anspruchsgegner **6** 3
- Vorstandshaftung **6** 6 f.

Kapitalsicherung
- Publikums-KG **17** 231 ff.

Kapitalverkehrsfreiheit **26** 30
Kapitalverwaltungsgesellschaft
- Aufhebung der Erlaubnis **22** 84
- Auslagerung **22** 83
- Begriff **22** 79 ff.
- Briefkastenfirma **22** 83
- deliktische Ansprüche gegen KVG **22** 87
- Erlaubnisantrag **22** 86
- Erlaubnispflicht **22** 4 ff., 84 ff.
- externe Kapitalverwaltungsgesellschaft **22** 81
- fehlerhafte Anlagebedingungen **22** 87
- fehlerhafter Jahresbericht **22** 87

- Geltendmachung von Ansprüchen der Anleger **22** 88 ff.
- Haftung **22** 87
- Haftungsgrundlagen **22** 87 ff.
- interne Kapitalverwaltungsgesellschaft **22** 82
- Investmentgesellschaft **22** 78
- Portfolioverwaltung **22** 79
- Prospekthaftung **22** 87, 126 ff.
- Registrierungspflicht **22** 85
- Risikomanagement **22** 79
- Sondervermögen **22** 78
- Spezialitätsgrundsatze **22** 80
- Trennung von Verwahrstelle **22** 50, 58, 114
- Versagung der Erlaubnis **22** 86

Kassageschäfte **9** 13
Kauf vom Bauträger **4** 305
KGaA **1** 22
Kick-backs
- Anlageberatung **1** 122

Klägermehrheit
- Abtretung **25** 50 ff.
- class action **25** 56
- gewillkürte Prozessstandschaft **25** 54 f.
- KapMuG **25** 57 ff.
- Musterprozess **25** 47 ff.
- im ordentlichen Gerichtsverfahren **25** 46 ff.
- im Schiedsgerichtsverfahren **25** 67 ff.

Know your customer **23** 27, 31 ff.
Kollektivanlage s. Investmentfonds
Kollektive Vermögensverwaltung **22** 1, 6
Kollisionsrecht
- Anlageberatung **7** 11 ff.
- Anlagevermittlung **7** 11 ff.
- Beteiligung an Gesellschaften **7** 68 ff.
- Devisenhandelsgeschäfte **7** 97 f.
- Effektengeschäfte **7** 50 ff.
- festverzinsliche Anlagen **7** 48 f.
- Financial Futures **7** 91
- Finanztermingeschäfte **7** 88 ff.
- Immobilienanlagen **7** 64 ff.
- internationales Wettbewerbsrecht **7** 1 ff.
- Investmentgeschäfte **7** 60 ff.
- Prospekthaftung **7** 19 ff.
- Sicherung von Kapitalanlagegeschäften **7** 99 ff.
- bei Vertragsanbahnung **7** 1 ff.
- Zinstermingeschäfte **7** 91

Kölner Modell
- Bauherrenmodell **16** 22
- Charakteristik **16** 24

Kombizinsanleihen **27** 784
Kommanditistenhaftung **16** 14; **17** 242 ff.
Kommissionsgeschäft
- Abgrenzung **12** 22 ff.
- Abwicklungsreihenfolge **13** 57
- Anfechtung **13** 35
- aufsichtsrechtliche Ausführungsanforderungen **13** 48 ff.

1441

# Sachverzeichnis

fette Zahlen = Paragraphen

- aufsichtsrechtliche Informationspflichten **13** 1 ff.
- Aufzeichnungspflichten **13** 14 f.
- Ausführung des Kommissionsauftrages **13** 48 ff.
- Ausführungsgrundsätze **13** 5 ff., 49 ff.
- Ausführungsmodalitäten **13** 60 ff.
- Basisinformationen **13** 2
- Beendigung **13** 81 f.
- Benachrichtigungspflichten **13** 68 f.
- best execution policy **13** 5 ff., 49 ff.
- Beweislastumkehr **13** 53
- Definition **12** 8
- Delkrederehaftung **13** 44 ff.
- Durchführung **13** 43 ff.
- Einkaufsrabattinformation **13** 19 ff.
- Entwicklung des Aufsichtsrechts **13** 48
- Erfüllung **13** 72 ff.
- Erreichbarkeit des Kommissionärs **13** 23
- Explorationspflichten **13** 11 ff.
- als Fernabsatzgeschäft **13** 18, 24 ff.
- Geschäftsabschluss **13** 1 ff.
- geschäftsartbezogene Explorationspflichten **13** 11 ff.
- Gewinnmargeninformationen **13** 19 ff.
- interessewahrende Ausführung **13** 56
- Kick-Back-Informationen **13** 19 ff.
- Kundenweisungen **13** 59
- Mängel bei Ausführung **13** 64 ff.
- Mistrades **13** 38 ff.
- nicht geschäftsartbezogene Informationspflichten **13** 2
- Nichtigkeit **13** 34
- Pfandrecht des Kommissionärs **13** 76
- Provisionsanspruch des Kommissionärs **13** 79
- Rechnungslegungspflichten **13** 68 f.
- Rechtzeitigkeit der Informationen **13** 3
- Reklamationspflichten des Kommittenten **13** 70 f.
- Rücktritt **13** 42
- Selbsteintritt **13** 44 ff.
- Sittenwidrigkeit **13** 34
- Unterrichtung über Ausführung **13** 55
- Unwirksamkeit **13** 33 ff.
- Verbrauchervertrag **13** 25 ff.
- Verstoß gegen gesetzliche Verbote **13** 36 ff.
- Vertragsartinformationen **13** 17
- Vorschusspflicht **13** 63
- vorvertragliche Aufklärungspflichten **13** 18
- Widerruf des Fernabsatzgeschäfts **13** 29
- Widerruf vor Ausführung **13** 32
- zivilrechtliche Ausführungsanforderungen **13** 56 ff.
- zivilrechtliche Informationspflichten **13** 16 ff.
- Zurückbehaltungsrecht des Kommissionärs **13** 77 f.
- Zusammenlegung von Aufträgen **13** 54, 58
- Zustimmungserfordernisse des Kunden **13** 6, 50
- Zwischenkommissionär **13** 43

Komplementäre
- Publikums-KG **17** 161 ff.

Konservierungs-Fonds **16** 90 ff.; **17** 342

Kontofähigkeit
- Fonds-GbR **19** 3 f.

KonTraG **1** 34, 48

Konzernprivileg **22** 38

Konzernunternehmen
- Bereichsausnahme des KAGB **22** 38

Körperschaftsteuer
- Anteile an G-REIT **27** 58
- Anteile im Betriebsvermögen von Körperschaften **27** 20 ff., 42 ff.
- atypisch stillen Gesellschaft **27** 542 ff.
- Publikums-GbR **19** 160 ff.
- Veräußerung einbringungsgeborener Anteile **27** 113 ff.

Körperschaftsteuerbefreiung
- Anteile an G-REIT **27** 58
- Anteile im Betriebsvermögen von Körperschaften **27** 27 ff., 42 ff.
- Einschränkung **27** 44 ff.
- Finanzdienstleistungsinstitute **27** 52 f.
- Kompensationszahlungen bei Wertpapierleihe **27** 57
- Kreditinstitute **27** 52 f.
- Lebens- und Krankenversicherungsunternehmen **27** 54 ff.
- Versagung der Steuerbefreiung nach **27** 52 ff.
- Wertpapierpensionsgeschäfte **27** 57

Kreditgenossenschaften
- Einlagensicherungssystem **26** 48

Kreditgenossenschaftliche Garantiefonds **26** 13

Kreditwesengesetz (KWG)
- Allgemeines **16** 337 f.
- Aufsicht **26** 6
- Gründungsvorschriften **26** 6
- stille Beteiligung **18** 48 ff.

Krisenmanagement
- bei geschlossenen Immobilienfonds **16** 288 ff.

Kündigung
- Beteiligung an Publikums-KG **17** 108
- der Beteiligungsmitgliedschaft **19** 108
- Fortsetzungsklausel **19** 110
- der Publikums-GbR durch Gesellschafter **19** 108
- aus wichtigem Grund **19** 109
- sa Hinauskündigungsklauseln

Kurs- und Marktpreismanipulationsverbot **1** 39, 42

Kursbetrug
- kein Schutzgesetzcharakter **6** 14

1442

magere Zahlen = Randnummern

**Sachverzeichnis**

Kursdifferenzschaden
- Haftung für fehlerhafte Ad hoc-Mitteilungen **6** 36, 51 ff.
- als Mindestschaden **6** 53
- Schadensermittlung/-berechnung **6** 53

Kursmanipulation-KonkretisierungsVO (KuMaKV)
- Anwendungsbereich **10** 6, 39
- Begriffsbestimmungen **10** 40
- bewertungserhebliche Umstände **10** 40 ff.
- sonstige Täuschungshandlungen **10** 43

Kursstabilisierung
- Ausnahme vom Marktmanipulationsverbot **10** 12, 29, 62, 132

Laufzeitfonds **22** 70
Leasing-Fonds
- Immobilien-Leasingfonds **16** 204
- Mobilien-Leasingfonds **16** 203

Leasing-Objektgesellschaften **22** 11
Leerverkäufe
- Absicherungszweck **21** 4
- Aufsichtsrecht **21** 9 ff.
- Begriff **1** 85; **21** 1
- Beschränkungen **21** 9
- europäische Regulierung **1** 85
- geltende Rechtslage **21** 13 ff.
- Marktmanipulationsverbot **10** 116
- öffentlicher Schuldtitel **21** 17
- Sanktionen gegen Leerverkaufsverbote **21** 22
- Spekulationsinstrument **1** 85
- Transparenzpflichten **21** 20
- ungedeckte Leerverkäufe **21** 2, 10, 16
- Verbot **22** 53
- Verbotstatbestände **21** 15 ff.
- Verlustrisiko **21** 5 f.
- Verordnung (EU) Nr. 236/2012 **1** 85, 107; **21** 11
- Zivilrecht **21** 7 f.
- Zweck **21** 3 f.

Liberalisierung des Dienstleistungs- und Niederlassungsrechts **26** 31
Liebhaberei **16** 42; **27** 329 ff., 549 ff.
Loan to value-Klausel **3** 23
Long Arm Statutes **25** 143

Maklereigenschaft **4** 342
Managed Accounts **22** 9
Managed Certificates **24** 4
Managementbeteiligungsgesellschaften **22** 20, 37
Marginmindestdeckungspflicht **3** 52
Market Making **10** 44
Marking the Close **10** 49, 115
Marktbezogene Verhaltenspflichten **1** 116 ff.
Marktfähigkeit eines Objekts **4** 14
Marktinformationshaftung **1** 128
Marktintermediäre **1** 1

Marktmanipulations-Konkretisierungsverordnung (MaKonV) **10** 53 ff., 120 ff.
Marktmanipulationsverbot
- Abusive Squeeze **10** 50
- Anerkennung zulässiger Marktpraxis **10** 133
- Anlegerschutzverbesserungsgesetz **10** 57
- Anwendungsbereich **10** 79 ff.
- Anzeigepflicht **10** 138 ff.
- Arten der Kurs- und Marktpreismanipulation **10** 84 ff.
- Ausnahmen **10** 61 ff.
- Begriffsbestimmung **10** 8 ff., 20
- Bewertungserheblichkeit **10** 40 ff., 92 ff.
- circular orders **10** 114
- cornering **10** 50, 126
- designated Sponsoring **10** 44
- effektive Geschäfte **10** 115
- Eignung zur Preiseinwirkung **10** 100
- Empfehlungen **10** 128
- Entstehungsgeschichte **10** 1 ff., 57 ff.
- europarechtliche Vorgaben **10** 7 ff.
- falsche Signale durch Auftrag/Geschäftsabschluss **10** 102 ff.
- fiktive Geschäfte **10** 114
- Finanzinstrumente **10** 79
- Gerüchte **10** 86
- handelsgestützte Manipulationen **10** 85
- handlungsgestützte Manipulationen **10** 85
- Improper Matched Orders **10** 46
- improper matched orders **10** 114
- Indizien für Marktmanipulation **10** 20 f.
- Indizwirkung großvolumiger Geschäfte **10** 105
- informationsgestützte Manipulationen **10** 85
- irreführende Angaben **10** 89
- irreführende Signale durch Auftrag/Geschäftsabschluss **10** 102 ff., 112
- Journalisten **10** 65, 69, 131
- Konkurrenzen **10** 137
- KuMaKV **10** 6, 38 ff.
- Kurspflegemaßnahme **10** 35
- Kursstabilisierungsmaßnahmen **10** 12, 29, 32, 62, 132
- Leerverkäufe **10** 116
- Machen unrichtiger/irreführender Angaben **10** 86 ff.
- MaKonV **10** 53 ff., 120 ff.
- Market Making **10** 44
- marking the close **10** 49, 115
- Marktmissbrauchsrichtlinie **10** 7 ff.
- Marktmissbrauchsverordnung **1** 119
- Neuemissionen **10** 80
- Normadressaten **10** 83
- Öffentlichkeitswirkung von Angaben **10** 87
- Ordnungswidrigkeitenvariante **10** 100
- § 20a WpHG aF **10** 1 ff.
- § 20a WpHG nF **10** 57 ff.
- painting the Tape **10** 48

1443

# Sachverzeichnis

fette Zahlen = Paragraphen

- pre-Arranged Trades **10** 46
- Prognosen **10** 86, 93
- pump and dump **10** 47
- Reformvorhaben **10** 141 ff.
- Regelbeispiele **10** 41, 44, 119
- Rückkaufprogramme **10** 12, 62, 132
- Safe-Harbour-Regelungen **10** 29 ff., 52, 132
- scalping **10** 51, 130
- Scheingeschäfte **10** 45
- Schutzgesetzcharakter **6** 15; **10** 77
- Schutzgut **10** 76
- Schutzzweck **10** 76 ff.
- sonstige Täuschungshandlungen **10** 41 ff., 43, 117 ff.
- Straftatbestand **10** 101
- subjektiver Tatbestand **10** 136
- Täterkreis **10** 83
- unrichtige Angaben **10** 88
- Verbotstatbestände **10** 8 ff., 20 ff., 42, 58
- Verdachtsanzeige **10** 139
- verfassungsrechtliche Bedenken **10** 74 f.
- Verordnungsermächtigung **10** 64, 72
- Verschweigen bewertungserheblicher Umstände **10** 40 ff., 90 ff.
- wash sales **10** 45, 114
- Werturteile **10** 86, 93
- Zulassung an organisiertem Markt **10** 79 f.

Marktmissbrauchsrichtlinie **1** 41, 73 f.; **8** 5; **10** 7 ff.
- Durchführungsrichtlinien, -verordnung **10** 19 ff.
- Modifikationen durch Finanzmarktkrise **1** 73 f.

Marktmissbrauchs-Verordnung (MAR) **8** 6

Massen-KG
- Abgrenzung zur Publikums-KG **17** 11 ff.
- personenbezogene Komponenten **17** 19
- Rechtsnatur **17** 10 ff.
- steuerrechtliche Einordnung **17** 21 ff.

Master-AIF **22** 62
Master-Feeder-Konstruktion **22** 58, 62
Masterfonds **22** 62

Medienfonds
- ausländische Betriebsstätte **27** 377 ff.
- echte Auftragsproduktion **27** 362 f.
- Erwerberfonds **27** 375
- Herstellerfonds **27** 371 ff.
- Konzeption **27** 357 ff.
- Koproduktion **27** 367
- Qualifikation **27** 362 ff.
- rechtlicher Eigentümer **27** 374
- steuerliche Behandlung **27** 361 ff.
- steuerliche Behandlung des Anlegers **27** 376
- unechte Auftragsproduktion **27** 364 ff.
- wirtschaftliches Eigentum **27** 369 f.

Meldepflicht
- Geschäft in Finanzinstrumenten **8** 137 ff.
- Sanktionen bei Verstoß **8** 170

Meldepflicht bedeutender Beteiligungen
- der Aktionäre bösennotierter Gesellschaften **14** 1 ff.
- Anwendungsbereich **14** 4 ff.
- Bußgeldbewehrung **14** 88
- Entstehen der Meldepflicht **14** 10 ff.
- Ermöglichen des Stimmrechtserwerbs **14** 64
- Erreichen/Unterschreiten von Schwellenwerten **14** 10
- Erwerb bedeutender Beteiligung **14** 1 ff.
- Erwerb von Stimmrechten **14** 10, 17
- Erwerbsabsicht **14** 90 ff.
- Form der Mitteilung **14** 22
- Halten von Stimmrechten **14** 13, 16
- Inhalt der Mitteilung **14** 19 ff.
- Legitimationsaktionäre **14** 18
- Meldepflichtige **14** 4 ff.
- Modifizierung durch Transparenzrichtlinie **14** 2
- Rechte zum Aktienerwerb **14** 57 ff.
- Rechtsverlust bei Pflichtverletzung **14** 76 ff.
- Sanktionen **14** 75 ff.
- Schadensersatzpflicht **14** 89
- Schwellenwerte **14** 10, 20, 57, 90
- Stimmrechtserwerbsinstrumente **14** 56 ff.
- Stimmrechtszurechnung **14** 10
- Unverzüglichkeit der Mitteilung **14** 21
- Verfahren **14** 19 ff.
- verwaltungsrechtliche Sanktion **14** 87 f.
- Voraussetzungen **14** 10 ff.
- Wegfall der Rechte aus den Aktien **14** 76 ff.
- zivilrechtliche Folgen **14** 89
- Zurechnung von Stimmrechten **14** 13, 23 ff.
- Zwangsmittel **14** 87
- Zweck **14** 2

Mezzaninefinanzierung s. *Hybride Finanzierungsinstrumente*

Mietausfallrisiko **3** 45
Mietpool **3** 45; **4** 312; **11** 30

MiFID-Richtlinie
- MiFID II **1** 75 f.
- Modifikationen durch Finanzmarktkrise **1** 75 ff.

Mistrade-Regelungen
- Kommissionsgeschäft **13** 38 ff.

Mitarbeiterbeteiligung
- Aktienoptionen **27** 746 ff.
- Ermittlung geldwerten Vorteils **27** 697
- Konzeption **27** 692
- lohnsteuerlicher Zuflusszeitpunkt **27** 693 ff.
- steuerliche Förderung **27** 698

Mitarbeiterbeteiligungsprogramme **5** 122
Mitbestimmungsurteil **17** 6
Mitteilungspflichten s. *Meldepflicht*

Mittelbare Beteiligungen
- Arten der Treuhandbeteiligung **17** 285 ff.
- Ausscheiden des mittelbar Beteiligten **17** 127 ff.

magere Zahlen = Randnummern  **Sachverzeichnis**

– Außenhaftung des Treuhandkommanditisten **17** 295 ff.
– Bruchteilsgemeinschaft der Treugeber **17** 313
– Einlage **17** 290
– fehlerhafte Beteiligung **17** 305
– Freistellungs-/Rückgriffsanspruch des Treuhandkommanditisten **17** 300 ff.
– Gemeinschaftsverhältnisse **17** 313
– geschlossene Immobilienfonds **16** 192 ff.
– an geschlossenen Immobilienfonds **16** 192 ff., 409 ff.
– Haftung **17** 293 ff.
– horizontale Rechtsbeziehungen **17** 307
– Mitunternehmerschaft **16** 60 ff.
– an Publikums-GbR **16** 424 ff.
– an Publikums-GmbH & Co. KG **16** 60 ff.
– Publikums-KG **16** 409 ff.
– an Publikums-KG **16** 409 ff.; **17** 127 ff., 267 ff.
– Quasi-Gesellschafter **17** 272 ff.
– schadensersatzrechtliche Rückabwicklung **17** 304
– stille Beteiligungsverhältnisse **17** 315 f.
– Stimm-, Informations- und Kontrollrechte **17** 293 f.
– Treugeber-GbR **17** 306 ff.
– Treugeber-Versammlung **17** 308
– Unterbeteiligungen **17** 314
– vermögensmäßige Beteiligung **17** 286 ff.
– durch Zusammenschlüsse **17** 306 ff.
Mittelständische Beteiligungsgesellschaften **22** 24
Mittelverwendungstreuhänder **16** 398; **18** 42
Mitunternehmerinitiative **18** 87
Mitunternehmerschaft
– mittelbare Beteiligungen **16** 60 ff.
– Publikums-KG **17** 367 ff.
– stille Beteiligunge **27** 509 ff.
Mitverschulden
– Haftung des Anlageberaters, -vermittlers **3** 119 ff.
Mobilien-Leasingfonds **16** 203
Multi-Family-Offices **22** 18
Musterprozess s. *Kapitalanleger-Musterverfahren*
Musterprozessabrede
– bei Klägermehrheit **25** 47 ff.
– Nachteile **25** 48, 50
– treuhänderische Anspruchsabtretung **25** 50 ff.
Musterschiedsverfahren **25** 74

Nachforschungspflicht
– Anlageberatung, -vermittlung **3** 34 ff.; **4** 318
Nachfragepflicht
– Anlageberatung **3** 27
Nachhaftung
– Ausgeschiedener **17** 141 ff.
– des Kommanditisten **16** 12
Nachschusspflicht
– Aufklärungspflicht **19** 94
– Außenhaftung **19** 90 f.

– Außenverhältnis **19** 89
– Innenverhältnis **19** 89
– Kernbereichseingriff **19** 86
– Liquidationsgesellschaft **19** 88, 91, 117
– Publikums-GbR **19** 86 ff.
– Publikums-KG **17** 242 ff., 252 ff.
– Qualität **17** 249
– Rechtsgrundlage **19** 86
– stille Beteiligung **18** 46
– Zulässigkeit der Anforderung **17** 254 ff.
Nachwirkende Informationspflicht
– Anlageberatung, -vermittlung **3** 43 ff.
Naked short sale **21** 2
Namensschuldverschreibungen **22** 13
Negativberichterstattungen **5** 56; **16** 333 f.
Negativeinkünfte **16** 2 ff.
Negativratings **5** 56
Neuer Markt **1** 23
Nichtgarantie-Zertifikate **27** 779 f.
Null Coupon-Anleihen **27** 785

Offenbarungspflicht
– Anlageberatung, -vermittlung **3** 38 f.
Offene Immobilienfonds **19** 151
Offene Investmentkommanditgesellschaft **27** 172 ff.
Offene Investmentvermögen
– Allgemeines **22** 46
– Investmentaktiengesellschaft mit veränderlichem Kapital **22** 47
– Investmentkommanditgesellschaft **22** 47
– Organisationsformen **22** 47 ff.
– Sondervermögen **22** 47
Offene Publikumsinvestmentvermögen
– Definition **5** 340
– Verkaufsprospekte **5** 339
Offenlegung von Interessenkonflikten **10** 22
Öffentliche Mittel
– Anlagevermittlung **3** 77
Öffentliche Private Partnerschaften (ÖPP) **16** 199; **19** 108 ff.
OGA
– Abgrenzung von Bruchteilsgemeinschaft **22** 8
– Erzielung gemeinsamer Renditen **22** 12
– festgelegte Anlagestrategie **22** 21 ff.
– Investition zum Nutzen der Anleger **22** 24 ff.
– Joint Venture-Vereinbarungen **22** 10
– Leasing-Objektgesellschaften **22** 11
– verselbständigtes „gepooltes" Vermögen **22** 8
– Vorliegen **22** 8 ff.
OGAW
– angemessene Risikomischung **22** 51
– Anlagespektrum **22** 52
– Aussteller- und Anlagegrenzen **22** 54
– Derivate-Leverage **22** 53
– Einschränkungen bei Anlagestrategie **22** 53
– Fremdkapital-Leverage **22** 53
– Investmentvermögenstypus **22** 51 ff.

1445

# Sachverzeichnis

fette Zahlen = Paragraphen

- liquide Vermögensgegenstände **22** 52
- Obergruppen von Investmentfonds **22** 5
- Richtlinie **1** 40, 84
- Struktur **1** 89
- Umsetzungsgesetz **5** 18
- Verkaufsunterlagen **22** 117
- Vertrieb **22** 109
- Wertpapierindex-OGAW **22** 54
- zwingend offene Publikumsinvestmentvermögen **22** 51

OGAW-Verwahrstelle **22** 91 ff.
Operate-Leasing **22** 32
Opting out **8** 10
Optionsanleihe **27** 595, 614 ff., 627 ff.
Optionsgeschäft
- Begriff **27** 714 ff.
- Besteuerung des Optionskäufers **27** 717 ff., 725 ff.
- Besteuerung des Optionsverkäufers **27** 722 ff., 728 f.
- Kaufoption **27** 717 ff.
- range warrants **27** 730
- Verkaufsoption **27** 725 ff.

Ordre public-Klausel **25** 145 ff., 153
Organhaftung
- für fehlerhafte Ad-hoc-Publizität **6** 11 ff.
- Innen- und Außenverhältnis **6** 7 ff.
- kapitalmarktrechtliche Fehlinformationen **6** 6 ff.
- Organaußenhaftung **6** 9 ff.
- Verantwortlichkeit im Innenverhältnis **6** 39

Organisationspflichten
- BaFin **8** 187
- Vorbeugung vor Insiderstraftaten **8** 182 ff.
- Wertpapierdienstleistungsunternehmen **8** 183

Organisierter Kapitalmarkt
- Bereitstellung von Risikokapital **1** 18
- Deregulierung des Aktienrechts **1** 18
- gesetzgeberische Maßnahmen **1** 16 ff.
- Weiterbildung **1** 20

Organismen für gemeinsame Anlagen in Wertpapieren **1** 89; *s. OGAW*
Organismus für gemeinsame Anlagen *s. OGA*
OTC-Derivate
- Abwicklung standardisierter Geschäfte **1** 87
- Bedeutung **1** 86 ff.
- Central Counterparty (CCP) **1** 87
- europäische Regulierung **1** 86 ff.
- European Market Infrastructure Regulation (EMIR) **1** 86
- Transaktionsregister **1** 87

OTC-Geschäft
- Begriff **13** 74

Packaged Retail Investment Products (PRIPS) **1** 88
Painting the tape **10** 48
Parallelinvestitionen **22** 9

Partiarisches Darlehen
- Abgrenzung zur Stillen Beteiligung **18** 22 ff.
- Abgrenzung zur stillen Beteiligung **27** 512 f.
- Kapitalanlagebetrug **11** 28
- keine Prospektpflicht **5** 21

Pension-Asset-Pooling **27** 172 ff.
Personen-Investitionsgesellschaften
- steuerliche Behandlung **27** 295 ff.

Pfandrecht
- am Treuhandkonto **4** 423

Pflichtangebot *s. Wertpapiererwerbs- und Übernahmegesetz*
Pflichtwandelanleihe **27** 597
Plausibilitätsprüfung
- Anlageberatung **3** 15, 41
- Anlagevermittlung **3** 30, 41; **16** 321

Polly Peck **3** 63
Portfolioverwaltung
- Begriff **22** 79

Präsentationsveranstaltung
- culpa in contrahendo **1** 130

Pre-arranged trades **10** 46
Privatanleger **22** 77
Private Equity Fonds
- Abgrenzung Vermögensverwaltung/gewerbliche Tätigkeit **27** 405 ff.
- Anteile im Betriebsvermögen **27** 447 ff.
- Anteile im Privatvermögen **27** 436 ff.
- Anwendbarkeit des InvStG **27** 402
- Anwendung des KAGB **27** 403 f.
- ausländische Anleger **27** 455 f.
- ausländische Fondsgesellschaft **27** 452 ff.
- Carried Interest **27** 457 ff.
- Charakteristik **27** 392 ff.
- Early Stage-Finanzierung **27** 32
- geschlossener Publikums-AIF **22** 61
- inländische Fondsstruktur **27** 400 f.
- Spezial-AIF **22** 61
- steuerliche Behandlung der Anleger **27** 436 ff.
- steuerliche Behandlung des Fonds **27** 402 ff.
- steuerliches Ziel **27** 395
- Venture-Capital **27** 392
- Wagniskapitalbeteiligungsgesellschaften **27** 426 ff.

Probability Magnitude-Test **8** 70
Product-Governance **1** 94
Produktbroschüre
- Prospektqualität **3** 22

Produktinformationsblatt (PIB)
- Anlageberatung **1** 103; **13** 12
- Prospektbegriff **5** 37, 244, 281, 337

Professionelle Anleger **5** 328, 330; **22** 74
Projektentwicklung **4** 294; **22** 27
*Prokon*-Skandal **1** 3, 94
Prospekt
- Aktualisierungspflicht **5** 42 ff.
- Anlageberatung **3** 23 ff.
- Anlagevermittlung **3** 30

magere Zahlen = Randnummern

## Sachverzeichnis

- Beurteilungsmaßstab **5** 45
- Bezugspunkt der Prospekthaftung **5** 35, 121 ff., 244, 281
- Börsenzulassungsprospekt **5** 123
- geschlossene Publikums-AIF **5** 338
- Nachträge **5** 128
- offene Publikumsinvestmentvermögen **5** 338
- Prüfungspflicht des Treuhänders **4** 383 ff.
- rechtzeitige Aushändigung **3** 24
- vereinfachter Verkaufsprospekt **5** 17
- Veröffentlichungspflicht nach WpPG **5** 125

Prospektbegriff
- allgemein-zivilrechtliche Prospekthaftung **5** 35 ff.
- Angebotsunterlage nach WpÜG **5** 38
- Definition **5** 35 ff.
- elektronische Datenträger/Medien **5** 36
- *Infomatec*-Urteile **5** 35
- Internet **5** 36
- KAGB-Prospekthaftung **5** 337
- Produktinformationsblatt **5** 37, 244, 281, 337
- *Rupert Scholz*-Entscheidung **5** 36
- Schriftform **5** 36
- VermAnlG-Prospekthaftung **5** 244, 281
- Werbebroschüren **5** 37
- WpPG-Prospekthaftung **5** 123 ff.

Prospekterstellungsverantwortliche **5** 68, 70 ff.
Prospektfehler *s. Prospektmangel*
Prospekthaftung
- Beweiserleichterungen **25** 101
- Beweislast für Fehlerhaftigkeit **25** 100
- nach BGB **1** 98; **5** 3, 9, 26 ff.
- Börsenprospekt **4** 437
- Einebnung der Zweigleisigkeit **5** 5 ff.
- Entwicklung **1** 47, 95 ff.; **5** 5 ff.
- Funktion **5** 3
- Gegenstand **5** 1 ff.
- bei geschlossenen Fonds **16** 242 ff.
- im engeren Sinne **5** 2, 23
- im weiteren Sinne **5** 24
- nach InvestG **5** 17
- Investmentgeschäfte **22** 126 ff.
- Kapitalverwaltungsgesellschaften **22** 87, 126 ff.
- Kollisionsrecht **7** 19 ff.
- konzeptionelle Grundlagen **5** 1 ff.
- Prospektpflicht **5** 4
- spezialgesetzliche Prospekthaftung **5** 10
- steuersparende Kapitalanlagen **4** 426 ff.
- verkaufsprospektgesetzliche Haftung **5** 12
- Zweigleisigkeit **5** 4, 5 ff.

Prospekthaftung nach BGB
- Altfälle **5** 32
- Anspruchsberechtigte **5** 87 ff.
- Anspruchsgegner **5** 67 ff.
- Anwendungsbereich **5** 32
- Aufwendungsersatz **5** 100
- Befreiung von Verbindlichkeit **5** 100
- Beweislastumkehr **5** 97
- Elemente **5** 35 ff.
- Entwicklung **5** 3, 8 f., 26
- Entwicklung allgemeiner Grundsätze **5** 33
- Ersatz des negativen Interesses **5** 99 ff.
- fehlender Pflichtwidrigkeitszusammenhang **5** 94
- bei Festhalten an Investition **5** 106
- Gerichtsstand **5** 114 f.
- haftungsausfüllende Kausalität **5** 95
- haftungsbegründende Kausalität **5** 91 ff.
- Haftungsfreizeichnung **5** 83, 109
- Kausalität **5** 90 ff.
- Kollisionsrecht **7** 19 ff.
- Mitverschulden des Anlegers **5** 98
- Nebenkosten **5** 103
- Prospekt als Bezugspunkt **5** 35 ff.
- Prospektbegriff **5** 35 ff.
- Prospektmangel **5** 39 ff.
- Rechtsirrtum **5** 97
- richterliche Rechtsfortbildung **5** 26
- Schaden **5** 99 ff.
- Umfang des Anspruchs **5** 99 ff.
- Verdrängung druch spezialgesetzliche Regelung **5** 27 ff.
- Verjährung von Ansprüchen **5** 110 ff.
- Verschuldenshaftung **5** 96 ff.
- Vorteilsausgleichung **5** 107 ff.
- bei wertloser Anlage **5** 101
- Zweiterwerberansprüche **5** 88

Prospekthaftung nach KAGB
- Angaben im Verkaufsprospekt **5** 375 ff.
- Angaben von wesentlicher Bedeutung **5** 384 ff.
- Anspruchsberechtigte **5** 391 ff., 433
- Anspruchsgegner **5** 394 ff., 434
- Beurteilungsmaßstab **5** 382
- Beurteilungszeitpunkt **5** 378 ff.
- Beweislastumkehr **5** 405, 406
- Deliktsstatut **7** 24
- Entwicklung des KAGB **5** 320 ff.
- bei fehlendem Verkaufsprospekt **5** 325 f., 442 ff.
- bei fehlerhaftem Verkaufsprospekt **5** 322, 336 ff.
- bei fehlerhaften wesentlichen Anlegerinformationen **5** 327, 418 ff.
- Gerichtsstand **5** 417, 441
- gesamtschuldnerische Haftung **5** 411 ff.
- Haftungsausschluss **5** 413, 438, 451
- Haftungstatbestände **5** 322 ff.
- Inhalt des Anspruchs **5** 408 ff.
- Investmentvermögen **5** 344
- irreführende Angaben **5** 426 ff.
- Kausalität **5** 401 ff., 435, 447
- Konkurrenzen **5** 416, 440
- Prospektverantwortliche **5** 396 ff.
- unrichtige Angaben **5** 390, 430

1447

# Sachverzeichnis

fette Zahlen = Paragraphen

- bei Unvereinbarkeit mit einschlägigen Stellen des Verkaufsprospekts **5** 431 ff.
- unveröffentlicher Verkaufsprospekt **5** 377
- unvollständige Angaben **5** 390 ff.
- Verjährung der Ansprüche **5** 414 ff., 439, 451
- Verkaufsprospekte **5** 336 ff.
- veröffentlichter Verkaufsprospekt **5** 376
- Verschulden **5** 405, 436, 448
- Vorsatz/grobe Fahrlässigkeit **5** 405
- wesentliche Anlegerinformationen **5** 421 ff.

Prospekthaftung nach VermAnlG
- Anspruchsberechtigte **5** 258 ff.
- Anspruchsgegner **5** 256 ff.
- Anwendungsbereich **5** 243 ff.
- bei Besitz der Vermögensanlage **5** 269
- bei Besitzaufgabe der Vermögensanlage **5** 269
- Deliktsstatut **7** 24
- bei fehlendem Verkaufsprospekt **5** 238, 281 ff.
- bei fehlerhaftem Verkaufsprospekt **5** 238, 242 ff.
- Gerichtsstand **5** 277 f.
- Haftungsfreizeichnung **5** 273
- Inhalt des Anspruchs **5** 269
- Kausalität **5** 264 ff.
- Konkurrenzen **5** 279 ff.
- Mitverschulden **5** 268
- Übergangsregelung **5** 241
- Übersicht **5** 238 ff., 281 ff.
- bei unrichtigem Vermögensanlagen-Informationsblatt **5** 239
- unrichtiger Verkaufsprospekt **5** 246 ff.
- unvollständiger Verkaufsprospekt **5** 246 ff.
- Verjährung der Ansprüche **5** 274 ff.
- Verjährung von Ansprüchen **5** 242
- Verkaufsprospekte **5** 244 ff.
- Vermögensanlagen **5** 238, 243
- veröffentlichte Verkaufsprospekte **5** 243, 244
- Verschuldensanforderungen **5** 266 ff.

Prospekthaftung nach WpPG
- Anspruchsberechtigte **5** 161 ff., 214 ff.
- Anspruchsgegner **5** 152 ff., 219 ff.
- Anwendungsbereich **5** 121 ff.
- bei Besitz der Wertpapiere/Vermögensanlage **5** 189 ff., 231
- Beweislastumkehr **5** 178, 228
- Bezugspunkt der Haftung **5** 121 ff.
- Deliktsstatut **7** 24
- bei fehlendem Prospekt **5** 210 ff.
- bei fehlender Besitz der Wertpapiere/Vermögensanlage **5** 194 ff., 232
- Gerichtsstand **5** 203 ff., 237
- grobe Fahrlässigkeit **5** 181 f.
- haftungsausfüllende Kausalität **5** 174 ff.
- haftungsbegründende Kausalität **5** 171 ff.
- Haftungsfreizeichnung **5** 197 ff., 235
- Haftungsmaßstab **5** 178
- Inhalt des Anspruchs **5** 187 ff., 230 ff.
- Inkrafttreten **5** 120

- Kausalität **5** 171 ff., 223 ff.
- Konkurrenzen **5** 206, 235
- Mitverschulden **5** 179, 185 ff., 229
- Rechtsschutz **5** 209
- Rückabwicklung des Wertpapiergeschäfts **5** 187
- Übergangsbestimmungen **5** 120
- Übersicht **5** 116 ff.
- Verjährung der Ansprüche **5** 200 ff., 233 ff.
- Verschuldenshaftung **5** 178 ff., 225 ff.
- Verstoß gegen Veröffentlichungspflicht **5** 212 ff.
- Vorsatz **5** 180 ff.
- Wertpapierprospekt **5** 121 ff.
- Zusammenfassungsmängel **5** 146

Prospektherausgeber
- Prospekthaftung **5** 68, 70 ff.

Prospektinhalt
- Angaben von wesentlicher Bedeutung **5** 47 ff., 250
- Beweis zugängliche Tatsachen **5** 48, 50, 249
- Downratings **5** 56
- und Geheimhaltungsinteressen **5** 63 ff.
- Inhalt des Beratungsgesprächs **3** 23 ff.
- Negativkritik **5** 56
- Negativratings **5** 56
- Neuordnung der Anforderungen **5** 15
- Prognosen **3** 25; **5** 48, 50, 52
- richtig, vollständig, verständlich **3** 23
- Vermögensanlagen-Verkaufsprospekt **5** 249 ff.
- Wertpapierprospekt **5** 140 ff.

Prospektmangel
- allgemein-zivilrechtliche Prospekthaftung **5** 39 ff.
- Anzeigepflicht **5** 186, 272
- Beurteilungsmaßstab **5** 45, 248
- Beurteilungszeitpunkt **5** 42, 247
- Beweislastumkehr **5** 97
- fehlende Angaben zu Interessenkonflikten **5** 55
- fehlende Angaben zu Verflechtungen **5** 55
- fehlender Hinweis auf Risiken/Nachteile **5** 55 ff.
- und Geheimhaltungsinteressen **5** 63 ff., 155
- Gestaltungsmängel **5** 53, 252
- Individualschutz **5** 2
- KAGB-Prospekthaftung **5** 418 ff.
- Kursbeeinflussung **5** 177
- Nachtragspflicht **5** 247
- Nichteinhaltung der Mindestangaben **5** 251
- Unrichtigkeit von Angaben **5** 50 ff., 252 ff.
- bei Unternehmensplandaten **5** 60
- Unvollständigkeit von Angaben **5** 54 ff., 254 ff.
- unzutreffender Gesamteindruck **5** 61 f., 143, 254
- Ursächlichkeit für Anlageentschluss **5** 91

magere Zahlen = Randnummern

**Sachverzeichnis**

- VermAnlG-Prospekthaftung **5** 300 ff.
- bei Vermögensanlagen-Verkaufsprospekt **5** 248
- bei wesentlichen Angaben **5** 47 ff.
- WpPG-Prospekthaftung **5** 146
- bei zukunftsbezogenen Aussagen **5** 58

Prospektnachtrag
- Behandlung wie Prospekte **5** 128
- Fehlen **5** 128
- fehlerhafte Veröffentlichung **5** 129
- Veröffentlichung **1** 72, 99

Prospektpflicht
- erstmaliges öffentliches Wertpapierangebot **5** 11
- gesetzliche Prospekthaftung **5** 4
- Neusystematisierung **1** 96

Prospektpublizität
- Entwicklung **1** 47, 95 ff.; **5** 6 f.
- wertpapiermäßig verbriefte Kapitalanlagen **5** 15

Prospektrichtlinie **1** 70 ff.
Prospektrichtlinie-Umsetzungsgesetz **1** 47; **5** 15
Prospektverantwortliche
- Anzeigepflicht **5** 186
- berufsmäßige Sachkenner **5** 79 ff., 158, 398
- aus Garantenstellung **5** 68, 79 ff.
- bei Haftung im engeren Sinne **5** 67 ff.
- bei Haftung im weiteren Sinne **5** 86
- Herausgeber **5** 68, 70 ff.
- Hintermänner **5** 68, 76 ff., 157, 398
- interne Haftungsfreistellung **5** 199
- Kontroll- und Nachforschungspflichten **5** 183
- Leitungsgruppe **5** 68
- Prospekterlasser **5** 153
- Prospekterstellungsverantwortliche **5** 68, 70 ff.
- Prospektveranlasser **5** 157

Provisionen
- Anlageberatung **1** 122
- Aufklärungspflichten bei Anlageberatung **3** 26
- Aufklärungspflichtigkeit **3** 33
- Kommissionsgeschäft **13** 79

Prozessstandschaft **25** 54

Prüfungspflichten
- Finanzierung von Abschreibungsgesellschaften **4** 306
- Finanzierung von Bauherren-/Erwerber-Modellen **4** 307
- bei Immobilienanlagen **4** 287 ff.
- Kauf vom Bauträger **4** 305
- der kreditfinanzierenden Bank **4** 267, 287 ff.
- des Treuhänders **4** 374 f.

Public Private Partnership (PPP) **16** 199
Publikums-AIF
- Ein-Objekt-Publikums-AIF **22** 57
- gemischte Investmentvermögen **22** 55 ff.
- als Genossenschaft **22** 41
- geschlossene Ausgestaltung **22** 46, 57
- Immobilien-Sondervermögen **22** 56
- Investmentvermögenstypus **22** 55 ff.
- kleine geschlossene interne Publikums-AIF **22** 40, 55 ff.
- kleine Publikums-AIF **22** 39
- Mindestinvestitionsbetrag **22** 57
- modifizierte Risikomischung **22** 57
- offene Ausgestaltung **22** 46, 55
- Risikomischung **22** 55
- Typenzwang **22** 55
- Verwaltungserleichterungen **22** 39

Publikums-GbR
- Abfindung des Ausscheidenden **19** 111
- Abschichtungsbilanz **19** 145
- Akzessorietätstheorie **19** 68
- Altverbindlichkeiten **19** 70 ff., 79
- Ansparfonds **16** 116
- Anteilsübertragungen **19** 138 f.
- Auflösung **19** 113 ff.
- Ausscheiden **19** 108 ff.
- Außengesellschaft **19** 52, 58
- Außenhaftung **19** 18 ff., 52, 82
- Bauherrengemeinschaft **19** 59
- Beendigung der Beteiligung **19** 140 ff.
- Beendigung der GbR **19** 140 ff.
- Beitragspflichten **19** 84 ff.
- Beitritt zur Gesellschaft **19** 31, 97 ff.
- Beteiligungstreuhänderschaft **19** 13
- Betriebsvermögensmehrungen **19** 167
- Beurkundungspflichten **19** 138 f.
- Blind Pools **19** 1
- Charakteristik der GbR **19** 1 f.
- direkte Publikums-GbR **19** 11 f.
- Doppelverpflichtung **19** 74
- Eigenkapitalfonds **19** 5
- Erweiterung des Kündigungsrechts **19** 119
- fehlerhafte Gesellschaft **19** 37, 104 f.
- Fremdkapitalfonds **19** 5
- gemeinsamer Zweck **19** 34, 38 ff., 116
- Geprägegesetz **19** 168 ff.
- Gesamtgeschäftsführungsbefugnis **19** 122
- Gesamthand **19** 19
- Gesamthandsvermögen **19** 50, 66
- Gesamtschuld **19** 19, 49
- Gesamtvertretungsmacht **19** 122
- Geschäftsführung **16** 414; **19** 122 ff.
- geschlossene Fonds **19** 5
- Gesellschafterversammlung **19** 132 ff.
- Gesellschaftsvertrag **16** 414; **19** 34 ff., 138
- Gewerblichkeit der Einkünfte **19** 164
- Gewinnbeteiligung **19** 95
- Gewinnerzielungsabsicht **19** 166
- grundbuchrechtliche Fragen **19** 149 ff.
- Grundbuchtreuhänderschaft **19** 13
- Haftung **19** 18 ff., 49, 52 ff.
- Haftung mit Privatvermögen **19** 66 ff.
- Haftungsbegrenzung **19** 46, 62 ff.
- Hinauskündigungsklauseln **19** 112
- Informationen **19** 157

# Sachverzeichnis

fette Zahlen = Paragraphen

- Inhaltskontrolle des Gesellschaftsvertrags **19** 35
- Innengesellschaft **19** 56
- bei Investitionen in Großimmobilien/-wirtschaftsgüter **19** 1
- Kapitalanlageprospekt **19** 42
- Kontofähigkeit **19** 3 f.
- Körperschaftsteuer **19** 160 ff.
- Kündigung **19** 108 ff., 144
- mittelbare Beteiligung **16** 424 ff.
- Nachhaftung **19** 145
- Nachschusspflicht **19** 86, 117
- Organisationsformen **19** 1 ff.
- Parteifähigkeit **19** 47
- Quotenhaftung **19** 60 ff.
- Rechtsfähigkeit **19** 47
- Rechtssubjektivität **16** 419; **19** 38
- Renditefonds **19** 6
- Schulden **19** 52 ff.
- singulärer Treuhandvertrag **19** 15
- steuerliche Besonderheiten **19** 158 ff.
- steuerorientierte Fonds **19** 6
- Steuerrechtssubjekt **19** 178
- Umsatzsteuer **19** 178
- unmittelbare Beteiligung **16** 413 ff.
- Venture Capital Bereich **19** 1
- Verbot der Drittorganschaft **16** 414; **19** 127
- als Verbraucher **19** 7 ff.
- Verbraucherschutzrecht **19** 10
- Verlustbeteiligung **19** 95
- Verselbständigung **19** 43 ff.
- Vertretung **16** 414; **19** 122 ff.
- mit vorgeschaltetem Treuhänder **19** 13 ff.
- wirtschaftliches Eigentum **19** 13
- Wohnungseigentümergemeinschaft **19** 59
- Zurechnung von Einkünften **19** 181

Publikums-GmbH & Co. KG
- Allgemeines **1** 11
- Einkommen- oder Körperschaftssteuer **16** 55; **17** 333 f.
- mittelbare Beteiligungen **16** 60 ff.
- steuerliche Besonderheiten **17** 332 ff.; **19** 159 ff.

Publikumsinvestmentvermögen **22** 45

Publikums-KG
- Abfindung des Ausscheidenden **17** 124
- Abgrenzung zur Massen-KG **17** 11 ff.
- Abschichtungsbilanz **17** 132
- actio pro socio **17** 184, 265 f.
- Änderung der Einkunftsart **17** 342 ff.
- Anfechtung der Beitrittserklärung **17** 108 ff.
- Anforderung von Nachschüssen **17** 254 ff.
- Annäherung an Kapitalgesellschaften **17** 176, 319
- Anteilsverwaltung **17** 159, 187
- Anzahlungsfonds **17** 342
- arglistige Täuschung bei Beitritt **17** 108 ff., 136 ff.
- Aufklärungspflichten **17** 144 ff., 196

- Auflösung **17** 389
- Auflösungsklage **17** 121
- Auslegung des Gesellschaftsvertrags **17** 80 f., 223
- Ausscheiden **17** 104 ff., 127 ff., 391
- Ausschüttungen **17** 234 ff.
- Außenhaftung des Treuhandkommanditisten **17** 295 ff.
- Baupatenrechtsprechung **17** 27
- Beirat **17** 174 ff.
- Beitragssplitting **17** 231 f.
- Beitritt **17** 93 ff.
- Beitrittsvertragsabschluss als Gesellschafteraufgabe **17** 168
- Bestimmtheitsgrundsatz **17** 216 ff.
- Bestimmtheitsgrundsatz bei Beschlussfassung **17** 217
- Beteiligung **17** 1 ff.
- Beteiligungsende **17** 389 ff.
- Beteiligungsverwaltung **17** 187
- Betriebsaufgabe **17** 389
- Darlehenskonto **17** 397
- Einkommen- oder Körperschaftssteuer **17** 333 f.
- Einkunftsarten und Betätigungen **17** 335 ff.
- Einlagenrückgewähr **17** 130, 193
- Einnahmenerzielungsabsicht **17** 24 ff.
- Einstimmigkeitsgrundsatz **17** 217
- Entwicklung **17** 3
- ergänzende Vertragsauslegung **17** 78, 223
- fehlerhafter Beitritt **17** 108 ff.
- Form des Gesellschaftsvertrags **17** 60 ff.
- Funktionenschutz **17** 9
- Gesamthand **17** 10
- geschäftsführender Kommanditist **17** 230
- Geschäftsführungsbefugnis **17** 161 ff.
- geschlossene Immobilienfonds **16** 403 ff.
- Gesellschafter- und Anlegerversammlung **17** 207 ff.
- Gesellschafterdarlehen **17** 240 f.
- gesellschaftsrechtliche Einordnung **17** 1 ff.
- Gesellschaftsvertrag **17** 60 ff.
- Gewerbebetrieb **17** 24 ff.
- Gewinn-Einkünfte **17** 335
- Gewinnerzielungsabsicht **17** 24 ff., 362
- Gewinnkonto **17** 235
- Gläubigerschutz **17** 9, 85
- gründungsrechtliche Publizität **17** 51 ff.
- Haftung des Kommanditisten **17** 242 ff.
- Haftung des mittelbar Beteiligten **17** 293 ff.
- Haftung des Treuhandkommanditisten **17** 295 ff.
- Handelsgesellschaft **17** 24 ff.
- Handelsrechtsreform-Gesetz **17** 44 ff.
- Hinauskündigungsklauseln **17** 122 ff.
- Informationspflicht gegenüber Kommanditisten **17** 144 ff.
- Informationspflichtverletzung **17** 144

magere Zahlen = Randnummern

# Sachverzeichnis

- Informationsrecht des Kommanditisten **17** 144
- Inhaltskontrolle des Gesellschaftsvertrags **17** 4, 9, 82 ff., 221 ff.
- Kapitalkonto **17** 235
- Kapitalkonto II **17** 397
- Kapitalsicherung **17** 231 ff.
- Komplementäre **17** 161 ff.
- Konservierungs-Fonds **17** 342
- Kontrollrecht **17** 150 ff.
- Körperschaftssteuer **17** 333
- Kündigungserklärung **17** 169
- Kündigungsrecht **17** 108 ff.
- Mehrheitsbeschlussfassung **17** 216 ff.
- mittelbare Beteiligung **16** 409 ff.; **17** 127 ff., 267 ff.
- Mittreugeber **17** 192
- Nachhaftung **17** 141 ff.
- Nachschüsse **17** 247 ff.
- Nachschusspflicht **17** 252 ff.
- Prospekthaftungsrechtsprechung **17** 51, 157
- Rechte und Pflichten der Gesellschafterversammlung **17** 207 ff.
- Rechte und Pflichten der Komplemetäre **17** 161 ff.
- Rechte und Pflichten des Beirats **17** 174 ff.
- Rechte und Pflichten des Treuhandkommanditisten **17** 187 ff.
- Rechtsnatur **17** 10 ff.
- Rechtssubjekt **17** 10
- Schein-KG **17** 36 ff.
- Schein-Renditen **17** 396
- Sonderrecht **17** 3, 51 ff.
- Stellung des Treuhandkommanditisten **17** 320 ff.
- steuerliche Mitunternehmerschaft **17** 3, 367 ff.
- steuerrechtliche Einordnung **17** 21 ff.
- Steuerrechtssubjekt **17** 22
- stille Beteiligung **18** 41 ff., 53 ff.
- Stimmrechte **17** 208 ff.
- Stimmrechtsabspaltung **17** 163, 208 ff.
- Stimmrechtsausschluss bei Interessenkollision **17** 212
- Stimmrechtsbindung **17** 214
- Stimmrechtsbindungsvereinbarungen **17** 189
- Treuhandbeteiligung **17** 278 ff., 285 ff.
- Treuhänderpflichten **17** 195 ff.
- Treuhandkommanditist **17** 187 ff.
- Treuhandschaft im Steuerrecht **17** 349 ff.
- Treuhandverhältnis **17** 189 ff.
- Überschuss-Einkünfte **17** 335 ff.
- unmittelbare Beteiligung **16** 403 ff.
- Unterbeteiligung **17** 278 ff.
- Unternehmereigenschaft **17** 362 ff.
- Veräußerung der Beteiligung **17** 392 ff.
- Verbot der Drittorganschaft **17** 165
- Verlustverwendung **17** 388
- Verlustzurechnung **17** 371 ff.
- Vertreterklauseln **17** 215
- Vertretungsmacht **17** 161 ff.
- Verwaltungsbeirat **17** 174
- vorvertragliche Aufklärungspflichten **17** 145, 196
- Widerspruchsrecht **17** 150 ff.
- Wirksamkeit von Beschlüssen **17** 227 ff.
- Zusammenschlüsse **17** 306 ff.
- Zustimmungserfordernis **17** 151, 175

Pump and dump **10** 47
PWA-Modell **16** 206

Qualifizierter Rangrücktritt **22** 13
Quasi-Gesellschafter **19** 17
*Quelle*-Entscheidung **5** 333
Quellensteuer **16** 86
Quotenhaftung **19** 60 ff.

Range warrants **27** 730
Ratingagenturen
- europäische Regulierung **1** 79 ff.
- Registrierung und Beaufsichtigung **1** 125
- Verbesserung des Rechtsrahmens **1** 84
- Verordnung (EG) Nr. 1060/2009 **1** 80 ff.
- zivilrechtliche Haftung **1** 84

Rechenschaftspflichten
- Vermögensverwaltung **23** 78 ff., 88

Rechnungslegung
- Kommissionsgeschäft **13** 68 f.
- Pflicht des Treuhänders **4** 410

Rechtsberatungsgesetz (RBerG)
- Allgemeines **16** 425
- Annahme eines Verstoßes **4** 209 ff.
- Anscheins- und Duldungsvollmacht **4** 217
- Anwendbarkeit der §§ 171, 172 BGB **4** 212 ff.
- Ausschluss nach § 173 BGB **4** 215 f.
- Genehmigung schwebend unwirksamer Geschäfte **4** 218
- Genehmigungserfodernis **4** 209 ff.
- Rechtsfolgen bei Verstoß **4** 221
- Schutzzweck **4** 210
- Treu und Glauben **4** 219 f.
- bei Treuhandverträgen **4** 209
- Verbundgeschäfte **4** 213
- Verwirkung **4** 219 f.

Rechtsdienstleistungsgesetz (RDG) **16** 425
Rechtswahl
- Devisenvorschriften **7** 40 f.
- Dokumentenakkreditiv **7** 37
- Grenzen **7** 36 ff.
- Inlandsgeschäfte **7** 37 f.
- Parteiautonomie **7** 27 ff.

Rechtswahlklauseln
- AGB **7** 31 ff.
- Inhaltskontrolle **7** 34
- internationales Kapitalanlagerecht **7** 31 ff.
- bei Schiedsvereinbarung **25** 22 ff.

Reformen **1** 31 f.

1451

# Sachverzeichnis

fette Zahlen = Paragraphen

Regelpublizität
- fehlerhafte Entsprechenserklärung **6** 62
- fehlerhafte Finanzberichte **6** 61
- fehlerhafter Jahresabschluss **6** 60 ff.
- Haftung für fehlerhafte Regelpublizität **6** 59 ff.
- Haftung für Fehlerhaftigkeit **6** 60 ff.

Registrierungspflicht
- Investmentgeschäft **22** 33
- Kapitalverwaltungsgesellschaften **22** 85

REIT *sa German Real Estate Investment Trust*
REIT-Aktiengesellschaften **5** 362; **22** 23, 29
Reklamationspflichten
- des Kommittenten **13** 70 f.

Renditefonds **19** 6; **22** 67
Renten-Indexfonds **22** 67
Repo-Geschäfte **1** 104
Repräsentantenhaftung
- bei Anlageberatung, -vermittlung **3** 92

Reverse Floater **27** 784
Richtlinie über Finanzmärkte (MiFID)
- Ausweitung des Anlegerschutzes **1** 54
- Einführung **1** 53

Risiken von Kapitalanlagen **26** 1 ff.
- Abwicklungsrisiko **26** 5
- Insolvenz des Finanzintermediärs **26** 3 ff.
- Substanzverlust **26** 1
- Verwaltungsrisiko **26** 5

Risikobegrenzungsgesetz
- Regelungskonzept **1** 114
- umgesetzte Maßnahmen **1** 115

Risikomanagement **22** 79
Risikostreuung
- Vermögensverwaltung **23** 69 ff.

Roadshows **1** 130
Rollenbedingte Verantwortlichkeit **4** 299 ff.
Rückforderungsdurchgriff **4** 360
Rückkaufprogramme
- Ausnahme vom Marktmanipulationsverbot **10** 12, 62, 132

Rücktritt
- Kommissionsgeschäft **13** 42

Rückvergütungen
- Abgrenzung zur Innenprovision **16** 222
- Aufklärungspflicht **1** 122; **3** 26, 31, 115, 145; **13** 19 ff.; **16** 310
- vorsätzliches Verschweigen **3** 138

Rückwirkungsthematik **16** 272 ff.
*Rupert Scholz*-Entscheidung **5** 36

Sachwert
- Definition **4** 27
- Ermittlung **4** 27

Safe-Harbour-Regelung **8** 15; **10** 29 ff., 52, 132
Sale and Repurchase Agreements **1** 104
Sanierungsbedürftigkeit **4** 295
Sarbanes Oxley Act **1** 44
Scalping **8** 43, 45; **10** 51, 130

Schein-KG **16** 390; **17** 36 ff.
Schein-Renditen **17** 334, 396
Schiedsgericht
- Bestellung **25** 117
- Sitz **25** 126

Schiedsrichter
- Auswahl **25** 119 ff.
- Übertragung des Ernennungsrechts **25** 120 f.

Schiedsspruch
- ausländische Schiedssprüche **25** 150 ff.
- Durchsetzbarkeit **25** 15
- Rechtswirksamkeit ausländischer Schiedssprüche **25** 151 ff.

Schiedsvereinbarung
- Abschluss **25** 21 ff.
- Finanztermingeschäfte **20** 29 ff.
- Geschäftsfähigkeit **25** 19
- Kompetenz-Kompetenz **25** 32 ff.
- materiellrechtlicher Vertrag **25** 21
- objektive Schiedsfähigkeit **25** 16 f.
- Rechtswahlklauseln **25** 22 ff.
- subjektive Schiedsfähigkeit **25** 18 ff.
- vermögensrechtliche Ansprüche **25** 17
- Vor- und Nachteile **25** 5 ff.
- Wegfall **25** 26 ff.

Schiedsverfahren
- Anerkennung ausländischer Schiedssprüche **25** 150 ff.
- anwendbares materielles Recht **25** 129 ff.
- anwendbares Verfahrensrecht **25** 123
- Ausgestaltung **25** 12, 124 ff.
- Auswahl der Schiedsrichter **25** 119 ff.
- Bestellung des Schiedsgerichts **25** 117 f.
- Beweiserhebung **25** 136
- Dauer des Verfahrens **25** 10
- Durchsetzbarkeit des Schiedsspruchs **25** 15
- Einbeziehung Dritter **25** 69 ff.
- faires Verfahren **25** 7
- bei geschlossenen Immobilienfonds **16** 384
- bei Klägermehrheit **25** 67
- Kosten **25** 11, 137 ff.
- Kostenerstattung **25** 137 ff.
- Mehrparteienschiedsverfahren **25** 68
- Musterschiedsverfahren **25** 74
- Präzedenzwirkung **25** 14
- Schiedsverfahrensrecht **25** 124 ff.
- spezielle Sachkunde **25** 8 f., 117
- Streitverkündung **25** 70
- Vertraulichkeit **25** 13
- Vollstreckbarerklärung ausländischer Schiedssprüche **25** 150 ff.
- Vor- und Nachteile **25** 5 ff.
- Zustellungen **25** 135
- Zustimmungserfordernis **25** 67, 69

Schiffsbeteiligungen **16** 203
Schiffsfonds
- Gewinnermittlung **27** 382 ff.
- Konzeption **27** 380

magere Zahlen = Randnummern

## Sachverzeichnis

– steuerliche Behandlung des Anlegers **27** 390
– steuerliche Behandlung des Fonds **27** 387 ff.
– Tonnagebesteuerung **27** 382 ff.
– Tonnagegewinn **27** 387 ff.
Schuldmitübernahme **4** 279
Schuldtitel **8** 28
Schuldverschreibungen **1** 28, 109 f.
Schutzgesetze
– Funktionen- und Individualschutz **6** 12 ff.
– Negativbeispiele **6** 13 ff.
– Positivbeispiele **6** 16 ff.
Schutzgesetzverletzung
– bei Haftung für fehlerhafte Ad-hoc-Publizität **6** 12 ff.
Schwerwiegende Interessenskonflikte
– Aufklärungspflicht der Bank **4** 326 ff.
Securities Exchange Act **8** 1
Security Class Actions **25** 144
Segré-Bericht **8** 3
Sekundärverjährung **3** 139
Selbsteintritt
– Kommissionär **13** 44 ff.
Selbstregulierung
– Insiderrecht **8** 2, 10
Semi-professional Investors **22** 76
Semiprofessionelle Anleger **5** 328, 330; **22** 75 f.
Senioren-Fonds **16** 201 f.
Set-up Anleihen **27** 784
Sicherung von Kapitalanlagegeschäften
– Dokumentenakkreditiv **7** 102 ff.
– Garantie **7** 100 f.
– Kollisionsrecht **7** 99 ff.
Sicherungs-Shopping **26** 24
Sittenwidrige Schädigung
– Anhaltspunkte für Kausalität **6** 29 ff.
– Anlagestimmung **6** 27 f.
– Anscheinsbeweis für Kausalzusammenhang **6** 26
– Haftung für fehlerhafte Ad-hoc-Publizität **6** 19 ff.
– IKB-Urteil **6** 30
– Kausalität **6** 25
– Kursdifferenzschaden **6** 36
– Mitverschulden **6** 37
– Naturalrestitution **6** 33 ff.
– Parteivernehmung bei Beweisschwierigkeiten **6** 30
– Schaden **6** 32 ff.
– Sittenwidrigkeit **6** 20 ff.
– Transaktionserfordernis **6** 31
– Vertragsabschlussschaden **6** 33 ff.
– Vorsatz **6** 23 f.
Sittenwidrigkeit
– Kommissionsgeschäft **13** 34
Sitztheorie **7** 72
Small-Cap-Fonds **22** 66
Sondervermögen **22** 47

Sonstige Kapitalforderungen jeder Art
– Abgeltungsteuer **27** 778
– Aktienanleihe **27** 786
– beschränkt steuerpflichtige Privatanleger **27** 800 ff.
– Capped Warrants **27** 787
– Ertragsbesteuerung **27** 788 ff.
– Kapitalertragsteuer **27** 799
– Veräußerungsgewinne **27** 794 ff.
– Zerobonds **27** 785
Sparerpauschbetrag **27** 805
*Spector*-Urteil **1** 118; **8** 96
Spekulationsgeschäfte
– Begriff **2** 3
Spekulationsverbot
– Vermögensverwaltung **23** 68
Spezial-AIF
– allgemeine offene Spezial-AIF **22** 59
– Anlagespektrum **22** 58
– Aussteller- und Anlagegrenzen **22** 58
– mit festen Anlagebedingungen **22** 59
– geschlossene Spezial-AIF **22** 60
– Hedgefonds **22** 59
– offene Spezial-AIF **22** 59
Spezialitätenfonds **22** 69
Spezielle Rentenfonds **22** 67
Spieleinwand **20** 27
Squeeze Out-Verfahren **1** 49
Staatshaftung
– nicht ordnungsgemäße Richtlinien-Umsetzung **4** 144
Staatsschuldenkrise **1** 66
Standard-Aktienfonds **22** 66
Standardisierte Vermögensverwaltung **22** 10
Standard-Rentenfonds **22** 67
Statut der Europäischen Aktiengesellschaft **8** 3
Steuerbegünstigte Kapitalanlagen
– Abschreibungs-/Verlustzuweisungsmodelle **16** 1 ff.
– Anerkennung negativen Kapitalkontos **16** 36 ff.
– Aufgabe der Baupatenrechtsprechung **16** 64 ff.
– Aufgabe der Gepräge-Rechtsprechung **16** 72 ff.
– Baupatenrechtsprechung **16** 42, 52, 64 ff.
– Bericht der Bundesregierung **16** 75 ff.
– Entwicklung **16** 1 ff.
– Gepräge-Gesetz **16** 80 f.
– gewerbliche Modelle **16** 8 ff.
– Maßnahmen von Finanzverwaltung/Gesetzgeber **16** 28 ff.
– neuere Entwicklungen **16** 111 ff.
– private Modelle **16** 22 ff.
– steuerliche Entwicklung **16** 8 ff., 42 ff.
– Verlustbegrenzung **16** 28 ff.
Steuerorientierte Fonds **19** 6
Steuerorientierte Kapitalanlagen
– Anlageberatung **3** 48 ff.
– Verfassungsrechtsprechung zur Rückwirkungsthematik **16** 272 ff.

1453

# Sachverzeichnis

fette Zahlen = Paragraphen

Steuervorteile
- Auskunfts- und Informationspflichten **3** 45, 48

Stichtagsprinzip **3** 148

Stille Beteiligung
- Abgrenzungen **18** 5 ff.
- AG & Still **18** 72 ff.
- Agio **18** 14
- atypisch stille Beteiligung **18** 12; **27** 542 ff.
- atypisch stille Gesellschaft **18** 87 ff.
- außerordentliche Kündigung **18** 59
- Auszahlungen vom Hauptbeteiligten **18** 3
- mit Beitrittsverpflichtung als Kommanditist **18** 53 ff.
- Besteuerung des Geschäftsinhabers **27** 515 ff.
- Besteuerung des typisch Stillen **27** 519 ff.
- Beteiligungsmöglichkeiten **18** 53 ff.
- Beteiligungsvertrag **18** 1
- bilanzielle Behandlung der Einlage **27** 515
- Charakteristik **27** 505 ff.
- Einkommensteuer **27** 542 ff.
- Einkünfte des stillen Gesellschafters **27** 546 ff.
- erlaubnispflichtiges Bankgeschäft **18** 45, 48 ff.
- fehlerhafte Beteiligung **18** 78 ff.
- Gestaltungsmöglichkeiten **18** 2, 5; **27** 506
- Gewerbesteuer **27** 555 ff.
- Gewerbeverlust **27** 559
- Gewinnanteile **27** 519 ff., 546 f.
- Gewinnbeteiligung **18** 8
- GmbH & Still **18** 63 ff.; **27** 563 ff.
- Immobiliendevelopment & Still **18** 68 ff.
- Innengesellschaft **18** 9; **27** 505
- Kollisionsrecht **7** 87
- Kontrollrechte **18** 22, 38
- Körperschaftsteuer **27** 542 ff.
- Kündigung **18** 24, 36, 59
- KWG **18** 48 ff.
- Liebhaberei **27** 549 ff.
- Mindestgewinn **18** 44
- Mittelverwendungstreuhänder **18** 42
- Mitunternehmerinitiative **18** 20, 87; **27** 510
- Mitunternehmerschaft **18** 20, 54; **27** 509 ff.
- Mitverwaltungsrechte **18** 33
- Nachschusspflicht **18** 46
- Prospekthaftung **18** 43
- Publikumsgesellschaft **18** 41 ff., 53 ff.
- Publikums-KG **18** 53 ff.
- Rendite **18** 104
- Rückzahlung der Einlage **18** 37
- steuerliche Behandlung **18** 14; **27** 509 ff., 542 ff.
- steuerliche Besonderheiten bei atypischer Beteiligung **18** 87 ff.
- steuerliche Gewinnermittlung **27** 543 ff.
- Steuersubjekt **27** 514 ff., 542
- Stille Gesellschaft mit Auslandsbezug **27** 560 ff.
- Stille Projekt-/Objektbeteiligung **18** 99
- typisch stille Beteiligung **18** 11; **27** 509 ff.
- Umsatzsteuer **18** 16 f.
- Unternehmensbeteiligungen **18** 62
- Unternehmerrisiko **18** 88
- unzulässige Beteiligung **18** 4
- Veräußerung typisch stiller Beteiligung **27** 539 ff.
- Veräußerungsgewinne **27** 554
- Vergütung des Stillen **27** 516 ff.
- Verlustanteile **27** 548 ff.
- Verlustbeteiligung **18** 22; **27** 526 ff.
- Verluste bis zur Einlage **27** 527 ff.
- Verluste über Einlage hinaus **27** 534 ff.
- vermögensverwaltende atypisch stille Gesellschaft **18** 100 ff.
- Zweckgemeinschaft **18** 23, 34

Stille Beteiligungen
- als gemeinsame Kapitalanlage **22** 13

StilleProjekt **18** 99

Stimmrecht
- Abspaltung **17** 163, 208 ff.
- Ausschluss **17** 212
- Ausübungsbefugnis **14** 49
- Bindungsvereinbarung **17** 189, 214
- erhöhte Stimmrechte **17** 213
- Erwerbsinstrumente **14** 56 ff.
- gesellschaftsvertraglicher Entzug **17** 211
- konzerninterne Übertragung **15** 6
- mehrfache Stimmrechte **17** 213
- meldepflichtige Tatbestände **14** 10 ff.
- Nichtberücksichtigung **14** 75
- Publikums-KG **17** 208 ff.
- Rechte zum Aktienerwerb **14** 57 ff.
- Stimmrechtspooling **22** 9
- Vertreterklauseln **17** 215
- Zurechnung **14** 23 ff.

Stimmrechtsvereinbarung **22** 9

Stimmrechtszurechnung
- bei abgestimmter Stimmrechtsausübung **14** 31 ff.
- abschließende Zurechnungstatbestände **14** 50
- acting in concert **14** 31 ff.
- bei beherrschendem Einfluss **14** 28
- Erwerb aufgrund einseitiger Willenserklärung **14** 47 f.
- Grundkapitaländerungen **14** 52 ff.
- Kreditsicherheiten **14** 45
- Meldepflicht **14** 10 ff.
- Mutter-/Tochterverhältnis **14** 27
- Nießbrauch **14** 45
- Offenlegungspflicht **14** 10
- für Rechnung Dritter **14** 39 ff.
- Schwellenwerte **14** 10, 90
- Stimmrechtsausübungsbefugnis **14** 49
- von Tochtergesellschaft gehaltenen Aktien **14** 26 ff.
- Treuhandverhältnis **14** 39 ff.

magere Zahlen = Randnummern

# Sachverzeichnis

- Veränderungen des Grundkapitals **14** 52
- WpÜG **14** 51
- Zurechnungstatbestände **14** 24 ff.
Stock option plans
- Insiderpapiere **8** 22
Streitverkündung **25** 70 ff.
Streubesitzbeteiligungen **27** 165 f.
Streuschäden **25** 3
Stützungsfonds **26** 13
Substanzverlustrisiko **26** 1
Swapgeschäfte **27** 740 ff.
Systemisches Risiko **26** 9

Teileinkünfteverfahren **27** 62, 283 f.
Teilsondervermögen **22** 50
Termingeschäfte
- Aktienoptionen an Mitarbeiter **27** 746 ff.
- Arbitragezweck **27** 705
- Aufgabe der Börsenrechtssphäre **20** 17 f.
- Ausnahme von Verlustbeschränkung **27** 765 ff.
- Begriff **20** 19 ff.; **27** 699 ff.
- Besteuerung im Betriebsvermögen **27** 753 ff.
- Besteuerung im Privatvermögen **27** 711 ff.
- Betriebsvermögenzuordnung **27** 753 ff.
- Bewertungseinheiten **27** 760 ff.
- Devisentermingeschäfte **27** 737 ff.
- Einführung **20** 1 f.
- Festgeschäfte **27** 706
- geschlossene Positionen **27** 760 ff.
- Konzept des Börsengesetzes **20** 3 ff., 6 ff., 10 ff.
- Konzept des Vierten Finanzmarktförderungsgesetzes **20** 12 ff.
- Neuregelung **1** 39
- offene Positionen **27** 756 ff.
- Optionsgeschäfte **27** 714 ff.
- Sicherungsgeschäfte **27** 745
- Spekulationszweck **27** 705
- steuerbilanzielle Behandlung **27** 756 ff.
- steuerrechtlicher Begriff **27** 707 ff.
- Swapgeschäfte **27** 740 ff.
- unbedingte Termingeschäfte **27** 706, 732 ff.
- Unterform der Derivate **27** 700
- Verlustabzugsbeschränkung **27** 763 ff.
- sa *Derivate, Finanztermingeschäft*
Thesaurierungsfonds **22** 71
Topping-up **26** 112 f.
Transaktionserfordernis
- Haftung für fehlerhafte Ad hoc-Mitteilungen **6** 31, 51
Transaktionsregister **1** 87
Transient Jurisdiction **25** 142
Transparenz
- Anlageangebote **1** 28
Transparenz- und Publizitätsgesetz (Trans-PuG) **1** 48
Transparenzrichtlinie **1** 52, 77 ff.
Treuepflicht der Gesellschafter **16** 295

Treugeber-Versammlung **17** 308
Treuhandbeteiligung
- Arten **17** 285 ff.
- Einlage **17** 290 ff.
- Haftung **17** 295
- Stimm-, Informations- und Kontrollrechte **17** 293 f.
- vermögensmäßige Beteiligung **17** 286 ff.
Treuhandkommanditist
- Publikums-KG **17** 187 ff.
Treuhandkonto
- Haftung des Treuhänders **4** 418
- Pfandrecht **4** 423 f.
Treuhandschaft
- Beteiligungstreuhänderschaft **19** 13
- Bürgschaft und Pfandrecht **4** 417
- Dauer der Geschäftsführung **4** 390
- eigennützige Treuhand **4** 368
- fehlende Vollmacht **4** 419 ff.
- fiduziarische Vollrechtstreuhand **17** 349 ff.
- Garantien **4** 412
- Gesellschaftstreuhänder **4** 370
- gesondertes Gewinnfeststellungsverfahren **17** 357 ff.
- Grundbuchtreuhänderschaft **19** 13
- Haftung der Bank **4** 366 ff.
- Interessenausgleich zwischen Bauherren **4** 393 f.
- Interessenkollision **4** 392
- Mehrwertsteueroption **4** 415
- Mittelverwendung **4** 404 ff.
- nachwirkende Treuepflichten **4** 395
- prospektierte Steuervorteile **4** 414
- Publikums-KG **17** 189 ff.
- Rechnungslegung und Auskunft **4** 410 f.
- Steuerrecht **17** 349 ff.
- steuerrechtlich anerkannte Treuhandverhältnisse **17** 356 ff.
- Treuhandformen **4** 369 ff.
- Treuhandkommanditist **4** 387
- Treuhandkonto **4** 418
- Treuhandpflichten **4** 373
- Übernahme der KG-Anteile **4** 391
- Übertragung **4** 389
- uneigennützige Treuhand **4** 368
- Vermeidung steuerlicher Nachteile **4** 416
- Vertragsdurchführung **4** 400 ff.
- Vertragsgestaltung **4** 397 ff.
- Vertragspflichten gegenüber Bank **4** 417 ff.
- Vertragstreuhänder **4** 372
- Wahrung allgemeiner Treugeberinteressen **4** 388 ff.
- Wahrung finanzieller Treugeberinteressen **4** 396 ff.
- Wahrung steuerlicher Treugeberinteressen **4** 413 ff.
- Zahlungstreuhänder **4** 371
- Zurechnungen von Einkünften **19** 181

1455

# Sachverzeichnis

fette Zahlen = Paragraphen

Typisch stille Gesellschaft
- Abgrenzung vom partiarischen Darlehen **27** 512 f.
- mit Auslandsbezug **27** 560
- Besteuerung des Geschäftsinhabers **27** 515 ff.
- Besteuerung des typisch Stillen **27** 519 ff.
- bilanzielle Behandlung der Einlage **27** 515
- Gewinnanteile **27** 519 ff.
- GmbH & typisch Still **27** 567 ff.
- steuerliche Behandlung **27** 509 ff.
- Steuersubjekt **27** 514 ff.
- Veräußerung typisch stiller Beteiligung **27** 539 ff.
- Vergütung des Stillen **27** 516 ff.
- Verlustbeteiligung **27** 526 ff.
- Verluste bis zur Einlage **27** 527 ff.
- Verluste über Einlage hinaus **27** 534 ff.

Übernahmeangebote **1** 49
Übernahmeverfahren **15** 3 ff.
Überschreiten der Kreditgeberrolle **4** 308, 310, 314
Überwachungspflichten
- Bank als Kreditgeber **4** 280 ff.
- der kreditfinanzierenden Bank **4** 280 ff.

UMAG **1** 48
Umbrella-Konstruktion **22** 49
Umsatzsteuer
- Geldhingabe durch stillen Gesellschafter **18** 16 f.
- KapHag-Entscheidung des EuGH **19** 104
- Publikums-GbR **19** 178

Umtauschanleihe **27** 596, 618, 630
Unerfahrenheit
- Ausnutzen **9** 30
- Bestimmung der Unerfahrenheit **9** 15 ff.
- bei Börsenspekulationsgeschäfte **9** 15 ff.

Unrichtige Darstellung (§ 400 AktG)
- Schutzgesetzcharakter **6** 16

Unterbeteiligungen **17** 314; **18** 40
Unterbeteiligungsgesellschaft **17** 314
Unternehmensbeteiligungsgesellschaften **18** 62
Unternehmenssicherung **26** 8
Unternehmensteuerreformgesetz **27** 3
Unternehmereigenschaft **17** 362 ff.
Unternehmerische Beteiligungen **3** 57 ff.
Unternehmerisches Risiko **26** 1 f.

Venture Capital-Fonds
- Abgrenzung Vermögensverwaltung/gewerbliche Tätigkeit **27** 405 ff.
- Anteile im Betriebsvermögen **27** 447 ff.
- Anteile im Privatvermögen **27** 436 ff.
- Anwendbarkeit des InvStG **27** 402
- Anwendung des KAGB **27** 403 f.
- ausländische Anleger **27** 455 f.
- ausländische Fondsgesellschaft **27** 452 ff.
- Carried Interest **27** 457 ff.

- Charakteristik **27** 392 ff.
- inländische Fondsstruktur **27** 400 f.
- KAGB **22** 42
- steuerliche Behandlung der Anleger **27** 436 ff.
- steuerliche Behandlung des Fonds **27** 402 ff.
- steuerliches Ziel **27** 395
- Wagniskapitalbeteiligungsgesellschaften **27** 426 ff.

Veräußerung der Beteiligung **17** 392 ff.
Veräußerung hybrider Finanzierungsinstrumente **27** 645
Veräußerung sonstiger Kapitalforderungen jeder Art **27** 794 ff.
Veräußerung typisch stillen Beteiligung
- Betriebsvermögen **27** 541
- Privatvermögen **27** 539 f.

Veräußerung von Fondsanteilen
- Anteile gewerblicher Fonds **27** 350
- Anteile im Betriebsvermögen **27** 346 f.
- Anteile im Privatvermögen **27** 348 ff.

Veräußerung von Investmentanteilen
- Aktiengewinn **27** 247 ff.
- Anlegeraktiengewinn **27** 257
- Anteile im Betriebsvermögen **27** 246 ff.
- Besteuerung **27** 238 ff.
- Immobiliengewinn **27** 254 f.
- Veräußerungsgewinn **27** 244 ff.
- Zwischengewinn **27** 239 ff.

Veräußerung von Kapitalgesellschaftsanteilen
- Anschaffungskosten **27** 98 f.
- Anteile am Betriebsvermögen natürlicher Personen **27** 66 ff.
- Anteile am Betriebsvermögen von Körperschaften **27** 40 ff.
- Anteile am Privatvermögen natürlicher Personen **27** 80 ff.
- Anteile aus Umwandlungen **27** 92 ff.
- Besteuerung **27** 40 ff., 66 ff., 80 ff.
- einbringungsgeborene Anteile **27** 103 ff.
- Einkommensteuer **27** 66 ff.
- Freibetrag **27** 100
- Gewerbesteuer **27** 51, 72
- Körperschaftsteuer **27** 42 ff.
- private Kapitaleinkünfte **27** 81 ff.
- Veräußerungskosten **27** 99
- Veräußerungsverlust **27** 85, 101
- Wegzugsbesteuerung **27** 121 ff.
- wesentliche Beteiligungen **27** 86 ff.

Verbot der Drittorganschaft **17** 165; **19** 127
Verbot der Marktmanipulation
  s. *Marktmanipulationsverbot*
Verbot von Finanztermingeschäften **20** 28
Verbraucher
- Auslegung durch Rechtsprechung **2** 16 ff.
- Definition **2** 14 f.
- bei erheblichen Investitionen **2** 20 ff.
- GbR **2** 18 ff.; **16** 340
- geschäftsführende Gesellschafter **2** 16

magere Zahlen = Randnummern

# Sachverzeichnis

– geschlossene Immobilienfonds **16** 339 ff.
– Gewinnerzielungsabsicht **2** 20 ff.
– Kapitalanleger **16** 342
– Publikums-GbR **19** 7 ff.
Verbraucherbeirat **1** 3, 127
Verbraucherdarlehensvertrag
– Auszahlung **4** 198 f.
– Deutlichkeitsgebot **4** 171a
– effektiver Jahreszins **4** 186
– Finanzierungsvermittlungsprovision **4** 184 f.
– Gesamtbetragsangabeverpflichtung **4** 177 ff.
– Geschlossene Immobilienfonds **16** 362 ff.
– Gesetzlichkeitsfiktion **4** 171a
– Heilung von Mängeln **4** 198 f.
– Kapitallebensversicherung **4** 207 f.
– Lebensversicherungsprämien **4** 186
– Nichtigkeit bei Fehlen von Angaben **4** 194 ff.
– Pflichtangaben **4** 171a
– Pflichtangaben und Vergleichsabschlüsse **4** 172 f.
– Pflichtangaben und Vollmachten **4** 174 ff.
– Rechtsfolge **4** 202 ff.
– Rechtsgrundlage **4** 171
– Schriftform **4** 193
– Sicherheiten **4** 189
– Unterdeckungsrisiko **4** 207 f.
– verbundene Verträge **16** 362
– Versicherungskosten **4** 187 f.
– Vorfälligkeitsentschädigung bei bankseitiger Kündigung **4** 171b
– Widerrufsbelehrung **4** 171a
– Zustandekommen **4** 191 f.
Verbrauchergerichtsstände **25** 89
Verbraucherschutz
– bei Beteiligung an geschlossenen Immobilienfonds **2** 10 ff.
– Einschränkung bei Kapitalanlegern **2** 3 ff.
– Geschlossene Immobilienfonds **16** 339 ff., 348 ff.
– höhere Anforderungen **2** 2
– bei Publikums-Personengesellschaften **19** 10
– Schutz des Kapitalanlegers **1** 3; **2** 1 ff.
– bei Spekulationsgeschäften **2** 2
Verbraucherschutzrichtlinie **16** 348
Verbraucherverträge
– Feststellung missbräuchlicher Klauseln **16** 348 ff.
– internationales Kapitalanlagerecht **7** 35
– Kommissionsgeschäft **13** 25 ff.
– Vermögensverwaltungsvertrag **23** 43 ff.
Verbriefungszweckgesellschaften
– Bereichsausnahme des KAGB **22** 36
Verbundbelehrung **4** 117, 119
Verbundene Geschäfte
– aktuelle Rechtslage **4** 163 ff.
– alte Rechtslage **4** 159 ff.
– Beitritts- und Darlehensgeschäft **4** 135

– Darlehensvertrag und finanziertes Geschäft **4** 146
– Finanzierungszusammenhang **4** 163
– Geschlossene Immobilienfonds **16** 362
– Indizien **4** 159
– maßgebliche Kriterien **4** 159
– Trennungsklausel **4** 347
– wirtschaftliche Einheit **4** 159 ff., 163 f.; **16** 362
Verdachtsanzeige **10** 139
Verdeckte Gewinnausschüttung **27** 567 ff., 582
Vergleichswertverfahren **4** 30, 293
Verhaltenspflichten
– Vorbeugung vor Insiderstraftaten **8** 180 f.
Verjährung
– Ansprüche aus Anlageberatung, -vermittlung **3** 137 ff.
– Ansprüche aus Vermögensverwaltung **23** 118 ff.
– Produkthaftung nach KAGB **5** 414 ff.
– Produkthaftungsansprüche **5** 110 ff.
– Prospekthaftung nach VermAnlG **5** 274 ff.
– Regelverjährung **3** 141
– Sekundärverjährung **3** 139
Verkaufsprospektgesetz (VerkProspG)
– Aufhebung **1** 96; **5** 16, 116 ff.
– Novellierung **5** 14
Verkaufsprospekt-Verordnung **5** 15
Verkaufsunterlagen
– bei AIF **22** 118
– Anlegerschutz im Investmentrecht **22** 115 ff.
– Begriff **22** 115
– bei Dach-Hedgefonds **22** 119
– bei OGAW **22** 117
Verkehrswert
– Definition **4** 29
– Ermittlung **4** 29 f.
– Gutachten **4** 293
Verleitung zu Börsenspekulationsgeschäften
– bei Aufklärung über Geschäftssystematik/ Risiken **9** 22
– Aufschlagsproblematik **9** 27
– Ausnutzen der Unerfahrenheit **9** 30
– Bedeutung **9** 2
– Bestimmung der Unerfahrenheit **9** 15 ff.
– Börsenspekulationsgeschäft **9** 6 ff.
– Gewerbsmäßigkeit **9** 33
– intellektuelle Kenntnisstand **9** 18
– Konkurrenzen **9** 38 ff.
– Novellierung **9** 3
– Schadensersatzpflicht **9** 40
– Schutzgesetzcharakter **9** 40
– Schutzrichtung **9** 5, 11
– Strafbarkeitslücken **9** 4
– Unerfahrenheit **9** 15
– unmittelbare/mittelbare Beteiligung **9** 9
– Verbot **9** 1
– Verfahren **9** 38 ff.
– Verleiten **9** 31 ff.

1457

# Sachverzeichnis

fette Zahlen = Paragraphen

- Vermittlung von Grundkenntnissen **9** 24
- Vermögensschutz **9** 37
- Vertrauenserzeugung **9** 5
- Vorsatz **9** 34 ff.
- Willensbeeinflussung **9** 31

Verlustabschichtung **17** 383 ff.

Verlustausgleich, erweiterter
- geschlossene Immobilienfonds **16** 184 ff.
- Publikums-KG **17** 377

Verlustbegrenzung **16** 28 ff.

Verlustklauseln **16** 30

Verlustverwendung
- Publikums-KG **17** 388

Verlustzurechnung
- erweiterter Verlustausgleich **16** 184 ff.; **17** 377
- Publikums-GbR **19** 95
- Publikums-KG **17** 371 ff.
- Saldierung von Ergebnissen **17** 378 ff.

Verlustzuweisungsgesellschaften
- Einnahmenerzielungsabsicht **17** 28
- Handelsgewerbe **17** 26
- Modelle **16** 4 ff.

Verlustzuweisungsmodelle
- Anerkennung negativen Kapitalkontos **16** 36 ff.
- Aufgabe der Baupatenrechtsprechung **16** 64 ff.
- Aufgabe der Geprägerechtsprechung **16** 72 ff.
- Baupatenrechtsprechung **16** 42, 52, 64 ff.
- Bericht der Bundesregierung **16** 75 ff.
- Entwicklung **16** 1 ff.
- Gepräge-Gesetz **16** 80 f.
- gewerbliche Modelle **16** 8 ff.
- Maßnahmen von Finanzverwaltung/Gesetzgeber **16** 28 ff.
- neuere Entwicklungen **16** 111 ff.
- private Modelle **16** 22 ff.
- steuerliche Entwicklung **16** 8 ff., 42 ff.
- Verlustbegrenzung **16** 28 ff.

Vermögensanlagen
- Definition **5** 238, 243
- Finanzinstrument **8** 36
- Verkaufsprospekt **5** 238

Vermögensanlagengesetz (VermAnlG)
- Einführung **1** 96; **5** 5
- Prospekthaftung **5** 238 ff.
- sa Prospekthaftung nach VermAnlG

Vermögensanlagen-Informationsblatt
- Erstellpflicht **1** 97, 102
- Haftung bei Unrichtigkeit **5** 239

Vermögensanlagen-Verkaufsprospektverordnung (VermVerkProspV) **5** 15; **16** 258

Vermögensbildung in Arbeitnehmerhand
- Anlageberatung **3** 64 ff.
- Aufklärungspflichten **3** 64 ff.

Vermögensgerichtsstand **25** 86 ff.

Vermögenstrennung **26** 6

Vermögensvernichtungsmodelle **11** 8

Vermögensverwaltende atypisch stille Gesellschaft **18** 100 ff.

Vermögensverwalter
- aufsichtsrechtliche Pflichten **23** 30 ff., 82 ff.
- Aufzeichnungspflichten **23** 41
- Befolgung der Anlagerichtlinien **23** 59 ff., 101
- Best-Execution-Policy **23** 38
- Conflict-of-Interest-Policy **23** 36 f.
- Dokumentationspflichten **23** 90
- Erlaubnispflicht **23** 25
- Exploration des Kunden **23** 27, 31 ff.
- Haftung für Pflichtverletzungen **23** 94 ff.
- Herausgabepflicht **23** 81
- Informations- und Beratungspflichten **23** 28 f., 34 f.
- Informations- und Rechenschaftspflichten **23** 78 ff.
- Interessenwahrungspflicht **23** 71 ff.
- Leistungserbringungspflicht **23** 82
- Pflichten bei Vertragsabschluss **23** 26 ff., 30 ff.
- Pflichten bei Vertragsdurchführung **23** 59 ff., 82 ff.
- Rechenschaftspflichten **23** 78 ff., 88
- Tod **23** 56
- Umgang mit Interessenkonflikten **23** 83 ff.
- zivilrechtliche Pflichten **23** 26 ff., 59 ff.

Vermögensverwaltung
- Abgrenzung **27** 301 ff.
- Abgrenzung zur Anlage-/Abschlussvermittlung **23** 11 f.
- Abgrenzung zur Anlageberatung **23** 7 f.
- Abgrenzung zur Anlageverwaltung **23** 9 f.
- Abgrenzung zur Depotverwaltung **23** 12
- Abgrenzung zur gewerblichen Tätigkeit **27** 405 ff.
- Anbieter **23** 2
- Anlagerichtlinien **23** 59 ff.
- aufsichtsrechtliche Pflichten **23** 30 ff.
- aufsichtsrechtliche Pflichten des Vermögensverwalters **23** 82
- aufsichtsrechtliche Qualifizierung **23** 19 ff.
- Aufsichtsregime **23** 18
- Ausschluss der Herausgabepflicht **23** 54
- Bank-/Finanzdienstleistung nach KWG **23** 20 f.
- Begriff **23** 3 ff.
- Churning **23** 73
- Dokumentationspflichten **23** 89
- eigentumsrechtliche Ausprägungen **23** 14 ff.
- Erscheinungsformen **23** 14 ff.
- Finanzintermediärrecht **23** 5
- Finanzportfolioverwaltung **23** 6
- Geschäftsbesorgung **23** 16
- graue Vermögensverwaltung **23** 40
- Grundsätze ordnungsgemäßer Vermögensverwaltung **23** 63 ff.
- Haftung des Vermögensverwalters **23** 94 ff.
- Herausgabepflicht **23** 54, 81

magere Zahlen = Randnummern

# Sachverzeichnis

- individuelle Vermögensverwaltung **23** 3 ff.
- Informationspflichten **23** 78 ff.
- Interessenkonflikte **23** 75 ff., 83 ff.
- Interessenwahrungspflicht **23** 71 ff.
- internationale Aufsicht **23** 23 ff.
- kollektive Vermögensverwaltung **23** 3
- Leistungserbringung **23** 82
- offene Stellvertretung **23** 14
- Offenlegung von Interessenkonflikten **23** 36
- Pflichten bei Vertragsabschluss **23** 26 ff.
- Pflichten bei Vertragsdurchführung **23** 59 ff.
- Pflichten des Vermögensinhabers **23** 90
- Pflichtverletzungen des Vermögensverwalters **23** 94 ff.
- produktive Verwaltung **23** 64 ff.
- Rechenschaftspflichten **23** 78 ff., 88 ff.
- Risikostreuung durch Diversifikation **23** 69 f.
- schuldrechtliche Qualifikation **23** 16 f.
- Spekulationsverbot **23** 68
- Treuhandmodell **23** 15, 17, 20 ff.
- Umgang mit Zuwendungen **23** 86 f.
- unzulässige Verhaltensweisen **23** 71 ff.
- Verbot des Abladens/Auskaufens **23** 72
- Verbot des Drehens **23** 73
- Verbot des Selbstkontrahierens **23** 16
- Verbot des Vor- bzw. Gegenlaufens **23** 74
- verdeckte Stellvertretung **23** 14
- Vermögensverwaltungsvertrag **23** 40 ff.
- Vertretermodell **23** 14, 16, 20
- Vollmachtsmodell **23** 14
- Weisungen **23** 59 ff.
- Wertpapierdienstleistung nach WpHG **23** 22
- zivilrechtliche Pflichten **23** 26 ff.

Vermögensverwaltungsvertrag
- AGB-Recht **23** 51 ff.
- kein Anlageberatungsprotokoll **23** 39
- Anlagerichtlinien **23** 59 ff.
- aufsichtsrechtliche Pflichten **23** 30 ff.
- Ausschluss von Herausgabeansprüchen **23** 54
- Beendigung **23** 55 ff.
- Best-Execution-Policy **23** 38
- Conflict-of-Interest-Policy **23** 36 f.
- Erlöschen der Vollmacht **23** 58
- Exploration des Kunden **23** 27 ff., 31 ff.
- Formvorschriften **23** 40 f.
- Grundsätze ordnungsgemäßer Vermögensverwaltung **23** 63 ff.
- Informations- und Beratungspflichten **23** 28 f.
- Inhalt **23** 47 ff.
- Insolvenz des Vermögensinhabers **23** 57
- Kernbestandteile **23** 48 ff.
- Pflichten bei Abschluss **23** 26 ff.
- Pflichten bei Durchführung **23** 59 ff.
- Regelungsgegenstände **23** 47 ff.
- Stellvertretung **23** 42
- Tod des Vermögensinhabers **23** 56
- Tod des Vermögensverwalters **23** 56

- Verbraucherverträge **23** 43 ff.
- Vertragsabschluss **23** 40 ff.
- Weisungen **23** 59 ff.
- zivilrechtliche Pflichten **23** 26 ff.

Vermögenswirksame Leistungen **16** 136
Vertikaler Verlustausgleich **16** 99
Vertrag mit Schutzwirkung zugunsten Dritter
- Anlageberatung, -vermittlung **3** 101 ff.
- GmbH & Co. KG **3** 105
- Ratingagenturen **3** 106
- Sachverständigen-Gutachten **3** 102 ff.

Vertragsabschlussschaden **6** 33 ff.
Vertreterklauseln **17** 215
Vertretung
- Anscheinsvollmacht **4** 237 ff.
- Beschränkung der Vollmacht **4** 232 ff.
- Publikums-GbR **19** 122 ff.
- Vollmachtsmissbrauch **4** 230 f.
- Widerruf der Vollmacht **4** 235 f.

Vertretungsmacht
- Publikums-KG **17** 161 ff.

Vertrieb von Investmentvermögen
- AIF **22** 110
- durch Anlageberater, -vermittler **22** 100
- Anzeigeverfahren **22** 108 ff., 111 ff.
- durch Direktbanken **22** 100
- Drittstaaten-Vertriebspass **22** 113
- durch Kreditinstitute **22** 100
- OGAW **22** 109
- Online-Vertrieb **22** 110
- Rahmenbedingungen **22** 101 ff.
- Vertriebsanzeigen **22** 108 ff.
- Vertriebsbegriff **22** 101, 102
- durch Vertriebsgesellschaften **22** 100
- Vertriebswege **22** 100 ff.

Vertriebsbegriff
- Anbieten oder Platzieren von Anteilen/Aktien **22** 102
- Einschränkung **22** 107
- Negativkatalog **22** 106
- Veräußerung eigener Anteile/Aktien **22** 105
- Werbung **22** 102

Verwahrstelle
- AIF-Verwahrstelle **22** 94 ff.
- Begriff **22** 90
- Haftung **22** 97 ff.
- nach KAGB **22** 90 ff.
- OGAW-Verwahrstelle **22** 91 ff.
- Pflichten **22** 92
- Rechtmäßigkeitskontrolle **22** 92
- Trennung von Kapitalverwaltungsgesellschaft **22** 50, 58, 114
- verschuldensunabhängige Haftung **22** 98
- Vertrag zugunsten Dritter **22** 91
- Verwahrstellenvertrag **22** 91
- Zustimmungspflichten **22** 93, 96

Verwaltervergütung
- Bauherrengemeinschaft **4** 61

1459

# Sachverzeichnis

fette Zahlen = Paragraphen

Verwaltungsrisiko **26** 5
Verwendungsverbot
– Eigen- oder Fremdgeschäft **8** 93
– Emittenten **8** 83
– entgeltliche Verpflichtung **8** 75
– Erwerb oder Veräußerung **8** 74 ff.
– Garantiestellung des Unternehmensverantwortlichen **8** 81 ff.
– Geschäftsherrenhaftung **8** 81
– Insidergeschäfte **8** 74 ff.
– Insiderwissen des Kunden **8** 108
– leichtfertiges Handeln **8** 110
– maßgeblicher Zeitpunkt **8** 97
– Nichtausüben einer Kauf-/Verkaufsoption **8** 80
– schuldrechtliche Geschäfte **8** 75 ff.
– *Spector*-Urteil **8** 96
– subjektiver Tatbestand **8** 109 f.
– Unterlassen des Erwerbs/Veräußerung **8** 80 ff.
– Ursachenzusammenhang **8** 95
– Verantwortliche in Wertpapierdienstleistungsunternehmen **8** 81 ff.
– Versuchsstrafbarkeit **8** 111
– Verwenden **8** 94 ff.
– Vollendung des Tatbestands **8** 75
– vorsätzliches Handeln **8** 109
– Wertpapierdienstleistungsunternehmen **8** 82
– Widerruf schon erteilten Order **8** 80
Verwirkung **3** 153 ff.
Verzinsliche Anleihen **27** 784
Vierter Bauherrenerlass **16** 159, 181
Viertes Finanzmarktförderungsgesetz **1** 39, 55 ff.; **20** 12 ff., 19
Vollmacht
– Anscheinsvollmacht **4** 237 ff.
– Beschränkung **4** 232 ff.
– Fehlen **4** 419 ff.
– Haustürgeschäftewiderruf **4** 82 ff.
– Pfandrecht am Treuhandkonto **4** 423 f.
– Vollmachtsmissbrauch **4** 230 f.
– Widerruf **4** 235 f.
Vollstreckbarerklärung
– ausländischer Schiedssprüche **25** 150 ff.
– ausländischer Zivilurteile **25** 140 ff.
Vollstreckungsunterwerfungsklauseln **16** 359
Vorausdarlehen **4** 277
Vorfälligkeitsentschädigung **4** 171b
Vorschusspflicht
– des Kommissionärs **13** 63
Vorstandshaftung
– für fehlerhafte Ad-hoc-Publizität **6** 11 ff.
– Innen- und Außenverhältnis **6** 7 ff.
– kapitalmarktrechtliche Fehlinformationen **6** 6 ff.
– Organaußenhaftung **6** 9 ff.
– Verantwortlichkeit im Innenverhältnis **6** 39
Vorstandsvergütungs-Offenlegungsgesetz **1** 48

Vorteilsausgleichung
– Haftung des Anlageberaters, -vermittlers **3** 133 ff.
– Prospekthaftung **5** 107 ff.

Wagniskapital **1** 113
Wagniskapitalbeteiligungsgesellschaften **27** 426 ff.
Wandelanleihe **27** 594, 614 ff., 627 ff.
Wandelschuldverschreibung
– Begriff **27** 593
– Optionsanleihe **27** 595, 614 ff., 627 ff.
– Pflichtwandelanleihe **27** 597
– Umtauschanleihe **27** 596, 618, 630
– Wandelanleihe **27** 594, 614 ff., 627 ff.
Warentermingeschäfte
– Anlagevermittlung **3** 78 ff.
– vorvertragliche Schutzpflichten des Vermittlers **3** 78 ff.
Wash Sales **10** 45, 114
Wegwerfkapital **1** 12
Wegzugsbesteuerung
– EU-Bürger **27** 129
– persönliche Steuerpflicht **27** 122
– sachliche Steuerpflicht **27** 123 ff.
– steuerpflichtige Einkünfte **27** 126
– Stundung **27** 128
– Überblick **27** 121 ff.
Weißbuch zur Finanzdienstleistungspolitik **1** 55
Weisungen
– Vermögensverwaltung **23** 59 ff.
Weitergabeverbot
– befugte Weitergabe **8** 129
– Due Diligence-Prüfung **8** 137
– innerbetriebliche Weitergabe **8** 133
– leichtfertiges Handeln **8** 140
– Mitteilen **8** 118 ff.
– Neuheit der Information für Empfänger **8** 124
– Sensibilität der Information **8** 128
– subjektiver Tatbestand **8** 138 ff.
– tatbestandsbeschränkendes Merkmal **8** 125
– tatsächliche Kenntnisnahme durch Dritten **8** 122
– unbefugte Weitergabe **8** 125 ff.
– vernünftige Gründe für Weitergabe **8** 126
– Versuchsstrafbarkeit **8** 141 f.
– vorsätzliches Handeln **8** 138 ff.
– Weitergabe an Unternehmensexterne **8** 134
– Weitergabe innerhalb Hauptversammlung **8** 132
– Zugänglichmachen **8** 121
– Zweck **8** 112 ff.
Werbebroschüren
– Prospektbegriff **5** 37
Werbung
– ausländische Werbemaßnahmen **7** 5 f.
– durch e-commerce **7** 8 f.
– durch inländische Repräsentanten **7** 7

1460

magere Zahlen = Randnummern

# Sachverzeichnis

- internationales Wettbewerbsrecht **7** 3 ff.
- in Presseerzeugnissen **7** 3 f.
- und Prospekthaftung **5** 127
- Unzulässigkeit bei Einlagensicherung **26** 108 ff.

Werbungskostenabzug
- Anteile am Privatvermögen natürlicher Personen **27** 78
- Ausschluss **27** 808
- Einkünfte aus Investmentvermögen **27** 806
- Einkünfte aus Kapitalvermögen **27** 805
- Gewinneinkünfte **27** 807
- Investmentfonds **27** 187 ff.
- Neuregelung **27** 805
- Sparerpauschbetrag **27** 805
- Veranlagungsverfahren **27** 812 ff.

Wertermittlungsgutachten **4** 271
Wertermittlungsmethode **4** 321
Wertpapierdienstleistungsunternehmen
- aufsichtsrechtliche Pflichten **3** 51

Wertpapiere
- Aktien **8** 27
- Anlageberatung **3** 51 ff.
- Berechtigung aus Wertpapieren **7** 51 ff.
- Definition **11** 25
- Effektengeschäfte **7** 50; **12** 1 ff.
- Finanzierung **4** 3
- Finanzinstrumente **8** 26 ff.
- Investmentanteilscheine **8** 29
- Qualifikation **7** 50
- Schuldtitel **8** 28
- Übertragung **7** 51
- Verwahrung **7** 54

Wertpapiererwerbs- und Übernahmegesetz (WpÜG)
- Abfindungsanspruch **15** 63 ff.
- Abwehrmaßnahmen der Zielgesellschaft **15** 94 ff.
- Aktientauschangebot **15** 13, 79 f., 79 ff.
- Angebotsbedingungen **15** 36 ff.
- angemessener Preis **15** 22 ff.
- Annahmefrist **15** 4
- Ansprüche der angebotsannehmenden Aktionäre **15** 76 ff.
- Ansprüche der verbleibenden Aktionäre **15** 82
- Ansprüche gegen Zielgesellschaft **15** 83
- Barangebote **15** 77 f.
- Bedingungen **15** 37 ff.
- Beeinträchtigung des Bedingungseintritts **15** 40 ff.
- Befreiungen **15** 5 ff.
- Befreiungsverfahren **15** 73 ff.
- Creeping in **15** 26
- deliktsrechtliche Ansprüche gegen Bieter **15** 61 ff.
- Durchsetzen eines Pflichtangebots **15** 57 ff.
- Erhalt von Informationen **15** 18
- Erhöhung der Gegenleistung **15** 30 ff., 89
- Finanzierungsbestätigung **15** 47 ff.
- Gegenleistung **15** 9 ff.
- gesellschaftsrechtliche Treupflicht **15** 62
- Gestattung der Angebotsunterlage **15** 37 ff., 67 ff.
- Gleichbehandlung **15** 18, 24
- Inhalt der Angebotsunterlage **15** 8
- Interessen der Aktionäre **15** 18 ff.
- Kartellfreigabe **15** 37 ff.
- Mindestgegenleistung **15** 10, 30
- Parallel- oder Nacherwerb **15** 30 ff.
- Pflicht zur Abgabe eines Pflichtangebots **15** 5
- Pflichtangebot **15** 5 ff.
- Rechte der Aktionäre **15** 21
- Rechtschutz gegen Verfügungen der BaFin **15** 67 ff.
- Rechtsrahmen und Leitlinien **15** 2, 17
- Schnittstelle **15** 1
- Sicherstellung der Gegenleistung **15** 45 ff.
- Stamm- und Vorzugsaktien **15** 24 f.
- Stellungnahme der Zielgesellschaft **15** 14 ff.
- Suche nach konkurrierendem Bieter **15** 89
- Übernahmeverfahren **15** 3 ff.
- unangemessen niedrige Gegenleistung **15** 33 ff.
- Unterlassen von Abwehrmaßnahmen **15** 86 ff.
- Verjährung von Ansprüchen **15** 81
- Veröffentlichung der Angebotsunterlage **15** 4
- Ziele **15** 17

Wertpapierhandel
- Reformmaßnahmen **1** 31

Wertpapierhandelsgesetz (WpHG) **1** 14
Wertpapierindex-OGAW **22** 54
Wertpapierleihe **7** 59
Wertpapierprospektgesetz (WpPG)
- Entwicklung **5** 5, 15
- Prospekthaftung **5** 116 ff.
- Reformmaßnahmen **1** 47

Wettbewerbsverzerrung **26** 114
Wetteinwand **20** 27
Widerruf der Vollmacht **4** 235 f.
Widerruf von Fernabsatzgeschäften **3** 56; **13** 29
Widerruf von Haustürgeschäften
- alte Rechtslage **4** 101 ff.
- Ausschlussfrist **4** 111
- Ausschlusstatbestände **4** 89, 102 f., 112 ff., 127 ff.
- Empfang des Darlehens **4** 152
- bei Fondsbeitritten **16** 376 ff.
- Gerichtsstand **4** 70 ff.
- Grundschuld und Widerruf **4** 170
- Haustürgeschäft und Aufhebungsvertrag **4** 87
- Haustürgeschäft und Bauvertrag **4** 87
- Haustürgeschäft und Gesellschaftsbeitritt **4** 79 f.
- Haustürgeschäft und Sicherheitenbestellungen **4** 81
- *Heininger*-Urteil **4** 89, 128

# Sachverzeichnis
fette Zahlen = Paragraphen

- Maßgeblichkeit des Vertreters **4** 94
- Nachweis der Haustürsituation **4** 77 f.
- Nachweis der Kausalität für Vertragsabschluss **4** 77 f.
- bei notarieller Beurkundung **4** 103
- bei ordnungsgemäßer Belehrung **4** 112 ff.
- Realkreditvertrag **4** 153 ff., 158
- Rechtsfolgen bei Beitrittswiderruf **4** 133 ff.; **16** 379 ff.
- Rechtsfolgen bei Darlehenswiderruf **4** 136 ff.
- situationsbedingte Erfordernisse **4** 95 ff.
- unzulässige Rechtsausübung **4** 128 ff.
- Unzulässigkeit der Feststellungsklage **4** 76
- Ursächlichkeit **4** 98 f.
- bei verbundenen Geschäften **4** 135, 146, 159 ff., 163 ff.
- Verfristung **4** 127
- Verwirkung **4** 128
- Vollmacht **4** 82 ff.
- bei vollständiger Leistungserbringung **4** 10 ff.
- vorhergehende Bestellung **4** 102
- Zurechenbarkeit **4** 100
- *sa Haustürgeschäfte*

Widerruf von Kommissionsgeschäften **13** 29, 32

Widerrufsbelehrung
- Deutlichkeitsgebot **4** 171a
- Fehlerhaftigkeit **4** 330
- bei Verbraucherdarlehensverträgen **4** 171a; **16** 378

Widerrufsbelehrung bei Haustürgeschäften
- Alleinstellungscharakter **4** 112
- Baukastenformular mit Ankreuzoption **4** 116
- BGB-InfoV **4** 125 f.
- Deutlichkeitsgebot **4** 112 ff., 122, 124
- drucktechnisch deutliche Gestaltung **4** 112 f., 124
- Empfangsbestätigung **4** 116
- Fristbeginn **4** 112, 115
- Inhalt **4** 116, 118 f.
- Kenntnisnahmevermerk **4** 116
- Nachbelehrung **4** 123
- Rechtsfolgen ordnungsgemäßer Belehrung **4** 112 ff.
- Schriftlichkeit **4** 112
- Schutzwirkung der Musterbelehrung **4** 124 ff.
- Unterschrift des Verbrauchers **4** 114
- Verbundbelehrung **4** 117, 119
- Zugangserfordernis in Textform **4** 118

Widerrufsrecht des Anlegers
- Ausschluss **22** 122
- Ausübung **22** 123
- bei geschlossenen Investmentvermögen **22** 125
- im Investmentrecht **22** 120 ff.
- Rechtsfolgen **22** 124
- Unabdingbarkeit **22** 120
- Voraussetzungen **22** 121

Wirtschaftlichkeit
- Aufklärungspflichten **4** 292
- Auslandsimmobilien **3** 74 ff.
- Immobilienanlagen **4** 65
- Prüfungspflicht **4** 275
- vermittelter Anlagen **3** 37, 74 ff.

Wirtschaftsprüfer
- Bestätigungsvermerk **5** 84
- Prospekthaftung **5** 83

Wissensvorsprung
- Aufklärungspflicht **4** 317 ff.; **16** 392
- Erkennbarkeit **4** 318 ff.
- Vorliegen **4** 318

Wohlverhaltensregeln für Wertpapiertransaktionen **8** 3

Wohnfläche bei Immobilienanlagen **3** 72

Wohnimmobilien-Fonds **16** 155 ff.

Wohnungsgenossenschaft **22** 27

Zeichnungsrechte **8** 35

Zeichnungsschein **16** 395

Zerobonds **27** 785

Zertifikate
- Credit Linked Notes **27** 780
- Garantiespannen-Zertifikate **27** 783
- Garantiezertifikate **27** 781
- Investition zum Nutzen der Anleger **22** 25
- Nichtgarantie-Zertifikate **27** 779 f.
- Schuldverschreibungen **27** 778

Zinsschranke **27** 577 ff., 586

Zinsswaps
- kein Börsentermingeschäftscharakter **7** 94
- Kollisionsrecht **7** 94 ff.

Zinstermingeschäfte
- Börsentermingeschäfte **7** 93
- Kollisionsrecht **7** 91

Zulassung zum Handel **8** 23

Zurechnung von Stimmrechten
- bei abgestimmter Stimmrechtsausübung **14** 31 ff.
- abschließende Zurechnungstatbestände **14** 50
- Acting in Concert **14** 31 ff.
- bei beherrschendem Einfluss **14** 28
- Erwerb aufgrund einseitiger Willenserklärung **14** 47 f.
- Grundkapitaländerungen **14** 52 ff.
- Kreditsicherheiten **14** 45
- Meldepflicht **14** 10 ff.
- Mutter-/Tochterverhältnis **14** 27
- Nießbrauch **14** 45
- Offenlegungspflicht **14** 10
- für Rechnung Dritter **14** 39 ff.
- Schwellenwerte **14** 10, 90
- Stimmrechtsausübungsbefugnis **14** 49
- von Tochtergesellschaft gehaltenen Aktien **14** 26 ff.
- Treuhandverhältnis **14** 39 ff.
- Veränderungen des Grundkapitals **14** 52

magere Zahlen = Randnummern

- WpÜG **14** 51
- Zurechnungstatbestände **14** 24 ff.
Zuständigkeit
- Anlegerprozess **25** 75 ff.
- Gerichtsstände **25** 78 ff.
- internationale **25** 76
Zustellungen

# Sachverzeichnis

- Anlegerprozess **25** 95
- Auslandszustellungen **25** 95 ff.
- Schiedsverfahren **25** 135
Zwangsvollstreckungsklausel **16** 358
Zweigniederlassungsgerichtsstand **25** 79 ff.
Zwischenerwerbermodell **16** 88
Zwischenkommissionär **13** 43